Handbuch Strafrecht

Herausgegeben von

Prof. Dr. Jan Bockemühl

Rechtsanwalt in Regensburg, Fachanwalt für Strafrecht, Honorarprofessor an der Universität Regensburg

9. Auflage

Carl Heymanns Verlag 2024

Zitiervorschlag: HB Strafrecht/*Bearbeiter*

Bibliografische Information der Deutschen Nationalbibliothek

Die Deutsche Nationalbibliothek verzeichnet diese Publikation in der Deutschen Nationalbibliografie; detaillierte bibliografische Daten sind im Internet über http://dnb.d-nb.de abrufbar.

ISBN 978-3-452-30139-0

www.wolterskluwer.com

Umschlagkonzeption: Martina Busch, Grafikdesign, Homburg- Kirrberg
Satz: Datagroup-Int SRL, Timisoara, Romania
Druck und Weiterverarbeitung: Rodona Industria Grafica, Spanien

Gedruckt auf säurefreiem, alterungsbeständigem und chlorfreiem Papier.

Vorwort zur 1. Auflage

Die Anzahl der in der Bundesrepublik zugelassenen Rechtsanwälte nähert sich mit großen Schritten der Zahl 100 000.[1]

Die Einstellung der Rechtsanwaltschaft zur Spezialisierung und zur Bezeichnung dieser Spezialisierung hat sich im Lauf dieses Jahrhunderts gewandelt. Das Bild der Anwaltschaft vor und auch nach dem Zweiten Weltkrieg war eher ein homogenes. Die Zahl der Anwälte war mit 20 000 noch gering und eine Tendenz zum Spezialisten war nicht zu erblicken.[2] Der Rechtsanwalt war eben – § 3 Abs. 1 BRAO entsprechend – der »berufene unabhängige Berater und Vertreter in *allen* Rechtsangelegenheiten«.

Die enorme Vielfalt und Vielschichtigkeit der heutigen Rechtsgebiete ist jedoch durch den Anwalt – mit gutem Gewissen – kaum noch beherrschbar. Auch aus wirtschaftlichen Gesichtspunkten ist es nicht mehr gangbar, sich als »Vertreter in *allen* Rechtsangelegenheiten« am Markt zu bewegen. Eine Spezialisierung ist zwingende Konsequenz in der heutigen Zeit.

Gerade auf dem Gebiet des *Strafrechts* sind besondere theoretische Kenntnisse und praktische Erfahrung unumgänglich.[3] Um diese Spezialisierung nach außen hin für den rechtsuchenden Bürger kenntlich zu machen, hat sich die *Fachanwalts*bezeichnung durchgesetzt. Die Notwendigkeit der Fachanwaltschaft wurde nicht ernsthaft mehr in Abrede gestellt, lediglich hinsichtlich der einzelnen Gebiete und Qualifizierungsvoraussetzungen wurde auf dem Weg zu einer Fachanwaltsordnung heftig debattiert.[4]

Seit dem 11. März 1997 gibt es nunmehr auch den lange erwarteten *Fachanwalt für Strafrecht.* Die Bezeichnung ist an den Nachweis besonderer theoretischer Kenntnisse und besonderer praktischer Erfahrung geknüpft.[5] Die besonderen theoretischen Kenntnisse sind in der Regel durch Teilnahme an einem auf den Erwerb der Fachanwaltsbezeichnung vorbereitenden anwaltsspezifischen Lehrgang zu erwerben. Innerhalb dieses Lehrgangs sind ferner mindestens drei schriftliche Leistungskontrollen zu absolvieren. Die Fachanwaltslehrgänge sollen hierbei Expertenwissen und kein Allgemeinwissen vermitteln.[6]

Das vorliegende *Handbuch des Fachanwalts Strafrecht* hat sich zum Ziel gesetzt, dieses Expertenwissen auf sämtlichen – für den Fachanwalt Strafrecht relevanten – Gebieten des Strafrechts zu vermitteln. Hierbei wurde ein neuer Weg beschritten, der das »klassische Handbuch« mit dem »klassischen Formularbuch« vereint. Formularbeispiele weisen dem Anwender hilfreiche praktische Umsetzungsmöglichkeiten für die tägliche Praxis. Gleichzeitig stellt das Handbuch eine ideale Grundlage für die Vorbereitung auf den »Fachanwalt für Strafrecht« dar.

---

1 Die durch den DAV veröffentlichte Anwaltstatistik weist für den 1.1.1999 insgesamt 98.295 zugelassene Rechtsanwälte aus, vgl. AnwBl 1999, 216. Im Vergleich zum Vorjahresstichtag war ein Anstieg der Zulassungszahlen um 6,90 % zu verzeichnen.

2 *Redeker* AnwBl 1996, 503, 504, gibt einen kurzen historischen Einblick über das Bild und Selbstverständnis des Anwalts.

3 Hierauf hat bereits *Max Alsberg* Das Spezialistentum in Rechtswissenschaft und Rechtsanwaltschaft JW 1919, 280 ff. (Neuabdruck bei: *Taschke* [Hrsg.] Max Alsberg – Ausgewählte Schriften, Baden-Baden 1992, 221 ff., 223), zutreffend hingewiesen. Alsberg war jedoch der Auffassung, dass die Bezeichnung als *Spezialist auf dem Gebiet der Strafverteidigung* nicht zu gestatten sein sollte, a.a.O., 224.

4 *Redeker* AnwBl 1996, 503, 505; vgl. auch den Kurzbericht zur Satzungsversammlung 1996, AnwBl 1996, 390, 391.

5 Vgl. hierzu § 2 Abs. 1 FAO; die Anforderungen im Bereich des *Strafrechts* hinsichtlich der praktischen Erfahrung lassen sich § 5 lit f FAO und die hinsichtlich der theoretischen Kenntnisse aus §§ 4 i.V.m. 13 FAO entnehmen.

6 *Hamacher* AnwBl 1996, 391.

Vorwort zur 1. Auflage

Das *Handbuch des Fachanwalts Strafrecht* wendet sich sowohl an den erfahrenen Strafverteidiger und Fachanwalt für Strafrecht, als auch an den Berufsanfänger beziehungsweise an die Rechtsanwälte auf dem Weg zum Fachanwalt für Strafrecht. Das *Handbuch des Fachanwalts Strafrecht* will allen Benutzern eine praktische und wissenschaftlich fundierte Arbeitshilfe sein.

Sämtliche Autoren sind erfahrene Praktiker und zudem wissenschaftlich tätig. Die Einbindung erfahrener Autoren aus den Bereichen der Justiz, der Staatsanwaltschaft und der Wissenschaft gibt dem Werk eine universelle Prägung und macht das Handbuch zu einem wertvollen und unverzichtbaren Handwerkszeug nicht nur für Strafverteidiger.

An alle Leser richtet sich die Bitte um Anregungen für Verbesserungen.

Neutraubling, im November 1999 Jan Bockemühl

Vorwort zur 9. Auflage

Viel wird in den letzten Jahren von »Zeitenwenden« gesprochen. Mit der nunmehr neunten Auflage erscheint das Werk unter einem neuen Namen: **Handbuch Strafrecht**. Seit der ersten Auflage im Jahr 2000 war das Werk unverändert unter dem Titel »Handbuch des Fachanwalts Strafrecht« bis zur achten Auflage im Jahr 2021 erschienen. Der Titel war Programm, diente das Handbuch des Fachanwalts Strafrecht über Jahre hinweg in verschiedenen Fachanwaltskursen als Begleitbuch! Die Gründe für die Umbenennung liegen auf der Hand, auch – und dieses sein betont – wenn sich das Handbuch schon immer auch an Fachanwältinnen und Fachanwälte gerichtet hat! Am bewährten Konzept wurde nicht gerüttelt.

Eine wirkliche signifikante Änderung in der Strafprozesskultur hatte sich die Bundesregierung im Koalitionsvertrag auf ihre Fahnen geschrieben. Die audio-visuelle Dokumentation der strafrechtlichen Hauptverhandlung war eine Forderung der Anwaltschaft bereits seit den 1970-er Jahren. Überraschend war der teilweise den Weg der wissenschaftlichen Redlichkeit verlassende Diskurs über diesen wichtigen Schritt hin zu einem zeitgemäßen Strafprozess. Es bleibt abzuwarten, ob dieses Projekt tatsächlich Gesetz wird.

Der in der 7. Und 8. Auflage begonnene »Generationenwechsel« in der Autorenschaft hat sich fortgesetzt. Mit Richter am Bundesgerichtshof a.D. Dr. Klaus Detter, Rechtsanwalt Dr. Ralf Seidl und Dr. Dr. Ralf Hohmann sind Autoren der »ersten Stunde« ausgeschieden. Leider hat auch Frau Rechtsanwältin Piel ihre Mitarbeit aufgeben müssen. Ich möchte mich auf diesem Weg bei allen Mitautoren für die immer kollegiale Mitarbeit an dem Werk von ganzem Herz bedanken!

Mit Rechtsanwalt Dr. Johannes Makepeace, München und den Rechtsanwälten Till Günther aus Pfinztal, Jan Raschka, Hamburg und Dr. Jörg Becker, Heidelberg, konnten vier neue Autoren gewonnen werden, die ich ebenso herzlich im Team begrüße!

Rechtsprechung und Literatur sind bis November 2023, zum Teil darüber hinaus, berücksichtigt.

An alle Leser richtet sich weiterhin die Bitte um Anregungen und Verbesserungsvorschläge (E-Mail: fastrafrecht@wolterskluwer.de).

Regensburg, im November 2023 Jan Bockemühl

Autorenverzeichnis

Dr. Henner Apfel
Rechtsanwalt in Düsseldorf, Fachanwalt für Strafrecht und Steuerrecht

Sophie Bechdolf-Reif
Rechtsanwältin in Heilbronn, Fachanwältin für Strafrecht

Dr. Alexander Bechtel
Akademischer Mitarbeiter am Lehrstuhl für Deutsches und Europäisches Straf- und Strafprozessrecht, Wirtschaftsstrafrecht und Computerstrafrecht an der Eberhard Karls Universität Tübingen

Dr. Jörg Becker
Rechtsanwalt in Heidelberg, Fachanwalt für Strafrecht

Prof. Dr. Jan Bockemühl
Rechtsanwalt in Regensburg, Fachanwalt für Strafrecht, Honorarprofessor an der Universität Regensburg

Prof. Dr. Angelika Braun
Professorin für Allgemeine und Angewandte Phonetik, Universität Trier

Dr. Raimund Brunner
Vizepräsident des Landgerichts Aschaffenburg a.D.

Dr. h. c. Klaus Detter
Richter am Bundesgerichtshof a.D.

Prof . Dr. Ralf Eschelbach
Richter am Bundesgerichtshof in Karlsruhe

Tim Fischer
Rechtsanwalt in Regensburg, Fachanwalt für Strafrecht

Veronika Forster
Rechtsanwältin i.R., ehemalige Fachanwältin für Strafrecht in Regensburg

Gisela Friedrichsen
Autorin und Gerichtsreporterin

Daniela Gabler
Rechtsanwältin in München, Fachanwältin für Strafrecht

Till Günther
Rechtsanwalt in Pfinztal

Prof. Dr. Frank Hardtke
Rechtsanwalt in Greifswald, Fachanwalt für Steuerrecht, Professor für Steuer- und Unternehmensrecht an der Hochschule Wismar, Lehrbeauftragter für Steuer- und Strafrecht an der Universität Greifswald

Prof. Dr. Michael Heghmanns
Inhaber des Lehrstuhls für Strafrecht, Strafprozessrecht, Medienstrafrecht und Strafvollzugsrecht an der Universität Münster

Dr. Martin Heuser
Wissenschaftlicher Mitarbeiter, Universität Regensburg

Maximilian Keser
Rechtsanwalt in Regensburg

Rolf E. Köllner
Rechtsanwalt in Köln, Fachanwalt für Strafrecht

Ricarda Lang
Rechtsanwältin in München, Fachanwältin für Strafrecht

Dr. Susanne Lausch
Praxis für Forensisch-psychiatrische Begutachtung in Straubing

Prof. Dr. Heiko H. Lesch
Rechtsanwalt in Bonn

Dr. Sandra Loohs
Diplom-Psychologin und psychologische Sachverständige in München

Dr. Johannes Makepeace
Rechtsanwalt in München, Fachanwalt für Strafrecht

Prof. Dr. med. Norbert Nedopil
Ehem. Leiter der Abteilung für Forensischen Psychiatrie der Klinik und Poliklinik für Psychiatrie und Psychotherapie der Ludwig-Maximilians-Universität in München

Hannah Milena Piel
Rechtsanwältin in Köln, Fachanwältin für Strafrecht

Dr. Dietrich Quedenfeld
Rechtsanwalt in Stuttgart, Fachanwalt für Strafrecht

Jan Raschka
Rechtsanwalt in Hamburg, Fachanwalt für Strafrecht

Dr. Hans Richter
Oberstaatsanwalt (HAL) a.D. bei der Staatsanwaltschaft Stuttgart

Dr. Christian Rode
Fachanwalt für Strafrecht, Lehrbeauftragter für Strafprozessrecht an der Universität Konstanz

Dr. Florian Ruhs
Staatsanwalt bei der Staatsanwaltschaft Nürnberg-Fürth

Prof. Dr. Helmut Satzger
Lehrstuhl für Deutsches, Europäisches und Internationales Strafrecht und Strafprozessrecht sowie Wirtschaftsstrafrecht an der Ludwig-Maximilians-Universität München

Dr. Thomas Schuster
Vorsitzender Richter am Landgericht Würzburg

Dr. Sylvia Schwaben
Rechtsanwältin, Strafverteidigerin in Pfinztal

Dr. Ralf Seidl
Vorsitzender Richter am Oberlandesgericht a.D.; Rechtsanwalt in Olching und Regensburg

Dr. Wolfgang Staudinger
Rechtsanwalt in Weißenburg, Fachanwalt für Strafrecht, Lehrbeauftragter an der Universität Regensburg

Dr. h. c. Gerhard Strate
Rechtsanwalt in Hamburg

Hubertus Werner
Rechtsanwalt in Landshut, Fachanwalt für Strafrecht

Im Einzelnen haben bearbeitet:

Einleitung	Köllner
Kapitel 1	Bockemühl
Kapitel 2	Seidl/Staudinger
Kapitel 3	Fischer
Kapitel 4	Gabler/Lang
Kapitel 5	Bockemühl
Kapitel 6	Schuster
Kapitel 7	Bechdolf-Reif
Kapitel 8	Keser
Kapitel 9	Brunner
Kapitel 10	Detter/Günther
Kapitel 11	Strate
Kapitel 12	Strate
Kapitel 13	Heghmanns
Kapitel 14	Heghmanns
Kapitel 15	Heghmanns
Kapitel 16	Heghmanns
Kapitel 17	Heghmanns
Kapitel 18	Heghmanns
Kapitel 19	Heghmanns
Kapitel 20	Werner
Kapitel 21	Hardtke
Kapitel 22	Bockemühl
Kapitel 23	Detter/Makepeace
Kapitel 24	Quedenfeld/Bechtel/Richter
Kapitel 25	Staudinger
Kapitel 26	Apfel/Piel/Raschka
Kapitel 27	Lang
Kapitel 28	Forster
Kapitel 29	Forster
Kapitel 30	Rode
Kapitel 31	Lesch
Kapitel 32	Satzger/Ruhs
Kapitel 33	Eschelbach
Kapitel 34	Schuster
Kapitel 35	Detter/Makepeace
Kapitel 36	Heuser
Kapitel 37	Detter/Becker
Kapitel 38	Nedopil/Lausch
Kapitel 39	Loohs
Kapitel 40	Braun
Kapitel 41	Friedrichsen
Kapitel 42	Friedrichsen
Kapitel 43	Schwaben
Kapitel 44	Schwaben
Kapitel 45	Schwaben

Inhaltsverzeichnis

Abkürzungsverzeichnis

a.A.	andere(r) Ansicht
a.a.O.	am angegebenen Ort
AAFS	American Academy of Forensic Sciences
AAK	Atemalkoholkonzentration
abl.	ablehnend
Abl.	Amtsblatt
Abl. EU	Amtsblatt der Europäischen Gemeinschaften (Amtsblattreihe L)
Abs.	Absatz
Abschn.	Abschnitt
Abt.	Abteilung
abw.	abweichend
AcP	Archiv für die civilistische Praxis
ADH	Alkoholdehydrogenase
AdoptionsG	Gesetz über die Annahme als Kind und zur Änderung anderer Vorschriften (Adoptionsgesetz)
a.E.	am Ende
a.F.	alte Fassung
AfP	Archiv für Presserecht
AG	Amtsgericht; Aktiengesellschaft; Ausführungsgesetz; Die Aktiengesellschaft – Zeitschrift für das gesamte Aktienwesen
AGH	Anwaltsgerichtshof
AGS	Anwaltgebühren Spezial
AGSRÜ	Ausführungsgesetz zum Seerechtsübereinkommen der Vereinten Nationen
AIFO	AIDS-Forschung
ähnl.	ähnlich
AK-StGB	Kommentar zum Strafgesetzbuch. Reihe Alternativkommentare (hrsg. von Rudolf Wassermann), 1. Aufl. 1986 ff.
AK-StPO	Kommentar zur Strafprozeßordnung. Reihe Alternativkommentare (hrsg. von Rudolf Wassermann), 1. Aufl. 1988 ff.
AktG	Aktiengesetz
alic	actio libera in causa
allg. M.	allgemeine Meinung
ALR	Allgemeines Landrecht für die Preußischen Staaten
Alt.	Alternative
Alt.-Entw.	Alternativentwurf
a.M.	anderer Meinung
AMG	Arzneimittelgesetz
AMLA	Anti-Money Laundering Authority
ÄndG	Änderungsgesetz
Anh.	Anhang
Anl.	Anlage
Anm.	Anmerkung
AnSVG	Anlegerschutzverbesserungsgesetz
AnwBl	Anwaltsblatt
AO	Abgabenordnung
AöR	Archiv des öffentlichen Rechts
ArbuR	Arbeit und Recht (Zeitschrift)
ArchCrim	Archiv des Criminalrechts
ArchCrimNF	Archiv des Criminalrechts Neue Folge
ArchKrim	Archiv für Kriminologie
ArchKrim Anthr	Archiv für Kriminalanthropologie und Kriminalistik
ArchPF	Archiv für das Post- und Fernmeldewesen
ArchPT	Archiv für Post und Telekommunikation (Umbenennung des Archivs für das Post- und Fernmeldewesen ab Januar 1992)
arg.	Argument(e); argumentum

arg. e. contr.	argumentum e contrario
ARSP	Archiv für Rechts- und Sozialphilosophie
Art.	Artikel
Arztrecht	Arztrecht, Zeitschrift für Rechts- und Vermögensfragen
AStBV	Anweisungen für das Straf- und Bußgeldverfahren
AsylVfG	Asylverfahrensgesetz
AT	Allgemeiner Teil des Strafgesetzbuches
AtG	Gesetz über die friedliche Verwendung der Kernenergie und den Schutz gegen ihre Gefahren (Atomgesetz)
AufenthG	Gesetz über den Aufenthalt, die Erwerbstätigkeit und die Integration von Ausländern im Bundesgebiet (Aufenthaltsgesetz)
Aufl.	Auflage
ausf.	ausführlich
AuslG	Ausländergesetz
AWG	Außenwirtschaftsgesetz
BA	Blutalkohol, Wissenschaftliche Zeitschrift für die medizinische und juristische Praxis
BAFIN	Bundesanstalt für Finanzdienstleistungsaufsicht
BAG	Bundesarbeitsgericht
BAK	Blutalkoholkonzentration
BÄO	Bundesärzteordnung
BApO	Bundes-Apothekerordnung
BauR	Baurecht, Zeitschrift für das gesamte öffentliche und private Baurecht
BayJMBl.	Bayerisches Justizministerialblatt
BayOblG	Bayerisches Oberstes Landesgericht
BayOblGSt	Entscheidungen des Bayerischen Obersten Landesgerichts in Strafsachen
BayStGB	Bayerisches Strafgesetzbuch
BayStVollzG	Bayerisches Strafvollzugsgesetz
BayUVollzG	Bayerisches Untersuchungshaftvollzugsgesetz
BayVBl.	Bayerische Verwaltungsblätter; Zeitschrift für öffentliches Recht und öffentliche Verwaltung
BayVerfGH	Bayerischer Verfassungsgerichtshof
BayVerfGHE	Sammlung von Entscheidungen des Bayerischen Verwaltungsgerichtshofs und des Bayerischen Verfassungsgerichtshofs
BB	Der Betriebsberater
BBesG	Bundesbesoldungsgesetz
BBG	Bundesbeamtengesetz
BbgJVollzG	Brandenburgisches Justizvollzugsgesetz
Bd.	Band
BdF	Bundesminister der Finanzen
BdF-Schr.	Schreiben des Bundesministers der Finanzen
BDG	Bundesdisziplinargesetz
BDSG	Bundesdatenschutzgesetz
BE	Blutentnahme
BeckOK-StGB/Bearbeiter	Beck'scher Online-Kommentar StGB
BeckOK-StPO/Bearbeiter	Beck'scher Online-Kommentar StPO
BeckRS	Beck-Rechtsprechung
Begr.	Begründung
BegrVO	Verordnung über die Begrenzung der Geschäfte des Rechtspflegers bei der Vollstreckung in Straf- und Bußgeldsachen
BerHG	Beratungshilfegesetz
Beschl.	Beschluss
BetrVG	Betriebsverfassungsgesetz
BewH	Bewährungshilfe
BFH	Bundesfinanzhof
BFHE	Sammlung der Entscheidungen des Bundesfinanzhofs
BGBl. I	Bundesgesetzblatt Teil 1

BGBl. II	Bundesgesetzblatt Teil 2
BGH	Bundesgerichtshof
BGHR	BGH-Rechtsprechung Strafsachen – Herausgegeben von den Richtern des Bundesgerichtshofs, Loseblatt
BGHSt	Entscheidungen des Bundesgerichtshofs in Strafsachen
BGHZ	Entscheidungen des Bundesgerichtshofs in Zivilsachen
BHO	Bundeshaushaltsordnung
BJagdG	Bundesjagdgesetz
BKA	Bundeskriminalamt
BKAG	Gesetz über die Einrichtung eines Bundeskriminalamtes
BKat	Bußgeldkatalog
BKatV	Bußgeldkatalogverordnung
BKH	Bezirkskrankenhaus
BMF	Bundesministerium der Finanzen
BMinG	Gesetz über die Rechtsverhältnisse der Mitglieder der Bundesregierung (Bundesministergesetz)
BMJ	Bundesministerium der Justiz
BNatSchG	Gesetz über Naturschutz und Landschaftspflege (Bundesnaturschutzgesetz)
BND	Bundesnachrichtendienst
BNotO	Bundesnotarordnung
BO-RA	Bundesordnung für Rechtsanwälte
BörsG	Börsengesetz
BPersVG	Bundespersonalvertretungsgesetz
BpO	Betriebsprüfungsordnung
BR	Bundesrat
BRAGO	Bundesgebührenordnung für Rechtsanwälte
BRAK	Bundesrechtsanwaltskammer
BRAO	Bundesrechtsanwaltsordnung
BR-Drs.	Bundesratsdrucksache
BRRG	Beamtenrechtsrahmengesetz
BSeuchG	Gesetz zur Verhütung und Bekämpfung übertragbarer Krankheiten beim Menschen (Bundesseuchengesetz)
BSG	Bundessozialgericht
BSGE	Entscheidungen des Bundessozialgerichts
BSHG	Bundessozialhilfegesetz
bspw.	beispielsweise
BStBl.	Bundessteuerblatt
BT	Besonderer Teil des Strafgesetzbuches; Deutscher Bundestag
BTÄO	Bundestierärzteordnung
BT-Drs.	Bundestagsdrucksache
BtG	Gesetz zur Reform des Rechts der Vormundschaft und Pflegschaft für Volljährige (Betreuungsgesetz)
BtM	Betäubungsmittel
BtMG	Betäubungsmittelgesetz
BtPrax	Betreuungsrechtliche Praxis (Zeitschrift)
BuW	Betrieb und Wirtschaft (Zeitschrift)
BVerfG	Bundesverfassungsgericht
BVerfGE	Entscheidungen des Bundesverfassungsgerichts
BVerfGG	Gesetz über das Bundesverfassungsgericht (Bundesverfassungsgerichtsgesetz)
BVerfGK	Kammergerichtsentscheidungen des Bundesverfassungsgerichts (Hrsg.: Verein der Richter des BVerfG e.V.)
BVerfSch	Bundesverfassungsschutz
BVerfSchG	Gesetz über die Zusammenarbeit des Bundes und der Länder in Angelegenheiten des Verfassungsschutzes und über das Bundesamt für Verfassungsschutz
BWahlG	Bundeswahlgesetz
BWahlO/BWO	Bundeswahlordnung
BWaldG	Gesetz zur Erhaltung des Waldes und zur Förderung der Forstwirtschaft

bzgl.	bezüglich
BZR	Bundeszentralregister
BZRG	Gesetz über das Zentralregister und das Erziehungsregister (Bundeszentralregistergesetz)
bzw.	beziehungsweise
ca.	circa
CanG	Cannabisgesetz
CCBE	Standesregeln der Rechtsanwälte der Europäischen Gemeinschaft
CCC	Constitutio Criminalis Carolina
CCZ	Corporate Compliance Zeitschrift
CoR	Computerreport der NJW
COVFAbG	Gesetz zur Abmilderung der Folgen der COVID-19-Pandemie im Zivil-, Insolvenz- und Strafverfahrensrecht
COVInsAGÄndG	Gesetz zur Abmilderung der Folgen der COVID-19-Pandemie im Zivil-, Insolvenz- und Strafverfahrensrecht
CR	Computer und Recht, Forum für die Praxis des Rechts der Datenverarbeitung, Information und Automation
d.h.	das heißt
DÄBl.	Deutsches Ärzteblatt
DAR	Deutsches Autorecht
DAR (B)	Bär: Die Rspr. des BayObLG in Verkehrsstrafsachen und Bußgeldverfahren (Jahreszusammenstellungen im DAR, 1987 bis 1998)
DAR (Bu)	Burhoff: Die Rspr. des OLG Hamm in Verkehrsstrafsachen und Bußgeldverfahren wegen Verkehrsordnungswidrikeiten (Jahreszusammenstellungen im DAR, seit 1996)
DAR (G)	Goydke: Die Rspr. des BGH in Verkehrsstrafsachen und Bußgeldverfahren (Jahreszusammenstellungen im DAR, 1990 und 1991)
DAR (L)	Lernpuhl: Die Rspr. des BayObLG in Verkehrsstrafsachen und Bußgeldverfahren wegen Ordnungswidrigkeiten (Jahreszusammenstellungen im DAR seit 1999)
DAR (M)	Martin: Die Rspr. des BGH in Verkehrsstrafsachen (Jahreszusammenstellungen im DAR, 1953 bis 1975)
DAR (N)	Nehm: Die Rspr. des BGH in Verkehrsstrafsachen und Bußgeldverfahren (Jahreszusammenstellungen im DAR, 1992 bis 1994)
DAR (R)	Rüth: Die Rspr. des BayObLG in Verkehrsstrafsachen und Bußgeldverfahren (Jahreszusammenstellungen im DAR, 1963 bis 1986)
DAR (SP)	Spiegel: Die Rspr. des BGH in Verkehrsstrafsachen und Bußgeldverfahren (Jahreszusammenstellungen im DAR, 1976 bis 1989)
DAR (Te)	Tepperwien: Die Rspr. des BGH in Verkehrsstrafsachen und Bußgeldverfahren (Jahreszusammenstellungen im DAR seit 2003)
DAR (To)	Tolksdorf: Die Rspr. des BGH in Verkehrsstrafsachen und Bußgeldverfahren (Jahreszusammenstellungen im DAR, 1995 bis 2002)
DAV	Deutscher Anwaltverein
DB	Der Betrieb
DDR	Deutsche Demokratische Republik
DDR-StGB	Strafgesetzbuch der Deutschen Demokratischen Republik
DepotG	Gesetz über die Verwahrung und Anschaffung von Wertpapieren (Depotgesetz)
ders.	derselbe
dies.	dieselbe
diesbzgl.	diesbezüglich
diff.	differenzierend
DIN	Deutsche Industrie Norm
Diss.	Dissertation
DJ	Deutsche Justiz
DJT	Deutscher Juristentag

DM	Deutsche Mark
DNA	Deoxyribonucleid acid, Desoxyribonukleinsäure (DNS)
DNA-IFG	DNA-Identitätsfeststellungsgesetz
DNotZ	Deutsche Notar-Zeitschrift
DNP	Die neue Polizei
DokHVG	Hauptverhandlungsdokumentationsgesetz
DÖV	Die Öffentliche Verwaltung
DR	Deutsches Recht
DRiG	Deutsches Richtergesetz
DRiZ	Deutsche Richter Zeitung
DRZ	Deutsche Rechtszeitschrift
DStR	Deutsches Steuerrecht
DStrZ	Deutsche Strafrechtszeitung (1914 – 1922)
DStZ	Deutsche Steuer-Zeitung
DtZ	Deutsch-Deutsche Rechts-Zeitschrift
DuD	Datenschutz und Datensicherung
DuR	Demokratie und Recht, Vierteljahres-Zeitschrift
DV	Durchführungsverordnung
DVBl.	Deutsches Verwaltungsblatt
DVFahrlG	Durchführungsverordnung zum Fahrlehrergesetz
DVJJ-Journal	DVJJ-Journal, Zeitschrift für Jugendkriminalrecht und Jugendhilfe, Mitgliederrundbrief der Deutschen Vereinigung für Jugendgerichte und Jugendgerichtshilfe e.V.
DWiR	Deutsche Zeitschrift für Wirtschaftsrecht
DZWiR	Deutsche Zeitschrift für Wirtschafts- und Insolvenzrecht
e.A.	eigene Auffassung
EB	Eröffnungsbeschluss
EBAO	Einforderungs- und Beitreibungsordnung
EFG	Entscheidungen der Finanzgerichte
EGGVG	Einführungsgesetz zum Gerichtsverfassungsgesetz
EGH	Ehrengerichtshöfe der Rechtsanwaltschaft des Bundesgebietes
EGHE	Entscheidungen der Ehrengerichtshöfe des Bundesgebietes
EGMR	Europäischer Gerichtshof für Menschenrechte
EGOWiG	Einführungsgesetz zum Gesetz über Ordnungswidrigkeiten
EGStGB	Einführungsgesetz zum Strafgesetzbuch
EGStPO	Einführungsgesetz zur Strafprozeßordnung
EGWStG	Einführungsgesetz zum Wehrstrafgesetzbuch
einh.	einhellig
Einl.	Einleitung
einschr.	einschränkend
EMRK	Europäische Menschenrechtskonvention
ENFSI	European Network of Forensic Science Institutes
entspr.	entsprechend
erg.	ergänzend
Erg.	Ergänzung/Ergebnis
EschG	Gesetz zum Schutz von Embryonen (Embryonenschutzgesetz)
ESMA	Europäische Wertpapier- und Marktaufsichtsbehörde
EStG	Einkommenssteuergesetz
ESUG	Gesetz zur weiteren Erleichterung der Sanierung von Unternehmen
et. al.	et alii; et aliae; et alia
etc.	et cetera
ETS	European Treaty Series – Serie der Übereinkommen des Europarates
EU	Europäische Union
EUAlÜbk	Europäisches Auslieferungsabkommen
EUBestG	Gesetz zu dem Protokoll vom 27. September 1996 zum Übereinkommen über den Schutz der finanziellen Interessen der Europäischen Gemeinschaften (EU-Bestechungsgesetz)

EuGH	Europäischer Gerichtshof
EuGRZ	Europäische Grundrechte (Zeitschrift)
EuHB	Europäischer Haftbefehl
EURAG	Gesetz über die Tätigkeit Europäischer Rechtsanwälte in Deutschland
EuRHÜbK	Europäisches Übereinkommen über die Rechtshilfe in Strafsachen
EuStA	Europäische Staatsanwaltschaft
EuStAG	Europäische-Staatsanwaltschaft-Gesetz
€	Euro
Eurojust	Einheit für justizielle Zusammenarbeit der Europäischen Union
EurojustG/EJG	Gesetz zur Umsetzung des Beschlusses (2002/187/JI) des Rates vom 28. Februar 2002 über die Errichtung von Eurojust zur Verstärkung der Bekämpfung der schweren Kriminalität (Eurojust-Gesetz)
EuropolG	Gesetz zu dem Übereinkommen vom 26. Juli 1995 auf Grund von Artikel K.3 des Vertrages über die Europäische Union über die Errichtung eines Europäischen Polizeiamtes (Europol-Gesetz)
EuZW	Europäische Zeitschrift für Wirtschaftsrecht
EV	Einigungsvertrag
evtl.	eventuell
EWG	Europäische Wirtschaftsgemeinschaft
EWiR	Entscheidungen zum Wirtschaftsstrafrecht – Kurzkommentare
EzSt	Entscheidungen zum Straf- und Ordnungswidrigkeitenrecht
f./ff	folgende Randnummer bzw. Seite/folgende Randnummern bzw. Seiten
FA	Finanzamt
FamRZ	Zeitschrift für das gesamte Familienrecht
FAO	Fachanwaltsordnung
FeV	Verordnung über die Zulassung von Personen im Straßenverkehr (Fahrerlaubnis-Verordnung)
FFG	Finanzmarktförderungsgesetz
FG	Festgabe
FGG	Gesetz über die Angelegenheiten der freiwilligen Gerichtsbarkeit
FGO	Finanzgerichtsordnung
FiMaNoG	Finanzmarktnovellierungsgesetz
FlaggRG	Gesetz über das Flaggenrecht der Seeschiffe und die Flaggenführung der Binnenschiffe (Flaggenrechtsgesetz)
FMStG	Finanzmarktstabilisierungsgesetz
Fn.	Fußnote
Forensia	Forensia. Interdisziplinäre Zeitschrift für Psychiatrie, Psychologie, Kriminologie und Recht
FPPK	Forensische Psychiatrie, Psychologie, Kriminologie (Zeitschrift)
FS	Festschrift
FuR	Familie und Recht
G.	Gesetz
G 10	Gesetz zur Bekämpfung des Brief-, Post- und Fernmeldegeheimnisses (Artikel-10-Gesetz)
GA	Goltdammer's Archiv für Strafrecht
GASP	Gemeinsame Außen- und Sicherheitspolitik
GastG	Gaststättengesetz
GBA	Generalbundesanwalt
GBl.	Gesetzblatt
GebrG	Gebrauchsmustergesetz
gem.	gemäß
GenG	Gesetz betreffend die Erwerbs- und Wirtschaftsgenossenschaften
GenStA	Generalstaatsanwaltschaft
ges.	gesetzliche/n/r
Ges.-Entw.	Gesetzentwurf
GeschGehG	Gesetz zum Schutz von Geschäftsgeheimnissen

GewÄchtG	Gesetz zur Ächtung der Gewalt in der Erziehung und zur Änderung des Kindesunterhaltsrechts
GewArch	Gewerbearchiv, Zeitschrift für Gewerbe- und Wirtschaftsverwaltungsrecht
GewO	Gewerbeordnung
GG	Grundgesetz für die Bundesrepublik Deutschland
ggf.	gegebenenfalls
GKT	Gerichtskostengesetz
GleiBG	Gleichberechtigungsgesetz
GlüStV	Staatsvertrag zum Glücksspielwesen in Deutschland (Glücksspielstaatsvertrag)
GmbH	Gesellschaft mit beschränkter Haftung
GmbHG	Gesetz betreffend die Gesellschaften mit beschränkter Haftung
GmbHR	GmbH-Rundschau
GnO	Gnadenordnung
GO	Geschäftsordnung
grdlg.	grundlegend
grds.	grundsätzlich
GRUR	Gewerblicher Rechtsschutz und Urheberrecht
GS	Großer Senat; Gedächtnisschrift
GStA	Generalstaatsanwaltschaft
GSZ	Zeitschrift für das Gesamte Sicherheitsrecht
GVBl.	Gesetz- und Verordnungsblatt
GVG	Gerichtsverfassungsgesetz
GWB	Gesetz gegen Wettbewerbsbeschränkungen
GWBekErgG	Geldwäschebekämpfungsergänzungsgesetz
GwG	Gesetz über das Aufspüren von Gewinnen aus schweren Straftaten
Gynäkologe	Der Gynäkologe
h.L.	herrschende Lehre
h.M.	herrschende Meinung
HaftPflG	Haftpflichtgesetz
HmbjVollzDSG	Hamburgisches Justizvollzugsdatenschutzgesetz
Hess. GVBl.	Gesetz- und Verordnungsblatt für das Land Hessen
HESt	Höchstrichterliche Entscheidungen, Sammlung von Entscheidungen der Oberlandesgerichte und der Obersten Gerichte in Strafsachen (1948–49)
HK-StPO	Heidelberger Kommentar zur Strafprozessordnung, 3. Aufl. 2001
HRG	Hochschulrahmengesetz
HRR	Höchstrichterliche Rechtsprechung
HRRS	Onlinezeitschrift für Höchstrichterliche Rechtsprechung zum Strafrecht, Internetzeitung für Strafrecht – www.hrr-strafrecht.de – 2000 ff.
Hrsg.	Herausgeber
Hs.	Halbsatz
HStVollzG	Hessisches Strafvollzugsgesetz
HSW	Das Hochschulwesen (Zeitschrift)
HuSt	Hochverrat und Staatsgefährdung, Urteile des BGH, herausgegeben von Walter Wagner (Karlsruhe 1957)
HV	Hauptverhandlung
HVT	Hauptverhandlungstermin
HWSt	Handbuch Wirtschaftsstrafrecht
IAFPA	International Association for Forensic Phonetics and Acoustics
ibid	ibidem
ICD	International Classification of Diseases
i. Erg. zust.	im Ergebnis zustimmend
i.d.F.	in der Fassung
i.d.R.	in der Regel
i.d.S.	in diesem Sinne
i.E.	im Ergebnis

i.e.	id est
i.e.S.	im engeren Sinne
i.R.d.	im Rahmen des/der
i.S.	im Sinne
i.S.d.	im Sinne des/der
i.S.v.	im Sinne von
i.Ü.	im Übrigen
i.V.m.	in Verbindung mit
i.w.S.	im weiteren Sinne
IFG	Gesetz zur Regelung des Zugangs zu Informationen des Bundes (Informationsfreiheitsgesetz)
IfSG	Gesetz zur Verhütung und Bekämpfung von Infektionskrankheiten beim Menschen (Infektionsschutzgesetz)
InfUR	Informationsdienst Umweltrecht
insb.	insbesondere
InsO	Insolvenzordnung
IntBestG	Gesetz zu dem Übereinkommen vom 17. Dezember 1997 über die Bekämpfung der Bestechung ausländischer Amtsträger im internationalen Geschäftsverkehr (Gesetz zur Bekämpfung internationaler Bestechung)
IntKfzVO	Verordnung über internationalen Kraftfahrzeugverkehr
InVG	Investmentgesetz
IPBPR	Internationaler Pakt über bürgerliche und politische Rechte
IQ	Intelligenzquotient
IRG	Gesetz über internationale Rechtshilfe in Strafsachen
IStGH	Internationaler Strafgerichtshof
IuR	Informatik und Recht, vereinigt mit »Datenverarbeitung«
J.	Jahr(e)
JA	Juristische Arbeitsblätter – Zeitschrift für Studenten und Referendare
JAmt	Das Jugendamt – Zeitschrift für Jugendhilfe und Familienrecht
JArbSchG	Jugendarbeitsschutzgesetz
JAVollzO	Jugendarrestvollzugsordnung
JBeitrO	Justizbeitreibungsordnung
JBl.	Juristische Blätter (Österreich)
JGG	Jugendgerichtsgesetz
JK	Jura-Kartei – Beilage der Zeitschrift »Jura«
JMBl.	Justizministerialblatt
JMS	Jugend Medien Schutz-Report
JMStV	Staatsvertrag über den Schutz der Menschenwürde und den Jugendschutz in Rundfunk und Telemedien (Jugendmedienschutz-Staatsvertrag)
JR	Juristische Rundschau
JugSchG	Jugendschöffengericht
JuMoG	Justizmodernisierungsgesetz
Jura	Juristische Ausbildung
JurA	Juristische Analysen
JurBüro	Das Juristische Büro
juris	Juristisches Informationssystem für die Bundesrepublik Deutschland
jurisPR	juris PraxisReport
JurPC	JurPC, Internet-Zeitschrift für Rechtsinformatik
JuS	Juristische Schulung
JuSchG	Jugendschutzgesetz
Justiz	Die Justiz, Amtsblatt des Justizministeriums Baden-Württemberg
JVA	Justizvollzugsanstalt
JVBl	Justizverwaltungsblatt
JVollzDSG SL	Saarländisches Justizvollzugsdatenschutzgesetz
JVollzDSG M-V	Justizvollzugsdatenschutzgesetz Mecklenburg-Vorpommern
JVollzGB	Justizvollzugsgesetzbuch
JVKostO	Verordnung über Kosten im Bereich der Justizverwaltung

JW	Juristische Wochenschrift
JZ	Juristenzeitung
KampR	Kommunikation und Recht
Kap.	Kapitel
KastrG	Gesetz über die freiwillige Kastration und andere Behandlungsmethoden
KG/KG Berlin	Kammergericht Berlin
KJ	Kritische Justiz, Vierteljahresschrift
KK-OWiG	Karlsruher Kommentar zum Gesetz über Ordnungswidrigkeiten
KK-StPO	Karlsruher Kommentar zur Strafprozessordnung
KMR	Loseblattkommentar zur Strafprozessordnung, begründet von Kleinknecht/Müller/Reitberger, 7. Aufl. 1980, herausgegeben von Müller/Sax/Paulus, 8. Aufl. 1990, herausgegeben von Fezer/Paulus, nunmehr herausgegeben von v. Heintschel-Heinegg/Stöckel
KO	Konkursordnung
KorrBekG	Korruptionsbekämpfungsgesetz
KostG	Gesetz über die Kosten in Angelegenheiten der freiwilligen Gerichtsbarkeit
KostRÄndG 94	Gesetz zur Änderung von Kostengesetzen und anderen Gesetzen
KostVfg	Kostenverfügung
KpS	Kriminalpolizeiliche personenbezogene Sammlung
KreisG	Kreisgericht
KrimHW	Handwörterbuch der Kriminologie, herausgegeben von Sieverts und Schneider, Bd. I – V, Nachtrags- und Registerband (Berlin 1966 – 1998)
Kriminalistik	Unabhängige Zeitschrift für die kriminalistische Praxis und Wissenschaft
KrimJ	Kriminalistisches Journal
KrimPäd	Kriminalpädagogische Praxis
KriPoZ	Kriminalpolitische Zeitschrift
krit.	kritisch
KritJ	Kritische Justiz
KritV	Kritische Vierteljahresschrift für Gesetzgebung und Rechtswissenschaft
KronzG	Gesetz zur Einführung einer Kronzeugenregelung bei terroristischen Straftaten
KrPflG	Gesetz über die Berufe in der Krankenpflege (Krankenpflegegesetz)
KrWaffKontrG	Ausführungsgesetz zu Art. 26 Abs. 2 Grundgesetz (Gesetz über die Kontrolle von Kriegswaffen)
KTS	Konkurs-, Treuhand- und Schiedsgerichtswesen
KUG	Gesetz betreffend das Urheberrecht an Werken der bildenden Künste und der Photographie (Kunsturhebergesetz)
KuG	Kirche und Gesellschaft (Zeitschrift): herausgegeben von der Katholischen Sozialwissenschaftlichen Zentralstelle Mönchengladbach (zitiert nach Nummer und Seite)
KuMaKV	Verordnung zur Konkretisierung des Verbotes der Kurs- und Marktpreismanipulation
KUP	Kriminologie und Praxis, Schriftenreihe der Kriminologischen Zentralstelle e.V.
KVGKG	Kostenverzeichnis zum Gerichtskostengesetz
KWG	Kreditwesengesetz
LAN	Local Area Network
LFBG	Lebensmittel-, Bedarfsgegenstände- und Futtermittelgesetzbuch (Lebensmittel- und Futtermittelgesetzbuch)
LG	Landgericht
LHO	Landeshaushaltsordnung
lit.	Buchstabe
LK	Strafgesetzbuch. Leipziger Kommentar
LKA	Landeskriminalamt
LM	Entscheidungen des Bundesgerichtshofs im Nachschlagwerk des Bundesgerichtshofs, herausgegeben von Lindenmaier, Möhring

LPartG	Gesetz über die Eingetragene Lebenspartnerschaft (Lebenspartnerschaftsgesetz)
LRE	Sammlung Lebensmittelrechtlicher Entscheidungen
LS	Leitsatz
LuftBO	Betriebsordnung für Luftfahrtgerät
LuftSiG	Luftsicherheitsgesetz
LuftVG	Luftverkehrsgesetz
LuftVO	Luftverkehrsordnung
LVerfSch	Landesamt für Verfassungsschutz
LVwVfG	Landesverwaltungsverfahrensgesetz
LZ	Leipziger Zeitschrift für deutsches Recht
m. abl. Anm.	mit ablehnenden Anmerkungen
m. Anm.	mit Anmerkungen
m. Anm.	mit Anmerkung(en)
m. Bespr.	mit Besprechung
m. krit. Anm.	mit kritischen Anmerkungen
m. krit. Bespr.	mit kritischer Besprechung
m. w. Beispielen	mit weiteren Beispielen
m. zust. Anm.	mit zustimmender Anmerkung
m. zust. Bespr.	mit zustimmender Besprechung
m.N.	mit Nachweisen
m.E.	meines Erachtens
m.w.N.	mit weiteren Nachweisen
MAD	Militärischer Abschirmdienst
MAR	
MarkenG	Gesetz über den Schutz von Marken und sonstigen Kennzeichen (Markengesetz)
Mat.	Materialien
MBl.	Ministerialblatt
MDR (D)	Dallinger: Aus der Rspr. des BGH in Strafsachen (in der MDR)
MDR (H)	Holtz: Aus der Rspr. des BGH in Strafsachen (in der MDR)
MDR (S)	H.W. Schmidt: Aus der Rspr. des BGH in Staatsschutzsachen (in der MDR)
MedKlinik	Medizinische Klinik, Wochenschrift für Klinik und Praxis
MedR	Medizinrecht
MfS	Ministerium für Staatssicherheit der DDR
MiFID	Richtlinie über Märkte für Finanzinstrumente
MiFIR	Verordnung über Märkte für Finanzinstrumente und OTC-Derivate
MiStra	Anordnung über Mitteilungen in Strafsachen
MiZi	Anordnung über Mittelungen in Zivilsachen
MMR	Multimedia und Recht (Zeitschrift)
MOG	Gesetz zur Durchführung der Gemeinsamen Marktorganisationen und der Direktzahlungen (MOG)
MoMiG	Gesetz zur Modernisierung des GmbH-Rechts und zur Bekämpfung von Missbräuchen
MPG	Gesetz über Medizinprodukte (Medizinproduktegesetz)
MPU	medizinisch-psychologische Untersuchung
MSchrKrim	Monatsschrift für Kriminologie und Strafrechtsreform
MüKo-BGB	Münchener Kommentar zum Bürgerlichen Gesetzbuch
MüKo-HGB	Münchener Kommentar zum Handelsgesetzbuch
MüKo-StGB	Münchener Kommentar zum Strafgesetzbuch
MüKo-StPO	Münchener Kommentar zur Strafprozessordnung
n.F.	neue Fassung
Nds. Rpfl.	Niedersächsische Rechtspflege
NdSchr	Niederschriften über die Sitzungen der Großen Strafrechtskommission, 14 Bände (Bonn 1965 bis 1960)
NervA	Der Nervenarzt (Zeitschrift)

NJ	Neue Justiz
NJW	Neue Juristische Wochenschrift
NJW-RR	Neue Juristische Wochenschrift-Rechtsprechungs-Report Zivilrecht
NJVollzG	Niedersächsisches Justizvollzugsgesetz
noeP	nicht offen ermittelnder Polizeibeamter
NK	Nomos Kommentar zum Strafgesetzbuch
NKrimPol	Neue Kriminalpolitik, Forum für Praxis, Politik und Wissenschaft (zitiert nach Jahr, Heft und Seite)
Nr.	Nummer
NStE	Neue Entscheidungssammlung für Strafrecht
NStZ	Neue Zeitschrift für Strafrecht
NStZ (B)	Becker: Die Rechtsprechung des BGH zu Beweisantragsrecht (Übersichten in der NStZ seit 2003)
NStZ (D)	Rechtsprechungsübersicht von Detter in der NStZ
NStZ (J)	BGH bei Janiszewski NStZ
NStZ (K)	Kusch: Aus der Rspr. des BGH zum Strafverfahrensrecht (Übersichten in der NStZ seit 1992)
NStZ (M)	Miebach: Aus der (vom BGH nicht veröffentlichten) Rspr. des BGH in Strafsachen zum Verfahrensrecht (Übersichten in der NStZ 1998 – 1990)
NStZ (M/K)	Miebach/Kusch: Aus der Rspr. des BGH zum Strafverfahrensrecht (Übersichten in der NStZ 1991)
NStZ (Pf)	Pfeiffer: Aus der Rspr. des BGH in Strafsachen zum Verfahrensrecht (Übersichten in der NStZ 1981 und 1982)
NStZ (Pf/M)	Pfeiffer/Miebach: Aus der vom BGH nicht veröffentlichten) Rspr. des BGH in Strafsachen zum Verfahrensrecht – Übersichten in der NStZ 1983 – 1987
NStZ (S)	H.W. Schmidt: Aus der Rspr. des BGH in Staatsschutzstrafsachen (Übersichten in der NStZ)
NStZ-RR	NStZ-Rechtsprechungs-Report Strafrecht
NStZ-RR (B)	Becker: Aus der Rspr. des BGH zum Strafverfahrensrecht (Übersichten im NStZ-RR seit 2001)
NStZ-RR (K)	Kusch: Aus der Rspr. des BGH zum Strafverfahrensrecht (Übersichten im NStZ-RR von 1998 – 2000)
NStZ-RR (S)	H.W. Schmidt Aus der Rspr. des BGH in Staatsschutzstrafsachen
NTS	NATO-Truppenstatut
NuR	Natur und Recht, Zeitschrift für das gesamte Recht zum Schutze der natürlichen Lebensgrundlagen und der Umwelt
NVwZ	Neue Zeitschrift für Verwaltungsrecht
NVwZ-RR	Neue Zeitschrift für Verwaltungsrecht, Rechtsprechungs-Report
N.	Nachweis(e); Name
NZA	Neue Zeitschrift für Arbeitsrecht
NZA-RR	NZA-Rechtsprechungsreport Arbeitsrecht
NZBau	Neue Zeitschrift für Baurecht und Vergaberecht
NZI	Neue Zeitschrift für das Recht der Insolvenz und Sanierung
NZM	Neue Zeitschrift für Miet- und Wohnungsrecht
NZWiST	Neue Zeitschrift für Wirtschafts-, Steuer- und Unternehmensstrafrecht
NZV	Neue Zeitschrift für Verkehrsrecht
NZWehrr	Neue Zeitschrift für Wehrrecht
o.g.	oben genannt
obj.	objektiv
OECD	Organization for Economic Cooperation and Development
OEG	Opferentschädigungsgesetz
OpferschutzG	Erstes Gesetz zur Verbesserung der Rechtsstellung der Verletzten im Strafverfahren
OGH	Oberster Gerichtshof, Österreich
OGHSt	Entscheidungen des Obersten Gerichtshofs für die Britische Zone in Strafsachen
OHG	Offene Handelsgesellschaft

ÖJZ	Österreichische Juristen-Zeitung
OK	Organisierte Kriminalität
OLG	Oberlandesgericht
OLG Bamberg	Oberlandesgericht Bamberg
OLG Brandenburg	Brandenburgisches Oberlandesgericht
OLG Braunschweig	Oberlandesgericht Braunschweig
OLG Bremen	Hanseatisches Oberlandesgericht Bremen
OLG Celle	Oberlandesgericht Celle
OLG Dresden	Oberlandesgericht Dresden
OLG Düsseldorf	Oberlandesgericht Düsseldorf
OLG Frankfurt	Oberlandesgericht Frankfurt am Main
OLG Hamburg	Hanseatisches Oberlandesgericht Hamburg
OLG Hamm	Oberlandesgericht Hamm
OLG Karlsruhe	Oberlandesgericht Karlsruhe
OLG Koblenz	Oberlandesgericht Koblenz
OLG Köln	Oberlandesgericht Köln
OLG München	Oberlandesgericht München
OLG Naumburg	Oberlandesgericht Naumburg
OLG Nürnberg	Oberlandesgericht Nürnberg
OLG Oldenburg	Oberlandesgericht Oldenburg
OLG Saarbrücken	Saarländisches Oberlandesgericht
OLG Schleswig	Schleswig-Holsteinisches Oberlandesgericht
OLG Stuttgart	Oberlandesgericht Stuttgart
OLG Thüringen	Thüringer Oberlandesgericht
OLG Zweibrücken	Pfälzisches Oberlandesgericht Zweibrücken
OLG-NL	OLG-Rechtsprechung Neue Länder
OLGSt	Entscheidungen der Oberlandesgerichte zum Straf- und Strafverfahrensrecht
OrdenG	Gesetz über Titel, Orden und Ehrenzeichen
OrgKG	Gesetz zur Bekämpfung des illegalen Rauschgifthandels und anderer Erscheinungsformen der Organisierten Kriminalität
ÖRiZ	Österreichische Richterzeitung
österr.	österreichisch
OWi	Ordnungswidrigkeit
OWiG	Gesetz über Ordnungswidrigkeiten
PAG	Polizeiaufgabengesetz
ParlStG	Gesetz über die Rechtsverhältnisse der Parlamentarischen Staatssekretäre
PartG	Gesetz über die politischen Parteien (Parteiengesetz)
PassG	Paßgesetz
PatG	Patentgesetz
PatAnwO	Patentanwaltsordnung
PBefG	Personenbeförderungsgesetz
PCL-R	Psychopathy Checklist-Revised
PflVersG	Gesetz über die Pflichtversicherung für Kraftfahrzeughalter
PersStdG	Personenstandstgesetz
PflR	Zeitschrift für Rechtsfragen der stationären und ambulanten Pflege
PKS	Polizeiliche Kriminalstatistik
POG	Polizeiorganisationsgesetz
PolG NRW	Polizeigesetz des Landes Nordrhein-Westfalen
Polizei	Die Polizei (Zeitschrift)
PostG	Postgesetz
PräsLG	Präsident des Landgerichts
PreußStGB	Preußisches Strafgesetzbuch
ProstG	Gesetz zur Regelung der Rechtsverhältnisse der Prostituierten (Prostitutionsgesetz)
PStR	Praxis Steuerstrafrecht (Zeitschrift)
PsychKG	Landesgesetze für psychisch kranke Personen

PsychThG	Gesetz über die Berufe des Psychologischen Psychotherapeuten und des Kinder- und Jugendlichenpsychotherapeuten (Psychotherapeutengesetz)
PVR	Praxis Verkehrsrecht (zitiert nach Jahr und Seite)
PZU	Praxis Verkehrsrecht
RA	Rechtsanwalt
RAF	Rote Armee Fraktion
RAK	Rechtsanwaltskammer
RdA	Recht der Arbeit
RdJB	Recht der Jugend und des Bildungswesens
RDV	Recht der Datenverarbeitung
Recht	Das Recht (Zeitschrift)
Rechtsmedizin	Rechtsmedizin (Zeitschrift)
Rechtstheorie	Rechtstheorie, Zeitschrift für Logik, Methodenlehre, Kybernetik und Soziologie des Rechts
RefE	Referentenentwurf
Reg.	Regierung
Reg.-Entw.	Regierungsentwurf
RennwLottG	Rennwett- und Lotteriegesetz
RG	Reichsgericht; Reichsgesetz
RGBl.	Reichsgesetzblatt
RGSt	Entscheidungen des Reichsgerichts in Strafsachen
RGZ	Entscheidungen des Reichsgerichts in Zivilsachen
RhPflPOG	Polizei- und Ordnungsbehördengesetz Rheinland-Pfalz
RichtlRA	Grundsätze des anwaltlichen Standesrechts
RiJAVollzO	Richtlinien zur Jugendarrestvollzugsordnung
RiStBV	Richtlinien für das Strafverfahren und das Bußgeldverfahren
RL	Richtlinie
Rn./Rdn.	Randnummer(n)
RLJGG	Richtlinien zum Jugendgerichtsgesetz
RohR	Richter ohne Robe
ROW	Recht in Ost und West
Rpfleger	Der Deutsche Rechtspfleger (Zeitschrift)
RPflG	Rechtspflegergesetz
RPG	Recht und Politik im Gesundheitswesen
Rspr.	Rechtsprechung
RStGB	Reichsstrafgesetzbuch
RuP	Recht und Politik, Vierteljahreshefte für Rechts- und Verwaltungspolitik
RVG	Rechtsanwaltsvergütungsgesetz
RVO	Reichsversicherungsordnung
s.	siehe
S.	Satz/Seite
s. aber	siehe aber
s. auch	siehe auch
s.o.	siehe oben
s.u.	siehe unten
SaarlVerSchG	Saarländisches Verfassungsschutzgesetz
SächsVerfSchG	Gesetz über den Verfassungsschutz im Freistaat Sachsen
SanInsFOG	Sanierungs- und Insolvenzrechtsfortentwicklungsgesetz
SchKG	Gesetz zur Vermeidung und Bewältigung von Schwangerschaftskonflikten (Schwangerschaftskonfliktgesetz)
SchlHA	Schleswig-Holsteinische Anzeigen
Schr.	Schreiben
SchwArbG	Gesetz zur Bekämpfung der Schwarzarbeit und illegaler Beschäftigung
SchweizBGE	Entscheidungen des Schweizerischen Bundesgerichts
SchweizStGB	Schweizerisches Strafgesetzbuch
SchwurG	Schwurgericht

SchwJZ	Schweizerische Juristenzeitung
SchwZSt	Schweizer Zeitschrift für Strafrecht
SDÜ	Schengener Durchführungsübereinkommen
SeemG	Seemannsgesetz
SeeSchStrO	Seeschifffahrtsstraßen-Ordnung
SFHG	Gesetz zur Hilfe für Frauen bei Schwangerschaftsabbrüchen in besonderen Fällen
SG	Gesetz über die Rechtsstellung der Soldaten (Soldatengesetz)
SGB	Sozialgesetzbuch
SigG	Gesetz über Rahmenbedingungen für elektronische Signaturen
SK-StGB	Hans-Joachim Rudolphi/Jürgen Wolter u.a. Systematischer Kommentar zum Strafgesetzbuch
SK-StPO	Hans-Joachim Rudolphi/Jürgen Wolter u.a. Systematischer Kommentar zur Strafprozessordnung und zum Gerichtsverfassungsgesetz
sog.	so genannt/e/r
SolZG	Solidaritätszuschlaggesetz
SprengG	Gesetz über explosionsgefährliche Stoffe (Sprengstoffgesetz)
SRÜ	Seerechtsübereinkommen der Vereinten Nationen
st. Rspr.	ständige Rechtsprechung
StA	Staatsanwaltschaft
StaRUG	Unternehmensstabilisierungs- und -restrukturierungsgesetz
StAG	Staatsangehörigkeitsgesetz
StBerG	Steuerberatungsgesetz
Stbg	Die Steuerberatung (Zeitschrift)
StBp	Die steuerliche Betriebsprüfung
StenB	Stenographischer Bericht
StGB	Strafgesetzbuch
StGH	Staatsgerichtshof
StPO	Strafprozeßordnung
str.	strittig; streitig
StraFo	Strafverteidiger Forum Zeitschrift)
StrÄndG	Strafrechtsänderungsgesetz
StrEG	Gesetz über die Entschädigung für Strafverfolgungsmaßnahmen
StrK	Strafkammer
StrRehaG	Strafrechtliches Rehabilitierungsgesetz
StRR	StrafRechtsReport (Zeitschrift)
StrRG	Strafrechtsreformgesetz
StrVollstrO	Strafvollstreckungsordnung
StV	Strafverteidiger (Zeitschrift)
StV-S	Strafverteidiger Spezial (Zeitschrift)
StVÄG	Strafverfahrensänderungsgesetz
StVG	Straßenverkehrsgesetz
StVK	Strafvollstreckungskammer
StVO	Straßenverkehrsordnung
StVollstrO	(Bundeseinheitliche) Strafvollstreckungsordnung
StVollzG	Gesetz über den Vollzug der Freiheitsstrafe und der Freiheitsentziehenden Maßregeln der Besserung und Sicherung
StVollzGVV	(Bundeseinheitliche) Verwaltungsvorschriften zum Strafvollzugsgesetz
StVZO	Straßenverkehrs-Zulassungs-Ordnung
SubvG	Subventionsgesetz
Symp.	Symposium
Tab.	Tabelle
teilw.	teilweise
TDG	Gesetz über die Nutzung von Telediensten (Teledienstgesetz)
THC	Tetrahydrocannabinol
ThUG	Therapieunterbringungsgesetz
ThürJVollzGB	Thüringer Justizvollzugsgesetzbuch

ThürPAG	Thüringer Polizeiaufgabengesetz
ThürVerfSchG	Thüringer Verfassungsschutzgesetz
TierSchG	Tierschutzgesetz
TK	Telekommunikation
TKG	Telekommunikationsgesetz
TKÜ	Überwachung des Telekommunikationsverkehrs
TMG	Telemediengesetz
TOA	Täter-Opfer-Ausgleich
TPG	Gesetz über die Spende, Entnahme und Übertragung von Organen und Geweben (Transplantationsgesetz)
TSG	Gesetz über die Änderung der Vornamen und die Feststellung der Geschlechtszugehörigkeit in besonderen Fällen (Transsexuellengesetz)
TÜ	Telefonüberwachung
u. dgl.	und dergleichen
u.a.	unter anderem; und andere
u.U.	unter Umständen
Übk.	Übereinkommen
U-Haft	Untersuchungshaft
UKG	Gesetz zur Bekämpfung der Umweltkriminalität
umstr.	umstritten
unstr.	unstreitig
unveröff.	unveröffentlicht
unzul.	unzulässig
unzutr.	unzutreffend
UrhG	Gesetz über Urheberrechte und verwandte Schutzrechte (Urheberrechtsgesetz)
UrkB	Urkundsbeamter der Geschäftsstelle
Urt.	Urteil
UStG	Umsatzsteuergesetz
usw.	und so weiter
u.U.	unter Umständen
UVollzO	Untersuchungshaftvollzugsordnung
UWG	Gesetz gegen den unlauteren Wettbewerb
UZwG	Gesetz über den unmittelbaren Zwang bei Ausübung öffentlicher Gewalt durch Vollzugsbeamte des Bundes
v.	vom
v.a.	
Var.	Variante
VBl.	Verwaltungsblätter (Zeitschrift für öffentliches Recht und öffentliche Verwaltung)
VE	Verdeckter Ermittler
VerbrBekG	Das Gesetz zur Änderung des Strafgesetzbuchs, der Strafprozeßordnung und anderer Gesetze (Verbrechensbekämpfungsgesetz) vom 28. Oktober 1994 (BGBl. I S. 3186)
VereinsG	Gesetz zur Regelung des öffentlichen Vereinsrechts (Vereinsgesetz)
VerfDDR	Verfassung der Deutschen Demokratischen Republik
VerfGH	Verfassungsgerichtshof
VerkMitt	Verkehrsrechtliche Mitteilungen
VerkProspG	Wertpapier-Verkaufsprospektgesetz
VerkProspVO	Verordnung über Wertpapier-Verkaufsprospekte (Verkaufsprospekt-Verordnung)
VermVerkProspV	Verordnung über Vermögensanlagen-Verkaufsprospekte (Vermögensanlagen-Verkaufsprospektverordnung)
VerpflG	Gesetz über die förmliche Verpflichtung nichtbeamteter Personen (Verpflichtungsgesetz)
VersammlG	Gesetz über Versammlungen und Aufzüge (Versammlungsgesetz)

VersR	Zeitschrift für Versicherungsrecht, Haftungs- und Schadensrecht
vertr.	vertreten
VerwZG	Verwaltungszustellungsgesetz
VG	Verwaltungsgericht
VGH	Verwaltungsgerichtshof
vgl.	vergleiche
VgV	Verordnung über die Vergabe öffentlicher Aufträge (Vergabeverordnung)
VN	Vereinte Nationen
VO	Verordnung
VO EG	Verordnung der Europäischen Gemeinschaft
VOB	Vergabe- und Vertragsordnung für Bauleistungen
VollStrB	Vollstreckungsbehörde
VOR	Zeitschrift für Verkehrs- und Ordnungswidrigkeitenrecht
Vorbem.	Vorbemerkung
VRR	VerkehrsRechtsReport (Zeitschrift)
VRS	Verkehrsrechtssammlung
VStGB	Völkerstrafgesetzbuch
VU	Verkehrsunfall
VV	Vergütungsverzeichnis
VVG	Gesetz über den Versicherungsvertrag (Versicherungsvertragsgesetz)
VVJug	Verwaltungsvorschrift zum Jugendstrafvollzug
VVStVollzG	Verwaltungsvorschrift zum Strafvollzugsgesetz
VwVfG	Verwaltungsverfahrensgesetz
VZR	Verkehrszentralregister
WaffG	Waffengesetz
WBeauftrG	Gesetz über den Wehrbeauftragten des Deutschen Bundestages (Gesetz zu Art. 45b des Grundgesetzes)
WDO	Wehrdisziplinarordnung
WHO	World Health Organization (Weltgesundheitsorganisation)
WiB	Wirtschaftliche Beratung
WiKG	Gesetz zur Bekämpfung der Wirtschaftskriminalität
WissR	Wissenschaftsrecht (Zeitschrift)
WiStG	Wirtschaftsstrafgesetz
wistra	Zeitschrift für Wirtschafts- und Steuerstrafrecht
WiVerw	Wissenschaft und Verwaltung, Vierteljahresbeilage zum Gewerbearchiv
W-LAN	Wireless Local Area Network
WM	Wertpapiermitteilungen, Zeitschrift für Wirtschafts- und Bankrecht
WPflG	Wehrpflichtgesetz
WpHG	Gesetz über den Wertpapierhandel (Wertpapierhandelsgesetz)
WpPG	Gesetz über die Erstellung, Billigung und Veröffentlichung des Prospekts, der beim öffentlichen Angebot von Wertpapieren oder bei der Zulassung von Wertpapieren zum Handel an einem organisierten Markt zu veröffentlichen ist (Wertpapierprospektgesetz)
WPO	Wirtschaftsprüferordnung
WpÜG	Wertpapiererwerbs- und Übernahmegesetz
WRP	Wettbewerb in Recht und Praxis
WRV	Verfassung des Deutschen Reiches von 1919 (Weimarer Reichsverfassung)
WStG	Wehrstrafgesetz
WuW	Wirtschaft und Wettbewerb
z.B.	zum Beispiel
z.T.	zum Teil
ZAP	Zeitschrift für die Anwaltspraxis
ZDG	Gesetz über den Zivildienst der Kriegsdienstverweigerer (Zivildienstgesetz)
ZFdG	Gesetz über das Zollkriminalamt und die Zollfahndungsämter (Zollfahndungsdienstgesetz)
ZfJ	Zentralblatt für Jugendrecht

ZFL	Zeitschrift für Lebensrecht
ZfS	Zeitschrift für Schadensrecht
ZfStrVO	Zeitschrift für Strafvollzug und Straffälligenhilfe
ZGR	Zeitschrift für Unternehmens- und Gesellschaftsrecht
ZSHG	Zeugenschutzharmonisierungsgesetz
Ziegert	Ziegert (Hrsg.) Grundlagen der Strafverteidigung, 1. Aufl. 2000
Ziff.	Ziffer
ZIP	Zeitschrift für das Wirtschaftsrecht
ZIS	Zeitschrift für Internationale Strafrechtsdogmatik
ZJS	Zeitschrift für das Juristische Studium
ZKA	Zollkriminalamt
ZollVG	Zollverwaltungsgesetz
ZPO	Zivilprozessordnung
ZRP	Zeitschrift für Rechtspolitik
ZSEG	Gesetz über die Entschädigung von Zeugen und Sachverständigen
ZStrR	Schweizerische Zeitschrift für Strafrecht
ZStW	Zeitschrift für die gesamte Strafrechtswissenschaft
ZSW	Zeitschrift für das gesamte Sachverständigenwesen
ZUM	Zeitschrift für Urheber- und Medienrecht
zusf.	zusammenfassend
zust.	zustimmend
zutr.	zutreffend
ZVG	Gesetz über die Zwangsversteigerung und die Zwangsverwaltung
zw.	zweifelnd
ZWH	Zeitschrift für Wirtschaftsstrafrecht und Haftung im Unternehmen
z.Z.	zur Zeit

Literaturverzeichnis

Ahlbrecht/Böhm/Esser/ Hugger/Kirsch/Rosenthal	Ahlbrecht, Heiko/Böhm, Klaus Michael/Esser, Robert/Hugger, Heiner/ Kirsch, Stefan/Rosenthal, Michael: Internationales Strafrecht in der Praxis, 2. Aufl. 2017 (Praxis der Strafverteidigung Bd. 32)
AK-StPO/*Bearbeiter*	Alternativkommentar zur Strafprozessordnung, Hrsg. Wassermann, Rudolf (1988 – 1996)
Albrecht Jugendstrafrecht	Albrecht, Peter-Alexis: Jugendstrafrecht, 3. Aufl. 2000
Alsberg	Alsberg, Max; bearbeitet von: Dallmeyer, Jens/Güntge, Georg-Friedrich/ Tsambikakis, Michael: Der Beweisantrag im Strafprozess, 8. Aufl. 2022
Alsberg/Nüse/Meyer	Alsberg, Max/Nüse, Karl-Heinz/Meyer, Karlheinz: Der Beweisantrag im Strafprozess, 5. Aufl. 1983
Altenhain/Dietmeier/May	Altenhain,Karsten/Dietmeier, Frank/May, Markus: Die Praxis der Absprachen in Strafverfahren, 2013
Altenhain/Hagemeier/ Haimerl/Stammen	Altenhain, Karsten/Hagemeier, Ina/Haimerl, Michael/Stammen, Karl-Heinz: Die Praxis der Absprachen in Wirtschaftsstrafverfahren, 2007
Altenkirch	Altenkirch, Lars: Techniken der Geldwäsche und ihre Bekämpfung 2. überarbeitete Aufl. 2007
Amelung Informations-beherrschungsrechte	Amelung, Knut: Informationsbeherrschungsrechte im Strafprozess, 1990
AnwK-RVG/*Bearbeiter*	Schneider, Norbert/Wolf, Hans-Joachim: Anwaltkommentar RVG, 8. Aufl. 2017
AnwK-StPO/*Bearbeiter*	Krekeler, Wilhelm/Löffelmann, Markus/Sommer, Ulrich (Hrsg.): Anwaltkommentar Strafprozessordnung, 2. Aufl. 2010
Arbeitsgemeinschaft der Fachanwälte für Steuerrecht e.V.	Arbeitsgemeinschaft der Fachanwälte für Steuerrecht e.V. (Hrsg.): Der Fachanwalt für Steuerrecht im Rechtswesen – Gleichzeitig ein Beitrag zur Gestaltungs- und Durchsetzungsberatung, 1999
Barnhart/Shelburne	Barnhart, Keith/Shelburne, Lila Wold: Guilty until proven innocent, 1990
Barton Mindeststandards	Barton, Stephan: Mindeststandards der Strafverteidigung, 1994
Barton Revision	Barton, Stephan: Die Revisionsrechtsprechung des BGH in Strafsachen, 1999
Baumann Eigene Ermittlungen	Baumann, Martin: Eigene Ermittlungen des Verteidigers, 1999 (Schriftenreihe Deutsche Strafverteidiger e.V., Bd. 18)
Beck/Berr/Schäpe OWi-Sachen	Beck, Wolf-Dieter/Berr, Wolfgang/ Schäpe, Markus: OWi-Sachen im Straßenverkehrsrecht, 8. Aufl. 2022 (Praxis der Strafverteidigung Bd. 6)
BeckOK RVG/*Bearbeiter*	Beck'scher Online-Kommentar RVG, von: Seltmann, Julia, Stand: 01.12.2014 ff.
BeckOK StPO/*Bearbeiter*	Beck'scher Online-Kommentar StPO mit RiStBV und MiStra, hrsg. Von: Graf, Jürgen-Peter, 27. Edition 2017 ff.
BeckOK StrEG/*Bearbeiter*	Beck'scher Online-Kommentar StrEG, Graf, Jürgen Peter, Stand: 01.09.2015 ff.
Beling	von Beling, Ernst: Deutsches Reichsstrafprozessrecht, 1928
Beling Beweisverbote	von Beling, Ernst: Die Beweisverbote als Grenze der Wahrheitserforschung im Strafprozess, Breslau 1903
Bender/Nack	Bender, Rolf/Nack, Armin: Tatsachenfeststellung vor Gericht, 2. Aufl. 1995
Bender/Nack/Treuer	Bender, Rolf/Nack, Armin/Treuer, Wolf-Dieter: Tatsachenfeststellung vor Gericht, 5. Aufl. 2021
Beulke Strafprozessrecht	Beulke, Werner: Strafprozessrecht, 16. Aufl. 2022

Beulke Verteidiger	Beulke, Werner: Der Verteidiger im Strafverfahren, Funktionen und Rechtsstellung, 1980
Beulke/Ruhmannseder Strafbarkeit	Beulke, Werner/Ruhmannseder, Felix: Die Strafbarkeit des Verteidigers, 2. Aufl. 2010 (Praxis der Strafverteidigung Bd. 11)
BGH-Nack	Nack, Armin (Hrsg.): Strafsenate des BGH – Alle Entscheidungen seit Herbst 1991 (CD-ROM), Stand: 2016 ff.
Birkmeyer	Birkmeyer, Karl: Deutsches Strafprozessrecht, 1898
Bittmann	Bittmann, Folker (Hrsg.): Insolvenzstrafrecht, (20), Handbuch für die Praxis, 2004
Bockemühl Private Ermittlungen	Bockemühl, Jan: Private Ermittlungen im Strafprozess, 1996 (Schriftenreihe Deutsche Strafverteidiger e.V., Bd. 10)
Bogner	Bogner, Udo: Absprachen im deutschen und italienischen Strafprozessrecht, 2000
Böhm	Böhm, Alexander: Einführung in das Jugendstrafrecht, 3. Aufl. 1996
Böhm/Feuerhelm	Böhm, Alexander/Feuerhelm, Wolfgang: Einführung in das Jugendstrafrecht, 4. Aufl. 2004
Bohnert/Krenberger/Krumm	Bohnert, Joachim/Krenberger, Benjamin/Krumm, Carsten: Ordnungswidrigkeitengesetz, 4. Aufl. 2016
Borgmann/Jungk/Schwaiger	Borgmann, Brigitte/Jungk, Antje/Schwaiger, Michael: Anwaltshaftung, 6. Aufl. 2020
Bosbach/Ackermann/Caba Ermittlungsverfahren	Bosbach, Jens/Ackermann, Julian/Caba, Jan: Verteidigung im Ermittlungsverfahren, 9. Aufl. 2022 (Praxis der Strafverteidigung Bd. 3)
Böttger	Böttger, Marcus (Hrsg.): Wirtschaftsstrafrecht in der Praxis, 2. Aufl. 2015
Braun	Braun, Stefan: Die Absprache im deutschen Strafverfahren, 1998
Bringewat	Bringewat, Peter: Strafvollstreckung, Kommentar zu den §§ 449–463d StPO, 1993
Brodersen/Anslinger/Rolf	Brodersen, Kilian/Anslinger, Katja/Rolf, Burkhard: DNA-Analyse und Strafverfahren – Rechtliche und biologische Grundlagen der DNA-Analyse, 2003
Brunner/Dölling	Brunner, Rudolf/Dölling, Dieter: Jugendgerichtsgesetz, 14. Aufl. 2023
Bühring-Uhle/Eidenmüller/ Nelle	Bühring-Uhle, Christian/Eidenmüller, Horst/Nelle, Andreas: Verhandlungsmanagement, 2. Aufl. 2017
Burhoff Ermittlungsverfahren	Burhoff, Detlef: Handbuch für das strafrechtliche Ermittlungsverfahren, 9. Aufl. 2021
Burhoff Hauptverhandlung	Burhoff, Detlef: Handbuch für die strafrechtliche Hauptverhandlung, 10. Aufl. 2021
Burhoff RVG	Burhoff, Detlef: RVG Straf- und Bußgeldsachen, 6. Aufl. 2021
Burmann/Heß/ Hühnermann/Jahnke/	Burmann, Michael/Heß, Rainer/Hühnermann, Katrin/Jahnke, Jürgen/ Janker, Helmut: Straßenverkehrsrecht, 27. Aufl. 2022
Busch/Teichmann	Busch, Dagmar/Teichmann, Helmut: Das neue Geldwäscherecht, 2003
Buschmann	Buschmann, Arno: Textbuch zur Strafrechtsgeschichte der Neuzeit, 1998
Bussenius	Bussenius, Anne: Geldwäsche und Strafverteidigerhonorar, 2004 (Schriftenreihe Deutsche Strafverteidiger e.V., Bd. 27)
Ciolek-Krepold	Ciolek-Krepold, Katja: Durchsuchung und Beschlagnahme in Wirtschaftsstrafsachen, 2000 (NJW-Schriftenreihe Bd. 68)
Dahs/Dahs	Dahs, Hans: Die Revision im Strafprozess, 9. Aufl. 2017
Dahs Handbuch	Dahs, Hans: Handbuch des Strafverteidigers, 8. Aufl. 2015
Dahs Taschenbuch	Dahs, Hans: Taschenbuch des Strafverteidigers, 4. Aufl. 1990

Dallmeyer	Dallmeyer, Jens: Beweisführung im Strengbeweisverfahren. 2008, 2. Aufl.
Danko	Danko, Franz-Ludwig: Rechtsfehler bei der Anklageerhebung oder in der Anklageschrift unter besonderer Berücksichtigung der Rechtsprechung, 1998
Dencker	Dencker, Friedrich: Verwertungsverbote im Strafprozess, 1977
Dencker/Hamm	Dencker, Friedrich/Hamm, Rainer: Der Vergleich im Strafprozess, 1988
Dengler	Dengler, Christoph-Clemens: Die richterliche Kontrolle der Abschlussverfügung der Staatsanwaltschaft im Ermittlungsverfahren. Eine rechtsvergleichende Analyse anhand des US-amerikanischen Rechts unter besonderer Berücksichtigung des Rechts Kaliforniens, 2003
Denninger Handbuch	Bäcker, Matthias/Denninger, Erhard/Graulich, Kurt/Lisken, Hans/ (Hrsg.): Handbuch des Polizeirechts, 7. Aufl. 2021
Deppenkemper	Deppenkemper, Gunter: Beweiswürdigung als Mittel prozessualer Wahrheitserkenntnis: eine dogmengeschichtliche Studie zu Freiheit, Grenzen und revisionsgerichtlicher Kontrolle tatrichterlicher Überzeugungsbildung (§ 261 StPO, § 286 ZPO), 2004
Detter	Einführung in die Praxis des Strafzumessungsrechts, 2009.
Diemer/Schatz/Sonnen/ *Bearbeiter*	Diemer, Herbert/Schatz, Holger/Sonnen, Bernd-Rüdeger: Kommentar zum Jugendgerichtsgesetz, 8. Aufl. 2020
Dilling ICD-10 Kapitel V (F)	Dilling, Horst et. al. (Hrsg.): Internationale Klassifikation psychischer Störungen. ICD-10 Kapitel V (f). Diagnostische Kriterien für Forschung und Praxis, 6. Aufl. 2016
zu Dohna	Dohna, Alexander zu: Das Strafprozessrecht, 3. Aufl. 1929
Dornach	Dornach, Markus: Der Strafverteidiger als Mitgarant eines justizförmigen Strafverfahrens, 1994
Dudel	Dudel, Bernd: Das Widerspruchserfordernis bei Beweisverwertungsverboten, 1999 (Schriftenreihe Deutsche Strafverteidiger e.V., Bd. 17)
Eberth/Müller/Schütrumpf Betäubungsmittelsachen	Eberth, Alexander/Müller, Eckhart/Schütrumpf, Matthias: Verteidigung in Betäubungsmittelsachen, 7. Aufl. 2018 (Praxis der Strafverteidigung Bd. 4)
Eisenberg Beweisrecht	Eisenberg, Ulrich: Beweisrecht der StPO, 10. Aufl. 2017
Eisenberg JGG	Eisenberg/Kölbel Jugendgerichtsgesetz, 24. Aufl. 2023
Endriß	Endriß, Rainer: Verteidigung im Betäubungsmittelverfahren, 1998
Erbs/Kohlhaas/*Bearbeiter*	Erbs, Georg/Kohlhaas, Max: Strafrechtliche Nebengesetze, hrsg. von Ambs, Friedrich, Loseblatt, Stand : 249. Lfg. 2023
Ernst	Ernst, Christoph: Das gerichtliche Zwischenverfahren nach Anklageerhebung, 1986
Eschke	Eschke, Dieter: Mängel im Rechtsschutz gegen Strafvollstreckungs- und Strafvollzugsmaßnahmen, 1993
Exner	Exner, Franz: Strafverfahrensrecht, 1947
Fah	Rechtsmißbrauch im Strafprozeß, Heidelberg 2004
Feichtlbauer	Verständigung als Fremdkörper im deutschen Strafprozess?, 2020
Ferber/Staudinger	Ferber, Jana/Staudinger, Wolfgang: Handbuch Sachbearbeitung Strafrecht, 2023
Feuerich/Weyland	BRAO, 10. Aufl. 2020
Fezer	Fezer, Gerhard: Strafprozessrecht, 2. Aufl. 1995
FG Koch	Brüssow, Rainer (Hrsg.): Festgabe für Ludwig Koch, 1989
FH Tepperwien	Tolksdorf, Klaus/Widmaier, Gunter/Basdorf, Clemens (Hrsg.): Festheft zum 65. Geburtstag von Ingeborg Tepperwien, NJW 2010

Fischer	Fischer, Thomas: Strafgesetzbuch mit Nebengesetze, 71. Aufl. 2024
Fischer Anwaltshaftung	Fischer, Gero/Fischer, Detlev/Vill, Gerhard/Rinkler, Alex/Chab, Bertin (Hrsg.): Handbuch der Anwaltshaftung, 5. Aufl. 2020
Flore/Dörn/Gillmeister	Flore, Ingo/Dörn, Harald/Gillmeister, Ferdinand: Steuerfahndung und Steuerstrafverfahren. Handbuch für die Strafverteidigung, 3. Aufl. 2008
Formularbuch/*Bearbeiter*	Beck'sches Formularbuch für den Strafverteidiger, Hrsg. Hamm, Rainer/Leipold, Klaus, 6. Aufl. 2018
Forster	Forster, Balduin: Praxis der Rechtsmedizin, 1986
Franke/Wienroeder	Franke, Ulrich/Wienroeder, Karl: Betäubungsmittelgesetz – Kommentar, 3. Aufl. 2007
Freyschmidt Straßenverkehr	Freyschmidt, Uwe: Verteidigung in Straßenverkehrssachen, 10. Aufl. 2013 (Praxis der Strafverteidigung Bd. 1)
Frowein/Peukert	Frowein, J./Peukert, W.: Europäische Menschenrechtskonvention, EMRK-Kommentar, 3. Aufl. 2009
FS Bemmann	Schulz, Joachim/Vormbaum, Thomas (Hrsg.): Festschrift für Günter Bemmann, 1997
FS Beulke	Fahl, Christian/Müller, Eckhart/Satzger, Helmut/Swoboda, Sabine (Hrsg.): Festschrift für Werner Beulke zum 70. Geburtstag, 2015
FS BGH	Geiß, Karlmann/Nehm, Kay/Brandner, Hans E. (Hrsg.): 50 Jahre Bundesgerichtshof. Festschrift aus Anlaß des fünfzigjährigen Bestehens von Bundesgerichtshof, Bundesanwaltschaft und Rechtsanwaltschaft beim Bundesgerichtshof, 2000
FS Breidling	Bockemühl, Jan/v. Heintschel-Heinegg, Bernd/Lang, Ricarda/Nagler, Axel (Hrsg.): Festschrift für Ottmar Breidling zum 70. Geburtstag am 15. Februar 2017, 2017
FS Dencker	Degener, Wilhelm/Heghmanns, Michael (Hrsg.): Festschrift für Friedrich Dencker zum 70. Geburtstag, 2012
FS Eisenberg	Müller, Henning Ernst/Sander, Günther M./Válková, Helena (Hrsg.): Festschrift für Ulrich Eisenberg zum 70. Geburtstag, 2009
FS Fezer	Weßlau, Edda/Wohlers, Wolfgang (Hrsg.): Festschrift für Gerhard Fezer zum 70. Geburtstag, 2008
FS Hamm	Michalke, Regina u.a. (Hrsg.): Festschrift für Rainer Hamm zum 65. Geburtstag, 2008
FS Hassemer	Herzog, Felix/Neumann, Ulrich (Hrsg.): Festschrift für Winfried Hassemer zum 70. Geburtstag, 2010
FS v. Heintschel-Heinegg	Bockemühl, Jan/Gierhake, Katrin/Müller, Henning E./Walter, Tonio (Hrsg.): Festschrift für Bernd von Heintschel-Heinegg zum 70. Geburtstag, 2015
FS Lüderssen	Prittwitz, Cornelius u.a. (Hrsg.): Festschrift für Klaus Lüderssen zum 70. Geburtstag, 2002
FS Meyer-Goßner	Eser, Albin/Goydke, Jürgen/Maatz, Kurt R.: Strafverfahrensrecht in Theorie und Praxis. Festschrift für Lutz Meyer-Goßner zum 65. Geburtstag, 2001
FS Oehler	Herzberg, Rolf Dietrich (Hrsg.): Festschrift für Dietrich Oehler zum 70. Geburtstag, 1985
FS Peters	Baumann, Jürgen/Tiedemann, Klaus (Hrsg.): Einheit und Vielfalt des Strafrechts. Festschrift für Karl Peters zum 70. Geburtstag, 1974
FS Puppe	Paeffgen, Hans-Ullrich/Böse, Martin/Kindhäuser, Urs/Stübinger, Stephan/Verrel, Torsten/Zaczyk, Rainer (Hrsg.): Strafrechtswissenschaft als Analyse und Konstruktion. Festschrift für Ingeborg Puppe zum 70. Geburtstag, 2011 (Schriften zum Strafrecht Heft 215)

FS Richter II	Kempf, Eberhard/Jansen, Gabriele/Müller, Egon (Hrsg.): Festschrift für Christian Richter II, 2006
FS Rieß	Hanack, Ernst-Walter/Hilger, Hans/Mehle, Volkmar/Widmaier, Gunter (Hrsg.): Festschrift für Peter Rieß, 2002
FS Rissing-van Saan	Bernsmann, Klaus/Fischer, Thomas (Hrsg.): Festschrift für Ruth Rissing-van Saan, 2011
FS Rolinski	Kühne, Hans-Heiner u.a. (Hrsg.): Festschrift für Klaus Rolinski zum 70. Geburtstag, 2002
FS Roxin I	Schünemann, Bernd u.a. (Hrsg.): Festschrift für Claus Roxin zum 70. Geburtstag, 2001
FS Roxin II	Heinrich, Manfred u.a. (Hrsg.): Festschrift für Claus Roxin zum 80. Geburtstag, 2011
FS Rudolphi	Rogall, Klaus/Stein, Ulrich/Wolter, Jürgen/Puppe, Ingeborg (Hrsg.): Festschrift für Hans-Joachim Rudolphi zum 70. Geburtstag, 2004
FS Schöch	Dölling, Dieter u.a. (Hrsg.): Festschrift für Heinz Schöch zum 70. Geburtstag, 2010
FS Strauda	Beulke, Werner/Müller, Eckhart (Hrsg.): Festschrift zu Ehren des Strafrechtsausschusses der Bundesrechtsanwaltskammer, 2006
FS Tröndle	Jescheck, Hans-Heinrich/Vogler, Theo (Hrsg.): Festschrift für Herbert Tröndle zum 70. Geburtstag, 1989
FS Wessing	Festschrift für Jürgen Wessing zum 65. Geburtstag, 2015
FS Widmaier	Schöch, Heinz/Satzger, Helmut/Schäfer, Gerhard/Ignor, Alexander/Knauer, Christoph (Hrsg.): Strafverteidigung, Revision und die gesamten Strafrechtswissenschaften. Festschrift für Gunter Widmaier zum 70. Geburtstag, 2008
Gebhardt	Gebhardt, Hans-Jürgen: Das verkehrsrechtliche Mandat, Bd. 1, 8. Aufl. 2015
Geipel Handbuch	Geipel, Andreas: Handbuch der Beweiswürdigung, 3. Aufl. 2017
Geipel Notwendigkeit	Geipel, Andreas: Die Notwendigkeit der Objektivierung der Beweiswürdigung und Vorschläge zu ihrer Durchführung, 2008
von Gerkan/Hommelhoff	Gerkan, Hartwin von/Hommelhoff, Peter: Kapitalersatz im Gesellschafts- und Insolvenzrecht, 5. Aufl. Köln 1997
Gerlach	Gerlach, Götz: Absprachen im Strafverfahren – Ein Beitrag zu den Rechtsfolgen fehlgeschlagener Absprachen im Strafverfahren, Frankfurt/Main 1992
Gerland	Gerland, Heinrich Balthasar: Der deutsche Strafprozess, 1927
Gerold/Schmidt	Gerold, Wilhelm/Schmidt, Herbert: Rechtsanwaltsvergütungsgesetz, 20. Aufl. 2012
Gerold/Schmidt	Gerold, Wilhelm/Schmidt, Herbert: Rechtsanwaltsvergütungsgesetz, 26. Aufl. 2023
Glaser Handbuch	Glaser, Julius: Handbuch des Strafprozesses, 1. Bd., 1883
Glaser Aktuelle Probleme	Glaser, Bettina: Aktuelle Probleme im Rahmen der sachlichen Zuständigkeit der Strafgerichte, insbesondere die Folgen fehlerhafter Verweisungsbeschlüsse, 2002
Gneist	Gneist, Rudolf: Freie Advokatur – Die erste Forderung aller Justizreform in Preußen, 1867
Goebel/Gottwald	Goebel, Frank-Michael/Gottwald, Uwe: Rechtsanwaltsvergütungsgesetz, 1. Aufl. 2004
Göhler	Göhler, Erich: Gesetz über Ordnungswidrigkeiten, 27. Aufl. 2023
Göppinger	Göppinger, Hans: Kriminologie, 6. Aufl. 2008
Gräns	Gräns, Minna: Das Risiko materiell fehlerhafter Urteile, 2002

Graf/*Bearbeiter*	Graf, Jürgen-Peter: Strafprozessordnung – Mit Gerichtsverfassungsgesetz und Nebengesetzen, 4. Aufl. 2021
Greeve	Greeve, Gina: Korruptionsdelikte in der Praxis, 2005
Greff	Greff, Oliver: Die strafverfahrensrechtliche Bewältigung wahldeutiger Verurteilungen bei mehreren prozessualen Taten. Das Institut der Wahlfeststellung zwischen Anklagegrundsatz, Tatbegriff und Verfahrensverbindung, 2002
Gröner	Gröner, Kerstin: Strafverteidiger und Sitzungspolizei, 1998
Grossmann	Grossmann, Hans-Georg Michael: Die Aufhebung des Eröffnungsbeschlusses und der Anspruch des Angeklagten auf Freispruch, 1986
Grunst	Grunst, Bettina: Prozeßhandlungen im Strafprozeß, 2002
Grünwald	Grünwald, Gerald: Das Beweisrecht der StPO, 1993
Grützner/Pötz	Grützner Heinrich/Pötz, Paul-Günter: Internationaler Rechtshilfeverkehr in Strafsachen, Loseblatt, 56. Aufl. 2023
GS Radbruch	Kaufmann, Arthur (Hrsg.): Gedächtnisschrift für Gustav Radbruch, 1968
GS Weßlau	Herzog, Felix/Schlothauer, Reinhold/Wohlers, Wolfgang/Wolter, Jürgen (Hrsg.): Rechtsstaatlicher Strafprozess und Bürgerrechte. Gedächtnisschrift für Edda Weßlau, 2016
Hackner	Hackner, Thomas: Der befangene Staatsanwalt im deutschen Strafverfahrensrecht, 1995
Hackner/Schierholt	Hackner, Thomas/Schierholt, Christian: Internationale Rechtshilfe in Strafsachen – ein Leitfaden für die Praxis, 3. Aufl. 2017, 4. Aufl. 2023
Hahn	Hahn: Die gesamten Materialien zur StPO, 2. Abt., 1881
Hamm	Hamm, Rainer: Die Revision in Strafsachen, 8. Aufl. 2021
Hamm/Hassemer/Pauly	Hamm, Rainer/Hassemer, Winfried/Pauly, Jürgen: Beweisantragsrecht, 2. Aufl. 2007 (Praxis der Strafverteidigung Bd. 22)
Handbuch Staatsanwalt/ *Bearbeiter*	Vordermayer, Helmut/von Heintschel-Heinegg, Bernd/Schnabl, Robert/ Beckstein, Wolfgang (Hrsg.): Handbuch für den Staatsanwalt, 7. Aufl. 2023
Hansens RVG	Hansens, Heinz: Rechtsanwaltsvergütungsgesetz: RVG, 9. Aufl. 2014
Hansens/Braun/Schneider	Hansens, Heinz/Braun, Anton/Schneider, Norbert: Praxis des Vergütungsrechts, 2. Aufl. 2007
Hardtke Festschrift	Hardtke, Frank: Die strafrechtliche Gleichstellung von Festsetzungs- und Feststellungsbescheiden als Taterfolg der Steuerhinterziehung, insbesondere bei der Feststellung des verwendbaren Eigenkapitals nach § 47 KStG, Festschrift 50 Jahre Arbeitsgemeinschaft der Fachanwälte für Steuerrecht e.V., 1999
Hardtke Steuerhinterziehung	Hardtke, Frank: Steuerhinterziehung durch verdeckte Gewinnausschüttung, 1995
Hartmann Kostengesetz	Hartmann, Peter/Toussaint, Guido: Kostenrecht, 50. Aufl. 2020
Hartung/Scharmer	Hartung, Wolfgang/Scharmer, Hartmut: Berufs- und Fachanwaltsordnung: BORA/FAO, 8. Aufl. 2022
Hartung/Römermann/ Schons	Hartung, Wolfgang/Römermann, Volker/Schons, Herbert P.: Praxiskommentar zum Rechtsanwaltsvergütungsgesetz, 2. Aufl. 2006
Hauer	Hauer, Judith: Geständnis und Absprache, 2007
Heghmanns	Heghmanns, Michael: Das Zwischenverfahren im Strafprozess, 1991
Heghmanns/Scheffler	Heghmanns, Michael/Scheffler, Uwe: Handbuch zum Strafverfahren, 2008

von Heintschel-Heinegg	Heintschel-Heinegg, Bernd von (Hrsg.), Strafgesetzbuch, Kommentar, 4. Aufl. 2021
Heller	Heller, Jens: Die gescheiterte Urteilsabsprache, 2004
Henkel Strafverfahren	Henkel, Heinrich: Das deutsche Strafverfahren, 1943
Henkel Strafverfahrensrecht	Henkel, Heinrich: Strafverfahrensrecht, 2. Aufl. 1968
Henssler/Prütting	Henssler, Martin/Prütting, Hanns: Bundesrechtsanwaltsordnung, 5. Aufl. 2019
Hentschel Fahrerlaubnis	Hentschel, Peter/Krumm, Carstens: Fahrerlaubnis/Alkohol/Drogen im Straf- und Ordnungswidrigkeitenrecht, 8. Aufl. 2023
Hentschel Trunkenheit	Hentschel, Peter: Trunkenheit, Fahrerlaubnisentziehung, Fahrverbot im Straf- und Ordnungswidrigkeitenrecht, 10. Aufl. 2006
Hentschel/König/Dauer	Hentschel, Peter/König, Peter/Dauer, Peter, Straßenverkehrsrecht, Kommentar, 47. Aufl. 2023
Himmelreich/Krumm/Staub	Himmelreich, Klaus/Krumm, Carsten/Staub, Carsten: Verkehrsunfallflucht – Verteidigungsstrategien im Rahmen des § 142 StGB, 6. Aufl. 2013 (Praxis der Strafverteidigung Bd. 15)
von Hippel	Hippel, Robert von: Der Deutsche Strafprozess, 1941
Hirte	Hirte, Heribert: Berufshaftung, 1996
HK/*Bearbeiter*	Gercke, Björn/Temming, Dieter/Zöller, Mark A. [Hrsg.): Heidelberger Kommentar zur Strafprozessordnung, 7. Aufl. 2023
HK-GS/*Bearbeiter*	Dölling, Dieter/Duttge, Gunnar/Rössner, Dieter: Gesamtes Strafrecht, 5. Aufl. 2022
Höltkemeier	Höltkemeier, Kai: Sponsoring als Straftat, 2005
Hoyer/Klos	Hoyer, Petra/Klos, Joachim, Regelungen zur Bekämpfung der Geldwäsche und ihre Anwendung in der Praxis, 2. Aufl. 2001
Huchel	Huchel, Uwe: Schätzungen im Steuerstrafverfahren, 1994
Huttenlocher	Huttenlocher, Peter: Dealen wird Gesetz. Die Urteilsabsprache im Strafprozess und ihre Kodifizierung, 2007
Ignor/Kohlmann/Pananis	Ignor, Alexander/Kohlmann, Günter/Pananis, Panos: Die strafrechtliche Verantwortlichkeit des GmbH-Geschäftsführers, 1. Aufl. 2013
Ignor/Mosbacher	Ignor, Alexander/Mosbacher, Andreas: Handbuch Arbeitsstrafrecht, 3. Aufl. 2016
Ioakimidis	Ioakimidis, Ariadne: Die Rechtsnatur der Absprachen im Strafverfahren, Frankfurt/2001
Jäger Beweisverwertung	Jäger, Christian: Beweisverwertung und Beweisverwertungsverbote im Strafprozess, 2003
Jahn	Jahn, Matthias: »Konfliktverteidigung« und Inquisitionsmaxime, 1998 (Schriftenreihe Deutsche Strafverteidiger e.V., Bd. 16)
Janiszewski	Janiszewski, Horst: Verkehrsstrafrecht, 5. Aufl. 2004
Janke	Janke, Alexander: Verständigung und Absprachen im Strafverfahren, 1997
Jansen	Jansen, Gabriele: Zeuge und Aussagepsychologie, 3. Aufl. 2022 (Praxis der Strafverteidigung Bd. 29)
Janssen	Janssen, Gerhard, Gewinnabschöpfung im Strafverfahren, 2. Aufl. 2018
Joecks/Randt	Joecks, Wolfgang/Randt, Carsten: Steueramnestie 2004/2005, 2004
Joecks Kapitalanlagebetrug	Joecks, Wolfgang: Der Kapitalanlagebetrug, 1987
Joecks Praxis	Joecks, Wolfgang: Praxis des Steuerstrafrechts, 1998
Joecks/Jäger/Randt Steuerstrafrecht	Joecks, Wolfgang/Jäger, Markus/Randt, Karsten: Steuerstrafrecht, 8. Aufl. 2015

John	John, Richard: Strafproceßordnung für das Deutsche Reich, 1. Bd., 1884
Kaiser	Kaiser, Günther: Kriminologie, 10. Aufl. 1997
Kalter	Kalter, Helmut: Die Rechtsstellung des Strafverteidigers, seine Pflichten und Rechte, 1938
Kazele	Kazele, Norbert: Untersuchungshaft Ein verfassungsrechtlicher Leitfaden für die Praxis, 2008
Katholnigg	Katholnigg, Oskar: Strafgerichtsverfassungsrecht, 3. Aufl. 1999
Keller	Keller, Adolf: Die Strafprozeß-Ordnung für das Deutsche Reich, 2. Aufl. 1882
Kiel	Kiel, Roger: Die Verjährung bei der vorsätzlichen Steuerverkürzung, 1989
Kissel/Mayer	Kissel, Otto Rudolf/Mayer, Herbert: Gerichtsverfassungsgesetz – Kommentar, 10. Aufl. 2021
KK/*Bearbeiter*	Karlsruher Kommentar zur Strafprozessordnung und zum Gerichtsverfassungsgesetz mit Einführungsgesetz, hrsg. von R. Hannich, 9. Aufl. 2023
KK-OWiG/*Bearbeiter*	Karlsruher Kommentar zum Gesetz über Ordnungswidrigkeiten, hrsg. von Lothar Senge, 5. Aufl. 2018
Klein	Klein, Franz: Abgabenordnung – Kommentar, 17. Aufl. 2024
Kleine-Cosack BRAO	Kleine-Cosack, Michael: Bundesrechtsanwaltsordnung, 9. Aufl. 2022
Kleinknecht/Janischowsky	Kleinknecht, Th./Janischowsky, G.: Das Recht der Untersuchungshaft 1977
KMR/*Bearbeiter*	Kleinknecht, Th./Müller, H./Reitberger, L.: Kommentar zur Strafprozessordnung, ab der 81. Lieferung, hrsg. von B. v. Heintschel-Heinegg und J. Bockemühl, 2016 ff.
Knapp	Knapp, Wolfgang: Der Verteidiger – ein Organ der Rechtspflege?, 1974
Kniemeyer	Kniemeyer, Claus-Dieter: Das Verhältnis des Strafverteidigers zu seinem Mandanten; Vertrauen und Unabhängigkeit, 1997
Koelges	Koelges, Barbara: Opferzeuginnenbetreuung bei Solwodi e.V., in: Solwodi (Hrsg.), Probleme der Strafverfolgung und des Zeuginnenschutzes in Menschenhandelsprozessen, 2002
Kohlmann	Kohlmann, Günter: Steuerstrafrecht, Kommentar, Loseblatt, Stand : 78. Lieferung, 2023
Konrad	Konrad, Sabine: Die Beschlagnahme von Verteidigungsunterlagen – Das deutsche Recht auf dem Prüfstand der Menschenrechte, 2000
Köstlin	Köstlin, Reinhold: Der Wendepunkt des deutschen Strafverfahrens im neunzehnten Jahrhundert, 1858
Kremer	Kremer, Stefan Hubertus: Absprachen zwischen Gericht und Verfahrensbeteiligten im Strafprozess, 1994
Krenberger /Krumm	Ordnungswidrigkeitengesetz, 7. Aufl. 2022
Krekeler/Werner	Krekeler, Wilhelm/Werner, Elke: Unternehmer und Strafrecht, 2006
Krieger	Krieger, Jochen: Täuschungen über Rechtsauffassungen im Steuerstrafrecht, 1987
von Krieß	Krieß, August von: Lehrbuch des Deutschen Strafprozeßrechts, 1892
Kubik	Kubik, Alexander: Die unzulässige Sanktionsschere, 2014
Kuckuk/Werny	Kuckuk, Günter/Werny, Karl: Straßenverkehrsrecht, 8. Aufl. 1996
Kudlich 68. DJT Gutachten C	Kudlich, Hans: Erfordert das Beschleunigungsgebot eine Umgestaltung des Strafverfahrens? Gutachten/Teil C. In: Verhandlungen des 68. Deutschen Juristentages, 2010, hrsg. von Deutscher Juristentag e.V.

Kühn/v. Wedelstädt/ *Bearbeiter*	Kühn, Rolf/v. Wedelstädt, Alexander: Abgabenordnung und Finanzgerichtsordnung, Kommentar, 22. Aufl. 2018
Kühne	Kühne, Hans Heiner: Strafprozessrecht, Eine systematische Darstellung des deutschen und europäischen Strafverfahrensrechts, 9. Aufl. 2015
Kühne Verteidiger	Kühne, Lothar: Der Verteidiger ohne grundrechtliches Gewand, 1937
Kunz	Kunz, Karl-Heinz: Gesetz über die Entschädigung für Strafverfolgungsmaßnahmen, 4. Aufl. 2010
Kierzkowski	Kierzkowski, Karolina, Die Unparteilichkeit des Richters im Strafverfahren unter Berücksichtigung von Art. 6 Abs. 1 S. 1 EMRK, 2016
Lackner/Kühl/Heger	Lackner, Karl/Kühl, Kristian/Heger, Martin: Strafgesetzbuch, 30. Aufl. 2023
Lammer Verdeckte Ermittlungen	Lammer, Dirk: Verdeckte Ermittlungen im Strafprozeß – Zugleich eine Studie zum Menschenwürdegehalt der Grundrechte, 1992
Laubenthal/Baier/Nestler	Laubenthal, Klaus/Baier, Helmut/Nestler, Nina: Jugendstrafrecht, 3. Aufl. 2015
Laubenthal/Nestler/ Neubacher/Verrel	Laubenthal, Klaus/Nestler, Nina/Neubacher, Frank/Verrel, Torsten; ehem. Calliess, Rolf-Peter/Müller-Dietz, Heinz: Strafvollzugsgesetz, 12. Aufl. 2015
Lauterwein	Lauterwein, Carl Constantin: Akteneinsicht und -auskünfte für den Verletzten, Privatpersonen und sonstige Stellen, §§ 406e und 475 StPO, 2011
Leip	Leip, Carsten: Der Straftatbestand der Geldwäsche – Zur Auslegung des § 261 StGB, 2. Aufl. 1999
Leitner/Michalke	Leitner, Werner/Michalke, Regina: Strafprozessuale Zwangsmaßnahmen, 2. Aufl. 2022
Lemke-Küch	Lemke-Küch, Harald: Verteidigung im Straf- und Ordnungswidrigkeitsverfahren – Mit Ordnungswidrigkeitenverfahren, 2. Aufl. 2009
Lesch	Lesch, Heiko Hartmut: Strafprozessrecht, 2. Aufl. 2001
von Lilienthal	Lilienthal, Karl von: Strafprozeßrecht, 1923
LK/*Bearbeiter*	Leipziger Kommentar: Strafgesetzbuch, Großkommentar, hrsg. von H. W. Laufhütte, R. Rissing-van Saan, K. Tiedemann, 12. Aufl. 2006 ff., 13.Aufl. 2019 ff.
LMK	Lindenmaier, Fritz/Möhring, Philipp: Kommentierte BGH-Rechtsprechung, elektronische Publikation
Loddenkemper	Loddenkemper, Florian: Revisibilität tatrichterlicher Zeugenbeurteilung. Eine Auseinandersetzung mit der neueren Rechtsprechung der Strafsenate des BGH, 2003
Loftus/Ketcham	Loftus, Elizabeth/Ketcham, Katherine: Die therapierte Erinnerung, 1995
Loritz	Loritz, Hartmut: Kritische Betrachtungen zum Wert des strafprozessualen Zwischenverfahrens, 1996
LR/*Bearbeiter*	Löwe, Ewald/Rosenberg, Werner: Die Strafprozessordnung und das Gerichtsverfassungsgesetz, Großkommentar, hrsg. von Erb, Volker/Esser, Robert/Graalmann-Scheerer, Kirsten/Hilger, Hans/Ignor, Alexander, 27. Aufl. 2016 ff.
Lüdeke	Lüdeke, Achim M.: Der Zeugenbeistand, Dissertation, 1995
Madert	Madert, Wolfgang: Rechtsanwaltsvergütungen in Straf- und Bußgeldsachen, 5. Aufl. 2004

Maeffert	Maeffert, Uwe: Der Zustand des polizeilichen Ermittlungsverfahrens, in: Thiée, Philipp (Hrsg.), Menschen Handel. Wie der Sex-Markt strafrechtlich reguliert wird, Berlin 2008, S. 243 ff.
MAH WirtschaftsstrafR/*Bearbeiter*	Volk, Klaus (Hrsg.), Münchener Anwaltshandbuch – Verteidigung in Wirtschafts- und Steuerstrafsachen, 3. Aufl. 2020
MAH Strafverteidigung/*Bearbeiter*	Widmaier, Gunter/Müller, Eckhart/Schlothauer, Reinhold (Hrsg.), Münchener Anwaltshandbuch – Strafverteidigung, 3. Aufl. 2022
Malek/Wohlers	Malek, Klaus/Wohlers, Wolfgang: Zwangsmaßnahmen und Grundrechtseingriffe im Ermittlungsverfahren, 2. Aufl. 2001 (Praxis der Strafverteidigung Bd. 13)
Malek Hauptverhandlung	Malek, Klaus: Verteidigung in der Hauptverhandlung, 5. Aufl. 2017 (Praxis der Strafverteidigung Bd. 18)
Malek Internet	Malek, Klaus: Strafsachen im Internet, 2. Aufl. 2015 (Praxis der Strafverteidigung Bd. 21)
Matzky	Matzky, Ralf: Zugriff auf EDV im Strafprozess, 1999
Mayer/Kroiß	Mayer, Hans-Jochem/Kroiß, Ludwig: Rechtsanwaltsvergütungsgesetz, 8. Aufl. 2021
Mehlhorn	Mehlhorn, Sven: Der Strafverteidiger als Geldwäscher – Probleme bei der Annahme bemakelter Verteidigerhonorare, 2004
Meier/Rössner/Schöch	Meier, Bernd-Dieter/Rössner, Dieter/Schöch, Heinz: Jugendstrafrecht 4. Aufl. 2019
Meine	Meine, Hans-Gerd: Die Strafzumessung bei der Steuerhinterziehung, 1990
Mertens/Stuff/Muck	Verteidigervergütung, 2. Aufl. 2016
Meyer Willensmängel	Meyer, Frank: Willensmängel beim Rechtsmittelverzicht des Angeklagten im Strafverfahren, 2003
Meyer StrEG	Meyer, Dieter: Strafrechtsentschädigung, Kommentar zum Gesetz über die Entschädigung für Strafverfolgungsmaßnahmen (StrEG) mit Erläuterungen der Entschädigung für Verfolgungsmaßnahmen nach dem OWiG und für Freiheitsentzug nach der EMRK, 9. Aufl. 2014
Meyer-Goßner/Schmitt	Meyer-Goßner, Lutz/Schmitt, Bertram: Strafprozessordnung, 66. Aufl. 2023
Meyer-Goßner Prozessvoraussetzungen	Meyer-Goßner, Lutz: Prozessvoraussetzungen und Prozesshindernisse – Befassungs- und Bestrafungsverbote, 2011
Meyer-Ladewig EMRK	Meyer-Ladewig, Jens/Nettesheim, Martin/von Raumer, Stefan: EMRK Europäische Menschenrechtskonvention – Handkommentar, 5. Aufl. 2023
Michalke Umweltstrafsachen	Michalke, Regina: Umweltstrafsachen, 3. Aufl. 2022(Praxis der Strafverteidigung Bd. 16)
Michalke-Detmering	Michalke-Detmering, Astrid: Die Mindestanforderungen an die rechtliche Begründung des erstinstanzlichen Strafurteils, 1987
Miehe	Miehe, Olaf: Anklage und Eröffnung, in FS für Grünwald, 1999, S. 379
Moldenhauer	Moldenhauer, Gerwin: Eine Verfahrensordnung für Absprachen im Strafverfahren durch den Bundesgerichtshof?, 2004
Moosmayer	Moosmayer, Klaus: Einfluß der Insolvenzordnung 1999 auf das Insolvenzstrafrecht, 1997
MüKo-HGB/*Bearbeiter*	Schmidt, Karsten: Münchener Kommentar zum Handelsgesetzbuch, Bd. IV, 3. Aufl. 2013
MüKo-StGB/*Bearbeiter*	Münchener Kommentar zum Strafgesetzbuch, hrsg. von Erb, Volker/Schäfer, Jürgen, 4. Aufl. 2020 ff.
MüKo-StPO/*Bearbeiter*	Münchener Kommentar zur Strafprozessordnung, hrsg. von Knauer, Christoph/Kudlich, Hans/Schneider, Hartmut, 2. Aufl. 2023 ff.

Müller-Gugenberger/*Bearbeiter*	Müller-Gugenberger, Christian: Wirtschaftsstrafrecht – Handbuch des Wirtschaftsstraf- und -ordnungswidrigkeitenrechts, 7. Aufl. 2021
Münchhalffen/Gatzweiler	Münchhalffen, Gaby/Gatzweiler, Norbert: Das Recht der Untersuchungshaft, 3. Auf. 2009
Brößler Strafprozessuale Revision	Brößler, Leander/Kunnes, Christian: Strafprozessuale Revision, 9. Aufl. 2015
Nedopil/Dittmann/Freisleder/Haller	Nedopil, Norbert/Dittmann, Volker/Freisleder, Franz J./Haller, Reinhard: Forensische Psychiatrie – Klinik, Begutachtung und Behandlung zwischen Psychiatrie und Recht, 5. Aufl. 2017
Nedopil/Groß/Hollweg	Nedopil, Norbert/Groß, Gregor/Hollweg, Matthias: Prognosen in der Forensischen Psychiatrie. Ein Handbuch für die Praxis, 3. Aufl. 2006
Niemöller	Niemöller, Martin: Die Hinweispflicht des Strafrichters bei Abweichungen vom Tatbild der Anklage, 1988
Niemöller/Schlothauer/Weider/*Bearbeiter*	Niemöller, Martin/Schlothauer, Reinhold/Weider, Hans-Joachim: Gesetz zur Verständigung im Strafverfahren – Kommentar, 2010
Nix JGG	Nix, Christoph: Kurzkommentar zum Jugendgerichtsgesetz, 1994
NK/*Bearbeiter*	Kindhäuser, Urs/Neumann, Ulfrid/Paeffgen, Hans-Ullrich/Saliger, Frank, Nomos Kommentar Strafgesetzbuch, 6. Aufl. 2023
Ostendorf	Ostendorf, Heribert: Das Jugendstrafverfahren, 3. Aufl. 2004
Ostendorf JGG	Ostendorf, Heribert: Kommentar zum Jugendgerichtsgesetz, 11. Aufl. 2021
Otto Aktienstrafrecht	Otto, Harro: Aktienstrafrecht (Sonderausgabe der Kommentierung der §§ 399 bis 401 AktG aus: Aktiengesetz, Großkommentar, 4. Aufl.), 1997
Pahlke/Koenig	Pahlke, Armin/Koenig, Ulrich: Abgabenordnung, 3. Aufl. April 2014
Park Kapitalmarkt-Strafrecht	Park, Tido (Hrsg.): Kapitalmarkt-Strafrecht, 6. Aufl. 2024
Penning	Penning, Randolph: Alkohol, Drogen und Verkehrssicherheit, hrsg. vom Bund gegen Alkohol im Straßenverkehr, 1995
Patzak/Volkmer/Fabricius	Patzak, Jörn/Volkmer, Mathias/Fabricius, Jochen: Betäubungsmittelgesetz, Arzneimittelgesetz, Grundstoffüberwachungsgesetz, 10. Aufl. 2022
Peters Fehlerquellen	Peters, Karl: Fehlerquellen im Strafprozess, Bd. I 1970, Bd. II 1972, Bd. III 1974
Peters Strafprozess	Peters, Karl: Strafprozess. Ein Lehrbuch, 4. Aufl. 1985
Pfeiffer	Pfeiffer, Gerd: Strafprozessordnung – Gerichtsverfassungsgesetz, 5. Aufl. 2005
Pfordte/Degenhard	Pfordte, Thilo/Degenhard, Karl: Der Anwalt im Strafrecht, 2005
Planck	Planck, Julius Wilhelm von: Systematische Darstellung des deutschen Strafverfahrens, 1857
Pohl	Pohl, Günter: Praxis des Strafrichters, 1987
Pohlmann/Jabel/Wolf	Pohlmann/Jabel/Wolf: Strafvollstreckungsordnung, 9. Aufl. 2015
Prinz	Prinz, Gerald: Der Parteiverrat des Strafverteidigers, 1999
Quedenfeld/Füllsack	Quedenfeld, Dietrich/Füllsack, Markus: Verteidigung in Steuerstrafsachen, 5. Aufl. 2016 (Praxis der Strafverteidigung Bd. 19)
Rabe	Rabe, Patricia: Das Verständigungsurteil des Bundesverfassungsgerichts und die Notwendigkeit von Reformen im Strafprozess, 2017
Radbruch Grenzen	Radbruch, Gustav: Grenzen der Kriminalpolizei, zit. nach Kaufmann, Arthur (Hrsg.): Gustav Radbruch, Bd. 8, 1998
Radbruch Strafrecht	Radbruch, Gustav: Strafrecht und Strafverfahren, zit. nach Kaufmann, Arthur (Hrsg.): Gustav Radbruch, Bd. 8, 1998

Radtke/Hohmann-*Bearbeiter* Radtke, Henning/Hohmann, Olaf: Strafprozessordnung – Kommentar, 2011

Rahn/Schaefer/Graf Rahn, Dietrich/Schaefer, Hans Christoph/Graf Jürgen Peter: Mustertexte zum Strafprozess, 9. Aufl. 2015

Ranft Ranft, Otfried: Strafprozeßrecht – Systematische Lehrdarstellung für Studium und Praxis, 3. Aufl. 2005

Ransiek Ransiek, Andreas: Die Rechte des Beschuldigten in der Polizeivernehmung, 1990

Rasch Rasch, Wilfried: Forensische Psychiatrie, 2. Aufl. 1999

Rasch Tötung Rasch, Wilfried: Tötung des Intimpartners, 1964

Rasch/Konrad Rasch, Wilfried/Konrad, Norbert/Huchzermeier, Christian: Forensische Psychiatrie, 5. Aufl. 2019

Rehberg u.a. Rehberg, Jürgen/Asberger, Ingeborg/Bestelmeier, Jürgen/Dörndorfer, Josef/Frankenberg, Nina/Hellstab, Heinrich/Jungbauer, Sabine/ Schneider, Hagen/Vogt, Christien : RVG – Rechtsanwaltsvergütungsgesetz Kommentar in alphabetischer Zusammenstellung, 8. Aufl. 2022

Reisenhofer Reisenhofer, Marion: Jugendstrafrecht in der anwaltlichen Praxis, 2. Aufl. 2012

Richter Scheinauslandsgesellschaften Richter, Hans: »Scheinauslandsgesellschaften« in der deutschen Strafverfolgungspraxis, in: Strafrecht und Wirtschaftsstrafrecht – Dogmatik, Rechtsvergleich, Rechtstatsachen – Festschrift für Klaus Tiedemann zum 70. Geburtstag, 2008, S. 1023 ff.

Riedel/Sußbauer Riedel, Fritz/Sußbauer, Heinrich: Rechtsanwaltsvergütungsgesetz, 10. Aufl. 2015

Rogall Rogall, Klaus: Der Beschuldigte als Beweismittel gegen sich selbst – Ein Beitrag zur Geltung des Satzes »Nemo tenetur se ipsum procedere« im Strafprozess, 1977

Rogall Informationseingriff Rogall, Klaus: Informationseingriff und Gesetzesvorbehalt im Strafprozessrecht, 1992

Rogat Rogat, Stefan: Die Zurechnung bei der Beihilfe, 1997

Roggan/Kutscha Innere Sicherheit Roggan, Frederik/Kutscha, Martin: Handbuch zum Recht der Inneren Sicherheit, 2. Aufl. 2006

Rohleder Rohleder, Christoph: Die Folgen des Wegfalls der fortgesetzten Tat bei sexuellem Mißbrauch. Zugleich ein Beitrag zu den Anforderungen an die Konkretisierung der Tat(en) in Anklage und Urteil, 2001

Rönnau Rönnau, Thomas: Die Absprache im Strafprozess, 1990

Rösch Rösch, Bernd: Handbuch für den Jugendrichter, 2001

Röttle/Wagner Röttle, Reinhard/Wagner, Alois: Strafvollstreckung, Handbuch der Rechtspraxis, Bd. 9, 8. Aufl. 2009

Roxin/Schünemann Roxin, Claus/Schünemann, Bernd: Strafverfahrensrecht, 30. Aufl. 2022

Rückel Zeugenbeweis Rückel, Christoph: Strafverteidigung und Zeugenbeweis, 1988 (Praxis der Strafverteidigung Bd. 9)

Ruhs Rechtsbehelfe bei Verständigungen, Baden-Baden 2018

Rüther Rüther, Klaus, Strafverteidigung von Ausländern, 1999

Rzepka Rzepka, Dorothea: Zur Fairness im deutschen Strafverfahren, 2000

Sarstedt/Hamm Sarstedt, Werner/Hamm, Rainer: Die Revision in Strafsachen, 7. Aufl. 2010

Satzger 65. DJT Gutachten C	Satzger, Helmut: Chancen und Risiken einer Reform des strafrechtlichen Ermittlungsverfahrens. Gutachten/Teil C. In: Verhandlungen des 65. Deutschen Juristentages, 2004, hrsg. von der Ständigen Deputation des Deutschen Juristentages
Satzger/Schluckebier/Werner/*Bearbeiter* StGB	Satzger, Helmut/Schluckebier, Wilhelm/Werner, Raik: Strafgesetzbuch – Kommentar, 6. Aufl. 2024
Satzger/Schluckebier/Widmaier/*Bearbeiter* StPO	Satzger, Helmut/Schluckebier, Wilhelm/Widmaier, Gunter: Strafprozessordnung – Kommentar, 5. Aufl. 2023
Saß DSM-IV-TR	Saß, Henning/Wittchen, Hans-Ulrich/Zaudig, Michael/Houben, Isabel: Diagnostische Kriterien – DSM-IV-TR, 2003
Sch/Sch/*Bearbeiter*	Schönke, Adolf/Schröder, Horst: Strafgesetzbuch, 30. Aufl. 2019
Schäfer/Sander	Schäfer, Gerhard/Sander, Günther: Die Praxis des Strafverfahrens, 6. Aufl. 2000
Schäfer/Sander/van Gemmeren	Schäfer, Gerhard/Sander, Günther M./van Gemmeren, Gerhard: Praxis der Strafzumessung, 6. Aufl. 2017
Schäfer Eröffnungsbeschluss	Schäfer, Helmut: Der Eröffnungsbeschluss in neuer Gestalt, 1967
Schaffstein/Beulke/Swoboda	Schaffstein, Friedrich/Beulke, Werner/Swoboda, Sabine: Jugendstrafrecht, 16. Aufl. 2020
Schäpe	Schäpe, Markus: Die Mangelhaftigkeit von Anklageschrift und Eröffnungsbeschluss und ihre Heilung im späteren Verfahren, 1997
Schlaich/Korioth	Schlaich, Klaus/Korioth, Stefan: Das Bundesverfassungsgericht, 12. Aufl. 2021
von Schledorn	Schledorn, Christoph von: Die Darlegungs- und Beweiswürdigungspflicht des Tatrichters im Falle der Verurteilung, 1997
Schlothauer/Weider Revision	Schlothauer, Reinhold/Weider, Hans-Joachim: Verteidigung im Revisionsverfahren, 3. Aufl. 2018(Praxis der Strafverteidigung Bd. 23)
Schlothauer/Nobis/Voigt/Wolfr Untersuchungshaft	Schlothauer, Reinhold/Nobis, Frank/Voigt, Lea/Wolf, Lara: Untersuchungshaft, 6. Aufl. 2024 (Praxis der Strafverteidigung Bd. 14)
Schlothauer Vorbereitung	Schlothauer, Reinhold: Vorbereitung der Hauptverhandlung durch den Verteidiger, 2. Aufl. 1998 (Praxis der Strafverteidigung Bd. 10)
Schlüchter	Schlüchter, Ellen: Das Strafverfahren, 2. Aufl. 1983
Schmidt, Eb.	Schmidt, Eberhard: Lehrkommentar zur Strafprozessordnung und zum Gerichtsverfassungsgesetz, Teil I (1952, überarbeitet 1964), Teil II (1957), Teil III (1960)
Schmidt EStG	Schmidt, Ludwig: Einkommensteuergesetz, 42. Aufl. 2023
Schmidt Strafverteidigung	Schmidt, Jens: Verteidigung von Ausländern, 4. Aufl. 2016 (Praxis der Strafverteidigung Bd. 27)
Schmidt-Hieber	Schmidt-Hieber, Werner: Verständigung im Strafverfahren, 1986
Schomburg/Lagodny/Gleß/Hackner	Schomburg, Wolfgang/Lagodny, Otto/Gleß, Sabine/Hackner, Thomas: Internationale Rechtshilfe in Strafsachen (IRhSt), 6. Aufl. 2020
Schöch, G. Urteilsabsprachen	Schöch, Gabriele: Urteilsabsprachen in der Strafrechtspraxis, Berlin 2007
Schröder Kapitalmarktstrafrecht	Schröder, Christian: Handbuch Kapitalmarktstrafrecht, 4. Aufl. 2020
Schubert/Regge	Schubert, Werner/Regge, Jürgen: Entstehung und Quellen der Strafprozessordnung von 1877, 1989
Schulenburg	Schulenburg, Johanna: Das Verbot der vorweggenommenen Beweiswürdigung im Strafprozess, 2002
Schulz	Schulz, Lorenz: Normiertes Misstrauen. Der Verdacht im Strafverfahren, 2001

Schünemann	Schünemann, Bernd: Absprachen im Strafverfahren? Grundlagen, Gegenstände und Grenzen Gutachten/Teil B. In: Verhandlungen des 58. Deutschen Juristentages, 1990, hrsg. von Deutscher Juristentag e.V.
von Schwarze	Schwarze, Ludwig Friedrich Oscar Ritter von: Commentar zur deutschen Strafprozessordnung, 1878
Schwerd	Schwerd, Wolfgang: Alkohol und Verkehrssicherheit. In ders. (Hrsg.): Rechtsmedizin, Lehrbuch für Mediziner und Juristen, 5. Aufl. 1992
Schwerd	Schwerd, Wolfgang: Rechtsmedizin, 5. Aufl. 1992
Seebode	Seebode, Manfred: Das Verbrechen der Rechtsbeugung, 1969
Siolek	Siolek, Wolfgang: Verständigung in der Hauptverhandlung, 1993
SK-StGB/*Bearbeiter*	Systematischer Kommentar zum Strafgesetzbuch, Hrsg: Jürgen Wolter, 9. Aufl. 2016 ff., 10. Aufl. 2022 ff.
SK-StPO/*Bearbeiter*	Systematischer Kommentar zur Strafprozessordnung – Mit GVG und EMRK, Hrsg.: Jürgen Wolter, 5. Aufl. 2016 ff., 6. Aufl. 2022 ff.
Sowada	Sowada, Christoph: Der gesetzliche Richter im Strafverfahren, 2002
Stade	Stade, Monika: Die Stellung des Verteidigers im Ermittlungsverfahren, 1997
Steinhögl	Steinhögl, Ingrid Juliane: Der strafprozessuale Deal – Perspektiven einer Konsensorientierung im Strafrecht, 1998
Stenglein Lehrbuch	Stenglein, Melchior: Lehrbuch des Deutschen Strafprozeßrechtes, 1887
Stenglein StPO-Kommentar	Stenglein, StPO-Kommentar, 2. Aufl. 1889
Stern	Stern, Steffen: Verteidigung in Mord- und Totschlagsverfahren, 3. Aufl. 2013, (Praxis der Strafverteidigung Bd. 20)
Strafverteidigung/*Bearbeiter*	Strafverteidigung in der Praxis, hrsg. von Brüssow, Rainer/Gatzweiler, Norbert/Krekeler, Wilhelm/Mehle, Volkmar, 4. Aufl. 2007
Streng	Streng, Franz: Jugendstrafrecht, 5 Aufl. 2020
Therre	Therre, Manuela: Zeugenschutz für Opfer von Menschenhandel, in: Ackermann, Lea/Engelmann, Reiner (Hrsg.): Solidarität mit Frauen in Not, 2005
Thielmann	Thielmann, Jochen: Dialog mit dem unsichtbaren Dritten, in: Thiée, Philipp (Hrsg.), Menschen Handel. Wie der Sex-Markt strafrechtlich reguliert wird, Berlin 2008, S. 259 ff.
Thilo	Thilo, Gustav: Die Strafprozeßordnung für das Deutsche Reich vom 1. Februar 1877, 1878
Tiedemann GmbH-Strafrecht	Tiedemann, Klaus: GmbH-Strafrecht (Sonderausgabe aus Scholz: Kommentar zum GmbH-Gesetz, 10. Aufl.), 5. Aufl. 2010
Tiedemann Insolvenzstrafrecht	Tiedemann, Klaus: Insolvenz-Strafrecht (Sonderausgabe der Kommentierung der §§ 283 – 283d in der 11. Aufl. des Leipziger Kommentars zum Strafgesetzbuch), 2. Aufl. 1996
Tiedemann Wirtschaftsstrafrecht	Tiedemann, Klaus: Wirtschaftsstrafrecht, Einführung und Allgemeiner Teil, 5. Aufl. 2017
Tipke/Kruse	Tipke, Klaus/Kruse, Heinrich: Kommentar zur Abgabenordnung und Finanzgerichtsordnung, Loseblatt, Stand: 179. Lieferung 2024
Tondorf/Tondorf	Tondorf, Günter/Tondorf, Babette: Der psychologische und psychiatrische Sachverständige im Strafverfahren, 3. Aufl. 2011 (Praxis der Strafverteidigung Bd. 30)
Tscherwinka	Tscherwinka, Ralf: Absprachen im Strafprozess, 1995
Ulsenheimer	Ulsenheimer, Klaus: Arztstrafrecht in der Praxis, 6. Aufl. 2021 (Praxis der Strafverteidigung Bd. 7)
Vargha	Vargha, Julius: Die Vertheidigung in Strafsachen, Wien 1879

Volckart/Pollähne/Woynar	Volckart, Bernd/Pollähne, Helmut/Woynar, Ines: Verteidigung in Vollstreckung und Vollzug, 5. Aufl. 2014 (Praxis der Strafverteidigung Bd. 8)
Volckart Maßregelvollzug	Volckart, Bernd/Grünebaum, Rolf: Maßregelvollzug, 8. Aufl. 2015
Volk StPO	Volk, Klaus/Engländer, Armin: Grundkurs StPO, 10. Aufl. 2021
Vollkommer/Greger/Heinemann	Vollkommer, Max/Greger, Reinhard/Heinemann, Jörn: Anwaltshaftungsrecht, 5. Aufl. 2021
Voßen	Voßen, Nicole: Die Rechtsprechung des Bundesverfassungsgerichts zur Rechtsweggarantie des Art. 19 Abs. 4 GG, den Verfahrensgarantien nach Art. 101 Abs. 1 Satz 2 GG, Art. 103 Abs. 1 GG und zum Prozessrecht der Fachgerichte, 2002
Wabnitz/Janovsky/Schmitt	Wabnitz, Heinz-Bernd/Janovsky, Thomas/Schmitt, Lothar: Handbuch Wirtschafts- und Steuerstrafrecht, 5. Aufl. 2020
Wach	Wach, Adolf: Struktur des Strafprozesses, 1914
Wagner	Wagner, Joachim: Strafprozeßführung über Medien, 1987
Weber BtMG	Weber, Klaus: Betäubungsmittelgesetz, 6. Aufl. 2021
Wegerich	Wegerich, Daniel: Moderne Kriminalgesetzgebung: Produzent von Parteiverrat? Auswirkungen strafprozessualer Absprachen und Aufklärungshilfen auf den Parteiverrat in Strafsachen (§ 356 StGB), 2015
Weider	Weider, Hans-Joachim: Vom Dealen mit Drogen und Gerechtigkeit, 2000
Weiner/Ferber	Handbuch des Adhäsionsverfahrens, 2. Auflage, 2016
Weißler	Weißler, Adolf: Geschichte der Rechtsanwaltschaft, 1905
Wendler/Hoffmann	Technik und Taktik der Befragung, 2. Aufl. 2015
Wessels/Hettinger Strafrecht BT 1	Wessels, Johannes/Hettinger, Michael/Engländer, Armin: Strafrecht Besonderer Teil 1, 46. Aufl. 2022
Weyand/Diversy	Weyand, Raimund/Diversy, Judith: Insolvenzdelikte, 10. Aufl. 2016
Weyland BRAO	Weyland, Dag [Hrsg] Bundesrechtsanwaltordnung, 11. Aufl. 2024
Wiesneth	Wiesneth, Christian: Die Untersuchungshaft, Haftanordnung und landesrechtlicher Vollzug nach neuem Recht, 2010
Wohlers	Wohlers, Wolfgang: Entstehung und Funktion der Staatsanwaltschaft, 1994
Wohlleben	Wohlleben, Marcus: Beihilfe durch äußerlich neutrale Handlungen, 1997
Wolf/Schlagheck	Wolf, Thomas C./Schlagheck, Markus: Überschuldung, 2007
Wolter Zur Theorie	Wolter, Jürgen (Hrsg.): Zur Theorie und Systematik des Strafprozessrechts. Symposium zum 60. Geburtstag von Hans-Joachim Rudolphi, 1995
Zachariae	Zachariae, Heinrich Albert: Handbuch des deutschen Strafprocesses, 1868
Zeifang	Zeifang, Gregor: Die eigene Strafbarkeit des Strafverteidigers im Spannungsfeld zwischen prozessualem und materiellem Recht, 2004
Zieger	Zieger, Matthias: Verteidigung in Jugendstrafsachen, 8. Aufl. 2023 (Praxis der Strafverteidigung Bd. 2)
Ziegert	Ziegert, Ulrich (Hrsg.): Grundlagen der Strafverteidigung, 2000
Zimmermann	Das Unrecht der Korruption, Baden-Baden 2018
Zugehör	Zugehör, Horst (Hrsg.): Handbuch der Anwaltshaftung, 3. Aufl. 2011
Zwiehoff	Zwiehoff, Gabriele: Das Recht auf den Sachverständigen, 2000

Einleitung Der Rechtsanwalt als Strafverteidiger

Übersicht

A. Vorbemerkungen[1]

1 Der erste Teil dieses Handbuchs soll dem an der Strafverteidigung interessierten und sie praktizierenden Rechtsanwalt einen Überblick über Stellung, Funktionen, Aufgaben und wesentlichen Verantwortlichkeiten des anwaltlichen Verteidigers gewähren. Da zahlreiche Streitfragen zur aktuellen Rechtsposition des Verteidigers nur vor dem Hintergrund der geschichtlichen Entwicklung dieser Beistandsleistung verständlich sind, wird ein kurzer Abriss über die geschichtliche Entwicklung gegeben. Im zweiten Abschnitt werden die grundlegenden Theorien zur Stellung des verteidigenden Anwalts – des Strafverteidigers mit Anwaltszulassung – dargestellt. Mit der Abgrenzung der Strafverteidigung zur Strafvereitelung bzw. Formen zulässigen und unzulässigen bzw. strafbaren Verteidigerhandelns und der Thematik der Geldwäsche befasst sich der dritte Abschnitt. Zur Verständigungspraxis mit der Justiz sowie verschiedenen Formen mehrerer aufeinander abgestimmter Verteidigungen verschiedener Beschuldigter und deren Zulässigkeit wird viertens Stellung bezogen. Vertretungsregelungen, Auseinandersetzung mit der sog. Sitzungspolizei des Vorsitzenden und die Normen über die Ausschließung eines Verteidigers, §§ 138a ff. StPO, sind Gegenstand der Abschnitte fünf bis sieben. Zur Abrundung wird im achten Abschnitt ein zivilrechtlicher Aspekt der Verteidigertätigkeit, die Schadensersatzhaftung, erörtert.

2 Die Probleme der Arbeit des Strafverteidigers und die verfassungsrechtlichen bzw. einfachgesetzlichen Grundlagen seiner Tätigkeit, aufgrund derer er eine Verteidigung heute »de lege artis« durchzuführen hat, sind durch eine Vielzahl stark differierender Ansichten in Rechtsprechung und Wissenschaft gekennzeichnet. Die nachfolgenden Darlegungen werden mehrfach die Sicht des langjährigen Praktikers zutage treten lassen, der sich – anders als der Rechtswissenschaftler an der Hochschule – nicht nur dogmatisch mit den aufgeworfenen Streitfragen zu beschäftigen hat. Ihm ist mit der Beauftragung durch den Mandanten oder als notwendiger Verteidiger das Schicksal eines Menschen anvertraut, den er optimal vertreten muss. Wörtlich hat der 1. Strafsenat des BGH in einem Urteil vom 1. September 1992 formuliert: »Ein Strafverteidiger ist verpflichtet, seinen Mandanten bestmöglich zu verteidigen«.[2] Die Ausführungen dieses Handbuchs sind als Hilfe für den Praktiker gedacht, damit er diesem Anspruch gerecht werden kann, den nicht nur der BGH, sondern jeder Verteidiger an sich selbst stellen muss,[3] um in Ausübung seiner Rechte unter Wahrung seiner Pflichten u.a. gegen-

1 Für die aktive berufstypische Beihilfe zur Überarbeitung dieses Artikels sei Frau Kollegin RAin Vera Otto gedankt.

2 BGHSt 38, 345, 350, zu Beginn des 2. Absatzes.

3 Und dies aus berufsethischen, nicht nur aus haftungsrechtlichen Gründen. Das Selbstverständnis des Verteidigers sowie die Bedeutung und Kriterien der bestmöglichen Verteidigung prägnant und zu Recht mit Nachdruck in den Vordergrund stellend: *Tsambikakis* MAH § 2.

über Polizei, Zoll, Steuerfahndung, Staatsanwaltschaften und Gerichten sicher aufzutreten. Dass damit in den darzustellenden Meinungsstreiten Positionen eingenommen werden müssen, die eine sinnvolle und sachgerechte Berufsausübung innerhalb der menschen- und verfassungsrechtlichen Grenzen unter vorrangiger Berücksichtigung der Rechtsprechung erst ermöglichen und nicht den jeweils aktuellen politischen Tendenzen der Einschränkung derartiger Rechte das Wort zu reden ist, versteht sich von selbst.

B. Zur Geschichte der Strafverteidigung

I. Römisches und kanonisches Recht, Inquisitionsprozess und Carolina (CCC)

Das römische Recht kannte sehr früh die Verteidigung durch den Pater Familias bzw. Patronus, 3 später durch einen sich daraus entwickelnden Sachwalter. Aus dieser Funktion unterschied man in der Folgezeit die Patroni, die Advocati und die Laudatores.[4] Nur die Patroni traten neben der Partei im Prozess gestaltend auf.[5] Lange Zeit war das Amt des Patronus ein Ehrenamt; erst als sich der Prozess entsprechend dem inquisitorischen Prinzip und der Festlegung bestimmter Beweisregeln entwickelte, verlor dieses Amt seine Attraktivität für die Reichen und Gebildeten. Die Anwaltschaft, die sich durch Kenntnisse des nunmehr stark formalisierten Verfahrens herausbildete, wurde ein bezahltes Gewerbe geprüfter und rechtsgelehrter Advocati, die berechtigt waren, eine Verteidigung zu übernehmen und zu führen. Teilweise waren sie bei Gericht angestellt und bildeten ein korporiertes Kollegium mit eigener Disziplinargewalt ihres Magistrats.[6]

Im ursprünglichen kanonischen Recht hatte der Verteidiger ebenfalls noch erhebliches Gewicht, 4 aber durch die Entwicklung und immer stärkere Verbreitung des neben dem Anklageverfahren zugelassenen Inquisitionsverfahrens verlor der Verteidiger durch die Überbetonung der Richterstellung fast jeden Einfluss.[7]

1532 brachte die Constitutio Criminalis Carolina die endgültige Durchsetzung der Grundsätze 5 des inquisitorischen Verfahrens. Der Richter war gleichzeitig Ankläger, der Angeklagte Untersuchungsobjekt. Die Untersuchung wurde von Amts wegen geführt und bestand in einem schriftlichen und geheimen Verfahren. Die Schuld wurde als erwiesen angesehen, wenn zwei vollgültige Zeugen die Tatsachen bestätigten oder der Angeklagte – eventuell durch Folter veranlasst – gestand. Einen Verteidiger konnte sich – trotz seines Objektstatus – der Angeklagte bereits im Voruntersuchungsverfahren wählen, mit dem er frei kommunizieren durfte.[8] Erst im Laufe der weiteren Entwicklung wurden die Rechte des Verteidigers, insbesondere auf Akteneinsicht und freien Verkehr mit dem Angeklagten, eingeschränkt.[9] Letztendlich führte dies dazu, dass der zwar rechtsgelehrte, aber ansonsten stark handlungsbeschnittene Verteidiger nach Abschluss der Voruntersuchung zur Schlussverteidigung eine Schrift aufsetzte, die dem Richter oder dem Spruchkollegium mit den Akten zur Entscheidung vorgelegt wurde.[10] Dass diese geringen Aktionsmöglichkeiten sowohl dem Engagement der Verteidiger als auch deren Ansehen in der Bevölkerung nicht auf Dauer zuträglich waren, versteht sich von selbst. Zwar wurde im Laufe des 18. Jahrhunderts die Folter in den meisten deutschen Ländern abgeschafft,[11] jedoch ging mit dem Ansehensverlust politisch ein grundsätzlicher Wandel der Stellung der Sachwalter oder Advokaten einher.

4 Vgl. *Knapp* Der Verteidiger – ein Organ der Rechtspflege? 1974, 5 f. m.w.N.
5 *Vargha* Vertheidigung, 36.
6 *Knapp* Der Verteidiger – ein Organ der Rechtspflege? 1974, 8 f.
7 *Knapp* Der Verteidiger – ein Organ der Rechtspflege? 1974, 10 f.; *Vargha* Vertheidigung, 82 f.
8 Art. 88 1 CCC, zum Text der Norm vgl. *Buschmann* Textbuch zur Strafrechtsgeschichte der Neuzeit, 133; weiter ausführlich *Vargha* Vertheidigung, 172–180; *Knapp* Der Verteidiger – ein Organ der Rechtspflege? 1974, 20–26.
9 *Knapp* Der Verteidiger – ein Organ der Rechtspflege? 1974, 25 m.w.N.
10 *Vargha* Vertheidigung, 194.
11 Beginnend Friedrich der Große in Preußen durch Kabinettsorder vom 3. Juni 1740.

II. Die Entwicklung in Preußen im 18. Jahrhundert

6 In Preußen wurden in dieser Zeit, die Entwicklung begann 1713 durch Friedrich Wilhelm I., auf unterstützendes Betreiben durch dessen Großkanzler Coccejis und des späteren Justizministers Carmer, die Sachwalter und Advokaten 1781 verbeamtet.[12] Ihnen wurde die Bezeichnung »Hof- und Assistenzrat« zugewiesen. Ihre Aufgabe bestand jetzt nicht mehr in der einseitigen Beistandsleistung für den Angeklagten, sondern in der Assistenz zugunsten der Richter bei der Suche und Ermittlung der Wahrheit.[13] Zusätzlich wurden sog. Justizkommissare ernannt, denen ebenfalls das Recht zur Verteidigung zustand. 1783 wurden die Assistenzräte bereits wieder abgeschafft und die Justizkommissare übernahmen deren Aufgaben.[14] Bis zum 1. Juli 1878, dem In-Kraft-Treten der Reichsrechtsanwaltsordnung, blieb diese Verbeamtung bestehen. Ab diesem Zeitpunkt galt – wieder – die Freiheit der Advokatur.[15]

III. Der reformierte Strafprozess und die RStPO von 1877

7 Im 19. Jahrhundert schritt die Diskussion um den sogenannten reformierten Strafprozess voran. Der Strafprozessordnung von 1877 vorausgehend wurden die aus Frankreich kommenden Ideen der Aufklärung in den Partikulargesetzen der meisten deutschen Länder umgesetzt. Das Inquisitionsverfahren wurde abgeschafft, wesentlicher Teil des Strafverfahrens wurde die öffentliche Hauptverhandlung vor dem Richter, in der beide Parteien um das Recht kämpften.[16] Parallel dazu ging die Gründung und Entwicklung der Staatsanwaltschaft als Anklagebehörde einher.[17] Dem Angeklagten wurde in diesen Gesetzen das Recht auf einen Verteidiger, in bestimmten schweren Fällen auch die notwendige Verteidigung, zugestanden. Der Verteidiger sollte dem Ankläger waffengleich entgegentreten können, da diese Gleichheit nach damaliger Vorstellung einen fairen Kampf um die Wahrheit gewährleistete. In der Reichsstrafprozessordnung vom 1. Februar 1877[18] regelte der Gesetzgeber in wenigen Normen, den §§ 137 bis 140, nur Teilbereiche der Verteidigung. Klare Aussagen zur Stellung des Verteidigers traf er nicht, so dass in der Folgezeit ein heftiger Streit um dessen Rechtsstellung entbrannte. Ähnlich dem heutigen Streitstand wurden damals bereits vier Richtungen vertreten.[19] Der Verteidiger wurde von einigen Stimmen als Vertreter des Beschuldigten angesehen. Nach einer zweiten Ansicht war er unterstützender Beistand, nicht handlungsersetzender Vertreter. Eine dritte Meinung verstand den Verteidiger als Beistand des Gerichts, eine vierte beschränkte dies auf den Fall der notwendigen Verteidigung. Im Falle der Wahlverteidigung sollte er dagegen Beistand sein. Das Reichsgericht nahm in zahlreichen Entscheidungen die Bewertung als Beistand des Beschuldigten auf.[20]

8 Überwiegend wird vorgetragen, in einer Entscheidung des Ehrengerichtshofs für Rechtsanwälte vom 25. Mai 1893 sei zum ersten Mal der Begriff »Organ der Rechtspflege« verwandt worden.[21] Ludwig Koch hat jedoch zu Recht darauf hingewiesen, dass dieser Begriff ohne den Zusatz »unabhängig« bereits in den Motiven zur RAO verwandt wurde.[22] Dort heißt es unter dem Titel »Lokali-

12 Zu diesem Teil anschaulich und ausführlich *Weißler* Geschichte der Rechtsanwaltschaft, 1905, 296–385.
13 *Weißler* Geschichte der Rechtsanwaltschaft, 1905, 345; Henssler/Prütting/*Koch* Einl. Rn. 2.
14 *Weißler* Geschichte der Rechtsanwaltschaft, 1905, 357 f.; vgl. die mit Zitaten aus dem Corpus Juris Fredericianum von 1871 versehene Darstellung von *Beulke* Verteidiger, 27–31.
15 Vgl. Henssler/Prütting/*Koch* § 1 Rn. 2.; *Gneist* Freie Advokatur – Die erste Forderung aller Justizreform in Preußen, 1867, insbes. 70–78; vgl. die Kurzdarstellung in BVerfGE 63, 266, 282 f.
16 *Roxin/Schünemann* 29. Aufl. § 44 Rn. 1 und § 45 Rn. 42.
17 *Hackner* Der befangene Staatsanwalt im deutschen Strafverfahrensrecht, 1995, 5–43; *Wohlers* Entstehung und Funktion der Staatsanwaltschaft, 1994.
18 In Kraft getreten mit den übrigen drei Reichsjustizgesetzen GVG, ZPO und KO am 1. Oktober 1879; vgl. *Sellert* JuS 1977, 781.
19 Vgl. die Übersicht bei *Knapp* Der Verteidiger – ein Organ der Rechtspflege? 1974, 31–36.
20 *Knapp* Der Verteidiger – ein Organ der Rechtspflege? 1974, 31–36.
21 EGH I 140 ff.; *Knapp* Der Verteidiger – ein Organ der Rechtspflege? 1974, 36.
22 Henssler/Prütting/*Koch* § 1 Rn. 4.

sierung der Rechtsanwaltschaft«: »Ist nun auch die Rechtsanwaltschaft nur für den Anwaltsprozess ein unentbehrliches Organ der Rechtspflege, so würde doch den Bedürfnissen des Publikums nicht genügend entsprochen sein, wenn nur an den Sitzen der Kollegialgerichte Rechtsanwälte in ausreichender Zahl zu finden wären.«[23]

Die Ehrengerichte der Anwaltschaft und auch das Reichsgericht haben in der Folgezeit in zahlreichen Entscheidungen den Organbegriff verwandt.[24] Regelmäßig wurden aus dem Organbegriff Pflichten des Verteidigers abgeleitet. Anders noch als in seiner frühen Rechtsprechung, nach der der Verteidiger nur zugunsten des Beschuldigten zur Wahrheitsfindung berechtigt und verpflichtet war,[25] hat das Reichsgericht später formuliert, die Stellung als Organ der Rechtspflege lege dem Verteidiger die Pflicht zur unbefangenen Beurteilung der Sachlage auf.[26] Da diese Formulierungen vor dem Hintergrund von Zurückweisungen von Verteidigern wegen Verdachts der Teilnahme oder Begünstigung erfolgten, wurde in der Literatur überwiegend kritisiert, dass die Anhebung des Verteidigers zum weiteren Organ der Rechtspflege neben Gericht und Staatsanwaltschaft nur dazu diente, die Zurückweisung von Verteidigern durch deren stärkere Inpflichtnahme zu rechtfertigen.[27] 9

IV. Der Verteidiger im Nationalsozialismus

In der Zeit des Nationalsozialismus erlangte der Verteidiger, der nunmehr von Literatur und Rechtsprechung einhellig als Organ bezeichnet und begriffen wurde, eine Stellung, aufgrund derer er verpflichtet war, zur Findung des materiellen Rechts beizutragen.[28] Er hatte die Aufgabe, das der neuen Volksgemeinschaft angemessene Recht nicht nur mit zu finden, sondern zu gestalten und das Volksrecht im Sinne des nationalen Sozialismus zu verwirklichen.[29] Plastisch machen dies die nachfolgenden Zitate von *Knapp*: Der Verteidiger sollte sich in allen Fällen, in denen er seinen Mandanten für schuldig hielt, gegen diesen entscheiden und alles tun, dass ein Schuldiger seiner gerechten Strafe zugeführt werde.[30] Die öffentlich-rechtlichen Pflichten, die aus der Stellung des Anwalts als Organ der Rechtspflege resultierten, sollten die privatrechtlichen Bindungen zum Mandanten völlig überlagern und im Einzelfall gänzlich lösen.[31] Es sei selbstverständlich, dass sich der Verteidiger mit demselben Eifer gegen den Schädling wendet, wie er sich umgekehrt begeistert für den unschuldigen Angeklagten einsetzt.[32] In diesem Zusammenhang ist von verschiedenen Autoren, ähnlich dem Vorgehen Preußens im 18. Jahrhundert, folgerichtig eine Verbeamtung der Anwaltschaft gefordert worden.[33] 10

23 Stenographische Berichte über die Verhandlungen des Deutschen Reichstages 3. Legislaturperiode II. Session 1878 3. Band Aktenstück Nr. 5, 73, vgl. Henssler/Prütting/*Koch* § 1 Rn. 4.

24 Vgl. die Zusammenstellung bei *Knapp* Der Verteidiger – ein Organ der Rechtspflege? 1974 m.w.N. auf den Seiten 36–40 zu den Ehrengerichten und den Seiten 44–47 zur Rechtsprechung des RG; dagegen *Beulke* Verteidiger, 192 f.

25 RGSt 17, 315.

26 RG JW 1929, 568.

27 Vgl. nur *Alsberg* JW 1926, 2756.

28 Vgl. nur *Kalter* Die Rechtsstellung des Strafverteidigers, seine Pflichten und Rechte, 1938, 66.

29 *Noack* JW 1936, 1746 ff.

30 *Staege* DR 1941, 523; zitiert bei *Knapp* Der Verteidiger – ein Organ der Rechtspflege? 1974, 64.

31 *Hanssen* DR 1944, 353; zitiert bei *Knapp* Der Verteidiger – ein Organ der Rechtspflege? 1974, 64.

32 *Kühne* Der Verteidiger ohne grundrechtliches Gewand, 1937, 80; zitiert bei *Knapp* Der Verteidiger – ein Organ der Rechtspflege?, 1974, 64.

33 *Kühne* Der Verteidiger ohne grundrechtliches Gewand, 1937, 80; zitiert bei *Knapp* Der Verteidiger – ein Organ der Rechtspflege? 1974, 68; *Claren* DJZ 1933, 1249 ff.; von anderen Autoren wurde diese abgelehnt, da man das Vertrauen der Bevölkerung in den Anwaltsstand nicht gefährden, sondern systempolitisch nützen wollte; vgl. dazu u.a. *Wildhagen* DJZ 1933, 1243; *Prahl* JW 1938, 1705; *Hanssen* DR 1944, 354; zitiert bei *Knapp* Der Verteidiger – ein Organ der Rechtspflege? 1974, 64.

V. Der Verteidiger in der DDR

11 Ohne die systempolitische Einbindung der Anwaltschaft in das Herrschaftsmodell eingehend darlegen zu können, sollen auch hier einige Zitate aufzeigen, mit welcher Zielrichtung die Verteidiger, ähnlich der Gedankenwelt des Nationalsozialismus, tätig zu werden hatten: Es gehe nicht mehr in erster Linie um den Schutz des Individuums gegenüber dem Staat und die Analyse aller seelischen Vorgänge, die den Täter zu seiner Tat veranlasst haben könnten. Diese Momente hätten zurückzutreten gegenüber der für die Strafjustiz entscheidenden Aufgabe des Schutzes der Ordnung und der Gesellschaft.[34] Der Verteidiger hatte sich mehr als der Durchschnittsbürger in seiner beruflichen Tätigkeit für die Sicherung und Festigung der antifaschistisch-demokratischen Ordnung einzusetzen.[35]

C. Der Strafverteidiger – Freier Advokat, Organ, Beistand oder einseitiger Interessenvertreter?

12 Wie bereits im historischen Überblick[36] deutlich geworden ist, hängt die Stellung des Rechtsanwalts insbesondere als Strafverteidiger vielfach von den politischen und gesellschaftlichen Rahmenbedingungen ab, innerhalb derer er tätig werden muss. Unter der Herrschaft des Grundgesetzes ist es vor allem der verfassungsrechtliche Rahmen, der die Beantwortung der sich stellenden Rechtsfragen bestimmt. Daher sollen vor der Darstellung der wesentlichen Theorien zur Stellung des Verteidigers die Grundzüge der einschlägigen Rechtsprechung, primär des BVerfG, erläutert werden.[37] Ob und inwieweit andere Rechtsquellen, z.B. die EMRK, prägend eingreifen, wird ferner zu erörtern sein.

I. Rechtsprechungsübersicht

1. Bundesverfassungsgericht

13 Die Ausführungen des BVerfG (das von *Wolter* als »Hüter des Strafprozessverfassungsrechts«[38] bezeichnet wird), in denen die maßgebenden Leitgedanken zur Beurteilung der Rechtsstellung des Anwalts bzw. Verteidigers zusammengefasst sind, sollen im Wortlaut wiedergegeben werden. Denn sie bilden nach der Struktur unserer Rechtsordnung als Verfassungsauslegung den Ausgangspunkt der Beurteilung dieser Fragen durch den Praktiker. Zwar verwendet das BVerfG den Begriff des »Organs der Rechtspflege«, leitet daraus aber regelmäßig keine unmittelbaren Rechtsfolgen ab. Üblicherweise kommen in seiner Rechtsprechung Art. 12 Abs. 1 GG, die Justizgrundrechte oder das Rechtsstaatsgebot des Art. 20 GG zum Tragen.

14 Der zuständige 1. Senat des BVerfG hat in der für die anwaltliche Selbstverwaltung grundlegenden Entscheidung vom 14. Juli 1987[39] ausgeführt:[40]

> »Bei der Prüfung, ob standesrechtliche Maßnahmen gegen einen Anwalt wegen Verstoßes gegen das Sachlichkeitsgebot den verfassungsrechtlichen Anforderungen genügen, ist davon auszugehen, dass die anwaltliche Berufsausübung grundsätzlich der freien und unreglementierten Selbstbestimmung des Einzelnen unterliegt (vgl. BVerfGE 63, 266 [BVerfG 08.03.1983 - 1 BvR 1078/80] [282 ff]). Als unabhängiges Organ der Rechtspflege und als der berufene Berater und Vertreter der Rechtsuchenden hat er die Aufgabe, zum Finden einer sachgerechten Entscheidung beizutragen, das Gericht – und ebenso Staatsanwalt-

34 Exemplarisch *Benjamin* NJ 1951, 53.
35 *Wirthig* NJ 1950, 393.
36 Zur Historie und verschiedenen Fragestellungen vgl.: *Redeker* NJW 2010, 1341 ff. (Besprechung von *Busse* »Deutsche Anwälte. Geschichte der deutschen Anwaltschaft 1945-2009«).
37 Als Überblick vgl. KK/*Willnow* Vor § 137 Rn. 4 ff.; *Kniemeyer* Das Verhältnis des Strafverteidigers zu seinem Mandanten; Vertrauen und Unabhängigkeit, 1997, 141–145; *Stade* Die Stellung des Verteidigers im Ermittlungsverfahren, 1997, 22–37; *Jahn* 169–174.
38 *Wolter* GA 1999, 158, 174.
39 BVerfGE 76, 171 ff.
40 BVerfGE 76, 171, 192 f.; vgl. zum Recht des Betroffenen auf eine »konkrete und wirkliche Verteidigung« aus Art. 6 Abs. 3c EMRK: EGMR StV 1985, 441 f.

schaft oder Behörden – vor Fehlentscheidungen zu Lasten seines Mandanten zu bewahren und diesen vor verfassungswidriger Beeinträchtigung oder staatlicher Machtüberschreitung zu sichern; insbesondere soll er die rechtsunkundige Partei vor der Gefahr des Rechtsverlustes schützen (ähnlich für den Anwalt im Zivilprozess Stürner, JZ 1986, S 1089 [1090] unter Berufung auf Vollkommer, Die Stellung des Anwalts im Zivilprozess, 1984, S 20/21). Die Wahrnehmung dieser Aufgaben erlaubt es dem Anwalt – ebenso wie dem Richter – nicht immer so schonend mit den Verfahrensbeteiligten umzugehen, dass diese sich nicht in ihrer Persönlichkeit beeinträchtigt fühlen. Nach allgemeiner Auffassung darf er im »Kampf um das Recht« auch starke, eindringliche Ausdrücke und sinnfällige Schlagworte benutzen, ferner Urteilsschelte üben oder »ad personam« argumentieren, um beispielsweise eine mögliche Voreingenommenheit eines Richters oder die Sachkunde eines Sachverständigen zu kritisieren. Nicht entscheidend kann sein, ob ein Anwalt seine Kritik anders hätte formulieren können; denn grundsätzlich unterliegt auch die Form der Meinungsäußerung der durch Art. 5 Abs. 1 GG geschützten Selbstbestimmung (vgl. BVerfGE 54, 129 [BVerfG 13.05.1980 - 1 BvR 103/77] [138 f]). Die Grenze einer zumutbaren Beschränkung der Berufsausübung und der Meinungsfreiheit wird insbesondere überschritten, wenn Kammervorstände oder Ehrengerichte Äußerungen eines Anwalts als standeswidrig mit der Begründung beanstanden, sie würden von anderen Verfahrensbeteiligten als stilwidrig, ungehörig oder als Verstoß gegen den guten Ton oder das Taktgefühl empfunden oder sie seien für das Ansehen des Anwaltsstandes abträglich. Solche Reglementierungen können nicht Sache der Standesorganisation für einen Beruf sein, zu dessen Aufgaben gerade das Äußern von Meinungen gehört und für das Wort und Schrift die wichtigsten »Berufswaffen« sind.«[41]

Der in dieser Entscheidung in Bezug genommene Beschluss des 1. Senats vom 8. März 1983[42] 15 rekurriert ebenfalls auf Art. 12 Abs. 1 GG und erläutert dies in einem historischen Exkurs mit dem Grundsatz der freien Advokatur. Wörtlich heißt es:

»Maßstab für die verfassungsrechtliche Überprüfung der angegriffenen Entscheidung ist das Grundrecht der Berufsfreiheit. Soweit aus Art. 33 Abs. 5 GG Grundsätze zur politischen Treuepflicht von staatlichen Bediensteten hergeleitet werden (vgl. BVerfGE 39, 334 [BVerfG 22.05.1975 - 2 BvL 13/73] und 46, 43 [BVerfG 05.10.1977 - 2 BvL 10/75]), sind diese für Rechtsanwälte unanwendbar.

1. Das BVerfG hat normative Regelungen über den Anwaltsberuf sowie deren Anwendung bislang stets an Art. 12 Abs. 1 GG gemessen, der die berufliche Freiheit als besonderes Grundrecht schützt.[43] Das gilt nicht nur für Regelungen über die Ausübung dieses Berufs und das anwaltliche Standesrecht (vgl. BVerfGE 15, 226 [BVerfG 19.12.1962 - 1 BvR 163/56]; 16, 214 [BVerfG 11.06.1963 - 1 BvR 156/63]; 22, 114 [BVerfG 28.06.1967 - 2 BvR 143/61] und 34, 293 [BVerfG 14.02.1973 - 2 BvR 667/72] zum Verteidigerausschluss; 36, 212 – Master of Law; 37, 67 geschäftsunfähiger Anwalt; 38, 105 – Vertretung von Zeugen; 39, 156 – Ergänzungsgesetz; 39, 238 – Entpflichtung eines Verteidigers; 48, 300 – Vertretungsverbot; 50, 16 – Missbilligung; 54, 251 – Berufsvormund; 57, 121 – Fachanwalt); vielmehr greift Art. 12 Abs. 1 GG erst recht ein, wenn durch Vorschriften über Ausschließung und vorläufiges Berufsverbot (vgl. BVerfGE 44, 105 [BVerfG 02.03.1977 - 1 BvR 124/76]; 48, 292 [BVerfG 30.05.1978 - 1 BvR 352/78]) oder über die Zulassung zur Rechtsanwaltschaft die Freiheit der Berufswahl beschränkt wird.

In mehreren dieser Entscheidungen haben beide Senate des BVerfG bereits die fundamentale objektive Bedeutung der seit einem Jahrhundert durchgesetzten »freien Advokatur« hervorgehoben (BVerfGE 15, 226 [234]; 22, 114 [122]; 34, 293 [302]; 37, 67 [781]; 50, 16 [29]). Dieses Postulat, das auf eine im Jahre 1867 erschienene Schrift von R. von Gneist zurückgeht, kennzeichnet die Umwandlung der staatsdienerähnlichen Ausgestaltung des Advokatenstandes in einen vom Staat unabhängigen freien Beruf (vgl.

---

41 Die Entwicklung der verfassungsgerichtlichen Rechtsprechung – neben Art. 12 Abs. 1 GG auch im Verhältnis zur Stellung des Beschuldigten, Angeklagten oder Zeugen – lässt sich in folgenden Entscheidungen nachvollziehen: BVerfGE 15, 226, 231 f. [BVerfG 19.12.1962 - 1 BvR 163/56], »1. Kaul-Beschluss«; BVerfG 16, 214, 216 f., »Schmidt-Leichner-Beschluss«; BVerfG 22, 114, 119 ff., »2. Kaul-Beschluss«, ergangen unter Aufhebung von BGHSt 15, 326; BGHSt 34, 293, 299 ff., »Schily-Beschluss«; BGHSt 38, 105, 118 ff. zum Zeugenbeistand; BGHSt 39, 238, 242 ff. zur Entbindung eines Pflichtverteidigers; BGHSt 64, 135, 149 f.; BGHSt 65, 171, 174 f.; BGHSt 66, 313, 319 ff.

42 BVerfGE 63, 266 ff.

43 Zum Verhältnis der Berufsfreiheit zum Standesrecht vgl. BVerfG, Beschl. v. 03.07.2003 – 1 BvR 238/01, NJW 2003, 2520 ff.; Anm. *Sachs* JuS 2003, 1227 ff. m.w.N. bzgl. verfassungsgerichtlicher Rspr. zum Berufsrecht der Anwälte.

Weißler, Geschichte der Rechtsanwaltschaft, 1905, S 572 ff.; Huffmann, Kampf um freie Advokatur, 1967; Ostler, Die deutschen Rechtsanwälte 1871–1971, 1971, S 16 ff). Diese Umwandlung wurde schließlich reichseinheitlich durch die Rechtsanwaltsordnung vom 1. Juli 1878 (RGBl S 177) durchgesetzt, deren Vorentwurf noch eine später als überflüssig gestrichene Klarstellung enthielt, dass die Anwälte »weder die besonderen Rechte noch die besonderen Pflichten der Staatsdiener« hätten (JW 1878, S 68 f.; vgl. aus den Motiven JW 1878, S 33 [35]). Neben der Freiheit von richterlicher Disziplinaraufsicht gewährleistete das Gesetz insbesondere ein grundsätzliches Recht auf freie Zulassung jedes Bewerbers, der die Befähigung zum Richteramt erlangt hatte. Während der Gesetzgebungsberatungen waren mehrere Abgeordnete ausdrücklich dafür eingetreten, dass auch ehemalige Staatsdiener Anwälte werden könnten und dass die Anwaltschaft ihnen ein Refugium sein müsse, falls sie in Gegensatz zu den Anschauungen der leitenden Kreise geraten und aus dem Staatsdienst ausgeschieden seien (JW 1878, S 113, 115 und 119).

Die von der Rechtsanwaltsordnung durchgesetzte und näher ausgestattete freie Advokatur blieb im Wesentlichen bis zum Ende der Weimarer Republik unverändert erhalten. Nach dem Versuch der nationalsozialistischen Machthaber, den Rechtsanspruch auf freie Zulassung durch ein Ausleseprinzip zu ersetzen und die »individualistisch« ausgerichtete Rechtsanwaltschaft in ein Organ der nationalsozialistisch verstandenen Rechtspflege mit beamtenähnlichen Treuepflichten umzugestalten (vgl. etwa Hanssen, DR 1944, S. 353; EGHfRA IX [1935], 88), kehrte der Gesetzgeber nach Ende des Krieges in den Ländern und später im Bund wieder zum Grundsatz der freien Advokatur zurück. Die Bundesrechtsanwaltsordnung vom 1. August 1959 stellt ausdrücklich klar, dass der Rechtsanwalt einen freien Beruf ausübt, dass er zum unabhängigen Berater und Vertreter in allen Rechtsangelegenheiten berufen ist (§§ 2 f) und dass die Zulassung zur Rechtsanwaltschaft nur aus den im Gesetz bezeichneten Gründen versagt werden darf (§ 6).

2. Die Herauslösung des Anwaltsberufs aus beamtenähnlichen Bindungen und seine Anerkennung als ein vom Staat unabhängiger freier Beruf kann als ein wesentliches Element des Bemühens um rechtsstaatliche Begrenzung der staatlichen Macht angesehen werden, das der Verfassungsgeber vorgefunden und in seinen Willen aufgenommen hat. Es entspricht dem Rechtsstaatsgedanken und dient der Rechtspflege, dass dem Bürger schon aus Gründen der Chancen- und Waffengleichheit Rechtskundige zur Verfügung stehen, zu denen er Vertrauen hat und die seine Interessen möglichst frei und unabhängig von staatlicher Einflussnahme wahrnehmen können. Damit steht die verfassungsgerichtliche Rechtsprechung in Einklang, dass der »Anwalt einen freien Beruf ausübt, der staatliche Kontrolle und Bevormundung prinzipiell ausschließt« (BVerfGE 34, 293 [BVerfG 14.02.1973 - 2 BvR 667/72] [302]) und dass die »anwaltliche Berufsausübung unter der Herrschaft des Grundgesetzes der freien und unreglementierten Selbstbestimmung des Einzelnen« unterliegt, soweit sie nicht durch verfassungskonforme Regelungen im Sinne des Grundrechts der Berufsfreiheit beschränkt ist (BVerfGE 50, 16 [BVerfG 08.11.1978 - 1 BvR 589/72] [29]). An dieser grundsätzlichen Beurteilung ändert sich auch nichts dadurch, dass die Bundesrechtsanwaltsordnung den Rechtsanwalt als unabhängiges »Organ der Rechtspflege« einstuft und dass in der Rechtsprechung gelegentlich von einem »staatlich gebundenen Vertrauensberuf« die Rede ist. Die im ersten Entwurf der Bundesrechtsanwaltsordnung noch nicht vorgesehene Anerkennung als Organ der Rechtspflege bringt zum Ausdruck, dass im freiheitlichen Rechtsstaat die Rechtsanwälte als berufene Berater und Vertreter der Rechtsuchenden neben Richtern und Staatsanwälten eine eigenständige wichtige Funktion im »Kampf um das Recht« ausüben und dass ihnen deshalb weitergehende Befugnisse und damit korrespondierende Pflichten als ihren Mandanten zukommen. Dieser Beurteilung steht auch nicht die Entscheidung entgegen, in der die Zurückweisung eines von einem Zeugen beauftragten Rechtsanwalts als verfassungswidrig beanstandet und der Beruf des Rechtsanwalts zu seinen Gunsten als ein staatlich gebundener Vertrauensberuf bezeichnet worden ist, der ihm eine auf Wahrheit und Gerechtigkeit verpflichtete »amtsähnliche Stellung« zuweise (BVerfGE 38, 105 [BVerfG 08.10.1974 - 2 BvR 747/73] [119]). Auch in dieser Entscheidung wird ebenso wie in allen anderen als maßgeblicher verfassungsrechtlicher Prüfungsmaßstab Art. 12 Abs. 1 GG angewendet und nicht von der vorangegangenen Rechtsprechung abgewichen, dass die Einordnung des Rechtsanwalts als Organ der Rechtspflege keinen Eingriffstatbestand für Fälle enthält, in denen der Anwalt dem Leitbild nicht entspricht (BVerfGE 22, 114 [120]; 34, 293 [299 f]).«[44]

16 In zwei weiteren Entscheidungen hatte die zuständige 2. Kammer des 1. Senats – sich auf diese Entscheidungen stützend – im Rahmen angeblich standeswidriger Verfehlungen gegen das Sachlichkeitsgebot wiederum Gelegenheit, Vorentscheidungen der Ehrengerichte entsprechend den ver-

44 BVerfGE 63, 266, 282 ff. [BVerfG 08.03.1983 - 1 BvR 1078/80]

fassungsrechtlichen Vorgaben, wie sie soeben dargestellt wurden, zu korrigieren. Die Kammer übernahm dabei in beiden Fällen wörtlich die Formulierungen des 1. Senats aus der Entscheidung 76, 171.[45] Im sog. Lunnebach-Beschluss heißt es:

»Als unabhängiges Organ der Rechtspflege und als der berufene Berater und Vertreter der Rechtsuchenden hat er die Aufgabe, zum Finden einer sachgerechten Entscheidung beizutragen, das Gericht – und ebenso StA oder Behörden – vor Fehlentscheidungen zu Lasten seines Mandanten zu bewahren und diesen vor verfassungswidriger Beeinträchtigung oder staatlicher Machtüberschreitung zu sichern; insbesondere soll er die rechtsunkundige Partei vor der Gefahr des Rechtsverlustes schützen. Die Wahrnehmung dieser Aufgaben erlaubt es dem Anwalt – ebenso wie dem Richter – nicht immer so schonend mit den Verfahrensbeteiligten umzugehen, dass diese sich nicht in ihrer Persönlichkeit beeinträchtigt fühlen. Nach allgemeiner Auffassung darf er im »Kampf um das Recht« auch starke, eindringliche Ausdrücke und sinnfällige Schlagworte benutzen. Nicht entscheidend kann es sein, ob ein Anwalt seine Kritik anders hätte formulieren können. Die Grenze einer zumutbaren Beschränkung der Berufsausübung und der Meinungsfreiheit wird insbesondere überschritten, wenn Kammervorstände oder Ehrengerichte das Verhalten eines Anwalts als standeswidrig mit der Begründung beanstanden, es würde von anderen Verfahrensbeteiligten als stilwidrig, ungehörig oder als Verstoß gegen den guten Ton und das Taktgefühl empfunden oder es sei dem Ansehen des Anwaltsstandes abträglich (vgl. hierzu insgesamt BVerfGE 76, 171 [191 ff] = NJW 1988, 191 [BVerfG 14.07.1987 - 1 BvR 537/81]).

Nach dieser Rechtsprechung[46] sind anwaltsgerichtliche Maßnahmen wegen Verletzung des Sachlichkeitsgebots zulässig, soweit es sich um strafbare Beleidigungen, die bewusste Verbreitung von Unwahrheiten oder solche neben der Sache liegenden herabsetzenden Äußerungen und Verhaltensweisen handelt, zu denen andere Beteiligte oder der Verfahrensverlauf keinen Anlass gegeben haben (BVerfGE 76, 171 [193] = NJW 1988, 191 [BVerfG 14.07.1987 - 1 BvR 537/81]). Dieser Grundsatz ist nunmehr durch Gesetz vom 02.09.1994 in § 43a III BRAO normiert.[47] Auch Ordnungsmaßnahmen zur Verhaltensdisziplinierung im Rahmen einer Hauptverhandlung sind an diesem Maßstab und der Aufgabe des Verteidigers, den Mandanten vor verfassungswidriger Beeinträchtigung (hier Verletzung des rechtlichen Gehörs) und staatlicher Machtüberschreitung zu bewahren, zu messen«.[48]

In drei u.a. für die Berufsausübung bzw. Abgrenzung der Verteidigertätigkeit zum Unternehmensanwalt maßgeblichen Beschlüssen entschied das Bundesverfassungsgericht am 6. Juli 2018 über das Vorgehen einer Kanzlei, die mit sog. Internal Investigations beauftragt war.

Im September 2018 beauftragte die VW-AG im Rahmen einer in den USA mit den dortigen Behörden getroffenen Vereinbarung in einem dort geführten Ermittlungsverfahrens gegen die VW-Group of America (Inc.) die Kanzlei Jones Day mit der »Beratung zu bestimmten Fragen im Zusammenhang mit den bei Dieselmotoren bekannt gewordenen Unregelmäßigkeiten«.[49] Die Rechtsanwälte der Kanzlei sichteten zahlreiche Unterlagen und führten »eine Vielzahl von Interviews mit Mitarbeitern des Volkswagen-Konzerns«.[50] In Deutschland gab es zu diesem Zeitpunkt zwei Ermittlungsverfahren. Die Staatsanwaltschaft Braunschweig ermittelte gegen die VW-AG bezüglich 2,0-Liter-Dieseln eines bestimmten Typs und die Staatsanwaltschaft München II gegen die Audi AG zu 3,0-Liter-Dieseln.

Die Staatsanwaltschaft München II wurde während ihrer Vorermittlungen von den Anwälten der Kanzlei »in drei Präsentationen mündlich über die Zwischenergebnisse der internen Ermittlungen« unterrichtet.[51] Infolge des Plea Agreements im amerikanischen Ermittlungsverfahren leitete

---

45 BVerfG, Beschl. v. 27.06.1996 – 1 BvR 1398/94, NJW 1996, 3267 und der »Lunnebach-Beschluss« v. 10.07.1996 – 1 BvR 873/94, NJW 1996, 3268; *Jahn* 223 weist in Fn. 407 zu Recht darauf hin, dass das BVerfG der Satzungsversammlung Formulierungshilfe gegeben hat; § 1 Abs. 3 der Berufsordnung stimmt wörtlich mit den Kernsätzen überein.

46 Zur Berufs- und Meinungsfreiheit des Rechtsanwaltes vgl. BVerfG Beschl. v. 16.07.2003 – 1 BvR 801/03, BRAK-Mitt. 2003, 278 ff.

47 BGBl. I S. 2276; vgl. *Feuerich/Weyland/Träger* BRAO § 43a Rn. 31–53.

48 Vgl. BVerfG StV 1984, 489.

49 *BVerfG*, NJW 2018, 2385 Rn. 3.

50 *BVerfG*, NJW 2018, 2385 Rn. 4.

51 *BVerfG*, NJW 2018, 2385 Rn. 8.

die Staatsanwaltschaft München II Ermittlungen zunächst gegen Unbekannt und später gegen vier konkrete Beschuldigte und das Unternehmen ein.[52] Das Amtsgericht München ordnete auf Antrag der Staatsanwaltschaft die Durchsuchung der Kanzleiräume an, am 15.03.2017 vollzog die Staatsanwaltschaft diese Anordnung.[53] Im Rahmen der Durchsuchung wurden 185 Aktenordner und Hefter mit Unterlagen sichergestellt.[54]

Die Beschwerde der VW-AG gegen den Durchsuchungsbeschluss wurde vom Landgericht München verworfen.[55] Ebenso verwarf das Landgericht die Beschwerde gegen den Bestätigungsbeschluss des Amtsgerichts zur Sicherstellung.[56]

Gegen die Beschlüsse zur Sicherstellung und zur Bestätigung derselben hat die VW-AG Verfassungsbeschwerden erhoben, die als unzulässig nicht zur Entscheidung angenommen wurden. Die Kammer stellt klar, dass § 160a Abs. 1 S. 1 StPO durch § 97 StPO als Spezialregelung verdrängt wird.[57] Zudem hält die Kammer ausdrücklich fest, dass § 97 Abs. 1 Nr. 3 StPO nur das Vertrauensverhältnis zwischen einem Beschuldigten und seinem Verteidiger schütze und eine erweiternde Auslegung der Norm nicht geboten sei.[58] Es sei nicht zu beanstanden, dass die Norm das Aufklärungsinteresse der Strafrechtspflege dem Mandanteninteresse an der Geheimhaltung vorziehe. Es bestehe ein hohes Missbrauchspotential, da Unterlagen so im Wege interner Ermittlungen dem Zugriff der Strafverfolgungsbehörden entzogen werden könnten.[59]

Die Kanzlei[60] sowie drei der beteiligten Anwälte[61] haben sich eigenständig mit Verfassungsbeschwerden gegen die Durchsuchung gewandt. Die Verfassungsbeschwerde der Kanzlei wurde als unzulässig abgewiesen, weil sie keine inländische juristische Person sei und damit nach Art. 19 Abs. 3 GG nicht grundrechtsfähig. Ein Hauptverwaltungssitz der Kanzlei habe sich nicht feststellen lassen.[62] Ihre Gründung sei nach ausländischem Recht erfolgt und eine Beherrschung durch deutsche Staatsangehörige sei nicht feststellbar.[63] Die Verfassungsbeschwerden der Rechtsanwälte wurden ebenfalls als unzulässig abgewiesen. Es liege keine Grundrechtsverletzung vor (Art. 12 Abs. 1, Art. 2 Abs. 1 iVm Art. 1 Abs. 1, Art. 20 Abs. 3 GG).[64] Bezüglich Art. 13 Abs. 1 GG seien die Rechtsanwälte nicht Grundrechtsträger, dies sei die Kanzlei.[65]

Die Beschlüsse wurden in der Literatur stark kritisiert. Die Verfassungsrichter würden mit dem Hinweis auf die Missbrauchsmöglichkeiten[66] das »immer wieder geäußerte Misstrauen der Justiz gegenüber der Anwaltschaft befeuern«[67]. Natürlich ist es misslich, wenn die Justiz gegenüber der Anwaltschaft kein Vertrauen hat, aber die Anwaltschaft muss sich fragen, wie weit sie selbst das Bild in den Köpfen der Richter und Staatsanwälte mitgeprägt hat.[68] »Wer die Chuzpe besitzt, sich einer von Amts wegen zur Wahrheitsermittlung verpflichteten Behörde wie der Staatsanwaltschaft gegenüber mit mündlichen Präsentationen zu begnügen und diese damit abspeisen zu wollen, hat offensicht-

52 *BVerfG*, NJW 2018, 2385 Rn. 8.
53 *BVerfG*, NJW 2018, 2385 Rn. 14.
54 *BVerfG*, NJW 2018, 2385 Rn. 14.
55 *BVerfG*, NJW 2018, 2385 Rn. 25.
56 *BVerfG*, NJW 2018, 2385 Rn. 36.
57 *BVerfG*, NJW 2018, 2385 Rn. 74 f.
58 *BVerfG*, NJW 2018, 2385 Rn. 85 ff.
59 *BVerfG*, NJW 2018, 2385 Rn. 91.
60 *BVerfG*, NJW 2018, 2392.
61 *BVerfG*, NJW 2018, 2395.
62 Was für eine international tätige Kanzlei dieser Größenordnung eine erstaunliche Aussage ist.
63 *BVerfG*, NJW 2018, 2392, Rn. 31.
64 *BVerfG*, NJW 2018, 2392, Rn. 41 bis 53.
65 *BVerfG*, NJW 2018, 2392, Rn. 38 f.
66 *BVerfG*, NJW 2018, 2385, Rn. 91.
67 *Graßie/Hieramente*, BB 2018, 2051, 2052.
68 *Köllner*, NZI 2018, 833, 836.

lich nicht vollständig realisiert, dass diese Behörde immer und ständig aufgrund der eigenen Strafandrohung – Strafvereitelung im Amt – gehalten ist, Straftaten zu erforschen, § 152 Abs. 2 StPO, § 258a StGB. Und zu glauben, nur weil man Gutes tue und die Verfehlungen im Unternehmen der Mandantschaft selbst erforsche, befreie dies die staatlichen Strafverfolger von deren Pflicht, klingt nach einem seltsamen Rechtsverständnis unseres auf dem staatlichen Gewaltmonopol basierenden Systems.«[69] Die einzige und oft praktizierte Möglichkeit ist die Einbindung und Abstimmung mit der Staatsanwaltschaft in das unternehmensinterne Vorgehen.[70] Bei einem solchen Vorgehen wäre es vermutlich nicht zu den Durchsuchungen gekommen.[71]

Zudem muss bereits zu Beginn des Mandats festgelegt werden, wer Mandant ist und was der Mandatsauftrag beinhaltet.[72] »Sobald die Interessen des Unternehmens durch mögliches Fehlverhalten von Führungskräften verletzt worden sein können, darf es eine Einbindung der Führungskräfte in das Mandat nicht geben.«[73]

Für die Entscheidungen spricht, dass es keinen rechtsfreien Raum für interne Ermittlungen für externe Anwälte geben kann.[74] Würden die internen Ermittlungen bzw. deren Ergebnisse vor dem Zugriff staatlicher Verfolger geschützt, widerspräche das als Selbstjustiz dem Gewaltmonopol.[75]

Abschließend ist anzumerken, dass nur durch Kommunikation und Transparenz ein vertrauensvolles Zusammenarbeiten der Anwaltschaft als »Organ der Rechtspflege« mit den Strafverfolgungsbehörden möglich ist.[76] Ein solches Vorgehen wäre vorliegend für den Mandanten der sicherste Weg gewesen.[77]

2. Bundesgerichtshof

Anders als das BVerfG verwenden die Senate des BGH[78] den Begriff »Organ der Rechtspflege« in 17
erheblich stärkerem Maße. In einem Urteil des 1. Strafsenats vom 1. September 1992[79] wird ausgeführt, in Rechtsprechung und Literatur sei anerkannt, »dass die Stellung als Verteidiger in einem Strafprozess und das damit verbundene Spannungsverhältnis zwischen Organstellung und Beistandsfunktion eine besondere Abgrenzung zwischen erlaubtem und unerlaubtem Verhalten, insbesondere in Bezug auf den Straftatbestand der Strafvereitelung, § 258 StGB, erforderlich« mache.[80] In dem Urteil des 3. Strafsenats vom 3. Oktober 1979[81] heißt es zur Beistandsfunktion, dass der Wahl- oder Pflichtverteidiger einen gesetzlichen Auftrag zu erfüllen habe. Dessen Ausführung liege nicht nur im Interesse des Beschuldigten, sondern auch in dem einer am Rechtsstaatsgedanken orientierten Strafrechtspflege.[82] Besonders deutlich wird das genannte Spannungsverhältnis, welches die Rechtsprechung in der Verteidigerstellung angelegt sieht, in einer Entscheidung des 4. Strafsenats vom 7. November 1991.[83] In diesem Fall hatte die Strafkammer des Landgerichts in ihrer durch die Revi-

69 *Köllner*, NZI 2018, 833, 836.
70 *Köllner*, NZI 2018, 833, 836.
71 *Köllner*, NZI 2018, 833, 836.
72 *Köllner*, NZI 2018, 833, 836.
73 *Köllner*, NZI 2018, 833, 836.
74 *Köllner*, NZI 2018, 833, 836.
75 *Köllner*, NZI 2018, 833, 836.
76 *Köllner*, NZI 2018, 833, 836.
77 *Köllner*, NZI 2018, 833, 836.
78 Zur Rechtsprechung des RG vgl. die Darstellungen von *Stade* Die Stellung des Verteidigers im Ermittlungsverfahren, 1997, 22–24 sowie *Knapp* Der Verteidiger – ein Organ der Rechtspflege? 1974, 44–47.
79 BGHSt 38, 345 ff.
80 BGHSt 38, 345, 347.
81 BGHSt 29, 99 ff.
82 BGHSt 29, 99, 106.
83 BGHSt 38, 111 ff.

sion angefochtenen Entscheidung dem Beschuldigten das Recht entzogen, selbst Beweisanträge zu stellen. Er durfte diese nur mittelbar über seinen Verteidiger stellen.[84]

18 Der Senat billigte dieses Vorgehen und erklärte dazu:

»Der Auftrag der Verteidigung liegt nicht ausschließlich im Interesse des Beschuldigten, sondern auch in einer am Rechtsstaatsgedanken ausgerichteten Strafrechtspflege (BGHSt 29, 99, 106). Der Verteidiger, von dem das Gesetz besondere Sachkunde verlangt (§§ 138, 139, 142 Abs. 2 StPO, § 392 AO), ist der Beistand, nicht der Vertreter des Beschuldigten, an dessen Weisungen er nicht gebunden ist (BGHSt 12, 367, 369; 13, 337, 343). Die Strafprozessordnung geht deshalb folgerichtig davon aus, dass es in gewissen Fällen sachdienlich sein kann, Rechte des Beschuldigten nur über den Verteidiger ausüben zu lassen … Aus alledem folgt, dass ein Verteidiger den Angeklagten in der Hauptverhandlung keineswegs nach Belieben »schalten und walten lassen« darf, sondern dass ihn eine Pflicht trifft, mit dafür Sorge zu tragen, dass das Verfahren sachdienlich und in prozessual geordneten Bahnen durchgeführt wird. Dass er dabei inhaltlich einseitig die Interessen des Angeklagten zu beachten hat (…), steht mit der Notwendigkeit der Mitwirkung an einer ordnungsgemäß zu fördernden Hauptverhandlung, in der auch der Abschluss des Verfahrens in einer angemessenen Zeit nicht in Frage gestellt werden darf, nicht in Widerspruch.«[85]

19 In einer frühen Entscheidung vom 15. Februar 1956[86] stellte der 6. Senat folgende Grundsätze auf: Der Verteidiger sei nicht nur Vertreter des Angeklagten. Er sei vielmehr ein mit besonderen Befugnissen ausgestattetes Organ der Rechtspflege, dessen Mitwirkung im Strafverfahren zwingend vorgeschrieben sei.[87] Wörtlich erklärt er weiter:

»Entsprechend dieser ihm vom Gesetz eingeräumten Stellung hat er sein Verhalten einzurichten. Er hat zwar die vordringliche Aufgabe, die den Angeklagten entlastenden Umstände hervorzuheben; ihm sind aber insofern Grenzen gesetzt, als er sich in keinem Fall der Wahrheitserforschung hindernd in den Weg stellen darf.«[88]

Dieses ist die durch das BVerfG[89] aufgehobene »1. Kaul-Entscheidung« des BGH. Ähnliches Ansinnen findet sich aber auch in einer Entscheidung des 3. Strafsenats aus dem Jahr 2005.[90] In dieser Entscheidung rekurriert der Senat ebenfalls auf die Verpflichtung des Verteidigers auf das traditionelle Ziel des Strafprozesses, der Wahrheitsfindung in einem prozessordnungsgemäßen Verfahren.

20 Der 4. Strafsenat fasst bereits in einem Urteil vom 26. November 1998[91] diese Rechtsprechung nochmals zusammen. Dort heißt es:

»Der Verteidiger ist als Rechtsanwalt ein selbstständiges, dem Gericht und der StA gleichgeordnetes Organ der Rechtspflege. In seiner Beistandsfunktion darf er sich nur der prozessual- und standesrechtlich erlaubten Mittel bedienen, ein Recht zur Lüge hat er ebenso wenig (…) wie ein Recht zur Beratung

84 Zum Sachverhalt vgl. BGHSt 38, 111, 112 f.

85 BGHSt 38, 111, 114 f.; zur Spannungssituation zwischen Beistand und Wahrung der Rechtsordnung bzw. Verpflichtung des Verteidigers, sich Maßnahmen zu enthalten, durch die er selbst gegen die Rechtsordnung verstoßen würde, vgl. bereits BGHSt 12, 367, 369; zum Erfordernis der Unabhängigkeit des Verteidigers vgl. die Entscheidung BGHSt 15, 326 ff., die durch das BVerfG in der »2. Kaul-Entscheidung« BVerfGE 22, 114 ff., aufgehoben wurde.

86 BGHSt 9, 20 ff.

87 Als Ausfluss dieser Rechtsprechung hat der BGH mit Beschl. v. 29.12.22, 1 StR 284/22 entschieden, dass »ein im Verhältnis des Angeklagten zum Verteidiger wurzelnder wichtiger Grund zur Entpflichtung eines bestellten Verteidigers regelmäßig nicht bejaht werden kann, wenn dieser Grund allein vom Angeklagten verschuldet ist. So steht zum Beispiel die Möglichkeit, den Verteidiger »aufs Übelste zu beschimpfen« oder ihn mit »unhaltbaren Vorwürfen« zu überziehen, jedem Angeklagten faktisch unbegrenzt zur Verfügung. Könnte er damit die Auswechslung eines Verteidigers erzwingen, könnte er ein Verfahren ohne sachlichen Grund nahezu beliebig verzögern und blockieren.«.

88 BGHSt 9, 20, 22.

89 BVerfGE 15, 226 ff.

90 BGH, Beschl. v. 25.01.2005 – 3 StR 445/04, NStZ 2005, 341.

91 BGH, Urt. v. 26.11.1998 – 4 StR 207/98, StV 1999, 153 f.

bei der Lüge (...). Insbesondere ist es ihm untersagt, durch aktive Verdunklung und Verzerrung des Sachverhalts die Wahrheitserforschung zu erschweren (...) oder Beweisquellen zu verfälschen (...)«.[92]

3. Oberlandesgerichte

Wie durch die Wiedergabe wesentlicher Entscheidungsgründe deutlich wurde, besteht zwischen der verfassungsgerichtlichen Rechtsprechung und der Anwendung dieser Grundsätze durch die ordentlichen Gerichte eine nicht unerhebliche Diskrepanz in der fallbezogenen Umsetzung. Betrachtet man die Rechtsprechung der Oberlandesgerichte, wird dieser Eindruck noch verstärkt. Hier seien einige Entscheidungen exemplarisch dargestellt. Das OLG Frankfurt und das OLG Nürnberg haben darauf hingewiesen, der Verteidiger unterstehe als ein dem Gericht und der Staatsanwaltschaft gleichberechtigtes Organ der Rechtspflege grundsätzlich nicht der Kontrolle und der Bewertung seiner Tätigkeit durch das Gericht.[93] Das Kammergericht hat ausgeführt, auch gegenüber Unterlassungs- und Widerrufsansprüchen Dritter müsse der Verteidiger geschützt werden, wenn die Behauptungen aufgrund von Mitteilungen des Mandanten erfolgt seien. Denn ansonsten sei seine Stellung als unabhängiges Organ der Rechtspflege in Gefahr.[94] In einem ausführlichen Beschluss hatte zuvor auch das OLG Hamburg[95] Stellung bezogen. Wörtlich heißt es dort unter umfangreicher Auseinandersetzung mit Rechtsprechung und Literatur: 21

»Pflicht aller Verfahrensbeteiligter ist die effektive Förderung des Strafverfahrens (...), wie sich schon aus der Verfassung ergibt. Das Rechtsstaatsprinzip (Art. 20 III GG) gebietet u.a. die Aufrechterhaltung einer funktionstüchtigen Rechtspflege, ohne die Gerechtigkeit nicht verwirklicht werden kann (...). In diese Pflichtbindung ist auch der Verteidiger einbezogen. Er ist als mit eigenen Rechten und Pflichten versehenes selbstständiges Organ der Rechtspflege (...) nicht Gegner, sondern Teilhaber einer funktionsfähigen Strafrechtspflege (...). Als solcher kommt ihm nicht die Vertretung des Beschuldigten, sondern dessen Beistand zu (...). Folglich liegt der Auftrag der Verteidigung nicht ausschließlich im Interesse des Beschuldigten, sondern auch in der am Prinzip des Rechtsstaats ausgerichteten Strafrechtspflege (...). Für die hier maßgebliche Frage nach dem Verfahren des Verteidigers in der Hauptverhandlung ist aus allem herzuleiten, er habe mit dafür Sorge zu tragen, dass das Verfahren sachdienlich und in prozessual geordneten Bahnen durchgeführt wird (...).«[96] 22

Eine Entscheidung des Brandenburgischen Oberlandesgerichts[97] verdeutlicht beispielhaft, wie die »Gewährung« rechtlichen Freiraums für den Verteidiger zu dessen und seines Mandanten Ungunsten verwertet werden kann: Die – gegen den ausdrücklichen Wunsch des Mandanten beigeordnete – Pflichtverteidigerin beantragte erfolglos ihre Entbindung. Der Mandant verweigerte jede Kooperation, da er nur von den von ihm benannten Wahlverteidigern verteidigt werden wollte. Die Pflichtverteidigerin sah sich daher außer Stande, die Verteidigung wahrzunehmen. In der mangels Beschwer als unzulässig abgewiesenen Beschwerde konstatiert der Senat: 23

»Allein Differenzen über den Inhalt und den Umfang der Verteidigung reichen grundsätzlich nicht aus, einen Wechsel des Pflichtverteidigers bzw. seine Abberufung vorzunehmen. Dies folgt aus der rechtlichen Selbstständigkeit des Verteidigers. Er ist Verteidiger, nicht Vertreter des Angeklagten (vgl. OLG Hamm, NJW 2006, 2712–2713).«

92 BGH, Urt. v. 26.11.1998 – 4 StR 207/98, StV 1999, 153 f.

93 OLG Frankfurt/Main StV 1994, 288, 289 unter Bezugnahme auf KG JR 1982, 349 und OLG Köln StV 1991, 9 f.; OLG Nürnberg StV 1995, 287, 289; OLG Frankfurt StV 1999, 199, 201.

94 KG, Urt. v. 27.05.1997 – 9 U 901/97, StV 1998, 84.

95 OLG Hamburg, Beschl. v. 17.11.1997 – 2 Ws 255/97, NJW 1998, 621 ff.

96 OLG Hamburg NJW 1998, 621, 622; vgl. die Besprechung dieser Entscheidung von *Kühne* NJW 1998, 3027 f. [OLG Hamburg 17.11.1997 - 2 Ws 255/97]; allerdings erkennt auch der BGH inzwischen an, dass ein Angeklagter nach der EMRK das Recht auf eine wirksame Verteidigung hat, vgl. BGH StV 2000, 235 f.

97 Brandenburgisches Oberlandesgericht, Beschl. v. 21.07.2009, 1 Ws 122/09, BeckRS 2009, 87253.

II. Literaturübersicht

24 Aus der Literatur können im Folgenden nicht alle filigranen Verästelungen im Meinungsstreit dargestellt werden. Hierzu sei auf die oben bereits genannte Habilitation von *Beulke* sowie die Dissertationen von *Jahn, Stade, Dornach* und *Kniemeyer* verwiesen. Es werden Vertreter der Organ- oder Doppelstellungstheorie genannt, *Beulke* und ihm nachfolgend *Dornach* als Vertreter der sog. eingeschränkten Organtheorie sowie der Topos vom »Verteidiger als sozialer Gegenmacht« erläutert. Abschließend werden die Vertreter- und Vertragstheorien, insbesondere die Ansicht *Lüderssens,* angesprochen.

1. Die Organtheorie nach Roxin

25 Als klassischer Vertreter der Organ- oder Doppelstellungstheorie formuliert *Roxin,* der Verteidiger sei kein einseitiger Interessenvertreter des Beschuldigten, sondern ein als Beistand neben ihm stehendes selbstständiges Organ der Rechtspflege, das auch den Belangen einer funktionstüchtigen Strafrechtspflege verpflichtet sei.[98] Inhalt und Grenzen seiner Tätigkeit bestimmten sich danach als Ergebnis einer Abwägung zwischen privaten und öffentlichen Interessen.[99] Er nehme im Rahmen der Rechtspflege eine öffentliche Funktion wahr. Diese Funktion beschränke ihn aber nicht auf die für Gericht und Staatsanwaltschaft maßgebenden Ziele von Wahrheit und Gerechtigkeit, sondern verpflichte ihn auf die Geltendmachung der für den Beschuldigten sprechenden Umstände und der ihm zustehenden Rechte.[100] Aus seiner Stellung als Rechtspflegeorgan folge seine Verpflichtung, die Wahrheit zu sagen, sofern er Informationen als im eigenen Wissen begründet ins Verfahren einführt.[101] Der Verteidiger sei gleichwohl zur Fürsprache verpflichtet, wobei der Gesetzgeber diese Pflicht durch die Pflicht zur Verschwiegenheit untermauert habe.[102] Nach *Roxin* besteht die Kunst der Verteidigung darin, diese dem Verteidiger gestellten vier Grundpflichten im konkreten Fall miteinander in Einklang zu bringen. Er führt zusammenfassend aus: »Der Verteidiger muss nach besten Kräften fürsprechen, ohne je die Unwahrheit zu sagen oder zu verdunkeln, aber auch ohne seine Schweigepflicht zu verletzen.«[103]

2. Die eingeschränkte Organtheorie Beulkes

26 In seiner Habilitationsschrift hat sich *Beulke* eingehend mit der Organtheorie auseinander gesetzt.[104] Nachdem er in den ersten Kapiteln die privaten und öffentlichen Interessen an der Stellung des Verteidigers analysiert und beschrieben hat, erkennt er zwar die sprachliche Dubiosität des Begriffs an, will ihn aber nicht durch einen anderen ersetzen, da dies weder mehr Rechtssicherheit noch mehr Rechte für den Verteidiger und seinen Mandanten bringe.[105] Es könne seiner Auffassung nach bei der Umschreibung »Beistand und unabhängiges Organ der Rechtspflege« verbleiben, nur müsse die Organtheorie endgültig mit Leben gefüllt werden und den Charakter einer »volltönenden Phrase« verlieren.[106] Wer das Organargument bemühe, dürfe kein Sammelsurium vorfinden, das als Legitimationsbasis für jedes gewünschte Ergebnis herhalte, sondern ein Instrumentarium mit relativ klaren Konturen.[107] Zur äußeren Kenntlichmachung einer Eingrenzung der Aussagekraft der Organtheorie schlägt er vor, in Zukunft von einer »eingeschränkten Organtheorie« zu sprechen.[108] Der Weg

98 *Roxin/Schünemann* 29. Aufl. § 19 Rn. 3.
99 *Roxin/Schünemann* 29. Aufl. § 19 Rn. 3.
100 *Roxin/Schünemann* 29. Aufl. § 19 Rn. 9 f.; vgl. LK/*Ruß* § 258 Rn. 19.
101 *Roxin/Schünemann* 29. Aufl. § 19 Rn. 14.
102 *Roxin/Schünemann* 29. Aufl. § 19 Rn. 15.
103 *Roxin/Schünemann* 29. Aufl. § 19 Rn. 16.
104 *Beulke* Verteidiger; *ders.* Anm. zu BGHSt 38, 345, JR 1994, 114, 116 ff.; *ders.* FS *Roxin* (2001) 1173.
105 *Beulke* Verteidiger, 200.
106 *Beulke* Verteidiger, 200.
107 *Beulke* Verteidiger, 200.
108 *Beulke* Verteidiger, 200.

dorthin führe über eine klare Bestimmung der Verteidigeraufgaben. Berücksichtige man die nach seiner Ansicht zu treffenden Abwägungen zwischen dem privaten und dem öffentlichen Interesse an Verteidigung, so ergebe sich, dass in der Bezeichnung Rechtspflegeorgan zutreffend zum Ausdruck komme, dass der Verteidiger neben privaten auch öffentliche Interessen mitberücksichtigen müsse.[109]

Damit aber die staatliche »Anbindung« nicht in den Verlust einer freien Verteidigung ausarte, sollen sechs Einschränkungen beachtet werden.[110] Diese lauten: 27

1. Einen strikten Vorrang der Organkomponente gibt es nur beim öffentlichen Interesse an der Effektivität der Verteidigung mit der Folge, dass der Verteidiger zugunsten des Mandanten notfalls auch gegen dessen Willen tätig werden muss, sofern das Gesetz keine Ausnahmeregelung vorsieht. Der Verteidiger ist deshalb bei seiner Tätigkeit völlig unabhängig. Einer Bevormundung des Mandanten wird vor allem durch die Möglichkeit der freien Verteidigerwahl entgegengewirkt.
2. Zwar muss der Verteidiger auch das öffentliche Interesse an der Effektivität der Rechtspflege berücksichtigen, jedoch sind ihm nur solche Verteidigungshandlungen verboten, die die Funktionstüchtigkeit der Rechtspflege in ihrem Kernbereich in Frage stellen würden. Diese Grenze ist insbesondere dann überschritten, wenn der Verteidiger seine Wahrheitspflicht verletzt.
3. Ein Träger darüber hinausreichender Staatsinteressen darf der Verteidiger nicht sein. Seine öffentlichen Funktionen sollten strikt auf den Bereich der Rechtspflege beschränkt bleiben. Die diese Grenze überschreitende Vorschrift des § 138b StPO sollte möglichst bald wieder aus dem Katalog der Ausschließungsgründe gestrichen werden. Die Organtheorie legitimiert keine allgemeine Wohlverhaltens- oder Treueklausel gegenüber dem Staat.
4. Der Verteidiger ist ein unabhängiges Rechtspflegeorgan, weshalb direkte oder mittelbare staatliche Zwänge auf eine bestimmte Ausgestaltung der Verteidigung ausgeschlossen sind. Eingriffe des Gerichts in die freie Strafverteidigung sind deshalb auf die gesetzlich vorgesehenen Verteidigerausschließungstatbestände sowie auf die allgemeine Missbrauchsabwehr beschränkt. Die Ausschließungstatbestände müssen mit dem Grundsatz der Verhältnismäßigkeit vereinbar sein und die Grenzen der öffentlichen Aufgaben des Verteidigers respektieren.
5. Der Verteidiger ist im Verhältnis zur Staatsanwaltschaft ein gleichberechtigtes Organ der Rechtspflege. Seine Befugnisse müssen deshalb so ausgebaut werden, dass er dem Staatsanwalt ebenbürtig ist. Dazu zwingt schon der Grundsatz der Waffengleichheit. Eine Gleichberechtigung mit dem Gericht wird zwar vordergründig immer wieder behauptet, kann der Sache nach aber nicht bestehen und ist auch nicht erstrebenswert. Eine wirklich voll abgesicherte Unabhängigkeit des Verteidigers bietet ausreichenden Schutz vor zu großer Beeinflussung der Verteidigungsstrategie durch das Gericht.
6. Die öffentlichen Funktionen des Verteidigers können niemals das Prinzip der Subsidiarität des Verteidigerwillens bei der Preisgabe von Rechtspositionen[111] überspielen.[112]

Dornach hat sich in seiner Passauer Dissertation aus dem Jahr 1994 mit der Kritik befasst, der sich *Beulke* nach 1980 ausgesetzt sah.[113] In seiner Verteidigung der eingeschränkten Organtheorie kommt er in Auseinandersetzung mit den kritischen Stimmen zu dem Schluss, dass es der Verdienst *Beulkes* sei, die von der Rechtsprechung überwiegend vage angedeuteten öffentlichen Aufgaben des Verteidigers aus dem Gesetz herausgearbeitet und konkretisiert zu haben.[114] Auch die Erkenntnis *Beulkes*, dass der Verteidiger das Interesse an einer in Mindestmaßen wirksamen Strafrechtspflege zu 28

109 *Beulke* Verteidiger, 200.
110 *Beulke* Verteidiger, 200.
111 Hier meint *Beulke* den Fall des Verzichts auf Rechte des Beschuldigten, der letztendlich immer diesem vorbehalten sein müsse; der Wille des Verteidigers stehe insoweit immer hinter dem des Beschuldigten zurück, vgl. *Beulke* Verteidiger, 87 und 34.
112 *Beulke* Verteidiger, 200–201.
113 *Dornach* und damit *Beulke* ebenfalls nachfolgend vgl. *v Stetten* StV 1995, 606, 609.
114 *Dornach* Der Strafverteidiger als Mitgarant eines justizförmigen Strafverfahrens, 1994, 122.

wahren habe, die sog. Kernbereichsformel, stelle gegenüber den in Rechtsprechung und Literatur vertretenen Lösungsansätzen einen nicht zu übersehenden Fortschritt dar. Während bisher isoliert auf das Verteidigerverhalten im jeweiligen Einzelfall abgestellt worden sei, biete die Kernbereichsformel unter konkreter Benennung der als Abwägungsmaterial in Betracht kommenden privaten und öffentlichen Interessen nunmehr endlich die Möglichkeit hiervon wegzukommen und damit ein Mehr an Rechtssicherheit und Rechtsstaatlichkeit im Bereich der Abgrenzung von zulässigem und unzulässigem Verteidigerverhalten zu erreichen.[115] *Beulke* sei gleichfalls darin zu folgen, dass die Lösung der Problematik der Rechtsstellung des Verteidigers nicht aus dem Verfassungsrecht oder dem anwaltlichen Standesrecht, sondern allein aus dem geltenden Strafverfahrensrecht entnommen werden könne.[116]

3. Der Verteidiger als soziale Gegenmacht nach Holtfort

29 Im Rahmen der Auseinandersetzung zur Zeit der sog. Terroristenprozesse hat *Holtfort* versucht, eine Gegenposition zu den rechtspolitischen Bestrebungen, Verteidigerrechte zu beschränken, zu formulieren.[117] Kein Anwalt könne sich als Organ der Rechtspflege verstehen, sondern nur als Vertreter von Mandanteninteressen, als parteigebundener Helfer und als ein Stück sozialer Gegenmacht, ohne die jeder Angeschuldigte jeder Staatsgewalt unendlich unterlegen wäre.[118] Der Anwalt sei als Machtfaktor zu verstehen, den jede pluralistische und auf einen gerechten Ausgleich bedachte Gesellschaft und jeder freiheitliche Staat dem rechtlicher Hilfe bedürftigen Bürger gegen sich selbst zur Verfügung stellen müsse. Diese gesellschaftliche Gegenmacht solle dem Bedrohten mit allen gesetzlich unverbotenen Mitteln helfen, eine etwaige illegitime Machtausübung der Gesellschaft und das ihn bedrohende staatliche Gewaltmonopol abzuwehren.[119]

4. Der Interessenvertreter nach Welp

30 *Welp* hat in zwei Untersuchungen[120] seine Ansicht dargelegt, dass der Verteidiger kein Organ, insbesondere keines zur Wahrheitsermittlung, sei.[121] Vielmehr sei sein dialektischer Anteil an dem gerichtlichen Erkenntnisprozess nicht mehr als ein Reflex der Vertretung von Beschuldigteninteressen. Als Wahrer dieses partikulären Interesses sei der Verteidiger kein Organ der Rechtspflege, sondern Interessenvertreter.[122] Der Beschuldigte des Verfahrens definiere diese Interessen aus seiner autonomen Stellung,[123] der Verteidiger sei jedoch in der Ausübung der Rechte des Beschuldigten als dessen Vertreter, anders als dieser selbst, gehindert aktiv zu lügen oder Beweismittel zu trüben.[124] Diese Einschränkung der Vertreterstellung aus den Grundsätzen des Strafprozesses als formalisiertem Verfahren beschränke sie nicht in unzulässiger Weise, denn der Beschuldigte habe kein Recht auf Beweisvereitelung, wie der Haftgrund der Verdunklungsgefahr zeige.[125]

115 *Dornach* Der Strafverteidiger als Mitgarant eines justizförmigen Strafverfahrens, 1994, 122.
116 *Dornach* Der Strafverteidiger als Mitgarant eines justizförmigen Strafverfahrens, 1994, 121 f.
117 *Holtfort* Der Anwalt als soziale Gegenmacht – in »Strafverteidiger als Interessenvertreter, Berufsbild und Tätigkeitsfeld« 37–47.
118 *Holtfort* Der Anwalt als soziale Gegenmacht, 45.
119 *Holtfort* Der Anwalt als soziale Gegenmacht, 45 f.
120 *Welp* ZStW 90 (1978) 101 ff., im selben Band 804 ff.
121 *Welp* ZStW 90 (1978) 817 oben.
122 *Welp* ZStW 90 (1978) 817 oben.
123 *Welp* ZStW 90 (1978) 117 oben.
124 *Welp* ZStW 90 (1978) 818 Mitte.
125 *Welp* ZStW 90 (1978) 819, 1. Absatz.

5. Hassemer/Jaeger

Hassemer will den Begriff des Organs der Rechtspflege nicht vollständig verdrängen. Zu demselben Ergebnis kommt *Jaeger,* welcher die Vorzüge des Organbegriffs betont.[126] Nach dem Verständnis *Hassemers* kommt darin zutreffend zum Ausdruck, dass der Verteidiger nicht nur Beistand leiste, wie ihn jeder unbeteiligte Dritte auch leisten könnte, sondern dass er erstens diesen Beistand auf der Basis einer besonderen professionellen Qualifikation leiste, die der des Berufsrichters und Staatsanwalts formell gleich sei; zweitens seine Tätigkeit nicht nur im privaten Interesse des Beschuldigten, sondern zugleich im öffentlichen Interesse stehe und drittens seine Stellung im Verfahren mit besonderen Garantien ausgestattet sei.[127] Im Organbegriff kommen aber nach seiner Ansicht zwei fundamentale Qualitäten nicht zu ihrem Recht. Erstens handele der Verteidiger aufgrund einer Vertrauensbeziehung, die ihn mit seinem Mandanten verbinde, und zweitens sei er berechtigt und verpflichtet, streng einseitig zugunsten des Beschuldigten zu agieren.[128] Frühzeitig hatte *Hassemer* jedoch darauf hingewiesen, dass es letztendlich in diesem Streit der Theorien und Begriffe nicht von Belang sei, unter welcher begrifflichen Flagge man segele. Vielmehr seien die konkreten Fragen der Rechte des Verteidigers und seines Verhältnisses zum Beschuldigten zu entscheiden.[129] Entsprechend diesem Motto setzt er den von ihm statuierten Vorrang der Interessen des Beschuldigten vor dem öffentlichen Interesse konsequent in den Einzelfragen um.[130] Ähnlich *Welp* sieht er aber den Verteidiger nicht als schlichten Vertreter des Beschuldigten oder als dessen verlängerten Arm. 31

6. Lüderssen – weitergeführt durch Jahn

Die ausführlichste Stellungnahme zum Verteidiger als vertraglich gebundenem Vertreter von Parteiinteressen findet sich in der Kommentierung der §§ 137 ff. StPO von *Jahn* in der 27. Auflage des Löwe-Rosenberg. Aus historischen[131] und konstitutionellen[132] Überlegungen kommt *Jahn* zu dem Schluss, dass eine der Aufgaben des von der Gesellschaft abzugrenzenden Staates die Sicherung einer vorstaatlichen Freiheitssphäre des Bürgers sei.[133] An dieser Stelle erwähnt er den Autonomiestatus des Beschuldigten im Strafverfahren.[134] Weiter führt er aus: 32

> »Es ist Ausdruck der allmählich durchgesetzten Anerkennung der Autonomie des Beschuldigten, dass die in der Systematik besonders hervorgehobene Vorschrift des Elften Abschnitts in § 137 Abs. 1 Satz 1 ihm das Recht gibt, sich des Beistandes eines Verteidigers »zu bedienen«. (…) Ausgangspunkt dafür ist der Satz, dass der Kontakt mit dem Mandanten, innerhalb und außerhalb des Verfahrens, das Zentrum der Aufgaben des Strafverteidigers ist. Die Respektierung der Subjektrolle des Beschuldigten wäre nur halb vollzogen, wenn der beistehende Verteidiger diese dienende Rolle verlassen würde und etwas ohne oder sogar gegen den Willen des Beschuldigten veranlassen dürfte, wenn und soweit ihm das Recht das nicht ausdrücklich zugesteht. Da unsere Rechtsordnung auf der anderen Seite private Positionen grundsätzlich nicht als Basis genuiner Abhängigkeitsverhältnisse anerkennt, bleibt für die Ausgestaltung der Beziehungen zwischen dem Beschuldigtem und seinem Verteidiger nur die für die gesamte Privatrechtsgesellschaft typische Rechtsform des Vertrages.«[135]

Der Vertrag zwischen dem Beschuldigten und dem Verteidiger sei ein Dienstvertrag gemäß § 611 BGB mit zwei Besonderheiten. Zum einen handele es sich um Dienste höherer Art, so dass § 627 33

126 *Jaeger* NJW 2004, 1, 6.
127 Formularbuch *Hassemer* 5. Auflage 6; fortgeführt durch *Jahn* in der 6. Auflage, 5 f.; zur Stellung des Rechtsanwalts insgesamt: *Hassemer* AnwBl 2008, 413 ff.
128 Formularbuch *Hassemer* 5. Auflage 6; fortgeführt durch *Jahn* in der 6. Auflage, 5 f.
129 *Hassemer* ZRP 1980, 326, 328.
130 Formularbuch *Hassemer* 5. Auflage 8 ff.; fortgeführt durch *Jahn* in der 6. Auflage, 8 ff.
131 Vgl. die Darstellung der geschichtlichen Entwicklung durch LR *Jahn* Vor § 137 Rn. 5–22; Klaus Lüderssen ist 2016 verstorben – seiner Ansicht folgend bearbeitete Jahn die Neuauflage.
132 LR *Jahn* Vor § 137 Rn. 23–25.
133 LR *Jahn* Vor § 137 Rn. 24 a.E.
134 LR *Jahn* Vor § 137 Rn. 25.
135 LR *Jahn* Vor § 137 Rn. 26.

BGB, jederzeitige fristlose Kündigung, Anwendung finde und zum anderen sei Gegenstand des Vertrages eine Geschäftsbesorgung mit der Folge der Anwendbarkeit der §§ 675, 665 BGB, die ein Abweichen von Weisungen des Auftraggebers unter bestimmten Voraussetzungen zulassen.[136] Grenzen des Vertrages beständen in den §§ 134, 138, 276 BGB.[137] Selbst hinsichtlich der notwendigen Verteidigung geht Jahn von der Geltung dieser Normen aus, da er die Bestellung des Pflichtverteidigers als ein hoheitlich eingeleitetes Vertragsverfahren zwischen dem Beschuldigten und dem Anwalt charakterisiert.[138]

III. Einfluss des Verfassungsrechts und der Menschenrechtskonvention

34 Die Stellung des Verteidigers lässt sich – insoweit ist den meisten Autoren, die die Position aufgrund der geltenden (insbesondere strafprozessualen) Bestimmungen beschreiben, zumindest methodisch zuzustimmen – nur aus einer Gesamtschau aller geltenden Normen herleiten. Ansatzpunkte sind zum einen die – worauf *Lüderssen* und *Jahn* zu Recht hinweisen – Autonomie des beschuldigten Bürgers und dessen Subjektstellung im Verfahren und zum anderen das Grundrecht des Anwalts auf eine nur durch Gesetz begrenzte und begrenzbare Berufsausübung i.S.d. Art. 12 Abs. 1 GG, wie die Rechtsprechung des BVerfG dies vor allem in den Entscheidungen aus dem Jahre 1987 zum anwaltlichen Standesrecht formuliert hat.[139] Andere versuchen, z.B. aus Art. 103 Abs. 1 GG, eine Institutsgarantie für den Verteidiger herzuleiten[140] und gelangen von diesem Ausgangspunkt zu ähnlichen Ergebnissen.

35 Doch auch aus einer anderen Richtung – die in unserer Rechtsordnung bisweilen geflissentlich unbeachtet bleibt – erwächst dem Gedanken der Herleitung des Verteidigungsrechts aus der Autonomie des beschuldigten Bürgers maßgebliche Unterstützung.

1. Art. 6 Abs. 3 EMRK

36 Art. 6 Abs. 3 EMRK gibt dem Beschuldigten folgende Verfahrensgarantien:[141]

3. Jeder Angeklagte hat mindestens (englischer Text) insbesondere (französischer Text) die folgenden Rechte:

a) in möglichst kurzer Frist in einer für ihn verständlichen Sprache in allen Einzelheiten über die Art und den Grund der gegen ihn erhobenen Beschuldigung in Kenntnis gesetzt zu werden;
b) über ausreichende Zeit und Gelegenheit zur Vorbereitung seiner Verteidigung zu verfügen;
c) sich selbst zu verteidigen oder den Beistand eines Verteidigers seiner Wahl zu erhalten und, falls er nicht über die Mittel zur Bezahlung eines Verteidigers verfügt, unentgeltlich den Beistand eines Pflichtverteidigers zu erhalten, wenn dies im Interesse der Rechtspflege ist;
d) Fragen an die Belastungszeugen zu stellen oder stellen zu lassen und die Ladung und Vernehmung der Entlastungszeugen unter denselben Bedingungen wie die der Belastungszeugen zu erwirken;
e) die unentgeltliche Beiziehung eines Dolmetschers zu verlangen, wenn der Angeklagte die Verhandlungssprache des Gerichts nicht versteht oder sich nicht darin ausdrücken kann.

37 Diese Garantien zeigen deutlich, welchem Standard nach Ansicht der Vertragsstaaten der EMRK ein den in der EMRK kodifizierten Menschenrechten genügendes Verfahren entsprechen muss.

136 LR *Jahn* Vor § 137 Rn. 30.
137 LR *Jahn* Vor § 137 Rn. 31–40.
138 LR *Jahn* Vor § 137 Rn. 56 ff. (63).
139 Vgl. BVerfGE 76, 171 ff.
140 *Jahn* Konfliktverteidigung 212, mit einer Darstellung des Diskussionsstandes 209–212.
141 Umfassend: *Gaede* Fairness als Teilhabe – Das Recht auf konkrete und wirksame Teilhabe durch Verteidigung gemäß Art. 6 EMRK. Ein Beitrag zur Dogmatik des fairen Verfahrens in europäischen Strafverfahren und zur wirksamkeitsverpflichteten Konventionsauslegung unter besonderer Berücksichtigung des Rechts auf Verteidigerbeistand, 2007.

Hilfestellung bei der Definierung der Rechtsstellung des Verteidigers leistet Art. 6 Abs. 3c EMRK, wonach sich der Angeklagte – auch bereits als Beschuldigter[142] im Vorverfahren (i.S.d. deutschen Sprachgebrauchs der betroffene Bürger im Ermittlungsverfahren, z.B. § 170 Abs. 2 StPO) – eines Verteidigers seiner Wahl bedienen darf oder ihm ein Pflichtverteidiger bestellt werden muss,[143] wenn dies im Interesse der Rechtspflege liegt.[144]

2. Art. 6 Abs. 3c EMRK und seine Auslegung durch den EGMR

Der Europäische Gerichtshof ist in der Auslegung dieser Norm weiter vorangeschritten, als es der bundesdeutschen Rechtsprechung der ordentlichen Gerichte (teilweise) deutlich geworden zu sein scheint. 38
Bereits im Fall »Artico gegen Italien« hatte der Gerichtshof in seinem Urteil vom 13. Mai 1980[145] die Konstellation des untätigen Pflichtverteidigers zu entscheiden: Dem Betroffenen war ein Pflichtverteidiger bestellt worden. Dieser erklärte ihm, er könne wegen anderweitiger Verpflichtungen seine Interessen nicht wahrnehmen und empfahl einen Kollegen. Der Betroffene bat daraufhin den bestellten Verteidiger, für die Ernennung eines Vertreters Sorge zu tragen, was dieser bei Gericht unter Hinweis auf die Schwere der Aufgabe und seinen Gesundheitszustand schriftlich beantragte.[146] Eine Prozesshandlung hatte der Anwalt zu keinem Zeitpunkt vorgenommen.[147] Die italienischen Gerichte entbanden weder den Anwalt noch bestellten sie einen anderen.

In den Entscheidungsgründen hat der Gerichtshof im Wesentlichen ausgeführt: 39

»33. Wie die Kommission in Ziff. 87–89 ihres Berichts festgestellt hat, garantiert Abs. 3c) das Recht auf eine angemessene Verteidigung entweder durch den Angeklagten selbst oder durch einen Verteidiger; dieses Recht wird verfestigt durch eine Verpflichtung auf Seiten des Staates, in gewissen Fällen einen Rechtsbeistand unentgeltlich zu gewähren.

Der Beschwerdeführer hat behauptet, das Opfer einer Verletzung dieser Pflichten zu sein. Die Regierung andererseits hat die Verpflichtung mit der Bestellung als erfüllt angesehen und hat angeführt, die späteren Ereignisse beträfen die Republik Italien in keiner Weise. In den Augen der Regierung blieb Rechtsanwalt D. R. bis ganz zum Schluss und »für alle Zwecke« der Anwalt des Beschwerdeführers, obgleich er die Erfüllung der ihm am 8. August 1972 durch den Präsidenten der Zweiten Strafkammer des Kassationsgerichts anvertrauten Aufgabe abgelehnt hatte. Nach Ansicht der Regierung hat sich der Beschwerdeführer, kurz gesagt, über das Versäumnis beklagt, einen Vertreter [für Rechtsanwalt D. R.] zu bestellen; dies bedeute jedoch, ein Recht geltend zu machen, das nicht gewährleistet sei.

Der Gerichtshof ruft in Erinnerung, dass die Konvention nicht bestimmt ist, theoretische oder illusorische Rechte zu garantieren, sondern Rechte, die konkret sind und Wirksamkeit entfalten. Dies gilt insbesondere für die Rechte der Verteidigung im Hinblick auf die herausragende Stellung, die das Recht auf ein faires Gerichtsverfahren in einer demokratischen Gesellschaft einnimmt, dem jene Rechte entstammen

142 Sofern Prozesshandlungen in Frage stehen, die für die Entscheidung über die Anklage von Bedeutung sind, vgl. *Frowein/Peukert* EMRK Art. 6 Rn. 292 m.w.N.; Castorf Anm. zu EGMR, Urt. v. 13.09.2016 – 50541/08 u.a. Ibrahim u.a../. Vereinigtes Königreich, HRRS 2017 Nr. 272, 169, 170 f.

143 Zur Frage eines Verwertungsverbotes aufgrund mangelhafter Achtung des Rechts auf Verteidigerbeistand im Ermittlungsverfahren vgl. BGH, Beschl. v. 18.12.2003 – 1 StR 380/03, NStZ 2004, 450 f.

144 Zur Thematik – insbesondere der Umsetzung durch die deutsche Rechtsprechung – m.w.N. der europarechtlichen Rechtsprechung vgl.: »Schlechtverteidigung – Tabus und Präklusionen zum Schutz vor dem Recht auf wirksame Verteidigung?« unter Einbeziehung von BGH, Beschl. v. 15.08.2007 – 1 StR 341/07 (Rügen unwirksamer Verteidigung); BGH, Beschl. v. 11.09.2007 – 1 StR 273/07 (Verschärfte Widerspruchslösung bei unterlassener Belehrung über das Recht auf konsularischen Beistand): *Gaede* HRRS 2007, 11/2007, 402–414 (zuletzt abgerufen am 05.12.2022); zur Zurechnung von Verteidiger-Schlechtleistung und deren Auswirkungen auf das Strafverfahren: Constantin Salat, Der Schutz des Beschuldigten vor seinem Verteidiger (1. Aufl. 2023 Nomos Studien zum Strafrecht Bd. 123).

145 EuGRZ 1980, 662–667.

146 EuGRZ 1980, 662.

147 Vgl. insoweit auch den Bericht der Europäischen Kommission für Menschenrechte zum Fall Artico, EuGRZ 1979, 495, 496.

(...). Wie die Delegierten der Kommission zu Recht betont haben, spricht Art. 6 Abs. 3c) von »Beistand« und nicht von »Bestellung«. Die Bestellung alleine gewährleistet eben keinen solchen wirksamen Beistand, denn der zum Pflichtverteidiger bestimmte Anwalt mag sterben, schwer krank sein oder sich seinen Aufgaben entziehen. Falls den Behörden das Eintreten eines solchen Umstandes bekannt wird, haben sie den Anwalt entweder zu ersetzen oder darauf hinzuwirken, dass er seinen Verpflichtungen nachkommt. Wenn man die einschränkende Auslegungsweise der Regierung übernähme, würde dies zu Ergebnissen führen, die unvernünftig und weder mit dem Wortlaut des Abs. 3c) noch mit der Struktur des Art. 6 insgesamt vereinbar wären; in vielen Fällen könnte sich die Gewährung unentgeltlichen Rechtsbeistands als wertlos erweisen.«[148]

40 Im »Fall Goddi gegen Italien« hat der Gerichtshof diese Sichtweise durch Urteil vom 9. April 1984 bestätigt[149] und in einer weiteren Entscheidung die geschilderte Auslegung des Begriffes »Beistand« und das Erfordernis einer wirksamen Verteidigung bekräftigt.[150]

Über die Pflicht zur Kontrolle gänzlicher Untätigkeit hinaus, hat der Gerichtshof in dem Fall »Czekalla gegen Portugal« sogar eine justizielle Pflicht zum Eingreifen bejaht, wenn das Versagen des Pflichtverteidigers offenkundig ist oder die Justiz von dem Versagen unterrichtet wurde.[151] Im nämlichen Fall fehlten dem Rechtsmittelschriftsatz Formerfordernisse. Die tragenden Erwägungen des Urteils formulieren *Meyer-Ladewig, Wachtberg, Petzold* wie folgt:

»1. Versäumnisse eines Pflichtverteidigers können dem Staat nur ausnahmsweise angelastet werden. Führung der Verteidigung ist Sache des Angeklagten und seines Verteidigers, einerlei ob er staatlich bestellt oder vom Mandanten ausgewählt und bezahlt wird.

2. Für Behörden und Gerichte besteht eine Verpflichtung zum Eingreifen nur, wenn das Versagen eines Pflichtverteidigers offensichtlich ist oder wenn sie davon unterrichtet werden.

3. Die eindeutige Missachtung einer reinen Formvorschrift begründet die Verantwortung des Staates nach der Konvention, wenn der Fehler zur Folge hat, dass dem Betroffenen ein ihm an sich zustehendes Rechtsmittel genommen wird, ohne dass dies von einem höherinstanzlichen Gericht bereinigt wird. Das gilt in besonderem Maße bei Ausländern, die der Gerichtssprache nicht mächtig sind.

4. Bei Missachtung einer einfachen Formvorschrift durch den Pflichtverteidiger muss das Gericht eingreifen, zum Beispiel den Pflichtverteidiger auffordern, seine Rechtsmittelschrift zu ergänzen oder zu korrigieren. Es darf das Rechtsmittel nicht ohne weiteres verwerfen.«

41 Nicht unerwähnt bleiben soll indes auch eine – weniger erfreuliche und hinter der deutschen Rechtslage zurückbleibende – Tendenz des Gerichtshofs im Hinblick auf die Möglichkeit der Verwertung des Schweigens des Angeklagten: Bereits im Fall Murray./. UK[152] kommt der EGMR zur Zulässigkeit einer belastenden Wertung des Schweigens, wenn der gesunde Menschenverstand bestimmte Schlüsse aus der Verweigerung ziehe und dies nach den Umständen weder als unfair noch als unangemessen anzusehen sei.[153] Die grundsätzliche Möglichkeit einer Verwertung des Schweigens behält der EGMR bei, stellt diesbezüglich jedoch hohe Anforderungen.[154]

---

148 EuGRZ 1980, 664, Hervorhebungen durch den Verf.

149 EuGRZ 1985, 234, 236 unter Ziff. 27, StV 1985, 441 f.; beide Urteile sind besprochen bei *Frowein/Peukert* EMRK Art. 6 Rn. 297 (Goddi) sowie Rn. 306 (Artico); bzgl. einer Verletzung von Art. 10 EMRK vgl. EGMR (II. Sektion), Urt. v 28.10.2003, 39657/98 (Steur/Niederlande) NJW 2004, 3317 ff.: Disziplinarmaßnahmen gegen einen Rechtsanwalt wegen Vorwurfs der Aussageerpressung gegen die Behörden.

150 Vgl. EGMR ÖJZ 1994, 467 ff.; ÖJZ 1995, 196 ff.

151 EGMR, Urt. v. 10.10.2002 – 38830/97, NJW 2003, 1229, 1230; bearbeitet von *Meyer-Ladewig, Wachtberg, Petzold.*

152 EGMR, Urt. v. 08.02.1996, BeckRS 2010, 28088, NJW 2011, 201; krit.: *Salditt* FS Hamm, 595, 599; vgl. EGMR Krumpholz./. Österreich, Urt. v. 18.03.2010, EGMR Nr. 13201/05.

153 Krit.: *Salditt* FS Samson 699, 702.

154 Vgl. EGMR, Urt. v. 18.03.2010 (Krumpholz./. Österreich) EGMR Nr. 13201/05, wo der Senat jedoch zu dem Ergebnis kommt, dass die Kfz-Haltereigenschaft nebst Schweigen zur Person des Fahrers während der Tat nicht für eine Verurteilung genügen.

Jüngst verhielt sich der EGMR im Fall Ibrahim u.a../. Vereinigtes Königreich zu dem Umfang des Rechts auf Zugang zu einem Verteidiger: Zwar betonte der EGMR die grundlegende Bedeutung der Garantien des Art. 6 Abs. 3 lit. c) EMRK, und zwar unabhängig von der Schwere des geäußerten Verdachts, bemerkte aber auch, das Recht auf Verteidigungszugang bestehe nicht absolut: Aus »zwingenden Gründen« sei eine Einschränkung des Art. 6 Abs. 3 lit. c) EMRK zulässig sei, solange dadurch die Verteidigungsrechte des Angeklagten nicht unangemessen beeinträchtigt würden.[155] 42

3. Art. 5 Abs. 4 EMRK

Auch betreffend die Frage der Gewährung von Akteneinsicht in Haftsachen stärkte die Rechtsprechung des EGMR in der Vergangenheit die Rechte des Beschuldigten und damit die Position des Verteidigers: Der Grundsatz des fairen Verfahrens gebot danach – eingedenk der einschneidenden Konsequenzen eines jeden Freiheitsentzuges *insbesondere* – in Haftsachen die Durchführung eines kontradiktorischen Verfahrens, welches Waffengleichheit zwischen dem Betroffenen und der Staatsanwaltschaft gewährleistet. Im Jahr 2009 konstatierte der EGMR nochmals einen Verstoß gegen Art. 5 Abs. 4 EMRK[156]: Dem Verteidiger wurde in einer Haftsache Akteneinsicht verwehrt und nur die Kopie einer Zusammenfassung angeblich hinterzogener Steuer-Beträge ausgehändigt, sodass er die Rechtsbehelfe gegen die Haftanordnung ohne jede Kenntnis vom übrigen Akteninhalt führen musste. Akteneinsicht wurde erst drei Monate nach seinem Antrag gewährt – zur gleichen Zeit wie die Entscheidung über die Verschonung des Mandanten. Und noch im Jahr 2011 wiesen *Esser*, *Gaede* und *Tsambikakis* zu Recht darauf hin, dass diese Rechtsprechung bereits seit geraumer Zeit existiert, aber bis dato »weitgehend unbekannt« geblieben ist und die »Ermahnung« die Strafverfolgungsbehörden »wenig beeindruckt« hat.[157] 43

Im Rahmen des Gesetzes zur Änderung der Untersuchungshaft wurde § 147 StPO neu gefasst, um den europarechtlichen Anforderungen Genüge zu tun. Nach § 147 Abs. 2 S. 2 StPO sind dem Verteidiger im Fall der Untersuchungshaft die für die Beurteilung der Rechtmäßigkeit der Freiheitsentziehung wesentlichen Informationen in geeigneter Weise zugänglich zu machen, in der Regel ist insoweit Akteneinsicht zu gewähren.

4. Der Rang der Menschenrechtskonvention im bundesdeutschen Recht

Nach derzeit noch als herrschend zu bezeichnender Auffassung kommt der EMRK der Rang eines einfachen Bundesgesetzes zu.[158] Nach dieser Ansicht stellt Art. 59 Abs. 2 GG die einschlägige Inkorporationsnorm dar.[159] 44

Das BVerfG hat dennoch den Regelungen der EMRK als Auslegungshilfe für den Inhalt und die Reichweite der Grundrechte nach dem Grundgesetz weitgehende Bedeutung beigemessen. Es führt dazu aus:

155 Castorf Anm. zu EGMR, Urt. v. 13.09.2016 – 50541/08 u.a. Ibrahim u.a../. Vereinigtes Königreich, HRRS 2017 4/2017, 169, 170 f. (verweigerte Verteidigerkonsultation im unmittelbaren Anschluss an die Terroranschläge in London vom 07.07.2005; zuletzt abgerufen am 05.12.2022.

156 EGMR GK-*Mooren/Deutschland* Urt. v. 09.07.2009, Nr. 11364/03, StV 2010, 490 ff., vgl. EGMR, Beschl. v. 02.06.2009, 29705/05, StRR 2009, 433 f.

157 *Esser/Gaede/Tsambikakis* NStZ 2011, 78, 81 m.w.N. zur Rechtsprechung, insbesondere den zahlreichen Verstößen gegen Art. 5 Abs. 4 EMRK.

158 Vgl. BVerfGE 19, 342, 347; BVerfG 74, 358, 370; BVerfG 82, 106, 114; BVerfG NJW 1993, 3254, 3256; BVerfG, Beschl. v. 14.10.2004 – 2 BvR 1481/04, BeckRS 2004, 25112, NJW 2005, 576.

159 Vgl. die Übersicht in *Wilfinger* Das Gebot effektiven Rechtsschutzes in Grundgesetz und Europ. MRK 1995, 189 ff. m.w.N. ab Fn. 297 ff.; vgl. dort ausführlich zu den Gegenstimmen insbes. von *Echterhölter*, der den Rechten der EMRK über Art. 1 Abs. 2 GG Verfassungsrang einräumt und den weiteren Versuchen, die EMRK-Regelungen als Bestandteile des Völkerrechts über Art. 25 GG zu deklarieren 191–197.

»Die Unschuldsvermutung ist eine besondere Ausprägung des Rechtsstaatsprinzips und hat damit Verfassungsrang. Sie ist auch kraft Art. 6 Abs. 2 EMRK Bestandteil des positiven Rechts der Bundesrepublik Deutschland im Range eines Bundesgesetzes (vgl. BVerfGE 19, 342 [347]; 22, 254 [265]; 25, 327 [331]; 35, 311 [320]). Wenn das BVerfG sich zur Definition der Unschuldsvermutung auf den Wortlaut des Art. 6 Abs. 2 EMRK bezogen hat (BVerfGE 35, 311 [BVerfG 16.05.1973 - 2 BvR 590/71] [320]), der in der Bundesrepublik den Rang von Verfassungsrecht nicht genießt, so beruht dies auf der rechtlichen Wirkung, die das In-Kraft-Treten der Konvention auf das Verhältnis zwischen den Grundrechten des Grundgesetzes und ihnen verwandten Menschenrechten der Konvention hat. Bei der Auslegung des Grundgesetzes sind auch Inhalt und Entwicklungsstand der Europäischen Menschenrechtskonvention in Betracht zu ziehen, sofern dies nicht zu einer Einschränkung oder Minderung des Grundrechtsschutzes nach dem Grundgesetz führt, eine Wirkung, die die Konvention indes selbst ausgeschlossen wissen will (Art. 60 EMRK). Deshalb dient insoweit auch die Rechtsprechung des Europäischen Gerichtshofs für Menschenrechte als Auslegungshilfe für die Bestimmung von Inhalt und Reichweite von Grundrechten und rechtsstaatlichen Grundsätzen des Grundgesetzes. Auch Gesetze – hier die Strafprozessordnung – sind im Einklang mit den völkerrechtlichen Verpflichtungen der Bundesrepublik Deutschland auszulegen und anzuwenden, selbst wenn sie zeitlich später erlassen worden sind als ein geltender völkerrechtlicher Vertrag; denn es ist nicht anzunehmen, dass der Gesetzgeber, sofern er dies nicht klar bekundet hat, von völkerrechtlichen Verpflichtungen der Bundesrepublik Deutschland abweichen oder die Verletzung solcher Verpflichtungen ermöglichen will.«[160]

45 Der Kernsatz dieser Darlegungen, dass bei der Auslegung des Grundgesetzes auch Inhalt und Entwicklungsstand der Europäischen Menschenrechtskonvention in Betracht zu ziehen sind, sofern dies nicht zu einer Einschränkung oder Minderung des Grundrechtsschutzes nach dem Grundgesetz führt, hebt die Regelungsgehalte des Art. 6 Abs. 3 EMRK in der Auslegung durch die Kommission und den Gerichtshof faktisch auf das Geltungsniveau der Justizgrundrechte der Art. 101 ff. GG. Die Gerichte und Staatsanwaltschaften als unmittelbar Handelnde und prozessuale Entscheidungsträger gegenüber dem Verteidiger bzw. dem betroffenen Bürger haben daher in ihrer täglichen Praxis neben den Grundrechten die Rechte aus Art. 6 Abs. 3 EMRK ausdrücklich zu beachten.

5. Schlussfolgerungen

46 Die Verteidigerstellung mit ihren Rechten und Pflichten ist aus den Art. 1, 2, 5, 12 Abs. 1, 20, 101 ff. GG sowie der Gewährleistung der EMRK zu betrachten.[161] Staatliche Inpflichtnahmen des Anwalts bzw. Verteidigers sieht die EMRK nicht vor, auch das Grundgesetz im Übrigen nicht. Die EMRK orientiert sich dabei am anglikanischen Vorbild des Parteiprozesses im Strafverfahren, so dass die Antwort auf Einzelfragen, die sich im deutschen Strafprozessrecht sowie zur Rechtsstellung des Verteidigers stellen, vor dem Hintergrund und innerhalb dieser Normen gefunden werden muss.

47 Der EuGH hat in der oben (unter Rdn. 38) dargestellten Entscheidung »Artico gegen Italien« ausdrücklich angemahnt, dass Art. 6 Abs. 3c EMRK nur dann genügt ist, wenn konkrete und wirksame Verteidigung stattfindet.[162] Die Möglichkeiten der Justiz zur Kontrolle und Überwachung von (notleidender) Verteidigertätigkeit, die zum Schutz des betroffenen Bürgers gefordert werden, sind an anderer Stelle zu erörtern. Für den Verteidiger selbst ergibt sich, dass die Justiz ihm alle Tätigkeiten, die zur sachgerechten Verteidigung erforderlich sind, ermöglichen und gestatten muss.

48 Was sachgerechte Verteidigung bedeutet, ist – im Grundsatz – stets aus der Sicht des Rechtsträgers, also des durch die Regelungen des Grundgesetzes und der EMRK Geschützten, zu bestimmen. Dass

---

160 BVerfGE 74, 358, 370; vgl. *Wilfinger* Das Gebot effektiven Rechtsschutzes in Grundgesetz und Europ. MRK, 1995, 189, 197–200.

161 Vgl. die Ausführungen des BVerfG im Rahmen des Geldwäscheurteils vom 30.03.2003 – 2 BvR 1520/01 u. 2 BvR 1521/01, NJW 2004, 1305, 1308 sowie BVerfG, Beschl. v. 24.09.2003 – 2 BvR 1975/03, NStZ 2005, 443.

162 Ihm folgend BGHSt 38, 345, 349; BGH StV 2000, 235 f.; vgl. die ausführliche Darstellung bei *Konrad* Die Beschlagnahme von Verteidigungsunterlagen – Das deutsche Recht auf dem Prüfstand der Menschenrechte, 2000, 64.

dadurch gleichzeitig in das Berufsgrundrecht des Anwalts aus Art. 12 Abs. 1 GG eingegriffen wird, ist selbstverständlich. Einfachgesetzliche Regelungen in Verfahrensgesetzen wie der Strafprozessordnung sind im Licht und Wechselspiel dieser grundrechtlich sowie menschenrechtlich geschützten Rechtsbereiche auszulegen und anzuwenden. Jedenfalls die Begrifflichkeit »Organ der Rechtspflege« hat keine eigene argumentative oder normative Kraft. Die dargestellte Rechtsprechung des BVerfG zeigt dies deutlich auf. Sachlich handelt es sich um eine Leerformel, die die Gefahr in sich trägt, seitens der Rechtsprechung der ordentlichen Gerichte immer wieder als repressives Mittel im jeweiligen Einzelfall mit Leben gefüllt zu werden. Selbst »wenn mit dem Begriff Organ der Rechtspflege lediglich die selbstverständliche Bindung an Recht und Gesetz« sowie die Unabhängigkeit des Verteidigers betont wird,[163] ist er in den aufgezeigten Entscheidungen der ordentlichen Gerichte in der Regel als Mittel zur Beschränkung von Verteidigertätigkeit benutzt worden. Der Verteidiger kann nicht der Garant für ein umfassend ordnungsgemäßes und zügiges Verfahren vor den ordentlichen Gerichten sein. Diese Aufgabe fällt den Richtern selbst und der »objektivsten Behörde der Welt« zu. Der Verteidiger ist »nur« der Garant für eine bestmögliche Verteidigung.[164]

Die Frage, ob deshalb im »Innenverhältnis« der Verteidigung zusätzliche »Mindeststandards« eine wünschenswerte Objektivierung und Qualitätssicherung bieten, oder ob sie nicht vielmehr das Risiko von Fremdkontrolle und Denunziation in sich tragen, also allein die (zivilrechtlichen) Grundpflichten jeder anwaltlichen Tätigkeit (etwa Informationsgewinnung, Informationsverarbeitung und Umsetzung in ein Verteidigungskonzept), das Berufsrecht[165] sowie die materiellen Strafgesetze, insbesondere § 356 StGB, das unabdingbare Mindestmaß beschreiben, muss hier dahinstehen. 49

Die »Außenansicht« von Verteidigung betreffend ist jedenfalls zu konstatieren, dass sich der BGH zu einer Kontrolle der Verteidigung im Wege der Revision zu Gunsten des Beschuldigten nicht nur wenig verpflichtet fühlt,[166] sondern, wie etwa *Müller*[167] zutreffend feststellt, im Bereich der Strafverteidigung – einem allgemeinen (gesellschaftlichen) Trend folgend – eine Art »Ethikdiskussion« lostritt.[168] Wie *Müller* u.a. am Beispiel der BGH-Entscheidung zur Rügeverkümmerung[169] verdeutlicht, wird als sachwidrig und missbräuchlich geltendes anwaltliches Verhalten von der Rechtsprechung zunehmend bewertet, kritisiert und »sanktioniert«. In der nämlichen Entscheidung führt der große Senat wörtlich aus:[170]

> »4. Ebenso sind mit der Änderung der Rechtsprechung zum Verbot der Rügeverkümmerung der Erfolgsaussicht bewusst unwahrer Verfahrensrügen Grenzen gesetzt.
>
> Eine veränderte Einstellung der Strafverteidiger zu der Praxis, auf unwahres Vorbringen Verfahrensrügen zu stützen, spricht dafür, die Zurückhaltung bei der Berücksichtigung der Protokollberichtigung aufzugeben, auch wenn mit der Berichtigung einer zulässig erhobenen Rüge die Tatsachengrundlage entzogen wird.

---

163 KK/*Willnow* Vor § 137 Rn. 5.

164 *Widmaier* NStZ 1992, 519, 522 f.

165 Etwa: § 43a Abs. 2 bis 5 BRAO.

166 BGH, Urt. v. 11.07.1995 – 1 StR 189/95, NStZ 2008, 580; BGH, Urt. v. 27.07.2006 – 1 StR 147/06, BeckRS 2006, 10479.

167 *Müller*, NJW 2009, 3745.

168 *Müller*, a.a.O.

169 Vgl.: BGH, Beschl. v. 15.04.2008 – 1 StR 104/08, BeckRS 2008/07818; BGH Urt. v. 09.03.2010 – 1 StR 544/09, NStZ 2011, 294; BGH, Beschl. v. 06.06.2008 – 2 StR 228/08, BeckRS 2008, 13171; BGH Beschl. v. 20.03.2009 – 2 StR 545/08, wistra 2009, 317; BGH, Beschl. v. 21.08.2007 – 3 StR 238/07, NStZ 2009, 168; BGH, Beschl. v. 14.06.2005 – 5 StR 129/05, NJW 2005, 246, BGH, Urt. v. 01.04.2008 – 5 StR 357/07, StV 2009, 66; zum allgemeinen – nicht verteidigungsspezifischen – Diskussionsstand vgl. m.w.N.: *Filges* NJW 2010, 2619, 2623 f.; zur allgemeinen Diskussion der Anwaltschaft auf Basis des Papiers einer Ethikkommission der BRAK (vgl. BRAK-Mitteilungen 2/2011, 58–62): AnwBl 2011, 549.

170 BGHSt 51, 298 ff.

aa) Die grundlegende Entscheidung des Bundesgerichtshofs zum Verbot der Rügeverkümmerung (BGHSt 2, 125) erging in einer Zeit, in der die vom Verteidiger bewusst wahrheitswidrig erhobene Verfahrensrüge nach verbreiteter Ansicht als standeswidrige Verfehlung galt (…). Heute wird es hingegen schon als »anwaltlicher Kunstfehler« bezeichnet, sich eines Fehlers im Protokoll jedenfalls nicht in der Weise zu bedienen, dass ein anderer Verteidiger die Revision begründet. (…)

bb) All dies widerstreitet diametral den Vorstellungen, von denen der Bundesgerichtshof in seiner Entscheidung zur Unzulässigkeit der Protokollrüge (BGHSt 7, 162) ausgegangen ist (…).

Die veränderte Einstellung auf Seiten der Strafverteidiger hat verdeutlicht, dass sich die mit der Rechtsprechung zur Unzulässigkeit der Protokollrüge verknüpfte Hoffnung nicht erfüllt hat, auf diese Weise – insbesondere durch den Appell an das Gewissen des die Revision begründenden Verteidigers – bewusst unwahre Verfahrensrügen zu verhindern. Vielmehr hat diese Rechtsprechung den Rat nach sich gezogen, Unwahres ohne weiteres als tatsächlich geschehen zu behaupteten (…).

Die Änderung des anwaltlichen Ethos ist ein weiteres Argument für die Änderung der Rechtsprechung.«

Danach wird der Verteidigung nicht nur ein nach dem Verfahrensrecht zulässiges, sondern »ethisch korrektes« Verhalten abverlangt.[171] Unabhängig davon, ob man der Forderung nach einem zu definierendem »Berufsethos«, dem sich jeder Verteidiger verpflichtet fühlen sollte, beipflichtet oder nicht, darf es jedenfalls nicht Aufgabe der Rechtsprechung sein, der Verteidigung Vorgaben zu machen und »ethische Maßstäbe« zu setzen. Immerhin soll der Verteidiger als Organ ja den Gerichten gleichgeordnet sein. Andernfalls würden die Gerichte die Kontrolle über die Verteidigung übernehmen. Nicht unerwähnt bleiben darf in diesem Zusammenhang jedoch die Tatsache, dass derart »krasse« Einzelfallentscheidungen i.d.R. auf Fällen beruhen, denen – polemisch formuliert – »provokantes, unvernünftiges und dümmliches Verteidigerverhalten«[172] zugrunde liegt.

50 Wichtig, und insbesondere im Rahmen dieses Handbuches zu betonen, ist die Tatsache, dass das BVerfG, die ordentlichen Gerichte und die übrige Praxis etwa der Anwaltskammern und Ehrengerichte viele Fragen der Rechtsanwendung zugunsten der Anwaltschaft korrigiert haben.[173] Man sollte sich daher zu keinem Zeitpunkt scheuen, argumentativ auf die dargestellten Regelungen zurückzugreifen und bereits Polizei oder Staatsanwaltschaft im Ermittlungsverfahren darauf hinzuweisen.[174] In diesem Zusammenhang ist die Rechtsprechung des BVerfG zur Hinweispflicht des Beschwerdeführers auf die Grundrechtsrelevanz bzw. die konkrete Grundrechtsverletzung bereits gegenüber den ordentlichen Gerichten zu beachten. Wenn in die Rechtsstellung des Verteidigers eingegriffen[175] und

171 BGHSt 51, 298, 311–313; das BVerfG kam zu dem Ergebnis, dass die neue Rspr. des BGH zur Rügeverkümmerung die verfassungsrechtlichen Grenzen der richterlichen Rechtsfortbildung nicht überschreite, ohne zum Berufsethos des Verteidigers auszuführen, vgl. BVerfG, Beschl. v. 15.01.2009 – 2 BvR 2044/07, nebst abweichenden Voten: NJW 2009, 1469 ff.

172 Vgl.: BGH, Beschl. v. 15.04.2008 – 1 StR 104/08, BeckRS 2008/07818; BGH, Urt. v. 09.03.2010 – 1 StR 544/09, NStZ 2011, 294; BGH Beschl. v. 06.06.2008 – 2 StR 228/08, BeckRS 2008, 13171; BGH, Beschl. v. 20.03.2009 – 2 StR 545/08, wistra 2009, 317.

173 *Müller* NJW 2009, 3745, 3746.

174 Eine weitere problematische, die Verteidigung beschneidende Tendenz: Die Möglichkeit zur Fristsetzung für die Erhebung von Beweisanträgen in § 244 Abs. 6 S. 3–5 StPO.

175 Ein Eingriff in die Rechtsstellung des Verteidigers würde auch das Inkrafttreten des Vorschlags für eine Richtlinie des Europäischen Parlaments und des Rates über die Sorgfaltspflichten von Unternehmen im Hinblick auf Nachhaltigkeit und zur Änderung der Richtlinie (EU) 2019/1937 (»Lieferkettengesetz«) darstellen, wenn keine Bereichsausnahme für die anwaltliche Tätigkeit aufgenommen wird. Hätte der Verteidiger die Lieferkette seines Mandanten zu überwachen, wäre er wohl immer bösgläubig und in der Haftung.

die Verteidigung behindert wird, sollte daher die Verletzung von Grundrechten und der EMRK[176] immer wieder thematisiert werden.[177]

D. Die Strafbarkeit des Verteidigers – Zulässiges und unzulässiges Verteidigerverhalten

Unabhängig von der soeben dargestellten systematischen und dogmatischen Einordnung des Verteidigers endet dessen Pflicht bzw. sein Recht, die Interessen des Mandanten bestmöglich zu vertreten, an der Schwelle zur eigenen Strafbarkeit. Die exakte Festlegung dieser Grenze bestimmt sich indes – wie oben gezeigt – maßgeblich nach dem Verständnis der Institution der Strafverteidigung, welches gesellschaftssystematisch[178] in der jeweiligen Zeit vertreten wird. In der Natur einer aktiven und engagierten Strafverteidigung liegt eine gewisse Nähe zu bestimmten »verteidigungsspezifischen« Straftatbeständen.[179] Die Grenzziehung zwischen »guter Verteidigung« und unzulässigen oder strafrechtlich relevanten Verhaltensweisen wird in Literatur und Rechtsprechung kontrovers diskutiert.[180] Eine einheitliche Unterscheidung anhand klarer Abgrenzungskriterien erscheint aufgrund der Komplexität der Materie sowie der unzähligen Einzelfallgestaltungen[181] kaum möglich; bestimmender Faktor wird häufig sein, ob das anwaltliche Verhalten noch als berufstypisches Handeln oder schon als (nicht sozialadäquate) »Solidarisierung mit dem Täter« angesehen werden muss.[182] Daher werden im Folgenden – ohne Anspruch auf Vollständigkeit – in aller Kürze die wichtigsten »verteidigungsspezifischen« Tatbestände der §§ 153, 258, 267, 356 StGB, der Meinungsstand sowie deren praktische Relevanz in typischen Fallgestaltungen erörtert.[183] Im Übrigen wird auf die Darstellung in den Hand- bzw. Großkommentaren verwiesen.[184] Nur auf die Geldwäschestrafbarkeit gem. § 261 StGB sei eingangs dieses Abschnitts ausführlicher eingegangen, da hier die wirtschaftlichen Grundlagen der Berufsausübung existentiell betroffen sein können. 51

I. § 261 StGB – Geldwäsche durch den Verteidiger

Die Frage nach einer verfassungsgemäßen Anwendung des § 261 StGB im Hinblick auf die Annahme von Verteidigerhonorar wurde inzwischen vom Bundesverfassungsgericht (sog. Vorsatzprivileg)[185] entschieden. Sie hat in der seit dem 18.02.2021 geltenden Fassung des § 261 Abs. 1 S. 3 und Abs. 6 52

176 Vgl. BVerfGE 66, 337, 364.

177 Zu begrüßen ist die geplante Europaratskonvention »European Convention on the protection of lawyers« zum Schutz der Anwälte. Da der Prozess noch ganz am Anfang steht, bleibt abzuwarten, inwiefern das erklärte Ziel tatsächlich erreicht wird.

178 Art. 35 Abs. 1 EMRK: »erst nach Ausschöpfung aller innerstaatlichen Rechtsbehelfe«.

179 Vgl. oben die kurze Übersicht zur politischen Systementwicklung Rdn. 3–11.

180 Insbes. die §§ 129, 129a, 154, 159, 185, 258, 261, 263, 267, 356, 26 StGB.

181 Insbes. unter dem Gesichtspunkt einer Privilegierung des Strafverteidigers vgl. zu den verschiedenen methodischen Herangehensweisen *Wohlers* StV 2001, 420 ff. Zur unzulässigen, missbräuchlichen Verteidigung in Owi-Sachen mittels Herbeiführung der Verjährung (sog. Verjährungsfalle): vgl. Anm. *Zimmermann* in FD-StrafR 2010 – 305730.

182 Beispielsweise von der Beseitigung von Beweismitteln über die Vorlage eines evtl. unrichtigen ärztlichen Attests bis zur aktiven Fluchthilfe.

183 BGH, Beschl. v. 21.12.2016 – 1 StR 112/16 zur Beihilfe, hier zur Steuerhinterziehung, durch berufstypische Handlungen (zitiert nach HRRS 2017, 4/17, S. 165, zuletzt abgerufen am 07.12.2022).

184 Übersichtliche Darstellung der Grundzüge mit Fallbeispielen und Praxistipps: *Müller/Gussmann* Berufsrisiken des Strafverteidigers; anschaulich zu typischen Fallgestaltungen aus dem Wirtschaftsstrafrecht: *Krekeler* FS Samson, 681–697; Zur zivilrechtlichen Haftung von Beratern in der Krise vgl.: *Nerlich* FS Görg 317–334.

185 Einführende Übersicht zu §§ 258, 261 StGB: *Hartmann* AnwBl 2002, 330 ff.; umfassende Dissertation zur Thematik: *Winkler* Die Strafbarkeit des Strafverteidigers jenseits der Strafvereitelung – Zugleich ein Beitrag zur Auslegung des § 261 StGB, 2005; *Tronicsek* Der Verteidiger zwischen eigener Strafbarkeit und Schlechtverteidigung – Ein Beitrag zu den Pflichten des Verteidigers, 2011.

S. 2 StGB ihren legislativen Niederschlag gefunden hat[186]. Damit hat die Problematik – zumindest in Teilen – an praktischer Brisanz verloren.[187] Die Geldwäschestrafbarkeit bleibt für die Verteidigung dennoch von zentraler Bedeutung. Und dies nicht nur im Hinblick auf die Annahme von Vergütung, sondern auch bei Hinterlegung von Kautionen für den Mandanten sowie in allen anderen Konstellationen mit finanziellem Bezug.[188] Zumal § 261 StGB seit seiner Aufnahme in das Strafgesetzbuch kontinuierlich ausgeweitet wurde, so dass die Grenze zwischen Sozialadäquanz und Strafbarkeit mittlerweile kaum mehr eindeutig zu bestimmen ist,[189] Justiz und Exekutive jedoch gleichzeitig fast alle prozessualen Möglichkeiten der (technischen) Überwachung, Durchsuchung, Durchleuchtung eröffnet werden. Aus diesen Gründen werden in einer Übersicht die historische Entwicklung dieses Tatbestandes, der heutige Rechtszustand in legislativer Hinsicht und die auf europäischer sowie nationaler Ebene fortlaufend diskutierten und umgesetzten Verschärfungen erörtert, um die Tragweite der Regelungen und die »Regelungswut« der beteiligten Instanzen zu verdeutlichen.

53 Der Straftatbestand der Geldwäsche, § 261 StGB, der am 22. September 1992 im Rahmen des OrgKG[190] in das Strafgesetzbuch eingefügt worden ist, beruht auf europarechtlichen Verpflichtungen sowie Empfehlungen internationaler Expertengremien, denen der Gesetzgeber Rechnung tragen wollte und musste.

54 Bereits 1991 hatte die Europäische Gemeinschaft die Richtlinie 91/308/EWG[191] erlassen, nachdem andere internationale Gemeinschaften zuvor Konventionen ähnlicher Art[192] verabschiedet hatten. Der Regelungsgehalt der Richtlinie bezog sich auf Kredit- und Finanzinstitute und hatte eine Kriminalisierung der Geldwäsche, über Gelder aus dem Drogenhandel oder der organisierten Kriminalität hinaus, zum Ziel.[193] Nach Art. 2 der Richtlinie mussten die Mitgliedstaaten innerstaatlich Geldwäsche untersagen. Art. 12 besagte bereits damals, dass die Mitgliedstaaten ebenfalls dafür zu sorgen haben, dass die Bestimmungen der Richtlinie ganz oder teilweise auf Berufe und Unternehmenskategorien ausgedehnt werden soll, die zwar keine Kredit- und Finanzinstitute seien, jedoch Tätigkeiten ausüben, die besonders geeignet sind, für Zwecke der Geldwäsche genutzt zu werden. Im Jahre 2001 – mittlerweile wurde die Geldwäscheproblematik aufgrund der Vorkommnisse vom 11. September 2001 neben der Bekämpfung organisierter Kriminalität insbesondere unter dem Gesichtspunkt der Terrorismusbekämpfung diskutiert – trat die Novelle der EG-Geldwäscherichtlinie von 1991 (2001/97/EG)[194] in Kraft. Für Rechtsanwälte sind vor allem die Erwägungsgründe 16 ff. sowie die Art. 6 ff. von Bedeutung. Danach erstreckt sich die Verpflichtung zur umfassenden Zusammenarbeit mit den für die Bekämpfung der Geldwäsche zuständigen Behörden zwar auf Angehörige rechtsberatender Berufe, sie sind aber von den normierten Verpflichtungen freizustellen, wenn es um Informationen geht, »die diese von einem oder über einen ihrer Klienten im Rahmen der Beurteilung der Rechtslage für diesen erhalten oder erlangen, oder die sie im Rahmen ihrer Tätigkeit als Verteidiger oder Vertreter dieses Klienten in einem Gerichtsverfahren oder betreffend

186 Änderung des § 261 StGB durch Art. 1 des Gesetzes zur Verbesserung der strafrechtlichen Bekämpfung der Geldwäsche.

187 BVerfG, Urt. v. 30.03.2004 – 2 BvR 1520/01, 1521/01, NJW 2004, 1305 ff.

188 Zur Unsicherheit und Besorgnis in der Praxis vgl. *Brüssow/Petri* AnwBl 2004, 114 ff.; *Müller* StraFo 2004, 3 ff.

189 Zusammenstellung verschiedener Fallkonstellationen bei *Fischer* § 261 Rn. 41.

190 Zu der Abfrage von Kontodaten eines (vage) verdächtigen Anwalts bzw. zu der Rechtsverletzung durch die unverhältnismäßige Maßnahme: EGMR, Urt. v. 27.04.2017 – 73607/13 (zitiert nach beck-online).

191 BGBl. I 1302.

192 Richtlinie 91/308/EWG des Rates vom 10.06.1991 zur Verhinderung der Nutzung des Finanzsystems zum Zweck der Geldwäsche, Abl. EG Nr. L 166/77 v. 28.06.1991, 0077–0082.

193 Vgl. die Wiener Drogenkonvention der UN von 1988, die Vorgaben des Weltwirtschaftsgipfels in Paris 1989 sowie die Konvention des Europarates von 1990.

194 Vgl. zur Geschichte und Intention der Geldwäschebekämpfung auch *Altenkirch* Techniken der Geldwäsche und deren Bekämpfung, 2002, 74 ff. (78); *Winkler* Die Strafbarkeit des Verteidigers jenseits der Strafvereitelung – Zugleich ein Beitrag zur Auslegung des § 261 StGB, 2005, 172 ff.

ein solches, einschließlich einer Beratung über das Betreiben oder Vermeiden eines Verfahrens, vor oder nach einem derartigen Verfahren erhalten oder erlangen.«[195] Die berufliche Geheimhaltungspflicht im Rahmen der Rechtsberatung bleibt demnach im Kern unberührt. Etwas anderes gilt lediglich, wenn der Rechtsberater selbst an Geldwäschevorgängen beteiligt ist, die Rechtsberatung zum Zwecke der Geldwäsche erteilt wird oder der Rechtsanwalt weiß, dass der Klient die Rechtsberatung zum Zwecke der Geldwäsche in Anspruch nimmt. Diese die freien Berufe – darunter insbesondere Anwälte – u.U. in den Pflichtenkreis miteinbeziehende Änderungsrichtlinie sowie die 8. Washingtoner Empfehlungen der Financial Action Task Force on Money Laundering (FATF) vom 30./31. Oktober 2001 zur Bekämpfung der Terrorismusfinanzierung wurden von Deutschland mit dem am 15. August 2002 nach vergleichsweise kurzem Gesetzgebungsverfahren in Kraft getretenem »neuen Geldwäschebekämpfungsgesetz« umgesetzt. Während die Umsetzung der Änderungsrichtlinie in einigen EU-Staaten noch andauerte, wurden bereits Überlegungen im Hinblick auf weitere Verschärfungen angestellt.[196] Diese wurden in der sog. »3. Geldwäscherichtlinie« (Richtlinie 2005/60/EG des Europäischen Parlaments und des Rates vom 26.10.2005 zur Verhinderung der Nutzung des Finanzsystems zum Zwecke der Geldwäsche und der Terrorismusbekämpfung),[197] welche vor allem neue Möglichkeiten im Hinblick auf die Erweiterung des Kreises der Überwachungs- und Meldepflichtigen sowie die Ausdehnung des meldepflichtigen Bereichs schafft, realisiert.[198]

Festzustellen bleibt, dass mit Inkorporierung der 3. Geldwäscherichtlinie eine Kontrolldichte von bedenklichem Ausmaß erreicht wird. Insbesondere die Verlagerung der – bisher aus gutem Grunde den Staatsorganen vorbehaltenen – »Überwachungsarbeit« auf Private durch Auferlegung umfangreicher Pflichten und die daraus resultierenden Konsequenzen für den Strafprozess stellen sich aus Sicht des Verteidigers als besorgniserregend dar.[199] Auf die Erfolgstauglichkeit der fortschreitenden Inpflichtnahme bestimmter Berufsgruppen sowie eines jeden Bürgers zur Bekämpfung von Organisierter Kriminalität und Terrorismus sowie die daraus resultierenden verfassungsrechtlichen Bedenken[200] ist an dieser Stelle nicht einzugehen.

Eine Strafbarkeit nach § 261 Abs. 1 S. 1 StGB ist nach dem Wortlaut des Gesetzes gegeben, 55
wenn jemand einen Gegenstand, der aus einer rechtswidrigen Tat herrührt, verbirgt (Nr. 1), in der Absicht, dessen Auffinden, dessen Einziehung oder die Ermittlung von dessen Herkunft zu vereiteln, umtauscht, überträgt oder verbringt (Nr. 2), sich oder einem Dritten verschafft (Nr. 3) oder verwahrt oder für sich oder einen Dritten verwendet, wenn er dessen Herkunft zu dem Zeitpunkt gekannt hat, zu dem er ihn erlangt hat (Nr. 4). Der ursprüngliche Tatbestand der Norm erfuhr mehrfach Veränderungen, insbesondere durch Einführung des früheren zweiten Absatzes im Jahre 1994[201] sowie der Erweiterung des Vortatenkataloges um die gewerbsmäßige Steuerhinterziehung (§ 370a AO a.F.).[202] Seitdem ist in Erweiterung der bis dato bestehenden Rechtslage zusätzlich derjenige strafbar, der sich oder einem Dritten einen solchen Gegenstand beschafft, verwahrt oder für sich oder einen Dritten verwendet, wenn er zum Zeitpunkt der Erlangung die Herkunft kannte oder – nach

195 Richtlinie 2001/97/EG des Europäischen Parlaments und des Rates vom 04.12.2001 zur Änderung der Richtlinie 91/308/EWG des Rates zur Verhinderung der Nutzung des Finanzsystems zum Zwecke der Geldwäsche, NJW 2002, 804 ff.; KammerForum 2002, 25 ff.; vgl. *Hetzer* Kriminalistik 2002, 74, 77; *Wegner* NJW 2002, 794, 795 f.; *Hellwig* AnwBl 2002, 144 ff.

196 Neue Geldwäsche-Richtlinie 2001/97/EG, NJW 2002, 805, 807.

197 S. dazu *Sommer* AnwBl 2005, 50 ff.

198 Als PDF-Datei abzurufen unter www.eur-lex.eu; zu beachten auch Richtlinie 2006/70/EG der Kommission vom 01.06.2006 mit Durchführungsbestimmungen für o.g. Richtlinie.

199 Krit. und die negativen Auswirkungen im Strafprozess zutreffend erörternd: *Sommer* StraFo 2005, 327 ff.

200 Vgl. im Einzelnen: *Sommer* AnwBl 2005, 50 ff.

201 Bzgl. der Vereinbarkeit der im GwG normierten Verpflichtungen mit dem Grundgesetz: *Wittig* AnwBl 2004, 193 ff.

202 Gesetz vom 29.10.1994, BGBl. I S. 3186.

Abs. 6 S. 1 – leichtfertig verkannt hat.[203] Eine weitere drastische Verschärfung der Geldwäschestrafbarkeit nach § 261 StGB erfolgte im Rahmen des am 01.01.2008 in Kraft getretenen Gesetzes zur Neuregelung der Telekommunikationsüberwachung und anderer verdeckter Ermittlungsmaßnahmen sowie zur Umsetzung der Richtlinie 2006/24/EG.[204] Der – in verfassungsrechtlicher Hinsicht sowie in seiner Anwendung und den praktischen Konsequenzen problematische und heftig kritisierte[205] – als Verbrechen ausgestaltete Tatbestand der »schweren Steuerhinterziehung« nach § 370a AO a.F. wurde abgeschafft.[206] Gleichzeitig erfolgte unter Streichung des Erfordernisses des »groben Eigennutzes« eine Erweiterung des § 370 Abs. 3 AO hinsichtlich eines großen Ausmaßes und der bandenmäßigen Begehung. Da mangels Verbrechenstatbestandes § 261 Abs. 1 S. 2 Nr. 1 StGB a. F. nicht mehr gegriffen hat, wurde § 370 AO in Fällen der banden- oder gewerbsmäßigen Begehung in den Vortatenkatalog des § 261 Abs. 1 S. 2 Nr. 4b StGB a. F. aufgenommen. Damit entfiel im Ergebnis die – bei Geltung des § 370a AO über § 261 Abs. 1 S. 2 Nr. 1 StGB a. F. (Verbrechen) noch erforderliche – Voraussetzung des »großen Ausmaßes« für eine taugliche Geldwäschevortat. Der pauschale Verweis auf § 370 AO führte zu einer – nicht angezeigten und in dem Maße vom Gesetzgeber wohl auch nicht intendierten – Ausweitung der Strafbarkeit.

56 Unterstützt werden die Regelungen des § 261 StGB durch das 1993 erlassene Geldwäschegesetz.[207] In diesem sind Grenzbeträge, Identifizierungs- und Feststellungspflichten des Annehmenden sowie die Aufzeichnung von Informationen, deren Aufbewahrung und Verwendung geregelt.[208] Eine – insbesondere seitens der Standesvereinigungen heftig kritisierte[209] – Novellierung des Geldwäschegesetzes als Folge der EU-Änderungsrichtlinie erfolgte 2002. Im Rahmen der anwaltlichen Tätigkeit bedeutsam ist die oben beschriebene Ausdehnung von Identifizierungs-, Aufzeichnungs- und geheimzuhaltenden Anzeigepflichten bei bestimmten Kataloggeschäften über den Finanzsektor hinaus auch auf die bisher ausgenommenen rechtsberatenden Berufe.[210]

57 Zur Umsetzung der europarechtlichen Vorgaben resultierend aus der »3. Geldwäscherichtlinie« trat am 21. August 2008 das Gesetz zur Ergänzung der Bekämpfung der Geldwäsche und der Terrorismusfinanzierung (Geldwäschebekämpfungsergänzungsgesetz – GwBekErgG) in Kraft.[211] Die Änderungen begründeten neue – und »andersartige«[212] – Pflichten für Rechtsanwälte: Nach § 2 Abs. 1 Nr. 7 GwG a.F. waren Rechtsanwälte, die an der Planung und Durchführung bestimmter Geschäfte mit Vermögensbezug beteiligt waren, zur Durchführung diverser Sicherungsmaßnahmen verpflichtet. § 3 GwG a.F. normierte diverse »allgemeine Sorgfaltspflichten«, die bei der Begründung einer Geschäftsbeziehung, bei der Durchführung bestimmter Transaktionen im Wert von mehr als 15.000,- €, im Falle des Geldwäsche- oder Terrorismusfinanzierungs-Verdachts und bei Zweifeln

203 Vgl. zum »Werdegang« des § 370a AO sowie den damit verbundenen Änderungen des § 261 StGB: *Burmeister/Uwer* AnwBl 2004, 199 ff.; *Bittmann* wistra 2003, 161 ff.

204 Zu § 261 Abs. 5 a. F. im Zusammenhang mit Verteidigerhonorar *Sauer* wistra 2004, 89 ff.

205 BGBl. I 2007 S. 3198–3211.

206 Vgl. Klein/*Gast-deHaan* Abgabenordnung – Kommentar, 9. Aufl. 2006, zu § 370a Rn. 2.

207 Zur Gesetzesänderung und zu erwartenden Problemstellungen: *Rüping/Ende* DStR 2008, 13 ff.

208 BGBl. I S. 1770.

209 Vgl. im Hinblick auf rechtsberatende Berufe: *Wegner* NJW 2002, 2276 ff.; *Donath/Mehle* NJW 2009 650 f.; Erörterung zur praktischen Handhabung in BRAK-Nr. 84/2005 (Verhaltensempfehlungen für Rechtsanwälte im Hinblick auf die Vorschriften des Geldwäschebekämpfungsgesetzes [GwG] und die Geldwäsche, § 261 StGB).

210 Vgl. Stellungnahme der Strafverteidigervereinigungen zu dem Entwurf eines Gesetzes zur Verbesserung der Bekämpfung der Geldwäsche und der Bekämpfung der Finanzierung des Terrorismus (Geldwäschebekämpfungsgesetz) BT-Drs. 14/8739; Stellungnahme der Rechtsanwaltskammer Köln zum Entwurf des GwG, KammerForum 2002, 155 ff.; *von Galen* NJW 2003, 117 ff.

211 Zur Auswirkung der Neuerungen auf die Tätigkeit von Anwälten ausführlich: *Dombeck* ZAP 2003, 543 ff.; insbesondere im Hinblick auf wirtschaftsrechtliche Beratung: *Burmeister/Uwer* AnwBl 2004, 199 ff.; *Wegner* NJW 2002, 2276 ff.; *Groß-Wilde* MDR 2002, 1288 ff.

212 BGBl. I, 1690; zur vorherigen Diskussion vgl. beispielsweise Stellungnahme des Bundesrates vom 25.04.2008 sowie die diesbezügliche Gegenäußerung der Bundesregierung (BT-Drs. 16/9080).

bezüglich der Identität des Geschäftspartners entstanden (§ 3 Abs. 2 GwG a.F.). Den Betroffenen trafen Pflichten zur Identifizierung des Vertragspartners bzw. des wirtschaftlich Berechtigten, der Einholung von diversen Informationen und der Überwachung der Geschäftsbeziehung einschließlich der in ihrem Verlauf durchgeführten Transaktionen (§ 3 Abs. 1 GwG a.F.). Nach § 3 Abs. 6 GwG a.F. galt:

> »Kann der Verpflichtete die Sorgfaltspflichten nach Abs. 1 Nr. 1 bis 3 nicht erfüllen, darf die Geschäftsbeziehung nicht begründet oder fortgesetzt und keine Transaktion durchgeführt werden. Soweit eine Geschäftsbeziehung bereits besteht, ist diese vom Verpflichteten ungeachtet anderer gesetzlicher oder vertraglicher Bestimmungen durch Kündigung oder auf andere Weise zu beenden. Die Sätze 1 und 2 gelten nicht für Verpflichtete im Sinne von § 2 Abs. 1 Nr. 7 und 8, wenn der Vertragspartner eine Rechtsberatung oder Prozessvertretung erstrebt, es sei denn, der Verpflichtete weiß, dass der Vertragspartner die Rechtsberatung bewusst für den Zweck der Geldwäsche oder der Terrorismusfinanzierung in Anspruch nimmt.«[213]

Unter bestimmten Umständen konnte der Rechtsanwalt die Erfüllung einiger Sorgfaltspflichten delegieren (§ 7 GwG a.F.). Nach § 11 GwG a.F. unterlag der Rechtsanwalt – unabhängig von den Sorgfaltspflichten – einer Anzeigepflicht, wovon er seinen Auftraggeber oder sonstige Dritte nicht informieren durfte (§ 12 GwG a.F.). Zumal Geldwäsche durch Unterlassen begangen werden konnte.[214] Die erforderliche Garantenstellung konnte sich aus dem GwG, beispielsweise §§ 11 Abs. 1 i.V.m. Abs. 2 GwG a.F., ergeben. Zwar waren Strafverteidiger gemäß § 11 Abs. 3 S. 1 GwG a.F. von dem Kreis der meldepflichtigen Personen ausgenommen, soweit ihnen ein meldepflichtiger Sachverhalt im Rahmen des Mandatsverhältnisses zur Kenntnis gelangte. Dies galt gemäß § 11 Abs. 3 S. 2 GwG a.F. aber nicht, wenn der Verteidiger wusste, dass der Mandant die Beratung für Zwecke der Geldwäsche missbrauchte. Dass die Intensivierung von Pflichten sowie die Ausweitung des Personen- und sachlichen Kontrollbereiches bzw. die – wenn auch auf bestimmte Fälle beschränkte – anwaltliche Inpflichtnahme, insbesondere zur Identifizierung und Anzeige, geeignet ist, das von der Verfassung geschützte Vertrauensverhältnis zwischen Anwalt und Mandant nachhaltig zu erschüttern, steht außer Frage. Ob die Einschränkungen durch die Freistellung im Rahmen der Rechtsberatung unter verfassungsrechtlichen Aspekten als ausreichend zu erachten waren, kann im Rahmen dieses Beitrags nicht erörtert werden.[215]

Mit Gesetzesänderung vom 26. November 2015 ist der persönliche Strafaufhebungsgrund bei der 58
Selbstgeldwäsche aufgehoben worden: § 261 Abs. 9 S. 3 StGB a. F. (neue Fassung Abs. 7) schließt nunmehr die Straflosigkeit des an der Vortat Beteiligten wieder aus, wenn er einen bemakelten Gegenstand in den Verkehr bringt und die rechtswidrige Herkunft des Gegenstandes verschleiert. Die Aufhebung der Straflosigkeit der Selbstgeldwäsche wird damit begründet, dass die Nachtat des In-Verkehrbringens eines bemakelten Gegenstandes unter Verschleierung seiner Herkunft einen eigenständigen Unrechtsgehalt aufweise.[216] Ziel ist es, den an der Vortat Beteiligten vom In-Verkehrbringen abzuhalten und zu isolieren.[217]

Am 22. Februar 2017 hat die Bundesregierung den Entwurf eines weiteren Gesetzes beschlossen, das die 4. Geldwäscherichtlinie umsetzen und zudem die bisher bei dem BKA angesiedelte Zentralstelle für Finanztransaktionsuntersuchungen verlagern und neu strukturieren sollte. Das GwG von

---

213 *Donath/Mehle* NJW 2009, 650 f.

214 Vgl. § 11 Abs. 3 GwG a. F..

215 *Hormbrecher* JA 2005, 67, 71; a.A. Kindhäuser/Neumann/Paeffgen – *Altenhain*, § 261 Rn. 70 ff.

216 Vgl. *Wittig* AnwBl 2004, 193 ff.; Stellungnahme der Rechtsanwaltskammer Köln zum Entwurf des GwG, KammerForum 2002, 155 ff. Der EuGH hat mit Urteil vom 26.06.2007 (DStRE 2007, 1417 ff.) entschieden, dass die den Rechtsanwälten in der Richtlinie 91/308 EWG bzw. 2001/97 EG auferlegten Pflichten zur Information und zur Zusammenarbeit mit den für die Bekämpfung der Geldwäsche zuständigen Behörden keinen Verstoß gegen das Recht auf ein faires Verfahren (Art. 6 EMRK, Art. 6 Abs. 2 EU) begründen; *Klugmann* Das Gesetz zur Optimierung der Geldwäscheprävention und seine Auswirkungen auf die anwaltliche Praxis, NJW 2012, 641 ff.

217 BT-Drs. 18/6389, 11, 13.

2008 sollte dabei neu formuliert werden. Auch hier war es selbstverständlich Ziel, Geldwäsche und Terrorismusfinanzierung noch effektiver zu verhindern und zu bekämpfen, insbesondere sollte der Bußgeldrahmen deutlich angehoben werden.

Dieses Gesetz zur Umsetzung der Vierten EU-Geldwäscherichtlinie, zur Ausführung der EU-Geldtransferverordnung und zur Neuorganisation der Zentralstelle für Finanztransaktionsuntersuchungen wurde am 23.06.2017 umgesetzt. Das Geldwäschegesetz vom 13. August 2008 wurde aufgehoben und das neue Geldwäschegesetz trat am 26. Juni 2017 in Kraft. Der Pflichtenkreis für Rechtsanwälte und Syndikusanwälte wurde erheblich erweitert. Im Folgenden werden nur die für Rechtsanwälte relevanten Änderungen dargestellt.

Gemäß § 2 Abs. 1 Nr. 10 GwG a.F. waren Rechtsanwälte nur Verpflichtete, wenn sie für ihren Mandanten an der Planung oder Durchführung von bestimmten, aufgelisteten Geschäften mitwirkten oder im Namen und auf Rechnung des Mandanten Finanz- oder Immobilientransaktionen durchführten.

Im 2. Abschnitt wurde das Risikomanagement eingeführt. Gemäß § 4 Abs. 1 GwG müssen Verpflichtete zur Verhinderung von Geldwäsche und von Terrorismusfinanzierung über ein wirksames Risikomanagement verfügen, das im Hinblick auf Art und Umfang ihrer Geschäftstätigkeit angemessen ist. Das Risikomanagement umfasst entsprechend § 4 Abs. 2 GwG eine Risikoanalyse nach § 5 GwG sowie interne Sicherungsmaßnahmen nach § 6 GwG. Gemäß § 6 Abs. 6 S. 3 GWG a.F. bestand für Rechtsanwälte ein Auskunftsverweigerungsrecht bezüglich solcher Informationen, die sie im Rahmen eines der Schweigepflicht unterliegenden Mandatsverhältnisses erhalten haben. Das Verweigerungsrecht bestand dagegen nicht, wenn der Rechtsanwalt wusste, dass sein Mandant die Rechtsberatung für den Zweck der Geldwäsche oder der Terrorismusfinanzierung in Anspruch genommen hat, § 6 Abs. 6 S. 4 GwG a.F.

Der 3. Abschnitt des GwG beinhaltet Sorgfaltspflichten in Bezug auf die Mandanten. § 10 GwG statuiert die allgemeinen Sorgfaltspflichten. Ist der Verpflichtete nicht in der Lage, die allgemeinen Sorgfaltspflichten zu erfüllen, darf er die Geschäftsbeziehung nicht begründen oder nicht fortsetzen. Diese Pflicht zur Nichtbegründung bzw. das Verbot zur Fortsetzung eines Mandats galt nicht für Rechtsanwälte, wenn der Mandant eine Rechtsberatung oder Prozessvertretung erstrebte, es sei denn, der Anwalt wusste, dass der Mandant die Rechtsberatung bewusst für den Zweck der Geldwäsche oder der Terrorismusfinanzierung in Anspruch nahm, § 10 Abs. 9 GwG a.F.

Die Verpflichteten treffen gemäß § 43 Abs. 1 GwG Meldepflichten zur Meldung an die Zentralstelle für Finanztransaktionsuntersuchungen, wenn Tatsachen vorliegen, die darauf hindeuten, dass 1. ein Vermögensgegenstand, der mit einer Geschäftsbeziehung, einem Maklergeschäft oder einer Transaktion im Zusammenhang steht, aus einer strafbaren Handlung stammt, die eine Vortat der Geldwäsche darstellen könnte, 2. ein Geschäftsvorfall, eine Transaktion oder ein Vermögensgegenstand im Zusammenhang mit Terrorismusfinanzierung steht oder 3. der Vertragspartner seine Pflicht nach § 11 Absatz 6 Satz 3, gegenüber dem Verpflichteten offenzulegen, ob er die Geschäftsbeziehung oder die Transaktion für einen wirtschaftlich Berechtigten begründen, fortsetzen oder durchführen will, nicht erfüllt hat. Auch hier bestand gemäß § 43 Abs. 2 GwG a.F. eine Ausnahme für Rechtsanwälte, wenn sich der meldepflichtige Sachverhalt auf Informationen bezieht, die sie im Rahmen der Rechtsberatung oder der Prozessvertretung des Vertragspartners erhalten haben. Die Meldepflicht blieb jedoch bestehen, wenn der Verpflichtete wusste, dass der Vertragspartner die Rechtsberatung für den Zweck der Geldwäsche, der Terrorismusfinanzierung oder einer anderen Straftat in Anspruch genommen hat oder nimmt.

Zum 01. Januar 2020 traten erneut Änderungen des Geldwäschegesetzes in Kraft.

Relevant für den Verteidiger ist, dass er nun auch gemäß § 2 Abs. 1 Nr. 10 c-e GwG Verpflichteter ist, wenn er den Mandanten im Hinblick auf dessen Kapitalstruktur, dessen industrielle Strategie oder damit verbundene Fragen berät, Beratung oder Dienstleistungen im Zusammenhang mit Zusammenschlüssen oder Übernahmen erbringt oder geschäftsmäßig Hilfeleistung in Steuersachen erbringt. Seitens der Strafverfolger wird die Abgrenzung von Beratung zu Verteidigung in vielen Fällen spannend werden.

Gemäß § 6 Abs. 6 GwG dürfen Rechtsanwälte die Auskunft verweigern, wenn sich die Anfrage auf Informationen bezieht, die sie im Rahmen von Tätigkeiten der Rechtsberatung oder Prozessvertretung erhalten haben. Die Pflicht zur Auskunft bleibt bestehen, wenn der Verpflichtete weiß, dass die Rechtsberatung oder Prozessvertretung für den Zweck der Geldwäsche oder der Terrorismusfinanzierung genutzt wurde oder wird.

In § 10 Abs. 9 S. 3 GwG wird die Ausnahme zur Pflicht zur Nichtbegründung bzw. zum Verbot der Fortsetzung des Mandats ebenfalls angepasst. Sie gilt, wenn Tätigkeiten der Rechtsberatung oder Prozessvertretung erbracht werden sollen, es sei denn, der Verpflichtete weiß, dass die Rechtsberatung oder Prozessvertretung bewusst für den Zweck der Geldwäsche oder der Terrorismusfinanzierung genutzt wurde oder wird.

Auch die Ausnahme zur Meldepflicht in § 43 Abs. 2 GwG wurde entsprechend geändert. Demnach sind Rechtsanwälte nicht zur Meldung verpflichtet, wenn sich der meldepflichtige Sachverhalt auf Informationen bezieht, die sie im Rahmen von Tätigkeiten der Rechtsberatung oder Prozessvertretung erhalten haben. Die Meldepflicht bleibt jedoch bestehen, wenn der Verpflichtete weiß, dass der Vertragspartner die Rechtsberatung oder Prozessvertretung für den Zweck der Geldwäsche, der Terrorismusfinanzierung oder einer anderen Straftat genutzt hat oder nutzt oder ein Fall des Absatzes 6 vorliegt.

Mit dem Gesetz zur Umsetzung der EU-Richtlinie 2018/1673 vom 23.10.2018 über die strafrechtliche Bekämpfung der Geldwäsche[218], dass der Bundestag am 11.02.2021 beschlossen hat und am 18.03.2021 in Kraft getreten ist, wurde § 261 StGB grundlegend geändert. Seitdem stellen sämtliche Straftaten taugliche Geldwäschevortaten dar, so dass der Anwendungsbereich des § 261 StGB deutlich erweitert wurde.

Im Rahmen dieser Neugestaltung des § 261 StGB wurde das lange umstrittene und schließlich mit Urteil des BVerfG vom 30.03.2004[219] festgesetzte Vorsatzprivileg für Strafverteidiger normiert.[220] Gemäß § 261 Abs. 1 S. 3 StGB handelt ein Strafverteidiger, der für seine Tätigkeit ein Honorar annimmt, in den Fällen des § 261 Abs. 1 S. 1 Nr. 3 und 4 StGB nur vorsätzlich, wenn er zu dem Zeitpunkt der Annahme des Honorars sichere Kenntnis von dessen Herkunft hatte. Eine Strafbarkeit für Leichtfertigkeit scheidet gemäß § 261 Abs. 6 S. 2 StGB für einen Strafverteidiger, der ein Honorar für seine Tätigkeit annimmt, in den Fällen der Abs. 1 S. 1 Nr. 3 und 4 StGB aus.

Mit Skepsis zu erwarten bleibt auch weiterhin die praktische Rechtsanwendung durch Staatsan- **59**
waltschaften und Gerichte. Wie hoch die Strafverfolgungsbehörden in der Praxis die Schwelle des Anfangsverdachtes setzen, wird streitig bleiben. Vor allem die Handhabung durch die Staatsanwaltschaften sollte stets unverzüglicher Überprüfung durch die Gerichte zugeführt werden, da im »Eifer des Gefechts« gerade die Waffe eines Geldwäscheverfahrens gegen den Verteidiger genutzt bzw. instrumentalisiert werden wird.

Mit Beschluss vom 14. Januar 2005 hob die 3. Kammer des 2. Senats des Bundesverfassungsgerichts **60**
einen Durchsuchungsbeschluss für Kanzleiräumlichkeiten wegen Geldwäscheverdachts mangels aus-

218 Bundesgesetzblatt 2021 Teil I Nr. 10 v. 17.03.2021, 327ff.

219 BVerfG, Urt v. 30.03.2004 – 2 BvR 1520/01 u. 2 BvR 1521/01, NJW 2004, 1305ff., wistra 2004, 217ff.

220 Der hierzu geführte Streit wurde in der Vorauflage ausführlich dargestellt. Aufgrund der nunmehr erfolgten Normierung ist die Thematik nicht mehr relevant genug, um in der Tiefe dargestellt zu werden.

reichenden Tatverdachts auf.[221] Die Gerichte hatten offensichtlich sowohl Leichtfertigkeit bei der Geldannahme ausreichen lassen statt positive Kenntnis vorauszusetzen als auch der Ausstrahlungswirkung der Berufsausübungsfreiheit bei der Würdigung der Indiztatsachen zur subjektiven Seite zu wenig Gewicht beigemessen. Im Rahmen einer Beschwerde gegen Abhör- und Durchsuchungsmaßnahmen bei einem Verteidiger äußerte sich das Bundesverfassungsgericht zu den Erfordernissen der Darlegung eines Geldwäscheverdachts; das heißt insbesondere der Schilderung der Vortat, und hob dabei die Bedeutung der besonderen Position des Verteidigers sowie die Notwendigkeit des Schutzes des Vertrauensverhältnisses zum Mandanten hervor.[222] Im Beschluss vom 18. April 2007[223] sieht das Bundesverfassungsgericht in der Anordnung der Überwachung des Mobiltelefonanschlusses eines Strafverteidigers eine Verletzung des Fernmeldegeheimnisses sowie der Berufsfreiheit und betont die Bedeutung der Rechtsgarantie des unüberwachten mündlichen Verkehrs zwischen Verteidiger und Mandant im Rahmen der Gewährleistung einer wirksamen Strafverteidigung.[224]

61 In der 3. Auflage wurde an dieser Stelle noch als tendenziell positiv hinsichtlich der Begründung eines Anfangsverdachts auf einen Beschluss des Landgerichts Gießen hingewiesen,[225] in dem die Kammer die Eröffnung des Hauptverfahrens wegen Verdachts der Geldwäsche, Begünstigung und Beihilfe zum Vereiteln der Zwangsvollstreckung gegen einen Verteidiger aus rechtlichen Gründen ablehnte. Die Anklage beruhte im Wesentlichen auf folgendem Sachverhalt: Einer der Verteidiger eines in Untersuchungshaft befindlichen, wegen gewerbsmäßigen Betruges Beschuldigten hatte auf seinen Namen ein Konto eröffnet. Auf dieses Konto überwies der Beschuldigte eine hohe Summe – möglicherweise inkriminierten – zuvor im Ausland befindlichen, bis dahin »zugriffssicheren« Geldes. Der Verteidiger hinterlegte das Geld als Großteil der zu zahlenden Kaution. Da er als Hinterleger fungierte, ging ein Pfändungsbeschluss einer Geschädigten ins Leere.[226] Die Kammer ließ unter kurzer Bezugnahme auf oben genanntes Urteil des Bundesverfassungsgerichts im Ergebnis offen, ob hinsichtlich der Herkunft des Geldes direkter Vorsatz erforderlich ist und verneinte in restriktiver Tatbestandsauslegung des § 261 StGB bereits das Vorliegen einer tauglichen Tathandlung. Mangels Einschleusens der Gelder in den Finanzkreislauf unter Verdeckung der Herkunft gegenüber Staatsanwaltschaft oder Geschädigten läge kein »Verschleiern« i.S.d. § 261 StGB vor. Da durch die Hinterlegung des Geldes nicht die Möglichkeit der Sicherstellung des Betrages im Wege der Rück-

221 HRRS 2004 Nr. 238, (zuletzt abgerufen am 29.10.2023); generell zur Höhe des Verteidigerhonorars und zur Verfassungswidrigkeit der Begrenzung desselben auf *das Fünffache* der gesetzlichen Gebühren wegen Verletzung von Art. 12 GG: BVerfG, Beschl. v. 15.06.2009 – 1 BvR 1342/07; Besprechung des Urteils und systematische Darstellung der gesetzlichen Grundlagen: *Kilian* BB 2009, 2098 ff.; Mertens/Stuff/*Mück* Rn. 69 ff.; der BGH hält aber weiterhin an seiner Rechtsprechung zur Indizwirkung *des Fünffachen* fest: BGH, Urt. v. 10.11.2016 – IX ZR 119/14, BeckRS 2016, 20620.

222 BVerfG, Beschl. v. 14.01.2005 – 2 BvR 1975/03, NJW 2005, 1707 f.; vgl. zur Verfassungswidrigkeit der Durchsuchung der Kanzlei- und Privaträumlichkeiten eines Verteidigers im Rahmen eines Ermittlungsverfahrens gegen diesen wegen Beleidigung eines Richters, die sich allein aus einem Schriftsatz des Verteidigers ergeben sollte (!): BVerfG, Beschl. v. 05.05.2008 – 2 BvR 1801/06, NJW 2008, 2422; zusammenfassend zur Beschlagnahme von Computerdaten bei Berufsgeheimnisträgern m.w.N.: *Spatscheck* AnwBl 2005, 566 f.; BVerfG, Beschl. v. 04.07.2006 – 2 BvR 950/05, NJW 2006, 2974.

223 BVerfG, Beschl. v. 18.04.2007 – 2 BvR 2094/05, NJW 2007, 2749 ff.; zur Unzulässigkeit der Durchsuchung einer Kanzlei auf der Grundlage von § 103 StPO, um Unterlagen über die Beratung von Mandanten, die mit dem Ermittlungsverfahren gegen den Geheimnisträger in keinem Zusammenhang stehen, zu erhalten und hieraus Rückschlüsse auf den Inhalt einer steuerrechtlichen Beratung des Beschuldigten zu ziehen: BVerfG, Beschl. v. 18.03.2009 – 2 BvR 1036/08, NJW 2009, 2518 ff.

224 Zum Umfang des unüberwachten Verkehrs und der Problematik der Beschränkung desselben auf ein Handeln, das unmittelbar das Strafverfahren betrifft s. *Krekeler* FS Samson 681, 690 ff.; zur Möglichkeit fernmündlichen Verkehrs zwischen Untersuchungsgefangenem und Verteidiger: BVerfG, Beschl. v. 7.3 2012 – 2 BvR 988/10, NJW 2012, 2790 f.

225 LG Gießen, Beschl. v. 23.04.2004 – 7 KLs Js 4820/03, NJW 2004, 1966 ff.

226 Ausführlicher Sachverhalt: OLG Frankfurt a.M., Beschl. v. 10.03.2005 – 2 Ws 66/04, NJW 2005, 1727 f.

gewinnungshilfe entfalle, sei ebenfalls keine Vereitelung oder konkrete Gefährdung des Verfalls, der Einziehung oder Sicherstellung eines inkriminierten Gegenstandes gegeben. Mangels Erlangung der Verfügungsgewalt zu eigenen Zwecken verneint die Kammer ferner ein »Sich-Verschaffen« i.S.d. § 261 Abs. 2 Nr. 1 StGB a. F.; endlich stände der Annahme einer Verwahrung oder Verwendung der Gelder i.S.d. § 261 Abs. 2 Nr. 2 StGB a. F. durch Entgegennahme und Einzahlung bei der Gerichtskasse entgegen, dass das Herrühren des Kautionsbetrages aus dem ausländischen Vermögen mit der Staatsanwaltschaft abgesprochen war. Daher ähnele das Verhalten einem Zuführen an die Ermittlungsbehörden.[227]

Dementgegen hat das OLG Frankfurt a.M. auf die sofortige Beschwerde der Staatsanwaltschaft den hinreichenden Tatverdacht sowohl hinsichtlich der Geldwäsche als auch der Begünstigung, des Betruges und der Beihilfe zum Vereiteln der Zwangsvollstreckung angenommen, wobei Letztere »im Vordergrund des zur Last gelegten Tatgeschehens« stehe.[228] Hinsichtlich der Geldwäschestrafbarkeit kommt der Senat nach Darstellung der Grundsätze des o.g. verfassungsgerichtlichen Urteils u.a. zu dem Schluss, dass die im vorliegenden Fall gegebenen besonderen Umstände eine rechtliche Privilegierung des Angeklagten im Hinblick auf seine Stellung als Strafverteidiger nicht erfordern, weswegen bedingter Vorsatz hinsichtlich der Herkunft des Geldes ausreiche.[229] Auf die »unglücklichen« Einzelheiten des konkreten Sachverhaltes und die – unter verschiedenen Gesichtspunkten angreifbaren[230] – Ausführungen des OLG Frankfurt a.M. kann im Rahmen dieses Beitrags nicht eingegangen werden. Es ist jedoch mit Nachdruck darauf hinzuweisen, dass sich die Lage nach der Normierung des Vorsatzprivilegs im Hinblick auf die Verteidigervergütung zwar entschärft hat, ein sorgloser Umgang mit der Geldwäscheproblematik unter dem Blickwinkel der »sicheren Kenntnis« indes verfehlt ist. Eingedenk der Vielzahl denkbarer Fallgestaltungen und – immer noch – bestehenden Auslegungsmöglichkeiten ist die Verteidigung gut beraten, bei jeglichem Umgang mit Geldern eines Mandanten höchste Vorsicht walten zu lassen!

Auch in nachfolgender Konstellation bestätigte der BGH[231] die Verurteilung eines Rechtsanwaltes 62
wegen Geldwäsche resultierend aus einer zivilrechtlichen Vollstreckung in bemakeltes Vermögen:[232] Der Anwalt kaufte als verdeckter Treuhänder für eine Gesellschaft, deren Geschäftsanteile von Mitangeklagten gehalten wurden, eine rechtskräftig titulierte, unbemakelte Forderung gegen den Vortäter. Auf Antrag erhielt er im Namen der Gläubiger einen Arrest gegen die GmbH des Vortäters. Der Erwerb der Forderung erfolgte nur zu dem Zweck, sich Zugriff auf die durch Anlagebetrug erlangten Gelder der GmbH zu verschaffen. Der Vortäter wurde von den Angeklagten durch Täuschung bzw. Nötigung dazu gebracht, die betrügerisch erlangten Gelder auszuzahlen. Die geldwäschetaugliche Vortat stellt für den BGH der gewerbsmäßige Betrug dar und das Tatbestandsmerkmal des »Sich-Verschaffens« setzt nach Ansicht des 1. Senats *kein kollusives Zusammenwirken* mit dem Täter der Vortat voraus. Ausreichend sei ein tatsächlich bestehendes Einvernehmen. Eine Willensbeeinflussung durch Betrug, Nötigung oder Erpressung sei unerheblich.

Im Hinblick auf Rechtsanwälte führt der Senat aus:

> »5. Im vorliegenden Fall kommt es nicht darauf an, ob – was grundsätzlich durchaus bedenkenswert erscheint – eine Strafbarkeit wegen Geldwäsche ausscheidet, wenn ein Rechtsanwalt im Auftrag eines

227 An dieser Stelle soll nur in aller Kürze die Strafbarkeit nach § 261 StGB erörtert werden; zu beachten sind in derartigen Konstellationen aber immer die – im vorliegenden Fall auch angeklagten – §§ 288 Abs. 1 (27); 257 StGB.

228 OLG Frankfurt a.M. NJW 2005, 1727 ff.

229 OLG Frankfurt a.M. NJW 2005, 1727, 1733.

230 Vgl. z.B. die krit. Anm. *Herzog/Hoch/Warius* StV 2007, 542 ff. mit der bezeichnenden Überschrift »Die Sicherheitsleistung als Vehikel der Rückgewinnungshilfe – Rückgewinnungshilfe contra konkrete und wirkliche Strafverteidigung?«.

231 BGH, Beschl. v. 17.02.2010 – 1 StR 95/09, BeckRS 2010, 07398.

232 Vgl. Besprechung des Urteils von *Rübenstahl/Stapelberg* NJW 2010, 3692 ff.

Gläubigers eine (nicht bemakelte) Forderung beitreibt und dabei auch in Kauf nimmt, auf anderweitig i.S.d. § 261 Abs. 1 StGB inkriminiertes Vermögen des Schuldners zuzugreifen.

(…) Für eine derartige restriktive Auslegung könnte insbesondere sprechen, dass nach der Ergänzung der 1. Geldwäscherichtlinie durch die 2. Geldwäscherichtlinie (…) selbstständige Angehörige von Rechtsberufen bei der Ausübung ihrer Tätigkeit in einem Gerichtsverfahren privilegiert sind (…). Die Privilegierung gilt insbesondere für die berufliche Verschwiegenheitspflicht. Nach dem Erwägungsgrund Nr. 17 der 2. Geldwäscherichtlinie ist es **»nicht angebracht«, Rechtsanwälte, die einen Klienten in einem gesetzlich normierten Verfahren vertreten, im Hinblick auf diese Tätigkeiten zur Meldung des Verdachts der Geldwäsche zu verpflichten. Folglich unterliege »die Rechtsberatung weiterhin der beruflichen Geheimhaltungspflicht, es sei denn, der Rechtsberater ist an der Geldwäsche beteiligt, die Rechtsberatung wird zum Zwecke der Geldwäsche erteilt oder der Rechtsanwalt weiß, dass der Klient die Rechtsberatung für Zwecke der Geldwäsche in Anspruch nimmt.**

(…) Jedenfalls bei den in der Erwägung genannten Fallgruppen, in denen die Privilegierung bei der beruflichen Geheimhaltungspflicht entfällt, **scheidet nach Ansicht des Senats auch eine Privilegierung durch eine restriktive Auslegung des § 261 Abs. 2 Nr. 1 StGB aus** (…). Solch eine Fallgruppe liegt hier vor: Kauf und Beitreibung der titulierten Forderung (…) erfolgten allein deshalb, um auch die (…) betrügerisch eingeworbenen Anlagegelder zu erlangen, mithin zum Zwecke der Geldwäsche. Zudem wusste auch der Angeklagte G., dass seine anwaltliche Tätigkeit für Zwecke der Geldwäsche in Anspruch genommen wurde.«[233]

Nach diesem obiter dictum handelt der Anwalt nicht tatbestandsmäßig, wenn er die Inkriminierung zwar billigend in Kauf nimmt, jedoch keiner der drei »Ausnahmefälle« vorliegt.[234] Dass es einer einschränkenden Auslegung des § 261 StGB für die Zwangsvollstreckung betreibende Rechtsanwälte bedarf, steht außer Frage. Ob die vom BGH aufgestellten Grundsätze ausreichen und das Mandatsverhältnis und die Berufsausübungsfreiheit des Anwalts hinreichend berücksichtigen, mag an dieser Stelle dahinstehen. Jedenfalls gehen sie konform mit den europarechtlichen Vorgaben. Ähnlich wie bei der Annahme etwaig bemakelter Vermögenswerte ist hier zu konstatieren, dass – trotz tendenziell begrüßenswerter Rechtsprechung – ein hohes Maß an Umsicht und Sensibilität geboten ist. So absurd der Vorwurf, ein Täter wähle – in Kenntnis des Verteidigers – den Weg über die Mandatierung und Vergütung eines Strafverteidigers, um Verbrechensgewinne zu waschen, *prima facie* anmuten mag, so unschwer dürfte im Einzelfall der (Anfangs-) Verdacht (etwa aus dem Bereich organisierter Kriminalität oder im Rahmen von Dauerberatungen, insbesondere in rechtlichen »Mischkonstellationen«) zu konstruieren sein. Die Tatsache, dass bereits die Einleitung eines entsprechenden Ermittlungsverfahrens nebst strafprozessualer Maßnahmen – unabhängig davon, ob sich der Verdacht später bestätigt – geeignet ist, die berufliche Existenz eines Rechtsanwalts zu gefährden, sei hier nur kurz in Erinnerung gerufen.

63 Mit Beschluss vom 28. Juli 2015[235] verhielt sich das BVerfG erneut sehr eindeutig zum Thema Geldwäsche durch Verteidiger: Von Verfassungswegen sei bei der Vergütung von Strafverteidigern eine einschränkende Auslegung auch des Vereitelungs- und Gefährdungstatbestandes gemäß § 261 Abs. 1 StGB a.F. (und nicht nur des sog. Isolierungstatbestandes des § 261 Abs. 2 Nr. 1 StGB a. F.) geboten. Ein Verständnis des § 261 Abs. 1 S. 1 StGB a. F., das im Fall der Vergütung eines Strafverteidigers keinerlei Restriktionen im subjektiven Tatbestand vorsehe, ließe eine verfassungsrechtlich nicht hinnehmbare Gefährdung der die Entscheidung BVerfGE 110, 226 tragenden, die Belange und die spezifische Situation von Strafverteidigern in den Blick nehmenden Erwägungen besorgen.[236] Inhaltlich ging es im Wesentlichen darum, dass die wegen vollendeter sowie versuchter Geldwäsche verurteilten Rechtsanwälte sich zum einen gegenüber einer Schweizer Privatbank selbständig um Entnahmen von einem (später bzw. zwischenzeitlich dinglich arretierten) Schweizer Konto bemühten und zum anderen Anwaltstätigkeiten ab- bzw. mit einem Vorschuss, der für das Strafmandat

233 Hervorhebungen durch den Verfasser.
234 Zustimmend: *Rübenstahl/Stapelberg* NJW 2010, 3692, 3694 f.
235 BVerfG, Beschl. v. 28.07.2015 – 2 BvR 2558/14, wistra 2016, 21 ff.
236 Nicht amtlicher Leitsatz wistra 2016, 21, 21 zu BVerfG – 2 BvR 2558/14.

gewährt worden war, verrechneten, die zu einem wesentlichen Teil nicht aus Verteidigertätigkeiten bestanden; überwiegend handelte es sich um »zivilrechtliche Mandate im weitesten Sinn«. Einer der Rechtsanwälte hatte sein Strafverteidigermandat zwischenzeitlich auch niedergelegt. Obgleich diese Verfassungsbeschwerden im Ergebnis ebenso wie BVerfGE 110, 226 ohne Erfolg blieben, bekräftigte das BVerfG seine Erwägungen zu der verfassungsmäßig gebotenen Einschränkung des § 261 Abs. 2 Nr. 1 StGB a. F. und weitete diese auf den Vereitelungs- und Gefährdungstatbestand des § 261 Abs. 1 S. 1 Variante 1 und 2 StGB a. F. aus.

Denn der Vereitelungs- und Gefährdungstatbestand (§ 261 Abs. 1 S. 1 Variante 3 ff. StGB a. F.) verlange – im Gegensatz zum Verschleierungstatbestand (§ 261 Abs. 1 S. 1 Variante 1 und 2 StGB a. F.) und Isolierungstatbestand (§ 261 Abs. 2 Nr. 1 StGB a. F.) – nur teilweise ein auf die Besserstellung des Vortäters abzielendes Element. Überwiegend würden die objektive Gefährdung oder Vereitelung einerseits und die Tatbegehung mit bedingtem Vorsatz andererseits für ausreichend erachtet, ohne dass ein klandestines Verhalten oder eine im vorgenannten Sinn finale Zielsetzung oder manipulative Tendenz als notwendig angesehen werde. Zwar sei es von dem BVerfG grundsätzlich hinzunehmen, wenn die Fachgerichte einer vertretbaren Auffassung folgten, die etwa kein manipulatives Element verlange, aber ohne jede Restriktion im subjektiven Tatbestand sei eine verfassungsrechtlich nicht hinnehmbare Gefährdung der tragenden Erwägungen der Entscheidung BVerfGE 110, 226 zu befürchten:

> »So ist der Verfall gemäß § 73 Abs. 1 Satz 1 StGB grundsätzlich zwingend anzuordnen; eine vorherige – von § 261 Abs. 1 Satz 1 StGB geschützte – Sicherstellung gemäß § 111b ff. StPO ist strafprozessual die Regel und auch im Fall einer dem Verfall vorgehenden Rückgewinnungshilfe, § 73 Abs. 1 Satz 2 StGB, üblich. Die in BVerfG 110, 226 zu § 261 Abs. 2 Nr. 1 StGB für erforderlich erachteten Restriktionen, welche auf die Kenntnis des Strafverteidigers von der deliktischen Mittelherkunft abstellen, liefen – ohne dass dies sachlich gerechtfertigt wäre – weitgehend leer, wenn im Hinblick auf die Tatbestandsvariante des Gefährdens oder Vereitelns der Sicherstellung, die durch den Geldfluss objektiv mitverwirklicht wäre, einschränkungslos bedingter Vorsatz bezüglich der Herkunft des Vermögens oder gar Leichtfertigkeit genügten. Angesichts der bestehenden Möglichkeit strafrechtlicher Vermögensabschöpfung müsste auch der Strafverteidiger, der nach Maßgabe der genannten Senatsentscheidung von einer Strafverfolgung wegen § 261 Abs. 2 Nr. 1 StGB freizuhalten ist, stets mit einer solchen im Hinblick auf dessen Absatz 1 rechnen. Damit würde diese Privilegierung weitgehend entwertet, was die bereits von BVerfGE 110, 226 aufgezeigten Folgen für die Strafverteidigung nach sich zöge.«

Soweit hiernach eine verfassungskonforme Auslegung geboten sei, machte das BVerfG den Fachgerichten allerdings keine Vorgaben. Etwas pointiert ließe sich betreffend das Verhalten der verurteilten Rechtsanwälte bemerken, dass nicht jede Vergütung, die man *gefühlt* als Strafverteidiger erhalten bzw. abrechnen möchte, auch ein privilegiertes Strafverteidigerhonorar darstellt.

Hinzuweisen bleibt auf einen Beschluss des OLG Dresden vom 05. Februar 2020[237] mit den folgenden Leitsätzen:

> »1. Der Straftatbestand der Geldwäsche ist nur dann ein Schutzgesetz im Sinne des zivilrechtlichen Deliktsrechts, wenn die erforderliche Vortat in einem gewerbsmäßigen Betrug besteht, der allerdings nicht vollendet sein muss; auch ein konkreter Täter muss nicht bekannt sein.
>
> 2. Ein Rechtsanwalt, der auf seinem Geschäftskonto eingegangene Geldbeträge unbekannter Herkunft unter Abzug einer Provision ohne nähere Prüfung an einen Dritten auskehrt, obwohl ihm bekannt ist, dass dieser in der Vergangenheit in vergleichbare Vorfälle verwickelt war, handelt leichtfertig im Sinne des § 261 StGB.«[238]

Laut dieser Entscheidung sind Maßstab für die Leichtfertigkeit die individuellen Kenntnisse und Fähigkeiten des Täters.

237 OLG Dresden, Beschl. v. 05.02.2020 – 4 U 418/19, juris.
238 OLG Dresden, Beschl. v. 05.02.2020 – 4 U 418/19, juris.

»Es kommt bei diesen Vortaten entgegen der Auffassung der Beklagten nicht darauf an, ob sie die zugrundeliegenden Rechtsverhältnisse kannten oder nicht. Maßgeblich ist vielmehr, dass aufgrund der Häufung von Ungereimtheiten im Vorfeld der streitgegenständlichen Überweisungen das Verhalten der Beklagten (ungeprüfte Übernahme eines mehr als dubios wirkenden Beratervertrages, Aushändigung eines erheblichen Betrages in bar mit ausschließlich mündlicher Rückversicherung) mindestens als leichtfertig einzuordnen ist. Wie bereits im Hinweisbeschluss ausgeführt, ist für die Leichtfertigkeit neben der objektiv groben Fahrlässigkeit immer auch auf die individuellen Kenntnisse und Fähigkeiten des Täters abzustellen. Bei den Beklagten handelt es sich um Rechtsanwälte, denen schon aufgrund ihrer Ausbildung eine größere Sensibilität im Hinblick auf vergleichbare Geschäftsvorgänge abzufordern ist und bei denen grundsätzlich davon auszugehen ist, dass sie bei gehöriger Sorgfalt in der Lage sind zu erkennen, ob derlei Ungereimtheiten vorliegen oder nicht.«[239]

Für den Strafverteidiger ist zur Vermeidung eigener Strafbarkeit höchste Vorsicht geboten. Die Hürde für die Leichtfertigkeit liegt bei ihm sehr niedrig.

Kritisch zu verfolgen sind die Vorschläge der EU-Kommission für eine Geldwäsche-Verordnung[240] sowie die 6. Geldwäsche-Richtlinie[241]. Der DAV kritisiert diese in mehrfacher Hinsicht. Zum einem befürchtet der DAV durch die Errichtung einer Europäischen Geldwäscheaufsichtsbehörde (AMLA) einen erheblichen Eingriff in den Kern der funktionalen Selbstverwaltung und weist auf die fehlende Evidenz für den Bedarf einer AMLA hin.[242] Des Weiteren kritisiert der DAV die Verschärfung der Sorgfaltspflichten für Rechtsanwältinnen und Rechtsanwälte bei der Identifizierung des Vertragspartners und des wirtschaftlich Berechtigten.[243] Im Übrigen bemängelt der DAV u. a. fehlende Ausnahmeregelungen für Syndikusrechtsanwältinnen und -rechtsanwälte und für Berufsgeheimnisträger bei Unstimmigkeitsmeldungen.[244] Sollte das Europäische Parlament die Position des Rates annehmen, könnten die Trilogverhandlungen beginnen.

II. § 258 StGB – Strafvereitelung oder zulässige Strafverteidigung?

64 Der für Strafverteidiger »gefährlichste« Tatbestand[245] ist die Strafvereitelung, § 258 StGB. Primäres Ziel im Rahmen einer jeden verteidigenden Tätigkeit ist eine irgendwie geartete Besserstellung des – ggf. schuldigen – Mandanten, sei es in Form einer möglichst milden Sanktionierung oder eines Freispruchs. Und auch § 258 StGB beinhaltet eine »Besserstellung« des begünstigten Vortäters: Strafbar macht sich, »wer absichtlich oder wissentlich ganz oder zum Teil vereitelt, dass ein anderer dem Strafgesetz gemäß wegen einer rechtswidrigen Tat bestraft wird oder einer Maßnahme (§ 11 Abs. 1 Nr. 8) unterworfen wird«. Dem Wortlaut nach wird durch den uferlosen Begriff des »Vereitelns« pauschal das grundlegende Handeln der Verteidigung unter Strafe gestellt.[246] Naturgemäß ergeben

239 OLG Dresden, Beschl. v. 05.02.2020 – 4 U 418/19, juris, Rn. 17.

240 Verordnungsentwurf »Regulation of the European Parliament and of the Council establishing the Authority for Anti-Money Laundering and Countering the Financing of Terrorism and amending Regulations (EU) No 1093/2010, (EU) 1094/2010, (EU) 1095/2010«, abrufbar unter https://eur-lex.europa.eu/legal-content/EN/TXT/HTML/?uri=CELEX:52021PC0421&qid=1630049376457&from=DE (zuletzt abgerufen am29.10.2023).

241 Richtlinienentwurf »Directive of the European Parliament and of the Council on the mechanisms to be put in place by the Member States for the prevention of the use of the financial system for the purposes of money laundering or terrorist financing and repealing Directive (EU) 2015/849«, abrufbar unter https://eur-lex.europa.eu/legal-content/EN/TXT/HTML/?uri=CELEX:52021PC0423&qid=1630049498531&from=DE (zuletzt abgerufen am29.10.2023).

242 Pressemitteilung des DAV PM 29/21: DAV-Kritik am Geldwäschepaket der EU-Kommission, abrufbar unter https://anwaltverein.de/de/newsroom/pm-29–21-dav-kritik-am-geldw%C3%A4schepaket-der-eu-kommission (zuletzt abgerufen am29.10.2023).

243 Stellungnahme des DAV SN 58/21: DAV fordert Schutz anwaltlicher Unabhängigkeit, S 9 ff.

244 Stellungnahme des DAV SN 58/21: DAV fordert Schutz anwaltlicher Unabhängigkeit, S 13 ff.

245 Dessen Verwirklichung gem. § 138a Abs. 1 Nr. 3 StPO zur Ausschließung führt.

246 Jedenfalls bei Verteidigung eines schuldigen Täters erscheint zumindest immer eine Versuchsstrafbarkeit des Verteidigers als möglich.

sich daraus zahllose Situationen unterschiedlichster Art, in denen sie Gefahr läuft, den – zumindest objektiven – Tatbestand des § 258 StGB zu verwirklichen.[247] Einigkeit besteht insoweit, als dass eine solche – vom Wortlaut gedeckte – Auslegung mit der anerkannten Institution der Strafverteidigung nicht zu vereinbaren ist. Zur Eingrenzung des Begriffs und der daraus resultierenden Abgrenzung zwischen zulässigem und unzulässigem Verhalten werden unterschiedliche Ansätze vertreten.

1. Meinungsstand

In der Literatur finden sich zahlreiche Stellungnahmen und Lösungsansätze zu dieser Problematik, deren umfassende Darstellung den Rahmen dieses Handbuchbeitrags sprengen würde.[248] Von der Zugrundelegung des Standesrechts, dem Berufen auf das »Leitbild des Verteidigers«, der Aufstellung von Ordnungsprinzipien, Abgrenzung nach den Kriterien von Täterschaft und Teilnahme[249] bis zur Annahme von Sozialadäquanz wird jeder dogmatisch denkbare und vertretbare Weg zur Lösung des Konflikts beschritten.[250] Grundsätzlich lassen sich die diversen Ansätze nach der Zugrundelegung prozessualen oder außerprozessualen Rechts unterscheiden.[251] 65

Überwiegend wird von Rechtsprechung und Literatur das Prozessrecht als entscheidendes Abgrenzungskriterium herangezogen. § 258 StGB ist danach »akzessorisch« und ein »Annex des Strafverfahrensrechts.«[252] Prozessordnungsgemäßes Verhalten schließt danach die materielle Strafbarkeit aus. 66

Mit Urteil vom 1. September 1992[253] entschied der 1. Strafsenat den Fall, dass ein Verteidiger eine Urkunde im Verfahren zur Rückerlangung einer hinterlegten Kaution vorlegte, bei der er selbst erhebliche Zweifel über die Richtigkeit des Inhalts hatte. Der Verteidiger – so die Formulierung im Sachverhalt – habe billigend die Falschheit der Urkunde in Kauf genommen.[254] Nachdem eine Strafbarkeit nach § 258 StGB mangels direkten Vorsatzes verneint wurde, hatte sich der BGH mit der Strafbarkeit gemäß § 267 StGB auseinanderzusetzen, welcher Eventualvorsatz genügen lässt. Dieser hätte nach den allgemeinen Abgrenzungskriterien bejaht werden müssen. Um jedoch ein – nach seiner Vorstellung – einzelfallgerechtes Urteil zu erreichen, verneinte der Senat zwar einen »besonderen Rechtfertigungsgrund der Wahrnehmung von Verteidigerpflichten«, räumte aber ein, dass es für einen Verteidiger bei dieser Gesetzeslage zu schwierigen Situationen kommen könne. Es käme, würde eine Strafbarkeit nach § 267 StGB bejaht werden, zu unterschiedlichen Behandlungen der Wortverteidigung und der mit Sachmitteln untermauerten.[255] Nach Ansicht des Senats sollen diese »Unstimmigkeiten« durch eine sorgfältige und strenge Prüfung ausgeräumt werden, ob – zumindest – bedingt vorsätzliches Verhalten des Verteidigers tatsächlich vorliegt.

> »Ein Strafverteidiger ist verpflichtet, seinen Mandanten bestmöglich zu verteidigen. Ihm vorliegende oder zugängliche Beweismittel zu Gunsten seines Mandanten muss er einbringen. In diesem Rahmen ist

247 Zur Frage der Strafvereitelung im Rahmen einer Verständigung: *Dießner* StV 2011, 43, 48.

248 Ausführliche Darstellung der verschiedenen Varianten sowie deren Bewertung: *Zeifang* Die eigene Strafbarkeit des Strafverteidigers im Spannungsfeld zwischen prozessualem und materiellem Recht, 2004, 7 ff.

249 *Ernst* ZStW 2013, 299 ff.

250 M.w.N.: *Zeifang* Die eigene Strafbarkeit des Strafverteidigers im Spannungsfeld zwischen prozessualem und materiellem Recht, 2004, 7 ff.

251 Vgl. zum Meinungsstand auch *Dessecker* GA 2005, 142 ff., der auch auf verschiedene Fallkonstellationen eingeht. Im Ergebnis spricht er sich in erster Linie für eine materiell rechtliche Lösung aus, um auf das Prozessrecht lediglich ergänzend zurückzugreifen, sofern das materielle Strafrecht »keine brauchbaren Abgrenzungskriterien mehr liefert«.

252 *Zeifang* Die eigene Strafbarkeit des Strafverteidigers im Spannungsfeld zwischen prozessualem und materiellem Recht, 2004, 7.

253 BGHSt 38, 345 ff.; krit. Anm. *Scheffler* StV 1993, 470 ff.

254 Vgl. die Sachverhaltsdarstellung BGHSt 38, 345–347.

255 Beispielsweise dürfe der Verteidiger zwar – trotz erheblicher Zweifel – die Behauptung des Mandanten einbringen, ihm habe eine (für die Strafbarkeit relevante) Urkunde vorgelegen, die Urkunde selbst (deren Echtheit zweifelhaft ist) dürfe er jedoch nicht vorlegen.

er zwar verpflichtet, darauf zu achten, dass er nicht gefälschte oder sonst als unrichtig erkannte Beweismittel vorlegt. Hat er aber insoweit lediglich Zweifel an der Echtheit, ist er deshalb nicht befugt, dieses zurückzuhalten. Andernfalls würde er in Kauf nehmen, ein möglicherweise echtes, entlastendes Beweismittel zu unterdrücken. Wird ein Strafverteidiger in dieser Weise tätig, wird in der Regel davon auszugehen sein, dass der Verteidiger, der sich darauf beschränkt, ihm von seinem Mandanten zur Verfügung gestellte oder benannte Beweismittel in ein gerichtliches Verfahren einzubringen, strafbares Verhalten nicht billigt, selbst bei erheblichen Zweifeln an der Richtigkeit oder Zuverlässigkeit der eingeführten Beweise. Vielmehr wird der Verteidiger solche Beweismittel im Regelfall mit dem inneren Vorbehalt verwenden, das Gericht werde sie seinerseits einer kritischen Prüfung unterziehen und ihre Fragwürdigkeit nicht übersehen. Dieser Vorbehalt ergibt sich daraus, dass der Verteidiger als Organ der Rechtspflege fremde Interessen wahrnimmt. Etwas anderes könnte dann gelten, wenn der Verteidiger über zusätzliche Informationen verfügt, etwa, wenn ihm der Mandant mehr oder weniger deutlich zu erkennen gegeben hat, das Vorbringen sei erlogen, die Beweismittel seien gefälscht«.[256]

67 Dieses dogmatische und argumentative Vorgehen des Senats wurde in der Literatur heftig kritisiert. Während *Otto*[257] im Wege einer rechtfertigenden Interessenskollision über § 34 StGB zum selben Ergebnis kommt, schlagen *Scheffler*[258] und *von Stetten*[259] vor, § 258 StGB mit einer Sperrwirkung bezüglich tateinheitlich begangener Delikte wie §§ 267, 263 StGB auszustatten. *Jahn*[260] und *Stumpf*[261] hingegen lehnen dies ab und postulieren den Vorrang des Verfahrensrechts vor dem materiellen Strafrecht. Einigkeit besteht jedoch insoweit, dass es dem Verteidiger möglich sein muss, die Interessen seines Mandanten durchzusetzen, solange er nicht bewusst falsche Urkunden vorlegt. Daher mag der dogmatische Streit im Rahmen dieses Handbuchs unentschieden bleiben, wenn auch vieles für die klare Lösung von *Otto* über § 34 StGB spricht.

Wer jedoch – wie der BGH in seiner Rechtsprechung – den anderen Organen der Rechtspflege ein Privileg im Rahmen des § 339 StGB zuerkennt, sollte überdenken, warum Verteidigern, die nach der Rechtsprechung ebenfalls Rechtspflegeorgane sind, dieses Recht nicht zuerkannt wird. Auch Art. 12 Abs. 1 GG sollte in diese Überlegungen einbezogen werden. Der Verteidigung einerseits Pflichten zur ordnungsgemäßen Teilnahme und Gewährleistung einer funktionstüchtigen Strafrechtspflege – etwa Kontrolle von Beweisanträgen des Mandanten – aufzuerlegen, ihr – im Gegensatz zu den anderen Organen, die ebenfalls diese Pflicht haben – andererseits bei Verletzung dieser Pflichten keine Sperrwirkung entsprechend § 339 StGB zugutekommen zu lassen, dürfte den Kernbereich des Art. 3 GG berühren. Dies bescheidet die Berufsausübung der Verteidigung, so dass eine Verletzung von Art. 12 GG zu prüfen ist.

Im Urteil vom 9. Mai 2000[262] führt der BGH aus, der Verteidiger dürfe grundsätzlich alles tun, was in gesetzlich nicht zu beanstandender Weise dem Mandanten nütze, allerdings lediglich im Rahmen verfahrensrechtlich erlaubter Mittel und nicht im Wege einer Verdunklung des Sachverhaltes oder Erschwerung der Strafverfolgung. Dieser immer noch sehr weite Anwendungsbereich wird – in Anlehnung an das soeben erörterte Urteil[263] – durch hohe Anforderungen auf subjektiver Ebene eingeschränkt: »Beim Verteidigerhandeln sind aber an das voluntative Element der Vereitelungsabsicht – erst recht – diejenigen strengen Beweisanforderungen zu stellen, die der BGH (BGHSt 38,

256 BGHSt 38, 345 ff.
257 *Otto* FS Lencker 193, 212.
258 Zu § 53 Abs. 1 Nr. 2 StPO: *Scheffler* StV 1992, 299 ff.; *Scheffler* Anm. zu BGHSt. 38, 345 ff., StV 1993, 470 ff.
259 *Von Stetten* StV 1995, 606, 610 in Reaktion auf *Beulke* JR 1994, 114, 116.
260 Ausführlich in seiner Frankfurter Dissertation aus dem Jahr 1997, veröffentlicht 1998 als »Konfliktverteidigung und Inquisitionsmaxime« 349 ff.
261 *Stumpf* NStZ 1997, 7.
262 BGH, Beschl. v. 09.05.2000 – 1 StR 106/00, NJW 2000, 2433 ff., StV 2000, 427 ff.; Verfahrensgegenstand war die Mitwirkung einer Verteidigerin an einer Vereinbarung ihres Mandanten mit der Hauptbelastungszeugin über deren Aussage sowie ein eventuell zu zahlendes Schmerzensgeld.
263 BGHSt 38, 345.

345) für die Beweiswürdigung zum Nachweis des bedingten Vorsatzes bei verteidigungsspezifischem Handeln im Hinblick auf Straftaten nach den §§ 153 ff., 267 ff. StGB verlangt hat.«[264]

Das Oberlandesgericht Jena hat mit Beschluss vom 18.01.2022[265] festgestellt, dass der

> »Verteidiger in der Regel berechtigt und sogar verpflichtet ist, dem Beschuldigten zu Verteidigungszwecken mitzuteilen, was er aus den Akten erfahren hat. Es ist ihm daher nicht schlechthin verboten, seinen Mandanten über drohende Zwangsmaßnahmen zu informieren und ihm etwa auch darauf gerichtete, aus den Akten ersichtliche Schritte mitzuteilen. (…)
>
> Anhaltspunkte dafür, dass Rechtsanwältin … in objektiv unlauterer Art und Weise, bspw. durch Täuschung, sich bei den Strafverfolgungsbehörden Kenntnis von dem Haftbefehlsentwurf verschafft hat, ergeben sich aus der Vorlage aber gerade nicht. Denn sie teilt ausdrücklich mit, dass die Duploakten per Post an Rechtsanwältin … versandt worden sind, »versehentlich« mit dem Antrag der StA Erfurt auf Erlass eines Haftbefehls, weshalb Rechtsanwältin … in zulässiger Weise Kenntnis von dem Haftbefehlsentwurf erhalten hat.
>
> Die Auffassung, dass es einem Verteidiger schlechthin verboten ist, seinen Mandanten über drohende Zwangsmaßnahmen zu informieren und ihm etwa auch darauf gerichtete, aus den Akten ersichtliche Schritte mitzuteilen, findet im Gesetz keinen Anhalt; der Verteidiger ist auch als Organ der Rechtspflege in der Regel nicht gehalten, im Ablauf derartiger Maßnahmen der StA oder dem Gericht einschließlich seiner Geschäftsstelle unterlaufende Fehler (etwa hinsichtlich eines in den Akten befindlichen Haftbefehls) durch Geheimhaltung ihm durch Akteneinsicht bekanntgewordene Vorgänge gegenüber seinem Mandanten auszugleichen (vgl. OLG Hamburg, aaO, bei juris = BRAK-Mitt. 3/1987, 163 mit zust. Anm. Dahs; vgl. LR/Jahn, aaO, § 147 Rn. 143 mwN). Denn dies liefe darauf hinaus, dass der Verteidiger die Beurteilung der Verfolgungsbehörde zu korrigieren hätte, die ja ggf. nach § 147 Abs. 2 S. 1 StPO die Akteneinsicht grundsätzlich hätte verweigern dürfen. Das Gegenargument, die Akteneinsicht werde dem Verteidiger im Vertrauen auf eine gewisse Solidarität mit der Strafverfolgungsbehörde gewährt, ist schon mit Blick auf die Entstehungsgeschichte nicht haltbar. Die Klausel des § 147 Abs. 2 StPO ist nämlich überhaupt nur deswegen in das Gesetz aufgenommen worden, weil als selbstverständlich unterstellt worden ist, dass der Verteidiger seinen Mandanten über den Akteninhalt informieren werde (vgl. LR/Jahn, aaO, § 147 Rn. 144 mwN).«

Die Frage der Strafbarkeit nach § 258 StGB stellt sich regelmäßig auch im Revisionsverfahren. 68
Anlass sind verschiedene Variationen der sog. Lüge-Rüge; das heißt Fälle, in denen sich der Verteidiger die negative Beweiskraft des Hauptverhandlungsprotokolls zu Nutze macht, indem er (ggfs. wider besseren Wissens) einen Verfahrensfehler unter Berufung auf ein unrichtiges Hauptverhandlungsprotokoll rügt. Die – für ihre eher wenig »anwaltsfreundliche« Vorgehensweise bundesweit bekannte – Staatsanwaltschaft Augsburg erhob Anklage gegen einen Verteidiger wegen versuchter Strafvereitelung durch Vortrag unwahrer Verfahrenstatsachen. Mit Beschluss vom 14. März 2011 lehnte das Landgericht Augsburg[266] im Ergebnis zutreffend die Eröffnung des Hauptverfahrens ab. Bezeichnenderweise fand zeitgleich vor dem LG Augsburg das Strafverfahren gegen einen Strafverteidiger wegen des Verdachts der Strafvereitelung statt, dem vorgeworfen wurde, in einem Revisionsbegründungsschriftsatz betreffend den Ablauf und das Ergebnis eines Verständigungsgesprächs bewusst gelogen zu haben. Das Verfahren endete mit einem Freispruch aus subjektiven Gründen;

264 Zur Strafvereitelung durch Strafverteidiger s.a.: BGH, Beschl. v. 28.08.2000 – 5 StR 300/00, StV 2001, 108 f.: (Versuchte) Aufforderung zur Flucht eines Mittäters als Beseitigung von Beweismitteln; BGH NStZ 1999, 188 f.: Der angeklagte Verteidiger hatte an seinen Mandanten auf dessen Initiative Informationen weitergegeben, die dieser dazu nutzen wollte, im Verfahren wahrheitswidrig eine verminderte Schuldfähigkeit geltend zu machen; OLG Nürnberg, Beschl. v. 12.03.2012 – 1 St OLG Ss 274/11, NJW 2012, 1895 ff. m. Anm. *Ruhmannseder*: Strafvereitelung durch Aufbau einer Lügengeschichte.

265 OLG Jena, Beschl. v. 18.01.22 – 1 Ws 487/21, NStZ 2022, 447.

266 LG Augsburg, Beschl. v. 14.03.2011 – 3 KLs 400 Js 110961/10, NJW 2012, 93 ff.; Anm. und »Risikoprognose« für den Strafverteidiger: *Jahn/Eber* NJW 2012, 30 ff.

das heißt, das Gericht bejahte den objektiven Tatbestand, ging hingegen zu Gunsten des Strafverteidigers davon aus, er habe ohne Vorsatz gehandelt.[267]

2. Schlussfolgerungen

69 Zusammenfassend ist für die Praxis festzuhalten, dass hinsichtlich einer Strafbarkeit nach § 258 StGB subjektiv hohe Anforderungen gestellt werden und vorsätzliches Handeln nur bei sicher nachweisbarer Kenntnis angenommen wird.[268] Hegt der Verteidiger »nur« Zweifel an der Wahrheit der von ihm aufgestellten Tatsachenbehauptung und hält deren Unwahrheit nicht für ausgeschlossen, genügt dies nicht für einen die Strafbarkeit gemäß § 258 StGB begründenden Vorsatz. Abschließend ist bezüglich des § 258 StGB noch darauf hinzuweisen, dass Strafvereitelung durch den Verteidiger auch in Form von Unterlassen gegeben sein kann, insbesondere im Zusammenhang mit der Aufbewahrung von – vom Beschuldigten übergebenen – belastenden Beweisstücken in der Kanzlei, wenn der dem Verteidiger zugestandene Prüfungszeitraum deutlich überschritten wird.[269] Hierzu hat der BGH 2018 entschieden, dass der Verteidiger solche Beweisstücke zwar nicht unaufgefordert an die Ermittlungsbehörde herausgeben muss, er sie aber auch nicht verstecken darf.[270]

> »Der Strafverteidiger darf, sofern der Besitzverschaffung oder dem Besitz jedenfalls kein Verbotstatbestand entgegensteht, allgemein Gegenstände, die als Beweismittel für die Untersuchung von Bedeutung sein können, in Besitz nehmen, um sie für Verteidigungszwecke auszuwerten. Soweit sie ihm von einem anderen zur Auswertung für Verteidigungszwecke überlassen wurden, hat er sie nach Erledigung dieser Aufgabe unverzüglich zurückzugeben. Unaufgefordert muss er sie nicht den Ermittlungsbehörden oder dem Strafgericht ausliefern.
>
> Anders liegt es, wenn durch die Ermittlungsbehörde oder das Strafgericht die Herausgabe solcher Beweismittel, die nicht originär durch die Verteidigung hervorgebracht wurden, verlangt (§ 95 Abs. 1 StPO) oder deren Beschlagnahme (§ 94 Abs. 2 StPO) angestrebt wird. In diesem Fall darf der Verteidiger solche Beweismittel, die nicht spezifisches Verteidigungsmaterial darstellen, nicht dem staatlichen Zugriff entziehen, indem er sie verborgen hält oder falsche Angaben zum Belegenheitsort macht. In Bezug auf solche Beweismittel, namentlich »verfängliche Geschäftsunterlagen« (…), besteht kein Beschlagnahmeverbot gem. § 97 I Nr. 3 StPO (…).«

III. Aussagedelikte – Anstiftung und Beihilfe

70 Durch Kontakt zu Zeugen und Sachverständigen kann sich eine Strafbarkeit des Verteidigers aus den §§ 153 ff. StGB ergeben.[271] Geschütztes Rechtsgut der Aussagedelikte ist nach allgemeiner Ansicht die staatliche Rechtspflege; da es sich um eigenhändige Delikte handelt, sind Mittäterschaft sowie mittelbare Täterschaft regelmäßig ausgeschlossen, § 160 StGB enthält insoweit eine Sonderregelung.[272] Teilnahme an den Aussagedelikten kann sowohl durch aktives Tun als auch durch Unterlassen geschehen, wobei sich die Abgrenzung von Beihilfe und Anstiftung u.U. schwierig gestaltet. Wichtigster praktischer Anwendungsfall ist die Benennung von falsch aussagenden und ggf. schwörenden Zeugen durch einen Beweisantrag. Zu einer Einschränkung der Anwendbarkeit des Tatbestandes im Hinblick auf Strafverteidiger werden auch hier diverse argumentative Wege beschritten. Teils wird auf die Eigenverantwortlichkeit des Zeugen abgestellt[273] und postuliert, der Verteidiger

---

267 LG Augsburg, Urt. v. 01.04.2011 – 3 KLs 400 Js 116928/08 im Anschluss an das höchstrichterliche Befremden, »mit unwahrem Vorbringen konfrontiert« worden zu sein: BGH, Beschl. v. 15.04.2008 – 1 StR 104/08, BeckRS 2008, 07818.

268 Zur versuchten Strafvereitelung vgl. OLG Frankfurt NStZ-RR 2003, 238 ff.

269 Vgl. dazu *Zeifang* Die eigene Strafbarkeit des Strafverteidigers im Spannungsfeld zwischen prozessualem und materiellem Recht, 2004, 248 f.

270 BGHSt 63, 174–182.

271 Grundlegend zur Strafbarkeit wegen (versuchter) Anstiftung zur Falschaussage: BGHSt 29, 99, 106 f.

272 Vgl. *Fischer* Vor § 153 Rn. 2; zum Streitstand »Sonderdelikt/Wahrheitspflicht als besonderes persönliches Merkmal« vgl. LK/*Ruß* Vor § 153 Rn. 7 m.w.N.

273 So beispielsweise *Heinrich* JuS 1995, 1115 ff.

verschaffe diesem durch die Benennung lediglich die objektive Möglichkeit zur Tatbegehung. Beispielsweise fordert das OLG Hamm Umstände, »durch die die Tat des selbstständig entschlossenen Täters günstiger gestaltet wird, sei es, dass die Tat verabredet wird, sei es, dass ihm zu verstehen gegeben wird, seine Falschaussage würde gedeckt«.[274] Überwiegend wird indes auf das Prozessrecht als maßgebliches Kriterium abgestellt. Prozessordnungsgemäßes Verhalten kann danach keine Teilnahmestrafbarkeit begründen, da das materielle Strafrecht nicht Aktivitäten verbieten und bestrafen könne, die nach der jeweiligen Prozessordnung erlaubt seien.[275]

Es bleibt ungeachtet aller dogmatischen Uneinigkeiten festzuhalten, dass allein Bedenken des Verteidigers an der Wahrheit von Zeugenbekundungen eine Strafbarkeit nach §§ 153 ff. StGB nicht zu begründen vermögen. Erforderlich ist vielmehr positive und sicher nachweisbare Kenntnis von der Unwahrheit der Aussage, sei es das Wissen von der Aufforderung des Beschuldigten oder eines Dritten gegenüber dem Zeugen zur Falschaussage, eine Bestärkung dessen Falschaussagewillens oder das entsprechende »Präparieren« des Zeugen. Neben der Benennung von Zeugen kommt eine Teilnahme an den Aussagedelikten ferner durch den »Rat« des Verteidigers, der Beschuldigte möge sich einen Zeugen »besorgen«, in Betracht, sowie die Bestärkung eines bereits vorhandenen Tatentschlusses und die nicht mehr neutrale Beratung eines Zeugen. In der Literatur wird daher empfohlen, eine erforderliche Kontaktaufnahme zu einem Zeugen sowie den Kontakt selbst formell – ggf. schriftlich – zu gestalten und durch Einsatz weiterer (Gesprächs-)Zeugen beweiskräftig zu sichern.[276] Zur Eigenabsicherung sollten erforderliche Gespräche mit Zeugen daher entweder mit deren Einverständnis aufgezeichnet oder in Gegenwart von Zeugen, möglichst solchen, die als Berufshelfer § 53a StPO unterfallen, geführt werden. 71

IV. Der Parteiverrat – § 356 StGB

Diese Norm gewinnt vor allem aufgrund der in der Anwaltschaft teilweise schwieriger werdenden wirtschaftlichen Situation immer mehr an Bedeutung. Rechtsgut der Norm ist das Vertrauen der Allgemeinheit in die Zuverlässigkeit und Integrität der Anwaltschaft[277] sowie der Schutz des Mandanten.[278] Der Rechtsanwalt als Strafverteidiger ist geborener Täter dieses echten Sonderdeliktes.[279] Anvertraut im Sinne der Norm ist eine Rechtsangelegenheit, wenn der Auftraggeber oder Mandant ihm einen Sachverhalt mit der Bitte um Prüfung oder Wahrnehmung seiner Interessen mitteilt und der Anwalt den Auftrag nicht unverzüglich ablehnt.[280] Dabei lässt die Rechtsprechung jede Übertragung einer Interessenwahrnehmung[281] bzw. das faktische Anvertrautsein ausreichen.[282] Problematisch war dieses Tatbestandsmerkmal bei der Beauftragung von Verteidigern, die in Sozietäten zusammengeschlossen sind. Mit Urteil vom 7. Juni 1994[283] hat der 5. Strafsenat des BGH ausgeführt: 72

> »b) Eine solche Mandatsbeschränkung auf nur ein Mitglied der Sozietät ist im Hinblick auf § 356 StGB rechtlich unbedenklich (a.A. Hübner in LK 10. Aufl. § 356 Rn. 38 und Geppert, Der strafrechtliche Parteiverrat S 110). Zwar ist nach der Rechtsprechung des Bundesgerichtshofs in Zivilsachen (BGHZ 56, 355; BGH MDR 1994, 308) im Zweifel davon auszugehen, dass die Mandatsübernahme durch einen einer Anwaltssozietät angehörenden Rechtsanwalt auch seine Sozien verpflichtet. Diese Regelannahme schließt aber nicht aus, dass auch innerhalb einer Sozietät das Mandatsverhältnis nur zu einem

---

274 OLG Hamm NJW 1992, 1977 f.

275 *Fischer* § 153 Rn. 15, der allerdings für die Strafverteidigung auf seine Ausführungen zu § 258 (Rn. 16 ff.) verweist; vgl. beispielsweise *Wohlers* StV 2001, 420 ff.

276 Vgl. *Parriger* StraFo 2003, 262, 264; *Stern* StraFo 1992, 58, 60.

277 BGHSt 15, 332, 336; *Fischer* § 356 Rn. 2; zur Vertiefung vgl. *Prinz* Der Parteiverrat des Strafverteidigers, 1999, 6–21.

278 *Fischer* § 356 Rn. 2.

279 Sch/Sch/*Heine/Weißer* § 356 Rn. 4–6.

280 Sch/Sch/*Heine/Weißer* § 356 Rn. 8; SK-StGB/*Rudolphi/Rogall* § 356 Rn. 13 m.w.N.

281 RGSt 62, 289, 291.

282 Vgl. OLG Köln StraFo 2002, 205, 206; s.a. *Baier* wistra 2001, 401, 402.

283 BGHSt 40, 188, 189 f.

der Sozien begründet werden kann (BGHZ 56, 355, 358; Rudolphi in SK-StGB 29. Lfg § 356 Rn. 11; Dahs JR 1986, 349). Abzustellen ist allein darauf, wer nach dem ausdrücklich oder schlüssig erklärten Willen des Mandanten der Rechtsanwalt sein sollte, von dem die Erfüllung der anwaltlichen Pflichten erwartet wurde (BGH a.a.O.). Diese rechtliche Beurteilung steht im Einklang mit der Rechtsprechung des Bundesverfassungsgerichts zu § 146 StPO (BVerfGE 43, 79, 93 ff [BVerfG 28.10.1976 - 2 BvR 23/76]), wonach mehrere Beschuldigte von jeweils anderen Anwälten einer Sozietät verteidigt werden können.

c) Der Umstand, dass die Geschädigte eine Strafprozessvollmacht unterschrieben hat, die auf die Namen aller vier Rechtsanwälte der Kanzlei Dr. F. und Partner ausgestellt war, steht der Annahme der Mandatsbeschränkung ebenso wenig entgegen wie der Umstand, dass Rechtsanwalt Dr. F. die Vollmacht unter Verwendung der in dieser Kanzlei üblichen »wir-Form« vorgelegt hat. Die Tatsache, dass ein Rechtsanwalt auf der Prozessvollmacht genannt ist, lässt in Fällen wie dem vorliegenden keine abschließende Aussage über das »Anvertrautsein« zu (Cramer in Schönke/Schröder, StGB 24. Aufl.§ 356 Rn. 10). Die Prozessvollmacht hat mit dem Verhältnis des Rechtsanwalts zu dem Mandanten »nicht unbedingt etwas zu tun; sie soll lediglich den Anwalt nach außen legitimieren« (BGHZ 56, 355, 358; vgl. auch BGHSt 36, 259, 260). Die Verwendung der »wir-Form« ist für sich gesehen kein zwingendes Indiz. Ob es standesrechtlich geboten ist, die Vollmachtsurkunde einzugrenzen, um den Anschein einer Pflichtwidrigkeit zu vermeiden, hat der Senat nicht zu entscheiden.«

Diese Sätze zeigen deutlich auf, welche Maßnahmen als Verteidiger zur klaren Darstellung der Vollmachtssituation erforderlich sind. Auch der in einer Sozietät tätige Verteidiger sollte eine Einzelvollmacht wählen, um alle Weiterungen und Missdeutungen sowie die daraus resultierenden Risiken zu vermeiden. Für Bürogemeinschaften gilt dies naturgemäß nicht.[284] Sie sollten eindeutige Abgrenzungen bereits in den verwandten Formularen vornehmen, um nicht den Anschein einer Schein-Sozietät hervorzurufen.

73 Weiter ist für den Tatbestand des Parteiverrats erforderlich, dass der Anwalt in derselben Rechtssache beiden Parteien pflichtwidrig dient. Für die Prüfung, ob dieselbe Rechtssache vorliegt, kommt es auf das materielle Rechtsverhältnis, den sachlich-rechtlichen Inhalt der anvertrauten Interessen, an.[285] Dieselbe Rechtssache wurde u.a. bejaht in folgenden Fällen: Die Vertretung des unfallverursachenden Fahrers im Strafprozess und des Unfallgeschädigten im Schadensersatzprozess,[286] Verteidigung eines Geschäftsführers oder Vorstandes im Verfahren wegen Untreue zu Lasten der Gesellschaft und späterer Geltendmachung von Ansprüchen der Gesellschaft gegen den Vorstand oder Geschäftsführer,[287] bei Verteidigung eines einen Freispruch erstrebenden Beschuldigten und des als Alternativtäter in Betracht kommenden Zeugen,[288] bei Vertretung eines Verurteilten im Wiederaufnahmeverfahren und der Verteidigung eines früheren Belastungszeugen wegen Meineids.[289]

Der Anwalt muss beiden Parteien pflichtwidrig dienen. Im Strafverfahren sind Partei vor allem der Angeklagte und der Verletzte.[290] Weiterhin kommen Zeugen, die Staatsanwaltschaft und mitbeteiligte Täter als Parteien in Frage. Bei Zeugen ist zu prüfen, ob sie ein rechtlich geschütztes Interesse – ähnlich dem des Geschädigten – am Sachverhalt haben. Liegt ein solches vor, scheidet eine anwaltliche Beratung oder Vertretung des Zeugen aus. Diese Konstellation erlangt nach der Entscheidung des BVerfG zum Recht des Zeugen auf anwaltlichen Beistand[291] durchaus praktische Relevanz. Ob Mit- oder Nebentätern im Verhältnis zum Beschuldigten eine Parteistellung zukommt, ist streitig.[292] Im Einzelfall sollte der Verteidiger besondere Vorsicht walten lassen, bevor er – selbst im Rahmen der gesetzlich zulässigen sukzessiven Mehrfachverteidigung – das Mandat annimmt. Unklar bzw.

284 Sch/Sch/*Heine/Weißer* § 356 Rn. 9 a.E.
285 Sch/Sch/*Heine/Weißer* § 356 Rn. 12 m.w.N.
286 BayObLG Urt. v. 29.09.1994 – 5 StR 60/94, NJW 1995, 606 f.
287 *Baier* wistra 2001, 401, 403 ff.
288 OLG Zweibrücken NStZ 1995, 35, 36.
289 BGHSt 5, 301, 304.
290 BGHSt 5, 284, 285 f.
291 BVerfGE 38, 105 ff.; ausführlich *Prinz* Der Parteiverrat des Strafverteidigers, 1999, 67–78.
292 Zum Streitstand m.w.N. vgl. Sch/Sch/*Heine/Weißer* § 356 Rn. 13.

selten offen erörtert ist die Parteistellung der Staatsanwaltschaft. Zwar spricht das Gebot objektiver Ermittlung (§ 160 Abs. 2 StPO) vordergründig gegen eine derartige Einordnung, aber *Schünemann* hat zu Recht darauf hingewiesen, die Hauptverhandlung sei antagonistisch ausgestaltet und die Absprachenpraxis installiere faktisch das Parteienverfahren.[293] Relevant wird diese Betrachtung etwa angesichts der Regeln zur Verständigung: Kooperiert der Verteidiger ohne Not – zur eigenen Arbeitserleichterung oder aus anderen, etwa finanziellen Gründen – zu Lasten seines Mandanten im Rahmen einer Verständigung mit der Staatsanwaltschaft, könnte zumindest eine Strafbarkeit nach § 356 StGB (denkbar sind ferner etwa: §§ 240, 239 StGB) in Betracht zu ziehen sein.[294]

Weiterhin ist tatbestandsmäßig erforderlich, dass der Anwalt pflichtwidrig dient. Ob die Pflichtwidrigkeit subjektiv oder objektiv zu bestimmen ist, ist streitig.[295] Für den hier interessierenden Strafprozess stellt die wohl als herrschend zu bezeichnende Literaturmeinung darauf ab, dass der Anwalt die Interessen des Mandanten auf Freispruch bzw. eine milde Strafe zu verfolgen hat, ohne an Weisungen des Mandanten gebunden zu sein. Daher sei eine subjektive Disposition des Mandanten nicht möglich, sondern nur eine objektive Bestimmung des Interessengegensatzes.[296] Ausgehend davon kann selbst ein mögliches Einverständnis der Parteien mit der Tätigkeit für beide keine Relevanz haben,[297] zumal das geschützte Rechtsgut des Vertrauens der Allgemeinheit in die Anwaltschaft nicht der Disposition des Einzelnen unterliegt. Nur der Vollständigkeit halber sei abschließend auf die berufsrechtlichen Folgen (Berufsverbot, Sperrfristen) hingewiesen: Wer sich im Bereich des § 356 StGB und anderer Straftatbestände bewegt, riskiert den dauerhaften Verlust seiner Zulassung als Rechtsanwalt.[298]

V. Sonstige »verteidigungsspezifische« Delikte

Neben den bereits erörterten Normen kommt einer Reihe weiterer Straftatbestände für den Vertei- 74
diger besondere Bedeutung zu.[299] Sowohl im Rahmen verbaler Vorträge als auch in Schreiben und Schriftsätzen vermag sich engagierte Verteidigung aufgrund eindringlicher Wortwahl bis an die Grenze der Beleidigung[300] zu bewegen. Das Bemühen um eine Besserstellung des Mandanten kann aufgrund der teilweise erforderlichen Plastizität die persönliche Sphäre anderer Verfahrensbeteiligter – sei es der Zeuge dessen Aussage angezweifelt wird oder der als befangen erscheinende Richter – berühren. In diesem Zusammenhang ist erneut auf die Ausführungen des BVerfG zu Art. 5 Abs. 1 GG hinzuweisen,[301] wonach der Anwalt im »Kampf um das Recht« auch starke, eindringliche Ausdrücke und sinnfällige Schlagworte benutzen, ferner Urteilsschelte üben oder »ad personam« argumentieren

---

293 *Schünemann* NJW 1989, 1895, 1900.

294 *Prinz* Der Parteiverrat des Strafverteidigers, 1999, 92 f.; zu Strafbarkeit von *Deals* vornehmlich wg. Anstiftung zur Rechtsbeugung vgl. *Fischer* Strafbarkeit beim Dealen mit dem Recht? Über Lausbuben- und Staatsstreiche: HRRS Aug./Sept. 2014, 325, 334 f., zuletzt abgerufen am29.10.2023.

295 Sch/Sch/*Heine/Weißer* § 356 Rn. 17 m.w.N.

296 Ebenda.

297 *Fischer* § 356 Rn. 13; zur Verfassungsmäßigkeit einer Verurteilung nach § 356 StGB bei Verteidigung des Haupttäters und anschließender Verteidigung des Anstifters: BVerfG, Beschl. v. 16.05.2011 – 2 BvR 1230/10, BeckRS 2011, 52468.

298 Zur Sperrfrist nach § 7 Nr. 5 BRAO nach Parteiverrat vgl. beispielsweise BGH, Beschl. v. 10.05.2010, AnwZ (B) 43/09.

299 Zur derzeit virulenten Frage der Anstiftung zur Rechtsbeugung s.u., Rdn. 96 f..

300 Welche standesrechtlich zugleich einen Verstoß gegen das Sachlichkeitsgebot darstellt.

301 S.o. Rdn. 14; außerdem BVerfG Beschl. v. 16.07.2003 – 1 BvR 801/03, BRAK-Mitteilungen 2003, 278 ff.

darf, um beispielsweise eine mögliche Voreingenommenheit eines Staatsanwaltes, Richters oder die mangelnde Sachkunde eines Sachverständigen zu kritisieren.[302]

75 Von grenzwertigem Verhalten sind Konstellationen »rundum« eindeutig sach- und standeswidrigen – und auch aus kollegialer Sicht schwer nachvollziehbaren – Verhaltens zu unterscheiden: So anlässlich eines Falles, in dem ein Verteidiger im Verdacht stand, zwecks Verdunklung Post des Mandanten an Zeugen aus der JVA geschmuggelt zu haben. In einem – anlässlich einer Haftraumdurchsuchung als Zufallsfund beschlagnahmten – Brief an den Mandanten bezeichnete der Verteidiger den zuständigen Richter als »unfähig und faul« und erklärte, dass man »mit Fug und Recht an dessen Verstand zweifeln« müsse. Das Bundesverfassungsgericht konstatierte:[303]

– Es ist von Verfassungswegen nicht zu beanstanden, wenn die §§ 97, 148 StPO dahin ausgelegt werden, dass sie in einem Strafverfahren gegen einen Strafverteidiger der Beschlagnahme und Verwertung von Schreiben des beschuldigten Verteidigers an seinen Mandanten nicht entgegenstehen.
– Die Auffassung des BGH (NJW 2009, 2690), dass ein Mandatsverhältnis keine Straffreiheit für persönliche Schmähungen Dritter, die ein Strafverteidiger gegenüber seinem Mandanten äußert, begründet, ist verfassungsrechtlich nicht zu beanstanden.
– Das zwischen einem Strafverteidiger und seinem Mandanten bestehende Vertrauensverhältnis ist nicht von solcher Art, dass daraus Gründe des Persönlichkeitsschutzes eine »beleidigungsfreie Sphäre« für die ungehinderte Kundgabe ehrverletzender Äußerungen dem Mandanten gegenüber abzuleiten wäre (Leitsätze der Redaktion).

Wörtlich führt der Senat aus:

»Ein hinreichender Tatverdacht i.S. des § 170 Abs. 1 StPO, wie ihn der Bf. im Anschluss an eine mit Blick auf §§ 138a ff. StPO im Schrifttum vertretene Auffassung (vgl. Lüderssen/Jahn, in: Löwe/Rosenberg, StPO, Bd. 4, 26. Aufl. [2007], § 148 Rdnr. 19) für erforderlich hält, war dagegen für die Durchsuchung von Verfassungs wegen nicht notwendig, zumal die Durchführung mit Grundrechtseingriffen verbundener Ermittlungsmaßnahmen bei bereits bestehendem hinreichendem Tatverdacht unter dem Gesichtspunkt der Verhältnismäßigkeit ihrerseits nicht unproblematisch wäre.(…)

Ferner sieht der EGMR das Recht eines Beschuldigten, mit seinem Anwalt unüberwacht zu kommunizieren, als eines der grundlegenden Erfordernisse eines fairen Prozesses in einer demokratischen Gesellschaft an, das von Artikel 6 EMRK Absatz 3 c EMRK umfasst sei (vgl. EGMR, Urt. v. 28.11.1991 – EGMR 28.11.1991 Aktenzeichen 12629/87 u.a. Rdnr. 48 – S/Schweiz). Schreiben eines Häftlings an seinen Anwalt oder von diesem an den Häftling dürfen deswegen nur in Ausnahmefällen gelesen werden, nämlich dann, wenn die Behörden Anlass zur Annahme haben, dass ein Missbrauch vorliegt, weil der Inhalt des Schreibens die Sicherheit der Vollzugsanstalt oder Dritter gefährdet oder in anderer Weise strafbar ist. Die Plausibilität der Gründe hängt von den Gesamtumständen ab, jedoch setzt sie Tatsachen und Informationen voraus, die geeignet sind, einen objektiven Beobachter davon zu überzeugen, dass der privilegierte Kommunikationsweg missbraucht wird (vgl. EGMR, NJW 2003, 1439 [1441] – Erdem/Deutschland). Diese Voraussetzungen waren nach den Ausführungen des BGH gegeben; angesichts des gegen den Bf. und seinen Mandanten bestehenden Verdachts der Strafvereitelung durch Beeinflussung von Zeugen lag die Annahme eines Missbrauchs nahe. (…)

302 Vgl. AG Marburg – Js 4259/02–57 Ds, zum Vorwurf der »dilatorischen Verfahrensführung« in Verbindung mit dem Vorwurf der Willkür seitens der Verteidigung; OLG Hamm StraFo 2003, 244 ff.: danach ist die Festsetzung von Ordnungsmitteln gegen einen »nicht zum Schweigen zu bringenden« Verteidiger unzulässig; zur anwaltlichen Justizkritik vgl. EGMR, Urt. v. 23.04.2015 – Beschwerde Morice/France 29369/10, NJW 2016, 1563; zur Bezeichnung eines Staatsanwaltes als »Systemling« und »durchgeknallt« vgl. BVerfG, Beschl. v. 09.07.2008 – 1 BvR 519/08; zur Bezeichnung einer Staatsanwältin als »dahergelaufene«, »durchgeknallte«, »widerwärtige«, »boshafte«, »dümmliche«, »geisteskranke Staatsanwältin« vgl. BVerfG, Beschl. v. 29.06.2016 – 1 BvR 2646/15, NStZ-RR 2015, 308; zur Bezeichnung eines Richters als »Lügner« und »Krimineller« iRe. Dienstaufsichtsbeschwerde vgl. OLG Celle, Urt. v. 27.03.2015 – 31 Ss 9/15, StV 2015, 566.

303 BVerfG, Beschl. v. 20.05.2010 – 2 BvR 1413/09, NJW 2010, 2937 ff.; Anm. *Ruhmannseder* zum vorausgehenden Urteil des BGH v. 27.03.2009 – 2 StR 302/08, NJW 2009 2647 ff.

Keinen verfassungsrechtlichen Bedenken begegnet es schließlich, dass der BGH auf der Grundlage des § 108 Abs. 1 StPO die Beschlagnahme des durchgesehenen Briefs als Zufallsfund für rechtmäßig erachtet hat. Der Brief selbst begründete nunmehr den Verdacht einer Straftat des Bf. in hohem Maße, nachdem die in dem Schreiben enthaltenen Formulierungen am Vorliegen einer Beleidigung wenig Zweifel ließen und angesichts des Briefkopfs trotz fehlender Unterschrift auch sehr deutliche Hinweise auf den Bf. als Urheber vorlagen. Damit ist noch nicht gesagt, dass die Strafverfolgungsbehörden allein wegen des – gegebenenfalls auch qualifizierten – Verdachts einer in einem Verteidigerschreiben geäußerten Beleidigung eine Durchsuchung zum Zweck der Beschlagnahme dieses Schreibens hätten vornehmen dürfen. Ein solches Vorgehen hätte angesichts des Gewichts der betroffenen grundrechtlich geschützten Interessen Fragen der Verhältnismäßigkeit aufgeworfen, die sich vorliegend auf Grund der besonderen Umstände des Einzelfalls nicht stellen (…).

Nach diesen Maßstäben handelt es sich bei dem hier in Rede stehenden Brief nicht um eine Äußerung, die einem besonderen verfassungsrechtlichen Schutz unterläge und daher vom BGH einer beleidigungsfreien Sphäre hätte zugeordnet werden müssen. Damit sind die wesentlichen Gründe für den besonderen Schutz von Äußerungen in privaten Vertrauensbeziehungen jedenfalls für Äußerungen des Verteidigers seinem Mandanten gegenüber nicht einschlägig (vgl. Ruhmannseder, NJW 2009, 2647[2649]. Im umgekehrten Falle ehrverletzender Äußerungen des Mandanten über Dritte gegenüber seinem Verteidiger mag durchaus etwas anderes gelten; das bedarf hier aber keiner weiteren Vertiefung.«

Hervorzuheben ist hier, dass eine Durchsuchung auf Basis eines Verdachts nur der Beleidigung unter Verhältnismäßigkeitsgesichtspunkten als bedenklich einzustufen,[304] sowie dass im Fall umgekehrter Äußerungen des Mandanten gegenüber dem Verteidiger die Frage eines vertraulichen Bereichs und der beleidigungsfreien Sphäre anders zu beurteilen ist.[305]

Betreffend den Verkehr mit dem inhaftierten Mandanten, ist – neben der Gefahr einer Strafbarkeit nach § 258 StGB – noch auf den Tatbestand des § 115 Abs. 1 Nr. 1 OWiG hinzuweisen, welcher die Übermittlung von Sachen und Nachrichten an den Gefangenen normiert. Hierzu hat das OLG Düsseldorf mit Beschluss vom 02.12.2019 entschieden, dass das Übermitteln eines Screenshots eines Verteidigerschriftsatzes per WhatsApp auf das nicht genehmigte private Mobiltelefon des inhaftierten Mandanten den Tatbestand des § 115 Abs. 1 OWiG erfüllt.[306] 76

»Eine Kommunikation des Verteidigers mit seinem in Haft befindlichen Mandanten über ein in dessen Besitz befindliches Mobiltelefon ist unbefugt im Sinne von § 115 Abs. 1 OWiG, selbst wenn sie der Übermittlung inhaltlich verteidigungsbezogener Informationen dienen sollte. Die anderslautende Ansicht des Amtsgerichts beruht auf einer überdehnten Auslegung des § 148 Abs. 1 StPO und ist daher rechtsfehlerhaft.

Unbefugt handelt derjenige, der mit einem Gefangenen in Verkehr tritt, ohne sich auf eine Befugnis stützen zu können, oder der die Grenzen einer vorhandenen Befugnis überschreitet. Ersteres ist bei der Kommunikation mit einem Gefangenen über ein in dessen Besitz befindliches Mobiltelefon stets gegeben, denn die Nutzung privater Mobiltelefone oder ähnlicher Kommunikationsgeräte ist im Strafvollzug nicht genehmigungsfähig, sondern grundsätzlich ausgeschlossen. Damit der Justizvollzugsanstalt die Möglichkeit erhalten bleibt zu kontrollieren, wann und mit wem ein Gefangener telefoniert, sind Telefongespräche vielmehr nur durch Vermittlung der Anstalt zulässig. Dies gilt auch für den Verteidigerkontakt. Allerdings hat der Gefangene in Bezug auf die Kommunikation mit seinem Verteidiger gemäß § 26 Abs. 5 in Verbindung mit Abs. 1 Satz 1, Abs. 2 Satz 1 StVollzG NRW einen Anspruch auf Gestattung nicht überwachter Telefonate – und nicht nur auf fehlerfreie Ermessensausübung nach § 24 Abs. 1 StVollzG NRW – mit der Folge, dass die Anstalt allenfalls den Zeitpunkt der Verteidigertelefonate unter Berücksichtigung der räumlichen, personellen und organisatorischen Verhältnisse im Strafvollzug nach ihrem Ermessen bestimmen kann. Durch diese Regelung, die Telefonate mit dem Verteidiger gegenüber denjenigen mit anderen Gesprächspartnern privilegiert, soll ersichtlich dem in § 148 Abs. 1 StPO verbürgten Grundsatz der freien Verteidigung Rechnung getragen werden.

---

304 BVerfG NJW 2004, 1305, 1308.

305 Krit. zur Beschränkung auf Äußerungen des Mandanten: *Krekeler* FS Samson 681–697 (694); zum Vorwurf der »Winkeladvokatur« vgl. BVerfG NJW 2013, 3021 f..

306 OLG Düsseldorf, Beschluss v. 02.12.2019, IV-1 RBs 42/19, juris.

Hieraus folgt ohne Weiteres, dass eine verteidigungsbezogene Kommunikation, die unter Umgehung der Justizvollzugsanstalt über ein im Besitz des Gefangenen befindliches Mobiltelefon erfolgt, nach § 115 Abs. 1 OWiG geahndet werden kann und nicht etwa über § 148 Abs. 1 StPO gerechtfertigt ist. Der aus dem Grundsatz freier Verteidigung herzuleitende Anspruch auf telefonischen Kontakt zwischen dem inhaftierten Mandanten und seinem Verteidiger eröffnet keine in ihrer Ausgestaltung grenzenlose Kommunikationsmöglichkeit, sondern steht in Bezug auf das »Wie« seiner Durchsetzung stets unter dem Vorbehalt des für die Anstalt organisatorisch Zumutbaren und Machbaren, erst recht aber der an den Haftzwecken orientierten Ordnung in der Strafanstalt. Dass die Wahl einer mit der Anstaltssicherheit und -ordnung nicht zu vereinbarenden Form der Nachrichtenübermittlung (Mobiltelefon) nicht durch § 148 Abs. 1 StPO gedeckt sein kann, liegt hierbei auf der Hand.«[307]

§ 148 StPO schützt lediglich die Übergabe von Verteidigungsunterlagen; das heißt, solchen Unterlagen und Gegenständen, die *unmittelbar* die Vorbereitung und Durchführung der Verteidigung betreffen, also unmittelbar das Strafverfahren, nicht aber andere Verfahren.[308] Dabei können sie auch vor formeller Einleitung des Ermittlungsverfahrens entstanden sein.[309] Schreiben Dritter, die an den Beschuldigten gerichtet sind, darf er ihm ohne besondere Erlaubnis selbst dann nicht übergeben, wenn sie der Verteidigung dienen; das gilt auch für Schriftsätze aus anderen Verfahren.[310]

Das AG Nürnberg[311] führt in diesem Zusammenhang aus:

»1. Als »Verteidigerpost« gekennzeichnete Schreiben eines Strafverteidigers müssen unmittelbar der Vorbereitung der Verteidigung in dem konkret betroffenen Strafverfahren dienen.

2. Verteidigerschriftsätze die nur mittelbar die Stellung des Beschuldigten im Strafverfahren berühren (hier betr. eine Unfallversicherung, die Eröffnung eines Insolvenzverfahrens, die Übersendung von Versicherungsunterlagen, ein P.S.-Zusatz wegen »Bildern«, die Habe des Beschuldigten und die Beantwortung von Fragen eines Insolvenzverwalters), unterliegen nicht dem besonderen Schutz des § 148 Abs. 1 StPO.

3. Die Kennzeichnung solcher Schriftsätze als »Verteidigerpost«, mit der Folge, dass diese nicht der Briefkontrolle unterworfen werden, ist »unbefugt« im Sinne von § 115 Abs. 1 Nr. 1 OWiG und als Ordnungswidrigkeit ahndbar.

4. Auch wenn solche Schreiben einen das Strafverfahren nicht berührenden, nur belanglosen Inhalt aufweisen, ist bei einem Strafverteidiger, dessen wirtschaftliche Verhältnisse dem Gericht nicht bekannt sind, eine Geldbuße von 300 € je Einzelfall angemessen.«

Das Landgericht Frankfurt (Oder) hat über Beschlagnahmeschutz von Verteidigerunterlagen mit Doppelrelevanz entschieden:

»1. Die einen Zivilrechtsstreit betreffende Korrespondenz eines Rechtsanwalts zu seinem Mandaten kann ausnahmsweise Beschlagnahmeschutz als Verteidigerunterlage gemäß § 97 Abs. 1 Nr. 1 iVm § 148 StPO begründen, wenn das Prozessverhalten bereits die Einlassung in einem Strafverfahren determiniert und insofern Doppelrelevanz aufweist.

2. Im Falle der Unkenntnis des Beschuldigten und seines Verteidigers von dem laufenden Ermittlungsverfahren ist die Korrespondenz jedenfalls dann vor Beschlagnahme geschützt, wenn der betreffende Kom-

307 OLG Düsseldorf, Beschluss v. 02.12.2019, IV-1 RBs 42/19, juris, Rn. 9–11.

308 Meyer-Goßner/*Schmitt* zu § 148 Rn. 15 m.w.N.: die Einschränkung des Verteidigerprivilegs zu Recht kritisierend: *Krekeler* FS Samson 681, 690 ff.

309 LG Mannheim, Beschl. v. 15.10.20 – 24 Qs 3/20: »Maßgeblich ist, ob es sich um Unterlagen handelt, die in objektiv nachvollziehbarer Weise im Rahmen einer Mandatsbeziehung erstellt wurden, die auf die strafrechtliche Verteidigung des Mandanten gegen diejenigen Vorwürfe gerichtet ist, welche Gegenstand des gegen den Beschuldigten geführten Ermittlungsverfahrens sind.«.

310 Meyer-Goßner/*Schmitt* zu § 148 Rn. 15.

311 AG Nürnberg, Urt. v. 04.02.2011 – 45 OWi 501 Js 1484/10, BeckRS 2011, 22921; zur Verteidigerpost vgl. OLG Stuttgart, Beschl. v. 13.04.2010 – 4 Ws 69/10, NStZ 2011, 348 f.; NStZ 2012, 310 f., wonach die Öffnung von Verteidigerpost mit Zustimmung des Gefangenen zulässig sein soll.

munikationssender zum Zeitpunkt der Kommunikation mit der Aufnahme strafrechtlicher Ermittlungen aufgrund des doppeltrelevanten Umstands objektiv nachvollziehbar gerechnet hat.«[312]

Hinsichtlich der Möglichkeit der Verwirklichung von Urkundendelikten gemäß §§ 267, 274 StGB, insbesondere des Tatbestandsmerkmals »Gebrauchen einer falschen Urkunde«, ist auf das oben (Rdn. 66) erörterte Urteil des BGH[313] zu verweisen, mit welchem der BGH der sog. Vorsatzlösung folgt. Auch auf die »wichtigste Pflicht des Anwalts«, das Schweigegebot, sowie den Verstoß gegen sie und eine daraus resultierende Strafbarkeit aus § 203 Abs. 1 Nr. 3 StGB soll aufgrund der wenigen verteidigungsspezifischen Probleme an dieser Stelle nur hingewiesen, nicht aber näher eingegangen werden.[314] Die bis dato auftauchende Frage der Datenspeicherung über einen Provider ist durch § 203 Abs. 3 zumindest teilweise geklärt.[315]

VI. Einzelfragen aus der täglichen Praxis

1. Information des Mandanten

Der betroffene Bürger hat selbst nach neuer Rechtslage[316] nur ein partielles Akteneinsichtsrecht, 77
§ 147 Abs. 4 StPO. § 147 StPO gewährt dem Verteidiger die Befugnis, die dem Gericht vorliegenden oder vorzulegenden Akten einzusehen und die Beweismittel zu besichtigen. Ob der Verteidiger alle Informationen, die er durch die Einsicht, durch Gespräche mit Polizei, Staatsanwalt oder Gericht erlangt, an seinen Mandanten weitergeben darf, ist streitig.[317] Der 3. Senat des BGH hat in der bereits genannten Entscheidung BGHSt 29, 99 erklärt, sachgerechte Strafverteidigung setze voraus, dass der Beschuldigte wisse, worauf sich der gegen ihn erhobene Vorwurf stütze.[318] Der Senat schränkt dieses Recht jedoch für diejenigen Fälle ein, in denen die Information den Untersuchungszweck gefährdet oder zu befürchten sei, dass verfahrensfremde Zwecke verfolgt würden.[319] Entsprechend finden sich in der Literatur Stimmen, nach denen der Verteidiger den Mandanten bei Übergabe einer Kopie der Akte oder eines Aktenauszuges eine Erklärung unterzeichnen lassen soll, die diese Begrenzungen ausdrücklich benennt.[320] Ferner soll er sich die Rückgabe der Kopie zusichern lassen.[321] Unzulässig

312 LG Frankfurt (Oder), Beschl. v. 01.04.2022, 22 Qs 8/22, NZWiSt 2022, 451.

313 BGHSt 38, 345 ff.; zur Urkundenunterdrückung im Hinblick auf Beweismittel vgl. *Zeifang* Die eigene Strafbarkeit des Strafverteidigers im Spannungsfeld zwischen prozessualem und materiellem Recht, 2004, 344 ff.

314 Lesenswert zum Zeugnisverweigerungsrecht des § 53a StPO bzw. zur Schweigepflicht von »berufsmäßigen Gehilfen« (§ 203 Abs. 3 StGB): *Beukelmann* NJW-Spezial 2005, 87; zum Fall eines ehemaligen Kanzlei-Mitarbeiters, der den Mandanten seines früheren Arbeitgebers über einen möglichen Rechtsfehler durch diesen und damit einen etwaigen Regressanspruch informierte (nach dem erkennenden Gericht nicht strafbar): Anwaltsgericht Köln, Beschl. v. 20.05.2009 – 10 EV 330/07, AnwBl 2009, 792 ff., BRAK-Mitteilungen 2009, 290 ff., NJW Spezial 2009, 750; zur Geltung der Schweigepflicht gegenüber einem Datenschutzbeauftragten, welcher Auskünfte zu verteidigungsspezifischen Sachverhalten verlangt: KG, Beschl. v. 20.08.2010 – 1 Ws (B) 51/07 – 2 Ss 23/7, DStR 2011, 196 ff.

315 *Filges* NJW 2010, 2619, 2621 f.

316 Abs. 7 ist durch das StVÄG 1999 vom 02.08.2000 eingefügt worden. Damit näherte sich die deutsche Rechtslage der EMRK an.

317 Jedenfalls kann in bestimmten Fallkonstellationen Vorsicht geboten sein, wie ein vom OLG Stuttgart entschiedener Fall zeigt, in dem der Verteidiger wegen der Weitergabe kinderpornographischen Materials belangt wurde, OLG Frankfurt a.M. NJW 2013, 1107 ff. mit Anm. *König*.

318 BGHSt 29, 99, 102 unter aa); zur Akteneinsicht bei U-Haft vgl. BVerfG NStZ 1994, 551 ff., StV 1994, 1; zur willkürlichen Verweigerung der Aktenübersendung an den Verteidiger: BVerfG NJW 2012, 141 ff.

319 BGHSt 29, 99 ff. (103) oben.

320 *Burhoff* Ermittlungsverfahren, Rn. 423 ff., insbes. Rn. 435 unter Darstellung eines Musters einer derartigen Erklärung; Meyer-Goßner/*Schmitt* § 147 Rn. 24 unter Hinweis auf *Dahs* Handbuch, 275.

321 Vgl. das Muster bei *Burhoff* Ermittlungsverfahren, Rn. 435.

soll es ferner sein, den Beschuldigten von Durchsuchungen oder Verhaftungen zu unterrichten,[322] wenn damit der Untersuchungszweck gefährdet sei.

78 Gemäß dieser Auffassung[323] als Verteidiger zu praktizieren, hieße der Justiz näher zu stehen als dem Mandanten. Deshalb sei auf eine Entscheidung des OLG Hamburg verwiesen,[324] dort bleibt zwar die Streitfrage unentschieden. Der Senat weist indes unter Hinweis auf *Lüderssen*[325] für die praktische Handhabung darauf hin, dass die Strafverfolgungsorgane davon auszugehen haben, dass der Verteidiger auch im Bereich des § 147 Abs. 2 StPO pflichtgemäß handelt, solange nicht die Ausschließungstatbestände der §§ 138a ff. StPO eingreifen.[326] Werden seitens der Staatsanwaltschaft Informationen versehentlich offen gelegt, so kann es ebenfalls nicht Aufgabe des Verteidigers sein, diesen Fehler gegenüber seinem Mandanten für die Strafverfolgungsorgane durch eine Schweigepflicht gegenüber dem Mandanten auszugleichen. Wird dies als Rechtspflicht des Verteidigers bejaht, kann ein Vertrauensverhältnis zwischen Verteidiger und Mandant nicht entstehen; der Verteidiger wäre durch seine Nähe insbesondere zur Staatsanwaltschaft im falschen Lager postiert: Die Weitergabe prozessual zulässig erlangter Informationen soll daher niemals prozesswidrig oder strafbar sein.[327] Die dargestellte Auffassung des 3. Senats verkennt also, dass für eine konkrete und wirkliche Verteidigung, wie die EMRK sie verlangt, vor allem ein Vertrauensverhältnis zwischen dem Beschuldigten und dem Verteidiger vorhanden sein muss: Wie soll ein Beschuldigter seine Verteidigungsstrategie umfassend und offen mit dem Verteidiger besprechen können, wenn er damit rechnen muss, dass dieser über nicht zu offenbarende Informationen gegen ihn verfügt, die die festzulegende Verteidigungstaktik möglicherweise bereits obsolet werden lassen?

Abschließend zu erwähnen ist in diesem Zusammenhang der Beschluss des Bundesverfassungsgerichts vom 17. Juni 2006,[328] in dem die Möglichkeit der Strafbarkeit des Verteidigers wegen Strafvereitelung jedenfalls im Fall unzulässiger, z.B. täuschungsbedingter, Kenntniserlangung vom Bestehen eines von den Ermittlungsbehörden geheim gehaltenen Haftbefehls und Übermittlung der Information an den Mandanten bejaht wird.

2. Umfassende Rechtsberatung des Mandanten

79 Diese sich aus dem Anwaltsvertrag[329] ergebende Grundpflicht[330] des verteidigenden Rechtsanwalts, die auch in § 3 BRAO Niederschlag gefunden hat, soll dann eingeschränkt sein, wenn der Beschuldigte aufgrund der Raterteilung sein wahres Geständnis widerrufen[331] oder sich dem Verfahren entziehen kann.[332] Auch hier gilt, dass konkrete und wirksame Verteidigung i.S.d. EMRK und des GG nur dann gewährleistet ist, wenn sich der Beschuldigte über die Rechtslage umfassend und vollständig informieren kann.[333]

322 KK/*Willnow* § 147 Rn. 14.
323 Vgl. die weiteren Nachweise bei *Beulke/Ruhmannseder* Strafbarkeit, 207.
324 OLG Hamburg StV 1991, 551.
325 LR/*Lüderssen/Jahn* § 147 Rn. 154.
326 OLG Hamburg StV 1991, 551.
327 *Krekeler* NStZ 1989, 146, 149; *Paulus* NStZ 1992, 305, 311.
328 BVerfG – 2 BvR 1085/05 – 2 BvR 1189/05, StV 2006, 522; zur Strafbarkeit der Weitergabe kinderpornographischen Materials durch den Verteidiger vgl. OLG Frankfurt a.M. NJW 2013, 1107 ff. m. Anm. *König*.
329 Zur Charakterisierung siehe *Borgmann/Jungk/Grams* Anwaltshaftung, 2005 § 8; LR *Lüderssen/Jahn* Vor § 137 Rn. 29.
330 Vgl. *Borgmann/Jungk/Schwaiger* Anwaltshaftung, 2020 § 20.
331 BGHSt 2, 375, 378; a.A. *Otto* Jura 1987, 329, 330; weiter die Nachweise bei *Beulke/Ruhmannseder* Strafbarkeit Rn. 34.
332 *Beulke* Verteidiger 1; *Beulke/Ruhmannseder* Strafbarkeit, Rn. 22 m.w.N.
333 *Gatzweiler* StV 1985, 248, 250; Formularbuch *Jahn* 5 ff.

3. Wahrheitspflicht und Lügeverbot

Der Verteidiger hat dem Gericht alle Informationen, die dem Mandanten nützen, vorzulegen, selbst wenn er von der Richtigkeit der Tatsache nicht überzeugt ist, sondern sie nur für möglich hält. In der oben besprochenen Entscheidung BGHSt 38, 345 (Rdn. 66) hat der 1. Strafsenat des BGH erklärt, der Verteidiger sei zwar verpflichtet, darauf zu achten, dass er nicht gefälschte oder sonst als unrichtig erkannte Beweismittel vorlege. Habe er aber insoweit lediglich Zweifel an der Echtheit, sei er deshalb nicht befugt, ein Beweismittel zurückzuhalten. Andernfalls würde er in Kauf nehmen, ein möglicherweise echtes, entlastendes Beweismittel zu unterdrücken.[334] Der BGH hat diese Rechtsprechung bestätigt. Eine Verteidigerin, die einer Zeugin eine Schmerzensgeldzusage für den Fall einer entlastenden Aussage, die nur möglicherweise richtig war, vermittelte, wurde durch den BGH selbst freigesprochen, da ihr kein direkter Vorsatz nachzuweisen war.[335] 80

Vorsätzlich lügen, das heißt, Unwahrheiten bewusst selbst verbreiten, darf der anwaltliche Verteidiger nicht, § 43a Abs. 3 S. 2 BRAO.[336] Es soll ihm ferner untersagt sein, am Aufbau eines Lügengebäudes mitzuwirken.[337] *Lüderssen*[338] differenziert danach, ob der Verteidiger als Täter handelt oder ob er lediglich Anstifter oder Gehilfe ist. Da es eine Wahrheitspflicht des Beschuldigten im Strafverfahren nicht gebe und es somit an einer Haupttat fehle, gebe es keine strafbare Teilnahme. Wenn er damit ebenfalls den Fall mit einbeziehen will, dass die Verteidigung eine ihm vom Mandanten unterbreitete Tatsache, deren Unrichtigkeit er kennt, in das Verfahren einführt, spricht der insoweit klare Wortlaut des § 43a Abs. 3 S. 2 BRAO gegen die Zulässigkeit eines derartigen Vorgehens. Dem anwaltlichen Verteidiger ist dies als Verstoß gegen das Sachlichkeitsgebot untersagt. Die Grenze des § 258 StGB ist in diesem Fall dennoch nicht erreicht, denn hier überzeugt die dogmatische Argumentation *Lüderssens*.[339] 81

4. Freispruchverteidigung des schuldigen Täters

Bereits seit Langem ausgestanden ist die Diskussion um die Frage, ob der Verteidiger, obwohl er selbst die Täterschaft seines Mandanten annimmt, auf Freispruch verteidigen und diesen beantragen darf.[340] Bereits das RG hatte diese Frage positiv beantwortet.[341] Im Übrigen würde es den Verteidiger in das Lager der Strafverfolger stellen, müsste er bei konkretem Wissen von der Schuld – etwa durch ein Geständnis des Mandanten ihm gegenüber – auf einen Freispruchsantrag verzichten, selbst wenn die Beweisaufnahme die Schuld seines Mandanten nicht ergeben hat. Denn die Signalwirkung eines solchen Verhaltens wäre für jeden Richter und Staatsanwalt unverkennbar und sein Verhalten einer justiziellen Beweiswürdigung zugänglich. 82

334 BGHSt 38, 345, 350, BGH NJW 1993, 273 ff.

335 BGH StV 2000, 427 f., NJW 2000, 2433 ff.; zur Strafbarkeit eines zivilrechtlich tätigen Rechtsanwaltes wegen (versuchter) Nötigung durch ein anwaltliches Mahnschreiben im »Masseninkasso«: BGH, Beschl. v. 05.09.2013 – 1 StR 162/13, NStZ 2014, 149.

336 Ausführlich zu dieser Problematik *Hammerstein* NStZ 1997, 12 ff. m.w.N.; vgl. auch – das Verhältnis zur staatlichen Lüge problematisierend – *Salditt* StV 1999, 61, 63.

337 Sch/Sch/*Stree/Hecker* § 258 Rn. 19 m.w.N.; regelmäßig dürfte eine mandatsinterne »Beratung zur Lüge« indes nur eine straflose Beihilfe zur Selbstbegünstigung darstellen.

338 LR *Lüderssen/Jahn* Vor § 137 Rn. 109.

339 Ähnlich *Paulus* NStZ 1992, 305, 310; zur Frage der Beleidigung in Verteidigerschriftsätzen vgl. BVerfG StV 2000, 414 ff.; ähnlich StV 2000, 416 ff.; vgl. BGH StV 2000, 418 ff. zur Abgrenzung zur Volksverhetzung – Leugnung des Holocaust in Beweisanträgen der Verteidigung.

340 BGHSt 38, 345, 348; BGHSt 2, 375, 377; KK/*Willnow* Vor § 137 Rn. 7 a.E.; *Hammerstein* NStZ 1997, 12.

341 RGSt 66, 316, 325.

5. Kontaktaufnahme zu Zeugen

83 Der Kontakt des Verteidigers zu Zeugen und Strafantragsberechtigten ist grundsätzlich zulässig.[342] Ebenso wie die Ermittlungsbehörden auf Zeugen zugehen dürfen, darf der Verteidiger diese ansprechen und befragen. Er darf ebenfalls auf sie einwirken, von einem Aussage- oder Auskunftsverweigerungsrecht Gebrauch zu machen,[343] einen zu stellenden Strafantrag nicht zu erheben oder einen bereits erhobenen zurückzunehmen.[344] Selbstverständlich sind der Verteidigung Mittel im Sinne des § 136a StPO bereits aufgrund der Geltung der allgemeinen Gesetze, insbesondere des StGB untersagt, während § 136a StPO nur für die Justiz bzw. deren strafverfolgende Seite gilt. Inwieweit Geldzahlungen unzulässig sein sollen, ist streitig.[345] Solange jedenfalls die freie Entscheidungsmöglichkeit des Zeugen oder Strafantragsberechtigten nicht beeinträchtigt wird, wird ein derartiges Vorgehen für zulässig erachtet werden müssen, wenn der direkte Vorsatz des Verteidigers nicht auf den Vereitelungserfolg gerichtet ist.[346]

6. Eigene Ermittlungen

84 Das Recht der Verteidigung auf eigene Ermittlungen wird in seiner Zulässigkeit ebenfalls nicht mehr diskutiert.[347] Neben dem bereits dargestellten Kontakt zu Zeugen dürfen Mitbeschuldigte oder Sachverständige außerhalb der Hauptverhandlung befragt[348] und eigene Untersuchungen oder Beobachtungen durchgeführt bzw. durch Dritte durchgeführt werden.[349]

7. Die sog. »Konfliktverteidigung«

85 Die Schimäre vom »Missbrauch der Verteidigungsaufgabe«[350] bzw. der »Konfliktverteidigung«[351] wird seit Langem[352] von verschiedenen Autoren immer wieder gerne bemüht. Anlass sind zumeist wenig exemplarische, von der Verteidigung aufgrund bestimmter mandats- oder justizabhängiger Gegebenheiten extensiv geführte Verfahren, die allzu häufig einer näheren, unaufgeregten Vergleichsbetrachtung nicht standhalten. Zum ersten Mal kommentiert *Laufhütte*[353] in der vierten Auflage des Karlsruher Kommentars (1999) diesen Vorwurf vom Missbrauch von Verteidigerrechten als exzessive Ausnutzung durch Prozessanträge, Beweisanträge oder Redebeiträge. Er kommt zu der Feststellung, ein derartiges Vorgehen durch die Verteidigung könne nach der gegenwärtigen Rechtslage nicht von vornherein unterbunden werden. Das Tatgericht müsse die Anträge entgegennehmen und sich damit inhaltlich auseinandersetzen. Dies könne hingegen in der gebotenen Kürze geschehen.

---

342 RGSt 40, 393, 394; BGHSt 10, 393 f.; vgl. *Parriger* StraFo 2003, 262 ff.; ausführlich *Bockemühl* Kap. 1 Rdn. 81 ff.

343 BGHSt 10, 393, 395; vgl. OLG Frankfurt StV 2005, 204 f.: Kein Ausschluss des Verteidigers wegen Kontaktaufnahme zu sachverständigen Zeugen; es kann dem Verteidiger nicht untersagt werden, als Zeugen zu vernehmende Geheimnisträger auf die Strafbarkeit nach § 203 StGB hinzuweisen.

344 RGSt 40, 393, 394; *Paulus* NStZ 1992, 305, 311.

345 Vgl. Formularbuch *Jahn* 33 m.w.N.

346 Vgl. die Ausführungen in Rdn. 80 und BGH StV 2000, 427 ff., NJW 2000, 2433 ff.

347 Umfassend zur Thematik: *Bockemühl* Private Ermittlungen im Strafprozeß, 1996.

348 Meyer-Goßner/*Schmitt* Vor § 137 Rn. 2a; zur Zweckmäßigkeit einer frühzeitigen Kontaktaufnahme mit Sachverständigen: *MAH Schlothauer* § 3 Rn. 82 ff.

349 Vgl. hierzu und zu den praktischen Umsetzungsmöglichkeiten *König* StraFo 1996, 98 ff.; *Jungfer* StV 1981, 100 ff.; *Richter II* NJW 1981, 1820, 1823 f.

350 KK *Willnow* Vor § 137 Rn. 10 in der Kapitelüberschrift m.w.N.

351 Zum Begriff vgl. *Jahn* 61–79 unter ausführlicher Darstellung des Streitstandes sowie ders., NStZ 1998, 389 ff.; exemplarisch: Basdorf/Harms/Mosbacher (Hrsg.) Kleines Strafrichter Brevier von Friedrich-Karl Föhring; zur Historie der sog. »Konfliktverteidigung im Aachener Bandidos/Hell's Angels-Prozess« vgl. hrr-strafrecht.de/hrr/doku/2005/007/index.php, zuletzt abgerufen am 29.10.2023; *Rezension* zu »Heinrich, Konfliktverteidigung im Strafprozess«, *Sommer* StV 2014, 443.

352 *Nehm/Senge* NStZ 1998, 377 ff.

353 KK/*Laufhütte* 4. Aufl. Vor § 137 Rn. 8.

Abschließend weist er auf Bestrebungen hin, dem Missbrauch durch Änderungen der StPO bzw. durch die Schaffung einer allgemeinen Missbrauchsklausel entgegenzutreten.[354]

Besonders sorgfältig ist in diesem Kontext die Praxis der Pflichtverteidigerbestellung zu betrachten, die bereits heute den Gerichten die Möglichkeit eröffnet, eine Bestellung oder einen Verteidigerwechsel aus »sonstigen Gründen« abzulehnen[355]. Die »Neigung zur Konfliktverteidigung« stellt keinen tragfähigen Ablehnungsgrund dar[356].

Der Missbrauch der Antragsrechte soll für die teilweise angeblich überlange Verfahrensdauer in Strafsachen verantwortlich sein,[357] wobei – wie *Barton*[358] zutreffend nachgewiesen hat – Ausgangspunkt dieser Diskussion Zahlen waren, die teilweise nicht dem Bundesdurchschnitt bzw. den Landesstatistiken entsprachen.[359] Die zum Teil sehr emotional geführte Auseinandersetzung krankt immer noch, auch hier ist *Barton* zu folgen, an dem Fehlen geeigneten umfassenden empirischen Materials. 86

Dass es immer wieder – wie in den von *Nehm/Senge* aufgezeigten Verfahren – Strafsachen enormen Umfangs sowohl im Kapital- als auch bzw. vor allem im Wirtschaftsbereich geben wird, liegt zum einen an der zunehmenden inhaltlichen Komplexität der als strafwürdig erachteten Sachverhalte. Zumal gerade die Staatsanwaltschaft einen Teil der Wirtschaftsstrafsachen derart gestaltet, dass eine Vielzahl von Angeklagten und eine große Anzahl von verschiedenartigen Einzelfällen zur Anklage kommen. Teilweise sind – insbesondere bei Haftsachen – aufgrund der Eilbedürftigkeit die Sachverhalte bei Anklageerhebung noch nicht ausermittelt. In diesen Fällen ist das Gericht durch die lückenhafte Arbeit der Staatsanwaltschaft gezwungen, deren Aufgabe als Ermittlungsbehörde zu übernehmen und inhaltlich auszufüllen. Dass aber gerade Gerichte der Amtsaufklärungspflicht gemäß § 244 Abs. 2 StPO nicht immer mit dem nötigen zeitlichen Nachdruck nachgehen, zeigt ein anderes Beispiel. So hat etwa in dem von *Nehm/Senge* geschilderten Verfahren B – in dem die Verteidigung nur maximal 25 Beweisanträge bei einer Verfahrensdauer von 2 Jahren, 4 Monaten und 23 Tagen stellte[360] – das erkennende Gericht bereits in den ersten Prozesstagen gestellte Beweisanträge teilweise erst nach über einem Jahr, teilweise überhaupt nicht beschieden.[361] 87

In einer Wirtschaftsstrafsache vor dem Landgericht Köln[362] beantragte und erreichte die Staatsanwaltschaft nach über sechsjährigen Ermittlungen zahlreiche Haftbefehle. Das sich anschließende Hauptverfahren zeigte, dass Verurteilungen nur im Wege des Haftdrucks und der Vereinbarung für das Gericht erzielbar waren. Die Staatsanwaltschaft hatte in zwei Anklagen über 1500 verschiedene Betrugsfälle im nicht unkomplizierten Bereich des Immobilienleasings angeklagt, was sich als nicht verhandelbar erwies. Aufgrund des bereits erwähnten Haftdrucks – einer Untersuchungshaft von über zwei Jahren – kam es sodann im Wege der Verständigung zu Geständnissen in diesem Verfah- 88

354 KK/*Laufhütte* 5. Aufl. Vor § 137 Rn. 11 m.w.N., z.B. *Niemöller* StV 1996, 501.

355 Vgl. z.B. LG Köln, Beschluss vom 14.09.2023 – 321 Ks 1/23 (Aufhebung der Pflichtverteidigerbestellung aufgrund grob prozessordnungswidrigen Verhaltens); OLG Celle, Beschluss vom 05.06.2023 – 5 StS 2/22 (Ablehnung der Beiordnung eines [neuen] Pflichtverteidigers zwecks sog. Umbeiordnung, da dessen Verhalten im Beiordnungsverfahren befürchten lasse, dass er auch während des weiteren Verfahrens prozessordnungswidrige Verhaltensweisen ausüben werde; Gewährleistung eines ordnungsgemäßen Verfahrensablaufs im öffentlichen Interesse überwiege das Interesse des Angeklagten, der den Rechtsanwalt benannt hat).

356 *KK/Willnow* § 142 Rn. 14.

357 Vgl. exemplarisch *Meyer-Goßner/Ströber* ZRP 1996, 345.

358 *Barton* StV 1996, 690 ff.

359 *Barton* StV 1996, 690, 691.

360 *Nehm/Senge* NStZ 1998, 377, 379.

361 Diese Fragestellung – wann die inhaltsgestaltenden Anträge, Beweisanträge oder Beweisanregungen seitens der Kammer beschieden worden sind – haben *Nehm/Senge* nicht untersucht.

362 114–3/97 LG Köln – 110 Js 332/92 StA Köln, die Ermittlungen begannen aufgrund erster Anzeigen bereits 1988, erhielten 1992 ein anderes Aktenzeichen.

ren mit Verurteilungen von teilweise über vier bzw. sechs Jahren, obwohl Einzelfälle aus der Anklage bis dato nicht bewiesen worden waren.

89 Diese Beispiele zeigen eklatant, dass vor allem die Dauer von Strafverfahren ihre Ursache in vielen Fällen nicht im Bereich der Verteidigung hat. Vernünftig strukturierte, personell sowie sachlich aufgegliederte und ausermittelte Anklagen sowie Vorsitzende Richter, die sowohl aufgrund ihrer Persönlichkeit als auch aufgrund ihrer Fähigkeiten diesen Titel verdienen, vermögen fast jedem konfliktbereiten Verteidiger, dessen Argumentationen und Anträge weder mittel- noch unmittelbar durch Verteidigungszwecke motiviert sind, sachlich den Wind aus den Segeln zu nehmen. Solange Präsidien von Landgerichten indes seitens der Staatsanwaltschaft angekündigte Umfangsverfahren durch eilig geschaffene Hilfsstrafkammern ohne geeignete Vorsitzende mit den notwendigen Erfahrungen zu bewältigen versuchen, wie es in dem erwähnten und von *Nehm/Senge* analysierten Verfahren B geschehen ist, werden sich derartige Vorgänge wiederholen. Gut vorbereitete Richter, ausermittelte Anklagen, überschaubare oder überschaubar gemachte Sachverhalte und Konzentrierung auf wenige Angeklagte und Sachverhalte sind Garantien dafür, Verfahren mit der erforderlichen zeitlichen Förderung durchführen zu können. An die §§ 154, 154a StPO ebenso wie an §§ 153, 153a StPO sei an dieser Stelle – auch für die Verteidigung – erinnert.

90 Die Anwaltschaft wird sich in den nächsten Jahren aufgrund der erkennbaren Bestrebungen der Justiz, einen allgemeinen Missbrauchstatbestand[363] gesetzlich verankern zu lassen, darauf einrichten müssen, bereits dieser Absicht mit der gebotenen und oben dargestellten verfassungsrechtlichen Argumentation, die das BVerfG bereits früh niedergelegt hat, zu begegnen.[364]

91 Diese Kernsätze seien hier nochmals wiederholt:

> »Es entspricht dem Rechtsstaatsgedanken und dient der Rechtspflege, dass dem Bürger schon aus Gründen der Chancen- und Waffengleichheit Rechtskundige zur Verfügung stehen, zu denen er Vertrauen hat und die seine Interessen möglichst frei und unabhängig von staatlicher Einflussnahme wahrnehmen können. Damit steht die verfassungsgerichtliche Rechtsprechung in Einklang, dass der »Anwalt einen freien Beruf ausübt, der staatliche Kontrolle und Bevormundung prinzipiell ausschließt« (BVerfGE 34, 293 [BVerfG 14.02.1973 - 2 BvR 667/72] [302]) und dass die »anwaltliche Berufsausübung unter der Herrschaft des Grundgesetzes der freien und unreglementierten Selbstbestimmung des Einzelnen« unterliegt, soweit sie nicht durch verfassungskonforme Regelungen i.S.d Grundrechts der Berufsfreiheit beschränkt ist (BVerfGE 50, 16 [BVerfG 08.11.1978 - 1 BvR 589/72] [29]).«[365]

92 Besonders markant ist die Feststellung des BVerfG,

> »dass zwar der Beruf des Rechtsanwalts zu seinen Gunsten als ein staatlich gebundener Vertrauensberuf bezeichnet worden sei, der ihm eine auf Wahrheit und Gerechtigkeit verpflichtete »amtsähnliche Stellung« zuweise (BVerfGE 38, 105 [BVerfG 08.10.1974 - 2 BvR 747/73] [119]). Auch in dieser Entscheidung werde ebenso wie in allen anderen als maßgeblicher verfassungsrechtlicher Prüfungsmaßstab Art. 12 Abs. 1 GG angewendet und nicht von der vorangegangenen Rechtsprechung abgewichen, **dass die Einordnung des Rechtsanwalts als Organ der Rechtspflege keinen Eingriffstatbestand für Fälle enthält, in denen der Anwalt dem Leitbild nicht entspricht** (BVerfGE 22, 114 [120]; 34, 293 [299 f]).«[366]

93 Konfliktbereite Verteidigung kann keinen Missbrauch darstellen, solange sie ausschließlich das Interesse des betroffenen Bürgers verfolgt, dass ihr anvertraut ist. Erinnert sei an die EMRK und das Recht auf eine wirksame und konkrete Verteidigung. Nur der Verteidiger, der nicht – wie Staatsanwaltschaft und Gericht – einer zügigen und »ordnungsgemäßen« Erledigung der Verfahren, sondern allein seinem Mandanten verpflichtet ist, kann diesen Anspruch erfüllen. Sobald er auf andere Belange Rücksicht nehmen muss, wird er in seiner Aufgabenerfüllung behindert und die Vorgabe

363 Vgl. *Kröpil* AnwBl 2002, 624 ff.; *Müller* DRiZ 2004, 7.
364 Vgl. BGH NStZ 2005, 341, der den Verteidiger auf das traditionelle Ziel des Strafverfahrens – die prozessordnungsgemäße Wahrheitsfindung – verpflichtet sehen will.
365 BVerfGE 63, 266 (284) [BVerfG 08.03.1983 - 1 BvR 1078/80]; Hervorhebungen durch den Verf.
366 BVerfGE 63, 266 ff. (285) [BVerfG 08.03.1983 - 1 BvR 1078/80]; Hervorhebungen durch den Verf.

der EMRK verfehlt. Dieses Berufsziel der Interessen-»Einseitigkeit« zu wahren und gegen alle Zeitströme durchzusetzen, ist Aufgabe aktiver Strafverteidigung als ihr Beitrag zu einem fairen, rechtsstaatlichen und menschenrechtskonformen Verfahren.

8. Weisungen des Mandanten

Der Verteidiger ist nicht verpflichtet, Weisungen des Mandanten Folge zu leisten. Dies gilt selbst- 94
redend insbesondere für Weisungen, die ein illegales Verhalten fordern. In diesem Falle muss der Verteidiger zunächst über die Illegalität aufklären und, falls der Mandant an der Weisung festhält, gegen diese Weisung handeln und/oder notfalls über eine Mandatsniederlegung nachdenken.

Wenn der Mandant ein legales Verhalten fordert in seiner Weisung, ist zu klären, ob dies der Verteidigungsstrategie des Verteidigers entspricht. Falls nicht, kann eine Missachtung der Weisung zu einer zivilrechtlichen Haftung des Verteidigers führen. Der Verteidiger sollte zur Vermeidung der Haftung versuchen, die Differenzen in der Strategie zu klären. Ist dies nicht möglich, sollte auch hier über eine Mandatsniederlegung nachgedacht werden.

Hinzuweisen ist hier auf einen Beschluss des BGH vom 09.01.2023, nach dem Differenzen zwischen dem Pflichtverteidiger und dem Angeklagten über die Verteidigungsstrategie keine Entpflichtung gemäß § 143a Abs. 2 Satz 1 Nr. 3 StPO rechtfertigen.[367] Der Angeklagte hatte beantragt, seinen Verteidiger aus dem Verfahren »auszuschließen«, da kein Vertrauensverhältnis mehr bestehe. Der Verteidiger hatte einen Beweisantrag gestellt, den er zuvor nicht mit dem Angeklagten abgesprochen hatte.

Obwohl der Verteidiger prozessrechtlich autonom ist, sollte er auf den Willen des Mandanten Rücksicht nehmen. Eine rechtliche Verpflichtung trifft ihn hierzu jedoch nicht.[368]

> »Der Verteidiger schuldet seinem Mandanten Ehrlichkeit, Fürsorge, Rechtskenntnis und Fleiß bis zur Bereitschaft, die Nacht zum Tage zu machen, wenn der Fall das erfordert. Außerdem Mut, aber keinen Leichtsinn, Schutz vor den Medien und Gelassenheit gegenüber ihm selbst geltenden Angriffen – nur eines nicht: Gehorsam.«[369]

E. Verständigung mit anderen Verfahrensbeteiligten

Verständigung (Absprache – Deal – Vereinbarung etc.) ist im Strafverfahren in fast allen Stadien 95
und mit allen Beteiligten denkbar, wenn auch im Revisions- und Strafvollstreckungsbereich selten. Da das Thema der Absprachen mit Gericht und Staatsanwaltschaft Gegenstand eines eigenständigen Kapitels dieses Handbuches ist, sollen hierzu nur wenige Bemerkungen gemacht werden.

I. Absprachen mit Staatsanwaltschaft und/oder Gericht

Nach umfangreichen und kontrovers geführten Diskussionen hat die Verständigung im Jahre 2009 – 96
insbesondere im neuen § 257c StPO – Eingang in die Strafprozessordnung gefunden.[370] Die Normierung der von der Rechtsprechung aufgestellten Grundsätze hat einige zuvor umstrittene Aspekte

---

367 BGH, Beschl. v. 09.01.2023, 1 StR 284/22, BeckRS 2023, 207.

368 *Pauka*, Mandantenwille und Verteidigung, in: StraFo 9/2019, 360, 369.

369 *Schwenn*, Eine Frage des Vertrauens, in: Zeit Online vom 31.7.2014, S. 2.

370 Zum Gesetz und wesentliche Kritikpunkte zusammenfassend: *Leipold* NJW Spezial 2009, 520 f.; *Schlothauer/Weider* StV 2009, 600–606; Kommentierung des gesamten Gesetzes: Niemöller/Schlothauer/Weider.

verbindlich geregelt und dabei neue Fragen aufgeworfen.[371] Zur Verfassungsmäßigkeit der gesetzlichen Regelung verhält sich das Bundesverfassungsgericht mit Urteil vom 19. März 2013.[372]

Auf die vielfältigen Problemstellungen und Diskrepanzen auch unter Verteidigern[373] kann an dieser Stelle nicht näher eingegangen werden. Es sei nur die Besorgnis geäußert, dass die nunmehr gesetzlich geregelte Formalisierung des Verständigungsprozesses mit ihren Dokumentationspflichten zwar einerseits mehr Transparenz und Sicherheit schafft, jedoch in ihrer konkreten Ausgestaltung und Fortwirkung auch erhebliche Gefahren birgt.

97 Nicht unerwähnt bleiben darf in diesem Zusammenhang die Tatsache, dass die Verständigungspraxis für alle Beteiligten auch – aktuell in zunehmendem Maße – Strafbarkeitsrisiken beinhaltet.[374] Dies gilt insbesondere nach den Ausführungen des BVerfG im o.g. Urteil: Das Gericht konstatiert ein erhebliches »Vollzugsdefizit« bzgl. der neu geschaffenen Regelungen und mahnt deren Einhaltung an. »Informelle« Vorgehensweisen sowie »Gesamtlösungen«, innerhalb derer die Staatsanwaltschaft die Einstellung anderer Ermittlungsverfahren zusagt, sind danach unzulässig. Im Rahmen eines unter Missachtung der gesetzlichen Regelung zustande gekommenen Deals laufen mithin alle Beteiligten – Richter, Staatsanwälte und Verteidiger – Gefahr, selbst strafrechtlich verfolgt zu werden. Es scheint nach diesem Urteil nur noch eine Frage der Zeit, dass erste Richter zum Zwecke der Disziplinierung der Justiz öffentlichkeitswirksam »vorgeführt« und wegen Rechtsbeugung angeklagt werden. Fischer, der ausdrücklich mehr Beachtung der Strafbarkeit von illegalen Deals durch die Justiz fordert[375], weist noch auf die Geltung von § 30 StGB hin und konstatiert: *»Schon die versuchte Anstiftung oder das Verabreden stellen ihrerseits Verbrechen dar, deren Begehung der juristischen Karriere ein unangenehmes Ende setzen könnte.«*. Dem ist, was die derzeitige Risikolage auch des Verteidigers, der eine nicht den gesetzlichen Erfordernissen entsprechende Verständigung auch nur anstrebt, nichts hinzuzufügen.

98 Als Verteidiger sollte man sich der Chance bewusst sein, welche die Zulässigkeit einer Verständigung über Geständnis und Strafmaß im Verfahren bietet. Dass nicht jedes Verfahren einer Verständigung zugänglich ist, ist angesichts der Vielgestaltigkeit der Fallkonstellationen offensichtlich. Den Mandanten aber nach sorgfältiger Prüfung über die Möglichkeit einer Verständigung nicht informiert und mit ihm darüber beraten zu haben, verstößt gegen das Gebot umfassender Beratung und lässt haftungsrechtliche[376] Risiken erwarten, zumal die Rechtsprechung bei jeder Beratung die Einhaltung des Prinzips des sichersten Weges[377] zusätzlich verlangt. Die Verständigung kann in vielen Fällen der sicherste Weg zur Erreichung der geringsten Strafe sein.[378] Die Abwägung ist im Einzelfall oft

371 Zur Historie und den Grundlagen zum Verständigungsgesetz sowie mit kritischen Anmerkungen: *Fezer* NStZ 2010, 177–185; mit Ausblicken insbesondere im Hinblick auf die Strafzumessung: *Strate* NStZ 2010, 362–366.

372 2 BvR 2628/10; 2 BvR 2883/10; 2 BvR 2155/11; NJW 2013, 1058–1071, im Internet abrufbar unter www.bundesverfassungsgericht.de – Entscheidungen/Pressemitteilungen. Zu den Anforderungen der Sachverhaltsaufklärung im Zusammenhang mit Verfahrensabsprachen: BVerfG, Beschl. v. 05.03.2012, 2 BvR 1464/11, NJW 2012, 1136 f.

373 Die Spannbreite der Handhabung durch verschiedene Verteidiger reicht von der kategorischen Ablehnung einer Verständigung bis zum »Rundum-Dealer«, der alle Mandate auf diese Weise »unkompliziert« erledigt und keine streitigen Verfahren mehr führt. Dass Letzteres eine Strafbarkeit nach § 356 StGB begründen kann, wurde oben bereits erwähnt.

374 Insbesondere kommen hier die §§ 240, 339, 258 bzw. 258a StGB in Betracht. Ausführlich zu den möglichen Konstellationen: Niemöller/Schlothauer/Weider-*Schlothauer* Teil D.; *Dießner* StV 2011, 43–49; *Fischer* Festschrift für Hans-Heiner Kühne, 2013, 203–212.

375 *Fischer* Festschrift für Hans-Heiner Kühne, 2013, 212.

376 Zur Haftung des Strafverteidigers s.u. Rdn. 120 ff.; vgl. auch *Köllner* ZAP Fach 23, 303–310.

377 Vgl. hierzu *Borgmann/Jungk/Schwaiger* Anwaltshaftung, 2020 § 21.

378 Vgl. *Meyer-Goßner* StraFo 2001, 73; *Braun* StraFo 2001, 77.

schwierig und kann nicht allein nach abstrakten Kriterien vorgenommen werden.[379] So sind neben rechtlichen Fragestellungen beispielsweise die jeweilige »Verhandlungsempfindlichkeit« des Mandanten, dessen berufliche und finanzielle Lage ebenso von Bedeutung wie regionale Besonderheiten und die Eigenarten des entscheidenden Gerichts.

II. Absprachen mit Mitbeschuldigten und deren Verteidigern

1. Kontakte und Absprachen mit Mitbeschuldigten

Grundsätzlich stellt die Kontaktaufnahme zu Mitbeschuldigten keine unerlaubte Maßnahme dar.[380] **99** *Fischer*[381] schränkt die Zulässigkeit zu Unrecht weitgehend ein. Seiner Auffassung nach darf der Verteidiger begünstigende Absprachen nicht durch Übermittlung von Informationen zwischen den Beschuldigten herbeiführen. Denn von diesem Ausgangspunkt betrachtet, wird dem Verteidiger immer eine Verdunklungsabsicht unterstellt; die Unschuldsvermutung des Art. 6 Abs. 2 EMRK würde für den Verteidiger im Rahmen seiner Berufstätigkeit nicht mehr gelten. Objektiv stellt jedoch die Übermittlung von Informationen eine wertneutrale und damit zulässige Vorgehensweise dar, die erst durch die Betrachtung der subjektiven Seite bei Feststellung einer Begünstigungsabsicht[382] als kollusiv bewertet zu werden vermag.

Problematisch ist die unmittelbare Kontaktaufnahme aber aufgrund der überwiegend mangelhaften **100** Nachvollziehbarkeit dieser Kontakte für Gericht und Staatsanwaltschaft. Für diese kann der Verdacht der Verdunklung oder aber der Mehrfachverteidigung[383] mit den entsprechenden verfahrensrechtlichen Folgen entstehen. Aus diesem Grund ist in der Regel von einer unmittelbaren Kontaktaufnahme mit den Mitbeschuldigten des eigenen Mandanten abzuraten. Bei bestimmten Konstellationen – wenn z.B. die Ehefrau des Mandanten bei intakter Ehe Mitbeschuldigte ist – werden sich solche Kontakte nicht vermeiden lassen. Es ist aber stets darauf hinzuweisen, welche Grenzen der eigenen Verteidigertätigkeit aufgrund der § 146 StPO, § 356 StGB gegeben sind.[384] Da sich in derartigen Fällen bereits die Kontaktaufnahme als gefahrträchtig zeigt, sollten Absprachen über Art und Weise des Vorgehens – z.B. des Gebrauchmachens vom Schweigerecht, Teilschweigen oder Stellen bestimmter Anträge – möglichst der Verteidigerebene vorbehalten bleiben.

2. Absprachen mit anderen Verteidigern

Einfacher gestaltet sich – bei professioneller Verteidigung – der Umgang mit anderen Anwälten als **101** Verteidigern.[385] Zur generellen Zulässigkeit hat sich *Christian Richter II*[386] 1993 im Wesentlichen in Auseinandersetzung mit Ausführungen von *Dahs sen.*,[387] *Paulus*[388] und einer Entscheidung des OLG Frankfurt aus dem Jahre 1980[389] umfassend geäußert. Zu beachten ist, dass sog. Sockelverteidigung immer Individualverteidigung ist und geführt wird, um letztere effizient umzusetzen.[390] Das Interesse des eigenen Mandanten hat im Vordergrund zu stehen. Daher ist die Sockelverteidi-

379 Das Dilemma des Verteidigers an einem plastischen Beispiel schildernd: *Strate* NStZ 2010, 362–366 (366).
380 Vgl. Formularbuch *Jahn* 34.
381 *Fischer*, § 258 Rn. 22.
382 Vgl. dazu OLG Frankfurt NStZ 1981, 144.
383 Zur Rolle des im Rahmen einer steuerrechtlichen Selbstanzeige tätigen Rechtsanwaltes: *Müller* Das Verbot der Mehrfachverteidigung und die Selbstanzeige gem. § 371 AO in Festschrift für Hans-Heine Kühne, 2013, 437–442.
384 Zu § 356 StGB vgl. *Fischer* § 356 Rn. 6 ff. m.w.N.
385 Siehe Formularbuch *Jahn* I C 2. c) bb) S. 31 m.w.N.; KK *Willnow* Vor § 137 Rn. 9.
386 NJW 1993, 2152; Kompakte Darstellung durch *Pfordte/Tsambikakis* MAH § 17.
387 *Dahs* Handbuch Rn. 72.
388 NStZ 1992, 303.
389 NStZ 1981, 144 = StV 1981, 28 (unter dem Datum des 6. November 1980).
390 *Richter II* NJW 1993, 2152 ff. (2154).

gung aufzukündigen (soll z.B. vereinbartes Schweigen oder Teilschweigen auf- und Einlassungen abgegeben werden), wenn dies dem Mandatsinteresse dient. Um aber die negativen Auswirkungen aufseiten aller Mitbeschuldigten möglichst gering zu halten und eine Kommunikationsbasis auch für die Zukunft bestehen zu lassen, sollte die Aufkündigung der Sockelvereinbarung vor der zu ergreifenden Verfahrensmaßnahme, z.B. der Einlassung, den Mitverteidigern signalisiert werden. *Richter II* führt dazu aus:

»... ein Verteidiger, der in Absprache mit seinem Mandanten und unter dessen vollständiger Einweihung ohne jeden Geheimnisvorbehalt im Interesse des Mandanten eine Vereinbarung über gemeinsames Verteidigungsverhalten trifft, hat die Rechtspflicht, seinen Kollegen mitzuteilen: die Vereinbarung gilt nicht mehr, wir lösen uns von ihr. Diese Rechtspflicht ist meines Erachtens Standespflicht i. S. von § 43 BRAO; ... Hat der Anwalt im Interesse seines Mandanten die Vereinbarung getroffen, so muss er sie zwar nicht einhalten, aber aufkündigen«.[391]

102 *Richter II* zieht daher aus seinen Überlegungen folgendes grundsätzliches Fazit, das aber nicht nur über der Sockelverteidigung, sondern über jeder effektiven Verteidigung stehen sollte:

»Zum Schluss: Sockelverteidigung ist in erster Linie und entscheidend Verteidigung. Verteidigung darf sich nicht an Bedenken orientieren, sie darf sich auch nicht am Anschein orientieren. Sie muss den Mut haben, die Grenzen auszuloten, weil sie für den Mandanten angetreten ist. Die Interessen des Mandanten dürfen nicht auf dem Altar eigener scheinbarer Vornehmheit geopfert werden. Die Grenzen sind die des Strafgesetzbuches, und die Grundlagen des Handelns ergeben sich aus der Strafprozessordnung. Wer nach ihren Möglichkeiten und Maximen handelt, handelt verteidigungsgemäß.«[392]

F. Der Strafverteidiger und sein Vertreter

I. Wahlverteidiger

103 Der Wahlverteidiger kann sich im Einverständnis mit dem Mandanten durch einen Anwalt oder Referendar, der sich bereits seit 15 Monaten im juristischen Vorbereitungsdienst befindet, vertreten lassen, § 139 StPO. Zu unterscheiden ist dabei – insbes. im Hinblick auf die Anzahl der Wahlverteidiger i.S.d. § 137 Abs. 1 S. 2 StPO, die drei nicht übersteigen darf – ob der Unterbevollmächtigte nur bei Verhinderung des Verteidigers auftreten soll oder ob er selbstständig neben diesem agiert. Im zweiten Fall erhöht sich – da auch die Untervollmacht im Außenverhältnis eine umfassende Vollmacht ist – die Anzahl der Verteidiger, im ersten Fall nicht.[393] Nach dem Wortlaut der Norm erhöht der neben dem Wahlverteidiger bestellte Pflichtverteidiger die Zahl nicht.[394]

II. Pflichtverteidiger

104 Eine Vertretung des Pflichtverteidigers soll grundsätzlich nicht zulässig sein.[395] Gemäß § 144 Abs. 1 StPO ist jedoch die Bestellung von bis zu zwei Sicherungsverteidigern möglich, wenn dies zur Sicherung der zügigen Durchführung des Verfahrens, insbesondere wegen dessen Umfangs oder Schwie-

391 *Richter II* NJW 1993, 2152 ff. (2156); ob tatsächlich eine Rechtspflicht i.S.d. § 43 BRAO postuliert und deren Verletzung standesrechtlich geahndet werden kann, bedarf wohl einer eingehenden rechtlichen Untersuchung. Zumindest im Rahmen der sog. »informellen Programme« eines Strafverfahrens, d.h. der psychologisch strukturierten Motivations- und Kommunikationslagen der Beteiligten untereinander, stellt die Verletzung dieser Pflicht eine hohe Hemmschwelle für zukünftige vertrauensvolle Kommunikation dar. So wie Staatsanwalt und Richter in einem rechtsstaatlichen und damit fairen Verfahren das Vertrauen der anderen Beteiligten nicht durch Wortbrüche unterlaufen dürfen, muss dies vom Anwalt – auch und insbes. gegenüber Kollegen – erwartet werden.

392 *Richter II* NJW 1993, 2152 ff. (2156 f.) unter Hinweis auf *Richter II* NJW 1981, 1820 – Grenzen anwaltlicher Interessenvertretung im Ermittlungsverfahren.

393 Vgl. KK/*Willnow* Vor § 137 Rn. 14; *Meyer-Goßner/Schmitt* Vor § 137 Rn. 11 sowie § 137 Rn. 5.

394 *Meyer-Goßner/Schmitt* § 137 Rn. 5; zur Gestaltung bei amtlich bestellten Vertretern von Rechtsanwälten oder allgemeinen Vertretern nach der BRAO vgl. KK/*Willnow* Vor § 137 Rn. 15.

395 KK/*Willnow* § 142 Rn. 18 m.w.N.; *Meyer-Goßner/Schmitt* § 142 Rn. 60.

rigkeit, erforderlich ist. Die 2019 neu eingeführte Norm soll restriktiv angewendet werden.[396] So sind Terminschwierigkeiten, die durch Terminabsprachen gelöst werden können, nicht ausreichend für die Bestellung von Sicherungsverteidigern.[397] Sie treten neben dem Pflichtverteidiger auf.[398]

G. Der Strafverteidiger und die »Sitzungspolizei« des Richters, §§ 176–178 GVG

I. § 176 GVG, Hausrecht, Durchsuchung von Verteidigern, Ordnung der Sitzung

Gemäß § 176 GVG obliegt dem Vorsitzenden die Aufrechterhaltung der Ordnung in der Sitzung 105
und der Schutz der Verfahrensbeteiligten.[399] Das Hausrecht wird durch diese Regelung verdrängt.[400] Persönlich umfasst die Regelung alle Anwesenden einschließlich der Staatsanwälte und Verteidiger.[401] Im Rahmen des Hausrechts kann der Vorsitzende die Berichterstattung durch Rundfunk oder Fernsehen beschränken, hat dabei aber die Belange der Presse und deren Recht aus Art. 5 Abs. 1 S. 2 GG zu beachten.[402] Aus § 176 GVG wird auch der Verstoß gegen die Pflicht zum Tragen der Robe bzw. einer weißen Krawatte sanktioniert.[403] Auch die Anordnung, in der Hauptverhandlung zum Schutz vor einer COVID-19-Infektion eine medizinische Maske zu tragen, ist von der Ermächtigung des Vorsitzenden zur Ausübung der Sitzungspolizei gedeckt.[404]

Die Durchsuchung des Verteidigers bzw. anderer Verfahrensbeteiligter ist ebenfalls eine Maßnahme 106
der Sitzungspolizei nach § 176 GVG;[405] es müssen aber nach einer Entscheidung der zuständigen 2. Kammer des 2. Senats des BVerfG konkrete Anhaltspunkte für ein Misstrauen gegeben sein. Allerdings – und hier erinnert die Argumentation der 2. Kammer in ihrer sachlichen Absurdität an Schutzhaftgedanken – führt sie weiter aus, dass den Anordnungen des Vorsitzenden in ihrer Begründung mit noch hinreichender Deutlichkeit zu entnehmen ist,

> »dass die gegenüber den Verteidigern angeordneten Sicherungsmaßnahmen in erster Linie dem Schutz ihrer Integrität und ihrer Stellung als unabhängige Organe der Rechtspflege dienen und damit von vornherein jeder Anschein vermieden werden solle, die Verteidiger, die sich während der Hauptverhandlung in ständiger und unmittelbarer Nähe der Angeklagten befinden müssen, könnten als geeignete Helfer etwa für das Einschmuggeln gefährlicher Gegenstände in Betracht kommen.«[406]

Der Vorsitzende ist demnach berechtigt, erstens die schützenswerten Interessen des Verteidigers selbst zu definieren und sodann geeignete Maßnahmen zu ergreifen. Die Beschwerde gegen Maßnahmen des Vorsitzenden gemäß § 176 GVG ist nach herrschender Ansicht nicht statthaft,[407] da § 181 GVG eine spezielle und abschließende Regelung beinhaltet.[408] Ausnahmsweise ist eine Beschwerde statthaft, wenn durch eine Verfügung des Vorsitzenden Rechtspositionen der Betroffenen, insbesondere Grundrechte, über die Hauptverhandlung hinaus beeinträchtigt sind.[409]

---

396 BeckOK StPO/*Krawczyk* StPO § 144 Rn. 1.
397 MüKoStPO/*Kämpfer*/*Travers* StPO § 144 Rn. 3.
398 BeckOK StPO/*Krawczyk* StPO § 144 Rn. 10.
399 BGH NJW 1998, 1420.
400 BGHSt 30, 350; KK/*Diemer* § 176 GVG Rn. 5.
401 Meyer-Goßner/*Schmitt* § 176 GVG Rn. 10.
402 KK/*Diemer* § 176 GVG Rn. 1a; *Meyer-Goßner/Schmitt* § 176 GVG Rn. 15.
403 Meyer-Goßner/*Schmitt* § 176 GVG Rn. 11 m.w.N.
404 OLG München, Beschl. v. 17.05.2022 – 4d Ws 166/22, BeckRS 2022, 11731.
405 Ausführlich zur Durchsuchung des Verteidigers anlässlich der Vorgehensweise des OLG München beim NSU-Verfahren: *Hillenbrand* Die Durchsuchung des Verteidigers gem. § 176 GVG, Jurion – Thema des Monats Juli 2013; BVerfG 48, 118; NJW 1998, 296.
406 BVerfG NJW 1998, 296 ff. (297 f.) [BVerfG 29.09.1997 - 2 BvR 1676/97]; Hervorhebungen durch den Verf.
407 OLG Hamburg NStZ 1992, 509.
408 BGH NJW 1998, 1420.
409 BVerfG NJW 2015, 2175; Meyer-Goßner/*Schmitt* § 176 GVG Rn. 24; Zum Rechtsschutz der Öffentlichkeit gegen sitzungspolizeiliche Maßnahmen Schmidt/Walter, NStZ 2016, 505 ff.

107 Die Norm soll den Vorsitzenden auch berechtigen, gegenüber den Verfahrensbeteiligten, die nicht den §§ 177, 178 GVG unterfallen, Ordnungsrufe bzw. Rügen zu erteilen, wenn diese – etwa als Verteidiger – »unangebrachte Ausführungen«[410] von sich geben. In ihrer Rechtspflegefunktion dürfen sie jedoch nicht beeinträchtigt werden.[411] Da gegenüber Rechtsanwälten bei »unangebrachtem« Verhalten keine Ordnungsmittel zulässig sind, soll der Abbruch der Sitzung und die Einleitung standesrechtlicher Maßnahmen in Betracht gezogen werden.[412]

108 Die Problematik liegt im Bereich der Definition, was »unangebracht« i. S. dieser Begrifflichkeit beinhaltet. Versuche, darunter auch die sog. »Konfliktverteidigung« zu fassen,[413] gehen fehl. Sie werden der besonderen Rolle, die der Verteidiger im rechtsstaatlich angelegten Verfahren innehat, nicht gerecht. Jede Maßnahme, die den Status des Verteidigers berührt und die Ausübung von Verteidiger- oder Beschuldigtenrechten begrenzt, hat sich an den oben dargestellten Grenzen des GG und der EMRK zu orientieren. Konkrete und wirksame Verteidigung muss stets gewährleistet sein. Und wer zudem – wie die ordentlichen Gerichte – dem Verteidiger als Organ der Rechtspflege das Wort redet, vermag aus seiner eigenen Grundwertung heraus nicht darzulegen, warum ein Rechtspflegeorgan existenzielle Rechte über ein anderes wahrnehmen können soll. Entweder sind Richter, Staatsanwalt und Verteidiger gleichberechtigte Organe der Rechtspflege oder aber die Organtheorie ist aus sich selbst heraus obsolet. Dann darf der Richter den Anwalt nicht des Saales verweisen, weil dieser als Verteidiger Handlungen vornimmt oder Äußerungen macht, die nach Auffassung des Richters »unangebracht« sind.[414] Es verbleiben die allgemeinen Gesetze, z.B. die §§ 138a ff. StPO und standesrechtliche Maßnahmen, um anwaltliches Fehlverhalten in der Hauptverhandlung zu sanktionieren. In diesem Rahmen ist aber sodann auch die Wahrnehmung berechtigter Interessen, § 193 StGB, entsprechend zu berücksichtigen.

II. §§ 177, 178 GVG

109 Nach fast einhelliger Ansicht gelten die §§ 177, 178 GVG bereits ihrem Wortlaut nach nicht für den Verteidiger.[415] *Meyer-Goßner/Schmitt* verweisen zu Recht darauf, dass es Sache des Gesetzgebers sei, Vorsorge dagegen zu treffen, dass die Durchführung einer Hauptverhandlung an dem ungehörigen Verhalten eines Rechtsanwalts scheitert.[416]

H. Die Ausschließung des Verteidigers, §§ 138a ff. StPO

110 Am 20. Dezember 1974 wurden durch das 1. StVRErgG die Vorschriften der §§ 138a bis 138d StPO eingefügt.[417] Politischer Hintergrund dieses Vorgehens war die für den Gesetzgeber angeblich erkennbar gewordene Notwendigkeit, auf bestimmte vereinzelte terroristische Aktivitäten zu reagieren. Da diese aktionistische Gesetzgebung bereits damals heftig kritisiert wurde, sah sich der sozialdemokratische Bundesjustizminister Vogel veranlasst, eine rechtfertigende Bilanz zu ziehen.[418] Er erklärte u.a., dass ein funktionstüchtiges Strafverfahren zwingend für den Rechtsgüterschutz des Einzelnen erforderlich sei, da sich ansonsten »außerhalb der auch den Täter schützenden Förmlich-

---

410 Meyer-Goßner/*Schmitt* § 176 GVG Rn. 10; Zur Unzulässigkeit der Festsetzung von Ordnungsmitteln gegen den Verteidiger vgl. OLG Hamm, Beschl. v. 06.06.2003 – 2 Ws 122/03 = StraFo 2003, 244 ff.
411 KK/*Diemer* § 176 GVG Rn. 3; Meyer-Goßner/*Schmitt* § 176 GVG Rn. 10.
412 Vgl. z.B. KK/*Diemer* § 176 GVG Rn. 4; vgl. zu dieser Thematik umfassend *Gröner* Strafverteidiger und Sitzungspolizei, 1998 sowie die Besprechung dieser Dissertation von *Katholnigg* GA 2000, 87.
413 So *Malmendier* NJW 1997, 227 (232 f.) in Reaktion auf LG Wiesbaden NJW 1995, 409 mit argumentativem Rückgriff auf den Störer-Begriff des Polizei- und Ordnungsrechts.
414 Wie hier auch Meyer-Goßner/*Schmitt* § 177 GVG Rn. 3a.
415 Meyer-Goßner/*Schmitt* § 177 GVG Rn. 3a; KK/*Diemer* § 177 GVG Rn. 2; dagegen *Malmendier* NJW 1997, 227 ff. (233) für den sog. »Extremfall«; vgl. auch Rdn. 107.
416 Meyer-Goßner/*Schmitt* § 177 GVG Rn. 3a.
417 BGBl. I 3686.
418 NJW 1978, 1217.

keiten des Prozessrechts Selbstregulierungsmechanismen entwickeln.«[419] Weiter räumt er selbst ein, dass die Regelungen des 1. StVRErgG, darunter auch die neuen §§ 138a ff. StPO, durch Terrorismusaktivitäten wie etwa die Ermordung des Berliner Kammergerichtspräsidenten v. Drenckmann veranlasst waren.[420] Mit der Einführung der §§ 138a ff. StPO wurde zudem unmittelbar auf den Schily-Beschluss BVerfGE 34, 293[421] reagiert. Darin hatte das BVerfG erklärt, die Ausschließung eines Verteidigers ohne gesetzliche Grundlage sei wegen Verstoßes gegen Art. 12 Abs. 1 GG verfassungswidrig. Mit diesem zwischenzeitlich als verfassungsgemäß beurteilten[422] Anlassgesetz haben sich die Verteidiger – obwohl die damals angeblich bestehende Gefahr bereits seit Langem gebannt ist – als weiter geltende Rechtslage auseinander zu setzen. Damit wird an dieser Stelle erneut deutlich, dass primär die geltenden aktuellen politischen Rahmenbedingungen die Arbeitsmöglichkeiten des Verteidigers und seine Kompetenz zur Durchsetzung rechtsstaatlicher Verfahrensansprüche prägen.[423]

Das Verfahren und die Wirkungen bei Ausschließung eines Verteidigers ist in den §§ 138a Abs. 3 111
bis 5, 138c, 138d StPO ausführlich geregelt.[424] Da nur wenige Fragen streitig sind, wird von einer Wiedergabe der Regelungsgehalte abgesehen.

I. Umfassende Geltung für Wahl- und Pflichtverteidiger

Unmittelbar nach Einführung der §§ 138a ff. StPO entschied das OLG Koblenz,[425] die Normen 112
seien auf den Pflichtverteidiger nicht anwendbar, da dieser – ohne die Formalien des Ausschließungsverfahrens zu wahren – unmittelbar vom Vorsitzenden entbunden werden könne. Diese Ansicht ist jedoch vereinzelt geblieben.[426] Nach herrschender Ansicht gelten die Vorschriften sowohl für den Wahl- als auch den Pflichtverteidiger.[427] Die herrschende Meinung überzeugt vor allem deshalb, weil die in den Normen verankerten, den Anwalt schützenden Form- und Zuständigkeitsregelungen für den Pflichtverteidiger unterlaufen würden. Da aber – bis auf den Akt der Bestellung – der Pflichtverteidiger in seinen Rechten und Pflichten dem Wahlverteidiger angeglichen ist, lässt sich ein unterschiedlicher Geltungsbereich nicht rechtfertigen.

II. Die zur Ausschließung führenden Sachverhalte

1. § 138a Abs. 1 Nr. 1 StPO

Die Beteiligung des Verteidigers an der zu beurteilenden Straftat kann sowohl mittäterschaftlich wie 113
auch in mittelbarer Täterschaft oder Teilnahme gegeben sein. Dabei ist der hier verwandte Begriff der Beteiligung enger als der in § 60 Nr. 2 StPO und beschränkt sich auf die Formen der §§ 25–27 StGB. Ferner ist der Tatbestand auch dann erfüllt, wenn der Verteidiger Haupttäter und der Mandant Mittäter oder Teilnehmer ist.[428] Die Stellung eines ggf. erforderlichen Strafantrages gegen den Haupttäter ist nicht Voraussetzung,[429] da die anwaltsgerichtliche Ahndung ausreicht.[430]

---

419 *Vogel* NJW 1978, 1217 ff. (1218).
420 *Vogel* NJW 1978, 1217 ff. (1219).
421 Vgl. obige Ausführungen in Rdn. 13 ff.
422 BVerfG NJW 1975, 2341; LR/*Lüderssen/Jahn* § 138a Rn. 1.
423 Vgl. die Entwicklungslinien in der historischen Darstellung Rdn. 1 ff.
424 Übersichtlich zu den Ausschließungsvorschriften: *Frye* wistra 2005, 86–91; mit Rspr.-Nachweisen: *Böhm* NJW 2006, 2371–2373.
425 NJW 1978, 2521.
426 Vgl. die ausführliche Darstellung des Streitstandes m.w.N. bei LR/*Lüderssen/Jahn* § 138a Rn. 4–9.
427 KK/*Willnow* § 138a Rn. 2; Meyer-Goßner/*Schmitt* § 138a Rn. 3.
428 KK/*Willnow* § 138a Rn. 7 f.
429 OLG Hamburg NStZ 1983, 426.
430 BGH NJW 1984, 316.

2. § 138a Abs. 1 Nr. 2 StPO

114 Danach ist der Verteidiger auszuschließen, der den freien Verkehr mit dem inhaftierten Beschuldigten gemäß § 148 StPO dazu ausnutzt, Straftaten zu begehen oder die Sicherheit der Anstalt zu gefährden.[431] Es spielt keine Rolle, ob es sich um eine geringfügige Straftat handelt, da nach Ansicht des BGH[432] eine Anwendung des Verhältnismäßigkeitsgrundsatzes aufgrund des klaren und eindeutigen Gesetzeswortlauts ausscheidet.[433] Zum Begriff der »Sicherheit der Vollzugsanstalt« gehören nicht nur die Unversehrtheit von Gebäuden und Einrichtungen, sondern auch die Gesundheit der Anstaltsinsassen und des Personals sowie deren Freiheit, aber auch die Erhaltung eines Zustandes, der die Anstalt in die Lage versetzt, ihren Zweck zu erfüllen.[434]

3. § 138a Abs. 1 Nr. 3 StPO

115 Im Rahmen der Ziffer 3 wiederholt sich im Wesentlichen die Diskussion, die bereits oben zu § 258 StGB dargestellt worden ist.[435] Daher sei hier im Wesentlichen auf die dortigen Ausführungen verwiesen.[436] Das OLG Thüringen[437] betont die erhöhten Anforderungen an den Nachweis des voluntativen Elementes und äußert sich zu den Voraussetzungen der Formalia der Antragsschrift der Staatsanwaltschaft im Verfahren auf Verteidigerausschluss: Diese muss den erhöhten Nachweisanforderungen auch genügen, indem sie die für die Begründung eines hinreichenden Tatverdachts der versuchten Strafvereitelung durch den Verteidiger erforderlichen inneren Tatbestandsmerkmale darlegt und die Beweismittel genauestens bezeichnet, aus denen der Rückschluss auf die Verwirklichung des subjektiven Tatbestandes gezogen werden soll.[438]

Im Zusammenhang mit der Ausschließung einer Verteidigerin nach § 138a Abs. 1 Nr. 3 StPO, die u.a. in der Hauptverhandlung ausdrücklich den Holocaust geleugnet und den Entzug ihres Rederechts missachtet hatte, sah der BGH im Hinblick auf ein Verzögern oder Vereiteln des Verfahrensabschlusses den Nachweis sowohl des objektiven als auch des voluntativen Elements der (versuchten) Strafvereitelung – unter Zugrundelegung der erhöhten Anforderungen – als gegeben.[439] Dabei stellt der 2. Strafsenat maßgeblich auf »verteidigungsfremdes Verhalten«[440] durch »Leugnen des gesamten Holocaust« ab. Die Annahme verteidigungsfremden Verhaltens dränge sich »bei Äußerungen auch im Rahmen von Beweisanträgen oder sonstigen Prozesserklärungen auf, da diese zur Sachaufklärung oder rechtlichen Beurteilung im konkreten Verfahren unter keinem denkbaren Gesichtspunkt etwas beizutragen vermögen«.[441]

431 KK/*Willnow* § 138a Rn. 8–10.
432 NStZ 1991, 447.
433 A.A. LR/*Lüderssen*/*Jahn* § 138a Rn. 64.
434 KK/*Willnow* § 138a Rn. 11.
435 Vgl. oben Rdn. 51 sowie die Einzelfragendarstellung unter Rdn. 64 ff.
436 Zur erforderlichen »Zurückhaltung« bei der gerichtlichen Inhaltskontrolle: BGH NJW 2006, 2421; zu den erhöhten Nachweisanforderungen hinsichtlich des voluntativen Elements: OLG Brandenburg StV 2008, 66–68; vgl. auch die zahlreichen Nachweise bei KK/*Willnow* § 138a Rn. 12.
437 NStZ 2009, 526.
438 Verweis auf OLG Brandenburg StV 2008, 66 f.; s. auch Meyer-Goßner/*Schmitt* zu § 138c Rn. 9.
439 BGH NJW 2006, 2421.
440 Der Begriff des »ausschließlich verteidigungsfremden Zwecks« resultiert aus der Rspr. zu §§ 130 Abs. 5, 86 Abs. 3 StGB.
441 *Böhm* NJW 2006, 2371–2373 stimmt dem Senat i.E. zu, kritisiert aber zutreffend den Ansatz des »verteidigungsfremden Verhaltens«, über den »ein weites Feld der Wertung« eröffnet und verfahrensrechtliche Normen tendenziell vom materiellen Strafrecht überlagert würden. Er äußert verfassungsrechtliche Bedenken aufgrund der Konturlosigkeit des Begriffs und mahnt die Beibehaltung des Grundsatzes an, dass prozessual zulässige Verhaltensweisen den objektiven Tatbestand der Strafvereitelung nicht erfüllen können.

4. §§ 138a Abs. 2, 138b StPO

Sonderfälle, die den bereits eingangs angesprochenen politischen Aktionismus verdeutlichen, enthalten die §§ 138a Abs. 2, 138b StPO. Der Verteidiger ist von der Mitwirkung in einem Verfahren, in dem wegen Straftaten gemäß § 129a StGB ermittelt wird, auszuschließen, wenn bestimmte Tatsachen den Verdacht seiner Beteiligung oder des Missbrauchs des Verkehrsrechts aus § 148 StPO begründen. 116

Die staatsschützende Funktion dieser Normen kommt in der Regelung des § 138b StPO noch klarer zum Ausdruck.[442] Danach ist der Verteidiger in Verfahren wegen staatsgefährdender Delikte auszuschließen, wenn bestimmte Tatsachen die Annahme begründen, dass seine Mitwirkung eine Gefahr für die Staatssicherheit[443] herbeiführen würde. Bei der Prüfung ist zu beurteilen, ob die nahe liegende Möglichkeit eines Schadenseintritts besteht. Die politische Gesinnung des Verteidigers ist in diesem Zusammenhang bedeutungslos.[444] 117

III. Die Verdachtsskala des § 138a Abs. 1, 2 StPO

1. »Dringend oder in einem die Eröffnung des Hauptverfahrens rechtfertigenden Grade verdächtig« – § 138a Abs. 1 StPO

Das Gesetz enthält in dieser Formulierung zwei Verdachtsgrade, den des § 112 StPO und den des § 203 StPO. Letzterer beinhaltet die hinreichende Wahrscheinlichkeit einer Verurteilung. Streitig ist, ob die Sache anklagereif ausermittelt sein muss.[445] Während die Literatur überwiegend die Anklagereife verlangt, hat der BGH unter Aufgabe seiner früheren Rechtsprechung[446] in einem Beschluss vom 3. März 1989[447] erklärt, dass die Einleitung eines Ermittlungsverfahrens und dessen Führung bis zur Anklagereife nicht Voraussetzung einer Ausschließung nach § 138a Abs. 1 Nr. 3 StPO sei. Zur Begründung führt er unter ausführlicher Auseinandersetzung mit den in der Literatur vorgetragenen Argumenten u.a. aus, das Gesetz mache die Ausschließung nur vom Vorliegen eines Verdachtsgrades abhängig; von der Einleitung eines Verfahrens sei nicht die Rede.[448] Zudem weist er darauf hin, dass es dann von der Entscheidung der Staatsanwaltschaft, ein Verfahren einzuleiten, abhängt, ob die Ausschließung möglich ist.[449] Die Befugnis zum Ausschluss sei aber im Gesetz primär dem OLG übertragen. Ein derartiger, unmittelbar den Verfahrensausgang bestimmender Einfluss der Anklagebehörde sei nicht gewollt; er widerspreche dem Zweck des Gesetzes.[450] 118

Auf o.g. Grundsätze bezieht sich auch ein – vom BGH bestätigter – Beschluss des OLG Zweibrücken.[451] Hier wurde die Ausschließung des Verteidigers wegen des Verdachts einer uneidlichen Falschaussage und der versuchten Strafvereitelung beantragt, welcher auf einer Zeugenaussage des Verteidigers basieren sollte: Gegenstand war eine Lichtbildvorlage in Anwesenheit des Verteidigers. Nach der Aussage von zwei Vernehmungsbeamten im Prozess machte der Mandant anlässlich der Lichtbildvorlage auf Nachfrage weitere Angaben zur Sache. Der Anwalt habe sich lediglich mit einer schriftlichen Fixierung dieser Aussage nicht einverstanden erklärt. Als Zeuge zu diesem Sachverhalt befragt, erklärte der Verteidiger, dass nur die Lichtbildvorlage erfolgt sei und sein Mandant keine weiteren Angaben zur Sache gemacht habe. Erwähnenswert sind hier insbesondere die Ausführun-

442 Gegen § 138b StPO *Beulke* vgl. oben bei Rdn. 27 Nr. 3.
443 »Sicherheit der Bundesrepublik Deutschland« – § 138b S. 1 StPO.
444 KK/*Willnow* § 138b Rn. 3 m.w.N.
445 Zum Streitstand vgl. KK/*Willnow* § 138a Rn. 6 m.w.N.
446 Vgl. z.B. BGH AnwBl 1981, 115.
447 BGHSt 36, 133 ff.
448 BGHSt 36, 133 f.
449 BGHSt 36, 133 (136).
450 BGHSt 36, 133 (137).
451 OLG Zweibrücken, 1 AR 32/09, Beschl. v. 20.11.2009; BGH 2 ARs 562/09 = HRRS 2010, Nr. 125.

gen des Senats (unter Berufung auf *Dahs*)[452] zur Glaubhaftigkeit der jeweiligen Aussagen sowie zu der Wahrheitspflicht des Anwalts:

»Die Wahrheitspflicht ist eine der tragenden Grundlagen jeder anwaltlichen Tätigkeit. Wenn auf das Wort eines Rechtsanwalts kein Verlass mehr ist, leidet die Rechtspflege schweren Schaden. Nur ganz ausnahmsweise kann die Verletzung der Wahrheitspflicht nach allgemeinen Grundsätzen durch einen Rechtfertigungs- oder Entschuldigungsgrundsatz straflos sein.«

Obschon hier Anlass bestand, sowohl an der Darstellung der Polizisten (Vermerk wurde lange Zeit nicht zur Akte gereicht; mehrfache Umspeicherung desselben im System etc.) als auch an der des Verteidigers (zu sehr »erläuternde« Formulierung des eigenen Vermerks, Verfassdatum, Gesamtumstände) erhebliche Zweifel zu hegen und man bei dieser Aussage gegen Aussage-Konstellation nach hiesigem Verständnis zu einem »non liquet« hätte kommen müssen, entscheidet der Senat hier zulasten des Verteidigers und geht vom Verdacht einer Falschaussage und versuchten Strafvereitelung aus, welcher zur Ausschließung des Verteidigers ausreicht. Dass Strafverfolgungsbeamte i.d.R. einen »Vertrauensvorschuss« genießen und – wenn auch oft nicht nachvollziehbar – zunächst pauschal und kaum erschütterbar von deren Glaubwürdigkeit ausgegangen wird, sei hier nur am Rande erwähnt. Auch unabhängig von den Ausschließungstatbeständen ist dies bei Festlegung der Verteidigungstaktik stets zu beachten.

Am 18.04.2018 bestätigte der BGH seine bisherige Rechtsprechung, dass die Einleitung eines Ermittlungsverfahrens keine Voraussetzung für eine Ausschließung gemäß § 138a Abs. 1 StPO ist und stellte zusätzlich fest, dass auch eine Einstellung gemäß § 154 StPO der Ausschließung nicht entgegensteht.[453]

2. »Wenn bestimmte Tatsachen den Verdacht begründen« – §§ 138a Abs. 2, 138b StPO

119 Vereinfacht ist hinsichtlich des Verdachtsgrades der Ausschluss nach diesen Normen. Entsprechend § 100a S. 1 StPO genügen bestimmte Tatsachen, die den Verdacht begründen. Der Verdacht darf jedoch nicht unerheblich sein[454] und muss ein gewisses Maß an Konkretisierung erreicht haben.[455]

I. Haftung des Strafverteidigers

120 Das Besondere an der zivilrechtlichen Haftung des Rechtsanwaltes im Rahmen seiner Tätigkeit als Strafverteidiger ist, dass sie bis auf wenige Ausnahmen in der Praxis bis dato – immer noch – nicht existiert.[456] Auch in der Literatur wird die Thematik weiter nur vereinzelt aufgegriffen und rückte erst in jüngerer Zeit in den Fokus der öffentlichen Diskussion.[457] Sie erfuhr in ersten Dissertationen Ansätze einer dogmatischen Beurteilung.[458] Für den zivilrechtlich tätigen Anwalt kann i.d.R. auf

452 »*Dahs* Handbuch des Strafverteidigers, 7. Aufl. S. 32, 33«; vgl. ebenso 8. Aufl. S. 31 f.

453 Vgl. BGH, Beschluss vom 18. April 2018, 2 ARs 542/17, StraFo 2018, 519–521.

454 Vgl. BGHSt 41, 30 (33) zu § 100a StPO.

455 Vgl. Meyer-Goßner/*Schmitt* § 100a Rn. 9 m.w.N.

456 Vgl. *Vollkommer/Greger/Heinemann* Anwaltshaftungsrecht 2021, § 28 Rn. 108 ff.; einleitend zu den Gründen, insbesondere der weniger »brisanten« Fristenproblematik im Strafrecht unter Hinweis auf Ausnahmen und die derzeitige Entwicklung: *Widmaier/Barton* § 41 Rn. 1–4; *Chab* AnwBl 2005, 497; zudem wehren sich verständlicherweise sowohl die Verteidigervereinigungen als auch die großen Rechtsschutzversicherer gegen eine vertiefte Diskussion, um den »haftungsfreien Raum« nicht zu gefährden.

457 Vgl. beispielsweise *Barton* StV 1991, 322–326; *Köllner* ZAP Fach 23, 303 ff.; *Krause* NStZ 2000, 225–234.

458 Vgl. *Müller-Gerteis* Die zivilrechtliche Haftungssituation des Strafverteidigers, 2004; *Schlecht* Die zivilrechtliche Haftung des Strafverteidigers – Zugleich eine Darstellung des Pflichtenprogramms, 2006; *Dietrich* Die Haftung des Strafverteidigers 2011.

eine umfangreiche Rechtsprechung und Kasuistik der allgemeinen Anwaltshaftung[459] zurückgegriffen und nach schadensverursachender Pflichtverletzung zumindest ein vermögensrechtlicher Ausgleich erzielt werden. Angesichts dessen und der für den Mandanten im Strafverfahren regelmäßig existenziellen Bedeutung einer guten Verteidigung ist die weitestgehende »Narrenfreiheit« von Verteidigern in vermögenshaftungsrechtlicher Hinsicht mit dem Rechtsgefühl nicht zu vereinbaren. Es bleibt daher zu hoffen, dass die Thematik zukünftig in Praxis und Wissenschaft vermehrt Beachtung findet, um zu gewährleisten, dass dem Mandanten, der aufgrund schlechter Verteidigung erhebliche Einbußen unterschiedlichster Natur erleidet, mindestens die zivilrechtliche Inanspruchnahme seines »Rechtsbeistandes« möglich ist.[460]

I. Beispiele mangelhafter Verteidigung

Zur Veranschaulichung möglicher Konstellationen sollen verschiedene Beispiele mangelhafter Ver- 121
teidigung dargestellt werden:[461]

1. Der verjährungsübersehende Verteidiger

In einem Verfahren wegen des Verdachts einer Ordnungswidrigkeit nach der StVO wurde nach 122
einer Verfahrensdauer von 1/2 Jahren dem Betroffenen für einen Zeitraum von fast zwei Monaten vorläufig die Fahrerlaubnis nach § 111a StPO entzogen.[462] Die Verfolgungsverjährung war bereits mehr als drei Monate vor der vorläufigen Entziehung eingetreten. Drei Monate vor der vorläufigen Entziehung war dem Verteidiger Akteneinsicht gewährt worden. Erst im Beschwerdeverfahren über die Maßnahme nach § 111a StPO machte er den Eintritt der Verfolgungsverjährung geltend. Der Betroffene klagte gegen das Land auf Schadensersatz nach § 839 BGB. Das beklagte Land verwies unter Hinweis auf die Möglichkeit einer Inanspruchnahme des Verteidigers auf die Subsidiarität der Amtshaftung.

2. Der Tagessatz erhöhende Verteidiger

In einem Strafbefehlsverfahren beauftragt der Beschuldigte einen Rechtsanwalt mit seiner Verteidi- 123
gung.[463] Dieser legt ohne Klärung der Vermögens- und Einkommenssituation Einspruch gegen den Strafbefehl ein. In der auf den Einspruch folgenden Hauptverhandlung wird der Einspruch nach Erörterung der Einkommenssituation unter Erhöhung der Tagessätze auf die dreifache Höhe der im Strafbefehl festgesetzten Summe verworfen.

3. Verteidiger versus Revisionsgrund

Der Angeklagte wird u.a. wegen Raubes zu einer Freiheitsstrafe verurteilt.[464] In der Hauptverhand- 124
lung war eine jugendliche Zeugin in Abwesenheit des Angeklagten vernommen worden. Der Verteidiger rügte den Verstoß gegen § 338 Nr. 5 StPO in der Revision nicht umfassend in einer den Erfordernissen des § 344 Abs. 2 S. 2 StPO genügenden Weise dahingehend, dass die Zeugin vor seiner Rückkehr in den Verhandlungssaal entlassen wurde; die Revision wurde verworfen.

---

459 Vgl. nur *Borgmann/Jungk/Schwaiger* Anwaltshaftung, 2020; *Vollkommer/Greger/Heinemann* Anwaltshaftungsrecht, 2021; *Fischer/Vill/Fischer/Rinkler/Chab* Handbuch der Anwaltshaftung, 2015.

460 Zur zivilrechtlichen Haftung des Verteidigers wegen nicht autorisierter Erklärungen für den Mandanten s. OLG Celle, Urt. v. 12.10.2011 – NJW 2012, 1227–1232; darauf Bezug nehmend zur Bedeutung des Geständnisses *König* NJW 1915–1919.

461 Mit zahlreichen Beispielen von Versäumnissen der Verteidigung zu Qualitätsstandards mit Unterteilung in »Verteidiger-Klassen«: *Johnigk* StV 2006, 347–353; zu Qualitätsstandards und verschiedenen Ansätzen der Gewährleistung s.a. *Gercke/Wollschläger* HRRS 5/2006, 185–190 (187 ff.).

462 Verkürzter Sachverhalt in Anlehnung an BGH NJW 1964, 2402.

463 Sachverhalt in Anlehnung an OLG Düsseldorf StV 1986, 211.

464 Fall nach LG Berlin StV 1991, 310.

4. Verteidiger und Beamtenrecht

125 Ergebnis einer verfahrensbeendenden Verständigung ist eine Absprache dahingehend, dass das Gericht im Fall eines Geständnisses eine Freiheitsstrafe von nicht mehr als zwei Jahren verhängen und diese zur Bewährung aussetzen wird.[465] Der Angeklagte erklärte Rechtsmittelverzicht. Zuvor hatte der Verteidiger seinen Mandanten in dessen Eigenschaft als Ruhestandsbeamter nicht darauf hingewiesen, dass mit einer Verurteilung zu einer zweijährigen Freiheitsstrafe ab Rechtskraft des Urteils der Verlust aller beamtenrechtlichen Versorgungsbezüge einhergeht. Auch dem Gericht gegenüber – welches das Entfallen der Bezüge gemäß § 46 StGB bei der Strafzumessung hätte berücksichtigen müssen – blieb dieser Umstand unerwähnt. Der Mandant nimmt seinen Verteidiger mit der Begründung in Anspruch, dass er bei ordnungsgemäßer Aufklärung durch den Verteidiger keinen Rechtsmittelverzicht erklärt und bis zu einer Entscheidung des Revisionsgerichts weiterhin seine Bezüge erhalten hätte.

5. Der haftverursachende Verteidiger

126 Trotz entsprechender Absprache mit ihrem Mandanten und dessen Auftrag hatte die Verteidigerin es versäumt, einen Antrag auf Verlegung des Hauptverhandlungstermins zu stellen.[466] Auch unterließ sie es kurz vor Abreise des Mandanten in sein Heimatland, diesen über das Risiko einer Verhaftung bei Versäumung des Termins aufzuklären, woraufhin der Mandant nach seiner Rückkehr – für 76 Tage – inhaftiert wurde. Das KG konstatierte eine den Tatbestand des § 823 Abs. 1 BGB erfüllende Verletzung anwaltlicher Berufspflichten, die zu einem Anspruch des Mandanten auf Geldentschädigung nach § 847 BGB a.F. (§ 253 Abs. 2 BGB n.F.) führe. Unter Berücksichtigung dessen Mitverschuldens (§ 254 Abs. 1 BGB) erkannte das Gericht auf Schmerzensgeld i.H.v. 7.000 €.

6. Der untätige Pflichtverteidiger

127 In einem Umfangsverfahren wird jedem der fünf Angeklagten zu Beginn der Hauptverhandlung neben dem bisherigen Wahl- und nunmehrigen Pflichtverteidiger ein weiterer Pflichtverteidiger beigeordnet.[467] Nach über 100 streitigen Hauptverhandlungstagen mit schweigenden Angeklagten erscheint einer der zusätzlich bestellten Verteidiger ohne Rück- oder Absprache mit seinem Mandanten oder dem anderen Verteidiger und ohne Angabe von Gründen nicht mehr zur Hauptverhandlung. Den Antrag des Angeklagten auf Entbindung dieses Verteidigers und Bestellung eines anderen, arbeitsbereiten Verteidigers lehnt das über den Verfahrensablauf verärgerte Gericht ab, da der Angeklagte nicht substantiiert habe darlegen können, dass das Vertrauensverhältnis in einem für die Entbindung erforderlichen Maße zerrüttet sei. Das OLG weist die entsprechende Beschwerde zurück. Es erfolgen keine Maßnahmen, um den sich in Abwesenheit übenden Pflichtverteidiger zur Einhaltung seiner Pflichten anzuhalten.

7. Der »formlose« Verteidiger

128 Ein Verteidiger stellt – dem Zivilprozess entlehnt – Anträge aus bereits im Zwischenverfahren dem Gericht eingereichten Schriftsätzen. Er verliest jedoch weder den Antragswortlaut noch die in den Schriftsätzen enthaltene Begründung und nennt lediglich das Datum des Schriftsatzes sowie die Blattzahl der Hauptakte, auf welcher der Schriftsatz zu finden ist. Auch auf Drängen des Gerichts bleibt er bei dieser Vorgehensweise.

---

465 OLG Nürnberg StV 1997, 481 ff. Zu einer ähnlichen Fallkonstellation im Hinblick auf mangelhafte Aufklärung über beamtenrechtliche Folgen vgl. OLG Düsseldorf StV 2000, 430 ff. m. Anm. v. *Jahn*, welcher sich insbesondere auch zur Stellung des Pflichtverteidigers in haftungsrechtlicher Hinsicht äußert und von einem pflichtenbegründenden gesetzlichen Schuldverhältnis ausgeht.

466 KG, Urt. v. 17.01.2005 – 12 U 302/03 = StV 2005, 449 ff. m. Anm. *Barton*.

467 Dieser sowie die unter 7., 8. und 9. geschilderten Fälle sind der Praxis des Verfassers entnommen. Lesenswert zur Haftung des Staates wegen schuldhafter Versäumnisse des Pflichtverteidigers: EGMR NJW 2003, 1229.

8. Der Revisionär

129 Der Angeklagte wird wegen Totschlags zu einer Freiheitsstrafe von acht Jahren verurteilt. Der Verteidiger legt absprachegemäß Revision ein und fertigt einen Schriftsatz, in dem er die Beweiswürdigung des Gerichts auf vier Seiten angreift, ohne die Voraussetzungen formeller Revisionsrügen, insbesondere der Aufklärungsrüge, zu wahren. Des Weiteren erhebt er ohne nähere ergänzende Ausführungen Sachrüge.

9. Der Doppelverteidiger

130 In einem Btm-Verfahren gesteht eine von zwei Beschuldigten ihren Rauschmittelkonsum sowie den der anderen. Diese bittet einen Rechtsanwalt, sie zu verteidigen. Einige Zeit nach der Bestellung wendet sich auch die Aussagende an den Anwalt mit der Bitte, sie ebenfalls zu vertreten. Dieser kassiert von beiden Beschuldigten Honorarvorschüsse. Nachdem die zweite Beschuldigte von der ersten Bestellung erfährt, verlangt sie, der Anwalt möge das Mandat niederlegen und den Vorschuss zurückzahlen. Dieser weigert sich.

10. Der Verfassungsrechtsexperte

131 Ein des Diebstahls Verdächtiger wird in Untersuchungshaft genommen und in erster Instanz verurteilt.[468] Das Urteil wird aus verfassungsrechtlichen Gründen – die nicht vom Verteidiger vorgetragen worden sind – aufgehoben und die Haft beendet. Der Betroffene geht gegen seinen Verteidiger wegen Pflichtverletzung vor.

11. Verteidigung mit Schutzwirkung zugunsten Dritter?

132 Die Angehörigen eines sich in Untersuchungshaft befindlichen Beschuldigten erklären sich bereit, eine Summe in für sie existenzieller Höhe als Kaution für die Außervollzugsetzung des Haftbefehls zu hinterlegen.[469] Zuvor hatten sie sich beim Verteidiger über mögliche Risiken erkundigt, woraufhin dieser angab, die Gefahr eines Verlustes bestünde nur im Fall der Flucht des Beschuldigten. Die Angehörigen zahlen den Betrag unter Angabe des Verwendungszwecks »Kautionshinterlegung« auf ein Anderkonto des Verteidigers. Dieser hinterlegt die Kautionssumme in bar. Im Hinterlegungsantrag wird der Beschuldigte als Antragsteller und als Empfangsberechtigter für den hinterlegten Betrag eingetragen. Kurz darauf lässt eine Bank den Rückzahlungsanspruch des Beschuldigten gegenüber der Hinterlegungsstelle pfänden; nach Ableben desselben wird der Betrag an die Bank ausgezahlt.

12. Die formlose Revisionsbegründung

133 Der Angeklagte wurde freigesprochen und seine Unterbringung in einem psychiatrischen Krankenhaus angeordnet. Hiergegen wandte sich der Angeklagte mit seiner auf die Rüge der Verletzung materiellen Rechts gestützte Revision. Die Revisionsbegründung wurde jedoch per Telefax eingereicht und genügte damit nicht den Formerfordernissen des § 32d StPO. Der Antrag auf Wiedereinsetzung in den vorigen Stand gegen die Versäumung der Frist zur Begründung der Revision wurde abgelehnt.[470]

13. Die unzulässige Beweisantragsrüge

134 In einem Revisionsverfahren rügte der Beschwerdeführer, das Landgericht habe zu Unrecht einen Beweisantrag auf Einholung eines weiteren rechtsmedizinischen Sachverständigengutachtens zur Schuldfähigkeit abgelehnt. Die Rüge wurde als unzulässig abgelehnt. Der Inhalt des Beweisantrags – mithin die Beweistatsache und die Beweismittel – neben Begründung sowie des gerichtliches Ableh-

468 Fall aus den USA, in Ansätzen dargestellt bei *Hirte/Otte* Die Rechtsentwicklung im Haftungsrecht der Vereinigten Staaten von Amerika im Jahr 1994, Versicherungsrecht, 274 (286).
469 Sachverhalt in Anlehnung an BGH NJW 2004, 3630 ff.
470 BGH, Beschl. v. 13.12.2022, 1 StR 293/22, BeckRS 2022, 42059.

nungsbeschlusses wurden nicht innerhalb der Frist des § 234 Abs. 1 StPO vorgetragen. Der Verteidiger trug vor, der Beweisantrag und der Gerichtsbeschluss seien vom Landgericht nicht rechtzeitig mit dem schriftlichen Urteil und der Protokollabschrift übersandt worden. Dies half aber nicht. Einen Anspruch auf Übersendung der in Papierform geführten Akte sieht § 32f StPO nicht vor.[471]

14. Der »Spontanverteidiger«

135 In einem vor dem Landgericht Köln anhängigen Kapitalverfahren wegen Mordes war den Verteidigern seit der Akteneinsicht im Ermittlungsverfahren bekannt, das wesentlichen Grundlage der Beweiswürdigung ein Video sein würde, welches die angebliche Tat und zahlreiche Beteiligte zeigen sollte.[472] Als das Schwurgericht in der Hauptverhandlung ankündigte, das Video durch Abspielen einführen zu wollen, widersprach einer der Verteidiger und bat um Unterbrechung der Verhandlung, um seinen Antrag dezidiert begründen zu können – und dies, obwohl ihm die Problematik seit der Kenntnis des Videos im Ermittlungsverfahren hätte bewusst sein können und müssen. Nach einer Stunde Unterbrechung las er zwei handgeschriebene Seiten vor, in denen er grob ohne konkrete Einwände und Argumente die Unzulässigkeit dieser Beweisführung rügte. Von einem für die Hauptverhandlung vorbereiteten Verteidiger wäre zu erwarten gewesen, dass sich der Antrag umfassend mit der verfassungsrechtlichen Problematik der Verwertung von Videoaufzeichnungen auseinandergesetzt und die bisher dazu ergangene – nicht immer eindeutige – Rechtsprechung und den Meinungsstand in der Literatur wiedergegeben hätte. »Spontan« hat der Verteidiger in einer mündlichen Hauptverhandlung immer zu sein, aber wenn Vorbereitungszeit gegeben ist, sollte diese auch entsprechend zum vertieften Vortrag genutzt werden. Das Schwurgericht wies daher erwartungsgemäß den Antrag mit ebenso lapidarer Begründung zurück.

II. Grundzüge der Anwaltshaftung

136 Unter zivilrechtlichen Gesichtspunkten stellt schlechte Verteidigung die Verletzung der sich aus dem Mandatsvertrag[473] ergebenden Pflichten dar. Anspruchsgrundlage für Schadensersatzforderungen ist daher regelmäßig § 280 Abs. 1 BGB.[474] Die Haftung setzt die schuldhafte Verletzung einer sich aus dem Mandat ergebenden Pflicht voraus, die adäquat kausal einen Schaden aufseiten des Mandanten verursacht.[475] Für die Pflichtverletzung, den Schaden und die Ursächlichkeit zwischen ihnen ist der Mandant – den allgemeinen zivilrechtlichen Beweislastregeln im Parteiprozess entsprechend – beweispflichtig.[476]

Der Anwaltsvertrag ist ein Geschäftsbesorgungsvertrag, dem i.d.R. eine berufliche Dienstleistung höherer Art zugrunde liegt (§ 675 Abs. 1, 611 ff. BGB).[477] Allgemeine Hauptpflicht des Anwaltes

471 BGH, Beschl. v. 10.01.2023, 1 StR 464/22, BeckRS 2023, 808.

472 LG Köln 111 Ks 9/22.

473 Dass der Pflichtverteidiger denselben Sorgfaltspflichten unterliegt, ist i.E. weitestgehend unstreitig. Lediglich über die Begründung herrscht Uneinigkeit. Das OLG Düsseldorf StV 2000, 430 ff., geht von einem gesetzlichen Schuldverhältnis aus. Ebenso: *Fischer/Vill/Fischer/Rinkler/Chab* Handbuch der Anwaltshaftung, 2015 § 1 Rn. 200.

474 U. U. kann auch eine Haftung gem. § 823 Abs. 1 BGB in Betracht kommen, vgl. KG StV 2005, 449 ff.

475 Vgl. auch *Barton* Mindeststandards der Strafverteidigung, 1994, 270 f.; *Zwiehoff* StV 1999, 555; zum Schadensbegriff im Rahmen der Anwaltshaftung: *Jungk* AnwBl 2005, 785 f.

476 Selbst bei grober Pflichtverletzung wird ihm – anders als vom BVerfG und nachfolgend vom BGH im Arzthaftungsrecht – keine Beweislastumkehr zugebilligt. Dem klagenden Mandanten kommen daher lediglich § 287 ZPO (Schadensschätzung) und eine Beweiserleichterung nach dem »Anscheinsbeweis« dahingehend zugute, dass vermutet wird, der Mandant wäre bei pflichtgemäßer Beratung des Anwalts dessen Hinweisen gefolgt. Der Berater kann diese Vermutung nur widerlegen, indem er atypisches Verhalten des Mandanten nachweist; vgl. dazu *Barton* MAH § 57 Rn. 77–79; zur Beweislast siehe auch *Zwiehoff* StV 1999, 558–561; *Köllner* ZAP Fach 23, 303 ff. (304).

477 *Vollkommer/Greger/Heinemann* Anwaltshaftungsrecht, 2021, § 1 Rn. 4.

ist seine Aufgabe, die Interessen des Mandanten in jeder Richtung umfassend wahrzunehmen.[478] Nach dem BGH gilt diesbezüglich:[479]

> »Der um Rat ersuchte Rechtsanwalt ist zu einer umfassenden und möglichst erschöpfenden Belehrung seines Auftraggebers verpflichtet. Er hat dem Mandanten diejenigen Schritte anzuraten, die zu dem erstrebten Ziel zu führen geeignet sind, um Nachteile für den Auftraggeber zu verhindern, soweit solche voraussehbar und vermeidbar sind. Dazu hat er dem Auftraggeber den den Umständen nach sichersten Weg vorzuschlagen und ihn über mögliche Risiken aufzuklären, damit der Mandant eine sachgerechte Entscheidung treffen kann. Der konkrete Umfang der anwaltlichen Pflichten richtet sich dabei nach dem erteilten Mandat und den Umständen des einzelnen Falles.«

Allgemein werden vier Arten anwaltlicher Pflichten unterschieden, die sog. »Kardinalpflichten«:[480] **137**
Zunächst hat der Anwalt den zu beurteilenden Sachverhalt in tatsächlicher Hinsicht erschöpfend zu erforschen[481] und den Mandanten entsprechend zu befragen. Sodann hat er eine Rechtsprüfung unter Berücksichtigung der herrschenden Rechtsprechung – sofern vorhanden – sowie unter Einbeziehung der Kommentarliteratur vorzunehmen.[482] Der Anwalt muss den Mandanten umfassend und erschöpfend unter Berücksichtigung seiner Interessen beraten und belehren[483] und ihn unter Offerierung des sog. »sichersten Weges« anleiten.[484] In vielen Fällen kommt eine Pflichtverletzung in Form des Unterlassens gebotener Maßnahmen in Betracht. Zum Tatbestandsmerkmal des Verschuldens und den sich ergebenden Problemen soll an dieser Stelle nicht eingegangen werden.[485] Die Ursächlichkeit der anwaltlichen Pflichtverletzung für – ersatzfähige – Schäden aufseiten des Mandanten i.S.d. conditio-sine-qua-non-Formel dürfte regelmäßig gegeben sein, es sei denn, diese hat sich im Ergebnis nicht ausgewirkt. Vorstellbar ist auch ein Ausschluss der Haftung aufgrund mangelnder Zurechenbarkeit, z.B. wegen fehlender Adäquanz aufgrund von dem Zurechnungszusammenhang unterbrechenden Handlungen durch den Mandanten selbst oder durch Dritte.[486] Als haftungsausschließender Faktor kommt beispielsweise das im Vorprozess erkennende, – falsch – entscheidende Gericht in Betracht, das bei richtiger Rechtsanwendung zugunsten des Mandanten hätte entscheiden müssen. Allerdings unterliegt der Anwalt u.U. einer »Verhütungspflicht« im Hinblick auf Fehlentscheidungen des Gerichts.[487] Der Schaden muss ferner im Schutzbereich der verletzten Norm liegen – die Haftung aus Vertrag ist durch den Schutzzweck der verletzten vertraglichen Pflicht begrenzt. Nach diesem Grundsatz verneinte der BGH die Haftung eines Anwalts auf Schmerzensgeld, den die Klägerin daraus ableitete, dass sie wegen einer falschen Rechtsauskunft, dahingehend, dass eine existenzbedrohliche Haftung der Klägerin möglich sei, wochenlang psychisch unter hohem Druck stand und an Schlaflosigkeit, Angstzuständen etc. litt:[488]

---

478 Vgl. *Henssler* JZ 1994, 178.

479 BGH NJW 1996, 2648 f.; vgl. auch bereits: BGH VersR 1968, 969.

480 Vgl. dazu umfassend: *Borgmann/Jungk/Schwaiger* Anwaltshaftung, 2020 § 16 Rn. 7.

481 Vgl. *Hirte* Berufshaftung – Ein Beitrag zur Entwicklung eines einheitlichen Haftungsmodells für Dienstleistungen, 1996, 13 m.w.N.; ausführlich auch zur korrespondierenden Informationspflicht des Mandanten *Borgmann/Jungk/Schwaiger* Anwaltshaftung, 2020 §§ 17, 18.

482 Zu den konkreten Anforderungen: *Fischer/Vill/Fischer/Rinkler/Chab* Handbuch der Anwaltshaftung, 2015 § 2 Rn. 33 ff.

483 *Borgmann/Jungk/Schwaiger* Anwaltshaftung, 2020 § 20.

484 Im Einzelnen: *Borgmann/Jungk/Schwaiger* Anwaltshaftung, 2020 § 21.

485 S. dazu *Schlecht* Die zivilrechtliche Haftung des Strafverteidigers, 2006, 140 ff.

486 Vgl. dazu *Fischer/Vill/Fischer/Rinkler/Chab* Handbuch der Anwaltshaftung, 2015 § 5 Rn. 48 ff.

487 Dazu ausführlich: *Borgmann/Jungk/Schwaiger* Anwaltshaftung, 2020 § 28 Rn. 74 ff.; *Vollkommer/Greger/Heinemann* Anwaltshaftungsrecht, 2021, § 13 Rn. 14; beachte aber BVerfG NJW 2002, 2937, welches ausdrücklich konstatiert, dass ein »Auffangtatbestand« der Anwaltshaftung ausscheidet: »Kein Rechtsanwalt könnte einem Mandanten mehr zur Anrufung der Gerichte raten, wenn er deren Fehler zu verantworten hätte. Die Gerichte sind verfassungsrechtlich nicht legitimiert, den Rechtsanwälten auf dem Umweg über den Haftungsprozess auch die Verantwortung für die richtige Rechtsanwendung zu überbürden.«.

488 Vgl. BGH, Urt. v. 09.07.2009, IX ZR 88/08, Leitsätze und Gründe in NJW 2009, 3025–3027.

»Die Schlechterfüllung eines Anwaltsvertrages, der nicht den Schutz der Rechtsgüter des § 253 II BGB zum Gegenstand hat, begründet in der Regel keinen Schmerzensgeldanspruch.«

Während der Senat zu Recht konstatiert, dass im Regelfall ein Anwaltsauftrag nicht auf die Wahrnehmung oder Förderung eines Interesses zur Wahrung der Körperintegrität oder Gesundheit gerichtet ist, weist er ausdrücklich darauf hin, dass der Schaden im Schutzbereich des Anwaltsvertrages liegt, wenn beispielsweise der Mandant infolge eines Fehlers seines Verteidigers in Haft genommen wird:[489]

»So kann etwa im Bereich der Strafverteidigung das in § 253 Abs. 2 BGB genannte Rechtsgut der Freiheit in den Schutzzweck der verletzten Pflicht fallen. In Betracht kann dies kommen, wenn der Verteidiger den aussichtsreichen Antrag auf Verlegung eines Termins zur Hauptverhandlung unterlässt und sein Mandant infolge dessen nach Ausbleiben im Termin in Untersuchungshaft genommen wird (…). Gleiches wird zu gelten haben, falls infolge eines Fehlers des Anwalts die beantragte Haftverschonung versagt wird (…) Entsprechende Erwägungen kommen ferner für Mandate bei Unterbringungsmaßnahmen und sonstigen auf Freiheitsentziehung gerichteten Verfahren in Betracht.«

138 Grundlage der Schadensermittlung ist die »Differenzhypothese«, d.h. ein Gegenüberstellen des realen und des durch Hinwegdenken des haftungsrelevanten Sachverhaltes hypothetisch zu ermittelnden Zustandes.[490] Das Regressgericht prüft in dem Schadensersatzprozess den hypothetischen Ausgang des Vorprozesses. Die Rechtsprechung legt dabei eine »wertende Betrachtungsweise« zugrunde:[491] Es kommt danach nicht darauf an, wie das Gericht des Vorprozesses tatsächlich entschieden hätte. Vielmehr prüft das Regressgericht, wie nach seiner Auffassung der Vorprozess richtigerweise hätte entschieden werden müssen.[492] Einschränkungen ergeben sich bei Ermessensentscheidungen im Verwaltungsverfahren, bei denen es dem Gericht i.d.R. verwehrt ist, sein Ermessen an die Stelle des Ermessens der zuständigen Behörde zu setzen.[493] Fragen hinsichtlich der Beweislast und -führung ergeben sich im Fall der Verteidigerhaftung in mehrfacher Hinsicht. Allgemein gilt im Rahmen anwaltlicher Pflichtverletzungen:[494] Die Beweislast für die Ursächlichkeit liegt beim klagenden Mandanten. Diesem kommt jedoch u.U. die Möglichkeit einer Schadensschätzung nach § 287 ZPO sowie in bestimmten Konstellationen die des Anscheinsbeweises zugute. Eine Beweislastumkehr parallel zum Arzthaftungsrecht im Fall eines groben Pflichtenverstoßes wird überwiegend abgelehnt.

Auf welch unterschiedliche Weise eine Pflichtverletzung durch den Verteidiger erfolgen kann, verdeutlichen die oben dargestellten Beispiele. Das Spektrum möglicher materieller und/oder immaterieller Schäden aufseiten des Mandanten reicht von finanziellen Einbußen über eklatante Persönlichkeitsrechtsverletzungen bis hin zur Freiheitsentziehung.

III. Rechtsprechung

139 Der Stand der Rechtsprechung zur Haftung des Strafverteidigers kann – positiv formuliert – als »übersichtlich« bezeichnet werden. Seit 1950 finden sich nur wenige Entscheidungen zur Thematik, die »prominentesten« sind in o.g. Beispielsfällen aufgenommen.

140 Im unter a. genannten Fall hat der 3. Zivilsenat des BGH im Jahr 1964 eine Amtshaftungsklage gegen das Land mit der Begründung zurückgewiesen, der Betroffene könne – da die Amtshaftung

---

489 BGH, Urt. v. 09.07.2009, IX ZR 88/08 (S. 8–10 der Urteilsbegründung).

490 *Vollkommer/Greger/Heinemann* Anwaltshaftungsrecht 2021, § 20 Rn. 2 ff.

491 Zum Streitstand im Hinblick auf eine »natürlichen Betrachtungsweise«: *Vollkommer/Greger/Heinemann* Anwaltshaftungsrecht, 2021, § 20 Rn. 10 ff.

492 *Fischer/Vill/Fischer/Rinkler/Chab* Handbuch der Anwaltshaftung, 2015 § 5 Rn. 106; vgl. BGH NJW 2013, 540 zum Prüfungsumfang des Regressgerichts bei der Anwaltshaftung.

493 *Fischer/Vill/Fischer/Rinkler/Chab* Handbuch der Anwaltshaftung, 2015§ 5 Rn. 111 f.

494 Vgl. die zusammenfassende Übersicht bei *Fischer/Vill/Fischer/Rinkler/Chab* Handbuch der Anwaltshaftung, 2015 § 4 Rn. 50.

subsidiär sei – seinen Verteidiger, der die eingetretene Verjährung ebenso wie die Gerichte übersehen habe, in Anspruch nehmen. Unter anderem führt der Senat zur Stellung des Verteidigers aus:[495]

> »Im Strafverfahren hat der Verteidiger die Stellung eines selbstständigen Beistandes des Beschuldigten (Angeklagten) und eines unabhängigen Organs der Rechtspflege. In dieser Stellung besteht seine Aufgabe darin, dem Schutze des Beschuldigten zu dienen und in dem Strafverfahren alles geltend zu machen, was dem Beschuldigten nach sachlichem oder Verfahrensrecht günstig ist (...). Er hat deshalb auch gegenüber dem Beschuldigten die Pflicht, die Strafverfolgungsbehörden oder das Gericht auf eine etwa eingetretene und für ihn bei sachgerechter Unterrichtung über den Sachverhalt und den Verfahrensgang erkennbare Verjährung der Strafverfolgung hinzuweisen. Von dieser Verpflichtung ist er keineswegs deswegen befreit, weil das Strafgericht ohnehin von Amts wegen den Streitstoff nach allen Richtungen hin zu untersuchen hat. Soweit der Kläger und ihm folgend auch das Landgericht einer anderen Auffassung das Wort reden wollen, verkennen sie die Aufgabe des Verteidigers im Strafprozeß. Gewiß haben Staatsanwaltschaft und Gericht im Strafverfahren die Pflicht, von sich aus die materielle Wahrheit zu erforschen, alle dem Beschuldigten günstigen und ihn entlastenden Umstände genau so zu berücksichtigen, wie die ungünstigen und belastenden, und weiter auf genaue Innehaltung der Verfahrensvorschriften bedacht zu sein. Aber gerade mit Rücksicht auf das nur unvollkommene menschliche Erkenntnisvermögen und die niemals auszuschließende Möglichkeit menschlicher Irrtümer sieht das Gesetz in der StPO einen »Verteidiger« als Helfer des Beschuldigten und unabhängiges Organ der Rechtspflege vor, der im Interesse des Beschuldigten nach Kräften dazu beitragen soll, daß für den Beschuldigten sich ungünstig auswirkende Irrtümer des Gerichts vermieden werden, und der damit verhindern soll, daß die richtige Entscheidung zu Lasten des Beschuldigten verfehlt wird.«

Der Senat sieht einen Verstoß gegen diese Pflichten darin, dass der Anwalt erst im Beschwerdeverfahren auf den Eintritt der Verfolgungsverjährung hingewiesen hat.

141 In der Entscheidung des OLG Düsseldorf wurde der Verteidiger, der zum Einspruch gegen einen maßvollen Strafbefehl geraten hatte und dessen Tagessatzverschlechterung in der Hauptverhandlung eintrat, zur Freistellung von Honorarforderungen und Rückerstattung von Honorar sowie zum Ersatz des Differenzschadens verurteilt, da er den Mandanten nicht auf das fehlende Verbot der »reformatio in peius« im Strafbefehlsverfahren hingewiesen habe.[496] Dazu führt der 8. Zivilsenat aus:

> »Die für den eingetretenen Schaden ursächliche Pflichtverletzung des Kl.[497] ist schon darin zu sehen, dass er dem Beklagten nicht den Rat erteilt hatte, den gegen den Strafbefehl v. 16.4.1981 eingelegten Einspruch unverzüglich, spätestens vor Beginn der Hauptverhandlung (vgl. §§ 411 Abs. 3, 303 StPO) zurückzunehmen, weil die Durchführung des Verfahrens nach Lage der Dinge nicht nur keinen Erfolg versprach, sondern eine Strafverschärfung ernsthaft zu befürchten war.
>
> Wird ein Anwalt mit der Prüfung der Frage beauftragt, die Erfolgsaussichten eines gegen einen Strafbefehl eingelegten Einspruchs zu prüfen, so muß er insbesondere der Vorschrift des § 411 Abs. 4 StPO Rechnung tragen. Nach dieser Bestimmung ist das Gericht bei der Urteilsfällung an den im Strafbefehl enthaltenen Ausspruch nicht gebunden, kann also auch eine wesentlich höhere Strafe verhängen, wenn diese der Tat angemessen ist. Aus diesem Grunde muß der Anwalt auf der Grundlage der ihm von seinem Mandanten erteilten Informationen und der sich aus den Strafakten ergebenden tatsächlichen und

495 BGH NJW 1964, 2403.

496 S.o. Beispielsfall 2., Rdn. 123; StV 1986, 211. Vgl. dagegen die Entscheidung des OLG Stuttgart OLG R 1999, 102–104, wonach der entstandene Vermögensnachteil bei mangelhafter Aufklärung über das Aussageverweigerungsrecht hinsichtlich der tatsächlichen wirtschaftlichen Verhältnisse mit der Folge der Erhöhung des verhängten Tagessatzes bei »wertender Betrachtung« keinen ersatzfähigen Schaden darstellt. »Nach Ansicht des Senats kann ein Täter, gegen den eine materiell-rechtlich gerechte Geldstrafe oder Geldauflage festgesetzt wurde, nicht einen Teil dieser Strafe oder Buße auf seinen Verteidiger abwälzen. (...) Eine Geldstrafe oder Geldbuße ist grundsätzlich eine höchstpersönliche Schuld. Der Täter hat sie aus seinem Vermögen zu erbringen. Die strafrechtliche Sanktion soll ihn persönlich treffen. (...).«.

497 Der Verteidiger hatte seine Honorarforderung eingeklagt; sein Mandant beantragte Klageabweisung und machte innerhalb dieses Prozesses im Wege der Widerklage Schadensersatz wegen fehlerhafter Beratung geltend.

rechtlichen Gegebenheiten alle wesentlichen Vor- und Nachteile der Durchführung eines Einspruches so gewissenhaft bedenken, wie ihm dies aufgrund seiner Kenntnisse und Erfahrungen vorausschauend möglich ist. Dementsprechend hat er seinen Auftraggeber erschöpfend und umfassend zu belehren; er muß dabei die Zweifel und Bedenken, zu denen die Sachlage Anlaß gibt, darlegen und erörtern (vgl. BGH NJW 1960, 601, 602). Ist nach Lage der Dinge nicht zu erwarten, daß eine Hauptverhandlung zum Freispruch oder zu einer Herabsetzung der durch Strafbefehl festgesetzten Geldstrafe führen wird, so muß der Anwalt seinem Auftraggeber schon aus Kostengründen zur Rücknahme des Einspruchs raten. Erst recht besteht eine derartige Verpflichtung, wenn die ernsthafte Gefahr besteht, daß das Gericht nach Durchführung der Hauptverhandlung die Strafe erhöhen wird.«

142 Das LG Berlin[498] lehnt eine Haftung des Verteidigers trotz der mangelhaften Revisionsbegründung ab, da der Mandant den Schaden dann nicht geltend machen könne, wenn sich im Anwaltshaftungsprozess herausstelle, dass er zu Recht verurteilt wurde:

»(…)Das Regressgericht wäre nicht verpflichtet, die Schlüssigkeit der Klage, für die der Kl. hier Rechtsschutz begehrt, per se zu bejahen und ohne weiteres eine umfassende Beweisaufnahme zu beschließen. Vielmehr hätte es die Frage, ob dem Kl. durch seine Verurteilung ein Schaden entstanden ist, gemäß § 287 ZPO unter Würdigung aller Umstände nach freier Überzeugung zu beantworten (vgl. BGH VersR 1988, 35 f. [BGH 02.07.1987 - IX ZR 94/86]).

Dazu dürfte und müßte das Gericht des Regressprozesses vom Kl. eine Darstellung dazu verlangen, welcher Sachverhalt sich tatsächlich zugetragen hat (§ 138 Abs. 1 ZPO). In dieser Forderung läge auch kein Widerspruch zu dem Grundsatz, daß der Sachverhalt im Strafverfahren von Amts wegen aufzuklären ist. Denn der Grundsatz, daß die Untersuchungsmaxime im Regressprozeß zu beachten ist, wenn sie auch im Vorprozeß zu beachten war, dient lediglich dazu, eine Partei davor zu schützen, im Regressprozeß schlechter gestellt zu sein, als im Vorprozeß, sie soll die Partei aber auch nicht besser stellen und ihr nicht gleichsam ein »Pokerspiel« mit der Möglichkeit der ungerechtfertigten Schadloshaltung ermöglichen. Vielmehr ist in gleichem Maße zu beachten, daß nach der Rspr. des BGH bei wertender Betrachtung der Verlust eines Rechtsstreits nicht als Schaden im Rechtssinne angesehen werden kann, wenn sich im Anwaltshaftungsprozeß herausstellt, daß die unterlegene Partei den Vorprozeß materiellrechtlich zu Recht verloren hat, dieser also nach der Auffassung des Regressgerichts im Ergebnis richtig entschieden worden ist (BGH VersR 1988, 35 ff. [BGH 02.07.1987 - IX ZR 94/86]). Dieser Grundsatz gilt nach Auffassung der Kammer entsprechend, wenn es darum geht, ob eine strafrechtliche Verurteilung zu Recht erfolgt ist oder nicht.

Daher müßte der Kl., soll seine beabsichtigte Klage schlüssig sein, näher darlegen können, inwieweit ihm durch die Verurteilung tatsächlich ein Schaden entstanden ist. Der Umstand, daß das Strafurteil hätte aufgehoben werden müssen, reicht dafür noch nicht aus.

d. Unabhängig hiervon ist die Erfolgsaussicht des beabsichtigten Haftpflichtprozesses aber auch aus einem anderen Grund zu verneinen:

Die Kammer vertritt die Auffassung, daß Rechtsschutz für eine Klage nicht zu gewähren ist, wenn sie zwar schlüssig erscheint, aber auf unwahrem Vorbringen beruht, mit dessen Widerlegung in der Beweisaufnahme zu rechnen ist (VersR 1986, 1186). (…)

So verhält es sich jedoch im vorliegenden Fall. Selbst wenn der Kl. so vortragen würde, wie er sich im Strafverfahren eingelassen hat, wäre gleichwohl damit zu rechnen, daß diese Einlassung widerlegt würde. Denn nach dem gesamten Inhalt der Strafakten kann nicht davon ausgegangen werden, daß seine Darstellung und die der ihn unterstützenden Zeugen ausreichen würde, beim Regressgericht zumindest Zweifel hinsichtlich seiner Schuld zu erwecken, die dann im hypothetischen Strafprozeß zum Freispruch geführt hätten. (…)

Soweit geltend gemacht werden könnte, daß die Feststellungen des LG von einem Verfahrensfehler beeinflußt waren, trifft dies zwar zu, jedoch ist auch insoweit zu übersehen, daß es sich um einen Verfahrensfehler von ganz untergeordnetem Einfluß handelt. (…)«

---

498 S.o. Beispielsfall 3., Rdn. 124.; StV 1991, 310. Der (zuvor verurteilte) Kläger begehrte Rechtsschutz für die Klage gegen den Verteidiger; das LG hatte über die Frage der Erfolgsaussichten des beabsichtigten Haftpflichtprozesses gegen diesen zu entscheiden. Anm. v. *Barton* StV 1991, 322 ff.

Die Frage der Möglichkeit einer Beweislastumkehr ähnlich wie im Arzthaftungsprozess wird von der Kammer kurz angeschnitten, aber mangels Vorliegens einer groben Pflichtverletzung – es handele sich vorliegend um einen »versteckten Fehler« – i.E. offen gelassen.

Zwei weitere Entscheidungen[499] befassen sich mit der Nichtbeachtung beamtenrechtlicher Folgen nach dem Landesbeamtengesetz. Das jeweilige Landesrecht sieht im Fall der Verhängung einer Freiheitsstrafe ab einer gewissen Höhe als zwangsläufige Folge die Entfernung aus dem Dienst sowie den Verlust der Bezüge vor, worauf die Anwälte nicht hingewiesen hatten.

Bei Beurteilung der Schadensersatzpflicht kommt das OLG Nürnberg-Fürth aufgrund verfassungs- 143
konformer Auslegung zur Beweislastumkehr aufgrund einer groben Pflichtverletzung und bejaht i.E. den Anspruch auf Schadensersatz gegen den Verteidiger.[500] Problematisiert wurde der Aspekt des Kausalzusammenhangs zwischen der anwaltlichen Pflichtverletzung und dem eingetretenen Schaden. Nach den allgemeinen zivilrechtlichen Grundsätzen hätte der Kläger beweisen müssen, dass das Gericht im Fall des Hinweises auf die Folgen nach dem Landesbeamtengesetz keine Freiheitsstrafe von zwei Jahren, sondern eine geringere verhängt hätte. Dies sei ihm aber aus dem Grunde nicht möglich, dass es sich bei der Urteilsfindung um einen zurückliegenden, spezifischen Erkenntnisakt handele, der mangels greifbarer Anhaltspunkte nachträglich nicht reproduzierbar sei. Es sei aber auch nicht auszuschließen, dass das Gericht, welches ausweislich des Urteils die wirtschaftliche Existenz des Klägers nicht habe zerstören wollen, bei pflichtgemäßem Verhalten des Verteidigers unter die verhängte Strafe gegangen wäre. Es sei von einem non liquet auszugehen, was dazu führe, dass der Rechtsstreit nach der Beweislast zu entscheiden sei. Unter Bezugnahme auf die Rechtsprechung des BGH und des BVerfG kommt das OLG aus Gründen der Effizienz des Grundrechtsschutzes und des Schutzzweckes der Norm zur Beweislastumkehr zulasten des Verteidigers, da der Anwalt den Mandanten in eine außerordentliche Beweisnot gebracht habe. Im Weiteren wird ausgeführt:

> »Der Kläger wäre – würde man eine Beweislastumkehr nicht bejahen – in die ungewöhnlich schwierige Lage versetzt, den hypothetischen Ausgang einer richterlichen Strafzumessung ex post beweisen zu müssen. Im Hinblick auf die bereits geschilderte Singularität eines Strafzumessungsaktes und die Unmöglichkeit, einen solchen nachträglich mit hinreichender Wahrscheinlichkeit zu reproduzieren, erscheint deshalb eine Beweislastumkehr gerechtfertigt. Andernfalls wäre die Durchsetzung des grundrechtlich geschützten Schadensersatzanspruchs des Klägers geradezu chancenlos. Seine Forderung würde zur bloßen – faktisch wertlosen – Anspruchshülse. Dies widerspräche dem Gedanken eines effektiven Grundrechtsschutzes (vgl. BVerfG NJW 1992, 105 [BVerfG 08.10.1991 - 1 BvR 1324/90]; 1993, 1635 [BVerfG 02.03.1993 - 1 BvR 249/92]). Die Grenze einer bloßen Schranken- und Inhaltsbestimmung des Eigentums (vgl. BVerfG a.a.O.) wäre damit überschritten. Eine Beweislastumkehr rechtfertigt sich ferner aus dem Gedanken, daß die Vertragsverletzung des Beklagten typischerweise mit dem beweisrechtlichen Risiko der Unaufklärbarkeit des Ursachenzusammenhangs verbunden ist. Der Zweck der von ihm verletzten Vertragspflicht ist deshalb auch darin zu sehen, beweisrechtlich Klarheit zu schaffen. Deshalb entspricht es dem Schutzzweck der verletzten Pflicht in diesen Fällen, dem Berechtigten die aufgetretene Beweisnot abzunehmen (…).«

Auf Basis dieser Beweislastumkehr erfolgte die Verurteilung des Verteidigers, dem Mandanten die entfallenen Bezüge nebst Beihilfeleistungen bis zum Erreichen des Altersruhegeldes und ab diesem Zeitpunkt die Differenz zwischen der Beamtenversorgung und den enthaltenen Rentenleistungen zu ersetzen.

Das OLG München[501] hingegen lehnt Beweiserleichterungen hinsichtlich der Tatsache, dass die 144
Strafe bei dem gebotenen Hinweis durch den Verteidiger niedriger ausgefallen und die beamtenrechtlichen Folgen nicht eingetreten wären, ab. Eine Vernehmung der Mitglieder der Strafkammer als Zeugen im Regressprozess wird unter Bezugnahme auf das Beratungsgeheimnis gem. § 43 DRiG

---

499 Vgl. »Grund-Sachverhalt« oben, Beispielsfall 4., Rdn. 125; ähnlich: LG Bayreuth, Urt. v. 14.02.2005 – 31 O 61/04.

500 StV 1997, 481 = StraFo 1997, 186.

501 Beschl. v. 30.12.2005 – 15 W 2574/05, 15 U 4753/05, bei *Jungk/Chab/Grams* BRAK-Mitt. 2006, 74 f.

wegen Ungeeignetheit des Beweismittels als unzulässig analog § 244 Abs. 2 S. 2 StPO a. F. (neu: § 244 Abs. 3 S. 3 Nr. 4 StPO) qualifiziert.

145 Das OLG Düsseldorf geht in einem ähnlich gelagerten Fall zwar von einer Pflichtverletzung durch den unterlassenen Hinweis auf die beamtenrechtlichen Konsequenzen aus. Jedoch lehnt der Senat i.E. einen Schadensersatzanspruch des Mandanten mit der Begründung ab, dass diesem »ein Schaden nicht entstanden ist« und verneint damit bereits unter dem Aspekt des rechtmäßigen Alternativverhaltens die haftungsbegründende Kausalität.[502] Auch unter Berücksichtigung des durch die Pflichtverletzung unterbliebenen Vortrages ergebe sich kein für den klagenden Mandanten günstigeres Urteil:[503]

> »Eine Berufung gegen das Urteil des SchöG v. 16.2.1993 hätte keinen Erfolg gehabt. Dabei kommt es nicht darauf an, ob das LG rechtskräftig auf eine Berufung des Kl. hin eine Freiheitsstrafe von unter einem Jahr verhängt hätte, sondern darauf, ob es dies von Rechts wegen hätte tun können. Aus dem gleichen Grunde hätte die Anführung der beamtenrechtlichen Folgen im erstinstanzlichen Strafverfahren keinen Erfolg gehabt.«[504]

Zu erwähnen ist in diesem Zusammenhang noch die Tatsache, dass es sich bei dem Beklagten um einen Pflichtverteidiger handelte. Das Gericht begründet dessen grds. bestehende Schadensersatzpflicht über ein im Rahmen der Pflichtverteidigung entstehendes gesetzliches Schuldverhältnis.[505]

146 Das LG Bonn wies die Klage eines Mandanten ab, der vom Strafrichter zu einer Geldstrafe wegen vorsätzlichen Fahrens ohne Fahrerlaubnis verurteilt worden war. Eine Geldstrafe sei insbes. bei Vorsatzdelikten eine höchstpersönliche Schuld, die nicht abgewälzt werden könne.[506] In einem Regressverfahren vor dem OLG Braunschweig[507] hatte der Verteidiger den im Ausland lebenden Mandanten falsch über den Zeitpunkt der Verfolgungsverjährung informiert. Das nach Einreise des Mandanten – welche er ohne die Zusicherung des Verteidigers unterlassen hätte – eingeleitete Verfahren wurde gegen Geldzahlung nach § 153a StPO eingestellt. Während die Vorinstanzen die Klage mit der Begründung abwiesen, der gezahlte Geldbetrag stelle nach der Rechtsordnung keinen erstattungsfähigen Schaden dar, ging das OLG davon aus, dass der nach § 153a StPO gezahlte Betrag nicht von der Ersatzpflicht ausgenommen werden müsse und könne.

Im unter 5.[508] geschilderten Fall der pflichtwidrig nicht erfolgten Terminverlegung und umfassenden Aufklärung des Mandanten über etwaige Folgen des Nichterscheinens hat das KG die Verteidigerin unter Berücksichtigung des Mitverschuldens ihres Mandanten gem. § 254 Abs. 1 BGB zur Zahlung von Schmerzensgeld wegen der erlittenen Freiheitsentziehung nach §§ 823 Abs. 1, 253 Abs. 2 BGB (§ 847 BGB a.F.) verurteilt. *Barton*[509] weist in seiner Anmerkung zum Urteil auf den speziellen Aspekt hin, dass in dem Fall nicht darüber zu befinden war, ob die Strafe (Bewährungsstrafe) zu Recht verhängt wurde, sondern lediglich darüber, ob die Vollstreckung der Untersuchungshaft einen Schaden begründet.

Besondere vermögensrechtliche Relevanz entfalten Fälle im Zusammenhang mit der Hinterlegung von Sicherheitsleistungen zwecks Außervollzugsetzung von Haftbefehlen, da eine solche zur Errei-

502 S. Anm. *Jahn* StV 2000, 431. S. zu den hohen Anforderungen hinsichtlich der Darlegungs- und Beweislast bzgl. der Kausalität auch OLG Düsseldorf BRAK-Mitt. 1988, 63 f.

503 StV 2000, 430 ff. (431) m. Anm. *Jahn*.

504 Aufgrund der Verurteilung wegen mehrerer Straftaten, u.a. wegen eines Verbrechens, sei eine Gesamtfreiheitsstrafe von unter einem Jahr ausgeschlossen gewesen.

505 Vgl. dazu Anm. v. *Jahn* StV 431 ff., der i.E. der Einbeziehung von Pflichtverteidigern zustimmt, jedoch für eine »vertragsrechtliche Begründung des gesamten Rechts der Pflichtverteidigung« plädiert (432 f.). Ausführlich zur Thematik unter dem Aspekt einer umfassenden »Vertragstheorie«: LR/*Lüderssen*/*Jahn* Vor § 137 Rn. 48 f.

506 NJW 1997, 1449.

507 OLG Braunschweig, Urt. v. 26.10.2000 – 1 U 19/00 in BRAK-Mitt. 2001, 213 f.

508 Rdn. 126.

509 StV 2005, 450.

chung des Sicherungszwecks i.d.R. nur gegen Zahlungen hoher Geldbeträge erfolgt. Der BGH hat die Möglichkeit eines Schadensersatzanspruchs gegen den Verteidiger wegen mangelhafter Aufklärung über diesbezügliche Risiken bejaht.[510] Zwar kommt der Senat entgegen der Annahme des OLG Köln zu dem Ergebnis, der Verteidigungsauftrag stelle keinen Vertrag mit Schutzwirkung zugunsten Dritter dar. Jedoch sei im Rahmen der Erkundigung über etwaige Risiken ein Auskunftsvertrag zustande gekommen, aus welchem sich ein Schadensersatzanspruch ableiten lasse.

Was die Verantwortlichkeit des strafrechtlich tätigen Anwaltes für zivilrechtliche Aspekte anbelangt, ist ein Nichtannahmebeschluss des BGH[511] zu erwähnen, wonach derartige Hinweispflichten neben dem eigentlichen Mandatsauftrag nur in engen Grenzen bestehen.

Zusammenfassend bleibt festzuhalten, dass der Verteidigerhaftung in der rechtsprechenden Praxis allmählich Bedeutung zukommt, wobei sich ergebende einzelne Problemfelder nach und nach beurteilt werden.

IV. Literatur

Einigkeit besteht in der Literatur insoweit, als dass einer uneingeschränkten Übernahme der Haftungsgrundsätze des zivilrechtlich tätigen Anwaltes die Besonderheiten des Strafverfahrens und der verteidigenden Tätigkeit entgegenstehen. Es ergeben sich zahlreiche, z.T. oben bereits angesprochene dogmatische wie tatsächliche Einzelfragen, die je nach Hintergrund und Zielsetzung kontrovers diskutiert werden.[512] Zu nennen sind in diesem Zusammenhang beispielsweise folgende Aspekte: Bereits die Bestimmung einzelner spezifischer Verteidiger-Pflichten in Anlehnung an die o.g. vier Kardinalpflichten jeder anwaltlichen Tätigkeit ist bisher lediglich eher rudimentär und einzelfallbezogen erfolgt.[513] *Schlecht*[514] widmet sich diesbezüglich zunächst umfänglich den verschiedenen möglichen Konstellationen im Hinblick auf die Frage einer Pflichtverletzung im Fall von bestehenden Weisungen des Mandanten.[515] Sodann kommt sie – mit guten Argumenten – zu dem Schluss, dass die für den zivilrechtlich tätigen Anwalt geltenden Pflichten im Grundsatz auch den Verteidiger treffen[516] und prüft unter Herausarbeitung der jeweiligen Besonderheiten im Strafverfahren die Übertragbarkeit der einzelnen Pflicht.[517] Im Hinblick auf das Vorliegen eines Schadens und der erforderlichen Kausalität anwaltlicher Pflichtverletzung stellt sich zunächst die Frage, ob eine (insbesondere gegen den schuldigen Mandanten verhängte) strafrechtliche Sanktion überhaupt einen ersatzfähigen Schaden darstellen kann. Verneint wird dies u.a. unter Abstellen auf die Funktion und den Charakter der Strafe als »höchstpersönlich« und den Täter treffend,[518] deren mangelnder »Wirtschaftsfähigkeit« oder Wertungswidersprüchen zwischen Freiheits- und Geldstrafe.[519] Auch die im 147

510 Vgl. oben Beispielsfall 11. Rdn. 132.

511 Beschl. v. 21.01.2005 – IX ZR 186/01. Der in einem Bußgeldverfahren beauftragte Anwalt hatte seinen Mandanten nicht darauf hingewiesen, dass gegen den zuvor zivilrechtlich tätigen Anwalt, welcher an den »Ursachen« für das Verfahren maßgeblich beteiligt war, Regressforderungen geltend gemacht werden können.

512 Vgl. ausführlich zu den einzelnen Streitfragen *Schlecht* Die zivilrechtliche Haftung des Strafverteidigers, 2006.

513 Konkretisierend z.B. *MAH Strafverteidigung/Barton* § 41 Rn. 13–54; vgl. zu den verschiedenen möglichen Ansätzen: *Müller-Gerteis* Die zivilrechtliche Haftungssituation des Strafverteidigers, 2005, 49–73.

514 *Schlecht* Die zivilrechtliche Haftung des Strafverteidigers, 2006.

515 *Schlecht* Die zivilrechtliche Haftung des Strafverteidigers, 2006, 40 ff.

516 Für eine umfassende Übertragung: *Köllner* ZAP Fach 23, 307 f.; im Grundsatz ebenso: *MAH-Strafverteidigung/Barton* § 41 Rn. 15.

517 *Schlecht* Die zivilrechtliche Haftung des Strafverteidigers, 2006, 75 ff.

518 Vgl. z.B. *Zwiehoff* StV 1999, 555 ff. (557).

519 Vgl. dazu *Schäfer* in: Mandant und Verteidiger: Symposium zum 60. Geburtstag von Prof. Dr. Egon Müller, 2000, 63 ff. Ersatzfähigkeit bejahend: *Barton* Mindeststandards der Strafverteidigung, 1994, 273; s.a. *Köllner* ZAP Fach 23, 303–310; Krit. differenzierend: *Schlecht* Die zivilrechtliche Haftung des Strafverteidigers, 2006, 177 ff.

Rahmen des hypothetischen Kausalverlaufs grds. erfolgende Zugrundelegung des hypothetischen Verfahrensverlaufes bereitet im Strafverfahren Schwierigkeiten.[520] Weitere Besonderheiten ergeben sich hinsichtlich der Abweichungen von den zivilrechtlichen Grundsätzen die mandantenseitigen Weisungen an den Anwalt betreffend.[521] Nicht zuletzt ergeben sich regelmäßig erhebliche Beweisprobleme, zu deren Lösung eine Beweislastumkehr angelehnt an die Rechtsprechung zum Arzthaftungsrecht erwogen wird.[522]

Die Entscheidung des OLG Nürnberg-Fürth[523] hat in der Literatur zu maßvoller Unruhe geführt. Obwohl bereits *Barton* den Gedanken einer Beweislastumkehr in die Diskussion einbrachte,[524] weisen z.B. *Schäfer*[525] und *Zwiehoff* diesen Gedanken aufgrund der besonderen Stellung des Strafverteidigers zurück. Insbesondere wird darauf hingewiesen, dass aufgrund der gebotenen normativen Betrachtungsweise eine Abwälzung von Sanktionen in den seltenen Fällen pflichtwidrigen Verteidigerverhaltens zur Vermeidung von Wertungswidersprüchen zwischen Straf- und Zivilrecht nicht möglich sei, da strafrechtliche Sanktionen den Beschuldigten höchstpersönlich treffen.[526] Ähnlich vorsichtig wie *Barton* – von den Rechten und Interessen der Mandanten ausgehend abstellend auf die Erforderlichkeit von Qualitätsstandards – äußert sich *Krause*, der jedoch auf die weitgehenden Beurteilungsspielräume bei verteidigungsstrategischen Entscheidungen zu Recht hinweist.[527] *Schlecht* hingegen konstatiert im Schlusswort ihrer Dissertation:

> »An keiner Stelle der Untersuchung ließen sich Gesichtspunkte ausmachen, die es dem Mandanten in überdurchschnittlicher Weise erschweren würden, seinen Verteidiger für fehlerhaftes Verhalten auf zivilrechtlichem Wege zur Rechenschaft zu ziehen.«[528]

Angesichts der weit verbreiteten Tendenz, anders als im Arzthaftungsrecht keine Beweislastumkehr bei durchaus als grob zu nennenden Verteidigungsfehlern annehmen zu wollen, mag an der Richtigkeit dieser Aussage zu zweifeln sein. Und ob dem Ruf und dem Ansehen der verteidigenden Anwaltschaft mit dieser mangelnden Bereitschaft zur Verantwortlichkeit gedient wird, sollte zukünftig überdacht werden.

V. Verhaltensmaßregeln

148 Nach den oben beschriebenen Urteilen, insbesondere dem des OLG Nürnberg-Fürth, ist damit zu rechnen, dass es in Zukunft mehr Mandanten geben wird, die tatsächlich oder angeblich schlechte Verteidigerleistungen zum Zwecke des Schadensersatzes vor die Zivilgerichte tragen. Die Klagefreudigkeit wird auch in diesem Bereich zunehmen. Zudem wird – solange es, anders als in den USA,[529] u.a. keinen Revisionsgrund schlechter Verteidigung gibt und die strafrechtlichen Instanzen derartige Fehler selbst beheben – auch das Zivilrecht die Vorgaben der EMRK und des Erfordernisses effektiver Verteidigung zu berücksichtigen haben. Der italienische Staat ist – wie oben dargelegt – durch den EuGH verurteilt worden, weil seine Gerichte untätige Verteidiger nicht ersetzt

520 Dazu ausführlich m.w.N.: *Schlecht* Die zivilrechtliche Haftung des Strafverteidigers, 2006, 188 ff.
521 *Schlecht* Die zivilrechtliche Haftung des Strafverteidigers, 2006, 40 ff.
522 *Barton* Mindeststandards der Strafverteidigung, 1994, 281; *Köllner* ZAP Fach 23, 309 f.
523 Die Revisionen gegen das Urteil sind – nachdem sich die Parteien verglichen hatten – zurückgenommen worden.
524 *Barton* Mindeststandards der Strafverteidigung, 1994, 281.
525 *Schäfer* in: Mandant und Verteidiger: Symposium zum 60. Geburtstag von Prof. Dr. Egon Müller, 2000, 63 ff., (73 f.); *Zwiehoff* StV 1999, 555 ff. (559).
526 Vgl. *Schäfer* in: Mandant und Verteidiger: Symposium zum 60. Geburtstag von Prof. Dr. Egon Müller, 2000, 63 ff. (75).
527 *Krause* NStZ 2000, 225 ff. (234).
528 *Schlecht* Die zivilrechtliche Haftung des Strafverteidigers, 2006, 252.
529 133 Senatoren beider Parteien haben dem Kongress einen Gesetzesentwurf vorgelegt, dass in Verfahren mit möglicher Todesstrafe nur noch ausgewiesene erfahrene und qualifizierte Verteidiger tätig werden dürfen, CNN-News vom 08.03.2001.

und effektiver Verteidigung nicht Sorge getragen haben. Zivilrechtliche Schadensersatzansprüche ergeben sich nach unserer Rechtsordnung zwangsläufig aus solchen Fallkonstellationen, entweder gegen den Anwalt unmittelbar oder im Amtshaftungswege. Der praktizierende Verteidiger ist daher gut beraten, die für den Zivilanwalt geltenden Sorgfaltspflichten in gleicher Weise wahrzunehmen und umzusetzen. Und er sollte – in Wahrnehmung der ihm übertragenen besonderen und in der Regel existenziellen Verantwortung für den Mandanten – in seiner Pflichterfüllung zur Erbringung bestmöglicher Verteidigung[530] weit darüber hinausgehen.

J. Das Gesetz zur Modernisierung des Strafverfahrens

Am 12. Dezember 2019 trat das Gesetz zur Modernisierung des Strafverfahrens in Kraft. Ziel dieses Gesetzes ist vor allem die Verfahrensvereinfachung und -beschleunigung.[531] Für den Verteidiger maßgebliche Änderungen gab es bezüglich der Themen Befangenheit, Besetzung und Beweisantrag in der StPO. 149

I. Befangenheit

Missbräuchlich gestellte Befangenheitsanträge führten in der Vergangenheit regelmäßig zu Verfahrensverzögerungen. Mit den folgenden Änderungen soll dem entgegengewirkt werden. 150

Gemäß § 25 Abs. 1 S. 2 StPO muss das Ablehnungsgesuch nun unverzüglich angebracht werden, wenn die Besetzung des Gerichts nach § 222a Abs. 1 S. 2 StPO schon vor Beginn der Hauptverhandlung mitgeteilt wurde. Dadurch soll bei frühzeitiger Mitteilung der Besetzung schon vor Beginn der Hauptverhandlung die Bescheidung über Befangenheitsanträge ermöglicht werden. Im Fall eines begründeten Befangenheitsantrags kann das Gericht die Hauptverhandlung in geänderter Besetzung beginnen und so das teilweise Wiederholen der Beweisaufnahme gemäß § 29 Abs. 4 S. 1 StPO vermeiden.[532]

In § 29 Abs. 2 StPO wurde geregelt, dass die Hauptverhandlung bis zur Entscheidung über das Ablehnungsgesuch unter Teilnahme und Mitwirkung des abgelehnten Richters weitergeführt wird, da sie unaufschiebbar ist. Dabei muss die Entscheidung über das Ablehnungsgesuch spätestens vor Ablauf von zwei Wochen seit Anbringen des Gesuchs oder mit Eingang der schriftlichen Begründung getroffen werden, § 29 Abs. 3 StPO. Eine Verlängerung dieser Frist ist gemäß § 29 Abs. 3 S. 3 StPO möglich, wenn der übernächste Verhandlungstermin erst nach Ablauf von zwei Wochen stattfindet. Dann ist die Entscheidung bis zu dessen Beginn möglich.

Wird die Ablehnung für begründet erklärt und die Hauptverhandlung deshalb nicht ausgesetzt, so ist ihr nach der Anbringung des Ablehnungsgesuchs liegender Teil zu wiederholen, § 29 Abs. 4 S. 1. StPO. Eine Ausnahme hierfür statuiert § 29 Abs. 4 S. 2 für Teile der Hauptverhandlung, deren Wiederholung nicht oder nur mit unzumutbarem Aufwand möglich ist.

II. Besetzung

Der Einwand vorschriftswidriger Besetzung des Spruchkörpers konnte nach alter Rechtslage bis zu Beginn der Vernehmung des ersten Angeklagten zur Sache geltend gemacht werden.[533] Um diesen Besetzungseinwand vor der Hauptverhandlung geltend machen zu können, wurde in § 222b Abs. 1 S. 1 StPO eine einwöchige Frist hierfür ab Zustellung der Besetzungsmitteilung gemäß § 222a StPO gesetzt. Ist eine Besetzungsmitteilung nicht zugestellt worden, gilt die einwöchige Frist ab Bekanntmachung in der Hauptverhandlung, § 222b Abs. 1 S. 1 StPO. Dadurch sollen Urteilsaufhebungen aufgrund vorschriftswidriger Besetzung reduziert werden. Dieses Vorabentscheidungsverfahren ist 151

530 BGHSt 38, 345 ff. (350) – s.o. Fn. 1.
531 Vgl. BT-Drs. 19/14747, S. 16.
532 Vgl. BT-Drs. 19/14747, S. 21.
533 Vgl. BT-Drs. 19/14747, S. 29.

im Wesentlichen an das Revisionsverfahren angelehnt.[534] Die Entscheidung des Rechtsmittelgerichts ergeht ohne mündliche Verhandlung, § 222b Abs. 3 S. 2 StPO. Sie ist abschließend, wenn das Rechtsmittelgericht die Rüge verwirft. Sie kann dann nicht erneut als Revisionsgrund geltend gemacht werden.[535]

III. Beweisantrag

152 Durch Änderungen im Beweisantragsrecht soll den Gerichten der Umgang mit missbräuchlich gestellten Beweisanträgen durch Systematisierung erleichtert werden. Verhindert werden sollen Beweisersuchen mit dem Ziel der Prozessverschleppung.[536]

In § 244 Abs. 3 S. 1 StPO wurde der Begriff des Beweisantrags erstmals definiert, wobei die durch den Bundesgerichtshof entwickelte Begriffsbestimmung übernommen wurde[537]. Demnach liegt ein Beweisantrag vor, wenn der Antragsteller ernsthaft verlangt, Beweis über eine bestimmt behauptete konkrete Tatsache, die die Schuld- oder Rechtsfolgenfrage betrifft, durch ein bestimmt bezeichnetes Beweismittel zu erheben und dem Antrag zu entnehmen ist, weshalb das bezeichnete Beweismittel die behauptete Tatsache belegen können soll. Daraus folgt, dass ein Beweisersuchen mit dem Ziel der Prozessverschleppung kein Beweisantrag im Sinne des § 244 Abs. 3 S. 1 StPO ist. Gemäß § 244 Abs. 6 S. 2 StPO müssen solche Ersuchen nicht durch Gerichtsbeschluss beschieden werden. Hier wurden die in objektiver Sicht gesenkten Anforderungen an die Prozessverschleppungsabsicht in Anlehnung an die Rechtsprechung festgelegt.

IV. Fazit

153 Abzuwarten bleibt, ob diese vereinzelten Änderungen die Durchführung der Strafverfahren tatsächlich beschleunigen werden. Die Schaffung einer Vielzahl neuer Richterstellen wäre vermutlich zielführender. Nicht zur Verfahrensbeschleunigung, aber zur verbesserten Dokumentation der Hauptverhandlung sollte eine digitale Inhaltsdokumentation neben das Hauptverhandlungsprotokoll treten. Während der Bundestag den hierzu erarbeiteten Regierungsentwurf des Gesetzes zur digitalen Dokumentation der strafrechtlichen Hauptverhandlung[538] beschloss, überwies der Bundesrat den Beschluss bedauerlicherweise zur grundlegenden Überarbeitung in den Vermittlungsausschuss. Nach dem Entwurf sollte die Dokumentation durch eine Tonaufzeichnung erfolgen, die automatisiert in ein elektronisches Textdokument (Transkript) übertragen werden sollte. Zusätzlich sollte eine Bildaufzeichnung möglich sein[539]. Im Ergebnis hätte dies, was u. a. in Österreich bereits seit Jahren durchgeführt wird, zu einer viel besseren Dokumentation der Beweisergebnisse geführt und die Arbeit des Verteidigers deutlich verändert. Der Entwurf sollte einen Beitrag zum Nachhaltigkeitsziel 16 der Agenda 2030 der Vereinten Nationen leisten, der u.a. die Förderung von Rechtsstaatlichkeit verlangt[540].Bemerkenswert ist in diesem Zusammenhang die Ablehnung des Entwurfs auch durch die Generalstaatsanwälte, die erstaunlicherweise u.a. auf Datenschutzbedenken hinweisen.[541] Während der Gesetzesentwurf seitens der Anwaltschaft weitestgehend befürwortet wird, wird er

534 Vgl. BT-Drs. 19/14747, S. 29.
535 Vgl. BT-Drs. 19/14747, S. 31.
536 Vgl. BT-Drs. 19/14747, S. 33.
537 BGH, Besch. v. 20.07.2010 – 3 StR 218/10, StraFo 2010, 466.
538 Abrufbar unter https://www.bmj.de/SharedDocs/Gesetzgebungsverfahren/DE/2022_DokHVG_Hauptverhandlungsdokumentationsgesetz.html?nn=17874 (zuletzt abgerufen am 30.10.2023).
539 RegE-DokHVG S. 1.
540 RegE-DokHVG S. 1.
541 Spiegel 6/23 v. 03.02.2023.

seitens der Richterschaft nahezu durchgängig abgelehnt[542], worauf die Länder mit der ablehnenden Bundesratsentscheidung reagierten[543].

K. Ausblick: Der Unternehmensverteidiger

Aufgrund ihres Charakters als dogmatisches Novum im deutschen Strafrecht fällt es bereits schwer, die derzeit gesetzgeberisch geplante neue »Gattung« der Strafverteidigung im Rahmen dieses Beitrags thematisch unter eine der vorhandenen Überschriften zu fassen. Daher sollen die aktuellen Entwicklungen in einem kurzen Annex dargestellt werden 154

Die seit einigen Jahren aufkommenden Bestrebungen, ein Verbandsstrafrecht zu schaffen, das die strafrechtliche Sanktionierung von Unternehmen und anderen Verbänden ermöglicht, hatte sich in Form eines Gesetzesentwurfes konkretisiert, den der NRW-Justizminister auf den Weg brachte.[544] Der – in großen Teilen äußerst fragwürdige – Gesetzesentwurf mit allen seinen Ungereimtheiten dogmatischer und wirtschaftspolitischer Natur[545] kann hier nicht im Einzelnen dargestellt werden.[546] Letztendlich wurde der Entwurf nicht umgesetzt. Allerdings könnte ein Richtlinienvorschlag der EU-Kommission über den strafrechtlichen Schutz der Umwelt zu einer Verschärfung der Strafbarkeit von Unternehmen führen.[547] Der Entwurf sieht die Einführung neuer Tatbestandskategorien sowie u. a. eine konkrete Vorgabe von (Mindest-)Sanktionen für natürliche und juristische Personen vor.

Derzeit legt die EU-Richtlinie 2008/99/EG über den strafrechtlichen Schutz der Umwelt vom 19.11.2008 die gemeinsamen Mindeststandards im Bereich der Umweltkriminalität fest. Etwa zehn Jahre nach Erlass bewertete die Europäische Kommission die Richtlinie auf ihre Wirksamkeit, (Kosten-)Effizienz, Kohärenz mit anderen einschlägigen EU-Rechtsvorschriften und Maßnahmen und ihre am aktuellen Bedarf gemessene Relevanz.[548] Sie kam nach Konsultationen mit Interessenträgern und Experten zu dem Ergebnis, dass sie in der Praxis keine große Wirkung zeigte.[549] Die Zahl der Fälle von Umweltkriminalität, in denen erfolgreich ermittelt und verurteilt werden konnte, blieb sehr niedrig. Zudem waren die verhängten Sanktionen zu niedrig, um abschreckend zu wirken, und die grenzüberschreitende Zusammenarbeit wurde nicht systematisch verfolgt.[550]

Die Europäische Kommission beschloss aufgrund dieser Ergebnisse eine Überarbeitung der EU-Richtlinie 2008/99/EG und fügte dem entsprechenden Vorschlag an das Europäische Parlament und den Rat eine Mitteilung über die sechs politischen Ziele bei, die zu einer Behebung der Probleme führen soll:

---

542 https://www.bundestag.de/dokumente/textarchiv/2023/kw41-pa-recht-hauptverhandlungsdokumentation-969024 (zuletzt abgerufen am 30.10.2023).

543 https://dip.bundestag.de/vorgang/gesetz-zur-digitalen-dokumentation-der-strafgerichtlichen-hauptverhandlung-und-zur-%C3%A4nderung/300154?term=he%3Abr%20AND%20dr%3A603%2F23&f.typ=Vorgang&rows=25&pos=1&ctx=e (zuletzt abgerufen am 07.03.2024).

544 Entwurf eines Gesetzes zur Einführung der strafrechtlichen Verantwortlichkeit von Unternehmen und sonstigen Verbänden.

545 Beispielsweise kann die derzeit gängige sanierende Übertragung eines Unternehmens im Wege des sog. »Asset Deals« praktisch nicht mehr stattfinden, da der Investor die »Altlasten« des Unternehmens zwangsläufig mit übernimmt, was ein unkalkulierbares Risiko darstellen würde.

546 Inhaltliche Zusammenfassung von *Rübenstahl/Tsambikakis* ZWH 2014, 8–12; kritisch beispielsweise: Stellungnahme der BRAK 2013/09; Stellungnahme des Strafrechtsausschusses des DAV 54/2013; beispielhaft weiter: Grützner CCZ 2015, 56; von Hirsch NZWiSt 2016, 161; Schröder NZWiSt 2016, 452.

547 Abrufbar unter https://ec.europa.eu/commission/presscorner/detail/de/ip_21_6744 (nachfolgend »Richtlinienentwurf«).

548 Vgl. BR-Drs. 27/22, 9 ff., abrufbar unter https://www.bundesrat.de/SharedDocs/drucksachen/2022/0001-0100/27-22.pdf?__blob=publicationFile&v=1.

549 Vgl. BR-Drs. 27/22, 13.

550 Vgl. ebenda.

Die Wirksamkeit von Ermittlungen und Strafverfolgung soll

(1) durch eine Aktualisierung des Anwendungsbereichs der Richtlinie und die Einführung eines praktikablen Mechanismus verbessert werden, um die Richtlinie in Anbetracht des europäischen »green deals« auf dem neuesten Stand zu halten;
(2) durch Präzisierung und Streichung vager Begriffe in den Definitionen für Umweltkriminalität verbessert werden.
(3) Wirksame, abschreckende und verhältnismäßige Sanktionsarten und Strafmaßen für Umweltkriminalität sollen gewährleistet werden.
(4) Grenzüberschreitende Ermittlungen und Strafverfolgung sollen gefördert werden.
(5) Schließlich soll eine Verbesserung der fundierten Entscheidungsfindung über Umweltkriminalität durch eine verbesserte Erhebung und Kommunikation statistischer Daten erreicht werden und
(6) die operative Wirksamkeit nationaler Durchsetzungsketten zur Förderung von Aufdeckung, Ermittlungen, Strafverfolgung und Sanktionierung soll verbessert werden.[551]

Art. 3 des Richtlinienentwurfs (»Straftaten«) listet in den Buchst. a bis r alle Kategorien von Tatbeständen auf, bei denen die Mitgliedsstaaten künftig sicherstellen sollen, dass diese unter Strafe gestellt werden sollen, wenn sie rechtswidrig sind und vorsätzlich begangen werden. Der überwiegende Teil der Tatbestände soll auch – wie bisher – im Falle einer grob fahrlässigen Begehungsweise strafbar sein.[552] Entsprechend dem Verhältnismäßigkeitsgrundsatz Art. 5 IV EUV beschränken sich die Straftatbestände und Sanktionen auf schwere Verstöße gegen das Umweltrecht.[553]

Art. 4 des Entwurfs legt fest, dass auch eine Tatbeteiligung in Form der Anstiftung und Beihilfe sowie (teilweise) der Versuch einer Straftat sanktioniert werden sollen.

Während die aktuelle Richtlinie 2008/99/EG sich auf die Vorgabe beschränkte, dass die Mitgliedsstaaten sicherstellen sollten, dass »wirksame, abschreckende und angemessene« Sanktionen sowohl gegen natürliche wie juristische Personen verhängt werden können, geht der Richtlinienentwurf hier gleich mehrere Schritte weiter: Für die Sanktionierung natürlicher Personen werden für die Tatbestandskategorien Mindestvorgaben für (Freiheits-)Höchststrafen angeführt, z. B. ein Mindesthöchstmaß von zehn Jahren für den Fall, dass durch eine Umweltstraftat der Tod oder eine schwere Körperverletzung einer Person verursacht wurde oder werden könnte.[554] Beachtenswert sind die nach Art. 5 V Richtlinienentwurf vorgesehenen zusätzlichen Sanktionen oder Maßnahmen wie z. B. die Verpflichtung, den vorherigen Zustand der Umwelt innerhalb einer bestimmten Frist wiederherzustellen, der dauerhafte Ausschluss vom Zugang zu öffentlicher Finanzierung (Ausschreibungsverfahren, Beihilfen und Genehmigungen), Ausschluss von Führungsaufgaben und Ämtern usw.

In Bezug auf juristische Personen wird eine Verantwortlichkeit immer dann angenommen, wenn eine Umweltstraftat zu ihren Gunsten von einem Organ oder einer leitenden Person begangen wurde.[555] Die Sanktionsliste, die von den Mitgliedsstaaten ermöglicht werden soll, ist umfangreich: strafrechtliche und nichtstrafrechtliche Sanktionen; Verpflichtung, den vorherigen Zustand der Umwelt innerhalb einer bestimmten Frist wiederherzustellen; Ausschluss von öffentlichen Zuwendungen, Hilfen, Ausschreibungen; vorübergehender oder ständiger Ausschluss von Geschäftstätigkeiten; Entziehung von Genehmigungen und Zulassungen. Ferner ist die Anordnung einer richterlichen Aufsicht, die Eröffnung eines Liquidationsverfahrens sowie vorübergehende/endgültige Schließung von Einrichtungen zu ermöglichen. Letztlich soll auch die Verpflichtung zur Einrichtung von Systemen zur Erfüllung von Sorgfaltspflichten zur Verbesserung der Einhaltung von Umweltstandards

551 Vgl. BR-Drs. 27/22, 13 ff.
552 Art. 3 II Richtlinienentwurf, abrufbar unter https://ec.europa.eu/commission/presscorner/detail/de/ip_21_6744.
553 Zur Verhältnismäßigkeit BR-Drs. 27/22, 4 f.
554 Art. 5 Richtlinienentwurf.
555 Art. 6 Richtlinienentwurf.

und eine Veröffentlichung der gerichtlichen Entscheidung über die Sanktionen angeordnet werden können. In Bezug auf die Geldstrafen soll die Ahndung je nach Tatbestandskategorie ein Höchstmaß von mindestens 3 bis 5% des weltweiten Gesamtumsatzes betragen.[556]

Aus den Umweltstraftaten gezogene Gewinne sollen eingezogen werden können.[557]

Die Ansätze des Entwurfes finden sich damit im Wesentlichen bereits im deutschen Recht wieder, wenn auch nicht in der geforderten Intensität. Gänzlich neu zu regeln wäre die Anordnung einer richterlichen Aufsicht. Nicht nur mit Blick auf einen richterlichen Monitor ist fraglich, wie bzw. mit welchen finanziellen Mitteln eine effektive Durchsetzung der angedachten Vorgaben erfolgen soll.[558] In dem Vorschlag heißt es dazu: »Nationale Behörden werden zusätzliche personelle und materielle Ressourcen bereitstellen müssen (hauptsächlich in den Polizeibehörden und Staatsanwaltschaften, also den Stellen, die am häufigsten für die Ermittlungen und die Strafverfolgung von Umweltkriminalität zuständig sind).«[559] Hinzukommen sollen umfangreiche Pflichten zur Datenerhebung, die einen erheblichen Verwaltungsaufwand verursachen würden.[560] Neben dem erhöhten Kostenaufwand für die öffentliche Hand geht der Entwurf auch von einem stärkeren Druck gerade auf KMU aus. Ihre Möglichkeiten, Bußgelder zu zahlen und/oder Rechtsberatung in Anspruch zu nehmen und Sorgfaltsprüfungen durchzuführen, seien gegenüber EU-Unternehmen geringer.[561]

Die deutliche Forderung nach einer Unternehmensverantwortlichkeit durch die europäische Kommission mag der Diskussion über ein deutsches Unternehmensstrafrecht neuen Wind geben.[562] Im Koalitionsvertrag heißt es dazu, man überarbeite »die Vorschriften der Unternehmenssanktionen einschließlich der Sanktionshöhe, um die Rechtssicherheit von Unternehmen im Hinblick auf Compliance-Pflichten zu verbessern und für interne Untersuchungen einen präzisen Rechtsrahmen zu schaffen.«[563] Strafrecht sei »immer nur Ultima Ratio«.[564] Ob eine Überarbeitung der bereits bekannten Entwürfe zum Unternehmensstrafrecht aus der letzten Legislaturperiode erfolgen soll oder insoweit eine Reform des bestehenden Ordnungswidrigkeitenrecht erfolgen soll, bleibt offen. Der Koalitionsvertrag bleibt – wie in vielen Punkten – Details schuldig. Der als Sanierer, Restrukturierer, Verwalter, Verteidiger oder strafrechtlicher unternehmensberatende Anwalt muss die Entwicklung weiter im Auge behalten, wenn er seiner Beratungs- oder Verteidigungsaufgabe umfassend nachkommen will. Zwar sind die Wege der EU-Gesetzgebung langatmig und häufig verschlungen aufgrund der zahlreichen Beteiligten und ihren Interessenlagen, aber oft setzen sich Entwicklungen durch, die für die Rechtspraxis dann doch überraschend kommen. Zudem sollten die nationalen Interessenverbände dieser Berufsgruppen ihre Brüsseler Vertretungen aktivieren, um diese Gesetzgebung sinnvoll zu begleiten.[565]

556 Art. 7 Richtlinienentwurf.

557 Art. 10 Richtlinienentwurf.

558 *Köllner/Otto*: Strafrechtliche Durchsetzung des »Green Deal«, NZI 2022, 602, 604.

559 Vgl. BR-Drs. 27/22, 17.

560 Vgl. BR-Drs. 27/22, 17, 20.

561 Vgl. BR-Drs. 27/22, 17.

562 In einem Interview im Handelsblatt v. 26.5.2022 erklärt Bundesjustizminister Buschmann (FDP), Unternehmenssanktionierung solle im Bereich des Ordnungswidrigkeitenrechts verändert werden.

563 Vgl. Koalitionsvertrag 2021 bis 2025 zwischen Sozialdemokratischen Partei Deutschlands (SPD), Bündnis 90/Die Grünen und den Freien Demokraten (FDP), S. 88.

564 Koalitionsvertrag 2021 bis 2025, S. 84.

565 *Köllner/Otto*: Strafrechtliche Durchsetzung des »Green Deal«, NZI 2022, 602, 605.

Abschnitt 1 Verteidigung in 1. Instanz

Kapitel 1 Verteidigung im Ermittlungsverfahren

Übersicht

A. Vorbemerkungen

1 Ging die Strafprozessordnung aus dem Jahr 1877 noch von der untergeordneten, vorbereitenden Funktion des Ermittlungsverfahrens[1] aus und betrachtete die Hauptverhandlung als »Kernstück und Höhepunkt« des gesamten Strafprozesses,[2] so haben sich die Polaritäten zugunsten der Bedeu-

1 Vgl. nur *Richter II* NJW 1981, 1820 (1822).
2 Vgl. nur *Roxin/Schünemann* § 39 Rn. 1; *Schroeder* ROW 1969, 193.

tung des Ermittlungsverfahrens verschoben.[3] Es ist dieses insbesondere das Verdienst von *Peters*, der durch seine richtungweisende Untersuchung über die Fehlerquellen im Strafprozess diese Einschätzung ermöglichte.[4] *Peters* hat die **»weichenstellende Funktion«** des **Ermittlungsverfahrens** für den gesamten folgenden Strafprozess herausgearbeitet.[5] Seitdem ist die urteilsprägende Kraft des Vorverfahrens[6] für den gesamten Strafprozess unbestritten.[7]

2 Trotz dieser zentralen Rolle ist das Ermittlungsverfahren (fast) gänzlich in die Hand der StA gelegt.[8] Mitwirkungsrechte des Beschuldigten und seines Verteidigers sind de lege lata beschränkt.[9] Die langjährige Diskussion über die Forderungen verbesserte Einfluss- und Mitwirkungsrechte der Verteidigung im Ermittlungsverfahren[10] ist durch einen *Diskussionsentwurf für eine Reform des Strafverfahrens*[11] neu entfacht worden. Die langjährigen Forderungen nach verbesserten Einfluss- und Mitwirkungsrechte[12] wurden nicht umgesetzt. Das *Gesetz zur Änderung des Untersuchungshaftrechts* vom 29.07.2009 beseitigt zwar einen gravierenden Missstand im Rahmen der Rechtsstellung inhaftierter und einstweilig untergebrachter Beschuldigter[13] indem durch Änderung des § 140 Abs. 1 Ziff. 4 StPO bei Vollzug der Untersuchungshaft oder Unterbringung ein Pflichtverteidiger beizuordnen ist. Weitergehende Forderungen wurden allerdings zunächst nicht Gesetz und auch die Umsetzung der Beiordnungsverpflichtung in der Praxis war teils unzureichend, da die Beiordnung des Pflichtverteidigers erst erfolgte, wenn die »Messe gelesen« war, d.h., die Vernehmung durch die Polizei oder sogar den Ermittlungsrichter bereits erfolgt gewesen ist.[14] An dieser unerträglichen Situation hat erst das *Gesetz zur Neuregelung des Rechts der notwendigen Verteidigung* vom 10.12.2019 etwas geändert. Mit § 136 Abs. 1 S. 5 StPO wurde eine Belehrungspflicht des Beschuldigten über sein Antragsrecht auf Beiordnung eines Pflichtverteidigers eingeführt und der Zeitpunkt der Beiordnung eines Pflichtverteidigers gemäß § 141 StPO vorverlagert.[15]

Gerade deshalb sind jedoch – angesichts der bestehenden Gesetzeslage – fundierte Kenntnisse über die Einflussmöglichkeiten des Verteidigers im Ermittlungsverfahren unumgänglich. Eine Verteidigung lege artis hat bereits im Vorverfahren zu beginnen, und zwar mit dem Ziel der Vermeidung (!)

3 So schon *Rückel* FG Peters [1984], 267; *Wolter* Aspekte einer Strafprozessreform bis 2007, 1991, 53 ff., 56.
4 So auch *Bosbach/Ackermann/Caba* Ermittlungsverfahren, Einl.
5 *Peters* Fehlerquellen, Bd. II, 195: »Wie das Hauptverfahren ausgeht, wie die Hauptverhandlung abläuft und wie das Urteil ausfällt, ist weitgehend durch das Vorverfahren bestimmt« und »Fehler und Mängel des Ermittlungsverfahrens sind in aller Regel in der Hauptverhandlung nicht mehr zu beseitigen«.
6 *Dahs* Taschenbuch, Rn. 172; *ders.* Handbuch, Rn. 234.
7 Vgl. nur *Bosbach/Ackermann/Caba* Ermittlungsverfahren, Einl. m.w.N.; ebenso *Schlothauer/Weider* StV 2004, 504 f. unter Hinweis auf »Mechanismen des richterlichen Wahrnehmungsprozesses« und der deshalb erforderlichen frühzeitigen Einflussnahme der Verteidigung auf den Akteninhalt.
8 Meyer-Goßner/*Schmitt* Einl. Rn. 60.
9 *Rieß* in: FS Schäfer [1980], 207 f., wendet sich gegen die »Vorenthaltung effektiver Verteidigungsmöglichkeiten im Ermittlungsverfahren«; vgl. auch *König* in: Strafverteidigervereinigung [Hrsg.] Reform oder Roll-Back? Weichenstellung für das Straf- und Strafprozessrecht, 1997, 133 ff., zu Reformmöglichkeiten hinsichtlich einer verbesserten Stellung der Verteidigung im Ermittlungsverfahren.
10 Vgl. die Darstellung von *Schlothauer/Weider* StV 2004, 504 (505) m.w.N.
11 Vgl. den »Diskussionsentwurf für eine Reform des Strafverfahrens« der Fraktionen der SPD und Bündnis 90/Die Grünen des Deutschen Bundestages und des Bundesministeriums der Justiz, StV 2004, 228 ff.; *Schlothauer/Weider* StV 2004, 504 ff. haben die intendierten Änderungen einer eingehenden »Kosten-Nutzen-Rechnung« unterzogen.
12 So auch die Einschätzung von *Schlothauer/Weider* StV 2004, 504 ff.
13 So auch *BRAK* Stellungnahme 16/2010, StV 2010, 544 ff.
14 Vgl. hierzu auch die *Gemeinsame Empfehlungen der Strafverteidigervereinigungen zur Praxis der Beiordnung von notwendigen Verteidigern am dem 01.01.2010*, StV 2010, 109 f.; vgl. auch den erneuten Versuch der Belebung der Diskussion: *Strafverteidigervereinigungen*, Bremer Erklärung: Rechtspolitische Forderungen des 41. Strafverteidigertages.
15 Vgl. hierzu *BRAK-Stellungnahme* 21/2019.

einer Hauptverhandlung.[16] Bereits die Durchführung eines Ermittlungsverfahrens birgt negative, stigmatisierende Wirkungen für den Beschuldigten. Weiterreichende negative Folgen durch die Erhebung der Anklage oder die Durchführung einer Hauptverhandlung sind – wenn möglich – durch den Verteidiger bereits im frühestmöglichen Stadium zu vermeiden. Der Verteidiger hat mit allen rechtlich zulässigen Mitteln auf die Einstellung des Verfahrens hinzuwirken. In jedem Fall hat der Verteidiger – sollte eine Beendigung des Strafverfahrens durch frühzeitige Einstellung nicht in Betracht kommen – das Verfahren in solche Bahnen zu lenken, dass – für den Fall der Anklageerhebung – eine optimale Ausgangsposition der Verteidigung im Zwischen- und Hauptverfahren geschaffen ist.[17] Der Verteidiger hat schon in dieser Phase des Verfahrens sämtliche formellen und informellen Einwirkungsmöglichkeiten zugunsten seines Mandanten auszuschöpfen.

B. Mandatsübernahme

I. Werbung

Seit In-Kraft-Treten der neuen BRAO am 02.09.1994 ist gem. § 43b BRAO ein besonderer Anlass für Anwaltswerbung nicht mehr erforderlich.[18] Die umstrittene Frage der **Zulässigkeit anwaltlicher Werbung**[19] wurde durch den Gesetzgeber dahingehend gelöst, dass der Rechtsanwalt »über seine berufliche Tätigkeit in Form und Inhalt sachlich« unterrichten darf und sofern die Werbung »nicht auf die Erteilung eines Auftrags im Einzelfall gerichtet ist«. Die »Besonderen Berufspflichten im Zusammenhang mit der Werbung« regeln nunmehr die §§ 6–10 BORA. 3

Als eine zulässige Information der Öffentlichkeit ist insbesondere die gemäß § 43c BRAO[20] genehmigte Führung der Bezeichnung **Fachanwalt für Strafrecht** zu nennen.[21] Auch der Hinweis »Strafverteidi*gung*« stellt eine zulässige Information über den Teilbereich der Berufstätigkeit dar[22] während die Führung der Bezeichnung »Strafverteidi*ger*« aufgrund der damit verbundenen (suggerierten) Qualifikation eine unzulässige Wettbewerbsverletzung darstellen soll.[23] 4

Die Benennung von **Teilbereichen der Berufstätigkeit** ist gem. § 7 BORA ausdrücklich zulässig.[24] Der Rechtsanwalt muss diese Angaben durch entsprechende Kenntnisse, die »in der Ausbildung, durch Berufstätigkeit, Veröffentlichungen oder in sonstiger Weise erworben wurden«, nachweisen (§ 7 Abs. 1 S. 1 BORA). »Qualifizierende Zusätze« dürfen nur dann verwendet werden, wenn der Rechtsanwalt zudem »über entsprechende theoretische Kenntnisse verfügt und auf dem benannten Gebiet in erheblichem Umfang tätig gewesen ist« (§ 7 Abs. 1 S. 2 BORA). Eine Verwechselungsgefahr mit den Fachanwaltsbezeichnungen darf durch die Benennung nicht gegeben sein und sie darf auch in sonstiger Weise nicht »irreführend« sein (§ 7 Abs. 2 BORA). 5

Das Überlassen von (Blanko-)Vollmachtsformularen (sog. »**Stapelvollmachten**«) und von Visitenkarten (»Stapelvisitenkarten«) zum Zweck der Mandatsgewinnung ist grundsätzlich untersagt.[25] Auch das Versprechen entgegen § 49b Abs. 1 BRAO von Gebühren abzusehen, »wenn zwei bis drei 6

16 Diese Aufgabe und Funktion des Verteidigers im Ermittlungsverfahren stellt *Dahs* Handbuch, Rn. 246, eindeutig in den Vordergrund.

17 Vgl. *Dahs* Handbuch, Rn. 246.

18 OLG Hamm AnwBl 1996, 470 f.

19 Vgl. zur Anwaltswerbung nach der neuen BORA und FAO *Ring* AnwBl 1998, 57 ff.

20 Vgl. ferner die FAO in der Fassung vom 01.10.2023.

21 Ausführlich *Ring* AnwBl 1998, 57 (62).

22 Vgl. OLG Karlsruhe AnwBl 1992, 390; BGH NJW 1994, 2284; vgl. auch *Hartung/Scharmer/v. Lewinski* § 7 BORA Rn. 25 ff.; allerdings ist die Nennung gem. § 7 Abs. 1 S. 2, 3 BORA nur zulässig, wenn entsprechende Kenntnisse nachgewiesen sind.

23 LG Freiburg BRAK-Mitt. 1990, 185; BGH NJW 1992, 45; OLG Karlsruhe NJW 1991, 2091.

24 Vgl. zu der Nennung von Interessens- und Tätigkeitsschwerpunkten nach § 7 BORA a.F.: *Ring* AnwBl 1998, 57, 59 ff.; vgl. auch BGH AnwBl 1996, 233 f.

25 *Hartung/Scharmer/v. Lewinski* § 6 BORA Rn. 207.

lukrative Mandate vermittelt werden«, stellt einen Verstoß gegen wettbewerbs- und standesrechtliche Vorgaben dar (Provisionsverbot; § 49b Abs. 3 S. 1 BRAO).[26]

II. Mandatsanbahnung und Strafprozessvollmacht

7 Hinsichtlich der zulässigen **Mandatsanbahnung** ist von dem unumstößlichen Grundsatz auszugehen, dass »der Mandant auf den Verteidiger zugeht und nicht umgekehrt«.[27] Dieser Grundsatz sollte sich schon von selbst verstehen, ergibt sich jedoch zudem aus dem Verbot gezielter Mandatswerbung, § 43b BRAO.

Der Verteidiger kann den Auftrag zur Verteidigung direkt vom Beschuldigten, von einem Dritten und durch das Gericht (Beiordnung als Pflichtverteidiger) erlangen.[28]

8 Im Fall der **Beauftragung durch** einen **Dritten** bestehen grundsätzlich keine Bedenken, wenn der Auftrag durch die Rechtsschutzversicherung erfolgt. Bei Beauftragung durch nahe Angehörige oder »sonstige Dritte« ist immer die Motivation der Auftraggeber zu überprüfen. Eine Mandatsübernahme in Fällen, in denen der Auftraggeber ein Eigeninteresse an der Verteidigung hat, ist jedoch immer dann unproblematisch, wenn trotz der nicht uneigennützigen Motivation des Dritten den Interessen des Beschuldigten unbedingter Vorrang eingeräumt wird und der Dritte davon durch den Verteidiger in Kenntnis gesetzt wird.[29] Eine Mandatssteuerung durch Dritte sollte sich der Verteidiger in jedem Fall verbieten.

Nimmt der Rechtsanwalt den Auftrag zur Verteidigung nicht an, so hat er dieses gem. § 44 S. 1 BRAO dem Antragenden unverzüglich anzuzeigen. Der *Strafrechtsausschuss der Bundesrechtsanwaltskammer* geht hierüber noch hinaus und verlangt auch die unverzügliche Erklärung der Annahme des angetragenen Mandats.[30] Dieser Forderung ist mit Blick auf das Interesse des Beschuldigten, so rasch wie möglich einen Verteidiger zu wählen, zuzustimmen, wobei selbstredend dem Verteidiger eine angemessene Bedenkzeit einzuräumen ist. Dem (Wahl-) Verteidiger steht es in jedem Fall frei, ein Mandat anzunehmen oder abzulehnen.[31]

Ein Mandatsablehnungsschreiben an den Mandanten kann wie folgt lauten:

▶ Mandatsablehnungsschreiben

9 **Klaus Mustermann**

– Rechtsanwalt –

Musterstraße 11

56789 Musterstadt

Sehr geehrter Herr Müller,

ich habe Ihr Schreiben vom 06.11.2023

dankend erhalten.

26 BGH JurBüro 1980, 1649; *Feuerich/Weyland* BRAO § 49b Rn. 20.

27 So auch *Bosbach/Ackermann/Caba* Ermittlungsverfahren Rn. 24; von (literarischem) Interesse ist die Darstellung von *Dershowitz* Ein Spiel mit dem Teufel, 1997, 41: »… Flüchtig hatte er sogar daran gedacht, ihn selbst (Anm.: den Beschuldigten) anzurufen, dann aber schließlich doch beschlossen, es nicht zu tun, weil er kein Anwalt von der Sorte werden wollte, der einem Mandanten nachläuft«.

28 Die Problematik der Beiordnung als Pflichtverteidiger soll an dieser Stelle noch etwas zurückgestellt werden; vgl. hierzu insbes. *Lang/Gabler* Kap. 4 Rdn. 3 ff.

29 Vgl. insofern Strafrechtsausschuss der Bundesrechtsanwaltskammer Thesen zur Strafverteidigung, 2015, These 71 »Vergütungszahlung durch Dritte«.

30 Thesen zur Strafverteidigung, 2015, These 3.

31 Thesen zur Strafverteidigung, 2015, These 5; *Burhoff* Ermittlungsverfahren, Rn. 3646.

Zu meinem Bedauern muss ich Ihnen mitteilen, dass ich aus rechtlichen Gründen daran gehindert bin, Sie in dem gegen Sie gerichteten Ermittlungsverfahren der Staatsanwaltschaft Regensburg, zu vertreten. Ich vertrete bereits einen Mitbeschuldigten.[32]

§ 146 StPO verbietet mir die Verteidigung eines (weiteren) Mitbeschuldigten. Damit sollen Interessenskollisionen von vornherein vermieden werden. Ob ein solcher Interessenskonflikt tatsächlich besteht, ist dabei unerheblich.

Ich muss Sie deshalb bitten, sich wegen Ihrer Verteidigung an einen anderen Kollegen zu wenden.

Mit freundlichen Grüßen

Rechtsanwalt

Zivilrechtlich kommt durch die Annahme des Mandats zwischen dem Rechtsanwalt als (Wahl-) Verteidiger und dem Mandanten ein Dienstvertrag gemäß § 611 BGB zustande, dessen Gegenstand eine Geschäftsbesorgung i.S.d. § 675 BGB ist.[33] Somit finden die einschlägigen bürgerlich-rechtlichen Vorschriften Anwendung.

Mithin liegt in den Fällen, in denen der Beschuldigte gegenüber den Strafverfolgungsbehörden erklärt hat: »Mein Verteidiger ist Rechtsanwalt XYZ«, ohne dass der Anwalt hiervon Kenntnis hat, gerade noch keine wirksame Bevollmächtigung vor. Hierin ist jedoch ein Angebot zu erblicken, welches der Anwalt selbstredend annehmen kann. In jedem Fall sollte der Beschuldigte unverzüglich kontaktiert werden, um das weitere Prozedere zu besprechen.[34]

Hat der Verteidiger das an ihn herangetragene Mandat übernommen, sollte er die Mandatsannahme dem Mandanten nochmals schriftlich bestätigen. Ein solches Bestätigungsschreiben könnte wie folgt lauten:

▶ Bestätigungsschreiben

Klaus Mustermann 10

– Rechtsanwalt –

Musterstraße 11

56789 Musterstadt

Sehr geehrter Herr Müller,

ich bestätige Ihnen hiermit die Annahme des mir angetragenen Mandats. In Anlage übersende ich Ihnen drei auf mich lautende Strafprozessvollmachten. Bitte senden Sie sämtliche Formulare unterschrieben an mich zurück. Ein Exemplar werde ich im Original zur Verfahrensakte geben, ein weiteres benötige ich zur Legitimation gegenüber der Justizvollzugsanstalt und das dritte ist für meine Handakte bestimmt.

Sobald mir die Vollmachten vorliegen werde ich mich als Ihr Verteidiger in diesem Verfahren bestellen und Akteneinsicht beantragen.

Mit freundlichen Grüßen

Rechtsanwalt

32 Vgl. zu den verschiedenen Hinderungsgründen, die einer Mandatsannahme entgegenstehen können KMR/***Hiebl*** vor § 137 Rn. 70 ff.

33 *Burhoff* Ermittlungsverfahren Rn. 3644; LR/*Lüderssen/Jahn* vor § 137 Rn. 33 ff.; Meyer-Goßner/*Schmitt* vor § 137 Rn. 4.

34 Ebenso *Burhoff* Ermittlungsverfahren, Rn. 3645; insbesondere in Fällen, in denen die Übernahme abgelehnt wird, § 44 BRAO.

11 Der Verteidigungs-Vertrag zwischen dem Mandanten und dem Verteidiger kommt durch die Annahme des Angebotes zustande (§ 151 BGB). Einer besonderen Form bedarf es für die Beauftragung nicht.[35] Insbesondere ist eine schriftliche Vollmacht nicht konstitutiv.[36] Bestehen jedoch im Einzelfall Zweifel an der Bevollmächtigung, kann die Vorlage einer Vollmachtsurkunde verlangt werden.[37] Schon aus diesem Grund und zum Nachweis des Umfangs seiner Befugnisse sollte sich der Verteidiger durch den Beschuldigten eine **Strafprozessvollmacht** unterzeichnen lassen. Es ist zweckmäßig sich direkt drei Exemplare unterschreiben zu lassen.[38] Ein Exemplar für die Verfahrensakte, eines (ggf.) für die Haftanstalt[39] und ein weiteres zum Verbleib in der eigenen Handakte um ggfs. benötigte Kopien fertigen zu können.

Die durch die Formularverlage angebotenen (allgemeinen) Vollmachtsformulare erfüllen ihren Zweck als *Strafprozess*vollmacht lediglich unzureichend.

Bewährt hat sich nachfolgendes Vollmachtsformular:[40]

▶ Strafprozessvollmacht

12 Den Rechtsanwälten

Rechtsanwalt I,

Rechtsanwalt II,

Rechtsanwalt III

Musterstraße Straße 11, 56789 Musterstadt

Tel: (0941) 28073550, Fax: (0941) 28073549

wird hiermit Vollmacht erteilt in der Strafsache – Ordnungswidrigkeitensache – in dem Ermittlungsverfahren

gegen …

wegen …

zu meiner Verteidigung bzw. Vertretung in allen Instanzen, auch bei meiner Abwesenheit.

Die Vollmacht gewährt unter Anerkennung aller gesetzlichen Befugnisse nach der Strafprozessordnung und dem OWiG das Recht

1. Strafantrag, Privat-, Neben-, Widerklage zu stellen und zurückzunehmen,
2. in öffentlichen Sitzungen aufzutreten,
3. in allen Instanzen als Verteidiger und Vertreter zu handeln,
4. Untervollmacht – auch im Sinne des § 139 StPO – zu erteilen,
5. Rechtsmittel einzulegen, zurückzunehmen oder auf solche zu verzichten,
6. Anträge auf Wiedereinsetzung, Wiederaufnahme des Verfahrens, Haftentlassung, Strafaussetzung, Kostenfestsetzung und andere Anträge zu stellen und zurückzunehmen,
7. Zustellungen aller Art, namentlich auch solcher von Beschlüssen, Urteilen und Ladungen mit rechtlicher Wirkung in Empfang zu nehmen,
8. Gelder, Wertsachen, Kosten, Bußzahlungen, Kautionen etc. mit rechtlicher Wirkung in Empfang zu nehmen und Quittungen zu erteilen,
9. den Antrag auf Entbindung von der Verpflichtung zum Erscheinen in der Hauptverhandlung zu stellen und zurückzunehmen,

35 OLG Hamm AnwBl 1981, 31; LG Hagen StV 1983, 145; BGH NStZ 1990, 44.
36 BGH NStZ 1990, 44; *Kaiser* NJW 1982, 1367 ff.; Meyer-Goßner/*Schmitt* vor § 137 Rn. 9.
37 OLG Hamm AnwBl 1981, 31; LG Hagen StV 1983, 145; Meyer-Goßner/*Schmitt* vor § 137 Rn. 9.
38 So auch *Bosbach/Ackermann/Caba* Ermittlungsverfahren, Rn. 27.
39 Durch Vorlage der Strafprozessvollmacht wird das Verteidigungsverhältnis gegenüber dieser bekannt gemacht und es ist geschlossener Briefverkehr gem. § 148 StPO zu gewähren.
40 Nach *Bosbach/Ackermann/Caba* Ermittlungsverfahren, Rn. 29.

10. die Vertretung im Verfahren nach dem StrEG durchzuführen.

..., den

Unterschrift

Ist die Bestellung des Verteidigers durch Vorlage einer schriftlichen Vollmacht aktenkundig, so gilt der Verteidiger gem. § 145a Abs. 1 StPO als ermächtigt, Zustellungen und sonstige Mitteilungen für den Beschuldigten in Empfang zu nehmen.[41] Zumindest erhält der Verteidiger gem. § 145a Abs. 3 StPO von Zustellungen an den Beschuldigten eine Abschrift.[42] Aufgrund dieser gesetzlichen Zustellungsvollmacht ist ein Vollmachtsexemplar zur Verfahrensakte zu geben. Da das Gesetz zur wirksamen Bevollmächtigung des Verteidigers eine schriftliche Vollmachtsurkunde nicht verlangt,[43] reicht es für die Aktenkundigkeit mit Blick auf § 145a StPO aus, wenn die Bevollmächtigung mündlich erklärt wird und im Sitzungsprotokoll protokolliert wird.[44] 13

▶ Beachte

Empfehlenswert ist in jedem Fall die Aufnahme einer besonderen *Vertretungs*vollmacht für die Vertretung des abwesenden Angeklagten (§§ 234, 329 Abs. 1 StPO) sowie die ausdrückliche Unterbevollmächtigung – auch gem. § 139 StPO (Referendare) – in das Vollmachtsformular. 14

Problematisch ist die ausdrückliche Ermächtigung des Verteidigers Ladungen für den Beschuldigten mit rechtlicher Wirkung in Empfang zu nehmen (§ 145a Abs. 2 StPO). Die Nichtbefolgung der Ladung ist für den Beschuldigten mit enormen Konsequenzen verbunden. Gem. § 230 Abs. 2 StPO kann die Vorführung des ausgebliebenen Angeklagten angeordnet werden oder sogar ein Haftbefehl erlassen werden, sofern das Ausbleiben des Angeklagten nicht genügend entschuldigt ist. Ebenso droht bei Nichterscheinen gem. § 329 Abs. 1 S. 1 StPO in Berufungsverfahren und gem. § 412 StPO im Verfahren nach Einspruch gegen einen Strafbefehl die Verwerfung, wenn der Angeklagte unentschuldigt – trotz Ladung – nicht erscheint. 15

▶ Beachte

Trotz dieser weitreichenden Folgen kann der Mandant auch ein Interesse daran haben, dass sein Verteidiger zur Entgegennahme von Ladungen ermächtigt ist. In diesem Fall braucht er nämlich seinen aktuellen Aufenthaltsort nicht preiszugeben. Mithin sind im konkreten Fall »Für und Wider« abzuwägen.

In keinem Fall darf die schriftliche Vollmacht mit einer möglichen Vergütungsvereinbarung verknüpft werden, § 4 Abs. 1 S. 1 RVG.[45] 16

III. Mandatsanbahnung bei inhaftierten Mandanten

Die bereits dargestellten Grundsätze gelten selbstredend auch bei inhaftierten Mandanten. Insbesondere das Verbot auf den Beschuldigten zuzugehen, bevor dem Anwalt ein Mandat angetragen worden ist, gilt auch hier. »Stapelvollmachten« und Zusagen der unentgeltlichen Verteidigung (Verstoß gegen § 49b Abs. 1 S. 1 BRAO) bei weitergehender Mandatsvermittlung sind unzulässige (!) Praxis 17

41 Diese gesetzliche Zustellungsvollmacht besteht auch gegen den Willen des Beschuldigten; Meyer-Goßner/*Schmitt* § 145a Rn. 2; BayObLGSt 69, 110; vgl. zu § 145a StPO auch *Bockemühl* StV 2011, 87 ff.

42 Vgl. zur Problematik der fehlenden Unterrichtung des Verteidigers *Bockemühl* StV 2011, 87 ff.; LR-*Jahn*, § 145a Rn. 2.

43 Meyer-Goßner/*Schmitt* vor § 137 Rn. 9 m.w.N.; *Burhoff* Ermittlungsverfahren, Rn. 4230; nur wenn im Einzelfall Zweifel an der Bevollmächtigung bestehen, kann die Vorlage einer schriftlichen Vollmachts*urkunde* verlangt werden, Meyer-Goßner/*Schmitt* vor § 137 Rn. 9 m.w.N.

44 Meyer-Goßner/*Schmitt* § 145a Rn. 9.

45 *Burhoff* Ermittlungsverfahren Rn. 2309; Gerold/Schmidt/v. Eicken/*Madert*/Müller-Rabe § 3a Rn. 15.

in den Justizvollzugsanstalten. Ein Verteidiger, der etwas auf sich hält, sollte sich solcher Praktiken ausnahmslos enthalten. Auch hier gilt, dass Qualität und die damit verbundene »Mund-zu-Mund-Propaganda« die beste (zulässige) »Werbung« darstellt.

18 Wird der Verteidiger aus der Haft heraus durch einen Beschuldigten angeschrieben, so ist zu differenzieren. Enthält das Schreiben bereits eine schriftliche Vollmacht, so kann der Rechtsanwalt durch ausdrückliche oder konkludente Annahme den Antrag zu einem vollwirksamen Verteidigungsverhältnis erstarken lassen. In diesem Fall bedarf es für den Besuch des Mandanten in der Haft keines sog. Sprechscheins. Der Verteidiger kann sich bereits durch eine Vollmacht an der Pforte der Justizvollzugsanstalt legitimieren.

Wird der Rechtsanwalt hingegen durch den Beschuldigten oder einen Dritten gebeten, den Beschuldigten in der Haft aufzusuchen, um die Übernahme des Mandats zu besprechen, so handelt es sich um ein sog. Mandatsanbahnungsgespräch. Der Verteidiger bedarf in diesen Fällen eines **Sprechscheins**, da das Verteidigerverhältnis erst mit Annahme des angetragenen Mandats entsteht.[46] Schriftverkehr mit dem angehenden Mandanten darf folgerichtig auch nicht als »Verteidigerpost« tituliert werden und genießt mithin auch nicht das Verteidigerprivileg nach § 148 StPO.[47]

▶ **Beachte**

Es kann sich jedoch anbieten, diese Post an den möglichen Mandanten, durch Anbringen eines entsprechenden Aufklebers auf dem Briefumschlag als »Mandatsanbahnungspost« zu markieren, da die zuständigen Stellen (StA oder Ermittlungsrichter) diese Post häufig schneller kontrollieren und schneller weiterleiten.

In vielen (größeren) Haftanstalten reicht mittlerweile die durch den Beschuldigten an den Rechtsanwalt übersandte »Karte« mit der Bitte um einen Besuch als »Sprechscheinersatz« aus. Ansonsten ist der Sprechschein bei der zuständigen StA oder dem zuständigen Ermittlungsrichter zu beantragen. Es ist hier durchaus hilfreich zuvor bei der Haftanstalt anzurufen und das entsprechende Aktenzeichen zu erfragen. Um dem berechtigten Interesse des Beschuldigten auf ein schnelles Gespräch gerecht zu werden, empfiehlt es sich den Sprechschein per Telefax anzufordern, verbunden mit der Bitte diesen entweder direkt an den Anwalt oder zur Pforte der entsprechenden Haftanstalt zu faxen. Ein solches Schreiben könnte folgenden Inhalt haben:

▶ **Sprechscheinsantrag**

19 Klaus Mustermann

– Rechtsanwalt –

Musterstr. 11

56789 Musterstadt

Staatsanwaltschaft Regensburg

Kumpfmühler Straße 4

93047 Regensburg

per Fax (0941) 2003–248

Eilt! Bitte sofort vorlegen

Musterstadt, den 27.08.2023

Az. 66 Js 0815/23

46 Vgl. z.B. KG StV 1985, 405; KK/*Laufhütte/Willnow* § 148 Rn. 5.

47 Es empfiehlt sich allerdings die Schreiben im Vorfeld als **Mandatsanbahnungspost** zu bezeichnen.

In dem Ermittlungsverfahren

gegen

Müller, Julius
wegen des Verdachts der Untreue

wurde der Unterfertigte durch den Beschuldigten/den Bruder des Beschuldigten gebeten diesen zum Zwecke eines Mandatsanbahnungsgespräches in der JVA Regensburg aufzusuchen.

Es wird höflichst um Erteilung und Übersendung eines Sprechscheins ersucht. Es wird gebeten den Sprechschein direkt an die Kanzlei des Unterfertigten zu faxen. Die Fax-Nr. lautet:

0941/28073549

Rechtsanwalt

Bereits das **Mandatsanbahnungsgespräch** unterfällt dem vorgelagerten Schutz des § 148 Abs. 1 StPO und ist unüberwacht und zeitlich unbegrenzt zu gestatten.[48] Die leidige Praxis vieler Haftanstalten, den unüberwachten Besuch erst nach dem Unterzeichnen der Strafprozessvollmacht zu gestatten, ist rechtlich äußerst bedenklich[49] und sollte mit Hinweis darauf, dass eine Vollmacht *nach* Mandatierung überreicht wird, entgegengetreten werden. 20

▶ **Beachte**

Unabhängig davon, ob das Mandatsanbahnungsgespräch zu einem Mandatsverhältnis geführt hat, unterliegt der Inhalt dieses Gespräches der anwaltlichen Verschwiegenheit und berechtigt den Verteidiger zur Zeugnisverweigerung nach § 53 StPO.

IV. Klärung der Honorarfrage

Die Frage der Honorierung der Verteidigung sollte bereits beim ersten Gespräch mit dem Mandanten angesprochen werden. Es gilt schon in diesem Stadium abzuklären, ob die Verteidigung für den Mandanten »bezahlbar« ist. Zu klärende Frage ist hier insbesondere, ob eine Beiordnung als Pflichtverteidiger[50] in Betracht kommt oder wie ansonsten das Honorar aufgebracht werden kann. 21

Gerade bei inhaftierten Mandanten ist Vorsicht geboten. Aussagen wie: »Geld ist kein Problem, nur leider hier in der JVA habe ich keines« sind hier die Regel. Hier sollte man sich »Kontaktadressen« geben lassen von Angehörigen, die für die Finanzierung der Verteidigung infrage kommen. 22

Die gesetzlichen Gebühren reichen in den meisten Fällen nicht aus um eine Verteidigung »nach den Regeln der Kunst« angemessen zu honorieren. Dieses gilt insbesondere auch für die Verteidigung im Ermittlungsverfahren, wenn man berücksichtigt, dass gerade hier die »meiste Arbeit« anfallen kann.[51] 23

---

48 Ebenso *Danckert* StV 1986, 171 ff.;; a.M. Meyer-Goßner/*Schmitt* § 148 Rn. 4, mit untragbarem »Missbrauchsargument«.

49 Zudem wollen die Beteiligten zu diesem Zeitpunkt gerade noch kein Mandatsverhältnis begründen. Das Anbahnungsgespräch soll ja gerade erst der Klärung dienen, ob ein Mandatsverhältnis begründet werden soll. Diese Entscheidung ist jedoch erst nach einem ausführlichen Gespräch und nicht »zwischen Tür und Angel« möglich.

50 Vgl. grds. zur Beiordnung als Pflichtverteidiger *Lang/Gabler* Kap. 4 Rdn. 3 ff.; seit dem 01.01.2010 liegt im Fall des Vollzugs der U-Haft oder der Unterbringung gem. § 140 Abs. 1 Ziffer 4 StPO immer ein Fall der notwendigen Verteidigung vor; vgl. auch die *Gemeinsame Empfehlungen der Strafverteidigervereinigungen zur Praxis der Beiordnung von notwendigen Verteidigern am dem 01.01.2010*, StV 2010, 109 f.

51 *Burhoff* Ermittlungsverfahren, Rn. 2308; grds. Formularbuch/*Beukelmann* XV. B. 1 Anm. 1; *Bosbach/Ackermann/Caba* Ermittlungsverfahren, Rn. 728, vgl. zu den gesetzlichen Gebühren: *Schwaben* Abschnitt 10.

24 Nach § 3a Abs. 1 RVG kann der Verteidiger ein die gesetzlichen Gebühren übersteigendes Honorar vereinbaren.

Kein Verteidiger ist verpflichtet, zu den gesetzlichen Gebühren tätig zu werden.[52] Es ist zulässig, die Übernahme einer Verteidigung von einer **Vergütungsvereinbarung** abhängig zu machen. Eine Verteidigung sollte grundsätzlich nur bei Abschluss einer Vergütungsvereinbarung übernommen werden und das Tätigwerden zu den gesetzlichen Gebühren sollte die Ausnahme sein.[53]

25 Die Vergütungsvereinbarung bedarf nach § 3a Abs. 1 S. 1 RVG der *Schriftform*. Gemeint ist hier immer die Form des § 126 Abs. 1 BGB.[54] Ist die Vergütungsvereinbarung nicht vom Auftraggeber verfasst, so muss sie gem. § 3a Abs. 1 S. 2 RVG ausdrücklich als Vergütungsvereinbarung bezeichnet werden.[55] Sie darf nicht in der Vollmacht enthalten sein.[56] Die Verwendung von vorformulierten Vergütungsvereinbarungen birgt das Problem der Anwendbarkeit der §§ 305 ff. BGB (Allgemeine Geschäftsbedingungen) in sich. Es empfiehlt sich deshalb mit Blick auf § 305b BGB die Verwendung von individuellen Vereinbarungen.[57] Dieses Vorgehen ist zwar etwas arbeitsintensiver, ermöglicht jedoch dem Verteidiger die Vereinbarungen individuell auf den jeweiligen Mandanten abzustimmen, was insbesondere bei vielen Mandanten »gut ankommt«.

▶ **Beachte**

26 Es empfiehlt sich in den meisten Fällen die Vergütungsvereinbarung nach Verfahrensabschnitten zu trennen und sich den Abschluss weiterer Vergütungsvereinbarungen für die nachfolgenden Verfahrensabschnitte vorzubehalten.[58] Es sind in einem frühen Stadium der Mandatierung die Art und insbesondere der Umfang der Tätigkeit noch gar nicht zu überblicken.

Entsprechende Muster für »individuelle Vergütungsvereinbarungen« finden sich bei *Bosbach*[59] und bei *Herrmann*.[60]

Eine individuelle Vergütungsvereinbarung könnte wie folgt aussehen:

▶ **Vergütungsvereinbarung**

27 In dem Ermittlungsverfahren Az. … der Staatsanwaltschaft Regensburg wegen des Verdachts der … habe ich

Herrn/Frau Rechtsanwalt …

zu meinem Verteidiger/meiner Verteidigerin bestellt.

Ich verpflichte mich, ihm/ihr für meine Verteidigung im Ermittlungsverfahren (oder: für die Überprüfung der Haftfrage mit Beschwerden; Vorbereitung der Hauptverhandlung usw.) anstelle der

52 Vgl. zu den gesetzlichen Gebühren nach dem RVG: *Schwaben* Abschnitt 10.
53 Formularbuch/*Herrmann* XIV.A. 1–8 Anm. 2.
54 Vgl. OLG Hamburg MDR 1968, 936; OLG Hamm NJW 1966, 561.
55 Gerold/Schmidt/v. Eicken/*Madert*/Müller-Rabe § 3a Rn. 8; die gebräuchliche Bezeichnung als »Honorarvereinbarung« ist weiterhin zulässig, wenn sich dieser einwandfrei entnehmen lässt, dass die vereinbarte Vergütung von den gesetzlichen Gebühren abweicht, Gerold/Schmidt/v. Eicken/*Madert*/Müller-Rabe § 3a Rn. 8.
56 Gerold/Schmidt/v. Eicken/*Madert*/Müller-Rabe § 3a Rn. 15; das noch in § 3 Abs. 1 BRAGO enthaltene Verbot, wonach neben der Vergütungsvereinbarung keine anderen Erklärungen enthalten sein durften, ist in § 3a Abs. 1 RVG nicht mehr enthalten; allerdings sind andere Erklärungen deutlich von der Vergütungsvereinbarung abzusetzen, vgl. hierzu Gerold/Schmidt/v. Eicken/*Madert*/Müller-Rabe § 3a Rn. 9.
57 *Burhoff* Ermittlungsverfahren, Rn. 2309; Formularbuch/*Beukelmann* XV. B. 2 Anm. 2.
58 S. auch *Burhoff* Ermittlungsverfahren, Rn. 2312; *Dahs* Handbuch, Rn. 1214.
59 *Bosbach/Ackermann/Caba* Ermittlungsverfahren, Rn. 765 ff.
60 Formularbuch/*Beukelmann* XV. B.

gesetzlichen (oder: zuzüglich der gesetzlichen) Gebühren ein Honorar von € ... (in Worten: ... Euro) zu zahlen.

Mindestens sind die anfallenden gesetzlichen Gebühren vereinbart.

Ich verpflichte mich, einen sofort fälligen Vorschuss von € ... (in Worten ... Euro) zu zahlen.

Reise- und Abwesenheitsgelder werden von mir bei einer Abwesenheit bis zu vier Stunden in Höhe von € ..., bei einer Abwesenheit von mehr als vier bis zu acht Stunden in Höhe von € ..., bei einer Abwesenheit von mehr als acht Stunden mit € ... gesondert erstattet. Daneben trage ich die entstandenen Kosten für die Übernachtung abzüglich Frühstückskosten.

Die Schreibauslagen erstatte ich mit € 0,50 pro Seite.

Die Entgelte für Post- und Telekommunikationsdienstleistungen werden daneben gesondert in Höhe von 15 % des vereinbarten Honorars bis zu € 50,00 erstattet.

Ich verpflichte mich, die anfallende Mehrwertsteuer in der jeweils gültigen Höhe daneben zu erstatten.

Für die Vertretung nach Erhebung einer etwaigen Anklage bleibt eine gesonderte Vergütungsvereinbarung vorbehalten.

Mir ist bekannt, dass das hier vereinbarte Honorar über die gesetzlichen Gebühren hinausgeht und dass die vereinbarten Auslagen ebenfalls die gesetzlich vorgesehenen Beträge überschreiten. Ich wurde darauf hingewiesen, dass im Falle eines Freispruches oder der Einstellung des Verfahrens mit der Folge, dass die notwendigen Auslagen der Staatskasse auferlegt werden, nicht das vereinbarte Honorar, sondern nur die gesetzlichen Gebühren und Auslagen erstattet werden.

Ich trete hiermit etwaige Erstattungsansprüche gegen die Landeskasse oder andere Verfahrensbeteiligte an meinen Verteidiger/meine Verteidigerin zur Sicherung seiner/ihrer Honoraransprüche ab.

..., den

Unterschrift (Mandant)

Unterschrift (Rechtsanwalt)

Eine Durchschrift dieser Vergütungsvereinbarung habe ich erhalten.[61]

..., den

Unterschrift (Mandant)

Es ist zweckmäßig, eine Fotokopie oder zweite Ausfertigung dieser Vergütungsvereinbarung dem Mandanten nach beiderseitiger Unterschrift zuzuleiten. Der Mandant hat so ein eigenes Exemplar in der Hand und kann sich damit jederzeit über die von ihm eingegangene Verpflichtung orientieren.

▶ Übersendungsschreiben Vergütungsvereinbarung

Klaus Mustermann

– Rechtsanwalt –

Musterstraße 11

56789 Musterstadt

Sehr geehrter Herr Müller,

61 Das noch in § 3 Abs. 1 BRAGO enthaltene Verbot, wonach neben der Vergütungsvereinbarung keine anderen Erklärungen enthalten sein durften, ist in § 3a Abs. 1 RVG nicht mehr enthalten; allerdings sind andere Erklärungen deutlich von der Vergütungsvereinbarung abzusetzen, vgl. hierzu Gerold/Schmidt/v Eicken/*Madert*/Müller-Rabe § 4 Rn. 37; Formularbuch/*Beukelmann* XV. B. 2. Anm. 2.

in Anlage übersende ich Ihnen vereinbarungsgemäß zwei Exemplare einer schriftlichen Vergütungsvereinbarung. Bei unserer letzten Besprechung habe ich Ihnen die Gründe für eine Vergütungsvereinbarung dargelegt.

Wenn Sie mit der Vergütungsvereinbarung einverstanden sind, darf ich Sie bitten, mir beide Exemplar unterschrieben zurückzusenden. Nach Gegenzeichnung durch mich erhalten Sie das zweite Exemplar der Vergütungsvereinbarung zu Ihrer Orientierung und zum Verbleib bei Ihren Unterlagen.

Mit freundlichen Grüßen

Rechtsanwalt

V. Schriftliche Mandatsbedingungen

28 Will der Verteidiger abweichend von den gesetzlichen Regelungen das Mandatsverhältnis gestalten, so kann er dieses im Wege von **Mandatsbedingungen** tun.

Das Formular ist hierfür deutlich von der Vollmacht und einer evtl. Vergütungsvereinbarung zu trennen.[62]

Ein entsprechendes Formular kann beispielsweise wie folgt aussehen:[63]

▶ Mandatsbedingungen

in der Strafsache/dem Ermittlungsverfahren …

1. **Die Haftung des beauftragten Rechtsanwaltes wird auf einen Höchstbetrag von € 500.000,– beschränkt.**
2. **Zur Einlegung von Rechtsmitteln und sonstigen Rechtsbehelfen ist der Rechtsanwalt nur dann verpflichtet, wenn er einen darauf gerichteten Auftrag erhalten und angenommen hat.**
3. **Die Kostenerstattungsansprüche des Auftraggebers gegenüber dem Gegner, der Justizkasse oder sonstigen erstattungspflichtigen Dritten werden in Höhe der Kostenerstattungsansprüche des beauftragten Anwalts an diesen abgetreten, mit der Ermächtigung, die Abtretung im Namen des Schuldners mitzuteilen.**
4. **Fernmündliche Auskünfte und Erklärungen sind nur bei schriftlicher Bestätigung verbindlich.**
5. **Soweit nicht gesetzlich eine kürzere Verjährungsfrist gilt, verjähren die Ansprüche gegen den beauftragten Rechtsanwalt zwei Jahre nach Beendigung des Auftrages.**
6. **Die Korrespondenzsprache mit ausländischen Auftraggebern ist deutsch. Die Haftung für Übersetzungsfehler wird ausgeschlossen.**
7. **Erfüllungsort ist der Ort der Kanzlei des Anwalts.**
8. **Für alle Ansprüche aus dem der Vollmacht zugrunde liegenden Rechtsverhältnis, die im Wege des Mahnverfahrens geltend gemacht werden, wird der Ort der Kanzlei des beauftragten Rechtsanwalts als Gerichtsstand vereinbart.**

…, den

Unterschrift

C. Tätigkeit des Verteidigers im Ermittlungsverfahren

I. Tätigkeit vor Einleitung eines Ermittlungsverfahrens

29 Noch bevor ein Ermittlungsverfahren eingeleitet wurde, kann die Tätigkeit des Strafverteidigers beginnen.[64]

---

62 *Bosbach/Ackermann/Caba* Ermittlungsverfahren, Rn. 32.

63 Nach *Bosbach/Ackermann/Caba* Ermittlungsverfahren, Rn. 33.

64 Vgl. zu dem Themenkreis der sog Präventivverteidigung *Weihrauch* Präventivverteidigung, in: Schriftenreihe der Arbeitsgemeinschaften des DAV/AG Strafrecht, Bd. 5, 29 ff., 31 ff.

Vor Begehung einer Straftat kann die Tätigkeit des Anwalts in beratender Funktion bestehen. Insofern gilt, dass »der Verteidiger bei der Information und Beratung des Mandanten keiner Beschränkung unterliegt, soweit er zur Erfüllung seiner Verteidigungsaufgaben mit rechtlich erlaubten Mitteln handelt«.[65]

Dieser Grundsatz gilt jedoch nicht ausnahmslos. Der Verteidiger hat eine Beratung abzulehnen, 30
wenn er weiß, dass der Mandant sie zur Grundlage eines strafrechtlich verbotenen Verhaltens zu machen beabsichtigt.[66]

Die Freiheit der Beratung findet ihre Grenzen selbstredend in den allgemeinen Gesetzen. Nur bei Beachtung der Gesetze liegt nämlich eine »Erfüllung der Verteidigungsaufgaben mit rechtlich erlaubten Mitteln« vor.

Mit anderen Worten darf der Verteidiger sich durch seine Tätigkeit selbst nicht strafbar machen (z.B. §§ 257, 258, 356 StGB) und sonst gegen ein »Betätigungsverbot« (§§ 137 Abs. 1 S. 2, 146, 146a StPO; §§ 43a, 45 BRAO; § 3 BORA) verstoßen.

Das Problem der Abgrenzung des (noch) zulässigen von (schon) strafbaren Verteidigerverhalten würde 31
den Umfang der Darstellung sprengen und kann hier nicht gelöst werden. In diesem Zusammenhang soll auf die umfangreiche Darstellung von *Beulke/Ruhmannseder*[67] verwiesen werden. Es sei an dieser Stelle nur so viel angemerkt, dass prozessordnungsgemäßes Verhalten des Verteidigers *nie* die Schwelle zur Strafbarkeit überschreitet.[68]

II. Tätigkeiten im Innenverhältnis

Im Rahmen des ersten Gesprächs mit dem Mandanten hat der Verteidiger die persönlichen Daten 32
jedenfalls soweit zu erfragen, als eine Auskunftspflicht des Mandanten nach § 111 OWiG besteht.

▶ Beachte

Damit sämtliche erforderlichen Daten vom Mandanten »abgefragt« werden, hat sich die Verwendung eines **Mandantenbogens** bewährt, der vom Mandanten ausgefüllt werden sollte:

▶ Mandantenfragebogen

Name (und ggfs. Titel) 33

Vorname

Geburtsdatum

Familienstand

Straße und Nr.

PLZ, Ort

Telefon, privat

65 Strafrechtsausschuss der Bundesrechtsanwaltskammer, Thesen zur Strafverteidigung, 2015, These 21.
66 Strafrechtsausschuss der Bundesrechtsanwaltskammer, Thesen zur Strafverteidigung, 2015, These 22.
67 *Beulke/Ruhmannseder* Strafbarkeit, passim; vgl. auch Formularbuch/*Hassemer* I.
68 BGHSt 29, 99 (107); 38, 345 (349 ff.); BGH StV 2000, 427 ff.; s. auch *Burhoff* Ermittlungsverfahren, Rn. 4126; *Dahs* Taschenbuch, Rn. 36; *Ignor* Zur Rechtsstellung und zu den Aufgaben des Strafverteidigers, in: Duttge [Hrsg.] Freiheit und Verantwortung in schwieriger Zeit, 39 ff., 42; vgl. zu den mit der **Geldwäsche** (§ 261 StGB zusammenhängenden Fragen *Köllner* Einl. Rdn. 52 ff.; BVerfG StV 2004, 254 ff. = StraFo 2004, 162 ff. m. Anm. *Wohlers* JZ 2004, 670 ff.; *Dahs/Krause/Widmaier* NStZ 2004, 261; vgl. hierzu aber auch die Entscheidung des BGH–1. Strafsenat – vom 15.04.2008, StraFo 2009, 158 m. Anm. *Bockemühl* sowie die Bemerkungen zum anschließenden Prozess gegen den Verteidiger vor dem LG Augsburg: *Ignor* AnwBl 2011, 128 ff.

Telefax, privat

Telefon, geschäftlich
Telefax, geschäftlich

Mobiltelefon

Email-Adresse

Für Rückerstattungen/Zahlungen

Konto-Nr. ... bei: ... BLZ:
Rechtsschutzversicherung nein ja, bei

Versicherungsschein-Nummer:

Versicherungsnehmer:

Für eilige Anfragen:

Arbeitgeber:
Anschrift:

Telefon:

Insbesondere ist jedoch so schnell wie möglich die *prozessuale Situation* des Mandanten zu eruieren. Ist der Mandant Beschuldigter oder Zeuge? Die Beschuldigteneigenschaft kann durchaus problematisch zu bestimmen sein. Nach h.M. ist jedoch die Beschuldigteneigenschaft immer dann zu bejahen, wenn sich der Verfolgungswille der Strafverfolgungsbehörden nach außen erkennbar in einem Verfolgungsakt manifestiert.[69]

34 Nach der Rolle des Mandanten im Strafverfahren bemessen sich seine unterschiedlichen Rechte und Pflichten.

Ist die prozessuale Stellung des Mandanten nicht zu klären, empfiehlt sich ein »vorsichtiges« Telefongespräch mit dem polizeilichen oder staatsanwaltschaftlichen Sachbearbeiter. Hierbei ist aus Fürsorgegesichtspunkten darauf zu achten, dass sich der Anwalt – solange die Rolle seines Mandanten noch nicht geklärt ist – nicht als dessen »Verteidiger« ausgibt.[70]

35 Ist die prozessuale Situation geklärt, muss die *zeitliche Situation* des Mandanten abgeklärt werden. Es ist zu klären, ob z.B. eine Vorladung zu einem Termin bevorsteht, Erklärungsfristen ablaufen oder die Strafantragsfrist für eine Gegenanzeige (keine Wiedereinsetzung!) abläuft. Bei inhaftierten Mandanten ist z.B. der Ablauf der 6-Monatsfrist des § 121 StPO bzw. der 3-Monatsfrist nach § 122 Abs. 4 StPO zu beachten.

36 Um jedoch den Mandanten in all diesen Fragen umfassend beraten und möglicherweise Eilentscheidungen treffen zu können, hat der Verteidiger den Sachverhalt vollumfänglich zu erheben. Dabei hat er sich nicht nur auf den Kernsachverhalt zu beschränken, sondern auf sämtliche für das Verfahren relevante Aspekte.

37 Der Verteidiger hat sich hierbei sämtlicher Informationsquellen zu bedienen. Ist der Mandant bereits im Besitz einer Anklage, eines Strafbefehls oder eines Urteils, hat der Verteidiger eine erste »objektive« Informationsquelle zur Hand.

Bei inhaftierten Mandanten sollte der Verteidiger darauf drängen, dass der Mandant den Haftbefehl und alles Schriftliche mit ins Anwaltsbesprechungszimmer nimmt. Ggf. muss der Mandant noch-

69 Vgl. zur Beschuldigteneigenschaft *Beulke* StV 1990, 181; LR/*Erb* § 163a Rn. 11; AK-StPO/*Schöch* § 157 Rn. 2.

70 *Bosbach/Ackermann/Caba* Ermittlungsverfahren, Rn. 126: »um nicht schlafende Hunde zu wecken«.

mals auf seine Zelle geführt werden, damit er den Haftbefehl und andere Schriftstücke holen kann. Die Informationen im Haftbefehl zum dringenden Tatverdacht und zu dem angenommenen Haftgrund i.S.d. §§ 112, 112a StPO sind für den Verteidiger erste, wichtige Anhaltspunkte für seine weitere Tätigkeit und Beratung.

Bei der Sachverhaltsschilderung durch den Mandanten sollte sich der Verteidiger *Notizen* machen. 38
Diese Notizen sollten sicherlich nicht in der Ausführlichkeit eines polizeilichen Vernehmungsprotokolls erfolgen. Der Mandant sollte – nachdem es gerade in den ersten Gesprächen gilt Vertrauen aufzubauen – die Gewissheit haben, dass der Verteidiger seine Belange ernst nimmt und sich zu diesem Zwecke die wichtigsten Eckpunkte notiert. Ein »Wortprotokoll« sollte schon deswegen nicht erstellt werden, um dem Mandanten nicht das Gefühl zu geben, er könne bereits nach diesem ersten Gespräch »nicht mehr zurück«.

In jedem Fall empfiehlt es sich, nach dem Gespräch die »Aussage« des Mandanten ausführlicher durch ein **Gedächtnisprotokoll** festzuhalten, um später die »Aussagekonstanz« des Mandanten überprüfen zu können.

Die Frage, ob bei diesem Gespräch mit dem Mandanten weitere Personen anwesend sein sollten, ist 39
durch den Verteidiger sorgfältig abzuwägen. Hierbei ist zu berücksichtigen, ob Freunde und/oder Bekannte vielleicht auch »etwas mit der Sache zu tun haben«. In jedem Fall kommen diese Personen als Zeugen in Betracht. Insofern ist »Vorsicht geboten« und der Mandant über diese Problematik zu belehren. Im Zweifel sollte man mit dem Mandanten alleine sprechen.

1. Abklärung der Mandantenziele

Es gilt hier nunmehr die Ziele des Mandanten zu erfragen. Oftmals sind gerade diese schwer zu 40
ermitteln, da wenige Informationen vorliegen und der Mandant über das, »was auf ihn zukommt« gänzlich im Unklaren ist.

Unumstößliche Aussagen sind selbstredend zu diesem Zeitpunkt des Verfahrens nicht möglich. Zumindest kann der Verteidiger jedoch schon in diesem Stadium dem Mandanten die (berufs-) rechtlichen und prozessualen Möglichkeiten, aber auch Schranken aufzeigen.[71] Ferner sollte dem Mandanten, der natürlich auch Fürsprache erwartet, die prozessuale Situation nicht nur in düstersten Farben geschildert werden, sondern auch Hoffnung gemacht werden.[72]

Dem Mandanten sollte im Wege eines kurzen »Briefings« das Wesen und der gewöhnliche Verlauf 41
eines Strafverfahrens erklärt werden. Hierbei sind auch Fehlvorstellungen über die Tätigkeiten des Verteidigers auszuräumen. Strafrechtliche und berufsrechtliche Grenzen der Strafverteidigung sind kurz zu skizzieren. Der häufig anzutreffenden Fehlvorstellung, dass der Verteidiger im Verfahren an keine Grenzen gebunden ist, ist mit Nachdruck zu widersprechen. Der Mandant ist oft der Auffassung, dass der Verteidiger ihm bei der »Ausgestaltung der Lüge auf dem Weg zu Freispruch« behilflich zu sein hat. Hier sollte ein kurzer Hinweis auf den Satz von *Dahs*[73] erfolgen:

> »Alles, was der Verteidiger sagt, muss wahr sein, aber er darf nicht alles sagen, was wahr ist.«

Diese Verpflichtung des Rechtsanwaltes zur Wahrheit hat auch in These 19 der Thesen zur Strafverteidigung des Strafrechtsausschusses der Bundesrechtsanwaltskammer Niederschlag gefunden und ist wohl h.M.[74]

Bei inhaftierten Mandanten sollten die straf- und standesrechtlichen Grenzen sowie die Reichweite 42
des § 115 OWiG dargestellt werden um die »Spielregeln« direkt festzulegen.

---

71 *Bosbach/Ackermann/Caba* Ermittlungsverfahren, Rn. 129.

72 Auf diesen wichtigen Gesichtspunkt weist *Bosbach/Ackermann/Caba* Ermittlungsverfahren, Rn. 129, hin.

73 *Dahs* Handbuch, Rn. 53.

74 Soweit ersichtlich tritt lediglich *Ostendorf* NJW 1978, 1345 (1347), für ein *Recht* des Verteidigers auf Lüge ein.

Immer wieder kommen Anfragen, ob man »nicht den Brief an die Ehefrau mitnehmen könne, da die Briefkontrolle ansonsten so lange dauern würde« oder aber, ob man »beim nächsten Besuch nicht eine Packung der XY-Zigaretten mitbringen könne«. Beides sind Verstöße gegen das »Verteidigerprivileg« und sollten strikt zurückgewiesen werden.

▶ **Beachte**

Ein kurzer Hinweis darauf, dass man nicht zu der Spezies der »schwarzen Schafe« gehöre, wird von den Mandanten verstanden und respektiert.

Insbesondere wenn dem Mandanten erklärt wird, dass man als Verteidiger auf der anderen Seite in den aufgezeigten Grenzen bedingungslos für die Rechte und Ziele des Mandanten kämpfen wird. Hier ist ein Hinweis auf die (strafbewährte) Vertraulichkeit, Schweige-, Treue- und Fürsorgepflicht angebracht.[75]

Zudem ist dem Mandanten das Gefühl zu vermitteln, dass der Verteidiger den Fall ernst nimmt und gerade dieser Fall zu dem »Fall seines Lebens«[76] werden wird. Es wird von den Mandanten honoriert – und hierin liegt auch zum Teil das »Geheimnis erfolgreicher Strafverteidigung« –, wenn der Verteidiger dem Fall nicht gleichgültig, sondern engagiert gegenübersteht.

2. Hinweis auf Aussageverweigerungsrecht und Schweigegebot

43 Abgesehen von einigen »Stammkunden« sind die Mandanten erstmalig mit einem Ermittlungsverfahren konfrontiert. Aufgrund der damit verbundenen Unerfahrenheit im Umgang mit den Strafverfolgungsbehörden und den in der Bevölkerung bestehenden Fehlinformationen sind die Mandanten – zumindest in diesem Stadium, da man noch keine Aktenkenntnis hat – auf das Aussageverweigerungsrecht eines jeden Beschuldigten hinzuweisen.

44 Der Mandant wird in diesem Rahmen sicherlich die Frage stellen, ob nicht sein Schweigen gegen ihn ausgelegt werden wird. Hier sollte ihm kurz die Problematik des sog. Teilschweigens ausgebreitet werden[77] und ihm dann erklärt werden, dass aus seinem Totalschweigen für ihn keine negativen Schlüsse gezogen werden dürfen.[78]

45 Auch diese Erklärung wird den Mandanten nicht in jedem Fall zufrieden stellen. Die Frage des Schweigens oder einer eventuellen Einlassung soll bewusst von dem Ergebnis der Akteneinsicht abhängig gemacht werden. Um sich mit Blick auf die Problematik des Teilschweigens jedoch nicht den Weg schon zu einem frühen Zeitpunkt zu verbauen, sollte mit dem Mandanten (zumindest) bis zur erfolgten Akteneinsicht das »Totalschweigen« vereinbart werden. Es gilt hier dem unerfahrenen Mandanten das Rückgrat zu stärken und ihn auf mögliche »Vernehmungssituationen« und Praktiken der Strafverfolgungsbehörden hinzuweisen. Um ihm hier die »Angst« zu nehmen ist ihm zu vergegenwärtigen, dass er auch in solchen Situationen ein **Recht auf Anwaltskonsultation** hat und dieses in jedem Fall durchsetzen sollte.

75 *Bosbach/Ackermann/Caba* Ermittlungsverfahren, Rn. 131.
76 *Bosbach/Ackermann/Caba* Ermittlungsverfahren, Rn. 132.
77 Vgl. hierzu *Meyer-Goßner*/Schmitt § 261 Rn. 17.
78 Meyer-Goßner/*Schmitt* § 261 Rn. 16 m.w.N.; vgl. ferner KK/*Ott* § 261 Rn. 38; instruktiv zur Problematik des Schweigens *Schmidt-Leichner* NJW 1966, 189 ff.

3. Ausnahmen vom grundsätzlichen Schweigegebot

Von dem Grundsatz, ohne Akteneinsicht keine Aussage zu machen, gibt es selbstredend Ausnahmen. 46

Hat der Mandant bereits bei der Polizei, der StA oder dem Ermittlungsrichter Angaben zur Sache gemacht, jedoch aus (Rechts-) Unkenntnis, Angst oder Nervosität versäumt auf **entlastende Umstände** hinzuweisen, so sind diese Lücken frühzeitig zu schließen.[79]

Hat der Verteidiger erfahren, dass gegen den Mandanten ein Haftbefehl wegen Verdunkelungsgefahr besteht oder dass ein solcher nach der Sachlage drohen könnte, ist mit der StA Kontakt aufzunehmen und die Frage **einer Einlassung oder zumindest Teileinlassung** des Mandanten »gegen« **Haftverschonung** zu diskutieren und auszuloten.[80] Dieses Vorgehen wird in geeigneten Fällen bei der StA naturgemäß auf Gegenliebe stoßen, da die Strafverfolgungsbehörden so zu einem »schnellen Ergebnis« kommen. Der Verteidiger gelangt jedoch gerade in diesen Fällen in ein Dilemma. Der Mandant möchte die (weitere) Haft in jedem Fall vermeiden. Im Rahmen der Verteidigung bedeutet ein Geständnis jedoch den »point of no return«! Über die Folgen eines Geständnisses ist der Mandant in jedem Fall durch den Verteidiger zu belehren.[81]

Im Steuerstrafverfahren ist die Möglichkeit einer strafbefreienden steuerrechtlichen **Selbstanzeige** 47
gem. § 371 AO zu überprüfen.[82] Hier ist ggf. Eile geboten, da die strafbefreiende Wirkung der Selbstanzeige nur so lange besteht, solange die Tatsache, dass ein Ermittlungsverfahren eingeleitet worden ist, dem Beschuldigten oder seinem Vertreter noch nicht bekannt gegeben worden ist (§ 371 Abs. 2 Nr. 1b AO).[83]

4. Geständnis

Nur in wenigen Fällen sollte der Grundsatz des Totalschweigens vor Akteneinsicht zugunsten eines 48
Geständnisses durchbrochen werden. *Gillmeister*[84] warnt zu Recht vor einem »Geständniswettlauf«. Es gibt keinerlei empirische Untersuchungen, die belegen, dass ein »späteres« Geständnis – unter dem Druck der Beweislast – durch das erkennende Gericht (!) weniger gewürdigt wird als ein (voreiliges) Geständnis ohne Akteneinsicht.[85] Vielmehr gilt es in geeigneten Fällen hier die Sachlage genau zu prüfen und den Mandanten über die Folgen eines frühen Geständnisses genauestens zu belehren und zu beraten. Geeignete Fälle liegen u.a. dann vor, wenn mehrere tatbeteiligte Beschuldigte aussagebereit sind. Hier wird in der Regel das erste – ggf. »überschießende« – Geständnis (vgl. § 31 BtMG) bei der Strafzumessung honoriert.[86] Der »Geständniswettlauf« ist durch die Einführung der neuen Kronzeugenregelung in § 46b StGB und durch die entsprechende Änderung in § 31 BtMG gefördert worden.[87]

Die Möglichkeit einer geständigen Einlassung besteht selbstredend auch nach erfolgter Akteneinsicht und erst dann ist die Verteidigung in der Lage – ausgehend vom ermittelten Sachverhalt – diejenigen Punkte aufzuklären, die vonseiten der Strafverfolgungsbehörden »benötigt werden« um ggf. 49

---

79 Die Notwehrlage, die erst in der Hauptverhandlung geltend gemacht wird, wird – zumindest im Unterbewusstsein – als Schutzbehauptung abgetan.

80 Vgl. allgemein zu den apokryphen Haftgründen *Schlothauer/Weider* Untersuchungshaft Rn. 661 ff.; insbesondere zum Haftgrund der »Förderung der Geständnisbereitschaft« Rn. 665 ff.

81 Ebenso *Schlothauer/Weider* Untersuchungshaft Rn. 665.

82 Vgl. hierzu *Hardtke* il Kapitel 21.

83 Vgl. zu den »Sperren« der Strafbefreiung *Streck* StraFo 1996, 112 (113 f.).

84 Strafverteidigung/*Gillmeister* § 2 Rn. 80.

85 A.A. augenscheinlich *Bosbach/Ackermann/Caba* Ermittlungsverfahren, Rn. 140.

86 So auch Strafverteidigung/*Gillmeister* § 2 Rn. 80; ausführlich zu § 31 BtMG *Bockemühl* 20. Kapitel Rdn. 40 ff.

87 Zu den für den Verteidiger sich daraus ergebenden Problemen vgl. nur *Malek* StV 2010, 200 ff.; die Arbeitsgruppe 2 des 35. Strafverteidigertages 2011 stimmt wegen der Gefahren für falsche Belastungen für eine Abschaffung des § 46b StGB, Pressemitteilung des Organisationsbüros vom 27.03.2011.

das Verfahren nach §§ 153, 153a StPO einzustellen. Erst dann ist dem Verteidiger eine geeignete Verfahrensprognose anhand des Aktenmaterials möglich.

50 Diese Vorgehensweise hat in jedem Fall den Vorteil, dass der Mandant nicht frühzeitig den Strafverfolgungsbehörden gegenüber seinen Tatbeitrag einräumt, obwohl dieser nicht beweisbar gewesen ist. Erst nach erfolgter Akteneinsicht kann der Verteidiger beurteilen, ob ggf. die Straftat nicht nachweisbar ist. In diesem Fall wäre ein frühes Geständnis ein grober »Kunstfehler« gewesen, nachdem der Verteidiger an einer Mitwirkung zur Ahndung trotz Schuld des Mandanten nicht verpflichtet und auch nicht berechtigt ist.

51 Hat sich der Mandant zu einem Geständnis entschieden, ist mit ihm das weitere Vorgehen zu besprechen. Es bietet sich das Geständnis mittels Schriftsatz durch den Verteidiger an. Umfassender und »direkter« ist jedoch die Vernehmung durch den Sachbearbeiter bei der Polizei oder StA. Für den Fall einer Beschuldigtenvernehmung sollte der Verteidiger grds. in jedem Fall anwesend sein.[88] Die Anwesenheit ist dem Verteidiger zu gestatten (vgl. §§ 163a Abs. 3 S. 2 i.V.m. 168c Abs. 5 S. 3 StPO).

5. Ladung zur Vernehmung

52 Viele Mandanten erscheinen in der Kanzlei mit einer **Ladung zur (polizeilichen) Vernehmung** und wollen vom Anwalt wissen, ob sie einer solchen Ladung Folge zu leisten haben. Hier ist zu differenzieren. Handelt es sich um eine Vorladung zur polizeilichen Vernehmung, muss der Beschuldigte nicht erscheinen. Eine Vorführung wäre in einem solchen Fall unzulässig.[89]

▶ **Beachte**

Auch wenn keine Verpflichtung zum Erscheinen bei der polizeilichen Vernehmung besteht, ist es eine »Frage der Höflichkeit«, den avisierten Termin abzusagen.

Zu einer staatsanwaltschaftlichen (vgl. § 163a Abs. 3 S. 1 StPO) und ermittlungsrichterlichen (§ 133 Abs. 2 StPO) Vernehmung hat der Beschuldigte – will er seine zwangsweise Vorführung verhindern – zu erscheinen. Der Beschuldigte ist in beiden Fällen zum Erscheinen auch verpflichtet, wenn er von seinem Recht, nicht zur Sache auszusagen, Gebrauch machen will.[90]

III. Tätigkeiten im Außenverhältnis

53 Steht die Beschuldigteneigenschaft (zur Problematik der »voreiligen Aktivität« oben Rdn. 48 ff.) des Mandanten fest, hat sich der Verteidiger gegenüber den Strafverfolgungsbehörden zu bestellen und zu versuchen weitere Informationen, d.h. Akteneinsicht zu erlangen.

Art und insbesondere Inhalt des **Bestellungsschreibens** richten sich nach dem Stand des Verfahrens.

Ist das Verfahren noch bei der *Polizei* anhängig, könnte ein Bestellungsschreiben wie folgt gefasst werden:

▶ **Bestellungsschreiben bei der Polizei**

54 Klaus Mustermann

– Rechtsanwalt –

Musterstr. 11

56789 Musterstadt

88 *Bosbach/Ackermann/Caba* Ermittlungsverfahren, Rn. 309.

89 LR/*Erb* § 163a Rn. 81.

90 Meyer-Goßner/*Schmitt* § 133 Rn. 5 (richterliche Vernehmung); KK/*Griesbaum* § 163a Rn. 15 (staatsanwaltschaftliche Vernehmung).

Kriminalpolizei Regensburg

– K 1 –

Bajuwarenstraße 2

93053 Regensburg

Musterstadt, den 21.08.2023

Tagebuch-Nr. 3300 – 000815 – 13

Sehr geehrte Damen, sehr geehrte Herren,

unter Vollmachtsvorlage zeige ich an, dass mich Herr Willy Müller in obiger Sache mit seiner anwaltlichen Vertretung beauftragt hat.

Mein Mandant wird – auf mein Anraten hin – zum momentanen Zeitpunkt von seinem Recht zu Schweigen Gebrauch machen. Er wird deswegen nicht zu der anberaumten Vernehmung erscheinen.[91] Seine Personalien gemäß § 111 OWiG gebe ich – sofern noch nicht bekannt – wie folgt bekannt:

(...)

Es wird im Übrigen gebeten von weiteren Vernehmungsversuchen Abstand zu nehmen.

Ferner wird gegenüber der Staatsanwaltschaft höflichst um

vollständige Akteneinsicht

ersucht.

Es wird gebeten die Akten der zuständigen Staatsanwaltschaft zur Entscheidung über das Akteneinsichtsgesuch vorzulegen.

Nach erfolgter Akteneinsicht wird ggf. eine schriftliche Stellungnahme gemäß §§ 163a, 136 StPO abgegeben, die an Stelle einer polizeilichen, staatsanwaltschaftlichen oder richterlichen Vernehmung treten soll.

Mit freundlichen Grüßen

Rechtsanwalt

Hinsichtlich des Antrags auf Akteneinsicht ist zu berücksichtigen, dass im Ermittlungsverfahren ausschließlich die StA über die Gewährung von Akteneinsicht zu befinden hat (vgl. § 147 Abs. 5 StPO, Nr. 183 lit a RiStBV). Polizeibehörden sind nicht befugt (ohne Zustimmung der StA) Akteneinsicht zu gewähren.[92] Dieses gilt auch für Niederschriften und schriftliche Äußerungen des Beschuldigten, Unfall- und Tatortskizzen oder -aufnahmen.[93] 55

Mithin ist die Polizei nicht der »richtige Ansprechpartner« für die Gewährung von Akteneinsicht. Jedoch ist es nicht unzulässig bereits im Bestellungsschreiben an die Polizei Akteneinsicht durch die StA zu beantragen.[94] Hierbei ist jedoch deutlich zu machen, dass es sich um einen Antrag gegenüber der StA handelt. Die Polizei hat den Antrag auf Akteneinsicht in jedem Fall an die StA weiterzuleiten.[95]

Ist das Ermittlungsverfahren bereits bei der StA anhängig, könnte folgender Text für das Bestellungsschreiben gewählt werden:

91 Diesen Hinweis selbstredend nur, sofern der Mandant bereits zu einem Vernehmungstermin geladen wurde.

92 LR/*Jahn* § 147 Rn. 184; *Burhoff* Ermittlungsverfahren, Rn. 142.

93 Meyer-Goßner/*Schmitt* § 147 Rn. 15.

94 *Burhoff* Ermittlungsverfahren, Rn. 142.

95 *Burhoff* Ermittlungsverfahren, Rn. 142.

▶ Bestellungsschreiben bei der Staatsanwaltschaft

56 **Klaus Mustermann**

– Rechtsanwalt –

Musterstr. 11

56789 Musterstadt

Staatsanwaltschaft Regensburg

Kumpfmühler Straße 4

93047 Regensburg

Musterstadt, den 21.08.2023

Az. 66 Js 0815/23

In dem Ermittlungsverfahren

gegen

Müller, Willy

wegen des Verdachts des Diebstahls

zeige ich unter Vollmachtsvorlage an, dass mich Herr Willy Müller mit seiner Verteidigung beauftragt hat.

Es wird höflichst um

vollständige Akteneinsicht

ersucht.

Es wird gebeten die Akten an die Kanzleiadresse zu übersenden.

Herr Müller wird – auf mein Anraten hin – zum momentanen Zeitpunkt keine Angaben zur Sache machen.[96] Es wird deswegen gebeten von (weiteren) Vernehmungsversuchen Abstand zu nehmen.

Nach erfolgter Akteneinsicht wird ggf. eine schriftliche Erklärung abgegeben werden, die gemäß §§ 163a, 136 StPO an die Stelle einer polizeilichen, staatsanwaltschaftlichen oder richterlichen Vernehmung treten soll.

Rechtsanwalt

57 Sind Aktenzeichen oder Dienststelle unbekannt, ist eine schnelle Zuordnung und damit auch eine schnelle Erledigung des Bestellungsschreibens bei den Strafverfolgungsbehörden erschwert. Das Bestellungsschreiben sollte auf gar keinen Fall »auf Verdacht« geschrieben werden. Der Verteidiger sollte hier selbst telefonisch Aktenzeichen und Dienststelle, sowie den Sachbearbeiter ausfindig machen.

▶ Beachte

Beim inhaftierten Mandanten erfährt man das Aktenzeichen und die zuständige Staatsanwaltschaft auch über die JVA.

58 Zudem bringt schon diese erste Kontaktaufnahme teilweise interessante Informationen. Oft wird man zum Sachbearbeiter durchgestellt und der (Vertrauen genießende) Verteidiger erhält schon Hinweise zum Ermittlungsstand und Verdachtsmomenten. Auch wenn in der Sache selbst bei diesem

96 Ist der Mandant bereits zu einer Vernehmung vorgeladen, sollte die Aufhebung des Termins beantragt werden.

ersten Telefonat noch keine Informationen fließen, so ist doch den Strafverfolgungsbehörden schon in diesem Stadium bekannt, dass der Beschuldigte einen Verteidiger gewählt hat und wer dieser ist.[97]

Der Verteidiger sollte bei diesen Gesprächen immer ausnahmslos vertraulich vorgehen. Er sollte aus diesem Grund auch die Gespräche nie in Gegenwart des Mandanten führen.[98]

Bereits mit dem Bestellungsschreiben an die StA sollte der Rechtsanwalt Akteneinsicht beantragen. 59 Die Ermittlungsakte ist das wichtigste Informationsmittel des Verteidigers und er muss alles daransetzen die Akte so schnell wie möglich zu erlangen. Der Verteidiger hat ein **Recht auf Akteneinsicht** gem. § 147 Abs. 1 StPO. Das Akteneinsichtsrecht ist – neben dem Beweisantrags- und Schweigerecht – ein Kernstück der Verteidigung, ausfließend aus den verfassungsrechtlich verbürgten Rechten auf rechtliches Gehör und ein faires Verfahren.[99] Mit Gewährung von Akteneinsicht kommt die StA ihrer Verpflichtung aus § 147 Abs. 1 StPO nach. Hieraus jedoch herzuleiten, dass man im Bestellungsschreiben nicht um Akteneinsicht bitten sollte,[100] geht zu weit. Die Diktion ist insofern reine Geschmackssache.

Vielmehr ist der Ton bei **unzulässiger Versagung von Akteneinsicht** mit Hinweis auf § 147 StPO dann lieber zu verschärfen.

In jedem Fall sollte man solche Floskeln »umgehende Rückgabe sichere ich ausdrücklich zu« und 60 »Akteneinsicht für einen Tag« unterlassen. Ersteres, weil diese Aussage eine Selbstverständlichkeit ist und zweiteres, um hier nicht der staatsanwaltschaftlichen Praxis – unzumutbar kurze Fristen zu setzen – Vorschub zu leisten.[101]

D. Informationsverschaffung durch den Verteidiger

Der Verteidiger muss – um eine sinnvolle Verteidigungsstrategie aufbauen zu können – wissen, wessen 61 sein Mandant beschuldigt wird, welche Beweismittel gegen ihn vorliegen und von welcher Beweisqualität die Beweismittel der StA sind. Um diese Informationen zu erlangen stehen dem Verteidiger mehrere Möglichkeiten der **Informationsverschaffung** offen. Der Mandant fungiert – auch über das erste Informationsgespräch hinaus – als originäres Informationsmittel für den Verteidiger. Darüber hinaus eröffnen Akteneinsicht in die Ermittlungsakte, eigene Ermittlungstätigkeit[102] und Gespräche mit den Strafverfolgungsbehörden weitere wesentliche Informationsquellen für den Verteidiger.

I. Akteneinsicht

Die Einwirkungsmöglichkeiten des Verteidigers im Ermittlungsverfahren sind begrenzt. Wichtigste 62 und auch schneidigste Waffe des Verteidigers im Ermittlungsverfahren sind das Aussageverweigerungsrecht des Beschuldigten und das **Akteneinsichtsrecht.**[103] Der Verteidiger braucht zur sachgerechten Verteidigung seines Mandanten Kenntnis über die genauen Vorwürfe, die vonseiten der StA erhoben werden und worauf sich der gegen den Beschuldigten gerichtete Vorwurf stützt.[104]

97 *Bosbach/Ackermann/Caba* Ermittlungsverfahren, Rn. 162.
98 *Dahs* Handbuch, Rn. 178; a.A. *Bosbach/Ackermann/Caba* Ermittlungsverfahren, Rn. 162.
99 *Burhoff* Ermittlungsverfahren, Rn. 148; LR/*Jahn* § 147 Rn. 1 m.w.N.
100 So jedoch *Bosbach/Ackermann/Caba* Ermittlungsverfahren, Rn. 158.
101 *Bosbach/Ackermann/Caba* Ermittlungsverfahren, Rn. 158.
102 Nachdem der »ermittelnde Strafverteidiger« nicht den Strafverfolgungsbehörden angehört und mithin – abgesehen von § 127 Abs. 1 StPO – auch keinerlei Zwangsbefugnisse auf seiner Seite hat, wird teilweise gefordert bei diesen Tätigkeiten von Privatpersonen von »Erhebungen« anstatt von »Ermittlungen« zu sprechen; vgl. Strafrechtsausschuss der Bundesrechtsanwaltskammer Thesen zur Strafverteidigung, 2015, These 25. Zur Vermeidung einer unnötigen Begriffsvielfalt soll hier jedoch weiterhin von eigenen Ermittlungen des Strafverteidigers gesprochen werden.
103 Ebenso *Bosbach/Ackermann/Caba* Ermittlungsverfahren, Rn. 169; *Pfeiffer* § 147 Rn. 1.
104 BGHSt 29, 102.

Diese Informationen für eine sachgerechte Verteidigung lassen sich lediglich aus der Ermittlungsakte erlangen. Ohne Akteneinsicht kann eine erfolgreiche Verteidigung nicht aufgebaut werden.[105]

Die zwingende Notwendigkeit von Akteneinsicht für eine erfolgreiche Strafverteidigung ist selbstverständlich der StA bekannt. Gerade deswegen (?) wird Akteneinsicht häufig nur unzureichend oder viel zu spät gewährt.[106]

63 Um sich schlagkräftig gegen die **Versagung von Akteneinsicht** zur Wehr zu setzen sind fundierte Kenntnisse im Bereich des Akteneinsichts*rechts* und der Durchsetzbarkeit für eine erfolgreiche Strafverteidigung im Ermittlungsverfahren erforderlich.

▶ Grundsätzlich gilt die Regel

64 Ohne Akteneinsicht gibt es keine Einlassung des Mandanten oder eine Stellungnahme des Verteidigers.[107]

Von diesem Grundsatz gibt es *Ausnahmen*:

Auf Akteneinsicht vor Abgabe einer Einlassung oder Stellungnahme kann u.U. dann verzichtet werden, wenn der Beschuldigte ein Geständnis ablegen oder eine Selbstanzeige machen möchte.[108] Ferner, wenn sich die Unschuld des Mandanten leicht durch ein Alibi oder Notwehr, belegen lässt.[109]

65 Diejenigen Akten, die dem Gericht vorliegen oder bei Anklageerhebung vorzulegen wären, darf der Verteidiger einsehen (§ 147 Abs. 1 StPO).[110] Eine Legaldefinition für den Begriff der »Akte« bietet das Gesetz nicht. Mithin besteht bzgl. mancher Punkte Streit.

66 Die *Handakte des Staatsanwalts* und andere innerdienstliche Vorgänge sind von § 147 Abs. 1 StPO nicht erfasst (vgl. Nr. 186 Abs. 3 RiStBV). Diesbezüglich besteht Einigkeit.[111]

67 Schon bei den sog. *polizeilichen Spurenakten* weichen die Auffassungen voneinander ab. Während der überwiegende Teil des Schrifttums die Spurenakten den Hauptakten zuschlägt,[112] ordnet der BGH nur solche Spurenakten der Hauptakte zu – mit der Konsequenz, dass die Verteidigung ein Akteneinsichtsrecht hat –, die schuldspruch- oder rechtsfolgenrelevant sind.[113] Die Entscheidung hierüber soll nach Auffassung des BGH der StA obliegen.[114]

68 Diese Auffassung ist selbstredend für den Strafverteidiger von schlechtem Trost. Im Ermittlungsverfahren sind Mitwirkungs- und Einwirkungsrechte der Verteidigung auf das (Vor-) Verfahren »dünn gesät«. Der Verteidiger hat hier wiederum eventuelle weitere Ermittlungsansätze der Strafverfolgungsbehörden, die seinen Mandanten entlasten könnten, in einem persönlichen Gespräch zum ermittelnden Staatsanwalt oder dem leitenden Polizeibeamten zu eruieren.[115] Das »informelle Programm« wirkt auch hier oft Wunder.

---

105 *Schlothauer* Vorbereitung Rn. 34 ff.; *Taschke* StV 1993, 294; *Bosbach/Ackermann/Caba* Ermittlungsverfahren, Rn. 170.

106 Ebenso *Taschke* StV 1993, 294.

107 *Burhoff* Ermittlungsverfahren, Rn. 156; *Bosbach/Ackermann/Caba* Ermittlungsverfahren, Rn. 170.

108 *Bosbach/Ackermann/Caba* Ermittlungsverfahren, Rn. 171.

109 *Burhoff* Ermittlungsverfahren, Rn. 157; *Bosbach/Ackermann/Caba* Ermittlungsverfahren, Rn. 171.

110 Meyer-Goßner/*Schmitt* § 147 Rn. 13; BGH StV 1988, 193 (194).

111 Vgl. nur *Kleinknecht* in: FS Dreher (1977), 721 ff.

112 Vgl. hierzu *Beulke* in: FS Dünnebier (1982), 285 (287); Meyer-Goßner/*Schmitt* § 147 Rn. 18 m.N.

113 BGHSt 30, 131 ff.; BVerfG StV 1983, 177; Meyer-Goßner/*Schmitt* § 147 Rn. 18; hiergegen überzeugend AK-StPO/*Stern* § 147 StPO Rn. 20.

114 BGHSt 30, 131 (139).

115 Ebenso *Bosbach/Ackermann/Caba* Ermittlungsverfahren, Rn. 175.

Zu den Akten zu zählen sind sämtlichen Schriftstücke, Bild- und/oder Tonaufnahmen, welche für den Schuld- oder Rechtsfolgenausspruch relevant werden könnten (Grundsatz der Aktenvollständigkeit). 69

Mithin sind Akten im Sinne von § 147 StPO auch *Beiakten*[116] und *Strafregisterauszüge*.[117] Ferner Bild- und Tonaufnahmen,[118] beigezogene Akten anderer Behörden und Gerichte, Unterlagen betreffend der Untersuchungshaft,[119] Dateien, Computerausdrucke, Videoaufzeichnungen[120] und TKÜ-Protokolle.[121]

Die zügige Erlangung von Informationen im Ermittlungsverfahren durch den Verteidiger ist für eine sinnvolle Verteidigung unerlässlich. Der Verteidiger wird mithin bemüht sein die Akten schnellstmöglich zu erlangen. 70

Das Recht auf Akteneinsicht gem. § 147 Abs. 1 StPO besteht bereits mit Eintritt der Beschuldigteneigenschaft.[122] Der *Zeitpunkt der Gewährung der Akteneinsicht* kann jedoch durch die Strafverfolgungsbehörden unter bestimmten Umständen verzögert werden. 71

Die StA[123] kann im Ermittlungsverfahren unter den Voraussetzungen des § 147 Abs. 2 StPO die Gewährung von Akteneinsicht verweigern. Sofern der Abschluss der Ermittlungen noch nicht vermerkt ist, kann eine vollständige oder auch eine Teil-Akteneinsicht verweigert werden, wenn durch die Gewährung der Akteneinsicht der Untersuchungszweck gefährdet werden könnte. Eine konkrete Gefährdung des Untersuchungszwecks soll § 147 Abs. 2 StPO nicht erfordern.[124] Diese Auffassung verkennt jedoch die Bedeutung des Akteneinsichtsrechts und des Anspruchs auf rechtliches Gehör bereits im Ermittlungsverfahren. Die Versagung von Akteneinsicht nach § 147 Abs. 2 StPO ist nur dann rechtsfehlerfrei, wenn konkrete Anhaltspunkte vorliegen, die objektiv geeignet erscheinen den Untersuchungszweck zu gefährden.[125]

Die Neigung vieler StAe Akteneinsicht erst spät im Ermittlungsverfahren oder vor Abschluss der Ermittlungen gar nicht zu gewähren wird durch die Rechtsprechung des BVerfG genährt. In ständiger Rechtsprechung führt das BVerfG zwar aus, dass das Akteneinsichtsrecht des § 147 StPO eine Konkretisierung des Anspruchs auf rechtliches Gehör aus Art. 103 Abs. 1 GG darstellt.[126] Jedoch soll nach Auffassung des BVerfG dieser Anspruch dem Verteidiger des Beschuldigten erst nach Abschluss der Ermittlungen (§ 169a StPO) »in vollem Umfang« zu stehen.[127] Die Möglichkeit der Verweigerung von Akteneinsicht nach § 147 Abs. 2 StPO sei von Verfassungswegen nicht zu beanstanden, da das Ermittlungsverfahren der Verdachtsklärung diene und deshalb nicht von Anfang an »offen« – unter Offenlegung aller ermittelten Tatsachen – geführt werden könne.[128] Die »zentralen Anliegen des Strafverfahrens«, nämlich Sachverhaltserforschung und Wahrheitsfindung, 72

116 LR/*Jahn* § 147 Rn. 65 ff.
117 BVerfG NStZ 1983, 131.
118 Vgl. hierzu LG Bonn StV 1995, 632.
119 BGHSt 37, 204.
120 BayObLG NJW 1991, 1070; vgl. zum Akteneinsichtsrecht in die Video-Aufzeichnungen von Zeugenvernehmungen nach § 58a StPO, *Schlothauer* StV 1999, 47 (48).
121 BGHSt 36, 305.
122 *Hiebl* Ausgewählte Probleme des Akteneinsichtsrechts nach § 147 StPO, 1994, 147; *Mehle/Hiebl* StV 1995, 571 (572).
123 Es wurde bereits darauf hingewiesen, dass im Ermittlungsverfahren gem. § 147 Abs. 5 StPO die Staatsanwaltschaft alleine über die Gewährung von Akteneinsicht zu befinden hat.
124 Meyer-Goßner/*Schmitt* § 147 Rn. 25; es soll jedoch eine nur vage und entfernte Möglichkeit der Gefährdung nicht ausreichen.
125 So auch *Groh* DRiZ 1985, 52.
126 BVerfGE 18, 399 (405); 62, 338 (343); BVerfG StV 1994, 465 (466).
127 BVerfG StV 1994, 465 (466).
128 So ausdrücklich BVerfG StV 1994, 465 (466).

würden bei uneingeschränktem Akteneinsichtsrecht im Ermittlungsverfahren »sonst unerträglichen Erschwernissen und Verdunkelungsmöglichkeiten ausgesetzt«.[129]

73 Diese Einschätzung des BVerfG mag für wenige Ermittlungsverfahren gelten. In der Regel wird der Ermittlungserfolg durch Involvierung eines Verteidigers im Wege der Akteneinsicht weder erschwert noch durch Verdunkelungshandlungen vereitelt. Im Gegenteil ist die frühzeitige Einbeziehung des Verteidigers in vielen Fällen geeignet das Verfahren zu beschleunigen. Zu denken ist hier insbesondere an die Anbringung einer Verteidigungsschrift, »die den Sachverhalt klarstellt« und der StA die Möglichkeit eröffnet das Verfahren abzuschließen.

74 In keinem Fall rechtfertigt die Rechtsprechung des BVerfG die »flächendeckende Verweigerung von Akteneinsicht« gem. § 147 Abs. 2 StPO. Hierauf sollte der Verteidiger hinweisen und sich insbesondere gegen floskelhafte Verweigerungen der Akteneinsicht wenden. Die Tatsache, dass »sich die Akten momentan zum Zwecke von Nachermittlungen bei der Kripo befinden« oder »die Originalakte versandt ist« ist kein Grund für die Versagung von Akteneinsicht. Hier hilft meistens ein Hinweis auf Nr. 12 Abs. 2 S. 1 RiStBV, wonach »in geeigneten Fällen Hilfs- oder Doppelakten anzulegen sind«.

75 Zumindest hat das BVerfG in seinem Beschluss vom 11.07.1994[130] die Stellung der Verteidigung für die Fälle der Untersuchungshaft gestärkt. Zwar hat das Gericht an seiner Haltung zum Akteneinsichtsrecht nicht gerüttelt;[131] jedoch hat das BVerfG dem Haftgericht auferlegt, für den Fall der vollständigen Verweigerung der Akteneinsicht durch die StA gem. § 147 Abs. 2 StPO, diejenigen Tatsachen und Beweismittel für Haftentscheidungen nicht zu verwerten, die aufgrund der Versagung von Akteneinsicht nicht zur Kenntnis des Beschuldigten gelangt sind. Mit der Konsequenz, dass ggf. der Haftbefehl aufzuheben ist.

76 Wird auch – unter Hinweis auf den Beschluss des BVerfG – die Akteneinsicht versagt, sind die Rechtsschutzmöglichkeiten so gut wie aussichtslos.

Durch das StVÄG 1999[132] vom 02.08.2000 wurde das Akteneinsichtsrecht teilweise neu geregelt, erweitert und vereinheitlicht.[133]

Durch die Neufassung von § 147 Abs. 5 StPO hat der Gesetzgeber erstmalig einen **Rechtsbehelf gegen die Versagung von Akteneinsicht** normiert.[134] Von besonderer Bedeutung ist hierbei, dass eine gerichtliche Entscheidung gem. § 161a Abs. 3 S. 2–4 StPO beantragt werden kann, wenn

129 BVerfG StV 1994, 465 (466).

130 StV 1994, 465 ff. = NJW 1994, 3219; vgl. ferner *Wankel* 2. Teil Kapitel 6 Fn. 4, 12 m.w.N. in der 7. Aufl.

131 Eine Änderung der Rechtsprechung durch das BVerfG wäre hier im Zuge der »Lamy-Entscheidung« des EGMR – StV 1993, 283 – durchaus angezeigt gewesen. Der EGMR hatte in seiner Entscheidung einen Anspruch des Verteidigers auf Einsicht in alle Akten hergeleitet, die dem Haftrichter zum Zeitpunkt des Haftprüfungsantrags bzw. der -beschwerde vorliegen. Vgl. hierzu *Zieger* StV 1993, 320 ff. Drei neuere Entscheidungen des EGMR, Urteile vom 13.02.2001 – 24479/94, 25116/94 u 23541/94 – StV 2001, 201 ff. m. Anm. *Kempf*, zwingen nunmehr die StA, aber insbesondere auch die Obergerichte ihre Rechtsauffassung zu überprüfen. Insbesondere in Fällen der U-Haft muss dem Beschuldigten Akteneinsicht in die (vollständigen) Ermittlungsakten gewährt werden. Ansonsten ist Art. 5 Abs. 4 EMRK verletzt; EGMR Urteile vom 13.02.2001 – 24479/94, 25116/94 u 23541/94 – StV 2001, 201 ff. m. Anm. *Kempf*. So nunmehr auch Meyer-Goßner/*Schmitt* § 147 Rn. 26, allerdings nur bzgl. der Aktenbestandteile, die die Haftentscheidung tragen.

132 Gesetz zur Änderung und Ergänzung des Strafverfahrensrechts – Strafverfahrensänderungsgesetz 1999, BGBl. I S. 1253 ff.

133 Vgl. hierzu *Gatzweiler* StraFo 2001, 1; *Pfeiffer* § 147 Rn. 1.

134 Vgl. zum Rechtsschutz des Beschuldigten bei Verweigerung der Akteneinsicht durch die StA *Schlothauer* StV 2001, 192 ff.

die StA der Verteidigung eines inhaftierten Beschuldigten Akteneinsicht verwehrt.[135] Ferner kann gerichtliche Entscheidung in den Fällen beantragt werden, in denen die StA die Akteneinsicht in die »privilegierten Aktenteile nach § 147 Abs. 3 StPO« verweigert.[136]

Beachtlich ist auch der neu eingefügte § 147 Abs. 7 StPO, der dem unverteidigten Beschuldigten die Möglichkeit einräumt, Auskünfte und Abschriften aus den Akten zu erhalten.[137] Nach bisher geltendem Recht hatte der Beschuldigte keinen Anspruch Einsicht in die ihn betreffenden Verfahrensakten zu nehmen oder Auskunft daraus zu erhalten. Der Beschuldigte benötigte hierfür einen Rechtsanwalt.

II. Mandanteninformationen nach Akteneinsicht

Liegt die Ermittlungsakte der StA dann vor, sollte eine weitere Besprechung mit dem Mandanten **77** anhand der Akte stattfinden. Zur Vorbereitung der Besprechung ist es erforderlich, dass sowohl der Rechtsanwalt, aber auch der Mandant die Akte kennt.

Hierfür sollte dem Mandanten die Akte in Kopie[138] zur Verfügung gestellt werden. Aktenkenntnis **78** ist für eine Verteidigung unerlässlich und der Verteidiger ist zur Information seines Mandanten über den Akteninhalt berechtigt und auch verpflichtet.[139]

Insofern gilt die Aussage von *Alsberg*:[140]

> Alles was dem Verteidiger aus den Akten bekannt wird, darf er nicht nur, sondern muss er mit dem Klienten besprechen.

Auch die Aushändigung einer vollständigen Aktenkopie ist zulässig.[141] Dieses kann entweder durch Übergabe eines vollständigen Kopiensatzes oder – wenn der Verteidiger mit digitalen Aktenkopien arbeitet – durch Übergabe eines elektronischen Datenträgers erfolgen.

Die Weitergabebefugnis der gefertigten Aktenkopien an den Mandanten ergibt sich direkt aus § 19 Abs. 2 S. 1 BORA. In jedem Fall sollte jedoch die Weitergabe der Aktenkopie an den Mandanten mit der Belehrung verbunden sein, dass »der Aktenauszug nur den Zwecken der Verteidigung dienen darf«.[142]

Dem inhaftierten Mandanten ist die gesamte Verfahrensakte in die JVA zu bringen. Hierbei ist ein **79** Problem zu bewältigen. Die Akte ist lediglich für den Mandanten bestimmt. Dieses ist gerade in der JVA teilweise mit enormen Schwierigkeiten verbunden. Zum einen wird die Akte – zumindest im Wege der »Grobsichtung« durch die Beamten der JVA kontrolliert werden,[143] zum anderen besteht

135 Allerdings gewährt § 145 Abs. 5 StPO nicht generellen Rechtsschutz bei Versagung von Akteneinsicht durch die StA. Nur in drei besonderen Konstellationen kann der Antrag auf gerichtliche Entscheidung gestellt werden. Es sind dieses die Fälle von Versagung von Akteneinsicht »Versagung von Akteneinsicht *nach Abschluss der Ermittlungen*«, »Versagung der Einsicht in die gem. § 147 Abs. 3 StPO *privilegierten Aktenteile*« und »Akteneinsichtsverweigerung beim *inhaftierten Beschuldigten*«; vgl. hierzu ausführlich *Schlothauer* StV 2001, 192 ff.; Meyer-Goßner/*Schmitt* § 147 Rn. 39.

136 Vgl. hierzu *Schlothauer* StV 2001, 192 (194); Meyer-Goßner/*Schmitt* § 147 Rn. 39.

137 Meyer-Goßner/*Schmitt* § 147 Rn. 6; *Pfeiffer* § 147 Rn. 11; *Gatzweiler* StraFo 2001, 1.

138 Die Weitergabe der Originalakte ist ausnahmslos unzulässig (!); vgl. § 19 Abs. 1 S. 1 BORA e contrario; *Dahs* Handbuch, Rn. 276; Meyer-Goßner/*Schmitt* § 147 Rn. 20.

139 BGHSt 29, 99 (102); *Krause* in: Wahle [Hrsg.] Mandant und Verteidiger, Schriftenreihe der BRAK, Bd. 12, 19; Meyer-Goßner/*Schmitt* § 147 Rn. 20.

140 *Alsberg* JW 1926, 26 (27).

141 Meyer-Goßner/*Schmitt* § 147 Rn. 20; *Dahs* Taschenbuch, Rn. 194a.

142 *Dahs* Taschenbuch, Rn. 194a.

143 Eine Grobsichtung ist sicherlich zulässig, jedoch fällt die dem Mandanten überlassene Verfahrensakte unzweifelhaft unter das Verteidigerprivileg des § 148 StPO, Meyer-Goßner/*Schmitt* § 148 Rn. 15; um dieses zu verdeutlichen sollten die Akten mit einem deutlichen Hinweis »Verteidigungsunterlagen« versehen werden.

jedoch die Gefahr, dass Dritte vom Akteninhalt Kenntnis erlangen und ihre Kenntnis als angebliches Geständnis des Beschuldigten an die Strafverfolgungsbehörden weitergeben.[144] Die letztere Gefahr kann sicherlich nicht gänzlich ausgeschlossen werden. In vielen JVAen stehen den Insassen jedoch abschließbare Spinde zur Verfügung. In jedem Fall sollte der Mandant angehalten werden, die Akte wie »seinen Augapfel« zu behandeln.

80 Nachdem die Akte das Handwerkszeug des Verteidigers ist, ist es ratsam die Originalakte ggf. direkt zweimal fotokopieren zu lassen. Der Mandant sollte die Akte zur ruhigen und eingehenden Durchsicht erhalten mit der Bitte diese »durchzuarbeiten« und Kommentierungen vorzunehmen. Verteidigung ist insofern »Teamwork«. Die Kommentierungen sollten i.d.R. durch den Mandanten so vorgenommen werden, dass der Verteidiger die Anmerkungen des Mandanten in seiner Akte wiederfindet. Es empfiehlt sich hier dem Mandanten aufzugeben die Paginierung der Akte aufzugreifen und ferner mit Angabe von Absätzen zu arbeiten. Die Vorgehensweise ist jedoch reine Geschmackssache.

81 Befindet sich der Mandant in U-Haft und arbeitet der Verteidiger mit digitalen Aktenkopien, so ist durch den Verteidiger dem Mandanten die Möglichkeit der Aktenkenntnis mittels eines »elektronischen Lesegerätes«, eines Notebooks, zu ermöglichen. Aus »Sicherheitsgründen« wird der Übergabe eines Notebooks durch den Verteidiger meistens entgegengetreten werden. Der Verteidiger hat allerdings dann die Zurverfügungstellung eines Notebooks in der JVA zu beantragen.

Ein solcher Antrag kann wie folgt lauten:

▶ Antrag Zurverfügungstellung eines Notebooks

Klaus Mustermann

– Rechtsanwalt –

Musterstr. 11

M56789 Musterstadt

Bundesgerichtshof

Ermittlungsrichter IV

Herrenstrasse 45a

76133 Karlsruhe

per Fax

Eilt! Bitte sofort vorlegen

Musterstadt, den 27.08.2023

Az. 66 Js 0815/23

In dem Ermittlungsverfahren

gegen

Müller, Julius

wegen des Verdachts eines Verstoßes gegen das VStGB p.p

wird namens und im Auftrag des Mandanten

beantragt,

Herrn Müller zu gestatten, zur Vorbereitung seiner sachgerechten Verteidigung und zur Durchführung der Akteneinsicht, ein Laptop in seinem Haftraum in der JVA … zu benutzen.

---

144 Zu denken ist hier an die »Haftzellenentscheidung« des BGH; BGHSt 34, 362 ff.; die Problematik des »Zinker-Unwesens« ist dem Mandanten darzustellen.

Begründung:

Im vorliegenden Verfahren ist eine sachgerechte Verteidigung und Vermittlung der Akteneinsicht nur dann gewährleistet, wenn Herr Müller auch über die Möglichkeit verfügt, den Aktenbestand elektronisch zu verarbeiten.

Der Aktenbestand ist derart umfangreich, dass eine Akteneinsicht – insbesondere in einer JVA – in Papierform an faktische Grenzen stößt. Die Akte wird auch durch die Ermittlungsbehörden elektronisch geführt und umfasst zwischenzeitlich mehr als 850 GByte.

Auch die Verteidigung wird in Zukunft in diesem Verfahren ausschließlich mit einer »elektronischen Akte« arbeiten.

Um etwaigen Sicherheitsbedenken der JVA direkt zu begegnen, wird angeregt ein Laptop durch einen »Vertrauens-Informatiker« der JVA ... zu beschaffen. Dieser könnte den Laptop besonders sichern. Dieses ist gewährleistet, wenn es sich um ein nichtinternetfähiges Laptop handelt, welches lediglich über ein handelsübliches Betriebssystem (z.B. Windows), eine Software zum Lesen der amtlichen Ermittlungsakte im PDF-Format (z.B. Adobe Reader) sowie ein freies Schreibprogramm zur Erfassung von Notizen verfügt. Nachdem auch umfangreiche TKÜ-Erkenntnisse im vorliegenden Verfahren angefallen sind, ist auch ein Programm zum Abspielen von MP3-Dateien (z.B. Windows Multi Media Player).

Unter diesen Umständen ist ein Missbrauch ausgeschlossen. Die Verwendung von Laptops ist in anderen Umfangverfahren Standard. Sowohl das LG Mannheim (vgl. StraFo 2008, 469) als auch das LG Regensburg (KLs 103 Js 20668/07 HiStr) haben die Verwendung eines Laptops unter den oben angegebenen Umständen gestattet.

Rechtsanwalt

Kennen sowohl der Verteidiger als auch der Mandant den Akteninhalt, kann eine Besprechung auf einer fundierten Grundlage stattfinden. Beide wissen jetzt, was die StA »auf der Hand hat«. Der Verteidiger kann nunmehr auch die bisherige Einlassung seines Mandanten anhand der Akte überprüfen. Dieses ist auch ratsam, um im weiteren Verfahren nicht überrascht zu werden. Der Verteidiger sollte daran interessiert sein die Wahrheit zu wissen, um vor unliebsamen Überraschungen geschützt zu sein. Es kann mithin angezeigt sein, während der Besprechung mit dem Mandanten den »advocatus diaboli« zu spielen und dem Mandanten Vorhaltungen aus der Akte zu machen. Diese Vorgehensweise sollte jedoch – um das Vertrauensverhältnis zum Mandanten nicht zu sehr zu strapazieren – dem Mandanten vorher mitgeteilt werden: »Ich werde jetzt den Part der StA übernehmen«. Die Mandanten werden dankbar sein, dass man sie davor bewahrt hat »in das offene Messer zu rennen«.[145] 82

III. Eigene Ermittlungen des Strafverteidigers

Der Beschuldigte hat gem. § 163a Abs. 2 StPO einen Rechtsanspruch auf Durchführung von Ermittlungen zu seiner Entlastung. Es liegt jedoch auf der Hand, dass die Beantragung von Beweiserhebungen gegenüber der StA gewisse »Gefahren« mit sich bringen kann. Beweisanregungen an die staatlichen Strafverfolgungsbehörden verbieten sich aus Gründen der Beistandspflicht für den Mandanten nämlich immer dann, wenn das Ergebnis der Beweiserhebung dem Verteidiger nicht bekannt ist.[146] Ist dem Verteidiger das Ergebnis seiner Beweisanregung unbekannt, kann »der Schuss nach hinten losgehen«. 83

Will der Verteidiger unliebsame Überraschungen vermeiden, hat er eigene Ermittlungen anzustellen.[147] Der Rechtsanwalt als Strafverteidiger hat nicht nur ein Recht auf eigene Ermittlungen im 84

145 So auch *Bosbach/Ackermann/Caba* Ermittlungsverfahren, Rn. 223.

146 So *Bockemühl* Private Ermittlungen, 40 ff.; *Jungfer* StV 1989, 498; *Quedenfeld* FG Peters [1984], 219; *Schlothauer* Vorbereitung, Rn. 45.

147 *Bockemühl* JSt 2010, 59.

gesamten Strafverfahren, sondern dieses Recht kann »in nicht wenigen Fällen zu einer Pflicht«[148] werden. Die eigene Ermittlungstätigkeit des Strafverteidigers hat in diesem Zusammenhang Vorprüfungscharakter[149] und dient der Vorbereitung des Beweisantrags i.S.v. § 163a Abs. 2 StPO. Diese Überprüfungspflicht gilt auch für vermeintlich »bekannt Zeugenaussagen«, die dem Verteidiger von seinem Mandanten präsentiert werden. Die tägliche Erfahrung mit solchen »Entlastungszeugen« lehrt, dass der Mandant die Informationsquelle, den Inhalt der zu erwartenden Zeugenaussage zu euphorisch, zu optimistisch einschätzt.[150] Teilweise »bestätigen« diese mutmaßlichen Entlastungszeugen jedoch auch genau das Gegenteil von dem, was der Mandant erhofft. Will man vermeiden, dass dieser »Zeuge der Verteidigung« zum »Kronzeugen der StA« wird, sind Ermittlungen der Verteidigung unumgänglich.[151]

85 Die Strafprozessordnung selbst normiert zwar nicht ausdrücklich ein Recht auf Ermittlungen des Verteidigers, geht jedoch an vielen Stellen von einem »aktiven, das Verfahren mitgestaltenden« Verteidiger aus.[152] Das Recht und die Zulässigkeit auf private Ermittlungen des Strafverteidigers werden auch nicht mehr ernsthaft infrage gezogen.[153]

86 Die Einschätzung einiger Autoren, dass die Bedeutung eigener Erhebungen in der (täglichen) Praxis der Strafverteidiger »nicht allzu groß« ist,[154] ist leider traurige Realität. Zeit- und Geldmangel sind hier sicherlich oft als tragende Gründe anzuführen. Hinzu kommen Unkenntnis über die rechtlichen Grenzen und Möglichkeiten privater Ermittlungen und Scheu vieler Verteidiger vor privater Ermittlungstätigkeit, die durch viele Gerichte und StAen – trotz eindeutiger Rechtslage – noch mit Misstrauen beäugt werden.[155] Eine Verteidigung lege artis sollte jedoch – in geeigneten Fällen – nicht vor eigener Ermittlungstätigkeit zurückschrecken. Dieses darf und soll auch nicht vom Geld abhängig gemacht werden.[156]

▶ Beachte

87 Nachdem eigene Ermittlungstätigkeit des Verteidigers bei den Strafverfolgungsbehörden und Gerichten immer noch auf Misstrauen stößt, sollte der Verteidiger sich bei seinen Recherchen immer an die straf- und berufsrechtlichen Grenzen halten. Diese versteht sich eigentlich von selbst. Der Verteidiger sollte in jedem Fall auf eine grundlegende Dokumentation seiner gesamten Ermittlungen achten.[157]

---

148 *Baumann* Eigene Ermittlungen, 61; *Krekeler* AnwBl 1989, 471, weisen hierauf zutreffend hin; vgl. auch Strafrechtsausschuss der Bundesrechtsanwaltskammer Thesen zur Strafverteidigung, 2015, These 25 (II): »Im Einzelfall kann der Verteidiger zu eigenen Erhebungen verpflichtet sein.«; ebenso KMR/*Eschelbach* vor § 213 Rn. 33; BGHSt 46, 53 (56).

149 So *Rückel* Zeugenbeweis, Rn. 9; ebenso *Stern* StraFo 1992, 58 f., mit Hinweis auf die Substantiierungspflicht i.R.d. Beweisantragsrechts. Private Ermittlungen ermöglichen teilweise erst der Verteidigung die Anknüpfungstatsachen für den Beweisantrag dem Gericht mitzuteilen.

150 Ebenso *Rückel* Zeugenbeweis, Rn. 9.

151 So auch *Beulke/Ruhmannseder* Strafbarkeit, Rn. 86; *Stern* StraFo 1992, 58.

152 Vgl. *Baumann* Eigene Ermittlungen, 37 f.; *Bockemühl* Private Ermittlungen, 32 ff.; *ders.* JSt 2010, 59, 60; *Jungfer* StV 1981, 101 f.; *Bosbach/Ackermann/Caba* Ermittlungsverfahren, Rn. 226.

153 Vgl. *Bockemühl* Private Ermittlungen, 32 ff.; *ders.* JSt 2010, 59, 60; Formularbuch/*Ignor/Peters* III. 9 Anm. 1 m.w.N.; KMR/*Eschelbach* vor § 213 Rn. 41 ff.; KMR/*Staudinger* vor § 137 Rn. 13.

154 *Bockemühl* in: FS Beulke, 649; *Burhoff* Ermittlungsverfahren, Rn. 1576.

155 Ebenso *Burhoff* Ermittlungsverfahren, Rn. 1576 m.w.N.

156 Ein schönes Beispiel für eigene Ermittlungen des *Pflicht*verteidigers liefert *Deckers* FG Friebertshäuser (1997), 75 ff.

157 *Bockemühl* in: FS Beulke, 653 f.

Folgende Ermittlungsformen kommen i.d.R. in Betracht:[158] 88
- Vernehmung von Zeugen,
- Einholung von Auskünften,
- Besichtigung des Tatortes und Fertigung von Tatortfotos und -skizzen und
- Hinzuziehung von Hilfspersonen (Sachverständige, Detektive und sonstige Hilfskräfte).

1. Zeugenvernehmung

Die **Befragung von Zeugen** ist sicherlich der bedeutsamste Fall eigener Ermittlungstätigkeit des Verteidigers und zugleich auch der heikelste. Die außergerichtliche Befragung von Zeugen ist sowohl in Fällen, in denen die Strafverfolgungsbehörden bereits tätig geworden sind, aber auch in Fällen, in denen der Verteidiger erstmalig tätig wird, unzweifelhaft zulässig. Es gibt kein Primat für eine staatsanwaltschaftliche Zeugenbefragung.[159] Allerdings hat der Verteidiger penibel darauf zu achten, dass er alles unterlässt, was auch nur den Anschein einer Zeugenbeeinflussung zugunsten seines Mandanten aufkommen lassen könnte.[160] 89

Die **Kontaktaufnahme mit dem Zeugen** sollte grundsätzlich in schriftlicher Form erfolgen. Der Zeuge ist in dem Anschreiben auf die Verteidigereigenschaft des Rechtsanwaltes, auf die anwaltliche Tätigkeit im Rahmen eines strafrechtlichen Ermittlungsverfahrens sowie auf die Befugnis des Verteidigers zur Durchführung von eigenen Ermittlungen hinzuweisen. Ferner sollte bereits mit diesem Anschreiben dem Zeugen eine sog. »Zeugenerklärung« mitgeschickt werden.[161] 90

Ein solches **Anschreiben an den Zeugen** könnte wie folgt aussehen:[162]

▶ Anschreiben an den Zeugen

Sehr geehrter Herr X, 91

als Verteidiger von Herrn Y wende ich mich in dem gegen Herrn Y geführten strafrechtlichen Ermittlungsverfahren an Sie, da Sie sachdienliche Angaben machen können sollen. Als Verteidiger steht mir das Recht zu, Zeugen über ihr Wissen zu befragen. Dieses würde ich gerne in einem persönlichen Gespräch tun. Hierbei werde ich Sie dann auch über die weiteren Rechte und Pflichten eines Zeugen belehren.

Ich schlage Ihnen als Besprechungstermin den … in meinen Kanzleiräumen vor. Fahrtkosten und Verdienstausfall werden Ihnen selbstredend nach den gesetzlichen Vorgaben erstattet. Ich übersende Ihnen ferner eine von mir vorbereitete Zeugenerklärung, die Sie bitte zu unserer Besprechung mitbringen.

Rechtsanwalt

Die Zeugenerklärung sollte dem Zeugen bereits vor der Besprechung in der Kanzlei vorliegen, um hier das Gefühl des Überrumpeltwerdens erst gar nicht aufkommen zu lassen.[163] Ein solches Schreiben könnte wie folgt gehalten werden:[164]

---

158 Zu den verschiedenen Spielarten eigener Ermittlungstätigkeit vgl. *Bockemühl* Private Ermittlungen, 38 ff.; *Bockemühl* JSt 2010, 59 ff.; *Bockemühl* in: FS Beulke, 649 ff.: *Burhoff* Ermittlungsverfahren, Rn. 1578; *König* StraFo 1996, 98 ff.; *Bosbach* Ermittlungsverfahren, Rn. 156.

159 *Bockemühl* Private Ermittlungen, 35; *Pfordte/Degenhard* § 4 Rn. 41; *Stern* StraFo 1992, 58 (60 f.).

160 *Burhoff* Ermittlungsverfahren, Rn. 1583; Strafrechtsausschuss der Bundesrechtsanwaltskammer Thesen zur Strafverteidigung, 2015, These 25 Anm. 3, These 29 (III): »Der Verteidiger achtet darauf, dass schon der Anschein der Unlauterkeit vermieden wird«.

161 Formularbuch/*Ignor/Peters* III E Anm. 5; vgl. zur Zeugenerklärung den Formularvorschlag unten Rdn. 92.

162 Vgl. hierzu auch *Burhoff* Ermittlungsverfahren, Rn. 1587; Formularbuch/*Danckert/Ignor* III 10.

163 Ebenso Formularbuch/*Ignor/Peters* III E Anm. 5.

164 Nach Formularbuch/*Ignor/Peters* III E. 3.

▶ **Erklärung**

92 **Am heutigen … erschien ich auf Ersuchen von RA … in dessen Kanzleiräumen in …**

RA … hat mir erklärt, dass er als Verteidiger von Herrn Y in dem gegen Y geführten Ermittlungsverfahren der StA … wegen des Vorwurfs … tätig ist.

Ich bin durch RA … über dessen Recht auf Durchführung eigener Ermittlungen, insbesondere eigener Zeugenbefragungen hingewiesen worden.

Ich wurde darüber belehrt, dass es mir freisteht gegenüber RA … Angaben zu machen, da mich keine Aussagepflicht und ebenso keine strafbewehrte Wahrheitspflicht vor einem Rechtsanwalt betrifft.

In Kenntnis dieser Tatsache möchte ich jedoch hier gegenüber RA … wahrheitsgemäße Angaben machen und erkläre, dass meine nachfolgenden Angaben richtig und vollständig sind.

(Es folgt die Aussage)

RA … hat diese Aussage in meinem Beisein und nach meinen Angaben diktiert. Als Gesprächszeuge war Rechtsreferendar[165] Z anwesend. Ich habe die schriftliche Ausfertigung der Aussage gelesen und bestätige die

Richtigkeit mit meiner Unterschrift.

Zeuge

93 Die Befragung des Zeugen sollte i.d.R. in der Kanzlei des Verteidigers stattfinden. Hier sollte der »Heimvorteil« genutzt werden. Aber auch das Aufsuchen des Zeugen und die telefonische Befragung sind selbstredend zulässig und in besonders eiligen Fällen probate Ermittlungshandlungen des Verteidigers.[166]

94 Die Befragung des Zeugen ist gut vorzubereiten und deswegen empfiehlt sich auch die Vernehmung durch den »sachbearbeitenden« Rechtsanwalt, da nur so – mit vertretbarem Aufwand – die sachgerechte Befragung mittels Vorhaltungen aus der Akte möglich ist.[167]

95 Zu der Befragung sollte i.d.R. ein Gesprächszeuge hinzugezogen werden.[168] Die Vernehmung ist zu protokollieren. Ob der Verteidiger hierbei die Form des Gedächtnisprotokolls oder eine »wörtliche Protokollierung« wählt, sollte vom Einzelfall abhängig gemacht werden. I.d.R. ist jedoch die sofortige Protokollierung im Beisein des Zeugen angezeigt. Hat sich der Verteidiger für die Protokollierung entschieden, so ist der gesamte Inhalt der Zeugenaussage aufzunehmen. Hierbei ist auch darauf zu achten, dass die Aussage nicht »geschönt« wird und möglicherweise belastende Umstände in der Aussage unterschlagen werden. Der Verteidiger unterliegt auch insofern der Wahrheitspflicht.[169]

96 Das Protokoll sollte sofort in der Kanzlei geschrieben werden und dem Zeugen zum Lesen gegeben oder – in Fällen, in denen ein Abwarten der Fertigstellung nicht möglich ist – ihm kurzfristig zur Korrektur übersandt werden.

97 Die so erstellte Aussage darf vom Verteidiger im späteren Verfahren verwertet werden. Dieses ist im Wege des Vorhalts oder in Extremfällen auch durch Vorlage des gefertigten Protokolls möglich.[170]

165 Es empfiehlt sich immer einen Gesprächszeugen zu der Zeugenvernehmung hinzuzuziehen. Hierbei kann es sich auch um einen Mitarbeiter der Kanzlei handeln; ebenso *König* StraFo 1996, 98 (100).
166 *Rückel* Zeugenbeweis, Rn. 20.
167 Ebenso Strafverteidigung/*Gillmeister* § 2 Rn. 187; *Krekeler* wistra 1983, 43 (48), schlägt hingegen die Befragung durch einen Rechtsanwalt, der nicht Verteidiger ist, vor.
168 Vgl. hierzu *Bockemühl* in: FS Beulke, 652; als Gesprächszeuge scheidet der Mandant immer aus.
169 Strafverteidigung/*Gillmeister* § 2 Rn. 192; es ist eine ganz andere Frage, ob solche Erkenntnisse durch den Verteidiger anschließend verwertet werden können. Die Verwertung scheidet mit Blick auf die Beistandsfunktion selbstredend aus.
170 Strafverteidigung/*Gillmeister* § 2 Rn. 196; *Bosbach/Ackermann/Caba* Ermittlungsverfahren, Rn. 251.

2. Hinzuziehung von Hilfspersonen

Der Verteidiger ist ebenso befugt Ermittlungsgehilfen zum Zwecke eigener Erhebungen hinzuzuziehen. In Betracht kommen hier insbesondere die Beauftragung von Privatdetektiven und Sachverständigen. 98

a) Beauftragung von Privatdetektiven

Die **Beauftragung eines Privatdetektivs** kann für die Aufklärung des Sachverhaltes und zur Ermittlung von (weiteren) Zeugen von essenzieller Bedeutung sein. Der Strafverteidiger wird hier i.d.R. an logistische und technische Grenzen stoßen. Detektive können als sog Beweisnothelfer fungieren und dem Strafverteidiger in Fällen falscher Zeugenaussagen, fehlender Beweise und bei unzureichender Sachverhaltsermittlung durch die Strafverfolgungsbehörden von unschätzbarer Hilfe sein.[171] 99

Nachdem es naturgemäß auch bei den Detektiven »schwarze Schafe« gibt, soll der Verteidiger große Aufmerksamkeit auf die Auswahl der Detektei legen, mit der die Verteidigung zusammenarbeiten möchte. Nur seriös arbeitende Detekteien, die sich der »Berufsordnung der Detektive in Deutschland«[172] verschreiben, sollten in Betracht kommen. Die Berufsordnung dient den nach ihr arbeitenden Detekteien quasi als »Ehrenkodex« und bürgt i.d.R. für Qualität und Legalität der Ermittlungsarbeit.[173] 100

Die drei führenden Detektiv-Dachverbände – Bundesverband Deutscher Detektive (BDD), Bund Internationaler Detektive e.V. (BID) und der Deutscher Detektiv-Verband e.V. (DDV) – haben sich 1986 zur Zentralstelle für die Ausbildung im Detektivgewerbe (ZAD)[174] verbunden mit dem Ziel seinen Mitgliedern eine einheitliche, seriöse und qualifizierte Berufsausbildung zu gewährleisten.[175]

▶ Beachte

In jedem Fall sollte der Detektiv durch den Verteidiger und nicht durch den Mandanten beauftragt werden.[176] Nur so steht dem **Detektiv** ein **Zeugnisverweigerungsrecht** gem. § 53a StPO zu.[177] Der Verteidiger sollte den Auftrag klar umgrenzen. Ferner sollte der Kostenrahmen festgelegt werden. Der Detektiv ist in einem Auftragsschreiben[178] darauf hinzuweisen, dass nur gerichtsverwertbares Material beschafft werden darf und dass er der Verschwiegenheit unterliegt (§§ 203 Abs. 3 i.V.m. 203 Abs. 1 Nr. 3 StGB). 101

---

171 Vgl. *Baumann* Eigene Ermittlungen, 116 f.; *Jungfer* StV 1989, 495 ff.; *Kocks* Was tun Detektive und wem dienen sie?, in: *Berg/Dessau/Kocks* Detektiv-Berufsbildung, 5. Aufl. 1997, 30, 31 ff.

172 Die »Berufsordnung« ist abgedruckt bei *Berg/Dessau/Kocks* Detektiv-Berufsbildung, 5. Aufl. 1997, 136 ff.

173 *Bockemühl* Private Ermittlungen, 44.

174 Siehe die Homepage: www.z-a-d.de.

175 *Kocks* Qualifikation durch die ZAD-Bildungsprogramme, in: Berg/Dessau/Kocks, Detektiv-Berufsbildung, 5. Aufl. 1997, 67 ff.; bei der Detektiv-Zentralstelle für die Ausbildung (Adresse: Am Neuenhof 1b, 40629 Düsseldorf) können auch geeignete Detekteien erfragt werden.

176 *Bockemühl* Private Ermittlungen, 47; *Bockemühl* in: FS Beulke, 650; *Krey* Problematik privater Ermittlungen, 1994, 72; a.A. Strafverteidigung/*Gillmeister* § 2 Rn. 199.

177 Die rechtliche Stellung des Detektivs als Berufshelfer i.S.v. § 53a StPO ist durchaus str., vgl. zum Streitstand *Baumann* Eigene Ermittlungen, 155 ff.; *Bockemühl* Private Ermittlungen, 45 ff.; *Bockemühl* in: FS Beulke, 650 f.; *Jungfer* StV 1989, 495 (504); die h.M. verneint die Berufshelfereigenschaft; Meyer-Goßner/*Schmitt* § 53a Rn. 2a; KK/*Senge* § 53a Rn. 3.

178 Vgl. unten Rdn. 103.

102 Die Gewährung von Akteneinsicht – soweit erforderlich – an den beauftragten Detektiv begegnet keinerlei Bedenken.[179] Dieses ergibt sich – für den Fall, dass der Detektiv durch den Verteidiger beauftragt wurde – direkt aus § 19 Abs. 1 S. 1 BORA.[180]

Ein **Anschreiben an die beauftragte Detektei** könnte wie folgt gestaltet werden:[181]

▶ **Auftrag an den Detektiv**

103 **Detektei XY-Ungelöst**

Sehr geehrter Herr XY,

ich nehme Bezug auf unser soeben geführtes Telefonat und erteile Ihnen den Auftrag zur Beschaffung von gerichtsverwertbarem Beweismaterial in dem gegen meinen Mandanten geführten Ermittlungsverfahren. Die zu beschaffenden Beweismittel müssen mithin in gesetzlich zulässiger Art und Weise erlangt sein (auf die Präambel und § 42 der Berufsordnung für Detektive in Deutschland wird verwiesen).

Den Kostenrahmen für Ihre Nachforschungen haben Sie mit € ... bis € ... zzgl. gesetzlicher Mehrwertsteuer beziffert. Dieser Kostenrahmen ist zwingend einzuhalten. Sollten nach Ihrer Auffassung im Verlauf der Auftragsbearbeitung weitere, Kosten auslösende Tätigkeiten notwendig werden, so sind diese unbedingt abzusprechen.

Für eine Zwischenberichterstattung wäre ich Ihnen dankbar. Bitte unterzeichnen Sie beigefügte Mitarbeiter-Verschwiegenheitserklärung und senden diese an mich zurück.

Ich stelle Ihnen hiermit ebenfalls die für Ihre Tätigkeit relevanten Teile der Verfahrensakte in Kopie zur Verfügung. Wie schon telefonisch besprochen sind für uns folgende Fragen verfahrensrelevant:

(kurze Schilderung der relevanten Fragestellungen)

Rechtsanwalt

Die *Erklärung über die Verschwiegenheitsverpflichtung* ist nach § 2 Abs. 4 BORA zwingend erforderlich, da hiernach der Rechtsanwalt »seine Mitarbeiter und alle sonstigen Personen, die bei seiner beruflichen Tätigkeit mitwirken, zur Verschwiegenheit (§ 43a Abs. 2 BRAO) ausdrücklich zu verpflichten und anzuhalten« hat.[182]

▶ **Belehrung über die Verschwiegenheitspflicht**

104 **Herr XY von der Detektei XY-Ungelöst wurde heute darüber belehrt, dass Ihn nicht nur die Verschwiegenheitsverpflichtung des § 4 der Berufsordnung für Detektive in Deutschland trifft, sondern zudem für alle Tätigkeiten in der Mandatsangelegenheit ..., die Verpflichtung zur Verschwiegenheit gem. §§ 203 Abs. 3 i.V.m. 203 Abs. 1 Nr. 3 Strafgesetzbuch.**

(Es folgt der entsprechende Wortlaut aus dem StGB)

Herr XY wurde ferner darauf hingewiesen, dass die Verpflichtung zur Verschwiegenheit auch nach Beendigung des Mandatsverhältnisses und auch nach Beendigung des Mitarbeiterverhältnisses fortbesteht; § 2 Abs. 2, 4 Berufsordnung für Rechtsanwälte.

(Es folgt der entsprechende Wortlaut aus der BORA)

Abschließend wurde Herr XY darüber belehrt, dass die Schweigepflicht berechtigt und verpflichtet, das Zeugnis über Tatsachen zu verweigern, die ihm durch die Mitarbeit in der Kanzlei bekannt geworden sind, § 53a Strafprozessordnung.

---

179 *Bockemühl* in: FS Beulke, 651; *Jungfer* StV 1989, 495, 499; *König* StraFo 1996, 98, 102; *Bosbach* Ermittlungsverfahren Rn. 158.

180 Ebenso *Burhoff* Ermittlungsverfahren, Rn. 1581.

181 Formularbuch/*Danckert/Ignor* III. 15.

182 Vgl. zu den Regelungen nach der neuen Berufsordnung, *Pfordte/Gotzens* BRAK-Mitt. 1997, 82 ff.

(Es folgt der entsprechende Wortlaut aus der StPO)

Rechtsanwalt

Unterschrift Detektiv

Werden diese Grundsätze bei der Beauftragung von Detektiven durch den Verteidiger eingehalten, sollte keine »furchtsame Scheu vor der Beauftragung von Detektiven«[183] bestehen. Die Heranziehung von Detektiven zum Zwecke der Beweismittelgewinnung gehört – in geeigneten Fällen – zum Handwerkszeug eines Strafverteidigers.[184] 105

b) Beauftragung eines Sachverständigen

Die Beauftragung eines **Sachverständigen** durch die Verteidigung ist in vielen Verfahren unumgänglich. Die Einschaltung eines Sachverständigen durch die Verteidigung kann bereits im Ermittlungsverfahren sinnvoll sein. Sie kommt sowohl in Betracht, wenn durch die Strafverfolgungsbehörden bereits ein Sachverständiger beauftragt wurde, als auch dann, wenn die Verteidigung sachverständiger Hilfe bedarf.[185] 106

Der Verteidiger wird in beiden Fällen der Beauftragung eines Sachverständigen mit dem Misstrauen der Strafverfolgungsbehörden und Gerichte zu kämpfen haben. Zu tief verwurzelt ist die Vorstellung von »Gefälligkeitsgutachten« oder »Privatgutachten nach den Wünschen des Auftraggebers«.[186] Die Bedenken sind jedoch ungerechtfertigt.[187] Schon die Eidesformel des § 79 Abs. 2 StPO verlangt eine neutrale Rolle des Sachverständigen.[188] Zudem kann auch das Argument der »wirtschaftlichen Abhängigkeit« derjenigen Sachverständigen, die von der Verteidigung beauftragt werden und aus diesem Grund im Verdacht stehen parteiische Gutachten zu erstatten,[189] nicht verfangen. Gerade das Gegenteil ist der Fall. Sachverständige, die lediglich für die Strafverfolgungsbehörden und Gerichte tätig sind, können sich in einer Abhängigkeit befinden.[190] Sachverständige, die bereit sind auch für Strafverteidiger tätig zu sein, dokumentieren vielmehr ihre Unabhängigkeit vom jeweiligen Auftraggeber.[191] Trotzdem wird der Verteidiger, der einen geeigneten Gutachter sucht, Probleme haben einen Sachverständigen zu finden, der für einen Gutachtenauftrag durch die Verteidigung zur Verfügung steht.[192] 107

Hinzu kommen selbstredend die finanziellen Probleme. Nur wenige Mandanten können sich die Kosten eines (weiteren) Gutachters leisten.[193] Um die finanzielle Belastung für den Mandanten überschaubar zu halten und um erst mal auszuloten, ob der Sachverständige zu einem für den Mandanten positiven Ergebnis gelangt, sollte dem Sachverständigen aufgegeben werden zunächst lediglich ein Kurzgutachten zu erstellen. Erst wenn das Ergebnis der Begutachtung für den Mandanten positiv 108

---

183 Diese stellt *Jungfer* StV 1989, 495, noch fest.
184 Ebenso *Jungfer* StV 1989, 495.
185 Formularbuch/*Danckert/Ignor* III. 13. Anm. 1.
186 Vgl. nur *Cabanis* StV 1986, 451 (452 ff.).
187 Ebenso *Detter* in: FS Meyer-Goßner (2001), 431 (437).
188 Hierauf weist *Krekeler* StraFo 1996, 5, zutreffend hin.
189 Vgl. hier den Überblick bei *Cabanis* StV 1986, 451, 452 f.
190 *Krekeler* StraFo 1996, 5, Fn. 1, spricht in diesem Zusammenhang von »Hilfsorganen der Strafverfolgungsbehörden und des Gerichts«.
191 *Cabanis* StV 1986, 451 (454).
192 Vgl. hierzu *Bockemühl* in: FS Beulke, 651 f.
193 Hier kann aber ein Antrag nach § 220 Abs. 3 StPO, der später in der Hauptverhandlung zu stellen ist, Abhilfe schaffen; vgl. hierzu *Bockemühl* in: FS Beulke, 652; *Detter* in: FS Meyer-Goßner (2001), 431 (442); zur Möglichkeit der Selbstladung von Zeugen und Sachverständigen: *Bockemühl* in: FS Breidling, 31 ff.

ausgefallen ist, sollte dann ein ausführliches Gutachten zur Vorlage bei der StA oder dem Gericht gefertigt werden.[194]

109 Ist bereits ein Sachverständiger durch die Strafverfolgungsbehörden beauftragt worden und liegt dessen schriftliches (Vor-) Gutachten bereits vor, kommen eigentlich zwei Vorgehensweisen in Betracht. Hier ist die Anfertigung eines Methodengutachtens eine Möglichkeit der Einbindung eines weiteren Sachverständigen. Der Gutachter fertigt lediglich ein Gutachten über die wissenschaftliche Qualität des bisherigen Gutachtens an. Kommt der Sachverständige, der durch die Verteidigung beauftragt wurde, die wissenschaftliche Güte des bisherigen Gutachtens zu beurteilen, zu dem Ergebnis, dass das »Erstgutachten« fehlerhaft ist, ist der Verteidigung die Möglichkeit eröffnet mit diesem Methodengutachten auf die Einholung eines weiteren Sachverständigengutachtens zu drängen.

Ferner kann der Verteidiger den Sachverständigen direkt mit der Erstattung eines »Zweitgutachtens« beauftragen.

110 In jedem Fall stellt sich die Frage, wie dem durch die Verteidigung beauftragten Sachverständigen der Zugriff zu den Beweismitteln eröffnet wird. Es bleibt hier teilweise keine andere Möglichkeit als diejenige, dass der Verteidiger mit dem von ihm beauftragten Sachverständigen die Beweismittel auf der Dienststelle in Augenschein nimmt. Ist der Mandant inhaftiert und muss der Mandant selbst (mit Blick auf §§ 20, 21 StGB) begutachtet werden, so muss der Verteidiger »seinem Sachverständigen« den Zutritt zu dem Mandanten verschaffen. Der durch die Verteidigung beauftragte Sachverständige hat durch die StA und Gerichte die gleichen Möglichkeiten der Begutachtung eingeräumt zu bekommen wie der »gerichtliche Gutachter«. Die Unsitte, dem Gutachter der Verteidigung lediglich einen »Sprechschein für 30 Minuten« zu erteilen, ist mit dem Grundsatz der Waffengleichheit und einem fairen Verfahren nicht zu vereinbaren.

▶ **Beachte**

111 Der Gutachter ist in jedem Fall von der Verteidigung zu beauftragen.[195] Nur in diesem Fall wird der Sachverständige zum Gehilfen der Verteidigung nach § 53a StPO[196] mit der Folge, dass ihm ein Zeugnisverweigerungsrecht zukommt und somit dem »Zugriff der StA« entzogen ist.

E. Weitere Verteidigeraktivitäten

I. Festlegung des Verteidigungszieles

112 Hat der Verteidiger sich nunmehr diejenigen Informationen verschafft, die er zur Verteidigung seines Mandanten benötigt, gilt es die weiteren Aktivitäten vorzubereiten. Hierfür ist es zwingend erforderlich sich über das **Verteidigungsziel** Klarheit zu verschaffen,[197] da hiervon die weiteren Schritte der Verteidigung beeinflusst werden. Der Verteidiger hat hierbei den weiteren Verfahrensablauf einzuschätzen, um den Mandanten sachgerecht beraten zu können. Der Verteidiger muss die Verfahrensrisiken für seinen Mandanten abschätzen können und die Verteidigungsstrategie an dieser Risikoeinschätzung ausrichten.[198]

113 Das staatsanwaltschaftliche Ermittlungsverfahren dient der Klärung, ob gegen den Beschuldigten ein hinreichender Tatverdacht i.S.v. § 203 StPO besteht. Das Legalitätsprinzip (§ 152 Abs. 2 StPO) verpflichtet die StA bei bestehendem Anfangsverdacht den Sachverhalt zu erforschen (§ 160 StPO).

194 Ebenso Strafverteidigung/*Gillmeister* § 2 Rn. 197.
195 *Bockemühl* in: FS Beulke, 652; a.A. aber ohne Begründung Strafverteidigung/*Gillmeister* § 2 Rn. 203.
196 *Bockemühl* in: FS Beulke, 652; *Krekeler* StraFo 1996, 5 (8); a.A. *Detter* in: FS Meyer-Goßner (2001), 431 (438).
197 *Bosbach/Ackermann/Caba* Ermittlungsverfahren, Rn. 268.
198 *Dahs* Taschenbuch, Rn. 220: »Denken in Verfahrensrisiken«.

Sie ist grundsätzlich ebenso verpflichtet, bei »hinreichendem Tatverdacht« Anklage zu erheben.[199] Die Verpflichtung zur Anklageerhebung ergibt sich aus § 170 Abs. 1 StPO. Ergeben die Ermittlungen, dass kein hinreichender Tatverdacht besteht, ist das Verfahren nach § 170 Abs. 2 StPO einzustellen.[200] Das Ermittlungsverfahren ist gem. § 170 Abs. 2 StPO einzustellen, wenn sich herausstellt, dass ein Verfahrenshindernis besteht, die Tat als solche nicht strafbar ist oder sich die Nichtschuld herausgestellt hat bzw. die Schuld dem »Täter« nicht nachweisbar ist.

Kommt die StA zu der Entschließung, dass gegen den Beschuldigten ein hinreichender Tatverdacht i.S.v. § 203 StPO besteht, muss sie gleichwohl nicht zwingend Anklage erheben. Die §§ 153 ff. StPO eröffnen auch in diesem Fall eine Einstellung des Verfahrens nach Opportunitätsgesichtspunkten. 114

Das Verfahren kann aus folgenden Gründen eingestellt werden: 115
- aus prozessualen Gründen,
- aus materiell-rechtlichen Gründen,
- aus tatsächlichen Gründen und
- aus Opportunitätsgesichtspunkten.

In den ersten drei Fällen erfolgt die Einstellung nach § 170 Abs. 2 StPO, im letzteren nach §§ 153 ff. StPO.[201] 116

Die StA hat folglich im Prinzip zwei Möglichkeiten der Beendigung des Ermittlungsverfahrens. Zum einen kann sie das Verfahren einstellen, zum anderen kann sie den Sachverhalt anklagen.[202]

1. Einstellung des Verfahrens

Für die weitergehende Tätigkeit des Strafverteidigers im Ermittlungsverfahren hat man immer zu berücksichtigen, dass die Weichen für den Ausgang des gesamten Strafverfahrens bereits de facto im Ermittlungsverfahren gestellt werden.[203] In der Praxis werden (häufig) im Zwischen- und im Hauptverfahren die Akteninhalte des Ermittlungsverfahrens durch das Gericht lediglich nachvollzogen.[204] Es muss deswegen – um die stigmatisierenden Wirkungen einer Hauptverhandlung zu vermeiden – das Hauptziel der Verteidigung sein, dass das Verfahren in einem frühen Stadium eingestellt wird.[205] Der Verteidiger hat »mit allen rechtlich zulässigen Mitteln auf die Einstellung des Verfahrens hinzuwirken«.[206] Ist eine Einstellung des Verfahrens nicht zu erreichen, so hat der Verteidiger auf das Verfahren derart Einfluss zu nehmen, dass er für seinen Mandanten eine optimale Verteidigungsposition für das Zwischen- und Hauptverfahren eröffnet hat.[207] 117

In jedem Fall sollte der Verteidiger die »Klaviatur der Einstellungsmöglichkeiten« beherrschen, um hier nicht Chancen für seinen Mandanten zu vergeben.

199 *Pfeiffer* in: FS Bemmann (1997), 582 (582).

200 Nach zutreffender Auffassung ist hierfür die Prognose der StA bzgl. der Wahrscheinlichkeit eines Antrags auf Verurteilung nach durchgeführter Hauptverhandlung ausschlaggebend, vgl. KMR/*Noltensmeier-von Osten* § 170 Rn. 4; *Pfeiffer* in: FS Bemmann (1997), 582 (583); *Roxin/Schünemann* § 40 Rn. 2 ff.

201 Meyer-Goßner/*Schmitt* § 170 Rn. 6.

202 Die Möglichkeit des Antrags auf Erlass eines Strafbefehls, § 407 StPO, wird hier mit der Anklageerhebung gleichgestellt, da in beiden Fällen die StA die Voraussetzungen des § 170 Abs. 1 StPO bejaht und zudem die Wirkungen für den Mandanten vergleichbar sind; arg. § 410 Abs. 1 StPO; vgl. zu den verschiedenen Spielarten der Abschlussverfügung KMR/*Noltensmeier-von Osten* § 170 Rn. 1.

203 Vgl. oben Rdn. 1 f.

204 *Dahs* Taschenbuch, Rn. 172.

205 *Bosbach/Ackermann/Caba* Ermittlungsverfahren, Rn. 269.

206 *Dahs* Handbuch, Rn. 246; Strafverteidigung/*Gillmeister* § 6 Rn. 12 ff.; *ders.* StraFo 1994, 39 ff., nennt Ausnahmefälle, in denen es »keine Verfahrenseinstellung um jeden Preis« geben sollte.

207 *Dahs* Handbuch, Rn. 246.

a) Einstellung mangels hinreichenden Tatverdachts, § 170 Abs. 2 StPO

118 Eine Einstellung nach § 170 Abs. 2 StPO hat dann zu erfolgen, wenn das Ermittlungsverfahren ergeben hat, dass einer Verurteilung prozessuale, materiell-rechtliche oder tatsächliche Gründe entgegenstehen. Die Verfahrenseinstellung hat bei Einstellungsreife unverzüglich zu erfolgen, wenn ein hinreichender Tatverdacht nicht mehr besteht.[208] Ein Zuwarten der StA ist nicht zulässig.[209]

119 Allerdings entfaltet eine Einstellung nach § 170 Abs. 2 StPO **keinerlei Rechtskraft**; es tritt kein Verbrauch der Strafklage ein.[210] Das Verfahren kann jederzeit wieder aufgenommen werden. Dieses gilt auch bei gleicher Sach- und Rechtslage.[211]

120 Verneint die StA bei Privatklagedelikten das öffentliche Interesse, so besteht ein Verfahrenshindernis. Die StA stellt das Verfahren ein und verweist den Anzeigeerstatter auf den **Privatklageweg**.[212]

121 Der Beschuldigte wird gem. § 170 Abs. 2 S. 2 StPO nur in bestimmten Fällen von der Einstellung des Verfahrens **benachrichtigt**. Es kann deswegen durchaus sein, dass der beschuldigte Bürger von der Tatsache, dass gegen ihn ein Ermittlungsverfahren geführt und eingestellt wurde, keine Kenntnis erlangt.[213]

122 Die Einstellungsverfügung ist zu begründen (Nr. 88, 89 Abs. 2 RiStBV). Die **Begründung** muss die wesentlichen rechtlichen oder tatsächlichen Gründe nennen und darf nicht nur darin bestehen, dass »allgemeine und nichtssagende Redewendungen« verwendet werden (Nr. 89 Abs. 2 RiStBV). Die Gründe der Einstellung werden dem früheren Beschuldigten gem. Nr. 88 RiStBV nur auf dessen Antrag hin mitgeteilt.

▶ Beachte

Der Verteidiger sollte immer einen entsprechenden Antrag stellen oder nochmals Akteneinsicht beantragen, um die Gründe zu erfahren. Die Begründung ist ggf. für Folgeverfahren (z.B. Disziplinarverfahren) von Interesse.

123 Die Verfahrenseinstellung nach § 170 Abs. 2 StPO ist nicht nur als Abschlussverfügung im Ermittlungsverfahren möglich, sondern auch noch nach Erhebung der öffentlichen Klage. Die StA kann bis zur Eröffnung des Hauptverfahrens durch das zuständige Gericht die Anklage zurücknehmen und das Verfahren einstellen.[214]

124 Im Fall der Einstellung gem. § 170 Abs. 2 StPO trägt i.d.R. die Staatskasse die Kosten des Verfahrens. Der Beschuldigte hat seine Auslagen selbst zu tragen.

125 In Betracht kommt jedoch eine Entschädigung wegen erlittener Strafverfolgungsmaßnahmen nach § 2 StrEG. Kommt ein Tatbestand, der zur Entschädigung berechtigt, in Betracht, so ist die Einstellungsverfügung nach § 9 Abs. 1 S. 4 StrEG i.V.m. § 35 Abs. 2 S. 1 StPO förmlich zuzustellen[215] und der Beschuldigte über sein Recht, einen Antrag binnen eines Monats nach Zustellung zu stellen, zu belehren (§ 9 Abs. 1 S. 5 StrEG). Wurde die Entschädigungspflicht durch das zuständige

208 *Bottke* StV 1986, 121; *Pfeiffer* in: FS Bemmann (1997), 582 (583).
209 Grundlose Verzögerung der Abschlussverfügung und Einstellung können Amtshaftungsansprüche gem. § 839 BGB nach sich ziehen, BGHZ 20, 178; KMR/*Noltensmeier-von Osten* § 170 Rn. 2; *Pfeiffer* in: FS Bemmann (1997), 582 (583).
210 KMR/*Noltensmeier-von Osten* § 170 Rn. 37.
211 *Beulke* Strafprozessrecht, Rn. 320; Meyer-Goßner/*Schmitt* § 170 Rn. 9; diese Auffassung ist bedenklich, vgl. zur Sperrwirkung der Einstellungsverfügung LR/*Graalmann-Scheerer* § 170 Rn. 50 ff.
212 Meyer-Goßner/*Schmitt* § 376 Rn. 6.
213 Vgl. hierzu die berechtigte Kritik von *Gillmeister* StraFo 1996, 114 (115).
214 Meyer-Goßner/*Schmitt* § 156 Rn. 2.
215 Meyer-Goßner/*Schmitt* § 9 StrEG Rn. 2.

Gericht rechtskräftig festgestellt, ist der konkrete Betrag im sog. Betragsverfahren binnen einer Frist von sechs Monaten geltend zu machen (§ 10 StrEG).

b) Einstellung nach Opportunitätsgesichtspunkten, §§ 153, 153a – e, 154a – e StPO

Die Einstellung aus Opportunitätsgesichtspunkten bietet für den Verteidiger eine bedeutsame Möglichkeit das Verfahren – teilweise ohne Hauptverhandlung – zu einer Erledigung zu bringen. Die häufigsten Anwendungsfälle sollen nachfolgend kurz dargestellt werden: 126

aa) Wegen absoluter Geringfügigkeit, § 153 StPO

Die StA kann in Fällen absoluter Geringfügigkeit[216] das Verfahren gem. § 153 Abs. 1 StPO einstellen, wenn die Tat sich als ein Vergehen darstellt, »die Schuld des Täters als gering anzusehen wäre« und kein öffentliches Interesse an einer Strafverfolgung besteht. 127

In den **neuen Bundesländern** ist statt der Einstellung nach § 153 StPO bei Vergehen mit geringfügigen Folgen die **Abgabe an eine Schiedsstelle** zulässig, falls der Beschuldigte zustimmt und kein öffentliches Interesse an der Strafverfolgung besteht. Das (DDR-) **Gesetz über die Schiedsstellen in den Gemeinden** vom 13.09.1990 galt nach dem EV[217] in den Ländern des Beitrittsgebietes fort. Es ist in *Brandenburg* durch Gesetz vom 28.05.1993[218] und vom 14.10.1996[219] abgeändert worden. In *Sachsen-Anhalt* wurde es durch das *Schiedsstellen- und Schlichtungsgesetz* vom 20.06.2001[220] geändert, in *Thüringen* durch das Schiedsstellengesetz vom 17.05.1996[221], geändert durch Art. 25 des Gesetzes vom 24.10.2001,[222] ersetzt. Im Mecklenburg-Vorpommern ist das Gesetz i.d.F. vom 10.07.1998[223] anzuwenden. In (Gesamt-) Berlin gilt stattdessen das Berliner Schiedsamtsgesetz vom 07.04.1994.[224] 128

Eine Einstellung nach § 153 StPO kommt nicht in Betracht, wenn feststeht, dass eine strafbare Handlung nicht vorliegt. Die Einstellung nach § 170 Abs. 2 StPO hat insofern Vorrang. § 153 StPO bedeutet keine Feststellung der Schuld des Beschuldigten. Dieses ergibt sich nach dem Willen des Gesetzgebers direkt aus der Formulierung des Gesetzes, »wenn die Schuld des Täters als gering anzusehen wäre«. Der Mandant wird die Einstellung nach § 153 StPO oft als weniger günstig beurteilen als eine nach § 170 Abs. 2 StPO »mangels Tatverdacht«. Hier sollte der Mandant jedoch auf einen eindeutigen »Vorteil« der Einstellung nach § 153 StPO gegenüber der nach § 170 Abs. 2 StPO hingewiesen werden. Es droht nämlich kein Klageerzwingungsverfahren mehr (§ 172 Abs. 2 S. 3 StPO). 129

Bei Einstellung durch die StA tritt kein Strafklageverbrauch ein.[225] Das Verfahren kann jederzeit vonseiten der StA wieder aufgenommen werden. Allerdings wird man unter dem Gesichtspunkt des Vertrauensschutzes verlangen, dass sachliche Gründe für die Wiederaufnahme des Verfahrens vorliegen.[226] 130

Nach § 153 Abs. 1 S. 1 StPO ist grundsätzlich für die Einstellung die Zustimmung des Gerichtes, das für die Eröffnung des Hauptverfahrens zuständig wäre, erforderlich. Die Zustimmung des Gerichtes 131

---

216 So *Roxin/Schünemann* § 14 Rn. 6; eine Einstellung nach § 153 StPO kommt nicht nur in den Bereichen der kleineren und mittleren Kriminalität, sondern durchaus auch bei größerer Kriminalität in Betracht.
217 Vgl. Anl I Kap III Sachgebiet A Abschn. III Nr. 14b.
218 GVBl. S. 194; i.d.F. der Bek. vom 21.11.2000, GVBl. I S. 158.
219 GVBl. S. 283.
220 GVBl. S. 214.
221 GVBl. S. 61.
222 GVBl. S. 265.
223 GVOBl. S. 636.
224 GVBl. S. 109; im Übrigen sind die das strafrechtliche Schlichtungsverfahren betr. §§ 40–45 des Gesetzes nunmehr durch Art. 3 des Gesetzes vom 20.12.1999 (BGBl. I S. 2491 f.) aufgehoben worden.
225 Meyer-Goßner/*Schmitt* § 153 Rn. 37.
226 So auch Strafverteidigung/*Gillmeister* § 6 Rn. 46; nicht h.M.

ist eine Prozesserklärung und verlangt als solche nicht, dass der Beschuldigte gehört werden muss.[227] Die Erteilung oder Versagung der Zustimmung ist auch nicht anfechtbar.[228] Die Zustimmung des Gerichtes ist in gewissen Fällen entbehrlich, wenn es sich um ein Vergehen handelt, das nicht mit einer im Mindestmaß erhöhten Strafe bedroht ist, und die durch die Tat verursachten Folgen gering sind.

bb) Einstellung nach § 153a StPO

132 Erreicht der Verteidiger bei der StA keine Einstellung nach § 153 StPO, da diese das öffentliche Interesse an der Strafverfolgung bejaht, so kann eine Verfahrenserledigung dadurch erreicht werden, dass der Beschuldigte Auflagen und Weisungen zur Einstellung erfüllt. Durch die Erfüllung der Auflagen und Weisungen wird das öffentliche Interesse an der Strafverfolgung beseitigt. Die Vorschrift ist durch das EGStGB 1974 Gesetz geworden und zunächst auf harte Kritik gestoßen.[229] Sie hat sich jedoch in der Praxis als durchaus probates und wirksames Instrumentarium zur Erledigung von Kleinkriminalität erwiesen.[230] Trotz der weiterhin berechtigten Kritik an der Ausgestaltung des Verfahrens und des Zwangscharakters der Auflagen und Weisungen[231] sollte die Möglichkeit das Ermittlungsverfahren ohne Hauptverhandlung und ohne Eintragung in das BZR zu beenden durch die Verteidigung genutzt werden.

133 Die Verfahrenserledigung nach § 153a StPO unterscheidet sich von der nach § 153 StPO hauptsächlich dadurch, dass Voraussetzung für eine Einstellung die Erfüllung der Auflagen und Weisungen ist und dass der Beschuldigte einer derartigen Verfahrenserledigung in jedem Fall zustimmen muss.

134 In den neuen Bundesländern ist statt der Einstellung nach § 153a StPO bei Vergehen mit geringfügigen Folgen die Abgabe an eine Schiedsstelle zulässig.[232]

2. Abschluss durch Erhebung der öffentlichen Klage, § 170 Abs. 1 StPO

135 Sofern die StA den hinreichenden Tatverdacht bejaht und auch eine Einstellung nach Opportunitätsgesichtspunkten nicht in Betracht kommt, bleibt nur die Erhebung der öffentlichen Klage nach § 170 Abs. 1 StPO in den »verschiedenen Spielarten«.[233] Die zwei wesentlichen Arten liegen in der Einreichung einer Anklageschrift oder in der Einreichung eines Antrags auf Erlass eines Strafbefehls.

a) Strafbefehl

136 Die Erledigung des Strafverfahrens durch einen Strafbefehl bietet dem Mandanten einige Vorteile aber auch Nachteile. Der Mandant ist hier durch den Verteidiger aufzuklären.[234]

137 Zu den wesentlichen **Vorteilen** zählt, dass eine öffentliche Hauptverhandlung vermieden wird. Hier bleibt dem Mandanten nicht nur die Publizität einer öffentlichen Hauptverhandlung mit der »Gefahr« von Presseberichterstattung u.ä. erspart, sondern zudem sind die Verfahrenskosten wesentlich geringer. Kosten für die Verteidigung im Rahmen der Hauptverhandlung fallen ebenso wenig an wie solche für Zeugen und ggf. Sachverständige.[235]

227 Meyer-Goßner/*Schmitt* § 153 Rn. 11.
228 Meyer-Goßner/*Schmitt* § 153 Rn. 11.
229 Vgl. *Roxin/Schünemann* § 14 Rn. 14 m.N.
230 *Rieß* ZRP 1983, 93.
231 *Roxin/Schünemann* § 14 Rn. 14 führt die berechtigten Kritikpunkte m.N. auf. Der faktisch bestehende Zwang zur Erfüllung von Auflagen und Weisungen wird von ihm in die Nähe von § 136a StPO gerückt; ebenso *Dencker* JZ 1973, 144 (149).
232 Vgl. hierzu oben Rdn. 128 m.N.
233 Vgl. zu den verschiedenen Möglichkeiten KMR/*Noltensmeier-von Osten* § 170 Rn. 1.
234 Ausführlich *Bechdolf* Kapitel 7.
235 *Burhoff* Ermittlungsverfahren, Rn. 3469.

Das Verfahren wird zumindest, nachdem nicht erst langwierig ein Termin zur Hauptverhandlung anberaumt werden muss, verkürzt und der Mandant hat schnell Gewissheit über die Rechtsfolgen seiner Tat.[236]

Zudem besteht – nachdem es sich beim Strafbefehlsverfahren um ein summarisches Verfahren handelt – eine gewisse Chance, dass aufgrund nicht allzu intensiver Ermittlungen manche Aspekte des Sachverhaltes verborgen bleiben.

Die Rechtskraft eines rechtskräftigen Strafbefehls entspricht nunmehr gem. § 410 Abs. 3 StPO der eines Urteils. Die StA kann wegen des abgeurteilten Sachverhalts ein Verfahren nur im Wege eines förmlichen Wiederaufnahmeverfahrens nach den §§ 359 ff. StPO betreiben.[237]

Auf der anderen Seite entfaltet die Erledigung durch einen Strafbefehl den **Nachteil**, dass der Man- 138
dant mit Rechtskraft des Strafbefehls vorbestraft ist. Dieser Nachteil mildert sich ggf. dadurch, dass dem Mandanten die Regelungen des BZRG erläutert werden. Sofern nämlich noch keine (Vor-) Eintragung im BZR vorhanden ist, erscheinen die Verwarnung mit Strafvorbehalt (§ 32 Abs. 2 Nr. 1 BZRG), eine Verurteilung zu einer Geldstrafe bis zu 90 Tagessätze (§ 32 Abs. 2 Nr. 5a BZRG) und eine Verurteilung von nicht mehr als drei Monaten (§ 32 Abs. 2 Nr. 5b BZRG) in einem polizeilichen Führungszeugnis nicht.

Schwerwiegender ist jedoch die Tatsache, dass der rechtskräftige Strafbefehl eine präjudizierende Wirkung für andere Verfahren haben kann. Diese »Schattenwirkung«,[238] die von einem rechtskräftigen Strafbefehl für andere Verfahren ausgeht, kann jedoch in einem gewissen Umfang dadurch vermieden werden, dass eine Stellungnahme der Verteidigung zu den Akten gelangt, in der zum Ausdruck kommt, dass der Strafbefehl »aus sachfremden Gründen hingenommen wird, obwohl ihm inhaltlich entgegengetreten wird«.[239]

Die Vor- und Nachteile sind im konkreten Fall gegeneinander abzuwägen. Entscheidet sich der 139
Mandant dafür, dass das Verteidigungsziel Strafbefehl durch seinen Verteidiger eingeschritten werden soll, so sollte sich der Verteidiger hierzu die (schriftliche) Zustimmung des Mandanten einholen.[240] Die gewählte Verteidigungsart läuft auf ein Schuldeingeständnis und damit auf einen Schuldspruch sowie eine Verurteilung hinaus. Ist durch die Verteidigung die Sachbehandlung nach §§ 407 ff. StPO angeregt worden, so steht zwar grds. die Möglichkeit der Erzwingung einer Hauptverhandlung und damit gerichtlichen Überprüfung des Sachverhaltes durch Einlegung eines Einspruchs gegen den Strafbefehl noch zur Verfügung, jedoch ist durch die Anregung i.d.R. der »point of no return« bereits überschritten.

Hat der Verteidiger in einem Gespräch mit der StA die Möglichkeit der Sachbehandlung im Straf- 140
befehlswege besprochen, so ist i.d.R. eine **Verteidigungsschrift**[241] zu fertigen, in der das Vorgehen nach §§ 407 ff. StPO angeregt wird. Ferner ist zu beachten, dass bereits im Rahmen dieser Verteidigungsschrift sämtliche Umstände vorgetragen werden, die für die Strafzumessung von Bedeutung sind. Hierzu zählen insbesondere Angaben zum Nettoverdienst (Tagessatzhöhe), aber ggf. auch Angaben zu einem durchgeführten Täter-Opfer-Ausgleich nach § 46a StGB.

236 *Burhoff* Ermittlungsverfahren, Rn. 3469.
237 Vgl. § 373a StPO.
238 Vgl. zu der Problematik der sog. Schattenwirkung *Salditt* StraFo 1996, 71 (72); der BGH hat allerdings nunmehr eine Bindungswirkung von tatsächlichen Feststellungen rechtskräftiger Strafbefehle im anwaltsgerichtlichen Verfahren verneint, BGHSt 45, 46 ff. m. Anm. *Bockemühl* BRAK-Mitt. 2000, 164 ff.
239 So der Vorschlag von *Salditt* StraFo 1996, 71 (72), der anregt dieses z.B. i.R.d. Rücknahme eines Einspruchs gegen den Strafbefehl zu erklären und somit aktenkundig zu machen.
240 *Burhoff* Ermittlungsverfahren, Rn. 3471.
241 Zur Verteidigungsschrift vgl. unter Rdn. 169 ff.

b) Vorbereitung der Hauptverhandlung

141 Sind für die Verteidigung weder eine Einstellung noch eine Sachbehandlung im Wege des Strafbefehls zu erreichen, gilt es mit den (begrenzten) Mitteln der Verteidigung im Ermittlungsverfahren die Weichen für das Zwischen- und Hauptverfahren[242] zu stellen. Auch hierbei sollte sich der Verteidiger wieder einer Risikoeinschätzung bedienen. Es bringt nichts, die Verteidigung an einem gänzlich illusorischen und völlig unrealistischen Freispruch auszurichten und dabei andere Verteidigeraktivitäten völlig zu vernachlässigen. Versäumnisse sind auch hier – z.B. im Bereich der Strafzumessungstatsachen – im späteren Verfahren nicht mehr nachzuholen.

II. Verteidigungsverhalten zur Erreichung des Verteidigungszieles

142 Ein allgemeingültiges Verteidigungsmuster lässt sich aufgrund der Verschiedenheit der jeweiligen Fälle nicht aufstellen. Ein »Patentrezept« gibt es nicht.

143 Der Verteidiger muss sich – egal welches Verteidigungsziel es zu erreichen gilt – darüber klar werden, ob die Verteidigung mit den Strafverfolgungsbehörden kooperiert, d.h. Aktivität entwickelt, oder »das Verfahren laufen lässt«.

1. Passivität und »Nichtkooperation« als Methode der Verteidigung

a) Keine Mitwirkungspflicht des Beschuldigten

144 Ein Beschuldigter ist nicht verpflichtet an seiner Überführung aktiv mitzuwirken – nemo tenetur se ipsum accusare. Dieses **nemo-tenetur-Prinzip** ergibt sich direkt aus dem Allgemeinen Persönlichkeitsrecht, Art. 2 Abs. 1 i.V.m. Art. 1 Abs. 1 GG, sowie dem Rechtsstaatsprinzip, Art. 20 Abs. 3 GG,[243] und hat in § 136 StPO seinen Niederschlag gefunden. Der Beschuldigte hat die Wahlmöglichkeit, ob er aussagen oder schweigen möchte. Allerdings geht der Grundsatz des nemo-tenetur weiter als § 136 StPO. Der Beschuldigte kann nicht nur entscheiden, ob er zu den gegen ihn erhobenen Vorwürfen aussagt oder schweigt. Ihn trifft in Gänze keinerlei Pflicht zur aktiven Mitwirkung an dem gegen ihn gerichteten Verfahren.[244]

145 Eine Möglichkeit der Verteidigung ist die Passivität im Ermittlungsverfahren. Der Beschuldigte schweigt z.B. zu den Vorwürfen. Die Ermittlungsbehörden sind dann zu umfassenden Ermittlungen gezwungen. Sie müssen alles in zeitaufwendigen Recherchen »selbst herausfinden«. Hierdurch wird das Verfahren in die Länge gezogen. Vielfach werden die Ermittlungsbehörden nicht oder zumindest nicht so schnell fündig. Die Vorwürfe können durch das Erreichen der absoluten Verjährung und dem damit verbundenen Verfahrenshindernis verjähren.

b) Verfahrensverzögerung

146 Neben dem Schweigen[245] kommt die **Verfahrensverzögerung** als weiteres Mittel der Verteidigung in Betracht.[246] Die Möglichkeiten dieser Methode sind allerdings begrenzt. In den seltensten Fällen erreicht der Verteidiger durch die Verfahrensverzögerung *alleine* sein Verteidigungsziel. Zwar hat der Beschuldigte gem. Art. 6 Abs. 1 S. 1 EMRK einen Anspruch darauf, dass über seine Sache »inner-

---

242 Ausführlich zur Vorbereitung der Hauptverhandlung *Hohmann/Fischer* Kapitel 3.

243 Vgl. umfassend *Rogall* Der Beschuldigte als Beweismittel gegen sich selbst, 1977, 104 ff.; *Lammer* Verdeckte Ermittlungen, 1992, 156 ff.; *Verrel* NStZ 1997, 361 ff., 415 ff.; BVerfGE 56, 37 (43 ff.); BGHSt 38, 214 (220).

244 BGHSt 42, 139 (151 ff.) zum Grundsatz »nemo tenetur se ipsum accusare«; Meyer-Goßner/*Schmitt* Einl. Rn. 29a.

245 Dazu unten Rdn. 147 ff.

246 Diese Verteidigungsstrategie wird oft von unsicheren Verteidigern »benutzt«, da man mit dieser Methode wenig falsch machen könne, vgl. zu dieser Einschätzung *Kunigk* Prozessführung und Strafverteidigung, 2. Aufl. 1979, 166.

halb einer angemessenen Frist« entschieden wurde. Die *überlange Dauer eines Strafverfahrens* bewirkt nach Auffassung des BGH kein Verfahrenshindernis.[247] Das Verfahren ist deswegen auch nicht nach § 170 Abs. 2 StPO einzustellen. Lediglich in besonders krassen Fällen der Verfahrensverzögerung soll eine Einstellung nach § 153 StPO[248] oder § 153a StPO[249] möglich sein. Einigkeit besteht jedoch dahingehend, dass Verstöße gegen das Beschleunigungsgebot nur dann relevant werden können, wenn diese *durch die Justiz zu verantworten* sind.[250]

Baut der Verteidiger auf Verfahrensverzögerung – z.B. durch sich endlos wiederholende Anträge auf Akteneinsicht– so kann die Verfahrensverzögerung, die aufgrund eines solchen Verhaltens eintritt, nie eine »besonders schwerwiegende Verfahrensverzögerung« i.S.d. Rechtsprechung des BVerfG[251] darstellen. Die Möglichkeiten einer Verteidigung durch Verzögerung des Verfahrens sind begrenzt. Sicherlich kann sich die Länge des Verfahrens für denjenigen Mandanten, der auch in der Lage sein muss, ein längeres Verfahren mental zu verkraften, positiv auswirken. Die Sozialprognose ist durch einen (neuen) Arbeitsplatz oder durch eine (neue) Partnerschaft nunmehr besser. Dieses sind Begleiterscheinungen – ebenso wie z.B. die Durchführung einer freiwilligen Therapie – die zumindest bei der Strafzumessung Berücksichtigung finden.

c) Schweigen

Das wirksamste Mittel der »Passiv-Verteidigung« ist jedoch in geeigneten Fällen das Schweigen des 147 Beschuldigten zu den gegen ihn erhobenen Vorwürfen. Nachdem der Verteidiger nach Akteneinsicht die Lage einschätzen kann und weiß, was die StA gegen seinen Mandanten an Beweismitteln hat, gilt es die Frage, ob der Mandant sich einlässt oder schweigt, sorgfältig zu bedenken. Die Klärung dieser Frage bedarf bei jeder Verteidigung erneuter Überlegung. Kein Fall und insbesondere kein Mandant gleicht in diesem Punkt dem anderen.

Es ist das gute **Recht** eines jeden Beschuldigten zu den gegen ihn erhobenen Vorwürfen **zu schweigen.** 148 Dieses ergibt sich aus §§ 136 Abs. 1 S. 2, 163a Abs. 3 S. 2 StPO und gilt für das gesamte Verfahren.[252] Macht der Beschuldigte von diesem Recht Gebrauch, darf diese Tatsache nicht zu seinem Nachteil berücksichtigt werden.[253] Das Schweigen des Beschuldigten darf jedoch nur in Fällen des *Totalschweigens* bzw. solchen Fällen, in denen der Täter sich auf das Bestreiten seiner Täterschaft beschränkt,[254] nicht berücksichtigt werden.[255]

Sagt der Beschuldigte hingegen aus und *schweigt* (lediglich) *teilweise* zu einzelnen Punkten, so darf 149 dieser Umstand im Rahmen der Beweiswürdigung auch zu seinen Lasten berücksichtigt werden.[256] Das partielle Schweigen darf gegen den Beschuldigten verwertet werden.

---

247 BGH StV 1997, 408 f.; BGHSt 35, 137, 141; das BVerfG hat allerdings bei besonders schwerwiegenden Verfahrensverzögerungen die Auffassung vertreten, dass ein anerkennenswertes Interesse an der Strafverfolgung in diesen Fällen entfallen kann und eine weitere Strafverfolgung »rechtsstaatlich nicht mehr hinnehmbar sei«, BVerfG StV 1993, 352; NStZ 1984, 128.

248 So BGH NStZ 1996, 506; OLG Frankfurt NStZ-RR 1998, 52 f.

249 LG Frankfurt NJW 1997, 1994.

250 *Roxin/Schünemann* § 16 Rn. 8 ff.

251 BVerfG StV 1993, 352; NStZ 1984, 128.

252 Meyer-Goßner/Schmitt Einl. Rn. 29a; zur Herleitung des Schweigerechts aus dem nemo-tenetur-Prinzip oben Rdn. 144; vgl. ferner *Lesch*. Kapitel 31 Rdn. 13.

253 BVerfG NStZ 1995, 555; BGHSt 34, 324 (326); 32, 140 (144); 25, 365 (368); Meyer-Goßner/*Schmitt* § 261 Rn. 16 m.N.; *Rogall* Der Beschuldigte als Beweismittel gegen sich selbst, 1977, 247 ff.

254 Vgl. BGHSt 34, 324 (326); KK/*Diemer* § 136 Rn. 13; KK/*Ott* § 261 Rn. 39 ff.

255 *Roxin/Schünemann* § 25 Rn. 32.

256 BGHSt 20, 298 (300): »(der Beschuldigte macht sich) im freien Entschluss selbst zu einem Beweismittel und unterstellt sich damit der freien Beweiswürdigung«.

Schweigt der Beschuldigte allerdings zu den gegen ihn erhobenen Vorwürfen im Rahmen einer prozessualen Tat in Gänze und macht Angaben zu einer anderen Tat im prozessualen Sinn,[257] so liegt kein Teilschweigen vor. Die Tatsache, dass er zu einer Tat schweigt, darf in diesen Fällen auch nicht gegen ihn verwertet werden.[258]

150 Aufgrund der Problematik des Teilschweigens darf es der Verteidiger in keinem Fall zulassen, dass sein Mandant sich im Rahmen einer prozessualen Tat teilweise einlässt und zu anderen Punkten schweigt.[259]

Die Frage nach einer Einlassung des Mandanten muss folglich dahingehend konkretisiert werden:

Entweder Totalschweigen oder vollumfängliche Einlassung.

151 *Ignor/Ritter*[260] bietet eine »Checkliste zum Aussageverhalten des Angeklagten« an. Diese ist – mit gewissen Modifikationen – auf die Frage des Aussageverhaltens i.R.d. Ermittlungsverfahrens übertragbar. Wie jede Checkliste kann auch diese nur eine Anregung geben. Die Frage des Schweigens ist jedoch am konkreten Einzelfall zu messen. Taktische Überlegungen können im konkreten Fall zum Abweichen von der Regel zwingen. In jedem Fall sollte der Beschuldigte nur dann aussagen, wenn seine Aussage zur Erreichung des Verteidigungskonzeptes erforderlich ist.[261] Bedarf es einer Einlassung zur Erreichung des Verteidigungszieles nicht – weil z.B. die StA sich mit der Verteidigung auf eine »übereinstimmende Rechtsauffassung« geeinigt hat – so sollte das Wagnis einer Einlassung auch tunlichst vermieden werden.

152 Der Mandant **sollte immer** aussagen, wenn:
- ein Alibi angegeben werden kann,
- Rechtfertigungsgründe,
- Entschuldigungsgründe,
- Strafmilderungsgründe geltend gemacht werden sollen,
- aber auch wenn es gilt die Strafzumessungstatsachen und die Umstände einer günstigen Sozialprognose i.S.v. § 56 StGB geltend zu machen.

153 Der Mandant **sollte in aller Regel** aussagen, wenn:
- er bereits umfassende Angaben zur Sache gemacht hat,[262]
- belastende Urkunden sich in der Akte befinden oder Belastungszeugen bereits gehört werden und nur die glaubwürdigen Ausführungen zu einer Entlastung des Mandanten geeignet sind,
- ein Geständnis aufgrund der Beweislage anzuraten ist,[263]
- eine Einstellung gem. §§ 153, 153a StPO erreicht werden soll und die StA in Gesprächen mit dem Verteidiger diese Erledigung von einem Geständnis abhängig gemacht hat.[264]

154 Der Beschuldigte **sollte immer schweigen**, wenn:
- ihm die vorgeworfene Tat auf prozessordnungsgemäße Art und Weise nicht nachgewiesen werden kann,
- die Einlassung dem Mandanten mehr schaden als nützen würde und die Einlassung aufgrund von bestehenden Widersprüchen anhand des Akteninhaltes widerlegt werden wird,
- der Beschuldigte bisher lediglich Angaben zum (objektiven) Tatbestand gemacht hat, aber nichts zum subjektiven Tatbestand gesagt hat,

257 Zum prozessualen Tatbegriff *Schuster* 34. Kapitel passim.
258 BGHSt 32, 140 (145) m. Anm. *Volk* NStZ 1984, 377.
259 *Dahs* Taschenbuch Rn. 349.
260 Formularbuch/*Ignor/Ritter* VII. B. 12.
261 Formularbuch/*Ignor/Ritter* VII. B. 12.
262 Hier hilft es nichts, nunmehr zu schweigen, da die gemachten Angaben durch die Einvernahme der Verhörsperson eingeführt werden können.
263 Vgl. zur Problematik des »Geständniswettlaufs« oben Rdn. 48 f.
264 Vgl. zur Problematik des damit verbundenen »Zwangs«, oben Rdn. 46.

- der Mandant sich nicht zu einem vollumfänglichen Geständnis durchringen kann,
- die StA einen Sachverständigen unter Verstoß gegen Nr. 70 RiStBV ohne Einvernehmen der Verteidigung mit der Begutachtung beauftragt hat.[265]

Sind Verteidiger und Mandant nach erfolgter Akteneinsicht zu der Auffassung gelangt, dass keinerlei Angaben zur Sache gemacht werden, sollte diese Entschließung den Strafverfolgungsbehörden i.d.R. mitgeteilt werden. Dieses schon aus dem Grund, um z.B. weitere Vernehmungsversuche zu vermeiden. Ein solches Schreiben könnte folgendermaßen aussehen:

▶ Mitteilung über Schweigeverteidigung

Klaus Mustermann 155

– Rechtsanwalt –

Musterstraße 11

56789 Musterstadt

Staatsanwaltschaft Regensburg

Kumpfmühler Str 4

93066 Regensburg

45 Js 2019/23

In dem Ermittlungsverfahren

gegen

Müller, Willy

wegen des Verdachts des Diebstahls

teile ich nach erfolgter Akteneinsicht mit, dass mein Mandant – zum momentanen Zeitpunkt – auf mein Anraten hin von seinem Recht zu Schweigen Gebrauch macht.

Es wird gebeten von (weiteren) Vernehmungsversuchen Abstand zu nehmen.

Rechtsanwalt

2. Aktivitäten des Beschuldigten als Mittel der Verteidigung

Hat sich der Verteidiger nach erfolgter Akteneinsicht und Besprechung mit dem Mandanten unter 156
konkreter Abwägung der Vor- und Nachteile für eine Mitwirkung im Ermittlungsverfahren entschieden, so gilt es die Art und Weise der Kooperation abzustecken.

a) Einlassung

Es wurde bereits ausgeführt, dass kein Beschuldigter an seiner eigenen Überführung (aktiv) mitwir- 157
ken muss. Dieses ergibt sich aus dem nemo-tenetur-Grundsatz. Entscheidet sich der Beschuldigte jedoch Angaben zur Sache zu machen, so sollten diese – ohne Ausnahme – mit Blick auf die Problematik des Teilschweigens vollständig sein.

Der Beschuldigte kann seine Einlassung in vier verschiedenen Arten ins Verfahren einbringen. Es 158
sind dieses die polizeiliche, staatsanwaltschaftliche oder richterliche Vernehmung oder er kann sich zu den Vorwürfen auch schriftlich äußern.

265 Nur durch das Schweigen des Mandanten gegenüber dem »Sachverständigen der StA« hält sich die Verteidigung einen Beweisantrag auf Hinzuziehung eines weiteren Sachverständigen offen; so auch Formularbuch/*Ignor/Ritter* VII. B. 12.

b) Polizeiliche Vernehmung

159 Die **polizeiliche Vernehmung** des Mandanten ist die wohl am weiteste verbreitete Art der Beschuldigtenvernehmung. Der Großteil der Mandanten kommt zur ersten Besprechung in die Kanzlei des Rechtsanwalts und gibt auf Frage an, dass er bereits umfangreiche Angaben zur Sache gegenüber der Polizei gemacht hat. Entscheidet sich die Verteidigung später Angaben zur Sache zu machen und signalisiert diese Bereitschaft der StA, so wird fast ausnahmslos durch die StA eine polizeiliche Vernehmung anberaumt. Dieses liegt wohl darin begründet, dass die zeitliche Belastung einer (umfangreichen) Vernehmung durch die StA nicht getragen werden kann und zum anderen, dass der polizeiliche Sachbearbeiter in der Materie »drin« ist.

160 Bei Ermittlungshandlungen der Polizei – und zu solchen zählt auch die Vernehmung des Beschuldigten – haben die Verfahrensbeteiligten bis auf die StA de lege lata **kein Anwesenheitsrecht.**[266] Dieses gilt auch für den Verteidiger bei der Beschuldigtenvernehmung.[267] Dieses soll sich nach h.M. aus § 163a Abs. 3 S. 2 i.V.m. 168c Abs. 1, 4 StPO (e contrario) ergeben.[268] Für die polizeiliche Vernehmung sei eben kein Anwesenheitsrecht im Gesetz verankert. Aus dem Schweigen des Gesetzes insofern die Konsequenz der h.M. zu ziehen erscheint mit Blick auf § 137 Abs. 1 S. 1 StPO bedenklich. Der Beschuldigte kann sich in jeder Lage des Verfahrens seines Verteidigers bedienen. Dieses gilt nach hiesiger Auffassung selbstverständlich auch für die polizeiliche Beschuldigtenvernehmung.

161 Unabhängig davon ist die Anwesenheit des Verteidigers bei der polizeilichen Beschuldigtenvernehmung i.d.R. nie ein Problem. Auch nach h.M. darf dem Verteidiger die Anwesenheit gestattet werden.[269] Hierzu ist die Polizei i.d.R. auch bereit. Die Konsequenzen einer Versagung der Anwesenheit des Verteidigers sind den Polizeibeamten hinreichend bekannt:

162 Wird dem Verteidiger die Anwesenheit nicht gestattet, gibt es in der Regel auch keine Aussage des Mandanten. Es besteht eben keine Pflicht des Beschuldigten vor der Polizei zu erscheinen und Angaben zu machen. Hierüber muss der Verteidiger selbstredend seinen Mandanten beraten und ihm nahelegen, keinerlei Angaben vor der Polizei zu machen, wenn er nicht zur Vernehmung zugelassen wird.[270] Mithin hat die Verteidigung die Möglichkeit ihre Anwesenheit bei der polizeilichen Vernehmung zu »erzwingen«. Diese Vorgehensweise ist i.d.R. auch nicht mit Nachteilen behaftet, da die Strafverfolgungsbehörden an einer Aussage des Beschuldigten interessiert sind.

163 Wird dem Verteidiger die Anwesenheit durch die Polizei gestattet, so hat der Verteidiger ein Hinweis- und Fragerecht.[271] Er kann nicht auf eine bloße Zuhörerrolle verwiesen werden.[272] Dieses ergibt sich aus seiner Stellung als Verteidiger.[273] Von diesen **Einwirkungsmöglichkeiten** auf den Gang der Vernehmung des Mandanten sollte der Verteidiger auch Gebrauch machen.

164 Eine polizeiliche Vernehmung des Mandanten sollte die Ausnahme bleiben. Insbesondere sollte der Verteidiger den Mandanten nie alleine zur Polizei gehen lassen. Dem Mandanten sitzen i.d.R. Polizeibeamte gegenüber, welche in der Vernehmungstechnik geschult sind und »ihr Handwerk« täglich betreiben. Die Intentionen des Vernehmungsbeamten sind ebenfalls offensichtlich. Der Beamte ist von seiner »Arbeitshypothese« überzeugt und will den Beschuldigten überführen. Die Vernehmung wird auf diese »Arbeitshypothese« des Vernehmungsbeamten ausgerichtet und die Befragung in

266 Meyer-Goßner/*Schmitt* § 163 Rn. 15; *Krause* StV 1984, 169 (175), fordert den Gesetzgeber zum Handeln auf.
267 H.M. Meyer-Goßner/*Schmitt* § 163 Rn. 16 m.w.N.; *Pfeiffer* § 163 Rn. 8.
268 Meyer-Goßner/*Schmitt* § 163 Rn. 16; a.A. *Schrepfer* Die Anwesenheit des Verteidigers bei der polizeilichen Beschuldigtenvernehmung, 2001, der mit beachtlichen Argumenten für ein Anwesenheitsrecht eintritt.
269 Meyer-Goßner/*Schmitt* § 163 Rn. 16.
270 *Pfeiffer* § 163 Rn. 8.
271 LR/*Erb* § 163a Rn. 96; Meyer-Goßner/*Schmitt* § 163 Rn. 16; *Pfeiffer* § 163 Rn. 8.
272 So *Pfeiffer* § 163 Rn. 8.
273 LR/*Erb* § 163a Rn. 96.

diese Richtung gelenkt. Der Mandant kann ggf. »nicht mehr aus«. Zudem werden dem Mandanten häufig »Versprechungen« gemacht um ein Geständnis zu erlangen. So wird dem Beschuldigten z.B. zugesichert, dass man sich für seine Enthaftung einsetzen will, falls er ein Geständnis ablegt. Hierin soll nach h.M. keine unzulässige Täuschung i.S.v. § 136a StPO liegen.[274] Die Wirkung einer solchen Zusage der Polizei auf den Mandanten ist jedoch gut vorstellbar.

Zwar hat der BGH in seiner Entscheidung vom 27.02.1992[275] die Rechte des Beschuldigten im Rahmen seiner (polizeilichen) Vernehmung aufgewertet indem er einen Verstoß gegen die Belehrungspflichten des § 136 StPO – unter bestimmten Voraussetzungen[276] – mit einem Verwertungsverbot belegt. Die Stellung des Beschuldigten ist hierdurch jedoch nicht entscheidend gestärkt worden. Der Nachweis eines Verfahrensverstoßes durch die Strafverfolgungsbehörden ist i.d.R. schwer zu führen, da der Grundsatz in dubio pro reo bei Verfahrensverstößen nicht gilt.[277]

c) *Staatsanwaltschaftliche/richterliche Vernehmung*

Bei einer **staatsanwaltschaftlichen** oder **richterlichen Vernehmung** hat der Verteidiger unzweifelhaft ein Anwesenheitsrecht. Dieses ergibt sich für die ermittlungsrichterliche Vernehmung aus § 168c Abs. 1 StPO und für die staatsanwaltschaftliche aus § 163a Abs. 3 S. 2 StPO, der auf § 168c Abs. 1 StPO verweist. Gegenüber der polizeilichen Einvernahme sind beide Arten der Vernehmung de lege lata aus Sicht der Verteidigung stärker ausgestaltet. Trotzdem ist sowohl bei der staatsanwaltschaftlichen als auch bei der richterlichen Vernehmung des Beschuldigten Vorsicht geboten. 165

Die StA ist gem. § 160 Abs. 2 StPO verpflichtet nicht nur belastende, sondern auch entlastende Momente zu ermitteln. Trotzdem wird die StA in der Praxis i.R.d. Vernehmung geneigt sein, den Beschuldigten zu überführen. Gerade deshalb ist es ein schwerer Kunstfehler seinen Mandanten alleine zu einer staatsanwaltschaftlichen Vernehmung gehen zu lassen. Das Anwesenheitsrecht ist immer wahrzunehmen. Eine Vernehmung durch die StA empfiehlt sich i.d.R. dann, wenn der Mandant »überzeugend« ist und »einen guten Eindruck« machen kann. Es kann in solchen Fällen hilfreich sein, das bloße staatsanwaltschaftliche Aktenzeichen für den sachbearbeitenden StA »mit Leben zu erfüllen«. 166

Die richterliche Vernehmung des Mandanten wird der Verteidiger in wenigen Fällen beantragen. Gem. § 254 StPO sind die richterlichen Vernehmungsprotokolle in der späteren Hauptverhandlung im Wege des Urkundenbeweis verlesbar. Die Vernehmung hat mithin etwas »Endgültiges«. Zudem ist der Ermittlungsrichter mit dem Sachverhalt in vielen Fällen nicht ausreichend vertraut. 167

Entscheidet sich der Verteidiger trotzdem für eine richterliche Vernehmung und beantragt diese, so sollte in den Antrag immer die Bitte um Terminsabsprache aufgenommen werden. § 168c Abs. 5 S. 3 StPO birgt hier nämlich eine gewisse Falle. Die zur Anwesenheit Berechtigten haben nämlich keinen Anspruch auf Terminsverlegung. Viele Ermittlungsrichter sind auch – aufgrund ihrer terminlichen Auslastung – nicht zu Terminsverlegungen bereit. In diesem Fall bleibt dem Verteidiger nichts anderes übrig, als seinem Mandanten zu raten, die Aussage zu verweigern. Nämlich auch bei der richterlichen Vernehmung des Mandanten gilt es das Anwesenheitsrecht zwingend wahrzunehmen. 168

d) *Schriftliche Äußerung*

Der Beschuldigte kann sich in jeder Lage des Verfahrens schriftlich zur Sache äußern.[278] Diese schriftliche Einlassung kann selbstverständlich auch durch den Verteidiger erfolgen (arg. § 137 169

274 Vgl. KK/*Diemer* § 136a Rn. 33.
275 BGHSt 38, 214 ff. = StV 1992, 212.
276 Vgl. *Lang/Gabler* Kap. 4 Rdn. 154 ff.; *Lesch* Kap. 31 Rdn. 27 ff.
277 Vgl. nur Meyer-Goßner/*Schmitt* § 337 Rn. 12 m.w.N.
278 Vgl. KK/*Diemer* § 136 Rn. 16; *Burhoff* Ermittlungsverfahren, Rn. 1613; instruktiv *Hamm* StV 1982, 490 ff.

StPO). Die Abgabe einer schriftlichen Einlassung vermeidet die oben skizzierten negativen Folgen der Einlassungen bei Polizei, StA und Richter. Allerdings sollte der Verteidiger die prozessuale Verwertbarkeit einer schriftlichen Einlassung in den verschiedenen Spielarten kennen und hierüber auch seinen Mandanten belehren.

170 Handelt es sich um eine schriftliche *Einlassung des Beschuldigten selbst*, ist diese in einer etwaigen späteren Hauptverhandlung gem. § 249 StPO verlesbar und zwar auch, wenn er dann nicht mehr zur Sache aussagt.[279] Diese Konsequenz darf der Verteidiger nicht aus den Augen verlieren.

171 Wird jedoch die *Äußerung zur Sache über den Verteidiger* des Beschuldigten abgegeben, so kann auch dieser »Nachteil« für den Beschuldigten vermieden werden. Die Äußerungen des Verteidigers (in seinen eigenen Worten) sind nicht verlesbar.[280]

172 Wählt der Verteidiger die schriftliche Einlassung zur Sache, so sollte die »**Verteidigungsschrift**« i.d.R. im Beisein des Mandanten (in der Kanzlei) gefertigt werden.[281] Der Mandant kann bereits während des Diktates der Verteidigungsschrift ggf. korrigierend und ergänzend eingreifen. Zudem ist diese Vorgehensweise für den Mandanten durchaus beeindruckend. Ist jedoch eine umfangreiche Verteidigungsschrift erforderlich, die z.B. Bezugnahme auf die Verfahrensakten erforderlich macht oder sitzt der Mandant in U-Haft, so sollte der Verteidiger die Verteidigungsschrift als Entwurf fertigen und anschließend mit dem Mandanten besprechen und ggf. noch Änderungen vornehmen. In diesem Fall sollte der Verteidiger sich die Verteidigungsschrift vom Mandanten ausdrücklich genehmigen lassen.[282]

3. Verteidigungsschrift

173 Die Frage nach der Zweckmäßigkeit der Einreichung einer sog **Verteidigungsschrift**[283] wird in der Literatur uneinheitlich beantwortet. *Dahs*[284] spricht vom »Dilemma des Verteidigers, einerseits den Mandanten vor der Hauptverhandlung zu schützen, andererseits nicht den Fehler vorheriger Preisgabe seines Verteidigungsvorbringens zu machen«. Er nennt diese Entscheidung ein »Teufelsproblem« und rät davon ab durch Abgabe einer Verteidigungsschrift das »Pulver zu verschießen« und »alle Trümpfe auf den Tisch zu legen«.

174 Diesem generellen Verdikt gegen eine Verteidigungsschrift muss mit Entschiedenheit widersprochen werden.[285] Selbstverständlich ist nicht jedes Ermittlungsverfahren geeignet, eine Verteidigungsschrift erforderlich erscheinen zu lassen. Es besteht auch selbstredend keine Pflicht des Verteidigers in jedem Fall eine Verteidigungsschrift einzureichen.[286] Es kommt bei der Frage, ob eine Verteidigungsschrift durch den Verteidiger eingereicht werden sollte, *immer* auf den konkreten Einzelfall an.[287] Eine Ver-

279 BGHSt 39, 305 (306); *Burhoff* Ermittlungsverfahren, Rn. 1617; KK/*Griesbaum* § 163a Rn. 10 ff.; KK/*Diemer* § 249 Rn. 14; BGHSt 39, 305.

280 *Burhoff* Ermittlungsverfahren, Rn. 1618; KK/*Griesbaum* § 163a Rn. 14; Meyer-Goßner/*Schmitt* § 163a Rn. 14; OLG Celle NStZ 1988, 426; infrage käme zwar die Einvernahme des Verteidigers als Zeuge, jedoch kann der Mandant durch die Verweigerung der Entpflichtung von der Verschwiegenheit gem. § 53 Abs. 2 StPO die Äußerungen »sperren«.

281 *Burhoff* Ermittlungsverfahren, Rn. 1618.

282 *Burhoff* Ermittlungsverfahren, Rn. 1618.

283 Der Verteidiger sollte hier nicht den ebenfalls verbreiteten Ausdruck der »Schutzschrift« verwenden, sondern den »kämpferischen« Begriff der »Verteidigungsschrift«; a.A. *Hamm* StV 1982, 490, zieht (zumindest) im Ermittlungsverfahren den Begriff der »Schutzschrift« vor.

284 *Dahs* Handbuch, Rn. 440.

285 *Hamm* StV 1982, 490 (492), mit dem zutreffenden Hinweis, dass ein zurückhaltender Gebrauch des Instituts der Verteidigungsschrift wohl schwerlich mit der Verpflichtung des Verteidigers zu vereinbaren ist, »mit allen Mitteln auf die Einstellung des Verfahrens hinzuwirken«; so auch *Burhoff* Ermittlungsverfahren, Rn. 3349.

286 Ebenso *Hamm* StV 1982, 490 (492).

287 *Burhoff* Ermittlungsverfahren Rn. 3349.

teidigungsschrift sollte jedoch immer nur dann eingereicht werden, wenn mit ihr ein konkretes Verteidigungsziel verfolgt wird.[288] Umgekehrt heißt dieses, dass eine Verteidigungsschrift immer dann einzureichen ist, wenn diese geeignet erscheint, den Zielen des Mandanten zu nützen.[289]

Eine Verteidigungsschrift ist dann angebracht, wenn durch das Vorbringen 175
- eine Hauptverhandlung vermieden werden kann,
- das Ermittlungsverfahren erheblich abgekürzt werden kann,
- eine Einstellung des Verfahrens vorbereitet wird,
- die Ermittlungen auf entlastendes Beweismaterial erstreckt werden sollen.

Entscheidet sich der Verteidiger für die Abgabe einer Verteidigungsschrift so sind folgende **Grundregeln** immer zu beherzigen: 176
- Keine Verteidigungsschrift ohne Akteneinsicht
- Verteidigungsschrift nur dann, wenn sie dem Mandanten etwas bringt
- Verteidigungsschrift dann, wenn der Verlust von entlastendem Beweismaterial zu besorgen ist
- Verteidigungsschrift bei bestehendem Verfahrenshindernis
- Verteidigungsschrift dann, wenn das Verfahren verzögert werden soll[290]
- Verteidigungsschrift dann, wenn das Ergebnis des Ermittlungsverfahrens mit dem Staatsanwalt besprochen ist.

Die Verteidigungsschrift ist selbstredend nur nach gründlicher Vorbereitung durch den Verteidiger abzugeben.

Die nähere Ausgestaltung der Verteidigungsschrift ergibt sich nach den Umständen des Einzelfalles und ist abhängig vom Verfahrensstand, der Zielrichtung der Verteidigung und ggf. von dem Ergebnis der Gespräche mit der StA. Wird das Institut der Verteidigungsschrift durch den Verteidiger in geeigneten Fällen geschickt eingesetzt, um das Ermittlungsverfahren im Sinne des Mandanten zu beeinflussen, so ist es ein »starkes Schwert« für eine sinnvolle Verteidigung.

a) Einstellungsantrag nach § 170 Abs. 2 StPO

Verfolgt der Verteidiger mit der Verteidigungsschrift eine Verfahrenseinstellung nach § 170 Abs. 2 StPO,[291] kann eine solche Verteidigungsschrift folgendermaßen aussehen:[292] 177

▶ Verteidigungsschrift

Klaus Mustermann 178

– Rechtsanwalt –

Musterstraße 11

56789 Musterstadt

Staatsanwaltschaft Regensburg

Kumpfmühlerstraße 4

93066 Regensburg

Musterstadt, den 21.08.2023

Az. 66 Js 0815/23

In dem Ermittlungsverfahren

288 *Hamm* StV 1982, 490 (492).
289 *Burhoff* Ermittlungsverfahren, Rn. 3349: »Weniger ist mehr!«.
290 Vgl. zur Verfahrensverzögerung oben Rdn. 146.
291 Vgl. zur Verfahrenseinstellung gem. § 170 Abs. 2 StPO oben Rdn. 118 ff.
292 Formularbuch/*Ignor/Peters* III. F. 2.

gegen

Müller, Willy

wegen des Verdachts des Betruges

wird beantragt,

das Verfahren nach § 170 Abs. 2 StPO einzustellen.

Begründung:

1. Darstellung des Tatvorwurfs/der Tatvorwürfe
2. Verfahrensgang
3. Beweiswürdigung nach Aktenlage
4. Rechtliche Beurteilung
5. Ergebnis:

Das Verfahren ist aus tatsächlichen und/oder rechtlichen Gründen gem. § 170 Abs. 2 StPO einzustellen.

Rechtsanwalt

b) Einstellungsantrag nach § 153 StPO

179 Ist eine Einstellung »mangels Tatverdacht« gem. § 170 Abs. 2 StPO nicht zu erreichen, da ein hinreichender Tatverdacht nicht zu bestreiten ist, so bieten die §§ 153 ff. StPO[293] der Verteidigung ein sehr fruchtbares Betätigungsfeld um das Verfahren »geräuschlos« zu beenden.[294]

▶ Einstellungsantrag wegen geringer Schuld

180 Klaus Mustermann

– Rechtsanwalt –

Musterstraße 11

56789 Musterstadt

Staatsanwaltschaft Regensburg

Kumpfmühlerstraße 4

93066 Regensburg

Musterstadt, den 21.08.2023

Az. 66 Js 0815/23

In dem Ermittlungsverfahren

gegen

Müller, Willy

wegen des Verdachts des Betruges

wird beantragt,

das Verfahren nach § 153 StPO einzustellen.

Begründung:

1. Darstellung des Tatvorwurfs/der Tatvorwürfe
2. Verfahrensgang

293 Vgl. zur Einstellung nach Opportunitätsgesichtspunkten oben Rdn. 126 ff.

294 *Burhoff* Ermittlungsverfahren, Rn. 3349 und 1678 ff.; *Bosbach/Ackermann/Caba* Ermittlungsverfahren, Rn. 387 ff.

3. Beweiswürdigung nach Aktenlage
4. Rechtliche Beurteilung
5. Darstellung der Voraussetzungen des § 153 StPO
   a) Vergehen
   b) Schuldgehalt gering
   c) Fehlen des öffentlichen Interesses an der Strafverfolgung

Es wird deswegen beantragt, das Verfahren gem. § 153 Abs. 1 StPO einzustellen.

Rechtsanwalt

c) Einstellungsantrag nach § 153a StPO

Bejaht die StA das öffentliche Interesse an der Strafverfolgung, so kann dennoch eine Einstellung **181**
des Verfahrens gem. § 153a StPO erreicht werden.[295] Kann das öffentliche Interesse an der Strafverfolgung durch die Erfüllung bestimmter Auflagen und Weisungen beseitigt werden, so könnte ein entsprechender Antrag wie folgt aussehen:

▶ Antrag auf Einstellung gem. § 153a StPO

Klaus Mustermann 182

– Rechtsanwalt –

Musterstraße 11

56789 Musterstadt

Staatsanwaltschaft Regensburg

Kumpfmühlerstraße 4

93066 Regensburg

Musterstadt, den 21.08.2023

Az. 66 Js 0815/23

In dem Ermittlungsverfahren

gegen

Müller, Willy

wegen des Verdachts des Betruges

wird beantragt,

das Verfahren nach § 153a StPO einzustellen.

Begründung:

1. Darstellung des Tatvorwurfs/der Tatvorwürfe
2. Verfahrensgang
3. Beweiswürdigung nach Aktenlage
4. Rechtliche Beurteilung
5. Darstellung der Voraussetzungen des § 153a StPO
   a) Vergehen
   b) Schwere der Schuld darf der Einstellung nicht entgegenstehen
   c) Möglichkeit, das an sich bestehende öffentliche Interesse an der Strafverfolgung durch bestimmte Auflagen und Weisungen zu beseitigen

Es wird deswegen beantragt, das Verfahren gem. § 153a StPO einzustellen.

Rechtsanwalt

295 Vgl. zur Einstellung gem. § 153a StPO oben Rdn. 132 f.

Kapitel 2 Verteidigung im Zwischenverfahren

Übersicht

A. Grundlagen des Zwischenverfahrens

I. Sinn und Zweck des Zwischenverfahrens

1 Nach Abschluss der Ermittlungen durch die Staatsanwaltschaft (§ 169a StPO)[1] und deren Entscheidung für eine Anklage,[2] legt sie diese mitsamt der Akte dem zuständigen Gericht vor. Dabei kommt dem späteren Gericht der Hauptsache die Aufgabe zu, die Anklage der Staatsanwaltschaft

1 Meyer-Goßner/*Schmitt* § 169a Rn. 1 f. m. w. N.

2 § 170 Absatz 1 StPO; s. a. Meyer-Goßner/*Schmitt* § 170 Rn. 4. Notwendig ist ein hinreichender Tatverdacht aus Sicht der Staatsanwaltschaft, also deren Prognose, dass am Ende der Hauptverhandlung mit einer Verurteilung zu rechnen ist (Meyer-Goßner/*Schmitt* § 170 Rn. 2 m. w. N.).

summarisch zu überprüfen. Erst dann, wenn auch das Gericht zu dem Ergebnis kommt, dass ein hinreichender Tatverdacht – nach Aktenlage – vorliegt, wird das Verfahren eröffnet und Termin zur Hauptverhandlung bestimmt (§ 203 StPO).[3]

Die Überprüfung durch das Gericht wird aus verschiedenen Gründen kritisch gesehen. Der Streit über die Sinnhaftigkeit des Zwischenschritts ist bis heute nicht entschieden: Eine Seite bemängelt, dass keine wirkliche Prüfung stattfinde, sondern es sich lediglich um einen reinen Formalakt handle, der lediglich zu einer unerwünschten Vorbefassung des Richters führe. 2

Die andere Seite geht davon aus, dass die Prüfung als »Gelenkstelle« dem Schutz des Angeschuldigten vor persönlichen, beruflichen und finanziellen Belastungen durch ein Hauptverfahren bei schon jetzt zu erwartendem Freispruch oder zu erwartender Verfahrenseinstellung (§ 260 Absatz 3 StPO) diene. Besondere Bedeutung komme auch hier den Grundsätzen der Verhältnismäßigkeit und der Notwendigkeit zu. Aber auch der Beschleunigungsgrundsatz beanspruche für das Zwischenverfahren Geltung.[4] 3

II. Begrifflichkeiten und Gang des Verfahrens

Mit Beginn des Zwischenverfahrens bekommt der bisherige eine zusätzliche Bezeichnung. Er wird nun »Angeschuldigter« genannt. Diese Bezeichnung bleibt ihm bis zur Eröffnung des Hauptverfahrens. Erst dann wird er zum Angeklagten (§ 157 StPO). 4

Das Zwischenverfahren beginnt[5] mit Eingang der mit der Anklageschrift von der Staatsanwaltschaft übermittelten Akten bei dem Gericht, zu dem die Staatsanwaltschaft die Anklage erhoben hat (§ 199 Absatz 1 StPO), und auf das nun – von der Staatsanwaltschaft – die Verfahrensherrschaft übergeht. Es endet – von Ausnahmefällen[6] abgesehen – durch Ablehnung (§ 204 StPO) der Eröffnung des Hauptverfahrens (wegen Prozesshindernisses oder nicht hinreichenden Tatverdachts) oder durch Erlass eines Eröffnungsbeschlusses (§§ 203, 207, gegebenenfalls in Verbindung mit §§ 209a, 209 Absatz 1 StPO). 5

III. Anforderungen an die Mitteilung nach § 201 Absatz 1 Satz 1 StPO

Von der Anklageerhebung erhält der Angeschuldigte zumeist erst durch die vom Gericht nach Maßgabe von § 201 Absatz 1 Satz 1 StPO anzuordnende Mitteilung der Anklageschrift Kenntnis. Die Mitteilung der Anklageschrift geschieht regelmäßig im Wege förmlicher Zustellung, wobei Ersatzzustellung[7] statthaft ist, öffentliche Zustellung jedoch regelmäßig ausscheidet, schon wegen der besonderen Bedeutung der Gewährleistung rechtlichen Gehörs im Strafverfahren.[8] 6

Ist ein Verteidiger bereits *bestellt,* erfolgt Zustellung an diesen (§ 145a Absätze 1 und 3 StPO). Bestand in Wirklichkeit noch keine Bestellung, kann die Zustellung an den Rechtsanwalt eine konkludente Pflichtverteidigerbestellung bewirken.[9] Dem Wahlverteidiger ist die Anklage nur förmlich zuzustellen, wenn die Bevollmächtigung nachgewiesen ist. Fehlt dieser förmliche Nachweis, ist dem Wahlverteidiger trotzdem die Anklage zuzuleiten (§ 145a Absatz 3 Satz 2 StPO). Die Zustellung muss dann an den Beschuldigten direkt erfolgen.[10] 7

3 Meyer-Goßner/*Schmitt* § 203 Rn. 2 m. zahlr. N. Erforderlich ist eine summarische Prüfung auf Grundlage der gesamten bisherigen Ermittlungen.

4 BVerfG Beschl. v. 22.01.2014, 2 BvR 2248/13; BVerfG NJW 2018, 2948; BVerfG StV 2019, 111.

5 In den Fällen der §§ 76 – 78 JGG, 266 StPO, 407 ff. StPO, 417 – 419 Absatz 2 StPO findet kein Zwischenverfahren statt. Gleichwohl kann zwischen Antragstellung und Hauptverhandlung ähnlich verteidigt werden wie in einem Zwischenverfahren.

6 Etwa Rücknahme der Anklage (§ 156 StPO) oder Verfahrenseinstellung, z.B. nach § 153 Absatz 2 StPO.

7 Zu den Einzelfällen *Meyer-Goßner/Schmitt* § 37 Rn. 6 ff.

8 Ebenso KK/*Schneider* § 201 Rn. 4; *Meyer-Goßner/Schmitt* § 201 Rn. 3.

9 OLG Saarbrücken NStZ-RR 1999, 288.

10 Siehe hierzu auch KMR/*Staudinger* [98. EL 2020] § 145a Rn. 10 ff. m. w. N.

8 Einem nicht der deutschen Sprache kundigen Ausländer muss die Anklageschrift in einer ihm verständlichen Sprache bekannt gegeben werden.[11] Allein mangelhafte Kenntnisse der deutschen Sprache begründen allerdings aus Sicht der Rechtsprechung noch keinen Fall der notwendigen Verteidigung (§ 140 Absatz 2 StPO);[12] Artikel 6 Absatz 3 Buchstabe e EMRK räumt jedoch dem der deutschen Sprache nicht ausreichend mächtigen Angeschuldigten einen Anspruch auf unentgeltliche Zuziehung eines Dolmetschers auch für vorbereitende Gespräche mit einem (Wahl-)Verteidiger ein.[13]

9 Ist die Mitteilung der Anklageschrift nicht oder nicht ordnungsgemäß erfolgt, muss der Fehler in der Hauptverhandlung gerügt werden; sonst droht die Annahme eines stillschweigenden Verzichts auf das Revisionsrügerecht,[14] das allerdings ohnehin nur dann erfolgversprechend sein kann, wenn ein Antrag des Angeklagten abgelehnt worden ist, die Hauptverhandlung auszusetzen und die unterlassene Mitteilung nachzuholen.[15] Hat der Angeklagte keinen Verteidiger oder hat ein ausländischer Angeklagter keine Übersetzung der Anklage erhalten, kann jedoch allein schon der Verstoß bezüglich der Mitteilung die Revision begründen.[16]

10 § 201 Absatz 1 S. 2 StPO bestimmt, dass die Anklageschrift auch dem Nebenkläger (ggf. über seinen anwaltlichen Vertreter) und dem Nebenklagebefugten zu übersenden ist, letzteres aber nur, wenn ein entsprechender Antrag vorliegt, worauf der Anwalt des Nebenklagebefugten zu achten hat. Die Verletzung von Pflichten aus § 201 Absatz 1 Satz 2 StPO kann eine Revision des Nebenklägers allerdings nicht begründen.[17]

IV. Fristbestimmung, Anträge und Einwendungen

11 Mit der Anklageschrift erhält der Angeschuldigte die Aufforderung, innerhalb einer bestimmten Frist zu erklären, ob er die Vornahme von Beweiserhebungen beantragen oder Einwendungen gegen die Eröffnung des Hauptverfahrens vorbringen wolle (§ 201 Absatz 1 Satz 1 StPO).

12 Die Erklärungsfrist beträgt in der Regel mindestens eine Woche. Sie kann auf Antrag oder von Amts wegen verlängert werden. Eine Präklusion ist nach Ablauf dieser Frist allerdings nicht gegeben.[18] Gehen Anträge oder Einwendungen des Angeschuldigten verspätet aber noch vor der Befindung über die Eröffnung des Hauptverfahrens ein, hat das Gericht sie dennoch nach Maßgabe von § 201 Absatz 2 S. 1 StPO zu verbescheiden.[19] Grundsätzlich ist auch Wiedereinsetzung in den vorigen Stand gegen die Versäumung der Erklärungsfrist denkbar und zwar sogar noch nach erfolgter Entscheidung des Gerichts.[20] Ergibt sich aus den (nach erfolgter Wiedereinsetzung) zugelassenen Einwendungen die Unrichtigkeit des Eröffnungsbeschlusses, so wird dieser vom Gericht aufzuheben sein.

11 Dieses Erfordernis ist Artikel 6 Absatz 3 Buchstabe a EMRK zu entnehmen; vgl. OLG Stuttgart StV 2003, 490; OLG Hamm StV 2003, 49; KG StV 1994, 90. Vgl. aber auch OLG Düsseldorf NJW 2003, 2766; OLG Hamburg StV 2006, 175. Im Fall eines leicht verständlichen Sachverhalts und der rechtlichen und tatsächlichen Überschaubarkeit soll es genügen, wenn die Anklage nach Verlesung in der Hauptverhandlung übersetzt wird, OLG Düsseldorf NJW 2003, 2766; OLG Hamburg StV 1994,66; zutreffend a. A. OLG Hamm StV 2004, 364; LR/*Stuckenberg* § 201 Rn. 18 m.w.N.

12 Vgl. BGH NJW 2001, 309. Ein Fall der notwendigen Verteidigung (§ 140 Absatz 2 StPO) liegt aber (regelmäßig) vor, wenn dem nicht der deutschen Sprache mächtigen Ausländer entgegen Artikel 6 Absatz 3 Buchstabe a EMRK die Anklageschrift ohne Übersetzung zugestellt worden ist; vgl. OLG Karlsruhe StraFo 2002, 193; 2005, 655. Siehe zudem KMR/*Staudinger* [111. EL 2022] § 140 Rn. 35 m. w. N.

13 BGH NJW 2001,309.

14 Näher KMR/*Seidl* § 201 Rn. 35 m. N. Siehe auch BGH NStZ 2021, 178.

15 Zum notwendigen Revisionsvorbringen siehe OLG Celle StraFo 1998, 19.

16 Vgl. OLG Hamm StV 2003, 490; OLG Celle StraFo 2005, 30; OLG Karlsruhe StraFo 2005, 370.

17 *Meyer-Goßner/Schmitt* § 201 Rn. 10.

18 In zeitlicher Hinsicht lässt sich aufgrund der Frist aber erkennen, wann das Gericht frühestens über die Eröffnung entscheiden wird.

19 Zu den Konsequenzen einer unterlassenen Verbescheidung KMR/*Seidl* § 201 Rn. 35, 36.

20 LR/*Stuckenberg* § 201 Rn. 23.

V. Zuständigkeiten

Im Zwischenverfahren ist zunächst das Gericht zuständig, zu dem die Staatsanwaltschaft ihre Anklage erhoben hat. Damit geht auch die Zuständigkeit für prozessuale Fragen von der Staatsanwaltschaft auf dieses Gericht über. Namentlich muss das Gericht nun über Anträge zur Akteneinsicht und Haft entscheiden. Auch die Frage einer Pflichtverteidigerbestellung oder -entpflichtung trifft nun nicht mehr der Ermittlungsrichter, sondern der Vorsitzende des Hauptsachegerichts.[21] 13

Das Gericht überprüft aber aufgrund des Antrags der Staatsanwaltschaft von Amts wegen auch, ob es prozessual überhaupt zuständig ist. Kommt es zu dem Ergebnis, dass ein Gericht höherer Ordnung zuständig sei, legt es die Sache diesem Gericht vor. § 209 Absatz 2 StPO schreibt dabei vor, dass das Gericht niedrigerer Ordnung »unter Vermittlung der Staatsanwaltschaft« an das höhere Gericht mitsamt den Akten vorlegt. Kommt dieses Gericht zum Schluss, es sei zuständig, eröffnet es das Verfahren. Ansonsten verweist es erneut nach oben (Absatz 2) oder eröffnet vor dem zuständigen Gericht niedrigerer Ordnung. Dabei ist insbesondere das Recht auf den gesetzlichen Richter in den Blick zu nehmen.[22] — Kommt es zu dem Ergebnis, dass ein Gericht niedrigerer Ordnung zuständig sei und das Verfahren grundsätzlich eröffnet werden müsse, eröffnet es selbständig bei dem Gericht niedrigerer Ordnung (§ 209 Absatz 1 StPO). 14

Dass die Eröffnung in der Regel damit durch dasselbe Gericht beschlossen werden muss, welches auch die Hauptverhandlung durchführt, schafft grundsätzlich Probleme auch mit Blick auf die Unschuldsvermutung.[23] Gleichwohl sieht die h. M. darin kein rechtliches Problem, auch nicht in Bezug auf eine mögliche persönliche Befangenheit der eröffnenden Richter.[24] 15

B. Verteidigung im Zwischenverfahren

In der Praxis wird von der Verteidigung häufig auf ein Tätigwerden im Zwischenverfahren verzichtet.[25] Grund hierfür dürfte auch die (weitgehende) Nichtüberprüfbarkeit der im Zwischenverfahren ergehenden Entscheidungen des Gerichts durch Rechtsmittel sein. 16

Problematisch ist allerdings, dass die der menschlichen Natur innewohnende, daher auch einem Richter nicht abzusprechende Neigung, einmal getroffene Entscheidungen lieber zu bestätigen als sie letztlich als unzutreffend gewesen zu akzeptieren (sogenannter Perseveranz- oder Inertia-Effekt[26]), ein zusätzliches Risiko für den Angeschuldigten mit sich bringt, für den Erfolg versprechende Anträge nicht im Zwischenverfahren gestellt, sondern bewusst der Hauptverhandlung vorbehalten werden. Die Verteidigung sollte daher bereits im Zwischenverfahren prüfen, ob Verteidigungsansätze vorhanden sind bei Prozessvoraussetzungen, prozessualen oder materiell-rechtlichen Fragen, aber auch in Fragen, die das tatsächliche Geschehen oder die persönliche Seite des Angeschuldigten betreffen. Denn jedenfalls für den Mandanten ist in der Regel ein günstiges Verfahrensende ohne öffentliche Hauptverhandlung sinnvoll. 17

---

21 Wenn ein Kollegialgericht entscheidet, ist nur der Vorsitzende zuständig. Eine Befassung durch Beschluss des gesamten Kollegialgerichts ist unzulässig. Siehe dazu KMR/*Staudinger* [111. EL 2022] § 142 Rn. 5 m. w. N.

22 Siehe zu diesen Fragen Meyer-Goßner/*Schmitt* § 209 Rn. 3 m. w. N.

23 *Staudinger* Welche Folgen hat die Unschuldsvermutung im Strafprozess?, 2015, S. 134 ff. m. w. N.

24 Siehe schon Eb. *Schmidt* NJW 1963, 1081 (f.). Vgl. aber auch die aktuelle Rechtsprechung des EGMR StV 2022, 273, die von der deutschen Rechtsprechung allerdings weitgehend marginalisiert wird (z. B. OLG Oldenburg StV 2023, 510 m. krit. Anm. *Weigend).*

25 Vgl. LR/*Stuckenberg* vor § 198 Fn. 27 mit Hinweis auf *Dölling/Duttge/Rössner,* Gesamtes Strafrecht, 2008, S. 143, 154 f.: vom Erklärungsrecht wurde Gebrauch gemacht in 7,2 % der Fälle, Einwendungen wurden in 3,5 % der Fälle und Beweisanträge in 3,4 % der Fälle gebracht.

26 *Bandilla/Hassemer* StV 1989, 551 f.; *Barton* StraFo 1993, 11 ff.; *Haisch* MSchrKrim 1979,157 (ff.); *Hofer/Bearth* Justice-Justiz-Giustizia 3/2023, vor allem S. 6 ff. m. zahlr. N.; *Schünemann* StV 2000, 159 (ff.) m. w. N.

18 Dringend notwendig ist, dass im Zwischenverfahren (nochmals) Akteneinsicht genommen wird. Hat die Verteidigung die Akten noch nicht zur Einsicht erhalten, sollte diese spätestens jetzt erbeten werden. Das Einsichtsrecht umfasst alle dem Gericht von der Staatsanwaltschaft mit der Anklage zugeleiteten Akten. Dabei gilt, dass grundsätzlich die vollständige Akte an das Gericht gegeben werden muss. Das sind jedenfalls alle Vorgänge, die bei Polizei und Staatsanwaltschaft entstanden sind (§ 199 Absatz 2 Satz 2 StPO).[27] Die Ansicht, dass dabei von Polizei oder Staatsanwaltschaft eine Bewertung vorgenommen werden darf, was für den Beschuldigten relevant ist, überzeugt spätestens seit BVerfG StV-S 2021, 455 ff. nicht (mehr).[28] Insofern ist tatsächlich alles – inklusive Bei- und Spurenakten – vorzulegen.[29]

19 Sieht die Verteidigung die Möglichkeit, dass sich aus weiteren, nicht vorgelegten Aktenteilen relevante Gesichtspunkte ergeben könnten, so sollte deren Beiziehung (nebst Akteneinsicht) bereits jetzt und nicht erst in der HV beantragt werden. Gleiches gilt für die sogenannten Spurenakten.[30] Kommt das Gericht dem Wunsch nach Beiziehung und Einsichtsgewährung nicht nach, kann hiergegen Beschwerde (§ 304 Absatz 1, Absatz 4 Satz 2 Nr. 4 StPO) eingelegt werden. § 305 Satz 1 StPO steht dem nicht entgegen, da diese Regelung nur Entscheidungen betrifft, die in innerem Zusammenhang mit der Urteilsfällung stehen. Bezüglich der Spurenakten wird die Möglichkeit bejaht, Rechtsschutz in Verfahren nach Artikel 23 EGGVG in Anspruch zu nehmen.[31]

20 Im Hinblick auf bei Ablehnung in Betracht kommende Revisionsrügen (etwa bezüglich § 338 Nr. 8 StPO) dürfte es aber vorzuziehen sein, den entsprechenden Antrag im Zwischenverfahren nicht weiter zu verfolgen, sondern stattdessen in der Hauptverhandlung zu wiederholen und Unterbrechung oder Aussetzung zu beantragen.

21 Kein Anspruch besteht auf die Vorlage der Handakten der Staatsanwaltschaft und der Arbeitsunterlagen eines Sachverständigen.[32] Auch persönliche Notizen des Gerichts sind grundsätzlich nicht vom Einsichtsrecht umfasst.

I. Einwendungen gegen die Eröffnung

22 Einwendungen gegen die von der Staatsanwaltschaft beantragte Eröffnung können alle deren Voraussetzungen betreffen, etwa fehlende Zuständigkeit,[33] Prozesshindernisse,[34] Mängel der Anklage[35] oder nicht hinreichender Tatverdacht (§ 203 StPO).

1. Prozessvoraussetzungen

23 Das Verfahren darf nur eröffnet werden, wenn auch die Prozessvoraussetzungen vorliegen. Diese Prüfung ist grundsätzlich von Amts wegen vorzunehmen. Allerdings ist vor allem mit Blick auf den teilweise monierten Umgang mancher Gerichte mit der Prüfung im Zwischenverfahren seitens des Verteidigers auf fehlende Voraussetzungen hinzuweisen. Tut der Verteidiger dies nicht und hat sein

27 Siehe auch Meyer-Goßner/*Schmitt* § 199 Rn. 2 m. w. N.

28 Für Bußgeldverfahren folgt BayObLG DAR 2021, 104.

29 KMR/*Staudinger* [98. EL 2020] § 147 Rn. 5 ff.; *Meyer-Goßner* NStZ 1982, 356; Meyer-Goßner/*Schmitt* § 147 Rn. 18 m. w. N.

30 Näher zu diesen: KK/*Schneider* § 199 Rn. 13, 14; *Meyer-Goßner* § 147 Rn. 18.

31 BVerfG NJW 1983, 1043; OLG Hamm NStZ 1984, 423.

32 *Meyer-Goßner/Schmitt* § 147 Rn. 18 b.

33 Zu den Konsequenzen der Verneinung der Zuständigkeit durch das Gericht KMR/*Seidl* § 199 Rn. 14 ff. Zur Frage eines Auswahlermessens der Staatsanwaltschaft OLG Hamm StV 1999, 240; siehe auch *Heghmanns* StV 2000, 277 ff.

34 Zu solchen im Einzelnen *Meyer-Goßner/Schmitt* Einl. Rn. 141–149a.

35 Siehe auch KMR/*Seidl* § 200 Rn. 51 ff.

Untätigwerden auch mit dem Mandanten nicht abgesprochen, kann dies zu einer grundsätzlichen Haftung des Verteidigers führen.[36]

24 Natürlich gibt es auch Verfahren, in denen bestimmte Fehler nicht bereits im Zwischenverfahren aufgedeckt werden sollen. Notwendig ist hier aber immer, dass dies mit dem Mandanten abgesprochen wurde. Konkret kann es beispielsweise sinnvoll sein, bewusst untätig zu bleiben, wenn die Gefahr der Nachbesserung einer essenziell-mangelhaften (unwirksamen) Anklage[37] mit Konsequenzen bezüglich sonst eintretender Verjährung[38] besteht.

25 Ein Verbrauch von im Zwischenverfahren erhobenen Rügen findet nicht statt; sie können in der Hauptverhandlung wiederholt werden. Ebenfalls besteht keine Präklusion. Gerade bei Prozessvoraussetzungen ist selbst im Revisionsverfahren noch von Amts wegen zu prüfen, ob diese sämtlich vorlagen und noch vorliegen.

26 Die Feststellung eines Verfahrenshindernisses[39] geschieht von Amts wegen, die Berücksichtigung – nach Eröffnung des Hauptverfahrens – allerdings in den Fällen von §§ 6a, 16 StPO nur auf »Einwand«.[40] Trotz der Berücksichtigung von Amts wegen sollte der Verteidiger jedoch dann, wenn ihm Tatsachen bekannt sind, die eine Entscheidung ohne Durchführung einer Hauptverhandlung erlauben könnten, Verfahrenseinstellungsantrag stellen.[41] Das gilt auch für die Fälle von auf Dauer bestehender Verhandlungsunfähigkeit[42] des Angeklagten.

a) Person des Angeschuldigten

27 Liegt ein Verfahrenshindernis in der Person des Angeschuldigten sollte zumindest bei längerfristiger oder dauerhafter Verhandlungsunfähigkeit ein Einstellungsantrag angebracht werden. Das Gericht muss dann – grundsätzlich von Amts wegen – das Verfahren (vorläufig) einstellen und gegebenenfalls eigene freibeweisliche Nachforschungen anstrengen (z. B. Überprüfung der Verhandlungsfähigkeit durch einen Amtsarzt).

28 Die Frage des Vorliegens eines Verfahrenshindernisses ist im Wege des Freibeweises zu klären.[43] Bleiben Zweifel, ist dennoch Verfahrenseinstellung nach § 206a StPO geboten,[44] wobei die Rechtsprechung, ohne dass sich hierdurch am Ergebnis etwas ändert, auf den Grundsatz *in dubio pro reo* abhebt.[45]

29 Bei Tod des Angeklagten[46] sollte der Verteidiger schon deshalb einen Antrag nach § 206a StPO stellen, weil so eine Kostenentscheidung (§§ 464 Absatz 1, 467 StPO) herbeigeführt werden kann.[47]

36 BGH NJW 1964, 2402, 2404 zur Verjährung.

37 Näher Hierzu: KMR/*Seidl* § 200 Rn. 51, 53 ff.

38 Eine unwirksame Anklage unterbricht die Verjährung nicht: vgl. OLG Bremen StV 1990, 25 f. Siehe auch *Fischer* § 78c Rn. .

39 Etwa bei fehlender Unterschrift des Richters unter dem Eröffnungsbeschluss, vgl. OLG Karlsruhe NStZ-RR 2003, 332; auch bei den »befristeten« Verfahrenshindernissen i.S. von § 6a Satz 1 StPO und § 16 Satz 1 StPO.

40 §§ 6a Satz 2, 16 Satz 2 StPO.

41 Zum Risiko sonst eintretender Schadenersatzpflicht schon BGH NJW 1964, 2002 (2004).

42 Vgl. OLG Stuttgart NStZ-RR 2006, 313 (315); LG Konstanz NJW 2002, 911 (bezüglich einer HIV-infizierten Person).

43 BGHSt 22,90; NStZ 1985, 420; *Meyer-Goßner* Einl. Rn. 152 m. w. N. auch zur a. A.

44 KMR/*Seidl* § 206a Rn. 26 m. N.

45 BGH NStZ 2010, 160; NJW 1995, 1297, 1299 (zur Frage der Verjährung).

46 Dass der Tod des Angeklagten ein Verfahrenshindernis darstellt, ist unstreitig (ständige Rechtsprechung BGH StRR 2020, Nr 12, 18; Beschl. v. 28.05.2020 – 1 StR 464/19; Beschl. v. 12.05.2020 – 5 StR 13/20), so dass erforderliche Nebenentscheidungen (etwa gem. §§ 464 StPO, 8 StREG) mit Erfolgsaussicht verfolgt werden können. Eine Pflichtverteidigung umfasst hier auch gegebenenfalls dem Einstellungsbeschluss nachfolgende Rechtsmittel (OLG Brandenburg, Beschl. v. 11.09.2023 – 1 Ws 96/23).

47 Vgl. BGH NStZ-RR 2008, 146; BGH Beschl. v. 15.10.2010 – 2 StR 566/10.

Bei beschwerender Kostenentscheidung, etwa bei fehlenden Erfolgsaussichten eines Rechtsmittels[48] aber auch bezüglich einer beschwerenden Entscheidung über die Entschädigungspflicht (§ 8 StrEG), steht die Beschwerdebefugnis den Erben zu.[49]

b) *Anklage*

30 Die Anklage muss die nötige Informations- und Umgrenzungsfunktion gewährleisten. Tut sie dies nicht, liegt ein prozessualer Mangel vor, der insbesondere hinsichtlich der Umgrenzungsfunktion zu einem Prozesshindernis führt.[50] Die Rüge kann bereits im Zwischenverfahren erhoben werden. Führt dies nicht dazu, dass die Eröffnung abgelehnt wird, muss die Rüge allerdings *vor* Verlesung der Anklage wiederholt werden.

c) *Verjährungsfragen*

31 Sind die angeklagten Vorwürfe verjährt, besteht ein dauerhaftes Prozesshindernis. Das bedeutet, dass eine Verurteilung des Angeschuldigten nicht mehr möglich ist. Insofern ist auch ein Eröffnungsbeschluss nicht zu erlassen, sondern das Verfahren nicht zu eröffnen. Diese Prüfung findet zwar grundsätzlich von Amts wegen statt. Allerdings schadet es nicht, dass die Verteidigung ebenfalls eine Prüfung vornimmt und gegebenenfalls auf die Verjährung hinweist.

2. Weitere prozessuale Einwendungen

32 Prozessual ist schon im Zwischenverfahren auf mögliche fehlende Aktenteile hinzuweisen und darauf zu drängen, dass diese rechtzeitig beigezogen werden. Denn ohne vollständige Kenntnis des Ermittlungsergebnisses ist es weder dem Gericht noch der Verteidigung möglich, die Wahrscheinlichkeit einer Verurteilung (hinreichender Tatverdacht) einzuschätzen.

33 Zudem können bereits im Zwischenverfahren Beweiserhebungsprobleme und Beweiserhebungsverbote angesprochen werden. Notwendig ist dabei, dass die Verteidigung darauf hinweist, dass sie rechtzeitig einen Verwertungswiderspruch erklären werde. Denn grundsätzlich fehlt bei einem unverwertbaren Beweismittel die überwiegende Wahrscheinlichkeit der späteren Verurteilung. Insofern muss dann das Gericht die Eröffnung ablehnen. Tut es das nicht, muss aber der Widerspruch in der Hauptverhandlung rechtzeitig angebracht werden (Zeitpunkt des § 257 StPO).

34 Ganz interessant, aber mittlerweile auch sehr anspruchsvoll ist die Besetzungsrüge. Sie kann in den Fällen des § 222a StPO – Mitteilung der Besetzung – nur im Anschluss an den Eröffnungsbeschluss revisionserhaltend angebracht werden (§ 222b StPO: Wochenfrist!). Oft findet sich die Mitteilung im selben Beschluss oder einem zeitgleich zugestellten Schriftstück des Gerichts (z. B. Ladung). Zu dem weiteren Vorgehen hier siehe in diesem Handbuch *Detter/Günther* Kap. 10 Rdn. 158 (Revision).[51]

3. Materiell-rechtliche Einwendungen

35 Materiell-rechtliche Einwendungen lassen sich auch schon im Ermittlungsverfahren und nun spätestens im Zwischenverfahren anbringen. Denn eine Einstellung oder Nichteröffnung des Verfahrens aus rechtlichen Gründen ist für den Mandanten ebenso viel wert wie ein Freispruch. Das Gericht gibt dabei nämlich zu erkennen, dass die vorgeworfene Handlung nicht strafbar ist.

48 Vgl. BGH Beschl. v. 15.12.2010 – 2 StR 566/10.
49 OLG Bamberg StraFo 2010, 475; OLG Saarbrücken JurBüro 2020, 248.
50 BGH StV 2007, 171 (f.); KK/*Schneider* § 200 Rn. 33, 36 und § 243 Rn. 30, 61. Hinsichtlich der Informationsfunktion sieht der BGHSt 44, 153 allerdings nur, dass eine fehlerhafte Anklage Hinweispflichten des Gerichts auslöst.
51 Siehe auch KMR/*Eschelbach* § 222a Rn. 12 ff. m. w. N. und Meyer-Goßner/*Schmitt* § 222b Rn. 4 ff. m. w. N. und dem richtigen Hinweis in Rn. 4b, dass die Wochenfrist unangemessen kurz sei.

4. Tatsächliche Einwendungen und Nachermittlungen

Im Zwischenverfahren können Beweismittel beantragt werden, um eine Verteidigung auf tatsächlicher Ebene zu führen. Das ist insbesondere bei der Beiziehung von entlastenden Dokumenten oder Akten sinnvoll. Ob man Zeugen frühzeitig benennt, ist eine Abwägungsfrage, weil damit häufig eine Nachvernehmung durch die Polizei erfolgt, die das Gericht angeordnet hat. Damit besteht die Gefahr, dass die spätere Aussage in der Beweisaufnahme zu einer Bestätigung des polizeilichen Vernehmungsprotokolls verkümmert. Gleiches gilt grundsätzlich für (beantragte) Nachermittlungen durch das Gericht.[52] 36

II. Verständigungsvorbereitung

Mit der Regelung des § 202a StPO wird, wie auch mit §§ 160b, 212 StPO, den »Verfahrensbeteiligten« eine Verständigung (Deal) über den Verfahrensstand außerhalb der Hauptverhandlung ermöglicht. Verfahrensbeteiligte sind stets der Angeschuldigte, sein Verteidiger, die Staatsanwaltschaft und das befasste Gericht, in Steuerstrafsachen auch die Finanzbehörde. Ein Nebenkläger ist Verfahrensbeteiligter erst dann, wenn er eine wirksame Anschlusserklärung abgegeben hat.[53] 37

Die Initiative für Gespräche, die persönlich, aber auch telefonisch erfolgen können, geht zwar regelmäßig vom Gericht aus, kann aber ebenso von der Verteidigung oder einem anderen Verfahrensbeteiligten ausgehen.[54] Der Verteidiger sollte von dieser Möglichkeit jedenfalls dann Gebrauch machen, wenn damit der Verfahrensgang abgeklärt und eine vom Mandanten zumeist angestrebte Verfahrensvereinfachung herbeigeführt oder ein Deal im Sinne des § 257c StPO vorbereitet werden könnte. Durchführung und Ergebnisse sind nach § 202a Satz 2 StPO aktenkundig zu machen und, falls eine Hauptverhandlung stattfindet, nach § 243 Absatz 4 Satz 1 StPO mitzuteilen.[55] Auf eine Protokollierung sollte der Verteidiger – in jedem Verfahrensstand – schon deshalb hinwirken, weil ansonsten Nachweisnachteile eintreten könnten.[56] 38

Folgt das Gericht dem Gesprächswunsch der Verteidigung nicht oder zeigt sich bei dem Gespräch, dass das Gericht einer Erörterung des Verfahrensstandes nicht näher treten will, kann darauf ein erfolgversprechendes Ablehnungsgesuch ebenso wenig gestützt werden, wie auf in diesem Zusammenhang zu Tage getretene Bewertungen des Verfahrensstandes durch das Gericht.[57] 39

III. Nachermittlungen

1. Anordnungen des Gerichts nach § 202 Satz 1 StPO

Das Gericht kann zur besseren Aufklärung der Sache auf Antrag oder von Amts wegen[58] einzelne Beweiserhebungen anordnen, worüber der Angeschuldigte stets zu unterrichten ist.[59] Einer Anhörung des Angeschuldigten vor Erlass des Anordnungsbeschlusses bedarf es allerdings nicht.[60] Das Ergebnis der Beweiserhebungen ist dem Angeschuldigten vor Eröffnung des Hauptverfahrens mit- 40

52 Siehe zu möglichen eigenen Ermittlungen der Verteidigung *Bockemühl* Private Ermittlungen im Strafprozeß, 1996, S. 115 ff. m. w. N.; *Baumann* Eigene Ermittlungen des Verteidigers, 1999, S. 111 ff. m. w. N.

53 *Jahn/Müller* NJW 2009, 2625 (2627).

54 BGH StraFo 2018, 198 m. Anm. *Bittmann* NStZ 2018, 488 (f.).

55 Zur Mitteilungspflicht und zur Relevanz eines Verstoßes gegen diese Pflicht für die Revision BGH NStZ 2017,52; BGH StV 2019, 377; BGH NStZ 2019,684.

56 Vgl. BGH NStZ 2010, 293.

57 *Jahn/Müller* NJW 2009,2625.

58 Zu den Voraussetzungen KMR/*Seidl* § 202 Rn. 1 f. Zur Reichweite der Pflicht OLG Karlsruhe StV 2005, 325. Zur Frage der Anfechtbarkeit OLG Celle NStZ-RR 2013, 287.

59 KMR/*Seidl* § 202 Rn. 8 f., 11. Zumindest muss Unterrichtung über das Ergebnis erfolgen; sonst ist der *fair-trial*-Grundsatz verletzt.

60 KK/*Schneider* § 202 Rn. 5.

zuteilen (vgl. § 33 Absatz 3 StPO). Der Angeschuldigte kann sich hierzu äußern und auch weitere Beweiserhebungen beantragen, wozu, im Sinne von § 201 Absatz 2 Satz 1 StPO, Entscheidung zu ergehen haben wird. — Hat das Gericht von § 202 Satz 1 StPO nicht mehr gedeckte Ermittlungen[61] angeordnet und durchgeführt, kann dies die Besorgnis der Befangenheit begründen.[62]

41 Die Auswahlentscheidung des Gerichts bezüglich eines im Zwischenverfahren zuzuziehenden Sachverständigen unterliegt, selbst wenn eine vorherige Anhörung der Beteiligten unterlassen worden ist, nicht der Beschwerde gem. § 304 StPO.[63] Betrifft die Anordnung die Verbringung des Angeschuldigten in ein öffentliches psychiatrisches Krankenhaus zur Beobachtung (§ 81 Absatz 1 StPO) und musste im Hinblick auf die Weigerung des Angeschuldigten eine freiheitsentziehende Maßnahme angeordnet werden, so ist gegen den entsprechenden gerichtlichen Beschluss die sofortige Beschwerde nach § 81 Absatz 4 Satz 1 StPO gegeben; diese Regelung geht der Bestimmung des § 202 Satz 2 StPO vor.[64] Auf Fehler des Gerichts bei Anwendung des § 202 Satz 1 StPO kann die Revision nur dann gestützt werden, wenn sich diese Fehler auf die Beweisaufnahme in der Hauptverhandlung ausgewirkt haben.

2. Beweisanträge

42 Beweisanträge hat das Gericht nur zu berücksichtigen, wenn sie für die im Rahmen des Zwischenverfahrens zu treffende Entscheidung von Bedeutung sein können. Sie müssen also etwa einen sonst gegebenen hinreichenden Tatverdacht entkräften oder (zugunsten des Angeklagten) in Richtung eines milderen Delikts oder einer anderen Rechtsfolge verändern können.

43 Der Beweisantrag sollte innerhalb der gesetzten Frist angebracht werden und erkennen lassen, dass Beweiserhebung vor der Eröffnung angestrebt wird. Er muss den Anforderungen des § 219 Absatz 1 Satz 1 StPO genügen,[65] also bestimmte Tatsachen und Beweismittel angeben.[66]

44 Die Ablehnung von Beweisanträgen ist nur zulässig unter den Voraussetzungen des § 244 Absätze 3 bis 5 StPO,[67] wobei es allerdings bei der Beweisfrage nicht um die Wahrheit (§ 244 Absatz 2 StPO) der den Anklagevorwurf tragenden Tatsachen, sondern ausschließlich um die hinreichende Wahrscheinlichkeit (§ 203 StPO) derer Vorliegen geht.

45 Bezieht sich die Anklage (auch) auf eine Maßregel nach §§ 63, 64, 66, 66a StGB und wurde im Ermittlungsverfahren von der Staatsanwaltschaft noch keine Untersuchung des Beschuldigten durch einen Sachverständigen in Auftrag gegeben, so ist es regelmäßig geboten, zur frühzeitigen Abklärung der Fragen um Hang oder Gefahrenprognose bereits im Zwischenverfahren die Einholung eines schriftlichen Sachverständigengutachtens durch das Gericht zu beantragen.[68] Die Regelung des § 246a StPO steht dem ebenso wenig entgegen wie die Rechtsprechung des BGH.[69]

---

61 Das ist etwa bei Nachholung erheblicher Teile des Ermittlungsverfahrens der Fall; vgl. LG Berlin NJW 2003, 3287; KMR/Seidl § 202 Rn. 2 m. w. N.

62 Vgl. RGSt 65, 322 (329); *Siewert/Mattheus* DRiZ 1993, 356.

63 OLG Thüringen OLGSt StPO § 304 Nr. 12.

64 OLG Rostock StV 2015, 619 (ff.) m. Anm. *Strate*.

65 Ebenso *Meyer-Goßner/Schmitt* § 201 Rn. 6; a. A. LR/*Stuckenberg* § 201 Rn. 27.

66 Eingehend zum (allgemeinen) Beweisantragsrecht *Herdegen* NStZ 1999, 176 ff.

67 KMR/*Seidl* § 201 Rn. 26; a. A. KK/*Schneider* § 201 Rn. 18; *Meyer-Goßner/Schmitt* § 201 Rn. 8: Die Ablehnungsgründe des § 244 Absatz 3, 4 StPO geben lediglich »Anhaltspunkte für die Entscheidung«.

68 Vgl. *Deckers/Schöch/Nedopil/Dittmann/Müller/Nowara/Saimeh/Boetticher/Wolf*, NStZ 2011, 69 (ff.) m. w. N. Wichtig ist aber – vor allem bei § 63 und § 66 StGB –, dass die entsprechende Verteidigungslinie mit dem Mandanten ausführlich besprochen wurde. Die dauerhaften »Unterbringungen« sind mitnichten milder. Insofern muss der Mandant auch dazu beraten werden, dass er an eine Exploration nicht mitwirken muss. Siehe auch *Staudinger* Kap. 25 Rdn. 65.

69 BGHSt 54, 177 (f.).

C. Rechtsmittel und Wiederholung in der Hauptverhandlung

Wird das Verfahren eröffnet, fehlt in der Regel eine Begründung. Dies ist insofern auch für die Verteidigung unschädlich, weil eine Anfechtung der Eröffnung selbst nicht zulässig ist. Lediglich die Staatsanwaltschaft hat ein Rechtsmittel gegen einen Nichteröffnungsbeschluss. Aber auch wenn die Anfechtung der nach § 201 Absatz 2 Satz 1 StPO getroffenen Entscheidung des Gerichts oder auch vorangegangener Verfahrensverstöße im Verfahren nach § 201 Absatz 1 Satz 1 StPO ausgeschlossen ist (§ 201 Absatz 2 Satz 2 StPO), kann dann, wenn das rechtliche Gehör versagt worden, Nachholung (§ 33a StPO) beantragt und Aufhebung des etwa schon erlassenen Eröffnungsbeschlusses angestrebt werden.[70] 46

Verstöße gegen die Regelung des § 201 Absatz 1 Satz 1 StPO können in der Revision nur dann mit Erfolg gerügt werden, wenn das Urteil auf ihnen beruht, was nur selten der Fall sein dürfte. Zudem wird in der Rechtsprechung[71] das Unterlassen der Verteidigung, eine entsprechende Rüge in der Hauptverhandlung zu erheben, als Verzicht auf die Geltendmachung des Mangels in der Revisionsinstanz bewertet. Anders verhält es sich bezüglich eines in der Hauptverhandlung nicht verteidigten Angeklagten.[72] 47

Gerade deshalb muss vor allem mit Blick auf eine mögliche Revision schon im Zwischenverfahren Vorbereitung getroffen werden, um eine entsprechende Verfahrensrüge anbringen zu können: Werden Einwendungen oder Anträge zurückgewiesen oder nicht behandelt, kann dies mit der Revision – unter Bezug auf den in der Hauptverhandlung erfolgten Verstoß – nur gerügt werden, wenn sie in der Hauptverhandlung wiederholt worden sind. Die Rechtsprechung (siehe eben Rdn. 47) bewertet die Unterlassung als Verzicht auf die Geltendmachung des Mangels, es sei denn, ein Hinweis des Gerichts auf das Erfordernis der Wiederholung ist gegenüber einem nicht verteidigten Angeschuldigten/Angeklagten unterblieben.[73] 48

D. Nach der Entscheidung über die Eröffnung

Lehnt das Gericht die Eröffnung ab (§ 204 StPO), steht dem Angeschuldigten auch dann, wenn er eine andere Verfahrensbeendigung, insbesondere Freispruch, angestrebt hat, kein ordentliches Rechtsmittel zu. Nur die Staatsanwaltschaft kann gegen eine Nichteröffnung vorgehen. Im Erfolgsfall führt ihr Rechtsmittel zur Eröffnung des Verfahrens durch das Beschwerdegericht. 49

Trotzdem sind die Folgen einer Eröffnung oder Nichteröffnung auch für die Verteidigung beachtlich. Insbesondere im Fall der Eröffnung des Verfahrens bedeutet die Entscheidung nicht, dass zwingend auch eine Hauptverhandlung folgen muss (wenn auch in der Regel eine solche folgen wird). Eine Prüfung insbesondere von alternativen Verfahrensbeendigungen sollte der Verteidiger daher jedenfalls dann vornehmen, wenn der Mandant nicht eine reine Freispruchverteidigung wünscht. 50

I. Ne bis in idem – Strafklageverbrauch bei Nichteröffnung

Die Ablehnung der Eröffnung führt zu einer Sperrwirkung (§ 211 StPO) bezüglich neuerlicher Strafverfolgung. Sollte die Staatsanwaltschaft neue Anklage erheben, wird der Verteidiger auf diese negative Verfahrensvoraussetzung besonderes Augenmerk zu richten haben.[74] 51

---

70 Vgl. OLG Hamburg NJW 1965, 212.

71 BGH NStZ 1982, 125; OLG Stuttgart StV 2003, 490; OLG Celle StraFo 2005, 30.

72 OLG Düsseldorf StV 2001, 498; OLG Hamm StV 2004, 364 (365).

73 Vgl. OLG Düsseldorf StV 2001, 498; OLG Hamm StV 2004, 364 (365). Das Revisionsvorbringen muss im letztgenannten Fall auch die Tatsachen aus dem Zwischenverfahren enthalten (§ 344 StPO); letztlich liegt ein Verstoß gegen den *fair-trial*-Grundsatz vor. Verschiedentlich wird der Verstoß allerdings der Vorschrift des § 244 Absatz 2 StPO zugeordnet; vgl. *Meyer-Goßner* § 201 Rn. 10.

74 Näher unten Rdn. 83.

II. Kein Rechtsmittel gegen den Eröffnungsbeschluss

52 Die Eröffnung hat nach Maßgabe von §§ 203, 207 (gegebenenfalls in Verbindung mit §§ 209, 209a StPO) zu erfolgen.[75] Das den Eröffnungsbeschluss enthaltende Schriftstück muss aus sich selbst heraus oder in Verbindung mit anderen Urkunden oder Aktenbestandteilen eindeutig erkennen lassen, dass der zuständige Richter die Eröffnung des Hauptverfahrens tatsächlich beschlossen hat (BGH NStZ 2020,236).

53 Ein Rechtsmittel gegen den Eröffnungsbeschluss ist, selbst wenn dieser mit schweren Mängeln behaftet[76] ist, weder für den Angeklagten noch für die Staatsanwaltschaft gegeben.[77]

III. Möglichkeiten der Rücknahme eines Eröffnungsbeschlusses

54 Wurde allerdings das rechtliche Gehör nicht gewährt und ergibt sich durch das Vorbringen im Rahmen der Nachholung,[78] dass die Voraussetzungen der Eröffnung vom Gericht zu Unrecht angenommen worden sind, ist Rücknahme des Eröffnungsbeschlusses bis zum Beginn der Hauptverhandlung möglich.[79] In diesem Zusammenhang kann von Bedeutung werden, dass in Fällen nur formloser Übersendung der Anklageschrift etwaige Zweifel, ob Mitteilung überhaupt erfolgt ist, nicht zu Lasten des Angeklagten gehen.[80]

55 Treten ansonsten nach Erlass des Eröffnungsbeschlusses Gesichtspunkte zutage, die dem (vorher angenommenen) hinreichenden Tatverdacht die Grundlage entziehen, ist strittig, ob der Eröffnungsbeschluss zurückgenommen werden kann.[81] Trotz der bestehenden dogmatischen Bedenken könnte ein Antrag auf Rücknahme des Eröffnungsbeschlusses jedenfalls dann aussichtsreich sein, wenn die sonst unumgängliche Hauptverhandlung dem Angeklagten (etwa wegen dann entstehenden besonderen Interesses der Presse) erhebliche Nachteile bringen würde. Vorherige Abstimmung mit der Staatsanwaltschaft ist anzuraten. Gegebenenfalls ist hier auch über eine »taktische« Opportunitätseinstellung (§ 153 StPO) nachzudenken.

IV. Verfahrenseinstellung

56 Zeigt sich nach Eröffnung, aber außerhalb der Hauptverhandlung, dass ein (vorher übersehenes) Verfahrenshindernis vorliegt, oder dass inzwischen ein Verfahrenshindernis eingetreten ist, erfolgt – von Amts wegen – Verfahrenseinstellung nach Maßgabe von § 206a StPO; entgegen dem Wortlaut (»kann«) muss die Einstellung bei Vorliegen der aufgezeigten Voraussetzungen geschehen. – Die Einstellung wegen eingetretener Gesetzesänderung regelt § 206b StPO.

---

75 In besonderen Einzelfällen – wenn das verbindende Gericht die Eröffnungsvoraussetzungen erkennbar geprüft hat – kann auch ein bloßer Verbindungsbeschluss einen Eröffnungsbeschluss ersetzen, OLG Köln StV 2005, 121.

76 Wird der Mangel erst im Hauptverfahren festgestellt, muss das Verfahren von Amts wegen nach § 260 Absatz 3 StPO eingestellt werden, vgl. BGH StraFo 2007, 290.

77 OLG Frankfurt NStZ-RR 2003, 81. Zu den Konsequenzen eines (essenziell-)mangelhaften Eröffnungsbeschlusses KMR/*Seidl* § 207 Rn. 29 ff. Siehe auch *Schäpe* Die Mangelhaftigkeit von Anklage und Eröffnungsbeschluss und ihre Heilung im späteren Verfahren, 1998.

78 Gegen den Eröffnungsbeschluss ist Gehörsrüge nach § 33a StPO grundsätzlich zulässig, vgl. KG StraFo 2007,241 m. N.

79 KMR/*Seidl* § 207 Rn. 42; KK/*Schneider* § 207 Rn. 19.

80 OLG Celle NdsRpfl 1998, 33.

81 Ablehnend *Meyer-Goßner/Schmitt* § 203 Rn. 3; KK/*Schneider* § 207 Rn. 19; KMR/*Seidl* § 207 Rn. 40, 41 m. w. N.; LR/*Stuckenberg* § 207 Rn. 45. Bejahend LG Konstanz JR 2000, 306; LG Kaiserslautern StV 1999, 13; LG Nürnberg-Fürth NJW 1983, 584; *Hecker* JR 1997, 4; *Hohendorf* NStZ 1985, 399 ff.

V. Beschwerde gegen Zurückweisung von Anträgen?

Wird einem Antrag auf Rücknahme des Eröffnungsbeschlusses oder auf Verfahrenseinstellung nach § 206a oder § 206b StPO nicht stattgegeben, steht dem Angeklagten dagegen kein Rechtsmittel zu. Eine Ausnahme (dann: Beschwerde) kann lediglich für den Fall der Willkür[82] angenommen werden. 57

E. Vorläufige Verfahrenseinstellung nach § 205 StPO

I. Anwendungsbereich

Entgegen dem Wortlaut und entgegen der Stellung der Vorschrift im Gesetz gilt § 205 StPO in jeder Verfahrenslage, also auch im Ermittlungsverfahren[83] und nach Eröffnung des Hauptverfahrens;[84] im letzteren Fall ist allerdings der Vorrang der §§ 231a, 232 Absatz 1, 233 StPO zu beachten. § 205 gilt ebenso im Berufungsverfahren[85] sowie in der Revisionsinstanz. 58

Die Anordnung der vorläufigen Einstellung geschieht von Amts wegen oder auf Antrag eines Verfahrensbeteiligten. Seitens der Verteidigung sind vor Stellung eines solchen Antrages die Vorteile gegenüber den Nachteilen sorgfältig abzuwägen, weil sie je nach Interessenlage des Mandanten unterschiedlich sein können. 59

II. Voraussetzungen der Anordnung

§ 205 StPO findet dann Anwendung, wenn nach vom Gericht (im Ermittlungsverfahren von der Staatsanwaltschaft) zu treffender Prognose ein Hindernis für längere Zeit dem Verfahrensfortgang entgegensteht. 60

1. Hindernisse im Sinne des § 205 StPO

a) Unbekannter Aufenthalt; Verhandlungsunfähigkeit des Angeklagten

Ein solches Hindernis ist die Abwesenheit des Angeklagten, die dann zu bejahen ist, wenn sein Aufenthalt unbekannt oder seine Gestellung vor das erkennende Gericht unausführbar oder unangemessen ist.[86] Das kann auch bei erfolgter Abschiebung des Angeklagten der Fall sein, selbst wenn diese erst im Verlauf des Revisionsverfahrens geschehen ist.[87] 61

Verhandlungsunfähigkeit des Angeklagten[88] steht, vorbehaltlich § 231a StPO, seiner Abwesenheit gleich. Sie liegt vor, falls der Angeklagte – und sei es partiell[89] – unfähig ist, der Verhandlung zu folgen. Das bedeutet, dass der Angeklagte fähig sein muss, die Bedeutung des Verfahrens sowie seiner Einzelakte zu erkennen, zu würdigen und sich sachgerecht zu verteidigen und wirksam Prozess- 62

82 Willkür liegt vor, wenn sich das Gericht so weit von der gesetzlichen Grundlage entfernt hat, dass die Entscheidung »nicht mehr zu rechtfertigen [… und bei] verständiger Würdigung der das GG beherrschenden Gedanken nicht mehr verständlich erscheint und offenbar unvertretbar ist« (BVerfGE 29, 45 [49]; vgl. auch BVerfGE 6, 45 [53]; 19, 38 [43]).
83 RiStBV Nr. 104 Absatz 1; h. M., siehe nur LR/*Stuckenberg* § 205 Rn. 5 m. N.
84 Vgl. KMR/*Seidl* § 205 Rn. 2.
85 Vorrangig allerdings § 329 Absatz 1, § 40 Absatz 3 StPO. Siehe zur Verschuldensfrage im Rahmen von § 329 Absatz 1 StPO BayObLG NJW 1999, 3424.
86 Vgl. BGHSt 37, 145. Zur Frage von Reisekostenvorschuss OLG Stuttgart NJW 1978, 1120.
87 OLG Brandenburg NStZ-RR 2005, 49. Einschränkend BGH StV 2020, 577 (f.).
88 Eingehend zum Begriff der Verhandlungsunfähigkeit: OLG Stuttgart NStZ-RR 2006, 313; *Rath* GA 1997, 214. Zur Frage der Verhandlungsfähigkeit eines HIV-Infizierten: LG Konstanz NJW 2002, 911. Zu weiteren Einzelfällen: KMR/*Seidl* § 205 Rn. 7 ff.
89 LG Berlin StraFo 1999, 304.

erklärungen abzugeben.[90] Verhandlungsfähigkeit ist hierbei nicht begriffsidentisch mit bürgerlichrechtlicher Geschäftsfähigkeit.[91]

63 Bleibt – gegebenenfalls trotz sachverständiger Hilfe – zweifelhaft, ob die tatsächlichen Voraussetzungen der Verhandlungsunfähigkeit vorliegen, ist, jedenfalls aus rechtsstaatlichen Gründen, von ihr auszugehen.[92] Der Grundsatz *in dubio pro reo* ist trotz der Qualifizierung als Prognoseentscheidung hier direkt anwendbar.[93] Notwendig ist hier die Zweifelsfreiheit des Gerichts, da es sich um eine Prozessvoraussetzung handelt, die sicher festgestellt werden muss.[94]

64 In Fällen, in denen der Angeklagte selbst Einfluss nehmen könnte auf die (Wieder-) Herbeiführung seiner Verhandlungsfähigkeit, ist es umstritten, ob bei Zumutbarkeit, sich entsprechenden ärztlichen Maßnahmen zu unterziehen, die Regelung der §§ 231, 231a StPO zur Anwendung kommt oder, was vorzugswürdig erscheint, § 205 StPO.[95]

b) Immunität, sonstige Prozesshindernisse

65 Ein Hindernis im Sinne von § 205 StPO ist auch die Immunität (Artikel 46 Absatz 2 bis 4 GG) oder ein sonstiges (noch beseitigbares) Prozesshindernis,[96] wie etwa ein fehlender Strafantrag[97] oder eine erfolgte Abschiebung (OLG Oldenburg Beschl. v. 21.07.2020, 1 Ws 260/20).

c) Kein Hindernis bei Nichtverfügbarkeit eines Beweismittels

66 Kein Hindernis im Sinne des § 205 StPO liegt – nach der Rechtsprechung – vor bei Nichtverfügbarkeit eines Beweismittels[98] oder eines Mitangeschuldigten.[99] In der Kommentarliteratur wird allerdings verschiedentlich die entsprechende Anwendung des § 205 StPO befürwortet,[100] so dass ein zuzuordnender Antrag nicht aussichtslos sein muss.

---

90 Vgl. BGHSt 30, 34; OLG Stuttgart NStZ-RR 2006, 313 (314).

91 BGH NStZ 1983, 280.

92 H. M., siehe nur BGH StV 1996, 250; LR/*Stuckenberg* § 205 Rn. 30; *Meyer-Goßner/Schmitt* § 261 Rn. 34; KMR/*Seidl* § 205 Rn. 14 m. w. N.

93 Vgl. BGH NStZ 1983, 280; BGH bei *Miebach* NStZ 1988, 213 Nr. 20; *Schwabenbauer* Der Zweifelssatz im Strafprozess, 2012, S. 139 f. m. w. N.

94 Nicht zu verwechseln ist dabei die Frage, ob ein Revisionsgericht Zweifel hat, ob der Instanzrichter seinerseits Zweifel hatte. Denn dann gilt der revisionsrechtliche Maßstab, dass der Zweifel des Instanzrichters in der Revision nachzuweisen ist. Siehe hierzu *Schwabenbauer* Der Zweifelssatz im Strafprozess, 2012, S. 140 m. w. N., der aber konsequent und zu Recht aufgrund Artikel 6 EMRK (*fair-trial*-Grundsatz) eine Zurückverweisung in solchen Fällen fordert, um den Zweifelszustand aufzuklären.

95 Zum Streitstand KMR/*Seidl* § 205 Rn. 11. Vgl. auch BayObLG NJW 1999, 3424 (zu § 329 Absatz 1 StPO). Für die Anwendbarkeit von § 231a StPO (und gegen LG Nürnberg-Fürth NStZ 1999, 264) siehe OLG Nürnberg NJW 2000, 1804.

96 Zu Prozesshindernissen im Einzelnen *Meyer-Goßner/Schmitt* Einl. Rn. 145 ff. m. w. N.

97 In den Fällen, in denen die Antragsfrist abgelaufen ist (§ 77b StGB. Siehe auch *Fischer* § 77b Rn. 10 f. m. w. N.) oder der Strafantrag zurückgenommen wurde, liegt aber ein dauerhaftes Prozesshindernis vor, wenn es sich um ein absolutes Antragsdelikt handelt. Ein besondere öffentliche Interesse (relative Antragsdelikte) muss gegebenenfalls die Staatsanwaltschaft bejahen; dies kann sie bis zum Ende der Revisionshauptverhandlung nachholen (siehe *Fischer* § 230 Rn. 3 ff. m. w. N.).

98 Hinsichtlich Zeugen siehe BGH NStZ 1985, 230; OLG Schleswig SchlHA 2003, 191; OLG Hamm NJW 1998, 1088; OLG Düsseldorf StV 1996, 84; OLG Koblenz StV 1993, 513, LG Cottbus NStZ-RR 2009,246.

99 OLG München NJW 1978, 176.

100 AK-StPO/*Loos* § 205 Rn. 9; einschränkend *Meyer-Goßner/Schmitt* § 205 Rn. 8; LR/*Stuckenberg* § 205 Rn. 34, 35.

2. Vorliegen für längere Zeit

Für längere Zeit muss das Hindernis der Hauptverhandlung entgegenstehen, also darf es nicht nur kurzfristig, andererseits nicht dauernd sein.[101] Die Beurteilung, ob das Hindernis längere Zeit vorliegen wird, ist an den Erfordernissen des konkreten Verfahrens zu messen, wobei das Strafverfolgungsinteresse der Allgemeinheit gegen schutzwürdige Rechte des Angeklagten aus Artikel 2 Absatz 1, Absatz 2 S. 1 GG abgewogen werden muss.[102] 67

Bei Unklarheiten oder Zweifeln bezüglich des Merkmals für längere Zeit, etwa über die Dauer einer Krankheit, hat Einstellung nach § 205 StPO zu erfolgen.[103] Ist dagegen ein Hindernis als dauernd zu bewerten, führt dies zur endgültigen Verfahrenseinstellung nach § 170 Absatz 2 oder § 206a oder § 260 Absatz 3 StPO. 68

III. Wirkung der Verfahrenseinstellung

Die Verfahrenseinstellung nach § 205 StPO begründet keinen Verfahrensabschluss, hindert daher auch nicht weitere Prozesshandlungen, etwa die Überprüfung, ob die Einstellungsvoraussetzungen noch fortbestehen, auch nicht die Bestellung eines Verteidigers (§ 141 StPO), die also auch nach Ergehen eines Beschlusses nach § 205 StPO noch beantragt werden kann. Die Verfolgungsverjährung wird unterbrochen (§ 78c Absatz 1 Nr. 10, Nr. 11 StGB; § 33 Absatz 1 Nr. 5 OWiG). Eine Wiederaufnahme allein zum Zwecke neuerlicher Verjährungsunterbrechung ist unstatthaft.[104] 69

Ein Antrag auf Fortsetzung kann von jedem Verfahrensbeteiligten gestellt werden. Ein Antrag der Verteidigung bietet sich in der Regel aber nur dann an, wenn endgültige Verfahrenseinstellung veranlasst wäre, so etwa im Falle der Feststellung, dass das Hindernis ein dauerndes geworden ist. Ansonsten ist eine Fortsetzung der Hauptverhandlung durch die Verteidigung nur dann zu beantragen, wenn *sicher* ein Freispruch zu erwarten ist. 70

Bei Haft (oder einstweiliger Unterbringung) ist ein Antrag auf Aufhebung (§ 120 Absatz 1 respektive § 126a Absatz 3 StPO) zu erwägen; wegen des ungewissen Zeitpunkts einer Verfahrensfortsetzung kommt dem Verhältnismäßigkeitsgrundsatz hier besondere Bedeutung zu.[105] 71

IV. Beschwerde

Mit der Beschwerde (§ 304 StPO) kann sich auch der Angeklagte gegen die vorläufige Einstellung wenden, sei es, wegen der verlängerten Verstrickung in das Strafverfahren,[106] sei es wegen Vorliegens der Voraussetzungen endgültiger Verfahrenseinstellung nach § 206a StPO.[107] Keine Beschwerdebefugnis hat der Nebenkläger (§ 400 Absatz 2 S. 2 StPO). 72

Wird ein Antrag auf vorläufige Einstellung nach erfolgter Eröffnung außerhalb der Hauptverhandlung abgelehnt, ist auch dagegen die Beschwerde (§ 304 StPO) gegeben. Ergeht der ablehnende Beschluss in der Hauptverhandlung, unterliegt er nicht der Beschwerde.[108] 73

---

101 Vgl. BGH StV 1996, 250.
102 BVerfG NJW 1979, 2349 f.
103 BGH StV 1996, 250.
104 Vgl. KMR/*Seidl* § 205 Rn. 31.
105 Vgl. OLG Köln StV 1985, 21.
106 OLG Hamm JR 1998, 344 m. Anm. *Loos*; OLG Düsseldorf StV 1996, 84.
107 OLG Hamburg NJW 1969,998; LR/*Stuckenberg* § 205 Rn. 45 m.w.N.; einschränkend Meyer-Goßner/*Schmitt* § 205 Rn. 4.
108 Dem steht § 305 Satz 1 StPO entgegen.

F. Einstellung nach § 206a Absatz 1 StPO

I. Anwendungsbereich

74 Wird ein Verfahrenshindernis (Prozesshindernis)[109] festgestellt, so führt dies im Ermittlungsverfahren zur Einstellung durch die Staatsanwaltschaft gem. § 170 Absatz 2 StPO, im Zwischenverfahren zur Ablehnung der Eröffnung (§ 204 StPO) und in der Hauptverhandlung zur Einstellung des Verfahrens mit Urteil (§ 260 Absatz 3 StPO), letzteres selbst dann, wenn die Hauptverhandlung nach §§ 228, 229 StPO ausgesetzt oder unterbrochen worden ist.[110] Die Anwendbarkeit von § 206a StPO beschränkt sich daher auf den Fall der Feststellung des Verfahrenshindernisses nach Eröffnung des Hauptverfahrens aber außerhalb der Hauptverhandlung.

75 Auch im Rechtsmittelverfahren wird § 206a StPO von der Rechtsprechung zur Anwendung gebracht, und zwar, trotz systematischer Bedenken eines Teils der Literatur[111], selbst dann, wenn das Verfahrenshindernis nicht erst im Rechtsmittelverfahren eingetreten ist.[112] Auch noch nach Urteilserlass kann Einstellung nach § 206a StPO durch das Erstgericht geschehen, sofern keine Rechtskraft eingetreten[113] und erst jetzt das Verfahrenshindernis entstanden ist.[114]

II. Feststellung eines Verfahrenshindernisses

76 Bei irrtümlicher Annahme des Vorliegens der Voraussetzungen des § 206a Absatz 1 StPO wird jedenfalls dann, wenn der Irrtum durch den Angeklagten herbeigeführt worden ist, nach neuerer Rechtsprechung des Bundesgerichtshofs[115] der Einstellungsbeschluss durch das einstellende Gericht aufgehoben und das Verfahren an der Stelle, an der es sich zum Zeitpunkt des Erlasses des Einstellungsbeschlusses befunden hat, fortgesetzt.

77 Wird ein Antrag auf Verfahrenseinstellung auf rechtsstaatswidriges Verhalten von Ermittlungsorganen[116] oder auf rechtsstaatswidrige Verzögerung des Verfahrens[117] gestützt, diesem aber nicht stattgegeben, sollte in der Hauptverhandlung unter nochmaliger Hervorhebung des Anlasses Reduzierung der Strafe (unter Hinweis auf die Vollstreckungslösung des Bundesgerichtshofs[118]) angeregt werden. Wird dem Antrag stattgegeben, darf nur dann von der eng begrenzten Ausnahmevorschrift des § 467 Absatz 3 Satz 2 Nr. 2 StPO – Auferlegung der notwendigen Auslagen des Angeklagten auf die Staatskasse – abgesehen werden, wenn eine Erstattung »krass unbillig« wäre.[119]

78 Wird im Rahmen eines beschleunigten Verfahrens (§§ 417 ff. StPO) festgestellt, dass die gesetzlichen Voraussetzungen tatsächlich nicht vorgelegen haben, ist aber der nach § 419 Absatz 3 StPO erforderliche Ablehnungs- und Eröffnungsbeschluss nicht ergangen, sollte dieser schwerwiegende

109 Zum Begriff, zur Terminologie und zu Einzelfällen: *Meyer-Goßner/Schmitt* Einl. Rn. 141 ff. m. w. N.
110 KG NJW 1993, 673; KMR/*Seidl* § 206a Rn. 1 m.w.N.; a. A. SK-StPO/*Paeffgen* § 206a Rn. 5.
111 Meyer-Goßner/*Schmitt* § 206a Rn. 6 m. N und § 349 Rn. 29 m. w. N. Hierzu a. A. LR/*Stuckenberg* § 206a Rn. 17; KMR/*Seidl* § 206a Rn. 17.
112 BGH StraFo 2011, 395: Nach Feststellung unzureichender Individualisierung der vorgeworfenen Taten in der Anklage; BGH NStZ 2011,420: Fehlen wirksamer Anklageerhebung; BGH NStZ 2011,650: Verjährung der Strafverfolgung war bereits bei Anklageerhebung eingetreten; OLG Oldenburg NStZ-RR 2011, 250: Wirksame Anklageerhebung und wirksamer Eröffnungsbeschluss fehlen; BGH Beschl. v. 14.03.2019 – 4 StR 550/18: Strafantrag hat gefehlt.
113 Vgl. OLG Düsseldorf StraFo 1999, 126 zum Fall der Teilrechtskraft.
114 Näher hierzu KMR/*Seidl* § 206a Rn. 9 ff. Vgl. auch OLG Brandenburg NStZ 2005, 49 f.
115 BGH NJW 2008,1008 m. zust. Anm. *Kühl*.
116 Vgl. BayObLG StV 1999, 631 m. Anm. *Taschke*.
117 Vgl. BVerfG NJW 1995, 1277; *Lehmann* StraFo 1999, 109 (111 f.); *Waßmer* ZStW 118 (2006), 159.
118 BGH (GS) StV 2008 133. Vormals hat die Rechtsprechung die sogenannte Strafzumessungslösung angewendet, vgl. hierzu BVerfG NStZ 1997, 591; BGH NStZ 1999, 181; OLG Hamm NStZ 2003, 279.
119 OLG Thüringen NStZ-RR 2007, 254; OLG Saarbrücken StV 2007, 178; Meyer-Goßner/*Schmitt* § 467 Rn. 16 ff. m. w. N. zu Einzelfällen.

Verfahrensfehler[120] ausdrücklich gerügt werden, da es umstritten ist, ob dieser Verfahrensfehler ein von Amts wegen zu berücksichtigendes Verfahrenshindernis darstellt oder ob er nur auf Rüge berücksichtigt werden darf.[121] Das Ziel der Verfahrenseinstellung nach § 206a StPO kann nach rechtskräftigem Abschluss des Verfahrens noch mit einem Wiederaufnahmeantrag gem. § 359 Nr. 5 StPO angestrebt werden.[122]

III. Anfechtbarkeit

79 Eine Ablehnung der beantragten Verfahrenseinstellung kann nicht angefochten werden. Eine Ausnahme (dann: Beschwerde) kommt nur in Fällen von Willkür[123] in Betracht.

80 Gegen den Einstellungsbeschluss steht dem Angeklagten (nach h. M.[124]) mangels Beschwer selbst dann keine Beschwerde zu, wenn die Einstellung statt des von ihm angestrebten Freispruchs erfolgt ist. Erfolgte allerdings die Verfahrenseinstellung in der Hauptverhandlung durch Urteil (§ 260 Absatz 3 StPO), wird überwiegend eine Beschwer des Angeklagten bejaht, der sich gegen diese Einstellung wenden will. Vorrangig wäre dann auf Freispruch zu erkennen gewesen.[125]

81 Hebt das Beschwerdegericht auf die sofortige Beschwerde der Staatsanwaltschaft die Einstellung nach § 206a StPO auf und stellt es das Verfahren gem. § 205 StPO vorläufig ein, ist hiergegen die Beschwerde des Angeklagten (nach § 304 StPO) statthaft.[126] Eine ihn beschwerende Auslagen- oder Entschädigungsentscheidung kann der Angeklagte mit sofortiger Beschwerde (§ 464 Absatz 3 Satz 1 StPO) anfechten.[127] Ist die Auslagenentscheidung allerdings vom OLG getroffen worden, ist sie im Hinblick auf § 304 Absatz 4 Satz 2 Halbsatz 1 StPO isoliert nicht anfechtbar; verstößt jedoch die Begründung des den Angeklagten belastenden Auslagenbeschlusses gegen das Grundrecht des Angeklagten aus Artikel 2 Absatz 1 GG in Verbindung mit dem Rechtsstaatsprinzip des Grundgesetzes, kann eine Verfassungsbeschwerde erfolgreich sein.[128]

IV. Wirkung der Verfahrenseinstellung

82 Der (rechtskräftige) Einstellungsbeschluss stellt, selbst bei inhaltlicher Unrichtigkeit, das Vorliegen des Verfahrenshindernisses mit Wirkung für das gesamte Strafverfahren bindend fest.[129] Die Einleitung eines neuen Verfahrens darf nur geschehen, wenn sich neue Tatsachen oder Beweismittel ergeben haben, die dem Einstellungsbeschluss die Grundlage entziehen.[130] Ist die Verfahrensein-

---

120 OLG Köln NStZ 2004, 281.

121 Vgl. OLG Düsseldorf NJW 2003, 1470: ordnungsgemäß erhobene Verfahrensrüge notwendig; vgl. auch OLG Hamburg NStZ 1999, 266 m. Anm. *Müller* NStZ 2000, 108 sowie (nochmals zum gleichen Ausgangssachverhalt) OLG Hamburg StV 2000, 299. Zur Ersetzung einer Eröffnung nach § 419 Absatz 3 StPO durch bloßen Verbindungsbeschluss: BGH NStZ 2000, 442 f.

122 Zu den Voraussetzungen KMR/*Seidl* § 206a Rn. 23.

123 Zum Begriff Fn. 94.

124 BayObLG JR 1955, 28; OLG Thüringen NStZ-RR 2006, 311; Meyer-Goßner/*Schmitt* § 206a Rn. 10; KMR/*Seidl* § 206a Rn. 41 m.w.N.; einschränkend LR/*Stuckenberg* § 206a Rn. 103; SK-StPO/*Paeffgen* § 206a Rn. 28.

125 Vgl. RGSt 70, 193; BGHSt 13, 268 (272); OLG Celle MDR 1970, 164. Zu den Fällen einer Verletzung der Unschuldsvermutung in den Gründen der Einstellungsentscheidung vgl. BVerfG NJW 1987, 2427 und *Staudinger* Welche Folgen hat die Unschuldsvermutung im Strafprozess?, 2015, S. 129 f. m. w. N.

126 Vgl. OLG Hamburg MDR 1978, 864. Einschränkend OLG Oldenburg Beschl. v. 21.07.2020 – 1 Ws 262/20.

127 H. M. OLG München NStZ 1989, 134; Meyer-Goßner/*Schmitt* § 464 Rn. 20; LR/*Stuckenberg* § 206a Rn. 105 m. w. N.

128 Vgl. BVerfG NJW 1992, 1612; BGH StraFo 2000, 168 (170 ff.).

129 Vgl. BGH NJW 2008,1008.

130 Näher und mit Einzelfällen KMR/*Seidl* § 206a Rn. 47 f. Zu den Folgen der Erzeugung eines die Verfahrenseinstellung herbeiführenden Irrtums durch den Angeklagten Rdn. 76.

stellung wegen unzureichender Anklage erfolgt ist die Staatsanwaltschaft nicht gehindert, eine neue (wirksame) Anklage zu erheben.

G. Die Sperrwirkung des § 211 StPO

I. Bedeutung

83 Nur wenn neue Tatsachen oder Beweismittel (»Nova«)[131] dem (unanfechtbar gewordenen) Nichteröffnungsbeschluss (§ 204 StPO) die Grundlage entziehen, darf die öffentliche Klage wieder aufgenommen werden;[132] insoweit entfaltet § 211 StPO eine Sperrwirkung. Diese Sperrwirkung umfasst die gesamte durch die Nichteröffnung betroffene prozessuale Tat,[133] sie schließt allerdings die Einleitung eines Sicherungsverfahrens (§§ 413 ff. StPO), falls die Eröffnung des Hauptverfahrens nur wegen Verhandlungs- oder Schuldunfähigkeit abgelehnt worden ist, nicht aus.

84 Nicht anwendbar ist § 211 StPO in den Fällen, in denen es mangels örtlicher Zuständigkeit des angerufen gewesenen Gerichts nicht zur Eröffnung gekommen ist, gleich ob sich das Gericht nur für örtlich unzuständig erklärt oder ob es wegen der örtlichen Unzuständigkeit die Eröffnung mit Beschluss abgelehnt hat.[134] Bezüglich eines neuen Verfahrens kommt der Regelung des § 211 StPO die Bedeutung einer zusätzlichen – negativen – Prozessvoraussetzung zu, d.h., ein neues Verfahren ist nur dann zulässig, wenn das Entfallen der Sperrwirkung des § 211 StPO feststeht, was zwar das Gericht in jeder Verfahrenslage von Amts wegen zu prüfen hat, worauf die Verteidigung aber ggf. dennoch aufmerksam machen sollte. Etwaige Zweifel müssen zu Gunsten des Angeklagten berücksichtigt werden.

II. Wirkungen eines neuen Verfahrens

85 Kommt es zu einem neuen Verfahren, so wird der frühere Ablehnungsbeschluss weder ausdrücklich noch stillschweigend aufgehoben. Das betrifft auch seine Nebenentscheidungen. Zu beachten ist allerdings, dass die vormalige Entschädigungsentscheidung kraft Gesetzes (§ 14 Absatz 1 StrEG) hinfällig wird. Auf die Kosten- und Auslagenentscheidung darf die genannte Vorschrift wegen Rechtsungleichheit aber nicht analog angewendet werden.[135]

H. Revision im Zusammenhang mit dem Zwischenverfahren

I. Verletzung von Rechtsnormen des Zwischenverfahrens

86 Auf die Verletzung von Rechtsnormen im Zwischenverfahren als solche kann die Revision nicht gestützt werden. Ohne Erfolg ist mithin etwa die Rüge, das eröffnende Gericht habe es versäumt, entscheidungserhebliche Aktenstücke beizuziehen oder zu berücksichtigen, oder, es habe bei der Verbescheidung von Beweisanträgen oder Einwendungen im Rahmen von § 201 Absatz 2 Satz 1 StPO Fehler gemacht. Auch Fehler bei Mitteilung der Anklageschrift (§ 201 Absatz 1 StPO) sind nicht revisibel, es sei denn, einem nicht der deutschen Sprache mächtigen Ausländer ist die Anklageschrift nicht (auch) in einer ihm verständlichen Sprache mitgeteilt worden, so dass ein Verstoß gegen Artikel 6 Absatz 3 Buchstabe a EMRK vorliegen kann. Der Verteidiger muss den Fehler allerdings in der Hauptverhandlung gerügt und Vertagung beantragt haben; wird dies unterlassen, kann sich der Beschwerdeführer im Revisionsverfahren nicht mehr auf diesen Mangel berufen.[136]

131 Zum Begriff KMR/*Seidl* § 211 Rn. 8 ff.
132 Zur systematischen Einordnung BVerfG NJW 1954, 69; BGHSt 18, 225 f.
133 BGH StV 1983, 322; BayObLG NStZ 1983, 418 f.
134 KMR/*Seidl* § 211 Rn. 4. Zur Streitfrage über die veranlasste Entscheidung des Gerichts, das sich für örtlich unzuständig erachtet KMR/*Seidl* § 199 Rn. 15 ff.
135 KK/*Schneider* § 211 Rn. 11; Meyer-Goßner/*Schmitt* § 211 Rn. 8; KMR/*Seidl* § 211 Rn. 18.
136 Vgl. OLG Stuttgart StV 2003, 490.

Die Revision ist allerdings dann aussichtsreich, wenn nicht oder fehlerhaft verbeschiedene Anträge aus dem Zwischenverfahren in der Hauptverhandlung wiederholt und sodann vom Gericht fehlerhaft behandelt worden sind, was etwa bei Zurückweisung eines Vertagungsantrags der Verteidigung im Hinblick auf noch nicht erfolgte Mitteilung nach § 201 StPO[137] oder auf neu zugezogene Aktenstücke gegeben sein kann.[138] 87

Liegt ein Verstoß gegen § 202 StPO vor, kann dieser nur revisibel werden, wenn er sich in der Hauptverhandlung auswirkt.[139] Hatte das Gericht nicht mehr von § 202 StPO gedeckte Ermittlungen angeordnet, kann dies die Besorgnis der Befangenheit mit der weiteren Folge des § 338 Nr. 3 StPO begründen.[140] Hat das Gericht nach Vorgesprächen gem. § 202a StPO in der Hauptverhandlung die Mitteilung nach § 243 Absatz 4 Satz 1 StPO unterlassen, kann dies mit der Verfahrensrüge angegriffen werden, wobei das den Vortrag erfordert, dass Gespräche tatsächlich stattgefunden haben und welchen Inhalt sie hatten.[141] 88

Ohne Aussicht auf Erfolg ist ein mit Zielrichtung auf § 338 Nr. 3 StPO gestellter Befangenheitsantrag, der darauf gestützt wird, der Richter habe an der Eröffnung mitgewirkt.[142] 89

II. Fehlerhafte Anklage

Liegt eine wegen beweiswürdigender Ausführungen im Anklagesatz fehlerhafte Anklage dem Eröffnungsbeschluss zugrunde, ist, zur Revisionswahrung, anzuraten, der Verlesung unter Hinweis auf § 243 Absatz 3 Satz 1 StPO zu widersprechen und bei Ablehnung des zuzuordnenden Antrags eine Beanstandung gem. § 238 Absatz 2 StPO vorzunehmen.[143] Wird die Anklage dennoch unverändert verlesen, so kann die Besorgnis der Befangenheit der Berufsrichter darauf gestützt werden, dass ein Fall objektiv willkürlichen Handelns[144] vorliege. 90

Gegenüber Schöffen kann – wenngleich mit geringer Aussicht auf Erfolg[145] – Befangenheit mit dem Hinweis eingewendet werden, dass sie nur von den einem »richtigen« Anklagesatz vorbehaltenen Informationen hätten Kenntnis erlangen dürfen.[146] 91

Als unzulässige Beschränkung der Verteidigung kann auch ein nicht-essenzieller Mangel der Anklage, die unverändert in den Eröffnungsbeschluss übernommen worden ist, die Revision begründen, wenn 92

137 Oben Rdn. 6.

138 Vgl. *Danckert* StV 1989, 10.

139 BGH MDR 1977, 461: Verlesung eines ohne Benachrichtigung des Angeschuldigten zustande gekommenen Vernehmungsprotokolls.

140 Vgl. RGSt 65, 322, 329; *Siewert-Mattheus* DRiZ 1993, 356.

141 BGH NStZ 2013, 722; NJW 2013, 3045.

142 Siehe zur Kritik daran erneut Fn. 27 und zur Frage, ob die Unschuldsvermutung tangiert ist *Staudinger* Welche Folgen hat die Unschuldsvermutung im Strafprozess?, 2015, S. 134 ff. m. w. N.

143 Vgl. *Danckert* StV 1988, 284. Zu Einzelfällen KMR/*Seidl* § 200 Rn. 51,53–55; *Schäpe* Die Mangelhaftigkeit von Anklage und Eröffnungsbeschluss und ihre Heilung im späteren Verfahren, 1998.

144 Zum Begriff der Willkür oben Fn. 94.

145 Denn jedenfalls während der Hauptverhandlung wird den Schöffen das Recht auf (weitergehende) Aktenkenntnis zum Teil nicht abgesprochen werden (Meyer-Goßner/*Schmitt* § 30 GVG Rn. 2). Tatsächlich soll aber der Schöffe aus dem Inbegriff der Hauptverhandlung schöpfen, so dass die Gegenansicht eher überzeugt (SK-*Degener* § 30 GVG Rn. 15 ff.). Insofern muss ein Befangenheitsantrag nicht aussichtslos sein. Eingehend zur Problematik: *Rengnig* Die Entscheidungsfindung durch Schöffen und Berufsrichter, 1993, S. 586; *Kemmer* Befangenheit von Schöffen durch Akteneinsicht?, 1989, mit Besprechung von *Molketin* GA 1990, 335.

146 BGHSt 13, 73 m. zust. Anm. Eb. *Schmidt*. Anders BGHSt 43,36; 43, 360 m. krit. Anm. *Lunnebach* StV 1997, 452 ff. sowie Anm. *Katholnigg* NStZ 1997, 506 und Anm. *Laubenthal/Baier* JR 1998, 297; vgl. auch BGH NJW 1987, 1209.

der Mangel nicht ordnungsgemäß geheilt oder nach Heilung ein Antrag nach § 265 Absatz 4 StPO zu Unrecht abgelehnt worden ist.[147]

93 Zur Revision bei Fehlen eines Eröffnungsbeschlusses oder bei essenziell-mangelhaftem Eröffnungsbeschluss siehe in diesem Handbuch *Detter/Günther* Kap. 10 Rdn. 165.

III. Fehlerhafte Ablehnung der vorläufigen Verfahrenseinstellung

94 Die Ablehnung einer beantragt gewesenen vorläufigen Einstellung (§ 205 StPO) kann die Revision nach § 338 Nr. 5 StPO (z.B. bei zu Unrecht verneinter Verhandlungsunfähigkeit des Angeklagten) begründen.

IV. Berücksichtigung von Verfahrensfehlern bei Strafzumessung

95 Hat das Gericht einem Antrag auf Verfahrenseinstellung nach § 206a StPO oder § 260 Absatz 3 StPO, der auf rechtsstaatswidriges Verhalten von Ermittlungsorganen oder des Gerichts gestützt worden ist, nicht stattgegeben und hat die Verteidigung deshalb in der Hauptverhandlung unter Hinweis auf die Vollstreckungslösung des Bundesgerichtshof Berücksichtigung gefordert, ist das aber im Urteil nicht erfolgt, ist dies in Konsequenz eines Teils der früheren Rechtsprechung[148] zur Strafzumessungslösung mit der Sachrüge angreifbar.

96 Angesichts der nicht einheitlichen Rechtsprechung[149] ist aber für alle derartigen Fallkonstellationen, also auch für die Fälle von rechtsstaatswidrigen Verfahrensverzögerungen,[150] eine den Anforderungen des § 344 Absatz 2 Satz 2 StPO entsprechende Revisionsbegründung mit Darlegung sämtlicher den Verfahrensverstoß belegenden Tatsachen dringend anzuraten.

V. Fehlerhafte Zuständigkeitsbestimmung

97 Eine im Eröffnungsverfahren geschehene fehlerhafte Zuständigkeitsbestimmung ist nicht revisibel, es sei denn, das Gericht hätte seine auch nach Eröffnung bestehende Prüfungspflicht (§ 6 StPO) verletzt. Die Rüge, die Sache hätte vor einem Gericht niedrigerer Ordnung verhandelt werden müssen, ist nur in Fällen willkürlicher[151] Zuständigkeitsbestimmung erfolgversprechend.[152] Wurde objektiv willkürlich nach § 209 Absatz 2 StPO vor einem Gericht höherer Ordnung eröffnet, berührt dies die Wirksamkeit des Eröffnungsbeschlusses nicht.[153]

VI. Neues Verfahren und Sperrwirkung

98 Die Eröffnungsablehnung (§ 204 Absatz 1 StPO) hat die Beschränkung der Möglichkeit erneuter Verfolgung in derselben Sache (§ 211 StPO) zur Folge. Im Fall der Eröffnung (§§ 203, 207 StPO) bewirkt der Eröffnungsbeschluss die Umgrenzung und Konkretisierung des Prozessgegenstandes in tatsächlicher (§ 264 Absatz 1 StPO) und rechtlicher (§ 265 Absatz 1 StPO) Hinsicht. Für den Angeschuldigten steht die Informationsfunktion von Anklage und Eröffnungsbeschluss im Vordergrund;

147 BGH NStZ 1984, 133. Zur Veränderung des in der Anklage angegebenen Tatzeitpunkts vgl. BGH NStZ-RR 2004, 146; NStZ 2012,168.
148 BGH NJW 1990, 56; *Schroth* NJW 1990, 30.
149 Vgl. BGH NStZ 1999, 95; StV 1998, 377.
150 BGH NStZ 2001, 53.
151 Zum Begriff der Willkür oben Fn. 94.
152 Vgl. BGHSt 38, 212; BGH StV 1999, 585; OLG Hamburg wistra 2003, 38; OLG Düsseldorf NStZ 1990, 292.
153 BGH StraFo 1999, 300 (301).

sie soll umfassende Verteidigung ermöglichen. Handelt es sich um ein nach zunächst erfolgter Eröffnungsablehnung (§ 204 StPO) wieder aufgenommenes Verfahren, ist die negative Prozessvoraussetzung des erfolgten Wegfalls der Sperrwirkung des § 211 StPO (auch) vom Revisionsgericht von Amts wegen zu prüfen,[154] wozu die Verteidigung ggf. in der Revisionsbegründung anregen sollte.

154 RGSt 60, 99 (101).

Kapitel 3 Vorbereitung der Hauptverhandlung

Übersicht

A. Einleitung

1 Vorbereitungen sind nur selten spektakulär, aber in jedem Fall erforderlich. Dies gilt gerade auch für jene Phase des Strafverfahrens, die in zeitlicher Hinsicht mit der Zustellung des Eröffnungsbeschlusses (Ende des Zwischenverfahrens) beginnt und mit dem Aufruf der Sache durch den Vorsitzenden (Beginn der Hauptverhandlung) ihr Ende findet. Eine Phase, die meistenteils eher durch Vergewisserung und Konsolidierung der Verteidigungsstrategie gekennzeichnet ist, als durch den offenen Schlagabtausch zwischen Staatsanwaltschaft und Verteidigung. Durch den mit dem Eröffnungsbeschluss einhergehenden Wechsel der sachlichen und formellen Zuständigkeit von der Staatsanwaltschaft zum Tatgericht, eröffnen sich für die Verteidigung indessen neue Möglichkeiten der Einflussnahme auf den Sachverhalt. Nicht zu verkennen ist aber, dass das Vorliegen von kriminalpolizeilichem Abschlussbericht und zugelassener Anklage auch das Ende eines Abschnitts verdeutlicht, in dem der Verteidiger sich bemüht haben wird, seinen Einfluss auf Sachverhaltsfeststellung und Beweiserhebung geltend zu machen, um entweder eine Einstellung des Verfahrens (§§ 153 ff., 170 StPO), einen günstigen Strafbefehlsantrag[1] oder zumindest eine Herunterstufung und gegebenenfalls Ausdünnung des Vorwurfs (sofern mehrere Einzeltaten oder Handlungsakte zur strafrechtlichen Debatte stehen) zu erreichen. Teilziele (z.B. Einstellungen gem. §§ 154, 154a StPO) können mitunter auch dann schon als Erfolg verzeichnet werden, wenngleich ansonsten Anklage erhoben worden ist. Ist das Mandat erst spät im Ermittlungsverfahren oder in der Vorphase der Hauptverhandlung übernommen worden, ist die Verteidigung hingegen mit einem schon weitgehend manifesten Sachverhalt konfrontiert, der – da mit Abschluss der Ermittlungen und Einreichen der Anklageschrift die Staatsanwaltschaft als Entscheidungsinstanz (Einstellungen, Strafbefehlsantrag) ausfällt – nur noch schwer im Sinne des Angeklagten flexibilisiert oder gar umgekehrt werden kann.

2 Die bevorstehende Hauptverhandlung erzeugt zudem in zeitlicher Hinsicht eine nicht zu unterschätzende Sogwirkung: Verteidigungshandeln ist in dieser Phase mitunter von hohem Zeitdruck gekennzeichnet. Die im Laufe des Ermittlungsverfahrens erarbeiteten Positionen zu Tatsachen- und Rechtsfragen sind angesichts der bevorstehenden Hauptverhandlung (erneut) kritisch zu hinterfragen,

1 Zur für die Verteidigung extrem relevanten Erledigungsart des Strafbefehlsverfahrens siehe jüngst *Trapp* GVRZ 2020, 29.

noch nicht genutzte Informationsquellen sind nunmehr (endlich) auszuschöpfen. Gleichzeitig ist die oftmals bis dato in begründeter Abwehrhaltung verharrende Verteidigung um- und einzustellen auf die aktive und prägende Gestaltung der bevorstehenden Hauptverhandlung.

B. Grundlagen

Eine effektive Vorbereitung der Hauptverhandlung zu gewährleisten, heißt daher: Die zur Verfügung stehenden Möglichkeiten rechtlicher und tatsächlicher Art optimal im Hinblick auf die Präsentation des eigenen Standpunktes einzurichten. Die Nutzung dieser Zeitphase durch engagiertes Verteidigungshandeln kann sehr unterschiedlich ausfallen und die Bandbreite möglicher Verteidigungsaktivitäten ist weit gespannt. Insbesondere bei einfach gelagerten Verfahren und bereits abgeklärtem Verteidigungsziel, werden sich die Aktivitäten des Verteidigers in der Vorbereitungsphase auf die »Einstellung« des Mandanten für das Hauptverfahren (Einlassungsverhalten und Einlassungsinhalt) und allenfalls auf die Prüfung der Besetzung beschränken; dies umso mehr, wenn eine effiziente Verteidigung bereits im Ermittlungs- und Zwischenverfahren sichergestellt war. Etwas gänzlich anderes hat aber dann zu gelten, wenn (aus tatsächlichen oder taktischen Gründen) Beweisanträge erst jetzt gestellt, Stellungnahmen erst jetzt abgegeben werden sollen. 3

Dreh- und Angelpunkt des Verteidigerhandelns in der Vorbereitungsphase der Hauptverhandlung ist die Anklageschrift, die regelmäßig unter Zuhilfenahme des polizeilichen Schlussberichts problematisiert werden sollte, da hierin (zumal wenn durch den Eröffnungsbeschluss keine Änderungen in tatsächlicher oder rechtlicher Hinsicht zu verzeichnen sind) nicht nur eine bestimmte rechtliche Einschätzung der Staatsanwaltschaft zum Ausdruck kommt, sondern der Lebenssachverhalt (die »Tat«), der im Mittelpunkt der Hauptverhandlung stehen wird, festgeschrieben wird. 4

Die Verteidigung ist nun zuallererst aufgerufen, selbst ein Resümee der bisherigen Verteidigungsaktivitäten zu ziehen und angesichts des durch Anklage und Eröffnungsbeschluss skizzierten Lebenssachverhalts zu fragen, weshalb bestimmte Verteidigungsziele bereits verwirklicht und andere gescheitert sind. Sie hat dabei den Blick auf die Ursachen evidenter Unzulänglichkeiten zu lenken und zu überlegen, ob das Einlassungsverhalten des Angeklagten, das Beantragen von Beweiserhebungen oder ein besonders gearteter rechtlicher Vortrag seitens der Verteidigung geeignet ist, die Situation ins Positive umzukehren. Ein solches Resümee beinhaltet im Idealfall gleichzeitig eine Chancenbewertung hinsichtlich in der Zukunft möglicherweise zu ergreifender Verteidigungsaktivitäten. Dabei muss sich die Verteidigung bewusst sein, dass die nunmehr gewonnene Einschätzung der Sach- und Rechtslage und der daraus resultierende Entwurf einer Verteidigungsstrategie für die Hauptverhandlung einen ganz besonders hohen Grad der Vergewisserung erfordern. In der Hauptverhandlung selbst wird es dem Verteidiger nur noch in seltenen Fällen gelingen, eine »verfahrene« Verteidigungsstrategie wieder ins Lot zu bringen oder gar einen im Ende für den Angeklagten günstigen Umstieg auf eine andere Verteidigungslinie zu arrangieren. 5

Die Verteidigung trägt daher gerade in der Vorbereitungsphase der Hauptverhandlung eine besondere Verantwortung für die Mandanteninteressen und die Gewährleistung des für die Hauptverhandlung intendierten Verteidigungsziels. Dieser Verantwortung nachzukommen, heißt sowohl sicherzustellen, dass das Informationsbild (aus Akten, eigenen Feststellungen und Mandantengesprächen) vervollständigt wird und selbstverständlich auch, hieraus das erfolgsträchtige Verteidigungshandeln abzuleiten. So wichtig eine intensive Arbeit am eigentlichen Verteidigungsziel ist, so muss der Verteidiger vermeiden sich durch die vorgelagerte Festlegung in einem starren Schema zu verfangen.[2] Das Zusammenspiel von Informationsbeschaffung, Prüfen der Informationen auf Validität, Formulierung von Alternativsachverhalten tatsächlicher und rechtlicher Art, wiederum Überprüfen dieser Alternativsachverhalte auf Beweisfestigkeit, Subsumtionstauglichkeit und allgemeine Plausibilität unter Berücksichtigung der Besonderheiten der Hauptverhandlungssituation, fördert das Heraus- 6

2 *Dahs* Handbuch, Rn. 443.

bilden eines vollumfassenden Verteidigungskonzepts, das eine gute Chance hat, Sensibilität und Flexibilität zu bewahren und somit in der Hauptverhandlung zu bestehen.

7 Die Vorbereitung der Hauptverhandlung folgt daher regelmäßig den Arbeitsschritten:
- Erneute Aktenauswertung und Besprechung mit dem Mandanten (auch unter Berücksichtigung eigenständig durch den Verteidiger erlangter Informationen zum Verfahrensstoff);
- Vergewisserung von Alternativsachverhalten zum Anklagevorwurf im Lichte der Überprüfung von Informations- und Umgrenzungsfunktion der Anklageschrift;

Daraus resultierend:
- Beratung des Mandanten zum Einlassungsverhalten (d.h. die Entscheidung, ob grundsätzlich Angaben gemacht werden und auf welche Art und Weise zur Sache bekundet wird);
- Überlegung, welche Beweisaktivitäten unter der genannten Verteidigungsprämisse erforderlich sind (Beweisantrag, Selbstladung, kommissarische Vernehmung, Beiziehung von weiteren Akten);
- (nötigenfalls) Koordination der Verteidigungsbemühungen mit anderen Verfahrensbeteiligten (z.B. Mitverteidigern);
- Vorarbeiten zu der in der Hauptverhandlung zu erwartenden oder beantragten Beweisaufnahme und zu den materiell-rechtlichen und verfahrensrechtlichen Problemen, die schon in der Vorphase der Hauptverhandlung sichtbar werden.
- Ferner: Klärung von Terminierungsfragen;
- Prüfung von Gerichtszuständigkeit und Besetzung.[3]

8 Das Strafverfahrensrecht hält für die Phase zwischen Eröffnungsbeschluss und Beginn der Hauptverhandlung in den §§ 213–225a StPO Regelungen bereit, die sich konkret mit folgenden Fragen auseinandersetzen:
- Terminierung (§ 213 StPO),
- Ladung der Verfahrensbeteiligten (§ 214, §§ 216–218, § 222 StPO),
- Beweiserhebung (§§ 219–221, §§ 223–225 StPO),
- Mitteilung der Gerichtsbesetzung (§ 222a StPO; § 222b StPO = Besetzungseinwand) und
- Zuständigkeitsverschiebungen vor der Hauptverhandlung (§ 225a StPO).

Korrespondierend zu diesen gesetzlichen Vorgaben der StPO treten die für die Staatsanwaltschaft zusätzlich zu beachtenden *Richtlinien für das Strafverfahren und das Bußgeldverfahren* (RiStBV) Nr. 116–Nr. 122 hinzu.

9 Das Normprogramm der StPO gibt damit auch einen gewichtigen Teil des Handlungsrahmens und der möglichen Aufgabenstellungen der Strafverteidigung in der Vorbereitungsphase der Hauptverhandlung vor. Von dieser auf die signifikante Wahrnehmung prozessualer Rechte gerichteten Tätigkeit »nach außen« (Stellungnahmen und Anträge zu Beweisfragen, Terminierung der Hauptverhandlung, Vorbringen von Besetzungs- und Zuständigkeitsrügen) zu unterscheiden ist die zur Vorbereitung der Hauptverhandlung unverzichtbare Tätigkeit »nach innen« (Informationsbeschaffung und Aktenauswertung, Mandantenbesprechung und »Einstellen« des Mandanten auf die Hauptverhandlung, Klärung verteidigungstaktischer, prozessualer und materiell-rechtlicher Fragen, Koordination der Verteidigungsbemühungen, Vorarbeiten zu Erklärungen, Stellungnahmen und Anträgen).

Selbstverständlich existieren beide Seiten des Verteidigungshandelns nicht nebeneinander, sondern sind wechselseitig in ihrer Veränderlichkeit wie auch in ihrem jeweiligen Bestand aufs Engste miteinander verbunden.

10 Wie für alle Verteidigungstätigkeiten, gilt auch hier der Grundsatz, dass bei der Klärung der Frage, ob eine bestimmte verteidigungstaktische Maßnahme ergriffen werden soll, die kurz-, mittel- und langfristigen Folgen dieser Maßnahme für das Verteidigungsziel als solches Beachtung finden müssen

3 Zuständigkeits- und Besetzungsfragen werden im Sachzusammenhang der Verteidigung in der Hauptverhandlung behandelt, siehe *Groß-Bölting/Kaps* Kap. 4 Rdn. 25 ff.

und in die Erwägungen mit einzubeziehen sind. Um die Folgen des Verteidigungshandelns (z.B. eines bestimmten Beweisantrags) auch nur halbwegs prognostizieren zu können, ist die Verteidigung auf eine breite, weil nur dann verlässliche, Basis an Informationen nicht nur zum Beweisthema selbst, sondern z.B. auch zu den Umständen der Beweisantragstellung und der prozessual wahrscheinlichen Folgen seines beabsichtigten Antrags, angewiesen.

Handeln »nach innen« und Handeln »nach außen« sind daher auf vielfache Weise vernetzt. Da die Vernetzung indes bestimmten Gesetzmäßigkeiten gehorcht und in ihrer Methodik nicht zufällig ist, lassen sich die Handlungsstränge internen Handelns, ebenso wie jene nach außen gerichteten Handelns, aufweisen.

C. Die Basis jeglichen Verteidigerhandelns: Information

I. Die Aktenlage

Es ist zur Vorbereitung der Hauptverhandlung – auch in einfach gelagerten Fällen – völlig unzureichend, auf Aktenmaterial zugreifen zu müssen, das unvollständig ist oder lediglich einen länger zurückliegenden Ermittlungsstand widerspiegelt. Regelmäßig wird die Verteidigung unmittelbar mit der Erklärung der Mandatsübernahme einen Akteneinsichtsantrag stellen, gleich in welchem Stadium das Strafverfahren sich momentan befindet. Bereits in den ersten Besprechungen mit dem Mandanten ist darauf hinzuweisen, dass die Sichtung und Auswertung des Aktenmaterials unerlässlich ist, um die erste grobe Skizze einer Verteidigungsstrategie entwerfen zu können. Mit Energie ist demzufolge darauf hinzuwirken, dass ein vollständiger Einblick in die Ermittlungsakten alsbald gewährt wird. 11

Verzögert sich die Akteneinsicht oder werden der Verteidigung nur Teile der Ermittlungsakten überlassen (§ 147 Abs. 1, 2 StPO), darf dies keinesfalls dazu führen, dass sich beim Mandanten der Eindruck bildet, ohne Akte sei die Verteidigung in ihrem Bemühen um das Erarbeiten einer Strategie gelähmt. Gleichwohl ist in dieser Phase verkürzter Information vor überstürzten Stellungnahmen oder Anträgen, die den Vorwurf selbst betreffen, zu warnen. Dem Mandanten ist die Bedeutung des Informationsstandards für den Erfolg oder Misserfolg seiner Verteidigung besonders eindringlich vor Augen zu halten. Bewährt hat sich in dieser Situation, mit dem Mandanten den bereits bekannten Vorwurfssachverhalt im Hinblick auf seine Beobachtungen und seine eigenen Feststellungen im Mandantengespräch durchzugehen und die Ergebnisse festzuhalten. 12

Nach Vorliegen der Ermittlungsakte wird die Verteidigung eine erste halbwegs verlässliche Positionsbestimmung vornehmen können und diese mit dem Mandanten erörtern. In übersichtlichen Verfahren und/oder einfacher gelagerten Sachverhalten wird der so zunächst gewonnene Informationsstand, wenn keine Beweisanträge oder Erklärungen zu veranlassen sind, möglicherweise bis nach Eröffnung des Hauptverfahrens unverändert bleiben. Oftmals ist dies aber eine Stabilität, die trügt. Bemüht sich die Verteidigung im unmittelbaren zeitlichen Vorfeld der Hauptverhandlung nicht ein weiteres Mal um Akteneinsicht, können in der Hauptverhandlung zuweilen »böse Überraschungen« lauern (ergänzende Zeugeneinvernahmen oder Sachverständigengutachten sind zu den Akten gelangt, Zeugen haben ihr Nichterscheinen in der Hauptverhandlung angekündigt etc.). Je schwieriger und umfangreicher das Verfahren, desto gravierendere Wirkungen zeitigen solche Versäumnisse (ganz abgesehen davon, dass eine lückenhafte Vorbereitung sehr schnell negativ auffällt – nicht nur bei Gericht und Staatsanwaltschaft, sondern auch beim Mandanten). 13

▶ **Beachte**

Zu empfehlen ist daher, unmittelbar vor der Hauptverhandlung nochmals Akteneinsicht zu nehmen. Die Verteidigung darf sich nicht darauf verlassen, dass das Gericht in dieser Phase von sich aus zur Akte gelangte Erhebungen, Erklärungen und Schriftstücke an die Verteidigung überlässt.

Auf den **Zeitpunkt der Akteneinsicht** ist sensibel zu achten: Handelt es sich um ein rechtlich oder im tatsächlichen Bereich schwieriges oder umfangreiches Verfahren, wird sich der Vorsitzende oder 14 der Berichterstatter die Akten bereitgelegt haben, um selbst den Verfahrensgegenstand zu durchdringen und die Erörterung der Sache in der Hauptverhandlung vorzubereiten. Ein Akteneinsichtsgesuch in dieser Phase steht unter einem schlechten Stern: Werden die Akten ausgehändigt, so oft nur für einen Tag. Auswärtige Verteidiger haben insofern mit noch größeren Problemen zu kämpfen. Außerdem setzt die Verteidigung sich selbst unter Zeitdruck – je länger die letzte Akteneinsicht zurückliegt und mit je mehr Eventualitäten zu rechnen ist, desto weniger Spielraum bleibt für Anträge, Erklärungen und ein mögliches Umstellen der Verteidigungstaktik. In einfach gelagerten Fällen mag eine länger zurückliegende Akteneinsicht noch vertretbar sein, in komplizierten Fällen ist angeraten, sich nach Terminsbestimmung die Akten zur Einsicht übermitteln zu lassen und so wenige Tage vor dem Beginn der Hauptverhandlung nochmals kurzfristig die Akte erneut zu prüfen.

15 Die Akteneinsicht der Verteidigung erschöpft sich leider vielfach in der Auswertung allein der Ermittlungsakte. Es ist stets zu prüfen, ob sich aus dem Akteninhalt der Hauptakte und der Schilderung des Mandanten Hinweise auf **weiteres Akten- und Beweismaterial** ergeben, das für den Erfolg der Verteidigungsstrategie von Belang sein kann. Wie weit die Akteneinsicht auf diese weiteren Informationsquellen auszudehnen ist, hängt vom Einzelfall ab. Generell ist an folgende Weiterungen zu denken:

▶ Spurenakten

16 Insbesondere bei der Verteidigung in Kapitaldelikten lohnt ein Blick in die Spurenakten.[4] Diese beinhalten alle Vorgänge, die im Rahmen der Ermittlung in Richtung eines bekannten oder unbekannten Täters erfolgt sind (es findet sich z.B. hier häufig eine Dokumentation der bei der Ermittlungsbehörde eingegangen »Hinweise aus der Bevölkerung«). Spurenakten kommt verteidigungsstrategisch eine zentrale Rolle zu, wenn der Mandant bestreitet, die Tat begangen zu haben und alternativ hierzu andere Personen als Tatverdächtige in Betracht kommen. Da Spurenakten nicht Teil der Akten geworden sein müssen, ist die Einsichtnahme gesondert zu beantragen.[5]

Das Akteneinsichtsrecht in Spurenakten ist nach § 23 EGGVG einklagbar.[6]

▶ Akten anderer Verfahren

17 In Betrugs- und Anlagebetrugsfällen, aber nicht nur hier (Körperverletzungsdelikte!), ist das Strafverfahren oft begleitet von zivilrechtlichen Auseinandersetzungen. Entwicklungen auf diesem Gebiet muss die Verteidigung im Auge behalten, bereits vorliegende Entscheidungen in ihren Verteidigungsplan integrieren. Es kann ratsam sein, falls das Aktenmaterial des Zivilverfahrens Günstiges enthält, dessen Beiziehung zu beantragen oder die Beiziehung nur einzelner Urkunden oder bestimmter Sitzungsprotokolle zu initiieren. Ist es untunlich, den Weg über einen Beiziehungsantrag zu wählen, besteht die alternative Möglichkeit, mit dem – von der Schweigepflicht zu entbindenden – Kollegen, der für den Mandanten das Zivilverfahren betreibt, Kontakt aufzunehmen.

▶ Weitere Verfahren

18 Daneben gibt es eine Vielzahl weiterer Akten, die im Einzelfall relevant werden können. Zu denken ist zuallererst an Strafakten aus einem anderen Verfahren (das können Akten sein, die ein Verfahren des Mandanten betreffen, aber auch Akten, aus denen beispielsweise der Grund für die Vorbestrafung eines Belastungszeugen ersichtlich ist. Zu denken ist darüber hinaus auch an Strafakten eines den eigenen Mandanten belastenden »Kronzeugen« auf den die Staatsanwaltschaft den Anfangsverdacht gegen den eigenen Mandanten gestützt hat. Gerade die Regelung des § 31 BtMG macht es unerlässlich zur Überprüfung der Glaubwürdigkeit des

4 Ausführlich hierzu: KK-*Laufhütte/Willnow* StPO § 147 Rn. 7.
5 Beachte: BVerfGE 63, 45.
6 BVerfG NStZ 83, 273.

Belastungszeugen sowie die Glaubhaftigkeit seiner Angaben dessen eigene Strafakten beizuziehen.). Akten der Verwaltungsbehörde (Umweltsachen/Verkehrssachen/Ausländersachen) spielen ebenfalls oftmals eine wichtige Rolle. Die Beiziehung jeder verfahrensfremden Akte macht eine Begründung der Verteidigung notwendig, aus der sich das berechtigte Interesse an der Einsichtnahme ergibt, da durch die Einsichtnahme das Recht auf informationelle Selbstbestimmung von Dritten beeinträchtigt werden kann.[7] Haben Staatsanwaltschaft oder Gericht die in Rede stehende Akte schon von sich aus beigezogen, bedarf es – sofern Umstände aus den Akten Eingang in das Strafverfahren gefunden haben – dieser Darlegung nicht.

Im Vorfeld der Hauptverhandlung steht der Verteidigung ein **uneingeschränktes Akteneinsichtsrecht** 19
zu.[8] Werden offensichtlich dennoch Teile der Akte dem Verteidiger vorenthalten, so ist Beschwerde (§ 304 StPO) geboten oder es muss zu Beginn der Hauptverhandlung ein Aussetzungsantrag zur Nachholung der Akteneinsicht in angemessener Zeit gestellt werden.[9]

In sog. Umfangsverfahren kommt es mitunter vor, dass seitens der Staatsanwaltschaft Bezug auf Aktenteile genommen wird, welche der Verteidigung nicht vorliegen. In einer solchen Situation ist es selbstredend sinnvoll, wenn die Verteidigung – durch intensives Aktenstudium im Vorfeld – selbstbewusst einwenden kann, dass sich der Bezug genommene Aktenteil nicht bei der Akte befindet und mithin eine Behinderung der Verteidigung geltend gemacht werden kann.

Für Staatsanwaltschaft und Gericht gilt der Grundsatz der Aktenvollständigkeit.[10] 20

Für den Verteidiger sollte diese Aktenvollständigkeit nicht weniger wichtig sein. Immer noch wird die Auffassung vertreten, nach Aktenübersendung durch die Staatsanwaltschaft und erster kursorischer **Durchsicht des Aktenmaterials**, könne man auf das Kopieren »irrelevanter« Teile der Akten verzichten; es wird folglich lediglich ein Aktenauszug gefertigt. Seine Ursache hat ein solches Vorgehen oft in Gründen der (vermeintlichen) Arbeitsersparnis,[11] Übersichtlichkeit[12] und Kostenersparnis.[13]

▶ **Beachte**

Bei der ersten Durchsicht der Akten ist mit Sicherheit (außer es handelt sich um einen sehr einfach gelagerten Fall) nur für eine sehr begrenzte Zahl von Schriftstücken klar erkennbar, dass diese nicht zur Sache gehören. Der Verteidiger, der selektiv Kopien anfertigt, setzt sich (und seinen Mandanten!) der Gefahr aus, dass er wichtige Hinweise, die sich z.B. aus handschriftlichen Bemerkungen des sachbearbeitenden Staatsanwalts oder Weiterleitungsverfügungen ergeben, schlichtweg übersieht.

Ganz »gefährlich« und verantwortungslos wird es, wenn nach kurzem Durchlesen bestimmte Zeugenaussagen als »irrelevant« abgestempelt werden und ungescannt bleiben. Wer hat nicht schon die Erfahrung gemacht, dass »eigentlich völlig unwichtige« Aussagen überraschenderweise in der Hauptverhandlung eine besondere Bedeutung erlangt haben.

---

7 Vgl. OLG Hamm NStZ 1986, 236.

8 Da die mögliche Beschränkung des § 147 Abs. 2 StPO nach Eröffnung des Hauptverfahrens wegfällt, Meyer-Goßner/*Schmitt* § 147 Rn. 10, 25 ff.; BGH StV 1988, 193 (194).

9 Letzteres gilt selbstverständlich auch für den Fall, dass die Beschwerde zurückgewiesen worden ist.

10 BGHSt 37, 204 m. Anm. *Foth* StV 1991, 337; LG Itzehoe StV 1991, 555.

11 Das vermeintlich »effiziente« Sortieren dauert dafür umso länger, bringt in der Sache aber nichts, da die Akten ohnehin vollständig ausgewertet werden müssen.

12 Die vermutete Übersichtlichkeit verkehrt sich in ihr Gegenteil, wenn in der Hauptverhandlung »überraschenderweise« auf eine Aktenseite Bezug genommen wird, die im Aktenstück der Verteidigung nicht zu finden ist.

13 Der Pflichtverteidiger (ebenso wie der Wahlverteidiger) hat Anspruch auf Ersatz der Kosten für eine vollständige Aktenkopie.

21 Die Erforderlichkeit einer vollständigen Aktenkopie lässt sich auch dem Mandanten vermitteln. Schließlich ist nichts peinlicher für die Verteidigung, als in laufender Hauptverhandlung offenbaren zu müssen, dass ihr bestimmte – nun doch relevante – Aktenseiten nicht vorliegen – von der Einbuße an Verteidigungsmöglichkeiten einmal ganz abgesehen.

22 Eine Sichtung des Aktenmaterials in der Vorbereitungsphase der Hauptverhandlung baut selbstverständlich auf den bereits in vorhergehenden Verfahrensabschnitten geleisteten Vorarbeiten auf. Kurz vor der Hauptverhandlung wird sich die Arbeit der Verteidigung »mit der Akte« darauf konzentrieren, sich ein vollständiges Bild der rechtlichen und tatsächlichen Fallsituation bei Eintritt in die Hauptverhandlung zu machen. Im Kern gehört hierzu auch ein Blick in die Terminsladung, um ersehen zu können, wann welcher Zeuge oder Sachverständige geladen ist. Oft ergibt sich aus der Reihenfolge der Zeugenauftritte und der Zeit, die das Gericht für ihre jeweilige Vernehmung vorgesehen hat, Aufschluss über die Meinung des Gerichts zur Wertigkeit der Aussagen. Die Verteidigung, die ohnehin großes Gewicht auf die aktenmäßige Auswertung der Zeugenaussagen legen muss, kann nun auch in etwa abschätzen, wie sich inhaltlich das Hintereinander der Zeugenaussagen in der Hauptverhandlung gestalten wird; zuweilen lassen sich hier schon Überlegungen anstellen, welchem Zeugen zu welchem Zeitpunkt z.B. eine andere Zeugenaussage vorzuhalten sein wird oder wann und mit welchem Inhalt Erklärungen gem. § 257 StPO abzugeben sind.[14]

II. Die Beweismittel

23 Nach § 147 Abs. 2 StPO besteht in Bezug auf Beweisstücke ein Besichtigungsrecht,[15] das die Akteneinsicht ergänzt. Dass ganz grundsätzlich Beweismittel als durchaus wichtige Informationsquelle zu bewerten sind, hat den Grund, dass dies Gegenstände sind, die für das weitere Verfahren aufgrund ihrer individuellen Beschaffenheit ihrer Substanz Bedeutung erlangen können, also über reine austauschbare Informationsträger hinaus beweiserheblich sind.[16] Als Beweisstücke gelten alle durch Beschlagnahme oder Sicherstellung in amtlichen Gewahrsam gelangten Gegenstände, also auch die Originale jener Dokumente, die sich in den Beweismittelordnern als Kopie finden. Augenscheinsobjekte, wie Lichtbilder, Video- und Tonbandaufnahmen, PC-Dateien, Tatwerkzeuge, zählen hierzu. Zur Besichtigung dieser Beweisstücke wird sich die Verteidigung (falls erforderlich, unter Hinzuziehung eines Sachverständigen oder Dolmetschers) regelmäßig zur Verwahrungsstelle begeben und dort eine Auswertung vornehmen müssen, da ein absolut wirkendes Mitgabeverbot für diese Gegenstände gilt, um ihre Authentizität mit Blick auf die Wahrheitsfindung zu wahren.[17] Er kann mit Erfolg auch darauf drängen, dass komplexere Aufzeichnungen, wie PC-Dateien oder Videoaufnahmen, kopiert und ihm die Kopie zur Verfügung gestellt wird.[18] Unter Umständen kann es geboten sein, den Mandanten oder ggf. einen erforderlichen Sachverständigen zu der Beweismittelbesichtigung hinzuzuziehen.[19] Das Akteneinsichtsrecht erfasst jedoch nicht die Frage, ob die Übersetzung einer Telefonüberwachung aus einer anderen Sprache in die deutsche geboten ist, wenn diese in Form von Tonbändern der Akte beiliegen. Unter Hinzuziehung eines Dolmetschers hat die Verteidigung jedoch in jedem Fall die Möglichkeit, den Inhalt der Telefongespräche zur Kenntnis zu nehmen.[20]

Lediglich bei einfach gelagerten Vorwürfen werden sich beweisrelevante Dokumente in der Hauptakte selbst (als Kopie) finden. Sobald aber (vor allem bei Betrugs- und Untreuedelikten, Wirtschafts-, Umwelt- und Steuerstrafverfahren) eine nach Vollständigkeit strebende Sammlung des sichergestell-

---

14 Zum Inhalt und zum Einsatz solcher Erklärungen: *Hohmann* StraFo 1999, 153 ff.
15 *Schäfer* NStZ 1984, 203.
16 LR-*Lüderssen/Jahn* StPO § 147 Rn. 118.
17 Es dürfen hierbei auch Lichtbilder von Beweisstücken gefertigt werden, Meyer-Goßner/*Schmitt* § 147 Rn. 19.
18 *LG Bonn* StV 1995, 632 m. Anm. *Köllner* StraFo 1996, 26; ebenso: *Fetzer* StV 1991, 142 in Hinblick auf elektronische Datenträger.
19 LR-*Lüderssen/Jahn* StPO § 147 Rn. 126; 133.
20 OLG Koblenz NStZ 1995, 611.

ten schriftlichen Beweismaterials nötig wird, gewinnen die angelegten Beweismittelordner besondere Bedeutung, welche ein fotokopiertes Urkundendoppel seitens des Gerichts schaffen.[21] Beweismittelordner sind ein Teil der Akten. Das Gesuch »um Akteneinsicht« bezieht sich daher auch auf diese, ohne dass dies hervorgehoben werden muss.[22]

III. Der Mandant

Die ersten Schritte in der Entwicklung einer Verteidigungsposition werden sich in der Besprechung 24
des Akteninhalts mit dem Mandanten ergeben. Der Mandant sollte demgemäß auch vollständig über den Akteninhalt informiert sein und zwar schon bevor die Verteidigungsstrategie aufgrund der Aktenauswertung endgültig festgelegt wird. Es ist hilfreich (gerade bei komplexeren Sachverhalten) dem Mandanten zu diesem Zweck ein Aktendoppel auszuhändigen, das dieser eigenständig unter Zuhilfenahme des des von der Verteidigung vorgegebenen Rasters durcharbeitet. Dadurch erspart sich die Verteidigung längere Vorträge über den Inhalt z.B. einzelner Zeugenaussagen.

Vor Aktenübergabe sollte der Mandant darauf hingewiesen werden, dass eine Weitergabe der Akte (oder Auszügen hieraus) an Dritte unterbleiben sollte. Beabsichtigt der Mandant eine eigene Sicht der Dinge in schriftlicher Fassung vorzubereiten, ist, falls eine (weitere) Durchsuchung nicht ausgeschlossen ist, Sorge dafür zu tragen, dass solche »internen Erklärungen« als Verteidigungsmaterial nicht in die Hände der Ermittlungsbehörden gelangen. Dies gilt gerade dann, wenn in der Hauptverhandlung der Angeklagte keine Sacheinlassung abgeben soll. Man rät dem Mandanten einen Ordner anzulegen, der gut lesbar die Aufschrift »Verteidigungsunterlagen im Strafverfahren x« trägt (Beschlagnahme- und Durchsichtsschutz) und in dem er alle Unterlagen, die Gegenstand der Verteidigung sind bzw. sein können, ablegt, jedoch nur diese.

Der Mandant ist sicherlich die **wichtigste Informationsquelle** zur Überprüfung des Akteninhalts 25
und zum Auffinden möglicher Sachverhaltsalternativen, die wiederum andere rechtliche Schlussfolgerungen nach sich ziehen. Im Stadium unmittelbar vor der Hauptverhandlung und nach nochmals vollzogener Akteneinsicht sind auch die mit dem Mandanten durchzuführenden Besprechungen von der Ausrichtung auf die Hauptverhandlung geprägt. Mitunter hat sich während des zurückliegenden Zeitraums (Ermittlungsverfahren und Zwischenverfahren) die Zielsetzung der Verteidigung mehrfach geändert: Bestand das Mandatsverhältnis schon zu Zeiten des Ermittlungsverfahrens, stand seinerzeit vielleicht weniger die Hauptverhandlung im Mittelpunkt des Interesses, sondern Erledigungsmöglichkeiten seitens der Staatsanwaltschaft (z.B. § 170 Abs. 2, §§ 153 f. StPO), müssen diese Zielsetzungen jetzt für die Strategie in der Hauptverhandlung »übersetzt« werden. Änderungen der Verteidigungsstrategie sind dem Mandanten, zusammen mit ihren Gründen, transparent zu machen.

Eine Prägung der Hauptverhandlung durch die Verteidigung wird nur dann erfolgreich sein, wenn 26
negative Überraschungseffekte und Eventualitäten weitgehend ausgeschaltet werden können, oder jedenfalls für den Fall der Eventualität eine Maßnahme der Verteidigung bereitgehalten werden kann. Die **Minimierung von Informationsdefiziten** ist Grundbedingung einer erfolgreichen Verteidigung – dies ist eine Prämisse, die gerade bei der abschließenden Mandantenbesprechung vor der Hauptverhandlung bedacht werden muss.

▶ Beachte

Nicht beseitigte Unklarheiten, vorhandene Zweifel, Sachverhalts- oder Erklärungslücken werden mit Sicherheit in die Hauptverhandlung hineinwirken. Die Hoffnung, die Widersprüche würden sich schon klären oder gar nicht zutage treten, bleibt zumeist unerfüllt. Im Vorfeld der Hauptverhandlung sind die Besprechungen mit dem Mandanten daher – neben der Klä-

21 S. dazu auch: *Schlothauer* Vorbereitung, Rn. 44.
22 Meyer-Goßner/*Schmitt* § 147 Rn. 17; *Schäfer* NStZ 1984, 205.

rung und Vorbereitung des Einlassungsverhaltens – Anlass, noch fehlende Informationen oder Erklärungen des Mandanten einzuholen.

IV. Eigenermittlungen

27 Neben dem Hauptstrang der Schaffung einer aktuellen und tragfähigen Informationsbasis (Aktenauswertung und Mandantengespräch) bietet sich eine reiche Anzahl von weiteren Ansatzmöglichkeiten, Informationslücken zu schließen. Schon aus Effektivitäts- und Kostengründen wird die Verteidigung indes nicht gehalten sein, wahllos jede Information aufzunehmen, die auch nur in irgendeinem Zusammenhang mit der Sache steht. Die Überlegenheit der Verteidigungsstrategie wird sich aber umso leichter erweisen lassen, als in zentralen Punkten ein **Informationsvorsprung** gegenüber Staatsanwaltschaft und Gericht erzielt und produktiv im weiteren Verfahren umgesetzt werden kann.

Die Durchführung eigener Ermittlungen zum Sachverhalt ist grundsätzlich zulässig,[23] bei der Befragung von Zeugen und Sachverständigen sind gewisse Regeln[24] zu beachten.

28 Häufig werden beim Gespräch mit dem Mandanten Ermittlungsansätze (z.B. »neue« Zeugen) sichtbar, denen es sich nachzugehen lohnt.

▶ Beachte

Bietet sich z.B. nach der Schilderung des Mandanten die **Einvernahme eines Entlastungszeugen** an, ist zunächst einmal anhand der Aktenlage und der übrigen Angaben des Mandanten zu überprüfen, ob die in das Wissen des Zeugen gestellte Beobachtung hinsichtlich ihrer Faktizität keinen grundsätzlichen Bedenken begegnet. Man sollte offen mit dem Mandanten sprechen, dass es verschiedene verteidigungstaktische und prozessuale Möglichkeiten gibt, das Beweismittel in die Hauptverhandlung einzuführen. Überstürztes Handeln sollte vermieden werden. Eile kann dann angebracht sein, wenn das Beweismittel eventuell in Kürze nicht mehr zur Verfügung steht (z.B. wegen eines längeren Auslandsaufenthalts). Es ist hier zu entscheiden, ob der betreffende Zeuge selbst einvernommen[25] werden soll oder ein entsprechender Beweisantrag zu stellen ist.

In jedem Fall muss abgewogen werden, welche Vor- und Nachteile der jeweilige Weg der Einvernahme hat.

Ist der Komplex strittig, zu dem der Zeuge etwas bekunden kann, wird in aller Regel die Staatsanwaltschaft auf eine Vernehmung des Zeugen in der Hauptverhandlung bestehen und bezüglich der Verlesung einer zuvor vom Verteidiger erstellten Anhörungsniederschrift ihre Zustimmung versagen,

23 *Jungfer* StV 1981, 100; in den »Thesen zur Verteidigung« der BRAK wird in der These 25 diese Befugnis festgestellt und in Einzelfällen sogar eine Verdichtung dieser Befugnis zur Ermittlungspflicht für notwendig erachtet.

24 Der Verteidiger sollte den Zeugen zu sich in die Kanzlei laden, ihm bereits schriftlich das Thema der Befragung mitteilen und ihn auf sein Recht hinweisen, dass er gegenüber dem Verteidiger zu Angaben nicht verpflichtet ist. Gleichzeitig sollte eine Belehrung zu Aussage- und Zeugnisverweigerungsrechten enthalten sein. Es kann empfehlenswert sein, eine entsprechende Belehrung, die beim Befragungstermin ebenfalls nochmal zu erteilen ist, schriftlich zu fassen und durch den Zeugen unterschreiben zu lassen. Vor der Befragung ist der Zeuge darüber zu unterrichten, dass seine Angaben eventuell auch bei Gericht vorgelegt werden können. Während der Befragung sollte eine weitere Person aus dem Kreis der Kanzleimitarbeiter (oder auch ein Kollege) anwesend sein, um gegebenenfalls später möglicherweise erhobene Vorwürfe, man habe den Zeugen beeinflusst, zu widerlegen. Noch während des Gesprächs kann der Inhalt protokolliert und dem Zeugen später zur Unterzeichnung vorgelegt werden; vgl. hierzu *Bockemühl* Kap. 1 Rdn. 89 ff.

25 Streng genommen vernimmt der Verteidiger nicht (dies können begrifflich nur Gericht, Staatsanwaltschaft und Polizei), sondern er »befragt«.

sodass ein »Tempovorteil« nicht unbedingt entsteht. Andererseits sind die Informationen des Mandanten zu der vom Zeugen erwarteten Aussage oft lückenhaft oder unzuverlässig – eine Beantragung des Zeugen aufs Geratewohl kann sich sehr schnell als Bumerang erweisen, wenn in der Hauptverhandlung nicht nur nicht das bekundet wird, was durch den Beweisantrag der Verteidigung ins Wissen des Zeugen gestellt wurde, sondern der Zeuge möglicherweise noch Bekundungen macht, die dem Verteidigungskonzept (an anderer Stelle) Schaden zufügen.

Jeder Verteidiger kennt das Dilemma: Beantragt er die Einvernahme eines Zeugen zu einer bestimmten Beweisbehauptung (und kann dabei die Konsistenz der Aussage aufgrund mangelnder Vorinformation nicht eindeutig einschätzen), kann der Zeuge aber hierzu nichts – oder gar Gegenteiliges – bekunden, schadet er seinem Mandanten.[26] Vernimmt er andererseits aber den Zeugen selbst und versucht die Niederschrift dieser Zeugenanhörung ins Hauptverfahren einzuführen und wird der Zeuge sodann in der Hauptverhandlung vernommen, wird das Gericht und auch die Staatsanwaltschaft oft eine besondere Akribie an den Tag legen, wenn es um die Umstände der Vernehmung beim Verteidiger geht – kurz: es liegt der Verdacht des »*coaching the witness*« in der Luft (was mittelbar Auswirkungen auf den Beweiswert der Zeugenaussage haben kann). 29

Bei nur schwer prognostizierbarem Aussageverhalten und Zweifeln an der Glaubwürdigkeit der Person des Zeugen sollte in der Tendenz immer eine eigenständig durch den Verteidiger durchgeführte Zeugenbefragung, die selbstverständlich regelgerecht eingeleitet, ablaufen und aufgezeichnet werden muss, vorgezogen werden. Erbringt diese Zeugenbefragung keinen für das Verteidigungskonzept positiven Beitrag, kann ein Beweisantrag unterlassen werden. Hat der zeugnis- oder aussageverweigerungsberechtigte Zeuge Angaben beim Verteidiger gemacht, so kann er sich für eine eventuell anstehende Vernehmung in der Hauptverhandlung selbstverständlich auf sein Schweigerecht zurückziehen – was er indes bei bereits vollzogener Aussage nur in Ausnahmefällen tun wird. 30

Grundsätzlich ist es zulässig, dass die Verteidigung die Frage eines (potenziellen) Zeugen, ob diesem im laufenden Verfahren ein Zeugnis- oder Aussageverweigerungsrecht zustehe, beantwortet; auch die weiterführende Beratung des Zeugen über das Recht, das diesem schließlich laut Gesetz zusteht, ist unbedenklich. Atmosphärisch ist diese Art der Beratung indes nicht immer empfehlenswert: Handelt es sich um Angehörige des Angeklagten, wird man gegen eine Beratung über das Zeugnisverweigerungsrecht sicherlich nichts einzuwenden haben, geht es hingegen um eine Person, die als (Mit-)Beschuldigter in Betracht kommt, sollte versucht werden, diesen Zeugen an einen Kollegen zu vermitteln, der dann seine Zeugenbeistands- oder Verteidigertätigkeit zwanglos und gegebenenfalls ohne Beeinträchtigung des Beweiswerts einer später vollzogenen Bekundung entfalten kann. 31

Insoweit sei auf die Regelung des § 68b StPO verwiesen.[27]

Als effektives Verteidigungsmittel hat sich die **Einschaltung eines Sachverständigen** herausgestellt, der intern (also ohne nach außen für die Verteidigung in Erscheinung zu treten) das im Verfahren bereits vorhandene Sachverständigengutachten seines Fachkollegen auf mögliche Mängel hin überprüft und damit dem Verteidiger entweder ermöglicht, den nötigen fachlichen Hintergrund für die Beantragung eines weiteren Sachverständigen zu akquirieren oder die kritische Befragung des »offiziellen« Gutachters in der Hauptverhandlung erleichtert. 32

In komplexen und für die Verteidigung nur mit größtem Arbeitsaufwand zu durchdringenden Begutachtungsfragen wird eine Vorbereitung auf die Hauptverhandlung mitunter gar nicht anderweitig zu leisten sein (zumal wenn, wie man aus Erfahrung weiß, Gerichte nur höchst selten vom

26 Auch falls der Zeuge nichts weiß und sich neutral verhält, wird der Umstand, dass die Verteidigung versucht hat, Beweis zu erbringen, dies aber gescheitert ist, zumindest atmosphärisch zu einem Punktverlust der Verteidigung führen.

27 Hier müssen allerdings die damit verbundenen und vom Mandanten zu tragenden Kosten in den Blick genommen und mit dem Mandanten erörtert werden.

gutachterlichen Ergebnis abzuweichen bereit sind und jeder die Erfahrung gemacht hat, dass auch ein Sachverständiger nur sehr ungern sein Begutachtungsergebnis infrage stellt).

▶ Beachte

33 In Verfahren, in denen die Tatörtlichkeit für die Entwicklung eines Verteidigungskonzepts von Bedeutung sein kann oder in denen die Überprüfung bestimmter Tatsachenbehauptungen (z.B. Entfernungen, Fahrzeiten) geboten erscheint, sollte sich der Verteidiger der Mühe unterziehen, eine **Ortsbesichtigung** (oder z.B. ein Abfahren einer Strecke) möglichst mit Fertigung von Lichtbildern zu unternehmen.

Zwar werden in der Ermittlungsakte oft anlässlich der Ermittlungen gefertigte Lichtbilder Aufschluss über die örtlichen Verhältnisse geben; Lichtbilder beinhalten aber stets schon eine Selektion der Wahrnehmung. Was zum Zeitpunkt der Anfertigung der Lichtbilder alles noch für die Sache relevant sein könnte, aber nicht abgelichtet worden ist, kann eventuell noch durch eine Ortsbesichtigung zu rekonstruieren sein. Aber auch allein die Ortsbesichtigung – ohne dass nach der optischen Verifikation einer bestimmten Vermutung gesucht wird – kann der Verteidigung weiterhelfen, weil sie »mit eigenen Sinnen« und dreidimensional Licht- und Sichtverhältnissen, Lage und Stellung von Gegenständen und Bebauung, Bepflanzung und ähnliches prüfen kann; eine Erfahrung, aus der sich weitere Fragen an Zeugen und Sachverständige,[28] aber auch Beweisanträge (z.B. Entfernungsmessungen) ergeben können. Auch die Möglichkeiten des Internets sollten bei solchen Nachforschungen regelmäßig Beachtung finden (Routenplaner, Maps, Luftbilder etc.).

34 Der Verteidigung stehen **weitere Ermittlungsmöglichkeiten** zur Verfügung:

- Als Informationsquelle nutzbar sind **Erkenntnisse aus Gesprächen mit Mitverteidigern** (die indes von ihrem Mandanten dazu von der Schweigepflicht entbunden werden müssen).
- Quasi von selbst versteht sich auch eine **informelle Informationspolitik** im Hinblick auf die am Verfahren beteiligten Staatsanwälte und Richter. Hier werden allerdings weniger Informationen über Tatsachen zu erwarten sein, sondern über Einschätzungen, Meinungsbilder und Atmosphärisches.
- **Gehilfen der Verteidigung** (Referendare, Praktikanten, Kanzleimitarbeiter) können in einfacheren Fragen recherchieren (als Berufshelfer des Verteidigers partizipiert dieser Personenkreis am Zeugnisverweigerungsrecht – Schweigepflicht – des Rechtsanwalts, §§ 53 Abs. 1 Nr. 2, 53a StPO).
- Auch ein **Detektiv** lässt sich zum Vollzug eigener Ermittlungen beauftragen. Dies wird – schon wegen des finanziell nicht unerheblichen Aufwandes – nur in seltenen Fällen bedeutsam werden. Umstritten ist, ob dem mit Einzelauftrag ausgestatteten Detektiv als einem nur zeitweilig durch die Verteidigung beauftragten Selbstständigen ein Zeugnisverweigerungsrecht zusteht.[29]

D. Die Vorbereitung der Hauptverhandlung »nach Innen und Außen«

I. Mandant und Einlassung

35 Ein ganz gewichtiger Teil der Vorbereitung der Hauptverhandlung vollzieht sich intern: Die Erarbeitung des zur Anklageschrift alternativen oder ergänzenden Sachverhalts mit dem Mandanten. Damit sind die im Vorfeld der Hauptverhandlung stattfindenden Mandantenbesprechungen von dem Bemühen gekennzeichnet, das Einlassungsverhalten abschließend festzulegen. Ist der Verteidiger schon länger mandatiert, wird sein Informationsbedürfnis hinter der Anstrengung zurücktreten, den Mandanten auf die Hauptverhandlung einzustellen.

28 Eine Befragung kann z.B. auch durch Lichtbilder, die die Verteidigung zum Beleg eines Vorhalts oder Frageinhalts selbst erstellt hat, gefördert werden.

29 Vgl. *Jungfer* StV 1989, 495 (504); LG Frankfurt NJW 1959, 589; Meyer-Goßner/*Schmitt* § 53a Rn. 5; vgl. zur Beauftragung von Privatdetektiven *Bockemühl* Kap. 1 Rdn. 99 ff.

Hat er gerade erst im Vorfeld der Verhandlung das Mandat erhalten, werden die Besprechungen durch eine unter Zeitdruck vorgenommene Vervollständigung der Informationslage und gleichzeitige Vorbereitung der Mandanteneinlassung gekennzeichnet. Für Mandant und Verteidigung wird es jetzt »ernst«; Versäumnisse, deren Nachholen Zeit erfordert, werden kaum mehr auszugleichen sein.

1. Die Entscheidung: Einlassung oder Schweigen?

Die Entscheidung der Frage, ob der Mandant in der Hauptverhandlung sich zum Anklagevorwurf äußern oder von seinem Recht zu schweigen Gebrauch machen wird, ist nur sehr selten einfach zu treffen. 36

Es entspricht dem natürlichen (aus dem Bereich des Moralischen herrührenden) Bedürfnis, eine Beschuldigung nicht ruhig zu ertragen und sich zunächst die Beweislage durch den Vorwerfenden darlegen zu lassen. Schweigen wird dann – wenn man glaubt, frei von Schuld zu sein – als Ausweichen betrachtet, als eine Art Schuldeingeständnis. Der bestreitende Mandant wird daher oft anfangs für das taktische Kalkül im Verteidigungsvorbringen wenig Verständnis haben. Das Strafverfahren gehorcht anderen Prämissen: Da es hier nicht um Vorwürfe geht, die unter Gleichberechtigten und Gleichrangigen ausgetragen werden, sondern das beschuldigte Individuum im Verfahren mit dem gesamten Instrumentarium staatlich legitimierter Macht konfrontiert ist, sind Rechtsinstitute, wie die Unschuldsvermutung und das rechtliche Gehör, untrennbar mit einem am Primat der individuellen Freiheit orientierten Rechtsstaat verbunden.

Diesen Schutzrechten Geltung zu verschaffen, ist Inbegriff der Strafverteidigertätigkeit. Eine Überzeugungsarbeit des Inhalts, dass diese Schutzrechte nicht preisgegeben werden, ist nicht nur dann zu leisten, wenn es um die Auseinandersetzung mit den Ermittlungsbehörden geht, sondern oftmals auch intern, gegenüber dem Mandanten. 37

▶ Beachte

Jedem Verteidiger sind Mandanten geläufig, die darauf drängen, so schnell als möglich »alles wieder richtig zu stellen«, was die Ermittlungsbehörde »falsch« sieht. Die Verteidigung wird als Sprachrohr der Mandanteninteressen begriffen. Hier ist es – bevor in die Sachauseinandersetzung im Einzelnen eingetreten wird – notwendig, das System des Strafverfahrens zu erklären und dem Mandanten die jeweiligen Interessenlagen eindringlich zu erläutern und möglichst mit Beispielen zu konturieren. Um die Verständlichkeit zu gewährleisten, ist auf Beispiele zurückzugreifen, die wiederum auf den Verständnishorizont des Mandanten zugeschnitten sein müssen. Hilft dies nicht, kann es lohnenswert sein, die »**Brille de r Staatsanwaltschaft aufzusetzen**« und dem Mandanten in einer Art **Rollenspiel** vorzuführen, wie weit seine Argumentation trägt und wo Brüche, Widersprüche oder Unklarheiten deutlich werden.

Mitunter aber überträgt sich bedauerlicherweise der Aktionismus des Mandanten auf die Verteidigung. Nicht selten werden Haftprüfungsverfahren eingeleitet, nur um dem Mandanten zu beweisen, dass »etwas getan« wird; zuweilen werden Stellungnahmen zu den Akten gereicht, obwohl die Akte noch nicht ausgewertet ist. Ein Verteidiger, der so handelt, wird allenfalls einen Zufallstreffer landen können. Vielmehr schaukeln sich durch solches Verteidigerverhalten Hoffnungen beim Mandanten auf, die jäh wieder enttäuscht werden. Einmal festgelegt, wird die Position (obschon die Verteidigung faktisch nicht [mehr] an sie glaubt) nicht wieder aufgegeben. Diese »Strategie« ist regelmäßig zum Scheitern verurteilt, da der Bruchpunkt, an dem die Hoffnung des Mandanten in Vertrauensverlust umschlägt, unausweichlich ist. Es ist daher dem Mandanten jede Konsequenz eines bestimmten prozessualen Handelns vor Augen zu führen – auch wenn dies Zeit kosten mag. Auf der festen Basis solcher Gespräche wird sich eher eine konsistente und vertrauensvolle Verteidigung aufbauen lassen, als auf dem brüchigen Gerüst vager Hoffnungen. 38

39 Generelle Voraussetzung einer Entscheidung über die Frage, ob sich der Mandant in der Hauptverhandlung einlassen soll oder nicht, ist das ausreichende Maß von Informationen aus Akte, Beweismitteln, eigenen Recherchen und internen Stellungnahmen des Mandanten.

Regelmäßig wird es sich verbieten, ohne Akteneinsicht Erklärungen des Mandanten zur Sache vorzulegen oder gar den Mandanten einer Vernehmung durch die Ermittlungsbehörde anzuempfehlen.[30] Nach Akteneinsicht und entsprechender Informationsweitergabe an den Mandanten, ist der Sachverhalt intensiv durchzuarbeiten, wobei dem Mandanten Rechts- und Verfahrenslage in den wesentlichen Facetten zu erläutern sind und verschiedene Verteidigungsalternativen vorgestellt werden sollen, um dann im Rahmen einer bestimmten Strategie (bis auf weiteres) Konsens zu erzielen. Im Vorhinein ist der Mandant bereits darauf aufmerksam zu machen, dass eine inhaltliche Festlegung durch eine Einlassung nur in Randbereichen wieder uminterpretiert oder geändert werden kann, ohne zu riskieren, dass die Einlassung für unglaubwürdig gehalten und als »Schutzbehauptung« abqualifiziert wird.

▶ Beachte/Exkurs

Bei Verfahren, die erstinstanzlich vor dem Land- oder Oberlandesgericht stattfinden **und** deren voraussichtliche Dauer zehn Tage übersteigen wird hat die Verteidigung die Möglichkeit gem. § 243 Abs.5 S.3 StPO auf Antrag noch vor der Vernehmung des Angeklagten eine Erklärung zur Anklage abzugeben (sog. »opening statement«), die den Schlussvortrag nicht vorwegnehmen darf.

Hier besteht bereits zu einem sehr frühen Zeitpunkt die Möglichkeit auf etwaige Mängel – in rechtlicher und/oder tatsächlicher Hinsicht – in der Anklageschrift einzugehen. Natürlich muss die Möglichkeit einer solchen Vorgehensweise mit dem Mandanten besprochen werden. Gegebenenfalls ist eine solche Eröffnungsrede selbstredend akribisch im Vorfeld einer Hauptverhandlung vorzubereiten.

40 Steht zur Debatte, ob eine **Einlassung in der Hauptverhandlung** erfolgen soll oder nicht, sind nachfolgende Aspekte (die sicherlich nur Tendenzen bezeichnen, aber nicht in jedem Fall zwingend richtig sein müssen) zu beachten:

41 **Gründet sich der Tatnachweis der Anklage auf Indizien** und kann dem Mandanten auf prozessordnungsgemäßem Wege die Tat nicht nachgewiesen werden, sollte er schweigen (ansonsten besteht die Gefahr, dass er im Rahmen von § 261 StPO zum Beweismittel gegen sich selbst wird).

42 **Wird sich nicht vermeiden lassen, dass der Angeklagte – aus welchen Gründen auch immer – zu Einzelaspekten des Vorwurfs, die aber mit Sicherheit zur Sprache kommen** – schweigt oder bestimmte Umstände, die er zu seiner Entlastung erklären müsste, nicht erklären kann, sollte er insgesamt schweigen (da sein Teilschweigen – außer wenn es sich als Schweigen zu einem selbstständigen Tatvorwurf darstellt – gegen ihn verwertet werden darf und mit hoher Wahrscheinlichkeit wird).

43 **Ist der Mandant auch trotz etlicher Vorbereitungsgespräche mit der Verteidigung nicht in der Lage, sich mehr oder weniger kontrolliert und konsistent zur Sache zu erklären** oder verfällt er immer wieder in Erklärungsmuster, die der Nachvollziehbarkeit und Glaubhaftigkeit seiner Aussage eher ab- als zuträglich sind, sollte er ebenfalls schweigen.

Gleiches gilt auch dann, wenn der Mandant dazu neigt, Unwahrheiten in seine Sachdarstellung einzubauen und die Gefahr besteht, dass mit Aufdeckung dieser Unwahrheiten auch die gesamte Aussage ihren Wert verliert.

30 Einer solchen Vernehmung sollte sich der Mandant ohnehin nie ohne Begleitung der Verteidigung unterziehen; einer Vernehmung vorzugswürdig ist aber in jedem Fall die schriftliche Erklärung, die über die Verteidigung abgegeben werden kann.

In diesen Fällen kann es zu empfehlen sein, eine schriftliche Erklärung des Angeklagten vorzubereiten, deren Verlesung in der Hauptverhandlung erfolgen kann (§ 249 StPO). Diese Erklärung muss vom Angeklagten selbst stammen und nicht vom Verteidiger herrühren, sonst ist eine entsprechende Verlesbarkeit nicht sichergestellt.[31]

Weiterhin ist die Alternative erwägenswert, dass die Verteidigung anstatt des Angeklagten, aber in dessen ausdrücklichem Auftrag,[32] eine Erklärung zur Sache abgibt; eine Möglichkeit, die – unverständlicherweise – nur selten in Anspruch genommen wird.[33] In einem solchen Fall hat der Mandant auf Frage des Gerichts die durch die Verteidigung verlesene und zu Protokoll gereichte (Revision!) Erklärung zu genehmigen. Das Gericht ist an den Inhalt der Einlassung insoweit gebunden, als dass nicht mehr und nicht weniger als die Aussage des Angeklagten zugrunde gelegt werden darf. Diese Verfahrensweise vermag in revisionserheblicher Sicht weitgehend zu verhindern, dass durch das Tatsachengericht Sachverhaltsfeststellungen zur Erklärung des Angeklagten getroffen werden, die ganz oder teilweise nicht mit der Einlassung kompatibel sind. 44

▶ **Formuliervorschlag für eine schriftlich fixierte und zur Verlesung geeignete Einlassung des Mandanten**

»wird namens und im Auftrag von Herrn/Frau ... nachfolgende Einlassung zur Sache abgegeben, verbunden mit dem Hinweis, dass diese eine persönliche Einlassung von Herrn/Frau ... ersetzen wird«

Hat der Angeklagte bereits ein Geständnis abgelegt, so ist anzuraten, dies in der Hauptverhandlung zu wiederholen; selbstverständlich gilt dies nicht, wenn vom Geständnis dezidiert Abstand genommen wird. 45

Ergibt sich aus der Aktenlage eine starke Tendenz in Richtung Verurteilung, und fehlt es an Material zu deren Widerlegung, sollte ein Geständnis noch vor der Beweisaufnahme abgelegt werden. Dies ermöglicht mitunter – wenn es vorzeitig angekündigt ist – den Verzicht auf große Teile der Beweisaufnahme und damit eine Straffung der Verhandlung (positiver Strafzumessungsgesichtspunkt). 46

Auch bei strittiger Beweislage und gegenläufigen Zeugenaussagen kann dann zu einer Aussage geraten werden, wenn der Angeklagte die sich aus dem Sachverhalt ergebenden Einwendungen glaubhaft entkräften oder widerlegen kann. Gleiches muss gelten, wenn der Angeklagte so die Gelegenheit hat, Brüche oder Unklarheiten in früheren Vernehmungen zu entschärfen. 47

Im Fall einer echten Strafzumessungsverteidigung sollte sich der Angeklagte ebenso äußern wie in jenen Konstellationen, in denen es der Verteidigung auf die Transparenz der subjektiven Seite (z.B. Vorsatz/Motivation, Verteidigungswille in Notwehrfällen) ankommt. Aber: Bestraft das Gesetz bestimmte Motive, Absichten und Beweggründe qualifiziert (z.B. § 211 Abs. 2 StGB), ist höchste Vorsicht geboten. Kann die Einlassung nicht entsprechend verlässlich vorbereitet werden, hat der Mandant zu schweigen und es ist möglichst eine schriftliche Einlassung zu bedenken. 48

Hat der Angeklagte im Ermittlungsverfahren bereits eine Aussage gemacht und ist hierüber eine richterliche Vernehmungsniederschrift vorhanden, ist daran zu denken, dass bei Schweigen des Angeklagten, diese Niederschrift verlesen werden kann (§ 254 StPO). 49

Ist die Vernehmung nichtrichterlich erfolgt, darf lediglich die Verhörsperson (Zeuge vom Hörensagen)[34] in der Hauptverhandlung vernommen werden. 50

31 BGH StV 1993, 623.
32 Analog der auch im Abwesenheitsverfahren erforderlichen schriftlichen Vollmacht, § 234 StPO; vgl. auch BGH, Beschl. v. 27.03.2008 – 3 StR 6/08.
33 BGH StV 1994, 467.
34 BGHSt 14, 310.

51 **Vor der Entscheidung, ob sich letztendlich zur Sache eingelassen werden soll oder nicht,** muss sich der Mandant mithilfe der Verteidigung jedoch klar die negativen Auswirkungen einer Einlassung vergegenwärtigen. Im Vergleich zu Äußerungen anderer Personen zeugen die Angaben des Angeklagten zunächst von keiner besonderen Qualität, die sich schlichtweg aus der Natur seiner Verfahrensrolle ergibt.[35] Ihm wird in erster Linie ein Handeln aus Nützlichkeitserwägungen zugeschrieben. Gestützt wird dies von dem Argument, dass unwahre Angaben seitens des Angeklagten in der Regel keinerlei strafrechtliche Sanktionen nach sich ziehen und diese im Rahmen der straflosen Selbstbegünstigung erfolgen.[36] Die Plattitüde »unglaubwürdige Schutzbehauptung« wird bei einer gerichtlichen Bewertung sodann regelmäßig häufiger verwendet als der Begriff der »nicht widerlegbare[n] Einlassung«, was von der Verteidigung miteinbezogen werden muss.[37] Demgegenüber darf das konsequente Schweigen des Angeklagten zu dem gegen ihn erhobenen Tatvorwurf nicht zu seinen Lasten gewertet werden.[38]

2. Beratung des sich einlassenden Mandanten

52 Hat man sich spätestens im Rahmen der Vorbereitungsphase der Hauptverhandlung entschlossen, Angaben zur Sache zu machen, ist zunächst zu erwägen, ob prinzipiell eine Vorabmitteilung des Aussageinhalts in kursorischer Form (zur Verteidigungsschrift siehe Rdn. 61 ff.) eingereicht werden soll.

Auch gegenüber dem Mandanten kann – was selbstverständlich auch Gegenstand von Erörterungen mit ihm gewesen sein muss – mit einer solchen Verteidigungsschrift verbindlich festgelegt werden, welcher Linie die Einlassung in der Hauptverhandlung zu folgen hat. Dies wird als gedankliches Gerüst von Bedeutung sein, ersetzt jedoch keinesfalls die akribische und intensive Aufarbeitung des Sachverhalts, die in Koordination mit dem Verteidigungsziel vorzunehmen ist.

53 Seit Mandatsübernahme wird sich zwischen Verteidigung und Mandanten bereits ein spezifisches Kommunikationsverhältnis etabliert haben, das notwendigerweise frei von Ressentiments und Misstrauen sein sollte. Man hat gelernt, sich aufeinander einzustellen, was nicht unbedingt und in jedem Fall mit spannungsloser Harmonie verbunden ist. Zu den Grundfähigkeiten eines guten Verteidigers muss es gehören, sich sensibel auf das Gegenüber einstellen zu können, andererseits aber auch die nötige Durchsetzungskraft zu besitzen, um das Verteidigungsziel und die Verteidigungskonzeption dem Mandanten näherzubringen. Nicht selten prallen zu Beginn eines Mandates nicht nur Meinungen, sondern auch die Emotionen im Verhältnis zwischen Mandant und Verteidigung aufeinander; Mandant und Verteidigung denken zur selben Sache in verschiedenen Kategorien. Es ist am Verteidiger, hier eine Integration und Koordination der Mandanteninteressen in eine verfahrensrechtlich und materiell-rechtlich konsistente Verteidigungsstrategie zu gewährleisten. Der Mandant muss sich mit seinen Interessen im Agieren der Verteidigung wiederfinden; der Verteidiger sollte seinerseits aber vermeiden, das Verteidigungsziel kritiklos den artikulierten Mandanteninteressen anzugleichen.

54 Wird die Verteidigung zum bloß ausführenden Organ ihres Mandanten, lässt der Achtungsverlust nicht lange auf sich warten und der Sache ist ohnehin nicht gedient (allenfalls hat der Mandant für kurze Zeit den Eindruck, besser: die Hoffnung, er könnte ein gutes Ergebnis herbeizwingen).

Klafft zwischen dem Verteidigergebaren und den Artikulationen des Mandanten – augenscheinlich in der Hauptverhandlung – ein kleiner Abgrund, erscheint es so (und es entspricht wohl auch der Realität), dass zwei Verteidigungskonzepte nebeneinander existieren. Diese Uneinigkeit schadet dem Angeklagten. Ist er dann mit dem Ergebnis der Hauptverhandlung unzufrieden, wird er sicherlich

35 Dazu auch: *Schlothauer* Vorbereitung, Rn. 53.
36 S. BayObLG StV 1985, 370 = JR 986, 28 m. Anm. *Keller* zur Problematik der falschen Verdächtigung im Rahmen einer Angeklagteneinlassung.
37 *Schlothauer* Vorbereitung, Rn 53.
38 BGH, Beschl. v. 17.02.2016 – 1 StR 582/15.

nicht sich selbst, sondern allein seiner Verteidigung die Schuld geben. Diese Dilemmata können nur durch eine stimmige und intensive Einlassungsvorbereitung vermieden werden.[39]

Die Ansprüche, die an die konkrete Einlassungsvorbereitung im Einzelfall zu stellen sind, differieren 55
von Fall zu Fall und von Mandant zu Mandant. Es gibt indes Eckpunkte richtiger Beratung, die die Verteidigung beherzigen sollte:

Gefordert ist **Offenheit**; und zwar von beiden Seiten. Es nutzt der Verteidigung in der Hauptverhandlung nichts, sondern schadet eher, wenn sich zwischen Angeklagtem und Verteidiger hinsichtlich einzelner Bereiche des Sachverhalts der Nebel des Unausgesprochenen ausgebreitet hat.

▶ **Beispiel**

Der Mandant legt seinem Verteidiger auf Vorhalt für einen bestimmten Umstand eine mehr als fragwürdige Erklärung vor. Fragt die Verteidigung nicht nach und vermittelt dem Mandanten nicht das Gefühl, »damit komme er nicht durch«, sondern geht über diesen Punkt hinweg, wird der Mandant in Zukunft diesen Aspekt seiner Sachverhaltserklärung als unproblematisch »abhaken«. Hat es die Verteidigung schon anfangs, aber auch bei Folgebesprechungen, unterlassen, den neuralgischen Punkt bloßzulegen, stellt sich das **Phänomen der Tabuisierung** dieses Sachverhaltsteils ein – er wird vorausgesetzt und nicht mehr infrage gestellt. In der Hauptverhandlung existiert dieses Tabu für Gericht und Staatsanwaltschaft natürlich nicht.

Es empfiehlt sich dem Mandanten explizit darauf hinzuweisen, dass sein Verteidiger nunmehr »die Brille der Staatsanwaltschaft« aufsetzt und gewisse Ungereimtheiten in der Sachverhaltsdarstellung des Mandanten hinterfragt. Eine solche Herangehensweise vermittelt dem jeweiligen Mandanten in der Regel das Gefühl der Kompetenz seines Verteidigers.

Zur Offenheit gehört auch, dass der Mandant ausgiebig Gelegenheit erhält, sich selbst ein Bild von der Aktenlage zu machen. Den Informationsvorsprung, den der Mandant naturgemäß hat, sollte die Verteidigung frühzeitig nutzen.

So besteht anschließend im gemeinsamen Aktendurchgang die Chance für den Mandanten, das was er beisteuern kann, auch zu leisten und gleichzeitig kann vom Verteidiger gezeigt werden, weshalb bestimmte Überlegungen des Mandanten rechtlich neutral oder gar der Verteidigungskonzeption abträglich sind und welche Sachverhaltsmomente positiv verwertet werden können. Dabei werden automatisch Fragen, die z.B. mit der Genese von Zeugenaussagen und anderen Ermittlungsergebnissen zu tun haben, angesprochen und Schlussfolgerungen für das eigene Vereidigungs- und Einlassungsverhalten erkennbar. Es ist das gute Recht des Mandanten, von seiner Verteidigung erklärt zu bekommen, weshalb verteidigungsstrategisch dieses oder jenes Vorgehen empfehlenswert ist.

Ziel der Beratung ist, dass der Mandant in der Hauptverhandlung allen Irritationen, Vorhalten und 56
auch persönlichen Animositäten zum Trotz standhält und seine Darstellung des Sachverhalts das Gericht zu überzeugen vermag. Die Vorbesprechung der Einlassung muss dem Mandanten hierzu die notwendige Sicherheit verleihen. Um diese **Sicherheit** zu erzeugen, ist es förderlich, den Mandanten mit der Situation in einer Hauptverhandlung bekannt zu machen. Ihm ist zu erklären, nach welchem groben Raster die Verhandlung abläuft, wie vor, während und nach seiner Einlassung von einzelnen Verfahrensbeteiligten agiert wird; ihm ist deutlich zu machen, welche Interessen die einzelnen Beteiligten, z.B. in der Wahrnehmung ihres Fragerechts, verfolgen.

Dabei ist vom Verteidiger insgesamt deeskalierend zu wirken, z.B. auch dadurch, dass ein Rat erfolgt, wie man sich bei bestimmten Vorhalten zu verhalten habe oder wie Zeugen mit ausgeprägter Belastungstendenz zu begegnen ist. Schließlich ist auch auf die Umstände des Frage- und Erklärungs-

39 Wird man sich partout nicht einig, sollte in Ausnahmefällen auch nicht vor der Überlegung zurückgeschreckt werden, das Mandat niederzulegen.

rechts[40] des Angeklagten einzugehen und abzusprechen, dass Fragen erst nach kurzer Rücksprache mit der Verteidigung in der Verhandlung gestellt werden.

57 Es ist wenig sinnvoll, Einlassungen zu komplexen Sachverhalten mehr oder weniger kritiklos dem Mandanten zu überlassen (**Plausibilitätskontrolle**): Es kommt vor, dass in einem Bereich, in dem die Verteidigung weitgehend fachlich nicht zu Hause ist, eine Einlassungsberatung zu erfolgen hat.

▶ Beispiel

In einem Verfahren, in dem z.B. einem Architekten Betrug zum Nachteil des Bauherrn vorgeworfen wird und es im Einzelnen auf die Berechnung von baulichen Mehrmassen sowie die bauliche Angemessenheit einzelner Gewerke ankommt, darf es sich die Verteidigung nicht mit einer plakativen und an der Oberfläche bleibenden Einlassungsvorbereitung leicht machen, selbst wenn er das »Gefühl« hat, die Darstellung ihres Mandanten zu Einzelgewerken werde schon »Hand und Fuß« haben. Was die Verteidigung hier nicht selbst und nach Prüfung für nachvollziehbar hält, darf sich nicht in der Einlassung wiederfinden.

58 Plausibilitäts- und Glaubhaftigkeitssignale der Einlassung sind zu fördern, Zweifelhaftigkeiten abzubauen. Dazu gehört es, als Verteidiger selbst in die **Rolle des Staatsanwalts oder Richters** zu schlüpfen und die Einlassung des Mandanten, so wie sie nach einer Vorberatung zwischen Verteidigung und Mandant konsentiert ist, im Frage-/Vorhalt-Dialog, wie er für die Hauptverhandlung typisch ist, einer Überprüfung zu unterziehen.

59 Dabei sollten durchaus die konsensuellen Pfade, die man während der gemeinsamen Besprechungen begangen hat, verlassen werden und der vom Mandanten erklärte Sachverhalt intensiver, zuweilen auch atmosphärisch härterer Nachfrage ausgesetzt werden. Lücken, Unzulänglichkeiten, falsches Zögern sind dann schnell aufgedeckt. Zeigen sich Widersprüche zu Zeugenaussagen oder anderen beweismäßig festgestellten Umständen, ist gegebenenfalls eine Anpassung der Einlassung i.S. einer Harmonisierung des Sachverhalts anzustreben. Ebenso sind möglicherweise vorhandene Widersprüche und Inkonsistenzen zu eigenen früheren Aussagen zu harmonisieren oder, falls dies nicht gelingt, die Motive der in der Hauptverhandlung erfolgenden Sachverhaltsanpassung offensiv zu benennen. Auf diesem Wege lassen sich auch Unwahrheiten, Sachverhaltsentstellungen und Ausflüchte, die der Mandant aus einem Schutzmotiv heraus aufgebaut und zum Teil seiner »Sicht der Dinge« gemacht hat, wieder aus der künftigen Einlassung auslösen. Für den Mandanten ist die Erkenntnis, dass eine Schutzbehauptung sachlich nicht standhält, vielleicht im Augenblick schmerzlich – aber kaum peinlich; denn er hat ohne größeren Gesichtsverlust selbst eingesehen, dass die falsche Position revidiert werden musste.

60 Legt der Mandant in der Hauptverhandlung ein **Geständnis** ab, nachdem er vorher den Tatvorwurf immer bestritten hat, ist besondere Mühe darauf zu verwenden, die Ursachen und Motive des Geständnisses herauszuarbeiten. Ein Geständnis, das (erst) in der Hauptverhandlung abgelegt wird, steht unter dem atmosphärischen Manko der »späten Einsicht«; noch viel eher gilt dies für ein Geständnis, das am Ende der Hauptverhandlung abgelegt wird. Auch wenn ausgeschlossen ist, dass das Geständnis sich deshalb nicht positiv für die Strafzumessung auswirkt, ist das Gericht im Umgang mit dem Strafzumessungsbonus »Geständnis« in der Regel nicht mehr so freigiebig, als wenn das Geständnis am Anfang des Verfahrens erfolgt wäre. Daher ist ratsam, die Genese des Geständnisses, das nicht unbedingt die Folge einer »Beweisnot« gewesen sein muss, darzulegen und die persönliche Motivation für die Tatreue eingängig zu machen.

---

40 Dies um zu vermeiden, dass insbesondere Zeugen, die man aus verteidigungstaktischen Gründen nicht weiter befragen sollte, durch den Angeklagten kontraproduktiv befragt werden. Vgl. *Hohmann* StraFo 1999, 153.

3. Die Einlassung als Teil einer schriftlichen Stellungnahme

61 Unabhängig davon, ob der Mandant sich selbst in der Hauptverhandlung zur Sache einlässt oder schweigt, ob er bestreitet oder es vorrangig um die Frage der Strafzumessung geht, kann es vorteilhaft sein, noch vor der Hauptverhandlung eine schriftliche Stellungnahme abzugeben. In einer Phase, in der das Gericht (Vorsitzender, Berichterstatter) selbst den Sachverhalt klärt, die Beweis- und Rechtsfragen herausarbeitet, formuliert eine Verteidigungsschrift die dezidierte Alternative zur Anklageschrift und ihrem wesentlichen Ergebnis der Ermittlungen.

Eine solche Stellungnahme kann dabei durchaus verschiedene **Zielsetzungen** intendieren:

62 **Zusammenfassung und Pointierung:** Sind von der Verteidigung bereits Erklärungen eingereicht worden, hat sich der Mandant bereits zur Sache eingelassen, kann es – gerade bei komplexen Sachverhalten oder umfangreichen Anklagen mit einer Vielzahl von Einzelvorwürfen – ratsam sein, den Stand der Tatsachenfeststellung, der Beweissituation und der rechtlichen Würdigung (nochmals, aber pointiert) darzustellen. Gerade wenn nach Anklagezustellung noch Umstände aufgetreten sind, die für das Verteidigungsziel günstig ausfallen, sollte dies nicht erst in der Hauptverhandlung thematisiert werden, sondern, sofern sich die Verteidigung hiervon eine prägende Wirkung verspricht, schon im Vorfeld der Hauptverhandlung.

63 **Weichenstellung** für das Aussageverhalten des Angeklagten: Hat sich der Mandant bislang nicht geäußert und wird er dies in der Hauptverhandlung erstmals tun, ist zu erwägen, ob der wesentliche Inhalt (sozusagen die grobe inhaltliche Linie der Einlassung) zum Gegenstand einer schriftlichen Stellungnahme zu machen ist. Dabei sollte die Verteidigung unter keinen Umständen direkte Rede verwenden und sozusagen ihren Mandanten »im Originalton« sprechen lassen. Die Gefahr, dass hier Festlegungen enthalten sind, die später relativiert oder umgewichtet werden müssen, ist zu groß. Wird ein bestimmter Sachverhalt aber durch die Verteidigung (indirekt) vorgelegt, besteht immer die Möglichkeit, dass die Verteidigung sich vor seinen Mandanten stellt und erklärt, dass es hier um eine Sachdarstellung geht, wie sie eben von der Verteidigung verstanden und niedergelegt wurde.

Liegen Änderungen im Aussageverhalten vor (wird z.B. ein bislang bestrittener Vorwurf nunmehr eingeräumt), kann eine Erklärung vorab ebenfalls nützlich sein und sich aus Gründen der Verfahrensökonomie (Zeugenvernehmung entfällt) und der damit verbundenen günstigeren Strafzumessungsposition des Angeklagten empfehlen.

64 **Beweisantrag:** In Kombination mit der Abhandlung eines bestimmten Vorwurfskomplexes aus Sicht der Verteidigung und sich hieraus ergebenden Beweisfragen, kann sich die Stellung eines Beweisantrags (§ 219 StPO) aufdrängen. Dies wird insbesondere auf der Hand liegen, falls ein weiteres Sachverständigengutachten eingeholt werden soll. Dann ist zu erklären (in Auseinandersetzung mit dem Inhalt des Erstgutachtens), auf welchen Überlegungen und auf welchen Kritikpunkten der Antrag der Verteidigung basiert.

65 **Erörterung von Rechts- und Beweisfragen:** Bestreitet der Angeklagte oder wird er in der Hauptverhandlung schweigen, hat sich eine Verteidigungsschrift auf die Beweisfragen oder Rechtsfragen zu konzentrieren. Es besteht aber auch die Möglichkeit durch Nennung verschiedener Sachverhaltsalternativen, die sich beweismäßig begründen lassen, aber im Gegensatz zur Anklage stehen, aufzuzeigen, dass auch ohne »eigene Sachverhaltsdarstellung« des Mandanten, durchaus andere Sachverhalte als jener, auf den sich die Staatsanwaltschaft stützt, denkbar sind. Die Erörterung von Rechts- und Beweisfragen vorab birgt die nicht zu unterschätzende Gefahr in sich, dass das Gericht den Vortrag aufmerksam zur Kenntnis nimmt, aber – und hier sollte man die mit der Eröffnung des Hauptverfahrens einhergehende Eigenbindung des Gerichts nicht aus dem Blick verlieren – versucht wird, den aufgeworfenen Fragen in der Verhandlung auszuweichen oder diese durch vermeintliche Gegenargumente zu konterkarieren, was z.B. auf die Revisionsinstanz ganz erhebliche Wirkung haben kann. Andererseits kann die Verteidigung nicht unbedingt darauf hoffen, durch Vortrag während der Hauptverhandlung (z.B. im Rahmen des § 257 StPO) oder im Plädoyer zu einer Überzeugungsbildung des Gerichts effektiv beizutragen. Die Erfahrung zeigt eindringlich, dass die Frage, zu wel-

chem Zeitpunkt welche Argumente ins Verfahren eingebracht werden, nicht ohne Berücksichtigung der Interessen der Verfahrensbeteiligten gestellt werden kann: Eine erst in der Hauptverhandlung vom Verteidiger initiierte und für Gericht und Staatsanwaltschaft nicht vorhersehbare Diskussion zu einer entscheidungserheblichen Rechtsfrage vermag Früchte zu tragen, wenn das Gericht mit dem vordergründigen Motiv, den Folgeproblemen einer Verfahrenswende auszuweichen, bereit ist an wichtigen Punkten der Verteidigung »entgegenzukommen« (das müssen nicht die Punkte sein, die durch die vom Verteidiger aufgeworfene Rechtsfrage angeschnitten wurden).

66 **Vereinfachung:** Spielen für die Entscheidung des Gerichts Fragen eine Rolle, die eine Spezialmaterie beinhalten, aber nicht oder nur zum Teil Gegenstand von Sachverständigengutachten sind, sollte an eine Verteidigungsschrift gedacht werden, die den komplexen Sachverhalt verständlich darstellt. Ist in der Einlassung des Angeklagten in der Hauptverhandlung die Erörterung solcher Spezialmaterie zu erwarten, ist im Interesse der Verständlichkeit ebenfalls eine (Vorab-)Erklärung anzuraten.

67 **Erneute Verständigungsmöglichkeiten mit Gericht und Staatsanwaltschaft:** Die Verteidigungsschrift kann bewirken, dass sich in der Vorphase der Verhandlung die erneute Möglichkeit einer Kommunikation i.S. einer Verständigung zwischen Verteidigung, Gericht und Staatsanwaltschaft aufdrängt. Für das Gericht besteht trotz einer gewissen inhaltlichen Festlegung durch Aktenstudium und Eröffnungsbeschluss mitunter begründeter Anlass, auch unmittelbar vor Hauptverhandlung nochmals eine Neubewertung des Sachverhalts vorzunehmen, die später in laufender Verhandlung unter Zeitdruck nicht mehr unbedingt erhofft werden darf. Regelmäßig wird eine Stellungnahme, die sich mit der Einlassung des Mandanten beschäftigt, gern seitens des Gerichts zum Anlass genommen, in der Hauptverhandlung entsprechende Nachfragen an den Angeklagten zu stellen. Hierauf ist der Mandant einzustellen.

II. Terminierungsfragen

1. Ausgangssituation

68 Für die Verteidigung ist die **Terminsbestimmung** mehr als nur eine Formalie. Fragen der Terminierung sind zuweilen geeignet, materiell-rechtliche und (andere) verfahrensrechtliche Probleme eines Hauptverfahrens in den Hintergrund zu rücken; die Terminierung erweist sich oft als Zankapfel im Widerstreit der Interessen der Verfahrensbeteiligten. Gerade weil sich zuweilen erst in laufender Hauptverhandlung unvorhersehbare Konstellationen ergeben, ist die vorausschauende Planung der Terminsituation durch den Vorsitzenden unabdingbare Voraussetzung einer Hauptverhandlung, die nicht »aus den Fugen gerät«.

Der allseits beklagte Termindruck hat in den letzten Jahren die sicherlich erfreuliche Hinwendung zu mehr Kommunikation schon im Vorfeld der konkreten Terminsbestimmung bewirkt. So wird es immer mehr Usus der Strafkammervorsitzenden, aber auch der Vorsitzenden Richter am Amtsgericht, Hauptverhandlungstermine schon im weiteren Vorfeld der Ladung abzuklären.[41] Diese Praxis erleichtert der Verteidigung nicht nur die Terminplanung als solche, sie gibt ihm vor allem auch die in ihrer Wirkung nicht zu unterschätzende Gelegenheit, mit dem Vorsitzenden oder Berichterstatter Umstände des Einlassungsverhaltens des Angeklagten, der benötigten Zeugen und Fragen der Gutachtenerstattung zu besprechen, die in unmittelbarem Zusammenhang mit der Terminierung stehen.[42]

Kommunikation setzt jedoch auch hier voraus, dass ein Kontakt überhaupt zustande kommt. Die Verteidigung ist nicht davor gefeit, dass der Anruf des Vorsitzenden just zu einem Zeitpunkt erfolgt, an dem die Verteidigung telefonisch nicht erreichbar ist; die Folge hiervon ist, dass der Terminplan dann den Kanzleimitarbeitern zur Kenntnis gegeben wird, die die Terminierung entweder anhand

41 Die Verteidigung hat indes keinen Anspruch auf Terminsabsprache, OLG Hamburg StV 1995, 1.
42 Gerade der auswärtige Verteidiger erhält so die Möglichkeit, auch gewisse Informationen über Ansichten des Gegenübers zur Sache oder einzelnen Sachfragen zu erhalten.

des Terminplaners des Verteidigers bestätigen oder in Absprache mit dem Vorsitzenden Alternativtermine festlegen.

Dies sollte vermieden werden. Dazu ist erforderlich, dass die Mitarbeiter Terminsfragen entweder nur unter Vorbehalt klären oder (sicher die bessere Lösung) darauf hinweisen, dass der Verteidiger die Terminsbestimmung selbst mit dem Vorsitzenden besprechen möchte und daher unverzüglich zurückruft. Der Verteidiger wird dann unmittelbar anschließend von seinem Sekretariat über den Anruf des Vorsitzenden informiert (z.B. über das Funktelefon oder Mailbox) und kann reagieren.

2. Terminsabsprache

Eine weitere Möglichkeit, präventiv für Kommunikation über die Terminsbestimmung zu sorgen, 69
besteht darin, rechtzeitig schriftlich oder mündlich zu erkennen zu geben, dass auf eine **persönliche Absprache des Verhandlungstermins** Wert gelegt wird. Gelegenheit dazu geben Anträge und Stellungnahmen, Akteneinsichtsgesuche, die nach Übermittlung der Anklageschrift im Zwischenverfahren oder in der Vorbereitungsphase der Hauptverhandlung bei Gericht eingereicht werden. Aber auch ein Anruf des Verteidigers beim Vorsitzenden kann empfehlenswert sein: Es gibt sicher vielfältige Konstellationen, die das Bedürfnis der Verteidigung, einen Überblick über die anstehende Terminierung zu bekommen, plausibel werden lassen (bevorstehende Urlaubszeit, andere [Groß-] Verfahren, Feiertage und Ferienzeiten etc.).

In jedem Fall aber gilt es, solche Gespräche vorbereitet und mit Blick auf die Verteidigungsstrategie 70
zu führen. Es geht selten »nur« um Termine, sondern vielfach auch um Fragen, an deren Vorabklärung das Gericht ein »planerisches Interesse« hat (woraus aber gleichzeitig Einzelheiten der Verteidigungsstrategie deutlich werden, die zum Zeitpunkt des »Terminsgesprächs« aber noch nicht feststehen oder [noch] nicht nach außen dringen sollen). Kommunikation ist meistens zweiseitig, daher sollte die Verteidigung das Interesse des Gerichts an Einzelheiten der Hauptverhandlungsverteidigung nicht unterschätzen.[43] Mitunter lassen sich solche Gespräche – wenn man sich denn von ihnen eine Förderung der Verteidigungsinteressen und eine Vervollkommnung des Informationsbildes erhofft – auch auf den Sachbearbeiter bei der Staatsanwaltschaft ausdehnen, beispielsweise sofern unklar ist, ob der Verlesung bestimmter Urkunden oder Vernehmungsniederschriften zugestimmt werden wird.

Vor allem Amtsgerichtstermine, aber auch Termine bei Landgerichten, werden noch in »alter Manier« 71
von einer zwar kleiner werdenden, aber nicht geringen Zahl von Vorsitzenden ohne vorhergehende Absprache durch Zustellung der Terminsnachricht an die Verteidigung festgelegt. Im Idealfall kann die Verteidigung eine Verlegung des Termins erreichen, wenn er unverzüglich mündlich oder per Verlegungsantrag darauf hinweist, dass sie (oder der Mandant) an der Wahrnehmung des Termins gehindert sei. Die Skala des Verständnisses (das der Vorsitzende aufzubringen geneigt ist) reicht hier ebenso weit, wie die Bandbreite der möglichen Hinderungsgründe. Für eine Verhinderung qua Terminskollision (z.B. ein anderer Hauptverhandlungstermin, den der Verteidiger gar noch als Pflichtverteidiger wahrzunehmen hat) wird im Allgemeinen noch Entgegenkommen zu registrieren sein, bei eher »nicht dienstlichen« Anlässen (z.B. Kurzurlaub, aber auch Besprechungstermine mit angereisten Mandanten) wird es der Verteidiger schwer haben das Gegenüber zu einer Terminsverlegung zu bewegen.

43 Fragen, wie »wie viel Tage werden wir brauchen?«, »wie lange benötigt ihr Mandant etwa für seine Einlassung?« oder »auf die Vernehmung des Zeugen … können wir doch sicher verzichten?« zeigen oft das Meinungsbild des Gerichts; gleichzeitig werden aber auch vom Verteidiger Antworten auf solche Fragen erwartet.

Lässt sich der Vorsitzende nicht überzeugen und stellt der Verteidigung die »ungewollte« Terminsnachricht zu, steht der Verteidigung der Beschwerdeweg offen (str.[44]). Allerdings wird die Beschwerde nur dann von Erfolg gekrönt sein, wenn die Überprüfung der Terminsverfügung einen eklatanten Ermessensfehler aufweist (Ermessensnichtgebrauch oder Ermessensfehlgebrauch).[45] Um aber der Terminsverfügung (die ohne Begründung ergeht – im Unterschied zur Entscheidung über einen Terminsverlegungsantrag) einen Ermessensfehler nachweisen zu können, müsste der Nachweis, dass der Vorsitzende sich überhaupt mit den Argumenten der Verteidigung auseinandersetzen konnte, erbracht sein, was bei bloßen Gesprächen oder Telefonaten nicht der Fall sein wird.

3. Verlegungsantrag und Rechtsbehelf

72 Es ist demzufolge notwendig, unmittelbar nach Erhalt der Terminsnachricht einen schriftlichen **Verlegungsantrag** zu stellen. Der Vorsitzende hat dann die Gelegenheit abzuhelfen oder er muss eine begründete Ablehnungsentscheidung treffen, die infolgedessen im Beschwerdeweg der Nachprüfung unterliegt.

73 Von einem Ermessensnichtgebrauch ist evidenterweise zu sprechen, wenn das Gericht ohne Angabe von Gründen dem Verlegungsantrag nicht stattgibt oder lediglich auf das Weiterbestehen des bereits festgesetzten Termins verweist.

74 Ein Ermessensfehlgebrauch liegt vor, wenn die Gründe der Ablehnungsentscheidung eine inhaltliche Auseinandersetzung mit dem vorgetragenen Begehren nicht oder nur zum Teil erkennen lassen (z.B. wenn Pauschalisierungen, wie »noch andauernde Auslastung mit Terminen in anderen Strafsachen« etc. vorzufinden sind).

Die Verteidigung wird sich dort mit seiner Beschwerde durchsetzen können, wo sie es versteht, ein Missverhältnis und Ungleichgewicht in der Abwägung der miteinander konkurrierenden Verfahrensprinzipien (Beschleunigungsgrundsatz, Verfahrensökonomie, Rechtliches Gehör, Recht auf Verteidigung des Beschuldigten durch einen Anwalt seiner Wahl [§ 137 Abs. 1. S. 1 StPO], Recht auf ein faires Verfahren) zulasten seines Mandanten (denn als Entscheidungsmaxime soll der gerichtlichen Fürsorgepflicht und dem Recht auf Waffengleichheit im Verfahren der Vorrang eingeräumt werden[46]) nachvollziehbar zu machen.

75 Wenig Chancen hat jenes Beschwerdevorbringen, das sich allein darauf stützt, die angegriffene Terminierung stelle eine schwerwiegende Beeinträchtigung der Verteidigungsinteressen im Vorfeld der Hauptverhandlung dar und torpediere die Möglichkeit des Angeklagten (und seines Verteidigers), sich auf die Verteidigung im Termin effektiv einzustellen.[47] Vielfältige Konstellationen sind denkbar.

▶ **Beispiele**

Der Angeklagte beauftragt erst kurz vor der Hauptverhandlung einen Verteidiger. Dieser erfährt durch seinen Mandanten vom Termin und hat nur noch wenige Tage Zeit, sich und den Mandanten auf die Verhandlung vorzubereiten. Hier ist der Verteidiger gehalten – sollte der Termin nicht verlegt werden und die Vorbereitungsphase nicht ausreichen – zu Beginn der Hauptverhandlung einen Aussetzungsantrag zu stellen.[48]

44 § 305 S. 1 StPO spricht zwar die Einschränkung aus, dass Entscheidungen, die in Zusammenhang mit der Urteilsfindung stehen (im Vorfeld der Urteilsfindung gefallen sind), nicht beschwerdefähig sein sollen. Eine Ausnahme ist allerdings dann geboten, wenn durch die Entscheidung eine besondere Beschwer hervorgerufen wird, die eigenständigen Charakter hat, vgl. LR-*Jäger* § 213 Rn. 18; OLG Dresden NJW 2004, 3196; LG Magdeburg StraFO 1997, 112.

45 Vgl. *Meyer-Goßner/Schmitt* § 213 Rn. 9 m.w.N.

46 OLG Frankfurt StV 1995, 10.

47 Vgl. OLG Hamm StV 1990, 56.

48 Der Antrag ist vor der Vernehmung (§ 217 Abs. 2 StPO) zur Sache zu stellen.

Gleiches gilt auch, wenn der Verteidigung die Ladung zu spät zugestellt worden ist oder die Ladungsfrist unterschritten wurde (§ 217 Abs. 2 StPO für den Angeklagten und § 218 S. 2 StPO in Verbindung mit § 217 Abs. 2 StPO für die Verteidigung).

Kann die Verteidigung aber begründen, dass ein ernst zu nehmender und nicht oder nur mit unverhältnismäßig großem Aufwand verschiebbarer Hinderungstatbestand gegeben ist, wird die Beschwerde erfolgreich sein.[49] In den Fällen, in denen für den Angeklagten selbst ein solcher Hinderungsgrund zu konstatieren ist, wird regelmäßig das Beschwerdegericht die Rechtswidrigkeit der Terminierung aussprechen. Macht hingegen der Verteidiger in eigener Person einen Hinderungsgrund geltend, so ist (zur Vervollständigung des Beschwerdevorbringens) zu überlegen, ob nicht noch weitere Gesichtspunkte hinzutreten, die ergeben, dass auch die Verteidigungsinteressen des auf sich in der Hauptverhandlung allein gestellten Angeklagten (amtsgerichtliche Verfahren) erheblich beeinträchtigt wären;[50] dies begünstigt eine für den Verteidiger positive Entscheidung. 76

Im Übrigen ist der Verteidiger darauf verwiesen, zu Beginn der Hauptverhandlung einen Aussetzungsantrag zu stellen. Dieser hat sich dann inhaltlich darauf zu stützen, dass die Terminsbestimmung rechtsfehlerhaft (Ermessensfehlgebrauch) erfolgt ist (§ 338 Nr. 8 StPO).[51]

Das Beschwerdegericht stellt in seiner Entscheidung lediglich fest, ob die Terminierung rechtswidrig oder rechtmäßig war. Das erkennende Gericht ist im erstgenannten Fall aufgefordert, neu zu terminieren. Ist aus der Entscheidung des Beschwerdegerichts die Willkürlichkeit des Termingebarens des erkennenden Gerichts herauszulesen, liegt nahe, einen Befangenheitsantrag zu stellen. 77

III. Beweiserhebung im Vorfeld der Hauptverhandlung

1. Beweisantragsrecht

Aus der Aufklärungspflicht des Gerichts (§ 244 Abs. 2 StPO) ist nicht notwendig auch eine Pflicht des Gerichts abzuleiten, einem während der Vorbereitungsphase der Hauptverhandlung gestellten Beweisantrag in jedem Fall unmittelbar (d.h. noch vor Eintritt in die Hauptverhandlung) nachzugehen. Es ist vielmehr so, dass die Durchführung von Beweiserhebungen in diesem Zeitabschnitt nur ausnahmsweise gestattet ist (§§ 219 ff. StPO): eine »Fortsetzung des Ermittlungsverfahrens mit anderen Mitteln« ist zu vermeiden. 78

Nach Eröffnung des Hauptverfahrens stehen der angeklagte Lebenssachverhalt und der damit gerichtshängig erhobene strafrechtliche Vorwurf zur Klärung im Wege einer öffentlichen Hauptverhandlung an. Das Verfahren ist von seiner bestimmenden Tendenz her allein auf die Durchführung der Hauptverhandlung ausgerichtet. Gleichwohl heißt dies nun keineswegs, dass Ermittlungen nicht mehr möglich wären oder gar das Ermittlungsbild, das sich aus den Akten und der zugelassenen Anklage ergibt, quasi »eingefroren« bis zur Erörterung des Tatvorwurfs in der Hauptverhandlung zu überdauern hätte:

Die Staatsanwaltschaft kann von sich aus – sofern nach Anklageerhebung neue (!) Ermittlungsansätze sichtbar werden und die Dringlichkeit der Beweiserhebung nachgewiesen ist – zulässigerweise nach ermitteln. Die Ermittlungspflicht ergibt sich direkt aus § 160 Abs. 2 StPO und ruht auch nicht nach dem formellen Abschluss der Ermittlungen durch die Anklageerhebung. In aller Regel wird die Staatsanwaltschaft solche Nachermittlungen nur in Abstimmung mit dem Vorsitzenden Richter des erkennenden Gerichts einleiten; insbesondere ist die Staatsanwaltschaft dabei gehalten, 79

---

49 Beispielhaft: Terminskollission (LG Berlin StV 1995, 239); Arzttermin (BayObLG StV 1995, 10); Urlaub (LG Oldenburg StV 1990, 299); Erkrankung (*Weider* StV 1983, 270 ff. m.w.N.).

50 Auch wenn kein Fall der Pflichtverteidigung vorliegt, kann eine schwierige Beweislage nahe legen, dass sich der Angeklagte in der Hauptverhandlung ohne Beistand schwerlich wird verteidigen können, *LG Braunschweig* StV 1997, 403 (404).

51 BVerfG NStZ 1997, 330; *Julius* StV 1990, 56; OLG Braunschweig StV 2004, 366.

aus ihrer Sicht gebotene Ermittlungshandlungen, die dem Richterprivileg unterfallen, mit dem Vorsitzenden abzustimmen (und nicht etwa mit dem für Ermittlungshandlungen »normalerweise« betrauten Richter des Amtsgerichts).

Auch das Gericht kann von sich aus Nachermittlungen anordnen, ist aber gleichermaßen durch den Grundsatz gebunden, dass solche Nachermittlungen vor der Hauptverhandlung nur dann statthaft sind, wenn sie aus Dringlichkeit geboten erscheinen oder sofern eine kommissarische Vernehmung oder eine Inaugenscheinnahme sich als notwendig erweisen.

80 Darüber hinaus ist die Durchführung von weiteren Ermittlungen nur in wenigen Ausnahmefällen denkbar. Nicht selten sind Fälle, in denen Ermittlungshandlungen, die »eigentlich« schon die Staatsanwaltschaft hätte veranlassen müssen, wie z.B. die Anfertigung von Tatortskizzen, Luftbildaufnahmen, Weg-/Zeit-Berechnungen (die bei bestimmten Alibis relevant sein können), erst nach Eröffnung durch den Vorsitzenden angeordnet werden.

81 Verteidigung und Staatsanwaltschaft sind über Maßnahmen der Beweiserhebung in der Vorbereitungsphase zu informieren, damit die prozessual zugestandenen Mitwirkungsrechte realisiert werden können.[52]

82 Die weithin unbekannte und ein Schattendasein fristende Vorschrift des § 219 StPO regelt einen wesentlichen Teil des Beweisantragrechts des Angeklagten und seiner Verteidigung im Vorfeld der Hauptverhandlung. Im Unterschied zum Beweisantragsrecht im Zwischenverfahren (§ 201 Abs. 1 StPO), das sich ausschließlich auf Beweiserhebungen zur Feststellung des hinreichenden Tatverdachts bezieht, können Beweisanträge gem. § 219 StPO auf die Tat- und Schuldfrage abzielen. Parallel zu den eingeschränkten Möglichkeiten von Gericht und Staatsanwaltschaft noch vor der Hauptverhandlung Beweiserhebungen durchzuführen, ist das Beweisantragsrecht des Angeklagten gem. § 219 StPO in diesem Verfahrensstadium ebenfalls Einschränkungen ausgesetzt:

83 Als Zulässigkeitsvoraussetzung eines Beweisantrags gem. § 219 Abs. 1 StPO ist vorgeschrieben, dass der Antrag in jedem Fall die *Nutzung* des Beweismittels in der Hauptverhandlung zum Ziel haben muss.[53] Das bedeutet nicht, dass die Beweis*erhebung* nicht schon zuvor stattfinden dürfte. Hält z.B. die Verteidigung die Einholung eines weiteren Sachverständigengutachtens zur Erörterung der Schuldfrage für notwendig und stellt daher vor der Hauptverhandlung einen entsprechenden Beweisantrag, so wird das Gericht – wenn es bereit ist, dem Antrag zu folgen – aus verfahrensökonomischen Gründen die Gutachterbeauftragung (nach Anhörung der Staatsanwaltschaft – § 219 Abs. 2 StPO), die Exploration und die schriftliche Abfassung des Gutachtens vor Beginn der Hauptverhandlung ermöglichen (= Erheben des Beweises) und erst in der Hauptverhandlung den Sachverständigen einvernehmen (= Nutzen des Beweismittels).

Wird der Beweisantrag durch den Vorsitzenden abgelehnt, trifft er diese Entscheidung, ebenso wie im Fall der Stattgabe, allein (durch Verfügung).[54] Eine Entscheidung (Stattgabe oder Zurückweisung) muss noch vor der Hauptverhandlung getroffen werden und darf weder der Hauptverhandlung vorbehalten werden, noch kann der Vorsitzende eine Entscheidung des Kollegiums herbeiführen.

Die Mitteilung der Entscheidung an den Antragsteller (gegen deren negativen Inhalt kein Rechtsmittel möglich ist!) kann zwar formlos (§ 35 Abs. 2 S. 2 StPO; aber bei Ablehnung nicht ohne Begründung) erfolgen, darf jedoch nicht mit unangemessener Zeitverzögerung ergehen, sodass dem negativ beschiedenen Antragsteller die Möglichkeit nicht genommen wird, von der Selbstladung gem. § 220 StPO Gebrauch zu machen.

84 Geht ein nach § 219 StPO eingereichter Beweisantrag zu spät bei Gericht ein (sodass über den Antrag nicht mehr vor der Hauptverhandlung entschieden werden kann) oder hat der Vorsitzende ansonsten

52 §§ 219 Abs. 2, 33, 35 StPO.
53 *Meyer-Goßner/Schmitt* § 219 Rn. 1.
54 KK-Gmel StPO § 219 Rn. 3.

die Bescheidung des Antrags unterlassen (z.B. schlichtweg »vergessen«[55]), so ist er veranlasst, infolge der prozessualen Fürsorgepflicht (Gesichtspunkt des *fair trial*) zu Beginn der Hauptverhandlung diesen Umstand (»unerledigter« Beweisantrag) gegenüber dem Antragsteller zur Sprache zu bringen.[56] Vonseiten der Verteidigung ist in einem solchen Fall eine Entscheidung darüber zu treffen, ob der Antrag aufrechterhalten, einstweilen zurückgestellt oder gänzlich zurückgenommen werden soll. Bleibt der Antrag aufrechterhalten, ist das Gericht aufgerufen (nach negativer Entscheidung des Vorsitzenden in der Hauptverhandlung, § 238 Abs. 2 StPO) durch Beschluss zu entscheiden (das Beschlussverfahren richtet sich nach dem Beweisantragsrecht des § 244 StPO).

Bei gravierenden Verstößen gegen die Bescheidungspflicht vor der Hauptverhandlung wird die Verteidigung erwägen, einen Aussetzungsantrag zu stellen. Unterbleibt z.B. die Entscheidung über einen Antrag auf Hinzuziehung eines (weiteren) Sachverständigen und handelt es sich um eine komplexe Begutachtungsfrage (Glaubwürdigkeit/Schuldhaftigkeit), kann das Beweisziel im Sinne der Verteidigung nur erreicht werden, wenn der Sachverständige die zeitaufwendige Exploration auch vornehmen kann.

Generell gilt, dass die Verteidigung von sich aus zu Beginn der Hauptverhandlung auf noch unbeschiedene Anträge zu sprechen kommen sollte und um Mitteilung des Meinungs- und Entscheidungsstandes des Gerichts nachsucht. Im Zweifel sind bislang unbeschiedene Anträge in der Hauptverhandlung zu wiederholen und – im Hinblick auf die Revisibilität einer Verurteilung – zu Protokoll zu bringen. Die Verteidigung sollte sich nicht darauf verlassen, dass das Gericht die Umstände und Gründe der Nichtbescheidung unaufgefordert offen legt. Zögerlichkeit der Verteidigung kann hier leicht dazu führen, dass z.B. (eigentlich notwendige) Aussetzungsanträge nicht mehr begründet vorgebracht werden können (was letztlich auch für die Chancen einer Revisionsrüge entscheidend sein kann).[57] 85

Die Entscheidung des Vorsitzenden über einen Antrag der Verteidigung gem. § 219 StPO darf das Beweisergebnis nicht antizipieren, daher ist eine Ablehnung des Antrags mit der Begründung der Wahrunterstellung der unter Beweis gestellten Tatsache unzulässig.[58]

▶ Beachte

Trotz der Beschränkungen, die § 219 StPO für das Beweisantragsrecht bereithält, sollten Anträge »vor der Hauptverhandlung für die Hauptverhandlung« in verteidigungstaktischer Hinsicht nicht unterschätzt werden. Selbstverständlich ist nicht zu leugnen, dass oftmals durch den Überraschungseffekt von erst in der Hauptverhandlung gestellten Beweisanträgen und dem in der Regel dadurch aufseiten des Gerichts evozierten Zeit- und Entscheidungsdruck positive Effekte für den Verfahrensausgang erzielt werden können – insbesondere falls mit Blick auf eine mögliche Revision verteidigt werden muss oder wenn sich der Sachverhalt grundsätzlich zu einer verfahrensverkürzenden Entscheidung eignet (§§ 153, 153a StPO). 86

Andererseits ist nicht von der Hand zu weisen, dass die Beweisantragstellung vor der Hauptverhandlung zu günstigen Ergebnissen zu führen vermag, da sich das Gericht auf das Beweismittel einstellen kann und Verfahrensverzögerungen vermieden werden. Die Entscheidung, die die Verteidigung im Einzelfall hier zu treffen hat, kann ihr nicht durch einen allgemeinen vereinfachenden Hinweis abgenommen werden.

Prinzipiell sollte die Verteidigung nur dann Beweisanträge in der Hauptverhandlung stellen, wenn sie mit guten Gründen plausibel machen kann, weshalb sich aufgrund des Gangs der Hauptverhand- 87

55 BayObLG GA 1964, 334.

56 Dies gilt dann nicht, wenn es sich beim Antrag nicht um einen Beweisantrag, sondern lediglich um einen Beweisermittlungsantrag handelt.

57 Vgl. BGH NJW 1996, 2383; es muss eine Begründung erfolgen, weshalb die Nichtaussetzung des Verfahrens die Verteidigung in einem wesentlichen Punkt beeinträchtigt hat, KG StV 1982, 10.

58 BGHSt 1, 51 (53).

lung und der bisher in der Hauptverhandlung getroffenen Feststellungen (erst jetzt) ein bestimmter Beweisantrag aufdrängt. Dazu empfiehlt sich regelmäßig eine Erklärung abzugeben (im Rahmen der Antragstellung oder – besser: unmittelbar vor Antragstellung). Eine solche Erklärung ist auch dazu dienlich, sofern sie mit Gespür vorgetragen wird, den gegenwärtigen Meinungsstand des Gerichts und der Staatsanwaltschaft zu sondieren.

88 § 219 StPO befasst sich lediglich mit Beweisanträgen, die erst in der Hauptverhandlung »ihre Früchte tragen«. Da § 219 StPO die einzige Regelung im 5. Abschnitt des 2. Buches der StPO »Vorbereitung der Hauptverhandlung« zur Beweisantragstellung seitens der Verteidigung ist, könnte dieser Umstand nahe legen, dass generell Anträge der Verteidigung auf Durchführung der Beweis*aufnahme* (nicht nur Beweis*erhebung*) in diesem Verfahrensstadium unzulässig seien. Dem ist nicht so.

Aus dem allgemeinen Beweisantragsrecht und dem Prinzip des ausreichend und effektiv zu gewährenden rechtlichen Gehörs ergibt sich die Befugnis, auch Möglichkeiten der Beweisaufnahme in der Vorbereitungsphase der Hauptverhandlung, wie kommissarische Vernehmung und Nachermittlung bei Vorliegen von Sachverhaltsnovae, aktiv zu nutzen.

89 Im Fall erst nach Erhebung der Anklage bekannt gewordener Sachverhaltsnovae, die dem Verteidigungsziel entsprechend zu einer Entlastung des Angeklagten führen können, steht der Verteidigung offen, entsprechende Nachermittlungen (z.B. eine Zeugeneinvernahme) zu beantragen. Ob das Gericht dem Antrag nachkommt, wird wesentlich davon abhängen, ob die Verteidigung die Eilbedürftigkeit der Ermittlungsmaßnahme hinreichend begründen kann. Bei der Gefahr des Beweismittelverlusts hat die Verteidigung zeitnah einen Antrag bei Gericht einzureichen, da andernfalls die für den Angeklagten günstigen Erträge eines solchen Beweisantrags nicht mehr verifiziert werden können.

2. Die kommissarische Vernehmung

90 Die kommissarische Vernehmung wird gemeinhin als Vorwegnahme eines Teils der Hauptverhandlung gekennzeichnet. Wegen vielfältigster Gründe kann ein Zeuge am Erscheinen in der Hauptverhandlung gehindert sein (Gebrechlichkeit, Krankheit, längere Auslandsreisen, beträchtliche Entfernung zum Ort der Hauptverhandlung[59]). Ist der Zeuge für die Beweisaufnahme unverzichtbar und lässt sich seine Vernehmung nicht durch andere Beweismittel oder die Verlesung von Vernehmungsniederschriften ersetzen (Beachte: § 251 StPO), erfolgt regelmäßig die Anordnung einer kommissarischen Vernehmung gem. § 223 StPO.

91 Die Anordnung ist zeitlich nicht begrenzt auf das Vorbereitungsstadium der Hauptverhandlung (wie es der systematische Ort der Vorschrift allerdings suggeriert), sondern ist bereits im Eröffnungsverfahren, aber auch in der Hauptverhandlung selbst noch möglich. Das Gericht entscheidet über die Anordnung durch Beschluss aufgrund eigener Anordnungskompetenz oder aufgrund Antrags, wobei auch der betroffene Zeuge oder Sachverständige selbst zu den Antragsberechtigten gehört. Kommt es zur Anordnung der kommissarischen Vernehmung, so steht den Verfahrensbeteiligten, ebenso wie im Fall der Ablehnung, ein Rechtsmittel nicht zur Verfügung (§ 305 S. 1 StPO).

92 Ist es dem erkennenden Gericht nicht möglich durch geeignete Maßnahmen (z.B. Terminsverschiebung) die Anwesenheit eines geladenen Zeugen, der sich begründet darauf beruft, am Erscheinen im Hauptverhandlungstermin verhindert zu sein, zu gewährleisten, bleibt zur Sicherung der Beweiserhebung nur die kommissarische Vernehmung. Das Gericht wird häufig mit den Verfahrensbeteiligten Kontakt aufnehmen, bevor es von sich aus eine kommissarische Vernehmung anordnet, um

59 Übersicht bei *Meyer-Goßner/Schmitt* § 223 Rn. 3 ff.; KK-*Jäger* StPO § 223 Rn. 9 ff.

abzuklären, ob nicht andere Möglichkeiten der Beweisaufnahme über die ins Wissen des Zeugen gestellten Umstände bestehen:

- **Kommen Staatsanwaltschaft und Verteidigung insoweit informell vor der Hauptverhandlung überein**, dass der Verlesung eines polizeilichen Vernehmungsprotokolls des betreffenden Zeugen im Termin nicht widersprochen werden wird, bedarf es keiner kommissarischen Vernehmung.[60]
- **Legt der geladene (aber am Erscheinen gehinderte) Zeuge eine schriftliche Erklärung** zum Beweisthema vor, was erfahrungsgemäß hin und wieder vorkommt und Staatsanwaltschaft, Verteidigung und Gericht erzielen Einvernehmen über die Verlesung dieser Erklärung in der Hauptverhandlung, ist eine kommissarische Vernehmung ebenfalls obsolet.
- **Liegt bereits das Protokoll einer richterlichen Einvernahme des Zeugen vor**, kann dieses in der Hauptverhandlung unter Beachtung des § 251 Abs. 2 StPO verlesen werden.[61]
- **Existiert kein polizeiliches Vernehmungsprotokoll** oder kann man sich über die Verlesbarkeit nicht einigen, besteht die Alternative auf den Zeugen zu verzichten oder die Entscheidung über eine kommissarische Vernehmung vom Verfahrensverlauf abhängig zu machen.

Die Verteidigung wird ihre Zustimmung zum **informellen Beweismittelverzicht** und die Beantwortung der Frage, ob nicht von ihrer Seite Antrag auf Anberaumung einer kommissarischen Vernehmung gestellt wird, daran orientieren, ob es dem gesteckten Verteidigungsziel ab- oder zuträglich ist. Im Einzelnen kann dabei Folgendes zu erwägen sein: 93

- **Handelt es sich um einen eindeutig belastenden Zeugen**, wird man die Zustimmung zu einer Verlesung des polizeilichen Vernehmungsprotokolls oder einer anderen schriftlichen Erklärung nicht erteilen und versuchen, falls der Zeuge kommissarisch vernommen werden soll und ein Verzicht hierauf auch aus anderen Erwägungen heraus nicht geboten ist (etwa weil mit dem Nachschieben weiterer belastender Umstände gerechnet werden muss), Einfluss auf die Vernehmung zu nehmen.
- **Kann ein entlastender Zeuge nicht an der Hauptverhandlung teilnehmen**, so sind zunächst Anstrengungen zu unternehmen, dass der Verlesung eines polizeilichen Vernehmungsprotokolls oder einer anderen Erklärung die Zustimmung nicht versagt wird (dabei ist auch zu bedenken, welche Bedeutung eine laut Sitzungsprotokoll verlesene Urkunde über eine Aussage für eine mögliche Revision hat!); existiert ein richterliches Vernehmungsprotokoll, ist dessen Verlesung zu beantragen; verspricht man sich positive Aspekte – über den Inhalt bisheriger Bekundungen hinaus – und hält zudem die Beweisperson für überzeugend in der Art und Weise ihrer Sachverhaltsdarlegung, sollte versucht werden (wenn es nach dem Grund der Verhinderung des betreffenden Zeugen überhaupt möglich erscheint) durch Terminsverlegung die Einvernahme in der Hauptverhandlung doch noch zu ermöglichen oder anderenfalls Antrag auf Durchführung der kommissarischen Vernehmung zu stellen.

Vorstehend sind nur zwei gegenläufige Tendenzen der Entscheidungsfindung angezeigt – in der Praxis wird die Situation weitaus weniger eindeutig vorliegen. Zur Findung einer Prognose (bzgl. der Frage: Verlesung/Nichtverlesung/kommissarische Vernehmung?) sind kursorisch auch folgende Faktoren maßgeblich: 94

Unter Auswertung des gesamten hierzu relevanten Aktenmaterials, der Angaben des Mandanten, der Gegenüberstellung von Zeugenaussagen zum gleichen Komplex und insbesondere durch Analyse des Aussagegehalts und des bislang erkennbaren Aussageverhaltens hat man sich ein möglichst vollständiges »Bild« von der **Aussagetüchtigkeit, der Interessenlage und der Glaubwürdigkeit des Zeugen** zu machen. Dies ist – zugegebenermaßen – ein mehr als schwieriges Unterfangen, da man außer in seltenen Fällen, nicht über einen persönlichen Eindruck des Zeugen verfügt.

60 *Burhoff* Hauptverhandlung, Rn. 1021.

61 Was indes die Beantragung einer kommissarischen Vernehmung nicht notwendig ausschließen muss. Die in § 251 Abs. 1 und 2 StPO genannten Hinderungsgründe sind ebenso wie der Begriff der Unzumutbarkeit identisch mit jenen des § 223 Abs. 1 und 2 StPO.

95 Die bereits bekannte **Aussage** ist vor diesem Hintergrund zu **gewichten** und es ist zu überlegen, ob eher mit einer Abschwächung, einer Bestätigung oder einer Intensivierung des Aussagegehaltes und der Aussagerichtung (im Fall einer erneuten [kommissarischen] Vernehmung) gerechnet werden muss. Gelegentlich verfügt man über Informationen, die z.B. ahnen lassen, dass ein ohnehin belastender Zeuge seinen »Auftritt« vor Gericht nutzt, um weitere Belastungsmomente »loszuwerden« oder auch nur atmosphärisch dem Mandanten Negatives angedeihen zu lassen. Die eigene Fähigkeit, solche Zeugen in laufender Verhandlung in ihrem Beweiswert »umzudrehen« oder ihre Glaubwürdigkeit zu erschüttern, sollte nicht überschätzt werden.

96 Auch bei **Entlastungszeugen**, die sich mit besonderer und für jeden Verfahrensbeteiligten offen zutage tretender Energie für den Angeklagten »in die Bresche werfen«, ist im Regelfall Vorsicht angebracht, da ihre wenig differenzierte Sicht der Dinge eher schaden als nutzen kann. Die Aussage eines solchen Zeugen wird in der Schriftform vom Beweiswert höherwertig einzuordnen sein, als die Bekundung des Zeugen in der Hauptverhandlung oder der kommissarischen Vernehmung.

97 Wird ein **Belastungszeuge** vernommen und verspricht sich die Verteidigung aufgrund seiner Vorkenntnisse (z.B. aus anderen Vernehmungen des Zeugen) keine besonderen Chancen, neue (verteidigungsgünstige) Aspekte des Sachverhaltes oder zur Glaubwürdigkeit des Zeugen zutage zu fördern, sollte ernsthaft überlegt werden, ob die Terminswahrnehmung überhaupt vorteilhaft ist. Sofern die Verteidigung schon vor Vernehmung prognostizieren kann, sie werde nicht prägend in die Vernehmung eingreifen können, ist daran zu denken, welche Auswirkung seine protokollarisch festgestellte Anwesenheit haben kann: Durch die Anwesenheit des inaktiven Verteidigers wird dem protokollierten Aussageinhalt gewissermaßen »der Segen der Verteidigung« verliehen; Fragen und Zweifel, die nicht schon in der Vernehmung artikuliert wurden, wird die Verteidigung später in der Hauptverhandlung schwerlich konsistent anführen können.

98 – Sofern vom Gericht die **kommissarische Vernehmung eines Entlastungszeugen abgelehnt** wird, steht die Alternative offen, den Zeugen (unter Beachtung der entsprechenden Belehrungs- und Hinweispflichten) selbst einzuvernehmen, ein Protokoll anzufertigen und zu versuchen, dies in die Hauptverhandlung beweislich einzuführen.[62]

99 Kommt es zur Anordnung einer kommissarischen Vernehmung, steht der Verteidigung ein **Anwesenheitsrecht** zu;[63] mit diesem Recht[64] korrespondiert die dem Gericht obliegende **Benachrichtigungspflicht**[65] (§ 224 Abs. 1 S. 1 StPO).

Das Zusammenspiel von Anwesenheitsrecht und Benachrichtigung wirft in der Praxis jedoch regelmäßig besondere Probleme auf: Die Benachrichtigung vom Termin erfolgt über den kommissarischen Richter, der gehalten ist, die Verfahrensbeteiligten (Staatsanwaltschaft, Angeklagten und Verteidigung) so rechtzeitig vorzunehmen, dass eine Terminswahrnehmung oder eine Vertretungsregelung möglich ist (wobei er zu einer Terminsabsprache nicht gezwungen ist). Dass die Durchführung der kommissarischen Vernehmung dem Prinzip der Verfahrensökonomie verpflichtet ist, ist nirgends augenfälliger, als im Zusammenhang mit der allgemeinen Benachrichtigungspraxis. Da eine Benachrichtigung auch telefonisch erfolgen kann[66] und auch bei mehreren hundert Kilometer Entfernung zwischen Kanzleisitz und Vernehmungsort nicht gerade großzügig mit der Fahrzeit des Verteidigers kalkuliert wird, von einer Rücksichtnahme auf dessen anderweitiger Terminplanung ganz abgesehen, ist es dem Verteidiger oft faktisch nicht möglich, den Vernehmungstermin (rechtzeitig) wahrzunehmen. Im Fall wichtiger Zeugen ist dies mehr als misslich, da nun kein Einfluss auf die Vernehmung genommen werden konnte.

62 Z.B. durch Verlesung gem. § 251 Abs. 2 StPO.
63 BGHSt 32, 115.
64 Es gibt keine Anwesenheitspflicht der Verteidigung. Dies gilt auch für den Pflichtverteidiger.
65 Die Zustellung ist förmlich zu bewirken, sodass von Seiten der Gerichtsgeschäftsstelle der Zustellungsnachweis geführt werden kann.
66 Zum Ganzen: KK-*Gmel* § 224 Rn. 5 ff.

▶ Beachte

Um solche Pannen zu vermeiden, sollte sich die Verteidigung frühzeitig, d.h. unmittelbar nachdem die Anordnung auf kommissarische Vernehmung[67] dem ersuchten oder beauftragten Richter zugegangen ist,[68] mit dem kommissarischen Richter in Verbindung setzen und mit ihm eine Terminierung vorbesprechen.[69] 100

Ist der Termin versäumt, stehen der Verteidigung keine weitergehenden Rechte zu, die ein Revidieren der Beweiserhebung ermöglichen. Schriftliche Verlegungsanträge sind nicht zu empfehlen, da sie in aller Regel zu spät beim kommissarischen Richter eingehen, um noch Beachtung zu finden. Der ersuchte oder beauftragte Richter ist an solche Anträge ohnehin nicht gebunden.[70] Die nach Verlegungsantrag dennoch ergehende Terminsverfügung kann zwar mit der Beschwerde (da der Ausschluss des § 305 S. 1 StPO allein die Entscheidungen des erkennenden Gerichts betrifft) angefochten werden, dem Rechtsbehelf fehlt indes die aufschiebende Wirkung (§ 307 StPO) – was praktisch zum Leerlaufen des Rechtsbehelfs führt. 101

Sobald sich bereits vor dem eigentlichen Vernehmungstermin abzeichnet, dass der kommissarische Richter nicht auf die Terminierungsvorschläge der Verteidigung einzugehen bereit ist, sollte unmittelbar mit dem Vorsitzenden Richter des erkennenden Gerichts Kontakt hergestellt werden. Das erkennende Gericht wird im Hinblick auf den weiteren Lauf der Verhandlung sicherlich ein Interesse an der Gewährleistung der Teilnahme der Verteidigung am Vernehmungstermin haben und mit dem kommissarischen Richter Verbindung aufnehmen. Fruchten diese Bemühungen dennoch nichts, bleibt der Verteidigung lediglich die Alternative, entweder einen Kollegen vor Ort zu instruieren und zu bevollmächtigen, der dann den Termin wahrnimmt oder dem kommissarischen Richter die von der Verteidigung für relevant gehaltenen Fragestellungen an den Zeugen zu übermitteln. Letzteres kommt aber wohl nur im Ausnahmefall in Betracht, da gerade der für Beurteilung von Aussagetüchtigkeit und Glaubwürdigkeit/Glaubhaftigkeit unabdingbare persönliche Eindruck nicht hergestellt wird und eine Beurteilung des Zeugen und seiner Aussage aus »zweiter Hand« erfolgt. 102

Der Verteidigung bleibt unbenommen, beim erkennenden Gericht erneut einen Antrag auf Zeugenvernehmung zu stellen. Dieser Antrag wird jedoch – insbesondere wenn ihm die Benachrichtigung vor dem Termin zugegangen war und der Hinderungsgrund des Zeugen weiter andauert – wenig Erfolg haben können.

▶ Beachte

Fehlt es an der Terminsbenachrichtigung, eröffnet dieser Umstand der Verteidigung die Möglichkeit, der Verwertung der Vernehmungsniederschrift in der späteren Hauptverhandlung zu widersprechen. Zweckmäßigerweise sollte der Widerspruch schon zu einem Zeitpunkt erfolgen, in dem die Beweisverwertung durch Verlesung oder Vorhalt noch aussteht. Der Widerspruch ist zweckmäßigerweise von der Verteidigung (schriftlich) vorzubereiten und hat die Gründe wiederzugeben, weshalb von einem Verwertungsverbot auszugehen ist. Gegebenenfalls ist ein Gerichtsbeschluss herbeizuführen. Spätestens aber unmittelbar nach der Verlesung muss im Rahmen einer Erklärung gem. § 257 StPO der Widerspruch erklärt und protokollfest gemacht werden. Erfolgt der Widerspruch verspätet oder unterlässt die Verteidigung ihn gar, hat dies Folgen für den Fall, dass das Gericht den Beweis (Verlesung der Niederschrift der kommissarischen Vernehmung des Zeugen) im Urteil gegen den Angeklagten verwertet und die Verteidigung im Revisionsverfahren die Rüge der Verletzung der §§ 251 Abs. 2, 223, 224 103

---

67 Es sei denn die Mitteilung des Vernehmungstermins erfolgt in laufender Hauptverhandlung durch das Gericht.

68 Adressat des Beschlusses und Zeitpunkt der Versendung lassen sich bei der Geschäftsstelle des erkennenden Gerichts in Erfahrung bringen.

69 *Schlothauer* Vorbereitung, Rn. 153.

70 BGHSt 1, 284.

StPO (Verfahrensrüge) erhebt. Eine solche Rüge kann grundsätzlich nur dann Erfolg haben, wenn der Verlesung und Verwertung der Vernehmungsniederschrift rechtzeitig widersprochen worden ist.[71]

104 Unterbleibt eine Terminsbenachrichtigung, ist es dem Verteidiger selbstverständlich unbenommen (sofern er auf andere Weise vom Termin erfährt) an der Vernehmung teilzunehmen; aber seine Teilnahme heilt gleichzeitig den Fehler der unterbliebenen Benachrichtigung.

105 Dem Angeklagten steht ebenfalls das Recht zur Teilnahme an der kommissarischen Vernehmung zu; er wird vom Termin zumeist über seine Verteidigung erfahren, da eine Zustellung der Benachrichtigung an die Verteidigung ausreicht.[72] Umgekehrt vermag die Benachrichtigung des Angeklagten jene der Verteidigung nicht zu ersetzen.[73]

▶ **Beachte**

106 Zuweilen findet sich auf der Terminsbenachrichtigung des Verteidigers der Vermerk, dass die Teilnahme des Angeklagten an der kommissarischen Vernehmung nicht gestattet wird (unter Hinweis auf die ansonsten angeblich bestehende Gefährdung des Untersuchungserfolges – § 224 Abs. 1 S. 2 StPO). Zur Rechtfertigung eines solchen Ausschlusses müssen aber bestimmte konkrete Anhaltspunkte auf Aktivitäten des Angeklagten vorhanden sein, die einen möglichen (Wert-)Verlust des Beweismittels wegen drohender Verdunklungsmaßnahmen durch den Ausgeschlossenen indizieren.[74] Die Verteidigung sollte sich in den Fällen des § 224 Abs. 1 S. 2 StPO zu der unbegründeten Ausschließung des Angeklagten erklären (z.B. zu Beginn der kommissarischen Vernehmung zu Protokoll), da ansonsten der bestehende Verdacht (Zeugenbeeinflussung) unwidersprochen stehen bleiben könnte.

In den übrigen Fällen wird die Verteidigung vor Teilnahme an der Vernehmung nochmals den Mandanten konsultieren und klären, ob sich die Teilnahme des Angeklagten überhaupt empfiehlt. Dass ein Zeuge mit Belastungstendenzen von »Angesicht zu Angesicht« mit dem Angeklagten günstiger aussagen könnte, ist eine nur trügerische Hoffnung. Oft wird die Anwesenheit des Angeklagten von Belastungszeugen zum Anlass genommen, emotional und einseitig zulasten des Angeklagten zu bekunden.

107 Der **Ablauf der kommissarischen Vernehmung** orientiert sich an dem Prozedere üblicherweise vorgenommener richterlicher Vernehmungen (§§ 68, 68a, 168a, 240 StPO). Das Anwesenheitsrecht erstreckt sich auf alle Verfahrensbeteiligten. Der ersuchte oder beauftragte Richter leitet die Vernehmung und gewährt der Verteidigung das Fragerecht. Zum Fragerecht gehört auch das Recht, die Fragen oder Vorhalte des Richters zu beanstanden. Ferner können selbstverständlich auch während der kommissarischen Vernehmung Beweisanträge gestellt werden (z.B. wenn sich in der Vernehmung die Relevanz eines weiteren Zeugen ergeben hat). Die kommissarische Vernehmung kann auch als videogestützte Vernehmung (häufig z.B. bei kindlichen Zeugen) ausgestaltet werden.

Bekanntermaßen ist es aufgrund der Reihenfolge des Fragerechts nicht einfach, gerade bei der Befragung von Belastungszeugen im Anschluss an den Richter den Sachverhalt noch im Sinne der Verteidigung zu prägen. Die Verteidigung sollte daher versuchen, was sicher nicht immer einfach ist, durch Zwischenfragen, die Klarstellungs- oder Anknüpfungscharakter haben, die Vernehmung zu beeinflussen. Mitunter erscheint es angeraten, den vernehmenden Richter auf ein bestimmtes Aussageverhalten hinzuweisen und auch diese Erklärung protokollieren zu lassen. Die Verteidigung hat

71 BGHSt 9, 24 (28).
72 Schon RGSt 2, 562 (563).
73 LR-*Jäger* § 224 Rn. 14.
74 Auch für den Verteidiger besteht ein Ausschlussgrund, wenn er sich an Verdunklungshandlungen des Angeklagten beteiligt oder diese eigenständig vornimmt, BGHSt – GS – 32, 115 (122).

oft den entscheidenden Vorteil, dass sie – anders als der ersuchte oder beauftragte Richter – nicht nur grob, sondern detailliert über das Verfahren und die Aktenlage informiert ist.

Es mag bei manchen Zeugen ratsam sein, die zumindest teilweise Wortprotokollierung zu beantragen oder darauf Wert zu legen, dass *Fragen und Antworten* protokolliert werden. Der vernehmende Richter ist daher auch schon vor Beginn der Vernehmung darauf anzusprechen, in welcher Art und Weise er beabsichtigt zu protokollieren. Es kann unvorteilhaft sein, wenn die Verteidigung erst nach Einsicht in die Protokollabschrift[75] feststellt, dass in einer Sache, in der es besonders auf die Wortwahl (sowie den hierin erkennbaren Frage- und Antworthorizont) ankommt, lediglich das formelhafte »Auf Frage: …« im Protokoll festgehalten ist. 108

3. Die Selbstladung von Zeugen und Sachverständigen

Wenn in der alltäglichen Strafverfahrenspraxis von »präsenten Zeugen« gesprochen wird und es mitunter heißt, man werde »den Zeugen in der Hauptverhandlung stellen«, wird selten das Beweisverfahren gemeint sein, das in § 220 StPO als prozessuales Gestaltungsrecht besonders geregelt ist. Es ist der Verteidigung unbenommen und entspringt dem genuinen Beweisantragsrecht des Angeklagten, Beweismittel selbst »herbeizuschaffen« (seien es Urkunden und Augenscheinsobjekte) oder Zeugen zu »laden«. 109

Im Fall von Urkunden und Augenscheinsobjekten wird die Verteidigung in laufender Hauptverhandlung beantragen, die Urkunden zu verlesen (§§ 244, 249 ff. StPO) oder die Beweisgegenstände in Augenschein zu nehmen (§§ 244, 245 StPO); die Beweisobjekte sind somit in die Hauptverhandlung eingeführt und in der Urteilsfindung zu berücksichtigten (auf Protokollierung der entsprechenden Beweisvorgänge sollte die Verteidigung immer ihr Augenmerk lenken[76]). Sofern es sich nicht um besonders umfangreiche Urkunden handelt und der Zusammenhang zum angeklagten Lebenssachverhalt nicht allzu fern liegt, wird es nur sehr selten notwendig sein, über die Beweisaufnahme einen Gerichtsbeschluss herbeizuführen, da das Gericht eine Verlesung[77] billigt.

Im Fall eines in der Hauptverhandlung durch die Verteidigung »gestellten« Zeugen treten jedenfalls dann, wenn sich mit dem Vorsitzenden informell das »Dazwischenschieben« des Zeugen in der Beweisaufnahme regeln lässt und auch die Staatsanwaltschaft sich zumindest neutral verhält, keine Problemsituationen auf. Fühlt sich das Gericht indes unter Zeitdruck gesetzt und fügt sich die von der Verteidigung in Aussicht gestellte Zeugenaussage nicht bruchlos in den »mainstream« der Beweisaufnahme ein, wird die Einvernahme aller Voraussicht nach abgelehnt werden. Die Verteidigung kann nun nicht davon ausgehen, schon allein der Umstand, dass der Zeuge zur Einvernahme bereit steht (»präsent« ist), erzeuge quasi automatisch auch den Anspruch vom Gericht gehört zu werden. 110

Ihm bleibt nur übrig, einen förmlichen Beweisantrag auf Einvernahme des Zeugen zu stellen, um damit auf eine Vernehmung noch im gleichen Termin hinzuwirken. Für die Entscheidung des Gerichts gilt dann der Maßstab des § 244 Abs. 2, 3 StPO.

Für den »in der Hauptverhandlung gestellten Zeugen« muss – selbst dann, wenn er auf Weisung des Vorsitzenden vernommen werden sollte – keine Zeugenentschädigung aus der Staatskasse geleistet

---

75 Die Vernehmungsniederschrift wird der Verteidigung in aller Regel erst über die Weiterleitung durch das erkennende Gericht bekannt. Das soll nach der Rechtsprechung auch ausreichen, BGHSt 25, 357. Es spricht indes nichts dagegen, sich im Vernehmungstermin eine Kopie der Niederschrift (falls die schriftliche Niederlegung im Termin erfolgt) aushändigen zu lassen.

76 Verlesung und Inaugenscheinnahme sind zu protokollierende wesentliche Förmlichkeiten der Hauptverhandlung, KK-*Greger/Engelhardt* § 273 Rn. 4 ff.

77 Ob aus Sicht der Verteidigung dann eine Verlesung im Selbstleseverfahren (§ 249 Abs. 2 StPO – als Verfahrensvereinfachung) erfolgen kann oder im Sinne der Transparenz des Vernehmungsinhalts eine übliche Verlesung gem. § 249 Abs. 1 StPO stattfindet, bleibt der situativen Verteidigereinschätzung vorbehalten.

werden.[78] Ist eine Ladung durch die Verteidigung entsprechend dem im folgenden geschilderten Verfahren des § 220 StPO nicht (mehr) möglich, ist angeraten, den Zeugen schon im Vorfeld der Verhandlung auf den Umstand, dass er aus der Staatskasse möglicherweise Fahrtkosten und Auslagen nicht erstattet bekommt, hinzuweisen. Gleichzeitig ist unmittelbar nach der Vernehmung eines solchen Zeugen der Antrag zu stellen, dass dem Zeugen (da er zur Sachaufklärung gehört und zu ihr beigetragen habe, § 220 Abs. 3 StPO) eine Entschädigung gezahlt werde.

111 Um solchen Problemsituationen aus dem Weg zu gehen, sollte die Verteidigung sie immer dann, wenn er beabsichtigt, einen bestimmten Zeugen (oder Sachverständigen), dessen Ladung durch das Gericht abgelehnt worden ist (§ 219 StPO) zur Hauptverhandlung dennoch zu laden, den durch § 220 StPO vorgeschriebenen Weg beschreiten. Die Voraussetzungen und der **Gang des Selbstladeverfahrens** lassen sich im Überblick durch folgende Schritte skizzieren:

(1) Beweisantrag auf Einvernahme der Beweisperson (§ 219 StPO)[79]
oder auf Einholung eines Sachverständigengutachtens[80]
(2) Ablehnende Entscheidung des Vorsitzenden
(3) Schriftliche Ladung an die Beweisperson verfassen[81]
(4) Entschädigungsbetrag (Säumnisauslagen und Reiseaufwendungen) bereitstellen (JVEG seit 2004)
(5) Gerichtsvollzieher am Wohnort der Beweisperson beauftragen und diesem unter Beifügung des Ladungsschreibens Ladungsauftrag erteilen,[82] § 38 StPO (gleichzeitig den Entschädigungsbetrag an Gerichtsvollzieher anweisen oder übergeben lassen), § 220 Abs. 2 StPO
(6) Oder: Entschädigungsbetrag bei der Geschäftsstelle (Gerichtskasse) des erkennenden Gerichts hinterlegen[83]
(7) Gerichtsvollzieher stellt das Ladungsschreiben förmlich zu (und hält gegebenenfalls die Zeugen-/Sachverständigenentschädigung vor)
(8) Die Verteidigung erhält die Ladungsbestätigung
(9) In der Hauptverhandlung: Beweisantrag auf Einvernahme der Beweisperson[84] (§ 245 Abs. 2 S. 1 StPO)

78 *Meyer-Goßner/Schmitt* § 220 Rn. 11 f.

79 Es ist für die Selbstladung nicht unbedingt erforderlich, zuerst einen Beweisantrag gem. § 219 StPO zu stellen. Allerdings wird dies wohl der übliche Weg sein, da die Verteidigung versuchen wird, die Beweisperson »normal« über das Gericht laden zu lassen.

80 Bei Beantragung von (weiteren) Sachverständigengutachten ist zu beachten, dass – sofern Explorationen notwendig sind (z.B. Glaubwürdigkeitsfragen, Schuldfragen) – die Begutachtung auch noch vor der Beweisaufnahme durchgeführt werden kann. Befindet sich der Mandant in Haft, ist gegebenenfalls, um eine Besuchserlaubnis für den Sachverständigen nachzusuchen. Handelt es sich um Begutachtungen, die sich mit bestimmten Spuren- oder Augenscheinsobjekten (z.B. Textilfasern, Schriftproben) auseinanderzusetzen haben, muss von der Verteidigung die Weitergabe des betreffenden Begutachtungsobjekts an den (weiteren) Sachverständigen beantragt werden. Außerdem sollte sichergestellt werden, dass das schriftliche Gutachten bereits einige Zeit vor dem Beweisaufnahmetermin vorliegt, um es vorab Staatsanwaltschaft und Gericht zur Kenntnis zu bringen.

81 Angaben: Hauptverhandlungstermin, Ort, Gericht, Aktenzeichen, Hinweis auf Entschädigungsleistung, beim Zeugen die Wiedergabe des Wortlauts des § 51 Abs. 1 StPO; beim Sachverständigen Wiedergabe des § 77 StPO.

82 Gesondert ist der Gerichtsvollzieher um schnellstmögliche Durchführung der Ladung und Rücksendung der Ladungsbestätigung zu bitten. Selbstverständlich muss auch an die Gerichtsvollziehergebühren- und Auslagen gedacht werden.

83 Dies ist sicher der einfachere Weg. Für den Fall, dass die Beweisperson nach ihrer Entlassung durch die Staatskasse entschädigt wird, müsste die Beweisperson bei Ladung schon erhaltene Entschädigungsleistungen an den Verteidiger (an den Mandanten) zurückerstatten.

84 Bei Antragstellung sind fernerhin die gesamten Ladungsunterlagen (Ladung, Gerichtsvollzieherbeauftragung, Vorhalten der Entschädigung, Ladungsbestätigung) vorzulegen.

(10) Gerichtsbeschluss über Beweisantrag[85] (§ 245 Abs. 2 S. 3 StPO)
(11) Beweisaufnahme[86]
(12) Entscheidung über Entschädigung[87] (§ 220 Abs. 3 StPO)

Erkennbar ist das Selbstladeverfahren für die Verteidigung nicht unerheblich mit **Arbeits- und Kontrollaufwand** verbunden, sodass es die »ultima ratio« der Verteidigungsbemühungen im Beweisantragsrecht zur Vorbereitung zur Hauptverhandlung darstellt. Gelingt es aber, die Ladungsformalitäten erfolgreich zu meistern und insbesondere die Einholung eines (Zusatz-)Gutachtens auf den Weg zu bringen, stellt sich das Selbstladeverfahren als effektives Mittel zur Durchsetzung von schutzwürdigen Angeklagteninteressen dar. 112

Es kann gar nicht deutlich genug hervorgehoben werden, dass die geringen Möglichkeiten des Gerichts, die Beweisaufnahme hinsichtlich einer präsenten Beweisperson abzulehnen (§ 245 Abs. 2 StPO), der Verteidigung eine weitaus überlegenere Ausgangsposition bei der Beweisaufnahme verschaffen, als wenn erst in der Hauptverhandlung die Einvernahme eines Zeugen oder gar die Einholung eines Sachverständigengutachtens beantragt wird.

Auch die Tatsache, dass die Selbstladung eines Zeugen oder Sachverständigen im Gerichtsalltag immer noch die seltene Ausnahme darstellt, beinhaltet für die Verteidigung einen Tempovorteil, wenn sie »ihr« Beweismittel in der Hauptverhandlung platzieren kann.

IV. Vorarbeiten zur Zeugen- und Sachverständigenvernehmung in der Hauptverhandlung

Der Verteidiger, gleich, ob er seinem Mandanten empfohlen hat, sich in der Hauptverhandlung einzulassen oder zu schweigen, wird ein Hauptaugenmerk in der Beweisaufnahme sicherlich auf die in der Hauptverhandlung zu erwartenden Zeugen und deren zu erwartende Einlassungen konzentrieren. Hat der Angeklagte in seiner Einlassung zu Beginn der Hauptverhandlung einen Sachverhalt geschildert, der ganz oder zum Teil der Aussage einzelner (oder unter Umständen aller) Zeugen widerspricht, muss es Ziel der Verteidigung sein, auch in den Aussagen der Belastungszeugen zumindest eine teilweise Bestätigung der Darstellung des Angeklagten herauszuarbeiten und dort, wo dies nicht gelingt, in der Zeugenbefragung besonderen Wert auf die Prüfung der Aussagetüchtigkeit und Glaubhaftigkeit zu legen. 113

Der Großteil dieser Verteidigungsarbeit, die sehr viel von Erfahrung, taktischem Geschick und Menschenkenntnis abhängt, aber keineswegs eine »Geheimwissenschaft« ist, wird sich erst aus den situativen Gegebenheiten und dem kommunikativen Kontext der Hauptverhandlung ergeben. Grundsteine zu einer erfolgreichen Befragung der Zeugen kann der Verteidiger jedoch schon anhand der Aktenlage und aufgrund der vonseiten des Mandanten oder von dritter Seite hierzu mitgeteilten Aspekte in der Vorbereitungsphase legen. 114

Kursorisch (und daher nicht mit dem Anspruch auf Vollständigkeit) kann die Beantwortung folgender Fragen die **Prognose für das Aussageverhalten** in der Hauptverhandlung absichern:
– Welche Interessen hat der Zeuge, die seine Aussage zum Sachverhalt in eine bestimmte Richtung beeinflussen können?

85 Die Ablehnungsgründe des § 245 Abs. 2 StPO sind enger als die des § 244 StPO: die Ablehnungsgründe wegen Wahrunterstellung, Unerreichbarkeit und eigener Sachkunde des Gerichtes (was vor allem bei Anträgen auf Einholung eines Sachverständigengutachtens Vorteile bringt) fehlen; die Ablehnungsmöglichkeit wegen Bedeutungslosigkeit ist eingeschränkt.

86 Nach den üblichen Modalitäten.

87 Mit der Beweisperson ist vorher abzusprechen, dass diese von sich aus Entschädigung durch das Gericht geltend macht (dies kann auch noch schriftlich nach dem Ende der Hauptverhandlung geschehen). Entschädigung setzt Sachdienlichkeit der Bekundung/des Gutachtens voraus. Sachdienlichkeit liegt anerkanntermaßen bereits dann vor, wenn die Entscheidungsfindung »irgendwie beeinflusst« worden ist, vgl. *Meyer-Goßner/Schmitt* § 220 Rn. 11.

- Wie steht er zum Angeklagten – gibt es eine Vorgeschichte?
- Wie steht der betreffende Zeuge zu anderen Zeugen im Verfahren?
- Kam der Zeuge von sich aus zur Vernehmung oder wurde er geladen?
- Lässt sich aus den bisher in der Akte vorhandenen Bekundungen des Zeugen eine eindeutige Haltung (belastender oder entlastender Tendenz) ablesen oder sagt der Zeuge abwägend, zurückhaltend, vorsichtig aus?
- Ändert sich die festgestellte Tendenz innerhalb der Vernehmung(en)?
- Versucht der Zeuge, von sich aus das Vernehmungsthema in eine andere Richtung zu lenken?
- Wurde der Zeuge allein oder im Beisein weiterer (Beweis-) Personen vernommen?
- Sind innerhalb derselben Vernehmung offensichtliche oder verdeckte Widersprüchlichkeiten festzumachen?
- Liegen mehrere Vernehmungen vor: Werden anfänglich Behauptungen dem Ermittlungsstand angepasst oder neuerliche Widersprüchlichkeiten evoziert?
- Welche Widersprüche ergeben sich zu Aussagen anderer Zeugen?
- Sind diese Widersprüche im Laufe des Verfahrens geklärt worden?
- Welche Ursache könnten diese Widersprüche haben?
- Ist der Zeuge sprachgewandt?
- Kann die im Protokoll als Aussage des Zeugen niedergelegte Begrifflichkeit und Sprachdiktion seinem Status, Herkunft und Ausbildung entsprechen?
- Lief die Vernehmung flüssig oder wurden Vorhalte gemacht?
- Lassen sich aus dem Inhalt der Vernehmung Hinweise auf weitere Beweismittel, z.B. weitere Zeugen, ableiten?
- Wurde der Zeuge zutreffend belehrt? Besteht ein Zeugnis- oder Aussageverweigerungsrecht, das bei der Belehrung übersehen worden ist?
- Ist das Vernehmungsprotokoll ordnungsgemäß erstellt? Hat der Zeuge sein Einverständnis mit dem Vernehmungsinhalt dokumentiert?
- Fand vor der eigentlichen Zeugenvernehmung ein »informatorisches Vorgespräch« mit der Beweisperson statt – wenn ja: was ist dazu im Protokoll festgehalten?
- Wurde anlässlich der Vernehmung auf bereits erfolgte Vernehmungen anderer Zeugen oder des Angeklagten verwiesen? Ist der Verweis oder Vorhalt des Vernehmungsbeamten inhaltlich korrekt?

115 Fehler im Rahmen der Belehrung des Zeugen veranlassen stets dazu, die **Verwertbarkeit** und das mögliche Vorliegen eines Beweisverbots zu prüfen.[88]

116 Die Durchsicht der in den Akten befindlichen Zeugenvernehmungen unter den angegebenen Fraggeprämissen ist arbeitsaufwendig, verleiht jedoch das sichere Gefühl, den Prozessstoff zu beherrschen. Die Zeugeneinvernahme in der Hauptverhandlung selbst ist der zentrale Bestandteil der Beweisaufnahme. Die für die Verteidigung eher ungünstige Reihung des Fragerechts (er fragt zuletzt, nach Gericht, Staatsanwaltschaft und Sachverständigem) lässt sich – von den sicherlich oft lohnenswerten Versuchen, das Fragerecht »reihenfolgewidrig« auszuüben, abgesehen – dann neutralisieren, wenn die Verteidigung es versteht, ihre gute Akten- und Vernehmungskenntnis in der Befragung tätig umzusetzen.

88 Bei der Prüfung der Frage, ob sich ein Beweisverbot aus der fehlenden oder falschen Belehrung des Zeugen zu ergeben vermag, ist die in der Rechtsprechung (immer noch) herrschende Rechtskreistheorie zu bedenken, nach der im Einzelfall zu prüfen ist, ob der Rechtskreis des Beschuldigten/Angeklagten durch den Belehrungsfehler tangiert ist, BGHSt 11, 213 (215). Zu unterscheiden ist, ob eine Belehrung gem. § 52 StPO infrage steht oder eine solche des § 55 StPO: im ersten Fall ist von einem Verwertungsverbot auszugehen, wenn der Zeuge sich wegen Unkenntnis des ihm zustehenden Rechts, nicht frei zur Aussage entscheiden konnte, während die fehlende Belehrung i.S.d. § 55 StPO kein Verwertungsverbot auslösen soll, da der Beschuldigte/Angeklagte hier kein schützenswertes Interesse haben soll, dass die Entscheidungsfreiheit des Zeugen hergestellt war; *BGHSt* 11, 213 (215).

Es ist daher zu empfehlen, für jede einzelne Zeugenaussage noch vor der Hauptverhandlung Besonderheiten, als Destillat der vorgestellten Fragestellungen, einprägsam zusammenzufassen und der betreffenden Zeugenaussage aus dem Aktenstück beizuheften, sodass in der Hauptverhandlung mühelos darauf zurückgegriffen werden kann.

Liegt bereits vor der Hauptverhandlung ein **Sachverständigengutachten** vor, hat es die Verteidigung daraufhin zu prüfen, ob sich das Ergebnis zugunsten des Angeklagten auswirkt. Ist dies der Fall, muss überlegt werden, inwieweit vonseiten der Staatsanwaltschaft oder auch des Gerichts Zweifel an der Begründetheit des Gutachtenergebnisses angemeldet werden könnten. 117

Was hier näher zu tun ist, hängt davon ab, mit welcher Wahrscheinlichkeitsaussage der Sachverständige sein gefundenes Ergebnis ausstattet. Gerade wenn – was nicht einmal selten vorkommt – die abschließende Würdigung im schriftlichen Gutachten zwar eine Tendenz beschreibt, gleichzeitig aber das letztlich zu treffende Ergebnis von der Hauptverhandlung abhängig macht,[89] darf die Verteidigung das Gutachten nicht ohne Weiteres zur Seite legen und »es darauf ankommen lassen«. Sie sollte das schriftliche Gutachten zunächst selbst daraufhin durchsehen, wie ein bestimmtes positives Ergebnis durch verteidigungstaktische Maßnahmen (z.B. andere Gewichtung in der Einlassung des Mandanten; vertiefte Zeugenbefragung zu den für das Gutachten relevanten Umständen) noch erreicht werden kann. Gegebenenfalls ist – ebenso wie im Fall des für den Mandanten negativen schriftlichen Sachverständigengutachtens – ein weiterer Sachverständiger (intern) zu konsultieren.

Hat das schriftlich vorab erstellte Sachverständigengutachten belastenden Charakter, muss in jedem Fall darüber nachgedacht werden, einen weiteren Sachverständigen intern zurate zu ziehen und – wenn sich das Sachverständigengutachten tatsächlich fachlich angreifen lässt[90] – auch folgerichtig Beweisantrag auf die Zuziehung eines (weiteren) Sachverständigen zu stellen. Die Überprüfung des Gutachtens und der sich gegebenenfalls anschließende Beweisantrag stehen vor allem in Fällen der Schuldfähigkeits- und Glaubwürdigkeitsbegutachtung unter hohem Zeitdruck, denn bis zur Hauptverhandlung bleibt nicht mehr viel Raum zur Exploration, Abfassung des Alternativgutachtens und Ladung (ggf. im Selbstladeverfahren gem. §§ 220, 245 StPO). 118

Ergeben sich aus dem schriftlichen Gutachten des »Erstgutachters« Anhaltspunkte, die die Besorgnis der Befangenheit begründen (§ 74 StPO), muss geprüft werden, ob und zu welchem Zeitpunkt ein Ablehnungsantrag gegen den betreffenden Gutachter gestellt wird. Im Gegensatz zur Richterablehnung ist die Ablehnung von Sachverständigen nicht an zeitliche Vorgaben gebunden.

Liegt ein eindeutiger Ablehnungsgrund vor, sollte gleichwohl nicht zugewartet werden, sondern der Ablehnungsantrag zugleich mit dem Antrag auf einen (Ersatz-) Gutachter bei Gericht eingereicht werden. Andernfalls – insbesondere dann, wenn das negative schriftliche Gutachten auch keine weiteren groben Fehler aufweist – ist die Antragstellung der Hauptverhandlung vorzubehalten. Dies gilt auch dann, wenn das schriftliche Gutachten mit »offenem« Ergebnis abschließt und noch eine gewisse Hoffnung besteht, dass das in der Hauptverhandlung gefundene Sachverständigengutachten zugunsten des Angeklagten ausfällt. 119

Anders stellt sich die Situation dar, wenn im Vorbereitungsstadium kein Sachverständiger tätig geworden ist, entweder weil Staatsanwaltschaft und Gericht der Auffassung sind, dass die Zuziehung eines Sachverständigen nicht notwendig sei oder weil eine Beauftragung erst im Vorfeld der Haupt- 120

89 Häufiger Fall, sofern es um die Erstattung von Gutachten zur Frage der Schuldfähigkeit (§§ 20, 21 StGB) und zur Frage der Glaubwürdigkeit geht.

90 Alternativ kann daran gedacht werden, eine Nachbegutachtung durch den gleichen Gutachter zu beantragen und im Antragsschriftsatz auf die nach Meinung der Verteidigung noch offenen oder unklaren Punkte des Gutachtens hinzuweisen. Ein solcher Antrag wird regelmäßig eher schlechte Chancen haben, da der Sachverständige sein (bisheriges) Gutachten nicht selbst als lückenhaft bewerten wird. Anders stellt sich die Situation indes dar, sofern neue Anknüpfungstatsachen, die nach der letzten Exploration eingetreten sind oder Umstände, die seinerzeit dem Gutachter nicht bekannt waren, ans Licht kommen.

verhandlung erfolgt ist (z.B. weil sich der Grund der Begutachtung erst durch eine Einlassung des Angeklagten im Zwischenverfahren ergeben hat).

Aus dem Rechtsgedanken der Nr. 70 RiStBV und unter Zugrundelegung des fair-trial-Prinzips wird wohl mit gutem Grund eine Pflicht des Gerichts gegenüber der Verteidigung abzuleiten sein, die beabsichtigte Begutachtung vor der faktischen Beauftragung des Sachverständigen mitzuteilen (eine Aufnahme einer dem Regelungsinhalt der Nr. 70 RiStBV entsprechenden Formulierung in die StPO selbst wäre höchst wünschenswert). Dies gibt der Verteidigung die Möglichkeit, zügig einen eigenen Gutachtervorschlag zu unterbreiten. Folgt das Gericht diesem Vorschlag nicht oder lehnt das Gericht den Antrag der Verteidigung, einen vom Gericht vorgesehenen Gutachter nicht zu beauftragen, ab, ist das Beschreiten des Beschwerdewegs indes ausgeschlossen.[91]

Bedenklich ist die späte Beauftragung eines Sachverständigen, weil der Zeitraum, um noch seriös eine Überprüfung des Gutachtenergebnisses vornehmen zu können (geschweige denn im »Streitfall« eine Selbstladung in die Wege leiten zu können), faktisch nicht mehr zur Verfügung steht – das Gutachten wird in schriftlicher Form meistens während laufender Hauptverhandlung vorgelegt und kurze Zeit darauf erfolgt die mündliche Erstattung des Gutachtens. Zeichnet sich ein negatives Gutachtenergebnis ab – der Verteidigung ist nicht verboten, mit dem Sachverständigen während der Gutachtenerstellung Kontakt aufzunehmen, um solche Ergebnistendenzen frühzeitig in Erfahrung zu bringen – ist (bei Evidenz von Fehlern im Gutachten) in Erwägung zu ziehen, einen Aussetzungsantrag zu stellen (verbunden mit einem Beweisantrag auf Zuziehung eines weiteren Sachverständigen).

V. Vorarbeiten zu verfahrensrelevanten Rechtsfragen

121 Neben den Vorbereitungsarbeiten zum Einlassungsverhalten des Angeklagten und den im Hinblick auf die Beweiserhebung zu treffenden Vorüberlegungen, rücken im Vorfeld der Hauptverhandlung die Fragen der rechtlichen Würdigung und der konkreten Rechtsfolgen sowie verfahrensrechtliche Erwägungen in den Vordergrund.

1. Materielle Rechtsfragen

122 Das rechtliche Durchdenken des Anklagevorwurfs eröffnet häufig effektive Verteidigungsmöglichkeiten, um den strafrechtlichen Vorwurf abzumildern oder gar abzuwehren. Hat die Verteidigung schon im Ermittlungsverfahren oder im Zwischenverfahren eine Stellungnahme abgegeben, wird sich diese eventuell bereits mit der rechtlichen Würdigung des Anklagesachverhalts oder auch Umständen der Rechtsfolgenseite auseinandergesetzt haben. Generell gehört der Blick auf die rechtliche Subsumtion in jedem Stadium des Verfahrens zum »A und O« der Ausarbeitung einer Verteidigungskonzeption.

123 Gleichwohl erzeugt die bevorstehende Hauptverhandlung einen Druck besonderer Art, sich den in diesem Zusammenhang auftauchenden Fragen zu stellen: Die Verteidigung ist nun tatsächlich »gezwungen« (um in der Hauptverhandlung mit ihrer Strategie bestehen zu können, d.h. »überzeugen zu können«), eigene Positionen zur Subsumtion von Tatbestand, Rechtswidrigkeit und Schuld auszuarbeiten. Dies erfordert ein Denken in Alternativen. Zum einen ist der Sachverhalt, der zur Subsumtion zur Verfügung steht – bis auf ganz wenige Ausnahmen – nicht abgeschlossen, sondern oft an zentralen Stellen offen. Zum anderen ist selbst dort, wo eine relative Geschlossenheit (im Stadium des Eröffnungsbeschlusses) erreicht ist, durch geeignete Beweiserhebung wieder eine Veränderung auch der rechtlichen Situation denkbar. Jede Handlung oder Unterlassung der Verteidigung in der Hauptverhandlung fügt sich in ihrer Wirkung in einen bestimmten rechtlichen Rahmen ein, der günstigstenfalls mit der Lesart der Anklageschrift konkurriert und dem Gericht eine argumentative Brücke baut, einen (zur Anklageschrift) alternativen Weg der Subsumtion zu gehen.

91 Die Gutachterauswahl ist nicht beschwerdefähig. Die Verteidigung ist auf den Weg des Ablehnungsantrags gem. § 74 StPO verwiesen (der allerdings einen Ablehnungsgrund voraussetzt).

Beachte

Ein Fehler der Verteidigung liegt oftmals darin, die rechtlichen Fragen ob einer intensiven und vordergründigen Auseinandersetzung mit Tatsachenfragen nicht umfänglich und korrekt zu realisieren oder sich den Blick auf die Problematik ganz oder zum Teil selbst zu verstellen. Dabei wird nicht registriert, dass Tatsachenfeststellung, Beweiswürdigung und rechtliche Subsumtion organisch aufeinander bezogen sind und daher keine dieser Seiten in ihrer Prägewirkung für die Urteilsfindung vernachlässigt werden darf. 124

Die Verteidigung sollte frühzeitig im Verfahren dazu übergehen, streng nach dem in der Universität erlernten (leider manchmal verloren geglaubten) gutachterlichen Schema den jeweils feststehenden Sachverhalt aufzuarbeiten, Lücken, Alternativen und Verzweigungen aufmerksam unter die juristische Lupe zu nehmen. Die rechtlichen Schwachpunkte der Vorwurfsseite (Staatsanwaltschaft), aber auch die Problemzonen eigener Argumentation werden dann transparent. Das hier gewonnene Bild hat wieder in die Diskussion der Verteidigungsstrategie einzufließen. Dieses Unterfangen – nämlich die Übersetzung der rechtlichen Problematik in eine für das Hauptverfahren wegweisende Verteidigungsstrategie – ist zugegebener Weise nicht immer einfach, da nicht der Status quo entscheidend ist, sondern das – was nach allen Eventualitäten – am Schluss der Verhandlung noch an Subsumtionsmaterial bereit steht.

Die Schwierigkeiten der Umsetzung nehmen aber mit Sicherheit noch während laufender Haupt- 125
verhandlung zu (was sich nur durch eine intensive rechtliche Durchdringung des Falls verhindern lässt): Durch eine Veränderung von Zeugenbekundungen kann plötzlich das ursprünglich von der Verteidigung verfolgte Ziel (z.B. ein Freispruch) fragwürdig werden; die Verteidigung befindet sich nun in der Situation, sowohl weiter Aspekte für das Abschwächen des Tatverdachts zu sammeln, als auch gleichzeitig daran zu denken, ob nicht (nach den bekundeten Novae) zwar eine Verurteilung in Betracht kommt, diese aber vom Unrechtsgehalt und Strafmaß her unter jenem von der Staatsanwaltschaft angestrebten Ergebnis liegt.

Nicht erst im Plädoyer, schon im Rahmen der Beweisaufnahme muss sich nun das Geschick der Verteidigung erweisen, auf verschiedenen Ebenen (primär: Freispruch, sekundär: geringe Bestrafung) zu argumentieren, ohne das eigentliche Ziel des Freispruchs zu desavouieren.

2. Prozessuale Rechtsfragen

Auch die – möglicherweise – in der Hauptverhandlung auftauchenden verfahrensrechtlichen Pro- 126
bleme sind für die Vorbereitung der Verteidigung von elementarer Bedeutung, wobei hier zunächst die Beantwortung der Frage im Vordergrund steht, wie der Umfang der Tatsachengrundlage durch prozessuale Vorschriften beeinflusst wird. Es ist deshalb an der Verteidigung gelegen, umfassend zu prüfen, ob in der Hauptverhandlung verfahrensrechtliche Schranken im Hinblick auf die Wahrheitsfindung eingreifen. Dabei sind verschiedene Gesichtspunkte maßgebend:

Angaben des Beschuldigten:
- Verwertung früherer Angaben des Beschuldigten im gegen ihn geführten Verfahren bei Verletzung der Belehrungspflicht gem. §§ 136 Abs. 1, 163 a Abs. 3 und 4 StPO oder bei Einsatz verbotener Vernehmungsmethoden gem. § 136a StPO,
- Verwertung von Angaben des Beschuldigten im gegen ihn geführten Verfahren bei staatsanwaltschaftlicher oder richterlichen Vernehmung unter Ausschluss oder Nichtbenachrichtung des Verteidigers, §§ 163a Abs. 3, 168c Abs. 1 und 5 StPO,
- Verwertung früherer Angaben des Beschuldigten im Rahmen seiner Zeugenvernehmung in einem nicht gegen ihn geführten Strafverfahren bei Verletzung der Belehrungspflicht gem. § 55 Abs. 2 StPO[92],

92 Siehe dazu: BGHSt 38, 302.

- Verwertung früherer Angaben des Beschuldigten in anderen Verfahren, in welchen eine erzwingbare Aussageverpflichtung bestand, sodass ggf. auch strafrechtlich relevante Handlungen offenbart werden mussten[93],

Zeugenaussagen:

Berücksichtigung der Normen über die Belehrung von Zeugen und deren Vernehmung gem. §§ 52, 53, 53a, 55, 136a, 163a Abs. 5, 168c Abs. 2 und 5, 224, 252 StPO

Beweisgewinnungsmethoden:
- §§ 136a, 108 StPO[94],
- heimliche Tonbandaufnahmen[95], Telefonüberwachung[96] oder anderweite Abhörmaßnahmen[97]

Je nach Bedeutung der Folgen durch Rüge der verfahrensrechtlichen Verstöße, muss die Verteidigung im Sinne der Verteidigungslinie entscheiden, ob sie auf die Beachtung der entsprechenden Verfahrensvorschriften unweigerlich besteht oder ob sie über diese bewusst »hinwegsieht«, da sie diesen Sachverhaltsaspekt für ihr Verteidigungskonzept benötigt. Ähnliche Überlegungen müssen hinsichtlich der Verwertung von Beweissurrogaten gem. der §§ 251 ff. StPO geführt werden. Dabei muss einerseits die Bedeutung der Beweistatsache im Rahmen der Verteidigungslinie und andererseits die Schwere des Rechtsfehlers im Hinblick auf eine etwaige Anfechtbarkeit des Urteils durch eine Verfahrensrüge beachtet werden.

▶ **Beachte**

Diesbezüglich ist auch der Zeitpunkt gegeben, in dem der Verteidiger mit seinem Mandanten entscheiden muss, ob es dessen Interesse entspricht, eine »Verteidigung der verbrannten Erde«[98] zu führen, was dann zur Folge hat, dass bis zur Grenze des Missbrauchs alle Optionen verfahrensrechtlicher Art ausgenutzt sowie reversible Rechtsfehler und Ablehnungsgründe provoziert werden. Auch Aspekte, wie die Aufschiebung oder Ausdehnung des Hauptverfahrens auf nicht absehbare Zeit, können dann zentrale Bedeutung erlangen. Die – in diesem Zusammenhang regelmäßig rasch fallende, negativ konnotierte Vokabel – »Konfliktverteidigung« kann dabei einerseits in der Aussichtslosigkeit der Verteidigung und andererseits in der Überzeugung, auf diese Weise ein faires Verfahren zu erwirken, begründet sein. Nur am Rande ist zu erwähnen, dass ein solches Handeln in der Vergangenheit immer wieder zu rechtspolitischen Erwägungen geführt hat, welche mit Einschränkungen von Beschuldigten und Verteidigerrechten einhergingen.[99]

Um von dem ablehnenden Begriff Abstand zu gewinnen und eine engagierte, **kontroverse Verteidigung**, die prozessuale Probleme ausschöpft, zu gewährleisten, ist jedoch in jedem Fall entscheidend, dass eine eindeutige Verteidigungslinie vorliegt, im Rahmen dessen die Verteidigung die genannten Verteidigungsmittel **zielgerichtet** und **mit guten Gründen** einsetzt. Ungeachtet dessen, ob ein Mandat ein solches Verteidigungskonzept präferiert, ist die Verteidigung daher stets gut beraten, von vorneherein die Verteidigungsbemühungen so zu gestal-

93 Genannt seien exemplarisch hier die Vorschriften §§ 75, 100 KO oder die Offenbarungspflicht des Schuldners im Zwangsvollstreckungsverfahren.
94 Soweit es sich um Gegenstände aus einer unzulässig ausgeweiteten Durchsuchung handelt.
95 BayObLG NStZ 1990, 101.
96 BGHSt 33, 347.
97 BGH NStZ 1982, 125 m. Anm. *Odenthal*; *BGH*St 34, 39.
98 *Dahs* Handbuch, Rn. 444.
99 *Jahn* NStZ 1998, 377; *Dahs* NJW 1994, 909.

ten, dass sie sowohl über jeden rechtlichen als auch über jeden tatsächlichen Zweifel erhaben sind.[100]

3. Einzelfallbezogene Vorarbeit

Steht schon im Vorfeld der Hauptverhandlung fest, dass bestimmte Fragen materiell-rechtlicher oder auch verfahrensrechtlicher Art Anlass kontroverser Auseinandersetzungen werden, versteht sich von selbst, diese Punkte intensiv aufzuarbeiten, gegebenenfalls Anträge vorzubereiten. In dem Streit um rechtliche Fragen liegt auch die Chance der Verteidigung, die im Allgemeinen über einen effektiveren Apparat auf dem Gebiet der Literatur- und Rechtsprechungsrecherche verfügen wird, ihre inhaltliche Position gut vorbereitet und vor allem überzeugend darzulegen. Versagt das Gericht dennoch seine Zustimmung, wird die Verteidigung durch ihre gute Vorbereitung und die (protokollfeste) Implementierung ihrer Argumente in die Hauptverhandlung jedenfalls erreichen können, dass sich die Chancen einer Revisionsrüge erhöhen. 127

Richtet sich die Verteidigung in der Hauptverhandlung vornehmlich auf die Erreichung einer günstigen Strafe, sind ebenfalls Vorarbeiten geboten. Wird angestrebt, durch Einlassung des Mandanten und in der Beweisaufnahme Umstände zu sammeln, die die Annahme eines minder schweren Falls evozieren sollen, ist die Verteidigung gehalten, sich schon vorab mit der aktuellen Rechtsprechung zu diesem Komplex zu beschäftigen. Da die Rechtsprechung hier stetigen Veränderungen unterworfen ist und es mitunter hilfreich ist, eine obergerichtliche Entscheidung mit vergleichbarem Sachverhalt parat zu haben, wird hierauf besonderes Augenmerk zu richten sein.[101] Eine Verteidigungsstrategie, die zum Ziel die Annahme eines minder schweren Falls hat, muss unter der Leitlinie stehen, möglichst viele der in der Rechtsprechung festgeschriebenen Einzelumstände aneinanderzureihen; es kann insofern auch notwendig werden, die Frage einer Begutachtung des Angeklagten anzusprechen. 128

Hier – wie auch im Fall der »normalen« **Strafzumessungsverteidigung**, die sich am Bewertungskatalog des § 46 StGB ausrichtet – ergibt sich das Aktionsprogramm für die Verteidigung unmittelbar aus der produktiven Umsetzung der Rechtsprechung. Ihre Überzeugungsarbeit wird umso mehr von Erfolg gekrönt sein, wie sie einerseits die aktuellen Linien der Rechtsprechung im Interesse ihres Mandanten nachvollziehbar[102] zu interpretieren versteht und andererseits wie es ihr gelingt, auch versteckt liegende Aspekte im Rahmen der Beweisaufnahme zur Untermauerung ihrer Position zu operationalisieren. 129

Im Fall der Strafzumessungsverteidigung gehören neben der Auswertung der Rechtsprechung und dem Kompilieren der günstigen Strafzumessungsaspekte auch ganz praktische Beistandsleistungen zu den Tätigkeiten der Verteidigung: Sie hat organisatorisch z.B. die Bedingungen einer angestrebten Bewährungsstrafe vorzubereiten und gegebenenfalls die Einholung von Arbeitsplatzbestätigungen, Arbeitszeugnissen, Stellungnahmen von Drogenberatungsstellen oder Ausländerämtern, Bescheinigungen des Arbeitsamtes etc. zu veranlassen oder sicherzustellen.

VI. Koordination und Kooperation

So wichtig in der Vorbereitungsphase der Hauptverhandlung die Kommunikation nach »innen« (Mandant) ist, so wichtig ist es auch, in die Verteidigungsstrategie die Kommunikation nach »außen« zu integrieren. Kommunikation nach »außen« kann einerseits der Anreicherung des Informations- 130

---

100 *Pfordte/Degenhard* Anwalt im Strafrecht, § 1 Rn. 30 f.; dazu auch: *Junker/Armatage* Strafverteidigung, Rn. 329.

101 Dies kann im Rahmen von Staatsschutzverfahren aufgrund des (partiellen) Zurückhaltens von Urteilen bzw. Teilen des Urteils, wie die Ausführungen zu den Strafzumessungsgründen, eine nicht zu unterschätzende Problemstellung sein.

102 Abzuraten ist selbstverständlich von einem Verteidigerduktus, der zu Rate stehende Entscheidungen lediglich doziert oder Zitate aneinanderreiht. Das Gericht darf sich nicht belehrt fühlen.

standes dienen und andererseits den Weg für bestimmte Aktivitäten der Verteidigung in der Hauptverhandlung ebnen.

Gesprächskontakte zwischen Gericht und Verteidigung, die in der Vorphase der Hauptverhandlung naturgemäß häufiger zustande kommen als im Ermittlungsverfahren, münden nicht »automatisch« in Absprachen, sondern dienen vorrangig der planerischen Gewährleistung der Hauptverhandlung. Je umfangreicher und schwieriger die tatsächliche und rechtliche Problematik des Falls ist, umso mehr Fragen müssen schon aus organisatorischen Gründen unter den Verfahrensbeteiligten geklärt werden: In einem Verfahren mit einer zweistelligen Zahl von zum Teil auswärtigen Zeugen, drei Angeklagten und ihren Verteidigern wird allein die Terminierung beim Vorsitzenden ein Mehr an Arbeitsbelastung auslösen. Ist nun auch noch das Einlassungsverhalten der Angeklagten »offen«, erklären mehrere Zeugen, sie seien an der Teilnahme verhindert und hat die Verteidigung noch Beweisanträge angekündigt, steigert dies die Unsicherheitsfaktoren in der Terminsbestimmung. Folge: Das Informationsbedürfnis des Vorsitzenden wächst, Nachfragen (selbstverständlich »rein informell«) nach Einlassung, Verlesungsmöglichkeiten und Beweisanträgen liegen auf der Hand und es fällt schwer, sie nicht auch zu stellen. Gleich, ob vonseiten des Verteidigers Gesprächskontakte mit dem Gericht selbst initiiert werden, oder ob Anfragen an ihn gerichtet werden – der Verteidiger muss auf solche Gesprächssituationen vorbereitet sein, um sie bestmöglich für die jeweils intendierten Verteidigungsinteressen nutzen zu können.

131 Ihm muss klar sein, dass seine Ankündigungen zur Prozessgestaltung mittelbar und unmittelbar offen legen werden, wie die Hauptverhandlung nach den Zielen der Verteidigung geprägt werden soll. Zumeist stehen nach dem Abschluss des Ermittlungsverfahrens Beweissituation und wahrscheinliches Aussageverhalten des Angeklagten fest; es bedarf dann keiner großen Fantasie des Vorsitzenden, die Verteidigungsstrategie zu erahnen – warum sollte auch ein Geheimnis mit den Umständen verbunden sein, wie sich der Angeklagte verteidigen wird. Auch für das Gericht wird aufgrund der Aktenlage und der Tatsache, ob und wie sich der Angeklagte im Ermittlungs- oder Zwischenverfahren eingelassen hat, der Verhandlungslauf (jedenfalls was seine organisatorische und terminliche Seite betrifft) überschaubar sein.

132 Gleichwohl kann es Gründe geben, dass auch zum Zeitpunkt der Kontakte zwischen Gericht und Verteidigung zu Terminierungs- und Ladungsfragen, wesentliche Punkte, die das Verteidigungsverhalten betreffen, noch immer unklar sind, es gleichzeitig aber nicht ratsam ist, diese Unklarheiten nach außen zu tragen; einige dieser Gründe:

– **Liegt z.B. das schriftliche Gutachten über die Frage der Schuldfähigkeit noch nicht vor,** wird es sich verbieten, eindeutige Aussagen über Beweisantragsvorhaben zu machen. Bestenfalls wird man die Beantwortung solcher Fragen für die Zeit nach Gutachteneingang zurückstellen. Auch für die Klärung der Frage, ob und wie der Mandant sich einlässt, kann das Begutachtungsresultat noch ausschlaggebend sein.
– **Zum Einlassungsverhalten des Mandanten ist wohl keine Ankündigung zu machen**, wenn noch (kommissarische) Vernehmungen ausstehen, sofern der zu erwartenden Aussage aus Sicht der Verteidigung zentrale Bedeutung für die Klärung der Frage zukommt, ob der Mandant sich einlässt oder schweigt.
– **Wird über eine Anklage gegen mehrere Angeklagte verhandelt**, steht möglicherweise noch eine Vergewisserung über das Aussageverhalten der Mitangeklagten aus.
– **Da das Mandat erst kurzfristig vorher übernommen wurde**, stehen inhaltliche Abklärungen noch aus oder sind nur zum Teil erfolgt.

133 Grundsätzlich gilt: Fehlt noch eine Information, die das Aussageverhalten des Angeklagten in der Hauptverhandlung essenziell beeinflussen, oder gar widerlegen könnte, verbieten sich Ankündigungen zum Komplex »Einlassung«. Ferner sollte sich die Verteidigung hüten, bei unklarer Informationslage, Erklärungen über das »wahrscheinliche« Einlassungsgebaren ihres Mandanten abzugeben. Erst in der Hauptverhandlung selbst eintretende Abweichungen von diesem angekündigten Einlassungsverhalten, lassen entweder Rückschlüsse auf Gründe des »Umschwenkens« zu und indizieren

somit gleichzeitig einen »Bruch« in der Verteidigungskonzeption – was zumindest atmosphärisch ungünstig sein kann.

Positive Ansätze in solchen Vorgesprächen über den Verlauf der Verhandlung können für die Verteidigung darin liegen, dass er zusätzliche Informationen erhält, die für das Verteidigungskonzept in der Hauptverhandlung relevant sein können (»Vorab«-Einschätzungen des Gerichts zur Tatsachen-, Beweis- und Rechtslage). 134

▶ **Beispiel**

Umfasst die Anklageschrift mehrere Vorwürfe, z.B. in Fällen des Serien- oder Anlagebetrugs, kann im Hinblick auf die möglicherweise noch »offene« Beweislage bezüglich einzelner Tatvorwürfe über eine Erledigung dieser Vorwürfe im Wege der §§ 154, 154a StPO gesprochen werden. Das Gericht wird sich hier – da es an eine Vorgabe der Staatsanwaltschaft gebunden ist – nicht eindeutig festlegen. Aber auch das Heraushören einer »Tendenz« kann nutzbringend für den Moment in der Hauptverhandlung sein, in der die Verteidigung den betreffenden Tatvorwurf und die intendierte Erledigungsweise von sich aus ansprechen wird.

Ungleich schwieriger und ein hohes Maß an Sensibilität und Verhandlungsgeschick erfordernd, ist das Erreichen von einverständlichen Ergebnissen auf der Rechtsfolgenebene. 135

Das konkrete Vorgehen ist hier unter allen Umständen zuvor mit dem Mandanten abzustimmen. Dazu reicht nicht hin, den Mandanten vom Vorhaben nur grob zu informieren und mitzuteilen, man werde zu dieser oder jener Frage, mit Gericht oder Staatsanwaltschaft versuchen »ins Gespräch zu kommen«. Der Mandant wird hier oftmals von einer Woge der Hoffnung getragen (z.B. wenn vom Verteidiger erklärt wird, bei bestimmtem Prozessverhalten – zumeist einem Geständnis – werde noch eine Bewährungsstrafe verhängt werden können), die es ihm schwer macht, die Risiken, die in solchen Absprachen liegen, zu erkennen. Es ist Aufgabe der Verteidigung, nicht nur vor Eingehen einer Absprache (§ 257c StPO) die Zustimmung seines Mandanten einzuholen, sondern schon in der Anbahnungsphase solcher Gespräche (z.B. im Hinblick auf § 202a StPO) den Mandanten informiert zu halten. Die Verteidigung hat die Alternativen (mit all ihren Implikationen und Folgewirkungen) dem Mandanten so zu verdeutlichen, dass dieser eine Interessenabwägung in eigener Sache vornehmen kann. Selbstverständlich wird sich der Mandant auch im Hinblick auf den nun eingeschlagenen Weg auf die Sachkunde und die Durchsetzungskraft seiner Verteidigung in hohem Maße verlassen. Sofern nur »schlanke« Absichtserklärungen vonseiten des Gerichts im Raume stehen und die Verteidigung auf Basis ihrer Erfahrungen mit dem betreffenden Richter Zweifel an der Realisierung dieser Absichtserklärungen hat, sollte sie sich nicht auf eine solche »Absprache« einlassen. Der Mandant wird sich dann dem Rat seiner Verteidigung, wegen der im Raume stehenden Risiken die Kommunikation (vorerst) abzubrechen, fügen.

Anders aber, wenn die durch die Gesprächskontakte (vom Verteidiger mit-) geschürten Hoffnungen, obwohl sich der Angeklagte an seinen Teil der »Absprache« gehalten hat, enttäuscht werden: hier ist es in den Augen des Mandanten der Fehler der Verteidigung (und erst in zweiter Linie ein Fehler des Gerichts), der sich zu seinen Lasten ausgewirkt hat.

Orientierung bietet hier – gerade in Fällen, in denen zwischen Verteidigung und Gericht keine Kommunikationstradition besteht – die Rechtsprechung zu den Voraussetzungen und der Überprüfbarkeit von Absprachen zwischen Verteidigung, Gericht und Staatsanwalt: Zusagen müssen konkrete Inhalte aufweisen und unter den Verfahrensbeteiligten offen gelegt werden;[103] eine Verständigung über die Rechtsfolgen kann durchaus auch vom Gericht initiiert werden, indem nach einer Zwischenbera- 136

103 BGHSt 38, 99 (102 f.); zur Kritik an § 257c StPO: *Jahn/Müller* NJW 2009, 2625 ff.; *Meyer-Goßner* ZRP 2009, 107 ff., zum Ganzen: BVerfG 2 BvR 2628/10 vom 19.03.2013.

tung in öffentlicher Hauptverhandlung auf den möglichen Zusammenhang z.B. einer geständigen Einlassung und einer bestimmten Rechtsfolge hingewiesen wird.[104]

137 Es ist grundsätzlich zu empfehlen, die Staatsanwaltschaft selbst aktiv in solche Absprachen mit einzubinden. Wann und unter welchen Umständen eine solche Mitwirkung der Staatsanwaltschaft zurate steht, ist hingegen nicht verallgemeinerbar. Das hängt nicht zuletzt davon ab, ob Sachbearbeiter und Sitzungsvertreter identisch sind; es hängt auch davon ab, welche Thematik zur Disposition steht. Werden z.B. neben dem anhängigen Strafverfahren noch weitere Ermittlungsverfahren gegen den Angeklagten geführt und hat die Verteidigung den Weg einer Strafmaßverteidigung eingeschlagen, können Gespräche über die Einstellung der »übrigen« Verfahren (vorrangig nach § 154 StPO) Erfolg verheißen. Dass die Rolle der Staatsanwaltschaft als Partner der Verständigung in der Zeitphase zwischen Eröffnung und Hauptverhandlung gering ist, ergibt sich schon aus dem Zuständigkeitswechsel und dem zurückliegenden Abschluss der Ermittlungen.

▶ **Beachte**

Unabhängig vom möglichen Ziel, auch die Staatsanwaltschaft in eine Verständigung mit einzubeziehen, ist es sicherlich zu empfehlen, zumal wenn in komplexeren Verfahren der sachbearbeitende Staatsanwalt selbst in der Hauptverhandlung auftritt, Fühlung zu nehmen – nicht zuletzt, um eine bessere Prognosesicherheit im Hinblick auf den Lauf der Hauptverhandlung zu erzielen.

138 Handelt es sich um ein Strafverfahren mit mehreren Angeklagten, muss notwendigerweise und so früh wie nur möglich ein Kontakt zu den Mitverteidigern hergestellt werden. Dies dient zum einen der Vervollständigung des Informationsbildes (Einlassungsverhalten der Mitangeklagten, mögliche Beweisanträge, Unterrichtung über Gespräche mit Gericht etc.), zum anderen aber auch der Effektivierung der Verteidigung des eigenen Mandanten durch eine Verständigung über einen gemeinsamen »Sockel« aller Verteidigungsbemühungen. Das Anstreben einer solchen Sockelverteidigung geschieht nicht um ihrer selbst willen, sondern im Interesse des zu verteidigenden Mandanten. Trotz zuweilen größerer Interessengegensätze zwischen einzelnen Angeklagten, die es manchmal nicht gerade leicht machen, den Vorteil einer zumindest stückweise gemeinsamen Verteidigungslinie dem Mandanten erfahrbar werden zu lassen, sind die Vorteile einer solchen Verteidigungsstrategie nicht von der Hand zu weisen: Decken sich beispielsweise die Angaben der Angeklagten im objektiven Bereich, kann dies gegenüber der Tatsachensicht der Anklage koordiniert und offensiv durch die Verteidiger geltend gemacht werden, gleichviel, ob sich dann im subjektiven Bereich »die Geister voneinander scheiden«.

139 Sind die Gräben zwischen den Angeklagten zu groß, herrschen persönliche Ressentiments oder hat gar der eine Angeklagte den anderen erst in den Anklagevorwurf verstrickt, wird die Verteidigung selten einen gemeinsamen Sockel entdecken – es wird bestenfalls bei grober gegenseitiger Unterrichtung über die jeweils eigene Verteidigungsstrategie bleiben. Der Mandant ist, insbesondere dann, wenn er sich inhaltlich zur Sache und auch zum Tatanteil des Mitangeklagten einlassen soll, eindringlich davor zu warnen, für eine Eskalation der Emotionen während seiner Einvernahme zu sorgen. Beschuldigte unterliegen oftmals dem Irrglauben, dadurch dass sie einen Mitbeschuldigten stärker belasten (im Sinne von: »geteilte Verantwortung ist halbe Verantwortung«), würde z.B. ihr eigener rechtlicher Status von der Mittäterschaft mehr oder weniger automatisch in die Gehilfenstellung »abrutschen«.

140 Gemeinhin sollte dem Mandanten geraten werden, sich – gleich, ob es einen gemeinsamen Verteidigungssockel gibt oder nicht – allzu intensiver Kontakte zu Mitangeklagten zu enthalten, um auszuschließen, dass sich quasi unterhalb der Verteidigungslinie, die mit dem Mandant abgesprochen ist, eine zweite Linie, abgestimmt im persönlichen Einvernehmen der Angeklagten ergibt. Außer-

104 Vgl. *Zschockelt* NStZ 1991, 305.

dem können sich hier Umstände ergeben, die später in der Hauptverhandlung als Beeinflussungsversuche gewertet werden.

Kontakte sind dann tolerierbar, wenn die Angeklagten miteinander persönlich, beruflich oder 141
geschäftlich verbunden sind. Zu beachten ist aber in jedem Fall, dass eine verantwortliche Festlegung der Verteidigungsstrategie immer eine Angelegenheit zwischen Verteidiger und Mandant bleibt. Sollte es der Verteidigung förderlich sein, gegebenenfalls Kontakt zu »Mitkontrahenten« herzustellen, sollte dies in der Regel auf der Ebene »Verteidiger zu Verteidiger« erfolgen.

Kapitel 4 Verteidigung in der Hauptverhandlung

Übersicht

A. Vorbemerkungen

»Wie eine Diskussion, in der kein Widerspruch gestattet wird, ein logischer Nonsens ist, und wie ein nur beschränkt zugelassener Widerspruch so viel, als gar kein Widerspruch ist, ebenso ist auch eine beschränkte Vertheidigung so gut, als gar keine Vertheidigung, und ein Strafprocess ohne Vertheidigung ein logisches Unding.«[1] 1

Voraussetzungen einer erfolgreichen Verteidigung sind fundierte Kenntnisse des Rechts, der StPO, 2
des Verfassungsrechts, der Rechtsprechung des EGMR und selbstverständlich Aktenkenntnis. Ohne die Beherrschung des Verfahrensrechts, ist der Angeklagte durch seinen Verteidiger rechtlos. Verteidigung ist keine schweigende, sitzende Beistandstätigkeit, sondern geprägt durch eine durch den Verteidiger aktive Gestaltung des Verfahrens. Dazu gehören auch die eigenen Ermittlungen des Verteidigers, die Vorbereitung von Befragung der Zeugen und Sachverständigen, die Erklärungen zu den persönlichen Verhältnissen und vieles mehr. Hierbei sollte man sich immer vor Augen führen, dass der Verteidiger mit seinem Mandanten vorgibt, wie das Verfahren und die Hauptverhandlung geführt wird.

▶ Hinweis

Verfassungsrechtliche Verstöße sowie Verstöße gegen die Rechtsprechung des EGMR sind in der Instanz zu rügen! Werden die Verstöße und die Art. nicht benannt, ist die Verfassungsbeschwerde unzulässig. Für kommende Rechtsmittel, lieber einmal mehr widersprechen als einmal zu wenig.

Im Folgenden werden ein paar Komponenten der strafrechtlichen Hauptverhandlung, ihre rechtlichen Grundlagen, die auftretenden rechtlichen und praktischen Probleme sowie mögliches Verteidigerhandeln beschrieben und einige praktische Formulare dargestellt.

B. Die notwendige Verteidigung

I. Allgemeines

Mit dem Institut der notwendigen Verteidigung hat der Gesetzgeber anerkannt, dass der Beschul- 3
digte in bestimmten Fällen nur durch die Hinzuziehung eines Verteidigers in die Lage versetzt wird, sich angemessen gegen die erhobenen Vorwürfe zur Wehr zu setzen. Das aus dem Rechtsstaats-

1 *Vargha* 280.

prinzip fließende Gebot des »fair trial« wird dahingehend konkretisiert, dass jedem, der zu seiner Verteidigung selbst nicht fähig und damit in seiner Stellung als Verfahrenssubjekt bedroht ist, ein Verteidiger beizuordnen ist.[2]

Durch das Gesetz zur Neuregelung der notwendigen Verteidigung vom 10. Oktober 2019, in Kraft getreten am 13. Dezember 2019, ist das Institut der notwendigen Verteidigung neu strukturiert und normiert worden. Mit der Gesetzesnovelle wurde die EU-Richtlinie zur Prozesskostenhilfe im Strafverfahren umgesetzt.[3] Die bisherige Systematik der notwendigen Verteidigung ist vom Gesetzgeber beibehalten worden.

Die Änderungen wurden insbesondere hinsichtlich des Zeitpunkts der Bestellung, der Qualifikation des Pflichtverteidigers und der (erleichterten) Möglichkeit zum Verteidigerwechsel vorgenommen.

4 Der sog. »Verteidiger der ersten Stunde«, wurde in § 141 StPO normiert. Danach ist dem Beschuldigten, der keinen Wahlverteidiger hat, vor seiner ersten Vernehmung »unverzüglich« ein Pflichtverteidiger zu bestellen, wenn der Beschuldigte dies beantragt und die Voraussetzungen der notwendigen Verteidigung nach § 140 StPO vorliegen. Der Beschuldigte ist über sein Recht zu belehren. Über den Antrag des Beschuldigten ist gem. § 141 Abs. 1 S. 1 StPO spätestens vor seiner ersten Vernehmung zu entscheiden.

5 Unabhängig von dem Vorliegen der Voraussetzungen des § 141 Abs. 1 S. 1 StPO, wird dem Beschuldigten nach § 141 Abs. 2 StPO ein Pflichtverteidiger von Amts wegen beigeordnet. Demnach ist ein Pflichtverteidiger beizuordnen, wenn im Vorverfahren bereits ersichtlich ist, dass sich der Beschuldigte bei einer Vernehmung oder Gegenüberstellung nicht selbst verteidigen kann (z.B. im Fall geistiger Unzulänglichkeiten, i.d.R. auch bei Ausländern, wobei zu prüfen ist, ob dessen Rechte nicht bereits ausreichend durch die Hinzuziehung eines Dolmetschers gewährleistet werden können.[4]

Der Katalog des § 140 StPO a.F. ist trotz der Neuregelung im Kern bestehen geblieben, wurde jedoch um weitere Fälle, die u.a. nach alter Rechtslage durch obergerichtliche Rechtsprechung gefestigt waren, ergänzt. So sieht § 140 Abs. 1 Nr. 1 StPO nunmehr vor, dass ein Fall der notwendigen Verteidigung vorliegt, wenn zu erwarten ist, dass die Hauptverhandlung des ersten Rechtszugs vor dem Oberlandesgericht, dem Landgericht oder dem Schöffengericht stattfindet. Im Ermittlungsverfahren genügt ein Anfangsverdacht bzgl. einer Tat, die vor den in § 140 Abs. 1 Nr. 1 StPO genannten Gericht zu verhandeln sein wird. Allerdings muss die Tat bereits so konkret bestimmbar sein, dass eine Prognose möglich ist.

Gleichfalls ist gem. § 140 Abs. 1 Nr. 4 StPO ein Pflichtverteidiger zu bestellen, wenn der Beschuldigte einem zuständigen Gericht zur Entscheidung über die Haft oder der einstweiligen Unterbringung vorgeführt wird. Die bisherige Regelung des § 140 Abs. 1 Nr. 5 StPO a.F. war mit der Richtlinie nicht zu vereinbaren, da es auf die voraussichtliche Dauer der Haft nicht mehr ankommt.

Nach § 140 Abs. 1 Nr. 10 StPO ist im Fall einer richterlichen Vernehmung des Beschuldigten die Beiordnung eines Pflichtverteidigers nicht mehr von einem Antrag der Staatsanwaltschaft abhängig.

Die Vernehmung des Beschuldigten ist nach § 141 StPO, dem in Abweichung zu § 141 Abs. 2 StPO (Bestellung von Amts wegen) oder § 141 Abs. 1 StPO (Bestellung auf Antrag) kein Pflichtverteidiger beigeordnet wurde, zulässig, wenn dies zur Abwehr einer gegenwärtigen Gefahr für Leib oder Leben (§ 141a Abs. 1 Nr. 1 StPO) oder zur Abwendung einer erheblichen Gefährdung des Strafverfahrens zwingend geboten ist. Wobei entgegen des § 141 Abs. 1 StPO eine Vernehmung nur dann erfolgen

2 BVerfG StV 1986, 160 ff.;.NJW 1983, 2762 f.; 1984, 113.

3 EU-Richtlinie 2016/1919 über Prozesskostenhilfe für Verdächtige und beschuldigte Personen in Strafverfahren sowie für gesuchte Personen in Verfahren zur Vollstreckung eines Europäischen Haftbefehls vom 26.10.2016.

4 NStZ-RR 14, 183.

darf, wenn der Beschuldigte damit einverstanden ist. Eine erhebliche Gefährdung des Strafverfahrens kann vorliegen, wenn die Vernichtung von Beweismitteln oder die Beeinflussung von Zeugen droht[5].

In § 142 StPO sind die Zuständigkeiten geregelt. Inhaltlich entsprechen sie im Wesentlichen der alten Rechtslage. Neu ist die Einführung einer Eilzuständigkeit der Staatsanwaltschaft, die bei »besonderer Eilbedürftigkeit« über die Bestellung des Verteidigers entscheidet.

Nur auf den ersten Blick erfreulich, ist die Reglung in § 142 Abs. 6 StPO, die der Justiz ein schein- 6
bar beschränktes Auswahlermessen bei der Bestellung des Pflichtverteidigers zubilligt, solange der Beschuldigte keinen Verteidiger selbst benannt hat. Nach Abs. 6 StPO ist der Verteidiger aus dem Gesamtverzeichnis der Bundesanwaltskammer (§ 31 BRAO) auszuwählen. Es soll ein Rechtsanwalt ausgewählt werden, der entweder ein Fachanwalt für Strafrecht ist oder sein Interesse an der Übernahme von Pflichtverteidigungen gegenüber der Rechtsanwaltskammer angezeigt hat und für die Übernahme der Verteidigung geeignet ist.

Nach der Gesetzesbegründung will der Gesetzgeber mit dieser Neuregelung das Erfordernis der Richtlinie in Art. 7 Abs. 1 nach Sicherung einer angemessenen Qualität Rechnung tragen[6].

Wie allein durch eine Interessensbekundung die fachliche Qualifikation eines Rechtsanwalts nach- 7
gewiesen werden kann, bleibt fraglich. Gleichfalls bleibt unklar, wie die Justiz vor der Auswahl des Rechtsanwalts dessen Geeignetheit überprüfen kann und wird. Die Gesetzesbegründung gibt dazu keine Hinweise. Vielmehr soll danach allein die Interessensbekundung ausreichender Nachweis für den »besonderen fachlichen Bezug zur Strafverteidigung« und deren »Bereitschaft, sich gerade auch durch eine verstärkte forensische Tätigkeit laufend fortzubilden« sein. Ausnahmsweise, so die Begründung weiter, z.B. in einem »besonders schwierigen Fall«, sei von den Gerichten eine Ungeeignetheit des Rechtsanwalts (weil sie oder er noch sehr unerfahren ist), zu berücksichtigen[7].

Es bleibt festzuhalten, dass auch nach der Einführung des § 142 Abs. 6 StPO eine Änderung der gerichtlichen Praxis im Hinblick auf die Beiordnung der »gerichtsbekannten und gerichtsbewährten« Pflichtverteidiger nicht eingetreten ist.

Bei § 142 Abs. 6 S. 2 StPO handelt es lediglich um eine Soll-Vorschrift. Das in der Gesetzesbegründung benannte Ziel, namentlich die Sicherung einer angemessenen, kann unter diesen Umständen nur als bloße Makulatur bezeichnet werden, welches lediglich der Umsetzungspflicht geschuldet war, ohne von einem echten Änderungswillen der gerichtlichen Praxis getragen zu sein.

▶ Beachte

Weiterhin gilt jedoch (unabhängig von der Beiordnung auf Antrag des Beschuldigten nach § 141 StPO), dass der Anwalt, der dem Wunsch des Mandanten entsprechend seine Beiordnung anstrebt, beachten muss, dass antragsbefugt nur der Beschuldigte ist und der Antrag somit in dessen Namen zu stellen ist. Das Wahlmandat muss niedergelegt werden. Ist fraglich, ob die Voraussetzungen für die Beiordnung vorliegen, empfiehlt es sich, die Niederlegung des Mandats für den Fall der Beiordnung anzukündigen. Den Gerichten reicht das i.d.R. aus.

Beibehalten worden ist auch der Grundsatz, dass dem Beschuldigten vor der Beiordnung die Gele- 8
genheit gegeben werden muss, einen Anwalt seines Vertrauens zu benennen, § 142 Abs. 5 StPO. Nur wenn wichtige Gründe dem Wunsch entgegenstehen, kann der Antrag zurückgewiesen werden.

Ein wichtiger Grund liegt nach der Neuregelung vor, wenn der Verteidiger nicht oder nicht rechtzeitig zur Verfügung steht.[8] Kann der benannte Verteidiger aus terminlichen Gründen an einer eil-

5 Meyer-Goßner/*Schmitt* § 141a, Rn. 5.
6 BT-Drucks. 19/13829, S. 43.
7 BT-Drucks. 19/13829, S. 43.
8 BGH Bschl. vom 18.11.2021 -StB 35/21.

bedürftigen Ermittlungshandlung nicht teilnehmen, so muss dem Wunsch des Beschuldigten nicht entsprochen werden. Im Einzelfall wird eine Wartezeit einzuräumen sein, ein Anspruch auf Verschiebung besteht jedoch nicht.[9]

Kein wichtiger Grund ist die fehlende Ortsansässigkeit des Rechtsanwalts. Das Vertrauensverhältnis hat Vorrang vor der Ortsnähe.[10] Gleiches gilt, wenn der gewünschte Verteidiger nicht dem in § 142 Abs. 6 S. 2 StPO bezeichneten Kreis der auszuwählenden Rechtsanwälte angehört.[11] Eine auflösende Bedingung oder eine Befristung der Pflichtverteidigerbestellung (z.B. für die Dauer der Untersuchungshaft) im Beiordnungsbeschluss ist unwirksam.[12]

▶ Antrag auf Beiordnung

In der Strafsache./. X

Az.

beantrage ich namens und im Auftrage des Herrn X

meine Beiordnung als Pflichtverteidiger, §§ 140 Abs. 1 Nr. 5, 141 StPO.

Gründe:

Meine Beiordnung entspricht dem Wunsch des Beschuldigten. Zwischen Herrn X und Unterzeichner besteht ein Vertrauensverhältnis (ist auszuführen). Für den Fall meiner Beiordnung, lege ich mein Wahlmandat nieder.

Bitte beachten: Sollte bereits ein Pflichtverteidiger beigeordnet worden sein, ist gegebenenfalls auf den konsensualen Verteidigerwechsel hinzuweisen.[13]

9 Umfang: Die Beiordnung bezieht sich auf das gesamte Verfahren. Eine einmal erfolgte Beiordnung gilt grundsätzlich auch für das Berufungs- und das Revisionsverfahren.[14] Hierbei ist § 143a Abs. 3 StPO zu beachten: Eine Bestellung des Pflichtverteidigers für die Revisionsinstanz ist aufzuheben, wenn der Beschuldigter einen neuen Rechtsanwalt bezeichnet und der Antrag spätestens binnen einer Woche nach Beginn der Revisionsbegründungsfrist gestellt wurde.

▶ Beachte

Für die Vertretung des Beschuldigten im Adhäsionsverfahren ist eine gesonderte Beiordnung erforderlich. Das Erfordernis der gesonderten Beiordnung ergebe sich aus § 404 Abs. 5 S. 2 StPO.[15]

Sobald ein Adhäsionsantrag gestellt wird, sollte der Pflichtverteidiger deshalb vorsorglich im Namen des Beschuldigten die Beiordnung auch für das Adhäsionsverfahren beantragen.

Ein Problem stellt sich für den Pflichtverteidiger durch die Rechtsprechung des BVerfGs zum Beschleunigungsgebot in Haftsachen.[16] Aus der Vorgabe an das Tatgericht, dem Beschleunigungsgebot durch eine vorausschauende, auch größere Zeiträume umfassende Planung mit durchschnittlich mehr als einem Hauptverhandlungstag pro Woche gerecht zu werden, hat sich eine Rechtsprechung entwickelt, nach der dem Beschleunigungsgebot der Vorzug vor den Terminswünschen des

9 Meyer-Goßner/*Schmitt* § 142, Rn. 46.
10 Meyer-Goßner/*Schmitt* § 142, Rn. 51.
11 LG Köln, Beschl. v. 13.08.2015 – 105 Qs 177/15.
12 OLG Hamburg, Beschl. v. 09.02.2015 – 2 Ws 12/15.
13 Meyer-Goßner/*Schmitt* § 143a Rn. 31.
14 KK *Willnow* § 140 Rn. 4, jeweils unter Hinweis auf ältere Rechtsprechung.
15 Vgl. nur OLG Hamm NJW 2013, 325; OLG Karlsruhe StraFo 2013, 84; OLG Düsseldorf NJW-Spezial 2012, 508.
16 BVerfG StV 2006, 81.

Verteidigers einzuräumen ist.[17] Daran hat sich auch nach der neuen Rechtslage im Grundsatz nichts geändert, da die Gesetzesnovelle keine Abkehr von der bisherigen Rechtsprechung zum Ziel hatte. Unüberbrückbare Terminskollisionen des Verteidigers können einer Beiordnung entgegenstehen, § 142 Abs. 5 S. 3 StPO und auch zur Auswechslung des Pflichtverteidigers aus sonstigen Gründen führen, § 143a Abs. 2 Nr. 3 StPO.

Der Vorsitzende ist aber grundsätzlich gehalten, über Verlegungsanträge unter Berücksichtigung der eigenen Terminsplanung, der Gesamtbelastung des Spruchkörpers, des Gebots der Verfahrensbeschleunigung und der berechtigten Interessen der Prozessbeteiligten nach pflichtgemäßen Ermessen zu entscheiden.[18] Die Terminslage des Verteidigers ist im Rahmen der Terminierung insoweit zu berücksichtigen, als es hierdurch zu keiner deutlichen Verlängerung der U-Haft kommt, wobei das Beschleunigungsgebot in Haftsachen nicht schon dann verletzt ist, dass den berechtigten Interessen des Angeklagten durch eine etwas weiträumigere Terminierung Rechnung getragen wird.[19]

An dieser Stelle soll auf die einzelnen Fälle des Kataloges des § 140 Abs. 1 StPO nicht weiter eingegangen werden. Sie bereiten in der Praxis seltener Schwierigkeiten. Vielmehr wird das Ansinnen auf Beiordnung nach § 140 Abs. 2 StPO häufig zurückgewiesen, weil angeblich die Schwierigkeit der Sach- und Rechtslage bzw. die Schwere der Tat nicht gegeben sei. 10

II. Die Generalklausel des § 140 Abs. 2 StPO

Die Gesetzesänderung hat den Regelungsgehalt der Generalklausel des § 140 Abs. 2 StPO ist unverändert gelassen, allerdings den Anwendungsbereich soweit beschränkt, als das Fälle ausdrücklich in § 140 Abs. 1 StPO benannt und geregelt sind. 11

1. Pflichtverteidigung in Jugendsachen

Durch die Gesetzesnovelle hat sich der Streit, ob eine notwendige Verteidigung bei Anklagen vor dem Jugendschöffengericht vorliegt, erledigt. Gem. § 140 Abs. 1 Nr. 1 i.V.m. § 68 Nr. 1 JGG gilt für Jugendliche selbstverständlich dieselbe Rechtslage, wie für Erwachsene sind Anklagen vor dem Schöffengericht Fälle der notwendigen Verteidigung. 12

Zur Frage, wann in anderen Fällen dem Jugendlichen ein Pflichtverteidiger zu bestellen bzw. an welchen Maßstäben sich die Auslegung der Generalklausel im Jugendstrafrecht orientiert, sei trotz geänderter Rechtslage u.a. auf eine Entscheidung des **LG Gera**[20] verwiesen.

Liegt ein Fall der notwendigen Verteidigung vor, so kann der Jugendliche auf die Bestellung eines Pflichtverteidigers nicht wirksam verzichten; außer es ist bereits ein Wahlverteidiger beauftragt.[21]

Im Jugendstrafrecht ist zu beachten, dass der Anwendungsbereich der Generalklausel des § 140 Abs. 2 StPO häufiger als im Erwachsenenstrafrecht zur Anwendung kommt, da deren Voraussetzungen einer »extensiven und großzügigen« Auslegung bedürfen.[22]

Im Übrigen gilt der Grundsatz »Verteidiger der ersten Stunde« nach § 68a JGG auch im Jugendstrafrecht. Ein Pflichtverteidiger ist, wenn ein Fall des § 68 JGG vorliegt, spätestens vor der Vernehmung des Jugendlichen zu bestellen. 13

17 BGH StV 2006, 625; OLG Köln StV 2006, 143, 463.

18 Vgl. *Müller/Schmidt* NStZ 2007, 322.

19 OLG Köln StV 2006, 145; vgl. i. Ü. zu weiteren Problemen bei der Terminsabsprache und den Rechtsbehelfen des Scheiterns *Hohmann/Fischer* Kap. 3 Rdn. 54 ff., 59.

20 LG Gera StV 1999, 654 f.

21 Bspw. Meyer-Mews ZRP 2019, 5 (6).

22 OLG Hamm, StraFo 2002, 293 f.

14 Akteneinsicht ist für eine ordnungsgemäße Verteidigung nach dem Grundsatz der fairen Verfahrensgestaltung erforderlich, wenn:

- Ein wichtiger Zeuge seine Aussage mehrfach in wesentlichen Punkten geändert hat und ihm das vorzuhalten ist.[23]
- Der bestreitende Beschuldigte in die Lage versetzt werden muss, Belastungszeugen Vorhalte aus früheren Vernehmungen machen zu können.[24]
- Einem Zeugen verschiedene Aktenbestandteile vorzuhalten sind, um Unstimmigkeiten aufzuklären.[25]
- Akten zu Beweiszwecken beigezogen wurden.[26]
- Sich in den Akten ein Sachverständigengutachten über die Schuldfähigkeit befindet.[27]
- Ein Sachverständigengutachten entscheidendes Beweismittel gegen den Angeklagten ist.[28]
- Ein Sachverständigengutachten eingeholt wird. Auf das Ergebnis des Gutachtens kommt es für die Frage der Beiordnung nicht an.[29]
- Die Überprüfung der Einhaltung der Prozessvorschriften hinsichtlich der Erstellung einer Wahllichtbildvorlage erforderlich ist.[30]
- Es sonst sachdienlich ist, dass dem Verteidiger der Akteninhalt bekannt ist.[31]

2. Unfähigkeit der Selbstverteidigung

15 Eine solche Unfähigkeit kann sich aus den individuellen Fähigkeiten des Angeklagten, seinem Gesundheitszustand und den sonstigen Umständen des Falles ergeben.[32] Sie kann auf dem jugendlichen Alter des Angeklagten aber auch auf seinem besonders hohen Alter beruhen. So auch bei einer diagnostizierten seelischen Abartigkeit.[33] Auch die Verständigungsschwierigkeiten des Ausländers oder Spätaussiedlers gehören hierher wie auch eine Legasthenie.[34] Die Voraussetzungen des § 140 Abs. 2 StPO sind immer schon dann gegeben, wenn nur erhebliche Zweifel an der Fähigkeit zur Selbstverteidigung vorliegen.[35]

Dieser Unterfall entspricht im Wesentlichen dem Regelungsgehalt des § 141 Abs. 2 Nr. 3 StPO, nach dem die Pflichtverteidigerbestellung vor der ersten Vernehmung von Amts wegen zu erfolgen hat.

Die Unfähigkeit zur Selbstverteidigung kann bspw. auch dann vorliegen, wenn die Beweissituation aufgrund einer klassischen Aussage-gegen-Aussagesituation schwierig ist oder zumindest eine vergleichbar schwierige Beweissituation vorliegt.[36]

16 Erhebliche Zweifel an der Fähigkeit sich selbst zu verteidigen liegen i.d.R. vor, wenn zunächst eine Pflichtverteidigerbestellung nach § 140 Abs. 1 Nr. 5 StPO wegen der Inhaftierung des Beschuldigten erfolgte, dann aber, wegen Entlassung des Beschuldigten aus der Haft vor dem Hauptverhandlungstermin, die Voraussetzungen dieser Norm entfallen. Einer Entpflichtung steht dann meist entgegen,

23 OLG Zweibrücken StV 1986, 240.
24 OLG Thüringen StV 2004, 585.
25 KG StV 1993, 5; LG Tübingen StV 1999, 642.
26 Oben Fn. 23.
27 OLG Köln VRS 78, 118; *Lehmann* StV 2003, 356.
28 LG Bochum StV 1987, 383; LG Cottbus StV 1999, 642; OLG Hamm StraFo 2002, 397.
29 LG Braunschweig StraFo 2002, 398; LG Arnsberg StV 2002, 648, OLG Thüringen StV 2004, 585; StraFo 2006, 71.
30 LG Magdeburg StV 1999, 532.
31 BGH JR 1955, 189; OLG Düsseldorf VRS 83, 193; OLG Hamm MDR 1988, 340; OLG Karlsruhe StV 1987, 518; OLG Köln StV 1986, 238.
32 Vgl. Meyer-Goßner/*Schmitt* § 140 Rn. 30.
33 *Hamm* StV 84, 66.
34 LG Hildesheim StraFo 08, 75.
35 OLG Frankfurt StV 84, 66.
36 OLG Hamm, Beschl. v. 09.07.2020 – III 5 Ws 202/20.

dass die frühere Behinderung der Verteidigungsmöglichkeiten durch die Haft weiter fortwirkt und daher die Unterstützung durch einen Verteidiger gem. § 140 Abs. 2 StPO erforderlich ist.[37]

Wird der Beschuldigte später als zwei Wochen vor Beginn der Hauptverhandlung aus der Haft entlassen, so ist eine Entpflichtung nicht mehr möglich, § 143 Abs. 2 S. 3 StPO. Eine Ausnahme soll nach § 143 Abs. 2 S. 3 StPO gelten, wenn die Inhaftierung auf einem Haftbefehl nach § 230 Abs. 2 StPO beruht.

In Fällen der Beiordnung eines Rechtsanwalts für den Nebenkläger oder eines Beistands für den Verletzten ist die Beiordnung eines Pflichtverteidigers für den Beschuldigten gemäß § 140 Abs. 1 Nr. 9 StPO der zwingende Grundsatz. Über § 140 Abs. 2 StPO ist aber auch dann unter dem Gesichtspunkt der Unfähigkeit zur Selbstverteidigung (Waffengleichheit) ein Fall notwendiger Verteidigung gegeben, wenn der Verletzte sich der Hilfe eines Wahlanwalts bedient. Auch dann ist dem Angeklagten in der Regel ein Pflichtverteidiger beizuordnen.[38] 17

Im Fall der Berufung der Staatsanwaltschaft gegen ein freisprechendes Urteil ist i.d.R. die Mitwirkung eines Verteidigers geboten, wenn die erstrebte Verurteilung aufgrund einer abweichenden Beweiswürdigung oder sonstiger unterschiedlicher Bewertungen der Sach- oder Rechtslage erreicht werden soll.[39] Eine Verständigung nach § 257c StPO in der ersten Instanz ist in der Regel geeignet, die Schwierigkeit der Rechtslage zu begründen.[40] 18

Die Rechtslage ist schwer, wenn absehbar ist, dass in der Hauptverhandlung die Diskussion von Rechtsfragen zu erwarten ist, die ein Laie zu führen nicht in der Lage ist.[41] In der zitierten Entscheidung geht es um die Geltendmachung eines Beweisverwertungsverbotes nach einer Blutprobenentnahme. Bemerkenswert daran erscheint, dass das Gericht in einem obiter dictum bereits das Beweisverwertungsverbot selbst ablehnt, für die Diskussion hierüber aber dennoch die Mitwirkung eines Verteidigers für erforderlich erachtet. 19

Als Beispiel für eine Beschwerde gegen eine unterbliebene Beiordnung wegen Unfähigkeit zur Selbstverteidigung eines Ausländers aus einem anderen Kulturkreis ohne deutsche Sprachkenntnisse dient nachstehendes Formular:[42]

▶ **Beschwerde gegen unterbliebene Beiordnung**

Namens und im Auftrag des Herrn U. lege ich gegen den Beschluss des AGs in der Hauptverhandlung vom ..., mit dem der Antrag des Angeklagten, mich ihm unter Niederlegung meines Wahlmandats beizuordnen, zurückgewiesen wurde,

Beschwerde

ein verbunden mit dem Antrag,

unter Aufhebung des angefochtenen Beschlusses den Unterzeichner/Unterzeichnerin zum Pflichtverteidiger des Angeklagten zu bestellen.

Gründe:

Mein Mandant ist als der deutschen Sprache nicht mächtiger Ausländer und als Angehöriger eines anderen Kulturkreises unfähig, sich selbst gegen die erhobenen Vorwürfe zu verteidigen, § 140 Abs. 2 StPO.

Dem in .... geborenen Angeklagten wird vorgeworfen, am ... in ... mit Betäubungsmitteln unerlaubt Handel getrieben zu haben. Die Hauptverhandlung am ... wurde abgebrochen. Eine

37 OLG Celle StV 1992, 151; OLG Frankfurt StV 1997, 573 (574); OLG Düsseldorf StV 2000, 402.
38 OLG Hamm StraFo 2004, 242; OLG Zweibrücken StraFo 2005, 28.
39 OLG Düsseldorf StV 2000, 409; OLG Köln StV 2004, 587.
40 OLG Naumburg StraFo 2014, 21; a.A. OLG Bamberg StraFo 2015, 67.
41 LG Schweinfurt StraFo 2008, 331.
42 Vgl. hierzu OLG Frankfurt StV 1997, 573 f.; OLG Brandenburg StV 2000, 69 (70).

Verständigung mit dem Angeklagten war weder in Deutsch noch über den Dolmetscher für die englische Sprache möglich. Für den nächsten Termin wurde die Ladung eines Dolmetschers angeordnet, der die Landessprache des Angeklagten – ..... – beherrscht. Mein Mandant, der erst am ... aus einem anderen Kulturkreis in die Bundesrepublik Deutschland eingereist ist, ist in rechtlichen Dingen unerfahren. Das deutsche Rechtssystem ist ihm fremd. Der im Rechtsstaatsprinzip (Art. 20 III GG) wurzelnde Anspruch des Angeklagten auf ein faires Verfahren nötigt nach einer Gesamtwürdigung dieser Umstände zur Beiordnung des Verteidigers, weil allein der Dolmetscher den Angeklagten nicht in die Lage versetzen kann, sich angemessen gegen die Vorwürfe zu verteidigen, vgl. hierzu OLG Frankfurt/M StV 1997, 573 f.; OLG Brandenburg StV 2000, 69, 70.

Zwischen dem Angeklagten und dem Unterzeichner besteht ein Vertrauensverhältnis. – *Ist näher auszuführen* –

Vorsorglich wird erklärt, dass mein Wahlmandat im Fall meiner Beiordnung beendet ist und das Wahlmandat niedergelegt wird.

3. Die Schwere der Tat – Rechtsfolgenerwartung

20 Am häufigsten tritt die Frage der Rechtsfolgenerwartung eines Strafverfahrens in den Vordergrund, die den Grad der Schwere der Tat i.S.d. § 140 Abs. 2 StPO bestimmt. Die »Schwerere der zu erwartenden Rechtsfolgen« wurde durch die Gesetzesänderung ausdrücklich in den Wortlaut des § 140 Abs. 2 StPO aufgenommen. Inhaltlich entspricht sie der ständigen Rechtsprechung zur »Schwere der Tat«, da diese sich im Wesentlichen an den Rechtsfolgen orientierte.

Allgemein gilt, dass eine Straferwartung ab einem Jahr Freiheitsstrafe Anlass zur Beiordnung eines Verteidigers gibt.[43]

Die vorherige Frage, ob in Verfahren vor dem Schöffengericht ein Verteidiger zu bestellen ist, hat sich mit der Einführung des § 140 Abs. 1 Nr. 1 StPO erledigt.

21 Auch mittelbare Straffolgen sind zu beachten, wie drohender Bewährungswiderruf,[44] Maßregel nach § 64 StGB, Verlust des Beamtenstatus oder Geschäftsführertätigkeit[45], Widerruf der in anderer Sache gewährten Zurückstellung der Strafvollstreckung gem. § 35 BtMG,[46] erforderlich werdende Gesamtstrafenbildungen,[47] Einbeziehung von Jugendstrafe in eine Einheitsjugendstrafe[48] und drohende Abschiebung.[49] Es stellt sich die Frage, wie bei abschlägigem Beschluss des Gerichts zu reagieren ist:

▶ **Beispiel**

22 Der Mandant ist wegen Körperverletzung bei dem Strafrichter des AGs angeklagt. Mit einer Freiheitsstrafe von 10 Monaten steht er unter Bewährung. Es ist erkennbar, dass eine Verurteilung zu zumindest mehrmonatiger Freiheitsstrafe droht.

Nach der Verlesung des Bundeszentralregisterauszuges beantragt der Verteidiger im Namen des Angeklagten seine Beiordnung gem. § 140 Abs. 2 StPO wegen der Schwere der Tat. Das Gericht weist den Antrag durch Beschluss zurück. Der Verteidiger legt sein Wahlmandat nieder und nimmt daraufhin im Zuschauerraum Platz, der Mandant bleibt für den Rest der Verhandlung unverteidigt. Der Angeklagte wird wegen Körperverletzung zu einer Freiheitsstrafe von 6 Monaten ohne Strafaussetzung zur Bewährung verurteilt.

43 Vgl. die Nachweise bei Meyer-Goßner/*Schmitt* § 140 Rn. 23 a.
44 Vgl. OLG Hamm StraFo 1998, 268 m.w.N.
45 OLG Oldenburg Bschl. vom 22.09.2021 -1 Ws 386/21.
46 OLG Hamburg StV 1999, 420.
47 Vgl. OLG Köln StV 2000, 70; LG Bonn StV 2000, 414.
48 OLG Hamm NStZ-RR 1997, 78; LG Frankfurt StV 1998, 326; OLG Düsseldorf StraFo 1998, 341.
49 LG Stade StV 1998, 125.

Hier sollte überlegt werden, ob nicht vor Niederlegung des Wahlmandats Unterbrechung hilfsweise Aussetzung der Hauptverhandlung beantragt wird, bis zur Entscheidung über die sofortige Beschwerde gegen den Beschluss des Amtsgerichts den Verteidiger nicht beizuordnen.

Ein solches Verhalten des Verteidigers kann nur für eine Sprungrevision mit den bekannten Erfolgsrisiken Sinn machen. Eine ausführliche Erörterung dieser Strategie mit dem Mandanten ist deshalb zwingend.

Gem. § 338 Nr. 5 StPO stellt es einen absoluten Revisionsgrund dar, wenn die Hauptverhandlung in Abwesenheit einer Person stattgefunden hat, deren Anwesenheit das Gesetz vorschreibt. Die ununterbrochene Anwesenheit eines Verteidigers ist dann erforderlich, wenn ein Fall notwendiger Verteidigung des § 140 StPO gegeben ist.

Die Obergerichte bejahen die Schwere der Tat u.a. bei einer zu erwartenden einschneidenden Rechtsfolge, die allgemein bei einer Freiheitsstrafe ab einem Jahr mit oder ohne Strafaussetzung zur Bewährung gesehen wird.[50] 23

In der Weiterentwicklung dieser Rechtsprechung wurde anerkannt, dass es für die Rechtsfolgenerwartung nicht allein auf die mit dem Urteil zu erwartende Strafe ankommt, sondern auf die weiteren Folgen eines freiheitsentziehenden Urteils, z.B. durch Bewährungswiderrufe.[51] So hat das OLG Frankfurt eine notwendige Verteidigung für einen Fall bejaht, in dem die Jahresgrenze dadurch erreicht wurde, dass neben der aktuell verhängten Freiheitsstrafe von neun Monaten durch Bewährungswiderruf in anderer Sache eine Verbüßung von drei Monaten Freiheitsstrafe (ausgehend von einer Strafaussetzung bei Erreichen des Zweidrittelzeitpunktes) drohte.[52] Eine zur Beiordnung nötigende Straferwartung von einem Jahr Freiheitsstrafe und darüber hinaus ist auch dann gegeben, wenn sich diese Straferwartung aus einer erforderlichen oder drohenden Gesamtstrafenbildung ergeben kann, bei Überschreitung der Jahresgrenze durch Bildung einer Einheitsjugendstrafe[53] oder durch eine nachträgliche Gesamtstrafenbildung gem. § 55 Abs. 1 StGB.[54] Ein Fall notwendiger Verteidigung liegt somit auch vor, wenn es nicht ausgeschlossen ist, dass der Angeklagte zumindest zu kurzer Freiheitsstrafe verurteilt wird, mit der Folge, dass die in anderer Sache gem. §§ 35, 36 BtMG gewährte Zurückstellung der Strafvollstreckung widerrufen wird.[55] 24

Die aufgezeigte Verteidigungsstrategie eröffnet eine interessante Zweigleisigkeit der Überprüfung. Parallel zur Einlegung der Sprungrevision zum OLG, wo über die Rüge der Verletzung des § 338 Nr. 5 StPO entschieden werden soll, kann und sollte dieselbe Rechtsfrage im Wege der Beschwerde gegen die Nichtbeiordnung der zuständigen Beschwerdekammer des Landgerichts zugeführt werden. Sprungrevisionen werden allerdings meistens durch die Staatsanwaltschaften verhindert, die entgegen ihrem gesetzlichen Auftrag sogenannte Sperrberufungen einlegen. 25

Nach der Gesetzesänderung sind gerichtliche Entscheidungen über die Bestellung eines Pflichtverteidigers nach § 142 Abs. 7 StPO (i.V.m. § 144 Abs. 2 S. 2 StPO auch beim Sicherungsverteidiger) mit der sofortigen Beschwerde anfechtbar, das heißt sowohl gegen die Ablehnung der Beiordnung als auch gegen die Beiordnung eines Pflichtverteidigers, es sei denn, der Beschuldigte kann einen Antrag

50 Vgl. u.a. OLG Frankfurt StV 1995, 628; OLG Hamm StraFo 1998, 164; Meyer-Goßner/*Schmitt* § 140 Rn. 23 a, jeweils m.w.N.

51 Vgl. OLG Hamm StraFo 1998, 164; OLG Köln StraFo 1997, 78; OLG Hamm StraFo 1997, 142 f.; StraFo 1998, 268; OLG Düsseldorf StraFo 1998, 341; OLG Karlsruhe NStZ 1991, 505; OLG Brandenburg StV 2000, 607; Thüringer OLG StraFo 2005, 200.

52 Vgl. OLG Frankfurt StraFo 1999, 416 m. Anm. *Henze.*

53 OLG Hamm, NJW 2004, 1338; LG Siegen, Beschl. v. 14.07.2020 – 10 Qs 68/20.

54 OLG Köln StV 2000, 70; OLG Hamm, StV 2004, 586.

55 OLG Hamburg StV 1999, 420.

auf Verteidigerwechsel nach § 143a Abs. 2 S. 1 Nr. 1 StPO stellen. Auch Beschlüsse im Rahmen des Verteidigerwechsels sind nach § 143a Abs. IV StPO sind mit der sofortigen Beschwerde anfechtbar.

Der Pflichtverteidiger hat kein eigenes Beschwerderecht, auch nicht gegen den auf Antrag des Angeklagten ergehenden Beschluss des Gerichts die Pflichtverteidigerbestellung aufzuheben[56], beschwerdeberechtigt ist grundsätzlich nur der Beschuldigte.[57] Es ist daher darauf zu achten, dass die Beschwerde im Namen des Mandanten eingelegt wird.

Der Rechtsanwalt ist jedoch dann selbst beschwerdeberechtigt, wenn er sich gegen die Ablehnung der von ihm beantragten Rücknahme seiner Beiordnung wendet.[58]

Die Beschwerde bei erstinstanzlichen Verhandlungen vor dem Oberlandesgericht, die die Bestellung eines Pflichtverteidigers zum Gegenstand hat, ist nunmehr gleichfalls statthaft und ausdrücklich in § 304 Abs. 4 Nr. 1 StPO genannt.

▶ **Beachte**

Der im Fall des Vorliegens der Voraussetzungen einer notwendigen Verteidigung von einem unverteidigten Angeklagten erklärte Rechtsmittelverzicht ist unwirksam.[59]

III. Rückwirkende Beiordnung eines Pflichtverteidigers

26 Die rückwirkende Bestellung eines Pflichtverteidigers war nach der weit überwiegenden früheren Rechtsprechung der Oberlandesgerichte selbst bei rechtzeitiger Antragstellung unzulässig.[60] Im Anschluss an die Entscheidungen einiger Landgerichte besorgt das OLG Stuttgart wegen einer von ihm festgestellten Häufung von Fällen, in denen rechtzeitig gestellte Beiordnungsanträge ohne erkennbaren Grund nicht beschieden wurden, einen Verstoß gegen den Grundsatz des »fair trial« (Art. 20 Abs. 3 GG, Art. 6 Abs. 1 S. 1 EMRK).[61] Im Hinblick auf diese beanstandenswerte Praxis sei nach Ansicht des Senats die bisherige Rechtsprechung, eine rückwirkende Beiordnung grundsätzlich abzulehnen, neu zu überdenken.

IV. Entpflichtung des beigeordneten Verteidigers

1. Bestellung eines Wahlverteidigers

27 Die Rücknahme der Bestellung in den Fällen, in denen der Beschuldigte einen anderen Verteidiger gewählt hat und dieser die Bestellung annimmt ist in § 143a Abs. 1 StPO geregelt.

Eine Entpflichtung kann abgelehnt werden, wenn die Besorgnis besteht, der Wahlverteidiger werde wegen Mittellosigkeit des Beschuldigten alsbald das Mandat wieder niederlegen[62] oder die Bestellung des Wahlverteidigers diene allein dem Zweck, die Rücknahme der Bestellung des Pflichtverteidigers zu erzwingen, um sodann selbst einen Beiordnungsantrag zu stellen.[63]

Was nach alter Rechtslage ständige Rechtsprechung war, ist nunmehr in § 143a Abs. 1 StPO als gesetzliche Regelung ausdrücklich übernommen worden.

56 Beschl. v. 18.08.2020 – BGH StB 25/20.
57 Düsseldorf StraFo 00, 414; Koblenz Wistra 86, 118; Hamburg NJW 78, 1172, vgl. Fn. 54.
58 BGH StB 6/20, Beschl. v. 05.03.2020.
59 OLG Düsseldorf StV 1998, 647.
60 Vgl. die Nachweise bei Meyer-Goßner/*Schmitt* § 142 Rn. 19.
61 OLG Stuttgart StraFo 2010, 465.
62 KG StV 2010, 63, gesetzlich normiert § 143 a Abs. 1 S. 2.
63 Vgl. OLG Köln NJW 2006, 389, s.o.

Die Befürchtung, der Wahlverteidiger werde aus finanziellen Gründen sein Wahlmandat niederlegen, kann durch eine entsprechende Erklärung des Wahlverteidigers, dass das Wahlmandat gesichert sei, ausgeräumt werden.[64]

> **Beachte**
>
> Der Verteidiger, der im Auftrage des Mandanten das Wahlmandat übernehmen soll, sollte deshalb mit dem Antrag, die Bestellung des bisher tätigen Pflichtverteidigers zurück zu nehmen, versichern, dass er einen Beiordnungsantrag in dieser Instanz nicht stellen werde.

Eine Aufhebung der Beiordnung des Pflichtverteidigers kommt in den Fällen des § 144 StPO nicht in Betracht, wenn die Aufrechterhaltung der Pflichtverteidigerbestellung zur Sicherung einer zügigen Durchführung des Verfahrens, insbesondere wegen dessen Umfang und Schwierigkeit, erforderlich ist (sog. Sicherungsverteidiger). Neben dem Wahl- oder Pflichtverteidiger können danach bis zu zwei weitere Pflichtverteidiger beigeordnet werden.

Der BGH hat dazu entschieden, dass für die Auslegung des § 144 Abs. 1 StPO auf die bisherige Rechtsprechung zur Zulässigkeit der Beiordnung eines zusätzlichen Verteidigers zurückgegriffen werden kann. Danach ist eine solche Bestellung lediglich in eng begrenzten Ausnahmefällen in Betracht zu ziehen. Ein derartiger Fall ist nur anzunehmen, wenn etwa wegen des besonderen Umfangs oder der besonderen Schwierigkeit der Sache ein »unabweisbares Bedürfnis« besteht, um eine sachgerechte Wahrnehmung der Rechte des Angeklagten und einen ordnungsgemäßen Verfahrensverlauf zu gewährleisten (vgl. BGH Beschl. vom 25.08.2022 -StB 35/22).

Das soll vor allem dann der Fall sein, wenn eine Vielzahl an Hauptverhandlungstagen bestimmt ist bzw. die Sitzungstage wegen Haftsachen engmaschig terminiert sind und erwartende Terminskollisionen entgegenstehen oder der Verfahrensstoff so außergewöhnlich umfangreich ist, dass er nur bei arbeitsteiligem Zusammenwirken zweier Verteidiger beherrscht werden kann.[65]

Die Ersetzung eines Pflichtverteidigers durch einen anderen Pflichtverteidiger ist in § 143a Abs. 2 StPO geregelt. Eine Auswechslung des Pflichtverteidigers kommt danach in Betracht, wenn entweder ein anderer, als von dem Beschuldigten benannter Verteidiger beigeordnet wurde oder die Frist zur Auswahl eines Verteidigers zu kurz bemessen war.

> **Beachte**
>
> Der Beschuldigte bzw. sein Verteidiger sind vor Auswahl eines sogenannten Sicherungsverteidigers anzuhören mit ausreichender Frist zur Stellungnahme.

2. Ausschließung des Verteidigers

Wie der Wahlverteidiger ist auch der Pflichtverteidiger von der Mitwirkung im Verfahren auszuschließen und seine Bestellung zurück zu nehmen, wenn er eine der in § 138a StPO genannten Ausschließungsgründe verwirklicht. 28

3. Entpflichtung wegen Zerstörung des Vertrauensverhältnisses und sonstigem Grund

Darüber hinaus ist eine Beiordnung nach § 143a Abs. 2 Nr. 3 StPO aufzuheben, wenn das Vertrauensverhältnis zwischen dem Beschuldigten und dem Verteidiger endgültig zerstört ist oder aus sonstigem Grund keine angemessene Verteidigung gewährleistet ist. 29

64 BGH NStZ 2014, 660.

65 BGH Beschl. v. 31.08.2020 – StB 23/20, KG Beschl. 14.08.23 -3 Ws 40/23 (Bestellung eines weiteren Pflichtverteidigers auch zum Zweck der zügigen Verfahrensdurchführung).

Durch die Neufassung des § 143a Abs. 2 Nr. 3 StPO hat der Gesetzgeber nunmehr zwei von der ständigen Rechtsprechung anerkannte Fälle normiert.[66] Die bisherige Rechtsprechung behält demnach weiterhin ihre Geltung[67].

30 Ist das Vertrauensverhältnis nachhaltig und endgültig erschüttert oder fehlt es in Fällen der Auswahl des Pflichtverteidigers durch den Vorsitzenden von Anfang an, so steht zu befürchten, dass die Verteidigung objektiv nicht sachgerecht geführt werden kann.[68] Die Störung des Vertrauensverhältnisses ist von dem Beschuldigten bzw. dem Verteidiger darzulegen. Dabei dürfen an die Darlegungspflicht des Verteidigers keine zu hohen Anforderungen gestellt werden, wo er seine Schweigepflicht zu beachten hat.

Die Entpflichtung aus sonstigen Gründen ist veranlasst, wenn die Verfahrensfairness nicht mehr gewährleistet ist, da der Verteidiger in grober Weise gegen eine ordnungsgemäße Wahrnehmung seiner Aufgaben verstoßen hat und somit eine angemessene Verteidigung des Mandanten ersichtlich gefährdet ist.[69] Das ist bspw. der Fall, wenn der Verteidiger den inhaftierten Mandanten nicht besucht, ihn nicht ausreichend informiert[70], oder sonst untätig bleibt.

31 An eine Entpflichtung wegen Missbrauchs sind weiterhin hohe Anforderungen zu stellen. So etwa bei Gebrauch prozessualer Befugnisse zu verfahrensfremden Zielen, z.B. der Prozessverschleppung. Bedenklich aber lesenswert erscheinen die Gründe, mit denen das Kammergericht den Widerruf der Bestellung des Pflichtverteidigers aus wichtigem Grund wegen Missbrauchs prozessualer Rechte auf die Beschwerde des Angeklagten hin bestätigt hat.[71] Der angebliche Missbrauch prozessualer Rechte wird darin gesehen, dass die Pflichtverteidigerin der Vorsitzenden ständig ins Wort gefallen und lautstarke Ausführungen gemacht habe, sodass die Ausführungen der Vorsitzenden nicht mehr zu verstehen gewesen seien. Zudem habe sie ohne nähere Begründung Widersprüche gegen Beweiserhebungen und Gegenvorstellungen gegen die Sachleitung des Vorsitzenden bestätigende Kammerbeschlüsse erhoben und rechtsfehlerhaft das Zustandekommen sachleitender Anordnungen gerügt. Ein Fehlverhalten von ganz besonderem Gewicht, das eine Entpflichtung rechtfertigen kann, kann in diesem prozessualen Geschehen bei zutreffender Würdigung wohl nicht erkannt werden. Insbesondere wird dem Pflichtverteidiger keine Pflichtverletzung zum Nachteil des Angeklagten angelastet, worum es bei der Entpflichtung aus wichtigem Grund gerade geht.[72] Hierher gehört z.B. die Weigerung des Verteidigers, einen Schlussvortrag zu halten[73] oder die unbegründete Weigerung, zu bestimmten Fortsetzungsterminen zu erscheinen.[74]

Die Auswechslung des Pflichtverteidigers kann unabhängig vom Willen des Beschuldigten erfolgen, der jedoch vorher anzuhören ist.

32 Die Auswechslung des Verteidigers nach einer unverzüglichen Bestellung durch den Haftrichter gem. § 141 Abs. 3 S. 4 StPO kommt in Betracht, wenn bei der Auswahl die Interessen des Beschuldigten nicht ausreichend berücksichtigt wurden.[75] Insbesondere ist dem Inhaftierten eine angemessene Anhörungsfrist zur Wahl eines Pflichtverteidigers einzuräumen. Wurde dies unterlassen oder die Frist zu knapp bemessen, so ist der zunächst beigeordnete Pflichtverteidiger wieder zu entpflichten und der gewählte Verteidiger beizuordnen.[76] Die Bundesrechtsanwaltskammer hat im Hinblick auf die

66 BT-Drucksache 19/13829 S. 48.
67 BGH Beschl. v.29.06.2020 – 4 StR 654/19.
68 Vgl. nur Meyer-Goßner/*Schmitt* § 143 Rn. 5 m.w.N.
69 BT-Drucksache 19/13829 S. 48; BGH Beschl. vom 24.03.2021 – StB 9/21.
70 BGH NStZ 2008, 418; 2004, 632; LG Osnabrück StV 2010, 563.
71 KG StV 2009, 572 mit abl. Anm. *Weigend.*
72 Vgl. hierzu OLG Nürnberg.
73 So BGH StV 1993, 566.
74 OLG Frankfurt StV 1985, 450.
75 Vgl. Meyer-Goßner/*Schmitt* § 143 Rn. 5a.
76 LG Berlin StV 2009, 405; OLG Düsseldorf StV 2010, 350; AG Stuttgart StV 2010, 677.

Neuregelung des § 141 Abs. 3 S. 4 StPO Thesen zur Praxis der Verteidigerbestellung aufgestellt.[77] In These VI wird gefordert, dass dem Antrag auf Wechsel des Pflichtverteidigers zum Zeitpunkt der Anklageerhebung entsprochen werden soll. Der Beschuldigte sollte dazu bereits anlässlich der Mitteilung über die Bestellung eines Pflichtverteidigers nach Beginn der Vollstreckung der Untersuchungshaft darauf hingewiesen werden, dass bei Anklageerhebung ein anderer Verteidiger seiner Wahl bestellt werden könne.

Es entspricht der Ethik des Verteidigers, dass sobald der Beschuldigte die Aufhebung seiner Beiordnung als Pflichtverteidiger beantragt, er sich dem Antrag anschließt. Die oft zu beobachtende Handhabung, dass der Pflichtverteidiger seiner Entpflichtung entgegentritt, zeigt ein befremdliches Berufsverständnis und widerspricht den Thesen des Strafrechtssauschusses der Bundesrechtsanwaltskammer.

C. Sockelverteidigung

Die geringe Behandlung des Themas Sockelverteidigung in der Rechtsprechung[78] wird ihrer Bedeutung in der Praxis nicht gerecht. In der Literatur findet das Thema mehr Beachtung.[79] 33

Mit dem Bild des Sockels soll veranschaulicht werden, dass je nach konkreter Ausgestaltung bei verschiedenen Angeklagten oder Beschuldigten zumindest teilweise Interessenlagen bestehen, welche es erlauben, auf einem gemeinsamen Fundament die jeweils individuelle Verteidigungsstrategie aufzubauen.[80] 34

Der gewissenhafte Verteidiger hat bei mehreren Angeklagten die Möglichkeit und die Grenzen einer Sockelverteidigung stets zu prüfen. Ein Absehen von einer Kontaktaufnahme zu anderen Verteidigern muss stets sachliche (keine zeitlichen) Gründe haben.

I. Begriff und Umfang der Sockelverteidigung

Die Sockelverteidigung betrifft die (partielle) Zusammenarbeit von Verteidigern verschiedener Angeklagter und ist von der Teamverteidigung[81] zu unterscheiden, weil letztere die Zusammenarbeit mehrerer Verteidiger für einen Angeklagten beschreibt. 35

Der Strafrechtsausschuss der Bundesrechtsanwaltskammer definiert den Begriff der Sockelverteidigung wie folgt:

> »Bei Fallkonstellationen, in denen mehrere Personen derselben Tat oder auch in einem Verfahren verschiedener Taten beschuldigt werden, ergibt sich für den/die Verteidiger nicht selten die Zweckmäßigkeit, auch bei Beachtung der Verpflichtung aus § 146 StPO eine einheitliche so genannte Basis- oder Sockelverteidigung aufzubauen. Darunter ist die Entwicklung einer von allen Mandanten getragenen einheitlichen Verteidigungsstrategie zu verstehen, die zB gegen den Vorwurf der objektiven Erfüllung eines Straftatbestandes, gegen die Rechtswidrigkeit eines Verhaltens oder auch »nur« gegen den Verschuldensvorwurf gerichtet ist. Eine derartige einheitliche Verteidigungskonzeption kann den Beteiligten erhebliche Vorteile für die Abwehr der erhobenen Vorwürfe bringen.«[82]

Der Umfang der Sockelverteidigung kann sehr unterschiedlich sein. Maßstab für die Sockelverteidigung ist das Vorhandensein bzw. das Ausmaß des gleichen Interesses der Beschuldigten. 36

77 BRAK: Thesen zur Praxis der Verteidigerbestellung nach §§ 140 Abs. 1 Ziff. 4, 141 Abs. 3 Satz 4 StPO, StV 2010, 544.

78 OLG Frankfurt NStZ 1981, 144; *Beulke* Strafbarkeit, S, 72 ff.; *Schlothauer* Vorbereitung, Rn. 27 ff.; *Dahs* Handbuch, Rn. 63; *Richter II* Sockelverteidigung, NJW 1993, 2152 ff.; Schriftenreihe der BRAK, Bd. 8, Thesen zur Strafverteidigung (These 13).

79 *Taschke*, StV 2007, 495 (499); *Müller* StV 2001, 649; *Dahs*, Handbuch, S. 48 f.; *Lampe* Sockelverteidigung, Dissertation, 1999; *Pellkofer* Sockelverteidigung und Strafvereitelung, Dissertation, 1999.

80 *Müller* StV 2001, 649.

81 Vgl. hierzu *Sommer* StraFo 2013, 6 ff.

82 Schriftenreihe der BRAK, These 13.

Es sind Konstellationen denkbar, in denen ein Interesse besteht, lediglich eine tatverdächtige, noch nicht beschuldigte Person in die gemeinsame Strategie mit einzubeziehen. Diese Interessenidentität kann in Einzelfragen bestehen, es kann aber auch das gesamte Verteidigungsverhalten der Mitbeschuldigten bestimmen. Dabei ist aber stets das Interesse des eigenen Mandanten im Auge zu behalten. Eventuelle Gefahren sind dem Mandanten aufzuzeigen. Sobald sich das individuelle Interesse ändert, darf nicht zugunsten der gemeinsamen Verteidigungslinie gegen die Mandanteninteressen verstoßen werden.

Da jeder Verteidiger in einem einheitlichen Verfahren berechtigt ist, zu jedem Teil der Hauptverhandlung – nicht nur zu denen, die seinen Mandanten betreffen – Stellung zu nehmen, ermöglicht eine Sockelverteidigung auch taktische und arbeitsökonomische Absprachen der Verteidiger in Bezug auf zu stellende Anträge etc.

▶ Beispiele für Absprachen in der Praxis sind

(1) Absprache, keine Einlassung im Ermittlungsverfahren abzugeben
(2) Absprache, keine Einlassung vor umfassender Akteneinsicht aller Verteidiger abzugeben
(3) Absprache, keine Einlassung im Zwischenverfahren abzugeben
(4) Absprache, dass die Angeklagten im gesamten Verfahren/in Teilen des Verfahrens schweigen
(5) Absprache, dass Verteidigererklärungen auf die rechtliche Würdigung des Akteninhalts beschränkt werden
(6) Absprache, bestimmte Beweisanträge gemeinsam zu stellen
(7) Absprachen zu Befangenheitsanträgen, Eingangserklärungen der Verteidiger, Umfang und Art der Zeugenbefragung
(8) Absprache über Auswahl und Selbstladung von Sachverständigen
(9) Absprache zur taktischen Aufteilung von Verteidigeraktivitäten in der Hauptverhandlung

II. Zulässigkeit und Grenzen der Sockelverteidigung

37 Die Zulässigkeit der Sockelverteidigung richtet sich nach den allgemeinen Regeln des Strafrechts und des Berufsrechts. Ob das Berufsrecht der Anwaltschaft zur Bestimmung des Umfangs und der Ausgestaltung der Sockelverteidigung anwendbar ist, ist umstritten, da gem. §§ 138 Abs. 1 und 2, 142 Abs. 2 StPO auch andere Personen zu Verteidigern bestellt werden können.[83] Nach hiesiger Auffassung gilt das Berufsrecht der Anwaltschaft für alle Verteidiger unmittelbar oder entsprechend zur Begrenzung und Ausgestaltung der Sockelverteidigung.

Als allgemein anerkannt kann gelten, dass eine von den Verteidigern unterschiedlicher Angeklagter gemeinsam geführte Verteidigung grundsätzlich weder gegen § 146 StPO verstößt, noch den Tatbestand des § 258 StGB erfüllt, dessen Grenzen zu beachten sind.[84] Unzulässig ist es, einen gemeinschaftlichen »Schuldigen« zu bestimmen, der die Strafe auf sich zu nehmen hat.[85]

Dass mit einer Sockelverteidigung weder eine Strafvereitelung noch ein Parteiverrat einhergehen darf, versteht sich von selbst. Sofern *Dahs*[86] aufgrund der Berufsethik und Wahrheitspflicht des Strafverteidigers eine Zulässigkeitsgrenze in der »verfahrenswidrigen Kollusion« und damit der Sachverhaltsverfälschung sieht und zur Vermeidung dieser vorschlägt, Informationen nur kollegial vertraulich ohne weitere Information des Mandanten auszutauschen, ist dem nicht zuzustimmen.

Zum einen wohnt jedem Strafverfahren durch zulässiges Verteidigungsverhalten (Schweigen des Angeklagten, Zurückhalten von Informationen) die Möglichkeit der Sachverhaltsgestaltung inne. Die Wahrheitspflicht des Verteidigers bedeutet gerade nicht, dass er zur Bekanntgabe der dem Angeklag-

83 Vgl. hierzu *Müller* StV 2001, 649 (651).
84 KG StraFo 2003, 147; OLG Düsseldorf StV 2002, 533, vgl. auch *Beulke* JR 2003, 347.
85 KK/*Willnow* Vor § 137 Rn. 9.
86 *Dahs* Handbuch, Rn. 63.

ten schädlichen Wahrheit verpflichtet ist. Warum bei der Sockelverteidigung strengere Maßstäbe zu setzen sein sollten als bei einer Alleinverteidigung, ist nicht nachzuvollziehen. Auch die Forderung, den Mandanten nicht über den Inhalt der Verteidigergespräche zu informieren, überzeugt angesichts der klaren berufsrechtlichen Informationspflicht nicht.

Sicherlich wird es sich verfahrenstaktisch nicht anbieten, die Mandanten an Verteidigerbesprechungen zur Sockelverteidigung grundsätzlich teilnehmen zu lassen, jedoch hat der Mandant u.E. ein Recht auf umfassende Information über den Inhalt der Verteidigerbesprechungen. Jedes andere Vorgehen würde ihn entmündigen und seine Verteidigungsmöglichkeiten beschränken.[87] Er würde von seinem eigenen Verteidiger zum Objekt des Verfahrens. Der Verteidiger ist so u.A. ausschließlich den Interessen seines Mandanten verpflichtet und nicht kollegialer halber der Interessen anderer Rechtsanwälte.

Der Rechtsgedanke des § 146 StPO ist für die Sockelverteidigung nicht anwendbar.[88] § 146 StPO 38
will die Interessenkollision verhindern und damit eine effektive Verteidigung jedes Beschuldigten sichern. Er richtet sich nicht gegen inhaltlich gleiche Interessen mehrerer Angeklagter, sodass sich hieraus keine Zulässigkeitsgrenze ergibt.

Die Frage, ob die Zulässigkeit der Absprache von Verteidigern durch beschränkte Gewährung von 39
Akteneinsicht beeinflusst ist, ist in erster Linie eine Frage, die sich im Ermittlungsverfahren stellt. Zu den Problemen, ob ein Verteidiger Unterlagen (z.B. Vernehmungsprotokolle) an Verteidiger anderer Beschuldigter weitergeben darf, obwohl diese die Unterlagen nach § 147 Abs. 2 StPO nicht erhalten haben, hat das OLG Frankfurt entschieden, dass die Weitergabe nur dann unzulässig ist, wenn vom Verteidiger eine bewusst wahrheitswidrige Abstimmung der Aussagen beabsichtigt ist.[89]

Im Zusammenhang mit Untersuchungshaft der Angeklagten wegen Verdunkelungsgefahr oder Haftverschonung mit der Auflage des Kontaktverbots muss der Gedanke aus der Urteilsbegründung des OLG Frankfurt[90] entsprechend angewandt werden.

Da eine Auflage aus einem Haftverschonungsbeschluss, den Kontakt zu Mitangeklagten zu vermeiden, nicht für die Verteidiger gilt und auch die Annahme einer Verdunkelungsgefahr nicht die Verteidiger berührt, ist die Grenze des Verteidigerhandelns nur das Hinwirken auf eine bewusst wahrheitswidrige Sachverhaltsschilderung. Nur wenn die Effektivität der Rechtspflege in ihrem Kern beeinträchtigt ist,[91] ist eine Zulässigkeitsgrenze für Absprachen der Verteidiger erreicht. Dies ist nicht der Fall bei Verfahrensverzögerungen oder Erschwerungen von Ermittlungen, die von der Justiz als zulässiges Verteidigungsverhalten hinzunehmen sind.

Die wichtigste Grenze der Zulässigkeit von Sockelverteidigung ist das aktuelle Interesse des Mandan- 40
ten. An diesem Mandanteninteresse und seinen Änderungen sind die Möglichkeit und der Umfang einer Sockelverteidigung stets zu messen. Für den Fall, dass die Verteidigung des Mandanten aufgrund neuer Gesichtspunkte ein Abweichen von den bisherigen Vereinbarungen im Rahmen der Sockelverteidigung gebietet, ist mit *Richter II*[92] zu fordern, dass die übrigen Verteidiger rechtzeitig von der geänderten Interessenlage informiert werden. Nach hier vertretener Auffassung sind Absprachen im Rahmen der Sockelverteidigung einzuhalten oder rechtzeitig – d.h., mit einem Vorlauf, der die anderen Verteidiger zur Einstellung der Verteidigung auf den geänderten Sachverhalt in die Lage versetzt – zu kündigen. Vor einer solchen Kündigung ist ein Abweichen von Absprachen berufsrechtswidrig.

87 Ebenso *Richter II* NJW 1993, 2153 f.
88 S. dazu *Richter II* NJW 1993, 2152 ff.
89 OLG Frankfurt NStZ 1981, 144.
90 OLG Frankfurt NStZ 1981, 144.
91 So OLG Frankfurt NStZ 1981, 144.
92 *Richter II* NJW 1993, 2152 ff.

Die Verteidiger, die ohne Kündigung der Vereinbarungen von einer geänderten Verteidigungsstrategie eines Mitverteidigers überrascht werden, sind zur Offenlegung der internen Abläufe der Verteidigerabsprachen berechtigt.

Fraglich ist auch, wie bei einer fehlgeschlagenen Sockelverteidigung mit von anderen Verteidigern zur Verfügung gestellten Informationen umzugehen ist und ob diese ggf. verwertet werden können. Zuzustimmen ist *Müller*,[93] der eine Verwertung freiwillig eingebrachter Informationen für möglich hält, z.B. eine Verwertung eines Entwurfs einer beabsichtigten Einlassung.

Die Chancen einer Sockelverteidigung überwiegen deren Risiken deutlich. Hierbei sind unter den Verteidigern Ehrlichkeit und klare Grenzziehungen zu Punkten, in denen sich Interessenskollisionen ergeben könnten, notwendig. Einmal mehr ist hier professionelles Verteidigerverhalten zu fordern. Angst bezüglich einer Unzulässigkeit des eigenen Handelns sind nicht berechtigt, sofern sich die Verteidigertätigkeit in den für die Einzelverteidigung üblichen Grenzen hält.

D. Verständigung

41 Mit dem Gesetz zur Verständigung im Strafverfahren,[94] das am 04.08.2009 in Kraft getreten ist, wurde eine Kultur des Umgangs der Prozessbeteiligten miteinander beendet. Ursprünglich, am 28.08.1997, hatte der 4. Strafsenat des BGH Regelungen aufgestellt, unter welchen Voraussetzungen und unter Einhaltung welcher Vorgaben eine Verständigung im Strafprozess stattfinden durfte.[95] Im März 2005 entschied der große Strafsenat,[96] dass es dem Tatgericht verwehrt sei, im Rahmen einer Urteilsabsprache an der Erörterung eines Rechtsmittelverzichtes mitzuwirken und auf einen solchen Verzicht hinzuwirken. Er forderte die s.g. qualifizierte Rechtsmittelbelehrung des Angeklagten ein. Abschließend beinhaltet die Entscheidung den Appell an den Gesetzgeber, die Zulässigkeit und die rechtlichen Voraussetzungen sowie die Begrenzungen zu regeln. Letztlich wollten die Revisionsgerichte mit diesen Regelungen die Basis dafür schaffen, nachvollziehen zu können, was früher hinter verschlossenen Türen vereinbart wurde. Der Gesetzgeber ist dem Appell gefolgt und hat das Verständigungsverfahren geregelt. Ob man dies nun begrüßt oder ablehnt, kann dahinstehen. Die Verfahrensbeteiligten haben sich an die gesetzlichen Vorgaben zu halten.[97]

Das Handbuch widmet der Verständigung in Strafverfahren ein eigenes Kapitel, es wird vollinhaltlich auf die Ausführungen von *Satzger/Ruhs*, und auf folgende neuere Entscheidungen des BGHs wie u.a. 3 StR 127/22, 6 StR 284/22, 5 StR 347/22, 1 StR 19/23 und 1 StR 455/22 verwiesen.

E. Aktivitäten des Verteidigers zu Beginn der Hauptverhandlung

42 Die Aktivitäten des Verteidigers zu Beginn der Hauptverhandlung sind gekennzeichnet durch die Notwendigkeit einer gewissenhaften formalen Vorbereitung (z.B. bezüglich der Besetzung des Gerichts in Form einer Prüfung des Geschäftsverteilungsplans etc.) und zum anderen durch die Notwendigkeit der exakten zeitlichen Geltendmachung der möglichen Rügen.

I. Besetzungseinwand

43 Das Gesetz regelt den Einwand der fehlerhaften Besetzung, als »Vorverlegung der Besetzungsrüge« gemäß § 338 Nr. 1 StPO in §§ 222a, 222b StPO. Erfolgt kein Einwand, wird die Revisionsrüge verwirkt, § 338 Nr. 1 Hs. 2 StPO.

93 *Müller* StV 2001, 649 (653).
94 BGBl. I, S. 2353.
95 BGHSt 43, 195.
96 BGHSt 50, 40.
97 Vgl. nur *Schlothauer/Wieder* StV 2009, 600.

Grundsätzlich muss die Besetzung des Gerichts beim LG und OLG im 1. Rechtszug spätestens zu Beginn der Hauptverhandlung mitgeteilt werden. Sie kann auch vorher auf Anordnung des Vorsitzenden mitgeteilt werden, § 222a Abs. 1 S. 2 StPO, was üblich ist.[98]

Erfolgt diese Mitteilung später als eine Woche vor der Hauptverhandlung, so **kann** das Gericht auf Antrag des Angeklagten, des Verteidigers oder der Staatsanwaltschaft die Hauptverhandlung zur Prüfung der Besetzung unterbrechen, § 222a Abs. 2 StPO. Die Verteidigung wird revisibel in einem wesentlichen Punkt unzulässig beschränkt, wenn die Besetzung des Gerichts erst zu Beginn der Hauptverhandlung mitgeteilt, ein darauffolgender Antrag auf Aussetzung der Hauptverhandlung abgelehnt wird und ein Besetzungseinwand offensichtlich begründet ist. **44**

Durch das Gesetz zur Modernisierung des Strafverfahrens vom 10.12.2019 wurde die Besetzungsrüge im Hinblick auf den Zeitpunkt der Rüge und des Verfahrens neu geregelt. Über die Besetzungsrüge in erstinstanzlichen Verfahren vor dem Landgericht und dem Oberlandesgericht wird nunmehr in einem Vorabentscheidungsverfahren durch ein höheres Gericht entschieden, § 222b Abs. 3 StPO. Hält das Gericht, dessen Besetzung gerügt werden soll, den Einwand für unbegründet, hilft es ihm also nicht ab, so hat es ihn spätestens nach drei Tagen dem Rechtsmittelgericht vorzulegen. Zu den formalen Voraussetzungen einer Besetzungsrüge vgl. OLG München Beschluss vom 12.2.2020 oder OLG Bremen Beschluss vom 13.3.2020.[99]

Bei erstinstanzlichen Verfahren vor dem Landgericht entscheidet dann das Oberlandesgericht, § 121 Abs. 4 Nr. 1 GVG, bei erstinstanzlichen Verfahren vor dem Oberlandesgericht der Bundesgerichtshof, § 135 Abs. 2 Nr. 2 GVG.

Die Entscheidung des Rechtsmittelgerichts ergeht aus Beschleunigungsgründen ohne mündliche Verhandlung, dem Antragsteller ist vor der Entscheidung rechtliches Gehör zu gewähren.

▶ **Beachte**

Anders als nach der alten Rechtslage muss die Besetzungsrüge spätestens eine Woche nach Zustellung der Besetzungsmitteilung erhoben werden. Ist vor Beginn der Hauptverhandlung keine Mitteilung über die Besetzung erfolgt, so beginnt die Wochenfrist ab Bekanntgabe der Besetzung.

Die Neuregelung hat zur Folge, dass die Besetzungsrüge i.d.R. bereits vor Beginn der Hauptverhandlung und nicht erst spätestens bis zum Beginn der Vernehmung des Angeklagten zur Sache, erhoben werden muss. Ändert sich die Gerichtsbesetzung nach der Mitteilung, so beginnt eine neue Wochenfrist zu laufen. **45**

Wird die Rüge nicht innerhalb der Wochenfrist erhoben, so tritt Präklusion ein und die vorschriftswidrige Besetzung kann auch in der Revision nicht mehr gerügt werden.

Die Rüge, das Gericht sei fehlerhaft besetzt, setzt i.d.R. die Kenntnis und Durchsicht des Geschäftsverteilungsplans und der Schöffenwahlliste, sowie die Kenntnis der gesetzlichen Vorschriften zur Gerichtsbesetzung voraus.[100] Der Geschäftsverteilungsplan ist nicht immer erforderlich, wenn gerügt wird, die Strafkammer hätte nicht gem. § 76 Abs. 2 GVG mit lediglich zwei Berufsrichtern sondern wegen des Umfanges oder der Schwierigkeit der Sache mit drei Berufsrichtern besetzt sein müssen. Diese Besetzungsrüge soll indes nur ausnahmsweise begründet sein. Nur dann, wenn die Strafkammer ihren insoweit bestehenden weiten Beurteilungsspielraum in unvertretbarer Weise überschrit-

98 Vgl. BGH StV 1999, 526 ff.

99 OLG München, Beschl. v. 12.02.2020 – 2 Ws 138/20, 2 Ws 139/20; OLG Bremen v. 13.3.2020 – Geschäftszeichen: 1 Ws 33/20.

100 Beachte: Die falsche Gerichtsbesetzung beim Eröffnungsbeschluss führt zu einem Verfahrenshindernis – BGH 4 StR 518/09.

ten und damit objektiv willkürlich die »Zweierbesetzung« beschlossen hat, kann eine begründete Besetzungsrüge sein.

Das Rechtsmittelgericht entscheidet dann abschließend über die Besetzungsrüge. Einen weiteren Rechtsbehelf gegen die Entscheidung des Rechtsmittelgerichts sieht das Strafprozessrecht nicht mehr vor. Ein Verfahrensbeteiligter, der das Vorabentscheidungsverfahren des § 222b Abs. 3 StPO nicht durchführt, kann nach Ablauf der in § 222b Abs. 1 Satz 1 StPO bestimmten Wochenfrist mit der Besetzungsrüge nicht mehr gehört werden. Für den Fall, dass auf Antrag eines Verfahrensbeteiligten das Rügeverfahren nach § 222b Abs. 3 StPO durchgeführt wurde, entzieht § 338 Abs. 1 Nr. 1 b StPO in der nun geltenden Fassung dem Revisionsgericht darüber hinaus die Möglichkeit, die Ordnungsmäßigkeit der Gerichtsbesetzung zu überprüfen. Helfen weder das Tatgericht noch das Rechtsmittelgericht dem form- und fristgerecht erhobenen Einwand der vorschriftswidrigen Besetzung ab, ist die Entscheidung des Rechtsmittelgerichts bindend. Sie steht der Überprüfung des Besetzungseinwands in der Revisionsinstanz entgegen.

Gegen die Entscheidung des Rechtsmittelgericht ist die Verfassungsbeschwerde zulässig. Sollte also gegen die Entscheidung Verfassungsbeschwerde erhoben worden sein, sollte in der Instanz ein Aussetzungsantrag gestellt werden, hilfsweise Unterbrechung bis über die Verfassungsbeschwerde entschieden wurde.

Das Bundesverfassungsgericht hat mit Entscheidung vom 16. Dezember 2021 erstmals nach dem neu eingeführten Rügeverfahren über einen Besetzungseinwand entschieden (vgl. 2 BvR 2113/21). Hier führt das Bundesverfassungsgericht u.a. aus, dass Maßstab der Entbindung eines Schöffens durch den Vorsitzenden Richter die Willkür ist. In dem vorliegenden Verfahren hatte der Vorsitzende Richter des Landgerichts einen Schöffen entbunden, da er davon ausgegangen ist, dieser hätte eine Fahrprüfung. Er nahm an, es handelte sich um einen Fahrschüler. Richtigerweise und bei ordnungsgemäßen Lesen der eingereichten Unterlagen, hätte der Vorsitzende Richter erkennen können und müssen, dass es sich nicht um einen Fahrschüler, sondern um einen Fahrlehrer gehandelt hat, der eine Fahrprüfung abzunehmen hatte. Der Vorsitzende Richter erklärte auch, dass er diesen Umstand überlesen hatte. Das Bundesverfassungsgericht vertrat insoweit die Auffassung, dass die seitens des Beschwerdegerichts vorgenommene Willkürprüfung verfassungsrechtlich nicht zu beanstanden sei. Festzuhalten bleibt, dass der Besetzungseinwand damit kaum mehr erfolgreich sein dürfte.

▶ **Beachte**

Staatsanwaltschaft und Verteidigung haben einen Rechtsanspruch auf Einsicht in nachstehende Unterlagen:

(1) **Geschäftsverteilungsplan (§ 21e GVG), auch der interne Verteilungsplan**
(2) **Geschäftsverteilung innerhalb der Spruchkörper (§ 21g GVG) und die**
(3) **Schöffenliste mit Protokoll des Schöffenwahlausschusses.**[101]

Der Verteidiger muss sich jedoch nicht nur den aktuellen Geschäftsverteilungsplan, sondern auch alle Änderungen des Geschäftsverteilungsplans innerhalb der letzten 3 Monate vorlegen lassen, um ausschließen zu können, dass z.B. für ein absehbares Großverfahren der Geschäftsverteilungsplan geändert wurde oder ein Verfahren zu einer sonst unzuständigen, aber aus bestimmten Gründen erwünschten Kammer gelangt.[102]

101 S.a. BGHSt 33, 126 (130) = NJW 1985, 926; 1978, 2265 (2269).
102 Beachte für nachträgliche Änderungen des Geschäftsverteilungsplans BGH 3 StR 376/08; weitergehend *Gubitz/Bock* NStZ 2010, 190 ff.

▶ **Hinweis**

Hinsichtlich des Besetzungseinwands ist zu beachten, dass die **Konzentrationsmaxime** Anwendung findet, § 222b Abs. 1 S. 3 StPO; daher sind alle Beanstandungen zugleich zu erheben, ein Nachschieben von Einwänden ist ausgeschlossen.[103] 46

An den formalen und inhaltlichen Voraussetzungen der Besetzungsrüge hat sich durch die Neuregelung nichts geändert. Es ist zu beachten, dass sich die formellen Anforderungen an den Grundsätzen des § 344 Abs. 2 S. 2 StPO orientieren, sodass das Gericht allein anhand der schriftlichen Begründung, ohne eigene Ermittlungen oder Aktenstudium, beurteilen können muss, ob das erstinstanzliche Gericht vorschriftswidrig besetzt ist. Hierbei sind die Tatsachen konkret zu bezeichnen, aus denen sich die vorschriftswidrige Besetzung ergibt, also die Namen der Richter und die Gründe, die ihrer Mitwirkung entgegenstehen und warum z.B. eine Änderung des Geschäftsverteilungsplans gesetzwidrig war.[104]

Das Tatgericht entscheidet ohne die Mitwirkung der Schöffen, § 76 Abs. 1 S. 2 GVG. Auch die Richter, gegen die sich der Besetzungseinwand richtet, sind entscheidungsbefugt.

Entgegen der von *Gmel* im Karlsruher Kommentar[105] geäußerten Auffassung entscheidet das OLG nicht nur mit drei Berufsrichtern, sondern in voller Besetzung. Die gegenteilige Auffassung erscheint schon deshalb nicht praktikabel, weil nicht geklärt ist, welcher Richter ausscheiden sollte. Nach unserer Auffassung entspricht allein die Entscheidung in voller Senatsbesetzung nach Beginn der Hauptverhandlung dem Grundsatz des gesetzlichen Richters.[106]

In den Fällen, in denen durch Beschluss die »Zweierbesetzung« einer Kammer angeordnet wurde, stellt sich die Frage, ob die Bestimmung des zweiten Berufsrichters im Geschäftsverteilungsplan innerhalb des Spruchkörpers geregelt ist. Das bislang in der Praxis wenig beachtete Problem[107] der Bestimmung der konkret zur Entscheidung berufenen Richter aus zahlenmäßig überbesetzten Spruchkörpern ist zugleich ein Problem des gesetzlichen Richters.[108] Nach unserer Auffassung muss es schriftliche Regelungen über die Geschäftsverteilung innerhalb des Spruchkörpers geben, die nach objektiven Kriterien (z.B. Aktenzeichen, Eingangsdatum etc.) vorab eine Bestimmung der konkreten Kammerbesetzung bzw. Besetzung des Spruchkörpers zulassen. Ist dies nicht der Fall, kann auch dieser Umstand im Rahmen des Besetzungseinwands gerügt werden.

Die Hauptverhandlung kann bis zur Entscheidung des Rechtsmittelgerichts fortgesetzt werden. Einer Unterbrechung bedarf es nicht mehr. Hat das Gericht vor der Urteilsverkündung nicht über die Besetzungsrüge entschieden, so tritt mit der Urteilsverkündung Erledigung ein. In diesem Fall ist der Besetzungseinwand jedoch reversibel.[109]

Hält das Rechtsmittelgericht die Besetzungsrüge für unbegründet, so ist abschließend festgestellt, dass das Gericht ordnungsgemäß besetzt ist. Auf eine ordnungswidrige Besetzung kann die Revision damit nicht mehr gestützt werden (s.o.).

---

103 BGH StraFO 2007, 59.

104 BGH NJW 1994, 2703; BGH StraFo 2007, 59; OLG München, Beschl. v. 12.02.2020 – 2 Ws 138/20, 2 Ws 139/20, BGH Beschl. vom 25.07.2023 – StB 42/23.

105 KK/*Gmel*, § 222b Rn. 10.

106 So auch BGH St 43, 91 (92 ff) unter Hinweis auf BVerfG NJW 1997, 1497 ff. für Haftentscheidungen.

107 Das Problem der Beachtung des Grundsatzes des gesetzlichen Richters bei der konkreten Zusammensetzung des erkennenden Gerichts in zahlenmäßig überbesetzten Spruchkörpern spielte in der so genannten Vorsitzendenkrise im BGH eine wichtige Rolle. Zur Frage der vorschriftsmäßigen Besetzung des Revisionssenats s. *Bernsmann*, StV 2012, 274 ff.; *Groß-Bölting* StraFo 2012, 445 ff.

108 Vgl. *Groß-Bölting* StraFo 2012, 445 (449).

109 Meyer-Goßner/*Schmitt*, § 222b, Rn. 23.

Ausnahmsweise kann die vorschriftswidrige Besetzung mit der Revision trotz der Präklusionswirkung in folgenden Fällen gerügt werden:

- Nach § 338 Nr. 1 a StPO, wenn sich das Tatgericht über die festgestellte Vorschriftswidrigkeit durch das Rechtsmittelgericht hinwegsetzt und trotzdem weiterverhandelt.[110]
- Nach § 338 Nr. 1 b aa StPO, wenn entweder die Mitteilung über die Besetzung des Gerichts vollständig unterblieben, falsch oder unvollständig ist oder dem Angeklagten fehlerhafte Unterlagen zur Überprüfung der Besetzung zur Verfügung gestellt wurden.
- Nach § 338 Nr. 1 b bb, wenn eine Entscheidung über die form- und fristgerecht erhobenen Besetzungsrüge nicht vor Urteilsverkündung ergangen ist, die Rüge sich somit erledigt hat oder das Tatgericht der Rüge nicht abgeholfen und sie nicht binnen drei Tagen dem Rechtsmittelgericht vorgelegt hat.
- Nach § 338 Nr. 1 b cc StPO, wenn das erstinstanzliche Gericht sein Urteil verkündet hat, bevor die Wochenfrist nach § 222b Abs. 1 S. 1 StPO abgelaufen ist und der Angeklagte einen Unterbrechungsantrag nach § 222a Abs. 2 StPO gestellt hat.

Selbstverständlich ist die Revisionsrüge auch immer zu erheben, wenn die Entscheidung im Rahmen der Beschwerde willkürlich war. Allerdings sollte gegen die Entscheidung des OLGs Verfassungsbeschwerde eingelegt werden, welche da es sich um einen Zwischenbescheid handelt, zulässig ist.

47 Als Beispiel für eine Besetzungsrüge verweisen wir auf folgenden Schriftsatz:

▶ Beispiel Besetzungsrüge

In der Strafsache

gegen …

Az.: …

wird die Besetzung des Gerichts gerügt.

Das Gericht ist unvorschriftsmäßig besetzt, da die Schöffin A den erschienenen und laut Geschäftsverteilungsplan zuständigen Schöffen, Herrn B, ersetzt hat, ohne gesetzlich an der Mitwirkung in der Hauptverhandlung bestimmt worden zu sein.

Die kleine Strafkammer des Landgerichts ist laut Sitzungsrolle wie folgt in der heutigen Hauptverhandlung besetzt: RiLG X als Vorsitzender, Herr C und Frau A als Schöffen.

Ursprünglich waren für die Sitzungen am 11.06., 16.06. und 17.06. die Schöffen B, Postbediensteter, und C, Kaufmännischer Angestellter, durch den Einteilungsplan der Hauptschöffen für die 13. Strafkammer für das Geschäftsjahr 2008 eingeteilt. Laut Angaben des Vorsitzenden ist der Schöffe B zunächst zum ersten Termin des Sitzungstages um 9.15 Uhr nicht erschienen, wurde zu Hause angerufen und erschien mit Verspätung. In der Zwischenzeit war anstelle des zuständigen Hilfsschöffen Nr. 36 die Schöffin A (Hilfsschöffin Nr. 38) benachrichtigt worden und gegen 10.15 Uhr zur Sitzung erschienen.

Zu Beginn der jetzigen Hauptverhandlung um 11.45 Uhr, ist der Schöffe B anwesend. Gleichwohl wurde er direkt entlassen und die Hauptverhandlung begann unter Mitwirkung der Schöffin A. Der laut Einteilungsplan zuständige Schöffe B ist zumindest bei Beginn der Hauptverhandlung gegen meinen Mandanten nicht verhindert und hätte an der Hauptverhandlung anstelle der Hilfsschöffin teilnehmen müssen. Das Gericht ist damit nicht vorschriftsmäßig besetzt.

Weiter müssen genau die Schöffenwahlunterlagen angegeben werden, aus denen sich ergibt, dass der Schöffe B der gesetzliche Richter war. Auch muss der Geschäftsverteilungsplan dargelegt werden. Bitte bedenken, dass ein Verweis auf die Unterlagen nicht den Anforderungen genügt.

---

110 BGH Beschl. v. 27.01.2020 – 1 StR 622/17.

II. Zuständigkeitsrüge

Die Fragen der Zuständigkeit sind bezüglich der örtlichen in den §§ 7 ff. StPO, funktionell z.B. in den §§ 74 ff. GVG und sachlich in den die Verteilung der Strafsachen nach Art und Schwere unter den erstinstanzlichen, unterschiedlich besetzten Gerichten verschiedener Ordnung regelnden Vorschriften des GVG geregelt. 48

Das Gericht hat seine sachliche Zuständigkeit von Amts wegen gem. § 6 StPO in jeder Lage des Verfahrens zu prüfen.[111]

Seine örtliche Zuständigkeit prüft das Gericht von Amts wegen bis zur Eröffnung des Hauptverfahrens, § 16 S. 1 StPO. Danach darf es seine Unzuständigkeit nur auf Einwand des (eines) Angeklagten aussprechen.

Hält der Verteidiger das Gericht für örtlich unzuständig, muss er dies spätestens bis zum Beginn der Vernehmung des (eines) Angeklagten zur Sache in der ersten Hauptverhandlung gem. § 16 S. 2 StPO geltend machen. Hierbei handelt es sich um eine Ausschlussfrist, die auch nach Aussetzung oder Zurückverweisung nicht wiederauflebt.

Bei der Erhebung der Rüge hat der Verteidiger zunächst taktische Überlegungen anzustellen, da evtl. der »unzuständige« Richter die bessere Wahl sein kann. Der Verteidiger kann Erkundigungen bei ortsansässigen Kollegen über den vermeintlich unzuständigen Richter einholen. In Haftsachen ist zu beachten, dass durch die erfolgreiche Rügeerhebung eine Verfahrensverzögerung eintritt. Diese kann allerdings zur sofortigen Aufhebung des Haftbefehls führen bzw. Argumente für eine Haftbeschwerde liefern. 49

Hat das Gericht in dem Eröffnungsbeschluss irrtümlich seine örtliche Zuständigkeit angenommen, so liegt ein Verfahrenshindernis vor und das Verfahren ist nach § 260 Abs. 3 StPO in der Hauptverhandlung durch Urteil einzustellen; eine Abgabe oder Verweisung ist nicht zulässig.[112] Andererseits können mit Rügen zur Zuständigkeit für den Mandanten unangenehme Folgen, wie z.B. der Transport in eine weit entfernte JVA zur Hauptverhandlung, verhindert werden.

Bei der Rüge der funktionellen Zuständigkeit bezüglich einer Spezialkammer, z.B. einer Wirtschaftsstrafkammer nach § 74c GVG, gilt dasselbe auch in Bezug auf die taktischen Überlegungen, jedoch wird die Sache dann an das zuständige Gericht verwiesen. Die Entscheidung des höherrangigen Gerichts[113] ist für das Gericht niedrigerer Ordnung bindend.

Für die Abgrenzung der Zuständigkeit der Strafkammer wegen des besonderen Umfangs i.S.v. § 24 Abs. 1 Nr. 3 2. Var. GVG gilt der Grundsatz, dass bewegliche Zuständigkeitsregelungen so auszulegen sind, dass die Zuweisung umfangreicher Fälle mit besonderen Schwierigkeiten der Beweiswürdigung und langer Verfahrensdauer an Gerichte höherer Ordnung geboten ist.[114] In der Literatur wird gelegentlich ein »Grenzwert« von sechs Hauptverhandlungstagen genannt.[115]

III. Befangenheitsgesuch

1. Gegen Richter

Ein Richter kann gem. § 24 Abs. 2 StPO abgelehnt werden, wenn zu besorgen ist, dass er befangen ist, d.h. es müssen Umstände vorliegen, die ein Misstrauen gegen seine Unparteilichkeit rechtfertigen. 50

111 *Helm* JA 2006, 389.
112 BGHSt 23, 79 (82).
113 Hierzu gehört z.B. auch die Wirtschaftsstrafkammer gegenüber einer allgemeinen Strafkammer – KG NStZ 2011, 172.
114 OLG Karlsruhe StV 2003, 13 f.; StraFo 2011, 56.
115 *Heghmanns* StV 2003, 14; DRiZ 2005, 290.

Die Kammer kann als solche nicht abgelehnt werden,[116] allerdings alle der Kammer angehörenden Berufs- und Laienrichter gemeinsam.

▶ Beachte

Zur Ablehnung berechtigt sind die Staatsanwaltschaft, der Privatkläger und der Beschuldigte sowie – im Rahmen seiner Beteiligung am Verfahren – der Nebenkläger. Der Verteidiger darf diese **Rüge nur namens seines Mandanten** erheben.

Das Vorliegen des Ablehnungsgrundes ist aus der Sicht des Ablehnenden zu beurteilen. Aus seinem eigenen Verhalten kann der Ablehnende keinen Ablehnungsgrund herleiten; so z.B. nicht, wenn er gegen den Richter eine Strafanzeige erstattet, eine Dienstaufsichtsbeschwerde erhoben oder ein Disziplinarverfahren beantragt hat. Gleiches gilt, wenn der Richter provozierendes oder sogar beleidigendes Verhalten des Angeklagten oder seines Verteidigers nicht einfach hinnimmt, sondern entsprechend darauf reagiert, wobei bei der Reaktion auf den Einzelfall abzustellen ist. Da der Strafprozess jedoch meist keine einseitige Agitation ist, sondern häufig aus Kommunikation und Reaktion besteht, ist gerade hier sorgsam zu prüfen, ob der Ablehnungsgrund tatsächlich nur auf das Verhalten des Ablehnenden zurückzuführen ist.

▶ Beachte

Bei der **Formulierung des Antrags** ist zu beachten, dass nur die **Besorgnis der Befangenheit** gerügt wird, nicht dass der Abgelehnte wirklich befangen sei. Es kommt auf die Besorgnis aus Sicht des vernünftigen Angeklagten an, weshalb die häufig verfasste dienstliche Äußerung: »Ich fühle mich nicht befangen«, neben der Sache liegt.

51 Misstrauen in die Unparteilichkeit ist gerechtfertigt, wenn ein vernünftiger, nicht rein subjektiv orientierter Angeklagter, bei verständiger Würdigung des ihm bekannten Sachverhalts Grund zu der Annahme haben darf, der Abgelehnte habe ihm gegenüber eine innere Einstellung, die seine Unparteilichkeit und Unvoreingenommenheit störend beeinflussen kann.[117]

Eine unberechtigte und damit **willkürliche Ablehnung** einer vom Verteidiger beantragten **Terminsverlegung** kann die Besorgnis der Befangenheit begründen[118], ebenso – in Einzelfällen – die **Bestellung** eines nicht gewünschten **Pflichtverteidigers** und die Ungleichbehandlung von Wahl- und Pflichtverteidiger im Hinblick auf die Möglichkeiten der Akteneinsicht.[119]

Ferner rechtfertigt das Verhalten eines Berufungsrichters, der Strafmaßreduktion gegen Beschränkung auf den Rechtsfolgenausspruch anbietet und **wahrheitswidrig behauptet, seine Terminslage lasse eine vollständige Beweisaufnahme erst in vielen Monaten** zu, die Besorgnis der Befangenheit.[120] **Persönliche Verhältnisse des Richters** berechtigen nur zur Ablehnung, wenn ein besonderer enger Zusammenhang zur Strafsache besteht.

Dienstliche Beziehungen des Richters zu dem Beschuldigten, seinen Angehörigen oder anderen Beteiligten können eine Befangenheitsbesorgnis begründen, wenn es sich um besonders enge und auf die persönlichen Verhältnisse ausstrahlende Beziehungen handelt, insbesondere bei persönlichen Beziehungen z.B. bei Verlobung oder engen freundschaftlichen Beziehungen zum Beschuldigten oder zu Zeugen, auch bei der Mitgliedschaft in der studentischen Korporation.[121] Dies gilt auch für

116 *Müchhalffen* StraFO 2007, 91; OLG Naumburg StraFo 2005, 24.
117 BVerfGE 32, 288 (290); BGHSt 1, 34 (39); 21, 334 (341); 24, 336 (338); StV 1986, 7; 1988, 12; 1988, 287, 288; 1988, 417.
118 LG Mönchengladbach StV 1998, 533 f.; OLG Bamberg StV 2006, 683.
119 OLG Dresden StV 2010, 475.
120 OLG Karlsruhe StraFo 2006, 68.
121 BGH JuS 1969, 320.

den Fall, in dem der Richter besondere persönliche und sonst enge Beziehungen zum Geschädigten/Nebenkläger/Anzeigenerstatter hat, z.B. wenn der Dienstherr des Richters Anzeigenerstatter ist und gemäß einem von diesem verfassten Schreiben Interesse am Ausgang des Verfahrens zeigt[122] oder der Richter eine besonders enge kollegiale Beziehung zum Geschädigten hat.[123]

Unüberlegtes oder **persönlich motiviertes Verhalten des erkennenden Richters im Umgang mit der Presse** begründet grundsätzlich nicht die Besorgnis der Befangenheit[124], auch nicht der Umstand, dass der Vorsitzende **einen Zeugen**, der von seinem Auskunftsverweigerungsrecht Gebraucht macht, **ergänzend belehrt.**[125]

Es ist zu beachten, dass die **Mitwirkung eines Richters an einer früheren Entscheidung** im Strafverfahren nur nach Maßgabe der §§ 22 Nr. 4, 23, 148a Abs. 2 StPO zu einem Ausschluss kraft Gesetzes führt.[126] Darüber hinaus stellt die richterliche Vortätigkeit weder einen Ausschlussgrund dar, noch vermag sie als solche die Befangenheit eines Richters zu begründen.[127] Anderes gilt nur, wenn im Rahmen der richterlichen Vortätigkeit Entscheidungen getroffen wurden, die völlig abwegig sind oder sogar den Anschein der Willkür erwecken[128], oder wenn ein besonderer Zusammenhang zwischen einer Verständigung und einer Abtrennung des Verfahrens gegen einen Mitangeklagten besteht und dabei bereits eine Beweiswürdigung zulasten des verbleibenden Angeklagten vorgenommen wird.[129]

Nach der Rechtsprechung des EGMR fehlt es an der Unparteilichkeit eines Richters, wenn sich bei ihm eine bestimmte Überzeugung bzw. Voreingenommenheit in der zu beurteilenden Sache feststellen lässt.[130] Auch an äußeren Umständen können sich Zweifel an der Unbefangenheit ergeben, wenn für einen objektiven Betrachter das Verhalten eines Richters nicht mehr als unbefangen erscheint.[131]

Art. 6 der EMRK schreibt in Abs. 1 Satz 1 vor, dass jede Person ein Recht darauf hat, »dass über Streitigkeiten in Bezug auf ihre zivilrechtlichen Ansprüche und Verpflichtungen oder über einen gegen sie erhobene strafrechtliche Anklage von einem unabhängigen und unparteiischen, auf Gesetz beruhenden Gericht in einem fairen Verfahren, öffentlich und innerhalb angemessener Frist verhandelt wird.« Die Mitwirkung eines Richters, der mit der erhobenen strafrechtlichen Anklage auf intensivste Form vorbefasst war, verletzt die Bestimmung des Art. 6 EMRK, insbesondere auch, weil der vorbefasste abgelehnte Richter zu seiner Vorbefassung keine Erklärung abgegeben hat. Dies führt letztendlich zu einer zweifachen Verletzung der genannten Bestimmung des Art. 6 EMRK.

Der EGMR wendet zur Klärung des Begriffs der Unparteilichkeit eine differenzierende Theorie an, die subjektive und objektive Aspekte beinhaltet. In einer Entscheidung aus dem Jahr 1982 im Verfahren **Piersack gg Belgien**[132] führte der EGMR hierzu unter anderem aus:

> *»Wenn die Unparteilichkeit in der Regel als Abwesenheit von Vorurteilen oder einer Voreingenommenheit zu verstehen ist, so kann sie in Hinblick auf Art. 6 Abs. 1 der Konvention auf verschiedene Weise betrachtet werden. Man kann insoweit zwischen einer subjektiven und einer objektiven Vorgehensweise unterscheiden, wobei der subjektive Ansatz versucht zu ermitteln, was ein bestimmter Richter in einem bestimmten Zusammenhang dachte, während der objektive Ansatz untersucht, ob der Richter ausreichend Garantien bietet, um jeden legitimen Zweifel in dieser Hinsicht auszuschließen.«*

---

122 Vgl. hierzu OLG Düsseldorf III–3 WS 496/07.
123 OLG Düsseldorf NStZ-RR 2010, 114.
124 BGH NJW 2006, 3290; vergl. aber EGMR NJW 2006, 2901, 2903 (120).
125 BGH 4 StR 275/09.
126 Als Vortätigkeit gilt auch eine Tätigkeit als Staatsanwalt in gleicher Sache – BGH 4 StR 378/10.
127 BGHSt 21, 334; Becker NStZ-RR 2007, 1.
128 Meyer-Goßner/*Schmitt* § 24 Rn. 14 a m.w.N.
129 BGH 2 StR 455/09.
130 Vgl. u.a. Le Compte u.a. gegen Belgien.
131 Vgl. u.a. Langborger gegen Schweden.
132 Entscheidung vom 01.10.1982, Rs. Nr. 8692/79.

Die Formel vom subjektiven und objektiven Aspekt der Unparteilichkeit greift der EGMR in einer Vielzahl weiterer Entscheidungen auf.[133]

Den Sachverhalten der oben angeführten Entscheidungen liegt als gemeinsames Merkmal eine **Vorbefassung** zu Grunde, welche die Unparteilichkeit des Richters im Sinne des Art. 6 EMRK zerstört. In seiner Entscheidung **Meng gegen Deutschland** stellt der EGMR nochmals deutlich heraus, dass zu prüfen ist, ob das vorangegangene Urteil Feststellungen enthielt, durch welche die Beurteilung über die Frage der Schuld der später angeklagten Person tatsächlich vorweggenommen wurde. Dies ist insbesondere zu bejahen, wenn das Gericht detaillierte Feststellungen zur Tatausführung und zum Tatmotiv der später angeklagten Person getroffen und damit zum Ausdruck gebracht hat, dass die zur Erfüllung eines Straftatbestands erforderlichen Kriterien auch im Hinblick auf die später angeklagte Person erfüllt waren. Hingewiesen wird auch auf **Schwarzenberger gegen Deutschland.**

Eine Vorbefassung kann auch durch die Entscheidung im Rahmen der Haftfrage entstehen.[134] Auch zu einer derartigen Vorbefassung mit der Zerstörung der von Art. 6 EMRK geforderten richterlichen Unparteilichkeit kommt es, wenn ein Richter bereits bei einer vorangegangenen sachverhaltsidentischen Entscheidung tätig geworden ist.[135] Der BGH hält weiterhin an seiner restriktiven Rechtsprechung zur Vorbefassung fest, vgl. u.a. 4 StR 67/22.

52 Während der Hauptverhandlung kann sich die Befangenheitsbesorgnis dadurch ergeben, dass der **Richter von der Schuld des Angeklagten bereits endgültig überzeugt zu sein scheint**, was sich aus Erklärungen vor der Hauptverhandlung dem Angeklagten, dem Verteidiger oder der Presse gegenüber ergeben kann, nicht jedoch die Äußerung einer Rechtsansicht.[136] Weiterhin muss der Angeklagte nicht damit rechnen, dass ein Beweisbegehren zum Gegenstand von Scherzen des Gerichts wird.[137]

Ferner kann sich die Besorgnis der Befangenheit aus einer scharfen **Negativwertung durch ungewöhnlich drastisch formulierte Vorwürfe gegen die Verteidigung** ergeben, so, wenn der Verteidigung die sach- und rechtswidrige Ausübung des Fragerechts vorgeworfen wird, obwohl das Gericht dafür eine Mitverantwortung trägt, da der Vorsitzende in Ausübung der Verhandlungsleitung ungeeignete und nicht zur Sache gehörende Fragen hätte zurückweisen müssen[138] oder wenn der Richter z.B. erklärt, der Verteidiger wolle nur »Sand ins Getriebe streuen«.[139]

Erweckt das Gericht nach **Vorberatung über die Strafobergrenze**, die es im Fall eines Geständnisses nicht überschreiten wollte, den Eindruck, sich insoweit ohne Rücksicht auf den Umfang des Geständnisses und den weiteren Verlauf der Hauptverhandlung vorbehaltlos und endgültig festgelegt zu haben, so kann dies für einen Verfahrensbeteiligten die Besorgnis der Befangenheit begründen.[140] Gleiches gilt für Gespräche über **verfahrensbeendende Absprachen** mit einem Angeklagten **unter**

133 Vgl. insoweit **Chubber gg Belgien**, 26.10.1984, RS. Nr. 9186/80, **Hauschildt gg Dänemark**, 24.5.1989, Rs. Nr. 10486/83, **Oberschlick gg Österreich**, 6.4.1995, Rs. Nr. 15974/90, **Fey gg Österreich**, 24.2.1993, Rs. Nr. 14396/88, **Saraiva de Carvalho gg Portugal**, 22.4.1994, Rs. Nr. 15651/89, **Ferrantelli und Santangelo gg Italien**, 7.8.1996, Rs. Nr. 19874/92, **Meng gegen Deutschland**, 16.02.2021, Rs. Nr. 1128/17, **Schwarzenberger gegen Deutschland**, 10.08.2006, Rs. Nr. 75737/01.

134 **Piersack gg Belgien; De Chubber gg Belgien; Hauschildt gg Dänemark.**

135 **Ferrantelli und Santangelo gg Italien, 07.08.1996, Rs. Nr. 19874/92** (in diesem Verfahren hat der abgelehnte Richter des Spruchkörpers bereits über die Schuld eines Mitangeklagten entschieden. Allein wegen der bloßen Bezugnahme in der nachfolgenden Entscheidung auf das vorangegangene Verfahren nahm der EGMR einen Verstoß gegen Art. 6 EMRK an).

136 BGH MDR 1961, 432; BGHSt 4, 264; NJW 1976, 1462; 1982, 1712; StV 1991, 450; 1991, 61; NStZ 1988, 372, StV 1999, 575 f.

137 BGH StraFo 2006, 23; StV 2006, 60.

138 BGH StV 2005, 72.

139 BGH StV 2005, 531.

140 BGH StV 2000, 1 ff.; StraFo 2000, 84 f.; BGHR-StPO Befangenheit 13, § 24 Abs. 2.; einschränkend LG Verden StV 2010, 234.

Ausschluss eines Mitangeklagten.[141] Der Eindruck, der Vorsitzende ziehe eine schnelle Prozesserledigung ohne Beachtung der Rechte der Verfahrensbeteiligten einer sachgemäßen Aufklärung der Anklagevorwürfe vor, begründet die Besorgnis der Befangenheit.[142] Dies gilt auch für die Anwendung oder Androhung der »Sanktionsschere« durch den Vorsitzenden.[143]

Ebenfalls zur Ablehnung berechtigt, dass der Richter die **Urteilsabsetzung während des Plädoyers des Verteidigers** beginnt,[144] die fehlende Einsicht des Angeklagten strafschärfend berücksichtigt[145] oder dass ein Richter den Eindruck erweckt, eine schnelle Erledigung der Sache gehe einer sachgerechten Aufklärung vor.[146]

Des Weiteren, bei **Unkenntnis der Akten**, wenn erklärt wird, Beiakten seien zur Wahrheitsfindung nicht erforderlich,[147] dem Übergehen des mehrfach geäußerten Wunsches des Angeklagten, ihm einen Pflichtverteidiger beizuordnen,[148] oder die **richterliche Äußerung** in einem mit dem Verteidiger geführten Telefonat, die Einlassung des Angeklagten sei schwachsinnig und der Sachverständige, dessen Ergebnis sich mit der Einlassung des Angeklagten deckt, solle sich »warm anziehen«.[149]

Äußert sich ein Richter in einem anderen Verfahren über den Verfahrensgegenstand in einer Weise, die den Angeklagten besorgen lässt, der abgelehnte Richter werde sein Verteidigungsvorbringen nicht mehr in der erforderlichen Distanziertheit zur Kenntnis nehmen, begründet dies die Besorgnis der Befangenheit.[150] Nicht ausreichend sind dagegen z.B. Spannungen zwischen Verteidiger und Richter, die aus einem anderen Verfahren herrühren.[151]

Im Fall einer mit einer **Parallelsache** befassten Kammer, die im dortigen Urteil zu Feststellungen kommt, die von den Beweismitteln in der Hauptverhandlung nicht getragen sein können und sich allein an der Anklage orientieren, kann bei einem gesondert verfolgten Angeklagten, zu dem in der Parallelsache diese Feststellungen ohne Grundlage getroffen wurden, u.E. die Besorgnis der Befangenheit bestehen.[152]

Rechts(anwendungs)fehler bei Vorentscheidungen können grundsätzlich die Besorgnis der Befangenheit nicht rechtfertigen. Von einer Befangenheit ist nur dann auszugehen, wenn die Entscheidung willkürlich war, das heißt, wenn die Auslegung und Anwendung des einfachen Rechts unter keinen denkbaren Umständen mehr verständlich ist und es sich somit um eine krasse Fehlentscheidung handelt[153].

Die ursprünglich begründete Besorgnis der Befangenheit kann durch die dem Ablehnenden bekanntgemachte dienstliche Äußerung des Richters nach § 26 Abs. 3 StPO ausgeräumt werden.[154] Die dienstlichen Stellungnahmen sind dem Antragsteller zur Gewährung des rechtlichen Gehörs zuzu-

---

141 BGH StraFo 2011, 50; mögliche Befangenheit bei »Exklusivgesprächen«: BGH NStZ 2011, 590; StV 2011, 72; *Schmitt* StraFo 2012, 386 (391).
142 BGH StraFo 2012, 222 (223).
143 BGH 1 StR 618/11; 4 StR 620/09 HRRS 2010 Nr. 394; StV 2007, 619; *Nobis* StraFo 2012, 45 (50).
144 BayObLGSt 72, 217.
145 BGH StraFo 2001, 384.
146 BGH StraFo 2003, 235.
147 LG Hanau StV 2004, 71.
148 AG Hameln StV 2004, 127.
149 LG Mainz StV 2004, 531.
150 LG Mainz StV 2007, 125.
151 OLG Hamm StraFo 2004, 415; für erst im Verfahren aufgetretene Spannungen, s. BGH StV 2005, 72, *Zwiehoff* JR 2006, 415.
152 So auch BGH StraFo 2012, 134 ff.; anders bei Auskunft zu Dealgesprächen in Parallelverfahren BGH StraFo 2012, 137 f.
153 BVerfGE 87, 273 (278); BVerfGK 12.
154 BGHSt 4, 264 (270).

leiten. Dem Antragsteller ist zudem eine angemessene Frist zu gewähren, um auf die dienstlichen Äußerungen Stellung nehmen zu können[155].

Das Ablehnungsrecht hat durch das Gesetz zur Modernisierung des Strafverfahrens vom 10.12.2019 tiefgreifende Änderungen erfahren. Nach der Gesetzesbegründung soll damit der hohen Anzahl an missbräuchlich gestellten Anträgen entgegengewirkt werden.[156] Die Änderungen betreffen insbesondere den Ablehnungszeitpunkt und das Ablehnungsverfahren.

Nach alter Rechtslage konnten Befangenheitsanträge, die sich auf Umstände stützen, die sich vor oder bis zu Beginn der Hauptverhandlung ereignet haben, bis zur Vernehmung des Angeklagten zur Person gestellt werden.

Nach der neuen Rechtslage ist das Ablehnungsgesuch gem. § 25 Abs. 1 S. 2 StPO unverzüglich vorzubringen, wenn die Gerichtsbesetzung nach § 222a Abs. 1 S. 2 StPO vor Beginn der Hauptverhandlung mitgeteilt wurde. Soll der Befangenheitsantrag also auf Umstände gestützt werden, die sich vor der Hauptverhandlung zugetragen haben, so muss der Befangenheitsantrag bereits außerhalb der Hauptverhandlung gestellt werden. An den Anforderungen an die Unverzüglichkeit hat sich nichts geändert (dazu unten).

Die Neuregelung des § 25 Abs. 1 betrifft jedoch nur Verfahren, die erstinstanzlich vor dem Landgericht oder dem Oberlandesgericht geführt werden, da sich § 222a StPO nur auf diese Verfahren bezieht. Für erstinstanzliche Verfahren vor dem Amtsgericht verbleibt es bei § 25 Abs. 1 S. 1 StPO, nach dem Befangenheitsanträge fristgemäß bis zur Vernehmung des Angeklagten zur Person angebracht werden können. Im Übrigen sind Ablehnungsgründe, die sich aus der laufenden Hauptverhandlung ergeben, gem. § 25 Abs. 2 Nr. 2 StPO unverzüglich geltend zu machen.

53 Unverzüglich bedeutet so bald wie möglich, ohne eine nicht durch die Sachlage begründete Verzögerung, wobei immer eine Überlegungsfrist und Besprechungszeit mit dem Verteidiger zu gewähren ist.[157] Im Fall des § 222a StPO beginnt die »Frist« erst mit der Mitteilung der Gerichtsbesetzung zu laufen[158].

Wird das Befangenheitsgesuch auf Umstände gestützt, die nach der Besetzungsmitteilung, jedoch vor Beginn der Hauptverhandlung entstanden sind, so ist der Antrag unverzüglich zu stellen.

Entsteht jedoch ein Ablehnungsgrund während einer Beweiserhebung, braucht er vor deren Beendigung nicht geltend gemacht zu werden.[159] Sofern ein erster Eindruck einer Befangenheit im Verlauf der Hauptverhandlung entsteht, darf zunächst geprüft werden, ob sich dieser durch das weitere Verhalten des Richters verfestigt.[160] Maßgeblich für die Unverzüglichkeit der Ablehnung ist die Kenntnis des Angeklagten. Eine etwaige schuldhaft verspätete Kenntnisnahme durch den Verteidiger wird dem Angeklagten nicht zugerechnet.[161]

Kommt es zu einem die Besorgnis der Befangenheit begründenden Verhalten, nachdem bereits die Schlussvorträge gehalten waren und nur noch das letzte Wort des Angeklagten ausstand, handelt der Angeklagte nur noch dann unverzüglich, wenn er seine Entschließung über die Ablehnung trifft und ggf. die Ablehnung erklärt, bevor er von dem Recht zum letzten Wort Gebrauch gemacht hat oder darauf verzichtet. Zumindest muss er eine Unterbrechung der Hauptverhandlung beantragen, um sich sein weiteres Vorgehen zu überlegen und sich mit seinem Verteidiger zu beraten.[162]

155 BVerfGE 24, 56 (62); BGH NStZ 1983, 354.
156 Vgl. dazu BT-Drucks 19/14747, S. 21 f.
157 BGH NStZ 1984, 371; StV 1991, 49; 1988, 287 (288); NStZ 1992, 211 (598); NStZ 2006, 644; BGH: Beschl. v. 21.07.2020 – 5 StR 236/20.
158 Meyer-Goßner/*Schmitt* § 25, Rn. 4 b.
159 Meyer-Goßner/*Schmitt* § 25 Rn. 8 a.
160 OLG München NJW 2007, 449.
161 BGH 3 StR 367/09.
162 BGH StV 2007, 118.

▶ **Beachte**

Das Ablehnungsgesuch ist zu Protokoll der Geschäftsstelle oder bei Gericht anzubringen und glaubhaft zu machen, wobei der Eid hierzu nicht genutzt werden kann, § 26 Abs. 1 StPO. **Eine Formvorschrift für das Gesuch existiert nicht.** Auf die Glaubhaftmachung kann nur bei Aktenkundigkeit oder Gerichtsbekanntheit des Ablehnungsgrunds verzichtet werden.

Nach der Gesetzesänderung ist für Befangenheitsgesuche, die vor der Hauptverhandlung gestellt werden, gleichfalls auch die Rechtzeitigkeit des Antrags glaubhaft zu machen, § 26 Abs. 2 S. 1 StPO.

Es empfiehlt sich bereits in dem Befangenheitsgesuch, eine angemessene Stellungnahmefrist auf die einzuholenden dienstlichen Erklärungen der abgelehnten Richter und die Namhaftmachung der zur Entscheidung über das Ablehnungsgesuch zuständigen Richter, zu beantragen.

▶ **Hinweis**

Die Glaubhaftmachung erfolgt nur durch schriftliche Erklärungen, wie eidesstattliche Versi- 54
cherung von Zeugen, (nicht des Ablehnenden) und anwaltlich durch den Verteidiger oder durch dienstliche Äußerungen der Richter, auch des abgelehnten Richters.

Das Gericht hat das Ablehnungsgesuch unter den Voraussetzungen des § 26a StPO als unzulässig zu verwerfen. Der abgelehnte Richter wirkt selbst an der Entscheidung mit, § 26a Abs. 2 S. 1 StPO.[163] Die Verwerfung steht nicht im Ermessen des Gerichts, sondern ist bei Vorliegen der gesetzlichen Gründe zwingend vorgeschrieben. Eine völlig ungeeignete Begründung steht hierbei einer fehlenden Begründung rechtlich gleich,[164] nicht ausreichend ist jedoch die offensichtliche Unbegründetheit.[165]

Ist das Ablehnungsgesuch zulässig und wird somit nicht nach § 26a StPO entschieden, (auch wenn die Voraussetzungen vorlagen) so ist nach § 27 StPO über das Gesuch von dem Gericht ohne Mitwirkung des Abgelehnten zu entscheiden.

Unaufschiebbare Handlungen, das heißt solche, die nicht abgewartet werden können, sind auch nach der neuen Rechtslage weiterhin durchführbar, § 29 Abs. 1 StPO.

Neu ist nunmehr die Regelung in § 29 Abs. 2 S. 1 StPO, in der ausdrücklich klargestellt wird, dass die Durchführung der Hauptverhandlung keinen Aufschub gestattet und sie bis zur Entscheidung über das Ablehnungsgesuch unter Mitwirkung des abgelehnten Richters stattfindet. Nach § 29 Abs. 2 StPO wirkt der abgelehnte Richter bis zur Entscheidung über das Befangenheitsgesuch an der Hauptverhandlung mit. Mit einer bereits terminierten Hauptverhandlung darf gleichfalls begonnen werden.[166]

Nach § 29 Abs. 2 StPO dürfen Entscheidungen außerhalb der Hauptverhandlung durch den abgelehnten Richter nur ergehen, wenn diese keinen Aufschub gestatten. Für Entscheidungen während einer Unterbrechung gilt § 29 Abs. 1 StPO unmittelbar.

Gem. § 27 Abs. 1 StPO entscheidet das Gericht ohne den abgelehnten Richter. Bei der Strafkammer wird ohne Mitwirkung der Schöffen entschieden (§ 27 Abs. 2 StPO), wobei der abgelehnte Richter durch einen anderen Richter der Kammer oder durch den geschäftsplanmäßigen oder bestellten Vertreter ersetzt wird. Bei dem Amtsgericht entscheidet immer ein anderer Richter des Amtsgerichts;

163 Vgl. hierzu BVerfG, Beschl. v. 24.02.2006, 2 BvR 836/04, StraFo 2006, 232.
164 BGH, Beschl. 01.02.2005, 4 StR 486/04.
165 BGH 3 StR 367/09.
166 Meyer-Goßner/*Schmitt* § 29 Rn. 11.

beim einstelligen Amtsgericht der nach § 22b Abs. 1 GVG bestellte Vertreter. Eine förmliche Beweisaufnahme über das Ablehnungsvorbringen findet nicht statt.[167]

Die zur Entscheidung berufenen Richter haben nach § 29 Abs. 3 StPO n.F. innerhalb von zwei Wochen über den Antrag zu befinden, spätestens jedoch bis zum Beginn des übernächsten Hauptverhandlungstages, wenn dieser nicht innerhalb der nächsten zwei Wochen stattfindet, § 29 Abs. 3 S. 3 StPO. Gem. § 29 Abs. 3 S. 1 StPO muss über das Ablehnungsgesuch spätestens vor Urteilsverkündung entschieden werden.

Hat das Gericht über ein Ablehnungsgesuch in falscher Besetzung entschieden, so ist in dem Fall, dass das Recht auf den gesetzlichen Richter nach Art. 101 Abs. 1 S. 2 GG verletzt worden ist, der absolute Revisionsgrund des § 338 Nr. 3 StPO gegeben, und zwar unabhängig davon, ob tatsächlich die Besorgnis der Befangenheit bestand.[168]

55 Nur gegen den als unzulässig verworfenen oder den als unbegründet zurückgewiesenen Beschluss ist die sofortige Beschwerde zulässig, die bei der Ablehnung eines erkennenden Richters mit dem Urteil gemeinsam angegriffen werden muss (§ 28 Abs. 2 S. 2 StPO), wobei erkennende Richter alle jene Richter sind, die zur Mitwirkung in der Hauptverhandlung berufen sind.[169] Sinnvoller und praxisgerechter ist jedoch die Verfahrensrüge innerhalb der Revision. Das heißt gegen einen negativ gefassten Beschluss eines erkennenden Richters ist die Beschwerde nicht statthaft, § 28 Abs. 2 S. 2 StPO. In erstinstanzlichen OLG-Verfahren sind Befangenheitsgesuche nicht reversibel.[170]

56 Der Verteidiger hat immer zu bedenken, dass ein erfolgreich gestellter Befangenheitsantrag den Ausgang des Verfahrens entscheidend beeinflussen kann, jedoch der Ablehnungsantrag die Stimmung in der Hauptverhandlung erheblich nachteilig verändern kann. Hinzu kommt, dass der Mandant auf das Kostenrisiko hinzuweisen ist, wenn nach einem erfolgreichen Antrag ausgesetzt und neu begonnen wird. Wie auch in anderen Fällen sollte der Verteidiger zunächst vorsichtig mit dem Instrument des Befangenheitsantrags umgehen, dieses jedoch in erforderlichen Fällen konsequent zum Einsatz bringen. Ein taktischer Mittelweg, der in manchen Fällen bereits zum Erfolg führt, ist, um eine Unterbrechung der Verhandlung zu bitten, um mit dem Mandanten das Stellen eines unaufschiebbaren Antrags zu besprechen. Selbst wenn dann das vom Gericht erwartete Befangenheitsgesuch nicht gestellt wird, kann dies zu größerer Vorsicht des Gerichts und zu einer Klärung der Situation führen.

57 Als Beispiel verweisen wir auf folgenden Schriftsatz:

▶ Befangenheitsgesuch

In der Strafsache

gegen....

Az.: 22 KLs 77/98

lehnt der Angeklagte A den Vorsitzenden Richter am Landgericht, Herrn ... wegen Besorgnis der Befangenheit ab.

Zu Beginn der Vernehmung des Zeugen A hat der Vorsitzende diesem Zeugen erklärt: »Herr A, wir haben hier schon ziemlich viele Zeugen gehört, die die Anklage bestätigt haben.«

Glaubhaftmachung: Dienstliche Äußerung des abgelehnten Richters.

Begründung

---

167 BGH NStZ 2011, 228.

168 BGH StV 2007, 121; BGH: Beschl. v. 21.07.2020 – 5 StR 236/20; BayObLG Urteil vom 21.09.2023 – 206 StRR 112/23.

169 BGH NJW 1966, 169; 1975, 458; *Meyer-Mews* StraFo 2008, 182.

170 A.A. *Lang* in FS für Breidling, S. 199 ff.

Die zitierte Äußerung des Vorsitzenden muss bei jedem Angeklagten in der Situation meines Mandanten Misstrauen in die Unparteilichkeit des Richters erwecken. Der Angeklagte bestreitet die in der Anklage erhobenen Vorwürfe. Wenn der Richter diese Vorwürfe als bereits durch Zeugenaussagen bestätigt erklärt, so äußert er damit, dass er von der Schuld des Angeklagten überzeugt ist.

Nach dem Gesetz ist die Bestätigung der Anklage als abschließende Meinungsbildung des Gerichts über die Schuld des Angeklagten definiert:

Gem. § 264 Abs. 1 StPO ist Gegenstand der Urteilsfindung die in der Anklage bezeichnete Tat. Diese wird bestätigt, wenn in der Hauptverhandlung die behaupteten Tatsachen erwiesen werden. Sie bilden dann die Grundlage des bestrafenden Urteils, § 267 StPO. Die Äußerung des Vorsitzenden enthält damit eine juristische Wertung über das Erwiesensein der angeklagten Vorwürfe vor Schluss der Beweisaufnahme.

Es wird beantragt, die dienstliche Äußerung des abgelehnten Richters der Unterzeichnerin/dem Unterzeichner zuzuleiten und eine angemessene Frist zur Stellungnahme zu gewähren.

Weiter wird beantragt, die zur Entscheidung über dieses Befangenheitsgesuch berufenen Richter namhaft zu machen.

Rechtsanwalt/Rechtsanwältin

Auch der Richter/die Richter, der/die zur Entscheidung über das Befangenheitsgesuch berufen ist/ 58
sind, können wegen Besorgnis der Befangenheit abgelehnt werden. Dies gilt sowohl vor einer Entscheidung über das Befangenheitsgesuch, als auch danach. Damit ein Befangenheitsgesuch gegen diesen/diese Richter nach ihrer Entscheidung zulässig ist, ist eine vor oder zeitgleich mit dem weiteren Befangenheitsgesuch anzubringende Gegenvorstellung betreffend die Entscheidung über das erste Befangenheitsgesuch notwendig.[171] Nur in diesem Fall ist der als unzulässig verworfene oder als unbegründet zurückgewiesene Antrag mit der sofortigen Beschwerde anfechtbar, sofern § 304 Abs. 4 StPO nicht entgegensteht.

2. Gegen Schöffen

Für die Ablehnung von Schöffen gelten die Vorschriften §§ 22, 23 StPO über den Ausschluss kraft 59
Gesetzes entsprechend, § 31 StPO. Eine Unfähigkeit zum Schöffenamt folgt bereits aus § 32 GVG.

Es gelten zunächst die gleichen Vorgaben wie bei der Richterablehnung, ausgenommen § 27 Abs. 1 StPO; dieser wird ersetzt durch § 31 Abs. 2 StPO, und § 29 Abs. 1 StPO.

Auch die Befangenheitsgründe, insbesondere die Vermutung der Unparteilichkeit, gelten für die Schöffen wie für die Berufsrichter. Es rechtfertigt eine Ablehnung nicht, dass Schöffen Kenntnis von Presseveröffentlichungen erhalten oder gelegentlich die Anklageschrift lesen, zu beachten ist jedoch, dass gem. Nr. 126 Abs. 3 RiStBV die Anklageschrift grundsätzlich nicht zugänglich gemacht werden darf. Dem Schöffen sind kurze Meinungsäußerungen ohne abschließende Stellungnahme gestattet, ohne dass daraus auf Befangenheit zu schließen wäre.

Eine Ablehnung kommt in Betracht, wenn Schöffen Bedienstete der geschädigten Behörde sind, unsachliche Bemerkungen während der Hauptverhandlung tätigen[172], sich offen zu Methoden der Selbstjustiz bekennen[173] und während der Hauptverhandlung ständig einschlafen.[174] Auch das Überreichen eines kleinen Geschenks an den Sitzungsvertreter der StA rechtfertigt die Besorgnis der Befangenheit.

171 Vgl. hierzu LG Düsseldorf, Beschl. v. 12.02.2008, 11 Kls 35/07.
172 BGH MDR 1954, 151; NStZ 1991, 144.
173 BGH 2 StR 595/09.
174 LG Bremen StV 2002, 357.

3. Gegen Sachverständige

60 Sachverständige können gem. § 74 StPO aus selbigen Gründen wie Richter abgelehnt werden.

Die Ausschließungsgründe des § 22 Nr. 1–4 StPO sind hier nur beispielhafte Ablehnungsgründe, jedoch zwingende.

Sonstige Ablehnungsgründe liegen vor, wenn vom Ablehnenden vernünftige, von einem Dritten nachvollziehbare Umstände dargetan werden, die verständlicherweise ein Misstrauen gegen die Unparteilichkeit des Sachverständigen zu rechtfertigen scheinen.[175] Dies kann u.a. gegeben sein, wenn der Sachverständige schon ein Privatgutachten für den Verletzten, den Nebenkläger oder eine am Verfahrensausgang interessierte Versicherung erstattet hat,[176] wenn er bei dem Beschuldigten unberechtigte körperliche Eingriffe vorgenommen hat,[177] wenn er das Tatopfer ärztlich behandelt,[178] wenn er durch mündliche oder schriftliche Äußerungen den Eindruck der Befangenheit vermittelt,[179] wenn er unprofessionell und einseitig vorgegangen ist[180] oder wenn persönliche Beziehungen freundschaftlicher Art zu Verfahrensbeteiligten hervortreten, insbesondere wenn sie zum »Du« geführt haben.[181] Weiterhin ist die Besorgnis der Befangenheit begründet, wenn der mit der Erstellung eines Glaubhaftigkeitsgutachtens beauftragte Sachverständige Personen im Bereich einer geschädigten zeugnisverweigerungsberechtigten Zeugin zum Tatgeschehen »informatorisch befragt« und deren Angabe im Vorgutachten verwertet.[182]

Von besonderer praktischer Bedeutung ist der sich aus § 22 Nr. 4 StPO ergebende **Ablehnungsgrund der vorherigen Tätigkeit als Polizeibeamter** in dem Verfahren gegen den Angeklagten, wobei eine Teilnahme an den Ermittlungen gem. §§ 161 Abs. 1, 163 StPO, § 152 GVG in der Form von Inaugenscheinnahmen von Orten und Gegenständen, körperlichen Untersuchungen oder Identifizierungsmaßnahmen erforderlich ist.[183] Daher sind Kriminalbeamte, Beamte des Bundeskriminalamtes und sonstige Hilfsbeamte der Staatsanwaltschaft ohne Weiteres als befangen anzusehen, wenn sie an der Strafverfolgung des Angeklagten beteiligt waren oder anderweitig gegen ihn vorgegangen sind.[184]

Sachverständige, die unabhängig in ihren wissenschaftlichen Instituten und lediglich unter dem Dach des BKA oder LKA arbeiten, sind nicht allein wegen ihrer Zugehörigkeit zu den Kriminalämtern befangen. Anders verhält es sich jedoch, wenn diese Personen an den konkreten Ermittlungen bereits beteiligt waren, z.B. konkrete Aufträge an die Ermittlungsbeamten hinsichtlich der Suche infrage kommender Tatwerkzeuge etc. gegeben haben.

61 Der Ablehnende kann aus seinem eigenen Verhalten während der Hauptverhandlung oder des Verfahrens auch hier keinen Ablehnungsgrund herleiten, da er es ansonsten selbst in der Hand hätte, den Sachverständigen auszuschalten.

▶ Beachte

Der Ablehnungsantrag, der in der Hauptverhandlung gestellt oder dort wiederholt werden muss, wenn er schon zuvor gestellt wurde, bedarf keiner besonderen Form. Er ist zeitlich erst ab Anhängigkeit und Benennung des Sachverständigen möglich. Im Antrag sind die Tatsachen anzugeben, auf welche die Ablehnung gestützt wird, und diese glaubhaft zu machen. Im Gegensatz zur Ablehnung eines Richters kann der Antrag mit gleicher Begründung wiederholt

175 Vgl. hierzu *Eisenberg* NStZ 2006, 372.
176 BGHSt 20, 245; VRS 26, 365.
177 BGHSt 8, 144; StV 1990, 389.
178 BGH MDR 1972, 925.
179 BGH MDR 1975, 368; 1977, 983; StV 1981, 55.
180 BGH NJW 1991, 2357.
181 *Bayerlein* Praxishandbuch Sachverständigenrecht, § 20 Rn. 2.
182 LG Essen StV 2006, 521; LG Braunschweig 2 KLs 18/09.
183 BGH NJW 1958, 1308; BGHSt 18, 214, 216; umfassend hierzu StV 1996, 570, 572.
184 BGHSt 18, 214, 216; Meyer-Goßner/*Schmitt* § 74 Rn. 3 m.w.N.

werden, jedoch nur wenn er zunächst vor der Hauptverhandlung gestellt wurde, ansonsten ist er rechtsmissbräuchlich und unzulässig.

▶ Hinweis

Die Einschränkungen des § 25 Abs. 2 StPO gelten nicht, d.h. der Antrag muss nicht unverzüglich gestellt werden, sondern kann bis zum Schluss der Hauptverhandlung erfolgen.[185] 62

Die Entscheidung über den Antrag ergeht durch Beschluss, den das mit der Sache befasste Gericht, nach Eröffnung des Hauptverfahrens das erkennende Gericht, unter Mitwirkung der Schöffen erlässt, nicht der erkennende Richter allein. Eine stillschweigende Entscheidung durch Vernehmung des abgelehnten oder eines anderen Sachverständigen ist nicht zulässig. Der Beschluss muss nach § 34 StPO mit solch ausreichenden Gründen versehen sein, dass die Prozessbeteiligten ihr weiteres Verhalten darauf einrichten können und das Revisionsgericht überprüfen kann, dass die angewandten Rechtsbegriffe rechtlich einwandfrei behandelt wurden.[186] 63

Der erfolgreich abgelehnte Sachverständige darf nicht weiter vernommen werden, sein Gutachten nicht verwertet werden und auch nicht von einem anderen vorgetragen werden. Die begründete Ablehnung macht ihn zu einem völlig ungeeigneten Beweismittel i.S.d. § 245 Abs. 2 StPO.[187] Jedoch kann der abgelehnte Sachverständige als Zeuge über seine sonstigen Wahrnehmungen befragt werden, hier ist jedoch vonseiten des Verteidigers darauf zu achten, dass der Sachverständige nicht versteckt ein Gutachten erstattet, da er während seiner Vernehmung keinerlei sachkundige Folgerungen ziehen darf. 64

Da sich die Verweisung in § 74 Abs. 1 S. 1 StPO nur auf die Ablehnungsgründe bezieht, ist der Beschluss nicht nach § 28 StPO, sondern nach § 304 Abs. 1 StPO anfechtbar, wobei jedoch der abgelehnte Sachverständige nicht antragsberechtigt ist.

Aus taktischen Erwägungen kann es sinnvoll sein, einen Antrag auf Entbindung des Sachverständigen zu stellen, was sich immer anbietet, wenn der Sachverständige überlastet ist und das Gutachten nicht in angemessener Zeit erstellen kann oder er die Erstellung verweigert. Der Antrag auf Entbindung sollte aber auch in Erwägung gezogen werden, um nicht direkt den Ablehnungsantrag zu stellen und dadurch den Sachverständigen bei Erfolglosigkeit des Antrags nur zu »verärgern«. Auch kann in einem Ablehnungsantrag ein Versuch gesehen werden, den Prozess zu verschleppen oder querulatorisch vorzugehen; zu Bedenken ist zudem, dass es im Fall eines erfolglosen Ablehnungsantrages zu einer Aufwertung des Sachverständigengutachtens bzgl. seiner inhaltlichen Richtigkeit kommen kann. 65

Gegen eine Entscheidung über die Entbindung steht den Beteiligten nach § 305 S. 1 StPO kein Rechtsmittel zu. Es handelt sich um eine Maßnahme des erkennenden Gerichts in der Hauptverhandlung. Daher gibt es nur die Möglichkeit der Rüge in der Revision mit dem Vortrag, dem Sachverständigen habe kein Weigerungsrecht nach § 76 Abs. 1 S. 1 StPO zuerkannt werden dürfen oder die Nichtentbindung sei zu Unrecht erfolgt.

185 KK/*Hadamitzky* § 74 Rn. 7.
186 BGH NJW 1966, 1880; MDR 1978, 459.
187 BGH StV 1999, 576 f.

66 Der folgende Schriftsatz enthält ein Muster einer solchen Rüge:

▶ Ablehnungsgesuch gegen Sachverständigen

In der Strafsache

gegen

Az. ...

lehne ich namens und in Vollmacht des Angeklagten

die Sachverständige Dipl.-Psychologin X, die mit der Erstattung eines Glaubwürdigkeitsgutachtens über die 7-jährige Nebenklägerin beauftragt wurde, wegen Besorgnis der Befangenheit ab.

Begründung

Frau X, die als psychologische Sachverständige an der Hauptverhandlung am ..., ... und ... mitwirken soll, ist bereits bei der ersten polizeilichen Vernehmung und der daran anschließenden richterlichen Vernehmung am ... anwesend gewesen.

Nachfragen der Verteidigung bezüglich der Anwesenheit der Sachverständigen X bei diesen Vernehmungen haben ergeben, dass die Sachverständige die Zeugin bereits vor den Vernehmungen therapeutisch betreut hat und an den Vernehmungen als deren Beistand teilnahm.

Frau X ist von der vernehmenden Polizeibeamtin dem zuständigen Staatsanwalt als Sachverständige für die Glaubhaftigkeitsbegutachtung vorgeschlagen und von diesem auch als Sachverständige beauftragt worden.

Sie hat die einzige unmittelbare Zeugin am ... exploriert und am ... ihr schriftliches Gutachten vorgelegt. Darin erwähnt sie nicht, dass sie die Zeugin bereits vor der Exploration therapeutisch betreut hat.

Da die therapeutische Arbeit ein Vertrauensverhältnis zwischen Therapeut und Patient voraussetzt, ist Frau X zur unabhängigen Gutachtenerstattung nicht mehr in der Lage. Welche Kenntnisse der Sachverständigen aus der Therapie, welche aus der Exploration stammen, kann nicht unterschieden werden.

Zur Glaubhaftmachung wird auf die in den Gerichtsakten befindlichen polizeilichen sowie richterlichen Vernehmungsprotokolle vom ... sowie auf das vorläufige Gutachten Bezug genommen.

Rechtsanwalt/Rechtsanwältin

4. Gegen Dolmetscher

67 Auf die Ablehnung von Dolmetschern finden gem. § 191 GVG die Vorschriften über die Ablehnung (nicht die gesetzlich gar nicht vorgesehene Ausschließung) von Sachverständigen entsprechende Anwendung.

Eine Tätigkeit des Dolmetschers im Vorverfahren, bei der Polizei oder der Staatsanwaltschaft begründet nicht grundsätzlich seine Befangenheit. Diese Besorgnis kann sich jedoch daraus ergeben, dass der Dolmetscher seine Übersetzung mit Wertungen oder wertenden Formulierungen versieht und nicht unparteiisch und wortgetreu übersetzt.[188] Auch eine Tätigkeit für den Nebenkläger vermag Zweifel an der gebotenen Neutralität des Dolmetschers zu begründen.[189]

Anlass für einen Antrag der Verteidigung müssen insbesondere Wortgefechte zwischen Dolmetscher und Beschuldigten bieten, wenn ersichtlich Inhalte diskutiert werden und nicht wörtlich übersetzt wird.

---

188 BGH StV 1990, 258; 1994, 180; 1995, 239.
189 So für den Sachverständigen OLG Hamm VRS 26, 365.

Im Gegensatz zum Sachverständigen ist die Vernehmung eines erfolgreich abgelehnten Dolmetschers als Zeuge über die von ihm übersetzten Aussagen unzulässig.[190]

5. Gegen Staatsanwälte

Die StPO sieht keine gesetzliche Regelung zur Ablehnung von Sitzungsvertretern der Staatsanwaltschaft vor.[191] Nach herrschender Meinung sind die §§ 22 ff. StPO für Staatsanwälte nicht entsprechend anwendbar.[192] Die Mitwirkung eines Staatsanwalts, dessen Befangenheit zu besorgen ist, verstößt jedoch u.U. gegen den Grundsatz des fairen Verfahrens. Bezüglich der Besorgnis der Befangenheit von Staatsanwälten sind nach einer alten Entscheidung des BVerfG[193] nicht die gleichen Maßstäbe anzuwenden wie bei der von Richtern. Auch wenn man dem Staatsanwalt als Anklagevertreter ein größeres Maß an Parteilichkeit als einem Richter zubilligen muss, ist aufgrund der Objektivitätspflicht aus § 160 Abs. 2 StPO zu fordern, dass der Staatsanwalt – wie der Richter – zu jeder Zeit des Verfahrens in Bezug auf dessen Ausgang offen sein muss. Nach heutigem Verständnis des Rechtsstaatprinzips und seiner Ausgestaltung im Strafrecht können sich Unterschiede bezüglich der Befangenheit m.E. nur aus den unterschiedlichen prozessualen Aufgaben ergeben (so kann z.B. der Staatsanwalt keine prozessleitenden Verfügungen treffen oder ist nicht für die Terminierung verantwortlich). Die Beschränkung auf die Parteilichkeit des Staatsanwalts im vorbeschriebenen Sinne ergibt sich nicht zuletzt aus seiner Bindung an Recht und Gesetz und damit auch an die Wahrung der Rechte des Angeklagten im Prozess. 68

Befangenheitsgründe für einen Staatsanwalt können deshalb die Beantragung eines Haftbefehls bei schweigendem Angeklagten sein, wenn die Haft der Durchbrechung des Schweigerechts dient. Ein Befangenheitsgrund kann auch dann gegeben sein, wenn der Staatsanwalt in Stellungnahmen zu Beweisanträgen etc. ankündigt, das Verhalten der Verteidiger strafschärfend für den Angeklagten zu berücksichtigen, oder wenn ein Staatsanwalt wegen einer Äußerung eines Verteidigers in der Hauptverhandlung Strafanzeige erstattet in der erkennbaren Absicht, weiteres Verteidigerhandeln durch die mit der Strafanzeige bezweckte Einschüchterung zu verhindern. 69

Den Verfahrensbeteiligten steht kein Recht auf Ablehnung eines befangenen Staatsanwalts zu. Die Ablösung des befangenen Staatsanwalts ist allein Aufgabe des Dienstvorgesetzten, wobei das Gericht und die anderen Verfahrensbeteiligten einschließlich des Staatsanwalts selbst auf dessen Ablösung durch entsprechende Anträge hinwirken können.[194] 70

IV. Anträge auf Aussetzung und Unterbrechung

Die Regelungen zur Unterbrechung haben in der Vergangenheit zwei Änderungen erfahren. Die erste Neuregelung erfolgte durch das Gesetz zur Modernisierung des Strafverfahrens vom 10.12.2019, die zweite als Reaktion auf die Corona-Pandemie durch Einführung des § 10 EGStPO mit der Veröffentlichung des Gesetzes zur Abmilderung der Folgen der COVID-19-Pandemie im Zivil-, Insolvenz- und Strafverfahrensrecht, das am 28.03.2020 in Kraft getreten ist. 71

Die Abgrenzung zwischen Aussetzung und Unterbrechung ist nach der neuersten Rechtsprechung des Bundesgerichtshofs nicht allein anhand der Länge der Zeitspanne vorzunehmen. Maßgeblich ist der durch Auslegung zu ermittelnde Sinn der Prozesshandlung.[195]

190 BGH StV 1992, 460; BayObLG NJW 1998, 1505; NStZ 1998, 270, StV 2001, 264.
191 BGH StraFO 2008, 72.
192 Vgl. zum Meinungsstand Meyer-Goßner/*Schmitt* Vor § 22 Rn. 3.
193 BVerfG JR 1979, 28.
194 Meyer-Goßner/*Schmitt* Vor § 22 Rn. 4.
195 KK/Gmel § 228 Rn. 1.

Aussetzung meint Abbruch der Verhandlung, mit der Folge, dass eine Hauptverhandlung neu beginnen muss. Als Unterbrechung wird ein verhandlungsfreier Zeitraum bezeichnet, der unter Verwendung der bereits gewonnenen Erkenntnisse die Fortsetzung der Hauptverhandlung zum Ziel hat.

Die Unterbrechung ist nur über die in § 229 StPO normierten Zeitspannen möglich; also grundsätzlich bis zu 3 Wochen bzw. 1 Monat bei einer mindestens 10-tägigen Hauptverhandlung. Noch länger darf die Unterbrechung dauern, wenn ein Fall der Hemmung des Fristenlaufes des § 229 Abs. 3 StPO vorliegt. Nach § 229 Abs. 3 StPO n.F. tritt eine Hemmung der Unterbrechungsfrist nicht mehr nur im Krankheitsfall (Nr. 1) ein, sondern auch, wenn eine erkennende Richterin aufgrund des gesetzlichen Mutterschutzes nicht an der Hauptverhandlung teilnehmen kann (Nr. 2). Gleiches gilt für die Inanspruchnahme von Elternzeit, § 229 Abs. 3 Nr. 2 StPO. Die neuen Vorschriften gelten sowohl für die Berufsrichter, als auch die Schöffen.

Die Höchstdauer der Hemmung beträgt, im Gegensatz zur alten Rechtslage, nicht mehr sechs Wochen, sondern zwei Monate, § 229 Abs. 3 S. 1 HS. 2 StPO.

Auch § 10 EStPO stellt keinen eigenständigen Unterbrechungsgrund dar, sondern hemmt die Unterbrechungsfrist des § 229 Abs. 1 und Abs. 2 StPO für maximal zwei Monate. Für die Anwendung von § 10 EStPO ist die Anzahl der durchgeführten Hauptverhandlungstage nicht entscheidend. Im Ergebnis kann eine Hauptverhandlung nach § 10 EStPO, da die Unterbrechungsfrist frühestens zehn Tage nach Ablauf der Hemmung endet, somit maximal für drei Monate und zehn Tage unterbrochen werden.

Nicht geregelt ist die Frage, ob die Hemmung der Unterbrechungsfristen nach § 10 EStPO mehrfach angeordnet werden kann. Eine derartige Handhabe dürfte jedoch mit dem Beschleunigungsgrundsatz und der Konzentrationsmaxime nicht zu vereinbaren sein.

Im Fall der Unterbrechung (selbstverständlich auch im Fall der Aussetzung) sollte in Haftsachen ein Antrag auf Aufhebung bzw. Außervollzugsetzung des Haftbefehls gestellt werden. So hat bspw. das OLG Braunschweig in seinem Beschluss vom 25.03.2020, Az. 1 Ws 47/20 entschieden, dass eine Aussetzungsentscheidung, die ausschließlich mit der Corona-Pandemie begründet und bei der der Zeitpunkt der Fortsetzung der Hauptverhandlung ungewiss ist, nicht ausreicht, um einen Haftbefehl aufrecht zu erhalten.

Über eine Unterbrechung bis 3 Wochen entscheidet der Vorsitzende nach billigem Ermessen (§ 228 Abs. I S. 2 StPO), über eine längere Unterbrechung gem. § 229 Abs. StPO oder eine Aussetzung entscheidet das Gericht (§ 228 Abs. 1 S. 1 StPO).

Sind in einer Hauptverhandlung noch keine Erträge erzielt worden, die bei einer Unterbrechung fortwirkten, bei einer Aussetzung aber erneut gewonnen werden müssten, ist das Gericht in der Entscheidung, ob es die Hauptverhandlung unterbricht oder sie aussetzt, grundsätzlich frei.[196]

Ein Fortsetzungstermin wird im Allgemeinen schon in der Hauptverhandlung verkündet, ansonsten muss der Angeklagte neu geladen werden (§ 216 StPO).

72 Aufgrund des Beschleunigungsgebots muss die Aussetzung der Hauptverhandlung die Ausnahme sein, notwendige Pausen sind durch Unterbrechung herbeizuführen, dies gilt insbesondere in Haftsachen.

Die Aussetzung ist im Gesetz in folgenden nicht abschließenden Fällen vorgesehen:
- § 145 Abs. 2, 3 StPO, erst im erfolgt die Bestellung des Pflichtverteidigers Laufe der Hauptverhandlung (Abs. 2), so kann das Gericht das Verfahren aussetzen; macht der neu bestellte Pflichtverteidiger geltend, ihm verbleibe keine ausreichende Vorbereitungszeit, dann muss zumindest unterbrochen, in umfangreichen Verfahren ausgesetzt werden,[197]
- § 217 Abs. 2 StPO, Ladungsfrist von einer Woche wurde unterschritten,

196 BGH StraFo 2007, 507.
197 Vgl. auch BGH StV 1998, 415; StV 2000, 183 f.; 402.

- § 246 Abs. 2 StPO, Namhaftmachung von Zeugen oder Sachverständigen erfolgte zu spät,
- § 265 Abs. 3, 4 StPO, nicht ausreichende Verteidigungsvorbereitungszeit bei Veränderung der Rechts- und Sachlage.[198]

Hinzu kommen die Fälle, bei denen vorübergehende Verfahrenshindernisse gegeben sind, z.B. bei einer notwendigen Vorlage an das BVerfG (nicht bei Entscheidung in einem nur gleichartigen Verfahren) oder bei Beweiserhebungen, die während der Unterbrechungsfrist nicht erhoben werden können oder auch weil die Erfordernisse eines fairen Verfahrens die Aussetzung als nötig erscheinen lassen. Hierzu gehört auch, dass der Angeklagte aus nicht ihm anzulastenden Gründen am Erscheinen in der Hauptverhandlung gehindert ist, da ein Anwesenheitsrecht des Angeklagten besteht, unabhängig von dem Bestehen einer Pflicht zum Erscheinen.[199] Gleichfalls kann die Aufklärungspflicht eine Aussetzung und Abtrennung rechtfertigen, wenn bei mehreren angeklagten Taten Hindernisse bezüglich einer Tat bestehen. Wenn vonseiten der Staatsanwaltschaft bei Anklageerhebung nicht sämtliche Akten und Beweismittel vorgelegt werden und aufgrund des Umfangs der zunächst zurück gehaltenen Akten und weiteren Beweismittel eine Wahrnehmung des Akteneinsichtsrecht der Verteidigung trotz weiträumiger Unterbrechung nicht zumutbar ist, ist die Hauptverhandlung auszusetzen.[200]

Der Aussetzungsantrag kann vor oder in der Hauptverhandlung gestellt werden, wobei das Gericht 73
über einen zuvor gestellten Antrag entscheiden muss oder zumindest klären muss, ob er aufrechterhalten wird. Die Entscheidung über einen Aussetzungsantrag mit Ausnahme eines nur hilfsweise gestellten Antrags muss vor der Urteilsverkündung erfolgen.

Bezüglich der Verhinderung des Verteidigers gilt in den Fällen der nicht notwendigen Verteidigung 74
§ 229 Abs. 1 und 2 StPO, ansonsten gilt der unverändert gebliebene § 145 StPO mit der Möglichkeit der Beiordnung eines anderen Verteidigers. So kann die Fürsorgepflicht des Gerichts eine Aussetzung oder Unterbrechung gebieten, wenn dies aufgrund neu aufgetretener Tatsachen bei besonderer Schwierigkeit der Sach- und Rechtslage erforderlich erscheint, § 265 Abs. 4 StPO. Das Gleiche gilt, wenn sich z.B. aufgrund der Dauer der Hauptverhandlung der Ablauf des Verfahrens so ändert, dass der Verteidiger an einer Hauptverhandlung nicht teilnehmen kann und dies für den Angeklagten nicht vorhersehbar war. Ansonsten geht es zulasten des Angeklagten, wenn er sich einen Verteidiger wählt, der an der Hauptverhandlung nicht teilnehmen kann, wobei das Gericht jedoch grundsätzlich gehalten ist, sich um einen mit dem Verteidiger abgestimmten Termin zu bemühen.[201]

Die Ablehnung oder die Anordnung der Unterbrechung betrifft normalerweise den äußeren Gang 75
der Hauptverhandlung, nur wenn in den sachlichen Gang des Verfahrens eingegriffen wird, ist die Anrufung des Gerichts nach § 238 Abs. 2 StPO statthaft, die Beschwerde ist nach § 305 S. 1 StPO ausgeschlossen.[202] Ebenso ist der Beschluss, durch den die Aussetzung abgelehnt wird, nach § 305 S. 1 StPO nicht mit der Beschwerde anfechtbar.

Hat daher nicht das Gericht, sondern der Vorsitzende allein bestimmte Anordnungen oder Entscheidungen getroffen, so muss der Verteidiger diese Maßnahme nach § 238 Abs. 2 StPO beanstanden, ausreichend begründen und damit einen Gerichtsbeschluss herbeiführen.

---

198 Hierzu OLG Thüringen StV 2007, 230, kein Aussetzungsgrund bei einem Übergang vom versuchten zum vollendeten Delikt: BGH 2 StR 517/12.
199 OLG Hamm NJW 1972, 1063 (1064).
200 LG Hannover StV 2013, 79 f.
201 BGH NJW 1992, 849; BGH StV 1998, 414.
202 BGH StV 1987, 332; 1991, 551.

76 Auch hierzu sei folgendes Beispiel eines Schriftsatzes vorgestellt:

▶ **Aussetzungsantrag**

In der Strafsache
gegen …

Az. …

wird beantragt,

die Hauptverhandlung auszusetzen.

Begründung

Der Vorsitzende hat in der Hauptverhandlung vom … die vorläufige rechtliche Würdigung der Kammer vorgetragen. Danach ist beabsichtigt, die Ermittlungsakten der StA … zum Aktenzeichen … beizuziehen. Es soll dadurch das Nachtatverhalten des Angeklagten überprüft werden.

Das Gericht beabsichtigt die Erkenntnisse aus den beizuziehenden Ermittlungsverfahren ggf. bei der Strafzumessung strafschärfend zu berücksichtigen. Ob bei weiteren Betrugsvorwürfen noch eine bewährungsfähige Strafe werde verhängt werden können, sei dann sehr zweifelhaft. Vor dem Hintergrund der von der Kammer bereits benannten möglichen gravierenden Auswirkungen der Erkenntnisse aus jenen Verfahren auf den Ausgang des hiesigen Verfahrens, muss dem Angeklagten eine ordnungsgemäße Verteidigung ermöglicht werden.

Es ist eine wesentliche Änderung der Verfahrenslage gegeben, auf die sich der Angeklagte einstellen muss.

… (weitere Ausführungen zum Aufwand weiterer Vorbereitung der Verteidigung)

Eine Unterbrechung der Hauptverhandlung – auch eine mehrfache – ist danach nicht ausreichend. Im Hinblick auf die Bedeutung dieser veränderten Verfahrenslage für den Angeklagten, auf die Schwierigkeit der Rechtslage und darauf, dass die Existenz dieser weiteren Verfahren seit Übersendung der Akten durch die StA mit Anklageerhebung aktenkundig ist und die Einbeziehung durch das Gericht veranlasst wurde, ist eine Aussetzung notwendig.

Rechtsanwältin/Rechtsanwalt

F. Öffentlichkeit der Hauptverhandlung

77 Nach § 169 GVG ist die Verhandlung vor dem erkennenden Gericht, mit Ausnahme des Verfahrens gegen Jugendliche (§ 48 Abs. 1 JGG), grundsätzlich öffentlich. Die Rechtsprechung soll in die Rechtsgemeinschaft hineinwirken und das Recht lebendig halten. Der Öffentlichkeitsgrundsatz ist eine grundlegende Einrichtung des Rechtsstaates und eine Prozessmaxime für die Hauptverhandlung.[203] Jedermann – ohne Rücksicht auf seine Gesinnung oder seine Zugehörigkeit zu einer bestimmten Bevölkerungsgruppe – hat im Rahmen der tatsächlichen Gegebenheiten Anspruch auf Zutritt. Zur Wahrung der Öffentlichkeit ist es erforderlich, dass im Sitzungssaal Zuhörer in einer Anzahl, in der sie noch als Repräsentanten einer keiner besonderen Auswahl unterliegenden Öffentlichkeit angesehen werden können, Platz finden.[204] Eine Verhandlung im Richterzimmer ohne oder mit nur wenigen Besucherstühlen verstößt deshalb gegen den Öffentlichkeitsgrundsatz.[205]

78 Zum Schutze der Persönlichkeitssphäre des Angeklagten oder anderer Personen wird der Grundsatz der Öffentlichkeit eingeschränkt, §§ 171a, 171b, 172 GVG. Die Öffentlichkeit kann von der Hauptverhandlung oder für einen Teil davon nach diesen Vorschriften ausgeschlossen werden, wenn die

203 BVerfG NJW 2012, 1863; BGHSt 22, 297 (301).
204 BGHSt 5, 75.
205 OLG Köln NStZ 1984, 282; zu den weiteren Anforderungen vgl. Meyer-Goßner/*Schmitt* § 169 GVG Rn. 4 ff.

dort genannten Privatsphären oder öffentlichen Interessen tangiert werden können. Die Entscheidung über den Ausschluss der Öffentlichkeit nach §§ 171a und 171b GVG steht im Ermessen des Gerichts und kann mit der Revision nicht angegriffen werden. Der Angeklagte und sein Verteidiger können sich also nicht gegen den Ausschluss selbst wehren. Allerdings kann je nach Verteidigungsstrategie ein Ausschluss der Öffentlichkeit bewirkt werden. Bei einem einer Sexualstraftat beschuldigten und geständnisbereiten Angeklagten wird der Verteidiger dem Antrag auf Ausschluss der Öffentlichkeit dadurch zum Erfolg verhelfen, dass er erklärt, der Angeklagte sei nicht in der Lage, über die Taten und sein Vorleben zu sprechen, solange Zuhörer im Saal weilen.

Die Entscheidung über den Ausschluss der Öffentlichkeit nach § 172 GVG kann mit der Revision 79 dann nicht gerügt werden, wenn sie aufgrund des zu erwartenden Inhalts des betreffenden Verhandlungsabschnitts gerechtfertigt war. Dass sich diese Erwartung nicht bestätigt hat, macht den Ausschluss nicht unrechtmäßig.[206]

Der Verteidiger kann wie jeder Verfahrensbeteiligter beantragen, dass über die Frage der Ausschlie- 80 ßung der Öffentlichkeit in nichtöffentlicher Verhandlung entschieden wird, § 174 Abs. 1 S. 1 GVG. Diesem Antrag muss entsprochen werden. Der Beschluss über den Ausschluss muss mit Begründung dann wieder öffentlich verkündet werden.[207] Das gilt auch dann, wenn die Öffentlichkeit nach vorübergehendem Ausschluss weiterhin ausgeschlossen bleibt.[208]

Die Förmlichkeiten des Zwischenverfahrens gem. § 174 GVG, also die Verhandlung über die Frage 81 der Ausschließung der Öffentlichkeit, unterliegen in vollem Umfang der Revision.[209] Deren Nichtbeachtung begründet den absoluten Revisionsgrund des § 338 Nr. 6 StPO: Die nichtöffentliche Verkündung des Ausschließungsbeschlusses, das Fehlen des erforderlichen Gerichtsbeschlusses.[210] Die frühere Rechtsprechung, dass auch die fehlende Begründung des Gerichtsbeschlusses die Rüge nach § 338 Nr. 6 StPO begründet,[211] hat der BGH mit Urteil vom 09.06.1999 zumindest für den Fall aufgegeben, dass durch die vorherige öffentliche Erörterung der Ausschließungsgründe für jeden Zuschauer erkennbar wurde, worauf der spätere Ausschluss beruht.[212]

G. Anwesenheitspflicht des Angeklagten

Die §§ 230, 231 StPO postulieren die Anwesenheitspflicht des Angeklagten für die gesamte Dauer 82 der Hauptverhandlung. Diese Pflicht ist die Kehrseite des wichtigen Rechts, dem Angeklagten in optimaler Weise rechtliches Gehör zu gewähren. Versäumnisurteile im Strafprozess gibt es grundsätzlich nicht. Ausnahmen: Nichterscheinen des Angeklagten zur Hauptverhandlung nach Einspruch gegen den Strafbefehl und zur Berufungshauptverhandlung trotz ordnungsgemäßer Ladung, §§ 329, 412 StPO. Konsequenz: Verwerfung des Einspruchs bzw. der Berufung des Angeklagten und/oder evtl. die Verurteilung aufgrund der Berufung der Staatsanwaltschaft. Zur Verwerfung der Berufung des Angeklagten, wenn er zur Berufungshauptverhandlung nicht erscheint, vgl. i.Ü. *Brunner*, Kap. 9 Rdn. 49.

I. Bagatellsachen

In Bagatellsachen kann gegen den Angeklagten verhandelt werden, der trotz ordnungsgemäßer 83 Ladung nicht erschienen ist, § 232 Abs. 1 StPO. Hier darf Freiheitsstrafe nicht verhängt werden, lediglich Geldstrafe bis zu 180 Tagessätzen. Bei einem weit vom Gerichtsort entfernt wohnenden Angeklagten besteht die Möglichkeit, auf seinen Antrag hin in seiner Abwesenheit zu verhandeln,

206 BGHSt 38, 248.
207 BGH NStZ 1996, 202.
208 BGH NStZ 1985, 37.
209 BGH StV 1990, 10.
210 BGH StV 2000, 242.
211 Zuletzt BGH StV 2000, 243.
212 BGH StV 2000, 244 ff. m. Anm. *Park*.

§ 233 StPO. Er muss dann von einem beauftragten oder ersuchten Richter vernommen werden. In diesem Verfahren ist die Verhängung von Freiheitsstrafe bis zu sechs Monaten und die Entziehung der Fahrerlaubnis möglich.

II. Im Strafbefehlsverfahren

84 Größere praktische Relevanz kommt der Tätigkeit des Verteidigers bei abwesendem Angeklagten nach Einspruch gegen den Strafbefehl zu. Die oben beschriebene Konsequenz der Einspruchsverwerfung tritt nämlich nicht ein, wenn der Verteidiger zur Hauptverhandlung mit der schriftlichen Vollmacht erscheint, den Angeklagten in dieser Situation vertreten zu dürfen, § 411 StPO. Es tritt dann der Ausnahmefall der sonst nicht möglichen Einlassung zur Sache durch den Verteidiger ein. Er vertritt den ausgebliebenen Angeklagten, es sei denn, der Angeklagte hat zuvor zum Ausdruck gebracht, dass er seine Anwesenheit bei der Verhandlung unbedingt wünscht.[213] Zu beachten ist, dass nach überwiegender Meinung die normale Verteidigervollmacht, die die Befugnis zur Vertretung gem. § 411 Abs. 2 StPO nicht erwähnt, nicht ausreichend ist.[214] Schon aus diesem Grunde sind die von Anbietern für Anwaltsbedarf vertriebenen Vollmachten nicht immer empfehlenswert. Wir empfehlen die Verwendung selbst entworfener Vollmachten, die diesen Punkt ausdrücklich regeln.

85 An dieser Stelle wird darauf hingewiesen, dass die Verteidigervollmacht in bestimmten Fällen die Verwerfung des Einspruchs oder der Berufung überhaupt erst ermöglicht, evtl. sogar die Verurteilung gem. § 329 Abs. 2 StPO auf die Berufung der Staatsanwaltschaft hin: In manchen Vollmachten findet sich die Vereinbarung, dass der Verteidiger zur Inempfangnahme von Ladungen gem. § 145a Abs. 2 StPO bevollmächtigt sei. Wird daraufhin der Angeklagte über seinen Verteidiger ordnungsgemäß geladen, erscheint aber nicht, möglicherweise weil er tatsächlich unerreichbar ist, so wird der Einspruch bzw. die Berufung verworfen. Wir empfehlen deshalb, die Vollmacht zur Inempfangnahme von Ladungen nicht in die allgemeine Verteidigervollmacht aufzunehmen. In den wenigen Fällen, in denen eine solche Bevollmächtigung sinnvoll werden kann, sollte die Vollmacht zur Inempfangnahme von Ladungen separat vorgelegt werden.

III. Der zeitweilig abwesende Angeklagte

86 Neben dem Verfahren gegen den ausgebliebenen Angeklagten regelt das Gesetz in §§ 231 Abs. 2, 231a, 231b, 231c und 247 StPO die Durchführung des Verfahrens gegen den zeitweilig abwesenden Angeklagten.

87 § 231 Abs. 2 StPO ermöglicht die Fortführung des Prozesses gegen den sich eigenmächtig entfernenden Angeklagten, wenn er über die Anklage schon vernommen und das Gericht seine fernere Anwesenheit nicht für erforderlich hält. Eigenmacht enthält ein voluntatives Moment. Wer also einen Termin unabsichtlich versäumt, selbst wenn er ihn verschläft,[215] gegen den kann nicht in Abwesenheit weiterverhandelt werden. Eigenmächtig fern bleibt aber der, der seiner Anwesenheitspflicht nicht genügen will.[216]

88 Weil auch Abwesenheit vorliegt, wenn der erschienene Angeklagte verhandlungsunfähig ist,[217] wird eigenmächtiges Entfernen des Angeklagten auch angenommen, wenn er sich in einen psychopathologischen Zustand hineinsteigert,[218] also seine Verhandlungsunfähigkeit selbst herbeigeführt hat.

89 § 231a StPO erweitert die Möglichkeit, gegen den vorwerfbar verhandlungsunfähigen Angeklagten zu verhandeln, selbst wenn er noch nicht zur Sache vernommen wurde. Das gilt auch, wenn

213 OLG Karlsruhe StV 1986, 289.
214 Vgl. Meyer-Goßner/*Schmitt* § 234 Rn. 5 m.w.N.
215 Vgl. BGH NStZ 1999, 418.
216 BGHR StPO, § 231 Abs. 2 Abwesenheit.
217 BGHSt 23, 331 (334).
218 Vgl. BGHR StPO, § 231 Abs. 2 Abwesenheit, eigenmächtige 8.

der Angeklagte zwar nicht die Verhandlungsunfähigkeit selbst durch eigenes Tun oder Unterlassen herbeigeführt hat, er aber eine zur Beseitigung dieser Verhandlungsunfähigkeit erforderliche medizinische Behandlung nicht in Anspruch nimmt.[219]

Aber: War der Angeklagte körperlich anwesend, aber ohne Verschulden verhandlungsunfähig, liegt der absolute Revisionsgrund des § 338 Nr. 5 StPO vor, wenn die Hauptverhandlung durchgeführt wird.[220]

§ 231b StPO: Abwesenheit des Angeklagten nach Entfernung wegen ordnungswidrigen Beneh- 90
mens: Die der Sicherung des Ablaufs der Hauptverhandlung dienende Entfernung wegen Ungebühr muss durch Gerichtsbeschluss angeordnet werden, § 177 S. 2 GVG. Die Anordnung des Vorsitzenden reicht nicht aus. Der fehlende oder fehlerhafte Gerichtsbeschluss kann mit der Revision gerügt werden, so z.B. dass die Voraussetzung der schwerwiegenden Beeinträchtigung des Ablaufs der Hauptverhandlung nicht vorgelegen hat oder dass sie entfallen war bzw. dass die Anwesenheit des Angeklagten unerlässlich war.[221]

§ 231c StPO regelt die Beurlaubung einzelner Angeklagter auf Antrag für Teile der Hauptverhand- 91
lung gegen mehrere Angeklagte, von denen die Einzelnen nicht betroffen sind. Die Vorschrift findet in der Praxis kaum Anwendung, weil die Gerichte das große Risiko revisionsrechtlich erheblicher Fehler im Rahmen der Beurlaubung scheuen.[222] Eine wiederholte Antragstellung für verschiedene Hauptverhandlungsteile in derselben Hauptverhandlung ist zulässig.[223] Die Dauer der Freistellung ist nicht an die Unterbrechungsfristen gebunden und nicht zeitlich begrenzt.[224]

IV. Vorübergehende Ausschließung des Angeklagten

Es handelt sich bei § 247 StPO um eine eng auszulegende Ausnahme von dem Recht und der Pflicht 92
des Angeklagten zur persönlichen Anwesenheit während der gesamten Hauptverhandlung.[225] Die Entfernung des Angeklagten ist gem. S. 1 und 2 zunächst nur zulässig im Interesse der Sachaufklärung und zum Schutz von Zeugen sowie gem. S. 3 unter engen Voraussetzungen zum Schutz des Angeklagten selbst. Auch hier ist ein förmlicher Gerichtsbeschluss erforderlich.

Wenn die begründete Besorgnis besteht, der Zeuge oder ein Mitangeklagter werde in Gegenwart 93
des Angeklagten nicht wahrheitsgemäß aussagen oder gar nicht, ist der Ausschluss gerechtfertigt. Der Gerichtsbeschluss muss sich auf bestimmte Tatsachen gründen.

▶ Beispiele

(1) Der Zeuge erklärt, dass er bei Anwesenheit des Angeklagten von seinem Zeugnisverweigerungsrecht Gebrauch machen werde[226] oder von seinem Auskunftsverweigerungsrecht.[227]
(2) Z.B. durch Drohungen begründete Angst des Zeugen vor dem Angeklagten.[228]
(3) Bei der Vernehmung eines V-Mannes.

Hier steht die behördliche Ankündigung, die Erteilung der Aussagegenehmigung werde von der Ent- 94
fernung des Angeklagten während der Vernehmung des V-Mannes abhängig gemacht, der Ankündigung des Zeugen gleich, er werde nicht aussagen. Allerdings ist das Gericht bei nicht hinreichender oder nicht überzeugender Begründung der Versagung der Aussagegenehmigung verpflichtet Gegen-

219 Vgl. OLG Düsseldorf StraFo 2000, 384.
220 BGH StV 1988, 511.
221 Vgl. Meyer-Goßner/*Schmitt* § 231b Rn. 11, 12.
222 In der Kommentierung von Meyer-Goßner/*Schmitt* wird hiervor ausdrücklich gewarnt: § 231c, Rn. 4.
223 Meyer-Goßner/*Schmitt* § 231c, Rn. 9.
224 Ebenda Rn. 12.
225 Vgl. nur BGH StV 1987, 377.
226 BGHR StPO § 247 S. 2, Begründungserfordernis 3; BGH StV 1997, 511 (512); NStZ 2001, 608.
227 BGH NStZ-RR 2004, 116.
228 BGH NStZ 1990, 27.

vorstellung zu erheben und gegebenenfalls die Hauptverhandlung auszusetzen bis zur Entscheidung des Verwaltungsgerichts. Gegebenenfalls muss es dann eine Entscheidung der oberen Dienstbehörde herbeiführen, um den Anforderungen des § 247 StPO zu entsprechen.[229]

95 Nach S. 2 der Vorschrift ist der Ausschluss zulässig zum Schutz des erwachsenen Zeugen vor gesundheitlichen Nachteilen – schwere psychische Beeinträchtigungen, Nervenzusammenbruch – und zum Schutz des körperlichen und seelischen Wohles von Zeugen unter 16 Jahren. Die Gefahren müssen jeweils erheblich sein.

Liegen die Gründe für die Entfernung des Angeklagten nicht auf der Hand, so muss der Gerichtsbeschluss sich hierüber verhalten. Allein die Wiedergabe des Gesetzeswortlauts reicht dann nicht aus.[230]

96 Die Entfernung des Angeklagten muss auf das erforderliche Maß beschränkt sein. Geht es nur um spezielle Fragen, bei denen eine Gefährdung der genannten Personen im beschriebenen Sinne auftreten kann, so darf der Ausschluss auch nur für die Beantwortung dieser Fragen erfolgen.[231] Der Angeklagte darf nötigenfalls aber auch für die gesamte Dauer der Vernehmung ausgeschlossen werden, auch von der unmittelbaren Befragung eines Zeugen.[232] Der Gerichtsbeschluss muss die Dauer und den Vernehmungsinhalt, von dem der Angeklagte ausgeschlossen wird, genau bezeichnen.

97 Zusätzliche Beweiserhebungen während einer Vernehmung, von der der Angeklagte ausgeschlossen wurde, z.B. Augenschein oder Urkundenverlesung, sind von dem Ausschließungsbeschluss nicht gedeckt und begründen die Revision nach § 338 Nr. 5 StPO.[233] Im ersten Fall waren während der Vernehmung der Zeugin, die in Abwesenheit des Angeklagten erfolgte, private Aufzeichnungen der Zeugin verlesen worden, die erkennbar nicht einem Vorhalt dienen konnten. Im zweiten Fall hatte die Zeugin während der Abwesenheit des Angeklagten eine Skizze gefertigt, die in Augenschein genommen wurde. Die Inaugenscheinnahme am Körper des Zeugen soll hingegen auch in Abwesenheit des Angeklagten zulässig sein.[234]

98 Der Angeklagte darf auch noch mit Rücksicht auf die Neufassung des § 59 StPO während der Erörterung der Frage, ob der Zeuge vereidigt werden soll, gemäß § 247 StPO abwesend sein[235]. Bei der Vereidigung selbst muss er wieder anwesend sein, ansonsten greift der Revisionsgrund des § 338 Nr. 5 StPO[236]. Gleichfalls nicht gedeckt von § 247 StPO ist die Verhandlung über die Entlassung eines Zeugen während der andauernden Entfernung des Angeklagten[237].

99 Unbeachtlich soll es sein, wenn der Zeuge in Abwesenheit des Angeklagten ausschließlich zu dem Zweck befragt wird, zu prüfen, ob der Angeklagte während der (weiteren) Vernehmung des Zeugen aus dem Sitzungszimmer zu entfernen sei.[238]

100 Zwingend ist nach § 247 S. 4 StPO die sofortige Unterrichtung des Angeklagten über den Vernehmungsinhalt nach seinem Wiedererscheinen. Der Ausschluss des Angeklagten ist ein so schwerwiegender Eingriff in den Anspruch auf rechtliches Gehör, dass er mithilfe der Vorschrift des § 247 S. 4 StPO auf das unvermeidliche Mindestmaß beschränkt wird.[239] Aus diesem Grunde ist selbst

229 BGH StV 1996, 523.
230 BGH StV 2000, 120.
231 BGH MDR 1975, 544.
232 BGHSt 22, 289 (296).
233 BGH StV 1997, 511 m.w.N.; NStZ 2007, 717.
234 BGH StraFo 2008, 76.
235 BGHSt 51, 81.
236 BGH NStZ-RR 03, 100 m.w.N.
237 GrS BGHSt 55, 87; BGH NStZ-RR 11, 151; BGH StV 12, 519.
238 BGH NStZ 1998, 528.
239 Vgl. Anm. *Widmaier* NStZ 1998, 263.

ein Verzicht des Angeklagten und seines Verteidigers auf dieses Informationsrecht unwirksam. Der Vorsitzende muss den Angeklagten sofort nach dessen Wiedererscheinen unterrichten.[240]

V. Zwangsmittel bei Nichterscheinen des Angeklagten

Wenn gegen den ordnungsgemäß geladenen aber unentschuldigt ausgebliebenen Angeklagten nicht 101 verhandelt werden kann, so ist er gem. § 230 Abs. 2 StPO vorzuführen oder Haftbefehl zu erlassen, wenn das Verfahren nicht anders durchgeführt werden kann.

▶ **Beachte**

Es reicht nicht aus, dass der Angeklagte sich entschuldigt, er muss genügend entschuldigt 102 sein.[241] Maßstab ist, ob dem Angeklagten unter Abwägung aller Umstände ein Vorwurf gemacht werden kann.

Es ist häufig festzustellen, dass der Vorsitzende die Entscheidung über die Verhängung des einen oder 103 anderen Zwangsmittels an die Schwere des Vorwurfs knüpft. Das ist rechtsfehlerhaft. Die Auswahl zwischen Vorführung und Haftbefehl steht nicht in seinem Belieben. Grundsätzlich hat aus dem Gesichtspunkt der Verhältnismäßigkeit das mildere Mittel der Vorführung Vorrang vor der Haft.[242] Ist z.B. der Angeklagte per Postzustellungsurkunde (PZU) geladen worden, hat er diese Ladung aber nach dem Akteninhalt erkennbar nicht abgeholt und liegen keine Erkenntnisse darüber vor, dass der Angeklagte bewusst der Hauptverhandlung fernblieb, ist nach diesseitiger Auffassung nur ein Vorführbefehl möglich. Die Praxis sieht deutlich anders aus, weshalb empfohlen wird, **Beschwerde gegen unverhältnismäßige Haftentscheidungen** einzulegen. Gegen den Haftbefehl gemäß § 230 Abs. 2 StPO ist Beschwerde sowie weitere Beschwerde zulässig.

Nachstehend ein Beispiel für eine Beschwerde:

▶ **Beschwerde gg. Haftbefehl gem. § 230 Abs. 2 StPO**

In pp. 104

lege ich namens und im Auftrage meines Mandanten gegen den Haftbefehl vom …

Beschwerde

ein und beantrage,

den Haftbefehl aufzuheben.

Begründung:

1.) Der Angeklagte ist zum Hauptverhandlungstermin am … nicht erschienen.

Am Vortag hatte er per Fax eine ärztliche Bescheinigung »zur Vorlage bei Gericht« übersandt. Darin hatte der behandelnde Arzt erklärt, der Angeklagte sei in seiner Behandlung und könne wegen akuter Erkrankung den Gerichtstermin am Folgetage nicht wahrnehmen.

Zu Beginn der Hauptverhandlung gab der Vorsitzende bekannt, er habe soeben mit dem Arzt telefoniert. Dieser habe ihm erklärt, der Angeklagte sei aktuell erstmalig in seiner Behandlung und habe über Erbrechen und Migräne geklagt. Die Symptome habe er aus ärztlicher Sicht nicht objektivieren können, er halte sie aber für durchaus möglich.

Das Gericht erachtete danach die Entschuldigung des Angeklagten für nicht ausreichend und verkündete einen Haftbefehl gem. § 230 Abs. 2 StPO. Zur Begründung führt das Gericht aus, das übersandte Attest führe in Verbindung mit der vor Beginn der Hauptverhandlung eingeholten telefonischen Auskunft des Arztes, wonach die Diagnose auf nicht weiter objektivierbaren

240 BGH NStZ 1998, 263.

241 LR/*Becker* § 230 Rn. 20, 41.

242 BVerfGE 32, 87; LG Zweibrücken NJW 1996, 737; BVerfG NJW 2007, 2318.

Angaben des Angeklagten beruhe, nicht zur Überzeugung des Gerichts, der Angeschuldigte sei verhandlungsunfähig. Die Anordnung der Haft sei zudem verhältnismäßig, da die Verhängung einer Haftstrafe drohe.

2.) Der Haftbefehl ist aufzuheben. Die Voraussetzungen für einen Sitzungshaftbefehl nach § 230 Abs. 2 StPO liegen nicht vor:

Gegen den ausgebliebenen Angeklagten kann Haftbefehl ergehen, wenn sein Ausbleiben nicht genügend entschuldigt ist und der Haftbefehl nicht unverhältnismäßig ist.

a) Das Ausbleiben des Angeklagten war entgegen der Ansicht des Gerichts nicht ungenügend entschuldigt.

Dass das Gericht entgegen der Bescheinigung des Arztes Zweifel an dem Vorliegen einer Erkrankung hegt, rechtfertigt den Erlass eines Haftbefehls nicht. Zweifeln an der Richtigkeit des Attests oder der Erheblichkeit der Erkrankung ist von Amts wegen nachzugehen (vgl. Bay 98, 79 = NJW 99, 879; Karlsruhe StraFo 98, 25; Köln StraFo 2006, 118). Vgl. hierzu auch Meyer-Goßner/Schmitt § 230 StPO Rn. 16 mit Verweis auf § 329 Rn. 22: Bloße Zweifel an der Richtigkeit des tatsächlichen Vorbringens des Angeklagten und an der Beweiskraft der vorgelegten Urkunden rechtfertigen den Erlass eines Haftbefehls nicht. (Düsseldorf MDR 88, 79; StV 87, 9: VRS 84, 458; 89, 132; Frankfurt NJW 88, 2965: ärztliches Attest; Hamm NJW 65, 410, 411; Koblenz NJW 75, 322; Köln StV 89, 54; NJW 93, 1345). Denn nur die bestimmte Feststellung, nicht der bloße Verdacht, dass die Entschuldigung unwahr ist, lässt sie als ungenügend erscheinen (Düsseldorf StV 87, 9, 10; Hamm NStZ-RR 97, 240).

Die Auskunft des behandelnden Arztes bestätigt nicht die vom Gericht vermutete wahrheitswidrige Behauptung des Angeklagten einer tatsächlich nicht vorliegenden Erkrankung. Vielmehr hegt das Gericht auch nach der Einholung der telefonischen Auskünfte lediglich weiterhin Zweifel an der Erkrankung des Angeklagten. Diese verbleibenden Zweifel des Gerichts an der Richtigkeit der behaupteten Verhandlungsunfähigkeit können den Erlass eines Haftbefehls gem. § 230 Abs. 2 StPO jedoch nicht rechtfertigen. Der Haftbefehl ist bereits aufzuheben, weil der Angeklagte entgegen der Ansicht des Gerichts ausreichend entschuldigt war.

b) Die s.g. Sistierhaft ist zudem unverhältnismäßig.

Der Haftbefehl nach § 230 Abs. 2 StPO ist ultima ratio. Zur Beachtung des Grundrechtes der Freiheit eines Beschuldigten hat der Vorführbefehl als weniger einschneidende Maßnahme den Vorrang vor dem Haftbefehl, vgl. nur Meyer-Goßner § 230 Rn. 19. Diese Rechtsprechung wurde vom Bundesverfassungsgericht bestätigt, vgl. StraFo 2007, 22, 23.

Es spricht nichts dafür, dass die Anordnung einer Vorführung des Angeklagten zum nächsten Hauptverhandlungstermin nicht ausreichend wäre. Entgegen der Annahme des Gerichts in der Begründung des Haftbefehls ist nämlich der Maßstab der Verhältnismäßigkeit nicht bereits dann gewahrt, wenn Freiheitsstrafe droht. Das Gericht muss abwägen, ob nicht bereits der weniger einschneidende Vorführbefehl die Durchführung der Hauptverhandlung gewährleistet. Die Entscheidung des Gerichts lässt entsprechende Überlegungen vermissen.

Rechtsanwalt/Rechtsanwältin

105 Der Vollzug des Sitzungshaftbefehls kann wie der des Untersuchungshaftbefehls gemäß 116 StPO, z.B. gegen Meldeauflagen oder Kaution, ausgesetzt werden.

Der Haftbefehl unterliegt in zeitlicher Hinsicht dem Übermaßverbot.[243] Die Drei- bzw. Sechsmonatshaftprüfung der §§ 117 Abs. 3, 121 StPO findet jedoch nicht statt. Der Verteidiger muss bei länger dauernder Sistierhaft aktiv werden. So hat z.B. das LG Dortmund entschieden, dass die Hauptverhandlung spätestens nach sieben Wochen Sistierhaft durchzuführen ist.[244] Das Bundesverfassungsgericht ging in seiner Entscheidung (BVerfG NJW 2007, 2318) davon aus, dass bereits eine zehntägige Inhaftierung unverhältnismäßig ist.

243 BVerfGE 32, 87 (94).
244 LG Dortmund StV 1987, 335.

Mit Durchführung der Hauptverhandlung wird der Haftbefehl nach § 230 StPO gegenstandslos. Die überwiegende Meinung geht dabei davon aus, dass bei mehrtägiger Hauptverhandlung der Sistierhaftbefehl bis zum Abschluss der Instanz gilt.[245] Der Verteidiger sollte sich deshalb in diesem Fall auf die Mindermeinung berufen. wonach der Sistierhaftbefehl mit dem Erscheinen des Angeklagten zu Beginn der Hauptverhandlung vollstreckt ist und damit seine Wirkungen verliert.[246] Auch hat das OLG Düsseldorf entschieden (StV 2001, 331), dass der Haftbefehl aufzuheben ist, wenn der Angeklagte nach anwaltlicher Beratung bei Gericht erschient und erklärt, dass er zur nächsten Hauptverhandlung kommen werde.

H. Vernehmung des Angeklagten

I. Zur Person

Nach dem Aufruf der Sache und den in § 243 Abs. 1 StPO genannten Feststellungen des Vorsitzenden, aber vor der Verlesung des Anklagesatzes, vernimmt der Vorsitzende den Angeklagten über seine persönlichen Verhältnisse. Zuvor müssen die Zeugen den Sitzungssaal verlassen haben. Die – nicht erzwingbaren – Pflichtangaben sind die in § 111 OWiG genannten: Vor-, Familien- und Geburtsname, Tag und Ort der Geburt, Familienstand, Beruf, Wohnort, Anschrift und Staatsangehörigkeit. Bei Verweigerung der Angaben kann das Gericht sie im Freibeweisverfahren dem Akteninhalt entnehmen, z.B. dem polizeilichen Personalbogen. Der Angeklagte ist insbesondere dann nicht verpflichtet, diese Angaben selbst zu machen, wenn sie z.B. im Fall einer Stimmidentifizierung seiner Überführung dienen könnten, sodass dann auch sein Verteidiger die erforderlichen Angaben für ihn abgeben kann. 106

Die Vernehmung zur Person dient nur der Feststellung der Identität und der Verhandlungsfähigkeit des Angeklagten. Zusätzliche Angaben braucht er nicht zu machen. Die weiteren persönlichen Verhältnisse, wie kindliche Entwicklung, schulischer und beruflicher Werdegang etc. sind Angaben zur Sache. Macht der Angeklagte bei der Vernehmung zur Person auf Verlangen Angaben, die sich auf die Schuld- oder Straffrage beziehen, so dürfen sie nicht verwertet werden, wenn er danach auf den Hinweis nach Abs. 4 S. 1 die Einlassung verweigert. Diese Ansicht von *Meyer-Goßner*[247] ist allerdings gestützt auf gerichtliche Entscheidungen aus den Jahren 1973 bis 1983. Spätestens seit der Entscheidung des fünften Senats zum Widerspruchserfordernis[248] ist zu besorgen, dass auch die regungslose Hinnahme dieser zur Sache gehörigen Befragung im Rahmen der Vernehmung zu den persönlichen Verhältnissen verwertbar wird, wenn der Verteidiger ihr nicht entgegentritt. Weil es sich um eine unzulässige sachleitende Maßnahme des Vorsitzenden handelt, ist eine solche Befragung zu beanstanden und ggf. einem Gerichtsbeschluss gem. § 238 Abs. 2 StPO zuzuführen. 107

Die Feststellung von Vorstrafen gehört gleichfalls nicht zu der Vernehmung über die persönlichen Verhältnisse. Zwar bestimmt der Vorsitzende nach § 243 Abs. 4 StPO, wann sie festgestellt werden. Frühester Zeitpunkt ist aber die Vernehmung des Angeklagten zur Sache.[249] 108

II. Zur Sache

1. Reden oder Schweigen?

Nach Verlesung des Anklagesatzes wird der Angeklagte darauf hingewiesen, dass es ihm freistehe, sich zu der Anklage zu äußern oder nicht auszusagen. Dem verteidigten Angeklagten darf diese Belehrung in jenem Moment nicht zum ersten Male zuteilwerden. Die Verteidigungsstrategie, die auf ein konkretes Prozessergebnis ausgerichtet ist, muss die Frage, wie der Angeklagte sich in diesem 109

245 Vgl. hierzu *Scharf/Kropp* NStZ 2000, 297 m.w.N.
246 So OLG Düsseldorf JMBl. NW 1983, 41; *Scharf/Kropp* NStZ 2000, 298 m.w.N.
247 § 243 Rn. 12.
248 BGHSt 38, 214 ff.
249 Vgl. BGH VRS 34, 219.

Moment entscheidet, als erste und wichtigste Entscheidung mit einbeziehen.[250] Der sich erklärende Angeklagte macht sich grundsätzlich zum Beweismittel gegen sich selbst. Weil er dazu nicht verpflichtet ist, darf er schweigen. Der Verteidiger muss sich deshalb zunächst grundsätzlich die Frage stellen, in welchen Fällen er dem Mandanten zum Schweigen und in welchen zum Reden raten soll.

Es sollte keiner Erwähnung bedürfen – jedoch belehrt die Praxis uns täglich neu eines Besseren –:

Eine »Verteidigung« in der Hauptverhandlung, der nicht Aktenkenntnis des Verteidigers, ausreichende Besprechungen mit dem Mandanten und eine grundsätzliche Einigung mit dem Mandanten über Ziel und Strategie der Verteidigung zugrunde liegen, ist keine Verteidigung. Sie kann Verurteilungsbegleitung oder freundliche Empfehlung für weitere Beiordnungen durch das Gericht sein, aber eben keine berufsrechtlich korrekte Verteidigung.

Gemäß § 243 Abs. 5 S. 3 hat der Gesetzgeber nunmehr das sogenannte opening statement gesetzlich geregelt. Auf Antrag erhält der Verteidiger in besonders umfangreichen Verfahren vor dem Landgericht oder Oberlandesgericht, in denen die Hauptverhandlung voraussichtlich länger als zehn Tage dauert vor der Vernehmung des Angeklagten das Wort, zu einer Gegenerklärung zur Anklage. Auch vor der Gesetzeseinfügung konnte der Verteidiger eine Gegenrede zur Anklage abgeben. Eine gesetzliche Regelung war nicht erforderlich! Im Rahmen einer Verteidigung, die Transparenz seitens des Gerichts anmahnt, ist das opening statement immer dann ratsam, wenn dem Gericht die Stoßrichtung der Verteidigung aufgezeigt werden soll.

a) Die Strafmaßverteidigung

110 Selbstverständlich sollte es sein, dass der Beschuldigte, der sich von vornherein als schuldig bezeichnet und dem es ein Wunsch ist, sich auch bei unklarer Beweislage der Justiz gegenüber als Täter zu offenbaren, nicht von dem Verteidiger gedrängt werden darf, diese Offenbarung durch Schweigen zu unterlassen. Dem Beschuldigten sind aber die Konsequenzen eines Geständnisses in vollem Umfang vor Augen zu führen, sodass er seine Entscheidung vor diesem Hintergrund überdenken kann. Auch muss der Anwalt darauf achten, dass die Entscheidung des Beschuldigten in manchen Fällen auf dem falschen Verständnis beruht, er sei im Prozess wie ein Zeuge zur Aussage, und zwar zur wahrheitsgemäßen verpflichtet. Schließlich sind die Fälle zu bedenken, in denen (evtl. psychisch gestörte) Beschuldigte eine Tat auf sich nehmen, die sie nicht begangen haben. Nicht selten sind die Fälle, in denen Beschuldigte bei der Polizei aus falschem Rechtsverständnis heraus falsche Angaben gemacht haben, die belastender sind, als der wahre Sachverhalt: »Ich habe das Heroin – 10 Gramm – in Holland nur zum Eigenkonsum erworben.« In Wahrheit hatte er es auf der örtlichen »Platte« gekauft, um es zum Teil weiterzuverkaufen. Der Beschuldigte hatte sich unwissend einer schwereren Straftat bezichtigt, als er in Wahrheit begangen hatte, da die Einfuhr von Betäubungsmitteln in nicht geringer Menge gem. § 30 Abs. 1 Nr. 4 BtMG mit einer zweijährigen Mindestfreiheitsstrafe belegt wird, der wahre Sachverhalt hingegen gem. § 29a Abs. 1 Nr. 2 BtMG nur mit mindestens einem Jahr Freiheitsstrafe sanktioniert ist. Aus alledem folgt, dass auch die Beratung des Mandanten, der sich für die Offenbarung einer Tat entschieden hat, sorgfältig sein muss. Verbleibt es bei der Entscheidung, die Schuld i.S.d. Anklage einzuräumen, handelt es sich um eine Strafmaßverteidigung.

Der Verteidiger sollte dem noch unentschlossenen Mandanten, der ihm seine Täterschaft offenbart hat, dann zu einem Geständnis raten, wenn die Beweislage erdrückend ist. Das Geständnis selbst ist schon strafmildernd zu berücksichtigen. Die Einlassung des Mandanten kann weitere wichtige Strafzumessungsgründe zu seinen Gunsten aufzeigen, die gem. § 46 StGB zu berücksichtigen sind, z.B. psychische Belastungen, ausweglose Situation, nachvollziehbare Motivationslage, Drogenabhängigkeit, schwere Kindheit. Außerdem können Strafmilderungsgründe aufgezeigt werden, wie erheblicher Alkoholgenuss vor der Tat, §§ 21, 49 StGB, Aufklärungshilfe i.S.d. § 31 BtMG etc.

250 Vgl. *Hohmann/Fischer* Kap. 3 Rdn. 34.

Aber: Die Beweislage in der Hauptverhandlung entspricht nicht immer dem Aktenstand: Ist z.B. der einzige Belastungszeuge unerreichbar und können seine früheren Bekundungen nicht oder für eine Verurteilung nicht ausreichend in die Hauptverhandlung eingebracht werden oder ist die gefälschte Urkunde oder das belastende Asservat verlustig gegangen, so ist eine ausweglos erscheinende Beweislage plötzlich nicht mehr gegeben. Der Verteidiger hat diese Möglichkeiten vor der Bekanntgabe der Entscheidung, ob der Angeklagte sich erklärt, zu bedenken. Die Erforderlichkeit des spontanen Wechsels des Verteidigungsziels ist immer zu überprüfen. 111

b) Die Freispruchverteidigung

Zum Schweigen raten wird der Verteidiger, der mit dem Mandanten das Ziel des Freispruchs verfolgt, zunächst bei eher schwacher Beweislage aufseiten der Anklage. Der Staat ist es, der die Straftat und die Täterschaft zu beweisen hat. An der Aufklärung noch offener Tatfragen sollte der Angeklagte, dem nemo-tenetur-Grundsatz entsprechend, nicht mitwirken. Diese Entscheidung ist nicht endgültiger Natur. Sie bedarf insbesondere in Sexualstrafsachen (hier vor allem bei Vorwürfen nach § 177 StGB) der gründlichen Prüfung, da Tatbestandsmerkmale wie »gegen den erkennbaren Willen« eine Einlassung geradezu zwingend machen können. Dass dies verfassungsrechtlich problematisch ist, muss der Verteidiger kommunizieren. Erkennt der Verteidiger, dass die Beweislage sich in der Hauptverhandlung zu einer Verurteilung hin verdichtet, sollte er um Unterbrechung der Verhandlung bitten, um dem Mandanten zu erklären, dass er nunmehr eine Einlassung für sinnvoll halte. Dies kann natürlich nur dann gelten, wenn klar ist, dass der Angeklagte etwas zu sagen hat, was für ihn günstig ist. 112

Ist die Beweislage aus Sicht des Angeklagten eher ungünstig, wird aber dennoch ein Freispruch angestrebt, ist zu unterscheiden: Eine Einlassung macht nur Sinn, wenn der Angeklagte erkennbar etwas mitzuteilen hat, was seiner Entlastung dienen kann. Handelt es sich um einen Mandanten, der der Vernehmungssituation intellektuell und/oder psychisch nicht gewachsen ist, so sollte überlegt werden, ob er trotzdem lieber schweigt und die entlastenden Momente nicht anderweitig eingebracht werden können, z.B. durch Zeugen. 113

Ist der Angeklagte aber in der Lage, sich zu erklären, kann das hilfreich sein. Ein positiver persönlicher Eindruck kann unterschwellig für die Überzeugungsbildung des Gerichts ausschlaggebend sein, z.B. für die Schöffen, dass dem Angeklagten die Tat nicht zuzutrauen ist. 114

▶ Beachte

Die Gefahren für den Angeklagten, der sich redend gegen den Schuldspruch wehrt, sind groß. Er muss sich jeglichem Vorhalt stellen und kann sich dabei in Widersprüche verstricken. Hat der Angeklagte sich nämlich einmal für die Einlassung entschieden, darf er die Beantwortung von einzelnen Fragen nicht mehr verweigern, da das Gericht aus solchem Teilschweigen – anders als aus vollständigem Schweigen – Schlüsse zum Nachteil des Angeklagten ziehen darf[251] oder er muss die Konsequenzen des Teilschweigens bewusst tragen.

Teilschweigen liegt indes nicht schon vor, wenn der Angeklagte z.B. lediglich erklärt, er sei unschuldig, weitergehende Angaben jedoch ablehnt.[252] Gleichfalls kein Teilschweigen liegt vor, wenn der wegen mehrerer Taten Angeklagte sich zu einzelnen Taten erklärt und zu anderen nicht. Dabei ist entscheidend, ob die Tatvorwürfe lediglich eine oder mehrere Taten im prozessualen Sinne gem. § 264 StPO betreffen.[253] Eine solche partielle Einlassung nur zu einzelnen Tatvorwürfen kann dann zu dem erwünschten Erfolg führen, dass das Gericht auf Antrag der Staatsanwaltschaft das Verfah-

251 BGH StV 1985, 56 vgl. zu der Problematik *Miebach* NStZ 2000, 234 ff.
252 BGHSt 38, 302 (307).
253 BGH StV 2000, 598.

ren hinsichtlich der weiteren Anklagevorwürfe gem. § 154 Abs. 2 StPO einstellt. Der Verteidiger sollte diese Vorgehensweise nach dem Geständnis zu den übrigen Anklagevorwürfen selbst anregen.

115 Wenn der inhaftierte Angeklagte in einem Brief einem Außenstehenden partielle Angaben über die Tat oder deren Hintergründe macht, wird der Brief bei der richterlichen Kontrolle beschlagnahmt und kann als Urkunde in die Hauptverhandlung eingeführt werden. Allerdings ist zu beachten, dass das Gericht solchen Erklärungen des ansonsten schweigenden Angeklagten eine geringere Beweiskraft beimessen darf.[254]

116 Auch aus einem Beweisantrag, der eine Beweistatsache behauptet, die erkennbar auf dem Wissen des Angeklagten beruht, darf nicht auf eine Teileinlassung des Angeklagten geschlossen werden.[255]

117 Verstrickt der redende Angeklagte sich in Widersprüche, dann darf das Gericht zwar die nachgewiesene Lüge nicht ohne Weiteres als Nachweis seiner Schuld werten, denn auch ein Unschuldiger Angeklagter darf lügen.[256] Er darf aber niemanden in seinen Ausführungen zu Unrecht belasten. Vielfach wird aber – auch wenn es später im Urteil nicht nachzulesen ist – der Schuldspruch im Hinterkopf des Richters fallen, wenn er den Angeklagten der Lüge für überführt hält.

118 Will der Angeklagte schweigen, ist zu überprüfen, ob eine evtl. frühere Aussage in die Hauptverhandlung eingeführt werden kann. So kann ein ordnungsgemäß zustande gekommenes richterliches Geständnisprotokoll im Wege des Urkundenbeweises nach § 254 StPO verlesen werden. Die Vernehmungsperson einer früheren z.B. polizeilichen Vernehmung kann als Zeuge vernommen werden, dieser auch das Protokoll jener Vernehmung auszugsweise vorgehalten werden. Hinsichtlich des Widerspruchserfordernisses gegen die Einführung ordnungswidrig erhobener Beweise verweisen wir auf Rdn. 156 ff.

2. Form der Vernehmung

119 Will der Angeklagte Angaben zur Sache machen, so soll er sich mündlich äußern.[257] Die Verlesung einer Einlassungsschrift soll unzulässig sein, die Verwendung von Notizen hingegen zulässig.[258] Auch schriftliche Erklärungen des Verteidigers sind nicht als Einlassung des Angeklagten verlesbar.[259] Lässt der Tatrichter dennoch die Verlesung einer schriftlichen Einlassung des Angeklagten zu, so kann er ihr einen geminderten Beweiswert zumessen.[260] Wird eine schriftliche Erklärung des Angeklagten vorgelegt, so soll er sich dadurch mündlich geäußert haben[261]. Schweigt er ansonsten, so muss das Gericht die schriftliche Erklärung zumindest unter Aufklärungsgesichtspunkten zur Kenntnis nehmen (ob sich dadurch z.B. weitere Beweiserhebung aufdrängt)[262].

120 Dem Angeklagten ist Gelegenheit zu geben, sich möglichst im Zusammenhang zu äußern.[263] Diese Entscheidung des BGH ist deshalb wichtig, weil es im Gegensatz zu der Vernehmung von Zeugen (§ 69 Abs. 1 S. 1 StPO) für diejenige des Angeklagten an einer entsprechenden gesetzlichen Regelung mangelt. Der Verteidiger kann Fragen und Unterbrechungen des Vortrags des Angeklagten durch den Vorsitzenden beanstanden und gem. § 238 Abs. 2 StPO einem Gerichtsbeschluss zuführen. Das gilt nicht, wenn der Angeklagte zu einem zusammenhängenden Bericht nicht in der Lage ist.

---

254 Vgl. BGH NStZ 2008, 476.
255 BGH NStZ 1990, 447.
256 Vgl. BGH StV 1997, 9.
257 BGH MDR 1980, 986.
258 BGHSt 3, 368; BGH StV 2007, 622; Meyer-Goßner/*Schmitt* § 243 Rn. 30; 31 dagegen zu Recht: *Salditt* StV 1993, 444; *Burhoff* Hauptverhandlung, Rn. 3389.
259 Vgl. nur BGH NJW 2005, 3508.
260 BGH NStZ 2008, 476.
261 BGH NStZ 2009, 173.
262 BGH NStZ 2013, 59.
263 BGHSt 13, 358 (360).

I. Die Beweisaufnahme

121 Die Verteidigung in der Hauptverhandlung hat sich schwerpunktmäßig mit dem Herzstück der Hauptverhandlung, der Beweisaufnahme, zu beschäftigen. Die Vorbereitung, Verfolgung, Steuerung und Kontrolle der Beweisaufnahme ist die wichtigste Aufgabe des Verteidigers in der Hauptverhandlung.

122 Die Beweisaufnahme unterliegt den Regeln der §§ 244 bis 257 StPO, den Grundsätzen der Mündlichkeit, § 261 i.V.m. § 264 StPO, und der Öffentlichkeit, §§ 169 ff. GVG. Ein umfassendes, glaubhaftes Geständnis kann dann eine (umfangreiche) Beweisaufnahme erübrigen, wenn auch der Rechtsfolgenausspruch keine Beweisaufnahme gebietet.[264] Das Schuldprinzip verlangt vom Tatgericht jedoch, die richterliche Überzeugungsbildung und eine Verurteilung nur dann auf ein Geständnis zu stützen, wenn dieses aus sich heraus oder aufgrund der Beantwortung von Fragen überprüfbar ist.[265] Infolge des Urteils des Bundesverfassungsgerichts vom 19.03.2013 hat sich die Praxis in Bezug auf den Umfang der Beweisaufnahme trotz Geständnisses des Angeklagten m.E. nur wenig verändert. »Schlanke« Geständnisse in Form der Erklärung, der Angeklagte räume die angeklagte(n) Tat(en) ein, oder die Erklärung, der Anklage nicht entgegen zu treten, dürfen nicht mehr alleinige Grundlage der richterlichen Überzeugungsbildung sein.[266] Detaillierte Geständnisse genügen in der Praxis – ggf. in Kombination mit Urkundsverlesungen oder Inaugenscheinnahmen – den Anforderungen an die richterliche Überzeugungsbildung. Der Verteidiger kann selbst die Überprüfbarkeit des Geständnisses durch die Vorlage von Urkunden, durch entsprechende Beweisanträge, durch präsente Zeugen etc. herbeiführen. Grundsätzlich ist die Vernehmung des Angeklagten vor der Beweisaufnahme durchzuführen. Von dieser Reihenfolge darf nur aus triftigem Grund und in Ausnahmefällen abgewichen werden.[267] Die nicht zulässige Abweichung ist ein Verfahrensverstoß, der mit der Revision gerügt werden kann.[268]

123 Man unterscheidet den Freibeweis vom Strengbeweis. Der Strengbeweis, die förmliche Beweisaufnahme, die in § 244 Abs. 1 StPO geregelt ist, umschließt alle Tatsachen, Fakten und Erfahrungssätze, auf denen das Urteil seinem sachlichen Gehalt nach beruht (nicht unbedingt auch Entscheidung über die Kosten, Auslagen und evtl. Entschädigung). Das freie Beweisverfahren, der Freibeweis, darf überall da praktiziert werden, wo der Strengbeweis nicht erforderlich ist. Der Freibeweis wird außerhalb der tatrichterlichen Hauptverhandlung auch zur Klärung des dringenden oder hinreichenden Tatverdachts angewendet.[269]

124 Die Abgrenzung zwischen Streng- und Freibeweis ist teilweise schwierig und umstritten. Beispielhaft wird auf die sogenannten Encrochatfälle verwiesen. Jedenfalls sind alle Tatsachen, die nur die Zulässigkeit des Verfahrens, des Fortgangs als Prozessvoraussetzung betreffen, dem Freibeweis zugänglich. Kriterium für die Abgrenzung ist der formelle Zusammenhang zwischen der Beweistatsache und der durch sie bedingten Entscheidung des Gerichts.[270] Es ist also zu fragen, ob die Beweistatsache für die Schuld- und Rechtsfolgenfrage oder für eine prozessuale Entscheidung wichtig ist. Gegenstand freier Beweiserhebung können z.B. folgende Tatsachen sein: Vorfragen, die für die Verlesbarkeit einer Urkunde, die Erreichbarkeit eines Zeugen, die völlige Ungeeignetheit eines Beweismittels, die Sachkunde eines Sachverständigen von Bedeutung sind. Doppelrelevante Tatsachen (z.B. die Tatzeit für die Frage der Verjährung und als wesentliches Element des Schuldvorwurfs) können hinsichtlich der prozessualen Frage zunächst im Freibeweis geklärt werden, erfordern aber immer den Strengbeweis, wenn es (auch) um Fragen des Schuld- oder Rechtsfolgenausspruchs geht.[271]

264 *Lawaczek*, Das Phänomen des falschen Geständnisses im Strafverfahren 2010, S. 217 ff.
265 BVerfG NJW 2013, 1058 (1069, Rn. 110).
266 So BVerfG NStZ 2013, 1058 (1068, Rn. 105); anders früher BGHSt 48, 161 (167).
267 BGH NStZ 1981, 111; 1986, 370 f.; StV 1991, 148.
268 BGH StV 1991, 148.
269 KK/*Krehl*, § 244 Rn. 8.
270 KK/*Krehl*, § 244 Rn. 9.
271 KK/*Krehl*, § 244 Rn. 10.

Die Frage, ob die Aufklärungspflicht die Beweiserhebung gebietet, kann ebenfalls durch Freibeweis ermittelt werden.

125 Im Strengbeweisverfahren kommen als Beweismittel nur Zeugen, Sachverständige, Urkunden und Augenschein in Betracht. Besonderheiten ergeben sich bei Gegenüberstellungen, die grundsätzlich eine zeugenschaftliche Bekundung erfordern.

126 Im Rahmen der förmlichen Beweisaufnahme zeigt sich die verfassungs- und verfahrensrechtliche Bedeutung der Verteidigung sehr deutlich.

Dabei sind die unterschiedlichen Rollen des Verteidigers als aufmerksamer **Beobachter** und Kontrolle ausübender Beteiligter einerseits und als **aktiver Gestalter** der Beweisaufnahme andererseits zu unterscheiden, weil der Verteidigung zwar das Beweisantragsrecht zur Seite steht, die Leitung der Beweisaufnahme jedoch dem Gericht obliegt. Dementsprechend werden im Folgenden die Aktivitäten der Verteidigung in die grundsätzlich reaktiven und die grundsätzlich aktiven Handlungen unterteilt, bevor auf die einzelnen Beweismittel und sodann auf besondere Konstellationen in der Beweisaufnahme eingegangen wird.

I. Reaktive Tätigkeiten des Verteidigers

127 Als reaktive Tätigkeit i.S. dieses Kapitels ist die Reaktion der Verteidigung auf die vom Amtsermittlungsgrundsatz gebotene Beweiserhebung des Gerichts ohne Anregung der Verteidigung gemeint. Hierzu gehören Beanstandungen von richterlichen Anordnungen und Fragen, Widersprüche gegen die Verwertung unzulässig gewonnener Beweisergebnisse oder unzulässiger Beweismittel und die Erklärung bzw. Versagung von Zustimmung zu einzelnen Prozesshandlungen.

128 Der Gang der Beweisaufnahme wird durch die Prozessleitungsbefugnis des Vorsitzenden und das Gebot der Amtsermittlung wesentlich bestimmt. Dieser Grundsatz ist zunächst zu erläutern.

1. Grundsatz der Amtsermittlung

129 Der Grundsatz der Amtsermittlung bedeutet, dass das Gericht verpflichtet ist, von Amts wegen die für die Entscheidung erheblichen Tatsachen zu ermitteln und zu beweisen (§§ 155 Abs. 2, 244 Abs. 2 StPO).

130 Dem Gericht wird in § 244 Abs. 2 StPO eine Pflicht zur umfassenden Aufklärung der tatsächlichen Entscheidungsgrundlage auferlegt.

Die Aufklärungspflicht erstreckt sich auf alle beweisbedürftigen Tatsachen ohne Unterschied, ob diese Tatsachen für die Schuldfrage, für die Rechtsfolgenfrage oder für prozessuale Fragen unmittelbar oder mittelbar von Bedeutung sind.

131 Die Aufklärungspflicht erstreckt sich so weit, wie die Prüfungsbefugnis und die Prüfungspflicht des Gerichts reicht. Der Rahmen der Aufklärungspflicht wird vom prozessualen Tatbegriff abgesteckt (§ 264 Abs. 1 StPO).[272]

Die Pflicht setzt ein, wenn die Umstände unter Berücksichtigung der Sachlage einschließlich der Akten dazu drängen oder es nahe legen, von einem bestimmten Beweismittel Gebrauch zu machen.[273] Dabei soll der sachnächste Beweis erhoben werden, z.B. Augenschein statt Zeugenvernehmung bei pornografischen Bildern.[274] Zudem soll der bestmögliche Beweis erhoben werden.[275]

272 Vgl. Meyer-Goßner/*Schmitt* § 264 Rn. 1 f.
273 LR/*Becker* § 244 Rn. 47.
274 OLG Düsseldorf StraFo 2008, 120.
275 OLG Düsseldorf StraFo 2008, 358.

Die Aufklärungspflicht, die zunächst Sache des Gerichts ist, betrifft Beweiserhebungen zugunsten und zulasten des Angeklagten und ist von Anträgen, Anregungen oder Wünschen der Beteiligten unabhängig. 132

Es gibt im Strafprozess keinerlei Beweislast einzelner Verfahrensbeteiligter.

Das Gericht muss auch ohne Antrag und selbst gegen den Willen des Angeklagten entlastende, auch ohne Antrag und selbst gegen den Willen des Anklägers belastende Beweismöglichkeiten ausschöpfen.[276]

Auch ein übereinstimmender tatsächlicher Vortrag bzw. der gemeinsame Verzicht auf die Fortführung der Beweisaufnahme vonseiten der Staatsanwaltschaft und der Verteidigung entbindet das Gericht nicht, von sich aus die Wahrheit zu ermitteln.

Das, was den Richter zur Beweiserhebung veranlasst, sind zunächst die in der Anklageschrift genannten Beweismittel. Der Richter war mit den Ermittlungen nicht befasst. Was sich ihm zu Beginn der Beweisaufnahme erschließt, ist das, was der Akteninhalt hergibt und was die Staatsanwaltschaft an Beweismitteln aufgelistet hat. Damit tut sich eine erste objektive Grenze der Aufklärungspflicht des Gerichts auf, nämlich die vermeintliche Wirklichkeit der Aktenlage. Der Verteidiger des Vertrauens vermag darüber hinaus durch weitergehende oder zutreffende Schilderungen des Angeklagten Sachverhalte erfahren, die, in Beweisanträge umgesetzt, das Ergebnis beeinflussen können. Beweisanträge aktualisieren die Aufklärungspflicht des Gerichts.[277] 133

Die zweite Grenze der Aufklärungspflicht ist die Beweisprognose. Der Richter muss den Grad der Möglichkeit würdigen, mit der ein Beweismittel auf das Verfahrensergebnis Einfluss zu nehmen geeignet erscheint. Denn: Die »entfernte Möglichkeit«, also das gedanklich nicht Ausschließbare, kann der Richter nicht zum Maßstab seines Handelns machen,[278] es muss vielmehr eine erkennbare und sinnvolle Möglichkeit des Einflusses bestehen.[279] Das Gericht muss weitere Beweise nur dann erheben, wenn ihm noch Tatsachen oder Möglichkeiten bekannt oder erkennbar sind, die bei verständiger Würdigung der Sachlage begründete Zweifel an der Richtigkeit der erlangten Überzeugung wecken müssen.[280] Mit der verständigen Würdigung ist die Beweisprognose des lebenserfahrenen, die Sach- und Beweislage sorgfältig abwägenden Richters gemeint.[281] Zu Urteilsausführungen, weshalb keine weiteren Beweise erhoben wurden, besteht keine Verpflichtung. Trotz aller Versuche, die Anforderungen an die Beweisprognose zu objektivieren, bleibt festzustellen, dass es sich letztlich um eine subjektive Ermessensentscheidung des Gerichts handelt, die nur begrenzt revisibel ist. 134

Die dritte Grenze der Aufklärungspflicht setzt die Beweisantizipation. Es darf keine Vorwegnahme der Beweiswürdigung stattfinden. Kann das Gericht jedoch im Hinblick auf das bisherige Beweisergebnis und seine verlässliche Grundlage begründetermaßen prognostizieren, dass die in Betracht kommende Beweisaufnahme das Verfahrensergebnis nicht beeinflussen werde, darf es von ihr absehen.[282] Bedeutungslos ist eine Beweistatsache auch dann, wenn sie trotz eines bestehenden Zusammenhangs nicht geeignet ist, die Entscheidung irgendwie zu beeinflussen.[283] Die Bedeutungslosigkeit für die Entscheidung kann aus Rechtsgründen oder aus tatsächlichen Gründen folgen.[284] 135

Immer dann, wenn sich aus § 244 Abs. 3–6 StPO Gründe ergeben, die zur Ablehnung eines Beweisantrages berechtigen, lassen diese auch entsprechend die Aufklärungspflicht entfallen.

---

276 BGHSt 43, 209 (210).
277 KK/*Krehl* § 244 Rn. 34.
278 *Herdegen* NStZ 1984, 97 (98).
279 BGH NStZ-RR 2002, 68.
280 BGH NJW 1951, 183, s. auch *Eisenberg* Beweisrecht der StPO, Teil 1, Kap. 1 Rn. 11 ff.
281 BGH NStZ 1985, 324 (325).
282 Vgl. KK/*Krehl* § 244 Rn. 144 ff. m.w.N.
283 BGH NStZ-RR 2007, 52.
284 Meyer-Goßner/*Schmitt* § 244 Rn. 54.

136 Grundsätzlich wird die Aufklärungspflicht also verletzt, wenn die gebotene Ausschöpfung des Beweismittels unterlassen wird.[285] Die Ablehnung eines Beweisantrages darf nicht dazu führen, dass aufklärbare, zugunsten des Angeklagten sprechende Umstände der gebotenen Gesamtwürdigung im Rahmen der Beweiswürdigung entzogen werden.[286]

▶ **Beispiele**

(1) Keine Einbeziehung vorherigen nicht angeklagten Verhaltens, obwohl zur Wahrheitsermittlung erforderlich.[287]
(2) Verlesung von Zeugenaussagen in der Berufungsinstanz, ohne diese erneut zu hören.[288]
(3) Verlesung persönlicher Vermerke von Zeugen, anstatt diese persönlich zu hören.[289]
(4) Glaubwürdigkeit eines Zeugen wird in der Berufungsinstanz anders beurteilt, ohne den Zeugen neu zu hören.[290]
(5) Unzulängliches Bemühen um Ermittlung von verdeckten Ermittlern, Informanten.[291]
(6) Hinweis nach § 265 Abs. 1 StPO lässt zugrunde gelegte Tatsache nicht erkennen.[292]
(7) Schriftliche Äußerung eines Zeugen nicht verlesen, obwohl für Glaubwürdigkeit wichtig.[293]
(8) Keine Aussetzung des Verfahrens wegen §§ 54, 96 StPO obwohl die dafürsprechenden Gesichtspunkte von Gewicht sind.[294]
(9) Abweichung von der Zusage des Vorsitzenden, eine Tatsache könne als bewiesen angesehen werden.[295]
(10) Nichteinholung eines Glaubhaftigkeitsgutachtens bei sexuellem Missbrauch eines Kindes.[296]

So kann den Bekundungen eines Zeugen vom Hörensagen und den Bekundungen eines Anonymus, die in einem polizeilichen Vernehmungsprotokoll oder in einer schriftlichen Äußerung enthalten sind, Beweiskraft für relevante Sachverhaltselemente nur zuerkannt werden, wenn feststehende Tatsachen für ihre Richtigkeit sprechen.

137 Entsprechendes gilt auch für die Sachkunde des Gerichts, bei Kollegialgerichten reicht die Sachkunde eines Richters aus.[297] Wenn das Gericht nicht die absolute Gewissheit hat, seine Sachkunde sei ausreichend, so darf es sich nicht mit ihr begnügen. Oft genügt die Sachkunde des Gerichts, insbesondere das unerlässliche Anwendungs- und Auswertungswissen, nicht den Erfordernissen zur Sachentscheidungsfindung.[298] Die Berechtigung seiner Annahme, es sei selbst ausreichend sachkundig, muss das Gericht in den Urteilsgründen plausibel machen, sobald es mehr als Allgemeinwissen in Anspruch nimmt.[299] Ein Verstoß hiergegen kann entsprechend gerügt werden. Das Gericht kann eigene Sachkunde auch dadurch erlangen, dass diese dem Gericht durch den ersten Sachverständigen vermittelt wird, selbst wenn dessen Gutachten mangelhaft ist und/oder das Gericht dem Ergebnis

285 BGH NStZ 1990, 244; 1991, 448; StV 1989, 423; 1991, 337 f.; 1992, 2 f.
286 BGH NStZ 2005, 224.
287 BGH NJW 1987, 660.
288 BGH StV 1992, 153.
289 OLG Köln StV 1998, 585.
290 BGH StV 1992, 152.
291 BGH NJW 1984, 247; 1985, 1789; 1988, 2187; 1989, 3294; NStZ 1989, 282; StV 1988, 45.
292 BGH NStZ 1983, 34 f.; 1984, 328 f.
293 BGH NJW 1965, 874; JuS 1977, 234, 236.
294 BGH NJW 1981, 770; NStZ 1985, 466 f.
295 BGH NJW 1966, 989.
296 BGH StV 1999, 470 f.; BGH, Beschl. v. 22.06.2000 – 5 StR 209/00.
297 BGHSt 12, 18.
298 Vgl. hierzu BGH 5 StR 419/09.
299 BGH NStZ 1983, 325; 1985, 421; StV 1987, 374 m. Anm.; NStZ 1987, 503; StV 1991, 405 m. Anm.

des ersten Gutachters nicht folgen will.[300] Eine Beweisaufnahme über die Sachkunde des Gerichts findet gleichwohl nicht statt.[301]

Setzt sich das Gericht mit seiner Beweiswürdigung in Widerspruch zu der Ansicht eines Sachverständigen, dann muss es die Gegengründe des Sachverständigen ausführlich erörtern und mit eigenen Gründen widerlegen, und zwar derart, dass es das von ihm beanspruchte bessere Sachwissen auf dem zur Erörterung stehenden Teilbereich des fremden Wissensgebietes zu Recht für sich in Anspruch nimmt.[302]

Einige Tatsachen bedürfen, trotz der umfassenden Aufklärungspflicht des Gerichts, keines Beweises. 138

Es handelt sich dabei um Tatsachen, für die eine natürliche oder gesetzliche Vermutung spricht, z.B. § 69 Abs. 2 StGB.

Schließlich bedürfen auch offenkundige Tatsachen keines Beweises (vgl. § 244 Abs. 3 StPO und § 291 ZPO).

Offenkundig können allgemeinkundige und gerichtskundige Tatsachen sein. Allgemeinkundig sind Tatsachen, von denen ein größerer, wenn auch örtlich oder fachlich begrenzter Personenkreis Kenntnis hat oder diese sich aus allgemein zugänglichen Quellen erschließen lassen. Jedoch dürfen offenkundige Tatsachen nur dann verwendet werden, wenn sie ausdrücklich zum Gegenstand der Verhandlung gemacht worden sind und somit die Beteiligten das rechtliche Gehör hierzu erhalten hatten.

Gerichtskundig ist eine Tatsache dann, wenn das Gericht von ihr amtlich so sichere Kenntnis erlangt hat, dass ein Beweis überflüssig ist.

Bezüglich der Vorschriften, die das Schätzen bestimmter Bemessungsgrundlagen gestatten (z.B. 139
§§ 40 Abs. 2, 73b, 73d Abs. 2, 74c Abs. 3 StGB, § 287 ZPO im Verfahren nach §§ 403 ff. StPO; § 29a Abs. 3 S. 1 OWiG), wird die Aufklärungspflicht eingeschränkt. Das Gericht kann hier auf Grundlage konkreter Anhaltspunkte nach seiner Vernunft und Lebenserfahrung eine Schätzung ausführen und so die Bemessungsgrundlage feststellen.

Das private Wissen des Richters ist weder allgemeinkundig noch offenkundig, auch Erkenntnisse aus 140
anderen Hauptverhandlungen dürfen nicht verwendet werden. Über die dem Richter privat bekannten Tatsachen muss deshalb Beweis erhoben werden, anderenfalls läge ein die Revision begründender Verstoß gegen § 261 StPO vor.[303]

Dem Amtsermittlungsgrundsatz entsprechend beginnt z.B. die Vernehmung der Zeugen in der 141
Hauptverhandlung grundsätzlich mit der Befragung durch den Richter. Zwar ist in der StPO in § 239 auch die Möglichkeit eines Kreuzverhörs vorgesehen, dieses spielt jedoch in der Praxis keine Rolle, weil es von StA und Verteidigung übereinstimmend beantragt werden muss.

Unter Berücksichtigung dieser Rechtswirklichkeit kommt den Interventionsrechten der Verteidi- 142
gung bei der oftmals vorentscheidenden Beweiserhebung durch das Gericht große Bedeutung zu.

▶ **Beachte**

Der Verteidiger darf sich niemals allein auf die Aufklärungspflicht des Gerichts verlassen. Insbesondere das Beweisantragsrecht ist dazu bestimmt, das Gericht zu drängen, über das von ihm zur Aufklärung des Sachverhalts für nötig Gehaltene hinauszugehen.[304]

---

300 BGH 2 StR 535/09; BGH 3 StR 436/09.
301 BGH NStZ 2000, 156.
302 OLG Hamm StraFo 2002, 262.
303 S. hierzu Meyer-Goßner/*Schmitt* § 261 Rn. 24 m.w.N.
304 BGHSt 21, 118 (124).

2. Beanstandung nach § 238 Abs. 2 StPO

143 Als Gegengewicht zu der und als Kontrollinstrument für die Prozessleitungsbefugnis und die Amtsermittlung sieht die StPO für die Verteidigung die Möglichkeit der Beanstandung nach § 238 Abs. 2 StPO vor. Damit sollen Fehler in der Instanz korrigiert und mithin Revisionen vermieden werden.[305] In der Praxis spielt diese Möglichkeit der Fehlerkorrektur und der Vermeidung von Revisionen keine große Rolle – trotz häufiger Anwendung der Norm aufgrund entsprechender Anträge der Verteidigung. Der absolute Regelfall ist die Bestätigung der Vorsitzendenanordnung durch Gerichtsbeschluss – nicht nur beim Einzelrichter.

144 Beanstandet werden können alle sachleitenden Anordnungen des Vorsitzenden, die gegen Verfahrensnormen oder allgemeine Prozessgrundsätze verstoßen oder ermessensmissbräuchlich sind.[306] Der Begriff der sachleitenden Anordnungen ist im weitesten Sinne zu verstehen[307] und stimmt mit dem Begriff der Verhandlungsleitung i.S.d. § 238 Abs. 1 StPO überein.[308] Es können auch Fragen, Hinweise, Belehrungen oder etwa ermahnende Äußerungen beanstandet werden.

Das Unterlassen einer gebotenen Maßnahme ist keine Anordnung; das bewusste Übergehen ausdrücklicher Einwände gegen Verfahrensmaßnahmen ist als konkludente Anordnung einzustufen.[309] Der Verteidiger kann in diesen Fällen eine prozessuale Unsicherheit für das spätere Revisionsverfahren vermeiden, wenn er bei einem Unterlassen eine auf Anregung/Antrag eines Verfahrensbeteiligten erklärte Ablehnung der Vornahme herbeiführt oder direkt das Gericht anruft.

145 Lediglich unzweckmäßige Anordnungen sind nicht angreifbar, solange sie von dem Vorsitzenden im Rahmen seines Ermessensspielraumes erlassen worden sind.

Ein Ermessensmissbrauch liegt vor, wenn der Vorsitzende seine Entscheidungen aufgrund verbotener Zweckerwägungen, wie Willkür oder persönliche Abneigung, trifft.

146 Zur Beanstandung sind diejenigen Verfahrensbeteiligten berechtigt, deren Rechtsposition betroffen[310] ist.

Eine Rechtspflicht zum Hinweis auf das Beanstandungsrecht durch das Gericht besteht nach überwiegender Ansicht nicht.[311]

Obwohl es keine Formvorschrift für die Beanstandung gibt und auch schlüssiges Verhalten ausreicht, dem zu entnehmen ist, dass eine Gerichtsentscheidung beantragt wird, empfiehlt sich im Hinblick auf den Erhalt von Revisionsrügen eine klare mit Begründung versehene Beanstandung, bei der die Verteidigung dartut, gegen welche ges. Vorschrift das beanstandete Verhalten verstößt, welche Verfahrensgrundsätze missachtet werden oder woraus sich der Ermessensmissbrauch ergibt.

Gem. § 273 Abs. 1 StPO ist die Beanstandung in der Sitzungsniederschrift zu beurkunden.[312]

147 Die Entscheidung des Gerichts über die Beanstandung erfolgt durch Beschluss nach Anhörung der Prozessbeteiligten. Dieser Beschluss ist als wesentliche Förmlichkeit des Verfahrens in das Hauptverhandlungsprotokoll aufzunehmen. Sofern sich die Begründung der Ablehnung nicht bereits aus der Entscheidung ergibt, hat das Gericht diesen Beschluss zu begründen.[313]

---

305 BGH NStZ 2007, 230.
306 Meyer-Goßner/*Schmitt* § 238 Rn. 17.
307 Meyer-Goßner/*Schmitt* § 238 Rn. 11.
308 Meyer-Goßner/*Schmitt* § 238 Rn. 12.
309 KK/*Schneider* § 238 Rn. 12.
310 A.A. *Ebert* StV 1997, 275: Beanstandung auch ohne Beschwer möglich.
311 Meyer-Goßner/*Schmitt* § 238 Rn. 15; KK/*Schneider* § 238 Rn. 20.
312 BGH NStZ-RR 2003, 5.
313 BGH NJW 1961, 327.

Auch wenn der Strafrichter als Einzelrichter entscheidet und folglich Gericht und Vorsitzender identisch sind, ist der Zwischenrechtsbehelf des § 238 Abs. 2 StPO nach h.M. zulässig und erforderlich.[314] Der Einzelrichter wird durch die formelle Beanstandung seiner Anordnung gezwungen, seine Anordnung zu überdenken und evtl. näher zu begründen. 148

▶ Beachte

Die Beanstandung nach § 238 Abs. 2 StPO ist zwingende Voraussetzung für den Erhalt des Rügerechts bezüglich einer fehlerhaften Maßnahme des Vorsitzenden im späteren Revisionsverfahren.[315]

Der Verteidiger muss z.B. auch einzelne Fragen des Vorsitzenden unverzüglich beanstanden. Sofern ein anderer Verfahrensbeteiligter Fragen stellt, hat der Verteidiger darauf zu achten, dass der Vorsitzende die unzulässige Frage beanstandet, sonst muss er beantragen, dass der Vorsitzende die Frage nicht zulässt. Kommt der Vorsitzende dem nicht nach, so muss der Verteidiger über seinen Antrag, die Frage nicht zuzulassen, einen Gerichtsbeschluss herbeiführen. Der Antrag sollte schriftlich erfolgen und die nicht zugelassene Frage zitiert werden (Im Rahmen der Befragung der Verteidigung hat der Vorsitzende folgende Frage der Verteidigung an der Zeugen X als unzulässig zurückgewiesen: [….]. Die Zurückweisung ist unzulässig und beschränkt den Angeklagten in seinen Verteidigungsrechten… weiter ausführen). 149

Das Stellen von Zwischenfragen durch das Gericht oder die Staatsanwaltschaft kann und sollte die Verteidigung beanstanden, da der Verteidigung das Recht zusteht, ihre Befragung im Zusammenhang durchzuführen. Die Umsetzung des erarbeiteten Konzepts und die Abstimmung der Fragen aufeinander setzt eine Befragung ohne Unterbrechung voraus. Ein Fragekatalog ist ratsam. Der alte Rat, dass nur Fragen zu stellen sind, deren Antwort der Verteidiger kennt, ist immer im Hinterkopf zu halten. Der Verteidiger fragt nicht um eine Frage zu stellen, sondern verfolgt mit der Frage immer einen Zweck (was will und was kann ich durch die Frage erreichen). Ein legitimes Ziel der Befragung kann auch sein, dass der Zeuge von seinem Recht nach § 55 StGB Gebrauch macht. 150

Wenn die Verteidigung Zwischenfragen während ihrer Befragung gestattet, hat sie weiterhin darauf zu achten, dass der Vorsitzende bei der Zulassung von Zwischenfragen den Staatsanwalt nicht bevorzugt. Gestattet der Vorsitzende diese Zwischenfragen, verwehrt diese jedoch der Verteidigung, muss die Verteidigung zum frühestmöglichen Zeitpunkt jede weitere Gestattung von Zwischenfragen förmlich beanstanden.

Folgende exemplarisch aufgelistete Anordnungen des Vorsitzenden sind der Beanstandung zugänglich: 151

- Entziehung des Wortes bei der Vernehmung des Angeklagten zur Sache[316]
- Untersagen der Verlesung der Einlassung des Angeklagten zur Sache
- Unterbrechen des Angeklagten bei seiner zusammenhängenden Schilderung zur Sache
- Fragen, bei deren Beantwortung der Zeuge nur Spekulationen und/oder Schlussfolgerungen äußern kann (»Herr A, was hat sich der B wohl dabei gedacht?«)
- Unterbrechung der Hauptverhandlung während der Befragung des Zeugen durch den Verteidiger, um dem Zeugen Gelegenheit zur »Erholung« zu geben
- Ablehnung der beantragten Unterbrechung zur Besprechung eines evtl. Befangenheitsantrags

---

314 Meyer-Goßner/*Schmitt* § 238 Rn. 18; OLG Düsseldorf StV 1996, 252 m.w.N.
315 Meyer-Goßner/*Schmitt* § 238 Rn. 18.
316 BGH NStZ 1997, 198.

– Ungenaue Vorhalte aus früheren Vernehmungen an den Zeugen[317]
– Suggestive/wertende Fragen an den Zeugen
– Anordnung der Verlesung eines Tagebuchs
– Gestatten von Fragen eines Mitangeklagten an den anderen Angeklagten

152 Unter taktischen Gesichtspunkten hat die Verteidigung einen großen Spielraum, ihr Beanstandungsrecht auszuüben. Andererseits ist aber dabei zu beachten, dass die Verteidigung durch die Art der Ausübung dieses Rechts zugleich auch Einfluss auf das Maß nimmt, das die anderen Beanstandungsberechtigten an die Fragen der Verteidigung anlegen werden.

▶ **Beachte**

Eine befürchtete Klimaverschlechterung in der Hauptverhandlung im Fall der Geltendmachung einer Beanstandung nach § 238 Abs. 2 StPO muss zum Erhalt des Rügerechts in der Revisionsinstanz hingenommen werden. Die Verteidigung muss sich bei einem Verzicht auf das Instrument der Beanstandung darüber im Klaren sein, dass ohne eine solche Beanstandung die Rügemöglichkeit des Verfahrensverstoßes in der Revisionsinstanz entfällt. Ein Verzicht auf eine Beanstandung setzt daher eine bewusste Entscheidung im Hinblick auf Verteidigungsziel und Taktik im jeweiligen Prozess voraus. Maßstab für die Entscheidung muss das Verteidigungsziel und nicht das Harmoniebedürfnis oder persönliche Erwägungen der Verteidigung sein. Auch sollte die Frage an sich selbst und ggf. die anderen Prozessbeteiligten gestattet sein, welcher Grund besteht, dass die Durchsetzung des gesetzgeberischen Willens nicht hingenommen wird, sondern als konfliktreich angesehen wird.

3. Mitwirkung durch Zustimmung

153 Der Verteidigung stehen weiterhin dadurch Möglichkeiten zur Einflussnahme zur Verfügung, dass eine notwendige Zustimmung erteilt oder eben nicht erteilt wird. Dies ist z.B. bei der Frage der Verlesung von Urkunden von Bedeutung.

Nach § 251 Abs. 1 Nr. 1 StPO kann die Vernehmung von Zeugen, Sachverständigen oder Mitbeschuldigten durch die Verlesung früherer Vernehmungsschriften oder einer Urkunde ersetzt werden, die eine von ihm stammende schriftliche Erklärung enthält, wenn der Angeklagte einen Verteidiger hat und alle Verfahrensbeteiligten zustimmen.

154 Die Verteidigung kann durch die Erklärung ihrer Zustimmung z.B. das Erscheinen eines Zeugen vermeiden, dessen Erscheinen evtl. unzweckmäßig wäre, dessen erste Aussage entlastend ist und so auch gewertet werden wird oder dessen weitergehende persönliche Vernehmung einen Nachteil für den Angeklagten darstellen könnte – etwa weil weitere Taten durch den Zeugen bekundet werden könnten.

155 Andererseits kann und sollte die Zustimmung immer dann verweigert werden, wenn – wie im Regelfall – eine persönliche Befragung des Zeugen wichtig ist. So wird insbesondere bei der Verlesung von Aussagen von verdeckten Ermittlern grundsätzlich von der Verteidigung keine Zustimmung zu erwarten sein. Die vom Gericht in diesem Fall möglicherweise erhoffte unkomplizierte Erledigung wird meist nicht im Interesse der Verteidigung liegen, da damit alle Fragen hinsichtlich der Zulässigkeit der Sperrerklärung, der Versagung der Aussagegenehmigung, der Erreichbarkeit des Beweismittels, der Möglichkeit und Zulässigkeit von Videoübertragungen etc. abgeschnitten wären, die für die Verteidigung von großer Bedeutung sind und zahlreiche Ansätze für eine Revision bieten.

317 BGHSt 1, 322.

4. Widerspruch gegen Akte der Beweiserhebung

a) Allgemeines

Praktisch von erheblicher Bedeutung ist die sogenannte »Widerspruchslösung«. Diese betrifft die Frage nach den Rechtsfolgen von Verfahrensfehlern bei der Beweiserhebung im Ermittlungsverfahren und den sich daraus möglicherweise ergebenden Beweisverwertungsverboten. 156

Das Gebot des Widerspruchs soll den Grundsätzen von BGHSt 38, 214 (225 f.) entnommen werden.[318] 157

In dieser Entscheidung wird ein Beweisverwertungsverbot wegen einer auf Belehrungsmängeln beruhenden Beeinträchtigung des Rechts des Beschuldigten, sich redend oder schweigend zu verteidigen, grundsätzlich bestätigt.

Das Beweisverwertungsverbot wird jedoch eingeschränkt auf die Fälle, in denen der Belehrungsmangel für die Nichtausübung des Schweigerechts ursächlich geworden ist, eine Zustimmung zur Verwertung fehlt und ein Widerspruch des verteidigten oder vom Vorsitzenden belehrten Angeklagten gegen die Verwertung seiner früheren Aussage in der Hauptverhandlung erfolgt.

Eine nähere Begründung für das Erfordernis des Widerspruchs und seine Befristung wird nicht gegeben. Es handelt sich aber um eine Begrenzung des Beweisverwertungsverbots. 158

b) Die entwickelte Widerspruchslösung

Eine überzeugende dogmatische Herleitung für das Erfordernis des Widerspruchs wurde von der Rechtsprechung weder in BGHSt 34, 214 noch in früheren oder späteren Entscheidungen gegeben.[319] 159

Es wurde lediglich darauf hingewiesen, dass durch die Einschränkung des Verwertungsverbots die Rechte des Angeklagten nicht in unangemessener Weise beschränkt werden. Diese Einschränkungen entsprächen der besonderen Verantwortung des Verteidigers und seiner Fähigkeit, Begründungsmängel aufzudecken. Die von *Meyer-Goßner* vertretene Auffassung,[320] die Rspr. habe die Fälle der Beweisverwertungsverbote auf weitere Verfahrensmängel ausgedehnt und habe somit zusätzliche Rechte des Angeklagten geschaffen, die unter den Vorbehalt des Widerspruchs gestellt werden könnten, gibt ebenfalls keine dogmatische Begründung für die Frage, warum der Verstoß gegen diese Verfahrensvorschriften nicht von Amts wegen zu beachten sein sollte.

Die »Widerspruchslösung« der Rspr. beruht auf der Zweistufigkeit der Beweiserhebung vor und in der Hauptverhandlung und dem Hinzutreten eines Verwertungsaktes bei der Urteilsberatung. Sie sieht in der widerspruchslosen zweiten Beweiserhebung in der Hauptverhandlung über den Inhalt der früheren Äußerung eine Heilung des ursprünglichen Rechtsfehlers. Die Möglichkeit der Heilung resultiert aus dem Eingriff in disponible subjektive Rechte. Der Angeklagte kann durch Reden auf sein Schweigerecht, durch Nichtbeauftragung eines Verteidigers auf dessen Beistand, durch Nichterscheinen auf sein Anwesenheitsrecht bei Vernehmung in Vor- und Zwischenverfahren verzichten. 160

Durch das Akzeptieren der erneuten Beweiserhebung in der Hauptverhandlung kann er auch den Verfahrensfehler der früheren Beweiserhebung heilen.

Der Angeklagte hat nach der Konstruktion des BGH ein Dispositionsrecht. Seine Aussage kann nicht nur dann zur Grundlage des Urteils gemacht werden, wenn er ausdrücklich zustimmt, sondern auch wenn er nach einer richterlichen Belehrung über das Recht, der Verwertung zu widersprechen, oder im Beistand eines Verteidigers den Widerspruch unterlässt.

---

318 Vgl. BGH NStZ 1996, 200 (202); StV 1997, 57 f.

319 RGSt 50, 364; 58, 100; BGHSt 1, 284; 9, 24; 31, 140; *Mosbacher* NStZ 2011, 606; hiergegen *Bauer* NStZ 2012, 191 ff.; *Meixner*, Das Widerspruchserfordernis des BGH bei Beweisverwertungsverboten, 2015, 62 ff.

320 *Meyer-Goßner* StraFo 1998, 258 (260).

161 Die richterliche »Widerspruchslösung« knüpft folglich nicht an eine positive Verzichtserklärung, sondern an das Unterlassen eines Widerspruchs an. Deshalb wird umgekehrt die Widerspruchserklärung zur notwendigen Voraussetzung des Beweisverwertungsverbots[321]. Sie ist dabei eine unmittelbar auf Herbeiführung einer Rechtsfolge abzielende Prozesserklärung – eine sog »Beweiswirkungshandlung«. Nach anfänglicher Rspr. bedurfte es des Widerspruchs gegen jede einzelne Beweiserhebung.[322] Nach jüngerer, geänderter Rspr. ist auch ein Sammelwiderspruch vor den betroffenen Beweiserhebungen in der Hauptverhandlung möglich.[323]

Damit stellt der Widerspruch zugleich eine wesentliche Förmlichkeit der Hauptverhandlung i.S. von § 273 StPO dar und bedarf deshalb der Protokollierung.

162 Dementsprechend hat die Verteidigung darauf zu achten, dass die mit dem Widerspruch zusammenhängenden Verfahrensvorgänge, insbesondere der Widerspruch selbst und seine Begründung, in das Protokoll der Hauptverhandlung aufgenommen werden.[324]

163 Sofern der Angeklagte in der Hauptverhandlung verteidigt wird, soll die Belehrung über das Widerspruchsrecht unterbleiben dürfen.[325]

Denn der Verteidiger habe die »besondere Verantwortung« und die »Fähigkeit, Belehrungsmängel aufzudecken und zu erkennen, ob die Berufung auf das Verwertungsverbot einer sinnvollen Verteidigung dient«.[326]

164 Der BGH hat einen Widerspruch z.B. in den folgenden Fällen verlangt:
- Die Anwesenheit der Verteidigung bei der polizeilichen Vernehmung des Beschuldigten wurde vereitelt, der Beschuldigte sagte bei der Vernehmung zur Sache aus.[327]
- Der Angeklagte wurde vor seiner Vernehmung im Ermittlungsverfahren nicht ordnungsgemäß gem. § 136 I 2 StPO belehrt und machte Angaben zur Sache.[328]
- Der Angeklagte wurde vor seiner Vernehmung im Ermittlungsverfahren zu spät über sein Recht auf konsularischen Beistand nach Art. 36 Abs. 1 lit b S. 3 des Wiener Konsularrechtsübereinkommens belehrt.[329]
- Der Angeklagte wollte ein Verwertungsverbot hinsichtlich einer Aussage geltend machen, die er als Zeuge ohne Belehrung über sein Auskunftsverweigerungsrecht nach § 55 Abs. 1 StPO gemacht hatte.[330]
- Der Beschuldigte hatte eine nach § 136 Abs. 1 S. 2 StPO erfolgte Belehrung infolge seines geistig-seelischen Zustands nicht verstanden und sagte aus.[331]
- Der Verteidiger hat nicht rechtzeitig einen beweisthemenbezogenen Widerspruch gegen die Verwertung von Beschuldigtenangaben im Hinblick auf die Verletzung des Verteidigerkonsultationsrechts erhoben, dann ist ein Widerspruch bezogen auf jeden einzelnen zeugenschaftlich vernommenen Vernehmungsbeamten erforderlich.[332]
- Die für die richterliche Vernehmung geltende Benachrichtigungspflicht wurde verletzt.[333]

---

321 BGH NJW 1992, 1463 (1465); 1996, 1547 (1550); 2006, 707 (708); 2007, 3587 (3588).
322 BGH NStZ 2004, 389 (390).
323 BGHSt 60, 38 (40).
324 Vgl. BayObLG NJW 1997, 404; OLG Celle StV 1997, 68.
325 Vgl. Meyer-Goßner/*Schmitt* § 136 Rn. 25 m.w.N.
326 BGHSt 38, 214 (226 f.).
327 BGHSt 42, 15; 38, 372; BGH StV 83, 319 m. Anm. *Schlothauer*.
328 BGHSt 38, 214; LG Zwickau, Beschl. v. 10.08.2015 – 1 Qs 147/15.
329 BGH StV 2008, 8.
330 BayObLG StV 2002, 179.
331 BGHSt 39, 349 (352).
332 BGH StV 2004, 57.
333 BGHSt 42, 86.

– Für die Beanstandung der Verwertung der Erkenntnisse aus einer Telefonüberwachung (Zufallsfund).[334]

Auch ohne einen Widerspruch dürfen Aufzeichnungen des Beschuldigten, die dieser sich erkennbar zu seiner Verteidigung in dem gegen ihn laufenden Strafverfahren gemacht hat, nicht verwertet werden. Dies gilt selbst dann, wenn der Verteidiger des Beschuldigten erklärt hatte, die Aufzeichnungen könnten zum Akteninhalt gemacht werden. In der Verteidigererklärung liegt kein Einverständnis des Beschuldigten.[335]

Von der Literatur wurden die Grundsätze der Widerspruchslösung nahezu einhellig kritisiert.[336] 165

Ungeachtet der unseres Erachtens berechtigten Kritik in der Literatur hat sich die Verteidigung auf diese Widerspruchslösung einzustellen.

c) Konsequenzen der Widerspruchslösung für die Verteidigung

Der BGH dehnt die Anwendung der »Widerspruchslösung« auf Beweisverbote bei heimlichen 166 Ermittlungsmethoden[337] und auf die Fortwirkung eines Beweisverwertungsverbots nach § 136a Abs. 3 StPO mangels »qualifizierter« Belehrung[338] aus. In der Rechtsprechung hat eine Ausdehnung auf den Sachbeweis, etwa bei einer Verletzung von § 81a Abs. 2[339], stattgefunden, die über die Anwendungsbereiche hinausgeht, bei denen eine Dispositionsbefugnis der Verteidigung über den Beweisinhalt besteht, weshalb der BGH in seinem Urteil vom 6.10.2016[340] die weitere Ausweitung abgebremst hat.[341]

Die Verteidigung muss deshalb **stets** Widerspruch gegen die Verwertung eines jeden Beweises erhe- 167 ben und **begründen**, für den nach ihrer Auffassung ein Beweisverwertungsverbot besteht, z.B. bei der Einführung der Ergebnisse einer akustischen Überwachung von Geheimnisträgern, die nach § 100c Abs. 6 StPO von der Gruppe der zulässigerweise abhörbaren Personen ausgenommen sind, bei der Zwangsmaßnahmen, die ohne Beachtung des Richtervorbehalts durchgeführt wurden[342] und bei Belehrungsmängeln.[343] Da die Verteidiger in der Praxis das Erfordernis des Widerspruchs bereits – vorsorglich – in Fällen von Beweisverwertungsverboten beachten, ist eine ausdrückliche höchstrichterliche Klärung, in welchen Fällen genau ein Widerspruch erforderlich sein soll, nicht wesentlich weiter geführt worden. Für den Widerspruch sind folgende Aspekte zu beachten:

Der Verteidiger muss jeder einzelnen (verbotenen) Beweiserhebung/Verwertung gesondert wider- 168 sprechen und begründen.[344]

Auch dem **Vorhalt** eines unverwertbaren Beweismittels muss die Verteidigung widersprechen. Für den Verteidiger gilt: Im Zweifel für den umfassenden Widerspruch.

---

334 BGH StV 2001, 545.

335 OLG Naumburg StV 2004, 529 (530).

336 Vgl. *Bohlander* NStZ 1992, 504; *Widmaier* NStZ 1992, 519; *Fezer* JR 1992, 385; *Maul/Eschelbach* StraFo 1996, 66; *Dahs* StraFo 1998, 253; *Roxin* NStZ 2007, 616.

337 Vgl. hierzu BGH 1 StR 701/08; BGH 4 StR 296/08; 5 StR 51/10.

338 Vgl. BGH 4 StR 455/08.

339 OLG Bamberg Blutalkohol 48 [2011], 173 (178); OLG Celle NZV 2011, 48 (49); OLG Frankfurt a.M. NStZ-RR 2011, 45 (46); 2011, 46 (47); OLG Hamburg NJW 2008, 2597 (2600); OLG Hamm NJW 2009, 242 (243, 244); OLG Thüringen Blutalkohol 48 [2011], 245 (246); OLG München ZfSch 2012, 45 ff.

340 BGH 2 StR 46/15.

341 BeckOK StPO/*Eschelbach*, 27. Ed. 01.01.2017, StPO § 257 Rn. 21.

342 Wie z.B. in den Fällen in SchlH OLG StV 2010, 13; SchlH OLG StV 2010, 618; OLG Köln StraFo 2010, 195; OLG Hamm NStZ 2010, 165; OLG Köln StraFo 2010, 23.

343 BGH 4 StR 455/08; BGH 4 StR 170/09; OLG Celle StraFo 2010, 114.

344 BGHSt 39, 349 ff.

169 Wirksam ist die Widerspruchserklärung jedoch nur, wenn die sonstigen Voraussetzungen für das Beweisverwertungsverbot vorliegen, insbesondere der bedeutsame Rechtsfehler bei der ursprünglichen Beweiserhebung.

▶ **Beachte**

Dem Unterlassen eines Widerspruchs wird ein Erklärungswert beigemessen, der einer Zustimmung entsprechen kann. Der Verteidiger soll damit die Verantwortung dafür tragen, ob ein früher gewonnenes Beweismittel in der Hauptverhandlung verfügbar ist oder nicht.

170 Als Konsequenz dieser Rspr. wird die Verteidigung bei jeder zweifelhaften Verfahrenslage vorsorglich ihren Widerspruch erklären und begründen und somit einen Teil der Verantwortung an die Gerichte zurückreichen. Diesen obliegt dann die Prüfung, womit ein größerer Beratungs- und Begründungsaufwand für sie entstehen dürfte als bei einer sofortigen Prüfung von Amts wegen.

171 Der Widerspruch und dessen Begründung ist **zeitlich** in unmittelbarem Zusammenhang mit der Beweiserhebung geltend zu machen. Die Rspr. begrenzt den Widerspruch zeitlich auf den Rahmen des Äußerungsrechts nach § 257 StPO als den spätesten Zeitpunkt für die Geltendmachung. Sofern ein Widerspruch nicht oder verspätet erhoben worden ist, kann er auch nach der Zurückverweisung der Sache in einer neuen Hauptverhandlung nicht mehr geltend gemacht werden.[345]

172 Möglich ist, dass der Verteidiger z.B. einer Entlassung von Zeugen oder Sachverständigen zunächst nicht zustimmt und sich somit das Widerspruchsrecht spätestens bis zum Zeitpunkt der Entscheidung über die Entlassung des Zeugen oder Sachverständigen erhalten kann.

173 Aus Gründen der Prozessökonomie und der Rechtsklarheit sollte der Widerspruch und dessen Begründung jedoch so früh wie möglich erklärt werden. Die Erhebung eines Widerspruchs kann also bereits vor der Hauptverhandlung erfolgen. Dogmatisch handelt es sich dabei um die Ankündigung eines Widerspruchs in der Hauptverhandlung. Nur so kann erreicht werden, dass das als unverwertbar angesehene Beweismittel erst gar nicht in die Hauptverhandlung eingeführt wird, wenn der Tatrichter die Rechtsauffassung teilt. Dies ist im Hinblick auf eine Meinungsbildung, vor allem der Schöffen, wichtig. So können ggf. auch Zwangsmaßnahmen wie Durchsuchung oder Haft oder auch eine Anklageerhebung wegen entfallener Beweismittel verhindert werden. Das Gericht kann sich auf die Notwendigkeit anderer Beweiserhebungen einrichten. Wenn es – trotz des vor der Hauptverhandlung erhobenen Widerspruchs – in der Hauptverhandlung dennoch den Beweis erheben will, muss **zwingend nochmals** widersprochen werden; ein Widerspruch im Ermittlungs- oder Zwischenverfahren wirkt nach der Rspr. des BGH nicht fort.[346]

▶ **Beachte**

Sofern ein Widerspruch erst in der Hauptverhandlung erhoben wird, muss der Verteidiger insbesondere darauf achten, dass nicht mit der verbotenen Beweiserhebung begonnen wird. Denn trotz der Unverwertbarkeit kann sich der Inhalt der Beweiserhebung in den Köpfen der Richter, speziell der Schöffen, festsetzen. Der Verteidiger muss vielmehr darauf drängen, dass die mit dem Beweisverwertungsverbot zusammenhängenden Fragen vorab geklärt werden. Deshalb sollte er vor der entsprechenden Beweiserhebung den Widerspruch erheben.

Sollte die Hauptverhandlung ausgesetzt werden und bereits ein Widerspruch erhoben worden sein, so ist bei Fortsetzung der Verhandlung der Widerspruch erneut zu erheben. Dies halten wir mit *Burhoff*,[347] entgegen der durch OLG Stuttgart[348] getroffenen Entscheidung des Fortwirkens eines

345 BGH StV 2006, 396.
346 BGH NStZ 1997, 502; a.A. *Schlothauer* FS Lüderssen, S. 769.
347 *Burhoff* StraFo 2003, 267 (270).
348 OLG Stuttgart StV 2001, 389 f.

solchen Widerspruchs in der erneut anberaumten Hauptverhandlung, wegen der Ausweitung der Widerspruchslösung durch die Rspr. für geboten.

Mit einem Widerspruch vor der Beweiserhebung in der Hauptverhandlung kann die Verteidigung das bereits im Vorverfahren entstandene Beweisverbot dann aber, ggf. auch mithilfe des Zwischenrechtsbehelfs nach § 238 Abs. 2 StPO, als Beweisverwertungsverbot für die Hauptverhandlung zur Geltung bringen.

▶ **Beachte**

Zu beachten ist stets, dass eine Nachholung eines zunächst nicht erhobenen Widerspruchs nicht möglich ist.[349]

Der Verteidiger hat unbedingt darauf zu achten, dass der Widerspruch in das **Protokoll** der Hauptverhandlung aufgenommen wird. Damit nicht von einem späteren stillschweigenden Verzicht auf den zuvor einmal erhobenen Widerspruch ausgegangen wird, ist es erforderlich, den Widerspruch zu wiederholen, wenn das Gericht erneut auf dasselbe Beweismittel zurückgreift, so z.B. beim Abspielen von Telefongesprächen über mehrere Verhandlungstage hinweg.

Das Gericht reagiert regelmäßig durch einen Zwischenbescheid in Form eines Beschlusses auf den Widerspruch der Verteidigung. Allerdings besteht keine Verpflichtung seitens des Gerichts, auf den Widerspruch der Verteidigung überhaupt zu reagieren und die eigene Rechtsauffassung zum geltend gemachten Beweisverwertungsverbot bekannt zu geben.[350]

Als Prozesshandlung ist der Widerspruch grundsätzlich bedingungsfeindlich. Als »sofortiger« Widerspruch soll er Rechtsklarheit schaffen und müsste eigentlich auch unanfechtbar und unwiderruflich sein. Nach der Rspr. ist er das aber gerade nicht. Der Angeklagte kann seinen Widerruf bis zum Ende der Beweisaufnahme zurücknehmen und dadurch die Verwertung des Beweises freigeben. 174

Damit wird auch die Zumutbarkeit des Widerspruchserfordernisses begründet, jedoch entfällt damit dogmatisch auch der Grund für das Erfordernis eines »sofortigen« Widerspruchs.

d) Einwände gegen die Widerspruchslösung

Grundsätzlich sind Beweisverbote in jeder Lage des Verfahrens von Amts wegen zu prüfen. Davon 175 weicht die Widerspruchslösung u.E. ohne überzeugende Begründung und ohne Not ab. Sie ist nur auf die Hauptverhandlung des Tatgerichts bezogen und lässt eine Prüfung von Amts wegen entbehrlich sein, solange der verteidigte oder belehrte Angeklagte der Verwertung eines erhobenen Beweises nicht widerspricht. Dies kann zu widersprüchlichen Entscheidungen führen, wenn in einem Verfahren in zwei Tatsacheninstanzen verhandelt wird. Sachgerechter wäre eine Prüfung von Amts wegen auch im Hinblick auf die abschließende Entscheidung des Staatsanwalts nach § 170 StPO, die ggf. auf der Annahme der Verwertbarkeit der nach der Widerspruchslösung später annullierbaren Beweise beruht.

Eine umfassende Prüfung der Verwertbarkeit der erhobenen Beweise bereits bei Abschluss der Ermitt- 176 lungen ist daher erforderlich. Auch erscheint eine Überprüfung der Verwertbarkeit der Beweise ohne Widerspruch von Amts wegen i.S. des Gleichbehandlungsgrundsatzes geboten.

Bedenklich erscheint auch die Gleichsetzung des verteidigten Angeklagten mit dem von dem Vor- 177 sitzenden belehrten Angeklagten. Zum einen kann die Kommunikation zwischen Angeklagten und dem Gericht Mängel aufweisen. Des Weiteren ist es einem Verteidiger möglich, die Folgen eines Widerspruchs zu prüfen und zu überdenken. Hingegen kann und darf der Vorsitzende, um seine

349 BGH StV 2006, 396; a.A. *Fezer* JZ 2006, 474.
350 BGH NStZ 2007, 719.

Neutralität nicht einzubüßen, nicht über die Zweckmäßigkeit des Widerspruchs für den Angeklagten beraten, sondern nur auf die Widerspruchsmöglichkeit als solche hinweisen.

178 Die Widerspruchslösung könnte auf alle unselbstständigen Beweisverwertungsverbote ausgedehnt werden, soweit diese aus der Verletzung verzichtbarer subjektiver Rechte bei der Beweiserhebung resultieren. Notwendig ist eine vorherige generelle, die Ausdehnung tragende Begründung der Rspr. Dabei ist aber fraglich, ob es sachgerecht ist, die Verwertbarkeit von Teilen der Beweisaufnahme erst in der Hauptverhandlung und dort im Anschluss an die Beweiserhebung zur Disposition des Angeklagten zu stellen. Wichtiger wäre es, bereits im Zwischenverfahren eine verbindliche Entscheidung über die Verwertbarkeit des Beweisstoffes herbeizuführen, der danach in die Hauptverhandlung eingeführt oder aus ihr ferngehalten werden kann.

Beachtlich ist in diesem Zusammenhang, dass der BGH bei Wohnungsdurchsuchungen unter bewusster Missachtung des Richtervorbehalts nach § 105 Abs. 1 S. 1 StPO auf ein Beweisverwertungsverbot erkannt hat.[351] Darin musste er nicht explizit zur Frage des Widerspruchserfordernisses Stellung beziehen. Allerdings sind der Entscheidung Bedenken gegen die bisherige Rechtsprechung zur Widerspruchslösung zu entnehmen, so zumindest für die für den Angeklagten nicht disponiblen Rechtsgüter, also diejenigen, die Grund- und Menschenrechte tangieren.[352]

▶ Verwertungswiderspruch

179 In der Strafsache

gegen …

Az.: …

widerspricht die Verteidigung der Verwertung der Aussage des Zeugen G, die sich auf den Inhalt des Gesprächs zwischen dem Zeugen G und dem Beschuldigten am … am Tatort bezieht.

Begründung

Der Zeuge KOK G traf als Erster am Tatort ein. Den Beschuldigten fand er in der ehelichen Wohnung vor. Die Geschädigte lag noch auf dem Gehweg vor dem Haus, in dem sich die eheliche Wohnung befindet und wurde notärztlich versorgt. Obwohl für den Zeugen aufgrund der Umstände klar war, dass der Angeklagte tatverdächtig war – die gemeinsame eheliche Wohnung der Geschädigten und des Angeklagten war verwüstet und voller Kampfspuren, andere Personen waren nicht vor Ort – belehrte er den Beschuldigten nicht über seine Rechte, insbesondere nicht über sein Auskunftsverweigerungsrecht nach § 55 StPO und das Recht, sich mit einem Verteidiger zu beraten. Der Beschuldigte berichtete daraufhin von den Streitigkeiten zwischen ihm und seiner Frau und legte das Geständnis ab, er habe seine Frau aus dem Fenster gestürzt.

Der Beschuldigte hat nach diesem Gespräch und nach einer ordnungsgemäßen Belehrung sowie in der Hauptverhandlung von seinem Schweigerecht Gebrauch gemacht.

Der Angeklagte ist somit nicht ordnungsgemäß belehrt worden, § 136 StPO. Die unterlassene Belehrung über das Schweigerecht und das Recht, sich anwaltlich beraten zu lassen, ziehen ein Beweisverwertungsverbot nach sich, vgl. nur Meyer-Goßner/Schmitt, § 136 StPO Rn. 25 m.w.N.

Rechtsanwältin/Rechtsanwalt

II. Aktive Tätigkeiten der Verteidigung

180 Der Verteidigung stehen durch das Beweisantragsrecht und durch ihr Erklärungsrecht darüber hinaus eigene Rechte zu, aktiv in die Gestaltung der Beweisaufnahme einzugreifen.

351 BGH NStZ 2007, 601.
352 Vgl. hierzu auch *Roxin* NStZ 2007, 616 (618).

1. Das Erklärungsrecht des Angeklagten und des Verteidigers nach § 257 StPO

§ 257 StPO regelt das Erklärungsrecht des Angeklagten, des Staatsanwalts und des Verteidigers nach 181
jeder Beweiserhebung. Bereits bei einer Sichtung der dazu ergangenen höchstrichterlichen Entscheidungen zeigt sich, dass dieses Recht zumindest im Rahmen der revisionsrechtlichen Rspr. nur eine untergeordnete Rolle spielt. Dennoch ist es ein aktives Mittel der Verteidigung, die Entscheidung noch in der Tatsacheninstanz nach den eigenen Vorstellungen zu beeinflussen.

Sofern der Verteidiger einen Verstoß gegen das Erklärungsrecht mit der Revision rügt, muss er darlegen, dass ihm das Wort nicht gewährt wurde, obwohl er sich zu Wort gemeldet hat und dass er dagegen erfolglos durch Beanstandung und Herbeiführung eines Gerichtsbeschlusses gemäß § 238 Abs. 2 vorgegangen ist.[353]

Zunächst ist zwischen dem Erklärungsrecht des Angeklagten und dem des Verteidigers zu unter- 182
scheiden.

a) Des Angeklagten

§ 257 Abs. 1 StPO sieht vor, dass der Angeklagte nach jeder Beweisaufnahme bzw. nach jeder Ver- 183
nehmung eines Mitangeklagten befragt wird, ob er etwas zu erklären habe. Diese Regelung sichert das rechtliche Gehör des Angeklagten, außerdem soll die Sachaufklärung gefördert werden. Das Erklärungsrecht ist eine höchstpersönliche Befugnis. Es steht dem Angeklagten und denjenigen Personen zu, denen die Verfahrensrechte des Angeklagten zustehen. Nach h.M. steht es den Erziehungsberechtigten und den ges. Vertretern nicht zu.[354] Erklärungen des Verteidigers für den Angeklagten dürfen zurückgewiesen werden, sofern sie sich nicht als Ausfluss der Wahrnehmung des eigenen Erklärungsrechts nach Absatz 2 auslegen lassen. Allerdings darf der mit schriftlicher Vollmacht versehene Verteidiger Erklärungen des in der Hauptverhandlung abwesenden Angeklagten übermitteln, nicht jedoch den Sachvortrag ergänzen.[355] Es ist die **Aufgabe des Vorsitzenden** ob seiner Sachleitungsbefugnis, den Angeklagten zu befragen, ob er etwas zu erklären habe. Der Vorsitzende hat diese Aufgabe nach pflichtgemäßem Ermessen auszuüben (obwohl »Sollvorschrift«) und darf sie nicht in eine Vernehmung zur Sache umfunktionieren. Die Befragung darf ohne besonderen Grund nicht unterbleiben. Str. ist, ob sie durch eine zu Anfang der Verhandlung oder der Beweisaufnahme stehende Belehrung über das Recht aus § 257 StPO ersetzt werden darf. Dagegen spricht, dass rechtsunkundige Angeklagte aus Schüchternheit, Unkenntnis oder Befangenheit ihre Verteidigung möglicherweise nicht ausschöpfen würden oder dass sie die Belehrung, die möglicherweise Tage zurückliegen kann, schon vergessen haben könnten.[356]

Das Recht des Angeklagten darf durch die Ordnungsmittel der §§ 176 ff. GVG beschnitten werden. 184

Das Erklärungsrecht ist dahingehend begrenzt, dass ein zeitlicher, sachlicher und persönlicher Bezug zu wahren ist.

Der zeitliche Bezug meint, dass nur Erklärungen statthaft sind, die zeitnah nach der jeweiligen Beweisaufnahme liegen.

Zu früheren Vorgängen in der Hauptverhandlung darf eine Erklärung nur abgegeben werden, wenn sie mit der soeben abgeschlossenen Beweiserhebung zusammenhängt.

Der Schlussvortrag darf nicht vorweggenommen werden, § 257 Abs. 3.

---

353 BGH NStZ 2007, 234.
354 Meyer-Goßner/*Schmitt* § 257 Rn. 3; a.A. LR/*Stuckenberg*, 26. Aufl., Rn. 7; *Eisenberg* Rn. 9 zu § 67 JGG.
355 SK-StPO/*Velten* § 257 Rn. 3.
356 Vgl. zum Streitstand SK-StPO/*Velten* § 257 Rn. 4.

185 Sachlich muss die Erklärung die vorangegangene einzelne Beweiserhebung betreffen (z.B. Beweis durch Zeugen, Sachverständige, Urkunden und auch durch Augenschein) oder die abgeschlossene Vernehmung eines Mitangeklagten.

Persönlich darf der Angeklagte nur eigene Verfahrensinteressen wahrnehmen. Dies bedeutet, dass er keine Erklärungen zu Beweisaufnahmeteilen abgeben darf, die ausschließlich den Strafvorwurf eines Mitangeklagten betreffen.

186 Erklärungen des Angeklagten selbst nach § 257 StPO stehen dem Schweigen des Angeklagten zur Sache grundsätzlich nicht entgegen. Bei schweigenden Angeklagten besteht jedoch die Gefahr, dass der Angeklagte während seiner Erklärung doch Angaben zur Sache macht und damit die Verwertbarkeit seines Teilschweigens herbeiführt. Aber auch Erklärungen des Verteidigers können nach der Rspr. des BGH in besonderen Fällen als Einlassung des Angeklagten gewertet werden, wenn der Verteidiger stellvertretend für seinen Mandanten und nicht aus eigenem Recht Erklärungen abgibt. So stellte der 1. Senat des BGH in seinem Beschluss vom 14.08.1997 die Behauptung auf, dass Erklärungen zur Sache, die der Verteidiger in der Hauptverhandlung in Anwesenheit seines Mandanten, der keine Angaben zur Sache macht, für diesen abgibt, ohne Weiteres als Einlassung des Angeklagten verwertet werden dürften.[357] Gibt der Verteidiger eine Erklärung ab, ist daher deutlich zu machen, dass er sein eigenes Erklärungsrecht nach § 257 Abs. 2 StPO wahrnimmt.

187 Grundsätzlich gilt, dass der Angeklagte nur gut vorbereitete und mit dem Verteidiger abgesprochene Erklärungen abgeben sollte. Gut vorbereitet kann das Erklärungsrecht des Angeklagten zusätzlich zu dem des Verteidigers als taktisches Mittel sinnvoll sein.

b) Des Verteidigers

188 § 257 Abs. 2 StPO sieht ein Erklärungsrecht des Staatsanwalts und des Verteidigers nach der Vernehmung des Angeklagten und nach jeder Beweiserhebung vor. Es wird auf **Verlangen** gewährt.

Das Erklärungsrecht dient der Wahrnehmung der Rechte der Prozessbeteiligten und soll die Sachverhaltsaufklärung fördern. Anders als beim Beweisantragsrecht ist das Gericht jedoch nicht durch das Gebot des fairen Verfahrens und durch einen wünschenswerten offenen Dialog gehalten, etwa aufgetretene Missverständnisse auszuräumen.[358]

Gelegenheit zur Erklärung ist zu geben, wenn es von einem Berechtigten gefordert wird. Die Initiative muss also vom Verteidiger ausgehen.

189 Der Vorsitzende braucht den Berechtigten keinen Hinweis zu erteilen oder sie besonders zu befragen. Er hat aber im Rahmen der ihm aufgegebenen Sachleitung (§ 238 Abs. 1 StPO) die Gelegenheit zu gewähren, sofern das Verlangen (durch Wortmeldung) deutlich wird. Der Verteidiger hat abzuwarten, bis der Vorsitzende ausdrücklich oder schlüssig das Wort erteilt. Hierzu ist dieser nach pflichtgemäßem Ermessen verpflichtet. Ungeeignete Vorträge darf der Vorsitzende zurückweisen. Die Vorschrift des § 257 Abs. 3 begrenzt das Erklärungsrecht dahingehend, dass die Erklärungen nicht den Charakter eines Schlussvortrags annehmen dürfen.

190 Auch die Erklärung des Verteidigers ist zeitlich, sachlich und persönlich begrenzt auf die vorangegangene, beendete Beweisaufnahme.

Es ist Raum, insbesondere zum Beweiswert des Beweismittels Stellung zu nehmen, Unklarheiten und Widersprüche aufzuzeigen, auf Zusammenhänge mit anderen Beweismitteln hinzuweisen. § 257 Abs. 2 StPO gibt für eine Gegendarstellung zur Anklage sowie für Erläuterungen zur Prozessstrategie erst dann Gelegenheit, wenn die den gesamten Prozessgegenstand betreffende Vernehmung des Angeklagten zur Sache beendet ist. Dabei müssen die Grenzen des Erklärungsrechts gewahrt bleiben.

357 Dazu die krit. Anm. *Park* StV 1998, 59 ff.

358 BGH, Beschl. v. 03.09.1997 – 5 StR 237/97 in BGHR § 257 Abs. 2 StPO.

Die Bedeutung des Erklärungsrechts nach § 257 Abs. 2 StPO kann es aber auch gebieten, zu seiner Wahrnehmung die Verhandlung auszusetzen. Hierzu müssen aber konkrete Anhaltspunkte vorliegen, aus denen sich ergibt, dass der Erklärungsberechtigte – etwa aufgrund unvorhergesehener Umladung von Zeugen – nicht zu einer Stellungnahme in der Lage ist, sondern zuvor Erkundigungen anstellen muss.[359] 191

Insbesondere in umfangreicheren Verfahren sollte der Verteidiger beantragen, dass ihm die »Frist« zur Abgabe einer Erklärung »verlängert« bzw. nachgelassen wird und er so die Stellungnahme in der nächsten Hauptverhandlung (schriftlich) abgegeben kann. Es empfiehlt sich – v.a. im Hinblick auf die Revision – die Stellungnahme nach § 257 Abs. 2 StPO mit einem Beweisantrag zu kombinieren, um den Inhalt der Erklärung der Revision zugänglich zu machen.

Das Erklärungsrecht kann dazu dienen, die Sicht der Verteidigung vom Ergebnis der Beweisaufnahme zu dokumentieren. Es besteht jedoch kein Anspruch auf einen Hinweis des Gerichts bei abweichender Beweiswürdigung. So entschied der BGH mit Beschluss vom 03.09.1997, dass auch unter dem Gesichtspunkt fairer Verfahrensgestaltung in der Hauptverhandlung ein Zwischenverfahren, in dem sich das Gericht auf Inhalt und Ergebnis einzelner Beweiserhebungen erklären müsste, nicht vorgesehen ist. In dem zu entscheidenden Fall hatte die Verteidigung beantragt, dass das Gericht ihr einen Hinweis darauf erteilen solle, ob es die Aussage einer Zeugin anders verstanden habe, als sie die Verteidigung in ihrer Erklärung gem. § 257 Abs. 2 StPO gewürdigt hatte. 192

c) Rechtsbehelfe

Die Sachleitungsbefugnis nach § 238 Abs. 1 StPO ist die Grundlage für sämtliche Anordnungen des Vorsitzenden im Rahmen des § 257 StPO. 193

Gegen sie kann daher gem. § 238 Abs. 2 StPO die Entscheidung des Gerichts beantragt werden.

Der betreffende Prozessbeteiligte kann es beanstanden, dass ihm die Worterteilung versagt oder ihm das Wort wegen Überschreitung der dem Erklärungsrecht gezogenen Grenzen entzogen worden ist.

Die Revision kann gem. § 338 Nr. 8 StPO auf die Verletzung von § 257 StPO gestützt werden, wenn dieser Verstoß Einfluss auf die Verteidigung des Angeklagten und damit auch auf das Urteil gehabt haben kann. Bei der Revisionsbegründung sind die hierfür einschlägigen Tatsachen vorzutragen, z.B. fehlerhafter Gerichtsbeschluss nach Beanstandung eines Prozessbeteiligten[360] oder ermessensmissbräuchliche Nichtbefragung des Angeklagten nach Absatz 1.[361] Es ist jeweils abzuwägen, ob sich der Verstoß in erforderlichem Maße auf das Urteil ausgewirkt hat. Dies gilt selbst für die Fälle des fehlerhaften Gerichtsbeschlusses nach § 238 Abs. 2 StPO, denn es stehen dem Verteidiger andere Möglichkeiten offen, sich zu erklären, vor allem im Schlussvortrag. Gleichwohl müssen zumindest Ausnahmen denkbar sein, in denen die Verteidigung in einem wesentlichen Punkt beschränkt worden ist, z.B. bei Großverfahren, die sich über Wochen und Monate erstrecken.[362] 194

Eine Revision kann auf eine Verletzung von § 257 StPO nicht gestützt werden, sofern das rechtliche Gehör insgesamt gewährt wurde.[363]

---

359 *Odenthal* NStZ 1988, 540 f.
360 BGH StV 1984, 454 f.
361 OLG Bremen StV 1987, 429 f.
362 Weitergehend SK-StPO/*Velten* § 257 Rn. 12.
363 BGH MDR 1967, 175; a.A. *Hohmann* StraFo 1999, 153 (157).

195 Als Beispiel für eine Erklärung des Verteidigers stellen wir folgenden Text vor:

▶ Erklärung nach § 257 Abs. 2 StPO

In der Strafsache

gegen…

Az.: bekannt

wird zu der soeben erfolgten Identifizierung meines Mandanten als Täter der angeklagten Körperverletzung durch den Zeugen X, der auch Nebenkläger ist, im Rahmen einer Stellungnahme gem. § 257 Abs. 2 StPO das erkennende Gericht auf folgenden Umstand hingewiesen:

Den Rechtsanwälten der Nebenkläger ist von der Staatsanwaltschaft im Ermittlungsverfahren mit Datum vom… Akteneinsicht gewährt worden. Zu diesem Zeitpunkt enthielt die Akte bereits die Legenden zur Lichtbildanlagenkarte, die Lichtbildmappe selbst sowie das Anlageblatt zur Videogegenüberstellung (Verlesung wird insoweit beantragt). Diese Unterlagen sind den Nebenklägervertretern trotz der Vorschrift des § 406e Abs. 2 StPO mitüberlassen worden.

Die Legende zu der Lichtbildmappe wie auch die Anlagenkarte zu der Videogegenüberstellung bezeichnen jeweils namentlich, welche Person unter welcher laufenden Nr. abgebildet bzw. gefilmt ist.

Spätestens ab diesem Zeitpunkt ist jegliches Wiedererkennen eines Angeklagten durch einen Nebenkläger ohne jeden Beweiswert.

Rechtsanwalt/Rechtsanwältin

2. Beweisantragsrecht im weiten Sinne

196 Der Verteidiger hat die Möglichkeit, förmliche Beweisanträge, Beweisermittlungsanträge und Beweisanregungen in die Hauptverhandlung einzubringen.

Durch das Gesetz zur Modernisierung des Strafverfahrens vom 10.12.2019 hat das Beweisantragsrecht, geregelt in den §§ 219, 244, 245 StPO, wesentliche Änderungen erfahren. Der Gesetzgeber wollte durch die Änderung nicht nur systematisieren, sondern auch den Gerichten die Möglichkeit eröffnen, missbräuchlich gestellten Beweisanträgen unter erleichterten Voraussetzungen begegnen zu können. Nach der Gesetzesbegründung dient die Neuregelung der Verfahrensvereinfachung und Verfahrensbeschleunigung.[364]

Im Wesentlichen wurde im Rahmen der Gesetzesänderung eine Legaldefinition des Begriffs des Beweisantrags normiert, zudem die Ablehnungsgründe systematisiert und der Ablehnungsgrund der Prozessverschleppung aus den Gründen des § 244 Abs. 3 StPO ausgenommen.

a) Beweisanträge

197 Das Beweisantragsrecht dient aus Sicht des Angeklagten der Ergänzung der von Amts wegen zu erhebenden Beweise zu seinen Gunsten. Das Gericht hat zwar alles zur Aufklärung Notwendige zu ermitteln, durch die Beweisanträge nach § 244 StPO wird jedoch den Beteiligten ein Instrument an die Hand gegeben, mit dem das Gericht zu darüber hinaus gehender Beweiserhebung gezwungen werden kann, da einem Beweisantrag immer dann stattzugeben ist, wenn kein Ablehnungsgrund nach § 244 Abs. 3–5 StPO vorliegt. Dies ist umso wichtiger, wenn im Ermittlungsverfahren Ermittlungsansätze unberücksichtigt geblieben sind und so keinen Eingang in die dem Gericht vorliegenden Akten gefunden haben oder eigene Nachforschungen des Angeklagten oder des Verteidigers alternative Geschehensabläufe ergeben haben.

364 Vgl. BT-Drucks 19/14747 S. 33.

Beweisanträge können grundsätzlich bis zum Beginn der Urteilsverkündung gestellt werden, wenn von dem Gericht keine Frist zur Stellung von Beweisanträgen gesetzt worden ist, § 244 Abs. 6 S. 3 bis S. 5 StPO (vgl. dazu unten). 198

Es ist grundsätzlich nicht zulässig,[365] einen Verteidiger, der nach Urteilsberatung, aber vor der Urteilsverkündung einen Beweisantrag stellen will, an der Stellung des Antrages zu hindern. Entsprechendes gilt, wenn nach Unterbrechung einer Urteilsverkündung mit dieser erneut und vollständig von vorne begonnen wird, nachdem dem Vorsitzenden zuvor die Stellung eines Beweisantrages angekündigt worden war.[366] 199

aa) Förmlichkeit des Beweisantrags

Ein Beweisantrag ist nach der neu eingeführten Legaldefinition in § 244 Abs. 3 S. 1 StPO gestellt, wenn ein Verfahrensbeteiligter ernsthaft verlangt, dass zum Nachweis einer bestimmten Tatsache durch ein bestimmtes Beweismittel Beweis erhoben wird, die Beweisbehauptung die Rechts- oder Schuldfrage betrifft und dem Antrag zu entnehmen ist, weshalb das bezeichnete Beweismittel die behauptete Tatsache belegen können soll (Konnexität). 200

Die höchstrichterlich entwickelte Rechtsprechung ist dabei im Wesentlichen übernommen worden und behält somit weiterhin ihre Geltung.

Bei der Behauptung einer Tatsache muss der Antragsteller nicht von dieser Tatsache überzeugt sein. Er darf insoweit unter Beweis stellen, was er vermutet oder für möglich hält, braucht den Stand seines Wissens nicht zu offenbaren und braucht seine Erwartungshaltung nicht darzulegen.[367] Die Praxis wird zeigen, ob sich mit der Einführung des Wortes »ernsthaft« an den Anforderungen der Überzeugung bzw. dem Für-Möglich-Halten etwas ändern wird; der Wortlaut dürfte Gegenteiliges jedoch nicht decken. 201

Jedenfalls muss es sich immer um eine Behauptung einer bestimmten Tatsache, nicht nur um die Mitteilung der erwarteten Schlussfolgerung handeln.[368] Demnach darf der Verteidiger nicht aufs Geratewohl Behauptungen aufstellen, ohne dafür eine sachliche Grundlage zu haben.[369] Er muss daher alle sprachlichen Wendungen unterlassen, die Anlass geben könnten, an der Bestimmtheit zu zweifeln.

Insbesondere bei (unbeantworteten) Fragen des Gerichts zur Erkenntnisquelle der behaupteten Tatsache und der sich daraus ergebenden Folgen, besteht Uneinigkeit. Nach der neuen Gesetzeslage fällt zudem die Abgrenzung zwischen fehlender Ernsthaftigkeit und fehlender Konnexität, schwer.

Nach einer Auffassung, soll bei keiner oder keiner ausreichenden Antwort der Beweisantrag wie ein Beweisermittlungsantrag zu behandeln sein.[370] Nach anderer Auffassung ist die Verteidigung zur Offenlegung ihrer Kenntnisse nicht verpflichtet, sodass der Antrag als Beweisantrag zu behandeln ist.[371] In jedem Fall wird dies gelten, wenn der Angeklagte schweigt.[372]

Zudem ist die Verschwiegenheitspflicht des Verteidigers zu beachten, die im Rahmen des Mandatsverhältnisses einer Auskunft grundsätzlich entgegensteht. Auf seine strafbewährte Verschwiegenheitspflicht kann und muss der Verteidiger hinweisen. Eine danach aufrechterhaltene Aufforderung des Gerichts, die Erkenntnisquelle mitzuteilen, kann der Verteidiger mit der Bitte um Protokollierung der Aufforderung beantworten, wenn seine Erkenntnisse aus dem oder einem anderen Mandats-

365 Ausnahme: BGH NJW 2005, 2466.
366 BGH StraFo 2006, 498.
367 BGH NJW 1987, 2384 m.w.N.
368 Vgl. hierzu BGH 3 StR 365/11 = StV 2013, 481 f.
369 *Herdegen* StV 1990, 518 f.; BGH StV 1993, 3; 1997, 567; StraFo 2007, 509.
370 BGH StV 1985, 311; Meyer-Goßner/*Schmitt* § 244 Rn. 21g.
371 BGH NStZ 1987, 181; KK/*Krehl* § 244 Rn. 73.
372 *Michalke* StV 1989, 235.

verhältnis stammen.[373] Mit dem Mandanten sollte vorher besprochen werden, dass durch ihn keine Entbindung des Verteidigers von der Verschwiegenheitspflicht erfolgt.

Die Rechtsprechung hat jedoch unter dem Stichwort der Konnexität erhöhte Anforderungen an den Sachvortrag im Beweisantrag zur Verbindung von Beweisbehauptung und Beweismittel entwickelt,[374] die nunmehr in § 244 Abs. 3 S. 1 StPO übernommen worden sind. Demnach muss im Beweisantrag der erforderliche Zusammenhang zwischen der Beweistatsache und dem Beweismittel, d.h. warum das beantragte Beweismittel die Beweisbehauptung belegen können soll, dargelegt werden. Ausführungen des Antragstellers zur inhaltlichen Plausibilität der Beweisbehauptung können grundsätzlich nicht verlangt werden.[375] In jedem Fall geht es zu weit, wenn das Gericht Ausführungen zur Eignung des Beweisbegehrens für die weitere Sachaufklärung aufgrund einer entgegenstehenden bisherigen Beweisaufnahme verlangt.[376] Anderenfalls würde dadurch faktisch ein weiterer Ablehnungsgrund – Widerspruch zur bisherigen Beweisaufnahme – geschaffen werden, der dem Sinn und Zweck des Beweisantragsrechts vollkommen zuwiderlaufen würde.

Fehlt es an den Voraussetzungen des § 244 Abs. 3 S. 1 StPO, so ist der Antrag nicht als Beweisantrag, sondern ggf. als Beweisermittlungsantrag zu behandeln, der sich am Maßstab der Aufklärungspflicht des Gerichts zu messen hat[377].

202 Bei den Beweistatsachen handelt es sich um wahrnehmbare mitteilbare und vermittelbare Fakten. Umschreibende Themen, die eine Tatsachen- und Wahrnehmungsgrundlage vermissen lassen, wie z.B. »angeheitert«, »verhaltensgestört«, »rowdyhaftes Benehmen«, ergeben keinen Beweisantrag, da es sich nicht um Tatsachen handelt, sondern um Wertungen aus Umständen und Handlungen. Bei Wertungen und Meinungen müssen die Anknüpfungstatsachen genannt werden, aus denen sich die Bewertung ergibt.[378] Bewertungen festgestellter Beweistatsachen können nicht Gegenstand eines Beweisantrags sein.[379]

Ein Antrag auf Vernehmung von Profilern, die aufgrund einer Tatrekonstruktion eine Fallanalyse erstellt haben, stellt keinen Beweisantrag dar, da die Beamten nicht selbst Wahrnehmungen zum Tatgeschehen getroffen, auch nicht selbst Tatspuren oder sonstige Beweise gesichert, sondern für Zwecke des Ermittlungsverfahrens eine Bewertung der – anderweitig gewonnenen – Beweistatsachen im Zusammenhang mit einer Tatrekonstruktion vorgenommen haben. Derartige Bewertungen vorzunehmen obliegt im Hauptverfahren dem Tatgericht. Sie können grundsätzlich nicht Gegenstand eines Beweisantrages sein.[380]

Ein unklarer Beweisantrag ist vom Gericht durch Hinterfragen zu konkretisieren.[381] Bei alternativer Würdigung ist derjenigen der Vorzug zu geben, der zur Beweiserhebung führt.

203 Der Beweisantrag kann auch unter einer Bedingung gestellt werden, jedoch nur, wenn die Bedingung ein innerprozessualer Vorgang ist, etwa wenn das Gericht zu einer bestimmten Auffassung gelangt oder einen bestimmten Zeugen für glaubwürdig oder unglaubwürdig hält.[382].

373 Das Gericht wird den Hinweis verstehen, dass der Verteidiger die Aufforderung für rechtswidrig (wenn nicht sogar strafbar) erachtet und dies dokumentiert haben möchte.

374 BGHSt 52, 284; vgl. hierzu *Trüg* StraFo 2010, 139 ff. m.w.N.; BGH NStZ 2014, 351; *Rose* NStZ 2014, 128 ff.

375 BGH 4 Str 375/09; BGH StraFo 2013, 117 (118), Meyer-Goßner/*Schmitt* § 244, Rn. 21 c.

376 Meyer-Goßner/*Schmitt* § 244, Rn. 21 c; BGH, Beschl. v. 01.09.2021 – 5 StR 188/21.

377 BGH Beschl. v. 10.03.2020 – 4 StR 640/19.

378 KK/*Krehl* § 244 Rn. 74.

379 BGH NStZ 2006, 712.

380 BGH StV 2007, 17.

381 BGH StV 1997, 77 m.w.N.

382 KK/*Krehl* § 244 Rn. 91.

Davon zu unterscheiden sind der Hilfsbeweisantrag und der Eventualbeweisantrag. Der Hilfsbeweisantrag betrifft zusammen mit einem Hauptantrag den Urteilstenor bezüglich Freispruch, Verurteilung oder Inhalt des Schuldspruchs, der Eventualbeweisantrag hingegen bezieht sich auf ein Begründungselement des Urteils, z.B. der Annahme eines Schockzustands, dabei handelt es sich um eine Kombination von bedingtem Beweisantrag und Hilfsbeweisantrag, nämlich um einen bedingten Beweisantrag, der im Schlussvortrag als Hilfsantrag gestellt wird.[383]

Hilfsbeweisanträgen ist der Verzicht auf eine Entscheidung vor der Urteilsverkündung immanent. 204
Der nicht zur Beweiserhebung führende Hilfsantrag braucht erst in den Urteilsgründen beschieden zu werden.

Gleiches gilt für den Eventualbeweisantrag. 205

Beweisanträge können dadurch gemeinschaftlich gestellt werden, dass sich andere Verfahrensbeteiligte einem solchen Antrag anschließen.

Wir stellen hierzu folgendes Formular vor: 206

▶ Beweisantrag

In der Strafsache

gegen

Az.:

wird beantragt,

Herrn Prof. Dr. W., X-Hospital, ladungsfähige Anschrift bekannt

als sachverständigen Zeugen zu vernehmen zum Beweis der Tatsachen, dass

a) der Zeuge Frau H für die Dauer von 9 Wochen stationär im X-Hospital behandelt hat und zum Zeitpunkt der Behandlung von Frau H im X-Hospital keinerlei Anhaltspunkte für eine bestehende oder latente Psychose vorlagen;
b) Frau H. auf das Psychosemedikament Zyprexa nicht reagierte, obwohl bei einer vorhandenen oder latenten Psychose zumindest eine Besserung des Zustandes bei dieser Medikation hätte eintreten müssen;
c) nach der Diagnostik des Zeugen Frau H an einer Depression und an Angstzuständen litt;
d) dem Zeugen bekannte Gedanken der Frau H. über Suizid und erweiterten Suizid von ihm als Zwangsgedanken, nicht jedoch als Anzeichen einer Psychose gewertet wurden;
e) der Zeuge aufgrund einer 9 Wochen dauernden Diagnostik und Beobachtung der Zeugin H eine Realisierung der Zwangsgedanken für äußerst unwahrscheinlich hielt.

Begründung:

Dem Angeklagten wird vorgeworfen, er hätte als Mitarbeiter des Jugendamtes Z verhindern müssen, dass Frau H. im Zustand der Schuldunfähigkeit ihre Tochter tötete.

Der sachverständige Zeuge Prof. Dr. W. ist der zuletzt behandelnde Psychiater von Frau H. vor der Tat.

Der Zeuge verfügt über eigene Wahrnehmungen über den psychischen Zustand von Frau H. vor der Tat, da er diese am.... untersucht und mit ihr gesprochen hat.

Dies unterscheidet ihn von dem Sachverständigen D., der als Psychiater nach der Tat erstmalig am ... mit Frau H. Kontakt hatte und diese zum Zwecke der Klärung etwaiger Einschränkungen ihrer Schuldfähigkeit exploriert hat.

Der Sachverständige D. erklärte auf Befragen der Verteidigung, dass er über den Zeitraum vom ... bis ... unmittelbar vor und nach der Tat kaum Erkenntnisse habe. Er verlasse sich für diese Zeit auf das, was Frau H. ihm gesagt habe. Nur wenn dies stimme, sei seine Diagnose richtig.

383 *Meyer-Goßner/Schmitt* § 244 Rn. 22b.

Im Hinblick darauf, dass der Sachverständige D. lediglich Schlussfolgerungen aus dem Akteninhalt und aus Angaben einer angeblich schuldunfähigen Zeugin, Frau H, ziehen kann, nicht jedoch über eigene Wahrnehmung zum Zustand der Patientin vor der Tat verfügt, ist eine Vernehmung des zuletzt Behandelnden unerlässlich.

Ferner wird die Frage, ob Frau H. in der Klinik in der Lage war, über längere Phasen klar und eindeutig ohne Krankheitssymptome ihrem Behandelnden gegenüber zu treten, von großer Bedeutung sein. Wenn nämlich der Zustand von Frau H. für die sie behandelnden Fachleute nicht gefährlich war und diese keine Gefährdung des Kindes durch die Mutter erkennen konnten, so konnte dies der Angeklagte als medizinischer Laie auch nicht.

– Rechtsanwalt/Rechtsanwältin –

bb) Entscheidung über den Beweisantrag

207 Die stattgebende Entscheidung über den Beweisantrag trifft der Vorsitzende. Diese Anordnung bedarf keiner Begründung. Eine Ablehnung eines Beweisantrages erfordert einen Beschluss. Der Vorsitzende muss das Kollegium entscheiden lassen, wenn er ein als Beweisantrag gedachtes Beweisvorbringen mangels Substantiierung der Beweisbehauptung nicht als Beweisantrag gelten lassen will. Das Gericht hat zu entscheiden, wenn die Anordnung des Vorsitzenden beanstandet wird. Diese Entscheidung nach § 238 Abs. 2 StPO ist zu begründen.

208 Durch die Anordnung der Beweisaufnahme ist der Beweiserhebungsanspruch des Antragstellers anerkannt worden. Sie darf nur durch förmlichen Beschluss aufgehoben werden, da die Aufhebung einer Ablehnung des Antrags entspricht, daher muss der aufhebende Beschluss auf die gesetzlich normierten Ablehnungsgründe gestützt werden.

Auf das stillschweigende Absehen von einer angeordneten Beweisaufnahme kann eine Revisionsrüge nicht gestützt werden, wenn die Verteidigung nicht im Unklaren hierüber war und es auch widerspruchslos hinnahm.

209 Bezweckt ein Beweisantrag auf Gegenüberstellung die Änderung des bisherigen Aussageverhaltens des Zeugen oder ein Antrag auf Vernehmung einer jugendlichen Zeugin die Änderung oder Ergänzung der bisherigen Angaben in Videovernehmungen, so handelt es sich nur um einen nach § 244 Abs. 3 S. 1 StPO zu bescheidenden Beweisantrag, wenn bestimmte Beweistatsachen angegeben werden, die im Verhältnis zum bereits abgeschlossenen Beweisthema **neu** sind[384].

Ist der Zeuge entlassen, so ist der Beweiserhebungsanspruch erledigt; eine Wiederholung liegt im Ermessen des Gerichts, das sich am Wahrheitsermittlungsgrundsatz orientieren muss. Auf Wiederholung zielt z.B. eine Beweisbehauptung, welche die Aussage eines bereits vernommenen Zeugen ins Gegenteil verkehren soll.

Um die Stellung eines ggf. schwer zu begründenden Beweisantrags auf erneute Einvernahme des Zeugen zu vermeiden, kann der Verteidiger der Entlassung des Zeugen widersprechen, wenn sich bspw. eine erneute Einvernahme aus der noch durchzuführenden Beweisaufnahme abzeichnet.

210 Jegliche Ablehnung von Beweisanträgen muss durch Gerichtsbeschluss gem. § 244 Abs. 6 S. 1 StPO, der mit Gründen bekanntzumachen (§§ 34, 35 Abs. 1 StPO) und mit den Gründen in das Hauptverhandlungsprotokoll aufzunehmen ist, erfolgen. Ist der Beschluss gesondert gefasst worden, so ist das zu protokollieren und der Beschluss beizulegen. Der Beschluss soll den Antragsteller über die Ansicht des Gerichts informieren und ihm Gelegenheit geben, sich damit auseinander zu setzen; gleichzeitig soll einer unzulässigen Beweisantizipation vorgebeugt werden und dem Revisionsgericht die Überprüfung ermöglicht werden. Daher muss die Begründung vollständig und verständlich sein.

384 BGH, Beschl. v. 01.06.2015 – 4 StR 21/15.

Nicht ausreichend ist eine über den Gesetzeswortlaut nicht hinausgehende Begründung, eine Nachbesserung in den Urteilsgründen reicht nicht aus.[385]

Der Beweisantragsteller muss sich (ebenso wie die anderen Verfahrensbeteiligten) für das weitere Prozessverhalten grundsätzlich auf die im Ablehnungsbeschluss mitgeteilten Ablehnungsgründe verlassen können. Sie dürfen daher in den Urteilsgründen im Allgemeinen nicht mit einer ergänzten oder völlig neuen Begründung der Ablehnung des Beweisantrages überrascht werden.[386] Auch muss eine Widerspruchsfreiheit zwischen den Ablehnungsgründen und den späteren Urteilsgründen bestehen.[387]

Eine Prüfung und eventuelle Änderung der Ablehnungsgründe ist in der weiteren Hauptverhandlung und noch in der Urteilsberatung jedoch dann möglich, wenn das Gericht einen Hinweis an die Verfahrensbeteiligten erteilt hat und ggf. erneut in eine bereits geschlossene Beweisaufnahme eintritt.

Dementsprechend sollte sich die Verteidigung in der Hauptverhandlung eine Kopie der zu Protokoll gereichten Begründung der Ablehnung aushändigen lassen (§ 35 Abs. 1 S. 2 StPO), um spätere Änderungen unmöglich zu machen. Schließlich darf ein Beweisantrag, der nicht Hilfsbeweisantrag ist, nicht erst im Urteil beschieden werden.

Nennt der Tatrichter zahlreiche Ablehnungsgründe, ohne diese ausreichend darzulegen, um sich die Prüfung eines Beweisantrages zu ersparen, in der Hoffnung das Revisionsgericht werde sich den passenden Grund schon heraussuchen, so ist auch diese Vorgehensweise angreifbar.[388]

Eine rein formelhafte Begründung schadet jedoch dann nicht, wenn der Antragsteller ihr ohne Wei- 211
teres die tragende Erwägung des Gerichts entnehmen konnte. Bei mehreren Beweismitteln muss für jedes einzeln entschieden werden. Wenn das Beweisthema in der Begründung verfehlt wird, so ist der Beschluss rechtsfehlerhaft.[389]

Hat das Gericht in seinem Ablehnungsbeschluss die Zielrichtung des Beweisantrags verkannt bzw. missverstanden, so sollte der Verteidiger im Hinblick auf die Revision auf den Beschluss eine Gegenvorstellung erheben.

Der Antragsteller hat keinen Anspruch auf eine sofortige oder alsbaldige Entscheidung.[390] Das Gericht ist grundsätzlich berechtigt, die Entscheidung über Beweisanträge aus prozessökonomischen Gründen zurückzustellen, insbesondere um unnötige Unterbrechungen der Hauptverhandlung zu vermeiden oder um durch die weitere Beweisaufnahme eine zuverlässigere Entscheidungsgrundlage zu gewinnen.[391] Unzulässig ist dagegen, die Entscheidung bewusst hinauszuschieben, um den Antragsteller bis zum Schluss der Beweisaufnahme im Unklaren zu lassen bzw. die Verteidigung hierdurch zu vereiteln oder erheblich zu erschweren.[392] Die Entscheidung ist jedenfalls so rechtzeitig zu verkünden, dass dem Antragsteller eine ausreichende Reaktionsmöglichkeit verbleibt, um Mängel des Antrags zu beseitigen, die Ablehnungsentscheidung zu widerlegen oder weitere (neue) Beweisanträge zu stellen.[393] Gegebenenfalls muss dem Antragsteller durch Unterbrechung der Hauptverhandlung eine genügende Vorbereitungszeit gewährt werden.[394]

---

385 BGH StraFo 2003, 200.

386 BGH StV 2007, 174.

387 So BHG NStZ 2014, 282 für den Ablehnungsgrund der tatsächlichen Bedeutungslosigkeit; BGH 19, 24, 26.

388 BGH StraFo 2003, 95.

389 BGH StV 1989, 140; 1990, 500; 1987, 236 f.

390 LR/*Becker* § 244 Rn. 133 m.w.N.

391 Vgl. LR/*Becker* § 244 Rn. 133; Meyer-Goßner/*Schmitt* § 244 Rn. 44.

392 Vgl. *Hanack* JZ 1970, 561; *Dahs* StraFo 1998, 254; SK/*Frister* § 244 Rn. 72; MK/*Trüg/Habetha* § 244 Rn. 182.

393 MK/*Trüg/Habetha* § 244, Rn. 182; LR/Becker § 244 Rn. 133.

394 LR/*Becker* § 244 Rn. 133.

212 Der Vorsitzende kann gem. § 244 Abs. 6 S. 3 StPO nach Abschluss der von Amts wegen vorgesehenen Beweisaufnahme eine angemessene Frist zur Stellung von Beweisanträgen setzen, mit der Folge, dass nach Fristablauf gestellte Anträge im Urteil verbeschieden werden können.

Nachdem die Möglichkeit zur Fristsetzung von der höchstrichterlichen Rechtsprechung entwickelt worden und vom Bundesverfassungsgericht unbeanstandet geblieben ist[395], ist diese durch Gesetz vom 17.8.2017 mit der Begründung eingeführt worden, die Fristsetzung diene der Verfahrensbeschleunigung und der Bekämpfung des Missbrauchs des Beweisantragsrechts (vgl. BT-Drucks 18/11277 S. 32.).

Der Anwendungsbereich des § 244 Abs. 6 S. 3 StPO dürfte sich jedoch durch die neu eingeführte Möglichkeit, bei Verschleppungsabsicht das Vorliegen eines Beweisantrages zu verneinen, § 244 Abs. 6 S. 2 StPO n.F., erheblich eingeschränkt haben. Daher sollen die Voraussetzungen des § 244 Abs. 6 S. 3 bis S. 5 im Folgenden nur in den Grundzügen behandelt werden.

Der Abschluss der von Amts wegen vorgesehenen Beweisaufnahme ergibt sich in der Regel aus der Ladungsliste bzw. dem Beweisprogramm des Gerichts. Abgeschlossen ist die Beweisaufnahme erst dann, wenn alle vom Gericht geladenen Sachverständigen gehört worden sind[396].

Die Angemessenheit der Frist hängt vom Einzelfall, d.h. der Schwere der strafrechtlichen Vorwürfe, dem Umfang des Verfahrens, der Komplexität und der bis dahin durchgeführten Beweisaufnahme ab. Regelmäßig wird eine Frist von drei Wochen oder einem Monat angemessen sein[397].

Ausnahmsweise kann die Stellung von Beweisanträgen auch nach Ablauf der Frist gestellt werden, mit der Folge, dass sie verbeschieden werden müssen, wenn die Stellung des Antrags innerhalb der Frist nicht möglich gewesen ist. Gründe können bspw. sein, dass der Verteidiger erst jetzt von der Beweistatsache oder dem Beweismittel erfahren hat (das Wissen des Angeklagten wird dem Verteidiger nicht ohne weiteres zugerechnet) oder dass der Verteidiger erst jetzt eine ladungsfähige Anschrift des Zeugen ermitteln konnte. Die Umstände, weshalb die Frist nicht eingehalten werden konnte, sind im Beweisantrag durch anwaltliche Versicherungen, Urkunden, eidesstattliche Versicherungen o.ä. glaubhaft zu machen, § 244 Abs. 6 S. 5 StPO.

Wird ein Antrag nicht innerhalb der Frist gestellt oder war die Verfristung nicht glaubhaft dargetan worden, so kann der Beweisantrag im Urteil verbeschieden werden. Die Ablehnung des Antrags kann jedoch nicht allein auf die Verfristung gestützt werden[398].

Die Entscheidung eine Frist zu setzen bzw. die Angemessenheit der Frist zu bestimmen, obliegt dem Vorsitzenden, § 238 Abs. 1 StPO. War die Fristsetzung unzulässig oder die Frist nicht angemessen und hat das Gericht den Beweisantrag dennoch erst im Urteil verbeschieden, so kann die Revision darauf gestützt werden. Daher ist es umso wichtiger, dass der Verteidiger gegen die Verfügung des Vorsitzenden, mit der die Frist bestimmt worden ist, einen Beschluss nach § 238 Abs. 2 StPO beantragt!

cc) Ablehnungsgründe

213 Die Ablehnungsgründe sind durch die Gesetzesänderung in § 244 Abs. 3 S. 2 und S. 3 StPO neu systematisiert worden. Eine inhaltliche Änderung ist jedoch nicht erfolgt. Die bisherige Rechtsprechung zu den Ablehnungsgründen behält weiterhin uneingeschränkt Geltung.

§ 244 Abs. 3 S. 3 Nr. 1 bis Nr. 6 StPO n.F. enthält die Gründe, aus denen ein Beweisantrag abgelehnt werden darf. § 244 Abs. 4 StPO ergänzt diese Gründe für den Beweisantrag auf Vernehmung eines Sachverständigen. § 244 Abs. 5 S. 1 StPO unterstellt den Augenscheinsbeweis den allgemeinen Anforderungen aus § 244 Abs. 2 StPO und klammert dieses Beweismittel ebenso wie den Beweis

395 BVerfG StV 2010, 316 ff.
396 Meyer-Goßner/Schmitt, 63. Aufl., § 244, Rn. 95.
397 Meyer-Goßner/Schmitt § 244, Rn. 95 c.
398 Meyer-Goßner/*Schmitt* § 244, Rn. 96.

eines im Ausland zu ladenden Zeugen nach § 244 Abs. 5 S. 2 StPO aus den Voraussetzungen des § 244 Abs. 3 S. 3 StPO aus.

Grundsätzlich ist im Beweisantragsrecht eine antizipierende Wertung ausgeschlossen. Unter Beweisantizipation versteht man die Vorwegnahme des Ergebnisses einer beantragten Beweisaufnahme. Da jedes Beweismittel gleichwertig sein muss und auch immer die Möglichkeit bestehen muss, eine beweisbedürftige Tatsache oder Behauptung auch durch den Beweis des Gegenteils zu widerlegen oder zu entkräften, darf eine vorweggenommene Wertung nicht erfolgen. Dies ist vor allem für den Zeugenbeweis von Bedeutung und widerspricht einer Höherbewertung z.B. des Sachverständigengutachtens gegenüber dem Zeugenbeweis.[399] 214

Einzige Ausnahme hiervon ist die Möglichkeit, eine Beweiserhebung abzulehnen, wenn das Gegenteil der Beweisbehauptung bereits erwiesen ist. 215

dd) Die Ablehnungsgründe im Einzelnen

Die **Unzulässigkeit der Beweiserhebung** nach § 244 Abs. 3 S. 2 StPO zwingt zur Ablehnung des Beweisantrags, die anderen Ablehnungsgründe aus § 244 Abs. 3 S. 3 und Abs. 4 StPO ermächtigen dazu. 216

Ein Beweisantrag kann nicht wegen Wiederholung einer bereits durchgeführten Beweisaufnahme als unzulässig zurückgewiesen werden, wenn es an einer Identität der verwendeten bzw. zu verwendenden Beweismittel mangelt.[400]

Grundsätzlich führt die unzulässige Beweiserhebung zur (Teil-) Aufhebung des Urteils, wenn sie formgerecht gerügt wird, dem Beweiserhebungsverbot ein Beweisverwertungsverbot entspricht und das Urteil hierauf beruht.

Der zwingende Ablehnungsgrund betrifft nur Anträge auf unzulässige Beweiserhebungen[401].

Die Ablehnung wegen Unzulässigkeit nach § 244 Abs. 3 S. 2 StPO kommt hauptsächlich dann in Betracht, wenn ein Beweisthema- oder ein Beweismittelverbot besteht. 217

Das Beweisthema unterliegt einem Beweisverwertungsverbot z.B. in den Fällen, in denen in einem anhängigen Verfahren eine Bindungswirkung eingetreten ist oder wenn die Beweistatsache wegen Geheimhaltungsbedürftigkeit nicht aufgeklärt werden darf. Die Beweiserhebung ist zudem unzulässig, wenn der Beweis durch verbotene Methoden (§§ 136a, 69 Abs. 3 StPO), durch Unterlassen der gesetzlich vorgeschriebenen Belehrung (§§ 52 Abs. 3 S. 1, 81c Abs. 3 S. 2 Hs. 2 StPO) oder durch andere Verstöße gegen gesetzliche Vorschriften erlangt worden ist. 218

Bei der **Überflüssigkeit wegen Offenkundigkeit** wird zwischen Allgemeinkundigkeit und Gerichtskundigkeit unterschieden. 219

Allgemeinkundig sind Tatsachen und Erfahrungssätze, von denen erfahrene und verständige Personen regelmäßig ohne besondere Fachkenntnis auch durch allgemein zugängliche Quellen Kenntnis haben oder unschwer erlangen können. Solche Quellen sind alle Medienarten, Naturvorgänge, Geschichtsbücher, Landkarten u.Ä.

Die Merkmale des gesetzlichen Tatbestands und anderer unmittelbar beweiserheblicher Tatsachen sind niemals allgemeinkundig.

399 BGH NJW 1988, 1859 f.; BGH NStZ 1983, 277; 1984, 42 f.; 1989, 334 f.; BGH StV 1984, 450; 1986, 418 f.

400 BGH StV 2007, 172.

401 Meyer-Goßner/*Schmitt* § 244, Rn. 49.

220 Gerichtskundig sind solche Tatsachen, die das Gericht oder nur ein Richter durch seine amtl. Tätigkeit zuverlässig in Erfahrung gebracht hat[402], gleichgültig ob die Kenntnisse aus diesem oder einem anderen Verfahren stammen, sogar die Feststellungen anderer Richter von denen das Gericht dienstlich erfahren hat, und beziehen sich auf mittelbar beweiserhebliche Tatsachen, wie z.B. Hintergrundmaterial. Diese Tatsachen müssen in der Hauptverhandlung zur Sprache gebracht und damit Gegenstand der Verhandlung geworden sein. Auch hier gilt die obige Einschränkung, dass Tatsachen, die unmittelbar das Vorliegen oder Nichtvorliegen von äußeren oder inneren Tatbestandsmerkmalen ergeben oder in Hauptverhandlungsunterbrechungen erworben sind, nicht gerichtskundig sein können.

221 Eine Beweisbehauptung, die nicht geeignet ist, die Entscheidung zu beeinflussen oder die in keinem Zusammenhang mit der abzuurteilenden Tat steht, ist **bedeutungslos**.

Die Bedeutungslosigkeit kann in rechtlicher und tatsächlicher Hinsicht gegeben sein. Wenn eine Verurteilung schon aus anderen Gründen z.B. wegen Vorliegens von Prozesshindernissen, Strafausschließungs- oder Strafaufhebungsgründen nicht möglich ist, so handelt es sich um einen Fall rechtlicher Bedeutungslosigkeit. Aus tatsächlichen Gründen bedeutungslos sind Indizientatsachen, wenn keinerlei Sachzusammenhang besteht, oder sie selbst für den Fall des Erwiesenseins keinerlei Entscheidungseinfluss haben. Wird ein Beweisantrag wegen Bedeutungslosigkeit abgelehnt, muss in dem Beschluss im Einzelnen dargelegt werden, dass und warum die behaupteten Tatsachen, selbst wenn sie sich durch die Beweiserhebung bestätigen würden, nicht geeignet wären, die Entscheidung des Gerichts zu beeinflussen.[403] Auch hier darf keine Beweisantizipation erfolgen. Stellt das Gericht letztlich gar nicht auf die Bedeutungslosigkeit der behaupteten Beweistatsache ab, sondern hat es jenseits davon eine tatsächliche Beeinflussung des Beweisergebnisses durch die beantragte Beweiserhebung ausschließen wollen, liegt darin in der Sache eine unzulässige Beweisantizipation.[404] Das Gericht darf sich im Urteil nicht in Widerspruch zu seiner Ablehnungsbegründung setzen.

222 Ist das Gericht von dem **Erwiesensein der Beweistatsache** überzeugt, braucht es hierzu keinen Beweis zu erheben, darf sich dann aber auch nicht im Urteil hierzu in Widerspruch setzen.

223 Der Richter kann einen Beweisantrag wegen völliger **Ungeeignetheit** ablehnen, wenn er ohne Rücksicht auf das bisherige Beweisergebnis im Freibeweis feststellen kann, dass sich mit dem angebotenen Beweismittel das behauptete Ergebnis nach sicherer Lebenserfahrung nicht erzielen lässt.[405] Es muss sich um ein Beweismittel handeln, dessen Inanspruchnahme von vornherein gänzlich aussichtslos wäre, sodass sich die Erhebung des Beweises in einer reinen Förmlichkeit erschöpfen müsste.[406] Dass ein psychiatrischer Sachverständiger wenige oder nur solche Anknüpfungstatsachen vorfindet, welche die Beweisbehauptung nicht stützen, macht ihn nicht zu einem völlig ungeeigneten Beweismittel.[407]

Zu achten ist darauf, dass ein geminderter, geringerer oder zweifelhafter Beweiswert – relative Ungeeignetheit – nicht mit der völligen Ungeeignetheit gleichgesetzt wird.[408]

224 **Unerreichbarkeit** liegt vor, wenn alle seinem Wert und seiner Bedeutung entsprechenden Bemühungen des Gerichts, das Beweismittel beizubringen, erfolglos bleiben und auch für absehbare Zeit keinen Erfolg versprechen.[409] Jede nur vorübergehende Unerreichbarkeit reicht nicht zur Ablehnung des Beweisantrags.

402 BGH NStZ-RR 2007, 116.
403 OLG Stuttgart StV 1999, 88, BGH StraFo 2008, 162; BGH StV 2005, 114; BGH NStZ 2014, 110; BGH NStZ 2014, 2011; BGH NStZ 2014, 168.
404 BGH StV 2008, 122; OLG Hamburg StV 2010, 122.
405 BGH StV 1990, 98 f. m.w.N.
406 BGH StV 1997, 338; BGH StraFo 2007, 293; BGH StV 2013, 70.
407 BGH StV 2007, 513.
408 BGH StV 1993, 508 f.
409 BGH NJW 1990, 398; NStZ 1987, 218; StV 1986, 418 f.

Die Aufklärungspflicht gebietet nach wiederholten, vergeblichen Versuchen keine weiteren aufwendigen Ermittlungsmaßnahmen und auch keine Unterbrechung der Hauptverhandlung um eines nur möglicherweise erreichbaren Zeugen habhaft zu werden.[410]

Nur ausnahmsweise kann das Gericht diese Bemühungen als von vornherein aussichtslos unterlassen.[411]

Nicht unerreichbar ist z.B. ein unbekannt verzogener Zeuge, auch nicht der Umstand, dass er von Polizeibeamten nicht angetroffen wurde oder dass ein Zeuge auf eine Ladung nicht erschienen ist oder am Terminstag nicht verfügbar ist, wenn er in absehbarer Zeit vernommen werden kann.

Rechtliche Hinderungsgründe wie das Zeugnisverweigerungsrecht oder die Nichterteilung der Aussagegenehmigung machen das Beweismittel nicht unerreichbar.

Hingewiesen wird zu einem Beweisantrag auf Einvernahme eines **Auslandszeugen** gem. § 244 Abs.5 S. 2 StPO auf BGH Beschl. vom 16.02.2022 – 4 StR 392/20, BGH Urteil vom 23.11.2022 – 2 StR 142/21 (beachte, dass das Verbot der Beweisantizipation nicht gilt).

Der frühere Ablehnungsgrund der Prozessverschleppungsabsicht ist nunmehr in § 244 Abs. 6 S. 2 **225**
StPO neu geregelt worden. Danach ist ein Beweisantrag, mit dem Ziel der Prozessverschleppung, nicht mehr als Beweisantrag i.S.d. § 244 Abs. 3 S. 1 StPO zu behandeln, mit der Folge, dass er auch nicht mehr förmlich zu bescheiden ist.

Hinsichtlich der Voraussetzungen für die Annahme der Verschleppungsabsicht kann auf die bisherige Rechtsprechung zurückgegriffen werden. Eine Verschleppungsabsicht liegt vor, wenn die beantragte Beweiserhebung nach Überzeugung des Gerichts, nichts Sachdienliches zugunsten des Angeklagten zu erbringen vermag (objektive Hinsicht) und der Beweisantrag ausschließlich zum Zweck der Verfahrensverzögerung gestellt wird (subjektive Hinsicht).[412]

Eine Ablehnung wegen Verschleppungsabsicht setzt nicht voraus, dass eine wesentliche Verfahrensverzögerung eintritt.[413] Die diesbezüglich in der Rechtsprechung entwickelten Grundsätze, dass die Beweiserhebung auch tatsächlich geeignet ist das Verfahren wesentlich oder erheblich zu verzögern, sind vom Gesetzgeber im Zuge der Neuregelung in § 244 Abs. 6 S. 2 StPO nicht übernommen worden. Das hat zur Folge, dass es für die Frage der Verschleppungsabsicht in objektiver Hinsicht allein entscheidend ist, ob durch den Beweisantrag ein (weiterer) Erkenntnisgewinn zu erwarten ist.

Der Gesetzgeber begründet dies damit, dass der Verschleppungsabsicht anderenfalls in der Praxis lediglich eine geringe Bedeutung zukommen würde, da das Erfordernis der erheblichen Verfahrensverzögerung unklar sei und von Gerichten häufig nicht angenommen werden könne, obwohl die übrigen Voraussetzungen vorliegen würden.[414]

Der Verzicht auf das Erfordernis einer objektiven Verzögerung des Verfahrens ist im Hinblick auf das Beweisantragsrecht des Angeklagten, bedenklich. Insbesondere macht die Gesetzesbegründung den Anschein, als wäre dem Gesetzgeber die massive Beschränkung nicht bewusst gewesen, da eine Abwägung zwischen der verfahrensverzögernden Absicht und deren Voraussetzungen mit einer effektiven Verteidigung und der Balance zwischen den Rechten der Verfahrensbeteiligten nicht stattgefunden hat. Die (vermeintliche) Beschleunigung und Vereinfachung des Verfahrens haben den Vorzug vor der objektiven Wahrheitsermittlung erhalten.

410 BGH NStZ 2005, 44.
411 BGH GA 1987, 218 f.
412 BGH 3 StR 49/11.
413 BGH 1 StR 32/07, S. 14; vgl. auch BGH 3 StR 149/07.
414 Vgl. BT-Drucks 19/14747 S. 35.

Der Wortlaut des § 244 Abs. 6 S. 2 HS. 2 stellt klar, dass Verschleppungsabsicht auch vorliegt, wenn der Antragsteller neben der Verschleppung des Verfahrens auch weitere verfahrensfremde/rechtsmissbräuchliche Ziele verfolgt (z.B. Bloßstellen von Zeugen).

Die Annahme einer Verschleppungsabsicht scheidet jedoch aus, wenn der Antragsteller zumindest auch eine weitergehende Sachaufklärung bezwecken will[415].

Ein »signifikantes Indiz« für die Verschleppungsabsicht können Beweisanträge sein, die nach einer gesetzten Frist gestellt werden und der Antragsteller die Gründe für die verspätete Stellung nicht plausibel gemacht hat[416].

Um sich dem Verdacht der Prozessverschleppung nicht aussetzen zu müssen, sollte bereits in der Begründung eines Beweisantrags, der nach Durchführung eines »beträchtlichen Teils der Hauptverhandlung« gestellt wird, durch entsprechende Ausführungen entgegenwirkt werden (v.a. im Hinblick auf die Sachdienlichkeit und dem Bewusstsein der Verschleppung). Das Indiz für die Verschleppungsabsicht ist dem Gegenbeweis, der Gegenargumentation zugänglich.

Ein Antrag, mit dem Ziel der Prozessverschleppung ist nach der gesetzgeberischen Konzeption nicht mehr als Beweisantrag zu behandeln und somit auch nicht förmlich zu bescheiden. Das Beweisbegehren unterliegt allein der Sachleitungsbefugnis des Vorsitzenden nach § 238 Abs. 1 StPO. Der Verteidiger soll daher immer einen Gerichtsbeschluss nach § 238 Abs. 2 StPO herbeiführen. Die »künstliche« Deklassierung des Antrags mit Verschleppungsabsicht und dem Versagen der Eigenschaft als Beweisantrag – obwohl die Voraussetzungen des § 244 Abs. 3 S. 1 StPO ja formal vorliegen – macht es aus revisionsrechtlichen Gesichtspunkten erforderlich, dass in dem Gerichtsbeschluss nach § 238 Abs. 2 StPO ausreichend dargetan wird, wegen welcher Gründen das Gericht von einer Verschleppungsabsicht ausgeht. Anderenfalls kann nicht sichergestellt werden, dass das Revisionsgericht die Entscheidung des Tatrichters auch überprüfen kann.

Der Verteidiger muss ggf. auf den Gerichtsbeschluss eine Gegenvorstellung erheben, in der ausgeführt wird, weshalb von einer Verschleppungsabsicht in objektiver oder subjektiver Hinsicht nicht ausgegangen werden kann.

226 Bei der **Wahrunterstellung** kommen nur entlastende Tatsachen in Betracht, daher muss auch der Antrag so gestellt sein. Anträge zuungunsten des Angeklagten dürfen daher nicht als wahr unterstellt werden. Bezugspunkt ist die Beweistatsache selbst, nicht das Beweismittel. Nach Wahrunterstellung einer Beweistatsache darf diese nicht ohne vorherigen rechtlichen Hinweis an den Angeklagten im Urteil als erwiesen angesehen und zum Nachteil des Angeklagten verwertet werden.[417]

Eine Wahrunterstellung muss die behaupteten Tatsachen in ihrem wirklichen Sinn und mit vollem Inhalt ohne jede Einschränkung oder Verschiebung oder sonstige Änderung erfassen.[418]

Die Urteilsfeststellungen und die Beweiswürdigung dürfen der Wahrunterstellung nicht widersprechen, jedoch muss nicht dieselbe Schlussfolgerung, wie der Antragsteller sie gezogen hat, vom Gericht gezogen werden, da die Wahrunterstellung weiterhin der freien Beweiswürdigung unterliegt.[419]

Die gleichzeitige Ablehnung eines Beweisantrages durch Wahrunterstellung und wegen Bedeutungslosigkeit ist nicht möglich, weil eine Wahrunterstellung nur bei erheblichen Tatsachen in Betracht kommt.[420]

---

415 LR/*Becker* § 244 Rn. 270.
416 KK/*Krehl* § 244 Rn. 180.
417 BGH StraFo 2007, 420.
418 BGH NJW 1868, 1293; NStZ 2003, 101; StraFo 2008, 162.
419 BGH NStZ 1982, 213; 1983, 211; 1985, 206; StV 1986, 467; NStZ 2007, 717; vgl. auch *Schneider* NStZ 2013, 215 ff.
420 BGH StV 2007, 18.

Das Gericht kann Anträge auf Sachverständigenbeweis wegen **eigener Sachkunde** ablehnen. Woher es diese Sachkunde bezieht ist, solange nur allgemeine Sachkunde gefordert ist, gleichgültig. Bei Kollegialgerichten kann ein Richter die übrigen über seine Sachkunde informieren. Ausnahmen von der Ablehnungsmöglichkeit sind rechtliche Bestimmungen z.B. in §§ 80a, 81, 246a StPO, § 73 JGG. 227

In dem Ablehnungsbeschluss muss nicht dargelegt werden, worauf die Sachkunde des Gerichts beruht, im Urteil muss dies jedoch geschehen, sobald es sich um Fachwissen handelt, das normalerweise nicht Allgemeingut aller Richter ist und zwar in einer der Schwierigkeit der Beweisfrage entsprechenden Ausführlichkeit. Andererseits kann sich das Gericht besondere Sachkunde bei der Beurteilung der Glaubwürdigkeit von Zeugen zutrauen, sofern nicht besondere Umstände in der Person des Zeugen vorliegen.[421]

Die Frage der Schuldfähigkeit kann das Gericht aufgrund der Beobachtungen in der Hauptverhandlung mit seinem medizinischen Allgemeinwissen beurteilen, wenn keinerlei Anzeichen für eine Abweichung von der Norm im Verhalten des Angeklagten zu beobachten sind. Ansonsten darf sich das Gericht die für die Beurteilung des Geisteszustandes erforderliche Fachkenntnis nicht zutrauen. Zur Frage der Spielsucht als schuldvermindernder Faktor kann das Gericht so lange selbst urteilen, als nicht feststeht, dass die Straftaten zur Fortsetzung des Spielens begangen wurden.[422]

Die Anhörung eines weiteren Sachverständigen kann nach § 244 Abs. 4 S. 2 Hs. 1 StPO auch abgelehnt werden, wenn bereits nach dem Gutachten anderer Sachverständiger das Gegenteil der behaupteten Tatsache erwiesen ist. Durch die bisherigen Gutachten kann das Gericht jedoch auch selbst ausreichend sachkundig geworden sein und daher die Einholung eines weiteren Gutachtens ablehnen.[423] 228

Bei geringsten Zweifeln an der Sachkunde des ersten Sachverständigen ist dem Beweisantrag stattzugeben. Diese sind jedoch nicht schon gegeben, wenn der Gutachter bestimmte Untersuchungsmethoden nicht angewendet hat, weil er Schwierigkeiten bei der Auslegung des Gerichtsbeschlusses hatte oder weil sein schriftliches Gutachten von dem mündlich erstatteten abweicht, es sei denn, die Abweichung weist nicht erklärbare Widersprüche auf.[424]

Bei Widersprüchen im mündlichen Gutachten ist ein weiteres Sachverständigengutachten einzuholen.[425]

Ebenso kann es bei einer plötzlichen Kehrtwendung eines Sachverständigen in der Hauptverhandlung in Abweichung von seinem schriftlichen Gutachten ein Gebot des fairen Verfahrens sein, einem Antrag der Verteidigung auf ein Gegengutachten nachzugehen.[426]

Der weitere Antrag auf Einholung eines Sachverständigengutachtens durch einen anderen, benannten Sachverständigen, mit dem andere Beweistatsachen bewiesen werden sollen, kann nicht nach § 244 Abs. 4 S. 2 Hs. 1 StPO abgelehnt werden.

Maßgeblicher Gesichtspunkt bei der Ablehnung des **Augenscheinsbeweises** ist die Sachaufklärungspflicht, die zur Inaugenscheinsnahme drängt. Ansonsten kann die Benutzung anderer Beweismittel, insbesondere die Sichtung von Lichtbildern der Örtlichkeit, die Anhörung von Zeugen und Augenscheinsgehilfen, genügen. Nur wenn der Augenschein gerade deshalb beantragt wurde, um die Aussage eines Zeugen zu widerlegen, muss er i.d.R. erhoben werden. 229

421 Vgl. hierzu BGH 5 StR 419/09; BGH 1 StR 155/09.
422 Vgl. BGH NStZ 1994, 501.
423 BGH DAR 1987, 203; NStZ 1982, 189; 1984, 467; 1985, 421; StV 1999, 471 ff.
424 BGH NStZ 1990, 244; 1991, 448.
425 BGH DAR 1988, 230.
426 EGMR StraFo 2002, 81.

b) Beweisermittlungsanträge

230 Beweisermittlungsanträge wird die Verteidigung stellen, wenn ihr entweder das Beweismittel oder die Beweistatsache nicht konkret bekannt sind.[427]

231 Da das Gericht bei einem Beweisermittlungsantrag grundsätzlich keinen förmlichen Bescheid erteilen muss, wird die Verteidigung auf einen solchen Antrag ggf. gar keine Reaktion erhalten. Aus dem Grundsatz des fairen Verfahrens und der Fürsorgepflicht soll sich jedoch die Pflicht des Gerichts ergeben, mitzuteilen, ob und ggf. warum einem Beweisermittlungsantrag nicht stattgegeben wurde.[428]

232 Bei der Abgrenzung und damit bei der Wahl der Antragsform ist zu beachten, dass nicht jede Unfähigkeit zur Benennung der ladungsfähigen Anschrift eines Zeugen etwa den Antrag zum Beweisermittlungsantrag macht. Es ist ausreichend, das Beweismittel individualisierbar zu beschreiben (z.B. der Taxifahrer, der am Montag, den ... um 22.13 Uhr in dem Taxi mit dem Kennzeichen ... unterwegs war). Weiterhin kann es dem Antragsteller grundsätzlich nicht verwehrt sein, auch solche Tatsachen unter Beweis zu stellen, die er lediglich für möglich hält. Ob es sich bei einem Beweisbegehren um einen Beweisermittlungsantrag handelt, ist aus der Sicht eines verständigen Antragstellers auf der Grundlage der von ihm selbst nicht infrage gestellten Tatsachen zu beurteilen.[429]

Die Zurückweisung oder das Übergehen eines Beweisermittlungsantrags ist revisionsrechtlich nur im Rahmen der Aufklärungsrüge überprüfbar.[430] Im Rahmen dieser Rüge hat die Verteidigung darzulegen, dass sich die unterlassene Beweiserhebung dem Gericht hätte aufdrängen müssen. Aus diesem Grund sind Beweisermittlungsanträge am besten schriftlich zu stellen, damit sie Eingang in das Hauptverhandlungsprotokoll finden.

c) Beweisanregungen

233 Die Beweisanregung ist in der Reihe der aktiven Einwirkungen auf die Beweisaufnahme das schwächste Mittel, da sie noch nicht einmal in einen Antrag gekleidet werden muss und vom Gericht auch nicht beschieden werden muss. So kann z.B. angeregt werden, dass ein Zeuge erneut vernommen wird oder dass ein Sachverständiger einer anderen Fachrichtung beauftragt wird. Die Beweisanregung hat als Einstieg in einen von der Verteidigung gewünschten Dialog mit dem Gericht ihre Berechtigung. Beweise, deren Ergebnis vom Verteidiger nicht abzuschätzen sind, sollten nicht angeregt werden.

Die Ablehnung einer Beweisanregung erfolgt durch den Vorsitzenden nach § 238 Abs. 1 StPO, eines Gerichtsbeschlusses bedarf sie nicht.

Unseres Erachtens ist die Beweisanregung als Einstieg in eine Kommunikation auch geeignet, wenn der Verteidiger schon zu diesem Zeitpunkt in der Lage wäre, einen formellen Beweisantrag zu stellen. Weicht das Gericht dem Gesprächsversuch aus, kann der Verteidiger einen konkreten Beweisantrag oder zumindest einen Beweisermittlungsantrag stellen.

J. Die Beweismittel

234 Das Verteidigerhandeln – ob aktiv oder reaktiv – befasst sich stets mit den förmlichen Beweismitteln. Daher werden im Folgenden die einzelnen Beweismittel und ihre Besonderheiten zu betrachten sein.

I. Der Zeuge

235 Regelmäßig wichtigstes, aber auch unzuverlässigstes Beweismittel ist der Zeuge. Seine Vernehmung steht zumeist im Mittelpunkt der Hauptverhandlung. Wie der Sachverständige ist er ein persönliches Beweismittel mit allen sich daraus ergebenden Problemen. Anders als eine Urkunde, deren gedankli-

427 Zur Abgrenzung zum Beweisantrag vgl. BGHSt 39, 251; 40, 3; NJW 1993, 867.
428 So BGHSt 30, 131; NStZ 1985, 229; KK/*Krehl* § 244 Rn. 102 m.w.N.
429 BGH StraFo 2006, 331.
430 Meyer-Goßner/*Schmitt* § 244 Rn. 27 m.w.N.

cher Inhalt i.d.R. eindeutig ist, sind die Bekundungen des Zeugen versehen mit allen menschlichen Schwächen. Sympathie oder Antipathie zum Angeklagten prägen die Aussage, die Erinnerungen sind durch Zeitablauf verfälscht und/oder von dem Zeugen zwischenzeitlich bekannt gewordenen Ermittlungsergebnissen überlagert. Eigene Interessen können Falschbezichtigungen bewirken. Der Zeuge ist deshalb eigentlich ein schwaches Beweismittel.[431] Dennoch ist er das am häufigsten genutzte.

Gegenstand einer Zeugenaussage sind äußere und innere Tatsachen, nicht jedoch Meinungen, Schluss- 236
folgerungen und Wertungen.[432]

Die Vernehmung des Zeugen ist anspruchsvoll. Insbesondere für den Verteidiger ist es wichtig, ein 237
vertrauensvolles Verhältnis auch gerade zum Belastungszeugen zu gewinnen. Der angegriffene Zeuge zieht sich sofort zurück, reagiert verschlossen und abweisend. Von ihm wird eine für den Angeklagten positive Erklärung kaum noch zu erwarten sein. Vernehmungstechnik und Aussagepsychologie müssen dem Verteidiger vertraut sein.[433] Der Verteidiger sollte sich vor Befragung jedes Zeugen immer wieder vergegenwärtigen: Was will ich und was kann ich mit der Befragung des Zeugen erreichen! Der Verteidiger wird durch seine Befragung und sei diese noch so kunstvoll und andauernd, kaum erreichen, dass der Zeuge angibt, er habe gelogen. Daher sollte sich der Zeuge vorab gut überlegen, wie er sein Ziel der Befragung definiert. Auch die Konfrontation des Zeugen mit Widersprüchen ist in den seltensten Fällen geeignet, da es eher dem Zeugen die Gelegenheit bietet die Widersprüche zu erklären. Daraus folgt, dass es auch ratsam sein kann keine Fragen zu stellen.

Die Erstellung eines Fragekataloges ist für den Verteidiger hilfreich.

1. Die Zeugenbelehrung

Die Belehrung gem. § 57 StPO über die Wahrheitspflicht und die Möglichkeit der Vereidigung 238
sowie die strafrechtlichen Folgen einer Falschaussage und diejenige über die Auskunfts- und Zeugnisverweigerungsrechte gem. §§ 52 bis 55 StPO obliegt dem Vorsitzenden.[434] D.h. jedoch nicht, dass sie dem Verteidiger verwehrt wäre. Unterlässt der Vorsitzende trotz ausdrücklichen Begehrens des Verteidigers z.B. die Belehrung nach § 55 StPO, so kann der Verteidiger gem. § 238 Abs. 2 StPO einen Gerichtsbeschluss herbeiführen. Auch sollte er den Vorsitzenden bei nicht ausführlicher oder mangelnder Belehrung auf diesen Umstand hinweisen. Verweigert der Vorsitzende eine ausführliche und richtige Belehrung, sollte auch hierzu Gerichtsbeschluss beantragt werden.

2. Das Auskunftsverweigerungsrecht

Das Auskunftsverweigerungsrecht schützt den Zeugen in seinem Recht auf Menschenwürde, auf 239
Handlungsfreiheit und in seinem Persönlichkeitsrecht.[435] Es ist Ausfluss des allgemeinen, für den Beschuldigten in §§ 136, 163a, 243 StPO und entsprechenden Vorschriften als selbstverständlich vorausgesetzten rechtsstaatlichen Grundsatzes, dass niemand gezwungen werden kann, gegen sich selbst auszusagen.[436]

Die Gefahr strafrechtlicher Verfolgung besteht nicht erst dann, wenn der Zeuge sich (oder einen nahen 240
Angehörigen) durch eine wahrheitsgemäße Beantwortung tatsächlich selbst einer Straftat bezichtigen müsste. Nicht selten erfolgt sogar eine solcherart falsche Belehrung durch den Vorsitzenden selbst. Maßstab für das Vorliegen eines Auskunftsverweigerungsrechts ist nicht die wahre Antwort, die der Zeuge geben müsste. Vielmehr muss der Richter bei einer Frage sowohl deren Bejahung als auch deren Verneinung in gleicher Weise in Betracht ziehen. Bringt auch nur eine dieser Möglichkeiten

431 Vgl. *Kühne* NStZ 1985, 252.
432 KK/*Bader* Vor § 48 Rn. 1.
433 Vgl. *Dahs* Handbuch Rn. 464, 491 ff.
434 BGH NJW 1991, 2432.
435 BVerfG StV 1999, 72.
436 BVerfGE 38, 105 (113).

den Zeugen in die Gefahr einer Strafverfolgung, ist die Auskunftsverweigerung i.d.R. berechtigt. Anderenfalls würde der (schuldige) Zeuge durch den Gebrauch des Auskunftsverweigerungsrechts einen Verdachtsgrund gegen sich selbst schaffen, was dem Schutzzweck von § 55 StPO zuwiderliefe.[437] Wohl aber reicht die Gefahr aus, dass die Auskünfte des Zeugen den Verdacht mittelbar begründen, z.B. wenn Fragen ein Teilstück in einem mosaikähnlichen Beweisgebäude betreffen.[438]

241 Das Auskunftsverweigerungsrecht kann dazu erstarken, die Aussage gänzlich verweigern zu dürfen, z.B. wenn gegen den Zeugen aus demselben historischen Sachverhalt, aus dem auch die Vorwürfe gegen den Angeklagten resultieren, der Vorwurf strafbaren Handelns bereits erhoben wird.[439]

242 In diesem Zusammenhang stellt sich immer wieder das Problem, ob einem Zeugen, gegen den aus demselben Sachverhalt ein Strafvorwurf bereits erhoben wurde, das Strafverfahren aber bereits abgeschlossen ist, das Auskunftsverweigerungsrecht nach § 55 StPO zusteht oder nicht. Das Auskunftsverweigerungsrecht besteht nicht, wenn die Gefahr, sich (erneut) der Strafverfolgung auszusetzen, zweifellos ausgeschlossen ist.[440] Das ist zunächst dann der Fall, wenn der Zeuge oder dessen Angehöriger bereits rechtskräftig verurteilt wurde[441] Das ist zudem der Fall, wenn in dem Verfahren, das dem Zeugen (wieder) drohen könnte, Verfahrenshindernisse wie z.B. Verjährung bestehen oder wenn der Zeuge strafunmündig war. Weiter wird vertreten, dass eine Berufung auf § 55 StPO ausgeschlossen sein soll, wenn offensichtlich Rechtfertigungs- oder Entschuldigungsgründe vorliegen.[442] Diese Meinung wird hier nicht geteilt, da es aufgrund der Feinheiten der Abgrenzungen z.B. bei der Frage, ob Notwehr geboten war, ob sie verhältnismäßig war pp., nicht schlechthin offensichtlich sein kann, ob für den Zeugen Rechtfertigungs- oder Entschuldigungsgründe streiten. Eine konkrete Gefahr der Strafverfolgung dürfte auch zu bejahen sein, wenn der Zeuge sich auf solche Gründe in seinem Verfahren berufen hat und das Verfahren deshalb beendet wurde. Bei einer Aussage des Zeugen unter strafbewehrter Wahrheitspflicht ist es jederzeit möglich, dass das Nichtvorliegen dieser Gründe offenbar wird.

Auch kann einem (belastenden) Zeugen ein (vollumfängliches) Verweigerungsrecht nach § 55 StPO zustehen, wenn er im Ermittlungsverfahren von der Polizei vernommen wurde, sich ggf. durch diese Aussage wegen einer Falschverdächtigung strafbar gemacht hat und der Zeuge durch wahrheitsgemäße Angaben in der Hauptverhandlung die falsche Verdächtigung offenbare müsste.

Ein weiterer Fall des § 55 StPO kann sich daraus ergeben, dass sich der Zeuge durch wahrheitsgemäße Angaben einer Steuerhinterziehung bezichtigen könnte, indem er z.B. Angaben über Einnahmen aus Betäubungsmittelgeschäften machen müsste. Der Zeuge wird diese Einkünfte – trotz der Steuerpflichtigkeit! – mit Sicherheit nicht dem Finanzamt gegenüber offengelegt haben.

243 Im Einzelnen:

Das Verfahren gegen den Zeugen wurde eingestellt. Er kann sich dennoch auf ein **Auskunftsverweigerungsrecht nach § 55 StPO** berufen bei

- einer Einstellung gem. § 170 Abs. 2 StPO: Die Ermittlungen können jederzeit wiederaufgenommen werden. Ein solcher Fall liegt der grundlegenden Entscheidung des BVerfG vom 16.11.1998 zugrunde,[443]
- einer Einstellung gem. §§ 153, 153b, 153c StPO: Neue Tatsachen und Beweismittel, die dem Einstellungsbeschluss die Grundlage entziehen, können zur erneuten Strafverfolgung führen,[444]

437 Vgl. BVerfG StV 1999, 71 f.; BGHR StPO § 55 Abs. 1 Auskunftsverweigerung 3; KK/*Bader* § 55 Rn. 8; sehr instruktiv *Richter II* FS Friebertshäuser (1997), 157 ff.
438 BGH StV 87, 327.
439 Vgl. BGH StV 1987, 328, Meyer-Goßner/*Schmitt, 63. Aufl.,* § 55 Rn. 2.
440 BGHSt 9, 34; NStZ 2010, 287; Meyer-Goßner/*Schmitt*, 63. Aufl., § 55 Rn. 8.
441 Vgl. nur BGH NStZ 2010, 463; BGH StraFo 2009, 415; BVerfG NStZ 1985, 277.
442 Vgl. Meyer-Goßner/*Schmitt* § 55 Rn. 8 m.w.N.
443 Vgl. BVerfG StV 1999, 71.
444 Meyer-Goßner/*Schmitt* § 153 Rn. 37.

– einer Einstellung durch die Staatsanwaltschaft gem. § 154 Abs. 1 StPO: Die Staatsanwaltschaft kann das Verfahren jederzeit wieder aufnehmen, sogar bei entgegenstehender Zusage.[445]

I.d.R. **nicht** auf ein Auskunftsverweigerungsrecht berufen dürfen wird sich der Zeuge, nach einer Verfahrenseinstellung gem. **§ 154 Abs. 2 StPO durch das Gericht** wegen einer in einem anderen anhängigen Verfahren zu erwartenden Strafe nach Ablauf der Dreimonatsfrist des § 154 Abs. 4 StPO. Ist das Verfahren wegen der anderen Tat rechtskräftig – gleichgültig ob durch Verurteilung oder Freispruch – abgeschlossen worden, so kann es nach Ablauf der Frist nicht mehr aufgenommen werden. Es handelt sich um eine Ausschlussfrist zugunsten des Angeklagten. Wurde das Verfahren wegen einer anderen bereits verhängten Strafe durch das Gericht eingestellt, so kann es nur wieder aufgenommen werden, wenn die Strafe (oder Maßregel) in der abgeurteilten Sache nachträglich (z.B. nach Wiederaufnahme) wegfällt, § 154 Abs. 3 StPO.

»Ein **Auskunftsverweigerungsrecht besteht nicht**, wenn eine strafrechtliche Verfolgung wegen **Strafklageverbrauchs** ausgeschlossen ist«.[446]

Diese Formulierung impliziert, dass entgegen der häufig anzutreffenden Auffassung vieler Gerichte nicht jeder rechtskräftige Verfahrensabschluss eine Berufung auf das Auskunftsverweigerungsrecht ausschließt. Der Einzelfall lässt **Ausnahmen** von dem Grundsatz zu:

Seit langem anerkannt ist, dass ein rechtskräftiger **Freispruch** bzw. die rechtskräftige **Ablehnung der Eröffnung des Hauptverfahrens** die Geltendmachung des Auskunftsverweigerungsrechtes wegen der Möglichkeit der Wiederaufnahme des Verfahrens nach §§ 211, 362 StPO nicht hindert.[447]

In der zitierten Entscheidung untersucht der BGH konsequenterweise, ob **dem rechtskräftig verurteilten Zeugen** das Auskunftsverweigerungsrecht deshalb zusteht, weil er womöglich weitere als die abgeurteilten Delikte im Zusammenhang mit dem zu bezeugenden Sachverhalt begangen hat.[448] Nach der sog. Mosaiksteintheorie besteht dann auch nach rechtskräftiger Verurteilung des Zeugen ein Auskunftsverweigerungsrecht, wenn z.B. durch die Benennung von Abnehmern in einem Betäubungsmittelstrafverfahren und durch die sich daran anschließende Vernehmung dieser Abnehmer weitere Straftaten – hier Betäubungsmittelgeschäfte – des Zeugen ans Licht kommen könnten.[449]

Endgültige Verfahrenseinstellung nach § 153a StPO: Nach Erfüllung der Auflagen kann die Tat nicht mehr als Vergehen verfolgt werden. Es entsteht insoweit ein Verfahrenshindernis. Ein Auskunftsverweigerungsrecht besteht danach dann, wenn durch die Aussage die Möglichkeit eröffnet wird, die Tat als Verbrechen einzustufen und deswegen gegen den Zeugen ein Verfahren einzuleiten. Darüber hinaus unter den Voraussetzungen, unter denen wegen Strafklageverbrauchs nach rechtskräftiger Verurteilung ein Auskunftsverweigerungsrecht besteht.

In jedem Fall gilt, dass die sichere Erwartung der Strafverfolgung nicht erforderlich ist. Es genügt, 244
dass der begründete Anfangsverdacht einer Straftat droht.[450] Allerdings reicht eine bloße theoretische Möglichkeit hierfür nicht aus.[451]

Vgl. zu dieser Problematik auch die Ausführungen von *Rode*, Kap. 30 (Der Zeugenbeistand).

---

445 BGHSt 37, 10.

446 BGH StV 1999, 352 f.; NStZ 2010, 287.

447 BGH StV 1984, 408; NStZ-RR 2005, 316.

448 BGH StV 1999, 352 f.

449 BGH StV 1987, 328; NJW 1999, 1413; OLG Zweibrücken StV 2000, 606; zum Auskunftsverweigerungsrecht nach rechtskräftiger Verurteilung wegen eines Organisationsdelikts vgl. BGH NStZ 2010, 287.

450 OLG Hamm StraFo 1998, 119.

451 BGH NStZ 1994, 499 f.; StV 1999, 352, 353; NStZ 2007, 278.

3. Das Zeugnisverweigerungsrecht

245 Die Vorschrift des § 52 StPO stellt klar, dass das öffentliche Interesse an der Aufklärung von Straftaten hinter dem persönlichen Interesse eines Zeugen, in einem Verfahren gegen einen Angehörigen (i.S.d. Gesetzes) aussagen zu müssen, zurücktritt. Das BVerfG hat die Bedeutung des Zeugnisverweigerungsrechtes als garantierten Schutz eines Angehörigen bezeichnet, der in seinem Kernbestand zu den rechtsstaatlich unverzichtbaren Erfordernissen eines fairen Verfahrens zählt. Es folgert daraus u.a., dass die heimliche Befragung einer Angehörigen durch eine V-Person unzulässig ist.[452] Ob aus diesem Verstoß ein Beweisverwertungsverbot hergeleitet werden kann, wird allerdings offengelassen.

246 Der Vorsitzende hat jede Einwirkung auf die Entscheidung des Zeugen, ob er aussagen will oder nicht, zu unterlassen.[453] Ein Versuch, nach den Gründen für die Zeugnisverweigerung eines Zeugen, der erkennbar unter den Schutz des § 52 StPO fällt, zu forschen, ist unzulässig und muss vom Verteidiger beanstandet werden.[454]

247 Bei Minderjährigen und Geisteskranken muss gem. § 52 Abs. 2 StPO erforscht werden, ob sie überhaupt eine Vorstellung über den Inhalt des Zeugnisverweigerungsrechts haben. Verneinendenfalls muss der gesetzliche Vertreter entscheiden. Zuvor müssen aber intensive kindgerechte Belehrungsversuche unternommen werden, um den eigenen Willen zu erforschen. Wichtig: Die Zustimmung des gesetzlichen Vertreters verpflichtet den Minderjährigen aber nicht zur Aussage.[455]

248 Macht der Zeuge von dem Zeugnisverweigerungsrecht Gebrauch, so darf die Niederschrift über seine frühere Aussage gem. § 252 StPO nicht verlesen werden, es sei denn, der in der Hauptverhandlung sich auf § 52 StPO berufende Zeuge gestattet ausdrücklich die Verwertung der früheren nichtrichterlichen Aussage.[456] Dasselbe gilt für Bekundungen des Vernehmungsbeamten, dessen Vernehmung bei der Berufung des Zeugen auf § 52 StPO einem Beweisverwertungsverbot unterliegt.[457] Nichtrichterliche Vernehmungspersonen dürfen deshalb in der Hauptverhandlung grundsätzlich so lange nicht über den Inhalt früherer Angaben eines zur Zeugnisverweigerung berechtigten Zeugen gehört werden, wie Ungewissheit darüber besteht, ob der Zeuge von seinem Verweigerungsrecht Gebrauch macht oder darauf verzichtet.[458] Allerdings darf im Fall einer früheren richterlichen Vernehmung der Ermittlungsrichter über die früheren Bekundungen des jetzt verweigernden Zeugen vernommen werden.[459] Der Große Senat ist der Auffassung des 2. Strafsenats – NStZ 15, 710; 2 StR 656/13, der die Verwertung einer richterlichen Vernehmung nur im Fall einer qualifizierten Belehrung des Zeugen für zulässig erachtet hat, nicht gefolgt (BGH 61, 221).

Die nachträgliche Ausübung eines Zeugnisverweigerungsrechts nach § 52 StPO hat auf die Verwertung einer Bild-Ton-Aufzeichnung nach § 255a Abs. 2 StPO keinen Einfluss. Die Vorschrift des § 252 StPO kommt nicht zur Anwendung (vgl. BGH, Beschl. v. 26.11.2019 – 5 StR 555/19).

249 Bei unterlassener Belehrung über das Zeugnisverweigerungsrecht darf die Aussage des Zeugen nicht verwertet werden.[460] Ansonsten kann die Revision begründet sein.[461] Ist die vorherige Belehrung eines Zeugen über sein Zeugnisverweigerungsrecht vergessen worden, kann sie nachgeholt werden. Der Mangel wird dann geheilt, wenn der Zeuge erklärt, dass er auch bei rechtzeitiger Belehrung ausgesagt hätte. Anderenfalls dürfen seine früheren Bekundungen nicht verwertet werden. Wird

452 BVerfG StV 2000, 233.
453 KK/*Bader* § 52 Rn. 34.
454 Vgl. *Dahs* Handbuch, Rn. 466.
455 BGH NJW 1991, 2432.
456 Vgl. BGH StraFo 2000, 17; NStZ 2007, 712; StV 2008, 170.
457 BGHSt 32, 25 (29).
458 BGH StV 2000, 236.
459 BGHSt 21, 218.
460 BGH StV 04, 297; KK/*Bader* § 52 Rn. 39.
461 Meyer-Goßner/*Schmitt* § 52 Rn. 33 f. m.w.N.

der Zeuge in der Hauptverhandlung mehrfach vernommen, so muss die Belehrung vor jeder neuen Vernehmung wiederholt werden.[462] Das gilt nur dann nicht, wenn der Zeuge nicht entlassen war.[463]

Vgl. hierzu auch die Ausführungen von *Rode.*

4. Die Form der Vernehmung

Nach § 69 StPO ist der Zeuge zu veranlassen, das, was ihm von dem Gegenstand seiner Vernehmung bekannt ist, zunächst im Zusammenhang anzugeben. Die Praxis sieht häufig anders aus. Nicht selten beginnt der Richter schon mit Einzelfragen. In anderen Fällen fällt er dem Zeugen schon nach wenigen Sätzen in das Wort. Durch diese prozessordnungswidrige Befragung kann die Aussage in eine bestimmte Richtung gelenkt und/oder ihr Gehalt verfälscht werden. Der Verteidiger sollte in diesen Fällen (nach einem ersten noch wohlwollenden Hinweis) genauso auf einen Gerichtsbeschluss gem. § 238 Abs. 2 StPO hinwirken, wie in den Fällen, in denen der Richter gar unzulässige Fragen stellt. 250

Erst nach dem zusammenhängenden Bericht des Zeugen beginnt das Verhör, das dem Vervollständigen und Überprüfen des Berichts dient.[464] Nach der Befragung durch den Vorsitzenden wird das Fragerecht i.d.R. dem Staatsanwalt übertragen, danach dem Verteidiger. Die ungestörte Ausübung des Fragerechts durch die übrigen Prozessbeteiligten muss der Verteidiger beachten. Genau dasselbe Recht muss er aber auch für sich beanspruchen. Es darf nicht hingenommen werden, dass der Vorsitzende oder der Staatsanwalt immer dann die Vernehmung wieder an sich reißt, wenn es interessant wird. Hierher gehört auch die Einmischung durch das Gericht mit dem Hinweis, die Frage sei doch schon beantwortet. Häufig stimmt das so nicht, weil die Frage einen anderen Schwerpunkt hat als die frühere, ähnlich gelagerte. Die erneute Fragestellung kann auch deshalb Sinn machen, weil das zwischenzeitlich in Erfahrung Gebrachte der früheren Antwort widerspricht. Aber selbst wenn es stimmt, hat der Verteidiger, der die Antwort nicht mitbekommen hat, einen Anspruch auf eine Wiederholung. Lässt das Gericht die Frage nicht zu, sollte ein Gerichtsbeschluss gem. § 238 Abs. 2 StPO herbeigeführt werden.[465] Ggf. kann eine wiederholte Frage, aber auch für die Überprüfung der Aussagekonstanz von Bedeutung und somit zulässig sein. 251

5. Der Vorhalt

Man unterscheidet den förmlichen und den freien Vorhalt. 252

a) Der förmliche Vorhalt

In Durchbrechung des Unmittelbarkeitsgrundsatzes lässt die Vorschrift des § 253 StPO den Urkundenbeweis zu.[466] Voraussetzung ist die Anwesenheit des betreffenden Zeugen in der Hauptverhandlung und seine vorherige Vernehmung. Es können förmlich verlesen werden richterliche und nichtrichterliche Vernehmungsprotokolle, wenn der Zeuge erklärt, er könne sich nicht mehr an die Tatsache, die Gegenstand seiner früheren Vernehmung war, erinnern (§ 253 Abs. 1 StPO) oder wenn in der Vernehmung ein Widerspruch zu der früheren Vernehmung auftritt, der nicht auf andere Weise ohne Unterbrechung der Hauptverhandlung festgestellt oder behoben werden kann, § 253 Abs. 2 StPO. Nach herrschender Meinung beweist die Verlesung der Urkunde dann, dass der Zeuge früher so bekundet habe und ersetzt damit die Vernehmung der Verhörsperson. Die Richtigkeit der früheren inhaltlichen Erklärung wird nicht bewiesen. Entscheidend bleibt die Antwort des Zeugen auf den Vorhalt.[467] Im Fall des § 253 Abs. 2 StPO kann der Widerspruch zur früheren Aussage als erwiesen gelten. Der Urkundenbeweis durch förmlichen Vorhalt wird als »letzter Ausweg« bezeich- 253

462 BGHSt 13, 394.
463 BGH NStZ 1987, 373.
464 Meyer-Goßner/*Schmitt* § 69 Rn. 6.
465 Vgl. Rdn. 143 ff.
466 Meyer-Goßner/*Schmitt* § 253 Rn. 1 m.w.N.
467 *Wömpner* NStZ 1983, 296.

net, nachdem der auch mithilfe von freien Vorhalten unternommene Versuch, den Zeugenbeweis zu erreichen, erfolglos geblieben ist.[468]

b) Der freie Vorhalt

254 Zur Auffrischung des Gedächtnisses des Zeugen prägen ansonsten freie Vorhalte die tägliche Vernehmungspraxis. Gegenstand solcher Vorhalte sind alle Erkenntnisquellen, namentlich Schriftstücke. Ein solcher Vorhalt ist aber nur ein Vernehmungsbehelf, um das alleinige Beweismittel des Zeugen in der Hauptverhandlung vollständig auszuschöpfen. Bestreitet der Zeuge auf einen freien Vorhalt z.B. aus einem früheren Vernehmungsprotokoll die Richtigkeit der Niederschrift, so muss der Beweis, dass der Zeuge früher überhaupt so, wie im Protokoll niedergelegt, ausgesagt hat, i.d.R. durch Vernehmung der Verhörsperson geführt werden. Dem Zeugen muss deshalb bei einem freien Vorhalt z.B. aus seiner früheren polizeilichen Vernehmung oder derjenigen eines anderen Zeugen deutlich erklärt werden, dass eine bestimmte Aussage so getätigt worden sein soll. Beweismittel bleibt allein der Zeuge. Nur die Antwort auf den Vorhalt – nicht der Vorhalt selbst – ist Gegenstand der Beweiswürdigung. Ansonsten kann § 261 StPO verletzt sein.[469]

255 Der praktische Unterschied zwischen dem förmlichen Vorhalt und dem freien Vorhalt aus einem Protokoll ist unseres Erachtens gering. Erklärt nämlich der Zeuge nach förmlicher Verlesung seiner früheren Vernehmung, er habe das gar nicht so erklärt und der vermeintliche Widerspruch bestehe deshalb gar nicht, so ist es auch mit dem Beweiswert der Richtigkeit der Protokollierung vorbei. Die Aufklärungspflicht des Gerichts gebietet es in einem solchen Fall, die Verhörsperson zu vernehmen.[470] An das Gericht werden hingegen erhöhte prozessuale Anforderungen gestellt, wenn es den förmlichen Vorhalt machen will: Bei einer Verlesung gem. § 253 Abs. 1 StPO zum Zwecke des Urkundenbeweises muss für alle Verfahrensbeteiligten der Übergang vom Zeugenbeweis und den dabei angewendeten Vernehmungsbehelfen zur Verlesung zum Zwecke des Urkundenbeweises deutlich werden. Selbst bei vorangegangenem identischem freiem Vorhalt muss das Gericht den Inhalt der Niederschrift durch nochmaliges Verlesen den Mitgliedern des Gerichts und den Verfahrensbeteiligten zur Kenntnis bringen.[471]

256 Die Vernehmung der Verhörsperson hat nur Beweiswert, wenn die Verhörsperson sich auch inhaltlich an die Vernehmung erinnern kann. Erklärt ein Vernehmungsbeamter, er könne sich trotz des Vorhalts des Vernehmungsprotokolls nicht erinnern, er habe aber richtig protokolliert, darf der Inhalt des Protokolls nicht verwertet werden.[472]

257 Für alle Vorhalte gilt, dass sie unzulässig sind, wenn ein Verwertungsverbot für das Schriftstück oder die sonstige Erkenntnisquelle vorliegt, aus der vorgehalten werden soll. Wird also ein Vorhalt aus einer Urkunde, z.B. einem Vernehmungsprotokoll, gemacht, ist dieser dann unzulässig, wenn das Protokoll selbst z.B. wegen Verstoßes gegen §§ 136, 136a StPO einem Verwertungsverbot unterliegt. Im Hinblick auf die Widerspruchslösung des BGH[473] muss der Verteidiger dem Vorhalt ausdrücklich widersprechen, um einem späteren Rügeverlust vorzubeugen.[474]

258 Die Einführung von längeren, sprachlich schwierigen oder inhaltlich schwer verständlichen Urkunden durch Vorhalt ist unzulässig.[475]

468 Vgl. BGH NStZ 1986, 277; OLG Köln StV 1998, 478 (479).
469 Vgl. OLG Köln StV 1998, 478; *Burhoff* Hauptverhandlung, Rn. 1159, 3723 m.w.N.
470 Vgl. KK/*Diemer* § 253 Rn. 6.
471 OLG Köln StV 1998, 478.
472 St. Rspr., vgl. nur BGH StV 1994, 413.
473 BGHSt 38, 214 (224).
474 Vgl. auch *Burhoff* Hauptverhandlung, Rn. 2655, 3732.
475 Meyer-Goßner/*Schmitt* § 249 Rn. 28 m.w.N.

6. Die Vereidigung des Zeugen

Die Vereidigung des Zeugen ist seit dem Inkrafttreten des ersten Gesetzes zur Modernisierung der Justiz nicht mehr der gesetzliche Regelfall, sondern gem. § 59 Abs. 1 StPO die Ausnahme. Über die Vereidigung des Zeugen entscheidet der Vorsitzende nach seinem Ermessen.[476] Die Vereidigung erfolgt entweder wegen der ausschlaggebenden Bedeutung der Aussage oder zur Herbeiführung einer wahrheitsgemäßen Aussage. Will der Verteidiger die Anordnung der Vereidigung des Zeugen oder deren Unterlassung mit der Revision angreifen, so muss er die Entscheidung des Vorsitzenden beanstanden und einen Gerichtsbeschluss herbeiführen.[477] Hat der Tatrichter den ihm eingeräumten Beurteilungsspielraum bei der Frage der Vereidigung des Zeugen überschritten oder sein Ermessen rechtsfehlerhaft ausgeübt, kann das die Revision begründen.[478] Die Revision kann auch darauf gestützt werden, dass ein Zeuge unter Verstoß gegen ein Vereidigungsverbot aus § 60 StPO vereidigt wurde.[479] 259

Die Vereidigung eines Zeugen wegen der ausschlaggebenden Bedeutung der Aussage darf erst dann erfolgen, wenn sie für eine entscheidungserhebliche Tatsache das entscheidende Beweismittel ist oder bei der Beweiswürdigung das »Zünglein an der Waage« oder wenn sie geeignet ist, die Aussage eines anderen Zeugen zu erschüttern, nicht aber, wenn die Aussage erkennbar unwahr ist.[480] Zur Herbeiführung einer wahren Aussage ist die Vereidigung z.B. dann noch nicht geeignet, wenn der Zeuge die Wahrheit verfälscht oder verschweigt. Erst wenn bestimmte Tatsachen die Annahme begründen, dass er unter Eideszwang erhebliche Tatsachen bekunden werde, ist die Vereidigung nach dieser Alternative zulässig.[481] 260

II. Urkundenbeweis

Der Urkundenbeweis ist Beweis durch Ermittlung und Verwertung des gedanklichen Inhalts eines Schriftstücks. Er ist geregelt in §§ 249–256 StPO. 261

§ 249 StPO definiert den Gegenstand des Urkundenbeweises und die Art der Beweiserhebung. Für die Notwendigkeit der Beweiserhebung sind die § 244 Abs. 2, 3 sowie § 245 StPO maßgebend.

Eine Sonderregelung des Anwendungsbereiches bestimmter Urkunden von hoher Beweisbedeutung enthält § 249 Abs. 1 S. 2 StPO. Der Urkundenbeweis ist zulässig, sofern das Gesetz ihn nicht ausdrücklich untersagt. Ein wichtiges Verbot enthält § 250 StPO. Danach ist der Urkundenbeweis verboten, soweit er die Vernehmung einer Person als Zeuge oder Sachverständiger ersetzen soll.

Ausnahmen zu diesem Ersetzungsverbot fanden sich seit je her in den §§ 251 und 256 StPO sowie für die Verwertung von Protokollen über frühere Vernehmungen in §§ 252, 253, 254, 325 StPO.

§ 251 StPO lässt Ausnahmen von dem Beweisverbot des § 250 StPO zu. Die Vorschrift wurde durch das 1. Justizmodernisierungsgesetz verändert. Während früher in Abs. 1 die Verlesung richterlicher und in Abs. 2 die sonstigen Vernehmungsniederschriften geregelt war, ist jetzt die richterliche Vernehmungsniederschrift als Spezialfall in Abs. 2 geregelt. Entsprechend der logischen Prüfungsreihenfolge regelt nunmehr Abs. 1 die Verlesung aller Vernehmungsniederschriften. 262

Verlesbar sind nach § 251 Abs. 1 StPO danach alle Vernehmungsniederschriften:

Wenn der Angeklagte einen Verteidiger hat und der Staatsanwalt, der Verteidiger und der Angeklagte mit der Verlesung einverstanden sind, Nr. 1.

---

476 BGH StraFo 2005, 204.
477 BGH StraFo 2005, 200.
478 BGH NStZ 2009, 343; so auch BGH NStZ 2009, 397.
479 Meyer-Goßner/*Schmitt*, § 60 Rn. 34.
480 Meyer-Goßner/*Schmitt* § 59 Rn. 3 m.w.N.
481 BGHSt 16, 99 (103); OLG Hamm NJW 73, 1940.

Bei Unmöglichkeit der Vernehmung, Nr. 3. Sie kann außer bei Tod des Zeugen oder seiner dauerhaften Erkrankung auch bei seiner Unerreichbarkeit vorliegen, die auch darin begründet sein kann, dass die oberste Dienstbehörde sich weigert, Namen und Aufenthalt eines V-Mannes mitzuteilen oder einem Behördenbediensteten die Aussagegenehmigung zu erteilen.[482] Die Vorschrift greift indes nicht bei rechtlichen Hindernissen, die eine Vernehmung unmöglich machen. Wenn also der Zeuge von einem ihm zustehenden Auskunfts- oder Zeugnisverweigerungsrecht Gebrauch macht, darf seine Aussage nicht durch die Verlesung einer früheren Vernehmungsniederschrift ersetzt werden.[483] Die Verlesung soll indes dann zulässig sein, wenn der Zeuge sich weigert auszusagen und zur Begründung anführt, für ihn und/oder seine Familie bestehe bei wahrheitsgemäßer Aussage Gefahr für Leib und Leben.[484] Dieser Auffassung kann nicht gefolgt werden, weil zum Schutze des Zeugen andere Maßnahmen ergriffen werden können, wie die Entfernung des Angeklagten, § 247 StPO oder seine audiovisuelle Vernehmung, § 247a StPO.

Zusätzlich wurde mit § 251 StPO Abs. 1 Nr. 4 die Möglichkeit eröffnet, durch Verlesung einer Vernehmungsniederschrift oder einer Urkunde das Vorliegen oder die Höhe eines Vermögensschadens zu beweisen. Die Entwurfsbegründung stellte auf Entlastungseffekte in Massenverfahren ab.[485] Das mag gerechtfertigt sein in Verfahren, in denen z.B. eine Vielzahl von Betrugsfällen angeklagt ist, die immer nach demselben Schema erfolgten oder in Verfahren zur Verfolgung von Verkehrsstrafsachen z.B. zur Höhe der Reparaturkosten.[486] In schwierigeren Fällen wird jedoch ein restriktiver Umgang mit dieser Verlesungsmöglichkeit zu fordern sein, sodass der persönlichen Vernehmung der Vorrang vor der Verlesung gebührt.[487] Der Verteidiger muss in diesen Fällen die Anordnung des Vorsitzenden, dass die Urkunde oder die Vernehmungsniederschrift zu dem genannten Zwecke verlesen werden soll, beanstanden und einen Gerichtsbeschluss gem. § 238 Abs. 2 StPO herbeiführen, ggf. auch einen Beweisantrag auf Vernehmung des Zeugen/des Sachverständigen stellen.

Richterliche Vernehmungsprotokolle dürfen nach Abs. 2 zur Ersetzung der Aussage eines Zeugen oder Sachverständigen oder Mitbeschuldigten verlesen werden, wenn

- Krankheit, Gebrechlichkeit oder andere nicht zu beseitigende Hindernisse über zumindest längere Zeit dem Erscheinen in der Hauptverhandlung entgegensteht, Nr. 1,
- ihm das Erscheinen in der Hauptverhandlung wegen großer Entfernung unzumutbar ist, Nr. 2 (die Unzumutbarkeit bemisst sich nach der Bedeutung der Sache und der Wichtigkeit der Aussage: Je wichtiger der Aufklärungswert der Aussage ist, desto weniger kommt es auf die Entfernung der Beweisperson an),
- der Staatsanwalt, der Verteidiger und der Angeklagte mit der Verlesung einverstanden sind, Nr. 3.

263 Das Erste Gesetz zur Modernisierung der Justiz hat weitere Einschränkungen von dem Grundsatz der persönlichen Vernehmungen gebracht:

Mit § 256 Abs. 1 Nr. 1b StPO ist die Möglichkeit der Verlesung von solchen Erklärungen eröffnet worden, die ein Zeugnis oder ein Gutachten von Sachverständiger enthalten, die für die Erstellung derartiger Gutachten allgemein vereidigt sind. Auch hier wird zwischen einfach gelagerten Fällen und schwierigen zu differenzieren sein. Es mag noch hingenommen werden, sich in Fällen z.B. eines Schriftensachverständigengutachtens oder eines Gutachtens zum Hergang eines Verkehrsunfalles auf die von hoher Sachautorität geprägten Erklärungen solcher Sachverständiger zu verlassen.[488] Die Anordnung der Verlesung solcher Schriftstücke muss aber beanstandet und einem Gerichtsbeschluss zugeführt werden, wenn Zweifel aufkommen, die die persönliche Anhörung des Sachverständigen

482 Meyer-Goßner/*Schmitt* § 251 Rn. 9 m.w.N.
483 Meyer-Goßner/*Schmitt* § 251 Rn. 11 m.w.N.
484 Vgl. BGH NStZ 1993, 350 m. abl. Anm. v. *Eisenberg* StV 1993, 624.
485 BT-Drs. 15/508 S. 13.
486 Vgl. *Engelbrecht* DAR 2004, 496; Meyer-Goßner/*Schmitt* § 251 Rn. 12.
487 Vgl. *Knauer/Wolf* NJW 2004, 2936.
488 Vgl. Meyer-Goßner/*Schmitt* § 256 Rn. 16.

gebieten. Zudem sollte der Verteidiger Beweisanträge zur näheren Erläuterung des Gutachtens oder zur Behebung von Unklarheiten, Mängeln oder Auslassungen stellen, die zur persönlichen Vernehmung des Sachverständigen zwingen.[489]

Die Vorschrift gilt nicht für Sachverständigengutachten, die für die Frage der Unterbringung des Angeklagten in einem psychiatrischen Krankenhaus, einer Entziehungsanstalt oder in der Sicherungsverwahrung eingeholt werden. Solche Gutachter sind stets in der Hauptverhandlung zu hören, vgl. § 246a StPO.

Diese Vorgabe zeigt bereits, dass in schwierigeren Fällen es generell erforderlich bleiben wird, den Gutachter zu befragen, sodass eine Ersetzung seiner Anhörung durch Verlesung seines Gutachtens die Aufklärungspflicht des Gerichts verletzt. Die Erhebung von Befunden und deren Bewertung z.B. durch einen psychiatrischen oder psychologischen Sachverständigen ist eher subjektiven Einschätzungen aufgrund unterschiedlicher Ausbildung oder persönlichem Erfahrungshintergrund zugänglich, als die Bewertung einer Bremsspur. Generell wird deshalb bei Gutachten über die Schuldfähigkeit des Angeklagten, bei Glaubwürdigkeitsgutachten, bei Gutachten über schwierigere wirtschaftliche Zusammenhänge oder technische Fragen pp. die Anhörung des Sachverständigen in der Hauptverhandlung die Regel bleiben. Gegenteiligen Anordnungen des Vorsitzenden muss der Verteidiger zunächst entgegentreten und einen Gerichtsbeschluss gem. § 238 Abs. 2 StPO herbeiführen. Weiterhin sollte das Gericht zur Erhebung des erforderlichen Beweises durch die Stellung gezielter Beweisanträge angehalten werden.

§ 256 Abs. 1 Nr. 2 StPO eröffnet nunmehr die Möglichkeit, ärztliche Atteste über Körperverletzun- 264
gen unabhängig vom Tatvorwurf, zu verlesen. Über diesen Verfahrensvorwurf hinaus dürfen sie als Beweismittel nicht verwandt werden. Deshalb ist die Verlesung eines privatärztlichen Attests zum Nachweis des schweren sexuellen Missbrauchs eines Kindes in der Hauptverhandlung unzulässig und begründet die Revision.[490] Unzulässig ist die Verlesung von Tatsachen, die der Arzt bei Gelegenheit der Untersuchung ohne besondere Sachkunde festgestellt hat (Angaben des Verletzten, Ursache der Verletzung, Zustand der Kleidung (Fundstelle: Meyer-Goßner/Schmitt, 63. Auflage, § 256, Rn. 19).

Durch die Gesetzesänderung vom 17.8.2017 können nunmehr ausdrücklich (»unabhängig vom Tatvorwurf«) auch Atteste verlesen werden, wenn es den Nachweis einer anderen Straftat als die Körperverletzung (Sexualdelikt, Raub) dient. (Fundstelle: Meyer-Goßner/Schmitt, 63. Auflage, § 256, Rn. 20).

Eine weitere Ausnahme von dem Grundsatz der persönlichen Vernehmung eines Zeugen eröffnet die 265
Möglichkeit der Verlesung polizeilicher Ermittlungsprotokolle, die keine Vernehmung zum Gegenstand haben, § 256 Abs. 1 Nr. 5 StPO. Der Gesetzgeber hat dabei insbesondere an diejenigen Protokolle und Vermerke gedacht, die Routinevorgänge betreffen: Beschlagnahme, Spurensicherung, Durchführung einer Festnahme, Sicherstellung, Hausdurchsuchungen usw.[491] Die Beschränkung auf solche Vermerke und Protokolle muss der Verteidiger beachten. Die Aufklärungspflicht wird aber auch in solchen Fällen zur persönlichen Einvernahme des Zeugen zwingen, in denen z.B. die Umstände der Festnahme oder Erkenntnisse anlässlich einer Hausdurchsuchung für den Schuld- oder Rechtsfolgenausspruch von Bedeutung sind oder wenn die Zulässigkeit der Maßnahme hinterfragt werden muss (Bsp. Hausdurchsuchung: Womit wurde Gefahr in Verzug begründet? Warum verstrich bis zur Entscheidung zur Hausdurchsuchung so viel Zeit, dass kein Richter mehr zur Anordnung der Durchsuchung erreichbar war?) Die Verteidigung muss in solchen Fällen durch Stellung von Beweisanträgen die erforderliche Aufklärung herbeiführen.[492] Bei einer Verlesung nach § 256 Abs. 1 Nr. 5 StPO ist die Beachtung der richterlichen Aufklärungspflicht nach § 244 Abs. 2 StPO im Auge zu behalten. So kann z.B. die Verlesung des über eine Videoaufzeichnung gefertigten Ver-

489 Vgl. *Knauer/Wolf* NJW 2004, 2936; *Sommer* StraFo 2004, 297.
490 BGH NStZ 2008, 474.
491 BR-Drs. 378/03 S. 61.
492 *Meyer-Goßner/Schmitt* § 256 Rn. 26 m.w.N.

merks die Inaugenscheinnahme der Videoaufnahme selbst nicht ersetzen.[493] In allen Fällen, in denen den genannten Schriftstücken eine über die Feststellung einfacher Geschehensabläufe hinausgehende Beweisbedeutung zukommt, sollte die Verlesung polizeilicher Ermittlungsprotokolle von der Verteidigung beanstandet und einem Gerichtsbeschluss zugeführt werden.

1. Gegenstand des Urkundenbeweises

266 Nach § 249 StPO sind »Urkunden u.a. als Beweismittel dienende Schriftstücke« Gegenstand des Urkundenbeweises.

Unter Urkunden i.S.d. § 249 StPO versteht man Schriftstücke jeder Art, die verlesbar und geeignet sind, durch ihren (allgemein verständlichen oder durch Auslegung zu ermittelnden) Gedankeninhalt Beweis zu erbringen.[494] Die Beweiskraft, der Beweiswert oder die Verwertbarkeit als Beweismittel ändern nichts an der Qualität eines verlesbaren Schriftstücks als Gegenstand des Urkundenbeweises. In § 249 Abs. 1 S. 2 StPO ist nunmehr ausdrücklich klargestellt, dass elektronische Dokumente Urkunden sind. Damit ist v.a. die direkte Verlesung vom Bildschirm gemeint, auf dem das Dokument sichtbar gemacht wird.

267 Nicht verlesbar und damit nicht Gegenstand des Urkundenbeweises sind Karten, Skizzen, auch Unfallskizzen, Schallplatten, Tonbänder, technische Aufzeichnungen. Diese Gegenstände sind – auch wenn sie wie eine Urkunde eine gedankliche Erklärung enthalten – Gegenstand des Augenscheinbeweises, denn ihr Inhalt lässt sich durch sinnliche Wahrnehmung erschließen. Ferner sind Urkunden nicht verlesbar, die einem Beweisverwertungsverbot unterliegen, wie z.B. Schriftstücke, für die ein Beschlagnahmeverbot gilt, oder Protokolle widerrechtlicher Telefonüberwachungen.[495]

2. Durchführung des Urkundenbeweises

268 Der Urkundenbeweis wird durch Verlesung (§ 249 Abs. 1 StPO) oder Selbstlesung (§ 249 Abs. 2 StPO) erhoben.

Zwar kann der Inhalt einer Urkunde auch durch Vorhalt in die Hauptverhandlung eingeführt werden. Es ist jedoch zu berücksichtigen, dass Beweisgrundlage nicht die Feststellungen in der Urkunde, sondern allein die durch den Vorhalt veranlassten Erklärungen der Auskunftsperson sind. Diese müssen den Inhalt der Urkunde substantiiert aus eigener Erinnerung bestätigen können.[496]

Nach § 249 Abs. 1 S. 1 StPO erfolgt die Erhebung des Urkundenbeweises durch Verlesung ihres Inhalts. Verlesung einer Urkunde bedeutet wörtliche Wiedergabe, d.h. lautes Vorlesen durch den Vorsitzenden, durch einen anderen Richter oder den Urkundsbeamten. Die Verlesung wird üblicherweise durch den Vorsitzenden angeordnet. Der Umfang der Verlesung hängt von der Aufklärungspflicht ab. Eine Teilverlesung ist grundsätzlich zulässig, sofern nicht ein auf den Urkundsbeweis gerichteter Beweisantrag vorliegt und ein solcher Antrag nach §§ 244 Abs. 3, 245 Abs. 2 S. 1 StPO nicht abgelehnt werden kann. Die Zulässigkeit der Teilverlesung beurteilt sich danach, ob die gesamte Urkunde oder nur ein Teil für die Entscheidung von Bedeutung ist.[497]

Jeder Beteiligte kann aber die vollständige Verlesung der Urkunde als präsentes Beweismittel nach § 245 StPO beantragen, sofern er die Urkunde in der Hauptverhandlung vorliegt oder diese sich bei den Akten befindet.

269 Die Entscheidung über die Verlesung einer Urkunde oder eines anderen Schriftstücks oder über die Ersetzung der Verlesung nach § 249 Abs. 2 StPO trifft der Vorsitzende im Rahmen seiner Sachleitung.

493 OLG Düsseldorf wistra 2007, 439.
494 Meyer-Goßner/*Schmitt* § 249 Rn. 3.
495 BGHSt 31, 304; zu beachten sind jedoch die Ausführungen Rdn. 136 f.
496 OLG Thüringen StV 2007, 25.
497 So BGHSt 11, 29.

Ein Gerichtsbeschluss ergeht nur, wenn die Maßnahme des Vorsitzenden nach § 238 Abs. 2 StPO beanstandet wird.

Ausnahmsweise setzt der Urkundenbeweis nach § 251 Abs. 1 und 2 StPO einen Gerichtsbeschluss voraus (§ 251 Abs. 4 StPO), weil durch die Ersetzung der unmittelbaren Zeugenvernehmung durch die Verlesung eines Protokolls gravierende Ausnahmen von § 250 S. 2 StPO vorliegen[498].

Die Verlesung muss – als wesentliche Förmlichkeit des Verfahrens – gem. § 273 Abs. 1 StPO in dem 270 Protokoll beurkundet werden. Schweigt das Protokoll, so gilt die Verlesung wegen dessen Beweiskraft nach § 274 StPO als nicht erfolgt.[499]

Jedoch reicht allein der Vermerk, dass die Urkunde zum Gegenstand der Verhandlung gemacht wurde, nicht zum Nachweis der Verlesung aus.

Es muss aus dem Protokoll erkennbar sein, ob die Urkunde verlesen, vorgehalten oder vom Vorsit- 271 zenden lediglich wiedergegeben wurde.[500]

Bei Verlesungen zum Zwecke der Gedächtnisunterstützung und zum Zweck der Beweisaufnahme über ein Geständnis (§§ 253 und 254 StPO) muss unter den Voraussetzungen des § 255 StPO, d.h. auf Antrag der Staatsanwaltschaft oder des Angeklagten, auch der Grund der Verlesung protokolliert werden.

Soweit die Aufklärungspflicht (§ 244 Abs. 2 StPO) nicht die wörtliche Verlesung gebietet, kann der Vorsitzende an Stelle der Verlesung den Inhalt des verlesbaren Schriftstücks feststellen und bekannt geben, solange nicht einer der Beteiligten die Verlesung beantragt.[501]

Kommt es auf den genauen Wortlaut kurzer und leicht erfassbarer, auch ausländischer Schriftstücke 272 nicht an, kann ihr Inhalt durch Vorhalt in die Hauptverhandlung eingeführt werden. Jedoch ist ein solcher Vorhalt kein Urkundenbeweis, sondern ein Vernehmungsbehelf. Grundsätzlich ist der Vorhalt von Urkunden möglich, um damit eine Vernehmung inhaltlich zu bereichern. Als Grundlage des Urteils kann dann aber nur die auf den Vorhalt abgegebene Erklärung, nicht aber der Inhalt der zum Vorhalt verlesenen Urkunde selbst, verwertet werden.

Unzulässig ist die Einführung von längeren, sprachlich schwierigen oder inhaltlich schwer verständlichen Urkunden durch bloßen Vorhalt. Sofern der genaue Inhalt einer Urkunde wesentlich ist, kommt nur eine Einf. durch die Verlesung nach § 249 StPO in Betracht.

§ 249 Abs. 2 StPO gestattet, die Verlesung eines Schriftstücks durch Kenntnisnahme zu ersetzen, 273 mit der Folge, dass der Inhalt der Urkunde in der Hauptverhandlung nicht zur Sprache kommen muss (Selbstleseverfahren). Diese Erleichterung des § 249 Abs. 2 StPO gilt aber nicht bei der eine Zeugenvernehmung ersetzende (§ 251 StPO) oder ergänzende (§ 253 StPO) Verlesung, bei Geständnissen des Angeklagten (§ 254 StPO) und den ausnahmsweise verlesbaren schriftlichen Zeugnissen und Gutachten (§ 256 StPO).

Das Verfahren findet auf Anordnung des Vorsitzenden statt. Das Gericht entscheidet, wenn Staats- 274 anwalt, Angeklagter und Verteidiger unverzüglich der Anordnung des Vorsitzenden widersprechen. Die Entscheidung des Gerichts ist nicht anfechtbar. Der 5. Strafsenat des BGH hat mit Beschluss vom 11.11.2020 -5 StR 197/20 klargestellt, dass ein Urteil auf den Verfahrensfehler des Nichtbescheidens eines Widerspruchs gegen die Anordnung des Selbstleseverfahrens regelmäßig nicht beruhen kann. Damit hat der Senat seine bisherige Rechtsprechung aufgegeben.

498 BGH NJW 10, 3383.
499 BGH NStZ 1993, 51; StV 1999, 359; NStZ-RR 1999, 37, OLG Thüringen StV 2007, 25.
500 OLG Celle StV 1984, 107.
501 BGHSt 30, 10.

Von einer Verlesung kann folglich nach § 249 Abs. 2 StPO u.a. abgesehen werden, wenn die Prozessbeteiligten die Möglichkeit der Kenntnisnahme hatten und niemand dieser Verfahrensweise widersprochen hat. Richter und auch Schöffen müssen die Urkunden lesen.[502]

Der Umfang der Protokollierung eines angeordneten Selbstleseverfahrens richtet sich nach § 249 Abs. 2 S. 3 StPO.

III. Der Augenschein

275 Die Augenscheinseinnahme, § 86 StPO, ist eine Beweiserhebung durch sinnliche Wahrnehmung der Existenz, Lage oder Beschaffenheit eines Objektes. Sie erfolgt durch Sehen, Hören, Riechen, Fühlen oder Schmecken.[503] Letztlich ist jede Beweiserhebung, die nicht als Zeugen-, Sachverständigen- oder Urkundenbeweis gesetzlich besonders geregelt ist, Augenscheinseinnahme.[504]

276 Mögliche Objekte des Augenscheinsbeweises sind:

- Abbildungen und Darstellungen in Druckwerken;
- Lichtbilder, sofern sie nicht lediglich als Hilfsmittel zur Veranschaulichung der Einlassung des Beschuldigten und der Aussagen von Zeugen und Sachverständigen dienen;
- Filmstreifen; Schallplatten- und Tonbandaufnahmen. Durch sie können Tathandlungen oder der eigene strafbare Inhalt des Filmstreifens, der Schallplatte oder des Tonbandes bewiesen werden. Weiterhin können – z.B. im Fall des § 100a – Beweisanzeichen gegeben werden.
- Skizzen und Zeichnungen, aber nur zum Beweis ihrer Existenz oder Herstellung. Kommt es auf den gedanklichen Inhalt an, muss der Hersteller hierzu als Zeuge vernommen werden;[505]
- Technische Aufzeichnungen wie Lochstreifen und Fahrtenschreiberdiagramme, wenn der Richter sie selber auswerten kann;[506]
- Urkunden dann, wenn es auf ihre Beschaffenheit oder die Art der Schriftzüge und nicht den gedanklichen Inhalt ankommt.[507] Ferner, wenn ihre Verlesung nicht möglich ist, weil sich auf einem Blatt Papier nur eine Aufstellung von Zahlen, Buchstaben oder zusammenhanglosen Worten befindet;
- Vorgänge und Experimente, wenn sie nicht Bestandteil eines Sachverständigengutachtens oder einer Zeugenaussage sind. Beispiel: Ob sich eine Geldkassette ohne Schlüssel öffnen lässt, s. Muster;
- Ortsbesichtigungen.

277 Das Gericht kann den Augenscheinsbeweis im Gerichtssaal oder außerhalb des Gerichtsgebäudes erheben. Ist der Gegenstand des Augenscheins bereits offizielles Beweismittel des Verfahrens, z.B. Asservat oder Aktenbestandteil (Lichtbilder), ist die Augenscheinseinnahme schon nach § 245 Abs. 1 StPO geboten, es sei denn, die Beteiligten verzichten darauf. Hat der Verteidiger das Augenscheinsobjekt mitgebracht, muss das Gericht den Beweis erheben, wenn ein entsprechender Beweisantrag gestellt wird, § 245 Abs. 2 StPO.

278 Die Augenscheinseinnahme außerhalb des Gerichtssaals ist grundsätzlich gem. § 244 Abs. 5 StPO in das pflichtgemäße Ermessen des Gerichts gestellt. Den Antrag auf Einnahme des Augenscheins außerhalb des Gerichtssaales kann das Gericht mit der Begründung ablehnen, dass er zur Erforschung der Wahrheit nicht erforderlich ist. Maßstab dafür ist allein die Aufklärungspflicht des Gerichts. Der Verteidiger hat deshalb schon in seinem Beweisantrag darzulegen, warum die Aufklärungspflicht des Gerichts zur Erhebung des Augenscheinsbeweises drängt.

502 BGH NStZ 2005, 160.
503 BGHSt 18, 51 (53).
504 Vgl. Meyer-Goßner/*Schmitt* § 86 Rn. 1.
505 Vgl. Meyer-Goßner/*Schmitt* § 86 Rn. 12 m.w.N.
506 Vgl. OLG Düsseldorf NJW 1997, 269.
507 BGH StV 1999, 359 f.

279 Lehnt das Gericht den Antrag auf Augenscheinseinnahme außerhalb des Gerichtssaales ab, so sollte der Verteidiger eine Person mit der Augenscheinseinnahme beauftragen. Er kann dann den Antrag stellen, diese Person als Zeugen zum Ergebnis der Augenscheinseinnahme zu vernehmen, am sinnvollsten unter den Voraussetzungen des § 245 Abs. 2 StPO, also indem er sie als präsentes Beweismittel zur Hauptverhandlung stellt. Das Gericht kann selbst Augenscheinsgehilfen beauftragen und als Zeugen vernehmen, z.B. Polizeibeamte zu den Tatörtlichkeiten oder dem Ergebnis der Vermessung einer Unfallstelle. Für die Auswahl, die Ablehnung wegen Befangenheit und die Pflicht zum Tätigwerden gelten dann trotz des Zeugenstatus solcher Personen die Sachverständigenvorschriften.[508]

280 Benötigt die Person eine besondere Sachkunde für die Einnahme des Augenscheins, z.B. medizinische Schulung, ist sie nicht Augenscheinsgehilfe sondern Sachverständiger.

281 Zu solchen Anträgen verweisen wir auf das folgende Schriftsatzmuster:

▶ **Antrag auf Inaugenscheinnahme**

In der Strafsache

./. M

12 Ls 32/08

beantrage ich,

die Geldkassette, Asservat Nr. 2345/07 in Augenschein zu nehmen und

1. mit dem Daumen auf das Schloss der geschlossenen Geldkassette zu drücken, zum Beweis der Tatsache, dass die Geldkassette sich bei einfachem Druck auf das Kassettenschloss öffnet und sodann
2. den Kassettendeckel wieder auf den Kassettenboden zu drücken, zum Beweis der Tatsache, dass die offene Kassette durch einfachen Druck auf den Kassettendeckel schließt.

Begründung:

Herrn M wird vorgeworfen, in den Kindergarten X eingebrochen zu sein und dort diverse Gegenstände, u.a. die Geldkassette, entwendet zu haben. Der Tatverdacht beruht allein darauf, dass anlässlich einer Durchsuchung seiner Wohnung in anderer Sache die o.g. Geldkassette in verschlossenem Zustand aufgefunden wurde. Die vor der Wegnahme in der Kassette befindlichen Unterlagen, insbesondere Quittungen etc., lagen neben der unbeschädigten und verschlossenen Geldkassette. Die übrigen in dem Kindergarten entwendeten Gegenstände hingegen konnten nicht mehr aufgefunden werden.

Mein Mandant gibt an, er habe die Geldkassette neben dem Müllcontainer vor dem Kindergarten gefunden. Später habe er sie in seiner Wohnung ohne Schlüssel und ohne Werkzeug in der im Antrag beschriebenen Weise geöffnet und nach der Entnahme der Papiere wieder verschlossen. Mit dem Einbruch habe er nichts zu tun. Die Staatsanwaltschaft hingegen wertet den Umstand, dass die Geldkassette von meinem Mandanten geöffnet werden konnte, als entscheidendes Indiz seiner Täterschaft, denn nur wer auch die anderen Gegenstände, also auch den Schlüssel im Kindergarten entwendet hat, könne die Geldkassette ohne Beschädigungen geöffnet haben.

Die angebotene Beweiserhebung wird belegen, dass dieser Rückschluss falsch ist. Die Tatsache, dass der frühere Kassetteninhalt von meinem Mandanten entnommen wurde, lässt nach dem in Aussicht gestellten Beweisergebnis keinen Rückschluss auf den Täter des Einbruchdiebstahles mehr zu.

Die asservierte, in der Anklage als Beweismittel genannte und von dem Gericht zur Hauptverhandlung herbeigezogene Geldkassette ist Beweismittel i.S.d. § 245 I StPO. Die Inaugenscheinnahme ist von Amts wegen geboten. Das begehrte Experiment ist gleichfalls Augenscheinbeweis, vgl. Meyer-Goßner, § 86 Rn. 15. Das Experiment kann problemlos im Rahmen der Hauptver-

508 Vgl. Meyer-Goßner/*Schmitt, 63. Aufl.*, § 86 Rn. 4.

handlung durchgeführt werden. Der Angeklagte ist bereit, selbst die beschriebenen Einwirkungen auf die Kassette zu demonstrieren. Wir sind aber auch damit einverstanden, dass der Vorsitzende die Überprüfung des Schließmechanismus der Geldkassette selbst vornimmt.

Rechtsanwalt/Rechtsanwältin

IV. Sachverständigenbeweis

282 Der Sachverständige als persönliches Beweismittel ist in der Rechtstheorie »Gehilfe des Richters«.[509] In der Praxis jedoch ist das Ergebnis des Sachverständigengutachtens in den meisten Fällen prozessentscheidend. Dementsprechend hat sich die Literatur ausführlich mit der Stellung des Sachverständigen im Strafprozess beschäftigt.[510]

283 Neben den Fällen, in denen eine Mitwirkung eines Sachverständigen immer vorgeschrieben ist (Einweisung in ein psychiatrisches Krankenhaus – § 81 StPO; Unterbringung – §§ 80a, 246a, 414 StPO, 63 StGB; Autopsie – § 87 ff. StPO; Vergiftung – § 91 StPO; Wertzeichenfälschung – § 92 StPO), muss das Gericht dann einen Sachverständigen hinzuziehen, wenn es nicht über die ausreichende Sachkunde verfügt. Dies kann z.B. bei der Beurteilung der Glaubwürdigkeit von Zeugen, der Frage von Reifeverzögerungen oder bei Fragen der Schuldfähigkeit der Fall sein.[511]

284 Aufgrund der häufig prozessentscheidenden Bedeutung des Gutachtens ist die Verteidigung im Hinblick auf den Sachverständigen zu besonders sorgfältigem Arbeiten verpflichtet. Für den Fall, dass das Gutachten des Sachverständigen in der Hauptverhandlung nach § 256 Abs. 1 Nr. 2 StPO im Wege des erweiterten Urkundenbeweises ohne weitere Anhörung des Sachverständigen verlesen werden soll, ist auf Rdn. 266 zu verweisen.

Vor der Erstattung des mündlichen Gutachtens in der Hauptverhandlung kann die Verteidigung ein vorläufiges, schriftliches Gutachten verlangen,[512] da der Sachverständige stets zu einer vorausgehenden Untersuchung verpflichtet ist, weil die bloße Anwesenheit in der Hauptverhandlung und seine dortigen Erkenntnisse nicht ausreichen.[513]

285 Das vorläufige Gutachten ist von der Verteidigung genau zu überprüfen. Reicht die eigene Sachkunde des Verteidigers – etwa mithilfe des Fragenkatalogs von *Krekeler*[514] – zur Überprüfung des Gutachtens nicht aus, muss das Gutachten einem eigenen Sachverständigen zur »Oberbegutachtung« vorgelegt werden.

286 Für den Fall, dass die Verteidigung das vorläufige Gutachten des Sachverständigen angreifen will, bieten sich verschiedene Möglichkeiten. Erscheint es bereits fraglich, auf welcher Tatsachengrundlage die Schlüsse gezogen wurden und ob die beschriebenen Untersuchungen tatsächlich durchgeführt wurden, ist vom Verteidiger ein **Beweisantrag auf Zuziehung der Untersuchungsunterlagen** mit der Behauptung zu stellen, die Untersuchungsergebnisse rechtfertigten nicht die vom Sachverständigen gezogenen Schlüsse. Bei dieser Behauptung kann das Gericht den Beweisantrag nicht mit der Begründung ablehnen, die Unterlagen des Sachverständigen müssten grundsätzlich nicht vorgelegt werden.[515] Nach hier vertretener Auffassung ist dem Verteidiger aufgrund seiner Stellung im Strafverfahren, als Kontrolle ausübender Interessenvertreter des Angeklagten, grundsätzlich Einsicht in die Tatsachengrundlagen zu geben, auf denen die sachverständigen Schlüsse beruhen. Da der Sach-

509 BGHSt 13, 1.

510 Vgl. *Jungfer* StraFo 1995, 19 ff.; *Kempf* StraFo 1995, 110 ff.; *Krekeler* StraFo 1996, 5 ff.

511 Hierzu vgl. KK/*Krehl* § 244 Rn. 44 f m.w.N.; BGH 5 StR 39/13; OLG Koblenz StraFo 2010, 384; *Schmuck/Steinbach* StraFo 2010, 17.

512 *Jungfer* StraFo 1995, 19; BGH StV 2009, 5 (6); für das Zivilrecht BGH VI ZR 275/08; anders BGH 2 StR 205/09.

513 So BGH NStZ 1993, 395.

514 *Krekeler* StraFo 1996, 5, 11.

515 BGH NStZ 1989, 143; kein allgemeiner Einsichtsanspruch: BGH StV 1995, 565.

verständige als Gehilfe des Richters tätig wird, hat sein Interesse an der Geheimhaltung seiner Testergebnisse dem Interesse an der Transparenz des evtl. Schuldspruchs zu weichen.

Die Verteidigung kann fachliche Mängel des Gutachtens, Fehler bei der Belehrung des Probanden, Fehler bei der Einwilligung der Erziehungsberechtigten etc. selbst im Rahmen des Erklärungsrechts rügen und/oder etwa mit einem Befangenheitsantrag, einem Antrag auf Entbindung,[516] einem Antrag auf Einholung eines weiteren Sachverständigengutachtens etc. verbinden. I.d.R. werden die Ausführungen des Verteidigers allein kaum das Gericht veranlassen, wesentliche Zweifel an der Richtigkeit der sachverständigen Ausführungen anzumelden. Der Sachverständige erscheint als der Spezialist, der Verteidiger nicht. 287

Will die Verteidigung ein Gutachten eines Sachverständigen wirkungsvoll angreifen, kann sie einen anderen Sachverständigen mit der Erstellung eines methodenkritischen Gutachtens beauftragen – v.a. wenn bereits ein schriftliches Gutachten des beauftragen Sachverständigen vorliegt. Das »Gegengutachten« muss durch die Verteidigung mit Stellung eines Beweisantrags in die Hauptverhandlung eingeführt werden.

Daher kommt dem Selbstladerecht der Verteidigung nach § 220 StPO besondere Bedeutung zu. Die Verteidigung kann hierüber »ihren« Sachverständigen in das Verfahren einführen, zumal ein Angeklagter auch durch die Verweigerung der Untersuchung durch den gerichtlich bestellten Gutachter nicht die Bestellung eines weiteren, ihm genehmen Sachverständigen erzwingen kann.[517] Wichtig ist, dass die hohen formalen Anforderungen an das Selbstladeverfahren beachtet werden, ein entsprechender Beweisantrag gestellt werden muss und der Sachverständige dann als präsentes Beweismittel nach § 245 StPO zu behandeln ist. Ein anderer Weg ist die Beiziehung eines Sachverständigen als anwaltlicher Mitarbeiter. Bei diesen Konstellationen hat die Verteidigung Anträge an das Gericht zu stellen, die dem eigenen Sachverständigen die Überprüfung aller Tatsachen ermöglichen, z.B.: 288

- Antrag auf Fertigen einer Kopie des Videobandes, das als Beweisstück asserviert ist
- Antrag auf Überspielen einer Tonbandaufnahme auf das eigene Tonband des Verteidigers
- Antrag auf Sicherung eines Teils von Sekret- oder sonstigen Spuren für die Verteidigung
- Antrag auf Gestattung der Teilnahme des eigenen Sachverständigen an Autopsie

Bei der Begutachtung der Glaubwürdigkeit von Zeugen und der Glaubhaftigkeit ihrer Angaben bleibt i.d.R. nur die fachliche Gutachtenkritik zum Gutachten des gerichtlich bestellten Gutachters, weil der Zeuge kaum einer weiteren (eigenen) Begutachtung durch den Sachverständigen der Verteidigung zustimmen dürfte.[518] 289

Wir weisen auf folgendes Schriftsatzmuster hin: 290

▶ Antrag auf Einholung eines psychologischen Sachverständigengutachtens

In der Strafsache

gegen D

24 KLs – 6/08 –

beantrage ich,

ein psychologisches Sachverständigengutachten einzuholen, zum Beweis der Tatsache, dass zumindest die Steuerungsfähigkeit des Herrn D infolge einer frühkindlichen Persönlichkeitsstörung bei der Begehung der ihm vorgeworfenen Tat erheblich herabgesetzt war.

Begründung:

516 Vgl. *Rode/Legrano* StV 1995, 496.
517 BGHSt 44, 31.
518 Vgl. dazu auch *Jansen* StV 2000, 224 ff.

Der Vater des D war Alkoholiker. Er schlug die Mutter täglich, auch vor den Augen der Kinder. Gegen die Kinder war er gleichfalls überaus gewalttätig. Annähernd täglich erfolgten Züchtigungen mit Faustschlägen und Fußtritten. Noch deutlich vor dem 4. Lebensjahr meines Mandanten kam es zu einem Vorfall, bei dem der Vater D aus dem Fenster des Hochhauses hielt und erklärte, er werde ihn fallen lassen.

Die Trennung der Eltern erfolgte, als D 4 Jahre alt war. Die Mutter hatte dann wechselnde Partner, die jeweils bei ihr einzogen. Sie konsumierte regelmäßig Betäubungsmittel, was auch sie gegenüber den Kindern unberechenbar und ungerecht werden ließ. Eine regelrechte häusliche Versorgung hat D nie erfahren. Ein Vertrauensverhältnis zu einem Elternteil konnte D nie aufbauen. Der weitere Lebensweg ab dem 8. Lebensjahr ist von Heimaufenthalten und schließlich dem Leben als Obdachloser geprägt. Einen Schulabschluss hat er nicht.

Die sich aus diesem Lebensweg ergebende Dissozialität hat zu gravierenden strukturellen Defiziten meines Mandanten geführt, nämlich zu einer mangelnden Ich-Integration und zu einer Unfähigkeit zur Realitätsanpassung, vgl. *Nedopil*, Forensische Psychiatrie, 1996, 134. Diese Persönlichkeitsstörung war Auslöser der angelasteten Tat. Das Delikt steht in engem motivationalem und situativem Zusammenhang mit der Persönlichkeitsstörung. Die in der konkreten Situation nicht angemessene und unverständlich erscheinende Gewaltanwendung und -intensität erfolgte allein vor dem Hintergrund der Enttäuschung meines Mandanten über seine Zurückweisung und die Annahme anderer Bewerber.

Frühkindliche und verhaltensbedingte Persönlichkeitsstörungen fallen unter das Merkmal der anderen seelischen Abartigkeit i.S.v. §§ 20, 21 StGB. Es handelt sich nicht um krankhafte Veränderungen, sondern anlage- und verhaltensbedingte Störungen. Sie fallen daher in das Fachgebiet des Psychologen, nicht das des Psychiaters.

Unter Hinweis auf Nr. 70 RiStBV schlage ich als Sachverständige vor:

Frau Prof. Dr. R aus K.

Frau Prof. Dr. R verfügt über große praktische klinische Erfahrung auf diesem Fachgebiet.

Rechtsanwalt/Rechtsanwältin

291 Wir führen im Folgenden ohne Anspruch auf Vollständigkeit und nur exemplarisch einige Sachverständige an, die der Verteidiger im Rahmen der Hauptverhandlung bei geeigneter Beweislage in einem Beweisantrag benennen, selbst laden oder als Gehilfen der Verteidigung beauftragen kann:

Sachverständige im Strafverfahren	
Sachverständigengruppe	**Tätigkeitsfeld**
Mediziner	
Psychiater	– Schuldunfähigkeit und verminderten Schuldfähigkeit des Angeklagten; – Verhandlungsfähigkeit; – Aussagetüchtigkeit von Zeugen; – Unterbringung in einem psychiatrischen Krankenhaus; – Unterbringung in einer Entziehungsanstalt; – Unterbringung und Entlassung aus der Sicherungsverwahrung; – Führungsaufsicht; – Gefährlichkeitsprognose im Strafvollstreckungsverfahren Begutachtung von Jugendlichen; – Affekt- und Impulstaten
Augenarzt	– Sehvermögen und Sehstörungen des Angeklagten; – Sehvermögen und Sehstörungen von Zeugen; – Verhandlungsfähigkeit
Ohrenarzt	– Hörvermögen und Hörstörungen des Angeklagten; – Hörvermögen und Hörstörungen von Zeugen; – Verhandlungsfähigkeit

Sachverständige im Strafverfahren	
Sachverständigengruppe	**Tätigkeitsfeld**
Gynäkologe	– Begutachtung weiblicher Angeklagter bei Abtreibungen und Kindestötungen; – Gynäkologische Befunde bei Zeugen/Geschädigten; – Verhandlungsfähigkeit
Kardiologe	– Leistungsfähigkeit/Leistungsschwäche des Herzens des Angeklagten/des Zeugen; – Verhandlungsfähigkeit
Orthopäde	– Funktion bzw. Funktionsstörungen der Wirbelsäule; – Unfallfolgen; – Verhandlungsfähigkeit
Rechtsmediziner	– Obduktionen; Blutalkoholanalyse; – Blutanalyse auf Drogen; – Untersuchung von Spermaspuren
Zahnarzt	– Identifizierung von Personen; – Altersbestimmungen; – Verhandlungsfähigkeit
Radiologe	– Altersbestimmung durch Röntgen von Handwurzelknochen und Schlüsselbeinknochen; – Verhandlungsfähigkeit
Kriminaltechnik	
Chemiker	– Chemische Analysen aller Art, insbesondere DNA Analysen; – Bestimmung von Brandbeschleunigern oder Brandverzögerern; – Bestimmung der Zusammensetzung von Sprengsätzen
Biologe	– biologische Gutachten aller Art; – Bestimmung von Viren, Bakterien; – Nachweis biologischer Prozesse
Brandsachverständiger	Brandursachenermittlung
Ingenieur	– technische Begutachtung von Fahrzeugen; – technische Begutachtung von Anlagen und Maschinen; – technische Begutachtung von Alarmsystemen visuelle Spurenvergleiche
Gentechniker	– DNA Analyse; – Abstammungsnachweise; – Ermittlung von genetisch bedingten Erkrankungen
Sachverständiger für Biometrie	– Nachweis von Personenidentität bzw. Nichtbestehen der Identität anhand von Merkmalen wie Fingerabdruck, Augeniris, etc. – Daktyloskopische Untersuchungen
Grafologe	– Begutachtung von handschriftlich verfassten Schriftstücken auf Verfasseridentität oder nicht bestehende Verfasseridentität; – Bestimmung von Besonderheiten von Handschriften
Stimmerkennung	– Sprechprobenvergleichsgutachten
Psychologen	
Jugendpsychologe	– Bewertung von Reifeverzögerungen; – Schuldfähigkeit/verminderte Schuldfähigkeit; – Beurteilung von Affekttaten; – Beurteilung von heranwachsenden Straftätern; – Kriminal-(Rückfall) Prognose
Familienpsychologe	Beurteilung des Kindeswohls und der Erziehungsfähigkeit im Verfahren z.B. gegen Mitarbeiter des Jugendamtes in Fällen von Kindestötung/Kindesmisshandlung

Sachverständige im Strafverfahren	
Sachverständigengruppe	**Tätigkeitsfeld**
Aussagepsychologe	– Glaubhaftigkeitsanalyse von Aussagen von Zeugen; – Begutachtung neuropsychologischer Prozesse bei Aussagen
Polygraphische Untersuchung	– Begutachtung nonverbaler Indikatoren von Täuschung und psychophysiologische Aussagebeurteilung
Ethnologe	– Begutachtung der kulturellen, sozialen und moralischen Besonderheiten bestimmter Ethnien; – Begutachtung des »Ehrenkodex« bestimmter Ethnien
Anthropologe	Anthropologisches Identitätsgutachten
Sprachwissenschaftler	Forensisch-Linguistischer Textvergleich im Hinblick auf die Verwendung eines bestimmten Schreibstils, besonderer Redewendungen, etc.

K. Besondere Probleme der Beweisaufnahme

I. Optische und akustische Identifikation von Personen

1. Optische Identifikation

292 Wird in der Hauptverhandlung eine optische Identifikation des Angeklagten[519] oder eine Bestätigung einer früheren Identifikation eine Rolle spielen, so hat der Verteidiger im Vorfeld die historische Entwicklung dieser Identifikation nachzuvollziehen und sich mit den gedächtnis-psychologischen Grundsätzen des (Wieder-) Erkennens vertraut zu machen.[520]

293 Das Wiedererkennen einer Person durch den Augenzeugen ist ein Entscheidungsprozess des Zeugen, bei dem dieser eine real vorgegebene Person (meist der Verdächtige) mit seinem Gedächtnisbild von der Zielperson (dem Täter) vergleicht.

Die Identifizierung kann aufgrund vorausgehender Lichtbildvorlagen oder einer Wahlgegenüberstellung bzw. Wahllichtbildvorlage geschehen.

294 Die Verteidigung muss folgende empirische Erkenntnisse ihrer Arbeit zugrunde legen: Die Zuverlässigkeit des jeweiligen Beweismittels ist danach zu bestimmen, wie wahrscheinlich die zu beweisende Tatsache aufgrund des Erklärungswertes des Beweismittels ist. Zeugenaussagen gehören zu den praktisch wichtigsten, aber hinsichtlich ihrer generellen Zuverlässigkeit schlechtesten Beweismitteln. Das beruht darauf, dass Wahrnehmung und Wiedergabe des Wahrgenommenen regelmäßig mit vielen Fehlerquellen behaftet sind, deren sich der Aussagende auch bei den besten Absichten und größtem Bemühen oft nicht bewusst ist.

295 Den Beweiswert der Identifizierung kann man anhand von bestimmten Kriterien – sog. Schätz- und Kontrollvariablen – bestimmen. Schätzvariablen sind situationsgebundene Faktoren einerseits (wie Lichtverhältnisse, Stress, Erregung, Art der Täterhandlung) sowie die besonderen Merkmale der zu identifizierenden Person, die sog. Täterfaktoren und Zeugenfaktoren (wie z.B.: Alter, Intelligenz, Geschlecht, Selbstbewusstsein), andererseits.

Als Kontrollvariablen werden Faktoren bezeichnet, auf die die Ermittlungsbehörden Einfluss nehmen können.

Dazu gehören die Vernehmungstechniken vor dem Identifizierungsversuch, die Auswahl der Alternativpersonen, die Art der Gegenüberstellung wie auch Instruktionen an den Zeugen.

519 Vgl. dazu *Bender/Nack* Rn. 764, 792 ff., 812 ff.
520 Vgl. hierzu anschaulich OLG Köln NStZ 1991, 202 f.; *Odenthal* StraFO 2013, 62 ff.

a) Vorausgehende Lichtbildvorlage

Das zuerst vorgelegte Lichtbild hat auf den Zeugen erhebliche suggestive Wirkungen. Der Zeuge wird i.d.R. dazu neigen, die Person, die er auf dem zunächst vorgelegten Lichtbild erkannt hat, auch bei der Gegenüberstellung »wiederzuerkennen«. In der Praxis sind nur etwa 5 % der Zeugen in der Lage, einen Täter anhand der Lichtbildkartei wirklich zu identifizieren. Die höchstrichterliche Rechtsprechung misst daher dem Wiedererkennen nach vorangegangener Lichtbildvorlage nur eingeschränkten Beweiswert zu.[521] **296**

b) Wahlgegenüberstellung

Die Gegenüberstellung zum Zwecke der Identifizierung gem. Nr. 18 RiStBV soll als **Wahlgegenüberstellung** mit einer Reihe anderer Personen gleichen Geschlechts, ähnlichen Alters und ähnlichen Erscheinungsbildes stattfinden. Eine Einzelgegenüberstellung ist zwar nicht unzulässig, ihr Ergebnis hat aber nur einen sehr eingeschränkten Beweiswert.[522] Grundsätzlich wird von der Rspr. eine Wahlgegenüberstellung mit Alternativpersonen entsprechend Nr. 18 RiStBV gefordert. Wurde gegen die Vorgaben aus Nr. 18 RiStBV verstoßen, ist eine Verwertung des Beweisergebnisses zwar grundsätzlich möglich, jedoch ist das Gericht gehalten, in seinem Urteil auszuführen, dass es sich der Beeinträchtigung des Beweiswerts bewusst war.[523] Insbesondere sind nach Nr. 18 S. 3 RiStBV die Einzelheiten der Gegenüberstellung aktenkundig zu machen, damit sich das Gericht selbst einen Eindruck von dem Ablauf der Gegenüberstellung machen kann. Dazu gehören die möglichst wörtlich protokollierten Zeugenaussagen vor und nach der Gegenüberstellung, Fotos der Vergleichsgruppen, die Namen der beteiligten Personen. **297**

Fraglich ist, ob dem Verteidiger bei der Gegenüberstellung ein Anwesenheitsrecht zukommt. Die Rspr. verneint dies für Fälle der von der Staatsanwaltschaft angeordneten Gegenüberstellung ebenso wie für von der Polizei angeordneten Gegenüberstellungen. Dem kann jedoch nicht gefolgt werden, da sich ein Anwesenheitsrecht des Verteidigers aus dem Gesetz ergibt.[524] § 163a Abs. 3 StPO bestimmt, dass der Beschuldigte verpflichtet ist, auf Ladung vor der Staatsanwaltschaft zu erscheinen. Dann haben aber auch die Vorschriften über die richterliche Vernehmung, mit ihrem Anwesenheitsrecht für die Verteidigung, Anwendung zu finden, da § 163a Abs. 3 StPO hierauf verweist. Weil auch eine Gegenüberstellung durch die Polizei die Funktion einer vorweggenommenen Maßnahme der Hauptverhandlung hat, folgt hieraus ebenfalls ein Anwesenheitsrecht der Verteidigung.

Man unterscheidet zwischen **simultaner und sequenzieller Gegenüberstellung**, wobei letztere zu weniger Falschidentifizierungen führt. Wichtig ist, dass der Zeuge jede einzelne Person mit seinem eigenen Gedächtnisbild vergleicht und nicht die Alternativpersonen miteinander. **298**

Erforderlich ist deshalb eine sequenzielle Gegenüberstellung: Dem Zeugen wird stets nur eine Person aus der Vergleichsgruppe vorgestellt. Dadurch muss er für jede einzelne Person entscheiden, ob es sich um den Täter handelt. Erst danach wird die nächste Vergleichsperson vorgestellt. Der Zeuge weiß bei diesem Verfahren nicht, wie viele Personen ihm insgesamt vorgestellt werden.

Im Ergebnis ist bei der sequenziellen Gegenüberstellung der Anteil der korrekten Identifizierungen (mit 44 % Fehlern gegenüber 72 % Fehlern bei der simultanen Gegenüberstellung) höher. Auch wenn die sequenzielle Gegenüberstellung nicht genau den Vorgaben von Nr. 18 RiStBV entspricht, ist sie der simultanen Gegenüberstellung doch wegen ihrer höheren Zuverlässigkeit überlegen und sollte **299**

---

521 BGHSt 18, 204; BGH StV 2005, 421 m.w.N; BGH StV 2013, 546 (547); OLG Hamm StV 2010, 125; vgl. auch BGH 5 StR 123/13.

522 BGH NStZ 1994, 295 (296).

523 OLG Frankfurt NStZ 1988, 41; OLG Düsseldorf StV 1994, 8.

524 *Pauly* StraFo 1998, 41 (42).

daher bevorzugt werden. Auch eine Entscheidung des Bundesgerichtshofs aus dem Jahr 2000 bestätigt, dass die sequenzielle Gegenüberstellung der Wahlgegenüberstellung vorzuziehen sein dürfte.[525]

300 Wesentlich für den Beweiswert einer Wahlgegenüberstellung ist auch die **Auswahl der Vergleichspersonen**. In der äußeren Erscheinung sollten sich die Alternativpersonen in der Gegenüberstellungsgruppe nicht wesentlich von der des Verdächtigen unterscheiden.

Bei einer objektiven Vorauswahl sind die äußeren Merkmale abzugleichen und vorzuprüfen.

In der anschließenden subjektiven Auswahl werden die Personen nach den Merkmalen ausgewählt, die dem Zeugen bei dem Täter aufgefallen sind. Des Weiteren ist die Kleidung der Alternativpersonen abzustimmen, da dieser Faktor wesentlich für die Anzahl der wissenschaftlich untersuchten Falschidentifizierungen ist.

Die Vergleichsgruppe sollte wenigstens aus acht Personen bestehen, wobei der Beschuldigte seinen Platz selbst auswählen soll. Sofern ein zweiter Wahlgegenüberstellungsdurchgang stattfindet, sollte mit verschiedenen Personengruppen gearbeitet werden und der Verdächtige sollte sich nur in einer Gruppe befinden.

Wichtig ist, dass die Alternativpersonen keine Kenntnis davon haben, wer der Verdächtige ist, damit sie nicht durch Hinweisreize die Aufmerksamkeit des Zeugen auf den Verdächtigen lenken können.

301 Der **Leiter der Gegenüberstellung** sollte nicht mit in die Vorbereitungen der Gegenüberstellung einbezogen werden, damit er nicht aus seiner Erwartungshaltung heraus dem Zeugen unbewusst Hinweise auf den Verdächtigen zu geben vermag.

302 Auch darf der Zeuge vor der Gegenüberstellung nicht den Vergleichspersonen begegnen, um der Gefahr der Suggestion vorzubeugen. Dem Zeugen ist weiterhin klarzumachen, dass auch die Möglichkeit besteht, dass es zu keiner Identifizierung kommt, weil sich der Verdächtige gar nicht in der Personengruppe befinden muss.

c) Wahllichtbildvorlagen

303 Wahllichtbildvorlagen werden gem. Nr. 18 RiStBV nach den gleichen Grundsätzen durchgeführt wie Wahlgegenüberstellungen. Insofern sind alle Einzelheiten der Wahllichtbildvorlage aktenkundig zu machen. Auch müssen dem Gericht alle dem Zeugen bei der Wahllichtbildvorlage vorgelegten Lichtbilder zugänglich gemacht werden. In diesem Zusammenhang ist von der Verteidigung zu überprüfen, woher die vorgelegten Bilder stammen. Handelt es sich z.B. um Bilder, die einer Personalakte eines Beamten entnommen sind, stellt sich die Frage nach der Zulässigkeit der Verwendung von Fotos aus Personalakten. Nach hier vertretener Auffassung ist die Verwendung von Fotos aus Personalakten ohne Zustimmung der Betroffenen dann rechtswidrig, wenn das entsprechende Landesbeamtengesetz keine ausdrückliche Ermächtigung hierfür vorsieht. Denn nach der Volkszählungsentscheidung des BVerfG[526] gilt ein ausdrückliches Personalaktengeheimnis. Ermächtigungen der Landesbeamtengesetze zu Auskünften reichen für die Weitergabe von Personalaktenfotos nicht aus. § 96 StPO bietet keine ausreichende Ermächtigung, da es sich bei den Personalaktenfotos nicht um Beweismittel handelt. Die Verteidigung sollte einer Einf. und Verwertung der Ergebnisse einer Wahllichtbildvorlage widersprechen, wenn sich Personalaktenfotos unter den Fotos befinden.

304 Der Zeuge nimmt bei Wahllichtbildervorlagen, nicht die Person als Ganzes, wahr, sondern nur Ausschnitte. Auch sind Fotos nicht immer aktuell. Lichtbilder vermitteln meist nur einen zweidimensionalen und statischen Eindruck. Deshalb sind Wahllichtbildvorlagen weniger zuverlässig als Wahlgegenüberstellungen.

---

525 BGH StV 2000, 603; zu deren Fehlerquellen siehe Odenthal StV 2012, 683 ff.
526 BVerfGE 65, 41 ff.

Teilweise wird jedoch vertreten, die Nachteile der Wahllichtbildvorlage würden durch deren Vorteil aufgewogen, da aufgrund der für den Zeugen entspannteren Situation die Gefahr von Beeinflussungen geringer sei.[527]

Ferner legen sich Zeugen bei der Wahllichtbildvorlage leichter fest als bei der Wahlgegenüberstellung. Schon bei einer geringen Ähnlichkeit sind Zeugen bereit, den Täter zu identifizieren. Bei empirischen Untersuchungen[528] war dieses Phänomen vor allem dann zu beobachten, wenn die eigentliche Zielperson bei der Auswahl nicht dabei war. Dadurch entsteht eine größere Gefahr von Falschidentifizierungen.

Sofern der Zeuge bei der ersten Fotoserie den Täter nicht identifiziert hat, besteht die Möglichkeit ihm eine zweite Fotoserie zu zeigen. Diese sollte jedoch andere Fotos enthalten als die erste Serie, sonst entsteht ein sog. Vertrautheitseffekt, d.h. die Person wird von dem Zeugen nur deshalb wiedererkannt, weil er sie noch aus der ersten Fotoserie in Erinnerung hat.

Bei einer Identifikation anhand der Vorlage nur weniger Lichtbilder hat der Zeuge – bewusst oder **305**
unbewusst – den Eindruck, die Polizei kenne den Täter bereits und erwarte nur noch eine Bestätigung.

Damit kommt einer solchen Vorlage ohne echten Wahlcharakter wie bei der Vorlage einer Vielzahl von Fotos eine hohe Suggestivwirkung zu. Verwechslungen sind möglich.[529] Die Wiedererkennung bei der Monate später erfolgten Wahlgegenüberstellung birgt die Gefahr erneuten Irrtums, weil erfahrungsgemäß das Erinnerungsbild des Zeugen von der Tat überlagert wird durch die Erinnerung an die erste Wiedererkennung, sodass der Zeuge den ihm Gegenübergestellten nicht mit dem seinerzeit wahrgenommenen Täter, sondern mit der Person auf der Fotografie vergleicht.[530] Auch insoweit kann also eine Verwechslung vorliegen.

Für die Wahlgegenüberstellung wie für die Wahllichtbildvorlage gilt, dass grundsätzlich nur dem **306**
ersten Wiedererkennen ein Beweiswert zukommt, eine Beeinflussung des neuerlichen Wiederkennens durch das Erste ist nicht auszuschließen.

▶ Beachte

Stellt sich das Problem des wiederholten Wiedererkennens[531] in der Hauptverhandlung, so sollte der Verteidiger zunächst durch Anträge auf Gestaltung der Sitzordnung dazu beitragen, dass nicht schon durch die Platzierung des Angeklagten eine Identifizierung als vermeintlicher Täter droht. Sind Fehler im Ermittlungsverfahren zu beklagen, so sollte die Verteidigung diese sowohl durch Erklärungen nach § 257 Abs. 2 StPO im Plädoyer darauf hinweisen, dass dem so beeinflussten Wiedererkennen in der Hauptverhandlung kein erheblicher Beweiswert mehr zukommt.

Am wirkvollsten ist es, wenn zudem bereits vor der Befragung des Zeugen ein Widerspruch erhoben wird.

527 Vgl. hierzu *Wiegmann* StraFo 1998, 37 (41).
528 Vgl. hierzu *Bender/Nack* Rn. 810.
529 OLG Köln NStZ 1991, 202.
530 BGHSt 16, 204 (206).
531 BGH, Beschl. v. 04.12.2018 – 4 StR 443/18.

307 Zu diesem Themenkreis stellen wir folgendes Schriftsatzmuster vor:

▶ Antrag auf Einholung eines Sachverständigengutachtens

In der Strafsache

gegen ...

Az. ...

wird beantragt,

vor der Vernehmung der Zeugen X und Y, denen die Lichtbildmappe der Angeklagten und weiterer 25 Beschuldigter vorgelegt wurde
ein Sachverständigengutachten

eines Gedächtnisforschers

einzuholen,

zum Beweis der Tatsachen,

a) dass 95 % der Zeugen nicht in der Lage sind, anhand einer Lichtbildkartei eine korrekte Identifizierung vorzunehmen;
b) dass die Vorlage eines Lichtbildes einer Person eine erhebliche suggestive Wirkung auf den Betrachter hat und das Gedächtnisbild des Zeugen verändert;
c) ein Wiedererkennen bei einer persönlichen Gegenüberstellung nach einer bereits erfolgten Lichtbildidentifizierung eine Fehlerquelle von über 70 % hat;
d) die Gefahr des Irrtums des Zeugen umso größer ist, je weniger die Lichtbildvorlage lege artis durchgeführt wurde.

Begründung:

Die Lichtbildmappe, die die Fotos der in der Polizeiwache O. tätigen ehemaligen Beschuldigten und Angeklagten enthält, wurde den Zeugen im Ermittlungsverfahren durch die Polizei in einem nicht sachgerechten und Nr. 18 RiStBV nicht entsprechenden Verfahren vorgelegt.

Zum einen enthielt die Lichtbildmappe nur Fotos von verdächtigen Personen. Fotos von unverdächtigen Vergleichspersonen (die psychologischen Forschungen verlangen ein Verhältnis von 1:7 bezüglich der Anzahl von verdächtigten und nicht-verdächtigten Personen; vgl. *Bender/Nack*, Tatsachenfeststellung vor Gericht, Rn. 792 ff.) waren überhaupt nicht vorhanden.

Ferner trugen in der Lichtbildmappe einige Beamte Uniform, darunter auch mein Mandant, andere nicht. Schließlich fehlt eine Dokumentation der Gegenüberstellung, insbesondere eine Dokumentation der Anweisungen des Polizeibeamten, der die Lichtbilder vorgelegt hat, völlig. Es ist daher nicht nachzuvollziehen, welche Handlungsanweisungen und Informationen die Zeugen durch die ermittelnden Beamten vor der Vorlage der Fotos erhalten haben.

Die h.M. in der psychologischen Gedächtnisforschung verlangt heute sogar, die entsprechenden Anweisungen wörtlich zu dokumentieren bzw. auf Video aufzunehmen.

Köhnken/Sporer (Hrsg., Identifizierung von Tatverdächtigen durch Augenzeugen, S. 177), verlangen für eine ordnungsgemäße Dokumentation folgende Kriterien:

Genaue Dokumentation des Gegenüberstellungsverfahrens durch Videoaufnahmen oder Fotografie;

wörtliche Protokollierung der Instruktionen, die dem Zeugen gegeben wurden;

wörtliche Protokollierung der von dem Zeugen vor der Identifikation gegebenen Täterbeschreibung;

wörtliche Protokollierung der Identifizierungsaussage des Zeugen;

Protokollierung auch der Gegenüberstellungen, in denen der Verdächtige nicht identifiziert wurde.

Von einer solchen ordnungsgemäßen Dokumentation des Verfahrens ist das vorliegende Verfahren weit entfernt, zumal die Lichtbildmappe dem Ermittlungsvorgang bis zum ersten Verhandlungstag nie beilag.

Aufgrund des aufgezeigten fehlerhaften Verfahrens sind bei den Zeugen inzwischen gedächtnisüberlagernde Effekte aufgetreten. Sie haben durch die Vorlage der Lichtbildmappe und Fotos in der Presseberichterstattung neue Erinnerungen, die das alte Erinnerungsbild überlagern.

Da aufgrund der wissenschaftlichen Erkenntnisse der Gedächtnisforschung, die mit Hilfe des Sachverständigen in das Verfahren eingeführt werden sollen, geklärt werden wird, dass der Beweiswert eines Wiedererkennens in der Hauptverhandlung nach nicht ordnungsgemäßer Vorlage von Lichtbildern einen Beweiswert von unter 10 % hat, wird mein Mandant hierdurch entlastet werden.

Entsprechend Nr. 70 RiStBV schlage ich als Sachverständigen Herrn Diplom-Psychologen Prof. Dr. K, Universität K. vor.

Ferner beantrage ich, die Vernehmung der oben benannten Zeugen nur in Anwesenheit des Sachverständigen durchzuführen.

Rechtsanwältin/Rechtsanwalt

2. Stimmidentifizierung

308 Für die Identifizierung von Stimmen gilt das oben Gesagte entsprechend, wobei die Sinneswahrnehmung durch das Ohr in ihrer Beweiskraft noch stärker eingeschränkt ist als bei optischen Wahrnehmungen. Stimmliche Informationen speichert das Gedächtnis nämlich nur, wenn sie für den Hörer ihrem Inhalt nach interessant sind.

309 Bei akustischer Identifikation ist daher unbedingt zu klären, wie lange und wie häufig der Hörer die Stimme gehört hat, wie aufmerksam er zugehört hat, welches Interesse er an dem Gesagten hatte und wie gut die Hörfähigkeit des Zeugen ist.

310 Identifizierungen sind grundsätzlich nur dann von einem brauchbaren Wert für die Beweisführung, wenn dem Zeugen mehrere Stimmen von etwa gleicher Tonlage, mit dem gleichen Dialekt etc. als Vergleichsproben vorgestellt wurden. Es ist quasi eine akustische Gegenüberstellung durchzuführen, bei der der Hörer die Sprecher nicht sehen sollte. Identifizierungen anhand von Dialekten oder besonderen Merkmalen der Stimme genießen nur einen sehr geringen Beweiswert, weil der Hörer bei Dialekten oder symptomatischen Merkmalen wie lispeln, näseln etc. zu einer Identifizierung aller Sprecher mit einem solchen Merkmal neigt. Zeugen, die eine Stimme erkannt haben wollen, weil sie in einem besonderen Punkt auffällig ist, sind weniger zuverlässig als solche, die eine Identifizierung nicht erklären, sondern »spontan« entscheiden.

Stimmidentifizierungen durch Sachverständige, die sich auf die Stimme, die Sprache und/oder die Sprechweise beziehen, sind darauf zu überprüfen, ob die notwendige Mindestqualität einer technischen Aufnahme vorliegt, ob das Vergleichsmaterial in seinem Umfang überhaupt aussagekräftig ist, ob ein »Gesamtprofil« der Stimme erstellt werden kann oder nur einzelne sprecherspezifische Merkmale mit einer hohen Fehleranfälligkeit verglichen werden können und ob die Möglichkeit situativer Einflüsse und Änderungen beachtet wurde.[532]

Zu beachten ist zudem, dass der Beschuldigte zu einer Mitwirkung nicht verpflichtet ist. Er hat demnach nicht etwa durch sein Tun daran mitzuwirken, dass Stimmmaterial von ihm gesichert werden kann oder gar vom Täter gemachte Aussagen nachzusprechen.

532 Vgl. *Eisenberg* NStZ 2010, 680 (683 f.).

311 Im Verfahren, in dem Wiedererkennen eine Rolle spielt, darf die Verteidigung nicht müde werden, die wissenschaftlichen Ergebnisse vorzutragen und auf die Beachtung ihrer Konsequenzen wie oben dargestellt hinzuwirken.

312 Als Beispiel fügen wir folgenden Schriftsatz ein:

▶ **Erklärung zur Erkennung der Stimme**

In der Strafsache

gegen

Az.:

gebe ich zu der soeben durch Abspielen in Augenschein genommenen Aufzeichnung des Anrufs auf dem Anrufbeantworter bei der Stadtverwaltung K. in der Zeit vom ... bis gem. § 257 Abs. 2 StPO ff. Erklärung ab:

Am Wochenende zwischen dem ... und ... wurde ein Anruf auf dem Anrufbeantworter der Stadtverwaltung K. aufgezeichnet, der einen erpresserischen Inhalt haben soll.

Es ist bis heute nicht geklärt, mit welcher Bandgeschwindigkeit die Originalaufnahme auf dem Anrufbeantworter der Stadtverwaltung entstanden ist. Selbst eine Rekonstruktion des Landeskriminalamtes mit dem aufzeichnenden Anrufbeantworter hat zu keinem klaren Ergebnis geführt.

In Abhängigkeit von der Bandgeschwindigkeit verändert sich die Stimme des Anrufers von einer jungen Männerstimme bis zur Stimme einer 40–50-jährigen Frau bei nur 5 %-iger Abweichung der Geschwindigkeit. Laut Gutachten des LKA ist die Bandgeschwindigkeit, in der Aufzeichnungen auf der hier verwendeten Mikrokassette vorgenommen werden, abhängig von der Dauer des Einsatzes des Anrufbeantworters und von dessen Alter. Das Band läuft umso schneller, je länger der Anrufbeantworter in Betrieb ist. Die Abweichungen betragen bis zu 5 %.

Ohne exakte Bestimmung der Aufnahmezeit und der Bandgeschwindigkeit bei der Aufzeichnung ist jedem Abspielen des Bandes die Gefahr der Verzerrung und damit der Unbrauchbarmachung des Beweismittels immanent. Manipulationen sind ebenso wenig ausgeschlossen wie Fehlidentifikationen allein aufgrund der falschen Bandgeschwindigkeit.

Die Tonbandaufzeichnung ist damit als Beweismittel zur Bestimmung der Täterschaft unbrauchbar.

– Rechtsanwalt/Rechtsanwältin –

II. Audiovisuelle Zeugenvernehmungen

313 Die audiovisuelle Einvernahme des Zeugen in der Hauptverhandlung ist möglich, entweder als Vorführung der Aufzeichnung einer früheren Vernehmung des Zeugen, §§ 58a, 168e, 255a StPO oder im Wege einer Liveübertragung einer zeitgleich anderenorts getätigten Aussage des Zeugen, § 247a StPO.

1. Die Aufzeichnung von Zeugenaussagen

314 Die Aufzeichnung von Zeugenvernehmungen gem. §§ 58a und 168e StPO beruht auf einer Gesetzesinitiative des Landes NRW. Ursprünglich sollte damit lediglich die Vernehmungsaufzeichnung bei Kindern bis zu 16 Jahren, die Opfer einer Straftat sind, ermöglicht werden, was insbesondere bei Sexualdelikten gegen Kinder durchaus Sinn machen kann, um die Entwicklung einer Aussage von der besonders bedeutsamen Erstaussage an dokumentieren zu können und somit der Vorgabe des § 244 Abs. 2 StPO zur Erhebung des bestmöglichen Beweises gerecht zu werden.[533] Die Aufzeichnungsmöglichkeit soll auf Fälle erheblicher Kriminalität beschränkt sein (z.B. Kinder als Opfer schwerer

533 Vgl. BGH NStZ RR 2004, 336.

Sexualstraftaten) und ist nach Auffassung der Rechtsprechung in Alltagsfällen nicht angezeigt.[534] In der Literatur und von Strafverteidigern wird jedoch seit Längerem die lückenlose Dokumentation von Zeugenaussagen durch Bild-Tonaufzeichnungen gefordert, um eine Verfälschung der Aussage durch eine Verschriftlichung durch die Vernehmungsbeamten zu verhindern, Spontanäußerungen und non-verbale Reaktionen authentisch aufzufangen und eine möglichst genaue Rekonstruktion der Aussage zu ermöglichen. Über § 58a Abs. 1 Nr. 1 StPO (Zeugen unter 18 Jahren und Opferzeugen, die zum Tatzeitpunkt einer der in § 255a Abs. 2 StPO genannten Straftaten unter 16 Jahren waren) hinaus regelt Nr. 2, dass jede Vernehmung eines Zeugen auf Tonbildträger aufgezeichnet werden soll, wenn zu besorgen ist, dass der Zeuge in der Hauptverhandlung nicht vernommen werden kann und die Aufzeichnung zur Erforschung der Wahrheit erforderlich ist (für die Hauptverhandlung gilt § 247a Abs. 1 S. 4 StPO). Hierzu gehören nicht nur gebrechliche Zeugen oder z.B. Ausländer, bei denen mit der Abschiebung vor der Hauptverhandlung zu rechnen ist, sondern insbesondere auch V-Leute und verdeckte Ermittler. Die Bestimmung soll ferner eingreifen, wenn dem Zeugen in der Hauptverhandlung ein Auskunftsverweigerungsrecht zustehen kann.

Nach § 58a Abs. 1 S. 3 muss die richterliche Vernehmung eines erwachsenen sogenannten Opferzeugen einer Straftat gegen die sexuelle Selbstbestimmung aufgezeichnet werden, wenn der Zeuge zustimmt. § 58a StPO Abs. 1 S. 2 Nr. 1 und Nr. 2 enthalten demgegenüber kein Zustimmungserfordernis. Auch sind die Bild- und Tonaufzeichnungen nicht zwingend, sondern liegen im pflichtgemäßen Ermessen der Ermittlungsbehörden. Warum die beiden Gruppen ungleich behandelt werden ist nicht nachvollziehbar.

Die Verwendung der Bild-Tonaufzeichnung erfolgt nach Abs. 2 nur zum Zwecke der Strafverfolgung und ist nur insoweit zulässig, als dies zur Erforschung der Wahrheit erforderlich ist. Das ist nur dann der Fall, wenn das Abspielen der Aufzeichnung ergiebiger sein wird als das Verlesen der Niederschrift und es im konkreten Verfahren auf den höheren Beweiswert ankommt.[535]

Nach § 58a Abs. 2 StPO erstreckt sich das Akteneinsichtsrecht des Verteidigers nach § 147 StPO auf die Bild-Tonaufzeichnung als Bestandteil der Sachakten. Der Verteidiger hat deshalb ein Recht darauf, sich die Aufzeichnung auf der Geschäftsstelle (auch mehrmals) anzusehen. Ob dies in allen Fällen praktisch und technisch durchführbar ist, ist eher zweifelhaft. Dem Verteidiger kann auch eine Kopie der Aufzeichnung überlassen werden, die er nicht vervielfältigen und nicht dem Mandanten überlassen darf. Allerdings ist der Zeuge gem. § 58a Abs. 3 StPO darüber zu belehren, dass es der Überlassung der Kopie der Bild-Tonaufzeichnung widersprechen kann. In diesem Fall ist das Akteneinsichtsrecht des Verteidigers nach den gesetzlichen Vorgaben auf die Präsentation der Aufnahme durch die Geschäftsstelle und/oder auf die Überlassung einer Übertragung der Aufzeichnung in ein schriftliches Protokoll beschränkt. Diese Beschränkung des Akteneinsichtsrechts des Verteidigers, die durch das Opferrechtsreformgesetz 2004 eingeführt wurde, ist erheblich und widerspricht dem Grundsatz der Waffengleichheit zwischen Staatsanwaltschaft und Verteidiger. Die Verteidigung muss darauf reagieren. So kann sie z.B. vorbringen, dass der von ihr beauftragte Sachverständige zeitlich nicht in der Lage war, mit dem Verteidiger zusammen die Bild-Tonaufzeichnung auf der Geschäftsstelle anzusehen. In der Hauptverhandlung kann mit diesem Vortrag die Unterbrechung oder Aussetzung der Hauptverhandlung beantragt werden, § 265 Abs. 4 StPO. Das Tor zur Erhebung der Revisionsrüge nach § 338 Nr. 8 StPO ist im Fall der Ablehnung des Antrages eröffnet.[536]

Die Vorschrift gilt für Vernehmungen vor dem Richter, dem Staatsanwalt und auch der Polizei. 315

Gem. § 168e StPO kann der Richter bei einer richterlichen Vernehmung anordnen, dass die Verneh- 316
mung von den Anwesenheitsberechtigten – also auch vom Verteidiger – räumlich getrennt durchgeführt wird, wenn eine dringende Gefahr eines schwerwiegenden Nachteils für das Wohl des Zeugen besteht. Diese Gefahr dürfte bei Kindern, die als Geschädigte von Sexualdelikten vernommen wer-

534 Vgl. BGH NStZ-RR 2004, 336; 2006, 2; *Rieß* NJW 1998, 324.
535 SK-StPO/*Rogall* § 58a Rn. 26.
536 *Neuhaus* StV 2004, 624.

den, bei V-Leuten und verdeckten Ermittlern unschwer zu begründen sein. Die Vernehmung muss in diesen Fällen den Anwesenheitsberechtigten zeitgleich in Bild und Ton übertragen werden, wobei zu gewährleisten ist, dass die Mitwirkungsrechte, insbesondere das Fragerecht der Verteidigung nicht mehr als durch die technischen Begebenheiten in Mitleidenschaft gezogen werden.

2. Die Einführung der Bild-Ton-Aufzeichnung in die Hauptverhandlung

317 Für die Vorführung der Bild-Tonaufzeichnung gelten die Vorschriften zur Verlesung einer Niederschrift über eine Vernehmung gem. §§ 251–253 sowie § 255 StPO. Die Vorführung der Aufzeichnung ersetzt also die Vernehmung des Zeugen in den Fällen des § 251 StPO. Nach § 255a Abs. 2 StPO gilt dies in Verfahren gegen die sexuelle Selbstbestimmung, gegen das Leben oder in Verfahren wegen Misshandlung von Schutzbefohlenen und wegen Straftaten gegen die persönliche Freiheit immer, wenn der Zeuge unter sechzehn Jahre alt war und der Verteidiger des Angeklagten Gelegenheit hatte, an der früheren Vernehmung teilzunehmen.

Die o.g. Erweiterung des Anwendungsbereichs des § 58a StPO (erwachsene Opferzeugen eines Sexualdelikts) hat zu Folgeänderungen des § 255a Abs. 2 StPO a.F. durch das Gesetz zur Modernisierung des Strafverfahrens vom 10.12.2019 geführt. Nach § 255a Abs. 2 S. 2 StPO ist die vernehmungsersetzende Vorführung nunmehr auch für erwachsene Verletzte einer Straftat gegen die sexuelle Selbstbestimmung zulässig.

Neben der Erweiterung des Anwendungsbereichs wurde in § 255a Abs. 2 StPO eingeführt, dass die Bild- und Tonaufnahme in die Hauptverhandlung nicht eingeführt werden darf, wenn der Zeuge unmittelbar nach der Aufzeichnung der Zeugenvernehmung widersprochen hat.

Der unmittelbar erklärte Widerspruch hat zur Folge, dass nur die videoersetzende Vorführung unzulässig ist, nicht aber die Vorführung der Bild- und Tonaufzeichnung in Ergänzung zur Vernehmung des Zeugen in der Hauptverhandlung. In den meisten Fällen wird das die Aufklärungspflicht des Gerichts auch gebieten[537].

Es bleibt fraglich, ob eine unterlassene Belehrung des Zeugen durch den vernehmenden Richter über sein Recht dazu führt, dass der Zeuge den Widerspruch weit nach Abschluss seiner Vernehmung mit den o.g. Rechtsfolgen erheben kann.

Insbesondere die letztgenannte Änderung ist auf große Kritik gestoßen, da dem Zeugen eine über § 252 StPO hinausgehende Dispositionsmöglichkeit über die Verwendung von Beweismitteln eingeräumt wird. Die Gesetzesbegründung, wonach durch die Möglichkeit zum Widerspruch das Persönlichkeitsrecht des Zeugen gewahrt werden soll (BT-Drucks 532/19 S. 25, 36) mag dabei nicht zu überzeugen. Zumal eine Ungleichbehandlung zwischen den Opfergruppen in § 58a Abs. 1 S. 2 Nr. 1 StPO und den in Abs. 1 S. 3, worauf sich die Möglichkeit zum Widerspruch ausschließlich bezieht, nicht zu rechtfertigen ist.

318 Die Einschränkung der Verteidigungsrechte durch die Verwertung solcherart gewonnener Beweise in der Hauptverhandlung liegt auf der Hand. Man bedenke nur, dass der Verteidiger vor einer solchen Vernehmung lediglich benachrichtigt werden muss, nicht aber förmlich zu laden ist und dass eine Verhinderung des Verteidigers an der Teilnahme bei der Vernehmung unbeachtlich ist, § 168c StPO. Jedenfalls gilt, dass die Vorführung der Bild-Tonaufzeichnung nur zulässig ist, wenn der Angeklagte im Zeitpunkt der Aufnahme der Aufzeichnung bereits einen Verteidiger hatte und dieser nach Akteneinsicht gleichberechtigt an der Einvernahme mitwirken konnte.[538] In Fällen notwendiger Verteidigung, um die es sich aufgrund des Kataloges in § 255a Abs. 2 StPO regelmäßig handeln dürfte, ergibt sich demnach aus § 338 Nr. 5 StPO, dass die für die Hauptverhandlung zu erstellende Bild-Tonaufzeichnung nicht nur die vorherige Bestellung eines Pflichtverteidigers gebietet, sondern

537 Meyer-Goßner/*Schmitt* § 255a Rn. 10, 10b.
538 Meyer-Goßner/*Schmitt* § 255a Rn. 8b.

die Zulässigkeit der Einführung in die Hauptverhandlung auch von der tatsächlichen Anwesenheit eines Verteidigers bei der Vernehmung abhängig ist. Die Verteidigung muss in Fällen, in denen bei der Vernehmung noch gar kein Verteidiger für den Beschuldigten tätig war, aktiv werden und verhindern, dass sie in der Hauptverhandlung einem aufgezeichneten Zeugen gegenübersteht, dem sie keine Fragen stellen konnte und jetzt nicht mehr stellen kann. Die Anordnung des Vorsitzenden, Bild-Tonaufzeichnungen, an deren Erhebung kein Verteidiger mitgewirkt hat, nach § 255a StPO vorzuführen, ist zu beanstanden und einem Gerichtsbeschluss gem. § 238 Abs. 2 StPO zuzuführen.

Die Vorführung einer Bild-Tonaufzeichnung ist unzulässig, wenn der Beschuldigte gem. § 168c Abs. 3 StPO bei der ermittlungsrichterlichen Vernehmung ausgeschlossen war und daher keine Gelegenheit zur Mitwirkung hatte. Dies gilt auch dann, wenn sein Verteidiger an dieser Vernehmung teilgenommen hat.[539]

Zu Recht weist Strate[540] darauf hin, dass bereits 1974 ein entsprechender Gesetzentwurf über den Einsatz von Vernehmungssurrogaten diskutiert wurde und dass seinerzeit eine solche Regelung verworfen wurde, weil sie dem Unmittelbarkeitsgrundsatz der Beweisaufnahme im deutschen Strafprozessrecht zuwiderliefe und eine Überzeugungsbildung über die Glaubhaftigkeit der Schilderung sowie der Glaubwürdigkeit des Zeugen selbst nicht ausreichend gewährleiste. Dass 21 Jahre später diese Bedenken nicht mehr zählen, führt Strate auf einen Wandel der kriminalpolitischen Vorstellungen zurück.[541] 319

§ 255a Abs. 2 S. 4 StPO regelt schließlich, dass trotz des die Vernehmung ersetzenden Charakters der Bild-Ton-Vorführung, eine ergänzende Vernehmung des Zeugen zulässig ist. Der Verteidiger muss diese Regelung nutzen, um den Zeugen wieder als wirklich originäres Beweismittel in das Verfahren zu holen. Er wird Beweisanträge stellen müssen, in denen neue Fragen an den Zeugen formuliert sind, die für die Urteilsfindung bedeutsam sind.[542] 320

3. Die Bild-Ton-Übertragung einer zeitgleichen Vernehmung eines Zeugen an einem anderen Ort, § 247a StPO

Bei der dringenden Gefahr des schwerwiegenden Nachteils für das Wohl des Zeugen, wenn er in Gegenwart der in der Hauptverhandlung Anwesenden vernommen wird, kann das Gericht anordnen, dass der Zeuge sich während der Vernehmung an einem anderen Ort aufhält und dass diese Vernehmung zeitgleich in Bild und Ton in das Sitzungszimmer übertragen wird. Eine solche Übertragung ist weiterhin in den Fällen des § 251 Abs. 2 StPO zulässig, also insbesondere bei Nichterscheinen des Zeugen wegen Krankheit, Gebrechlichkeit, großer Entfernung. 321

Mit Satz 1 Halbsatz 1 dieser Norm ist mit geringen Abweichungen das »Mainzer Modell« Gesetz geworden. Das Landgericht Mainz hatte in einem Verfahren gegen 13 Angeklagte wegen sexuellen Missbrauchs von Kindern beschlossen, die kindlichen Zeugen außerhalb des Sitzungssaals durch den Vorsitzenden zeitgleich zu vernehmen und diese Vernehmung mittels Videoprojektion in den Gerichtssaal zu übertragen.[543] Die sich bei der praktischen Umsetzung dieses Beschlusses ergebenden Probleme, die man auch als Verhandlungschaos bezeichnen kann, beschreibt Jansen in ihrem Prozessbericht.[544] § 247a StPO regelt nunmehr, dass der Spruchkörper geschlossen im Saal verbleibt, der Vorsitzende also nicht mehr zum Zeugen in das Vernehmungszimmer geht. Nicht geregelt ist, ob die audiovisuelle Datenübertragung in eine Richtung, also vom Vernehmungszimmer in den Sitzungssaal oder in beide Richtungen erfolgen soll. Die Übertragung muss aber allen Verfahrensbe- 322

539 BGH StV 2006, 509.
540 *Strate* FS Friebertshäuser (1997), 203.
541 *Strate* FS Friebertshäuser (1997), 203 (205).
542 Vgl. BGH 1995, 566; Meyer-Goßner/*Schmitt* § 255a Rn. 10b.
543 LG Mainz StV 1995, 354 f.
544 *Jansen* StV 1996, 123.

teiligten eine möglichst umfassende Wahrnehmung der verbalen und körperlichen Äußerungen des Zeugen ermöglichen und eine unbeeinträchtigte Ausübung ihrer prozessualen Rechte erlauben.[545]

Entgegen der früheren Regelung ist § 247a StPO nicht mehr ultima ratio und subsidiär. Die Bild-Tonübertragung kann deshalb das geeignete Instrument sein, um eine Entfernung des Angeklagten gem. § 247 StPO gerade zu verhindern.

Die Vorschrift findet auch Anwendung bei der Vernehmung von nach § 110b Abs. 3 StPO gesperrten Zeugen, wenn deren Schutz im Fall von Gefahr für Leib und Leben durch die Vernehmung im Rahmen der Hauptverhandlung nicht gewährleistet werden kann.[546] Sofern auch die Videosimultanübertragung nicht ausreichend ist, können eine optische und nötigenfalls auch eine akustische Abschirmung erfolgen.[547]

323 Die Rspr. hat aufgrund der Vorschrift Abs. 1 Satz 1, Halbsatz 2, – audiovisuelle Zeugenvernehmung aus den Gründen des § 251 Abs. 2 StPO – die Aufklärungspflichten des Tatrichters erweitert. So darf ein Beweisantrag auf Vernehmung eines Zeugen nicht wegen Unerreichbarkeit abgelehnt werden, wenn die Möglichkeit der Vernehmung dieses Zeugen per Videokonferenz (auch im Ausland) besteht.[548] Allerdings gibt es keine Verpflichtung, einer Videovernehmung den Vorzug etwa vor der Verlesung eines richterlichen Vernehmungsprotokolls desselben Zeugen zu geben.[549] Zwar bestimmt § 247a Abs. 1 S. 2 StPO, dass die Entscheidung über die Videovernehmung nicht anfechtbar ist. Dieser Ausschluss bezieht sich aber nur auf die Ausübung des richterlichen Ermessens bei der Frage, ob die Videovernehmung zur Aufklärung erforderlich, geeignet und ausreichend erscheint.[550] In der Revision kann hingegen die Rüge der Verletzung des § 244 Abs. 2 StPO erhoben werden, wenn die Möglichkeit einer Videokonferenz fälschlicherweise nicht geprüft wurde, oder mit der Verfahrensrüge die fehlerhafte Zurückweisung eines entsprechenden Beweisantrages. § 250 StPO ist verletzt, wenn das Vorliegen der Voraussetzungen des § 247a StPO zu Unrecht bejaht wurde.[551]

L. Der Schlussvortrag

324 § 258 StPO dient der Wahrung des rechtlichen Gehörs und berechtigt alle Prozessbeteiligten unmittelbar vor dem Urteil zum Ergebnis der Beweisaufnahme umfassend Stellung zu nehmen. Es geht um das Recht, das Verhandlungsergebnis in tatsächlicher und rechtlicher Hinsicht zu würdigen und Anträge zu stellen.

Das Recht zum Schlussvortrag haben die Staatsanwaltschaft, Nebenkläger, Privatkläger, der Angeklagte und sein Verteidiger.

Letzterer ist in § 258 Abs. 1 StPO nicht ausdrücklich erwähnt. Sein Vortragsrecht ergibt sich aber aus § 258 Abs. 3 StPO, da danach der Verteidiger für den Angeklagten sprechen darf.

I. Allgemeines

325 Die Schlussvorträge haben gem. § 258 Abs. 1 StPO nach Schluss der Beweisaufnahme zu erfolgen.

Gelegenheit zum Schlussvortrag ist nicht nur nach dem Ende der Beweisaufnahme, sondern jedes Mal erneut zu gewähren, wenn die Beweisaufnahme nach Wiedereintritt geschlossen wird, da es sich um eine abschließende Äußerung handelt.

545 Meyer-Goßner/*Schmitt* § 247a Rn. 10.
546 *Griesbaum* NStZ 1998, 440.
547 BGH NStZ 2006, 648.
548 BGH StV 1999, 580; 2000, 345.
549 BGH StV 2000, 345.
550 Vgl. *Diemer* StraFo 2000, 217 (220).
551 *Diemer* StraFo 2000, 217 (219).

Nach § 258 Abs. 1 StPO wird das Wort zu »Ausführungen« erteilt. Jedem Prozessbeteiligten ist selbst überlassen, was er vorzubringen für wichtig hält und wie. 326

Die Grenze ist dort erreicht, wo der Gegenstand der Hauptverhandlung verlassen wird. Dort nicht erörtertes Privatwissen dürfen Staatsanwalt und Verteidiger nicht verwerten, das Gleiche gilt für Prozessstoff aus anderen Verhandlungen.

Zu beachten sind auch sonstige Verwertungsverbote sowie der Zweck des Ausschlusses der Öffentlichkeit.

Dem Verteidiger ist es überantwortet, die Strategie zu entwickeln, mit der er dem Angeklagten als einseitigem Interessenvertreter am besten Beistand leistet unter Beachtung der oben genannten Grenzen.

Es ist ihm unbenommen, auf Freispruch zu plädieren, auch wenn der Angeklagte ihm die Tat eingestanden hat. Dieses Wissen darf er im Hinblick auf § 203 StGB nicht preisgeben.[552]

Als Form des Schlussvortrags ist die freie Rede vorgesehen. Eine Redezeit ist grundsätzlich nicht einzuhalten. 327

Der Angeklagte hat jedes Mal, wenn der Staatsanwalt, der Privat- oder Nebenkläger gesprochen hat, das Recht, seinerseits das Wort zu ergreifen. Hergeleitet wird dieser Anspruch aus dem Recht des Angeklagten als letzter das Wort zu ergreifen (§ 258 Abs. 2 Hs. 2, Abs. 3 StPO). 328

Hierbei kann sich der Angeklagte des Beistands seines Verteidigers bedienen, diesen also für sich sprechen lassen.

Anordnungen des Vorsitzenden zur Regelung der Erklärungsrechte sowie zur Missbrauchsabwehr fließen aus dessen Sachleitungsbefugnis (§ 238 StPO). Daher kann gegen solche Maßnahmen das Gericht angerufen werden. Gleiches gilt im Rahmen des Erwiderungsrechts. 329

Die Weigerung des Vorsitzenden, dem Verteidiger Zeit zur Vorbereitung seines Plädoyers zu lassen, kann einen die Revision begründenden Verstoß gegen § 258 Abs. 1 StPO darstellen.[553] 330

Ein Urteil wird ferner nach § 338 Nr. 1 StPO revisibel, wenn der Richter den Schlussvorträgen und/oder dem letzten Wort des Angeklagten so wenig Aufmerksamkeit geschenkt hat, dass er als (geistig) abwesend zu behandeln ist.[554]

II. Inhalt und Form des Schlussvortrags

Für das Plädoyer des Verteidigers ist kein Aufbau vorgegeben. Der Aufbau hängt von dem Inhalt, dieser wiederum vom Verteidigungsziel und dem konkreten Fall sowie dem jeweiligen Ergebnis der Hauptverhandlung ab. *Vargha* führte hierzu in »Die Verteidigung in Strafsachen« schon im 19. Jahrhundert aus:[555] 331

> »Der Zweck der Verteidigungsrede bestimmt ebenso, wie ihren Inhalt, auch ihre Form. Die Erfahrung lehrt zur Genüge, dass die Wirkung auf den Zuhörer oft noch weit mehr, als von dem, was gesagt wird, davon abhängt, wie es gesagt wird. Ob man das Vorzubringende in dieser oder in jener Ordnung und Verbindung vorträgt, ob man einen Satz an dieser oder an jener Stelle einfügt, ob man für einen Gedanken diesen oder jenen Ausdruck wählt, denselben in diese oder jene Worte und Wortfügungen kleidet, ihn mit diesem oder einem anderen Tone ausspricht, mit dieser oder einer Gebärde begleitet – all das ist von höchster Wichtigkeit für den Sinn und die Wirkung des Gesagten. Die dem konkreten Falle angemessene Form der Rede zu wählen, ist auch für den Verteidiger eine der heikelsten Aufgaben, der nur der mit psychologischem Scharfblick und geläutertem Zartgefühle ausgestattete gewachsen sein wird.«

---

552 SK-StPO/*Velten* § 258 Rn. 19.
553 KG JR 1985, 170; StV 1984, 413.
554 BGH NJW 1962, 2212.
555 *Vargha* 676.

332 Diesen Ausführungen ist auch in heutiger Zeit zuzustimmen. Der mit dem klassischen Plädoyer einhergehende Aufbau (1. Was hat der Angeklagte getan und 2. Wie ist er hierfür zu bestrafen) bewirkt Ermüdungserscheinungen auf der Richterbank. Zu Recht nennt *Vargha* daher den Schlussvortrag Verteidigungsrede. Der Verteidiger hat nach der Hauptverhandlung etwas mitzuteilen, was von Wichtigkeit bei der Schlussberatung ist und was entscheidend für die Urteilsfindung sein kann. Zwar darf die Verteidigung sich nicht darauf verlassen, allein durch das Plädoyer entscheidenden Einfluss auf das Urteil auszuüben. Die aktiven Handlungen für den Mandanten müssen zuvor erfolgen. Davon, dass der gewissenhafte Verteidiger dies getan hat, gehen wir an dieser Stelle aus. Danach, nach Schluss der Beweisaufnahme, kann aber die Verteidigerrede des Anwalts, der sein Handwerk beherrscht, der rhetorische Höhepunkt der Hauptverhandlung werden.[556]

333 Der Verteidigerkampf endet nicht mit dem Schluss der Beweisaufnahme. Die treffende und rhetorisch gute Unterbreitung der Sach- und Rechtslage aus Sicht der Verteidigung kann entgegen weit verbreiteter Ansicht auch zu diesem späten Zeitpunkt viel bewirken. Es kann geschickt sein, dem klassischen Aufbau zuwider den Antrag voranzustellen. Es kann richtig sein, die Rede mit der Hinterfragung der Lebensumstände des Angeklagten, eines Zeugen oder des Opfers zu beginnen. Es kann Aufmerksamkeit erzeugen, einen Satz aus dem Schlussvortrag des Staatsanwaltes zum Thema der Verteidigungsrede zu machen, um die von dem Staatsanwalt gezogene Konsequenz zu widerlegen und in ihr Gegenteil zu verkehren.

334 Um den Zuhörer zu fesseln, muss der Verteidiger sich etwas einfallen lassen. Er kann z.B. provozieren: »Der Staatsanwalt hat recht. Wieder einmal steht dieser Angeklagte, ein Bewährungsversager, vor dem Strafrichter.« Der Zuhörer wird überrascht sein und den weiteren Ausführungen der Verteidigung mit Interesse folgen, z.B. warum dennoch die persönliche Schuld des Angeklagten gering ist. Aufgrund der Fülle der denkbaren Konstellationen kann hier kein abschließender Rat gegeben werden, nur derjenige, zum Abschluss des Verfahrens wirklich noch einmal die Gelegenheit zu nutzen, alles i.S. des Mandanten Ersichtliche rhetorisch geschickt vorzutragen, um einen bleibenden Eindruck bei den Richtern für die Urteilsberatung zu hinterlassen.

III. Der Antrag

335 Viel zu oft verzichten Verteidiger ohne Not auf die Stellung eines eigenen konkreten Antrages. Gewünscht wird dann eine milde Bestrafung oder gar, dass die Höhe der Strafe in das Wohlwollen des Gerichts gestellt sei. Auch damit wird die Verteidigung ihrer Aufgabe nicht gerecht. Gerade im Fall einer Strafmaßverteidigung, also wenn der Angeklagte die Tat einräumt, wird von seinem Beistand erwartet, dass er
(1) den milderen Strafrahmen benennt, aus dem die Bestrafung zu erfolgen hat
(2) die danach allenfalls angemessene Strafe aufzeigt.

336 Wenn z.B. bei einem räuberischen Angriff auf einen Kraftfahrer über den minder schweren Fall und weitere nicht verbrauchte Strafmilderungsgründe über § 49 StGB schließlich die Anwendung des gesetzlichen Mindeststrafrahmens statt Freiheitsstrafe von 5 bis 15 Jahre eröffnet ist, so ist dies sorgsam herauszuarbeiten und substantiiert vorzutragen. Denn hat der Staatsanwalt nach dem Regelstrafrahmen eine Freiheitsstrafe von über fünf Jahren beantragt, so wird der sorgfältig begründete Antrag der Verteidigung, den Angeklagten nur zu einer bewährungsfähigen Freiheitsstrafe zu verurteilen, die Kammer sicherlich veranlassen, zumindest die Anwendung des Ausnahmestrafrahmens des minder schweren Falles sorgfältiger zu prüfen, als es bei der pauschalen Erklärung des Verteidigers der Fall gewesen wäre, er halte die von der Anklage geforderte Strafe doch für ziemlich hoch und bitte um mildere Strafe.

337 Die Verteidigung muss ferner darauf achten, dass der Antrag, den Angeklagten aus dem Strafrahmen eines minder schweren Falles zu verurteilen, in das Protokoll aufgenommen wird. Gem. § 267

556 Vgl. *Sommer* ZAP F. 22, 116.

Abs. 3 StPO muss das Gericht sich mit dem Vorliegen eines minder schweren Falles, wenn er sich nach dem in dem Urteil festgestellten Sachverhalt nicht aufdrängt, nämlich nur dann auseinandersetzen, wenn eine Verurteilung im minder schweren Falle auch beantragt wurde.

Neben den häufig vorkommenden vertypten Strafmilderungsgründen wie erheblich verminderte 338
Schuldfähigkeit (§ 21 StGB), Versuch (§§ 22, 23 StGB), Beihilfe (§ 27 StGB), Aufklärungshilfe (§ 31 BtMG), etc. sollte auch ein evtl. Täter-Opfer-Ausgleich oder das ernsthafte Bemühen des Täters darum (§ 46a StGB) bedacht und insbesondere dargelegt werden. Schon im Ermittlungsverfahren kann der Verteidiger – evtl. über eine hierzu eingerichtete örtliche Konfliktberatungsstelle – versuchen, eine Strafrahmenverschiebung zugunsten des Mandanten zu bewirken und muss dies im Schlussvortrag ggf. unter Benennung der Motive des Gesetzgebers bei Einführung des § 46a StGB im Jahr 1994[557] i.S. des Mandanten hervorheben und die Strafrahmenverschiebung begründen.[558] Hinzuweisen ist auch auf Angaben des Beschuldigten vor dem Eröffnungsbeschluss, die als Aufklärungshilfe zu werten sind und unter den Voraussetzungen des § 46b StGB zu einer Strafrahmenverschiebung führen können.

Schließlich sollte auch ein konkreter Antrag zu einer anstehenden Gesamtstrafenbildung gestellt 339
werden. In den meisten Fällen, von mehrfachen Sexualdelikten über Steuerhinterziehung bis hin zu BtM- und Beschaffungsdelikten kann auf die Rspr. des BGH zu Serienstraftaten verwiesen werden, wonach bei einem engen zeitlichen, sachlichen und situativen Zusammenhang der einzelnen Taten die Gesamtstrafe ungleich niedriger auszufallen hat.[559]

Mit dem konkreten Antrag zur Freisprechung oder Verurteilung des Angeklagten sind nach Bedarf Anträge zur Frage der Fortdauer der Untersuchungshaft zu stellen, zur Entziehung der Fahrerlaubnis und der Dauer einer Sperrfrist, zu Berufsverboten etc. Auch diese Anträge müssen ergiebig begründet werden.

Bei einem Antrag auf Freisprechung des Angeklagten sollte ein Antrag auf Feststellung der Entschädigungspflicht nach dem StrEG gestellt werden, wenn der Mandant Untersuchungshaft erlitten hat, ihm die Fahrerlaubnis entzogen wurde etc.

Bei einer erheblichen Verfahrensverzögerung ist zu prüfen, ob sie rechtsstaatswidrig i.S. der Rechtsprechung war, weshalb die Vollstreckungslösung des BGH Anwendung findet mit der Folge, dass ein Teil der zu verhängenden Strafe als bereits vollstreckt zu gelten hat.[560]

Zur Verteidigung in Jugendstrafsachen s. *Zieger*[561] sowie *Apfel/Piel* 24. Kapitel.

M. Bedeutung der EMRK für das deutsche Strafverfahren

Auch im deutschen Strafverfahren gewinnen die Regelungen der EMRK immer mehr an unmittelba- 340
rer Bedeutung.[562] Dies lässt sich zum einen ablesen an der Zunahme von Entscheidungen deutscher Gerichte, die sich ausdrücklich auf Regelungen der EMRK beziehen,[563] zum anderen an der steigenden Zahl von Veröffentlichungen der Entscheidungen des EGMR in deutschen Fachzeitschriften

557 Vgl. hierzu *Fischer* § 46a Rn. 1, 2; *Stein* NStZ 2000, 393 ff.
558 Vgl. hierzu BGH StV 2000, 128 (129).
559 Vgl. *Fischer* vor § 52 Rn. 55 ff m.w.N.
560 BGHSt 52, 124.
561 *Zieger* StV 1982, 305 (310 ff.).
562 S. hierzu *Ambos* NStZ 2002, 628–633 und NStZ 2003, 14–17; *Wohlers* NStZ 2004, 9–17; *Vogler/Matt* StV 2007, 206; *Wächtler* StV 2007, 220; BGH 3 StR 157/10; BGH StV 2010, 57; BGH 2 StR 397/09; BVerfG StV 2010, 337; EGMR Individualbeschwerde Nr. 11364/03; EGMR Individualbeschwerde Nr. 19359/04.
563 Vgl. u.a. BGH StraFo 2005, 24; BGH StV 2003, 148; 2002, 598; OLG Düsseldorf StV 2003, 488; OLG Hamm StV 2003, 490; OLG Thüringen StV 2003, 574; LG München StV 2001, 409.

seit Ende der 90er Jahre.[564] Die Verteidigung hat sich aufgrund der zunehmenden Bedeutung der EMRK auch im deutschen Strafverfahren daher sehr genau mit den darin enthaltenen prozessualen Rechten zu beschäftigen und diese einzufordern.

I. Allgemeines

341 Die Konvention zum Schutze der Menschenrechte und Grundfreiheiten ist ein völkerrechtlicher Vertrag, den die Bundesrepublik Deutschland durch Gesetz vom 07.08.1952[565] ratifiziert hat. Die EMRK ist unmittelbar geltendes innerstaatliches Recht mit dem Rang eines einfachen Bundesgesetzes.[566] Das bestehende nationale Recht ist – soweit es mit der Konvention übereinstimmt – durch diese gefestigt und bestätigt worden. Soweit das nationale Recht der Konvention entgegenstand, ist es aufgehoben, abgeändert oder ergänzt worden, soweit es sich um gewährleistete Grundfreiheits- und Menschenrechte handelte.[567]

342 Im Grundsatz gilt, dass bei der Auslegung nationaler Strafprozessvorschriften die Wertentscheidungen der EMRK stets zu berücksichtigen sind.[568] Die Strafverfolgungsbehörden haben der Judikatur des EGMR Rechnung zu tragen, also die Garantien der EMRK in der Gestalt zu berücksichtigten, wie sie vom EGMR entfaltet worden sind.

Die Verteidigung muss (!) in ihren Begründungen von Anträgen, Stellungnahmen, Widersprüchen etc. stets ergänzend oder auch ausschließlich auf die Normen der EMRK und auf die Rechtsprechung des EGMR verweisen.

II. Prozessrechte des Beschuldigten aus der Konvention

343 Für die Strafverteidigung sind Art. 2 bis 10 der Konvention von Bedeutung. Hierin werden das Recht auf Leben (Art. 2 EMRK), das Verbot der Folter (Art. 3 EMRK), das Verbot der Sklaverei und der Zwangsarbeit (Art. 3 EMRK), das Recht auf Freiheit und Sicherheit (Art. 5 EMRK), das Recht auf ein faires Verfahren (Art. 6 EMRK), der Grundsatz von »Keine Strafe ohne Gesetz« (Art. 7 EMRK), das Recht auf Achtung des Privat- und Familienlebens (Art. 8 EMRK), die Gedanken-, Gewissens- und Religionsfreiheit (Art. 9 EMRK) und das Recht auf freie Meinungsäußerung (Art. 10 EMRK) normiert.

344 Im Rahmen dieses Beitrags werden wir uns auf die Rechte aus Art. 6 der Konvention und deren Bedeutung für die Verteidigung in der ersten Instanz beschränken.

345 In Art. 6 der Konvention sind folgenden Grundsätze festgelegt, die nicht erst nach Anklageerhebung sondern bereits im Ermittlungsverfahren greifen[569]:
- Anspruch auf faire und öffentliche Anhörung in angemessener Frist
- Unabhängiger, unparteiischer und gesetzlicher Richter
- Öffentlichkeit der Verhandlung
- Unschuldsvermutung
- Unverzügliche, verständliche und in Art und Grund der Beschuldigungen detaillierte Bekanntgabe der Vorwürfe
- Ausreichende Zeit und Gelegenheit zur Vorbereitung der Verteidigung

564 So z.B. EGMR StV 2003, 82; 257; 2002, 289; Übersichten über die Rechtsprechung des EGMR in den Jahren 2008–2010 bei *Esser/Gaede/Tsambikakis* NStZ 2011, 78 ff. und 140 ff.; *dieselben* NStZ 2012, 554 ff und 619 ff.; *Gerst* NStZ 2013, 310 ff.

565 BGBl. II 1952, 685, 953.

566 BVerfGE 10, 271 (274).

567 Meyer-Goßner/*Schmitt* Anh. 4 MRK, vor § 1, Rn. 4 m.w.N.

568 Vgl. BVerfGE 74, 358 (370); zu Gemeinsamkeiten und Diskrepanzen: *Landau* NStZ 2013, 194 ff.

569 *Leutheusser-Schnarrenberger* StraFO 2007, 274.

- Recht auf Verteidigung (sich selbst zu verteidigen oder durch Verteidiger seiner Wahl, Pflichtverteidigung)
- Fragerecht gegenüber Belastungszeugen, Ladungs- und Vernehmungsrecht von Entlastungszeugen
- Beiziehung eines Dolmetschers.

Das im deutschen Strafprozessrecht aus dem Rechtsstaatsprinzip abgeleitete Gebot des fairen Verfahrens ist in Art. 6 Abs. 1 S. 1 der Konvention im Billigkeitsgebot nur im Kernbereich geregelt. 346
Das Fairness-Gebot bedeutet nicht materielle, sondern prozessuale Fairness.[570] Der Begriff wird in der Rechtsprechung des EGMR umfassend verstanden, so dass sich ein Verstoß gegen Art. 6 nur aus der Gesamtschau des Verfahrens ergeben kann.[571] Im Falle »flagranter Rechtsverweigerungen« ist ohne weiteres ein Rechtsverstoß gegeben: bei schweren und offenkundigen Fairnessverstößen durch Vorenthalten elementarer Verteidigungs- und Beschuldigtenrechte, die die Integrität eines rechtsstaatlichen Strafverfahrens irreparabel schädigen.[572]

Für Tatprovokationen polizeilicher Lockspitzel hat der EGMR einen Konventionsverstoß bejaht, der durch die deutsche »Strafzumessungslösung« des BGH nicht ausreichend kompensiert wird.[573] Der Bundesgerichtshof hat nach dieser Entscheidung die bisherige Rechtsprechung zur Strafzumessungslösung aufgegeben und für den Fall einer rechtsstaatswidrigen Tatprovokation ein Verfahrenshindernis angenommen.[574] Da die Ermittlungsbehörden und die Gerichte die Rechtsprechung zur Tatprovokation trotz der Vielzahl der Entscheidungen des EGMR nicht berücksichtigen, wurde Deutschland erneut wegen Verstoß gegen den Grundsatz des fairen Verfahrens verurteilt.[575]

Aus Art. 6 EMRK folgt auch das Gebot der Waffengleichheit zwischen den Verfahrensbeteiligten. In der konkreten Verteidigertätigkeit in der ersten Instanz lässt sich hieraus das Recht ableiten, den gleichen Wissenstand und die gleichen Zugangsmöglichkeiten zu Beweismitteln zu erhalten wie z.B. die Staatsanwaltschaft. Art. 6 Abs. 1 S. 1 EMRK ist z.B. verletzt, wenn der Nebenklage Beweismittelordner zur Einsichtnahme (und Kopie) in die Kanzlei übersandt werden, während die Verteidigung lediglich in einer Geschäftsstelle des Gerichts ohne Kopiermöglichkeiten Akteneinsicht erhalten soll. Aus unserer Sicht sollte das Gebot der Waffengleichheit möglichst oft zur Begründung von Anträgen etc. (mit)herangezogen werden. Dieser Grundsatz vermittelt so kurz und prägnant wie kaum ein anderer das Verständnis der Verteidigung von sich selbst. Der Forderung nach Waffengleichheit ist ein Bild der gleichberechtigt agierenden Verteidigung »auf Augenhöhe« der Staatsanwaltschaft immanent, das auch den Gerichten immer wieder vor Augen halten wird, dass eine Verteidigung mehr ist und sich als mehr versteht als schmückendes Beiwerk in einem Prozess, in dem gerechte Richter schon zu einem gerechten Urteil gelangen werden.

Innerhalb angemessener Frist ist ein Beschuldigter in seiner Sache anzuhören. Dies verpflichtet die 347
Bundesrepublik dazu, die Justiz so zu organisieren, dass dieses Beschleunigungsgebot eingehalten werden kann. Während klar ist, dass eine Verfahrensdauer von über 10 Jahren unangemessen lang ist,[576] sind im Übrigen keine klaren zeitlichen Grenzen von der Rspr. gezogen worden. Der BGH hat eine unangemessen lange Verfahrensdauer bei einem Verfahren von 3,5 Jahren abgelehnt, bei dem ca. 2.500 Geschädigte betroffen waren und die Hauptverhandlung ca. ein halbes Jahr gedauert hat.[577] Hingegen hat der BGH[578] eine unangemessen lange Verfahrensdauer in einem Fall bestätigt, in dem, von den Justizorganen zu vertreten, innerhalb einer Zeit von 1 Jahr und 3 Monaten keine Tätigkeit

570 EGMR Nr. 54111/07 v. 06.07.2010.
571 Meyer-Goßner/*Schmitt* Anh. 4 MRK, Art. 6, Rn. 3 f.
572 EGMR Nr. 7511/13 vom 24.07.2014.
573 EGMR Nr. 54648/09 vom 23.10.2014 (Furcht gegen Deutschland).
574 BGH 2 StR 97/14; BGH NJW 2016, 91.
575 Online abrufbar https://hudoc.echr.coe.int/eng#{%22itemid%22:[%22001–204996%22]} (Abrufdatum: 13.07.2021).
576 EGMR EuGRZ 83, 346; EGMR StV 2009, 519; EGMR StV 2009, 561.
577 BGH StV 2003, 148 f.
578 BGH StraFo 2005, 24.

entfaltet wurde. Wir betrachten die langjährige höchstrichterliche Rspr. des BGH, lange und überlange Verfahrensdauern lediglich im Rahmen der Strafzumessung zu berücksichtigen,[579] kritisch auch die Rspr. des BGH[580] zur so genannten Vollstreckungslösung, nach der die am Entschädigungsgedanken orientierte Kompensation für konventionswidrige Verfahrensverzögerungen durch Anrechnung auf die zu vollstreckende Strafe vollzogen wird, befriedigt m.E. nicht. Der große Senat hat in seiner Entscheidung[581] deutlich gemacht, dass er den Wechsel zur Vollstreckungslösung deshalb vollzogen hat, um nicht über eine Reduzierung der Strafe nach der Strafzumessungslösung Verschiebungen bei Entscheidungen zur Strafaussetzung zur Bewährung, zur Anordnung der Sicherungsverwahrung, der beamtenrechtlichen Folgen einer Verurteilung, der Führungsaufsicht der Vollstreckungsverjährung etc. zu erhalten. Im Ergebnis bedeutet das, dass von den als dem Angeklagten zu günstig erachteten Wirkungen der Strafvollstreckungslösung zu dessen Nachteil abgewichen werden soll. M.E. ergibt sich aus Art. 6 Abs. 1 S. 1 EMRK der Ansatz für ein Verfahrenshindernis durch ein überlanges Verfahren. Die Norm will den Beschuldigten vor den seelischen und auch beruflichen Belastungen eines überlangen Verfahrens schützen. Der Staat soll seinen Strafanspruch in angemessener Zeit geltend machen, damit keine quälende Ungewissheit eintritt. Im Einzelfall können daher besonders lange seelische Belastungen durch die Ungewissheit des noch nicht erledigten Strafverfahrens, berufliche Perspektivlosigkeit und damit verbundene wirtschaftliche Engpässe während mehrjähriger Verfahren nach der hier vertretenen Auffassung ein Verfahrenshindernis darstellen. Die vom BGH vertretene Auffassung, mit der letztlich der Rechtsverstoß durch die Justiz von dieser lediglich kompensiert wird, wird unseres Erachtens der grundsätzlichen Bedeutung der Konvention nicht gerecht. Es darf einem Staat nicht gestattet werden, Grundrechte seiner Bürger zu verletzen und diese Verletzungen nur durch im Zweifel quantitativ kaum belegbares Entgegenkommen in der Strafvollstreckung auszugleichen.

348 Der in Art. 6 Abs. 1 S. 1 und 2 EMRK verankerte Grundsatz der Öffentlichkeit wird im deutschen Strafprozessrecht gleichlautend normiert (§ 169 ff. GVG). Nach herrschender Meinung verstoßen weder das Strafbefehlsverfahren noch das schriftlich bekannt gegebene Beschlussverfahren bei Rechtsmittelverwerfung und auch §§ 170 ff. GVG als Ausnahmen vom Öffentlichkeitsgrundsatz gegen die Konvention.[582]

349 Ergänzend zu den oben stehenden Ausführungen zur Unschuldsvermutung sei hier nur auf die Entscheidung des EGMR aus dem Jahr 2003 verwiesen, in der ausgeführt wurde, dass ein Bewährungswiderruf, der auf eine angebliche neue Straftat gestützt wird, über die jedoch noch nicht rechtskräftig verhandelt wurde, gegen die Unschuldsvermutung verstoßen kann.[583]

350 Das OLG Hamm hat eine Verletzung von Art. 6 EMRK für gegeben erachtet, wenn es unterlassen wurde, dem der deutschen Sprache nicht mächtigen Angeklagten vor Beginn der Hauptverhandlung die Anklageschrift in eine ihm verständliche Sprache zu übersetzen.[584]

351 Besondere Bedeutung hat Art. 6 der Konvention für die Verteidigung in der ersten Instanz, wenn es um die Möglichkeit der unmittelbaren Befragung von belastenden Zeugen oder Mitangeklagten geht. Der EGMR hat klargestellt, dass es Art. 6 EMRK widerspreche, wenn ein Angeklagter keine Gelegenheit habe, die einzige Belastungszeugin selbst zu befragen.[585] Auch der Umstand, dass Verteidigungsrechte bei richterlichen Vernehmungen von Mitbeschuldigten eingeschränkt sind, führt zu einer aus Art. 6 Abs. 3 EMRK hergeleiteten Berücksichtigung in der Beweiswürdigung.[586] Auf die Rechtsprechung zur **Tatprovokation** wird hingewiesen![587]

579 BGH NStZ 2003, 384 m.w.N.
580 BGH (Großer Senat) StV 2008, 133 ff.; BGH StV 2008, 399; 2008, 400.
581 BGH (Großer Senat) StV 2008, 133 (136).
582 Vgl. Meyer-Goßner/*Schmitt* Anh. 4 MRK, Art. 6, Rn. 6 m.w.N.
583 EGMR StV 2003, 82.
584 OLG Hamm StV 2003, 490.
585 EGMR StV 2002, 289; so auch BVerfG 2 BvR 547/08; BGH 4 StR 461/08; BGH 3 StR 157/10.
586 BGHSt 46, 93 (104); Anm. *Schlothauer* StV 2000, 593.
587 LR/*Esser* Art. 6 Rd. 249 ff.

Zusammenfassend lässt sich sagen, dass viele in der EMRK normierte Beschuldigtenrechte natürlich auch im deutschen Strafprozessrecht geregelt sind. Die Verteidigung ist in der Lage, ihre Argumentation auf eine breitere gesetzliche Basis zu stellen, wenn die Entscheidungen des EGMR verfolgt und in Anträge, Stellungnahmen und das allgemeine Verteidigungsverhalten einbezogen werden. 352

Entgegen aller anderen Rechtsgebiete/Rechtsordnungen bleibt festzuhalten, dass die Strafsenate des BGHs die Rechtsprechung des EGMR versuchen zu ignorieren und dieser nicht offen gegenüberstehen.[588]

III. Rechtsbehelfe

Für die Verteidigung in der Tatsacheninstanz ist die Individualbeschwerde vor dem Europäischen Gerichtshof nach Art. 34 EMRK nur insofern von Bedeutung, als die Verteidigung natürlich bereits in der Hauptverhandlung der ersten Instanz den Grundstein für die Rüge von Verletzungen der EMRK legt. Da die Individualbeschwerde jedoch gem. Art. 35 EMRK erst nach Erschöpfung des nationalen Rechtswegs – was ein mögliches verfassungsrechtliches Verfahren einschließt – möglich ist[589], ist sie nur als Fernziel im Auge zu behalten. Der Rechtsschutz durch den EGMR ist ein nachträglicher Individualrechtsschutz.[590] 353

Anders verhält es sich mit einem an das Gericht gerichteten Antrag in der Hauptverhandlung, eine oder mehrere Rechtsfragen dem Europäischen Gerichtshof zur Vorabentscheidung zur Prüfung der Vereinbarkeit einer rechtlichen Handhabung oder Entscheidung mit dem Gemeinschaftsrecht vorzulegen. Eine solche Vorlagemöglichkeit des Gerichts ergibt sich aus Art. 234 EG-Vertrag. Der Gerichtshof hat im Vorabentscheidungsverfahren nach seiner Rspr.[591] dem vorlegenden Gericht alle Auslegungshinweise zu geben, die es benötigt, um die Vereinbarkeit nationaler Gesetzesauslegung mit dem Gemeinschaftsrecht, auch mit den Grundrechten der Konvention beurteilen zu können. 354

Für den Fall, dass der Verteidiger die Verletzung von Normen des Gemeinschaftsrechts für gegeben erachtet und das Gericht dies anders beurteilt, ist ein Antrag gegenüber dem Tatgericht auf Vorlage zur Vorabentscheidung des EuGH unbedingt zu empfehlen. Diese Vorlage allein ermöglicht es, vor der vollständigen Ausschöpfung des nationalen Instanzenzugs und einer gescheiterten Verfassungsbeschwerde, sowie der dann vielleicht bereits vollständigen Vollstreckung der Strafe eine Entscheidung des EuGH zu erhalten. In die Praxis der höchstrichterlichen RS haben solche Vorlageverfahren bereits Einzug gehalten. Die Tatsacheninstanzen werden sich daher in den nächsten Jahren ebenfalls zunehmend für solche Anträge öffnen müssen.[592] 355

Für einen solchen Antrag auf Vorlage zur Vorabentscheidung stellen wir folgendes Formular vor:

▶ **EuGH Vorlage**

In der Strafsache

gegen

Az.:

beantrage ich,

das Verfahren auszusetzen und dem Europäischen Gerichtshof zur Vorabentscheidung zu den folgenden Fragen vorzulegen:

a) Ist die Aufnahme der Organisation X in die Liste der Verordnung (EG) Nr. 2580/2001 des Rates vom 27.12.2001 ..., so genannte »Terrorliste« gültig?

588 *Lang/Lickleder* in: Eick/Arnold (Hrsg.), 40 Jahre RAV, 2019.
589 EGMR, Glasenapp, Serie A Nr. 104, § 44.
590 *Vogel/Malt* StV 2007, 206.
591 EGMR, Urt. v. 04.10.1991, Rechtssache C-159/90.
592 Vgl. u.a. Vorabentscheidungsersuchen des OLG Düsseldorf mit EuGH, Urt. v. 29.06.2010 C-550/09.

b) Ist von Art. 2 Abs. 1b der Verordnung der Fall erfasst, dass ein Mitglied der Organisation X sein Bankkonto zur Weiterleitung von anderen gesammelter Spenden an die Organisation X zur Verfügung stellt?

…

Begründung

Die Rechtsfrage der Gültigkeit der Aufnahme der Organisation X in die so genannte Terrorliste der Europäischen Union ist eine im hiesigen Verfahren bedeutsame Vorfrage für die Strafbarkeit des Angeklagten nach dem AWG. Das nationale Recht der Bundesrepublik Deutschland sieht keine Rechtsbehelfe für Organisationen und natürliche Personen gegen die Aufnahme in diese Liste vor.

…

Es ist dem Angeklagten nicht zuzumuten, die Vereinbarkeit der Rechtsanwendung des AWG mit dem europäischen Recht erst nach Ausschöpfung des gesamten bundesdeutschen Rechtsweges einschl. der Verfassungsbeschwerde zu klären. Der Angeklagte müsste dazu ggf. die Verurteilung zu einer hohen Freiheitsstrafe und die während der Verhandlungsdauer mit Sicherheit fortbestehenden Untersuchungshaft in Kauf nehmen. Ein derart schwerwiegender Grundrechtseinschnitt und eine Verletzung des in der EMRK ebenfalls verbrieften Freiheitsrechts des Angeklagten sind nicht tolerabel.

Ferner ist zu beachten, dass eine Verurteilung der Bundesrepublik Deutschland wegen der Verletzung des Gemeinschaftsrechts keine unmittelbare Wirkung auf eine Verurteilung und deren Vollzug entfalten könnte, sondern der Verurteilte nur auf den Weg des Wiederaufnahmeverfahrens verwiesen wäre.

Die damit verbundenen zeitlichen Abläufe und die – auch durch Entschädigungen nicht revisible – Verletzung des Freiheitsrechts des Angeklagten erfordern eine Vorabentscheidung. Der Rechtsverstoß wäre für den Angeklagten so schwerwiegend, dass nicht bis zum innerdeutschen Verfahrensabschluss gewartet werden kann.

– Rechtsanwalt/Rechtsanwältin –

356 Das erkennende Gericht ist nach Art. 234 Abs. 3 EGV verpflichtet, eine entscheidungserhebliche Frage zur Gültigkeit oder Auslegung von Gemeinschaftsrecht dem EuGH vorzulegen, wenn gegen seine Entscheidung im konkreten Einzelfall kein ordentliches Rechtsmittel gegeben ist.[593] Darüber hinaus wird eine Vorlagepflicht aus dem in Art. 10 EGV normierten Prinzips der Gemeinschaftstreue diskutiert.[594] Dies könnte für den Fall gelten, dass ein Instanzgericht der Rechtsprechung eines Obergerichts folgen möchte, welche der Rechtsprechung eines Gemeinschaftsgerichts widerspricht.[595]

357 Bei Verletzung der Vorlagepflicht durch das Gericht kommen für den Angeklagten als Rechtsmittel die Verfassungsbeschwerde mit der Rüge der Verletzung des gesetzlichen Richters nach Art. 101 Abs. 1 S. 2 GG, wenn die unterlassene Vorlage an den EuGH willkürlich war[596], und die Individualbeschwerde beim EGMR mit der Rüge der Verletzung des Rechts auf ein faires Verfahren[597] in Betracht.

593 BGH NStZ 2000, 425 (427); NStZ 2003, 2842 (2843).
594 *Kokott/Henze/Sobotta* JZ 2006, 633 f.
595 So Generalanwalt *Colomer* in EuGHE 2006 I-2719 Rnr. 71 ff.
596 BVerfGE 82, 159 (195 f.).
597 EGMR, Beschl. v. 23.03.1999, Beschwerde 41358/98.

Kapitel 5 Verteidigung gegen Zwangsmaßnahmen

Übersicht

A. Vorbemerkungen

1 Ziel des Strafprozesses ist die Schaffung von Rechtsfrieden auf dem Wege des gewissenhaften Strebens nach Gerechtigkeit.[1] Dabei ist es die Aufgabe des Strafverfahrens, das Bestehen oder Nichtbestehen eines staatlichen Strafanspruches festzustellen.[2] Zur Erfüllung des rechtsstaatlichen Auftrags zur möglichst umfassenden Wahrheitsermittlung im Strafverfahren[3] wurde die StPO sukzessive mit einem weit reichenden Katalog von Zwangsmaßnahmen ausgestattet, die im Interesse einer effektiven Strafverfolgung mit immer tiefer gehenden Einschnitten in die Individualsphäre des Einzelnen verknüpft sind. Die Entwicklung von Rechtsprechung und Gesetzgebung der letzten Jahre wird hierbei von einer rechtspolitischen Diskussion begleitet, die fast ausschließlich vom Bild der vermeintlichen Bedrohung des Staates durch die Erscheinungsformen der Organisierten Kriminalität geprägt ist.[4]

Als strafprozessuale Grundrechtseingriffe bedürfen Zwangsmaßnahmen stets einer speziellen gesetzlichen Ermächtigung.[5] Eine allgemeine Befugnis zum Eingriff in individuelle Rechtsgüter zum Zwecke der Strafverfolgung kennt die StPO grundsätzlich nicht.[6] Zwar hat der Gesetzgeber durch das StVÄG 1999 mit § 161 StPO eine allgemeine Ermittlungsgeneralklausel geschaffen, diese rechtfertigt allerdings nur solche Eingriffe in grundrechtlich geschützte Rechtsgüter, die in ihrer Eingriffsintensität hinter den spezialgesetzlich geregelten Fällen zurückbleiben.[7] Grundrechtseingriffe von intensiverem Gewicht sind durch § 161 StPO nicht gedeckt.[8] Der Anwendungsbereich von Zwangsmitteln erstreckt sich grundsätzlich auf das gesamte Erkenntnisverfahren, ihr praktischer Schwerpunkt liegt jedoch zumeist im Ermittlungsverfahren.

2 Strafprozessuale Zwangsmittel verfolgen unterschiedliche Zielsetzungen:[9]

1. Ihr Zweck kann einmal darin bestehen, die Durchführung des Erkenntnisverfahrens zu sichern. In diese Gruppe fallen z.B. die Anordnung der *Untersuchungshaft* (§ 112 StPO), die *vorläufige Festnahme* (§ 127 StPO), die *Hauptverhandlungshaft* für den Bereich des beschleunigten Verfahrens (§ 127b StPO), die *Auslieferung* (§§ 15 ff., 68 IRG) oder auch die *Vermögensbeschlagnahme* nach § 290 StPO.
2. Ein Zwangsmittel kann ferner unmittelbar der Strafvollstreckung dienen. Hierzu zählen der Erlass eines *Sicherungshaftbefehls* (§ 457 StPO) oder die *Sicherstellung von Gegenständen*, bei denen die Voraussetzungen für ihren Verfall oder ihre Einziehung vorliegen (§ 111b StPO).
3. Weiterhin kann der Zweck einer Zwangsmaßnahme in der Beweissicherung liegen. Hierzu dienen vor allem die *Durchsuchung* (§§ 102 ff. StPO), die *Beschlagnahme* (§ 94 StPO), die *Überwachung des Fernmeldeverkehrs* (§ 100a StPO), das *Abhören des nicht öffentlich gesprochenen Wortes* (§ 100c Abs. 1 Nr. 2 StPO) oder die *akustische Wohnraumüberwachung* (§ 100c Abs. 1 Nr. 3 StPO).
4. Schließlich kann die Anordnung einer Zwangsmaßnahme auch durch präventiv motivierte Umstände begründet sein wie z.B. die *vorläufige Entziehung der Fahrerlaubnis* (§ 111a StPO), das *vorläufige Berufsverbot* (§§ 132a StPO, 70 StGB) oder die Anordnung der *Untersuchungshaft* aus dem Gesichtspunkt der Wiederholungsgefahr (§ 112a StPO).

3 Entsprechend der schwach ausgestalteten Position des Verteidigers im Ermittlungsverfahren ist der Handlungsspielraum bei der Verteidigung gegen Zwangsmittel begrenzt. Die Regel ist, dass der

---

1 Meyer-Goßner/*Schmitt* Einl. Rn. 4; *Dippel* FS Widmaier, 113; *Dölling* FS Beulke, 679.
2 BVerfG NJW 1966, 1259.
3 BVerfG NJW 1988, 329; NJW 1990, 563.
4 Vgl. hierzu *Leutheusser-Schnarrenberger* ZRP 1998, 87; *Hefendehl* StV 2005, 156.
5 Dieser öffentlich-rechtliche Gesetzesvorbehalt für hoheitliche Eingriffe ergibt sich unmittelbar aus Art. 2 Abs. 2 S. 3 GG.
6 Insbesondere gestattet die allgemeine Ermittlungsbefugnis in § 163 Abs. 1 S. 2 StPO keinerlei Grundrechtseingriffe, insbesondere keinerlei Zwangsmaßnahmen; vgl. hierzu Meyer-Goßner/Schmitt/*Köhler* § 163 Rn 27 ff.
7 LR/*Erb* § 161 Rn. 2; Meyer-Goßner/Schmitt/*Köhler* § 161 Rn 1.
8 Meyer-Goßner/Schmitt/*Köhler* § 161 Rn 1.
9 Vgl. hierzu auch *Müller-Gugenberger/Niemeyer* § 11 Rn. 51 ff.

Beschuldigte und sein Verteidiger von der Anordnung eines Zwangsmittels erst dann Kenntnis erlangen, wenn es vollzogen wird oder bereits abgeschlossen ist.[10] Der Verteidiger hat dann durch Ausschöpfung der formellen Rechtsbehelfe dafür Sorge zu tragen, dass die Maßnahme entweder wieder aufgehoben oder wenigstens in ihren für den Beschuldigten nachteiligen Konsequenzen entschärft wird.

B. Körperliche Eingriffe

I. Körperliche Untersuchungen nach § 81a StPO

4 Körperliche Untersuchungen gehören zu den besonders belastenden Maßnahmen, weil es der zu Untersuchende hinnehmen muss, zum bloßen Objekt des Augenscheins degradiert zu werden.[11] Der Wortlaut des Gesetzes unterscheidet zwischen der Entnahme einer Blutprobe und anderen körperlichen Eingriffen. Solche liegen immer vor, wenn dem Körper Stoffe (z.B. Sperma, Urin) entnommen oder zugeführt werden oder wenn in das Innere des Körpers eingegriffen wird.[12] Welch skandalöses Ausmaß derartige Eingriffe erreichen können, zeigt das ermittlungsbehördliche Vorgehen gegen Beschuldigte, denen zwangsweise zur Erlangung von verschluckten Betäubungsmitteln Brechmittel verabreicht wurden.[13] Das BVerfG hat es im Jahr 1999 noch abgelehnt, eine Verfassungsbeschwerde, die sich gegen eine derartige Maßnahme richtete, zur Entscheidung anzunehmen. In einem »obiter dictum« hat es hierzu festgestellt, dass der zwangsweise Einsatz von Brechmitteln »auch im Hinblick auf die durch Art. 1 Abs. 1 GG geschützte Menschenwürde und den in Art. 2 Abs. 1 i.V.m. Art. 1 Abs. 1 GG enthaltenen Grundsatz der Selbstbelastungsfreiheit grundsätzlichen verfassungsrechtlichen Bedenken nicht begegnet«.[14] Ungeachtet der Tatsache, dass es im Dezember 2001 im Zusammenhang mit einer unter Gewaltanwendung erfolgten Vergabe von Ipecacuanha-Sirup über eine Magensonde zu einem Todesfall gekommen ist,[15] wird die zwangsweise Verabreichung von Brechmitteln zur Beweissicherung bei schweren Straftaten als eine durch § 81a StPO grundsätzlich gedeckte Maßnahme angesehen.[16] Der Europäische Gerichtshof für Menschenrechte hat in seinem Urteil vom 11.07.2006[17] den Brechmitteleinsatz in dem konkret entschiedenen Fall als Verletzung der Art. 3, 6 und 8 EMRK angesehen. Vier Polizeibeamte hatten den Beschuldigten fixiert und niedergedrückt, während ein Arzt ihm über eine durch die Nase gelegte Magensonde das Brechmittel einflößte. Zusätzlich wurde ihm ein weiteres Brechmittel injiziert, der Beschuldigte erbrach schließlich 0,2182 Gramm Kokain. Diese unmenschliche und erniedrigende Maßnahme ist konventionswidrig mit der Folge, dass die durch den Einsatz erlangten Beweismittel nicht verwertet werden dürfen.[18]

1. Voraussetzungen

5 Nach § 81a StPO darf die zwangsweise körperliche Untersuchung des Beschuldigten zur Feststellung von Tatsachen angeordnet werden, die für das Verfahren von Bedeutung sind. Der Gesetzestext unter-

10 Vgl. *Burhoff* Ermittlungsverfahren, Rn. 4518; *Bosbach* Ermittlungsverfahren, Rn. 353.

11 *Eser* ZStW 86, Beiheft 146; ebenso Meyer-Goßner/*Schmitt* § 81a Rn. 1; *Burhoff* Ermittlungsverfahren, Rn. 2461.

12 KK/*Hadamitzky* § 81a Rn. 6.

13 OLG Frankfurt/Main StV 1996, 651, das in diesen Fällen ein Verwertungsverbot annimmt m. Anm. *Weßlau* StV 1997, 341.

14 BVerfG StV 2000, 1 m. Anm. *Naucke* und Anm. *Rixen* NStZ 2000, 381; hierzu ferner OLG Bremen NStZ-RR 2000, 271; OLG Karlsruhe NStZ 2005, 399 (für Abführmittel); *Rogall* NStZ 1998, 66; *Dallmeyer* StV 1997, 606 und *Schaefer* NJW 1997, 2437.

15 Der Spiegel vom 17.12.2001, 32.

16 LR/*Krause* § 81a Rn. 52, Meyer-Goßner/*Schmitt* § 81a Rn. 22, a.A. *Binder/Seemann* NStZ 2002, 234, die die zwangsweise Vergabe von Brechmitteln für unzulässig halten und auf die Möglichkeit verweisen, das natürliche Ausscheiden verschluckter Betäubungsmittel abzuwarten und den Beschuldigten zu diesem Zweck in Haft zu nehmen.

17 EGMR StV 2006, 617.

18 EGMR StV 2006, 617; *Schuhr* NJW 2006, 3538; *Schumann* StV 2006, 661.

scheidet zwischen der Entnahme von Blutproben und anderen körperlichen Eingriffen, die zulässig sind, soweit sie durch einen Arzt nach den Regeln der ärztlichen Kunst vorgenommen werden und keine Nachteile für die Gesundheit des Beschuldigten besorgen lassen. Arzt ist jeder approbierte Mediziner i.S.v. § 2 Abs. 2 bis 4 BÄO. Nicht erforderlich ist, dass gegen den Beschuldigten bereits ein Ermittlungsverfahren anhängig ist,[19] vielmehr reicht der Anfangsverdacht (§ 152 Abs. 1 StPO) einer Straftat aus. Die Weigerung eines Betroffenen, an einem freiwilligen DNA-Massentest mitzuwirken, darf zur Begründung eines Anfangsverdachtes gegen ihn nicht herangezogen werden.[20] Dasselbe gilt für eine Person, die zu einem Speicheltest für eine molekulargenetische Untersuchung geladen wird und hierzu – anders als andere, ebenfalls vorgeladene Personen – im Beistand eines Rechtsanwaltes erscheint.[21]

6 Bei jeder im Einzelfall durchgeführten Maßnahme hat der Verteidiger eine kritische Prüfung unter dem Gesichtspunkt des Grundsatzes der Verhältnismäßigkeit vorzunehmen. Nach der Rechtsprechung des BVerfG erfordert die Wahrung des Verhältnismäßigkeitsgrundsatzes vor allem, »dass die Maßnahme unerlässlich ist, dass sie in angemessener Relation zur Schwere der Tat steht und dass die Stärke des bestehenden Tatverdachts sie rechtfertigt«.[22] Es muss also eine Güterabwägung vorgenommen werden, je stärker der Eingriffscharakter einer Maßnahme ist, umso schwerer müssen Tatvorwurf und Tatverdacht wiegen.[23] Das jeweils geringere Eingriffsmittel geht der schwerwiegenderen Maßnahme stets vor.[24]

7 Die rechtmäßige Anordnung eines Eingriffs nach § 81a StPO führt nur zu einer Duldungspflicht des Beschuldigten. Zu einem aktiven Tun kann der Beschuldigte nicht gezwungen werden, insbesondere ist er nicht verpflichtet, bei einer Untersuchungshandlung mitzuwirken.[25] Die Beantwortung von Fragen, die Einnahme von Medikamenten oder Mitwirkung an einem Alkomattest können daher verweigert werden. Dementsprechend ist der Mandant auch zu belehren, wobei im Einzelfall zu prüfen ist, ob eine Einwilligung in die beabsichtigte Untersuchung anzuraten ist.

8 § 81a Abs. 3 StPO bestimmt, dass beim Beschuldigten entnommene Blutproben oder sonstige Körperzellen nur für Strafverfahren verwertet werden dürfen und unverzüglich vernichtet werden müssen, wenn sie für diese Zwecke nicht mehr benötigt werden. Geht das Strafverfahren in ein Bußgeldverfahren über, bleiben Blutproben oder sonstige Körperzellen, deren Entnahme im Bußgeldverfahren zulässig gewesen wäre, verwendbar, § 46 Abs. 4 S. 3 OWiG.

2. Zulässige Maßnahmen

9 Neben der Entnahme der Blutprobe sind zulässig die Computer-Tomographie, die Elektroenzephalografie (Hirnstromuntersuchung), die Elektrokardiografie (EKG), die Endoskopie (Ausleuchten von Körperhohlräumen), Röntgenuntersuchungen oder die Szintigrafie (Einspritzen von Radiouliken zur Untersuchung von Körperteilen).

10 Unzulässig sind die Angiografie, die Entnahme von Harn mittels Katheter, die Phallografie (Messung der Erektionsfrequenz) oder die Narkoanalyse zur Herbeiführung von Aussagen,[26] deren Unzulässigkeit sich schon aus § 136a StPO ergibt.

19 H.M., vgl. Meyer-Goßner/*Schmitt* § 81a Rn. 2.
20 LG Regensburg StraFO 2003, 127 m. Anm. *Lammer.*
21 BGH StV 2000, 293.
22 BVerfG NJW 1963, 2368, 2370 = BVerfGE 17, 108.
23 Zu den im Einzelnen zulässigen Untersuchungen und Eingriffen vgl. Meyer-Goßner/*Schmitt* § 81a Rn. 20 ff.
24 HK-StPO/*Brauer* § 81a Rn. 1.
25 BGH StV 1987, 421 = BGHSt 34, 39.
26 Vgl. Meyer-Goßner/*Schmitt* § 81a Rn. 21 ff.; KK/*Hadamitzky* § 81a Rn. 6.

3. Anordnungsbefugnis

Gemäß § 81a Abs. 2 StPO liegt die Befugnis zur Anordnung von Eingriffen grundsätzlich beim Richter. Bis zur Erhebung der öffentlichen Klage ist dies der Ermittlungsrichter, danach das Gericht der Hauptsache. Bei Gefährdung des Untersuchungserfolges durch Verzögerung können auch die Staatsanwaltschaft und – nachrangig – deren Ermittlungspersonen entsprechende Anordnungen treffen. Nach der neueren Rechtsprechung des BVerfG[27] müssen die Ermittlungsbehörden jedoch stets versuchen, die Anordnung des zuständigen Richters einzuholen, bevor sie selbst eine Blutentnahme anordnen. Die Gefährdung des Untersuchungserfolges muss mit Tatsachen begründet werden, die auf den Einzelfall bezogen und in den Ermittlungsakten zu dokumentieren sind, sofern die Dringlichkeit nicht evident ist.[28] Die Anordnung schwerer Eingriffe ist stets dem Richter vorbehalten, der in diesen Fällen wegen mit der Maßnahme verbundenen starken Beeinträchtigung der Persönlichkeit und der Gesundheit des Betroffenen selbstständig – erforderlichenfalls nach sachverständiger ärztlicher Beratung – zu prüfen hat, ob der Eingriff nach dem Stand der Ermittlungen geboten ist. Keinesfalls darf er die Entscheidung darüber einem Sachverständigen selbst überlassen.[29] Erforderlich ist ferner, dass die Anordnung der körperlichen Untersuchung den Bestimmtheitsanforderungen genügt. Denn im Rahmen des § 81 StPO dürfen nur genau angegebene und hinreichend bestimmt bezeichnete körperliche Eingriffe für zulässig erklärt werden, da der anordnende Richter und nicht der Sachverständige zu prüfen hat, ob im Einzelfall durch den Eingriff gesundheitliche Nachteile für den Betroffenen zu besorgen sind.[30] Bei einer Einwilligung des Beschuldigten in den Eingriff, die jederzeit widerrufen werden kann, ist nach h.M. eine entsprechende Anordnung entbehrlich.[31] Eine solche Einwilligung muss aber ausdrücklich, eindeutig und aus freiem Entschluss erklärt werden[32]. Zweifel an der Einwilligungsfähigkeit können bestehen, wenn die kognitiven Fähigkeiten des Betroffenen aufgrund von Drogen- oder Alkoholkonsums beeinträchtigt sind[33]. 11

4. Anfechtbarkeit

Die Anfechtbarkeit einer Anordnung auf körperliche Untersuchung richtet sich zunächst danach, von wem und zu welchem Zeitpunkt die Maßnahme verfügt wurde. Entscheidungen des Ermittlungsrichters sind stets mit der Beschwerde nach § 304 StPO anfechtbar. Nach Erhebung der öffentlichen Klage sind die Anordnungen des erkennenden Gerichts mit der Beschwerde nach Maßgabe des § 305 S. 2 StPO anfechtbar.[34] Die einhellige Auffassung in Rechtsprechung und Literatur stellt darauf ab, dass ein Eingriff in die körperliche Integrität einem der in § 305 S. 2 StPO bezeichneten Zwangseingriff gleichkommt. Streitig ist lediglich, ob bei der Frage der Statthaftigkeit der Beschwerde auf die Erheblichkeit des Eingriffs abzustellen ist, was wohl überwiegend verneint wird.[35] 12

Gegen Entscheidungen, die die Staatsanwaltschaft oder Beamte des Polizeidienstes unter den Voraussetzungen des § 81a Abs. 2 StPO getroffen haben, kann in entsprechender Anwendung des § 98 Abs. 2 S. 2 StPO Antrag auf richterliche Entscheidung gestellt werden, um deren Rechtswidrigkeit feststellen zu lassen.[36] Bei Anordnungen, die auf der Grundlage des § 81a StPO ergehen, handelt es 13

---

27 BVerfG StV 2007, 281; StV 2011, 1; *Burhoff* Ermittlungsverfahren, Rn. 2475.
28 OLG Schleswig StV 2010, 618; StV 2010, 13; OLG Dresden StV 2009, 458; OLG Bamberg NStZ 2009, 408.
29 OLG Hamm StraFo 2004, 92 m. Anm. *Münchhalffen*.
30 OLG Düsseldorf StV 2005, 490.
31 OLG Bamberg NStZ 2009, 408; OLG Celle StV 2009, 518; OLG Dresden StV 2009, 571; *Burhoff* StRR 2009, 204; Meyer-Goßner/*Schmitt* § 81a Rn. 3 f.
32 *Burhoff* Ermittlungsverfahren, Rn. 2477.
33 OLG Hamm StRR 2011, 199; OLG Köln StV 2010, 527.
34 Dies gilt auch für das Zwischenverfahren, § 202 S. 2 ist insoweit nicht anwendbar, vgl. KK/*Schneider* § 202 Rn. 11; a.A. *Pfeiffer* § 81a Rn. 8.
35 OLG Thüringen StV 2007, 24; OLG Hamburg NStZ-RR 1998, 337; Meyer-Goßner/*Schmitt* § 81a Rn. 30.
36 Meyer-Goßner/*Schmitt* § 98 Rn. 23.

sich in der Regel um schwerwiegende Eingriffe in die körperliche Integrität des Einzelnen, sodass gegen die Zulässigkeit des Antrages nicht mehr vorgebracht werden kann, die Maßnahme sei bereits durchgeführt.[37]

5. Verwertungsverbot

14 Untersuchungsergebnisse, die unter Verstoß gegen § 81a StPO gewonnen werden, bleiben in der Regel verwertbar.[38] Ein Verwertungsverbot ist nur in Einzelfällen angenommen worden, wenn der Eingriff ohne Anordnung oder Einwilligung des Beschuldigten vorgenommen wurde, wenn unerlaubter Zwang angewendet oder gegen den Grundsatz der Passivität verstoßen wurde.[39]

Auch bei Verletzungen des Richtervorbehalts nach § 81a Abs. 2 StPO besteht grundsätzlich kein Beweisverwertungsverbot.[40] Ein solches wird auf der Grundlage einer einzelfallbezogenen Interessensabwägung nur dann angenommen, wenn Gefahr im Verzug willkürlich bejaht, der Richtervorbehalt bewusst und gezielt umgangen bzw. ignoriert wird oder wenn die den Richtervorbehalt begründende Rechtslage in gleichgewichtiger Weise gröblich verkannt bzw. fehlbeurteilt wird.[41]

II. Erkennungsdienstliche Behandlung nach § 81b StPO

15 Die Vorschrift des § 81b StPO gestattet die Durchführung von erkennungsdienstlichen Maßnahmen sowohl für Zwecke der Strafverfolgung (§ 81b Alt. 1 StPO) als auch für präventiv polizeiliche Zwecke (§ 81b Alt. 2 StPO).[42] Die zweite Alternative des § 81b StPO ist daher als Vorschrift des materiellen Polizeirechts in der StPO systemfremd.[43]

16 Erkennungsdienstliche Maßnahmen dienen der Feststellung der Beschaffenheit des Körpers oder einzelner Körperteile.[44] Es handelt sich somit um Untersuchungen am Körper, die von den Beamten oder Angestellten des Polizeidienstes auch gegen den Willen des Beschuldigten unter Anwendung unmittelbaren Zwangs durchgeführt werden dürfen.[45]

1. Voraussetzungen

17 Erkennungsdienstliche Maßnahmen, die für strafprozessuale Zwecke (Alt. 1) durchgeführt werden, können sich nur gegen einen Beschuldigten richten. Es müssen somit tatsächliche Anhaltspunkte vorliegen, die Anlass zum Verdacht einer Straftat geben.[46] Die förmliche Einleitung eines Ermittlungsverfahrens ist nicht erforderlich. Ist eine Person lediglich vage verdächtig, ohne Beschuldigter zu sein, dürfen erkennungsdienstliche Maßnahmen nur unter den Voraussetzungen des § 163b Abs. 1 S. 2 StPO angeordnet werden.[47]

18 Erfolgt die Durchführung der ED-Behandlung nach der 2. Alternative, kann Betroffener ebenfalls nur ein Beschuldigter sein, die Maßnahme muss also durch ein Strafverfahren veranlasst sein.[48] Weiterhin muss nach kriminalistischen Erfahrungswerten die Prognose gerechtfertigt sein, dass der

---

37 BVerfG NJW 1997, 2163; BGH StV 1999, 72; allgemein zum Problem der prozessualen Überholung *Meyer-Goßner*/Schmitt vor § 296 Rn. 17 ff.
38 BGH NJW 1971, 1097 = BGHSt 24, 125; Meyer-Goßner/*Schmitt* § 81a Rn. 32.
39 Vgl. Meyer-Goßner/*Schmitt* § 81a Rn. 33.
40 BVerfG NJW 2008, 3055.
41 OLG Karlsruhe StRR 2008, 242; OLG Schleswig StV 2010, 618; OLG Dresden StRR 2009, 224; OLG Nürnberg StV 2010, 624; OLG Bamberg StRR 2009, 185.
42 Meyer-Goßner/*Schmitt* § 81b Rn. 1.
43 *Schäfer/Sander* Rn. 389.
44 BGHSt 34, 39 (44).
45 BGHSt 34, 45.
46 BGHSt 10, 8 (12).
47 *Burhoff* Ermittlungsverfahren, Rn. 1924.
48 Meyer-Goßner/*Schmitt* § 81b Rn. 7.

Beschuldigte auch zukünftig straffällig wird und die erkennungsdienstlichen Unterlagen dann für die Aufklärung zukünftiger Straftaten genutzt werden können.[49]

Auch im Rahmen des § 81b StPO ist der Grundsatz der Verhältnismäßigkeit zu beachten.[50] Bei Bagatellstrafsachen scheidet eine Anordnung gemäß § 81b StPO daher aus, im Regelfall auch im Bußgeldverfahren.[51] 19

2. Zulässige Maßnahmen

Erkennungsdienstliche Maßnahmen sind namentlich die Anfertigung von Lichtbildern und die Abnahme von Fingerabdrücken. Zulässig sind auch alle anderen Maßnahmen, die der Dokumentation der Körperbeschaffenheit oder anderer Äußerlichkeiten dienen wie die Personenbeschreibung des Beschuldigten mit Darstellung besonderer Merkmale wie Mimik, Gestik oder Körperhaltung, die Messung von Körperteilen, Tätowierungen, Muttermalen oder Hautverfärbungen oder die Anfertigung von Hand- oder Fußabdrücken für Vergleichszwecke, ferner die Anfertigung von Aufnahmen des Beschuldigten mit einer Raumüberwachungskamera am Tatort, wobei ihm eine Strumpfmaske übergezogen und er in einer bestimmten Kopf- und Armhaltung entsprechend den Täteraufnahmen vor die Kamera gebracht wurde.[52] Erlaubt ist auch die Videoaufnahme einer Gegenüberstellung des Beschuldigten mit Zeugen.[53] 20

Unzulässig sind Schriftproben oder die heimliche Aufnahme von Sprech- oder Stimmproben des Beschuldigten zwecks Durchführung einer Stimmengegenüberstellung.[54] Eine mit Zustimmung des Beschuldigten gefertigte Tonbandaufnahme seiner Stimme bleibt jedoch verwertbar.[55] Unzulässig ist ferner die Anforderung eines Lichtbildes von der Passbehörde durch die Polizei zur Erstellung einer Wahllichtbildvorlage.[56] 21

3. Anordnungsbefugnis

Im Ermittlungsverfahren sind für Anordnungen nach § 81b Alt. 1 StPO die Staatsanwaltschaft und die Beamten des Polizeidienstes zuständig (§ 163 StPO), nach Erhebung der Anklage das mit der Sache befasste Gericht.[57] Für die Anordnung zu erkennungsdienstlichen Zwecken ist ausschließlich die Kriminalpolizei zuständig.[58] 22

4. Anfechtbarkeit

Gerichtliche im Strafverfahren getroffene Anordnungen sind mit der Beschwerde nach § 304 StPO anfechtbar, soweit diese nicht nach den §§ 202 S. 2, 304 Abs. 4, 305 S. 2 StPO ausgeschlossen ist. Eine nach Durchführung der Maßnahme eingelegte Beschwerde ist nur zulässig, wenn ein nachwirkendes Bedürfnis für eine richterliche Überprüfung besteht.[59] 23

---

49 BVerwG NJW 2006, 1225; OVG Münster StraFO 2008, 503; OVG Sachsen 2011, 391; VG Regensburg StV 2012, 8, *Burhoff* Ermittlungsverfahren, Rn. 1927.
50 *Pfeiffer* § 81b Rn. 3.
51 *Göhler* § 46 Rn. 32.
52 BGHR StPO § 81b Maßnahme Nr. 1.
53 Meyer-Goßner/*Schmitt* § 81b Rn. 8.
54 BGHSt 34, 44.
55 BGH StV 1985, 397.
56 LG Rostock StV 2008, 627 m. Anm. *Stephan* StRR 2009, 129; *Burhoff* Ermittlungsverfahren, Rn. 1932.
57 LR-*Krause* § 81b Rn. 22.
58 Meyer-Goßner/*Schmitt* § 81b Rn. 13.
59 KK/*Hadamitzky* § 81b Rn. 9.

24 Gegen repressiv polizeiliche Anordnungen oder solche der Staatsanwaltschaft und ihrer Ermittlungspersonen kann nach h.M. analog § 98 Abs. 2 S. 4 StPO Antrag auf gerichtliche Entscheidung gestellt werden.[60] Die Gegenauffassung hält den Antrag nach § 23 EGGVG für zulässig.

25 Die Anfechtung von Maßnahmen im präventiv polizeilichen Bereich erfolgt ausschließlich nach der VwGO.

5. Verwertungsverbot

26 Grundsätzlich gilt auch im Rahmen des § 81b StPO, dass der Beschuldigte die Durchführung erkennungsdienstlicher Maßnahmen erdulden muss, dagegen nicht zu aktiver Mitwirkung gezwungen werden kann. Deshalb dürfen Sprech-, Stimm- oder Schriftproben, die durch Täuschung oder mittels Anwendung von Zwang erlangt wurden, nicht verwertet werden (§ 136a StPO). Ferner ist das Bestehen eines Verwertungsverbotes bei einer Verletzung des Verhältnismäßigkeitsgrundsatzes möglich.[61] Dies gilt nicht nur für die ED-Behandlung also solche, sondern auch für die Art und Weise ihrer Anordnung.[62]

III. Unterbringung des Beschuldigten nach § 81 StPO

27 Gemäß § 81 StPO darf die Beobachtungsunterbringung des Beschuldigten zur Vorbereitung eines Gutachtens über seinen psychischen Zustand für die Dauer von bis zu sechs Wochen angeordnet werden (§ 81 Abs. 5 StPO). Dies kommt namentlich dann in Betracht, wenn die Schuldfähigkeit des Beschuldigten (§§ 20, 21 StGB), seine Unterbringung im Maßregelvollzug gemäß §§ 63, 66 StGB[63], seine Verhandlungsfähigkeit[64] oder bei Jugendlichen und Heranwachsenden deren Entwicklungsstand (§§ 73, 104 Abs. 1 Nr. 12, 109 Abs. 1 JGG) durch einen Sachverständigen zu prüfen sind.

1. Voraussetzungen

28 Die Beobachtungsunterbringung setzt zunächst dringenden Tatverdacht voraus (§ 81 Abs. 2 S. 1 StPO). Insoweit gilt derselbe Beurteilungsmaßstab wie bei der Untersuchungshaft (§ 112 Abs. 1 StPO).[65]

29 Von besonderer Relevanz ist weiterhin die Beachtung des Gebots der Verhältnismäßigkeit des Mittels (§ 80 Abs. 2 S. 2 StPO). Die Unterbringung zum Zwecke der Beobachtung ist daher unzulässig bei Bagatellstrafsachen und in Bußgeldsachen (§ 46 Abs. 3 OWiG). Neben der strikten Beachtung des Verhältnismäßigkeitsgrundsatzes ist die Feststellung erforderlich, dass die Unterbringung unerlässlich ist, also ohne sie die psychische Verfassung des Beschuldigten nicht beurteilt werden kann.[66] Dies macht die vorherige Anhörung eines Sachverständigen über die Unerlässlichkeit der Maßnahme erforderlich. Den insoweit an die Anhörung des Sachverständigen zu stellenden Anforderungen ist nur dann genügt, wenn der Sachverständige grundsätzlich nach persönlicher Untersuchung des Betroffenen ein schriftliches Gutachten erstattet.[67] Eine nach Lage der Akten gefertigte Stellungnahme des Sachverständigen ist nicht ausreichend. Kann sich der Sachverständige durch eine ambulante Untersuchung ausreichende Kenntnisse verschaffen oder auf die Ergebnisse früherer Untersuchungen zurückgreifen, ist eine Anordnung nach § 81 StPO ebenfalls unzulässig.[68] Unzulässig ist die Unterbringung auch, wenn sich der Beschuldigte weigert, sie zuzulassen oder bei ihr mitzuwirken,

60 Meyer-Goßner/*Schmitt* § 81b Rn. 21, OLG Koblenz StV 2002, 127.
61 *Burhoff* Ermittlungsverfahren, Rn. 1942.
62 LG Kiel StV 2006, 125.
63 OLG Nürnberg StV 2010, 510.
64 BVerfG StV 2001, 657; 1995, 617.
65 Vgl. hierzu Meyer-Goßner/*Schmitt* § 81 Rn. 6.
66 BVerfG StV 1995, 617.
67 OLG Stuttgart StV 2004, 582, OLG Düsseldorf StV 1998, 638.
68 BGH StV 2002, 581 (583); OLG Hamm StV 2001, 156; Meyer-Goßner/*Schmitt* § 81 Rn. 8.

soweit die Untersuchung nach ihrer Art die freiwillige Mitwirkung des Beschuldigten voraussetzt, etwa wenn eine Exploration erforderlich wäre, diese aber verweigert wird und ein Erkenntnisgewinn deshalb nur bei Anwendung verbotener Vernehmungsmethoden (§ 136a StPO) oder einer sonstigen Einflussnahme auf die Aussagefreiheit des Beschuldigten zu erwarten ist.[69]

2. Zulässige Maßnahmen

Der Beschuldigte darf in Verwahrung gehalten und beobachtet werden.[70] Körperliche Eingriffe sind nicht zulässig, hierfür ist bei fehlender Einwilligung des Beschuldigten das Ergehen einer gesonderten Anordnung nach Maßgabe des § 81a StPO erforderlich.[71] 30

3. Anordnungsbefugnis

Über die Unterbringung nach § 81 StPO entscheidet das für die Eröffnung des Hauptverfahrens zuständige Gericht (§ 81 Abs. 3 StPO) durch Beschluss. Zuvor hat das Gericht nach § 80 Abs. 1 StPO den beauftragten Sachverständigen, den Verteidiger und nach § 33 Abs. 2 StPO auch die Staatsanwaltschaft anzuhören. Hat der Beschuldigte noch keinen Verteidiger, ist ihm nach § 140 Abs. 1 Nr. 6 StPO ein Pflichtverteidiger zu bestellen. Hat der Beschuldigte eine Pflicht- und einen Wahlverteidiger, sind beide anzuhören.[72] Die Anhörung des Verteidigers zur Frage der Unterbringung darf erst dann erfolgen, wenn das schriftliche Sachverständigengutachten vorliegt und dem Verteidiger zur Kenntnis gebracht wurde.[73] 31

Problematisch ist, wie sich der Verteidiger im Rahmen des Anhörungsverfahrens zu verhalten hat, ob er der Beobachtungsunterbringung zustimmt oder sie sogar aus eigener Initiative vorschlägt. Stimmt er einer Beobachtungsunterbringung zur Vorbereitung eines Gutachtens zur Schuldfähigkeit zu, lässt sich daraus ableiten, dass mit einem Freispruch außerhalb des § 20 StGB nicht mehr gerechnet wird.[74] Solange deshalb das Erzielen eines Freispruchs aus anderen Gesichtspunkten möglich erscheint, ist entsprechende Zurückhaltung des Verteidigers geboten.[75] Dasselbe gilt, wenn der Mandant mit einer Unterbringung nicht einverstanden ist.[76] 32

4. Anfechtbarkeit

Gegen den die Beobachtungsunterbringung anordnenden Beschluss ist die sofortige Beschwerde zulässig (§§ 81 Abs. 4, 311 StPO), die ausnahmsweise aufschiebende Wirkung hat. Der Verteidiger kann diese auch gegen den Willen des Mandanten einlegen, § 297 StPO gilt insoweit nicht.[77] Die weitere Beschwerde (§ 310 StPO) ist ausgeschlossen. 33

Der die Beobachtungsunterbringung ablehnende Beschluss ist unanfechtbar.[78] 34

5. Vollstreckung

Die rechtskräftig nach § 81 StPO angeordnete Unterbringung wird gem. § 36 Abs. 2 S. 1 StPO von der Staatsanwaltschaft vollstreckt. Auch insoweit ist stets der Grundsatz der Verhältnismäßigkeit zu beachten (Nr. 61 Abs. 1 RiStBV). Befindet sich der Beschuldigte auf freiem Fuß, so wird er unter Androhung seiner zwangsweisen Vorführung aufgefordert, sich innerhalb einer bestimmten Frist in 35

---

69 BVerfG StV 2001, 657 (658); OLG Düsseldorf StV 2005, 490.
70 Meyer-Goßner/*Schmitt* § 81 Rn. 20.
71 *Schäfer/Sander* Rn. 380.
72 OLG München StV 2008, 127.
73 LG Aschaffenburg StV 2004, 583; Meyer-Goßner/*Schmitt* § 81 Rn. 14.
74 *Bosbach* Ermittlungsverfahren, Rn. 529.
75 Vgl. hierzu *Dahs* Handbuch, Rn. 402 f.
76 *Burhoff* Ermittlungsverfahren, Rn. 3690.
77 *Pfeiffer* § 81 Rn. 4.
78 KK/*Hadamitzky* § 81 Rn. 12.

dem psychiatrischen Krankenhaus einzufinden (Nr. 61 Abs. 2 RiStBV). Der Verteidiger wird deshalb den Rat erteilen, der Ladung zur Vermeidung einer Zwangsvorführung freiwillig Folge zu leisten.

C. DNA-Analyse, »genetischer Fingerabdruck«

I. Allgemeines

1. Naturwissenschaftliche Grundlagen

36 Die DNA-Analyse, umgangssprachlich auch »genetischer Fingerabdruck« genannt, geht auf Forschungen des britischen Wissenschaftlers Alec Jeffreys zurück und wurde im Jahr 1989 als kriminaltechnische Methode zur Auswertung von Blut- und Sekretspuren bundesweit eingeführt.[79] Sie beruht auf der besonderen biochemischen Struktur der menschlichen Erbsubstanz, der Desoxyribonucleinsäure (DNS oder DNA). Die DNA besteht bei allen Menschen aus vier Grundbausteinen, den Basen Adenin, Guanin, Thymin und Cytosin. Sie ist in Form einer verdrehten Strickleiter aufgebaut und enthält verschlüsselt alle menschlichen Erbanlagen, die für das Erscheinungsbild einer Persönlichkeit verantwortlich sind (codierender Bereich). Der überwiegende Teil des DNA-Moleküls enthält jedoch keinerlei menschliche Erbinformationen und wird daher als nicht codierend bezeichnet.[80] Nur in diesem Bereich findet die DNA-Analyse im Strafverfahren statt. In den nicht codierenden DNA-Anteilen finden sich variantenreiche Abschnitte, die aus kurzen Wiederholungssequenzen, so genannten VNTR-Sequenzen (variable number tandem repeats) oder Minisatelliten bestehen. Die Anzahl und Länge dieser VNTR-Sequenzen unterscheiden sich von Individuum zu Individuum deutlich. Wenn die Ergebnisse mehrerer VNTR-Sequenzen zu einem DNA-Identifizierungsmuster kombiniert werden, ist die Wahrscheinlichkeit, dass zwei nichtverwandte Lebewesen dasselbe DNA-Muster aufweisen, gleich null.

37 Molekulargenetische Untersuchungen werden heute fast ausschließlich im PCR-Verfahren durchgeführt. Diese Abkürzung steht für Polymerase Chain Reaction, also für eine biochemische Kettenreaktion.[81] Vorhandene Körperzellen des Beschuldigten oder eines Dritten werden gentechnisch untersucht und verglichen. Hierzu werden VNTR-Sequenzen vervielfältigt, nach ihrer Länge sortiert und sichtbar gemacht.

38 Die PCR-Methode hat sich in der forensischen Spurenkunde als zuverlässiges und effektives Verfahren zur Vervielfältigung einzelner DNA-Abschnitte durchgesetzt. Trotzdem hat der Verteidiger ein besonderes Augenmerk darauf zu richten, ob der Beweiswert des Testergebnisses nicht durch äußere Umstände beeinflusst worden ist. Denn schon winzige Verunreinigungen in Form von Fremd-DNA (Hautschuppen, Speicheltröpfchen) können das Ergebnis einer DNA-Analyse verfälschen. Mögliche Fehlerquellen sind weiterhin die unsachgemäße Lagerung der Probe, ihr ungekühlter Versand oder die Einwirkung von Wärme und Feuchtigkeit.[82]

2. Rechtliche Grundlagen

39 Die Zulässigkeit der zunächst auf der Grundlage des § 81a StPO durchgeführten DNA-Analyse zum Zwecke der Strafverfolgung war heftig umstritten.[83] Der BGH[84] hatte die Auffassung vertreten, dass »das Ergebnis einer solchen Analyse sowohl zum Täterausschluss als auch zur Täterfeststellung verwendet werden darf«, hierbei aber betont, dass der Beweiswert einer DNA-Analyse stets kritisch zu würdigen ist. Insbesondere muss sich das Gericht bewusst sein, dass das Ergebnis einer

79 Ausführlich *Brodersen/Anslinger/Rolf*, DNA-Analyse und Strafverfahren, 2003.
80 Die Unterscheidung der Judikatur zwischen codiertem und nicht codiertem Bereich ist heute nicht mehr unumstritten, vgl. hierzu ausführlich *Eisenberg* Beweisrecht, Rn. 1683.
81 Vgl. hierzu *Kimmich/Spyra/Steinke* NStZ 1993, 23 (34 f.).
82 Strafverteidigung/*Neuhaus* § 29 Rn. 77 ff. m.w.N.; *Neuhaus* StraFO 2004, 127, 2005, 148 und 2006, 393.
83 *Burhoff* Ermittlungsverfahren, Rn. 1302.
84 BGHSt 38, 320.

solchen Untersuchung nur eine abstrakte statistische Aussage enthält, die eine Gesamtwürdigung aller beweiserheblichen Umstände nicht überflüssig macht.[85] Das BVerfG[86] hat gegen die Zulässigkeit der DNA-Analyse im nicht codierenden Bereich ebenfalls keine verfassungsrechtlichen Bedenken erhoben und dies damit begründet, dass Untersuchungen dieses DNA-Abschnitts – mit Fingerabdrücken vergleichbar – lediglich die formale Struktur der Basensequenzen zum Gegenstand haben und damit nicht die Entschlüsselung der in den Genen gespeicherten Erbinformationen betreffen. Der der öffentlichen Gewalt schlechthin entzogene, unantastbare Kernbereich privater Lebensgestaltung sei hierdurch nicht berührt.[87]

Mit dem StrÄndG vom 17.03.1997[88] wurden die §§ 81e, f StPO eingeführt und damit die molekulargenetische Untersuchung von Körperzellen zum Zwecke der Strafverfolgung auf eine neue spezialgesetzliche Grundlage gestellt.[89] Hierauf folgten die Einfügung des § 81g StPO sowie die Regelungen des DNA-Identitätsfeststellungsgesetzes durch Gesetz vom 07.09.1998,[90] die Einfügung des Richtervorbehaltes für molekulargenetische Untersuchungen von Spurenmaterial in § 81e Abs. 1 S. 2 StPO durch Gesetz vom 06.08.2002[91] und die Erweiterungen der §§ 81e, 81 f. StPO durch Gesetz vom 27.12.2003.[92] Mit dem Gesetz zur Novellierung der forensischen DNA-Analyse vom 12.08.2005[93], durch das *Gesetz zur effektiveren und praxistauglicheren Ausgestaltung des Strafverfahrens* vom 17. August 2017[94] und letztmalig durch das *Gesetz zur Modernisierung des Strafverfahrens* vom 10.12.2019[95] wurden weit reichende Änderungen eingeführt.[96] 40

II. DNA-Analyse nach § 81e StPO

1. Voraussetzungen

Die Eingriffsnorm des § 81e StPO knüpft nach wie vor an §§ 81a, c StPO an. An dem durch Maßnahmen nach § 81a Abs. 1 oder § 81c erlangten Material dürfen nunmehr mittels molekulargenetische Untersuchung das DNA-Identifizierungsmuster, die Abstammung und das Geschlecht der Person festgestellt und diese Feststellungen mit Vergleichsmaterial abgeglichen werden. Zulässig ist auch die Klärung der Frage, ob die zu untersuchende Spur von einer Frau oder einem Mann stammt. Darüber hinausgehende Untersuchungen auf psychische, charakter- oder krankheitsbezogene Persönlichkeitsmerkmale oder um festzustellen, ob die Spur von einem Europäer, Asiaten oder Afrikaner stammt sowie auf Erbanlagen sind ausdrücklich untersagt, § 81e Abs. 1 S. 2 StPO. Nach § 81e Abs. 2 S. 2 dürfen allerdings nunmehr an Material, bei welchem unbekannt ist, von welcher Person das Spurenmaterial stammt, Feststellungen über die Augen-, Haar- und Hautfarbe sowie das Alter der Person getroffen werden. 41

Eine besondere Einsatzschwelle ist für die Maßnahme nicht erforderlich, bereits einfacher Anfangsverdacht genügt.[97] 42

85 BGH NStZ 1994, 554; einschränkend jetzt BGH StV 2010, 175 m. Anm. *Baur/Fimmers/Schneider*; *Neuhaus* StraFo 2010, 343.
86 BVerfG NStZ 1996, 45.
87 Vgl. hierzu auch *Krehl/Kolz* StV 2004, 447.
88 BGBl. I 1997 S. 534.
89 Hierzu *Senge* NJW 1997, 2409 ff.
90 BGBl. I 1998 S. 2646.
91 BGBl. I 2002 S. 3018.
92 BGBl. I 2003 S. 3007.
93 BGBl. I 2005 S. 2360.
94 BGBl. I 2017 S. 3202.
95 BGBl. I 2019 S. 2121.
96 Vgl. insofern *Senge* NJW 2005, 3028; zu den Änderungen die Kritik *Bockemühl* NJW-aktuell 3/2017, 16; *ders.* StV 2017 Editorial Heft 5.
97 Meyer-Goßner/*Schmitt* § 81e Rn. 7.

2. Anordnungsbefugnis

43 Gem. § 81 f. Abs. 1 a.F. StPO stand die Befugnis zur Anordnung einer molekulargenetischen Untersuchung allein dem Richter zu. Zuständig war der Ermittlungsrichter, nach Erhebung der Anklage das mit der Sache befasste Gericht. Die zum 01.11.2005 in Kraft getretene Neuregelung sieht nunmehr eine weitgehende Einschränkung des Richtervorbehalts und eine Eilanordnungskompetenz für Staatsanwaltschaft und ihre Ermittlungspersonen vor; vgl. § 81f Abs. 1 StPO.

Der die molekulargenetische Untersuchung anordnende Beschluss muss einen bestimmten Sachverständigen bestimmen, der nach § 81f Abs. 2 StPO gewisse persönliche und organisatorische Voraussetzungen zu erfüllen hat, die einen Missbrauch der erhobenen Daten ausschließen sollen.

3. Anfechtbarkeit

44 Gegen den die Untersuchung anordnenden bzw. ablehnenden Beschluss ist die Beschwerde nach § 304 StPO statthaft. Dies gilt auch für entsprechende Anordnungen des erkennenden Gerichts der Hauptsache, § 305 S. 2 StPO steht dem insoweit nicht entgegen.[98]

Gegen eine im Rahmen der Eilkompetenz von Staatsanwaltschaft und ihren Ermittlungsbeamten angeordnete Maßnahme ist analog § 98 Abs. 2. S. 2 StPO Antrag auf richterliche Entscheidung gegeben.

45 Die Auswahl eines bestimmten Sachverständigen ist isoliert nicht anfechtbar.[99]

4. Verwertungsverbot

46 Molekulargenetische Untersuchungen, die entgegen dem grundsätzlich normierten Richtervorbehalt auf einer nichtrichterlichen Anordnung beruhen, unterliegen einem Verwertungsverbot.[100] Dasselbe dürfte für Untersuchungsergebnisse gelten, die über die in § 81e Abs. 1 StPO vorgesehene Zweckbindung hinaus erlangt worden sind. Nach § 81e Abs. 1 S. 3 StPO sind Feststellungen zu anderen als den in § 81e Abs. 1 S. 1 und 2 StPO genannten Zwecken unzulässig, begründen also bereits ein Beweiserhebungsverbot.

III. DNA-Analyse nach § 81g StPO

1. Allgemeines

47 Während sich die Eingriffsnormen nach §§ 81a, 81e StPO auf anhängige Verfahren beziehen, dient die Vorschrift des § 81g StPO der vorbeugenden Verbrechensbekämpfung. Erlaubt ist die Entnahme von Körperzellen (z.B. Blut, Haare, Speichel) und deren molekulargenetische Untersuchung zur Erstellung eines DNA-Identifizierungsmusters, das vom BKA verarbeitet und nach Maßgabe des Bundeskriminalamtgesetzes gespeichert werden darf (§ 81g Abs. 5 S. 1 StPO). Der Zweck des jeweiligen Eingriffs ist auf die Feststellung der Identität für künftige Verfahren beschränkt (§ 81g Abs. 2 StPO).[101]

2. Anwendungsbereich und Voraussetzungen des § 81g StPO

48 Die Vorschrift des § 81g StPO richtet sich zunächst gegen den Beschuldigten eines anhängigen Ermittlungsverfahrens (§ 81g Abs. 1 S. 1 StPO). Nach § 81g Abs. Abs. 4 StPO dürfen Maßnahmen nach § 81g Abs. 1 bis 3 StPO auch angeordnet werden, wenn die betroffene Person bereits rechtskräftig verurteilt oder nur deswegen nicht verurteilt worden ist, weil die in § 81g Abs. 4 Nr. 1 bis 3 StPO aufgezählten Voraussetzungen vorgelegen haben.

98 Meyer-Goßner/*Schmitt* § 81f Rn. 8.
99 Meyer-Goßner/*Schmitt*, § 81f Rn. 8.
100 Meyer-Goßner/*Schmitt* § 81f Rn. 9.
101 Meyer-Goßner/*Schmitt* § 81g Rn. 4.

Maßnahmen nach § 81g Abs. 1 bis 3 StPO dürfen angeordnet werden, wenn der Beschuldigte einer Straftat von erheblich Bedeutung oder einer Straftat gegen die sexuelle Selbstbestimmung verdächtig ist, auch wenn diese nicht erheblich ist.[102] Nachdem die frühere Gesetzesfassung Regelbeispiele für Straftaten erheblicher Bedeutung enthielt, die mit der Neufassung des § 81g Abs. 1 StPO gestrichen wurden, wird hieraus gefolgert, dass die Entnahme und Untersuchung von Körperzellen auch bei nicht erheblichen Anlasstaten erlaubt ist.[103] Gemäß § 81g Abs. 1 S. 2 StPO kann wiederholte Begehung von sonstigen Straftaten im Unrechtsgehalt einer erheblichen Straftat gleichstehen. Während die Literatur gegen die Neufassung des § 81g StPO teils scharfe Kritik formuliert hat,[104] hat das BVerfG hiergegen keine verfassungsrechtlichen Bedenken erhoben.[105] Es hat die Auffassung vertreten, dass mit der Neuregelung des § 81g Abs. 1 StPO »nach dem Willen des Gesetzgebers kein Automatismus verbunden sein soll, sondern das anordnende Gericht gehalten ist, einzelfallspezifisch unter Abwägung der maßgeblichen Umstände – insbesondere der Art und der Ausführung der Tat und der Persönlichkeit des Beschuldigten – unter strenger Berücksichtigung des Verhältnismäßigkeitsgrundsatzes im Wege einer Gesamtschau das Maß des verwirklichten und zu erwartenden Unrechts festzustellen«. 49

Weiterhin verlangt § 81g Abs. 1 S. 1, 2 StPO das Vorliegen einer negativen Gefahrenprognose. 50
Eine solche liegt vor, wenn wegen der Art oder Ausführung der Anlasstat, der Persönlichkeit des Beschuldigten oder aufgrund sonstiger Erkenntnisse Grund zu der Annahme besteht, dass gegen ihn zukünftig erneut Strafverfahren wegen Taten von erheblicher Bedeutung geführt werden. Hierbei muss sich aus schlüssigen, verwertbaren und in der die Maßnahme anordnenden Entscheidung nachvollziehbar dokumentierten Tatsachen die Gefahr der Wiederholung einer Straftat von erheblicher Bedeutung ergeben, für die das DNA-Identifizierungsmuster einen Aufklärungsansatz durch einen künftigen Spurenvergleich bieten kann.[106]

Bei Altfällen bedarf dies einer besonders sorgfältigen Prüfung. Das BVerfG verlangt für die Annahme 51
der Wahrscheinlichkeit künftiger Strafverfahren wegen der Begehung von Straftaten von erheblicher Bedeutung regelmäßig nach einer positiven, auf den Einzelfall bezogenen Begründung, weshalb die Maßnahme nicht allein mit dem Fehlen von Hinweisen auf das Vorliegen einer Ausnahmesituation gerechtfertigt werden kann.[107] Bei gebührender Beachtung des Einzelfalls kann insoweit auf die von der Rechtsprechung zu den §§ 63, 64, 66 StGB geforderten Prognoseentscheidungen entwickelten Kriterien zurückgegriffen werden.[108] Danach muss ernsthaft zu besorgen sein, dass der Verurteilte eine weitere erhebliche Straftat begehen wird.

Bei länger zurückliegenden Straftaten ist der Rückschluss auf eine Negativprognose zumindest dann 52
nicht gerechtfertigt, wenn der Betroffene seitdem nicht mehr strafrechtlich in Erscheinung getreten ist.[109] Umstritten ist weiterhin die Frage, ob die Verurteilung wegen einer Tat zu einer Freiheitsstrafe, deren Vollstreckung zur Bewährung ausgesetzt wurde, die negative Gefahrenprognose nach § 81g StPO ausschließt. Das wird von einem Teil der Rechtsprechung verneint mit der Begründung, dass bei der Negativprognose nach § 81g StPO einerseits und der positiven Sozialprognose

---

102 *Eisenberg* Beweisrecht, Rn. 1689.
103 *Senge* NJW 2005, 3028 (3030).
104 *Duttge/Hörnle/Renzikowski* NJW 2004, 1065 (1070 ff.); *Schewe* JR 2006, 186; *Eisenberg* Beweisrecht, Rn. 1689.
105 BVerfG NStZ-RR 2007, 378.
106 BVerfG NStZ 2007, 378; StV 2001, 145.
107 BVerfG StV 2003, 1.
108 *Senge* NJW 1999, 255; LR/*Krause* § 81g Rn. 30; a.A. Meyer-Goßner/*Schmitt* § 81g Rn. 8.
109 LG Hamburg StraFo 2006, 376; LG Berlin StV 2003, 610; LG Rottweil StraFo 2004, 322; LG Darmstadt StV 2001, 107; LG Aurich StV 2000, 609; LG Hannover StV 2000, 302; LG Berlin StV 2000, 303; LG Bremen StV 2000, 303; LG Nürnberg/Fürth StV 2000, 71.

nach § 56 Abs. 1, 2 StGB andererseits ein differenzierter Prüfungsmaßstab anzuwenden sei.[110] Die Gegenauffassung stellt zu Recht auf die Grundrechtsrelevanz des Eingriffs ab und schließt daraus, dass allein aus einer Vorverurteilung nicht auf die Gefahr neuer einschlägiger Straftaten geschlossen werden kann, sondern:

> »in der Sphäre des Verurteilten wurzelnde konkrete Umstände vorliegen müssen, die die Annahme einer künftigen – einschlägigen – Straffälligkeit als wahrscheinlich werden lassen«.[111]

Bei positiven Bewährungsentscheidungen wird dies nur selten der Fall sein. Eine gerichtliche Entscheidung, die dem Betroffenen eine günstige Sozialprognose nach § 56 Abs. 1, 2 StGB stellt, entfaltet eine faktische Sperrwirkung für die Zulässigkeit von Maßnahmen nach § 81g StPO, solange die Bewährungszeit läuft, ein Grund für den Widerruf der Strafaussetzung zur Bewährung nicht vorliegt und/oder das bewährungsüberwachende Gericht von einem Widerruf absieht.[112]

53 Schließlich ist bei Maßnahmen nach § 81g StPO der Grundsatz der Verhältnismäßigkeit zu beachten. Die Entnahme von Körperzellen zur Feststellung eines DNA-Identifizierungsmusters stellt einen Eingriff in das allgemeine Persönlichkeitsrecht in Form des Rechts auf informationelle Selbstbestimmung (Art. 2 Abs. 1 i.V.m. Art. 1 GG) und – soweit sie zwangsweise durchgeführt wird – in das Recht auf körperliche Unversehrtheit nach Art. 2 Abs. 2 GG dar.[113] Derartige Maßnahmen sind nur dann verhältnismäßig, wenn durch ihre Durchführung ein Aufklärungserfolg in einem künftigen Strafverfahren erwartet werden kann. Daran fehlt es bei Taten, bei denen der Täter keine Körperzellen absondert und damit nicht deliktstypisch im Zusammenhang mit einer künftigen Straftat »Identifizierungsmaterial« am Tatort hinterlässt. Durch diese Begrenzung fallen eine Vielzahl von Delikten von vornherein aus dem Anwendungsbereich des § 81g StPO heraus, so z.B. die Aussagedelikte nach §§ 153 ff. StGB oder bestimmte Vermögensdelikte.[114]

3. Verfahren

54 Die Entnahme von Körperzellen darf ohne schriftliche Einwilligung des Beschuldigten nur das Gericht, in Eilfällen auch durch die Staatsanwaltschaft und deren Ermittlungsbeamten angeordnet werden(§ 81g Abs. 3 S. 1 StPO). Die Anordnung der molekulargenetischen Untersuchung muss in jedem Fall durch den Richter erfolgen und zwar auch dann, wenn der Betroffene einwilligt.[115] Zuständig ist der Ermittlungsrichter (§§ 162, 169 StPO), im unmittelbaren Anwendungsbereich des § 81g StPO das mit der Sache befasste Gericht, soweit Anklage bereits erhoben ist. In entsprechender Anwendung des § 140 Abs. 2 StPO ist dem Betroffenen im Verfahren nach § 81g StPO ein Pflichtverteidiger zu bestellen, wenn die Schwierigkeit der Rechtslage dies gebietet.[116] Nach § 81g Abs. 3 S. 3 StPO ist der Beschuldigte darüber zu belehren, für welchen Zweck die zu erhebenden Daten verwendet werden.

55 Der Beschluss über die Anordnung einer molekulargenetischen Untersuchung zum Zwecke der DNA-Identifizierungsfeststellung bedarf einer Begründung, die über die Wiederholung des Geset-

110 OLG Karlsruhe StV 2002, 60; ThürOLG StV 2001, 5 m. Anm. *Schneider*; LG Göttingen NStZ 2000, 164 und 751; LG Ingolstadt NStZ 2000, 749.

111 LG Freiburg NStZ 2000, 162; LG Gera NStZ 2000, 163; LG Zweibrücken StV 2000, 304.

112 LG Freiburg NStZ-RR 2001, 47.

113 BVerfG StV 1995, 618 (619); *Benfer* StV 1999, 402 (403).

114 LG Frankenthal StV 2000, 609 m. Anm. *Ritterhaus* für BtM-Delikte, so auch LG Zweibrücken StV 2003, 155 (272); OLG Köln StV 2004, 640 (Hehlerei); LG Berlin StV 2003, 610 zur Verurteilung wegen Mordes, wenn diese Tat mehr als 15 Jahre zurückliegt und die zur Bewährung ausgesetzte Restfreiheitsstrafe erlassen ist.

115 LG Hannover NStZ-RR 2001, 20; a.A. LG Hamburg StV 2000, 660 m. Anm. *Busch*, zum Meinungsstand vgl. *Krehl/Kolz* StV 2004, 447 (453).

116 LG Karlsruhe StV 2001, 390.

zeswortlauts hinausgeht.[117] Im Übrigen gilt nach § 81g Abs. 3 StPO für das weitere Verfahren die Vorschrift des § 81f Abs. 2. StPO.[118]

4. Anfechtbarkeit

Die die Durchführung von Maßnahmen nach § 81g StPO anordnenden Gerichtsbeschlüsse sind mit der Beschwerde nach § 304 StPO anfechtbar. Nachdem die Einlegung der Beschwerde die Vollziehung der angefochtenen Entscheidung nicht hemmt (§ 307 Abs. 1 StPO), sollte nicht übersehen werden, nach § 307 Abs. 2 StPO die Aussetzung der Vollziehung zu beantragen.[119] Für Anordnungen der Staatsanwaltschaft und deren Ermittlungsbeamten besteht die Antragsmöglichkeit nach § 98 Abs. 2 S. 2 StPO. 56

IV. Die molekulargenetische Reihenuntersuchung nach § 81h StPO

1. Allgemeines

Mit dem zum 01.11.2005 neu eingeführten § 81h StPO wurden erstmals Reihengentests auf eine gesetzliche Grundlage gestellt. Die Vorschrift erlaubt es, auf freiwilliger Basis bei Personen, die bestimmte beim unbekannten Täter vermutete Merkmale aufweisen, Körperzellen zu entnehmen, diese molekulargenetisch zu untersuchen und sichergestelltem Spurenmaterial abzugleichen.[120] Die Vorschrift hat nunmehr eine bedeutende Änderung durch das Gesetz zur effektiveren und praxistauglicheren Ausgestaltung des Strafverfahrens vom 17. August 2017[121] erfahren. Die Änderungen betreffen insbesondere die Verwertbarkeit von »Beinahetreffern«. Ergab der Abgleich keine umfassende, sondern nur eine teilweise Übereinstimmung zwischen Teilnehmer an der Reihenuntersuchung und der aufgefundenen Spur, deutete dieses auf ein Verwandtschaftsverhältnis zwischen dem Teilnehmer an der Reihenuntersuchung und dem Spurenverursacher hin. Aufgrund der strengen Zweckbindung des § 81h StPO a.F. durfte diese Information allerdings nicht verwertet werden. Dieses hatte der BGH mit seiner Entscheidung vom 20. Dezember 2012[122] entschieden. Der Gesetzgeber hat durch die Gesetzesänderung den Weg für eine Erweiterung des Untersuchungsumfangs auf genetische Ähnlichkeit und die Deanonymisierung im Trefferfall frei gemacht. 57

2. Voraussetzungen

Reihengentests sind nur zulässig, wenn bestimmte Tatsachen den Verdacht begründen, dass ein Verbrechen gegen das Leben, die körperliche Unversehrtheit, die persönliche Freiheit oder die sexuelle Selbstbestimmung begangen worden ist. 58

Weiterhin muss der infrage kommende Personenkreis, der an dem Reihengentest teilnehmen soll, aufgrund bestimmter beim unbekannten Täter vermutlich gegebener Merkmale (Alter, Geschlecht, Wohnort, Haltereigenschaft in Bezug auf ein bestimmtes Kraftfahrzeug)[123] deutlich eingrenzbar sein. Zweck des Reihengentests ist allein die Feststellung, ob sichergestelltes Spurenmaterial von einer der Personen aus der Merkmalsgruppe stammt. Scheidet die untersuchte Person als Spurenleger aus, müssen die erlangten Testdaten unverzüglich gelöscht und vernichtet werden. Die Verwertung sogenannter Beinahetreffer erklärt nunmehr § 81h StPO ausdrücklich für zulässig.

§ 81h StPO setzt weiter voraus, dass die betroffene Person in die Durchführung der Maßnahme schriftlich einwilligt, worüber sie wiederum umfassend und schriftlich zu belehren ist (§ 81h Abs. 4

---

117 LG Zweibrücken StV 2000, 304; BVerfG StV 2001, 378.
118 Vgl. hierzu oben Rdn. 44.
119 Vgl. hierzu LG Würzburg StV 2000, 12.
120 *Senge* NJW 2005, 3028.
121 BGBl. I S. 3202 ff.
122 BGHSt 58, 84 ff.
123 *Senge* NJW 2005, 3028 (3032), *Graalmann-Scheerer* NStZ 2004, 297 (300).

S. 1 StPO). Wird die Einwilligung von der Person verweigert, so darf dies nicht als verdachtsbegründendes Kriterium gewertet werden.[124] Eine zwangsweise Durchführung der DNA-Analyse ist – außerhalb der Voraussetzungen des § 81e StPO – ausgeschlossen.[125]

Schließlich muss die anzuordnende Maßnahme erforderlich und verhältnismäßig sein. Schwere der Tat, Anzahl der betroffenen Personen[126] sowie die voraussichtlichen Kosten der Reihenuntersuchung sind gegeneinander abzuwägen. Hierbei unterliegt die Reihenuntersuchung dem ultima-ratio-Prinzip.[127]

3. Anordnungsbefugnis

59 Die Anordnungskompetenz für Reihengentests liegt ausschließlich beim Richter. Die Anordnung hat schriftlich zu ergehen, ist mit Gründen zu versehen und nicht anfechtbar (§ 81h Abs. 2 StPO).

D. Durchsuchung und Beschlagnahme

60 Durchsuchung und Beschlagnahme sind meistens der erste Kontakt, den der Mandant mit den Strafverfolgungsbehörden hat. Nachdem weder der Mandant noch der Verteidiger vorher von beiden Zwangsmaßnahmen erfährt, sind die Verteidigungsmöglichkeiten eingeschränkt und i.d.R. auf eine nachträgliche Kontrolle der Zwangsmaßnahme auf deren Rechtmäßigkeit beschränkt.[128]

> ▶ **Beachte**
> Wird ein (gefährdeter) Mandant bereits vertreten, so sollte im Wege der Präventivverteidigung[129] mit diesem für den Fall einer Durchsuchung ein »Feuerwehrplan« erarbeitet werden.[130]

Die gesetzlichen Grundlagen der Durchsuchung und Beschlagnahme finden sich in den §§ 94–111q StPO. Da beide Maßnahmen massiv in die Grundrechte des Betroffenen eingreifen, ist in besonderem Maß der Grundsatz der Verhältnismäßigkeit zu beachten.[131]

I. Durchsuchung

61 Die Durchsuchung (§§ 102 ff. StPO) dient der **Auffindung von Gegenständen**, die der Beschlagnahme unterliegen, sowie der **Ergreifung des Beschuldigten**.

1. Anordnung

62 Die Zuständigkeit im Ermittlungsverfahren für die Anordnung der Durchsuchung liegt gem. § 21e GVG, § 162 Abs. 1 S. 1 StPO i.d.R. beim Ermittlungsrichter.[132] Nur bei »Gefahr im Verzug«[133] darf die Durchsuchung durch die StA und ihre Ermittlungspersonen (§ 152 GVG) angeordnet werden, § 105 Abs. 1 S. 2 StPO. StA und Polizei haben die Tatsachen, die Gefahr im Verzug begründen

124 LG Regensburg StraFo 2003, 127 mit Anm. *Lammer*.
125 Meyer-Goßner/*Schmitt* § 81h Rn. 16.
126 LG Dortmund NStZ 2008, 175.
127 Meyer-Goßner/*Schmitt* § 81h Rn. 5; *Bergemann/Hornung* StV 2007, 164; *Saliger/Ademi* JUS 2008, 193.
128 *Bosbach* Ermittlungsverfahren, Rn. 354.
129 Vgl. zur Präventivverteidigung *Bockemühl* Kap. 1 Rdn. 29.
130 Vgl. z.B. »Durchsuchung in der Rechtsanwaltskanzlei - Verhaltenshinweise« von *Müller* in: Wissenswerte Informationen der Rechtsanwaltskammer Nürnberg (WIR), 2012, Heft 5, S. 173; online abrufbar unter http://www.rak-nbg.de/sites/default/files/WIR5_12.pdf (Abrufdatum: 24.10.2023).
131 St. Rspr. des BVerfG, vgl. BVerfG StV 1997, 394.
132 Besonderheiten können sich aus §§ 162 Abs. 1 S. 2, 169 Abs. 2 StPO ergeben.
133 Vgl. zum Ausnahmecharakter der nichtrichterlichen Anordnung der Durchsuchung und zu den engen Voraussetzungen des Merkmals »Gefahr im Verzug« BVerfG, Urt. v. 20.02.2001 – 2 BvR 1440/00 = StV 2001, 207 ff.

sollen, zur Akte zu bringen. Die Voraussetzungen der Gefahr im Verzug unterliegen der richterlichen Nachprüfung.[134]

Der richterliche Durchsuchungsbeschluss bedarf gem. § 34 StPO der Begründung. Die bloße Wiedergabe des Gesetzeswortlauts reicht nicht aus.[135] Die Begründung hat zu enthalten:[136] 63
- die Angabe des **Anfangsverdachts** in tatsächlicher und rechtlicher Hinsicht,
- die bestimmte Bezeichnung der zu durchsuchenden **Räume**,
- die konkrete Bezeichnung der zu suchenden **Beweismittel**,
- bei verbundenen Beschlagnahmebeschlüssen die genaue Bezeichnung der zu beschlagnahmenden **Gegenstände** sowie
- Ausführungen zur Wahrung des Grundsatzes der **Verhältnismäßigkeit**.

Der Wohnrechtsinhaber hat gem. § 106 Abs. 1 S. 1 StPO ein Anwesenheitsrecht während der 64
Durchsuchung. Er kann – da er auch während der Durchsuchung Inhaber des Hausrechts bleibt – seinem Verteidiger die Anwesenheit gestatten.[137] Insbesondere ist es dem von der Durchsuchung Betroffenen gestattet, sich mit seinem Rechtsanwalt in Verbindung zu setzen.[138]

Ist eine Durchsuchung durch den Richter angeordnet worden, aber von der StA nicht (sofort) voll- 65
zogen worden, so verliert die Anordnung nach **sechs Monaten** ihre Gültigkeit und tritt durch Zeitablauf außer Kraft.[139]

Die **Durchsicht von Papieren**, die bei der Durchsuchung sichergestellt werden, stand früher grundsätzlich nur der StA und nicht der Polizei zu. Hiervon hatte bereits das 1. JuMoG vom 24.08.2004 eine Ausnahme eröffnet, § 110 Abs. 1 StPO. Liegen die Voraussetzungen des § 110 Abs. 1 StPO nicht vor und wird die Durchsicht der Unterlagen auch nicht gem. § 110 Abs. 2 S. 1 genehmigt, so sind die Papiere zu versiegeln und an die StA abzuliefern, § 110 Abs. 2 S. 2 StPO.

2. Rechtsbehelfe

Gegen die richterlich angeordnete Durchsuchung kann grundsätzlich bis zur Beendigung der Durch- 66
suchung **Beschwerde** gem. § 304 StPO eingelegt werden. Bei der Beschlagnahme von Unterlagen ist die Durchsuchung erst dann beendet, wenn die Durchsicht der Papiere abgeschlossen ist.[140] Das Beschwerdegericht überprüft – je nach Rüge – sowohl die Rechtmäßigkeit des Durchsuchungsbeschlusses als auch die Art und Weise der Ausführung.[141]

Nach Abschluss der Durchsuchung ist die Beschwerde nach BVerfG[142] auch noch zulässig, da anson- 67
sten das Beschwerderecht leerlaufen würde, da der Betroffene von der Anordnung i.d.R. nicht erfahre, § 33 Abs. 4 StPO. Das BVerfG hat betont, dass der Betroffene insofern ein berechtigtes Rechtsschutzinteresse hat.[143]

134 BVerfG StV 2001, 207 m. Anm. *Asbrock* StV 2001, 322 ff.
135 Meyer-Goßner/*Schmitt* § 34 Rn. 4 m.w.N.
136 Vgl. *Kruis/Wehowsky* NJW 1999, 682 ff.
137 Der Verteidiger soll nach h.M. kein Anwesenheits*recht* haben, vgl. Meyer-Goßner/Schmitt/*Köhler* § 106 Rn. 3; allerdings kann der Wohnrechtsinhaber, wenn er Beschuldigter ist, dem Verteidiger die Anwesenheit gestatten, *Burhoff* Ermittlungsverfahren, Rn. 1436; eine Grenze bildet hier lediglich § 164 StPO für »Störer«.
138 *Bosbach/Ackermann/Caba* Ermittlungsverfahren, Rn. 481.
139 BVerfG NJW 1997, 2165; vgl. ferner dazu *Dauster* StraFo 1998, 408 ff.
140 BGHR StPO § 304 Abs. 5 Durchsuchung 1; BGH StV 1988, 90; Meyer-Goßner/Schmitt/*Köhler* § 105 Rn. 15.
141 BGHSt 28, 206 (209).
142 BVerfGE NJW 1997, 2163.
143 Vgl. hierzu *Laser* NStZ 2001, 120 ff.

68 Die **Art und Weise der Ausführung der Durchsuchung** kann sowohl bei *richterlicher*,[144] als auch bei *nichtrichterlicher Anordnung* analog § 98 Abs. 2 S. 2 StPO durch Antrag auf richterliche Entscheidung überprüft werden.

69 Nach h.M. kann gegen die Durchsuchungsanordnung der **StA und ihrer Ermittlungspersonen** entsprechend § 98 Abs. 2 S. 2 StPO beim zuständigen Gericht Antrag auf gerichtliche Entscheidung gestellt werden.[145]

3. Checkliste Durchsuchung

▶ Checkliste Durchsuchung

70 (1) Feststellen, ob die Durchsuchung aufgrund eines richterlichen Beschlusses oder wegen Gefahr im Verzug angeordnet ist.
(2) Durchsuchungsbeschluss aushändigen lassen.
(3) Durchsuchungsbeschluss prüfen:
– Ist der Durchsuchungsbeschluss noch gültig (max. 6 Monate)?
– Wegen welcher Straftat ist die Durchsuchung angeordnet?
– Auf welche Räumlichkeiten erstreckt sich der Durchsuchungsbeschluss?
– Zum Auffinden welcher Gegenstände ist die Durchsuchung angeordnet?
– Ist die Begründung des Durchsuchungsbeschlusses ausreichend?
– Wer ist mit der Durchführung der Durchsuchung beauftragt?
(4) Verteidiger, Zeugenbeistände, evtl. Steuerberater anrufen und hinzu bitten.
(5) Die Durchsuchungsorgane bitten, bis zum Erscheinen der hinzu gebetenen Beistände mit dem Beginn der Durchsuchung zu warten.
(6) Von dem Recht[146] zur Anwesenheit bei der Durchsuchung unbedingt Gebrauch machen.
(7) Beschuldigter sollte vom Schweigerecht Gebrauch machen; Zeuge nicht vor Rücksprache mit Beistand aussagen.
(8) Informatorische oder informelle Gespräche mit den Durchsuchungsorganen unterlassen.
(9) Die gesuchten Gegenstände vorlegen, jedoch nicht ohne Widerspruch sicherstellen lassen.
(10) Fotokopien von den sichergestellten Beweisgegenständen herstellen (lassen).
(11) Darauf achten, dass nicht gezielt nach Zufallsfunden gesucht wird.
(12) Auf einem möglichst genauen Sicherstellungsverzeichnis bestehen.
(13) Sollten beschlagnahmefreie Gegenstände (z.B. Verteidigungsunterlagen) sichergestellt werden, ist darauf hinzuwirken, dass diese Gegenstände (nur) in versiegelter Form mitgenommen werden, damit vor ihrer Durchsicht eine gerichtliche Entscheidung herbeigeführt werden kann.
(14) Beschwerde (gegen richterlichen Durchsuchungsbeschluss) oder Antrag auf gerichtliche Entscheidung (gegen Durchsuchungsanordnung wegen Gefahr im Verzug) prüfen.

II. Beschlagnahme

71 Die Beschlagnahme ist die förmliche Sicherstellung von Gegenständen durch die Überführung in amtlichen Gewahrsam oder auf andere Weise, aber auch die Anordnung der Sicherstellung. Anordnung und Vollzug der Beschlagnahme können zusammenfallen, wenn der Beamte, der sie anordnet, sie sogleich selbst vornimmt.[147]

144 So nunmehr BGHSt 44, 265.
145 BGHSt 28, 206; Meyer-Goßner/Schmitt/*Köhler* § 98 Rn. 23 m.w.N.
146 Vgl. hierzu Rdn. 64.
147 Meyer-Goßner/Schmitt/*Köhler* vor § 94 Rn. 3.

1. Anordnung

Zuständig für die Anordnung der Beschlagnahme ist grundsätzlich das Gericht, bei Gefahr im Verzug auch die StA und ihre Ermittlungspersonen, § 98 Abs. 1 StPO.[148] Im Ermittlungsverfahren ist der Ermittlungsrichter zuständig, in dessen Bezirk die Beschlagnahme stattfinden soll (§ 162 Abs. 1 Satz 1 StPO).[149] Die Anordnung ergeht i.d.R. ohne vorherige Anhörung durch Beschluss, der grundsätzlich schriftlich abzufassen und gem. § 34 StPO mit Gründen zu versehen ist.[150] Die Anordnung der Beschlagnahme erfordert: 72
- die Feststellung, dass die zu beschlagnahmende Sache **als Beweismittel benötigt** wird,
- die **genaue Bezeichnung** des zu beschlagnahmenden Gegenstandes und
- Ausführungen zur **Verhältnismäßigkeit.**[151]

2. Beschlagnahmeverbote

Gem. § 97 StPO besteht für bestimmte Gegenstände ein Beschlagnahmeverbot, welches an die sich aus den §§ 52, 53, 53a StPO ergebenden Zeugnisverweigerungsrechte anknüpft.[152] Gem. § 97 Abs. 2 S. 1 StPO ist jedoch grundsätzlich erforderlich, dass sich die Gegenstände **im Gewahrsam des Zeugnisverweigerungsberechtigten** befinden. 73

3. Rechtsmittel

Solange die beschlagnahmten Gegenstände noch nicht an den Beschuldigten zurückgegeben worden, kann dieser gegen die richterlich angeordnete oder durch den Richter bestätigte Anordnung der Beschlagnahme das Rechtsmittel der Beschwerde gem. § 304 StPO (vgl. auch § 305 S. 2 StPO) einlegen. Ist die Beschlagnahme durch die StA oder deren Ermittlungspersonen angeordnet worden, so kann der Betroffene nach § 98 Abs. 2 S. 2 StPO hiergegen eine richterliche Entscheidung herbeiführen. 74

Der Rechtsbehelf ist nach einer Entscheidung des BGH[153] auch gegeben, wenn die Art und Weise des Vollzugs einer richterlichen Anordnung beanstandet wird.

4. Checkliste Beschlagnahme

▶ Checkliste Beschlagnahme[154]

(1) War das anordnende Gericht zuständig? 75
(2) Ist die Anordnung ggf. wegen Ablauf ihrer auf höchstens sechs Monate begrenzten zeitlichen Geltungsdauer schon außer Kraft getreten?[155]
(3) Hat »Gefahr im Verzug« vorgelegen?
(4) Ist in der Beschlagnahmeanordnung die Feststellung enthalten, dass der zu beschlagnahmende Gegenstand als Beweismittel in Betracht kommt?
(5) Erforderlich ist ferner eine – zumindest potenzielle – Beweisbedeutung des zu beschlagnahmenden Gegenstandes.
(6) Ist der zu beschlagnahmende Gegenstand genau genug bezeichnet?

---

148 Die Grundsätze BVerfG, Urt. v. 20.02.2001 – 2 BvR 1440/00 = StV 2001, 207 ff. zum Ausnahmecharakter der nichtrichterlichen Anordnung von Durchsuchungen bei Gefahr im Verzug sind entsprechend auf die Anordnung der Beschlagnahme durch die StA und deren Hilfsbeamte anzuwenden.
149 Meyer-Goßner/Schmitt/*Köhler* § 98 Rn. 4.
150 *Burhoff* Ermittlungsverfahren, Rn. 713.
151 Umstr., vgl. *Burhoff* Ermittlungsverfahren, Rn. 713 m.N.
152 Vgl. *Burhoff* Ermittlungsverfahren, Rn. 746 ff.
153 BGHSt 44, 265; ebenso Handbuch Staatsanwalt/*Meindl/Andrä* 1. Teil 1. Kapitel Rn. 51.
154 Nach *Burhoff* Ermittlungsverfahren, Rn. 812 ff.
155 Vgl. zur Frage der zeitlichen Geltung von Durchsuchungsanordnungen BVerfG NJW 1997, 2165.

(7) Die Beschlagnahme ist grundsätzlich nur zulässig, wenn sich der zu beschlagnahmende Gegenstand im Gewahrsam einer Person befindet und nicht freiwillig herausgegeben wird.
(8) Beschlagnahme ist unzulässig, wenn die gesuchten Gegenstände unter § 97 StPO fallen, also ein Beschlagnahmeverbot besteht.
(9) Verhältnismäßigkeitsgrundsatz beachtet?
(10) Zu Beschlagnahmen in Arzt-, Steuerberater- und Rechtsanwaltspraxen, *Krekeler* NJW 1977, 1417; *Bandisch* NJW 1987, 2200

E. Überwachung des Post- und Telekommunikationsverkehrs

76 Ging die RStPO noch grundsätzlich von einem offenen Verfahren aus, so hat sich das Bild der Strafprozesswirklichkeit spätestens durch die Einführung der Telefonüberwachung grundlegend geändert.[156] Durch das Gesetz zur Beschränkung des Brief-, Post- und Fernmeldegeheimnisses vom 13.08.1968 wurden erste, heimliche Ermittlungsmaßnahmen in die StPO eingestellt.

I. Postüberwachung

77 § 99 StPO regelt die Postbeschlagnahme. Sie kommt – da es sich um einen Unterfall des § 94 StPO handelt – nur bezüglich **Beweismitteln** in Betracht.[157] Voraussetzung für eine Postbeschlagnahme ist ein *Verfahren* gegen einen *bestimmten Beschuldigten.* Die Person des Beschuldigten muss feststehen, der Beschuldigte kann jedoch namentlich noch nicht identifiziert sein.[158] **Beschlagnahmefähig** sind *Postsendungen* und *Telegramme* im **Gewahrsam** der in § 99 S. 1 StPO genannten Stellen.[159]

78 **Zuständig** für die Anordnung der Postbeschlagnahme ist gem. § 100 Abs. 1 StPO grundsätzlich nur das **Gericht.** Lediglich bei Gefahr im Verzug ist die StA zuständig, nicht aber deren Ermittlungspersonen.[160] Hat die StA die Anordnung der Postbeschlagnahme verfügt, so muss sie gem. § 100 Abs. 2 StPO binnen drei Werktagen die Anordnung vom Richter bestätigen lassen. Ansonsten tritt die Anordnung mit Wirkung ex nunc außer Kraft.[161]

79 Der Post obliegt die Durchführung der Postbeschlagnahmeanordnung (vgl. Nr. 79 RiStBV). Sie sortiert die fraglichen Sendungen aus und übersendet sie dem nach § 100 Abs. 3 StPO zuständigen Richter oder StA. Die **Öffnung** der Postsendung darf gem. § 100 Abs. 3 Satz 1 StPO grundsätzlich **nur** durch das **Gericht** vorgenommen werden. Allerdings kann dieses – unter gewissen Voraussetzungen – diese Befugnis auf die StA übertragen, § 100 Abs. 3 Satz 2 StPO.

Werden die angehaltenen Sendungen dem Gericht vorgelegt, entscheidet dieses über die eigentliche Beschlagnahme. Insoweit müssen die Voraussetzungen des § 94 StPO gegeben sein.[162]

80 I.d.R. werden Verteidiger und Mandant erst nachträglich von der Postbeschlagnahme erfahren, nämlich wenn die Benachrichtigung gem. § 101 Abs. 1, Abs. 4 Satz 1 Nr. 2 StPO erfolgt. Insofern beschränken sich die **Rechtsschutzmöglichkeiten** i.d.R. auf eine **nachträgliche Kontrolle.**[163] Hinsichtlich der Rechtsmittel gelten grundsätzlich die gleichen Grundsätze wie bei der Beschlagnahme[164] und der Durchsuchung.[165] Zu beachten ist allerdings, dass § 97 StPO bei der Postbeschlagnahme

156 Vgl. *Bernsmann/Jansen* StV 1998, 217; *Bockemühl* Private Ermittlungen, 74 ff.; *Lammer* Verdeckte Ermittlungen, 142 ff.
157 KK/*Greven* § 99 Rn. 1.
158 KK/*Greven* § 99 Rn. 2.
159 KK/*Greven* § 99 Rn. 5.
160 Meyer-Goßner/Schmitt/*Köhler* § 100 Rn. 2.
161 Meyer-Goßner/Schmitt/*Köhler* § 100 Rn. 7.
162 Vgl. zu den Voraussetzungen der Beschlagnahme oben Rdn. 71.
163 *Burhoff* Ermittlungsverfahren, Rn. 3171.
164 Vgl. oben Rdn. 74.
165 Vgl. oben Rdn. 66 ff.

keine Anwendung findet, da sich die Postsendungen nicht im Gewahrsam des Zeugnisverweigerungsberechtigten befinden.[166]

II. Telekommunikationsüberwachung – TKÜ

1. Voraussetzungen

Gem. § 100a Abs. 1 StPO kann die Überwachung und Aufzeichnung des Fernmeldeverkehrs unter nachfolgenden Voraussetzungen angeordnet werden:[167] 81
- Es muss der **Verdacht einer Katalogtat** nach § 100a Abs. 2 StPO vorliegen,[168]
- der Verdacht muss durch **bestimmte Tatsachen** konkretisiert sein, § 100a Abs. 1 Satz 1 Nr. 1,
- Beachtung der **Subsidiaritätsklausel**;[169] die TKÜ muss unentbehrlich sein, d.h. die Sachverhaltserforschung muss auf andere Art und Weise aussichtslos oder wesentlich erschwert sein, § 100a Abs. 1 Satz 1 Nr. 3.
- Die Tat im Einzelfall auch schwer wiegt, § 100a Abs. 1 Satz 1 Nr. 2.

Nach § 100a Abs. 3 StPO ist eine **TKÜ gegen Dritte** nur dann zulässig, wenn aufgrund bestimmter Tatsachen[170] anzunehmen ist, dass der Dritte für den Beschuldigten bestimmte oder von ihm herrührende Mitteilungen entgegennimmt oder weitergibt oder dass der Beschuldigte den Anschluss des Dritten benutzt (sog. »Nachrichtenmittler«). 82

2. Anordnung

Gem. § 100e Abs. 1 S. 1 StPO erfolgt die Anordnung der TKÜ grundsätzlich durch das *Gericht.*[171] Lediglich bei *Gefahr im Verzug* kann die Anordnung auch durch den StA getroffen werden.[172] Bei Gefahr im Verzug ist die StA bis zur richterlichen Bestätigung das zuständige Organ.[173] Hilfsbeamte der StA sind niemals für die Anordnung zuständig. Gem. § 100b Abs. 1 S. 3 StPO ist die staatsanwaltschaftliche Anordnung spätestens binnen drei Tagen durch das Gericht zu bestätigen; ansonsten tritt die Anordnung ex nunc außer Kraft. Die Drei-Tages-Frist beginnt mit dem Tag der Anordnung. Der Anordnungstag zählt bei der Fristberechnung gem. § 42 StPO nicht mit.[174] 83

Die Anordnung hat gem. § 100b Abs. 2 S. 1 StPO **schriftlich** zu erfolgen und muss gem. § 100b Abs. 2 S. 2 StPO den **Namen** und die **Anschrift** des Betroffenen enthalten, gegen den sich die Maßnahme richtet. Ferner muss die **Rufnummer** des Betroffenen oder eine vergleichbare **andere Kennung** des Telekommunikationsanschlusses genannt werden.[175] 84

Zudem muss die **Art, Umfang** und **Dauer** der Maßnahme angeordnet werden. Nicht nur die Überwachung, sondern auch die Aufzeichnung ist anzuordnen.[176] 85

Die Anordnung ergeht durch Beschluss, der gem. § 34 StPO zu begründen ist. Sie hat erkennen zu lassen, dass das anordnende Gericht seinen Beurteilungsspielraum durch eine Abwägung aller 86

---

166 So auch *Burhoff* Ermittlungsverfahren, Rn. 3176; vgl. zu § 97 StPO oben Rdn. 70.
167 Vgl. auch *Burhoff* Ermittlungsverfahren, Rn. 3593 ff.
168 Vgl. hierzu die tabellarische Übersicht bei *Burhoff* Ermittlungsverfahren, Rn. 3601.
169 Krit. zur Tauglichkeit der Subsidiaritätsklauseln als Eingriffs-Korrektiv *Bernsmann/Jansen* StV 1998, 217 (220 f.).
170 Vgl. BVerfG NJW 2007, 2752; ferner *Bernsmann/Jansen* StV 1998, 217 (220).
171 Im Ermittlungsverfahren der Ermittlungsrichter (§§ 162, 169), anschließend das mit der Sache befasste Gericht.
172 Vgl. zu »Gefahr im Verzug« BVerfG Urt. v. 20.02.2001–2 BvR 1440/00 = StV 2001, 207 ff.
173 KK/*Bruns* § 100b Rn. 1.
174 KK/*Bruns* § 100b Rn. 1 m.w.N.; *Burhoff* Ermittlungsverfahren, Rn. 3503.
175 Durch die Angabe der Rufnummer soll nach Auffassung des BGH – BGH CR 1998, 738 – eine Konkretisierung des Grundrechtseingriffs erreicht werden. Nach BGH CR 1998, 738 soll dafür die Nennung der Gerätekennung (sog. IMEI) ausreichen; vgl. *Burhoff* Ermittlungsverfahren, Rn. 3504.
176 Meyer-Goßner/*Schmitt* § 100b Rn. 4, § 100a Rn. 8.

einzelfallrelevanten Umstände genutzt hat. Die Verwendung von üblichen Formblättern[177] ist dann unschädlich, wenn der Anordnung zu entnehmen ist, dass eine solche Abwägung stattgefunden hat.[178]

87 Gem. § 100b Abs. 2 S. 4 StPO ist die Anordnung auf höchstens **drei Monate** zu **befristen**. Eine **Verlängerung** ist jeweils um drei Monate zulässig, allerdings müssen die Anordnungsvoraussetzungen[179] fortbestehen.[180] Liegen die Voraussetzungen für die TKÜ nicht mehr vor,[181] ist die Maßnahme gem. § 100b Abs. 4 StPO unverzüglich zu beenden.[182] Werden trotz Wegfalls der Anordnungsvoraussetzungen trotzdem Telefongespräche aufgezeichnet, sind diese rechtswidrig erlangten Erkenntnisse unverwertbar.[183]

88 Eine **Benachrichtigungspflicht** schreibt § 101 Abs. 1 StPO vor. Der von der TKÜ-Maßnahme Betroffene und der Beschuldigte sind von der TKÜ zu benachrichtigen, wenn diese ohne Gefährdung des Untersuchungszwecks möglich ist.[184] Der Angeklagte und sein Verteidiger haben ein **Akteneinsichtsrecht** in die gefertigten TKÜ-Protokolle.[185]

3. Beweisverwertungsverbote

89 Fehler bei der Anordnung der TKÜ sollen grundsätzlich nicht zu einem Beweisverwertungsverbot führen.[186] Allerdings kommt ein **Beweisverwertungsverbot** bei folgenden Fehlern in Betracht:[187]
- die **TKÜ** wurde unter bewusster Überschreitung der gesetzlichen Befugnisse **willkürlich** angeordnet,[188]
- die Voraussetzungen einer **Katalogtat** wurden **rechtsfehlerhaft bejaht**,[189]
- der **Verdacht** einer **Katalogtat** lag von **vornherein nicht** vor,[190]
- die TKÜ wurde lediglich durch einen **Nichtanordnungsberechtigten**[191] angeordnet,[192]
- der **Subsidiaritätsgrundsatz** wurde **missachtet**,[193]
- der **Telefonanschluss des Verteidigers** wurde **unzulässigerweise** abgehört,[194]
- die gewonnenen Erkenntnisse stammen aus der **TKÜ eines Rechtsanwalts**, der den Beschuldigten nicht verteidigt, und das abgehörte Gespräch steht **nicht** im Zusammenhang mit einer **Katalogtat**.[195]

177 Vgl. zu den verschiedenen möglichen Formularen eines richterlichen Beschlusses und einer staatsanwaltschaftlichen Eilanordnung: Handbuch Staatsanwalt/*Meindl/Andrä* 1. Teil 1. Kapitel Rn. 78 ff.
178 BGHSt 42, 103 (105 [zur Verwendung von Formularen bei der Anordnung eines VE-Einsatzes]); *Wesemann* StV 1997, 597 (599).
179 Vgl. oben Rdn. 81 f.
180 Meyer-Goßner/*Schmitt* § 100b Rn. 2; KK/*Bruns* § 100b Rn. 2 m.w.N.
181 Vgl. LG Münster StV 1996, 203 zur Verpflichtung der ständigen Überprüfung, ob die Anordnungsvoraussetzungen noch vorliegen.
182 Die Beendigung ist dem Richter und dem gem. § 100b Abs. 3 Verpflichteten mitzuteilen; § 100b Abs. 4 S. 2 StPO.
183 LG Münster StV 1996, 203; *Burhoff* Ermittlungsverfahren, Rn. 3560; a.A. KK/*Bruns* § 100b Rn. 3.
184 Vgl. Meyer-Goßner/*Schmitt* § 101 Rn. 6 ff. m.w.N.
185 BGHSt 36, 305 ff.; vgl. *Bockemühl* Kap. 1 Rdn. 62 ff., 69.
186 Meyer-Goßner/*Schmitt* § 100a Rn. 35 m.w.N.
187 Vgl. *Burhoff* Ermittlungsverfahren, Rn. 3555; *Landau/Sander* StraFo 1998, 397 (401).
188 BGHSt 28, 122 (124).
189 BGH NJW 1978, 431 f.
190 BGHSt 29, 244 (247); 32, 68 (70); 41, 30.
191 Vgl. zu den Anordnungsberechtigten oben Rdn. 83.
192 BGHSt 31, 304 (308).
193 BVerfG NJW 1971, 275; BGHSt 41, 30 ff.
194 BGHSt 33, 347 (352); vgl. zur Überwachung des Telefons des Verteidigers auch *Groß* StV 1996, 559 (563).
195 *Rieß* JR 1987, 75 (77).

Die Verwertung von **Zufallserkenntnissen** regelt nunmehr § 477 Abs. 2 S. 2 StPO.[196] 90

4. Rechtsmittel

Gegen die **Anordnung der TKÜ** ist grundsätzlich das Rechtsmittel der **Beschwerde** gem. § 304 StPO zulässig. Nachdem der Betroffene und ggf. der Verteidiger i.d.R. jedoch erst durch eine Benachrichtigung gem. § 101 Abs. 4 Nr. 3 StPO von der Maßnahme erfahren, war die Anordnung der TKÜ de facto der Beschwerde entzogen.[197] 91

Die nachträgliche Feststellung der Rechtswidrigkeit der bereits erledigten TKÜ-Maßnahme wurde von der Rspr. bisher nicht zugelassen.[198] Unter Zugrundelegung der Grundsätze der Rspr. des BVerfG zum effektiven Rechtsschutz bei prozessualer Überholung[199] wurde die Beschwerde gegen eine bereits erledigte TKÜ immer dann für zulässig erachtet, wenn ein tiefgreifender Grundrechtseingriff vorlag. Der Gesetzgeber hat nunmehr in § 101 Abs. 7 S. 2 – 4 StPO einen befristeten Rechtsbehelf geschaffen.[200] 92

Die **Revision** kann – nur mit der Verfahrensrüge nach § 344 Abs. 2 S. 2 StPO[201] – darauf gestützt werden, dass die Beweiswürdigung auf unverwertbaren Erkenntnissen[202] beruht.[203] 93

F. Einsatz technischer Mittel

§§ 100c ff. StPO regeln das *Abhören* des nichtöffentlich gesprochenen Wortes *innerhalb* (§§ 100c ff.) und *außerhalb* (§ 100 f.) von Wohnungen zum Zwecke der Strafverfolgung. 94

Die Herstellung von Bildaufnahmen und sonstiger für Observationszwecke bestimmte technische Mittel ist in § 100h geregelt.[204]

Unzulässig ist jedoch weiterhin die optische Wohnraumüberwachung (sog. »Spähangriff«).[205]

I. Abhören des nichtöffentlich gesprochenen Wortes in Wohnungen

§ 100c Abs. 1 StPO ermöglicht das Abhören und Aufzeichnen des nichtöffentlich gesprochenen Wortes innerhalb des durch Art. 13 GG geschützten Bereichs einer Wohnung, den sog. »Großen Lauschangriff«. 95

Durch Gesetz vom 26.03.1998[206] wurde Art. 13 GG eingeschränkt und Abs. 3 bis 6 eingefügt.[207] Die Änderung des Grundgesetzes ist aus verfassungsrechtlicher Sicht weiterhin äußerst umstritten.[208]

Das BVerfG hatte die ursprüngliche Regelung zur akustischen Überwachung durch Urteil vom 03.03.2004[209] in wesentlichen Teilen für verfassungswidrig erklärt. Der Gesetzgeber ist den Vorga-

196 Vgl. zur Verwertung von Zufallserkenntnissen eingehend *Kretschmer* StV 1999, 221 ff.; Meyer-Goßner/*Schmitt* § 477 Rn. 5.
197 BGHSt 33, 217 (222).
198 OLG Frankfurt NStZ-RR 1996, 78.
199 BVerfG NJW 1997, 2163.
200 Meyer-Goßner/*Schmitt* § 101 Rn. 25.
201 BGH StV 1994, 169.
202 Vgl. oben Rdn. 89.
203 *Günther* Kap. 10 Rdn. 184; Meyer-Goßner/*Schmitt* § 100a Rn. 39.
204 Vgl. hierzu lediglich Meyer-Goßner/*Schmitt* § 100h.
205 Zutr. *Burhoff* Ermittlungsverfahren, Rn. 1638.
206 BGBl. I 1998, 610.
207 Vgl. zum Verfahrensgang und zur Entstehungsgeschichte des Gesetzes *Zwiehoff* (Hrsg.) »Großer Lauschangriff«, 2000.
208 Vgl. hierzu *Böttger/Pfeiffer* ZRP 1994, 7 (17); *Denninger* StV 1998, 403; *Dittrich* NStZ 1998, 336.
209 BVerfGE 109, 279.

ben des BVerfG gefolgt und hat durch das Gesetz vom 24.06.2005[210] die §§ 100c ff. umgestaltet. Auch diese Vorschriften wurden abermals, durch Gesetz vom 21.12.2007[211] geändert.

Ob diese Ermittlungsmaßnahme überhaupt noch praktikabel und handhabbar ist, wird sich zeigen müssen. Namhafte Stimmen sind der Auffassung, es wäre besser gewesen, auf die Maßnahme gänzlich zu verzichten.[212]

1. Voraussetzungen

96 Die Maßnahme muss zur Aufklärung einer Katalogtat i.S.v. § 100c Abs. 2 StPO dienen.[213]

Voraussetzungen für die Anordnung sind:[214]
- Es muss sich um eine **Katalogtat** nach § 100c Abs. 2 StPO handeln,
- ein auf bestimmte Tatsachen **begründeter Verdacht** ist erforderlich, § 100c Abs. 1 Nr. 1,
- die Tat muss auch im Einzelfall besonders schwer wiegen. § 100c abs. 1 Nr. 2,
- **tatsächliche Anhaltspunkte** – Vermutungen reichen nicht[215] – müssen vorliegen, dass durch die Maßnahme **Äußerungen des Beschuldigten** erlangt werden, die zur Erforschung des Sachverhalts von Bedeutung sind, § 100c Abs. 1 Nr. 3 und
- die Erforschung des Sachverhalts oder die Ermittlung des Aufenthaltsortes des Täters muss auf andere Weise **unverhältnismäßig erschwert** oder **aussichtslos** sein, § 100c Abs. 1 Nr. 4.

97 Durch die Subsidiaritätsklausel des § 100c Abs. 1 Nr. 4 soll klargestellt werden, dass die Wohnraumüberwachung **ultima ratio** der Strafverfolgung ist.

2. Anordnung

98 Eine Maßnahme nach § 100c Abs. 1 StPO darf gem. § 100d Abs. 1 S. 1 StPO grundsätzlich nur durch die alleine hierfür einzurichtende **Kammer des Landgerichts** nach § 74a Abs. 4 GVG angeordnet werden. Bei Gefahr in Verzug kann die Anordnung auch durch den Vorsitzenden der Kammer getroffen werden.[216] Dessen Anordnung ist gem. § 100d Abs. 1 S. 3 spätestens binnen drei Werktagen durch die Strafkammer zu bestätigen.

3. Abhörverbote

99 Ein Abhörverbot besteht für die in § 53 Abs. 1 StPO genannten Berufsgeheimnisträger, § 100c Abs. 6 S. 1 StPO.

Sind hingegen Zeugnisverweigerungsberechtigte gem. §§ 52, 53a betroffen, so unterliegen diese Aufzeichnungen nach § 100c Abs. 6 S. 2 StPO lediglich einem Beweisverwertungsverbot welches nach Maßgabe einer Abwägung zu bestimmen ist.[217]

Unzulässig ist auch die Überwachung des **Kernbereichs privater Lebensgestaltung**, § 100c Abs. 4 StPO.

210 BGBl. I 2005, 1841.
211 BGBl. I 2007, 3198.
212 Meyer-Goßner/*Schmitt* § 100c Rn. 1; SK-StPO/*Wolter* § 100c Rn. 11.
213 Hierzu Meyer-Goßner/*Schmitt* § 100c Rn. 5.
214 Nach *Burhoff* Ermittlungsverfahren, Rn. 1639 ff.
215 Vgl. Meyer-Goßner/*Schmitt* § 100c Rn. 7.
216 Vgl. zur »Gefahr im Verzug« BVerfG, Urt. v. 20.02.2001 – 2 BvR 1440/00.
217 Vgl. Meyer-Goßner/*Schmitt* § 100c Rn. 23.

II. Akustische Überwachung außerhalb von Wohnungen

Die akustische Überwachung außerhalb von Wohnungen regelt nunmehr § 100 f StPO. Die Ermittlungsmaßnahme ist der TKÜ vergleichbar. Folgerichtig muss auch gem. § 100 f Abs. 1 die Maßnahme der Aufklärung einer Katalogtat i.S.v. § 100a Abs. 2 StPO dienen.[218] 100

1. Voraussetzungen

Voraussetzungen für die Anordnung sind: 101

- es muss sich um eine in § 100a Abs. 2 StPO genannte **Katalogtat** handeln,
- es muss ein durch bestimmte Tatsachen begründeter Verdacht vorliegen,
- auch im konkreten Einzelfall muss die Tat schwer wiegen,
- die Erforschung des Sachverhalts oder die Ermittlung des Aufenthaltsortes des Täters muss auf andere Weise **aussichtslos** oder **unverhältnismäßig erschwert** sein,

2. Anordnung

Die Anordnungskompetenz für die Maßnahme regelt § 100 f. Abs. 4, der auf § 100b Abs. 1 verweist. 102
Zuständig ist damit das Gericht, d.h. während des Ermittlungsverfahrens der Ermittlungsrichter, danach das mit der Sache befasste Gericht. Lediglich bei Gefahr in Verzug steht der StA eine Eilkompetenz zu, § 100b Abs. 1 S. 2. Durch das Gesetz vom 21.12.2007[219] ist die Eilkompetenz der Ermittlungsbeamten der StA entfallen.

G. Verdeckte Ermittler, V-Personen und nicht offen ermittelnde Polizeibeamte

Insbesondere in Verfahren, die Straftaten aus dem Bereich der Organisierten Kriminalität (OK)[220] 103
zum Gegenstand haben, sind heimliche Ermittlungsmethoden – insbesondere der Einsatz von **Verdeckten Ermittlern, V-Personen** oder sog. **nicht offen ermittelnden Polizeibeamten** (noeP) – Strafprozesswirklichkeit.[221] Der Einsatz von VE, noeP.s und V-Personen wird zwar überwiegend den modernen Ermittlungsmethoden zugeordnet, ist jedoch kein wirklich neues Ermittlungsinstrumentarium. Die Polizei ermittelt seit jeher (auch) verdeckt und heimlich.[222] Mit dem Einsatz verbunden sind immer die Probleme, ob und ggf. wie die im Ermittlungsverfahren gewonnenen Erkenntnisse dieser Ermittlungspersonen in die Hauptverhandlung eingeführt werden können und dürfen.[223]

I. Verdeckte Ermittler, §§ 110a ff. StPO

Der Gesetzgeber hat durch das OrgKG[224] in den §§ 110a – e StPO den Einsatz Verdeckter Ermittler 104
als strafprozessuales Ermittlungsinstrumentarium in die StPO eingestellt und ist damit der Forderung des Schrifttums nach einer gesetzlichen Regelung nachgekommen.[225] Durch das Gesetz vom 21.12.2007[226] ist § 110d nunmehr in § 101 Abs. 4–7 und § 110e in § 477 Abs. 2 S. 2 geregelt. Das Bundesjustizministerium hat einen Referenten-Entwurf für ein *Gesetz zur Regelung des Einsatzes*

---

218 Meyer-Goßner/*Schmitt* § 100 f. Rn. 2.

219 BGBl. I S. 3198.

220 Vgl. zum Begriff der OK: BGHSt – GS – 32, 115, 120; *Kruse*, 113 ff.; *Lammer*, 20 ff.; SK-StPO/*Wolter* [3. Aufl.] vor § 151 Rn. 81.

221 Ebenso *Bockemühl* Kap. 22 Rdn. 45 für den Bereich der Betäubungsmittelverfahren.

222 Vgl. KMR/*Bockemühl* § 110a Rn. 1 m.w.N.; *Maul* FS 50 Jahre BGH [2000], S. 569.

223 *Burhoff* Hauptverhandlung, Rn. 3243 ff.

224 Gesetz zur Bekämpfung des illegalen Rauschgifthandels und anderer Erscheinungsformen der Organisierten Kriminalität (OrgKG) vom 15.07.1992; BGBl. I S. 1302; III 450–23.

225 Vgl. zur Eingriffsqualität des VE Einsatzes und der damit erforderlichen bereichsspezifischen Regelung, KMR/*Bockemühl* § 110a Rn. 3 ff.; die gegenteilige Auffassung, die die Eingriffsqualität des Einsatzes von Verdeckten Ermittlern, V-Personen und noeP, verneint – vgl. nur *Krey* Verdeckte Ermittler, S. 75 ff. – kann nicht überzeugen, KMR/*Bockemühl* § 110a Rn. 4 m.w.N.

226 BGBl. I 2007, 3198.

von Verdeckten Ermittlern und Vertrauenspersonen sowie zur Tatprovokation vorgelegt. Im Wesentlichen soll der VE-Einsatz grundsätzlich unter Richtervorbehalt gestellt werden und der Einsatz von V-Personen grundsätzlich an dieselben Voraussetzungen wie der VE-Einsatz geknüpft werden.[227]

Der StPO ist grds. kein Verbot verdeckter, heimlicher staatlicher Ermittlungen zu entnehmen.[228] Wird allerdings in subjektive Rechte des Betroffenen eingegriffen, so ist für diese Ermittlungsmaßnahme eine parlamentarische Eingriffsnorm, eine Befugnisnorm erforderlich.[229]

1. Begriffsbestimmung

105 § 110a Abs. 2 StPO liefert eine *Legaldefinition* eines Verdeckten Ermittlers. Es muss sich hierbei um einen **Beamten des Polizeidienstes** i.S.d. §§ 2, 4 Abs. 1, 35 ff. BRRG handeln. Durch dieses Erfordernis wird der Verdeckte Ermittler u.a. von der V-Person geschieden. Der Polizeibeamte muss ferner *unter einer ihm verliehenen, auf Dauer angelegten, veränderten Identität* (**Legende**) tätig werden.[230] Um das Erfordernis der Legende unterscheidet sich der Verdeckte Ermittler von dem sog. nicht offen ermittelnden Polizeibeamten (noeP).

2. Einsatzvoraussetzungen

106 Mindestvoraussetzung für den Einsatz des VE ist das Vorliegen eines **Anfangsverdachts** i.S.v. § 152 Abs. 2 StPO.[231] Wird der Einsatz des VE auf den Straftatenkatalog des § 110a Abs. 1 S. 1 Nr. 1–4 StPO gestützt, so muss sich der Anfangsverdacht auf den in § 110a Abs. 1 S. 1 Nr. 1–2 StPO kodifizierten Kriminalitätsbereich oder auf die Begehungsweise der § 110a Abs. 1 S. 1 Nr. 3–4 StPO beziehen.[232] Alternativ zum Vorliegen einer »Katalogtat« ist der Einsatz eines VE zur Aufklärung jedes Verbrechens zulässig und zwar unabhängig, ob der Verbrechenstatbestand in § 110a Abs. 1 StPO genannt ist oder nicht.[233] Wird der VE zur Verbrechensaufklärung tätig, so muss zudem gem. § 110a abs. 1 S. 2 StPO auf Grund bestimmter Tatsachen die Gefahr der Wiederholung bestehen,[234] die Aufklärung mittels anderer Ermittlungsmaßnahmen muss aussichtslos sein und die besondere Bedeutung der Sache muss den Einsatz gebieten (§ 110a abs. 1 S. 4 StPO).[235]

Der VE-Einsatz soll in jedem Fall ultima ratio sein (§ 110a Abs. 1 S. 3 StPO).[236]

3. Zustimmungserfordernis

107 Die Zulässigkeit des VE-Einsatzes ist gem. § 110b StPO grds. von der vorherigen, schriftlichen[237] Zustimmung entweder der StA oder des Gerichts abhängig. Zumindest ist die nachträgliche Zustimmung zum Einsatz »unverzüglich« einzuholen; § 110b Abs. 2 S. 3, 4 StPO. Wird die nachträgliche Zustimmung nicht binnen drei Werktagen eingeholt, ist der Einsatz zu beenden. Die bis zu diesem

---

227 Vgl. hierzu die Stellungnahmen des Strafrechtsausschusses der BRAK Nr. 6/2024 und der *Strafverteidigerorganisationen*: https://strafverteidigertag.de/wp-content/uploads/2024/01/StN-StVV-VP-1_2024-ODb.pdf.

228 *Bockemühl* Private Ermittlungen, S. 74 ff.; KMR/*Bockemühl* § 110a Rn. 2 m.w.N.

229 KMR/*Bockemühl* § 110a Rn. 5.

230 Vgl. zum Kriterium des »auf Dauer angelegten Einsatzes« BGHSt 41, 42.

231 BGHSt 42, 103 (106); das Mindest-Erfordernis des Anfangsverdachts macht den Einsatz eines VE zum Zwecke von Vorfeldermittlungen unzulässig, vgl. KMR/*Bockemühl* § 110a Rn. 23 m.w.N.

232 Vgl. KMR/*Bockemühl* § 110a Rn. 22.

233 *Rieß* NJ 1992, 496.

234 Vgl. KMR/*Bockemühl* § 110a Rn. 26 m.N.

235 Vgl. KMR/*Bockemühl* § 110a Rn. 27.

236 SK-StPO/*Rudolphi* § 110a Rn. 9; zur Subsidiaritätsklausel des § 110a Abs. 1 S. 3: KMR/*Bockemühl* § 110a Rn. 28.

237 Die lediglich mündlich erteilte Zustimmung soll nach BGH StV 1995, 398, unschädlich sein und nicht zu einem Beweisverwertungsverbot führen, vgl. KMR/*Bockemühl* § 110b Rn. 14.

Zeitpunkt erlangten Erkenntnisse sollen nach der Rspr. des BGH grds. verwertbar sein.[238] Wird der VE-Einsatz gegen einen **bestimmten Beschuldigten** (§ 110b Abs. 2 Nr. 1 StPO) geführt oder findet der **Einsatz in einer nicht allgemein zugänglichen Wohnung** (§ 110b Abs. 2 Nr. 2 StPO) statt, so hat das Gericht zuzustimmen.[239]

4. Probleme der Geheimhaltung der Identität

Fast ausnahmslos wird die Identität des VE durch die Polizei im gesamten Strafverfahren und darüber hinaus geheim gehalten. § 110b Abs. 3 S. 1 StPO kann die – wahre – Identität des VE auch über dessen Einsatz hinaus geheim gehalten werden. Der VE kann also weiterhin unter seiner gem. § 110a Abs. 2 verliehenen Legende im Rechtsverkehr und damit auch im Verfahren auftreten. Die Polizei wird den VE weder direkt als Zeugen in der Hauptverhandlung präsentieren, noch wird seine wahre Identität offen gelegt.[240] Von der durch § 110b Abs. 3 S. 3 StPO eingeräumten Möglichkeit der **Sperrung des VE** gem. § 96 StPO wird fast ausnahmslos Gebrauch gemacht.[241] Die »flächendeckende Sperrung« von VE im gesamten Strafverfahren verstößt nicht nur gegen den Unmittelbarkeits- und Mündlichkeitsgrundsatz, sondern ist auch mit dem Recht der Verteidigung auf unmittelbare Zeugenbefragung gem. Art. 6 Abs. 3 lit d EMRK unvereinbar.[242] Allerdings eröffnet § 110b Abs. 3 S. 2 StPO vom Grundsatz der Sperrung der – wahren – Identität des VE eine Ausnahme. StA und Gericht, die für die Entscheidung über die Zustimmung zum VE-Einsatz zuständig sind, können die Offenlegung der wahren Identität verlangen. Hiervon sollten die Strafverfolgungsbehörden auch Gebrauch machen, um noch eine gewisse Kontrolle über die Verlässlichkeit und Identität zu haben.[243] 108

5. Verwertungsverbote

Fehlt die erforderliche vorherige oder nachträgliche Zustimmung zum VE-Einsatz nach § 110b Abs. 1, 2 StPO durch die StA oder den Richter, ist der Einsatz unzulässig. Die durch den unzulässigen Einsatz gewonnenen Erkenntnisse sind unverwertbar.[244] Nach Auffassung des BGH soll ein Beweisverwertungsverbot jedoch nur dann bestehen, wenn der Verteidiger der Verwertung der Erkenntnisse bis zu dem in § 257 StPO genannten Zeitpunkt widerspricht.[245] Dem durch den BGH aufgestellten Widerspruchserfordernis ist grds. zu widersprechen.[246] Der Verteidiger hat jedoch die Strafprozesswirklichkeit zu kennen und nach den Vorgaben der Rspr. zu agieren. 109

Auch wenn der BGH das Erfordernis eines Widerspruchs für die Hauptverhandlung vorsieht, ist der Verteidiger nicht gehindert bereits im Ermittlungsverfahren »präventiv« Widerspruch zu erheben.

▶ **Widerspruch**

Klaus Mustermann 110

– Rechtsanwalt –

Musterstraße 11

56789 Musterstadt

---

238 Vgl. KMR/*Bockemühl* § 110b Rn. 13 m.N.
239 Vgl. KMR/*Bockemühl* § 110b Rn. 4 ff. m.w.N.
240 In den entsprechenden Zeugenprotokollen findet sich dann immer als Angabe zur Person: »eine dem Sachbearbeiter namentlich bekannte Person«; in der Hauptverhandlung wird dann regelmäßig der Vernehmungsbeamte als Zeuge präsentiert.
241 Zuständig für die Erteilung einer Sperrerklärung ist die *oberste Dienstbehörde* des Beamten; vgl. hierzu KMR/*Bockemühl* § 110b Rn. 28.
242 Vgl. hierzu *Mehle* FS für Grünwald [1999], S. 351 ff., 360.
243 KMR/*Bockemühl* § 110b Rn. 27 m.w.N.
244 Str., ebenso Meyer-Goßner/*Schmitt* § 110b Rn. 11 m.w.N.; a.A. *Jähnke* FS Odersky [1996], 427 ff.
245 BGH StV 1996, 529; ebenso BVerfG, Beschl. v. 20.06.1999 – 2 BvR 997/99, zit. nach BGH-*Nack*.
246 KMR/*Bockemühl* § 110b Rn. 21.

Staatsanwaltschaft Regensburg

Kumpfmühlerstraße 4
93066 Regensburg

Musterstadt, den 20.07.2023

Az. 66 Js 0815/23

In dem Ermittlungsverfahren
gegen

Müller, Willy
wegen des Verdachts eines Verstoßes gegen das BtMG

wird namens und im Auftrag des Mandanten der Verwertung der Erkenntnisse des eingesetzten Verdeckten Ermittlers

widersprochen.

Die Angaben des Verdeckten Ermittlers sind unverwertbar. Es besteht ein Beweisverwertungsverbot, da die für den Einsatz erforderliche richterliche Zustimmung zum Einsatz weder vorher noch nachträglich eingeholt wurde (Meyer-Goßner/*Schmitt* § 110b Rn. 11 m.w.N.).

Begründung:

Gegen den Beschuldigten wird durch die StA Regensburg ein Ermittlungsverfahren wegen des Verdachts eines Verstoßes gegen das BtMG geführt. Die KPI Regensburg hat gegen Herrn Müller einen Verdeckten Ermittler eingesetzt. Dieser wurde von Anfang an repressiv tätig. Der Einsatz begann ausweislich der Akte (vgl. Bl. ..... d.A.) am 19.10.2015 und dauerte bis einschließlich 06.12.2015. Der Einsatz wurde u.a. in der Wohnung des Beschuldigten durchgeführt. Ausweislich der Akte wurde dem VE-Einsatz weder durch die StA zugestimmt noch wurde eine ermittlungsrichterliche Zustimmung eingeholt. Nachdem der VE-Einsatz sich gegen »einen bestimmten Beschuldigten« richtete und zudem in »einer nicht allgemein zugänglichen Wohnung« stattfand, wäre nicht nur die Einholung der staatsanwaltschaftlichen Zustimmung gem. § 110b Abs. 1 StPO erforderlich gewesen, sondern eine ermittlungsrichterliche Zustimmung gem. § 110b Abs. 2 Nr. 1, 2 StPO. Beides liegt nicht vor. Durch das Fehlen der Zustimmung ist der Einsatz unzulässig gewesen, die durch diesen unzulässigen Einsatz gewonnenen Erkenntnisse sind unverwertbar (vgl. Meyer-Goßner/*Schmitt* § 110b Rn. 11 m.w.N.). Es besteht nicht nur ein Beweisverwertungsverbot, sondern – quasi als »Vorwirkung« – ein Beweiserhebungsverbot (vgl. SK-StPO/*Wolter* vor § 151 Rn. 194 m.w.N.). Dieses ist in jeder Lage des Verfahrens zu beachten. Der BGH verlangt für die Revisibilität bei unterlassener Zustimmung zu einem VE-Einsatz, dass spätestens zum Zeitpunkt des § 257 StPO ein Widerspruch in der Hauptverhandlung erhoben wird. Der Widerspruch ist mithin in jedem Fall rechtzeitig. Nachdem gegen Herrn Müller keine weiteren Beweismittel vorliegen, ist das Verfahren gem. § 170 Abs. 2 StPO mangels Tatverdacht einzustellen.

Rechtsanwalt

II. Nicht offen ermittelnde Polizeibeamte (noeP)

111 Nicht ausdrücklich im Gesetz geregelt ist der häufig anzutreffende Fall heimlicher Ermittlungen sog. noeP. Es handelt sich hierbei um Polizeibeamte, die, ohne auf Dauer unter einer Legende aufzutreten, verdeckt ermitteln. Der Gesetzgeber ist der massiven Forderung nach einer gesetzlichen Regelung nicht nachgekommen.[247] Ein Grundrechtseingriff ist bei verdeckten Ermittlungen durch einen noeP nicht zu leugnen.[248] Die allgemeinen Aufgabenzuweisungsnormen der §§ 161, 163 StPO a.F.

247 Vgl. zur Begründung BT-Drs. 12/989 S. 41; ausführlich: KMR/*Bockemühl* § 110a Rn. 8 ff.
248 Vgl. nur KMR/*Bockemühl* § 110a Rn. 9 m.w.N.; ebenso *Malek/Wohlers* Rn. 474 m.N.

reichten nach richtiger Auffassung für solche Ermittlungshandlungen mit Eingriffscharakter nicht aus.[249] Der Gesetzgeber hat durch das StVÄG 1999[250] die §§ 161 Abs. 1 S. 1, 163 Abs. 1 StPO n.F. neu gefasst und zudem § 163 f. StPO neu eingeführt und wollte durch diese Neufassung eine für erforderlich erachtete allgemeine Befugnisnorm erlassen.[251] Ob allerdings die Gesetzesneufassung für kurzfristige Observationen und insbesondere für den Einsatz von noeP eine hinreichend bestimmte Eingriffsgrundlage bietet, ist äußerst zweifelhaft.[252] Eine Kodifizierung des noeP-Einsatzes ist durch den Gesetzgeber nicht geplant. Die Eingriffsqualität dieses Ermittlungsinstrumentariums ist nicht ernsthaft zu bestreiten, so dass eine Kodifizierung erforderlich ist.[253]

III. V-Personen

1. Fehlen einer gesetzlichen Regelung

V-Personen sind Personen, die, ohne den Strafverfolgungsbehörden anzugehören, bereit sind, diese **112** bei der Aufklärung von Straftaten über längere Zeit vertraulich zu unterstützen und deren Identität grundsätzlich geheim gehalten wird.[254]

Eine gesetzliche Regelung des Einsatzes von V-Personen fehlt weiterhin. Die Rspr. begnügt sich **113** lediglich mit der Feststellung, dass der V-Mann-Einsatz als Ermittlungsinstrumentarium erforderlich sei und begründet mit der Feststellung der Erforderlichkeit die Zulässigkeit des Einsatzes.[255] Dieser »Zirkelschluss« ist jedoch mit Blick auf das Prinzip vom Vorbehalt des Gesetzes nicht gangbar.[256] Wird der V-Mann durch die Strafverfolgungsbehörden – wie fast ausschließlich – »streng geführt« und zudem nach dem Verpflichtungsgesetz förmlich verpflichtet, haben sich die Strafverfolgungsbehörden das Handeln des V-Manns zuzurechnen. Wird durch die V-Person eine »Befragung« durchgeführt, so stellt sich der Einsatz der V-Person gerade nicht als eine »rein passive Informationserlangung ohne Eingriffscharakter«[257] dar, sondern als eine heimliche Befragung, die eine spezialgesetzliche Ermächtigungsgrundlage verlangt.[258] Die Tatsache, dass es sich bei V-Personen nicht um staatliche Strafverfolgungsbeamte handelt, ändert hieran nichts, da der Staat sich seiner Grundrechtsbindung nicht begeben darf, indem er seine Aufgaben von Privatpersonen erfüllen lässt.[259] Mithin ist der Einsatz von V-Personen mit dem Ziel der »aktiven Informationsbeschaffung« nach der derzeitigen Gesetzeslage unzulässig und rechtswidrig.

2. Rechtslage nach dem StVÄG 1999

An der Rechtslage bzgl. des V-Mann-Einsatzes hat sich auch nichts durch das StVÄG 1999 geändert. **114** Zwar hat der Gesetzgeber die Notwendigkeit der Schaffung einer Befugnisnorm auch für den Einsatz von V-Personen gesehen. Er hat die §§ 161 Abs. 1 S. 1, 163 Abs. 1 StPO n.F. neu gefasst und zudem § 163 f. StPO neu eingeführt[260] Allerdings genügen diese durch den Gesetzgeber geschaffe-

249 KMR/*Bockemühl* § 110a Rn. 9 m.w.N.

250 Gesetz zur Änderung und Ergänzung des Strafverfahrensrechts vom 02.08.2000, BGBl. I S. 1253.

251 Vgl. hierzu bereits den Gesetzesentwurf der BReg, BR-Drs. 65/99 S. 30.

252 Vgl. hierzu *Lesch* JA 2000, 725 (727); *Lesch* erachtet allerdings bereits die §§ 161, 163 StPO a.F. als ausreichende Ermächtigungslage.

253 Vgl. hierzu die Stellungnahmen des Strafrechtsausschusses der BRAK Nr. 6/2024 und der *Strafverteidigerorganisationen*: https://strafverteidigertag.de/wp-content/uploads/2024/01/StN-StVV-VP-1_2024-ODb.pdf.

254 RiStBV Anlage D I Nr. 2.2.

255 BGHSt 32, 115 (121 f.); 32, 345 (346); 40, 211 (215); 41, 42 (43); 42, 139 (155).

256 Ebenso *Eschelbach* StV 2000, 390 (391 f.).

257 BVerfG StV 2000, 233 (234).

258 So auch BVerfG StV 233 (234).

259 Grundlegend *Bockemühl* Private Ermittlungen, S. 18 f. »keine Flucht ins Privatrecht«; ebenso *Malek/Wohlers* Rn. 474.

260 Vgl. oben Rdn. 111.

nen »allgemeine Befugnisnormen« nicht dem Bestimmtheitsgrundsatz. Das Bundesjustizministerium hat einen Referenten-Entwurf für ein *Gesetz zur Regelung des Einsatzes von Verdeckten Ermittlern und Vertrauenspersonen sowie zur Tatprovokation* vorgelegt. Der Einsatz von V-Personen soll auf Grund der schweren Eingriffsintensität gesetzlich geregelt werden und grundsätzlich an dieselben Voraussetzungen wie der VE-Einsatz geknüpft werden.[261]

Das Bundesjustizministerium hat einen Referenten-Entwurf für ein *Gesetz zur Regelung des Einsatzes von Verdeckten Ermittlern und Vertrauenspersonen sowie zur Tatprovokation* vorgelegt. Im Wesentlichen soll der VE-Einsatz grundsätzlich unter Richtervorbehalt gestellt werden und der Einsatz von V-Personen grundsätzlich an dieselben Voraussetzungen wie der VE-Einsatz geknüpft werden.[262]

H. EncroChat, Anom, SkyECC

115 In den letzten Jahren haben die Ermittlungsbehörden ein neues Ermittlungsinstrumentarium in die Hände bekommen.

Dem BKA wurde über Europol eine Vielzahl von Daten, welche französische Behörden im Wege von Massendatenabfragen beim Krypto-Mobiltelefonanbieter-EncroChat erlangt hatten angeboten.

Die Fragen der Verwertbarkeit ist in den unzähligen in Deutschland anhängigen Verfahren nach wie vor ungeklärt. Der BGH hat in einer ersten Entscheidung[263] die Verwertbarkeit der den deutschen Behörden überlassenen Daten angenommen. Die Verwertbarkeit der EncroChat-Daten ist in Literatur und Teilen der Rechtsprechung nach wie vor umstritten. Lesenswert ist die Entscheidung einer Strafkammer in Berlin, die die Problematik dem EuGH vorgelegt hat![264]

Eine Entscheidung über vergleichbare Sachverhalte betreffend weiterer Krypto-Mobiltelefonanbieter-Dienste erlangte Daten, wie z.B. Anom[265] oder SkyECC liegt noch nicht vor.[266]

Der EuGH[267] ist mit der Problematik befasst und es bleibt abzuwarten, wie die heikle Datenhehlerei durch deutsche Strafverfolgungsbehörden entschieden werden wird.[268]

261 Vgl. Hierzu die Stellungnahme des Strafrechtsausschusses der BRAK Nr. 6/2024; Stellungnahme der Strafverteidigerorganisationen: https://strafverteidigertag.de/wp-content/uploads/2024/01/StN-StVV-VP-1_2024-ODb.pdf.

262 Vgl. hierzu die Stellungnahmen des Strafrechtsausschusses der BRAK Nr. 6/2024 und der *Strafverteidigerorganisationen*: https://strafverteidigertag.de/wp-content/uploads/2024/01/StN-StVV-VP-1_2024-ODb.pdf.

263 BGH. StV 2022, 353 ff. – Beschl. v. 02.03.2022 – 5 StR 457/21, m. Anm. *Brodowski* StV 2022, 364 ff.

264 LG Berlin, 19.10.2022 – (525 KLs) 279 Js 30/22 (8/22); StV-S 2022, 132 ff.

265 Vgl. hierzu *Allgeier* in:Vereinigung Österreichischer StrafverteidigerInnen u.a [Hrsg.], Wenn der Staat Grenzen überschreitet, 11. Dreiländerforum Strafverteidigung, 2023, 81 ff.; das OLG München, Beschl. v. 19.10.2023 – 1 Ws 525/23, hält die Anom-Daten nicht für verwertbar! Mit der Entscheidung Landgericht Memmingen, Urteil v. 21.08.2023 – 1 KLs 401 Js 10121/22 – liegt ein erstes freisprechendes Urteil (nicht rechtskräftig) vor.

266 Zumindest das OLG München Beschl. v. 19.10.2023 – 1 Ws 525/23; hat eine Unverwertbarkeit der Anom-Daten angenommen.

267 EuGH C-670/22.

268 Vgl. hierzu *Derin/Singelnstein* StV 2022, 130 ff; *Pschorr/Wörner* StV 2023, 274 ff.; *Lödden* StV-S 2022, 169 ff. vgl. ebenfalls *Lödden* StV 2023, Editorial Heft 10.

Kapitel 6 Recht der Untersuchungshaft nach Stichworten

Übersicht

Ablauf des Haftverfahrens

Das Verfahren bei Erlass eines Haftbefehls und die Haftfolgeentscheidungen folgen verschiedenen Normen, je nachdem ob der Haftbefehl der Festnahme vorausgegangen ist oder nachfolgt, und ob bereits Anklage erhoben ist. Auch die Zuständigkeiten sind differenziert geregelt. 1

Übersicht über die verschiedenen Verfahrensgestaltungen:

	vor öffentlicher Klage	**nach** öffentlicher Klage
Ein Haftbefehl soll erst **nach** der Festnahme erlassen werden.	Übersicht Rdn. 2	Übersicht Stichwort Anklage Rdn. 13
Es liegt ein Haftbefehl **vor** Festnahme vor.	Übersicht Rdn. 3	Übersicht Rdn. 3
Zuständigkeiten für **Erlass** der Haftentscheidung	§ 125 I StPO	§ 125 II StPO
Zuständigkeiten für **Haftfolgeentscheidungen**	§ 126 I StPO	§ 126 II StPO

I. Haftbefehlsverfahren nach vorläufiger Festnahme

2

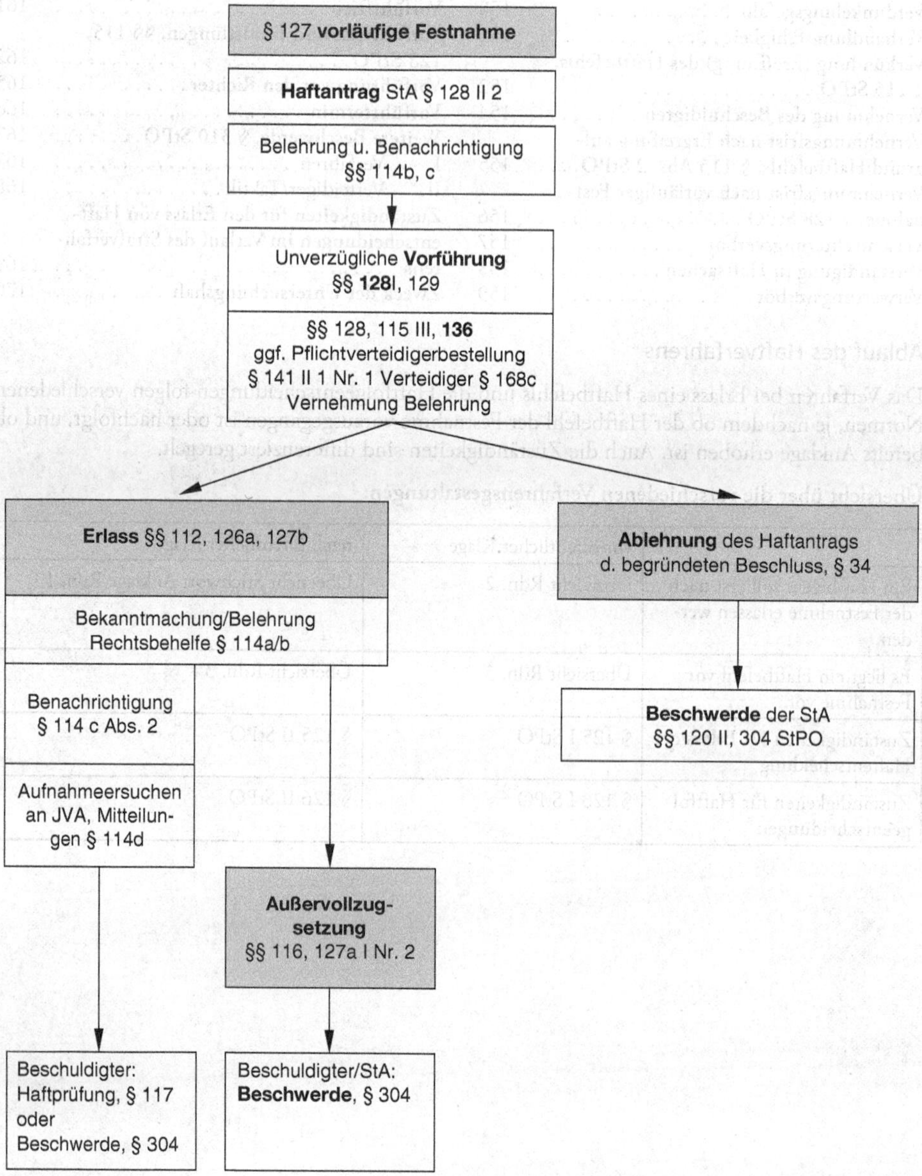

Abb. 1: Ablauf des Verfahrens nach vorläufiger Festnahme vor Erhebung der öffentlichen Klage

II. Verfahren bei Erlass eines Haftbefehls im Büroweg (Dezernatsverfahren)

3

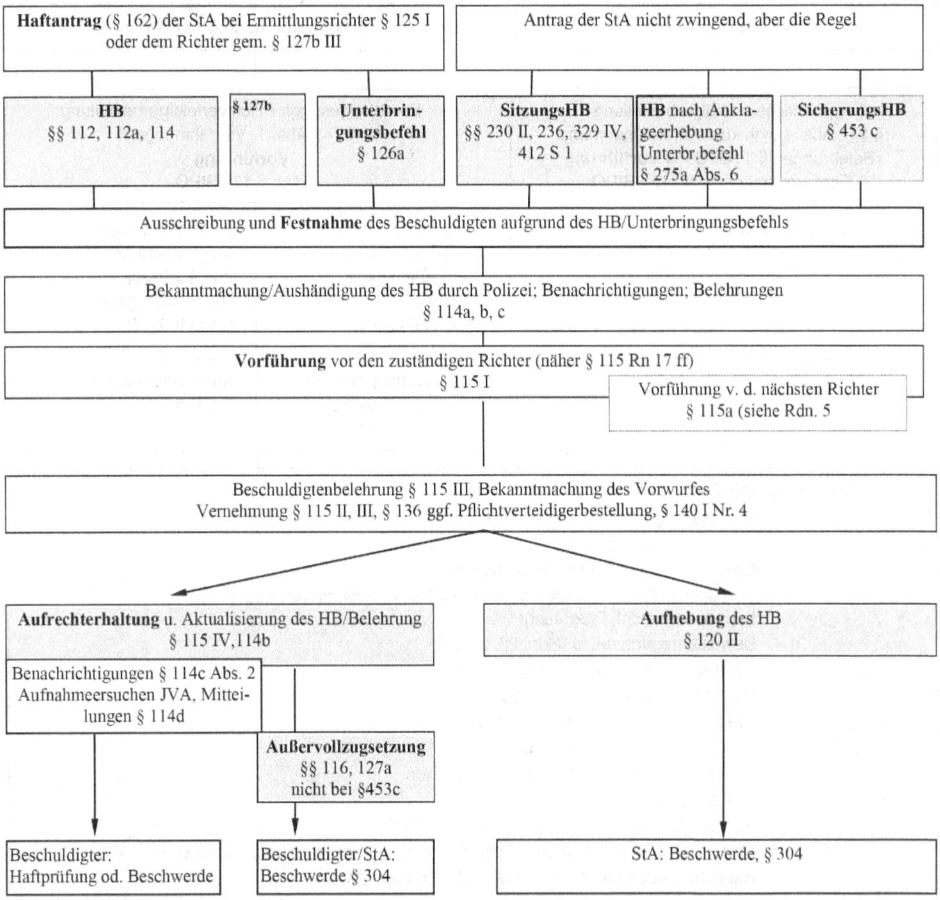

Abb. 2: Verfahren bei haftbefehlserlass im Dezernatsweg vor Erhebung der öffentlichen Klage

III. Ablauf des Vorführtermins aufgrund Haftbefehls oder nach Festnahme

4

Haftbefehl liegt vor	**Festnahme nach § 127 StPO**	
ggf. Pflichtverteidigerbestellung § 141 Abs. 1 evtl. kurze Erstvernehmung, Belehrungen § 114b StPO **Vorführung** Frist: unverzüglich, § 115 I StPO	Ermittlungen, ggf. Pflichtverteidigerbestellung § 141 Abs. 1, Vernehmungen **Vorführung** Frist: § 128 StPO	
Zuständigkeit: Gericht, das den Haftbefehl erlassen hat.	**§ 128** StPO vor Klageerhebung Zuständigkeit: Ermittlungsrichter § 125 I StPO	**§ 129** StPO nach Klageerhebung Zuständigkeit: Hauptsachegericht § 125 II StPO
	Antrag der StA evtl auch erst im Termin	Antrag nicht zwingend § 125 II StPO

Checkliste Gericht für den Vorführtermin:

- Vernehmungs- und Entscheidungsfrist
- Verhandlungsfähigkeit
- Dolmetscher, § 189 GVG Vereidigung
- Verteidiger: Pflichtverteidigerbestellung § 141?, Anwesenheitsrecht, § 168c, Informationsrecht, Fragerecht
- Beweisanregungsrecht (Rdn. 25, 26, 28)
- Belehrung erste Vernehmung, § 136?
- Bekanntmachung der Entscheidung
- Abschrift Haftbefehl, Art 6 III e MRK
- Übersetzung des Haftbefehls
- Außervollzugsetzung, Auflagen, Weisungen
- Haftfähigkeit
- Soll Briefkontrolle auf StA übertragen werden?
- Anträge zu Haftbedingungen, Besuchserlaubnis, Sondergenehmigungen (Rdn. 60)
- Benachrichtigungen, § 114c Abs. 2, Art 36 I b WÜK

Entscheidung über **Fortbestand** des Haftbefehls	Entscheidung über **Erlass** des Haftbefehls

Abb. 3: Ablauf des Vorführtermins vor dem originär zuständigen Richter

IV. Ablauf des Haftverfahrens vor dem nächsten Richter, § 115a StPO 5

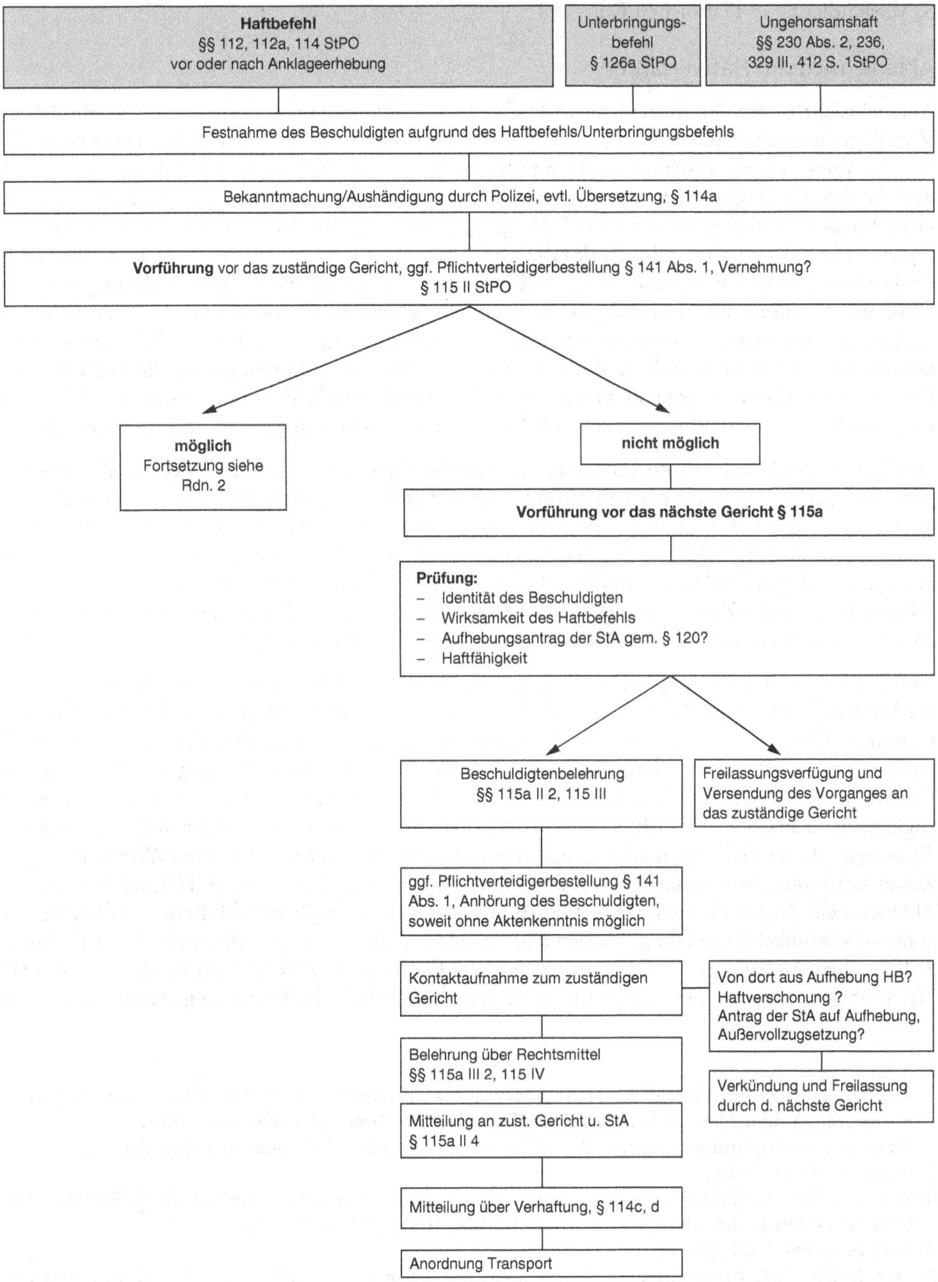

Abb. 4: Ablauf des Vorführtermins vor dem nächsten Richter

Absprachen im Haftverfahren

6 S. Verständigung in Haftsachen Rdn. 158.

Akteneinsicht im Haftverfahren

7 Akteneinsicht ist für den Verteidiger in Haftsachen für die möglichst frühe Weichenstellung der Verteidigungsstrategie unverzichtbar.[1] Ein vollständiges und unbeschränkbares Akteneinsichtsrecht besteht zwar erst nach Abschluss der Ermittlungen, § 169a StPO. Aber auch vor diesem Zeitpunkt darf die StA die Akteneinsicht nur eingeschränkt ablehnen, § 147 Abs. 2 StPO. In Haftsachen ist grds. Akteneinsicht zu gewähren (§ 147 Abs. 2 S. 2 StPO[2]). § 147 Abs. 7 StPO gibt dem unverteidigten Beschuldigten das Recht, Auskünfte und Abschriften aus den Akten zu erhalten.[3] Nach der Rechtsprechung des BVerfG und des EGMR hat der Verteidiger des inhaftierten Beschuldigten auch schon vor Abschluss der Ermittlungen ein Recht auf Akteneinsicht, wenn und soweit er die darin enthaltenen Informationen benötigt, um auf die gerichtliche Haftentscheidung effektiv einwirken zu können und eine mündliche Mitteilung der Tatsachen und Beweismittel, auf die das Gericht seine Entscheidung stützen möchte, nicht ausreichend ist. Tatsachen, die dem Beschuldigten infolge verweigerter Akteneinsicht unbekannt sind, dürfen einer Haftentscheidung daher nicht zugrunde liegen.[4]

Häufig wird der StA die Ermittlungsakte nicht zur Verfügung stehen, wenn wegen umfangreicher Ermittlungen die Akten bei der Polizei sind. Die Verteidigung wird darauf hinweisen, dass die StA die Herrin des Verfahrens ist, jederzeit Zugriff auf die Akten haben muss und ggf. Zweit- und Drittakten anzulegen hat. Erhält die Verteidigung dennoch keine Akteneinsicht, kann der Verteidiger des – gleichgültig auf welcher Grundlage – inhaftierten Beschuldigten Antrag nach § 147 Abs. 5 S. 2 StPO stellen oder die Zuleitung der Akten an StA und Gericht durch Einlegen einer Haftbeschwerde erreichen und dann im Beschwerdeverfahren an die für ihn wesentlichen Informationen gelangen.[5]

Der **EGMR** hat in mehreren Verfahren gegen die Bundesrepublik Deutschland[6] aus dem Prinzip der **Waffengleichheit** abgeleitet, dass auch die Notwendigkeit effektiver polizeilicher Ermittlungen nicht dazu führen könne, das Recht der Verteidigung substanziell zu beschneiden. Der Gerichtshof hat daher festgestellt, dass zu Unrecht verweigerte Akteneinsicht einen Verstoß gegen Art. 5 Abs. 4 EMRK darstellt. Die Akten sind dem Verteidiger des inhaftierten Beschuldigten in geeigneter Weise zugänglich zu machen. Das Akteneinsichtsrecht bezieht sich nach dieser Rspr. nicht nur auf die Tatsachen, die der Haftentscheidung zugrunde liegen, sondern auf den gesamten Akteninhalt. Die Zusammenfassung von Tatsachen und die Schlussfolgerung aus Tatsachen im Haftbefehl kann die Akteneinsicht des inhaftierten Beschuldigten nicht ersetzen. Das gilt sowohl für den auf Flucht- als auch auf Verdunkelungsgefahr gestützten Haftbefehl.[7] Im Überprüfungsverfahren nach § 147 Abs. 5 StPO ist diese Auslegung des EGMR zu Art. 5 Abs. 4 EMRK zu beachten.[8] Zwar hat die StA (RiStBV Nr. 46–59) ein legitimes Geheimhaltungsinteresse hinsichtlich des Ermittlungsstandes und kann

1 Zur Akteneinsicht im Vorfeld der Hauptverhandlung *Bockemühl* Kap. 1 Rdn. 62–76 und *Hohmann/Fischer* Kap. 3 Rdn. 11 ff.; *Schlothauer/Nobis/Voigt/Wolf* Rn. 268; *Gatzweiler* StraFo 2001, 1.

2 Näher *Burhoff* Ermittlungsverfahren Rn. 199 ff. m. umfassenden Nachweisen zur aktuellen Rspr.

3 *Gatzweiler* StraFo 2001, 1.

4 S. *Bockemühl* Kap. 1 Rdn. 75 Meyer-Goßner/*Schmitt* § 147 Rn. 25a; *Schlothauer/Nobis/Voigt/Wolf* Rn. 268; BVerfG StV 1994, 465, 466 f.; NStZ-RR 1998, 108, 109; NJW 2006, 1048.

5 *Schlothauer* StV 2001, 192 ff.

6 EGMR StV 2001, 201 – Lietzow, 203 – Schöps, 205 – Garcia A. jeweils gegen Deutschland m. Anm. *Kempf*; zuvor schon grundlegend EGMR StV 1993, 283 – Lamy; NVwZ 1997, 1093 Rn. 129 ff. – Chahal; EGMR NStZ 2009, 164 m. Anm. *Strafner*; EGMR Gr. Kammer StV 2010, 490 – Mooren gegen Deutschland m. Anm. *Pauly*; *Esser/Gaede/Tsambikakis* NStZ 2011, 81; SK-StPO/*Paeffgen* § 115 Rn. 9a; SK-StPO/*Wohlers* § 147 Rn. 65.

7 Zur Fluchtgefahr EGMR StV 2001, 201 – Lietzow und zur Verdunkelungsgefahr EGMR StV 2001, 203 – Schöps.

8 *Kempf* StV 2001, 207.

daher die Akteneinsicht verweigern, wenn und soweit dadurch der Untersuchungszweck gefährdet würde (§ 147 Abs. 2 S. 1 StPO). Nach der Rspr. des EGMR kann ein Haftbefehl auf solche Fakten aber nicht mehr gestützt werden. Nach wie vor ungeklärt dürfte derzeit sein, ob Teilakteneinsicht noch zulässig ist, wenn der Haftbefehl nur auf einen Teil der prozessualen Taten gestützt wird, die Gegenstand des Verfahrens sind.[9] Befindet sich der Beschuldigte in anderer Sache in Untersuchungshaft, kann die Akteneinsicht nach § 147 Abs. 2 S. 1 StPO im Verfahren, in dem kein Haftbefehl vollzogen wird, verwehrt werden.[10] Das mit der Sache befasste Gericht hat keine eigene Befugnis zur Gewährung von Akteneinsicht, da bis zur Anklageerhebung die StA die alleinige Herrin des Ermittlungsverfahrens ist.[11] Eine zu Unrecht verweigerte Akteneinsicht kann zur Ablehnung eines Haftantrages oder Aufhebung bzw. Außervollzugsetzung eines bestehenden Haftbefehls führen.[12]

Ob das Akteneinsichtsrecht nach obiger Maßgabe auch zu gewähren ist, wenn ein erlassener Haftbefehl (noch) nicht vollzogen wird, ist in der Rechtsprechung und Literatur hochumstritten.[13] Der BGH[14] hat nunmehr entschieden, dass die Akteneinsicht bis zum Vollzug des Haftbefehls verwehrt werden darf. Dabei ist das Geheimhaltungsinteresse wegen Gefährdung des Untersuchungszwecks gegen das Informationsinteresse des noch nicht inhaftierten Beschuldigten abzuwägen, wobei ersteres regelmäßig Vorrang genießt. Der damit einhergehende Gehörsverstoß (Art. 103 Abs. 1 GG) werde mit der zu gewährenden Akteneinsicht bei Vollzug des Haftbefehls geheilt. Eine Beschwerdeentscheidung dürfe auch ohne Akteneinsicht getroffen werden.

Aktualisierung, Änderung, Umwandlung des Haftbefehls

Der Haftbefehl ist jederzeit von Amts wegen an den bestehenden Ermittlungsstand anzupassen, 8
sodass der Beschuldigte eine zutreffende Vorstellung davon erhält, was ihm vorgeworfen wird (Sachverhalt, rechtliche Würdigung) und welche Haftgründe bestehen.

Die Einbeziehung neuer prozessualer Taten erfordert einen Antrag der StA. Jeder Haftbefehl kann in einen qualitativ anderen Haftbefehl umgewandelt werden, z.B. ein Ungehorsamshaftbefehl oder Sicherungshaftbefehl in einen Untersuchungshaftbefehl nach § 114 StPO. Dieser ist dann wie ein neuer Haftbefehl nach § 115 StPO zu eröffnen. Zum Verfahren s. Ablauf des Haftverfahrens Rdn. 2, 3. In der **Beschwerdeinstanz** ist eine Aktualisierung und Änderung ebenfalls zulässig.[15] Die Umwandlung eines Ungehorsamshaftbefehls in einen solchen nach § 114 StPO kann in der Beschwerdeinstanz jedoch nicht mehr erfolgen, da dem Beschwerdegericht die Zuständigkeit nach § 125 StPO für den erstmaligen Erlass eines Haftbefehls fehlt.[16] Dagegen ist die Umwandlung eines Haftbefehls nach § 114 StPO in einen Unterbringungsbefehl nach § 126a StPO möglich, da dieser in den wesentlichen Gestaltungskriterien mit dem Haftbefehl nach § 114 StPO übereinstimmt, d.h. das Beschwerdegericht erhält hier seine Entscheidungskompetenz aus § 309 Abs. 2 StPO. In der OLG-Haftprüfung ist nach h.M. eine Umwandlung nicht möglich.[17]

---

9 BVerfG NStZ-RR 1998, 109 hält Teilakteneinsicht für zulässig; so auch *Peglau* JR 2012, 231, 232 f.; nach der Rspr. des EGMR StV 2001, 201 – *Lietzow* erscheint dies aber zumindest problematisch; *Burhoff* Ermittlungsverfahren Rn. 199 ff.; 297, 304.

10 BGH NStZ 2012, 223, 224.

11 OLG Frankfurt StV 1993, 292, 293 f.m. Anm. *Taschke*; LR/*Lüderssen*/*Jahn* § 147 Rn. 148.

12 BVerfG StV 1994, 465; KG StV 1994, 319; *Burhoff* Ermittlungsverfahren Rn. 297, 305; *Schlothauer*/*Nobis*/*Voigt*/*Wolf* Rn. 401.

13 Zum Streitstand MüKo-StPO/*Kämpfer*/*Travis* § 147 Rn. 28.

14 BGH NJW 2019, 2105 mit ablehnender Anm. *Mitsch*.

15 Dazu näher unten Rdn. 87, 90 und zur OLG-Haftprüfung Rdn. 128, 131.

16 Im Ergebnis ebenso OLG Köln NStZ-RR 2006, 23.

17 KMR/*Wankel*/*Schuster* § 122 Rn. 15b.

Anfechtungsmöglichkeiten

I. Übersicht über die Haftbefehlsarten und Rechtsschutz

Art	Haftprüfung § 118	OLG-Haftprüfung	Haftverschonung § 116	Haftbeschwerde § 304	Weitere Beschwerde § 310
§ 114	ja	ja	Ja	ja	ja
§ 126a	ja	ja	nur § 116 III	ja	ja
§ 275a VI	ja	nein	nein	ja	ja
§ 127b	ja	nein	Ja	entfällt wegen § 127b II 2	
§ 71 I JGG	nein	nein	nein	ja	ja
§ 230 II	ja	nein	ja	ja	ja
§ 236	ja	nein	ja	ja	ja
§ 329 IV, § 412 S. 1	ja	nein	ja	ja	ja
§ 453c	nein (str. Meyer-Goßner § 453c Rn. 16)	nein	nein	ja	nein (str. Meyer-Goßner § 453c Rn. 17 m.w.N.)
§ 457	nein	nein	nein	§ 21 StrVollstrO	nein

II. Im Einzelnen

10 Im Haftverfahren stehen der Rechtsbehelf der **Haftprüfung** nach § 117 StPO (Rdn. 101) und die Rechtsmittel der **Haftbeschwerde** gemäß § 304 StPO (Rdn. 86) und der **weiteren Haftbeschwerde** nach § 310 StPO (Rdn. 167) zur Überprüfung der Haftentscheidung zur Verfügung.

11 Die **Verfassungsbeschwerde** kann gegen Entscheidungen im Recht der U-Haft erhoben werden, soweit die Verletzung spezifischen Verfassungsrechts gerügt wird. Sie ist wegen Subsidiarität unzulässig, solange eine Haftprüfung möglich ist.[18] Da nach der Rspr. des BVerfG rechtswidrige Haftentscheidungen nur für die Zukunft geheilt werden können und »der Makel der rechtswidrigen Freiheitsentziehung rückwirkend nicht getilgt werden kann«,[19] ist die Verfassungsbeschwerde unmittelbar nach der rechtswidrig ergangenen Haftentscheidung zulässig. Dabei ist die Monatsfrist des § 93 Abs. 1 S. 1 BVerfGG zu beachten. Der Beschwerdeführer muss geltend machen können, dass

- verfassungsrechtliche Grundentscheidungen nicht beachtet,
- die Bedeutung der Grundrechte falsch eingeschätzt,
- die Tragweite der Grundrechte nicht beachtet oder
- falsche Auslegungsgrundsätze herangezogen wurden.

Konkret können mit der Verfassungsbeschwerde wesentliche Begründungsmängel, d.h. schwerwiegende formelle Fehler der Haftentscheidungen und inhaltliche Mängel, in der Regel Fehleinschätzung des Verhältnismäßigkeitsgrundsatzes und Abwägungsdefizite geltend gemacht werden. In

18 BVerfG StV 1992, 235 m. Anm. *Tondorf; Bleckmann* NJW 1995, 2192 ff.; zu den Anforderungen an die Zulässigkeit einer Verfassungsbeschwerde *Kreuder* NJW 2001, 1243; *Lübbe-Wolff/Geisler* NStZ 2004, 479; zum Vortrag in der Haftbeschwerde in Bezug auf eine spätere Verfassungsbeschwerde *Münchhalffen/Gatzweiler* Rn. 404 und zur Verfassungsbeschwerde allgemein Rn. 412 ff.

19 BVerfG StV 2001, 691.

Fortführung der Rspr. zur Verfassungsbeschwerde gegen prozessual überholte Maßnahmen[20] lässt das BVerfG stets auch die Anfechtung zwischenzeitlich aufgehobener Haftbefehle zu.[21]

Wichtige Entscheidungen des BVerfG zum Haftrecht nach Stichworten:
- Außervollzugsetzung auch bei Haftgrund der Tatschwere nach § 112 Abs. 3: BVerfGE 19, 342 = NJW 1966, 243
- **Begründungsdichte** (auch zu § 121) von Haftfortdauerbeschlüssen: BVerfG StV 1999, 40 und 162; StV 2006, 248, (250); StV 2011, 31 (Begründungsdefizite und Abwägungsausfall bedingen eine Verletzung des Grundrechts auf persönliche Freiheit), BVerfG StV 2021, 170 (umfassende Darstellung der maßgeblichen Umstände des jeweiligen Einzelfalles einschließlich der Tatsachen, die gegen das Vorliegen einer weiteren Inhaftierung, insb. eines Haftgrundes sprechen) und näher Rdn. 17.
- fehlerhafte **Personalplanung** der Justiz: BVerfG StV 2021, 765.
- Überlange Dauer der U-Haft und Verstoß gegen das **Beschleunigungsgebot**: BVerfGE 36, 264 (grundlegend); BVerfG StV 2005, 220 m. krit. Anm. *Krehl* StV 2005, 561; StV 2005, 615 (jeweils nach Urteilserlass); StV 2006, 73 (nachdrücklich zu U-Haft nach 2-jähriger Hauptverhandlung und über 2-jähriger Revision); StV 2006, 87 m. Anm. *Jahn* NJW 2006, 652 (außer Vollzug gesetzter Haftbefehl); StV 2006, 251 (Überhaft); BVerfG 3.2.2021 – 2 BvR 2128/20, StV 2021, 595 (Ls.) (Beginn der Hauptverhandlung regelmäßig binnen drei Monaten ab Eröffnungsreife). Eine weitere Vielzahl von neueren Einzelfallentscheidungen findet sich auf der Internetseite des Gerichts (s.o.).
- **Überlastung** des Gerichts als Grund für Andauern der U-Haft; § 121: BVerfGE 36, 264; StV 2006, 87: »Die Überlastung eines Gerichts fällt – anders als unvorhersehbare Zufälle und schicksalhafte Ereignisse – in den Verantwortungsbereich der staatlich verfassten Gemeinschaft. Der Staat kann sich dem Beschuldigten gegenüber nicht darauf berufen, dass er seine Gerichte nicht so ausstattet, wie es erforderlich ist, um die anstehenden Verfahren ohne vermeidbare Verzögerung abzuschließen.« Das gilt auch bei Ausschöpfung aller gerichtsorganisatorischer Maßnahmen, StV 2015, 39, vgl. auch BVerfG 3.2.2021 – 2 BvR 2128/20.
- Verhältnismäßigkeit der U-Haft allgemein: BVerfGE 36, 264, 271. Der Grundsatz der Verhältnismäßigkeit gilt uneingeschränkt auch für außer Vollzug gesetzte und noch nicht vollzogene Haftbefehle: BVerfGE 53, 152; StV 2006, 87.
- Unterbliebene Verkündung eines erweiterten Haftbefehls, § 115: BVerfG StV 2001, 691 m. Anm. *Hagmann*.
- Wichtiger Grund i.S.v. § 121 StPO s. Rdn. 128.
- Wiederaufleben eines bereits gegenstandslos gewordenen Haftbefehls ist mit Art. 104 Abs. 1 GG unvereinbar, BVerfG StV 2005, 613 (Wiedereinsetzung nach Rechtskraft).
- Zweck der U-Haft: BVerfG NJW 1992, 1749; StV 2001, 695 (Anordnung nur für Taten, für die dringender Tatverdacht besteht und für die U-Haft vollzogen wird).

Die subsidiäre **Beschwerde zum Europäischen Gerichtshof für Menschenrechte (EGMR)** in Straß- 12
burg ist erst nach Durchführung der Verfassungsbeschwerde zulässig, da der Beschwerdeführer vorab alle zuvor statthaften, nicht ersichtlich nutzlosen innerstaatlichen Rechtsbehelfe ausgeschöpft haben muss (Art. 35 Abs. 1 EMRK), bevor die ultima ratio der Menschenrechtsbeschwerde möglich wird.[22] Zu den innerstaatlichen Rechtsbehelfen rechnet der EGMR auch die Verfassungsbeschwerde.[23] Jede freiheitsentziehende Maßnahme muss mit dem Zweck des Art. 5 EMRK, dem Schutz des einzelnen

20 BVerfGE 53, 152, 157.
21 BVerfG StV 2000, 321.
22 Leitfaden für die Praxis: *Wittinger* NJW 2001, 1238; älterer, aber instruktiver Überblick der Rspr. des EGMR zur U-Haft bei *Kühne/Esser* StV 2002, 383 ff. und *Pohlreich* NStZ 2011, 560; die vollständige Rspr. des EGMR ist auf dessen Internetseite eingestellt: http://hudoc.echr.coe.int/eng; eine deutschsprachige Übersicht der Entscheidungen findet sich bei www.egmr.org.
23 EGMR 4.12.2008 – 44036/02 Rn. 85 – Adam/Deutschland.

vor Willkür, in Einklang stehen.[24] Der Gerichtshof verlangt eine nationale gesetzliche Haftgrundlage und überprüft dann die konventionskonforme Anwendung dieser rechtlichen Grundlagen.[25] Die EMRK steht im Rang eines Bundesgesetzes. Andere Gesetze sind – soweit möglich – konventionsfreundlich auszulegen. Die deutschen Gerichte haben die Entscheidungen des EGMR zu berücksichtigen und sich mit dessen Abwägungsergebnissen substanziell auseinanderzusetzen.[26]

Anklage, Haftbefehlserlass nach

13 **§ 129 StPO** regelt das Verfahren zum Erlass eines Haftbefehls, wenn der Angeschuldigte/Angeklagte **nach Erhebung** der öffentlichen Klage im Zusammenhang mit der angeklagten prozessualen Tat festgenommen wird, ohne dass bereits ein Haftbefehl erlassen wurde. Ergänzend gilt § 128 StPO; § 120 Abs. 3 StPO findet keine Anwendung. Ein Antrag der StA ist nicht erforderlich, wie sich aus der Zusammenschau von § 125 Abs. 1, Abs. 2 StPO ergibt. Es geht dabei nur um den Erlass eines Haftbefehls im selben Verfahren. Soll dem Haftbefehl eine neue prozessuale Tat zugrunde gelegt werden, richtet sich das Verfahren nach § 128 StPO. In der Praxis ist § 129 StPO kaum relevant.[27] (Z.B. dann, wenn den Ermittlungsbehörden im Zusammenhang mit anderen Verfahren auch Haftgesichtspunkte bzgl. des angeklagten Verfahrens bekannt werden.) Folgt die Festnahme dem Erlass eines Haftbefehls nach, ist das Verfahren wie oben bei Rdn. 3 dargestellt einzuhalten.

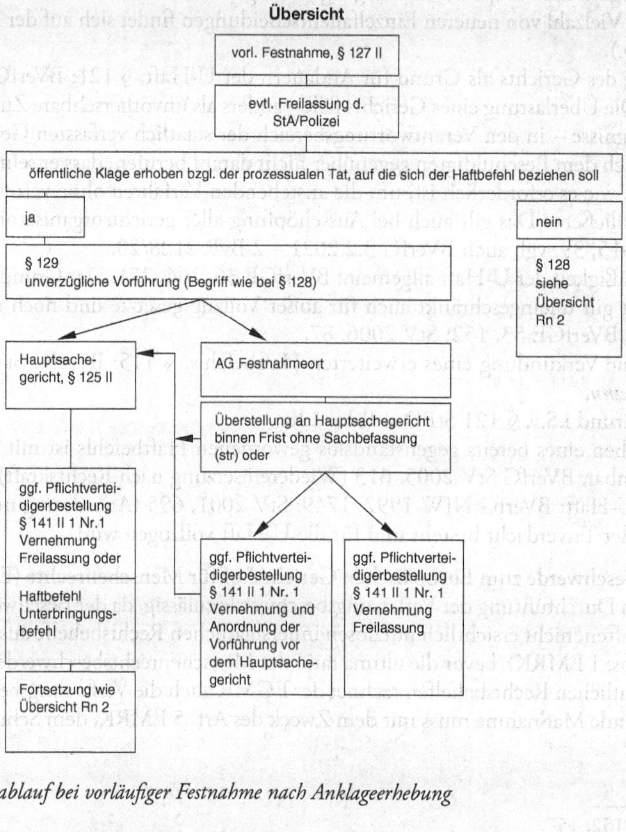

Abb. 5: Verfahrensablauf bei vorläufiger Festnahme nach Anklageerhebung

24 EGMR NJW 1999, 775, 777 – K-F.
25 *Kühne/Esser* StV 2002, 383 m.w.N. der Rspr.; EGMR StV 2005, 136 – Cevizovic gegen Deutschland zum Verstoß gegen das Beschleunigungsgebot; s. auch Rdn. 21.
26 BVerfG StV 2005, 307, 309 f.
27 Vgl. MüKo-StPO/*Böhm* StPO § 129 Rn. 1.

Anwesenheitsrechte

Im Vernehmungstermin. Nach **§ 168c Abs. 5 StPO** ist der Verteidiger von jedem Vernehmungstermin zu benachrichtigen und nach § 168c Abs. 1 StPO hat er ein Anwesenheits-, Frage- und Erklärungsrecht. 14

Im **Haftprüfungstermin.** Die Verteidigung ist nach § 118a Abs. 1 StPO vom Termin zu benachrichtigen und hat ein Anwesenheitsrecht, im Fall des § 118a Abs. 2 S. 3 StPO sogar eine Anwesenheitspflicht. Nach § 140 Abs. 1 Nr. 4 StPO[28] liegt ein Fall notwendiger Verteidigung vor, sobald der Beschuldigte einem Richter zur Entscheidung über die Haft vorzuführen ist. Der Nebenkläger ist nicht zur Anwesenheit berechtigt.[29] Alle Verfahrensbeteiligten haben im Haftprüfungstermin Anspruch auf rechtliches Gehör, das Recht Erklärungen abzugeben, Zeugen zu befragen und zu Beweismitteln Stellung zu nehmen. Der Beschuldigte ist auf die ihn belastenden Umstände hinzuweisen und er muss Gelegenheit erhalten, dazu Stellung zu nehmen, Entlastungsgesichtspunkte und Tatsachen vorzutragen, § 115 Abs. 3 S. 2 StPO. Die Verteidigung ist anzuhören. Gem. § 118a Abs. 2 S. 2 i.V.m. S. 1 StPO ist es erlaubt, von der Vorführung abzusehen und eine audio-visuelle Haftprüfung durchzuführen.[30]

Fehler und Folgen: Wird gegen § 168c StPO verstoßen, macht dies die Verlesbarkeit eines Protokolls nach § 254 StPO gegen den Widerspruch des Angeklagten unzulässig.[31]

Aussetzung des Vollzugs, § 116 StPO

s. Vollzugsaussetzung Rdn. 160 15

Bagatelldelikte

§ 113 StPO schränkt für Straftaten, die mit Freiheitsstrafe bis zu sechs Monaten oder mit Geldstrafe bis zu einhundertachtzig Tagessätzen bedroht sind, die Anwendbarkeit der U-Haft ein. § 113 StPO gilt aber nicht für die Haftbefehle nach §§ 112 III und 112a StPO sowie den Haftgrund der Flucht. Bei den nicht von § 113 StPO erfassten Delikten der Kleinkriminalität sind erhöhte Anforderungen an die Verhältnismäßigkeit zu stellen und die Haftgründe im Hinblick auf die Deliktsnatur zu würdigen. 16

Begründungsgebot/Begründungsdichte der Haftentscheidung

Begründungsgebot bei Haftfortdauerentscheidungen. Die Begründung hat den Anforderungen zu genügen, die das BVerfG und der EGMR an die Informationspflicht stellen. Danach sind konkrete, aktuelle und umfassende Ausführungen zu den Voraussetzungen der Untersuchungshaft erforderlich. Lücken- oder formelhafte Ausführungen genügen nicht.[32] Das gilt insb. auch für die Verhältnismäßigkeitsprüfung. Zudem muss sich das Haftgericht mit konkreten Tatsachen, die der Inhaftierte vorgetragen hat, substanziell auseinandersetzen und diese in seiner Begründung berücksichtigen.[33] Der Beschuldigte hat nach dieser Rspr. ein Recht darauf, alle wesentlichen Entscheidungskriterien für den dringenden Tatverdacht, die Haftgründe und die Verhältnismäßigkeitsprüfung zu erfahren. Tatsachen, deren Bekanntgabe den Ermittlungszweck vereiteln oder den Fortgang des Verfahrens entscheidend behindern würden, dürfen dem Haftbefehl nicht zugrunde gelegt werden (vgl. bereits oben 17

---

28 Gesetz zur Neuregelung des Rechts der notwendigen Verteidigung vom 10.10.2019, BGBl. I 2128.

29 HM; KMR/*Wankel/Schuster* § 118a Rn. 1 m.w.N.

30 Kritisch zu dieser neu geschaffenen Möglichkeit *Schlothauer* StV 2014, 55, ausführlicher auch KMR/*Wankel/Schuster* § 118a Rn. 3 m.w.N.

31 KK/*Diemer* § 251 Rn. 18, § 254 Rn. 6; *Meyer-Goßner*/Schmitt § 251 Rn. 32 und § 254 Rn. 4.

32 Bsph. BVerfG (1. Kammer des 2. Senats) vom 25.06.2018 – 2 BvR 631/18 mwN.

33 EGMR EuGRZ 2001, 394 – Erdem; BVerfG StV 2005, 220, 223; StV 2006, 248, (250): Abwägungsausfall bedingt Grundrechtsverletzung; *Kazele* S. 96; SK-StPO/*Paeffgen* § 122 Rn. 7 mwN.

Rdn. 7).[34] Das bedeutet, dass durch die Geheimhaltung solcher Tatsachen der Beurteilungsmaßstab des Gerichtes eingeengt wird und auch eine Mitteilung in groben Umrissen nicht mehr genügt.[35] Das Haftgericht hat vor Anklageerhebung weder ein eigenes Akteneinsichtsgewährungsrecht,[36] noch darf es die Verfahrensherrschaft der StA durch faktische Akteneinsicht unterlaufen, etwa durch umfassende mündliche Mitteilung des Ermittlungsstandes an die Verteidigung. Andererseits besteht ein weitgehender Informationsanspruch der Verteidigung im Haftverfahren (oben Rdn. 7).[37] Ein Haftbefehl darf aber nur aufgrund der Verteidigung bekannter Umstände erlassen oder aufrechterhalten werden. Verweigert die StA der Verteidigung den Informationsanspruch (Akteneinsicht), hat das Haftgericht den Haftbefehl aufzuheben oder den Antrag auf Erlass abzulehnen.

Benachrichtigung durch den Richter, § 114c Abs. 2 StPO

I. Allgemein

18 § 114c Abs. 2 setzt die Vorgabe aus Art. 104 Abs. 4 GG um, nach der die Benachrichtigung durch das Gericht zu erfolgen hat. § 114c Abs. 2 S. 2 stellt klar, dass bei jeder Entscheidung über die Fortdauer der Haft zu benachrichtigen ist, aber auch, dass die Benachrichtigungspflicht entfällt, wenn der Festgenommenen nicht in Haft genommen wird (Ablehnung des Haftantrags, Aufhebung oder Außervollzugsetzung des Haftbefehls). **Empfänger** der Benachrichtigung ist der Angehörige (in weiterem Sinn als § 11 Abs. 1 Nr. 1 StGB) oder eine Vertrauensperson, insbesondere der Wahlverteidiger. Der von Amts wegen bestellte Pflichtverteidiger ist nicht ohne Weiteres Vertrauensperson.[38] Davon unabhängig ist das Recht der Verteidigerkonsultation. Solange keine Missbrauchsgefahr besteht, ist die Auswahl der zu benachrichtigenden Person durch den Beschuldigten für den Richter bindend (str.); über seine persönlichen Beziehungen entscheidet der Inhaftierte selbst.[39] Benennt der Verhaftete eine Person seines Vertrauens, darf der Richter nicht stattdessen einen Angehörigen benachrichtigen.[40] Bei Missbrauch kann der Richter die Mitteilung ablehnen, z.B. wenn ein Mitbeschuldigter gewarnt werden soll. Zwischen mehreren benannten Personen muss der Richter ermessensfehlerfrei wählen.

Die **Benachrichtigung darf nicht unterbleiben (str)**. Hat oder benennt der Verhaftete keine Angehörigen oder Personen seines Vertrauens, muss der Richter Nachforschungen anstellen, da die Benachrichtigungspflicht verfassungsrechtlich verankert ist.[41] Die Benachrichtigungspflicht gilt ausnahmslos, also auch gegen den Widerspruch des Verhafteten.[42] Ausnahmen von der Benachrichtigungspflicht kann es (anders als bei Abs. 1) nur in extremen Ausnahmefällen geben (z.B. schwere Gesundheitsgefahr für den einzigen Angehörigen).[43]

II. Verfahren

19 Eine bestimmte **Form** der Benachrichtigung ist nicht vorgeschrieben. Diese kann daher auch telefonisch erfolgen, sollte dann aber genau in den Akten dokumentiert werden.

---

34 EGMR EuGRZ 1999, 320 – Nikolova; EGMR v. 10.10.2000 Nr. 36743/97 Rn. 54 – Grauslys; StV 2001, 201 – Lietzow/Schöps/Garcia A.; StraFo 2002, 51 – Rowe/Davis; EGMR v. 25.06.2002 Nr. 24244/94 – Migon.

35 *Ambos* NStZ 2003, 14.

36 S. oben Rn. 7.

37 BVerfG StV 1994, 465.

38 BVerfGE 16, 119, 124; BrandVerfG NStZ-RR 2000, 185.

39 SK-StPO/*Paeffgen* § 114c Rn. 9; a.A. Meyer-Goßner/*Schmitt* § 114c Rn. 4.

40 Str. aA. Meyer-Goßner/*Schmitt* § 114c Rn. 4.

41 SK-StPO/*Paeffgen* § 114c Rn. 9; a.A. Meyer-Goßner/*Schmitt* § 114c Rn. 4; MüKo-StPO/*Böhm* § 114c Rn. 11.

42 Meyer-Goßner/*Schmitt* § 114b Rn. 6; MüKo-StPO/*Böhm* § 114c Rn. 12 jeweils m.w.N.

43 Weitere Beispiele und Angaben zum Streitstand bei MüKo-StPO/*Böhm* § 114c Rn. 12.

Unverzüglich ist zu benachrichtigen, d.h. die Mitteilung hat so schnell wie möglich zu erfolgen und darf auch nicht wegen noch bestehender Gefährdung des Untersuchungserfolges verzögert werden.

Der **Inhalt** der Nachricht kann sich auf die Mitteilung der Verhaftung mit oder ohne nähere Erläuterung beschränken, wird vom Richter angeordnet und vom Geschäftsstellenbeamten durchgeführt.

Zuständig ist der Richter, dem der Beschuldigte vorgeführt wird, bei späteren Entscheidungen der Richter (Vorsitzende), der die Entscheidung trifft. Die Benachrichtigung der Verhaftung durch die Polizei ersetzt die Tätigkeit des zuständigen Richters nicht.[44] Er trägt auch die Verantwortung für die ordnungsgemäße Durchführung und darf sich regelmäßig nicht darauf verlassen, dass ein Haftbeschluss im üblichen Geschäftsgang ohne weiteres den Berechtigten unverzüglich mitgeteilt wird.[45]

Die **Benachrichtigung des Konsulats eines Ausländers** (§ 114b Abs. 2 S. 3 StPO) regeln Art. 36 Abs. 1 lit. b WÜK und Nr. 135 RiVASt. Art. 36 Abs. 1 WÜK gewährleistet ein subjektiv-individuelles Recht.[46] Auf die Verletzung dieses Rechts kann die Revision gestützt werden.[47] Die Widerspruchslösung findet bei einer zu spät erteilten Belehrung über das Recht auf konsularischen Beistand nach Art. 36 Abs. 1 lit. b S. 3 WÜK Anwendung.[48] Das soll nicht gelten, wenn die Belehrung gar nicht erfolgt ist.[49] Ob aus einem Verstoß ein Beweisverwertungsverbot folgt, ist im Wege der Abwägung zu ermitteln.[50] Insgesamt ist die Rechtsprechung des BGH dazu uneinheitlich.

Jugendverfahren. Die Erziehungsberechtigten/gesetzlichen Vertreter sind zu benachrichtigen. Die Benachrichtigung der Jugendgerichtshilfe als Haftentscheidungshilfe nach § 72a JGG ist kein Unterfall, sondern Ergänzung des § 114c StPO.

Berufung, Haftzuständigkeit

Mit Eingang der Akten beim Berufungsgericht geht die Haftzuständigkeit nach § 126 Abs. 2 S. 1 StPO über und eine noch anhängige Haftbeschwerde wird in einen Haftprüfungsantrag umgedeutet.[51] 20

Beschleunigungsgebot

Das Gebot der bestmöglichen Verfahrensförderung und -beschleunigung, das aus dem Fairnessprinzip folgt,[52] gilt im gesamten Strafverfahren,[53] bei Überhaft,[54] beim außer Vollzug gesetzten Haftbefehl,[55] beim Unterbringungsbefehl nach § 126a[56] und nach erstinstanzlichem Urteil.[57] Vermeidbare Verletzungen des Beschleunigungsgebotes können bereits zur Ablehnung des Haftantrags oder Auf- 21

44 Str., wie hier MüKo-StPO/*Böhm* § 114c Rn. 14 m.w.N.; a.A. KK/*Graf* § 114c Rn. 16; Meyer-Goßner/*Schmitt* § 114c Rn. 8.
45 BVerfGE 38, 32, 34.
46 IGH EuGRZ 2001, 287 – La-Grand m. Anm. *Hillgruber* JZ 2002, 91.
47 BVerfG StV 2008, 1 unter Aufhebung von BGH StV 2003, 57; vertiefend *Kreß* GA 2004, 691 ff.; zum Beweisverwertungsverbot BGH StV 2011, 603–607.
48 BGH StV 2008, 5; 2008, 55 m. abl. Anm. *Weigend* StV 2008, 39.
49 BGH StV 2011, 603.
50 BGH StV 2011, 603; gebilligt von BVerfG NJW 2014, 532.
51 KK/*Gericke* § 126 Rn. 8a; s. näher unten Rdn. 141.
52 BVerfG NJW 1992, 2472; BVerfG NStZ 2004, 335; StV 2006, 73.
53 Zum verfassungsrechtlichen Beschleunigungsgebot in Haftsachen *Pieroth/Hartmann* StV 2005, 276; *Kazele* S. 68 ff.; BVerfG StV 2005, 615; StV 2006, 73; StV 2006, 248.
54 BVerfG StV 2006, 251; OLG Bremen vom 24.04.2019 – 1 Ws 44/19; *Schlothauer/Nobis/Voigt/Wolf* Rn. 859 f. m.w.N.
55 BVerfG StV 2006, 87; OLG Köln StV 2007, 371.
56 OLG Hamm StV 2009, 703 m. krit. Anm. *Pollähne/Ernst.*
57 BVerfG StV 2005, 220; 2009, 479 zu verfassungswidrig langer U-Haft wegen verzögertem Revisionsverfahren.

hebung des Haftbefehls führen.[58] Verzögerungen wegen nicht unvorhersehbaren Personalmangels rechtfertigen den Vollzug der Untersuchungshaft über sechs Monate hinaus regelmäßig nicht.[59] Auch Art. 5 Abs. 3 EMRK (Recht auf Urteil binnen angemessener Frist) kann verletzt sein, wenn keine zwingenden Gründe für die Fortdauer der U-Haft bestehen.[60] Die Aufhebung des Haftbefehls mangels wichtigen Grundes im Verfahren nach § 121 StPO (insbesondere wegen Verstoßes gegen das Beschleunigungsgebot) entfaltet regelmäßig Sperrwirkung für die erneute Anordnung von U-Haft bis zum Erlass eines auf Freiheitsstrafe oder eine freiheitsentziehende Maßregel erkennenden Urteils. Nur bei wesentlicher Veränderung der Sach- und Erkenntnislage kann ein neuer Haftbefehl erlassen werden, wenn neue Haftgründe zu Tage treten (insg. sehr str.).[61]

Die Hauptverhandlung ist so früh und schnell wie möglich durchzuführen. Dazu muss der Vorsitzende gegebenenfalls einen Terminsverlegungsantrag des Wahlverteidigers ablehnen, wenn parallel ein Pflichtverteidiger beigeordnet ist.[62] Das Recht des Angeklagten, sich von einem Anwalt seines Vertrauens vertreten zu lassen, kann durch das Beschleunigungsgebot begrenzt sein.[63] Das Beschleunigungsgebot kann es erforderlich machen, die Beiordnung eines bestimmten Verteidigers abzulehnen, die Bestellung eines Pflichtverteidigers zu widerrufen oder zusätzlich zum Wahlverteidiger einen Pflichtverteidiger zu bestellen, wenn nur auf diese Weise eine zügige Durchführung der Hauptverhandlung gewährleistet werden kann.[64] Das Beschleunigungsgebot verlangt eine vorausschauende langfristige Terminierung mit durchschnittlich mehr als einem tatsächlich verfahrensfördernden Verhandlungstag pro Woche.[65]

Beschwerde

22 s. Haftbeschwerde Rdn. 86 ff.

Besetzung des Gerichtes bei Haftentscheidungen

I. Übersicht

Gericht	1. Instanz		Berufung	
	außerhalb laufender Hauptverhandlung (HV)	innerhalb HV	außerhalb HV	innerhalb HV
AG Strafrichter	§ 22 GVG	§ 22 GVG		
AG Schöffengericht	§ 30 Abs. 2 GVG Vorsitzender (VS) (a.A.: und Schöffen)	§ 30 Abs. 1 GVG VS (a.A.: und Schöffen)		

58 BVerfGE 20, 45 (49); StV 2006, 251; *Burhoff* Ermittlungsverfahren, Rn. 2339; vgl. zu den Gründen der Verzögerung Meyer-Goßner/*Schmitt* § 121 Rn. 1a, 17 ff.

59 KG NStZ 2019, 695.

60 EGMR NJW 2001, 51 ff. – Aquilina; darauf Bezug nehmend EGMR v. 29.09.2000 Nr. 35892/97 Rn. 29 ff. – Sabeur Ben Ali; EuGRZ 2001, 391, 395 – Erdem; StV 2005, 136 – Cevicovic; vgl. auch *Krehl/Eidam* NStZ 2006, 1.

61 LR/*Gärtner* § 122 Rn. 39; *Kazele* S. 91; KMR/*Wankel/Schuster* § 122 Rn. 19.

62 BGH StV 2006, 625.

63 OLG Bremen StV 2016, 508 m.w.N.

64 BVerfG StV 2007, 366; OLG Hamm StV 2006, 482; OLG Celle NStZ 2008, 583; OLG Naumburg NStZ-RR 2009, 114; OLG Frankfurt StV 2012, 612 (Pflichtverteidigerauswechslung).

65 OLG Bremen vom 24.04.2019 – 1 Ws 44/19.

Gericht	1. Instanz		Berufung	
	außerhalb laufender Hauptverhandlung (HV)	innerhalb HV	außerhalb HV	innerhalb HV
LG kleine Strafkammer			§ 76 Abs. 1 S. 2 GVG VS (a.A.: und Schöffen)	§ 76 Abs. 1 S. 1 2. Alt GVG VS (a.A.: und Schöffen)
LG große Strafkammer	§ 76 Abs. 1 S. 2 GVG VS Eilentscheidung i.Ü. BerufsRi (a.A.: und Schöffen)	§ 76 Abs. 1 S. 1 1. Alt GVG BerufsRi (a.A: und Schöffen)		
OLG § 120 GVG	§ 122 Abs. 1 GVG wie in d. HV (BGH StV 1997, 538)	§ 122 Abs. 2 S 2 GVG 3 bzw. 5 Berufsrichter		

II. Besetzung der Kollegialgerichte, Mitwirkung von Schöffen

An Haftentscheidungen während laufender Hauptverhandlung wirken die Schöffen mit (§ 30 GVG). Stark umstritten ist die Frage, ob Schöffen auch bei nicht nur kurzfristiger Unterbrechung mitentscheiden.[66] Nach vorzugswürdiger Ansicht erfolgen Haftentscheidungen in diesen Fällen ohne Schöffen.[67] Bei Dringlichkeit entscheidet der Vorsitzende gemäß § 125 Abs. 2 S. 2 StPO und § 126 Abs. 2 S. 3 StPO – hier mit Zustimmung der StA – allein. Übersicht über die Zuständigkeiten s. Rdn. 169. 24

Fehler und Folgen. Ein Verstoß gegen das Gebot des gesetzlichen Richters im Haftverfahren macht die Entscheidung fehlerhaft, aber nicht unwirksam. Eine Zurückverweisung in der Beschwerde ist grundsätzlich nicht geboten, vielmehr kann wegen der Entscheidungskompetenz des Beschwerdegerichts aus § 309 Abs. 2 StPO der Mangel durch mündliche Verhandlung geheilt werden.[68] In den Fällen der eingeschränkten Prüfungskompetenz bei laufender Hauptverhandlung muss ausnahmsweise zurückverwiesen werden, da insoweit ein revisionsähnlicher Maßstab gilt (näher s. Rdn. 90). In der Revision selbst kann der Verstoß keinen absoluten Revisionsgrund darstellen (§ 338 StPO), da die Haftentscheidung als Annexbeschluss (§ 268b StPO) nicht Gegenstand der revisionsrechtlichen Überprüfung ist. Das Revisionsgericht kann aber in seltenen Ausnahmefällen den Haftbefehl aufheben, wenn die Haft absolut unverhältnismäßig geworden ist.[69]

Beweisrecht

I. Beweisantragsrecht

Die Verfahrensbeteiligten haben im Haftverfahren grundsätzlich kein durchsetzbares **Beweisantragsrecht.**[70] Das jederzeit bestehende Beweisanregungsrecht kann sich nach § 166 Abs. 1 StPO zu einem 25

66 S. umfassend zur Problematik und dem Streitstand MüKo-StPO/*Schuster* § 30 GVG Rn. 12 f.

67 BGH v. 11.01.2011 – 1 StR 648/10, NStZ 2011, 356: »Daher ist über Haftfragen auch während einer laufenden HV … immer in der Besetzung der Strafkammer außerhalb der HV zu entscheiden.«; MüKo-StPO/*Schuster* § 30 GVG Rn. 12 f. m.w.N.

68 KK/*Zabeck* § 309 Rn. 7 – 7b mit Darstellung des Streitstandes.

69 OLG Frankfurt v. 15.01.2016 – 1 Ss 394/15, StV 2017, 297.

70 Zum Beweisantragsrecht im Ermittlungsverfahren *Burhoff* Ermittlungsverfahren Rn. 1100 ff., in der Hauptverhandlung *Lang/Gabler* Kap. 4 Rdn. 196 ff. und zum Beweisantrag in der Revision *Detter/Günther* Kap. 10 Rdn. 159.

Antragsrecht verdichten, wenn die Beweiserhebung die Freilassung des Beschuldigten begründen kann, und zwar unabhängig davon, ob Beweisverlust i.S.v. § 166 Abs. 1 StPO droht. § 166 StPO gilt sowohl im ersten Hafttermin als auch im Haftprüfungstermin gemäß § 118a StPO.[71] Die Sachleitungskompetenz der StA und das Beschleunigungsgebot dürfen aber nicht unterlaufen werden.[72] Pflichtwidriges Nichterheben beantragter Beweismittel kann sich auf die Haftentscheidung mittelbar dadurch auswirken, dass das vorhandene Tatsachenmaterial für den dringenden Tatverdacht oder die Haftgründe nicht mehr ausreicht. Die isolierte Beschwerde gegen die ablehnende Entscheidung in der Variante »Beweiserhebung begründet die Freilassung« ist nicht statthaft, weil dem Beschuldigten die weitergehende allgemeine Haftbeschwerde gem. § 304 StPO zur Verfügung steht, in deren Rahmen inzident auch über den abgelehnten Antrag mitzuentscheiden ist.[73] Das Beschwerdegericht muss die erforderliche Beweiserhebung ggf. nachholen.

II. In der mündlichen Haftprüfung

26 Zur **Vorbereitung** künftiger ggf. erforderlicher Haftentscheidungen kann der Haftrichter nach § 117 Abs. 3 StPO Ermittlungen anordnen, wenn er sich hiervon eine für den Inhaftierten günstige Entwicklung verspricht. Die Ermittlungen werden durch die StA und ihre Hilfsorgane oder durch beauftragte oder ersuchte Richter vollzogen.[74] Auch im Beschwerde- und OLG-Haftprüfungsverfahren gilt § 117 Abs. 3 StPO.

Die Einschaltung eines beauftragten/ersuchten Richters zur Vorbereitung einer Haftentscheidung ist zulässig, soweit der beauftragte Richter sozusagen als »verlängerter Arm« zur Tatsachenermittlung dient. Daraus folgt, dass ein Kollegialgericht zur Vorbereitung einer Entscheidung nur dann einen beauftragten Richter einsetzen darf, wenn es für die Vorermittlungen nicht entscheidend auf den persönlichen Eindruck ankommt. Die auf die (Vor-) Ermittlungen folgende Entscheidung im Zusammenhang mit der Haft hat das Haft-Gericht selbst in voller Besetzung zu treffen.

In der mündlichen Haftprüfung findet **keine förmliche Beweisaufnahme** statt. Wenn das Gericht eine weitere Aufklärung für erforderlich hält, erhebt es die Beweise im Freibeweisverfahren,[75] d.h. grundsätzlich nicht durch persönliche Anhörung von Zeugen und Sachverständigen oder durch Augenschein. Als Mittel des Freibeweises kommen telefonische Anfragen ebenso in Betracht, wie persönliche Wahrnehmungen des Gerichtes aus einem früheren Verfahren[76] oder sonstige persönlich erlangte Kenntnisse, die im Haftprüfungstermin den Verfahrensbeteiligten mitgeteilt werden müssen. Ablauf und Umfang des Termins bestimmt das Gericht nach seinem Ermessen. Es ist nicht an die Beweisregeln der Hauptverhandlung gebunden; insbesondere gilt § 244 StPO nicht. Soweit aber Zeugen und Sachverständige persönlich gehört werden, sind die Regeln der Hauptverhandlung über die Beweisaufnahme anzuwenden (d.h. Fragerecht, Erklärungsrecht, Beweisverwertungsverbote und dgl.). Urkunden müssen nicht nach § 249 StPO verlesen werden, sondern sind selbst zu lesen. Der Ermittlungsrichter ist beim Urkundenbeweis darüber hinaus an die Entscheidung der StA zur Akteneinsicht gebunden. Hat die StA die Akteneinsicht verweigert, § 147 Abs. 2 StPO, darf das Gericht ohne Zustimmung der StA Aktenbestandteile in der Haftprüfung nicht zum Gegenstand der Verhandlung machen. Dies ist kein Widerspruch zur richterlichen Unabhängigkeit, da im Ermittlungsverfahren der Ermittlungsrichter die Funktion eines Ergänzungsorgans hat, aber nicht

71 *Meyer-Goßner/Schmitt* § 166 Rn. 3; unklar KK/*Graf* § 118a Rn. 5a.
72 SK-StPO/*Wohlers/Albrecht* § 166 Rn. 12.
73 Ähnlich LR/*Erb* § 166 Rn. 14; weitergehend MüKo-StPO/*Kölbel* § 166 Rn. 8; grds. ein Beschwerderecht bejahend: SK-StPO/*Wohlers/Albrecht* § 166 Rn. 12; *Schlothauer* StV 1995, 164; i.E. wie hier die h.M., nach der die Beschwerde generell ausgeschlossen ist: LG Berlin StV 2004, 10; Meyer-Goßner/*Schmitt* § 166 Rn. 5; KK/*Schmitt* § 166 Rn. 8.
74 KK/*Graf* § 117 Rn. 12; Meyer-Goßner/*Schmitt* § 117 Rn. 15.
75 BGHSt 28, 116, 118 zur gleich gelagerten Situation bei § 138d StPO.
76 Gerichtskundigkeit, *Meyer-Goßner*/Schmitt § 244 Rn. 52.

selbstständig agieren kann, mit Ausnahme der Konstellation des Ermittlungsrichters bei Gefahr im Verzug nach § 165 StPO.[77]

III. Fehler und Folgen

Gegen die Entscheidung im Anschluss an den Haftprüfungstermin ist die Beschwerde statthaft, in 27
der auch die Verletzung von Formvorschriften gerügt werden kann. Stellt das Beschwerdegericht gravierende formelle Verstöße fest, wie die Verletzung des rechtlichen Gehörs oder einen Verstoß gegen das Antragsrecht aus § 166 Abs. 1 StPO, so können diese Fehler in einer mündlichen Verhandlung gem. § 118 Abs. 2 StPO vor dem Beschwerdegericht geheilt werden. Verdichten sich (mehrere) grundrechtsrelevante Formverstöße so weit, dass nicht mehr von einem fairen Verfahren gesprochen werden kann, muss dies zur Aufhebung des Haftbefehls führen. Entsprechend der Rspr. des BVerfG zu Verstößen gegen das Beschleunigungsgebot[78] kommt dann keine Außervollzugsetzung mehr in Betracht.

▶ Checkliste für die Tätigkeit des Strafverteidigers in Haftsachen

- □ Vollmacht vorlegen, evtl. unwiderrufliche Zustellungsvollmacht 28
- □ Akteneinsicht beantragen
- □ (vorsorglich) Erklärung, dass beabsichtigt ist, an allen Vernehmungen teilzunehmen, und dass um Mitteilung der Termine gebeten wird, § 168c StPO[79]
- □ Dringender Tatverdacht?
- □ Prozesshindernisse/fehlende Prozessvoraussetzungen (z.B. Strafklageverbrauch, fehlender Strafantrag, Verjährung), § 130 StPO beachten
- □ Beweissituation prüfen: Einlassung? Beweisanregungen? Antragsrecht, § 166 Abs. 1 StPO?
- □ Materielle Rechtslage prüfen (z.B. Rücktritt vom Versuch, Teilnahme statt Täterschaft)
- □ Haftgründe Flucht/Fluchtgefahr?
- □ Vorlage von Unterlagen zur Entkräftung
- □ Verdunkelungsgefahr, konkrete Tatsachen vorhanden?
- □ Haftgrund der Tatschwere, § 112 Abs. 3 StPO (verfassungskonforme Auslegung beachtet?)
- □ Haftgrund Wiederholungsgefahr, § 112a StPO
- □ Haftverschonung, § 116 StPO (ggf. Vorschläge an das Gericht?)
- □ Verhältnismäßigkeit

Doppelhaft

s. Überhaft Rdn. 137 29

Entscheidungsbefugnis des nächsten Richters, § 115a StPO

s. Nächster Richter Rdn. 120 30

Eröffnung des Haftbefehls

s. Verkündung Rdn. 152 31

Erweiterung des Haftbefehls

Ob ein bestehender Haftbefehl jederzeit, auch in der Beschwerdeinstanz erweitert und ergänzt wer- 32
den darf ist umstritten (näher unten Rdn. 87, 90). Das Gericht muss sich jedenfalls an die Grenzen

77 Zu den Folgen dieser Beschränkung KMR/*Wankel/Schuster* Vor § 112 Rn. 5, 6.

78 BVerfG StV 2006, 87; *Kazele* S. 89.

79 Auf eine Verletzung des § 168c StPO wird die Verteidigung aus taktischen Gründen in der Regel nicht hinweisen, da der Verstoß regelmäßig ein Verwertungsverbot nach sich zieht.

der prozessualen Tat(en) halten, die ihm durch die StA unterbreitet wird (werden). Nach Anklageerhebung ist der Haftbefehl ggf. zu aktualisieren. Nach jeder Erweiterung oder Einschränkung ist der Haftbefehl neu zu verkünden, § 115 StPO (s. Rdn. 152).

Europäischer Haftbefehl (EuHB)

I. Überblick

33 Der Europäische Haftbefehl (EuHB)[80] ist kein Haftbefehl im eigentlichen Sinn, sondern ein Fahndungsinstrument, d.h. ein vereinfacht-formalisiertes Ersuchen um Festnahme durch den ersuchten Staat und anschließende Übergabe an den ersuchenden Staat. Art. 1 RbEuHB definiert den EuHB daher als eine justizielle Entscheidung einer Justizbehörde (grds. auch der Staatsanwaltschaft, aber nicht, wenn sie einem exekutiven Weisungsrecht für den Einzelfall unterworfen ist, wie die deutsche Staatsanwaltschaft[81]), welche die Mitgliedsstaaten der EU im Wege der gegenseitigen Anerkennung für Zwecke der Strafverfolgung und Strafvollstreckung gegen gesuchte Personen vollstrecken können.[82] Grundlage der Auslieferung ist der EuHB (§ 83a Abs. 1 IRG) oder ein SIS-Fahndungsersuchen (§ 83a Abs. 2 IRG). Der EuHB oder das SIS-Ersuchen bilden dann die Grundlage für den Erlass eines Auslieferungshaftbefehls des OLG sowie für das Zulässigkeits- und Bewilligungsverfahren. Nach einer neueren Ansicht[83] soll es sich um eine eigenständige Verhaftung im Sinn des § 310 StPO handeln. Dem EuHB innerstaatlich gleichgestellt sind die bisherigen und weiterhin möglichen Auslieferungsersuchen gem. §§ 10, 83a Abs. 1 IRG. Zentrale Grundlage des Auslieferungsersuchens ist, wie sich aus § 83a Abs. 1 Nr. 3 IRG[84] ergibt, »ein vollstreckbares Urteil«, ein »Haftbefehl« oder »eine andere vollstreckbare justizielle Entscheidung mit gleicher Rechtswirkung«, nicht aber der EuHB als solcher. Der Begriff EuHB ist lediglich eine Kurzbezeichnung für »standardisierte Auslieferungsunterlagen«. Das im EuHB enthaltene Auslieferungsersuchen ist daher auch nicht anfechtbar, denn es bewirkt weder unmittelbar noch mittelbar einen der Bundesrepublik Deutschland zurechenbaren Eingriff in die Freiheit des Verfolgten.[85] Anderes gilt für die SIS-Ausschreibung, die analog § 98 Abs. 2 StPO durch das AG überprüfbar ist.[86] Die Vorlage der in Art. 12 EuAlÜbk aufgeführten herkömmlichen Urkunden ist nicht mehr erforderlich. Auch der Erlass eines vorläufigen Auslieferungshaftbefehls gem. § 16 IRG statt des Haftbefehls nach § 15 IRG ist nur noch geboten, wenn die Ausschreibung oder der EuHB nicht ausreichend, insb. formell fehlerhaft ist. Das OLG kann stets die vollständigen Unterlagen anfordern.[87] § 1 Abs. 4 IRG ordnet den grds. Vorrang des IRG gegenüber völkerrechtlichen Regelungen und Vereinbarungen für den unionsinternen Rechtshilfeverkehr an. Innerhalb des IRG gehen nach § 1 Abs. 4 S. 3 i.V.m. § 78 die Vorschriften des achten Teils den allgemeinen Regelungen des zweiten, dritten und fünften Teils vor. Die Bestimmungen der §§ 78 ff. IRG unterliegen keinem Gegenseitigkeitsvorbehalt.[88]

---

80 In der NStZ finden sich regelmäßig Rechtsprechungsübersichten zum Auslieferungsrecht, zuletzt *Böhm* NStZ 2021, 209. Zur Einführung auch *Schäfer* JuS 2019, 856.

81 EuGH NJW 2019, 2145 mit Anm. *Schubert*.

82 *Böhm*, Der EuHB im Lichte des Grundsatzes der gegenseitigen Anerkennung und die praktische Umsetzung im nationalen Auslieferungsrecht, StraFo 2013, 177 ff.

83 OLG Schleswig 06.02.2020 – 2 Ws 13/20; KG 30.01.2023 – 3 Ws 4/23 – 161 AR 7/23, StV 2023, 659 (Ls.).

84 § 83 Abs. 2 Nr. 3 IRG setzt Art. 1 Abs. 1 RbEuHB in innerstaatliches Recht um. § 10 Abs. 1 IRG nennt den »Haftbefehl, eine Urkunde mit entsprechender Rechtswirkung oder ein vollstreckbares, eine Freiheitsentziehung anordnendes Erkenntnis«.

85 BVerfG NJW 1981, 1154; OLG München NJW 1975, 509; OLG Celle NStZ 2010, 534.

86 OLG Celle NStZ 2010, 534: Die SIS-Ausschreibung unterfällt § 131 StPO und ist als Fahndungsmaßnahme damit auch vor dem AG anfechtbar.

87 OLG Karlsruhe StV 2005, 402.

88 *Schomburg/Lagodny/Gleß/Hackner* NStZ 2006, 664 m.w.N. Das Prinzip der Gegenseitigkeit besagt, dass die dem Auslieferungsersuchen zugrunde liegende Straftat nach dem Recht des ersuchenden und des ersuchten Staates strafbar sein muss (§ 3 Abs. 1 IRG).

Der RbEuHB mit seinen Ausführungsvorschriften ist stets neben dem IRG zu beachten. Hilfsweise sind die Auslieferungsübereinkommen der EU und des Europarates sowie das SDÜ anzuwenden. Zu unterscheiden ist, ob die Auslieferung zur Verfolgung oder zur Vollstreckung betrieben wird, §§ 81, 3 IRG.

Das Auslieferungsverfahren gliedert sich in drei Teile. Es beginnt mit der Festnahme und dem rein förmlichen Verfahren vor dem Amtsgericht, das regelmäßig mit der Festhalteanordnung endet. Nur wenn sich herausstellt, dass die festgenommene nicht die gesuchte Person ist, wird sie freigelassen. Darauf folgt das eigentliche **zweistufige Auslieferungsverfahren** (**Zulässigkeit und Bewilligung**) und parallel dazu das **Auslieferungshaftverfahren**, in dem das OLG über die Zulässigkeit der Freiheitsentziehung entscheiden muss. Der Prüfungskatalog ist dabei teilidentisch. Stets ist strikt zwischen der Haftentscheidung gem. §§ 15, 16 IRG und der Entscheidung über die Zulässigkeit der Auslieferung nach §§ 29 ff. IRG zu unterscheiden. Eine Entscheidung über die Auslieferungshaft nach §§ 15, 16 IRG beinhaltet noch nicht die Entscheidung über die Zulässigkeit der Auslieferung nach §§ 29, 32 IRG. Im Rahmen der Haftentscheidung müssen inzident aber wesentliche Auslieferungsvoraussetzungen mitgeprüft werden. Dies führt in der Praxis dazu, dass häufig nicht ausreichend zwischen den Ausführungen zur Haft und zur Zulässigkeit der Auslieferung unterschieden wird. Hinzu kommt, dass das OLG im Rahmen der Haftentscheidung auch die Bewilligungsentscheidung der GenStA (unten Rdn. 46) mitüberprüft.

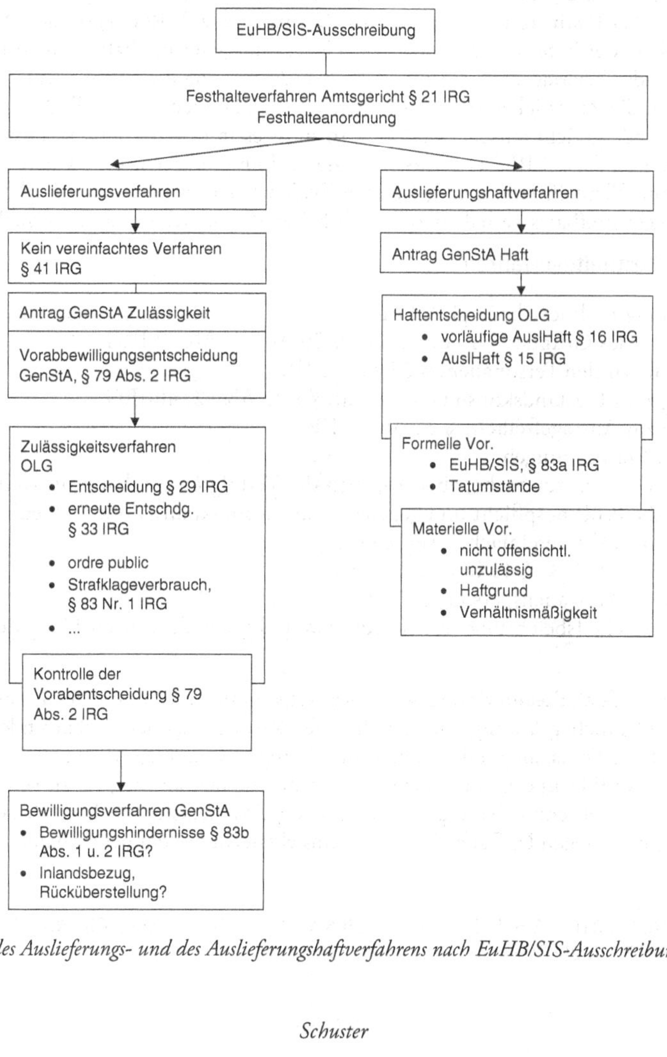

Abb. 6: Ablauf des Auslieferungs- und des Auslieferungshaftverfahrens nach EuHB/SIS-Ausschreibung

II. Der Gang des Auslieferungshaftverfahrens

1. Festhalteverfahren beim Amtsgericht

34 Das Verfahren beginnt mit dem Festhalteverfahren vor dem Amtsgericht. Nach der Festnahme wird der Verfolgte spätestens am Tag nach der Ergreifung dem Richter beim Amtsgericht vorgeführt (§§ 21 Abs. 2, 22 Abs. 2 IRG), erhält rechtliches Gehör und hat Anspruch auf einen Rechtsbeistand und Dolmetscher nach § 40 IRG (§ 77 IRG i.V.m. § 114b Abs. 2 S. 3). Im Fall der Festnahme liegt stets ein Fall notwendiger Verteidigung vor, § 40 Abs. 2 IRG. In allen anderen Fällen ist nach § 40 Abs. 3 Nr. 1 IRG ein Pflichtverteidiger jedenfalls dann zu bestellen, wenn Zweifel bestehen, ob die Tat dem Deliktskatalog unterfällt. Die Bestellung erfolgt von Amts wegen spätestens zu den in Abs. 5 genannten Zeitpunkten. Die Überstellungsfrist ergibt sich aus § 83c Abs. 3 IRG, deren Überschreitung jedoch nicht automatisch zur Aufhebung der Haftanordnung führt.

Der Amtsrichter hat nach Rspr. des BVerfG entgegen dem Gesetzeswortlaut des § 22 IRG eine beschränkte **summarische inhaltliche Prüfungskompetenz:**[89] Ergeben sich bei dieser Prüfung konkrete Anhaltspunkte dafür, dass ein Haftgrund offensichtlich nicht vorliegt oder dass die Auslieferung von vornherein unzulässig ist, muss das Amtsgericht vor seiner Entscheidung zunächst versuchen, die Sach- und Rechtslage innerhalb der ihm gesetzten Frist mit der Generalstaatsanwaltschaft zu erörtern, damit diese entweder die umgehende Freilassung des Festgenommenen verfügen oder aber sachliche oder rechtliche Erkenntnisse einbringen kann, welche die Zulässigkeit der Auslieferungshaft und mithin der Festhalteanordnung nach § 22 Abs. 3 Satz 2 IRG begründen. Schlägt ein solcher Versuch fehl oder kommt der Kontakt zur Generalstaatsanwaltschaft nicht zustande (etwa an Wochenenden oder Feiertagen), bleiben jedoch nach Auffassung des Amtsgerichts durchgreifende Bedenken gegen die Zulässigkeit der Haft bestehen, über die nicht innerhalb der Fristen des § 22 IRG das Oberlandesgericht entscheiden kann, so muss es in erweiternder, verfassungskonformer Auslegung des § 22 Abs. 3 IRG eine Freilassungsanordnung erlassen. Eine Überprüfung des Tatverdachts kommt allenfalls in extrem gelagerten Evidenzfällen in Betracht (z.B. Schilderung trägt offensichtlich kein strafbares Verhalten; offensichtlicher Missbrauch durch den ersuchenden Staat).

▶ Checkliste Festhalteverfahren

35
- ☐ Hinzuziehung Dolmetscher, vgl. § 114b Abs. 2 S. 2, Vereidigung Dolmetscher
- ☐ Bekanntgabe des Grundes der Festnahme, § 20 Abs. 1, Abs. 2 IRG
- ☐ Vernehmung zu den Personalien, § 22 Abs. 2 IRG
- ☐ Belehrung zum Beistandskonsultationsrecht, §§ 22 Abs. 2, 40 IRG
- ☐ Belehrung zur Aussagefreiheit, § 22 Abs. 2 IRG
- ☐ Frage nach Einwendungen
- ☐ Keine Vernehmung zur Sache, aber Angaben des Verfolgten werden protokolliert
- ☐ Summarische Prüfungspflicht und gegebenenfalls Kontaktaufnahme zu GenStA
- ☐ Belehrung über die vereinfachte Auslieferung
- ☐ Belehrung zum WÜK, § 114b Abs. 2 S. 3
- ☐ Befragung zur Vertrauensperson, § 77 IRG, § 114b StPO
- ☐ Keine Rechtsbehelfsbelehrung, da kein Rechtsmittel gegen die Entscheidung des AG gegeben ist.

Danach ergeht die **Festhalteanordnung**, wenn der Festgenommene die gesuchte Person ist und nach summarischer inhaltlicher Prüfung keine durchgreifenden offensichtlichen Hafthindernisse gegeben sind, andernfalls die Freilassung. Die Festhalteanordnung ist Grundlage des Freiheitsentzugs bis zur Entscheidung des OLG und ist mit einem Aufnahmeersuchen an die JVA zu verbinden. Bereits in diesem Verfahrensabschnitt hat die Verteidigung ein Akteneinsichtsrecht in Bezug auf alle dem Haftbefehl zugrunde liegenden Taten. Das Akteneinsichtsrecht besteht bereits dann, wenn der Haft-

---

89 BVerfG v. 16.09.2010 – 2 BvR 1608/07 Rn. 29 StV 2011, 170; *Grützner/Pötz/Kreß/Gazeas/Brodowski-Böhm IRG* § 22 Rn. 25; *Wiesneth* DRiZ 2005, 195.

befehl existiert, der Beschuldigte aber noch nicht festgenommen wurde. Nur auf diese Weise kann dem Recht auf Verteidigung unter dem Gebot der Waffengleichheit im Auslieferungsverfahren ausreichend Rechnung getragen werden, denn die Verteidigung hat ohne Kenntnis der Auslieferungsunterlagen faktisch überhaupt keine Verteidigungsmöglichkeit.[90]

2. OLG-Haftverfahren

a) Formelle Voraussetzungen der Auslieferungshaft

- Angabe der Identität des Verfolgten, Bezeichnung und Anschrift der ausstellenden Justizbehörde gem. § 83a Abs. 1 Nr. 1 und 2 IRG. 36
- Aus dem EuHB muss sich ergeben, ob ein vollstreckbares Urteil, ein Haftbefehl oder eine andere vollstreckbare justizielle Entscheidung mit gleicher Rechtswirkung vorliegt, § 83a Abs. 1 Nr. 3 IRG. Eine Heilung des Mangels ist grds. möglich.[91]
- Art und rechtliche Würdigung der Straftat mit den gesetzlichen Bestimmungen, § 83a Abs. 1 Nr. 4 IRG.
- **Beschreibung der Tatumstände**, unter denen die Straftat begangen wurde mit Tatzeit, Tatort, Tatbeteiligung (prozessuale Tat), § 83a Abs. 1 Nr. 5 IRG. Ausreichend ist, wenn sich die Beschreibung hinreichend aus einem Begleitdokument ergibt. Es darf nicht offen bleiben, ob das vorgeworfene Verhalten überhaupt nach deutschem Recht strafbar ist, es sei denn das Verhalten ist schlüssig als Katalogtat nach Art. 2 Abs. 2 RbEuHB bezeichnet.[92] Dabei genügt die bloße Behauptung einer Katalogtat nicht.[93]
- Grds. findet **keine Prüfung des Tatverdachts** statt, ausnahmsweise aber bei Vorliegen erheblicher Zweifel.[94] Näher zu Tatverdacht und Sachverhaltsdarstellung s. unten Einzelfragen nach ABC Rdn. 53.
- Die für die betreffende Straftat im ersuchenden Staat gesetzlich vorgeschriebene Höchststrafe oder im Fall eines rechtskräftigen Urteils die verhängte Strafe, § 83a Abs. 1 Nr. 6 IRG.
- Dem EuHB gleichgestellt sind die Auslieferungsersuchen nach §§ 10, 83a Abs. 1 IRG und die Ausschreibung im Schengener Informationssystem (**SIS-Ausschreibung**) gem. § 83a Abs. 2 IRG, Art. 9 Abs. 3 RbEuHB. Nicht ausreichend ist ein schlichtes Fahndungsersuchen, auch nicht, wenn sich hieraus mittelbar das Vorhandensein eines EuHB ergibt.[95]
- Das Vorliegen der Unterlagen in deutscher Sprache ist keine Zulässigkeitsvoraussetzung. Sind die Unterlagen aber nicht verständlich oder, etwa aus technischen Gründen, nicht hinreichend übersetzbar, kann auch kein vorläufiger Auslieferungshaftbefehl ergehen. Durch das nach Art. 8 RbEuHB vereinbarte Formular (§ 83a Abs. 1 IRG) werden die Mindestanforderungen des IRG gewahrt.
- Der Beschuldigte muss vor Erlass des Haftbefehls im Verfahren des ersuchenden Staates nicht angehört worden sein.[96]

b) Materielle Voraussetzungen der Auslieferungshaft

- Prognose der Zulässigkeit der Auslieferung:[97] Die Auslieferung darf **nicht von vornherein unzulässig erscheinen**, § 15 Abs. 2 IRG, d.h. es darf nicht schon feststehen, dass der Auslieferung ein nicht zu beseitigendes Hindernis entgegenstehen würde. Fraglich ist, ob die notwendige Zusi- 37

---

90 Vgl. *Ahlbrecht/Schlei* StraFo 2013, 265, 267 und zur kontroversen Diskussion im U-Haftrecht *Beulke/Witzigmann* NStZ 2011, 257.
91 OLG Karlsruhe StV 2007, 654–655.
92 OLG Karlsruhe StV 2007, 139; OLG Stuttgart StV 2016, 242 (Ls).
93 OLG München StraFo 2012, 513: Schlüssigkeitsprüfung nach dem Willkürmaßstab.
94 OLG Karlsruhe StV 2007, 139.
95 KG StV 2007, 652.
96 EuGH, Urt. v. 29.01.2013 C-396/1 (Radu) HRRS 2013 Nr. 198 mit Anm. *Brodowski* HRRS 2013, 54.
97 *Ambos/König/Rackow* Teil 2 Rn. 195.

cherung der Rücküberstellung gem. §§ 80 Abs. 1 S. 1 Nr. 1, 83b Abs. 2a IRG zum Zeitpunkt der Haftentscheidung vorliegen muss.[98] Dabei sind u.a. Asylberechtigungen[99] und EMRK-Verstöße zu prüfen.

– Ob die fehlerfreie Ermessensausübung bei § 83b IRG eine materielle Voraussetzung der Zulässigkeit der Auslieferung und damit auch der Auslieferungshaft ist, ist noch ungeklärt (offen gelassen in OLG Stuttgart NStZ 2007, 410).
– **Haftgrund.** Es müssen Flucht- und/oder Verdunkelungsgefahr bestehen, § 15 Abs. 1 Nrn. 1 und 2 IRG. Allein das Vorliegen eines EuHB begründet nicht automatisch das Vorliegen eines Haftgrundes.[100] Die hohe Straferwartung für sich allein begründet noch keine Fluchtgefahr.[101] Wegen des Auslandsbezugs liegt die Fluchtprognose aber nahe.
– **Verhältnismäßigkeit, ordre public.** Der Verhältnismäßigkeitsgrundsatz mit dem ordre-public-Grundsatz setzt auch der Auslieferungshaftdauer Grenzen (näher unten Rdn. 53).[102]
– Der **Beschleunigungsgrundsatz** ist zu beachten, aber vorbehaltlich der Tatsache, dass der ersuchende Staat Herr des dort geführten Verfahrens ist.[103]

c) Verfahren vor dem OLG

38 Vor der Haftentscheidung ist der Verfolgte **anzuhören.** Diese Anhörung erfolgt vor der Erstentscheidung des OLG gem. §§ 20, 21 IRG durch den Richter des Amtsgerichts.[104] Nachdem das IRG keine Regelung zur Anhörung vor der Haftentscheidung enthält, wird § 28 IRG i.V.m. § 115 StPO über § 77 IRG angewendet. § 115a StPO ist nicht anwendbar, weil nach dem IRG das OLG grds. selbst keine Anhörungen vornimmt. Die nach der Anhörung im Festhalteverfahren ergangene Entscheidung des OLG wird nicht mehr förmlich eröffnet, sondern zugestellt. Hat das OLG nur die vorläufige Auslieferungshaft angeordnet (Rdn. 39), so muss der Verfolgte analog § 28 Abs. 2 IRG nach Eingang der vervollständigten Unterlagen vor Erlass des nun nicht mehr vorläufigen Auslieferungshaftbefehls (§ 15 IRG) erneut angehört werden.[105] Erhebt der Verfolgte Einwendungen (§ 28 Abs. 3 IRG) kommt § 29 IRG zur Anwendung (unten Rdn. 48).

Fristbeginn des § 16 Abs. 2 IRG: Der Tag der Freiheitsentziehung ist mit einzurechnen.[106]

Umstritten ist, ob die 40-Tages-Frist des Art. 16 Abs. 4 S. 1 EuAlÜbk gilt[107] oder die 2-Monatsfrist gem. § 16 Abs. 2 S. 1 IRG (Aufhebung der Haft bei fehlenden Unterlagen).[108]

98 *Grützner/Pötz/Kreß/Gazeas/Brodowski/Böhm* IRG § 16 Rn. 21; OLG Karlsruhe StraFo 2007, 477; StV 2005, 32.
99 BVerfGE 60, 348.
100 *Ahlbrecht/Böhm/Esser/Hugger/Kirsch/Rosenthal* Internat. StrafR i.d. Praxis Rn. 777; nach OLG Stuttgart NStZ 2007, 410 soll in rahmenbeschlusskonformer Auslegung auf »konkrete Tatsachen« zur Prüfung des Haftgrundes verzichtet werden können. Insoweit ähnelt der Prüfungsmaßstab § 112 Abs. 3 StPO, s. Rdn. 99.
101 Einschränkend *Ahlbrecht/Böhm/Esser/Hugger/Kirsch/Rosenthal* Internat. StrafR i.d. Praxis 2008 Rn. 652 m.w.N. aus der Rspr.
102 BVerfG StV 2006, 27; OLG Karlsruhe StV 2005, 32.
103 BVerfG StV 2006, 27; OLG Karlsruhe StV 2005, 32.
104 OLG Hamm NStZ-RR 2010, 338.
105 OLG Hamm v. 03.09.2009 – 4 Ausl A 152/09; OLG Hamm v. 29.07.2004 – 4 Ausl A 31/04 (197 u. 198/04).
106 OLG Nürnberg StV 2000, 89; *Schomburg/Lagodny/Gleß/Hackner IRG* § 16 Rn. 20.
107 OLG Karlsruhe StV 2005, 232; Ambos/König/Rackow-König/Voigt IRG § 16 Rn. 218.
108 *Ahlbrecht/Böhm/Esser/Eckelmanns* Internat. Strafrecht Rn. 763; Grützner/Pötz/Kreß/Gazeas/*Brodowski-Böhm* IRG § 16 Rn. 34.

d) Entscheidung des OLG

Vorläufige Auslieferungshaft nach § 16 Abs. 1 Nr. 1 IRG wird nur angeordnet, wenn die Auslieferungsunterlagen noch nicht oder nicht vollständig eingegangen sind. Nachdem der EuHB regelmäßig alle wesentlichen Informationen enthält (§ 83, 83a IRG), liegen in der überwiegenden Zahl der Fälle die Voraussetzungen für Auslieferungshaft nach § 15 IRG sofort vor. Ist allerdings der Sachverhalt nicht ausreichend geschildert, kommt nur vorläufige Auslieferungshaft in Betracht.[109] Beruht das Auslieferungsersuchen auf einer SIS-Ausschreibung, kann in der Regel nur vorläufige Auslieferungshaft angeordnet werden. Sobald die Auslieferungsunterlagen nach § 83a, 10 IRG dann vorliegen, kann ein Auslieferungshaftbefehl nach § 15 IRG ergehen. Ein evtl. bereits existenter vorläufiger Auslieferungshaftbefehl wird in einen Auslieferungshaftbefehl umgewandelt. § 16 Abs. 3 IRG sieht die Pflicht zur unverzüglichen Entscheidung vor. 39

Formelle Fehler (im Verfahren) des ersuchenden Staates führen nicht automatisch zur Ablehnung des Erlasses oder Aufhebung der Auslieferungshaft, denn das OLG kann um Ergänzung nachsuchen[110] und vorläufige Auslieferungshaft nach § 16 Abs. 1 Nr. 1 IRG anordnen.

§ 16 Abs. 1 Nr. 2 IRG betrifft den Fall des vorläufigen Haftbefehls zu Auslieferungszwecken, sog. stellvertretender Haftbefehlserlass.[111] Durch den Auslieferungshaftbefehl soll die Einleitung und Durchführung eines zukünftigen Auslieferungsverfahrens gesichert werden. Entsprechend § 112 StPO müssen dringender Tatverdacht, Haftgrund und die Verhältnismäßigkeit gegeben sein.[112] Die Außervollzugsetzung des Auslieferungshaftbefehls ist gem. § 77 IRG i.V.m. § 116 StPO zulässig.

e) Weiteres Verfahren

Vollzug. Der Vollzug bestimmt sich nach § 27 IRG i.V.m. § 119 StPO und den Regeln über den U-Haftvollzug.[113] Haftbedingte Beschränkungen nach § 119 Abs. 1 S. 1 und 2 StPO sind gem. § 27 Abs. 3 IRG durch den Vorsitzenden des Senats anzuordnen. Eine Anfechtung ist nicht statthaft, § 13 Abs. 1 S. 2 IRG. Vollzugsbedingte Beschränkungen ordnet die JVA nach den U-HaftVollzG des jeweiligen Landes an[114] (z.B. in Bayern nach dem BayUHaftVollzG). Die gerichtliche Überprüfung durch den Senat ergibt sich aus § 119a StPO. Dessen Entscheidung ist gem. § 13 Abs. 1 S. 2 IRG unanfechtbar. 40

Für Entscheidungen, die durch den Vollzug veranlasst werden, etwa Herausgabe von Gegenständen oder Unterlagen aus der Habe, ist nicht das OLG, sondern die JVA nach dem jeweiligen UHaftVollzG zuständig. Das OLG entscheidet nur über Fragen, die die auf § 119 Abs. 1 StPO und einem korrespondierenden OLG-Beschluss beruhen. Nach § 116b StPO geht die Vollstreckung der U-Haft der (vorläufigen) Auslieferungshaft zwingend vor.[115] Nach § 27 IRG i.V.m. § 119 Abs. 6 StPO gelten die Beschränkungen der U-Haft auch im Rahmen der Auslieferungshaft als Überhaft. Die Unterbrechung zur Vollstreckung von Strafhaft etc. muss der Vorsitzende gem. § 27 IRG i.V.m. § 126 StPO genehmigen. Der Vollzug der Auslieferungshaft gegen einen verfolgten Jugendlichen oder Heranwachsenden richtet sich gemäß § 27 Abs. 1 IRG nach den Vorschriften des JGG (insb. § 93 JGG). Gem. § 27 Abs. 1 IRG i.V.m. § 89c S. 2 JGG kann die Auslieferungshaft bis zur Vollendung

---

109 OLG Karlsruhe StV 2005, 232; OLG Nürnberg v. 18.11.2009 – 1 OLG Ausl 250, 251/09.

110 *Ahlbrecht/Böhm/Esser/Hugger/Kirsch/Rosenthal* Internationales Strafrecht i. d. Praxis 2008, Rn. 762; OLG Karlsruhe StV 2007, 139.

111 *Grützner/Pötz/Kreß/Gazeas/Brodowski-Böhm* IRG § 16 Rn. 25–27. Diese Fälle kommen – entgegen der Kommentarliteratur – nicht ganz selten vor (zwischen 5 und 10 % der Anträge betreffen Fälle des § 16 Abs. 1 Nr. 2 IRG).

112 *Schomburg/Lagodny/Gleß/Hackner* IRG § 16 Rn. 21.

113 OLG Celle NStZ 2012, 649.

114 *Schomburg/Lagodny/Gleß/Hackner* IRG § 27 Rn. 1.

115 BGH v. 30.03.2017 – 2 BJs 184/16–2 StB 7/17, NStZ 2017, 418.

des 24. Lebensjahres nach den jeweiligen landesrechtlichen Regelungen über die U-Haft für junge Untersuchungsgefangene (z.B. Art. 30 BayUHaftVollzG) vollzogen werden.[116]

Haftprüfung gem. § 26 IRG. Das OLG muss jeweils nach 2-monatiger Inhaftierung von Amts wegen über die Fortdauer der Haft entscheiden. Anders als bei §§ 121, 122 StPO wird die Frist nicht durch Aktenvorlage unterbrochen. Die Fristüberschreitung führt nicht automatisch zur Aufhebung des Auslieferungshaftbefehls.[117] Eine Hafthöchstgrenze besteht nicht.[118]

Einwendungen gegen den Auslieferungshaftbefehl, § 23 IRG. § 23 IRG stellt der Sache nach eine Haftprüfung eigener Art dar, unabhängig vom Haftüberprüfungsverfahren nach § 26 IRG. Die §§ 117–118a StPO sind nicht anwendbar. § 23 IRG gilt nicht nur für das Verfahren, das dem Festhalteverfahren unmittelbar nachfolgt, sondern für das gesamte Haftverfahren. Das Verfahren ist an keine bestimmte Form oder Frist gebunden. Eine mündliche Anhörung ist zulässig. Der Verfolgte kann Einwendungen auch mehrmals erheben, denn bereits durch den Zeitablauf kann sich in Haftsachen eine neue Bewertungsgrundlage ergeben, die ggf. eine erneute Entscheidung des OLG erforderlich macht.[119]

Nach OLG Zweibrücken soll auch im Auslieferungsverkehr mit Mitgliedstaaten der Europäischen Union das Verfahren um einen weiteren, im Europäischen Haftbefehl nicht enthaltenen Tatvorwurf erweitert werden können, wenn diesbezüglich eine sonstige Urkunde einer zuständigen Stelle des ersuchenden Staates vorgelegt wird.[120]

f) Auslieferungshaft als Überhaft

41 Auslieferungshaft ist auch als Überhaft neben U-Haft zulässig.[121] Gem. § 116b S. 1 StPO geht die Vollstreckung der Untersuchungshaft der Vollstreckung der Auslieferungshaft, der vorläufigen Auslieferungshaft, der Abschiebungshaft und der Zurückweisungshaft vor.[122] Auslieferungshaft als Überhaft kann auch bei noch länger andauernder Strafhaft angeordnet werden. Der Haftgrund der Fluchtgefahr ist allein aus der Sicht des jeweiligen Verfahrens ohne Rücksicht auf in anderen Verfahren angeordnete freiheitsentziehende Maßnahmen zu beurteilen.[123] Bestehen mehrere Auslieferungshaftbefehle in verschiedenen Verfahren, so wird nur einer der Haftbefehle vollstreckt. Wegen der übrigen Haftbefehle wird Überhaft vorgemerkt.

III. Das Zulässigkeitsverfahren

42 Das Zulässigkeitsverfahren beginnt mit der Festnahme und dem rein förmlichen Anhörungsverfahren vor dem Amtsgericht,[124] das regelmäßig mit der Festhalteanordnung endet. Danach beginnt das eigentliche zweistufige Auslieferungsverfahren bei parallel laufendem Haftverfahren.

116 *Schomburg/Lagodny/Gleß/Hackner* IRG § 27 IRG Rn. 7.
117 *Ambos/König/Rackow* 2 Rn. 339.
118 *Ambos/König/Rackow* 2 Rn. 338.
119 OLG Nürnberg v. 19.02.2013 – 1 OLG Ausl 251/12.
120 OLG Zweibrücken vom 02.11.2009 – 1 Ausl 17/08, NStZ-RR 2010, 209 (Ls).
121 OLG Stuttgart NStZ-RR 2003, 91; einschränkend OLG Hamm StraFo 2002, 139.
122 Vgl. BGH v. 30.03.2017 – 2 BJs 184/16-2 StB 7/17, NStZ 2017, 418.
123 OLG Koblenz MDR 1969, 950; OLG Karlsruhe Justiz 1972, 321; OLG Düsseldorf NJW 1982, 1826; OLG Köln NStZ 1991, 605; OLG Hamm NStZ 2004, 221 unter Abgrenzung zu StV 2003, 91; OLG Celle NStZ-RR 2008, 15–16; StV 2008, 432; OLG Nürnberg v. 13.01.2010 – 1 OLG Ausl 262/09; LR/*Lind* Vor § 112 Rn. 88; KK/*Graf* § 112 Rn. 16 a.A. OLG Hamm StV 2003, 91; *Schomburg/Lagodny/Gleß/Hackner* IRG § 15 Rn. 21a; *Möller* NStZ 1991, 606.
124 *Wiesneth*, Handbuch für das ermittlungsrichterliche Verfahren 2006 S. 145 ff.; *ders.* Der amtsgerichtliche Bereitschaftsdienst 2009 Rn. 79 ff.

1. Vereinfachte Auslieferung, § 41 IRG

Die Auslieferung einer verfolgten Person – auch eines Deutschen – in einen EU-Staat kann im vereinfachten Verfahren nach § 41 IRG erfolgen. Voraussetzung ist das Einverständnis des Verfolgten gem. § 41 Abs. 1 IRG, dessen Wirksamkeit im Auslieferungsverfahren überprüft werden kann.[125] Die Bewilligungsbehörde überprüft im vereinfachten Verfahren nicht, ob Bewilligungshindernisse nach § 83b IRG vorliegen. Auslieferungshindernisse (§ 83 Nr. 3 IRG) sind hingegen stets zu beachten.[126] 43

Zu einer Entscheidung des OLG über die Zulässigkeit der Auslieferung kam es früher in diesen Fällen nicht, es sei denn, die Generalstaatsanwaltschaft beantragte eine Entscheidung nach § 29 Abs. 2 IRG, weil sie selbst Zweifel an der Zulässigkeit der Auslieferung hatte. Da der EuGH (IWRZ 2021, 84) deutsche Staatsanwaltschaften wegen des ministerialen Weisungsrechts nicht als Justizbehörde iSd. RhEuHB anerkennt, bedarf die Bewilligungsentscheidung der Generalstaatsanwaltschaft auch im vereinfachten Auslieferungsverfahren nunmehr grundsätzlich der Zustimmung bzw. Überprüfung durch das OLG.[127]

2. Die OLG-Zulässigkeitsentscheidung §§ 29 ff. IRG

Zuständig für die Entscheidungen über die Zulässigkeit der Auslieferung ist das Oberlandesgericht. Herrin des Verfahrens ist aber die Generalstaatsanwaltschaft. Das OLG entscheidet über die Zulässigkeit der Auslieferung nur, wenn 44

- der Verfolgte mit der vereinfachten Auslieferung nicht einverstanden ist, also kein Fall des § 41 IRG gegeben ist (§ 29 Abs. 1 IRG) oder
- der Verfolgte zwar einverstanden ist, die Generalstaatsanwaltschaft aber trotzdem eine Entscheidung über die Zulässigkeit herbeiführen muss, da sie selbst nicht unabhängige »vollstreckende Justizbehörde« im Sinne von Art. 3, 4 und 6 Abs. 2 RB-EuHB ist (§ 29 Abs. 2 IRG)[128] oder
- die Generalstaatsanwaltschaft die Auslieferung für unzulässig hält, nicht bewilligen will, aber dennoch eine Entscheidung des OLG herbeiführen möchte, da sie sich als weisungsabhängige Behörde nicht als entscheidungsbefugte »vollstreckende Justizbehörde« im Sinne von Art. 3, 4 und 6 Abs. 2 RB-EuHB begreift.[129]

Kommt es zum Zulässigkeitsverfahren, so ist der Verfolgte zum Antrag der Generalstaatsanwaltschaft anzuhören (näher Rdn. 38). Zum Vorabentscheidungsverfahren s. unten Rdn. 48. Zur erneuten Zulässigkeitsentscheidung nach § 33 IRG sogleich Rdn. 45).

3. Erneute Entscheidung über die Zulässigkeit (§ 33 IRG), Aufschub (§ 33 Abs. 4 IRG) und Nachtragsersuchen (§ 35 IRG)

Gegen die Zulässigkeitsentscheidung des OLG gibt es kein statthaftes Rechtsmittel. Allerdings ermöglicht § 33 IRG dem OLG eine weitgehende Selbstkontrolle, auch noch nach der Bewilligungsentscheidung durch die Generalstaatsanwaltschaft. **Einwendungen** gegen den Auslieferungshaftbefehl nach § 23 IRG sind stets möglich. Nach § 33 Abs. 1 IRG ist zwingend eine neue Entscheidung zu treffen, wenn nach der Entscheidung des OLG neue Tatsachen entstanden oder bekannt geworden sind, die die Zulässigkeitsentscheidung infrage stellen. Wurde das rechtliche Gehör verletzt, sind die Umstände, die das Gericht nicht berücksichtigt hat, neu i.S.v. Abs. 1. § 33 Abs. 2 IRG betrifft die Fälle, in denen das Gericht Zweifel an der Richtigkeit der Entscheidung bekommen hat, ohne dass neue Tatsachen gegeben wären (z.B. aufgrund einer Gehörsrüge oder Gegenvorstellung). 45

125 OLG Karlsruhe StV 2007, 653; 2008, 432–433.
126 OLG Nürnberg v. 21.01.2013 – 2 OLG Ausl 57/12.
127 OLG Karlsruhe v. 04.12.2020 – Ausl 301 AR 173/20; OLG Brandenburg v. 22.01.2021 – 1 AR 2/21.
128 OLG Karlsruhe v. 04.12.2020 – Ausl 301 AR 173/20; OLG Brandenburg v. 22.01.2021 – 1 AR 2/21.
129 BGH v. 18.8.2022 – 4 ARs 13/21.

Nach § 33 Abs. 4 IRG kann der **Aufschub der Auslieferung** angeordnet werden und zwar auch noch nach der Bewilligungsentscheidung.[130] Denn die durch die Bewilligung eingetretene Bindung steht unter dem Vorbehalt, dass die Auslieferung in Einklang mit den Verpflichtungen aus einem bestehenden Auslieferungsvertrag oder mit den innerstaatlichen Auslieferungsvorschriften steht.

Eine Erweiterung der Auslieferungsbewilligung auf andere Taten ist nur unter den Voraussetzungen des § 35 IRG möglich. Für die Zulässigkeit gelten im Wesentlichen die gleichen Regeln wie für das originäre Ersuchen.[131] Ein Zulässigkeitsverfahren ist erneut durchzuführen, eine Vorabbewilligungsentscheidung nach § 79 Abs. 2 S. 1 IRG zu treffen (dazu gleich Rdn. 46 ff.) und durch das OLG zu überprüfen (§ 79 Abs. 2 S. 3 IRG). Zu beidem ist dem Verfolgten rechtliches Gehör zu gewähren.[132]

IV. Das Bewilligungsverfahren

1. Allgemein

46 Das Auslieferungsverfahren nach dem IRG ist zweistufig. Neben der Zulässigkeit der Auslieferung, über die das OLG entscheidet, ist auch noch die Bewilligung der Auslieferung durch die Bewilligungsbehörde zu prüfen. Bewilligungsbehörden sind die Generalstaatsanwaltschaften.[133] Nach § 79 Abs. 1 S. 1 IRG besteht beim EuHB eine grds. Pflicht zur Bewilligung auf Ersuchen um Auslieferung und Durchlieferung. Die Ausnahmen sind enumerativ in § 83b IRG aufgezählt. Eine Bewilligungspflicht besteht aber nur bei zulässigen Ersuchen. Die negative Bewilligungsentscheidung beendet das Verfahren. Die Auslieferung des Verfolgten kann dann nur in einem neuen Verfahren betrieben werden.[134]

2. Bewilligungshindernisse, § 83b Abs. 1 und 2 IRG

47 § 83b Abs. 1 IRG nennt Bewilligungshindernisse, die alle Verfolgten betreffen, § 83 Abs. 2 IRG gilt zusätzlich für Ausländer mit gewöhnlichem Aufenthalt in Deutschland. Die Hindernisse können durch Stellung von Bedingungen beseitigt werden. Liegen die tatbestandlichen Voraussetzungen eines Bewilligungshindernisses nach § 83b IRG vor, steht es im Ermessen der Bewilligungsbehörde, die Auslieferung abzulehnen.

3. Verfahren: Vorabentscheidung der Bewilligungsbehörde (Generalstaatsanwaltschaft) und Vorabüberprüfungsverfahren (OLG), § 79 IRG

48 Die Entscheidung der Bewilligungsbehörde, dass keine Bewilligungshindernisse gem. § 83b IRG geltend gemacht werden, ist gem. § 79 IRG gerichtlich überprüfbar. Die GenStA trifft eine gerichtlich überprüfbare Vorabbewilligungsentscheidung. Diese ist zu begründen (§ 79 Abs. 2 S. 2 IRG) und unterliegt gem. § 79 Abs. 2 S. 3 IRG dem Überprüfungsverfahren nach § 29 IRG durch das OLG. Um effektiven Rechtsschutz zu gewährleisten, wird das Vorabentscheidungsverfahren vor dem bzw. parallel zum Zulässigkeitsverfahren geführt. Daher entscheidet die Generalstaatsanwaltschaft vor ihrem Antrag gem. § 29 Abs. 1 IRG darüber, ob sie beabsichtigt, Bewilligungshindernisse nach § 83b IRG geltend zu machen. Diese Vorabbewilligungsentscheidung wird dem OLG neben der Zulässigkeitsüberprüfung vorgelegt.

---

130 OLG Nürnberg v. 20.08.2009 – 1 Ws 1 OLG Ausl. 133/09; v. 09.11.09 – 1 OLG Ausl. 201/09; *Ahlbrecht/Böhm/Esser/Eckelmanns* Internat. StrafR i.d. Praxis 2008 Rn. 709; a.A. OLG Düsseldorf OLGSt IRG § 33 Nr. 2.

131 *Schomburg/Lagodny/Gleß/Hackner* IRG § 35 Rn. 21 ff.

132 OLG Karlsruhe NStZ-RR 2011, 147.

133 Delegation von der Bundesregierung (§ 74 Abs. 1 S. 1 IRG) auf die Landesregierungen und weiter auf die Generalstaatsanwaltschaften.

134 OLG Hamm wistra 2007, 39; BVerfG NJW 1979, 1285.

Im **Vorabüberprüfungsverfahren** des OLG, § 79 Abs. 2 S. 3 i.V.m. § 29 IRG, sind die Beteiligten zu hören gem. § 79 Abs. 2 S. 3 IRG. Die Prüfungskompetenz des OLG im Vorabüberprüfungsverfahren gem. § 79 Abs. 2 S. 3 IRG ist auf folgende Gesichtspunkte eingeschränkt:
- Zutreffende Beurteilung der tatbestandlichen Voraussetzungen des § 83b IRG,
- Ermessensnichtgebrauch/Abwägungsausfall,[135]
- Ermessensfehler,[136]
- Ermessensreduzierung auf Null,[137]
- Einzelfall nicht ausreichend berücksichtigt,[138]
- Begründungsdichte: ausreichende Darstellung der maßgeblichen Gesichtspunkte?[139]
- Wegfall der völkerrechtlichen Geschäftsgrundlage.[140]

Die Entscheidung der Generalstaatsanwaltschaft ist mit nachvollziehbarer und damit sowohl für das OLG als auch den Verfolgten überprüfbarer Begründung darzustellen.[141] Die Entscheidung des OLG über die Zulässigkeit (§ 32 IRG) und über die Vorabentscheidung (§ 79 Abs. 2 S. 3 IRG) ergehen in einem Beschluss. Nach der Zulässigkeitserklärung und der Vorabentscheidung des OLG über die Bewilligung folgt der zweite Teil des Bewilligungsverfahrens (§ 79 Abs. 1 IRG). Die Behörde entscheidet nun über die endgültige Bewilligung.

Ergibt die Prüfung, dass die Vorabentscheidung ermessensfehlerhaft ergangen ist, stellt das OLG dies in einem Zwischenbeschluss fest.[142] Die Bewilligungsbehörde kann nun eine erneute Entscheidung treffen, die dann wieder nach § 79 Abs. 2 S. 3 IRG überprüft wird. Im Fall der Ermessensreduktion auf Null kann das OLG »durchentscheiden« und die Auslieferung mit Bewilligung für unzulässig erklären.[143]

Erneute Bewilligungsentscheidung, Verfahren nach § 79 Abs. 3 IRG. § 79 Abs. 3 IRG gewährt Rechtsschutz in den Fällen, in denen nach Durchführung des gerichtlichen Verfahrens und erfolgter Bewilligung neue relevante Tatsachen eintreten oder bekannt werden, die die Bewilligungsbehörde prüfen muss oder hätte prüfen müssen. § 79 Abs. 3 IRG verweist auf das Verfahren nach § 33 IRG.[144]

V. Sonderfälle Auslieferung deutscher Staatsangehöriger (§ 80 IRG) und Ausländer mit gewöhnlichem Inlandsaufenthalt (§ 83 Abs. 2 IRG)

1. Sonderfall Auslieferung deutscher Staatsangehöriger, § 80 IRG

Nach § 80 IRG können grds. auch deutsche Staatsangehörige ausgeliefert werden. Der Auslieferung 49 zum Zweck der Strafvollstreckung muss der Verfolgte zustimmen, § 80 Abs. 3 IRG. Bei der Auslieferung deutscher Staatsangehöriger zur Strafverfolgung ist danach zu differenzieren, ob es sich um reine Auslandstaten oder um Taten ohne Auslandsbezug handelt.

Grundsätzlich gilt: Die Auslieferung setzt stets die Zusicherung der Rücküberstellung voraus. In einem zweitens Schritt ist zu prüfen, ob die Tat maßgeblichen Bezug zu Deutschland hat, dann

135 OLG Karlsruhe StV 2007, 149; KG NJW 2006, 3507; OLG Stuttgart NJW 2007, 1702; OLG Dresden StV 2008, 534.
136 OLG Stuttgart StV 2007, 258: Ermessensunterschreitung, Ermessensfehlgebrauch.
137 *Grützner/Pötz/Kreß/Gazeas/Brodowski -Böse* IRG § 79 Rn. 23.
138 OLG Karlsruhe NJW 2007, 617; OLG Stuttgart NJW 2007, 1702.
139 BVerfG StraFo 2009, 458–460; OLG Karlsruhe NJW 2007, 2567; NStZ-RR 2009, 107.
140 OLG Karlsruhe Strafo 2015, 166.
141 OLG Nürnberg v. 29.05.2012 – 2 OLG Ausl 58/12.
142 OLG Stuttgart StV 2007, 258; OLG Nürnberg v. 29.05.2012 – 2 OLG Ausl 58/12.
143 OLG Stuttgart NJW 2007, 1702 (1704); *Ahlbrecht/Böhm/Esser/Eckelmanns* Internat. StrafR Rn. 1112; *Grützner/Pötz/Kreß/Gazeas/Brodowski-Böse* IRG § 79 Rn. 23, 25; a.A. *Graf/Inhofer* IRG § 79 Rn. 2: nur Rückgabe an die GenStA.
144 Vgl. OLG Nürnberg v. 21.06.2010 – 1 OLG Ausl 130/07.

ist die Auslieferung grundsätzlich unzulässig. Hat sie (nur) maßgeblichen Bezug zum ersuchenden Staat, ist sie regelmäßig zulässig. In Mischfällen ist abzuwägen.

a) Auslandstaten

50 Taten mit einem maßgeblichen Inlandsbezug sind bei deutschen Staatsangehörigen grds. im Inland durch die deutschen Ermittlungsbehörden aufzuklären.[145] Bei Inlandsbezug ist die Auslieferung unzulässig, § 80 S. 1 Nr. 2 IRG.Die Auslieferung zur Strafverfolgung von Auslandstaten ist nach § 80 Abs. 1 IRG an zwei Voraussetzungen geknüpft:

1. Voraussetzung Auslandsbezug, Tatort. Die Tat muss einen maßgeblichen Bezug zum ersuchenden Mitgliedsstaat aufweisen. Der Begriff der Maßgeblichkeit wird in der Technik des Regelbeispiels umschrieben und knüpft im Wesentlichen am Tatort an (§ 80 Abs. 1 Nr. 2 IRG). Die Tathandlung muss vollständig oder in wesentlichen Teilen auf dem Hoheitsgebiet des ersuchenden Staates begangen worden und der Erfolg zumindest in weiten Teilen dort eingetreten sein.[146] Ein Auslandsbezug ist darüber hinaus auch bei schweren Taten mit typischem grenzüberschreitendem Charakter indiziert. Hat der Verfolgte ganz oder teilweise in Deutschland gehandelt, ist der Erfolg aber im Ausland eingetreten, ist wie bei den Mischfällen[147] nach Abs. 2 eine konkrete Verhältnismäßigkeitsprüfung im Einzelfall vorzunehmen (Abwägung insbesondere des Gewichts des Tatvorwurfs und der praktischen Erfordernisse effektiver Strafverfolgung mit den grundrechtlich geschützten Interessen des Verfolgten unter Berücksichtigung der mit der Schaffung eines Europäischen Rechtsraums verbundenen Ziele).[148] In Fällen mit maßgeblichem Auslandsbezug ist die Einzelfallprüfung ebenfalls vorzunehmen, das Ergebnis aber in aller Regel vorgezeichnet.[149]

2. Voraussetzung Rücküberstellung. Die Rücküberstellung zur Strafvollstreckung muss gewährleistet sein, § 80 Abs. 1 Nr. 1 IRG.[150] Das Erfordernis der Rücküberstellung entspricht dem Grundsatz der Resozialisierung und ist EU-rechtskonform.[151]

b) Taten ohne Auslands- und maßgeblichen Inlandsbezug

51 § 80 Abs. 2 IRG regelt die Auslieferung deutscher Staatsangehöriger in den Fällen, in denen es am Auslandsbezug fehlt, aber auch kein maßgeblicher Inlandsbezug gegeben ist (sog. Mischfälle). Kumulative Voraussetzungen sind in diesen Fällen:
(1) kein Auslandsbezug gegeben,
(2) die Rücküberstellung ist gesichert,
(3) kein maßgeblicher Inlandsbezug gegeben (§ 80 Abs. 2 S. 2 IRG),
(4) die Auslieferung wird wegen einer rechtswidrigen Straftat gefordert, die auch nach deutschem Recht eine rechtswidrige Straftat wäre und
(5) der Verhältnismäßigkeitsgrundsatz ist gewahrt.[152]

---

145 BVerfG StV 2017, 236.
146 Zu den daraus resultierenden Problemen und zur Abgrenzung *Böhm* NJW 2006, 2595.
147 Vgl. dazu auch OLG Karlsruhe vom 28.01.2019 – 301 AR 185/18.
148 BVerfG StV 2017, 236.
149 BVerfG StV 2017, 236.
150 OLG Stuttgart StV 2005, 146 verlangt das Vorliegen der Zusicherung der Rücküberstellung entgegen OLG Karlsruhe StV 2005, 32 das die Auslieferung mit der Maßgabe für zulässig erklärt hat, dass eine Zusicherung der Rücküberstellung erklärt wird. Beide Urteile sind zum EuHbG I ergangen. Nach EuGH NJW 2011, 285 ist die Bedingung der Rücküberstellung EU-rechtskonform.
151 EuGH NJW 2011, 285.
152 BVerfG NJW 2005, 2289 Rn. 87.

Liegen neben gewichtigen eigenen Tathandlungen im Ausland auch solche im Inland in nicht unwesentlichem Umfang vor, ist im Zweifel von einem »Mischfall« auszugehen (§ 81 Abs. 2 S. 1 Nr. 3 IRG) und eine sorgfältige Interessenabwägung (dazu oben Rdn. 50) vorzunehmen.[153]

2. Sonderfall Ausländer mit gewöhnlichem Inlandsaufenthalt, § 83b Abs. 2

Ausländer mit rechtmäßigem und nach ausländerrechtlichen Maßstäben auf Dauer angelegtem Inlandsaufenthalt sind durch § 83b Abs. 2 IRG privilegiert. 52

Die Ablehnung der Auslieferung zur Strafverfolgung hängt – neben dem gewöhnlichen Aufenthalt des verfolgten Ausländers im Inland – davon ab, dass sie bei einem Deutschen in einem entsprechenden Fall unzulässig wäre. Infolge der Verweisung auf § 80 Abs. 1 und § 80 Abs. 2 IRG sind die Belange der Strafverfolgung und die schutzwürdigen Verfolgteninteressen gegeneinander abzuwägen (familiäre/soziale Bindungen, die Dauer des Aufenthalts, Wohn- und Tatort, Resozialisierung und Verfahrensstand, Deliktsnatur und Beweislage, Bindungen an den ersuchenden Staat).[154]

Die Auslieferung zur Strafvollstreckung erfolgt, wenn der Verfolgte zustimmt. Fehlt es daran, darf er nur ausgeliefert werden, wenn sein schutzwürdiges Interesse an einer Inlandsvollstreckung nicht überwiegt (§ 83b Abs. 2 Nr. 2 IRG). Insoweit ist eine umfassende Einzelfallabwägung vorzunehmen. § 41 Abs. 3 und 4 IRG gelten entsprechend.[155]

VI. Checkliste zum EuHB nach Alphabet

□ **Abwesenheitsurteil.**[156] Die Voraussetzungen des § 83 Nr. 3 IRG[157] sind zu beachten.[158] Fluchtfälle und sonstige Kompensationsfälle sind zu unterscheiden (§ 83 Abs. 2–4 IRG). Auf den Strafbefehl findet § 83 Nr. 3 IRG keine direkte Anwendung.[159] Ein Abwesenheitsurteil liegt auch vor, wenn der Verfolgte nur in erster Instanz anwesend war und in zweiter Instanz eine umfassende Prüfung der Schuldfrage in tatsächlicher und rechtlicher Hinsicht stattgefunden hat.[160] 53
Fluchtfälle:[161] Die Auslieferung ist zulässig, wenn sich der Verfolgte dem Verfahren im ersuchenden Staat durch Flucht entzogen hat. Der europäische ordre public ist zu beachten, d.h. das Abwesenheitsverfahren muss rechtsstaatlichen Mindestanforderungen genügen, insbesondere die Verteidigung in der HV muss gewährleistet sein und das Recht, Rechtsmittel einzulegen, darf nicht ausgeschlossen sein.[162] In Art. 4a RbEuHB ist die Abwägung zwischen den nationalen Verfahrensrechten und dem Interesse der Union an einer strafrechtlichen Kooperation abschließend geregelt. Weitergehende Regeln des innerstaatlichen Rechts sind unzulässig.[163] Grenze des

---

153 OLG Karlsruhe NStZ-RR 2016, 388 (Ls).
154 *Hackner/Schomburg/Ladodny/Gleß* NStZ 2006, 667.
155 Weiterführend KMR/*Wankel/Schuster* vor § 112 Rn. 16s.
156 S. auch *Böse* StV 2017, 754.
157 § 83 IRG wurde zum 25.07.2015 neu gefasst.
158 BVerfG StV 2004, 339; OLG Karlsruhe StV 2004, 547; 2005, 30; *Hackner* NStZ 2005, 313.OLG Karlsruhe NStZ-RR 2008, 112–113: Kenntnis des Verfolgten von Strafverfahren, Fluchtfälle; die Entscheidung enthält grds. Ausführungen zu Abwesenheitsurteil. *Grützner/Pötz/Kreß/Gazeas/Brodowski -Böse* IRG § 83 Rn. 5–9.
159 OLG Nürnberg v. 21.01.2013 – 2 OLG Ausl 57/12: »Obwohl der Verfolgte mit der vereinfachten Auslieferung einverstanden ist, wäre im weiteren Verfahren ein Auslieferungshindernis nach § 83 Nr. 3 IRG zu beachten« (vgl. Senat v. 29.03.2010 – 2 OLG Ausl 48/10; OLG Köln v. 08.03.2005 – Ausl 22/05, Ausl 14/05, *juris*).
160 EuGH v. 10.08.2017 – C 270/17 PPU (Tupikas); OLG Karlsruhe vom 15.02.2018 – 301 AR 101/18.
161 Die Regelung zu den Fluchtfällen ist unverändert geblieben. *Grützner/Pötz/Kreß/Gazeas-Böse/Brodowski* IRG § § 83 Rn. 7; *Böhm* NJW 2006, 2592, 2596; OLG Düsseldorf StraFo 2005, 207; OLG Zweibrücken StV 2007, 144.
162 *Bubnoff* Der Europäische Haftbefehl 2005, Ergänzungsheft EuHB II S. 33; *Hackner* NStZ 2005, 311, 3113. OLG Stuttgart NStZ-RR 2008, 175.
163 EuGH v. 26.02.2013 (GK) Rs C 399/11- Melloni mit Besprechung *Safferling* NStZ 2014, 548 ff.

Anwendungsvorrangs des RbEuHB ist aber die Grundrechts-Charta und damit auch das innerstaatliche Verfassungsrecht.[164] Ferner ist § 83 Abs. 2 Nr. 2 IRG nach Einführung der Richtlinie 2016/343/EU richtlinienkonform auszulegen. Für eine Auslieferung ist daher zusätzlich erforderlich, dass die Ladung den Verfolgten auch tatsächlich erreicht hat. Pauschales Bestreiten dürfte jedenfalls dann ausreichen, wenn der Verfolgte zum Ladungszeitpunkt seinen Wohnsitz bereits in Deutschland hatte.[165] Ersatzzustellungen oder Zustellungsfiktionen sind nicht ausreichend.[166] Die Vertretung durch einen Pflichtverteidiger genügt nicht,[167] die durch einen Wahlverteidiger nur, wenn die Mandatserteilung in Kenntnis von Ort und Zeit der anberaumten Verhandlung und nicht nur allgemein erfolgt ist.[168]

Kompensationsfälle (nach der Überstellung erhält der Verfolgte das Recht auf ein neues Gerichtsverfahren, in dem der gegen ihn erhobene Vorwurf umfassend geprüft wird):[169]

Nach § 83 Abs. 2 Nr. 1 IRG muss der Verfolgte von dem gegen ihn durchgeführten Verfahren konkrete Kenntnis gehabt haben. Vorschriften über die Ladung müssen das sicherstellen, wobei es auf die Art der Kenntniserlangung nicht ankommt (z.B. über den Verteidiger). Der ersuchende Staat muss die Kenntnis in den Auslieferungsunterlagen belegen. Ferner muss der Verfolgte auf die Möglichkeit der Abwesenheitsentscheidung hingewiesen worden sein.

§ 83 Abs. 2 Nr. 3 IRG setzt Art. 4a Abs. 1 lit. b Rb EuHb um.[170] Durch das Erfordernis, dass der Verfolgte dem Rechtsbeistand in Kenntnis der anberaumten Verhandlung ein Mandat erteilt bzw. ihn bevollmächtigt hat, soll sichergestellt werden, dass er sich bewusst dazu entschieden hat, in der konkreten Verhandlungssituation vor Gericht von einem Rechtsbeistand vertreten zu werden, statt persönlich zu erscheinen. Das folgt der Rechtsprechung des EGMR, wonach dem Verfolgten trotz seiner Abwesenheit das Recht auf Beistand eines Verteidigers zusteht.[171]

§ 83 Abs. 3 IRG erlaubt die Auslieferung neben dem Verzicht auf die Anfechtung (S. 1 Nr. 1) auch, wenn der Verfolgte keinen fristgemäßen Antrag auf Berufung/Wiederaufnahme gestellt hat (S. 1 Nr. 2) und über diese Recht belehrt wurde (S. 2). Die alternative Aufzählung von Wiederaufnahme des Verfahrens und Berufungsverfahren soll klarstellen, dass die Bezeichnung des Rechtsbehelfs nicht entscheidend ist, sondern die festgelegten, konkreten Verfahrensanforderungen erfüllt werden. Es muss sich bei diesem erneuten Verfahren entsprechend der Rechtsprechung des EGMR zu Art. 6 EMRK um keine Neuverhandlung im Sinne eines neuen erstinstanzlichen Gerichtsverfahrens mit einem vollständig neu zur Verfügung stehenden Instanzenzug handeln. Ausreichend ist, dass die betroffene Person die ergangene Entscheidung erneut unter Zugrundelegung aller tatsächlichen und rechtlichen Gesichtspunkte gerichtlich überprüfen lassen kann.[172]

§ 83 Abs. 4 IRG erlaubt die Auslieferung, wenn anschließend ein neues Verfahren zugesichert wird. Durch Hinweis auf § 83 Abs. 3 S. 2 IRG ist garantiert, dass auch bei diesem erneuten Verfahren die betroffene Person in der Gerichtsverhandlung ein Recht auf Anwesenheit hat und der Sachverhalt, falls die betroffene Person bereits bei der Tatsacheninstanz abwesend war, einschließlich neuer Beweismittel (erneut) geprüft wird. Das Verfahren muss zur Aufhebung der ursprünglich ergangenen Entscheidung führen können und die betroffene Person über die Frist informiert werden, innerhalb der sie das erneute Verfahren beantragen kann.[173] Bei Zweifeln

164 EuGH NStZ 2016, 542.
165 *Böhm* NStZ 2019, 256 (259).
166 Böse StV 2017, 754 (756) m.w.N.
167 KG StraFo 2017, 422.
168 OLG Zweibrücken vom 21.06.2018 – 2 Ausl A 19/18.
169 In § 83 Abs. 2–4 IRG geregelt.
170 *Böhm* NJW 2015, 3134; OLG München, v. 03.03.2016 – 1 AR 5/16, *juris*.
171 BT-Drs. 18/3562 S. 81.; vgl. z.B. EGMR, No. 14032/88, Urt. V. 23.11.1993, Poitrimol gegen Frankreich, Ziffer 35..
172 Vgl. dazu OLG München NStZ 2017, 50.
173 BT-Drs. 18/3562 S. 83.

wird das OLG im Rahmen der ihm obliegenden Aufklärungspflicht eine verbindliche Zusage des ersuchenden Staates herbeiführen müssen.[174]

- □ Vorliegen der **Auslieferungsunterlagen** gem. § 83a IRG: EuHB und/oder Ausschreibung zur Festnahme zwecks Auslieferung im Schengener Informationssystem (SIS). Bei SIS-Unterlagen tatsächlich ausreichend?[175] Beschreibung der Tatumstände im EuHB/SIS-Ausschreibung ausreichend? Ergänzung erforderlich und möglich, evtl. Erlass vorläufiger Auslieferungshaft (§ 16 IRG)?
- □ **Außervollzugsetzung** des Auslieferungshaftbefehls durch das OLG ist zulässig gem. § 77 IRG i.V.m. § 116 StPO.[176]
- □ Keine **Auslieferungs-/Verfahrenshindernisse** wegen überlanger Verfahrensdauer oder Verletzung elementarer Rechtsgrundsätze: Die Auslieferung und die ihr zugrunde liegenden Akte müssen dem völkerrechtlich verbindlichen Mindeststandard entsprechen und dürfen nicht gegen unabdingbare verfassungsrechtliche Grundsätze der öffentlichen Ordnung (europäischer ordre public, § 73 S. 2 IRG) verstoßen.[177] Das BVerfG[178] unterwirft die Prüfung auch einer Identitätskontrolle. Danach findet der Anwendungsvorrang europäischen Rechts seine Grenzen in den durch Art. 23 Abs. 1 S. 3 GG i.V.m. Art. 79 Abs. 3 GG für integrationsfest erklärten Grundsätzen der deutschen Verfassung einschließlich der Menschenwürdegarantie (Art. 1 Abs. 1 GG). Das bedeutet, im Rahmen der Prüfung des europäischen ordre public ist zu klären, ob die Auslieferung zu Grundrechtseingriffen beim Verfolgten im ersuchenden Staat führen würde, die mit dem Kerngehalt des Grundgesetzes unvereinbar sind. Ein Rückgriff auf deutsches Verfassungsrecht i.S.e. Identitätskontrolle ist allerdings nur veranlasst, wenn der Schutzstandard der EuGRCh (insb. Art. 4) hinter der Menschenwürdegarantie des GG zurückbleibt, was regelmäßig nicht der Fall ist.[179] Der EuGH akzeptiert diesen Vorbehalt nur in zwei Fallgruppen: 1. Bei drohender unmenschlicher oder erniedrigender Behandlung im Strafvollzug[180] oder bei Fehlen richterlicher Unabhängigkeit.[181] Darüber hinaus darf die Auslieferung nach dem EuGH nicht von Mindeststandards abhängig gemacht werden, die über Art. 4 GR-Charta hinausgehen.[182] Nach dem BVerfG gehört hingegen auch die effektive Teilnahme an der Hauptverhandlung im ersuchenden Staat zu den Mindeststandards (Art. 19 Abs. 4 GG).[183] Zwischen BVerfG und EuGH besteht zwar nach wie vor ein Spannungsverhältnis im Prüfungsmaßstab und Umfang, dieses dürfte aber durch das neuere Judikat des BVerfG maßgeblich entschärft sein.[184] Dem ersuchenden Staat ist hinsichtlich der Einhaltung des Völkerrechts grundsätzlich Vertrauen entgegenzubringen.[185] Ungeklärt bleibt, ob nach der neuen Rechtsprechung des BVerfG im Einzelfall auch die Frage des unerträglichen Missverhältnisses der Tat zur abstrakten Androhung der lebenslangen Freiheitsstrafe und der Verurteilung im konkreten Fall unabhängig von § 83b Abs. 1 Nr. 4

---

174 *Böhm* NJW 2015, 3134.

175 *Böhm* StraFo 2013, 179; OLG Nürnberg v. 03.09.2012 – 1 OLGAusl 21/12.

176 OLG Karlsruhe StV 2007, 141.

177 Z.B. BVerfG NJW 1994, 2883, BverfGE 59, 280 [282 f.]; 63, 332 [337]; BVerfG StV 2004, 440 (menschenrechtswidrige Haftbedingungen); OLG Karlsruhe StV 2007, 146 (Gesamtwürdigung), 652 (drohende Folter oder durch Folter erzwungenes Geständnis.

178 BVerfG NJW 2016, 1149 (Solange III).

179 BVerfG StV 2021, 666.

180 EuGH NJW 2016, 1709 m. Anm. *Böhm.*

181 EuGH EuGRZ 2018, 396; OLG Karlsruhe vom 17.02.2020 – Ausl 301 AR 156/19: systemische Mängel in Polen.

182 EuGH EuGRZ 2019, 498.

183 BVerfG Beschl. v. 18.12.2023 – 2 BvR 1368/23: Die Teilnahme durch Bild-Ton-Übertragung genügt dabei nicht stets.

184 BVerfG StV 2021, 666 – Europäischer Haftbefehl III; vgl. auch *Safferling/Rückert* NJW 2021, 287; *Preßlein* EuR 2021, 247 und *Lehner* JA 2022, 177.

185 BVerfG Beschl. v. 18.12.2023 – 2 BvR 1368/23.

IRG überprüft werden kann.[186] Der Erlass eines Auslieferungshaftbefehls ist abzulehnen, wenn eine hohe Wahrscheinlichkeit besteht, dass die Auslieferung des Verfolgten wegen Bestehens eines Auslieferungshindernisses unzulässig sein wird. Dies ist der Fall, wenn der Verfolgte nicht mit der Durchführung eines fairen Verfahrens im ersuchenden Staat rechnen kann, z.B. weil es unwahrscheinlich ist, dass von ihm zu benennende Entlastungszeugen zu einer Hauptverhandlung erscheinen werden, weil sie in diesem Fall mit Einschüchterungen, Bedrohungen, Belästigung, Folter, Festnahme oder Tötung rechnen müssen, und/oder der Verfolgte in der Bundesrepublik Deutschland als Asylberechtigter anerkannt ist und bereits ein Verwaltungsgericht über den Fortbestand des Asylrechts entschieden hat.[187] Dazu gehören (vom EuGH akzeptiert) auch Fälle, in denen Zweifel an menschenwürdigen Haftbedingung nach völkerrechtlichen Mindeststandards nicht ausgeräumt werden können.[188] Die Existenz einer Rechtsschutzmöglichkeit gegen die Haftbedingungen im ersuchenden Staat genügt für sich genommen nicht, um Zweifel auszuräumen.[189] Besteht bei schwer kranken Personen die reale Gefahr einer erheblichen Verkürzung ihrer Lebenserwartung oder einer raschen, ernsten und unumkehrbaren Verschlechterung ihres Gesundheitszustand, hat die Vollstreckende Behörde die Übergabe auszusetzen und die ausstellende Justizbehörde zu ersuchen, sie umfassend darüber zu unterrichten, unter welchen Bedingungen die gesuchte Person der Strafverfolgung unterzogen oder inhaftiert werden soll, und welche Möglichkeiten es gibt, diese Bedingungen, um zu verhindern dass sich die genannte Gefahr verwirklicht, dem Gesundheitszustand der gesuchten Person anzupassen. Geht aus den von der ausstellenden Justizbehörde gemachten Angaben und sämtlichen Informationen, über die die vollstreckende Justizbehörde verfügt, hervor, dass die genannte Gefahr nicht in angemessener Frist abgewandt werden kann, hat die vollstreckende Justizbehörde die Vollstreckung des EuHB abzulehnen. Kann die genannte Gefahr hingegen in angemessener Frist abgewandt werden, ist mit der ausstellenden Justizbehörde ein neues Übergabedatum zu vereinbaren.[190]

- Bei **deutschen Staatsangehörigen** sind die besonderen Voraussetzungen des § 80 IRG zu beachten.[191]
- **Beistand.** Jeder Verfolgte darf sich jederzeit eines Rechtsbeistandes bedienen. Unter den Voraussetzungen des § 40 IRG ist dem Verfolgten ein Pflichtbeistand zu bestellen.[192] Die Norm verweist zwar in Abs. 8 auf die meisten Vorschriften des elften Abschnitts des ersten Buchs der StPO, aber ausdrücklich nicht auf § 140 StPO, der damit auch nicht über § 77 Abs. 1 IRG anwendbar ist. Im Fall der Festnahme, liegt stets ein Fall notwendiger Beistandschaft vor (§ 40 Abs. 2 IRG). Wird der Verfolgte nicht festgenommen, erfolgt die Pflichtbeistandsbestellung nur unter den eingeschränkten Voraussetzungen des Abs. 3. Dieser entspricht dem früheren Abs. 2, so dass die dafür entwickelten Grundsätze weitgehend fortgelten.[193] Zuständig für die Bestellung ist im Fall des Abs. 2 der Richter am Amtsgericht, der die Festhaltung beschließt. Die Bestellung endet erst mit der Übergabe der Person an den ersuchenden Staat oder mit der abschließenden Entscheidung, die Person nicht zu übergeben. Abs. 7 S. 2, wonach die Bestellung mit der ablehnenden Bewilligungsentscheidung der Generalstaatsanwaltschaft endet, ist

186 So noch OLG Stuttgart StV 2004, 546; für ein Auslieferungshindernis nach Nordmazedonien wegen einer unangemessen hohen Freiheitsstrafe: OLG Hamm. v. 22.11.2021 – 2 Ausl. 178/21, 2 Ausl. 195/21 (fünf Jahre Freiheitsstrafe für einen einfachen Diebstahl eines nicht vorbestraften 18-Jährigen).

187 OLG Karlsruhe NStZ 2010, 41 in Fortführung von OLG Karlsruhe StV 2007, 652 f.

188 Zuletzt im Einzelfall in Frage gestellt z.B. für Rumänien (BVerfG vom 19.12.2017 – 2 BvR 424/14 und vom vom 16.08.2018 – 2 BvR 237/18; OLG Hamburg vom 03.01.2017 – Ausl 81/16; OLG München vom 06.08.2018 – 1 AR 296/1) und Ungarn (BVerfG vom 16.08.2018 – 2 BvR 237/18); das Vereinigte Königreich (OLG Karlsruhe v. 10.03.2023 – 301 OAus 1/23, BeckRS 2023, 20285); Nordmazedonien (OLG Hamm v. 22.11.2021 – 2 Ausl. 178/21, 2 Ausl. 195/21).

189 EuGH NJW 2018, 3161.

190 EuGH Urt. 18.04.2023 – C-699/21.

191 S. oben Rdn. 49.

192 Zu den allg. Voraussetzungen *Fromm* StRR 2011, 208 ff.

193 Dazu *Ambos/König/Rackow/Köberer* IRG § 40 Rn. 518–525.

ohne Bedeutung, solange deutsche Staatsanwaltschaften keine Justizbehörden i.S.d. RbEuHB sind (oben Rdn. 43), weil derzeit stets eine Entscheidung des OLG erforderlich ist.

- □ **Haftgrund,** § 15 Abs. 1 Nr. 1 IRG i.V.m. Art. 12 RbEuHb (zur Reichweite und Verhältnis zu § 112 StPO: OLG Stuttgart NStZ 2007, 410).
- □ **Inlandsbezug.** Ausländer mit rechtmäßigem[194] und nach ausländerrechtlichen Maßstäben auf Dauer angelegtem Inlandsaufenthalt sind durch § 83b Abs. 2 IRG privilegiert. Es handelt sich um ein fakultatives, nach § 79 IRG justiziables Bewilligungshindernis.[195] Die Ablehnung der Auslieferung zur Strafverfolgung hängt – neben dem gewöhnlichen Aufenthalt des verfolgten Ausländers im Inland – davon ab, dass sie bei einem Deutschen in einem entsprechenden Fall unzulässig wäre. Infolge der Verweisung auf § 80 Abs. 2 IRG sind die Belange der Strafverfolgung und die schutzwürdigen Verfolgteninteressen gegeneinander abzuwägen (familiäre/soziale Bindungen, die Dauer des Aufenthalts, Wohn- und Tatort, Bindungen an den ersuchenden Staat,[196] Resozialisierung und Verfahrensstand, Deliktsnatur und Beweislage).[197]
- □ **Ordre public** (auch unten Verhältnismäßigkeit)[198]. Die Rechtshilfe wird auf der Zulässigkeitsebene durch eine europäische ordre-public-Klausel begrenzt, § 73 S. 2 IRG[199]. Der europäische ordre public wird durch die Verweisung auf die in Art. 6 EUV enthaltenen Grundsätze definiert,[200] zu denen auch die Grundrechtscharta gehört. Der Auslieferungsverkehr der Bundesrepublik Deutschland mit anderen Mitgliedstaaten der Europäischen Union ist durch den Rahmenbeschluss über den Europäischen Haftbefehl unionsrechtlich bestimmt. Entsprechende Akte der deutschen öffentlichen Gewalt sind mit Blick auf den Anwendungsvorrang des Unionsrechts grundsätzlich nicht am Maßstab der im Grundgesetz verankerten Grundrechte zu messen. Der Anwendungsvorrang des Unionsrechts findet seine Grenzen jedoch in den durch Art. 23 Abs. 1 Satz 3 in Verbindung mit Art. 79 Abs. 3 GG für änderungs- und integrationsfest erklärten Grundsätzen der Verfassung, zu denen namentlich die Garantien des Art. 1 GG zählen. Deren Verletzung kann mit der Verfassungsbeschwerde gerügt werden.[201] Bei der Entscheidung über die Auslieferung ist daher zu überprüfen, ob diese mit unabdingbaren verfassungsrechtlichen Grundsätzen der öffentlichen Ordnung der Bundesrepublik Deutschland und mit dem völkerrechtlich verbindlichen Mindeststandard an elementarer Verfahrensgerechtigkeit vereinbar ist.[202] Dem hält der EuGH entgegen, dass die die Auslieferung nicht von höheren Anforderungen als den gemeinsamen Standards des Art. 4 GR-Charta abhängig gemacht werden dürfen.[203] Die verfassungsrechtliche Identitätskontrolle hat das BVerfG auch zuletzt aufrecht erhalten. Der Streit mit dem EuGH über den Prüfungsmaßstab hat sich aber deutlich entschärft. Das BVerfG nimmt nämlich neuerdings an, dass der Schutzstandard der EuGRCh (insb. Art. 4) regelmäßig nicht hinter der Menschenwürdegarantie des GG zurückbleibt.[204]

---

194 OLG Karlsruhe StV 2007, 151: »Eine illegale Anwesenheit in der Bundesrep. Deutschland stellt keinen gewöhnlichen Aufenthalt i.S.d. § 83b Abs. 2a IRG dar.«.

195 *Hackner/Schomburg/Ladodny/Gleß* NStZ 2006, 667; *Graf/Inhofer* IRG § 83b Rn. 3–9.

196 Dazu konkret KG vom 07.03.2018 – (4) 151 Ausl 124/17.

197 *Hackner/Schomburg/Ladodny/Gleß* NStZ 2006, 667; OLG Nürnberg v. 22.11.2010 – 1 OLG Ausl 185/10 (Polen): »Ein schutzwürdiges Interesse an einer Strafvollstreckung im Inland ist anzunehmen, wenn dadurch die *Resozialisierungschancen* des Verfolgten erkennbar erhöht werden. Vorhandene persönliche Bindungen sind nur ausnahmsweise schutzwürdig, wenn der Verfolgte in Kenntnis der im ersuchenden Staat gegen ihn verhängten Freiheitsstrafe nach Deutschland eingereist ist, um sich so der Vollstreckung zu entziehen (OLG Hamm, v. 13.04.2010 – III–2 Ausl 45/10; OLG Hamburg NStZ 2009, 460 [OLG Hamburg 20.03.2008 – Ausl 3/08] [461]).«.

198 BVerfG NJW 2005, 2289; zu den vielfältigen Fallgestaltungen m.w.N. *Ahlbrecht/Böhm/Esser/Hugger/Kirsch/Rosenthal* Internat. StrafR i.d. Praxis 2008 Rn. 730–734.

199 *Böhm* StraFo 2013, 180 f.; *Grützner/Pötz/Kreß/Gazeas/Brodowski-Burchard* § 73 Rn. 39 ff.

200 Überblick über die Justizgrundrechte *Paeffgen* ZstW 118 (2006), 275.

201 BVerfG StV 2016, 220.

202 BVerfGE 59, 280; NStZ 2001, 203 (204); OLG Hamm StV 2011, 173.

203 EuGH EuGRZ 2019, 498.

204 BVerfG StV 2021, 666.

Nach ständiger Rechtsprechung des Bundesverfassungsgerichts[205] sind die deutschen Gerichte bei der Prüfung der Zulässigkeit der Auslieferung von Verfassungs wegen gehalten zu prüfen, ob die Auslieferung und die ihr zugrunde liegenden Akte mit dem nach Art. 25 GG in der Bundesrepublik Deutschland verbindlichen völkerrechtlichen Mindeststandard und den unabdingbaren verfassungsrechtlichen Grundsätzen ihrer öffentlichen Ordnung vereinbar sind. Auf der Ebene des einfachen Rechts nimmt § 73 IRG dieses verfassungsrechtliche Gebot auf, indem dort die Leistung auf Rechtshilfe und damit die Auslieferung für unzulässig erklärt wird, wenn sie wesentlichen Grundsätzen der deutschen Rechtsordnung widersprechen würde. Ein derartiger Verstoß gegen den ordre public liegt vor, wenn der Verfolgte durch die Auslieferung der Folter oder einer unmenschlichen oder erniedrigenden Behandlung oder Strafe ausgesetzt würde.[206]

Allerdings begründen nur Verletzungen des Kernbestandes der EMRK oder der Grundrechtscharta ein Auslieferungshindernis.[207] Etwa durch rechtsmissbräuchliche Zweckverfolgung gem. Art. 21 GR-Charta[208] oder bei absehbaren gravierenden Defiziten rechtsstaatlichen Strafens gem. Art. 49 Abs. 3 GR-Charta.[209] Eine Verfahrensverzögerung stellt die Zulässigkeit der Auslieferung grds. nicht infrage.[210] Die familiäre und persönliche Situation des Verfolgten ist regelmäßig nicht geeignet, die Unzulässigkeit seiner Auslieferung nach § 73 IRG zu begründen, auch wenn er im Bundesgebiet lebt, verheiratet ist und hier erwerbstätig ist, denn auch die Strafverfolgung und Strafvollstreckung im Inland kann familiäre Bindungen erheblich beeinträchtigen.[211] Ausnahmen von diesem Grundsatz sind dann zuzulassen, wenn die konkret durch die Auslieferung drohenden Beeinträchtigungen der Familie nicht mehr mit denjenigen vergleichbar sind, die bei einer Vollstreckung in Deutschland entstehen würden.[212] Aus dem Recht auf Gesundheit gem. Art. 3 GR-Charta kann sich in extremen Fällen ein Auslieferungshindernis ergeben,[213] Z.B. bei Transportunfähigkeit oder Gefahr des Todes bzw. schwerster Gesundheitsbeeinträchtigungen. Dabei sind nicht die deutschen Gesundheitsstandards anzulegen.[214]

Der EuGH hat[215] grundsätzlich festgestellt, dass der ersuchte Staat die Vollstreckung eines EuHB nur nach Art. 3, 4 oder 4a RbEuHB verweigern darf. In Art. 1 Abs. 3 des Rahmenbeschlusses wird jedoch ausdrücklich darauf hingewiesen, dass er nicht die Pflicht berührt, die Grundrechte und die allgemeinen Rechtsgrundsätze zu achten, wie sie in der Grundrechts-Charta zum Ausdruck kommen. Diese Pflicht gilt für alle Mitgliedstaaten und insbesondere sowohl für den ersuchenden als auch für den vollstreckenden Staat.[216] Nach Rspr. der OLGe gehört zu den zu prüfenden Grundsätzen auch, ob die Haftbedingungen im ersuchenden Staat den in Art. 3

---

205 BVerfG StV 2004, 440.

206 OLG Hamm v. 14.12.2012 – 2 Ausl 50/10, *juris*.

207 OLG Karlsruhe StraFo 2007, 477 zu Art. 6 MRK und NStZ 2005, 351 zum EuAlÜbK.

208 OLG Braunschweig NStZ-RR 2005, 18.

209 *Bubnoff*, Der Europ. Haftbefehl 2005 S. 72.

210 *Ahlbrecht/Böhm/Esser/Hugger/Kirsch/Rosenthal* Internat. StrafR i. d. Praxis 2008 Rn. 829, 830; OLG Hamm NStZ-RR 1998, 351, 352.

211 BVerfG NStZ-RR 2004, 179; OLG Hamm NStZ-RR 2000, 158; StraFo 2007, 162; OLG Hamm v. 08.06.2010 – (2) 4 Ausl A 117/09 m. umfassenden w.N.

212 OLG Hamm StV 2011, 173 (Trennung von einjährigem Kind und rechtliche Unmöglichkeit das Kind in Heimatland mitzunehmen); OLG Stuttgart NStZ-RR 2004, 345 (schlechthin unvertretbare Zerstörung der Familienbeziehungen); OLG Karlsruhe NStZ 2005, 351 (Auslieferung d. Mutter führt zu lebensbedrohlicher Erkrankung ihres Kindes).

213 OLG Düsseldorf StraFo 2005, 35 (fehlende Transportfähigkeit); einschränkend OLG Hamburg NStZ 2009, 460.

214 KG vom 07.03.2018 – (4) 151 Ausl 124/17.

215 EuGH, Urt. v. 29.01.2013 C-396/1 (Radu) HRRS 2013 Nr. 198 mit Anm. *Brodowski* HRRS 2013, 54.

216 EuGH NStZ 2006, 542, 545: unmenschliche oder erniedrigende Behandlung.

EMRK festgelegten Mindestanforderungen genügen.[217] Eine Gesamtbetrachtung der Haftsituation, in die das Interesse an einer Funktionsfähigkeit der Strafrechtspflege innerhalb der Europäischen Union eingestellt wird, sei nicht vorzunehmen.[218]

- Der **Grundsatz der Spezialität** ist nicht zu prüfen, § 82 IRG.[219] Allerdings setzt der Grundsatz der Spezialität, dessen Beachtung im Auslieferungsverfahren tatsächlich und rechtlich gewährleistet sein muss, eine hinreichend präzise Bezeichnung der Tat voraus, weil er andernfalls ins Leere geht.[220] Der Begriff der »anderen Tat« im Sinne des § 83h Abs. 1 Nr. 1 IRG knüpft allein an die Beschreibung der Straftat in der Auslieferungsbewilligung, diese wiederum an den Europäischen Haftbefehl an.[221]
- **Strafklageverbrauch** (§ 83 Nr. 1 IRG) (oder Amnestie, § 9 Nr. 2 IRG). Durch das Inkrafttreten des Vertrages von Lissabon am 01.12.2009 wurde das in Art. 50 GR-Charta formulierte Recht des ne bis in idem zu vollwertigem Primärrecht.[222] Art. 54 SDÜ ist seither sekundärrechtliche Konkretisierung des Art. 50 GR-Charta.[223] Der europäisch transnationale Strafklageverbrauch ergibt sich weiterhin aus Art. 54 SDÜ, der nun im Licht des Art. 50 GR-Charta auszulegen ist. Für die Zwecke der Ausstellung und Vollstreckung eines EuHB stellt der Begriff »dieselbe Handlung« einen autonomen Begriff des Unionsrechts dar,[224] mit der Folge, dass die vollstreckende Justizbehörde an die Beurteilung der ausstellenden Justizbehörde gebunden ist.[225] Der (von Deutschland erklärte) Vorbehalt zu § 55 Abs. 1 lit. a SDÜ ist grundsätzlich europarechtlich mit Art 50 GRCh vereinbar.[226] Der Vorbehalt zu §§ 55 Abs. 1 lit. b SDÜ ist allerdings um die Einschränkung zu ergänzen ist, dass die Tat gegen die Sicherheit des Staates oder andere gleichermaßen wesentliche Interessen des Staates gerichtet sein muss.[227]
  Die Auslieferung ist unzulässig, wenn der Verfolgte wegen der Tat, die dem Ersuchen zugrunde liegt, bereits von einem anderen Mitgliedsstaat rechtskräftig verurteilt oder abgeurteilt ist. Art. 54 SDÜ setzt voraus, dass die Mitgliedsstaaten ihre Rechtsordnungen wechselseitig auch dann akzeptieren, wenn das eigene Recht zu anderen Ergebnissen kommen würde.[228] Gem. Art. 54 SDÜ gilt das Verbot der Doppelbestrafung innerhalb der EU auch für ausländische Entscheidungen. Auch im Rahmen von Art. 54 SDÜ gilt der prozessuale Tatbegriff[229] nicht nur für Verurteilungen, sondern auch für Freispruch[230], gnadenähnliches Absehen von Strafe,[231] unvollstreckbare rechtskräftige Verurteilung[232] oder Einstellung des Verfahrens gegen Auflagen durch

---

217 OLG Celle v. 02.03.2017 – 1 AR (Ausl) 99/16, *juris.*; OLG Karlsruhe, v. 26.05.2017 – Ausl 301 AR 54/17: Ungarn; OLG München v. 13.04.2017 – 1 AR 126/17: Rumänien.

218 So aber OLG Hamburg v. 03.01.2017 – Ausl 81/16, *juris.*

219 EuGH NStZ 2010, 35 zu Spezialitätsgrundsatz und Zustimmungsverfahren im Recht des EuHB.

220 BVerfG NJW 1995, 1667; StraFo 2009, 458 = EuGRZ 2009, 691; OLG Celle NdsRpfl 2002, 269.

221 BGH v. 02.11.2010 – 1 StR 544/09 Rn. 12.

222 *Burchardt/Brodowski* StraFo 2010, 179; *Vogel* Europäisches »ne bis in idem« – Alte und neue Fragen nach dem Vertrag von Lissabon StRR 2011, 135.

223 *Burchard/Brodowski* StraFo 2010, 186.

224 EuGH StV 2011, 425.

225 Dazu weiterführend *Hiéramente* StrFo 2014, 445 ff.

226 EuGH IWRZ 2023, 239 m. Anm. Ostermeier.

227 EuGH IWRZ 2023, 239 m. Anm. Ostermeier.

228 EuGH StV 2003, 201 Rn. 7.

229 EuGH StV 2006, 393 – Van Esbroeck m. Anm. *Radtke* NStZ 2008, 162; JZ 2007, 245 – Van Straaten m. Anm. *Kühne*; *Schomburg* NJW 2000, 1833 ff.; EuGH NStZ 2009, 456; grundlegend zum Strafklageverbrauch in der EU *Radtke/Busch* NStZ 2003, 281 ff.; BVerfG StraFo 2008, 151; BGH NStZ 2009, 457 m. Anm. *Lagodny*). Der Strafklageverbrauch solcher Entscheidungen betrifft nicht nur die Verurteilung (BGH StV 1999, 244 m. *Anm. Schomburg*.

230 EuGH StV 2007, 113–115 – Van Straaten; NStZ 2007, 408 – Gasparini; BGH NStZ 2001, 557 m. Anm. *Radtke* NStZ 2001, 662.

231 OLG München StV 2001, 495 m. Anm. *Hecker* StV 2002, 71.

232 EuGH NStZ 2009, 454.

die Staatsanwaltschaft ohne Mitwirkung des Gerichts.[233] Kein Strafklageverbrauch tritt ein, soweit die Einstellung ohne Sachprüfung erfolgte,[234] und erst recht nicht durch die bloße Einleitung des Ermittlungsverfahrens.[235]

- **Strafmündigkeit:** Die Auslieferung von Personen, die zum Tatzeitpunkt wegen Strafunmündigkeit nach § 19 StGB schuldunfähig waren, ist ausgeschlossen. Die Auslieferung strafunmündiger Kinder ist immer unzulässig, § 83 Nr. 2 IRG.
- **Straftat aus der Positivliste/Katalogtat** muss vorliegen.[236] Für Straftaten außerhalb des Katalogs des § 81 Nr. 4 IRG gilt § 81 Nr. 1–3 i.V.m. § 3 Abs. 1 IRG.
- **Tatverdacht, Tatkonkretisierung, Sachverhaltsdarstellung:** Grds. findet keine Prüfung des Tatverdachts/Tatvorwurfs statt, denn die Bestimmungen der §§ 78 ff. IRG unterliegen keinem Gegenseitigkeitsvorbehalt,[237] ausnahmsweise bei Vorliegen erheblicher Zweifel (besondere Umstände, § 10 Abs. 2 IRG).[238] Insoweit kommen vor allem in Betracht: missbräuchlicher Auslieferungsantrag oder die Befürchtung, dass das Verfahren völkerrechtlich verbindlichen rechtsstaatlichen Mindeststandards (Art. 25 GG) nicht genügen wird und die Tatverdachtsprüfung darüber Aufschluss geben kann.[239] Sind der Sachverhaltsdarstellung keine zureichenden tatsächlichen Feststellungen zu entnehmen, die für die Täterschaft des Verfolgten sprechen, so ist ausnahmsweise eine Tatverdachtsprüfung vorzunehmen. Dies führt – wenn auch das Ersuchen um Ergänzung keinen Erfolg hatte – zur Unzulässigkeit der Auslieferung,[240] bzw. zur Zurückweisung des Antrags auf Erlass eines Auslieferungshaftbefehls. Das gilt insbesondere, wenn der Verdacht nahe liegt, dass das ersuchende Land den Umstand der üblicherweise unterbleibenden Verdachtsprüfung missbräuchlich zu nutzen sucht.[241]
  Der Erlass eines vorläufigen Auslieferungshaftbefehls setzt voraus, dass sich aus der Fahndungsausschreibung das Vorliegen einer auslieferungsfähigen Straftat ergibt.[242] Erfüllt die Beschreibung der Tathandlungen nicht die Mindestanforderungen an die Konkretisierung des Tatvorwurfs nach § 83a Abs. 1 Nr. 5 IRG, kann ein Auslieferungshaftbefehl auch dann nicht ergehen, wenn der Verfolgte sich mit einer vereinfachten Auslieferung einverstanden erklärt hat.[243] Zu beachten ist dabei aber, dass die SIS-Ausschreibung häufig sehr knapp gefasst und eine kurzfristige Ergänzung des Sachverhalts regelmäßig möglich ist.
  Die Vollständigkeit und Aussagekraft des Sachverhalts (Tatkonkretisierung; Umgrenzungsfunktion), ist von besonderer Bedeutung, weil bei den Deliktsgruppen aus der Positivliste die beiderseitige Strafbarkeit nicht zu prüfen ist. Eine rechtliche Bewertung findet bei Listenstraftaten nicht statt, weil es ausschließlich auf die Strafbarkeitsvoraussetzungen des ersuchenden Staates ankommt. Die nachträgliche Erweiterung des Ersuchens um einen weiteren Tatvorwurf soll

---

233 EuGH StV 2003, 201 m. Anm. *Mansdörfer* StV 2003, 313; *Seitz* NStZ 2004, 549 dadurch obsolet BayObLG StV 2001, 263.

234 EuGH NJW 2005, 1337; ÖstOGH NStZ 2005, 344: auch nicht bei Einstellung nach § 170 Abs. 2 StPO.

235 EUGH NJW 2005, 1337 – Miraglia; OLG Nürnberg StV 2010, 233: Die vorläufige Einstellung gem. § 154 Abs. 1 StPO führt zu keinem Verfolgungshindernis nach Art. 54 SDÜ; ebenso KG v. 22.12.2009 – 4 Ausl A 196/09 unter Bezugnahme auf OLG Nürnberg StV 2010, 233; ergänzend der im gleichen Verfahren ergangene weitere Beschl. OLG Nürnberg v. 28.06.2010 – 1 OLG Ausl 130/07 (Italien).

236 Deliktsgruppenkatalog des § 81 Nr. 4 IRG i.V.m. Art. 2 Abs. 2 RbEuHb abgedruckt bei *Ahlbrecht* StV 2005, 43 und *Burhoff* Ermittlungsverfahren Rn. 2183.

237 *Hackner/Schomburg/Lagodny/Gleß* NStZ 2006, 664, 665 (Fn. 24); *Schmidt*, Verteidigung von Ausländern, 2. Aufl. Rn. 520; *Böhm* StraFo 2013, 179.

238 OLG Karlsruhe StV 2007, 650; OLG Hamm StraFo 2014, 348.

239 OLG Karlsruhe vom 28.02.2019 – 301 AR 185/18.

240 BVerfG StraFo 2009, 458 = EuGRZ 2009, 691.

241 OLG Hamm, v. 30.07.2009 – (2) 4 Ausl. A 90/07.

242 OLG Karlsruhe StraFo 2007, 72–73.

243 OLG Köln StraFo 2012, 415: »lässt bereits die Beschreibung der »Tathandlungen« ein wie auch immer geartetes strafrechtlich relevantes Verhalten des Verfolgten nicht erkennen.«.

möglich sein.[244] Werden in ein Urteil frühere Vorverurteilungen einbezogen, so muss der EuHB nicht nur eine ausreichende Beschreibung der Umstände der unmittelbar abgeurteilten Tat, sondern auch aller in das Urteil mit einbezogenen Taten enthalten.[245]

- **Verhältnismäßigkeitsprüfung.** Der Grundsatz der Verhältnismäßigkeit ist nach deutschem Recht[246] und nach dem europäischen ordre public stets (s. oben) zu beachten. Er setzt der Haftdauer Grenzen.[247] Auslieferungshaft kann dann unverhältnismäßig sein, wenn der Tatvorwurf von minderer Bedeutung und die Straferwartung gering sind.[248] In diesem Zusammenhang ist auch zu beachten, dass die Anforderungen an die Haft proportional zu ihrer Dauer steigen.[249] Extreme gesundheitliche Gründe können einer Auslieferung entgegenstehen.[250] § 81 Nr. 1 IRG ist Ausfluss des Übermaßverbotes , wonach keine Auslieferung für Taten erfolgt, die im ersuchenden Staat mit einer Höchststrafe von weniger als einem Jahr bedroht sind. Entscheidend ist nur die Strafandrohung im ersuchenden Staat.[251] In diesen Fällen kommt auch keine akzessorische Auslieferung (§ 4 IRG) in Frage.[252]
- **Verjährung.** Bei deutschen Staatsangehörigen ist für die Frage der Verjährungsunterbrechung auf das deutsche Recht abzustellen: Eine verfassungskonforme Auslegung von § 9 Nr. 2 IRG

244 OLG Zweibrücken NStZ-RR 2010, 209. Einschränkend OLG Celle NStZ-RR 2009, 313 = StV 2010, 318–319.

245 OLG Karlsruhe StV 2011, 428.

246 Nach OLG Hamm StV 1997, 652 soll Auslieferungshaft von vier Monaten allein wegen eines Vorwurfs der Urkundenfälschung unverhältnismäßig sein und zur Aufhebung des Auslieferungshaftbefehls führen. OLG Hamm NStZ-RR 2000, 63 = StV 2000, 88: »Ein außer Vollzug gesetzter Auslieferungshaftbefehl ist – ebenso wie ein Untersuchungshaftbefehl – ständig darauf zu prüfen, ob die weitere Aufrechterhaltung des Auslieferungshaftbefehls unter Berücksichtigung des allgemeinen Verhältnismäßigkeitsprinzips noch gerechtfertigt ist.«.

247 BVerfG NJW 2005, 2289; BVerfG StV 2006, 27; OLG Karlsruhe StV 2005, 32: »1. Der Grundsatz der Verhältnismäßigkeit beansprucht auch im Auslieferungsrecht Geltung, weshalb in Haftsachen die Belange des Verfolgten an der Wiedererlangung seiner Freiheit und an der Durchführung eines zügigen Verfahrens stets mit dem unabweisbarem Bedürfnis der staatlichen Gemeinschaft des ersuchenden und des ersuchten Staates an der raschen und effektiven Ahndung von Straftaten abzuwägen sind. 2. Eine Verletzung des Beschleunigungsgebotes liegt nicht vor, wenn der um Weiterlieferung eines Verfolgten ersuchende Staat sein Gesuch erst nach Überstellung des Verfolgten in die Bundesrepublik Deutschland stellt und sich deshalb das Verfahren über die zur Weiterlieferung notwendige Einholung einer Zustimmungserklärung (hier nach Maßgabe des Artikels 23 des Auslieferungsvertrages zwischen der Bundesrepublik Deutschland und den Vereinigten Staaten von Amerika vom 20. Juni 1978) verzögert.« OLG Stuttgart v. 25.02.2010 – 1 Ausl. (24) 1246/09 LS: »1. Art. 49 Abs. 3 Charta der Grundrechte der Europäischen Union (Grundsatz der Verhältnismäßigkeit im Zusammenhang mit Straftaten und Strafen) kann der Auslieferung eines Verfolgten an einen Mitgliedstaat der Europäischen Union aufgrund Europäischen Haftbefehls entgegenstehen, wenn die dem Verfolgten drohende Strafe unerträglich hart wäre. 2. Beim Erlass eines Auslieferungshaftbefehls aufgrund Europäischen Haftbefehls ist der Verhältnismäßigkeitsgrundsatz nach deutschem Verfassungsrecht in vollem Umfang zu beachten.« *Ahlbrecht/Böhm/Esser/Hugger/Kirsch/Rosenthal* Internat. StrafR i.d. Praxis 2008 Rn. 730–734 zu den vielfältigen Fallgestaltungen und m.w.N.

248 OLG Düsseldorf StV 2011, 170; OLG Stuttgart StV 2010, 262; OLG Hamm StV 1997, 652.

249 BVerfGE 36, 264, 270; EGMR NJW 2001, 2694, 2696 – Kudla; EGMR StV 2005, 136 Rn. 41 – Cevizovic zu U-Haft.

250 OLG Hamburg NStZ 2009, 460 LS: »1. Eine schwerwiegende Erkrankung des Verfolgten, hier epileptische Krampfanfälle infolge eines bei einem Unfall erlittenen Schädel-Hirn-Traumas, die weder lebensbedrohlich ist noch den Verfolgten transportunfähig macht, führt nicht zur Unzulässigkeit der Auslieferung des Verfolgten zum Zwecke der Strafvollstreckung nach Polen. Den Belangen des Verfolgten wird durch die in der Vorabentscheidung der Bewilligungsbehörde nach § 79 Abs. 2 IRG erklärte Absicht, die Bewilligung der Auslieferung an die Bedingung zu knüpfen, dass der Verfolgte in einer Haftanstalt untergebracht wird, in der seine Weiterbehandlung gewährleistet ist, Genüge getan.«.

251 KG vom 12.03.2019 – (4) 151 Ausl 28/19.

252 KG vom 12.03.2019 – (4) 151 Ausl 28/19.

setzt in Konstellationen der Auslieferung deutscher Staatsangehöriger notwendigerweise voraus, dass lediglich inländische Unterbrechungstatbestände anerkannt werden, um zu hinreichend voraussehbaren Rechtsfolgen für die von Auslieferung betroffenen deutschen Staatsangehörigen zu gelangen.[253]

Bei Ausländern mit oder ohne Inlandsbezug (§ 83b Abs. 2) ist ausschließlich das Recht des Empfangsstaates anzuwenden. Eine Überprüfung der Verjährungsregelungen des ersuchenden Staates findet grds. nicht statt.[254] Zu den Ausnahmen: BVerfG StV 2016, 689. Ggf. folgt aus dem Gebot bestmöglicher Sachaufklärung (Art. 2 Abs. 2 GG) die Pflicht, solche Fragen durch Einholung einer Mitteilung des Urteilsstaates zu klären. Gleiches gilt für das Vorliegen dauerhafter Vollstreckungshindernisse (§ 57 Abs. 6 IRG). In Fällen der konkurrierenden Gerichtsbarkeit (§ 9 IRG) gelten die deutschen Verjährungsregelungen.[255]

Faires Verfahren/Waffengleichheit

54 Der **Grundsatz des fairen Verfahrens** ist ein verfassungsrechtlich verankertes, in Art. 6 EMRK ausdifferenziertes, in der StPO jedoch nicht näher geregeltes Prozess- und Wertungsprinzip, das in jeder Lage des Verfahrens zu beachten ist.[256] In Haftsachen soll es gewährleisten, dass der Inhaftierte ein an den Grundsätzen von Gerechtigkeit und Billigkeit orientiertes rechtsstaatliches Verfahren erhält,[257] bei dem das Gericht auch seine Fürsorgepflicht gegenüber dem in seiner Verteidigung stark eingeschränkten Beschuldigten zu wahren hat. Art. 6 Abs. 1 EMRK fordert die beschleunigte Durchführung des Verfahrens und kann auch in Verbindung mit Art. 5 Abs. 3 EMRK (Recht auf Urteil binnen angemessener Zeit) wirksam werden.[258] Aus diesem Grundsatz folgt auch das Prinzip der **Waffengleichheit**, das klarstellt, dass die Personen, die sich vor Gericht in einem Verfahren mit gegenläufigen Interessen gegenüberstehen, gleiche oder gleichwertige Befugnisse bei der Vertretung ihrer Interessen vor Gericht haben.[259] Art. 6 Abs. 1 EMRK erlaubt nur unbedingt notwendige Einschränkungen der Verteidigungsfreiheit und diese müssen hinreichend kompensiert werden.[260] Verstöße gegen den Grundsatz des fairen Verfahrens (Rechtsstaatsprinzip, Art. 20 Abs. 3 GG) begründen aber nicht automatisch Prozesshindernisse, die zur Einstellung des Verfahrens führen.[261] Schwere Verstöße können allerdings eine entsprechende Konsequenz haben.[262]

Der Festgenommene hat ein substanzielles Recht darauf, zu sprechen und gehört zu werden.[263] Das Recht auf Akteneinsicht ist Bestandteil dieses aus Art. 103 GG herzuleitenden Grundsatzes. Das BVerfG hat daher in der Versagung der Akteneinsicht an den Verteidiger eines Inhaftierten die Versagung des rechtlichen Gehörs gesehen und daraus die gefolgert, dass der Haftbefehl auf Tatsachen, die der Akteneinsicht nicht unterliegen, nicht gestützt werden darf und ggf. aufzuheben ist.[264] Zum Recht auf effektive Verteidigung gehört auch die Teilnahme des Verteidigers bei der Vernehmung

253 BVerfG v. 03.09.2009 – 2 BvR 1827/09 Rn. 49.
254 OLG Köln NVwZ-RR 2009, 221 f.
255 OLG Karlsruhe StraFo 2013, 258.
256 BVerfGE 26, 66, 71; 39, 156, 163; 63, 380, 390; 86, 288, 317; BGH 2016, 91; vgl. KK/*Fischer* Einl. Rn. 111. ff.; *Walischewski* StV 2001, 243, 244; und *Pache* EuGRZ 2000, 601 m.w.N. zur Rspr. des EGMR.
257 BGHSt 24, 125, 131; 31, 149, 154.
258 EGMR NJW 2001, 1294 – Kudla.
259 LR/*Esser* EMRK Art. 6 Rn. 286; BVerfGE 38, 105, 111; 63, 45, 61; EGMR StV 2001, 201 ff. oben Rdn. 7; EGMR EuGRZ 2009, 472 (Verletzung d. Akteneinsichtsrechts während U-Haft); BGH StV 1984, 99, 100; BGHSt 36, 305, 309 zu Waffengleichheit und Akteneinsicht.
260 EGMR StraFo 2002, 52 – Atlan; EGMR v. 12.03.2003 Nr. 46221/99 Rn. 140 ff. – Öcalan.
261 *Meyer-Goßner/Schmitt* Einl. Rn. 148; BVerfGE 26, 66, 71; 57, 250, 274.
262 BGH NStZ 2016, 52 zur konventionswidrigen Tatprovokation eines nicht Tatgeneigten durch Ermittlungspersonen.
263 BVerfGE 62, 249 ff., 254; 70, 288, 293; 83, 24, 38.
264 BVerfG vom 11.07.1994 – 2 BvR 777/94, NStZ 1994, 551.

des inhaftierten Beschuldigten[265] und erforderlichenfalls die Hinzuziehung eines Dolmetschers (vgl. Art. 6 Abs. 3e) EMRK).[266] Die Verletzung des rechtlichen Gehörs muss von der Verteidigung jeweils geltend gemacht werden.[267]

Flucht, Haftgrund

S. Haftbefehl Rdn. 70. 55

Fluchtgefahr, Haftgrund

Siehe Haftbefehl Rdn. 71. 56

Fehler und ihre Folgen

Verstöße gegen die durch Art. 104 GG gewährleisteten Voraussetzungen und Formen freiheitsbe- 57
schränkender Gesetze stellen nach der Rspr. des BVerfG stets eine Verletzung der Freiheit der Person dar. Da das gesamte Haftverfahren Tatsacheninstanz ist, können Fehler grds. im jeweiligen Verfahrensstadium geheilt werden, allerdings nur für die Zukunft.[268] Ist der Haftbefehl nichtig, ist eine nachträgliche Heilung nicht mehr möglich. Auch im Verfahren nach § 121 StPO ist eine Heilung nach h.M. nicht mehr möglich.[269]

Formfehler im Ermittlungsverfahren führen nur ausnahmsweise zu einem Beweisverwertungsverbot, denn Verwertungsverbote[270] sind im System der StPO die Ausnahme, da sie den staatlichen Strafanspruch schmälern oder vereiteln.[271] Die Frage, inwieweit besonders schwerwiegende Verfahrensmängel in der Beschwerde zur Zurückverweisung führen müssen, ist umstritten.[272] Formal rechtmäßige Entscheidungen sind aufzuheben, wenn sie auf willkürlichem, missbräuchlichem, irrationalem Handeln des Entscheidungsträgers oder auf völlig unzureichender Beweislage beruhen.[273]

Fehlerhafte Entscheidungsprozesse im Zusammenhang mit der Untersuchungshaft können mangels Einflusses auf die Beweissituation unmittelbar nie zu Beweisverwertungsverboten führen. Sogar bei bewusster Umgehung der Anordnungszuständigkeit des Ermittlungsrichters scheidet ein Verwertungsverbot aus,[274] da die so erlangte Haftentscheidung des unzuständigen Richters keinen Einfluss auf die Beweissituation haben kann. Wird Haft angeordnet, um eine Aussage zu erlangen, ergibt sich das Verwertungsverbot nicht aus dem Formfehler, sondern unmittelbar aus § 136a Abs. 3 StPO.

Zu Fehlern im Haftverfahren s. auch die folgenden Stichworte:

Akteneinsicht Rdn. 7

Anwesenheitsrechte Rdn. 14

Beschleunigungsgebot Rdn. 21

---

265 EGMR v. 24.11.1993 Nr. 32/1992 – Imbrioscia.

266 BVerfG NStZ 2004, 161; *Meyer-Goßner/Schmitt* Art. 6 EMRK Rn. 23a; 25; § 185 GVG erfasst nicht unmittelbar polizeiliche Vernehmungen, KK/*Diemer* § 185 GVG Rn. 1; die Pflicht zur Zuziehung eines Dolmetschers für den Beschuldigten regelt § 163a Abs. 5 StPO i.V.m. § 187 Abs. 1 GVG.

267 SK/*Rogall* Vor § 133 Rn. 94.

268 BVerfG StV 2001, 692.

269 KK/*Gericke* § 121 Rn. 24a; OLG Hamm StV 2000, 153; OLG Oldenburg NStZ 2005, 342; *Burhoff* StraFo 2000, 109, 110.

270 S. dazu MüKo-StPO/*Kudlich* Einleitung Rn. 453 ff. und MüKo-StPO/*Miebach* § 261 Rn. 137 f.

271 BGHSt 40, 211 = StV 1994, 521.

272 KK/*Zabeck* § 309 Rn. 7a, 7b; MüKo-StPO/*Neuheuser* § 309 Rn. 34 f.

273 EGMR EuGRZ 1982, 101, 105 Rn. 56 – X.

274 Anders und zum Teil umstritten für die Beweiserhebungsakte: *Fezer* StV 1989, 290, 292 ff.; *Nelles* StV 1991, 488, 491; *Roxin* NStZ 1989, 376 ff.; *Landau* StraFo 1998, 399.

Gesetzlicher Richter

58 S. Besetzung des Gerichts Rdn. 23.

Haftaufhebungsantrag

59 Die Verteidigung kann jederzeit außerhalb des Haftprüfungs- und Beschwerdeverfahrens schriftlich die Aufhebung oder Außervollzugsetzung des Haftbefehls beim Haftrichter beantragen.[275] Ein solcher Antrag ist sinnvoll, wenn im schriftlichen Verfahren entschieden werden soll und es auf den persönlichen Eindruck des Beschuldigten nicht ankommt. Ist der Beschuldigte in Haft, so wird ein solcher Antrag in der Regel als schriftlicher Haftprüfungsantrag nach § 117 Abs. 1 StPO auszulegen sein. Im Antrag sollte klargestellt werden, dass es sich nicht um eine Beschwerde nach § 304 StPO handelt.

Nur im Ermittlungsverfahren ist der Haftbefehl auf Antrag der StA zwingend aufzuheben, § 120 Abs. 3 S. 1 StPO.

Haftbedingungen

I. Haft- und vollzugsbedingte Beschränkungen nach Bundes- und Landesrecht

60 Die Gesetzgebungskompetenz für das Recht des U-Haftvollzuges liegt bei den Ländern. Die Zuständigkeit für die Regelungen der Haftbeschränkungen ist zwischen Bund und Ländern aufgeteilt. § 119 Abs. 1 StPO benennt dabei zur Klarstellung die zulässigen Zwecke der Untersuchungshaft (die Verhinderung von Flucht, Verdunkelungshandlungen und Wiederholungstaten) ausdrücklich.

§ 119 StPO regelt die haftbedingten Beschränkungen, während die vollzugsbedingten Beschränkungen sich aus den jeweils anwendbaren Landeshaftvollzugsgesetzen ergeben.[276] In der Praxis wird diese Unterscheidung nicht immer konsequent beachtet. Das Haftgericht ist nur soweit zuständig, als es Beschränkungen nach § 119 Abs. 1 getroffen hat. Dabei soll für die Frage der Beschränkungen nicht der im Haftbefehl genannte Haftgrund entscheidend sein. Auf einen Haftbefehl wegen Fluchtgefahr können daher Beschränkungen zur Vermeidung von Verdunkelungshandlungen gestützt werden.[277] Gegen diese Beschränkungen ist die Beschwerde (§ 119 Abs. 5) statthaft. Hat das Haftgericht keinen Beschluss nach § 119 Abs. 1 StPO (sog. Haftstatut/Beschränkungsbeschluss) getroffen, ist für die vollzugsbedingten Maßnahmen ausschließlich die JVA zuständig.

275 KMR/*Wankel/Schuster* vor § 112 Rn. 17; *Schlothauer/Nobis/Voigt/Wolf* Rn. 772 f.
276 Zu den Einzelheiten *Schlothauer/Nobis/Voigt/Wolf* Rn. 995 ff. mit Synopse der Gesetze der Länder in Rn. 1343; *Wiesneth* Rn. 99 ff.
277 OLG Bremen StV 2017, 455.

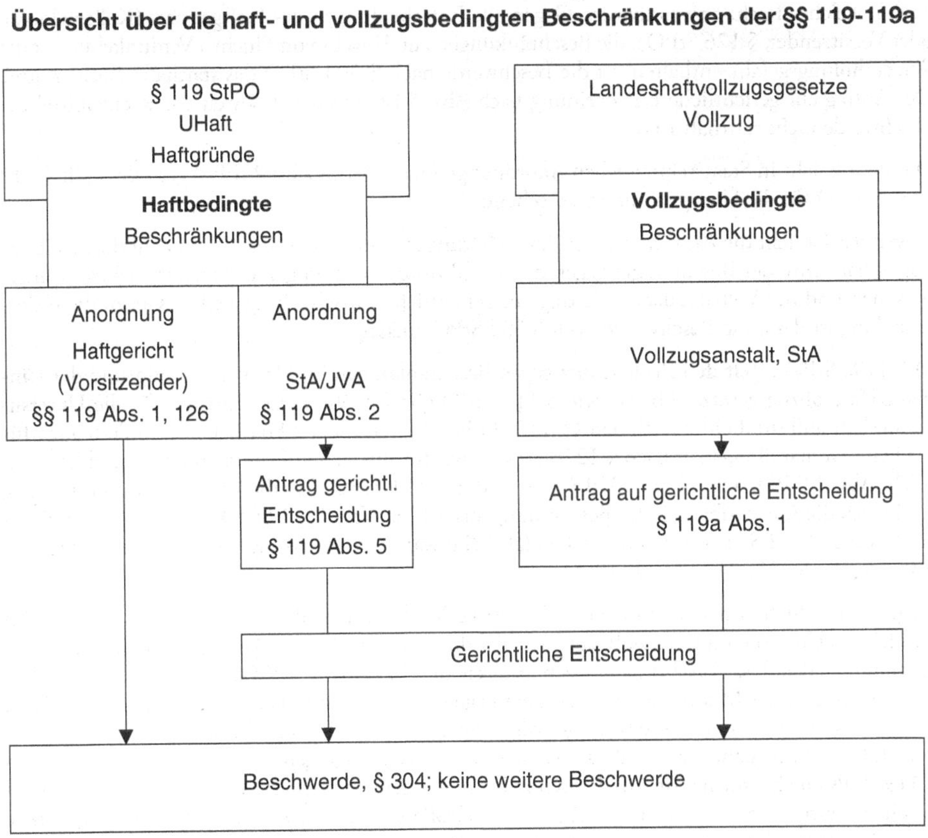

Abb. 7: Schema Beschränkungen in der U-Haft

II. Zuständigkeiten

Nach § 126 Abs. 1 StPO ist der Ermittlungsrichter für die Anordnungen zuständig. Nach Anklage- 61
erhebung geht die Zuständigkeit auf das Hauptsachegericht über (§ 126 Abs. 3 StPO), bei Kollegialgerichten auf deren Vorsitzenden (§ 126 Abs. 3 S. 3 StPO). Für dringende Maßnahmen besteht eine Eilzuständigkeit der StA und der Haftanstalt nach § 119 Abs. 1 S. 4 StPO. Der Haftrichter hat anschließend innerhalb von drei Werktagen über die Fortwirkung von Amts wegen zu entscheiden, bei bestehendem Fortsetzungsfeststellungsinteresse auch nach Erledigung der Maßnahme.[278] Wendet sich der Beschuldigte gegen Maßnahmen, die ihren Grund in der Überhaft haben (z.B. Besuchssperre wegen Verdunkelungsgefahr) entscheidet das für den Erlass der Beschränkungen nach § 126 StPO zuständige Gericht.

III. Anfechtung

a) § 119 Abs. 5 StPO regelt die Statthaftigkeit von Rechtsbehelfen gegen Beschränkungen zur Abwehr 62
von Flucht-, Verdunkelungs- oder Wiederholungsgefahr, § 119a Abs. 1 StPO die Statthaftigkeit von Rechtsbehelfen gegen Entscheidungen im Vollzug der Haft aufgrund des Landesrechts. Gegen beschränkende Anordnungen nach § 119 Abs. 1 StPO stehen dem Beschuldigten je nach anordnender Stelle die Beschwerde oder der Antrag auf gerichtliche Entscheidung zur Verfügung, abhängig

278 *Meyer-Goßner/Schmitt* § 119 Rn. 26.

davon, welches Recht anwendbar ist. Gegen alle Entscheidungen des Haftgerichts (Kollegialorgan oder Vorsitzender, § 126 StPO), die Beschränkungen zur Abwehr von Flucht-, Verdunkelungs- oder Wiederholungsgefahr enthalten, ist die Beschwerde nach § 304 StPO das statthafte Rechtsmittel. Der Antrag auf gerichtliche Entscheidung nach Abs. 5 ist subsidiär (»soweit das Rechtsmittel der Beschwerde nicht statthaft ist«).

Hat das Gericht in Staatsschutzsachen Anordnungen nach § 148 Abs. 2 StPO getroffen, gilt § 119 Abs. 5 StPO für die Überprüfung entsprechend.[279]

Soweit das Gericht die Ausführung der Beschränkungen gem. § 119 Abs. 2 StPO auf die StA übertragen hat, kann der Beschuldigte gegen die Ausführungsanordnungen der StA, ihrer Ermittlungspersonen und der Vollzugsanstalt, Antrag auf gerichtliche Entscheidung stellen. Gegen diese Entscheidung ist dann die Beschwerde nach § 304 StPO zulässig.

b) § 119a StPO regelt den Rechtschutz gegen Beschränkungen im Haftvollzug aufgrund der Länder-UHaftvollzugsgesetze. Ebenso wie § 119 StPO gilt § 119a StPO nicht nur für die Untersuchungshaft aufgrund eines nach den §§ 112, 112a StPO erlassenen Haftbefehls, sondern auch für die Hauptverhandlungshaft nach § 127b StPO sowie für die Haft aufgrund von Haftbefehlen nach § 230 Abs. 2 StPO, den §§ 236, 329 Abs. 4 und 412 S. 1 StPO. Für die vorläufige Unterbringung ergibt sich die Anwendbarkeit der Bestimmung aus § 126a Abs. 2 S. 1 StPO, für die Sicherungshaft aus § 453c Abs. 2 S. 2 StPO und für die Haft bei erwarteter Unterbringung in der Sicherungsverwahrung aus § 275a Abs. 5 S. 4 StPO.

Gegen behördliche Entscheidungen und sonstige Maßnahmen (d.h. faktische Handlungen) im Bereich des Untersuchungshaftvollzugs kann der durch sie Beschwerte Antrag auf gerichtliche Entscheidung stellen. Die Vorschrift lehnt sich insoweit an § 119 Abs. 5 StPO an und geht § 23 EGGVG vor. Der Begriff der **Maßnahme** ist weit auszulegen.[280] Ein Antrag nach § 23 Abs. 1 EGGVG ist nur noch statthaft, wenn keine sonstige Möglichkeit besteht, eine gerichtliche Entscheidung herbeizuführen. Er ist daher nur denkbar, wenn es um Maßnahmen geht, für die der Rechtsweg nach § 119a StPO nicht eröffnet ist. Ob dies schon bei rein organisatorischen Maßnahmen, die sich nicht an einen bestimmten Gefangenen richten (z.B. Größe der Zellen, Anstaltsverpflegung, generelle Organisation der Arbeitsverteilung) gilt, ist umstritten.[281]

Haftbefehl, Eröffnung

63 Wird der Beschuldigte aufgrund bestehenden Haftbefehls ergriffen, ist dieser in der Vorführungsverhandlung nach § 115 StPO zu eröffnen. Bestehen in mehreren Verfahren mehrere Haftbefehle und ist daher Überhaft vorgemerkt, so werden die Haftbefehle nacheinander jeweils dann eröffnet, wenn sie vollzogen werden; also mit Ende der zuvor vollzogenen Haft. Zuständig ist das Gericht, das den Haftbefehl erlassen hat. Die Eröffnung im Rechtshilfeweg ist unzulässig (str., näher s. Stichwort Überhaft Rdn. 137).

Zum Ablauf des Eröffnungstermins Stichwort Ablauf des Haftverfahrens Rdn. 1 und Vorführtermin Rdn. 166.

279 BGH – ErmRi. 14.11.2017 – 4 BGs 156/17.
280 *Wiesneth* Rn. 388; OLG Celle NStZ 2009, 577; KMR/*Wankel/Schuster* § 119a Rn. 3.
281 OLG München NStZ-RR 2021, 127; OLG Koblenz. 29.11.2017 – 2 VAs 18/18; KG NStZ-RR 2011 388; KMR/*Wankel/Schuster* § 119a Rn. 1, 14; KK/*Gericke* Rn. 3; *Schultheis* NStZ 2013 9; LR/Gärtner Rn. 3; MüKo/*Böhm* Rn. 10; aA OLG Hamm NStZ-RR 2012, 62; LG Göttingen NdsRpfl 2016, 24 (Leistungsantrag außerhalb des Vollzugs: Mietkostenzuschuss); *Meyer-Goßner/Schmitt* Rn. 4: § 23 EGGVG; zum Streitstand auch SK-StPO/*Paeffgen* § 119a Rn. 18a.

Haftbefehl, Form und Inhalt (§ 114 StPO)

I. Form, § 114 Abs. 1 StPO

Die U-Haft wird durch schriftlichen Haftbefehl angeordnet. Bei mündlicher Verkündung kann diese Form nachgeholt werden, auch durch Aufnahme in ein richterliches Protokoll. Der Erlass einer Vielzahl gleichlautender Haftbefehle ist unbedenklich, wenn eine Einzelfallprüfung dabei durchgeführt wurde.[282] Bezugnahmen auf andere Schriftstücke sind aber nur zulässig, wenn sie jeder Ausfertigung beigeheftet werden und den Überblick über den Inhalt des Haftbefehls nicht erschweren. 64

II. Inhalt, § 114 Abs. 2 StPO

Der Haftbefehl ist nur vollzugsfähig, wenn er die ausdrückliche **Anordnung** der U-Haft enthält.[283] Der **Beschuldigte** ist genau zu bezeichnen (§ 114 Abs. 2 Nr. 1 StPO). Regelmäßig sind die Personalien anzugeben. Sind diese nicht oder nur teilweise bekannt, so kann eine Personenbeschreibung den Mangel beheben (vgl. § 131 Abs. 4 StPO).[284] 65

Anzugeben ist weiterhin die **Tat im prozessualen Sinne (§ 114 Abs. 2 Nr. 2 StPO)**. Ist der Beschuldigte mehrerer Taten verdächtig, so sind alle anzuführen, auf die der Haftbefehl gestützt werden soll. Jede Tat muss so geschildert werden, dass sie nach Tatort, Tatzeit und den tatsächlichen Vorgängen, in denen die gesetzlichen Merkmale der Straftat in objektiver und subjektiver Hinsicht geschildert sind, bestimmbar ist und von anderen Lebenssachverhalten abgegrenzt werden kann (Umgrenzungsfunktion) und gleichzeitig den Beschuldigten über den gegen ihn erhobenen Vorwurf ins Bild setzt (Informationsfunktion). Im frühen Stadium des Ermittlungsverfahrens dürfen an die Konkretisierung der prozessualen Tat keine hohen Anforderungen gestellt werden. Die Rechtsprechung zur Bestimmtheit der Schilderung der Tat in der Anklage[285] kann daher auf die Sachverhaltsschilderung im Haftbefehl nicht ohne weiteres übertragen werden. Die Tatschilderung muss aber immer aus sich heraus verständlich sein. Bezugnahmen auf Unterlagen, die dem Haftbefehl nicht beigefügt sind, sind unzulässig. Das gilt auch für zeitgleich erlassene Urteile.[286] Spätere Entscheidungen, die den Haftbefehl aufrechterhalten, dürfen auf frühere Begründungen verweisen.[287] Je weiter das Verfahren fortgeschritten ist, desto höhere Anforderungen müssen an Umgrenzungs- und Informationsfunktion des Haftbefehls gestellt werden. Der Haftbefehl während laufender Hauptverhandlung hat daher den gleichen Anforderungen zu genügen wie ein Anklagesachverhalt und ein Haftbefehl nach durchgeführter Beweisaufnahme ist am Urteilssachverhalt zu messen.[288]

III. Formfehler und Folgen

Aus §§ 308 Abs. 2, 309 Abs. 2 StPO ergibt sich die rechtlich und tatsächlich umfassende Prüfungskompetenz des Beschwerdegerichts. Begründungsmängel können daher grds. in der Beschwerdeinstanz geheilt werden. Die Entscheidung darf aber nur auf solche Tatsachen/Beweismittel gestützt werden, die dem Beschuldigten bekannt sind und zu denen er Stellung nehmen konnte. Das Beschwerdegericht kann den dem Haftbefehl zugrunde liegenden Sachverhalt verändern, rechtlich abweichend würdigen oder die Haftgründe austauschen. Die Erweiterung des Haftbefehls um eine weitere prozessuale Tat darf nur das Haftgericht vornehmen; vor Anklageerhebung ist ein Antrag der StA erforderlich. Ein Haftbefehl, der die prozessuale Tat überhaupt nicht erkennen lässt oder 66

282 BVerfG NJW 1982, 29.
283 LR/*Lind* § 114 Rn. 4.
284 KK/*Graf* § 114 Rn. 5; KMR/*Wankel/Schuster* § 114 Rn. 2; *Meyer-Goßner/Schmitt* § 114 Rn. 5.
285 *Meyer-Goßner/Schmitt* § 200 Rn. 7 ff. m.w.N.
286 KK/*Graf* § 114 Rn. 7.
287 KK/*Graf* § 114 Rn. 7.
288 *Burhoff* StraFo 2000, 109, 110; OLG Hamm StraFo 2000, 30.

sonstigen rechtsstaatlichen Voraussetzungen nicht mehr genügt, muss aufgehoben werden.[289] Eine **Zurückverweisung** – entgegen § 309 Abs. 2 StPO – an das Erstgericht[290] scheidet im Verfahren über einen Haftbefehl in der Regel aus, da der Beschuldigte wegen des weitreichenden Eingriffs in seine Freiheitsrechte Anspruch auf eine Sachentscheidung hat. Entweder trägt die Aktenlage den Haftbefehl oder er muss aufgehoben werden. Durch die Zurückweisung darf es insb. nicht zur Verletzung des Beschleunigungsgebotes in Haftsachen kommen.[291]

Haftbefehl, § 112 StPO (Voraussetzungen)

I. Abs. 1. Dringender Tatverdacht

67 1. Der **Verdacht** muss sich auf eine verfolgbare Straftat des Beschuldigten beziehen. Daher schließen nicht nur die fehlende Tatbestandsmäßigkeit, Rechtswidrigkeit oder Schuld, sondern auch Strafausschließungsgründe, nicht behebbare Verfahrenshindernisse oder fehlende Prozessvoraussetzungen den Tatverdacht aus. Bei der Voraussetzung des Tatverdachts sind also das gesamte materielle Recht und die Prozessvoraussetzungen/Prozesshindernisse zu prüfen. Ein (noch) fehlender Strafantrag hindert den Erlass eines Haftbefehls nicht grundsätzlich. § 130 StPO ist zu beachten.

68 2. **Dringender** Tatverdacht bedeutet, dass bei freier Beweiswürdigung aufgrund der aktuellen Beweis- und Verfahrenslage eine hohe Wahrscheinlichkeit für die Verurteilung in einer Hauptverhandlung gegeben ist, d.h. ein höherer Grad an Wahrscheinlichkeit als der »hinreichende Tatverdacht« i.S.v. § 170 Abs. 1 oder § 203 StPO, aber geringer als die zur Verurteilung ausreichende Sicherheit.[292] Der Verdachtsgrad ist deutlich höher als der in Art. 5 Abs. 1c EMRK geforderte »hinreichende Tatverdacht«.[293]

Im **Ermittlungsverfahren** setzt der Haftbefehl keine Anklagereife voraus, denn das Tatbestandsmerkmal des dringenden Tatverdachts ist jeweils nach dem aktuellen Stand der Ermittlungen zu bewerten. Bei erstem Erlass des Haftbefehls nach vorläufiger Festnahme kann regelmäßig die Anklagereife nicht vorliegen. Der Ermittlungsstand wird häufig noch unvollständig sein. Der ausstehende Rest der Ermittlungen hat in die Prognoseentscheidung so weit wie möglich einzufließen. Das Gericht muss seine Entscheidung nach freier Würdigung auf die vorliegenden Tatsachen, nicht aber auf bloße Vermutungen stützen. Haftentscheidungen im **Zwischenverfahren** beruhen auf der Tatsachenbasis des Anklagesachverhalts. Problematisch ist das Verhältnis von dringendem und hinreichendem Tatverdacht im Zwischenverfahren, weil mit gegebenem hinreichendem Tatverdacht der Eröffnungsbeschluss ergehen kann und muss (Eröffnungsreife). Der Zeitpunkt des Eröffnungsbeschlusses bzw. der Eröffnungsreife ist wesentlich für die Frage, ab wann im Hinblick auf die Rspr. des BVerfG[294] mit der Hauptverhandlung begonnen werden muss.[295] Dabei ist zu beachten, dass Entscheidungen zum dringenden Tatverdacht während laufender Einlassungsfrist nach Anklagezustellung noch nicht automatisch den hinreichenden Tatverdacht i.S. des Eröffnungsbeschlusses indizieren. Dieses auf den ersten Blick widersprüchliche Ergebnis ist im Gesetz angelegt und lässt sich damit erklären, dass über die Eröffnung vor Ablauf der Stellungnahmefrist zur Anklage nicht entscheiden werden kann, die Voraussetzungen der Haft aber auch während der Frist vorliegen müssen. Ein Beschuldigter kann nicht deshalb in U-Haft genommen werden oder verbleiben, um die Aufklärung weiterer Straftaten zu sichern, für die kein dringender Tatverdacht besteht und/oder die nicht Grundlage des Haftbefehls sind.[296]

289 OLG Celle StV 2005, 513; OLG Koblenz NStZ-RR 2006, 143; 2008, 92; OLG Oldenburg StV 2005, 226; 342; 2006, 535; KK/*Graf* § 114 Rn. 3; LR/*Hilger* § 114 Rn. 41, § 122 Rn. 25.
290 OLG Düsseldorf StV 1996, 440 mit Anm. *Weider*; OLG Hamm StV 2000, 30, 154.
291 EGMR StV 2008, 475, 479 – Moor – m. Anm. *Hagmann* StV 2008, 484.
292 Allg. M., vgl. nur SK-StPO/*Paeffgen* § 112 Rn. 4.
293 EGMR NJW 1999, 775, 777 – K-F.
294 BVerfG StV 2007, 366, 367.
295 OLG Nürnberg StV 2009, 367 f.; StV 2011, 39.
296 BVerfG StV 2001, 694; KK/*Gericke* § 121 Rn. 17.

Auch nach Urteilserlass wird in der Beschwerde der dringende Tatverdacht überprüft.[297] Der Prüfungsmaßstab ist dabei eingeschränkt (siehe Rdn. 90).

II. Abs. 2. Haftgründe

Die Haftgründe sind im Gesetz abschließend geregelt. Verdeckte (apokryphe) Haftgründe sind unzulässig.[298] 69

1. Flucht oder sich verborgen halten (Nr. 1)

Der Haftgrund muss sich auf **bestimmte Tatsachen** stützen, die im Freibeweisverfahren festgestellt werden. Dabei ist keine Überzeugung des Richters erforderlich.[299] Es genügt, wenn bei einer Gesamtwürdigung überwiegende Gründe für die Annahme von Flucht sprechen.[300] Begibt sich jemand zurück an seinen gewöhnlichen Aufenthaltsort im Ausland, fehlt es jedenfalls dann am für die Flucht erforderlichen Willen, sich der Strafverfolgung zu entziehen, wenn die Rückkehr ohne inneren Zusammenhang mit der Strafverfolgung erfolgt.[301] 70

2. Fluchtgefahr (Nr. 2)

Im Rahmen der Entscheidungsfindung sind alle Aspekte, die für oder gegen Fluchtgefahr sprechen, abzuwägen. Die Umstände müssen nicht feststehen, dürfen aber auch nicht reine Vermutungen sein. Es genügt derselbe Wahrscheinlichkeitsgrad wie beim dringenden Tatverdacht.[302] Ein Gesichtspunkt allein wird in der Regel Fluchtgefahr nicht begründen können, da es immer auf eine Gesamtschau ankommt. Der folgende Kriterienkatalog soll helfen, die relevanten Gesichtspunkte aufzufinden. Dabei ist zu beachten, dass auch das Fehlen sozialer, familiärer oder beruflicher Bindungen oder die Ausländereigenschaft allein die Fluchtgefahr noch nicht indiziert. Die in der Praxis oft zur Begründung der Fluchtgefahr herangezogene (hohe) Straferwartung wird zwar regelmäßig Ausgangspunkt der konkreten Abwägung sein, begründet aber für sich genommen nie die Fluchtgefahr. 71

▶ Fluchtgefahr (Nr. 2)

Kriterienkatalog 72

Bindungen

Familie

Ehe, nichteheliche Bindung

Scheidung

Kinder

soziale Beziehungen, Umfeld, Freunde,

Heimat/Ausländer[303]

---

297 OLG Brandenburg StV 2000, 505.

298 *Schlothauer/Nobis/Voigt/Wolf* Rn. 642 ff.; *Weider* StraFo 1995, 11; zu solchen Haftgründen im Wirtschaftsstrafverfahren *Theile* wistra 2005, 327; im Steuerstrafrecht *Peters* ZWH 2014, 1.

299 KMR/*Wankel/Schuster* § 112 Rn. 4.

300 KK/*Graf* § 112 Rn. 14; *Meyer-Goßner/Schmitt* § 112 Rn. 15. Näher zu Einzelfällen *Burhoff* Ermittlungsverfahren Rn. 4162; nach KG StV 2017, 453 müssen konkrete Tatsachen mit hoher Wahrscheinlichkeit (positiv) feststehen.

301 Näher KK/*Graf* § 112 Rn. 11 f. mit Beispielen und w.N.

302 OLG Celle 08.04.2019 – 3 Ws 102/19.

303 *Schlothauer/Nobis/Voigt/Wolf* Rn. 513 ff.; *Burhoff* Ermittlungsverfahren Rn. 4153, 4155 f. m. umfassenden w.N.

Sprache

Wohnung

Arbeitsplatz, Berufsausübung

eigenes Unternehmen

Grundeigentum im Inland/Ausland

Persönlichkeitsbezogene Kriterien

Alter

Anwaltsbeistand[304]

Gesundheitszustand, schwere/unheilbare Krankheit[305]

Psychische Labilität[306]

Selbststellung[307]

Sucht (Alkohol, sonstige Drogen, Glücksspiel); Therapiemöglichkeiten, Therapieplatz, Therapiebereitschaft[308]

Verbindungen zu kriminellem Milieu

Verhalten in früheren Verfahren

Bisherigen Ladungen im Verfahren (nicht) Folge geleistet

Tatbezogene Kriterien

Straferwartung

- □ Erwartungshorizont; auszugehen ist von der Sicht des Haftrichters, wobei auch der Erwartungshorizont des Beschuldigten mit einzubeziehen ist[309]
- □ Strafrahmen: minder schwerer oder besonders schwerer Fall, Regelbeispiel, Strafrahmenverschiebung nach § 49 StGB i.V.m. zugelassenen (§§ 13, 21, 23 StGB) oder vorgeschriebenen (§ 27 StGB) Gesichtspunkten
- □ Geständnis
- □ straffreie Lebensführung
- □ Zeitablauf seit Tat
- □ Mitwirkung an Tataufklärung, auch an Taten anderer
- □ Tatprovokation
- □ kriminelle Energie
- □ Vortatverhalten
- □ Nachtatverhalten
- □ Täter-Opfer-Ausgleich, § 46a StGB

304 Strafverteidigung-*Deckers* § 5 Rn. 115.

305 Wer sich bewusst aktiv in Zustand der Verhandlungsunfähigkeit versetzt, entzieht sich dem Verfahren; *Meyer-Goßner/Schmitt* § 112 Rn. 18; LR/*Lind* § 112 Rn. 49, 70 ff.

306 »Psychische Flucht« in den Suizidversuch begründet keinen Haftgrund; *Schlothauer/Nobis/Voigt/Wolf* Rn. 549; LR/*Lind* § 112 Rn. 69; a.A. KK/*Graf* § 112 Rn. 18; OLG Hamburg StV 1994, 142 m. Anm. *Schlothauer/Paeffgen* NStZ 1995, 21.

307 BGH StV 1997, 196; OLG Köln StV 1994, 582; OLG Braunschweig StV 1995, 277; OLG Hamburg StV 1995, 420; *Schlothauer/Nobis/Voigt/Wolf* Rn. 464 f.,476.

308 OLG Koblenz StraFo 2006, 53.

309 *Münchhalffen* StraFo 1999, 332, 334; *Burhoff* Ermittlungsverfahren Rn. 4159; OLG Hamm StV 2001, 115; differenzierend Strafverteidigung-*Deckers* § 5 Rn. 110 ff., der wesentlich auf die Sicht des Beschuldigten abstellt; StV 2001, 115.

- □ Anrechnung § 51 StGB
- □ Bewährung zu erwarten § 56 StGB[310]
- □ § 57 StGB

Widerruf in anderer Sache zu erwarten

weitere Straftaten

weitere anhängige Verfahren

Sonstige

Auslandsvermögen

Inlandsvermögen

Reisevorbereitungen

Die Straferwartung ist ein Gesichtspunkt unter mehreren, kann aber nie der einzige sein.[311] Dabei verbieten sich schematische Betrachtungen.[312] Auch der zu erwartende Widerruf der Strafaussetzung ist ein die Fluchtgefahr begründender Gesichtspunkt. Ob hinsichtlich der Nachtat i.S. von § 56 f. Abs. 1 Nr. 1 StGB bereits ein rechtskräftiges Urteil vorliegen muss, ist nach der Entscheidung des EGMR strittig.[313] Jedenfalls muss das Widerrufsverfahren mit allen Verfahrensgarantien des Art. 6 EMRK ausgestattet sein. Das BVerfG hält einen Widerruf ohne rechtskräftige Verurteilung aufgrund eines glaubhaften Geständnisses für verfassungsrechtlich unbedenklich.[314]

Weitere Ermittlungsverfahren können in die Beurteilung dann eingehen, wenn auch insoweit dringender Tatverdacht besteht.[315]

3. Verdunkelungsgefahr

a) Bestimmte Tatsachen

Der in § 112 Abs. 2 StPO genannte Kriterienkatalog ist abschließend.[316] Nur **bestimmte Tatsachen** aus dem Rechtskreis des Beschuldigten, die sich auf Taten beziehen, die den Gegenstand des Haftbefehls bilden,[317] können Grundlage des Verdachts sein. Es muss sich um Tatsachen handeln, die dem Beschuldigten zugerechnet werden können, weil er sie selbst veranlasst hat oder sie steuern kann, z.B. eigenhändige Bedrohung von Belastungszeugen oder durch Dritte, auf die der Beschuldigte Einfluss hat. Spontanes Verhalten bei der Flucht allein weist noch nicht auf Verdunkelungswillen hin.[318] Sind die Ermittlungen noch nicht abgeschlossen und fehlen noch wesentliche Beweismittel, ist dies dem Beschuldigten grundsätzlich nicht zuzurechnen und kann die U-Haft nicht begründen. Aus der **Deliktsnatur** allein lässt sich nicht auf Verdunkelungshandlungen schließen.[319] Auch bei den Deliktsgruppen, die regelmäßig mit Verdunkelungshandlungen verbunden sind, vor allem wenn typischerweise ein enges Beziehungsgeflecht zwischen einer Vielzahl von Beteiligten besteht 73

310 OLG Koblenz StV 2002, 313.

311 *Burhoff* Ermittlungsverfahren Rn. 4157; *Schlothauer/Nobis/Voigt/Wolf* Rn. 513 ff. je m. umfassenden w.N.

312 KG StV 2017, 451 und StV 2017, 453.

313 EGMR StV 2003, 82 (Böhmer vs Deutschland) m. Übersicht zur Rspr. *Peglau* NStZ 2004, 248; vgl. auch *Klinger* NStZ 2012, 70.

314 BVerfGK 14, 144.

315 *Meyer-Goßner/Schmitt* § 112 Rn. 19; *Schlothauer/Nobis/Voigt/Wolf* Rn. 511; KMR/*Wankel/Schuster* § 112 Rn. 8.

316 KMR/*Wankel/Schuster* § 112 Rn. 9.

317 OLG Karlsruhe StV 2001, 686.

318 LG Aachen StV 1997, 535.

319 OLG München StV 1996, 439; OLG Hamm StV 2002, 205 zu Steuerhinterziehung; *Park* wistra 2001, 247 und *Bock* NZWist 2017, 23 zu Wirtschafts- und Steuerstrafsachen.

(z.B. Meineid verbunden mit Strafvereitelung, BtM-Handel, kriminelle Vereinigungen, Straftaten im Zusammenhang mit dem »Rotlichtmilieu«, Bestechung, Aktivitäten im »Darknet«), muss die Verdunkelungshandlung über das der Tat immanente Verdeckungsverhalten hinausgehen.[320] Ein Beweisanzeichen für unzulässige Beeinflussung kann die frühere Verurteilung des Beschuldigten wegen Meineids, Strafvereitelung, Begünstigung, Vortäuschen einer Straftat etc. sein, ebenso, wenn die gesamte Lebensführung auf Täuschung, Bedrohung, Gewalt ausgerichtet ist. Auch aus den Umständen der verfolgten Tat lassen sich Rückschlüsse ziehen, allerdings nur, soweit sie dem Beschuldigten zugerechnet werden können.[321] Es ist nicht erforderlich, dass der Beschuldigte bereits in das Vorbereitungs- oder Versuchsstadium der Verdunkelungshandlung eingetreten ist.[322] Die relevanten Tatsachen werden im Freibeweisverfahren festgestellt.

b) unlauter

74 Das Verhalten muss prozessordnungswidrig sein und die Sachaufklärung in einer vom Gesetz nicht gebilligten Weise erschweren.[323] Damit scheidet zulässiges Verhalten – z.B. Leugnen, Geständniswiderruf, Verweigerung der Mitwirkung im Strafverfahren, (keine) Preisgabe von Mittätern – aus. Auch die Bitte an eine Beweisperson, von ihrem Zeugnisverweigerungsrecht Gebrauch zu machen, ist zulässiges Prozessverhalten, allerdings nur solange, als auf den Zeugen kein unmittelbarer oder mittelbarer Druck ausgeübt wird (z.B. Einsatz der Autorität des Arbeitgebers oder Vorgesetzten).[324] Eigene Ermittlungen des Verteidigers sind zulässig und können, abgesehen davon, dass sie dem Mandanten regelmäßig nicht zurechenbar sind, nur ausnahmsweise Verdunkelungsgefahr begründen, wenn sie gesetzwidrig sind oder in einer vom Gesetz missbilligten Weise den Verfahrensablauf stören und auf Verhalten des Beschuldigten beruhen.[325]

c) Folge (konkrete Gefahr): Erschwerung der Wahrheitsermittlung

75 Wenn der Beschuldigte nichts verdunkeln kann, liegt Verdunkelungsgefahr nicht vor, also wenn die Tat aufgeklärt ist, die entscheidenden Beweise gesichert sind oder alle wesentlichen Aussagen oder ein glaubhaftes Geständnis durch richterliche Protokollierung feststehen.[326] Anklageerhebung oder Durchführung der Hauptverhandlung beenden die Verdunkelungsgefahr nicht automatisch, da Verdunkelungshandlungen gerade vor und während laufender Hauptverhandlung möglich sind und auch häufig vorkommen.[327] Das Urteil der letzten Tatsacheninstanz lässt die Verdunkelungsgefahr hingegen regelmäßig entfallen.[328]

4. Abs. 3 Haftgrund der Tatschwere

76 s. dort Rdn. 98

III. Unverhältnismäßigkeit, Ausschlussgrund, § 112 Abs. 1 S. 2 StPO

77 Die Anordnung der U-Haft ist unzulässig, wenn die **Schwere des Eingriffs** zu der **Bedeutung der Sache** und der damit zu erwartenden strafrechtlichen **Rechtsfolge** nicht im ausgewogenen Verhältnis steht. Als Ausschlussgrund ist die Unverhältnismäßigkeit, wie sich aus dem Wortlaut der Vorschrift

---

320 OLG Köln StV 1999, 323; OLG Frankfurt StV 2000, 152; LR/*Lind* § 112 Rn. 90.

321 KG StraFO 2019, 416; KK/*Graf* § 112 Rn. 29, 31; LR/*Lind* § 112 Rn. 90; aA SK-StPO/*Paeffgen* § 112 Rn. 32a m.w.N.; *Schlothauer/Nobis/Voigt/Wolf* Rn. 605 f.; OLG München StV 1995, 86 und NJW 1996, 941.

322 SK-StPO/*Paeffgen* § 112 Rn. 33.

323 OLG Köln StV 1999, 37.

324 OLG Frankfurt StV 2010, 583; KK/*Graf* § 112 Rn. 31.

325 *Leipold* NJW-Spezial 2008, 728.

326 *Meyer-Goßner/Schmitt* § 112 Rn. 35; OLG Stuttgart StV 2005, 225.

327 KK/*Graf* § 112 Rn. 40; OLG Karlsruhe StV 2001, 120.

328 OLG Bremen StV 2017, 455; KK/*Graf* § 112 Rn. 40; Meyer-Goßner/*Schmitt* § 112 Rn. 35.

ergibt, nur zu beachten, wenn sie festgestellt ist, nicht schon, wenn Zweifel bleiben. Der Grundsatz in dubio pro reo gilt nach h.M. nicht.[329]

1. Schwere des Eingriffs

Die Dauer der U-Haft bestimmt die Schwere des Grundrechtseingriffs, wobei erhebliche Vollzugs- 78
unterbrechungen zu berücksichtigen sind. Die Haft ist nur zulässig, wenn die vollständige Aufklärung der Tat oder die rasche Durchführung des Verfahrens einschließlich der Urteilsvollstreckung nicht anders gesichert werden kann.[330] Verfahrensverzögerungen müssen bereits bei der Anordnung der U-Haft berücksichtigt werden, nicht erst bei der OLG-Haftprüfung.[331] Näher zum Beschleunigungsgebot s. Rdn. 21.

2. Bedeutung der Sache

Sie richtet sich nach Art und Schwere der Straftat, der damit zusammenhängenden abstrakten Straf- 79
androhung sowie den täterbezogenen Umständen, insbesondere der Schwere der Schuld. Sie zeigt sich auch im Gesichtspunkt der Verteidigung der Rechtsordnung (»positive Generalprävention«), d.h. dem Bedürfnis der Allgemeinheit an zügiger und effektiver Durchführung des Strafverfahrens. Dies wird am ehesten bei Straftaten gegeben sein, die wegen ihrer potenziellen Gefährlichkeit geeignet sind, den Rechtsfrieden in der Gesellschaft zu stören, wie insbesondere organisierte Kriminalität.[332] Auch im Bereich der Kleinkriminalität ist die Anordnung von U-Haft grundsätzlich möglich, wie sich aus § 113 StPO und den dort genannten Delikten ergibt. Bei der Verhältnismäßigkeitsprüfung ist das Bagatellwesen zu berücksichtigen. Dient die U-Haft (nur) noch der Vollstreckungssicherung, sind besonders strenge Maßstäbe an die Verhältnismäßigkeit anzulegen, da es sich dabei nur um einen Nebenzweck der U-Haft handelt. Insbesondere ist in den Blick zu nehmen, ob (infolge des eingelegten Rechtsmittels) eine erneute (vollständige) Tatsacheninstanz hoch wahrscheinlich ist.[333]

3. Rechtsfolgen

Die U-Haft wird spätestens unverhältnismäßig, wenn sie die zu erwartende vollzogene freiheitsent- 80
ziehende Rechtsfolge erreicht oder gar übersteigt, nicht jedoch das Erreichen des 2/3-Zeitpunkts[334]. Ein bereits ergangenes Urteil ist für die Rechtsfolgenerwartung ausschlaggebend. Die Möglichkeit des Erlasses eines Strafbefehls macht zumindest den Vollzug der Haft unverhältnismäßig.[335] Auch der außer Vollzug gesetzte Haftbefehl und der Haftbefehl, für den Überhaft vorgemerkt ist, müssen aufgehoben werden, wenn die Voraussetzungen nicht mehr gegeben sind, denn bereits die Existenz des Haftbefehls beschwert den Beschuldigten.[336] Nicht hinnehmbare Verstöße gegen das Beschleunigungsgebot führen regelmäßig zur Aufhebung des (außer Vollzug gesetzten) Haftbefehls.[337]

4. Abwägungsgesichtspunkte

Im Rahmen der Abwägung der Schwere des Eingriffs in die Rechtssphäre des Einzelnen gegen das 81
Strafverfolgungsinteresse der Allgemeinheit, d.h. der Bedeutung der Strafsache und der Rechtsfolgenerwartung, können folgende Abwägungsgesichtspunkte von Bedeutung sein:

---

329 KK/*Graf* § 112 Rn. 46; differenzierend SK-StPO/*Paeffgen* § 112 Rn. 10; a.A. LR/*Lind* § 112 Rn. 110.
330 BVerfGE 20, 144, 148.
331 BVerfG StV 2006, 248; KK/*Graf* § 112 Rn. 48; *Schlothauer/Nobis/Voigt/Wolf* Rn. 456; m.w.N.
332 *Meyer-Goßner/Schmitt* § 112 Rn. 11; a.A. LR/*Lind* § 112 Rn. 108 m.w.N.; SK-StPO/*Paeffgen* § 112 Rn. 16.
333 KG StV 2017, 748.
334 BGH NStZ-RR 2018, 255.
335 *Schlothauer/Nobis/Voigt/Wolf* Rn. 538 ff.
336 BVerfGE 53, 152, 158 f.; BVerfG StV 2006, 251.
337 BVerfG StV 2006, 87 m. Anm. *Jahn* NJW 2006, 652; *Pieroth/Hartmann* StV 2008, 280; KK/*Graf* § 112 Rn. 48 f.

Beschuldigter:

- Bewährungsstrafen: Ist die Aussetzung der Freiheitsstrafe zu erwarten, so hindert das nicht grundsätzlich den Erlass eines Haftbefehls (arg. ex § 113 StPO).[338]
- Verlust der Arbeit/Wohnung;
- Verlust/Beeinträchtigung des sozialen Umfeldes;
- Betreuung minderjähriger Kinder, die nicht anderweitig aufgefangen werden kann;
- Entfremdung/Desozialisation;
- Krankheit: Es gibt keinen allgemeinen Haftausschließungsgrund der schweren Krankheit.[339] Vielmehr muss in jedem Einzelfall der staatliche Strafanspruch vor dem Hintergrund der Schwere des vorgeworfenen Deliktes gegen den Grundrechtseingriff abgewogen werden.
- Strafzumessungsgesichtspunkte.

Allgemeininteressen:

- Beschleunigungsgebot: Ist abzusehen, dass das Verfahren in absehbarer Zeit nicht beendet werden kann, so ist dies in die Abwägung einzustellen und der Haftantrag abzulehnen oder der Haftbefehl aufzuheben,[340] wenn die Verzögerung nicht dem Beschuldigten zuzurechnen ist.[341]
- verletztes Rechtsgut;
- abstrakte Rechtsfolgenerwartung;
- konkrete Straferwartung;
- Verteidigung der Rechtsordnung.

Haftbefehl, Wiederholungsgefahr/Sicherungshaft, § 112a StPO

82 Der **Normzweck** des § 112a StPO[342] ist – anders als § 112 StPO, der die Sicherung des Fortgangs des Verfahrens bezweckt – eine vorbeugende Maßnahme der **Sicherungshaft** und damit die Vorwegnahme der Urteilswirkung zum Schutz der Allgemeinheit vor weiteren erheblichen Straftaten besonders gefährlicher Täter. § 112a StPO enthält einen retrospektiven und einen prognostischen Teil.[343]

Der Haftgrund dient dem Schutz der Allgemeinheit vor weiteren Straftaten und dem Schutz des Opfers, wie sich aus Abs. 1 Nr. 1 und dem dort aufgenommenen § 238 Abs. 2 und 3 StGB ergibt. Der Haftbefehl darf daher nur auf § 112a StPO gestützt werden, wenn die Voraussetzungen des § 112 StPO nicht gegeben sind oder dessen Voraussetzungen zwar vorliegen, der Haftbefehl aber außer Vollzug gesetzt werden müsste, **Subsidiarität (§ 112a Abs. 2 StPO)**. Der Haftbefehl darf auch nicht hilfsweise auf Wiederholungsgefahr gestützt werden.[344] Die Höchstdauer der U-Haft ist auf ein Jahr beschränkt, § 112a StPO. Je nachdem, ob es sich um Anlasstaten nach § 112a Abs. 1 Nr. 1 oder Nr. 2 StPO handelt, sind die Haftvoraussetzungen verschieden. Bei den Anlasstaten des § 112a Abs. 1 Nr. 2 StPO sind zusätzliche besondere Voraussetzungen zu prüfen. Auch der Haftbefehl nach § 112a StPO kann außer Vollzug gesetzt werden.[345] Zu § 112a StPO im Jugendrecht s. unten Rdn. 117.

338 Vgl. LR/*Lind* § 112 Rn. 112, 116 m.w.N; vgl. auch *Wieneck* NStZ 2019, 702, 703.
339 Meyer-Goßner/*Schmitt* § 112 Rn. 11a m.w.N.
340 OLG Köln StV 1994, 584; OLG Düsseldorf StV 1988, 390.
341 LR/*Lind* § 112 Rn. 117.
342 Ausführlich *Wieneck* NStZ 2019, 702.
343 SK-StPO/*Paeffgen* § 112a Rn. 8, 16.
344 Meyer-Goßner/*Schmitt* § 112a Rn. 17.
345 OLG Köln StraFo 1997, 150; OLG Celle StV 1995, 644.

Voraussetzungen des Haftbefehls wg. Wiederholungsgefahr, § 112a StPO

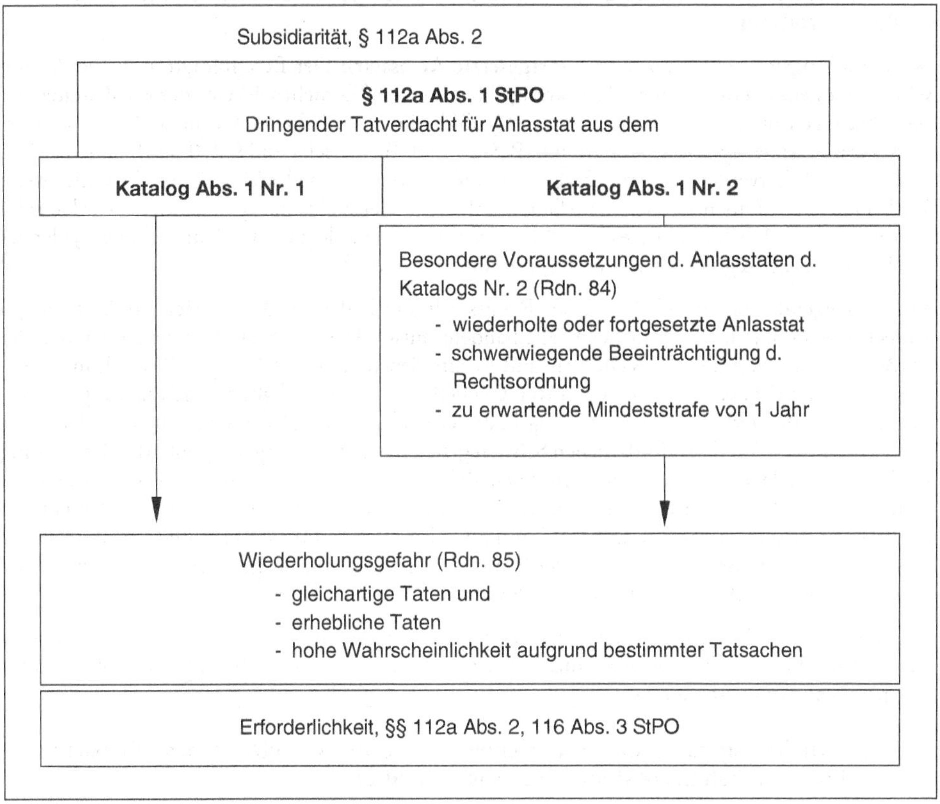

Abb. 8: Prüfungsschema Wiederholungsgefahr

I. Katalogtaten (Anlasstaten) nach § 112a Abs. 1 Nr. 1 oder Nr. 2 StPO

Der Katalog beider Varianten ist abschließend. Es muss jeweils ein dringender Tatverdacht wie bei 83
§ 112 Abs. 1 StPO gegeben sein. Bei den Anlasstaten der Nr. 2 müssen die sogleich aufgeführten zusätzlichen Voraussetzungen vorliegen. Für beide Varianten, d.h. Nr. 1 und Nr. 2 gelten dann die bei Rdn. 85 genannten Tatbestandsmerkmale. Bei den Katalogtaten der Nr. 1 (Straftaten gegen die sexuelle Selbstbestimmung und beharrlicher Nachstellung nach § 238 Abs. 2 und 3 StGB, sog. Stalking/Deeskalationshaft[346]) kann im Rahmen konkreter Einzelfallprüfung bereits die einmalige Verfehlung auf schwere Persönlichkeitsmängel hinweisen, die weitere ähnliche Taten befürchten lassen, da besonders schutzbedürftige potenzielle Opfer betroffen sind und bei erwachsenen Tätern dieser Deliktsgruppe regelmäßig Persönlichkeitsstörungen vorliegen, die eine Wiederholung befürchten lassen (str.).[347] Bei den Katalogtaten der Nr. 2 handelt es sich um typische Serienstraftaten.

346 *Knauer/Reinbacher* StV 2008, 377: nur in verfassungskonformer Auslegung bei § 112a anwendbar.

347 KK/*Graf* § 112a Rn. 7, 7a; *Diemer-Nicolaus* NJW 1972, 1694; differenzierend für den Einzelfall OLG Thüringen StV 2014, 750; gegen Generalisierung: OLG Köln StV 2003, 169; ablehnend SK-StPO/*Paeffgen* § 112a Rn. 9a.

II. Katalogtaten (Anlasstaten) nach § 112a Abs. 1 Nr. 2 StPO; besondere zusätzliche Voraussetzung: Wiederholungstat und schwerwiegende Beeinträchtigung der Rechtsordnung

84 **Wiederholungstat (wiederholte und fortgesetzte Anlasstat)**: Der Beschuldigte muss verdächtig sein, mindestens zweimal durch selbstständige Handlungen (Tatmehrheit) eine der Katalogtaten der Nr. 2 begangen zu haben, wobei auch die in Qualifikationen enthaltenen Grunddelikte als Wiederholungstat herangezogen werden dürfen (z.B. § 255 StGB einerseits und § 250 StGB andererseits). Der dringende Tatverdacht muss sich aber nur auf mindestens eine Katalogtat beziehen, die zweite Tat kann auch in (einem) anderen Verfahren anhängig oder rechtskräftig abgeurteilt worden sein. § 112a Abs. 1 S. 2 StPO stellt dies klar.[348] Eine zeitliche Grenze legt das Gericht nicht fest. Je länger die Tat her ist, desto größer wird der Begründungsaufwand.[349]

Schwerwiegende Beeinträchtigung der Rechtsordnung bedeutet, dass es sich konkret um im Unrechtsgehalt überdurchschnittliche Fälle handeln muss, die geeignet sind, in weiten Kreisen der Bevölkerung das Vertrauen in Sicherheit und Rechtsfrieden zu beeinträchtigen.[350] Auch in diesem Zusammenhang ist der Begriff der »positiven Generalprävention« (Erhaltung und Stärkung des Vertrauens in die Bestands- und Durchsetzungskraft der Rechtsordnung) von Bedeutung.[351] Nach h.M muss jede einzelne Tat den erforderlichen Schweregrad aufweisen.[352] Ausgangspunkt der Betrachtung ist die prozessuale Tat (§ 264 StPO), in deren Rahmen auch tatmehrheitlich zusammentreffende Delikte zu berücksichtigen sind. Im Rahmen der juristischen Handlungseinheit sind bei Serientaten die Fälle der Bewertungseinheit im BtMG und NpSG[353] noch von Bedeutung. Die schwerwiegende Beeinträchtigung muss sich gerade aus der Beeinträchtigung der Rechtsgüter ergeben, deren Schutz § 112a StPO durch Aufnahme in den Katalog dient.[354]

Die Anforderung, dass eine **Mindestfreiheitsstrafe** von einem Jahr zu erwarten ist, soll verhindern, dass in den Fällen der Nr. 2 die Sicherungshaft die Vollstreckung einer Freiheitsstrafe vorwegnimmt, die später gar nicht verhängt wird.

III. Wiederholungsgefahr: hohe Wahrscheinlichkeit der Fortsetzung des erheblichen strafbaren Verhaltens (Katalog Abs. 1 Nr. 1 und 2)

85 Aufgrund bestimmter **Indiztatsachen** kann angenommen werden, dass der Täter die Serie gleichartiger Straftaten des Katalogs nach § 112a Abs. 1 Nr. 1 oder Abs. 1 Nr. 2 StPO fortsetzen wird. Schon die Serientaten selbst sind solche bestimmten Tatsachen. Ob sie allein ausreichen, bestimmt sich danach, welche kriminelle Aggressivität sich aus den Einzelheiten der Tatausführung (z.B. Zahl, Durchführung, Frequenz) ergibt.[355] Hinzu kommen die Tatsachen aus dem Leben des Täters oder seiner Umgebung, z.B. Vortaten, Lebensverhältnisse, Drogenabhängigkeit, soziales Umfeld/Umgang,

348 Meyer-Goßner/*Schmitt* § 112a Rn. 8; *Schlothauer/Nobis/Voigt/Wolf* Rn. 634 m.w.N..
349 *Wieneck* NStZ 2019, 702, 705.
350 OLG Karlsruhe StV 2017, 456: »solche, die ihrer Schwere nach mindestens in der oberen Hälfte der von dem Straftatenkatalog erfassten Tatmuster einzustufen sind; neben der Art der Tatbegehung stellen insoweit insbesondere Art und Ausmaß des angerichteten Schadens im Einzelfall ein gewichtiges Indiz dar.«.
351 Ausdrücklich anerkannt in BVerfG NJW 1977, 1525, 1531; OLG Karlsruhe NStZ-RR 2006, 210 zur Opfersicht bei § 112a.
352 KK/*Graf* § 112a Rn. 14a; OLG Köln StV 1996, 158; OLG Frankfurt StV 2000, 209; StV 2016, 816; OLG Karlsruhe StV 2002, 149.
353 *Fischer* StGB Vor § 52 Rn. 12 ff. und Kap. 34 Rdn. 11, 25.
354 *Nerée* StV 1993, 220.
355 OLG Oldenburg StV 2010, 140; vgl. auch MüKo-StPO/*Böhm* § 112a Rn. 44 ff.; kritisch SK-StPO/*Paeffgen* § 112a Rn. 17 ff.

Kontakt zu kriminellem Milieu, Straftaten kurz nach Haftentlassung oder in Kenntnis laufender Ermittlungsverfahren.[356] Die Tatsachen werden im Freibeweisverfahren festgestellt.

Haftbeschwerde, § 304 StPO

I. Allgemein

1. Übersicht über den Ablauf der Haftbeschwerde

Die Beschwerde gegen Haftentscheidungen folgt den allgemeinen Regeln der Beschwerde nach § 304 ff. StPO,[357] mit folgenden Besonderheiten: 86

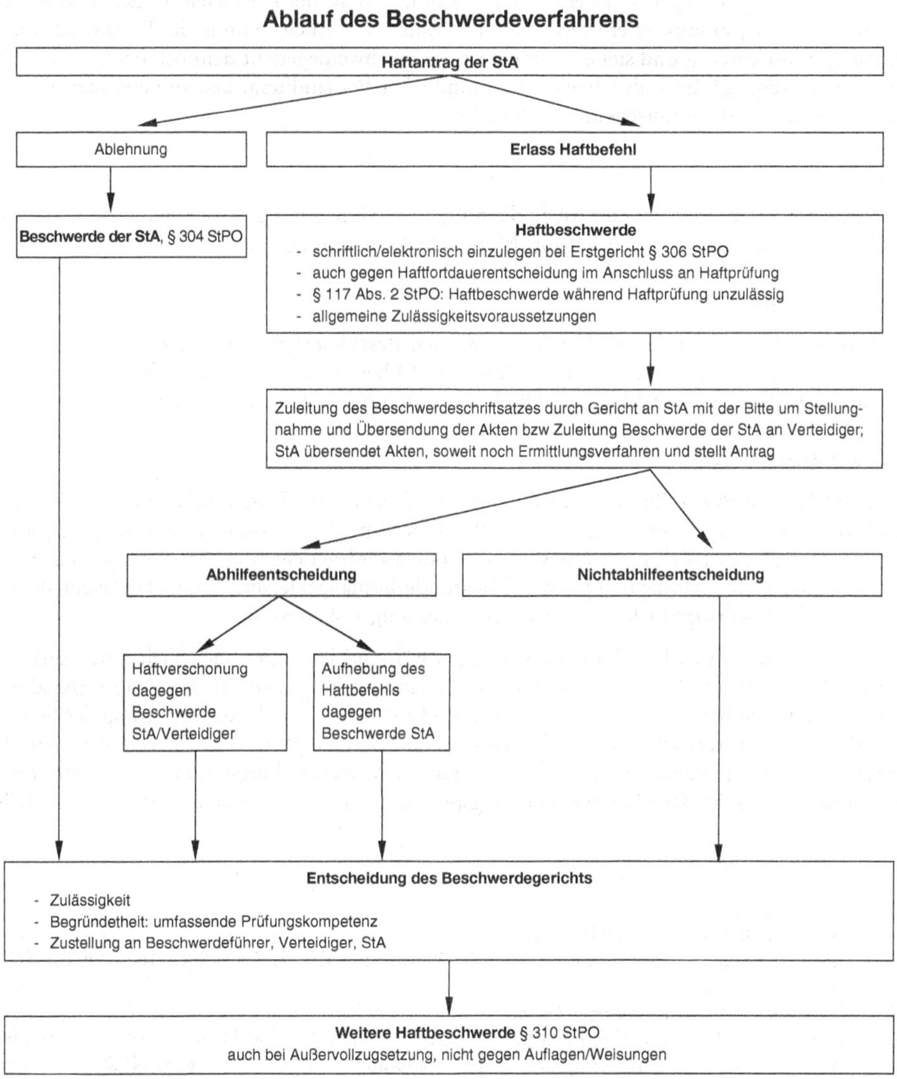

Abb. 9: Ablaufschema des Haftbeschwerdeverfahrens

356 KK/*Graf* § 112a Rn. 19; Meyer-Goßner/*Schmitt* § 112a Rn. 14.
357 KMR/*Albrecht* § 304 Rn. 1 ff.

2. Angriffsziel

87 Die Beschwerde greift den Haftbefehl in seiner zuletzt ergangenen Form an. Dabei ist in der Beschwerdebegründung besonders darauf zu achten, dass Haftbefehle häufig abgeändert und aktualisiert, Haftgründe ausgetauscht werden. Auch in der Haftfortdauerentscheidung im Anschluss an einen Haftprüfungstermin können die Haftgründe und die Straftatbestände ausgewechselt oder ergänzt worden sein, ohne dass ein vollständig neuer Haftbefehl formuliert werden müsste. Eine Ausnahme kann lediglich dann in Betracht kommen, wenn die Haftfrage in der früheren Entscheidung umfangreich erörtert und die nachfolgende (letzte) Haftentscheidung ohne neue tatsächliche Erwägungen getroffen worden ist.[358] Die Beschwerdeinstanz ist eine Tatsacheninstanz, in der sowohl die Sach- als auch die Rechtslage völlig neu bewertet werden kann.[359] Wird der Haftbefehl in der Beschwerdeinstanz abgeändert, so muss er eröffnet werden (s. Rdn. 152). Auch wenn in der Beschwerde meist Rechtsfragen im Vordergrund stehen werden, ist das Beschwerdegericht dennoch befugt, die Sachlage selbstständig, ggf. nach durchgeführter mündlicher Verhandlung, neu zu gewichten und ist nicht an die angegriffene Entscheidung gebunden.

3. Verfahren

88 Das **Verfahren** ist in der Regel schriftlich, die mündliche Verhandlung ist zwar möglich, kommt in der Praxis aber kaum vor (siehe Stichwort Mündliche Verhandlung Rdn. 118).

4. Beschleunigung

89 Das Verfahren steht unter dem Gebot der besonderen **Beschleunigung** in Haftsachen (über § 306 Abs. 2 Hs. 2 StPO hinaus). Gemäß § 307 Abs. 1 StPO hemmt die Beschwerde den Vollzug nicht. Das Ausgangsgericht hat zunächst eine Abhilfeentscheidung zu treffen, § 306 Abs. 2 Hs. 1 StPO.

5. Prüfungsumfang

90 Aus § 309 Abs. 2 StPO ergibt sich, dass das Beschwerdegericht die Haftentscheidung umfassend in rechtlicher und tatsächlicher Hinsicht überprüft. Eine Zurückverweisung an das Ausgangsgericht kommt daher grundsätzlich nicht infrage.[360] Das Beschwerdegericht prüft das Vorliegen der Haftvoraussetzungen selbstständig und kann ggf. Begründungsmängel heilen.[361] Ein Haftbefehl, der die prozessuale Tat überhaupt nicht erkennen lässt, muss aufgehoben werden.[362]

Der Prüfungsmaßstab ist bei Haftentscheidungen während laufender oder nach durchgeführter **Hauptverhandlung** auf die Frage beschränkt, ob die Entscheidung auf die in der Hauptverhandlung gewonnenen wesentlichen Tatsachen gestützt ist und auf einer vertretbaren Bewertung der Beweisergebnisse beruht. Das Beschwerdegericht darf nur eine Vollständigkeits- und Plausibilitätskontrolle vornehmen, da die Beschwerdeinstanz keine »Nebenhauptverhandlungsinstanz« ist.[363] Vorrangige Tatsachengrundlage ist das Hauptverhandlungsprotokoll, (soweit schon ausgefertigt) die Urteils-

---

358 KG v. 15.08.2016 – 5 Ws 124/16, *juris*.

359 S. auch gleich Rdn. 90, *Meyer-Goßner*/Schmitt § 309 Rn. 3 f.; KK/*Zabeck* § 308 Rn. 16, § 309 Rn. 6–12; KK/*Graf* § 115 Rn. 21.

360 KMR/*Albrecht* § 309 Rn. 9; *Meyer-Goßner*/Schmitt § 309 Rn. 7; s. auch oben Rdn. 66.

361 Vgl. bereits oben Rdn. 66; OLG Karlsruhe StV 2001, 118; a.A. OLG Koblenz StV 1994, 316 (im Fall der Haftfortdauer trotz Aussetzung der Hauptverhandlung); nach OLG Stuttgart NJW 1982, 1296; OLG Düsseldorf StV 1996, 440, 441 m. abl. Anm. *Weider* soll das Beschwerdegericht einen Haftbefehl selbst erlassen können.

362 OLG Oldenburg StV 2005, 226.

363 BVerfG v. 23.01.2008 – 2 BvR 2625/07 Rn. 61; BGH StV 1991, 525 m. Anm. *Weider*; StV 2004, 143; BGH 29.10.2020 – StB 38/20; OLG Karlsruhe StV 2001, 118; KG StV 2001, 689; OLG Jena StV 2005, 559; OLG Hamm bei *Burhoff* StraFo 2006, 60.

gründe und ergänzend der Akteninhalt.[364] Das Ausgangsgericht muss spätestens in der Nichtabhilfeentscheidung[365] darlegen, auf welche in der Hauptverhandlung erhobenen Beweise es den dringenden Tatverdacht stützt und welche Beweisergebnisse in der weiteren Hauptverhandlung noch zu erwarten sind. Zwar ist eine vertiefte Auseinandersetzung mit der bisherigen Beweisaufnahme nicht erforderlich, es muss aber zumindest im Ansatz dargestellt werden, welche Beweisergebnisse die Beweismittel erbracht haben. Haben sich Änderungen zu vorherigen Haftentscheidungen oder der Aktenlage ergeben, sind diese dazulegen.[366] Diese Einschränkung ist der revisionsrechtlichen Prüfungskontrolle ähnlich. Der Tatrichter ist aufgrund der mündlichen Hauptverhandlung sachnäher (s. aber den Sonderfall Rdn. 24). Eine Neubewertung des Tatverdachts ist daher am Maßstab des Wiederaufnahmerechts zu messen.[367] Durch nachträgliche Ergänzung der Haftentscheidung um das Ergebnis der Beweisaufnahme kann der Tatrichter Begründungsmängel heilen.[368]

II. Zulässigkeit der Beschwerde

1. Statthaftigkeit

Die Beschwerde ist statthaft gegen den 91

- vollzogenen Haftbefehl,
- den noch nicht vollzogenen oder noch nicht eröffneten[369] Haftbefehl,
- den derzeit nicht vollzogenen Haftbefehl (Überhaft),
- den außer Vollzug gesetzten Haftbefehl,
- gegen einzelne Auflagen im Rahmen des außer Vollzug gesetzten Haftbefehls.
- Nach Aufhebung des Haftbefehls bleibt die Beschwerde zulässig und ist als Antrag auf Feststellung der Rechtswidrigkeit auszulegen.[370]

Die allgemeine Einschränkung der Beschwerde im Hauptverfahren gilt für die Haftbeschwerde nicht, § 305 S. 2 StPO. Die wiederholte Beschwerde gegen denselben Haftbefehl ist unzulässig solange er nicht in seinem Bestand (Tatvorwurf, Haftgründe) verändert wird oder sich die Tatsachengrundlage geändert hat.

2. Subsidiarität, § 117 Abs. 2

Neben der Haftprüfung ist die Haftbeschwerde unzulässig, § 117 Abs. 2 StPO. Nur die Beschwerde, 92
die sich gegen die Aufrechterhaltung des Haftbefehls oder seine Außervollzugsetzung richtet, wird von dem Verbot der Gleichzeitigkeit betroffen. Das gilt auch für die weitere Beschwerde. Beschwerden, die einen anderen Inhalt haben, bleiben von dem Antrag auf Haftprüfung unbeeinflusst. Wer den Antrag auf Haftprüfung stellt, ist unerheblich: Nicht nur durch den Antrag des Beschuldigten, auch durch den Antrag des gesetzlichen Vertreters (§§ 118b, 298 StPO) oder des Verteidigers wird die Beschwerde unzulässig. Legt der Beschuldigte Haftprüfung und Haftbeschwerde **gleichzeitig** ein, nimmt dann aber seinen Haftprüfungsantrag wieder zurück, so bleibt die Beschwerde dennoch unzulässig, kann aber erneut erhoben werden (str.).[371] Auch die nach Einlegung der Haftbeschwerde beantragte Haftprüfung macht die ursprünglich zulässige Haftbeschwerde nachträglich unzulässig, das Beschwerderecht lebt nicht wieder auf.[372]

---

364 OLG Karlsruhe StV 2001, 119.
365 Vgl. BGH NStZ-RR 2016, 217.
366 BGH NJW 2017, 341 m. Anm. *Peglau.*
367 BGH StV 2004, 142.
368 OLG Karlsruhe StV 2001, 118.
369 OLG Hamm NStZ-RR 2001, 254.
370 BVerfG NStZ-RR 2017, 379 zur weiteren Beschwerde.
371 Meyer-Goßner/*Schmitt* § 117 Rn. 14; vgl. auch LR/*Lind* § 117 Rn. 31.
372 LR/*Lind* § 117 Rn. 29; KK/*Graf* § 117 Rn. 8.

3. Prozessuale Überholung und Umdeutung

93 Mit Rechtskraft des Urteils ist der Haftbefehl prozessual überholt und die Haftbeschwerde wird gegenstandslos. Nach neuerer Rechtsprechung des BVerfG[373] muss aber grundsätzlich eine fachgerichtliche Entscheidung über die Rechtmäßigkeit der Haft herbeigeführt werden können. Daher wird man dem Postulat des BVerfG nur gerecht, wenn die erledigte Beschwerde in einen Antrag auf Feststellung der Rechtswidrigkeit umgedeutet wird. Die noch nicht verbeschiedene Haftbeschwerde wird auch durch die Entscheidung des Strafsenats des OLG gemäß § 122 StPO gegenstandslos. Nach Durchlaufen des Instanzenzuges ist eine erneute Haftbeschwerde unzulässig und in einen Haftprüfungsantrag umzudeuten oder, wenn dieser nicht statthaft ist, in einen Antrag auf Aufhebung, § 120 StPO.[374] Gegen die Haftprüfungsentscheidung ist dann wieder die Beschwerde zulässig.[375] Zur Umdeutung nach Übergang der Zuständigkeit s. unten Rdn. 140.

4. Beschwerdeberechtigung

94 Auch der außer Vollzug gesetzte Haftbefehl begründet die Beschwer des Beschuldigten, da die Haftverschonung jederzeit wieder aufgehoben oder verschlechtert werden kann (»Damoklesschwert«). Der Nebenkläger ist nicht beschwerdeberechtigt, denn Bestand und Vollzug des Haftbefehls betreffen seine Rechtsstellung nicht unmittelbar.[376]

III. Begründung

95 In der Begründung ist zu beachten, dass die Beschwerdeinstanz eine eigene Tatsacheninstanz ist. Es kommt auf den Entscheidungszeitpunkt der Beschwerdeentscheidung an, nicht auf den des Haftbefehlserlasses. In der Beschwerde sind Abänderungen, Ergänzungen auch zulasten des Beschwerdeführers möglich.[377] Das **Verschlechterungsverbot** gilt grundsätzlich nicht. Auch wenn der Haftbefehl zum Zeitpunkt des Erlasses rechtswidrig gewesen sein sollte, nachträglich aber (neue) Haftgründe entstanden sind, kann das Beschwerdegericht den Haftbefehl aktualisieren und die Beschwerde verwerfen. Die Wiederinvollzugsetzung eines nach § 116 StPO ausgesetzten Haftbefehls durch das Beschwerdegericht bei Beschwerde des Beschuldigten ist jedoch unzulässig, da wegen der eingeschränkten Invollzugsetzungsmöglichkeiten nach § 116 Abs. 4 StPO im Haftverfahren eine Sondersituation besteht, die derjenigen der §§ 331, 358 Abs. 2, 373 Abs. 2 StPO entspricht.[378]

Vor Erlass der Beschwerdeentscheidung erhält die StA rechtliches Gehör und wird in der Regel eine Stellungnahme abgeben. Es ist sinnvoll, im Beschwerdeschriftsatz bereits die Übersendung dieser Stellungnahme zu beantragen, da die Verteidigung noch Gegenargumente vorbringen darf.

Die Haftbeschwerde ist zwar nicht fristgebunden, aber es besteht die Beschleunigungsfrist des § 306 Abs. 2 Hs. 2 StPO, die der Verteidiger im Auge behalten sollte. Telefonische Nachfragen bei StA und Gericht können das Verfahren beschleunigen. Die Nichteinhaltung der Frist wird nach h.M. nur im Rahmen einer möglichen Verletzung des Beschleunigungsgebotes berücksichtigt.[379]

373 BVerfG NStZ-RR 2017, 379.
374 KG v. 15.8.2016 – 5 Ws 124/16, *juris*.
375 KK/*Graf* § 114 Rn. 24; OLG Düsseldorf StV 1992, 237.
376 OLG München StV 2014, 28; *Meyer-Goßner*/Schmitt § 400 Rn. 1.
377 S. oben Rdn. 66. Näher *Schlothauer/Nobis/Voigt/Wolf* Rn. 788.
378 BVerfG StraFo 2005, 502; *Meyer-Goßner*/Schmitt Vor § 304 Rn. 5; KMR/*Albrecht* Vor § 304 Rn. 5; *Schlothauer/Nobis/Voigt/Wolf* Rn. 788. vgl. auch *Burhoff* Ermittlungsverfahren Rn. 812.
379 OLG Naumburg NStZ-RR 2011, 123; *Schlothauer/Nobis/Voigt/Wolf* Rn. 787.

IV. Muster Haftbeschwerde Verteidiger

▶ **Muster Haftbeschwerde Verteidiger**

An das 96

Amtsgericht...

Az...

In der Strafsache

gegen...

wegen...

zeige ich unter Vollmachtvorlage die Verteidigung des Beschuldigten an, lege gegen den Haftbefehl vom ...

Beschwerde

ein und stelle den Antrag

1. den Haftbefehl des AG... vom... aufzuheben,
2. hilfsweise, diesen unter Auflagen außer Vollzug zu setzen.

Begründung:

Dem Beschuldigten liegt nach Ansicht der StA zur Last, (kurze Sachdarstellung)

1. Mangels dringenden Tatverdachtes ist der Haftbefehl aufzuheben.
   a) Der dringende Tatverdacht ist aus tatsächlichen Gründen nicht gegeben, da ... (Ausführungen zur Beweislage)
   b) Ausgehend von der Aktenlage liegt eine Strafbarkeit gemäß § ... StGB nicht vor, da ... (Rechtsausführungen)

- objektive Tatbestandsmerkmale
- subjektive Tatseite
- Kausalität
- Rechtswidrigkeit
- Schuld
- Rücktritt vom Versuch
- obj. Bedingungen der Strafbarkeit
- Verfolgungsvoraussetzungen, Prozesshindernisse

2. Der Haftgrund der

- Fluchtgefahr, § 112 Abs. 2 Nr. 2 StPO
- Verdunkelungsgefahr, § 112 Abs. 2 Nr. 3 StPO
- Tatschwere gemäß § 112 Abs. 3 StPO
- Wiederholungsgefahr gemäß § 112a StPO
- ist nicht gegeben, da ...

3. Die Anordnung der U-Haft ist unverhältnismäßig, da ...
4. Zum Hilfsantrag:

Der Haftbefehl kann gegen geeignete Auflagen und Weisungen gemäß § 116 StPO außer Vollzug gesetzt werden. Der Beschuldigte ist bereit, sich wöchentlich polizeilich zu melden und ...

Unterschrift

Haftfähigkeit

Haftfähigkeit ist keine Voraussetzung des Erlasses eines Haftbefehls. Haftunfähigkeit muss aber als 97
Abwägungsgesichtspunkt in die Haftverschonungsentscheidung nach § 116 StPO eingestellt werden. Grundsätzlich bestehen keine Einwände dagegen, einen Haftbefehl im Krankenhaus oder auf

der Krankenstation der JVA zu eröffnen oder dort einen Haftprüfungstermin durchzuführen.[380] Es kann aber ein Vollzugshindernis bestehen, wenn durch die U-Haft Lebensgefahr oder schwerwiegende gesundheitliche Gefahren zu befürchten sind.[381] Der Zielkonflikt zwischen Strafverfolgung und Individualinteresse ist jeweils anhand des konkreten Einzelfalles zu lösen. Je schwerwiegender das Delikt wiegt, desto gravierender müssen die gesundheitlichen Folgen für den Beschuldigten sein, wenn er Haftverschonung erreichen will. Im Extremfall des Verdachtes von Schwerstkriminalität und höchster Straferwartung sowie überdurchschnittlich verfestigter Fluchtgefahr kann die Haft auch bei drohenden Gesundheitsschäden vollzogen werden.[382]

Haftgrund der Tatschwere, § 112 Abs. 3 StPO

I. Schwerkriminalität

98 In bestimmten Fällen (Katalogtaten) der Schwerkriminalität sieht das Gesetz seinem Wortlaut nach von einem Haftgrund ab und lässt dringenden Tatverdacht genügen. Dieser muss sich auf die in § 112 Abs. 3 StPO genannten Delikte beziehen. Die Bestimmung ist bei Täterschaft, Teilnahme, Versuch[383] und Versuch der Beteiligung nach § 30 StGB anwendbar, nicht dagegen bei §§ 216, StGB,[384] bei Vollrausch gem. § 323a StGB, mit einer Katalogtat als Rauschtat oder Annexdelikten wie z.B. Begünstigung, Strafvereitelung zu einer Katalogtat. Nach hM gilt das auch für § 213 StGB.[385] Das ist allerdings inkonsequent, da es sich »nur« um eine Strafzumessungsnorm zu § 212 StGB handelt, die nicht Schuldspruchrelevant ist. Die Verurteilung erfolgt auch im Fall des § 213 StGB wegen Totschlags, so dass grundsätzlich auch § 112 Abs. 3 StPO eingreift.[386]

II. Haftgrund

99 Die Vorschrift ist nur bei verfassungskonformer Auslegung mit dem Grundgesetz vereinbar. Daher kann nicht auf den Haftgrund verzichtet werden. Das BVerfG legt die Norm dahin aus, dass Umstände vorliegen müssen, die die Gefahr begründen, dass ohne Untersuchungshaft die alsbaldige Aufklärung und Ahndung der Tat gefährdet sein könnte.[387] Auf die Voraussetzung »aus bestimmten Tatsachen« wird verzichtet. Es genügt, wenn einer der in §§ 112 Abs. 2, 112a StPO genannten Haftgründe aus der gesamten Situation gefolgert werden kann.[388] Dabei ist die Feststellung ausreichend, aber auch erforderlich, dass jedenfalls eine verhältnismäßig geringe oder entfernte Gefahr dieser Art besteht.[389] Die Vorschrift enthält weder eine Vermutung der Haftgründe[390] noch eine Art Beweislastumkehr,[391] sondern eine Begründungserleichterung.[392]

III. Verhältnismäßigkeit

100 Anders als § 112a StPO ist § 112 Abs. 3 StPO eine Sondervorschrift, die § 112 Abs. 1 StPO ergänzt, d.h. ein Haftbefehl kann auf die Haftgründe beider Absätze gestützt werden[393], was in den Fällen

380 Vgl. dazu auch Strafverteidigung-*Deckers* § 5 Rn. 145 ff.
381 KG StV 1992, 584.
382 Näher bei KMR/*Wankel/Schuster* vor § 112 Rn. 19; LR/*Lind* § 112 Rn. 125.
383 BGHSt 28, 355.
384 Meyer-Goßner/*Schmitt* § 112 Rn. 36; KK/*Graf* § 112 Rn. 41; MüKo-StPO/*Böhm* § 112 Rn. 88.
385 Meyer-Goßner/*Schmitt* § 112 Rn. 36; KK/*Graf* § 112 Rn. 41; MüKo-StPO/*Böhm* § 112 Rn. 88.
386 So auch OLG Hamm NJW 1982, 2786.
387 BVerfGE 19, 342 = NJW 1966, 772.
388 BVerfGE 19, 342 = NJW 1966, 772.
389 BGH NJW 2017, 341, 343 m. Anm. Peglau.
390 So wohl OLG Köln StV 1996, 386; Düsseldorf StraFo 2000, 67; *Schlothauer/Nobis/Voigt/Wolf* Rn. 620.
391 Wie hier Meyer-Goßner/*Schmitt* § 112 Rn. 38; vgl. auch LR/*Lind* § 112 Rn. 102 m.w.N. zum für die Praxis letztlich unbedeutenden Streitstand.
392 KK/*Graf* § 112 Rn. 42.
393 Meyer-Goßner/*Schmitt* § 112 Rn. 39.

des Abs. 3 auch regelmäßig geschieht.[394] Der auf den Haftgrund der Tatschwere gestützte Haftbefehl kann außer Vollzug gesetzt werden. Die **Vollzugsaussetzung** bei § 112 Abs. 3 StPO ist trotz fehlender gesetzlicher Regelung zulässig,[395] wird aber von den Gerichten äußerst zurückhaltend angewandt. Im ersten Termin bei Haftbefehlseröffnung wird die Verteidigung die Aussetzung nur selten erreichen. Nur durch den sehr gut vorbereiteten Haftprüfungsantrag, der nicht unmittelbar auf den Haftbefehlserlass folgen sollte, bestehen Chancen auf eine dem Beschuldigten günstige Entscheidung. Die Gerichte setzen einen auf § 112 Abs. 3 StPO gestützten Haftbefehl allenfalls dann außer Vollzug, wenn die Flucht des Beschuldigten ganz fernliegend und eine Wiederholung der Tat entweder ausgeschlossen ist oder dieser Gefahr durch mildere Maßnahmen effektiv begegnet werden kann.[396] Im Zusammenhang mit Tötungs- und versuchten Tötungsdelikten aufgrund extremer persönlicher Beziehung kann am ehesten ein Außervollzugsantrag Erfolg haben (Familienmitglieder töten den Vater, der sie seit Jahren quält; Tötung des Lebensgefährten bei krankhafter, durch Alkoholismus verschärfter Beziehung und dgl.).

Haftprüfung auf Antrag, § 117 Abs. 1 StPO

I. Allgemein

Die Haftprüfung auf Antrag nach §§ 117–118b StPO ist ein förmliches Verfahren, das durch eine mit der Beschwerde anfechtbare Entscheidung abgeschlossen wird. Der Beschuldigte ist über diesen Rechtsbehelf zu belehren, § 115 Abs. 4 StPO. Der **Prüfungsumfang** der Haftprüfung ist umfassend. In jedem Haftprüfungstermin ist die Sach- und Rechtslage vollständig neu zu bewerten. Zur Haftbeschwerde Rdn. 86, zur Vorbereitung s. Rdn. 26. 101

Vom Haftprüfungsantrag ist der einfache Antrag auf Aufhebung oder Außervollzugsetzung des Haftbefehls zu unterscheiden (s. Rdn. 59).

II. Zulässigkeit des Antrags

1. Statthaftigkeit

Der Antrag auf Haftprüfung ist statthaft bei Haftbefehlen nach § 114 StPO und den Haft- bzw. Unterbringungsbefehlen nach §§ 126a, 230 Abs. 2, 236, 275a Abs. 5, 329 Abs. 3, 412 S. 1 StPO, nicht bei Sicherungshaftbefehlen nach § 453c StPO, der Sitzungshaft nach § 178 GVG und Vollstreckungshaftbefehlen nach § 457 Abs. 1 StPO. Bei Haftbefehlen nach § 127b StPO wird es wegen der Befristung in § 127b Abs. 2 S. 2 StPO kaum zu einer Haftprüfung kommen. 102

Hat bereits ein mündlicher Haftprüfungstermin stattgefunden, besteht nach § 118 Abs. 3 StPO ein Anspruch auf mündliche Haftprüfung nur, wenn die U-Haft insgesamt mindestens 3 Monate bestanden hat und seit dem letzten mündlichen Haftprüfungstermin 2 Monate vergangen sind. Die erste Vernehmung nach Festnahme aufgrund bestehenden Haftbefehls ist kein Haftprüfungstermin i.S.v. § 118 Abs. 3 StPO und löst die Frist nicht aus.

2. Haftvollzug, Überhaft

Der Haftbefehl darf nicht außer Vollzug gesetzt sein (§ 116 StPO) und der angegriffene Haftbefehl muss aktuell vollzogen werden, d.h. keine bloße Notierung von Überhaft. Steht in anderer Sache die Aufhebung, die Außervollzugsetzung des Haftbefehls oder das Ende der Strafvollstreckung kurz bevor, so ist der Antrag gegen die Überhaft ausnahmsweise zulässig.[397] 103

394 LR/*Lind* § 112 Rn. 103.

395 BVerfGE 19, 342.

396 OLG Köln StV 1996, 386; StV 1999, 606; OLG Düsseldorf StraFo 2000, 67; OLG Frankfurt StV 2000, 374 (Fall Weimar); OLG Oldenburg StV 2008, 84.

397 KMR/*Wankel*/*Schuster* § 117 Rn. 3; Meyer-Goßner/*Schmitt* § 117 Rn. 4; LR/*Lind* § 117 Rn. 8.

3. Antragsberechtigung

104 Antragsberechtigt sind der Verhaftete, der Verteidiger, soweit er sich in Übereinstimmung mit dem Verhafteten befindet (§§ 118b, 297 StPO), der gesetzliche Vertreter (§ 298 StPO) und die Erziehungsberechtigten (§ 67 JGG). Mangels Beschwer sind StA (auch nicht zugunsten des Verhafteten) und Nebenkläger[398] nicht antragsberechtigt.

4. Form

105 Der Antrag ist formfrei, nicht fristgebunden und bei dem nach § 126 StPO zuständigen Gericht zu stellen, und zwar schriftlich oder zu Protokoll des Urkundsbeamten des angerufenen Gerichtes oder des Gerichtes, in dessen Bezirk der Verhaftete sich in U-Haft befindet (§§ 118b, 299 Abs. 1 StPO). Auch bei dem »nächsten Richter« nach § 115a StPO kann der Antrag gestellt werden. Ein mündlicher Antrag gelegentlich einer richterlichen Vernehmung (z.B. §§ 115, 115a StPO) ist möglich.[399]

5. Antrag, Begründung

106 Weder ist ein bestimmter Antrag zu stellen, noch muss das Haftprüfungsbegehren begründet werden. Es genügt, wenn sich aus dem Schreiben der unbedingte Wunsch auf Überprüfung der Haftfrage durch den zuständigen Richter ergibt. **Hilfsanträge** sind zulässig und in der Praxis üblich, aber problematisch. Stellt der Verteidiger den Hauptantrag auf Ablehnung oder Aufhebung des Haftbefehls mangels dringenden Tatverdachtes und stellt gleichzeitig den Hilfsantrag, den Haftbefehl außer Vollzug zu setzen, riskiert er, die Schlagkraft seiner Argumentation zu entwerten.

III. Durchführung

107 Die Haftprüfung kann schriftlich nach § 117 Abs. 1 StPO oder mündlich nach § 117 Abs. 1 i.V.m §§ 118, 118a StPO durchgeführt werden. Die mündliche Haftprüfung ist die Regel, da hier nicht nur rechtliche, sondern auch tatsächliche Gesichtspunkte wirkungsvoll vorgebracht und erörtert werden können (näher beim Stichwort Mündliche Verhandlung in der Haftprüfung Rdn. 118). Die **schriftliche Haftprüfung** kann jederzeit beantragt werden und ist nicht an die Ausschlussfrist des § 118 Abs. 3 StPO gebunden. Andererseits gilt auch die Entscheidungsfrist des § 118a Abs. 4 StPO nicht.

IV. Entscheidung

108 Dem Richter stehen aufgrund umfassenden Prüfungsumfanges alle Entscheidungsmöglichkeiten offen. Er entscheidet am Ende des Haftprüfungstermins durch begründeten (§ 34 StPO) Beschluss, der auch auf den bereits bestehenden Haftbefehl Bezug nehmen darf. Die Bekanntmachung erfolgt nach § 35 StPO durch Verkündung im mündlichen Haftprüfungstermin (§ 118a Abs. 4 S. 1 StPO) oder durch formlose Mitteilung im Fall des § 118a Abs. 4 S. 2 StPO, da eine Frist nicht in Gang gesetzt wird. Mehrere Haftbefehle wegen derselben prozessualen Tat sind unzulässig.[400]

V. Checkliste für die Verteidigung

109
- □ **Antrag.** Klarstellen, ob mündliche oder schriftliche Haftprüfung beantragt wird; Ausführungen zu Rechtsfragen/Tatsachen; Antragsabschrift direkt an StA zur Verfahrensbeschleunigung.
- □ **Beweisanregungsrecht.** S. Rdn. 25.
- □ **Protokollaushändigung.** Der Anspruch auf Protokollaushändigung ergibt sich aus §§ 166, 168 StPO.
- □ **Rücknahme.** Der Antrag auf Haftprüfung kann jederzeit zurückgenommen werden. Haftprüfungsanträge vor Mandatsübernahme sind meist voreilig gestellt und sollten zurückgenommen

398 KMR/*Wankel/Schuster* § 117 Rn. 4; KK/*Graf* § 117 StPO Rn. 3; *Meyer-Goßner*/Schmitt § 400 Rn. 1.
399 KK/*Graf* § 117 StPO Rn. 4.
400 BGHSt 38, 54.

werden, damit der Termin sinnvoll vorbereitet werden kann. Die Rücknahme auch noch im Termin kann dann sinnvoll sein, wenn abzusehen ist, dass der Antrag keinen Erfolg haben wird. Eine negative Haftentscheidung präjudiziert häufig das weitere Verfahren, insbesondere die Vorgehensweise der StA. Weiter kann durch Rücknahme verhindert werden, dass die 2-monatige Ausschlussfrist des § 118 Abs. 3 StPO ausgelöst wird. Diese Frist wird nicht durch die Verhandlung selbst in Gang gesetzt, sondern nur durch die Entscheidung im Termin, den Haftbefehl aufrecht zu erhalten.

- □ **Verschlechterungsverbot** (reformatio in peius). Dieses Prinzip gilt im Haftprüfungsverfahren und im Beschwerdeverfahren nicht.
- □ **Wahl Haftprüfung oder Haftbeschwerde.**[401] Der Rechtsbehelf der Haftprüfung ist vorrangig dort einzusetzen, wo es um den persönlichen Eindruck des Beschuldigten, um (neue) Tatsachen, Beweisgewinnung und mündliches Verhandeln geht. In der Haftbeschwerde werden eher Rechtsfragen zu erörtern sein (»Oft kann es gerade von Bedeutung sein, einen persönlichen Eindruck nicht entstehen zu lassen.«[402]).

VI. Muster Haftprüfungsantrag Verteidiger

▶ Muster Haftprüfungsantrag Verteidiger

An das 110

Amtsgericht… – Ermittlungsrichter –

In der Haftsache

gegen…

wegen…

Az…

zeige ich unter Vorlage einer Verteidigervollmacht an, dass ich den Beschuldigten vertrete und beantrage die Bestimmung eines zeitnahen Termins zur mündlichen Haftprüfung gem. §§ 117 Abs. 1, 118, 118a StPO. Weiter beantrage ich die Anordnung folgender Ermittlungen (§ 117 Abs. 3 StPO):

1. Zeugenvernehmung
2. Sachverständigengutachten
3. Spurengutachten

Die Beweiserhebung wird ergeben, dass …

Im Termin werde ich die Aufhebung des Haftbefehls beantragen.

Dringender Tatverdacht ist nicht gegeben, weil …

Es besteht kein Haftgrund der

- Fluchtgefahr
- Verdunkelungsgefahr
- § 112 Abs. 3 StPO
- Wiederholungsgefahr, § 112a StPO

Der weitere Vollzug der U-Haft ist unverhältnismäßig, weil …

Hilfsweise beantrage ich die Außervollzugsetzung des Haftbefehls gem. § 116 StPO (zur Problematik des Hilfsantrags Rdn. 106).

Der Beschuldigte ist bereit, eine Kaution in Höhe von… durch Bankbürgschaft zu stellen sowie weiteren Auflagen und Weisungen des Gerichts Folge zu leisten.

---

401 S. zur Abgrenzung auch *Schuster/Weitner* JA 2016, 697, 701.
402 *Rückel* StV 1985, 39.

Der Beschuldigte wird dem Verteidiger eine unwiderrufliche Ladungs- und Zustellungsvollmacht erteilen.

Ich beantrage, die Stellungnahme der StA zu diesem Haftprüfungsantrag dem Verteidiger vor dem Termin zuzuleiten.
Unterschrift RA

Haftprüfung von Amts wegen

111 Die OLG-Haftprüfung (s. Rdn. 128 ff.) findet von Amts wegen statt. Auch darüber hinaus darf das Haftgericht jederzeit die Haftprüfung vornehmen, wenn der Haftbefehl aufgehoben oder außer Vollzug gesetzt werden soll.[403] Dazu kann der Richter auch eine mündliche Verhandlung anberaumen. Die anschließende Entscheidung kann jedoch nicht die Frist des § 118 Abs. 3 StPO auslösen.[404]

Hauptverhandlung

112 In der Hauptverhandlung kann die Verteidigung jederzeit Haftaufhebungs- und -außervollzugsetzungsanträge sowie einen Antrag auf Haftprüfung stellen. Während der Hauptverhandlung besteht kein Anspruch auf mündliche Haftprüfung, § 118 Abs. 4 StPO, sie ist aber nach dem Ermessen des Gerichts zulässig. Gegen eine ablehnende Entscheidung sind nach § 305 S. 2 i.V.m. § 304 StPO die Beschwerde und die weitere Beschwerde (§ 310 StPO) statthaft. Gegen erstinstanzliche Haftentscheidungen des LG und des OLG gibt es keine weitere Beschwerde.

Während der Hauptverhandlung prüft das Beschwerdegericht nur eingeschränkt, ob die Entscheidung auf die in der Hauptverhandlung gewonnenen wesentlichen Tatsachen gestützt ist und auf einer vertretbaren Bewertung der Beweisergebnisse beruht. Das Beschwerdegericht ist also auf eine Vollständigkeits- und Plausibilitätskontrolle beschränkt, da in der Beschwerdeinstanz keine »Nebenhauptverhandlungsinstanz« eröffnet ist (siehe Rdn. 90).[405]

Spätestens im Plädoyer sollten Ausführungen zu den Haftvoraussetzungen gemacht werden, da das Gericht gemäß § 268b StPO mit der Urteilsfällung über die Fortdauer der U-Haft entscheiden muss. Es bietet sich auch an, zu prüfen, ob und unter welchen Voraussetzungen im jeweiligen Bundesland Selbststeller unmittelbar in den offenen Vollzug kommen.[406] In solchen Fällen sollte man verstärkt auf eine Aufhebung oder Außervollzugsetzung des Haftbefehls hinwirken.

Hauptverhandlungshaft, § 127b StPO

113 Die Vorschrift schafft die **Befugnis zur vorläufigen Festnahme** und einen erweiterten Haftgrund der **Hauptverhandlungshaft** bei zu erwartendem beschleunigtem Verfahren. Die Haft soll die Durchführung der Hauptverhandlung bei reisenden Straftätern sichern, ist aber rechtspolitisch höchst umstritten und in der praktischen Umsetzbarkeit fragwürdig.[407] Für die Praxis dürfte allenfalls § 127b Abs. 1 StPO erheblich sein, da er den Ermittlungsbehörden auch bei Kleinkriminalität ein Festnahmerecht gibt, das früher in diesem Umfang nicht existierte. Rechtstatsächlich spielt die Hauptverhandlungshaft kaum eine Rolle, da nicht einmal in 0,4 % der Verfahren vor den Amtsgerichten eine Vorführung aus der Haft nach § 127b StPO erfolgte.[408]

403 KMR/*Wankel/Schuster* § 117 Rn. 38.
404 KMR/*Wankel/Schuster* § 117 Rn. 38.
405 BGH StV 1991, 525 m. Anm. *Weider*; OLG Karlsruhe StV 2001, 118; KG StV 2001, 689.
406 Z.B. in Mecklenburg-Vorpommern bei Freiheitsstrafen bis zu 24 Monaten, wenn sich der Verurteilte auf freiem Fuß befindet und nicht wegen eines Sexual-, BtM- oder vorsätzlichen Tötungsdelikts verurteilt ist.
407 *Wenske* NStZ 2009, 63; SK-StPO/*Paeffgen* § 127b Rn. 8 ff. m.w.N. und umfassender Kritik.
408 So die Statistik des Statistischen Bundesamtes »Rechtspflege Strafgerichte 2022« für das Erhebungsjahr 2022.

Drängt sich die Erledigung des Verfahrens im Strafbefehlsweg auf, ist die Hauptverhandlungshaft ausgeschlossen.[409] Der Haftbefehl wird mit Ablauf der Frist des § 127b Abs. 2 S. 2 StPO oder durch Urteilserlass gegenstandslos, der Inhaftierte ist zu entlassen. Die dann prozessual überholte Haftbeschwerde[410] ist unter Berücksichtigung der Rspr. des BVerfG in eine zulässige Fortsetzungsfeststellungsbeschwerde umzudeuten.[411]

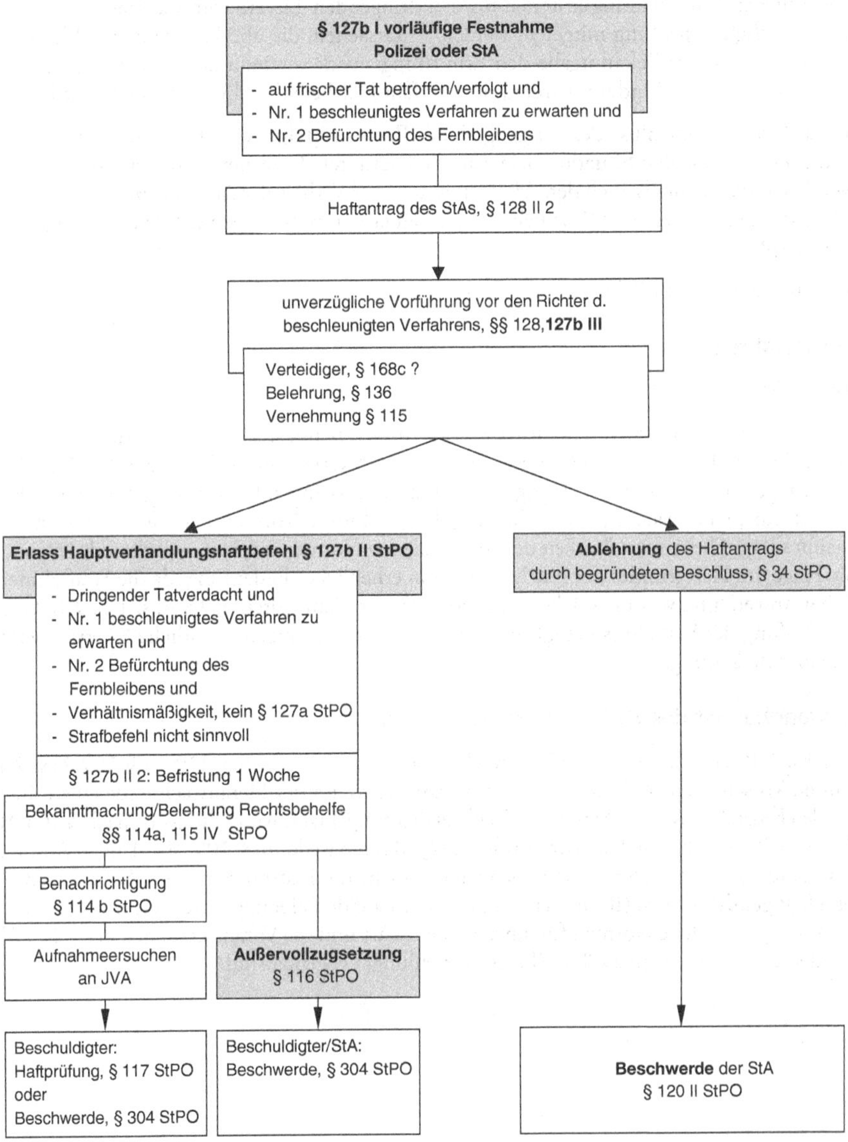

Abb. 10:Ablaufschema Hauptverhandlungshaft

409 LR/*Gärtner* § 127b Rn. 12.
410 Meyer-Goßner/*Schmitt* § 127b Rn. 22; KK/*Glaser* § 127b Rn. 21.
411 BVerfG StV 2000, 321; KG StV 2017, 455; zum nachträglichen Rechtsschutz in U-Haftsachen *Schlothauer/Nobis/Voigt/Wolf* Rn. 841 ff.

Informationsrecht und Begründungsgebot

114 Die Begründung der Haftentscheidung muss den Anforderungen genügen, die das BVerfG und der EGMR an die Informationspflicht stellen. Danach muss sich das Haftgericht mit konkreten Tatsachen, die der Inhaftierte vorgetragen hat, substanziell auseinandersetzen und sie in seiner Begründung berücksichtigen.[412] Der Beschuldigte hat nach dieser Rspr. ein Recht darauf, dass ihm alle wesentlichen Entscheidungskriterien für den dringenden Tatverdacht, die Haftgründe und die Verhältnismäßigkeitsprüfung mitgeteilt werden.[413] Tatsachen, die überhaupt nicht publik gemacht werden dürfen, da ihre Bekanntgabe den Ermittlungszweck vereiteln oder den Fortgang des Verfahrens entscheidend behindern würden, dürfen dem Haftbefehl nicht zugrunde gelegt werden.[414]

Jeder Haftfortdauerbeschluss des Ausgangs- oder Rechtsmittelgerichts muss sich jeweils neu mit der aktuellen prozessualen Situation befassen, die relevanten Tatsachen mitteilen und sowohl zum dringenden Tatverdacht als auch dem Haftgrund und zur Verhältnismäßigkeitsprüfung eine gehaltvolle Begründung enthalten. Mit zunehmender Dauer der Haft steigen die Anforderungen an die Erörterungspflicht.[415]

Siehe auch Akteneinsicht Rdn. 7.

Jugendverfahren

I. Anwendungsbereich

115 Das JGG enthält Jugendstrafverfahrensrecht, Gerichtsverfassungsrecht und materielles Jugendstrafrecht, das die Regelungen der StPO, des GVG bzw. des StGB ergänzt oder ersetzt. Die Vorschriften gelten für Jugendliche (14- bis 17-Jährige) stets und – z.T. zwingend, z.T. nach gebundenem Ermessen – auch für Heranwachsende (18- bis 20-Jährige). Einige Normen betreffen Heranwachsende überhaupt nicht. Die Anwendbarkeit der verschiedenen Normen auf Heranwachsende ist vor allem für die Frage des Haftgrundes der Fluchtgefahr von erheblicher Bedeutung, da die Strafrahmen des StGB bei Anwendung von materiellem Jugendstrafrecht nicht gelten, § 18 Abs. 1 S. 2 JGG. Auch bei der Prüfung der Verhältnismäßigkeit ist die zu erwartende jugendrechtliche Sanktion von entscheidender Bedeutung.

II. Anwendbarkeit des JGG auf Heranwachsende

116 § 109 Abs. 1 JGG findet für alle Heranwachsenden stets Anwendung. Die in § 109 Abs. 2 JGG genannten Vorschriften sind hingegen nur einschlägig, wenn der Heranwachsende einem Jugendlichen gleichzustellen ist. Die Frage der »Reifeverzögerung/Jugendverfehlung« ist nach § 105 Abs. 1 Nr. 1 oder 2 JGG zu beurteilen. Vorschriften des JGG, die weder in § 109 Abs. 1 noch Abs. 2 JGG genannt sind, gelten bei Heranwachsenden nie, so z.B. die Haftnormen der §§ 72 ff. JGG. Das **materielle Jugendstrafrecht** (Recht der Sanktionen) ist auf den Heranwachsenden anwendbar, soweit § 105 Abs. 1 JGG solche Normen für anwendbar erklärt und die Voraussetzungen des § 105 Abs. 1 Nr. 1 oder 2 JGG (»Reiferückstände/Jugendverfehlung«) gegeben sind.

---

412 EGMR EuGRZ 2001, 394 f. – Erdem; BVerfG StV 2005, 223.
413 Vgl. auch BVerfG StV 2007, 254 und 366.
414 EGMR EuGRZ 1999, 320 – Nikolova; EGMR v. 10.10.2000 Nr. 36743/97 Rn. 54 – Grauslys; EGMR StV 2001, 201 – Lietzow/Schöps/Garcia A.; StraFo 2002, 51 – Rowe/Davis; EGMR v. 25.06.2002 Nr. 24244/94 – Migon; BVerfG StV 1998, 557; StV 1999, 40; StV 2000, 321; StV 2005, 223; *Ambos* NStZ 2003, 14.
415 St. Rspr., z.B. BVerfG v. 13.10.2016 – 2 BvR 1275/16 Rn. 47, *juris*.

III. Haftvoraussetzungen nach §§ 112, 112a StPO

Auch im Jugendverfahren bestimmen sich die Haftvoraussetzungen grundsätzlich nach § 112 StPO.[416] 117
Darüber hinaus enthält § 72 JGG weitergehende aus dem Subsidiaritätsgrundsatz abzuleitende Einschränkungen: Nach § 72 Abs. 1 JGG darf U-Haft nur verhängt werden, wenn ihr Zweck nicht durch vorläufige erzieherische Anordnungen erreicht werden kann. Die Belastungen durch den Haftvollzug sind besonders in die Abwägung einzustellen. Die Haftentscheidung ist auch diesbezüglich substanziell zu begründen, § 72 Abs. 1 S. 3 JGG, die Verhältnismäßigkeit positiv festzustellen.[417] Die fehlende Begründung führt grds. zur Haftbefehlsaufhebung.[418] Bei unter 16-Jährigen schränkt § 72 Abs. 2 JGG die Anordnung von U-Haft wegen Fluchtgefahr ein. Nach § 72 Abs. 4 JGG kann der Jugendrichter statt Haftbefehls die einstweilige Unterbringung in einem Heim der Jugendhilfe gem. § 71 Abs. 2 JGG anordnen. Der Unterbringungsbefehl nach § 72 Abs. 4 JGG geht als mildere Maßnahme dem U-Haftbefehl vor.[419] § 72 Abs. 5 JGG enthält ein besonderes **Beschleunigungsgebot.**[420] Dem Jugendlichen ist in Haftsachen nach § 68 Nr. 1 JGG i.Vm. § 140 Abs. 1 Nr. 4 StPO ein **Verteidiger** zu bestellen. Nach § 72a JGG ist die **Jugendgerichtshilfe** (§ 38 JGG) als Haftentscheidungshilfe unverzüglich hinzuzuziehen. Die Verhängung von U-Haft gegen Jugendliche und Heranwachsende scheidet in der Regel aus, wenn keine Jugendstrafe zu erwarten ist.[421] **Generalpräventive Gesichtspunkte** sind dem Jugendrecht fremd und dürfen als Abwägungskriterium beim Haftgrund und bei der Verhältnismäßigkeitsprüfung nicht eingestellt werden.[422] Bei dem Haftgrund der Fluchtgefahr ist zu berücksichtigen, dass Jugendliche regelmäßig eine geringere Handlungskompetenz besitzen und daher z.B. nächtliches Sichherumtreiben nicht ohne weiteres auf Fluchtgefahr schließen lässt.[423]

Gegen Jugendliche unter 16 Jahren kann Haftbefehl nach § 112a StPO erlassen werden, da § 72 Abs. 2 JGG nur den Haftgrund der Fluchtgefahr betrifft. Jugendstrafe gilt dabei als Freiheitsstrafe i.S. von § 112a Abs. 1 Nr. 2 StPO.[424] Sicherungshaft darf nur unter großer Zurückhaltung angeordnet werden, da sie in der Regel nicht mit dem Erziehungsgedanken in Einklang zu bringen ist, der als Grundlage aller Regelungen im Jugendstrafrecht zu beachten ist.

Die Vorschriften der OLG-Haftprüfung (§§ 121, 122 StPO) gelten auch im Jugendverfahren. Sondervorschriften des JGG bestehen insoweit nicht.

Mündliche Verhandlung in der Haftprüfung

Die mündliche Verhandlung ist in der Haftprüfung die Regel. Sie ist nicht öffentlich und dient 118
primär der Anhörung des Beschuldigten, nur mittelbar der Fortführung des Ermittlungsverfahrens. Der Mitbeschuldigte hat kein Anwesenheitsrecht, da § 168c Abs. 2 StPO nach dem eindeutigen Wortlaut nur den Zeugen und Sachverständigen betrifft und eine Analogie mangels Regelungslücke ausscheidet. In Abs. 1 sind Mitbeschuldigte nicht genannt. Das gilt auch für Vernehmungen im Haftprüfungsverfahren.[425] Haben mehrere Mitbeschuldigte Haftprüfungsantrag gestellt, kann

---

416 *Apfel/Raschka* Kap. 26 Rdn. 80 ff..
417 OLG Zweibrücken StV 2001, 182.
418 OLG Hamm NStZ 2010, 281.
419 *Eisenberg/Kölbel* JGG § 72 Rn. 3b.
420 Näher *Eisenberg/Kölbel* JGG § 72 Rn. 17 ff.
421 *Eisenberg/Kölbel* JGG § 72 Rn. 5, 5a – c (zu den rechtstatsächlichen Umständen und statistischen Erkenntnissen).
422 OLG Zweibrücken StV 2002, 433, 434; *Eisenberg/Kölbel* JGG § 72 Rn. 5; a.A. OLG Hamburg StV 1994, 590 m. ablehnender Anm. *Rzepka.*
423 OLG Hamm StV 1996, 275.
424 OLG Celle NdsRPfl 2014, 127; Meyer-Goßner/*Schmitt* § 112a Rn. 10; LR/*Lind* § 112a Rn. 67; *Eisenberg/Kölbel* § 72 JGG Rn. 7b.
425 BGHSt 42, 391, 396; StV 2002, 584; a.A. (nicht tragend) OLG Karlsruhe StV 1996, 302 m. Anm. *Rieß.*

es zweckmäßig sein, gleichzeitig die Haftprüfung durchzuführen, um auf diese Weise Widersprüche oder Entsprechungen zu überprüfen.

In folgenden Fällen steht die mündliche Verhandlung **im Ermessen** des Gerichtes:

- Wenn kein Antrag gestellt ist;
- wenn bereits eine mündliche Verhandlung stattgefunden hat (in erster oder zweiter Instanz) und der Haftbefehl aufrechterhalten worden ist, **§ 118 Abs. 3 StPO**. Dann ist ein mündlicher Haftprüfungstermin erst wieder zwingend, wenn die U-Haft mindestens drei Monate gedauert hat und seit der letzten mündlichen Verhandlung zwei Monate vergangen sind. Die erste Vernehmung nach § 115 StPO ist keine mündliche Verhandlung i.S.v. § 118 Abs. 3 StPO. Ist der Haftbefehl in der ersten mündlichen Haftprüfung aufrecht erhalten, dann aber außerhalb einer mündlichen Verhandlung aufgehoben oder außer Vollzug gesetzt und schließlich ein neuer Haftbefehl erlassen oder der ursprüngliche wieder in Vollzug gesetzt worden, so liegen die Voraussetzungen für den Ausschluss einer neuen mündlichen Verhandlung nach § 118 Abs. 3 StPO nicht vor. Denn die U-Haft, die jetzt Gegenstand der mündlichen Verhandlung wird, ist nicht in der ersten mündlichen Verhandlung aufrechterhalten worden;[426]
- während laufender Hauptverhandlung in den beiden Tatsacheninstanzen und nach Erlass eines freiheitsentziehenden Urteils (**§ 118 Abs. 4 StPO**), denn die Haftfrage kann jederzeit in der Hauptverhandlung erörtert werden und allenfalls während längerer Unterbrechungen in Großverfahren kann sich Bedarf für eine mündliche Haftprüfung ergeben.[427]

Mündliche Verhandlung in der Beschwerde

119 Das **Verfahren** ist in der Regel schriftlich und nur **ausnahmsweise** wird nach dem Ermessen des Beschwerdegerichts eine **mündliche Verhandlung** durchgeführt (§ 118 Abs. 2 StPO in Ausnahme zu § 304 StPO). Wünscht die Verteidigung eine mündliche Verhandlung, so muss sie dies ausdrücklich beantragen und substantiiert begründen, wenn sie Erfolg haben will. Die Durchführung einer solchen Verhandlung wird regelmäßig nur in Betracht kommen, wenn der Beschwerdeführer Zeugen benennt, die vernommen werden müssen, um das Vorliegen oder Nichtvorliegen eines Haftgrundes zu überprüfen, oder wenn gravierende Verfahrensfehler erster Instanz geheilt werden sollen. Im Rahmen des Beschwerdeverfahrens gelten der Unmittelbarkeitsgrundsatz (§ 250 StPO) und das Mündlichkeitsprinzip nicht. Das Gericht darf im Freibeweisverfahren vorgehen. Daher müssen besondere Gesichtspunkte vorhanden sein, die das Gericht drängen, den Zeugen oder Sachverständigen persönlich zu hören oder gar einen Augenschein vorzunehmen. Als Kriterium ist hier die Notwendigkeit der Verschaffung eines persönlichen Eindrucks denkbar.

Nächsterreichbarer Richter; Vorführung gem. § 115a StPO

120 Ist eine Vorführung des Festgenommenen vor den zuständigen Richter nicht (rechtzeitig) möglich, muss dies beim nächsterreichbaren Richter geschehen, § 115a StPO. Verlangt der Beschuldigte die Vorführung vor den zuständigen Richter nach § 115a Abs. 3 S. 1 StPO, ist dies schnellstmöglich zu veranlassen. Eine Frist besteht aber nicht. Übersicht über den Ablauf des Verfahrens nach § 115a StPO s. oben Rdn. 5.

Die **Entscheidungsbefugnis** des nächsterreichbaren Richters ist beschränkt, da er die Akten nicht kennt. Seine Kompetenz erstreckt sich auf die Prüfung folgender Punkte:

- Wirksamkeit des Haftbefehls, d.h. die Frage, ob der Haftbefehl noch besteht oder bereits aufgehoben worden ist, nicht aber, ob er formelle Fehler oder Begründungsmängel enthält;
- Identität des Festgenommenen;

---

426 KK/*Graf* § 118 Rn. 3.

427 OLG Celle StV 1996, 387 zur Frage, wann während laufender Hauptverhandlung ein Haftprüfungsantrag zulässig sein kann.

- Haftfähigkeit, da hierfür Aktenkenntnis nicht erforderlich ist und der zuständige Richter diese Frage auf die Entfernung gar nicht beurteilen kann;[428]
- eine inhaltliche Überprüfung kommt auch nicht ganz ausnahmsweise in Betracht.[429] Auch wenn der Haftbefehl offensichtlich an schwerwiegenden Mängeln an der Grenze zur Unwirksamkeit leidet oder aufgrund der vorliegenden gesicherten Informationen unzweifelhaft ist, dass der Haftbefehl aufgehoben werden muss (absolute Verjährung, Strafklageverbrauch ergibt sich aus gerichtsbekannten Akten) und der zuständige Richter oder sein Vertreter nicht erreichbar sind, muss die Aufhebungsentscheidung dem zuständigen Gericht überlassen werden. Das ergibt sich aus der gesetzgeberischen Entscheidung, keine weitergehende Prüfungskompetenz zu regeln.[430] In Zeiten von E-Mail und umfassender telefonischer Erreichbarkeit dürfte das Problem auch keine Praxisrelevanz mehr entwickeln.[431]

Erhebt der Beschuldigte nicht offensichtlich unbegründete Einwendungen gegen den Haftbefehl als **121** solchen (dringender Tatverdacht, Haftgründe, Verhältnismäßigkeit) oder dessen Vollzug oder hat das Gericht Bedenken gegen die Aufrechterhaltung der Haft, muss es sich schnellstmöglich (Telefon/Fax/E-Mail) mit dem zuständigen Gericht in Verbindung setzen und kann dann dessen Entscheidung, den Haftbefehl aufzuheben oder außer Vollzug zu setzen, verkünden und vollziehen. Der nächsterreichbare Richter muss im Rahmen des Möglichen Bedenken nachgehen und fernmündlich mit dem zuständigen Richter oder dessen Vertreter Kontakt aufnehmen. Eine Außervollzugsetzung des Haftbefehls »im vermuteten Einverständnis des zuständigen Richters« lässt das Gesetz nicht zu. § 115a Abs. 2 S. 4 StPO stellt ausdrücklich klar, dass das nächste Gericht die Pflicht hat, auf Einwendungen hin die zunächst getroffene Entscheidung zu überprüfen und zu versuchen, noch so lange das zuständige Gericht zu erreichen, als sich der Beschuldigte im Einflussbereich des nächsten Gerichts befindet.[432]

Das BVerfG hat in der Entscheidung zur vergleichbaren Rechtslage im Auslieferungsverfahren gem. § 22 Abs. 3 S. 2 IRG[433] in erweiternder verfassungskonformer Auslegung eine summarische Prüfung der Haftvoraussetzungen der §§ 15, 16 IRG durch das Amtsgericht gefordert. Hat das Gericht konkrete Anhaltspunkte dafür, dass ein Haftgrund nicht vorliegt, muss es – ähnlich der Neuregelung in § 115a Abs. 2 S. 4 StPO – Kontakt zur zuständigen GenStA aufnehmen, und wenn dies nicht zeitnah gelingt, eine Freilassungsanordnung erlassen.[434]

§ 115a StPO ist mit Art. 5 EMRK nicht vereinbar.[435] Nach ständiger **Rspr. des EGMR** genügt die formelle Vorführung vor einen – nur abstrakt betrachtet unabhängigen Richter – nicht.[436] Der EGMR hat wiederholt festgestellt, dass die Vorführung eines Festgenommenen vor den Richter nur dann Art. 5 III 1 EMRK entspricht, wenn dieser Richter nicht nur grds. unabhängig und unvoreingenommen justizielle Gewalt ausübt, sondern auch im konkreten Fall die Gründe der Festnahme einschließlich des Tatverdachts prüfen darf und die Zuständigkeit zur Entlassung des Beschuldigten

---

428 H.M. LG Frankfurt StV 1985, 464; KMR/*Wankel/Schuster* § 115a Rn. 6; *Meyer-Goßner/Schmitt* § 115a Rn. 5; KK/*Graf* § 115a Rn. 4.

429 Hochstreitig, zum Streitstand KMR/*Wankel/Schuster* § 115a Rn. 6.

430 Zur Rechtslage vor dem 01.01.2010: BGHSt 42, 343, 346.

431 Vgl. KMR/*Wankel/Schuster* § 115a Rn. 6.

432 BGHSt 42, 343, 347; *Schlothauer/Nobis/Voigt/Wolf* Rn. 329 schlagen vor, die Fortsetzung einer begonnenen Vernehmung nach § 115a Abs. 1 StPO für den nächsten Tag zu beantragen, um zeitlichen Spielraum zur Kontaktaufnahme zu gewinnen. Die dadurch entstehende kurzfristige Verlängerung der Haft sei im Interesse des Inhaftierten hinzunehmen.

433 BVerfG StV 2011, 170; BVerfGE 70, 297, 308; s. oben Rdn. 34.

434 Zur Frage der Verfassungsgemäßheit s. KMR/*Wankel/Schuster* § 115a Rn. 9.

435 KMR/*Wankel/Schuster* § 115a Rn. 10; a.A. LR/*Lind* § 115a Rn. 22.

436 EGMR EuGRZ 1980, 202, 205 – Schiesser; EuGRZ 1985, 700 – De Jong; EuGRZ 1999, 320 – Nikolova; EGMR v. 04.07.2000 Nr 27915/95 Rn. 49 – Niedbala; LR/*Esser* EMRK Art. 5 Rn. 209.

hat.[437] Die nur eingeschränkte Prüfungskompetenz widerspricht auch der Rspr. des EGMR, nach der das Gericht sich mit konkreten Tatsachen, die der Inhaftierte vorgetragen hat, auseinandersetzen und darauf nicht nur formal, sondern auch substanziell reagieren muss.[438]

Auf diese Rspr. sollte die Verteidigung hinweisen, um zu versuchen, eine inhaltliche Prüfung durch den Richter zu eröffnen.

OLG-Haftprüfung

122 s. Stichwort Sechsmonatshaftprüfung Rdn. 128.

Protokoll

123 Verstöße gegen §§ 168, 168a StPO haben keinen Einfluss auf die Haftentscheidung. Genügt die Vernehmung aber nicht den Mindestanforderungen an ein richterliches Protokoll, z.B. wenn nur pauschal auf ein Polizeiprotokoll Bezug genommen wird, so scheidet eine Verlesung nach §§ 251 Abs. 2, 254 StPO aus.[439]

Rechtliches Gehör

124 Art. 103 Abs. 1 GG gibt den Beteiligten ein Recht zur Äußerung über Tatsachen, Beweisergebnisse und die Rechtslage und verpflichtet das Gericht, den Vortrag der Beteiligten zur Kenntnis zu nehmen und bei seiner Entscheidung in Erwägung zu ziehen.[440] Die Verletzung des rechtlichen Gehörs ist nicht von Amts wegen zu beachten, sondern muss von der Verteidigung jeweils geltend gemacht werden.[441]

Reformatio in peius

125 Das Verschlechterungsverbot gilt im Haftprüfungsverfahren nicht, da die Haftprüfung ein Rechtsbehelf ohne Devolutiveffekt ist. Im Beschwerdeverfahren des Haftrechts greift der Grundsatz ebenfalls nicht ein, weil hier nicht rechtskraftfähig über Schuld- und Rechtsfolgefragen entschieden wird, sondern im Rahmen der Überprüfung des Haftbefehls nur kurzfristige und jederzeit abänderbare vorläufige Prognoseentscheidungen getroffen werden (s. ergänzend Rdn. 95) Im Ergebnis bewirkt § 116 Abs. 4 StPO i.V.m. dem Gebot des fairen Verfahrens ein Verschlechterungsverbot beim außer Vollzug gesetzten Haftbefehl. Hat in diesem Fall nur der Beschuldigte Beschwerde eingelegt, kommt der Widerruf der Haftverschonung nur in Betracht, wenn sich die Umstände verändert haben.[442]

Schadensersatzpflicht

126 Bei unvertretbarer Inhaftierung kann sich neben Ansprüchen nach dem StrEG[443] ein Schadensersatzanspruch unter Amtshaftungsgesichtspunkten ergeben.[444] Der Anspruch aus Art. 5 Abs. 5 EMRK[445] kann vor den ordentlichen deutschen Gerichten geltend gemacht werden und unterliegt der 3-jährigen

---

437 EGMR NJW 2001, 51 ff. – Aquilina; EGMR v. 29.04.1999 Nr 25644/94 Rn. 35 ff. – T.W.; EGMR NJW 2007, 3699 Rn. 40 – McKay.

438 EGMR v. 10.10.2000 Nr 36743/97 Rn. 54 – Grauslys; EGMR v. 26.07.2001 Nr 33977 Rn. 94 – Ilijkov.

439 KK/*Diemer* § 251 Rn. 17.

440 BVerfGE 53, 219, 222; 62, 249 ff., 254; BVerfGE 83, 24, 38.

441 SK-StPO/*Rogall* Vor § 133 Rn. 94.

442 BVerfG StV 2006, 26.

443 Näher *Heuser* Kap. 36.

444 BGH StV 1988, 441; 1998, 150; *Schlothauer/Nobis/Voigt/Wolf* Rn. 1318 f.; zur Unterbringung in zu kleinem Haftraum: BGH NJW 2005, 58 m. Anm. *Unterreitmeier* NJW 2005, 475; *Meyer-Mews* MDR 2004, 1221; BGH StV 2004, 330: zur Amtspflichtwidrigkeit eines Haftantrages.

445 Dazu *Schlothauer/Nobis/Voigt/Wolf* Rn. 1320 ff.

Regel-Verjährung nach §§ 195, 199 BGB.[446] Die Ansprüche entstehen für jeden Hafttag taggenau, so dass die Frist mit Ablauf des jeweiligen Jahres beginnt.[447] Die Versagung einer Entschädigung nach StrEG stellt grds. keinen Verstoß gegen die Unschuldsvermutung dar.[448]

Schutzschrift/Verteidigungsschrift

Der Strafverteidiger sollte eine Verteidigungsschrift (Schutzschrift) mit dem Zweck, einem erwarteten oder befürchteten Haftbefehl zuvorzukommen, nur nach sehr sorgfältiger Überprüfung der Sach- und Rechtslage bei StA oder Gericht einreichen. Das Risiko einer Schutzschrift liegt darin, dass der Verteidiger vor Akteneinsicht nicht weiß, welche Erkenntnisse die StA hat, von welchen Straftatbeständen sie ausgeht und wie stark der Tatverdacht ist. Möglicherweise liefert der Verteidiger durch seine Schutzschrift der StA zusätzliche Argumente für die Strafverfolgung oder gibt ungewollt Hinweise auf weitere, bisher noch unbekannte Straftaten. Daher sollte vorab Akteneinsicht genommen oder zumindest mündlich Kontakt zur StA aufgenommen werden.[449] Es wirkt sich erschwerend aus, dass der Verteidiger nie wissen kann, ob ihm sein Mandant bewusst oder unbewusst die Unwahrheit sagt. 127

Eine weitere Problematik von Schutzschriften liegt in der Gefahr der **Verengung der Verteidigungsstrategie** in der Hauptverhandlung. Enthält eine Schutzschrift Ausführungen, die als Einlassung des Beschuldigten gewertet werden können, so kann das Gericht das unter Umständen als Teileinlassung werten und daraus auch indizielle Schlüsse zum Nachteil des Angeklagten ziehen.[450] Eine Verlesung der Schutzschrift kommt hingegen regelmäßig nicht in Betracht, wenn sie der Angeklagte nicht selbst, sondern der Verteidiger eingereicht hat.[451]

Sechsmonatshaftprüfung, OLG-Haftprüfung gem. §§ 121, 122 StPO

I. Struktur und Anwendungsbereich

§ 121 Abs. 1 bis 3 StPO regeln die Einschränkung des Vollzugs der U-Haft nach Ablauf von 6 Monaten (U-Haftbegrenzungs- und Verfahrensbeschleunigungsfunktion), § 121 Abs. 4 StPO die Zuständigkeit und § 122 StPO das Verfahren. Eine absolute Höchstdauer der U-Haft kennen – mit Ausnahme von § 122a StPO – weder die StPO noch die EMRK. Art. 5 Abs. 3 EMRK schützt aber vor unangemessen langer U-Haft.[452] § 121 StPO ist wegen der nur ausnahmsweise hinzunehmenden Einschränkungen der Freiheitsrechte eng auszulegen.[453] Neben der zu erwartenden Strafe setzt der Grundsatz der Verhältnismäßigkeit der Haftdauer Grenzen. Die Anforderungen an die Begründung der U-Haft steigen proportional zu ihrer Dauer.[454] Das verfassungsrechtlich in Art. 2 Abs. 2 S. 2 GG verankerte besondere Beschleunigungsgebot in Haftsachen verlangt, dass die Strafverfolgungsbehörden und Strafgerichte (einschließlich der Justizverwaltung) alle möglichen und zumutbaren Maßnahmen ergreifen, um die notwendigen Ermittlungen schnellstmöglich abzuschließen und gegebenenfalls eine Gerichtsentscheidung herbeizuführen.[455] Der Vollzug von U-Haft von 128

446 BVerfG v. 06.10.2004 – 1 BvR 414/04; BGHZ 45, 66 noch zur alten Rechtslage vor der Schuldrechtsreform; zur neuen Rechtslage KG StraFo 2015, 303.; s. insgesamt zum Entschädigungsanspruch nach Art. 5 Abs. 5 EMRK *Strafner* StV 2010, 275.

447 KG StraFo 2015, 303.

448 EGMR NJW 2006, 1113 – A.L. vs Deutschland.

449 Generell ablehnend *Dahs* Handbuch Rn. 380; *Burhoff* Ermittlungsverfahren Rn. 4101 ff. hält Schutzschriften in Einzelfällen für sinnvoll; für Schutzschriften (im Zwischenverfahren) *Wehnert* MAH Strafverteidigung § 5 Rn. 39; *Rückel* StV 1985, 37; Muster bei Formularbuch-*Deckers* 5.1.

450 BGHSt 20, 298; *Meyer-Goßner/Schmitt* § 261 Rn. 17 m.w.N.

451 BGH StV 2002, 182; LR/*Mosbacher* § 249 Rn. 13.

452 EGMR NJW 2001, 2694, 2696 – Kudla m. Anm. *Meyer-Ladewig* NJW 2001, 2679; EGMR EuGRZ 2001, 391, 395 Rn. 46 – Erdem.

453 BVerfGE 20, 45, 50.

454 BVerfGE 36, 264, 270; EGMR NJW 2001, 2694, 2696 – Kudla.

455 StRspr., z. B. BVerfGE 20, 45, 50; BVerfG StV 2015, 39.

mehr als einem Jahr bis zum Beginn der Hauptverhandlung oder dem Erlass eines Urteils ist nur in ganz besonderen Ausnahmefällen gerechtfertigt.[456] Angesichts 18-monatiger vollzogener U-Haft gewinnt schon die Verzögerung von 6 Wochen besondere Bedeutung.[457] Die Schwere der Tat und die im Raum stehende Straferwartung sind, wenn eine Verzögerung festgestellt ist, nach st. Rspr. des BVerfG bei § 121 grds. ohne Bedeutung.[458] Die Aktionsmöglichkeiten der Verteidigung im OLG-Haftprüfungsverfahren sind daher nicht so eingeschränkt, wie es auf den ersten Blick erscheinen mag. Schwerpunkt der Verteidigungstätigkeit ist dabei die Frage der Einhaltung des Beschleunigungsgebotes unter Berücksichtigung der Rspr. des Bundesverfassungsgerichts und der sich daran anschließenden immer weiter ausdifferenzierenden Einzelfallrechtsprechung der Fachgerichte.[459]

§ 121 StPO gilt für alle aktuell vollzogenen Haftbefehle nach §§ 112 ff., 114 StPO und eingeschränkt für den Unterbringungsbefehl nach § 126a StPO. Das förmliche Haftprüfungsverfahren nach §§ 121, 122 StPO findet bei dem Unterbringungsbefehl nach § 275a Abs. 5 StPO[460], Haftanordnungen nach §§ 230 Abs. 2, 236, 329 Abs. 3 S. 1, 412 S. 2 i.V.m. 329 Abs. 3, 453c StPO, freiheitsbeschränkenden Anordnungen nach § 81 StPO, §§ 71 Abs. 2 S. 1, 72 Abs. 4, 73 JGG und im Ausland vollzogener Auslieferungshaft (Einlieferungshaft) nicht statt.[461] Auch für außer Vollzug gesetzte Haftbefehle und Überhaft gilt das Beschleunigungsgebot.[462]

II. Fristberechnung, Tatbegriff

129 Die zeitliche Einschränkung der U-Haft gilt nur für dieselbe Tat. Die sog. Reservehaltung von Haftgründen oder Haftbefehlen, um die Frist zu unterlaufen, ist unzulässig. Daher wird bei der Berechnung der Frist eines neuen Haftbefehls die Frist eines vorhergehenden Haftbefehls dann mitgezählt, wenn es sich um »dieselbe Tat« handelt. Der Begriff der Tat i.S. von § 121 Abs. 1 StPO[463] ist weiter als der Tatbegriff des § 264 StPO.[464] Uneinigkeit besteht insbesondere über folgende Fallkonstellationen: Von Anfang an bestanden mehrere Haftbefehle nebeneinander. Nach Erlass des Haftbefehls werden weitere Straftaten bekannt, die vor Erlass des ursprünglichen Haftbefehls begangen worden waren und auf die nun ein weiterer Haftbefehl gestützt wird. Nach h.M. gehören zur »selben Tat« alle Taten, die bei Erlass des Haftbefehls bekannt waren und in den Haftbefehl hätten aufgenommen werden können, unabhängig davon, ob die Verfahren verbunden wurden oder hätten verbunden werden können.[465] Werden nach Erlass des Haftbefehls weitere Straftaten bekannt, die der Beschuldigte vor Haftvollzug begangen hat, ist für die Fristberechnung auf den Zeitpunkt abzustellen, zu dem ein auf diese Tat gestützter Haftbefehl hätte erlassen werden können. Taten, die bei Erlass des vollzogenen Haftbefehls bereits bekannt waren, können eine Verlängerung der 6-Monatsfrist oder den Neubeginn der Frist nicht begründen. Taten, die erst nach Erlass begangen werden (z.B. Straftaten in der Haft oder nach Außervollzugsetzung), können dagegen eine neue 6-Monatsfrist auslösen.[466] Kommt die Erweiterung des Haftbefehls in Betracht, muss er unverzüglich an die geänderte

456 BVerfGK 7, 140, 156, s. auch BVerfG StV 2008, 198 zur Terminierungsdichte.
457 BVerfG StV 2000, 322.
458 BVerfG StV 2006, 703; 2007, 369; 2007, 644; 2015, 39.
459 *Schlothauer/Nobis/Voigt/Wolf* Rn. 889 ff. loten die Möglichkeiten der Verteidigung aus und geben eingehende praktische Hinweise; Checkliste zur OLG-Haftprüfung bei *Burhoff* StraFo 2000, 119 ff.; *Burhoff* Ermittlungsverfahren Rn. 2616.
460 OLG München NStZ-RR 2009, 20; *Meyer-Goßner/Schmitt* § 275a Rn. 20.
461 KMR/*Wankel/Schuster* § 121 Rn. 1b; *Starke* StV 1988, 223, 226.
462 BVerfG StV 2006, 87, 251.
463 Ausführlich dazu: *Schwarz* NStZ 2018, 187 ff.
464 OLG Nürnberg StraFo 2016, 468 = StV 2017, 457.
465 Meyer-Goßner/*Schmitt* § 121 Rn. 12; KK/*Gericke* § 121 Rn. 10 f.; LR/*Gärtner* § 121 Rn. 22; *Burhoff* Ermittlungsverfahren Rn. 2 ff.; a.A. MüKo-StPO/*Böhm* § 121 Rn. 31c.
466 Näher zu den einzelnen Fallvarianten s. KMR/*Wankel/Schuster* § 121 Rn. 7–8d.

Tatsachen- oder Beweislagen angepasst werden, regelmäßig bereits am nächsten Tag. Der BGH[467] hat die o.g. Grundsätze nunmehr klargestellt:

1. Der Tatbegriff des § 121 StPO erfasst alle Taten des Beschuldigten von dem Zeitpunkt an, ab dem sie bekannt waren und dringender Tatverdacht bestand. Die 6-Monatsfrist läuft ab diesem Zeitpunkt, unabhängig davon, ob bzw. wann ein neuer Haftbefehl erlassen oder der alte erweitert wurde. Das verhindert die sog. Reservehaltung von Tatvorwürfen.
2. Ein neu erlassener oder erweiterter Haftbefehl löst eine neue 6-Monatsfrist nur aus, wenn er unverzüglich erlassen wird und die neu aufgenommenen Taten ihrerseits den Erlass eines Haftbefehls rechtfertigen würden (sog. Haftrelevanz).

III. Gründe, Prüfprogramm

Die Fortdauer der U-Haft über sechs Monate kann aufgrund der besonderen Schwierigkeit, des besonderen Umfangs der Ermittlungen oder aus anderen wichtigen Gründen angeordnet werden. **130** Dabei ist nur von den Taten auszugehen, die im Haftbefehl aufgeführt sind und deretwegen die Untersuchungshaft vollzogen wird. Insbesondere bleibt der vorgelegte Haftbefehl auch dann alleiniger Prüfungsgegenstand, wenn der Haftbefehl auf weitere Taten hätte erweitert werden können, aber nicht erweitert worden ist (vgl. oben Rdn. 128).[468] § 121 StPO konkretisiert das verfassungsrechtliche Verhältnismäßigkeitsprinzip im Hinblick auf die Dauer der U-Haft und setzt ihr – unabhängig von der zu erwartenden Strafe – Grenzen. § 121 StPO erfordert ein **doppeltes Prüfprogramm.**[469] Erstens müssen Feststellungen zur besonderen Schwierigkeit, zum besonderen Umfang oder den anderen wichtigen Gründen, die ein Urteil bisher nicht zugelassen haben, getroffen werden (**Feststellungsebene**). Allen Gründen der Feststellungsebene ist gemeinsam, dass sie den Fortgang des Verfahrens bis zur Rechtskraft bisher verhindert haben. Liegen solche Gründe vor, müssen diese zweitens die Fortdauer der U-Haft auch rechtfertigen (**Rechtfertigungsebene**). Das Vorliegen der Voraussetzungen auf der Feststellungsebene eröffnet die Prüfung auf der Rechtfertigungsebene. Erst nach positivem Ergebnis auf beiden Ebenen, darf die U-Haft über die 6-Monatsgrenze hinaus verlängert werden.

Für die Vielzahl an Einzelfallentscheidungen wird auf die regelmäßigen Rechtsprechungsübersichten[470] und die Kommentarliteratur verwiesen.[471]

IV. Verfahren

Die 6-Monatsprüfung gliedert sich in drei Abschnitte: Vorlegungsverfahren, das eigentliche OLG- **131** Haftprüfungsverfahren und das weitere Verfahren (§ 122 Abs. 4 StPO).[472]

Beschuldigter und Verteidiger erhalten vor der Entscheidung des OLG[473] rechtliches Gehör. Üblicherweise wird die Stellungnahme der GenStA, die dem Gericht die Akten vorzulegen hat, der Verteidigung zur Kenntnis gegeben. Das OLG kann den Haftbefehl aufheben, außer Vollzug setzen oder Haftfortdauer anordnen.[474] Letzterenfalls ist es üblich, nach § 122 Abs. 3 S. 3 StPO die Haftprüfung für weitere 3 Monate wieder auf das nach den allgemeinen Vorschriften zuständige Gericht zurückzuübertragen.

Prüfungsumfang, Entscheidungsmöglichkeiten. Grundlage der Haftprüfung ist der Haftbefehl in seiner letzten dem Beschuldigten bekannt gemachten Form. Die Gründe des § 121 StPO können

467 BGH NStZ 2019, 626; ebenso OLG Nürnberg vom 12.06.2018 – 1 Ws 191/18.
468 KG StV 2017, 458.
469 BVerfG StV 1995, 422; 2007, 368, 370; *Schlothauer/Nobis/Voigt/Wolf* Rn. 911.
470 ZB zuletzt *Schultheis* NStZ 2018, 262 und 323.
471 Meyer-Goßner/*Schmitt* § 121 Rn. 22–26; MüKo-StPO/*Böhm* § 121 Rn. 37 ff.; LR/*Gärtner* § 121 Rn. 52 ff.; KMR/*Wankel/Schuster* § 121 Rn. 13; *Burhoff* Ermittlungsverfahren Rn. 2594 ff.
472 Ablaufschema bei KMR/*Wankel/Schuster* § 122 Rn. 2.
473 Ermittelt der Generalbundesanwalt, entscheidet der BGH.
474 BVerfG StV 2000, 321.

sich nur auf den ordnungsgemäß eröffneten Haftbefehl beziehen.[475] In der Nachprüfung des wichtigen Grundes ist das OLG weder in tatsächlicher noch in rechtlicher Hinsicht beschränkt. Sowohl die Frage, ob das Urteil früher hätte ergehen können, als auch, ob Haftfortdauer gerechtfertigt ist, wird überprüft. Das OLG kann die Aufhebung des Haftbefehls, die Außervollzugsetzung (§ 122 Abs. 5 StPO) oder die Haftfortdauer anordnen, § 122 Abs. 3 S. 1 StPO. Im Ermittlungsverfahren hat es auf entsprechenden Aufhebungsantrag der StA hin den Haftbefehl aufzuheben, § 120 Abs. 3 S. 1 StPO. Das OLG hat das Verlängerungsmonopol für den Haftbefehl, aber keine Zuständigkeit für die Invollzugsetzung. Es darf nach h.M. den Haftbefehl im Verfahren nach § 121 StPO nicht erweitern, da eine solche Erweiterung den Erlass eines neuen Haftbefehls bedeutet.[476] Auch während der Prüfung kann das Haftgericht den Haftbefehl erweitern, außer Vollzug setzen oder aufheben und damit dem OLG die Entscheidungsgrundlage entziehen.[477] Eine Einschränkung ergibt sich nur im Fall des § 122 Abs. 1 Alt. 2 StPO.[478]

Sicherheitsleistung

132 Der Richter bestimmt die Art und Form der Sicherheit. Die Aufzählung in § 116a StPO ist abschließend.[479] Abs. 1 S. 2 eröffnet dem Verordnungsgeber die Möglichkeit, abweichende unbare Sicherheiten zuzulassen. Zur **Hinterlegung** und **Pfandbestellung** können auch Vermögenswerte verwendet werden, die dem Beschuldigten nicht gehören, wenn dies nicht ausdrücklich durch den Beschluss ausgeschlossen ist.[480] Für die Hinterlegung gilt die Hinterlegungsordnung. Unter »Pfandbestellung« fallen auch Sicherungsübereignung und Sicherungsabtretung.[481] **Bürgschaft** ist nicht nur die des § 765 BGB, sondern jede Sicherheitsleistung durch einen Dritten, z.B. durch aufschiebend bedingtes selbstschuldnerisches Zahlungsversprechen oder durch Hinterlegung von Bargeld oder Wertpapieren im eigenen Namen.[482] Diese »Bürgschaften« bedürfen, da es sich nicht um solche im Sinne des BGB handelt, zwar nicht der Schriftform, aber schon aus Gründen der Beweisbarkeit und Aktenklarheit sollte das Gericht nur schriftliche Erklärungen akzeptieren. Die Art der Sicherheitsleistung ist im Außervollzugsetzungsbeschluss genau und sorgfältig zu beschreiben, um im späteren Verfallsverfahren nach § 124 StPO Unklarheiten von vornherein zu vermeiden.

133 Ob die **Kaution** nur bei Fluchtgefahr, oder auch bei Verdunkelungsgefahr zulässig ist, ist umstritten.[483] Sie ist nicht einseitig kündbar. Die Sicherheitsleistung darf auch ohne Einverständnis des Beschuldigten angeordnet werden. Zum Verfall der Sicherheit s. § 124 StPO. Die Außervollzugsetzung des Haftbefehls unter der Bedingung, dass die Kaution auf die Kosten des Verfahrens und die Strafe verrechnet werden kann, ist ebenso unzulässig[484] wie die Aufrechnung mit angefallenen Gerichtskosten gegen den Herausgabeanspruch bzgl. einer vom Angeklagten geleisteten Kaution.[485]

475 BVerfG StV 2001, 691 unter Hinweis auf OLG Hamm StV 1998, 273, 555; *Burhoff* Ermittlungsverfahren Rn. 2578.
476 BGH NStZ-RR 2018, 53; BGH 28.07.2016 – AK 41/16, StV 2016, 824 (Ls.); BGH 13.10.2021 – AK 44/21, StV 2022, 530 (Ls.); KG StV 2022, 524; KK/*Gericke* § 121 Rn. 24a; Meyer-Goßner/*Schmitt* § 125 Rn. 2; *Burhoff* StraFo 2000, 109, 110; zur Abänderungsbefugnis in der Beschwerde s. oben Rn. 67, 70.
477 OLG Nürnberg StraFo 2016, 468; weiterführend KMR/*Wankel/Schuster* § 122 Rn. 7 m.w.N.
478 OLG Nürnberg StraFo 2016, 468; KMR/*Wankel/Schuster* § 122 Rn. 11 m.w.N..
479 H.M. MüKo-StPO/*Böhm* § 116a Rn. 18; Meyer-Goßner/*Schmitt* § 116a Rn. 1.; KK/*Graf* § 116a Rn. 1. Zur Zulässigkeit von Sitzungshaftbefehlen von im EU-Ausland aufhältigen Angeklagten: *Ullenboom*, NJW 2018, 2671.
480 Genauer dazu MüKo-StPO/*Böhm* § 116a Rn. 9, 11, 22; KMR/*Wankel/Schuster* § 116a Rn. 2.
481 KMR/*Wankel/Schuster* § 116a Rn. 3; MüKo-StPO/*Böhm* § 116a Rn. 20.
482 LR/*Lind* § 116a Rn. 9; MüKo-StPO/*Böhm* § 116a Rn. 21.
483 Dagegen Meyer-Goßner/*Schmitt* § 116 Rn. 16 m.w.N.; dafür KK/*Graf* § 116 Rn. 19; KMR/*Wankel/Schuster* § 116a Rn. 1; MüKo-StPO/*Böhm* § 116a Rn. 13; *Burhoff* StraFo 2000, 119.
484 LG München StV 1998, 554 m. Anm. *Eckstein; Burhoff* Ermittlungsverfahren Rn. 841.
485 BGH NJW 1985, 2820; OLG Frankfurt StV 2000, 509.

Der Verteidiger hat seinen Mandanten über die Risiken des Pfändungszugriffs und über die Möglichkeiten von Sicherungsmaßnahmen zu beraten.[486] Der Beschuldigte kann seinen Rückzahlungsanspruch an einen Dritten abtreten. Dies ist nicht ohne weiteres als ein die Fluchtgefahr erhöhender Umstand zu bewerten, kann aber die Strafbarkeit nach §§ 283, 283c StGB begründen.[487] Eine unzutreffende Belehrung kann Schadensersatzpflichten auslösen.[488] Die Beratung sollte zur Vermeidung von Regressansprüchen schriftlich dokumentiert werden.[489]

Die Sicherheitsleistung soll gewährleisten, dass sich der Beschuldigte dem Verfahren stellt bzw. Verdunkelungshandlungen unterlässt (»psychische Zwangswirkung«). Ihre Höhe ist an ihrem Zweck zu bemessen. Dabei sind die Vermögens- und Einkommensverhältnisse des Beschuldigten zu berücksichtigen. Maßgeblich für ihre Art und Höhe sind aber die Intensität des Haftgrundes und die Bedeutung der Sache.[490]

Zustellungsbevollmächtigter. Der Beschuldigte muss gem. § 116a Abs. 3 StPO einen Zustellungsbevollmächtigten mit dessen Einverständnis bestellen, wenn er nicht in der Bundesrepublik Deutschland wohnt und wenn er selbst oder sein Verteidiger beantragt, den Haftbefehl gegen Kaution außer Vollzug zu setzen.[491]

Sitzungshaftbefehl, § 230 Abs. 2 Alt 2 StPO

Der Haftbefehl in der Hauptverhandlung nach § 230 Abs. 2 Alt. 2 StPO setzt weder dringenden 134
Tatverdacht noch einen Haftgrund voraus. Er kann und sollte zeitlich beschränkt werden (Befristung). Voraussetzung des Haftbefehls sind:
- Ordnungsgemäße Ladung mit Hinweis nach § 216 Abs. 1 StPO,
- der Angeklagte ist nicht erschienen und kann sich auch nicht durch einen Verteidiger vertreten lassen, (wie z.B. im Strafbefehlsverfahren nach § 411 Abs. 2 S. 1 StPO[492] oder der Berufungshauptverhandlung nach § 329 StPO, wenn ein Verwerfungsurteil nicht ergehen kann[493]),
- der Angeklagte hat sein Fernbleiben nicht genügend entschuldigt,
- mildere Mittel, insbesondere Vorführbefehl sind nicht möglich oder nicht erfolgversprechend (Verhältnismäßigkeit).

Der Sitzungshaftbefehl kann entsprechend § 116 StPO außer Vollzug gesetzt und mit der Beschwerde und weiteren Beschwerde angefochten werden. Mit Abschluss der Hauptverhandlung ist der Haftbefehl erledigt, eine eingelegte Beschwerde ist prozessual überholt und wird unzulässig, kann aber unter Berücksichtigung der Rspr. des BVerfG in eine zulässige Fortsetzungsfeststellungsbeschwerde umgedeutet werden.[494] Eine Haftprüfung nach § 122 StPO findet nicht statt (s. oben Rdn. 127).[495]

Subsidiarität

der Haftbeschwerde s. dort Rdn. 92; 135

des Sicherungshaftbefehls wegen Wiederholungsgefahr, s. dort Rdn. 82

486 *Schlothauer/Nobis/Voigt/Wolf* Rn. 571; *Burhoff* Ermittlungsverfahren Rn. 843; *Sättele* StV 2000, 510.
487 *Schlothauer* in Strafverteidigung im Rechtsstaat 2009 S. 1041, 1044 ff.
488 BGH StV 2004, 661.
489 *Schlothauer/Nobis/Voigt/Wolf* Rn. 571.
490 OLG Celle vom 08.04.2019 – 3 Ws 102/19.
491 Näher zu den verschiedenen Fallgestaltungen *Büttner* DRiZ 2007, 188 vgl. allgemein dazu KMR/*Wankel/Schuster* § 116a Rn. 6; *Mayer* NStZ 2016, 76, 79 f.
492 KG NJW 2007, 2345: Im Strafbefehlsverfahren hat § 230 Abs. 2 StPO nicht den Zweck, den Ungehorsam des Angeklagten zu ahnden.
493 *Meyer-Goßner/Schmitt* § 329 Rn. 45.
494 BVerfG StV 2000, 321.
495 *Meyer-Goßner/Schmitt* § 230 Rn. 23.

Taktik

136 Im Recht der Untersuchungshaft prallen die Interessen des Beschuldigten und die der Strafverfolgungsbehörden noch stärker aufeinander als im übrigen Strafverfahren. Das Gericht muss bei der notwendigen Abwägung die verfassungsrechtlich geschützten Belange des Beschuldigten besonders berücksichtigen. Das gilt für die Haftentscheidung selbst sowie bei Vor- und Nebenfragen; z.B. das Informationsrecht bei und nach einem Vorführ- oder Haftprüfungstermin.[496] Andererseits dürfen die Interessen der Rechtsgemeinschaft an effektiver Strafverfolgung und damit einhergehender Sicherung des Strafverfahrens nicht automatisch hinter die Belange des Beschuldigten zurückgestellt werden. Innerhalb der jeweils individuell vorzunehmenden Einzelfallabwägung gibt es keine allgemeine Regel, dass die Freiheitsrechte des Einzelnen Vorrang vor den legitimen Sicherungsbedürfnissen der Allgemeinheit hätten. Effektive Sicherung des Strafverfahrens, Strafverfolgung selbst und Vollstreckung der Strafe sind Grundbedingung für Rechtsfrieden und Rechtssicherheit in einer Gesellschaft. Die Rechte des Einzelnen und damit auch die des Beschuldigten kann man nur substanziell wahren, wenn die rechtsstaatlichen Einrichtungen in der Rechtsgemeinschaft verwurzelt und anerkannt sind (Verteidigung der Rechtsordnung; positive Generalprävention). Letztlich findet stets eine Abwägung widerstreitender Verfassungsgüter statt, die weitestgehend in Einklang zu bringen sind (praktische Konkordanz).

Entscheidungen im Zusammenhang mit der Untersuchungshaft stellen regelmäßig die Weichen für das weitere Verfahren. Die Ablehnung eines Haftantrages mangels dringenden Tatverdachts durch den Ermittlungsrichter zu Beginn eines Ermittlungsverfahrens kann schon die endgültige Verfahrenseinstellung durch die StA präjudizieren. Umgekehrt verschlechtert sich die Ausgangslage für die Verteidigung mit jedem zusätzlichen Tag Untersuchungshaft. Auch Haftprüfungsentscheidungen des OLG nach § 121 StPO haben oft eine wegleitende Funktion für die Fortführung des Verfahrens.

Jedes Gerichtsverfahren birgt eine Vielzahl an Unwägbarkeiten in sich. Dies verdeutlichen gängige Redewendungen wie: »Der Mandant ist der größte Feind des Anwalts« oder »Auf hoher See und vor Gericht ist man in Gottes Hand«.

Der weitsichtige[497] Strafverteidiger hat sich bei seinem Vorgehen daher immer wieder den grundsätzlichen Fragen nach dem langfristigen Erfolg seines Handelns zu stellen und auch »worst-case«-Szenarien ins Auge fassen. Dabei sollten vorsorglich immer *auch* folgende Fragen gestellt werden:
- GAU: Wie sieht die Verteidigerposition im weiteren Verfahren aus, wenn der gestellte Antrag entgegen aller Erwartung doch abgelehnt wird?
- Pyrrhussieg: Wie sieht die Position im weiteren Verfahren aus, wenn der gestellte Antrag durchgeht, und was ist dann erreicht?
- Verpuffung: Verbraucht die Verteidigung »Munition«, die in der Hauptverhandlung und eventuellen Revision fehlt?
- Aktionismus: Verzögert sich das Verfahren und verlängert sich die Haftzeit durch die Verteidigungshandlungen?
- Schlafende Hunde wecken: Regt die Verteidigungsstrategie die Strafverfolgungsbehörden zu Nachermittlungen an, die den Mandanten erst richtig »reinreiten« (»si tacuisses …«)?
- Mücke zu Elefant: Verändert sich der Schwerpunkt des Falles zulasten des Mandanten durch den großen Aufwand, den die Verteidigung auslöst?
- Verbrannte Erde: Verschlechtert das Verteidigerverhalten das Verhandlungsklima zulasten des Mandanten und versperrt den Weg für Verständigungen und Einlenken?

---

496 Grundlegend BVerfGE 19, 342, 347 ff.
497 S. auch Stichwort Schutzschrift Rdn. 127.

Überhaft, Doppelhaft, mehrere Haftbefehle, § 116b StPO

Im selben Verfahren darf nur ein Haftbefehl ergehen und vollzogen werden,[498] der aber mehrere prozessuale Taten umfassen kann. Nach § 116b S. 2 StPO ist U-Haft im Verhältnis zur Vollstreckung anderer freiheitsentziehender Maßnahmen nachrangig zu vollziehen. Im Verhältnis zum Sitzungshaftbefehl (§ 230 Abs. 2, ggf. i.V.m. §§ 329, 412 StPO) besteht kein Rangverhältnis, da gem. § 51 Abs. 1 StGB nicht nur die Untersuchungshaft, sondern jede andere Freiheitsentziehung angerechnet wird. Bestehen mehrere Haftbefehle gleicher Qualität, so ist nach dem Prioritätsprinzip zu eröffnen.[499] Die Zuständigkeit zur Unterbrechung der Haft liegt ausschließlich beim Haftgericht gem. §§ 116b S. 2, 126 Abs. 1 S. 1 StPO. 137

Wegen der Haftbefehle, die nicht vollzogen werden, wird **Überhaft** vorgemerkt. Dies kann auch ein Sicherungshaftbefehl nach § 453c StPO sein. Wird Strafhaft vollzogen, so wirkt sich die Überhaft beim Vollzug der Strafhaft für den Beschuldigten belastend aus, da Vollzugslockerungen dann nicht mehr möglich sind. Zulässig ist es, einen Überhaftbefehl zu eröffnen, der in Kürze vollzogen werden soll, weil die Strafhaft vollständig vollstreckt ist oder ein vollzogener Haftbefehl aufgehoben oder außer Vollzug gesetzt werden soll. Der Haftbefehl, für den Überhaft notiert ist, kann gemäß § 116 StPO außer Vollzug gesetzt werden, sodass Vollzugslockerungen im Strafvollzug möglich werden. Die Verteidigung kann die Vollzugsaussetzung über einen entsprechenden Antrag und nachfolgende Beschwerde betreiben.[500] Das Beschleunigungsgebot des § 121 StPO gilt auch in Überhaftsachen.[501]

Gem. § 116b S. 1 StPO ist Untersuchungshaft zur Sicherstellung der innerstaatlichen Strafverfolgung immer dann vorrangig zu vollstrecken, wenn es um das Verhältnis zu der Vollstreckung von Auslieferungshaft und vorläufiger Auslieferungshaft (§§ 15, 16 IRG), zur Abschiebungshaft (§ 62 AufenthG, auch in Verbindung mit § 57 Abs. 3 AufenthG) und zur Zurückweisungshaft (§ 15 Abs. 5 AufenthG) geht. Abschiebehaft als Überhaft (»Abschiebehaft auf Vorrat«) ist nur dann zulässig, wenn der Inhaftierte in absehbarer Zeit abgeschoben werden soll.[502] **Auslieferungshaft** (§ 15 IRG) ist auch als Überhaft neben U-Haft und neben Strafhaft zulässig.[503]

Übergang Überhaft in U-Haft. Sobald die Überhaft in Haft übergeht, ist der Haftbefehl zu **eröffnen**, § 115 StPO. Zuständig ist das Gericht, das den Haftbefehl erlassen hat. Die Eröffnung des Haftbefehls durch den ersuchten oder beauftragten Richter ist unzulässig (näher unten Rdn. 153). Haben örtlich weit auseinander liegende Gerichte den Haftbefehl und den Überhaftbefehl erlassen, oder verbüßt der Beschuldigte Strafhaft in einer entfernten JVA, so darf der Überhaftbefehl auch schon vor der absehbaren Aufhebung/Außervollzugsetzung bzw. dem Ende der Strafhaft durch den zuständigen Richter eröffnet werden. Zu diesem Zweck muss der Beschuldigte in den Bereich dieses Richters verschubt werden. Dürfte in diesen Fällen der Überhaftbefehl erst mit Ende der Haft/Strafhaft eröffnet werden, könnte die Frist des § 115 StPO nicht gewahrt werden und es wäre der nächste Richter nach § 115a StPO zuständig, mit der sich daraus ergebenden stark eingeschränkten Entscheidungskompetenz. § 115a StPO ist eine Ausnahmevorschrift für Eilfälle und passt für die hier beschriebene Konstellation nicht. 138

---

498 BGHSt 38, 54; OLG Koblenz NStZ-RR 2000, 156; Meyer-Goßner/*Schmitt* Vor 112 Rn. 11.

499 OLG München NStZ 1983, 236.

500 *Schlothauer/Nobis/Voigt/Wolf* Rn. 706f.

501 *Schlothauer/Nobis/Voigt/Wolf* Rn. 705; BVerfG StV 2006, 251 mit Hinweis auf OLG Bremen StV 2000, 35; KMR/*Wankel/Schuster* vor § 112 Rn. 26; weitere Rspr. s. KMR/*Wankel/Schuster* § 121 Rn. 14.

502 OLG Frankfurt StV 2000, 377.

503 OLG Stuttgart NStZ-RR 2003, 91; einschränkend OLG Hamm StraFo 2002, 139; OLG Nürnberg v. 13.01.2010 – 1 OLG Ausl 262/09; OLG Hamm NStZ 2004, 221 unter Abgrenzung zu der Entscheidung desselben Senats in StV 2003, 91; OLG Celle StV 2008, 432; nach *Grützner/Pötz/Kreß/Gazeas/Brodowski-Böhm* IRG § 15 Rn. 80 soll eine zeitweise gleichzeitig vollzogene Doppelhaft in diesen Fällen zulässig sein; a.A. *Schomburg/Lagodny/Gleß/Hackner* § 15 Rn. 21a; *Möller* NStZ 1991, 606.

139 Die Zuständigkeit zur **Überwachung** der Haft liegt primär bei dem Gericht, dessen Haftbefehl gerade vollzogen wird. In diesem Verfahren findet auch die OLG-Haftprüfung statt, § 121 StPO. Die übrigen Gerichte sind aber ebenso verpflichtet, jederzeit die Haftvoraussetzungen zu überprüfen. Auch ein nicht vollzogener Überhaftbefehl kann außer Vollzug gesetzt oder aufgehoben werden, weil die Voraussetzungen des § 121 StPO nicht mehr gegeben sind.[504] Bestehen mehrere Haftbefehle (Überhaft), so ist das OLG zuständig, in dessen Bezirk das Gericht liegt, dessen Haftbefehl gerade vollzogen wird.

140 **Doppelhaft**, d.h. der gleichzeitige Vollzug mehrerer Haftbefehle aus verschiedenen getrennten Verfahren, ist unzulässig.[505]

Umdeutung, prozessuale Überholung, Rechtskraft bei Verurteilung

141 Mit Anklage wird das Hauptsachegericht zuständig und der bisherige Instanzenzug endet (§§ 125 Abs. 2, 126 Abs. 2 1 StPO). Nach h.M. wird die noch anhängige Haftbeschwerde in eine Haftprüfung umgedeutet, da das Beschwerdegericht nach § 126 Abs. 2 StPO erstinstanzlich für die Haftentscheidung zuständig geworden ist.[506] Das gilt nicht nur, wenn die StA beim LG Anklage erhoben hat oder nach Berufungseinlegung,[507] sondern auch dann, wenn Anklage beim AG erhoben wird, da nunmehr der Hauptsacherichter zuständig ist, nicht mehr der Ermittlungsrichter[508] und nach Zurückverweisung in der Revision an einen anderen Spruchkörper.[509] Die Haftbeschwerde muss auch dann umgedeutet werden, wenn das nun zuständig gewordene Gericht kurz zuvor bereits eine Sachentscheidung bzgl. des Haftbefehls getroffen hat.[510]

Nach Durchlaufen des Instanzenzuges ist eine erneute Haftbeschwerde unzulässig und in einen Haftprüfungsantrag umzudeuten, wenn sich die tatsächlichen Verhältnisse nicht geändert haben.[511] Gegen die Haftprüfungsentscheidung ist dann wieder die Beschwerde statthaft.[512] Mit Rechtskraft des Urteils wird der Haftbefehl prozessual überholt und auch eine eingelegte Haftbeschwerde wird gegenstandslos. Das Beschwerdegericht stellt nur noch die Erledigung des Verfahrens fest. Die noch nicht verbeschiedene Haftbeschwerde wird durch die Entscheidung des OLG gemäß § 122 StPO gegenstandslos.

142 **Übergang der U-Haft in Strafhaft nach rechtskräftiger Verurteilung; Zwischenhaft; Organisationshaft.**

Mit Rechtskraft eines auf Freiheitsstrafe ohne Bewährung erkennenden Urteils wird der Haftbefehl[513] und eine etwa eingelegte Haftbeschwerde prozessual überholt und gegenstandslos. Die U-Haft geht ohne weiteres in Strafhaft oder in den Vollzug einer Sicherungsmaßregel über. Auf die Einleitung

504 BVerfGE 53, 152, 162.
505 Meyer-Goßner/*Schmitt* Vor § 112 Rn. 12; unklar LR/*Lind* Vor § 112 Rn. 90.
506 Meyer-Goßner/*Schmitt* § 117 Rn. 12; LR/*Lind* § 114 Rn. 51 m.w.N.; KK/*Gericke* § 126 Rn. 8a m.w.N.; BGHSt 14, 179, 185; OLG Stuttgart NStZ 1990, 141 bzgl. § 114 StPO; a.A. *Rostek* StV 2002 225.
507 OLG Frankfurt NStZ-RR 1996, 302.
508 OLG Naumburg NStZ-RR 1997, 307.
509 KG NStZ 2000 444; LR/*Lind* § 114 Rn. 52.
510 Str. OLG Frankfurt a. M. StV 2010, 33; OLG Hamm wistra 1996, 321; KK/*Gericke* § 126 Rn. 8a m.w.N.; Meyer-Goßner/*Schmitt* § 117 Rn. 12; offengelassen in OLG Karlsruhe StV 1994, 664, da hier bereits drei Monate vergangen waren; LR/*Lind* § 114 Rn. 52; a.A. OLG Düsseldorf NStE Nr. 2 zu § 125; OLG Hamm 16.11.1993 – 3 Ws 596/93; KG NStZ 2000, 444.
511 KG v. 15.08.2016 – 5 Ws 124/16, *juris*.
512 KK/*Gericke* § 126 Rn. 8a; OLG Düsseldorf StV 1992, 237.
513 Zum außer Vollzug gesetzten Haftbefehl *Barthe* NStZ 2016, 71.

der Vollstreckung kommt es nach h.M. nicht an.[514] Das gilt auch hinsichtlich teilrechtskräftiger Einzelfreiheitsstrafen oder Maßregelanordnungen.[515]

Bei zu vollstreckender Freiheitsstrafe oder Unterbringung verbleibt der Verurteilte in **Zwischenhaft** (z.T. auch Organisationshaft- oder Vollstreckungshaft genannt)[516] bis die Strafvollstreckung förmlich eingeleitet ist. Die Vollstreckungsbehörde muss aber unverzüglich und beschleunigt die Überstellung des Verurteilten in den Maßregelvollzug herbeiführen.[517]

Unter **Organisationshaft** versteht man die Inhaftierung eines zu einer Maßregel nach §§ 63 oder 64 ohne Vorwegvollzug Verurteilten, der sich mangels bereiten Therapieplatzes noch in der JVA befindet.[518]

Die Hauptverhandlungshaft nach § 127b StPO geht nicht automatisch in Strafhaft über, da sie auf längstens eine Woche befristet ist.[519]

Umwandlung des Haftbefehls

s. Aktualisierung Rdn. 8 143

Ungehorsamshaftbefehl/Sitzungshaftbefehl

Unter diese Begriffe fallen die Haftbefehle nach §§ 230 Abs. 2, 236, 329 Abs. 3 StPO, nicht aber der Sicherungshaftbefehl gemäß § 453c StPO. 144

Unterbringungsbefehl, § 126a StPO

I. Allgemein

Die einstweilige Unterbringung ist ein **vorbeugendes Sicherungsmittel** zum Schutz der Allgemeinheit vor gefährlichen psychisch kranken Menschen. Die Unterbringung zur Untersuchung nach § 81 StPO dient dagegen nur der Vorbereitung eines psychiatrischen Gutachtens. Die Unterbringung nach landesrechtlichen Vorschriften ist nachrangig. Die gleichzeitige Anwendung von Landesrecht kann aber erforderlich sein, wenn dadurch Gefahren abgewendet werden sollen, die § 126a StPO nicht erfasst.[520] 145

U-Haft und einstweilige Unterbringung schließen einander aus, d.h. wegen derselben prozessualen Tat ist nur die Verhängung der einen oder der anderen Maßnahme zulässig. Die Anordnung von U-Haft kommt zwar grds. in Betracht, wenn im Urteil mit Unterbringung nach § 63 StGB wegen verminderter Schuldfähigkeit zu rechnen ist, weil dann regelmäßig auch eine Freiheitsstrafe zu verhängen sein wird. Dennoch ist die einstweilige Unterbringung wegen der besseren Behandlungsmöglichkeiten in der Maßregelvollzugsklinik der U-Haft vorzuziehen.[521] Gleiches gilt, wenn die Voraussetzungen des § 64 StGB hochwahrscheinlich vorliegen und mit der Anordnung eines Vorwegvollzugs nicht zu rechnen ist.

---

514 Meyer-Goßner/*Schmitt* § 120 Rn. 15; *Schlothauer/Weider/Nobis* Rn. 1008 ff. m.w.N. zum Streitstand; BGHSt 38, 63; OLG Düsseldorf StV 1999, 607; OLG Hamm StV 2002, 209 m. abl. Anm. *Nobis* StraFo 2002, 101.

515 OLG Hamm NStZ 2009, 655.

516 Näher *Trennhaus* StV 1999, 511 m.w.N.; OLG Düsseldorf StV 1988, 110; OLG Brandenburg StV 2000, 500 m. zust. Anm. *Rautenberg* und StV 2000, 504.

517 BVerfG StV 2006, 420 m. Bspr. *Bartmeier* NStZ 2006, 544; OLG Brandenburg StV 2001, 23 [25]; OLG Celle StV 2003, 32; OLG Hamm NStZ-RR 2004, 381; SK-StPO/*Paeffgen* Vor § 112 Rn. 30b.

518 Vgl. BVerfG NJW 2006, 427.

519 Meyer-Goßner/*Schmitt* § 127b Rn. 18; KK/*Glaser* § 127b Rn. 20.

520 LR/*Gärtner* § 126a Rn. 3.

521 LR/*Gärtner* § 126a Rn. 5; SK/*Paeffgen* § 126a Rn. 3; Meyer-Goßner/*Schmitt* § 126a Rn. 2.

Verfahren. Die Zuständigkeit des Gerichtes ergibt sich für den Erlass der Entscheidung aus den §§ 126a Abs. 2 S. 1, 125 StPO und für die Folgeentscheidungen aus § 126 StPO.

Anwendbare Vorschriften nach § 126a Abs. 2 S. 1 StPO: §§ 114 bis 115a, 116 Abs. 3 und 4, 117 bis 119a, 121, 122, 123, 125, 126 StPO. Der Unterbringungsbefehl wird nach § 114a StPO bekannt gemacht, gemäß § 126a Abs. 4 StPO auch an den gesetzlichen Vertreter; die Benachrichtigung erfolgt nach § 114c StPO. Vollzugsbeschränkungen sind nach § 119 Abs. 1 StPO zulässig und können auch zur Abwendung der Verdunkelungsgefahr angeordnet werden.[522] Die Außervollzugsetzung ist nur nach § 116 Abs. 3 und 4 StPO möglich, § 123 StPO ist anzuwenden. Die **Umwandlung** eines Unterbringungsbefehls in einen Haftbefehl und umgekehrt ist jederzeit möglich, wenn sich die Voraussetzungen geändert haben.[523] Die Umwandlung ist auch in der (weiteren) Beschwerde möglich, gleichgültig, wer die Entscheidung angefochten hat.[524] Vor der Entscheidung sind StA und Beschuldigter zu hören. Mit Rechtskraft des Urteils endet die Unterbringung und der Vollzug der Sicherungsmaßregel beginnt, auch wenn die Vollstreckung noch nicht eingeleitet ist.[525] Da sich der Beschuldigte in diesen Fällen bereits in einer Maßregelvollzugsklinik befindet, tritt kein Fall der Organisationshaft (dazu oben Rdn. 141) ein.

II. Haftprüfung, Beschwerde

146 Die Vorschriften über die Haftprüfung, auch die OLG-Haftprüfung (vgl. § 126a Abs. 2 S. 2 StPO) sind anwendbar. Erlass und Ablehnung des Unterbringungsbefehls(antrags) können mit Beschwerde und weiterer Beschwerde angefochten werden. Mit der Beschwerde kann auch geltend gemacht werden, dass statt eines Unterbringungsbefehls ein Haftbefehl hätte erlassen werden müssen, denn wenn die Modalitäten des Freiheitsentzugs anfechtbar sind, muss dies erst recht für die Art des Entzugs gelten.[526] Auch die Umwandlung ist anfechtbar.[527] Die weitere Beschwerde ist für den Beschuldigten nur zulässig, soweit die angegriffene Entscheidung den Unterbringungsbefehl erlassen oder aufrechterhalten hat, für die StA, wenn er aufgehoben oder nicht erlassen wurde.

III. Jugendverfahren

147 Die einstweilige Unterbringung nach § 126a StPO ist auch bei Jugendlichen und Heranwachsenden möglich. Die einstweilige Unterbringung in einem Heim der Jugendhilfe nach § 71 Abs. 2 JGG wird in den Fällen, in denen die Allgemeinheit durch den kranken Täter gefährdet ist, regelmäßig nicht ausreichen.

Verbotene Vernehmungsmethoden, § 136a StPO

148 Nach § 136a StPO untersagte Methoden haben keine unmittelbare Auswirkung auf den Haftbefehl, begründen aber ein Verwertungsverbot bzgl. der unzulässig gewonnenen Aussagen. Die für den dringenden Tatverdacht erforderlichen Tatsachengrundlagen reichen dann ggf. nicht mehr aus, was mittelbar zur Aufhebung des Haftbefehls führen kann.

Die Androhung der vorläufigen Festnahme oder (des Antrags auf) Untersuchungshaft kann unter § 136a Abs. 1 S. 3 StPO fallen.[528]

522 Meyer-Goßner/*Schmitt* § 126a Rn. 9.
523 Meyer-Goßner/*Schmitt* § 126a Rn. 12.
524 Meyer-Goßner/*Schmitt* § 126a Rn. 12.
525 Meyer-Goßner/*Schmitt* § 126a Rn. 13; *Trennhaus* StV 1999, 511.
526 KK/*Gericke* § 126a Rn. 10.
527 Meyer-Goßner/*Schmitt* § 126a Rn. 14; KK/*Gericke* § 126a Rn. 10.
528 KK/*Diemer* § 136a Rn. 30; s. auch Verwertungsverbot Rdn. 159.

Verhältnismäßigkeit

s Haftbefehl Rdn. 77 ff. 149

Verdunkelungsgefahr

s bei Haftbefehl Rdn. 73 150

Verhandlungsfähigkeit

Bei länger andauernder Verhandlungsunfähigkeit wird das Verfahren vorläufig eingestellt; in der Regel wird dann aus Gründen der Verhältnismäßigkeit auch der Haftbefehl zumindest außer Vollzug zu setzen sein. Bei endgültiger Verhandlungsunfähigkeit besteht ein Verfahrenshindernis; der Haftbefehl ist aufzuheben.[529] 151

Verkündung (Eröffnung) des Haftbefehls, § 115 StPO

Jeder Haftbefehl ist nach § 115 StPO zu eröffnen, zu verkünden und der Betroffene muss die Möglichkeit erhalten, sich zu äußern. Die Erweiterung oder substanzielle Ergänzung eines bestehenden Haftbefehls, gleich ob vollzogen oder außer Vollzug gesetzt, ist der Sache nach der Erlass eines neuen Haftbefehls, der nach mündlicher Anhörung des Beschuldigten verkündet wird.[530] Der ursprüngliche Haftbefehl ist prozessual überholt. Allein die Zustellung des Haftbefehls ist keine ordnungsgemäße Eröffnung. 152

Die Eröffnung des Haftbefehls durch den ersuchten oder beauftragten Richter ist unzulässig, da die Sondervorschriften der §§ 115, 115a StPO das Verfahren bei erstmaliger Eröffnung abschließend regeln[531] und der zuständige Richter sich einen unmittelbaren Eindruck vom Beschuldigten verschaffen muss.[532] Die Eröffnung eines Haftbefehls ist nicht nur eine Formalität, bei der es allein um die Mitteilung des Haftbefehls und ggf. die Entgegennahme der Beschuldigtenerklärung geht. Im Hinblick auf den schwerwiegenden Eingriff in die Freiheitsrechte des Inhaftierten muss der zuständige Richter dem Beschuldigten nach gesetzlich vorgeschriebener Belehrung über seine Rechte, zu denen auch das Recht auf die Anwesenheit eines Verteidigers gehört, die Möglichkeit zu umfassender Erklärung geben. Der Beschuldigte (und sein Verteidiger) muss Gründe, die sich gegen die Haftentscheidung richten, so vortragen können, dass sich auch eine argumentative Auseinandersetzung mit dem Haftgericht entwickeln kann. Nur auf diese Weise bekommt das Gebot der mündlichen Anhörung das nötige substanzielle Gewicht, das auch der EGMR in st. Rspr. fordert.[533] 153

S. auch Stichwort Überhaft Rdn. 136.

Vernehmung des Beschuldigten

In jeder Lage des Verfahrens sind Vorführung aufgrund Haftbefehls und richterliche Vernehmung durchzuführen, gleichgültig ob das Hauptverfahren schon eröffnet wurde oder ein Urteil ergangen ist, auch wenn der Inhaftierte schon früher vernommen wurde. Nach jeder Festnahme ist die Vorfüh- 154

529 BGHSt 41, 16 zur endgültigen Verhandlungsunfähigkeit im Revisionsverfahren.

530 Meyer-Goßner/*Schmitt* § 115 Rn. 12; LR/*Lind* § 114 Rn. 55; OLG Hamm StV 1998, 273; 1998, 555; *Burhoff* StraFo 2000, 109, 110.

531 KMR/*Wankel/Schuster* § 115 Rn. 12; *Burhoff* StraFo 2000, 109, 110; OLG Frankfurt NStZ 1988, 471; OLG Hamm StV 1998, 273; OLG Stuttgart StraFo 2005, 377; ähnlich LR/*Lind* § 115 Rn. 1: Bedeutung der Vernehmung; **a.A.** Meyer-Goßner/*Schmitt* § 115 Rn. 9; OLG Karlsruhe Justiz 1997, 140; OLG Köln v. 29.06.2007 – 2 Ws 308/07 NStZ 2008, 175 (Ls.) Eröffnung durch den beauftragten Richter bei schweigendem Angeklagten.

532 BVerfGE 58, 208; StV 2001, 692.

533 Z.B. EGMR EuGRZ 1980, 202 – Schiesser; 1985, 700 – De Jong; 1999, 320 – Nikolova; NJW 2007, 3699 – Mc Kay (Rn. 40); *Kühne* StV 2002, 392.

rung/Vernehmung durchzuführen, also auch nach **Wiederinvollzugsetzung** eines Haftbefehls gemäß § 116 Abs. 4 StPO. Dies ergibt sich auch aus Art. 5 Abs. 2 EMRK.[534] Handelt es sich um die erste Vernehmung im Verfahren, ist § 136 Abs. 1 StPO zu beachten. Der Beschuldigte ist – unabhängig von Belehrungen nach § 114b StPO – über sein Recht zu Schweigen zu belehren. Darüber hinaus hat er bzw. sein Verteidiger das Recht, über den wesentlichen Stand der Ermittlungen informiert zu werden. Die notwendige Verteidigung nach § 140 Abs. 1 Nr. 4 StPO ist zu beachten. Zum Akteneinsichtsrecht der Verteidigung s. oben Rdn. 7. Es gelten §§ 168, 168a StPO. Die Verteidigung hat ein Anwesenheitsrecht, § 168c Abs. 1 StPO; nach h.M. aber nicht bei der Vernehmung eines Mitbeschuldigten (s. oben Rdn. 117).[535] Die Benachrichtigungspflicht nach § 114c Abs. 2 S. 2 StPO kann durch die Mitteilung der Entscheidung an den Verteidiger erfüllt werden.

Form. Die gemäß Art. 5 Abs. 2 EMRK; § 163a Abs. 5 StPO i.V.m. § 187 Abs. 1 GVG hinzuzuziehenden Dolmetscher sind nach § 189 GVG zu vereidigen.

Der vernehmende Richter hat dem Festgenommenen die Gründe der Festnahme zu eröffnen und ihn in die Lage zu versetzen, ihre Rechtmäßigkeit selbst zu beurteilen.[536] Die konkreten haftbegründenden Tatsachen sind offen zu legen, soweit sie sich nicht schon aus dem schriftlichen Haftbefehl ergeben (s. § 114a StPO). Eine bestimmte Form ist nicht vorgeschrieben (vgl. Art. 5 Abs. 2 EMRK). Der Festgenommene hat ein strafprozessuales Grundrecht auf Sprechen und Gehörtwerden.[537]

Der Richter hat eine substanzielle Vernehmung durchzuführen. Mit einem einfachen Vorhalt der Aussage oder der pauschalen Bezugnahme auf ein vorliegendes, meist polizeiliches Protokoll darf er sich nicht begnügen. Hat der Richter den Beschuldigten vollständig vernommen und hat dieser inhaltlich mit dem vorliegenden Protokoll gleichlautende Angaben gemacht, so darf auf dieses Protokoll Bezug genommen werden und die nochmalige wörtliche Aufnahme der Aussage kann unterbleiben. Ein richterliches Protokoll, das sich auf ein früheres nichtrichterliches Protokoll bezieht, ist nur unter folgenden Voraussetzungen wirksam:[538]

- Das Protokoll muss den wesentlichen Inhalt der Aussage enthalten.
- Der Beschuldigte muss eindeutig erklären, dass seine Angaben vor der Polizei Bestandteil seiner richterlichen Aussage sein sollen.
- Bezugnahmen auf ein durch den Haftrichter verlesenes und nicht nur vorgehaltenes Protokoll müssen sich eindeutig zuordnen lassen.

Es handelt sich somit um eine technische Erleichterung zur Vermeidung doppelter Schreibarbeit, nicht aber um die Abkürzung der Vernehmung als solcher.[539] Soll ein (polizeiliches) Protokoll in das richterliche Protokoll mit aufgenommen werden, sollte der Richter dem Beschuldigten nicht nur den Text vorlesen, sondern ihm auch gleichzeitig eine Abschrift vorlegen.

Fehler. Ein nicht ordnungsgemäß errichtetes Protokoll darf nicht nach §§ 251 Abs. 2, 254 StPO verlesen werden (s. oben Rdn. 123).[540] Sein Inhalt kann gegebenenfalls unter den Voraussetzungen des § 251 Abs. 1 StPO in die Hauptverhandlung eingeführt werden.

Vernehmungsfrist nach Ergreifung aufgrund Haftbefehls, § 115 Abs. 2 StPO

155 Der Richter hat den Beschuldigten unverzüglich, spätestens am Tag nach der Vorführung zu vernehmen. Auf die Einhaltung dieser Frist kann der Beschuldigte nicht verzichten. Hat die Vernehmung

534 LR/*Esser* EMRK Art. 5 Rn. 197; EGMR EuGRZ 1982, 101.
535 BVerfG NJW 2007, 204; BGH NStZ 1997, 351 m. Anm. Rieß; KK/*Graf* § 115 Rn. 11; krit. SK-StPO/*Paeffgen* § 115 Rn. 9b.
536 EGMR EuGRZ 1979, 74 – Caprino.
537 BVerfGE 62, 249, 254; 83, 24, 38 (oben Rdn. 124); EGMR EuGRZ 1980, 202 – Schiesser; EuGRZ 1985, 700 – De Jong; NJW 2000, 2883, 2884 – Nikolova; OLG Hamm StV 1995, 200.
538 BGH NStZ 1991, 500; Protokollmuster bei KMR/*Wankel/Schuster* § 115 Rn. 11.
539 BGHSt 6, 279, 281.
540 KK/*Diemer* § 251 Rn. 17.

noch innerhalb der Frist begonnen, so kann sie auch über den Ablauf hinaus fortgesetzt werden, wenn dies erforderlich ist, um eine substanzielle Haftentscheidung zu treffen,[541] allerdings nur dann, wenn der Beschuldigte und sein Verteidiger zustimmen.

Zur Überschreitung der Frist s. Stichwort Vorführfrist Rdn. 162 und sogleich Rdn. 156. Vorführfrist und Vernehmungsfrist sind in diesen Fällen gleich zu behandeln.

Vernehmungsfrist nach vorläufiger Festnahme, § 128 StPO

Die **Vernehmung** erfolgt nach § 115 Abs. 3 StPO. Eine **Vernehmungsfrist** enthält § 128 StPO nicht, 156 auch fehlt eine Verweisung auf § 115 Abs. 2 StPO. Aus § 128 Abs. 1 S. 1 StPO und der in § 128 Abs. 1 S. 2 StPO anschließend genannten Vernehmung ergibt sich aber, dass mit einer substanziellen Vernehmung noch innerhalb der Vorführungsfrist begonnen werden muss.[542] In § 129 Hs. 2 StPO ist dies für den Fall der Verhaftung nach Anklage ausdrücklich geregelt, da die dort vorgesehene Pflicht zur Entscheidung die Gewährung rechtlichen Gehörs (durch Vernehmung) voraussetzt. Kann die Vernehmung nicht bis zum Ablauf der Frist abgeschlossen werden und ist eine Sachentscheidung nicht möglich, darf die Vernehmung (mit Einverständnis) des verteidigten Beschuldigten unterbrochen und am nächsten Tag fortgesetzt werden.[543] Die äußerste Grenze ist dann die Vernehmungsfrist des § 115 Abs. 2 StPO analog, also der Ablauf des auf die Vorführung folgenden Tages. Ließe man eine solche Unterbrechung nicht zu, so wäre der Ermittlungsrichter gezwungen, aufgrund unvollständiger Tatsachengrundlage zu entscheiden. Ist die Schwelle des dringenden Tatverdachts in diesen Fällen erreicht, wird der Richter Haftbefehl erlassen und die Vernehmung am nächsten Tag fortsetzen. Dies bedeutet aber eine deutliche Verschlechterung der Verteidigungsposition, da die Haftsituation verfestigt wird.[544]

Ist der Beschuldigte erkrankt und ist die Vernehmung am Krankenbett nicht möglich, muss er »symbolisch vorgeführt« werden (vgl. RiStBV Nr. 51).

Übersicht über den Ablauf des Verfahrens Rdn. 2.

Verschlechterungsverbot

s. reformatio in peius Rdn. 125 157

Verständigung in Haftsachen

Die Verständigung im Ermittlungsverfahren ist ein möglicher Weg, um die Aufhebung oder Außer- 158 vollzugsetzung des Haftbefehls zu erreichen. Unabdingbare Voraussetzung für ein verantwortungsbewusstes Eintreten in Verhandlungen mit der StA ist umfassende Aktenkenntnis (s. Akteneinsicht Rdn. 7) Gem. § 160b StPO können verfahrensfördernde Erörterungen im Ermittlungsverfahren auch der Vorbereitung einer Verständigung im Hauptverfahren und damit auch der Klärung der

541 KMR/*Wankel/Schuster* § 115 Rn. 8; *Schlothauer/Weider/Nobis* Rn. 238; a.A. KK/*Graf* § 115 Rn. 7; LR/*Lind* § 115 Rn. 14.

542 BGHSt 38, 251, 259; Meyer-Goßner/*Schmitt* § 128 Rn. 7, 13; KK/*Glaser* § 128 Rn. 6, 7.

543 KMR/*Wankel/Schuster* § 128 Rn. 4; ähnlich *Schlothauer/Nobis/Voigt/Wolf* Rn. 240 f.; wohl auch *Schaefer* NJW 2000, 1996; weitergehend OLG Frankfurt NJW 2000, 2037 m. abl. Anm. *Gubitz* NStZ 2001, 253;, das es für zulässig hält, in Ausnahmefällen erst am übernächsten Tag mit der Vernehmung zu beginnen; a.A. die h.M. Meyer-Goßner/*Schmitt* § 128 Rn. 13; KK/*Glaser* § 128 Rn. 6, 7; LR/*Gärtner* § 128 Rn. 14; *Paeffgen* NStZ 2001, 80: Vernehmung muss innerhalb der Entscheidungsfrist analog § 129 letzter Hs. StPO abgeschlossen sein.

544 *Schlothauer/Nobis/Voigt/Wolf* Rn. 240.

Haftfrage (vgl. § 257c StPO) dienen.[545] Entscheidungen über die U-Haft sind mögliche Verständigungsgegenstände i.S.d. § 257c Abs. 1 S. 1 StPO.[546]

Verwertungsverbot

159 Aus einem sachfremden Einsatz der U-Haft kann sich ein Beweisverwertungsverbot der während der Haft erlangten Aussage ergeben: Die nur objektiv rechtswidrige U-Haft genügt dafür noch nicht. Die Haftentscheidung muss auch subjektiv im Bewusstsein der Rechtswidrigkeit getroffen worden sein, um die Unverwertbarkeit eines Geständnisses zu begründen.[547] Allerdings ist stets auch § 136a StPO zu beachten (s. auch Stichwort Verbotene Vernehmungsmethoden, § 136a StPO, Rdn 152).[548] Die Überschreitung der Vorführfrist des § 115 StPO kann zu einem Verwertungsverbot für die nach Ablauf der Frist gemachten Angaben in einer Vernehmung nach sich ziehen.[549] S. dazu auch Vorführfrist, Rdn. 161.

Vollzugsaussetzung, § 116 StPO

160 Bereits mit Erlass des Haftbefehls kann dessen Vollzug ausgesetzt werden. Die Aussetzung auf bestimmte Zeit ist unzulässig, da nur einheitlich über die Erforderlichkeit der Haft entschieden werden kann.[550] Auch kurzfristige Aussetzungen (z.B. für ein Vorstellungsgespräch, Notartermin etc.) kommen nicht in Betracht. Die berechtigten Interessen des Beschuldigten gerade mit Blick auf die Unschuldsvermutung können über richterlich genehmigte Ausführungen gewahrt werden[551] Ausgang in Begleitung und unter Aufsicht unterfällt hingegen nicht § 116 StPO, sondern ist eine vom Haftgericht zu genehmigende Ausführung, soweit das Verfahren selbst betroffen ist. I.Ü. handelt es sich um eine vollzugliche Maßnahme (vgl. z.B. Art. 24 Abs. 2 BayUVollzG), über die der Richter regelmäßig vorab zu unterrichten ist (z.B. Art. 24 Abs. 6 Satz 1 BayUVollzG). Ist die Außervollzugsetzung von vorab zu leistenden Auflagen abhängig, so erfolgt die Haftentlassung erst nach Erfüllung der Auflage, z.B. nach Sicherheitsleistung. Auch der außer Vollzug gesetzte Haftbefehl muss aufgehoben werden, wenn er nicht mehr verhältnismäßig ist.[552]

Beim Haftgrund der Fluchtgefahr ist die Außervollzugsetzung zwingend zu prüfen. Liegen die Voraussetzungen vor, ist § 116 Abs. 1 StPO von Amts wegen anzuwenden. Im Übrigen besteht pflichtgemäßes Ermessen. Eines Antrags oder der Einwilligung des Verhafteten bedarf es nicht, jedoch kann die Aussetzung häufig (wegen der Auflagen) ohne sein Einverständnis nicht erfolgen.

Bei den Haftbefehlen nach §§ 112, 112a, 127b, 230 Abs. 2, 329 Abs. 3, 412 S. 1 StPO ist die Außervollzugsetzung zulässig, auch bei § 112 Abs. 3 StPO. Bestehen mehrere Haftbefehle, können sie einzeln außer Vollzug gesetzt werden. Der Inhaftierte darf erst entlassen werden, wenn alle Haftbefehle außer Vollzug gesetzt oder aufgehoben worden sind.

Die **Vollzugsaussetzung ohne Beschränkungen** ist unzulässig, da in diesem Fall der Haftbefehl gar nicht hätte erlassen werden dürfen, bzw. aufgehoben werden müsste. Die Beschränkungen müssen

545 S. *Satzger/Ruhs* Kap. 32 Rdn. 17; *Burhoff* Ermittlungsverfahren Rn. 2365 ff. m. umfassenden w.N. 2171; Meyer-Goßner/*Schmitt* § 160b Rn. 6.
546 KK/StPO/*Moldenhauer/Wenske* StPO § 257c Rn. 17.
547 BGHSt 34, 362.
548 Dazu BGH StV 2004, 636, Meyer-Goßner/*Schmitt* § 136a Rn. 21.
549 *Schlothauer/Nobis/Voigt/Wolf* Rn. 237 f.; siehe aber auch BGH StV 1995, 283, NStZ 2018, 734.
550 Meyer-Goßner/*Schmitt* § 116 Rn. 2.
551 Insg. sehr str., wie hier: KMR/*Wankel/Schuster* § 116 Rn. 1; LR/*Lind* § 116 Rn. 9; Meyer-Goßner/*Schmitt* § 116 Rn. 2; KK/*Graf* § 116 Rn. 6; aA SK-StPO/*Paeffgen* § 116 Rn. 7 m.w.N.; weitergehend LG Verden StV 1997, 387.
552 BVerfG NJW 1980, 1448; OLG Köln StV 2005, 396; OLG Karlsruhe StV 2015, 653; Meyer-Goßner/*Schmitt* § 120 Rn. 5.

als mildere Mittel der Verfahrenssicherung geeignet, durch den jeweiligen Haftgrund bedingt sein[553] und dürfen keinen Sühnecharakter haben. In uneinschränkbare Grundrechte darf nicht eingegriffen, insb. der Menschenwürdegehalt nicht verletzt werden.[554]

Der Haftrichter ist im Übrigen in der Wahl der Beschränkungen frei und hat in den o.g. Grenzen des Grundgesetzes ein **Auflagen- und Weisungserfindungsrecht**, denn der Vollzug der U-Haft ist immer die weitergehende Grundrechtseinschränkung. Daraus folgt auch die Zulässigkeit von Begleitmaßnahmen, die typischerweise mit dem Haupteingriff zwingend verbunden sind oder die nur geringfügig in den Rechtskreis des Betroffenen eingreifen.[555]

Beispiele: Abgabe Personalausweis/Reisepass, auch von Ausländern; Abgabe des Führerscheins; Aufenthaltsbeschränkung auf eine bestimmte Stadt/Gemeinde; elektronische Fußfessel;[556] Bankkontensperre; Betretungsverbot bzgl. Lokal/Bezirk; Kontaktverbot zu bestimmten Personen, nicht nur Beweispersonen; Berufsausübungsverbot für bestimmte Firmen/Lokale, nicht aber ein allgemeines Berufsausübungsverbot (vgl. § 132a StPO). Die Pflichten müssen immer hinreichend klar und bestimmt sein. Die Auflage, den »Weisungen der Ausländerbehörde nachzukommen«[557] verstößt nicht nur gegen das Bestimmtheitserfordernis, sondern ist auch wegen der darin liegenden unzulässigen Delegation von Gerichtsbefugnissen auf Dritte unzulässig. Nur die Überwachung der festgelegten Pflichten darf durch Dritte (z.B. Polizei, Ausländerbehörde) erfolgen. Darüber hinaus ist die häufig fragwürdige Überwachungsmöglichkeit von Auflagen und Weisungen zu beachten, denn eine Auflage, deren Einhaltung zweifelhaft ist und die nicht kontrolliert werden kann, ist ungeeignet und darf nicht angeordnet werden. Die Kombination verschiedener Beschränkungen ist zulässig.[558]

Die **Wiederinvollzugsetzung** ist nur unter engen Voraussetzungen möglich (§ 116 Abs. 4 StPO). Eine lediglich andere Beurteilung des unveränderten Sachverhalts rechtfertigt keinen Widerruf der Vollzugsaussetzung.[559] Die Schwelle für die Invollzugsetzung ist hoch anzusetzen.[560] Als Ausfluss des Übermaßverbots ist stets zunächst zu prüfen, ob bei neuen Umständen eine Verschärfung der Auflagen/Weisungen ausreicht.[561] Allein die Verhängung einer hohen Freiheitsstrafe ist keine neue Tatsache i.S.v. § 116 Abs. 4 Nr. 3 StPO. Weitere Voraussetzung ist, dass die Strafe wesentlich von der früher getroffenen Prognose abweicht, denn U-Haft ist keine antizipierte Strafhaft.[562] Anders gewendet sind die Umstände nur dann »neu«, wenn sie die Gründe des Haftverschonungsbeschlusses in einem so wesentlichen Punkt erschüttern, dass keine Aussetzung bewilligt worden wäre, wenn sie bei der Entscheidung bereits bekannt gewesen wären.[563]

Zum Schicksal des außer Vollzug gesetzten Haftbefehls bei rechtskräftiger Verurteilung zu nicht ausgesetzter Freiheitsstrafe *Barthe* NStZ 2016, 71.

S. auch Stichwort Sicherheitsleistung Rdn. 132.

---

553 Meyer-Goßner/*Schmitt* § 116 Rn. 5; OLG Celle StV 1988, 207.

554 KMR/*Wankel/Schuster* § 116 Rn. 2.

555 BGH ERi StV 1997, 400 f. zu § 100c; LG Offenburg StV 2000, 32 m. abl. Anm. *Wohlers* zur Sicherstellung der Personalpapiere.

556 KK/*Graf* § 116 Rn. 12.

557 OLG Frankfurt StV 1995, 476.

558 Weitere Beispiele bei *Neuhaus* StV 1999, 342 ff.; LR/*Lind* § 116 Rn. 23–25.

559 Grundlegend zu den Voraussetzungen BVerfG 2006, 26.

560 BVerfG StV 2008, 25; BVerfG v. 17.12.2020 – 2 BvR 1787/20.

561 BVerfG StV 2013, 96.

562 BVerfG StV 2008, 25, 27; wistra 2012, 429; BGH NStZ 2005, 279; 2006, 297; OLG Hamm StV 2003, 512; OLG Hamm v. 07.08.2012 – III-2 Ws 252/12, PStR 2012, 269; OLG Frankfurt/M StV 2004, 493; OLG Nürnberg StraFo 2011, 224 (Schwurgerichtverfahren).

563 BVerfG StV 2013, 96; OLG Braunschweig StV 2017, 456.

Vorführfrist

161 Die Vorführfrist ist von der Vernehmungsfrist (s. dort Rdn. 154 f.) zu unterscheiden. Die Vorführfrist ist bei der Festnahme aufgrund bestehenden Haftbefehls in § 115 StPO und nach vorläufiger Festnahme in § 128 StPO geregelt.

Der Festgenommene ist **unverzüglich** vorzuführen, spätestens mit Ablauf des Tages nach der Festnahme, äußerstenfalls also nach 47 Stunden 59 Minuten (Art. 104 Abs. 3 S. 1 GG). Der Begriff der Unverzüglichkeit ist bei § 128 Abs. 1 StPO weiter auszulegen als in § 115 Abs. 1 StPO, denn die Ermittlungsbehörden dürfen in dieser Verfahrensart den Beschuldigten vernehmen und Ermittlungen zur prozessualen Tat und den Haftvoraussetzungen tätigen.[564] Die Dauer einer Freiheitsentziehung ohne richterliche Entscheidung ist in die Vorführungsfrist einzurechnen.[565]

Folge einer Fristüberschreitung. Die rechtswidrige Freiheitsentziehung kann unter dem Gesichtspunkt des § 136a StPO zu einem Verwertungsverbot für alle während ihrer Dauer gemachten Äußerungen führen, wenn durch den Einsatz des verbotenen Mittels die Freiheit der Willensentschließung und -betätigung des Beschuldigten vom Ermittlungsorgan vorsätzlich beeinträchtigt wurde.[566] Allein durch eine geringfügige Fristüberschreitung wird die Freiheitsentziehung zwar rechtswidrig, es wird aber an der gewollt rechtswidrigen Willensbeeinflussung fehlen. Der Verstoß gegen die Vorführfrist kann also nur dann zu einem Beweisverwertungsverbot im Ermittlungs- und späteren Hauptverfahren führen, wenn der Beschuldigte bewusst oder willkürlich nicht rechtzeitig dem zuständigen Richter vorgeführt wurde. Fahrlässigkeit, z.B. bei Verkennung der Tatsachensituation oder der Rechtslage, wird ein Verwertungsverbot regelmäßig nicht begründen. Bloße Formfehler im Ermittlungsverfahren bedingen nur dann ein Beweisverwertungsverbot, wenn grundlegende strafprozessuale Rechte des Beschuldigten verletzt worden sind, denn Verwertungsverbote sind im System der StPO die Ausnahme, da sie den staatlichen Strafanspruch schmälern oder vereiteln.[567] Die Unverwertbarkeit der Aussage hat aber keinen unmittelbaren Einfluss auf die Haftentscheidungen.[568]

Zum Problem der Ermittlungen während laufender Frist s. Stichwort Vorführfrist und Ermittlungen Rdn. 162 ff.

Vorführfrist und Ermittlungen, §§ 115, 128 StPO

162 Die Frage, ob die Ermittlungsbehörden befugt sind, die Vorführung bis an die zulässige Grenze hinauszuschieben, um noch Ermittlungen zu tätigen und dringenden Tatverdacht oder Haftgrund zu erhärten, ist je nach Festnahmegrund verschieden zu beantworten:

163 a) Wurde der Beschuldigte aufgrund bereits **erlassenen Haftbefehls** (Dezernatshaftbefehl) festgenommen, ist er nach dem eindeutigen Wortlaut des § 115 Abs. 1 StPO unverzüglich vorzuführen. Die Ermittlungsbehörden haben hier keinen Spielraum für weitere Beweiserhebungen. Die Vernehmung des Beschuldigten durch die Polizei vor der Vorführung ist allerdings zulässig,[569] denn insoweit handelt es sich nicht um Beweiserhebung im eigentlichen Sinn. § 115 Abs. 2 StPO richtet sich an den Richter und bestimmt die äußerste zeitliche Grenze für die Haftentscheidung, gibt den Ermittlungsbehörden aber keinen Entscheidungsspielraum.[570] Der Beschuldigte kann auf die Einhaltung der Frist nicht verzichten.

564 BGH NStZ 1990, 195; unten Rdn. 163.
565 BGHSt 34, 365 = StV 1987, 329.
566 BGHSt 34, 365, 369; BGH StV 1996, 75; *Schlothauer/Nobis/Voigt/Wolf* Rn. 237 f. Rn. 235 ff.
567 BGHSt 40, 211 = StV 1994, 521; BVerfG StV 2011, 65 Rn. 43 – 45 (SteuerCD); *Schlothauer* StraFo 1998, 402; allgemein zur Prüfung von Beweisverwertungsverboten *Schuster/Weitner*, StPO-Fallrepetitorium, 9. Aufl. 2022 Rn. 7.
568 Meyer-Goßner/*Schmitt* § 115 Rn. 11; KMR/*Wankel/Schuster* vor § 112 Rn. 38 und § 115 Rn. 17.
569 BGH StV 1995, 283.
570 BGH StV 1992, 356; Meyer-Goßner/*Schmitt* § 115 Rn. 4 und § 128 Rn. 6.

b) Anders ist die Situation nach **vorläufiger Festnahme** (§§ 127, 128 StPO). Der Beschuldigte wurde in diesen Fällen aufgrund § 127 StPO festgenommen, die Beweissituation ist häufig noch ungeklärt und die Tatsachen für dringenden Tatverdacht und Haftgründe müssen noch gesammelt werden.[571] Hier haben die Ermittlungsbehörden einen weitreichenden Ermessensspielraum und können durch den – noch nicht mit der Sache befassten Ermittlungsrichter – nicht gezwungen werden, den Beschuldigten vorzuführen.[572] Nur bewusste Umgehung oder Missachtung der Frist macht die Festnahme zur rechtswidrigen Freiheitsentziehung. 164

Vorführung vor den Richter

Die Vorführung nach § 115 StPO ist von der Eröffnung des Haftbefehls zu unterscheiden. Vorführung bedeutet nur, den Festgenommenen in den Machtbereich des Richters zu bringen. Zur ordnungsgemäßen Vorführung gehört die Übermittlung der aktuell vorhandenen vollständigen Akten.[573] Dies ist auch wegen des Anspruchs auf Akteneinsicht von Bedeutung. Auf nicht vorgelegte Akteneile darf der Haftbefehl nicht gestützt werden. 165

Vorführtermin

Übersicht Vorführtermin gemäß § 115 StPO. S. Stichwort Ablauf Rdn. 4. 166

Nach vorläufiger Festnahme gemäß § 127 StPO findet die Vorführungsverhandlung nach §§ 128, 129 i.V.m. 115 StPO statt. Wurde der Beschuldigte aufgrund bestehenden Haftbefehls festgenommen, wird unmittelbar nach § 115 StPO verfahren. S. auch Stichwort Vernehmung Rdn. 154 und zur Frage der Überhaft dort Rdn. 137.

Weitere Beschwerde, § 310 StPO

I. Verfahren

Die weitere Beschwerde ist nicht fristgebunden. Sie ist nur **statthaft**, soweit der Bestand und die Vollstreckung der Haft- oder Unterbringungsbefehle des Amtsgerichts angegriffen werden. Dazu gehören auch die Haftentscheidungen nach §§ 230 Abs. 2, 236, 275a Abs. 6 S. 1, § 329 Abs. 3 (auch i.V.m. 412 S. 1) StPO, nicht aber die Sicherungshaft nach § 453c StPO.[574] Gegen Haftbefehle des LG und OLG gibt es keine weitere Beschwerde (vgl. § 310 Abs. 2). Gegenstand der weiteren Beschwerde ist der Haftbefehl in seiner letzten Form, z.B. nach Aufrechterhaltung im Anschluss an eine Haftprüfung, vgl. Rdn. 87. Für das Verfahren gelten die allgemeinen Vorschriften der einfachen Beschwerde.[575] Auch der Prüfungsumfang entspricht dem der Beschwerde. 167

Der **Beschuldigte ist beschwerdebefugt**. Der außer Vollzug gesetzte Haftbefehl kann mit der weiteren Beschwerde angegriffen werden. Denn der erweiterte Rechtsmittelzug gilt immer dann, wenn es nicht nur um die Ausgestaltung der Haftverschonung, sondern um den Bestand des Haftbefehls als solchen geht.[576] Der noch nicht vollzogene Haftbefehl enthält durch seine Existenz bereits eine erhebliche Beeinträchtigung für den Beschuldigten (»Damoklesschwert«).[577] Dies gilt erst recht dann, wenn während des Strafvollzuges für den angegriffenen Haftbefehl **Überhaft** notiert ist. In diesem Fall liegt die Beeinträchtigung nicht nur in der Versagung der Vollzugslockerungen, sondern auch darin, dass bei Versagung der weiteren Beschwerde der Beschuldigte nach Ende der Strafhaft den

---

571 BGH StV 1992, 356.

572 KK/*Glaser* § 128 Rn. 5; Meyer-Goßner/*Schmitt* § 128 Rn. 6; a.A. SK/*Paeffgen* § 128 Rn. 5a; *Deckers* NJW 1991, 1155: für eine Einschränkung der Ermittlungsbefugnisse der Behörden.

573 LR/*Lind* § 115 Rn. 8; s. auch zur Akteneinsicht Rdn. 7.

574 H.M., z.B. OLG Düsseldorf NStZ 1990, 251; KK/*Appl* § 453c Rn 10 m.w.N. auch zur Gegenansicht.

575 KMR/*Albrecht* § 310 Rn. 9.

576 *Meyer-Goßner*/Schmitt § 310 Rn. 7; KMR/*Albrecht* § 310 Rn. 5.

577 BVerfG NJW 1980, 1448; StV 2001, 321.

Rechtsweg neu beschreiten müsste.[578] Die weitere Beschwerde bleibt nach Aufhebung des Haftbefehls zulässig und ist als Antrag auf Feststellung der Rechtswidrigkeit auszulegen.[579] Das gilt selbst dann, wenn der Haftbefehl bei der Beschwerde vor dem LG bereits aufgehoben war.[580] Einzelne Anordnungen im Haftverschonungsbeschluss können nicht angegriffen werden.[581]

II. Verteidiger/Taktik

168 Bei der Einlegung der weiteren Beschwerde muss der Verteidiger abwägen, ob die Chancen für eine positive Entscheidung so groß sind, dass es sich lohnt, auch das Risiko einer ungünstigen Entscheidung in Kauf zu nehmen.[582] Nähere Ausführungen und Konkretisierungen des dringenden Tatverdachts in der Entscheidung des Beschwerdegerichts können ein nicht zu unterschätzendes Präjudiz für das spätere Verfahren bilden und damit die Verhandlungsposition des Verteidigers vor Anklage oder Hauptverhandlung schwächen. Auch die »Verhandlungsmasse« mit Blick auf §§ 154, 154a StPO kann durch eine Entscheidung des OLG beschnitten werden. Die StA und das Tatsachengericht werden nach einer Bejahung des dringenden Tatverdachts durch den Strafsenat den hinreichenden Tatverdacht i.S. von Anklage und Eröffnungsbeschluss nur noch bei deutlicher Veränderung der Beweislage als nicht mehr gegeben ansehen, zumal das OLG jedenfalls bei einer Anklage zur Strafkammer auch über eine Nichteröffnungsbeschwerde entscheiden müsste.

Besondere Bedeutung gewinnt die Einhaltung des Beschleunigungsgebotes (oben Rdn. 21) in der weiteren Beschwerde.

Zuständigkeiten für den Erlass von Haftentscheidungen im Verlauf des Strafverfahrens

Zuständigkeit	Ermittlungsverfahren	Zwischenverfahren	Hauptverfahren		Berufung	Revision	Rechtskraft
				Hauptverhandlung			
AG ErmRi 114, 126a,	125 Abs. 1,126 Abs. 1						
AG 127b Abs. 2	127b Abs. 3						
Jugendgericht			71 Abs. 2 JGG				453c StPO, 58 Abs. 1 S. 1 JGG
Hauptsachegericht			114, 126a, 125 Abs. 2			125 Abs. 2 S. 1 Hs. 2	453c

578 OLG Köln StV 1994, 321; OLG Hamm StraFo 2002, 140; *Schlothauer/Nobis/Voigt/Wolf* Rn.794 m.w.N.; vgl. auch *Meyer-Goßner/Schmitt* § 310 Rn. 7.

579 BVerfG NStZ-RR 2017, 379.

580 BVerfG NStZ-RR 2017, 379.

581 OLG Hamburg StV 1994, 323; *Meyer-Goßner*/Schmitt § 310 Rn. 7 m.w.N; insg. sehr str., vgl. KMR/*Wankel/Schuster* § 116 Rn. 15 m.w.N..

582 Zu taktischen Erwägungen *Schlothauer/Nobis/Voigt/Wolf* Rn. 796 ff.

Zuständigkeit	Ermittlungs-verfahren	Zwi-schen-verfah-ren	Hauptverfahren		Beru-fung	Revision	Rechtskraft
				230 Abs. 2, 236, 412	329 Abs. 3		
OLG	169 Abs. 1 S. 1 ErmRi					126 Abs. 2 S. 2	
BGH	169 Abs. 1 S. 1 ErmRi					126 Abs. 2 S. 2	
StA							457

S. auch Besetzung des Gerichts bei Haftentscheidungen Rdn. 23.

Zweck der Untersuchungshaft

Ausschließlicher Zweck der U-Haft nach § 112 StPO und nach §§ 127b, 230 Abs. 2, 236, 329 **170**
Abs. 3, 412 S. 1 StPO ist es, die Durchführung eines geordneten Strafverfahrens zu gewährleisten und die spätere Strafvollstreckung sicherzustellen, nicht aber vorweggenommene Strafe.[583] Dies beinhaltet auch die Sicherung der Aufklärung, wie sich aus dem Haftgrund der Verdunkelungsgefahr nach § 112 Abs. 2 Nr. 3 StPO ergibt. Selbstverständlich ist U-Haft keine Sanktion.[584] Es ist unzulässig, die U-Haft gezielt als Ermittlungsmaßnahme einzusetzen, etwa indem ein Mithäftling in die Zelle eingeschleust wird, um den Beschuldigten auszuhorchen.[585] Auch die Anordnung der Untersuchungshaft, um den Beschuldigten zu einer Aussage oder zu einem Geständnis zu bewegen, ist verboten; eine dennoch abgegebene Erklärung wäre unverwertbar (§ 136a Abs. 3 StPO). Den Fall vorbeugender Haft regeln die §§ 112a, 126a, 275a StPO.

---

583 LR/*Lind* Vor § 112 Rn. 19 ff., insb. 27.

584 OLG Oldenburg StV 2005, 394.

585 BGHSt 34, 362; StV 1996, 75 m. Anm. *Fezer*; *Schneider* NStZ 2001, 8 ff.; zur akustischen Überwachung: EGMR StV 2003, 258 – Allan m. Anm. *Esser* JR 2004, 98.

Kapitel 7 Strafbefehlsverfahren

Übersicht

A. Vorbemerkungen

1 Das Strafbefehlsverfahren (§§ 407 – 412 StPO) ist ein schriftliches und summarisches Verfahren. Es dient der beschleunigten Verfahrenserledigung. Auf Antrag der Staatsanwaltschaft erfolgt eine Straffestsetzung durch den Amtsrichter ohne ein förmliches gerichtliches Zwischenverfahren, ohne Hauptverhandlung und ohne Urteil[1]. Der Amtsrichter entscheidet allein nach Prüfung des Akteninhalts, ohne dass es einer vorherigen Anhörung des Beschuldigten bedarf, vgl. § 407 Abs. 3 StPO.

Abweichend vom normalen Strafverfahrensrecht entfallen im Strafbefehlsverfahren die Prinzipien der Mündlichkeit, Öffentlichkeit und Unmittelbarkeit des Hauptverfahrens.[2] Der Beschuldigte kann durch rechtzeitige Einspruchseinlegung die Durchführung einer Hauptverhandlung erzwingen. Der Strafbefehl ist daher lediglich eine vorläufige Entscheidung und damit mit Art. 6 Abs. 1 EMRK vereinbar.[3]

2 13 % der 2017 von der Staatsanwaltschaft erledigten Ermittlungsverfahren endeten mit einem Antrag auf Erlass eines Strafbefehls.[4]

3 Das Strafbefehlsverfahren kann aus Sicht des Betroffenen vorteilhaft sein, da es eine »schonendere« und schnellere Verfahrenserledigung darstellt als Anklage und Durchführung einer öffentlichen Hauptverhandlung. In einer Hauptverhandlung sitzt der Angeklagte auf der Anklagebank, ihm wird ggf. im Beisein von Zuhörern der Anklagesatz verlesen, er hat das Gefühl darauf erwidern, sich rechtfertigen zu müssen. Das kann psychisch sehr belastend sein und im Strafbefehlsverfahren vermieden werden.

Zudem ist die Kostenlast im Strafbefehlsverfahren geringer. Kosten für die Ladung von Zeugen und Sachverständigen entfallen.

1 *Ranft* Grundzüge des Strafbefehlsverfahrens, JuS 2000, 633.
2 Vgl. dazu BGHSt 29, 305, 307; zur Zulässigkeit vgl. EGMR, NJW 1993, 717.
3 BeckOK StPO/*Temming*, 49. Ed. 1.10.2023, StPO § 407 Rn. 1.
4 Statistisches Bundesamt, Statistisches Jahrbuch 2019, S. 319. Aktuellere verlässliche Daten liegen leider nicht vor.

B. Zulässigkeit

I. Allgemeines

Das Strafbefehlsverfahren ist zulässig für die Ahndung von Vergehen (§ 12 Abs. 1 StGB), nicht bei Verbrechen[5]. Anwendungsbereich findet das Verfahren im Bereich der leichten bis mittleren Kriminalität, wenn 4
(1) die Zuständigkeit des Strafrichters oder des Schöffengerichts[6] begründet,
(2) eine der in § 407 Abs. 2 StPO aufgezählten Rechtsfolgen anzuordnen ist und
(3) die Staatsanwaltschaft nach dem Ergebnis der Ermittlungen eine Hauptverhandlung nicht für erforderlich erachtet (§ 407 Abs. 1 StPO).

Nicht für erforderlich erachtet die Staatsanwaltschaft eine Hauptverhandlung, wenn nicht zu erwarten ist, dass es in einer solchen zu wesentlichen Abweichungen vom Ergebnis des Ermittlungsverfahrens kommen wird und wenn sich die angemessenen Rechtsfolgen auch ohne Hauptverhandlung bestimmen lassen. Die »Erforderlichkeit der Hauptverhandlung« ist ein unbestimmter Rechtsbegriff.[7]

Sofern die Staatsanwaltschaft eine Hauptverhandlung nicht für erforderlich erachtet, ist sie angehalten, Strafbefehlsantrag zu stellen- unabhängig davon, ob sie einen Einspruch des Angeschuldigten erwartet oder nicht. »Im übrigen soll von dem Antrag auf Erlass eines Strafbefehls nur abgesehen werden, wenn die vollständige Aufklärung aller für die Rechtsfolgenbestimmung wesentlichen Umstände oder Gründe der Spezial- oder Generalprävention die Durchführung einer Hauptverhandlung geboten erscheinen lassen«, Nr. 175 Abs. 3 S. 1 RiStBV. 5

Im Strafbefehl dürfen – allein oder nebeneinander – die in § 407 Abs. 2 StPO genannten Rechtsfolgen festgesetzt werden: 6

Eine Freiheitsstrafe bis zu einem Jahr darf unter zwei Bedingungen festgesetzt werden: Wenn deren Vollstreckung zur Bewährung ausgesetzt wird und der Angeschuldigte einen Verteidiger hat oder ihm zu diesem Zweck ein Verteidiger bestellt wird (§ 408b StPO). Bei Heranwachsenden ist die Verhängung einer Freiheitsstrafe nicht zulässig. Ferner können im Strafebefehl Geldstrafe, Verwarnung mit Strafvorbehalt, Fahrverbot, Einziehung, Vernichtung, Unbrauchbarmachung, Bekanntgabe der Verurteilung und Geldbuße gegen eine juristische Person oder Personenvereinigung und das Absehen von Strafe im Strafbefehl festgesetzt werden.

Die Entziehung der Fahrerlaubnis darf angeordnet werden, wenn die Sperre für ihre Neuerteilung nicht mehr als zwei Jahre beträgt.

Darüber hinaus kann das Verbot des Haltens oder Betreuens von sowie des Handelns oder des sonstigen berufsmäßigen Umgangs mit Tieren jeder oder einer bestimmten Art für die Dauer von einem Jahr bis zu drei Jahren angeordnet werden, § 407 Abs. 2 Nr. 2a StPO. 7

Nur bei Vergehen (§ 12 Abs. 2 StGB), nicht bei Verbrechen (§ 12 Abs. 1 StGB) dürfen die Rechtsfolgen der Tat durch Strafbefehl ohne Hauptverhandlung festgesetzt werden.

II. Ordnungswidrigkeiten

Da als »öffentliche Klage« i.S.d. § 64 OWiG auch der Antrag auf Erlass eines Strafbefehls anzusehen ist, kann eine Ordnungswidrigkeit jedenfalls dann im Strafbefehlsverfahren verfolgt werden, wenn 8

---

5 Bei Verbrechen kommt der Erlass eines Strafbefehls auch dann nicht in Betracht, wenn ein minder schwerer Fall anzunehmen ist, der aufgrund der Verschiebung des Strafrahmens zu einer Mindeststrafe unter einem Jahr Freiheitsstrafe führt.

6 Strafbefehlsanträge zum Schöffengericht sind aber regelmäßig nur nach § 408a StPO denkbar, da es für die Zuständigkeit des Strafrichters auf die Bedeutung der Sache nicht mehr ankommt (vgl. § 25 GVG).

7 KK/*Maur*, 9. Aufl. 2023, StPO § 407 Rn. 4.

derselben Person sowohl eine Straftat als auch (in Tatmehrheit) eine Ordnungswidrigkeit zur Last gelegt wird[8]. Wegen der Straftat wird eine Geld- oder Freiheitsstrafe und wegen der Ordnungswidrigkeit eine Geldbuße verhängt.

9 Bei Tateinheit wird gemäß § 21 Abs. 1 S. 1 OWiG nur das einschlägige Strafgesetz angewendet, die Ordnungswidrigkeit tritt im Tenor der gerichtlichen Entscheidung nicht auf, kann aber im Rahmen der Strafzumessung und für die Festsetzung von Nebenfolgen eine Rolle spielen. Bei tatmehrheitlichem Zusammentreffen wird gemäß § 42 OWiG entweder ein persönlicher oder ein sachlicher Zusammenhang mit der verfolgten Straftat vorausgesetzt damit die Staatsanwaltschaft das Verfahren übernehmen kann.

III. Jugendstrafverfahren

10 Gegen Jugendliche ist das Strafbefehlsverfahren unzulässig (§ 79 Abs. 1 JGG). Hintergrund ist, dass unter erzieherischen Aspekten die schriftliche Ahndung einer Straftat wenig zielführend erscheint. Zudem könnten Jugendlichen zu leichtfertig die festgesetzte Strafe akzeptieren, weil sie Scheu vor einer Hauptverhandlung haben, den Einspruch aus Leichtfertigkeit oder Ungeschicklichkeit unterlassen.

▶ Beachte

Anstelle des Strafbefehlsverfahrens sieht das JGG gegen Jugendliche das vereinfachte Jugendverfahren nach §§ 76 bis 78 JGG sowie das Verfahren nach § 45 Abs. 2 JGG vor.[9]

Gegen Heranwachsende (§ 1 Abs. 2 JGG) ist das Strafbefehlsverfahren zulässig, wenn Erwachsenenstrafrecht angewendet werden soll, § 109 Abs. 2 S. 1 JGG. Auf Freiheitsstrafe darf im Strafbefehl dann nicht erkannt werden, § 109 Abs. 3 JGG.

11 Zuständig für den Erlass des Strafbefehls gegen einen Heranwachsenden bleibt der Jugendrichter (§ 108 Abs. 2 JGG) oder der Vorsitzende des Jugendschöffengerichts (§ 108 Abs. 3 JGG mit § 30 Abs. 2 GVG).

Von typischen Jugendverfehlungen abgesehen, beurteilt sich die Anwendbarkeit von Jugendstrafrecht auf Heranwachsende nach deren Entwicklungsstand (§ 105 Abs. 1 JGG). Den

kann ein Richter, ohne sich ein Bild von dem Heranwachsenden in der Hauptverhandlung zu machen, kaum beurteilen. Eine Hauptverhandlung ist daher regelmäßig i.S.d. § 407 Abs. 1 S. 1 StPO erforderlich. Das schriftliche Strafbefehlsverfahren eignet sich gegen Heranwachsende nicht.

12 Hat die Staatsanwaltschaft den Strafbefehl gegen einen Heranwachsenden fälschlicherweise beim Strafrichter beantragt, so gibt dieser das Verfahren an den Jugendrichter ab. Wird gegen einen Jugendlichen oder gegen einen Heranwachsenden, auf dessen Tat Jugendstrafrecht anzuwenden ist, zu Unrecht ein Strafbefehl erlassen, hindert das weder die Wirksamkeit des Strafbefehls noch dessen Erwachsen in Rechtskraft nach Ablauf der Einspruchsfrist.

13 Anders als bei der Festsetzung von gesetzlich nicht zulässigen Rechtsfolgen kann die Vollstreckung nicht nach § 458 Abs. 1 StPO angegriffen werden[10]. Im Einzelfall ist eine Abhilfe im Gnadenweg möglich. Die Nichtbeachtung von § 109 Abs. 3 JGG begründet, wenn das Geburtsdatum des Beschuldigten im Strafbefehl aufgeführt ist, keinen Wiederaufnahmegrund i.S.d. § 359 Nr. 5 StPO. Wurde hingegen das Alter des Verurteilten zum Tatzeitpunkt falsch festgestellt, handelt es sich bei der richtigen Alterseinreihung um eine neue Tatsache i.S.v. § 359 Nr. 5 StPO. Dann ist eine Wie-

8 BayObLGSt 1971,75.
9 KK-StPO/*Maur*, 9. Aufl. 2023, StPO § 407 Rn. 23.
10 KK-StPO/*Maur*, 9. Aufl. 2023, StPO § 407 Rn. 26 f.

deraufnahme des Verfahrens möglich. Dasselbe gilt, wenn die Tatzeit fehlerhaft angenommen und der Verurteilte deswegen nicht mehr als Jugendlicher abgeurteilt wurde.[11]

Legt der Angeschuldigte gegen den Strafbefehl Einspruch ein, ersetzt der Strafbefehlsantrag die Anklageschrift und der (erlassene) Strafbefehl den Eröffnungsbeschluss. Der dem Verfahren bisher anhaftende Mangel ist geheilt[12]. 14

Ein Heranwachsender, gegen den unter Anwendung von Erwachsenenstrafrecht ein Strafbefehl erging, kann hingegen in der Hauptverhandlung nach Jugendstrafrecht abgeurteilt werden.

IV. Verständigung

Das Strafbefehlsverfahren ist aufgrund der Erfassung der mittleren, insbesondere auch der Wirtschaftskriminalität prädestiniert für Verfahrensabsprachen. Das ist für die Verteidigung dann interessant, wenn aufgrund des Vorliegens unbestreitbarer Tatvorwürfe ein Freispruch oder eine Verfahrenserledigung nach § 153a StPO nicht in Betracht kommen. Hier kann es sinnvoll sein, durch Aufnahme eines informellen Gesprächs mit der Staatsanwaltschaft und/oder durch Einreichung einer Verteidigungsschrift aktiv auf die Beendigung des Ermittlungsverfahrens durch Strafbefehlsantrag hinzuwirken. 15

Im Wege des Strafbefehls können hohe Geldstrafen ohne Hauptverhandlung und Urteil, ohne Zeitverlust und vor allem ohne öffentliche Aufmerksamkeit, verhängt werden.

▶ **Beachte**

Der Mandant muss darüber informiert werden, was der erlassene Strafbefehl im Hinblick auf eine »Vorstrafe« für ihn bedeuten kann: Die Verwarnung mit Strafvorbehalt (§ 32 Abs. 2 Nr. 1 BZRG) wird nicht in das Führungsregister aufgenommen, Geldstrafen von nicht mehr als 90 Tagessätzen (§ 32 Abs. 2 Nr. 5a BZRG) und Freiheitsstrafen von nicht mehr als drei Monaten (§ 32 Abs. 2 Nr. 5b BZRG) dann nicht, wenn auch sonst keine Einträge im Register vorhanden sind. 16

In solchen Fällen besteht keine Offenbarungspflicht i.S.d. § 53 BZRG und der Mandant darf sich weiter als »nicht vorbestraft« bezeichnen.

Im Rahmen dieser vom Rechtsanwalt durchzuführenden Belehrung ist auf in der Person des Mandanten liegende Besonderheiten zu achten. Ist dieser bspw. Jäger, muss § 5 Abs. 2 Nr. 1 WaffG im Auge behalten werden, der die Zuverlässigkeit der Person in Frage stellt, wenn jene zu einer Geldstrafe von mindestens 60 Tagessätzen oder mindestens zweimal zu einer geringeren Geldstrafe rechtskräftig verurteilt worden ist. Bei Mandanten, die im Bewachungsgewerbe tätig sind, ist § 34a Abs. 1 Nr.4 GewO zu beachten.

Der Mandant muss darüber informiert werden, dass ein rechtskräftiger Strafbefehl zumindest starke Indizwirkung bei der Beurteilung von Annexverfahren außerhalb des Strafrechts (z.B. auf den Gebieten des Zivil- und Arbeitsrechts oder im Zusammenhang mit berufs- oder disziplinarrechtlichen Verfahren) haben kann. Für das anwaltsgerichtliche Verfahren hat der BGH allerdings entschieden, dass die einen rechtskräftigen Strafbefehl tragenden Feststellungen für die Entscheidung des Anwaltsgerichtshofs nicht bindend sind.[13] Zur Begründung hat der Senat u.a. darauf abgestellt, dass die Tatsachenfeststellungen im Strafbefehlsverfahren im Gegensatz zum Strafurteil, bei dem die richterliche Überzeugungsbildung aus dem Inbegriff der Hauptverhandlung geschöpft wird, wegen des summarischen Charakters des Strafverfahrens auf einer »deutlich schmaleren Basis« gewonnen 17

11 LG Landau NStZ-RR 2003, 28; *Eisenberg* NStZ 2003, 124 (132).

12 BayObLG NJW 1957, 838; *Eisenberg/Kölbel* JGG, 24. Aufl. 2023, JGG § 79 Rn. 7.

13 BGH, Urteil v. 12.04.1999, AnwSt (R) 11/98, NJW 1999, 2288.

werden. Eine Gleichstellung der Erkenntnisse kommt daher nicht in Betracht.[14] Zu demselben Ergebnis kommt auch das BVerwG, das eine Bindungswirkung von Strafbefehlen im Rahmen von Disziplinarverfahren verneint hat.[15]

18 Es bietet sich für den Verteidiger an, nach ausführlicher Aufklärung des Mandanten zur eigenen Absicherung einen Aktenvermerk zu fertigen oder den Mandanten

eine entsprechende Erklärung unterschreiben zu lassen. Sofern der Mandant dann einem proaktiven Verteidigervorgehen zustimmt, wird eine entsprechende Verteidigungsschrift an die Staatsanwaltschaft gefertigt.

▶ **Schriftsatzmuster 1**

19 **Anregung auf Stellung eines Strafbefehlsantrages**

An die

Staatsanwaltschaft Regensburg
93066 Regensburg

In dem Ermittlungsverfahren

gegen

Herrn T.B.

wegen Verdachts des Missbrauchs von Titeln

Az: 104 Js 10754/13

ist Herr B. nach dem Ergebnis der Ermittlungen hinreichend verdächtig, im Zeitraum 09.06.2023 bis 11.09.2023 unbefugt den akademischen Grad »Dr.« geführt zu haben.

Herr B. hat sich dazu bislang nicht geäußert. Gegen die subjektive Tatseite ließe sich Einiges vortragen, insbesondere dahingehend, dass bei Herrn B. ein den Vorsatz ausschließender Tatbestandsirrtum in Betracht kommt. Allerdings ist Folgendes anzumerken:

Herr B. ist Direktor der Regensburger Filiale eines größeren Versicherungsunternehmens. Aufgrund seiner beruflichen Position hat er kein Interesse daran, sich in öffentlicher Hauptverhandlung zu dem gegen ihn erhobenen Vorwurf zu erklären. Herr B. ist besorgt, dass das öffentliche Ausbreiten des erhobenen Schuldvorwurfs und die damit einhergehende Berichterstattung in der örtlichen Presse dem Ansehen seiner Person und dem Unternehmen seines Arbeitgebers schweren Schaden zufügen könnte. Es ist mithin in seinem wie auch im Interesse seines Arbeitgebers, ihn von den Belastungen einer öffentlichen Hauptverhandlung zu verschonen. Herr B. ist deswegen bereit, sich einem Schuldspruch zu unterwerfen.

Die Verteidigung regt deshalb die

Beantragung eines Strafbefehls

an.

Die Anfechtung des Strafbefehls wird unterbleiben, wenn eine Geldstrafe von nicht mehr als 90 Tagessätzen verhängt wird. Herr B. ist nicht vorbestraft ist und lebt in geordneten persönlichen und wirtschaftlichen Verhältnissen. Er führt den Doktortitel nicht mehr. Das Ermittlungsverfahren hat ihn außerordentlich schwer belastet, gerade auch weil er eine leitende Funktion innehat und den Nachfragen der Kollegen und Kunden um den Verbleib seines Doktortitels ausgesetzt ist. Ferner sind Herrn B. im Zusammenhang mit dem hier anhängigen Verfahren bereits erhebliche Kosten durch das Beschaffen neuer Papiere und Dokumente entstanden.

14 Vgl. hierzu *Bockemühl* BRAK-Mitt. 2000, 164.
15 VerwG 83, 373; 93, 255; NVwZ 2012, 1128 (Ls).

Herr B. verfügt aus seiner Tätigkeit über ein monatliches Nettoeinkommen in Höhe von 3.000,– €. Er ist verheiratet und neben seiner Ehefrau zwei Kindern im Alter von drei und fünf Jahren zum Unterhalt verpflichtet. Seine Ehefrau arbeitet nicht. Die Familie wohnt zur Miete.

Die Höhe des einzelnen Tagessatzes sollte daher 50,– € nicht übersteigen.

Rechtsanwalt

Riskant wird es für die Verteidigung, wenn die Verständigung zwischen Staatsanwaltschaft und Verteidigung eine Vorleistung des Beschuldigten beinhaltet, etwa in Form einer bestimmten Einlassung zur Sache oder eines Geständnisses und die Staatsanwaltschaft einen Strafbefehl mit anderen als den abgesprochenen Rechtsfolgen beantragt oder gar Anklage erhebt. Es stellt sich dann die Frage, ob aufgrund der ursprünglichen Zusage der Staatsanwaltschaft ein Verfahrenshindernis für das durch Anklageerhebung anhängig gewordene Strafverfahren begründet werden kann und die im Vertrauen auf die Zusage abgegebene Einlassung entsprechend § 257c Abs. 4 S. 3 StPO unverwertbar wird.[16] 20

Ferner kann, als weiterer Risikofaktor, auch der zuständige Amtsrichter den Erlass eines Strafbefehls gem. § 408 Abs. 3 StPO ablehnen und Hauptverhandlung anberaumen. Das BVerfG hat in einer Grundsatzentscheidung[17] deutlich gemacht, dass die Zulassung von Verständigungen im Strafverfahren mit den Vorschriften des Verständigungsgesetzes eine abschließende Regelung erfahren hat. Außerhalb des gesetzlichen Regelungskonzeptes erfolgende (sog. informelle) Absprachen – insbesondere im Ermittlungsverfahren – sind unzulässig. Entsprechende Absprachen zwischen Verteidigung und Staatsanwaltschaft sind mithin nicht bindend, es fehlt die gesetzliche Grundlage. 21

Ein Abweichen von der Vereinbarung kann daher nicht als Verstoß gegen den Grundsatz des fairen Verfahrens und folglich als Strafmilderungsgrund[18] angesehen werden. Denn letztlich war allen Beteiligten bekannt, dass eine Bindung an die Absprache nicht zwingend sein kann. 22

Da es eine verbindliche Absprache über die Rechtsfolgen im Ermittlungsverfahren nicht geben kann, ist das Gericht – im Falle des Einlegens eines Einspruchs gegen den zuvor abgesprochenen Strafbefehl – auch nicht daran gehindert, eine Verböserung der im Strafbefehl verhängten Rechtsfolgen im Urteil auszusprechen. All das sind Risiken, die der Verteidiger erkennen und abwägen muss, will er für seinen Mandanten einen Strafbefehl »aushandeln«. 23

V. Nebenklage und Adhäsionsverfahren

Die Möglichkeiten der Nebenklage i.S. der §§ 395 ff. StPO sind im Strafbefehlsverfahren beschränkt. Der Geschädigte kann sich als Nebenkläger nach § 396 Abs. 1 S. 3 StPO erst anschließen, wenn nach wirksam eingelegten Einspruch Hauptverhandlung anberaumt wird. Oder wenn nach § 408 Abs. 2 StPO der Antrag auf Erlass eines Strafbefehls abgelehnt wurde. Dem Geschädigten steht dann die sofortige Beschwerde zu, § 210 Abs. 2, § 400 Abs. 2 S. 1 StPO, die er gemeinsam mit der Anschlusserklärung einlegen kann. Die Ablehnung des Strafbefehlsantrags ist dem Geschädigten, der sich als Nebenkläger anschließen wollte, nach § 406d StPO mitzuteilen. 24

Wird der Strafbefehl erlassen und vom Betroffenen nicht angefochten, bleibt der zuvor erklärte Anschluss des Geschädigten wirkungslos. Wird Einspruch eingelegt und später zurückgenommen, § 411 Abs. 3 StPO, bleibt die Anschlusserklärung wirksam und der Beschuldigte hat die notwendigen Auslagen des Nebenklägers zu tragen. Es muss eine Kostenfestsetzungsentscheidung nach § 464b StPO herbeigeführt werden. Soweit wegen der Rechtskraft des Strafbefehls der Anschluss 25

16 BeckOK StPO/*Temming*, 49. Ed. 01.10.2023, StPO § 407 Rn. 5.
17 BVerfGE 133, 168, NJW 2013, 1068.
18 So BGH 37,10 vor Inkrafttreten des Gesetzes zur Regelung der Verständigung im Strafverfahren am 29.07.2009.

des Nebenklageberechtigten nicht wirksam wird, kommt die Aufnahme einer Kostenentscheidung nach § 472 Abs. 3 S. 1 StPO in den Strafbefehl nicht in Betracht.[19]

26 Der Entschädigung des Verletzten wird im Adhäsionsverfahren nur aufgrund einer Hauptverhandlung in einem Urteil stattgegeben, § 406 Abs. 1 StPO. Eine entsprechende Entscheidung über einen Anspruch i.S.d. § 403 StPO gebietet sich im Strafbefehlswege nicht[20]. Ein entsprechend gestellter Antrag erlangt daher erst in der Hauptverhandlung Wirksamkeit, kann aber vorzeitig gestellt werden.

C. Strafbefehlsantrag nach Eröffnung des Hauptverfahrens

27 Nach Eröffnung des Hauptverfahrens kann gemäß § 408a StPO »im Verfahren vor dem Strafrichter und dem Schöffengericht die Staatsanwaltschaft einen Strafbefehlsantrag stellen, wenn die Voraussetzungen des § 407 Abs. 1 S. 1 und 2 StPO vorliegen und wenn der Durchführung einer Hauptverhandlung das Ausbleiben oder die Abwesenheit des Angeklagten oder ein anderer wichtiger Grund entgegensteht.«

28 Die Vorschrift soll die Erledigung »steckengebliebener« Verfahren ermöglichen. Sie hat vergleichsweise geringe praktische Bedeutung[21] und kommt sinnvoller Weise nur zur Anwendung, wenn sich die Verfahrensbeteiligten über eine entsprechende Vorgehensweise einig sind. Ansonsten droht der Einspruch gegen den erlassenen Strafbefehl und die Rückkehr in das reguläre Verfahren.

29 In systematischer Hinsicht kann durchaus kritisch gesehen werden, dass eine Strafsache, bei der bislang ein Strafbefehlsverfahren nicht angezeigt erschien und daher Anklage erhoben wurde, nunmehr, da die Durchführung der Hauptverhandlung auf Schwierigkeiten stößt, geeignet sein soll, durch Strafbefehl erledigt zu werden.[22] Aus Verteidigersicht hingegen kann ein solcher Wechsel ggf. begrüßenswert sein, da dem Mandanten u.U. im »regulären« Verfahren andere Konsequenzen drohen könnten. In solchen Fällen ist auf entsprechende Vertretungsbevollmächtigung (s. J II) zu achten.

D. Verteidigerbestellung

30 Die Mitwirkung eines Verteidigers ist vorgeschrieben, wenn im Strafbefehlsverfahren eine Freiheitsstrafe gem. § 407 Abs. 2 Nr. 2 StPO festgesetzt werden soll, § 408b StPO. Hierdurch soll sichergestellt werden, dass vom Beschuldigten eine kürzere Freiheitsstrafe nicht allein deshalb akzeptiert wird, weil sie zur Bewährung ausgesetzt wird; er soll umfassend von einem Verteidiger über alle ihn möglicherweise belastenden Folgen aufgeklärt werden.

Regelmäßig wird der Staatsanwalt mit Übersendung des auf Freiheitsstrafe lautenden Strafbefehlsantrags den Antrag auf Bestellung eines Verteidigers stellen, dem der Richter – sofern er die Sache im Strafbefehlswege erledigen möchte – gemäß § 408b StPO entsprechen wird, wenn der Beschuldigte noch keinen Verteidiger hat. Wenn der Richter entgegen des Antrags des Staatsanwalts Hauptverhandlung anberaumen will, bedarf es der Mitwirkung eines Verteidigers und ggf. einer Verteidigerbestellung nur unter den allgemeinen Voraussetzungen der notwendigen Verteidigung, §§ 140, 141 StPO.

31 Dem Beschuldigten ist vor der Beiordnung rechtliches Gehör zu gewähren (§ 142 Abs. 5 StPO). Bestellung und Auswahl des Pflichtverteidigers können grundsätzlich mit der sofortigen Beschwerde angefochten werden, § 142 Abs. 7 StPO.

Zur Frage der Reichweite einer solchen Pflichtverteidigerbestellung herrschte lange Unsicherheit. Die amtliche Gesetzbegründung zum Gesetz zur Neuregelung des Rechts der notwendigen Verteidigung (BR- Drs 364/19, 53) führt zu § 143 Abs. 1, 2 StPO-E aus, dass die Bestellung ende,

19 BeckOK StPO/*Temming*, 49. Ed. 01.10.2023, StPO § 407 Rn. 27; a.A. KK/*Maur*, 9. Aufl. 2023, StPO § 407 Rn. 29.

20 BGH NJW 1982, 1048; *Granderath* NStZ 1984, 400.

21 MüKo/*Eckstein*, 9. Aufl. 2023, StPO § 408a Rn. 3.

22 BeckOK StPO/*Temming*, 49. Ed. 1.10.2023, StPO § 407Rn. 11.

wenn der Strafbefehl in Rechtskraft erwachse. Im Falle eines Einspruchs gegen den Strafbefehl und einer darauf folgenden Hauptverhandlung gem. § 411 Abs. 2 StPO sei zu unterscheiden: Sei die Verhängung einer Freiheitsstrafe von mind. einem Jahr zu erwarten, liege – schon nach bisheriger Rechtsprechung zu § 140 Abs. 2 S. 1 StPO – ohnehin ein Fall notwendiger Verteidigung vor, so dass die Bestellung jedenfalls fortdauere, wie sich aus § 143 Abs. 1 StPO ergebe. Sollte hingegen eine darunter liegende Freiheitsstrafe zu erwarten sein, so könne die Bestellung, wenn im Einzelfall kein Fall des § 140 StPO vorliege, nach pflichtgemäßem Ermessen des Gerichts aufgehoben werden (§ 143 Abs. 2 S. 1 StPO). Inwieweit aufgrund dieser Ausführungen Sicherheit für den Verteidiger eintreten soll, erschließt sich nicht. Aus Gründen der Kostensicherheit sollte mit Einlegung des Einspruchs auch die weitere Beiordnung beantragt werden.

E. Der Strafbefehlsantrag

Durch den Strafbefehlsantrag wird die öffentliche Klage erhoben (§ 407 Abs. 1 S. 4 StPO). Im 32
Gegensatz zur Anklageschrift muss der Strafbefehlsantrag bereits eine bestimmte Rechtsfolge benennen. Der notwendige Inhalt des Strafbefehls richtet sich nach § 409 Abs. 1 StPO.

Im Übrigen hat der Strafbefehlsantrag die Funktion einer Anklageschrift. Er muss daher den Erfordernissen einer Solchen genügen. Der Strafbefehl muss wie die Anklageschrift die Tatsachen und die rechtliche Würdigung enthalten, die den Gegenstand des Vorwurfs ausmachen. Durch ihn muss der Gegenstand des Strafverfahrens, der Prozessgegenstand, in persönlicher, sachlicher und rechtlicher Hinsicht eingegrenzt werden. Der Umfang der möglichen Rechtskraft einer gerichtlichen Entscheidung wird durch ihn festgelegt (Umgrenzungsfunktion). Dem Beschuldigten wird erläutert, was ihm aufgrund welcher Beweise vorgeworfen wird; er wird in die Lage versetzt, (zunächst) zu entscheiden, ob er Einspruch einlegen soll und wie er sich auf eine mögliche Verteidigung in der Hauptverhandlung vorbereiten kann.

Der Antrag ist von der Staatsanwaltschaft schriftlich zu stellen. Mängel in der Schriftform des 33
Antrags, insbesondere eine fehlende Unterschrift, sollen – wie auch »sonstige« Mängel einer Anklageschrift[23] – keine Auswirkungen auf die Wirksamkeit des daraufhin erlassenen Strafbefehls haben[24]. Nur das Fehlen jeglichen Antrags begründet ein Verfahrenshindernis.

Inhaltlich richtet sich der Strafbefehlsantrag nach den gesetzlichen Vorgaben des § 409 Abs. 1 StPO. Einer Darstellung des wesentlichen Ermittlungsergebnisses bedarf es nicht (vgl. § 200 Abs. 2 S. 2 StPO). Der Strafbefehlsantrag muss auf eine zulässige Rechtsfolge gerichtet sein, § 407 Abs. 1 S. 3 StPO.

Wird gegen den Angeklagten eine Freiheitsstrafe verhängt (§ 407 Abs. 2 S. 2 StPO), er mit Strafvorbehalt verwarnt (§ 407 Abs. 2 S. 1 Nr. 1 StPO i.V.m. § 59 StGB) oder wird gegen ihn ein Fahrverbot angeordnet (§ 407 Abs. 2 S. 1 Nr. 1 StPO i.V.m. § 44 StGB), so sind die sich aus § 268a Abs. 3 StPO bzw. aus § 268c S. 1 StPO ergebenden Belehrungen dem Strafbefehl beizufügen.

Aufgrund der avisierten Übereinstimmung von staatsanwaltschaftlichem Antrag und gerichtlicher 34
Entscheidung sind die Staatsanwaltschaften nach Nr. 176 RiStBV gehalten, dem Strafrichter einen Strafbefehlsentwurf mit dem Antrag zuzuleiten, einen Strafbefehl dieses Inhalts zu erlassen. Im Ergebnis läuft es auf eine Unterzeichnung des vorgelegten Strafantragentwurfs durch den Richter hinaus. Dass tatsächlich eine eigenständige richterliche Prüfung des Sachverhalts erfolgt, darf im Einzelfall bezweifelt werden.

Grundsätzlich liegt die Antragszuständigkeit für Strafbefehle bei der Staatsanwaltschaft. In steuerstrafrechtlichen Angelegenheiten kann aber auch die Finanzbehörde, die Ermittlungen wegen einer

23 Vgl. BGHSt 40, 44.
24 OLG Stuttgart NStZ 1998, 100, OLG Hamburg NStZ 1988, 522.

Steuerhinterziehung nach § 386 AO selbständig geführt und insoweit die Befugnisse der Staatsanwaltschaft wahrgenommen hat, nach § 400 AO den Antrag auf Erlass eines Strafbefehls stellen.

Mit Eingang des Strafbefehlsantrages bei Gericht wird das Verfahren anhängig. Die Verjährungsfrist wird unterbrochen (§ 78c Abs. 1 Nr. 6 StGB).

F. Verfahrensgang

35 Wie im Normalverfahren vermerkt die Staatsanwaltschaft den Abschluss ihrer Ermittlungen, § 169a StPO. Gemäß § 163a Abs. 1 StPO ist spätestens vor Abschluss der Ermittlungen der Beschuldigte zu vernehmen; das kann in einfach gelagerten Sachverhalten dadurch geschehen, dass ihm Gelegenheit gegeben wird, sich schriftlich zu äußern.

Im Strafbefehlsverfahren stellt diese Vernehmung die einzige Möglichkeit für den Beschuldigten dar, sich zu den Vorwürfen zu äußern, bevor eine Entscheidung ergeht. Einer richterlichen Anhörung bedarf es vor Erlass des Strafbefehls nicht, § 407 Abs. 3 StPO. Wird der Beschuldigte entgegen § 163a Abs. 1 StPO, nicht von der Polizei, der Staatsanwaltschaft oder dem Gericht spätestens vor Abschluss der Ermittlungen als Beschuldigter vernommen, macht das den dennoch erlassenen Strafbefehl nicht unwirksam[25].

Auch wenn der Beschuldigte häufig von seinem Schweigerecht aus § 163a Abs. 3 i.V.m. § 136 Abs. 1 S. 2 StPO Gebrauch machen wird, kann die Beschuldigtenvernehmung u.U. dazu dienen, die wirtschaftlichen Verhältnisse des Beschuldigten oder sonstige verfahrensrelevante Umstände in Erfahrung zu bringen. In der Praxis aber ist ein Schweigen zu den Vermögensverhältnissen häufig die für den Mandanten »günstigere« Variante.

36 Für die Entscheidung des Gerichts über den Strafbefehlsantrag ist die Annahme eines hinreichenden Tatverdachts i.S.d. 203 StPO ausreichend. Der Tatverdacht muss sich aufgrund des Akteninhalts ergeben. Zu einer den §§ 261, 264 StPO entsprechenden Überzeugung über die Schuld des Beschuldigten muss das Gericht nicht gelangen.[26] Hier zeigt sich der summarische Charakter des Strafbefehlsverfahrens.

Der zuständige Richter kann – sofern die Staatsanwaltschaft es nach Rücksprache verweigert – ergänzende Ermittlungen veranlassen, § 202 StPO gilt entsprechend.

Zwischenverfahren und Eröffnungsbeschluss entfallen.

Bejaht der zuständige Richter den hinreichenden Tatverdacht, wird der Strafbefehl sodann durch richterlichen Beschluss erlassen. Wenn kein Einspruch eingelegt oder die Frist versäumt wird, steht der Strafbefehl einem rechtskräftigen Urteil gleich, § 410 Abs. 3 StPO.

Mit Erlass des Strafbefehls tritt Rechtshängigkeit ein.[27]

G. Entscheidung über den Erlass eines Strafbefehls

37 Zuständig für den Erlass des Strafbefehls sind gemäß § 408 Abs. 1 StPO Strafrichter (§ 25 GVG) und Schöffengericht (§§ 24, 25 GVG). Da es sich beim Erlass des Strafbefehls um eine Entscheidung außerhalb der Hauptverhandlung handelt (§ 30 Abs. 2 GVG), entscheidet der Vorsitzende allein für das Schöffengericht.

Nachdem der Einzelrichter für ein Strafmaß von bis zu zwei Jahren zuständig ist (§ 25 Nr. 2 GVG), kommt die Zuständigkeit des Schöffengerichts nur noch in Betracht, wenn ein Fall des § 408a StPO

25 *Oske* MDR 1968, 885.
26 Str. KK-StPO/*Maur*, 9. Aufl. 2023, StPO § 408 Rn. 15.
27 Str. bejahend etwa KK/*Maur*, 9. Aufl. 2023, vor § 407 Rn. 5; aA OLG Karlsruhe NStZ 1991, 602 m. Anm. *Mayer* NStZ 1992, 605; offen gelassen in BGHSt 13, 186 (189).

vorliegt und eine vor dem Schöffengericht angeklagte Sache im Strafbefehlswege erledigt werden soll. Aus § 407 Abs. 1 S. 1 StPO kann sich die Zuständigkeit des Schöffengerichts nicht begründen.

Sofern das Amtsgericht die Zuständigkeit des Landgerichts oder des Oberlandesgerichts in der Sache für gegeben hält, erklärt es sich durch Beschluss für unzuständig[28].

Der Richter entspricht dem Strafbefehlsantrag der Staatsanwaltschaft, wenn er den Angeschuldigten für hinreichend verdächtig erachtet und keine Bedenken gegen den Erlass des Strafbefehls hat (§ 408 Abs. 3 StPO). 38

Dabei muss der Richter mit der Bewertung und Würdigung der Staatsanwaltschaft in tatsächlicher und rechtlicher Hinsicht vollends übereinstimmen, auch, was den von ihr vorgeschlagenen Rechtsfolgenausspruch betrifft. Ansonsten muss er die Hauptverhandlung anberaumen, wenn eine Einigung mit der Staatsanwaltschaft nicht möglich ist und diese auf ihren Antrag »beharrt«, § 408 Abs. 3 S. 2 StPO.

Das stellt zwar eine Abweichung zum Regelverfahren dar, bei dem das Gericht im Rahmen des Eröffnungsbeschlusses hinsichtlich des Prozessgegenstandes Gestaltungsmöglichkeiten und -befugnis hat (§ 207 Abs. 2 StPO). Die Regelung soll aber verhindern, dass der Richter den Strafbefehl im Geheimen und in seinem »Bürozimmer« schriftlich und mittelbar mit einem anderen Inhalt erlässt als von der Staatsanwaltschaft nach Prüfung der Aktenlage beantragt. 39

Der Strafrichter prüft also, ob aufgrund des Ergebnisses der Ermittlungen ein hinreichender Tatverdacht, also eine überwiegende Wahrscheinlichkeit des Beweises solcher tatsächlichen Umstände besteht, die eine Strafbarkeit nach der im Strafbefehlsantrag vorgenommenen rechtlichen Würdigung begründen und die beantragte Rechtsfolge rechtfertigen.[29]

Sodann hat er verschiedene Entscheidungsmöglichkeiten:

I. Ablehnung des Erlasses des Strafbefehls

Sofern sich für den Amtsrichter ergibt, dass der aufgrund der Ermittlungen überwiegend wahrscheinliche Vorgang aus Rechtsgründen nicht strafbar ist, ein nicht behebbares Verfahrenshindernis vorliegt[30] oder sich nach Aktenlage ergebende Zweifel am Schuldnachweis nicht überwinden lassen (fehlender hinreichender Tatverdacht), muss er den Antrag auf Erlass des Strafbefehls verwerfen. 40

Ein Ablehnungsbeschluss steht dem Nichteröffnungsbeschluss nach § 210 Abs. 2 StPO gleich. Es gelten die zu der Nichteröffnung des Verfahrens entwickelten Grundsätze. Der Beschluss hat eine eingeschränkte Rechtskraftwirkung (§ 211 StPO)[31] und muss erkennen lassen, ob der Erlass des Strafbefehls aus tatsächlichen oder aus Rechtsgründen abgelehnt wurde (§ 408 Abs. 2 S. 2 i.V.m. § 204 Abs. 1 StPO). Er ist dem Angeschuldigten durch formlose Mitteilung bekannt zu geben (§§ 204 Abs. 2, 35 Abs. 2 S. 2 StPO, Nr. 178 Abs. 4 RiStBV). Der Staatsanwaltschaft steht dagegen die sofortige Beschwerde zu (§§ 408 Abs. 2, 210 Abs. 2 StPO), ebenso dem Nebenklageberechtigten, der sich dem Verfahren angeschlossen hat (§ 396 Abs. 1 StPO).

Werden dem Angeschuldigten mehrere Taten im prozessualen Sinn vorgeworfen, die unabhängig voneinander sind, kann der Strafrichter auch eine Teilablehnung beschließen, wenn er nur hinsichtlich einer Tat den hinreichenden Verdacht bejaht.[32] Da das Gericht aber vom Strafbefehlsantrag der 41

---

28 Hiergegen kann die Staatsanwaltschaft einfache Beschwerde einlegen. Eine Vorlage zur Übernahme an das übergeordnete Gericht entsprechend § 209 Abs. 2 StPO kommt nicht in Betracht, da der Strafbefehlsantrag die geforderte Anklage nicht ersetzt.

29 BeckOK StPO/*Temming*, 49. Ed. 01.10.2023, StPO § 408 Rn. 4.

30 Hierzu gehört nicht die Verhandlungsunfähigkeit.

31 Erneute Strafverfolgung hinsichtlich des gleichen Prozessgegenstandes ist nur noch auf Grund neuer Tatsachen oder Beweismittel zulässig.

32 LG München II NStZ 1990, 452; KK/*Maur*, 9. Aufl. 2023, StPO § 408 Rn. 10.

Staatsanwaltschaft nicht abweichen darf, kann es wegen der zu verurteilenden Tat keinen Strafbefehl erlassen, sondern muss die Entscheidung über den nicht erledigten Teil des Antrages, hinsichtlich dessen es den hinreichenden Tatverdacht annimmt, bis zur Rechtskraft der Teilablehnung zurückstellen.

Hat der Richter Zweifel, die sich voraussichtlich in der Hauptverhandlung ausräumen lassen, muss er nach § 408 Abs. 3 S. 2 StPO die Hauptverhandlung anberaumen.

II. Anberaumung einer Hauptverhandlung

42 Der Amtsrichter soll laut Gesetz die Hauptverhandlung anberaumen, »wenn er Bedenken hat, ohne eine solche zu entscheiden, oder wenn er von der rechtlichen Beurteilung im Strafbefehlsantrag abweichen oder eine andere als die beantragte Rechtsfolge festsetzen will und die Staatsanwaltschaft bei ihrem Antrag beharrt.«

Dabei muss der Strafrichter – entgegen dessen, was der Gesetzeswortlaut vermuten lässt – nicht zunächst versuchen, mit der Staatsanwaltschaft eine Einigung zu erzielen. Es empfiehlt sich allerdings, dass er der Staatsanwaltschaft seine abweichende Auffassung mitteilt (Nr. 178 Abs. 1 RiStBV) und um Äußerung bittet bzw. der Staatsanwaltschaft Gelegenheit gibt, einen geänderten Strafbefehlsantrag mitsamt den Akten an ihn zurückzureichen (Nr. 178 Abs. 2 RiStBV).

Im Übrigen kann der Richter die Durchführung der Hauptverhandlung auch aufgrund der Bedeutung der Sache oder aus dem Umstand heraus, dass er sich einen persönlichen Eindruck vom Beschuldigten verschaffen möchte, befürworten. Auch aus spezial- oder generalpräventiven Gründen kann eine Hauptverhandlung als erforderlich angesehen werden.

Die Anberaumung des Hauptverhandlungstermins richtet sich nach den §§ 213 ff. StPO. Der Beschuldigte wird zur Hauptverhandlung geladen und erhält gleichzeitig eine Abschrift des Strafbefehlsantrags ohne die beantragte Rechtsfolge, vgl. § 408 Abs. 3 S. 3 StPO. Der Strafbefehlsantrag tritt an die Stelle der Anklageschrift und dient dazu, dem Beschuldigten die Möglichkeit zu geben, sich auf seine Verteidigung vorzubereiten[33].

43 Mit der richterlichen, nicht anfechtbaren Entscheidung, die Hauptverhandlung anzuberaumen, wird das Strafbefehlsverfahren beendet und eine Überleitung in das Normalverfahren bewirkt. Der Terminsverfügung kommt die Wirkung eines Eröffnungsbeschlusses zu.[34]

Aufgrund der Überleitung in ein Normalstrafverfahren sind die speziellen, für die Hauptverhandlung im Strafbefehlsverfahren geltenden Sondervorschriften (§§ 411 Abs. 2, 3, 420 StPO) nicht anwendbar.

Erscheint der Angeklagte zu der gemäß § 408 Abs. 3 S. 2 StPO anberaumten Hauptverhandlung nicht, ist eine Überleitung ins Strafbefehlsverfahren nach § 408a StPO nicht möglich.[35]

III. Erlass des Strafbefehls

44 Wenn der Amtsrichter sich für zuständig hält und der Akteninhalt aus seiner Sicht die von der Staatsanwaltschaft vorgenommene tatsächliche Würdigung, die rechtliche Bewertung und die vorgeschlagene Rechtsfolge trägt, erlässt er den Strafbefehl antragsgemäß. Die Annahme des hinreichenden Tatverdachts muss ausreichen. Keinesfalls muss der Richter – wie teilweise gefordert- sich wie beim Urteil eine vollständige Überzeugung gebildet haben.[36] Das kann angesichts dessen, dass seine Entscheidung allein auf dem Akteninhalt beruht und eben nicht auf einer durchgeführten förmlichen Beweisaufnahme, nicht gefordert werden.

33 Unterbleibt die Mitteilung des Strafbefehlsantrags an den Beschuldigten kann er dies in der Revision nur im Rahmen einer Verfahrensrüge geltend gemacht werden, wenn die Hauptverhandlung trotz seines Antrags oder ggf. auch von Amts wegen nicht ausgesetzt wurde, OLG Karlsruhe BeckRS 2008, 14238.

34 KK/*Maur* 9. Aufl. 2023, StPO § 408 Rn. 25.

35 *Zähres* NStZ 2002, 296.

36 BeckOK StPO/*Temming*, 49. Ed. 1.10.2023, StPO § 408 Rn. 11 m.w.N.

Eine antragsgemäße Entscheidung setzt die völlige Übereinstimmung zwischen der Staatsanwaltschaft und dem Gericht voraus.[37]

Wird im Strafbefehl eine Freiheitsstrafe auf Bewährung verhängt oder eine Verwarnung mit Strafvorbehalt ausgesprochen, erlässt das Gericht zugleich mit dem Strafbefehl einen Beschluss über die Bewährungszeit und die Bewährungsauflagen gemäß § 268a Abs. 1 StPO i.V.m. §§ 56a ff. StGB. Die Staatsanwaltschaft kann bei Einreichung des Strafbefehlsantrages Vorschläge formulieren (Nr. 176 Abs. 1 S. 2 RiStBV), der Richter ist daran nicht gebunden. 45

Unterbleibt die Bewährungsanordnungen betreffende Entscheidung, ist ein nachträglicher Erlass des Bewährungsbeschlusses mit Ausnahme der Feststellung, dass die Bewährungszeit zwei Jahre beträgt, unzulässig.[38] Dasselbe gilt, wenn der Bewährungsbeschluss zwar rechtzeitig erlassen, dem Angeklagten aber erst nach Ablauf der Einspruchsfrist zugestellt wird.[39]

IV. Weitere Entscheidungsmöglichkeiten

Der Amtsrichter muss nicht sofort über den Strafbefehlsantrag entscheiden, sondern kann die Akten auch an die Staatsanwaltschaft zurücksenden, wenn er sonstige Bedenken hat, den Strafbefehl zu erlassen. So etwa, wenn er den Vorgang für nicht hinreichend aufgeklärt, das vorgeworfene Verhalten für nicht strafwürdig hält oder wenn er auf eine informelle Verfahrenserledigung drängt. Letzteres kann er, wie auch die Rücknahme des Strafbefehlsantrags, gegenüber der Staatsanwaltschaft anregen. Er kann aber das Verfahren unter Maßgabe der §§ 153 ff. StPO mit Zustimmung der Staatsanwaltschaft bzw. des Beschuldigten auch selbst einstellen. 46

Schließlich kann der zuständige Richter Zweifel daran haben, ob der Strafbefehlsantrag den Anforderungen an eine ordnungsgemäße Anklageerhebung genügt[40].

H. Zustellung des Strafbefehls

I. Allgemein

Der Strafbefehl muss förmlich zugestellt werden, § 35 Abs. 2 StPO. Die Zustellung erfolgt grundsätzlich an den Angeklagten. Möglich ist auch die Zustellung an den Wahlverteidiger, dessen Vollmacht sich bei den Akten befindet oder an den Pflichtverteidiger, dessen Bestellung aktenkundig ist, § 145a Abs. 3 StPO; dann wird der Angeklagte lediglich formlos über den Strafbefehl unterrichtet. 47

Die Zustellung kann auch an einen Zustellungsbevollmächtigten (§§ 116a Abs. 3, 127a Abs. 2, 132 Abs. 1 Nr. 2 StPO) erfolgen. Die Ersatzzustellung nach §§ 178 ff. ZPO ist zulässig[41]. § 232 Abs. 4 StPO findet keine Anwendung[42]. Die öffentliche Zustellung nach § 40 StPO ist unzulässig. Bei unbekanntem Aufenthalt des Angeklagten ist das Verfahren nach § 205 StPO einzustellen (Nr. 175 Abs. 2 RiStBV).

II. Zustellung an Ausländer

Einem Ausländer, der die deutsche Sprache nicht ausreichend beherrscht, ist der Strafbefehl mit einer Übersetzung in einer ihm verständlichen Sprache bekannt zugeben (Nr. 181 Abs. 2 RiStBV). Hierauf hat der Betroffene nach § 187 Abs. 2 GVG, Art. 6 Abs. 3 lit. a EMRK einen Rechtsan- 48

---

37 Eine inhaltliche Abänderung des Strafbefehlsentwurfs in der Entscheidung macht den Strafbefehl aber nicht unwirksam, Löwe/Rosenberg/Gössel, 26., neu bearbeitete Auflage 2006–2014, § 408 Rn. 38.

38 LG Freiburg StV 1993, 122; a.A. *Meyer-Goßner* 62. Auflage, 2019, § 268a Rn. 8.

39 LG Freiburg StV 1994, 534.

40 Wie bei der Anklageschrift muss die Tat im strafprozessualen Sinne (§ 264 StPO) soweit als möglich konkretisiert und individualisiert geschildert werden, um als historisch einmaliger Vorgang klar erkennbar und umgrenzt zu sein.

41 BVerfGE 25, 158 = NJW 1969, 1103; 26, 315, 319 = NJW 1969, 1531.

42 BGHSt 13, 182, 184 = NJW 1959, 1741; 22, 52, 55 = NJW 1968, 557.

spruch.[43] Auch die in § 409 Abs. 1 StPO normierten Belehrungen müssen übersetzt werden[44]. Wird die Rechtsmittelbelehrung mangels ausreichender Deutschkenntnisse nicht verstanden, so kann dies zumindest die Gewährung von Wiedereinsetzung in den vorigen Stand rechtfertigen[45], soweit überhaupt von einer wirksamen Zustellung auszugehen ist. Die Kosten der Übersetzung eines Strafbefehls und der beigefügten Rechtsmittelbelehrung trägt die Staatskasse, da der Beschuldigte einen Rechtsanspruch auf unentgeltliche Übersetzung hat[46].

III. Im Übrigen

49 Falls der Angeklagte einen gesetzlichen Vertreter hat, ist diesem der Strafbefehl formlos zu übersenden, § 409 Abs. 2 StPO, Nr. 179 Abs. 3 RiStBV. Das gilt auch für den Verletzten, der zum Anschluss als Nebenkläger berechtigt ist.

Ist im Strafbefehl gegen einen Nebenbeteiligten eine Rechtsfolge festgesetzt worden, so ist diesem oder dem bevollmächtigten Vertreter der Strafbefehl förmlich zuzustellen.[47]

50 Weicht die ordnungsgemäß zugestellte Ausfertigung des Strafbefehls inhaltlich von der in der Akte befindlichen Urschrift ab, liegt keine ordnungsgemäße Zustellung vor.[48] Um in solchen Fällen die Einspruchsfrist des § 410 Abs. 1 StPO in Lauf zu setzen, muss die richtige Ausfertigung zugestellt, die Fehlerhafte widerrufen werden.

I. Einspruch gegen den Strafbefehl

I. Allgemeines

51 Ein Termin zur Hauptverhandlung wird gem. §§ 411 Abs. 1, 410 StPO auch dann anberaumt, wenn der Angeklagte innerhalb von zwei Wochen nach Zustellung des Strafbefehls bei dem Gericht, das den Strafbefehl erlassen hat, schriftlich oder zu Protokoll der Geschäftsstelle Einspruch einlegt. Der Einspruch kann auch schon vor Zustellung des Strafbefehls eingelegt werden, sofern der Strafbefehl bereits erlassen worden ist; anderenfalls entwickelt der Einspruch keine Wirkung[49].

Eine Wiedereinsetzung in den vorigen Stand nach § 44 StPO kann erwogen werden, wenn die Frist zur Einlegung des Einspruchs ohne Verschulden versäumt wurde und der Betroffene das glaubhaft machen kann.

Ein solcher mit einem Wiedereinsetzungsantrag kombinierter Einspruch könnte beispielsweise wie folgt formuliert werden:

▶ Schriftsatzmuster 2

52 **Einspruch mit Antrag auf Wiedereinsetzung in den vorigen Stand**

An das

Amtsgericht Regensburg

– Strafrichter –

93066 Regensburg

---

43 Vgl. *Greßmann* NStZ 1991, 218.

44 Vgl. OLG München BeckRS 2014, 00954: Grundlage ist § 187 Abs. 2 S. 2 GVG, der der Umsetzung der europäischen Richtlinie 2010/64/EU über das Recht auf Dolmetscherleistungen und Übersetzungen im Strafverfahren und der Richtlinie über das Recht auf Belehrung und Unterrichtung im Strafverfahren dient, und Art. 6 Abs. 3 lit.e EMRK.

45 BVerfG NJW 1991, 2208.

46 LG Verden BeckRS 2013, 02442.

47 KK/*Maur*, 9. Aufl. 2023, StPO § 409 Rn. 21.

48 OLG Düsseldorf VRS 58, 41; OLG Hamm DAR 1958, 274.

49 BGHSt 25, 187 (189).

21.07.2020

In der Strafsache

gegen

Herrn W.B.

wegen Verdachts der Nötigung im Straßenverkehr

Az: 29 Cs 107 Js 23457/13

hat mich Herr B mit seiner Verteidigung beauftragt. Eine auf mich lautende Vollmacht ist beigefügt.

Namens und im Auftrag meines Mandanten beantrage ich wegen der Versäumung der Einspruchsfrist

Wiedereinsetzung in den vorigen Stand

zu gewähren. Gleichzeitig lege ich gegen den am 03.07.2023 zugestellten Strafbefehl

Einspruch

ein und beantrage

Akteneinsicht.

Zur Begründung des Wiedereinsetzungsgesuchs trage ich vor:

Der vom erkennenden Gericht am 26.06.2023 erlassene Strafbefehl wurde Herrn B. am 03.07.2023 unter dessen Wohnanschrift durch Niederlegung zugestellt.

Ausweislich der beigefügten Eidesstattlichen Versicherung[50] des Herrn B. hielt sich dieser vom 27.06. bis einschließlich 19.07.2023 aus beruflichen Gründen im Ausland auf. Zur weiteren Glaubhaftmachung sind die Bestätigung des Arbeitgebers sowie die Reisedokumente des Herrn B. beigelegt, aus denen ebenfalls hervorgeht, dass Herr B. im angegebenen Zeitraum im Ausland war.

Den Benachrichtigungsschein über die Zustellung einer Postsendung durch Niederlegung fand er erst bei seiner Rückkehr am 19.07.2023 vor. Er hat sich daraufhin am 20.07.2023 zum zuständigen Postamt begeben und den verfahrensgegenständlichen Strafbefehl abgeholt. Am 21.07.2023 suchte Herr B. den Unterzeichnenden auf mit dem Auftrag, unter Beantragung von Wiedereinsetzung in den vorigen Stand die versäumte Einlegung des Einspruchs nachzuholen, was hiermit geschieht.

Herr B. war somit ohne eigenes Verschulden daran gehindert, die Einspruchsfrist einzuhalten. Die Zustellung des Strafbefehls und das den Beginn der Einspruchsfrist begründende Ereignis sind Herrn B. infolge vorübergehender Abwesenheit von seiner Wohnung erst nach Ablauf der Einspruchsfrist bekannt geworden. Herr B. war auch nicht verpflichtet, für die Dauer seines dreiwöchigen Auslandsaufenthalts besondere Vorkehrungen dahingehend zu treffen, dass er von Zustellungen rechtzeitig Kenntnis erhält (BVerfG NJW 1993, 847). Mit dem Erlass eines Strafbefehls hat er nicht gerechnet, zumal die polizeiliche Beschuldigtenvernehmung bereits mehrere Wochen zurückliegt.

Rechtsanwalt

Ein im Übrigen verspäteter oder unzulässig eingelegter Einspruch wird ohne Hauptverhandlung durch Beschluss verworfen. Gegen den Beschluss ist die sofortige Beschwerde zulässig, § 411 Abs. 1 S. 3 StPO.

---

50 Die eigene eidesstattliche Versicherung des Antragstellers ist für sich allein grundsätzlich kein geeignetes Mittel der Glaubhaftmachung, *Meyer-Goßner* § 45 Rn. 9, vgl. aber Rn. 79.

II. Einspruchsberechtigter

53 Der Einspruch kann vom Angeklagten selbst, dessen Verteidiger (§ 297 StPO) oder dessen gesetzlichen Vertreter (§ 298 StPO) eingelegt werden. Dem Verteidiger steht gemäß §§ 410 Abs. 1 S. 2, 297 StPO ein selbstständiges Einspruchsrecht zu. Das darf er allerdings nicht gegen den Willen des Angeklagten ausüben.

Einspruchsberechtigte sind ferner der Einziehungsbeteiligte (vgl. § 427 Abs. 1 StPO), der von der Anordnung der Vernichtung oder Unbrauchbarmachung betroffene Nebenbeteiligte (vgl. § 439 i.V.m. § 427 Abs. 1 StPO), die juristische Person oder Personenvereinigung (vgl. § 444 Abs. 2 S. 2 i.V.m. § 427 Abs. 1 StPO) und der Betroffene, falls nur eine Ordnungswidrigkeit Gegenstand des Strafbefehls ist.[51]

III. Art der Einlegung

54 Ein telefonischer Einspruch ist unzulässig[52], eine Einlegung per Telefax aber statthaft[53]. Per E-Mail kann der Einspruch (nur!) unter den Voraussetzungen der §§ 110a–110c i.V.m. §§ 32 ff. StPO eingelegt werden.[54] Davon ist abzuraten.

Die Einspruchsfrist beträgt zwei Wochen nach Zustellung des Strafbefehls. Für die Fristberechnung gilt § 43 StPO. Der Tag der Zustellung wird bei der Fristberechnung nicht mitgezählt. Die Frist beginnt an dem auf die Zustellung folgenden Tag und dauert zwei Wochen. Sie endet an dem Wochentag, an dem zwei Wochen zuvor die Zustellung bewirkt wurde.

▶ Beispiel

55 Dem Verteidiger wurde der Strafbefehl nach § 145a Abs. 3 StPO an einem Mittwoch, dem 19.07.2023 zugestellt. Die Einspruchsfrist beginnt am Donnerstag, den 20.07.2023, zu laufen. Sie dauert zwei Wochen und endet am Mittwoch, den 2.08.2023 – dem übernächsten Mittwoch, der auf die Zustellung folgt.

56 Fällt das Ende der Frist auf einen Samstag, Sonntag oder gesetzlichen Feiertag, so endet die Frist mit Ablauf des folgenden Werktags, § 43 Abs. 2 StPO. Bei inhaftierten Beschuldigten ist nach § 299 Abs. 1 StPO die Protokollierung des Einspruchs innerhalb der Zweiwochenfrist ausreichend (§ 299 Abs. 2 StPO).

Der Einspruch ist mangels Devolutiveffekt ein Rechtsbehelf, kein Rechtsmittel. Er kann begründet werden, muss es aber nicht. Ohne Begründung gilt er als unbeschränkt eingelegt. Der Einspruch kann wie die öffentliche Klage bis zur Verkündung des Urteils im ersten Rechtszug, ggf. ist die Zustimmung der Staatsanwaltschaft erforderlich (s. § 303 StPO) zurückgenommen werden, § 411 Abs. 3 StPO. Das gilt nicht, wenn der Strafbefehl im Verfahren nach § 408a StPO, also nach Eröffnung des Hauptverfahrens erlassen wurde. Eine fehlende Unterschrift auf dem Einspruchsschreiben soll unschädlich sein, wenn der Wille zur Einlegung des Rechtsbehelfs unzweifelhaft und die Person des Einspruchsführers aus dem Schriftstück deutlich erkennbar ist[55].

IV. Beschränkung des Einspruchs

57 Gem. § 410 Abs. 2 StPO kann der Einspruch auf bestimmte Beschwerdepunkte beschränkt werden. Es gelten die Prinzipien, die für die Beschränkung einer Berufung gelten (vgl. § 318 StPO). Der

51 KK/*Maur*, 9. Aufl. 2023, StPO § 410 Rn. 2.
52 OLG Zweibrücken, StV 1982, 415.
53 BGHSt 31, 7 = BGH NJW 1982, 1470.
54 Str. Bejahend *Krenberger/Krumm*, 5. Aufl. 2018, OWiG § 67 Rn. 33; aA. LG Mosbach 30.8.2018 – 1 Qs 22/18.
55 Vgl. BayObLG NJW 1980, 2367.

Einspruch kann auf einzelne von mehreren Taten beschränkt werden. Dabei kommt eine Beschränkung hinsichtlich bestimmter selbstständiger Taten in Betracht, unabhängig davon, ob es sich um selbstständige Taten im prozessualen Sinn (§ 264 StPO) oder um mehrere materiell-rechtlich selbstständige Taten (§ 53 StGB) handelt, die prozessual eine Einheit bilden.

Der Einspruch kann ferner auf bestimmte Teile des Strafbefehlsausspruchs beschränkt werden. So können der Rechtsfolgenausspruch bei Anerkennung des Schuldspruchs oder Teile des Rechtsfolgenausspruchs angegriffen werden, soweit diese einer isolierten Beurteilung zugänglich sind.[56] Der Einspruchsführer kann sich etwa nur gegen die Höhe des verhängten Tagessatzes wenden; dazu bedarf es meist keiner Hauptverhandlung, sondern es kann schriftlich vorgetragen werden. 58

Nach § 411 Abs. 1 S. 3 StPO ist die Durchführung einer Hauptverhandlung nach zulässigem Einspruch nämlich ausnahmsweise entbehrlich, wenn der Einspruch wirksam auf die Höhe des Tagessatzes beschränkt ist und der Angeklagte, der Verteidiger und die Staatsanwaltschaft mit einer Entscheidung im schriftlichen Verfahren einverstanden sind. Das Gericht kann in diesem Fall ohne Hauptverhandlung durch Beschluss entscheiden, darf aber die Tagessatzhöhe nicht zum Nachteil des Angeklagten abändern. Der im Verfahren nach § 411 Abs. 1 S. 3 StPO ergangene Beschluss ist mit der sofortigen Beschwerde anfechtbar, §§ 411 Abs. 1 S. 3 Hs. 3, 311 StPO. 59

Wird der Einspruch wirksam auf den Rechtsfolgenausspruch beschränkt, sind der im Strafbefehl enthaltene Schuldspruch und die ihn tragenden Feststellungen rechtskräftig und einer ansonsten durchzuführenden Beweisaufnahme nicht mehr zugänglich.

Die unzulässige Beschränkung führt nicht zur Unzulässigkeit des Einspruchs, sondern zur unbeschränkten Anfechtung des Strafbefehls. Wird der Einspruch auf den Kostenausspruch des Strafbefehls beschränkt, so ist er gem. § 410 Abs. 1 S. 2 i.V.m. § 300 StPO in eine sofortige Beschwerde nach § 464 Abs. 3 StPO umzudeuten.[57]

Im Übrigen gilt es zu beachten, dass das Verbot der »reformatio in peius« anders als im Rechtsmittelverfahren nicht gilt, wenn aufgrund des Einspruchs gegen einen Strafbefehl die Hauptverhandlung anberaumt wird. Grund ist der summarische Charakter des bisherigen Verfahrens ohne Hauptverhandlung und in der Praxis eine gewisse »Geständnisfiktion«[58] die sich im Rahmen der Strafzumessung zugunsten des Beschuldigten ausgewirkt hat. Das Einlegen des Einspruchs kann für den Angeklagten daher zu nicht nur unerheblichen Verschlechterungen seiner Situation (neben Erscheinen zu einer öffentlichen Hauptverhandlung, möglicher Prangerwirkung etc.) führen. Ein eingeschalteter Verteidiger muss die Erfolgsaussichten einer Hauptverhandlung daher gewissenhaft prüfen und seinen Mandanten – auch wegen des Kostenrisikos – umfassend beraten.[59] 60

Für den Fall, dass das Gericht beabsichtigt, im Urteil von der im Strafbefehl verhängten Sanktion zum Nachteil des Angeklagten abzuweichen, ist streitig, ob das Gericht den Angeklagten entsprechend dem Rechtsgedanken des § 265 StPO hierauf hinzuweisen hat. Erforderlich ist es wohl nicht[60], mit Blick auf das Gebot einer offenen und fairen Verhandlungsführung aber wünschenswert, insbesondere etwa bei möglichem Wegfall einer im Strafbefehl noch gewährten Strafaussetzung zur Bewährung.[61] 61

---

56 BeckOK StPO/*Temming*, 49. Ed. 01.10.2023, StPO § 410 Rn. 6.

57 Vgl LG Bamberg NJW 1973, 1144.

58 Davon ausgehend. dass der Beschuldigte den Vorwurf samt vorgeschlagener Sanktion akzeptieren und eben keinen Einspruch einlegen würde.

59 Schadensersatzpflicht des Verteidigers bei Vermögensschäden aufgrund falscher Beratung durch den Verteidiger, OLG Düsseldorf, StV 1986, 211.

60 OLG Hamm NJW 1980, 1587; aA *Esser* StV 2007, 235.

61 Weitergehend *Metzger* in KMR, § 411, Rn. 33, der sich auf fair-trial-Grundsatz stützt.

J. Durchführung der Hauptverhandlung nach Einspruch

I. Ablauf der Hauptverhandlung

62 Die Durchführung und der Gang der Hauptverhandlung folgt den allgemeinen Grundsätzen der §§ 213 ff. StPO. Nach Aufruf der Sache, Feststellung der Anwesenden, Vernehmung des Angeklagten zur Person und Verlesung des Strafbefehls folgt die Feststellung, dass der Einspruch form- und fristgerecht eingelegt wurde. Sodann ist der Angeklagte über sein Aussageverweigerungsrecht zu belehren und zur Sache zu vernehmen. Es folgt die Beweisaufnahme nach §§ 243 ff. StPO, die Schlussvorträge der Verfahrensbeteiligten, das letzte Wort und das Urteil.

II. Abwesenheit des Angeklagten von der Hauptverhandlung

63 Eine Abweichung bringt § 411 Abs. 2 S. 1 StPO: Er gestattet ausnahmsweise die Abwesenheit des Angeklagten von der Hauptverhandlung, sofern er sich durch einen Verteidiger mit schriftlicher Vertretungsvollmacht vertreten lässt. Das gilt auch für eine auf den Einspruch gegen einen nach § 408a StPO erlassenen Strafbefehl anberaumte Hauptverhandlung. Erforderlich ist eine zu Beginn der Hauptverhandlung vorliegende Vertretungsvollmacht i.S.d. § 234 StPO, also eine schriftliche Erklärung des Angeklagten, einen Verteidiger explizit mit der Vertretung in der Hauptverhandlung zu beauftragen. Die bloße Verteidigungsvollmacht genügt nicht[62]. Der Verteidiger soll dann nämlich nicht nur Beistand des Angeklagten im Sinne des § 137 Abs. 1 S. 1 StPO sein, sondern als Vertreter an dessen Stelle treten[63].

Eine Vertretungsvollmacht könnte etwa wie folgt formuliert werden:

▶ **Muster 3: Vertretungsvollmacht gemäß § 411 Abs. 2 S. 1 StPO**

64 **VERTRETUNGSVOLLMACHT**

gemäß § 411 Abs. 2 S. 1 StPO

Hiermit erteile ich meinem Verteidiger, Herrn Rechtsanwalt Max Muster/Regensburg
Vertretungsvollmacht im Sinne des § 411 Abs. 2 StPO

mit der Maßgabe, mich in der Hauptverhandlung am 15.12.2023 zu vertreten.

Die Vollmacht umfasst die Befugnis, in meiner Abwesenheit
Erklärungen zu meiner Person und zur Sache, insbesondere Einlassungen abzugeben,

Erklärungen zum Verfahren abzugeben und entgegenzunehmen,

Verfahrens- und Beweisanträge zu stellen und zurückzunehmen,

Zustimmungen jeder Art zu erklären,

Einspruchsrücknahme und Rechtsmittelverzicht zu erklären.

München., den ....

Trotz alledem soll das Gericht jederzeit befugt sein, das persönliche Erscheinen des Angeklagten nach § 236 StPO anzuordnen[64]. Kommt der Angeklagte dieser Aufforderung nicht nach, kann das Gericht ihn vorführen lassen.[65] Den Einspruch kann es nicht als unzulässig verwerfen, wenn zwar

62 So OLG Saarbrücken NStZ 1999, 265; OLG Karlsruhe NStZ 1983, 43.
63 BGHSt 9, 356, 357 = NJW 1956, 1727.
64 BGHSt 9, 356, 357 = NJW 1956, 1727.
65 BayObLG JZ 1970, 384.

der Angeklagte nicht persönlich erscheint, aber sein bevollmächtigter Vertreter.[66] Die Vertretungsmöglichkeit nach § 411 Abs. 2 StPO erstreckt sich auch auf das Berufungsverfahren[67].

III. Verwerfungsurteil

Im Übrigen wird der zulässige und fristgerechte Einspruch, ohne Verhandlung zur Sache durch Urteil verworfen, wenn bei Beginn der Hauptverhandlung der Angeklagte weder erschienen, noch sich entsprechend vertreten lässt und sein Ausbleiben nicht genügend entschuldigt ist (§ 412 i.V.m. § 329 Abs. 1 StPO). Ob das Ausbleiben des Angeklagten genügend entschuldigt ist, prüft das Gericht im Freibeweisverfahren[68]. Der Angeklagte braucht die vorgetragenen Tatsachen, die seine Entschuldigung tragen, nicht glaubhaft zu machen, sie müssen aber schlüssig sein und ergeben, dass dem Angeklagten der Vorwurf schuldhafter Pflichtverletzung nicht gemacht werden kann, weil ihm unter den gegebenen Umständen ein Erscheinen billigerweise nicht zumutbar war[69]. 65

Gegen das Verwerfungsurteil kommt die Wiedereinsetzung in den vorigen Stand unter den in den §§ 44 und 45 StPO bezeichneten Voraussetzungen in Betracht (§ 412 S. 1 i.V.m. § 329 Abs. 3 StPO). Zudem sind die regulären Rechtsmittel gegen Urteile des Amtsgerichts zulässig (Berufung, § 312 StPO und die sog. Sprungrevision, § 335 Abs. 1 StPO). Hier muss der Verteidiger sorgfältig vortragen.[70] 66

IV. Vereinfachtes Verfahren der Beweisaufnahme gemäß § 420 StPO

Nach zulässigem und rechtzeitigen Einspruch gegen den Strafbefehl gilt zunächst, dass das Gericht zwar an den dem Strafbefehlsantrag zu Grunde liegenden Prozessgegenstand gebunden ist, nicht aber an den Umfang der bisher angestellten Ermittlungen und Feststellungen. Ebenso wenig muss sich das Gericht an der bisherigen rechtlichen Beurteilung der Tat festhalten lassen. Das Verbot der Schlechterstellung des Angeklagten findet im Strafbefehlsverfahren keine Beachtung. Das Gericht entscheidet nun vielmehr gemäß §§ 261, 264 Abs. 2 StPO, auf Grundlage seiner freien, aus dem Inbegriff der Verhandlung geschöpften Überzeugung. 67

Nun sieht aber § 411 Abs. 2 StPO die Besonderheit vor, dass bzgl. der nun durchzuführenden Beweisaufnahme auf § 420 StPO verwiesen wird. § 420 StPO normiert eine Vereinfachung der Beweisaufnahme im beschleunigten Verfahren. Vor allem Abs. 4 enthält hierbei eine wesentliche Einschränkung der Verteidigungsmöglichkeiten, weil er festhält. dass der Strafrichter unbeschadet des § 244 Abs. 2 StPO den Umfang der Beweisaufnahme bestimmt; Beweisanträge können mithin ohne Bindung an § 244 Abs. 3–5 StPO abgelehnt werden. Der Strafrichter ist im beschleunigten Verfahren nicht gehalten, jede nur denkbare Erkenntnisquelle bis auf den letzten Rest auszuschöpfen.[71] 68

Mit den in § 420 Abs. 1 und Abs. 2 StPO geregelten Möglichkeiten, Vernehmungen, Urkunden und Erklärungen von Behörden (sog. Beweissurrogate) zu verlesen, hat der Gesetzgeber sonst weitgehend 69

66 BayObLG MDR 1978, 510; OLG Düsseldorf StV 1985, 52; OLG Frankfurt StV 1983, 268; OLG Karlsruhe NStZ 1983, 43.

67 OLG Düsseldorf NStZ 1984, 524 m.w.N.; StV 1992, 154; OLG Hamm StV 2008, 401 f.

68 OLG Jena NZV 1997, 494; BayObLG NJW 1998, 172; *Busch* JZ 1963, 458.

69 Vgl BGHSt 17, 391, 396 = NJW 1962, 2020; OLG Bremen StV 1987, 242; OLG Köln NStZ-RR 1997, 208; OLG Brandenburg NJW 1998, 842, 843; BayObLG NJW 2001, 1438, 1439.

70 Achtung: Zu beachten ist, dass sämtliche Rechtsbehelfe in dieser Verfahrenssituation nur dann Aussicht auf Erfolg haben, wenn sie auf den Nachweis gerichtet sind, dass die Voraussetzungen des § 412 StPO nicht vorlagen, also ein Verwerfungsurteil nicht hätte ergehen dürfen. Auch Berufung und die Revision können in dieser Situation nicht auf die Befassung mit der materiellen Rechtslage zielen. Zweck der Rechtsbehelfe kann vielmehr nur sein, das Verfahren in den Stand nach zulässigem Einspruch zurückzuversetzen. Auch im Revisionsverfahren käme eine Entscheidung gemäß § 354 Abs. 1 StPO, eine Entscheidung des Revisionsgerichts in der Sache selbst, nicht in Betracht, da Feststellungen auf Grund einer Hauptverhandlung bisher nicht vorliegen.

71 BeckOK StPO/*Temming*, 49. Ed. 01.10.2023, StPO § 420 Rn. 5.

zwingende Vorschriften über die Unmittelbarkeit der Beweisaufnahme zur Disposition gestellt. Das ist im Hinblick auf Art. 6 Abs. 3 lit. d EMRK nicht unbedenklich. Der Angeklagte hat ein Recht darauf, eine Zeugenaussage durch eine Gegenüberstellung in der Hauptverhandlung zu erschüttern.

Die Verlesung der genannten Protokolle und sonstiger Niederschriften wird dabei in § 420 Abs. 3 StPO zwar unter anderem von der Zustimmung des Angeklagten abhängig gemacht. Dieser wird aber, sofern anwesend und nicht verteidigt, zumeist der Verlesung zustimmen, ohne sich der Tragweite der Erklärung und der einhergehenden Beschneidung seiner Rechte bewusst zu sein. In der Revisionsinstanz stellt sich dann die Frage, ob allein aufgrund dieser Zustimmung des Angeklagten eine Revisionsrüge wegen Verletzung des § 244 Abs. 2 StPO (Aufklärungsrüge) unzulässig ist – dies ist selbst problematisch, wenn der Angeklagte den Inhalt der Schriftstücke bestreitet, die Verwertung der Beweissurrogate aber durch Verlesung angeordnet wurde.

70 Eine weitere Einbuße für die Verteidigungsmöglichkeiten des Angeklagten stellt die Regelung in Abs. 4 des § 420 StPO dar. Hiernach können Beweisanträge ohne Bindung an § 244 Abs. 3 – 5 StPO abgelehnt werden. Das erstreckt sich auch auf Beweisanträge auf Erhebung der von den Verfahrensbeteiligten herbeigeschafften und präsenten Beweismittel nach § 245 Abs. 2 StPO. Die Ablehnung von Beweisanträgen erfordert lediglich, dass das Gericht die Erhebung des angebotenen Beweises zur Erforschung der Wahrheit nicht für erforderlich erachtet. Die Ablehnung erfolgt wie gewöhnlich durch Gerichtsbeschluss, der zu begründen und wie der Beweisantrag zu protokollieren ist, wobei sich nun die Begründung darauf beschränken kann, dass die Beweiserhebung zur Wahrheitserforschung nicht erforderlich ist[72].

71 Der Beweisantrag verkümmert so zu einer bloßen Beweisanregung. Das Gericht muss ihr nur noch unter dem Aspekt der Amtsaufklärungspflicht i.S.d. § 244 Abs. 2 StPO entsprechen. In der Berufungsinstanz findet § 420 StPO keine Anwendung, da das beschleunigte Verfahren mit der Rechtsmitteleinlegung in das Regelverfahren übergeht. Gleiches gilt für eine erneute Hauptverhandlung vor dem Amtsgericht nach erfolgreicher Sprungrevision.

K. Rechtskraft des Strafbefehls und Wiederaufnahme des Verfahrens

72 Ein Strafbefehl, gegen den nicht rechtzeitig Einspruch eingelegt worden ist, steht einem rechtskräftigen Urteil gleich (§ 410 Abs. 3 StPO).[73] Einem möglichen Verstoß gegen den verfassungsrechtlichen Grundsatz »ne bis in idem«, wonach die Rechtskraftwirkung ein neues Verfahren in derselben Sache hindert (Art. 103 Abs. 3 GG), ist vorgebeugt.

Beim Strafbefehlsverfahren bestehen Abweichungen bei der Zulässigkeit der Wiederaufnahme des Verfahrens. Anders als bei den allgemeinen Wiederaufnahmegründen muss bei der Verurteilung auf Grund eines Strafbefehls zwischen Vergehen und Verbrechen unterschieden werden.

73 Gemäß § 373a StPO ist die Wiederaufnahme eines durch rechtskräftigen Strafbefehl abgeschlossenen Verfahrens zuungunsten des Verurteilten auch zulässig, wenn neue Tatsachen oder Beweismittel beigebracht sind, die allein oder in Verbindung mit den früheren Beweisen geeignet sind, die Verurteilung nun wegen eines Verbrechens zu begründen.

Diese gesetzliche Ausnahme rechtfertigt sich aus der summarischen Natur des Strafbefehlsverfahrens und ist vom BVerfG als verfassungsrechtlich unbedenklich angesehen worden.[74] Da das Verfahren nur bei Vergehen zulässig ist und allein aufgrund der Aktenlage verbeschieden wird, muss eine Wiederaufnahmemöglichkeit bestehen, wenn sich die Tat nachträglich als Verbrechen herausstellt. Dabei liegt der Fokus jedoch auf der Neuheit der Tatsachen oder Beweismittel. Zur Beurteilung ist

72 KK/*Graf*, 9. Aufl. 2023, StPO § 420 Rn. 8.

73 Der Strafbefehl bewirkt dann formelle und materielle Rechtskraft; dieselbe Wirkung haben Einspruchsrücknahme und Verzicht.

74 BVerfGE 3, 248; BVerfG NStZ 1984, 325.

der bisherige Akteninhalt heranzuziehen.[75] Eine falsche Rechtsanwendung erweitert die Wiederaufnahmemöglichkeit nicht. Das gilt auch dann, wenn in einem Strafbefehlsverfahren versehentlich eine Tat abgeurteilt wurde, die sich nach richtiger rechtlicher Würdigung als Verbrechen darstellt.

L. Kritik am Strafbefehlsverfahren

Kritik am Strafbefehlsverfahren stützt sich auf die fehlende Auseinandersetzung mit den Umstän- 74
den des Sachverhalts und das Verzichten auf eine ausführliche Beweisaufnahme, was im Ergebnis zu einer unvollständigen Beweiserhebung und Fehlern führen kann. Deshalb soll das Strafbefehlsverfahren besonders fehleranfällig sein.[76] Empirische Studien hierzu gibt es bislang keine. Fehler könnten ohnehin nur in zweiter Instanz, bei weiteren Strafverfahren gegen denselben Beschuldigten oder im Rahmen von Wiederaufnahmeverfahren offenbar werden. Anhand einer Aktenanalyse von Wiederaufnahmeverfahren in Hamburg im Jahr 2016 hat sich eine Untersuchung nun den wichtigsten Fehlerquellen im Strafbefehlsverfahren gewidmet. Die wichtigste Fehlerquelle und Grund für eine erfolgreiche Wiederaufnahme war dabei, dass im Strafbefehlsverfahren häufig Anzeichen für psychische Erkrankungen bei den Beschuldigten übersehen werden, die zu einer Schuldunfähigkeit bzw. verminderten Schuldfähigkeit beim Betroffenen führen.[77] Dabei sind psychische Störungen weit verbreitet und vor allem junge Menschen zwischen 18–34 Jahren sind besonders hoch belastet (Prävalenzrate 36,8 %). Das ist dieselbe Gruppe, die auch die höchste Kriminalitätsbelastung aufweist.[78] Insofern trägt der Verteidiger insbesondere in Fällen des § 408b StPO besondere Verantwortung gegenüber seinem Mandanten und muss für diesen Bereich sensibilisiert sein. Generell kommt die Untersuchung zu dem Ergebnis, dass (fehlerhafte) Strafbefehle häufig aus Gründen der Resignation, Ängstlichkeit oder Gleichgültigkeit akzeptiert werden, was auch bei »bloßen« Geldstrafen weitreichende Folgen für den Beschuldigten haben kann. Hier gilt es als Verteidiger einzuhaken und eine korrigierende Funktion einzunehmen.

75 BVerfG NJW 2007, 207; 1993, 2735 (2736); StV 2003, 225.
76 StV 2020, 52 f.
77 StV 2020, 52,57.
78 A.a.O.

Kapitel 8 Das beschleunigte Verfahren

Übersicht

A. Vorbemerkungen

1 Das früher in den §§ 212 ff. StPO geregelte beschleunigte Verfahren wurde durch das Verbrechensbekämpfungsgesetz vom 28.10.1994 folgerichtig[1] im 6. Buch der StPO den »besonderen Verfahrensarten« zugeordnet.[2]

Das beschleunigte Verfahren muss nunmehr von Staatsanwaltschaft und Gericht durchgeführt werden, wenn dessen Voraussetzungen zu bejahen sind.[3] Es besteht kein Ermessensspielraum, wenn die Voraussetzungen des § 417 vorliegen und § 419 Abs. 1 S. 2 nicht entgegensteht.[4] Kommt jedoch eine Erledigung im Strafbefehlswege in Betracht, so ist die Stellung eines Strafbefehlsantrages als weniger aufwendige Erledigungsart vorzuziehen.[5]

Als Besonderheiten ergeben sich gegenüber dem Normalverfahren:

(1) Die Anklage kann mündlich zu Beginn der Hauptverhandlung erhoben werden (§ 418 Abs. 3).
(2) Eine Ladung des Beschuldigten erfolgt nur, wenn er sich nicht freiwillig der Hauptverhandlung stellt oder dem Gericht vorgeführt wird (§ 418 Abs. 2 S. 1).
(3) Die Ladungsfrist wird auf 24 Stunden verkürzt (§ 418 Abs. 2 S. 3).
(4) Das Beweisantragsrecht vor dem Strafrichter wird beschränkt (§ 420 Abs. 4).
(5) Der Unmittelbarkeitsgrundsatz bei der Beweisaufnahme wird durchbrochen. Vernehmungen von Zeugen und Sachverständigen dürfen durch Verlesung ihrer Äußerungen ersetzt werden (§ 420 Abs. 1, Abs. 2).

---

1 *Schröer* Das beschleunigte Strafverfahren gem. §§ 417 ff. StPO, 1998, S. 53 m.N.
2 Übersicht zur Entstehungsgeschichte LR/*Gaede* Vor § 417 Rn. 1ff.
3 §§ 417, 418 StPO.
4 *Meyer-Goßner*/Schmitt § 417 Rn. 10.
5 *Meyer-Goßner*/Schmitt § 417 Rn. 10 unter Hinweis auf BT-Drs. 12/6853 S. 107.

Zweck der Änderungen des beschleunigten Verfahrens war es, die Staatsanwaltschaft zu einer stärkeren Nutzung dieser Verfahrensart zu bewegen, um die Gerichte in größerem Umfang zu entlasten. Denn das beschleunigte Verfahren alter Fassung wurde lediglich in ca. 4 % aller Verfahren genutzt.[6] 2

Diese Hoffnung hat sich jedoch nicht erfüllt.[7] Bereits kurz nach Einführung der Änderungen betrug der Anteil der beschleunigten Verfahren an allen erledigten Verfahren im Jahr 1995 lediglich 2, 38 %,[8] im Jahr 1997 immerhin 4, 8 %.[9] Die Anwendung scheint weiterhin zu sinken. Lag der Anteil an den Verfahren im Jahr 2005 noch bei 3,18 %, wurden im Jahr 2013 in Deutschland 16.084 Anträge auf Entscheidung im beschleunigten Verfahren gestellt, das entspricht 1,6 % der Summe aus Anklagen und Strafbefehlsanträgen[10], im Jahr 2019 lediglich noch 1,4 %[11]

Das beschleunigte Verfahren neuer Fassung sieht sich seit seiner Einführung heftiger Kritik ausgesetzt.[12] Insbesondere wird dabei betont, dass die Regeln des Normalverfahrens wohlüberlegt seien und die Gefahr des beschleunigten Verfahrens darin liege, über einen »kurzen Prozess« zu ungerechten Ergebnissen zu gelangen.[13] Es wird kritisiert, dass die Beschneidungen im Beweisrecht geradezu die Einlegung von Rechtsmitteln provozieren und somit das Ziel einer Verfahrensbeschleunigung geradezu ins Gegenteil verkehrt würde. Ebenso missglückt erscheint die Regelung des § 418 Abs. 4 StPO, wonach bei zu erwartender Freiheitsstrafe von mindestens sechs Monaten im beschleunigten Verfahren eine Verteidigerbestellung zwingend vorgeschrieben ist, im Normalverfahren jedoch nicht. Dies führe gerade dazu, im Normalverfahren zu verhandeln.[14] 3

Teilweise wird daher sogar eine völlige Abschaffung dieses Institutes gefordert[15], zumindest wird ein Reformbedarf gesehen[16]

▶ **Beachte**

Den Verteidiger stellt das beschleunigte Verfahren, sofern er denn überhaupt beteiligt ist, insbesondere wegen der Kürze der Zeit zwischen Ladung und Hauptverhandlung und wegen der Beschneidungen des Beweisantragsrechtes vor eine harte Aufgabe. 4

Der einzig denkbare Nutzen besteht darin, bei einem geständigen Beschuldigten eine lang andauernde Untersuchungshaft zu vermeiden. Interessant dürfte dies insbesondere bei ausländischen Beschuldigten sein, bei denen oft pauschal die Fluchtgefahr bejaht und selbst im Bagatellbereich ein Haftbefehl erlassen wird. Unter diesen Voraussetzungen sollte der Verteidiger nach Abwägung der Folgen durchaus bei der Staatsanwaltschaft anregen, den Antrag auf Aburteilung im beschleunigten Verfahren zu stellen.

In geeigneten anderen Fällen sollte er, wenn möglich, auf den Erlass eines Strafbefehls hinwirken, indem er auf die Voraussetzungen der Entbehrlichkeit einer Hauptverhandlung hin-

6 *Meyer-Goßner*/Schmitt Vor § 417 Rn. 1; SK-StPO/*Paeffgen* Vor § 417 Rn. 1 m.N.
7 *Meyer-Goßner*/Schmitt Vor § 417 Rn. 1; a.A. *Burhoff* Ermittlungsverfahren, Rn. 372: »in der Praxis aber gut angenommen worden«; KMR/*Metzger* Vor § 417 Rn. 5.
8 *Bürgle* StV 1998, 514 m.N. auf Veröffentlichungen des Statistischen Bundesamtes Wiesbaden, Überblick bei *Schröer* (o. Fn. 1) S. 55 ff.
9 KMR/*Metzger* Vor § 417 Rn. 5.
10 *Wenske*, NStZ 2009, 63 mit statistischen Nachweisen; KMR/*Metzger* Vor § 417 Rn. 5.
11 KMR/*Metzger* Vor § 417 Rn. 5.
12 Vgl. nur *Meyer-Goßner*/Schmitt Vor § 417 Rn. 3 ff. m.w.N.
13 *Loos*/*Radtke* NStZ 1996, 7, 11; *Meyer-Goßner*/Schmitt vor § 417 Rn. 3 m.w.N.; *Scheffler* NJW 1994, 2191.
14 *Meyer-Goßner*/Schmitt Vor § 417 Rn. 5.
15 *Scheffler* NJW 1994, 2195; SK-StPO/*Paeffgen* vor § 417 Rn. 6 m.N.
16 LR/*Gaede*, Vor § 417 Rn. 64 ff.

weist (§ 407 Abs. 1 StPO).[17] Was die Rechtsfolgen anbelangt, decken sich Strafbefehlsverfahren und beschleunigtes Verfahren ohnehin in weiten Teilen.

Ansonsten sollte er unter Hinweis auf die Voraussetzungen des beschleunigten Verfahrens versuchen, bei dem Gericht darauf hinzuwirken, dass der Antrag auf Aburteilung im beschleunigten Verfahren zurückgewiesen wird, was bis zur Urteilsverkündung möglich ist (§ 419 Abs. 2 StPO).

B. Der Anwendungsbereich des beschleunigten Verfahrens, § 417 StPO

I. Der Zulässigkeitsrahmen

5 Nach § 417 StPO ist das beschleunigte Verfahren nur vor dem Strafrichter und dem Schöffengericht zulässig. Das Verfahren vor dem Schöffengericht dürfte jedoch die Ausnahme darstellen, da nach § 419 Abs. 1 S. 1 StPO keine höhere Freiheitsstrafe als ein Jahr und Nebenfolgen verhängt werden dürfen. Nach § 25 GVG wäre dies allenfalls bei Verbrechen möglich, wenn die Verhängung der Mindeststrafe genügt oder eine Strafmilderung in Betracht kommt.[18] Vor dem erweiterten Schöffengericht findet ein Verfahren nach § 417 StPO nicht statt.[19]

Im Verfahren gegen Jugendliche findet das vereinfachte Jugendverfahren statt (§§ 76 ff. JGG), im Verfahren gegen Heranwachsende kann das beschleunigte Verfahren angewendet werden (§ 109 JGG).[20]

II. Formelle Voraussetzungen

6 Unverzichtbare Zulässigkeitsvoraussetzung für die Einleitung des beschleunigten Verfahrens ist der entsprechende Antrag der Staatsanwaltschaft. Wenn die weiteren Voraussetzungen des beschleunigten Verfahrens vorliegen, ist die Staatsanwaltschaft nunmehr verpflichtet[21] (§ 417 Abs. 1 StPO), einen entsprechenden Antrag zu stellen.[22]

1. Zeitpunkt der Antragstellung

7 Frühestmöglicher Zeitpunkt für die Stellung des Antrages nach § 417 StPO ist der Abschluss der Ermittlungen, der gem. § 169a StPO in den Akten zu vermerken ist.[23]

Der Antrag soll auch dann, wenn bereits Anklage erhoben worden ist, solange zulässig[24] sein, bis die Anklage zugelassen worden ist. Er gilt dann als Rücknahme der ursprünglichen Anklageerhebung.

Gleiches soll auch gelten für den Fall, dass zunächst Antrag auf Erlass eines Strafbefehles gestellt worden war, dann bis zum Erlass des Strafbefehles.[25]

2. Form des Antrages

8 Eine besondere Form ist für den Antrag nicht vorgeschrieben, er kann schriftlich oder mündlich gestellt werden (§ 417 StPO). Ebenso wenig muss er mit einer Anklageschrift verbunden werden. Die Anklage kann bei Beginn der Verhandlung auch mündlich gestellt werden (§ 418 Abs. 3 StPO), wobei deren Inhalt dann ins Protokoll aufgenommen werden muss. Nach Nr. 146 Abs. 2 RiStBV

---

17 KMR/*Metzger* vor § 417 Rn. 29.
18 *Meyer-Goßner*/Schmitt § 417 Rn. 2; KMR/*Metzger* § 417 Rn. 4.
19 *Meyer-Goßner*/Schmitt § 417 Rn. 3.
20 SK-StPO/*Paeffgen* § 417 Rn. 13; KMR/*Metzger* § 417 Rn. 1.
21 KMR/*Metzger* § 417 Rn. 29.
22 *Meyer-Goßner*/Schmitt § 417 Rn. 10.
23 *Meyer-Goßner*/Schmitt § 417 Rn. 12; SK-StPO/*Paeffgen* § 417 Rn. 15, 16; KMR/*Metzger* § 417 Rn. 11.
24 Nach h.M. andernfalls unzulässig, SK-StPO/*Paeffgen* § 417 Rn. 17 m.N.
25 KMR/*Metzger* § 417 Rn. 11.

soll der Staatsanwalt für diesen Fall jedoch die Anklage nach Möglichkeit schriftlich niederlegen und in der Hauptverhandlung verlesen[26].

III. Rücknahme des Antrages

Umstritten ist, bis zu welchem Zeitpunkt der Antrag zurückgenommen werden kann. 9

Die wohl h.M. bejaht die Möglichkeit der Rücknahme lediglich bis zum Beginn der Vernehmung des Beschuldigten zur Sache, da dann Rechtshängigkeit eintrete.[27] Die Gegenmeinung will dies bis zur Urteilsfindung zulassen.[28]

IV. Materielle Voraussetzungen

Voraussetzung des Antrages ist gem. § 417 StPO, dass die Sache zur sofortigen Verhandlung geeignet ist, und zwar aufgrund des einfachen Sachverhaltes oder der klaren Beweislage.[29] 10

1. Eignung zur sofortigen Verhandlung

Mit dem Begriff der Eignung zur sofortigen Verhandlung wird die Erwartung verbunden, die Hauptverhandlung des beschleunigten Verfahrens im Verhältnis zu den Zeitabläufen des Normalverfahrens in erheblich kürzerer Zeit durchführen und abschließen zu können.[30] 11

Wegen der Neuregelungen zur Beweisaufnahme und der Durchbrechung des Unmittelbarkeitsgrundsatzes nach § 420 StPO soll es auf die Präsenz der Beweismittel daher nicht mehr ausschließlich ankommen,[31] sondern auch auf die Belastung der Spruchkörper, sofern dies der Staatsanwaltschaft erkennbar ist.[32]

2. Eignung aufgrund einfachen Sachverhaltes

Der Sachverhalt soll nach allgemeiner Ansicht dann einfach sein, wenn er für alle Verfahrensbeteiligten, insbesondere auch den Angeklagten, leicht überschaubar ist.[33] 12

Das soll zum Beispiel dann nicht der Fall sein, wenn eine Vielzahl von Taten angeklagt werden soll oder bei Wiederholungstätern, bei denen das Gericht Vorleben und Person umfassender erforschen muss.[34] Allein die Schwierigkeit von Rechtsfragen soll jedoch der Anwendung des beschleunigten Verfahrens nicht entgegenstehen.[35]

3. Eignung aufgrund klarer Beweislage

Klare Beweislage soll zumindest dann gegeben sein, wenn der Sachverhalt als aufgeklärt angesehen werden kann, zum Beispiel dann, wenn ein Geständnis vorliegt, das so plausibel wirkt, dass es nicht durch eine Beweisaufnahme überprüft werden muss.[36] Aber auch wenn der Beschuldigte die Tat bestreitet, jedoch genügend und sichere Beweismittel vorhanden sind, soll eine klare Beweis- 13

26 Zu den Anforderungen an die Anklageerhebung OLG Hamburg NJW 2012, 631.
27 *Meyer-Goßner*/Schmitt § 417 Rn. 13.
28 SK-StPO/*Paeffgen* § 417 Rn. 18, 19 m.N.; KMR/*Metzger* § 417 Rn. 32.
29 »Zweistufige Prüfung«, KMR/*Metzger* § 417 Rn. 15; *Meyer-Goßner*/Schmitt § 417 Rn. 16, SK-StPO/*Paeffgen* § 417 Rn 25, »kumulatives Vorliegen«, LR/*Gaede* § 417 Rn 26.
30 *Meyer-Goßner*/Schmitt § 417 Rn. 17.
31 *Loos*/*Radtke* NStZ 1995, 573.
32 KMR/*Metzger* § 417 Rn. 14.
33 *Meyer-Goßner*/Schmitt § 417 Rn. 15; KMR/*Metzger* § 417 Rn. 16.
34 *Loos*/*Radtke* NStZ 1995, 572.
35 *Loos*/*Radtke* NStZ 1995, 572.
36 KMR/*Metzger* § 417 Rn. 18; *Meyer-Goßner*/Schmitt § 417 Rn. 16.

lage gegeben sein,[37] nicht aber, wenn der Beschuldigte schon eine Reihe von Beweisanträgen gegen das Belastungsmaterial in Aussicht stellt.[38] Weitere Voraussetzung soll sein, dass Auszüge aus dem Bundeszentralregister und Verkehrszentralregister rechtzeitig vorliegen.[39]

C. Weitere Verfahrensvoraussetzungen, Durchführung der Hauptverhandlung, § 418 StPO

I. Hauptverfahren ohne Eröffnungsbeschluss

14 In § 418 Abs. 1 StPO werden die Voraussetzungen der weiteren Durchführung der Hauptverhandlung nur unzureichend geregelt, die Vorschrift ist daher durch § 419 Abs. 1 StPO zu ergänzen.

Bestimmt wird lediglich, dass kein Zwischenverfahren durchgeführt wird. Daher sind die §§ 201 ff. StPO nicht anzuwenden.[40] Förmliche Entscheidungen nach §§ 204, 207 StPO werden nicht getroffen. Das bedeutet jedoch nicht, dass das Gericht nicht die allgemeinen Prozessvoraussetzungen zu prüfen hat. Hierzu zählen insbesondere die sachliche, auch die geschäftsplanmäßige[41] sowie die örtliche Zuständigkeit. Fehlt es an einer der Prozessvoraussetzungen, so hat das Gericht nicht zu verweisen oder das Verfahren einzustellen, da die §§ 201 ff. StPO nicht gelten sollen, sondern eine Entscheidung im beschleunigten Verfahren nach § 419 StPO abzulehnen.[42]

15 Umstritten ist die Frage, ob das Gericht im Rahmen der Prüfung auch das Vorliegen des dringenden Tatverdachtes überprüfen darf und muss. Die wohl h.M.[43] bejaht dies mit dem Argument, dass nach der Grundstruktur des deutschen Strafverfahrens ein Richter nur dann eine Hauptverhandlung durchführen darf, wenn er zuvor den erforderlichen Tatverdacht geprüft und bejaht hat.[44] Ansonsten würde ein Beschuldigter auch ohne Verurteilungswahrscheinlichkeit mit einem Strafverfahren überzogen werden, was im Normalverfahren rechtswidrig wäre.[45] Darüber hinaus hat das Gericht den Tatverdacht lediglich aufgrund des ihm vorliegenden Aktenmaterials zu überprüfen,[46] sodass Verfahrensverzögerungen nicht zu befürchten sind.[47]

16 Hat das Gericht die Voraussetzungen bejaht, so hat es dem Antrag der Staatsanwaltschaft zu entsprechen,[48] eine Entscheidung hierüber ergeht allerdings nicht.

II. Durchführung der Hauptverhandlung

17 Falls alle Prozessbeteiligten anwesend[49] und bereit sind[50] zu verhandeln, wird die Hauptverhandlung sofort durchgeführt. Ansonsten wird Termin binnen kurzer Frist bestimmt, wobei vom Gesetzgeber eine Frist von ein bis zwei Wochen vorgesehen war.[51]

---

37 *Meyer-Goßner*/Schmitt § 417 Rn. 16.
38 SK-StPO/*Paeffgen* § 417 Rn. 24.
39 SK-StPO/*Paeffgen* § 417 Rn. 24 m.N.
40 LR/*Gaede* § 418 Rn. 5; *Meyer-Goßner*/Schmitt § 418 Rn. 1; KMR/*Metzger* § 418 Rn. 9.
41 SK-StPO/*Paeffgen* § 418 Rn. 8, 9.
42 SK-StPO/*Paeffgen* § 418, Rn. 7; *Meyer-Goßner*/Schmitt § 418 Rn. 2.
43 *Meyer-Goßner*/Schmitt § 418 Rn. 3; AnwK-StPO/*Böttger* § 418 Rn. 2; vermittelnd SK-StPO/*Paeffgen* § 418 Rn. 10.
44 Überblick zum Meinungsstand bei *Schröer* S. 121 ff.
45 KMR/*Metzger* § 417 Rn. 23.
46 § 202 StPO ist nicht anwendbar.
47 *Loos*/*Radtke* NStZ 1995, 573.
48 Zu weiteren Reaktionsmöglichkeiten vgl. *Bechdolf* Kap. 7 Rdn. 46 ff.
49 Andernfalls wird durch Abs. 3 S. 3 explizit auf die Möglichkeit verwiesen, ins Strafbefehlsverfahren überzugehen, vgl. *Meyer-Goßner*/Schmitt § 418 Rn. 9a.
50 Zur Verhandlungsbereitschaft SK-StPO/*Paeffgen* § 418 Rn. 13 ff.
51 BT-Drs. 12/6853 S. 108.

Nach der Sollvorschrift des § 418 Abs. 1 S. 2 können zwischen dem Eingang des Antrages sogar ein Zeitraum von sechs und mehr Wochen liegen, der allerdings in Hinblick auf ein »beschleunigtes Verfahren« nur in Ausnahmefällen ausgeschöpft werden sollte.[52]

III. Ladung des Beschuldigten

Nach § 418 Abs. 2 StPO kommt es auch ohne Ladung des Beschuldigten zur sofortigen Hauptverhandlung, wenn der Beschuldigte sich freiwillig stellt oder wenn er aus behördlichem Gewahrsam vorgeführt wird. 18

Freiwillig kann sich sowohl der in Freiheit befindliche als auch der auf eigenes Betreiben aus behördlichem Gewahrsam vorgeführte Beschuldigte stellen.[53] Ebenso ist dies möglich, wenn er in anderer Sache als Angeklagter anwesend und mit der Durchführung des beschleunigten Verfahrens einverstanden ist.[54]

Die Hauptverhandlung wird auch sofort durchgeführt, wenn der Beschuldigte zwangsweise vorgeführt wird. Von Bedeutung in der Praxis dürfte hier insbesondere eine Vorführung aufgrund §§ 127, 128 StPO sein, aber auch eine Vorführung aus der Untersuchungs- oder Strafhaft heraus.

§ 418 Abs. 2 StPO stellt keine Rechtsgrundlage für eine Vorführung dar,[55] sodass geprüft werden muss, ob der Festhaltegrund überhaupt noch fortbesteht, denn ansonsten muss festgestellt werden, ob der Beschuldigte mit der Verhandlung überhaupt einverstanden ist.

Neu eingeführt durch Gesetz vom 17.07.1999 wurde mit § 127b StPO die sog. »Hauptverhandlungshaft«, die einen weiteren Haftgrund zur Sicherung der Durchführung des beschleunigten Verfahrens geschaffen hat.

Hiernach kann gegen einen dringend Tatverdächtigen Haftbefehl erlassen werden, wenn eine unverzügliche Entscheidung im beschleunigten Verfahren zu erwarten ist und befürchtet werden muss, dass der Festgenommene der Hauptverhandlung fernbleiben wird. Der Begriff »unverzüglich« ist im Hinblick auf § 127b Abs. 2 dahingehend auszulegen, dass die Hauptverhandlung binnen einer Woche stattfinden muss.[56]

Weitere Haftgründe sind nicht erforderlich, jedoch darf die Verhängung des Haftbefehles nicht unverhältnismäßig sein.[57]

In allen anderen Fällen ist der Beschuldigte zu der kurzfristig anzuberaumenden Hauptverhandlung förmlich zu laden. Die Ladung hat den Anforderungen der §§ 214, 216 StPO zu entsprechen.[58] 19

In der Ladung wird ihm der wesentliche Tatvorwurf (Tatbestand, Tatzeit, Tatort)[59] mitgeteilt. Besser kann dies durch Zustellung der Anklageschrift erfolgen, wenn eine solche bereits mit dem Antrag auf Durchführung des beschleunigten Verfahrens eingereicht wurde.

Gemäß § 418 Abs. 2 S. 3 StPO beträgt die Ladungsfrist lediglich 24 Stunden ab Zustellung[60] der Ladung. Diese Bestimmung sieht sich vielfacher Kritik ausgesetzt. Insbesondere wird angemerkt, dass diese Frist unzureichend für eine sachgerechte Verteidigung sei.[61] Trotzdem wurde die Frist aus den alten Bestimmungen zum beschleunigten Verfahren übernommen. 20

---

52 *Meyer-Goßner*/Schmitt § 418 Rn. 5.
53 AK-StPO/*Loos* § 418 Rn. 10.
54 KMR/Metzger § 418 Rn. 21.
55 AK-StPO/*Loos* § 418 Rn. 10; SK-StPO/*Paeffgen* § 418 Rn. 15.
56 Meyer-Goßner/*Schmitt* § 127b Rn. 9.
57 Meyer-Goßner/*Schmitt* § 127b Rn. 16.
58 AK-StPO/*Loos* § 418 Rn. 11.
59 SK-StPO/*Paeffgen* § 418 Rn. 17.
60 SK-StPO/*Paeffgen* § 418 Rn. 17.
61 Art. 6 Abs. 3b EMRK; SK-StPO/*Paeffgen* § 418 Rn. 17.

Nach wohl herrschender Meinung ist daher die Frist auf Antrag zu verlängern.[62] Dies widerspreche auch nicht dem Normzweck, da der Gesetzgeber nunmehr ausdrücklich die Anberaumung der Hauptverhandlung in »kurzer« statt in »kürzester« Frist festgeschrieben habe.[63]

Aber auch diese Auslegung mag nicht befriedigen, da die Rechte des Beschuldigten von der Einzelfallentscheidung eines Richters abhängig wären. Der Verteidiger sollte daher in jedem Fall auf einer Verlängerung der Frist unter Hinweis auf revisionsrechtliche Gesichtspunkte bestehen. Denn eine 24-stündige Frist dürfte wohl unter keinem erdenklichen Gesichtspunkt zur sachgerechten Vorbereitung auf eine Hauptverhandlung ausreichend sein.

IV. Verteidigerbestellung, § 418 Abs. 4 StPO

21 In § 418 Abs. 4 StPO wird die Bestellung eines Verteidigers zwingend vorgeschrieben, wenn eine Freiheitsstrafe von mindestens sechs Monaten bis zu einem Jahr,[64] unabhängig von der Frage der Strafaussetzung zur Bewährung, zu erwarten ist und wegen dieser Straferwartung das beschleunigte Verfahren überhaupt durchgeführt werden soll.

Die Staatsanwaltschaft stellt einen entsprechenden Antrag zugleich mit dem Antrag auf Durchführung des beschleunigten Verfahrens. Ob die Möglichkeit, diesen Antrag zu stellen, auch schon zu einem früheren Zeitpunkt im Ermittlungsverfahren besteht, ist umstritten.[65]

Das Gericht muss dem Antrag zwingend entsprechen, wenn es die Strafprognose teilt und im beschleunigten Verfahren verhandeln will. Es besteht auch die Möglichkeit der Verteidigerbestellung nach §§ 140, 141 StPO, insbesondere vor dem Schöffengericht. Sind diese Vorschriften anwendbar, gehen sie § 418 Abs. 4 StPO vor, worauf der Verteidiger unbedingt hinwirken sollte.[66]

22 Der Verteidiger wird vom Gericht bestimmt, nach dem Wortlaut des § 418 Abs. 4 StPO lediglich für das Verfahren vor dem Amtsgericht. Dies ist umstritten und im Wesentlichen bestimmt von der Frage, ob in der auf das beschleunigte Verfahren folgenden Berufungsinstanz weiter die Regeln des beschleunigten Verfahrens, insbesondere § 420 StPO, gelten sollen.[67]

Eine vorherige Befragung des Beschuldigten zur Auswahl des Verteidigers ist nach herrschender Meinung[68] nicht vorgesehen, auch soll es gegen die Bestellung kein Beschwerderecht geben.[69] Nach Paeffgen[70] ist eine vorherige Befragung des Beschuldigten aber jedenfalls nicht unzulässig und sachgerecht, sofern diese der Beschleunigung des Verfahrens nicht entgegensteht.

Hat der Beschuldigte bereits einen Verteidiger, ist diesem die Teilnahme an der Hauptverhandlung zu ermöglichen.[71] Hat der Beschuldigte nachträglich einen Verteidiger gewählt, ist die Bestellung zurückzunehmen.[72]

62 AK-StPO/*Loos* § 418 Rn. 11; SK-StPO/*Paeffgen* § 418 Rn. 17.
63 SK-StPO/*Paeffgen* § 418 Rn. 14.
64 § 419 Abs. 1 StPO.
65 *Meyer-Goßner*/Schmitt § 418 Rn. 11 mit Hinweis auf die fehlende Verweisung auf § 141 Abs. 3 StPO; SK-StPO/*Paeffgen* § 418 Rn. 25.
66 Dies allein wegen der umstrittenen Frage, ob eine Verteidigerbestellung nach § 418 StPO in der Berufungsinstanz bzw. im Normalverfahren fortwirkt.
67 Zum Meinungsstand: *Meyer-Goßner*/Schmitt § 418 Rn. 15; AK-StPO/*Loos* § 418 Rn. 17.
68 Zustimmend: *Meyer-Goßner*/Schmitt § 418 Rn. 14 mit Hinweis auf die fehlende Verweisung auf §§ 140 ff. StPO; ablehnend: SK-StPO/*Paeffgen* § 418 Rn. 29; AK-StPO/*Loos* § 418 Rn. 16; KMR/*Metzger* § 418 Rn. 34.
69 OLG Celle NStZ 1989, 39.
70 SK-StPO/*Paeffgen* § 418 Rn. 29.
71 SK-StPO/*Paeffgen* § 418 Rn. 28.
72 *Meyer-Goßner*/Schmitt § 418 Rn. 14.

Einhellig wird bejaht, dass dem Beschuldigten jedenfalls ausreichend Zeit zur Vorbereitung mit seinem Verteidiger gegeben werden muss.[73]

D. Weitere Reaktionsmöglichkeiten des Gerichtes, § 419 StPO

I. Weitere Eignungsprüfung des Gerichtes

Das Gericht hat solange nach den Vorschriften des beschleunigten Verfahrens zu verhandeln, wie sich an seiner Einschätzung der Eignung für dieses Verfahren nichts ändert. 23

Es hat somit während des gesamten Verfahrens weiterhin die besonderen Eignungsvoraussetzungen zu prüfen, und zwar bis zur Verkündung des Urteils, § 419 Abs. 2 StPO.

Die gerichtliche Eignungsprüfung geht daher insoweit über die Eignungsprüfung der Staatsanwaltschaft hinaus, als sie auch noch Veränderungen oder neue Gesichtspunkte zu berücksichtigen hat, die die Staatsanwaltschaft noch nicht kannte oder kennen konnte, da sie sich erst während des weiteren Verfahrens ergeben. Denkbar wäre, dass die Hauptverhandlung aus Gründen, die in der besonderen Verfahrensart liegen, sofort wieder unterbrochen werden muss. Dann wird regelmäßig ein Eignungshindernis bestehen,[74] denn von einer Beschleunigung im Verhältnis zum Regelverfahren dürfte dann kaum noch die Rede sein. Umstritten ist, ob die Unterbrechung oder Aussetzung aufgrund von Beweisanträgen, die die Hinzuziehung weiterer Zeugen notwendig machen, der Eignung entgegenstehen.[75] In diesen Fällen wird aber von der Möglichkeit sofortiger Aburteilung nicht mehr ausgegangen werden können.

II. Rechtsfolgenkompetenz

Das Gericht hat auch bis zur Urteilsverkündung seine Rechtsfolgenkompetenz zu überprüfen. 24

Geldstrafe kann bis zur gesetzlichen Höchstgrenze verhängt werden, § 40 Abs. 1 StGB.

Die zu verhängende Freiheitsstrafe darf ein Jahr nicht überschreiten. Sie kann bedingt oder unbedingt verhängt werden. Strittig ist, ob eine Gesamtstrafe gebildet werden kann, die ein Jahr übersteigt.[76] Nach Metzger[77] soll Folgendes gelten:

Wird für mehrere selbstständige Taten nach § 53 StGB eine Gesamtstrafe gebildet oder werden mehrere beschleunigte Verfahren zur gemeinsamen Verhandlung verbunden, so darf lediglich eine maximale Gesamtstrafe von einem Jahr verhängt werden.[78]

Wird ein beschleunigtes Verfahren mit einem Normalverfahren verbunden, wobei das Normalverfahren führt, soll trotzdem eine maximale Gesamtstrafe von einem Jahr nicht überschritten werden dürfen, da jedenfalls auch im beschleunigten Verfahren verhandelt werde.[79]

Etwas anderes solle lediglich dann gelten, wenn in einem späteren Normalverfahren eine im beschleunigten Verfahren ausgesprochene Freiheitsstrafe nach § 55 StGB einbezogen werde. Auf eine nachträgliche Gesamtstrafenbildung wirken sich die Vorschriften des beschleunigten Verfahrens nicht aus.[80]

Maßregeln der Besserung und Sicherung dürfen im beschleunigten Verfahren nicht verhängt werden, § 419 Abs. 1 S. 2 StPO.

---

73 SK-StPO/*Paeffgen* § 418 Rn. 28; *Meyer-Goßner*/Schmitt § 418 Rn. 12.
74 SK-StPO/*Paeffgen* § 419 Rn. 4.
75 Zustimmend: AK-StPO/*Loos* § 3 417 Rn. 12; ablehnend: *Meyer-Goßner*/Schmitt § 419 Rn. 4; KMR/*Metzger* § 419 Rn. 8.
76 SK-StPO/*Paeffgen* § 419 Rn. 5 m.N. zum Meinungsstand.
77 KMR/*Metzger* § 419 Rn. 5.
78 *Meyer-Goßner*/Schmitt § 419 Rn. 1.
79 KMR/*Metzger* § 419 Rn. 5.
80 So auch AK-StPO/*Loos* § 419 Rn. 4; KMR/*Metzger* § 419 Rn. 5.

Die Fahrerlaubnis darf bis zur gesetzlichen Höchstgrenze, anders als im Strafbefehlsverfahren, entzogen werden, § 419 Abs. 1 S. 3 StPO, eine lebenslange Entziehung im beschleunigten Verfahren verbietet sich aber wohl.[81]

III. Verfahrensbeendigung ohne Ablehnung des Antrages

25 Ergibt sich, dass der Beschuldigte freizusprechen beziehungsweise das Verfahren wegen eines Verfahrenshindernisses einzustellen ist,[82] so ist das Verfahren durch freisprechendes oder einstellendes Urteil zu beenden, nicht der Antrag abzulehnen. Auch die Einstellungsmöglichkeiten nach §§ 153 ff. StPO gehen der Ablehnung vor.[83]

IV. Ablehnung der Entscheidung im beschleunigten Verfahren, § 419 Abs. 2 StPO

26 Verneint das Gericht die Voraussetzungen des beschleunigten Verfahrens, so lehnt es den Antrag der Staatsanwaltschaft ab.

Die Entscheidung ergeht durch Beschluss, der gem. § 34 StPO zu begründen und gem. § 35 StPO bekanntzumachen ist. Er enthält keine Kostenentscheidung, da er keine Verfahrens abschließende Wirkung entfaltet.[84]

Der Antrag kann vom Eingang des Antrages bis zur Urteilsverkündung von dem Gericht abgelehnt werden.

Der ablehnende Beschluss ist nicht mit der Beschwerde anfechtbar, § 419 Abs. 2 S. 2 StPO, ebenso auch nicht die Entscheidung, das beschleunigte Verfahren durchzuführen.

27 Bei Ablehnung des Antrages hat das Gericht zwei Möglichkeiten, § 419 Abs. 3 StPO:

Sieht das Gericht die besonderen Voraussetzungen des beschleunigten Verfahrens nicht gegeben, insbesondere also Eignung und Strafrahmenkompetenz, bejaht es aber den hinreichenden Tatverdacht,[85] § 203 StPO, so eröffnet es das Regelverfahren durch Beschluss, § 419 Abs. 3 Hs. 1 StPO.

War nach der früheren Rechtslage noch die Rückgabe der Akten an die Staatsanwaltschaft vorgeschrieben, wurde durch die Änderungen zum beschleunigten Verfahren nunmehr ein weiteres vereinfachtes Zwischenverfahren eingeführt.

Vor Erlass des Eröffnungsbeschlusses ist der Angeklagte nach § 201 StPO zu hören.[86]

Erfolgt dies noch außerhalb der Hauptverhandlung, soll dem Beschuldigten mangels formeller Anklageschrift zumindest der staatsanwaltschaftliche Antrag auf Durchführung des beschleunigten Verfahrens sowie dessen Ablehnung unter Hinweis auf das Regelverfahren mitgeteilt werden.[87]

Erfolgt der Beschluss erst in der Hauptverhandlung, so soll dem Angeklagten zumindest unter Aushändigung einer Antrags- bzw. Anklageschrift Gelegenheit gegeben werden, eine Beratung mit einem Verteidiger zu erreichen.[88]

Verneint das Gericht sowohl Eignung als auch hinreichenden Tatverdacht, so gibt es zusammen mit dem Ablehnungsbeschluss die Akten an die Staatsanwaltschaft zurück, § 419 Abs. 3 Hs. 2 StPO.

81 SK-StPO/*Paeffgen* § 419 Rn. 7.
82 § 260 Abs. 3 StPO.
83 AK-StPO/*Loos* § 419 Rn. 14.
84 § 464 StPO.
85 AK-StPO/*Loos* § 419 Rn. 9.
86 SK-StPO/*Paeffgen* § 419 Rn. 11; zumindest entsprechend § 201 StPO nach AK-StPO/*Loos* § 419 Rn. 11.
87 AK-StPO/*Loos* § 419 Rn. 11.
88 AK-StPO/*Loos* § 419 Rn. 11; SK-StPO/*Paeffgen* § 419 Rn. 11.

Da die Rechtshängigkeit der Sache hierdurch entfällt,[89] hat die Staatsanwaltschaft die Entscheidungsmöglichkeit, ob sie das Verfahren einstellt oder ob es fortgesetzt werden soll. War lediglich mündlich Anklage erhoben worden, muss daher entsprechend dem Regelverfahren eine Anklageschrift mit dem Antrag, das Hauptverfahren zu eröffnen, nachgereicht werden.

Ein erneuter Antrag auf Durchführung des beschleunigten Verfahrens ist nicht zulässig.[90]

E. Durchführung der Hauptverhandlung im beschleunigten Verfahren, § 420 StPO

Im Verfahren gilt die vereinfachte Beweisaufnahme nach § 420 StPO. 28

Zu den Problemen, insbesondere der Beweisantizipation wird auf die entsprechenden Ausführungen für das Strafbefehlsverfahren verwiesen.[91]

F. Rechtsmittel gegen Entscheidungen im beschleunigten Verfahren

Gegen Urteile im beschleunigten Verfahren sind sowohl Berufung[92] als auch (Sprung-)Revision nach den allgemeinen Grundsätzen zulässig. 29

I. Berufung

Entsprechend der Struktur des Rechtsmittels trifft der Berufungsrichter aufgrund einer neuen Hauptverhandlung eine neue Entscheidung, eine Überprüfung des erstinstanzlichen Urteils findet nicht statt.[93] 30

Zu den Problemen in der Berufungsinstanz, insbesondere dazu, ob die Beweisaufnahme den Vorschriften des § 420 Abs. 1–3 StPO folgt, und zum Fortwirken der Verteidigerbestellung wird auf die entsprechenden Ausführungen zum Strafbefehlsverfahren verwiesen.[94]

§ 420 Abs. 4 StPO soll jedenfalls bereits wegen seines Wortlautes[95] nicht anwendbar sein.[96] Für die Behandlung von Beweisanträgen gelten die Regeln des Normalverfahrens.

Umstritten ist die Frage, wie das Berufungsgericht bei einer Überschreitung der Rechtsfolgenkompetenz des Erstrichters zu verfahren hat.

Während nach einer Ansicht die Rechtsfolgenkompetenz des § 419 Abs. 1 S. 2 StPO lediglich eine Rechtsfolgengrenze für ein bestimmtes Verfahren darstellt, sieht die Gegenansicht hier eine besondere Verfahrensvoraussetzung.[97]

Nach erster Meinung kann daher das Berufungsgericht in den Grenzen des § 419 Abs. 1 StPO unter Aufhebung des erstinstanzlichen Urteils selbst entscheiden.

Nach der anderen Ansicht hat das Berufungsgericht die Entscheidung aufzuheben und an das Amtsgericht zurückzuverweisen.[98]

---

89 SK-StPO/*Paeffgen* § 419 Rn. 12.
90 Wohl h.M.; SK-StPO/*Paeffgen* § 419 Rn. 12 m.N.
91 § 411 Abs. 2 StPO verweist ausdrücklich auf § 420 StPO.
92 Zu beachten aber § 313 StPO.
93 KMR/*Metzger* § 419 Rn. 38, 39.
94 BayObLG StV 2005, 493.
95 Arg. »vor dem Strafrichter«.
96 KMR/*Metzger* § 419 Rn. 37 m.N.
97 SK-StPO/*Paeffgen* § 419 Rn. 17 ff.
98 SK-StPO/*Paeffgen* § 419 Rn. 19.

II. Revision

31 **Die Revision ist nach den allgemeinen Grundsätzen zulässig.**

Die allgemeinen Prozessvoraussetzungen werden von Amts wegen geprüft.[99] Dies soll auch für den fehlenden Antrag der Staatsanwaltschaft nach § 417 StPO gelten.[100]

Die übrigen Eignungsvoraussetzungen, wie etwa die Einhaltung der »kurzen Frist«, können nur mit der Prozessrüge beanstandet werden.[101]

99 Allerdings nur diejenigen Prozessvoraussetzungen, die auch das beschleunigte Verfahren kennt; vgl. OLG Düsseldorf StV 2003, 492 (493).

100 BayObLG NJW 1998, 2152; a.A. KMR/*Metzger* § 419 Rn. 42.

101 KMR/*Metzger* § 419 Rn. 47.

Abschnitt 2 Verteidigung im Rechtsmittelverfahren

Kapitel 9 Berufung

Übersicht

A. Wesen der Berufung: Zweite Tatsacheninstanz

Die Berufung gegen ein Urteil ist das Rechtsmittel, das auf vollständige oder teilweise Wiederholung der Überprüfung des Sachverhalts und eine erneute tatsächliche und rechtliche Beurteilung gerichtet ist. Die Tat wird erneut zum Gegenstand der Urteilsfindung gemacht. Grundsätzlich findet das Berufungsgericht in derselben Weise wie das Gericht erster Instanz unter Durchführung einer neuen Beweisaufnahme sein Urteil (§§ 323, 324, 332 StPO). Der Berufungsrechtszug ist »gewissermaßen eine 2. Erstinstanz«; deshalb erfolgt keine Nachprüfung des erstinstanzlichen Verfahrens.[1] 1

---

1 *Meyer-Goßner*/Schmitt Vorb. § 312 Rn. 1, 2; § 332 Rn. 2.

B. Anfechtbares Urteil

2 Nach § 312 StPO ist die Berufung statthaft gegen Urteile des Strafrichters (§ 25 GVG) und des Schöffengerichts (§ 24 GVG), auch wenn im Strafverfahren nur Verurteilung wegen einer Ordnungswidrigkeit erfolgt ist.[2] Im Jugendstrafverfahren ist die Berufung gegen Urteile des Jugendrichters (§ 39 JGG) und des Jugendschöffengerichts (§ 40 JGG) statthaft.

3 Statt Berufung kann Revision (sog. Sprungrevision, § 335 Abs. 1 StPO) gewählt werden. Treffen Revision und Berufung zusammen, sei es, dass der Angeklagte Berufung einlegt, die Staatsanwaltschaft aber Revision oder einer der Angeklagten Berufung und der anderen Revision, ist insgesamt von Berufung auszugehen, § 335 Abs. 3 StPO.

4 Beteiligte i.S.d. § 335 Abs. 3 S. 1 StPO sind alle Verfahrensbeteiligten, die ein selbstständiges Anfechtungsrecht haben. Angeklagte und Verteidiger gelten als derselbe Beteiligte; widersprechen sich ihre Rechtsmittelerklärungen, ist entsprechend § 297 StPO die des Angeklagten maßgebend.[3]

5 Die Behandlung der Revision als Berufung bedeutet, dass dieses Rechtsmittel an die Stelle der Revision tritt, solange es nicht vor oder in der Berufungsverhandlung zurückgenommen oder durch das Berufungsgericht als unzulässig verworfen worden ist. Die Revision bleibt so lange bedingt bestehen, bis das Berufungsgericht sachlich entschieden hat.[4] Die Revision muss daher ordnungsgemäß eingelegt, braucht aber für die Sachbehandlung nach § 335 Abs. 3 StPO nicht begründet zu werden.[5]

6 Ist die Berufung zurückgenommen oder als unzulässig verworfen worden, wird das Verfahren mit der Revision aber nur fortgesetzt, wenn sie rechtzeitig und formgerecht begründet worden ist; andernfalls wird sie als unzulässig verworfen.

7 Die Anfechtung des Berufungsurteils richtet sich gem. § 335 Abs. 3 S. 3 StPO nach den allgemeinen Vorschriften. Auch wer Sprungrevision eingelegt hatte, kann gegen das neue Urteil wiederum Revision einlegen.[6]

C. Berufungsgerichte

8 Zuständiges Berufungsgericht ist nach der Änderung des § 76 Abs. 1 S. 1 GVG bei Berufungen gegen Urteile des Strafrichters und des Schöffengerichts immer die kleine Strafkammer des LG (§ 74 Abs. 3 GVG). In Verfahren über Berufungen gegen ein Urteil des erweiterten Schöffengerichts (§ 29 Abs. 2 GVG) ist ein zweiter Richter gem. § 76 Abs. 6 S. 1 GVG hinzuzuziehen. Lediglich über Berufungen gegen Urteile des Jugendschöffengerichts entscheidet noch eine große Jugendkammer in der Besetzung mit drei Richtern und zwei Jugendschöffen (§ 33b Abs. 1 JGG).

9 Bei Entscheidungen außerhalb der Hauptverhandlung wirken die Schöffen aber nicht mit (§ 76 Abs. 1 S. 2 GVG); in Verfahren über Berufungen gegen ein Urteil des erweiterten Schöffengerichts entscheidet außerhalb der Hauptverhandlung der Vorsitzende allein (§ 76 Abs. 6 S. 2 GVG).

D. Einlegung der Berufung

I. Annahmeberufung

10 Die Annahmeberufung wurde durch das Rechtspflegeentlastungsgesetz 1993 eingeführt. Sie verdankt ihre Existenz gesetzgeberischen Bemühungen, die Belastung der Justiz zu begrenzen und den Aufbau in den neuen Bundesländern zu unterstützen. Danach bedarf die Berufung im Strafprozess nach geltendem Recht dann einer gesonderten Annahmeentscheidung, wenn der Angeklagte zu

2 BGHSt 35, 290.

3 *Meyer-Goßner*/Schmitt § 335 Rn. 16; zur Berufung des Nebenklägers s. Kap. 28 Rdn. 48 ff.

4 BayObLG StV 1994, 238; OLG Düsseldorf MDR 1988, 165.

5 *Meyer-Goßner*/Schmitt § 335 Rn. 17.

6 *Meyer-Goßner*/Schmitt § 335 Rn. 19.

einer Geldstrafe von nicht mehr als 15 Tagessätzen verurteilt worden ist (§ 313 Abs. 1 S. 1 StPO). Gleichgestellt werden Verwarnungen, bei denen die vorbehaltene Strafe ebenfalls nicht mehr als 15 Tagessätze beträgt. Die besondere Zulässigkeitsvoraussetzung der Annahme der Berufung gilt weiter für Freisprüche oder Einstellungen, wenn die Staatsanwaltschaft eine Geldstrafe von nicht mehr als 30 Tagessätzen beantragt hatte (§ 313 Abs. 1 S. 2 StPO). Angenommen wird die Berufung (§ 313 Abs. 2 StPO), wenn sie nicht offensichtlich unbegründet ist, andernfalls wird sie als unzulässig verworfen. Aus diesen gesetzlichen Regelungen ergibt sich, dass die Annahmeberufung auf Entscheidungen im Bereich der Bagatellkriminalität beschränkt ist.[7]

1. Reichweite des § 313 Abs. 1 S. 1 StPO

Unklar erscheint zunächst die Ausgestaltung der Grundnorm der Annahmeberufung. Soll die eingeschränkte Berufungsmöglichkeit für alle Rechtsmittel gelten oder nur für die Berufung des Angeklagten? Hier ist festzustellen, dass § 313 Abs. 1 S. 1 StPO nicht nur Berufungen des Angeklagten, sondern auch Rechtsmittel der Staatsanwaltschaft (zugunsten und zuungunsten des Verurteilten) erfasst.[8] 11

Die Regelung des § 313 Abs. 1 StPO gilt nur, wenn ausschließlich die genannte Rechtsfolge verhängt worden ist. Ist daneben eine Maßregel (§ 61 StGB), Nebenstrafe (§ 44 StGB) oder sonstige Maßnahme (z.B. nach §§ 73 ff. StGB) verhängt worden oder war dies beantragt, gilt Abs. 1 nicht; in diesen Fällen ist die Berufung stets (ohne Ausnahme) zulässig.[9] 12

Bei einer Gesamtstrafe kommt es auf deren Höhe an; ob die Summe der einbezogenen Einzelgeldstrafen über 15 Tagessätze beträgt (z.B. zweimal 10 Tagessätze, Gesamtgeldstrafe 14 Tagessätze), ist unbeachtlich. Wurden mehrere Geldstrafen oder mehrere Gesamtgeldstrafen verhängt, die untereinander nicht gesamtstrafenfähig sind, sind die verhängten (oder bei Freispruch beantragten) Strafen zusammenzurechnen; die Berufung bedarf also nicht der Annahme, wenn zwei nichtgesamtstrafenfähige Geldstrafen zu je 10 Tagessätzen ausgesprochen worden sind. Das folgt aus dem Wortlaut des § 313 Abs. 1 S. 1 StPO (»einer« Geldstrafe).[10] 13

Im Fall des § 313 StPO kann die Annahme der Berufung auf einen abtrennbaren Teil des strafrichterlichen Urteils (z.B. Höhe des Tagessatzes) beschränkt werden.[11] 14

2. Die Situation beim Freispruch

Das Rechtsmittel der Berufung ist nicht nur im Fall einer Verurteilung zu einer Geldstrafe von bis zu 15 Tagessätzen von einer Annahme abhängig. Ergänzt wird diese Grundregel durch § 313 Abs. 1 S. 2 StPO, wonach im Fall eines Freispruches des Angeklagten das Rechtsmittel eine Annahme dann erfordert, wenn die Staatsanwaltschaft eine Geldstrafe von nicht mehr als 30 Tagessätzen beantragt hatte. 15

Als problematisch wurden in diesem Zusammenhang Fälle gesehen, in denen auch die Staatsanwaltschaft in der Hauptverhandlung einen Freispruch beantragt hatte. Es stellt sich die Frage, ob auch in diesen Verfahren nunmehr eine Berufung der Staatsanwaltschaft annahmepflichtig ist (eine Berufung des Angeklagten wäre schon wegen fehlender Beschwer unzulässig). Die hierzu vorliegenden Entscheidungen der meisten Oberlandesgerichte gehen alle in die gleiche Richtung und schränken den Bereich der Annahmeberufung ein. Im Fall eines auf Freispruch gerichteten Antrages und ebensolcher Entscheidung bedarf die Berufung der Staatsanwaltschaft keiner Annahmeentscheidung. Für die Ansicht der Oberlandesgerichte spricht eindeutig das Anliegen des Gesetzes: die Annahmeberufung wäre bei einem auf entsprechenden Antrag der Staatsanwaltschaft erfolgenden Freispruch nicht mehr nur auf Bagatellfälle beschränkt. Der Antrag auf Freispruch ist insoweit nicht als ein Minus, 16

7 *Feuerhelm* StV 1997, 99 ff.
8 *Meyer-Goßner*/Schmitt § 313 Rn. 3.
9 *Meyer-Goßner*/Schmitt § 313 Rn. 6.
10 *Meyer-Goßner*/Schmitt § 313 Rn. 5.
11 LG Stuttgart NStZ 1995, 301.

sondern als aliud gegenüber dem Antrag auf Verurteilung zu einer Geldstrafe von nicht mehr als 30 Tagessätzen aufzufassen.[12]

3. Verhältnis zur Sprungrevision

17 Nach § 335 Abs. 1 StPO kann ein Urteil, gegen das Berufung zulässig ist, statt mit Berufung mit Revision angefochten werden (sog Sprungrevision). Für den Bereich der Bagatellkriminalität stellt sich die Frage, ob die Einführung der Annahmeberufung Auswirkungen auf die Zulässigkeit der Sprungrevision hat. Festzuhalten ist zunächst, dass die Vorschriften zur Sprungrevision durch das Rechtspflegeentlastungsgesetz 1993 nicht verändert worden sind. Für das Verhältnis zwischen Annahmeberufung und Sprungrevision stellt sich damit folgendes Problem: Ist in den Fällen einer Verurteilung bis zu 15 Tagessätzen Geldstrafe, in denen die Berufung von einer Annahmeentscheidung abhängig wäre, die Sprungrevision uneingeschränkt zulässig oder nicht? Die wohl herrschende Rechtsprechung vertritt die Auffassung, dass in Bagatellfällen lediglich die zweite Tatsacheninstanz durch das Institut der Annahme der Berufung eingeschränkt worden, die Sprungrevision von dieser Regelung aber nicht betroffen ist.[13]

Der Berufungsführer kann auch nicht mehr zur Revision übergehen, nachdem das Landgericht die Berufung vor Ablauf der Revisionsbegründungsfrist gem. §§ 313, 322a StPO als unzulässig verworfen hat.[14]

4. Anhörungspflicht vor Verwerfung der Berufung?

18 Nach der wohl herrschenden Meinung bedarf es einer gesonderten Anhörung des Berufungsführers vor der Verwerfung seiner Berufung nicht. Zur Begründung wird ausgeführt, im Verfahren der Annahmeberufung existiere keine Vorschrift, die dem § 349 Abs. 3 StPO im Revisionsverfahren entspreche. Ist der Angeklagte auch über die in §§ 313, 322a StPO vorgesehene Verwerfung der Berufung durch Beschluss (ohne erneute Hauptverhandlung) ausdrücklich belehrt worden, hat er hinreichende Gelegenheit, im Rahmen seiner Berufungsbegründung nach § 317 StPO auch die Gesichtspunkte vorzutragen, die gegen eine Verwerfung der Berufung als »offensichtlich unbegründet« i.S. von § 313 Abs. 2 StPO sprechen könnten. Damit wird dem verfassungsrechtlichen Anspruch des Angeklagten nach Art. 103 Abs. 1 GG hinreichend Genüge getan.[15]

5. Prüfungsumfang

19 Nach § 313 Abs. 2 StPO ist die Berufung anzunehmen, wenn sie nicht offensichtlich unbegründet ist; das gilt auch bei Verurteilung nur wegen einer Ordnungswidrigkeit (§ 313 Abs. 3 S. 2 StPO). Soweit das Verfahren eine Ordnungswidrigkeit betrifft, ist die Berufung nach § 313 Abs. 3 StPO darüber hinaus aber auch dann anzunehmen, wenn eine Rechtsbeschwerde zulässig oder die Rechtsbeschwerde zuzulassen wäre.

20 In § 313 Abs. 2 StPO hat der Gesetzgeber bewusst an die Regelung in § 349 Abs. 2 StPO angeknüpft. Nach herrschender, verfassungsrechtlich nicht zu beanstandender Ansicht der Strafgerichte ist die Berufung offensichtlich unbegründet, wenn für jeden Sachkundigen anhand der Urteilsgründe und einer eventuell vorliegenden Berufungsbegründung sowie des Protokolls der Hauptverhandlung erster Instanz ohne längere Prüfung erkennbar ist, dass das Urteil sachlich-rechtlich nicht zu beanstanden ist und keine Verfahrensfehler vorliegen, die die Revision begründen würden.[16]

---

12 OLG Karlsruhe StV 1997, 69; OLG Hamm StV 1997, 69 f.; a.A. *Meyer-Goßner*/Schmitt § 313 Rn. 4a.
13 BayObLG StV 1993, 572 f.; OLG Düsseldorf StV 1995, 70; OLG Hamm NJW 2003, 3286; OLG Celle NJW-Spezial 2008, 633; wohl auch BGH StV 1995, 174; a.A. *Meyer-Goßner*/Schmitt § 335 Rn. 21.
14 BayObLG StV 1994, 364.
15 OLG Koblenz NStZ 1995, 251 f.; OLG München StV 1994, 237.
16 BVerfG NJW 1996, 2785 f.; *Meyer-Goßner*/Schmitt § 313 Rn. 9.

Anders als bei der Revision, die bei der Sachrüge nur die Urteilsgründe zur Grundlage der Prüfung machen und Beweiswürdigung und Rechtsfolgenausspruch nur auf rechtliche Fehler überprüfen darf, ist dem Berufungsgericht eine weitergehende Überprüfungsbefugnis zuzusprechen, weil die Berufungsverhandlung zu einer völligen Neuverhandlung der Sache führt. Daher ist die Berufung auch dann nicht offensichtlich unbegründet, wenn sich aus der Sicht des LG Bedenken gegen die Beweiswürdigung oder die Strafzumessung des AG ergeben. Das gilt auch dann, wenn der Angeklagte zur Entkräftung von Feststellungen, auf denen das erstinstanzliche Urteil beruht, neue Beweisanträge ankündigt. Diese dürfen regelmäßig nur dann unbeachtet bleiben, wenn ein Grund vorliegt, der gem. § 244 StPO die Ablehnung eines Beweisantrags rechtfertigt.[17] Das entspricht den verfassungsrechtlichen Anforderungen an das rechtliche Gehör. Nur ausnahmsweise wird es in Betracht kommen, einen neuen Beweisantrag als ungeeignet anzusehen, das bisherige Beweisergebnis zu entkräften; das Tatbestandsmerkmal der Offensichtlichkeit in § 313 Abs. 2 S. 1 StPO ist insoweit nur dann erfüllt, wenn an der Richtigkeit der tatsächlichen Feststellungen vernünftigerweise kein Zweifel bestehen kann. Für diese Lösung, in allen Zweifelsfällen die Berufung anzunehmen, spricht im Übrigen ein weiteres Argument. Über die Annahme der Berufung entscheidet der Vorsitzende der kleinen Strafkammer am LG alleine. Es fehlt hier das Erfordernis einer einstimmigen Kollegialentscheidung, die in Revisionsverfahren als Ausgleich für Probleme beim Umgang mit dem Begriff der offensichtlichen Unbegründetheit angesehen wird.[18]

6. Begründung der Verwerfungsentscheidung

Nach § 322a S. 3 StPO bedarf der Beschluss, mit dem die Berufung angenommen wird, keiner Begründung. Für den gegenteiligen Fall, also für die Verwerfung der Berufung als unzulässig, enthält die Vorschrift keine Bestimmung. Da der Beschluss unanfechtbar ist (S. 2), bedürfte es nach § 34 StPO an sich keiner Begründung. Der Umkehrschluss aus § 322a S. 3 StPO ergibt jedoch, dass hier entgegen § 34 StPO eine Begründungspflicht besteht. 21

7. Beschwerde gegen den Verwerfungsbeschluss

Ein zentraler Verfahrensaspekt, mit dem eine Entlastung der Strafjustiz erreicht werden soll, ist in § 322a S. 2 StPO normiert. Danach kann die Entscheidung über die Annahme oder Nichtannahme der Berufung nicht angefochten werden. Dennoch gibt es Ausnahmen von diesem Grundsatz. Überprüft werden kann nämlich, ob die Voraussetzungen des § 313 Abs. 1 StPO überhaupt vorgelegen haben. Die Beschwerde soll dann zulässig sein, wenn vorgebracht wird, dass die Berufung der Annahme gar nicht bedurft hätte. Umstritten ist nur, ob die einfache oder die sofortige Beschwerde das richtige Rechtsmittel ist.[19] Mit der analogen Anwendung des § 322 Abs. 2 StPO dürfte wohl der sofortigen Beschwerde der Vorzug zu geben sein. 22

II. Form

Die Berufung muss in deutscher Sprache schriftlich, auch telegrafisch, durch Fernschreiber oder durch Telekopie oder zu Protokoll der Geschäftsstelle eingelegt werden. Die telefonische Einlegung ist wirkungslos. Für inhaftierte Angeklagte gilt § 299 StPO. Die Berufung kann auch im Anschluss an die Hauptverhandlung zu Protokoll der Sitzungsniederschrift erklärt werden. Der Vorsitzende ist allerdings nicht verpflichtet, eine Rechtsmitteleinlegung zu Protokoll zu nehmen; tut er es dennoch, ersetzt das richterliche Protokoll dasjenige des Urkundsbeamten. 23

---

17 BVerfG NJW 1996, 2786.

18 § 322a S. 1 StPO; *Meyer-Goßner*/Schmitt § 322a Rn. 3; *Feuerhelm* StV 1997, 103 f.

19 Einfache Beschwerde: BayObLG StV 1994, 238; Sofortige Beschwerde: OLG Köln NStZ 1996, 150; *Meyer-Goßner*/Schmitt § 322a Rn. 8.

III. Adressat

24 Adressat der Berufungseinlegung ist das Erstgericht (§ 314 Abs. 1 StPO). Wird die Berufung nicht beim Amtsgericht, sondern beim Berufungsgericht oder einem anderen Gericht eingelegt, kommt es für die Fristeinhaltung auf den Zugang der Einlegung beim Erstgericht an. Ausnahmen gelten für den verhafteten Angeklagten (§ 299 StPO), im Fall eines Wiedereinsetzungsantrages gegen die Versäumung der Einlegungsfrist (§ 45 Abs. 1 S. 2 StPO) sowie bei Urteilen von Zweigstellen des zuständigen Amtsgerichts.[20]

IV. Frist

25 Die Berufung muss binnen einer Woche nach Verkündung des Urteils eingelegt werden, § 314 Abs. 1 StPO. Hat die Urteilsverkündung auch nur teilweise in Abwesenheit des Angeklagten stattgefunden, ist ihm das vollständige schriftliche Urteil zuzustellen; die Wochenfrist läuft dann erst ab Zustellung, sofern nicht in den Fällen der §§ 234, 387 Abs. 1, 411 Abs. 2 und 428 Abs. 1 S. 1 die Verkündung in Anwesenheit des mit nachgewiesener Vertretungsvollmacht versehenen Verteidigers stattgefunden hat (§ 314 Abs. 2 StPO).[21]

V. Begründung

26 Die Berufung kann binnen einer weiteren Woche nach Ablauf der Frist zur Einlegung des Rechtsmittels oder, wenn zu dieser Zeit das Urteil noch nicht zugestellt war, nach dessen Zustellung bei dem Gericht des ersten Rechtszuges zu Protokoll der Geschäftsstelle oder in einer Beschwerdeschrift gerechtfertigt werden (§ 317 StPO). Die Berufungsbegründung ist damit gesetzlich nicht vorgeschrieben. Eine Berufung durch die Staatsanwaltschaft muss nach Nr. 156 Abs. 1 RiStBV aber immer begründet werden. Im Fall des § 313 StPO ist auch durch den Angeklagten und Verteidiger eine Begründung regelmäßig angezeigt, um die Annahmevoraussetzungen darzulegen. Die Nichteinhaltung der Wochenfrist ist rechtlich ohne Bedeutung; auch verspätete oder noch in der Hauptverhandlung abgegebene Erklärungen sind zu berücksichtigen.[22]

VI. Unbestimmte Anfechtung

27 Die unbestimmte Anfechtung des Urteils, bei der der Beschwerdeführer die Wahl zwischen Berufung und Revision zunächst offenlässt (»Ich lege Rechtsmittel ein« oder »Ich fechte das Urteil an«), wird allgemein zugelassen, weil der Beschwerdeführer die Entscheidung über das geeignete Rechtsmittel i.d.R. erst nach Kenntnis der Urteilsgründe treffen kann. Die endgültige Wahl kann nur bis zum Ablauf der Revisionsbegründungsfrist (§ 345 Abs. 1 StPO) getroffen werden. Wird sie getroffen, ist sie endgültig. Der Übergang von der vor Urteilszustellung eingelegten Revision zur Berufung ist auch dann nicht ausgeschlossen, wenn der Angeklagte das Urteil des Amtsgerichts zunächst unbestimmt angefochten, das Rechtsmittel aber dann – noch vor der Urteilszustellung – als Revision bezeichnet hatte. Die sich aus der Zulässigkeit der unbestimmten Anfechtung unter Beachtung des Gebots des fairen Verfahrens ergebende Konsequenz ist die Zulässigkeit des Übergangs von dem zunächst bestimmt gewählten Rechtsmittel zum anderen – sei es von der Revision zur Berufung oder von der Berufung zur Revision, sofern der Wechsel des Rechtsmittels innerhalb der i.d.R. mit der Urteilszustellung beginnenden Monatsfrist für die Revisionsbegründung (§ 345 Abs. 1 StPO) erklärt wird.[23] In Fällen, in denen das Rechtsmittel als Berufung bezeichnet worden war, kann dies dazu führen, dass die Akten dem Berufungsgericht vorgelegt werden, bevor der Beschwerdeführer sein Wahlrecht verloren hat. Das Berufungsgericht ist dann zwar mit der Sache befasst, damit ist aber keine die Zuständigkeit verändernde Sachlage eingetreten. Solange der Übergang zur Revision noch zulässig

20 OLG Düsseldorf NStZ 1984, 184.
21 *Meyer-Goßner*/Schmitt § 314 Rn. 7.
22 *Meyer-Goßner*/Schmitt § 317 Rn. 2.
23 OLG Zweibrücken NStZ 1994, 203 (204); BGH NJW 1995, 2367 (2368).

ist, handelt es sich allenfalls um eine bedingte und damit vorläufige Zuständigkeit des Berufungsgerichts, da das Rechtsmittel als unter dem Vorbehalt der endgültigen Bestimmung eingelegt anzusehen ist. Das Berufungsgericht kann, solange seine Zuständigkeit nicht festliegt, noch keine endgültigen Maßnahmen treffen. Terminsbestimmung, Zeugenladungen oder Ersuchen um kommissarische Vernehmung haben nur vorläufigen Charakter und stehen unter dem Vorbehalt des Widerrufs.[24]

Wird keine Wahl getroffen oder ist die Erklärung nicht rechtzeitig beim zuständigen AG eingegangen, wird das Rechtsmittel als Berufung durchgeführt. Bei Abgabe einer nicht eindeutigen Erklärung wird das Rechtsmittel ebenfalls als Berufung behandelt. Bei Wahl der Revision wird das Rechtsmittel so behandelt, als sei von vornherein Revision eingelegt worden. Wird sie nicht rechtzeitig oder nicht in zulässiger Weise begründet, wird sie als unzulässig verworfen, nicht als Berufung behandelt. Nur bei unwirksamer Wahl der Revision (z.B. bei Abgabe der Erklärung gegenüber dem unzuständigen LG) wird das Rechtsmittel als Berufung behandelt.[25] 28

VII. Beschränkung der Berufung

Nach § 318 StPO kann die Berufung auf bestimmte Beschwerdepunkte beschränkt werden. Ist dies nicht geschehen oder eine Rechtfertigung überhaupt nicht erfolgt, so gilt der ganze Inhalt des Urteils als angefochten. Die Beschränkung auf einzelne Beschwerdepunkte braucht nicht sogleich mit Einlegung der Berufung zu erfolgen; die Erklärung in der Berufungsbegründungsschrift (§ 317 StPO) genügt. Eine spätere Beschränkung der Berufung stellt eine Teilrücknahme dar (§ 302 StPO), sodass die Zustimmung des Gegners nötig ist (§ 303 StPO); außerdem treten die Kostenfolgen des § 473 StPO ein. Umgekehrt kann eine beschränkte Berufung zu einer unbeschränkten erweitert werden, solange die Berufungsfrist läuft.[26] 29

1. Bestimmte Beschwerdepunkte

Was unter »bestimmten Beschwerdepunkten« zu verstehen ist, sagt das Gesetz nicht. Nach der sog Trennbarkeitsformel der Rechtsprechung ist eine Beschränkung nur möglich, wenn sie sich auf Beschwerdepunkte bezieht, die nach dem inneren Zusammenhang des Urteils losgelöst von seinem nicht angegriffenen Teil rechtlich und tatsächlich selbstständig beurteilt werden können, ohne eine Prüfung der Entscheidung im Übrigen erforderlich zu machen.[27] 30

Ob diese Voraussetzungen vorliegen, prüfen sowohl das Berufungsgericht als auch evtl. später das Revisionsgericht von Amts wegen, und zwar erst aus der Sicht des Ergebnisses der Beratung nach Abschluss der Beweisaufnahme.

2. Beschränkung hinsichtlich des Schuldspruchs

Jeder Angeklagte kann zunächst unabhängig von den Mitangeklagten selbstständig Berufung einlegen. 31

a) Mehrere Taten im prozessualen Sinn

Ist ein Angeklagter wegen mehrerer Taten i.S.d. § 53 StGB verurteilt worden, die auch verfahrensrechtlich (§ 264 StPO) mehrere Taten bilden, kann er die Berufung auf die Verurteilung wegen einer oder mehrerer von ihnen beschränken, ohne dass es auf die Widerspruchsfreiheit ankommt.[28] 32

24 BGH NJW 1995, 2367 (2368).
25 *Meyer-Goßner*/Schmitt § 335 Rn. 2 ff.
26 BGH NJW 1993, 476.
27 BGHSt 29, 359 (364); *Meyer-Goßner*/Schmitt § 318 Rn. 6.
28 *Meyer-Goßner*/Schmitt § 318 Rn. 9.

b) Eine prozessuale Tat

33 Bei sachlich-rechtlich selbstständigen Straftaten (§ 53 StGB), die verfahrensrechtlich (§ 264 StPO) eine einheitliche Tat bilden, ist die Berufungsbeschränkung ebenfalls wirksam. Entscheidet allerdings erst die Begründetheit des Rechtsmittels darüber, ob überhaupt mehrere Straftaten i.S.d. § 53 StGB vorliegen, kann die Berufung nicht beschränkt werden.

▶ Fall

34 Der Angeklagte fuhr nach erheblichem Alkoholgenuss (BAK von 1,5 ‰) mit seinem PKW einen Fußgänger an und verletzte ihn schwer. Er hielt an, sah den Angefahrenen wie leblos liegen und fuhr davon. Das AG verurteilte ihn deshalb wegen fahrlässiger Gefährdung des Straßenverkehrs in Tateinheit mit fahrlässiger Körperverletzung in Tatmehrheit mit unerlaubtem Entfernen vom Unfallort in Tateinheit mit fahrlässiger Trunkenheit im Verkehr zu einer Gesamtfreiheitsstrafe. Dagegen legte der Angeklagte Berufung ein und führte aus, er wolle nicht den Schuldspruch wegen fahrlässiger Gefährdung des Straßenverkehrs und fahrlässiger Körperverletzung, also bezüglich des Verkehrsunfalles selbst, angreifen; er beanstande lediglich die Verurteilung wegen unerlaubten Entfernens vom Unfallort.

Lösung (nach BGHSt 25, 72 ff.):

Die zum Unfall führende Gesetzesverletzung und das sich daran anschließende unerlaubte Entfernen vom Unfallort stehen sachlich-rechtlich selbstständig nebeneinander, bilden jedoch einen einheitlichen Lebensvorgang und damit eine Tat im verfahrensrechtlichen Sinne (§ 264 StPO). Diese verfahrensrechtliche Verbindung steht für sich allein der Beschränkung eines Rechtsmittels auf die Verurteilung wegen unerlaubten Entfernens vom Unfallort nicht entgegen. Denn die beiden Straftaten lassen sich meist tatsächlich und rechtlich selbstständig beurteilen, ohne dass dadurch der Grundsatz der Unteilbarkeit des Schuldspruchs verletzt würde. Im vorliegenden Fall ist zu bedenken, dass die Dauerstraftat der fahrlässigen Gefährdung des Straßenverkehrs regelmäßig endet, wenn sich der Täter nach einem Unfall zur Flucht entschließt. Der zweite Abschnitt der Fahrt beruht auf einem von anderen Beweggründen getragenen neuen Willensentschluss. Darin liegt der Grund, warum bei einer Trunkenheitsfahrt das Rechtsmittel regelmäßig nicht auf die Verurteilung wegen unerlaubten Entfernens vom Unfallort beschränkt werden kann. Denn in allen Fällen, in denen das Rechtsmittelgericht später die Voraussetzungen des unerlaubten Entfernens vom Unfallort verneint, könnte der Angeklagte auch nicht mehr wegen der weiteren Trunkenheitsfahrt verurteilt werden. Dieser nach dem Unfall liegende Teil der Fahrt wird nämlich von der vorangehenden Gefährdung des Straßenverkehrs mit umfasst, wenn es an einem unerlaubten Entfernen vom Unfallort fehlt. In diesem Fall liegt regelmäßig kein neuer Willensentschluss des Täters vor, sodass seine Weiterfahrt keine selbstständige Trunkenheitsfahrt darstellt. Sie geht vielmehr als subsidiärer Tatbestand in der Gefährdung des Straßenverkehrs auf. Die Rechtskraft des Urteils hinsichtlich der den ersten Teil der Fahrt bildenden Gefährdung des Straßenverkehrs hätte somit den Verbrauch der Strafklage hinsichtlich der anschließenden Trunkenheitsfahrt nach § 316 StGB zur Folge.

c) Tateinheit

35 Auf einzelne rechtliche Gesichtspunkte des Schuldspruchs kann die Berufung nicht beschränkt werden, und zwar auch dann nicht, wenn das AG irrtümlich Tatmehrheit angenommen hat.

3. Beschränkung auf den Rechtsfolgenausspruch

Die Beschränkung auf den Rechtsfolgenausspruch ist wirksam, setzt aber voraus, dass das angefochtene Urteil seine Prüfung ermöglicht. Das Urteil muss eine tragfähige Grundlage für die Prüfung der Rechtsfolgenentscheidung bilden. Eine Beschränkung der Berufung ist danach ausgeschlossen, 36

- wenn z.B. das Urteil keine Gründe enthält,[29] die Feststellungen zur Tat, sei es auch nur zur inneren Tatseite, so knapp, unvollständig, unklar oder widersprüchlich sind, dass sie keine hinreichende Grundlage für die Prüfung der Rechtsfolgenentscheidung bilden,[30]
- das AG die Schuldform nicht festgestellt hat[31]
- oder die Frage der Schuldfähigkeit nicht geprüft hat, obwohl dazu Anlass bestand.[32]

a) Geldstrafe

Bei Verhängung einer Geldstrafe kann die Anfechtung grundsätzlich auf die Anzahl der Tagessätze oder die Tagessatzhöhe beschränkt werden.[33] 37

b) Freiheitsstrafe

Bei einer vom Erstgericht verhängten Freiheitsstrafe kann die Berufung auf die Strafbemessung, auf das Unterlassen der Gesamtstrafenbildung und auf die Strafaussetzung zur Bewährung beschränkt werden. 38

c) Maßregeln der Besserung und Sicherung

Eine Beschränkung kann auch auf die Anordnung von Maßregeln der Besserung und Sicherung (§§ 61 ff. StGB) erfolgen, z.B. auf die Anordnung der Unterbringung in einem psychiatrischen Krankenhaus nach § 63 StGB.[34] 39

Bei Entziehung der Fahrerlaubnis (§ 69 StGB) ist zu unterscheiden: Waren Charaktermängel der Grund der Anordnung, ist die Beschränkung des Rechtsmittels auf die Entziehung der Fahrerlaubnis unwirksam, da die Strafzumessung und die Anordnung der Entziehung der Fahrerlaubnis in Wechselwirkung stehen. Bei der Entziehung der Fahrerlaubnis wegen körperlicher oder geistiger Ungeeignetheit ist die Beschränkung hingegen zulässig.[35]

d) Nebenstrafen

Bei Nebenstrafen und Nebenfolgen darf das Rechtsmittel nicht auf die Verhängung des Fahrverbots (§ 44 StGB) beschränkt werden, da diese Rechtsfolge mit der Hauptstrafe, insbesondere der Geldstrafe, untrennbar verknüpft ist.[36] 40

4. Rechtsfolgen der Beschränkung

Die wirksame Beschränkung der Berufung bedeutet, dass hinsichtlich des nicht angefochtenen Teils des erstinstanzlichen Urteils Rechtskraft eintritt. Bei unwirksamer Berufungsbeschränkung gilt das Rechtsmittel als in vollem Umfang eingelegt. 41

29 OLG Düsseldorf VRS 72, 117.
30 BGH NStZ 1994, 130.
31 BGH VRS 89, 218.
32 BayObLG NStZ 1987, 404.
33 *Meyer-Goßner*/Schmitt § 318 Rn. 19.
34 *Meyer-Goßner*/Schmitt § 318 Rn. 23 u. 24.
35 BGH NJW 1954, 1167, 1168; OLG Frankfurt NStZ-RR 1997, 46.
36 *Meyer-Goßner*/Schmitt § 318 Rn. 22.

E. Rücknahme und Verzicht

I. Rücknahme

42 Bis zur Entscheidung über die Berufung durch das LG kann diese vom Berufungsführer zurückgenommen werden (§ 302 StPO). Nimmt der Angeklagte die Berufung zurück, gilt diese Rücknahme auch für die vom Verteidiger eingelegte Berufung, da der Verteidiger keine eigene Rechtsmittelbefugnis hat. Eine Berufungsrücknahme durch den Verteidiger ist nur wirksam, wenn der Verteidiger hierzu ausdrücklich ermächtigt ist.

Nach Beginn der Hauptverhandlung kann die Berufungsrücknahme nur mit Zustimmung des Gegners erfolgen (§ 303 StPO).

II. Verzicht

43 Der Verzicht enthält die Erklärung, künftig keine Berufung einzulegen. Er macht ein dennoch eingelegtes Rechtsmittel unzulässig. Auch ein Verzicht des Verteidigers auf Rechtsmittel ist nur wirksam, wenn der Verteidiger hierzu ausdrücklich ermächtigt ist.[37]

F. Das Berufungsverfahren

I. Verfahren bis zur Berufungshauptverhandlung

44 Vom Amtsgericht wird die Berufungseinlegung zunächst zu den Akten genommen. Nach Fertigstellung und Zustellung des schriftlichen Urteils an den Verteidiger und/oder den Angeklagten (§ 145a StPO) leitet der Erstrichter der StA die Akten zur Kenntnisnahme von Urteil und Berufung zu. Hat die StA selbst Berufung eingelegt, fertigt sie jetzt die Begründung und stellt sie dem Verteidiger und/oder Angeklagten zu. War die Berufung verspätet eingelegt, beantragt jetzt der StA, sie durch Beschluss zu verwerfen. Diesem Antrag folgt das AG unter den Voraussetzungen des § 319 StPO. Hat der Angeklagte rechtzeitig Berufung eingelegt, gilt § 320 StPO. Danach hat die Geschäftsstelle ohne Rücksicht darauf, ob eine Rechtfertigung der Berufung stattgefunden hat oder nicht, die Akten der StA vorzulegen. Von dort werden die Akten an das Berufungsgericht weitergeleitet (§ 321 StPO). Leidet die Berufung an einem Zulässigkeitsmangel, verwirft sie die Berufungskammer durch Beschluss (§ 322 StPO). Das gilt auch, wenn es das AG fehlerhaft unterlassen hat, die Berufung nach § 319 StPO zu verwerfen.

II. Besonderheiten der Berufungshauptverhandlung

45 Der Gang der Berufungsverhandlung entspricht nach § 332 StPO dem der Hauptverhandlung im 1. Rechtszug, soweit § 324 StPO nichts anderes bestimmt. Demnach beginnt die Verhandlung mit dem Aufruf der Sache und der Präsenzfeststellung; darauf erfolgt die Belehrung der Zeugen und, nachdem diese den Gerichtssaal verlassen haben, die Vernehmung des Angeklagten zur Person. Anstelle der Verlesung des Anklagesatzes hält sodann der Berichterstatter einen Vortrag über die Ergebnisse des bisherigen Verfahrens, wobei das Urteil des 1. Rechtszuges zu verlesen ist, soweit es für die Berufung von Bedeutung ist; von der Verlesung der Urteilsgründe kann abgesehen werden, soweit die Staatsanwaltschaft, der Verteidiger und der Angeklagte darauf verzichten (§ 324 Abs. 1 S. 2 StPO).

Sodann erfolgt die Vernehmung des Angeklagten und die Beweisaufnahme, § 324 Abs. 2 StPO. Hierfür gelten die gleichen Grundsätze wie im 1. Rechtszug. Allerdings gestattet § 325 Hs. 2 StPO in Durchbrechung des § 250 StPO unter bestimmten Voraussetzungen die Verlesung von Niederschriften über die Vernehmung von Beweispersonen im 1. Rechtszug auch dann, wenn sie nach §§ 251, 253 StPO nicht zulässig wäre. Das Wesen der Berufung und die Pflicht zur Wahrheitserforschung führen zu einer eingeschränkten Anwendung des § 325 StPO. Diese Vorschrift ist ausnahmslos so anzuwenden, dass dadurch der oberste Verfahrensgrundsatz, die Wahrheitserforschung, nicht beein-

37 BGHSt 3, 46.

trächtigt wird. Die Verlesung einer früheren Aussage nach § 325 StPO ist insbesondere dann nicht zulässig, wenn Aussagen von Prozess entscheidender Bedeutung im Widerspruch zu anderen Aussagen stehen und es um die Notwendigkeit geht, die Glaubwürdigkeit der Zeugen zu beurteilen. Dann gebietet es die Aufklärungspflicht, die Zeugen in der Berufungshauptverhandlung nochmals zu vernehmen. Dies gilt nicht nur für Tatzeugen. Auch Alibizeugen können von Prozess entscheidender Bedeutung sein. Die Verlesung ist in diesen Fällen auch dann unzulässig, wenn die Verfahrensbeteiligten ausdrücklich zugestimmt haben, weil sie dadurch nur förmlich gedeckt wird. Die von Amts wegen zu beachtende Sachaufklärungspflicht wird durch diese Zustimmung nicht beseitigt.[38]

Nach dem Schluss der Beweisaufnahme werden die StA sowie der Angeklagte und sein Verteidiger mit ihren Ausführungen und Anträgen, und zwar der Beschwerdeführer zuerst, gehört. Dem Angeklagten gebührt danach das letzte Wort, § 326 StPO.

III. Antrags- und Entscheidungsmöglichkeiten

1. Ohne Sachentscheidung

a) Einstellung nach dem Opportunitätsprinzip

Auch in der Berufungshauptverhandlung kann das Verfahren nach den §§ 153 Abs. 2, 153a Abs. 2, 154 Abs. 2 StPO durch Beschluss eingestellt bzw. nach § 154a Abs. 2 StPO die Beschränkung vorgenommen werden. 46

b) Einstellung wegen eines Prozesshindernisses

Liegt ein Prozesshindernis vor, hat das Berufungsgericht das Ersturteil aufzuheben und die Einstellung des Verfahrens im Urteil auszusprechen, § 260 Abs. 3 StPO. 47

c) Verwerfung der Berufung als unzulässig

Ist die Berufung verspätet eingelegt, so hat das Gericht des 1. Rechtszugs das Rechtsmittel als unzulässig zu verwerfen, § 319 Abs. 1 StPO. Ebenso hat das Berufungsgericht die Berufung als unzulässig zu verwerfen, wenn die Vorschriften über die Einlegung der Berufung nicht beachtet wurden. Dies geschieht außerhalb der Hauptverhandlung durch Beschluss, innerhalb der Hauptverhandlung durch Urteil, § 322 Abs. 1 StPO. 48

d) Ausbleiben des Angeklagten

Ist bei Beginn eines Hauptverhandlungstermins weder der Angeklagte noch ein Verteidiger mit nachgewiesener Vertretungsvollmacht erschienen und das Ausbleiben nicht genügend entschuldigt, hat das Gericht eine Berufung des Angeklagten ohne Verhandlung zur Sache zu verwerfen, § 329 Abs. 1 S. 1 StPO. Dies gilt nicht, wenn das Berufungsgericht erneut verhandelt, nachdem die Sache vom Revisionsgericht zurückverwiesen worden ist, § 329 Abs. 1 S. 4 StPO. Mit dem Gesetz zur Stärkung des Rechts des Angeklagten auf Vertretung in der Berufungshauptverhandlung vom 17.07.2015 hat der Gesetzgeber auf das Urteil des EGMR vom 08.11.2012 reagiert und die Vorschrift des § 329 StPO neu gefasst. Danach soll vor allem eine Berufung des Angeklagten künftig nicht mehr verworfen werden können, wenn zu Beginn der Berufungshauptverhandlung ein vom Angeklagten mit nachgewiesener Vertretungsvollmacht versehener Verteidiger für diesen erscheint. § 329 StPO setzt damit die maßgebliche Forderung aus dem genannten Urteil um. 49

38 OLG Zweibrücken NStZ 1992, 147.

2. Mit Sachentscheidung

a) Unbegründete Berufung

50 Ist die Berufung des Angeklagten oder der StA unbegründet, wird sie verworfen. Die StPO kennt die im Zivilprozess übliche Unterscheidung, wonach nur das unzulässige Rechtsmittel verworfen, das unbegründete aber zurückgewiesen wird, nicht.

▶ Formulierungsbeispiel

»Ich beantrage, die Berufung der StA gegen das Urteil des AG Nürnberg vom … kostenpflichtig zu verwerfen.«

b) Berufung wegen Unzuständigkeit des Erstgerichts begründet

51 Hat das Gericht des ersten Rechtszuges mit Unrecht seine Zuständigkeit angenommen, so hat das Berufungsgericht unter Aufhebung des Urteils die Sache an das zuständige Gericht zu verweisen, § 328 Abs. 2 StPO. Das gilt bei örtlicher oder sachlicher Unzuständigkeit des Erstgerichts.

▶ Formulierungsbeispiel

»Ich beantrage, das Urteil des AG Nürnberg vom … aufzuheben und die Sache an das zuständige AG München zu verweisen.«

c) Berufung in der Sache begründet

52 Ist die Berufung in vollem Umfang begründet, hat das Berufungsgericht unter Aufhebung des Urteils in der Sache selbst zu erkennen, § 328 Abs. 1 StPO.

▶ Formulierungsbeispiel

»Ich beantrage,

1. **auf die Berufung des Angeklagten das Urteil des AG Nürnberg vom … aufzuheben,**
2. **den Angeklagten freizusprechen und**
3. **die Kosten des Verfahrens und die notwendigen Auslagen des Angeklagten der Staatskasse aufzuerlegen.«**

53 Zu beachten ist, dass ein voller Erfolg auch dann vorliegt, wenn der Angeklagte seine Berufung von Anfang an auf bestimmte Beschwerdepunkte beschränkt hatte und damit durchdringt; auch dann trägt die Staatskasse die Verfahrenskosten und die notwendigen Auslagen des Angeklagten, was sich aus § 473 Abs. 3 StPO ergibt. Diese Vorschrift gilt aber nur für den Fall, dass die Beschränkung schon bei der Einlegung oder Begründung der Berufung erklärt wird.[39]

Die beschränkte Berufung hat vollen Erfolg, wenn der Berufungsführer sein Ziel im Wesentlichen erreicht.[40]

Bei der Beurteilung des Erfolgs einer Strafmaßberufung kommt es nicht auf den Schlussantrag des Berufungsführers, sondern nur auf den Vergleich zwischen den in 1. und 2. Instanz verhängten Rechtsfolgen an.[41]

Ein voller Erfolg liegt daher stets vor, wenn die Strafe wesentlich, d.h. um mindestens ein Viertel herabgesetzt wird, bei Geldstrafe auch dann, wenn die Herabsetzung der Tagessatzhöhe nur auf der Veränderung der wirtschaftlichen Verhältnisse des Angeklagten beruht.[42]

39 Meyer-Goßner/*Schmitt* § 473 Rn. 20.
40 OLG Düsseldorf NStZ 1985, 380.
41 OLG Köln StV 1993, 649.
42 Meyer-Goßner/*Schmitt* § 473 Rn. 21.

Dies ist auch bei einer Strafmaßberufung gegeben, wenn statt der verhängten Freiheitsstrafe eine Geldstrafe oder eine Strafaussetzung zur Bewährung erstrebt und erreicht wird.[43]

▶ Formulierungsbeispiel

»Ich beantrage,

1. **auf die Berufung des Angeklagten das Urteil des AG Nürnberg vom … im Strafmaß aufzuheben,**
2. **den Angeklagten zu einer Freiheitsstrafe von 3 Monaten zu verurteilen und**
3. **die Kosten des Berufungsverfahrens und die notwendigen Auslagen des Angeklagten der Staatskasse aufzuerlegen.«**

d) Berufung teilweise begründet

Hat der Angeklagte mit seiner unbeschränkten Berufung nur teilweise Erfolg, so muss die Berufung »im Übrigen« verworfen werden. Über die Kosten und notwendigen Auslagen kann dann nach Billigkeit gem. § 473 Abs. 4 StPO entschieden werden; in welchem Umfang davon Gebrauch gemacht wird, ist Frage des Einzelfalles. 54

▶ Formulierungsbeispiel

»1. Auf die Berufung des Angeklagten wird das Urteil des AG Nürnberg vom … im Rechtsfolgenausspruch aufgehoben.
2. Der Angeklagte wird zu einer Geldstrafe von 50 Tagessätzen zu je 30 € verurteilt.
3. Im Übrigen wird die Berufung des Angeklagten verworfen.
4. Der Angeklagte hat die Kosten des Verfahrens zu tragen. Die Berufungsgebühr wird um ein Drittel ermäßigt. Im Umfang dieser Ermäßigung fallen die Kosten des Verfahrens und die notwendigen Auslagen des Angeklagten der Staatskasse zur Last.«

Die zunächst unbeschränkt eingelegte Berufung, die erst nach dem Ablauf der Berufungsbegründungsfrist beschränkt wird, ist eine Teilrücknahme. Nach der h.M. in Rechtsprechung und Literatur werden die Kosten der erfolgreichen Berufung und die dem Angeklagten erwachsenen notwendigen Auslagen der Staatskasse nur mit Ausnahme derjenigen auferlegt, die bei einer alsbald nach Urteilszustellung erklärten Berufungsbeschränkung vermeidbar gewesen wären; diese trägt der Angeklagte.[44] 55

▶ Formulierungsbeispiel

»Ich beantrage,

1. **auf die Berufung des Angeklagten das Urteil des AG Nürnberg vom … im Strafmaß aufzuheben,**
2. **den Angeklagten zu einer Freiheitsstrafe von 3 Monaten zu verurteilen und**
3. **die Kosten der Berufung und die dem Angeklagten im Berufungsverfahren erwachsenen notwendigen Auslagen der Staatskasse aufzuerlegen mit Ausnahme derjenigen gerichtlichen und außergerichtlichen Auslagen, die bei einer von vornherein beschränkten Berufungseinlegung vermeidbar gewesen wären; diese Auslagen hat der Angeklagte zu tragen.«**

e) Mehrere Berufungen

Über mehrere Berufungen muss einzeln erkannt werden. 56

43 OLG Düsseldorf StV 1988, 71; OLG Hamburg NJW 1970, 1467.
44 OLG Bremen StV 1994, 495; OLG Koblenz, NStZ-RR 2011, 64; Meyer-Goßner/*Schmitt* § 473 Rn. 20.

▶ **Formulierungsbeispiel**

»Ich beantrage,

1. **die Berufung der StA gegen das Urteil des AG Nürnberg vom … kostenpflichtig zu verwerfen und**
2. **auf die Berufung des Angeklagten das Urteil des AG Nürnberg vom … aufzuheben, den Angeklagten freizusprechen und die Kosten des Verfahrens sowie die notwendigen Auslagen des Angeklagten der Staatskasse aufzuerlegen.«**

IV. Verbot der Schlechterstellung

57 § 331 StPO bewirkt, dass der Angeklagte ohne das Risiko einer Benachteiligung in der Berufungsinstanz von seinem Rechtsmittel Gebrauch machen kann. Nach Abs. 1 der genannten Vorschrift darf das Urteil in Art und Höhe der Rechtsfolgen der Tat nicht zum Nachteil des Angeklagten geändert werden, wenn lediglich der Angeklagte, zu seinen Gunsten die StA oder sein gesetzlicher Vertreter Berufung eingelegt hat. Das Verbot der Schlechterstellung bezieht sich demnach nur auf den Rechtsfolgenausspruch, nicht auf den Strafausspruch. Ob eine veränderte Rechtsfolge den Angeklagten schlechter stellt, ist aus einem Gesamtvergleich beider Rechtsfolgen festzustellen.

1. Geldstrafe

58 Bei der Geldstrafe darf weder die Zahl der Tagessätze noch die Endsumme erhöht werden.[45]

Die Erhöhung der Tagessätze ist aber zulässig, wenn gleichzeitig die Anzahl der Tagessätze herabgesetzt und die Endsumme nicht erhöht wird.[46]

2. Freiheitsstrafe

59 Eine Freiheitsstrafe darf überhaupt nicht erhöht werden, auch dann nicht, wenn eine daneben verhängte Geldstrafe wegfällt oder eine höhere Freiheitsstrafe im Gegensatz zu der im ersten Urteil verhängten zur Bewährung ausgesetzt wird. Ist im ersten Urteil Strafaussetzung zur Bewährung bewilligt worden, darf sie im Berufungsurteil nicht nachträglich versagt werden.[47]

3. Gesamtstrafe

60 Das Verschlechterungsverbot gilt sowohl für die Einzelstrafen als auch für die Gesamtstrafe. Wird statt wegen einer Einheitstat wegen mehrerer selbstständiger Handlungen verurteilt, darf jede Einzelstrafe die Höhe der früheren Einheitsstrafe erreichen; weder eine Einzelstrafe noch die Gesamtstrafe darf sie aber übersteigen. Wird Tateinheit statt Tatmehrheit angenommen, darf auf eine Strafe in Höhe der bisherigen Gesamtstrafe erkannt werden.[48]

Hat der Erstrichter es abgelehnt, aus einer Geld- und Freiheitsstrafe eine Gesamtfreiheitsstrafe zu bilden, hat er zu dieser Frage mithin eine Entscheidung getroffen, dann hat es bei alleiniger Berufung des Angeklagten dabei sein Bewenden. Dem Berufungsgericht ist es in einem solchen Fall durch das Verschlechterungsverbot des § 331 Abs. 1 StPO verwehrt, die Entscheidung des ersten Richters zu korrigieren. Hat der erste Richter hingegen über die Bildung einer Gesamtstrafe keine Entscheidung getroffen, weil ihm eine nach § 55 StGB einzubeziehende Freiheitsstrafe unbekannt geblieben ist, muss das Berufungsgericht diese nachholen, um dem aus § 55 StGB folgenden Gebot gerecht zu werden. Durch § 331 Abs. 1 StPO ist es daran nicht gehindert.[49]

---

45 BayObLG NJW 1980, 849.
46 OLG Celle NJW 1976, 121.
47 BayObLG NJW 1962, 1261.
48 *Meyer-Goßner*/Schmitt § 331 Rn. 18.
49 BGH NStZ 1988, 284.

Kapitel 10 Revision

Übersicht

A. Sinn und Zweck der Revision/Förmlichkeiten

1 Die wesentliche Aufgabe des Rechtsmittels »Revision«[1] besteht in der Wahrung der Rechtseinheit und Schaffung von materieller Gerechtigkeit durch Beseitigung von Fehlurteilen im Einzelfall. Aus der Sicht der Verteidigung ist das Rechtsmittel der Revision angesichts der begrenzten Überprüfungsmöglichkeiten des Revisionsgerichts nur von beschränktem Wert, da die Erfolgsaussichten oft nur gering sind.[2] Das Ermittlungsverfahren und die Hauptverhandlung sollte daher immer im Mittelpunkt der Tätigkeit der Verteidigung stehen, wenn auch die Beherrschung der Grundprinzipien des Revisionsverfahrens oft sehr wertvoll sein kann. Die Verteidigerin, die eine Hauptverhandlung mit dem Wissen angeht, dass sie mit dem Revisionsrecht vertraut ist, wird häufig versuchen, durch geeignete Anträge nicht nur auf den Ausgang des Erkenntnisverfahrens Einfluss zu nehmen, sondern dem Gericht damit zugleich die Möglichkeit eröffnen, revisible Fehler zu machen. Zwar hat es wiederum wenig Sinn, mit Schrot zu schießen – Beweis- und sonstige Anträge sollten schon einen sachlichen Gehalt und nachvollziehbaren Zweck haben. Die Chancen der Revision erhöhen sich unter dem Strich aber eben doch, wenn im Protokoll der eine oder andere (abgelehnte) Antrag festgehalten ist und wenn sich nur der Angeklagte schweigend verteidigt, der Verteidiger aber nicht die gleiche Strategie verfolgt, sondern das Verfahren mit den ihm zur Verfügung stehenden rechtlichen Mitteln gestaltet.

---

1 Hinweis: Der Wortlaut der nur mit Aktenzeichen angeführten Entscheidungen des Bundesgerichtshofs BGH kann im Internet unter www.bundesgerichtshof.de.»Bundesgerichtshof.de« – »Entscheidungen« nachgelesen werden. Allgemeine Literaturhinweise: KK/*Gericke* 8. Aufl. Vor § 333 Rn. 2–6; *Meyer-Goßner*/Schmitt 62. Aufl. Vor § 333 Rn. 4 m.w.N.; *Hamm* Revision in Strafsachen 7. Aufl. Rn. 89; zum Ziel der Revision: *Langer* FS Meyer-Goßner 2001, S. 497 ff.; *Frisch* FS Albin Eser 2005, S. 257 ff.; *ders.* FS Fezer 2008 S. 353 ff.; *Rosenau* FS Widmaier 2008 S. 521, 534 ff.; *Meyer-Goßner* FS Arbeitsgemeinschaft Strafrecht 2009 S. 668 ff.: *Ziegler* FS Arbeitsgemeinschaft Strafrecht 2009 S. 930 ff.; *Schlothauer* StraFo 2000, 289; *Fezer* FS Haacke 1999 S. 331 ff.; *Barton* Die Revisionsrechtsprechung des BGH in Strafsachen 1999; *Knauer* NStZ 2016, 1 ff.; *Schneider* NStZ 2019, 324 ff.

2 Zur Statistik: *Rieß* FS Sarstedt 1981, 284 (288); *ders.* NStZ 1982, 48 ff.; StV 1987, 269 ff.; *Nack* NStZ 1997, 153 ff.; *Barton* StraFo 1998, 325 ff.; *Fischer* NStZ 2013, 425 ff.

Die Revision ist ein Rechtsmittel, das sich gegen Urteile[3] von Strafkammern der Landgerichte (Große und Kleine Strafkammern – Schwurgerichtskammern – Wirtschaftsstrafkammern – Jugendstrafkammern) sowie gegen im ersten Rechtszug ergangene Urteile der Oberlandesgerichte (§ 120 GVG) richtet (§ 333 StPO). Dazu kommt die Sprungrevision, die es ermöglicht, auch Urteile des Amtsgerichts mit der Revision anzufechten (§ 335 StPO). Die Revision ist auch das statthafte Rechtsmittel, wenn das Landgericht die Entscheidung gemäß § 111i Abs. 2 StPO nicht in der Urteilsformel, sondern im Anschluss an die Urteilsverkündung durch Beschluss getroffen hat.[4]

Die Revision ist zudem das letzte ordentliche Rechtsmittel, mit dem man sich gegen ein solches Urteil wenden kann. Die Entscheidungen des Bundesgerichtshofs respektive der Oberlandesgerichte sind (vorbehaltlich einer Anhörungsrüge gemäß § 356a StPO) nicht mehr anfechtbar. Zwar besteht grundsätzlich noch die Möglichkeit einer Verfassungsbeschwerde (und, sofern diese keinen Erfolg hat, unter Umständen einer Beschwerde zum Europäischen Gerichtshof für Menschenrechte), aber angesichts deren statistisch sehr geringer Erfolgsaussichten verbietet es sich, darauf allzu große Hoffnungen zu setzen. Noch einmal: Erstes Ziel einer guten Verteidigung muss es sein, in der Hauptverhandlung ein Ergebnis zu erreichen, mit dem der Angeklagte leben kann. In diesem Rahmen empfiehlt es sich, mit geeigneten Anträgen für eine eventuell doch notwendige Revision in dem Sinne vorzubauen, dass man Argumentationsmaterial zur Akte und insbesondere zu Protokoll gibt. Dass es nach dem Revisionsverfahren noch weitergehen kann, sollte man im Hinterkopf haben, aber keinesfalls damit rechnen, dass es das Bundesverfassungsgericht schon richten werde, wenn der Bundesgerichtshof die Revision verwirft. Trotzdem werden im Folgenden an passender Stelle einige Hinweise dazu gegeben, wie man im Revisionsverfahren für eine etwaige Verfassungsbeschwerde Vorsorge treffen kann.

Zur Rechtsbeschwerde im Ordnungswidrigkeitenverfahren vgl. *Burhoff* ZAP Fach 21, 263–278.

▶ **Beachte**

Ein »volkstümliches« Rechtsmittel ist die Revision nicht[5], da sie auf die Prüfung von »Gesetzesverletzungen« beschränkt ist, noch dazu im Ergebnis nur solchen, auf denen das Urteil beruhen kann. Von besonderem Gewicht ist dabei der grundsätzliche Ausschluss der Tatsachenfeststellungen des erkennenden Gerichts von der Überprüfungsbefugnis des Revisionsgerichts[6]. Daraus ergibt sich für die Verteidigung die Notwendigkeit, sich uneingeschränkt an die Feststellungen des angefochtenen Urteils zu halten – Angriffe auf die Beweiswürdigung können letztlich nur die innere Geschlossenheit der tatrichterlichen Erwägungen thematisieren. Nach Art einer Berufungsbegründung vorzutragen, dass man dem Belastungszeugen seine Angaben nicht glauben dürfe, geht ebenso fehl wie den Ausführungen in der Revisionsbegründung einen auch nur um Nuancen von den Feststellungen abweichenden Sachverhalt zugrundezulegen. Die Feststellungen des Tatrichters lassen sich nur mit Verfahrensrügen erschüttern.

▶ **Hinweis**

Mit der mündlichen Bekanntgabe von Entscheidungsformel und Gründen ist das Urteil ergangen; es ist für das erkennende Gericht nicht mehr abänderbar oder ergänzbar. Für einen Wie-

---

3 Auch gegen Einstellungsurteile: aber: der Angeklagte ist durch die Verfahrenseinstellung wegen eines Prozesshindernisses in der Regel nicht beschwert: BGHSt 23, 257, 259; BGH NJW 2007, 3010 f., BGH, Beschl. v. 02.03.2011 – 2 StR 524/10, NStZ 2011, 650 f.; zum Urteilsentwurf BGH, Beschl. v. 10.09.2016 – 4 StR 24/15, NJW 2016, 1750 f.; zur wirksamen Verkündung BGH, Urt. v. 10.10.2019 – 1 StR 632/18.

4 BGH, Beschl. v. 17.02.2010 – 2 StR 524/09, BGHSt 55, 62 ff. = StV 2011, 136.

5 *Frisch*, S. 257 m.w.N.

6 Zur Problematik der Unberechenbarkeit der Rechtsprechung des BGH vgl. *Detter*, Festschrift 50 Jahre BGH, 2000, S. 679 ff.; *Barton*, Die Revisionsrechtsprechung des BGH in Strafsachen, 1999; *Rosenau*, S. 522 m.w.N.

dereintritt in die Hauptverhandlung sowie eine erneute Urteilsberatung und -verkündung ist kein Raum.[7] Rechtsmittelberechtigt sind der Angeklagte, die Staatsanwaltschaft (§ 296 StPO),[8] und zwar die Staatsanwaltschaft bei dem Gericht, das die anzufechtende Entscheidung erlassen hat.[9] Des Weiteren der Verteidiger (aber nicht gegen den Willen des Angeklagten (§ 297 StPO)[10]. Revision einlegen und die Begründungsschrift unterzeichnen kann auch ein Rechtsanwalt, dem die Verteidigung nicht übertragen ist, wenn er zum Zeitpunkt der Unterzeichnung der Erklärungen zur Einlegung bzw. Begründung der Revision bevollmächtigt ist.[11] Rechtsmittelbefugt sind auch der Nebenkläger (§§ 400, 401 StPO), der Privatkläger (§ 390 StPO), der gesetzliche Vertreter und Erziehungsberechtigte (§ 298 StPO), die Einziehungs- und Verfallbeteiligten (§ 437 StPO).

Ein Rechtsmittel einlegen kann grundsätzlich nur derjenige, der durch die angegriffene Entscheidung betroffen ist. Voraussetzung für den Erfolg einer Revision ist deshalb, dass der Rechtsmittelführer durch die angefochtene Entscheidung beschwert ist.[12] Die Staatsanwaltschaft bedarf für ihr Rechtsmittel keiner Beschwer. Eine solche liegt vor, wenn der Beschwerdeführer in seinen rechtlichen Interessen unmittelbar beeinträchtigt ist. Eines ausdrücklichen Vortrags dazu bedarf es grundsätzlich nicht; es genügt, dass sich die Beschwer aus der Entscheidung ergibt. Die Beschwer eines Angeklagten kann nicht nur in der Verurteilung liegen, sondern auch in einer Straffreierklärung (vgl. §§ 199, 233 StGB) oder einem Absehen von Strafe (vgl. §§ 60, 139, 157, 158, 174 Abs. 4 StGB), ebenso in Fällen der Einziehung (vgl. auch § 74d StGB).

Ein Angeklagter kann ein gegen ihn ergangenes Urteil aber nicht allein deswegen anfechten, weil gegen ihn (neben der Strafe) keine Maßregel der Besserung und Sicherung angeordnet worden ist. Denn die angeordnete Maßregel stellt grundsätzlich ein zusätzliches Übel neben der Freiheitsstrafe dar. Durch das Unterlassen der Maßregelanordnung ist ein Angeklagter daher nicht beschwert.[13]

Bei einer Einstellung durch den Tatrichter[14] kommt es darauf an, ob es sich um eine endgültige oder nur um eine vorübergehende Maßnahme handelt; bei behebbaren Prozesshindernissen dürfte deshalb

7 BGH, Beschl. v. 23.10.2012 – 2 StR 285/12, StraFo 2013, 29 f.

8 Ihr Rechtsmittel wirkt immer auch zugunsten des Angeklagten (vgl. § 301 StPO), ihre Revision kann nicht auf die Verletzung solcher Normen gestützt werden, die nur zugunsten des Angeklagten gegeben sind (vgl. § 339 StPO).

9 Für die gem. § 145 Abs. 1 GVG mit der Wahrnehmung der Amtsvorrichtungen der Staatsanwaltschaft beauftragte Staatsanwaltschaft vgl. BGH NStZ 1995, 204; 1998, 309; macht der Generalstaatsanwalt von seiner Ersetzungsbefugnis nach § 145 Abs. 1 GVG Gebrauch, kann auch die so bestimmte Staatsanwaltschaft gemäß § 296 Abs. 1 StPO zur Einlegung und Begründung einer Revision befugt sein, auch wenn sie nicht Staatsanwaltschaft bei dem Gericht ist, das das Urteil erlassen hat. Nach § 145 Abs. 1 GVG kann nicht nur ein einzelner Staatsanwalt, sondern auch eine andere Staatsanwaltschaft beauftragt werden; vgl. BGH, Urt. v. 03.12.1997 – 5 StR 267/97.

10 Die Bestellung eines Pflichtverteidigers durch den Vorsitzenden des Tatgerichts wirkt für das Revisionsverfahren fort, sie gilt aber grundsätzlich nicht für die Verhandlung vor dem Revisionsgericht: BGHSt 36, 259; ausf. *Meyer-Goßner*/Schmitt § 350 Rn. 7 ff.

11 BGH NStZ 2001, 53.

12 Ob das eine Frage der Zulässigkeit ist, ist streitig, vgl. *Hamm* Rn. 61 ff.; *Dahs* Die Revision in Strafsachen 8. Aufl. Rn. 31 ff.; *Weidemann/Scherf* Die Revision in Strafsachen 2. Aufl. Rn. 151 f.; vgl. auch BGHSt 37, 5 ff. und BGHSt 10, 358, 360; 12, 1, 2; ausf. BGH, Beschl. v. 14.10.2015 – 1 StR 56/15, StV 2016, 781 f. (Fall Mollath) vgl. dazu *Michalke*, NJW 2016, 731 f.; *Grosse-Wilde/Stuckenberg*, StV 2016, 784 ff.; *Jahn*, JuS 2016, 180 ff.; *Reckmann*, jurisPR-StrafR 1/2016 Anm. 2; *Meyer-Goßner*/Schmitt Vor § 296 Rn. 8.

13 BGHSt 26, 327, 330; 37, 5, 7; 38, 4, 7; BGH, Beschl. v. 07.10.2010 – 3 StR 375/10, NStZ-RR 2011, 22; BGH NStZ 2007, 213; 2009, 261; StraFo 2010, 72; ausf. *Dencker* FS Mehle 2009 S. 143 ff.

14 Zu den Anforderungen an ein Einstellungsurteil vgl. BGH, Urt. v. 19.10.2010 – 1 StR 266/10, NJW 2011, 547 f.

eine Beschwer zu bejahen sein.[15] Wird das Verfahren wegen eines behebbaren Verfahrenshindernisses durch Prozessurteil eingestellt, so ist die Revision des Angeklagten zulässig, wenn er behauptet, es liege ein weiteres, nicht behebbares Prozesshindernis vor.[16] Besteht die Möglichkeit eines Freispruches, beschwert eine bloße Einstellung den Angeklagten, dem auf diese Weise die rehabilitierende Wirkung eines Freispruchs vorenthalten wird. Nur bei Beschwer durch den Urteilsspruch selbst kann der Angeklagte Revision einlegen, also nicht schon dann, wenn er sich durch eine abschätzige Formulierung der Urteilsgründe beschwert fühlt.

Eine unmittelbare Beeinträchtigung der Rechte des Rechtsmittelführers muss sich aus dem Tenor selbst und nicht nur aus den Entscheidungsgründen ergeben. Einzelne Ausführungen in den Gründen des Urteils können deshalb auch nicht Gegenstand eines zulässigen Revisionsverfahrens sein.

Gegen ein freisprechendes Urteil steht ihm daher grundsätzlich kein Rechtsmittel zu[17]. Das gilt auch, wenn er wegen Schuldunfähigkeit (§ 20 StGB) freigesprochen worden ist, und zwar selbst dann, wenn das Gericht offenlässt, ob überhaupt eine tatbestandsmäßige, rechtswidrige Handlung vorliegt.[18]

▶ Hinweis

In seltenen Ausnahmefällen kann auch ein freisprechendes Urteil durch die Art seiner Begründung Grundrechte verletzen[19].

Bei fehlender Beschwer kann ein Rechtsmittel manchmal gegen Nebenentscheidungen gegeben sein. Die Kosten- und Auslagenentscheidung kann aber nicht mit der Revision, sondern nur getrennt davon mit der sofortigen Beschwerde angefochten werden (§ 464 Abs. 3 StPO). Das Revisionsgericht ist für die Entscheidung über die sofortige Beschwerde gegen die Kostenentscheidung nach § 464 Abs. 3 S. 3 StPO nur zuständig, wenn es zugleich über eine vom Beschwerdeführer eingelegte Revision zu entscheiden hat, weil nur in diesem Fall der erforderliche enge Zusammenhang zwischen beiden Rechtsmitteln besteht.[20]

B. Einlegung der Revision

I. Frist und Adressat

Die Revision kann erst eingelegt werden, wenn das Urteil verkündet ist; entscheidend ist hierfür 2
die Verkündung des Urteilstenors. Keine Voraussetzung der Rechtsmitteleinlegung ist dagegen, dass die Revisionseinlegungsfrist schon zu laufen begonnen hat; denn sie bestimmt nur, bis wann die Rechtsmittelerklärung spätestens bei Gericht eingegangen sein muss.[21]

Die Frist zur Einlegung der Revision beträgt eine Woche; sie beginnt grundsätzlich mit der Verkündung (§ 341 Abs. 1 StPO), bei in Abwesenheit des Angeklagten verkündetem Urteil mit dessen Zustellung (§ 341 Abs. 2 StPO, beachte aber die dort bestimmten Ausnahmen für Fälle der Verkündung des Urteils in Anwesenheit des mit nachgewiesener Vertretungsvollmacht ausgestatteten Verteidigers).

»Abwesenheit des Angeklagten« bezieht sich auf dessen Zugegensein während der gesamten Urteils- 3
verkündung, also während der Verlesung der Urteilsformel und der mündlichen Mitteilung der

15 BGHSt 23, 257 ff.; BGH, Beschl. v. 02.03.2011 – 2 StR 524/10, NStZ 2011, 531 f.

16 BGH, Urt. v. 04.05.2011 – 2 StR 524/10, NStZ 2011, 531 f.; Beschl. v. 02.03.2011 – 2 StR 524/10, NStZ 2011, 650 f.

17 Ausführlich BGH, Beschl. v. 14.10.2015 – 1 StR 56/15, StV 2016, 781 f. (Fall Mollath) vgl. dazu *Michalke*, NJW 2016, 731 f.; *Grosse-Wilde/Stuckenberg*, StV 2016, 784 ff.; *Jahn*, JuS 2016, 180 ff.; *Reckmann*, jurisPR-StrafR 1/2016 Anm. 2; vgl auch BGH, Beschl. v. 28.01.2020 – 4 StR 608/19.

18 BGHSt 16, 374 ff.

19 Vgl. BVerfGE 6, 7, 9; 28, 151, 160; 140, 42; Beschl. v. 21.04.2004 – 2 BvR 581/04.

20 BGHR StPO § 464 Abs. 3 – Zuständigkeit 3.

21 BGHSt 25, 234 (235).

Urteilsgründe (§ 268 Abs. 2 S. 1 StPO).[22] War der Angeklagte auch nur während eines Teils der Urteilsverkündung nicht anwesend, läuft seine Revisionseinlegungsfrist erst ab der Zustellung, gilt also § 341 Abs. 2 StPO; ein Angeklagter, der sich vor dem Ende der Urteilsverkündung aus dem Saal entfernt oder der entfernt wird, hat als bei der Verkündung nicht anwesend zu gelten. Die Verkündung bildet eine Einheit; sie vermittelt den Verfahrensbeteiligten und der Öffentlichkeit die Kenntnis, wie das Gericht entschieden und aus welchen Gründen es so erkannt hat; erst mit der abschließenden Mitteilung der Urteilsgründe ist die Verkündung beendet[23] Dabei ist ohne Bedeutung, ob der Verteidiger während der Urteilsverkündung anwesend war;[24] ebenso ist ohne Belang, warum der Angeklagte (zeitweise) abwesend war.[25]

4 Auch für den Verteidiger beginnt die Revisionseinlegungsfrist grundsätzlich mit der Urteilsverkündung (§ 341 Abs. 1 StPO). War der Angeklagte während dieser (zeitweise) abwesend, so kann der Verteidiger – unabhängig von seiner eigenen Anwesenheit – die für den Angeklagten nunmehr ab der Urteilszustellung laufende Frist nutzen; dies ergibt sich schon daraus, dass der Angeklagte mit der Rechtsmitteleinlegung einen beliebigen (verhandlungsfähigen) Vertreter beauftragen darf,[26] also auch seinen Verteidiger. War der Angeklagte während der Urteilsverkündung anwesend, sein Verteidiger dagegen nicht, stellt sich die Frage nach der entsprechenden Anwendbarkeit von § 341 Abs. 2 StPO, der nach seinem Wortlaut nur für den Angeklagten gilt. Hier wird eine differenzierte Betrachtungsweise geboten sein: Hat es sich um einen Fall der notwendigen Verteidigung gehandelt, rechtfertigt der Verstoß gegen §§ 140, 145 Abs. 1, 338 Nr. 5 StPO eine entsprechende Anwendung von § 341 Abs. 2 StPO; bei nicht notwendiger Verteidigung wird dies dagegen nur zu bejahen sein, wenn das Gericht das Ausbleiben des Verteidigers – etwa durch ein Unterlassen der Ladung – verschuldet hat.

5 In den Fällen des § 341 Abs. 2 StPO beginnt die Revisionseinlegungsfrist mit der ordnungsgemäßen Zustellung des vollständigen, also des mit den Gründen versehenen Urteils:[27] Die erforderliche Zustellung des Urteils kann aber auch in diesem Fall gemäß § 145a StPO[28] in der Weise bewirkt worden, dass eine Urteilsausfertigung dem bestellten Verteidiger gegen Empfangsbekenntnis zugestellt wird.[29] War die Zustellung unwirksam, ist die Rechtsmitteleinlegungsfrist nicht angelaufen, eine Fristversäumung ist dann grundsätzlich ausgeschlossen.

▶ **Beachte**

Die Frist zur Einlegung der Rechtsbeschwerde beginnt für den bei der Urteilsverkündung abwesenden Betroffenen auch dann mit der Zustellung des Urteils, wenn dieses nicht mit Gründen versehen ist und die Voraussetzungen des § 77b Abs. 1 S. 3 OWiG nicht vorlagen.[30] Ob die Monatsfrist zur Begründung der Rechtsbeschwerde für den bei der Urteilsverkündung abwesenden Betroffenen erst nach Ablauf der Frist zur Einlegung der Rechtsbeschwerde zu laufen beginnt, ist umstritten.[31]

---

22 BGHSt 15, 263 (265); »abwesend« ist auch der anwesende, aber verhandlungsunfähige Angeklagte: BayObLG NStZ-RR 1998, 368 m.w.N.
23 BGH NStZ 2000, 498.
24 BGHSt 25, 234.
25 BGH NStZ 2000, 498.
26 Vgl. BGH NStZ 1996, 50; 2001, 52.
27 BGHSt 25, 234.; zur Zustellung vgl. *Kotz* StRR 2013, 4 f.; 44 f.; 84 ff.
28 Aus § 145a Abs. 1 StPO kann nicht entnommen werden, dass eine Zustellung nur wirksam an den gewählten Verteidiger bewirkt werden könne, dessen Vollmacht sich bei den Akten befindet. Die Norm begründet lediglich zur Sicherstellung einer ordnungsgemäßen Zustellung von Entscheidungen und sonstigen Schriftstücken eine vom Willen des Beschuldigten unabhängige gesetzliche Zustellungsvollmacht: BGH, Beschl. v. 15.01.2008 – 3 StR 450/07, StraFo 2010, 339.
29 BGHR StPO § 45 Abs. 1 Frist 1.
30 BGH NStZ 2005, 171.
31 Vgl. Rechtsprechungsnachweise bei OLG Bamberg, Beschl. v. 10.05.2007 – 3 Ss OWi 1532/2006, 3 Ss OWi 1532/06, VerkMitt 2008, Nr. 6.

Die Fristberechnung erfolgt nach §§ 42 f. StPO; die Wochenfrist endet also regelmäßig am gleichen Wochentag eine Woche nach der Verkündung bzw. Zustellung (z.B. Verkündung: *Montag*, 23.10.2023; Fristablauf: *Montag*, 30.10.2023, 24 Uhr, § 43 Abs. 1 StPO; Ausnahme: § 43 Abs. 2 StPO[32]). 6

▶ Hinweis

Soweit es heute noch zum Tragen kommt (vgl. § 32d StPO), ist bei einem besonders für fristgebundene Schriftsätze vorgesehenen Gerichtsbriefkasten der Zeitpunkt des Einwurfes als Zeitpunkt des Zugangs zu werten. Auf die Tatsache, dass der Schriftsatz danach nicht zu den Akten gelangt ist, kommt es nicht an. § 341 Abs. 1 StPO stellt nur auf den Eingang bei dem Gericht ab und nicht auf den bei der zuständigen Abteilung.[33]

Entscheidend für die Fristwahrung ist der rechtzeitige Eingang der Rechtsmittelschrift bei dem Gericht, dessen Urteil angefochten wird (§ 341 Abs. 1 StPO); Adressat ist somit das Tat-, nicht das Revisionsgericht (Ausnahme vor allem bei Verbindung mit einem Wiedereinsetzungsantrag, vgl. BGHSt 40, 395 [397]). Bei Urteilen von Außen- oder Zweigstellen eines Gerichts kann die Revisionseinlegungsschrift auch beim Haupt- oder Stammgericht eingereicht werden.[34] Zweifel am Eingang der Rechtsmittelschrift bei Gericht, die auch nach Durchführung des Freibeweisverfahrens nicht überwunden werden können, gehen zum Nachteil des Rechtsmittelführers,[35] Zweifel an der Rechtzeitigkeit des Eingangs wirken dagegen zu dessen Vorteil.[36] 7

▶ Hinweise zur Wiedereinsetzung (für Fristversäumung bei Revisionseinlegung und auch Revisionsbegründung)

Bei einer versäumten Revisionseinlegungsfrist kann Wiedereinsetzung nach den §§ 44 ff. StPO gewährt werden.[37] Dann läuft die Revisionsbegründungsfrist regelmäßig ab der Zustellung des Wiedereinsetzungsbeschlusses.[38]

Das Rechtsinstitut der Wiedereinsetzung dient aber nicht der Heilung von Zulässigkeitsmängeln von fristgemäß erhobenen Verfahrensrügen[39].

Wiedereinsetzung in den vorigen Stand kann dem Angeklagten bewilligt werden, wenn er ohne sein Verschulden verhindert gewesen ist, die Frist zur Revisionsbegründung (oder -einlegung) einzuhalten (§ 44 S. 1 StPO)[40]. Ein Verschulden seines Verteidigers wird ihm in der Regel[41] – anders als dem Nebenkläger[42] – nicht zugerechnet. Im Unterschied zum Angeklagten ist einem Nebenkläger das Verschulden seines Prozessbevollmächtigten, der nach Versäumung der Frist zur Revisionsbegründung Wiedereinsetzung beantragt, zuzurechnen.[43] Bei der Wiedereinsetzung in den vorigen

32 Der Buß- und Bettag ist in den meisten Bundesländern (außer in Sachsen) wenn überhaupt, dann nur ein kirchlicher Feiertag und somit kein »allgemeiner« Feiertag i.S.d. § 43 Abs. 2 StPO. Die gesetzliche Fristverlängerung gilt daher nicht für eine Frist, die an diesem Tag abläuft vgl. BGH StraFo 2007, 415 f.
33 BGH, Beschl. v. 20.10.2011 – 2 StR 405/11, NStZ-RR 2012, 118.
34 Vgl. dazu auch BGH wistra 1999, 346 (347); BGHSt 40, 395 ff.; vgl. auch BGH NStZ 2008, 55 zum Buß- und Bettag in einigen Bundesländern (gesetzlicher Feiertag nur noch in Sachsen).
35 BGH NStZ 1999, 372.
36 *Meyer-Goßner*/Schmitt § 261 Rn. 35.
37 Vgl. z.B. BGH NStZ 2001, 45 (fehlende Rechtsmittelbelehrung).
38 BGH NStZ 2000, 96 (98) m. Anm. *Rieß*; BGHSt 30, 335 f.
39 BGH, Beschl. v. 11.04.2019 – 1 StR 91/18; v. 24.10.2018 – 2 StR 578/16 = NStZ-RR 2019, 25.
40 Zur Wiedereinsetzung in die Revisionsbegründungsfrist vgl. *Sobota/Loose*, NStZ 2018, 72 ff.
41 BGHSt 14, 306 (308); vgl. dazu *Jahn* JuS 2012, 1044 f.
42 BGHSt 30, 309; BGHR StPO § 44 – Verschulden 6; BGH, Beschl. v. 28.03.2006 – 4 StR 534/05; v. 28.04.2016 – 4 StR 474/15, StV 2016, 736.
43 BGH, Beschl. v. 11.07.2018 – 2 StR 467/17 = StraFo 2018, 431 f.

Stand gegen die Versäumung der Wochenfrist des § 356a S. 2 StPO ist aber das Verschulden des Verteidigers dem Antragsteller zuzurechnen.[44] Bei der Anhörungsrüge nach § 356a StPO handelt es sich um einen außerordentlichen Rechtsbehelf nach rechtskräftigem Abschluss des Strafverfahrens. Sie ist zwar noch Teil des fachgerichtlichen Verfahrens, da sie aber zur Entlastung des Bundesverfassungsgerichts dient, stellt sie sich letztlich als Vorstufe der Verfassungsbeschwerde gegen die Revisionsentscheidung auf fachgerichtlicher Ebene dar. Im Rahmen der Prüfung, ob die Versäumung der Wochenfrist des § 356a S. 2 StPO unverschuldet war, ist deshalb ein Verschulden des Verteidigers zuzurechnen.[45] Wer von einem befristeten Rechtsbehelf bewusst keinen Gebrauch macht, ist nicht i.S. des § 44 S. 1 StPO »verhindert, eine Frist einzuhalten«. Das gilt auch dann, wenn ein Angeklagter nach Beratung durch seinen Verteidiger die Erfolgsaussichten eines Rechtsmittels – möglicherweise – falsch einschätzt.[46] Aufgrund einer krankhaften Störung seiner Geistestätigkeit kann ein Angeklagter unverschuldet an der Einhaltung der Revisionseinlegungsfrist gehindert sein. Unverschuldete Säumnis kommt bei derartigen Erkrankungen regelmäßig nur dann in Betracht, wenn sie mit Verhandlungsunfähigkeit einhergehen.[47] Der Betroffene muss gem. § 45 Abs. 2 S. 2 StPO innerhalb einer Woche nach Wegfall des Hindernisses (z.B. Kenntnis von der Fristversäumung) entweder selbst Wiedereinsetzung beantragen und durch Erklärung zu Protokoll des Urkundsbeamten der Geschäftsstelle die versäumte Handlung (z.B. Begründung der Revision in der dafür vorgeschriebenen Form (z.B. § 345 Abs. 2 StPO) nachholen oder einen Verteidiger zur Abgabe der Revisionsbegründung in der genannten Frist veranlassen.[48] Entscheidend für den Fristbeginn ist der Zeitpunkt der Kenntnisnahme durch den Betroffenen und nicht der Zeitpunkt der Kenntnisnahme durch den Verteidiger.[49] Im Antrag auf Wiedereinsetzung in den vorigen Stand muss der Antragsteller (im Hinblick auf § 45 StPO) mitteilen, wann der Grund weggefallen ist, der ihn an der rechtzeitigen Begründung der Revision gehindert hat.[50] Die für die Gewährung der Wiedereinsetzung erforderlichen Angaben sind ebenso wie ihre Glaubhaftmachung Zulässigkeitsvoraussetzungen. Darzulegen und glaubhaft zu machen sind auch diejenigen Umstände, aus denen sich ergibt, dass der Antragsteller ohne eigenes Verschulden gehindert war, die versäumte Rechtsmittelfrist einzuhalten.[51] Wiedereinsetzung zur Nachholung einzelner Verfahrensrügen bei ansonsten rechtzeitiger Revisionsbegründung kommt nur in eng umgrenzten Ausnahmefällen in Betracht, etwa wenn dem Verteidiger bis zum Ablauf der Revisionsbegründungsfrist trotz mehrfacher Mahnung keine Akteneinsicht gewährt oder das Sitzungsprotokoll nicht zur Einsichtnahme zur Verfügung gestellt wurde und eine Verfahrensrüge nachgeschoben werden soll, die ohne Kenntnis der Akten bzw. des Protokolls nicht begründet werden kann.[52] Allein der Umstand, dass ein nachträglich beauftragter weiterer Verteidiger nach Ablauf der Revisionsbegründungsfrist zu der Auffassung gelangt, die Revision hätte auch auf eine Verfahrensrüge gestützt werden können, stellt keinen Grund i.S.d. § 44 StPO dar, der ausnahmsweise Wiedereinsetzung in die Frist des § 345 Abs. 1 StPO gebieten könnte.[53] Ein Wiedereinsetzungsantrag nach Versäumung der Frist zur Begründung der Revision ist zulässig, wenn die nachgeholte Handlung den Formerfordernissen von § 344 Abs. 1, Abs. 2 S. 1

44 BGH, Beschl. v. 13.08.2008 – 1 StR 162/08, StV 2010, 297.

45 BGH, Beschl. v. 13.08.2008 – 1 StR 162/08, StV 2010, 297 f.; vgl. dazu *Winckler* jurisPR-StrafR 25/2008 Anm. 2.

46 BGH NStZ-RR 1998, 109.

47 BGH, Beschl. v. 10.01.2017 – 1 StR 533/16.

48 BGHR StPO § 45 Abs. 1 S. 1 – Frist 2; BGH StV 1997, 226 m. Anm. *Ventzke* S. 227 ff.

49 BGH, Beschl. v. 20.07.2010 – 3 StR 246/10.

50 BGH NStZ 2006, 54 f.; BGH, Beschl. v. 05.08.2010 – 3 StR 269/10, NStZ-RR 2010, 378 f.; v. 04.08.2010 – 2 StR 365/10.

51 BGH, Beschl. v. 21.11.2016 – 1 StR 526/16; v. 14.01.2015 – 1 StR 573/14, NStZ-RR 2015, 145 f.

52 Meyer-Goßner/*Schmitt* § 44 Rn. 7a; *Staub* u.a. DAR 2017, 425 ff.; BGH NStZ-RR 2005, 240 f.; StV 2006, 283; BGH, Beschl. v. 29.06.2006 – 4 StR 146/06; BGH StraFo 2008, 475; v. 11.04.2019 – 1 StR 91/18; v. 24.10.2018 – 2 StR 578/16 = NStZ-RR 2019, 25; vgl. auch *Staub* DAR 2017, 425 ff.

53 BGHR StPO § 44 – Verfahrensrüge 8.

und § 345 Abs. 2 StPO genügt. Ob die ausgeführte Revisionsbegründung § 344 Abs. 2 S. 2 StPO entspricht, ist nur im Revisions- und nicht im Wiedereinsetzungsverfahren zu prüfen.[54]

▶ **Beachte**

Hat die Beschwerdeführerin nach fristgerecht erhobener allgemeiner Sachrüge keine Verfahrensrügen innerhalb der Frist erhoben, berechtigt dies grundsätzlich nicht dazu, Wiedereinsetzung zu verlangen. Die Rechtsprechung hat von diesem Grundsatz jedoch Ausnahmen zugelassen[55], wenn dies zur Wahrung des rechtlichen Gehörs (Art. 103 Abs. 1 GG) unerlässlich erscheint, etwa wenn der Beschwerdeführer aufgrund Erkrankung seines Verteidigers gehindert worden ist, Verfahrensrügen innerhalb der Revisionsbegründungsfrist anzubringen.[56] Dem Fall einer Erkrankung ist vergleichbar der Fall, in dem der rechtzeitigen Anbringung der Verfahrensrüge unverschuldet ein auf äußeren Umständen beruhendes nicht zurechenbares Hindernis entgegenstand.[57]

Eine Wiedereinsetzung in den vorigen Stand findet nicht statt, wenn der Angeklagte durch zwei Rechtsanwälte verteidigt wird, von denen einer die Sachrüge fristgerecht erhoben, der andere aber die Frist zur Geltendmachung von Verfahrensbeschwerden versäumt hat. Denn es handelt sich bei der Revision des Angeklagten unabhängig von der Zahl seiner Verteidiger um ein einheitliches Rechtsmittel mit einer einheitlichen Begründungsfrist.[58] Wird für das Revisionsverfahren neben dem bisher allein tätigen Pflichtverteidiger eine weitere Verteidigerin beauftragt, so müsste diese den bisher tätigen Kollegen daher sicherheitshalber darum bitten, dass er keine allgemeine Sachrüge erhebt, um für den Fall eines Fristversäumnisses ihrerseits die Möglichkeit zur Wiedereinsetzung offenzuhalten. Besser ist es natürlich, wenn man ganz genau auf die Wahrung der Frist achtet.

Wiedereinsetzung in den vorigen Stand kann, wo das Gesetz nicht ausnahmsweise etwas anderes vorsieht (z.B. in § 329 Abs. 3 StPO), nur gegen die Versäumung einer Frist beansprucht werden. Eine Wiedereinsetzung in den vorigen Stand nach Eintritt der Rechtskraft der Sachentscheidung ist nicht mehr zulässig.[59] Eine nachträgliche Durchbrechung der Rechtskraft wird nur bewirkt durch eine erfolgreiche Verfassungsbeschwerde oder einen zulässigen und begründeten Wiederaufnahmeantrag.

Eine Wiedereinsetzung in die durch § 349 Abs. 3 Satz 2 StPO bestimmte Frist zur Abgabe einer Gegenerklärung zu dem Antrag des Generalbundesanwalts/Generalstaatsanwalts, ist nicht möglich. Bei der zweiwöchigen Frist, die keine Ausschlussfrist ist, handelt es sich nicht um eine Frist im Sinne von § 44 Satz 1 StPO.[60] Wenn die Verteidigung absieht, dass die Frist nicht gewahrt werden kann, oder die Frist gerade abgelaufen ist, empfiehlt sich vielmehr ein Anruf bei der Geschäftsstelle des zuständigen Strafsenats des Bundesgerichtshofs oder Oberlandesgerichts und die Mitteilung, dass die Gegenerklärung noch erfolgt, die man dann aber auch alsbald einreichen sollte.

Der Antrag auf Wiedereinsetzung muss Angaben über den Zeitpunkt des Wegfalls des Hindernisses enthalten. Ferner hat der Gesuchsteller alle Tatsachen glaubhaft zu machen, die für die Entscheidung über die Zulässigkeit und Begründetheit seines Gesuchs von Bedeutung sind. Wird Wiedereinsetzung in die versäumte Revisionsbegründungsfrist begehrt, muss der Inhalt die Angabe enthalten, wann

54 BGHSt 42, 365 ff.

55 BGHSt 1, 44; 31, 161, 163; BGH, Beschl. v. 31.01.2006 – 4 StR 403/05, StV 2006, 283; BGH, Beschl. v. 29.06.2006 – 4 StR 146/06; StV 2008, 568 f. = NStZ 2008, 705 f.

56 BGH NStZ1985, 204.

57 BGH NStZ-RR1999, 110; BGH, Beschl. v. 07.05.2008 – 1 StR 203/08, NStZ 2008, 525.

58 BGH, Beschl. v. 10.07.2008 – 3 StR 239/08, StV 2008, 569 f.

59 BGHR StPO § 349 Abs. 2 – Beschl. 1.

60 BGH, Beschl. v. 07.03.2018 – 2 StR 470/17.

genau dem Verurteilten die Versäumung der Revisionsbegründungsfrist bekannt wurde. Eine eigene Erklärung oder eidesstattliche Versicherung des Angeklagten reicht zur Glaubhaftmachung nicht aus.[61]

▶ **Muster für Wiedereinsetzung**

8 **An das Landgericht München**

Strafkammer

In der Strafsache

gegen

Az.:

beantrage ich

dem Angeklagten Wiedereinsetzung in die versäumte Revisionsbegründungsfrist zu gewähren,

(den Beschluss des Landgericht München vom ..., mit dem die Revision als unzulässig verworfen worden ist, aufzuheben),

auf die Revision des Angeklagten das Urteil des Landgerichts München vom ... mit den zugehörigen Feststellungen aufzuheben und die Sache zu neuer Verhandlung und Entscheidung an eine andere Strafkammer des Landgerichts zurückverweisen.

Zur Begründung führe ich folgendes aus:

zur Kenntnis von der Fristversäumung (wegen § 45 StPO)

Grund der Fristversäumung – kein Verschulden des Angeklagten – entsprechende Glaubhaftmachung

Revisionsbegründung (§ 45 Abs. 2 S. 2 StPO) – falls nicht schon geschehen.

Unterschrift

II. Form und Inhalt

9 Die Revisionseinlegung muss nach § 341 Abs. 1 StPO schriftlich oder zu Protokoll des Urkundsbeamten erklärt werden; letztere Alternative steht dem Verteidiger nicht offen. Sie muss in deutscher Sprache abgefasst sein.[62] Seit dem 1. Januar 2022 muss die Revisionseinlegung – ebenso wie später die Revisionsbegründung – gemäß § 32d S. 2 StPO durch Einreichung eines elektronischen Dokuments erfolgen. Insoweit besteht eine aktive Nutzungspflicht für das besondere elektronische Anwaltspostfach. Eine Ausnahme hiervon gilt nur noch, wenn dies aus technischen Gründen vorübergehend nicht möglich ist, in diesem Fall ist als Ersatz die Übermittlung in Papierform zulässig. Die vorübergehende technische Unmöglichkeit ist dann aber bei der Ersatzeinreichung oder unverzüglich danach glaubhaft zu machen, vgl. § 32 S. 2 und 3 StPO.

10 Die in § 341 Abs. 1 StPO für die Einlegung der Revision gebotene Schriftform verlangt nicht unbedingt eine Unterschrift. Es ist daher auch bei der jetzt geforderten Einreichung elektronischer Dokumente nicht nötig, eine eingescannte Unterschrift einzufügen. Es genügte zur Wahrung der Schriftform schon früher, dass aus dem Schriftstück in einer jeden Zweifel ausschließenden Weise ersichtlich war, von wem die Erklärung herrührt.[63] Daran hat sich nichts geändert. Die Verantwortungsübernahme kann etwa in der Weise belegt werden, dass ein Dokument auf dem Briefkopf der Kanzlei Müller & Meier mit der Angabe »Müller, Rechtsanwalt« abgeschlossen wird und aus dem persönlichen beA-Postfach von Rechtsanwalt Müller versendet wird oder ansonsten mit einer quali-

61 BGH, Beschl. v. 05.08.2010 – 3 StR 269/10, NStZ-RR 2010, 378.
62 BGHSt 30, 182 (183).
63 BGH, Beschl. v. 03.05.2022, 3 StR 89/22 = StV 22, 776; BGH NStZ 2002, 558; vgl. auch GmS-OGB NJW 2000, 2340 (2341).

fizierten elektronischen Signatur versehen ist. Es darf sich nicht lediglich um einen Entwurf handeln, das Schriftstück muss mit Wissen und Wollen des Berechtigten dem Gericht zugeleitet worden sein. Bei einer Ersatzeinreichung in Papierform im Ausnahmefall einer technischen Störung ist aber die Unterzeichnung der Rechtsmittelschrift (oder später der Revisionsbegründungsschrift) zweifellos auch weiterhin die eindeutigste und sinnvollste Handhabung.

Einzelfälle zur Schriftlichkeit und Übermittlung an das Gericht[64] (soweit im heutigen Rechtsverkehr 11
unter Beachtung von § 32d StPO noch relevant):

Übermittlung des **Originals**	Kann nur noch in der Form möglich sein, dass der Schriftsatz als ausgedrucktes und unterschriebenes Original in den Fristbriefkasten eingeworfen wird, wenn der Fristablauf kurz bevorsteht und die elektronische Einreichung nicht funktioniert.
Übermittlung per **Telefax**	Die Übermittlung per Telefax ist ausreichend (BVerfG NJW 1996, 2857; vgl. auch Rdn. 40). Ein Telefax ist dem Gericht zugegangen, wenn das Schriftstück am Empfangsgerät ausgedruckt wird. Auf die Tatsache, dass das Telefax danach nicht zu den Akten gelangt ist, kommt es nicht an.[65]
Übermittlung per **Computerfax** oder **E-Mail:**	Beide Übermittlungsformen sind ausreichend, jedenfalls bei eingescannter Unterschrift (GmS-OGB NJW 2000, 2340 [2341]; BVerfG NJW 2002, 3534).
Telegramm oder **Fernschreiben**	Beide Übermittlungsformen sind ehedem als ausreichend angesehen worden (BVerfGE 74, 228 [235]; GmS-OGB NJW 2000, 2340, 2341). Die Deutsche Post bietet allerdings seit Januar 2023 keinen Telegrammdienst mehr an, und die letzte deutsche Fernschreibvermittlungsstelle ist bereits 2007 abgeschaltet worden.[66]
Telefon	Nicht ausreichend, auch dann nicht, wenn über das Telefongespräch bei Gericht ein Protokollvermerk gefertigt wird (BGHSt 30, 64 [66]).

In der Rechtsmitteleinlegungsschrift muss erklärt werden, in welcher Sache (Angabe von Angeklagtem und Aktenzeichen) von wem die Revision eingelegt wird (zum Adressaten: siehe oben Rdn. 7).

▶ **Beachte**

Als verfahrensgestaltende Prozesserklärung muss die Einlegung der Revision nicht nur den 12
unbedingten Anfechtungswillen des Erklärenden erkennen lassen. Bei mehreren Anfechtungsberechtigten muss die Rechtsmitteleinlegung auch die Person des Rechtsmittelführers eindeutig bezeichnen. Zwar kann diese Prozesserklärung gegebenenfalls, ähnlich wie in dem Fall, in dem mehrere Rechtsmittel zulässig sind und unklar bleibt, welches eingelegt werden soll, unter Berücksichtigung des Gesamtinhalts der Verfahrenserklärungen und der Erklärungsumstände so ausgelegt werden, dass die umfassendste Nachprüfung der angefochtenen Entscheidung ermöglicht wird. Voraussetzung dafür ist indes, dass die für die Auslegung erheblichen Umstände innerhalb der für die Einlegung des Rechtsmittels geltenden Frist erkennbar werden.

▶ **Beachte**

Von der Begründung des Rechtsmittels schon in der Einlegungsschrift (im Allgemeinen wird 13
hier nur die Erhebung der allgemeinen Sachrüge – dazu Rdn. 101 – in Betracht kommen) sollte der Verteidiger absehen.[67] Zwar wäre damit die Revisionsbegründungsfrist gewahrt,

64 *Meyer-Goßner*/Schmitt Einl. Rn. 139 ff.
65 BGH, Beschl. v. 25.10.2012 – 5 StR 512/12 = NStZ-RR 2013, 53.
66 Vgl. https://www.telekom-historik.de/html/fernschreiber.html.
67 Ebenso *Hamm* Rn. 119; informativ BGH NStZ-RR 2010, 288.

gerade dies hätte aber zur Folge, dass – sollte die »eigentliche« Begründungsschrift nicht oder zu spät an das Gericht gelangen – eine Wiedereinsetzung nur noch ausnahmsweise gewährt werden könnte, weil nämlich die Frist des § 345 Abs. 1 StPO infolge der schon in der Einlegungsschrift mitgeteilten Begründung nicht versäumt worden ist.[68]

14 Abzuraten ist auch von einer Erklärung über die Beschränkung des Rechtsmittels schon in der Revisionseinlegungsschrift; denn nach Ablauf der Einlegungsfrist kann eine beschränkt eingelegte Revision – wegen des teilweisen Rechtskrafteintritts (§ 343 Abs. 1 StPO) – auch dann nicht mehr erweitert werden, wenn der Revisionsführer aus den später zugestellten schriftlichen Urteilsgründen ersieht, dass ein Rechtsfehler nur in dem Teil des Urteils vorliegt, der bereits rechtskräftig ist.[69]

15 Schließlich sollten auch Formulierungen wie »lege ich vorsorglich Revision ein« oder gar ausdrückliche Bedingungen (z.B. »lege ich Revision ein, falls auch die Staatsanwaltschaft Rechtsmittel eingelegt haben sollte«) vermieden werden; denn Bedingungen machen – abgesehen von innerprozessualen Bedingungen – die Prozesshandlung der Revisionseinlegung unzulässig.[70]

16 Sinnvoll und zweckmäßig ist es dagegen, im Hinblick auf die mögliche Erhebung von Verfahrensrügen schon in der Einlegungsschrift um die Mitübersendung einer Abschrift des Hauptverhandlungsprotokolls zu bitten.

▶ Beispiel für eine Revisionseinlegungsschrift

17 Hans Müller

Fritz Meier

Rechtsanwälte

Karlsplatz 5

80335 München

30. Oktober 2023

An das

Landgericht München I – Schwurgericht –

Per beA

In der Strafsache gegen

N.N., geb. am …, zurzeit in Untersuchungshaft in der JVA München-Stadelheim

wegen Mordes; Aktenzeichen: …. lege ich gegen das Urteil des Landgerichts München I – Schwurgericht – vom 23. Oktober 2023

Revision

ein.

Zugleich bitte ich um die Übersendung einer Abschrift des Hauptverhandlungsprotokolls

Müller

Rechtsanwalt

68 Vgl. BGH NStZ 2000, 326; 1997, 45; 46.
69 BGHSt 38, 366 (367).
70 Vgl. zur vorsorglichen Revisionseinlegung: BGHSt 5, 183 (184); OLG Hamm NJW 1973, 257.

III. Vollmacht

Wahl- und Pflichtverteidiger bedürfen für die Revisionseinlegung und auch deren Begründung keiner besonderen – weiteren – Vollmacht[71] bzw. Bestellung (zur Hauptverhandlung vor dem Revisionsgericht: siehe Rdn. 119),[72] jedoch darf das Rechtsmittel nicht gegen den ausdrücklichen Willen des Angeklagten eingelegt werden (§ 297 StPO). Ein Rechtsanwalt, dem die Verteidigung nicht übertragen ist, kann deshalb Revision einlegen und die Begründungsschrift unterzeichnen, wenn er zum Zeitpunkt der Unterzeichnung der Erklärungen zur Einlegung bzw. Begründung der Revision bevollmächtigt ist.[73] 18

▶ **Beachte**

Die Pflichtverteidigerbestellung setzt nach § 141 Abs. 1 StPO[74] das Nichtbestehen eines Wahlmandates voraus (vgl. auch § 143 StPO). Entsprechend enthält der Antrag des Wahlverteidigers, ihn als Pflichtverteidiger beizuordnen, die Erklärung, die Wahlverteidigung solle mit der Bestellung enden. Wird dem Antrag stattgegeben, endet das zivilrechtliche Auftrags- bzw. Geschäftsbesorgungsverhältnis (§ 675 BGB) des Rechtsanwalts, der in der Folge seine Tätigkeit als Pflichtverteidiger allein auf der Grundlage der öffentlich-rechtlichen Bestellung ausführt. Das Ende des Vertragsverhältnisses hat das Erlöschen der zuvor erteilten Strafprozessvollmacht zur Folge.[75]

Gem. § 345 Abs. 2 StPO hat die Revisionsbegründung durch einen von dem Verteidiger oder einem Rechtsanwalt unterzeichneten Schriftsatz zu erfolgen. Verteidiger i.S. des Abs. 2 ist der in der Vorinstanz tätige oder neu bestellte Verteidiger. Die Unterbevollmächtigung durch einen Pflichtverteidiger ist unzulässig.[76] Eine Ausnahme ist dann gegeben, wenn ein anderer Rechtsanwalt als amtlich bestellter oder allgemeiner Vertreter nach § 53 Abs. 3 und 2 BRAO handelt.[77] Ein Fall der allgemeinen Bestellung ist auch dann gegeben, wenn der Vertreter mit einem auf das Vertretungsverhältnis hinweisenden Vermerk unterzeichnet hat.[78] Die Mitwirkung des Verteidigers darf sich nicht in bloßer Beurkundung der Revisionsbegründung erschöpfen. Er muss sich vielmehr an ihr gestaltend beteiligen sowie die Verantwortung dafür übernehmen. Zweifel an der Verantwortungsübernahme sind nicht bereits dann veranlasst, wenn ein bevollmächtigter Rechtsanwalt einen Schriftsatz unterschreibt, der von einem anderen, sachbearbeitenden Anwalt entworfen wurde. Hier ist regelmäßig davon auszugehen, dass der Unterzeichnende sich den Inhalt des Schreibens zu eigen gemacht hat und dafür aufgrund eigener Prüfung die Verantwortung übernimmt. Der Umstand, dass der Schriftsatz nicht vom unterzeichnenden Rechtsanwalt selbst verfasst wurde, ist demnach grundsätzlich unerheblich. Auch die Unterzeichnung mit dem Zusatz »i.V.« rechtfertigt für sich genommen nicht die Annahme, dass der in Vertretung Unterzeichnende den Schriftsatz ungeprüft unterschrieben hat. Gleiches gilt – für sich genommen – für den Zusatz, der Urheber des Schriftsatzes sei »nach Diktat verreist«.[79]

---

71 Vgl. dazu *Meyer-Lohkamp/Venn* StraFo 2009, 265 ff.; allg. zur Vertretung bei der Einlegung und Begründung vgl. *Allgayer* NStZ 2016, 192 ff.

72 Vgl. OLG Stuttgart StV 2000, 413 (414).

73 Zur Revisionseinlegung durch einen Rechtsanwalt, der vom Angeklagten hierzu ermächtigt wurde, aber weder Wahl- noch Pflichtverteidiger war: BGH NStZ 2001, 52.

74 In der Fassung v. 10.12.2019 (Gesetz zur Neuregelung des Rechts der notwendigen Verteidigung).

75 BGH, Beschl. v. 05.10.2016 – 3 StR 268/16; Urt. v. 13.08.2014 – 2 StR 573/13, BGHSt 59, 284, 286 f. = NJW 2014, 3320 f.

76 BGH StV 1981, 393; 2; NStZ 1995, 356; wistra 1993, 229; BGHR StPO § 349 Abs. 1 Einlegungsmangel; BGH, Beschl. v. 08.12.2011 – 4 StR 430/11 = NStZ 2012, 276 f.; v. 16.01.2020 – 4 StR 279/19.

77 BGH NStZ-RR 2002, 12; NStZ 1992, 248.

78 BGH NStZ 1992, 248; NStZ-RR 2002, 12.

79 BVerfG, Beschl. v. 07.12.2015 – 2 BvR 767/15, NJW 2016, 1570 f.

19 Relativ häufig führt die Unterbevollmächtigung durch einen Pflichtverteidiger zur Unzulässigkeit der Revision; anders als der Wahlverteidiger darf dieser nämlich seine Befugnisse nicht auf einen anderen Rechtsanwalt übertragen. Geschieht dies gleichwohl, ist das Rechtsmittel weder vom Pflichtverteidiger noch von einem Wahlverteidiger eingelegt und damit unzulässig.[80] Es dürfte aber ein Fall der Wiedereinsetzung gegeben sein. Ein vom Nebenkläger bevollmächtigter und danach beigeordneter Rechtsanwalt kann für die bestimmenden Revisionsschriftsätze Untervollmacht erteilen.[81]

Dasselbe Problem stellt sich auch bei der Prüfung der Ordnungsmäßigkeit einer Urteilszustellung; die Zustellung ist nämlich unwirksam, wenn das Empfangsbekenntnis – § 37 Abs. 1 StPO i.V.m. § 174 ZPO – nicht vom Pflichtverteidiger, sondern von einem anderen Mitglied seiner Sozietät unterzeichnet ist.[82] Für den Pflichtverteidiger hat in diesem Fall mangels ordnungsgemäßer Urteilszustellung die Einlegungs- oder Begründungsfrist noch nicht zu laufen begonnen.

IV. Einlegung unbenannter Rechtsmittel und Wechsel des Rechtsmittels

20 Rechtsmittelberechtigte können ein Urteil zunächst unbestimmt anfechten, also offenlassen, ob sie ihr Rechtsmittel als Berufung oder als Revision durchführen wollen. Wenn ein Urteil sowohl mit der Berufung als auch mit der (Sprung-) Revision angefochten werden kann (§ 335 StPO), kann nach Zustellung des erstinstanzlichen Urteils und innerhalb der dadurch in Lauf gesetzten Revisionsbegründungsfrist die Wahl getroffen werden, ob letztendlich das eingelegte Rechtsmittel eine Berufung oder eine Revision sein soll. Dieses Wahlrecht wird i.d.R. nicht dadurch ausgeschlossen, dass vorher das Rechtsmittel anders bezeichnet wurde.[83] Erforderlich ist aber, dass die für den Übergang erforderliche Erklärung innerhalb der Revisionsbegründungsfrist des § 345 Abs. 1 StPO erfolgt. Die Erklärung des Übergangs ist grundsätzlich bei dem Gericht anzubringen, welches das angegriffene Urteil erlassen hat.[84] Ohne Ausübung des Wahlrechts bleibt es beim normalen Instanzenzug.

▶ Beispiel für die Einlegung eines unbenannten Rechtsmittels

21 Hans Müller

Fritz Meier

Rechtsanwälte

Karlsplatz 5

80335 München

30. Oktober 2023

An das

Amtsgericht München – Strafrichter –

Per beA

In Sachen

N.N., geb. am ..., zurzeit in anderer Sache in Strafhaft in der JVA München-Stadelheim

wegen Diebstahls

Aktenzeichen 452 Js 13 Ds 54321/19

80 Vgl. BGH StV 1982, 213; weitere Nachweise bei *Schnarr* NStZ 1996, 214 (215).

81 BGH, Urt. v. 13.08.2014 – 2 StR 573/14, BGHSt 59, 284 f. = NJW 2014, 3320 f.

82 BGH (M) NStZ 1988, 213 (Nr. 22).

83 BGH StV 2003, 120; OLG Bamberg Beschl. v. 08.09.2017 – 2 OLG 6 Ss 99/17 = NStZ-RR 2018, 56 f.

84 BGHSt 2, 63; 5, 338; 13, 388; 17, 44; 25, 321; 33, 183 ff.; 40, 395 m. Anm. *Fezer* JR 1996, 38 ff.; KG, Beschl. v. 14.10.2015 – (4) 161 Ss 232/15 (199/15) m. Anm. *Schulz-Merkel* jurisPR-StrafR 3/2016 Anm. 4.

lege ich gegen das Urteil des Amtsgerichts München vom 23. Oktober 2023

Rechtsmittel

ein.

Müller

Rechtsanwalt

Da eine Berufung nur gegen amtsgerichtliche Urteile, nicht aber gegen Urteile des Landgerichts statthaft ist (§ 312 StPO), kommt die Einlegung eines unbenannten Rechtsmittels nur bei Urteilen des Amtsgerichts in Betracht. 22

Ein solches unbenanntes Rechtsmittel wird der Rechtsmittelführer vor allem dann in Erwägung ziehen, wenn er das Vorliegen der Urteilsgründe abwarten will, um beurteilen zu können, ob Rechtsfehler vorliegen, die eine Revision aussichtsreich erscheinen lassen. Bis zum Ablauf der Revisionsbegründungsfrist kann der Rechtsmittelführer gegenüber dem Ausgangsgericht die – dann endgültige – Entscheidung treffen, ob er das Rechtsmittel als Berufung oder als Revision durchgeführt haben will.[85] Trifft er diese Entscheidung nicht, zu spät oder nicht eindeutig, wird das Rechtsmittel als Berufung behandelt.[86] Das setzt allerdings voraus, dass nicht die Staatsanwaltschaft ihrerseits Berufung einlegt und damit gemäß § 335 Abs. 3 StPO die Revision »sperrt«. In diesem Fall wird es sinnvoller sein, das eigene Rechtsmittel ebenfalls als Berufung zu führen, anstatt eine Revisionsbegründung zu fertigen und einzureichen in der unsicheren Erwartung, ob die Staatsanwaltschaft ihre Berufung vielleicht zurücknimmt und das Rechtsmittel wieder als Revision behandelt wird, vgl. § 335 Abs. 3 StPO. 23

▶ Beispiel für die Konkretisierung eines unbenannt eingelegten Rechtsmittels

Hans Müller 24

Fritz Meier

Rechtsanwälte

Karlsplatz 5

80335 München

1. Dezember 2023

An das

Amtsgericht München – Strafrichter –

Per beA

In Sachen

N.N., geb. am..., zurzeit in anderer Sache in Strafhaft in der JVA München-Stadelheim

wegen Diebstahls; Aktenzeichen 452 Js 13 Ds 54321/19

bitte ich, das mit Schriftsatz vom 30. Oktober 2023

eingelegte Rechtsmittel als

Revision

weiter zu behandeln. Die Revision wird demnächst mit gesondertem Schriftsatz begründet werden.

Müller

Rechtsanwalt

---

85 BGHSt 25, 321 (324); 33, 183 (188).
86 BGHSt 33, 183 (189).

25 Neben der Möglichkeit, unbenannte Rechtsmittel einzulegen, wird dem Rechtsmittelführer auch zugestanden, durch Erklärung gegenüber dem Ausgangsgericht von einem bereits bezeichneten Rechtsmittel zu einem anderen überzugehen, also von der Berufung zur Revision oder umgekehrt.[87] Auch dies kann jedoch – in beiden Richtungen – nur innerhalb der Revisionsbegründungsfrist erfolgen und setzt im Fall des Übergangs zur Revision voraus, dass kein anderer Rechtsmittelberechtigter Berufung eingelegt hat (dann würde § 335 Abs. 3 StPO gelten). Nach der Rechtsprechung[88] kann zur Revision sogar dann übergegangen werden, wenn der Berufungsrichter angekündigt hat, dass die Berufung nicht angenommen werden wird (vgl. § 313 StPO); sodass die Revision eine Möglichkeit ist, bei Annahmebedürftigkeit der Berufung § 313 StPO zu umgehen.[89] Im Fall eines unwirksamen Rechtsmittelwechsels ist über das zunächst eingelegte Rechtsmittel zu entscheiden.

▶ **Beispiel für den Wechsel des Rechtsmittels**

26 **Hans Müller**

Fritz Meier

Rechtsanwälte

Karlsplatz 5

80335 München

1. Dezember 2023

An das

Amtsgericht München – Strafrichter –

Per beA

In Sachen

N.N., geb. am zurzeit in anderer Sache in Strafhaft in der JVA München-Stadelheim

wegen Diebstahls; Aktenzeichen 452 Js 13 Ds 54321/19

bitte ich, die mit Schriftsatz vom 30. Oktober 2023 eingelegte Berufung als Revision weiter zu behandeln. Die Revision wird demnächst mit gesondertem Schriftsatz begründet werden.

Müller

Rechtsanwalt

27 Zu beachten ist, dass alle diese Schriftsätze grundsätzlich an das Gericht gerichtet werden müssen, dessen Urteil angefochten wurde.[90]

V. Rücknahme und Verzicht

28 Die Rechtsmittelberechtigten können auf die Revision verzichten oder – falls sie eine solche bereits eingelegt haben – diese auch wieder zurücknehmen (§ 302 StPO[91]). Die Wirksamkeit der Rücknahme durch den Verteidiger bedarf der formfrei möglichen Ermächtigung[92] durch den Angeklagten,[93] sie kann schriftlich oder mündlich oder auch fernmündlich erteilt und auch nach Abgabe

87 BGHSt 33, 183 (188); 40, 395 (398); BayObLG NStZ-RR 1998, 51.
88 BGHSt 40, 395 (397).
89 Streitig; vgl. OLG Celle NStZ 1998, 87; OLG Düsseldorf NStZ 1998, 516; a.A. *Meyer-Goßner*/Schmitt § 335 Rn. 21, 22 m.w.N.
90 BGHSt *40, 395 m. Anm. Fezer JR 1996, 38.*
91 Zu Rücknahme und Verzicht bei strafprozessualen Rechtsmitteln *Bischoff* JuS 2018, 670 ff.
92 BGH NStZ-RR 2003, 241.
93 Zur »formularmäßigen« Ermächtigung: BGH NStZ 2000, 665; 1998, 531.

der Rücknahmeerklärung durch den Verteidiger nachgewiesen werden[94]. Für den Nachweis der Ermächtigung genügt die anwaltliche Versicherung des Verteidigers.[95] Wird ein Verteidiger erst für die Durchführung des Revisionsverfahrens beauftragt, dann genügt für die Wirksamkeit der Revisionsrücknahme durch ihn die in den standardmäßigen Vollmachtsformularen enthaltene, allgemein erteilte Ermächtigung, »Rechtsmittel … zurückzunehmen«. Mit der Niederlegung des Wahlmandats erlischt die Vollmacht des Rechtsanwalts, Rechtsmittel zurückzunehmen. Wird der Rechtsanwalt anschließend zum Pflichtverteidiger bestellt, so bedarf es einer neuerlichen Ermächtigung zur Rechtsmittelrücknahme.[96] Ein Widerruf der Ermächtigung zur Revisionsrücknahme ist nur zulässig, solange die Rücknahmeerklärung noch nicht bei Gericht eingegangen ist.[97]

Nach der den Vorschriften der §§ 296 ff. StPO zugrunde liegenden Regelungssystematik kann der gesetzliche Vertreter des Beschuldigten die gemäß § 302 Abs. 2 StPO erforderliche Ermächtigung zur Rücknahme eines vom Verteidiger für den Beschuldigten eingelegten Rechtsmittels nicht wirksam für den Beschuldigten erteilen.[98]

Ohne Bedeutung ist, ob der Verteidiger eine von ihm oder eine vom Angeklagten eingelegte Revision zurücknimmt (§ 302 Abs. 2 StPO[99]; zur Teilrücknahme auch Rdn. 55). Nach Beginn der Hauptverhandlung vor dem Revisionsgericht ist für jede Rücknahme die Zustimmung des Gegners erforderlich (§ 303 S. 1 StPO). Die Rücknahme einer von der Staatsanwaltschaft eingelegten Revision bedarf keiner Zustimmung des Angeklagten gemäß § 302 Abs. 1 S. 3 StPO, wenn das Rechtsmittel nicht zugunsten des Angeklagten eingelegt worden ist. Zugunsten eines Beschuldigten ist ein Rechtsmittel der Staatsanwaltschaft nur eingelegt, wenn sich dies aus der Einlegung oder Begründung ergibt. Ist ein derartiger Wille weder aus der Rechtsmittelschrift noch aus der Begründung zu entnehmen, fehlt es also an jeglicher entsprechenden Erklärung, dass das Rechtsmittel zugunsten des Beschuldigten eingelegt werde, muss regelmäßig ein von der Staatsanwaltschaft eingelegtes Rechtsmittel als zu dessen Ungunsten geltend gemacht angesehen werden.[100]

Rücknahme und Verzicht[101] müssen in derselben Form erklärt werden wie die Rechtsmitteleinlegung, also schriftlich bzw. zu Protokoll des Urkundsbeamten der Geschäftsstelle (vgl. § 341 Abs. 1 StPO) oder zu Protokoll in der Hauptverhandlung (vgl. § 8 Abs. 1 RPflG).[102] 29

Die Wirksamkeit des Verzichts wird durch die Tatsache, dass Verlesung und Genehmigung dieser Erklärung unterblieben sind, nicht infrage gestellt. Folge ist nur, dass dem Protokollvermerk über den Verzicht keine Beweiskraft i.S.d. § 274 StPO zukommt.[103] Der Verzicht auf die Einlegung eines Rechtsmittels ist auch dann wirksam, wenn eine Rechtsmittelbelehrung unterblieben war.

Die Zurücknahme eines Rechtsmittels muss ausdrücklich erklärt werden, sie ist **bedingungsfeindlich.**[104] Jedoch kann sie, ebenso wie andere Prozesshandlungen, von einer reinen Rechtsbedingung

---

94 BGH NStZ-RR 2010, 55 f.: BGH, Beschl. v. 20.02.2017 – 1 StR 552/16, NStZ 2017, 487 f.

95 BGH, Beschl. v. 28.10.2010 – 4 StR 388/10; BGH, Beschl. v. 14.01.2003 – 4 StR 516/02, NStZ 2004, 55; v. 28.10.2010 – 4 StR 388/10; v. 12.04.2011 – 4 StR 48/11; v. 15.04.2015 – 1 StR 112/15, NStZ-RR 2016, 24 f.

96 BGHR StPO § 302 Abs. 2 – Rücknahme 1.

97 BGH, Beschl. v. 08.12.2016 – 4 StR 558/16; BGHSt 10, 245, 246; BGH NStZ-RR 2005, 211; BGH, Beschl. v. 01.02.2006 – 2 StR 552/05; v. 05.06.2013 – 1 StR 168/13, NStZ 2014, 54 f.

98 BGH, Beschl. v. 06.07.2016 – 4 StR 149/16, BGHSt 61, 218 f. = NJW 2016, 2675 f.

99 Zur Rücknahme von Rechtsmitteln mehrerer Verteidiger BGH, Beschl. v. 10.07.2019 – 2 StR 181/19 = NStZ-RR 2019, 351 f.

100 BGH, Beschl. v. 28.05.2013 – 3 StR 426/12.

101 Zum Rechtsmittelverzicht durch Kopfnicken vgl. BGH NStZ 2005, 47.

102 »Hat der Richter ein Geschäft wahrgenommen, das dem Rechtspfleger übertragen ist, so wird die Wirksamkeit des Geschäfts hierdurch nicht berührt«.

103 BGH NStZ 1984, 181; BGHR StPO § 302 Abs. 1 S. 1 Rechtsmittelverzicht 5.

104 BGHSt 5, 183.

abhängig gemacht werden. Sie kann daher an die Bedingung geknüpft werden, dass das Rechtsmittel überhaupt wirksam eingelegt wurde.[105]

Die Rücknahmeerklärung kann als Prozesshandlung weder widerrufen noch wegen Irrtums angefochten werden.[106] Ein bloßer Irrtum über die Auswirkungen eines Urteils oder sonstige enttäuschte Erwartungen sind unbeachtlich.[107] Ein Wiedereinsetzungsantrag ist rechtlich ausgeschlossen und daher unzulässig.[108], die Wirksamkeit ist auch nicht von einer ordnungsgemäßen Protokollierung[109] oder von einer zuvor erteilten Rechtsmittelbelehrung abhängig.[110], es sei denn, der Widerruf geht vor oder spätestens gleichzeitig mit der Rücknahme- bzw. Verzichtserklärung bei Gericht ein.[111] Nur in eng begrenztem Umfang erkennt die Rechtsprechung Ausnahmen an.[112] In Betracht kommen namentlich drei Fallgruppen, die zur Unwirksamkeit des Rechtsmittelverzichts führen können: schwerwiegende Willensmängel, vorangegangene Urteilsabsprachen ohne anschließende qualifizierte Rechtsmittelbelehrung oder sonstige Umstände der Art und Weise des Zustandekommens des Rechtsmittelverzichts.[113] Zurücknehmen kann ein Rechtsmittel grundsätzlich nur derjenige, der es eingelegt hat. Der Angeklagte kann aber die vom Verteidiger eingelegte Revision zurücknehmen, die Staatsanwaltschaft bedarf bei einem zugunsten des Angeklagten eingelegten Rechtsmittel dessen Zustimmung.[114] Die Rücknahmeerklärung des Angeklagten erstreckt sich stets auch auf das Rechtsmittel des Verteidigers. Dass das Rechtsmittel von seinem Verteidiger eingelegt worden war, ist für die Wirksamkeit der Rücknahme durch den Angeklagten ohne Belang; der erklärte Wille des Angeklagten geht stets vor[115] Der jugendliche Angeklagte kann sein Rechtsmittel auch ohne Zustimmung des gesetzlichen Vertreters zurücknehmen.[116]

Für das Vorliegen eines Rechtsmittelverzichts kommt es nicht darauf an, dass das Wort »verzichten« benutzt wird, sondern maßgeblich ist der Gesamtsinn der Erklärung. Die Erklärung, das Urteil werde »angenommen«, enthält regelmäßig einen Rechtsmittelverzicht. Dieser setzt nicht voraus, dass das verkündete Urteil für inhaltlich richtig gehalten wird.[117]

Wirksamkeit 29

Unwirksam sind die Erklärungen grundsätzlich nur bei Vorliegen schwerwiegender Willensmängel,[118] etwa wenn der Erklärende im Zeitpunkt ihrer Abgabe verhandlungsunfähig war,[119] wenn der Verzicht Gegenstand einer schon aus anderen Gründen unzulässigen Absprache war und deren Unzulässigkeit zu einer rechtlichen Missbilligung des Verzichts führt[120] oder wenn sonstige Umstände vorliegen, die die Art und Weise des Zustandekommens des Verzichts betreffen. Letzteres kann etwa der Fall sein, wenn der Angeklagte vor Abgabe der Erklärung nicht die Möglichkeit hatte, sich mit seinem

105 BGH NStZ-RR 2002, 101 f.
106 BGHSt 10, 245 (247); BGH NStZ-RR 2000, 294.
107 BGH NStZ 2000, 220.
108 BGH NStZ 1995, 356.
109 Vgl. BGH NStZ 2000, 441.
110 BGH StV 1999, 411.
111 BGHR StPO § 43 Eingang 1; BGH (K) NStZ 1997, 378 (Nr. 16).
112 BGHSt 45, 51 (53); BGH, Beschl. v. 22.08.2012 – 1 StR 170/12, StV 2013, 199.
113 BGH, Urt. v. 23.02.2006 – 5 StR 457/05, NStZ 2006, 464 = StV 2006, 292; BVerfG NStZ-RR 2008, 209; zur Möglichkeit des Widerrufs einer vom Angeklagten erklärten Revisionsrücknahme vgl. BGH, Beschl. v. 14.06.2018 – 3 StR 61/18 = NStZ-RR 2018, 290 f.
114 Vgl. auch das Zustimmungsbedürfnis nach § 303 StPO.
115 BGH, Beschl. v. 02.07.2019 – 2 StR 570/18 m.w.N.
116 BGH StraFo 2005, 161.
117 BGH, Beschl. v. 03. 07 2018 – 4 StR 227/18 = StraFo 2018, 478 f.
118 Zusammenfassend: BGH StV 1999, 412 (413).
119 Vgl. z.B. BGH NStZ 1999, 526 (527); BGH, Beschl. v. 20.02.2017 – 1 StR 552/16 = NStZ 2017, 487 f.; v. 08.10.2019 – 1 StR 327/19.
120 Vgl. BGH StV 2000, 237; 1999, 412 (413); BGH NStZ 2000, 96 m. Anm. *Rieß*; Anm. *Weigend* StV 2000, 63.

Verteidiger zu besprechen[121] oder der Staatsanwalt mit der Ankündigung eines unsachgemäßen Haftantrages für den Weigerungsfall auf einen Rechtsmittelverzicht gedrängt hatte.[122]

Die Wirksamkeit des Rechtsmittelverzichts kann auch durch die Art seines Zustandekommens infrage gestellt werden, z.B. auch durch unzulässige Einwirkung mit solchen Beeinflussungsmitteln, die nicht von § 136a StPO verboten sind.[123] In Betracht kommt der Fall, dass der Vorsitzende unzuständiger Weise eine Zusage abgegeben hat, die nicht eingehalten worden ist. Nicht genügend sind aber enttäuschte Erwartungen. Der bloße Irrtum über die Auswirkungen eines Urteils hat keinen Einfluss auf die Rechtswirksamkeit eines erklärten Rechtsmittelverzichts.[124] Der Rechtsmittelverzicht eines Angeklagten ist aber unwirksam, wenn er lediglich aufgrund einer – auch irrtümlich – objektiv unrichtigen Erklärung oder Auskunft des Gerichts, z.B. über die beamtenrechtlichen Nebenfolgen des Urteils zustande gekommen ist.[125]

▶ **Beachte**

Von einer Unwirksamkeit der Rücknahmeerklärung ist erst dann auszugehen, wenn hinreichende Anhaltspunkte dafür vorliegen, dass der Rechtsmittelführer nicht in der Lage war, die Bedeutung der von ihm abgegebenen Erklärung zu erfassen. Verbleiben Zweifel an seiner mangelnden prozessualen Handlungsfähigkeit, geht dies zu seinen Lasten.[126] 30

Die Zurücknahme eines Rechtsmittels ist nur bis zur Entscheidung über dieses zulässig, sie scheitert bei Beschlüssen, die nach rechtzeitiger Einlegung eines Rechtsmittels unmittelbar die Rechtskraft der angefochtenen Entscheidung herbeiführen. Diese sind bereits dann erlassen, wenn sie mit den Unterschriften der Richter versehen in den Geschäftsgang gegeben werden. Hierzu gehören auch die Beschlüsse des Revisionsgerichts gemäß § 349 Abs. 2 StPO.[127]

Wird die Wirksamkeit einer Revisionsrücknahme von einem Verfahrensbeteiligten in Zweifel gezogen, ist es Sache des Revisionsgerichts, über die Wirksamkeit einer Revisionsrücknahme eine feststellende Erklärung zu treffen. Jedenfalls nach einer Entscheidung durch den iudex a quo und bei Fortbestehen des Streites ist das Rechtsmittelgericht zur abschließenden Entscheidung über die Wirksamkeit der Rechtsmittelrücknahme berufen.[128]

Ein **Rechtsmittelverzicht** ist bei einem Urteil, dem eine **Verständigung** vorausgegangen ist, nicht zulässig (§ 302 Abs. 1 S. 2 StPO). Unterbleibt diese qualifizierte Belehrung, so ist gem. § 44 S. 2 StPO die Versäumung der Rechtsmittelfrist als unverschuldet anzusehen und Wiedereinsetzung in den vorherigen Stand zu gewähren. Ist dem Urteil eine Verständigung vorausgegangen, so kann trotzdem eine Zurücknahme des Rechtsmittels grundsätzlich auch noch vor Ablauf der Frist zu seiner Einlegung wirksam erfolgen.[129] Beruft sich ein Angeklagter auf die Unwirksamkeit eines von ihm erklärten Rechtsmittelverzichts wegen einer vorausgegangenen Verständigung und schweigt das Protokoll dazu, so muss der Beschwerdeführer, um dem Revisionsgericht eine Überprüfung im Freibeweisverfahren zu ermöglichen, im Einzelnen darlegen, in welchem Verfahrensstadium, in welcher Form und mit welchem Inhalt die von ihm behauptete Verständigung zustande gekommen ist.[130] 31

121 BGH StV 1999, 412 (413 f.); BGH NStZ 2000, 441 (442); 1999, 526.
122 BGH StV 2004, 360; zum »erzwungenen« Rechtsmittelverzicht vgl. *Momsen* StraFo 2019, 89 ff.
123 BGHSt 45, 51 ff.
124 BGH, Beschl. v. 19.02.2008 – 3 StR 23/08.
125 BGHSt 46, 257.
126 BGH, Beschl. v. 14.06.2018 – 3 StR 61/18 = NStZ-RR 2018, 290 f.
127 BGH, Beschl. v. 10.05.2011 – 3 StR 72/11, StraFo 2011, 279 f.
128 BGH, Beschl. v. 17.02.2011 – 4 StR 691/10, StraFo 2011, 232.
129 BGH, Beschl. v. 14.04.2010 – 1 StR 64/10, BGHSt 55, 82 ff. = StV 2010, 474 m.z.T. krit. Anm.: *Kuckein* NStZ 2011, 110 f.; *Niemöller* NStZ 2013, 19 f.; StV 2010, 474 f.; StV 2011, 54 f.; *Meyer-Goßner* StV 2011, 53.
130 BGH, Beschl. v. 29.09.2010 – 2 StR 371/10, BGHSt 56, 3 ff. = StV 2011, 79 f.= NStZ 2011, 232.

Das Gericht darf im Rahmen einer Urteilsabsprache auch an der Erörterung eines Rechtsmittelverzichts nicht mitwirken und auf einen solchen Verzicht auch nicht hinwirken. Nach jedem Urteil, dem eine Urteilsabsprache zugrunde liegt, ist der Rechtsmittelberechtigte, der nach § 35a S. 1 StPO über ein Rechtsmittel zu belehren ist, stets auch darüber zu belehren, dass er ungeachtet der Absprache in seiner Entscheidung frei ist, Rechtsmittel einzulegen (§ 35a Abs. 3 S. 3 StPO: sog. »qualifizierte Belehrung«). Liegt eine Urteilsabsprache, die unzulässigerweise eine Vereinbarung über einen Rechtsmittelverzicht enthält, vor, hat das die Wirkung, dass der erklärte Rechtsmittelverzicht unwirksam ist. Dem Angeklagten steht dann die einwöchige Frist zur Einlegung der Revision (§ 341 Abs. 1 StPO) zur Verfügung. Für eine etwaige Wiedereinsetzung in den vorigen Stand gegen die Versäumung der Frist zur Einlegung der Revision ist die fehlende qualifizierte Belehrung ohne Bedeutung (vgl. § 44 Abs. 3 S. 3 StPO)

Zulässig ist aber eine Rücknahme des Rechtsmittels.[131] Ob eine Zurücknahme des Rechtsmittels grundsätzlich auch schon vor Ablauf der Frist zu seiner Einlegung wirksam erfolgen kann[132], ist sehr umstritten, da darin eine Gesetzesumgehung oder ein Rechtsmissbrauch gesehen werden könnte.[133]

Ob der Angeklagte bei der Erklärung eines Rechtsmittelverzichts **verhandlungsfähig** war, ist vom Revisionsgericht in Freibeweisverfahren zu klären, wobei der Grundsatz »in dubio pro reo« insoweit nicht gilt.[134]

Frühestmöglicher Zeitpunkt für einen Rechtsmittelverzicht ist die Beendigung der Verkündung des Urteils, die Rechtsmittelbelehrung braucht noch nicht erfolgt zu sein. Ein Angeklagter, der in Abwesenheit verurteilt worden ist, kann auf die Einlegung der Revision vor Beginn der Einlegungsfrist jedenfalls dann wirksam verzichten, wenn er zuvor Gelegenheit hatte, sich über den Inhalt der verkündeten Urteilsgründe zuverlässig zu unterrichten.[135]

Der wirksame Verzicht auf Rechtsmittel schließt die Möglichkeit der Wiedereinsetzung in den vorigen Stand aus.

Für die Rücknahme eines Rechtsmittels gelten dieselben Formerfordernisse wie für dessen Einlegung.[136] Für die Einhaltung der Schriftform ist es ausreichend, dass der Angeklagte als der Urheber des Schreibens zweifelsfrei erkennbar ist.[137] Die Zurücknahme eines Rechtsmittels setzt Verhandlungsfähigkeit des Erklärenden voraus. Ob er verhandlungsfähig war, ist vom Revisionsgericht im Freibeweisverfahren zu klären.

▶ Beachte

32 Prozessual handlungsfähig ist, wer aufgrund seiner geistigen und körperlichen Fähigkeiten in der Lage ist, seine Interessen verständig wahrzunehmen sowie Prozesshandlungen mit Verständnis und Vernunft auszuführen. Ausschlaggebend ist bei Prozesshandlungen im Zusammenhang mit Rechtsmitteln die Fähigkeit, die verfahrensrechtliche Bedeutung einer Rechtsmittelrücknahme oder eines Rechtsmittelverzichts zu erkennen. Diese Fähigkeit wird erst durch schwerwiegende psychische oder auch körperliche Erkrankungen oder Beeinträchtigungen aufgehoben. Ob die prozessuale Handlungsfähigkeit besteht bzw. bestand, hat das jeweils zuständige Gericht im Freibeweisverfahren aufzuklären. Das Revisionsgericht darf sich

131 Niemöller/Schlothauer/Weider Rn. 16 zu § 302 StPO; *Niemöller* NStZ 2013, 19 ff.
132 So BGH, Beschl. v. 14.04.2010 – 1 StR 64/10, BGHSt 55, 82 ff.
133 Vgl. *Meyer-Goßner*/Schmitt § 302 Rn. 26 ff. m.w.N; vgl. auch *Niemöller* NStZ 2013, 19, 25 m.N. in Fn. 60.
134 BGHR StPO § 302 Abs. 1 S. 1 – Rechtsmittelverzicht 16; BGH, Beschl. v. 28.10.2010 – 4 StR 388/10.
135 BGHSt 25, 234; str. vgl. *Peters* JR 1974, 250.
136 BGH NStZ-RR 2000, 305.
137 BGH NStZ-RR 2000, 305 m.w.N.

dafür auf den Akteninhalt beschränken.[138] Auch ein in emotionaler Aufgewühltheit erklärter Rechtsmittelverzicht ist wirksam.[139]

Der Wirksamkeit der Rechtsmittelrücknahme steht nicht entgegen, dass die Revision schon wegen Rechtsmittelverzichts unzulässig war.[140] Die Rücknahme einer Revision ist bis zur rechtskräftigen Entscheidung über sie möglich. Ein Verwerfungsbeschluss nach § 346 Abs. 1 StPO steht daher einer Rücknahme solange nicht entgegen, bis dieser seinerseits Rechtskraft erlangt hat.[141]

Ist die Wirksamkeit einer Rechtsmittelrücknahme streitig, muss dies i.d.R. durch eine förmliche Entscheidung des Rechtsmittelgerichts (Feststellung der Wirksamkeit bzw. Unwirksamkeit der Rücknahme) geklärt werden.[142]

▶ Beachte

Vor der **Abgabe einer Rücknahme- oder Verzichtserklärung** sollte der Verteidiger seinen Man- 33
danten eindringlich auf deren Folgen hinweisen; denn die wirksame Revisionsrücknahme oder der Rechtsmittelverzicht führen zur Unzulässigkeit einer gleich wohl eingelegten Revision und haben, wenn nicht andere Beteiligte Rechtsmittel eingelegt haben oder noch einlegen können, den Eintritt der Rechtskraft des Urteils zur Folge. Der Rücknahme des Rechtsmittels steht nicht entgegen, dass die Revision nicht ordnungsgemäß i.S.v. § 345 Abs. 2 StPO eingelegt worden ist. Auch in diesem Fall kann eine Revision nicht erneut eingelegt werden, da die Rücknahme von der Rechtsprechung als Verzicht auf die Wiederholung des Rechtsmittels verstanden wird.[143]

▶ Beispiel für eine Revisionsrücknahme

Hans Müller 34

Fritz Meier

Rechtsanwälte

Karlsplatz 5

80335 München

10. Dezember 2023

An das

Amtsgericht München – Strafrichter –

Per beA

In Sachen

N.N., geb. am ..., zurzeit in anderer Sache in Strafhaft in der JVA München-Stadelheim

wegen Diebstahls; Aktenzeichen 452 Js 13 Ds 54321/19

Mit ausdrücklicher Zustimmung des Angeklagten nehme ich die mit Schriftsatz vom 30. Oktober 2023 eingelegte Revision zurück.

Müller

---

138 BGH, Beschl. v. 08.02.1995 – 5 StR 434/94, BGHSt 41, 16, 18; v. 15.12.2015 – 4 StR 491/15, NStZ-RR 2016, 180 f.; v. 24.08.2016 – 1 StR 301./16 = NStZ-RR 2017, 92 f.

139 BGH, Beschl. v. 07.03.2017 – 3 StR 545/16.

140 BGHR StPO § 302 Abs. 2 Rücknahme 7.

141 BGH NStZ 1998, 52 f.

142 BGH NStZ 2001, 104; BGH, Beschl. v. 14.10.2014 – 3 StR 421/14.

143 BGH NStZ 1995, 356 m. Anm. *Ehrlicher* S. 357.

Rechtsanwalt

35 Adressat der Revisionsrücknahme ist das Gericht, das mit der Sache schon oder noch befasst ist, in Zweifelsfällen das Gericht, dessen Urteil angefochten wurde.

C. Revisionsbegründung

I. Frist

36 Die Revisionsbegründungsfrist beträgt grundsätzlich einen Monat nach Ablauf der Einlegungsfrist (§ 345 Abs. 1 S. 1 StPO). Zu beachten ist, dass seit Inkrafttreten des Gesetzes zur Fortentwicklung der Strafprozessordnung und zur Änderung weiterer Vorschriften vom 25.06.2021 (BGBl. I S. 2099) am 01.07.2021 der neue § 345 Abs. 1 S. 2 StPO eine Sonderregelung für Verfahren trifft, in denen die Hauptverhandlung besonders lang gedauert hat. Hiernach gilt: Wurde das Urteil später als 21 Wochen nach der Verkündung zu den Akten gebracht, verlängert sich die Revisionsbegründungsfrist um einen Monat, ist es später als 35 Wochen nach der Verkündung zur Akte gekommen, um zwei Monate. Nach der in § 275 Abs. 1 StPO enthaltenen Rechenformel bedeutet das, dass die Verlängerung der Revisionsbegründungsfrist nur in solchen Fällen in Betracht kommt, in denen die Hauptverhandlung entweder mehr als 70 oder mehr als 140 Hauptverhandlungstage in Anspruch genommen hat. Indes ist die Absetzungsfrist nicht der maßgebliche Anknüpfungspunkt, sondern der tatsächliche Zeitpunkt, zu dem das Urteil zur Akte gekommen ist. Wenn also das Gericht 71 Tage verhandelt hat, es aber die ihm nach § 275 Abs. 1 StPO zustehenden 21 Wochen nicht ausnutzt, sondern das Urteil bereits nach 20 Wochen in die Akte kommt, bleibt es doch wieder bei der einmonatigen Revisionsbegründungsfrist. Wann das Urteil zur Akte gebracht wurde, erfährt die Verteidigerin aber erst post festum durch die ebenfalls neu vorgeschriebene Mitteilung des maßgeblichen Zeitpunkts gemäß § 345 Abs. 1 S. 3 StPO. Es kann daher durchaus der Fall eintreten, dass ein Gericht nach 71tägiger Hauptverhandlung sein Urteil schon nach 20 Wochen zur Akte bringt, bis zur Zustellung des Urteils und der damit verbundenen Mitteilung dieses Zeitpunkts aber noch drei Wochen vergehen und die Verteidigerin dann – und erst dann – erfährt, dass ihr nicht etwa zwei Monate Revisionsbegründungsfrist zur Verfügung stehen, wie der Zeitablauf nahelegte, sondern nur einer. Dieses zu Lasten der Verteidigung gehende Ungleichgewicht der Planbarkeit und die damit einhergehende Unsicherheit für die Verteidigung ist vom Gesetzgeber ausdrücklich gewollt.[144] Wurde (was die Regel ist) das vollständige Urteil, also die endgültige, mit den Gründen versehene schriftliche Urteilsfassung, nicht innerhalb der Einlegungsfrist zugestellt, läuft die Revisionsbegründungsfrist ab der – ordnungsgemäßen (vgl. dazu auch oben Rdn. 19) – Urteilszustellung (§ 345 Abs. 1 S. 2 StPO). Im Fall einer Ergänzung der Urteilsgründe nach § 267 Abs. 4 S. 3 StPO beginnt sie mit Zustellung des ergänzten Urteils. Eine Urteilszustellung vor Fertigstellung des Protokolls (§ 273 Abs. 4 StPO) ist unwirksam.[145] Falls das Sitzungsprotokoll erst nach der Urteilszustellung fertiggestellt wurde, muss das Urteil erneut zugestellt werden (vgl. § 273 Abs. 4 StPO); die Revisionsbegründungsfrist beginnt dann erst mit dieser Urteilszustellung zu laufen.[146] Die zugestellte Abschrift muss das zuzustellende Schriftstück wortgetreu und vollständig wiedergeben. Kleine Fehler schaden allerdings nicht, wenn der Zustellungsempfänger aus der Abschrift oder Ausfertigung den Inhalt der Urschrift genügend entnehmen kann.[147] Das Fehlen einer Unterschrift oder eines Verhinderungsvermerks im Urteil macht dessen Zustellung nicht unwirksam, wenn das zugestellte Schriftstück der Urschrift entspricht. Ein solcher Mangel des Urteils ist nur auf eine Verfahrensbeschwerde, nicht aber auf Sachrüge zu beachten.[148] Fehlt sowohl in der Urteilsurschrift als auch

144 Vgl. BR-Drucks. 57/21, S. 108, BT-Drucks. 19/27654 S. 98 und BT-Drucks. 19/30517 S. 20.
145 Vgl. dazu BGH, Beschl. v. 13.02.2013 – 4 StR 246/12, NStZ 2014, 420.
146 BGHSt 27, 80.
147 BGH NJW 1978, 60; StraFo 2004, 238.
148 Vgl. BGHSt 46, 204; ähnlich für lückenhaftes Rubrum: BGH NStZ 1989, 584 und 1994, 47 f.; NStZ-RR 1999, 45; unvollständiger Tenor: BGH, NJW 1999, 800; StV 2001, 618.

in den Ausfertigungen die verkündete Urteilsformel, steht dies der Wirksamkeit der Zustellung jedoch nicht entgegen, da Urteilsurschrift und Ausfertigungen übereinstimmten. Die Urteilsformel ist nach § 268 Abs. 2 S. 1 StPO bei der Verkündung zu verlesen und nach § 273 Abs. 1 StPO in die Sitzungsschrift aufzunehmen. Die maßgebliche Information über den Inhalt der Urteilsformel ergibt sich aus der protokollierten Verkündung.[149]

Bei mehrfacher Zustellung des Urteils richtet sich die Berechnung der Revisionsbegründungsfrist nach der zuletzt bewirkten Zustellung (§ 37 Abs. 2 StPO). Dies gilt auch dann, wenn die mehreren Zustellungen nicht auf derselben Anordnung beruhen, soweit eine Zustellung nicht erst nach Fristablauf bewirkt wird.[150] Stellt das Gericht das Urteil daher mehreren Verteidigern zu, so läuft die Revisionsbegründungsfrist für jeden dieser Verteidiger ab der letzten Zustellung, sofern diese innerhalb der bereits zuvor in Lauf gesetzten Frist erfolgt ist. Nur wenn die Revisionsbegründungsfrist aufgrund der ersten Zustellung(en) bei einer der weiteren Zustellungen bereits abgelaufen war, wird durch diese keine neue Frist in Gang gesetzt.[151]

Die Wirksamkeit der Zustellung des Urteils wird weder dadurch berührt, dass es an nur einen der Wahlverteidiger zugestellt wird noch dadurch, dass der andere Wahlverteidiger von der Zustellung des Urteils nicht unterrichtet worden ist.[152] Das bloße Auftreten des Verteidigers in der Hauptverhandlung ohne schriftliche Erteilung der Vollmacht zu den Akten genügt nicht den Anforderungen an eine Zustellungsbevollmächtigung.[153]

Zustellungen an die Staatsanwaltschaft bedürfen, wie jede Zustellung, einer Anordnung des Vorsitzenden (§ 36 Abs. 1 S. 1 StPO). Sie werden von der Geschäftsstelle veranlasst (§ 36 Abs. 1 S. 2 StPO) und, sofern kein Fall von § 36 Abs. 2 StPO vorliegt, entweder nach § 37 Abs. 1 StPO in Verbindung mit den entsprechenden Regelungen der Zivilprozessordnung oder nach § 41 StPO bewirkt. Bei einer Zustellung an die Staatsanwaltschaft gemäß § 41 StPO kommt es allein auf den Eingang bei der Behörde, nicht aber auf den bei der zuständigen Abteilung oder gar dem das Verfahren bearbeitenden Staatsanwalt an. Denn »Staatsanwaltschaft« im Sinne des § 41 StPO ist nicht die Person, die das Amt der Staatsanwaltschaft ausübt, sondern die Behörde, die auch die Beschwerdeführerin (§ 343 Abs. 2 StPO) ist.[154]

Die Fristberechnung[155] erfolgt auch hier nach §§ 42 f. StPO; läuft die Monatsfrist ab der Urteilszustellung (§ 345 Abs. 1 S. 2 StPO), so endet sie am gleichen Monatstag einen Monat nach der Zustellung (z.B. Urteilszustellung: Mittwoch, 01.02.2023, Fristablauf: Mittwoch, 01.03.2023; Zustellung: Montag, 30.01.2023, Fristablauf: Dienstag, 28.02.2023; Zustellung: Montag, 29.01.2024; Fristablauf: Donnerstag, 29.02.2024, jeweils 24 Uhr, vgl. § 43 Abs. 1 StPO). Als Ausnahme von der grundsätzlichen Regelung gilt § 43 Abs. 2 StPO, wobei es bei der Frage, ob das Fristende auf einen allgemeinen Feiertag fällt, auf den Sitz des Erklärungsempfängers ankommt. Erhält also eine Berliner Kanzlei am selben Herbsttag jeweils eine Urteilszustellung aus Berlin und eine aus Sachsen und fällt das errechnete Fristende auf den Buß- und Bettag des betreffenden Jahres, so endet die Revisionsbegründungsfrist in der Berliner Sache an diesem Tag, in der Sache aus Sachsen hingegen am darauf folgenden Werktag – weil in Sachsen der Buß- und Bettag gesetzlicher Feiertag ist, in allen anderen Ländern hingegen nicht.[156] Dass die Zustellung an einem Samstag erfolgte, ist für die nach § 43 StPO vorzunehmende Berechnung der Frist ohne Bedeutung.[157] § 43 Abs. 1 StPO gilt für die Berechnung der Revisionsbegründungsfrist auch dann, wenn diese unmittelbar an die

149 BGHSt 8, 41; 46, 204 f.; BGH StraFo 2007, 502.
150 BGHSt 22, 221 ff.; Beschl. v. 08.09.2016 – 1 StR 232/16.
151 BGH, Beschl. v. 01.06.2015 – 4 StR 21/15, NStZ 2015, 540 f.
152 BGH NStZ-RR 2003, 205.
153 NStZ-RR 2009, 144.
154 BGH, Beschl. v. 06.07.2016 – 4 StR 253/16, StraFo 2016, 376.
155 Zustellungsfehler im Strafverfahren – Retter in der (Verteidiger-)Not, *Hillenbrand* ZAP 2018, 99 ff.
156 Buß- und Bettag ist kein Feiertag i.S.d. § 43 Abs. 2 StPO: BGH StV 2007, 627.
157 BGH, Beschl. v. 08.09.2010 – 2 StR 310/10.

Revisionseinlegungsfrist anschließt. Der Tag des Beginns der Monatsfrist ist – anders als nach der Regelung des § 188 Abs. 2 BGB – nicht mitzuzählen.[158]

▶ **Achtung**

37 Die Revisionsbegründungsfrist kann nicht verlängert werden. Der Vorsitzende ist im Strafprozess nicht befugt, die Revisionsbegründungsfrist zu verlängern. Eine trotzdem gewährte Verlängerung ist unwirksam.[159]

Beachte aber

Die aufgrund eines gerichtlichen Versehens gleichwohl gewährte Fristverlängerung begründet ein für den Angeklagten unverschuldetes Hindernis, die Frist zu wahren. Auf Antrag ist Wiedereinsetzung in den vorigen Stand zu gewähren.[160]

▶ **Beachte**

Das Nachschieben von Verfahrensrügen, auch die Erhebung der allgemeinen Sachrüge, ist nach Ablauf der Revisionsbegründungsfrist grundsätzlich ausgeschlossen. Nur zu bereits erhobenen Rügen können ergänzende, nicht aber für deren Zulässigkeit notwendige Erläuterungen nachgereicht werden.[161]

38 Zur Wiedereinsetzung:[162]

▶ **Beachte**

Wiedereinsetzung zur Nachholung einzelner Verfahrensrügen bei ansonsten rechtzeitiger Revisionsbegründung kommt nur in eng umgrenzten Ausnahmefällen in Betracht.[163]

Auch in eine versäumte Revisionsbegründungsfrist kann Wiedereinsetzung nach §§ 44 ff. StPO gewährt werden (vgl. das Beispiel bei Rdn. 124 zur Wiedereinsetzung in die Revisionseinlegungsfrist und die dann laufende Begründungsfrist: Rdn. 8)[164]. Da nach § 45 Abs. 2 S. 2 StPO die versäumte Handlung binnen der Wochenfrist des § 45 Abs. 1 S. 1 StPO nachgeholt werden muss, verkürzt sich die Revisionsbegründungsfrist des § 345 Abs. 1 StPO regelmäßig auf eine Woche ab Wegfall des Hindernisses.[165] In einem solchen Fall ist der Wiedereinsetzungsantrag im Übrigen nur zulässig, wenn die Revisionsbegründung den sich aus §§ 344 Abs. 1, 2 S. 1, 345 Abs. 2 StPO ergebenden Erfordernissen genügt; die Wahrung des § 344 Abs. 2 S. 2 StPO wird dagegen erst im Revisionsverfahren geprüft.[166]

Wird nach Versäumung der Frist zur Einlegung der Revision dem Angeklagten Wiedereinsetzung in den vorigen Stand gewährt, beginnt die Frist zur Ergänzung der abgekürzten Urteilsgründe mit dem Eingang der Akten bei dem für die Ergänzung zuständigen Gericht (§§ 267 Abs. 4 S. 3, 275

158 BGHSt 36, 241 ff.

159 *Meyer-Goßner*/Schmitt § 345 Rn. 2; BGH, Beschl. v. 13.05.1987 – 2 StR 170/87, NStZ 1987, 422 f.; in BGHSt 34, 371 f. nicht veröffentlicht; zur »Nachbesserung« vgl. *Geipel* StraFo 2011, 9 f.

160 BGH, Beschl. v. 24.01.2017 – 3 StR 447/16 = NStZ-RR 2017, 148.

161 Vgl. BGH StV 1999, 407; BGHSt 17, 337 (339); 18, 214.

162 Vgl. dazu genauer Rdn. 8.

163 BGH; Beschl. v. 11.04.2019 – 1 StR 91/18; v. 24.10.2018 – 2 StR 578/16 = NStZ-RR 2019, 25; vgl. auch *Staub* DAR 2017, 425 ff.

164 Zur Wiedereinsetzung in die Revisionsbegründungsfrist vgl. *Sobota/Loose*, NStZ 2018, 72 ff.

165 BGH NStZ-RR 1997, 267; zur Wiedereinsetzung in die Begründungsfrist nach einem unwirksamen Rechtsmittelverzicht: BGH NStZ 2000, 96 m. Anm. *Rieß*; Anm. *Weigend* StV 2000, 63.

166 BGH StV 1997, 225.

Abs. 1 S. 2 StPO). Mit der Zustellung des ergänzten Urteils beginnt die Frist zur Begründung der Revision (§ 345 Abs. 1 S. 2 StPO).[167]

II. Form

Der Anwalt kann die Revisionsbegründung nur mittels eines Schriftsatzes einreichen (§ 345 Abs. 2 StPO; die Begründung zu Protokoll ist für ihn ausgeschlossen, vgl. Rdn. 9); der Schriftsatz ist an das Gericht zu richten, dessen Urteil angefochten ist (§ 345 Abs. 1 S. 1 StPO; dazu auch Rdn. 7). **39**

Der Schriftsatz muss – wie § 345 Abs. 2 StPO ausdrücklich vorschreibt – vom Anwalt unterzeichnet sein (zum Vertreter des Pflichtverteidigers: siehe Rdn. 19).[168]

▶ Beachte

§ 32d StPO stellt jetzt seine eigenen Anforderungen an die Sicherstellung der Urheberschaft. **40**
Soweit ausnahmsweise noch relevant, ist die papierförmige Revisionsbegründungsschrift von einem Verteidiger eigenhändig zu unterzeichnen; ein Faksimilestempel genügt nicht. Die von Verteidiger oder Rechtsanwalt »unterzeichnete Schrift« bei der Revisionsbegründung erfordert die Erkennbarkeit einer Schrift in der Unterzeichnung, aber nicht unbedingt die Lesbarkeit, wobei aber ein Dritter, der den Namen des Unterzeichnenden kennt, den Schriftzug aber dann doch herauslesen können muss und die Individualität des Schriftzuges verlangt.[169]

Der Umstand, dass der Schriftsatz nicht vom unterzeichnenden Rechtsanwalt selbst verfasst wurde, ist grundsätzlich unerheblich. Auch die Unterzeichnung mit dem Zusatz »i.V.« rechtfertigt für sich genommen nicht die Annahme, dass der in Vertretung Unterzeichnende den Schriftsatz ungeprüft unterschrieben hat. Gleiches gilt – für sich genommen – für den Zusatz, der Urheber des Schriftsatzes sei »nach Diktat verreist«.[170]

Verteidiger i.S.d. § 345 Abs. 2 StPO ist der in der Vorinstanz tätige oder neu bestellte Verteidiger. Die Revision ist unzulässig, wenn der zu ihrer Begründung eingereichte Schriftsatz nicht von dem Pflichtverteidiger, sondern für diesen von seinem Sozius unterschrieben worden ist. Der Pflichtverteidiger kann seine Befugnisse nicht wirksam durch Untervollmacht übertragen.[171] Der amtlich bestellte Vertreter (§ 53 Abs. 3 BRAO) kann aber die Revision begründen. Bei Rechtsmitteln von mehreren Angeklagten kann es sachgerecht (und damit auch zulässig) sein, Vorbringen in einem Schriftsatz zusammenzufassen. Es muss aber erkennbar sein, dass jeder Verteidiger für seinen Mandanten den Inhalt verantwortet.[172] Die Revision eines Angeklagten ist nicht fristgerecht begründet worden, wenn diese nicht vom Pflichtverteidiger, sondern von einem von diesem bevollmächtigten, mit ihm in Bürogemeinschaft verbundenen und für einen Mitangeklagten als Pflichtverteidiger bestellten Rechtsanwalt unterzeichnet wurde; auf diesen konnte der Pflichtverteidiger des Angeklagten seine Befugnisse nicht wirksam übertragen.[173]

167 BGHSt 52, 349 ff.
168 Zur Revisionsbegründung eines Rechtsanwalts, der vom Angeklagten hierzu bevollmächtigt wurde, aber weder Wahl- noch Pflichtverteidiger war: BGH NStZ 2001, 52.
169 BGHSt 12, 317; vgl. dazu *Peglau* jurisPR-StrafR 5/2013 Nr. 2, BGH, Beschl. v. 05.10.2016 – 3 StR 268/16, StRR 2017, 13 f. m. Anm. *Burhoff.*; v. 30.08.2018 – 5 StR 183/18.
170 BVerfG, Beschl. v. 07.12.2015 – 2 BvR 767/15, StV 2016, 769 f.
171 BGH StV 1981, 393; NStZ 1995, 356; wistra 1993, 229; BGHR StPO § 349 Abs. 1 – Einlegungsmangel; beachte aber: Fehler des Verteidigers können die Wiedereinsetzung begründen; vgl. auch BGH, Beschl. v. 08.12.2011 – 4 StR 430/11, NStZ 2012, 276 f.
172 BGH NStZ 1998, 99 m. Anm. *Widmaier.*
173 BGH, Beschl. v. 08.12.2011 – 4 StR 430/11, NStZ 2012, 276 f.

Trotz des Unterschrifterfordernisses wird – soweit es nach Inkrafttreten von § 32d StPO ausnahmsweise noch in Betracht kommt – neben dem Einwurf unterzeichneten Originals insbesondere die Übermittlung durch Telefax zugelassen sein.[174] Eine Übermittlung per Telegramm, die in diesem Zusammenhang früher regelmäßig noch genannt wurde (und deren Praktikabilität schon lange zweifelhaft war), ist nicht mehr möglich, da die Deutsche Post den Versand von Telegrammen zum 1. Januar 2023 eingestellt hat.[175]

41 Im Hinblick auf die Entscheidung des Gemeinsamen Senats der obersten Gerichte des Bundes[176] werden nunmehr auch (im Ausnahmefall einer technischen Störung) zuzulassen sein:[177]

– Computerfax mit eingescannter Unterschrift oder dem Hinweis, dass wegen der Übertragungsform eine Unterzeichnung ausgeschlossen ist,
– E-Mail (unter denselben Voraussetzungen; dies wurde in obiger Entscheidung allerdings nicht erörtert).[178]

42 Ausgeschlossen ist dagegen die telefonische Übermittlung der Revisionsbegründung[179]
Wird die Revision zu Protokoll des Urkundsbeamten der Geschäftsstelle begründet, muss sich der Urkundsbeamte an der Anfertigung der Begründung gestaltend beteiligen und die Verantwortung für ihren Inhalt übernehmen. Daran fehlt es, wenn der Rechtspfleger als bloße Schreibkraft des Angeklagten tätig wird und vom Angeklagten vorgegebene Rügen ungeprüft übernimmt.[180] Wird die zu Protokoll der Geschäftsstelle begründete Revision des Beschwerdeführers allein deswegen als unzulässig verworfen, weil sie vom zuständigen Rechtspfleger nicht in einer den Anforderungen der fachgerichtlichen Rechtsprechung genügenden Weise aufgenommen wurde, gebietet es das Grundrecht auf ein faires Verfahren (Art. 2 Abs. 1 GG i.V.m. Art. 20 Abs. 3 GG), dass der Beschwerdeführer zuvor die Möglichkeit erhält, über das Verfahren der Wiedereinsetzung in den vorigen Stand eine Korrektur zu erreichen, falls die den förmlichen Anforderungen des § 345 Abs. 2, § 344 Abs. 2 StPO nicht entsprechende Begründung der Revision auf ein Versäumnis des Rechtspflegers und nicht auf ein Verschulden des Beschwerdeführers zurückzuführen sein sollte.[181]

III. Inhalt der Revisionsbegründung

1. Allgemeines

43 Die Revision muss – anders als die Berufung (vgl. die Kannvorschrift des § 317 StPO) – begründet werden (§ 344 Abs. 1 StPO), weshalb nicht nur die Wahrung von Form und Frist Voraussetzung der Zulässigkeit des Rechtsmittels ist, sondern auch, dass die Begründung den in § 344 StPO gefor-

174 BVerfG NJW 1996, 2857; GmS-OGB NJW 2000, 2340 (2341); maßgeblich ist aber auch hier der rechtzeitige Eingang bei Gericht, vgl. BVerfG NJW 2000, 574.

175 Vgl. https://www.tagesschau.de/wirtschaft/verbraucher/deutsche-post-stellt-telegramm-ein-101.html.

176 NJW 2000, 2340 = MDR 2000, 1089 m. Anm. *Liwinska* und *Düwell* NJW 2000, 3334.

177 Die Entscheidung befasst sich allerdings nicht ausdrücklich mit § 345 Abs. 2 StPO, sondern lediglich mit der beim allgemeinen – prozessualen – Schriftformerfordernis bestehenden Notwendigkeit der Unterzeichnung; zur – besseren Lösung über die – EU-Signaturrichtlinie und deren Umsetzung in deutsches Recht: *Redeker* CR 2000, 455; *Tettenborn* CR 2000, 683; *Büllesbach/Miedbrodt* CR 2000, 751. Vgl. auch Gesetz zur Einführung der elektronischen Akte in der Justiz und zur weiteren Förderung des elektronischen Rechtsverkehrs, v. 05.07.2017, BGBl I 2208 f.; dazu § 32a StPO nF; zum elektronischen Rechtsverkehr; *Radke* jM 2019, 272 f.; *Claus* jurisPR-StrafR 2/2018 Anm. 1; vgl. auch BGH, Beschl. v. 08 10.2019 – 5 StR 432/19.

178 Vgl. *Liwinska* MDR 2000, 1089 (1091); zur Entbehrlichkeit der eingescannten Unterschrift: FG Hamburg NJW 2001, 992 = CR 2001, 162 m. (zutreffend abl.) Anm. *Vehslage*.

179 BGHSt 30, 64, 66.

180 BGH, Beschl. v. 17.12.2015 – 4 StR 483/15, NStZ-RR 2016, 89 f.

181 BVerfG, Beschl. v. 16.12.2016 – 2 BvR 2422/16.

derten Mindestinhalt hat.[182] Das bedeutet, dass dem Begründungsschriftsatz – notfalls im Wege der Auslegung – ein Antrag und zumindest eine zulässige Rüge zu entnehmen sein müssen[183]. Die Angriffsrichtung der Revisionsrüge bestimmt den Prüfungsumfang seitens des Revisionsgerichtes (§ 352 StPO). Der Revisionsführer muss daher den Gegenstand und die Angriffsrichtung seiner Rüge verdeutlichen und hierzu strukturiert vortragen. Kommen nach den dargelegten Tatsachen mehrere Verfahrensfehler in Betracht, muss die Revision erkennen lassen, welchen Fehler sie geltend macht. Mehrdeutiges Vorbringen führt zur Unzulässigkeit der Rüge, soweit nicht durch Auslegung ein eindeutiges Ergebnis zu erzielen ist.[184]

Die Revisionsbegründung besteht also grundsätzlich aus zwei Teilen, nämlich dem Antrag und dessen Rechtfertigung. Diese Rechtfertigung muss in der Behauptung der Verletzung formellen (Verfahrensrüge, dazu Rdn. 75 ff.) und/oder materiellen Rechts (Sachrüge, dazu Rdn. 100 ff.) liegen (§ 344 Abs. 2 S. 1 StPO). Auch auf das Fehlen von Verfahrensvoraussetzungen kann und soll die Revisionsbegründung eingehen (dazu Rdn. 71 ff.). 44

▶ Typischer Aufbau einer Revisionsbegründung

Antrag (mit Begründung einer etwaigen Beschränkung) 45

Fehlen von Verfahrensvoraussetzungen

Verfahrensrügen:

- **absolute Revisionsgründe,**
- **relative Revisionsgründe,**

Sachrüge:

- **allgemeine Sachrüge,**
- **Einzelausführungen zur Sachrüge.**

Wird die Revisionsbegründung von einem Verteidiger eingereicht, muss ferner zweifelsfrei feststehen, dass er für diese die Verantwortung übernimmt; er die Begründung grundsätzlich selbst zu verfassen, zumindest an ihr gestaltend mitzuwirken.[185] Der Verteidiger darf daher beispielsweise nicht lediglich eine vom Angeklagten selbst gefertigte Schrift mit einem Anschreiben versehen bei Gericht abgeben, auch sollte er nicht mit dem Zusatz »i.V.« unterschreiben.[186] Diese Anforderungen sind auch dann nicht erfüllt, wenn der Verteidiger »die Durcharbeitung der vom Angeklagten persönlich verfasster Rügen zusichert« oder wenn die Revisionsbegründung zwar auf einem Briefbogen des Verteidigers beginnt und nach 107 Seiten mit dessen Unterschrift endet, im Übrigen aber vom Angeklagten stammt.[187] Formulierungen wie »nach Ansicht des Angeklagten«[188] oder »der Ange- 46

182 Dazu *Gribbohm* NStZ 1983, 97 ff.; *Sander* NStZ-RR 2002, 1 ff.; *Widmaier* StraFo 2006, 437 ff.; *Schnarr* FS Nehm 2006, 327 ff.; *Sander* NStZ-RR 2006, 33 ff., 68 ff.; krit. *Ventzke* StV 1992, 338 ff.; *Norouzi* NStZ 2013, 203 f.; beachte: Eine Begründung fehlt auch dann, wenn – ohne sonstige Begründung – nur ein Antrag auf Aufhebung des angefochtenen Urteils und Zurückverweisung der Sache gestellt worden ist, vgl. BGH, Beschl. v. 12.04.2000 – 1 StR 131/00.

183 Zur Wahrheitspflicht des Revisionsverteidigers vgl. *Knauer* FS Widmaier 2008, 291 ff.; *Herdegen* StraFo 2008, 137 ff.; vgl. auch zur Arbeitstechnik *Huber* JuS 2009, 614 ff.

184 BGH, Urt. v 10.07.2013 – 2 StR 195/12, BGHSt 58, 310, 312 = StV 2013, 677 f. = NStZ 2013, 667 f.; v. 22.07.2015 – 2 StR 389/13, NJW 2016, 419 f.

185 BGH NStZ 1984, 563; 2000, 211; 2006, 236; NStZ-RR 2002, 309; 2006, 84; BGH, Beschl. v. 26.07.2005 – 3 StR 36/05; auch die Formulierung »auftragsgemäß« werde gerügt und die Wiedergabe von Ausführungen des Angeklagten in indirekter Rede könne auf Distanzierung hindeuten; BGH NStZ2004, 166; BGH, Beschl. v. 27.03.2012 – 2 StR 83/12, NStZ 2012, 528 (bloße Bezugnahme auf die Auffassungen des Angeklagten ohne eigenständige Ausführungen).

186 OLG Hamm Rpfleger 2000, 565.

187 BGHR StPO § 345 Abs. 2 Begründungsschrift 1; BGH NStZ 1997, 355; NStZ 2000, 211.

188 BGH NStZ-RR 2002, 309.

klagte legt ferner Wert auf die Feststellung«, »auftragsgemäß«[189] können den Eindruck anwaltlicher Distanzierung erwecken.

2. Anträge

47 Der Antrag lautet grundsätzlich so, wie sich der Revisionsführer den Tenor der Entscheidung des Revisionsgerichts erhofft (nicht Kosten uä). Er besteht daher aus zwei oder drei Teilen, nämlich dem Antrag auf Aufhebung des Urteils (§ 353 Abs. 1 StPO) sowie – zumeist – der dort getroffenen Feststellungen (§ 353 Abs. 2 StPO) und einem »Folgeantrag« (§ 354 Abs. 2, 3 StPO), der regelmäßig das eigentliche Ziel des Rechtsmittels beschreibt. Das Revisionsgericht ist im Rahmen von § 354 Abs. 1 StPO an den Antrag nicht gebunden.

▶ Hinweis

Revisionsanträge sollten nicht nur klar und widerspruchsfrei, sondern auch deckungsgleich mit den Ausführungen zur Revisionsbegründung sein, damit der Umfang der Anfechtung nicht erst durch eine Erforschung des Sinns des Vorbringens und seines gedanklichen Zusammenhangs unter Berücksichtigung sämtlicher Umstände des Einzelfalls ermittelt zu werden braucht.[190]

Auf dieser Grundlage können die in der Praxis häufigsten Anträge folgendermaßen formuliert werden:

Ist das Urteil nach Ansicht des Revisionsführers rechtsfehlerhaft, weil beispielsweise die Tatsachenfeststellungen unvollständig sind oder die rechtliche Würdigung falsch ist, **ohne dass ein Freispruch oder eine Einstellung des Verfahrens gerechtfertigt wäre**, sollte folgender Antrag gestellt werden (§§ 353, 354 Abs. 2 S. 1 StPO; »Standardantrag«):

▶ Üblicher Antrag

48 **Ich beantrage, das Urteil des Landgerichts ... vom ... mit den Feststellungen aufzuheben und die Sache zu neuer Verhandlung und Entscheidung an eine andere Strafkammer des Landgerichts zurückzuverweisen[191].**

Die Zurückverweisung kann nach § 354 Abs. 2 S. 1 StPO an ein anderes Landgericht desselben Bundeslandes, unter den Voraussetzungen des § 354 Abs. 3 StPO auch an ein Amtsgericht oder – im Fall der Unzuständigkeit des Erstgerichts – an das zuständige Gericht (§ 355 StPO) erfolgen. Liegen die Voraussetzungen dieser Vorschriften vor, sollte dies in den Antrag aufgenommen und – am Ende der Begründung – erläutert werden.

Ist das Urteil rechtsfehlerhaft, weil der Angeklagte nach den dort rechtsfehlerfrei und vollständig getroffenen Feststellungen **freizusprechen** ist, lautet der Antrag (§§ 353 Abs. 1, 354 Abs. 1 StPO):

▶ Antrag auf Freispruch

49 **Ich beantrage, das Urteil des Landgerichts ... vom ... aufzuheben und den Angeklagten freizusprechen.**

Dieser Antrag kommt nur in Betracht, wenn der Angeklagte bezogen auf die angeklagte Tat mit Sicherheit keinen Straftatbestand verwirklicht hat und entweder keine weiteren Tatsachenfeststel-

189 BGH NStZ 2004, 166.

190 BGH, Urt. v. 21.09.2017 – 3 StR 288/17 = StV 2019, 443 f.

191 Die Zurückverweisung kann nach § 354 Abs. 2 S. 1 StPO an ein anderes Landgericht desselben Bundeslandes, unter den Voraussetzungen des § 354 Abs. 3 StPO auch an ein Amtsgericht oder – im Fall der Unzuständigkeit des Erstgerichts – an das zuständige Gericht (§ 355 StPO) erfolgen. Liegen die Voraussetzungen dieser Vorschriften vor, sollte dies in den Antrag aufgenommen und – am Ende der Begründung – erläutert werden.

lungen möglich sind oder sich auch bei noch möglichen weiteren Tatsachenfeststellungen an der Straflosigkeit nichts ändern würde[192] (zum Teilfreispruch: Rdn. 51).

Ist das Urteil falsch, weil das Verfahren nach den dort rechtsfehlerfrei und vollständig getroffenen Feststellungen wegen eines Verfahrenshindernisses **einzustellen** ist, lautet der Antrag (§§ 353 Abs. 1, 354 Abs. 1 StPO):

▶ Antrag auf Einstellung

Ich beantrage, das Urteil des Landgerichts... vom ... aufzuheben und das Verfahren einzustellen. 50

Betrifft das Verfahrenshindernis dagegen nur einen Teil der angeklagten Tat oder eine von mehreren angeklagten Taten, ist wie folgt zu unterscheiden: Besteht zwischen der Strafvorschrift, für die das Verfahrenshindernis besteht, und der zutreffend angewendeten Vorschrift **Tatmehrheit**, kann das Verfahren nur bezüglich der Tat, für die das Hindernis besteht, – also teilweise – eingestellt werden. Soll bezüglich der weiteren Tat oder Taten die »normale« Aufhebung erreicht werden, würde der Antrag lauten:

▶ Antrag auf teilweise Einstellung

Ich beantrage,

a) das Urteil des Landgerichts ... vom ... aufzuheben, soweit der Angeklagte wegen ... (Tat vom ...) verurteilt wurde und das Verfahren insofern einzustellen,
b) das Urteil im Übrigen mit den Feststellungen aufzuheben und die Sache im Umfang dieser Aufhebung zur neuen Verhandlung und Entscheidung an eine andere Strafkammer des Landgerichts zurückzuverweisen.

Besteht dagegen zwischen der Strafvorschrift, bezüglich derer das Verfahrenshindernis vorliegt, und der weiter angewendeten Strafnorm **Tateinheit**, so darf das Verfahren nicht – auch nicht teilweise – eingestellt werden; in einem solchen Fall kann das Urteil mit dem »Standardantrag« (Rdn. 48) insgesamt angefochten werden, wenn es auch im Übrigen rechtsfehlerhaft ist. Ansonsten – weist also das Urteil im Übrigen keinen Rechtsfehler auf – würde der Antrag lauten:

▶ Antrag bei fehlerhaften Konkurrenzen

Ich beantrage, das Urteil des Landgerichts ... vom ...

a) im Schuldspruch dahin abzuändern, dass die Verurteilung wegen tateinheitlich begangenen ... entfällt,
b) im Rechtsfolgenausspruch mit den zugehörigen Feststellungen aufzuheben und im Umfang der Aufhebung die Sache zu neuer Verhandlung und Entscheidung an eine andere Strafkammer des Landgerichts zurückzuverweisen.

Nach den gleichen Grundsätzen ist zu verfahren, wenn der Verteidiger meint, der Angeklagte sei teilweise freizusprechen bzw. habe einen der vom Tatrichter tateinheitlich abgeurteilten Straftatbestände nicht verwirklicht. 51

Das Fehlen eines ausdrücklichen Antrags ist zwar dann unschädlich, wenn sich der Umfang der Anfechtung aus dem Inhalt der Revisionsbegründung ergibt. So ist nach der Rechtsprechung bei Revisionen des Angeklagten in der Erhebung der uneingeschränkten allgemeinen Sachrüge regelmäßig die Erklärung zu sehen, dass das Urteil insgesamt angefochten werden. Auch bei Revisionen

192 Vgl. BGH NStZ 1999, 420; StV 2001, 108; 2002, 422; 2003, 216.

der Staatsanwaltschaft[193] bedarf es i.d.R. dann keines förmlichen Revisionsantrags, wenn das Ziel der Revision aus dem Inhalt der Revisionsschrift oder dem Gang des bisherigen Verfahrens eindeutig hervorgeht. Bei einem Strafverfahren gegen mehrere Angeklagte, denen eine Vielzahl von Straftaten zur Last gelegt wird, lässt sich aus einer nicht näher ausgeführten allgemeinen Sachrüge das Anfechtungsziel der Staatsanwaltschaft nicht sicher ermitteln. Es bedarf vielmehr eines ausdrücklichen Antrags i.S.d. § 344 Abs. 1, § 352 Abs. 1 StPO, um das Begehren der Beschwerdeführerin hinreichend klar zu erkennen.[194]

Im Hinblick auf § 400 StPO bedarf es bei einer Revision eines Nebenklägers grundsätzlich der Mitteilung, dass das Urteil mit dem Ziel einer Änderung des Schuldspruchs hinsichtlich der zum Anschluss als Nebenkläger berechtigenden Gesetzesverletzung angefochten wird.[195] Es bedarf eines genauen Antrages oder einer Begründung, die deutlich macht, dass eine Änderung des Schuldspruchs hinsichtlich eines Nebenklagedelikts verfolgt wird[196]. Die Erhebung der allgemeinen Sachrüge genügt nicht[197]

3. Inhalt der Revisionsbegründung

52 Die rechtliche Grundlage für den Inhalt[198] einer Revisionsbegründung findet sich in § 344 Abs. 2 StPO.[199] Danach müssen bei einer Revision, die mit der Verletzung einer Rechtsnorm über das Verfahren begründet wird, die den Mangel enthaltenden Tatsachen angegeben werden. Diese sind vollständig vorzutragen, sodass das Revisionsgericht allein aufgrund der Begründungsschrift prüfen kann, ob ein Verfahrensfehler vorliegt, sofern das tatsächliche Vorbringen zutrifft. Der BGH betont immer wieder auch, dass es nicht die Aufgabe des Revisionsgerichts ist, den Revisionsvortrag innerhalb eines umfangreichen Revisionsvorbringens oder aus anderen Unterlagen zusammenzufügen oder zu ergänzen.[200] Vom Beschwerdeführer kann im Rahmen der sich aus § 344 Abs. 2 Satz 2 StPO ergebenden Begründungspflicht jedoch nicht verlangt werden, Tatsachen anzugeben, die ihm nicht allgemein oder als Verfahrensbeteiligtem zugänglich sind.[201] Demgegenüber genügt für die Sachrüge der Satz, dass die Verletzung sachlichen (materiellen) Rechts gerügt wird. Dabei ist es nicht unbedingt erforderlich, die Rüge als Sachrüge zu bezeichnen. Es genügt, wenn sich das Begehren auf Nachprüfung des Urteils in rechtlicher Hinsicht aus dem Zusammenhang des Vorbrin-

193 Für Nebenklägerrevision: Nach der Regelung des § 400 Abs. 1 StPO kann ein Nebenkläger das Urteil nicht mit dem Ziel anfechten, dass eine andere Rechtsfolge verhängt wird. Deshalb bedarf es bei Revisionen der Nebenkläger i.d.R. eines Revisionsantrages oder einer Revisionsbegründung, wodurch deutlich gemacht wird, dass der Beschwerdeführer ein zulässiges Ziel verfolgt (BGHR StPO § 400 Abs. 1 – Zulässigkeit 2, 5).

194 BGH StV 2003, 120.

195 BGHR StPO § 400 Abs. 1 Zulässigkeit 5; BGH, Beschl. v. 14.01.2003 – 1 StR 457/02; v. 26.03.2003 – 2 StR 35/03; vom 28.01.2005 – 2 StR 314/04; v. 27.11.2018 – 5 StR 379/18; der Nebenkläger kann mit der Revision, wenn das Schwurgericht ein Tötungsdelikt als Mord beurteilt hat, nur einen anderen Schuldumfang durch Annahme weiterer Mordmerkmale oder eine andere Rechtsfolge der Tat erreichen; mit diesem Ziel kann er das Urteil nicht anfechten. Das gilt auch, soweit er die Feststellung besonderer Schwere der Schuld im Sinne des § 57a Abs. 1 S. 1 Nr. 2 StGB erstrebt; vgl. auch *Meyer-Goßner/* Schmitt § 400 Rn. 3 und 6.

196 BGH, Beschl. v. 06.12.2016 – 2 StR 425/16; v. 02.08.2016 – 2 StR 454/15, NStZ-RR 2016, 351.

197 BGH, Beschl. v. 22.09.2010 – 2 StR 429/10.

198 Zur Zulässigkeit von Verfahrensrügen vgl. Rechtsprechungsübersichten von *Cirener* NStZ-RR 2017, 65 f.; 132 f.; *Cirener/Herb* NStZ-RR 2018, 97 ff.; 131 ff. 2019, 97 ff.; 132 ff.; 193 ff.

199 Dazu *Gribbohm* NStZ 1983, 97 ff.; *Sander* NStZ-RR 2002, 1 ff.; *Widmaier* StraFo 2006, 437 ff.; *Schnarr* FS Kay Nehm 2006, 327 ff.; *Sander* NStZ-RR 2006, 33 ff., 68 ff.; krit. *Ventzke* StV 1992, 338 ff.; beachte: Eine Begründung fehlt auch dann, wenn – ohne sonstige Begründung – nur ein Antrag auf Aufhebung des angefochtenen Urteils und Zurückverweisung der Sache gestellt worden ist, vgl. BGH, Beschl. v. 12.04.2000 – 1 StR 131/00.

200 BGH, Beschl. v. 22.02.2012 – 1 StR 647/11, StV 2013, 73 f.; BGH NStZ 2005, 463.

201 BGH, Beschl. v. 22. 01 2019 – 2 StR 413/18 = StV 2019, 820 f.

gens ergibt.[202] Der bloße Antrag auf Aufhebung und Zurückverweisung genügt aber nicht für eine sachgerechte Revisionsbegründung, ebenso wenig eine »Ankündigung« der Revisionsbegründung.[203] Eine Bezugnahme auf die Schriftsätze anderer Verfahrensbeteiligter oder Aktenbestandteile reicht nicht.[204] Ob einer – möglicherweise verletzten – Rechtsnorm verfahrens- oder sachlich-rechtlicher Charakter zukommt, ist grundsätzlich danach zu beurteilen, ob für die sachlich-rechtliche Überprüfung dem Revisionsgericht allein die Urteilsurkunde zur Verfügung steht; alle anderen Erkenntnisquellen sind ihm verschlossen. Soweit sich der Rechtsfehler nicht allein aus der Urteilsurkunde erschließen lässt, weil er sich auf das der Entscheidung vorausgegangene Verfahren bezieht, ist die Erhebung einer Verfahrensrüge erforderlich.[205] Soll eine Verfahrensrüge[206] erhoben werden, muss der Revisionsführer den Sachverhalt so umfassend vortragen, dass das Revisionsgericht allein aufgrund der ihm vorliegenden Revisionsbegründung – also ohne Zugriff auf die Sachakten – in der Lage ist, die Begründetheit des behaupteten Verfahrensverstoßes zu überprüfen (§ 344 Abs. 2 S. 2 StPO[207]). An dieser Vorschrift, wonach bei der Rüge der Verletzung formellen Rechts »die den Mangel enthaltenden Tatsachen« anzugeben sind, scheitert die Mehrzahl der geltend gemachten Verfahrensrügen.[208] Die Bezugnahme auf Ausführungen eines anderen Verfahrensbeteiligten genügt den Anforderungen an die ordnungsgemäße Begründung von Verfahrensrügen (§ 344 Abs. 2 S. 2 StPO) nicht.[209] Die Darstellung von Verfahrensrügen in nur einem von mehreren Verteidigern mehrerer Angeklagter gemeinsam eingereichten und gemeinsam unterzeichneten Schriftsatz ist aber möglich.[210]

4. Beschränkung des Rechtsmittels

Mit einer Revision kann ein Urteil insgesamt oder auch nur teilweise angegriffen werden; die Revi- 53
sion kann also beschränkt eingelegt werden (vgl. § 344 Abs. 1 StPO; dazu auch Kap. 9 Rdn. 29 ff.). Voraussetzung einer solchen Beschränkung ist, dass der angefochtene Teil des Urteils gegenüber dem nicht angefochtenen Teil getrennt geprüft werden kann (Trennbarkeitsformel). Eine Beschränkung des Rechtsmittels ist also möglich, wenn die Beschwerdepunkte nach dem inneren Zusammenhang des Urteils losgelöst vom nicht angegriffenen Teil rechtlich und tatsächlich selbstständig beurteilt werden können.[211] Ist das nicht der Fall, so ist die Beschränkung unwirksam; dies hat aber nicht die Unzulässigkeit des Rechtsmittels zur Folge, vielmehr wird die Revision als unbeschränkt eingelegt behandelt.[212]

---

202 BGH NStZ 1991, 597; NStZ-RR 1998, 18.

203 »Die Revision wird begründet, sobald uns das Urteil in schriftlicher Form vorliegt. Es soll die Verletzung formellen und auch materiellen Rechts gerügt werden«; vgl. BGH, Beschl. v. 17.10.1985 – 4 StR 516/85.

204 BGH, Beschl. v. 13.10.2006 – 2 StR 362/06, NStZ 2007, 166.

205 BGH StV 2001, 552; vgl. auch *Jähnke* FS Meyer-Goßner 2001 S. 559 ff.

206 Zur unwahren Verfahrensrüge vgl. *Detter* StraFo 2004, 329 ff.; BGH NStZ 2005, 222 f.; BGH, Beschl. v. 15.06.2005 – 1 StR 202/05; vgl. auch die Anfrage des 1. Strafsenats gem. § 132 Abs. 2 GVG v. 12.01.2006 – 1 StR 466/05; Beschl. des Großen Senats für Strafsachen v. 23.04.2007 – GSSt 1/06, BGHSt 51, 298 m. Anm. *Fahl* JR 2007, 345 ff.; *Schumann* JZ 2007, 927 ff.; *Wagner* GA 2008, 442 ff.; dazu BVerfG StV 2010, 497 ff.

207 Dazu sehr ausf. BVerfG NJW 2005, 1999 = StV 2005, 369 m. Anm. *Kuckein* NStZ 2005, 697; StV 2006, 57; BGH, Beschl. v. 08.12.2011 – 4 StR 430/11, NStZ 2012, 346; *Meyer-Mews* NJW 2005, 2820 ff.; vgl. auch *Sander* NStZ-RR 2006, 33 ff. mit Hinweisen auf die Rechtsprechung des BGH.

208 Hinweise bei *Cirener*, t NStZ-RR 2017, 65 f.; 132 f.; NStZ-RR 2018, 97 ff.; 131 ff.; 2019, 97 ff.; 132 f.;193 ff.

209 BGH, Beschl. v. 10.01.2006 – 1 StR 527/05, NJW 2006, 1220.

210 BGH NStZ 1998, 99 m. Anm. *Widmaier*.

211 BGH NStZ 1995, 493 m.w.N.; BGH, Urt. v. 19.03.2013 – 1 StR 318/12 Rn. 85, wistra 2013, 463 f.

212 BGHSt 21, 256 (258).

▶ Beachte also

Eine Beschränkung der Revision nach § 344 Abs. 1 StPO ist nur zulässig, soweit die Beschwerdepunkte nach dem inneren Zusammenhang des Urteils – losgelöst von seinem nicht angefochtenen Teil – tatsächlich und rechtlich unabhängig beurteilt werden können, ohne eine Überprüfung des Urteils im Übrigen erforderlich zu machen. Weiter muss gewährleistet sein, dass die nach Teilanfechtung stufenweise entstehende Gesamtentscheidung frei von inneren Widersprüchen bleiben kann.[213]

Die Revision gegen ein Berufungsurteil kann nicht wirksam auf den Rechtsfolgenausspruch beschränkt werden, wenn das Berufungsgericht trotz unbeschränkt eingelegter Berufung keinen eigenen Schuldspruch mit den zugehörigen Feststellungen getroffen hat. Dies gilt auch, wenn es zu Unrecht von einer wirksamen Beschränkung der Berufung auf den Rechtsfolgenausspruch ausgegangen ist[214].

Die Revision kann, solange sie dadurch nicht widersprüchlich wird, auch dann auf den Strafausspruch beschränkt werden, wenn ein Verfahrensfehler (vgl. § 338 Nr. 1 bis 7 StPO) beanstandet wird, der auch den Schuldspruch berührt und ohne eine Beschränkung des Rechtsmittels das Urteil insgesamt zu Fall brächte.[215]

54 Folge der beschränkten Revisionseinlegung ist, dass das Urteil, wenn es von anderen Beteiligten nicht angefochten wurde, im Übrigen mit Ablauf der Revisionseinlegungsfrist – also teilweise – rechts- bzw. bestandskräftig wird (§ 343 Abs. 1 StPO). Da der Rechtskrafteintritt also mit dem Ablauf der Frist zur Einlegung eines Rechtsmittels verknüpft ist, kann das beschränkt eingelegte Rechtsmittel auch nur bis zum Ablauf dieser Frist erweitert werden; von der Erklärung der Beschränkung des Rechtsmittels schon in der Einlegungsschrift sollte der Verteidiger daher regelmäßig absehen (vgl. Rdn. 14).

55 Auch die nachträgliche Beschränkung der Revision ist mit einem teilweisen Rechtskrafteintritt verbunden, falls nicht ein anderer Verfahrensbeteiligter ein unbeschränktes Rechtsmittel eingelegt hat. Eine solche nachträgliche Beschränkung ist entweder als Teilrücknahme oder als Klarstellung des Anfechtungsumfangs zu werten (Auslegung);[216] liegt eine Teilrücknahme vor, so bedarf der Verteidiger einer ausdrücklichen Ermächtigung des Angeklagten (§ 302 Abs. 2 StPO), wird die Teilrücknahme erst in der Hauptverhandlung vor dem Revisionsgericht erklärt, muss auch der Generalbundes- bzw. Generalstaatsanwalt zustimmen (§ 303 S. 1 StPO).

▶ Beispiele für eine mögliche Beschränkung der Revision

56 Innerhalb des Schuldspruchs kann das Rechtsmittel auf einzelne prozessuale Taten, regelmäßig aber auch auf einen der tatmehrheitlich abgeurteilten Straftatbestände beschränkt werden.[217] Tateinheitlich gegebene Tatbestände können dagegen grundsätzlich ebenso wenig wie einzelne Tatbestandsmerkmale gesondert überprüft werden.[218] In Fällen, in denen der Tatrichter die von ihm festgestellten Geschehnisse als mehrere rechtlich selbstständige Taten bewertet, obwohl bei richtiger rechtlicher Würdigung nur eine Tat vorliegt, kann die Revision nicht auf die rechtliche Bewertung einzelner dieser Geschehnisse beschränkt werden.[219] Auch eine Beschränkung auf eine von mehreren wahlweise festgestellten Taten ist unwirksam.[220]

---

213 BGH, Urt. v. 13. 03 2019 – 2 StR 597/18 = NStZ-RR 2019, 223 f.
214 BGH, Beschl. v. 26.09.2019 – 5 StR 206/19 = NJW 2020, 253 f.
215 BGHSt 48, 4.
216 Vgl. die Nachweise bei OLG Frankfurt NStZ-RR 1997, 45 und bei *Meyer-Goßner*/Schmitt § 302 Rn. 29.
217 Vgl. BGHSt 24, 185.
218 Ausnahme: Tateinheit mit einem Dauerdelikt, vgl. BGHSt 39, 390.
219 BGH NStZ 1996, 203; 2004, 457.
220 OLG Karlsruhe JR 1989, 82.

57 Sehr häufig erfolgt die Beschränkung auf den Rechtsfolgenausspruch. Eine solche Beschränkung ist wirksam, es sei denn, die Urteilsfeststellungen zum Tatgeschehen sind so unzureichend, dass sie eine Bewertung der Schuld nicht zulassen.[221] Eine Rechtsmittelbeschränkung ist also nur möglich, wenn sie sich auf Beschwerdepunkte bezieht, die nach dem inneren Zusammenhang des Urteils losgelöst von seinem nicht angegriffenen Teil rechtlich und tatsächlich selbstständig beurteilt werden können, ohne eine Prüfung der Entscheidung im Übrigen erforderlich zu machen. Ein Urteil kann insgesamt oder auch nur teilweise angefochten werden. In der Erhebung der allgemeinen Sachrüge liegt in der Regel die Erklärung des unbeschränkten Anfechtungswillens. Die Beschränkung[222] des Rechtsmittels erfolgt durch eine entsprechende Erklärung des Beschwerdeführers. Diese kann in der Revisionsbegründung enthalten sein, ist aber auch noch später möglich. Hat der Verteidiger ohne weitere Ausführungen zum Ziel des Rechtsmittels »Revision« eingelegt und erklärt er erst in der Revisionsbegründung, dass das Urteil nur in beschränktem Umfang angefochten werden solle, so liegt darin weder eine Teilrücknahme der Revision noch ein Teilverzicht in Bezug auf den nicht angefochtenen Teil des Urteils; es wird lediglich der Umfang der Anfechtung konkretisiert[223]. Bei einer Rechtsmittelbeschränkung macht der Verteidiger von seinem Recht auf Teilanfechtung Gebrauch, das ihm auch ohne besondere Ermächtigung ebenso zusteht wie das Recht, ein Urteil durch Nichtanfechtung insgesamt rechtskräftig werden zu lassen.

58 Auch innerhalb des Straf- oder Rechtsfolgenausspruchs ist eine Beschränkung regelmäßig möglich. So kann häufig allein die Tagessatzhöhe einer verhängten Geldstrafe,[224] das Versagen einer Strafaussetzung zur Bewährung,[225] oder die Verhängung einer Maßregel[226] angefochten werden. Die Revision kann wirksam auf die Entziehung der Fahrerlaubnis beschränkt werden, wenn zwischen der Maßregelanordnung und der Strafzumessung wie auch der Strafaussetzung zur Bewährung keine »Wechselwirkungen« erkennbar sind[227] Wurde neben der Ablehnung der Strafaussetzung zur Bewährung zugleich eine Maßregel nach den §§ 69, 69a StGB angeordnet, so ist die Beschränkung auf die Frage der Strafaussetzung aber nur dann unwirksam, wenn sich der Beschwerdeführer gegen insoweit doppelrelevante Feststellungen wendet oder die Bewährungsentscheidung mit der Maßregelanordnung eng verbunden ist, sodass die entstehende Gesamtentscheidung möglicherweise nicht frei von inneren Widersprüchen bleiben würde.[228] Die Revision kann auch wirksam auf die Anordnung des (erweiterten) Verfalls beschränkt werden. Dies gilt auch hinsichtlich eines angeordneten Verfalls[229] oder der Nichtanordnung des Verfalls bei Revision der Staatsanwaltschaft.[230] Voraussetzung ist auch hier, dass dieser Teil der Entscheidung losgelöst vom übrigen Urteilsinhalt selbstständig geprüft und beurteilt werden kann und die nach dem Teilrechtsmittel stufenweise entstehende Gesamtentscheidung frei von inneren Widersprüchen bleibt.[231] Die Revision des Angeklagten kann im Wege der Rechtsmittelbeschränkung die Nichtanwendung des § 64 StGB vom Rechtsmittelangriff gegen den Rechtsfolgenausspruch ausnehmen.[232] Eine solche Beschränkung kommt nach allgemeinen Grundsätzen aber nicht in Betracht, wenn Schuldspruch und eine mögliche Maßregelanordnung so eng miteinander verknüpft sind, dass die unterbliebene Maßregelanordnung nicht von der Anfechtung ausgenommen werden kann. Dies ist der Fall, wenn nicht auszuschließen ist, dass sich nicht nur

221 Vgl. OLG Düsseldorf NStZ-RR 2000, 307 m.w.N.
222 Übersicht bei *Werkmüller* JA 2000, 55 ff.
223 BGHSt 38, 4 ff.
224 BGHSt 27, 70.
225 BGHSt 24, 164 (165).
226 Vgl. zum Entzug der Fahrerlaubnis beispielsweise: OLG Frankfurt NStZ-RR 1997, 46; OLG Stuttgart NStZ-RR 1997, 178.
227 BGHSt 47, 32.
228 BGHSt 47, 32.
229 BGH NStZ-RR 1997, 270; NStZ 2000, 137; 2001, 312; BGH NStZ-RR 2005, 104 f.
230 BGH NStZ-RR 1997, 270 f.
231 BGH NStZ-RR 2005, 104 f.
232 BGHSt 38, 362.

eine erheblich verminderte Schuldfähigkeit des Angeklagten bei der Tat, sondern möglicherweise auch seine Schuldunfähigkeit ergeben kann.[233] Greift der Angeklagte mit einer Verfahrensrüge und mit der Sachrüge auch den Schuldspruch an, so kann mit der erklärten Rechtsmittelbeschränkung nicht wirksam auf die Anfechtung der Unterbringung nach § 64 StGB verzichtet werden, da die Feststellung einer Symptomtat unerlässliche Voraussetzung der Maßregelanordnung ist.[234]

▶ **Beispiel für die Fassung des Antrags bei beschränkter Revision**

59 **Ich beantrage, das Urteil des Landgerichts ... vom ... im Strafausspruch [oder allgemein: im Rechtsfolgenausspruch] mit den zugehörigen Feststellungen aufzuheben und die Sache insoweit zur neuen Verhandlung und Entscheidung an eine andere Strafkammer des Landgerichts zurückzuverweisen.**

5. Voraussetzung einer erfolgreichen Revision: Gesetzesverletzung und Beruhen

a) Gesetzesverletzung

60 Die Revision ist begründet, wenn das Urteil auf einer Gesetzesverletzung beruht (§§ 337 Abs. 1, 353 Abs. 1 StPO). Dementsprechend ist es eine der wesentlichen Aufgaben der Revisionsbegründung, zumindest eine solche Gesetzesverletzung aufzuzeigen. Rechtsfehler können (vgl. dazu auch § 337 Abs. 2 StPO) in der Missachtung eines von Amts wegen zu berücksichtigenden Verfahrenshindernisses (Rdn. 71 ff.), einem – sonstigen – Verfahrensfehler (Rdn. 75 ff.) oder einem materiell-rechtlichen Fehler liegen (Rdn. 91 ff.).

b) Beruhen; absolute und relative Revisionsgründe

61 Die absoluten Revisionsgründe sind in § 338 StPO abschließend aufgezählt. Liegt eine der dort aufgeführten Gesetzesverletzungen vor, so ist dem Revisionsführer die Beruhensprüfung abgenommen, er muss also nicht darlegen, dass das Urteil ohne die Gesetzesverletzung möglicherweise anders ausgefallen wäre (vgl. aber zu § 338 Nr. 8 StPO »in einem wesentlichen Punkt« hierzu Rdn. 190). Jedoch liegen auch absolute Revisionsgründe nicht vor, wenn ein Einfluss des Verfahrensfehlers auf das Urteil denkgesetzlich ausgeschlossen ist,[235] wenn der Verfahrensfehler geheilt wurde[236] oder wenn die Rüge verwirkt ist (vgl. Rdn. 69).

▶ **Beachte**

Vom Beruhen ist die Beschwer zu unterscheiden. Fehlende Beschwer bedeutet, dass sich die Gesetzesverletzung nicht zum Nachteil des Angeklagten ausgewirkt hat.

62 Zu beachten ist ferner, dass das Vorliegen eines absoluten Revisionsgrundes vom Revisionsgericht nicht von Amts wegen untersucht wird, sondern nur, wenn dieser in einer zulässig erhobenen Verfahrensrüge geltend gemacht wurde (dazu Rdn. 81 ff.). § 338 StPO darf zudem nicht dahin missverstanden werden, dass dort »echte« Revisionsgründe aufgeführt wären; der Revisionsgrund ist vielmehr die Verletzung einer Verfahrensbestimmung, z.B. des § 169 S. 1 GVG im Fall des unberechtigten Ausschlusses der Öffentlichkeit. Auch bei absoluten Revisionsgründen (z.B. § 338 Nr. 6 StPO) muss die Gesetzesverletzung vorgetragen werden und gegeben sein, § 338 StPO nimmt dem Revisionsführer und dem Revisionsgericht grundsätzlich nur die Beruhensprüfung ab.

Bei allen anderen Gesetzesverletzungen, den sog. relativen Revisionsgründen, ist neben dem Vorliegen einer Gesetzesverletzung stets zu prüfen, ob das Urteil auf diesem Fehler beruht (§ 337 Abs. 1

233 BGH StraFo 2003, 15 = NStZ-RR 2003, 18 f.
234 BGH NStZ-RR 2010, 171.
235 Vgl. etwa BGH StV 1996, 133; 2000, 248 m. Anm. *Ventzke* und BGHSt 45, 117 = JR 2000, 251 m. Anm. *Rieß*; *Gössel* NStZ 2000, 181; *Ventzke* StV 2000, 249; BGHSt 48, 268; BGH StV 2003, 271.
236 Vgl. BGHSt 21, 332 (334); BGH NStZ-RR 1998, 259 (Nr. 9).

StPO). Das ist der Fall, wenn zumindest nicht auszuschließen ist, dass es ohne die Gesetzesverletzung anders ausgefallen wäre[237] (zum Vortrag zum Beruhen: Rdn. 87).

▶ Beachte

Vom Beruhen ist die Beschwer zu unterscheiden.[238] Fehlende Beschwer bedeutet, dass sich die Gesetzesverletzung nicht zum Nachteil des Angeklagten ausgewirkt hat. 63

Bei und in Zusammenhang mit der Prüfung des Beruhens[239] sollten noch folgende Punkte beachtet werden: 64

Das Beruhen auf einem Verfahrensfehler ist ausgeschlossen, wenn dieser durch die fehlerfreie Wiederholung des betreffenden Verfahrensabschnitts geheilt wurde[240] oder wenn die Verfahrensweise unzweifelhaft »im Ergebnis« richtig war,[241] etwa weil offensichtlich ein anderer Grund für die Ablehnung eines Hilfsbeweisantrages vorlag, der vom Revisionsgericht »nachgebracht« werden kann (vgl. Rdn. 159).[242]

Bei der Beruhensprüfung ist ferner zu beachten, dass sich ein Fehler nicht notwendig zugleich auf den Schuld- und den Rechtsfolgenausspruch ausgewirkt haben muss. So betrifft etwa der unterlassene Hinweis auf die Anwendbarkeit des § 243 StGB (Verstoß gegen § 265 Abs. 2 StPO) nur den Strafausspruch, den Schuldspruch wegen Diebstahls lässt er dagegen unberührt (Folge: Aufhebung nur des Strafausspruchs und gegebenenfalls darauf beschränkte Revision). 65

Ein Verfahrensfehler kann mit der Revision nicht beanstandet werden (Rügeverwirkung), wenn er eine Sachleitungsanordnung des Vorsitzenden betrifft, die nicht gemäß § 238 Abs. 2 StPO noch in der Hauptverhandlung beanstandet wurde (vgl. die Beispiele bei Rdn. 167, 174 sowie im *Kap. 4* Rdn. 121 ff.). Einer solchen Beanstandung und auch eines Gerichtsbeschlusses bedarf es jedoch nicht, wenn der Vorsitzende eine von Amts wegen gebotene, unverzichtbare prozessuale Maßnahme unterlassen hat oder wenn sich der Verfahrensfehler des Vorsitzenden im Urteil fortsetzt, dort also vom ganzen Gericht wiederholt oder umgekehrt wurde (vgl. dazu die Beispiele bei Rdn. 138, 157). 66

Ein Rügeverzicht, also die verbindliche und wirksame Erklärung, einen Fehler nicht zum Gegenstand einer Revisionsrüge zu machen, ist nur ausnahmsweise möglich, weil die Beachtung der Regelungen der StPO weitgehend nicht der Parteidisposition unterliegt.[243] 67

Der Angeklagte kann ferner eine Gesetzesverletzung dann nicht mit der Revision beanstanden, wenn er durch die unrichtige Rechtsanwendung nicht beschwert ist. Rechtsfehler eröffnen ihm ein Rügerecht nämlich nur, wenn das verletzte Gesetz zumindest auch seinem Schutz dient (»Rechtskreistheorie« oder »Schutzzweck der Norm«; vgl. dazu das Beispiel bei Rdn. 192 sowie – allgemein – Kap. 31 Rdn. 93).[244] 68

Die Geltendmachung von Verfahrensverstößen kann auch verwirkt oder **rechtsmissbräuchlich**[245] sein. 69

---

237 Vgl. BGHSt 22, 278, 280; Rechtsprechung zum Beruhen vgl. *Pohlreich* JZ 2018, 278 ff.

238 Vgl. dazu KK-*Gericke* Rn. 41 ff. zu § 337.

239 Vgl. dazu *Niemöller* NStZ 2015, 489 ff.; *Pohlreich* JZ 2018, 278 ff. (Rechtsprechung zum Beruhen).

240 BGHSt 30, 74 (76); zur Verfahrensrüge, wenn eine Heilung in Betracht kommt: Rdn. 86.

241 Vgl. KK/*Gericke* § 337 Rn. 33 ff. m.w.N.; vgl. aber BVerfG StV 2005, 478 f. sowie BGH StV 005, 587; BGHSt 50, 216 – zu § 338 Nr. 3 StPO.

242 Ähnlich BGH NStZ 1996, 595, 597 zu § 168c Abs. 5 S. 2 StPO.

243 Nicht verzichtbar sind beispielsweise die Pflichtverteidigung (OLG Hamm NStZ-RR 1998, 243), die Anwesenheit des Angeklagten in der Hauptverhandlung (BGH NStZ 1998, 476; nunmehr infrage gestellt bei BGH NStZ 2001, 48) oder die Unterrichtung des Angeklagten nach § 247 S. 4 StPO (BGH NStZ 1998, 263 m. Anm. *Widmaier*); allgemein dazu auch *Herdegen* NStZ 2000, 1, 6.

244 Grundlegend zur Rechtskreistheorie: BGHSt 11, 213.

245 BGHSt 51, 88 ff.; BGH, Beschl. v. 11.12.2018 – 2 StR 250/18 = NJW 2019, 692 f.; vgl. auch *Fischer* StV 2010, 423 ff. und *Thomas* StV 2010, 428 ff.

So kann widersprüchliches Prozessverhaltens zur Unzulässigkeit von Verfahrensbeanstandungen führen[246]

Schweigen zu einem – erkannten – Verfahrensverstoß des Gerichts führt aber nicht zu einer Verwirkung oder einem Verlust des Rügerechts.[247] Nur bei zureichenden Anhaltspunkten für ein gezielt auf die Schaffung eines Revisionsgrundes gerichtetes Verhalten besteht Anlass zur Prüfung einer etwaigen Verwirkung.[248] Voraussetzung ist, dass der Beschwerdeführer den Verfahrensfehler – erfasst sind wohl nur verzichtbare Regelungen – arglistig herbeigeführt oder arglistig verdeckt hat, um später auf ihn die Revision stützen zu können[249]. Dem Angeklagten, der nicht arglistig handelt, kann ein derartiges Verhalten des Verteidigers aber nicht zugerechnet werden.[250] Namentlich im Bereich des Beweisantragsrechts wird es aber von den Revisionsgerichten nicht hingenommen, wenn der Verteidiger ein durch den Ablauf der Hauptverhandlung, insbesondere aus der Begründung von Beschlüssen erkanntes Missverständnis des Gerichts über einen Antrag nicht in der Hauptverhandlung zu beseitigen sucht, sondern es zunächst unbeanstandet lässt, um es dann zur Grundlage einer revisionsrechtlichen Verfahrensrüge zu nehmen.[251]

▶ Beispiel[252]

»Wer aber trotz sicherer Kenntnis vom Lauf des Verfahrens und eines entsprechenden Irrtums des Vorsitzenden zehn Verhandlungstage zuwartet, bis er eine Aussetzung des Verfahrens vor dem alleinigen Hintergrund verlangt, dass das von ihm angestrebte Verfahrensergebnis einer Verfahrenseinstellung nicht erreichbar erscheint, hat ein diesbezügliches Aussetzungsrecht und eine entsprechende Verfahrensrüge verwirkt«.[253]

Die Rüge, ein Beweisantrag sei zu Unrecht abgelehnt worden, kann verwirkt sein, wenn das Verhalten des Antragstellers in der Hauptverhandlung entgegensteht, z.B. wenn er nicht klarstellt, dass sein Beweisbegehren trotz anderer Aufklärungsbemühungen, die das Gericht zu der Beweisfrage entfaltet hat, nicht erledigt ist.[254] Entfernt sich der Verteidiger eigenmächtig von der Urteilsverkündung, so ist eine hierauf gestützte Rüge nach § 338 Nr. 5 StPO verwirkt. Eine etwa vorangegangene Verfahrensrechtsverletzung durch das Gericht ändert nichts an der Pflichtwidrigkeit des Verteidigerverhaltens.[255]

Ob eine Verfahrensrüge, die von einem in der Hauptverhandlung anwesenden Verteidiger auf eine – gemessen am tatsächlichen Verfahrensablauf – wissentlich unwahre Behauptung gestützt wird, im Rahmen der Wirkungen des § 274 StPO trotz der einem Verteidiger obliegenden Wahrheitspflicht

246 BGH, Beschl. v. 17.01.2019 – 4 StR 370/18 = NStZ 2019, 301.
247 BGH NStZ 1993, 198; 1997, 451; vgl. auch *Dahs* NStZ 2007, 241 ff.: zum Schweigen des Verteidigers zu Verfahrensfehlern des Tatrichters.
248 BGHSt 22, 83; 24, 280; 15, 306; 10, 77.
249 BGH, Beschl. v. 11.12.2018 – 2 StR 250/18 = NJW 2019, 692 f..
250 BGH NStZ 1993, 198; BGHSt 9, 24 (28); 24, 283.
251 Ähnlich für das eigenmächtige Entfernen des Verteidigers oder das Nicht-Plädieren: BGH NStZ 1997, 451; 1998, 209; 267; ferner für das Berufen auf die Unzulässigkeit eines »Schiebetermins«, wenn dieser gerade auf den Wunsch des Verteidigers zurückging: BGH NStZ 2000, 606; das Bestehen eines allgemeinen strafprozessualen Missbrauchsverbots ist allerdings sehr streitig, vgl. z.B. *Fischer* NStZ 1997, 212 m.w.N.
252 NStZ 1994, 483; StV 2001, 386, 663; zu diesem Problem auch *Herdegen* NStZ 2000, 1, 5 f.; vgl. auch BVerfG NJW 2003, 1514; BVerfGE 32, 305 (308, 309); BVerfG, Beschl. v. 07.08.2001 – 2 BvR 1276/01.
253 BGH NStZ 2005, 646.
254 BGHR StPO § 244 Abs. 3 – Rügerecht 2; BGH StV 2008, 227 f. = NStZ 2008, 299 f.
255 BGH NStZ 1998, 209.

als zulässig behandelt werden muss oder nicht, ist fraglich.[256] In Betracht kommt aber durch eine Berichtigung des Protokolls auch zum Nachteil des Beschwerdeführers einer bereits ordnungsgemäß erhobenen Verfahrensrüge die Tatsachengrundlage zu entziehen.[257]

Ferner ist in diesem Zusammenhang zu beachten, dass der BGH in erheblichem Umfang dazu übergegangen ist, das Entstehen eines Verwertungsverbots – insbesondere nach Gesetzesverletzungen im Ermittlungsverfahren, etwa weil ein verdeckter Ermittler ohne den Anfangsverdacht i.S.d. § 110a StPO eingesetzt worden sein soll[258] – von einem Widerspruch des Angeklagten oder seines Verteidigers in der Hauptverhandlung abhängig zu machen.[259]

Als Widerspruchsfälle kommen in Betracht:

Verletzung der Benachrichtigungspflicht im Ermittlungsverfahren[260] und im Zwischenverfahren[261] – Zeugenvernehmung[262] – Urkundenverlesung – § 136 StPO – Verweigerung der Zuziehung eines Rechtsanwalts[263] – Vernehmung des Angeklagten als Zeugen – fehlende Belehrung nach § 55 StPO – Zufallserkenntnisse einer Telefonüberwachung – Verwertung einer unter Verstoß gegen den Richtervorbehalt des § 81a Abs. 2 StPO gewonnenen Blutprobe[264]

Beachte

Im Ermittlungsverfahren sind Beweisverwertungsverbote unabhängig von einem Widerspruch 70
des Beschuldigten von Amts wegen zu beachten, auch wenn der zugrundeliegende Verfahrensmangel eine für ihn disponible Vorschrift betrifft[265]

6. Verfahrenshindernisse

Ein Verfahrenshindernis wird durch solche Umstände begründet, die es ausschließen, dass über einen 71
Prozessgegenstand mit dem Ziel einer Sachentscheidung verhandelt werden darf. Die Umstände müssen dabei so schwer wiegen, dass von ihrem Vorhandensein oder Nichtvorhandensein die Zuläs-

256 BGH StV 1999, 582 m. Anm. *Docke/von Döllen* S. 583; *Detter* StraFo 2004, 329 ff.; zum Problem der Strafvereitelung vgl. *Fahl* StV 2015, 51 f.; *Kempf* StV 2015, 55 f.

257 BGHSt 51, 298 ff.; vgl. dazu BVerfGE 122, 248 f. = NJW 2009, 1469.

258 BGH NStZ-RR 2001, 260. Zur Widerspruchslösung im Verkehrsordnungswidrigkeiten-Verfahren *Rebler*, AnwZert VerkR 19/2017 Anm. 2.

259 BGHSt 38, 214; 39, 349; 42, 15, 22 f.; 43, 63; BVerfG, Beschl. v. 07.12.2011 – 2 BvR 2500/09, NStZ 2012, 496 f. = StV 2012, 641 f.; zur »Widerspruchslösung« vgl. *Burhoff* StraFo 2003, 267; *Maul/Eschelbach* StraFo 1996, 66; *Meyer-Mews* StraFo 2009, 141 ff.; *Kröpil* JR 2012, 451 f.; *Mosbacher* FS Rissing-van Saan 2011 S. 357 ff.; Meyer-Goßner/*Schmitt* § 136 Rn. 25; ausf. *Gleß* in Löwe-Rosenberg StPO 27. Aufl. § 136 Rn. 82 ff. vgl. neu BGH, Urt. v. 09.05.2018 – 5 StR 17/18 = NStZ 2018, 737 f. m. Anm. *Meyer-Mews*, NJW 2018, 2280; *Börner*, NStZ 2018, 738 f.; *Schäuble*, StV 2018, 773 ff. zur Neukonzipierung Berg, StraFo 2018, 327 ff.; *Rode*, StraFo 2018, 336 ff. gegen BGH, Urt. v. 06.10.2016 – 2 StR 46/15, BGHSt 61, 266 = NStZ 2017, 367 m. Anm. *Basdorf*.

260 BGHSt 26, 332 m. Anm. *Meyer-Goßner* JR 1977, 257; BGH StV 1985, 397 (398); BGHR StPO § 168c Abs. 5 S. 1 Verletzung 2; BGHSt 31, 140 – vgl. aber BGH StV 1987, 233.

261 BGH (H) MDR 1977, 461.

262 BGHSt 38, 214; BGH NJW 1992, 1637.

263 BGHSt 38, 372; 39, 349; 42, 15: BGH NStZ 1997, 614 m. Anm. *Müller-Dietz*.

264 Vgl. OLG Hamm NStZ 2011, 239 f.; StV 2010, 620 f.; vgl. auch OLG Bamberg, Urt. v. 22.03.2011 – 3 Ss 14/1; OLG Frankfurt, Beschl. v. 26.08.2010 – 3 Ss 147/10, NStZ-RR 2011, 45 f.; vgl. auch *Trück* NStZ 2011, 202 ff.; jetzt Änderung: Richtervorbehalt teilweise entfallen, vgl. »Gesetz zur effektiveren und praxistauglicheren Ausgestaltung des Strafverfahrens« v. 17.08.2017, BGBl. I S. 3202, in Kraft seit 24.08.2017.

265 BGH, Beschl. v. 06.06.2019 – StB 14/19 = BGHSt 64, 89 ff. = NStZ 2019, 539 f.

sigkeit des gesamten Verfahrens abhängig gemacht werden muss. Bei bloßen Verfahrensfehlern wird dies in der Regel nicht der Fall sein.[266]

Das Vorliegen der Verfahrensvoraussetzungen prüft das Revisionsgericht grundsätzlich von Amts wegen nach, also auch ohne entsprechende Rüge. Voraussetzung dafür ist allerdings eine zulässige Revision (Ausnahme: Verfahrenshindernisse, die erst nach Erlass des angefochtenen Urteils entstanden sind[267]). Trotz der Amtsprüfungspflicht können und sollen Verfahrenshindernisse in der Revisionsbegründung aber vorgetragen werden, um das Revisionsgericht auf diesen Fehler hinzuweisen; umfassende Ausführungen sind hierfür regelmäßig allerdings nicht erforderlich.

Von den Tatsachen, die für die Entscheidung, ob das Verfahren unzulässig ist oder fortgeführt werden darf, erheblich sind, kann sich das Gericht im Wege des Freibeweises unabhängig von den Regeln der §§ 244 ff. StPO überzeugen.[268]

Als solche Verfahrenshindernisse kommen insbesondere in Betracht:[269]
- sachliche Unzuständigkeit (Rdn. 196);
- unwirksame oder fehlende Anklage und/oder Eröffnungsbeschluss[270] (Rdn. 145, 165); Fehler bei der Übernahme bzw. Verweisung (§§ 225a, 270 StPO).[271]
- fehlender Strafantrag (Rdn. 179);
- Verjährung (Rdn. 188);
- entgegenstehende Rechtshängigkeit und Strafklageverbrauch[272], Verbot der Doppelbestrafung (Rdn. 180);
- endgültige Verhandlungsunfähigkeit[273];

▶ Beachte

72 Ob der Angeklagte verhandlungsfähig war, ist vom Revisionsgericht im Wege des Freibeweises zu prüfen. Verhandlungsunfähigkeit liegt vor, wenn der Angeklagte allgemein nicht in der Lage ist, in der Verhandlung seine Interessen vernünftig wahrzunehmen, die Verteidigung in verständiger und verständlicher Weise zu führen sowie Prozesserklärungen abzugeben oder entgegenzunehmen.[274] Beurteilungsmaßstab ist dabei jeweils der konkret anstehende Verfahrensabschnitt mit seinen spezifischen Anforderungen an die physische und psychische Leistungsfähigkeit des Betroffenen. Verhandlungsunfähigkeit liegt auch vor, wenn die Fortführung des Verfahrens mit einer konkreten Lebens- oder schwerwiegenden Gesundheitsgefährdung verbunden ist.[275] Liegt nur vorübergehende Verhandlungsunfähigkeit vor und bestehen Zweifel an dauernder Verhandlungsunfähigkeit, so kommt lediglich die vorläufige Einstellung des Verfahrens nach § 205 StPO in Betracht.[276]

---

266 BGH, Urt. v. 06.09.2016 – 1 StR 104/15; v. 25.10.2000 – 2 StR 232/00, BGHSt 46, 159, 168 f.
267 Vgl. dazu KK/*Gericke* § 352 Rn. 3 und – als Beispiel – unten Rdn. 181.
268 BGHSt 16, 164 (166).
269 Vgl. auch die Aufzählung bei *Meyer-Goßner*/Schmitt Einl. Rn. 145 ff.; vgl. auch *Rieß* in: 50 Jahre Bundesgerichtshof Festgabe aus der Wissenschaft Bd. IV S. 809 ff.
270 Vgl. auch BGH, Beschl. v. 11.01.2011 – 3 StR 484/10, StV 2011, 457 f.; v. 17.09.2019 – 3 StR 229/19.
271 BGH, Beschl. v. 28.06.2011 – 3 StR 164/11, NStZ 2012, 46; v. 14.07.2016 – 2 StR 514/15, NStZ 2017, 55 f.; Urt. v. 03.02.2016 – 2 StR 159/15, StV 2016, 622.
272 Bei BtM- und Waffendelikten vgl. *Wesemann*/*Voigt* StraFo 2010, 452 ff.
273 BGH NStZ 1996, 242.
274 BGHSt 41, 16, 18; BGH, Beschl. v. 04.12.2012 – 4 StR 405/12, NStZ-RR 2013, 154 f.
275 BVerfG StV 2004, 634; BGH, Beschl. v. 20.04.2004 – 1 StR 14/04, NStZ-RR 2005, 261.
276 BGH NStZ 1996, 242.

- Tod des Angeklagten[277] – stirbt der Angeklagte vor Abschluss des Revisionsverfahrens, so ist das Verfahren gemäß § 206a StPO einzustellen[278]
- Spezialität[279]

▶ Beachte

Nach dem Grundsatz der Spezialität[280] (vgl. Art. 14 Abs. 1 EuAlÜbk) darf der Angeklagte nur wegen der vor der Auslieferung begangenen Taten bestraft werden, für die die Auslieferung bewilligt ist.[281] Der auslieferungsrechtliche Tatbegriff entspricht dabei dem prozessualen Tatbegriff des § 264 StPO.[282] Die Zustimmung eines Angeklagten zur vereinfachten Auslieferung lässt den Grundsatz der Spezialität nicht entfallen.[283] Ein wegen eines Verstoßes gegen den Grundsatz der Spezialität bestehendes Verfahrenshindernis entfällt gemäß Art. 14 Abs. 1 Buchst. b des Europäischen Auslieferungsübereinkommens vom 13. Dezember 1957 (EuAlÜbk) jedenfalls dann, wenn der Ausgelieferte nach Verlassen der Bundesrepublik Deutschland dorthin zurückkehrt, obwohl er auf die sich aus einer Wiedereinreise ergebenden Rechtsfolgen dieser Vorschrift hingewiesen worden war.[284]

Eine Verletzung des Spezialitätsgrundsatzes bei Übergabe aufgrund eines Europäischen Haftbefehls führt lediglich zu einem Vollstreckungshindernis, nicht aber zu einem Verfahrenshindernis.[285]

- Anwendbarkeit deutschen Strafrechts[286]
- rechtsstaatswidrige Verfahrensverzögerung (überlange Verfahrensdauer[287]) in außergewöhnlichen Einzelfällen.[288]

Die Verletzung des Beschleunigungsgebotes ist im Revisionsverfahren grundsätzlich nur auf eine entsprechende Verfahrensrüge mit dem erforderlichen Sachvortrag (vgl. § 344 Abs. 2 StPO) zu prüfen – es sei denn, die entsprechenden Tatsachen ergeben sich bereits aus der Anklage, dem Eröff-

---

277 BGHSt 45, 108, 111 f.; ausf. *Kühl* FS Meyer-Goßner 2001, 715 ff.; *Rieß* in: 50 Jahre Bundesgerichtshof Festgabe aus der Wissenschaft Bd. IV S. 809 ff., 829.

278 BGH, Beschl. v. 15.09.2009 – 1 StR 358/09; BGH NStZ-RR 2008, 146; Die Erstattung der dem Nebenkläger entstandenen notwendigen Auslagen kommt bei der nicht in Betracht; in der Beschlussformel ist dies nicht gesondert auszusprechen: BGH StraFo 2009, 42; BGH, Beschl. v. 24.05.2018 – 4 StR 51/17 = NStZ-RR 2018, 294; für Kosten des Angeklagten vgl. BGH StraFo 2008, 442.

279 BGH NJW 2000, 370; StV 1998, 324, zum Spezialitätsgrundsatz bei Serienstraftaten. Vgl. BGH, Beschl. v. 24.09.2010 – 1 StR 373/10, NStZ 2011, 470 f.; v. 05.10.2010 – 4 StR 412/10, NStZ-RR 2011, 14 f.

280 BGHSt 22, 307 ff.; BGH StV 1998, 324.

281 Beispiele: BGH, Beschl. v. 17.09.2008 – 1 StR 415/08; v. 06.02.2008 – 2 StR 583/07; BGH NStZ 2008, 41; 399 ff.; ausf. BGH, Beschl. v. 25.10.2012 – 1 StR 165/12, StV 2014, 4 f.; v. 04.07.2011 – 4 StR 303/11, NStZ 2012, 100; v. 09.02.2012 – 1 StR 152/11, NStZ-RR 2012, 314.

282 BGHSt 22, 307; 29, 94 f.; 31, 51 f.; 34, 352 f.

283 BGH, Beschl. v. 09.02.2012 – 1 StR 152/11, NStZ-RR 2012, 314.

284 BGH, Beschl. v. 19.12.2012 – 1 StR 165/12, BGHSt 58, 76 f. = NJW 2013, 1175 f.

285 BGH, Beschl. v. 03.03.2015 – 3 StR 40/15, StV 2015, 563 f.; v. 11.05.2016 – 1 StR 627/15, StV 2015, 563 f.

286 BGH NStZ 1999, 396; 397.

287 Vgl. BVerfG, Beschl. v. 25.07.2003 – 2 BvR 153/03, NStZ 2004, 335 f.; BGH, Urt. v. 08.03.2006 – 5 StR 587/05, NStZ 2006, 625; zu den Grundlagen *Waßmer* ZStW 118 (2006), 159 ff.; *Peglau* JuS 2006, 704 ff.; sehr informativ *Nack* Festschrift zu Ehren des Strafrechtsausschusses der Bundesrechtsanwaltskammer 2006 S. 425 ff.

288 BVerfG NStZ 2001, 261; BVerfG, Beschl. v. 18.05.2001 – 2 BvR 693/01; BGH NStZ 2001, 270; BGHSt 46, 159 f.; Urt. v. 06.09.2016 – 1 StR 104/15; v. 11.08.2016 – 1 StR 196/16 wistra 2017, 108 f.

nungsbeschluss oder den Urteilsgründen.[289] Ein durch rechtsstaatswidrige Verfahrensverzögerung bewirkter Verstoß gegen Art. 6 Abs. 1 S. 1 EMRK kann in außergewöhnlichen Einzelfällen, wenn eine angemessene Berücksichtigung des Verstoßes im Rahmen einer Sachentscheidung bei umfassender Gesamtwürdigung nicht mehr in Betracht kommt, zu einem Verfahrenshindernis führen, das vom Tatrichter zu beachten und vom Revisionsgericht von Amts wegen zu berücksichtigen ist. Im Prozessurteil, durch welches das Verfahren wegen eines Verstoßes gegen Art. 6 Abs. 1 S. 1 EMRK in Verbindung mit dem Rechtsstaatsgrundsatz eingestellt wird, hat der Tatrichter sowohl die Verfahrenstatsachen als auch Feststellungen zum Schuldumfang des Angeklagten und die der Prognose über die weitere Verfahrensdauer zugrunde liegenden Tatsachen sowie die die Entscheidung tragende Gesamtwürdigung im Einzelnen und in nachprüfbarer Weise darzulegen.[290]

Eine Tatprovokation durch staatliche Stellen führt grundsätzlich nicht zu einem Verfahrenshindernis[291].

Wird eine unverdächtige und zunächst nicht tatgeneigte Person durch die von einem Amtsträger geführte Vertrauensperson in einer dem Staat zuzurechnenden Weise zu einer Straftat verleitet (Tatprovokation) und führt dies zu einem Strafverfahren, liegt darin ein Verstoß gegen den Grundsatz des fairen Verfahrens gemäß Art. 6 Abs. 1 S. 1 EMRK.[292] Dieser Verstoß ist in den Urteilsgründen festzustellen. Die Einschaltung des »Lockspitzels« kann die Schuld des Täters erheblich mindern, die Tat kann in einem anderen Licht erscheinen, sodass sogar die sonst Schuld angemessene Strafe unterschritten werden muss.[293] Das Maß der Kompensation für das konventionswidrige Handeln ist gesondert zum Ausdruck zu bringen.[294] Das unzulässige Einwirken eines V-Mannes (»Lockspitzels«) führt aber grundsätzlich nicht zu einem Verfahrenshindernis oder dazu, dass von Strafe völlig abzusehen ist[295]. Ein Verfahrenshindernis kommt also allenfalls in extrem gelagerten Ausnahmefällen in Betracht, weil das Rechtsstaatsprinzip nicht nur Belange des Beschuldigten, sondern auch das Interesse an einer der materiellen Gerechtigkeit dienenden Strafverfolgung schützt.[296]

▶ Merke

73 Eine Verletzung von Art. 6 Abs. 1 EMRK aufgrund polizeilicher Tatprovokation liegt nur dann vor, wenn eine nicht verdächtigte und zunächst nicht tatgeneigte Person durch eine von einem Amtsträger geführte Vertrauensperson in einer dem Staat zurechenbaren Weise zu einer Straftat verleitet wird und dies zu einem Strafverfahren führt. Ein in diesem Sinne tatprovozierendes Verhalten ist gegeben, wenn eine polizeiliche Vertrauensperson in Richtung auf das Wecken der Tatbereitschaft oder eine Intensivierung der Tatplanung mit einiger Erheblichkeit stimulierend auf den Täter einwirkt. Auch bei anfänglich bereits bestehendem Anfangsverdacht kann eine rechtsstaatswidrige Tatprovokation vorliegen, soweit die Einwirkung im Verhältnis zum Anfangsverdacht »unvertretbar übergewichtig« ist.

289 BGH StV 1997, 408; NStZ 2005, 223 m. Anm. *Sander* NStZ 2005, 390 f.
290 BGHSt 46, 159.
291 Zu neueren BGH-Entscheidungen *Conen* StV 2019, 358 ff.; *Leipold/Beukelmann* NJW-Spezial 2018, 568; *Britz* jM 2018, 385–389.
292 BGHSt 45, 321 ff.; 47, 44.
293 BGH NStZ 1986, 162; 1992, 448; 1994, 289 (290); BGHR StGB § 46 Abs. 1 V – Mann 12.
294 BGHSt 45, 321 ff.
295 BGHSt 32, 345; 33, 356; 45, 321, 324 ff.
296 BVerfG, Beschl. v. 24.09.2002 – 2 BvR 66/01; BVerfG NJW 1995, 651 ff.; BVerfG, Beschl. v. 18.05.2001 – 2 BvR 693/01; BGHSt 46, 159, 168 ff.; BGH, Urt. v. 10.06.2015 – 2 StR 97/14 –, BGHSt 60, 276 ff. = NJW 2016, 91 ff.; v. 06.09.2016 – 1 StR 104/15 = wistra 2017, 193; Urt. v. 04.07.2018 – 5 StR 650/17 = StraFo 2019, 17 f. v. 07.12.2017 – 1 StR 320/17 = NStZ 2018, 355 f. m. Anm. Esser, NStZ 2018, 358 ff.; Conen, StV 2019, 358–362.

▶ Beispiel für die Geltendmachung eines Verfahrenshindernisses

Ich beantrage, 74

a) das Urteil des Landgerichts ... vom ... aufzuheben, soweit der Angeklagte wegen Diebstahls (Tat vom Mai 2005) verurteilt wurde und das Verfahren insofern einzustellen,
b) das Urteil im Übrigen mit den Feststellungen aufzuheben und die Sache im Umfang dieser Aufhebung zu neuer Verhandlung und Entscheidung an eine andere Strafkammer des Landgerichts zurückzuverweisen.

1. Das Landgericht hat übersehen, dass hinsichtlich der Verfolgung wegen Diebstahls Verjährung eingetreten ist (§ 78 Abs. 1 StGB).
   a) Die Tatzeit hat die Strafkammer mit »einem nicht näher feststellbaren Zeitpunkt zwischen dem 1. und 5. Mai 2007« festgestellt (UA S 4).
   b) Da für die Frage, wann die Verjährung eintritt, der in-dubio-Grundsatz gilt, war zugunsten des Angeklagten von einer Tatbeendigung am 1. Mai 2005 auszugehen[297]. Daher lief die fünfjährige Verjährungsfrist (§ 78 Abs. 3 Nr. 4 StGB) am 30. April 2012 ab (vgl. § 78a StGB).
   c) Eine Unterbrechung der Verjährung ist nicht erfolgt. Das Ermittlungsverfahren gegen den Angeklagten wurde erst am 3. Mai 2012 eingeleitet (vgl. Bl 2 dA); die erste zur Unterbrechung der Verjährung geeignete Maßnahme, nämlich die Anordnung der Beschuldigtenvernehmung, erfolgte am 4. Mai 2012 (Bl 4 dA) und damit bereits nach Eintritt der Verjährung.
   d) Da weitere Feststellungen – vor allem solche zu einer genaueren Eingrenzung der Tatzeit – nicht möglich sind, weil das Gericht alle insoweit relevanten Beweise erhoben und ausgeschöpft hat, ist das Verfahren wegen des Vorwurfs des Diebstahls einzustellen.
2. Auch im Übrigen kann die Verurteilung des Angeklagten keinen Bestand haben.

7. Verfahrensfehler und Verfahrensrüge

a) Abgrenzung zwischen Verfahrens- und materiell-rechtlichem Fehler

Die Frage, ob eine Gesetzesverletzung[298] mit der Verfahrensrüge oder mit der Sachrüge geltend 75
gemacht werden muss[299], ist von erheblicher Bedeutung, weil an diese Rügen verschiedene inhaltliche Anforderungen gestellt werden[300] (vgl. Rdn. 81 ff., 101 ff.) und deshalb häufig eine Auslegung oder Umdeutung in die jeweils andere Rüge nicht möglich sein wird.[301] Für die Abgrenzung gilt im Grundsatz, dass eine Verfahrensrüge erhoben werden muss, wenn die Regelung, gegen die verstoßen wurde, den *prozessualen* Weg betrifft, auf dem der Richter seine Entscheidung gefunden hat, er also die Feststellungen, die er seiner Entscheidung zugrunde gelegt hat, *verfahrensrechtlich* falsch bzw. unvollständig getroffen oder auch *prozessual* notwendige Handlungen nicht oder fehlerhaft vorgenommen haben soll. Mit der Sachrüge werden dagegen Verstöße gegen sonstige Vorschriften geltend gemacht.[302]

b) Hinweise für die Verteidigung zum Auffinden von Verfahrensfehlern

Da Grundlage des Urteils nur solche Tatsachen sein dürfen, die Gegenstand der Hauptverhandlung 76
waren (§ 261 StPO), ist das wichtigste Mittel zum Auffinden revisibeler Verfahrensfehler das Haupt-

---

297 Zur Verfolgungsverjährung bei unklarem Tatzeitpunkt vgl. BGH, Beschl. v. 15.02.2018 – 4 StR 594/17 = NStZ-RR 2018, 172.

298 Allgemein zum Verhältnis Verfahrensrüge/Sachrüge *Schneider* NStZ 2019, 324 ff.

299 Vgl. dazu *Jähnke* FS Meyer-Goßner 2001 S. 559 ff.; *Stolz* JuS 2003, 71 ff.; *Schneider* NStZ 2019, 324 ff.

300 Vgl. § 352 StPO.

301 Vgl. z.B. BGH NStZ 2000, 215 (216); KG StV 1999, 197.

302 BGHSt 19, 273 (275); 25, 100 (102); *Meyer-Goßner*/Schmitt § 337 Rn. 8, 9.

verhandlungsprotokoll; denn dieses hat hinsichtlich der wesentlichen Förmlichkeiten der Hauptverhandlung positive und auch negative Beweiskraft (§§ 273 Abs. 1, 274 S. 1 StPO; Einzelheiten bei Rdn. 85). Der Verteidiger, der die Erhebung einer Verfahrensrüge in Betracht zieht, muss daher das Hauptverhandlungsprotokoll Satz für Satz durcharbeiten.

77 Ergänzend sollte er zu dieser Prüfung das Urteil heranziehen, insbesondere um feststellen zu können, ob sich daraus Tatsachen zu Verfahrensfehlern ergeben, die keine wesentlichen Förmlichkeiten der Hauptverhandlung betreffen, ob dort neue prozessuale Umstände mitgeteilt werden (z.B. die Ablehnung eines Hilfsbeweisantrages) und ob alle relevanten, aber auch nur die in die Hauptverhandlung eingeführten Beweismittel verwertet wurden.

78 Ferner sollte er die Anklage und den Eröffnungsbeschluss mit dem Urteil vergleichen; dies dient zum einen der Prüfung, ob gegebenenfalls ein rechtlicher oder tatsächlicher Hinweis (§ 265 StPO) hätte erteilt werden müssen, zum anderen der Feststellung, ob Anklage und Eröffnungsbeschluss vorhanden und wirksam sind.[303]

79 Mögliche Verfahrensfehler, die dem Urteil vorausgehende Entscheidungen des Gerichts betreffen, können die Revision begründen, wenn das Urteil auf ihnen beruht (§ 336 S. 1 StPO; z.B. Fehler bei der Pflichtverteidigerbestellung, vgl. Rdn. 175); sie sind von einer Prüfung in der Revision jedoch ausgenommen, wenn sie nicht oder nur mit der sofortigen Beschwerde anfechtbar sind (§ 336 S. 2 StPO; z.B. der – vorhandene und wirksame – Eröffnungsbeschluss, § 210 Abs. 1 StPO, oder das Verhandeln ohne den Angeklagten nach § 231a StPO, vgl. § 231a Abs. 3 S. 3 StPO).

Für Fehler der Ermittlungsorgane, sei es des Ermittlungsrichters, des Staatsanwalts oder der Polizei, gilt grundsätzlich die Regelung in § 337 Abs. 1 StPO; das Urteil muss daher auf einer solchen Gesetzesverletzung beruhen. Allein die Gesetzwidrigkeit des Handelns eines Ermittlungsorgans reicht hierfür jedoch nicht aus; die fehlerhaft gewonnene Erkenntnis muss vielmehr auch im Urteil verwertet worden sein. Da dies wiederum voraussetzt, dass die Ermittlungshandlung und ihr Ergebnis in die Hauptverhandlung eingeführt wurden, müssen – soweit im Urteil letztlich aus dem Ermittlungsverfahren herrührende Erkenntnisse verwertet wurden – im Zusammenhang mit der Durchsicht des Hauptverhandlungsprotokolls auch die solche Umstände betreffenden Teile aus den Ermittlungsakten nachgearbeitet werden.

▶ **Hinweis**

80 Wenn ein Beschwerdeführer rügt, dass ein Gericht zu Unrecht das Vorliegen eines Beweisverwertungsverbots für aufgrund einer Wohnungsdurchsuchung erlangte Beweismittel angenommen hat, ist in aller Regel zunächst der die Wohnungsdurchsuchung anordnende Beschluss mitzuteilen. Wenn darin die Verdachts- und Beweislage nicht ausreichend dargestellt ist, ist zusätzlich die Verdachts- und Beweislage im Zeitpunkt der Anordnung anhand der Aktenlage zu rekonstruieren. Dies gilt auch, wenn das Urteil Ausführungen zu einzelnen Verfahrensvorgängen enthält.[304]

303 Fehlende oder fehlerhafte Anklage und Eröffnung sind grundsätzlich als Verfahrensvoraussetzungen von Amts wegen zu prüfen: zu der Abgrenzung vgl. BGHSt 40, 390 (Unterscheidung von Umgrenzungs- und Informationsfunktion).

304 BGH, Urt. v. 08.08.2018 – 2 StR 131/18 = NStZ 2019, 107 f. m. Anm. *Ventzke* NStZ 2019, 171 f.

c) Anforderungen an die Verfahrensrüge

Soll eine *Verfahrensrüge*[305] erhoben werden[306], muss der Revisionsführer den Sachverhalt so umfassend vortragen, dass das Revisionsgericht allein aufgrund der ihm vorliegenden Revisionsbegründung – also ohne Zugriff auf die Sachakten – in der Lage ist, die Begründetheit des behaupteten Verfahrensverstoßes zu überprüfen (§ 344 Abs. 2 S. 2 StPO[307]). Die bloße Bezugnahme auf Ausführungen eines anderen Verfahrensbeteiligten genügt nicht den Anforderungen an die ordnungsgemäße Begründung von Verfahrensrügen (§ 344 Abs. 2 S. 2 StPO).[308] Die Erhebung einer Verfahrensrüge erfordert nach § 344 Abs. 2 S. 2 StPO nicht nur die allgemeine Beanstandung des Verfahrens, der Revisionsführer muss vielmehr eine bestimmte Gesetzesverletzung aufzeigen und die diesen Mangel belegenden Tatsachen angeben. Erfolg kann eine Verfahrensrüge zudem nur haben, wenn der Verfahrensfehler erwiesen ist; der Grundsatz »in dubio pro reo« gilt hier also nicht.[309] § 344 Abs. 2 S. 2 StPO verpflichtet den Revisionsführer aber nur zum vollständigen Tatsachenvortrag, nicht auch darüber hinaus zum Beweisantritt. 81

▶ Beachte also

Die notwendigen Angaben zum Verfahrensgeschehen müssen so umfassend sein, dass dem Revisionsgericht im Sinne einer vorweggenommenen Schlüssigkeitsprüfung ohne Rückgriff auf die Akten die Beurteilung ermöglicht wird, festzustellen, ob der behauptete Verfahrensverstoß vorliegt.[310]

Im Einzelnen ergeben sich daraus folgende Anforderungen: 82

Anzugeben ist ein genau bezeichneter, bestimmter Verfahrensfehler. Wesentlich ist, dass die Begründung aus sich selbst heraus verständlich ist. Der Umfang dieser Darlegungslast richtet sich nach der Eigenart des gerügten Verfahrensverstoßes.[311] Der Tatsachenvortrag darf nicht widersprüchlich sein. Die notwendigen Angaben zum Verfahrensgeschehen müssen so umfassend sein, dass dem Revisionsgericht im Sinne einer vorweggenommenen Schlüssigkeitsprüfung ohne Rückgriff auf die Akten die Beurteilung ermöglicht wird, festzustellen, ob der behauptete Verfahrensverstoß vorliegt.[312] Gerichtsbeschlüsse müssen mitgeteilt werden; Fundstellen in den Akten, auf die in Gerichtsbeschlüssen Bezug genommen worden ist, müssen, wenn sie für die Beurteilung der Rüge von Bedeutung sein können, im Wortlaut oder ihrem wesentlichen Inhalt nach in der Rechtfertigungsschrift wiedergegeben werden.[313] Die vorzutragenden Anträge, Beschlüsse u.ä. können in Kopie

---

305 Zur unwahren Verfahrensrüge vgl. *Detter* StraFo 2004, 329 ff.; BGH, NStZ 2005, 222 f.; BGH, Beschl. v. 15.06.2005 – 1 StR 202/05; vgl. auch die Anfrage des 1. Strafsenats gem.§ 132 Abs. 2 GVG v. 12.01.2006 – 1 StR 466/05; Beschl. des Großen Senats für Strafsachen v. 23.04.2007 – GSSt 1/06, BGHSt 51, 298 m. Anm. *Fahl* JR 2007, 345 ff.; *Schumann* JZ 2007, 927 ff.; *Wagner* GA 2008, 442 ff.; dazu BVerfG, Beschl. v. 15.01.2009 – 2 BvR 2044/07, StV 2010, 497 ff. m. Anm. *Fahl* JR 2009, 259 f.; *Globke* GA 2010, 399 ff.; *Schünemann* StV 2010, 538 f.

306 Allgemein zu § 344 Abs. 2 S. 2 StPO: BVerfG StV 2005, 369 ff.; 2009, 673 ff.; vgl. auch *Sanders* NStZ-RR 2002, 1 ff.; 2003, 33 ff.; *Bick* JA 2001, 691 ff. *Norouzi* NStZ 2013, 203 f.

307 Allgemein zu Verfahrensrügen BVerfG StV 2005, 369 m. Anm. *Kuckein* NStZ 2005, 697; *Meyer-Mews* NJW 2005, 2820 ff.; vgl. auch *Sander* NStZ-RR 2006, 33 ff. mit Hinweisen auf die Rechtsprechung des BGH; *Cirener* NStZ-RR 2012, 65 ff.; 103 ff.; 2013. 1 ff.; *Cirener/Herb* NStZ-RR 2018, 97 ff.; 131 ff.; 2019, 97 ff.; 132 f.;193 ff.

308 BGH NStZ-RR 2007, 55.

309 KK/*Gericke* § 344 Rn. 41 m.w.N.

310 BGH, Beschl. v. 08.01.2013 – 1 StR 602/12, NStZ-RR 2013, 218; *Meyer-Goßner*/Schmitt § 344 Rn. 21.

311 BGHSt 44, 138; für Rügen im Zusammenhang mit Telefonüberwachung vgl. BGHSt 47, 362 und 48, 240.

312 BGH, Beschl. v. 08.01.2013 – 1 StR 602/12, NStZ-RR 2013, 218; *Meyer-Goßner*/Schmitt § 344 Rn. 21.

313 BGHSt 40, 3 (6); BGH, StV 2006, 62.

vorgelegt werden; sie müssen aber im Zusammenhang mit der Rüge platziert werden, ein Anhang aller Kopien am Ende der Revisionsbegründung genügt nicht. Es genügt den Anforderungen an einen ordnungsgemäßen Revisionsvortrag auch nicht, wenn Aktenbestandteile und Ausschnitte aus dem Hauptverhandlungsprotokoll »der Einfachheit halber in chronologischer Reihenfolge, und nicht nach Rügen getrennt«, überreicht werden. Es ist nicht Aufgabe des Revisionsgerichts, sich aus dem Aktenkonvolut denkbare Verfahrensfehler selbst herauszusuchen und den dazu möglicherweise passenden Verfahrenstatsachen zuzuordnen. Es ist auch nicht Aufgabe des Revisionsgerichts, den Revisionsvortrag aus anderen Unterlagen jeweils an passender Stelle zu ergänzen und dabei auch noch den Sachzusammenhang selbst herzustellen.[314] Bei Beweisanträgen kann es genügen, Antrag und Beschluss des Gerichts in eigenen Worten wiederzugeben, wenn der Vortrag damit vollständig ist.[315] Der Inhalt der Anklageschrift muss nicht mitgeteilt werden, weil hiervon das Revisionsgericht zur Prüfung der Verfahrensvoraussetzungen von Amts wegen Kenntnis nehmen muss.[316] Der Beschwerdeführer darf Tatsachen nicht übergehen, welche der Begründetheit seiner Verfahrensrüge entgegenstehen könnten (Negativtatsachen[317]); er muss gegebenenfalls also auch solche Fakten vortragen, die für das Vorliegen eines Ausnahmetatbestandes sprechen könnten und seiner Rüge den Boden entziehen könnten. Erforderlich ist der Vortrag grundsätzlich aber nur, wenn eine dem geltend gemachten prozessualen Fehler entgegenstehende Verfahrenslage nach der konkreten Fallgestaltung ernsthaft infrage kommt.[318] Zu einer Verfahrensrüge gehört die bestimmte Behauptung, der geltend gemachte Fehler sei geschehen. Der Hinweis auf einen Anschein oder auf eine bloße Möglichkeit genügt nicht. Um eine unzulässige Protokollrüge handelt es sich, wenn nur behauptet wird, ein bestimmter Vorgang sei in der Niederschrift über die Hauptverhandlung nicht beurkundet.[319] **Also:** In der Revisionsbegründung muss ein bestimmter Verfahrensfehler behauptet und wie eine Tatsache vorgetragen werden. Daran fehlt es insbesondere, wenn lediglich eine Vermutung geäußert wird (also z.B. »Das Gericht hat möglicherweise das letzte Wort nicht gewährt« oder »Es ist zu überprüfen, ob die Regelungen der §§ 244 ff. StPO beachtet wurden«); solche Formulierungen führen regelmäßig zur Unzulässigkeit der jeweiligen Rüge.[320] Der Behauptung eines tatsächlich nicht gegebenen, aber im Protokoll ausgewiesenen Verfahrensfehlers durch die Verteidigung sind nach der Entscheidung des Großen Senats für Strafsachen vom 23.04.2007 – GSSt 1/06 –[321] insoweit Grenzen gesetzt als es nunmehr zulässig ist, durch eine Berichtigung des Protokolls einer bereits ordnungsgemäß erhobenen Verfahrensrüge die Tatsachengrundlage zu entziehen.[322]

---

314 BGH StV 2005, 420; NJW 2001, 2411 (2412); NStZ 2001, 248; BGH, Beschl. v. 26.10.2000 – 3 StR 383/00.

315 BGHR StPO § 344 Abs. 2 S. 2 – Beweisantragsrecht 4; BGH NStZ-RR2007, 107 f.

316 BGH NStZ 1998, 315; StV 2002, 588; BGH, Beschl. v. 07.04.2016 – 1 StR 579/15, StV 2016, 621 mit Zusatz: »Dass entsprechende Ausführungen im Einzelfall geeignet sein könnten, dem Revisionsgericht das Verständnis der Rüge zu erleichtern, ändert hieran nichts.«.

317 BGH, Beschl. v. 08.08.2007 – 2 StR 224/07, StV 2008, 232 f.; v. 15.03.2011 – 1 StR 33/11, StV 2011, 462 f.; v. 13.06.2012 – 2 StR 112/12, StV 2012, 705 f.; *Ventzke/Mosbacher* NStZ 2008, 262 f.; *Güntge* JR 2005, 496 f.; *Dahs* Rn. 503 f. zu Negativtatsachen als Gegenstand von Beweisanträgen vgl. *Niemöller* StV 2003, 687 ff.; *Burgard/Fresemann* wistra 2000, 88 ff.; *Ventzke/Mosbacher* NStZ 2008, 262 ff.

318 BGHSt 37, 245 (248 ff.); BGH NStZ-RR 1997, 71; NStZ 2000, 49, 50; 2005, 222 (223); BVerfG StV 2005, 369; vgl. auch *Widmaier* StraFo 2006, 437, 438; *Güntge* JR 2005, 496 ff.

319 BGHSt 7, 162.

320 Vgl. auch das Beispiel bei BGH NStZ 2000, 49, 50.

321 BGHSt 51, 298 ff. m. Anm. *Wagner* GA 2008, 442 ff.; *Globke* GA 2010, 399 ff.: *Fahl* JR 2007, 927 ff.; *Schumann* JZ 2007, 927 ff.; *Kury* StraFo 2008, 185 ff.; vgl. auch BVerfG NJW 2009, 1469 ff.

322 Vgl. dazu auch *Detter* StraFo 2004, 329 ff., 333 ff.; *Park* StraFo 2004, 335 (336 ff.).

Lassen die vorgetragenen Tatsachen den Schluss auf verschiedene Verfahrensfehler zu, muss der Revisionsführer auch deutlich machen, welchen Verfahrensmangel er geltend machen will.[323] 83

Der Verfahrensfehler muss widerspruchsfrei[324] durch Tatsachen belegt werden. Dies erfordert die Darlegung der den Mangel begründenden Umstände im Einzelnen und zwar so genau und vollständig,[325] dass das Revisionsgericht ohne Durchsicht der Akten allein auf der Grundlage der Revisionsbegründung prüfen kann, ob der Fehler vorliegt.[326] Schriftstücke, insbesondere das Hauptverhandlungsprotokoll, müssen hierfür regelmäßig wörtlich – ausreichend ist aber auch die vollständige Mitteilung »mit eigenen Worten«[327] – wiedergegeben werden, soweit sie die den Mangel betreffenden Tatsachen belegen;[328] Bezugnahmen auf Anlagen oder Fundstellen in den Akten reichen grundsätzlich nicht aus.[329] Vorzutragen sind sogar solche Tatsachen, die der Verfahrensrüge – etwa durch Heilung[330] – die Grundlage entziehen könnten,[331] also auch solche Fakten, die für das Vorliegen eines Ausnahmetatbestandes sprechen könnten und seiner Rüge den Boden entziehen könnten.[332]

Für diesen Vortrag lässt der BGH das »Hineinkopieren« von Teilen des Hauptverhandlungsprotokolls – zumindest bei kurzen Texten – zwar zu,[333] jedoch darf sich die eingefügte Kopie nur mit den Tatsachen zu dem geltend gemachten Verfahrensfehler befassen; das Revisionsgericht sucht sich also nicht aus einem vollständig kopierten Hauptverhandlungsprotokoll die relevanten Teile heraus. Bei »einkopierten« handschriftlichen Texten – etwa von in der Hauptverhandlung gestellten Anträgen – sollten zudem Leseabschriften beigefügt werden.[334]

▶ Beachte

Es kann unschädlich sein, wenn die Revision sich nicht ausdrücklich auf die Verletzung einer bestimmten Vorschrift beruft und den entsprechenden rechtlichen Gesichtspunkt auch nicht in anderer Weise betont hervorhebt. Entscheidend ist, dass die Darlegungen der Revisionsbegründung erkennbar auf einen bestimmten Verfahrensfehler hinweisen und an eine Beschwer des Angeklagten anknüpfen, welche sich auf diese Rechtsverletzung bezieht, und dass außerdem die Tatsachen aufgeführt sind, welche den Verfahrensverstoß begründen. Die Angabe von Beweismittel und der Aktenstelle, aus denen sich die Tatsachen ergeben, ist nicht erforderlich.[335] Erforderlich ist, dass der Beschwerdeführer ihm nachteilige Tatsachen nicht nur nicht übergeht, sondern auch, dass er die Fakten vorträgt, die für das Vorliegen eines Ausnahmetatbestands sprechen, der seiner Rüge den Boden entzieht[336] 84

▶ Beispiele

Bei der Rüge der Beschränkung der Verteidigung in einem wesentlichen Punkt durch Ablehnung eines Antrags auf Beiziehung von Akten bzw. eines Akteneinsichtsantrags ist ein subs-

323 BGH NJW 2000, 596 (Verstoß gegen § 252 und gegen § 81c StPO); BGH NStZ 1998, 636 und BGH StV 2000, 241 (242): Verstoß gegen § 247 S. 4 und gegen §§ 230 I, 247 S. 1 – 3, 338 Nr. 5 StPO; vgl. auch BGH NStZ 1999, 94.

324 BGH NStZ 1998, 52.

325 Insbesondere dazu: BGH (M) NStZ-RR 1998, 1, 2.

326 BGH StV 1998, 360 (361); BGH NStZ 1997, 296 (297) m. Anm. *Eisenberg/Kopatsch*.

327 BGH StV 1999, 576.

328 BGH bei *Miebach/Sander* NStZ-RR 1999, 1, 5.

329 BGH NStZ 1994, 247 m. Anm. *Widmaier*; OLG Brandenburg NStZ 1997, 612, 613.

330 BGH NStZ-RR 1998, 259 (Nr. 9).

331 BGH NStZ 2000, 49, 50 m.w.N.

332 BGHSt 37, 245 (248 ff.); BGH NStZ-RR 1997, 71; NStZ 2000, 49, 50.

333 Vgl. BGHSt 34, 44.

334 Vgl. BGHSt 34, 44.

335 BGH NStZ-RR 2011, 253 f.; 2003, 334; BGH, Beschl. v. 24.07.2012 – 1 StR 302/12, StraFo 2012, 467.

336 BGHSt 37, 245 (248 f.); BGH NStZ 1986, 519 (520); StV 1996, 530.

tanziierter Vortrag erforderlich, welche Tatsachen sich aus welchen genau bezeichneten Stellen der Akten ergeben hätten und welche Konsequenzen für die Verteidigung daraus folgten. Sollte eine solche konkrete Bezeichnung wesentlichen vorenthaltenen Aktenmaterials dem Verteidiger nicht möglich sein, weil ihm die Akten, in die er Einsicht nehmen will, verschlossen geblieben sind, so muss er sich bis zum Ablauf der Frist zur Erhebung der Verfahrensrüge weiter um die Akteneinsicht bemüht haben und die entsprechenden Anstrengungen gegenüber dem Revisionsgericht auch dartun[337]

Wird mit der Verfahrensrüge die Ablehnung des Beweisantrags auf Vernehmung eines weiteren Sachverständigen beanstandet, so bedarf es der Mitteilung des vollständigen Inhalts des schriftlichen Sachverständigengutachtens dann nicht, wenn weder der Beweisantrag noch der ablehnende Gerichtsbeschluss auf Umstände abgehoben haben, die sich aus dem Text des Gutachtens hätten ergeben können.[338] Die Verfahrensrüge der Verletzung des § 244 Abs. 4 S. 2 StPO ist unzulässig, wenn weder der vollständige Inhalt des vorbereitenden schriftlichen Sachverständigengutachtens noch die Erörterung des mündlich in der Hauptverhandlung erstatteten Gutachtens in den schriftlichen Urteilsgründen zum Gegenstand des Revisionsvorbringens gemacht worden sind. Dem Revisionsgericht bleibt damit eine Überprüfung der erhobenen Behauptungen einer fehlenden Sachkunde des gehörten Sachverständigen und einer von diesem vorgeblich zugrunde gelegten unrichtigen Tatsachengrundlage verschlossen.[339]

Der Inhalt der Einlassung des Angeklagten in der Hauptverhandlung gehört nicht zu den einen Verfahrensmangel begründenden Tatsachen im Sinne des § 344 Abs. 2 S. 2 StPO und muss deshalb in der Revisionsrechtfertigung auch nicht vorgetragen werden.[340]

Ausführungen zum Aussageinhalt einer in Abwesenheit des Angeklagten durchgeführten Vernehmung der Nebenklägerin bei der Vernehmung der Opferzeugin als zentraler Belastungszeugin bedarf es nicht.[341]

Nicht vorzutragen ist, ob und gegebenenfalls in welcher Weise sich der zur Frage der Schuldfähigkeit in der Hauptverhandlung gehörte Sachverständige in seinem Gutachten mit dem ärztlichen Untersuchungsbericht befasst hat.[342]

Gemäß § 344 Abs. 2 Satz 2 StPO muss jeder Beschwerdeführer im Rahmen einer Verfahrensrüge die den geltend gemachten Verstoß enthaltenden Tatsachen grundsätzlich so vollständig und genau darlegen, dass das Revisionsgericht allein anhand der Revisionsbegründung in die Lage versetzt wird, über den geltend gemachten Mangel endgültig zu entscheiden. Für den Revisionsvortrag wesentliche Schriftstücke oder Aktenstellen sind im Einzelnen zu bezeichnen und zum Bestandteil der Revisionsbegründung zu machen. Diese Anforderungen gelten auch dann, wenn ein Beschwerdeführer rügt, das Gericht habe zu Unrecht das Vorliegen eines Verwertungsverbotes für ein Beweismittel verneint, das auf Grund einer Durchsuchung erlangt wurde. Wenn ein Beschwerdeführer rügt, dass ein Gericht zu Unrecht das Vorliegen eines Beweisverwertungsverbots für aufgrund einer Wohnungsdurchsuchung erlangte Beweismittel angenommen hat, ist in aller Regel zunächst der die Wohnungsdurchsuchung anordnende Beschluss mitzuteilen. Wenn darin die Verdachts- und Beweislage nicht ausreichend dargestellt ist, ist zusätzlich die Verdachts- und Beweislage im Zeitpunkt der Anordnung anhand er

337 BGH StV 2010, 615.
338 BGH StraFo 2010, 74.
339 BGH NStZ-RR 2009, 317.
340 BGH, Beschl. v. 27.09.2017 – 4 StR 142/17 = NStZ 2018, 113; Berücksichtigung der Einlassung in der Revision: von der Melden NStZ 2018, 77 ff.
341 BGH, Beschl. v. 21.08.2018 – 2 StR 172/18 = NStZ 2018, 739.
342 BGH, Urt. v. 15.08.2018 – 2 StR 428/17 = StV 2019, 228 f.

Aktenlage zu rekonstruieren. Dies gilt auch, wenn das Urteil Ausführungen zu einzelnen Verfahrensvorgängen enthält.[343]

Der Verfahrensfehler (= die Tatsachen, die die Gesetzesverletzung ergeben) muss bewiesen werden. 85
Der Beschwerdeführer kann in der Revisionsbegründung Beweis anbieten; Zulässigkeitsvoraussetzung der Rüge ist die Angabe eines Beweismittels aber nicht, es genügt die Behauptung.[344] Nur ein erwiesener – nicht aber ein nur möglicher – Verfahrensfehler kann den Bestand eines Urteils gefährden.[345] Verfahrensfehler, die wesentliche Förmlichkeiten der Hauptverhandlung betreffen, können positiv wie negativ grundsätzlich nur mittels des Protokolls nachgewiesen werden (vgl. § 274 S. 1 StPO).[346] Dabei kann aber nach der neueren Rechtsprechung des BGH eine zulässige Berichtigung des Protokolls durch den Tatrichter einer bereits ordnungsgemäß erhobenen Verfahrensrüge auch zum Nachteil des Beschwerdeführers die Tatsachengrundlage entziehen.[347] Zu beachten ist in diesem Zusammenhang, dass das Protokoll lediglich dazu verwendet werden darf, die für die Revisionsrüge erforderlichen Tatsachen vorzutragen und zu belegen. Dagegen ist die sogenannte Protokollrüge unzulässig.[348] Darunter versteht man die häufig nur auf eine ungenaue Formulierung zurückzuführende Beanstandung, dass das Protokoll unrichtig sei (z.B. »Das Protokoll ist fehlerhaft, weil es die Vernehmung des Zeugen X nicht ausweist.«); ein solcher Fehler ist für die Revision aber unerheblich, weil darauf, also auf der bloßen Unrichtigkeit des Protokolls, das Urteil nicht beruhen kann.

Die Beweiskraft des Protokolls entfällt nach der ausdrücklichen Regelung des § 274 S. 2 StPO, wenn das Protokoll nachweislich gefälscht, d.h. von den Urkundspersonen bewusst mit falschem Inhalt[349] oder von einem Unbefugten angefertigt oder verändert worden ist. Bloße Missverständnisse der Urkundspersonen genügen dafür nicht. Die Beweiskraft entfällt des Weiteren, wenn eine der beiden Urkundspersonen nachträglich erklärt, dass das Protokoll in einem Punkte unrichtig sei.[350] Dadurch wird die Beweiskraft des Protokolls zerstört und grundsätzlich der Weg des Freibeweises eröffnet.[351] Wenn das Protokoll Mängel aufweist, entfällt die Beweiskraft.[352] Dafür kommen in Betracht: aus sich selbst nicht lösbare Widersprüche, unerklärliche Auslassungen (Lücken) und Unklarheiten. Die Klärung der Verfahrensvorgänge erfolgt dann im Wege des Freibeweises. Das Revisionsgericht ist

343 BGH, Urt. v. 08.08.2018 – 2 StR 131/18 = NStZ 2019, 107 f. m. Anm. *Ventzke*, NStZ 2019, 171 f.; Beschl. v. 19.12.2018 – 2 StR 247/18 = NStZ-RR 2019, 157.

344 BGH, Beschl. v. 22.01.2013 – 1 StR 557/12; v. 15.03.2011 – 1 StR 33/11, NStZ 2011, 533 = StV 2011, 462 f.; v. 22.09.2006 – 1 StR 298/06, NStZ 2007, 235 f. = StV 2007, 569.

345 BGHSt 16, 164, 167; 17, 351, 353.

346 Vgl. dazu beispielsweise BGH NStZ 2000, 437 (438): Beweiskraft bezieht sich auf den Erlass, nicht aber auf die Begründung eines Beschlusses.

347 BGHSt 51, 298 ff. m. Anm. Fahl JR 2007, 345 ff.; *Wagner* GA 2008, 442 ff. *Globke* GA 2010, 399 ff.; BVerfG StV 2010, 497 ff.; vgl. dazu *Adam* NStZ 2010, 321, 323; *Roxin* GA 2010, 425 ff.; *Globke* GA 2010, 399 ff.; *Fahl* JR 2009, 259 ff.; zum Verfahren der Berichtigung vgl. BGH, Beschl. v. 03.06.2008 – 3 StR 527/07; v. 14.07.2010 – 2 StR 158/10, StV 2010, 675 f.; v. 22.12.2010 – 2 StR 386/10; vgl. auch BGH StV 1999, 582 m. Anm. *Docke/von Döllen/Momsen*; BGH StV 1999, 585; BGH NStZ 2000, 216; vgl. dazu auch *Detter* StraFo 2004, 329 ff.; *Park* StraFo 2004, 335 ff.; BGH StV 2005, 256 ff. m. Anm. *Park* S. 257 ff.; zur Protokollberichtigung nach der Entscheidung des Großen Senats vgl. BGH NStZ 2008, 580 f.; JR 2010, 135 m. Anm. *Schroeder*; BGH, Beschl. v. 03.04.2008 – 1 StR 51/08; v. 14.07.2010 – 2 StR 158/10, StV 2010, 675; v. 14.01.2010 – 1 StR 620/09, StraFo 2010, 150 f.; v. 28.01.2010 – 5 StR 169/09, BGHSt 55, 31 ff. = StV 2010, 171 f.

348 BGHSt 7, 162; BGHR StGB § 46 Abs. 2 Wertungsfehler 23; BGH StV 2005, 256 ff.; BGH, Beschl. v. 13.07.2011 – 4 StR 181/11, StV 2012, 73.

349 BGHSt 2, 125, 126: »bis zum Nachweis seiner Fälschung, die so gut wie nie in Betracht kommt, als wahr zugrunde zu legen«.

350 BGHSt 4, 364 f.; BGH StV 1988, 45; für den Fall einer bereits erhobenen Verfahrensrüge BGH NStZ 1992, 43; vgl. aber auch BGHSt 4, 364 und dazu BGHSt 10, 342 f.

351 BGHSt 4, 364 f.; BGH StV 1988, 45; vgl. auch *Park/Detter* StraFo 2004, 329 ff.

352 BGH StV 2002, 530; NStZ 2002, 270 = StV 2002, 525; NStZ 2000, 96 = StV 2000, 4.

zu eigener Prüfung berufen; es ist weder auf die vom Tatrichter hierüber getroffenen Feststellungen beschränkt noch an dessen Beweiswürdigung gebunden.[353] Zweifel wirken aber nicht zugunsten des Beschwerdeführers. Nach der Rechtsprechung[354] zulässig ist auch eine Berichtigung des Protokolls zum Nachteil des Beschwerdeführers, wenn einer bereits ordnungsgemäß erhobenen Verfahrensrüge die Tatsachengrundlage entzogen wird. Die Beachtlichkeit der Protokollberichtigung unterliegt im Rahmen der erhobenen Verfahrensrüge der Überprüfung durch das Revisionsgericht. Im Zweifel gilt insoweit das Protokoll in der nicht berichtigten Fassung. Wird das Verfahren zur nachträglichen Berichtigung des Protokolls nicht eingehalten oder nicht durchgeführt, so gilt im Zweifel das Protokoll in der nicht berichtigten Fassung.[355] Neben einer ordnungsgemäßen Protokollberichtigung besteht grundsätzlich kein Raum mehr dafür, zum Nachteil des Angeklagten freibeweislich über die Beobachtung der wesentlichen Förmlichkeiten zu befinden. Denn gegenüber einem den Maßstäben des Großen Senats genügenden förmlichen Berichtigungsverfahren bietet das Freibeweisverfahren nur geringere verfahrensrechtliche Sicherungen für die Ermittlung des wahren Sachverhalts.[356] Eine Protokollberichtigung mit der Folge einer »Rügeverkümmerung« ist nicht möglich, wenn in der Hauptverhandlung Feststellungen über die Kenntnisnahme vom Wortlaut der Urkunden im Selbstleseverfahren unterblieben sind.[357]

86 Geht es um eine nicht protokollierungsbedürftige Förmlichkeit der Hauptverhandlung,[358] hat das Protokoll wegen Fälschung, offensichtlicher Lücken oder Widersprüche nicht die Beweiskraft des § 274 StPO oder soll eine Gesetzesverletzung beanstandet werden, die sich außerhalb der Hauptverhandlung ereignet hat, klärt das Revisionsgericht das Vorliegen des behaupteten Verfahrensfehlers im Freibeweisverfahren, etwa durch Einholung dienstlicher Stellungnahmen oder Einsichtnahme in polizeiliche Protokolle (vgl. das Beispiel bei Rdn. 185).[359] Soweit dem Verteidiger solche Beweismittel (noch) nicht zur Verfügung stehen, kann er einen bestimmten Hergang auch anwaltlich versichern,[360] ansonsten – wenn sich die Tatsachen zu der Gesetzesverletzung also aus den Akten ergeben – müssen die entsprechenden Stellen (Aussagen, Vermerke usw.) vollständig zitiert werden.

87 Mitzuteilen sind, soweit sie sich nach zulässiger Sachrüge nicht aus den Urteilsgründen ergeben, auch die Tatsachen, die dem Revisionsgericht die Feststellung des Beruhens[361] oder die Prüfung ermöglichen, ob es bei einem absoluten Revisionsgrund ausnahmsweise denkgesetzlich ausgeschlossen ist, dass das Urteil auf den Gesetzesverstoß zurückzuführen ist.[362] Auch ansonsten soll die Revisionsbegründung nähere Ausführungen zur Frage des Beruhens enthalten, wenn kein absoluter Revisionsgrund vorliegt; zwingend ist dies grundsätzlich aber nicht (Ausnahme z.B. Rdn. 143).[363]

---

353 BGHSt 16, 164, 167; BGH StV 1999, 354 ff.

354 BGH, Beschl. v. 23.04.2007 – GSSt 1./06, BGHSt 51, 298 ff. = StV 2007, 403 ff. = NStZ 2007, 661 ff. m. Anm. *Fahl* JR 2007, 345 ff.; *Wagner* GA 2008, 442 ff.; *Dehne-Niemann* ZStW 2009, 321 ff.; JA 2012, 59 f. *Schumann* JZ 2007, 927 ff.; *Kury* StraFo 2008, 185 ff.; *Kühne* GA 2008; 361 ff.; *Hebenstreit* HRRS 2008, 172 ff.; vgl. auch BVerfG, Beschl. v. 15.01.2009 – 2 BvR 2044/07, BVerfGE 122, 248 ff. = NJW 2009, 1469, das mit knapper Mehrheit einen Verfassungsverstoß durch diese Entscheidung abgelehnt hat; vgl. dazu *Möllers* JZ 2009, 668 ff.; *Kudlich/Christensen* JZ 2009, 943 ff.; *Rüthers* NJW 2009, 1461 f.; *Fahl* JR 2009, 259 ff.; zur Protokollberichtigung nach der Entscheidung des Großen Senats vgl. BGH NStZ 2008, 580 f.; JR 2010, 135 m. Anm. *Schroeder;* BGH, Beschl. v. 03.04.2008 – 1 StR 51/08.

355 BGH, Beschl. v. 14.07.2010 – 2 StR 158/10, StV 2010, 675.

356 BGH, Beschl. v. 07.09.2016 – 2 StR 71/16, NJW 2017, 94 f. m. Anm. *Brand.*

357 BGHSt 54, 37 ff. = NStZ 2009, 582.

358 In einem solchen Fall ist das Protokoll nur ein Beweismittel neben anderen, vgl. BGH NStZ-RR 1997, 73.

359 Vgl. etwa BGH NStZ 2000, 49; 546.

360 Vgl. BayObLG StV 1995, 7; OLG Hamm StV 1985, 225 (226).

361 Vgl. BGH NStZ 1998, 369 und KG StV 2000, 189 m. Anm. *Herdegen.*

362 BGH NStZ-RR 1997, 353.

363 BGH NJW 1998, 3284; NStZ 1999, 145 (146).

Am Beruhen fehlt es nur, wenn die Möglichkeit, dass der Verstoß das Urteil beeinflusst hat, ausgeschlossen oder rein theoretisch ist.[364] Die Entscheidung über das Beruhen hängt – insbesondere bei Verstößen gegen das Verfahrensrecht – stark von den Umständen des Einzelfalls ab.[365]

Nach § 344 Abs. 2 S. 2 StPO ist grundsätzlich nur die Angabe der den Verfahrensmangel selbst enthaltenden Tatsachen, nicht aber die Darlegung des Beruhens vorgeschrieben. Anders kann es bei einer Rüge der Verletzung des § 338 Nr. 8 StPO, bei der das Merkmal »in einem für die Entscheidung wesentlichen Punkt« ausdrücklich gesetzlich geregelter Bestandteil des Revisionsgrundes ist, und bei fehlerhaft angenommenen oder abgelehnten Verwertungsverboten sein,[366] möglicherweise auch dann, wenn das Revisionsgericht für die Entscheidung der Frage des Beruhens über Besonderheiten des Verfahrens informiert werden muss.[367] § 344 Abs. 2 S. 2 StPO kann bei besonderen Fallgestaltungen erfordern, dass alle Tatsachen vorgetragen werden, aufgrund welcher die Möglichkeit des Beruhens durch das Revisionsgericht geprüft werden kann.[368] Besondere Bedeutung hat der vollständige Sachvortrag im Fall der Rüge des unterlassenen Hinweises nach § 243 Abs. 4 S. 1 StPO (ähnlich § 136 StPO). In diesem Fall hat der Beschwerdeführer über das Unterlassen des Hinweises hinaus vorzutragen, dass er (etwa trotz Beratung durch einen Verteidiger oder Belehrungen in früheren Verfahren oder in erster Instanz) an eine Aussagepflicht glaubte und dadurch veranlasst wurde, zur Sache auszusagen. Dies beruht darauf, dass das Unterlassen des Hinweises nach § 243 Abs. 4 S. 1 StPO nur dann zu einer Rechtsverletzung führt, wenn der Angeklagte sein Schweigerecht nicht kannte und deshalb aussagte, einer besonderen Rügepflicht i.S.d. Rechtsprechung nicht ausgegangen werden.[369]

▶ Beispiel

Das Urteil beruht auf dieser Gesetzesverletzung (§ 337 Abs. 1 StPO); wie sich aus den Ausführungen in der Beweiswürdigung (UA S 8) ergibt, hat die Strafkammer das – wie dargelegt – nicht verwertbare Geständnis des Angeklagten als entscheidendes Schuldindiz gewertet. Es ist daher zumindest nicht auszuschließen, dass das Urteil ohne Berücksichtigung dieses Geständnisses anders ausgefallen wäre.

Ist ein absoluter Revisionsgrund gegeben, so genügt – neben den Darlegungen zur Gesetzesverletzung – regelmäßig der Hinweis auf die betreffende Regelung in § 338 StPO.

▶ Beispiel

Das Urteil beruht auf diesem Verstoß, § 338 Nr. 5 StPO.

Eine gewisse Abschwächung absoluter Revisionsgründe ist aufgrund der Rechtsprechung des BGH bei den Nummer 5, 6 und 8 des § 338 StPO gegeben.[370]

---

364 BGH, Beschl. v. 12.01.2010 – 3 StR 519/09, StV 2010, 558 f.

365 BGH, Beschl. v. 14.01.2010 – 3 StR 403/09, StV 2011, 202; *Pohlreich* JZ 2018, 278 ff.

366 Vgl. BGHSt 30, 131 (135); BGH StV 1995, 450 f.; BGHR StPO § 344 Abs. 2 S. 2 – Verwertungsverbot 6.

367 KG StV 2000, 189 ff. m. Anm. *Herdegen* 191 ff.

368 BGH NStZ 1998, 369.

369 Die h.M. in der Literatur hat sich gegen die erweiterte Darlegungspflicht mit der Überlegung ausgesprochen, dass sich dies nicht mit dem Grundsatz vertrage, das Beruhen brauche nicht vorgetragen zu werden.

370 BGHSt 15, 263; 21, 72; 30, 131 (135); BGH StV 2000, 240 (241).

▶ **Beachte**

88 Vom Beruhen ist die Beschwer zu unterscheiden.[371] Fehlende Beschwer bedeutet, dass sich die Gesetzesverletzung nicht zum Nachteil des Angeklagten ausgewirkt hat.

89 Werden von den Verteidigern mehrerer Angeklagter dieselben Verfahrensrügen erhoben, konnte dies in einem Schriftsatz erfolgen;[372] dabei sollten alle Verteidiger im (Brief-) Kopf der Revisionsbegründung benannt werden, die Angeklagten im »Betreff« aufgeführt sein und der Schriftsatz von allen Verteidigern unterzeichnet werden. Seit Inkrafttreten des § 32d StPO wird die Erstellung eines adhoc-Briefkopfes zwar noch immer zulässig sein, jedoch muss jeder beteiligte Verteidiger den Schriftsatz dann aus dem eigenen beA respektive mit qualifizierter elektronischer Signatur übermitteln. Nur einzelne Angeklagte betreffende Rügen werden zweckmäßigerweise in gesonderten Revisionsbegründungsschriften erhoben.

Nach Ablauf der Revisionsbegründungsfrist können keine neuen Verfahrensrügen erhoben, bereits – formgerecht – erhobene Rügen können aber ergänzt werden.

Eine Revisionsbegründung sollte üblicherweise so aufgebaut werden:
1. Antrag (mit Begründung einer etwaigen Beschränkung)
2. Fehlen von Verfahrensvoraussetzungen,
3. Verfahrensrügen:
   a. absolute Revisionsgründe
   b. relative Revisionsgründe
4. Sachrüge:
   a. allgemeine Sachrüge
   b. Einzelausführungen zur Sachrüge.

(Manchmal ist es auch angebracht, zuerst die Sachrüge und dann etwaige Verfahrensrügen darzustellen.)

▶ **Beispiel für eine Verfahrensrüge**

90 **Rechtsanwalt Dr. Hans Müller**

Karlsplatz 5

80335 München

21. März 2020

An das

Landgericht München I – Schwurgericht –

In der Strafsache gegen

N.N., geb. am 15.09.1970, zur Zeit in Untersuchungshaft in der JVA München-Stadelheim

wegen Mordes; Aktenzeichen: 1 Ks 115 Js 54321/19

stelle ich zu der am 7. Januar 2020 gegen das Urteil des Landgerichts München I – Schwurgericht – vom 3. Januar 2020 (zugestellt am 29. Februar 2020)) eingelegten Revision folgenden Antrag:

Auf die Revision des Angeklagten wird das Urteil des Landgerichts München I, Schwurgericht, vom 3. Januar 2020 mit den Feststellungen aufgehoben und die Sache zur neuen Verhandlung und Entscheidung an eine andere als Schwurgericht zuständige Strafkammer des Landgerichts München I zurückverwiesen.

---

371 Vgl. dazu KK/*Gericke*. § 337 Rn. 41 ff.

372 BGH NStZ 1998, 99 m. Anm. *Widmaier*.

Diesen Antrag begründe ich wie folgt:

I. Gerügt wird die Verletzung formellen Rechts

1. Nichtgewährung des letzten Wortes

a) Das Gericht hat dem Angeklagten nach der Beweisaufnahme und vor der Beratung und Verkündung des Urteils nicht das letzte Wort gewährt. Es hat damit gegen § 258 Abs. 2, 3 StPO verstoßen.

Die Tatsachen hierzu ergeben sich im Einzelnen aus folgendem Eintrag im Hauptverhandlungsprotokoll vom ... (Bl ... dA):

»Der Vorsitzende schloss die Beweisaufnahme.

Der Staatsanwalt beantragte, den Angeklagten wegen Mordes zu einer lebenslangen Freiheitsstrafe zu verurteilen und die besondere Schwere der Schuld festzustellen.

Der Verteidiger des Angeklagten beantragte Freispruch.

Anschließend wurde die Verhandlung unterbrochen. Um 13 Uhr wurde die Verhandlung fortgesetzt.

Das Gericht verkündete im Namen des Volkes folgendes Urteil: ...«

b) Auf diesem Verfahrensverstoß beruht das Urteil (§ 337 Abs. 1 StPO). Es ist nicht auszuschließen, dass die Entscheidung anders ausgefallen wäre, wenn eine Äußerung des die Tatbegehung bis dahin bestreitenden Angeklagten (vgl. UA 6) im Rahmen des letzten Wortes berücksichtigt worden wäre.

... [Es folgen weitere Revisionsrügen.]

8. Materiell-rechtliche Fehler und Sachrüge

a) Materiell-rechtliche Fehler

Mit der Sachrüge[373] wird eine sachlich-rechtliche Überprüfung des Urteils begehrt mit der Behauptung, der Tatrichter habe auf den von ihm – rechtsfehlerfrei – festgestellten Sachverhalt das sachliche Recht nicht richtig angewendet. Wesentlich ist die Bindung des Revisionsgerichts an die Feststellungen des Tatgerichts. Der Beurteilung unterliegen in diesem Bereich nur und ausschließlich die Urteilsgründe.[374] Grundlage der Prüfung des Revisionsgerichts auf die Sachrüge sind die Urteilurkunde und die Abbildungen, auf die nach § 267 Abs. 1 S. 3 StPO verwiesen wird.[375] Alle anderen Erkenntnisquellen sind dem Revisionsgericht grundsätzlich verschlossen. Den Akteninhalt darf das Revisionsgericht in der Regel bei der Prüfung der Sachrüge nicht berücksichtigen (etwas anderes gilt nur, soweit Aktenteile durch eine zulässige Verfahrensrüge zum Gegenstand des Revisionsvortrags gemacht wurden).[376] 91

Gesetzesverstöße, die weder als Verfahrenshindernis von Amts wegen beachtet werden (vgl. Rdn. 71 ff.) noch mit der Verfahrensrüge beanstandet werden müssen, sind also als materiell-rechtliche Fehler mit der Sachrüge geltend zu machen (vgl. Rdn. 75 f.); sie zeigen sich nahezu ausnahmslos erst und nur im Urteil.

---

373 Zum Verhältnis Verfahrensrüge/Sachrüge *Schneider* NStZ 2019, 324 ff.

374 Außerhalb der Urteilsgründe unterliegen von Amts wegen der Prüfung als Verfahrensvoraussetzungen Anklageschrift und Eröffnungsbeschluss.

375 Will der Tatrichter bei der Abfassung der Urteilsgründe i.S.v. § 267 Abs. 1 S. 3 StPO auf eine bei den Akten befindliche Abbildung verweisen, so hat er dies deutlich und zweifelsfrei zum Ausdruck zu bringen. Eine besondere Form schreibt die genannte Vorschrift für die Verweisung nicht vor. Darüber, ob der Tatrichter deutlich und zweifelsfrei erklärt hat, er wolle die Abbildung zum Bestandteil der Urteilsgründe machen, ist stets im Einzelfall unter Heranziehung seiner Darlegungen insgesamt zu entscheiden: BGH, Urt. v. 28.01.2016 – 3 StR 425/15, StV 2016, 778 f.

376 BGH, Urt. v. 09.12.2009 – 1 StR 167/09.

Für die *Sachrüge*[377] genügt der Satz, dass die Verletzung sachlichen (materiellen) Rechts gerügt wird. Das Revisionsvorbringen muss eindeutig ergeben, dass die Nachprüfung des Urteils in sachlich-rechtlicher Hinsicht begehrt wird. Nicht unbedingt erforderlich ist, dass die Rüge als Sachrüge bezeichnet wird. Es genügt, wenn sich das Begehren auf Nachprüfung des Urteils in sachlicher Hinsicht aus dem Zusammenhang des Vorbringens ergibt.[378]

b) Hinweise zum Auffinden materiell-rechtlicher Fehler

92 Da sich materiell-rechtliche Fehler grundsätzlich nur aus dem Urteil ergeben, ist es zweckmäßig, das Vorliegen einer solchen Gesetzesverletzung anhand der einzelnen Teile und Gliederungspunkte des Urteils zu prüfen:

93 Fehler im Urteilsrubrum, vor allem bei den dort mitgeteilten Personalien des Angeklagten:

Regelmäßig nicht revisibel, sie können vielmehr in einem Beschluss vom Tatrichter korrigiert werden.[379]

94 Fehler im Tenor, Widersprüche zwischen dem verkündeten und dem schriftlich abgefassten Urteil sowie Widersprüche zwischen Tenor und Gründen:

Fehler im Tenor dürfen vom Tatrichter auch noch nach Revisionseinlegung durch Beschluss berichtigt werden, wenn sie offensichtliche Versehen betreffen; Änderungen in der Sache, also im Schuld- oder Rechtsfolgenausspruch, sind jedoch ausgeschlossen.[380] Solche Fehler können allein vom Revisionsgericht korrigiert werden.[381] Bei Widersprüchen zwischen Tenor und Gründen des schriftlichen Urteils ist dem Tatrichter eine Berichtigung des Tenors oder auch der Gründe grundsätzlich nicht mehr möglich (vgl. auch § 275 Abs. 1 S. 3 StPO);[382] maßgeblich ist dann der Tenor,[383] sofern er dem verkündeten Urteilsspruch entspricht. Das angefochtene Urteil ist so zu behandeln, als ob der Berichtigungsbeschluss nicht ergangen wäre.[384] Widersprechen einander die verkündete Urteilsformel und der Tenor der schriftlichen Urteilsfassung, geht der verkündete Tenor vor;[385] der Tenor des schriftlichen Urteils kann dann vom Revisionsgericht entsprechend berichtigt werden. Weicht die schriftliche Fassung dagegen nur in den Gründen von der mündlichen Erläuterung gemäß § 268 Abs. 2 S. 2 StPO ab, so kann daraus kein Revisionsgrund hergeleitet werden; denn maßgeblich für die Prüfung durch das Revisionsgericht kann nur das schriftlich vorliegende Urteil sein.

95 Fehler in der Liste der angewendeten Vorschriften
Nicht revisibel, weil darauf das Urteil nicht beruhen kann.[386]

96 Fehler in der Feststellung der persönlichen Verhältnisse
Der Schuldspruch wird von fehlenden oder unzureichenden Feststellungen zu den persönlichen Verhältnissen des Angeklagten regelmäßig nicht berührt, weil diese nur für den Rechtsfolgenausspruch Bedeutung haben; eine allein auf diesen Fehler gestützte Sachrüge wird daher auch nur einen hierauf beschränkten Erfolg haben können (Einzelheiten bei Rdn. 174).

---

377 Zur Abgrenzung von Verfahrensrüge und Sachrüge: BGHSt 46, 204 f.; vgl. *Barton* JuS 2007, 977 ff.; *Jähnke* FS Meyer-Goßner 2001 S. 559 ff.; *Schäfer* FS Riess 2002 S. 477 ff.

378 BGH NStZ-RR 1998, 18; BGH, Beschl. v. 19.06.2019 – 5 StR 107/19; v. 23.02.2017 – 3 StR 476/16 vgl. dazu *Peglau* jurisPR-StrafR 8/2017 Anm. 1.

379 Vgl. BGH NStZ-RR 1996, 9 sowie BGH NStZ 1994, 47 (48).

380 BGHSt 25, 333 (336); BGH NStZ 2000, 194.

381 Vgl. BGH NStZ 2000, 386.

382 BGH NStE § 267 Nr. 29; vgl. auch BGH NStZ 2000, 386.

383 Vgl. BGH (K) NStZ-RR 2000, 292.

384 BGHSt 3, 245 f.; BGH, Beschl. v. 21.12.2010 – 3 StR 440/10; v. 04.08.2010 – 3 StR 276/10.

385 BGHSt 34, 11 (12).

386 BGH NStZ-RR 1997, 166.

Fehler in der Feststellung zur Tat 97

An die vom Tatrichter im Urteil mitgeteilten Feststellungen zur Vorgeschichte, zur Tatausführung, zu den Folgen der Tat sowie zu den sonstigen strafzumessungserheblichen Tatsachen sind das Revisionsgericht und dementsprechend auch der Revisionsführer gebunden; die Unrichtigkeit oder die Unvollständigkeit der getroffenen Feststellungen kann daher – als solche – regelmäßig nicht mit der Sachrüge, sondern allenfalls mit der Verfahrensrüge beanstandet werden. Die Auswirkungen ungenauer oder unvollständiger Tatsachenfeststellung können aber mit der Sachrüge geltend gemacht werden, wenn sie – wie häufig – einen Subsumtionsfehler zur Folge hatten (Einzelheiten bei Rdn. 166).

Zu einem sachlich-rechtlichen Fehler bezüglich der Feststellungen zur Tat hat der BGH ausgeführt:[387]

> »Im Falle der Verurteilung des Angeklagten müssen, was das Revisionsgericht auf die Sachrüge zu prüfen hat, die Urteilsgründe die für erwiesen erachteten Tatsachen angeben, in denen die gesetzlichen Merkmale der Straftat gefunden werden. Dabei ist unter Angabe der für erwiesen erachteten Tatsachen die Schilderung des als Ergebnis der Beweiswürdigung festgestellten Lebenssachverhalts zu verstehen. Eine ›Feststellung‹, die nur die Worte des Gesetzes wiederholt oder mit einem gleichbedeutenden Wort oder einer allgemeinen Redewendung umschreibt, reicht nicht aus. Rechtsbegriffe müssen, sofern sie nicht allgemein geläufig sind, grundsätzlich durch die ihnen zugrunde liegenden tatsächlichen Vorgänge dargestellt (›aufgelöst‹) werden.«

Fehler in der Beweiswürdigung:[388] 98

Der BGH beschreibt den Umfang der Überprüfung der tatrichterlichen Beweiswürdigung in der Revision in ständiger Rechtsprechung folgendermaßen:

> »Die Aufgabe, sich auf der Grundlage der vorhandenen Beweismittel eine Überzeugung vom tatsächlichen Geschehensverlauf zu verschaffen, obliegt grundsätzlich allein dem Tatrichter. Seine freie Beweiswürdigung hat das Revisionsgericht regelmäßig hinzunehmen. Es ist ihm verwehrt, sie durch eine eigene zu ersetzen oder sie etwa nur deshalb zu beanstanden, weil aus seiner Sicht eine andere Bewertung der Beweise näher gelegen hätte. Die Prüfung des Revisionsgerichts ist vielmehr auf die Frage beschränkt, ob dem Tatrichter bei der Beweiswürdigung Rechtsfehler unterlaufen sind.«[389]
>
> »Das ist namentlich der Fall, wenn die Beweiswürdigung widersprüchlich, unklar oder lückenhaft ist oder gegen Denkgesetze oder gegen gesicherte Erfahrungssätze verstößt oder wenn an die zur Verurteilung erforderliche Gewissheit überspannte Anforderungen gestellt worden sind.«[390]

(Einzelheiten bei Rdn. 160 ff.).

Fehler in der rechtlichen Würdigung: 99

Aufgrund der Sachrüge wird die vom Tatrichter vorgenommene Anwendung materiellen Rechts durch das Revisionsgericht grundsätzlich in vollem Umfang überprüft. Dementsprechend wird der Revisionsführer in der Revisionsbegründung vortragen, dass der festgestellte Sachverhalt die angewendete Strafnorm nicht erfüllt, weil objektive oder subjektive Tatbestandsmerkmale, die Rechtswidrigkeit oder die Schuld fehlen. Ferner kann er beanstanden, dass der Tatrichter eine anzuwendende Strafvorschrift übersehen oder nicht richtig ausgelegt hat (Einzelheiten bei Rdn. 177).

---

387 BGH NStZ 2000, 607.

388 BGH NJW 2007, 384, 387; sehr informativ: *Nack* StV 2002, 510 ff., 558 ff. vgl. für erfolgreiche Revision: BGH, Urt.v. 27.01.2011 – 4 StR 487/10, StV 2011, 366 f.

389 BGH NStZ-RR 1996, 73 [BGH 21.09.1995 – 5 StR 441/95]; ähnlich: BGHSt 41, 376 (380) [BGH 19.12.1995 – 4 StR 170/95]: zur Rechtsbeschwerde.

390 BGH NJW 2000, 370 (371); ähnlich BGH NStZ-RR 1999, 301, 302 m.w.N.

100 Fehler in der Bestimmung der Rechtsfolgen:[391]

Bei der Überprüfung der vom Tatrichter verhängten Rechtsfolgen kommt – wie bei der Beweiswürdigung – zum Tragen, dass das Revisionsgericht das Urteil nur auf Rechtsfehler hin überprüft. Der BGH[392] umschreibt die Revisibilität der Strafzumessung in ständiger Rechtsprechung folgendermaßen (Einzelheiten bei Rdn. 181):

»Die Strafzumessung ist grundsätzlich Sache des Tatrichters. Es ist seine Aufgabe, auf der Grundlage des umfassenden Eindrucks, den er in der Hauptverhandlung von der Tat und der Persönlichkeit des Täters gewonnen hat, die wesentlichen entlastenden und belastenden Umstände festzustellen, sie zu bewerten und gegeneinander abzuwägen. Ein Eingriff des Revisionsgerichts in diese Einzelakte der Strafzumessung ist i.d.R. nur möglich, wenn die Zumessungserwägungen in sich fehlerhaft sind, wenn das Tatgericht gegen rechtlich anerkannte Strafzwecke verstößt oder wenn sich die verhängte Strafe nach oben oder unten von ihrer Bestimmung löst, gerechter Schuldausgleich zu sein. Nur in diesem Rahmen kann eine ›Verletzung des Gesetzes‹ (§ 337 Abs. 1 StPO) vorliegen. Dagegen ist eine ins Einzelne gehende Richtigkeitskontrolle ausgeschlossen.« Soweit ein Rechtsfehler (nur) bei der Strafzumessung vorliegt, ermöglicht § 354 Abs. 1a StPO in beschränktem Umfang eine eigene Sachentscheidung des Revisionsgerichts.

c) Anforderungen an die Sachrüge

101 Die Sachrüge[393] muss der Revisionsführer zweifelsfrei erheben, er muss sie aber nicht näher ausführen (vgl. § 344 Abs. 2 S. 1 StPO);[394] es genügt vielmehr folgender Satz (sog. allgemeine Sachrüge):

► **Es wird die Verletzung materiellen Rechts gerügt.**

102 Ist diese Rüge rechtzeitig erhoben und ist die Revision auch im Übrigen zulässig, können nähere Ausführungen zur Verletzung des materiellen Rechts auch noch nach Ablauf der Revisionsbegründungsfrist vorgetragen werden (vgl. Rdn. 38).

► **Beachte**

Die bloß allgemein erhobene Sachrüge sollte allerdings die Ausnahme sein.[395] I.d.R. ist es für den Verteidiger vielmehr zweckmäßig, im Einzelnen darzulegen, welche materiell-rechtlichen Gesetzesverletzungen gegeben sein sollen (die Erfolgsquote der allgemeinen Sachrüge liegt bei Angeklagtenrevisionen bei knapp 10 %, bei ausgeführten Sachrügen verdoppelt sie sich nahezu[396]). Dabei muss er allerdings darauf achten, einen revisiblen Rechtsfehler vorzutragen; befassen sich die Ausführungen zur Sachrüge allein mit nach Art einer Berufungsbegründung formulierten Angriffen gegen die Beweiswürdigung oder die Strafzumessung, die nicht der revisionsgerichtlichen Überprüfung unterliegen (vgl. Rdn. 98, 100), ist die Sachrüge nicht ordnungsgemäß erhoben und das Rechtsmittel – sofern nicht andere Rügen zulässig vorgebracht wurden – unzulässig.[397]

---

391 Vgl. dazu die Rechtsprechungsübersichten in NStZ 2016, 391 f.; 2017, 624 ff.; 2018, 386 ff.; 2020, 133 ff.

392 BGHSt 29, 319 f.; 34, 345 (349); BGH, Beschl. v. 11.01.2011 – 3 StR 441/10, StV 2011, 364 f.

393 Ausführlich *Hamm* Rn. 1261 ff. (S. 519 ff.).

394 BGH NStZ 2000, 388.

395 Sich zunächst auf die Erhebung der allgemeinen Sachrüge zu beschränken und detaillierte Anfechtungsgründe zurückzuhalten, um diese erst im Rahmen der Gegenerklärung vorzubringen, sodass die Staatsanwaltschaft keine Möglichkeit zur begründeten Stellungnahme hat, ist nicht anzuraten: vgl. dazu BGH StV 2003, 120; *Detter* StV 2004, 345 ff.

396 *Barton* Revision S. 138.

397 OLG Hamm wistra 2000, 39 m.w.N.

Die Sachrüge kann beispielsweise folgendermaßen eingeleitet werden:

▶ **Formulierung einer allgemeinen Sachrüge**

(...) II. Gerügt wird die Verletzung materiellen Rechts. Beanstandet wird insbesondere – also ohne damit eine Beschränkung der Revision vorzunehmen[398] – Folgendes: 103

1. Das Landgericht hat den Angeklagten zu Unrecht des/der ... schuldig gesprochen. Denn auf der Grundlage der von ihm getroffenen Feststellungen fehlt es schon am Tatbestandsmerkmal des (...)

D. Verhalten nach Verwerfung der Revision gemäß § 346 Abs. 1 StPO als unzulässig

Das Gericht, dessen Urteil angefochten wurde, prüft nach § 346 Abs. 1 StPO[399] bestimmte Zulässigkeitsvoraussetzungen der Revision; liegen diese nicht vor, wird es das Rechtsmittel als unzulässig verwerfen. 104

Das Tatgericht ist bei dieser Prüfung auf folgende Punkte beschränkt: 105
- die Frist der Revisionseinlegung (§ 341 StPO) sowie
- Form und Frist der Revisionsbegründung (§ 345 StPO).[400]

Dagegen steht ihm beispielsweise die Prüfung folgender Zulässigkeitsvoraussetzungen nicht zu: 106
- Zulässigkeit der erhobenen Verfahrensrügen (§ 344 Abs. 2 S. 2 StPO),
- (keine – wirksame –) Rechtsmittelrücknahme und (kein – wirksamer –) Verzicht.[401]

Da es bei Verteidigerschriftsätzen mit der Wahrung der Form regelmäßig keine Probleme gibt, erfolgen die meisten Verwerfungen gemäß § 346 Abs. 1 StPO aufgrund von Fristversäumnissen. In solchen Fällen kann der Verteidiger mit dem Antrag gemäß § 346 Abs. 2 StPO, also auf Entscheidung durch das Revisionsgericht, einen Wiedereinsetzungsantrag verbinden,[402] denn häufig erfährt er von der Verfristung erst aus dem Verwerfungsbeschluss.[403] Sowohl für den Antrag nach § 346 Abs. 2 StPO als auch für den Wiedereinsetzungsantrag läuft eine nur einwöchige Frist (§§ 346 Abs. 2 S. 1, 45 Abs. 1 S. 1 StPO). Hat das Landgericht die Revision gemäß § 346 Abs. 1 StPO verworfen, obwohl diese noch vor Ablauf der Revisionsbegründungsfrist wirksam zurückgenommen worden war, so fehlt dem Antrag nach § 346 Abs. 2 StPO nicht die erforderliche Beschwer.[404] 107

▶ **Beispiel für die Anträge auf Wiedereinsetzung und nach § 346 Abs. 2 StPO**

An 108

[das Gericht, das den Verwerfungsbeschluss erlassen hat]

In der Strafsache gegen

wegen ...; Aktenzeichen ...

beantrage ich

---

398 Dieser Zusatz ist sinnvoll, da eine Beschränkung der Revision einer Begründung auch im Wege der Auslegung entnommen werden kann, vgl. BGH NStZ 1998, 210; (zutreffend) krit. hierzu ***Momsen*** GA 1998, 488.

399 Vgl. dazu *Bock* JA 2011, 134 f.

400 BGH StraFo 2007, 421.

401 BGH NStZ 2000, 217; 1999, 526; BGH, Beschl. v. 10.03.2004 – 2 StR 21/04; NStZ-RR2005, 149 f.

402 Vgl. BGHSt 11, 152 (154).

403 Ein zulässiger, aber unbegründete Antrag auf Entscheidung des Revisionsgerichts gemäß § 346 Abs. 2 StPO ist im Wege der Auslegung als Wiedereinsetzungsantrag zu behandeln, wenn vorgetragen wird, die verspätete Einlegung des Rechtsmittels sei dem Beschwerdeführer nicht anzulasten: BGH, Beschl. v. 05.12.2001 – 2 StR 491/01; v. 07.06.2005 – 1 StR 198/05.

404 BGH NStZ 2005, 583.

1. dem Angeklagten Wiedereinsetzung in die versäumte Revisionsbegründungsfrist zu gewähren,
2. die Entscheidung des ... [Gericht, das den Verwerfungsbeschluss erlassen hat] vom ... aufzuheben.

Zunächst versichere ich anwaltlich, dass mir bis zur Zustellung des Verwerfungsbeschlusses am ... nicht bekannt war, dass meine Revisionsbegründung vom ... erst am ... bei Gericht eingegangen ist.

Die Fristüberschreitung ist nicht auf das Verschulden des Angeklagten zurückzuführen, sondern beruht auf Umständen, die sich in meinem Verantwortungsbereich ereignet haben. Hierzu versichere ich folgenden Hergang:

Der Angeklagte hatte mich noch am Tag der Urteilsverkündung mit der Einlegung der Revision und deren Begründung beauftragt. Die Revisionsbegründung habe ich am ... gefertigt, also am letzten Tag des Laufs der Begründungsfrist, und sie um 17 Uhr meiner Kanzleiangestellten K übergeben. Dabei habe ich sowohl auf den Inhalt des Schriftsatzes als auch darauf hingewiesen, dass dieser noch am gleichen Tag in den Nachtbriefkasten des ... Gerichts eingeworfen werden muss, weil dann die Revisionsbegründungsfrist abläuft, nachdem alle vorherigen Bemühungen, den Schriftsatz per beA zu übermitteln, an einer Funktionsstörung gescheitert waren. Hierzu hat sich Frau K, die seit mehr als 20 Jahren in meiner Kanzlei tätig ist und sich – auch in Zusammenhang mit fristwahrenden Schriftsätzen – stets als zuverlässig erwiesen hat, bereiterklärt.

Wie sich aus der beiliegenden eidesstattlichen Versicherung von Frau K ersehen lässt, hat diese aufgrund unglücklicher Umstände den Schriftsatz bei Gericht erst kurz nach 24 Uhr eingeworfen; als sie nämlich ... [es folgt die Schilderung, warum der Schriftsatz erst nach 24 Uhr an das Gericht gelangt ist.]

Da somit eine jedenfalls nicht vom Angeklagten verschuldete Fristversäumung vorliegt, ist Wiedereinsetzung in die Revisionsbegründungsfrist zu gewähren. Die Revisionsbegründungsschrift liegt – als Anlage – bei.

Aufgrund der zu gewährenden Wiedereinsetzung ist der Beschluss, mit dem die Revision als unzulässig verworfen wurde, überholt [die Aufhebung oder Erklärung, dass er infolge der Wiedereinsetzung erledigt ist, erfolgt also nur zur Klarstellung].

E. Das Revisionsverfahren

109 Über die Revision gegen Urteile der Strafsenate der Oberlandesgerichte als Gericht des ersten Rechtszugs (§ 120 GVG) und der Strafkammern der Landgerichte als Gerichte des ersten Rechtszugs entscheidet der BGH (§ 135 GVG), für die Revisionen gegen andere Urteile sind die Strafsenate der Oberlandesgerichte zuständig[405].

Die Strafsenate des BGH entscheiden mit fünf Richtern (§ 139 GVG), die der Oberlandesgerichte mit drei Richtern (§ 122 GVG). Die Zuständigkeit der einzelnen Strafsenate des BGH bestimmt sich nach örtlichen Gesichtspunkten, und zwar jeweils nach OLG-Bezirken bzw. Landgerichten.[406] Zusätzlich sind bestimmten Strafsenaten Spezialmaterien zugewiesen (z.B. Staatsschutz-, Steuerstraf-, Verkehrssachen).

110 Die Verfahrensakten werden über die örtliche Staatsanwaltschaft, die gemäß § 347 StPO eine Gegenerklärung abgeben kann,[407] vom Generalbundesanwalt den Strafsenaten des BGH mit einem vom Generalbundesanwalt gefertigten Antrag, der inhaltlich unabhängig vom Beschwerdeführer und vor

405 Zu den Entscheidungen des Revisionsgerichts vgl. *Bock* JA 2011, 134 ff.; zum rechtlichen Gehör im Revisionsverfahren vgl. *Wohlers* JZ 2011, 78 ff.; zum Verfahren des Revisionsgerichts vgl. auch *Fischer* NStZ 2013, 425 ff.; *Basdorf* NStZ 2013, 186 f.; *Park* StV 2018, 814 ff.

406 Der Geschäftsverteilungsplan des BGH für das jeweilige Geschäftsjahr wird im StV und NJW veröffentlicht; im Internet: www.bundesgerichtshof.de.

407 Vgl. Nr. 162 RiStBV; vgl. auch *Drescher* NStZ 2003, 296 ff.; *Kalf* NStZ 2005, 190 ff.

allem auch der Meinung der sonst im Verfahren tätigen Staatsanwaltschaft ist, zur Revisionsentscheidung vorgelegt (§ 347 Abs. 2 StPO). Der Antrag des GBA ist der Verteidigung zur Stellungnahme (Frist: zwei Wochen) zuzustellen. Das gilt unabhängig davon, ob neben dem Rechtsanwalt, der die Revisionsbegründung einreichte, auch der Angeklagte selbst das Rechtsmittel zu Protokoll der Geschäftsstelle begründet hatte (§ 349 Abs. 3 StPO). Die Frist des § 349 Abs. 3 S. 2 StPO kann nicht verlängert werden, der Generalbundesanwalt muss über sie nicht belehren.[408] Bei der Frist zur Abgabe einer Gegenerklärung zum Antrag der Staatsanwaltschaft bei dem Revisionsgericht handelt es sich aber nicht um eine Ausschlussfrist i.S.v. § 44 S. 1 StPO, eine Überschreitung ist unschädlich. Eine Wiedereinsetzung in den vorigen Stand kommt nicht in Betracht.[409] Die Mitteilung des Antrags des Generalbundesanwalts (§ 349 Abs. 3 StPO) an den Angeklagten selbst ist nicht erforderlich, weil es sich nicht um eine Entscheidung i.S.d. § 145a StPO handelt. Es genügt, wenn der Verteidiger Gelegenheit hatte, eine Gegenerklärung abzugeben.

Nach dem Antrag des Generalbundesanwalts richtet sich das weitere Verfahren vor dem BGH, ob z.B. durch Urteil oder Beschluss zu entscheiden ist.

Eine unzulässige Revision wird durch Beschluss verworfen (§ 349 Abs. 1 StPO). Die Unzulässigkeit kann sich aus einer Fristversäumung ergeben[410] oder auf einer Verletzung sonstiger Förmlichkeiten beruhen.

Der Strafsenat verwirft auf Antrag des Generalbundesanwalts durch Beschluss die Revision des Ange- 111
klagten, des Nebenklägers oder sonstiger Berechtigter (nach Übung des BGH grundsätzlich nicht die der Staatsanwaltschaft[411]), wenn keine durchgreifenden Rechtsfehler vorliegen, ohne Begründung »als offensichtlich unbegründet« (§ 349 Abs. 2 StPO).[412] Erforderlich ist Einstimmigkeit. Art. 103 Abs. 1 GG zwingt die Gerichte nicht dazu, jedes Vorbringen eines Beteiligten ausdrücklich zu bescheiden.[413] Bei einer Verwerfung der Revision nach § 349 Abs. 2 StPO ist ausreichend sichergestellt, dass der Beschwerdeführer über die wesentlichen Gründe nicht im Unklaren bleibt. Sie ergeben sich aus dem Inhalt des dem Beschwerdeführer gemäß § 349 Abs. 3 S. 1 StPO mitzuteilenden Verwerfungsantrages der Generalbundesanwaltschaft in Verbindung mit den Entscheidungsgründen des angefochtenen Urteils.[414] Ob das Revisionsgericht ohne Revisionshauptverhandlung entscheiden darf, beurteilt sich ausschließlich nach § 349 Abs. 2 StPO. Liegen dessen Voraussetzungen vor, besteht ein Anspruch auf Revisionshauptverhandlung weder nach einfachem Recht noch nach Verfassungsrecht.[415] In nicht ganz einfach gelagerten Fällen oder in Fällen, in den die Entscheidung des Senats nicht mit der Begründung des Generalbundesanwalts übereinstimmt, werden auch Beschlüsse nach § 349 Abs. 2 StPO mit Gründen versehen. Stützt der Senat in einem solchen Fall seine Ent-

---

408 BGH, Beschl. v. 30.11.2011 – 1 StR 528/11.

409 BGH, Beschl. v. 03.03.2016 – 1 StR 518/15, NStZ 2016, 496 f.

410 Insoweit kann auch das Gericht, dessen Urteil angegriffen ist, die Revision verwerfen § 346 Abs. 1 StPO – ausschließlich zuständig ist das Revisionsgericht für die Feststellung der Wirksamkeit einer Rücknahmeerklärung.

411 Anders z.B. BGH, Beschl. v. 19.02.1998 – 5 StR 631/97; BGHR StPO § 349 Abs. 2 – Verwerfung 1.

412 Vgl. zur Problematik dieser Verfahrensweise: *Barton* StV 2004, 332 ff., *Schlothauer* StV 2004, 340 ff., *Detter* StV 2004, 345 ff.; *Fezer* StV 2007, 40 ff.; *Ziegler* FS Arbeitsgemeinschaft Strafrecht 2009 S. 930, 936 ff.; *Fischer/Krehl* StV 2012, 550 ff.; *Rosenau* FS Imme Roxin 2012 S. 669 ff.; *Allgayer* JR 2015, 64 ff.; *Eschelbach* ZAP Fach 22 S. 745 ff.; zur Problematik des sog. **Vieraugenprinzips:** *Fischer/Krehl* StV 2012, 550; *Fischer/Eschelbach/Krehl* StV 2013, 395 ff.; *Fischer* NStZ 2013, 425 ff.; Stellungnahme des 5. Strafsenats NStZ 2013, 563 f. mit Erwiderung *Fischer/Eschelbach/Krehl; Lamprecht* NJW 2013, 3563. *Meyer-Mews* StraFo 2017, 96 f.

413 BGH, Beschl. v. 10.01.2013 – 1 StR 382/10; v. 10.01.2013 – 1 StR 297/12; BVerfG, Beschl. v. 30.06.2014 – 2 BvR 792/11, NJW 2014, 2563 f.; EGMR Urt. v. 17.04.2014 – 9154/10, JR 2015, 95 ff.

414 Vgl. BVerfG (Kammer) 05.06.2005 – 2 BvR 625/01 – Rdnr. 66; auch BVerfG (Vorprüfungsausschuss) NJW 1982, 925; BVerfG (Kammer) NStZ 1987, 334.

415 BVerfG NStZ 2002, S. 487; BVerfG StraFo 2007, 370. krit. dazu *Meyer-Mews/Rotter* StraFo 2011, 14 ff.

scheidung allerdings auf einen Gesichtspunkt, der weder im Verwerfungsantrag noch an anderer Stelle zur Sprache gekommen ist, kann es sich um eine Überraschungsentscheidung handeln, die das Recht auf rechtliches Gehör aus Art. 103 Abs. 1 GG verletzt. Die notwendige Reaktion hierauf ist die Anbringung einer Anhörungsrüge gemäß § 356a StPO, die (anders als in den Fällen des § 33a StPO) knapp befristet ist und innerhalb einer Woche erhoben werden muss. Die (erfolglose) Anhörungsrüge ist Zulässigkeitsvoraussetzung für eine spätere Verfassungsbeschwerde.

112 Das Revisionsgericht kann seine Entscheidung, mit der es die Rechtskraft des tatrichterlichen Urteils herbeigeführt hat, weder aufheben noch ändern.[416] Eine Wiedereinsetzung in den vorigen Stand ist nach rechtskräftiger Sachentscheidung im Revisionsverfahren nicht mehr zulässig. Zulässig ist nur ein Antrag nach § 356a StPO (vgl. Rdn. 168).

Würde sich der Antrag des Generalbundesanwalts nur zugunsten des Angeklagten auswirken, kann auch ohne entsprechenden Antrag durch Beschluss gemäß § 349 Abs. 2 StPO verworfen werden, z.B. wenn nur Aufhebung wegen fehlender Erörterung von § 64 StGB beantragt ist.[417]

Es ist rechtlich grundsätzlich zulässig, getrennt über die Revision der Staatsanwaltschaft aufgrund mündlicher Verhandlung durch Urteil und über die Revision des Angeklagten im Beschlusswege gemäß § 349 Abs. 2 oder Abs. 4 StPO zu entscheiden.[418]

Der BGH kann – aber nur zugunsten des Angeklagten – das Urteil in vollem Umfang oder auch teilweise (Kombination von § 349 Abs. 2 und 4 StPO) durch Beschluss, auch ohne entsprechenden Antrag des Generalbundesanwalts, aufheben (§ 349 Abs. 4 StPO). Die Kombination von (Teil-) Entscheidungen im Beschlussverfahren nach § 349 Abs. 2 und 4 StPO ist zulässig.

113 Auf Antrag des Generalbundesanwalts muss der Strafsenat Termin zu Hauptverhandlung bestimmen[419], über die Sache wird dann durch Urteil entschieden (§ 349 Abs. 5, §§ 350 ff. StPO). In mündlicher Verhandlung entscheidet das Revisionsgericht ferner, wenn in Beschlusssachen keine Einstimmigkeit erzielt worden ist oder wenn sich die Sache nicht für das Beschlussverfahren eignet, z.B. wegen des Umfanges oder der besonderen Bedeutung der Sache bzw. der zu entscheidenden Rechtsfrage. Die Hauptverhandlung vor dem Revisionsgericht kann auch ohne den Verteidiger stattfinden. Der Angeklagte, der sich nicht auf freiem Fuß befindet, hat keinen Anspruch auf Teilnahme (§ 350 Abs. 2 StPO). In einem solchen Fall ist ihm aber auf Antrag ein Verteidiger für die Hauptverhandlung zu bestellen, der dann in der Hauptverhandlung erscheinen muss.

114 Der Gang der Hauptverhandlung vor dem Revisionsgericht ist nur in § 351 StPO geregelt.[420] Eine Beweisaufnahme findet grundsätzlich nicht statt. Ausnahmsweise kann aber über »Erfahrungssätze« eine Beweisaufnahme stattfinden[421]. Das ist bisher des Öfteren der Fall gewesen, so z.B. über die Wirkungsweise von Betäubungsmitteln und Alkohol, den Beweiswert von Faserspuren,[422] die Aussagekraft von Lügendetektoren,[423] die wissenschaftlichen Grundlagen von Glaubwürdigkeitsgutachten.[424]

115 Das Ergebnis des Revisionsverfahrens kann lauten auf Aufhebung des angegriffenen Urteils (ganz oder teilweise) mit oder ohne die zugrunde liegenden Feststellungen und Zurückverweisung der

---

416 BGHSt 17, 94; 23, 102; 25, 89.
417 BGHR StPO § 349 Abs. 2 Verwerfung 3.
418 BGH StV 2000, 60 f. Anm. *Hamm* StV 2000, 637 ff.: *Bauer* wistra 2000, 252 ff.
419 Zur Problematik des Absehens von der Revisionshauptverhandlung vgl. *Meyer-Mews/Rotter* StraFo 2011, 14 ff.
420 Ausführlich zur Hauptverhandlung vor dem Revisionsgericht vgl. *Leipold* StraFo 2010, 353 ff. und *Rissing-van Saan* StraFo 2010, 359 ff.
421 Vgl. dazu *Basdorf* NStZ 2013, 186 f.
422 BGH StV 1993, 340.
423 BGHSt 44, 308 ff.
424 BGHSt 45, 164 ff.

Sache im Umfang der Aufhebung zu neuer Verhandlung und Entscheidung, auch über die Kosten des Rechtsmittels, an eine andere Strafkammer des Landgerichts.

Wird ein Urteil nur im Strafausspruch mit den zugehörigen Feststellungen aufgehoben, so bleiben die Feststellungen bestehen, die ausschließlich oder – als sog. doppelrelevante Tatsachen – auch den nunmehr rechtskräftigen Schuldspruch betreffen. An sie ist der Tatrichter im weiteren Verfahren gebunden.[425] Die Bindung erstreckt sich auf alle Umstände, welche das Tatgeschehen i.S.d. geschichtlichen Vorgangs näher beschreiben. Zu ihnen darf sich der neue Tatrichter bei der Strafbemessung nicht in Widerspruch setzen, weil die Tat durch ein in sich widerspruchsfreies, einheitliches Erkenntnis abzuurteilen ist. Ob über die Schuld- und die Straffrage gleichzeitig entschieden oder ob nach Rechtskraft des Schuldspruchs die Strafe gesondert festgesetzt wird, darf dabei keinen Unterschied machen.

▶ Beachte also

Führt die Revision nur teilweise zur Urteilsaufhebung, erwächst der bestehenbleibende Teil in Rechtskraft; dieser ist im neuen Verfahren nicht mehr nachzuprüfen. Fühlt sich der Angeklagte durch den in Rechtskraft erwachsenen Teil des Urteils in verfassungsrechtlich bedeutsamer Art beschwert, muss er bereits jetzt Verfassungsbeschwerde erheben. Den Ausgang des zurückverwiesenen Verfahrensteils darf er nicht abwarten, denn dann wäre die Verfassungsbeschwerdefrist versäumt – nur dann, wenn er sich nach Zurückverweisung, neuer Entscheidung und erneuter Revision auch hierdurch in Grundrechten verletzt sieht, ist eine weitere Verfassungsbeschwerde möglich. Der neue Tatrichter, an den das Verfahren nach Zurückverweisung gelangt, hat lediglich den noch offenen Verfahrensgegenstand neu zu verhandeln und zu entscheiden. Das bedeutet, dass der Schuldspruch rechtskräftig wird, wenn das angefochtene Urteil allein im Strafausspruch aufgehoben wird (sog. horizontale Teilrechtskraft). Aber auch innerhalb des Rechtsfolgenausspruchs kann horizontale Teilrechtskraft bezüglich einzelner Rechtsfolgen eintreten, wenn lediglich der Strafausspruch aufgehoben wird. Nach ständiger Rechtsprechung gilt dies, wenn das Tatgericht auf weitere Rechtsfolgen erkannt hat, die von Art und Höhe der Strafe unabhängig sind, was sich nach den für die Rechtsmittelbeschränkung geltenden Grundsätzen richtet. Dies kann etwa der Fall sein, wenn neben der Strafe Sicherungsmaßregeln nach §§ 63 ff. StGB angeordnet worden sind. Nichts anderes gilt, wenn der Tatrichter die Frage einer Maßregelanordnung geprüft, jedoch von einer solchen Anordnung abgesehen hat. Maßgebend für den Umfang einer Aufhebung ist insoweit die Formulierung im Tenor der revisionsgerichtlichen Entscheidung. Dabei umfasst die Aufhebung des Rechtsfolgenausspruchs alle Rechtsfolgen der Tat, unabhängig davon, ob diese vom erstinstanzlichen Gericht angeordnet worden sind, während die Aufhebung des Strafausspruchs lediglich die zur Ahndung der verfahrensgegenständlichen Tat zu verhängenden Strafen betrifft.[426] 116

Die Missachtung der Bindungswirkung im sachlich-rechtlichen Bereich ist auf die Sachrüge hin zu beachten.

Bei Aufhebung des Urteils kann auch an ein zu demselben Bundesland gehörendes anderes Gericht verwiesen werden, möglich ist auch die Zurückverweisung an ein Gericht niederer Ordnung (§ 354 Abs. 2 und 3 StPO). In Fällen, in denen fehlende Zuständigkeit zur Aufhebung führt, ist die Sache an das zuständige Gericht zu verweisen. In Ausnahmefällen kann das Revisionsgericht auch selbst entscheiden (§ 354 Abs. 1 StPO).

Eine eigene Sachentscheidung des Revisionsgerichts bei nicht rechtsfehlerfreiem Strafausspruch 117
ermöglichten die durch das Erste Gesetz zur Modernisierung der Justiz vom 24. August 2004 (BGBl. I

425 BGHSt 24, 274 (275); 30, 340 (344).
426 Beschl. v. 19.01.2017 – 4 StR 443/16 = StV 2017, 568 f.

S. 2198 [2300]) eingeführten Absätze 1a und b des § 354 StPO.[427] Durch diese Regelungen hat der Gesetzgeber ergänzend zu dem nach wie vor möglichen Blick auf die hypothetische Entscheidung des Tatrichters die Angemessenheit der Rechtsfolge zum Maßstab gemacht und insofern dem Revisionsgericht die Befugnis zu eigener Bewertung eingeräumt.[428] § 354 Abs. 1a S. 1 StPO ist aber nur in verfassungskonformer Auslegung mit dem Grundgesetz vereinbar.[429] Verfassungskonform ist § 354 Abs. 1a S. 1 StPO ausgelegt, wenn die Kompetenz der Revisionsgerichte zu eigener Strafzumessung davon abhängt, dass ihnen für die Sachentscheidung ein zutreffend ermittelter, vollständiger und aktueller Strafzumessungssachverhalt zur Verfügung steht und keine umfassende neue Gesamtabwägung mit eigener Gewichtung aller maßgeblichen Strafzumessungsgesichtspunkte erforderlich ist.[430] Unter dieser Voraussetzung lässt sich die Strafzumessung nach § 354 Abs. 1a S. 1 StPO auch in der Revisionsinstanz verfassungskonform handhaben. Demgegenüber hat das Revisionsgericht von einer eigenen Entscheidung abzusehen und die Festsetzung der Rechtsfolgen dem Tatgericht zu überlassen, wenn ihm ein solcher Sachverhalt nicht vorliegt oder wenn nicht auszuschließen ist, dass die tatsächliche Grundlage der Strafzumessung unzureichend sein könnte. Erforderlichenfalls hat das Revisionsgericht den Angeklagten auf die aus seiner Sicht für eine Sachentscheidung nach § 354 Abs. 1a S. 1 StPO sprechenden Gründe hinzuweisen. Eines derartigen Hinweises bedarf es nur dann nicht, wenn – etwa wegen eines mit Gründen versehenen Antrags der Staatsanwaltschaft, auf den das Revisionsgericht seine Entscheidung stützen will – angenommen werden kann, dass der Angeklagte Kenntnis von einer im Raum stehenden Strafzumessungsentscheidung des Revisionsgerichts erlangt hat. Macht das Revisionsgericht von der ihm in der genannten Vorschrift eingeräumten Strafzumessungskompetenz Gebrauch, muss es seine Entscheidung jedenfalls dann begründen, wenn sich aus den zu Grunde liegenden Feststellungen und Wertungen der Tatsachengerichte, einer etwaigen Stellungnahme der Staatsanwaltschaft oder des Angeklagten sowie eines möglichen Hinweises des Revisionsgerichts selbst die für die Strafzumessung relevanten Umstände und deren konkretes Gewicht nicht schon in einer Weise ergeben, die es dem Angeklagten ermöglicht, die Gründe für die Strafzumessung und damit die Wahrung des rechtsstaatlichen Gebots schuldangemessenen Strafens zu erfahren.[431] Dass der Beschwerdeführer in seiner Gegenerklärung eine neue strafzumessungsrelevante Tatsache hat vorbringen lassen, hindert eine Entscheidung nach § 354 Abs. 1a StPO nicht. Der Vortrag neuer Tatsachen führt lediglich dazu, dass das Revisionsgericht solche neuen Umstände bei seiner Entscheidung, ob die in dem angefochtenen Urteil verhängte Strafe angemessen ist, zu berücksichtigen hat.[432]

118 *Eine Verurteilung nach einem Freispruch wird zwar nach wie vor als unzulässig angesehen,*[433] Freispruch aus tatsächlichen Gründen[434] oder Festsetzung der Strafe[435] durch das Revisionsgericht kommen aber vor. Ob dies tatsächlich noch mit der gesetzlichen Regelung vereinbar ist, erscheint fraglich.[436]

---

427 Vgl. dazu BGH StV 2005, 9, 75, 76, 118; NJW 2005, 1205.

428 Vgl. dazu BGH StV 2005, 75; NStZ 2005, 223; BGH, NStZ 2005, 465; vgl. auch *Eisenberg/Haeseler* StraFo 2005, 221 ff.; *Langrock* StraFo 2005, 226 ff.; *Senge* FS Dahs 2005 S. 475 ff.; *ders.* StraFo 2006, 309 ff.; *Maier/Paul* NStZ 2006, 82 ff.; *Peglau* JR 2005, 143 ff.; *Eisenberg/Haeseler* StraFo 2005, 221 ff.; *Leipold* StraFo 2006, 305 ff.; *Langrock* StraFo 2006, 226 ff.; *Paster/Sättle* NStZ 2007, 609 ff.

429 BVerfG StV 2007, 393; diese Maßstäbe gelten auch für § 354 Abs. 1a S. 2 StPO, vgl. BVerfG StV 2007, 561, vgl. dazu *Paster/Sättle* NStZ 2007, 609 ff.; *Maier* NStZ 2008, 226 ff.; *Hamm* StV 2008, 205 ff.

430 BGH NStZ-RR 2010, 21.

431 BVerfG, Beschl. v. 14.06.2007 – 2 BvR 1447/05, StV 2007, 393; vgl. dazu *Peglau* JR 2008, 80 ff.

432 BGH, Beschl. v. 04.08.2015 – 3 StR 224/15, StV 2015, 542 m. krit. Anm. *Dehne-Niemann* StV 2015, 601.

433 Vgl. dazu BGH StV 1999, 415 m. Anm. *Pauly*.

434 BGH NStZ 1999, 240; StV 1995, 363; 509.

435 BGH NStZ 1992, 297 m. Anm. *Scheffler*; StV 1993, 62 ff. m. Anm. *Hanack*; NStZ 1996, 296 (297); NStZ 1997, 29 m. Anm. *Scheffler*; BGHR StPO § 354 Abs. 1 – Sachentscheidung 1–5; Strafausspruch 1–10; BGH StV 1999, 205.

436 Vgl. BVerfG (2. Kammer) NStZ 1991, 499; *Foth* NStZ 1992, 444 ff.; *Rieß* FS Hanack 1999 S. 397 ff.

Auch für das Revisionsverfahren gilt das Verbot der Schlechterstellung (§ 358 Abs. 2 StPO), nicht aber für eine etwaige Anordnung der Unterbringung im psychiatrischen Krankenhaus oder in einer Entziehungsanstalt. Von dem Verbot wird aber nur der Rechtsfolgenausspruch erfasst. Das kann bedeuten, dass bei einer vollständigen Zurückverweisung der Sache das neu erkennende Gericht zu neuen Feststellungen und dadurch zu einem schwerwiegenderen Schuldvorwurf kommt.

Unter den Voraussetzungen des § 357 StPO muss eine Revisionsentscheidung auf andere Angeklagte, die keine Revision eingelegt oder diese zurückgenommen haben, erstreckt werden.

Der Tod des Angeklagten vor rechtskräftiger Entscheidung führt zur Einstellung des Verfahrens gemäß § 206a StPO, auch wenn das Rechtsmittel auf den Strafausspruch beschränkt war.[437] Das angefochtene Urteil wird gegenstandslos, ohne dass es seiner Aufhebung bedarf.[438] Über die notwendigen Auslagen des Angeklagten (§ 467 Abs. 3 S. 2 Nr. 2 StPO) und über die Entschädigung des Angeklagten für die durchgeführten Strafverfolgungsmaßnahmen (§ 6 Abs. 1 Nr. 2 StrEG) ist zu entscheiden.[439]

F. Verhalten in der Hauptverhandlung vor dem Revisionsgericht

Kommt es zu einer Hauptverhandlung vor dem Revisionsgericht[440], kann dort der Wahlverteidiger auftreten, der Pflichtverteidiger dagegen nur, wenn er nach §§ 350 Abs. 3, 140 StPO vom Vorsitzenden des Revisionsgerichts hierfür bestellt wurde; die tatrichterliche Pflichtverteidigerbestellung umfasst also das »schriftliche« Revisionsverfahren (vgl. auch Rdn. 18), aber nicht die Hauptverhandlung vor dem Revisionsgericht.[441] 119

Hinweis

Eine Vorführung des inhaftierten Angeklagten zur Revisionshauptverhandlung ist nicht angezeigt, wenn die Revisionshauptverhandlung gemäß § 337 StPO auf die rechtliche Nachprüfung des angefochtenen Urteils beschränkt ist. Dies kann anders sein, wenn eine eigene Entscheidung des Strafsenats (§§ 354 Abs. 1, Abs. 1a StPO) im Raum steht[442].

Jedenfalls dann, wenn die Revision, über die verhandelt wird,[443] vom Verteidiger eingelegt wurde, sollte dieser – mit der sich aus obigen Ausführungen ergebenden Einschränkung – zur Hauptverhandlung vor dem Revisionsgericht auch erscheinen; zwingend ist dies allerdings nur beim für die Hauptverhandlung vor dem Revisionsgericht bestellten Pflichtverteidiger.[444] Die Anwesenheit des Angeklagten ist in der Praxis eher selten (vgl. auch § 350 Abs. 2 S. 2 StPO), sie wird – da es dort grundsätzlich nur um Rechtsfragen geht – häufig auch entbehrlich sein. Ist der Angeklagte aber anwesend und wird das Urteil des Revisionsgerichts in seiner Anwesenheit verkündet, ist es ihm mit der Verkündung bekannt gemacht mit der Folge, dass die Monatsfrist zur Erhebung einer etwaigen 120

437 BGHSt 45, 108, 111; Beschl. v. 05.08.1999 – 4 StR 640/99; v. 13.01.2000 – 5 StR 604/99; v. 15.03.2016 – 2 StR 509/15; für das Sicherungsverfahren vgl. BGH, Beschl. v. 05.04.2016 – 5 StR 525/15, NStZ-RR 2016, 263.

438 Zur Aufhebung eines durch Täuschung verursachten Einstellungsbeschlusses wegen irrtümlicher Annahme eines Verfahrenshindernisses (Tod) vgl. BGHSt 52, 119 ff.

439 BGHSt 45, 108; BGHR StPO § 467 Abs. 3 – Verfahrenshindernis 2; BGH NStZ-RR 2003, 97.

440 Vgl. auch *Hanack* FS Hanns Dünnebier 1982, S. 301 ff.; *Leipold* StraFo 2010, 353 ff.; *Rissing-van Saan* StraFo 2010, 359 ff.

441 Vgl. BGH NStZ 2000, 552; OLG Stuttgart StV 2000, 413 (414); zum Anspruch auf eine solche Bestellung: EGMR NStZ 1983, 373 m. Anm. *Stöcker*.

442 BGH, Beschl. v. 02.04.2019 – 5 StR 685/18, NStZ 2019, 486; v. 29. August 2019 – 5 StR 103/19; v. 03.03.2020 – 4 StR 586/19.

443 Zur Zulässigkeit der Verhandlung nur über das Rechtsmittel der Staatsanwaltschaft und der Verwerfung der Angeklagtenrevision durch Beschluss: BGH StV 2000, 605 m. Anm. *Hamm* StV 2000, 637; *Bauer* wistra 2000, 252.

444 Vgl. *Meyer-Goßner*/Schmitt § 350 Rn. 5 m.w.N.

Verfassungsbeschwerde bereits in Lauf gesetzt wird. Dass die mündliche Urteilsbegründung keine ausreichende Grundlage für die Prüfung und Ausarbeitung einer Verfassungsbeschwerde ist, liegt auf der Hand, ändert daran aber nichts. Der Angeklagte und präsumtive Verfassungsbeschwerdeführer muss in diesem Fall vielmehr gemäß § 93 Abs. 1 S. 3 BVerfGG beim Revisionsgericht die Erteilung einer in vollständiger Form abgefassten Entscheidung beantragen. Dieser Antrag unterbricht die angelaufene Verfassungsbeschwerdefrist, so dass sie mit Zugang des schriftlichen Urteils neu zu laufen beginnt.

121 Die Hauptverhandlungen vor dem Revisionsgericht sind zumeist kurz. Nach dem Vortrag des Berichterstatters (§ 351 Abs. 1 StPO) wird i.d.R. sofort plädiert, zunächst vom Revisionsführer (§ 351 Abs. 2 S. 1 StPO). Wurde die Revision sowohl von der Staatsanwaltschaft als auch vom Verteidiger eingelegt, beginnt üblicherweise der Generalbundes- oder Generalstaatsanwalt bzw. dessen Vertreter mit dem Schlussvortrag. Soweit von Seiten des Gerichts Nachfragen gestellt werden, wird sich das wechselseitige Plädieren zu einer Diskussion entwickeln, in der man besser besteht, wenn man sich Argumente für die eigene Position erarbeitet hat. Angesichts dessen, dass Revisionshauptverhandlungen die Ausnahme sind und der Klärung von grundsätzlichen Rechtsfragen dienen, die für eine Fortentwicklung des Rechts und eine einheitliche Rechtsanwendung bedeutsam sind, sollte man sich mit rechtssystematischen oder entstehungsgeschichtlichen Argumenten wappnen.[445]

122 Da sich die Prüfung durch das Revisionsgericht auf die in der form- und fristgerechten Revisionsbegründung vorgebrachten Anträge und Rügen beschränkt (§ 352 Abs. 1 StPO), dürfen sich die Ausführungen in den Schlussvorträgen auch nur mit diesen befassen. Unnötig ist es allerdings, die Revisionsbegründung lediglich zu wiederholen; denn sie ist dem Revisionsgericht bekannt. Wurde eine Vielzahl von Rügen erhoben, wird es regelmäßig zweckmäßig sein, sich auf einige Beanstandungen zu konzentrieren. Der Verteidiger sollte die danach gebotene Auswahl so treffen, dass er auf die Beanstandungen eingeht, die nach seiner Ansicht – unter Berücksichtigung des Antrags des Generalbundes- bzw. Generalstaatsanwalts – die größte Aussicht auf Erfolg versprechen; hat das Revisionsgericht Hinweise zu seiner – vorläufigen – Rechtsansicht oder zu den Einzelfragen, auf die sich die Hauptverhandlung (insbesondere) bezieht, erteilt, sollte auf diese Punkte unbedingt eingegangen werden. Es wird auch immer sinnvoll sein, sich mit dem (der) Vorsitzenden oder dem Berichterstatter des Revisionssenats in Verbindung zu setzen um in Erfahrung zu bringen, wo der Senat das Schwergewicht der in der mündlichen Verhandlung zu erörternden Fragen sieht, auch mit Blick auf die eben gegebene Empfehlung, sich im Vorfeld nach Argumenten für die eigene Rechtsansicht umzuschauen. Das geschieht zielführender, wenn man weiß, um was es dem Senat (voraussichtlich) vor allem geht.

▶ **Beispiel für einen – möglichst in freier Rede zu haltenden – Schlussvortrag**

123 **Hoher Senat, Herr Bundesanwalt/Frau Bundesanwältin!**

Ich möchte mich in meinen Ausführungen auf zwei Punkte konzentrieren, nämlich die Verfahrensrüge, mit der die Nichtvereidigung des Zeugen A beanstandet wurde, und im materiellrechtlichen Teil auf das vom Schwurgericht angenommene Mordmerkmal der niedrigen Beweggründe. Sollte der Senat Ausführungen auch zu weiteren Revisionsrügen für sinnvoll erachten, darf ich um einen entsprechenden Hinweis bitten.

Zunächst zur Verfahrensrüge. Entgegen dem Generalbundesanwalt bin ich der Ansicht, dass diese Rüge zulässig erhoben wurde. … [weiter etwa wie bei Rdn. 111]

---

445 Handelt es sich um eine vom Generalbundesanwalt vertretene Revision der Staatsanwaltschaft nach einem freisprechenden Urteil, kann es durchaus vorkommen, dass man sich nur über die Tragfähigkeit der Beweiswürdigung im Einzelfall austauscht. Für eine Hauptverhandlung vor einem Revisionsgericht ist das untypisch.

G. Gegenerklärung zum Antrag der Staatsanwaltschaft beim Revisionsgericht (= Generalbundesanwalt bzw. Generalstaatsanwalt)

Eine Erwiderung auf eine Revisionsbegründung[446] der Staatsanwaltschaft[447] ist i.d.R. nicht erforderlich, weil es immer noch Praxis der Revisionsgerichte ist, auf Revisionen der Staatsanwaltschaft hin eine Hauptverhandlung anzuberaumen;[448] dann wird es zumeist ausreichen, wenn der Verteidiger in dieser seine Rechtsansicht darlegt. Eine dennoch abgegebene Erwiderung wird an diesem Ablauf nichts ändern; jedoch kann die Ausarbeitung einer solchen Erwiderung (selbst wenn man sie nicht einreicht) den Blick dafür schärfen, ob die Staatsanwaltschaft sich an die Beschränkungen des Revisionsrechts gehalten hat oder ob sie – was durchaus vorkommt – ganz deutlich eine eigene Beweiswürdigung anstellt, weil ihr das Ergebnis missfällt. Staatsanwaltschaften haben sehr viel seltener als Strafverteidigerinnen damit zu kämpfen, dass ein Urteil so gar nicht in ihrem Sinne ausfällt, und haben deshalb auch zumeist sehr viel weniger Routine im Umgang mit der Revision. Das schlägt sich in ihren Revisionsbegründungen nicht selten nieder. Dagegen ist es immer ratsam, auf den Antrag der Staatsanwaltschaft bei dem Revisionsgericht, mit dem die Verwerfung der Revision als offensichtlich unbegründet (§ 349 Abs. 2 StPO) oder auch als unzulässig (§ 349 Abs. 1 StPO) beantragt wurde, zu replizieren,[449] weil damit die Erfolgschancen deutlich steigen.[450] Aber auch mit Blick auf eine etwaige Verfassungsbeschwerde verbietet es sich, einen Verwerfungsantrag unkommentiert stehenzulassen, weil das die Gefahr birgt, dass die Verfassungsbeschwerde am Prüfungspunkt der materiellen Subsidiarität scheitert. Zugespitzt formuliert kann man sagen, dass das Bundesverfassungsgericht demjenigen zu helfen bereit ist, der sich mit Händen und Füßen gegen eine drohende Grundrechtsverletzung gewehrt hat – aber nicht demjenigen, der den Dingen ihren Lauf gelassen hat, als er noch etwas dagegen hätte tun können. Das gilt in besonderem Maße dann, wenn ein Verwerfungsantrag eine Verfahrensrüge als unzulässig bezeichnet. Ist das der Fall, sollte man zwar schon mit möglichst kühlem Kopf prüfen, ob man die Verfahrensrüge wirklich so formuliert hat, dass sie aus sich heraus vollständig und verständlich war – wenn nicht, mag es souveräner sein, sie fallen zu lassen. Aber es ist zumindest auch denkbar (und daher stets) zu prüfen, dass der Generalbundesanwalt mit seiner Auffassung womöglich einer Überspannung der Darlegungsanforderungen das Wort redet, die als unzumutbare Erschwerung des Zugangs zu Gericht (hier eben zum Revisionsgericht) eine Verletzung des Rechts auf effektiven Rechtsschutz darstellen kann.[451] Wenn die Verteidigerin solche Bedenken hat, muss sie sie formulieren und dem Revisionsgericht unterbreiten, um der materiellen Subsidiarität der Verfassungsbeschwerde zu genügen (sowohl mit Blick auf die materielle Subsidiarität einer Verfassungsbeschwerde als auch mit Blick auf die unmittelbar relevanten Erfolgsaussichten der Revision muss man, wenn der Generalbundesanwalt eine Verfahrensrüge als unzulässig bezeichnet und dann ergänzt, dass sie im Übrigen auch unbegründet wäre, sich mit beiden Begründungselementen auseinandersetzen. Insbesondere dann, wenn der Bundesgerichtshof die Revision ohne eigene Begründung verwirft, muss die Verteidigung davon ausgehen, dass der Senat sich dieses »sowohl unzulässig als auch unbegründet« zu eigen gemacht hat und die Entscheidung daher zwei verschiedene tragende Gründe hat). Es kommt hinzu, dass die Verwerfungsanträge sehr häufig von dem erkennbaren Bestreben (mit) geprägt sind, den Bestand des Urteils zu sichern. Schließlich und endlich sind sowohl der Generalbundesanwalt als auch die Generalstaatsanwaltschaften im Kern eben Staatsanwaltschaften, die es lieber sehen, wenn eine Verurteilung bestehen 124

---

446 Vgl. Nr. 162 RiStBV; vgl. auch *Kalf* NStZ 2005, 190 ff.; *Drescher* NStZ 2003, 296 ff.; *Dahs* Rn. 572 f.

447 Bei der Frist zur Gegenerklärung gemäß § 349 Abs. 3 StPO handelt es sich nicht um eine Ausschlussfrist. Das Recht zur Gegenerklärung ermöglicht es aber dem Angeklagten nicht, weitere Verfahrensrügen zu erheben oder nachträglich formgerecht zu begründen, vgl. BGH, Beschl. v. 12.05.2010 – 1 StR 530/09, wistra 2010, 312.

448 *Barton* Revision S. 220.

449 *Park* StV 1997, 550; zur hohen Übereinstimmung zwischen den Anträgen des Generalbundesanwalts und dem BGH: *Barton* Revision S. 198.

450 *Barton* Revision, S 202 f.

451 So verhielt es sich im Fall BVerfGE 112, 185.

bleibt. Nicht jedes Argument gegen die Begründetheit einer Revision (oder gegen die Zulässigkeit einer Verfahrensrüge) ist schon überzeugend, nur weil es aus dem Haus des Generalbundesanwalts kommt (und für die Generalstaatsanwaltschaften gilt nichts anderes). Manchmal wirken die Argumente sogar ausgesprochen gesucht – und gelegentlich wird es zum Ärgernis, wie ein Verwerfungsantrag einen wohlüberlegten Angriff auf die logische Geschlossenheit der Beweiswürdigung im Urteil als unzulässige eigene Beweiswürdigung des Revisionsführers abtut, ohne sich mit der Substanz der Rüge zu befassen. Es gibt durchaus auch Verwerfungsanträge, die im Wesentlichen aus Schlagworten bestehen. Auf die Schwäche solcher Argumente hinzuweisen, kann (wenn es schon keine andere Wirkung hat) den Bundesgerichtshof vielleicht veranlassen, sich die Erwägungen des Generalbundesanwalts nicht durch einen nicht näher begründeten Beschluss zu eigen zu machen. Schon aus diesem Grund darf ein Verwerfungsantrag nicht unwidersprochen bleiben – was, wie gesagt, nicht heißen soll, dass man seine eigenen Ausführungen in der Revision nicht noch einmal kritisch prüfen sollte. Falls das zu dem Ergebnis führt, dass eine Verfahrensrüge tatsächlich nicht zulässig erhoben worden ist, ist es souveräner, sie fallen zu lassen, als sie mit mehr Aufwand als Substanz zu verteidigen (und damit womöglich andere Angriffspunkte oder Argumente indirekt zu schwächen).

125 Für ihre Erwiderung hat die Verteidigerin zwei Wochen Zeit (§ 349 Abs. 3 S. 2 StPO); nach Ablauf dieser (verlängerbaren) Frist muss aber – ohne weitere Ankündigung – mit der Entscheidung des Revisionsgerichts gerechnet werden, sodass auf ihre Wahrung geachtet werden sollte (nach einer Revisionsverwerfung gemäß § 349 Abs. 2 StPO kann grundsätzlich nur noch ein Antrag nach § 356a StPO gestellt werden).[452] Andererseits geschieht die Übersendung der Akten an den Bundesgerichtshof durch den Generalbundesanwalt und die Zustellung seines Antrags an die Verteidiger uno actu. Das bedeutet, dass die Sache dem Bundesgerichtshof bei Ablauf der Frist auch erst seit etwa zwei Wochen vorliegt – es ist ausgesprochen unwahrscheinlich, dass der Fall bis dahin schon bearbeitet worden ist, denn auch beim Bundesgerichtshof sind zu jedem beliebigen Zeitpunkt eine Vielzahl von Verfahren anhängig, die (zumal da es sich zum großen Teil um Haftsachen handelt) ebenfalls zügig geprüft werden müssen. In der Praxis vergeht deshalb nach Ablauf der Frist für die Gegenerklärung doch noch einige Zeit, bis die Revisionsentscheidung getroffen wird.

Eine Wiedereinsetzung in die durch § 349 Abs. 3 Satz 2 StPO bestimmte Frist zur Abgabe einer Gegenerklärung zu dem Antrag des Generalbundesanwalts kommt hingegen nicht in Betracht. Auf diese Frist findet die Wiedereinsetzung gemäß § 44 StPO keine Anwendung. Bei der genannten zweiwöchigen Frist, die keine Ausschlussfrist ist, handelt es sich nicht um eine Frist im Sinne von § 44 Satz 1 StPO.[453] Man könnte es deshalb darauf ankommen lassen und die Erwiderungsfrist stillschweigend um eine Woche oder zwei überziehen. Professioneller und besser für die eigene Planungssicherheit ist es aber allemal, bei der Geschäftsstelle des Senats anzurufen und anzukündigen, bis wann man die Erwiderung abgibt (oder gegebenenfalls in Absprache mit Vorsitzender oder Berichterstatterin eine Fristverlängerung abzusprechen).

▶ Beachte

126 In der Gegenerklärung, die an das Revisionsgericht gerichtet werden muss, sollte sich der Verteidiger – regelmäßig nur – mit der vom Generalbundes- oder Generalstaatsanwalt in der Antragsschrift vertretenen Rechtsansicht auseinandersetzen und hierzu seinen eigenen Rechtsstandpunkt darlegen;[454] eine bloße Wiederholung der schon eingereichten Revisionsbegründung ist dagegen nicht sinnvoll. Die Nachreichung einer weiteren Verfahrensrüge ist – da die Revisionsbegründungsfrist lange abgelaufen ist – natürlich ausgeschlossen. Wenn der Verteidiger jedoch einen materiell-rechtlichen Fehler findet, den er bisher übersehen hat, kann er diesen sehr wohl noch rügen. Unter Umständen wird der Senat die Sache noch einmal an den

452 Vgl. BGH NStZ 1999, 41 (42); BGH (K) NStZ-RR 2000, 38 (Nr. 21); *Meyer-Goßner/Schmitt* § 356a Rn. 1.
453 BGH 07.03.2018 – 2 StR 470/17.
454 Vgl. auch *Park* StV 1997, 550 (551 f.).

Generalbundesanwalt/Generalstaatsanwalt zurückgeben, damit dieser sich damit noch auseinandersetzen kann.

▶ Beispiel für eine Gegenerklärung

An 127

[das Revisionsgericht]

In der Strafsache gegen

wegen …; Aktenzeichen [des Revisionsgerichts]

erwidere ich auf den Antrag des Generalbundesanwalts [des Generalstaatsanwalts] wie folgt

1. Soweit der Generalbundesanwalt [Generalstaatsanwalt] der Ansicht ist, die Verfahrensrüge, mit der geltend gemacht wird, die Vereidigung des Zeugen A sei zu Unrecht unterblieben, entspreche nicht den sich aus § 344 Abs. 2 S.S. 2 StPO ergebenden Anforderungen, übersieht er Folgendes: Zwar ist in der Revisionsbegründung nicht vorgetragen worden, dass gegen die Verfügung des Vorsitzenden, den Zeugen nicht zu beeiden, auf Antrag des Verteidigers hin eine Entscheidung des Gerichts nach § 238 Abs. 2 StPO ergangen ist. Dieser Vortrag war im vorliegenden Fall indes nicht zwingend notwendig. Denn in den Urteilsgründen (UA S 15) ist sowohl mitgeteilt, dass die Beanstandung erfolgt ist, als auch, dass die Entscheidung des Gerichts nach § 238 Abs. 2 StPO ergangen ist. Da das Revisionsgericht aufgrund der – zulässig erhobenen – Sachrüge von den Urteilsgründen Kenntnis nehmen muss, ist es ausnahmsweise unschädlich, dass der entsprechende Vortrag in der Verfahrensrüge nicht mitgeteilt wurde.[455]

2. …

…

H. Besonderheiten der Nebenklägerrevision

Der Nebenkläger[456] ist – wenn auch mit Einschränkungen – berechtigt, gegen ein Urteil Revision einzulegen (§ 401 Abs. 1 S. 1 StPO). Voraussetzung dafür ist zum einen, dass er anschlussbefugt ist (§ 395 StPO); dies prüft das Revisionsgericht bei einer vom Nebenkläger eingelegten Revision von Amts wegen nach.[457] Zum anderen muss der Anschluss nach § 396 Abs. 1 StPO ordnungsgemäß erklärt worden sein, was auch noch mit der Revisionseinlegung erfolgen kann (§ 395 Abs. 4 S. 2 StPO); keine Voraussetzung ist dagegen, dass – bei Antragsdelikten – ein Strafantrag gestellt wurde.[458] 128

▶ Beachte

Mit der vom Landgericht vorgenommenen Zulassungsentscheidung nach § 396 Abs. 2 S. 2 StPO ist dessen Vorliegen für das Revisionsgericht bindend festgestellt.[459]

Nebenkläger können nicht Revision zugunsten des Angeklagten einlegen.[460] Minderjährige sind prozessunfähig und können deshalb nicht selbst Rechtsmittelrechte als Nebenkläger wahrnehmen.

---

455 Vgl. BGH NJW 2000, 596; BGH NStZ 1997, 378); BGH NStZ-RR 1997, 304 (305); dasselbe gilt im Übrigen für Aktenteile, die das Revisionsgericht von Amts wegen zur Kenntnis nehmen muss (z.B. Anklage, Eröffnungsbeschluss), vgl. BGH StV 1998, 322; OLG Köln NStZ-RR 1997, 336.

456 Allgemein zur Nebenklage: Kap. 26.; zur Revision *Kampf* JuS 2012, 521 f.; *Eiker* JA 2018, 298 ff.; zum Fragerecht *Lemke-Küch* StraFo 2018, 369 ff.; Zur Nebenklage und Adhäsionsantrag im Strafbefehlsverfahren *Metz* JR 2019, 67.

457 BGHSt 29, 216 (217); Ausnahme: vom Tatgericht bejahte Anschlussbefugnis nach § 395 Abs. 3 StPO; vgl. § 396 Abs. 2 S. 2 StPO.

458 BGH NStZ 1992, 452.

459 BGH, Beschl. v. 09.05.2012 – 5 StR 523/11, StV 2012, 710 f.

460 BGHSt 37, 136.

Nebenkläger können ein Rechtsmittel nur solange einlegen, wie die Rechtsmittelfrist noch für die Staatsanwaltschaft läuft. Auch ein den Angeklagten beschwerender Rechtsfehler ist auf die Revision des Nebenklägers zu beachten (§§ 301, 401 Abs. 3 S. 2 StGB). Eine zulässige Revision des Nebenklägers erstreckt sich auch dann nur auf die richtige Anwendung der Vorschriften über das Nebenklagedelikt, wenn dieses mit einem nicht zur Nebenklage berechtigenden Delikt in Tateinheit steht oder – bei Nichtverurteilung wegen des Nebenklagedelikts – stehen würde.[461]

▶ Hinweis

> Der Tatbestand des Vollrauschs gemäß § 323a StGB ist für sich keine zum Anschluss als Nebenkläger berechtigende Tat[462].

Hat die Revision des Nebenklägers im Hinblick auf ein nebenklagefähiges Delikt im Schuldspruch Erfolg, so kann das Gericht auch ein in Tateinheit dazu stehendes »Offizialdelikt« neu überprüfen und gegebenenfalls wegen dieses »Offizialdelikts« verurteilen.[463]

Nebenklägern kann auch für die Revisionsinstanz – falls noch nicht vorher geschehen – ein Rechtsanwalt als Beistand bestellt werden (§ 397a Abs. 1 StPO) oder Prozesskostenhilfe (§ 397a Abs. 2 StPO) bewilligt werden. Die Beistandsbestellung durch das erstinstanzliche Gericht wirkt bis zur rechtskräftigen Beendigung des Verfahrens fort und erstreckt sich somit auch auf die Revisionsinstanz. Ein Wechsel in der Person des Beistandes kann in entsprechender Anwendung des § 143 StPO nur durch Rücknahme der ursprünglichen Beiordnung und Bestellung eines neuen Beistandes in Betracht kommen, wenn ein Wechsel in der Person des Beistands gerechtfertigt ist[464]

129 Weitere Anforderungen bezüglich der Zulässigkeit einer Nebenklägerrevision ergeben sich aus § 401 Abs. 1 S. 3, Abs. 2 StPO, der Regelungen über den Lauf und die Berechnung der Revisionseinlegungs- und -begründungsfrist enthält.[465] Die Revisionsbegründung des Nebenklägers muss stets ein Rechtsanwalt (unterschriebener Schriftsatz) einreichen.[466] Der Nebenkläger kann die Revision nicht zu Protokoll der Geschäftsstelle begründen.[467] Er kann die Revisionsanträge und ihre Begründung nur mittels einer von einem Rechtsanwalt unterzeichneten Schrift anbringen.

Für den Fristbeginn der Einlegungsfrist ist die Zustellung des Urteils maßgebend, wenn der Nebenkläger oder Privatkläger bei der Verkündung nicht anwesend war (§ 401 Abs. 1 S. 2 StPO). Die Frist für die Einlegung der Revision des Nebenklägers beginnt mit der Verkündung des Urteils, wenn der Nebenkläger an der Hauptverhandlung teilgenommen hat. Das gilt auch, wenn er am Tage der Urteilsverkündung nicht mehr anwesend war. Dem Nebenkläger kann Wiedereinsetzung in den vorigen Stand gegen die Versäumung der Frist zur Begründung der Revision nicht gewährt werden, wenn sein Vertreter die Frist zur Begründung der Revision *schuldhaft* versäumt hat. Dieses Verschulden seines Vertreters muss sich der Nebenkläger zurechnen lassen; der Fall liegt insoweit anders als beim Verschulden des Verteidigers eines Angeklagten.[468]

Das Anfechtungsrecht des Nebenklägers ist vor allem durch § 400 Abs. 1 StPO beschränkt. Nach dieser Vorschrift darf in einer Nebenklägerrevision nur die – fehlerhafte – Anwendung des Straftatbe-

461 BGHSt 43, 15 (16).
462 BGH, Beschl. v. 16.07.2019 – 4 StR 131/19 = NStZ-RR 2019, 353.
463 BGHSt 13, 143.
464 BGH, Beschl. v. 24.06.2010 – 3 StR 156/10, NStZ 2010, 714.
465 Vgl. dazu Kap. 28 Rdn. 48 ff.
466 BGH NStZ 1992, 347.
467 BGH NStZ 1992, 347.
468 BGH NStZ 1982, 212; BGH, Beschl. v. 28.08.2013 – 4 StR 336/13; v. 11.07.2018 – 2 StR 467/17 = StraFo 2018, 431 f.; vgl. auch § 85 Abs. 2 ZPO.

standes, der die Nebenklage eröffnet hat, beanstandet werden;[469] auch auf diesen Nebenklagestraftatbestand bezogen kann das Urteil aber nicht mit dem Ziel angefochten werden, dass eine andere oder weitere Rechtsfolge – auch eine Maßregel[470] – hätte verhängt werden müssen. Aus dieser Beschränkung des Anfechtungsrechts des Nebenklägers leitet die Rechtsprechung ab, dass die Revision des Nebenklägers als Zulässigkeitsvoraussetzung eines Revisionsantrags oder einer Revisionsbegründung bedarf, aus denen sich das Verfolgen eines zulässigen Rechtsmittelziels, regelmäßig eine Änderung des Schuldspruchs hinsichtlich eines Nebenklagedelikts, ergibt.[471] Unzulässig ist die Revision eines Nebenklägers deshalb, die sich gegen die Nichtverhängung von Sicherungsverwahrung wendet.[472] Rechtsmittelbefugnis besteht aber, soweit der Nebenkläger mit seiner Revision den Freispruch des Angeklagten nicht angreift und sich nur gegen die Ablehnung einer Unterbringung des Angeklagten in einem psychiatrischen Krankenhaus, also eine Rechtsfolge, wendet.[473] Für die Begründungsschrift ergibt sich daraus insbesondere, dass der Antrag auf § 400 Abs. 1 StPO abgestimmt und dass das Rechtsmittel näher begründet sein muss; die Erhebung allein der allgemeinen Sachrüge hat regelmäßig die Unzulässigkeit der Revision zur Folge, weil daraus nicht deutlich wird, dass der Nebenkläger ein nach dieser Vorschrift zulässiges Ziel verfolgt.[474] Deshalb bedarf es bei Revisionen der Nebenkläger i.d.R. eines Revisionsantrages, der deutlich macht, dass der Beschwerdeführer ein zulässiges Ziel verfolgt.[475] Dies muss sich aus dem Revisionsantrag und dessen Begründung zweifelsfrei ergeben. Eines ausdrücklichen Revisionsantrags bedarf es bei Revisionen des Nebenklägers i.d.R. nur dann nicht, wenn sich der Umfang der Anfechtung aus der Begründung der Revision ersehen lässt.[476] Die Revision des Nebenklägers muss auch ergeben, dass der gerügte Rechtsfehler ein Nebenklagedelikt betrifft. Nebenkläger können die fehlerhafte Zurückweisung eines Beweisantrages geltend machen, ohne dass sie sich mit diesem Antrag dem Antrag der Staatsanwaltschaft angeschlossen hatten. Außer dem Antragsteller ist zur Anfechtung jeder Verfahrensbeteiligte berechtigt, der durch die einen Beweisantrag ablehnende Gerichtsentscheidung beschwert ist. Das sind auch diejenigen Prozessparteien, deren Interessen mit denjenigen des Antragstellers so erkennbar übereinstimmen, dass das Gericht auch ihnen gegenüber zur rechtlich einwandfreien Behandlung des Beweisantrags verpflichtet war.[477]

▶ Beachte also

Nebenkläger können ein Urteil nicht mit dem Ziel anfechten, dass eine andere Rechtsfolge verhängt wird. Deshalb bedarf es bei einer Revision des Nebenklägers in der Regel eines Revisionsvortrags, der deutlich macht, dass der Beschwerdeführer ein zulässiges Ziel verfolgt. Der zur Beurteilung der Zulässigkeit der Revision erforderliche Sachverhalt muss in der Revisionsbegründung eigenständig und vollständig vorgetragen werden. Nicht ausreichend ist eine Bezugnahme auf die Schriftsätze anderer Verfahrensbeteiligter (hier: der Staatsanwaltschaft) oder auf Aktenbestandteile.[478] 130

---

469 Vgl. BGH NStZ-RR 1997, 371 (unzulässig: Vorliegen eines weiteren Mordmerkmals); gilt auch bei Tateinheit zwischen einem Offizial- und einem Nebenklagedelikt: BGH NStZ 1997, 402 und bei Verfahrensrügen: BGH NStZ 1999, 259, nicht aber bezüglich der Konkurrenzen zwischen zwei Nebenklagedelikten: BGH NStZ 2000, 219; interessant: BGH, Beschl. v. 12.01.2011 – 1 StR 634/10.

470 BGH NJW 1998, 3069; StraFo 2010, 295 f. (Sicherungsverwahrung).

471 U.a. BGH NStZ-RR 2009, 253; BGH, Beschl. v. 05.11.2013 – 1 StR 518/13, StraFo 2014, 79 f.

472 BGH StV 1997, 624: StraFo 2010, 295 f.

473 BGH NStZ 1995, 609.

474 BGH NStZ 1997, 97; NStZ-RR 1998, 305; 2009, 57; weitere Nachweise bei *Kurth* NStZ 1997, 1, 4 und im Kap. 28 Rdn. 44 ff.

475 BGHR StPO § 400 Abs. 1 – Zulässigkeit 2, 3 und 5; BGHR StPO § 401 Abs. 1 – S. 1 Zulässigkeit 2; BGH NStZ-RR 2009, 57; 2009, 253; BGH, Beschl. v. 22.03.2016 – 3 StR 56/16 und 3 StR 468/15; vgl. aber auch BGHR StPO § 400 Abs. 1 Zulässigkeit 7.

476 BGHR StPO § 400 Abs. 1 Zulässigkeit 2.

477 BGHSt 44, 138 = BGH StV 98, 523.

478 BGH, Beschl. v. 06.02.2018 – 3 StR 426/17 = NStZ-RR 2018, 153 f.

Keine Rechtsmittelbefugnis besteht, soweit ein erweiterter Schuldumfang durch Annahme weiterer Mordmerkmale oder die Feststellung besonderer Schwere der Schuld i.S.d. § 57a Abs. 1 S. 1 Nr. 2 StGB erstrebt wird.[479]

▶ **Beachte**

131 Die gesetzwidrige Nichtzulassung eines Nebenklägers ist – wie die gesetzwidrige Zulassung – nur ein relativer Revisionsgrund. § 338 Nr. 5 StPO ist nicht anwendbar.[480] Ein Beruhen des Urteils auf der Nichtzulassung ist dann anzunehmen, wenn nicht auszuschließen ist, dass der Nebenkläger Tatsachen hätte vorbringen und/oder Beweismittel benennen können, die für den Schuldspruch wesentliche Bedeutung haben können. Dazu müssen aber in der Revisionsrechtfertigung Angaben gemacht werden.

132 Für den Nebenkläger kann (auch) in der Revisionsinstanz ein Beistand bestellt (§ 397a Abs. 1 StPO)[481] oder – sofern die Voraussetzungen für die Bestellung eines Beistandes nicht vorliegen[482] – Prozesskostenhilfe beantragt werden (§ 397a Abs. 2 StPO; bei letzterem ist dies erforderlich, weil Prozesskostenhilfe nur für die jeweilige Instanz bewilligt wird, vgl. § 119 Abs. 1 S. 1 ZPO, die Bestellung eines Beistandes durch den Tatrichter wirkt dagegen in der Revisionsinstanz fort).[483] Der Prozesskostenhilfeantrag muss grundsätzlich vollständig – mit der Erklärung über die persönlichen und wirtschaftlichen Verhältnisse – eingereicht werden,[484] er sollte möglichst früh gestellt werden, weil Prozesskostenhilfe nicht rückwirkend bewilligt werden kann.[485]

Eine rückwirkende Bewilligung von Prozesskostenhilfe, zumal nach rechtskräftigem Verfahrensabschluss, ist grundsätzlich nicht möglich. Eine auf den Zeitpunkt der Antragstellung rückwirkende Entscheidung kommt jedoch in Betracht, wenn der Antrag nicht rechtzeitig beschieden worden ist und der Antragsteller mit seinem Antrag bereits alles für die Bewilligung der Prozesskostenhilfe Erforderliche getan hat[486]

I. Besonderheiten der Entschädigung des Verletzten

133 Nach § 406a Abs. 2 S. 1 StPO[487] kann der Angeklagte mit dem Rechtsmittel der Revision allein gegen die Entscheidung im Anhangsverfahren vorgehen[488]; auch insoweit gelten die Formvorschriften über die Einlegung der Revision. Die Revisionseinlegung allein mit einer Beschränkung auf das Adhäsionsverfahren kann aber nicht als Erhebung der Sachrüge angesehen werden. Deshalb muss die Sachrüge zweifelsfrei erhoben werden[489]

Kann das Revisionsgericht über den strafrechtlichen Teil eines Urteils durch Beschluss nach § 349 Abs. 2 oder 4 StPO entscheiden, so kann es hierbei auch über das Rechtsmittel gegen die Zubilligung einer Entschädigung ohne Bindung an den Antrag des Generalbundesanwalts mit befinden. Aus § 405 S. 2, § 406a Abs. 2 S. 2 StPO ergibt sich, dass das Rechtsmittelgericht ohne Hauptverhandlung entscheiden kann, wenn lediglich über die Zubilligung einer Entschädigung zu befinden

---

479 BGHR StPO § 400 I Zulässigkeit 12.
480 BGH StV 1981, 535.
481 Vgl. BGH NStZ 1999, 365.
482 Vgl. BGH NJW 1999, 2380.
483 BGH NStZ 2000, 218, 219552, 553.
484 *Kurth* NStZ 1997, 1, 2 m.w.N.
485 *Kurth* NStZ 1997, 1, 4 m.w.N.
486 BGH, Beschl. v. 13.10.2010 – 5 StR 179/10, StraFo 2011, 115 f.
487 Allgemein zur Stellung des Adhäsionsklägers im Strafprozess *Arz* JR 2019, 280; Zur Nebenklage und Adhäsionsantrag im Strafbefehlsverfahren *Metz,* JR 2019, 67; vgl. auch 27. Kapitel.
488 Zum Adhäsionsverfahren vgl. *Prechtel* ZAP Nr. 4, 2005 S. 197 ff.; *Stoffers/Möckel* NJW 2013, 830 ff.; *Kuhn* JR 2004, 397 f.; *Keil/Best* DAR 29013, 628 ff.; vgl. auch 7. Teil Kapitel 27.
489 BGH NStZ 2000, 388.

ist. Dies erfordert, auch dann eine Entscheidung im Beschlusswege zuzulassen, wenn im Übrigen wegen der Schuld- und Straffrage die Voraussetzungen des § 349 Abs. 2 und 4 StPO vorliegen, da der Gesetzgeber vermeiden wollte, dass allein wegen dieser Nebenentscheidung eine Hauptverhandlung stattfindet.[490]

Für die Zulässigkeit eines Grundurteils im Adhäsionsverfahren müssen grundsätzlich dieselben rechtlichen Voraussetzungen vorliegen, die auch nach der Zivilprozessordnung gelten. Danach scheidet i.d.R. ein Grundurteil über einen unbezifferten Feststellungsantrag schon wesensmäßig aus. Etwas anderes gilt jedoch dann, wenn die Klage auch zu einem Ausspruch über die Höhe führen soll.[491]

J. Revision des Einziehungs- oder Verfallsbeteiligten

Die Befugnis eines Einziehungsbeteiligten, aus eigenem Recht ein Rechtsmittel gegen ihn beschwe- 134
rende Rechtsfolgen eines Urteils einzulegen, ist nunmehr in § 431 StPO[492] geregelt.

K. Revision im JGG-Verfahren

Hier ist § 55 Abs. 1 S. 1 JGG von Bedeutung. Danach kann ein Urteil, in dem lediglich ein Zucht- 135
mittel angeordnet worden ist, nicht wegen des Umfangs der Maßnahme und nicht deshalb angefochten werden, weil andere Erziehungsmaßregeln oder Zuchtmittel hätten angeordnet werden sollen. Nach § 50 Abs. 3 JGG ist eine Unterrichtung der Jugendgerichtshilfe über Ort und Zeit der Hauptverhandlung erforderlich. Ein Verstoß gegen diese Vorschrift kann zur Aufhebung des Urteils führen.[493] Unterbleibt entgegen § 67 Abs. 2 JGG eine Nachricht an den Erziehungsberechtigten mit der Folge, dass er an der Hauptverhandlung nicht teilnimmt, kann dies mit der Revision grundsätzlich nur im Einzelfall als Verstoß gegen die gerichtliche Aufklärungspflicht beanstandet werden.[494] Die Erziehungsberechtigten haben einen Anspruch auf Erteilung des letzten Wortes in der Hauptverhandlung (§ 67 Abs. 1 JGG).[495] Ihnen steht ein eigenes Rechtsmittelrecht zu (§ 298 StPO), das zwar dann, wenn der Angeklagte volljährig wird, ehe über das Rechtsmittel des gesetzlichen Vertreters entschieden worden ist, erlischt, von dem Angeklagten aber auch dann weiterbetrieben werden kann, wenn er selbst vorher auf Rechtsmittel verzichtet hat.[496]

Nach § 55 Abs. 2 S. 1 JGG kann gegen das jugendgerichtliche Berufungsurteil nicht mehr Revision eingelegt werden. Ein Urteil, mit dem ausschließlich ein Zuchtmittel (§ 13 JGG) gegen den Angeklagten angeordnet wird, kann gemäß § 55 Abs. 1 S. 1 JGG nicht wegen des Umfangs der Maßnahme und nicht deshalb angefochten werden, weil andere Erziehungsmaßregeln oder (andere) Zuchtmittel hätten angeordnet werden sollen. Dementsprechend kann ein Rechtsmittel gegen ein allein derartige Rechtsfolgen des Jugendstrafrechts verhängendes Urteil lediglich darauf gestützt werden, dass die Schuldfrage aus tatsächlichen oder rechtlichen Gründen falsch beurteilt oder die verhängte Sanktion selbst rechtswidrig ist. Diese gesetzliche Beschränkung in dem zulässigen Angriffsziel eines gegen ein solches Urteil gerichteten Rechtsmittels wirkt sich bei der Revision auf die aus § 344 Abs. 1 StPO resultierenden Anforderungen an den vom Gesetz verlangten Revisionsantrag aus. Um eine Umgehung der Begrenzung der im Rahmen von § 55 Abs. 1 S. 1 JGG zulässigen Angriffsziele einer Revision zu verhindern, ergibt sich vor dem Hintergrund von § 344 Abs. 1 StPO, wonach im Revisionsantrag anzugeben ist, inwieweit das Urteil angefochten werde, für den Revisionsführer die

490 BGHR StPO § 406a Abs. 2 Beschluss 1.

491 BGHSt 47, 378.

492 Gesetz zur Reform der strafrechtlichen Vermögensabschöpfung v. 13.04.2017 BGBL I 872 ff.; früher § 437 StPO.

493 BGH StV 1993, 536.

494 BGH NStZ 1996, 612; zur Stellung des Erziehungsberechtigten vgl. BVerfG StraFo 2003, 84.

495 BGH, Urt. v. 13.03.2003 – 3 StR 434/02; BGHR JGG § 67 – Erziehungsberechtigter 3; BGH NStZ-RR 2002, 346.

496 BGHSt 10, 174.

Notwendigkeit, eindeutig klarzustellen, dass mit dem Rechtsmittel ein zulässiges Ziel verfolgt wird.[497] Revision kann auch dann nicht eingelegt werden, wenn die Berufung durch ein Urteil nach § 329 Abs. 1 S. 1 JGG verworfen worden ist. Gleichwohl darf der Tatrichter die Revision deshalb nicht als unzulässig verwerfen. Diese Entscheidung ist dem Revisionsgericht vorbehalten.[498]

§ 357 StPO ist nicht zugunsten eines früheren Mitangeklagten anwendbar, für den die Revision wegen § 55 Abs. 2 JGG unzulässig war[499].

L. Einige Revisionsrügen in alphabetischer Reihenfolge (mit Rechtsprechungshinweisen und teilweise auch mit Mustern)

136 Nachfolgend sind einige der häufiger vorkommenden Verfahrenshindernisse, Verfahrensfehler und materiell-rechtlichen Fehler in alphabetischer Reihenfolge aufgeführt. Freilich wird der Einstieg in die Prüfung der Möglichkeiten einer Revision angesichts der zur Verfügung stehenden Recherchemöglichkeiten regelmäßig darin bestehen, sich mit einigen sinnvoll kombinierten Suchwörtern auf die Suche nach Entscheidungen zu machen, die entweder den prozessualen Vorgang oder den möglicherweise problematischen Urteilsinhalt direkt treffen oder ähnliche Konstellationen behandeln und daher für den eigenen Fall nutzbar gemacht werden können. Die Hinweise, Muster und Rechtsprechungshinweise sollen auch keinesfalls darüber hinwegtäuschen, dass im konkreten Fall weitere Ausführungen geboten sein können und meistens auch werden. Maßgebend sind immer die Umstände des Einzelfalls und, soweit es sich um Verfahrensrügen handelt, das Erfordernis, dass die Revisionsbegründung den prozessualen Sachverhalt so umfassend vortragen muss, dass er in der Revisionsbegründung abschließend enthalten ist und das Revisionsgericht sich aus dem Schriftsatz heraus ein umfassendes Bild von dem prozessualen Geschehen machen kann. Ebenso versteht es sich, dass diese Aufzählung nicht abschließend ist und in jedem Einzelfall Raum ist für Rügen, die mit Blick auf das übergreifende Ziel der Revision als Rechtsinstitut, Fehlurteile zu beseitigen, sinnvoll erscheinen können. Als Beispiel aus der eigenen Praxis ist die Rüge einer Verletzung des Rechts auf effektiven Rechtsschutz im Strafverfahren aus Art. 20 Abs. 3 in Verbindung mit Art. 2 Abs. 1 GG in einem Fall zu nennen, in dem das Landgericht der Revisionsverteidigerin Urteil und Protokoll sieben und die Verfahrensakte fünf Tage vor Ablauf der Revisionsbegründungsfrist übersandt hatte, also gerade noch rechtzeitig, dass man überhaupt damit arbeiten konnte, aber unter massiver Beschneidung der Revisionsbegründungsfrist. Zwar hatte die Revision keinen Erfolg, aber selbst der Generalbundesanwalt kam nicht umhin, die Empörung der Verteidigung für nachvollziehbar zu halten.

An dieser Stelle noch ein kleiner Exkurs vorab. Jede Verteidigerin und jeder Verteidiger, der mit einem Mandanten die Erfolgsaussichten einer Revision bespricht, kennt das ungläubige Staunen des Angeklagten und seiner Angehörigen darüber, dass das Hauptverhandlungsprotokoll gerade in den gewichtigen Strafsachen, die zur Zuständigkeit der Landgerichte und Oberlandesgerichte gehören, über die Inhalte der Beweisaufnahme (in Gestalt des dort gesprochenen Wortes) und insbesondere von Zeugenaussagen rein gar nichts enthält (und erst recht keine Dokumentation von deren Wortlaut). Diese seit Ende Mai 1949 nicht mehr recht zeitgemäße Form der Protokollierung in Verbindung mit dem richterrechtlich begründeten sogenannten Verbot der Rekonstruktion der Hauptverhandlung dürfte so manches Urteil vor der Aufhebung bewahrt haben. Die alternative Rüge entweder der Verletzung des § 261 StPO oder des § 244 Abs. 2 StPO, wenn deutlich ist, dass eine der beiden Normen verletzt sein muss, stellt einen Versuch von Verteidigerseite dar, in entsprechenden Fällen den sich hieraus ergebenden Problemen Herr zu werden. Sie hat aber bis heute keine echte Anerkennung gefunden. Das ist m.E. mit Blick auf das grundrechtsgleiche Recht auf effektiven Rechtsschutz (auch) im Strafverfahren und hier (auch) in der Revisionsinstanz nicht zu

497 BGH, Beschl. v. 10.07.2013 – 1 StR 278/13, StV 2013, 772 f. = NStZ 2013, 659 f.
498 OLG Dresden, Beschl. v. 26.11.2009 – 2 Ss 652/09.
499 BGHSt 51, 34.

rechtfertigen.[500] Indes könnte es noch in dieser Legislaturperiode dazu kommen, dass die Weichen hin zu einer Entspannung der Lage gestellt werden (wenn auch mit einer großzügigen Umsetzungsfrist), sofern nämlich der Entwurf der Bundesregierung eines Gesetzes zur digitalen Dokumentation der strafgerichtlichen Hauptverhandlung (Hauptverhandlungsdokumentationsgesetz – DokHVG) vom 23.08.2023[501] trotz Intervention des Bundesrates doch noch verabschiedet wird. Der Gesetzentwurf ist in einer Expertenanhörung im Rechtsausschuss des Deutschen Bundestags im Oktober 2023 von den Vertreterinnen und Vertretern der Anwaltschaft einhellig begrüßt worden – und sogar von einem Revisionsrichter. Auch von einem Vertreter des Generalbundesanwalts sind gegen den Entwurf keine grundsätzlichen Einwände erhoben worden.[502] Wenn der Entwurf Gesetz wird, ist sicher mit Kinderkrankheiten bei der Umsetzung zu rechnen, von denen in der Anhörung auch die Rede war. Indes ist wohl kaum zu befürchten, dass die Praxis etwaige anfängliche Probleme nicht in den Griff bekommen würde. Dass – wie in der Anhörung ebenfalls geäußert – der Opferschutz und die Vermeidung von Missbrauch der Aufzeichnungen oder Transkripte der Einführung einer echten Dokumentation der Hauptverhandlung entgegenstehen sollen, kann nicht überzeugen.

I. Absprache

siehe Verständigung. 137

II. Abwesenheit – Angeklagter

- Gesetzesverletzung[503] 138
  Verstoß gegen § 230 Abs. 1 StPO[504] (Abwesenheit; ausführlich dazu Kap. 4 Rdn. 60 ff.)[505] oder gegen § 247 S. 4 StPO (Unterrichtungspflicht[506]).

  ▶ Hinweis

  Nur ein verhandlungsfähiger Angeklagter ist »anwesend«.[507]

- Rügeart
  Verfahrensrüge.
- Anforderungen an die Rüge[508]
  Grundsätzlich muss der Zeitpunkt des Ausschlusses des Angeklagten sowie der Verhandlungsteil mitgeteilt werden, der in Abwesenheit des Angeklagten durchgeführt wurde;[509] bei mehreren Angeklagten sollte ferner dargelegt werden, dass der in Abwesenheit des Revisionsführers durchgeführte Teil der Hauptverhandlung diesen Angeklagten betraf.[510] Ergibt sich dies nicht schon

---

500 Uneingeschränkt bejaht wird ihre Statthaftigkeit von *Hebenstreit*, FS Widmaier 2008. *Gerhold*, ZStW 2021, 466 plädiert für eine Einschränkung des Rekonstruktionsverbots, um entsprechende Sachverhalte revisionstechnisch fassbar zu machen.

501 Vgl. BT-Drucks. 20/8096.

502 Vgl. die Pressemitteilung zu der Anhörung unter https://www.bundestag.de/dokumente/textarchiv/2023/kw41-pa-recht-hauptverhandlungsdokumentation-969024.

503 Vgl. z.B. BGH StV 2003, 149; 649; Zur Anwesenheit BGH, Beschl. v. 11.12.2018 – 2 StR 250/18 = NJW 2019, 692 f.; v. 17. 10 2018 – 4 StR 99/18.

504 Zum Normzweck: BGH, Urt. vom 28.07.2010 – 1 StR 643/09, NStZ 2011, 233 ff.; v. 11.03.2014 – 1 StR 711/13, StV 2015, 87 m. Anm. *Ventzke*; vgl. auch *Morgenstern* JR 2016, 237 f.; zur zulässigen Videovernehmung § 247a Abs. 1 StPO: BGH, Beschl. v. 20.09.2016 – 3 StR 84/16, NJW 2017, 181 f.

505 Zur Möglichkeit der Vertretung im Strafbefehlsverfahren (§ 411 Abs. 2 StPO): Kap. 7 Rdn. 65 ff.

506 Vgl. dazu BGH, Beschl. v. 16.03.2010 – 4 StR 612/09, StV 2010, 469.

507 BGHSt 23, 331, 334; zur Verhandlungsfähigkeit des Angeklagten *Stollenwerk/Jöbges* DRiZ 2019, 222; Verhandlungsfähigkeit im Revisionsverfahren vgl. BGH, Urt. v. 04.07.2018 – 5 StR 46/18 = NStZ 2018, 652 f.

508 Vgl. KK/*Gericke* § 344 Rn. 48; BGH, Beschl. v. 11.03.2014 – 1 StR 711/13, StV 2015, 87 m. Anm. *Ventzke.*

509 BGHSt 26, 84, 91; BGH NStZ 1983, 36; BGH StV 2000, 240.

510 BGHSt 21, 180; 32, 100.

von selbst oder (bei erhobener Sachrüge) aus dem Urteil, müssen auch die Tatsachen mitgeteilt werden, aus denen sich herleiten lässt, dass es sich um einen wesentlichen Teil der Hauptverhandlung gehandelt hat, also z.B. was sich während dieses Verhandlungsteils (inhaltlich) ereignet hat.[511] Ferner müssen die zum Verhandeln ohne den Angeklagten gestellten Anträge und die Entscheidungen[512] sowie die Tatsachen vorgetragen werden, aus denen sich ergibt, dass diese Entscheidungen falsch waren, der Angeklagte also beispielsweise nicht eigenmächtig ausgeblieben ist.[513] War der Angeklagte für die Dauer der Vernehmung eines Zeugen ausgeschlossen worden, dauerte der Ausschluss aber noch während der Verhandlung über die Entlassung dieses Zeugen an, so muss ferner dargelegt werden, dass der Angeklagte anschließend nicht auf das Stellen von Fragen an den Zeugen verzichtet hat.[514] Wurden während einer solchen Zeugenvernehmung in Abwesenheit des Angeklagten Augenscheinsobjekte betrachtet oder Urkunden verlesen, ist auch vorzutragen, ob diese als Beweismittel oder als Vernehmungsbehelf gedient haben (vgl. zu einer »eingeschobenen Beweisaufnahme« auch das 2. Beispiel).[515] Kommt eine Heilung durch Wiederholung in Betracht, muss der Sachverhalt auch in dieser Hinsicht vollständig mitgeteilt werden.[516] Ist nach den vorgetragenen Tatsachen sowohl ein Verstoß gegen § 230 Abs. 1 StPO als auch einer gegen § 247 S. 4 StPO möglich, muss ferner klargestellt werden, welche Gesetzesverletzung beanstandet wird.[517]

– Absoluter Revisionsgrund
  § 338 Nr. 5 StPO, der aber nur vorliegt, wenn die Abwesenheit einen wesentlichen Teil der Hauptverhandlung betraf.[518] Die Anwesenheitspflicht soll dem Angeklagten nicht nur das rechtliche Gehör gewährleisten, sondern soll ihm auch »die Möglichkeit allseitiger und uneingeschränkter Verteidigung, insbesondere durch Stellung von Anträgen auf Grund des von ihm selbst wahrgenommenen Verlaufs der Hauptverhandlung, sichern«. Außerdem soll dem Tatrichter im Interesse der Wahrheitsfindung ein unmittelbarer Eindruck von der Person des Angeklagten, seinem Auftreten und seinen Erklärungen vermittelt werden Aber nur, wenn der Angeklagte in einem – im Hinblick auf die genannten Aspekte – wesentlichen Teil der Hauptverhandlung abwesend ist, begründet dies die Revision. Denn § 338 StPO ist nicht anwendbar, wenn das Beruhen des Urteils auf dem Mangel denkgesetzlich ausgeschlossen ist. Nicht jede Sachverhandlung, auf die es etwa zur Fristwahrung gemäß § 229 Abs. 1 StPO ankommt, wie die Verhandlung über die Verhandlungsfähigkeit des Angeklagten, die gerichtliche Entscheidung eines Ordnungsmittel- und Kostenbeschlusses gegen einen Zeugen oder die Entscheidung über etwaige Zwangsmaßnahmen gemäß § 51 StPO ist ein wesentlicher Verhandlungsteil i.S.v. § 338 Nr. 5 StPO. Ein solcher liegt – im Hinblick auf einen Angeklagten – nicht vor, wenn denkgesetzlich ausgeschlossen ist, dass bezüglich des Prozessgeschehens in seiner Abwesenheit sein Anspruch auf rechtliches Gehör sowie seine prozessualen Mitgestaltungsrechte beeinträchtigt worden sind. Der Verhandlungsteil darf auch sonst das Ergebnis der Hauptverhandlung (nicht bestimmt haben können. Fehlt es an einem dieser Aspekte, liegt etwa eine Verletzung des Rechts auf Gehör vor, dann ist es bei dem absoluten Revisionsgrund des § 338 Nr. 5 StPO unerheblich, wenn gleichwohl im Nachhinein aus revisionsrechtlicher Sicht eine andere Entscheidung

---

511 BGH NStZ 2001, 48; BGH StV 2000, 240, 241; BGH NStZ 2001, 48 f.

512 BGH StV 2000, 240; BGH StV 2000, 240.

513 Vgl. KK/*Gericke* § 344 Rn. 48 m.w.N.; BGH StV 2003, 149.

514 Vgl. BGH NStZ 2000, 440; BGH NJW 1998, 2541; ob die Abwesenheit allein während der Verhandlung über die Entlassung des Zeugen einen wesentlichen Teil der Hauptverhandlung betrifft, ist streitig, vgl. BGH StV 2000, 240, 241 m.w.N.

515 BGH StV 2000, 241.

516 BGH NStZ-RR 1998, 259 (Nr. 9).

517 Vgl. oben Rdn. 83.

518 Ein wesentlicher Teil der Hauptverhandlung ist regelmäßig die Vereidigung eines Zeugen (vgl. das 2. Beispiel), nicht dagegen eine auch außerhalb der Verhandlung – freibeweislich – mögliche Erholung von Auskünften (BGH NStZ 1998, 528) sowie deren Verlesung (BGH StV 2000, 240) oder die Verhandlung und Entscheidung über einen Befangenheitsantrag (BGH NStZ 1996, 398).

des Tatgerichts ausgeschlossen werden könnte, auch wenn die Angeklagte am fraglichen Teil des Verfahrens teilgenommen hätte.[519] In Betracht kommt vor allem auch ein Verfahrensfehler im Zusammenhang mit der Entscheidung über Vereidigung und Entlassung eines Zeugen, bei dessen Vernehmung der Angeklagte ausgeschlossen war. Nach der bisherigen Rechtsprechung war die Entscheidung über die Vereidigung ein wesentlicher Teil der Hauptverhandlung[520], auch wenn der Zeuge unvereidigt geblieben ist. An dieser zur Annahme des absoluten Revisionsgrundes nach § 338 Nr. 5 StPO führenden Rechtsprechung[521] dürfte angesichts der Änderung des § 59 StPO durch das 1. Justizmodernisierungsgesetz (BGBl. I 2004, S. 2198 ff.), nach der Zeugen nur vereidigt werden, wenn es das Gericht wegen der ausschlaggebenden Bedeutung der Aussage oder zur Herbeiführung einer wahren Aussage nach seinem Ermessen für notwendig hält, nicht mehr festzuhalten sein. Entscheidet der Vorsitzende, dass ein Zeuge entsprechend dem Regelfall des § 59 StPO nicht vereidigt werden soll, und wird diese Frage weder kontrovers erörtert noch zum Gegenstand einer gerichtlichen Entscheidung nach § 238 Abs. 2 StPO gemacht, so ist, wenn der für die Vernehmung nach § 247 StPO aus dem Sitzungssaal entfernte Angeklagte dabei nicht anwesend ist, dieser Verfahrensvorgang kein wesentlicher Teil der Hauptverhandlung und der absolute Revisionsgrund des § 338 Nr. 5 StPO nicht gegeben.[522] Die Frage, ob die fortdauernde Abwesenheit des nach § 247 StPO während einer Zeugenvernehmung entfernten Angeklagten bei der Verhandlung über die Entlassung des Zeugen den absoluten Revisionsgrund des § 338 Nr. 5 StPO begründet, hat der Große Senat für Strafsachen des BGH dahin entschieden[523], dass die Verhandlung über die Entlassung eines Zeugen kein Teil der Vernehmung im Sinne von § 247 StPO ist. Die fortdauernde Abwesenheit eines nach § 247 StPO während einer Zeugenvernehmung entfernten Angeklagten bei der Verhandlung über die Entlassung des Zeugen begründet daher regelmäßig den absoluten Revisionsgrund des § 338 Nr. 5 StPO. Die Frage der Vernehmungsfähigkeit eines Zeugen betrifft keinen wesentlichen Teil der Hauptverhandlung.[524]

▶ Hinweis

Rügt der Angeklagte, das Landgericht habe die Hauptverhandlung zu Unrecht in seiner Abwesenheit zu Ende geführt, hat das Revisionsgericht die Frage, ob er sich i.S.d. § 231 Abs. 2 StPO eigenmächtig aus der Hauptverhandlung entfernt hat oder bei deren Fortsetzung eigenmächtig ausgeblieben ist, zwar ausgehend vom Kenntnisstand zum Zeitpunkt der Revisionsentscheidung im Freibeweis zu überprüfen, jedoch nur auf der Grundlage eines entsprechenden Revisionsvortrags.[525]

– Relativer Revisionsgrund
  Bei Verstoß gegen die Unterrichtungspflicht nach § 247 S. 4 StPO, wobei hier das Beruhen regelmäßig gegeben sein wird;[526] ferner bei Abwesenheit des Angeklagten während eines nicht wesentlichen Teils der Hauptverhandlung, wobei es dann allerdings regelmäßig am Beruhen fehlt.[527]

---

519 BGH, Urt.v. 28.07.2010 – 1 StR 643/09, NStZ 2011, 233 f. = StV 2011, 211 f. m. Anm. *Kudlich* StV 2011, 212 f.
520 BGHR StPO § 338 Nr. 5 – Angeklagter 23.
521 Vgl. *Maier* NStZ 2003, 676.
522 BGHSt 51, 81 ff. = NStZ 2006, 715.
523 Beschl. v. 21.04.2010 – GSSt 1/09, BGHSt 55, 87 ff. = NStZ 2011, 47 f. m. Anm. *Fezer* NStZ 2011, 49 ff.: BGH, Urt. v. 09.02.2011 – 5 StR 387/10, StV 2011, 520; Beschl. v. 10.04.2013 – 1 StR 11/13.
524 BGH, Beschl. v. 15.09.2010 – 2 StR 281/10, StraFo 2010, 493.
525 BGH, Beschl. v. 25.10.2011 – 3 StR 282/11, StV 2012, 72 f.
526 BGHSt 1, 346 (350); KK/*Diemer* § 247 Rn. 16.
527 Vgl. KK/*Gmel* § 226 Rn. 10.

Beispiel 1

Die Hauptverhandlung fand im Fortsetzungstermin ohne den Angeklagten statt, weil dieser in anderer Sache in U-Haft genommen worden war.[528]

1. Gerügt wird die Verletzung des § 230 Abs. 1 StPO, da das Gericht die Hauptverhandlung während eines wesentlichen Teils, nämlich insbesondere als das letzte Wort zu gewähren war, in Abwesenheit des Angeklagten durchgeführt hat, obwohl hierfür keine gesetzliche Grundlage – auch nicht der von der Strafkammer bejahte § 231 Abs. 2 StPO[529] – bestand.

Im Einzelnen ergibt sich der Verfahrensgang hierzu aus folgendem Eintrag im Protokoll über die Hauptverhandlung vom … (Bl … dA): »…« [Mitteilung des Ausbleibens des Angeklagten, der Anträge, Erklärungen sowie der Entscheidung des Gerichts über das Verhandeln ohne den Angeklagten und des Verhandlungsteils, der während der Abwesenheit des Angeklagten stattgefunden hat.]

2. Diese Verfahrensweise war fehlerhaft.
Das Gesetz schreibt die Anwesenheit des Angeklagten während der gesamten Dauer der Hauptverhandlung zwingend vor (§ 230 Abs. 1 StPO), sofern es nicht ausdrücklich hiervon Ausnahmen zulässt.

Eine solche lag hier nicht vor, insbesondere fehlte es an der in § 231 Abs. 2 StPO vorausgesetzten Eigenmächtigkeit. Diese erfordert, dass der Angeklagte seine Anwesenheitspflicht ohne Rechtfertigungs- oder Entschuldigungsgrund wissentlich missachtet und dadurch den Gang der Hauptverhandlung zu stören versucht.[530] Ein in Haft befindlicher Angeklagter besitzt jedoch nicht die Macht, aus freien Stücken der Hauptverhandlung fernzubleiben, da er jederzeit auch gegen seinen Willen vorgeführt werden kann. Dass dem Tatrichter der Grund des Ausbleibens des Angeklagten nicht bekannt war, ist dabei ohne Bedeutung, es genügt vielmehr, dass der Angeklagte an der Verhandlung tatsächlich ohne sein Verschulden nicht teilnehmen konnte. Dies wiederum ergibt sich im Einzelnen aus der Anzeige über die Festnahme vom … und dem Haftbefehl des Amtsgerichts … vom … (Bl … dA). Diese haben folgenden Inhalt: »…« [Mitteilung des Wortlauts von Festnahmeanzeige und Haftbefehl.]

3. Es liegt der absolute Revisionsgrund des § 338 Nr. 5 StPO vor.

Beispiel 2

Der Angeklagte war auf eigenen Wunsch hin zu Recht während der Vernehmung seiner Tochter als Zeugin (des Tatopfers) nach § 247 StPO ausgeschlossen worden; zugelassen wurde er erst wieder, nachdem über die Vereidigung der Zeugin entschieden worden war.[531]

Gerügt wird die Verletzung des § 230 Abs. 1 StPO.

1. Der Angeklagte wurde durch Gerichtsbeschluss gemäß § 247 StPO während der Vernehmung der Zeugin … ausgeschlossen. Sein Ausschluss dauerte jedoch über diese Vernehmung hinaus auch während der Verhandlung über die Beeidigung und der Entscheidung über die Vereidigung an.

528 BGH NStZ 1997, 295.
529 Eigenmächtigkeit des Entfernens im Sinne von § 231 Abs. 2 StPO kann vorliegen, wenn der Angeklagte aufgrund einer mittelgradigen depressiven Episode einen Suizidversuch unternimmt, der zu seiner Verhandlungsunfähigkeit führt; BGH, Beschl. v. 25.07.2011 – 1 StR 631/10, BGHSt 56, 298 ff. = NStZ 2012, 105 f.
530 BGH StV 1991, 244; *Meurer* NStZ 1993, 600 m.w.N.
531 BGH NStZ 2000, 440; 1999, 522; 1997, 402; ebenso schon BGH StV 1995, 509; 1996, 530.

Dies ergibt sich im Einzelnen aus dem Sitzungsprotokoll vom … (Bl … dA), das hierzu folgenden Eintrag enthält: »…« [Wiedergabe des Protokolls vom Ausschließungsantrag bis zur Wiederzulassung.]

2. Diese Verfahrensweise verstieß gegen § 230 Abs. 1 StPO, da § 247 StPO den Ausschluss des Angeklagten nur für die Dauer der Vernehmung des Zeugen ermöglicht hat. Dazu gehört aber nicht auch die Verhandlung und Entscheidung über die Vereidigung eines Zeugen. Ohne Bedeutung ist dabei, dass die Zeugin als Geschädigte unbeeidet geblieben ist, weil ein Hinwirken des Angeklagten auf eine Vereidigung möglich gewesen wäre (§ 61 StPO ist eine Kann-Regelung).[532]

3. Daher liegt der absolute Revisionsgrund des § 338 Nr. 5 StPO vor. Hierfür ist unerheblich, dass der Angeklagte auf seinen Wunsch hin ausgeschlossen wurde. Der Grundsatz der Verhandlung nur in Anwesenheit des Angeklagten ist nämlich unverzichtbar; seine Verletzung kann auch gerügt werden, wenn die Abwesenheit auf einen ausdrücklichen Antrag des Angeklagten zurückging. [Dies gilt zumindest, wenn – wie hier – keine Anhaltspunkte dafür vorliegen, dass absichtlich ein Revisionsgrund geschaffen werden sollte.][533]

▶ Beispiel 3

Zum Sachverhalt, vgl. nachfolgend unter 1.

Gerügt wird die Verletzung des § 247 S. 4 StPO.[534]

1. Der Angeklagte wurde durch Beschluss des Gerichts während der Vernehmung des Zeugen A gemäß § 247 StPO ausgeschlossen. Die Vernehmung dieses Zeugen im Termin vom … wurde jedoch für die Vernehmung des Zeugen B unterbrochen. Während dieser Vernehmung war der Angeklagte zwar wieder zur Hauptverhandlung zugelassen worden, der Vorsitzende hatte es jedoch unterlassen, den Angeklagten nach Abschluss des ersten Teils der Vernehmung vom Inhalt der Aussage des Zeugen A zu unterrichten. Dies erfolgte vielmehr erst, nachdem die Vernehmung des Zeugen A, die im Anschluss an die Vernehmung des Zeugen B wiederum ohne den Angeklagten fortgesetzt wurde, beendet worden war.

Im Einzelnen ergibt sich diese Verfahrensweise aus dem Sitzungsprotokoll vom … (Bl … dA), das hierzu folgenden Eintrag enthält: »…« [Wiedergabe des Hauptverhandlungsprotokolls vom Ausschließungsantrag bzw. -beschluss bis zur Unterrichtung des Angeklagten.]

2. Das Gericht hat damit gegen § 247 S. 4 StPO verstoßen.[535] Sinn dieser Regelung ist, dass der Angeklagte so gestellt werden soll, als sei er während der Zeugenvernehmung, für die er ausgeschlossen wurde, dabei gewesen; er soll den weiteren Gang der Verhandlung sofort beeinflussen können und in größtmöglicher zeitlicher Nähe zu der von den anderen Verfahrensbeteiligten gehörten Aussage Stellung nehmen können. Maßgebend für die Unterrichtung und vor allem deren Zeitpunkt ist daher nicht der des Abschlusses dieser Zeugenvernehmung, sondern der der Wiederzulassung des Angeklagten. Daher war hier die Unterrichtung des

---

532 BGH NStZ 2000, 440; 1999, 522; anders bei Bestehen eines Vereidigungsverbots: vgl. BGH NStZ 1999, 522; BGH, Beschl. v. 15.12.1999 – 1 StR 614/99.

533 BGH NStZ 1993, 198; zweifelnd nunmehr BGH NStZ 2001, 48.

534 BGH NStZ 1999, 522; zu eingeschobenen bzw. unterbrochenen Beweiserhebungen auch: BGHSt 38, 260 = JZ 1993, 270 m. Anm. *Paulus*; BGH NStZ 1997, 402; 1998, 263 m. Anm. *Widmaier*.

535 Auch die Verhandlung über die Entlassung eines Zeugen ist kein Teil der Vernehmung im Sinne von § 247 StPO. Die fortdauernde Abwesenheit eines nach § 247 StPO während einer Zeugenvernehmung entfernten Angeklagten bei der Verhandlung über die Entlassung des Zeugen begründet regelmäßig den absoluten Revisionsgrund des § 338 Nr. 5 StPO (BGH Großer Strafsenat für Strafsachen, Beschl. v. 21.04.2010 – GSSt 1/09, BGHSt 55, 87 ff. = StV 2010, 467 f.).

Angeklagten über den Inhalt des ersten Teils der Aussage des Zeugen A schon geboten, als er zur Vernehmung des Zeugen B hereingeholt worden war.

Die Verletzung des § 247 S. 4 StPO begründet die Revision auch ohne Anrufung des Gerichts nach § 238 Abs. 2 StPO; denn die Unterrichtung des Angeklagten ist vom Gesetz zwingend vorgeschrieben und unverzichtbar.

3. Das Urteil beruht auf dem Verstoß gegen § 247 S. 4 StPO (§ 337 Abs. 1 StPO), weil der Angeklagte zu der Aussage Stellung genommen und so die weitere Beweisaufnahme – vor allem die Vernehmung des Zeugen B – und damit möglicherweise auch das Urteil – beeinflusst hätte; denn bei den Zeugen A und B handelte es sich – wie das Urteil ausweist (UA 15) – um die Belastungszeugen, auf die das Gericht seine Überzeugung von der Täterschaft des Angeklagten im Wesentlichen gestützt hat.

III. Abwesenheit – Staatsanwalt

139 – Gesetzesverletzung[536]
Verstoß gegen § 226 StPO.
– Rügeart
Verfahrensrüge.
– Anforderungen an die Rüge
Mitzuteilen sind die Tatsache der Abwesenheit (vgl. § 272 Nr. 2 StPO) sowie der Teil der Hauptverhandlung, der ohne den Staatsanwalt stattfand.[537] War der anwesende Staatsanwalt sachlich nicht zuständig (dazu: §§ 142 f. GVG), was seiner Abwesenheit gleichsteht, müssen auch die diese Unzuständigkeit belegenden Tatsachen vorgetragen werden.
– Absoluter Revisionsgrund
§ 338 Nr. 5 StPO, sofern die Abwesenheit einen wesentlichen Teil der Hauptverhandlung betraf (vgl. dazu die Beispiele bei Rdn. 138).
– Relativer Revisionsgrund
Bei Abwesenheit während eines nicht wesentlichen Teils der Hauptverhandlung, wobei es jedoch in aller Regel am Beruhen fehlt.[538]
– Besonderheiten
Es muss nicht immer derselbe Staatsanwalt anwesend gewesen sein; während der Zeugenvernehmung des Staatsanwalts[539] und der Würdigung seiner Aussage im Schlussvortrag muss ein Kollege die Sitzungsvertretung übernehmen;[540] Nimmt der Staatsanwalt im Rahmen der weiteren Sitzungsvertretung eine Würdigung seiner eigenen Zeugenaussage vor oder bezieht sich seine Mitwirkung auf einen Gegenstand, der mit seiner Aussage in einem untrennbaren Zusammenhang steht und einer gesonderten Bewertung nicht zugänglich ist, liegt ein relativer Revisionsgrund nach § 337 StPO vor, der zur Aufhebung des Urteils führt, wenn nicht ausgeschlossen werden kann, dass das Urteil hierauf beruht[541]; vgl. auch: *Befangenheit – Staatsanwalt* (Rdn. 150); *Plädoyer/Schlussvortrag* (Rdn. 176).

---

536 Zum schlafenden Staatsanwalt vgl. OLG Hamm, Beschl. v. 02.03.2006 – 2 Ss 47/06, NJW 2006, 1449 = NStZ-RR 2006, 315 f.
537 Vgl. BGHSt 26, 84 (91).
538 KK/*Gmel* § 226 Rn. 10.
539 Zum Problem Staatsanwalt als Zeuge: BGH NStZ-RR 2005, 343 f.; BGH, Beschl. v. 22.01.2008 – 4 StR 507/07, StV 2008, 283 f.; v. 31.07.2018 – 1 StR 382/17 = NStZ 2019, 234 f.; v. 14.02.2018 – 4 StR 550/17 = NStZ 2018, 482.
540 BGH NStZ 2007, 419 f.; BGH, Beschl. v. 24.10.2007 – 1 StR 480/07, StV 2008, 337 m. Anm. *Kelker* StV 2008, 381 ff.; vgl. dazu auch die Nachweise bei Meyer-Goßner/*Schmitt* Vor § 22 Rn. 3 ff.
541 BGH, Beschl. v. 19.09.2019 – 1 StR 235/19 = NStZ 2020, 180 f.

IV. Abwesenheit – Urkundsbeamter (Protokollführer)

- Gesetzesverletzung 140
  Verstoß gegen § 226 Abs. 1 StPO.[542]
- Rügeart
  Verfahrensrüge.
- Anforderungen an die Rüge:
  Mitzuteilen sind die Tatsache der Abwesenheit (vgl. § 272 Nr. 2 StPO) und der Teil der Hauptverhandlung, der ohne Protokollführer stattfand.[543] Wird beanstandet, der Protokollführer sei kein Urkundsbeamter der Geschäftsstelle gewesen (§ 153 GVG), muss dies belegt werden (Angaben zur Laufbahn oder zum Stand der Ausbildung).[544]
- Absoluter Revisionsgrund
  § 338 Nr. 5 StPO, sofern die Abwesenheit einen wesentlichen Teil der Hauptverhandlung betraf (vgl. dazu die Beispiele bei Rdn. 138).
- Relativer Revisionsgrund
  Bei Abwesenheit während eines nicht wesentlichen Teils der Hauptverhandlung, wobei es in aller Regel jedoch am Beruhen fehlt.[545]
- Besonderheiten
  Es muss nicht immer derselbe Protokollführer anwesend gewesen sein; im Fall des Wechsels des Urkundsbeamten muss jeder Protokollführer den Teil des Protokolls unterzeichnen, den er aufgenommen hat (§ 271 Abs. 1 S. 1 StPO).[546]

V. Abwesenheit – Verteidiger

- Gesetzesverletzung[547] 141
  Verstoß gegen §§ 140, 141 Abs. 1, 2, 418 Abs. 4 StPO, wenn der Angeklagte trotz notwendiger Verteidigung keinen Verteidiger hatte.[548] § 338 Nr. 5 StPO liegt nur bei einer körperlichen Abwesenheit oder erkennbaren Verhandlungsunfähigkeit des Verteidigers im Fall einer notwendigen Verteidigung vor, jedoch nicht bei einem nicht oder nur unzureichend vorbereiteten Verteidiger.[549] Verstoß gegen § 145 Abs. 1 StPO, wenn der Angeklagte zwar einen »notwendigen« Verteidiger hatte, dieser aber in der Hauptverhandlung nicht anwesend war; ansonsten abhängig vom Einzelfall (z.B. § 218 StPO bei unterlassener Ladung des »nicht notwendigen« Verteidigers).[550]
  Zu Fehlern bei der Pflichtverteidigerbestellung: unten Rdn. 175.
- Rügeart
  Verfahrensrüge.
- Anforderungen an die Rüge

---

542 Zum Absehen der Hinzuziehung beim Strafrichter vgl. § 226 Abs. 2 StPO; dazu *Meyer-Goßner*/Schmitt § 226 Rn. 7 a.

543 Vgl. BGHSt 26, 84 (91).

544 BGH bei *Miebach/Sander* NStZ-RR 2000, 1 (5), BGH, Beschl. v. 07.04.1999 – 3 StR 658/99.

545 KK/*Gmel* § 226 Rn. 10.

546 BGH wistra 1991, 272.

547 Zum Problem der Vernehmung des Verteidigers als Zeuge: Meyer-Goßner/*Schmitt* vor § 48 Rn. 18.

548 Zur notwendigen Verteidigung: Kap. 4 Rdn. 7 ff.; zur notwendigen Verteidigung schon im Ermittlungsverfahren: BGH NJW 2000, 3505; in Bußgeldsachen OLG Dresden, Beschl. v. 30.08.2010 – Ss (OWi) 812/09, SVR 2011, 75; vgl. dazu *Krenberger* jurisPR-VerkR 3/2011 Anm. 5; OLG Köln, Beschl. v. 27.10.2011 – III-1 RBs 253/11, StV 2012, 455 f.; vgl. dazu *Krenberger* jurisPR-VerkR 15/2012 Anm. 5.; zur Vertretung des Angeklagten durch den Verteidiger *Dierbach*, StraFo 2019, 50.

549 BGH StV 2000, 402.

550 Vgl. etwa zur Verhinderung des Wahlverteidigers: BGH NStZ 1999, 527.

In jedem Fall muss mitgeteilt werden, in welchem Teil der Hauptverhandlung der Angeklagte nicht verteidigt war,[551] bei mehreren Angeklagten sollte ferner dargelegt werden, dass dieser Teil der Hauptverhandlung auch den revisionsführenden Angeklagten betraf.[552] Wird beanstandet, dass dem Angeklagten kein Verteidiger bestellt wurde, obwohl ein Fall der notwendigen Verteidigung vorlag, so müssen die Umstände vorgetragen werden, die belegen, dass ein Fall notwendiger Verteidigung gegeben war.[553] War der Angeklagte während der Zeugenvernehmung seines Anwalts nicht verteidigt, muss auch dargelegt werden, zu welchem Beweisthema die Vernehmung erfolgt ist.[554] Ist ein »nicht notwendiger« Verteidiger zur Hauptverhandlung nicht geladen worden, muss mitgeteilt werden, dass die Wahl des Verteidigers rechtzeitig vor dem Termin angezeigt wurde und dass die Ladung unterblieben ist.[555]

– Absoluter Revisionsgrund
  § 338 Nr. 5 StPO, bei körperlicher Abwesenheit oder bei erkennbarer Verhandlungsunfähigkeit des Verteidigers,[556] sofern es sich um einen Fall der notwendigen Verteidigung gehandelt hat und die Abwesenheit einen wesentlichen Teil der Hauptverhandlung betraf (vgl. dazu die Beispiele bei Rdn. 138); die Rüge ist allerdings verwirkt, wenn sich der Verteidiger eigenmächtig während der Urteilsverkündung entfernt hatte[557] oder sich der Wahlverteidiger während der Hauptverhandlung entfernt hatte, der Pflichtverteidiger aber anwesend war.[558]
– Relativer Revisionsgrund
  Wenn die Abwesenheit des notwendigen Verteidigers einen nicht wesentlichen Teil der Hauptverhandlung betraf[559] (dann wird es jedoch in aller Regel am Beruhen fehlen[560]), ferner wenn ein Fall der notwendigen Verteidigung nicht vorlag, der Wahlverteidiger aber beispielsweise nicht geladen wurde (bei gravierenden Verstößen kommt auch § 338 Nr. 8 StPO in Betracht; dazu Rdn. 190).
– Besonderheiten
  Vgl. auch *Hauptverhandlung, Vertagung* (Rdn. 170); Pflichtverteidigerbestellung (Rdn. 175); *Verteidigung, Beschränkung* (Rdn. 190).

VI. Annexzuständigkeiten des Revisionsgerichts

142 – Kostenbeschwerde
  Mit der sofortigen Beschwerde (vgl. § 311 StPO) kann und muss gegebenenfalls neben der Hauptentscheidung die Kosten- und Auslagenentscheidung angegriffen werden (§ 464 Abs. 3 StPO). Das Revisionsgericht überprüft die Kosten- und Auslagenentscheidung nur, wenn von diesem Rechtsmittel zusätzlich und rechtzeitig (Frist: eine Woche ab Verkündung des Urteils) Gebrauch gemacht wurde. Sinnvoll ist die sofortige Beschwerde nur, wenn auch bei Verwerfung der Hauptentscheidung eine Änderung der Kostenentscheidung mit guten Gründen angestrebt wird.
  Wird ein Urteil auf die Revision aufgehoben, erledigt sich auch die hierauf bezogene Kostenbeschwerde. Eine Zuständigkeit des Revisionsgerichts für die Entscheidung über die sofortige Beschwerde gegen die Kostenentscheidung nach § 464 Abs. 3 S. 3 StPO besteht nur, wenn es zugleich über eine vom Beschwerdeführer eingelegte Revision zu entscheiden hat, weil nur in

551 BGH StV 1986, 287 (288); *Burgard* NStZ 2000, 242 (246).
552 Vgl. BGHSt 21, 180; 32, 100.
553 Vgl. OLG Köln NStZ-RR 1997, 336 (337); *Burgard* NStZ 2000, 242 (246).
554 OLG Brandenburg NStZ 1997, 612 (613); vgl. dazu aber KK/*Laufhütte*/*Willnow* § 140 Rn. 27 m.w.N.
555 OLG Hamm StV 1999, 194.
556 Vgl. BGH StV 2000, 402 m. Anm. *Stern*.
557 BGH NStZ 1998, 209.
558 BGH NStZ 1998, 267; BGH StV 1999, 189 m. Anm. *Ventzke*; zur Verfahrensrüge in einem solchen Fall: BGH StV 1998, 414.
559 *Burgard* NStZ 2000, 242 (246).
560 Vgl. KK/*Gmel* § 226 Rn. 10.

diesem Fall der erforderliche enge Zusammenhang zwischen beiden Rechtsmitteln besteht. Hat der Angeklagte nur Revision, der Nebenkläger nur Kostenbeschwerde eingelegt, so entscheidet über die Beschwerde das Beschwerdegericht,[561] meist das zuständige OLG.

- Beschwerde gegen Entscheidungen nach dem StrEG
  Der Gesetzgeber hat die Grundentscheidung über die Entschädigungspflicht als Annex zur Sachentscheidung ausgestaltet. Dementsprechend hat dasjenige Gericht über die Entschädigung zu befinden, dass die das Verfahren abschließende Entscheidung getroffen hat, aus der der Entschädigungsanspruch erwächst. Gegen Entscheidungen nach dem Gesetz, betreffend die Entschädigung für Strafverfolgungsmaßnahmen (StrEG) ist die sofortige Beschwerde gemäß § 8 Abs. 3 StrEG gegeben. Das Revisionsgericht ist zur Entscheidung über die Anfechtung der Entschädigungsentscheidung des Instanzgerichts gem. § 8 Abs. 3 StrEG, § 464 Abs. 3 S. 3 StPO nur dann zuständig, wenn die Revision und die Beschwerde von demselben Beschwerdeführer eingelegt worden sind.[562]
- Beschwerde gegen Entscheidung nach § 268a StPO
  Liegt eine Beschwer nur in den Bewährungsauflagen im Rahmen der §§ 56a bis 56d und § 59a StGB, ist die – einfache – Beschwerde des § 305a StPO das gegebene Rechtsmittel[563]. Auch für die Entscheidung über diese Beschwerde ist gem. § 305a Abs. 2 StPO eine Annexzuständigkeit des Revisionsgerichts begründet.

VII. Angeklagter – Belehrung, Schweigerecht

- Gesetzesverletzung 143
  Verstoß gegen § 243 Abs. 5 S. 1 StPO
  Dass dem Angeklagten nach dem Hinweis auf sein Schweigerecht gemäß § 243 Abs. 5 S. 1 StPO Gelegenheit gegeben worden ist, sich zu der Anklage zu äußern, gehört nicht zu den wesentlichen Förmlichkeiten der Hauptverhandlung, deren Einhaltung allein durch die Sitzungsniederschrift bewiesen werden kann.[564]

  ▶ Beachte

  Der Grundsatz, dass niemand im Strafverfahren gegen sich selbst auszusagen braucht, insoweit also ein Schweigerecht besteht, ist notwendiger Bestandteil eines fairen Verfahrens. Es steht dem Angeklagten frei, sich zu äußern oder nicht zur Sache auszusagen. Macht ein Angeklagter von seinem Schweigerecht Gebrauch, so darf dies nicht zu seinem Nachteil gewertet werden[565]

- Rügeart
  Verfahrensrüge.
- Anforderungen an die Rüge[566]
  Mitteilung, dass der Angeklagte in der Hauptverhandlung über sein Schweigerecht nicht belehrt wurde; ferner muss dargelegt werden, dass er von seiner Aussagepflicht ausging und deshalb Angaben gemacht hat;[567] der Hinweis, dass »zu Gunsten des Angeklagten« zu unterstellen sei, dass er seine Aussagefreiheit nicht gekannt habe, führt – da ein Rechtsfehler nicht bestimmt behauptet wird – zur Unzulässigkeit der Rüge.[568] Die Revisionsrüge, dass entgegen § 243 Abs. 4 S. 1 StPO zu Beginn der Hauptverhandlung keine Mitteilung des Vorsitzenden darüber erfolgt

---

561 BGHR StPO § 464 Abs. 3 Zuständigkeit 3.
562 BGHR StPO § 465 Abs. 2 – Billigkeit 1.
563 BGH, Beschl. v. 30.03.2016 – 2 StR 20/16.
564 BGH, Beschl. v. 28.07.2916 – 3 StR 149/16, NJW 2016, 3795 f.
565 BGH, Beschl. v. 05.07.2018 – 1 StR 42/18 = NStZ-RR 2018, 286 ff.
566 *Meyer-Goßner*/Schmitt § 243 Rn. 39.
567 BGHSt 25, 325 (333) streitig.
568 BGH (K) NStZ-RR 2000, 290 (= BGH, Beschl. v. 15.12.1999 – 3 StR 513/99).

sei, ob es auf eine Verständigung abzielende Vorgespräche gegeben habe, ist unzulässig (§ 344 Abs. 2 S. 2 StPO), wenn nicht vorgetragen wird, ob und gegebenenfalls mit welchem Inhalt Erörterungen nach §§ 202a, 212 StPO tatsächlich stattgefunden haben.[569]

– Relativer Revisionsgrund
Das Beruhen, das belegt werden muss, wird regelmäßig gegeben sein, wenn der Angeklagte sein Schweigerecht nicht kannte. Bei einem schon vor der Hauptverhandlung verteidigten Beschuldigten kann von einer solchen Kenntnis aber regelmäßig ausgegangen werden.[570]

– Besonderheiten
Vgl. auch *Beschuldigter – Belehrung, Schweigerecht* (Rdn. 155); zur Würdigung des Schweigens: Beweiswürdigung – Schweigen, Angeklagter/Beschuldigter (Rdn. 161).

VIII. Angeklagter – Vernehmung

144 – Gesetzesverletzung
Das Recht des Angeklagten, sich zur Sache äußern zu dürfen, wird aus § 243 Abs. 4 S. 2 StPO hergeleitet, dabei soll ihm grundsätzlich die Möglichkeit eingeräumt werden, sich im Zusammenhang äußern zu können (zur Durchführung der Vernehmung: Kap. 4 Rdn. 82 ff., 95 f.).[571] Die Pflicht des Gerichts, ihn zur Sache zu befragen, ergibt sich aus der Aufklärungspflicht (§ 244 Abs. 2 StPO). Eine nicht erschöpfende Vernehmung des Angeklagten kann deshalb in der Revision nur mittels einer Aufklärungsrüge (dazu Rdn. 147) geltend gemacht werden; diese ist jedoch regelmäßig erfolglos, wenn lediglich behauptet wird, dem Angeklagten seien bestimmte Fragen nicht gestellt worden.[572]

▶ Beachte

In der Praxis haben sich weitere Modalitäten der Einlassung des Angeklagten herausgebildet: Dabei können sich folgende Probleme ergeben[573]:

(1) Angeklagter verliest schriftliche Erklärung; dies ist zulässig, zu werten als Einlassung[574]

(2) Angeklagter übergibt schriftliche Erklärung – diese kann im Wege des Urkundenbeweises verlesen werden (Aufklärungspflicht![575]): Beweiswert als Urkunde[576]

(3) Verteidiger verliest in Anwesenheit des Angeklagten eine von ihm aufgesetzte schriftliche Erklärung, die der Angeklagte unterschrieben hat; Verteidiger ist Zeuge vom Hörensagen und als solcher wohl zu vernehmen.[577]

Hinweis: Gibt der Verteidiger mit dem Einverständnis des Angeklagten eine schriftlich vorbereitete Erklärung ab und wird das Schriftstück vom Gericht entgegengenommen, so wird

569 BGH, Beschl. v. 11.06.2015 – 1 StR 590/14, NStZ-RR 2015, 379 f.; v. 25.11.2014 – 2 StR 171/14, StV 2015, 274 m. Anm. *Schlothauer* StV 2015, 275 f. = NStZ 2015, 176 f. m. Anm. *Ferber* NStZ 2015, 177 f.

570 Vgl. BGHSt 38, 214, 225.

571 BGH NStZ 2000, 549.

572 Vgl. BGH NStZ 1997, 450; *Pelz* NStZ 1993, 361 (365); *Schäfer* StV 1995, 147 (155, 157).

573 Ausführlich dazu *Detter* FS Rissing-van Saan 2011 S. 97 ff. m.w.N.; *Dencker* FS Fezer 2008 S. 115 ff.; *Mehle* FS 25 Jahre Arbeitsgemeinschaft Strafrecht des Deutschen Anwaltsvereins 2009, 655 ff.; *Gillmeister* FS *Mehle* 2009 S. 233 ff.; *Pfister* NStZ Sonderheft *Miebach* 2009 S. 25 ff.; *Drees* STRR 2012, 244 f.

574 BGH, Beschl. v. 29.12.2014 – 2 StR 29/14, StV 2015, 277 f. = NStZ 2015, 418 f.

575 Str. BGH NStZ 2007, 349; StV 2007, 622 f. 2. Anm. *Schlothauer* StV 2007, 623 ff.; vgl. auch BGH, Beschl. v. 18.09.2012 – 3 StR 348/12, NStZ 2013, 59 – 60 = StV 2013, 373 f.

576 BGHSt 40, 211; 39, 306; 27, 136; 20, 162; BGH StV 2001, 548 und 1994, 521 (524).

577 BGHSt 39, 305; BGH StV 1994, 468.

der Inhalt der Erklärung nicht im Wege des Urkundenbeweises, sondern als mündliche Äußerung des Angeklagten in die Hauptverhandlung eingeführt.[578]

(4) Verteidiger gibt eine mündliche Erklärung für anwesenden Angeklagten ab; diese ist, wenn der Angeklagte eine entsprechende Erklärung abgibt (oder nicht widerspricht), als Einlassung des Angeklagten zu werten[579]
(5) Der Angeklagte hatte in der Hauptverhandlung – ebenso wie schon im Ermittlungsverfahren – Angaben zur Sache verweigert. Ein Schriftsatz des Verteidigers im Ermittlungsverfahren mit Angaben zum Tatgeschehen darf nicht verlesen werden[580]

Wichtig: Zu beachten ist bei den Vorgehensweisen, dass aus der Sicht des Gerichts das Gewicht der Einlassung erheblich gemindert ist, wenn diese offensichtlich vom Verteidiger stammt. Dazu kommt in den Fällen, in denen Fragen nicht zugelassen werden, dass das Problem des »Teilschweigens« durch das Tatgericht bei der Beweiswürdigung in Betracht zu ziehen sein wird. Denn nach der ständigen Rechtsprechung des BGH[581] kann es von indizieller Bedeutung sein, wenn ein Angeklagter zu einem bestimmten, einheitlichen Geschehen Angaben macht und insoweit lediglich die Beantwortung bestimmter Fragen unterlässt Das Schweigen bildet dann einen negativen Bestandteil seiner Aussage, die in ihrer Gesamtheit der freien richterlichen Beweiswürdigung nach § 261 StPO unterliegt[582] Entsprechendes kann gelten, wenn er nicht die Beantwortung an ihn gestellter Fragen verweigert, sondern zu einem Geschehen von sich aus nur lückenhafte Angaben macht. Auch dann dürfen grundsätzlich für ihn nachteilige Schlüsse daraus gezogen werden, dass er einen bestimmten Punkt eines einheitlichen Geschehens von sich aus verschweigt. Die Schlussfolgerung ist jedoch nur dann berechtigt, wenn nach den Umständen Angaben zu diesem Punkt zu erwarten gewesen wären, andere mögliche Ursachen des Verschweigens ausgeschlossen werden können und die gemachten Angaben nicht ersichtlich fragmentarischer Natur sind.[583]

Ergibt sich aus dem Protokoll, dass sich der Angeklagte nicht zur Sache geäußert hat, setzt sich das Gericht im Urteil aber mit einer solchen Einlassung auseinander, liegt ein Verstoß gegen § 261 StPO vor (vgl. dazu Rdn. 169).

– Rügeart
  Verfahrensrüge.
– Anforderungen an die Rüge
  Da die Gestaltung der Vernehmung des Angeklagten durch den Vorsitzenden in der Revision nur beanstandet werden kann, wenn eine Entscheidung des Gerichts gemäß § 238 Abs. 2 StPO herbeigeführt wurde, sind nicht nur der Ablauf der Vernehmung, sondern auch die Beanstandung und die Entscheidung des Gerichts mitzuteilen.[584] Im Übrigen: vgl. die Ausführungen zur Aufklärungsrüge bei Rdn. 147; zur Verwertung des Schweigens eines Angeklagten oder Beschuldigten, vgl. Rdn. 161; zur Zurückweisung von Fragen, vgl. Rdn. 167; zum Verstoß gegen § 261 vgl. Rdn. 169.
– Relativer Revisionsgrund
  Liegt eine Gesetzesverletzung vor, ist das Beruhen regelmäßig gegeben; vgl. aber auch die Nachweise zu den jeweiligen Rügen (bei Rügeanforderungen).
– Besonderheiten

578 BGH, Beschl. v. 06.11.2018 – 4 StR 226/18 = NStZ 2019, 168.
579 BGH NStZ 1993, 540; StV 1998, 59; 2005, 536 = JZ 2006, 204 m. Anm. *Olk* 204 ff.
580 BGH StV 2002, 182 (aber Vernehmung des Verteidigers kommt in Betracht).
581 BGHSt 45, 367, 3689 ff.; auch *Widmaier* JR 2004, 85 f.; *Volk* NStZ 1984, 377 f.; *Jäger* JR 2003, 166 f.
582 BGH NStZ 2000, 494 (495).
583 BGH StV 2002, 409.
584 Vgl. BGH NStZ 2000, 549.

Vgl. auch *Aufklärungspflicht/Aufklärungsrüge* (Rdn. 147); *Beschuldigter – Vernehmung, verbotene Vernehmungsmethoden* (Rdn. 157); *Beweiswürdigung – Schweigen, Angeklagter/Beschuldigter* (Rdn. 161); *Fragerecht* (Rdn. 167); *Hauptverhandlung, Inbegriff* (Rdn. 169); *Personalien, persönliche Verhältnisse* (Rdn. 174).

IX. Anklage – Unwirksamkeit, Fehlen

145 – Gesetzesverletzung[585]

Verstoß gegen § 200 Abs. 1 S. 1 StPO[586]. Eine Anklageschrift ist unwirksam, wenn sie nicht dazu geeignet ist, den Verfahrensgegenstand zu bestimmen, also unklar bleibt, welche prozessuale Tat dem Angeklagten zur Last gelegt wird und welchen Umfang die Rechtskraft eines dann ergehenden Urteils haben würde.[587] Allein ein nur im Übrigen mangelhafter Anklagesatz hat dagegen nicht die Unwirksamkeit der Anklage und damit auch kein Verfahrenshindernis zur Folge: Auch wenn der Anklagesatz lückenhaft ist; kann die Anklage die Umgrenzungsfunktion noch hinreichend erfüllen, wenn der Angeklagte die einzelnen Tatvorwürfe dem wesentlichen Ergebnis der Ermittlungen entnehmen kann[588] (ausführlich dazu Kap. 33 Rdn. 7, 16 ff.; zum Verstoß gegen § 265 StPO: Rdn. 171).[589] Eine Veränderung des Tatzeitpunkts hebt die Identität zwischen Anklage und abgeurteilter Tat nicht ohne Weiteres auf.[590] Zur Übersetzung der Anklageschrift bei Ausländern vgl. BGH Urt. v. 23.12.2015 – 2 StR 457/14, NStZ 2017, 63 f.

– Rügeart

Von Amts wegen zu beachten.

– Besonderheiten

Bei fehlender oder unwirksamer Anklage wird das Verfahren in der Revision eingestellt, auch wenn der Angeklagte im angegriffenen Urteil freigesprochen worden war.[591] Vgl. ferner – auch zur Heilung von Mängeln einer Anklage – bei *Eröffnungsbeschluss* (Rdn. 165) und bei *Hinweispflicht* (Rdn. 171); zur Kognitionspflicht sowie zur prozessualen Tat: *rechtliche Würdigung* (Rdn. 177); zur Revision bei weiteren Fehlern im Zwischenverfahren: Kap. 2 Rdn. 75 ff.

▶ **Beispiele**

Vgl. die – teilweise – Wiedergabe der Anklage bei BGH NStZ 1996, 294 oder StV 1998, 469 (470).

---

585 Vgl. auch *Kuckein* StraFo 1997, 33 ff.; zu unterscheiden ist die Umgrenzungsfunktion von der Informationsfunktion. Verstoß gegen die letztere löst nur eine Hinweispflicht aus, während dies bei der ersteren zur Unwirksamkeit führen kann; zu den Folgen einer fehlerhaften Anklageschrift vgl. *Pott* StRR 2012, 444; BGH, Beschl. v. 13.05.2019 – 2 StR 380/18 = NStZ-RR 2019, 187 f.; v. 16.08.2018 – 4 StR 200/18 = NStZ-RR 2018, 353; Urt. v. 09.01.2018 – 1 StR 370/17 = NJW 2018, 878 f.

586 Zum Inhalt BGH, Beschl. v. 13.03.2019 – 2 StR 380/18 = NStZ-RR 2019, 187 f. m.w.N.: v. 16.08.2018 – 4 StR 200/18 = NStZ-RR 2018, 353 f.; zur Antragsschrift bei Sexualstraftaten einer Tatserie BGH, Beschl. v. 27.02.2018 – 2 StR 390/17.

587 BGHSt 48, 221; BGH StV 1996, 362; 2005, 113; 2006, 457; StraFo 2003, 95; BGH, Urt. v. 09.08.2011 – 1 StR 194/11; zur Wirksamkeit der Anklageschrift bei Bezugnahme auf fremdsprachige Urkunden vgl. BGH, Urt. v. 09.11.2011 – 1 StR 302/11, NStZ 2012, 523 f.

588 BGH NStZ 2006, 649; zur Anklage bei einer Vielzahl von Wirtschaftsstrafsachen: BGH, Beschl. v. 19.02.2008 – 1 StR 596/07, NStZ 2008, 351 m. Anm. *Krehl* S. 525 f. und BGH (Großer Senat für Strafsachen), Beschl. v. 12.01.2011 – GSSt 1/10, BGHSt 56, 109 f.; BGH, Beschl. v. 15.03.2011 – 1 StR 260/09, NStZ 2011, 420 f.; BGH, Urt. v. 02.03.2011 – 2 StR 524/10, BGHSt 56, 183-= StV 2011, 455 f.; zur Anklage bei Steuerhinterziehung und Vorenthaltens von Sozialversicherungsbeiträgen vgl. BGH, Beschl. V. 08.08.2012 – 1 StR 296/12, NStZ 2013, 409.

589 Vgl. BGHSt 40, 390 (392); BGH NJW 2000, 3293; BGH NStZ 1999, 42.

590 BGH, Urt. v. 11.02.2016 – 3 StR 454/15; v. 20.11.2014 – 4 StR 153/14, StraFo 2015, 68.

591 BGH NJW 2000, 3293.

X. Anklage – Verlesung

- Gesetzesverletzung 146
  Verstoß gegen § 243 Abs. 3 S. 1 StPO.[592]
- Rügeart
  Verfahrensrüge.[593]

> **Hinweis**
>
> Auf die Verlesung kann nicht verzichtet werden[594]. Dies gilt uneingeschränkt auch nach Zurückverweisung der Sache durch ein Rechtsmittelgericht, wobei nur insoweit Einschränkungen durch eine eingetretene Teilrechtskraft oder vorgenommene Beschränkungen oder Erweiterungen des Verfahrensgegenstandes zu berücksichtigen sind. Nur bei Zurückverweisung der Sache allein im Strafausspruch sind statt des Anklagesatzes insoweit das Ausgangsurteil und die zurückverweisende Revisionsentscheidung zu verlesen[595].

- Anforderungen an die Rüge
  Mitteilung des Teils der Hauptverhandlung, in dem die Anklage nach § 243 Abs. 3 S. 1 StPO üblicherweise verlesen wird.
- Relativer Revisionsgrund
  Das Beruhen wird – abgesehen von tatsächlich und rechtlich einfach gelagerten Fällen – regelmäßig gegeben sein.[596]
- Besonderheiten
  Zur Geltendmachung dieses Revisionsgrundes, wenn sich der Verteidiger bezüglich der Nicht-Verlesung auf das Protokoll bezieht, er aber von dessen Unrichtigkeit weiß: BGH StV 1999, 582 m. Anm. *Docke/von Döllen/Momsen.*[597]

XI. Aufklärungspflicht/Aufklärungsrüge

- Gesetzesverletzung 147
  Verstoß gegen § 244 Abs. 2 StPO[598] (ausführlich dazu: Kap. 4 Rdn. 107 ff.), bei präsenten Beweismitteln gegen § 245 StPO[599].

---

592 Zur Begrenzung der Verlesung vgl. BGH (Großer Senat für Strafsachen) Beschl. v. 12.01.2011 – GSSt 1/10, BGHSt 56, 109 f. = NStZ 2011, 297: »In Strafverfahren wegen einer Vielzahl gleichförmiger Taten oder Tateinzelakte, die durch eine gleichartige Begehungsweise gekennzeichnet sind, ist dem Erfordernis der Verlesung des Anklagesatzes i.S.d. § 243 Abs. 3 S. 1 StPO Genüge getan, wenn dieser insoweit wörtlich vorgelesen wird, als in ihm die gleichartige Tatausführung, welche die Merkmale des jeweiligen Straftatbestands erfüllt, beschrieben und die Gesamtzahl der Taten, der Tatzeitraum sowie bei Vermögensdelikten der Gesamtschaden bestimmt sind. Einer Verlesung der näheren individualisierenden tatsächlichen Umstände der Einzeltaten oder der Einzelakte bedarf es in diesem Fall nicht«; vgl. dazu *Börner* NStZ 2011, 436 ff.; *Gössel* JR 2011, 546 ff.; *Mosbacher* JuS 2011, 708 ff.

593 BGH NStZ 2000, 214.

594 Zum Zweck der Verlesung des Anklagesatzes und zum Beruhen bei rechtsfehlerhafter Nichtverlesung vgl. BGH, Urt. v. 09.10.2019 – 5 StR 90/19.

595 BGH, Urt. v. 24.04.2018 – 1 StR 481/17 = NStZ 2018, 614 f.; Beschl. v. 06.12.2018 – 4 StR 424/18 = NStZ 2019, 293 f.

596 Vgl. BGH NStZ 2000, 214; 1995, 200; Anm. *Krekeler* NStZ 1995, 299; OLG Hamm NStZ-RR 1999, 276.

597 Zur Wahrheitspflicht allgemein: *Detter* StraFo 2004, 329 ff., 333 ff.; *Park* StraFo 2004, 335 (336 ff.); *Herdegen* StraFo 2008, 137 ff.; vgl. auch *Knauer* FS Widmaier 2008, 291 ff.

598 Vgl. dazu BVerfG NJW 2003, 2444 m. Anm. *Böse* JR 2004, 41 ff.; *Schwaben* NStZ 2002, 288 ff.; Alsberg/*Nüse* Der Beweisantrag im Strafprozess 6. Aufl. 2013 Rn. 1592 ff.

599 Vgl. dazu *Eisenberg* Beweisrecht der StPO 10. Aufl. 2017 Rn. 286 ff. und Rn. 297 f.; *Arnoldi* NStZ 2018, 305 ff.

§ 244 Abs. 2 StPO gebietet es, von Amts wegen Beweis zu erheben, wenn aus den Akten oder aus dem Stoff der Verhandlung Umstände und Möglichkeiten bekannt oder erkennbar sind, die bei verständiger Würdigung der Sachlage begründete Zweifel an der Richtigkeit der – aufgrund der bisherigen Beweisaufnahme erlangten – Überzeugung wecken müssen. Ob die vom Gericht aufgrund der verwendeten Beweismittel gewonnene Überzeugung ausreicht oder ob zu ihrer Absicherung oder Überprüfung weitere Beweismittel heranzuziehen sind, ist auf der Grundlage von Verfahrensablauf und Beweislage des Einzelfalls zu beurteilen. Je weniger gesichert ein Beweisergebnis erscheint, desto größer ist der Anlass für das Gericht, trotz der erlangten Überzeugung weitere erkennbare Beweismöglichkeiten zu benutzen. Auch das Übergehen eines außerhalb der Hauptverhandlung gestellten, dort aber nicht wiederholten und daher nicht nach Maßgabe von § 244 Abs. 3 bis 6 StPO zu verbescheidenden Beweisantrags kann nach den Umständen des Einzelfalls eine Verletzung der Aufklärungspflicht darstellen. Insoweit ist die Entscheidung des Tatgerichts über einen lediglich außerhalb der Hauptverhandlung gestellten schriftlichen Antrag am gleichen Maßstab zu messen, wie die Entscheidung über einen Beweisantrag auf Vernehmung eines Auslandszeugen, die gemäß § 244 Abs. 5 S. 2 StPO nach Maßgabe der Amtsaufklärungspflicht erfolgt.[600]

Die Aufklärungspflicht besteht grundsätzlich unabhängig vom Prozessverhalten der Verfahrensbeteiligten, die Rüge einer Verletzung der Aufklärungspflicht kann deshalb nicht daran scheitern, dass der Beschwerdeführer die vermisste Aufklärung in der Hauptverhandlung nicht verlangt hat; dies gilt insbesondere dann, wenn sich das Erfordernis weiterer Sachaufklärung schon aus Umständen ergibt, die vom Vorbringen der Verfahrensbeteiligten unabhängig ist.[601]

– Rügeart

  Verfahrensrüge.

– Anforderungen an die Rüge[602]

  Mitteilung eines bestimmten Beweismittels, dessen sich das Gericht hätte bedienen müssen[603], einer bestimmten Beweisbehauptung[604] und des konkret erwarteten Beweisergebnisses.[605] Außerdem ist die Darlegung der Umstände und Vorgänge erforderlich, die für die Beurteilung, dass sich dem Gericht die vermisste Beweiserhebung aufdrängen musste, bedeutsam sind.[606] Die Aktenstellen der Beweismittel müssen nicht angegeben werden.[607] Bei einer unterlassenen Zeugenvernehmung erfordert dies regelmäßig die (vollständige) Wiedergabe der Niederschrift über die im Ermittlungsverfahren durchgeführte Vernehmung des Zeugen. Wird beanstandet, das Tatgericht habe eine Urkunde nicht verlesen, so gehört zur ordnungsgemäßen Begründung der Verfahrensrüge nicht nur die Behauptung, dass die Urkunde nicht verlesen worden, sondern auch die Darlegung, dass der Inhalt der Urkunde nicht in sonst zulässiger Weise eingeführt worden ist.[608] Soll geltend gemacht werden, dass das Gericht ein weiteres Sachverständigengutachten hätte erholen müssen, ist beispielsweise vorzutragen, aufgrund welcher Tatsachen das

600 BGH, Urt. v. 21.07.2016 – 2 StR 383/15; Beschl. v. 12.07.2018 – 3 StR 144/18 = StV 2018, 780 f.
601 BGH, Beschl. v. 13.07.2016 – 2 StR 116/16, StV 2017, 789.
602 Vgl. KK/*Gericke* § 344 Rn. 51 ff.
603 BGH, Urt. v. 03.08.2017 – 4 StR 202/17 = NStZ-RR 2017, 317.; v. 03.08.2017 – 4 StR 202/17 = NStZ-RR 2017, 317.
604 BGH NJW 2005, 2242 f.
605 BGH NStZ 1998, 97; 567; 2008, 230: BGH (M) NStZ-RR 1998, 1, 2; 2010, 316 f. und bei *Miebach/Sander* NStZ-RR 2000, 1 (3), 97; BGH bei *Miebach*, NStZ-RR 1998, 1, 2 und bei *Miebach/Sander*, NStZ-RR 2000, 1, 3; BGH, Urt. v. 22.10.2002 – 1 StR 169/02; Beschl. v. 1.7.2010 -1 StR 259/10 = NStZ-RR 2010, 316 f.; Urt. v. 20.11.2014 – 4 StR 153/14 StraFo 2015, 68.
606 BGH NJW 2000, 370 (371); 1998, 2229; BGH NStZ 1998, 97; 1999, 45 (46) BGH, Beschl. v. 30.09.2014 – 3 StR 351/14 = StV 2015, 206; Beschl. v. 25.3.2015 – 1 StR 179/14 und bei *Miebach/Sander* NStZ-RR 2000, 1 (3).
607 BGH, Beschl. v. 24.07.2012 – 1 StR 302/12, StraFo 2012, 467.
608 Vgl. BGH NJW 2000, 370 (371); 1998, 2229; NStZ 2004, 690; BGH, Urt. v. 13.01.2011 – 3 StR 337/10, NStZ 2011, 471 f.; v. 12.05.2016 – 4 StR 569/15, StraFo 2016, 347 f.

Gericht Zweifel an der Sachkunde des schon angehörten Sachverständigen haben musste,[609] wird das Unterlassen der Beiziehung weiterer Akten beanstandet, muss auch mitgeteilt werden, dass die dort zu gewinnenden Erkenntnisse nicht schon in den tatsächlich beigezogenen Akten enthalten waren.[610] Da die Aufklärungspflicht eine Beweiserhebung regelmäßig nicht gebietet, wenn ein entsprechender Beweisantrag abgelehnt werden könnte, muss die Revision – wenn etwa der Ablehnungsgrund der Unerreichbarkeit eines Auslandszeugen in Betracht kommt – auch mitteilen, welche Bemühungen das Gericht unternommen hat, um den Zeugen zum Erscheinen in der Hauptverhandlung zu bewegen.[611]

– Relativer Revisionsgrund
  Ob das Beruhen vorliegt ist einzelfallabhängig und bestimmt sich wesentlich danach, welche Bedeutung die Beweistatsache für den Schuld- oder den Rechtsfolgenausspruch hat.
– Besonderheiten
  Vgl. zur audiovisuellen Vernehmung (§ 247a StPO) und zur nicht erschöpfenden Zeugen- bzw. Angeklagtenvernehmung: *Zeuge – Vernehmung* (Rdn. 194); *Angeklagter – Vernehmung* (Rdn. 144); zur Rüge der Aktenwidrigkeit: *Hauptverhandlung, Inbegriff* (Rdn. 169); zum Beweisermittlungsantrag: *Beweisantrag* (Rdn. 159); zur unzureichenden Feststellung der persönlichen Verhältnisse: *Personalien, persönliche Verhältnisse* (Rdn. 174).

▶ Beispiel 1

Der in der Hauptverhandlung schweigende Angeklagte will das Unterlassen der Vernehmung einer Alibizeugin rügen.[612]

Gerügt wird eine Verletzung der Aufklärungspflicht.

1. Die Strafkammer hat die ihr nach § 244 Abs. 2 StPO obliegende Aufklärungspflicht verletzt, da sie die Ehefrau des Angeklagten, die Zeugin ..., in der Hauptverhandlung nicht vernommen hat. Die Zeugin hätte ausgesagt, dass der Angeklagte, der nach den Urteilsfeststellungen den Diebstahl eigenhändig begangen haben soll, während der Tatnacht ununterbrochen zu Hause war, sodass er nicht der Täter gewesen sein kann.

Zu dieser Beweiserhebung musste sich die Strafkammer gedrängt sehen, weil die Zeugin bereits im Ermittlungsverfahren entsprechend ausgesagt hatte. Die Niederschrift über die polizeiliche Vernehmung der Zeugin vom ... (Bl ... dA) hat folgenden Wortlaut: »...« [wörtliche Wiedergabe der Vernehmungsniederschrift].

Die Zeugin hätte in der Hauptverhandlung Angaben zur Sache gemacht; sie hätte dabei ihre frühere Aussage wiederholt.

2. Die Vernehmung der Zeugin war gemäß § 244 Abs. 2 StPO geboten; denn das Gericht muss von Amts wegen Beweis erheben, wenn ihm aus den Akten oder aus dem Stoff der Verhandlung noch Umstände oder Möglichkeiten bekannt oder erkennbar werden, die bei verständiger Würdigung der Sachlage begründete Zweifel an der Richtigkeit der aufgrund der bisherigen Beweisaufnahme erlangten Überzeugung wecken müssen. Das war hier der Fall. Die Überzeugung des Tatrichters von der Täterschaft des Angeklagten beruhte nämlich allein auf Rückschlüssen (vgl. UA S ...). Jedenfalls in einem solchen Fall ist aber eine Beweiserhebung über ein mögliches Alibi des Angeklagten durchzuführen; denn je weniger gesichert ein Beweisergebnis ist und je gewichtiger die Unsicherheitsfaktoren sind, desto größer ist der Anlass für das Gericht, trotz der erlangten Überzeugung weitere erkennbare Beweismöglichkeiten zu benutzen.

609 BGH StV 2001, 4.
610 BGH NStZ 2000, 46.
611 BGH StV 2001, 4.
612 BGH NStZ-RR 1996, 299.

3. Auf dem Verstoß gegen die Aufklärungspflicht beruht das Urteil auch (§ 337 Abs. 1 StPO). Hätte die Strafkammer aufgrund der Aussage der Zeugin das Alibi des Angeklagten für erwiesen erachtet, hätte er freigesprochen werden müssen.

▶ **Beispiel 2**

Das Gericht hatte einen zur Hauptverhandlung geladenen und dort auch erschienen Zeugen nicht vernommen, der im Ermittlungsverfahren einen anderen als den Angeklagten als Täter belastet hatte.[613]

1. Gerügt wird die Verletzung des § 245 Abs. 1 StPO.
Das Gericht hatte zur Hauptverhandlung den Zeugen … geladen, was sich im Einzelnen aus der Ladungsverfügung des Vorsitzenden vom … (Bl … dA) und der Zustellungsurkunde vom … (Bl … dA) ergibt, die folgenden Inhalt haben: »…« [Wiedergabe im Wortlaut].

Der Zeuge, der in der Hauptverhandlung auch erschienen war, wurde nach seiner Vernehmung zur Person über ein Aussageverweigerungsrecht belehrt; daraufhin machte er keine Angaben zur Sache und wurde entlassen. Dies ergibt sich aus dem Hauptverhandlungsprotokoll vom … (Bl … dA), das insoweit folgenden Eintrag aufweist: »…« [Wiedergabe des betreffenden Teils des Sitzungsprotokolls im Wortlaut].

2. Diese Verfahrensweise verstieß gegen § 245 Abs. 1 StPO. Danach darf das Gericht von der Vernehmung eines von ihm geladenen und erschienenen Zeugen nämlich nur absehen, wenn die Beweiserhebung unzulässig ist oder die Verfahrensbeteiligten auf die Vernehmung verzichtet haben. Beide Voraussetzungen lagen hier nicht vor. Ein Verzicht wurde – wie der oben wiedergegebene Auszug aus der Sitzungsniederschrift belegt – nicht erklärt. Entgegen der Ansicht des Gerichts war die Vernehmung des Zeugen zur Sache auch nicht unzulässig, da dem Zeugen das von ihm geltend gemachte Zeugnisverweigerungsrecht nicht zustand. … [hier müsste erörtert und gegebenenfalls belegt werden, warum das Zeugnisverweigerungsrecht nicht bestand].

3. Auf diesem Verfahrensverstoß beruht das Urteil (§ 337 Abs. 1 StPO). Bei seiner polizeilichen Vernehmung vom … (Bl … dA) hatte der Zeuge folgende Angaben gemacht: »…« [vollständige Wiedergabe der polizeilichen Vernehmungsniederschrift].

Da der Zeuge diese Angaben in der Hauptverhandlung wiederholt hätte, wenn er entsprechend seiner Pflicht zur Sache ausgesagt hätte, wäre der Angeklagte nicht verurteilt worden, weil zumindest Zweifel an seiner Täterschaft bestanden hätten.

XII. Ausschluss – Richter, Schöffe

148 – Gesetzesverletzung[614]
Verstoß gegen §§ 22, 23, 31 Abs. 1, 148a Abs. 2 S. 1 StPO.

▶ **Beachte**

Verletzt i.S.v. § 22 Nr. 1 StPO[615] ist ein Richter nur dann, wenn er durch die abzuurteilende Tat unmittelbar betroffen ist; die strafbare Handlung muss sich als Eingriff in Rech-

613 Vgl. für eine Staatsanwaltsrevision: BGH NStZ 1995, 462; zum Inhalt der Verfahrensrüge: BGH StV 1999, 197; 1998, 360; zum Inhalt der Verfahrensrüge bei § 245 Abs. 2 StPO: BGH bei *Miebach/Sander* NStZ-RR 2000, 1, 6.

614 Zu unzureichenden Sprachkenntnissen eines Schöffen vgl. BGH, Urt.v. 26.01.2011 – 2 StR 338/10, StraFo 2011, 152 f.

615 Zu § 22 Nr. 4 StPO vgl. BGHSt 49, 29.

te seiner Person erweisen.[616] Die Androhung einer Sprengstoffexplosion (§ 308 StGB) im Landgerichtsgebäude genügt dafür nicht.[617] Der Begriff einer Tätigkeit im Sinne des § 22 Nr. 4 StPO ist weit auszulegen, um Sinn und Zweck der Vorschrift, die Rechtsstaatlichkeit des Verfahrens dadurch zu wahren, dass bereits der Anschein eines Verdachts der Parteilichkeit eines Richters vermieden wird, zu genügen. Er umfasst jedes amtliche Handeln in der Sache, das geeignet ist, den Sachverhalt zu erforschen oder den Gang des Verfahrens zu beeinflussen[618]

Ein Richter kann nach § 22 Nr. 4 StPO von der Ausübung seines Amtes auszuschließen sein, wenn zwischen dem als Richter zu beurteilenden Sachverhalt und dem von ihm in einer früheren Funktion als Staatsanwalt bearbeiteten Verfahrenskomplex ein Zusammenhang in der Weise besteht, dass zwar andere Taten, jedoch der gleiche Angeklagte, ein gleichgelagerter Lebenssachverhalt und ein enge zeitliche Nähe gegeben sind und es bei beiden Verfahren auf die Aussage und die Glaubwürdigkeit desselben Zeugen ankommt.[619]

Eine Zeugenvernehmung i.S.d. § 22 Nr. 5 StPO erfordert nicht stets eine persönliche Anhörung durch ein Organ der Rechtspflege; es kommen auch schriftliche Erklärungen in Betracht. Dienstliche Erklärungen sind jedoch nicht ohne Weiteres solchen schriftlichen Zeugenerklärungen gleichzusetzen. Diejenigen dienstlichen Erklärungen eines Richters, die nicht dazu bestimmt sind, Gegenstand der Beweiswürdigung zu sein, sondern sich lediglich zu prozessual erheblichen Vorgängen und Zuständen verhalten, etwa wenn sie der freibeweislichen Aufklärung der Frage dienen, ob ein Richter überhaupt als Zeuge zu den in sein Wissen gestellten Tatsachen in Betracht kommt, führen nicht zum Richterausschluss nach § 22 Nr. 5 StPO.[620]

- Rügeart
  Verfahrensrüge.
- Anforderungen an die Rüge
  Mitteilung, dass ein – namentlich zu benennender – Richter oder Schöffe an dem Urteil mitgewirkt hat,[621] ferner müssen die Tatsachen dargelegt werden, aus denen sich der Ausschlussgrund ergibt.[622]
- Absoluter Revisionsgrund
  § 338 Nr. 2 StPO.[623]

---

616 BGH NStZ 2009, 342; StV 2009, 687.
617 BGHR StPO § 22 Nr. 1 Verletzter 1.
618 BGH, Beschl. v. 12.08.2010 – 4 StR 378/10, StV 2011, 69.
619 BGH, Beschl. v. 18.09.2018 – 1 StR 454/18 = NStZ 2019, 353 f.
620 BGH StV 2004, 355; StV 2003, 315.
621 BGH NJW 1962, 500.
622 Zur Abgrenzung Zeugenvernehmung – dienstliche Äußerung eines Richters (§ 22 Nr. 5 StPO): BGH StV 1998, 467; BGH JR 2001, 120 m. Anm. *Goeckenjan/Eisenberg*.
623 Vgl. dazu aber BGH NJW 2000, 1275 (1277).

XIII. Befangenheit – Richter, Schöffe

149 – Gesetzesverletzung
Verstoß gegen §§ 24 ff. StPO[624] (dazu Kap. 4 Rdn. 31 ff.). Mit der Revision kann in Bezug auf die Mitwirkung eines befangenen Richters oder Schöffen[625] insbesondere geltend gemacht werden, dass dieser an dem Urteil mitgewirkt hat, obwohl schon einem Befangenheitsantrag stattgegeben worden war (praktisch selten) oder dass einem Befangenheitsantrag zu Unrecht nicht stattgegeben worden ist. Dieses »zu Unrecht« kann auf formellen Fehlern beruhen[626] (insoweit ist jedoch zu beachten, dass das Revisionsgericht das Vorliegen der Gesetzesverletzung nach Beschwerdegrundsätzen prüft, was z.B. bedeutet, dass – etwa nach einer fehlerhaften Verwerfung des Antrags nach § 26a Abs. 1 Nr. 1 StPO – die Rüge nur Erfolg haben kann, wenn das Gesuch in der Sache begründet war), es kann aber auch auf eine falsche Auslegung des Begriffs »Befangenheit« oder eine unzutreffende Subsumtion zurückzuführen sein.

– Rügeart
Verfahrensrüge (keine sofortige Beschwerde, vgl. § 28 Abs. 2 S. 2 StPO).[627]

– Anforderungen an die Rüge[628]

624 Zu Ablehnungsgesuchen allgemein *Stollenwerk* DRiZ 2013, 368 ff.; Zur Befangenheit im Rahmen einer »Absprache«: BGH StV 2003, 481; BGH, Urt.v. 15.02.2005 – 5 StR 536/04; im Zusammenhang mit der Anordnung und Durchführung der Begutachtung der Schuldfähigkeit: BGHSt 48, 4; mit der Verhandlungsführung des Richters BGH StV 2004, 356; Spannungen mit Verteidiger: BGH StV 2005, 72; zu Befangenheit wegen »Vortätigkeit« vgl. BGH, Urt.v. 30.06.2010 – 2 StR 455/09 =NStZ 2011, 44 f.; Anlass zur Besorgnis der Befangenheit besteht bei Äußerungen des Gerichts zum Inhalt einer Beweiserhebung dann, wenn der Vorsitzende seine Ansicht in Formulierungen kleidet, die den Eindruck erwecken, er habe sich bereits ein für alle Mal festgelegt und verschließe sich endgültig etwaigen Einwendungen gegen die von ihm vorgenommene, nach seiner Meinung allein mögliche Wertung; BGH, Beschl. v. 30.07.2013 – 4 StR 190/13; Misstrauen gegen die Unparteilichkeit eines Richters ist nicht gerechtfertigt, soweit er in einem früheren Strafverfahren mitgewirkt hat, in dem dieselben Vorgänge wie in dem jetzigen Verfahren eine Rolle spielten. Dies gilt auch dann, wenn die Mitwirkung die Verurteilung eines Mittäters wegen derselben Straftat betraf. Eine andere Beurteilung ist nur dann angezeigt, wenn besondere Umstände hinzutreten. Dies kann etwa der Fall sein, wenn das frühere Urteil unnötige und sachlich unbegründete Werturteile über den jetzigen Angeklagten enthielt oder ein Richter sich in sonst unsachlicher Weise zum Nachteil des Angeklagten geäußert hat; BGH, Urt. v. 10.02.2016 – 2 StR 533/14, StraFo 2016, 286 f.; Beschl. v. 03.12.2015 – 1 StR 109/15, NStZ 2016, 357 f.; Mitwirkung an einem aufgehobenen Urteil genügt nicht: BGH, Urt. v. 14.10.2015 – 5 StR 273/15, StV 2016, 633; Beschl. v. 19.04.2018 – 3 StR 23/18 = NStZ-RR 2018, 252 f; zur Besorgnis der Befangenheit bei außerhalb der Hauptverhandlung geführten Gesprächen des Richters mit einzelnen Angeklagten unter Ausschluss von Mitangeklagten vgl. BGH, Beschl. v. 10.01.2019 – 5 StR 648/18 = NStZ 2019, 223 f. m. Anm. *Ventzke* NStZ 2019, 225 ff. zur Vorbefassung BGH, Beschl. v. 28.02.2018 – 2 StR 234/16 = StV 2019, 152 m. Anm. *Ventzke* NStZ 2018, 484 f; v. 104. 2018 – 3 StR 23/18 = NStZ-RR 2018, 252 f. Hinweis auf Bedeutung eines Geständnisses: BGH, Urt. v. 10.01.2018 – 2 StR 76/17 = NStZ 2018, 732 f.

625 Zur Befangenheit eines Schöffen: Zeitpunkt BGH, Beschl. v. 06.03.2018 – 3 StR 559/17 = NJW 2018, 2578 f.; allgemein vgl. BGH, Urt. v. 28.04.2010 – 2 StR 595/09, NStZ 2010, 526 f.; *Heim* NJW-Spezial 2015, 312.; spontane Unmutsäußerung eines Schöffen BGH, Beschl. v. 06.03.2018 – 3 StR 559/17 = NJW 2018, 2578 f.

626 Vgl. BGH StV 1999, 463 m. Anm. *Zieschang* (Besetzungsfehler bei der Entscheidung über mehrere Befangenheitsanträge).

627 Erfolgte die Ablehnung und die Entscheidung darüber vor Eröffnung des Hauptverfahrens und ist die sofortige Beschwerde, die sich gegen den die Ablehnung zurückweisenden Beschluss des Landgerichts richtete, verworfen, kann die Revision sich nicht mit mehr gegen den bereits rechtskräftigen Ablehnungsbeschluss der Strafkammer wenden (§ 336 StPO) = BGH, Urt. v. 27.10.2004 – 5 StR 130/04, NStZ 2005, 265 f.

628 Vgl. KK/*Gericke* § 344 Rn. 47.

(Wörtliche, zumindest aber den vollständigen Inhalt »mit eigenen Worten« erfassende)[629] Wiedergabe des Ablehnungsantrages, der dienstlichen Stellungnahme des Richters[630], der Stellungnahme der Staatsanwaltschaft[631] und des Beschlusses (einschließlich der Gründe),[632] mit dem der Antrag zurückgewiesen wurde.[633] Häufig wird noch weiterer Vortrag erforderlich sein, etwa zu den Tatsachen, aus denen die Befangenheit hergeleitet werden soll.[634] Hat der Staatsanwalt zu der von ihm wahrgenommenen Äußerung des abgelehnten Richters eine (schriftliche) dienstliche Stellungnahme angegeben, ist auch diese mitzuteilen.[635] Mitzuteilen sind auch die Tatsachen, die für die Prüfung von Bedeutung sind, ob der Befangenheitsantrag rechtzeitig im Sinne des § 25 Abs. 1 S. 1 StPO[636] gestellt wurde.[637]

- Absoluter Revisionsgrund
  § 338 Nr. 3 StPO; ob dieser gegeben ist, prüft das Revisionsgericht nach Beschwerdegrundsätzen (§ 28 Abs. 2 S. 1 StPO; vgl. oben bei Gesetzesverletzung).[638] Jedoch genügt für den Erfolg, dass sich das Revisionsgericht von der beanstandeten Äußerung zwar keine volle Überzeugung, aber die hinreichende Wahrscheinlichkeit ihrer Richtigkeit verschaffen kann.[639]
- Relativer Revisionsgrund
  Bei Verstoß gegen § 29 Abs. 1, 2 S. 1 StPO[640], wobei es am Beruhen fehlt, wenn der Befangenheitsantrag (zumindest im Ergebnis) zutreffend abgelehnt worden ist.[641] Steht für das Revisionsgericht nämlich fest, dass der abgelehnte Richter zu keinem Zeitpunkt befangen war, so vermag der bloße formale Verstoß gegen die Wartepflicht des § 29 Abs. 1 StPO die Revision nicht zu begründen.[642] Unaufschiebbar sind dabei Handlungen, die wegen ihrer Dringlichkeit nicht anstehen können, bis ein Ersatzrichter eintritt. Hierzu können auch Zeugenvernehmungen gehören, wenn anderenfalls der Verlust des Beweismittels droht. Ob eine Amtshandlung unaufschiebbar i.S.d. § 29 Abs. 1 StPO ist, unterliegt nur einer eingeschränkten revisionsrechtlichen Überprüfung. Dem Richter ist bei der Beurteilung des Begriffs der Unaufschiebbarkeit ein Spielraum einzuräumen; es genügt, dass seine Entscheidung vertretbar und nicht ermessensfehlerhaft ist.[643]

▶ Hinweis

§ 29 Abs. 2 StPO ist durch des Gesetzes zur Modernisierung des Strafverfahren (BGBl 2019 I 2121) neu gefasst: Der Gesetzgeber hat klargestellt, dass die Fortsetzung der Hauptverhandlung selbst unaufschiebbar ist. Ferner wird die Dauer der weiteren Verfahrensleitung durch den etwaig befangenen Richter verlängert, möglicherweise überdauert sie mehrere Wochen bzw. das gesamte Verfahren bis zur Urteilsverkündung für Hauptver-

---

629 Vgl. BGH StV 1999, 576.
630 BGH (K) NStZ-RR 2000, 294 (Nr. 22).
631 BGH, Urt. v. 10.11.2015 – 5 StR 303/15.
632 Vgl. BGH StV 1999, 576.
633 BGH StV 1996, 2; BGH (M) NStZ-RR 1998, 1, 5; BGH NJW 1979, 2160.
634 BGH NStZ 2000, 325 (zur Vorgeschichte der mit dem Ablehnungsantrag beanstandeten Äußerung des Richters); BGH (M) NStZ-RR 1998, 1 und bei *Miebach/Sander* NStZ-RR 1999, 1, 6; BGH, Beschl. v. 07.02.2012 – 5 StR 432/11, StV 2012, 587.
635 BGH, Beschl. v. 10.03.2000 – 3 StR 16/00.
636 In der Fassung v. 10.12.2019 auf Grund des Gesetzes zur Modernisierung des Strafverfahren BGBl 2019 I 2121.
637 BGH, Beschl. v. 17.11.2015 – 4 StR 276/15, NStZ 2016, 627.
638 BGH (M) NStZ-RR 1998, 1 (zu § 24 StPO); BGH, Beschl. v. 08.02.1996 – 4 StR 752/95, StV1996, 540.
639 BGH StV 2002, 116; NStZ 1991, 144.
640 In der Fassung v. 10.12.2019 auf Grund des Gesetzes zur Modernisierung des Strafverfahren BGBl 2019 I 2121.
641 BGH NStZ 1996, 398.
642 BGHSt 48, 264.
643 BGH NStZ 2002, 429.

handlungen, die kürzer als zwei Wochen dauern. Über die Ablehnung ist nicht mehr spätestens bis zum übernächsten Verhandlungstag und stets vor Beginn der Schlussvorträge zu entscheiden, sondern spätestens vor Ablauf von zwei Wochen, oder aber bis zum übernächsten Verhandlungstag, wenn dieser nach Ablauf von zwei Wochen stattfindet, spätestens aber bis zur Urteilsverkündung (§ 29 III StPO). Der Fristenlauf für die Entscheidung über einen Ablehnungsantrag beginnt mit dem Tag der Antragstellung, wenn ein Richter vor oder während der Hauptverhandlung abgelehnt wird, bzw. mit dem Tag des Eingangs einer schriftlichen Antragsbegründung, wenn das Gericht den Antragsteller zu einer solchen gem. § 26 Abs. 1 Satz 2 StPO aufgefordert hat. Das heißt: Der Zeitraum, in dem der abgelehnte Richter weiter das Verfahren führt, verlängert sich noch um diese Begründungsfrist, deren Länge im Ermessen des möglicherweise befangenen Richters liegt.

– Besonderheiten
Der einem Befangenheitsantrag stattgebende Beschluss, der zum Ausscheiden des betreffenden Richters geführt hat, ist unanfechtbar und auch mit der Revision nicht angreifbar (§ 336 S 2 i.V.m. § 28 Abs. 1 StPO); zur Befangenheit des Sachverständigen: Rdn. 178; zu der des Staatsanwalts: Rdn. 150.

▶ Beachte

Die Vorschrift des § 26a StPO gestattet nur ausnahmsweise, dass ein abgelehnter Richter selbst über einen gegen ihn gestellten Befangenheitsantrag entscheidet. Voraussetzung für diese Ausnahme von dem in § 27 StPO erfassten Regelfall der Entscheidung ohne die Mitwirkung des abgelehnten Richters ist, dass keine Entscheidung in der Sache getroffen wird, vielmehr die Beteiligung des abgelehnten Richters auf eine echte Formalentscheidung oder die Verhinderung eines offensichtlichen Missbrauchs des Ablehnungsrechts beschränkt bleibt. Die Anwendung des § 26a StPO darf nicht dazu führen, dass der ablehnende Richter sein eigenes Verhalten beurteilt und damit »Richter in eigener Sache« wird. Jedenfalls bei einer willkürlichen oder die Verfassungsgarantie des Art. 101 Abs. 1 S. 2 GG erheblich missachtenden Überschreitung des durch § 26a StPO abgesteckten Rahmens begründet bereits dies den absoluten Revisionsgrund des § 338 Nr. 3 StPO. Allenfalls in solchen Fällen, in denen sich die Verwerfung als nicht offensichtlich unhaltbar erweist und es sich mithin um einen »einfachen Rechtsverstoß« handelt, ist dem Revisionsgericht die Überprüfung nach Beschwerdegrundsätzen und der mögliche Austausch des Verwerfungsgrundes erlaubt.[644]

XIV. Befangenheit – Staatsanwalt

150 – Gesetzesverletzung[645]
Verstoß gegen das Gebot des fairen Verfahrens, wenn einer der in §§ 22, 23 StPO genannten Ausschlussgründe vorlag.[646]

▶ Beachte

Ein Staatsanwalt, der in der Hauptverhandlung als Zeuge vernommen worden ist, ist insoweit an der weiteren Wahrnehmung der Aufgaben als Sitzungsvertreter der Staatsanwalt-

644 BGHSt 50, 216 (219); BGH NStZ 2008, 46 f.; Beschl. v. 02.04.2008 – 5 StR 129/07, NStZ-RR 2008, 246 f.; Urt.v.23. 01 2019 – 5 StR 143/18 = StraFo 2019, 277 f.; Beschl. v. 9.04.2018 – 3 StR 23/18 = NStZ-RR 2018, 252 f.

645 In den BWAGGVG (§ 11) und NdsAGGVG (§ 7) sind Amtshandlungen »befangener Staatsanwälte« ausdrücklich untersagt (zur Geltung vgl. Meyer-Goßner/*Schmitt* vor § 22 Rn. 3); zur Besorgnis der Befangenheit bei Ehe zwischen Richterin und Staatsanwalt vgl. *Ellbogen/Schneider* JR 2012, 188 f.

646 Sehr streitig, vgl. Meyer-Goßner/*Schmitt* Vor § 22 Rn. 6; KK/*Scheuten* § 24 Rn. 28; *Pawlik* NStZ 1995, 309; vgl. auch BGH NStZ-RR 2005, 343.

schaft in der Hauptverhandlung gehindert, als zwischen dem Gegenstand seiner Zeugenaussage und der nachfolgenden Mitwirkung an der Hauptverhandlung ein unlösbarer Zusammenhang besteht. Nimmt der Staatsanwalt im Rahmen der weiteren Sitzungsvertretung eine Würdigung seiner eigenen Zeugenaussage vor oder bezieht sich seine Mitwirkung auf einen Gegenstand, der mit seiner Aussage in einem untrennbaren Zusammenhang steht und einer gesonderten Bewertung nicht zugänglich ist, liegt ein relativer Revisionsgrund nach § 337 StPO vor[647].

- Rügeart
  Verfahrensrüge.
- Anforderungen an die Rüge
  Mitteilung der Tatsachen, aus denen sich ergibt, dass für den Staatsanwalt, der an der Hauptverhandlung mitgewirkt hat (vgl. § 272 Nr. 2 StPO), ein Ausschlussgrund vorlag; ferner sollte dargelegt werden, dass und wie das Gericht auf die Ablösung des Staatsanwalts hingewirkt hat.
- Relativer Revisionsgrund
  Jedoch wird das Beruhen nur selten gegeben sein.

XV. Beratung

- Gesetzesverletzung 151
  Verstoß gegen §§ 260 Abs. 1, 263 Abs. 1 StPO, §§ 193 ff. GVG.
- Rügeart
  Verfahrensrüge
- Anforderungen an die Rüge
  Da auch hier die den Gesetzesverstoß belegenden Tatsachen mitgeteilt werden müssen, scheitert die Revision häufig an § 344 Abs. 2 S. 2 StPO; denn zum einen ist die Durchführung der Beratung kein protokollierungsbedürftiger Vorgang, zum anderen gilt für sie das Beratungsgeheimnis.[648] Ist nach einer (ausführlichen) Beratung kurz erneut in die Verhandlung eingetreten worden, so muss – wenn anschließend nur eine kurze Verständigung im Sitzungssaal als erneute Beratung stattgefunden haben kann[649] – der gesamte Vorgang (einschließlich des »Inhalts« der wieder eröffneten Verhandlung) mitgeteilt werden.[650] Ob die Dauer der Beratung angemessen war, unterliegt nicht der revisionsgerichtlichen Überprüfung.[651]
- Relativer Revisionsgrund
  Kann die Gesetzesverletzung nachgewiesen werden, wird das Beruhen regelmäßig gegeben sein.

XVI. Berufungsurteil

- Gesetzesverletzung[652] 152
  Übersehen der Unzulässigkeit der Berufung.
- Rügeart
  Von Amts wegen zu beachten.[653]
- 2. Gesetzesverletzung
  Missachtung einer Beschränkung der Berufung (zur Verbindung eines erstinstanzlichen mit einem Berufungsverfahren: vgl. Rdn. 180)

647 BGH, Beschl. v. 31.07.2018 – 1 StR 382/17 = NStZ 2019, 234 f. m. Anm. *Stuckenberg* JR 2019, 160 f.
648 BGH NStZ 1992, 552; 601; vgl. auch BGH NStZ-RR 1998, 142.
649 Diese muss allerdings nach außen hin erkennbar sein, vgl. BGH StV 1998, 530 (531); vgl. auch BGHR StPO § 260 Abs. 1 Beratung 6; BGH, Beschl. v. 23.11.2000 – 3 StR 428/00; BGH NStZ 2010, 650.
650 Vgl. BGH, Beschl. v. 23.11.2000 – 3 StR 428/00.
651 BGHSt 37, 141.
652 *Weidemann/Scherf* Rn. 412, 413; *Dahs* Rn. 481 ff.
653 KK/*Gericke* § 352 Rn. 22; *Meyer-Goßner*/Schmitt § 352 Rn. 3.

Beachte

Die Revision gegen ein Berufungsurteil kann nicht wirksam auf den Rechtsfolgenausspruch beschränkt werden, wenn das Berufungsgericht trotz unbeschränkt eingelegter Berufung keinen eigenen Schuldspruch mit den zugehörigen Feststellungen getroffen hat. Dies gilt auch, wenn es zu Unrecht von einer wirksamen Beschränkung der Berufung auf den Rechtsfolgenausspruch ausgegangen ist[654].

- Rügeart
  Von Amts wegen zu beachten. (vgl. auch Rdn. 180)[655]
- 3. Gesetzesverletzung
  Verstoß gegen das Verschlechterungsverbot (§ 331 StPO; vgl. *Kap. 9* Rdn. 58 ff.).
- Rügeart
  Von Amts wegen zu beachten. (streitig)[656]
- Besonderheiten
  Gilt auch bei Verstoß gegen § 358 Abs. 2 StPO nach Aufhebung und Zurückverweisung
- 4. Gesetzesverletzung
  Tatsächlich entschuldigtes Ausbleiben bei Verwerfung nach § 329 Abs. 1 StPO.
- Rügeart
  Verfahrensrüge[657]
- Anforderungen an die Rüge
  Die tatsächlichen Feststellungen, die in dem angefochtenen Urteil mitgeteilt werden, müssen nicht nochmals vorgetragen werden.[658] Soweit das Urteil auf bestimmte Umstände nicht eingeht, müssen diese entsprechend den Regeln der Aufklärungsrüge (Rdn. 147) dargelegt werden.
- Relativer Revisionsgrund
  Das Beruhen ist bei nachgewiesener Gesetzesverletzung regelmäßig gegeben.

XVII. Beschlagnahme (Durchsuchung)

153 – Gesetzesverletzung:[659]
Fehler in Zusammenhang mit Durchsuchungen oder Beschlagnahmen können in der Revision regelmäßig nur dann beanstandet werden, wenn der Tatrichter ein sich daraus ergebendes Verwertungsverbot missachtet hat.[660] Das wird insbesondere bei Verstößen gegen §§ 97, 108 Abs. 2

---

654 BGH, Beschl. v. 26.09.2019 – 5 StR 206/19 = NJW 2020, 253 f. = NStZ 2020, 182 f.

655 BayObLG NStZ-RR 1999, 275; OLG Frankfurt NStZ-RR 1997, 45 (46); OLG Saarbrücken NStZ 1997, 149.

656 Vgl. OLG Düsseldorf wistra 2000, 359 sowie die Nachweise bei BayObLG NStZ 2000, 53 und bei *Meyer-Goßner*/Schmitt § 331 Rn. 24, § 358 Rn. 12.

657 OLG Hamm NStZ-RR 2000, 84 (85); OLG Köln NStZ-RR 1997, 208; vgl. auch *Rieß* NStZ 2000, 120 (123); a.A. (Sachrüge): OLG Dresden NJW 2000, 3295; die Sachrüge ermöglicht nur die Prüfung der Verfahrensvoraussetzungen, vgl. *Meyer-Goßner*/Schmitt § 329 Rn. 49; zur Revision des Angeklagten nach Verwerfung seiner Berufung gem. § 329 Abs. 1 StPO und Entscheidung über die Berufung der Staatsanwaltschaft: OLG Stuttgart NStZ 2000, 52.

658 OLG Brandenburg NStZ 1996, 249.

659 Vgl. die Übersichten von *Burhoff* StraFo 2005, 140 ff.; *Schröder* JuS 2004, 858 ff.; Zur Durchsuchung bei Anwälten vgl. *Beukelmann* NJW-Spezial 2018, 504; *Graßie*/*Hiéramente* BB 2018, 2051 ff.

660 Zu den Beschlussanforderungen: BVerfG, Beschl. v. 15.12.2004 – 2 BvR 1873/04; vom 29.11.2004 – 2 BvR 1034/02; vom 09.02.2005 – 2 BvR 984/04; v. 23.01.2004 – 2 BvR 766/03; BVerfG NJW 2004, 1517; NJW 2004, 1519; StV 2005, 251 f.; Beschl. v. 12.04.2005 – 2 BvR 1027/02, StV2005, 363 ff. (Beschlagnahme von Datenträgern); v. 14.01.2005 – 2 BvR 1975/03, StV2005, 195 f. (Rechtsanwalt – Verdacht der Geldwäsche); v. 01.02.2005 – 1 BvR 2019/03 (Pressefreiheit?).

StPO (vgl. dazu Kap. 31 Rdn. 132 ff.),[661] bei der unzulässigen Beschlagnahme von Verteidigungsunterlagen,[662] bei fehlender Konkretisierung der zu suchenden Beweismittel[663] oder nach Verstößen gegen Grundrechte der Fall sein.[664] Problematisch sind die Fälle, in denen bei der Durchsuchungsanordnung zu Unrecht eine Gefahr im Verzug bejaht wurde.[665] Eine bewusste Missachtung oder gleichgewichtig grobe Verkennung der Voraussetzungen des für Wohnungsdurchsuchungen bestehenden Richtervorbehalts kann aber die Annahme eines Verbots der Verwertung bei der Durchsuchung gewonnener Beweismittel rechtfertigen.[666]

– Die Rüge unzulässiger Verwertung von Durchsuchungsfunden erfordert einen Widerspruch in der Hauptverhandlung[667]
  Zur Problematik einer unzureichenden Dokumentation vgl. BGH NJW 2005, 1060; BVerfG NJW 2008, 3053
  Dient eine polizeiliche Maßnahme wie Durchsuchung sowohl der Gewinnung von Beweismitteln als auch der Gefahrenabwehr, besteht grundsätzlich kein Vorrang strafprozessualer Eingriffsbefugnisse. Polizeibehörden dürfen daher auch während eines bereits laufenden Ermittlungsverfahrens aufgrund präventiver Ermächtigungsgrundlagen zum Zwecke der Gefahrenabwehr tätig werden. Die Verwertbarkeit der dabei gewonnenen Beweismittel im Strafverfahren bestimmt sich in diesem Fall nach § 161 Abs. 2 S. 1 StPO: BGH Urt. v. 17.01.2018 – 2 StR 180/17 = NStZ-RR 2018, 146
– Rügeart
  Verfahrensrüge.
– Anforderungen an die Rüge
  In der Verfahrensrüge sind vorzutragen die Beschlagnahmeanordnung, das Beschlagnahmeprotokoll und die »Einführung« des beschlagnahmten Gegenstandes in die Hauptverhandlung. Bei einem Verstoß gegen § 97 I StPO ist ferner mitzuteilen, dass die Voraussetzungen des § 97 Abs. 2 S. 3 StPO nicht gegeben waren,[668] wann der Beteiligungsverdacht entstanden ist[669] und dass keine Schweigepflichtentbindung bzw. entsprechende Einwilligung zur Verwertung vorlag.[670]

Hinweis

Ob die Zulässigkeit einer Verfahrensrüge, mit der ein Beweisverwertungsverbot wegen Fehlern bei einer Durchsuchung zur Sicherstellung von Sachbeweisen geltend gemacht wird, einen auf den Zeitpunkt des § 257 Abs. 1 StPO befristeten Widerspruch des verteidigten Angeklagten gegen die Verwertung voraussetzt, ist strittig.[671]

---

661 Vgl. etwa zur Beschlagnahme von Krankenunterlagen: BGH NStZ 1998, 471 m. Anm. *Rudolphi*; zur Beschlagnahme in einem Presseunternehmen: BVerfG NStZ 2001, 43; vgl. auch BVerfG StV 2002, 113 (formfehlerhafte Durchsuchung, Beschlagnahme).

662 Vgl. BGHSt 44, 46 (51); BGH, Beschl. v. 22.11.2000 – 1 StR 375/00.

663 BGH StV 2002, 62.

664 Beispielsweise bei Verwertung eines Tagebuchs, vgl. BGH NStZ 2000, 383 Anm. *Jahn*; 1998, 635; 1994, 350; dazu auch Kap. 31 Rdn. 154; BVerfG NJW 2003, 1514; BVerfG, Beschl. v. 29.11.2004 – 2 BvR 1034/02, wistra 2005, 135 f.

665 BVerfG StV 2001, 207; StraFo 2005, 156; NJW 2004, 1442; StV 2003, 205; 2002, 348.

666 BGHSt 51, 285 ff.; vgl. auch BGH, Beschl. v. 19.01.2010 – 3 StR 530/09, wistra 2010, 231 f.

667 BGH, Urt. v. 09.05.2018 – 5 StR 17/18 = StV 2018, 772 f. m. Anm. *Meyer-Mews* NJW 2018, 2280.

668 BGHSt 37, 245 (248); BGH, Beschl. v. 22.11.2000 – 1 StR 375/00.

669 Vgl. BGH, Beschl. v. 22.11.2000 – 1 StR 375/00.

670 BGHSt 38, 144 (146).

671 Einerseits BGH, Beschl. v. 06.10.2016 – 2 StR 46/15 = BGHSt 61, 266 ff. = NStZ 2017, 367 f. m. Anm. *Kratz* jurisPR-StrafR 10/2017 Anm. 3; *Kudlich*, JA 2017, 390 ff.; andererseits BGH, Urt. v. 09.05.2018 – 5 StR 17/18 = NJW 2018, 2279 ff. m. Anm. *Meyer-Mews* NJW 2018, 2280; *Jäger* JA 2018, 711 ff.; *Börner* NStZ 2018, 738 ff.; *Schäuble* StV 2018, 773 ff.

– Relativer Revisionsgrund
Das Beruhen ergibt sich regelmäßig aus der Beweiswürdigung des Urteils, es kann auch aufgrund einer hypothetischen Betrachtung fehlen (Beispiel: Durchsuchungs- und Beschlagnahmebeschluss wurde tatsächlich zwar nicht erholt, wäre er beantragt worden, wäre er aber ergangen).[672]

XVIII. Beschleunigtes Verfahren

154 – 1. Gesetzesverletzung[673]
Fehlender Antrag der Staatsanwaltschaft (Verstoß gegen § 417 StPO).
– Rügeart
Von Amts wegen zu beachten (vgl. Rdn. 145).
– 2. Gesetzesverletzung
Fehlende oder die Tat nicht eingrenzende Anklage (§ 418 Abs. 3 StPO; vgl. dazu auch oben Rdn. 145).
– Rügeart
Von Amts wegen zu beachten.[674]
– 3. Gesetzesverletzung
Fehlende Eignung (Verstoß gegen § 417 StPO).
– Rügeart
Beschränkt revisibel.[675]
– 4. Gesetzesverletzung
Fehlender Eröffnungsbeschluss nach stillschweigender Überleitung in ein »normales« Strafverfahren; zu beachten ist hier, dass der Eröffnungsbeschluss auch konkludent ergehen kann (vgl. Rdn. 165).
– Rügeart
Von Amts wegen zu beachten (vgl. Rdn. 165)[676] oder Verfahrensrüge (streitig).[677]
– 5. Gesetzesverletzung
Fehlende Mitwirkung eines Verteidigers (Verstoß gegen § 418 IV StPO).
– Rügeart
Verfahrensrüge, absoluter Revisionsgrund (§ 338 Nr. 5 StPO, vgl. Rdn. 141; dort auch zum erforderlichen Vortrag)[678]
– 6. Gesetzesverletzung
Überschreiten der Rechtsfolgenkompetenz
– Rügeart
Sehr streitig;[679] vorsorglich sollte eine Verfahrensrüge erhoben werden.

---

672 Dazu BGH NStZ 1989, 375 m. Anm. *Roxin*; allgemein *Rogall* NStZ 1988, 385; *Krekeler* NStZ 1993, 263; zu einem solchen hypothetischen Ermittlungsverlauf beim verdeckten Ermittler: BGH NStZ 1997, 294, 295 und bei der Telefonüberwachung: unten Rdn. 183.

673 Allgemein dazu: Kap. 8 Rdn. 5 ff.; vgl. auch *Dury* DRiZ 2001, 207 f.; *Ranft* NStZ 2004, 424 (Konsequenzen aus Verstößen); vgl. auch *Wieneck* JuS 2018, 249 ff.

674 OLG Frankfurt StV 2000, 299.

675 KK/*Graf* § 419 Rn. 18; LR/*Gössel* § 417 Rn. 41 ff. und § 419 Rn. 44; vgl. auch Kap. 8 Rdn. 21.

676 OLG Düsseldorf StV 1999, 202; NStZ 1997, 613; *Radtke* NStZ 1998, 370; *Müller* NStZ 2000, 107 (108).

677 OLG Hamburg StV 2000, 299; BayObLG StV 2000, 302; OLG Stuttgart StV 1998, 585; *Scheffler* NStZ 1999, 268 (269).

678 OLG Düsseldorf StV 1999, 588 (589); OLG Karlsruhe StV 1999, 364; BayObLG NStZ 1998, 372; *Burgard* NStZ 2000, 242 (245).

679 Vgl. *Meyer-Goßner*/Schmitt § 419 Rn. 18; KK/*Graf* § 419 Rn. 19.

XIX. Beschuldigter – Belehrung, Schweigerecht

– Gesetzesverletzung[680] 155
Verwertung trotz eines infolge Verstoßes gegen § 136 I 2 StPO bestehenden Verwertungsverbots; das Entstehen dieses Verwertungsverbots ist nach der Rechtsprechung davon abhängig, dass der verteidigte Beschuldigte in der Hauptverhandlung spätestens bis zu dem sich aus § 257 StPO (also unmittelbar nach der Beweiserhebung über den Inhalt seiner früheren Aussage) ergebenden Zeitpunkt widersprochen hat (ausführlich dazu Kap. 31 Rdn. 27 ff.)[681] Die Verletzung der Aussagefreiheit kann auch außerhalb von Vernehmungen nach §§ 136, 136a StPO zu einem Beweisverwertungsverbot führen[682]
– Rügeart
Verfahrensrüge.
– Anforderungen an die Rüge
In der Verfahrensrüge muss vorgetragen und belegt werden, dass die Belehrung unterblieben ist, welchen Inhalt die daraufhin erfolgte Aussage hatte, wie sie in die Hauptverhandlung eingeführt wurde und dass der Angeklagte oder sein Verteidiger der Verwertung rechtzeitig widersprochen hat.[683] Im Rahmen der Ausführungen zum Beruhen sollte mitgeteilt werden, dass der Beschuldigte damals sein Schweigerecht nicht kannte.
– Relativer Revisionsgrund
Das Beruhen ergibt sich regelmäßig aus der Beweiswürdigung des Urteils; es fehlt, wenn der Beschuldigte sein Schweigerecht auch ohne die Belehrung kannte, etwa weil er schon vor der Vernehmung mit seinem Verteidiger gesprochen hatte.[684]

Die nach § 136 Abs. 1 Satz 3 Halbs. 2 StPO in der Fassung vom 17.07.2015 bzw. § 136 Abs. 1 Satz 5 Halbs. 2 StPO in der Fassung vom 27. August 2017 unterbliebene Belehrung des Angeklagten über die Möglichkeit einer Pflichtverteidigerbestellung begründet kein absolutes Verwertungsverbot.[685]
– Besonderheiten
Vgl. auch *Angeklagter – Belehrung, Schweigerecht* (Rdn. 143); *Beweiswürdigung – Schweigen, Angeklagter/Beschuldigter* (Rdn. 161).

> ▶ **Beispiel**
>
> Gerügt wird, dass das Landgericht ein Geständnis des Angeklagten verwertet hat, obwohl dieses unter Verletzung der §§ 163a Abs. 4 S. 2, 136 Abs. 1 S. 2 StPO zustande gekommen war.[686]
>
> 1. Der zu diesem Zeitpunkt noch nicht verteidigte Angeklagte war vor seiner ersten polizeilichen Vernehmung am ... zwar über sein Schweigerecht belehrt worden, er hatte die-

680 Zur Begründung der Beschuldigteneigenschaft: BGHSt 51, 367 ff. m. Anm. *Roxin* JR 2008, 16 ff.; zu sog. Spontanäußerungen eines Verdächtigen vgl. BGH, Beschl. v. 09.06.2009 – 4 StR 170/09, StV 2010, 4; vgl. auch BGH, Urt. v. 27.06.2013 – 3 StR 435/12, BGHSt 58, 301 f. = StV 2013, 737 f.; vgl. dazu *Peglau* jurisPR-StrafR 15/2013 Anm. 1; *Britz* NStZ 2013, 607 f.; *Wohlers* JR 2014, 131 f.; BGH, Urt. v. 03.05.2018 – 3 StR 390/17 = NStZ 2019, 227 ff. m. Anm. *Arnoldi*, NStZ 2019, 230 f. zur qualifizierten Belehrung; Beschl. v. 06.02.2018 – 2 StR 163/17 = StraFo 2018, 300 f. (unterbliebene Belehrung über die Möglichkeit einer Pflichtverteidigerbestellung) m. Anm. *Ransiek* StV 2019, 160 f.; *Jäger* NStZ 2018, 672 cf.

681 Grundlegend: BGHSt 38, 214 = JR 1992, 381 m. Anm. *Fezer* = JZ 1992, 918 m. Anm. *Roxin*; zur sofortigen Rügepflicht auch BayObLG NJW 1997, 404.

682 BGH, Urt. v. 06.03.2018 – 1 StR 277/17 = StV 2018, 767 f. m. Anm. *Jahn*, NJW 2018, 1988 f.; *Vogler* NStZ 2019, 38 f. *Eisenberg* StV 2018, 769 f.

683 Vgl. BGH NJW 1993, 2125, 2127; BGH NStZ 1997, 614 m. Anm. *Müller-Dietz*.

684 Vgl. BGHSt 38, 214 (225).

685 BGH, Beschl. v. 06.02.2018 – 2 StR 163/17 = StV 2019, 159 f. m. Anm. *Ransiek* StV 2019, 160 f.; *Jäger* NStZ 2018, 672 cf.

686 BGHSt 39, 349 = JZ 1994, 686 m. Anm. *Fezer*.

se Belehrung jedoch infolge einer Geisteskrankheit nicht verstanden. Gleichwohl hat die Strafkammer über die damalige Aussage des Beschuldigten, der in dieser Vernehmung ein Geständnis abgelegt hatte, durch Vernehmung des Polizeibeamten ... als Zeugen Beweis erhoben. Allein über diese Vernehmung wurden die damaligen Angaben des Beschuldigten in die Hauptverhandlung eingeführt. Der Berücksichtigung dieser Aussage zum Nachteil des Angeklagten hatte der Verteidiger des Angeklagten unmittelbar nach der Vernehmung des Polizeibeamten widersprochen; damit war dessen Aussage aber unverwertbar.

Diese Verfahrensweise ergibt sich im Einzelnen aus ... [es folgt der Hinweis auf die Abschnitte des Urteils, die den obigen Hergang belegen. Dabei genügt ein Hinweis, die betreffenden Ausführungen des Urteils müssen nicht im Wortlaut wiedergegeben werden, wenn auch die Sachrüge erhoben wurde (vgl. Rdn. 127). Sollte das Urteil auf diesen Hergang nicht (vollständig) eingehen, sind die jeweiligen Teile aus den Akten (Beschuldigtenvernehmung im Wortlaut, Beleg für die Geisteskrankheit, Hauptverhandlungsprotokoll bezüglich der Aussage des Polizeibeamten und des Widerspruchs des Verteidigers) vollständig mitzuteilen.]

2. Die Angaben des Beschuldigten unterlagen einem Verwertungsverbot, das zur Folge hat, dass auch die Aussage des Polizeibeamten ... nicht zum Nachteil des Angeklagten berücksichtigt werden durfte. Zwar war die Vernehmung des Beschuldigten nicht fehlerhaft. Zum einen darf nämlich auch einem Geisteskranken nicht die Möglichkeit abgeschnitten werden, zu seinen Gunsten sprechende Umstände vorzutragen. Zum anderen stellt sich – wie auch hier – regelmäßig erst im weiteren Verlauf des Verfahrens heraus, ob tatsächlich eine Geisteskrankheit besteht. Entscheidend für die Frage der Verwertbarkeit der früheren Aussage muss aber sein, ob der Beschuldigte infolge einer Krankheit gehindert war, die Belehrung und die ihm damit zustehende Wahlmöglichkeit zwischen Aussage und Schweigen zu verstehen; war er hierzu nicht in der Lage, steht er einem nicht belehrten Beschuldigten gleich. Dies beurteilt sich entsprechend den zur Verhandlungsfähigkeit entwickelten Grundsätzen[687]; maßgeblich ist also, ob schwere körperliche oder seelische Mängel oder Krankheiten vorlagen, die ausgeschlossen haben, dass der Beschuldigte die Belehrung inhaltlich aufgenommen hat und sich daher seines Schweigerechts bewusst war. Das war hier ausweislich des oben mitgeteilten Gutachtens der Fall.

3. Auf diesem Gesetzesverstoß beruht das Urteil (§ 337 Abs. 1 StPO). [Es folgt der Hinweis auf den Urteilsabschnitt, in dem das Gericht seine Überzeugung von der Täterschaft des Angeklagten mit dem Inhalt seiner ersten Aussage begründet.]

XX. Beschuldigter – Belehrung, Verteidigerkonsultation

156 – Gesetzesverletzung[688]

Verwertung trotz Verwertungsverbots nach Verstoß gegen § 136 Abs. 1 S. 2 StPO (bei unterbliebener Belehrung)[689] bzw. gegen § 137 Abs. 1 StPO (bei erfolgter Belehrung, aber Unterbin-

687 Vgl. dazu *Bischoff* u.a. StraFo 2015, 222 ff.

688 Beachte: Ist der Beschuldigte bei der ersten polizeilichen Vernehmung über seine Aussagefreiheit und sein Recht zur Hinzuziehung eines Verteidigers belehrt worden, so dürfen Angaben, die er in freier Entscheidung ohne Beistand eines Verteidigers macht, auch dann verwertet werden, wenn er zunächst die Zuziehung eines Verteidigers gewünscht hat, die Kontaktaufnahme jedoch fehlgeschlagen ist (BGH, Beschl. v. 10.01 2013 – 1 StR 560/12, NStZ 2013, 299); BGH, Beschl. v. 06.02.2018 – 2 StR 163/17 = StraFo 2018, 300 f. (unterbliebene Belehrung über die Möglichkeit einer Pflichtverteidigerbestellung).

689 BGHSt 46, 93; 47, 172; 233; vgl. auch BGH StV 2004, 57, 358; zur Frage eines Verwertungsverbots bei verdecktem Verhör durch einen nicht offen ermittelnden Polizeibeamten in JVA vgl. BGH, Beschl. v. 18.05.2010 – 5 StR 51/10, BGHSt 55, 138 ff. = StV 2010, 465 f.; *Eisenberg* JA 2012, 452 f.

den des Verteidigerkontakts; ausführlich dazu Kap. 31 Rdn. 39 ff.).[690] Die Verletzung der Aussagefreiheit kann auch außerhalb von Vernehmungen nach §§ 136, 136a StPO zu einem Beweisverwertungsverbot führen.[691]

– Rügeart
  Verfahrensrüge.
– Anforderungen an die Rüge
  Mitteilung, dass die Belehrung unterblieben ist bzw. eine Verteidigerkonsultation verweigert wurde, ob die Vernehmung unterbrochen wurde, welchen Inhalt die daraufhin erfolgte Aussage hatte, ob der Beschuldigte vor der Fortsetzung der Vernehmung erneut belehrt wurde, wie seine Aussage in die Hauptverhandlung eingeführt wurde und dass der Angeklagte oder sein Verteidiger der Verwertung rechtzeitig widersprochen haben.[692] Im Rahmen der Ausführungen zum Beruhen sollte im Fall des Verstoßes gegen die Belehrungspflicht mitgeteilt werden, dass der Beschuldigte damals das Recht auf Verteidigerkonsultation nicht kannte.[693]
– Relativer Revisionsgrund
  Das Beruhen ergibt sich aus der Beweiswürdigung des Urteils (vgl. auch oben: Anforderungen an die Rüge).
– Besonderheiten
  Vgl. auch *Pflichtverteidigerbestellung* (Rdn. 175); *Verteidigung, Beschränkung* (Rdn. 190).

XXI. Beschuldigter – Vernehmung, verbotene Vernehmungsmethoden Gesetzesverletzung

– Gesetzesverletzung[694] 157
  Verneint das Gericht zu Unrecht ein Verwertungsverbot nach Anwendung verbotener Vernehmungsmethoden, ist gegen § 136a Abs. 3 S. 2 StPO verstoßen.[695] Nimmt dagegen das Tatgericht zu Unrecht ein Verwertungsverbot nach dieser Vorschrift an, ist dies in der Revision als Aufklärungsrüge geltend zu machen (Verstoß gegen §§ 244 Abs. 2, 245 StPO; dazu Rdn. 147). Die Anklageerhebung ohne vorherige Vernehmung des Beschuldigten verstößt gegen § 163a Abs. 1 StPO.[696]

▶ Beachte

§ 136a StPO gilt nicht nur für die Vernehmung eines Beschuldigten,[697] sondern auch für die Vernehmung von Zeugen und Sachverständigen.[698]

– Rügeart
  Verfahrensrüge.
  Die Verfahrensrüge, eine Aussage sei durch verbotene Vernehmungsmethoden zustande gekommen (§ 136a Abs. 1 StPO), kann auch dann zulässig erhoben werden, wenn der Angeklagte der Verwertung der Aussage in der Hauptverhandlung nicht widersprochen hat.[699]

690 Die Rechtsprechung ist insofern noch nicht einheitlich: vgl. BGHSt 38, 372 (4. Senat) = JZ 1993, 425 m. Anm. *Roxin* = JR 1993, 332 m. Anm. *Rieß*; BGH (5. Senat) NStZ 1996, 291; BGH (1. Senat) NStZ 1996, 452; dazu *Herrmann* NStZ 1997, 209; *Roxin* JZ 1997, 343; ähnlich: BGH NStZ 1997, 251 (252) 1. Senat; BVerfG StV 2002, 578.
691 BGH, Urt. v. 06.03.2018 – 1 StR 277/17 = StV 2018, 767 f. m. Anm. *Jahn*, NJW 2018, 1988 f.; *Vogler* NStZ 2019, 38 f. *Eisenberg* StV 2018, 769 f.
692 BGH NStZ 1999, 154; BGH (M) NStZ-RR 1998, 1 (2); vgl. auch BGH NStZ 1997, 614 m. Anm. *Müller-Dietz*; zum Widerspruch vgl. *Kröpil* JR 2012, 451 f.
693 Vgl. BGH NStZ 1999, 154.
694 Allgemein dazu Kap. 31.
695 BGH NStZ 2001, 551; 2004, 631; StV 2004, 636; 2005, 201; Ausführlich: Kap. 31 Rdn. 51 ff.
696 Vgl. dazu auch BGH (K) NStZ-RR 1999, 259 (Nr. 10).
697 Vgl. dazu BGH, Beschl. v. 25.10.2016 – 2 StR 84/16, NStZ 2017, 241 ff.
698 BGH, Beschl. v. 28.04.2004 – 2 StR 40/04.
699 BGH, Beschl. v. 03.02.2016 – 4 StR 561/15.

– Anforderungen an die Rüge
Wiedergabe der Aussage, die dem Verwertungsverbot unterliegen soll, sowie der Tatsachen, aus denen sich der Verstoß gegen § 136a StPO ergibt[700] und derjenigen Umstände, die einen möglichen Ursachenzusammenhang mit der Aussage belegen. Wird beanstandet, dass ein Verwertungsverbot auch in Bezug auf spätere Aussagen des Beschuldigten bestanden hat, ist zu belegen, dass der Verstoß gegen § 136a StPO fortgewirkt hat.[701]

▶ **Beachte**

Die Voraussetzungen eines von der Verteidigung behaupteten Beweisverwertungsverbots sind nach § 136a StPO im Wege des Freibeweises aufzuklären; insoweit ist das Revisionsgericht zu eigener Prüfung berufen. Es ist grundsätzlich weder auf die Feststellungen des Tatgerichts beschränkt noch an dessen Beweiswürdigung gebunden[702].

– Relativer Revisionsgrund
Das Beruhen ergibt sich regelmäßig aus der Beweiswürdigung des Urteils.
– Besonderheiten
Zum Mithören eines Telefongesprächs zwischen einem Zeugen und einem Beschuldigten durch einen Polizeibeamten: Rdn. 183.

XXII. Besetzung/Besetzungsrüge

158 – Gesetzesverletzung
Verstoß gegen § 226 StPO z.B. beim schlafenden, blinden, stummen oder tauben Richter,[703] schlafender Schöffe[704], gegen § 338 Nr. 1 StPO bei Abweichen von der nach § 76 Abs. 3 GVG vorgesehen regelmäßigen Dreierbesetzung[705]. Im Übrigen liegt zumeist auch ein Verstoß gegen Art. 101 Abs. 1 S. 2 GG, § 16 S. 2 GVG vor, also das Gebot des gesetzlichen Richters, das allerdings regelmäßig nur bei Willkür verletzt ist.[706] § 338 Nr. 1 StPO z.B. bei Verstoß gegen gerichtsinternen oder kammer- bzw. senatsinternen Geschäftsverteilungsplan[707] oder Änderung des Geschäftsverteilungsplans[708]. Fehlern in Zusammenhang mit der Wahl, der Auslosung oder der Verteilung der Schöffen und Hilfsschöffen[709], Fehler bei der Änderung der Geschäftsverteilung nach § 21e GVG[710]; Fehler bei der Entbindung von Schöffen BGH Beschl. v. 08.05.2018 – 5 StR 108/18 = NStZ 2018, 616 f. (§ 338 Nr. 1 StPO).

---

700 Vgl. z.B. BGH bei *Miebach/Sander* NStZ-RR 2000, 1 (4).
701 BGH MDR 1995, 839; NStZ 1996, 290; Anm. *Fezer* StV 1997, 57.
702 BGH, Beschl. v. 02.05.2019 – 3 StR 21/19 = NStZ-RR 2019, 284 f.
703 BGHSt 4, 191 (193); 11, 74 (77); 34, 236; vgl. auch *Hunsmann* StRR 2014, 24, 28 f.
704 BGH, Beschl. v. 19.06.2018 – 5 StR 643/17 = NStZ 2019, 106 f.
705 Vgl. jetzt Gesetz über die Besetzung der großen Straf- und Jugendkammern in der Hauptverhandlung vom 06.12.2011 (GVGuaÄndG) dazu *Schlothauer* StV 2012, 749 f.; BGH, Beschl. v. 04.02.2016 – 4 StR 79/15, StV 2016, 631.
706 BGH NJW 2000, 1580, 1581; Anm. *Katholnigg* NStZ 2000, 443; BGHSt 25, 66 (72); vgl. auch BGHSt 44, 328 (333); Anm. *Katholnigg* JR 1999, 305 f.
707 BGH StV 2005, 1 m. Anm. *Peglau* wistra 2005, 92 ff. (Überbesetzung).
708 BVerfG, Beschl. v. 23.12.2016 – 2 BvR 2023/16, StraFo 2017, 64 f.; zu den Voraussetzungen der Übertragung eines Verfahrens BGH, Beschl. v. 27.01.2020 – 1 StR 622/17.
709 Vgl. z.B. BGHSt 29, 283 (287); 33, 261 (268 [Schöffenwahl]); 43, 270 (außerordentliche Sitzung); BGH JR 2000, 166 m. Anm. *Katholnigg* (kammerinterne Geschäftsverteilung); zur Änderung der Geschäftsverteilung *Schmitz* StraFo 2016, 397 ff.; BGH, Urt. v. 14.10.2015 – 5 StR 273/15, StV 2016, 633 f. zur Schöffenwahl *Metz* JA 2019, 861 ff.
710 BGH, Urt. v. 24.03.2016 – 2 StR 344/14, NStZ-RR 2016, 341 f.; Beschl. v. 04.05.2016 – 3 StR 358/15, StV 2016, 626 f.; v. 22.03.2016 – 3 StR 516/15, StV 2016, 629 f. = NStZ 2016, 562 f.; v. 12.01.2016 – 3 StR 490/15, StV 2016, 623 f.

▶ **Beachte**

Kann ein zur Urteilsfindung berufener Richter wegen Krankheit nicht zu einer Hauptverhandlung erscheinen, die bereits an mindestens zehn Tagen stattgefunden hat § 229 Abs. 3 S. 1 StPO), so kommt der Eintritt eines Ergänzungsrichters (§ 192 Abs. 2 GVG) grundsätzlich erst dann in Betracht, wenn der erkrankte Richter nach Ablauf der maximalen Fristenhemmung zu dem ersten notwendigen Fortsetzungstermin weiterhin nicht erscheinen kann.[711]

– Rügeart
  Verfahrensrüge.

▶ **Hinweis**

Die Abwesenheit eines (beisitzenden) Richters oder eines Schöffen während wesentlicher Teile der Hauptverhandlung führt nach der bisherigen Rechtsprechung und der überwiegenden Auffassung in der Literatur zum absoluten Revisionsgrund der vorschriftswidrigen Gerichtsbesetzung im Sinne des § 338 Nr. 1 StPO. Ob Fallkonstellationen der psychischen oder physischen Abwesenheit von Richtern stattdessen unter § 338 Nr. 5 StPO zu subsumieren sind, hat der BGH offengelassen,[712]

– Anforderungen an die Rüge[713]

  Einwand nach § 222a und § 222b StPO notwendig und Benennung in der Revisionsbegründung.

▶ **Beachte aber**

Halten die erkennende Kammer oder der erkennende Senat einen erhobenen Besetzungseinwand für unbegründet, wird dieser nicht (mehr) im Beschlusswege zurückgewiesen, sondern er ist spätestens vor Ablauf von drei Tagen dem OLG (bei erstinstanzlicher Verhandlung vor dem LG) zur Oberprüfung vorzulegen (Neufassung des § 222b Abs. 3 StP0 durch das Gesetz zur Modernisierung des Strafverfahren BGBl 2019 I 2121 »Vorabentscheidungsverfahren«).

– Die Vorabentscheidung des Rechtsmittelgerichts nach § 222b III StPO ist für sich nicht erneut im Rahmen der Revision überprüfbar. Ein absoluter Revisionsgrund ist nur dann gegeben, wenn eine (Vorab-)Entscheidung des Rechtsmittelgerichts ausgeblieben ist. Dazu kommen drei alternativen Voraussetzungen: Die Vorschriften über die Besetzungsmitteilung wurden verletzt (§ 338 Nr. 1 Buchst. b aa StPO), der zulässige Besetzungseinwand wurde übergangen oder zurückgewiesen (§ 338 Nr. 1 Buchst. b bb StPO) oder die Besetzung konnte nicht mindestens eine Woche durch den Antragsteller überprüft werden, obwohl ein Unterbrechungsantrag gestellt worden ist (§ 338 Nr. 1 Buchst. 1, cc StPO).
– Absoluter Revisionsgrund
  § 338 Nr. 1 StPO (nicht: § 338 Nr. 5 StPO[714]).
– Besonderheiten
  Vgl. auch Zuständigkeit (Rdn. 196)

---

711 BGH, Beschl. v. 08.03.2016 – 3 StR 544/15, BGHSt 61, 160 ff. = StV 2016, 631 f. m. Anm. *Ventzke* NStZ 2016, 558 f.; *Börner* JR 2017, 15 ff.

712 BGH, Beschl. v. 03.04.2019 – 5 StR 87/19 = NStZ-RR 2019, 218 f.

713 Vgl. auch BGH, Beschl. v. 15.06.2005 – 5 StR 191/05, BGHR StPO § 338 Nr. 1.: Vgl. KK/*Gericke* § 344 Rn. 44 ff.

714 Vgl. BGHSt 44, 361 (365) sowie BGH (K) NStZ-RR 2000, 294 (Nr. 31; zum angeblich verhandlungsunfähigen Schöffen).

XXIII. Beweisantrag

159 – Gesetzesverletzung[715]

Verstoß gegen § 244 Abs. 3–4 StPO (ausführlich dazu Kap. 4 Rdn. 194); ist ein Beweisermittlungsantrag zu Unrecht abgelehnt worden, kann dies regelmäßig nur als Verstoß gegen die Aufklärungspflicht (§ 244 Abs. 2 StPO) geltend gemacht werden (dazu oben Rdn. 147 und allgemein zu ihrem Umfang Kap. 4).[716] Zur Problematik einer Fristsetzung für weitere Beweisanträge: *Mosbacher* NStZ 2018, 9 ff.; vgl. auch BGH, Beschl. v. 09.05.2007 – 1 StR 32/07, BGHSt 51, 333 ff.; v. 01.06.2005 – 5 StR 129/05, StV 2006, 113 f.; v. 20.07.2011 – 3 StR 44/11; v. 19.06.2007 – 3 StR 149/07, NStZ 2007, 716; v. 23.09.2008 – 1 StR 484/08, BGHSt 52, 355, 361 ff.; v. 10.11.2009 – 1 StR 162/09, NStZ 2010, 161 f.

▶ **Beachte**

Die Fristsetzung enthebt dies Gericht auch bei Anträgen, die nach Ablauf der Frist gestellt sind, nicht von der Pflicht, über diese in der gesetzlich vorgesehenen Weise zu entscheiden.

– Rügeart

Verfahrensrüge.

– Anforderungen an die Rüge[717]

Mitteilung des Beweisantrags, des diesen zurückweisenden Gerichtsbeschlusses sowie der Tatsachen, aus denen sich die Fehlerhaftigkeit des Beschlusses ergibt;[718] der Vortrag sollte jeweils den genauen Wortlaut umfassen, jedoch genügt die vollständige Wiedergabe »mit eigenen Worten«.[719] Es kann aber noch zusätzlicher Vortrag erforderlich sein, beispielsweise wenn das Verhalten des Tatrichters, etwa durch Versuche, den benannten Zeugen zu laden, nahe legt, dass das Gericht von der ursprünglichen Ablehnung wegen Wahrunterstellung zum Ablehnungsgrund der Unerreichbarkeit übergegangen ist; dann muss vorgetragen werden, ob und gegebenenfalls wie das Tatgericht sich nach der Zurückweisung des Beweisantrags weiter mit diesem befasst hat.[720] Ferner kann – zumindest wenn dies nicht auf der Hand liegt – Vortrag zur Konnexität zwischen Beweismittel und Beweistatsache erforderlich sein.[721] Bedarf es der Darlegung der Konnexität, so hat der Antragsteller die Tatsachen, die diese begründen sollen, bestimmt zu behaupten.[722] Wird beanstandet, ein Beweisantrag sei nicht verbeschieden worden, muss ggf. – etwa wenn das Verfahren insoweit nach § 154 Abs. 2 StPO eingestellt wurde – auch erläutert werden, dass die Beweiserhebung auf das Urteil Einfluss gehabt hätte.[723] Soll das Gericht einen Beweisantrag unter unzulässiger Einengung des Beweisthemas verbeschieden haben (etwa im Rahmen einer Wahrunterstellung), muss auch vorgetragen werden, dass der Antragsteller dies

---

715 Legaldefinition des ordnungsgemäßen Beweisantrags nunmehr in § 244 Abs. 3 StPO auf Grund des Gesetzes zur Modernisierung des Strafverfahrens v. 10.12.2019 BGBl 2019 I 2121; allgemein Alsberg/*Güntge* Der Beweisantrag im Strafprozess 7. Aufl. Rn. 1600 ff., insbesondere Rn. 1631 ff.; Walther NStZ 2019, 329 ff.; zum Beweisantrag außerhalb der Hauptverhandlung *Kretschmer* StraFo 2013, 184 ff.; zur Behauptung von Negativtatsachen vgl. BGH StV 2005, 2; 115; NStZ 2000, 267; Sachverständiger: BGH, Beschl. v. 03.07.2018 – 4 StR 621/17 (eigen Sachkunde).

716 Vgl. BGH NStZ 1999, 522; 1998, 209 (210); BGH StV 2000, 242; dagegen aber BGH NStZ-RR 1998, 259 (Nr. 10).

717 Vgl. KK/*Gericke* § 344 Rn. 54 ff.; *Ventzke* StV 2016, 339 f.; BGH, Beschl. v. 09.04.2019 – 4 StR 38/19.

718 BGH NStZ 1999, 396 (399); 145; BGH NJW 1998, 3284; StV 1998, 360 (361); NStZ-RR 2000, 210.

719 BGH StV 1999, 576.

720 BGH StV 1999, 195; BGH NStZ 1994, 140; ähnlich BGH (M) NStZ-RR 1998, 1 (3).

721 BGH NJW 2000, 370 (371); vgl. auch BGH NStZ 2000, 437 (438); 1999, 522; vgl. auch *Rose* NStZ 2014, 128 ff.

722 BGH, Beschl. v. 03.11.2010 – 1 StR 497/10.

723 BGHR StPO § 244 VI Entscheidung 9; vgl. auch BGH StV 1999, 636; 1982, 4.

bereits gegenüber dem Tatrichter beanstandet hat.[724] Wird in der Revision die Ablehnung eines Antrags auf Vernehmung eines bereits angehörten Zeugen geltend gemacht, muss mitgeteilt werden, dass und wozu der Zeuge in der Hauptverhandlung bereits ausgesagt hat. Denn nur dann kann geprüft werden, ob es sich nicht um einen bloßen Antrag auf Wiederholung einer bereits durchgeführten Beweisaufnahme oder auf Feststellung ihres Inhalts handelte und ob der Antrag als Beweisantrag zu verbescheiden war oder als Beweisanregung abgelehnt werden durfte.[725]

Die Begründung der Rüge, ein Hilfsbeweisantrag sei rechtsfehlerhaft zurückgewiesen worden, muss grundsätzlich denselben Anforderungen entsprechen wie diejenige, die die Ablehnung eines unbedingt gestellten Beweisantrags beanstandet; mitzuteilen ist darüber hinaus insbesondere auch die Bedingung, unter der der Antrag gestellt wurde.[726] Vortrag zum Beruhen ist dagegen regelmäßig nicht erforderlich.[727] Ob in Fällen einer übereinstimmenden Interessenlage ein die Beweiserhebung nicht selbst beantragenden Mitangeklagten oder sonst Beteiligten auf die Aufklärungsrüge nach § 244 Abs. 2 StPO zu verweisen ist oder ihm die Rüge einer Verletzung der Bestimmungen des § 244 Abs. 3 bis 6 StPO eröffnet ist, ist unter den Strafsenaten des BGH streitig.[728]

Ein Angeklagter kann die Vorladung von Beweispersonen i.S.d. § 245 Abs. 2 S. 1 StPO nur mithilfe des Gerichtsvollziehers bewirken; er hat die förmliche Ladung nachzuweisen, wenn diese nicht aktenkundig ist; eine anwaltliche Versicherung genügt hierfür nicht. Eine zulässige Verfahrensrüge setzt gemäß § 344 Abs. 2 S. 2 StPO voraus, dass der behauptete Verstoß gegen formelles Recht so konkret und bestimmt vorgetragen wird, dass keine Zweifel verbleiben, welche Verfahrensvorschrift verletzt ist und anhand welcher Norm der gerügte Verstoß geprüft werden soll. Da der Prüfungsmaßstab des § 245 Abs. 2 S. 3 StPO aufgrund der unmittelbaren Verfügbarkeit der Beweismittel wesentlich enger ist als der des § 244 Abs. 3 S. 2 StPO, bedarf es eines konkreten, die Voraussetzungen der als verletzt bezeichneten Norm ausfüllenden Vortrags der Revision dahingehend, ob der angegriffene Ablehnungsbeschluss an dem Prüfungsmaßstab des § 245 Abs. 2 S. 3 oder des § 244 Abs. 3 S. 2 StPO zu messen ist.[729]

▶ Beachte also

Gemäß den danach geltenden allgemeinen Grundsätzen des § 344 Abs. 2 S. 2 StPO muss der Beschwerdeführer im Rahmen einer Verfahrensrüge die den geltend gemachten Verstoß enthaltenden Tatsachen grundsätzlich so vollständig und genau darlegen, dass das Revisionsgericht allein anhand der Revisionsbegründung in die Lage versetzt wird, über den geltend gemachten Mangel endgültig zu entscheiden. Für den Revisionsvortrag wesentliche Schriftstücke oder Aktenstellen sind im Einzelnen zu bezeichnen und – in der Regel durch wörtliche Zitate oder eingefügte Abschriften oder Ablichtungen – zum Bestandteil der Revisionsbegründung zu machen. Rügt der Beschwerdeführer die rechtsfehlerhafte Ablehnung von Beweisanträgen, so muss er, sofern sich die Fehlerhaftigkeit des Beschlusses nicht schon aus dessen Begründung ergibt, neben der Mitteilung von Antragswortlaut und Ablehnungsbegründung diejenigen weiteren Tatsachen darlegen, aus denen die Fehlerhaftigkeit des Ablehnungsbeschlusses folgt. Zum notwendigen vollständigen Rügevortrag kann es deshalb erforderlich sein, Einzelheiten des Verfahrensablaufs mitzuteilen.[730]

---

724 BGH StV 2001, 436; *Basdorf* StV 1995, 310 (318 f.).

725 BGH, Beschl. v. 01.06.2015 – 4 StR 21/15 = NStZ 2015, 540 f.

726 BGH, Beschl. v. 23.07.2013 – 3 StR 118/13.

727 BGH NStZ 1999, 145 (146).

728 Einerseits: Beschl. v. 04.05.2011 – 5 StR 124/11, StraFo 2011, 280 f.; v. 02.08.2011 – 3 StR 217/11, BGHR StPO § 244 Abs. 3 Rügerecht 4 – anderseits Urt. v. 16.06.1983 – 2 StR 837/82, BGHSt 32, 10, 12 f. = StV 1983, 442; v. 24.07.1998 – 3 StR 78/98, StraFo 1998, 375, 376.

729 BGH, Beschl. v. 08.12.2011 – 4 StR 430/11, NStZ 2012, 346 = StV 2013, 71.

730 BGH, Urt. v. 10.07.2014 – 3 StR 140/14, StV 2015, 85.

– Relativer Revisionsgrund
Am Beruhen kann es im Einzelfall fehlen, wenn ersichtlich ein anderer Grund vorlag, aus dem der Beweisantrag hätte abgelehnt werden können, und dem Angeklagten zu diesem Ablehnungsgrund keine anderen oder zusätzlichen Argumentations- oder Antragsmöglichkeiten offen standen.[731]
Wird die fehlerhafte Ablehnung oder das Unterlassen der Verbescheidung eines Hilfsbeweisantrages beanstandet, fehlt es am Beruhen, wenn tatsächlich ein Ablehnungsgrund vorliegt, der vom Revisionsgericht aufgrund der im Urteil getroffenen Feststellungen nachgebracht werden kann.[732]
– Besonderheiten
Vgl. auch *Aufklärungspflicht/Aufklärungsrüge* (Rdn. 147); *Verteidigung, Beschränkung* (Rdn. 190); zum Rechtsmissbrauch: vgl. auch Rdn. 69; zur audiovisuellen Vernehmung (§ 247a StPO): vgl. *Zeuge – Vernehmung* (Rdn. 194).

XXIV. Beweiswürdigung – allgemein

160 – Gesetzesverletzung[733]
Verstoß gegen § 261 StPO. Die Beweiswürdigung kann mit der Sachrüge nur dann aussichtsreich beanstandet werden, wenn sie einen Rechtsfehler enthält. Das ist insbesondere der Fall, wenn sie lückenhaft ist, Widersprüche enthält oder gegen Denkgesetze oder gesicherte Erfahrungssätze verstößt[734] (vgl. auch Rdn. 98 und). Zu beachten ist dabei aber, dass Lücken, die sich auf die Vollständigkeit der Beweiserhebung beziehen, grundsätzlich mit einer Verfahrensrüge – häufig der Aufklärungsrüge (dazu Rdn. 147) – geltend zu machen sind. Lücken im Rahmen der Beweiswürdigung, die mit der Sachrüge beanstandet werden können, knüpfen vielmehr an die Verpflichtung des Tatrichters an, die Umstände mitzuteilen, die für seine Überzeugungsbildung maßgeblich waren, und sich mit ihnen auseinander zu setzen.[735] Jedoch ist diese Darstellungspflicht auf die wesentlichen Umstände beschränkt; der Tatrichter muss sich also im Urteil nicht mit allen erhobenen Beweisen auseinandersetzen (vgl. dazu auch Rdn. 169).[736]
Unzureichend oder lückenhaft ist die Beweiswürdigung beispielsweise
– bei fehlender Mitteilung der Einlassung des Angeklagten,[737]

▶ Beachte

Die Nichtberücksichtigung einer nach dem Protokoll bewiesenen spontanen Einlassung des Angeklagten verstößt gegen § 261 StPO. Dieser Verstoß führt zur Aufhebung des betreffenden Urteils, wenn nicht auszuschließen ist, dass das Urteil auf dem Verstoß beruht. Wegen des Verbots, den Inhalt der Hauptverhandlung zu rekonstruieren, ist der Inhalt der Einlassung des Angeklagten über deren Wiedergabe im Urteil hinaus der revisionsgerichtlichen Prüfung nicht zugänglich.[738]

– wenn aus einer fehlenden oder gescheiterten Entlastung auf die Schuld geschlossen wird (z.B. missglückter Alibibeweis),[739]

731 Vgl. BGH NStZ 2000, 437 (438).
732 Vgl. BGH NJW 2000, 370 (371); BGH NStZ 1998, 98.
733 Vgl. dazu *Nack* StV 2002, 510 ff.; 558 ff. vgl. auch zur Rechtsprechung des BGH *Detter* FS 50 Jahre BGH S. 679 ff.; *Schäfer* StV 1995, 147 ff.
734 St. Rechtsprechung des BGH vgl. z.B. Urt. v. 06.09.2016 – 1 StR 104/15, Rn. 33.
735 Vgl. BGH NStZ 2000, 48 und *Sander* StV 2000, 45 (46) jeweils m.w.N.
736 Vgl. BGH NStZ-RR 1998, 277 sowie BGH NStZ 2000, 211.
737 BGH NStZ-RR 1999, 45; 1997, 172; Berücksichtigung der Einlassung in der Revision: von der Melden NStZ 2018, 77 ff.
738 BGH, Urt. v. 15.08.2018 – 5 StR 160/18 = StV 2018, 785 f.
739 Vgl. BGH NStZ 2000, 549 m.w.N. und BGH NStZ 1999, 523; 423.

- bei bloßer Aneinanderreihung der Angaben von Zeugen,[740]
- das Tatgericht muss sich nicht nur mit allen festgestellten Indizien auseinandersetzen, die das Beweisergebnis zugunsten oder zu Ungunsten des Angeklagten zu beeinflussen geeignet sind. Es muss sich auch aus den Urteilsgründen ergeben, dass es die Beweisergebnisse nicht nur für sich genommen gewertet, sondern in eine umfassende Gesamtwürdigung einbezogen hat.[741]
- bei Verwertung der ermittlungsrichterlichen Vernehmung eines wesentlichen Belastungszeugen, sofern dem von der Teilnahme ausgeschlossenen Beschuldigten trotz notwendiger Verteidigung kein Verteidiger zur Seite stand, und das Gericht dem geringeren Beweiswert dieser Aussage nicht Rechnung trägt,[742]
- bei Verurteilung nur aufgrund der Aussage eines Mitbeschuldigten[743] oder
- allein aufgrund der Aussage eines Zeugen vom Hörensagen,[744]
- wenn der festgestellten BAK ein zu hoher oder zu geringer Beweiswert zugemessen wird,[745]
- wenn der wesentliche Inhalt der Ausführungen des Sachverständigen (vor allem bei nicht standardisierten Gutachten) nicht mitgeteilt wird,[746]
- wenn ein unzureichendes Sachverständigengutachten verwertet wird[747] oder die Ausführungen des Gutachters lediglich referiert werden, ohne dass sich das Gericht auf dessen Grundlage eine eigene Überzeugung bildet.[748]
- Steht Aussage gegen Aussage, enthält das Urteil eine Lücke, wenn sich die Beweiswürdigung nicht mit allen festgestellten Umständen auseinandersetzt, die für oder gegen die Richtigkeit der jeweiligen Aussage sprechen.[749] Dagegen kann die Revision nicht darauf gestützt werden, dass eine vom Tatrichter gezogene Schlussfolgerung nicht zwingend sei.[750] Das Revisionsgericht muss sie nämlich schon dann hinnehmen, wenn sie möglich war, sofern der Tatrichter alle für die Folgerung wesentlichen Umstände erwogen und andere nahe liegende Möglichkeiten gesehen hat.[751]

Als Beweiswürdigungsfehler wird häufig der Verstoß gegen den Grundsatz »in dubio pro reo« gerügt. Diese Beanstandung kann jedoch nur dann Erfolg haben, wenn das Gericht im Urteil zu erkennen gegeben hat, dass es selbst Zweifel am Vorhandensein einer für die Verurteilung relevanten Tatsache hatte.[752]

- Rügeart
- Sachrüge. Eine Verfahrensrüge ist beispielsweise dann zu erheben, wenn in Fällen von Aussage gegen Aussage das Verfahren teilweise nach § 154 Abs. 2 StPO eingestellt wurde und geltend

740 BGH NStZ 2000, 48 m.w.N.

741 BGH, Urt. v. 11.10.2016 – 5 StR 181/16.

742 BGH NJW 2000, 3505.

743 BGH NStZ-RR 1997, 105; 1998, 15; StV 1999, 7.

744 Vgl. BVerfGE 57, 250 (292 f.); BVerfG NStZ 1997, 94; auch zum »in-camera-Verfahren«: BGH NJW 2000, 1661; vgl. auch *Detter* NStZ 2003, 1 ff.

745 Vgl. BGH NStZ-RR 1998, 68; zum Beweiswert vgl. u.a. *Eisenberg* Rn. 1747 ff.

746 BGH NJW 2000, 1350, 1351; vgl. auch Kap. 37 Rdn. 86.

747 Vgl. etwa zu den Anforderungen an ein Glaubhaftigkeitsgutachten: BGHSt 45, 164 ff. m. Anm. *Vogel* NJ 1999, 603; *Ziegert* NStZ 2000, 105; *Ahrendts* FoR 1999, 136; *Offe* NJW 2000, 929; *Müller* JZ 2000, 267; *Jansen* StV 2000, 224; *Meyer-Mews* NJW 2000, 916; *Conen, Stefan* GA 2000, 372; BGH NStZ 2001, 45.

748 Dazu *Niemöller* StV 1984, 431 (437 f.); vgl. auch BGH NStZ 2000, 550 (unzureichende Auseinandersetzung mit einem Gutachten, dem das Gericht nicht gefolgt ist) sowie unten Kap. 37 Rdn. 86.

749 BGH NStZ 2000, 496, (497) m.w.N.; ausf. *Maier* NStZ 2005, 246 ff.; *Sander* StV 2000, 45; *Meyer-Mews* NJW 2000, 916. Hat sich die Aussage des Zeugen als teilweise unwahr erwiesen, müssen sogar »gewichtige Gründe« vorliegen, wenn das Gericht ihr (im Übrigen) gleichwohl folgen will; vgl. BGH NStZ 2000, 496; 551.

750 Ausführlich dazu *Nack* JA 1995, 320; *Herdegen* StV 1992, 527; *Schäfer* StV 1995, 147, 148.

751 Vgl. BGHSt 26, 56 (62); KK/*Gericke* § 337 Rn. 29 m.w.N.

752 Vgl. BVerfG NJW 1988, 477; *Meyer-Goßner*/Schmitt § 261 Rn. 39.

gemacht wird, der Einstellungsbeschluss sei nicht näher begründet worden, obwohl diesen Gründen im Hinblick auf die Beurteilung der Glaubwürdigkeit des Zeugen Bedeutung zukommen könnte.[753]

– Relativer Revisionsgrund
Das Beruhen ergibt sich aus der Beweiswürdigung des Urteils.
– Besonderheiten
Vgl. auch *Beweiswürdigung – Schweigen, Angeklagter/Beschuldigter* (Rdn. 161); *Beweiswürdigung – Schweigen, Zeuge* (Rdn. 162); *Sachverständiger* (Rdn. 178); *Vorstrafen* (Rdn. 191).

XXV. Beweiswürdigung – Schweigen, Angeklagter/Beschuldigter

161 – Gesetzesverletzung[754]
Missachtung eines Verwertungsverbots, da vollständiges oder zeitweises Schweigen des Angeklagten oder Beschuldigten nicht zu dessen Nachteil berücksichtigt werden darf.[755] Dagegen dürfen Schlüsse daraus gezogen werden, dass sich ein Angeklagter oder Beschuldigter innerhalb einer Vernehmung teilweise eingelassen, im Übrigen aber keine Erklärung abgegeben hat.[756]
– Rügeart
Verfahrensrüge[757] oder Sachrüge[758] (streitig); vorsorglich sollte hier eine Verfahrensrüge und die (allgemeine) Sachrüge erhoben werden.
– Anforderungen an die Rüge
Zumeist werden die für die Rüge erforderlichen Tatsachen im Urteil mitgeteilt sein, da dort das Schweigen verwertet wurde; soweit das nicht der Fall ist, müssen die insoweit relevanten Umstände vorgetragen werden, muss also beispielsweise das Protokoll über die Vernehmung des Beschuldigten, in der dieser keine Angaben gemacht hat, im Wortlaut wiedergegeben werden.[759]
– Relativer Revisionsgrund
Das Beruhen ergibt sich aus der Beweiswürdigung des Urteils[760]
– Besonderheiten
Vgl. auch *Angeklagter – Belehrung, Schweigerecht* (Rdn. 143); *Beweiswürdigung – allgemein* (Rdn. 160); *Beschuldigter – Belehrung, Schweigerecht* (Rdn. 155); *Hauptverhandlung, Inbegriff* (Rdn. 169).

---

753 BGH StV 2001, 552.
754 Ausf. *Scheider* NStZ 2017, 73 ff.; 126 ff.
755 BverfG NStZ 1995, 555; BGH NJW 2000, 1426, 1427 = JZ 2000, 683 m. Anm. *Kühne*; BGH, Beschl. v. 12.01.2016 – 3 StR 462/15, StV 2016, 419; BVerfG, Beschl. v. 06.09.2016 – 2 BvR 890/16, JZ 2016, 1113 f.; vgl. auch Kap. 1 Rdn. 144 ff.; ausf. *Miebach* NStZ 2000, 234. Dies gilt auch dann, wenn sich der Beschuldigte nur zu einer von mehreren Taten geäußert hat, vgl. BGH NStZ 2000, 494 (495); BGHR StPO § 261 Aussageverhalten 21; vgl. auch BGH StV 2002, 466.
756 Sog. Teilschweigen: BGHSt 38, 3012 f.; 45, 367 ff.: BGH, Beschl. v. 05.10.2010 – 3 StR 370/10, StV 2011, 269 = NStZ 2011, 357 f.; BGH NStZ 1998, 209; 1999, 47; 2000, 494 (495); 2003, 45 f.; StV 2002, 409 f.m. Anm. *Jäger* JR 2003, 166 f.; vgl. *auch Widmaier* JR 2004, 85 f.; *Volk* NStZ 1984, 377 f.; *Jäger* JR 2003, 166 f.; *Aselmann* JR 2001, 80 ff.; *Park* StV 2001, 589, 590 f.; *Meyer-Mews* JR 2003, 361, 363 ff.; *Richter* StV 1994, 687 ff.: *Miebach* NStZ 2000, 234 ff.; *Volk* NStZ 1984, 377 ff.; vgl. auch BVerfG, Beschl. v. 07.10.2008 – 2 BvR 1494/08.
757 BGHSt 32, 140; BGH, Beschl. v. 07.04.1995 – 2 StR 20/95; vgl. auch BGH NStZ 1992, 448; streitig, vgl. die Nachweise bei *Meyer-Goßner*/Schmitt § 261 Rn. 38, 38a, § 337 Rn. 8.
758 Vgl. BGH NStZ 2000, 494 sowie die Nachweise bei *Miebach* NStZ 2000, 234 (241).
759 *Miebach* NStZ 2000, 234 (241) m.w.N.
760 Vgl. dazu auch *Miebach* NStZ 2000, 234 (241).

XXVI. Beweiswürdigung – Schweigen, Zeuge

- Gesetzesverletzung[761] 162
  Missachtung eines Verwertungsverbots, da die berechtigte Ausübung eines Zeugnisverweigerungsrechts bei vollständigem oder zeitweisem Schweigen nicht zum Nachteil des Angeklagten berücksichtigt werden darf.[762] Dagegen darf teilweises Schweigen, also dass sich der Zeuge in einer Vernehmung zu einigen Punkten erklärt hat, zu anderen aber nicht, zum Nachteil des Angeklagten verwertet werden.[763] Ebenso darf aus dem Schweigen eines nach § 55 StPO auskunftsverweigerungsberechtigten Zeugen ein Schluss zum Nachteil des Angeklagten gezogen werden.[764]
- Rügeart
  Verfahrensrüge oder Sachrüge (vgl. Rdn. 161).[765]
- Anforderungen an die Rüge
  Zumeist werden die erforderlichen Tatsachen bereits im Urteil mitgeteilt sein; soweit das nicht der Fall ist, müssen die insoweit relevanten Umstände vorgetragen werden, muss also beispielsweise das Protokoll der Vernehmung des Zeugen, in der dieser keine Angaben gemacht hat, im Wortlaut wiedergegeben werden.
- Relativer Revisionsgrund
  Das Beruhen ergibt sich aus der Beweiswürdigung des Urteils.
- Besonderheiten
  Vgl. auch *Zeuge – Auskunftsverweigerung* (Rdn. 192) und insbesondere zu § 252 StPO: *Zeuge – Zeugnisverweigerung* (Rdn. 195).

XXVII. Dolmetscher

- Gesetzesverletzung[766] 163
  Verstoß gegen die Pflicht zur Zuziehung eines Dolmetschers bei einem nicht (ausreichend) der deutschen Sprache mächtigen Angeklagten oder Zeugen: § 185 Abs. 1 S. 1 GVG, § 259 Abs. 1 StPO.[767] Ist der Angeklagte der deutschen Sprache nur teilweise mächtig und nach § 185 GVG ein Dolmetscher bestellt, so bleibt es dem pflichtgemäßen Ermessen des Tatrichters überlassen, in welchem Umfang er unter Mitwirkung des Dolmetschers mit den Prozessbeteiligten verhandeln will. In diesem Fall gehört der Dolmetscher nicht zu den Personen, deren Anwesenheit i.S.d. § 338 Nr. 5 StPO für die gesamte Dauer der Hauptverhandlung erforderlich ist.[768] Der Verteidiger in der Hauptverhandlung kann aber nicht zugleich Dolmetscher sein.[769]
  Unzutreffende Berufung auf allgemeinen Eid nach § 189 Abs. 2 GVG vgl. BGH, Beschl. v. 06. 06 2019 – 1 StR 190/19

---

761 *Meyer-Goßner*/Schmitt § 261 StPO Rn. 19 ff.

762 BGHSt 34, 324 (327); weitere Nachweise bei *Rengier* NStZ 1998, 48.

763 BGHSt 32, 140 (142).

764 BGH StV 1984, 233; vgl. auch BGHSt 38, 302 (304) = JR 1993, 378 m. Anm. *Rogall* und *Dahs/Langkeit* NStZ 1993, 213.

765 Streitig; für Verfahrensrüge: BGHSt 38, 302; BGH NStZ-RR 1998, 277; offengelassen bei BGH NStZ 2000, 546; für Sachrüge: *Dahs/Langkeit* NStZ 1993, 213 (215); vgl. auch die Nachweise bei *Meyer-Goßner*/Schmitt § 261 Rn. 38, § 337 Rn. 8.

766 Vgl. dazu *Kotz* StRR 2012, 124 f.; *ders.* StV 2012, 626 f.; *Kranjcic* NStZ 2011, 657 f.

767 Ob der Angeklagte genügend Kenntnisse der deutschen Sprache hat, entscheidet der Tatrichter nach pflichtgemäßem Ermessen. Wird gerügt, dass kein Dolmetscher zugezogen wurde, prüft das Revisionsgericht, ob die Grenzen des Ermessens eingehalten wurden (BGH NStZ-RR 2004, 214; StV 2002, 296); vgl. auch BVerfG NStZ 2004, 214.

768 BGHSt 3, 285; BGHR StPO § 338 Nr. 5 – Dolmetscher 3; BGH NStZ 1984, 328; 2002, 275; LR/*Wickern* 27. Aufl. § 195 GVG Rn. 37.

769 Meyer-Goßner/*Schmitt* § 190 GVG Rn 1.

Zur Beeidigung vgl. Gesetz über die allgemeine Beeidigung von gerichtlichen Dolmetschern (Gerichtsdolmetschergesetz – GDolmG) Art. 6 des Gesetz zur Modernisierung des Strafverfahrens BGBl 2019 I 2121
Verstoß gegen Belehrungspflicht: § 189 GVG, §§ 72, 57 StPO (entsprechend); Vereidigung: § 189 GVG;[770] Befangenheit: § 191 GVG (dazu Kap. 4 Rdn. 48).

▶ Hinweis

Eine Dolmetscherablehnung ist begründet, wenn vom Standpunkt des Antragstellers aus objektive Gründe bestehen, die Zweifel an der Unparteilichkeit des als Gehilfe des Gerichts herangezogenen Sprachmittlers erregt.[771]

Die Auswahl des Dolmetschers sowie die Richtigkeit und Vollständigkeit der Übersetzung werden vom Revisionsgericht nicht nachgeprüft,[772] zumindest scheitert eine entsprechende Rüge daran, dass der für sie erforderliche Vortrag nicht bewiesen werden kann.

- Rügeart
  Verfahrensrüge.
- Anforderungen an die Rüge
  Mitteilung der An- oder Abwesenheit des Dolmetschers (vgl. § 272 Nr. 2 StPO) und des Teils der Hauptverhandlung, für den keine Übersetzung erfolgt ist.[773] Ferner sollte vorgetragen werden, dass der Angeklagte oder der Zeuge nicht ausreichend der deutschen Sprache mächtig war. Fehler bei der Belehrung oder Vereidigung sind durch den entsprechenden Vortrag – regelmäßig die betreffenden Teile des Hauptverhandlungsprotokolls – zu belegen.
- Absoluter Revisionsgrund
  § 338 Nr. 5 StPO, wenn der Dolmetscher für den Angeklagten erforderlich war und nicht während der gesamten Hauptverhandlung anwesend war und übersetzt hat.
- Relativer Revisionsgrund
  In den übrigen Fällen; auf dem Unterlassen der Belehrung oder Vereidigung wird das Urteil regelmäßig beruhen.[774]
- Besonderheiten
- Vgl. auch das Beispiel bei Rdn. 185; der Übersetzer eines Schriftstücks ist Sachverständiger[775] (allgemein zum *Sachverständigen*: Rdn. 178, zum *Urkundenbeweis*: Rdn. 185).

XXVIII. Entscheidungsgründe, fehlende oder verspätete

164 – Gesetzesverletzung
  Verstoß gegen § 275 Abs. 1, 2 StPO.[776]
- Rügeart
  Verfahrensrüge, bei völlig fehlenden oder erheblich unvollständigen Gründen auch Sachrüge.[777]

---

770 BGH wistra 2005, 272.
771 BGH, Urt. v. 04.07.2018 – 2 StR 485/17.
772 KK/*Diemer* § 185 GVG Rn. 7; vgl. auch BGH NStZ 1984, 328.
773 Vgl. (auch zum insoweit unrichtigen Protokoll) BGH NStZ 2000, 216 sowie (zum widersprüchlichen Protokoll) BGH NStZ 2000, 49.
774 Einschränkend für den allgemein vereidigten Dolmetscher, der seit Jahren für das Gericht beanstandungsfrei übersetzt hat: BGH NStZ 1998, 204; unzutreffende Berufung auf allgemeinen Eid nach § 189 Abs. 2 GVG:BGH, Beschl. v. v. 06. 06 2019 – 1 StR 190/19 = StV 2019, 823 f.
775 Vgl. BGH NStZ 1998, 158.
776 Auch bei nur geringen Fristüberschreitungen: BGH StV 1998, 477 (1 Stunde 47 Minuten); eine falsche Berechnung der Urteilsabsetzungsfrist kann deren Überschreitung nicht rechtfertigen (BGH, Beschl. v. 12.10.2004 – 5 StR 394/04; v. 13.07.2011 – 2 StR 88/11, StV 2012, 5 f.); vgl. auch BGH, Urt. v. 18.07.2013 – 4 StR 84/13; *Gregor* StRR 2014, 71 f.; zu unvorhersehbaren und unabwendbaren Umstand vgl, BGH, Beschl. v. 18.12.2018 – 1 StR 508/18 = NJW 2019, 1159.
777 Vgl. etwa BGH NStZ-RR 1999, 45 (fehlende Beweiswürdigung).

- Anforderungen an die Rüge[778]
  Bei verspäteter Urteilsabsetzung muss mitgeteilt werden, wann das Urteil verkündet und wann es zu den Akten gebracht wurde; ferner sollte die Zahl der Verhandlungstage angegeben werden.[779] Könnte die Fristüberschreitung nach § 275 Abs. 1 S. 4 StPO gerechtfertigt sein, ist es zweckmäßig, auch diejenigen Umstände vorzutragen, die der Anwendung dieser Vorschrift entgegenstehen.[780] Die fehlenden Unterschriften ergeben sich aus der Urteilsurkunde, ebenso ein Verhinderungsvermerk; beides muss daher – zumindest bei erhobener Sachrüge (vgl. Rdn. 127) – nicht mitgeteilt werden. Soll geltend gemacht werden, dass der Verhinderungsvermerk falsch ist und daher eine Unterschrift fehlt, muss vorgetragen werden, dass und warum er auf sachfremden Erwägungen beruht[781] oder dass ein Hinderungsgrund tatsächlich nicht vorlag.[782]
- Absoluter Revisionsgrund[783]
  § 338 Nr. 7 StPO, wenn das Urteil[784] unter Verletzung des § 275 Abs. 1 S. 2 StPO verspätet oder gar nicht zu den Akten gebracht worden ist[785] und – im ersten Fall – die Verspätung nicht gemäß § 275 Abs. 1 S. 4 StPO entschuldigt ist[786]; ferner, wenn eine der nach § 275 Abs. 2 StPO erforderlichen Unterschriften oder der Verhinderungsvermerk fehlt[787] oder nicht rechtzeitig angebracht wurde.[788] Eine unrichtige Berechnung und fehlerhafte Notierung der Frist kann deren Überschreitung nicht rechtfertigen.[789] Die Verletzung der Pflicht, das Urteil *unverzüglich* zu den Akten zu bringen (§ 275 Abs. 1 S. 1 StPO), führt nicht zu § 338 Nr. 7 StPO; sie rechtfertigt die Revision auch nicht als relativer Revisionsgrund, da das Urteil darauf nicht beruhen kann. Auch die bloße Unvollständigkeit des Urteils kann – als solche – keinen absoluten Revisionsgrund darstellen.[790]

XXIX. Eröffnungsbeschluss

- Gesetzesverletzung 165
  Wird durch den Eröffnungsbeschluss die Anklage (dazu Rdn. 145) unverändert zur Hauptverhandlung zugelassen, so führen schwere Mängel des Anklagesatzes zur Unwirksamkeit des Eröffnungsbeschlusses. Solche Mängel liegen vor, wenn unklar bleibt, auf welchen konkreten Sachverhalt sich die Anklage bezieht und welchen Umfang die Rechtskraft eines daraufhin

778 Vgl. KK/*Gericke* § 344 Rn. 50.
779 Vgl. BGHSt 29, 203; BGH StV 1999, 198.
780 Vgl. BGHSt 26, 247 (249); BGH StV 1999, 526; StraFo 2003, 172; StV 2003, 135.
781 Vgl. BGHSt 31, 212 (214).
782 Vgl. BGHSt 28, 194 (195).
783 Vgl. BGH, Urt. v. 30.01.2002 – 2 StR 504/01: Bei Vorliegen dieses Revisionsgrunds besteht die unwiderlegbare Vermutung, dass das Urteil auf einer Versäumung der Frist des § 275 Abs. 1 S. 2 und 4 StPO beruht.
784 Zum vollständigen schriftlichen Urteil vgl. BGH StV 2010, 618.
785 Der absolute Revisionsgrund des § 338 Nr. 7 StPO kann auch von der Staatsanwaltschaft geltend gemacht werden: vgl. BGH NStZ 1985, 184.
786 Vgl. dazu BGH, Beschl. v. 09.12.2010 – 5 StR 485/10, StV 2011, 211; v. 13.07.2011 – 2 StR 88/11; vgl. auch 1; vgl. dazu BGH StV 2008, 232; BGH, Beschl. v. 13.07.2011 – 2 StR 88/1; BGH NJW 1988, 1094; NStZ 1992, 398; 2003, 564; 2008, 55; eine falsche Berechnung der Urteilsabsetzungsfrist kann nicht einen voraussehbaren unabänderlichen Umstand im Sinne des § 275 Abs. 1 S. 4 StPO begründen: BGH NStZ-RR 1997, 204; 2011, 211; zur Annahme einer Verhinderung vgl. BGH, Beschl. v. 11.05.2016 – 1 StR 352/15, NStZ 2016, 623 f. m. Anm. *Ventzke* NStZ 2016, 624 f. = StV 2016, 779 f.
787 Zur Verhinderung vgl. *Meyer-Goßner*/Schmitt § 275 Rn. 20 ff.; BGH, Beschl. v. 27.10.2010 – 2 StR 331/10, StV 2011, 210.
788 BGH NStZ-RR 2000, 237.
789 BGHR StPO § 275 Abs. 1 S. 4 Umstand 3 m.w.N.; BGH NStZ-RR 1997, 204; BGH, Beschl. v. 09.12.2010 – 5 StR 485/10.
790 BGH (K) NStZ 1995, 221 (Nr. 19) und *Meyer-Goßner*/Schmitt § 275 Rn. 28.

ergehenden Urteils haben würde.[791] Ferner ist der Eröffnungsbeschluss beispielsweise dann unwirksam, wenn er nicht unterzeichnet ist und daher nur als Entwurf vorliegt[792] oder wenn bei seinem Erlass nicht die erforderliche Zahl von Richtern mitgewirkt hat.[793] Fehlt der Eröffnungsbeschluss und wurde er auch nicht konkludent gefasst[794] oder ist er unwirksam, kann das Gericht ihn vor oder in der Hauptverhandlung nachholen.[795]
Die Form des Übernahmebeschlusses, der den Eröffnungsbeschluss insoweit abändert, als er die Zuständigkeit des erkennenden Gerichts abweichend von diesem regelt (§ 207 Abs. 1 StPO im Verhältnis zu § 225a Abs. 3 S. 1 StPO), und seine Anfechtbarkeit richten sich nach den für den Eröffnungsbeschluss geltenden Bestimmungen (§ 225a Abs. 3 Sätze 2 und 3 StPO). Ein ordnungsgemäßer Eröffnungsbeschluss muss schriftlich abgefasst werden; hingegen ist die Unterzeichnung eines solchen Beschlusses durch den oder die erlassenden Richter keine Wirksamkeitsvoraussetzung. Dies gilt auch für den Übernahmebeschluss.[796]

▶ **Beachte**

Ein bloßer Verbindungsbeschluss ist kein Eröffnungsbeschluss.

Nicht geltend gemacht werden kann mit der Revision, dass der Eröffnungsbeschluss etwa mangels hinreichenden Tatverdachts nicht erlassen werden durfte (§§ 336 S. 2, 210 Abs. 1 StPO).
– Rügeart
Von Amts wegen zu beachten
– Besonderheiten
Vgl. auch *Anklage – Unwirksamkeit, Fehlen* (Rdn. 145); zur Revision bei weiteren Fehlern im Zwischenverfahren: Kap. 2 Rdn. 22 ff.

XXX. Feststellungen (zur Tat im Urteil)

166 – Gesetzesverletzung
Die Unrichtigkeit oder die Unvollständigkeit der getroffenen Feststellungen wird regelmäßig nicht mit der Sachrüge, sondern mit der Verfahrensrüge – vor allem der Aufklärungsrüge (dazu Rdn. 147) – beanstandet.[797] Infolge der Bindung des Revisionsgerichts an die tatrichterlichen Feststellungen (vgl. dazu auch Kap. 33 Rdn. 109 ff.) kann mit der Sachrüge vor allem vorgebracht werden, dass diese Feststellungen die aus ihnen gezogenen »Folgerungen« – also den Schuld- und den Rechtsfolgenausspruch – nicht tragen.[798] Bei völlig unzureichenden Feststellungen zum Tathergang im Urteil sind häufig schon die Anklage und der Eröffnungsbeschluss

791 Vgl. BGH NStZ 1999, 520; BGH, Beschl. v. 14.02.2007 – 3 StR 459/06; zur (möglichen) Heilung von Mängeln der Anklage: BGH NJW 2000, 3293 sowie *Meyer-Goßner*/Schmitt § 200 Rn. 26; KK/*Schneider* § 200 Rn. 29 ff.

792 Anders beim nur versehentlichen Vergessen der Unterzeichnung des (tatsächlich gefassten) Beschlusses: BGH (K) NStZ-RR 2000, 34 (Nr. 5).; zur Formularmäßigkeit: BGH, Beschl. v. 17.09.2019 – 3 StR 229/19.

793 Vgl. die Nachweise bei OLG Zweibrücken NStZ-RR 1998, 75 (das allerdings anderer Ansicht ist), *Meyer-Goßner*/Schmitt § 207 Rn. 11 und KK/*Schneider* § 207 Rn. 26; zur Besetzung bei der Entscheidung über die Eröffnung des Hauptverfahrens vgl. BGH, Beschl. v. 05.09.2018 – 2 StR 31/18 = wistra 2019, 116.

794 BGH NStZ 2000, 442 (443 [Verbindungsbeschluss und Terminierung]); BGH NStZ-RR 1999, 14 (Besetzungsbeschluss und Haftbefehl).

795 Vgl. OLG Zweibrücken StV 1998, 66.

796 BGH, Beschl. v. 14.07.2016 – 2 StR 514/1, NStZ 2017, 55 f.; v. 28.06.2011 – 3 StR 164/11, NStZ 2012, 46.

797 Anders z.B. bei einer bloßen Schätzung der Anzahl der vom Angeklagten begangenen Straftaten: BGH NStZ 1999, 520 m.w.N.; dazu auch Kap. 33 Rdn. 109 ff.

798 Vgl. die Nachweise bei *Wittig* GA 2000, 267 (276 [auch und vor allem zur revisionsgerichtlichen Überprüfung einer Auslegung]).

so allgemein gefasst, dass sich dort die Taten nicht individualisiert bestimmen lassen. Dann fehlt es aber bereits an den Verfahrensvoraussetzungen der wirksamen Anklage und des wirksamen Eröffnungsbeschlusses (dazu Rdn. 145, 165). Dagegen liegt beispielsweise ein Sachfehler vor, wenn das Urteil infolge von Verweisungen und Bezugnahmen nicht mehr aus sich heraus verständlich ist.[799] Dies gilt auch bei in der Revision aufgehobenen und zur neuen Verhandlung zurückverwiesenen Urteilen,[800] wobei in solchen Fällen beachtet werden muss, dass nach einer Teilaufhebung – etwa nur im Rechtsfolgenausspruch – zu den aufrecht erhaltenen keine diesen widersprechenden Feststellungen getroffen werden dürfen;[801] die Missachtung der Bindungswirkung des § 358 Abs. 1 StPO wird auf die Sachrüge hin beachtet.[802]

- Rügeart
  Verfahrens- oder Sachrüge (vgl. oben bei Gesetzesverletzung).
- Relativer Revisionsgrund
  Das Beruhen ergibt sich aus dem Urteil selbst.
- Besonderheiten
  Vgl. auch *Aufklärungspflicht/Aufklärungsrüge* (Rdn. 147); *Beweisantrag* (Rdn. 159); *Personalien, persönliche Verhältnisse* (Rdn. 174); *Urteil – allgemein* (Rdn. 186); *Vorstrafen* (Rdn. 191).

XXXI. Fragerecht

- Gesetzesverletzung[803] 167
  Verstoß gegen § 241 Abs. 1 StPO, wenn die Frage (insbesondere nach §§ 240 Abs. 2, 241 Abs. 2, 68a StPO) zulässig war; Verstoß gegen §§ 241 Abs. 2, 242 StPO, wenn die Zurückweisung nicht begründet wurde.[804] Die unvollständige Befragung (Nichtstellen von Fragen) kann regelmäßig mit der Revision nicht beanstandet werden (vgl. Rdn. 144, 194). Zur Reihenfolge der die Ausübung des Fragerechts: BGHR StPO § 247 S. 4 Unterrichtung 9; zur Sachleitung des Vorsitzenden bei Unterbrechung der Befragung: BGHSt 48, 372.
  Zum Fragerecht des Verletztenbeistands: BGH NStZ 2005, 222 m. Anm. *Ventzke* NStZ 2005, 396 f.
  Zur Zeugenbefragung und Opferschutz: BGH NJW 2005, 1519 f.; NStZ 2005, 579 f.
  »Das Tatgericht ist verpflichtet, bei seiner Entscheidung über den Umfang der Beweisaufnahme Opferschutzinteressen zu berücksichtigen. Insbesondere Beweiserhebungen zum Privat- und Intimleben eines Zeugen sind nur nach sorgfältiger Prüfung ihrer Unerlässlichkeit statthaft. Denn auch im Rahmen seiner vorrangigen Verpflichtung zur Wahrheitsermittlung hat das Gericht auf die Achtung der menschlichen Würde eines Zeugen, wie sie sich letztlich aus dem Rechtsstaatsprinzip ergibt, Bedacht zu nehmen[805]«
- Rügeart
  Verfahrensrüge.
- Anforderungen an die Rüge[806]
  Mitteilung der Frage, ihrer Zurückweisung, gegebenenfalls der Beanstandung nach § 238 Abs. 2 StPO und des daraufhin ergangenen Gerichtsbeschlusses. Vor allem wenn es um die Zurück-

799 Vgl. BGH NStZ-RR 2000, 304; 1999, 139; 1998, 204; StV 1998, 473; NStZ 1992, 49.
800 Vgl. BGH NStZ 2000, 441.
801 BGH StV 1999, 417; 418; 419.
802 Vgl. BGH NStZ 2000, 551 (552); BGHR StPO § 267 Abs. 1 S. 1 Bezugnahme 3; BGH StraFo 2004, 143.
803 Vgl. dazu *Sommer* StraFo 2010, 102 ff.
804 BGH StV 2001, 261; 2010, 58; zum Fragerecht im Ermittlungsverfahren: BGH NJW 2000, 3505 vgl. auch *Schwann* StraFo 2008, 225 ff.; *Schädler* StraFo 2008, 229 ff.
805 BGH, Beschl. v. 13.05.2009 – 1 StR 209/09, NStZ-RR 2009, 247.
806 BGH NStZ-RR 2002, 270; vgl. auch BGH NStZ-RR 2002, 176 (Fragerecht bei gesperrtem Zeugen).

weisung vermeintlich wiederholt gestellter Fragen geht, muss auch vorgetragen werden, wie die vorangegangene Befragung abgelaufen ist.[807]

– Relativer Revisionsgrund
  Der allerdings nur Erfolg haben kann, wenn ein Gerichtsbeschluss nach §§ 242, 238 Abs. 2 StPO vorliegt oder herbeigeführt wurde.
– Absoluter Revisionsgrund
  § 338 Nr. 8 StPO, bei gravierenden Gesetzesverletzungen (vgl. dazu auch Rdn. 190).[808]
– Besonderheiten
  Vgl. auch *Zeuge – Vernehmung* (Rdn. 194); *Angeklagter – Vernehmung* (Rdn. 144); *Aufklärungspflicht/Aufklärungsrüge* (Rdn. 147); *Verteidigung – Beschränkung* (Rdn. 190).

XXXII. Rechtliches Gehör, Anhörungsrüge § 356a StPO

168 Durch das am 01.01.2005 in Kraft getretene Gesetz über die Rechtsbehelfe bei Verletzung des Anspruchs auf rechtliches Gehör (Anhörungsrügengesetz) vom 09.12.2004[809] wurde in § 356a StPO[810] wurde für das Revisionsverfahren bei einer Verletzung des rechtlichen Gehörs ein eigener außerordentlicher Rechtsbehelf, die Anhörungsrüge, eingeführt. Mit Anhörungsrüge wird die durch das Anhörungsrügengesetz in allen Verfahrensordnungen (z.B. § 321a ZPO, StPO, VwGO, ArbGG, FGO usw.) eingeführte fachgerichtliche Abhilfemöglichkeit bei entscheidungserheblicher Verletzung des Anspruchs auf rechtliches Gehör bezeichnet. Soweit möglich wurde die Zulässigkeit bestehender Rechtsbehelfe ergänzt, für die Fälle in denen ein Rechtsmittel nicht mehr vorgesehen war, wurde die Anhörungsrüge eingeführt. Nach dem Wortlaut des Gesetzes ist der Sonderrechtsbehelf auf Verletzungen von Art. 103 Abs. 1 GG beschränkt[811]. § 356a StPO ist nach seinem Wortlaut und Normzweck eine Durchsetzungsgarantie für das »prozessuale Unrecht« auf rechtliches Gehör zu schaffen, er ist nicht dazu bestimmt, dass damit auch behauptete Verletzungen von Art. 101 Abs. 1 S. 2 GG geltend gemacht werden können. Für eine analoge Anwendung des § 356a StPO auf solche Fälle ist kein Raum. Das Nachschieben einer Richterablehnung mit einer Anhörungsrüge nach § 356a StPO ist nicht möglich.[812] Gegen die Entscheidung des Revisionsgerichts über einen Befangenheitsantrag ist aber die – befristete – Anhörungsrüge gemäß § 356a StPO statthaft.[813] Die Wiedereinsetzung in den vorigen Stand gegen die Versäumung der Antragsfrist des § 356a StPO ist zwar im Grundsatz nicht ausgeschlossen, jedoch sind an die Voraussetzungen fehlenden Verschuldens an der verspäteten Einlegung des Rechtsbehelfs hohe Anforderungen zu stellen. Der Anwendungsbereich des § 44 S. 2 StPO ist nicht eröffnet, weil eine Belehrung über den außerordentlichen Rechtsbehelf des § 356a StPO vom Gesetz nicht vorgesehen ist.[814] Nach § 356a StPO wird, wenn das Gericht bei einer Revisionsentscheidung den Anspruch eines Beteiligten auf rechtliches Gehör in entscheidungserheblicher Weise verletzt hat, das Verfahren auf Antrag durch Beschluss in die Lage versetzt, die vor dem Erlass der Entscheidung bestand (§ 356a S. 1 StPO). § 356a StPO ist spezieller gegenüber § 33a StPO, der nur subsidiär gilt.[815] Die Nachholung rechtlichen Gehörs erfolgt nur auf Antrag,

807 BGH (M) NStZ-RR 1998, 1 (2).
808 Vgl. BGH NStZ 1982, 158 (159); StV 2001, 261; KK/*Schneider* § 241 Rn. 21 ff. m.w.N.
809 Vgl. dazu *Meyer-Mews* NJW 2004, 716 ff.; *Wohlers* JZ 2011, 78 ff.
810 Vgl. dazu *Treber* NJW 2005, 97 ff.; *Huber* JuS 2005, 109 ff.; *Ulrici* Jura 2005, 368 ff., *Eschelbach/Geipel/Weiler* StV 2010, 325 ff.; *Lohse* StraFo 2010, 433 ff.; *Rieble/Vielmeier* JZ 2011, 923 f.; vgl. auch BGH, Beschl. v. 28.04.2005 – 2 StR 518/04; erfolgreiche Rüge vgl. BGH, Beschl. v. 18.06.2008 – 2 StR 485/07, StraFo 2008, 330.
811 BGH, Beschl. v. 20.11.2019 – 2 StR 589/18.
812 BGH, Beschl. v. 13.12.2012 – 2 StR 585/12; v. 31.01.2013 – 1 StR 595/12; v. 24.01.2012 – 4 StR 469/11.
813 BGH, Beschl. v. 06.02.2009 – 1 StR 541/09, NStZ 2009, 470; vgl. dazu *Winckler* jurisPR-StrafR, 9/2009; vgl. auch BGH, Beschl. v. 15.11.2012 – 3 StR 239/12; v. 02.05.2012 – 1 StR 152/11, NStZ-RR 2012, 314.
814 BGH, Beschl. v. 09.08.2016 – 1 StR 52/16, NStZ-RR 2016, 318 f.
815 *Meyer-Goßner*/Schmitt § 356a Rn. 1.

nicht von Amts wegen. Der Antrag ist befristet, er muss eine Woche nach Kenntnis der Verletzung rechtlichen Gehörs eingelegt werden. Die Wochenfrist beginnt mit der Kenntniserlangung von den tatsächlichen Umständen, aus denen sich die geltend gemachte Verletzung des rechtlichen Gehörs ergibt.[816] Der Betroffene muss den Zeitpunkt der Kenntniserlangung glaubhaft machen (§ 356a S. 3 StPO).[817] Ein etwaiges Verschulden des Verteidigers an der Versäumung der Frist ist dem Angeklagten im Verfahren über die Gehörsrüge zuzurechnen.[818] Nicht glaubhaft gemacht werden müssen die Umstände, die die Verletzung des rechtlichen Gehörs durch das Gericht begründen. Die ergeben sich i.d.R. aus den Akten. Eine nicht oder nicht formgerecht im Revisionsverfahren erhobene Verfahrensrüge prüft das Revisionsgericht im Verfahren nach § 356a StPO nicht nach. Durch den außerordentlichen Rechtsbehelf des § 356a StPO werden die Frist- und Formerfordernisse der §§ 344 Abs. 2, 345 StPO nicht berührt. Verfahrensrügen können nicht auf diesem Weg unter Umgehung der Formvorschriften des § 345 Abs. 2 StPO durch einfaches Schreiben des Angeklagten nachgeschoben werden. Bei der Geltendmachung der Verletzung des Anspruchs auf Gewährung rechtlichen Gehörs ist bei Revisionsentscheidungen als speziellere Regelung nur der befristete Rechtsbehelf der Anhörungsrüge gemäß § 356a StPO gegeben. Die an keine Frist gebundene Gegenvorstellung ist deshalb daneben ebenso wenig statthaft wie die ebenfalls unbefristete Beanstandung der Verletzung des Anspruchs auf rechtliches Gehör gemäß § 33a StPO.[819] Der BGH entscheidet über die Anhörungsrüge in der nach dem Geschäftsverteilungsplan des BGH und nach dem internen Geschäftsverteilungsplan des Senats bestimmten Besetzung. Dass dies grundsätzlich dieselben Richter sind, die auch über die Revision des Angeklagten entschieden haben, entspricht der Intention des Rechtsbehelfs. Die Prüfung und die Beseitigung gerichtlicher Gehörsverstöße obliegen in erster Linie dem mit der Sache befassten iudex a quo.[820]

▶ **Beachte**

Wird die Rüge einer Gehörsverletzung weder ausdrücklich noch der Sache nach zum Gegenstand der Verfassungsbeschwerde gemacht oder wird die zunächst wirksam im Verfassungsbeschwerdeverfahren erhobene Rüge einer Gehörsverletzung wieder zurückgenommen, hängt die Zulässigkeit der Verfassungsbeschwerde unter dem Gesichtspunkt des Gebots der Rechtswegerschöpfung nicht von der vorherigen Durchführung eines fachgerichtlichen Anhörungsrügeverfahrens ab.[821]

Bei der Gegenvorstellung[822] handelt es sich nicht um ein rechtsmittelähnliches Rechtsinstitut, sondern um einen im Gesetz nicht geregelten außerordentlichen Rechtsbehelf, der ein Gericht veranlassen soll, seine eigene Entscheidung aus übersehenen oder neuen tatsächlichen und/oder rechtlichen Gründen zu ändern.[823] Die an keine Frist gebundene »Gegenvorstellung« nach § 33a StPO ist als Rechtsbehelf gegen Revisionsentscheidungen gemäß § 349 Abs. 2 StPO nicht statthaft. Ein derartiger Beschluss kann grundsätzlich weder aufgehoben noch abgeändert oder ergänzt werden. Gegen Revisionsentscheidungen ist vielmehr als speziellere Regelung nur der Rechtsbehelf der Anhörungsrüge gemäß § 356a StPO statthaft.[824]

---

816 BGH, Beschl. v. 23.02.2011 – 1 StR 427/10.

817 BGH NStZ 2005, 462 f.; BGH, Beschl. v. 16.05.2006 – 4 StR 110/05; Beschl. v. 12.08.2008 – 1 StR 162/08, StV 2010, 297.

818 BGH, Beschl. v. 13.08.2008 – 1 StR 162/08, StV 2010, 297 f.; v. 20.05.2011 – 1 StR 381/10.

819 BGH, Beschl. v. 16.09.2009 – 1 StR 444/08; v. 11.01.2011 – 1 StR 18/10.

820 BGH, Beschl. v. 13.04.2011 – 1 StR 26/11.

821 BVerfG, Beschl. v. 16.07.2013 – 1 BvR 3057/11.

822 Vgl. dazu *Meyer-Goßner*/Schmitt Vorbem. § 296 Rn. 23 ff.; vgl. auch *Holzinger* StRR 2008, 208 ff.; *Beukelmann* NJW-Spezial 2008, 344; vgl. auch BVerfG (Plenum), Beschl. v. 30.04.2003 – PBvU 1/02, BVerfGE 107, 395 ff. = NJW 2003, 1924.

823 *Wölfl* StraFo 2003, 222 ff. m.w.N.; vgl. auch BVerfGE 9, 89, 106 ff.; BGH NStZ 2005, 462; BGH, Beschl. v. 12.04.2005 – 4 StR 582/04; BGH, Beschl. v. 08.03.2006 – 1 StR 357/05.

824 BGH, Beschl. v. 15.08.2013 – 4 StR 196/13; v. 14.11.2019 – 1 StR 62/19.

XXXIII. Hauptverhandlung, Inbegriff

169 – Gesetzesverletzung

Verstoß gegen § 261 StPO, wenn das Urteil auf Feststellungen gestützt wurde, die nicht in die Hauptverhandlung eingeführt worden sind.[825] Dies muss sich allerdings ohne eine Rekonstruktion der Beweisaufnahme[826] entweder aus dem Urteil selbst ergeben oder durch einen Vergleich zwischen Hauptverhandlungsprotokoll und Urteil belegen lassen (z.B. Verwertung einer Aussage des Angeklagten, obwohl dieser laut Protokoll geschwiegen hat).[827] Grundsätzlich aussichtslos sind dagegen die sonstigen Versuche, die Aktenwidrigkeit der Urteilsgründe zu rügen, also zu beanstanden, dass das Urteil inhaltlich von den in den Akten oder auch den in der Hauptverhandlung getroffenen Feststellungen abweicht, etwa weil ein Zeuge in der Hauptverhandlung etwas anderes bekundet haben soll als im Urteil festgestellt (soweit seine Aussage nicht wörtlich protokolliert wurde).[828] Ein solcher Umstand kann auch nicht mit der Aufklärungsrüge (dazu Rdn. 147) beanstandet werden, weil es dem Revisionsgericht verwehrt ist, über die vom Tatrichter vorgenommene Beweisaufnahme selbst Beweise zu erheben.[829]

– Rügeart

Verfahrensrüge.

– Anforderungen an die Rüge

Wird beispielsweise beanstandet, eine im Urteil verwertete Urkunde sei nicht Gegenstand der Verhandlung gewesen, muss in der Verfahrensrüge der vollständige Inhalt der Urkunde mitgeteilt werden. Ferner ist darzutun, dass die Urkunde nicht durch Verlesen in die Verhandlung eingeführt worden ist und auch nicht auf andere Weise – etwa durch einen Vorhalt, im Selbstleseverfahren[830] oder durch Bericht über den wesentlichen Inhalt – zum Gegenstand der Verhandlung gemacht wurde.[831] Wird dagegen beanstandet, das Urteil verwerte nicht alles, was Inbegriff der Hauptverhandlung gewesen sei (vgl. dazu auch Rdn. 160), etwa weil es auf ein Schweigen des Angeklagten verweise, obwohl dieser – laut Protokoll – Angaben gemacht hat, so muss zumindest dann, wenn der Protokolleintrag und der Zusammenhang dafür sprechen, dass es sich nur um eine unbedeutende »Zwischenbemerkung« gehandelt hat, vorgetragen werden, dass die Einlassung des Angeklagten »substanziell« war.[832] Aus dem Umstand, dass ein bestimmtes Beweisergebnis in den schriftlichen Urteilsgründen keine Erwähnung findet, kann nur dann auf die unterbliebene Berücksichtigung dieses Ergebnisses bei der tatrichterlichen Überzeugungsbildung geschlossen werden, wenn der Umstand nach der zum Zeitpunkt der Urteilsfindung gegebenen Beweislage erörterungsbedürftig gewesen wäre.[833] Handelt es sich bei dem im Urteil nicht verwerteten Beweis um eine Urkunde, muss deren vollständiger Inhalt mitgeteilt werden.[834]

825 Vgl. z.B. BGH NStZ 1998, 98; StV 1998, 470; 1999, 359; allgemein dazu *Pelz* NStZ 1993, 361 (362 ff.); *Herdegen* StV 1992, 590; *Schäfer* StV 1995, 147 (154 ff.); Beispiel: BGH, Beschl. v. 21.01.2016 – 2 StR 433/15; v. 28.07.2015 – 2 StR 38/15, StV 2016, 777 f. = NStZ 2016, 430 f. m. Anm. *Ventzke* NStZ 2016, 431 f.

826 Zum Problem »Rekonstruktionsverbot und Alternativrüge« vgl. *Neuhaus* StraFo 2004, 407.

827 BGH NStZ 2000, 217; 1995, 560; vgl. auch *Miebach* NStZ 2000, 234 (240).

828 Vgl. (auch zur verlesenen Urkunde) BGHSt 43, 212 (214); BGH NStZ 1999, 423; 1998, 51 (52).

829 BGH NStZ 2000, 156; 1999, 423; 1995, 27 (29); 1992, 506; ausf. zu dieser Alternativrüge (§§ 244 Abs. 2, 261 StPO): *Bauer* NStZ 2000, 72.

830 Zum Umfang der Beweiskraft des Protokollvermerks nach § 249 Abs. 2 S. 3 StPO vgl. BGH, Beschl. v. 30.09.2009 – 3 StR 280/09, StV 2010, 225 f.: v. 20.07.2010 – 3 StR 76/10, NStZ 2010, 712 f.; v. 22.12.2010 – 2 StR 386/10; zur Revisibilität des Selbstleseverfahrens vgl. BGH, Beschl. v. 07.07.2004 – 5 StR 412/03, StV 2004, 521; v. 14.12.2010 – 1 StR 422/10, StV 2011, 458 f.; v. 14.09.2010 – 3 StR 131/10, NStZ-RR 2011, 20 f.

831 BGH NStZ 2000, 215 (216); OLG Köln StV 1998, 364 m.w.N.

832 BGH, Beschl. v. 23.02.2000 – 5 StR 382/99; vgl. auch BGH StV 1999, 360.

833 BGH, Beschl. v. 02.03.2017 – 4 StR 406/16 = NStZ-RR 2017, 185.

834 BGH NStZ 2000, 215, 216.

- Relativer Revisionsgrund
  Das Beruhen kann auf den Rechtsfolgenausspruch beschränkt sein, etwa wenn ein nicht in die Hauptverhandlung eingeführtes psychiatrisches Gutachten verwertet wurde, jedoch nur die Anwendung von § 21 StGB in Betracht kommt.[835]

▶ Beachte also

Mit der sog. »Inbegriffsrüge« wird gerügt, die Beweisaufnahme habe sich anders zugetragen als im Urteil festgestellt. Eine derartige Rüge ist unzulässig, es sei denn, der behauptete Rechtsfehler kann mit den Mitteln des Revisionsrechts festgestellt werden. Die Rüge, § 261 StPO sei verletzt, kann somit durchgreifen, wenn ohne Rekonstruktion der Beweisaufnahme allein aufgrund der Aktenlage der Nachweis geführt werden kann, dass die im Urteil getroffenen Feststellungen nicht durch die in der Hauptverhandlung benutzten Beweismittel gewonnen werden konnten

XXXIV. Hauptverhandlung, Vertagung

- Gesetzesverletzung 170
  § 229 Abs. 1 StPO[836] ist beispielsweise verletzt, wenn die Unterbrechungsfrist durch sog Schiebetermine gewahrt wurde, diese Schiebetermine aber aus bloßen Scheinverhandlungen bestanden[837] (ausführlich: Kap. 4 Rdn. 49 ff.). Zur Berechnung vgl. BGH, Beschl. v. 18.02.2016 – 1 StR 590/15, NStZ-RR 2016, 178. Die Fristen des § 229 StPO stellen keine Fristen im Sinne der §§ 42, 43 StPO dar. Weder der Tag, an dem die Unterbrechung angeordnet wird, noch derjenige, an dem die Verhandlung wieder aufgenommen wird, sind in die Frist einzuberechnen.[838] Im Blick auf § 229 Abs. 3 S. 2, § 336 S. 2 Alt. 1 StPO kommt eine Richtigkeitsprüfung über den Willkürmaßstab hinaus nicht in Betracht.[839]
- Rügeart
  Verfahrensrüge.
- Anforderungen an die Rüge[840]
  Mitzuteilen sind die Anzahl der Verhandlungstage sowie die Daten zu den Hauptverhandlungstagen, zwischen denen die Unterbrechungsfrist nicht gewahrt wurde; ferner sollte – wie bei § 261 StPO (Rdn. 169) – vorgetragen werden, dass trotz des Überschreitens der Unterbrechungsfrist keine neue Hauptverhandlung begonnen wurde. Kommt die Anwendung von § 229 Abs. 3 StPO in Betracht, sollte weiterhin dargelegt werden, dass die Krankheit des Angeklagten kein Grund dafür war, die Frist zu überschreiten.[841] Wird beanstandet, dass die Unterbrechungsfrist durch bloße Scheinverhandlungen gewahrt wurde, müssen auch die Tatsachen mitgeteilt werden, die diesen Missbrauch belegen, muss also vorgetragen werden, was im Einzelnen an den Schiebeterminen stattfand.[842]

---

835 BGH StV 1996, 650.
836 Beachte Neufassung v. 10.12.2019 auf Grund des Gesetzes zur Modernisierung des Strafverfahren BGBl 2019 I 2121.
837 Vgl. BGH wistra 1999, 392 (Wiederholung einer BZR-Verlesung); BGH StV 1998, 359 (Verlesung eines zweiseitigen Briefes an mehr als 20 Verhandlungstagen); *Wölfl* NStZ 1999, 43; JuS 2000, 277 f.; vgl. auch BGH StV 2001, 386; 2008, 58; BGH, Beschl. v. 07.04.2011 – 3 StR 61/11, NStZ 2011, 532 f.; v. 22.06.2011 – 5 StR 190/11; Urt. v. 19.08.2010 – 3 StR 98/10, NStZ 2011, 229 f. (der Unterrichtung der Verfahrensbeteiligten darüber, dass dem Beweisantrag der Verteidigung stattgegeben wird, genügt); BGH NStZ 2009, 168 und 225 m. Anm. *Mandla* NStZ 2011, 1 ff.; LR/*Becker* § 229 Rn. 12; BGH, Urt. v. 02.02.2012 – 3 StR 401/11, NStZ 2012, 343 f.
838 BGH, Beschl. v. 29.11.2016 – 3 StR 235/16, StraFo 2017, 69.
839 BGH, Beschl. v. 20.04.2016 – 5 StR 71/16, = NStZ 2016, 688.
840 BGH, Beschl. v. 04.06.2009 – 3 StR 61/09, NStZ-RR 2009, 288.
841 Vgl. BGH (K) NStZ-RR 2000, 289 (Nr. 2).
842 Vgl. BGH wistra 1999, 392; StV 1998, 359; NStZ-RR 1998, 335.

– Relativer Revisionsgrund
Am Beruhen wird es nur ausnahmsweise fehlen.[843] Die Rüge kann jedoch verwirkt sein, wenn die »Scheinverhandlung« auf Wunsch des Verteidigers und mit Rücksicht auf dessen Terminschwierigkeiten erfolgte.[844]
– Besonderheiten
Zur Ablehnung eines berechtigten Aussetzungsantrags des Verteidigers, vor allem nach einem Verteidigerwechsel: vgl. bei *Verteidigung, Beschränkung* (Rdn. 190) und bei *Hinweispflicht* (Rdn. 171).

XXXV. Hinweispflicht

171 – Gesetzesverletzung
Verstoß gegen § 265 StPO.[845] – zur Hinweispflicht und fairem Verfahren: BVerfG Beschl. v. 16.10.2002 – 2 BvR 2072/01; zum Umfang der Hinweispflicht: BGH, Beschl. v. 13. 07 2018 – 1 StR 34/18 = NStZ 2018, 673 f. m. Anm. Ventzke, NStZ 2018, 675 f.; zum Hinweis auf Einziehung BGH Beschl. v. 06.12.2018 – 1 StR 186/18; bei Änderung von Mordmerkmalen BGH BGH Beschl. v. 14.06.2018 – 3 StR 206/18 = NStZ 2019, 236 f. m. Anm. Gubitz, NStZ 2019, 237 f.

▶ Hinweis

Durch einen gerichtlichen Hinweis gem. § 265 StPO darf die Strafklage nicht in der Form umgestaltet werden, dass das angeklagte Geschehen durch ein anderes ersetzt wird.

Durch § 265 Abs. 2 Nr. 3 StPO (Gesetz vom 17. August 2017, BGBl. I S. 3202) ist die Hinweispflicht des § 265 Abs. 1 StPO auf Fälle erweitert worden, in denen sich in der Hauptverhandlung die Sachlage gegenüber der Schilderung des Sachverhalts in der zugelassenen Anklage ändert und dies zur genügenden Verteidigung vor dem Hintergrund des Gebots rechtlichen Gehörs und des rechtsstaatlichen Grundsatzes des fairen Verfahrens einen Hinweis erforderlich macht. Danach bestehen Hinweispflichten auf eine geänderte Sachlage bei einer wesentlichen Veränderung des Tatbildes beispielsweise betreffend die Tatzeit, den Tatort, das Tatobjekt, das Tatopfer, die Tatrichtung, eine Person des Beteiligten oder bei der Konkretisierung einer im Tatsächlichen ungenauen Fassung des Anklagesatzes Hingegen sind Hinweise etwa hinsichtlich der Bewertung von Indiztatsachen nach dem Willen des Gesetzgebers auch künftig nicht erforderlich. Ebenso wenig muss das Gericht unter dem Gesichtspunkt des fairen Verfahrens vor der Urteilsberatung seine Beweiswürdigung offenlegen oder sich zum Inhalt und Ergebnis einzelner Beweiserhebungen erklären[846]

843 BGH wistra 1999, 392, 393; StV 1998, 359 m.w.N.
844 BGH NStZ 2000, 606.
845 Zur Hinweispflicht bei Verwertung nach § 154 StPO eingestellter Taten: BGH (K) NStZ-RR 1998, 264 (Nr. 21); BGH NStZ 2004, 277; Hinweispflicht bei Anklagemängeln: BGHSt 48, 221 m. Anm. *Maier* NStZ 2003, 674; Alleintäterschaft statt Mittäterschaft vgl. BGH, Beschl. v. 14.06.2016 – 3 StR 196/16; Täterschaft und Teilnahme BGH, Urt. v. 06.05.2011 – 2 StR 590/10, BGHSt 56, 235, 237 = StV 2011, 607 f.; Beschl. v. 02.09.2015 – 2 StR 49/15, StV 2016, 272 f.; v. 13.07.2018 – 1 StR 34/18 = NStZ 2018, 673 m. Anm. *Ventzke*, NStZ 2018, 675 ff.; zu § 265 Abs. 3 StPO BGH, Beschl. v. 12.02.2020 – 4 StR 336/19.
846 BGH, Urt. v. 09.05.2019 – 1 StR 688/18 = StV 2019, 818 f.

▶ **Beachte**

§ 265 Abs. 3 StPO räumt dem Gericht kein Ermessen ein, die Hauptverhandlung lediglich zu unterbrechen; bei Vorliegen der gesetzlichen Voraussetzungen ist die Verhandlung auszusetzen.[847]

- Rügeart
  Verfahrensrüge.
- Anforderungen an die Rüge[848]
  Mitteilung des relevanten Inhalts der zugelassenen Anklage und des Eröffnungsbeschlusses, der Tatsache, dass dem Angeklagten kein Hinweis erteilt wurde, und der von der Anklage und dem Eröffnungsbeschluss abweichenden Verurteilung. Die auf den Hinweis hin möglichen Ausführungen müssen nicht dargelegt werden.
  Wird die verletzte Hinweispflicht aus einer entsprechenden Anwendung des § 265 Abs. 1 StPO hergeleitet, weil es in der Hauptverhandlung zu einer Veränderung der tatsächlichen Urteilsgrundlage oder zu einer Konkretisierung eines allgemein gefassten Anklagesatzes gekommen ist, muss die Revision auch zum Verlauf der die veränderten Punkte betreffenden Beweisaufnahme vortragen. Andernfalls vermag das Revisionsgericht nicht zu beurteilen, ob der Angeklagte bereits aus dem Gang der Verhandlung erfahren hat, dass das Gericht die Verurteilung auf eine andere tatsächliche Grundlage stellen will und der vermisste konkrete Hinweis deshalb nicht mehr erforderlich war.[849]
  Ein nach Maßgabe des Einzelfalls erforderlicher Hinweis auf die beabsichtigte Verwertung von gemäß §§ 154, 154a StPO ausgeschiedenem Verfahrensstoff bei der Beweiswürdigung oder Strafzumessung ist keine wesentliche Verfahrensförmlichkeit gemäß § 274 StPO. Auch wenn die Aufnahme eines solchen Hinweises in das – zur Dokumentation von Verfahrensgeschehen eher als das Urteil geeignete – Hauptverhandlungsprotokoll dennoch zweckmäßig ist, ist dieses nicht das einzig zulässige Beweismittel zum Nachweis des erfolgten Hinweises.[850]
- Relativer Revisionsgrund
  Ein Beruhen kann regelmäßig nicht ausgeschlossen werden, bezieht sich aber häufig nur auf den Strafausspruch (vgl. Rdn. 65).[851] Bestanden nach dem Hinweis für den Angeklagten oder den Verteidiger noch Unklarheiten, mussten sie nachfragen; sonst kann der Fehler mit der Revision nicht mehr beanstandet werden.[852] Ausgeschlossen ist ein Beruhen, wenn der Angeklagte so verurteilt wurde, wie er angeklagt war.[853] Ferner kann im Einzelfall – etwa bei Änderungen im Tatsächlichen wegen der »im Übrigen dichten Beweiskette« – verneint werden, dass der Angeklagte nach einem Hinweis eine erfolgreiche Verteidigung hätte führen können.[854]
- Besonderheiten
  Vgl. zur Hinweispflicht bei Abweichen von einer Absprache: *Absprache* (Rdn. 137); zur mangels ausreichender Beschreibung der Tat unwirksamen Anklage: *Anklage – Unwirksamkeit* (Rdn. 145); zur Kognitionspflicht und zur prozessualen Tat: *rechtliche Würdigung* (Rdn. 177); zur Ablehnung eines Aussetzungsantrags vor allem nach Verteidigerwechsel bzw. -bestellung: *Verteidigung, Beschränkung* (Rdn. 190); zur Hinweispflicht bei Würdigung einer beeideten als unbeeideter Zeugenaussage: *Zeuge – Vereidigung* (Rdn. 193).

---

847 BGHSt 48, 183 m. Anm. *Kästner* JuS 2003, 849; *Mitsch* NStZ 2004, 395; *Kudlich* JA 2004, 108; zu § 265 Abs. 3 StPO BGH, Beschl. v. 13.03.2018 – 4 StR 27/18 = NStZ 2018, 558 f.
848 Vgl. auch BGH, Beschl. v. 09.03.1995 – 4 StR 60/95.
849 BGH, Urt. v. 20.11.2014 – 4 StR 234/14, NStZ 2015, 233 f.
850 BGH, Beschl. v. 29.06.2010 – 1 StR 157/10, wistra 2010, 409.
851 BGH, Urt. v. 15.09.2004 – 2 StR 242/04; StV 1997, 64; zu einer Ausnahme: BGH NStZ 1998, 529 (530).
852 BGH StV 1998, 416 m. Anm. *Park*.
853 BGH StV 2000, 248 m. Anm. *Ventzke* (zum unwirksamen – weil unter Ausschluss der Öffentlichkeit – erteilten Hinweis).
854 BGH NStZ 2000, 216; vgl. auch BGH StV 1998, 582 (583).

XXXVI. Letztes Wort

172 – Gesetzesverletzung[855]
Verstoß gegen § 258 Abs. 2, 3 StPO, ggf. i.V.m. § 67 Abs. 1 JGG.[856]

Beachte

Erwidert der Verteidiger eines Mitangeklagten, ist dem Angeklagten erneut das letzte Wort zu erteilen.[857] Problematisch ist die Frage eines Wiedereintritts in die Hauptverhandlung: Nach der Rechtsprechung und der herrschenden Meinung in der Literatur ist dem Angeklagten gemäß § 258 Abs. 2 StPO erneut das letzte Wort zu gewähren, wenn nach dem Schluss der Beweisaufnahme nochmals in die Verhandlung eingetreten worden ist. Wann von einem – u.U. konkludenten – Wiedereintritt auszugehen ist, ist nach der Rechtsprechung anhand der konkreten Umstände des Einzelfalls zu bestimmen[858]. Insbesondere liegt ein Wiedereintritt vor, wenn der Wille des Gerichts zum Ausdruck kommt, im Zusammenwirken mit den Prozessbeteiligten in der Beweisaufnahme fortzufahren oder wenn Anträge mit den Verfahrensbeteiligten erörtert werden.[859] Ein nach dem letzten Wort des Angeklagten und unmittelbar vor dem Urteil verkündeter Beschluss über die Teileinstellung des Verfahrens gemäß § 154 Abs. 2 StPO ist Teil der abschließenden Entscheidung des Gerichts; dies gilt auch dann, wenn durch den Einstellungsbeschluss über einen das Verfahren insgesamt betreffenden Hilfsbeweisantrag mittelbar mit entschieden wird.[860] Es stellt einen Verstoß gegen § 258 StPO dar, wenn dem Angeklagten nach einem Antrag des Staatsanwalts zur Frage der Haftfortdauer nicht erneut das letzte Wort erteilt wird.[861] Ebenso liegt ein Verstoß vor, wenn es nach Gewährung des letzten Wortes die Fortdauer der Untersuchungshaft verkündet, sodann die Hauptverhandlung unterbricht und am nächsten Verhandlungstag das Urteil verkündet[862] oder bei der Erörterung einer Einziehung sichergestellter Betäubungsmittel und weiterer Gegenstände.[863]

Beachte

Der Wiedereintritt in die Verhandlung muss nicht förmlich, sondern kann auch konkludent durch Vornahme einer Prozesshandlung geschehen. Ob von einem Wiedereintritt in die Verhandlung auszugehen ist, ist anhand der konkreten Umstände des Einzelfalls zu bestimmen. Maßgeblich ist, ob es sich um einen Verfahrensvorgang handelt, der für die Sachentscheidung des Tatgerichts von Bedeutung sein kann.[864]

– Rügeart
Verfahrensrüge.
– Anforderungen an die Rüge

855 Zum schlüssigen Wiedereintritt durch Aufhebung des gegen den Angeklagten ergangenen Haftbefehls vgl. BGH, Beschl. v. 26.10.2010 – 2 StR 433/10; Zum Zeitpunkt der Haftentscheidung: vgl. BGH StV 2002, 234.

856 Vgl. BGH NStZ 2000, 553; 1999, 426; StraFo 2003, 277; 2002, 290; BGH, Beschl. v. 24.10.2012 – 5 StR 503/12, NStZ 2013, 289; v. 28.03.2018 – 4 StR 629/17 (letztes Wort der Eltern).

857 BGHSt 48, 181.

858 BGH, Beschl. v. 05.02.2019 – 3 StR 469/18 = NStZ 2019, 426 f.

859 BGH NStZ 2004, 505.

860 BGH StV 2001, 437 m. Anm. *Julius* NStZ 2002, 104; *Ingelfinger* JR 2002, 120.

861 BGH StraFo 2009, 109.

862 BGH StraFo 2009, 333.

863 BGH, Beschl. v. 04.02.2010 – 1 StR 3/10, StV 2010, 227; Beschl. v. 07.12.2016 – 1 StR 487/16 = StV 2017, 369 f.

864 BGH, Beschl. v. 05.02.2019 – 3 StR 469/18 = NStZ 2019, 426 f.

Mitteilung des Verfahrensablaufs in dem Abschnitt der Hauptverhandlung, in dem das letzte Wort hätte gewährt werden müssen; wurde das letzte Wort gewährt, dann aber wieder in die Verhandlung eingetreten, ist der gesamte Verfahrensgang ab (einschließlich) dem zunächst erteilten letzten Wort vorzutragen.[865] Nicht mitgeteilt werden muss, was der Angeklagte gesagt hätte, wenn ihm das letzte Wort erteilt worden wäre.[866]

– Relativer Revisionsgrund
Das Beruhen ist regelmäßig nicht auszuschließen.[867] Eine Anrufung des Gerichts nach § 238 Abs. 2 StPO ist nicht erforderlich.[868]

XXXVII. Öffentlichkeit

– Gesetzesverletzung[869] 173
Verstoß gegen §§ 169 Abs. 1 S. 1[870], 174 GVG bei ungesetzlicher Beschränkung der Öffentlichkeit (Verstoß gegen § 169 Abs. 1 S. 1 GVG, etwa wenn das Gericht zu Unrecht einen Ausschlussgrund angenommen hat, wobei allerdings § 171b GVG – wegen dessen Abs. 3 und § 336 S. 2 StPO – wie auch die Ermessensentscheidungen bei §§ 171a, 172 GVG nur eingeschränkt geprüft werden können;[871] Verstoß gegen § 174 GVG, wenn die Vorschriften über das Ausschließungsverfahren nicht beachtet wurden;[872] vgl. auch Kap. 4 Rdn. 55 ff.). Bei ungesetzlicher Erweiterung der Öffentlichkeit, also öffentlichem Verhandeln trotz Vorliegens eines Ausschlussgrundes, ist gegen §§ 171a ff. StPO (die jeweils in Betracht kommende Ausschlussnorm) verstoßen; eine solche Gesetzesverletzung kann allerdings regelmäßig nur mit der Aufklärungsrüge (dazu Rdn. 147) beanstandet werden.[873] Beschränkt sich der Ausschluss der Öffentlichkeit auf einen bestimmten Verfahrensabschnitt wie die Dauer der Vernehmung einer Beweisperson, so umfasst er alle Verfahrensvorgänge, die mit der Vernehmung in enger Verbindung stehen oder sich aus ihr entwickeln und die daher zu diesem Verfahrensabschnitt gehören.[874]

865 BGH StV 1995, 176.

866 Vgl. BGHSt 21, 288, 290; BayObLG NStZ 1997, 40 m.w.N.

867 Vgl. BGH NStZ 2000, 553; 1999, 473; 2003, 371; zur Beschränkung des Beruhens auf den Strafausspruch bei einem geständigen Angeklagten: BGH NStZ 2000, 435, 436; BGH NStZ-RR 1998, 15; vgl. auch BGH, Beschl. v. 01.08.2012 – 4 StR 267/12.

868 BGHSt 21, 288 (290).

869 Zum Grundsatz der Öffentlichkeit vgl. BVerfG NJW 2002, 814; BGH NStZ 2002, 106; NStZ 2004, 510; zum Problem sitzungspolizeiliche Maßnahme und Öffentlichkeit BVerfG NJW 2003, 500; BGH, Beschl. v. 13.10.2015 – StB 10 und 11/15, NStZ 2016, 369 f.; vgl. auch *Franke* NJW 2016, 2618 f.; *Saliger* JZ 2016, 824 f.; *Heuser* HRRS 2019, 392 ff.

870 § 169 GVG in der Fassung vom 8.10.2017; zur Reform des § 169 GVG vgl. *Norouzi* StV 2016, 590 f.; allg. *Schlothauer* StV 2015, 665 f.; *Koch/Wallimann*, MDR 2018, 241 ff.; BGH, Beschl. v. 09.05.2018 – 1 StR 159/17 = NStZ 2019, 45 f. m. Anm. *Wick*, NStZ 2019, 46 f.; Beschl. v. 09.01.2019 – 1 StR 347/18 = NStZ-RR 2019, 9 zur Medienöffentlichkeit.

871 Vgl. BGH StV 1998, 364 (zu § 171b Abs. 3 GVG); *Gössel* NStZ 2000, 181, 183 m.w.N. (zur Nachprüfung der Ermessensentscheidung); vgl. auch BGH, Beschl. v. 17.08.2011 – 5 StR 263/11; BGH StV 1990, 10. Beschl. v. 07.12.2016 – 1 StR 487/16; die Revision kann darauf gestützt werden, die Ausschließung der Öffentlichkeit sei nicht durch einen den Anforderungen des § 174 Abs. 1 GVG entsprechenden Beschluss gedeckt; vgl. auch BGH, Beschl. v. 09.04.2013 – 5 StR 612/12; v. 28.09.2011 – 5 StR 245/11, NStZ 2012, 173.

872 Vgl. BGH StV 2000, 242 (fehlender Beschluss); zu Fehlern in der Begründung des Beschlusses: BGHSt 45, 117 = JR 2000, 251 m. Anm. *Rieß*; Anm. *Gössel* NStZ 2000, 181, zum Begriff des Beteiligten vgl. BGH, Beschl. v. 27.11.2014 – 3 StR 437/14, NStZ 2015, 477 f. m. Anm. *Heine* = StV 2015, 475 f. m. Anm. *Rostenstock*; BGH, Beschl. v. 09.05.2018 – 2 StR 543/17 = StraFo 2018, 472 f.

873 BGH NStZ 1998, 586 (auch zu den Anforderungen an die Verfahrensrüge in einem solchen Fall); Anm. *Foth* NStZ 1999, 373.

874 BGH, Beschl. v. 12.11.2015 – 5 StR 467/15, NStZ 2016, 118 f. m. Anm. *Bittmann* NStZ 2016, 119 f.; Beschl. v. 09.05.2018 – 2 StR 543/17 = StraFo 2018, 472 f.; Urt. v. 05.09.2018 – 2 StR 454/17 = StV 2019, 540 f.

Die Entscheidungen über den Ausschluss der Öffentlichkeit sind zwar nach § 171b Abs. 3 GVG insoweit unanfechtbar und deshalb der Revision entzogen (§ 336 S. 2 StPO), als es sich um die in § 171b Abs. 1 S. 1 GVG aufgeführten Voraussetzungen für den Ausschluss handelt. Doch kann in einem solchen Fall die Revision darauf gestützt werden, die Ausschließung der Öffentlichkeit sei nicht durch einen den Anforderungen des § 174 Abs. 1 GVG entsprechenden Beschluss gedeckt.[875] Haben Teile der Hauptverhandlung unter Ausschluss der Öffentlichkeit stattgefunden, ist nach der zwingenden Vorschrift des § 171b Abs. 3 S. 2 GVG auch ohne entsprechenden Antrag die Öffentlichkeit während der Schlussanträge auszuschließen. § 171b GVG dient insgesamt dem Schutz der Privatsphäre, auch des Angeklagten als Subjekt des Verfahrens, sodass auch dieser anfechtungsbefugt ist.[876]

– Rügeart
  Verfahrensrüge.
– Anforderungen an die Rüge[877]
  Mitteilung der Anträge, Erklärungen sowie der Entscheidung über den Ausschluss (einschließlich der Begründung)[878] sowie über den Umfang des nichtöffentlich durchgeführten Teils der Hauptverhandlung. Wird lediglich ein faktischer Ausschluss der Öffentlichkeit beanstandet, muss dieser durch Tatsachenvortrag belegt werden;[879] ggf. sind auch Ausführungen zum Verschulden des Gerichts erforderlich (z.B. beim möglicherweise versehentlichen – unbemerkten – Ausschluss[880]) Entsprechendes gilt für die Beanstandung der unrechtmäßigen Erweiterung der Öffentlichkeit (zu den Anforderungen an die Verfahrensrüge: Rdn. 147). Soll beanstandet werden, dass die sich aus dem Ausschließungsbeschluss ergebende Dauer des Ausschlusses überschritten wurde, muss auch vorgetragen werden, dass dieser Teil der Verhandlung vom Ausschließungsumfang, der regelmäßig durch den Ausschließungsgrund bestimmt wird, nicht mehr erfasst war.[881]
– Absoluter Revisionsgrund
  § 338 Nr. 6 StPO, bei (formell oder sachlich) unberechtigtem Ausschluss der Öffentlichkeit; der absolute Revisionsgrund ist allerdings nicht gegeben, wenn ein Beruhen denkgesetzlich ausgeschlossen ist, etwa weil die Öffentlichkeit (zu Unrecht) während eines Verhandlungsteils ausgeschlossen war, der nur eine schließlich nach § 154 Abs. 2 StPO eingestellte Tat betraf[882] oder weil ausnahmsweise bei in der Sache ersichtlich richtiger Entscheidung lediglich eine »Verfahrensvorschrift auf dem Weg zur Entscheidung über den Ausschluss« (fehlende Angabe des Ausschlussgrundes) verletzt wurde[883] oder wenn die Verhandlungsteile, welche die mit der verspätet mitgeteilten Aussage zusammenhängenden Tatvorwürfe betrafen, wiederholt worden ist.[884]

875 BGH, Beschl. v. 17.08.2011 – 5 StR 263/11, StV 2012, 140; v. 07.12.2016 – 1 StR 487/16 = StV 2017, 369; vgl. aber auch BGH, Beschl. v. 09.05.2019 – 4 StR 605/18 = NJW 2019, 2184 f. (Liegen die Voraussetzungen des § 171b Abs. 3 Satz 2 GVG vor, stellt das Fehlen eines den Ausschluss der Öffentlichkeit für die Schlussvorträge anordnenden Gerichtsbeschlusses keinen absoluten Revisionsgrund nach § 338 Nr. 6 StPO dar.)

876 BGH, Beschl. v. 12.11.2015 – 2 StR 311/15, NStZ 2016, 180 m. Anm. *Arnold*; v. 26.10.2016 – 5 StR 396/16.

877 Vgl. KK/*Gericke* § 344 Rn. 49.

878 BGH bei *Miebach/Sander* NStZ-RR 2000, 1 (6); vgl. auch BGH, Beschl. v. 17.09.2014 – 1 StR 212/14, NStZ 2015, 181 = StV 2015,79 f.

879 OLG Köln NStZ-RR 1999, 335 (zum Ortstermin in der Wohnung des Angeklagten).

880 BGH, Beschl. v. 28.09.2011 – 5 StR 246/11, NStZ 2012, 173; v. 07.04.2016 – 1 StR 579/15, StV 2016, 621; BGHSt 22, 297 f.

881 BGH StV 1998, 364.

882 BGH StV 2000, 248 m. Anm. *Ventzke*; weitere Beispiele: BGH bei *Kusch* NStZ-RR 2000, 294 (Nr. 23); BGH StV 2003, 271; StV 2004, 306.

883 BGHSt 45, 117 = JR 2000, 251 m. Anm. *Rieß*; Anm. *Gössel* NStZ 2000, 181.

884 BGHSt 38, 260 (262); BGHR StPO § 247 S. 4 Unterrichtung 3; BGH NStZ 1992, 346 f.

▶ **Beachte**

Der absolute Revisionsgrund des § 338 Nr. 6 StPO wird weder durch den Umstand, dass Gespräche über eine Verständigung außerhalb der Hauptverhandlung stattfinden, noch dadurch begründet, dass das Ergebnis dieser Verständigung entgegen den Grundsätzen von BGHSt 43, 195 ff. nicht in die öffentliche Hauptverhandlung eingeführt wird.[885]

– Relativer Revisionsgrund
Bei öffentlicher Verhandlung trotz Vorliegens eines Ausschlussgrundes, hier wird es jedoch regelmäßig am Beruhen fehlen.[886]

XXXVIII. Personalien, persönliche Verhältnisse

– Gesetzesverletzung 174
Verstoß gegen §§ 243 Abs. 2 S. 2, 267 Abs. 3 S. 1 StPO. Nach der Rechtsprechung ist eine an den anerkannten Strafzwecken ausgerichtete Strafzumessung jedenfalls bei Taten von einigem Gewicht ohne Würdigung der persönlichen Verhältnisse des Täters regelmäßig nicht möglich. Daher liegt vor allem bei Verhängung hoher Strafen eine Gesetzesverletzung vor, wenn der Tatrichter die persönlichen Verhältnisse überhaupt nicht oder nur unzureichend festgestellt hat.[887] Das Gleiche gilt bezüglich der Mitteilung von Vorstrafen (dazu auch Rdn. 191).[888] Vorstrafen sind nur in dem Umfang und in denjenigen Einzelheiten mitzuteilen, in denen sie für die getroffene Entscheidung von Bedeutung sind.[889] Der Ermittlungsgrundsatz verpflichtet das Gericht, die Beweisaufnahme zur Erforschung der Wahrheit auf alle Tatsachen und Beweismittel zu erstrecken, die für die Entscheidung von Bedeutung sind, gleich ob sie die Schuld- oder Straffrage betreffen, deshalb kann auch eine Beweiserhebung über Vorstrafen geboten sein.[890] Bei der Darstellung der Vorstrafen im Urteil ist die Mitteilung der zu diesen jeweils getroffenen Feststellungen überflüssig, soweit sich aus diesen Tatsachen nicht Folgerungen für die zu entscheidende Sache ergeben.[891] Die Feststellung der persönlichen Verhältnisse darf mit der Feststellung der Personalien nur verbunden werden, wenn der Angeklagte zuvor nach § 243 Abs. 4 S. 1 StPO belehrt wurde (bei Verstoß hiergegen gilt Rdn. 143).

▶ **Beachte**

Die persönlichen Verhältnisse des Angeklagten sind von besonderer Bedeutung für die Strafzumessung. Diejenigen persönlichen Umstände, die Auswirkung auf die Höhe der Strafe haben können, müssen in dem Umfang erörtert werden, in dem sie bestimmenden Einfluss auf den Rechtsfolgenausspruch haben können. Falls der Angeklagte keine Angaben zur Person macht, muss auf anderem Wege deren Feststellungen versucht werden.[892] Eine umfassende Bezugnahme im Rahmen der Strafzumessung auf die Gründe einer früheren Entscheidung kann gegen die besondere Bedeutung der Strafzumessung verstoßen. Der neu erkennende Tatrichter hat, selbst wenn er die Strafzumessung des früheren Urteils als zutreffend erachtet, selbstständige und neue Erwägungen darüber anzustellen, welche Strafen für die jeweiligen Taten gerechtfertigt sind. Eine Bezugnahme auf die Strafzumes-

---

885 BGH StV 2004, 639.
886 Vgl. *Foth* NStZ 1999, 373 m.w.N.
887 BGH NStZ 1992, 49, 50; 1996, 49; NStZ-RR 1998, 17 m.w.N.; BGH, Beschl. v. 08.04.2013 – 4 StR 102/13, StraFo 2013, 259; Urt. v. 25.10.2012 – 4 StR 170/12, StV 2013, 194 f.; Beschl. v. 29.11.2011 – 3 StR 378/11, NStZ-RR 2012, 124.
888 BGHR StGB § 46 Abs. 2 Vorleben 25.
889 BGH, Beschl. v. 10.09.2003 – 1 StR 371/03.
890 BGH StV 2004, 415.
891 BGH, Beschl. v. 17.12.2003 – 5 StR 504/03.
892 BGH NStZ-RR 2003, 18 f.

sungserwägungen eines früheren Urteils ist unzulässig, wenn der Strafausspruch jenes Urteils durch eine Entscheidung des Revisionsgerichts aufgehoben worden ist.[893]

- Rügeart
  Verfahrens- oder Sachrüge (zur Verurteilung eines Nicht-Angeklagten: unten bei relativer Revisionsgrund); das Unterlassen der Feststellung der Personalien des Angeklagten ist mit der Verfahrensrüge zu beanstanden, die jedoch regelmäßig keinen Erfolg haben wird (vgl. unten: Beruhen); die unzureichende Feststellung der persönlichen Verhältnisse wurde bislang auf die Sachrüge hin geprüft, der BGH hat insofern aber – richtigerweise – eine Änderung seiner Rechtsprechung in Aussicht gestellt (Aufklärungsrüge, vgl. zu deren Anforderungen Rdn. 147).[894]
- Relativer Revisionsgrund
  Ist die Feststellung der Personalien des Angeklagten unterlassen oder unzureichend vorgenommen worden, kann dies grundsätzlich die Revision nicht rechtfertigen, da das Urteil darauf nicht beruht.[895] Ist aber ein anderer als der Angeklagte verurteilt worden, wird das Urteil schon auf eine zulässige Revision hin aufgehoben.[896] Auf einer unzureichenden Feststellung der persönlichen Verhältnisse wird regelmäßig (nur) der Rechtsfolgenausspruch beruhen.
- Besonderheiten
  Vgl. auch *Angeklagter – Belehrung, Schweigerecht* (Rdn. 143); *Aufklärungspflicht/Aufklärungsrüge* (Rdn. 147); *Feststellungen* (Rdn. 166); *Vorstrafen* (Rdn. 191).

XXXIX. Pflichtverteidigerbestellung

175 – Gesetzesverletzung[897]
  Verstoß gegen § 142 Abs. 1 StPO bei Nichtbestellung des Anwalts des Vertrauens[898] oder bei unterlassener Anhörung des Beschuldigten sowie bei Unterlassen der gebotenen Entpflichtung des bestellten Pflichtverteidigers;[899] Die nach § 136 Abs. 1 Satz 3 Halbs. 2 StPO in der Fassung vom 17.07.2015 bzw. § 136 Abs. 1 Satz 5 Halbs. 2 StPO in der Fassung vom 27.08.2017 unterbliebene Belehrung des Angeklagten über die Möglichkeit einer Pflichtverteidigerbestellung begründet kein absolutes Verwertungsverbot.[900]
  Zur gebotenen Ablehnung der Bestellung eines vom Beschuldigten bezeichneten Rechtsanwalts zum Pflichtverteidiger bei konkreter Gefahr einer Interessenkollision in einem Fall sukzessiver Mehrfachverteidigung, vgl. BGHSt 48, 170.
  Der Anspruch auf ein faires Verfahren[901] umfasst das Recht des Beschuldigten, sich im Strafprozess von einem gewählten Verteidiger seines Vertrauens verteidigen zu lassen. Es verlangt, die Wünsche eines Beschuldigten auf Beiordnung eines bestimmten Verteidigers – so weit wie möglich zu berücksichtigen. Da im Rahmen der Beurteilung einer fairen Verfahrensgestaltung in

893 BGH, Beschl. v. 26.05.2004 – 4 StR 149/04.
894 BGH StV 1998, 636.
895 OLG Köln NStZ 1989, 44.
896 *Meyer-Goßner*/Schmitt § 230 Rn. 27.
897 Beachte die Neufassung von §§ 140 ff. StPO durch das Gesetz zur Neuregelung des Rechts der notwendigen Verteidigung v. 10.12.2019 (BGBl. I S. 2128; (Erweiterung des Anwendungsbereichs und wesentliche Änderungen des Bestellungsverfahren) vgl. dazu *Müller-Jacobsen* NJW 2020, 575 ff.
898 *Urhoff* StRR 2015, 244 ff. (Aktuelle Rechtsprechung zur Pflichtverteidigerbestellung).
899 Vgl. aber BGHSt 48, 170 (gebotene Ablehnung der Bestellung eines vom Beschuldigten bezeichneten Rechtsanwalts zum Pflichtverteidiger bei konkreter Gefahr einer Interessenkollision in einem Fall sukzessiver Mehrfachverteidigung); zur Entpflichtung *Pschorr*, StraFo 2020, 12 ff.; vgl. auch BGH, Beschl. v. 05.03.2020 – StB 6/20.
900 Vgl. BGHSt 39, 310 (314); BGH NStZ 2000, 326; 1998, 49; 1997, 401; StV 2004, 302; BGH, Urt. v. 24.02.2016 – 2 StR 319/15, NStZ 2017, 59 f. = StV 2016, 473 f. m. Anm. *Barton* StV 2016, 475 f.
901 BGH, Beschl. v. 06.02.2018 – 2 StR 163/17 = StV 2019, 159 f. m. Anm. *Ransiek*, StV 2019, 160 f.; Jäger, NStZ 2018, 672 cf.

einer Gesamtschau auch die Erfordernisse einer funktionstüchtigen Strafrechtspflege in den Blick zu nehmen sind, besteht für den Beschuldigten jedoch kein bindender Anspruch auf Beiordnung eines bestimmten Rechtsbeistandes und auch kein Recht, dass der Pflichtverteidiger seines Vertrauens stets im Verfahren verbleibt ohne Rücksicht auf mögliches zweckfremdes Verteidigungsverhalten.[902]

Nach § 143a Abs. 2 Satz 1 Nr. 3 StPO ist die Bestellung des Pflichtverteidigers aufzuheben und ein neuer Pflichtverteidiger zu bestellen, wenn das Vertrauensverhältnis zwischen Verteidiger und Beschuldigtem endgültig zerstört oder aus einem sonstigen Grund keine angemessene Verteidigung des Beschuldigten gewährleistet ist. Es ist anerkannt, dass Maßstab für die Störung des Vertrauensverhältnisses die Sicht eines verständigen Angeklagten und eine solche von diesem oder seinem Verteidiger substantiiert darzulegen ist[903]

Allein die Tatsache, dass dem Urteil erster Instanz eine Verständigung nach § 257c StPO im Sinne einer Urteilsabsprache zugrunde liegt, begründet auch bei einem absprachebedingten Geständnis nicht die Notwendigkeit zur Bestellung eines Pflichtverteidigers für den Angeklagten wegen der »Schwierigkeit der Rechtslage« im Sinne von § 140 Abs. 2 StPO im Berufungsverfahren.[904]

- Rügeart
  Verfahrensrüge.
- Anforderungen an die Rüge
  Mitteilung aller Tatsachen in Zusammenhang mit der Pflichtverteidigerbestellung bzw. der unterlassenen Entpflichtung, gegebenenfalls (vgl. beim Beruhen) muss auch der Widerspruch des Angeklagten in der Hauptverhandlung mitgeteilt werden.[905]
- Absoluter Revisionsgrund
  § 338 Nr. 8 StPO, kann vorliegen, wenn ohne ausreichenden Grund die Bestellung eines auswärtigen Pflichtverteidigers abgelehnt wurde (vgl. Rdn. 190).
- Relativer Revisionsgrund
  Das Beruhen auf dem Unterlassen der Anhörung des Beschuldigten gem. § 142 Abs. 1 StPO erfordert, dass dieser in der Hauptverhandlung zu erkennen gegeben hat, dass er mit dem bestellten Pflichtverteidiger nicht einverstanden ist.[906] Im Übrigen prüft das Revisionsgericht bei Verstößen gegen § 142 Abs. 1 StPO nur das Vorliegen von Ermessensfehlern.[907]
- Besonderheiten
  Vgl. auch *Abwesenheit – Verteidiger* (Rdn. 141); zur Ablehnung eines Aussetzungsantrags des Pflichtverteidigers: *Verteidigung – Beschränkung* (Rdn. 190).

XL. Plädoyer/Schlussvortrag

- Gesetzesverletzung 176
  Verstoß gegen § 258 Abs. 1 StPO, aber nur, wenn der Verteidiger am Schlussvortrag gehindert wurde[908] oder keine Zeit zur Vorbereitung hatte (allgemein zum Schlussvortrag: Kap. 4 Rdn. 298 ff.).[909]

---

902 Zur Rechtsprechung des BGH Mosbacher GA 2018, 195 ff.
903 BVerfG, Beschl. v. 09.12.2008 – 2 BvR 2341/08.
904 BGH, Beschl. v. 26.02.2020 – StB 4/20, StraFo 2020, 199 ff.; v. 05.03.2020 – StB 6/20, NJW 2020, 1534 ff.
905 OLG Bamberg, Beschl. v. 03.12.2014 – 1 Ws 622/14, NStZ 2015, 184 f. (str. vgl. OLG Naumburg, Beschl. v. 04.12.2013 – 2 Ss 151/13, NStZ 2014, 116 f. = StV 2014, 274 f.
906 BGH NStZ-RR 2000, 289.
907 BGH NStZ 1992, 201; 292.
908 BGH NStZ 1998, 49.
909 Vgl. BGH (H) MDR 1980, 274; BGH (Pf/M) NStZ 1987, 217 (Nr. 3).

▶ **Beachte**

Ein Staatsanwalt, der in der Hauptverhandlung als Zeuge vernommen worden ist, ist insoweit an der weiteren Wahrnehmung der Aufgaben als Sitzungsvertreter der Staatsanwaltschaft in der Hauptverhandlung gehindert, als zwischen dem Gegenstand seiner Zeugenaussage und der nachfolgenden Mitwirkung an der Hauptverhandlung ein unlösbarer Zusammenhang besteht. Nimmt der Staatsanwalt im Rahmen der weiteren Sitzungsvertretung eine Würdigung seiner eigenen Zeugenaussage vor oder bezieht sich seine Mitwirkung auf einen Gegenstand, der mit seiner Aussage in einem untrennbaren Zusammenhang steht und einer gesonderten Bewertung nicht zugänglich ist, liegt ein relativer Revisionsgrund nach § 337 StPO vor[910]

- Rügeart
  Verfahrensrüge.
- Anforderungen an die Rüge
  Vorgetragen werden muss der Verfahrensgang in Zusammenhang mit dem unterbliebenen Schlussvortrag oder der Verhinderung der Vorbereitung. Der mögliche Inhalt der unterbliebenen Ausführungen muss in der Verfahrensrüge nicht mitgeteilt werden.[911]
- Absoluter Revisionsgrund
  § 338 Nr. 8 StPO, etwa wenn einem Vertagungsantrag des Verteidigers nicht entsprochen wurde oder er an jeglichen Ausführungen gehindert wurde (vgl. Rdn. 190).
- Relativer Revisionsgrund
  Ein Beruhen wird grundsätzlich gegeben sein, da zumeist nicht auszuschließen ist, dass der Verteidiger noch Wesentliches ausgeführt hätte. Etwas anderes kann gelten, wenn in Absprache nur der Wahl- und nicht der Pflichtverteidiger plädiert hat.[912]

XLI. Rechtliche Würdigung (Schuldspruch)

177 – Gesetzesverletzung

Vorschriften aus dem materiellen Strafrecht, vor allem dem StGB. Ein Gesetzesverstoß liegt insbesondere vor, wenn der festgestellte Sachverhalt die angewendete Strafnorm nicht erfüllt, weil objektive oder subjektive Tatbestandsmerkmale, die Rechtswidrigkeit oder die Schuld fehlen, ferner, wenn der Tatrichter eine anzuwendende Strafvorschrift übersehen oder nicht richtig ausgelegt hat. Auf die Sachrüge hin beachtet das Revisionsgericht auch Gesetzesänderungen (vgl. dazu § 354a StPO).[913]

Soweit der Tatrichter bei der rechtlichen Würdigung, etwa bei der Abgrenzung von Mittäterschaft und Beihilfe, einen Beurteilungsspielraum hat, liegt ein Rechtsfehler allerdings nicht vor, wenn der Tatrichter alle wesentlichen Beurteilungskriterien geprüft und gewürdigt hat; in einem solchen Fall ist insbesondere unerheblich, dass auch ein anderes Ergebnis möglich gewesen wäre.[914]

Bei der Prüfung des Schuldspruchs auf die Sachrüge hin ist zu beachten, dass Grundlage dieser Prüfung die Feststellungen sind, die der Tatrichter in seinem Urteil mitgeteilt hat, wobei nicht danach unterschieden wird, ob diese Feststellungen rechtsfehlerfrei getroffen wurden oder nicht, sie werden vielmehr insgesamt der materiell-rechtlichen Prüfung zugrunde gelegt. Eine aussichtsreiche – gegen eine Urteilsfeststellung gerichtete – Verfahrensrüge hat also für sich genommen keinen (unmittelbaren) Einfluss auf die Erfolgsaussichten der Sachrüge.

Auf die Sachrüge hin wird auch geprüft, ob der Richter die Anklage und den Eröffnungsbeschluss ausgeschöpft hat, ob er also die angeklagte (prozessuale) Tat – auf der Grundlage des

910 KG NStZ 1984, 523.
911 BGH, Beschl. v. 31.07.2018 – 1 StR 382/17 = NStZ 2019, 234 f.
912 Vgl. BGHSt 21, 288 (290).
913 BGH NStZ 1997, 451 (auch zur Verwirkung der Revisionsrüge in einem solchen Fall).
914 BGHSt 26, 94.

Ergebnisses der Hauptverhandlung – einer erschöpfenden rechtlichen Würdigung unterzogen hat (Pflicht zur umfassenden Kognition, § 264 StPO; ausführlich: Kap. 34 Rdn. 16).[915]

- Rügeart
  Sachrüge.
- Relativer Revisionsgrund
  Das Beruhen ergibt sich aus dem Urteil selbst.
- Besonderheiten
  Vgl. auch *Anklage – Unwirksamkeit* (Rdn. 145), *Hinweispflicht* (Rdn. 171), *Feststellungen zur Tat* (Rdn. 166).

XLII. Sachverständiger

- Gesetzesverletzung[916] 178
  Verstoß vor allem gegen § 246a StPO, wenn das Gericht die Zuziehung eines Sachverständigen unterlassen oder dieser keine – maßnahmespezifische[917] – Untersuchung vorgenommen hat (Verfahrensrüge),[918] ansonsten kann das Unterlassen der Zuziehung eines Sachverständigen nur mit der Aufklärungsrüge geltend gemacht (dazu Rdn. 147) oder darauf gestützt werden, dass das Gericht zu Unrecht einen entsprechenden Beweisantrag abgelehnt hat (dazu Rdn. 159). Die Bestellung eines dem Angeklagten nicht genehmen Sachverständigen kann von diesem grundsätzlich nicht beanstandet werden.[919] Entscheidet sich der Tatrichter nach der Einholung eines Gutachtens zur Schuldfähigkeit kurz vor Beginn der Hauptverhandlung zur Erhebung eines weiteren Gutachtens, ist er, schon um den Anspruch auf rechtliches Gehör zu gewährleisten, nach § 73 Abs. 1 StPO verpflichtet, die Verteidigung an der Auswahl des bei zuziehenden Gutachters zu beteiligen.[920]
  - Zur Zuziehung eines Sachverständigen, der ein methodenkritisches Gutachten erstellt hat: vgl. BGH StV 2005, 124.
  - Zur Zuziehung eines Glaubwürdigkeitsgutachters[921]:
    In der Regel ist die Einholung eines Glaubhaftigkeitsgutachtens nicht erforderlich; denn die Beurteilung der Zeugentüchtigkeit nicht nur von Erwachsenen, sondern auch von kindlichen und jugendlichen Zeugen sowie der Glaubhaftigkeit ihrer Angaben ist Sache des Tatrichters. Die Beweiswürdigung, namentlich die Bewertung von Zeugenaussagen, ist vom Gesetz dem Richter zugewiesen (vgl. § 261 StPO). Sich dabei ergebende aussagepsychologische Fragen stellen keine abgelegene, sondern eine für Richter zentrale Materie dar. Bei der Beurteilung der Glaubhaftigkeit einer Zeugenaussage benötigt der Richter deshalb grundsätzlich nicht die Hilfe eines Sachverständigen.[922] Glaubwürdigkeitsgutachten sind von den Tatgerichten – auch beim Vorliegen der Konstellation Aussage gegen Aussage – deshalb nur in Ausnahmefällen einzuholen. Das gilt auch für die Aussagen eines kindlichen oder jugendlichen Zeugen, der nach der Anklage Opfer eines an ihm begangenen Sexualdelikts gewor-

---

915 BGH NStZ-RR 1998, 136; ähnlich beispielsweise bei der Strafaussetzung zur Bewährung: BGH NStZ 1994, 336.

916 Vgl. dazu beispielsweise BGHSt 45, 211 (212 f. [Brandstiftung und Betrug zum Nachteil der Versicherung als eine prozessuale Tat]).

917 Ausführlich: Kap. 6; vgl. Empfehlungen einer Arbeitsgruppe bestehend aus psychiatrischen Sachverständigen und Richtern des BGH NStZ 2005, 57 ff.; vgl. auch Alsberg/*Güntge* Rn. 1327 ff.

918 BGH NStZ 2000, 215.

919 Vgl. BGH NStZ 2000, 215; StV 2002, 234; BGH, Beschl. v. 20.09.2011 – 4 StR 434/11, NStZ 2012, 463 f.: zur verweigerten Untersuchung aber BGH StV 1999, 463 m. Anm. *Zieschang*; es ist rechtsfehlerhaft, allein wegen der Weigerung des Angeklagten, sich einer Exploration durch den Sachverständigen zu unterziehen, auf die Einholung einer gutachterlichen Stellungnahme des Sachverständigen ganz zu verzichten, die § 246a S. 1 StPO zwingend vorschreibt: BGH StV 2004, 207.

920 Vgl. BGH StV 1999, 463 m. Anm. *Zieschang*.

921 BGHSt 48, 4.

922 Vgl. zur Rechtsprechung *Brause* NStZ 2013, 129 ff.

den ist.[923] Die Hinzuziehung eines Sachverständigen ist aber dann geboten, wenn Besonderheiten vorliegen, die Zweifel an der Sachkunde des Gerichts hinsichtlich der Beurteilung der Aussagetüchtigkeit des Zeugen und der Glaubhaftigkeit seiner Aussage aufkommen lassen können.[924] Zwar bedarf es bei der Rüge der fehlerhaften Zurückweisung eines Beweisantrags auf Einholung eines Glaubwürdigkeitsgutachtens grundsätzlich des Vortrags der Einwilligung der zu begutachtenden Person in die beantragte Untersuchung.[925] Das gilt aber dann nicht, wenn einem Sachverständigen unabhängig von einer Einwilligung des Zeugen die erforderlichen Erkenntnisse auch ohne persönliche Begutachtung verschafft werden können.[926]

Ein Verstoß gegen § 57 kann vorliegen, wenn der Gutachter als Zeuge (zu Zusatztatsachen) und als Sachverständiger (zu Befundtatsachen) ausgesagt hat; dann musste er nämlich auch als Zeuge belehrt werden (Verfahrensrüge). Die Verletzung von § 57 StPO (ggf. i.V.m. § 72 StPO) kann in der Revision aber nicht beanstandet werden (Rechtskreistheorie).[927]

Wird geltend gemacht, ein (vom Verteidiger mitgebrachter) Sachverständiger sei zu Unrecht wegen Befangenheit abgelehnt worden,[928] prüft das Revisionsgericht den Erfolg dieser Verfahrensrüge nicht nach Beschwerdegrundsätzen (vgl. dazu Rdn. 149), es ist vielmehr an die Tatsachen gebunden, die der Tatrichter seiner Entscheidung zugrunde gelegt hat (bloße Prüfung der Rechtsanwendung).[929]

– Zur Problematik des selbstgeladenen Sachverständigen:[930]

Die Vernehmung eines *selbstgeladenen Sachverständigen* erfolgt nur auf Antrag. Die formgerechte Ladung und das Erscheinen des Sachverständigen verpflichtet das Gericht noch nicht zu dessen Vernehmung. Vielmehr bedarf es noch eines Beweisantrags in der Hauptverhandlung (§ 245 Abs. 2 S. 1 StPO), der nur ausnahmsweise abgelehnt werden kann, vor allem nicht wegen eigener Sachkunde des Gerichts.[931] Das Gericht darf den auf Ladung des Angeklagten erschienen Sachverständigen auch nicht durch eine anderen ersetzen. Ein von der Verteidigung geladener Sachverständiger ist aber nur dann ein präsentes Beweismittel, wenn er in der Hauptverhandlung auf die Erstattung seines Gutachtens vorbereitet ist und auf dieser Grundlage unmittelbar zur Sache gehört werden kann.[932] Er muss sein Gutachten mithin aufgrund des Wissens erstatten, das er zum Zeitpunkt seiner Vernehmung bereits erworben hat. Das Gericht ist nicht gehalten, ihm während laufender Hauptverhandlung Gelegenheit zur Vorbereitung seines Gutachtens zu geben und dabei Verfahrensverzögerungen hinzunehmen. Ist hingegen eine Vorbereitung des Sachverständigen ohne Verzögerung der Hauptverhandlung möglich, so muss das Tatsachengericht diese gestatten.

923 BVerfG NJW 2003, 1443; BGH NStZ2005, 394.
924 BGH NStZ 1997, 355; 2001, 105; 2005, 394.
925 BGHR StPO § 244 Abs. 4 S. 1 Glaubwürdigkeitsgutachten 2, Sachkunde 6; § 244 Abs. 2 Glaubwürdigkeitsgutachten 1; BGH StV 2004, 241 (erstmalige Aussage eines Kindes zu einem 6 bis 8 Jahre zurückliegenden Missbrauch nach früherer Verneinung jeglicher sexueller Kontakte); NStZ 2001, 105 (vorangegangene suggestive Befragung des Kindes).
926 BGH, Beschl. v. 08.01.2013 – 1 StR 602/12, NStZ-RR 2013, 218; Beschl. v. 05.10.2004 – 1 StR 284/04.
927 BGH, Beschl. v. 05.03.2013 – 5 StR 39/13, StV 2013, 483 f.
928 BGH NStZ 1998, 158 (159); vgl. dazu Meyer-Goßner/*Schmitt* § 79 Rn. 13.
929 Vgl. dazu auch Kap. 4 Rdn. 41 ff.
930 BGH StV 1999, 576.
931 BGHSt 43, 171; 44, 26 m. Anm. *Zieschang* StV 1999, 467 ff.; BGH StV 1999, 576; *Rasch/Jungfer* StV 1999, 513 ff.; *Detter* FS Salger 1995 S. 231 ff.; *ders.* NStZ 1998, 57 ff.; *ders.* FS Meyer-Goßner 2001 S. 431 ff.; *Zwiehoff* Das Recht auf den Sachverständigen; *Dies* Praxis der Rechtspsychologie 12 (2002) S. 49 ff.
932 BGH NStZ 1994, 400.

Ein Verwertungsverbot kann bestehen, etwa wenn der Sachverständige nach § 136a StPO verbotene Vernehmungsmethoden eingesetzt hat[933] oder wenn dem Untersuchten ein Untersuchungsverweigerungsrecht (§ 81c Abs. 3 StPO) zustand, über das er nicht belehrt wurde (Verfahrensrüge).[934]

Zu den Rechtsfehlern, die dem Tatrichter im Rahmen der Beweiswürdigung unterlaufen können (Sachrüge), zählt das Unterlassen der Mitteilung des wesentlichen Inhalts des Gutachtens oder auch dessen bloße Wiedergabe, ohne sich auf dessen Grundlage eine eigene Überzeugung zu bilden (vgl. Rdn. 160).

- Rügeart
  Sach- oder Verfahrensrüge (vgl. oben).
- Anforderungen an die Rüge
  In der Rüge, mit der beanstandet wird, der Sachverständige habe ohne entsprechende Vereidigung auch als Zeuge – über Zusatztatsachen – ausgesagt, muss mitgeteilt werden, in welchem Zusammenhang der Sachverständige die entsprechenden Beobachtungen gemacht hat, um eine Abgrenzung zu den Befundtatsachen zu ermöglichen.[935]
  Wird geltend gemacht, dem Gericht seien im Verfahren über die Ablehnung eines Sachverständigen wegen Befangenheit Fehler unterlaufen, müssen grundsätzlich (jedenfalls) der Ablehnungsantrag und die daraufhin ergangene Entscheidung des Gerichts mitgeteilt werden.[936]
  Die Beanstandung, der Sachverständige sei – trotz § 246a StPO – nicht während der gesamten Hauptverhandlung anwesend gewesen, ist als Aufklärungsrüge (vgl. dazu Rdn. 147) geltend zu machen.[937]
- Relativer Revisionsgrund
  Das Beruhen kann nur im Einzelfall beurteilt werden; bei einer fehlerhaft unterbliebenen Vereidigung wird es regelmäßig gegeben sein, bei einem Verstoß gegen § 246a StPO wird häufig nur die Aufhebung des Rechtsfolgenausspruchs – ggf. auch nur der Maßregelanordnung – geboten sein.[938]
- Besonderheiten
  Vgl. auch *Aufklärungspflicht/Aufklärungsrüge* (Rdn. 147); *Beweisantrag* (Rdn. 159); *Beweiswürdigung – allgemein* (Rdn. 160); *Urkundenbeweis* (Rdn. 185); *Zeuge – Zeugnisverweigerungsrecht* (Rdn. 195; *Zeuge – Vereidigung* (Rdn. 193).

XLIII. Strafantrag/Bejahung des besonderen öffentlichen Interesses an der Strafverfolgung

- Gesetzesverletzung 179
  Vorschriften aus dem materiellen Recht; die Bejahung des besonderen öffentlichen Interesses an der Strafverfolgung durch die Staatsanwaltschaft wird bereits dann angenommen, wenn sie in Kenntnis des fehlenden Strafantrags Anklage erhoben oder im Schlussantrag eine entsprechende Verurteilung beantragt hat. Eine Überprüfung, ob die Staatsanwaltschaft das besondere öffentliche Interesse bejahen durfte, findet nicht statt.[939]
- Rügeart
  Von Amts wegen zu beachten.

933 BGH NStZ 1993, 395 (396/397).
934 BGHSt 11, 211.
935 Vgl. BGHSt 40, 336.
936 BGH (M) NStZ-RR 1998, 1 (4).
937 Vgl. BGH StV 1999, 576; NJW 2005, 445 sowie oben Rdn. 149.
938 BGH StV 1999, 470.
939 BGH, Beschl. v. 21.09.1999 – 4 StR 248/99; vgl. auch BGH NStZ 2000, 215.

XLIV. Strafklageverbrauch/entgegenstehende Rechtshängigkeit/entgegenstehende Rechtskraft

180 – Gesetzesverletzung

Verstoß gegen Art. 103 Abs. 3 GG (Strafklageverbrauch[940]; dazu auch Kap. 34 Rdn. 20). Zum Strafklageverbrauch nach gerichtlicher Entscheidung gemäß § 153 Abs. 2 StPO vgl. BGHSt 48, 331. Gesetzlich nicht ausdrücklich geregelt ist die entgegenstehende Rechtshängigkeit als Verfahrenshindernis (vgl. aber § 12 StPO[941]). Positive Voraussetzung ist dagegen die (noch) bestehende Rechtshängigkeit (vgl. auch Rdn. 143); daher darf eine nach § 154 Abs. 2 StPO eingestellte Tat so lange nicht abgeurteilt werden, als nicht ihre Wiederaufnahme beschlossen wurde.[942]

Ein Verfahrenshindernis, nämlich die teilweise Rechtskraft, steht auch der Verbindung eines Berufungs- mit einem erstinstanzlichen Verfahren entgegen, wenn die Berufung auf den Rechtsfolgenausspruch beschränkt war.[943]

– Rügeart

Von Amts wegen zu beachten.[944]

– Besonderheiten

Zur Verfahrensverbindung, vgl. auch *Zuständigkeit* (Rdn. 196)

XLV. Strafzumessung

181 – Gesetzesverletzung[945]

Verstoß gegen Strafzumessungsbestimmungen aus dem materiellen Recht, insbesondere §§ 46, 47, 49, 50, 56 StGB, aber auch gegen § 267 Abs. 2, 3, 4 StPO.

In die Strafzumessung des Tatrichters darf das Revisionsgericht nur bei Vorliegen eines Rechtsfehlers eingreifen (vgl. Rdn. 100). Die Rechtsprechung der Revisionsgerichte zur Überprüfung der Strafzumessung lässt sich – etwas vereinfacht – dahin zusammenfassen, dass das Revisionsgericht die betreffenden Ausführungen im Urteil auf Darstellungsmängel und die Strafhöhe auf ihre Vertretbarkeit hin prüft.

Ein Rechtsfehler liegt beispielsweise vor

- bei einem Verstoß gegen das Verbot der Berücksichtigung von Tatbestandsmerkmalen (§ 46 Abs. 3 StGB);
- bei einem Verstoß gegen die innerprozessuale Bindung an in Rechtskraft erwachsene Feststellungen zum Schuldspruch, beispielsweise nach Aufhebung und Zurückverweisung in einem ersten Revisionsverfahren, die auf den Rechtsfolgenausspruch und die hierzu getroffenen Feststellungen beschränkt war;[946]
- bei einem Verstoß gegen die wegen § 50 StGB zu beachtende Prüfungsreihenfolge bei Vorliegen eines vertypten Milderungsgrundes, der die Annahme eines minder schweren Falles rechtfertigen könnte;
- bei einem Verstoß gegen das Verbot der reformatio in peius;[947]

---

940 Vgl. BVerfGE 51, 176 (184 ff.).

941 Beispiel: BGH, Beschl. v. 07.09.2016 – 1 StR 422/15; bei BtM- und Waffendelikten vgl. *Wesemann/Voigt* StraFo 2010, 452 ff.; vgl. auch BGH, Beschl. v. 03.09.2015 – 3 StR 236/15, NStZ 2016, 415 f.; bei (europaweiten) Steuerdelikten vgl. BGH, Beschl. v. 11.05.2016 – 1 StR 627/15, NStZ-RR 2016, 290 f.

942 Vgl. dazu BGH NStZ-RR 2000, 332.

943 OLG Düsseldorf NStZ-RR 1999, 306.

944 BGH NStZ-RR 1997, 171; zur grundsätzlichen Zulässigkeit der Verbindung mit einem Berufungsverfahren: BGH NStZ 1998, 628; BGH (K) NStZ-RR 1999, 257 (Nr. 1).

945 BGH NStZ 1998, 350 (351); BGHSt 22, 185 (186).

946 Ausführlich Kap. 35; vgl. dazu *Sander* StraFo 2010, 365 ff.; *Detter* Einführung in die Praxis des Strafzumessungsrechts S. 253 ff. und die Rechtsprechungsübersichten in NStZ2016, 391 f.; 2017, 624 ff. 2018, 386 ff.; 2020, 133 ff.

947 Vgl. BGH StV 1999, 417; 418.

- bei Unterlassen einer nach § 55 StGB gebotenen Gesamtstrafenbildung;[948]
- bei unzureichender Begründung trotz »besonderer« Begründungserfordernisse, etwa im Fall der Verhängung einer kurzen Freiheitsstrafe (§ 47 Abs. 1 StGB),[949] einer Gesamtstrafe (§ 54 Abs. 1 S. 3 StGB)[950] oder der Gewährung oder der Versagung der Strafaussetzung zur Bewährung (§ 56 StGB).
  Liegt dagegen eine solche (vollständige) Begründung vor, so ist eine – vertretbare – Entscheidung des Tatrichters vom Revisionsgericht hinzunehmen, auch wenn ein anderes Ergebnis – also etwa die Versagung der Strafaussetzung – ebenso möglich gewesen wäre.[951]
- Ferner liegt ein Rechtsfehler vor bei Nichtberücksichtigen eines aufgrund der Urteilsfeststellungen gegebenen (wesentlichen) Strafzumessungsgrundes, etwa einem dem Staat zuzurechnenden Verleiten einer unverdächtigen und nicht tatgeneigten Person zu einer Straftat.[952]
  Da im Urteil aber nur die für die Strafhöhe bestimmenden Umstände mitgeteilt werden müssen und eine erschöpfende Aufzählung aller in Betracht kommenden Strafzumessungsgründe nicht geboten ist, kann allein daraus, dass ein möglicherweise bedeutsamer Umstand in der Begründung der Strafe nicht aufgeführt ist, nicht ohne Weiteres darauf geschlossen werden, dass der Tatrichter ihn übersehen hat.[953]
- Rügeart
  Grundsätzlich Sachrüge; Verfahrensrüge etwa bei Verletzung des Beschleunigungsgebots aus Art. 6 Abs. 1 EMRK[954] (die »in außergewöhnlichen Einzelfällen« auch zu einem Verfahrenshindernis führen kann[955]). Wurde erst nach Ablauf der Revisionsbegründungsfrist gegen das Beschleunigungsgebot verstoßen, wird dies in der Revision von Amts wegen beachtet.[956] Beim unter Verstoß gegen Art. 6 Abs. 1 EMRK erfolgten Einsatz eines Lockspitzels »neigt« der BGH zur Erforderlichkeit einer Verfahrensrüge.[957] Die Missachtung des Verschlechterungsverbots (§§ 331, 358 Abs. 2 StPO) wird in der Revision dagegen von Amts wegen beachtet (streitig, vgl. Rdn. 152; zum Übergehen eines Antrags gem. § 267 Abs. 3 S. 2 StPO: unten Rdn. 186).
- Anforderungen an die Rüge
  In der Verfahrensrüge, mit der eine Verletzung des Beschleunigungsgebots beanstandet wird, muss der Teil und Gang des Verfahrens, der zu der Verzögerung geführt hat, dargelegt werden.[958]
- Relativer Revisionsgrund
  Eine Voraussage über den Erfolg einer mit dieser Gesetzesverletzung begründeten Revision lässt sich nur schwer treffen, selbst bei Nichterörterung wichtiger Strafzumessungsgründe nimmt der BGH gelegentlich an, dass die Strafhöhe davon nicht beeinflusst wurde. In der neueren Rechtsprechung[959] hat der BGH beispielsweise häufig die falsche Beurteilung des Konkurrenzverhältnisses durch den Tatrichter als für die Strafe nicht ausschlaggebend angesehen. Durch § 354 Abs. 1a und b StGB hat der Gesetzgeber ergänzend zu dem nach wie vor möglichen Blick auf

---

948 Vgl. BGH StV 1999, 419 sowie oben Rdn. 152.
949 BGHSt 12, 1.
950 Dazu BGH NStZ 1996, 429.
951 BGH NStZ-RR 1997, 228.
952 BGH wistra 1997, 22; zur Bewährung: BGH NStZ 1998, 408 (409).
953 BGHSt 45, 321 = JZ 2000, 363 m. Anm. *Roxin* = NStZ 2000, 269 m. Anm. *Endriß/Kinzig* = JR 2000, 432 m. Anm. *Lesch*.
954 BGH NStZ-RR 1997, 195 (für den Verlust der Beamtenrechte); vgl. auch Kap. 37 Rdn. 95.
955 BGH NStZ 2001, 52; 2000, 418; 1999, 313; BGH NJW 2000, 748 (749); Anm. *Maiwald* NStZ 2000, 389; zusammenfassend: BGH StV 2005, 73; NStZ-RR 2005, 81.
956 BVerfG NStZ 2001, 261; BGH NStZ 2001, 270.
957 BGH NStZ 2001, 52; 2000, 418; BGH StV 1998, 377.
958 BGH NStZ 2001, 53 (dort auch zu den Anforderungen an diese Rüge).
959 BGH StV 1998, 377; NStZ 1999, 313; StV 2005, 73; NStZ-RR 2005, 81.

die hypothetische Entscheidung des Tatrichters die Angemessenheit der Rechtsfolge zum Maßstab gemacht und insofern dem Revisionsgericht die Befugnis zu eigener Bewertung eingeräumt.[960]

XLVI. Tatprovokation

182 Der Fall einer unzulässigen Tatprovokation[961] muss in der Revisionsbegründung mithilfe einer den Anforderungen des § 344 Abs. 2 S. 2 StPO entsprechenden Verfahrensrüge geltend gemacht werden, sofern sich die tatsächlichen Voraussetzungen eines Konventionsverstoßes nicht schon aus den Urteilsfeststellungen ergeben.[962] Um das Revisionsgericht in die Lage zu versetzen, die Voraussetzungen einer mit Art. 6 Abs. 1 EMRK sowie Art: 2 Abs. 1 und Art. 20 Abs. 3 GG unvereinbaren Tatprovokation prüfen zu können, bedarf es des Vortrags der entsprechenden Tatsachen aus dem Verlauf des Ermittlungsverfahrens. Auf der Grundlage des dem Revisionsführer zugänglichen Inhalts der Verfahrensakten müssen Umstände vorgetragen werden, anhand derer das Revisionsgericht wenigstens das Bestehen oder Nichtbestehen eines Anfangsverdachts gegen den Angeklagten sowie eine bei ihm vorhandene Tatgeneigtheit beurteilen kann.[963]

XLVII. Telefonüberwachung

183 – Gesetzesverletzung
Missachtung eines Verwertungsverbots nach Verstoß gegen §§ 100a ff. StPO[964] (vgl. dazu auch Kap. 31 Rdn. 136 ff.). Ein Verwertungsverbot besteht beispielsweise, wenn die sachlichen Voraussetzungen der Anordnung nach § 100a StPO von Anfang an gefehlt haben, etwa weil der Subsidiaritätsgrundsatz missachtet wurde oder weil der Verdacht einer Katalogtat nach dieser Vorschrift nicht bestanden hat. Maßgeblich ist dabei aber nicht, ob das Revisionsgericht einen solchen Verdacht bejaht oder andere Möglichkeiten zur Erforschung des Sachverhalts sieht. Entscheidend ist vielmehr, ob die Bejahung der Voraussetzungen durch den Ermittlungsrichter oder die Staatsanwaltschaft, die die Telefonüberwachung angeordnet haben, noch oder nicht mehr vertretbar war.[965] Unverwertbarkeit besteht beispielsweise auch, wenn die Anordnung der Telefonüberwachung nicht – wie nach § 100b Abs. 1 S. 1 StPO erforderlich – von einem Richter angeordnet wurde,[966] im Einzelfall bei Überschreiten der Anordnungsfrist (vgl. § 100b Abs. 2 S. 3, 4 StPO)[967] oder wenn – unerlaubt – ein Zufallsfund verwertet wurde.[968] Zumindest im letzteren Fall ist das Verwertungsverbot jedoch von einem rechtzeitigen Widerspruch in der Hauptverhandlung abhängig.[969] Zum Mithören eines Telefongesprächs zwischen einem Zeugen und dem Beschuldigten durch einen Polizeibeamten: BVerfG JR 2000, 467 m. Anm. *Franke*;

960 Vgl. BGH NJW 2000, 1878 (1880), sowie die Nachweise bei *Kalf* NStZ 1997, 66 und *Basdorf* NStZ 1997, 423.

961 Vgl. dazu BGH StV 2005, 75; 118; NStZ 2005, 223; BGH StV 2005, 426; BGH, Beschl. v. 11.08.2009 – 3 StR 175/09, StV 2011, 136 ff. m. Anm. *Gaede* S. 139; vgl. auch *Eisenberg/Haeseler* StraFo 2005, 221 ff.; *Langrock* StraFo 2005, 226 ff.; *Gaede* 2008, 394 ff.

962 BVerfG, Beschl. v. 24.09.2002 – 2 BvR 66/01; BVerfG NJW 1995, 651 ff.; BVerfG, Beschl. v. 18.05.2001 – 2 BvR 693/01; BGHSt 46, 159, 168 ff.; BGH, Urt. v. 10.06.2015 – 2 StR 97/14 –, BGHSt 60, 276 ff. = NJW 2016, 91 ff.; v. 06.09.2016 – 1 StR 104/15 = wistra 2017, 193; Urt. v. 04.07.2018 – 5 StR 650/17 = StraFo 2019, 17 f. Urt. v. 04. 97 2018 – 5 StR 650/17 = StraFo 2019, 17 ff.; v. 07.12.2017 – 1 StR 320/17 = NStZ 2018, 355 f. m. Anm. *Esser* NStZ 2018, 358 ff.; *Conen* StV 2019, 358–362; StraFo 2019, 17.

963 BGH StV 2000, 604 f.; vgl. aber auch StV 2008, 21 f.

964 BGH, Beschl. v. 19.05.2015 – 1 StR 128/15, BGHSt 60, 238 f. = NStZ 2015, 541 f.

965 In der Fassung v. 11.7.2019.

966 BGH StV 1998, 247; BGHSt 41, 30 = BGH NStZ 1995, 510 m. Anm. *Bernsmann* = JR 1996, 212 m. Anm. *Küpper*; *Störmer* StV 1995, 653; ähnlich zum Einsatz eines verdeckten Ermittlers: BGH NStZ 1997, 249 m. Anm. *Bernsmann*.

967 BGHSt 31, 304 (306 ff.); 35, 32 (34); vgl. zu hypothetischen Ermittlungsverläufen auch Rdn. 153.

968 BGH CR 1999, 295 m. Anm. *Wollweber* (zum kleinen Lauschangriff).

969 BGH StV 1998, 247; dazu auch *Kretschmer* StV 1999, 221, *Hiéramente* wistra 2015, 9 f.

BVerfG StV 2000, 467; 472 m. Anm. *Weßlau*; BGHSt 42, 139 (Großer Senat) = NStZ 1996, 502 m. Anm. *Rieß* = JR 1997, 163 m. Anm. *Derksen*; Anm. *Bernsmann* StV 1997, 116; Anm. *Roxin* NStZ 1997, 18; zum Begriff »Telekommunikation« vgl. BVerfG, Beschl. v. 06.07.2016 – 2 BvR 1454/13, NJW 2016, 3508 f. m. Anm. *Eidam* NJW 2016, 3511 f.; allgem. *Meyer-Mews* StraFO 2016, 133 f., 177 f.
Zum Raumgespräch: vgl. BGHSt 31, 296; zum Gespräch im Auto bei fortbestehender Verbindung vgl. BGH StV 2003, 370.
Bei durch § 100a StPO gerechtfertigter Aufzeichnung eines Telefongesprächs darf grundsätzlich das gesamte während des Telefonats aufgezeichnete Gespräch einschließlich der Hintergrundgeräusche und -gespräche verwertet werden[970].
Zur Begründung des ermittlungsrichterlichen Beschlusses, durch den die Überwachung der Telekommunikation angeordnet oder bestätigt wird: BGHSt 47, 362.
Prüfungspflicht Tatrichter zur Verwertbarkeit der Telefonüberwachung: BGHSt 47, 362

▶ **Beachte**

In der Hauptverhandlung muss grundsätzlich Widerspruch gegen die beanstandete Verwertung der Erkenntnisse aus der Telefonüberwachung erhoben werden.[971]

– Rügeart
Verfahrensrüge.
– Anforderungen an die Rüge[972]
Mitzuteilen sind in der Verfahrensrüge der Anordnungsbeschluss des Ermittlungsrichters, gegebenenfalls die entsprechende Verfügung der Staatsanwaltschaft, der Inhalt der verwerteten Aufzeichnungen (soweit er sich bei erhobener Sachrüge nicht aus dem Urteil ergibt) sowie alle weiteren, für die Entscheidung relevanten Umstände, etwa eines Vermerks, dass und warum der Einsatz eines verdeckten Ermittlers abgebrochen wurde (dies im Hinblick auf die Subsidiarität der Telefonüberwachung).[973] Auch der erhobene Widerspruch ist in der Revisionsbegründung darzulegen.[974]

▶ **Beachte**

Wenn ein Beschwerdeführer rügt, dass ein Gericht zu Unrecht das Vorliegen eines Beweisverwertungsverbots für aufgrund einer Wohnungsdurchsuchung erlangte Beweismittel angenommen hat, ist in aller Regel zunächst der die Wohnungsdurchsuchung anordnende Beschluss mitzuteilen. Wenn darin die Verdachts- und Beweislage nicht ausreichend dargestellt ist, ist zusätzlich die Verdachts- und Beweislage im Zeitpunkt der Anordnung anhand er Aktenlage zu rekonstruieren. Dies gilt auch, wenn das Urteil Ausführungen zu einzelnen Verfahrensvorgängen enthält[975]

– Relativer Revisionsgrund
Das Beruhen ergibt sich i.d.R. aus der Beweiswürdigung des Urteils.

970 BGH wistra 2000, 432.
971 BGH, Beschl. v. 10.01.2018 – 1 StR 571/17 = NStZ 2018, 550 f.
972 BGH StV 2001, 545, Beschl. v. 16.02.2016 – 5 StR 10/16, StV 2016, 771 f.
973 Vgl. einerseits BGHSt 47, 362, andererseits BGHSt 48, 240; vgl. auch BGH StV 2008, 65; StraFo 2006, 459.
974 BGH NStZ 1995, 510 m. Anm. *Bernsmann*.
975 BGH StV 2001, 545.

XLVIII. Unmittelbarkeit und Mündlichkeit

184 – Gesetzesverletzung (§§ 250, 251, 261 StPO)

z.B. Verwertung von Beweismitteln die nicht Gegenstand der Hauptverhandlung waren[976], gesetzwidriger Verlesung[977], Verlesung von Vernehmungsniederschriften an Stelle von Vernehmungen, Verwertung einer gerichtskundigen Tatsache ohne Einführung in die Hauptverhandlung[978], Verlesung von Arztberichten über die Glaubwürdigkeit der Belastungszeugin bei einer Vergewaltigung[979], Verlesung schriftlicher Erklärungen des Verteidigers aus dem Ermittlungsverfahren[980]; Erklärungen des Verteidigers zur Sache für einen Angeklagten, der selbst keine Angaben macht.[981] Wird ein Zeuge in der Hauptverhandlung nicht vernommen, weil er sich vorab auf ein umfassendes Auskunftsverweigerungsrecht gemäß § 55 StPO berufen hat, so darf seine Vernehmung nicht durch Verlesung von ihm stammender früherer schriftlicher Erklärungen gemäß § 251 Abs. 1 Nr. 2 StPO ersetzt werden.[982]

– Rügeart

Verfahrensrüge

– Anforderungen an die Rüge[983]

Es bedarf stets näherer Darlegung der Umstände, aus denen sich nach Auffassung des Beschwerdeführers die Unzulässigkeit der Verwertung ergibt.[984] So ist bei der Rüge der Verletzung von § 261 durch Heranziehung von Ergebnissen der nach Abtrennung gegen einen Mitangeklagten geführten Hauptverhandlung darzulegen, welche Beweismittel nicht zugleich Gegenstand der Hauptverhandlung gegen den Angeklagten waren. Wird mit der Revision gerügt, ein Zeuge sei nicht in der Hauptverhandlung vernommen worden, sondern das Tatgericht habe verfahrensfehlerhaft das Protokoll seiner polizeilichen Vernehmung verlesen, muss das Vernehmungsprotokoll mitgeteilt werden.[985] Wird behauptet, dass der Inhalt einer Urkunde den Prozessbeteiligten nicht durch Verlesung bekanntgemacht worden sei, gehört zur Rüge ihrer Verwertung regelmäßig auch die Darlegung des Fehlens einer Einführung auf andere zulässige Weise[986], Die Rüge gesetzwidriger Verlesung z.B. eines ärztlichen Attests[987] erfordert, dass der Inhalt des verlesenen Schriftstücks mitgeteilt wird[988] ebenso kann die Verlesung eines Berichts nur dann als unzulässig beanstandet werden, wenn zugleich dargelegt wird; wer der Verfasser war und ob dieser in der Hauptverhandlung vernommen worden ist. Wird die Verlesung von Vernehmungsniederschriften an Stelle von Vernehmungen gerügt, ist im Allgemeinen darzulegen, welche Schritte der Tatrichter hätte unternehmen müssen und können, um die Beweisperson zu erreichen Bei Beanstandung der Vernehmung eines Zeugen zum behaupteten Inhalt einer nicht beigezogenen Urkunde ist der Inhalt der Zeugenaussage mitzuteilen.[989]

Ein Antrag gemäß § 238 Abs. 2 StPO ist nicht Voraussetzung dafür, dass der Verstoß gegen § 250 StPO mit der Revision zulässig geltend gemacht werden kann.[990]

976 BGH, Urt. v. 08.08.2018 – 2 StR 131/18 = NStZ 2019, 107 f.
977 BGH StV 2004, 470).
978 BGHSt 33, 389, 390.
979 BGH, Beschl. v. 24.09.2015 – 2 StR 126/15, NStZ 2016, 123.
980 BGH, Beschl. v. 19.11.2009 – 4 StR 276/09, StV 2010, 289.
981 BGH StV 2002, 182.
982 Vgl. dazu *Detter* FS Rissing-van Saan 2011 S. 97 ff.
983 BGHSt 51, 325 ff. = StV 2007, 564.
984 KK/*Gericke* § 344 Rn. 58.
985 BGH StraFo 2009, 425.
986 BGH, Beschl. v. 27.05.1997 – 5 StR 146/97.
987 Vgl. BGH NStZ 1999, 424.
988 Vgl. dazu BGH, Urt. v. 04.07.2019 – 4 StR 508/18 = NStZ-RR 2019, 285 F.
989 BGH NStZ 1995, 609; 2000, 215 f.
990 BGH NStZ 1983, 86, 87.

XLIX. Urkundenbeweis

- Gesetzesverletzung[991] 185
  Verstoß gegen §§ 250 ff. StPO (allgemein dazu Kap. 4 Rdn. 243 ff.; insbesondere zum Vorhalt: Kap. 4 Rdn. 230 ff.).[992] Das Unterlassen der Verlesung einer nach den §§ 249 ff. StPO verlesbaren Urkunde kann nur mit der Aufklärungsrüge beanstandet werden (dazu Rdn. 147), es sei denn, das Gericht hat einen entsprechenden Beweisantrag zu Unrecht abgelehnt (dazu Rdn. 159). Gibt das Urteil den Inhalt eines im Wege des Urkundenbeweises in die Verhandlung eingeführten Behördengutachtens fälschlich dahin wieder, kann ein – vom Revisionsgericht zu beachtender – Verstoß gegen § 261 StPO gegeben sein.[993]

  ▶ **Hinweis**

  Im Strafverfahren ist die Verlesung eines ärztlichen Attests des Hausarztes des Geschädigten unzulässig, die nicht dem Nachweis der Straftat selbst, sondern ausschließlich der Tatfolgen dient. Wird allein durch dieses Attest belegt, dass der Geschädigte durch die begangenen Straftaten an einem schweren post-traumatischen Belastungssyndrom leidet, kann dies bei der Strafzumessung nicht zum Nachteil des Angeklagten gewertet werden.[994] Die Vernehmung eines Arztes kann aber auch dann durch die Verlesung eines ärztlichen Attests ersetzt werden, wenn die ärztliche Sicht zu Schlüssen aus der attestierten Körperverletzung auf ein anderes Delikt nichts beitragen kann. Dies ist regelmäßig der Fall, wenn die Körperverletzung bei einer nachfolgenden Sexualstraftat allein als Drohung fortgewirkt haben kann.[995]

  Die Verlesung der Protokolle einer polizeilichen Vernehmung eines Angeklagten verstößt gegen §§ 254, 250 StPO, wenn sie ausdrücklich nicht zum Zwecke des Vorhalts an die Vernehmungsbeamten oder an den in der Hauptverhandlung abweichend aussagenden Angeklagten erfolgt[996]

- Rügeart
  Verfahrensrüge.
- Anforderungen an die Rüge
  In der Verfahrensrüge müssen, sofern beispielsweise ein Verstoß gegen § 250 StPO beanstandet werden soll, der auf die Verlesung und den – nicht stets erforderlichen[997] – Widerspruch entfallende Teil des Hauptverhandlungsprotokolls sowie die verlesene Vernehmungsniederschrift vollständig mitgeteilt werden.[998] Ferner muss dargelegt werden, dass die Verlesung auch nicht auf anderer Grundlage – etwa als Ergänzung einer Zeugenaussage oder nach § 251 Abs. 2 StPO –

---

991 BGH, Beschl. v. 25.10.2011 – 3 StR 315/11, StV 2012, 202 f. = NStZ 2012, 585 f.

992 Die Strafprozessordnung sieht zur Beweiserhebung über den Inhalt von Urkunden und anderen als Beweismittel dienenden Schriftstücken grundsätzlich die Verlesung gemäß § 249 Abs. 1 StPO vor. Für die Anwendung des § 250 StPO ist entscheidend, dass es sich um den Beweis eines Vorgangs handelt, dessen wahrheitsgemäße Wiedergabe nur durch eine Person möglich ist, welche ihn mit einem oder mehreren ihrer fünf Sinne wahrgenommen hat (vgl. u.a. BGH StV 2004, 638; BGH, Urt. v. 30.01.2001 – 1 StR 454/00).

993 Ausführlich zu revisionsrechtlichen Aspekten bei § 251 StPO: *Park* StV 2000, 218; zur Ordnungsmäßigkeit einer Vernehmung bei Verlesen eines Protokolls und zur Verlesung einer im Ausland aufgenommenen Vernehmungsniederschrift: unten Rdn. 194.; zum Vorhalt *Gerst* StraFo 2018, 273 ff.

994 BGH, Beschl. v. 07.12.2010 – 4 StR 401/10, StraFo 2011, 151 f.

995 Beschl. v. 23.11.2010 – 3 StR 402/10, StraFo 2011, 95 f.

996 BGH, Beschl. v. 21.09.2011 – 1 StR 367/11, BGHSt 57, 24 ff. = StV 2012, 707 f. vgl. dazu *Trendelenburg* ZJS 2012, 261 ff.; *König* StV 2012, 709 f.

997 BGH, Beschl. v. 23.05.2018 – 4 StR 584/17 = NStZ 2019, 106 m. Anm. *Kloke*, NStZ 2019, 374 ff.

998 Vgl. zu dessen Erforderlichkeit KK/*Gericke* § 344 Rn. 61 m.w.N. und zu seiner Entbehrlichkeit (bei § 251 StPO) BGH StV 1999, 196; *Park* StV 2000, 218 (219) m.w.N.

zulässig war.[999] Wurde ein ärztliches Attest nach § 256 StPO[1000] verlesen, muss mitgeteilt werden, zu welchem Zweck die Verlesung erfolgt ist.[1001] Wird beanstandet, dass eine Urkunde nicht verlesen oder im Wege des Selbstleseverfahrens in die Hauptverhandlung eingeführt worden ist, so ist es in aller Regel erforderlich, dass die Revision den Wortlaut der Urkunde wiedergibt.[1002]

– Relativer Revisionsgrund

Das Beruhen ergibt sich aus der Beweiswürdigung des Urteils. Es kann fehlen, wenn lediglich der nach § 251 Abs. 4 StPO erforderliche Gerichtsbeschluss nicht vorlag; dies gilt zumindest dann, wenn eine richterliche Vernehmungsniederschrift verlesen wurde und der Verlesungsgrund für alle Beteiligten ersichtlich war.[1003] Zu beachten ist aber, dass das Beschlusserfordernis in § 251 Abs. 4 S. 1 StPO angesichts der potenziellen Bedeutung der Verlesung für die Zuverlässigkeit der Beweisgewinnung und Rekonstruktion des Tatgeschehens auch gewährleisten soll, dass das Gericht durch eine gemeinsame Meinungsbildung sowie in seiner Gesamtheit die Verantwortung dafür trägt, ob ausnahmsweise die Einschränkung der Unmittelbarkeit durch den Verzicht auf den Zeugen hinnehmbar ist oder die Aufklärungspflicht die Vernehmung der Beweisperson gebietet[1004]

– Besonderheiten

Zur Verwertung einer nicht in die Hauptverhandlung eingeführten Urkunde: vgl. *Hauptverhandlung, Inbegriff* (Rdn. 169); zu § 252 StPO: *Zeugen – Zeugnisverweigerung* (Rdn. 195). Aus dem Aufgabenbereich und der rechtlichen Stellung der Gerichtshilfe im Strafverfahren ergeben sich die Möglichkeiten der Einführung von Gerichtshilfeberichten im Wege des Urkundenbeweises. Weil der Gerichtshelfer in der Hauptverhandlung Zeuge oder Sachverständiger ist, kann eine Verlesung unter den Voraussetzungen des § 251 Abs. 1 StPO erfolgen.[1005]

▶ Beispiel

1. Gerügt wird die Verletzung des § 254 Abs. 1 StPO.

Das Gericht hat in der Hauptverhandlung trotz des Widerspruchs des Verteidigers eine ermittlungsrichterliche Vernehmungsniederschrift über ein Geständnis des Angeklagten verlesen und dieses im Urteil auch verwertet. Auf anderem Wege wurde das Geständnis nicht in die Hauptverhandlung eingeführt; dies ergibt sich aus den Darlegungen in der Beweiswürdigung des Urteils (UA S …).

Der Verfahrensgang hierzu war im Einzelnen (Protokoll über die Hauptverhandlung vom …, Bl … dA) folgender: »…« [Wiedergabe der Verlesungsanordnung des Vorsitzenden, des Widerspruchs des Verteidigers und der Durchführung der Verlesung].

Die Vernehmungsniederschrift war indes nicht ordnungsgemäß zustande gekommen, da der zugezogene Dolmetscher nicht vereidigt worden war. Dies ergibt sich im Einzelnen aus nachfolgend wiedergegebener Niederschrift über die ermittlungsrichterliche Vernehmung vom … (Bl … dA). »…« [vollständige Wiedergabe der verlesenen Vernehmungsniederschrift].

2. Damit ist gegen § 254 Abs. 1 StPO verstoßen. Nach dieser Vorschrift darf ein Protokoll nur verlesen werden, wenn die Vernehmung ordnungsgemäß durchgeführt wurde. Hier wurde jedoch § 189 GVG nicht beachtet, sodass die Verlesung und damit auch die Verwertung der Niederschrift unzulässig waren.

999 Vgl. BGH StV 1999, 197; BGH (H) MDR 1978, 989; BGH, Beschl. v. 09.08.2016 – 1 StR 334/16.
1000 BGH NStZ 2000, 49 (50); BGH NStZ-RR 1997, 71 (72).
1001 Vgl. dazu BGH, Urt. v. 04.07.2019 – 4 StR 508/18 = NStZ-RR 2019, 285 f.
1002 BGH (M) NStZ-RR 1998, 1 (4).
1003 BGH, Urt. v. 13.01.2011 – 3 StR 337/10, NStZ 2011, 471 f.
1004 BGH StV 2000, 621; BGH, Beschl. v. 08.02.2011 – 4 StR 583/10, NStZ 2011, 356; v. 03.09.2019 – 3 StR 291/19 = NJW 2019, 3736 f.; vgl. auch BGH StV 2001, 4; *Park* StV 2000, 218 (223).
1005 BGH, Beschl. v. 10.06.2010 – 2 StR 78/10, StV 2010, 617 f.

3. Auf diesem Fehler beruht das Urteil (§ 337 Abs. 1 StPO). Wie sich aus den Entscheidungsgründen (UA …) ergibt, wurde die Verurteilung ausschließlich auf das frühere Geständnis des Beschuldigten gestützt. Auch war der Angeklagte selbst nicht ausreichend der deutschen Sprache mächtig; er hielt sich – wie sich aus UA … ergibt – vor der Tat und der unmittelbar danach vorgenommenen Vernehmung nur wenige Tage in Deutschland auf, während der Hauptverhandlung wurde für ihn ebenfalls stets ein Dolmetscher tätig (Bl … dA).

▶ **Beachte**

Das ermittlungsrichterliche Protokoll hat nicht die Beweiskraft nach § 274 S. 1 StPO,[1006] da diese Vorschrift für außerhalb der Hauptverhandlung aufgenommene Protokolle nicht gilt (vgl. Wortlaut und Stellung des § 274 StPO). Das Revisionsgericht wird daher wahrscheinlich dienstliche Stellungnahmen des Ermittlungsrichters und des Protokollführers sowie eine Erklärung des Dolmetschers erholen; im Übrigen kommt aber auch dem Schweigen des Protokolls wegen § 168a Abs. 1 StPO Beweiswert zu, sodass sich der Verteidiger – da ihm, soweit er an dieser Vernehmung nicht selbst teilgenommen hat, die anderen Freibeweismittel (noch) nicht zur Verfügung stehen – allein auf dieses Protokoll berufen darf.

L. Urteil – allgemein

– Gesetzesverletzung[1007] 186
Verstoß gegen § 267 StPO. Es kann ein sachlich-rechtlicher Mangel des Urteils sein, wenn diese erhebliche Fassungsmängel aufweist. Der BGH[1008] hat hierzu ausgeführt:
»Es besteht Anlass, darauf hinzuweisen, dass ein Urteil aus sich heraus verständlich sein muss. Dabei kommt einer übersichtlichen Darstellung und Gliederung besondere Bedeutung zu. … Regelmäßig empfiehlt es sich, für die Feststellungen eine urteilseigene Gliederung zu verwenden und nicht ein anders strukturiertes Zählsystem aus der Anklageschrift zu übernehmen. Indes spricht nichts dagegen, den Gliederungspunkten des Urteils – etwa in Klammern – die Gliederungspunkte der Anklageschrift nachzustellen. Den wesentlichen Abschnitten eines strafrichterlichen Urteils (Feststellungen zur Person, Feststellungen zur Sache, Beweiswürdigung, rechtliche Würdigung, Sanktionsfindung, Nebenentscheidungen) dürfte regelmäßig ein eigener, durch die Gliederung jeweils erkennbarer Abschnitt zu widmen sein. Dabei sollte auch durch das Gliederungssystem erkennbar sein, auf welche Feststellungskomplexe sich die jeweiligen Ausführungen zur Beweiswürdigung, zur rechtlichen Würdigung und zur Sanktionsfindung beziehen«
Zur Wiedergabe der Aussagen eines Belastungszeugen und die Auseinandersetzung mit den Einlassungen des Angeklagten vgl. BGH, Urt. v. 14.10.2015 – 2 StR 236/15, NStZ-RR 2016, 148 f. In einem Einstellungsurteil wegen Verjährung sind die tatsächlichen und rechtlichen Voraussetzungen des Verfahrenshindernisses in einer revisionsrechtlich überprüfbaren Weise festzustellen und zu begründen.[1009]

1006 BGH, Urt. v. 26.09.2007 – 1 StR 276/07, StV 2008, 338 f.

1007 StPO § 274 Beweiskraft 14; ebenso für den Fall der fehlenden Unterschrift des Protokollführers: BGH StV 1994, 58 (62).

1008 Anforderungen an die Abfassung der Urteilsgründe und den Umfang der Beweiswürdigung BGH, Beschl. v. 30.05.2018 – 3 StR 486/17; Allgemeines zum Begründungserfordernis: BVerfG StV 2005, 64; BVerfG, Beschl. v. 16.03.2001 – 2 BvR 65/01; BGH, Beschl. v. 21.12.2004 – 3 StR 451/04, StraFo 2005, 214; v. 29.01.2002 – 4 StR 519/01; v. 22.10.2019 – 4 StR 37/19, NStZ 2020, 102; die nachträgliche Berichtigung eines schriftlichen Urteils ist nur ganz ausnahmsweise bei offenbaren Versehen nichtsachlicher Art möglich, wohingegen sachliche Fehler auch dann nicht berücksichtigungsfähig sind, wenn sie offensichtlich sind vgl. BGH, Beschl. v. 05.06.2013 – 4 StR 77/13; v. 17.03.2000 – 2 StR 430/99, NStZ 2000, 386; v. 10.01.2012 – 3 StR 408/11.

1009 BGH NStZ 1994, 400; für sog. Punkte-Sachen: BGH (K) NStZ 1997, 72 (Nr. 17); BGH NStZ-RR 1999, 139.

Zu den Anforderungen an die Urteilsgründe allgem. BGH, Beschl. v. 30.05.2018 – 3 StR 486/17; bei einer Steuerhinterziehung BGH Beschl. v. 11.10.2018 – 1 StR 538/17 = NStZ-RR 2019, 79 f.; zur Darstellung des Ergebnisses einer molekulargenetischen Vergleichsuntersuchung BGH Beschl. v. 16.01.2018 – 4 StR 498/17 = NStZ 2018, 303; v. 17.07.2018 – 1 StR 518/17; im Fall von »Aussage gegen Aussage« BGH Urt. v. 07.02.2018 – 2 StR 447/17 = StV 2019, 522 f.; bei Täteridentifizierung anhand eines Lichtbildes BGH Beschl. v. 07.02.2018 – 4 StR 376/17 = StV 2018, 399 f.

Das Tatgericht hat in den Fällen, in denen es dem Gutachten eines Sachverständigen folgt, die wesentlichen Anknüpfungstatsachen und Ausführungen des Gutachters so darzulegen, dass das Rechtsmittelgericht prüfen kann, ob die Beweiswürdigung auf einer tragfähigen Tatsachengrundlage beruht und die Schlussfolgerungen nach den Gesetzen der Logik, den Erfahrungssätzen des täglichen Lebens und den Erkenntnissen der Wissenschaft möglich sind.

Will der Tatrichter bei der Abfassung der Urteilsgründe i.S.v. § 267 Abs. 1 S. 3 StPO auf eine bei den Akten befindliche Abbildung verweisen, so hat er dies deutlich und zweifelsfrei zum Ausdruck zu bringen. Eine besondere Form schreibt die genannte Vorschrift für die Verweisung nicht vor.[1010]

– Rügeart

Sachrüge; die Nichtbeachtung eines in der Hauptverhandlung gestellten Antrags nach § 267 Abs. 3 S. 2 StPO stellt dagegen einen Verfahrensfehler dar.[1011]

– Relativer Revisionsgrund

Am Beruhen wird es häufig fehlen.

– Besonderheiten

Vgl. auch *Beweiswürdigung – allgemein* (Rdn. 160); Entscheidungsgründe, fehlende (Rdn. 164); *Feststellungen* (Rdn. 166); *Personalien, persönliche Verhältnisse* (Rdn. 174); *rechtliche Würdigung* (Rdn. 177); *Strafzumessung* (Rdn. 181); zu Widersprüchen zwischen verkündetem und schriftlichem sowie innerhalb des schriftlichen Urteils: Rdn. 94.

LI. Verfahrensverzögerung

187 – Gesetzesverletzung[1012]

Ein Angeklagter hat das Recht auf Behandlung seiner Sache innerhalb angemessener Frist, wobei auf die gesamte Dauer von Beginn bis zum Ende der Ermittlungen abzustellen ist und Schwere und Art des Tatvorwurfes, Umfang und Schwierigkeiten des Verfahrens, Art und Weise der Ermittlungen neben dem eigenen Verhalten des Angeklagten zu berücksichtigen sind. Eine Verletzung des Beschleunigungsgebotes nach Art. 6 Abs. 1 S. 1 EMRK ist gegeben, wenn das Verfahren aus Gründen verzögert worden ist, die den Strafverfolgungsorganen anzulasten sind. In diesem Fall ist eine Kompensation der rechtsstaatswidrigen Verfahrensverzögerung nach der Vollstreckungslösung getrennt und unabhängig von der Strafzumessung vorzunehmen.[1013]

In ganz außergewöhnlichen Sonderfällen, wenn eine angemessene Berücksichtigung des Verstoßes im Rahmen einer Sachentscheidung bei umfassender Gesamtwürdigung nicht mehr in Betracht kommt, kann eine rechtsstaatswidrige Verfahrensverzögerung zu einem Verfahrenshindernis führen.[1014]

1010 BGH, Beschl. v. 19.01.2016 – 4 StR 484/15, NStZ-RR 2016, 118 f.; v. 29.07.2015 – 4 StR 293/15, NStZ-RR 2015, 315 f.

1011 BGH, Urt. v. 28.01.2016 – 3 StR 425/15, StV 2016, 778 f.

1012 BGH StV 1999, 137; BGH (K) NStZ-RR 1999, 261 (Nr. 19).

1013 Beachte auch das »Gesetz über den Rechtsschutz bei überlangen Gerichtsverfahren und strafrechtlichen Ermittlungsverfahren« vom 24.11.2012 in Kraft seit 03.12.2011 (BGBl I 2011, 2302 vgl. dazu *Burhoff* StRR 2012, 4 ff.; *Sommer* Straßenverkehr 2012, 107 ff.; *Heine* MDR 2012, 327 ff.; *Graf* NZWiSt 2012, 121 ff.

1014 BGH, Beschl. v. 17.01.2008 – GSSt 1/07, BGHSt 52, 124 ff.

Die Höhe der Kompensation für eine hinsichtlich Art, Ausmaß und ihrer Ursachen prozessordnungsgemäß festgestellte überlange Verfahrensdauer ist ein zulässiger Verständigungsgegenstand.[1015]

Die Aufhebung eines tatrichterlichen Urteils durch das Revisionsgericht allein im Strafausspruch erfasst grundsätzlich nicht die Frage der Kompensation einer bis zur revisionsgerichtlichen Entscheidung eingetretenen rechtsstaatswidrigen Verfahrensverzögerung; vielmehr tritt insoweit horizontale (Teil-) Rechtskraft ein.[1016]

– Rügeart

Zur Erhebung einer Verfahrensrüge wegen eines Verstoßes gegen Art. 6 Abs. 1 MRK durch rechtsstaatswidrige Verfahrensverzögerung ist die genaue Angabe des beanstandeten Verfahrensverstoßes erforderlich sowie die genügende Bezeichnung der Tatsachen, aus denen sich der Verfahrensfehler ergeben soll.[1017] Die Anforderungen an den Umfang der Darstellung der den Mangel enthaltenden Tatsachen in einer Revisionsbegründung dürfen bei der Beanstandung einer konventionswidrigen Verzögerung während eines jahrelang währenden Verfahrens nicht überzogen werden. Die Mitteilung jedes Ermittlungsschrittes ist weder möglich noch erforderlich. Die Darstellung darf den tatsächlichen Ablauf aber nicht – etwa durch wesentliche Auslassungen – verzerrt darstellen.[1018] Der Vortrag muss einen realistischen Überblick über den tatsächlichen Ablauf des Strafverfahrens geben.[1019] Nur in wenigen Ausnahmefällen ist die Erhebung allein der Sachrüge als Grundlage für die Prüfung einer rechtsstaatswidrigen Verfahrensverzögerung ausreichend. In Betracht kommt hier allein die Möglichkeit, dass sich aus den Urteilsgründen alles zur Beurteilung eines Verstoßes gegen das Beschleunigungsgebot des Art. 6 Abs. 1 S. 1 MRK entnehmen lässt und es nur um die Überprüfung der Wertung des Tatrichters geht.[1020]

▶ Beachte also

Zur zulässigen Erhebung einer Rüge, mit der eine rechtsstaatswidrige Verfahrensverzögerung behauptet wird, ist es erforderlich, aber auch ausreichend, die Tatsachen darzulegen, welche die Verfahrensverzögerung belegen. Der Verlauf des gegen den Angeklagten geführten Strafverfahrens ist so umfassend darzustellen, dass das Revisionsgericht allein anhand der Revisionsbegründung in der Lage ist, das Vorliegen eines Verfahrensverstoßes zu prüfen. Die zulässige Erhebung setzt nicht voraus, dass der Beschwerdeführer darlegt, welche individuellen Belastungen sich aus der Verzögerung für ihn ergeben haben.[1021]

LII. Verjährung

– Gesetzesverletzung 188

Verstoß gegen § 78 Abs. 1 StGB.[1022]

– Rügeart

Von Amts wegen zu beachten.

– Besonderheiten

Zur teilweisen Verjährung, vgl. Rdn. 50.

– **Beispiel:** Rdn. 74

1015 BGH, Urt. v. 11.08.2016 – 1 StR 196/16, wistra 2017, 108 f.

1016 Beschl. v. 25.11.2015 – 1 StR 79/15, BGHSt 61, 43 f. = NStZ 2016, 428 f.

1017 BGH, Urt. v. 27.08.2009 – 3 StR 250/09, BGHSt 54, 135 ff. = StV 2011, 610 f.; BGH, Beschl. v. 08.01.2013 – 1 StR 641/12.

1018 BGH StV 2008, 345.

1019 BGH, Beschl. v. 20.03.2008 – 1 StR 488/07, StraFo 2008, 303 f. = NStZ 2008, 457 f.

1020 BGH StV 2009, 118 f.

1021 BGH NSTZ-RR 2005, 81.

1022 BVerfG Urt. v. 19.03.2013 – 2 BvR 2628/10, BVerfGE 133, 168 f. = StV 2013, 353 f.

LIII. Verständigung (Absprache – Deal)

189 – Gesetzesverletzung

Durch das Gesetz zur Regelung der Verständigung im Strafverfahren vom 29.07.2009 (BGBl I 2353, 2354), in Kraft getreten am 04.08.2009, sind Absprachen nunmehr gesetzlich geregelt.[1023] Das Gesetz zur Regelung der Verständigung im Strafverfahren und vor allem § 257c StPO sind verfassungsgemäß.[1024]

Rechtsmittel nach vorangegangener Verständigung sind weder ausgeschlossen noch eingeschränkt.[1025] Eine fehlerhafte oder gescheiterte Verständigung mit der Revision geltend zu machen, ist aber nicht einfach, da eine Rekonstruktion der Hauptverhandlung nicht zulässig ist.[1026] Die formellen Voraussetzungen für den Sachvortrag im Rahmen von § 344 Abs. 2 S. 2 StPO dürfen aber insoweit von Revisionsgericht nicht überspannt werden.[1027] Gerügt werden können z.B. ein nicht zulässiger Absprachеinhalt, die Schuldunangemessenheit der Strafe, die Verletzung der Aufklärungspflicht, eine rechtsfehlerhafte (mangelhafte oder fehlende) Beweiswürdigung[1028]. Eine unzulässige oder fehlgeschlagene Verständigung[1029] führt grundsätzlich nicht dazu, dass ein Verfahrenshindernis besteht.

– Rügeart

Sachrüge: Die Abfassung der Urteilsgründe muss auch dann einem Mindestmaß an Sorgfalt entsprechen, wenn das Urteil auf einer Absprache beruht.[1030] Das Revisionsgericht hat bei einer Sachrüge zu prüfen, ob der Schuldspruch auf einer ausreichenden Tatsachengrundlage beruht, die Verurteilung also von den Feststellungen getragen wird. Enthalten die Strafzumessungserwägungen des Urteils Rechtsfehler zugunsten oder zuungunsten des Angeklagten, unterliegt der Rechtsfolgenausspruch in der Regel – wie auch im Normalfall – der Aufhebung, so bei Heranziehung eines falschen Strafrahmens, wenn wesentliche Straferschwerungs- oder Milderungsgründe übersehen sind, bei einem Verstoß gegen § 46 Abs. 3 StGB oder bei einer Schuldunangemessenheit der Strafe.[1031] Die Vereinbarung einer bestimmten Strafe (sog. Punktstrafe) ist nach der gesetzlichen Neuregelung des Verständigungsverfahrens unzulässig. Ob allerdings nach dieser Regelung das Gericht bei der Bekanntgabe des möglichen Verfahrensergebnisses zwingend auch einen Strafrahmen anzugeben hat oder ob – im Hinblick auf die Ausgestaltung als »Kannvorschrift« – die isolierte Angabe einer Strafober- oder Strafuntergrenze ausreicht, wird unterschiedlich beurteilt. Angesichts des Wortlauts der Vorschrift und der Gesetzesmaterialien sprechen gewichtige Gründe dafür, dass nach dem Willen des Gesetzgebers das Gericht nach fallbezogener Verengung des gesetzlichen Strafrahmens stets einen konkreten Rahmen für die schuldangemessene Strafe, bestehend aus einer Strafober- und einer Strafuntergrenze, anzugeben

1023 Verfolgungsverjährung bei unklarem Tatzeitpunkt vgl. BGH, Beschl. v. 15.02.2018 – 4 StR 594/17 = NStZ-RR 2018, 172.

1024 Zur Rspr. *Schneider* NStZ 2014. 192 f., 252 f.; *Bittmann* ZWH 2015, 249 f.; 2016, 261 ff.

1025 Urt. v. 19.03.2013 – 2 BvR 2628/10 u.a. = NJW 2013, 1058 ff. = StV 2013, 353 ff. m. Anm. *Niemöller* StV 2013, 420 ff.; *Weigend* StV 2013, 424 ff.; *Leipold* NJW-Spezial 2013, 248 f.; *König/Harrendorf* Anwaltspraxis 2013, 321 ff.; *Stuckenberg* ZiS 2013, 212 ff.; *Steinhauff* AO-StGB 2103, 134 ff.; *Gehm* Steuerberaterwoche 2013, 32 ff.; *Fezer* HRRS 2013, Nr. 222 S. 117 f.; *Caspari* u.a. DRiZ 2013, 160 f.; *Löffelmann* JR 2013, 333 ff.; *Heintschel-Heinegg* JA 2013, 474 f.; *Deutscher* StRR 2013, 180 f.

1026 *Jahn* JuS 2012, 470 ff.; *Schmitt* StraFo 2012, 386 ff.; *Ventzke* StraFo 2012, 212 ff.; *Meyer-Goßner/Schmitt* § 257c Rn. 32 – 33a; BGH, Beschl. v. 03.09.2009 – 3 StR 156/09, StV 2009, 680; BGH, Urt. v. 10.06.2010 – 4 StR 73/10, NStZ-RR 2010, 383 f. für Revision der Staatsanwaltschaft.

1027 Vgl. z.B. BGH, Beschl. v. 16.03.2011 – 1 StR 60/11, wistra 2011, 276 f.; v. 04.10.2010 – 2 StR 205/10, StV 2010, 673 f.

1028 BVerfG, Beschl. v. 08.12.2005 – 2 BvR 449/05, StV 2006, 57; zur Zulässigkeit vgl. BGH, Urt. v. 28.07.2016 – 3 StR 153/16, StV 2016, 772 f. = NStZ 2017, 52 f. m. Anm. *Claus.*

1029 Zu Fehlerquellen *Graf* DRiZ 2016, 308 f.: zum notwendigen Revisionsvortrag *Bittmann* ZWH 2016, 261, 270 f.

1030 Vgl. dazu *Momsen* JA 2002, 415 ff.

1031 BGH, Beschl. v. 23.06.2010 – 2 StR 222/10, StraFo 2010, 386; Beschl. v. 05.10.2010 – 3 StR 339/10.

hat. Der 1. Strafsenat hat aber letztendlich diese Frage offengelassen. Fehlt es an der Angabe einer Strafuntergrenze durch das Gericht, kann dies in der Regel nur von der Staatsanwaltschaft im Rahmen einer Revision zum Nachteil des Angeklagten beanstandet werden.[1032] Gibt das Gericht gemäß § 257c Abs. 3 S. 2 StPO eine Ober- und Untergrenze der Strafe an, ist es nicht gehindert, die angegebene Obergrenze als Strafe zu verhängen.[1033] § 136a StPO kann eingreifen, wenn die Differenz zwischen der absprachegemäßen und der bei einem »streitigen Verfahren« zu erwartenden Sanktion (»Sanktionsschere«) so groß ist, dass sie strafzumessungsrechtlich unvertretbar und mit einer angemessenen Strafmilderung wegen eines Geständnisses nicht mehr erklärbar ist.[1034] Die vom Gericht ernsthaft aufgezeigten Strafgrenzen dürfen nicht so weit auseinanderfallen, dass die Willensfreiheit des Angeklagten ungebührlich beeinträchtigt wird. Eine unzulässige Drohung kann dann angenommen werden, wenn die angedrohte Strafe als schuldunangemessen hoch anzusehen wäre.[1035] So ist eine Differenz zwischen zwei Jahren Freiheitsstrafe mit Aussetzung zur Bewährung und sechs Jahren Freiheitsstrafe im Rahmen schuldangemessenen Strafens nicht mehr mit der strafmildernden Wirkung von Geständnis und Schadenswiedergutmachung zu erklären.[1036]

Bei der Verurteilung eines Angeklagten aufgrund von Geständnissen der Mitangeklagten, die Gegenstand einer verfahrensbeendenden Absprache waren, muss die Glaubhaftigkeit dieser Geständnisse in einer für das Revisionsgericht nachprüfbaren Weise gewürdigt werden. Dazu gehören insbesondere das Zustandekommen und der Inhalt der Absprache.[1037]

Verfahrensrüge[1038]: Auch Verfahrensrügen können erhoben werden. Der Umstand, dass das Revisionsgericht im Rahmen des § 344 Abs. 2 S. 2 StPO bei zugleich erhobener umfassender Sachrüge den Urteilsinhalt ergänzend berücksichtigen kann, befreit nicht von der Anbringung einer Verfahrensrüge.[1039] Auch, wenn in den Urteilsgründen, ohne dass dies erforderlich wäre, Einzelheiten der Verständigung mitgeteilt werden, bedarf es zur Beanstandung der Verletzung der Verfahrensvorschrift des § 257c StPO der Erhebung einer formgerechten Verfahrensrüge[1040].

▶ Hinweis

Manchmal wird es zur Vorbereitung einer Verfahrensrüge angebracht sein, den Richter, der bei den Gesprächen über die einvernehmliche Verfahrensbeendigung unzulässigen Druck ausübt, wegen Besorgnis der Befangenheit (§ 24 Abs. 2 StPO) abzulehnen.[1041] Nach rechtsfehlerhafter Zurückweisung des Ablehnungsantrags kann der absolute Revisionsgrund des § 338 Nr. 3 StPO gegeben sein. Ein unter Druck zustande gekommenes Geständnis kann auch im Hinblick auf § 136a StPO unwirksam sein[1042]. Eine allgemein auf die Verletzung des fairen Verfahrens gestützte Rüge kommt aber kaum in Betracht,[1043] allenfalls wenn das Gericht sich

1032 BGH StV 2009, 232 f. = NStZ 2009, 467; ausf. *Weider* Teil C Rn. 9 ff.

1033 BGH, Beschl. v. 08.10.2010 – 1 StR 347/10, StV 2011, 75 f.: vgl. dazu *Winkler* jurisPR-StrafR 1/2011 Anm. 2.

1034 BGH, Beschl. v. 27.07.2010 – 1 StR 345/10, StV 2010, 673 m. Anm. *Bockemühl/Staudinger* StraFo 2010, 425 f.

1035 BGHSt 50, 40; BGH wistra 2006, 347; BVerfG StV 2006, 57.

1036 BGH StV 2007, 453.

1037 BGH NStZ 2004, 577; StV 2004, 471 f.

1038 BGHSt 48, 161 m. Anm. *Weider* StV 2003, 266; *Kargl/Rüdiger* NStZ 2003, 672; Beschl. v. 06.11.2007 – 1 StR 370/07, BGHSt 52, 78 ff. m. Anm. *Stübinger* JZ 2008, 796 ff.; *Schmitz* NJW 2008, 1751 f.

1039 Vgl. dazu *Momsen* JA 2002, 415 ff.; *Pfister* StraFo 2006, 349 ff.; *Jahn* JuS 2012, 470 ff.; *Schmitt* StraFo 2012, 386 ff.; *Ventzke* StraFo 2012, 212 ff.; *Meyer-Goßner*/Schmitt § 257c Rn. 32–33 a.

1040 Beschl. v. 01.03.2011 – 1 StR 52/11, NJW 2011, 1526 f.

1041 BGH, Beschl. v. 01.03.2011 – 1 StR 52/11, StV 2011, 337 f.

1042 BGH NStZ 2005, 526.

1043 Lesenswert BGH, Beschl. v. 1508. 2018 – 2 StR 474/17 = NStZ 2019, 277 f.

so verhalten hat, als fühle es sich an eine informelle Vereinbarung gebunden und als könne auch der Angeklagte hierauf vertrauen.[1044]

Nach § 243 Abs. 4 S. 1 StPO ist in der Hauptverhandlung mitzuteilen, dass Verständigungsgespräche stattgefunden haben. Vom Gericht geführte oder ausdrücklich autorisierte Erörterungen sind aktenkundig zu machen (§ 202a S. 2 StPO) und in der Hauptverhandlung nach Verlesung des Anklagesatzes mitzuteilen (§ 243 Abs. 4 S. 1 StPO). Dies ist in der Sitzungsniederschrift zu vermerken (§ 273 Abs. 1a S. 2 1. Alt. StPO).[1045] Einem Verstoß gegen § 243 Abs. 4 S. 1 StPO kommt nicht die Wirkung eines absoluten Revisionsgrunds zu.[1046]

Einem Verstoß gegen § 243 Abs. 4 S. 1 StPO kommt nicht die Wirkung eines absoluten Revisionsgrunds zu.[1047] Eine nicht zu der unwiderlegbaren Vermutung, wonach bei einer Verletzung der Norm eine Beeinflussung des Urteilsspruchs dadurch nie ausgeschlossen werden kann, gibt es ebenfalls nicht.[1048] Strittig ist aber, wann ein Beruhen des Urteils auf einem Verstoß gegen § 243 Abs. 4 StPO ausgeschlossen werden kann.[1049] Die Revisionsrüge, dass entgegen § 243 Abs. 4 S. 1 StPO zu Beginn der Hauptverhandlung keine Mitteilung des Vorsitzenden darüber erfolgt sei, ob es auf eine Verständigung abzielende Vorgespräche gegeben habe, ist unzulässig (§ 344 Abs. 2 S. 2 StPO), wenn nicht vorgetragen wird, ob und gegebenenfalls mit welchem Inhalt Erörterungen nach §§ 202a, 212 StPO tatsächlich stattgefunden haben[1050].

Verletzt sein kann auch die gerichtliche Aufklärungspflicht nach § 244 Abs. 2 StPO, die von einer Vereinbarung gemäß § 257c StPO unberührt bleibt (§ 257c Abs. 1 S. 2 StPO[1051]).

Eine Verständigung ohne vorherige Belehrung nach § 257c Abs. 5 StPO verletzt den Angeklagten grundsätzlich in seinem Recht auf ein faires Verfahren und in seiner Selbstbelastungsfreiheit[1052]. Bleibt die unter Verstoß gegen die Belehrungspflicht zustande gekommene Verständigung bestehen und fließt das auf der Verständigung basierende Geständnis in das Urteil ein, beruht dieses auf der mit dem Verstoß einhergehenden Grundrechtsverletzung, es sei denn eine Ursächlichkeit des Belehrungsfehlers für das Geständnis kann ausgeschlossen werden, weil der Angeklagte dieses auch bei ordnungsgemäßer Belehrung abgegeben hätte[1053]. Eine Heilung des Verstoßes gegen die Beleh-

---

1044 BGH, Beschl. v. 28.10.2008 – 3 StR 431/08, NStZ 2009, 168; BVerfG, Beschl. v. 08.12.2005 – 2 BvR 799/05.

1045 BGH, Beschl. v. 04.08.2010 – 2 StR 205/10, StV 2010, 673 f.

1046 BGH, Beschl. v. 20.10.2010 – 1 StR 400/10, auch zum Beruhen bei einem Verstoß gegen § 243 Abs. 4 S. 1 StPO.

1047 BGH, Beschl. v. 18.07.2016 – 1 StR 315/15, StraFo 2016, 470 f.

1048 BGH, Beschl. v. 18.07.2016 – 1 StR 315/15, StraFo 2016, 470 f.; v. 03.09.2013 – 1 StR 237/13, StV 2013, 740.

1049 BGH, Beschl. v. 20.10.2010 – 1 StR 400/10, StV 2011, 202 f.; vgl. aber BGH, Urt. v. 23.07.2015 – 3 StR 470/14, StV 2016, 81 f. = NStZ 2016, 221 f. m. Anm. *Strate* NStZ 2016, 221 f.; *Allgayer* NStZ 2016, 227 f.; vgl. dazu krit. BVerfG, Beschl. v. 23.05.2016 – 2 BvR 2477/15.

1050 BGH, Beschl. v. 08.10.2013 – 4 StR 272/13, StV 2014, 67.; Urt. v. 10.07.2013 – 2 StR 195/12, BGHSt 58, 310 f. = StV 2013, 677 f.; dagegen BVerfG, Beschl. v. 15.01.2015 – 2 BvR 2055/14, StV 2015, 269 f. = NStZ 2015, 172 f.; v. 15.01.2015 – 2 BvR 878/14, NStZ 2015, 170 f.; ähnlich BGH, Beschl. v. 12.10.2016 – 2 StR 367/16; v. 18.07.2016 – 1 StR 1 StR 315/15, StraFo 2016, 470 f.; v. 23.03.2016 – 2 StR 121/15, NStZ 2016, 688; dagegen wiederum BGH, Urt. v. 23.07.2015 – 3 StR 470/14, StV 2016, 81 f.; *Niemöller* NStZ 2015, 489 f.; JR 2016, 146 f.; *Strate* NJW 2016, 450 ff.; *Deutscher* STRR 2015, 88 f.; *Bittmann* ZWH 2016, 261, 271 f.

1051 BGH, Beschl. v. 11.06.2015 – 1 StR 590/14 = NStZ-RR 2015, 379 f.

1052 BGH, Beschl. v. 03.11.2010 – 1 StR 449/10.

1053 BGH, Beschl. v. 11.05.2016 – 1 StR 71/16; v. 10.02.2015 – 4 StR 595/14, NStZ 2015, 358 f.; v. 25.03.2015 – 5 StR 82/15; BVerfG, Beschl. v. 25.08.2014 – 2 BvR 2048/13, StV 2015, 73 f. = NStZ 2014, 721 f. m. Anm. *Müller/Schmidt* NStZ 2015, 561 f.

rungspflicht des § 257c Abs. 5 StPO tritt nur dann ein, wenn eine rechtsfehlerfreie Wiederholung des von dem Verfahrensfehler betroffenen Verfahrensabschnitts durchgeführt wurde.[1054]

Löst sich das Gericht von der Vereinbarung, so besteht für das Geständnis des Angeklagten ein Beweisverwertungsverbot, über das der Angeklagte zu belehren ist (§ 257c Abs. 4 StPO[1055]). Bei einer, wenn auch fehlerhaften, Verständigung, besteht ein Verwertungsverbot aber nur in den in § 257c Abs. 4 Sätze 1 und 2 StPO aufgeführten Fällen. Folglich führt allein die unzulässige Verständigung über den Schuldspruch nicht zu einem Verbot, das aufgrund der Verständigung abgegebene Geständnis des Angeklagten zu verwerten.[1056]

In Betracht kommt auch die Rüge einer Versagung rechtlichen Gehörs (§§ 33, 261 StPO[1057]).

▶ Beachte

Der nach § 273 Abs. 1a S. 3 StPO zwingend vorgeschriebene Vermerk, dass eine Verständigung nach § 257c StPO nicht stattgefunden hat, gehört zu den wesentlichen Förmlichkeiten im Sinne des § 274 S. 1 StPO. Gegen den diese Förmlichkeiten betreffenden Inhalt des Protokolls ist nur der Nachweis der Fälschung zulässig (§ 274 S. 2 StPO).[1058] Mit dem Hinweis, das Hauptverhandlungsprotokoll ergebe entgegen § 257c Abs. 3 S. 4 StPO[1059] nicht, ob eine Verständigung zustande gekommen sei, ist nicht prozessordnungswidriges Geschehen behauptet, sondern nur, dass das Protokoll nicht den Anforderungen des § 273 Abs. 1a StPO genüge. Das ist eine (unzulässige) »Protokollrüge«, ein Urteil kann nicht auf dem Protokoll beruhen.[1060]

– Rechtsmittelverzicht
Nach der neuen gesetzlichen Regelung ist gemäß § 302 Abs. 1 S. 2 StPO ein Rechtsmittelverzicht grundsätzlich ausgeschlossen, wenn dem Urteil eine Verständigung vorausgegangen ist.[1061] Gemäß § 35a S. 3 StPO ist der Betroffene stets darüber zu belehren, dass ihm trotz einer vorausgegangenen Verständigung die Einlegung von Rechtsmitteln freisteht. Die qualifizierte Belehrung nach einer Verständigung gemäß § 35a S. 3 StPO wird aber nicht von dem Vermutungstatbestand des § 44 S. 2 StPO erfasst. Die zu späte Kenntnisnahme des Angeklagten oder seines Verteidigers von einer gesetzlichen Bestimmung stellt ebenso wenig wie die Unkenntnis höchstrichterlicher Rechtsprechung keine Verhinderung im Sinne von § 44 S. 1 StPO dar.[1062] Eine Rechtsmittelrücknahmeerklärung ist grundsätzlich unwiderruflich und unanfechtbar, auch wenn sie im Rahmen einer Verständigung in einer anderen Strafsache abgegeben worden ist.[1063]

1054 BVerfG, Beschl. v. 30.06.2013 – 2 BvR 85/13, StV 2013, 674 f.

1055 BGH, Urt. v. 07.08.2013 – 5 StR 253/13, StV 2013, 682 f.

1056 Vgl. *Meyer-Goßner*/Schmitt § 257c Rn. 28; vgl. auch *Niemöller* in Niemöller/Schlothauer/Weider § 257c Rn. 142 ff. (S. 119 ff.) sowie *Weider* ebenda Teil C Rn. 59 ff. (S. 177 ff.); zur Verwertbarkeit des Geständnisses nach Aufhebung des Verständigungsurteils vgl. BGH StV 2010, 470 f. m. Anm. *Wattenberg*; vgl. aber für einen Sonderfall: BGH, Beschl. v. 24.02.2010 – 5 StR 38/10, StV 2010, 470 f. m. Anm. *Wattenberg* StV 2010, 471 f. = StV 2011, 337 f.

1057 BGH, Beschl. v. 01.03.2011 – 1 StR 52/11, StV 2011, 337 f.

1058 BGHSt 42, 46.

1059 BGH, Beschl. v. 31.03.2010 – 2 StR 31/10, StV 2010, 346.

1060 Zu fehlenden Angabe im Urteil (§ 267 Abs. 3 S. 5 StPO) vgl. BGH, Beschl. v. 19.08.2010 – 3 StR 226/10.

1061 BGH, Beschl. v. 11.10.2010 – 1 StR 359/10, NStZ 2011, 170 f.

1062 Der durch das Gesetz zur Regelung der Verständigung im Strafverfahren vom 29.07.2009 (BGBl. I S. 2353) eingeführte § 30 Abs. 1 S. 2 StPO – wonach ein Rechtsmittelverzicht ausgeschlossen ist, wenn dem Urteil eine Verständigung vorausgegangen ist – beseitigt die vor Inkrafttreten des Gesetzes bereits eingetretene Rechtskraft nicht vgl. BGH, Beschl. v. 29.09.2009 – 1 StR 376/09, BGHSt 54, 167 ff.

1063 BGH, Beschl. v. 01.04.2010 – 4 StR 637/09, StV 2010, 475.

Ist dem Urteil eine Verständigung vorausgegangen, so kann eine Zurücknahme des Rechtsmittels grundsätzlich auch noch vor Ablauf der Frist zu seiner Einlegung wirksam erfolgen.[1064]

LIV. Verwertungsverbote

190 – Gesetzesverletzungen
Beispiele:[1065] Etwa §§ 52[1066], 136[1067], 136a, 137 StPO, Fehler in Zusammenhang mit Durchsuchungen oder Beschlagnahmen[1068], Telefonüberwachung. Auch Grundrechtsverletzungen sind rügebedürftig; ihre Geltendmachung steht nämlich zur Disposition des Grundrechtsträgers[1069].

– Rügeart
Ausführungen zur Verwertbarkeit von Beweismitteln sind in den Urteilsgründen nicht geboten[1070]. Ein Verstoß gegen ein Verwertungsverbot bedarf deshalb zur Geltendmachung im Revisionsverfahren einer den Anforderungen des § 344 Abs. 2 Satz 2 StPO genügenden Verfahrensrüge[1071]. Deshalb ist, wenn ein Verwertungsverbot gegenüber der Aussage einer Vernehmungsperson geltend gemacht wird, regelmäßig der vollständige Inhalt der Vernehmungsniederschrift(en) mitzuteilen[1072]. Die Rüge eines Verstoßes gegen §§ 136, 136a StPO erfordert einen Vortrag der tatsächlichen Umstände, des Gegenstandes und des Verlaufs der Vernehmung. Dies ist vor allem dann erforderlich, wenn die Vernehmung Besonderheiten aufweist, die einen ursächlichen Zusammenhang zwischen dem behaupteten Verstoß gegen § 136a StPO und der Aussage zweifelhaft erscheinen lassen[1073].

▶ Beachte also

Nach § 344 Abs. 2 Satz 2 StPO muss der Beschwerdeführer im Rahmen einer Verfahrensrüge die den geltend gemachten Verstoß enthaltenden Tatsachen grundsätzlich so vollständig und genau darlegen, dass das Revisionsgericht allein anhand der Revisionsbegründung in die Lage versetzt wird, über den geltend gemachten Mangel endgültig zu entscheiden. Wesentliche Schriftstücke oder Aktenstellen sind im Einzelnen zu bezeichnen und zum Bestandteil der Revisionsbegründung zu machen[1074]

▶ Hinweis

Die Voraussetzungen eines von der Verteidigung behaupteten Beweisverwertungsverbots sind nach § 136a StPO im Wege des Freibeweises aufzuklären; insoweit ist das Revisionsgericht zu

1064 BGH, Beschl. v. 24.11.2015 – 3 StR 312/15, NStZ 2016, 177 m. Anm. *Ventzke.*
1065 BGH, Beschl. v. 14.04.2010 – 1 StR 64/10, BGHSt 55, 82 ff. = StV 2010, 474 f.; strittig vgl. dazu aber *Niemöller* StV 2010, 597 f.; *ders.* StV 2011, 54 f.; 2012, 385 f.; *Meyer-Goßner* StV 2011, 53; *Malek* StraFo 2010, 251 f.; *Staudinger* HRRS 2010, 347 f.; *Kuckein* NStZ 2011, 110 f.
1066 Vgl. dazu Jahn StraFo 2011, 117, 122 ff.
1067 Problem der qualifizierten Belehrung bei Verstoß gegen § 52 StPO: BGH, Urt. v. 03.05.2018 – 3 StR 390/17 = NStZ 2019, 227 f. m. Anm. *Arnoldi* NStZ 2019, 230 ff.
1068 Beachte: Die Verletzung der Aussagefreiheit kann auch außerhalb von Vernehmungen nach §§ 136, 136a StPO zu einem Beweisverwertungsverbot führen: BGH, Urt. v. 06.03.2018 – 1 StR 277/17 = StV 2018, 767 f. m. Anm. *Jahn* NJW 2018, 1988 f.; *Vogler* NStZ 2019, 38 f. *Eisenberg* StV 2018, 769 f.
1069 Die Rüge unzulässiger Verwertung von Durchsuchungsfunden erfordert einen Widerspruch in der Hauptverhandlung BGH, Urt. v. 09.05.2018 – 5 StR 17/18 = StV 2018, 772 f.
1070 BGHSt 205, 212.
1071 BGH NJW 2006, 1361, 1362; wistra 2006, 311, 313.
1072 BGHSt 19, 273, 275, 279; 48, 240, 250; KK-*Gericke* § 337 Rn. 30.
1073 BGH StraFo 2003, 101.
1074 BGH StV 1999, 195; NStZ-RR 2000, 34; BGHSt 37, 48, 53.

eigener Prüfung berufen. Es ist grundsätzlich weder auf die Feststellungen des Tatgerichts beschränkt noch an dessen Beweiswürdigung gebunden.[1075]

Wird ein Verstoß gegen § 105 Abs. 1 Satz 1 StPO (Richtervorbehalt) und ein Verwertungsverbot für die im Zuge der Durchsuchung aufgefundenen Beweismittel geltend gemacht wird, muss auch ein polizeilicher Vermerk auf den in Gründen des Durchsuchungsbeschlusses ergänzend Bezug genommen wird, vorgetragen werden.[1076] Der Gesichtspunkt einer fehlenden Berührung des Rechtskreises des Angeklagten kann der Anerkennung eines Verwertungsverbots entgegenstehen.

Hängt die Unverwertbarkeit von einem Widerspruch in der Hauptverhandlung ab, so ist eine hierauf gestützte Verfahrensrüge nur zulässig, wenn der Revisionsführer auch die Umstände vorträgt, aus denen sich die Rechtzeitigkeit des Widerspruchs ergeben soll.[1077]

Einen Verstoß gegen § 252 StPO darf der Angeklagte auch dann rügen, wenn er oder sein Verteidiger der Verwertung nicht widersprochen haben, da im Rahmen des § 252 StPO eine etwaige Einwilligung der Verfahrensbeteiligten unbeachtlich ist. Auch eine Präklusion der Rüge wegen Verzicht auf den in § 238 Abs. 2 StPO vorgesehenen Zwischenrechtsbehelf scheidet bei Eingriffen in die Entschließungsfreiheit eines Zeugen, dem der Gesetzgeber zu seinem Schutz ein Zeugnisverweigerungsrecht eingeräumt hat, aus[1078].

Generell ist der Verwertung einer Aussage, die unter Verstoß gegen die Verfahrensgrundsätze der §§ 136 Abs. 1 Satz 2, 163 a Abs. 4 Satz 2 StPO (Schweigerecht sowie das Recht zur Verteidigerkonsultation) oder sonstige Belehrungspflichten aus dem Grundsatz des fairen Verfahrens nach Art. 20 Abs. 3 i.V.m. Art. 2 Abs. 1 GG im Ermittlungsverfahren erlangt worden ist, bis zu dem in § 257 StPO genannten Zeitpunkt zu widersprechen. Der in der ersten Hauptverhandlung unterlassene oder verspätete Widerspruch wegen Verletzung der §§ 136 Abs. 1 Satz 2, 163 a Abs. 4 Satz 2 StPO oder sonstiger Belehrungspflichten aus dem Grundsatz des fairen Verfahrens kann auch nach Zurückverweisung der Sache durch das Revisionsgericht in der neuen Hauptverhandlung nicht mehr geltend gemacht werden[1079].

Problematisch ist, ob ein Mitangeklagter die unterlassene Belehrung eines Zeugen, der nicht sein Angehöriger war, rügen kann. Nach der Rechtsprechung ist dabei ausreichend, aber auch erforderlich, dass gegen beide Mitbeschuldigte in irgendeinem Prozessstadium ein zusammenhängendes einheitliches Verfahren anhängig war[1080]. Unerheblich ist dabei, ob das Verfahren gegen den Angehörigen des Zeugen abgetrennt[1081] oder durch Einstellung nach § 170 Abs. 2 StPO[1082] oder nach § 205 StPO[1083] erledigt wurde. Hingegen erlischt das Zeugnisverweigerungsrecht mit rechtskräftigem Abschluss des gegen den Angehörigen geführten Verfahrens[1084] oder mit dem Tod des Angehörigen[1085].

Zu beachten ist, dass der BGH in erheblichem Umfang dazu übergegangen ist, das Entstehen eines Verwertungsverbots von einem Widerspruch des Angeklagten oder seines Verteidigers in der Hauptverhandlung abhängig zu machen.[1086] Die Rechtsprechung verlangt vom Angeklagten vor

1075 BGH, Urt. v. 27.09.2018 – 4 StR 135/18 = NStZ-RR 2019, 26 f.
1076 BGH, Beschl. v. 02.05.2019 – 3 StR 21/19 = NStZ-RR 2019, 284 f.
1077 BGH, Beschl. v. 24.1.2012 – 4 StR 493/11; BGHSt 51, 285, 289 f.
1078 BGH NStZ 1997, 614 = StV 1997, 337.
1079 BGHSt 45, 203 ff.
1080 BGHSt 50, 272.
1081 BGHSt 34, 138 ff.
1082 BGH NStZ 1988, 18.
1083 BGH NStZ 1984, 176.
1084 BGHSt 27, 141.
1085 BGHSt 38, 96; bei Freispruch: BGH NJW 1993, 2326.
1086 BGH NJW 1992, 1118.

allem bei Verstößen gegen §§ 100a[1087], 110a und b[1088], 136[1089], 224 und 168c Abs. 5 StPO[1090], bei einer Verweigerung der Zuziehung eines Rechtsanwalts[1091] (nicht bei § 136a StPO), der Verwertung des Beweismittels bis zu dem in § 257 StPO genannten Zeitpunkt zu widersprechen (Widerspruchslösung[1092])

LV. Verteidigung, Beschränkung

191 – Gesetzesverletzung § 338 Nr. 8 StPO[1093]
Eine wesentliche Beschränkung der Verteidigung liegt nach der Rechtsprechung nur vor, wenn durch einen in der Hauptverhandlung ergangenen Beschluss des Gerichts[1094] aufgrund besonderer Verfahrensvorschriften geschützte Verteidigungsmöglichkeiten des Angeklagten unzulässig beschränkt wurden. Darüber hinaus muss die konkrete Möglichkeit eines Zusammenhangs zwischen dem Verfahrensverstoß und dem Urteil bestehen,[1095] das Urteil muss also auf der Beschränkung der Verteidigung beruhen.[1096] Dies kann vor allem dann in Betracht kommen, wenn das verletzte Gesetz die Fürsorgepflicht des Gerichts gegenüber dem Angeklagten regelt oder das Gebot des fairen Verfahrens sichern soll. Beispiele hierfür sind die Verweigerung von Akteneinsicht für den Verteidiger,[1097] die Ablehnung von Beweisanträgen des Angeklagten ohne jede inhaltliche Prüfung,[1098] die Ablehnung eines vor allem in Zusammenhang mit der Neubestellung[1099] oder dem Wechsel des Verteidigers gestellten Aussetzungs- oder Vertagungsantrags,[1100] die Zurückweisung von Fragen[1101] (Rdn. 167) oder die Ablehnung eines berechtigten Antrags

1087 BGHSt 38, 214; 39, 349; 42, 15, 22 f.; 43, 63; BVerfG, Beschl. v. 07.12.2011 – 2 BvR 2500/09, NStZ 2012, 496 f. = StV 2012, 641 f.; zur »Widerspruchslösung« vgl. *Burhoff* StraFo 2003, 267; *Maul/Eschelbach* StraFo 1996, 66; *Meyer-Mews* StraFo 2009, 141 ff.; *Kröpil* JR 2012, 451 f.; *Mosbacher* FS Rissing-van Saan 2011 S. 357 ff.; Meyer-Goßner/*Schmitt* § 136 Rn. 25; ausf. *Gleß* in Löwe-Rosenberg StPO 27. Aufl. § 136 Rn. 82 ff. einschränkend für Durchsuchung oder Beschlagnahme: BGH, Urt. v. 06.10.2016 – 2 StR 46/15 = BGHSt 61, 266 ff. a.A. BGH, Urt. v. 09.05.2018 – 5 StR 17/18 = NStZ 2018, 737 f. m. Anm. *Meyer-Mews* NJW 2018, 2280; *Börner* NStZ 2018, 738 f.; *Schäuble* StV 2018, 773 ff.; zur Neukonzipierung Berg, StraFo 2018, 327 ff.; *Rode* StraFo 2018, 336 ff.

1088 BGH NStZ 2006, 402 = StV 2006, 225; NJW 2006, 3654; StV 2001, 545.

1089 BGH StV 1996, 529.

1090 BGHSt 38, 214; 50, 272; BGH StV 2004, 57.

1091 BGHSt 42, 86.

1092 BGHSt 38, 372; 39, 349; 42, 15: BGH NStZ 1997, 614 m. Anm. Müller-Dietz.

1093 BGHSt 38, 214; 42, 15, 22; 50, 206; BGH NStZ 1997, 502; vgl. auch Meyer-Goßner/Schmitt, Rn. 25 zu § 136; krit. *Schlothauer/Jahn* RuP 2012, 222; *Rebler* AnwZert VerkR 19/2017 Anm. 2 (im Verkehrsordnungswidrigkeitenverfahren).

1094 Übersicht bei *Weiler* NStZ 1999, 105; zum Fragerecht des Verteidigers *Krawczyk* StRR 2012, 305 f.; zur Berücksichtigung von Begehren des Wahlverteidigers bei der Terminierung der Hauptverhandlung BGH, Beschl. v. 21.03.2018 – 1 StR 415/17 = NJW 2018, 1698 f.

1095 Vgl. OLG Frankfurt StV 1998, 13.

1096 BGH StV 2000, 402 (403) m. Anm. *Stern*; Anm. *Hammerstein* NStZ 2000, 327 (328); BGH, Beschl. v. 11.11.2004 – 5 StR 299/03 = BGHSt 49, 317, 327 f. = NStZ 2005, 569 f.; v. 03.08.2016 – 5 StR 289/16.

1097 BGH StV 2000, 248 (249) m. Anm. *Ventzke*; BGH NStZ 1998, 369; streitig, vgl. die Nachweise bei KK/*Gericke* § 338 Rn. 101.

1098 Vgl. BGH StV 2000, 248, 249 m. Anm. *Ventzke*; BGH NStZ 1997, 43 m. Anm. *Gillmeister*; dagegen aber im Hinblick auf §§ 147 Abs. 4 S. 2, 336 S. 2 StPO: BGH NStZ 2000, 46 (verweigerte Mitgabe der Akten in die Kanzlei).

1099 Vgl. BGH NStZ 1998, 209; KK/*Gericke* § 338 Rn. 101 m.w.N. und *Burgard/Fresemann* wistra 2000, 88 (92).

1100 BGH StV 2001, 601.

1101 BGH NJW 2000, 1350; StV 2000, 402 (403) m. Anm. *Stern*; BGH NStZ 1999, 527 m.w.N.; *Hammerstein* NStZ 2000, 327.

auf Bestellung eines weiteren oder eines auswärtigen Pflichtverteidigers.[1102] Ein Angeklagter ist nicht hinreichend verteidigt, wenn bei kurzfristiger Erkrankung des Pflichtverteidigers ein anderer Verteidiger für einen Tag der Hauptverhandlung bestellt wird, um die Vernehmung eines Zeugen zu ermöglichen, ohne dass der Ersatzverteidiger sich in die Sache einarbeiten konnte.[1103] Das Gericht ist verpflichtet, eine schriftliche Stellungnahme des Angeklagten zur Kenntnis zu nehmen. Insofern ist die Verfahrensweise, eine Entgegennahme der Erklärung abzulehnen und diese gar zu zerreißen, fehlerhaft. Dadurch ist die Verteidigung aber nicht in einem für die Entscheidung wesentlichen Punkt (§ 338 Nr. 8 StPO) beschränkt, wenn eine kausale Beziehung zwischen der fehlerhaft unterbliebenen Kenntnisnahme und dem Urteil sich bei der konkreten Sachlage nicht ergibt.[1104]
Zur Verletzung von § 257 StPO: Kap. 4 Rdn. 192.

– Rügeart
  Verfahrensrüge.
– Anforderungen an die Rüge[1105]
  In ihrem vollständigen Wortlaut müssen zunächst der Antrag und die Entscheidung mitgeteilt werden, in der die unzulässige Beschränkung der Verteidigung liegen soll.[1106] Ferner müssen – trotz Vorliegens eines absoluten Revisionsgrundes – die Tatsachen vorgetragen werden, die die »Wesentlichkeit« der Beschränkung der Verteidigung belegen, um dem Revisionsgericht eine Prüfung des Beruhens zu ermöglichen.[1107] Die Revision muss eine konkret-kausale Beziehung zwischen einem etwaigen Verfahrensfehler (z.B. unvollständige Akteneinsicht §§ 147, 228 StPO, Verstoß gegen ein faires Verfahren Art. 20 Abs. 3 i.V.m. Art. 2 Abs. 1 GG, Verletzung rechtlichen Gehörs Art. 103 Abs. 1 GG) und einem für die Entscheidung wesentlichen Punkt dartun.[1108] Schließlich sind auch die Umstände darzulegen, die die Gesetzesverletzung belegen; es müssen daher beispielsweise vorgetragen werden: bei Ablehnung eines Aussetzungsantrags wegen nicht ausreichender Vorbereitung des Verteidigers – neben dem Antrag und dem Ablehnungsbeschluss – auch die Tatsachen, aus denen sich ergibt, dass die verbleibende Zeit nicht ausreichend war,[1109] bei Verhinderung des Verteidigers, aus welchen konkreten Gründen dieser nicht an der Hauptverhandlung teilnehmen konnte;[1110] bei teilweise verweigerter Akteneinsicht ist (mit der erforderlichen Bestimmtheit) darzulegen, dass weitere Akten beigezogen waren, welche Tatsachen sich aus welchen Stellen der Akten ergeben hätten und welche Konsequenzen für die Verteidigung daraus gefolgt wären.[1111]
– Absoluter Revisionsgrund
  § 338 Nr. 8 StPO, allerdings ist ein Beruhen nach der Rechtsprechung erforderlich (vgl. oben bei Gesetzesverletzung).
– Besonderheiten

1102 Vgl. BGH, Beschl. v. 17.11.2000 – 3 StR 389/00; NStZ 1982, 158 (159).
1103 BGH NStZ 1997, 401 m. Anm. *Rogat* JR 1998, 252; 1998, 49 (50); 1999, 396 (399); BVerfG StV 2002, 521 (»Verteidiger des Vertrauens«); BGH StV 2001, 3 (Einem zeitgerecht vorgetragenen Wunsch des Beschuldigten auf Beiordnung eines von ihm benannten Rechtsanwalts ist grundsätzlich auch dann zu entsprechen, wenn zuvor nach Unterlassen der gebotenen Anhörung ein anderer Pflichtverteidiger bestellt worden war).
1104 BGH, Urt. v. 20.06.2013 – 2 StR 113/13, BGHSt 58, 206 f. = StV 2013, 675 f.
1105 BGH, Beschl. v. 18.09.2012 – 3 StR 348/12, StV 2013, 373 f. = NStZ 2013, 59 f.
1106 Vgl. KK/*Gericke* § 344 Rn. 59 ff.
1107 BGH (M) NStZ-RR 1998, 1, 5; BayObLG NStZ-RR 1999, 141.
1108 BGH StV 2000, 248 (249) m. Anm. *Ventzke*; BGH NStZ 1998, 369; vgl. auch BGH NStZ 1999, 396 (399).
1109 BGHSt 30, 131 (135); 44, 82 (90); BGH NStZ 2000, 212; NStZ-RR 2004, 50; StV 2004, 191.
1110 Vgl. BGH NStZ 1998, 311 (312); 1996, 99.
1111 BGH NStZ 1998, 311 (312); BGH StV 1998, 414; vgl. auch BayObLG StV 1999, 194 und oben Rdn. 171.

Vgl. auch *Beschuldigter – Belehrung, Verteidigerkonsultation* (Rdn. 156); *Fragerecht* (Rdn. 167); *Hinweispflicht* (Rdn. 171); *Plädoyer/Schlussvortrag* (Rdn. 176); *Pflichtverteidigerbestellung* (Rdn. 175); *zur Beschlagnahme von Verteidigungsunterlagen: Beschlagnahme* (Rdn. 153).

LVI. Vorstrafen

192 – Gesetzesverletzung

Ein materiell-rechtlicher Fehler liegt vor bei Verwertung getilgter oder tilgungsreifer Vorstrafen (Verstoß gegen §§ 51 Abs. 1, 63 Abs. 4 BZRG);[1112] andererseits kann die Aufklärungspflicht verletzt sein (dazu Rdn. 147), wenn – bekannte und verwertbare – Vorstrafen nicht berücksichtigt wurden; zur Darstellung der Vorstrafen im Urteil:[1113] Kap. 33 Rdn. 117. Vorstrafen, die bereits für die Strafrahmenwahl bestimmend waren, dürfen bei der Strafrahmenwahl nur noch mit geringerem Gewicht strafschärfend berücksichtigt werden.[1114] Bei der Strafzumessung dürfen auch rechtskräftige ausländische Vorstrafen berücksichtigt werden, wenn die Tat nach deutschem Recht strafbar wäre. Sind sie zur Bewertung des Vorlebens des Täters relevant, müssen in einem Mitgliedsstaat der Europäischen Union ergangene Verurteilungen grundsätzlich sogar »mit gleichwertigen tatsächlichen bzw. verfahrens- und materiellrechtlichen Wirkungen versehen werden wie denjenigen, die das innerstaatliche Recht den im Inland ergangenen Verurteilungen zuerkennt«. Dabei ist nicht Voraussetzung, dass es sich um eine nach § 54 BZRG im Bundeszentralregister eingetragene ausländische Vorstrafe handelt. Die Verwertbarkeit einer ausländischen Verurteilung in einem in Deutschland geführten Strafverfahren zum Nachteil des Beschuldigten setzt aber grundsätzlich voraus, dass diese – würde es sich um eine Verurteilung nach deutschem Recht handeln – nicht tilgungsreif wäre.[1115]

Der Ermittlungsgrundsatz verpflichtet das Gericht, die Beweisaufnahme zur Erforschung der Wahrheit auf alle Tatsachen und Beweismittel zu erstrecken, die für die Entscheidung von Bedeutung sind, gleich ob sie die Schuld- oder Straffrage betreffen. Zu den Tatsachen, die in § 46 Abs. 2 StGB als für die Strafzumessung erheblich benannt sind, gehört das Vorleben des Täters; dies erst recht, wenn es einen kriminellen Einschlag enthält.[1116]

– Rügeart

Sachrüge (Verwertung getilgter oder tilgungsreifer Vorstrafen), zur Verfahrensrüge bei unterlassener Feststellung von Vorstrafen: Rdn. 147.

– Relativer Revisionsgrund

Das Beruhen wird regelmäßig nur bezüglich des Rechtsfolgenausspruchs gegeben sein.

– Besonderheiten

Vgl. auch *Aufklärungspflicht/Aufklärungsrüge* (Rdn. 147); *Personalien, persönliche Verhältnisse* (Rdn. 174); *Feststellungen* (Rdn. 166).

LVII. Zeuge – audiovisuelle Vernehmung

193 Die Vorschriften der § 247a Abs. 1 S. 2 StPO und § 336 S. 2 StPO stehen der Zulässigkeit der Verfahrensrüge im Revisionsverfahren nicht entgegen, wenn geltend gemacht wird, dass es sich bei der Zeugenvernehmung um eine audiovisuelle Vernehmung gehandelt hat, die ohne die gemäß § 247a Abs. 1 S. 1 StPO gebotene Anordnung durch die Strafkammer vorgenommen worden ist[1117]. § 247a Abs. 1 StPO gestattet die einzig zulässige Art und Weise der Videovernehmung eines Zeugen in der Hauptverhandlung (sog. Englisches Modell). Andere Formen der audiovisuellen Zeugenvernehmung,

1112 BGH StV 2000, 248, 249 m. Anm. *Ventzke*; NJW 2005, 300.
1113 BGHSt 27, 108; vgl. auch Kap. 31 Rdn. 91.
1114 BGH, Beschl. v. 10.09.2003 – 1 StR 371/03; BGH NStZ-RR 2002, 100.
1115 BGH, Beschl. v. 25.06.2013 – 5 StR 256/13.
1116 BGH, Beschl. v. 09.11.2016 – 5 StR 485/16; v. 19.10.2011 – 4 StR 425/11, StV 2012, 149 f. = NStZ-RR 2012, 305.
1117 BGH StV 2004, 415.

insbesondere solche, bei denen der Vorsitzende des Gerichts sich mit dem Zeugen außerhalb des Sitzungszimmers befindet und diesen dort befragt (sog. Mainzer Modell), sind nicht zulässig.[1118] Für die Anordnung einer audiovisuellen Zeugenvernehmung nach § 247a StPO besteht keine gesetzliche Regelung, wonach zwingend die Gerichtsbesetzung in der Hauptverhandlung zu entscheiden hat. Eine Entscheidung kann auch bei laufender Hauptverhandlung in der Besetzung außerhalb der Hauptverhandlung getroffen und den Verfahrensbeteiligten formlos mitgeteilt werden.[1119]

LVIII. Zeuge – Auskunftsverweigerungsrecht

– Gesetzesverletzung 194
Verstoß gegen §§ 55,[1120] 244, 245 Abs. 1 StPO (allgemein zu § 55 StPO: Kap. 4 Rdn. 218). Das Unterlassen der Belehrung über das Auskunftsverweigerungsrecht nach § 55 StPO begründet die Revision des Angeklagten nicht, da diese Belehrung ausschließlich dem Schutz und den Interessen des Zeugen dient (Rechtskreistheorie).[1121] Aus der berechtigten Auskunftsverweigerung darf das Gericht sogar Schlüsse zum Nachteil des Angeklagten ziehen (vgl. Rdn. 162); verwertbar sind auch solche Angaben, die der Zeuge ohne Belehrung bis zu der Auskunftsverweigerung gemacht hat.[1122] Das Auskunftsverweigerungsrecht nach § 55 StPO kann grundsätzlich nur in dem Umfang greifen, in welchem die Befragung sich auf Vorgänge richtet, die im Verhältnis zu den abgeurteilten Geschehen andere Taten im verfahrensrechtlichen Sinn des § 264 Abs. 1 StPO darstellen würden. Dabei genügt es, wenn der Zeuge über Vorgänge Auskunft geben müsste, die den Verdacht gegen ihn mittelbar begründen, sei es auch nur als Teilstück in einem mosaikartig zusammengesetzten Beweisgebäude. Besteht die konkrete Gefahr, dass er durch eine wahrheitsgemäße Aussage zugleich potenzielle Beweismittel gegen sich selbst wegen noch verfolgbarer eigener Delikte liefern müsste, so ist ihm die Erteilung solcher Auskünfte nicht zumutbar.[1123] Das Recht zur Auskunftsverweigerung begründende Verfolgungsgefahr im Sinne des § 55 Abs. 1 StPO besteht grundsätzlich dann nicht mehr, wenn gegen den Zeugen ein rechtskräftiges Urteil vorliegt, die Strafklage daher verbraucht ist und deswegen zweifelsfrei ausgeschlossen ist, dass er sich durch seine Antwort der Gefahr der Strafverfolgung aussetzt.[1124] § 55 Abs. 1 StPO findet keine Anwendung, wenn sich der Zeuge erst durch die Beantwortung der an ihn gerichteten Frage strafbar machen kann.[1125] Hat sich der Zeuge auf ein tatsächlich nicht bestehendes Auskunftsverweigerungsrecht berufen und keine oder nur teilweise Angaben gemacht, kann dieser Verstoß gegen § 245 Abs. 1 StPO oder die Aufklärungspflicht (§ 244 Abs. 2 StPO[1126]) mit der Verfahrensrüge beanstandet werden (Beispiel dazu bei Rdn. 147). Zum Recht auf Zeugenbeistand im Rahmen von § 55 StPO vgl. BVerfG, Beschl. v. 10.03.2010 – 2 BvR 941/09.

1118 Das Fehlen des Gerichtsbeschlusses gemäß § 247a S. 1 StPO begründet die Revision, wenn für das Revisionsgericht nicht erkennbar ist, ob die Voraussetzungen des § 247a StPO vorgelegen haben, BGH NStZ 2008, 421 = StV 2008, 231 f.; vgl. auch BGH, Urt. v. 22.08.2017 – 1 StR 216/17 = NStZ 2018, 156 ff. m. Anm. *Schneider* NStZ 2018, 1218 ff.; *Metz* NJW 2017, 3399.

1119 BGH, Beschl. v. 20.09.2016 – 3 StR 84/16, NJW 2017, 181 f.; zur strafprozessualen Videovernehmung *Roth* GSZ 2018, 62–67.

1120 BGH, Beschl. v. 28.09.2011 – 5 StR 315/11.

1121 Vgl. dazu BVerfG NJW 2003, 3045; StV 2002, 177; BVerfG, Beschl. v. 21.04.2010 – 2 BvR 504/08, wistra 2010, 299 f.; BGH, Urt. v. 08.06.2016 – 2 StR 539./15, StV 2016, 774 f., *Rinio* JuS 2008, 600 ff.; gilt auch bei im Ausland verfolgbarer Tat: BGH, Beschl. v. 27.11.2019 – 4 StR 541/18 = NStZ 2019, 539.

1122 BGHSt 11, 213.

1123 BGH NStZ 1998, 312 (313).

1124 BGH NStZ 2007, 278; BGH StraFo 2005, 420; vgl. auch BGH, Beschl. v. 04.03.2010 – StB 46/09, StraFo 2010, 253.

1125 BGH NStZ 2006, 509; StV 2006, 508.

1126 BGHSt 50, 318.

– Rügevoraussetzung
Hat der Vorsitzende einem Zeugen unter Verletzung seines Beurteilungsspielraums zu Unrecht ein Auskunftsverweigerungsrecht gemäß § 55 StPO zugebilligt, so kann ein Verfahrensbeteiligter eine Verfahrensrüge hierauf demgemäß im Allgemeinen nur dann stützen, wenn er in der Hauptverhandlung die Entscheidung als unzulässig beanstandet hat. Der Verteidiger muss also die Duldung der – als rechtswidrig beanstandeten – Auskunftsverweigerung beanstanden (§ 238 Abs. 2 StPO), die Anordnung von Maßregeln nach § 70 StPO beantragen und dies in der Revisionsbegründung vortragen.[1127]

LIX. Zeuge – unterbliebene Ladung

195 Wird die Ablehnung eines Antrags auf Vernehmung eines bereits angehörten Zeugen geltend gemacht, muss mitgeteilt werden, dass und wozu der Zeuge in der Hauptverhandlung bereits ausgesagt hat. Denn nur dann kann geprüft werden, ob es sich nicht um einen bloßen Antrag auf Wiederholung einer bereits durchgeführten Beweisaufnahme oder auf Feststellung ihres Inhalts handelte.[1128]

LX. Zeuge – Vereidigung

196 – Gesetzesverletzung
§ 59 StPO.
Gesetzesverletzungen in Zusammenhang mit der (Nicht-) Vereidigung eines in der Hauptverhandlung vernommenen Zeugen können mit der Revision gerügt werden, wenn die Beeidigung fehlerhaft verfügt und durchgeführt wurde.
Die Vorschriften im Zusammenhang mit der Vereidigung von Zeugen und Sachverständigen sind durch das 1. Justizmodernisierungsgesetzes vom 24.08.2004 (BGBl. I S. 2198) – in Kraft getreten am 01.09.2004 – völlig geändert worden.[1129] Mit diesen Neuregelungen wurde unter anderem auch die bis zum 31.08.2004 im Strafverfahren geltende Regelvereidigung abgeschafft. Nach § 59 Abs. 1 StPO n.F. sind Zeugen danach nur dann zu vereidigen, wenn es das Gericht wegen der Bedeutung der Aussage oder zur Herbeiführung einer wahrheitsgemäßen Bekundung für erforderlich erachtet. Dementsprechend hat der Tatrichter eine Entscheidung über die Vereidigung eines Zeugen zu treffen, welche als wesentliche Förmlichkeit im Protokoll festzuhalten ist. Eine ausdrückliche Entscheidung, einen Zeugen nicht zu vereidigen, ist nach der Änderung des gesetzlichen Regel-/Ausnahme-Verhältnisses in § 59 Abs. 1 S. 1 StPO n.F. nur dann zu treffen und in das Hauptverhandlungsprotokoll aufzunehmen, wenn ein Verfahrensbeteiligter einen Antrag auf Vereidigung gestellt hat.[1130] Einer zusätzlichen Begründung bedarf es weder für den Fall einer danach erfolgten Vereidigung eines Zeugen in der Hauptverhandlung (§ 59 Abs. 1 S. 2 StPO n.F.), noch für den nunmehr gegebenen gesetzlichen Regelfall der Nichtvereidigung.[1131]
Aus der Prozessleitungsbefugnis des Vorsitzenden folgt, dass dieser zunächst allein im Wege einer Anordnung, zu der ihn § 238 Abs. 1 StPO ermächtigt, darüber entscheidet, ob ein Zeuge nach seiner Vernehmung vereidigt wird oder unvereidigt bleibt. Daran hat die Neufassung der Vorschriften über die Vereidigung durch das Erste Justizmodernisierungsgesetz nichts geändert.[1132]
Bei einer lediglich fehlerhaften Begründung des Ausschließungsbeschlusses kann – ausnahmsweise – der absolute Revisionsgrund verneint werden, wenn die sachlichen Voraussetzungen des § 247 StPO zweifelsfrei vorlagen und vom Tatgericht auch nicht verkannt wurden-.[1133] Nach

1127 BGH, Beschl. v. 28.12.2011 – 2 StR 195/11, StV 2013, 4 f. = NStZ 2012, 523.
1128 BGH, Beschl. v. 06.08.2002 – 5 StR 314/02; BGH StraFo 2003, 132; BGHSt 51, 144 ff.
1129 BGH, Beschl. v. 01.06.2015 – 4 StR 21/15, NStZ 2015, 540 f.
1130 Vgl. auch BGH JR 2005, 78 m. Anm. *Müller*; zu den Auswirkungen für die Verteidigung vgl. *Schuster* StV 2005, 628 ff.; *Klemke* StV 2006, 158; *Feser* JuS 2008, 229 ff.
1131 BGHSt 50, 282.
1132 BGH StraFo 2005, 244.
1133 Zur Vereidigung eines in einem späteren Abschnitt der Hauptverhandlung nochmals vernommen Zeugen vgl. BGH, Beschl. v. 20.07.2010 – 3 StR 193/10, wistra 2010, 451.

dem Wortlaut des neu gefassten § 59 Abs. 1 StPO ist die Nichtvereidigung eines Zeugen die Regel. Fehlen besondere Umstände, ist einer Entlassungsverfügung des Vorsitzenden daher konkludent zu entnehmen, er habe die Voraussetzungen, vom regelmäßigen Verfahrensgang abzuweichen als nicht gegeben angesehen. Die Zulässigkeit einer sich hiergegen richtenden Verfahrensrüge setzt voraus, dass diese Entscheidung in der Hauptverhandlung beanstandet und gemäß § 238 Abs. 2 StPO ein gerichtlicher Beschluss herbeigeführt worden ist.[1134]

Die Vereidigungsentscheidung des Vorsitzenden ist als wesentliche Förmlichkeit des Verfahrens in das Hauptverhandlungsprotokoll aufzunehmen. Hat der Vorsitzende innerhalb der Hauptverhandlung die Vereidigung angeordnet oder verfügt, den Zeugen nicht zu vereidigen, bedarf seine Entscheidung keiner Begründung. Dies bestimmt § 59 Abs. 1 S. 2 StPO n.F. für den Fall der Vereidigung und ergibt sich im Fall des Absehens von einer Vereidigung daraus, dass – im Gegensatz zur früheren Gesetzeslage, die in § 59 StPO a.F. die Regelvereidigung vorsah – durch § 59 Abs. 1 S. 1 StPO n.F. nunmehr die Nichtvereidigung zum Regelfall geworden ist.

Will der Beschwerdeführer die Anordnung des Vorsitzenden über die Vereidigung mit der Revision angreifen, setzt die Zulässigkeit einer entsprechenden Verfahrensrüge voraus, dass er die Entscheidung in der Hauptverhandlung beanstandet und gemäß § 238 Abs. 2 StPO einen Beschluss des Gerichts herbeigeführt hat.[1135] Entscheidet der Vorsitzende, dass ein Zeuge entsprechend dem Regelfall des § 59 StPO in der Fassung des 1. Justizmodernisierungsgesetzes nicht vereidigt werden soll, und wird diese Frage weder kontrovers erörtert noch zum Gegenstand einer gerichtlichen Entscheidung nach § 238 Abs. 2 StPO gemacht, so ist, wenn der für die Vernehmung nach § 247 StPO aus dem Sitzungssaal entfernte Angeklagte dabei nicht anwesend ist, dieser Verfahrensvorgang kein wesentlicher Teil der Hauptverhandlung und der absolute Revisionsgrund des § 338 Nr. 5 StPO nicht gegeben.[1136]

Zu Fehlern in Zusammenhang mit der Vereidigung von im Ermittlungsverfahren vernommenen Zeugen: vgl. Rdn. 194.

- Rügeart
  Verfahrensrüge.
- Relativer Revisionsgrund
  Die Neufassung des § 59 StPO eröffnet dem Tatrichter für die Entscheidung über die Vereidigung von Zeugen einen Beurteilungsspielraum (»wegen der ausschlaggebenden Bedeutung der Aussage oder zur Herbeiführung einer wahren Aussage«) kombiniert mit einer Ermessensbefugnis (»nach seinem Ermessen für notwendig hält«). Wie in sonstigen Fällen kann auch hier mit der Revision geltend gemacht werden, der Tatrichter habe den ihm zustehenden Beurteilungsspielraum überschritten oder sein Ermessen rechtsfehlerhaft ausgeübt.[1137]
  Die Revision kann darauf gestützt werden, dass eine Vereidigung unter Verstoß gegen § 60 StPO erfolgt ist. Ansonsten wird kaum ein revisibler Verstoß anzunehmen sein.[1138] Bei der wiederholten Vernehmung eines Zeugen kommt eine unterschiedliche Entscheidung über seine Vereidigung nach wie vor nur für die Teile seiner Aussage in Betracht, die verschiedene Taten betreffen.[1139] Selbst dabei ist aber zu beachten, dass eine Teilvereidigung dann nicht statthaft ist, wenn die Taten in einem inneren Zusammenhang miteinander stehen, insbesondere ein nicht oder nur schwer trennbares Gesamtgeschehen bilden. Ebenso kann ein Eid weder auf einzelne Bekundungen noch auf zeitlich getrennte Abschnitte eines Tatsachenkomplexes beschränkt werden[1140]
  Zeugen werden nur noch vereidigt, wenn es das Gericht wegen der ausschlaggebenden Bedeutung der Aussage oder zur Herbeiführung einer wahren Aussage nach seinem Ermessen für not-

1134 BGH NStZ 2001, 46, 47 m.w.N.
1135 BGH, Beschl. v. 07.07.2009 – 1 StR 268/09, StV 2009, 565.
1136 BGH StV 2005, 200 m. Anm. *Schlothauer* StV 2005, 200.
1137 BGHSt 51, 81 ff.
1138 BGH StV 2009, 225.
1139 Vgl. dazu Meyer-Goßner/*Schmitt* § 59 Rn. 13, § 60 Rn. 31; KK/*Senge* § 59 Rn. 14; § 60 Rn. 37 ff.
1140 Vgl. auch BGH, Beschl. v. 20.07.2010 – 3 StR 193/10, wistra 2010, 451.

wendig hält. Unterlässt der Vorsitzende eine Entscheidung über die Vereidigung, kann das Urteil hierauf nur beruhen, wenn es bei einer Entscheidung zu einer Vereidigung des Zeugen gekommen wäre, und wenn sodann nicht auszuschließen wäre, dass der Zeuge in diesem Fall andere, wesentliche Angaben gemacht hätte.[1141]

▶ Beachte also

Der Beruhenszusammenhang ist nur dann gegeben, wenn der Zeuge bei einer ordnungsgemäß erfolgten Entscheidung vereidigt worden und sodann nicht auszuschließen wäre, dass der Zeuge in diesem Fall andere, wesentliche Angaben gemacht hätte.[1142]

– Anforderungen an die Rüge
Mitteilung der Tatsachen zur Vernehmung des Zeugen (vom Vernehmungsbeginn bis zur [Nicht-] Vereidigung, der Beanstandung nach § 238 Abs. 2 StPO und der daraufhin ergangenen Entscheidung des Gerichts). Ergeben sich die für die Beruhensprüfung erforderlichen Tatsachen nicht aus dem Urteil, müssen auch sie mitgeteilt werden.[1143]

LXI. Zeuge – Vernehmung

197 – Gesetzesverletzung
Missachtung eines Verwertungsverbots bei Gesetzesverletzung vor allem im Ermittlungsverfahren; auch hier hat der BGH – etwa bei einem Verstoß gegen § 168c V 1 StPO[1144] (vgl. dazu auch Kap. 31 Rdn. 126) – ein Verwertungsverbot aber häufig nur dann angenommen, wenn der Verteidiger oder der Angeklagte in der Hauptverhandlung im Rahmen des Äußerungsrechts nach § 257 StPO der Verwertung widersprochen hat.[1145] Zu beachten ist ferner, dass es bei Vernehmungen im Ausland – auch hinsichtlich ihrer Verwertbarkeit – grundsätzlich nur der Wahrung der am Vernehmungsort geltenden Verfahrensvorschriften bedarf.[1146]
Die nicht erschöpfende Befragung eines in der Hauptverhandlung vernommenen Zeugen (vgl. dazu Kap. 4 Rdn. 228 ff.) kann grundsätzlich nicht beanstandet werden, es sei denn, es wurden Fragen nicht zugelassen (vgl. dazu Rdn. 167) oder das Urteil gibt ausdrücklich zu erkennen, dass bestimmte Fragen oder Vorhalte unterblieben sind (dann gelten die Ausführungen zur Aufklärungsrüge – Rdn. 147 – entsprechend).[1147]
Hat der Tatrichter nicht geprüft, ob die (persönliche) Vernehmung eines unerreichbaren Auslandszeugen durch dessen audiovisuelle Vernehmung gem. § 247a StPO[1148] ersetzt werden kann, kann dies trotz §§ 247a S. 2, 336 S. 2 StPO in der Revision jedenfalls dann beanstandet werden, wenn eine tatrichterliche Entscheidung hierzu völlig fehlt.[1149]
Die Vorschriften der § 247a S. 2 und § 336 S. 2 StPO stehen der Zulässigkeit der Verfahrensrüge im Revisionsverfahren nicht entgegen, wenn geltend gemacht wird, dass es sich bei der Zeugenvernehmung um eine audiovisuelle Vernehmung gehandelt hat, die ohne die gemäß § 247a S.z 1 StPO gebotene Anordnung durch die Strafkammer vorgenommen worden ist. Das Fehlen des Gerichtsbeschlusses gemäß § 247 S. 1 StPO begründet die Revision, wenn für das

1141 BGH, Beschl. v. 20.07.2010 – 3 StR 193/10, wistra 2010, 451.
1142 BGH, Beschl. v. 31.07.2013 – 4 StR 276/13.
1143 BGH, Beschl. v. 17.08.2005 – 2 StR 284/05 = NStZ 2006, 114; v. 31.07.2013 – 4 StR 276/13.
1144 KG StV 2000, 189, 190 m. Anm. *Herdegen*.
1145 Vgl. dazu u.a. BGH, Beschl. v. 17.02.2009 – 1 StR 691/08, BGHSt 53, 191 ff. = StV 2010, 9; Beschl. v. 29.11.2006 – 1 StR 493/06, BGHSt 51, 150 ff. = StV 2007, 66 f.; Urt. v. 25.07.2000 – 1 StR 169/00, BGHSt 46, 93 ff. = StV 2000, 593 f.
1146 BGH NStZ 1999, 417; 1996, 595 (597) m. Anm. *Puppe*.
1147 BGH NStZ 2000, 547 (Zeugenvernehmung mit Vereidigung in London).
1148 BGH NStZ 2000, 156 (157); 1997, 296; 450.
1149 Zur Ablehnung der Videovernehmung vgl. BVerfG, Beschl. v. 17.09.2004 – 2 BvR 2122/03; allgemein zur zulässigen Videovernehmung § 247a Abs. 1 StPO: BGH, Beschl. v. 20.09.2016 – 3 StR 84/16, NJW 2017, 181 f.

Revisionsgericht nicht erkennbar ist, ob die Voraussetzungen des § 247a StPO vorgelegen haben.[1150]

- Rügeart
  Verfahrensrüge.
- Anforderungen an die Rüge
  Mitteilung der Tatsachen, aus denen sich das Verwertungsverbot ergibt (i.d.R. durch vollständige Wiedergabe der Zeugenvernehmung aus dem Ermittlungsverfahren), der Einführung dieser Aussage in die Hauptverhandlung, des Widerspruchs und gegebenenfalls der daraufhin ergangenen Entscheidung des Gerichts.
  Zu Fehlern bei einer Zeugenvernehmung in der Hauptverhandlung: vgl. die Verweise bei Besonderheiten.
  Grundsätzlich müssen bei der Anbringung einer Aufklärungsrüge, mit der die unterbliebene Vernehmung von Zeugen beanstandet wird, die Namen und die ladungsfähigen Anschriften der Zeugen mitgeteilt werden.[1151]
- Relativer Revisionsgrund
  Das Beruhen ergibt sich regelmäßig aus der Beweiswürdigung des Urteils.
  Das Unterlassen der Belehrung gem. § 57 StPO kann mit der Revision nicht gerügt werden.[1152]
- Besonderheiten
  Zur Einführung der Aussage im Wege des Urkundenbeweises, vgl. Rdn. 185; zum *Fragerecht* vgl. Rdn. 167; zur *Aufklärungspflicht/Aufklärungsrüge*, vgl. Rdn. 147.

LXII. Zeuge – Zeugnisverweigerungsrecht

- Gesetzesverletzung[1153] 198
  Verstoß gegen § 52 Abs. 3 StPO bei unterlassener Belehrung (vgl. dazu Kap. 4 Rdn. 220 ff.; Kap. 31 Rdn. 105 ff.); bei § 53 StPO kann dagegen nur eine falsche Belehrung beanstandet werden (weil sie dort nicht erforderlich ist), etwa wenn ein Zeuge auf eine tatsächlich nicht erteilte Schweigepflichtentbindung hingewiesen wurde.[1154] Die Nicht-Vernehmung eines die Aussage verweigernden Zeugen, dem tatsächlich ein Zeugnisverweigerungsrecht nicht zustand, ist mit der Aufklärungsrüge zu beanstanden (vgl. Rdn. 147). Dass ein Zeuge nach ordnungsgemäßer Belehrung über sein Zeugnisverweigerungsrecht ausgesagt oder nicht ausgesagt hat, kann nicht beanstandet werden (keine Gesetzesverletzung). Die Unglaubwürdigkeit eines zur Verweigerung des Zeugnisses berechtigten Zeugen kann aus Rechtsgründen nämlich nicht daraus hergeleitet werden, dass dieser im Ermittlungsverfahren geschwiegen und erst in der Hauptverhandlung seine entlastenden Angaben gemacht hat; denn selbst die Verweigerung des Zeugnisses hätte nicht zum Nachteil des Angeklagten gewertet werden dürfen.[1155]
  Wurde die Aussage eines Zeugen aus dem Ermittlungsverfahren verwertet, obwohl dieser in der Hauptverhandlung von seinem Zeugnisverweigerungsrecht Gebrauch gemacht hat und hatte der Zeuge der Verwertung dieser Aussage auch nicht zugestimmt,[1156] so liegt ein Verstoß gegen § 252 StPO vor, wenn die frühere Aussage durch Urkundenverlesung oder durch Vernehmung einer nichtrichterlichen Verhörperson in die Hauptverhandlung eingeführt wurde (vgl. auch Kap. 31 Rdn. 109 ff.); ferner besteht auch bezüglich der Angaben einer richterlichen Verhörperson in solchen Fällen ein Verwertungsverbot, wenn die Vernehmung nicht ordnungsgemäß

1150 BGH NJW 1999, 3788; Anm. *Duttge* NStZ 2000, 157 (160).
1151 BGH, Beschl. v. 06.02.2008 – 5 StR 597/07, NStZ 2008, 421 = StV 2008, 231 f.
1152 BGH, Urt. v. 21.11.2013 – 4 STR 242/13, NStZ 2014, 172: Beschl. v. 26.02.2020 – 4 StR 662/19, NStZ-RR 2020, 180.
1153 Vgl. Meyer-Goßner/*Schmitt* § 57 Rn. 7 m.w.N.
1154 Vgl. zu den Grundsätzen *Bosch* Jura 2012, 33 f.; ausf. Alsberg/*Güntge* Der Beweisantrag im Strafprozess 7. Aufl. Rn 838 ff.
1155 BGHSt 42, 73.
1156 BGH, Beschl. v. 13.08.2009 – 3 StR 168/09 = StV 2009, 679.

durchgeführt wurde, etwa weil der Zeuge damals nicht nach § 52 Abs. 3 S. 1 StPO belehrt wurde.[1157] Dieses Verwertungsverbot ist nicht von einem Widerspruch in der Hauptverhandlung abhängig.[1158]

Macht ein Zeuge erst in der Hauptverhandlung von seinem Zeugnisverweigerungsrecht nach § 52 Abs. 1 StPO Gebrauch, so erfordern die Einführung des Inhalts einer früheren Aussage des Zeugen in die Hauptverhandlung durch Vernehmung des Richters, vor dem der Zeuge im Rahmen des die konkrete Tat betreffenden Ermittlungsverfahrens ausgesagt hat, und die Verwertung des dadurch gewonnenen Beweisergebnisses, dass der Richter den Zeugen gemäß § 52 Abs. 3 S. 1 StPO über sein Zeugnisverweigerungsrecht belehrt hat. Einer weitergehenden Belehrung bedarf es nicht.[1159] Zu Fehlern in Zusammenhang mit der Belehrungspflicht bei einem im Ermittlungsverfahren vernommenen Zeugen: vgl. auch Rdn. 194.

Zum Problem des Verschweigens eines Zeugnisverweigerungsrecht BGHSt 48, 294 m. Anm. *Eisenberg/Zötsch* NJW 2003, 3676; *Petersohn* JuS 2004, 379; zum Verzicht auf das Verwertungsverbot des § 252 StPO vgl. *Schmitt* NStZ 2013, 213 f.; zum Problem der Spontanäußerung vgl. *Jahn* JuS 2012, 369 f.; *Mitsch* NStZ 2009, 287 f.; *Joachim* NStZ 1990, 95 f.; BGH, Beschl. v. 23.10.2012 – 1 StR 137/12, StV 2013, 135 f. = NStZ 2013, 247 f.; Urt. v. 27.06.2013 – 3 StR 435/12, BGHSt 58, 301 ff. = NStZ 2013, 604 f. = StV 2013, 737 f. m. Anm. *Wohlers* JR 2014, 131 ff.; *Britz* NStZ 2013, 607 f.

– Rügeart

Verfahrensrüge.[1160]

– Anforderungen an die Rüge

Beim Verstoß gegen § 52 Abs. 3 S. 1 StPO muss der Verfahrensgang vom Aufruf des Zeugen bis zu dessen Entlassung mitgeteilt werden.

Soll geltend gemacht werden, einem minderjährigen Zeugen hätte ein Pfleger bestellt werden müssen (Verstoß gegen § 52 Abs. 2 S. 2 StPO), müssen auch die Tatsachen vorgetragen werden, die das Gericht zu der Einschätzung gebracht haben können, der Zeuge habe selbst die nach § 52 Abs. 2 StPO erforderliche Verstandesreife.[1161] Hat der Vorsitzende die Zeugentüchtigkeit und die Verstandesreife des minderjährigen Zeugen bejaht, geht der BGH ersichtlich davon aus,[1162] dass dann eine Beanstandung gem. § 238 Abs. 2 StPO erhoben werden muss; folgt man dem, müssen in der Verfahrensrüge auch diese und die daraufhin ergangene Entscheidung des Gerichts mitgeteilt werden. Die in die Hauptverhandlung eingeführte Bewertung des Vorsitzenden, eine Zeugin sei nicht mit dem Angeklagten verlobt, kann vom Angeklagten nur dann zur Grundlage einer Verfahrensrüge gemacht werden, wenn er eine Entscheidung des Gerichts gemäß § 238 Abs. 2 StPO herbeigeführt hat.[1163]

Wird ein Verstoß gegen § 252 StPO geltend gemacht, müssen die der Revisionsrüge zugrunde liegenden Verfahrensvorgänge in der Revisionsbegründung vollständig mitgeteilt werden, soweit sie sich bei erhobener Sachrüge nicht aus dem Urteil ergeben;[1164] hierzu zählen insbesondere die frühere Zeugenaussage (vollständige Wiedergabe), ihre Einführung in die Hauptverhandlung sowie die Vernehmung des Zeugen in der Hauptverhandlung (mit der Aussageverweigerung).

1157 Vgl. dazu BGH JR 2000, 339 m. Anm. *Fezer*.

1158 Vgl. BGH NJW 2000, 1274 (1275) m.w.N. (dort auch zu einem erst nach der früheren Vernehmung entstandenen Aussageverweigerungsrecht); BGH NStZ 2001, 49 m. Anm. *Schittenhelm* (auch zur »Vernehmung« durch einen Anwalt); zum »Ansetzen« einer Vertrauensperson auf einen aussageverweigerungsberechtigten Zeugen: BVerfG StV 2000, 466 = JR 2000, 333 m. Anm. *Lesch*; Anm. *Weßlau* StV 2000, 468.

1159 BGH NJW 2000, 596 m.w.N.

1160 BGH, Beschl. v. 15.07.2016 – GSSt 1/16 zum Abdruck in BGHSt bestimmt = NJW 2017, 94 ff.

1161 Vgl. etwa BGH NStZ 1998, 469 zum Verstoß gegen § 52 Abs. 3 S. 1 StPO.

1162 BGH NStZ 1997, 145, 146 (Mitteilung des Zeitraums der Präsenz des Zeugen in der Hauptverhandlung).

1163 Vgl. BGH StV 2000, 185.

1164 BGH, Beschl. v. 09.03.2010 – 4 StR 606/09, BGHSt 55, 65 ff. = StV 2010, 344.

- Relativer Revisionsgrund
  Am Beruhen kann es vor allem dann fehlen, wenn der Zeuge das Aussageverweigerungsrecht auch ohne Belehrung kannte[1165] oder davon auszugehen ist, dass er auch nach Belehrung über sein Aussageverweigerungsrecht ausgesagt hätte. Dies kann sich aus früheren Belehrungen, aus dem Prozessverhalten des Zeugen oder aus einem ersichtlichen Interesse des Zeugen am Gang des Verfahrens ergeben,[1166] etwa, weil der Zeuge – ohne Belehrung – erklärt hat, ungeachtet eines etwaigen Zeugnisverweigerungsrechts auf jeden Fall aussagen zu wollen.[1167]
- Besonderheiten
  Zur Verwertung des Schweigens eines Zeugen: vgl. *Beweiswürdigung – Schweigen, Zeuge* (Rdn. 162).

▶ Beispiel

1. Gerügt wird die Verletzung des § 52 Abs. 3 S. 1 StPO.[1168]
In der Hauptverhandlung wurde die 8-jährige Schwester des Angeklagten erstmals als Zeugin vernommen, ohne über das ihr zustehende Zeugnisverweigerungsrecht belehrt worden zu sein. Zwar erklärten die Eltern der Zeugin, dass das Mädchen aussagen werde, die Zeugin selbst wurde aber weder belehrt noch über ihre Aussagebereitschaft befragt.

Der Verfahrensgang hierzu ergibt sich im Einzelnen aus folgendem Eintrag im Hauptverhandlungsprotokoll vom … (Bl … dA): »…« [Wiedergabe der Sitzungsniederschrift vom Aufruf der Zeugin über die Belehrung der Eltern bis zur Entscheidung über die Vereidigung und die Entlassung der Zeugin.]

2. Die Angaben der Zeugin, die im Urteil auf Seite … mitgeteilt werden, hat das Gericht verwertet (UA …). Es hat damit gegen ein nach Missachtung von § 52 Abs. 3 S. 1 StPO bestehendes Verwertungsverbot verstoßen. Das Mädchen war nämlich nach § 52 Abs. 1 Nr. 3 StPO zur Verweigerung des Zeugnisses berechtigt und hätte darauf hingewiesen werden müssen, dass es trotz der Einwilligung seiner Eltern nicht zur Aussage verpflichtet ist (§ 52 Abs. 3 S. 1, Abs. 2 S. 1 StPO). Die ohne diese Belehrung zustande gekommene Zeugenaussage ist nicht verwertbar.

3. Auf dieser Gesetzesverletzung beruht das Urteil (§ 337 Abs. 1 StPO), da die Angaben des Kindes zur Verurteilung des Angeklagten wesentlich beigetragen haben (UA …). Im Hinblick auf das Alter der Zeugin und ihre erstmalige Vernehmung ist ausgeschlossen, dass sich das Mädchen bei seiner Aussage auch ohne Belehrung des bestehenden Aussageverweigerungsrechts bewusst war.

LXIII. Zuständigkeit

- Gesetzesverletzung 199
  Zur sachlichen Zuständigkeit: § 6 StPO,[1169] Art. 101 Abs. 1 S. 2 GG, §§ 16, 24 ff., 74 ff. GVG[1170]; die sachliche Unzuständigkeit ist nach Ansicht des 4. Senats des BGH als Verfahrenshindernis von Amts wegen zu beachten, nach Ansicht des 1. Senats muss sie mit einer Verfah-

---

1165 BGH NJW 2000, 596; vgl. auch oben Rdn. 127.
1166 BGH NStZ 1990, 549.
1167 BGH StV 2002, 3.
1168 BGH StV 2000, 555.
1169 BGH, Beschl. v. 08.01.1992 – 5 StR 649/91.
1170 Vgl. auch BGHSt 47, 16: BGH, Beschl. v. 08.11.2011 – 3 StR 244/11, NStZ-RR 2012, 76 m. Anm. *Sturm/Lickleder* ZIS 2012, 591 ff.; BGH, Urt. v. 03.02.2016 – 2 StR 481/14, StV 2016, 621 f.; vgl. auch *Satzger* Jura 2016, 620 f.

rensrüge beanstandet werden.[1171] Wie allgemein ist gegen den Grundsatz des gesetzlichen Richters regelmäßig nur bei Willkür verstoßen;[1172] dies gilt auch im Fall einer Verweisung nach § 270 Abs. 1 StPO.[1173] Die Revisionsrüge, das Gericht habe seine Zuständigkeit mit Unrecht angenommen (§ 338 Nr. 4 StPO), bleibt dem Angeklagten auch dann uneingeschränkt erhalten, wenn dem Urteil eine Verständigung (§ 257c StPO) vorausgegangen ist.[1174]
Die Verbindung von Strafsachen, die nicht nur die örtliche, sondern auch die sachliche Zuständigkeit betrifft, kann nicht durch eine Vereinbarung der beteiligten Gerichte nach § 13 Abs. 2 S. 1 StPO geschehen. Eine solche Verbindung kann vielmehr in den Fällen, in denen die verschiedenen Gerichte nicht alle zu dem Bezirk des ranghöheren gehören, nur durch Entscheidung des gemeinschaftlichen oberen Gerichts herbeigeführt werden (§ 4 Abs. 2 S. 2 StPO). Ein Verstoß dagegen führt zur Unzuständigkeit.[1175] Zur örtlichen Zuständigkeit: Verstoß gegen §§ 7 ff. StPO.[1176] Geprüft wird die örtliche Zuständigkeit von Amts wegen bis zur Eröffnung des Hauptverfahrens, danach nur bei Rüge des Angeklagten, längstens jedoch bis zu dessen Vernehmung zur Sache (§ 16 StPO; vgl. auch Kap. 4 Rdn. 29 f.); bei noch später oder gar nicht erhobener Rüge tritt Rügeverlust ein.
Zur fehlenden funktionellen Zuständigkeit: Verstoß gegen §§ 74 Abs. 2 ff. GVG. Die funktionelle Zuständigkeit prüft das Gericht von Amts wegen nur bis zur Verfahrenseröffnung, danach lediglich bei einer entsprechenden Rüge des Angeklagten, die längstens bis zu dessen Vernehmung zur Sache erhoben werden kann (§ 6a StPO); bei nicht oder zu spät erhobener Rüge tritt Rügeverlust ein.
Zum Verstoß gegen den Geschäftsverteilungsplan: vgl. *Besetzungsrüge* (Rdn. 158).
Eine Verfahrensverbindung nach §§ 4 Abs. 1, 13 Abs. 2 StPO kann wegen des dem Tatrichter hierbei zustehenden Ermessens[1177] in der Revision nur eingeschränkt überprüft werden;[1178] ähnliches gilt für eine Verfahrenstrennung.[1179] Die Verbindung von Strafsachen, die nicht nur die örtliche, sondern auch die sachliche Zuständigkeit betrifft, kann nicht durch eine Vereinbarung der beteiligten Gerichte nach § 13 Abs. 2 StPO geschehen[1180] (zur Verbindung von Strafsachen beim Landgericht[1181]). Die Aburteilung eines nicht wirksam hinzu verbundenen Verfahrens ist schon deshalb fehlerhaft, weil dieses weiterhin bei dem ursprünglichen Gericht anhängig ist.[1182]

– Rügeart

Von Amts wegen zu beachten (zur sachlichen Unzuständigkeit; streitig, vgl. oben), Verfahrensrüge (zur örtlichen und funktionellen Unzuständigkeit). Der Umstand, dass nicht die gemäß § 108 JGG zuständige Jugendkammer, sondern die allgemeine Strafkammer entschieden hat,

1171 Zur Zuständigkeit der Jugendschutzkammer gem. § 74b GVG vgl. BGH, Beschl. v. 07.03.2012 – 1 StR 6/12, BGHSt 57, 165 ff. = StV 2013, 3 f. m. Anm. *Stuckenberg* JR 2012, 467 f.

1172 Für Amtsprüfung: BGHSt 38, 172 (176); 212; 40, 120 = JR 1995, 255 m. Anm. *Sowada* = JZ 1995, 261 m. Anm. *Engelhardt*; BGHSt 44, 34 (36); *Rieß* NStZ 1992, 548; BGH StV 1999, 524; 1998, 372 (373); 1995, 620; zum Streitstand: BGH, Urt. v. 03.02.2016 – 2 StR 159/15, StV 2016, 622. Für Verfahrensrüge nach § 338 Nr. 4 StPO: BGH NStZ 1993, 197; BGH StV 1999, 524; 1998, 1; BGHSt 43, 53 = JR 1999, 164 m. Anm. *Renzikowski*; OLG Oldenburg NStZ 1994, 449; differenzierend: *Hegmann* NStZ 2000, 574 (577).

1173 Vgl. BGH StV 1999, 585; zur besonderen Bedeutung gemäß § 24 Nr. 3 GVG: BGH StV 1998, 372 (373).

1174 BGH StV 1999, 524 = JZ 2000, 213 m. Anm. *Bernsmann.*

1175 BGH, Beschl. v. 13.09.2011 – 3 StR 196/11, BGHSt 57, 3 f. = StV 2012, 137 f.

1176 BGH, Beschl. v. 11.07.2013 – 3 StR 166/13; Meyer-Goßner/*Schmitt* § 4 Rn. 14.

1177 Vgl. dazu z.B. BGH, Beschl. v. 31.03.2011 – 3 StR 460/10.

1178 Vgl. dazu BGH NJW 2000, 1275 (1276).

1179 Zur rechtsmissbräuchlichen Verbindung zu umfangreichem Verfahren: vgl. BVerfG StV 2002, 578.

1180 Vgl. BGH NStZ 2000, 211 (zur fehlenden Begründung des Trennungsbeschlusses). BGH, Beschl. v. 13.04.2010 – 3 StR 24/10, StraFo 2010, 339 f.

1181 BGH, Beschl. v. 20.12.2001 – 2 StR 493/01; v. 08.08.2001 – 2 StR 285/01, NStZ-RR 2002, 257.

1182 Vgl. *Meyer-Goßner* NStZ 2004, 353 ff.; vgl. auch BGH, Beschl. v. 01.06.2005 – 1 StR 100/05.

ist im Revisionsverfahren nur aufgrund einer Verfahrensrüge nach § 338 Nr. 4 StPO zu beachten.[1183]

- Anforderungen an die Rüge
  Macht der Angeklagte die örtliche oder funktionelle Unzuständigkeit geltend, muss er in der Revisionsbegründung die rechtzeitige Erhebung der Beanstandung nach § 6a StPO[1184] bzw. nach § 16 StPO vortragen;[1185] ferner muss die auf die Beanstandung hin ergangene Entscheidung des Gerichts mitgeteilt und die Gesetzesverletzung, also etwa die Verurteilung trotz örtlicher Unzuständigkeit, dadurch belegt werden, dass beispielsweise dargelegt wird, dass auf der Grundlage des Eröffnungsbeschlusses Tat- und Ergreifungsort in einem anderen Gerichtsbezirk lagen. Bei der Revisionsrüge der örtlichen Unzuständigkeit des erkennenden Gerichts muss der Beschwerdeführer alle Umstände, die für die gerichtliche Zuständigkeitsbestimmung im Zeitpunkt des Eröffnungsbeschlusses maßgeblich waren, vollständig und genau vortragen, insbesondere alle für die Zuständigkeitsbestimmung relevanten Erkenntnisse des Ermittlungsverfahrens.[1186]
- Absoluter Revisionsgrund
  § 338 Nr. 1 StPO, bei Rüge eines Verstoßes gegen den Geschäftsverteilungsplan oder eines sonstigen Besetzungsfehlers (vgl. Rdn. 158).
- Absoluter Revisionsgrund
  § 338 Nr. 4 StPO, bei Rüge der örtlichen oder funktionellen Unzuständigkeit (auch soweit die Ansicht vertreten wird, die sachliche Unzuständigkeit sei mit der Verfahrensrüge geltend zu machen).
- Besonderheiten
  Vgl. auch *Besetzungsrüge* (Rdn. 158); zur Verbindung eines erstinstanzlichen mit einem Berufungsverfahren: vgl. auch *Strafklageverbrauch* (Rdn. 180).

▶ **Beispiel (hier wird der Ansicht gefolgt, die sachliche Unzuständigkeit sei als Verfahrenshindernis von Amts wegen zu beachten)**

Antrag: Ich beantrage, das Urteil des Landgerichts ... vom ... mit den Feststellungen aufzuheben und die Sache zu neuer Verhandlung und Entscheidung an das [örtlich zuständige] Amtsgericht ... zurückzuverweisen (§ 355 StPO).

Begründung: Die sachliche Zuständigkeit ist als Prozessvoraussetzung nach § 6 StPO in jeder Lage des Verfahrens von Amts wegen zu beachten. Zwar bestimmt § 269 StPO, dass sich ein Gericht nicht für unzuständig erklären darf, weil die Sache vor ein Gericht niederer Ordnung gehört. Diese Vorschrift ist aber nicht anzuwenden, wenn das höhere Gericht objektiv willkürlich gehandelt hat; denn dann hat es gegen Art. 101 Abs. 1 S. 2 GG verstoßen und den Angeklagten seinem gesetzlichen Richter entzogen. Ist aber § 269 StPO nicht anwendbar, weil das höhere Gericht seine sachliche Zuständigkeit willkürlich bejaht hat, so bleibt es bei § 6 StPO; die sachliche Zuständigkeit wird dann vom Revisionsgericht von Amts wegen geprüft.

Objektive Willkür liegt vor, wenn der Entscheidung, das Verfahren vor diesem Gericht durchzuführen, jeder sachliche Grund fehlt, sich das Gericht also so weit von den gesetzlichen Maßstäben entfernt, dass seine Bewertung unter keinem Gesichtspunkt mehr vertretbar erscheint. Dies ist hier der Fall. Es ist offensichtlich, dass das Landgericht für die Verhandlung über die Anklage sachlich unzuständig war; eine besondere Bedeutung des Falles wurde weder von der Staatsanwaltschaft in der Anklageschrift noch vom Gericht im Eröffnungsbeschluss bejaht oder erörtert, sie ist ersichtlich auch nicht gegeben. Auch lag – wie schon die schließlich ver-

---

1183 BGH NStZ 2000, 435, 436; ähnlich BGH NJW 2000, 3293.

1184 BGH, Beschl. v. 11.04.2007 – 2 StR 107/07, NStZ-RR 2007, 282; v. 30.01.2013 – 4 StR 380/12, NStZ 2013, 290.

1185 Vgl. BGHSt 47, 311; BGH StV 2003, 454.

1186 Vgl. BGH GA 1980, 255; anders bezüglich der Zuständigkeit des Jugendgerichts: BGH NStZ 2000, 388 m.w.N.

hängte Freiheitsstrafe von vier Monaten zeigt – eine Freiheitsstrafe von mehr als vier Jahren so weit außerhalb der zu erwartenden Strafe, dass weder die Staatsanwaltschaft bei der Anklageerhebung, noch das Gericht bei der Eröffnung des Verfahrens hiermit auch nur im Entferntesten rechnen konnte.

Abschnitt 3 Der Verteidiger in der Wiederaufnahme

Kapitel 11 Einführung in das Wiederaufnahmeverfahren

Übersicht

A. Vorbemerkung

1 Der Verteidiger, dem ein Wiederaufnahmemandat angetragen wird, sieht sich in der Praxis mit einer Vielzahl von Problemen konfrontiert: Im Umgang mit dem Mandanten braucht er ein gehöriges Maß an Menschenkenntnis, im Umgang mit sich selbst Gleichmut, im Umgang mit der Justiz Beharrungsvermögen. Hat er erst einmal den Entschluss gefasst (den er sich so schwer wie möglich machen sollte), bedarf es zu seiner Umsetzung eines unbedingten Erfolgswillens. Ungestüm ist hierbei weniger gefragt, Urteilskraft und Freude am Detail umso mehr.

B. Zum Umgang mit dem Mandanten

2 Wer sich das eine oder andere Mal an einer Wiederaufnahme versucht hat, wird sehr schnell die Erfahrung machen, dass es in unseren Gefängnissen sehr viele Menschen gibt, die subjektiv die Überzeugung in sich tragen, zu Unrecht oder gar unschuldig verurteilt worden zu sein. Die Zuschriften, sobald auch nur eine positiv beantwortet worden ist, vermehren sich innerhalb kürzester Zeit wie eine geometrische Reihe. Es ist eine Frage der eigenen Arbeitskraft, wie viele dieser Mandatsanfragen eines inhaltlichen Eingehens fähig und wert sind. Der Anwalt – der junge zumal – sollte sich davor hüten, voreilig eine Prüfung des angetragenen Mandats in Aussicht zu stellen. Denn das Problem fast jeder Wiederaufnahme ist deren Finanzierung. Der rechtskräftig Verurteilte hat in der Regel sein gesamtes Hab und Gut verloren und die letzten liquiden Mittel bei den Anwälten gelassen, die seine Verurteilung und schließlich auch die Rechtskraft des Urteils nicht haben verhindern können. Das finanzielle Fiasko der meisten Mandanten führt letztlich dazu, dass die Wiederaufnahme für den Anwalt in der Regel ein pro-bono-Mandat ist.[1] Ein solches Mandat kann nur geführt werden, wenn andere Mandanten im Ergebnis hierfür mitbezahlen. Schon von daher ist das Wiederaufnahmemandat zwangsläufig immer etwas Exzeptionelles. Eine Vielzahl an Zusagen einer vorbereitenden Prüfung kann ein sorgfältig arbeitender Anwalt deshalb nie einhalten. Andererseits: die Menschen, mit denen er korrespondiert oder möglicherweise auch spricht, sehen in ihm ihren Hoffnungsträger, den einzigen, der verschlossene Pforten zu öffnen und die beschädigte Ehre zu retten vermag. Ein Brief, der zu helfen verspricht, mag gut gemeint sein, ist für den Adressaten jedoch mitunter verheerend, wenn die Hilfe tatsächlich nicht gewährt werden kann. Es ist schlimmer, eine Hoffnung erst zu wecken und dann zu enttäuschen, als sie von vornherein abzuweisen.

3 Jeder Anwalt, der sich an eine Wiederaufnahme heranwagt, sollte deshalb als erstes überprüfen, ob überhaupt sein finanzieller und zeitlicher Spielraum ausreichend ist, um ein solches Mandat neben den laufenden Geschäften betreiben zu können. Wenn er dies meint bejahen zu können, ist Bescheidung angesagt: Lieber ein Mandat ganz als zehn Mandate halb führen. Wie die Auswahl treffen? Zunächst muss sich jeder Verteidiger klar sein, dass unser Rechtsstaat zwar viele Mängel hat,

1 Liegt es hieran, dass die Wiederaufnahme in der anwaltlichen Berufspraxis nur ein Schattendasein führt? Auch berufs- und rechtspolitisch ist das Wiederaufnahmerecht – von der im letzten Jahr vorgenommenen Erweiterung der Wiederaufnahmegründe auf Verletzungen der Europäischen Menschenrechtskonvention (§ 359 Nr. 6 StPO) abgesehen – außerhalb der Diskussion. Von 32 Strafverteidigertagen hat sich ein einziger – der 16. Strafverteidigertag in Hamburg 1992 – in einer Abteilung mit dem Wiederaufnahmerecht befasst. Die beiden Referenten – *Peter Rieß* und *Steffen Stern* – sprachen zu drei interessierten Zuhörern.

im Ergebnis jedoch überwiegend die Richtigen trifft, auch wenn die Urteile mitunter lückenhaft, manchmal auch schludrig begründet sind und das Strafmaß gelegentlich überzogen ist. Jede andere Einschätzung wäre fatal: eine Strafjustiz, die zur Hälfte Unschuldige in die Gefängnisse schickt, gibt es nur unter den Bedingungen des Staatsterrorismus. Die Wiederaufnahme hat ihr Feld allein in dem minimalen Prozentbereich, in welchem Dummheit, Vorurteil und Hochmut sich schicksalsträchtig vermischen. Der mag immer noch groß genug sein; dennoch sollte sich der Verteidiger bei der Lektüre der Mandatsbitten eine kräftige Portion Skepsis reservieren. Jeder entwickelt hier mit der Zeit sein eigenes Herangehen: Es gibt Zuschriften, in denen das liebevolle aneinander handschriftlicher Zeilen über zwanzig Seiten hinweg (häufig ohne Heftrand) den sicheren Eindruck vermittelt, dass ihnen weitere vierzig Seiten folgen werden, sobald der Anwalt in seiner Antwort auch nur eine geringe Regung des Interesses offenbart. Es gibt die pompösen Offerten, in welchen die Ruhmseligkeit des Advokaten schmeichelnd angesprochen wird: man habe von ihm schon viel gehört und er sei der Einzige, der es packen könne. Die Honorarfrage wird fleißig ausgespart oder mit dem Hinweis auf glänzende Einnahmen aus zweifelsohne schnell abzuschließenden Exklusivverträgen im Medienbereich überspielt. Derartige Zuschriften sollten zwar gelesen, aber nur selten zum Anlass weiteren Eingehens genommen werden. Unschuld – und darum allein geht es – trägt sich in der Regel auch »unschuldig« vor: sachlich, manchmal gepaart mit Bitterkeit, aber immer mit Klarheit.

4 Unschuld? In der Praxis des normalen Strafverfahrens hat der Strafverteidiger seinen Beruf verfehlt und seine Rolle mit der des Richters verwechselt, wenn es ihm um mehr ginge als um die Abwehr des staatlichen Strafanspruchs. Dessen Abwehr ist moralisch und professionell stets schon dann gerechtfertigt, wenn die Beweise den Schuldvorwurf nicht tragen. In der Praxis des Wiederaufnahmeverfahrens verkehren sich die Rollen (auch die der Justiz – hierzu weiter unten): Ein Strafverteidiger, der nach gründlichem Studium der Akten und gewissenhafter Befragung des Mandanten nicht von dessen Unschuld überzeugt ist, jedenfalls von einem nachhaltigen »Unschuldsverdacht« getragen wird, sollte von jeder weiteren Aktivität ablassen.

5 Dafür gibt es einfache und deshalb gute Gründe. Ein Wiederaufnahmegesuch verlangt stets eine Vielzahl von Recherchen. Nicht jede Fährte, die verfolgt wird, führt zum Ziel: Zeugen sind verstorben oder verweigern sich, Spuren sind verwischt oder lassen sich nicht mehr untersuchen, Akten sind vernichtet oder verschwunden, laienhaft aufgestellte Hypothesen lösen sich nach sachverständiger Beratung in nichts auf. Ein Verteidiger kann aus all diesen Sackgassen und Irrpfaden nur dann auf den Weg der Erkenntnis zurückgelangen, wenn er von der Grundüberzeugung geleitet ist, tatsächlich fündig zu werden, und von der inneren Zuversicht angetrieben wird, nach der Plage vieler vergeblicher Anläufe endlich das Beweisstück in der Hand halten zu können, das dem anzugreifenden Urteil den Garaus bereitet. Allein das einer inneren Gewissheit nahekommende Gespür dafür, dass der Verurteilte unschuldig sei, schafft für alle Mühen ein Motiv.

Dies möge nicht missverstanden werden. Nicht die persönliche Sympathie für den Mandanten und der fahle Glaube an seine Unschuldsbeteuerungen sind die Basis erfolgreicher Ermittlungstätigkeit, sondern allein eine Unschuldsannahme, die sich aus einer intellektuellen Durchdringung des Stoffes nährt. Sie mag begleitet sein von menschlichen Erfahrungen und gelegentlich auch bekräftigt werden durch irrationale Regungen. Entscheidend ist jedoch, dass die Zweifel an der Tragfähigkeit des Urteils und die starke Vermutung eines Justizirrtums eine verstandesmäßige Grundlage haben; weiterhin muss der Mandant in der persönlichen Konfrontation mit seinem Verteidiger den fortbestehenden Verdachtsmomenten schlüssig und konstant entgegengetreten sein. Dies setzt eine Befragung durch den Verteidiger voraus, die nicht von einem Vertrauensvorschuss für den Mandanten geprägt ist, sondern eher vom Gegenteil: je mehr Misstrauen gegen den Mandanten in der Anfangsphase des Mandats, desto größer die Erfolgschancen in der Endphase.

▶ Beachte

6 In der Wiederaufnahme bewährt sich nur der Anwalt als guter Verteidiger, der in dem besseren Staatsanwalt sein Spiegelbild sieht.

C. Erste Vorüberlegungen

7 Welche rationalen Überlegungen führen zu einem Unschuldsverdacht? Es gibt selten rechtskräftig gewordene Urteile, die nicht in sich einen überzeugenden Eindruck vermitteln. Tun sie dies nicht, überspringen sie nur selten die Hürde der Revision (wie umgekehrt angesichts des zurzeit grassierenden ergebnisorientierten Arbeitsstils des Bundesgerichtshofs ein gut begründetes Instanzurteil selbst todsicher erscheinende Revisionsrügen zu passieren vermag).

▶ Beachte

Das schriftliche Urteil ist stets der Einstieg in die Wiederaufnahme. Das erste Arbeitsfeld des Verteidigers sind jedoch die ihm von der Staatsanwaltschaft überlassenen Akten des abgeschlossenen Strafverfahrens. Ihre gründliche Lektüre ist immer die erste Herausforderung des Urteils: Zeigen sich zwischen Zeugenaussagen im Ermittlungsverfahren und ihrer Wiedergabe im Urteil gravierende Diskrepanzen, gilt es zu prüfen, ob diese allein der Unmittelbarkeit der Hauptverhandlung und einer dort möglicherweise erfolgten Korrektur früherer Aussagen zuzuschreiben sind. Eine sorgfältige Urteilsbegründung ließe eine Erklärung und Auflösung unterschiedlicher Aussageinhalte erwarten. Ist sie nicht erfolgt, lässt dies den Verdacht keimen, die Urteilsgründe könnten an der einen oder anderen Stelle zum Zwecke erhöhter Rechtskraftchancen geglättet sein.

8 Der aufkommende Verdacht wird dichter, wenn gehörte Zeugen, deren Aussage dem Akteninhalt zufolge Gewicht hat, in den Urteilsgründen gänzlich verschwiegen werden. Noch kräftiger wird schließlich das Missbehagen, wenn die Urteilsgründe offenkundige Fehler zeigen: der Verurteilten wird als Glaubwürdigkeitsmangel angekreidet, sie habe eine bestimmte Aussage erst zu einem späten Zeitpunkt während der Hauptverhandlung gemacht, während das Explorationsprotokoll des psychiatrischen Sachverständigen eindeutig ergibt, dass die (später) Verurteilte sich inhaltlich identisch schon drei Monate vor Beginn der Hauptverhandlung geäußert hatte.[2] Regelrecht erschüttert wird schon bei erster Lektüre der Akten die Überzeugungskraft eines Urteils, wenn es allein auf dem Mord-Geständnis des Verurteilten beruht, dieses Geständnis aber auf polizeilichen Vernehmungen basiert, die teilweise insinuiert sein *müssen*.[3]

9 Es kommt hinzu, dass auch gut geschriebene Urteile manches Mal – wenn auch mitunter an unauffälliger Stelle – Konstruktionen enthalten, die gewagt erscheinen und das Misstrauen zu wecken verstehen: So behauptete eine mit Betäubungsmittelstrafsachen befasste Strafkammer in ihren schriftlichen Urteilsgründen,[4] der Kronzeuge habe sich im Auftrage des Verurteilten und zum Zwecke der Begleichung einer bei ihm bestehenden Spielschuld in Höhe von lediglich 5.000,– DM bereitgefunden, insgesamt drei Kilo Heroin und ein Pfund Kokain von Hamburg nach München zu bringen und einem unbekannten Dritten zu übergeben. Im gleichen Atemzug unterstellte die Strafkammer, dass der Kronzeuge völlig eigenständig in den Handel mit Betäubungsmitteln verstrickt war, und zwar »in erheblichem Umfange«. Dieses gleichzeitige Nebeneinander der Rolle eines unterwürfigen Gehilfen und eines selbstständigen Großdealers wirkte schon in sich wenig plausibel (wenn auch nicht unmöglich); im Zuge der weiteren Ermittlungen des Verteidigers ging die eine Rolle in der des anderen auf. Die Heranziehung immer neuer Akten aus dem Dunstkreis des Kronzeugen brachte zutage, dass der Adressat der angeblich im Auftrage des Verurteilten durchgeführten Lieferung in

2 So im Verfahren des LG Fulda in der Strafsache gegen *Monika Weimar*.

3 So in dem vor dem LG Hamburg verhandelten Fall *Holger Gensmer*, der 1971 nicht nur den Mord an einem Polizisten-Kind gestanden, sondern gleichzeitig auch noch sechs unaufgeklärte Vergewaltigungsfälle denselben Kriminalbeamten detailliert geschildert hatte; aus der Akte ergab sich jedoch aus der Sperma-Untersuchung an der Kleidung eines Vergewaltigungsopfers, dass der Täter die Blutgruppe O hatte, während *Gensmer* – was ebenfalls aus der Akte ersichtlich war – Ausscheider der Blutgruppe A war. Zumindest eines dieser detaillierten Geständnisse war *Gensmer* in den Mund gelegt worden.

4 LG Hamburg, Urt. v. 06.10.1995 – 619 KLs 13/95, S 24.

München tatsächlich Schuldner des »Gehilfen« war – und die von ihm vereinnahmte Summe lediglich eine Zahlung auf Schulden aus früheren Geschäften des Kronzeugen!

D. Zum Umgang mit der Justiz

10 Es ist ein bittere Erfahrung, die sich dem Verteidiger in der Wiederaufnahme alsbald mitteilt: Das Ermittlungsverfahren wie auch das Hauptverfahren kennen eine Reihe von Prozessmaximen, insbesondere das Prinzip der Wahrheitsermittlung (§ 244 Abs. 2 StPO); im Revisionsverfahren wird seine Wirkkraft bereits beeinträchtigt durch nicht steuerbare Imponderabilien – die Schlüssigkeit der Urteilsgründe, den formgerechten Vortrag des Verteidigers sowie die durch beides beeinflusste Bereitschaft des Revisionsgerichts zur Korrektur. Die Rechtskraft des Urteils hingegen ist der Sabbat aller Prinzipien – sie beginnen zu ruhen. Es scheint ein Rollenwechsel einzutreten: Verteidiger werden zu Ermittlern im Namen der (von ihnen behaupteten) Wahrheit, Richter und Staatsanwälte werden zu Verteidigern im Namen der Rechtskraft. Wer hat die bessere Moral an seiner Seite? Gewiss: der Rechtsfrieden lässt eine beliebige Wiederholung von Prozessen nicht zu; auch wäre eine weitherzige Auslegung der Wiederaufnahmegründe eine Einladung zum Missbrauch. So darf der schlichte Widerruf eines Geständnisses nicht schon per se einen neuen Prozess herbeizwingen. Vielmehr treffen den Verurteilten bei »widersprüchlichem Prozessverhalten« erweiterte Darlegungspflichten: Er muss deutlich machen, welche »schlüssigen und nahe liegenden« Motive der früheren Selbstbezichtigung zugrunde lagen[5] und warum ernsthafte Anhaltspunkte für ihre Unrichtigkeit bestehen.[6]

11 Die deshalb gebotene kritische Prüfung neuer Beweismittel und neuer Beweistatsachen – um den Wiederaufnahmegrund des § 359 Nr. 5 StPO geht es in 99 % aller Wiederaufnahmeverfahren – missrät in der justiziellen Befassung jedoch zu einer ungeduldigen Abwehr. Zeugen wird Unglaubwürdigkeit attestiert, bevor sie überhaupt gehört wurden;[7] Sachverständige werden nicht nach ihren Befunden beurteilt, sondern ganz formell allein daran gemessen, ob ihnen im Vergleich zu den früher eingesetzt gewesenen Gutachtern »überlegene Forschungsmittel« zu Gebote stehen; gelingt es den Strafgerichten nicht bereits auf diesem Wege, schon im Aditionsverfahren[8] eine neue Aussage oder ein neues Gutachten »wegzudrücken«, werden gelegentlich auch die Feststellungen des angegriffenen Urteils neu interpretiert oder gar neu getroffen: Die Tat sei tatsächlich einen Tag früher begangen worden als im Urteil festgestellt;[9] eine im Urteil angenommene Tatbegehung »kurz nach 20 Uhr« schließe auch einen Zeitraum bis 20.30 Uhr ein;[10] die Aussage eines unter Eid vernommenen Zeugen, er sei zwei oder drei Minuten nach 20 Uhr in einem Lokal erschienen und habe wenige Minuten später dort den Verurteilten getroffen, sei »recht vage«, weshalb es auch sein könne, dass

5 OLG Düsseldorf NStZ 2004, 454 (455).

6 BayVerfGH NStZ 2004, 447 (449).

7 So in einer Entscheidung des LG Mainz: Das Gericht hielt einen Entlastungszeugen, der eine eidesstattliche Versicherung über seine Wahrnehmungen abgegeben hatte, allein deswegen für unglaubwürdig, weil er in Kenia zu laden gewesen wäre. Dies ging dem OLG Koblenz (StV 2003, 229) allerdings zu weit: »Die Grenze der Zulässigkeit vorweggenommener Beweiswürdigung im Aditionsverfahren ist überschritten, wenn einem Tatzeugen, der das einzige die Verurteilung stützende Indiz widerlegen soll, von vornherein die Glaubwürdigkeit abgesprochen wird.«.

8 Der Begriff geht auf das lateinische Verb *adire* zurück und bedeutet *herangehen, hingehen*. Dieses Verb spielt auch in bestimmten Wendungen des römischen Rechts eine Rolle, insbesondere in dem Terminus technicus *adire in ius*, was bedeutet *beim Richter od. vor Gericht klagbar werden*, meint also die gerichtliche Zulassung eines Vorbringens. Exakt diese Bedeutung ist mit *Aditionsverfahren* gemeint: das Vorbringen des die Wiederaufnahme Begehrenden kommt in ein Stadium, in dem das Gericht sich mit der Sache befassen muss.

9 So der der Entscheidung des BVerfG NStZ 1995, 43 = NJW 1995, 2024 zugrunde liegende Fall des LG Coburg.

10 So das LG Hamburg in diesem dem Beschl. des BVerfG StV 1990, 530 = NJW 1990, 3193 zugrunde liegenden Fall.

das fragliche Zusammentreffen mit dem Verurteilten bereits *vor* 20 Uhr stattgefunden habe.[11] Von gleicher Güte war die Entscheidung eines Oberlandesgerichts, welches einen im Wiederaufnahmeverfahren beigebrachten Zeugen als ungeeignetes Beweismittel betrachtet hatte, weil sich aus einem psychiatrischen Gutachten dessen dauerhafte Verhandlungs- und Vernehmungsunfähigkeit ergebe; tatsächlich wurde in ebendiesem Gutachten just das *Gegenteil* festgestellt. Auch hier war es erst das Bundesverfassungsgericht, das den drei OLG-Richtern den »verfassungskräftig verbürgten Anspruch (des Beschwerdeführers) auf eine willkürfreie Entscheidung« ins Stammbuch schreiben musste.[12]

Die Abwehr von Wiederaufnahmebegehren geschieht jedoch nicht nur durch Verballhornung des Vortrages oder des im Urteil festgestellten und durch den Vortrag infrage gezogenen Sachverhalts. Auch pseudologische Distinktionen, wie sie wirklich nur Juristen einfallen können, werden gegen neue Tatsachen und Beweismittel zur Verteidigung des rechtskräftigen Urteils ins Feld geführt. So sei das Gegenteil einer in dem Urteil festgestellten Tatsache nicht neu: Tatsachen, die in einem solch gegensätzlichen Verhältnis zu den dem Urteil zugrunde liegenden Tatsachen stehen, dass sie durch diese denkgesetzlich ausgeschlossen werden, seien notwendigerweise immer schon von dem Tatrichter »geprüft und verneint« worden.[13] Auf gleicher Linie bewegt sich auch eine Entscheidung des Hanseatischen Oberlandesgerichts: Hat der Beschwerdeführer sein Wiederaufnahmegesuch auf die Behauptung einer Falschaussage gestützt (§ 359 Nr. 2 StPO), ist ihm aber im Probationsverfahren der *volle* Nachweis eines unrichtigen Zeugnisses misslungen, soll ihm die nachträgliche Berufung auf den Wiederaufnahmegrund des § 359 Nr. 5 StPO nicht möglich sein, selbst wenn die Falschaussage sich im Zuge der vom Wiederaufnahmegericht durchgeführten Beweisaufnahme als zumindest hinreichend *wahrscheinlich* herausgestellt hat.[14] 12

Die angeführten Entscheidungen sind keine krassen Ausnahmen von einer ansonsten in rechtsstaatlichem Gleichtakt sich vollziehenden Entscheidungspraxis. Der Anwalt im Wiederaufnahmeverfahren ist generell mit einer Strafjustiz konfrontiert, die sich in Verteidigungsstellung begeben hat und jeden Angriff auf das alte Urteil mit Zähnen und Klauen abzuwehren versucht. Hiergegen hat er sich ebenfalls zu wappnen: durch gründliche Lektüre der Rechtsprechung,[15] insbesondere aber verfassungsrechtlich durch eine sorgfältige Aneignung der vermehrt ergangenen Kammer-Entscheidungen des Bundesverfassungsgerichts. Vor allem dem Beschluss der 2. Kammer des Zweiten Senats des Bundesverfassungsgerichts vom 07.09.1994[16] kommt das Verdienst zu, einer vorschnellen Abfertigung des Wiederaufnahmevorbringens zwei Hürden entgegengestellt zu haben: 13

- Dem Wiederaufnahmegericht ist es verfassungsrechtlich verwehrt, im Zulassungsverfahren im Wege der Eignungsprüfung Beweise zu würdigen und Feststellungen zu treffen, die nach der Struktur des Strafprozesses der Hauptverhandlung vorbehalten sind;
- jedenfalls die Feststellung solcher Tatsachen, die den Schuldspruch wesentlich tragen, indem sie die abgeurteilte Tat in ihren entscheidenden Merkmalen umgrenzen, oder deren Bestätigung oder Widerlegung im Verteidigungskonzept des Angeklagten eine hervorragende Rolle spielt, darf nur in der Hauptverhandlung erfolgen.

Auch wird in dieser Entscheidung betont, dass das Wiederaufnahmeverfahren sein Ziel, den Konflikt zwischen Rechtssicherheit und materialer Gerechtigkeit angemessen zu lösen, nicht verfehlen dürfe; der Verurteilte habe innerhalb der Verfahrensstruktur des Wiederaufnahmerechts einen aus 14

---

11 So das OLG Hamburg in fataler Korrektur der Entscheidung des LG; beide wurden durch das Bundesverfassungsgericht eines Besseren belehrt, welches dem OLG Hamburg attestierte, eine »von Verfassungs wegen nicht hinreichende, willkürliche Spekulation« zur Entscheidungsgrundlage gemacht zu haben.

12 BVerfG NJW 1990, 3191.

13 So OLG Karlsruhe NJW 1958, 1247; ähnlich auch BGH NStZ 2000, 218; dagegen zu Recht KK/*Schmidt* § 359 Rn. 24.

14 OLG Hamburg JR 2001, 207 mit abl. Anm. *Krehl.*

15 Eine besonders gute Kommentierung der Wiederaufnahmevorschriften ist im Übrigen die von *Wilhelm Schmidt* im Karlsruher Kommentar (zuletzt in der 8. Aufl.).

16 NStZ 1995, 43 = NJW 1995, 2024.

Art. 2 Abs. 1 Grundgesetz sich herleitenden Anspruch auf effektiven Rechtsschutz.[17] Hierbei gilt: Auch im Wiederaufnahmeverfahren bleibt das zentrale Anliegen die Ermittlung des wahren Sachverhalts, ohne den das materielle Schuldprinzip nicht verwirklicht werden kann.[18]

Auch das Grundrecht auf rechtliches Gehör (Art. 103 Abs. 1 GG) gerät im Wiederaufnahmeverfahren gelegentlich aus dem Blick, so in der folgenden vom BVerfG aufgehobenen Entscheidung des AG Gemünden am Main:

▶ **Beispiel**

15 Der Beschwerdeführer war vom AG Würzburg wegen gefährlicher Körperverletzung zu einer Freiheitsstrafe von fünf Monaten verurteilt worden. Er habe seiner von ihm innerhalb der gemeinsamen Wohnung getrennt lebenden Ehefrau in der Speisekammer ein Stück gefrorenes Bratenfleisch (1–1,5 kg) auf den Hinterkopf geschlagen, als sie vor der Tiefkühltruhe gestanden habe. Dadurch habe er zwei stark blutende Platzwunden und eine Gehirnerschütterung verursacht.

Das AG Würzburg hielt im Rahmen der Beweiswürdigung fest, dass die Zeugenaussage der Geschädigten allein nicht dazu ausreiche, den Beschwerdeführer zu verurteilen. Bei ihr liege vor dem Hintergrund der Zerrüttung der Ehe eine eindeutige Belastungstendenz vor, die ihre Glaubwürdigkeit infrage stelle. Entscheidende Beweisgrundlage des Urteils seien der durchgeführte Augenschein und das Sachverständigengutachten des Rechtsmediziners Dr. T. Dieser habe als Voraussetzung für die Entstehung der Platzwunden eine erhebliche Gewalteinwirkung auf den Hinterkopf des Opfers angenommen, die mit anderen theoretisch denkbaren Verletzungsursachen wie einem Stoßen am Kühltruhendeckel und einem Streifen durch ein in die Truhe zurückgeworfenes Stück Fleisch nicht erklärbar sei. Hingegen sei ein Hieb mit dem gefrorenen Fleischstück ohne weiteres mit dem von der Geschädigten beschriebenen Ablauf vereinbar.

Rund eineinhalb Jahre nach Rechtskraft des Urteils beantragte der Beschwerdeführer die Wiederaufnahme des Verfahrens. Zur Erzeugung einer Kopfplatzwunde mit einem harten, gegenüber dem menschlichen Schädel unnachgiebigen Gegenstand sei eine kinetische Energie von mindestens 50 Newtonmeter erforderlich; die mit der Hand bei einem derartigen Schlag entwickelte kinetische Energie erreiche jedoch maximal 24 Newtonmeter. Der Wiederaufnahmeantrag stützte sich auf ein Gutachten des Instituts für Rechtsmedizin der Universität München.

Das AG Gemünden am Main verwarf den Wiederaufnahmeantrag dennoch als unbegründet. Der Sachverständige halte eine Verursachung der Kopfschwartendurchtrennung durch einen horizontal geführten Schlag für ausgeschlossen. Das Erstgericht sei aber nicht von einem horizontal geführten Schlag ausgegangen. Bezüglich anderer Schlagrichtungen habe der Sachverständige keine Ausführungen bezüglich der Kraftaufwendung und Kraftentfaltung gemacht. Die Urteilsfeststellungen, die nur allgemein von einem Schlag ausgingen, der also auch vertikal oder aus anderer Richtung geführt werden könne, seien durch die Behauptungen des Beschwerdeführers im Wiederaufnahmeantrag zur Kausalität zwischen Schlag und Verletzung nicht erschüttert.[19]

Von einer möglichen Differenzierung nach Schlagrichtungen war im gesamten Verfahren freilich noch nicht die Rede gewesen. Auch aus rechtsmedizinischer Sicht war sie abwegig, wie eine ergänzende Stellungnahme des Sachverständigen ergab. Das Amtsgericht erfand in seiner ablehnenden Entscheidung also einen Vorwand, dem vorgelegten Gutachten jeden Einfluss

17 NStZ 1995, 43; so auch schon BVerfG NJW 1993, 2735.
18 *Strate* GS Karlheinz Meyer, 1990, 474 m.w.N.
19 Zitiert nach BVerfG StV 2003, 223.

auf die Beweisführung des angefochtenen Urteils abzusprechen, ohne dass dies für die übrigen Verfahrensbeteiligten vorhersehbar gewesen wäre.

Demgegenüber hielt das BVerfG fest: Das Gebot rechtlichen Gehörs soll unter anderem gewährleisten, dass der Einzelne nicht bloßes Objekt des Verfahrens ist, sondern vor einer Entscheidung, die seine Rechte betrifft, zu Wort kommt, um Einfluss auf das Verfahren und sein Ergebnis nehmen zu können. Eine dem verfassungsrechtlichen Anspruch genügende Gewährung rechtlichen Gehörs setzt auch voraus, dass der Verfahrensbeteiligte bei Anwendung der von ihm zu verlangenden Sorgfalt zu erkennen vermag, auf welchen Tatsachenvortrag es für die Entscheidung ankommen kann. Es kommt … im Ergebnis der Verhinderung eines Vortrags gleich, wenn das Gericht ohne vorherigen Hinweis Anforderungen an den Sachvortrag stellt, mit denen auch ein gewissenhafter und kundiger Prozessbeteiligter nach dem bisherigen Prozessverlauf nicht zu rechnen brauchte.[20] 16

20 BVerfG StV 2003, 223 (224).

Kapitel 12 Das Wiederaufnahmeverfahren in der Praxis

Übersicht

A. Analyse des Urteils als Voraussetzung eines Wiederaufnahmebegehrens

1 Angesichts der geschilderten prohibitiven Schwierigkeiten, denen sich der Verteidiger im Wiederaufnahmeverfahren gegenübersieht, ist eine sorgfältige Analyse des Urteils auf mögliche Schwachstellen der alles entscheidende Arbeitsschritt. Die erste Überlegung ist hierbei: welche Begründungsstruktur hat die Beweisführung?

I. Begründungsstruktur der Beweisführung

2 Es beginnt mit einer Grobrasterung: Welche Beweismittel werden im Urteil gewürdigt?

– **Der Angeklagte**

3 Zur Beweisführung unmittelbar geeignet ist allein das dem Gericht als glaubhaft erscheinende Geständnis des Angeklagten; hingegen betrifft die Tatsache des Schweigens oder Bestreitens ein gutes Recht des Angeklagten. Die innere Widersprüchlichkeit der Einlassung oder ihre nachweisbare Falschheit ist in der Regel schon deshalb bedeutungsarm, weil auch Unschuldige Anlass haben können, auf Ausflüchte oder gar falsche Alibis zurückzugreifen.[1]

– **Zeugen**

4 Zeugen sind entweder Zeugen für die Tat oder Zeugen für das indizielle Umfeld der Tat. Zu letzterem gehören Zeugen, die den Verurteilten in eine zeitliche oder örtliche Nähe zum Tatgeschehen gebracht haben; auch fallen darunter Zeugen zum vermuteten motivationalen Hintergrund und – im weiteren Erklärungsradius des Tatgeschehens – zu den Lebensumständen des Angeklagten (Verurteilten). Zeugen sind des weiteren Zufallszeugen oder Beziehungszeugen; letztere wiederum lassen sich danach unterscheiden, ob sie zu dem Opfer oder zum Angeklagten in irgendeinem Kontakt gestanden haben. Daneben gibt es noch »professionelle« Zeugen, die kraft beruflicher Befassung, z.B. als Polizeibeamte oder Gerichtsmediziner, mit der Tataufklärung zu tun gehabt haben.

– **Sachverständige**

5 Sie lassen sich grob unterteilen in drei Gruppen: die psychiatrischen und psychologischen Sachverständigen (zur Beurteilung der Schuldfähigkeit des Angeklagten, gelegentlich auch zur Einschätzung der Glaubwürdigkeit eines Zeugen), des Weiteren die rechtsmedizinischen Sachverständigen (zur Beurteilung der Alkoholbeeinflussung, der Todesursachen und der wahrscheinlichen Todeszeit, der Art und Richtung von Verletzungen, der Analyse von menschlichen Ausscheidungs- sowie Blutspuren etc.) und der sonstigen originär kriminalistischen Sachverständigen (zur Feststellung und Bewertung sonstiger in einem kriminalistisch anerkannten Verfahren gesicherter und ausgewerteter Spuren). Daneben können natürlich auch Sachverständige aus jedem anderen menschlichen Wissensbereich im Strafprozess gelegentlich eine Rolle spielen.

---

1 Vgl. nur BGH StV 1982, 158 (159).

Die Beweisführung mit Sachverständigen steht in der Regel in engem Zusammenhang mit der Erhebung, Präsentation und Bewertung der so genannten

– **Sachbeweismittel**

Der Sachbeweis ist keine eigenständige Beweisform innerhalb der Strafprozessordnung; er kann auch eingeführt werden durch die Aussage von Zeugen oder durch eine Augenscheinseinnahme während der Hauptverhandlung. Der Begriff des Sachbeweises lebt vor allem von der Abgrenzung gegenüber dem sog. Personalbeweis, also der Beweisführung mit Personen, die unwiederholbare Wahrnehmungen schildern (Zeugen, aber auch der Angeklagte). Da der Sachbeweis unter der neutral wirkenden Ägide vor allem der Sachverständigen präsentiert wird, kommt ihm in der Regel eine erhöhte Beweiskraft zu.[2] 6

– **Augenschein**

Der Augenscheinsbeweis betrifft in der Regel nur die Form der Einführung eines Beweismittels. 7
Wird eine Fotografie auf dem Richtertisch betrachtet, so ist das zwar eine Augenscheinseinnahme; das eigentliche Beweismittel bleibt aber das Lichtbild. Anders verhält es sich beispielsweise bei der Augenscheinseinnahme des Tatorts während der Nachtzeit, etwa um die von einem Zeugen behaupteten Licht- und Sichtverhältnisse zu überprüfen: was das Gericht und die übrigen Verfahrensbeteiligten hierbei wahrnehmen, ist ein unmittelbarer Beweiseindruck.

Welcher Bewertungsstruktur unterliegen die angeführten Beweismittel?[3]

Diese ergibt sich zunächst aus den Formulierungen des Urteils selbst: Es gibt Beweisergebnisse, durch die der Angeklagte »schwer belastet« wird, andere hingegen erfahren die etwas weichere Bewertung, dass sie »ebenfalls gegen den Angeklagten sprechen«; wird er durch ein Beweismittel gar »überführt«, bedarf es keines langen Nachdenkens über die tragende Säule des Urteilsspruchs. Gefährlich für den Wiederaufnahmeverteidiger sind die Urteile, die auf mehreren getrennt abgehandelten Verdachtsgründen beruhen, die erst in ihrer »Gesamtschau« dem Tatrichter eine Überzeugung vermittelt haben. Die separate Aneinanderreihung von Indizien, die jeweils für sich genommen noch nicht zu einer Verurteilung geführt hätten, jedoch alsdann in einem Schlusssatz durch das Resümee verkettet werden, dass »nach allem« die Täterschaft des Angeklagten zur sicheren Überzeugung des Gerichts feststünde, legt zwar vordergründig die Annahme nahe, dass schon der Wegfall auch nur einer Indiztatsache geeignet sein müsse, den Schuldspruch zu erschüttern.

▶ **Beachte**

Tatsächlich haben sich einige Gerichte einer »Säulentheorie« angeschlossen, wonach der Einsturz einer Stütze des Beweisgebäudes den Bestand des Urteils insgesamt gefährdet.[4] In der Praxis des Wiederaufnahmerechts läuft die Bewertung jedoch oftmals anders; der verbleibende Indizien-Rest reicht im Zweifel immer noch zu Ungunsten des Verurteilten. 8

---

2 Die Systematik der Darstellung weicht von der herkömmlichen insoweit ab, als der Begriff des Sachbeweises vorliegend im kriminalistischen, nicht prozessualen Sinne verstanden wird, weshalb auch die Beweisführung mit Sachverständigen hierzu gezählt wird; so auch *Foth/Karcher* NStZ 1989, 166 und *Meyer-Goßner/Schmitt* Einl. Rn. 49; anders *Peters* Fehlerquellen im Strafprozess, 3. Band, Karlsruhe 1974, S. 70 ff.

3 Als Einführung in die Logik des Indizienbeweises sei generell auf die unbedingt zu empfehlende Lektüre von *Nack* MDR 1986, 366 ff. hingewiesen.

4 OLG Frankfurt StV 1996, 138 – Fall Weimar; OLG Karlsruhe, Beschl. v. 08.10.2004 – 3 Ws 100/04.

II. Ziel des Wiederaufnahmegesuchs: Erschütterung der Beweisführung an einem zentralen Punkt

9 Eine systematische, lehrbuchmäßige Anleitung lässt sich hier nicht geben. Entscheidend ist: kein Schrot verschießen, sondern lieber – wenn auch manchmal nach langer Vorbereitung – einen gezielten Blattschuss wagen. Generell lässt sich folgendes als Erfahrungstatsache weitergeben: neue Zeugen unterliegen (fast immer) dem Verdacht, fabriziert zu sein. Beziehungszeugen müssen sich stets fragen lassen, weshalb sie nicht schon zu einem früheren Zeitpunkt zugunsten des Angeklagten ausgesagt haben. Allenfalls Zufallszeugen sind geeignet, einen Angriff auf das Urteil zu tragen. So in dem folgenden Beschluss des Bundesverfassungsgerichts vom 20.06.1990[5] geschilderten Fall:

▶ Beispiel

Der Angeklagte sollte den Urteilsfeststellungen zufolge »kurz nach 20 Uhr« auf den später Getöteten getroffen sein und ihn wenige Minuten später erschossen haben. Sein Alibi, er habe in der fraglichen Zeit sich in einem Lokal aufgehalten und ca. 30 Minuten lang auf die Zubereitung einer Muschel-Bestellung gewartet, ließ sich nicht beweisen. Kein Teilnehmer aus einer dort sich regelmäßig treffenden Skatrunde konnte sich seiner erinnern. Die Erklärung des Angeklagten, ihm gegenüber habe am Bartresen eine weitere männliche Person gesessen, die sich mit einem Bekannten über den Ankauf einer Segelyacht zum Preise von 80.000 DM unterhalten habe, wurde im »Hamburger Abendblatt« wiedergegeben. Der Gesprächsführer las dies zufällig und meldete sich alsdann – kurz nach Urteilsverkündung – bei der Zeitung. Seine Aussage konnte in der Revision keine Berücksichtigung mehr finden. Im Wiederaufnahmeverfahren führte sie schließlich – auf dem Umweg über das Bundesverfassungsgericht – zur Anordnung der Wiederaufnahme. (In der neuen Hauptverhandlung wurde der Angeklagte wieder verurteilt, allerdings nicht mehr zu lebenslanger, sondern zu zeitiger Freiheitsstrafe.)

10 Eine andere Frage ist, wieweit sich die Aussagen von Zeugen, die im Prozess gegen den Verurteilten entlastend oder belastend ausgesagt haben, durch objektive Feststellungen im Nachhinein noch präzisieren oder auch falsifizieren lassen. Dies kann vor allem dann von Bedeutung sein, wenn sich für die Angaben von Zeugen objektive zeitliche Anknüpfungspunkte finden lassen, die vorher nicht eruiert wurden.

▶ Beispiel

In einem beim Landgericht Hamburg anhängig gewesenen Fall[6] waren die beiden Angeklagten wegen erpresserischen Menschenraubes in Tateinheit mit versuchter räuberischer Erpressung sowie versuchten schweren Raubes zu einer Freiheitsstrafe von elf Jahren verurteilt worden. Ihnen war vorgeworfen worden, des Nachts gegen 22.45 Uhr (dieser Zeitpunkt ließ sich relativ genau festlegen aufgrund des Endes einer von den Opfern gesehenen Fernsehsendung) in ein Wohnhaus eingedrungen zu sein, die dort wohnende vierköpfige Familie gefesselt und den Familienvater dazu genötigt zu haben, ihnen den Schlüssel für die von ihm geleitete Bankfiliale auszuhändigen. Diese wurde am nächsten Morgen von den beiden Tätern unter erneuter Geiselnahme der eintreffenden Bankangestellten überfallen. Einer der beiden Verurteilten war von der Tochter seiner Vermieterin noch am Abend in seiner Wohnung gesehen worden. Sie berichtete zunächst, gegen 22 Uhr in das elterliche Wohnhaus zurückgekehrt zu sein. Der Untermieter habe Besuch von einem Mann mit einem roten Porsche gehabt (der später Mitverurteilte fuhr einen roten Porsche; auch sonst traf ihre Beschreibung auf ihn zu). Der Besucher habe das Haus etwa anderthalb Stunden später, also nicht vor 23.30 Uhr verlassen – so ihre erste Darstellung bei der Polizei. In der Hauptverhandlung gab sie an, sie sei

5 StV 1990, 530.
6 Aktenzeichen der Staatsanwaltschaft: 70 Js 1216/81.

an dem Abend mit einem Freund verabredet gewesen, den sie nach dem Zusammensein zum Bahnhof Altona gebracht habe, da dieser einen Zug nach Niebüll erreichen musste, um noch in der Nacht in der Bundeswehrkaserne in Leck eintreffen zu können. Auf intensives Nachfragen des Gerichts revidierte sie ihre – dem Angeklagten ein Alibi verschaffende – Aussage und erklärte es für möglich, dass sie sich um eine Stunde vertan, also ihren Freund schon gegen 20.30 Uhr zum Bahnhof gebracht habe und alsdann gegen 21 Uhr wieder in dem Haus ihrer Eltern eingetroffen sei. Dementsprechend sei ihre Aussage dahingehend zu verstehen, dass der Besucher möglicherweise das Haus schon gegen 22.30 Uhr verlassen habe.

Damit war das Alibi dahin und die Angeklagten konnten verurteilt werden. (Die Wegstrecke vom Wohnhaus der Zeugin zum Tatort konnte in ca. zehn Minuten zurückgelegt werden.) In der Vorbereitung der Wiederaufnahme sprach der Verteidiger mit der Zeugin, die – acht Jahre später – nicht mehr exakt den Namen des Freundes, den sie zum Bahnhof gebracht hatte, zu erinnern vermochte. Es sei ein »Christian« gewesen, der damals in Trittau – einem kleinen Vorort von Hamburg – wohnte. Dank unbürokratischer Hilfe des Bundesministeriums der Verteidigung konnte der »Christian« als Christian Andersen (so hieß er tatsächlich!) identifiziert und ausfindig gemacht werden. Seine Befragung ergab, dass er in der fraglichen Zeit in Leck stationiert war und stets den letzten Zug vom Bahnhof Hamburg-Altona genommen habe. Dieser Zug fuhr – nach Auskunft der deutschen Bundesbahn – um 21.34 Uhr! Hierdurch schien die ursprüngliche Aussage der Zeugin, die den Verurteilten ein einwandfreies Alibi verschafft hatte, wieder in ihr Recht gesetzt zu sein.

Die Wiederaufnahme wurde dennoch für unzulässig erklärt: Selbst wenn die Zeugin erst kurz nach 22 Uhr in das Wohnhaus zurückgekehrt sein sollte, widerspräche dies nicht ihrer in der Hauptverhandlung gemachten Bekundung, möglicherweise hätten der Besucher sowie der Untermieter bereits gegen 22.30 Uhr das Haus verlassen; der sowohl in der Aussage bei der Polizei als auch in der Hauptverhandlung aufrechterhaltene Zeitraum von anderthalb Stunden zwischen dem Eintreffen der Zeugin im Wohnhaus und dem Weggang des Untermieters sowie seines Besuchers wurde im Aditionsverfahren[7] auf eine halbe Stunde verkürzt. Die Verfassungsbeschwerde gegen diesen willkürlich erscheinenden Umbau des Sachverhalts wurde durch die 2. Kammer des Zweiten Senats des Bundesverfassungsgerichts nicht zur Entscheidung angenommen.[8]

Aber nicht nur die Bekräftigung einer entlastenden Aussage, auch die Widerlegung einer belastenden Aussage gelingt gelegentlich. 11

▶ Beispiel

Gegen den Verurteilten war durch das Landgericht Paderborn am 11.05.1989 eine Freiheitsstrafe von einem Jahr und sechs Monaten wegen sexuellen Missbrauchs von Schutzbefohlenen in Tateinheit mit sexuellem Missbrauch von Kindern verhängt worden. In drei Fällen sollte der Verurteilte sexuelle Handlungen an seiner Tochter im Badezimmer der damals von ihm und seiner neuen Lebensgefährtin bezogenen Wohnung in Paderborn vorgenommen haben. Der Verurteilte hatte bestritten. Das Urteil stützte sich auf die für glaubhaft gehaltenen Angaben der zum Zeitpunkt der Verhandlung achtjährigen Zeugin; es stützte sich hierbei zusätzlich auf das Glaubwürdigkeitsgutachten eines Psychologen. Jegliche suggestiven Einflüsse durch die in Scheidung von dem Verurteilten lebende Mutter wurden vom Gericht für ausgeschlossen gehalten.

Den Urteilsfeststellungen zufolge hatte der Verurteilte seine Tochter nur an den Wochenenden bei sich. In den Urteilsgründen wurde die Aussage des Kindes referiert, dass der Verurteilte

7 Zur Erläuterung des Begriffs siehe Kap. 11 Rdn. 11, Fn. 8.
8 Beschl. v. 25.10.1991 – 2 BvR 1177/91.

»das« immer gemacht habe, wenn Monika (das war der Vorname der neuen Lebensgefährtin) ihren Sohn Nicolai um 10 Uhr vom Kindergarten abgeholt habe. Die Frage, die sich weder die drei Berufsrichter noch der Sachverständige gestellt hatten, war naheliegend: Welcher Kindergarten hat am Samstag oder Sonntag geöffnet? Die leicht anzustellende Überprüfung ergab: In dem katholisch-kinderfreundlichen Paderborn kein einziger!

Dennoch hatte die Wiederaufnahme nicht auf Anhieb Erfolg. Sie wurde vom LG Detmold zunächst als unzulässig zurückgewiesen: Das Kind müsse sich halt geirrt haben. Das OLG Hamm hob diese Entscheidung auf und erklärte die Wiederaufnahme für zulässig. Nach der Anhörung der Kindergärtnerin im Probationsverfahren wurde die Wiederaufnahme für unbegründet erklärt. Die Beschwerde hiergegen hatte keinen Erfolg; die Verfassungsbeschwerde wurde nicht zur Entscheidung angenommen.

Manches Mal, wenn auch selten, findet ein Verurteilter aber die unerwartete Hilfe eines wieder freundlich gewordenen Schicksals: die Mutter des Kindes betrieb dessen Namensänderung, der der Verurteilte widersprach. Die Verwaltungsbehörde gab ihr Recht, ebenso das Verwaltungsgericht Minden. Das Oberverwaltungsgericht Münster hingegen gab ein Gutachten zu der Frage in Auftrag, ob die Namensänderung dem Wohl des Kindes entspreche. Der Gutachter explorierte das Kind erneut; er befürwortete eine Namensänderung, äußerte aber erhebliche Zweifel daran, dass das Kind im damaligen Strafverfahren tatsächlich Erlebtes geschildert habe. Daraufhin sah sich der mittlerweile selbst von wachsenden Zweifeln geplagte Staatsanwalt in Paderborn veranlasst, denselben Sachverständigen – Prof. Dr. Undeutsch aus Köln – mit einem weiteren Glaubwürdigkeitsgutachten zu beauftragen. Auf Antrag der Staatsanwaltschaft Paderborn[9] wurde schließlich die Wiederaufnahme durch das Landgericht Detmold zugelassen und angeordnet. Der Verurteilte wurde am 14.03.1996[10] freigesprochen. In den schriftlichen Urteilsgründen heißt es schlicht und klar:

»Ihre Darstellung in der Hauptverhandlung vor dem Landgericht Paderborn, der Angeklagte habe ›das‹ meistens gemacht, wenn die Zeugin M.-H. ihren Sohn Nicolai um 10.00 Uhr aus dem Kindergarten abholte, kann nicht stimmen. Sarah war nur samstags und selten sonntags beim Angeklagten zu Besuch. An diesen Tagen hatte der Kindergarten geschlossen.«

Und – nach Darstellung weiterer Unverträglichkeiten in der Aussage des Kindes – das Resumée:

»Beweise für eine Täterschaft des Angeklagten gibt es daher nicht.«[11]

12 Die Widerlegung belastender Zeugenaussagen gelingt allerdings selten im ersten Lauf. Zuweilen bedarf es weit ausholender Recherchen, gedrängt allein von der Beharrlichkeit des seine Unschuld beschwörenden Mandanten.

▶ **Beispiel**

Das Landgericht Hamburg hatte gegen den Verurteilten – einen israelischen Staatsangehörigen – eine Freiheitsstrafe von acht Jahren wegen Handeltreibens mit Betäubungsmitteln verhängt.[12] Ihm war vorgeworfen worden, im Sommer 1981 einen Transport von 166 Kilogramm Haschisch von Indien nach Deutschland organisiert zu haben. Belastet wurde er von einem

9 Der stille Held dieses Wiederaufnahmeverfahrens soll hier ehrenhalber auch namentlich genannt werden: Es war der damals für die Staatsanwaltschaft Paderborn tätige Oberstaatsanwalt *Günter Krüssmann*.

10 Aktenzeichen des LG Detmold: 4 Kls 3 Js 462/95; die zitierte Passage findet sich auf S. 9/10 der schriftlichen Urteilsgründe.

11 Der Fall ist ausführlich und packend geschildert von dem Betroffenen selbst: *Bernd Herbort* Bis zur letzten Instanz, Bergisch-Gladbach 1996.

12 Urt. v. 14.02.1983 – [97] 68/82 KLs.

Zeugen, der sich als Weltenbummler ausgab, tatsächlich aber als V-Mann der Rauschgiftabteilung der Hamburger Kriminalpolizei arbeitete. Seiner Aussage zufolge habe der Verurteilte ihn in Neu-Delhi in einem Fünf-Sterne-Hotel angesprochen, ob er bereit sei, in seinem Wohnmobil eine größere Menge Haschisch verstecken und alsdann dieses Wohnmobil nach Deutschland verschiffen zu lassen. Tatsächlich sei dann auch das Wohnmobil in Bombay mitsamt der heimlichen Zuladung an Bord eines Frachtschiffes gebracht worden. Zwei – später in eine andere Abteilung versetzte – Fahnder der Rauschgiftabteilung behaupteten ihrerseits, das Wohnmobil im Hamburger Hafen in Empfang genommen und aus einem Fracht-Container herausgefahren zu haben.

Merkwürdigerweise enthielt die Akte keine Fotografien von der Sicherstellung des Wohnmobils auf dem indischen Frachtdampfer im Hamburger Hafen (Fotos der illegalen Fracht und ihres Verstecks werden in Hamburg gewöhnlich schon am nächsten Tag trophäenartig – wie harpunierte Großhaie – in den örtlichen Boulevardzeitungen veröffentlicht); auch enthielt die Bildmappe keine Fotografien von der Auffindesituation des Schmuggelguts in den angeblich unter den Bänken des Wohnmobils hergerichteten Verstecken; die Bildmappe zeigte das Wohnmobil in mehreren Fotos auf dem Parkplatz des Hamburger Polizeipräsidiums sowie gesonderte Ablichtungen der außerhalb des Wagens von der Polizei aufgestapelten Haschisch-Pakete. Im Prozess legten die Kriminalbeamten ein Ersatzpapier vor, mit welchem sie angeblich die Aushändigung des Wohnmobils von dem Frachtunternehmen erreicht haben wollten. Dieses Ersatzpapier (die Original-Konnossemente standen ihnen angeblich nicht zur Verfügung) enthielt die Nummer des Containers. In der Vorbereitung des Wiederaufnahmeverfahrens angestellte Nachfragen bei der Reederei und dem Hersteller des Containers ergaben die weitere Merkwürdigkeit, dass es sich bei dem Container um eine sog. »Closed Box« – einen nach allen Seiten verschlossenen Container – gehandelt hat, während Fahrzeuge, zumal Großraumwagen, stets in einer »Open Box« – offener Container mit Plane – transportiert werden. Dies ließ bei dem Verurteilten – der stets bestritten hatte, etwas mit dieser Einfuhr zu tun zu haben – den Verdacht aufkommen, dass das Wohnmobil des V-Mannes sich nie in dem am 18.08.1981 gelöschten Container befunden hat. Die weitere Recherche führte schließlich auf die Spur des Wohnmobils, das der V-Mann in der Zwischenzeit an einen Freund in Kiel verkauft hatte. Bei dem stand es mit Motorschaden im Garten. Die Vermessung des Wohnmobils ergab eine Gesamthöhe von 2,42 m. Das von der Herstellerfirma dem Verteidiger überlassene Zulassungs-Zertifikat für den angeblich benutzten Container ergab an der Tür-Öffnung eine Höhe von 2,29 m. Einfaches Ergebnis: Dieses Wohnmobil hatte sich nie in diesem Container befunden.

Irgendjemand hatte an und mit den Beweismitteln manipuliert. Was tatsächlich geschehen war, konnte nicht mehr aufgeklärt werden. Möglicherweise hatte die amerikanische DEA – die schon seit Jahren ein Auge auf den Verurteilten geworfen hatte – in Zusammenarbeit mit bestimmten deutschen Stellen der Verurteilung etwas nachhelfen wollen. Das Wiederaufnahmegesuch wurde schließlich zurückgezogen, nachdem die Justizbehörde die sofortige Begnadigung versprochen hatte. Der Verurteilte konnte die Bundesrepublik im August 1985 als freier Mann verlassen.

Entscheidend für einen erfolgversprechenden »Angriff« auf ein Urteil ist stets die Destillierung eines 13
objektiven, unbestreitbaren Befundes, der mit den zentralen Feststellungen des Instanzgerichts nicht vereinbar ist. Hierbei sind insbesondere die Erkenntnisse der Gerichtsmedizin hilfreich.

▶ **Beispiel**

Der Verurteilte war durch Urteil des LG Paderborn am 18.08.1970[13] wegen Mordes in Tateinheit mit Notzucht zu lebenslanger Freiheitsstrafe verurteilt worden. Ihm war vorgeworfen worden, die Ehefrau eines britischen Offiziers zunächst missbraucht und anschließend erdrosselt zu haben. Die Verurteilung stützte sich auf das Geständnis des Angeklagten, welches dieser allerdings noch vor der Hauptverhandlung widerrufen hatte. Im Urteil selbst wurden eine Reihe von Widersprüchen zwischen den Angaben im Geständnis und den objektiven Feststellungen referiert, ohne allerdings an der grundsätzlichen Richtigkeit des Geständnisses Zweifel anzumelden. Die später Ermordete hatte gegen 19.30 Uhr das Haus verlassen, um ihren Hund auszuführen. Den Urteilsfeststellungen zufolge muss sie alsbald danach auf ihren Mörder gestoßen sein. Der Leichnam wurde am nächsten Morgen um 10 Uhr gefunden. Die beiden Mitarbeiter der Mordkommission stellten bei dem Opfer eine lediglich an den Fingern und Zehen eingetretene Starre fest. Die Totenstarre war erst voll ausgeprägt bei der Stunden später durchgeführten Obduktion. Da die Totenstarre als Regelwert ca. zwei bis drei Stunden nach dem Tode einsetzt und nach ca. sechs bis acht Stunden voll ausgeprägt ist, musste das Opfer zu einem weit nach Mitternacht liegenden Zeitpunkt zu Tode gekommen sein. Ein von Balduin Forster – damals Direktor des Instituts für Rechtsmedizin der Universität Freiburg – erstelltes Gutachten bestätigte dies. Dies schloss zwar auch weiterhin nicht aus, dass der Verurteilte der Mörder war; dem auf dem Geständnis beruhenden Urteil war damit aber an einem zentralen Punkt – nämlich alsbaldige Tötung nach dem Verlassen des Hauses – der Boden entzogen. Das Opfer musste sich noch über mehrere Stunden hinweg in der Gewalt des Mörders befunden haben, ehe es erdrosselt wurde. Der Verurteilte hatte in seinem ohnehin schon durch objektive Falschheiten lädierten Geständnis hiervon nichts berichtet.

Trotz dieses zwingend die Anordnung einer neuen Hauptverhandlung gebietenden Befundes wurde das Wiederaufnahmegesuch vom LG Detmold und schließlich vom OLG Hamm als unzulässig zurückgewiesen. Letzteres[14] hielt die Beobachtung der Kriminalbeamten über die erst in den Anfängen befindliche Entwicklung der Totenstarre an den Zehen und Fingern für »viel zu unsicher und wenig aussagekräftig«, zumal die Kriminalbeamten für derartige Beobachtungen »nicht ausgebildet« gewesen seien. Obwohl in dem Urteil des LG Paderborn – im Anschluss an das Gutachten des dort gehörten Gerichtsmediziners – als Todesursache ausdrücklich ein Erdrosseln bezeichnet worden war, hielt es das OLG in einer Hilfserwägung für denkbar, das Opfer habe den Drosselungsvorgang zunächst überlebt und sei anschließend erst an den bei der Drosselung erlittenen Verletzungen (Bruch des Zungenbeins, Bruch der beiden oberen Kehlkopfhörner) verstorben.[15]

Das war frei fantasiert und durch einen Blick in jedes rechtsmedizinische Lehrbuch zu widerlegen. Ist das Opfer gedrosselt worden, hat es die Verlegung der Atemwege nur wenige Minu-

13 Aktenzeichen des LG Paderborn: 8 Ks 1/70.

14 Beschl. v. 24.06.1986 – 2 Ws 153/86.

15 Das Unsägliche im Wortlaut: »Unabhängig von diesen Erwägungen wäre aber auch die hinreichend gesicherte Feststellung eines späteren Todeszeitpunktes nicht geeignet, dem angegriffenen Urteil die tragenden Grundlagen zu entziehen. Das Urteil geht zwar davon aus, dass der Tod der Frau W. durch Erwürgen bzw. Erdrosseln des Opfers eingetreten ist. Wenn weiterhin auch nach dem Urteilszusammenhang naheliegt, dass der Verurteilte dem Opfer die zum Tode führenden Verletzungen am Tattag in der Zeit zwischen 20.00 Uhr und 20.30 Uhr beigebracht hat, stellt das Urteil den Zeitpunkt des eigentlichen Todeseintritts nicht fest. Es ist denkbar und unter den gegebenen Umständen mit den sonstigen Urteilsfeststellungen durchaus vereinbar, dass der Verurteilte die Tat so wie festgestellt begangen hat, das bewusstlose und möglicherweise keine augenfälligen Lebenszeichen mehr von sich gebende Opfer im Glauben

ten überlebt.[16] Die Feststellung einer völlig anderen Todesursache verstieß krass gegen die Kompetenzordnung des Wiederaufnahmeverfahrens.[17]

Der damalige Verteidiger hatte sich mit dem Beschluss des OLG Hamm zunächst abgefunden. Später angestellte Nachforschungen hinsichtlich der angeblich zur Beurteilung des Entwicklungsgrades einer Totenstarre »nicht ausgebildeten« Kriminalbeamten ergab, dass beide schon viele Jahre Mitglieder der örtlichen Mordkommission waren und einer von ihnen zum Zeitpunkt der Tat schon zwei Jahre lang eine Mordbereitschaft verantwortlich leitete. Selbstverständlich gehörte es zu ihrer Ausbildung, den Ausprägungsgrad einer Totenstarre zu erkennen und in Tatortberichten zuverlässig zu beschreiben.

Zur Stellung eines erneuten Wiederaufnahmegesuchs kam es nicht, da der Verurteilte 1997 nach 27 Jahren aus der Haft entlassen wurde und – mittlerweile im Pensionsalter – die Belastungen eines neuen Verfahrens nicht mehr über sich ergehen lassen wollte.

Beruht ein Urteil maßgeblich auf Befunden eines Sachverständigen, gibt dies in der Regel seinen Feststellungen eine Weihe besonderer Objektivität und erhöhter Angriffsfestigkeit. Es gibt jedoch keinen Sachverständigen – von absolut objektivierbaren Befunden (z.B. im Rahmen einer DNA-Analyse) abgesehen –, der unangreifbar ist. Der Verteidiger sollte gerade im Umgang mit dem Sachverständigenbeweis das Kant'sche Wort »Habe Mut, dich deines eigenen Verstandes zu bedienen« beherzigen. Fehlerquellen gibt es fast immer. Sofern es sich um Sachverständige aus dem genuin kriminalistischen Bereich handelt: Am meisten treten sie auf bei der Sicherung von Spuren und bei der (übersehenen) Spurenverschleppung. 14

▶ Beispiel

Eine von dem Sachverständigen übersehene Spurenkontamination spielte in einem Schwurgerichtsverfahren eine wichtige Rolle: den Angeklagten wurde angelastet, an ihren Ärmelbündchen hätten sich Schmauchspuren von gleicher Zusammensetzung gefunden, wie sie bei der Benutzung der Tatwaffe ausgestoßen wurden. Dieser die Angeklagten schwer belastende Befund löste sich in nichts auf, als herauskam, dass die an der Festnahme beteiligten MEK-Beamten am Abend zuvor Schieß-Übungen veranstaltet hatten. Die dabei verwandte Munition war mit der Tatmunition identisch. Eine Übertragung zurückgebliebenen Schmauchs auf die Ärmelbündchen war naheliegend.[18]

B. Recherchematerial und Hilfsmittel des Verteidigers

Diese können hier nur kurz skizziert werden: 15

Grundlage jeder eigenen Ermittlungstätigkeit ist die dem Verteidiger überlassene Akte der Staatsanwaltschaft, wie sie zuletzt dem mit der Sache befasst gewesenen Gericht vorgelegen hat. Das Akteneinsichtsrecht erstreckt sich grundsätzlich auch auf sämtliche im Verfahren seinerzeit beigezogene

---

liegen gelassen hat, dass der Tod schon eingetreten ist, was dann wiederum mit dem Ergebnis des Gutachtens von Prof. Dr. Forster vereinbar wäre. Ein solcher, nicht im Gegensatz zu den Urteilsfeststellungen stehender Geschehensablauf ist möglich, weil bei einem Erwürgen bzw. einem Erdrosseln des Opfers der Tod nicht unbedingt im zeitlich unmittelbaren Zusammenhang mit der eigentlichen Tötungshandlung eintreten muss, sondern das Opfer auch ohne weiteres Zutun den dabei erlittenen Verletzungen – hier: Bruch des Zungenbeins, Bruch der beiden oberen Kehlkopfhörner – erst in einem späteren Zeitpunkt erliegen kann.«.

16 Vgl. nur beispielhaft *Schwerd* Rechtsmedizin, 5. Aufl., S. 71.

17 Vgl. die oben zitierte Entscheidung des Bundesverfassungsgerichts NStZ 1985, 43.

18 Fehler bei der *Spurensicherung* können vielgestaltiger Art sein. Eine beispielhafte Beschreibung (Fall *Weimar*) findet sich bei *Strate* Kriminalistik, 1997, 634 ff.

Akten sowie auf alle Spurenakten. Stößt der Verteidiger bei der Lektüre des Aktenmaterials auf Aktenzeichen anderer (Parallel-) Verfahren, sollte er auch diese bei der zuständigen Staatsanwaltschaft anfordern. Aus ihnen ergeben sich gelegentlich erstaunliche Neuigkeiten.

▶ Beispiel

In dem oben beschriebenen Fall eines wegen Betäubungsmittelhandel Verurteilten kristallisierte sich in den bei verschiedenen Staatsanwaltschaften angeforderten Ermittlungsakten – die ihrerseits wieder Hinweise auf andere Ermittlungsverfahren enthielten – immer deutlicher heraus, dass es sich bei dem Kronzeugen nicht um einen untergeordneten Gehilfen gehandelt hat, sondern um einen seit Jahren aktiven Großdealer, der selbst enger Geschäftspartner des angeblich unbekannten Dritten war, dem er in dem behaupteten Auftrag des Verurteilten drei Kilo Heroin und ein halbes Kilo Kokain geliefert hatte.

Die Staatsanwaltschaften pflegen Rechtsanwälten bislang immer noch großzügig Einsicht in Akten zu gewähren, auch sofern sie nicht als Verteidiger in dem fraglichen Fall tätig waren. Es reicht aus, wenn ein berechtigtes Interesse geltend gemacht wird.[19]

16 Die Akten enthalten jedoch nicht nur Hinweise auf andere Akten und weitere Ermittlungsansätze. Hin und wieder legen sie ganz unmittelbar verwischte Spuren bloß.

▶ Beispiel

In dem oben erwähnten Fall Gensmer war der Verurteilte zu lebenslanger Freiheitsstrafe wegen der Ermordung eines fünfjährigen Mädchens – Kind eines Polizeibeamten – verurteilt worden. Das Kind war zuletzt an einem Apriltag des Jahres 1970 um 10.45 Uhr gesehen worden. Sein Leichnam war gegen 12.00 Uhr entdeckt worden. Der Verurteilte war im August 1970 festgenommen worden. Die Verurteilung erfolgte aufgrund eines – zwischendurch widerrufenen, in der Hauptverhandlung jedoch halbherzig erneuerten – Geständnisses.

In der Akte befand sich eine Landvermessungskarte, die das Areal, in dem das Kind sich aufgehalten und an dessen Grenzen sein Leichnam gefunden wurde, wiedergab. An den Rändern des Kartenwerks fanden sich – mit Pfeilen, die auf bestimmte Straßen hindeuteten – zwei Namen: »Dr. Schütte« sowie »Krischke«. Diese Namen tauchten in der gesamten Akte nicht auf; wohl aber fand sich ein Vermerk, in welchem vage angedeutet wurde, dass unmittelbar nach der Tat – im Rahmen einer Überprüfung aller in den letzten Jahren durch sexuelle Straftaten im Norden Hamburgs aufgefallenen Personen – der Beschuldigte bereits Gegenstand einer für eine Verdachtsschöpfung ergebnislosen Überprüfung war. Die Namen auf der Karte mussten mit dieser Alibi-Überprüfung irgendwie zusammenhängen. Die auf Betreiben des Verteidigers von der Mordkommission angestellten Nachforschungen förderten in der Polizeiakte einen dreiseitigen Vermerk über eine am Tag nach der Tat durchgeführte Befragung des Beschuldigten und seines Zahnarztes Dr. Schütte sowie seines Friseurs Krischke zutage. Bei ersterem hatte er sich gegen 11 Uhr zwei Zähne ziehen lassen. Die Behandlung dauerte 45 Minuten. Beim Friseur war er unmittelbar anschließend von 12 Uhr bis 12.30 Uhr. Zwei der an der Überprüfung beteiligt gewesenen Kriminalbeamten lebten auch noch zum Zeitpunkt des Prozesses im Jahr 1987 und bestätigten ohne Wenn und Aber das Ergebnis ihrer damaligen Ermittlungen. Der Verurteilte wurde in der erneuerten Hauptverhandlung freigesprochen. In den Urteilsgründen heißt es wörtlich: »Die Kammer hat den Angeklagten von dem Vorwurf des Mordes an Birgit K. freigesprochen, weil nach ihrer Überzeugung seine Unschuld erwiesen ist.«[20]

19 Vgl. Nrn. 182 ff.RiStBV..
20 LG Hamburg, Urt. v. 15.12.1987 – [83] 74/86 Ks, S. 47/48.

Unbedingt erforderlich ist die Besichtigung der Asservate (sofern noch nicht vernichtet): 17

▶ Beispiel

So offenbarte die Besichtigung der Wäschestücke in dem Mordfall Weimar, dass Bettlaken, Bettbezüge und Kopfkissenbezüge der Kinderbetten von der Mordkommission Bad Hersfeld in einem Plastiksack an das Landeskriminalamt Hessen übersandt worden waren (dem Plastiksack war ein mit der Angabe dieser Wäschestücke beschriftetes Kartonsiegel angeheftet). Angesichts der schon hierdurch naheliegender weise möglichen Faserkontaminationen waren von vornherein zuverlässige Befunde aus den Faserantragungen der Kinderkleidung an die Bettwäsche nicht zu ziehen. Für das Landgericht Fulda war die Verurteilte jedoch gerade aufgrund dieser (von bedeutsamen Fehlerquellen möglicherweise beeinflussten) Befunde des Gutachters des Hessischen Landeskriminalamts »schwer belastet« worden.[21]

▶ Beachte

Recherchen sollte der Verteidiger grundsätzlich selbst anstellen. Nur seine Autorität als Rechtsanwalt öffnet ihm die Türen. Hierbei ist immer ratsam ein vorbereitendes Anschreiben, in welchem kurz der Sachverhalt (auch die Verurteilung) erläutert wird und der Verteidiger mit zurückhaltendem Nachdruck auf die aus seiner Sicht bestehende Möglichkeit eines Justizirrtums hinweist. Das Vertrauen in das Funktionieren unserer Justiz ist zwar insgesamt groß, es ist aber dennoch erstaunlich, mit welch dickem Sediment an fortbestehendem Misstrauen dieses Vertrauen unterlegt ist. Der Hinweis auf einen Justizirrtum wird von den Adressaten in der Regel ernstgenommen; entsprechend groß ist die Hilfsbereitschaft, sofern der Verteidiger sein Anliegen aufrichtig vorträgt. 18

Diese Einstellung ändert sich auch nicht schon automatisch dann, wenn der Angesprochene Behördenmitarbeiter ist (trotz aller Höhenflüge des Datenschutzes). So war in dem oben erwähnten Fall des zum Bahnhof Altona gebrachten unbekannten »Christian«, der noch in der Nacht zu seiner Bundeswehrkaserne in Leck zurückfahren wollte, der angeschriebene leitende Offizier in der Abteilung Personalwesen des Bundesministeriums der Verteidigung sofort bereit, die Kaserne in Leck anzuweisen, acht Jahre alte Personalbücher auf den »Christian« aus Trittau durchzusehen. Die Arbeit dauerte zwei Tage; das Ergebnis wurde dem Verteidiger natürlich nur fernmündlich mitgeteilt.

Es ist angezeigt, bei den eigenen Recherchen auf Privatdetektive nur im Notfalle zurückgreifen: kaum einer von ihnen ist seriös und die Rechnungen meist zu hoch.

Für die Beurteilung von rechtsmedizinischen Fragen sollte der Verteidiger sich mit den einschlägigen Lehrbüchern ausrüsten; darüber hinaus sind die Mitarbeiter der rechtsmedizinischen Institute stets bereit, Auskünfte zu erteilen und Gutachten zu erstatten. Schwieriger hingegen gestaltet es sich hinsichtlich der originär kriminalistischen Erkenntnisse. Sie werden in Deutschland zwar zum Teil veröffentlicht (vor allem in der Zeitschrift »Kriminalistik«), zum Teil aber auch zurückgehalten, um sie nicht in professionell arbeitenden Täterkreisen bekannt zu machen.[22] Sehr viel offener hingegen ist die Veröffentlichungspraxis in den Vereinigten Staaten.

---

21 LG Fulda, Urt. v. 08.01.1988 – 103 Js 8247/86 Ks, S. 131.

22 Die einzigen deutschsprachigen Kompendien zur Kriminalistik sind zum Teil obsolet. *Groß/Geerds* Handbuch der Kriminalistik, erschien in zehnter Auflage zuletzt 1976; *Kube/Störzer/Timm* (Hrsg.), Kriminalistik – Handbuch für Wissenschaft und Praxis, Stuttgart 1992, ist ebenfalls nicht mehr auf dem neuesten Stand. Wirklich enzyklopädisch – aber auch sehr teuer – ist das dreibändige Werk *Siegel/Saukko*(Editors), Encyclopaedia of Forensic Sciences, London 2013.

Beachte

19 Zu fast allen kriminalistischen Teilbereichen gibt es Publikationen auf dem neuesten Stand.[23] Einen ausgezeichneten Überblick über die aktuelle Literatur findet der »online« arbeitende Anwalt im Internet über die Stichwörter der Internet-Buchhandlung »amazon.com«, beispielsweise zu »forensic science«. Hervorragende Web-Seiten zu wirklich allen kriminalistischen Wissenssektionen geben die American Academy of Forensic Sciences, American Board of Criminalists, American College of Forensic Examiners, American Society of Crime Laboratory Directors, Crime Scene Investigation, Dr. Joe Davis Web Page, Forensic Science Society, Dean's Home Page, Zeno's Forensic Web Page.[24] Einen Zugang zu vielen Informationsquellen aus dem Bereich der Rechtsmedizin bietet die Rechtsmedizin Mainz.

Trotz der in Deutschland generell – hinsichtlich der Veröffentlichung von Methoden der Spurensicherung und Spurenbewertung – vorherrschenden Zurückhaltung und der durch Dienstvorschriften meist unmöglich gemachten Tätigkeit für nichtamtliche Stellen ist die informelle Hilfsbereitschaft bei den Landeskriminalämtern durchaus groß. Für ein persönliches Gespräch, welches nicht in ein schriftliches Gutachten ausmünden soll, finden sich die fraglichen Experten – ob zu Fasern, Schusswaffen, Ballistik etc. – (fast) immer bereit. Dies gilt selbst dann, wenn es sich bei ihnen um die Sachverständigen handelt, deren im Ursprungsverfahren erstattetes Gutachten Gegenstand einer kritischen Auseinandersetzung in der Wiederaufnahme werden soll. Die Neugier darauf, was man denn möglicherweise falsch gemacht haben sollte, ist stets groß.

Beachte

20 In der Regel empfiehlt es sich aber, in derartigen Fällen den Sachverständigen eines benachbarten Landeskriminalamts zu Rate zu ziehen.

C. Präsentation des Wiederaufnahmevorbringens

21 Ist der Verteidiger in seiner Recherche erst einmal so weit gekommen, dass er gegen das alte Urteil Wiederaufnahmegründe von Gewicht meint geltend machen zu können, so beginnt der zweite – nicht minder bedeutsame – Teil seiner Arbeit: ihre Präsentation. Gut gesattelt meint noch lange nicht: gut geritten. Zuerst einmal muss die Wiederaufnahme die Hürde der Zulässigkeit überspringen. Und diese ist (fast) unüberwindbar hoch: quasi ein Oxer mit anschließendem Wassergraben. Dabei scheint der Begriff der Zulässigkeit in § 359 StPO (bzw. der Unzulässigkeit in § 368 Abs. 1 StPO) zunächst zu suggerieren, hier ginge es allein um abzählbare und leicht einzuübende Regeln und Erfordernisse, sind doch mit dem Begriff der Zulässigkeit in der Regel die formellen Eingangsvoraussetzungen einer Prozesshandlung (eines Antrages, einer Klage oder eines Rechtsmittels) gemeint. Es gehört zu den Verkehrtheiten des in der Tat außerordentlichen Rechtsmittels der Wiederaufnahme, dass die stehenden Begrifflichkeiten keine konstante Bedeutung behalten. Zulässigkeit meint im Recht der Wiederaufnahme in der Regel schon deren Begründetheit.

23 Ein exzellentes Lehrbuch ist beispielsweise die Einführung von *Saferstein* Criminalistics, New Jersey 2017. Veröffentlichungen zu den Teilbereichen Fingerspuren: *Lee/Gaensslen* Advances in Fingerprint Technology, Boca Raton 2012; DNA-Analyse: *Evett/Weir* Interpreting DNA Evidence, Sunderland 1998; Schusswaffen und Ballistik: *Heard* Handbook of Firearms and Ballistics, Chichester 2008; Blutspuren: *Bevel/Gardner* Bloodstain Pattern Analysis, Boca Raton 2008; Vergiftungen: *Trestrail* Criminal Poisoning, New Jersey 2007; Brandstiftung: *DeHaan* Kirk's Fire Investigation, New Jersey 2002; *Redsicker/O' Connor* Practical Fire and Arson Investigation, Boca Raton 1997; Täter-Profiling: *Holmes/Holmes* Profiling Violent Crimes, Thousand Oaks 2009. Wer sich in die englische Fachsprache der Kriminalisten einlesen will, für den ist darüber hinaus *Brenner* Forensic Science Glossary, Boca Raton 2000, eine wertvolle Hilfe.

24 Zu deren umstandsloser Übersetzung die kostenlos aus dem Internet herunterzuladende Sprachen-Software *Babylon* (https://babylon.de.softonic.com/) nützlich ist.

§ 359 Nr. 5 StPO verlangt die »Beibringung« neuer Tatsachen oder Beweismittel, die allein oder in Verbindung mit den früher erhobenen Beweisen die Freisprechung des Angeklagten oder – in Anwendung eines milderen Strafgesetzes – eine geringere Bestrafung oder eine wesentliche andere Entscheidung über eine Maßregel der Sicherung und Besserung zu begründen *geeignet* sind. Der Begriff der Eignung, die § 359 Nr. 5 StPO von den neuen Tatsachen und Beweismitteln fordert, schafft den Einstieg zu diskretionärem richterlichen Ermessen: Schon hier, bei der Prüfung der Eignung, sei »ein gewisses Abwägen« der Beweiskraft eines neuen Beweismittels mit den Beweisergebnissen des früheren Verfahrens unumgänglich,[25] auch erscheine »eine gewisse Vorwegnahme« der Beweiswürdigung schon bei der Zulässigkeitsprüfung unvermeidlich.[26] Die Prüfung eines Beweismittels auf seinen Beweiswert dürfe erfolgen, »soweit das ohne förmliche Beweisaufnahme möglich ist«[27] Die Beschränkung auf eine ausschließlich abstrakt-logische Schlüssigkeitsprüfung sei »zu formal« gedacht und deshalb abzulehnen.[28] Die Darlegungspflicht für die Eignung des neuen Beweismittels treffe ebenfalls den Verurteilten, wobei in verschiedenen Konstellationen auch eine »erweiterte« Darlegung erforderlich sei.[29] Was immer dies bedeuten mag – es finden sich mannigfaltige Begründungsmöglichkeiten, warum den Anforderungen jedenfalls im konkreten Fall nicht genüge getan sei. 22

Selbst ein rechtskräftig für zulässig erklärtes Wiederaufnahmegesuch sollte den Verurteilten und seinen Verteidiger nicht in der trügerischen Sicherheit wiegen, die Hürde der Eignung im Sinne von § 359 Nr. 5 StPO sei genommen: Auch im Probationsverfahren, in dem das Gericht gem. §§ 369, 370 Abs. 1 StPO eigentlich über die *Begründetheit* des Gesuchs entscheidet, hält die Rechtsprechung die Verwerfung als nun doch *unzulässig* für möglich.[30]

Beachte

Im Ergebnis wird damit das für die Beweisführung im Hauptverfahren geltende Verbot der Beweisantizipation im Wiederaufnahmeverfahren außer Kraft gesetzt. Für diese Rechtsprechung gibt es kaum gesetzliche Gründe, allenfalls praktische Bedürfnisse.[31] Dennoch wird der Verteidiger sich darauf einzustellen haben, dass er bereits in seinem ersten Schriftsatz alle Weichen zu stellen hat. Das Wiederaufnahmegesuch ist quasi ein »opening statement«, welches schon die Qualität eines »closing argument« – eines abschließenden Plädoyers – haben muss. 23

Dies bedeutet: Die Präsentation der neuen Tatsachen und Beweismittel muss getragen sein von fühlbarem Überzeugungswillen. Der Leser des Wiederaufnahmegesuchs soll merken, dass er für die Wiederaufnahme gewonnen werden soll. Er soll aber auch merken, dass er nicht übertölpelt wird: Das Medium jeder Überzeugungsbildung ist sorgfältige Argumentation. Hierzu gehört es, zunächst einmal die Gründe der Verurteilung zu referieren und zu analysieren. Was waren die wesentlichen Stränge der Beweisführung? Es empfiehlt sich durchaus, die wesentlichen Passagen aus dem Urteil in das Wiederaufnahmegesuch einzurücken. Dem Leser wird hierdurch nicht nur die Erleichterung verschafft, ein ständiges Nachblättern in der Akte vermeiden zu können, sondern auch das Gefühl vermittelt, der Verfasser habe das Urteil, das er zunichtemachen will, nicht zu fürchten. Das Refe- 24

25 So OLG Celle GA 1967, 284/285.
26 So OLG Nürnberg MDR 1964, 171.
27 So BGH NStZ 2000, 218.
28 OLG Nürnberg MDR 1964, 171; auch der BGH hält eine Wertung der angebotenen Beweismittel bei der Zulässigkeitsprüfung »schon aus Gründen der Prozessökonomie« für statthaft (BGH JR 1977, 217 m. Anm. *Peters*).
29 So verlangt etwa das OLG Stuttgart NStZ-RR 2003, 210 (211) zur Darlegung der Eignung eines Zeugen, der im Erstprozess bekannt war, aber nicht benannt wurde, die Offenlegung der alten und neuen Verteidigungsstrategie: Der Verurteilte müsse »einleuchtende Gründe dafür anführen, warum er den Zeugen früher nicht zu seiner Entlastung benutzt hat, dies aber nunmehr … für geboten hält.«.
30 So das OLG Koblenz in seinem Beschl. v. 25.04.2005, 1 Ws 231/05.
31 Vgl. hierzu *Strate* GS Karlheinz Meyer, 1990, 469 ff.

rat und die Analyse der Beweisführung haben deren Struktur aufzuzeigen. Sie sollte den Eindruck größtmöglicher Objektivität zu vermitteln versuchen, darf weder durch Schönung noch durch Schonung geprägt sein. Sie kann Kritik einschließen: Stützt sich das Wiederaufnahmegesuch beispielsweise auf eine von dem entscheidenden Zeugen verschwiegene hundertprozentige Sehbehinderung an einem seiner beiden Augen, so ist es durchaus angebracht, nicht nur diese die Sicherheit der Identifizierung infrage stellende Beweistatsache vorzutragen, sondern auch andere, denselben Beweiskomplex betreffende Überlegungen einer kritischen Betrachtung zu unterziehen: Werden aus der Akte Mängel des Wahlgegenüberstellungsverfahrens ersichtlich, die im Urteil keine Erwähnung fanden, sollten diese auch dann kommentierend aufgezeigt werden, wenn sie sich zwar nicht selbst als Wiederaufnahmegrund darstellen, aber geeignet sind, das eigentliche Wiederaufnahmevorbringen atmosphärisch – in derselben Beweisrichtung – zu unterstützen. Zwar ist der Richter, der über die Zulässigkeit der Wiederaufnahme zu befinden hat, an die Wertung der Beweisergebnisse durch den früher erkennenden Richter gebunden.[32] Deshalb braucht der *Verteidiger* sich nicht darauf zu beschränken, nur die Beweisergebnisse anzugreifen, die durch seinen Wiederaufnahmegrund unmittelbar tangiert werden.

Das Wiederaufnahmevorbringen wird vom Gesetz als »Behauptung« bezeichnet (§ 370 Abs. 1 StPO). Der Verteidiger darf sich jedoch nie aufs Behaupten beschränken. Das neue Beweismittel und die neue Tatsache sind im Wiederaufnahmevorbringen so direkt zu präsentieren, wie die Schriftlichkeit des Verfahrens es zulässt. Die Aussage eines neuen Zeugen sollte in Form einer schriftlichen und mit Unterschrift versehenen Erklärung des Zeugen[33] oder in Form eines von dem Verteidiger über die Aussage des Zeugen aufgenommenen Protokolls vollen Umfangs in das Wiederaufnahmegesuch eingerückt werden. Stützt sich das Wiederaufnahmebegehren auf das Gutachten eines Sachverständigen, so sollte dieses ebenfalls in schriftlicher Form vorliegen und in den Schriftsatz integriert werden. Augenscheinsobjekte sind fotografisch zu sichern und möglichst mit den Originalabzügen oder Farbablichtungen in den Text aufzunehmen.

▶ Beachte

25 Dem Wiederaufnahmeschriftsatz können zwar – anders als bei der Begründung der Revision – auch Anlagen beigefügt werden; auch ist der Verweis auf Aktenbestandteile zulässig (was sich schon daraus ergibt, dass jedes Wiederaufnahmevorbringen per se »in Zusammenhang mit den früher erhobenen Beweisen« zu lesen und zu werten ist, 359 Nr. 5 StPO); dies ist jedoch nicht zu empfehlen: Das Wiederaufnahmegesuch hat sich als einheitliches Ganzes darstellen. Der Leser soll die Gründe, die zum Urteil geführt haben, ebenso wie die Gründe, die seine Beseitigung gebieten, unmittelbar und in einem Zuge auf sich wirken lassen. Wer ihn auf andere Aktenstellen verweist und diese nicht selbst zitierenderweise wiedergibt, provoziert erst einmal eine Unterbrechung des Leseschwungs. Die eigenen Gedanken vermögen umso eher zu fesseln, je weniger die Aufnahmebereitschaft des Adressaten abgelenkt wird. Wer dem Leser zumutet, schon bei der ersten Lektüre des Wiederaufnahmebegehrens eine Nachsuche in alten – manchmal durchaus verwahrlosten – Akten zu veranstalten, bereitet nur Missvergnügen.

Derartige Hinweise betreffen nicht nur Äußerlichkeiten. Sicher: Entscheidend für den Erfolg der Wiederaufnahme ist stets die Qualität und Triftigkeit der Beweise, die dem alten Urteil entgegengestellt werden. Im Strafprozess ist die Form jedoch immer schon ein Gutteil des Inhalts. Dies gilt nicht allein für den Verfahrensgang und die Beobachtung des ihn bestimmenden formellen Prozedere. Es gilt in gleicher Weise für die Methode und Kraft der Verteidigung. Ein Verteidiger, der seine Gedanken- und Beweisführung nicht einem formalen Gestaltungswillen unterwirft, will nicht überzeugen und erst recht nicht gewinnen. In der Wiederaufnahme – wie auch sonst – ist das Gegenteil gefordert.

---

32 Vgl. LR/*Gössel* (25. Aufl.) § 359 Rn. 159 m.w.N.

33 Nicht in Form einer eidesstattlichen Versicherung: vgl. BGHSt 17, 303/304.

Abschnitt 4 Verteidigung in der Strafvollstreckung

Kapitel 13 Grundlagen

Übersicht

A. Begriffsbestimmung

Unter dem Begriff der Strafvollstreckung fasst man alle diejenigen Maßnahmen zusammen, die auf 1
die Umsetzung einer verurteilenden strafgerichtlichen Entscheidung gerichtet sind. Im Unterschied dazu befasst sich der Strafvollzug alleine mit der Art und Weise der Durchführung der Freiheitsstrafe, der Maßregelvollzug hingegen mit derjenigen einer (freiheitsentziehenden) Maßregel der Besserung und Sicherung. Im Folgenden steht zwar die Strafvollstreckung im Vordergrund; auf die Verteidigung während des Straf- und Maßregelvollzuges wird indessen ebenfalls eingegangen.

B. Rechtsgrundlagen

Die grundlegenden Bestimmungen zur Strafvollstreckung enthalten auf Gesetzesebene die §§ 449– 2
463d StPO, ergänzt um etliche Vorschriften aus dem Allgemeinen Teil des StGB (insb. die §§ 42, 43, 51, 55 sowie die §§ 56–76b StGB). Bedeutung erlangen zudem das BZRG, das JBeitrG, die §§ 82–101 JGG (für Jugendliche und Heranwachsende) sowie das EGWStG (für Soldaten). Zur Gewährleistung einer einheitlichen Behandlung der Verurteilten durch die Vollstreckungsbehörden haben die Justizverwaltungen des Bundes und der Länder zudem auf untergesetzlicher Ebene einige bundeseinheitliche Verwaltungsvorschriften vereinbart. Insbesondere die StVollstrO in der Fassung vom 10.08.2017[1] bringt wichtige Konkretisierungen des Gesetzesrechts. So sind z.B. in den §§ 37 ff. StVollstrO die Regeln über die Strafzeitberechnung und in den §§ 43 ff. StVollstrO diejenigen über die Vollstreckungsreihenfolge enthalten. Eine weitere bundeseinheitliche Verwaltungsvorschrift stellt die EBAO in der Fassung vom 10.08.2011[2] sowie das JBeitrG[3] dar. Solche Verwaltungsvorschriften richten sich an die Vollstreckungsbehörden, die Gerichte sind an sie bei der Gesetzesauslegung nicht gebunden.[4]

1 BAnz Nr. 112a S. 4.
2 BAnz Nr. 112a S. 1, 22.
3 Abdruck bei *Habersack* (vormals *Schönfelder*) Nr. 122; das JBeitrG hat 2016 die JBeitrO vom 11.03.1937 ersetzt.
4 BVerfGE 29, 315; *Meyer-Goßner/Schmitt* vor § 449 Rn. 2; LR/*Graalmann-Scheerer* vor § 449 Rn 19.

Die Vollstreckung von Geldbußen erfolgt nach den Vorschriften des OWiG. Die §§ 803 ff. ZPO sind auf die Pfändung im Rahmen der Vollstreckung von Geldstrafen und -bußen sowie Ordnungsgeldern anzuwenden.

3 Bis vor einigen Jahren war das Strafvollzugsrecht im Wesentlichen im (bundesrechtlichen) StVollzG konzentriert. Nachdem im Gefolge der Föderalismusreform 2006 die Gesetzgebungszuständigkeit für den Strafvollzug vom Bund auf die einzelnen Länder übergegangen ist (Art. 74 Abs. 1 Nr. 1 GG), galt das StVollzG zunächst gem. Art. 125a Abs. 1 S. 1 GG in den Ländern fort, solange diese von ihrem ausschließlichen Gesetzgebungsrecht nach Art. 70 Abs. 1 GG noch keinen Gebrauch gemacht hatten. Inzwischen ist dies aber flächendeckend geschehen, weshalb es nunmehr 16 Landesstrafvollzugsgesetze gibt,[5] wobei jedoch mangels entsprechender Gesetzgebungskompetenz der Länder hinsichtlich des gerichtlichen Verfahrens die §§ 109 ff. StVollzG weiter Anwendung finden, was die meisten der Landesgesetze auch durch – freilich rein deklaratorische – Verweise verdeutlichen. Zudem existiert für den Jugendstrafvollzug in jedem Bundesland eine landeseigene Regelung,[6] wobei die Länder Baden-Württemberg, Bayern, Brandenburg, Niedersachsen, Rheinland-Pfalz, Sachsen-Anhalt und Thüringen den Jugend- und den allgemeinen Strafvollzug in einheitlichen Gesetzeswerken normiert haben.[7] Ergänzt werden die Landesgesetze durch Verwaltungsvorschriften, welche an die Stelle der früheren bundeseinheitlichen Verwaltungsvorschriften zum StVollzG (VV-StVollzG) getreten sind.

Die Neuregelungen der Länder haben sich zwar in Vielem an das StVollzG des Bundes angelehnt. Materiell allerdings haben sie den Strafvollzug ganz überwiegend verschärft, indem sie den offenen Vollzug, die Vollzugslockerungen, den Urlaub sowie die Frage der Einzel- oder Gemeinschafts-

5 Baden-Württemberg: Gesetzbuch über den Justizvollzug in Baden-Württemberg (Justizvollzugsgesetzbuch – JVollzGB) vom 10.11.2009 (BWGBl. 2009, 545); Bayern: Gesetz über den Vollzug der Freiheitsstrafe, der Jugendstrafe und der Sicherungsverwahrung (Bayerisches Strafvollzugsgesetz – BayStVollzG) vom 10.12.2007 (BayGVBl. 2007, 866); Berlin: Gesetz über den Vollzug der Freiheitsstrafe in Berlin (Berliner Strafvollzugsgesetz – StVollzG Bln) vom 04.04.2016 (GVBl. 2016, 152); Brandenburg: Gesetz über den Vollzug der Freiheitsstrafe, der Jugendstrafe und der Untersuchungshaft im Land Brandenburg (Brandenburgisches Justizvollzugsgesetz – BbgJVollzG) vom 24.04.2013 (BbgGVBl. 2013 Nr. 14), Bremen: Gesetz zur Neuregelung des Vollzugs der Freiheitsstrafe in der Freien Hansestadt Bremen (Bremisches Strafvollzugsgesetz – BR StVollzG) vom 25.11.2014 (Brem.GBl. 2014, 639); Hamburg: Gesetz über den Vollzug der Freiheitsstrafe und der Sicherungsverwahrung (Hamburgisches Strafvollzugsgesetz – HmbStVollzG) vom 14.07.2009 (HmbGVBl. 2009, 257); Hessen: Hessisches Gesetz über den Vollzug der Freiheitsstrafe und der Sicherungsverwahrung (HStVollzG) vom 28.06.2010 (HessGVBl. I 185); Mecklenburg-Vorpommern: Gesetz über den Vollzug der Freiheitsstrafe in Mecklenburg-Vorpommern (StVollzG M-V) vom 07.05.2013 (GVOBl. M-V 2013, 322) Niedersachsen: Niedersächsisches Justizvollzugsgesetz (NJVollzG) vom 14.12.2007 (Nds. GVBl. 2007, 720), Nordrhein-Westfalen: Gesetz zur Regelung des Vollzuges der Freiheitsstrafe in Nordrhein-Westfalen (Strafvollzugsgesetz Nordrhein-Westfalen – StVollzG NRW) vom 13.01.2015 (GV NRW 2015, 75); Rheinland-Pfalz: Landesgesetz zur Weiterentwicklung von Justizvollzug Sicherungsverwahrung und Datenschutz (LJVollzG) vom 08.05.2013 (RPGVBl. 2013, 79); Saarland: Gesetz über den Vollzug der Freiheitsstrafen im Saarland (Saarländisches Strafvollzugsgesetz – SLStVollzG) vom 24.04.2013 (Amtsbl. I, 116); Sachsen: Gesetz über den Vollzug der Freiheitsstrafe und des Strafarrests im Freistaat Sachsen (Sächsisches Strafvollzugsgesetz – SächsStVollzG) vom 16.05.2013 (SächsGVBl. 213, 250); Sachsen-Anhalt: Gesetz zur Weiterentwicklung des Justizvollzugs in Sachsen-Anhalt (Justizvollzugsgesetzbuch Sachsen-Anhalt – JVollzGB LSA) vom 18.12.2015 (GVBl LSA Nr. 33 vom 31.12.2015, 666); Schleswig-Holstein: Gesetz über den Vollzug der Freiheitsstrafe in Schleswig-Holstein (Landesstrafvollzugsgesetz Schleswig-Holstein – LStVollzG SH) vom 21.07.2016 (GVOBl. Schl.-H. 2016, 618); Thüringen: Thüringer Justizvollzugsgesetz (ThürJVollzGB) vom 27.02.2014 (GVBl. 2014, 13).

6 Hintergrund ist die Entscheidung des BVerfG vom 31.05.2006 (BVerfGE 116, 69), in welcher das Gericht festgestellt hatte, dass es für den Jugendstrafvollzug bis dahin an einer verfassungsrechtlich erforderlichen, auf die besonderen Anforderungen des Strafvollzugs an Jugendlichen zugeschnittenen gesetzlichen Grundlagen fehlte.

7 Das hatte auch Hamburg in seinem ersten Gesetz vom 14.12.2007 (HmbGVBl. 2007, 471) noch getan, ist davon aber in seinem neuen Gesetz (siehe Fn. 5) wieder abgerückt.

unterbringung deutlich restriktiver handhaben, als dies noch im StVollzG vorgesehen war. Zudem finden sich zwischen den einzelnen Länderregelungen deutliche Unterschiede, weshalb es für den Mandanten von erheblicher Bedeutung sein kann, in welchem Bundesland er eine Freiheitsstrafe zu verbüßen hat.

Den Vollzug freiheitsentziehender Maßregeln nach den §§ 63, 64 StGB regeln ebenfalls ganz überwiegend Maßregelvollzugsgesetze der Bundesländer[8]; lediglich die Rahmenbestimmungen der §§ 136–138 StVollzG gelten in den meisten Bundesländern noch fort.[9] Der gerichtliche Rechtsschutz bestimmt sich inzwischen allerdings – auch bzgl. der Sicherungsverwahrung –, wie es die Neufassung von § 109 Abs. 1 StVollzG[10] ausdrücklich feststellt, ebenfalls einheitlich nach den §§ 109 ff. StVollzG.

C. Zuständigkeiten

I. Vollstreckungsbehörde

Dem Verteidiger sollte stets klar sein, welche Stelle im Rahmen der Strafvollstreckung für welche 4
Entscheidung oder Maßnahme zuständig ist, um schnell und effektiv vorgehen zu können. Zentrale Bedeutung hat dabei vor allem die jeweilige Vollstreckungsbehörde, der die meisten anstehenden Entscheidungen im Rahmen der Strafvollstreckung obliegen und deren Aufgabe es ist, »im Interesse einer wirksamen Strafrechtspflege ... die richterliche Entscheidung mit Nachdruck und Beschleunigung zu vollstrecken.« (§ 2 Abs. 1 StVollstrO).

Als Vollstreckungsbehörde fungiert in den allermeisten Fällen (Ausnahme: Vollstreckung jugendstrafrechtlicher Erkenntnisse, s. Rdn. 6) die Staatsanwaltschaft (§ 451 StPO). Innerhalb dieser Behörde sind die Routinegeschäfte im Rahmen der Vollstreckung nach § 31 Abs. 2 RPflG in weitem Umfang dem Rechtspfleger übertragen (was wegen der Regelung in § 31 Abs. 6 S. 1 RPflG indes ohne Einfluss auf die etwaige Frage zu ergreifender Rechtsbehelfe bleibt). Sachlich zuständig ist regelmäßig die Staatsanwaltschaft beim Landgericht (§ 4 Nr. 1 StVollstrO); allein in dem seltenen Fall einer Entscheidung des Oberlandesgerichts im ersten Rechtszug vollstreckt die Generalstaatsanwaltschaft, sofern nicht sogar die Zuständigkeit des Generalbundesanwalts gegeben ist (§ 4 NRn. 2 und 3 StVollstrO, §§ 120, 142a GVG).

Die örtliche Zuständigkeit der Vollstreckungsbehörde bestimmt sich nach dem Gericht des ersten 5
Rechtszuges (§ 7 Abs. 1 StVollstrO); bei Vollstreckung einer nachträglich gebildeten Gesamtstrafe ist das Gericht maßgebend, welches sie gebildet hat (§ 7 Abs. 4 StVollstrO). An der einmal begründeten Vollstreckungszuständigkeit ändert sich selbst dann nichts, wenn der Verurteilte seine Strafe in einer JVA außerhalb des fraglichen Gerichtsbezirkes oder gar in einem anderen Bundesland verbüßt und deshalb eine außerbezirkliche StVK zu Entscheidungen berufen ist (§ 451 Abs. 3 S. 1 StPO).

Diese Zuständigkeitsregelung führt bei der Vollstreckung mehrerer Freiheitsstrafen zum (häufig unkoordinierten) Tätigwerden verschiedener Staatsanwaltschaften; es entsteht eine unübersichtliche Verteilung und Überschneidung von Einzelzuständigkeiten, was oft nicht nur von den betroffenen Strafgefangenen, sondern auch von den beteiligten Behörden als nachteilig empfunden wird.[11] Dies wird besonders deutlich, wenn mehrere Freiheitsstrafen zu vollstrecken sind und in allen Fällen die Voraussetzungen des § 35 Abs. 1 BtMG vorliegen. Es mag sich in solchen Konstellationen ergeben, dass eine Staatsanwaltschaft ihre Vollstreckung zurückstellen möchte, während eine andere hierzu nicht bereit ist; dadurch kommt für keine der Freiheitsstrafen die Zurückstellung in Betracht (arg.

---

8 Zusammenstellung der Maßregelvollzugsvorschriften der Länder bei Laubenthal/Nestler/Neubacher/Verrel/*Laubenthal* P Rn. 9.

9 Vgl. Laubenthal/Nestler/Neubacher/Verrel/*Laubenthal* P Rn. 1.

10 Änderung durch das Gesetz zur bundeseinheitlichen Umsetzung des Abstandsgebotes im Recht der Sicherungsverwahrung v. 05.12.2012, BGBl. I S. 2425.

11 So insbesondere *Bringewat* § 451 Rn. 42.

§ 35 Abs. 6 Nr. 2 BtMG). Bei einer Konzentration der Entscheidungszuständigkeiten könnten entsprechende Divergenzen vermieden werden. Immerhin erlaubt § 451 Abs. 3 S. 2 StPO der ursprünglich zuständigen Vollstreckungsbehörde, ihre Aufgaben an die Staatsanwaltschaft am Sitz der nach § 462a StPO zuständigen StVK zu übertragen, wenn dies im Interesse des Verurteilten geboten erscheint und die Staatsanwaltschaft, an die abgegeben werden soll, zustimmt. Allerdings setzt diese Abgabe der Vollstreckungszuständigkeit voraus, dass bereits eine Zuständigkeit der StVK begründet ist (vgl. § 462a Abs. 1 S. 1 StPO s. Rdn. 7); in der Praxis kommt sie – wohl auch wegen des Zustimmungserfordernisses – kaum einmal vor.

▶ **Beachte**

Dem Verteidiger ist dennoch zu raten, diese Möglichkeit im Auge zu behalten und gegebenenfalls ein entsprechendes Vorgehen anzuregen. Obschon § 451 Abs. 3 S. 2 StPO eine Kann-Bestimmung darstellt, mag das Ermessen der Behörde auf null reduziert sein; denn es ist zumindest nicht auszuschließen und im Einzelfall sogar naheliegend, dass ein bestehendes Zuständigkeitsgemenge nachteilig für den Verurteilten wirkt und daher eine Abgabe in seinem Interesse grundsätzlich geboten wäre.[12] Die Abgabe ist für die angegangene Vollstreckungsbehörde zwar ebenfalls nicht bindend, jedoch wird auch deren Zustimmungsermessen durch gewichtige Interessen des Verurteilten begrenzt.[13]

Vergleichbare Dissonanzen tauchen aber selbst dann auf, wenn innerhalb derselben Staatsanwaltschaft mehrere Dezernate gleichzeitig Freiheitsstrafen gegen den Mandanten vollstrecken. Gelegentlich sehen in diesen Fällen die Geschäftsverteilungspläne der Behörden allerdings vor, dass notwendige Stellungnahmen bzw. Entscheidungen nur über bzw. durch eines der Dezernate erfolgen. Welches das ist, entscheidet sich dann entweder in entsprechender Anwendung der Kriterien von § 462a Abs. 3 S. 3 StPO nach der Strafhöhe oder aber danach, welche Strafe gerade aktuell vollstreckt wird. Der Verteidiger, der divergierende Stellungnahmen aus derselben Behörde bemerkt, sollte sich daher erkundigen, ob nicht eine entsprechende Konzentrationsregel im Geschäftsverteilungsplan verankert ist, und deren Einhaltung anmahnen.

6 In Verfahren gegen Jugendliche und gegen nach Jugendstrafrecht verurteilte Heranwachsende fungiert als Vollstreckungsbehörde der Jugendrichter als Vollstreckungsleiter (§ 82 Abs. 1 S. 1, § 110 JGG).[14] Soweit die Entscheidungen des Vollstreckungsleiters keine jugendrichterlichen Entscheidungen darstellen (§ 83 Abs. 1 JGG), nimmt der Richter Justizverwaltungsaufgaben wahr und ist somit insoweit weisungsgebunden.[15]

II. Strafvollstreckungskammer

7 Wenn eine der in den §§ 453, 454, 454a und 462 StPO bezeichneten Entscheidungen zu treffen ist (insb. über eine Reststrafenaussetzung und anschließende Nachtragsentscheidungen im Rahmen der Bewährungsaufsicht, etwa der Bewährungswiderruf oder Straferlass), entscheidet grundsätzlich die StVK des LG, sofern gegen den Verurteilten bereits eine Freiheitsstrafe oder eine freiheitsentziehende Maßregel der Besserung und Sicherung vollstreckt wird (§ 462a Abs. 1 StPO, § 78a Abs. 1 GVG). Freiheitsstrafen im Sinne der Vorschrift sind im Übrigen auch Ersatzfreiheitsstrafen.[16] Die Zuständigkeit der StVK bleibt zudem für die gesamte Folgezeit, selbst nach dem Ende der Inhaftierung, erhalten, sofern sie einmal auch tatsächlich mit einer Bewährungssache befasst worden ist, also eine Entscheidung getroffen oder wenigstens einen Antrag zur Entscheidung vorgelegt erhalten hat (§ 462a Abs. 2 S. 2 StPO). Diese Zuständigkeitsfixierung qua Befasstsein bewirkt, dass die

12 *Bringewat* § 451 Rn. 43.
13 *Bringewat* § 451 Rn. 44.
14 Zum Überblick über die Jugendstrafvollstreckung vgl. *Lissner* StraFo 2013, 485.
15 *Eisenberg* § 83 Rn. 2.
16 BGHSt 30, 223; OLG München NStZ 1984, 238.

Bewährungsaufsicht bei Reststrafenaussetzungen stets der StVK obliegt. Örtlich zuständig ist diejenige StVK, in deren Bezirk der Verurteilte gerade einsitzt.

Immerhin kann die StVK einzelne Entscheidungen nach § 462a Abs. 1 S. 3 StPO an das Gericht des ersten Rechtszuges abgeben, allerdings nicht die Entscheidung über die Reststrafenaussetzung selbst, sondern nur Entscheidungen über die Auslegung des Strafurteils, die Berechnung der erkannten Strafe und die Zulässigkeit der Strafvollstreckung; die Abgabe anderer Entscheidungen durch die Strafvollstreckungskammer wäre unzulässig.[17]

Wird Jugendstrafe vollstreckt, so nimmt der Jugendrichter in seiner Funktion als Vollstreckungsleiter auch die Aufgaben der StVK wahr (§§ 82 Abs. 1, 110 JGG), jedoch ausschließlich für die Jugendstrafe. Daher kommt es zu einer Aufspaltung der Zuständigkeiten, wenn Freiheitsstrafe neben einer Jugendstrafe vollzogen wird. Allerdings kann der Jugendrichter die Vollstreckung unter bestimmten Voraussetzungen an die Staatsanwaltschaft abgeben, wenn der Verurteilte das 21. bzw. 24. Lebensjahr vollendet hat (§§ 89a Abs. 3, 85 Abs. 6 JGG).[18] Infolge einer solchen Abgabe gehen gleichzeitig die Entscheidungskompetenzen für eine Aussetzung der Jugendstrafe auf die StVK über.[19] 8

▶ **Beachte**

Der Verteidiger sollte diese Möglichkeit im Auge behalten und beim Jugendrichter eine Abgabe anregen, sofern er durch eine einheitliche Zuständigkeit Vorteile für seinen Mandanten erwartet.

Nach § 110 StVollzG obliegen der StVK zusätzlich die notwendigen gerichtlichen Entscheidungen im Strafvollzug nach den §§ 109 ff. StVollzG[20], insb. auf die Anfechtung einzelner Maßnahmen durch den Gefangenen oder auf Anträge von ihm hin, die Vollzugsbehörde zu solchen Maßnahmen (z.B. die Gewährung von Vollzugslockerungen) zu verpflichten. 9

III. Gericht des ersten Rechtszugs

Das erstinstanzliche Gericht bleibt, außer in den Fällen des § 462a Abs. 3 und Abs. 5 S. 1 StPO, grundsätzlich nur insoweit zuständig, als die StVK nicht zu entscheiden hat (§ 462a Abs. 2 S. 1 StPO). Dies ist meist solange der Fall, wie mit dem Strafvollzug noch nicht begonnen wurde. Bei Vollstreckung mehrerer Freiheitsstrafen ist von den beteiligten erstinstanzlichen Gerichten stets nur ein Gericht zur Entscheidung bezüglich aller Strafen berufen, und zwar dasjenige, welches die schwerste Strafe verhängt hat (§ 462a Abs. 4 i.V.m. Abs. 3 S. 2 und 3 StPO). Ist dabei jedoch eines der betroffenen Gerichte eine StVK, so tritt die Zuständigkeitskonzentration unabhängig von der Straflänge bei ihr ein.[21] 10

Bis zum Beginn des Vollzugs einer (unbedingten, nicht zur Bewährung ausgesetzten) Strafe oder freiheitsentziehenden Maßregel ist das Gericht des ersten Rechtszuges hauptsächlich zur Klärung von Zweifeln an der Auslegung des Strafurteils, an der Strafzeitberechnung oder an der Zulässigkeit der Strafvollstreckung (§§ 462a Abs. 1, 462 Abs. 1 S. 1, 458 Abs. 1 StPO) anzurufen.[22] Es entscheidet ferner ausschließlich über die Bildung einer nachträglichen Gesamtstrafe (§ 462a Abs. 3 S. 1 StPO) und bei Bewährungsstrafen über deren möglichen Widerruf (§ 453 Abs. 1 StPO). Auch hat grundsätzlich das erkennende Gericht darüber zu entscheiden, ob eine vorbehaltene Sicherungsverwahrung anzuordnen ist (§ 462a Abs. 2 S. 3 StPO).

17 BGH NJW 1976, 1645.
18 Vgl. *Lissner* StraFo 2013, 485 (490 f.).
19 BGH NStZ 1997, 255; KG StV 2013, 778.
20 Zur bundesweiten Fortgeltung dieser Regelungen des StVollzG s.o. Rdn. 3.
21 Meyer-Goßner/*Schmitt* § 462a Rn. 32.
22 Nach Vollzugsbeginn kann zur Klärung dieser Fragen Abgabe durch die StVK erfolgen, § 462a Abs. 1 S. 3 StPO.

Das Gericht des ersten Rechtszuges (nicht dagegen die Berufungsstrafkammer[23]) darf schon in seinem Bewährungsbeschluss, aber auch später Nachtragsentscheidungen, die sich auf eine Strafaussetzung zur Bewährung oder eine Verwarnung mit Strafvorbehalt beziehen (§ 453 StPO), ganz oder zum Teil an das Amtsgericht des Wohnsitzes oder des gewöhnlichen Aufenthaltsortes abgeben (§ 462a Abs. 2 S. 2 StPO). Die Abgabe kann erfolgen, wenn sie aus besonderen Gründen zweckmäßig ist, insb. zur Überwachung der Erfüllung von Auflagen und Weisungen oder im Falle der Beiordnung eines Bewährungshelfers.[24] Die Abgabe ist bindend und eine Weiterübertragung unzulässig.[25]

11 Eine weitere Zuständigkeitskonzentration sieht § 462a Abs. 4 StPO vor, und zwar für nachträgliche Entscheidungen bezüglich mehrerer Einzelverurteilungen durch verschiedene Gerichte. Relevant wird dies vor allem, wenn in mehreren Bewährungssachen (z.B. wegen einer Nachverurteilung) über den Widerruf der Strafaussetzung zu entscheiden wäre. Würde jedes einzelne der erstinstanzlichen Gerichte befasst, so entstünde die Gefahr einer Entscheidungszersplitterung mit möglicherweise nachteiligen Folgen für den Verurteilten. Daher ist auch in diesen Fällen ausschließlich dasjenige Gericht zuständig, welches die schwerste Strafe verhängt hat (§ 462a Abs. 4 S. 2, Abs. 3 S. 2 und 3 StPO). So lässt sich eine unterschiedliche Beurteilung der Sozialprognose durch die einzelnen Gerichte vermeiden[26] und zudem kann sich die Verteidigung darauf beschränken, gegenüber einem einzigen Gericht vorzutragen. Wird bereits Freiheitsstrafe gegen den Mandanten vollstreckt, so tritt die Zuständigkeitskonzentration bei der hierfür zuständigen StVK ein.[27] Solange allerdings nur in einer der Sachen eine Nachtragsentscheidung ansteht, erfolgt keine Zuständigkeitsverschiebung und es bleibt bei der Zuständigkeit desjenigen erstinstanzlichen Gerichts, welches das betreffende Urteil gefällt hat.[28]

▶ Beachte

Da die gerichtliche Zuständigkeitskonzentration gerne übersehen wird, sollte der Verteidiger in den einschlägigen Fällen besonderes Augenmerk auf die Frage legen, ob das richtige Gericht entschieden hat, denn hier mag sich die Gelegenheit bieten, im Beschwerdeweg eine Aufhebung ungünstiger Entscheidungen zu erreichen.

IV. Jugendrichter

12 In Verfahren gegen Jugendliche und Heranwachsende nimmt der Jugendrichter als Vollstreckungsleiter nicht nur die Aufgaben der Vollstreckungsbehörde, sondern auch diejenigen Aufgaben wahr, die bei Erwachsenen der StVK obliegen (§§ 82 Abs. 1, 83 JGG). Wird Jugendstrafe gemäß § 89b JGG nach den Vorschriften des Erwachsenenvollzugs vollzogen, bleibt der Jugendrichter ebenfalls zuständig. Bei Einwendungen gegen eine konkrete Vollzugsmaßnahme im Erwachsenenvollzug entscheidet allerdings die StVK (§§ 109 ff. StVollzG). Letztere wird auch allgemein nach § 462a StPO zuständig, wenn der Vollstreckungsleiter die Vollstreckung der Jugendstrafe oder freiheitsentziehenden Maßregel an die Staatsanwaltschaft gemäß § 85 Abs. 6 oder § 89a Abs. 6 JGG abgibt.[29]

D. Rechtsbehelfe und Rechtsmittel im Vollstreckungsverfahren

I. Übersicht

13 Im eigentlichen Vollstreckungsverfahren stehen in Abhängigkeit von der anzufechtenden Ausgangsentscheidung sehr unterschiedliche Rechtsbehelfe zur Verfügung, die dem Verteidiger wegen ihrer

23 Meyer-Goßner/*Schmitt* § 462a Rn. 20.
24 BGH NJW 1958, 560.
25 BGH (*Kusch*) NStZ 1997, 379.
26 *Meyer-Goßner/Schmitt* § 462a Rn. 30; *Bringewat* § 462a Rn. 52.
27 S. o. Rdn. 7.
28 BGH NStZ-RR 2006, 115.
29 BGHSt 29, 33. BGH Rpfleger 1979, 258; BGH NStZ 1997, 255 (zu § 92 Abs. 2 JGG a.F.).

überwiegend strafprozessualen Natur prinzipiell bekannt sein dürften (s.u. II. – VII.). Demgegenüber weist das Rechtsbehelfsverfahren gegen Maßnahmen des Strafvollzugs eine völlig andere Konzeption auf, da es eher dem Verwaltungsrechtsweg nachgebildet wurde (s.u. VIII.).

II. Antrag auf gerichtliche Entscheidung

Wesentliche Vollstreckungsentscheidungen sind ohnehin originär dem Gericht vorbehalten (z.B. Bewährungswiderruf, Reststrafenaussetzung, Absehen von der Ersatzfreiheitsstrafe). Darüber hinaus wird gelegentlich der Antrag auf gerichtliche Entscheidung als Rechtsbehelf gegen Entscheidungen der Vollstreckungsbehörde zugelassen (vor allem in § 458 StPO, § 35 Abs. 7 S. 2 BtMG, § 30a EGGVG). Der Rechtsbehelf ist weder form- noch fristgebunden. Die Anbringung der Einwendungen bei Gericht ist möglich, indes nicht vorgeschrieben; zweckmäßiger (weil letztlich schneller) dürfte im Regelfall die Adressierung an die Staatsanwaltschaft sein. Eine aufschiebende Wirkung besteht nicht, kann aber durch das Gericht angeordnet werden (§ 458 Abs. 3 S. 1 StPO). 14

▶ Beachte

Durch die Erhebung der Einwendungen wird die Vollstreckung nicht gehemmt. Wurde also bereits ein Vorführungs- oder Haftbefehl zur Vollstreckung einer (Ersatz)Freiheitsstrafe erlassen (§ 457 Abs. 1 StPO) und will sich der Verteidiger gegen die Zulässigkeit der Vollstreckung wenden, so steht dennoch zu befürchten, dass der Mandant verhaftet wird. Daher ist es anzuraten, stets gleichzeitig einen Antrag auf einstweiligen Aufschub oder Unterbrechung der Vollstreckung zu stellen (§ 458 Abs. 3 S. 1 StPO).

Entschieden wird durch gerichtlichen Beschluss, wobei es für nachträgliche Bewährungsentscheidungen (§ 453 StPO), die Aussetzung des Strafrests (§ 454 StPO), die Entscheidungen im Rahmen des Maßregelvollzuges (§ 463 StPO) sowie für die übrigen Fälle (§ 462 StPO) jeweils in Einzelheiten unterschiedliche Verfahrensformalien zu beachten gilt.

Als Rechtsmittel gegen die gerichtliche Beschlussentscheidung ist bei den nachträglichen Bewährungsentscheidungen teils die (beschränkte, § 453 Abs. 2 S. 1 und 2 StPO) einfache Beschwerde (dazu Rdn. 19 f.), teils die sofortige Beschwerde (§ 453 Abs. 2 S. 3 StPO) vorgesehen. In allen übrigen Fällen ist ausschließlich die sofortige Beschwerde statthaft (§§ 454 Abs. 3, 462 Abs. 3 StPO, § 35 Abs. 7 S. 4 BtMG; dazu Rdn. 18).

III. Aufsichtsbeschwerden

Aufsichtsbeschwerden zielen auf die Überprüfung einer behördlichen Entscheidung im Wege der Fach- oder Dienstaufsicht. Während die zumeist in der Sache weniger förderliche Dienstaufsichtsbeschwerde persönliches Fehlverhalten des Entscheidenden rügt, geht es bei den Fachaufsichtsbeschwerden regelmäßig um eine der gerichtlichen Entscheidung vorgeschaltete oder (bei den rein exekutiven Gnadenentscheidungen) um eine an ihre Stelle tretende Überprüfung in der Sache. 15

Da zunächst die Ausgangsbehörde über eine Abhilfe zu entscheiden hat, führt die Einlegung der Beschwerde dort im Zweifel am schnellsten zum Ziel. Eine aufschiebende Wirkung tritt i.d.R. nicht ein (vgl. z.B. § 21 Abs. 2 StVollstrO).

Aufsichtsbeschwerden als Vorschaltbeschwerden findet man in § 21 StVollstrO oder in den §§ 39 Abs. 3, 49 Abs. 3 BZRG, wenngleich man dies nur bei der ersteren von ihrem Wortlaut her vermuten würde. Bei erfolgloser Beschwerde bleibt jedoch auch in den übrigen Fällen mindestens noch die Herbeiführung der gerichtlichen Entscheidung nach den §§ 23 ff. EGGVG möglich. Vorschaltbeschwerden sind teilweise fristgebunden (§§ 39 Abs. 3, 49 Abs. 3 BZRG), ansonsten aber formfrei. 16

Eine Vorschaltbeschwerde sieht i.Ü. das Strafvollzugsrecht nach der Neufassung des insoweit früher einschlägigen § 109 Abs. 3 StVollzG inzwischen nicht mehr vor.

17 Sachaufsichtsbeschwerden als einzigen Rechtsbehelf findet man allein im Gnadenverfahren, weil für dieses die Rechtsweggarantie des Art. 19 Abs. 4 GG prinzipiell nicht gilt.[30] Nur beim Entzug eines bereits gewährten Gnadenerweises ist (auch) der Weg über die §§ 23 ff. EGGVG eröffnet.[31]

IV. Sofortige Beschwerde

18 Die sofortige Beschwerde ist gemäß § 311 Abs. 2 StPO binnen einer Woche nach Bekanntmachung der angefochtenen Entscheidung einzulegen und zudem nur dort statthaft, wo sie explizit im Gesetz zugelassen ist (z.B. § 462 Abs. 3 StPO im Fall der nachträglichen Gesamtstrafenbildung oder gegen gerichtliche Entscheidungen nach den §§ 458, 453 Abs. 2 S. 2 StPO, u.a. gegen Widerrufsentscheidungen).

Eingelegt wird die sofortige Beschwerde bei dem Gericht, dessen Entscheidung angefochten werden soll (§ 306 Abs. 1 StPO). Eine aufschiebende Wirkung besteht an sich nicht; sie kann jedoch im Einzelfall angeordnet werden (§ 307 StPO). Entschieden wird vom nächsthöheren Gericht durch Beschluss. Dessen Entscheidung ist unanfechtbar; Fälle des § 310 StPO (weitere Beschwerde) existieren nach herrschender Meinung in der Vollstreckung nicht.[32] Die angegriffene Entscheidung wird vom Beschwerdegericht im vollen Umfang überprüft.[33]

V. (einfache) Beschwerde

19 Die (einfache) Beschwerde nach § 304 StPO ist gegen gerichtliche Entscheidungen statthaft, sofern sie weder unanfechtbar sind (wie z.T. die Verweigerung gerichtlicher Zustimmung zur Zurückstellung der Vollstreckung nach § 35 Abs. 2 S. 1 BtMG) noch ausdrücklich ein anderer förmlicher Rechtsbehelf vorgesehen ist (etwa die sofortige Beschwerde, vgl. Rdn. 18).

Das Verfahren entspricht weitgehend dem bei der sofortigen Beschwerde. Allerdings ist die einfache Beschwerde nicht fristgebunden. Außerdem entscheidet zunächst das Gericht, dessen Entscheidung angefochten wird, über eine Abhilfe (§ 306 Abs. 2 StPO), während es im Falle der sofortigen Beschwerde die Sache ohne Weiteres dem Beschwerdegericht vorzulegen hätte.

20 Bei der Beschwerde gegen die nachträglichen Bewährungsentscheidungen (mit Ausnahme von Widerruf und Straferlass) sind nach § 453 Abs. 2 StPO zusätzliche Zulässigkeitsvoraussetzungen zu beachten. Diese Beschwerde kann in zulässiger Weise ausschließlich auf eine Gesetzwidrigkeit gestützt werden und bedarf insoweit zudem einer entsprechenden Begründung. Die sonst dem Beschwerdegericht gestattete Überprüfung der Zweckmäßigkeit einer Maßnahme unterbleibt damit und es findet eine reine Rechtskontrolle statt. Eine Rückausnahme von dieser Beschränkung stellt wiederum der Fall einer Verlängerung der Bewährungszeit nach deren Ablauf (§ 56f Abs. 2 S. 2 StGB) als Alternative zum Widerruf dar. Diese unterliegt der uneingeschränkten Nachprüfung im Wege gewöhnlicher Beschwerde.

VI. Rechtsweg nach den §§ 23 ff. EGGVG

21 Die Anrufung des OLG nach § 23 Abs. 3 EGGVG bildet einen subsidiären Rechtsbehelf für alle diejenigen Konstellationen, in welchen keine andere gerichtliche Anfechtung gesetzlich vorgesehen ist. Gerade bei der Vollstreckung tritt er allerdings vergleichsweise häufig auf (z.B. § 35 Abs. 2 S. 2 BtMG für die Nichtzurückstellung der Vollstreckung[34]; Absehen von der Vollstreckung bei Auslieferung, § 456a StPO; Vollstreckungshaftbefehl, § 457 StPO).

30 BVerfG NJW 1969, 1895 f.
31 BVerfG NJW 1971, 795.
32 Vgl. KK/*Zabeck* § 310 Rn. 10; Meyer-Goßner/*Schmitt* § 453c Rn. 17.
33 KK/*Zabeck* § 309 Rn. 8 f.
34 OLG München StV 1993, 432; OLG Stuttgart MDR 1994, 297.

Der entsprechende Antrag muss vergleichsweise hohe formale Anforderungen erfüllen. Zunächst ist ein ggf. vorgesehenes Vorschaltverfahren durchzuführen (§ 24 Abs. 2 EGGVG; z.B. stellt § 21 Abs. 1 StVollstrO ein solches für zahlreiche Vollstreckungsentscheidungen der Staatsanwaltschaft zur Verfügung). Der darauf folgende eigentliche Antrag ist befristet (Frist nach § 26 EGGVG: ein Monat) und muss, was aus § 24 Abs. 1 EGGVG folgt, eine Begründung enthalten, aus welcher sich entweder eine Rechtsbeeinträchtigung durch den angefochtenen Justizverwaltungsakt oder aber – soweit die Vornahme einer Maßnahme begehrt wird – der Rechtsanspruch auf dieselbe in schlüssiger Weise ergibt.[35] Der Antrag ist schriftlich beim zuständigen OLG oder alternativ dort (oder bei jedem AG) zu Protokoll der Geschäftsstelle zu stellen (§ 26 Abs. 1 EGGVG). 22

Trotz des Verweises in § 29 Abs. 2 EGGVG auf die strafprozessualen Beschwerdevorschriften ähneln Verfahren und Entscheidung des OLG sehr stark einer verwaltungsgerichtlichen Überprüfung, wie § 28 EGGVG verdeutlicht. Entsprechend § 307 StPO entfaltet der (Anfechtungs-)Antrag keine aufschiebende Wirkung; sie kann aber im Einzelfall angeordnet werden. Für Verpflichtungsanträge sieht die herrschende Meinung in entsprechender Anwendung von § 123 VwGO die Möglichkeit einstweiliger Anordnungen vor.[36] Der Beschluss des OLG ist unanfechtbar (§ 29 Abs. 1 S. 1 EGGVG). 23

VII. Weitere Aufsichtsbeschwerde

Weil das Gnadenrecht seiner Natur nach ein Exekutivrecht darstellt, sehen einige Gnadenordnungen die Möglichkeit einer weiteren Einwendung vor, über die das jeweilige Justizministerium zu entscheiden hätte.[37] Solche Anträge sind weder form- noch fristgebunden und können im Hinblick auf unterschiedliche Entscheidungskriterien durchaus auch einmal zum Erfolg führen. Der Verteidiger sollte sie deshalb nicht von vornherein außer Acht lassen. 24

VIII. Der Rechtsweg in Vollzugssachen

1. Antragsarten

Vergleichbar dem verwaltungsgerichtlichen Verfahren differenziert das StVollzG[38] (auch für den Maßregelvollzug, s. Rdn. 3) verschiedene Antragsarten, was seinen Sinn wiederum in einigen Unterschiedlichkeiten bei Verfahren und Entscheidung findet. So kennt das Strafvollzugsrecht den Anfechtungs- (§ 109 Abs. 1 S. 1 StVollzG), den Verpflichtungs- (§ 109 Abs. 1 S. 2, ggf. i.V.m. § 113 StVollzG) sowie den (Fortsetzungs-)Feststellungsantrag (§ 115 Abs. 3 StVollzG). Daneben ist, falls eine belastende Maßnahme zwar noch nicht vorgenommen worden ist, aber offensichtlich droht, der vorbeugende Unterlassungsantrag anerkannt.[39] 25

Anfechtungsanträge richten sich gegen belastende Einzelfallregelungen der JVA bzw. der Maßregelvollzugsanstalt (z.B. Verhängung von Disziplinarmaßnahmen, Zurückverlegung in den geschlossenen Vollzug). Entschieden wird durch die StVK im Erfolgsfalle durch Aufhebung der angefochtenen Maßnahme, ggf. unter Anordnung der Folgenbeseitigung (§ 115 Abs. 2 StVollzG). 26

Mit dem Verpflichtungsantrag wird die Vornahme einer begünstigenden Maßnahme erstrebt (z.B. die Verlegung in den offenen Vollzug oder die Gewährung von Urlaub). Zulässig ist er erst nach Ablehnung des ursprünglichen Begehrens durch die JVA bzw. Maßregelvollzugsanstalt. Die stattgebende Entscheidung der StVK lautet im Falle der Spruchreife auf Verpflichtung zur Vornahme, ansonsten auf Neubescheidung unter Beachtung der Rechtsauffassung des Gerichts (§ 115 Abs. 4 StVollzG). Letzteres wird schon deshalb den Regelfall bilden, weil die begehrten Maßnahmen häufig Ermessensspielräume der Vollzugsanstalt vorsehen, welche das Gericht nicht selbst ausfüllen darf, 27

35 KK/*Mayer* § 24 EGGVG Rn. 1 ff.
36 KK/*Mayer* § 28 EGGVG Rn. 24 f.
37 Vgl. etwa § 18 Abs. 2 der Bayerischen Gnadenordnung vom 29.05.2006 (BayGVBl. S. 321).
38 Zur Weitergeltung insoweit s.o. Rdn. 3.
39 OLG Celle bei *Franke* NStZ 1981, 250; AK-StVollzG/*Spaniol/Feest* § 109 Rn. 31.

oder aber sich bei einzelnen ihrer Voraussetzungen Beurteilungsspielräume eröffnen (z.B. bei den Tatbestandsmerkmalen der Flucht- oder Missbrauchsgefahr), für die grundsätzlich dasselbe gilt.

28 Ein Fortsetzungsfeststellungsantrag ist nach zwischenzeitlich erfolgter Erledigung von Anfechtungs- oder Verpflichtungsanträgen zulässig und setzt ein berechtigtes Interesse an der Feststellung der Rechtswidrigkeit des (ursprünglichen) Verhaltens der Vollzugsbehörde voraus (§ 115 Abs. 3 StVollzG). Solche Interessen bestehen insb. bei Wiederholungsgefahr oder dann, wenn die erledigte Maßnahme für die zukünftige Vollzugsgestaltung oder die Reststrafenaussetzung Folgen haben kann (z.B. die rechtswidrige Verhängung eines Arrestes, der in der Gefangenenpersonalakte dokumentiert ein schlechtes Licht auf den Betroffenen wirft). Ebenfalls im Wege richterlicher Rechtsfortbildung anerkannt ist der nicht als Fortsetzung eines ursprünglichen Anfechtungs- oder Verpflichtungsantrags erhobene, sondern selbstständig gestellte Feststellungsantrag.[40] Auch hier bedarf es eines berechtigten Interesses an der Feststellung der Rechtswidrigkeit.

▶ Beachte

Die Rechtsprechung gelangt bei Feststellungsbegehren sehr schnell zur Verwirkung des Feststellungsinteresses, wenn der Gefangene sich gegen eine erledigte Maßnahme wendet, die er zuvor nicht unmittelbar gerichtlich angegriffen hatte.[41] In solchen Fällen muss der Verteidiger darlegen, warum es dem Gefangenen nicht möglich oder nicht zuzumuten war, sich mit einem Eilantrag z.B. gegen die nur einige Tage währende Unterbringung in einer überbelegten Zelle zu wehren.[42]

29 Der Vornahmeantrag (§ 113 Abs. 1 StVollzG) setzt einen bei der JVA gestellten Antrag des Gefangenen auf Gewährung einer begünstigenden Maßnahme voraus, über welchen noch nicht entschieden wurde. Der gerichtliche Vornahmeantrag ist drei Monate bis zu einem Jahr danach (§ 113 Abs. 3 StVollzG) im Fall fortdauernder Untätigkeit der Anstalt zulässig, bei besonderer Eilbedürftigkeit allerdings auch schon früher (z.B. bei bevorstehender Entlassung oder bei anstehenden Vollzugslockerungen[43], vgl. § 113 Abs. 1 StVollzG). Eine verspätete Antragstellung müsste mit höherer Gewalt oder besonderen Umständen des Einzelfalles erklärt werden (§ 113 Abs. 3 StVollzG).

Bei sachlich ungerechtfertigter Verweigerung einer Entscheidung seitens der Anstalt wird diese beim einfachen Vornahmeantrag gem. § 115 Abs. 4 S. 2 StVollzG zur Bescheidung des Antragstellers verpflichtet. Falls dieser, was ohnehin vorzugswürdig ist, den Vornahmeantrag als Stufenantrag mit einem Antrag auf Verpflichtung der Vollzugsanstalt zum Erlass der abgelehnten Maßnahme verbindet, kann ggf. entsprechend § 115 Abs. 4 S. 1 StVollzG sogar die Verpflichtung auf *positive* Bescheidung erreicht werden. Ist hingegen das Zögern der Vollzugsanstalt sachlich begründet gewesen (z.B., falls noch ein ausstehendes Gutachten abzuwarten war), wird der Anstalt eine Frist gesetzt, innerhalb derer sie nunmehr entscheiden muss (§ 113 Abs. 2 StVollzG). Erst nach fruchtlosem Fristablauf erfolgt anschließend der Ausspruch nach § 115 Abs. 4 StVollzG.

2. Verfahren

30 Der Antrag nach den §§ 109 ff. StVollzG muss binnen einer Frist von zwei Wochen gestellt werden. Er bedarf grundsätzlich der Schriftform, kann aber auch zu Protokoll der Geschäftsstelle der zuständigen StVK (§ 110 StVollzG) oder eines nach § 209 StPO bzw. § 120 Abs. 1 StVollzG zuständigen AG erklärt werden (§ 112 Abs. 1 StVollzG). Aus § 109 Abs. 2 StVollzG folgt weiterhin eine Pflicht zur Begründung des Antrages, der zumindest die Rechtsverletzung schlüssig darzulegen hat. Bei

40 Thüringisches OLG StraFo 2004, 73.
41 Thüringisches OLG StraFo 2004, 72.
42 Vgl. AK-StVollzG/*Spaniol/Feest* § 109 Rn. 32.
43 Die Entscheidung über diese ist stets eilig, vgl. BVerfG StV 1985, 240; OLG Celle NStZ 1985, 576.

Verpflichtungsanträgen ist deshalb auch auszuführen, woraus sich der Anspruch auf die begehrte Maßnahme herleitet und warum der Mandant die betreffenden Voraussetzungen erfüllt.

Soweit die entscheidungserheblichen Bestimmungen Beurteilungsspielräume der Vollzugsanstalt beinhalten (was vor allem bei allen Gefahr- oder Missbrauchsprognosen der Fall ist) oder ein Rechtsfolgeermessen besteht, gilt für die StVK die inhaltliche Prüfungsbeschränkung nach § 115 Abs. 5 StVollzG. Sie darf dann nur Über- oder Unterschreitungen des (Ermessens- bzw. Beurteilungs-) Spielraums sowie einen Fehlgebrauch des Ermessens prüfen, aber nicht ihr Ermessen an die Stelle desjenigen der Anstalt setzen.[44] Der Antrag auf gerichtliche Entscheidung muss deshalb in derartigen Konstellationen zusätzlich schlüssig einen entsprechenden Fehler darlegen. Am einfachsten gelingt dies, wenn die Nichtberücksichtigung einer für die Entscheidung wesentlichen Tatsache durch die Vollzugsanstalt aufgezeigt werden kann.[45] 31

3. Rechtsbeschwerde

Gegen die Entscheidung der StVK sieht § 116 StVollzG eine Rechtsbeschwerde vor, die aber ähnlich derjenigen nach § 80 Abs. 1 Nr. 1 OWiG nur zur Rechtsfortbildung oder zur Sicherung einheitlicher Rechtsprechung statthaft ist.[46] Über die Rechtsbeschwerde entscheidet der Strafsenat des OLG (§ 117 StVollzG). 32

E. Vollstreckbarkeit

Alle Strafurteile, Strafbefehle, Gesamtstrafen- und Widerrufsbeschlüsse werden mit ihrer Rechtskraft vollstreckbar. Formelle Rechtskraft tritt ein, wenn die Entscheidung mit Rechtsmitteln nicht mehr angefochten werden kann, wobei es auf die absolute Rechtskraft gegenüber allen Verfahrensbeteiligten ankommt. 33

Rechtsmittel eines von mehreren Mitangeklagten stehen der Vollstreckung prinzipiell nur beim Rechtsmittelführer entgegen (§§ 316 Abs. 1, 343 Abs. 1 StPO). Nur ausnahmsweise kommt eine rückwirkende Durchbrechung der Rechtskraft in Betracht, wenn das Urteil auf die Revision eines Mitangeklagten hin wegen einer materiellen Gesetzesverletzung aufgehoben wird (§ 357 StPO); bis dahin bleibt jedoch das Urteil gegenüber den Nichtrevidenten vollstreckbar. Ist eine Erstreckung der Revisionsentscheidung auf sie bereits zu einem früheren Zeitpunkt zu erwarten, so kann die Vollstreckungsbehörde die Vollstreckung aufschieben oder unterbrechen (§ 19 S. 2 StVollstrO). Bei begründeter Aussicht auf Urteilsaufhebung reduziert sich ihr Ermessen insoweit sogar auf null. Erfolgen in derartigen Konstellationen dennoch weder Strafaufschub noch -unterbrechung, so kann der Betroffene Einwendungen nach § 21 Abs. 1 StVollstrO (mit anschließendem Antrag nach den §§ 23 ff. EGGVG) erheben. Es ist daher für den Verteidiger wichtig, sehr genau die Aussichten des Rechtsmittels selbst dann zu prüfen, wenn weder er selbst noch sein Mandant Revision eingelegt haben. 34

Ist bei einer Gesamtstrafe mindestens eine von mehreren Einzelstrafen rechtskräftig geworden, so ist die Vollstreckung solcher rechtskräftigen Einzelstrafen selbst dann möglich, wenn das Rechtsmittelgericht auf Grund des Wegfalls anderer angefochtener Einzelstrafen die aus ihnen gebildete Gesamtstrafe noch aufheben könnte. Da dem Angeklagten aber durch eine Vorwegvollstreckung rechtskräftiger Urteilsteile insgesamt kein Nachteil entstehen darf, kann nur bis zur Höhe der geringstmöglichen Gesamtstrafe vollstreckt werden,[47] also nur bis zur geringstmöglichen Erhöhung der höchsten rechtskräftig gewordenen Einzelstrafe (vgl. § 54 Abs. 1 S. 2 StGB). Praktisch läuft dies darauf hinaus, nur die höchste der rechtskräftigen Einzelstrafen zu vollstrecken. 35

---

44 *Peglau* NJW 2014, 2012 (2013).

45 Laubenthal/Nestler/Neubacher/Verrel/*Bachmann* P Rn. 84.

46 Nähere Einzelheiten zur Begründung bei *Peglau* NJW 2014, 2012 (2013).

47 Vgl. *Bringewat* § 449 Rn. 25 ff.; *Meyer-Goßner/Schmitt* § 449 Rn. 11; BGH MDR 56, 528; OLG Hamm NStZ 2009, 655; KK/*Appl* § 449 Rn. 18.

▶ **Beachte**

Zwar besteht für die Staatsanwaltschaft grundsätzlich eine Pflicht, auch rechtskräftige Einzelstrafen vorab zu vollstrecken. Diese Pflicht entfällt jedoch, falls die Möglichkeit besteht, dass die nach Abschluss des Rechtsmittelverfahrens schlussendlich verbleibende (ggf. Gesamt)Strafe infolge des Wegfalles angefochtener Einzelstrafen so niedrig wird, dass sie nach § 56 StGB zur Bewährung ausgesetzt werden könnte, oder wenn dem Betroffenen sonst gewichtige Nachteile drohen, etwa wegen der getrennten, zweifachen Vollstreckung von kürzeren Strafteilen anstelle einer einmaligen längeren Gesamtvollstreckung (die ja beispielsweise eher Resozialisierungsmaßnahmen während des Vollzuges erlauben würde). In diesem Fall sollte der Verteidiger um Aufschub oder Unterbrechung der Vollstreckung ersuchen. Wird dieses abgelehnt, können dagegen Einwendungen nach § 21 Abs. 1 StVollstrO, ggf. anschließend nach den §§ 23 ff. EGGVG erhoben werden.

36 Neben der fehlenden Rechtskraft sind weitere Vollstreckungshindernisse die Vollstreckungsverjährung (§§ 79 ff. StGB), Amnestie und Begnadigung, Vollzugsuntauglichkeit oder Vollstreckungsaufschub (§§ 455, 456 StPO) sowie die Immunität von Abgeordneten. Zudem ist bei Einlieferung eines Verurteilten aus dem Ausland der Grundsatz der Spezialität zu beachten (Nr. 100 RiVASt, § 11 IRG). Danach dürfen Verfolgungs- oder Vollstreckungsmaßnahmen gegen einen Ausgelieferten wegen strafbarer Handlungen, die er vor der Auslieferung begangen hat und auf die sich die Auslieferungsbewilligung des ausländischen Staats nicht erstreckt, ohne Zustimmung dieses Staats bzw. vor Ablauf einer Schutzfrist nicht erfolgen. Sämtliche Vollstreckungshindernisse können nach § 458 Abs. 1 StPO mittels eines Antrages auf gerichtliche Entscheidung geltend gemacht werden.[48]

F. Gnadenmaßnahmen

37 Häufig sind Gnadengesuche der letzte Ausweg, Rechtsnachteile für den Mandanten abzumildern. Sie sind an keine Form oder Frist gebunden und können von jedermann eingereicht werden. Zuständig für Gnadenentscheide auf dem Gebiet des Strafrechts sind grundsätzlich die Länder (§ 452 S. 2 StPO). Die meisten von ihnen haben die Gnadenbefugnisse für bestimmte Entscheidungen auf die Leiter der Staatsanwaltschaften bzw. die jeweiligen Vollstreckungsbehörden übertragen.[49]

Die Einlegung eines Gnadengesuchs bewirkt keine Vollstreckungshemmung. Um eine solche zu erreichen, muss mit dem Gnadengesuch der Antrag verbunden werden, die Vollstreckung einstweilen einzustellen, falls dem Mandanten oder seiner Familie sonst nicht mehr gutzumachende Nachteile drohen. Wenn möglich, sollten die für einen Gnadenerweis wesentlichen Behauptungen urkundlich belegt werden, etwa durch (amts)ärztliche Atteste oder Einkommensnachweise. Das Gesuch wird zweckmäßigerweise bei der Vollstreckungsbehörde gestellt, selbst wenn die jeweilige Gnadenordnung eine andere Stelle als Gnadenstelle ausweist, denn sie verfügt im Zweifel über die Vollstreckungsakten und kann so auf dem schnellsten Wege eine Entscheidung herbeiführen. In dem einzuleitenden Gnadenverfahren werden regelmäßig zunächst Stellungnahmen des erkennenden Gerichts und ggf. der JVA oder des Bewährungshelfers eingeholt.

▶ **Beachte**

Stellungnahmen der zu dem Gnadengesuch anzuhörenden Stellen können durchaus Einfluss auf die Entscheidung der Gnadenbehörde nehmen, und dies sogar in formaler Weise. So darf möglicherweise nach der jeweiligen Gnadenordnung beim Vorliegen einer befürwortenden Stellungnahme nicht mehr die Staatsanwaltschaft selbst den Gnadenerweis ablehnen, sondern hätte die Sache dazu ihrer vorgesetzten Behörde zu berichten. Deswegen mag es für den Ver-

48 Vgl. BGHSt 15, 126; zu den Folgen für eine Gesamtstrafenvollstreckung bei einer auf Teile hiervon eingeschränkten Auslieferungsbewilligung s. OLG Karlsruhe StV 2000, 378.

49 Zusammenstellung der einzelnen Gnadenordnungen bei *Birkhoff/Lemke*, Gnadenrecht, 2012, S. 221 ff.

teidiger im Einzelfall sinnvoll sein, bei den zu beteiligenden Stellen, insbesondere dem erkennenden Gericht, schon im Vorfeld für einen Gnadenerweis zu werben.

Gnadenentscheidungen sind Ermessensentscheidungen, die im Grundsatz keiner gerichtlichen Überprüfung unterworfen sind.[50] Dies gilt aber nicht, wenn eine Begnadigung zurückgenommen oder widerrufen wird, denn dadurch würde in eine bereits erlangte Rechtsstellung des Betroffenen eingegriffen und so nach Art. 19 Abs. 4 GG gerichtlicher Rechtsschutz erforderlich. In diesem Fall ist der Rechtsweg nach § 23 Abs. 1 EGGVG eröffnet.[51]

Ein Gnadenerweis bleibt immer eine Einzelfallentscheidung mit absolutem Ausnahmecharakter. 38
Nur außergewöhnliche Umstände dürfen die Exekutive veranlassen, durch den Gnadenakt das im Urteil gesprochene Recht zu ignorieren, also qua Exekutivakt einen Richterspruch zu ändern. Gnade ist zu jeder strafprozessual zugelassenen Möglichkeit der Rechtsanpassung subsidiär. Es muss daher vor einem Gnadenerweis stets geprüft werden, ob dieselbe Maßnahme nicht auch »ordnungsgemäß« angeordnet werden könnte.[52] In diesem Zusammenhang spielt es keine Rolle, ob der Antrag auf dem ordentlichen prozessualen Weg begründet wäre oder nicht; maßgebend ist allein, dass er zulässig wäre und dort zu einer Sachentscheidung führt, als deren Folge zumindest theoretisch die begehrte Maßnahme ergehen könnte.

Im Gnadenweg können Strafen, Nebenstrafen, Nebenfolgen und Maßregeln gemildert, umgewan- 39
delt, zur Bewährung ausgesetzt oder erlassen sowie eine Einziehung aufgehoben werden. Möglich ist auch ein gnadenweiser Erlass von Verfahrenskosten. In der Praxis dürften die wichtigsten Anwendungsfälle aber zum einen derjenige des Strafaufschubs sein, sobald die zeitlichen Grenzen des in der StPO vorgesehenen Strafaufschubs wegen persönlicher Härten von vier Monaten (§ 456 Abs. 2 StPO) überschritten werden, zum anderen die gnadenweise Reststrafenaussetzung vor Erreichen der Aussetzungsfähigkeit nach § 57 StGB.

G. Zentralregister und Führungszeugnis

Häufig ist es für den Mandanten wichtig zu wissen, ob er »vorbestraft« ist, konkreter: ob und wie 40
lange seine Verurteilung in das Bundeszentralregister eingetragen und daher ggf. im Rahmen eines Führungszeugnisses (früher: polizeiliches Führungszeugnis) Dritten mitgeteilt wird. Oft stellt sich in diesem Zusammenhang auch die Frage nach der vorzeitigen Tilgung oder der Nichtaufnahme einer Vorstrafe in das Register.[53]

Eintragungen in das Bundeszentralregister werden nach Maßgabe der §§ 3 ff. BZRG vorgenommen. In dem gesondert geführten Erziehungsregister finden sich gegen Jugendliche ergangene Anordnungen ohne formalen Strafcharakter, also etwa die Verhängung von Weisungen oder Zuchtmitteln sowie eines insoweit verhängten Ungehorsamsarrestes (§ 60 BZRG). Wer ein Recht auf Registerauskunft hat und in welchem Umfang diese ggf. erteilt wird, ergibt sich aus den §§ 41 ff., 61 BZRG.

Eintragungen in das Zentralregister werden nach Ablauf bestimmter Fristen oder in besonderen Fällen getilgt (§§ 45, 48, 49 BZRG). Im letzteren Fall darf das öffentliche Interesse einer Tilgung nicht entgegenstehen. Der Antrag kann formlos gestellt werden und ist beim Bundesamt für Justiz einzureichen. Sobald eine Eintragung über eine Verurteilung im Zentralregister getilgt oder wenigstens tilgungsreif geworden ist, besteht nach Maßgabe der §§ 51, 52 BZRG ein Verwertungsverbot.

50 OLG Stuttgart NStZ 1985, 331 (332).

51 BVerfG NJW 1971, 795; KMR/*Schrott* § 452 Rn. 9; vgl. auch *Knauth* StV 1981, 353.

52 So kann ein Strafaufschub nach § 456 StPO oder eine Strafaussetzung nach § 57 StGB erfolgen; vgl. auch *Müller-Dietz* DRiZ 1987, 476.

53 Für Eintragungen im Verkehrszentralregister s. §§ 28 ff. StVG.

▶ **Beachte**

Eintragungen im Erziehungsregister werden grundsätzlich entfernt, sobald der Betroffene das 24. Lebensjahr vollendet hat; nach Erledigung der Vollstreckung kann dies auch vorher geschehen, wenn das öffentliche Interesse nicht entgegensteht (§ 63 BZRG).

41 Jede Person, die das 14. Lebensjahr vollendet hat, sowie – in bestimmten Fällen – Behörden erhalten auf Antrag ein Zeugnis über den Inhalt des Zentralregisters (§§ 30, 31 BZRG). Dort, wo es insbesondere um den Umgang mit Minderjährigen geht, kann zudem nach § 30a BZRG ein erweitertes Führungszeugnis erteilt werden. Was in solche Führungszeugnisse aufgenommen wird, ergibt sich aus § 32 BZRG. Nicht mitgeteilt werden Geldstrafen bis zu neunzig Tagessätzen oder entsprechende Kurzfreiheitsstrafen von nicht über drei Monaten (selbst ohne Bewährung), sofern sonst keine weitere mitteilungspflichtige Strafe im Zentralregister eingetragen ist (§ 32 Abs. 2 Nr. 5 BZRG). Dies gilt jedoch nicht für erweiterte Führungszeugnisse, wenn es um Verurteilungen wegen einer Straftat nach den §§ 171, 180a, 181a, 183 bis 184g, 184i bis 184l, 201a Abs. 3, 225, 232 bis 233a, 234, 235, 236 StGB geht, die in einem solchen Führungszeugnis stets erscheinen. Nach Ablauf bestimmter Fristen wird eine Verurteilung ebenfalls nicht mehr in das Führungszeugnis aufgenommen (§§ 33 ff. BZRG). Dies bedeutet freilich nicht, dass sie damit auch aus dem Zentralregister gelöscht wäre. Im Übrigen »verdirbt« eine einzige mitteilungspflichtige Eintragung das Führungszeugnis insgesamt, denn in diesem Falle werden grundsätzlich auch alle anderen im Zeugnis erscheinen, selbst wenn sie für sich genommen nicht aufgenommen werden könnten (§ 38 BZRG).

▶ **Beachte**

Eine für den Betroffenen wichtige Möglichkeit, ein eintragungsfreies Führungszeugnis zu erhalten, sieht § 39 BZRG vor. Auf Antrag kann die Nichtaufnahme einer Verurteilung angeordnet werden, sofern kein öffentliches Interesse entgegensteht. Der Betroffene darf sich zudem bereits dann als »unbestraft« bezeichnen (wichtig bei der Bewerbung um eine Arbeitsstelle) und braucht den der Verurteilung zugrunde liegenden Sachverhalt nicht zu offenbaren, sobald die Verurteilung nicht mehr in ein Führungszeugnis aufzunehmen oder sie zu tilgen ist (§ 53 Abs. 1 BZRG).

H. Wahl- und Pflichtverteidigung, Prozesskosten- und Beratungshilfe

I. Verteidigungsrechte

42 Die Regelung des § 137 Abs. 1 StPO, wonach sich der Beschuldigte jederzeit eines Verteidigers bedienen kann, gilt auch für das Vollstreckungsverfahren.[54] Für die Rechtsstellung des Verteidigers sind zudem die §§ 138 ff. StPO entsprechend anzuwenden.

Im Strafvollzug entfalten die §§ 137 ff. StPO über den Verweis in § 120 Abs. 1 StVollzG nur zum Teil Wirkung. Folglich gilt zwar auch das Verbot der Mehrfachverteidigung (§ 146 StPO) entsprechend, weshalb eine Vertretung mehrerer Gefangener in derselben Angelegenheit (Beispiel: Mehrere Gefangene werden wegen eines Vorfalls disziplinarisch belangt) nicht möglich ist. Nicht anwendbar sind dagegen die Regeln über die notwendige Verteidigung[55] (s. dazu Rdn. 49).

43 Wie sich jetzt unmittelbar aus § 147 Abs. 5 S. 1 i.V.m. § 147 Abs. 1 StPO ergibt, hat der Verteidiger selbst jederzeit nach rechtskräftigem Verfahrensabschluss, also auch während der Vollstreckung, einen Anspruch auf Akteneinsicht.[56] **Zuständig** für die Gewährung ist die Staatsanwaltschaft. Verweigert sie die Akteneinsicht, kann dagegen die **gerichtliche Entscheidung** nach § 147 Abs. 5 S. 2

54 BVerfG NStZ 1993, 355 (356); KK/*Willnow* § 137 Rn. 1.
55 Laubenthal/Nestler/Neubacher/Verrel/*Bachmann* P Rn. 133.
56 KK/*Willnow* § 147 Rn. 22.

i.V.m. § 162 StPO beantragt werden. Über diesen Antrag entscheidet das Amtsgericht, in dessen Bezirk die Staatsanwaltschaft ihren Sitz hat (§ 162 Abs. 1 i.V.m. Abs. 3 S. 3 StPO).

Gelegentlich mag es auch in Vollstreckungssachen (also außerhalb des eigentlichen Strafvollzugs) sinnvoll sein, einen Blick in die (vollzugliche) **Gefangenenpersonalakte** zu werfen. Der Anspruch auf vollständige Akteneinsicht auch in sie ergibt sich unmittelbar aus § 147 Abs. 1 StPO.[57]

Der früher geführte Streit um die Reichweite des Akteneinsichtsrechts im Strafvollzug[58] ist durch 44 entsprechende Regelungen in den Landesstrafvollzugsgesetzen überholt. Über die jeweilige Vorschrift wird – teilweise mit Verweisen in das jeweilige Landesdatenschutzgesetz – ein Anspruch des Gefangenen und folglich auch seines Verteidigers auf Auskunft über alle personenbezogenen Daten normiert.[59] Da eine Auskunft regelmäßig zur Wahrnehmung der rechtlichen Interessen nicht genügt,[60] eröffnen diese Normen – formell subsidiär, tatsächlich aber in aller Regel vorrangig – auch das Recht auf Akteneinsicht. Erforderlich ist allerdings nach h.M., nähere Angaben darüber zu machen, zu welchem Zweck die Akteneinsicht benötigt wird und warum eine schlichte Auskunft dazu nicht genügt. Dabei dürfen allerdings keine überspannten Anforderungen an die Darlegung gestellt werden, weil mangels Aktenkenntnis natürlich sinnvollerweise keine allzu präzise Angabe dessen möglich ist, was man in den Akten zu finden hofft.[61]

Über die Akteneinsicht entscheidet die Vollzugsbehörde, i.d.R. die entsprechende Vollzugsanstalt. Gegen die Ablehnung der Akteneinsicht kann im Wege der §§ 109 ff. StVollzG vorgegangen werden.

Um als Verteidiger sinnvoll Akteneinsicht beantragen zu können, muss man wissen, welche Akten 45 bzw. welchen Aktenteil man tatsächlich benötigt. Dabei ist zu berücksichtigen, dass die eigentlichen Verfahrensakten regelmäßig mit der Rechtskraft des Urteils enden und deshalb für die Belange der Strafvollstreckung kaum Informationen liefern. Alle darauf folgenden Vorgänge werden vielmehr in je nach Bedarf angelegten Vollstreckungs-, Bewährungs-, Führungsaufsichts- und Gnadenheften sowie für den Strafvollzug in Gefangenenpersonalakten dokumentiert. Je nach Interessenlage sollten sich die Akteneinsichtsgesuche auf diese jeweiligen Teilakten beschränken, vor allem im Interesse einer schnelleren Gewährung der benötigten Einsicht. Deswegen muss der Verteidiger wissen, dass im Vollstreckungsverfahren bei der StA neben der Akte ein separates **Vollstreckungsheft** (§ 15 Abs. 2 StVollstrO) geführt wird, auf das sich das Akteneinsichtsrecht nach § 147 StPO ebenfalls erstreckt.[62] Aus diesem sind alle für die Vollstreckung wichtigen Daten und Unterlagen ersichtlich. In Vollzugssachen sollte der Verteidiger in Zweifelsfällen stets die Beiziehung der Gefangenenpersonalakte beantragen und auf Einsicht in diese Akte bestehen.

Als Aktenzeichen fungiert in den Vollstreckungsvorgängen grds. weiterhin das **Js-Aktenzeichen** 46 aus dem Ermittlungs- und Hauptverfahren, gelegentlich durch den Zusatz »VRs« ergänzt. Unter gesonderten Aktenzeichen werden nur Bewährungssachen (BRs oder AR) und Gnadensachen (Gns) geführt. Diese spezielleren Aktenzeichen sollte die Verteidigung aus Gründen der Beschleunigung gegenüber Gericht und Gnadenbehörde benutzen, soweit sie ihr bekannt sind. Ist dies nicht der

---

57 Brüssow/Gatzweiler/Krekeler/Mehle/*Marberth-Kubicki*, § 16 Rn. 28; *Zieger* StV 2008, 375 (379).

58 Vgl. dazu OLG Hamm NStZ 1993, 255 f.; OLG Frankfurt/M. NStZ 1992, 455 f.; BVerfG NStZ 1982, 44.

59 Baden-Württemberg: § 66 JVollzGB I; Bayern: Art. 204 BayStVollzG; Berlin: § 29 JVollzDSG Bln; Brandenburg: § 135 BbgJVollzG; Bremen: § 121 StVollzG BR; Hamburg: § 32 HmbjVollzDSG; Hessen: § 64 HStVollzG; Mecklenburg-Vorpommern: § 47 JVollzDSG M-V; Niedersachsen: § 204 NJVollzG; Nordrhein-Westfalen: § 39 JVollzDSG NRW; Rheinland-Pfalz: § 50 LJVollzDSG; Saarland: § 54 JVollzDSG SL; Sachsen; § 54 SächsJVollzDSG; Sachsen-Anhalt: 70 JVollzGB IV LSA; Schleswig-Holstein: § 54 JVoll-zDSG SH; Thüringen: § 135 ThürJVollzGB.

60 Siehe BVerfG StV 2003, 408, wonach der Gefangene Zugang zur schriftlichen Fassung des Vollzugsplans bekommen muss, um die Vollständigkeit und Richtigkeit der ihm erteilten Auskunft überprüfen zu können.

61 *Laubenthal/Nestler/Neubacher/Verrel* O Rn. 178; AK-StVollzG/*Goerdeler* § 185 Rn. 147.

62 MüAnwH/*Krug* § 24 Rn. 43.

Fall, genügt in jedem Fall die Eingabe an die Staatsanwaltschaft unter Angabe des alten Js-Aktenzeichens, wobei allerdings Verzögerungen auftreten können, bis die Staatsanwaltschaft die Eingabe an die richtige Stelle weitergeleitet hat.

Die Gefangenenpersonalakte kann entweder über die **Gefangenenbuch-Nr.** oder den Namen des Gefangenen erlangt werden; Gesuche sind an die jeweilige JVA zu richten.

II. Fälle notwendiger Verteidigung

47 Eine Verteidigerbestellung aus dem Hauptverfahren endet mit der Rechtskraft des Urteils. Mittlerweile ist indessen die Möglichkeit einer Beiordnung als **Pflichtverteidiger** für einzelne Tätigkeiten innerhalb des Vollstreckungsverfahrens in entsprechender Anwendung des § 140 Abs. 2 StPO[63] anerkannt, wenn dies die Schwierigkeit der Sach- oder Rechtslage gebietet oder der Betroffene intellektuell zur eigenen Verteidigung in sachgemäßer Weise nicht in der Lage ist.[64] Wird ein Antrag auf Bestellung zum Pflichtverteidiger in der Strafvollstreckung gestellt, genügt allerdings kein allgemeiner Hinweis auf die Schwierigkeit der Lage; vielmehr müssten die jeweiligen Umstände im Einzelnen dargelegt werden.

Fälle notwendiger Verteidigung sind insb. dort anzunehmen, wo es um gerichtliche Entscheidungen von Gewicht geht.[65] Dies betrifft u.a. den Bewährungswiderruf,[66] die Aussetzung längerer Strafreste[67] sowie die Überprüfung von Maßregeln,[68] aber auch schwierigere Strafzeitberechnungen.[69] Wird in demjenigen Verfahren, welches Anlass zur Prüfung eines Bewährungswiderrufs gibt, ein Pflichtverteidiger bestellt, so ist er grundsätzlich auch für das Widerrufsverfahren selbst beizuordnen.[70] Wenn im Hauptverfahren (k)ein Fall notwendiger Verteidigung vorlag, bedeutet dies hingegen keineswegs, dass dasselbe auch für die Vollstreckung anzunehmen wäre. Hier ist vielmehr im Einzelfall auf die Schwierigkeit der aktuell anliegenden Sach- oder Rechtsfragen sowie auf das Gewicht der Auswirkungen auf den Mandanten abzustellen. Sonderfälle regeln § 463 Abs. 3 S. 5, Abs. 4 S. 8 StPO, welche die Entscheidungen über den Vollzug der Sicherungsverwahrung nach Strafende sowie das Verfahren der externen Begutachtung i.R.d. Unterbringung in der Psychiatrie nach jeweils drei bzw. zwei Jahren explizit als Fälle notwendiger Verteidigung benennen, ferner bei der vollzugsbegleitenden gerichtlichen Kontrolle angeordneter oder vorbehaltener Sicherungsverwahrung nach § 119a Abs. 6 StVollzG. Während der Vollstreckung der Sicherungsverwahrung selbst besteht sodann im Kontext jeder gerichtlich zu treffenden Entscheidung ein Anspruch auf Beiordnung (§ 463 Abs. 8 StPO).

Keine (entsprechende) Anwendung findet § 140 Abs. 2 StPO im Verfahren nach den §§ 23 ff. EGGVG, denn § 29 Abs. 4 EGGVG verweist auf die Vorschriften über die Prozesskostenhilfe. Folgerichtig ist die Beiordnung eines Anwalts nach § 121 ZPO möglich.

63 Das Recht der notwendigen Verteidigung ist durch das Gesetz zur Neuregelung des Rechts der notwendigen Verteidigung vom 10.12.2019 (BGBl. I 2128) geändert worden. Die Änderung dient der Umsetzung der RL 2016/1919 des Europäischen Parlaments und des Rates vom 26.10.2016. Die materiellen Voraussetzungen für die Bestellung eines notwendigen Verteidigers hat die Gesetzesreform im Wesentlichen nicht geändert. Der Gesetzgeber hat allerdings die bislang in der Rechtsprechung vorgenommene Auslegung, die »Schwere der Tat« umfasse auch die zu erwartenden Rechtsfolgen, ausdrücklich in den Gesetzestext aufgenommen.

64 BVerfG StV 1986, 160; LG Mannheim StV 1993, 256; *Meyer-Goßner/Schmitt* § 140 Rn. 33; KK/*Willnow* § 141 Rn. 11, jeweils m.w.N.

65 KK/*Willnow* § 141 Rn. 11; *Meyer-Goßner/Schmitt* § 140 Rn. 33 f.; *Röttle/Wagner* Rn. 45.

66 OLG Bamberg NStZ 1985, 39; OLG Bremen NStZ 1986, 379 f.; *Ahmed* StV 2015, 252 (256).

67 OLG Hamm NStZ 1983, 189 f.; StV 2002, 320; OLG Karlsruhe StV 1994, 552; *Rotthaus* NStZ 2000, 350; *Ahmed* StV 2015, 252 (255).

68 OLG Düsseldorf NStZ 1996, 152; OLG Braunschweig StV 2001, 21.

69 OLG Koblenz StV 1995, 537.

70 OLG Celle StV 2003, 575.

Wurde ein Verteidiger durch die StVK »für das Vollstreckungsverfahren« bestellt, so gilt dies für das gesamte Verfahren bis zum Vollstreckungsende[71]; die Beiordnung beschränkt sich in diesem Fall nicht auf den jeweils zu entscheidenden Vollstreckungsabschnitt.

Über die Beiordnung entscheidet nach der ab dem 13.12.2019 gültigen Fassung des § 142 Abs. 3 Nr. 3 StPO[72] der Vorsitzende des Gerichts, das mit der jeweils anstehenden Sachentscheidung befasst ist; der Antrag selbst kann auch schon zuvor bei der Staatsanwaltschaft gestellt werden. 48

Im Strafvollzug tritt an die Stelle der notwendigen Verteidigung, die hier keine Anwendung findet[73], **Beratungshilfe** bzw. **Prozesskostenhilfe nach näherer Maßgabe der Bestimmungen der** §§ 114 ff. **ZPO**, was wiederum aus § 120 Abs. 2 StVollzG folgt. Damit wird eine Vertretung des mittellosen Gefangenen in allen Sachen (also unabhängig von deren tatsächlicher oder rechtlicher Schwierigkeit) möglich, sofern die Rechtsverfolgung hinreichende Erfolgsaussichten bietet und nicht mutwillig erscheint.[74] 49

Ergänzt wird dies für Strafgefangene, bei denen Sicherungsverwahrung ansteht, durch § 109 Abs. 3 StVollzG, der eine fakultative Beiordnung eines Verteidigers schon vor Beginn der Maßregel ermöglicht.

---

71 OLG Stuttgart StV 2001, 20.

72 § 142 Abs. 3 Nr. 3 StPO n.F. entspricht § 140 Abs. 4 StPO a.F.

73 KG NStZ 2017, 115.

74 Zu den Einzelheiten vgl. Laubenthal/Nestler/Neubacher/Verrel/*Bachmann* P Rn. 135 ff.

Kapitel 14 Aufschub oder Unterbrechung der Vollstreckung

Übersicht

A. Vollstreckungsausstand bis zur Erledigung von Rechtsbehelfen

1 Straferkenntnisse werden mit Rechtskraft vollstreckbar (§ 449 StPO) und von diesem Zeitpunkt an muss jederzeit mit Vollstreckungsmaßnahmen, bei Freiheitsstrafen insb. mit der Ladung zum Strafantritt, gerechnet werden. Auch ein Antrag auf Wiedereinsetzung in den vorigen Stand bewirkt als außerordentlicher Rechtsbehelf gegen rechtskräftige Entscheidungen noch keine Vollstreckungshemmung (§ 47 Abs. 1 StPO).

▶ **Beachte**

Immerhin kann das Gericht nach § 47 Abs. 2 StPO einen Aufschub oder eine Unterbrechung der Vollstreckung anordnen. Deswegen sollte der Verteidiger auf jeden Fall einen entsprechenden Antrag mit dem Wiedereinsetzungsgesuch verbinden. Andernfalls läuft er Gefahr, dass die Vollstreckung unter Berufung auf das Gebot nachdrücklicher Vollstreckung (§ 2 Abs. 1 StVollstrO) ihren Lauf nimmt. Das ist deshalb besonders nachteilig, weil die Vollstreckungsfolgen, vor allem erlittener Freiheitsverlust, im Fall des späteren Wegfalls des Straferkenntnisses nach den Vorschriften des StrEG nur unvollkommen behoben werden können. Eine Anordnung nach § 47 Abs. 2 StPO kann freilich nur ergehen, wenn der Wiedereinsetzungsantrag zulässig ist und in der Sache Erfolg verspricht.[1]

2 Ebenso wenig hindert ein Antrag auf Wiederaufnahme des Verfahrens die Vollstreckbarkeit des Strafurteils. Jedoch kann auch hier das Gericht Aufschub oder Unterbrechung einer bereits begonnenen Vollstreckung anordnen (§ 360 StPO). Voraussetzung ist eine hinreichende Erfolgsaussicht des Wiederaufnahmeantrags. Zudem muss die Vollstreckung aufgrund der behaupteten Tatsachen und Beweise geradezu als bedenklich erscheinen.[2] Auch in diesem Fall empfiehlt es sich, das entsprechende Gesuch mit dem Wiederaufnahmeantrag zu verbinden.

3 Da schließlich auch durch eine Beschwerde oder durch die Erhebung von anderen Einwendungen gegen die Vollstreckung keinerlei Vollstreckungshindernis entsteht, ist in diesen Fällen gleichfalls an die Möglichkeit einer gerichtlichen Aussetzungsentscheidung zu denken (§§ 307 Abs. 2, 458 Abs. 3 StPO).[3]

B. Aufschub der Vollstreckung

4 Ein Aufschub der Strafe, Maßregel oder von Nebenfolgen ist in einer Vielzahl von Konstellationen möglich. Ein solcher Aufschub ist nicht nur deshalb für den Mandanten von Vorteil, weil der Eintritt des Strafübels verzögert wird und damit bessere Vorsorge für die Überbrückung der anschließenden Vollstreckung getroffen werden kann. Ein längere Zeit straffrei durchgestandener Strafaufschub mag vielmehr auch als Beleg für eine positive Entwicklung seit der Verurteilung dienen und daher schließlich sogar in eine (erneute) Strafaussetzung, notfalls im Gnadenwege, münden.

---

1 Meyer-Goßner/*Schmitt* § 47 Rn. 2.
2 OLG Hamm MDR 1978, 691.
3 Zur Revision eines Mitangeklagten vgl. Kap. 13 Rdn. 34.

Beachte

Auch ein Gesuch um Strafaufschub hat seinerseits niemals aufschiebende Wirkung. Vielmehr beruft sich die Staatsanwaltschaft häufig auf das Gebot nachdrücklicher Vollstreckung (§ 2 Abs. 1 StVollstrO) und erlässt trotz Prüfung des Aufschubs zugleich einen Vollstreckungshaftbefehl. Es empfiehlt sich daher, an dieser Stelle nicht »auf Zeit zu spielen«, sondern vielmehr alles zu tun, um eine zügige Behandlung des Antrages zu ermöglichen, also Belege sofort beizufügen und auf Rückfragen umgehend zu antworten. Außerdem sollte mit einem Strafaufschubsgesuch stets der förmliche Antrag verbunden werden, bis zur Entscheidung über das Gesuch zumindest von Zwangsmaßnahmen abzusehen.

Nach § 456 Abs. 1 StPO kann die Vollstreckungsbehörde auf Antrag einen Vollstreckungsaufschub 5
zunächst aus persönlichen Gründen anordnen. Diese in der Praxis wohl wichtigste Vorschrift gilt nicht nur für Freiheitsstrafen, sondern auch für freiheitsentziehende Maßregeln (mit Ausnahme der Sicherungsverwahrung, vgl. § 463 Abs. 5 S. 3 StPO) sowie für Nebenstrafen und Nebenfolgen, die einer Vollstreckung bedürfen.[4] Keine Anwendung findet die Norm bei der Vollstreckung von Geldstrafen,[5] beim Fahrverbot, beim Verlust von Fähigkeiten und Rechten nach § 45 StGB und bei der Einziehung, da diese mit Rechtskraft wirksam werden (§§ 44 Abs. 2 S. 1, 45a Abs. 1, 75 Abs. 1 StGB).[6] Für das Berufsverbot, das ebenfalls mit Rechtskraft wirksam wird, gilt die Sonderregelung des § 456c StPO (§ 75 Abs. 1, Abs. 4 S. 1 StGB).[7]

Der Zeitraum des Aufschubs nach § 456 Abs. 2 StPO darf allerdings vier Monate nicht übersteigen. Die viermonatige Frist beginnt mit dem Tag, auf welchen der Betroffene zum Strafantritt geladen wurde.[8] Deswegen können Gründe, die auch nach diesem Zeitraum noch vorlägen, einen Aufschub über § 456 StPO nicht rechtfertigen.[9] Auszuweichen wäre dann auf die Beantragung eines Strafaufschubes im Gnadenwege (s.u. Rdn. 11 f.).

Ein Rechtsanspruch auf die Gewährung des Vollstreckungsaufschubs besteht nicht, sondern allein ein 6
Anspruch auf fehlerfreie Ermessensausübung.[10] Diese ist immerhin gerichtlich nachprüfbar (§ 458 Abs. 2 StPO). Ein Aufschub setzt erhebliche, außerhalb des Strafzwecks liegende Nachteile beim Verurteilten oder seiner Familie infolge einer sofortigen Vollstreckung voraus. Dabei wird wegen des erwähnten Gebots der nachdrücklichen und beschleunigten Vollstreckung (§ 2 Abs. 1 StVollstrO) ein strenger Maßstab angelegt. Es müssen ungewollte Nebenwirkungen der Vollstreckung eintreten, die über das gewöhnliche Strafübel hinausgehen und bei hinausgeschobener Strafvollstreckung vermeidbar oder wenigstens deutlich gemildert wären.[11] Allgemein ist die Bereitschaft, einen Aufschub zu bewilligen, umso größer, je weniger die Tatumstände oder die Gefahren, die von dem Verurteilten für die Allgemeinheit ausgehen, für eine sofortige Vollstreckung sprechen.

Strafaufschub kommt beispielsweise in Betracht, wenn der Verurteilte einen eigenen Kleinbetrieb leitet und keinen eingearbeiteten Vertreter hat,[12] bei einer kurz vor dem Abschluss stehenden Aus-

4 *Röttle/Wagner* Rn. 677.
5 Hierfür gelten die §§ 459a-d, 459 f StPO als vorrangige speziellere Vorschriften, vgl. KK/*Appl* § 456 Rn. 3.
6 Meyer-Goßner/*Schmitt* § 456 Rn. 2.
7 Meyer-Goßner/*Schmitt* § 456 Rn. 2.
8 OLG Düsseldorf NStZ 1992, 149; OLG Stuttgart NStZ 1985, 331; KK/*Appl* § 456 Rn. 6; *Bringewat* § 456 Rn. 10 m.w.N.
9 KK/*Appl* § 456 Rn. 5; SK-StPO/*Paeffgen* § 456 Rn. 6.
10 *Bringewat* § 456 Rn. 11.
11 Vgl. KK/*Appl* § 456 Rn. 5.
12 Vgl. OLG Frankfurt NStZ 1989, 93.

bildung, bei der bevorstehenden Geburt eines Kindes[13] oder wenn der Ehepartner des Verurteilten im Krankenhaus liegt und niemand zur Betreuung gemeinsamer Kinder zur Verfügung steht.[14]

▶ **Beachte**

Soll mit einer fehlenden Betreuungsmöglichkeit für Kinder argumentiert werden, so ist zu bedenken, dass manche Vollstreckungsbehörden hierauf von Amts wegen das jeweils zuständige Jugendamt von der bevorstehenden Inhaftierung informieren. Dieses versucht dann, für die absehbare Dauer der Haft eine geeignete Betreuung oder eine anderweitige Unterbringung zu finden. Es empfiehlt sich deshalb für den Antragsteller, sich rechtzeitig selbst darum zu bemühen und dies der Vollstreckungsbehörde anzuzeigen, wenn er den Kontakt mit dem Jugendamt vermeiden möchte.

Grundsätzlich keinen Strafaufschub bewirkt dagegen der drohende Verlust eines Arbeitsplatzes, da eine solche Inhaftierungsfolge durch den Aufschub nur verzögert, aber nicht beseitigt würde. Ist dies ausnahmsweise einmal anders, so wäre entsprechend – unter Beifügung geeigneter Belege – vorzutragen. Auch wird gegen Strafaufschub sprechen, wenn der Verurteilte nach einem Antrag der Generalstaatsanwaltschaft auf Verwerfung seiner Revision noch keinerlei Anstrengungen unternommen hat, sich auf den drohenden Vollzug einzurichten, und es deswegen zu der jetzt drohenden Härte im Falle sofortiger Vollstreckung gekommen ist.[15]

Zuweilen kann es sich anbieten, mit dem Gesuch um Strafaufschub die Leistung einer Sicherheit oder die Erfüllung einer Meldepflicht bei der Polizei anzubieten (vgl. § 456 Abs. 3 StPO).

▶ **Antrag an die Vollstreckungsbehörde, den Strafantritt nach § 456 StPO aufzuschieben**

7 Mit beiliegender Vollmacht zeige ich die Verteidigung des Herrn A an und beantrage, den Strafantritt bis 15.11.2016 hinauszuschieben.

Mein Mandant wurde mit Verfügung vom 24.06.2019 zum Antritt der Freiheitsstrafe von 14 Monaten aus dem Urteil des AG X vom 25.04.2019 auf den 15.07.2019 geladen. Wie sich bereits aus dem Strafurteil ergibt, ist er Inhaber eines Fuhrunternehmens mit fünf Angestellten. Herr A leitet und verwaltet die Geschäfte allein. Bei einem Haftantritt am 15.07.2019 wäre sowohl seine wirtschaftliche Grundlage als auch die seiner Familie gefährdet, denn es steht zurzeit noch kein eingearbeiteter Vertreter zur Verfügung. Die Angestellten üben ausschließlich Fahrtätigkeiten aus und die Ehefrau von Herrn A ist mit der Versorgung der drei noch nicht schulpflichtigen gemeinsamen Kinder ausgelastet. Durch einen Haftaufschub von vier Monaten stünde ihm ausreichend Zeit zur Verfügung, einen Vertreter in die Führung der Geschäfte einzuarbeiten, um so die ordnungsgemäße Fortführung des Betriebs zu gewährleisten. Es wird anheimgestellt, zur Überprüfung der Angaben einen Bericht der Gerichtshilfe einzuholen.

Wir bieten die Leistung einer Sicherheit von 5.000 € an.

Es wird ferner beantragt, bis zur Entscheidung über den Antrag von Zwangsmaßnahmen abzusehen und mir dies zu bestätigen.

8 Aufschub der Vollstreckung einer Freiheitsstrafe ist darüber hinaus in § 455 Abs. 1–3 StPO für verschiedene Fälle der Erkrankung des Verurteilten vorgesehen, wobei die Gründe der Abs. 1 und 2 zwingende sind. Einschränkungen gelten bei der Vollstreckung von freiheitsentziehenden Maßregeln der Besserung und Sicherung (vgl. § 463 Abs. 5 StPO). Allgemein wird eine Vollzugsuntauglichkeit des Verurteilten vorausgesetzt.

13 SK-StPO/*Paeffgen* § 456 Rn. 6; Heghmanns/Scheffler/*Meinen* Kap. XII Rn. 77.
14 Vgl. OLG Zweibrücken NJW 1974, 70; weitere Beispiele bei *Neuhaus/Putzke* ZAP 2008, 389 (391).
15 LG Limburg StV 2016, 377 mit kritischer Anmerkung *Höffler*.

Beachte

Da Strafaufschub in bestimmten Fällen nach dem Gesetzeswortlaut zwingend ist (§ 455 Abs. 1: »ist aufzuschieben«), während eine Strafunterbrechung nach § 455 Abs. 4 StPO (»kann ... unterbrechen«) eine Ermessensentscheidung darstellt,[16] sollte der Antrag im Zweifelsfall möglichst früh gestellt werden. Ist der Mandant nämlich erst einmal inhaftiert, sinken die Erfolgsaussichten eines Aufschubsgesuches, das jetzt in ein solches auf Strafunterbrechung umzudeuten wäre, beträchtlich.

Eine psychische Erkrankung zwingt zum Haftaufschub nach § 455 Abs. 1 StPO nur, wenn der Verurteilte wegen ihrer Art und Schwere für die Ziele des Strafvollzugs nicht mehr ansprechbar ist,[17] denn dadurch verliert die Vollstreckung weitgehend ihren Sinn. 9

Die Besorgnis naher Lebensgefahr (§ 455 Abs. 2 StPO) steht dem sofortigen Haftbeginn allein dann entgegen, wenn sie sich aus Krankheiten ergibt, deren bedrohliche Verschlimmerung durch den Vollzug mit hoher Wahrscheinlichkeit zu erwarten ist.[18] Besteht die Lebensgefahr unabhängig vom Vollzug, wäre allenfalls § 455 Abs. 3 StPO einschlägig.

Beachte

Suizidgefahr zwingt nicht zu einem Aufschub, denn ihr ist durch geeignete Sicherungsmaßnahmen im Rahmen des Vollzuges, z.B. durch gemeinsame Unterbringung oder durch Videoüberwachung, zu begegnen.[19] Im Interesse seines Mandanten sollte der Verteidiger gleichwohl die Vollstreckungsbehörde informieren, falls nach seinem Eindruck Selbstmordtendenzen bestehen. Diese wird die Vollzugsanstalt entsprechend unterrichten. Selbstverständlich genügt die Drohung naher Angehöriger, sich das Leben zu nehmen, den Voraussetzungen des § 455 Abs. 2 StPO erst recht nicht.[20]

Ein in der Praxis wichtiger Aufschubgrund ergibt sich aus § 455 Abs. 3 StPO. Dazu muss ein Aufschub wegen des körperlichen Zustands des Verurteilten als in seinem Interesse geboten erscheinen; nebenbei sollen der JVA dadurch Schwierigkeiten beim Vollzug erspart werden.[21] Eine solche Konstellation liegt insb. vor, wenn eine gebotene ärztliche Behandlung in der Haftanstalt oder in einem Vollzugskrankenhaus nicht möglich wäre. Ein Strafaufschub ist zudem dann angezeigt, wenn die sofortige Vollstreckung angesichts des körperlichen Zustandes des Verurteilten unverhältnismäßig wäre, wobei einerseits der körperliche Zustand und andererseits das öffentliche Interesse an einer unverzüglichen Vollstreckung gegeneinander abzuwägen sind.[22] Die Ermessensentscheidung der Vollstreckungsbehörde unterliegt der gerichtlichen Überprüfung nach § 458 Abs. 2 StPO. Werden Aufschubgründe geltend gemacht, ist es sinnvoll, bereits dem Antrag ein ärztliches Attest beizufügen. Es empfiehlt sich außerdem, die Bereitschaft zu erklären, sich einer amts- oder gerichtsärztlichen Beurteilung zur Bestätigung der privatärztlichen Diagnose zu unterziehen. Sofern sich Anhaltspunkte für eine Haftunfähigkeit ergeben, lädt die Vollstreckungsbehörde den Verurteilten regelmäßig zu einer solchen Untersuchung vor. Bis zum Abschluss der Prüfung wird dann trotz Verstreichens der Ladungsfrist grundsätzlich kein Vollstreckungshaftbefehl (§ 457 StPO) ergehen. Reagiert der Verurteilte jedoch auf die Einbestellung zur Untersuchung nicht, so hat er mit seiner Inhaftierung zu rechnen, wobei die Vorführung zur notwendigen ärztlichen Untersuchung auf Haftfähigkeit sodann

16 KK/*Appl* § 455 Rn. 10.
17 OLG München NStZ 1981, 240; KK/*Appl* § 455 Rn. 6a.
18 OLG Düsseldorf NJW 1991, 765.
19 KG NStZ 1994, 255.
20 OLG Köln MDR 1985, 695.
21 Meyer-Goßner/*Schmitt* § 455 Rn. 6.
22 Vgl. *Bringewat* § 455 Rn. 10 und BVerfG NJW 1979, 2349.

vor oder bei Einlieferung in die JVA erfolgt; die Aussichten auf einen die Haftfähigkeit ausschließenden Befund sinken dadurch im Zweifel deutlich.

10 Ein spezieller Aufschubgrund findet sich für das Berufsverbot in § 456c StPO. Dieses wird mit Rechtskraft der Verurteilung wirksam (§ 70 Abs. 4 S. 1 StGB). Zur Vermeidung von außerhalb des Normzwecks liegenden Härten für den Verurteilten oder seine Angehörigen kann die Urteilswirkung aufgeschoben oder ausgesetzt werden. § 456c StPO ist ausschließlich auf das Berufsverbot nach § 70 StGB anwendbar,[23] also nicht auf das Verbot der Beschäftigung und Ausbildung Jugendlicher nach § 25 JArbSchG. Auch eine analoge Anwendung auf das Fahrverbot ist unzulässig, selbst in den Fällen, in denen sich die Anordnung des Fahrverbots praktisch wie ein Berufsverbot auswirkt.[24]

11 Ein Strafaufschub, der nicht über die §§ 455 ff. StPO begründbar ist oder der über die viermonatige Frist des § 456 StPO hinausreichen soll, kann allein im Gnadenwege bewilligt werden.[25] Selbst dort, wo nicht die Staatsanwaltschaft als Gnadenbehörde fungiert, empfiehlt es sich zur Verfahrensbeschleunigung, Gnadengesuche bei ihr bzw. der Vollstreckungsbehörde einzureichen, da sie die aktenführende Stelle ist und ohnehin qua Stellungnahme am Verfahren teilzunehmen hat. Sie kombiniert dann die notwendige Aktenübersendung mit ihrer Stellungnahme, während sie andernfalls erst durch die Gnadenstelle dazu aufgefordert werden müsste.

12 Aufschub im Gnadenwege wird ebenfalls nur ausnahmsweise gewährt; erforderlich wären schwere, außerhalb des Strafzwecks liegende Nachteile, die durch die sofortige Vollstreckung einträten. Auf der anderen Seite dürfen keine Gründe vorliegen, die einen sofortigen Strafvollzug gebieten.[26] Es genügt zudem grundsätzlich nicht, wenn die mit der Vollstreckung verbundenen Nachteile nur hinausgeschoben würden. Die in § 456 Abs. 1 StPO vorgesehenen Gründe (s.o. Rdn. 6) vermögen auch einen Gnadenerweis zu begründen, falls ein Aufschub von über vier Monaten erforderlich ist.[27] Da es grundsätzlich möglich ist, eine Gnadenentscheidung an auflösende Bedingungen zu knüpfen, kann es sich anbieten, entsprechendes im Gnadengesuch anzuregen. Auch sind alle zur Begründung des Gesuchs geeigneten Unterlagen bereits mit diesem zur Verfügung zu stellen.

13 Wenig Einfluss besitzt die Verteidigung auf den Vollstreckungsaufschub aus Gründen der Vollzugsorganisation (§ 455a StPO). Mit dieser Bestimmung soll in erster Linie temporären Überbelegungen der zuständigen Vollzugsanstalten begegnet werden.[28] In der Person des Verurteilten liegende Gründe können deshalb keinen derartigen Strafaufschub rechtfertigen.[29] Ein Anspruch auf Strafunterbrechung lässt sich aus der Norm genauso wenig herleiten.[30]

C. Unterbrechung der Vollstreckung

14 Hat der Vollzug einer Freiheitsstrafe oder freiheitsentziehenden Maßregel bereits begonnen, so kann die Vollstreckung unterbrochen werden, falls während des Vollzugs für eine voraussichtlich erhebliche Zeit eine Haftunfähigkeit eintritt und überwiegende Gründe, namentlich der öffentlichen Sicherheit, nicht entgegenstehen (§§ 455 Abs. 4, 463 StPO). Es besteht kein Rechtsanspruch auf eine Unterbrechung, wohl aber auf fehlerfreie Ermessensausübung.[31] Gerichtlicher Rechtsschutz kann im Wege des § 458 Abs. 2 StPO erlangt werden. Zur Frage der psychischen Erkrankung und der Besorgnis naher Lebensgefahr gilt das oben unter Rdn. 9 Gesagte.

---

23 *Bringewat* § 456c Rn. 3.
24 KK/*Appl* § 456c Rn. 1; KMR/*Stöckel* § 456c Rn. 2.
25 Zusammenstellung der einzelnen Gnadenordnungen bei *Birkhoff/Lemke*, Gnadenrecht, 2012, S. 221 ff.
26 *Röttle/Wagner* Rn. 678.
27 Vgl. OLG Stuttgart NStZ 1985, 331; *Heimann* StV 2001, 54 (55).
28 Meyer-Goßner/*Schmitt* § 455a Rn. 1.
29 KG NStZ 1983, 334.
30 OLG Karlsruhe Rpfleger 2005, 162.
31 KG StV 2008, 87.

Eine sonstige schwere Erkrankung i.S.v. § 455 Abs. 4 Nr. 3 StPO rechtfertigt eine Haftunterbrechung nur, solange sie in einem Vollzugskrankenhaus nicht mehr behandelt werden kann und es ebenso wenig ausreicht, den Gefangenen (ohne Strafunterbrechung) in ein Krankenhaus außerhalb des Vollzugs zu verbringen.[32] Der Ausbruch einer AIDS-Erkrankung führt grundsätzlich nicht zu einer Unterbrechung.[33] Eine Erkrankung besteht vor allem dann voraussichtlich für eine erhebliche Zeit, wenn der Verurteilte andernfalls einen unverhältnismäßig großen Teil der Strafzeit außerhalb der Vollzugsanstalt verbrächte.[34] Einer Unterbrechung entgegenstehen können u.a. die Gefährlichkeit trotz oder wegen der Erkrankung, eine Fluchtgefahr oder die Besorgnis der Begehung weiterer Straftaten.[35]

▶ **Beachte**

Der Verteidiger, der mit solchen Fragen befasst ist, sollte es sich bewusst machen, dass eine Unterbrechung nicht uneingeschränkt im Interesse seines Mandanten liegen mag: Zeiten der Strafunterbrechung werden nicht auf die Strafzeit angerechnet, wohingegen die Dauer der Behandlung in einem Krankenhaus außerhalb der Vollzugsanstalt voll in die verbüßte Haftzeit einfließt, sofern nicht der Verurteilte die Krankheit absichtlich herbeigeführt hat, um eine Unterbrechung des Vollzugs herbeizuführen (§ 461 Abs. 1 StPO).[36]

Keine Vollstreckungsunterbrechung stellen die im Rahmen des Strafvollzugs vorgesehenen, verschiedenen Möglichkeiten der Vollzugslockerung dar (Außenbeschäftigung, Freigang, Ausführung und Ausgang). Dasselbe gilt für den Urlaub aus der Haft, der ebenfalls keine Unterbrechung der Strafvollstreckung bewirkt; Urlaubstage sind daher als verbüßte Strafe anzurechnen.[37] Dies gilt nach § 461 Abs. 1 StPO auch für die Zeit, für die sich der Verurteilte während seines Urlaubs zur Behandlung in ein Krankenhaus begibt.[38] Vollzugslockerungen und Urlaub gehören zur Ausgestaltung des Strafvollzugs; über sie entscheidet der Leiter der JVA bzw. der Unterbringungseinrichtung. Dahingehende Anträge sollten daher immer direkt dort gestellt werden. **15**

Eine Strafunterbrechung aus den in § 456 StPO genannten persönlichen Gründen sieht das Gesetz nicht vor, weshalb in derartigen Fällen (z.B. bevorstehende Geburt eines Kindes, tödliche Erkrankung oder Beerdigung eines Angehörigen) alleine im Gnadenweg eine Vollstreckungsunterbrechung erreicht werden kann. Aufgrund der Subsidiarität des Gnadenrechts hätten allerdings Vollzugslockerungen in solchen Fällen Vorrang, denn das Vollzugsrecht hält für derartige Ausnahmefälle den Sonderurlaub bzw. die Freistellung aus wichtigem Anlass zur Verfügung[39], die allerdings nur zeitlich begrenzt gewährt werden können. Hier sollten im Zweifelsfall parallel bei der Vollzugsanstalt ein solcher Sonderurlaub und – unter Hinweis auf den beantragten Sonderurlaub – bei der Vollstreckungsbehörde hilfsweise oder ergänzend Strafunterbrechung beantragt werden. **16**

Eine Unterbrechung des Berufsverbots ist unter denselben Voraussetzungen wie dessen Aufschub möglich (§ 456c StPO). **17**

D. Absehen von der Vollstreckung bei Auslieferung oder Ausweisung

Nach § 456a Abs. 1 StPO i.V.m. § 17 Abs. 1 StVollstrO kann die Vollstreckungsbehörde von der Vollstreckung von Amts wegen oder auf Antrag ganz oder teilweise absehen, wenn der Verurteilte wegen einer anderen Tat nach den §§ 2 ff., 80 ff. IRG zur Strafverfolgung ins Ausland ausgeliefert **18**

---

32 OLG Karlsruhe NStZ 1991, 53; Meyer-Goßner/*Schmitt* § 455 Rn. 10.
33 LG Ellwangen NStZ 1988, 330.
34 *Bringewat* § 455 Rn. 15.
35 Meyer-Goßner/*Schmitt* § 455 Rn. 12.
36 Zu den Voraussetzungen einer Anrechnung s. OLG Hamburg NStZ 1999, 589.
37 Laubenthal/Nestler/Neubacher/Verrel/*Laubenthal* E Rn. 213.
38 OLG Hamm NStZ 1983, 287.
39 Laubenthal/Nestler/Neubacher/Verrel/*Laubenthal* E Rn. 4.

oder nach § 2 f. IStGHG an den Internationalen Strafgerichtshof überstellt oder er nach ausländerrechtlichen Bestimmungen aus dem Gebiet der Bundesrepublik ausgewiesen wird. Die Pflicht zur Ausreise, die Abschiebung und die Zurückschiebung stehen dabei der Ausweisung gleich. Dies gilt auch für die Zurückschiebung und Abschiebung nach den §§ 19 Abs. 3, 34a AsylG.[40] Die ausländerrechtliche Maßnahme muss bereits bestandskräftig angeordnet sein. Hinzu kommt, dass sie tatsächlich demnächst durchgeführt werden soll.

Ein Anspruch auf Absehen von der Vollstreckung besteht nicht, wohl aber auf fehlerfreie Ermessensausübung durch die Vollstreckungsbehörde. Diese hat die Umstände der Tat, die Schwere der Schuld, die Dauer des bisher verbüßten Teils der Strafe bzw. der Maßregel, die soziale und familiäre Situation des Verurteilten und das öffentliche Interesse an nachhaltiger Strafvollstreckung gegeneinander abzuwägen. Bei der Beurteilung der persönlichen Situation mag von Bedeutung sein, wenn ausländische Gefangenen im Strafvollzug zusätzlichen Härten (z.B. Diskriminierung wegen der Sprache, fehlende familiäre Bindungen in Deutschland) ausgesetzt sind, denen durch eine Entscheidung nach § 456a StPO begegnet werden kann.[41] Die Entscheidung muss die für und gegen ein Absehen von der Vollstreckung sprechenden Ermessenskriterien in ihren Gründen erkennen lassen.[42]

19 Gegen den ablehnenden Bescheid steht dem Verurteilten nach Durchführung des Vorverfahrens (§ 21 StVollstrO) der Rechtsweg nach den §§ 23 ff. EGGVG offen. Hingegen kann die Anordnung, von der Vollstreckung abzusehen, mangels Beschwer nicht angefochten werden (vgl. auch die §§ 458 Abs. 2, 462 StPO). Hier besteht nur die Möglichkeit, gegen die zu Grunde liegende Ausweisung vorzugehen, welche die eigentliche Beschwer enthält, damit im Fall ihrer Aufhebung die Anordnung nach § 456a StPO ins Leere ginge.

▶ **Beachte**

In der Praxis regt zumeist die Ausländerbehörde eine Absehensanordnung an. Da jedoch nicht nur lediglich die Voraussetzungen der Ausweisung, sondern bereits tatsächlich eine Ausweisungsverfügung vorliegen muss, empfiehlt es sich für den Verteidiger, bei der Ausländerbehörde auf baldigen Erlass eines entsprechenden Bescheids zu drängen, sofern sein Mandant an einer Ausweisung interessiert ist. Oft kann es auch hilfreich sein, die Vollstreckungsbehörde zu bitten, auf eine baldige Ausweisungsverfügung hinzuwirken. Nach den entsprechenden Erlassen der Länder wird regelmäßig bereits nach Verbüßung der Hälfte der Strafe eine Absehensanordnung in Betracht kommen. Geht es um eine Auslieferung oder eine Überstellung, so gelingt eine Beschleunigung u.U. über das Einverständnis zur vereinfachten Auslieferung (§ 41 IRG) bzw. zur vereinfachten Überstellung (§ 32 IStGHG).

20 Bis zum Eintritt der Vollstreckungsverjährung ist es möglich, die Vollstreckung nachzuholen, falls der Ausgelieferte bzw. Ausgewiesene freiwillig nach Deutschland zurückkehrt. Ein Ruhen der Verjährung (§ 79a StGB) tritt nicht ein. Regelmäßig erfolgt anlässlich der Absehensentscheidung zugleich die Anordnung der Nachholung (§ 456a Abs. 2 S. 3 StPO) und darüber hinaus ergeht ein Vollstreckungshaftbefehl gegen den Verurteilten, der im inländischen Fahndungssystem der Polizei anschließend zur Festnahme ausgeschrieben wird. Damit ist für den Fall einer Wiedereinreise die umgehende erneute Festnahme und Vollstreckung sichergestellt. Die Vollstreckung darf allerdings nur nachgeholt werden, wenn der Verurteilte hierüber vor der Ausweisung in einer ihm verständlichen Sprache belehrt worden ist (§ 456a Abs. 2 S. 4 StPO, § 17 Abs. 2 StVollstrO).

An sich stünde die Anordnung, die Vollstreckung bei Rückkehr nachzuholen, im pflichtgemäßen Ermessen der Vollstreckungsbehörde. Dabei zu bedenkende Faktoren sind die Höhe des Strafrestes,

40 *Röttle/Wagner* Rn. 227; KK/*Appl* § 456a Rn. 2; OLG Hamm NStZ 1983, 524.
41 OLG Hamburg StV 1996, 328 m.w.N. LG Berlin StV 1992, 428; OLG Stuttgart StV 1993, 258; *Groß* StV 1987, 36 (39).
42 OLG Celle NStZ 1981, 405; OLG Hamburg StV 1996, 328 m.w.N.

die Schwere der Tat, die Gefährlichkeit des Verurteilten und die Wahrscheinlichkeit seiner Rückkehr.[43] In der Praxis ist allerdings die Anordnung der Regelfall; nur bei geringen Strafresten oder Ersatzfreiheitsstrafen unterbleibt sie einmal. Über Einwendungen gegen die Nachholung der Vollstreckung entscheidet das nach den §§ 462, 462a StPO zuständige Gericht (§ 458 Abs. 2 StPO).

Genehmigt die Ausländerbehörde aus wichtigen Gründen eine erneute Einreise des Verurteilten, 21
kann für diesen Fall der Verzicht auf die Durchführung der Vollstreckung in Betracht kommen.[44]

▶ Beachte

Oft weiß jedoch die Vollstreckungsbehörde von der erteilten Einreisegenehmigung nichts; die Ausschreibung besteht daher weiterhin und der an sich erlaubt Einreisende läuft dennoch Gefahr, zur Nachholung der Vollstreckung festgenommen zu werden. Um dies zu vermeiden, sollte sich der Verteidiger, sobald er von einer Einreisegenehmigung erfährt, mit der Vollstreckungsbehörde in Verbindung setzen und sie ersuchen, den Vollstreckungshaftbefehl für die Dauer der Aufenthaltsgestattung außer Vollzug zu setzen. Ist er bereits zuvor mit der Vertretung im Verfahren bei der Ausländerbehörde befasst, empfiehlt es sich, diese zu bitten, schon vor Erteilung der Genehmigung festzustellen, ob Fahndungsmaßnahmen gegen seinen Mandanten bestehen; gegebenenfalls möge sie sich dann mit der ausschreibenden Vollstreckungsbehörde verständigen.

43 OLG Hamm NStZ 1983, 524; *Groß* StV 1987, 39.
44 *Röttle/Wagner* Rn. 230.

Kapitel 15 Freiheitsstrafen

Übersicht

A. Ladung in die richtige Vollzugsanstalt

1 Sofern sich der Verurteilte nicht bereits in Untersuchungshaft befindet, wird er in die zuständige JVA zum Strafantritt geladen (§ 27 StVollstrO). In aller Regel erhält er dazu kurze Zeit nach Rechtskraft des Urteils bzw. des Widerrufsbeschlusses eine Ladung zum Strafantritt mit einer Gestellungsfrist von mindestens einer Woche (§ 27 Abs. 2 S. 1 StVollstrO). Nur im Ausnahmefall kann zum sofortigen Strafantritt geladen werden (§ 27 Abs. 2 S. 2 StVollstrO). Eine förmliche Zustellung der Ladung erfolgt, falls ein sofortiger Strafantritt verfügt wird, der Aufforderung besonderer Nachdruck verliehen werden soll oder im Wiederholungsfall. Andernfalls genügt die Ladung durch einfachen Brief. Im Falle der Ladung zum sofortigen Strafantritt kann sogar mündlich geladen werden (§ 27 III StVollstrO).

Bei der Ladung handelt es sich um einen Justizverwaltungsakt im Sinne von § 23 Abs. 1 EGGVG; ihre isolierte Anfechtung ist nach herrschender Auffassung nicht möglich, da der Verurteilte durch sie alleine in seinen Rechten noch nicht verletzt wird[1] (zur Anfechtung, soweit es um die Bestimmung der zuständigen JVA geht, s.u. Rdn. 4).

2 Die für den Verurteilten zuständige JVA ergibt sich aus den Vollstreckungsplänen der Länder (§§ 22 f. StVollstrO). Bei ihnen handelt es sich um einfache Verwaltungsvorschriften, die z.T. im Internet aufzufinden sind.[2] Grundsätzlich ist in ihnen die Zuständigkeit der einzelnen JVA einerseits nach allgemeinen Merkmalen wie Alter, Geschlecht, Staatsangehörigkeit oder Vollzugsdauer festgelegt, andererseits nach Wohn- oder Aufenthaltsort. Üblicherweise sind die einzelnen Vollzugsanstalten für bestimmte Strafarten in einem bestimmten Bezirk zuständig (z.B. die JVA Kleve u.a. für den Erstvollzug zwischen 18 und 24 Monaten Freiheitsstrafe an männlichen Verurteilten mit Wohnsitz im LG-Bezirk Duisburg[3]). Darüber hinaus wird teilweise in den Landesstrafvollzugsgesetzen vorgesehen, dass bei Gefangenen ab einer bestimmten Strafhöhe die Behandlungsuntersuchung in einer zentralen Einweisungsabteilung oder -anstalt vorgenommen wird, die dann über den weiteren Verbleib des Gefangenen je nach den präventiven Bedürfnissen des Einzelfalls entscheidet.

---

1 Heghmanns/Scheffler-*Meinen*, XII, Rn. 45; soll ein Vollstreckungshindernis geltend gemacht werden, so bedarf es eines entsprechenden Antrags an die Vollstreckungsbehörde.

2 So etwa der Vollstreckungsplan Hessen (https://vollstreckungsplan.online/hessen/vp_start), NRW (http://www.vollstreckungsplan.nrw.de) oder Baden-Württemberg (https://vollstreckungsplan.online/bw/vp_start).

3 Vollstreckungsplan NRW.

Soweit es auf die örtliche Zuständigkeit ankommt, bilden die Grenzen der Bundesländer prinzipiell kein Hindernis, weil nach § 27 Abs. 1 StVollstrO i.V.m. der Vereinbarung der Länder zur Vereinfachung und zur Beschleunigung der Strafvollstreckung und der Vollstreckung anderer freiheitsentziehender Maßnahmen in Straf- und Bußgeldsachen vom 08.06.1999[4] die Ladung – gewissermaßen über die Ländergrenzen hinweg – unmittelbar in die zuständige JVA des Landes vorgenommen wird, in welchem der maßgebende Wohnsitz liegt. 3

Bei dem auf freiem Fuß befindlichen Verurteilten richtet sich die örtliche Zuständigkeit dabei alternativ nach Wohnort, Aufenthaltsort oder (bei Soldaten) Standort (§ 24 Abs. 1 StVollstrO). Fallen diese auseinander, so wird in der Regel vom Wohnort ausgegangen, da ein Vollzug in Heimatnähe der Resozialisierung im Allgemeinen am besten dient.[5]

Bei Bedenken gegen die Zuständigkeit der JVA wäre die Beschwerde zur Generalstaatsanwaltschaft nach § 21 Abs. 1 Nr. 1 StVollstrO mit anschließender Anfechtung nach den §§ 23 ff. EGGVG einschlägig. Allerdings empfiehlt sich ein Tätigwerden der Verteidigung insoweit nur, wenn wirklich gravierende Fehler vorliegen (z.B. Irrtum hinsichtlich des Alters des Verurteilten, eine Krankheit erfordert die Unterbringung in einer JVA mit Lazarettabteilung, falsche Annahme eines Regelanstelle eines Erstvollzuges wegen nach § 51 BZRG unzulässiger Berücksichtigung eines früheren Vollzuges). Geht es dagegen um die Durchsetzung von Abweichungen nach § 26 StVollstrO (etwa bei größerer Nähe zum Familienwohnort bei Verlegung in eine nach dem Vollstreckungsplan an sich nicht zuständige JVA) oder um die Verlegung in eine Anstalt des offenen Vollzugs, so sind entsprechende Initiativen gegenüber der JVA nach Aufnahme in den Strafvollzug für gewöhnlich erfolgversprechender als anwaltliche Aktivitäten im Vorfeld. 4

Wird eine über sechsmonatige Strafe in einer für den Aufenthaltsort zuständigen Anstalt vollzogen, ist der Gefangene in die für seinen Wohnort zuständige Anstalt zu verlegen, wenn er es binnen zwei Wochen ab Vollzugsbeginn bei der Anstaltsleitung beantragt (§ 24 Abs. 2 StVollstrO). Gegen eine ablehnende Entscheidung muss nach den §§ 23 ff. EGGVG vorgegangen werden.[6] 5

Spezielle Zuständigkeiten sind für bestimmte Gefangene zu beachten, die wegen Krankheit oder eines Gebrechens nur in besonders geeigneten Vollzugsanstalten oder in einem Vollzugskrankenhaus aufgenommen werden können. Wenn die Ladung in eine allgemein zuständige Anstalt ergeht, weil die Vollstreckungsbehörde vom gesundheitlichen Zustand des Betroffenen keine Kenntnis hat, muss man um Einweisung in eine geeignete Anstalt ersuchen, sofern nicht sogar Vollzugsuntauglichkeit geltend gemacht werden kann.

Einrichtungen des offenen Vollzugs sehen keine oder nur verminderte Vorkehrungen gegen ein Entweichen vor. Nicht überall werden indes geeignete Gefangene unmittelbar zum Strafantritt im offenen Vollzug geladen.[7] Regelmäßig erfolgt vielmehr zuerst eine Aufnahme in den geschlossenen Vollzug. Nach der Behandlungsuntersuchung wird ein Vollzugsplan erstellt, in welchem dann unter anderem eine Unterbringung im offenen oder geschlossenen Vollzug festgelegt wird. Der offene Strafvollzug bildete nach § 10 StVollzG an sich sogar den normativen Regelfall. Diese Rangfolge haben die meisten Bundesländer übernommen,[8] während jedoch einige wenige Landesvollzugsgesetze nun- 6

4 Für NRW: AV d. Justizministeriums v. 24.07.2000 (4300 – III A. 21).

5 *Röttle/Wagner* Rn. 81.

6 Vgl. OLG Stuttgart StV 1997, 28; OLG Schleswig SchlHA 2007, 280.

7 So etwa in Hessen, falls die Strafe mehr als zwei Jahre beträgt, vgl. Nr. 9 Abs. 3 Vollstreckungsplan Hessen (Runderlass des Hessischen Ministeriums der Justiz vom 01.09.2014 (4431/1 – IV/A3 – 2013/4976 – IV/C, JMBl. S. 165 ff.)).

8 S. die Regelungen in den einzelnen Vollzugsgesetzen von Baden-Württemberg (§ 10), Berlin (§ 16), Brandenburg (§ 22), Bremen (§ 15), Hamburg (§ 11), Mecklenburg-Vorpommern (§ 15), Nordrhein-Westfalen (§ 12), Rheinland-Pfalz (§ 22), Saarland (§ 15), Sachsen (§ 15), Sachsen-Anhalt (§ 22), Schleswig-Holstein (§ 16) und Thüringen (§ 22).

mehr die geschlossene Unterbringung als Regelfall vorsehen.[9] Tatsächlich überwiegen indessen überall die Haftplätze des geschlossenen Vollzuges, weil in Zeiten häufig übersteigerten Sicherheitsdenkens die Einrichtung offener Haftplätze politisch wenig attraktiv erscheint. Auf diese Weise hat sich der offene Vollzug ungeachtet der normativen Lage faktisch zum Ausnahmefall entwickelt, der oft nur mühevoll und mit anwaltlicher Hilfe durchzusetzen ist. Ohnehin besteht gegenüber der letztlich entscheidenden JVA kein Rechtsanspruch, sondern lediglich ein Anspruch auf fehlerfreien Ermessensgebrauch,[10] der notfalls über die §§ 109 ff. StVollzG durchzusetzen wäre. Zugelassen werden kann der Gefangene, wenn keine Missbrauchs- und Entweichungsgefahr erkennbar ist, er bereit ist, sich sozial zu integrieren und sich in ein System einordnen zu lassen, das auf seiner Selbstdisziplin und seinem Verantwortungsbewusstsein beruht.[11]

7 Kommt der Verurteilte der Ladung zum Strafantritt nicht nach oder ist er der Flucht verdächtig, kann ein Vorführungs- oder Haftbefehl zur Vollstreckung erlassen werden (§ 457 Abs. 2 StPO, § 33 StVollstrO). Vollstreckungsvorführungs- und -haftbefehle gestatten aufgrund des sie legitimierenden richterlichen Strafurteils die Durchsuchung der Räumlichkeiten des Verurteilten, nicht aber von Dritten.[12] Maßnahmen nach § 457 StPO sind nur nach den §§ 23 ff. EGGVG anfechtbar. Soweit ein Haftbefehl mit dessen Vollzug erledigt ist, bleibt ein Feststellungsantrag gemäß § 28 Abs. 1 S. 4 EGGVG möglich.[13]

▶ Beachte

Wenn sich ein Verurteilter zum Strafantritt auf Ladung hin nicht selbst gestellt hat, sondern festgenommen werden musste, führt dies im Vollzug unweigerlich zu Nachteilen.[14] Deswegen sollte die Verteidigung den Mandanten nach Möglichkeit veranlassen, sich fristgerecht in der Justizvollzugsanstalt zu melden. Etwas anderes kann allenfalls dann gelten, wenn bis dahin noch ein zuvor gestelltes Gesuch um Strafaufschub unbeschieden geblieben ist; erfahrungsgemäß sinken dessen Erfolgsaussichten nämlich rapide, sobald der Mandant erst einmal einsitzt.

8 Zur Vermeidung einer Festnahme kann die Strafe in jeder beliebigen JVA angetreten werden, wenn die zuständige Vollzugsanstalt für den Verurteilten (z.B. aus Kostengründen) nicht oder nicht mehr fristgerecht zu erreichen ist. Der Nachteil eines Strafantritts in einer unzuständigen JVA liegt darin, dass der Verurteilte anschließend in die richtige Anstalt verschubt werden muss. Das kann wegen des komplizierten Fahrplanes zwischen den einzelnen Anstalten (Buspendelverkehr) je nach Entfernung etliche Tage bis zu mehreren Wochen in Anspruch nehmen. Es ist aber immer noch besser, die damit verbundenen Unannehmlichkeiten in Kauf zu nehmen, als das Risiko einer Festnahme einzugehen, weil damit Vollzugserleichterungen auf u.U. nicht unbeträchtliche Zeit erst einmal ausgeschlossen wären.

B. Berechnung der Strafzeit

I. Allgemeine Regeln

9 Um im Rahmen der Strafvollstreckung effektiv verteidigen zu können, sollten auch die wichtigsten Prinzipien der Strafzeitberechnung bekannt sein.

Die Strafzeit ist für mehrere Strafen stets getrennt zu berechnen (§ 37 Abs. 1 StVollstrO). Grundsätzlich werden kürzere Strafen vor längeren und Ersatzfreiheitsstrafen nach Freiheitsstrafen voll-

9 So Bayern (Art. 12), Hessen (§ 13) und Niedersachsen (§ 12) in ihren Vollzugsgesetzen.
10 Laubenthal/Nestler/Neubacher/Verrel/*Verrel* D Rn. 12; OLG Hamm NStZ-RR 2008, 357.
11 Laubenthal/Nestler/Neubacher/Verrel/*Verrel* D Rn. 10.
12 OLG Celle StV 1982, 561; Meyer-Goßner/*Schmitt* § 105 Rn. 6 m.w.N.
13 OLG Hamm MDR 1987, 519; a.A. OLG Frankfurt NStZ-RR 2002, 224.
14 Vor allem bei der Frage des offenen Vollzuges und der Vollzugslockerungen.

streckt. Eine abweichende Reihenfolge ist aus wichtigem Grund zulässig (§ 43 StVollstrO). Dies kann insbesondere erforderlich sein, um so früh wie möglich die Zurückstellungsreife mehrerer zu vollstreckender Strafen nach § 35 Abs. 1 BtMG zu erreichen. Jugendstrafen gehen Freiheitsstrafen in der Regel vor (§ 89a JGG). Zweifel an der Berechnung durch die Vollstreckungsbehörde können gerichtlich geklärt werden (§ 458 Abs. 1 StPO).

Bei einer Vollzugsdauer bis zu einer Woche wird die Strafe dem Tage und der Stunde nach berechnet, darüber hinaus wird auf volle Tage auf- oder abgerundet, je nachdem, wie es für den Betroffenen günstiger ist (§ 37 Abs. 2 StVollstrO). Der Tag ist zu 24 Stunden, die Woche zu sieben Tagen, der Monat und das Jahr sind nach der Kalenderzeit zu berechnen (§ 37 Abs. 4 StVollstrO).

Die Bestimmung des Strafbeginns richtet sich nach § 38 StVollstrO. Entscheidend ist entweder der Zeitpunkt, an dem sich der Verurteilte in einer JVA stellt, der Zeitpunkt seiner Festnahme aufgrund der §§ 457, 453c StPO, der Beginn der Anschlussvollstreckung bei mehreren Strafen oder der Eintritt der Rechtskraft, wenn der Verurteilte sich in der fraglichen Sache bereits in U-Haft befindet. In diesem Fall wird der Untersuchungshaftbefehl automatisch gegenstandslos, eine gegen ihn gerichtete Haftbeschwerde unzulässig.[15] 10

▶ Beachte

Für den Verurteilten ist es wichtig, dass beim Übergang von U-Haft in Freiheitsstrafe die mit der U-Haft verbundenen Beschränkungen alsbald wegfallen und möglichst früh ein Vollzugsplan erstellt werden kann, um Vollzugslockerungen oder die Verlegung in den offenen Vollzug zu erlangen. Deswegen sollte der Verteidiger die JVA sofort vom Eintritt der Rechtskraft unterrichten und die Vollstreckungsbehörde ersuchen, umgehend die Vollstreckung einzuleiten und das entsprechende Aufnahmeersuchen an die JVA zu richten. Denn erst bei dessen Erhalt kann die JVA die Überleitung in den Strafvollzug bewirken.

Für die im Hinblick auf die Reststrafenaussetzung (§ 57 StGB) notwendige Berechnung des Zweidrittel- sowie des Halbstrafenzeitpunkts existieren vier unterschiedliche Berechnungsarten. Bei der abstrakten Methode wird zur Bestimmung des Zweidritteltermins die erkannte Strafe durch drei geteilt (z.B.: 1 Jahr: 3 = 4 Monate) und entweder $^2/_3$ ab Strafbeginn hinzugerechnet (abstrakt vorwärts) oder $^1/_3$ vom Strafende rückwärts abgerechnet (abstrakt rückwärts). Bei der konkreten Methode wird errechnet, wie viele Tage insgesamt zu verbüßen sind; das Ergebnis wird durch drei geteilt und entweder ein Teil vom Strafende abgerechnet (konkret rückwärts) oder zwei Teile zum Strafbeginn hinzugerechnet (konkret vorwärts). Entsprechendes gilt für die Berechnung des Halbstrafenzeitpunkts. 11

Häufig sind dadurch Tagesbruchteile auf- oder abzurunden, und zwar jeweils zugunsten des Verurteilten. Im Ergebnis können so je nach Berechnungsmethode Unterschiede von mehreren Tagen herauskommen. Zugunsten des Verurteilten ist im Falle einer Divergenz stets der früheste Zeitpunkt zugrunde zu legen.[16] Andererseits ist in den Fällen, in denen nach § 67 Abs. 4 StGB, § 36 Abs. 1 BtMG Unterbringung oder Therapie auf die Strafe anzurechnen sind, der späteste Zeitpunkt maßgebend, damit sich so viel Strafzeit wie möglich erledigt. Letzteres wird in der Praxis häufig genug übersehen, weshalb hier eine gewisse Aufmerksamkeit der Verteidigung angezeigt ist.

▶ Beachte

Dem Verteidiger müssen diese Regeln bekannt sein, wenn er die Richtigkeit der Haftdaten überprüfen will. In den Fragen der Strafzeitberechnung ist man nämlich häufig versucht, sich auf die Ergebnisse der Vollzugsanstalten oder Vollstreckungsbehörden zu verlassen, da es ja hierbei scheinbar nur um die Aufaddierung von Zeiteinheiten geht. Jedoch ist dort wie so oft vieles umstritten; gerade in den Fällen des Zusammentreffens verschiedener Freiheitsstrafen

15 OLG Düsseldorf StV 1988, 110; Meyer-Goßner/*Schmitt* § 120 Rn. 15 m.N., auch zur Gegenmeinung.
16 Vgl. zum Ganzen *Röttle/Wagner* Rn. 144 ff.

bieten sich häufig mehrere Berechnungsmethoden an, teils mit unterschiedlichen Ergebnissen. Dann sollte notfalls der Verteidiger darauf hinwirken, die für seinen Mandanten günstigere Berechnungsmethode anzuwenden, damit unter Umständen einige Tage früher die Entlassung aus dem Vollzug erfolgen kann.

II. Anrechnung von Untersuchungshaft

12 Untersuchungshaft oder eine andere Freiheitsentziehung ist auf Jugendstrafe, zeitige Freiheitsstrafe oder Geldstrafe anzurechnen (§ 52a JGG,[17] § 51 Abs. 1 S. 1 StGB). Werden mehrere, untereinander nicht gesamtstrafenfähige Strafen ausgesprochen, muss eine Verteilung der U-Haft auf sie in der Urteilsformel erfolgen.[18]

▶ **Beachte**

Bei der Antragstellung sollte der Verteidiger darauf achten, dass die Verteilung in einer Weise erfolgt, die bei den Strafen so früh als möglich eine Aussetzung nach § 57 StGB erlaubt.[19]

Anrechenbare Zeiten werden vom errechneten Strafende nach vollen Tagen rückwärts abgerechnet (§ 39 Abs. 4 S. 1 StVollstrO). Das Gleiche gilt im Übrigen, wenn Strafzeiten als vollstreckt gelten, z.B. im Fall rechtsstaatswidriger Verfahrensverzögerung.[20] Wenn U-Haft unmittelbar in Strafhaft übergeht, kann die rückwärtige Abrechnung aber dazu führen, dass die Haftzeit insgesamt länger ist als dann, wenn die U-Haft von Anfang an als Strafe verbüßt worden wäre. In diesem Fall ist die günstigere Berechnung maßgebend (§ 39 Abs. 4 S. 2 StVollstrO).

Der Anrechnungsmaßstab beträgt 1:1. Eine Strafe von vier Monaten kann also nicht durch eine U-Haft von drei Monaten für verbüßt erklärt werden.[21] Bei der Anrechnung auf Geldstrafe entspricht ein Tag Freiheitsentziehung einem Tagessatz (§ 51 Abs. 4 S. 1 StGB). Eine weniger als 24 Stunden dauernde Freiheitsentziehung ist richtigerweise als zwei Tage Haft anzurechnen, wenn sie sich über zwei Kalendertage erstreckt, da stets von der für den Verurteilten günstigsten Berechnung auszugehen ist.[22] Die wohl überwiegende Ansicht ist jedoch für ein Zusammenziehen der Tagesbruchteile mit der Folge, dass die bis 24 Stunden dauernde Haft auch nur als ein Tag berücksichtigt wird.[23]

▶ **Beachte**

Neben der U-Haft ist auch jede andere auf das Verfahren zurückgehende Freiheitsentziehung auf die Strafe anzurechnen. Die Feststellung solcher Tatbestände bereitet in der Praxis häufig Schwierigkeiten, sofern die Vorgänge nicht hinreichend deutlich in der Ermittlungsakte dokumentiert sind. Der Verteidiger sollte deswegen besonderes Augenmerk auf infrage kommende Zeiten legen. Solche sind vor allem die Dauer einer vorläufigen Festnahme nach § 127 StPO oder einer Unterbringung nach den §§ 81, 126a StPO, §§ 71 Abs. 2, 72 Abs. 4, 73 JGG.[24] Gerade eine vorläufige Festnahme durch die Polizei zwecks Vernehmung kann in der Strafzeitberechnung versehentlich untergehen, falls sich die Festnahme nur beiläufig erwähnt aus der Akte ergibt. Auch die Haft zur Sicherung der Abschiebung ist anzurechnen, falls sie aus Anlass der abgeurteilten Tat angeordnet und vor Rechtskraft des Urteils erlitten wurde.[25] Ebenso ist die Zeit einer Untersuchung nach § 81a StPO, etwa zur Entnahme einer Blutpro-

17 Für Jugendarrest vgl. § 52 JGG.
18 BGHSt 24, 29.
19 Vgl. OLG Frankfurt StV 1989, 491.
20 BGHSt 52, 124; Besprechung *Heghmanns* ZJS 2008, 197.
21 BGH NStZ 1983, 524.
22 LG Bremen Rpfleger 1973, 256; OLG München Rpfleger 1981, 317.
23 Vgl. OLG Stuttgart NStZ 1984, 381; *Fischer* § 51 Rn. 9; *Röttle/Wagner* Rn. 165 m.w.N.
24 *Röttle/Wagner* Rn. 162.
25 OLG Frankfurt NJW 1980, 537.

be, zu berücksichtigen (str.[26]); dies muss selbst dann gelten, wenn sich der Verurteilte der Maßnahme zur Abwendung von Zwang freiwillig unterzogen hat.[27] Nicht anrechenbar sind demgegenüber rein polizeirechtliche Maßnahmen der Gefahrenabwehr, etwa der Polizeigewahrsam zwecks Ausnüchterung des alkoholisierten Beschuldigten.[28]

Die anrechenbare Haft muss aus Anlass einer Tat erlitten worden sein, die Gegenstand des Verfahrens ist oder gewesen war (Grundsatz der Verfahrenseinheit). Ihre Verhängung und Fortsetzung muss daher in ursächlichem Zusammenhang mit denjenigen Handlungen stehen, die den Gegenstand des Verfahrens bilden.[29] Dieser Verfahrenszusammenhang besteht auch im Fall der Verbindung zweier Verfahren während nur weniger Tage,[30] selbst wenn während der Verbindung die Haft gar nicht bestanden hat.[31] Dabei ist jedoch eine doppelte Anrechnung ausgeschlossen. 13

Schwierigkeiten bereiten die Fälle sog. verfahrensfremder Untersuchungshaft, wenn beispielsweise ein Verfahren nach den §§ 170 Abs. 2, 153, 154 StPO eingestellt oder durch Freispruch erledigt worden ist, ohne zuvor mit einem anderen wenigstens kurzzeitig verbunden gewesen zu sein. Das Fehlen einer förmlichen Verfahrensverbindung darf dem Verurteilten hier nicht zum Nachteil gereichen. Daher ist in solchen Fällen durch eine analoge Anwendung von § 51 Abs. 1 S. 1 StGB eine Anrechnung von verfahrensfremder Haft zulässig und geboten,[32] sofern die Verfahren miteinander hätten verbunden werden können. Die wohl überwiegende Ansicht hält dies aus Gründen der Praktikabilität und mangels planwidriger Gesetzeslücke demgegenüber für unzulässig.[33] Der BGH hat indes entschieden, es sei jedenfalls dann, wenn eine funktionale Verfahrenseinheit bestanden hat, in erweiternder Auslegung von § 51 Abs. 1 S. 1 StGB eine Anrechnung vorzunehmen.[34] Eine solche funktionale Verfahrenseinheit sei anzunehmen, falls das die vorläufige Freiheitsentziehung betreffende Verfahren zwar stets formal von dem zur Verurteilung führenden getrennt geblieben war, die Freiheitsentziehung in dem einen Verfahren sich aber konkret auf den Gang oder den Abschluss des anderen ausgewirkt hat. Namentlich sind dies die Fälle der Einstellung eines Verfahrens nach § 154 StPO, in welchem U-Haft verbüßt wurde, im Hinblick auf ein anderes, welches mit einer Verurteilung endete.[35] Eine Anrechnung ist danach ferner geboten, wenn in dem zur Verurteilung führenden Verfahren zwar ein Haftbefehl erlassen, dieser aber wegen der Haft in anderer Sache nicht vollzogen, sondern hierfür lediglich Überhaft notiert worden war, und das andere Verfahren, in welchem die Inhaftierung erfolgte, durch Einstellung oder Freispruch endete.[36] Ein Gleiches gilt, sofern bei einer Unterbringung zur Beobachtung nach § 81 StPO das Ergebnis allein dem zweiten und mit einer Verurteilung abgeschlossenen Verfahren zugutekommt.[37] In allen derartigen Fällen ist höchste Vorsicht geboten, denn es besteht die Gefahr, dass die Vollstreckungsbehörde mangels Kenntnis des jeweils anderen Vorgangs die eigentlich gebotene Anrechnung unterlässt.

---

26 LG Osnabrück NJW 1973, 2256; KMR/*Bosch* § 81a Rn. 37; a.A. LG Oldenburg Rpfleger 70, 175; Meyer-Goßner/*Schmitt* § 81a Rn. 28.

27 Vgl. *Pohlmann* Rpfleger 1970, 175 zu § 60 StGB a.F.

28 *Röttle/Wagner* Rn. 162.

29 BGHSt 4, 326.

30 OLG Frankfurt MDR 1988, 794.

31 LK/*Theune* § 51 Rn. 10 ff.

32 OLG Frankfurt StV 1989, 489; OLG Naumburg NStZ 1997, 129; OLG Dresden NStZ-RR 1997, 205; *Maatz* StV 1991, 267.

33 OLG Düsseldorf StV 1997, 85; OLG Hamburg NStZ 1993, 204; OLG Hamm NStZ-RR 1996, 377.

34 BGH NJW 1997, 2392 (2393 f.) m. Anm. *Stree* NStZ 1998, 136; BVerfG NStZ 2000, 277.

35 OLG Düsseldorf StV 1994, 549; *Maatz* StV 1991, 267; s.a. BVerfG NStZ 1999, 24.

36 BGH StV 1997, 474; s.a. LG Amberg StV 2003, 452.

37 *Stree* NStZ 1998, 137; vgl. auch OLG Karlsruhe MDR 1994, 1032.

III. Anrechnung im Ausland erlittener Haft

14 Auch im Ausland erlittener Freiheitsentzug kann auf inländische Strafe angerechnet werden. Dies ist zum einen der Fall, wenn wegen derselben Tat eine im Ausland verhängte Strafe vollstreckt wurde (§ 51 Abs. 3 S. 1 StGB). Einer erneuten Verurteilung in Deutschland steht nämlich das Verbot der Doppelbestrafung (Art. 103 Abs. 3 GG) jedenfalls dann nicht entgegen, wenn es sich um eine Verurteilung jenseits der EU-Grenzen handelt.[38] Neben erlittener Haft können auch im Ausland vollstreckte Geldsanktionen Berücksichtigung finden.

Zum anderen ist die in derselben Sache zum Zwecke der Strafverfolgung oder Strafvollstreckung erlittene Auslieferungshaft auf die Strafe anzurechnen (§ 51 Abs. 3 S. 2 StGB, § 450a Abs. 1 StPO). Allerdings kann eine solche Anrechnung im Hinblick auf das Verhalten des Verurteilten nach dem letzten tatrichterlichen Urteil ausgeschlossen werden (§ 450a Abs. 3 StPO). Ausreichend hierfür ist aber keinesfalls die Tatsache der Flucht allein; stets müssen erschwerende Umstände hinzutreten, z.B. ein gewalttätiger Ausbruch aus der JVA oder die Verbringung der Verbrechensbeute ins Ausland.[39]

15 Für die im Ausland erlittene Freiheitsentziehung ist durch das Gericht, im Fall des § 450a StPO durch die Vollstreckungsbehörde[40] ein Anrechnungsmaßstab zu bestimmen. Hierbei ist das im Ausland erlittene Strafübel seiner Schwere nach einzuschätzen und in ein dem deutschen Strafsystem zu entnehmendes Äquivalent umzusetzen.[41] Aufgrund der unterschiedlichen, vor allem in süd- und außereuropäischen Ländern gelegentlich weitaus härteren Haftbedingungen sind in der Rspr. Umrechnungsmaßstäbe von 1:1 bis hin zu 1:3 (z.B. für Bulgarien[42] und teilweise für Spanien[43]) anerkannt.[44] Äußerstenfalls wird bislang unter Berücksichtigung erlittener Folter im Maßstab 1:4 (Irak) angerechnet.[45] Die Maßstäbe stellen dabei nur Richtwerte dar, von denen im Einzelfall sowohl nach oben als auch nach unten abgewichen werden kann und muss. Die Entscheidung darf nicht schematisch getroffen werden, sondern hat die jeweils konkreten Bedingungen in den fraglichen Haftanstalten zu berücksichtigen. In solchen Fällen empfiehlt es sich, die Zustände in der jeweiligen Haftanstalt exemplarisch darzulegen.[46] Können diese nicht als gerichtsbekannt gelten, sollten Informationen des Mandanten hierüber zusätzlich durch Auskünfte der zuständigen deutschen Auslandsvertretung verifiziert werden. Wertvolle Hinweise auf die Haftbedingungen in den europäischen Staaten bietet auch die Rspr. des EGMR.[47]

IV. Vollstreckung mehrerer Freiheitsstrafen

16 Nach den §§ 57, 57a StGB können Freiheitsstrafen bei günstiger Sozial- und Kriminalprognose sowie nach Verbüßen von ⅔ bzw. ½ der zeitigen und 15 Jahren der lebenslangen Freiheitsstrafe zur Bewährung ausgesetzt werden. Um im Fall der Vollstreckung mehrerer Strafen eine gleichzeitige und einheitliche Entscheidung über die Reststrafenaussetzung zu ermöglichen, ist die Vollstreckung der zunächst zu vollstreckenden Freiheitsstrafe zu unterbrechen, sobald die zeitlichen Voraussetzungen der §§ 57 Abs. 1, Abs. 2 Nr. 1, 57a StGB erfüllt sind (§ 454b Abs. 2 S. 1 StPO), und mit der Vollstreckung der nächsten Strafe fortzufahren, bis auch bei dieser der maßgebliche Aussetzungszeitpunkt erreicht wird, usw.

---

38 BVerfGE 12, 66. Innerhalb der EU gilt hingegen das Doppelbestrafungsverbot des Art. 50 GRCh bzw. Art. 54 SDÜ.

39 KMR/*Paulus/Stöckel* § 450a Rn. 12; vgl. auch BGHSt 23, 307.

40 OLG Düsseldorf StV 1991, 478.

41 BGHSt 30, 283; BGH StV 1986, 292.

42 LG Berlin StV 1998, 347.

43 OLG Düsseldorf StV 1995, 426 f.; vgl. aber andererseits ebenfalls für Spanien OLG Zweibrücken StV 1997, 84 (1:1).

44 Vgl. die Nachweise bei *Morgenstern* StV 2016, 395 (396 f.); *Bock* ZIS 2010, 482 (488).

45 *Morgenstern* StV 2016, 395 (396); LG Stuttgart StV 2013, 34.

46 Zu exemplarischen Beschreibungen vgl. *Bock* ZIS 2010, 482 (484 ff.).

47 *Morgenstern* StV 2016, 395 (397) m.w.N.

▶ **Beachte**

Eine Unterbrechung von Ersatzfreiheitsstrafen nach Verbüßung von ⅔ findet nicht statt, da sie nach inzwischen h.M. nicht zur Bewährung nach § 57 StGB ausgesetzt werden können.[48] Diese Frage war in der Rechtsprechung anfänglich umstritten;[49] inzwischen lehnt diese aber einhellig die Reststrafenaussetzung ab. Der Verteidiger könnte gleichwohl versuchen, eine Unterbrechung auch für länger als zwei Monate (wegen § 57 Abs. 1 Nr. 1 StGB) zu vollstreckende Ersatzfreiheitsstrafen herbeizuführen, allerdings dann eher mit dem Ziel einer späteren Entscheidung nach § 459f StPO. Lehnt die Vollstreckungsbehörde das Unterbrechungsgesuch ab, können Einwendungen nach § 458 Abs. 2 StPO erhoben werden.

Die Unterbrechung einer oder mehrerer Strafen hat immer beim Erreichen der frühestmöglichen Aussetzungsreife zu erfolgen; Verzögerungen durch die Vollstreckungsbehörde dürfen dem Verurteilten nicht zum Nachteil gereichen. Ist die rechtzeitige Unterbrechung unterblieben, dann ist die dadurch verstrichene Zeit zum Ausgleich auf die Anschlussstrafe anzurechnen; der Verurteilte ist bei der Berechnung der folgenden Strafe so zu stellen, als wäre die erste Strafe rechtzeitig unterbrochen worden. Unter Umständen kann jedoch auch eine rückwirkende Unterbrechung der zunächst zu vollstreckenden Strafe erfolgen (§ 454b Abs. 2 S. 3 StPO).[50] 17

Die Unterbrechungswirkung darf nicht gegen materielles Gesetzesrecht verstoßen. Daher ist die Länge der Vollstreckung nach oben hin begrenzt durch die Länge der Strafzeit, die bei ununterbrochener Vollstreckung mehrerer Strafen nacheinander zu verbüßen wäre. Das letztliche Strafende darf sich also durch die Unterbrechungen nicht zum Nachteil des Gefangenen verschieben.[51]

▶ **Beachte**

Falls eine Strafaussetzung nicht erfolgt, ist der Entlassungszeitpunkt somit vorzuziehen, wenn sich das Strafende bei einer Strafzeitberechnung ohne erfolgte Unterbrechung gemäß § 454b Abs. 2 StPO nach vorne verschieben würde. Dies wird oft von den Vollstreckungsbehörden unterlassen, obwohl sich Unterschiede von mehreren Tagen ergeben können.[52] Der Verteidiger muss deswegen in diesen Fällen eine Neuberechnung veranlassen.

Regelmäßig erfolgt die Unterbrechung einer Strafe für eine nachfolgende nach Verbüßung von ⅔ der Strafzeit. Wenn die Freiheitsstrafe aber zwei Jahre nicht übersteigt und der Verurteilte Erstverbüßer ist, muss bereits nach Ablauf der Hälfte, frühesten aber nach sechs Monaten unterbrochen werden, um die Reststrafenaussetzung nach § 57 Abs. 2 Nr. 1 StGB zu ermöglichen (§ 454b Abs. 2 Nr. 1 StPO). 18

Erstverbüßer ist nicht, wer bereits zuvor ganz oder teilweise eine Freiheits- oder Jugendstrafe abgesessen hat. Unschädlich bleibt dagegen die frühere Verbüßung von Strafarrest, Ersatzfreiheitsstrafe, Untersuchungshaft oder von im Ausland vollzogenen Freiheitsstrafen.[53] Ebenfalls unschädlich für den Erstverbüßerstatus bleiben Vorverurteilungen, hinsichtlich derer bereits wegen ihrer Tilgungsreife oder gar Tilgung im Bundeszentralregister ein Verwertungsverbot nach § 51 BZRG besteht.[54] Entscheidend ist zudem immer der Zeitpunkt der Aufnahme in den laufenden Strafvollzug, mögen

48 OLG Oldenburg MDR 1988, 1171; NStZ-RR 2007, 253; OLG Bamberg NStZ-RR 1998, 380; OLG Thüringen NStZ 1999, 317; KG NStZ-RR 2011, 260 (261); KK/*Appl* § 459e Rn. 8; KMR/*Stöckel* § 454b Rn. 13; a.A. Sch/Sch/*Kinzig* § 57 Rn. 4; *Seebode* NStZ 1999, 318.

49 Befürwortend insb. OLG Koblenz NStZ 1995, 254; OLG Hamm StV 1998, 151; aufgegeben jedoch durch OLG Hamm StV 2010, 696 (697).

50 OLG Stuttgart StV 1991, 431; OLG Düsseldorf StV 1993, 88; OLG Celle NStZ 1990, 252; BVerfG NStZ 1988, 474; *Maatz* NStZ 1990, 214.

51 BVerfG NStZ 1994, 452.

52 Im vom BVerfG NStZ 1994, 452 entschiedenen Fall drei Tage.

53 *Röttle/Wagner* Rn. 180.

54 OLG Oldenburg StV 1987, 70; *Bringewat* § 454b Rn. 13.

dabei auch nacheinander mehrere Strafen verbüßt werden. Für jede dieser Strafen, selbst wenn wegen einzelner erst später die Vollstreckungseinleitung erfolgt, gilt der Gefangene als Erstverbüßer.[55] Eine Freiheitsstrafe, die zwei Jahre übersteigt, kann hingegen grundsätzlich nicht nach § 454b Abs. 2 StPO zum Halbstrafenzeitpunkt unterbrochen werden, weil für sie § 57 Abs. 2 Nr. 1 StGB nicht gilt. Das genannte Höchststrafmaß bezieht sich aber immer nur auf jede einzelne Strafe, nicht auf die Summe aller im Vollstreckungszusammenhang stehenden Strafen, letztere kann daher auch deutlich über zwei Jahre liegen.[56]

▶ Beachte

Wenn der Verurteilte bereits wegen einer anderen Freiheitsstrafe einsitzt und infolge ihrer Verbüßung in Freiheit gelangt, bevor die JVA zur Aufnahme zwecks Vollstreckung einer neuen Verurteilung ersucht wird, ist er kein Erstverbüßer mehr. Wenn es absehbar ist, dass es in solchen Fällen zeitlich eng wird, sollte der Verteidiger das Gericht um schnellstmögliche Übersendung einer Ausfertigung des Urteilstenors an die Vollstreckungsbehörde ersuchen, damit diese die Anschlussvollstreckung herbeiführen kann; denn ansonsten läuft der Mandant Gefahr, unnötigerweise die Vorteile der Erstverbüßerregelung bei der Vollstreckung der zweiten Strafe zu verlieren. Dann bleibt nur noch die Möglichkeit, unter den engen Voraussetzungen von § 57 Abs. 2 Nr. 2 StGB eine Strafaussetzung nach der Hälfte zu erreichen.

19 Kommen besondere Umstände i.S.v. § 57 Abs. 2 Nr. 2 StGB in Betracht, so erfolgt zwar keine Unterbrechung der Vollstreckung von Amts wegen. Indes kann in diesen Fällen nach § 43 Abs. 4 StVollstrO auch bei Verurteilten, die keine Erstverbüßer sind, aus wichtigem Grund eine Unterbrechung nach Verbüßung der Hälfte erfolgen. Da letztlich nur die zuständige StVK über das Vorliegen solcher besonderen Umstände entscheiden kann, wird die Vollstreckungsbehörde einem entsprechenden Antrag auch grundsätzlich stattzugeben haben.

20 Ein Strafrest, dessen Vollstreckung bereits nach § 57 StGB oder im Gnadenwege zur Bewährung ausgesetzt gewesen war, wird nach dem Bewährungswiderruf regelmäßig vor anderen Freiheitsstrafen vollstreckt (§ 43 Abs. 2 StVollstrO). Solche widerrufenen Strafreste werden daher nicht für andere Freiheitsstrafen unterbrochen (§ 454b Abs. 2 S. 2 StPO), um sie wegen des Bewährungsversagens erst einmal vollständig vorweg zu vollstrecken.[57] Das schließt aber die erneute Anwendung von § 57 StGB auf sie nicht generell aus.[58]

▶ Beachte

Es ist deswegen dem Verteidiger zu raten, eine Änderung der Vollstreckungsreihenfolge gemäß § 43 Abs. 4 StVollstrO zu beantragen, damit der widerrufene Strafrest zuletzt vollstreckt wird und dieser so in eine erneute gemeinsame Strafaussetzungsentscheidung einbezogen werden kann. Dies bietet sich insb. dann an, wenn – etwa infolge längerer Vollzugsdauer – zu einem späteren Zeitpunkt eine erneute Reststrafenaussetzung erwartet werden darf.

C. Aussetzung von Strafresten zur Bewährung

I. Verfahren

21 Eine Entscheidung über die vorzeitige Strafaussetzung trifft die StVK in den Fällen der §§ 57 Abs. 1 und 2 Nr. 1, 57a StGB von Amts wegen. Diese Entscheidung hat rechtzeitig genug zu erfolgen,

55 OLG Zweibrücken StV 1986, 489; OLG Stuttgart StV 1994, 250; OLG Düsseldorf Rpfleger 1999, 147.
56 BGH NStZ 1985, 126; OLG Zweibrücken StV 1989, 423; OLG Stuttgart StV 1994, 250; StV 2000, 687; OLG Karlsruhe StV 2006, 255.
57 Vgl. OLG Hamburg StV 1993, 256; OLG Düsseldorf StV 1993, 257; KMR/*Stöckel* § 454b Rn. 14.
58 OLG Frankfurt StV 1985, 25; OLG Karlsruhe StV 2003, 287.

um der Vollzugsbehörde die notwendigen Maßnahmen zur Entlassungsvorbereitung zu ermöglichen und um noch ein etwaiges Rechtsmittel der StA ohne Entlassungsverzögerung erledigen zu können.[59] Im Übrigen, etwa im Fall des § 57 Abs. 2 Nr. 2 StGB oder in der Zeit zwischen abgelehnter Reststrafenaussetzung und Strafende, wird nur auf Antrag entschieden. Auch falls die StVK bereits eine Strafaussetzung zur Hälfte nach § 57 Abs. 2 Nr. 1 StGB abgelehnt hat, soll nach einer Ansicht innerhalb der Rechtsprechung eine Zweidrittelprüfung nicht mehr von Amts wegen erfolgen.[60] Daher ist zu gegebener Zeit vorsorglich ein gesonderter Antrag auf Entscheidung nach § 57 Abs. 1 StGB zu stellen.

In der Praxis hat es sich bewährt, Gesuche um Strafaussetzung drei Monate vor dem voraussichtlichen bzw. gewünschten Entlassungszeitpunkt zu stellen, damit ausreichend Zeit bleibt, die notwendigen Stellungnahmen (insb. von StA und JVA) einzuholen. Bei zu zeitiger Antragstellung läuft man hingegen Gefahr, dass eine Aussetzung als verfrüht abgelehnt wird. Auch wenn bereits zuvor rechtskräftig eine Strafaussetzung verweigert wurde, kann nach angemessener Zeit auf Antrag erneut eine Entscheidung getroffen werden. Um aber nicht die Festsetzung einer Sperrfrist zu riskieren (§ 57 Abs. 7 StGB), sollte ein erneutes Gesuch nicht zu kurze Zeit nach dem ablehnenden Beschluss angebracht und möglichst mit neuen Entwicklungen in der Person des Mandanten innerhalb des Vollzugs begründet werden.

Neben der Staatsanwaltschaft ist stets die JVA zur Reststrafenaussetzung anzuhören (§ 454 Abs. 1 S. 2 22
StPO).[61] Deren Angaben über die vollzugliche Entwicklung des Verurteilten und seine Sozialprognose bilden ganz wesentliche Entscheidungsgrundlagen. Sie basieren auf Äußerungen der Vollzugsbediensteten des Allgemeinen Dienstes, der Anstaltspsychologen, des sozialen sowie des Werkdienstes. Inhaltlich setzt sich die JVA in ihrer Stellungnahme vor allem mit dem Verhalten des Verurteilten innerhalb des Vollzuges sowie mit seiner Entlassungssituation auseinander, ob er also nach seiner möglichen Entlassung bereits eine Bleibe und einen Arbeitsplatz in Aussicht hat. Darüber hinaus trifft sie aus ihrer Sicht auch eine Prognose über die Wahrscheinlichkeit künftiger Straffreiheit. Der Mandant wird am besten gleich zu Beginn der Strafhaft vom Verteidiger darüber informiert, was in die Stellungnahme der Anstalt aufgenommen werden kann, damit er sein Vollzugsverhalten danach ausrichten kann. Insbesondere wird ihm anzuraten sein, den ihm auferlegten Arbeitspflichten nachzukommen sowie sich um Wohnung und Arbeit zu bemühen. Da die Stellungnahme der JVA keinen Justizverwaltungsakt darstellt, kann sie nicht isoliert nach den §§ 23 ff. EGGVG angefochten werden.[62] Ungünstigen Äußerungen der Bediensteten, die der Mandant bestreitet, muss daher durch Vortrag des Sachverhalts und Benennung von Beweismitteln, z.B. Beiziehung der Gefangenenpersonalakte, gegenüber der StVK entgegengetreten werden.[63]

Der Verurteilte ist grundsätzlich mündlich zu hören (§ 454 Abs. 1 S. 3 StPO). Das Gericht soll sich 23
dabei von ihm einen persönlichen Eindruck verschaffen.[64] Nur in den Fällen des § 454 Abs. 1 S. 4 StPO (positive Entscheidung, verfrühter oder unzulässiger Antrag) ist eine schriftliche Anhörung ausreichend. Eine nachteilige Stellungnahme von JVA oder Staatsanwaltschaft ist im Rahmen der Anhörung bekannt zu geben, sofern der Strafzweck dadurch nicht gefährdet wird.[65] Die Ladung zur Anhörung kann in die JVA, aber auch an den Gerichtsort erfolgen. Es mag sich empfehlen, auf Anhörung in der JVA zu drängen, damit ggf. strittige Umstände dort unmittelbar mit dem Vollzugspersonal geklärt werden können.

---

59 KMR/*Stöckel* § 454 Rn. 20.

60 OLG Oldenburg StV 1987, 70; OLG Braunschweig NdsRpfl 2002, 62; Meyer-Goßner/*Schmitt* § 454b Rn. 7; a.A. KK/*Appl* § 454 Rn. 6; KMR/*Stöckel* § 454 Rn. 18.

61 Dazu, wann hiervon abgesehen werden kann, vgl. Meyer-Goßner/*Schmitt* § 454 Rn. 13.

62 *Bringewat* § 454 Rn. 24.

63 Zum Einsichtsrecht des Gefangenen in seine Personalakte näher Laubenthal/Nestler/Neubacher/Verrel/*Koranyi* O Rn. 171 ff., 178 ff.

64 BGHSt 28, 141; OLG Celle StV 1988, 259.

65 KMR/*Stöckel* § 454 Rn. 49.

Dem Verteidiger ist schon nach § 33 Abs. 3 StPO Gelegenheit zur Stellungnahme zu geben. Zwar ist das Gericht nicht verpflichtet, ihn zur Anhörung förmlich zu laden, jedoch erhält er eine Terminsnachricht, da er teilnahmeberechtigt ist.[66] Zur Vorbereitung der Anhörung ist es unbedingt erforderlich, Einsicht in Vollstreckungsheft und Gefangenenpersonalakte zu nehmen. Diese sollen dem Gericht rechtzeitig zur Entscheidung mit den notwendigen Stellungnahmen durch StA bzw. JVA vorgelegt werden, was häufig zu spät geschieht. Der Verteidiger muss deswegen bei Bedarf die beteiligten Behörden zur zügigen Bearbeitung anhalten.

Gelegentlich ist es zweckdienlich, den vormaligen (und möglicherweise ja zugleich künftigen) Bewährungshelfer anzuhören oder zur Vorbereitung der Entscheidung Ermittlungen der Gerichtshilfe (§ 463d StPO) über das soziale Umfeld des Verurteilten zu veranlassen, sofern die JVA darüber keine oder nur unvollständige Erkenntnisse besitzt. Gerade eine negative Stellungnahme der JVA kann durch das Ergebnis solcher Situationsberichte entkräftet werden.

24 In bestimmten Fällen hat die StVK zur Frage der Aussetzung des Strafrestes zwingend ein Sachverständigengutachten einzuholen, sobald eine positive Entscheidung infrage kommt. Dies betrifft lebenslange Freiheitsstrafen (§ 454 Abs. 2 Nr. 1 StPO) sowie zeitige Freiheitsstrafen von mehr als zwei Jahren wegen der in § 66 Abs. 3 StGB genannten Staatsschutzdelikte, Straftaten gegen die öffentliche Ordnung sowie Gewalt- und Sexualdelikte (§ 454 Abs. 2 Nr. 2 StPO). Dasselbe gilt für die Aussetzung einer Maßregel nach den §§ 63, 64 StGB, soweit diese wegen einer Straftat nach § 66 Abs. 3 StGB angeordnet worden war, sowie bei der Aussetzung der Sicherungsverwahrung (§ 463 Abs. 3 S. 3 StPO). Dadurch entstandene Kosten trägt der Verurteilte (§ 464a Abs. 1 S. 2 StPO).[67] Das ist auch zu beachten, wenn der Verteidiger darüber hinaus eine Begutachtung beantragt. Der Sachverständige wird regelmäßig mündlich gehört.[68]

25 Die StVK entscheidet durch Beschluss (§ 454 Abs. 1 S. 1 StPO), der einer Begründung bedarf, die sich mit den einzelnen Stellungnahmen auseinanderzusetzen hat. Tatsachen, die sich für den Verurteilten nachteilig auswirken, müssen zur Überzeugung des Gerichts feststehen.[69] Der Beschluss ist der Staatsanwaltschaft, dem Verurteilten und seinem Verteidiger zuzustellen. Die Entlassung wird ggf. anschließend durch die Vollstreckungsbehörde verfügt.

▶ Beachte

Wenn nach der Beschlussformel der Entlassungszeitpunkt mit Beschlussrechtskraft eintritt, sollte der Verteidiger dafür sorgen, dass das Gericht den Beschluss der Vollstreckungsbehörde schnellstmöglich per Fax übersendet, damit im Fall eines Rechtsmittelverzichts sofort die Entlassung herbeigeführt werden kann.

26 Die Entscheidung ist mit der sofortigen Beschwerde anfechtbar (§ 454 Abs. 3 S. 1 StPO). Da ein Rechtsmittel der Staatsanwaltschaft gegen die Reststrafenaussetzung aufschiebende Wirkung hat (§ 454 Abs. 3 S. 2 StPO), muss der Verteidiger ggf. auf eine schnelle Begründung und Vorlage der Akten an das Beschwerdegericht hinwirken.

Die Anordnungen über die Festsetzung der Bewährungszeit oder von Weisungen und Auflagen können davon unabhängig mit der (einfachen) Beschwerde angefochten werden (§§ 454 Abs. 4 S. 1, 453 Abs. 2 StPO). Dabei spielt es keine Rolle, ob sich die anzufechtenden Festsetzungen in dem Aussetzungs- oder in einem separaten Beschluss finden. Die einfache Beschwerde ist auch dann statt-

66 Vgl. BVerfG StV 1994, 552; OLG Zweibrücken StV 1993, 315.

67 OLG Celle Nds. Rpfl. 1988, 13; OLG Düsseldorf MDR 1991, 557; BVerfG Rpfleger 2007, 107; a.A. OLG Hamm Rpfleger 2001, 45; zur Möglichkeit, von der Erhebung von Verfahrenskosten abzusehen, vgl. § 10 KostVfG.

68 Zum Gang und der Methode der Begutachtung s. Kap. 38 Rdn. 87 ff.; vgl. hierzu auch *Kröber* NStZ 1999, 593.

69 OLG Brandenburg NStZ 1996, 405.

haft, wenn das Gericht eine Entscheidung wegen eines angeblich verfrühten Antrages oder wegen fehlender Einwilligung des Verurteilten ablehnt.[70]

II. Materielle Voraussetzungen einer Aussetzung

1. Zweidrittel-Entscheidung

Nach Verbüßung von Zweidritteln einer Freiheitsstrafe (mindestens aber von zwei Monaten) muss der Strafrest zur Bewährung ausgesetzt werden, sofern eine günstige Sozial- und Kriminalprognose vorliegt und der Verurteilte in seine Entlassung einwilligt (§ 57 Abs. 1 StGB). Fehlt eine Einwilligungserklärung des Verurteilten, was keineswegs selten vorkommt, so ist eine förmliche Entscheidung nach h.M. entbehrlich.[71] Zu einem späteren Zeitpunkt kann dann nur noch auf Antrag hin über eine Aussetzung entschieden werden. 27

§ 57 StGB gilt für zeitige Freiheitsstrafen und Jugendstrafen, die nach § 89b JGG im Erwachsenenvollzug vollstreckt werden.[72] Im Übrigen gelten bei Jugendstrafen die §§ 88 ff. JGG. Auf Ersatzfreiheitsstrafen findet § 57 StGB keine Anwendung (s.o. Rdn. 16).

Gemäß § 57 Abs. 1 S. 2 StGB sind im Rahmen der Kriminalitätsprognose insb. die Persönlichkeit des Verurteilten, sein Vorleben, seine Lebensverhältnisse, das Vollzugsverhalten, die Tatumstände und die Auswirkungen einer Aussetzung auf ihn zu berücksichtigen. Als für den Verurteilten günstige Umstände gelten gemeinhin: 28

- Die Wohnsituation nach einer Entlassung ist geregelt;
- schon aus der Haft heraus bemüht sich der Verurteilte um Arbeit oder hat sogar bereits einen Arbeitsplatz gefunden;
- soziale/familiäre Kontakte wurden während der Strafzeit aufrechterhalten;
- die Verbindungen zum Milieu wurden abgebrochen;
- der Verurteilte hat sich ernsthaft mit der Tat und ihren Folgen auseinandergesetzt;
- der Verurteilte hat sich bemüht, die Straftatfolgen wiedergutzumachen;
- er bemüht sich um Bewältigung einer bestehenden Sucht- oder Gewaltproblematik;
- es besteht eine besondere Haftempfindlichkeit infolge erstmaliger Inhaftierung oder bei reduzierter Lebenserwartung.

Die Klausel von der Verantwortbarkeit der Aussetzung (§ 57 Abs. 1 Nr. 2 StGB) schließt es ein, ein vertretbares Restrisiko zu akzeptieren.[73] Dieses darf umso höher sein, je weniger schwere Delikte von dem Entlassenen noch zu befürchten wären. Aus Gründen der erheblichen Schuld des Täters oder der besonderen Gefährlichkeit des Delikts, das zur Strafe geführt hatte, darf die Strafaussetzung nicht versagt werden.[74]

Je länger der Strafvollzug bereits dauert, umso weniger Bedeutung haben die Tatumstände oder andere länger zurückliegende Erkenntnisse für die Prognose.[75] Demgegenüber gewinnen mit zunehmender Haftdauer diejenigen Umstände an Bedeutung, die Erkenntnisse über das Erreichen des Vollzugsziels vermitteln.[76] Hierbei spielt das Verhalten des Gefangenen während ihm gewährter Vollzugslockerungen eine zentrale Rolle.

---

70 OLG Düsseldorf NStZ 1994, 454.

71 OLG Düsseldorf NStZ 1994, 454; OLG Zweibrücken NStZ-RR 2001, 311; SSW/*Claus* § 57 Rn. 22; dagegen NK/*Dünkel* § 57 Rn. 44.

72 BGHSt 26, 375; vgl. auch OLG Düsseldorf StV 1998, 348.

73 BVerfG StV 1998, 429.

74 BVerfG NJW 1994, 378.

75 BVerfG StV 1999, 548; 2000, 265.

76 OLG Bremen NStZ 2000, 671.

Beachte

Ein vorheriges Bewährungsversagen mag zwar grundsätzlich gegen eine positive Prognose sprechen. Dies gilt jedoch dort nicht, wo die Gründe für das seinerzeitige Versagen ausgeräumt sind oder die neuere Entwicklung der Persönlichkeit zu einer Stabilisierung geführt hat.[77] Auch die Beeindruckung durch eine erstmalige Hafterfahrung ist hier von Bedeutung. Daher sind solche Veränderungen vom Verteidiger besonders herauszustellen.

2. Halbstrafen-Entscheidung

29 Nach Erledigung der Hälfte, mindestens jedoch von sechs Monaten der ausgeurteilten Strafe kann die verbleibende Reststrafe zur Bewährung ausgesetzt werden, falls eine günstige Sozial- und Kriminalprognose vorliegt, der Verurteilte einwilligt, er erstmals eine Freiheitsstrafe verbüßt und diese nicht auf mehr als zwei Jahre bemessen ist (§ 57 Abs. 2 Nr. 1 StGB). Hinsichtlich der Voraussetzungen der Erstverbüßerregelung kann auf Rdn. 14, im Übrigen auf die Ausführungen zur Zweidrittel-Entscheidung verwiesen werden (Rdn. 27 f.).

30 Darüber hinaus kann auf Antrag und bei Einwilligung des Verurteilten eine Aussetzung der Reststrafe nach der Hälfte, mindestens sechs Monaten, erfolgen, wenn besondere Umstände in der Tat, in seiner Persönlichkeit oder Entwicklung während des Vollzugs vorliegen (§ 57 Abs. 2 Nr. 2 StGB). Die Sachlage muss nicht unbedingt eine günstigere Sozialprognose als im Fall einer Regelaussetzung nach § 57 Abs. 1, Abs. 2 Nr. 1 StGB ermöglichen. Vielmehr genügen Umstände, die im Vergleich mit gewöhnlichen Milderungsgründen ein besonderes Gewicht haben. Auch können mehrere durchschnittliche Milderungsgründe in ihrer Gesamtheit als besonderer Umstand gelten.[78] Im Gegensatz zur Beurteilung der Sozialprognose können deswegen auch Umstände, die allein für die Schwere der Schuld von Bedeutung sind, eine Rolle spielen,[79] ebenso wie erst während des Vollzuges neu entstandene Umstände. Als Beispiele besonderer Umstände kommen Notwehrexzess, Putativnotwehr, vermeidbarer Verbotsirrtum, eine besondere Konfliktsituation als Tatursache, straffreie Führung vor der Tat, aber genauso Nachtatverhalten wie Aufklärungshilfe, Therapieerfolge, besondere Wiedergutmachungsleistungen oder Erkrankungen während der Haft in Betracht.[80]

3. Lebenslange Freiheitsstrafe

31 Die Vollstreckung einer lebenslangen Freiheitsstrafe kann mit Einwilligung des Betroffenen nach Verbüßung von 15 Jahren ausgesetzt werden, sofern nicht die besondere Schuldschwere die weitere Vollstreckung gebietet (§§ 57a Abs. 1, 57b StGB). Wenn die Prognosevoraussetzungen von § 57a Abs. 1 Nr. 3 i.V.m. § 57 Abs. 1 Nr. 2 StGB vorliegen und eine besonders schwere Schuld nicht festgestellt worden war, muss die Vollstreckung nach 15 Jahren ausgesetzt werden.[81] Zur Frage, wann der Verurteilte, bei dem eine besondere Schuldschwere festgestellt wurde, einen Anspruch auf Feststellung der Mindestverbüßungszeit hat, wird heute überwiegend auf den Zeitraum von 13 Jahren in § 454 Abs. 1 Nr. 2 b) StPO Bezug genommen.[82]

Nach der Rspr. des BVerfG hat in verfassungskonformer Auslegung der §§ 454, 462a StPO bereits das Schwurgericht die für die besondere Schuldschwere erheblichen Tatsachen festzustellen, im Urteil darzulegen und zu gewichten.[83] Das Vollstreckungsgericht ist an diese Gewichtung gebun-

77 OLG Braunschweig StV 1992, 588.
78 OLG Koblenz StV 1991, 428; *Fischer* § 57 Rn. 29 m.w.N.
79 OLG Hamm NJW 1970, 2125; OLG Düsseldorf StV 1989, 214.
80 SK-StGB/*Schall* § 57 Rn. 34 i.V.m. § 56 Rn. 40 f.; *Röttle/Wagner* Rn. 942.
81 BVerfG StV 1993, 598.
82 *Lackner*/Kühl/*Heger* § 57a Rn. 19; SK-StGB/*Schall* § 57a Rn. 24; OLG Hamburg StV 1996, 677.
83 BVerfG StV 1992, 470.

den; deswegen unterliegt diese auch der Revision.[84] Die StVK hat nach dem Beschluss des BVerfG dann nicht nur über die Aussetzung der weiteren Vollstreckung zu entscheiden, sondern im Fall der Ablehnung auch, bis wann die Vollstreckung unter dem Gesichtspunkt der Schwere der Schuld fortzusetzen ist. Dabei muss der voraussichtliche Aussetzungszeitpunkt früh genug bestimmt sein, um den Vollzugsbehörden die Entlassungsvorbereitungen so rechtzeitig zu ermöglichen, dass die bedingte Entlassung im Mindestverbüßungszeitpunkt nicht verzögert wird.

Voraussetzung einer Strafaussetzung ist vor allem nach langen Zeiten der (entsozialisierenden) Straf- 32
verbüßung im geschlossenen Vollzug regelmäßig die vorherige Erprobung des Verurteilten in Vollzugslockerungen. Gerade bei lebenslang einsitzenden Gefangenen verhalten sich die Vollzugsanstalten mit Rückendeckung der Vollzugsverwaltung hier indes äußerst restriktiv und gewähren selbst nach Ablauf von zehn Jahren keineswegs immer Vollzugserleichterungen. Hier muss der Verteidiger zu gegebener Zeit, also spätestens nach Ablauf von 13 Jahren, aktiv werden und zum einen den – dann jedenfalls nicht mehr verfrühten – Antrag auf Reststrafenaussetzung stellen (vgl. § 454 Abs. 1 Nr. 2 StPO) und zum anderen im Hinblick darauf – ggf. mit Unterstützung der StVK – auf die Gewährung von Vollzugslockerungen hinwirken, sofern nicht weiterhin von einer erheblichen Gefährlichkeit des Mandanten auszugehen ist.

III. Nebenentscheidungen im Rahmen der Reststrafenaussetzung

Für die Bewährungsentscheidung gelten die §§ 56a bis 56g StGB entsprechend (§ 57 Abs. 3 StGB). 33
Die Unterstellung unter die Aufsicht eines Bewährungshelfers ist jetzt die Regel, wenn mindestens ein Jahr Freiheitsstrafe verbüßt wurde (§ 57 Abs. 3 S. 2 StGB). Bei nur geringen Strafresten kann davon abgesehen werden,[85] nicht jedoch nach langen Zeiten der Strafverbüßung. Mit Zustimmung des Verurteilten kann die Aussetzung mit der Weisung verbunden werden, sich einer Heilbehandlung, die mit einem körperlichen Eingriff verbunden ist, oder einer Entziehungskur zu unterziehen (§ 56c Abs. 3 Nr. 1 StGB). Zu denken ist hierbei an die Anordnung, sich in psychotherapeutische Behandlung zu begeben. Zu beachten ist, dass dies auch für die Verpflichtung zur Einnahme von Medikamenten gilt, da mit der Zufuhr von Stoffen in den Körper bereits ein körperlicher Eingriff verbunden ist.[86]

IV. Antragsmuster

▶ Antrag an die StVK, die weitere Vollstreckung der Strafe nach der Verbüßung der Hälfte gemäß § 57 Abs. 2 Nr. 1 StGB zur Bewährung auszusetzen

Mit beiliegender Vollmacht zeige ich die Verteidigung des Herrn A an und beantrage, die Rest- 34
strafe aus dem Urteil des AG X vom 25.04.2022 nach Verbüßung der Hälfte ab 17.08.2022 zur Bewährung auszusetzen. Gleichzeitig wird beantragt, den Unterzeichner für das Aussetzungsverfahren als Pflichtverteidiger beizuordnen.

Mein Mandant verbüßt seit dem 03.05.2022 die Freiheitsstrafe von 14 Monaten in der JVA Y. Unter Anrechnung der am 12.10.2021 erfolgten vorläufigen Festnahme und der vom 19.1. bis 02.05.2022 erlittenen U-Haft wird am 17.08.2022 die Hälfte der Strafe erledigt sein. Herr A verbüßt erstmals eine Freiheitsstrafe; diese übersteigt zwei Jahre nicht, so dass die Voraussetzungen der Erstverbüßerregelung vorliegen.

Auch kann ihm, anders als es die Staatsanwaltschaft in ihrer Stellungnahme meint, eine günstige Prognose gestellt werden. In der Haft hat er sich intensiv mit seinem Tatverhalten auseinandergesetzt, er sieht, nachdem er in der Hauptverhandlung noch keine Reue gezeigt hatte, das Unrecht seiner Tat nunmehr ein. Nach Auskunft der Anstaltsbediensteten ist sein Verhalten im Vollzug tadellos. Auch seine Entlassungssituation stellt sich als günstig dar: Herr A erhält

84 BGHSt 39, 209.
85 OLG Koblenz MDR 1976, 946.
86 *Schöch* NJW 1998, 1260.

regelmäßigen Besuch seiner Frau und wird wieder bei ihr wohnen. Darüber hinaus wurde ihm seitens der Firma Z laut beiliegender Bestätigung im Falle seiner Entlassung ab dem 01.09.2022 eine Arbeitsstelle zugesagt. Es wird angeregt, zur weiteren Abklärung seiner persönlichen Situation einen Bericht der Gerichtshilfe einzuholen.

Zur mündlichen Anhörung von Herrn A werde ich ihn begleiten und erbitte daher rechtzeitige Terminsnachricht unter Beifügung der abgegebenen Stellungnahmen.

Die Beiordnung eines Pflichtverteidigers ist wegen der Schwierigkeit der Sach- und Rechtslage notwendig. Mit einer Reststrafe von einem Jahr stünde zum einen noch ein erheblicher Strafrest zur Vollstreckung an. Zum anderen tritt die Staatsanwaltschaft der bedingten Entlassung entgegen, weshalb mein Mandant professioneller Unterstützung bedarf, da er in dieser Situation zur eigenen Verteidigung in sachgemäßer Weise nicht in der Lage ist.

D. Zurückstellung der Vollstreckung bei Betäubungsmittelabhängigkeit

35 Drogenabhängige Täter können nach den §§ 35, 36 BtMG von der Vollstreckung einer Freiheitsstrafe bis zum Höchstmaß von zwei Jahren verschont werden (Konzept der »Therapie statt Strafe«). Voraussetzung ist die Verurteilung zu einer Freiheitsstrafe von nicht mehr als zwei Jahren oder – bei längeren Strafen – ein verbleibender, zu vollstreckender Strafrest von nicht mehr als zwei Jahren. Bei mehreren geeigneten Strafen erfolgt die Zurückstellung für jede Verurteilung gesondert, weswegen es unschädlich ist, wenn sie addiert über zwei Jahren Restverbüßungsdauer liegen.[87]

▶ **Beachte**

Sofern von mehreren Freiheitsstrafen bei einer noch mehr als zwei Jahre zu vollstrecken sind, ist eine Zurückstellung auch der kürzeren Strafe alleine unmöglich (vgl. § 35 Abs. 6 Nr. 2 BtMG). Der Verteidiger muss in diesem Fall versuchen, die Vollstreckungsreihenfolge so zu beeinflussen, dass möglichst frühzeitig die zeitlichen Rückstellungsvoraussetzungen aller Strafen erreicht werden. Dazu wird meist zu beantragen sein, nach § 43 Abs. 4 StVollstrO von der regelmäßigen Vollstreckungsreihenfolge (kurze Strafen vor langen) abzuweichen; baldmöglichst sollte die Vollstreckung der über zwei Jahre liegenden Strafe beginnen. Andernfalls bliebe nur der nicht unbedingt aussichtsreiche Weg, Gnadenmaßnahmen bezüglich derjenigen Strafe zu erwirken, welche einer Zurückstellung im Wege steht.[88]

Praktisch bedeutsam ist daneben die Möglichkeit, auch die Vollstreckung einer Unterbringung nach § 64 StGB zurückzustellen. Das ist aber nur zulässig, wenn diese nicht allein, sondern neben einer Strafe angeordnet wurde.[89] Die Rückstellungsvorschriften sind bei Verurteilung zu Jugendstrafe entsprechend anzuwenden (§ 38 Abs. 1 S. 1 BtMG).

Außerdem muss die Tat wegen einer fortbestehenden, behandlungsbedürftigen Betäubungsmittelabhängigkeit begangen worden sein. Dabei braucht es sich um keine Straftat gegen das BtMG selbst zu handeln. Vielmehr werden – praktisch weitaus bedeutsamer – auch Beschaffungsdelikte erfasst. Hilfreich ist es in diesen Fällen, wenn die Ursächlichkeit der Abhängigkeit für die Straftat bereits im Urteil erwähnt ist. Ist eine von mehreren Strafen nicht zurückstellungsfähig, weil sie nicht suchtbedingt begangen wurde, so erlaubt § 454b Abs. 3 StPO, sie auf Antrag ohne Unterbrechung vollständig zu vollstrecken, damit sie einer anschließenden Zurückstellung der restlichen Strafen nicht mehr im Wege steht. In derartigen Fällen sollte der Verteidiger frühzeitig einen entsprechenden Antrag stellen.

36 Hinsichtlich der weiteren Einzelheiten zu den Voraussetzungen der Zurückstellung siehe im Kap. 22 Rdn. 18 ff.

87 BGH NStZ 1985, 126 ff.
88 Vgl. OLG Stuttgart NStZ 1999, 626 f.
89 *Katholnigg* NStZ 1981, 417.

Die Vollstreckungsbehörde entscheidet zwar nach dem Gesetzeswortlaut nach pflichtgemäßem Ermessen. Liegen die Voraussetzungen allerdings vor, so hat die Staatsanwaltschaft entgegen § 35 Abs. 1 BtMG gar keinen freien Ermessensspielraum, sondern ist vielmehr verpflichtet, die Zurückstellung vorzunehmen.[90] Im Übrigen spielen die Erfolgsaussichten an dieser Stelle grundsätzlich keine Rolle. Denn § 35 Abs. 5 S. 3 BtMG will auch wiederholte Therapieversuche ermöglichen, weil es erfahrungsgemäß oft mehrfacher Anläufe bedarf, bis die Therapie einer verfestigten Sucht schließlich zum Erfolg führt.[91] Mehrfache vorherige Therapieabbrüche könnten allenfalls als Argument für eine fehlende Therapiebereitschaft dienen und selbst dies nur, falls die Abbrüche nicht auf andere nachvollziehbare Ursachen zurückgeführt werden können. 37

▶ **Beachte**

Der Verteidiger sollte darauf achten, dass die Zurückstellungsentscheidung nicht unnötig lange hinausgezögert wird, da sonst die u.U. mühsam aufgebaute Therapiemotivation wieder verloren gehen kann. Sofern mehrere Vollstreckungsbehörden beteiligt sind, muss er die Abgabemöglichkeit des § 451 Abs. 3 S. 2 StPO im Auge behalten. Zumindest dann, wenn eine der Behörden beabsichtigt, die Zurückstellung abzulehnen, und dadurch zugleich für die sie gar nicht betreffenden Freiheitsstrafen eine positive Entscheidung verhindert, bleibt zu prüfen, ob dem nicht durch Abgabe aller Zuständigkeiten an die vollzugsnächste Vollstreckungsbehörde begegnet werden kann (s.o. Kap. 13 Rdn. 5).

Die Ablehnung der Zurückstellung kann mit der Vorschaltbeschwerde gemäß § 21 Abs. 1 StVollstrO angegriffen werden; anschließend kann eine Anfechtung im Wege der §§ 23 ff. EGGVG erfolgen. Die Verweigerung der Zustimmung durch das Gericht kann der Verurteilte nur zusammen mit der Ablehnung der Zurückstellung anfechten (§ 35 Abs. 2 BtMG). 38

Die Zurückstellung wird widerrufen, wenn die Behandlung endgültig nicht begonnen bzw. nicht fortgeführt wird oder die erforderlichen Nachweise nicht erbracht werden (§ 35 Abs. 5 S. 1 BtMG). Praktisch bedeutsamster Fall ist der Therapieabbruch in Gestalt eines nicht nur kurzfristigen unerlaubten Entfernens aus der Therapieeinrichtung. Darüber hinaus kommt es zum Widerruf bei nachträglicher Bildung einer Gesamtfreiheitsstrafe mit über zwei Jahren Restverbüßungsdauer (§ 35 Abs. 6 BtMG). Wenn die Gesamtstrafe aus einer Freiheitsstrafe mit einer Geldstrafe zu bilden wäre, kann ein Absehen von der Gesamtstrafenbildung gemäß § 53 Abs. 2 StGB helfen. Gegen den Widerruf der Zurückstellung kann die Entscheidung des Gerichts des ersten Rechtszuges herbeigeführt werden (§ 35 Abs. 7 S. 2 BtMG.) 39

Mit der Zustimmung zur Zurückstellung wird zugleich die Anrechnungsfähigkeit der Therapie auf die Freiheitsstrafe festgestellt (§ 36 Abs. 1 S. 2 BtMG). Die Behandlung in einer staatlich anerkannten Einrichtung wird bis zu zwei Dritteln auf die Strafe angerechnet. Ausnahmsweise kann dies auch einmal für eine vor der Zurückstellungsentscheidung verbrachte Therapiezeit gelten.[92] Daneben steht es dem Gericht nach § 36 Abs. 3 BtMG frei, ambulante Formen der Therapie auf die Strafe anzurechnen. Diese Vorschrift erlaubt ferner eine fakultative Anrechnung von Therapieaufenthalten, die unmittelbar nach der Tat, also bereits vor der Verurteilung zu der Freiheitsstrafe, begonnen wurden.[93] Diese Regelung will ein entsprechendes freiwilliges Engagement des Beschuldigten fördern, an sich zu arbeiten. 40

Nach erfolgreicher Therapie und weiterhin günstiger Prognose kann gemäß § 36 Abs. 1 S. 3 oder Abs. 2 BtMG die unter Berücksichtigung der angerechneten Strafzeit dann noch offene Reststrafe zur Bewährung ausgesetzt werden. Nicht erforderlich ist es, dass die Hälfte der Strafe bereits erle-

90 Vgl. Körner/Patzak/Volkmer/*Fabricius* § 35 Rn. 321.
91 OLG Hamburg StV 1998, 390 f.
92 *Körner/Patzak/Volkmer* § 36 Rn. 19.
93 *Körner/Patzak/Volkmer* § 36 Rn. 29.

digt ist.[94] Die Entscheidungen über die Anrechenbarkeit und die Strafaussetzung sind mit sofortiger Beschwerde anfechtbar (§ 36 Abs. 5 BtMG).

▶ Antrag an die Vollstreckungsbehörde auf Zurückstellung der Vollstreckung gemäß § 35 BtMG

41 **Mit beiliegender Vollmacht zeige ich die Verteidigung von Frau A an und beantrage, die weitere Vollstreckung der Freiheitsstrafe aus dem Urteil des LG X vom 04.10.2017 ab dem 02.04.2018 zurückzustellen.**

Meine Mandantin wird zu diesem Zeitpunkt nur noch einen Strafrest von zwei Jahren zu verbüßen haben. Ausweislich der Urteilsgründe hat sie die zur Verurteilung führenden Taten aufgrund ihrer Betäubungsmittelabhängigkeit begangen. Mit beiliegender Erklärung sagt sie zu, sich zur Behandlung ihrer Abhängigkeit in die X-Klinik zu begeben. Laut deren beigefügter Bestätigung kann Frau A dort am 02.04.2018 um 10.00 Uhr aufgenommen werden. Je eine Bescheinigung über die Übernahme der Behandlungskosten durch den Kostenträger sowie über die staatliche Anerkennung der Drogenheilstätte füge ich bei. Das Gericht hat der Zurückstellung bereits in den Urteilsgründen zugestimmt und zugleich die Anrechnungsfähigkeit der Therapie auf die Strafe erklärt.

Herr B von der örtlichen Drogenberatungsstelle wird im Falle einer Zurückstellung der Vollstreckung meine Mandantin am 02.04.2018 von der JVA in die X-Klinik begleiten.

E. Verteidigung im Verfahren über den Bewährungswiderruf

I. Widerrufsgründe

42 Verhält sich der Proband während der Bewährungszeit nicht wie anlässlich der Strafaussetzung erwartet, werden die Strafvollstreckungsbehörden regelmäßig prüfen, ob die Aussetzung der Strafe bzw. des Strafrestes widerrufen werden muss.

Der häufigste Widerrufsgrund ist die Begehung einer neuen Straftat innerhalb der Bewährungszeit (§ 56f Abs. 1 Nr. 1 StGB). Eine solche strafbare Tat liegt nicht vor, wenn es an der Schuld oder einer objektiven Strafbarkeitsbedingung mangelt. Das Fehlen eines Verfolgungshindernisses wie einem Strafantrag bleibt demgegenüber unschädlich.[95] Außerdem gebietet es die Unschuldsvermutung des Art. 6 Abs. 2 EMRK, den Widerruf grundsätzlich erst nach Vorliegen einer rechtskräftigen Verurteilung zuzulassen.[96] Hiervon wird nur abgewichen werden können, wenn der Beschuldigte ein glaubhaftes Geständnis, nicht einmal unbedingt im Rahmen einer richterlichen Vernehmung, abgelegt hat.[97] Auch genügt die Verurteilung der Tat durch ein Instanzgericht, selbst wenn dagegen Rechtsmittel eingelegt wurden.[98] In allen anderen Fällen muss die Entscheidung über einen Widerruf bis zur abschließenden Aburteilung der neuen Tat zurückgestellt werden.

43 In diesem Zusammenhang hilft es im Übrigen nicht unbedingt, das Verfahren wegen der neuerlichen Tat zu verzögern. Denn der Widerruf kann auch noch nach Ablauf der Bewährungszeit erfolgen, solange nur die Anlasstat innerhalb der Bewährungszeit begangen wurde. Das Zuwarten auf die Entscheidung wegen der neuen Tat wird allerdings zeitlich begrenzt durch den Gesichtspunkt des Vertrauensschutzes, wobei die Rechtsprechung hierfür regional sehr unterschiedliche Höchstfristen

94 OLG Stuttgart NStZ 1986, 187; OLG Düsseldorf JR 1990, 349; a.A. OLG München MDR 1984, 514.
95 SK-StGB/*Schall* § 56 f. Rn. 9.
96 OLG Celle StV 1990, 504; OLG Koblenz StV 1991, 172; OLG München StV 1991, 174.
97 OLG Saarbrücken, Beschl. v. 29.10.2009 – 1 Ws 182/09 (juris); OLG Düsseldorf StV 1993, 35; OLG Schleswig StV 1992, 327; OLG Thüringen StV 2003, 575; OLG Oldenburg StV 2012, 484; BVerfG NJW 2005, 817; Schönke/Schröder/*Stree/Kinzig* § 56f Rn. 7; *Fischer* § 56f Rn. 7a ff.
98 OLG Hamm, Beschl. v. 01.04.2014 – III-3 Ws 67/14 (juris).

entwickelt hat.[99] Mehrheitlich wird wohl darauf abgestellt, ob bereits ein Jahr seit dem Ablauf der Bewährungszeit oder der Rechtskraft der neuen Verurteilung verstrichen ist.[100]

Ein Widerruf scheidet außerdem dann aus, wenn die neue Tat zwar noch vor der Entscheidung über den Straferlass, jedoch bereits nach Ablauf der Bewährungszeit begangen wurde.[101]

Eine neue Tat alleine genügt freilich noch nicht für einen Widerruf. Sie muss vielmehr zusätzlich die Enttäuschung derjenigen Erwartungen belegen, welche der Strafaussetzung seinerzeit zugrunde lagen. Zum Widerruf berechtigt deshalb beispielsweise eine Tat, die offenbart, dass der Verurteilte seine spezifische kriminelle Lebensführung nicht geändert hat.[102] Hingegen kann der Widerruf häufig unterbleiben, wenn die neue Tat fahrlässig begangen wurde, nur Bagatellcharakter hat oder die neue Strafe wiederum zur Bewährung ausgesetzt wurde. 44

Als weitere Widerrufsgründe nennt das Gesetz beharrliche oder grobe Verstöße gegen Auflagen (§ 56f Abs. 1 Nr. 3 StGB), grobe oder beharrliche Weisungsverstöße oder ein Sichentziehen gegenüber dem Bewährungshelfer, sofern durch diese Pflichtverstöße zugleich die Befürchtung neuer Straftaten entsteht (§ 56c Abs. 1 Nr. 2 StGB). Nur schwerere Verstöße sind gröblich. Beharrlichkeit setzt demgegenüber keinen schweren, sondern einen mehrfachen Verstoß voraus, wobei die Wiederholung trotz Mahnungen oder Aufforderungen, z.B. seitens des Bewährungshelfers, geschehen sein muss. Im Übrigen bedarf es eines schuldhaften Verstoßes. Verstöße gegen Zahlungsauflagen sind dann schuldlos begangen, wenn die wirtschaftlichen Verhältnisse des Verurteilten eine Zahlung ohne Gefährdung seiner Unterhaltspflichten oder seines eigenen notwendigen Lebensbedarfs gar nicht zuließen.[103] 45

▶ **Beachte**

Gerade wenn der Widerrufsgrund des Auflagen- oder Weisungsverstoßes in Betracht zu ziehen ist, muss der Verteidiger prüfen, ob die betreffende Bewährungsanordnung überhaupt rechtmäßig war. Auflagen dürfen beispielsweise an den Verurteilten keine unzumutbaren Anforderungen stellen (§ 56b Abs. 1 S. 2 StGB). Ein Verstoß gegen eine in diesem Sinne nicht zulässige Auflage kann zu keinem Widerruf führen. Vielmehr muss der Verteidiger dann darauf hinwirken, die unzumutbaren Auflagen abzuändern.

Selbst beim prinzipiellen Vorliegen eines Widerrufsgrundes bestehen für den Verteidiger noch Möglichkeiten, den drohenden Widerruf abzuwenden. Das Gesetz behandelt diesen nämlich als ultima ratio und gibt den Maßnahmen nach § 56f Abs. 2 StGB Vorrang (weitere Auflagen/Weisungen; Verlängerung der Bewährungszeit). Voraussetzung hierfür ist aber in jedem Fall die weiterhin günstig gebliebene Kriminalprognose. Daher wird grundsätzlich die Verlängerung der Bewährungszeit ausreichend sein, wenn wegen der Nachtat eine Verurteilung mit Strafaussetzung zur Bewährung erfolgt ist.[104] Für den Fall, dass die ungenügende Zusammenarbeit mit dem Bewährungshelfer zu einem Widerruf führen soll und dem möglicherweise die Inkompatibilität der beiden Persönlichkeiten zu Grunde liegt, wird man zumindest prüfen müssen, ob nicht die Bestellung eines anderen Bewährungshelfers infrage kommt. 46

▶ **Beachte**

Gerade wenn sich eine Verlängerung der Bewährungszeit im konkreten Fall nicht aufdrängt oder von der Staatsanwaltschaft ein Widerruf beantragt wurde, muss der Verteidiger überlegen, ob nicht Auflagen oder Weisungen (z.B. Therapieweisungen mit Einverständnis des Mandanten) als Alternativen angeboten werden können. War bislang kein Bewährungshelfer bestellt,

---

99 Vgl. die Kasuistik bei *Fischer* § 56f Rn. 19a.
100 Vgl. OLG Celle StV 1987, 30; OLG Hamm StV 1989, 24.
101 OLG Düsseldorf StV 1994, 382.
102 OLG Schleswig StV 1982, 527.
103 LG Köln StV 1994, 250.
104 Vgl. BVerfG NStZ 1985, 357; BVerfG NStZ-RR 2008, 26; OLG Köln StV 1993, 429.

so sollte die Unterstellung unter einen solchen dem Gericht nahegelegt werden. Ohne entsprechende – realistische – Anregungen entscheiden sich die Gerichte erfahrungsgemäß eher schematisch zwischen Verlängerung der Bewährungszeit und Widerruf; ist erstere schon einmal erfolgt, ist der Widerruf dann ohne aktives Tätigwerden des Verteidigers sehr wahrscheinlich.

II. Zurückforderung und Anrechnung von Leistungen

47 Geldleistungen, die zur Erfüllung von Auflagen oder Weisungen erbracht wurden, können nicht zurückverlangt werden, wenn die Strafaussetzung später wegfällt; das Gericht kann jedoch in bestimmten Fällen die Anrechnung geleisteter Auflagen[105] auf die Strafe beschließen (§ 56f Abs. 3 StGB). Gelegentlich erbringen Verurteilte unter dem Eindruck des Widerrufs doch noch ihre Geldauflagen. Solche Zahlungen, sofern sie nach Rechtskraft des Widerrufs geleistet wurden, können dann zurückgefordert werden.

Bei der Anrechnung erbrachter Geldleistungen oder gemeinnütziger Arbeit tendiert die Rspr. zu einer obligatorischen Anrechnung bei prinzipieller, aber nicht zwingender Orientierung am Tagessatzsystem.[106] Eine entsprechende Anwendung der Anrechnungsregel kommt in Betracht, wenn sich der Proband aufgrund einer Weisung in eine stationäre Entziehungsbehandlung begeben hat.[107] Häufig wird die Anrechnungsfrage vom Widerrufsgericht schlichtweg übersehen.

▶ **Beachte**

Der Verteidiger muss deswegen immer prüfen, ob eine Anrechnung in Betracht kommt, sofern es zu einem Widerruf kommen sollte, und den entsprechenden Antrag rechtzeitig vor Beschlussfassung stellen. Andernfalls muss er sofortige Beschwerde einlegen.

III. Widerrufsverfahren

48 Das im Rahmen der Strafaussetzung zu beachtende Verfahren richtet sich nach § 453 StPO. Ist über den Widerruf zu entscheiden, muss der Verurteilte grundsätzlich mündlich angehört werden.[108] Nach § 453 Abs. 1 S. 3 StPO ist er sogar zwingend mündlich anzuhören, wenn der Widerruf allein auf Auflagen- oder Weisungsverstöße gestützt werden soll. Zwar kann das Gericht die mündliche Anhörung nicht gegen den Willen des Verurteilten erzwingen.[109] Für den Fall aber, dass dieser unauffindbar (und daher über die Möglichkeit, sich zu Gehör zu melden, nicht informiert) ist, wird teilweise und zu Recht vertreten, die ersatzweise Gewährung des Gehörs im Wege öffentlicher Zustellung sei mit dem Sinn von § 453 Abs. 1 S. 2 und 3 StPO unvereinbar.[110] Stattdessen müsse nach § 453c i.V.m. § 112 Abs. 1 Nr. 1 StPO zunächst ein Sicherungshaftbefehl ergehen und vollstreckt werden, um dem Verurteilten den drohenden Widerruf mitzuteilen, bevor dieser beschlossen werden könne.[111]

---

105 Da Weisungen keinen Strafcharakter haben, fehlt für sie eine entsprechende Regelung.

106 Vgl. BGH NJW 1990, 1674 (1675); ebenso LK/*Hubrach* § 56 f Rn. 57; a.A. noch die ältere Entscheidung BGHSt 33, 326 (327); SK-StGB/*Schall* § 56 f Rn. 64; *Pollähne/Woynar* Rn. 198.

107 OLG Düsseldorf NJW 1986, 1558; LG Freiburg StV 1983, 292; a.A. OLG Hamm, Beschl. v. 29.09.1988 – 2 Ws 422/88 – (juris); LG Saarbrücken MDR 1989, 763.

108 Vgl. OLG Düsseldorf StV 1987, 257; OLG Hamm NStZ 1987, 247.

109 KK/*Appl* § 453 Rn. 7, 11.

110 Anders die wohl h.M., vgl. KK/*Appl* § 453 Rn. 11; Meyer-Goßner/*Schmitt* § 453 Rn. 6; OLG Bremen MDR 1976, 865.

111 OLG Celle StV 1987, 30; OLG Frankfurt am Main StV 1983, 113; Heghmanns/Scheffler/*Meinen* Kap. XII Rn. 145; *Pollähne/Woynar* Rn. 210 ff. m.w.N.

▶ Beachte

Beim Widerruf nach öffentlicher Zustellung der Unterrichtung über den beabsichtigten Widerruf kann auch nach Rechtskraft des Beschlusses in entsprechender Anwendung von § 33a StPO die Nachholung der mündlichen Anhörung verlangt werden.[112] Oft ist dies sinnvoller als eine mit einem unsicheren Wiedereinsetzungsantrag verbundene sofortige Beschwerde.

Von der Anhörung ist auch der Bewährungshelfer zu unterrichten, damit dieser die Hintergründe des Bewährungsversagens ermitteln und mitteilen kann. Daneben kann er zur Geeignetheit anderer Maßnahmen an Stelle des Widerrufs Stellung nehmen.

▶ Beachte

Wenn kein Bewährungshelfer bestellt ist, sollte der Verteidiger zur Umfelduntersuchung auf die Einschaltung der Gerichtshilfe drängen (§ 463d StPO).

Zuständig für den Widerruf ist in der Regel das die Bewährung überwachende Gericht. Häufig 49
übersehen wird hierbei § 462a Abs. 4 StPO: Haben mehrere Gerichte über einen Widerruf oder andere Maßnahmen während der Bewährungszeit zu entscheiden, so ist immer nur eines von ihnen zuständig; sofern sich der Proband in Haft befindet, entscheidet grundsätzlich allein die StVK.

Gegen den Widerrufsbeschluss findet die sofortige Beschwerde statt, wie auch gegen alle anderen Nachtragsentscheidungen, die zur Vollstreckbarkeit des Straferkenntnisses führen (§ 453 Abs. 2 S. 3 StPO). Im Übrigen ist nur die einfache Beschwerde zulässig.

▶ Beachte

Die Zustellung des Widerrufsbeschlusses an den Mandanten ist selbst dann wirksam, wenn dieser anwaltlich vertreten ist und der Anwalt keine Kenntnis von dem Beschluss erhält; die an den Verteidiger nachgeholte Zustellung eröffnet die Beschwerdefrist nicht erneut, sondern kann allenfalls einen Wiedereinsetzungsantrag begründen.[113]

112 BGHSt 26, 127 (130 f.).
113 KG StV 2003, 343.

Kapitel 16 Freiheitsentziehende Maßregeln und Führungsaufsicht

Übersicht

A. Allgemeines

1 Freiheitsentziehende Maßregeln sind die Unterbringung in einem psychiatrischen Krankenhaus, in einer Entziehungsanstalt oder in der Sicherungsverwahrung. Letztere wird vom Strafvollzug getrennt (§ 66c Abs. 1 Nr. 2 b) StGB) in eigens dafür eingerichteten Vollzugseinrichtungen vollzogen. Im Jugendstrafrecht sind die Unterbringung in einem psychiatrischen Krankenhaus oder einer Entziehungsanstalt zulässig (§ 7 Abs. 1 JGG), ferner die vorbehaltene Sicherungsverwahrung (§ 7 Abs. 2 JGG). Auch bei Heranwachsenden ist lediglich der Vorbehalt der Sicherungsverwahrung möglich, und zwar selbst bei Anwendung von allgemeinem Strafrecht auf sie (§ 106 Abs. 3 und 4 JGG).

Da nach § 463 Abs. 1 StPO die Vorschriften über die Vollstreckung von Strafen sinngemäß gelten, werden im Folgenden nur die Besonderheiten der Maßregelvollstreckung herausgestellt.

2 Sofern mehrere Maßregeln nebeneinander angeordnet wurden, bestimmt das erkennende Gericht die Reihenfolge ihrer Vollstreckung (§ 72 Abs. 3 S. 1 StGB). In diesem Fall muss rechtzeitig vor dem Ende des Vollzugs einer Maßregel geprüft werden, ob der Zweck der nächsten Maßregel ihre Vollstreckung noch erfordert. Wird dies bejaht, wird die nächste Unterbringung vollstreckt, sofern keine Aussetzung zur Bewährung in Betracht kommt; im Übrigen ist sie wegen Zweckerreichung für erledigt zu erklären (§§ 72 Abs. 3, 67c Abs. 2 S. 4, 5 StGB).

Wenn mehrere Unterbringungen in verschiedenen Strafverfahren angeordnet wurden, ist § 72 Abs. 3 StGB nicht anwendbar. In diesem Fall haben die beteiligten Vollstreckungsbehörden die Reihenfolge nach Maßgabe von § 54 Abs. 2 StVollstrO festzulegen: Grundsätzlich wird die Unterbringung nach § 64 StGB vor der nach § 63 StGB vollstreckt, zuletzt kommt die Sicherungsverwahrung. Die Bestimmung geht davon aus, den Zweck der Maßregeln so am ehesten zu erreichen und auf diese Weise eine frühestmögliche gemeinsame Aussetzungsreife herbeizuführen. Unter Berücksichtigung der Urteilsgründe und der Persönlichkeit des Betroffenen kann aber auch eine andere Reihenfolge angezeigt sein. Eine ungünstige Festlegung muss der Verteidiger nach § 21 StVollstrO, §§ 23 ff. EGGVG anfechten. Daneben ist aber auch zu prüfen, ob nicht die Voraussetzungen einer nachträglichen Gesamtstrafenbildung vorliegen. Zwar sind früher angeordnete Maßregeln grundsätzlich aufrechtzuerhalten (§ 55 Abs. 2 S. 1 StGB), jedoch können sie zwischenzeitlich gegenstandslos geworden sein.[1] So erledigt sich durch die erneute Anordnung einer Maßregel nach § 64 StGB ohne weiteres eine früher verhängte Unterbringung in einer Entziehungsanstalt (§ 67f StGB).

3 Stellt sich heraus, dass der Betroffene in einer Entziehungsanstalt oder einem psychiatrischen Krankenhaus durch die dortige Behandlung besser wiedereinzugliedern ist als in der Einrichtung, in welche er eigentlich eingewiesen wurde, dann kann ihn die StVK nachträglich in den Vollzug einer anderen Maßregel überweisen (§ 67a Abs. 1 StGB). Die Fristen für die Dauer und Überprüfung der Unterbringung richten sich aber weiterhin nach den Vorschriften, die für die im Urteil angeordnete Maßregel gelten (§ 67a Abs. 4 StGB).

---

1 Vgl. hierzu *Fischer* § 55 Rn. 29.

B. Gerichtliches Verfahren

Die notwendigen Prüfungen, ob es des weiteren Vollzugs der Maßregel noch bedarf, erfolgen grundsätzlich von Amts wegen. So schreibt § 67e StGB vor, spätestens nach Ablauf bestimmter Fristen zu prüfen, ob die weitere Vollstreckung der Unterbringung zur Bewährung auszusetzen ist oder sie für erledigt erklärt werden kann. Diese Fristen betragen für die Entziehungsanstalt sechs Monate und für das psychiatrische Krankenhaus sowie die Sicherungsverwahrung ein Jahr, bei letzterer nach zehnjährigem Maßregelvollzug sogar nur noch neun Monate. Von der Möglichkeit, diese Fristen noch weiter zu kürzen oder von sich aus das Verfahren früher in Gang zu setzen (§ 67e Abs. 1 S. 1 StGB), wird in der Praxis kaum Gebrauch gemacht. Da sich die individuelle Therapiedauer aber regelmäßig nicht mit den schematisch vorgegebenen Überprüfungsabständen deckt, böte es sich eigentlich an, mit fortschreitendem Vollzug nach immer kürzeren Zeitabschnitten zu prüfen. Daher ist es für den Verteidiger wichtig, Kontakt zu den Therapeuten zu halten und durch entsprechende Antragstellung eine Prüfung vor dem Ablauf der jeweiligen Höchstfrist zu ermöglichen, wenn sich signifikante Erfolge in der Behandlung ergeben haben. 4

Einen Sonderfall stellt die schon während des Strafvollzugs einsetzende laufende gerichtliche Kontrolle bei angeordneter oder vorbehaltener Sicherungsverwahrung nach § 119a StVollzG dar, ob die Verpflichtung zum Angebot ausreichender Betreuung nach § 66c Abs. 2 StGB eingehalten wurde. Diese Überprüfung findet im Regelfall alle zwei Jahre von Amts wegen durch die StVK statt (§ 119a Abs. 3 StVollzG).

Die Entscheidungen über den Vollzug der Sicherungsverwahrung und das gesamte weitere Verfahren während ihres Vollzuges stellen Fälle notwendiger Verteidigung dar (§ 463 Abs. 3 S. 5, Abs. 8 StPO), ebenso das im Vorfeld stattfindende gerichtliche Kontrollverfahren (§ 119a Abs. 6 StVollzG). Bei Unterbringungen nach § 63 StGB gilt dies für die gemäß § 463 Abs. 4 S. 2 StPO nach Ablauf von jeweils drei bzw. zwei Jahren vorzunehmenden Überprüfungen unter Einschaltung externer Gutachter (§ 463 Abs. 4 S. 8 StPO). Doch auch darüber hinaus ist für jede Überprüfung einer Unterbringung die Bestellung eines Pflichtverteidigers angezeigt (vgl. Kap. 13 Rdn. 47).[2] Dem Verteidiger ist die Anwesenheit bei der mündlichen Anhörung gestattet; er hat nach § 29 VwVfG auch das Recht, die Krankenunterlagen der Vollzugseinrichtung einzusehen.[3] 5

Zur Frage der Aussetzung einer Unterbringung sowie der Erledigung einer Sicherungsverwahrung ist ein Gutachten einzuholen (§ 463 Abs. 3 S. 5, Abs. 4 i.V.m. § 454 Abs. 2 StPO)[4] und der Sachverständige mündlich zu hören. Dies gilt auch bei den Aussetzungsentscheidungen im Fall des späteren Beginns einer Unterbringung (§§ 67c Abs. 1, 72 Abs. 3 S. 2 StGB, §§ 463 Abs. 3 S. 3, 454 Abs. 2 StPO). Der erneuten Anhörung eines Sachverständigen bedarf es nur dann nicht, wenn das Gericht die Aussetzung ablehnt und ein zuvor erstattetes Gutachten wegen der Kürze der seither verstrichenen Zeit noch eine verlässliche Entscheidungsgrundlage bietet.[5] Häufig wird die Begutachtung intern erfolgen. Problematisch kann es jedoch werden, wenn Interessenkonflikte entstehen; dies mag einmal der Fall sein, wenn der Gutachter im Vollzugsalltag in das Therapeutenteam eingebunden ist.[6] Dann sollte möglichst auf eine externe Begutachtung gedrängt werden. Jedenfalls alle drei bzw. zwei Jahre sollen ohnehin im Rahmen der Überprüfungen nach § 67e StGB externe Sachverständige hinzugezogen werden (§ 463 Abs. 4 S. 2 und 3 StPO). Der Gutachter muss dazu Stellung nehmen, ob bei dem Verurteilten »keine Gefahr mehr besteht, dass dessen durch die Tat zutage getretene Gefährlichkeit fortbesteht« (§ 454 Abs. 2 S. 2 StPO). Nach dieser Formulierung käme eine Aussetzungsentscheidung nur bei definitivem Ausschluss des Risikos in Betracht. Relativiert wird dies jedoch durch § 463 Abs. 3 S. 4 StPO, wonach bei Entscheidungen gemäß § 67d Abs. 3 6

---

2 S. auch *Volckart/Grünebaum* Teil IV Rn. 72.
3 *Volckart/Grünebaum* Teil III Rn. 467 ff.
4 Zu den Kosten einer Begutachtung vgl. Kap. 15 Rdn. 24.
5 BGH NStZ-RR 2012, 8.
6 Kritisch hierzu *Volckart/Grünebaum* Teil III Rn. 327 ff.

und 2 StGB ein Sachverständigengutachten zu der Frage einzuholen ist, »ob von dem Verurteilten weiterhin erhebliche rechtswidrige Taten zu erwarten sind.« Diese Wortlautdiskrepanz ermöglicht unterschiedliche Interpretationen der in Kauf zu nehmenden Restrisiken.[7] Richtigerweise haben sich die Vollstreckungsgerichte mit kriminalprognostisch realistischen Wahrscheinlichkeitsaussagen zu begnügen;[8] Sicherheit ist im Wege einer Prognose angesichts der menschlichen Natur im Guten wie im Schlechten ohnehin nicht zu erlangen. Welches Maß an Restrückfallrisiko auf Grund der Prognoseunsicherheiten letztlich noch in Kauf zu nehmen ist, hängt einerseits von der quantitativen Rückfallwahrscheinlichkeit, andererseits qualitativ von dem Rang des bei einem Rückfall bedrohten Rechtsguts und dem entsprechenden Sicherheitsbedürfnis der Allgemeinheit ab.

C. Unterbringung neben Freiheitsstrafe

I. Vollstreckungsreihenfolge

1. Maßregel neben Freiheitsstrafe aus einem einzigen Verfahren

7 Ordnet ein Urteil zugleich eine Unterbringung nach § 63 oder nach § 64 StGB und daneben eine Freiheitsstrafe an, so ist grundsätzlich die Maßregel zuerst zu vollstrecken; die Zeit ihres tatsächlichen Vollzugs wird allerdings auf die Strafe angerechnet, bis von dieser zwei Drittel erledigt sind (§ 67 Abs. 1 und 4 StGB).[9] Wenn freilich der Zweck der Maßregel dadurch leichter zu erreichen ist, kann das erkennende Gericht auch den Vorwegvollzug (eines Teils) der Strafe anordnen (§ 67 Abs. 2 S. 1 StGB). Bestimmender Zweck der Maßregel ist ja, durch heilende oder bessernde Einwirkung auf den Betroffenen die von ihm ausgehende Gefahr weiterer Taten abzuwenden oder wenigstens zu verringern.[10] Ein erreichter Therapieerfolg kann freilich wieder zunichte gemacht werden, wenn nach Beendigung der Maßregel noch nicht im ausreichenden Maße Freiheitsstrafe durch Anrechnung erledigt ist, um diese nach § 67 Abs. 5 S. 1 StGB aussetzen zu können. Auch für diesen Fall bietet sich ein teilweiser Vorwegvollzug der Strafe an. Dazu sollte abgeschätzt werden, nach welcher Therapiedauer voraussichtlich eine Aussetzung der Maßregel in Betracht kommt, und der Teil der zuvor zu vollstreckenden Strafe so festgelegt werden, dass zum Zeitpunkt der Aussetzungsreife der Maßregel bereits mindestens die Hälfte der Strafe durch Vollzug und Anrechnung erledigt sind. Bei Anordnung der Unterbringung in einer Entziehungsanstalt neben einer zeitigen Freiheitsstrafe von über drei Jahren oder bei Vorliegen einer vollziehbaren Ausreiseverfügung verlangt bereits das Gesetz ausdrücklich die Anordnung, einen Teil der Strafe vor der Maßregel zu vollziehen (§ 67 Abs. 2 S. 2 StGB).

Eine weitere gesetzlich angeordnete Umkehrung der Vollstreckungsreihenfolge bezieht sich auf Ausländer, die vollziehbar zur Ausreise verpflichtet sind. Nach § 67 Abs. 2 S. 4 StGB soll auch bei ihnen das Gericht den Vorwegvollzug der Strafe bestimmen, sofern im Verlauf der Vollstreckung eine Beendigung des Aufenthaltes (und damit ein Vorgehen gemäß § 456a StPO) zu erwarten steht.

8 Eine Änderung der Vollstreckungsreihenfolge der in demselben Verfahren verhängten Maßregel und Freiheitsstrafe kann das Vollstreckungsgericht bei Bedarf auch nachträglich vornehmen (§ 67 Abs. 3 StGB). Maßgeblich hierfür sind Umstände in der Person des Verurteilten, die eine Abweichung von der gesetzlichen oder angeordneten Reihenfolge angezeigt erscheinen lassen. Sie sind allein unter dem Gesichtspunkt der besseren Erreichbarkeit des Maßregelzwecks zu beurteilen.[11]

7 Vgl. *Schöch* NJW 1998, 1257 (1259).
8 *Schöch* NJW 1998, 1257 (1259); *Hammerschlag/Schwarz* NStZ 1998, 321 (323).
9 Zur Verfassungsmäßigkeit der Beschränkung der Anrechnung auf 2/3 vgl. BVerfGE 91, 1 = StV 1994, 594.
10 BGHSt 33, 285.
11 *Fischer* § 67 Rn. 16.

▶ **Beachte**

In der Praxis kommt es gelegentlich zu Überbelegungen in den Maßregelvollzugseinrichtungen, wodurch sich eine Aufnahme des Verurteilten um Monate verzögern kann. Wenn dieser sich weiterhin in der U-Haftanstalt befindet und sich der Maßregelbeginn unangemessen lang hinauszögert,[12] wird die Vollstreckung unzulässig und der Verurteilte muss entlassen werden.[13] Gelegentlich wird versucht, dem durch die nachträgliche Anordnung des Vorwegvollzugs der Strafe zu begegnen, was jedoch scheitern muss, weil der fehlende Therapieplatz keinen in der Person des Verurteilten liegenden Umstand darstellt.[14]

Die Regelung der Vollstreckungsreihenfolge nach § 67 StGB gilt nicht für die Sicherungsverwahrung. Diese wird erst vollstreckt, wenn die zugleich verhängte Freiheitsstrafe verbüßt ist (§ 44 Abs. 1 StVollstrO). Das gilt selbst dann, wenn noch andere Freiheitsstrafen hinzutreten. Wurde die Sicherungsverwahrung neben (Freiheitsstrafe und) einer Unterbringung in einer Entziehungsanstalt angeordnet, so ist auch die Unterbringung in der Entziehungsanstalt grundsätzlich vor der Sicherungsverwahrung zu vollstrecken, da eine erfolgreiche Entziehungskur günstigere Bedingungen für eine Resozialisierung schafft und so auch die Wahrscheinlichkeit für eine (spätere) Aussetzung der Vollstreckung der Sicherungsverwahrung zur Bewährung erhöht.[15] 9

Vor dem Ende des Strafvollzugs muss die StVK beim Vorwegvollzug der Strafe prüfen, ob (bei allen Unterbringungen) das Erfordernis der Unterbringung entfallen ist oder ob (bei Unterbringung in der Sicherungsverwahrung) diese unverhältnismäßig wäre, weil dem Täter bei einer Gesamtbetrachtung des Vollzugsverlaufs eine ausreichende Betreuung im Sinne des § 66c Abs. 2 StGB in Verbindung mit § 66c Abs. 1 Nr. 1 StGB nicht angeboten worden ist. Sieht sie eine dieser Voraussetzungen als erfüllt an, setzt sie die Vollstreckung der Unterbringung zur Bewährung aus (§ 67c Abs. 1 S. 1 StGB). Der Prüfung des Fortbestands des Erfordernisses bedarf es bei der Sicherungsverwahrung nicht, wenn die Unterbringung im ersten Rechtszug weniger als ein Jahr vor dem Ende des Vollzugs der Strafe angeordnet worden ist (§ 67c Abs. 1 S. 2 StGB). 10

An sich muss die Vollstreckungsbehörde für eine rechtzeitige Beschlussfassung Sorge tragen. Andernfalls sollte der Verteidiger darauf drängen, die Entscheidung noch ausreichende Zeit vor dem Ende der Strafvollstreckung zu treffen. Ansonsten kann die Vollstreckungsbehörde nämlich bereits die Überweisung in den Maßregelvollzug veranlassen und damit Fakten schaffen. Diese Vorgehensweise wäre nicht einmal unzulässig, wenn bei Strafende die Prüfung nach § 67c Abs. 1 StGB zwar begonnen hat, aber infolge unvermeidbarer Verzögerungen noch nicht beendet ist.[16] 11

▶ **Beachte**

Wenn die Unterbringung mit zwei Freiheitsstrafen zusammentrifft und auf diese beiden Strafen in einem einzigen Verfahren erkannt wurde (was bei Einbeziehung von Vorverurteilungen durchaus einmal geschehen kann), so kann jede der Strafen für sich in den Genuss der Anrechnung bis zu zwei Dritteln kommen. Die Vollstreckungsbehörde wird in der Regel die erste Strafe bei Erreichen von zwei Dritteln für die Vollstreckung der zweiten unterbrechen. Da aber die Reststrafen gemäß § 67 Abs. 5 S. 1 StGB schon nach Verbüßung der Hälfte zur Bewährung ausgesetzt werden können, muss der Verteidiger darauf drängen, bereits eine Unterbrechung der ersten Strafe nach der Hälfte zugunsten der zweiten vorzunehmen; ansonsten

12 Nach LG Freiburg Justiz 1993, 58 ist die Grenze nach drei Monaten ab Rechtskraft erreicht.
13 OLG Dresden NStZ 1993, 511; OLG Celle StV 2003, 32.
14 Vgl. OLG Dresden NStZ 1993, 511; OLG Celle NStZ 1995, 255.
15 BGH, Beschl. v. 16.02.2016 – 1 StR 624/15, BeckRS 2016, 5668.
16 KG StV 2008, 202; OLG Rostock NStZ 2013, 107; OLG Düsseldorf MDR 1993, 253; BVerfG NJW 1976, 1736.

würde eine gemeinsame Aussetzung verzögert werden. Abhilfe könnte andernfalls nur noch eine vorzeitige Aussetzung im Gnadenwege schaffen.

2. Maßregel neben Freiheitsstrafe aus verschiedenen Verfahren

12 Ist auf die Unterbringung und die Freiheitsstrafe(n) jeweils in verschiedenen Verfahren erkannt worden, findet § 67 StGB im Grundsatz keine Anwendung (s. aber Rdn. 13).[17] Dann hat die Vollstreckungsbehörde die Reihenfolge der Vollstreckung festzulegen (§ 44b StVollstrO). Gegen deren Festlegung kann man sich nur nach den §§ 21 StVollstrO, 23 ff. EGGVG wenden. Grundsätzlich sollte auch hier in entsprechender Anwendung von § 67 StGB die Maßregel zuerst vollzogen werden, es sei denn, ihr Zweck ließe sich durch die vorherige Vollstreckung der Strafe oder eines Teils hiervon besser erreichen.

13 Problematisch wird der übliche Vollzug der Unterbringung vor der Strafe, weil auch grundsätzlich keine Anrechnung bis zu zwei Dritteln stattfindet, sofern Strafe und Maßregel aus verschiedenen Urteilen stammen. Wird die Maßregel vor der Strafe vollzogen, hat der Verurteilte dann noch die gesamte und nicht durch U-Haft erledigte Freiheitsstrafe aus dem anderen Verfahren zu verbüßen. Nachdem zunächst das BVerfG § 67 Abs. 4 StGB für verfassungswidrig erklärt hatte, weil diese Bestimmung ausnahmslos jede Anrechnung auf verfahrensfremde Strafen (auch in Härtefällen) ausschloss,[18] hat der Gesetzgeber § 67 Abs. 6 StGB eingeführt,[19] worin entsprechend den Ausführungen des BVerfG die Voraussetzungen und Ausschlüsse einer Anrechnung der in der Maßregel verbrachten Zeit auf verfahrensfremde Strafen festgelegt werden. Danach erfolgt eine Anrechnung in Härtefällen, wenn die Zeit in der Unterbringung die im gleichen Urteil festgesetzte Strafe sowie die verfahrensfremde(n) Freiheitsstrafe(n) derart deutlich überschreitet, dass eine weitere Vollstreckung einer der Freiheitsstrafen nicht mehr als schuldangemessene bzw. verhältnismäßige Sanktion eingestuft werden könnte und zudem zu befürchten steht, die im Maßregelvollzug erreichten Behandlungsfortschritte würden mit erheblicher Wahrscheinlichkeit durch die unterbleibende Nichtanrechnung zunichte gemacht. Ausgeschlossen ist eine Anrechnung dagegen, sofern die Tat, welche zu der verfahrensfremden Freiheitsstrafe geführt hat, nach der Maßregelanordnung begangen wurde (§ 67d Abs. 6 S. 3 StGB). Gegen einen die Anrechnung versagenden Beschluss wäre gemäß § 463 Abs. 6 S. 1, § 462 Abs. 3 StPO die sofortige Beschwerde statthaft.

Um das nach wie vor bestehende Risiko einer Nichtanrechnung zu umgehen, könnte in derartigen Fällen auf eine Umkehr der Vollstreckungsreihenfolge mit dem Argument gedrungen werden, der anschließende Strafvollzug gefährde den Maßregelerfolg. Bleibt dies erfolglos, so könnte notfalls noch eine Strafaussetzung der Anschlussstrafe im Gnadenwege begehrt werden, sobald die Unterbringung zur Bewährung ausgesetzt oder für erledigt erklärt wird.

Der in einer Entziehungsanstalt Untergebrachte kann allerdings noch auf anderem Wege eine Anrechnung auf die in einem weiteren Verfahren erkannte Anschlussstrafe erreichen. Beruht nämlich letztere auf einer Abhängigkeit im Sinne des BtMG, so ist § 36 BtMG auf die Anschlussstrafe entsprechend anzuwenden, weshalb diese aussetzungsreif sein kann, wenn von ihr nicht noch mehr als zwei Jahre zur Vollstreckung ausstehen.[20]

II. Anrechnung auf die Freiheitsstrafe

14 Im Fall des Vorwegvollzugs der Maßregel wird – soweit eine Anrechnung möglich ist (s.o. Rdn. 13) – die gesamte Vollzugszeit auf die Strafe angerechnet, bis zwei Drittel der Strafe erledigt sind (§ 67

17 OLG Celle NStZ 1983, 188; OLG Düsseldorf MDR 1991, 1193; *Fischer* § 67 Rn. 2 (m.w.N., auch zur Gegenauffassung).
18 BVerfGE 130, 372.
19 BGBl. I S. 1610.
20 *Volckart/Grünebaum* Teil II Rn. 32 unter Hinweis auf OLG Celle StV 1993, 317.

Abs. 4 StGB). Rechnerisch betrachtet läuft die Freiheitsstrafe somit parallel zur vorweg zu vollziehenden Unterbringung.

Schwierigkeiten ergeben sich bei der Frage, ob und wie Untersuchungshaft oder die sogenannte Organisationshaft anzurechnen sind. Letztere meint denjenigen Zeitraum einer Inhaftierung, welchen der zu einer Unterbringung Verurteilte nach Urteilsrechtskraft notgedrungen weiterhin in der Haftanstalt zu verbringen hat, weil noch kein freier Maßregelplatz für ihn zur Verfügung steht. Geringfügige Wartezeiten, die ausschließlich organisatorisch bedingt sind (z.B. die Zeit bis zur förmlichen Vollstreckungseinleitung, Transportzeiten), müssen dabei ohne weiteres hingenommen werden; sie zählen als Strafverbüßung,[21] obschon nach § 67 Abs. 1 StGB die Strafe eigentlich gerade nicht vollstreckt werden dürfte. Ab wann Organisationshaft unzulässig wird und der Verurteilte vorübergehend in Freiheit zu entlassen ist, wenn kein Therapieplatz bereit steht, wird von der Länge der zu verbüßenden Strafe abhängen;[22] teilweise wurde dies nach drei[23] oder sogar bereits nach zwei Monaten[24] angenommen. 15

Die unter Verstoß gegen § 67 Abs. 1 StGB verbrachte Organisationshaft darf zu keiner Verlängerung des effektiven Freiheitsentzugs führen. Ihre Anrechnung auf die Freiheitsstrafe erfolgt deshalb so, als sei die Unterbringung rechtzeitig begonnen und vollzogen worden.[25] Die Art und Weise der Berücksichtigung der Wartezeiten darf also die nach § 67 Abs. 4 StGB anrechenbare Maßregelvollzugszeit keinesfalls verkürzen; der Betroffene muss stets in den vollen Genuss der Anrechnungsregel kommen. Die Organisationshaft ist daher voll auf die Strafe anzurechnen.

Dieser Grundsatz gilt im Ergebnis auch für das Verhältnis der Berücksichtigung von U-Haft nach § 51 Abs. 1 StGB zur Anrechnung nach § 67 Abs. 4 StGB. Wenn U-Haft erlitten wurde, ist sie deshalb auf das von § 67 Abs. 4 StGB nicht erfasste letzte Strafdrittel anzurechnen.[26] Soll aber gemäß § 67 Abs. 2 StGB ein Teil der Strafe vorweg vollzogen werden, wird die U-Haft auf diesen Teil angerechnet, damit von vornherein feststeht, wann genau die Maßregel beginnen kann.[27]

D. Aussetzung und Erledigung der Maßregel

I. Aussetzung der Unterbringung zur Bewährung

Sobald erwartet werden darf, der Untergebrachte werde keine rechtswidrigen Taten mehr begehen, ist die weitere Unterbringung zur Bewährung auszusetzen (§ 67d Abs. 2 StGB). Die StVK muss jeweils nach Ablauf bestimmter Fristen (s.o. Rdn. 4) prüfen, ob eine solche Erwartung begründet ist (§ 67e StGB). Da aber die vorgeschriebenen Prüfungsfristen nicht an den jeweiligen Therapiefortschritt angepasst sind, darf und sollte sogar schon vor deren jeweiligem Ablauf eine Aussetzungsentscheidung getroffen werden, falls der Behandlungserfolg eingetreten ist. Der Verteidiger sollte sich deswegen von den Therapeuten über den Therapieverlauf informieren lassen, um gegebenenfalls entsprechende Anträge stellen zu können. Die Fristen beginnen nach § 67e Abs. 4 StGB mit der tatsächlichen Aufnahme in den Maßregelvollzug.[28] 16

---

21 OLG Stuttgart NStZ 1985, 332; OLG Karlsruhe NStZ 1992, 456.

22 Vgl. *Lemke* NStZ 1998, 78.

23 LG Freiburg Justiz 1993, 58; weitere Beispiele bei *Trennhaus* StV 1999, 511.

24 OLG Celle StV 2003, 32.

25 BVerfG StV 1997, 476.

26 OLG Düsseldorf StV 2006, 423; 1996, 47; LG Wuppertal StV 1996, 329; *Ullenbruch* NStZ 2000, 292; a.A. OLG Zweibrücken Rpfleger 1996, 367; OLG Thüringen StV 2007, 427: U-Haft ist vorrangig anzurechnen, dadurch steht für § 67 Abs. 4 StGB nur noch ein verkürzter Zeitraum zur Verfügung; das führt aber dazu, dass ein noch zu vollstreckender Strafrest nach Beendigung der Maßregel erheblich größer sein kann; offen gelassen von BVerfG StV 1997, 476.

27 BGH NJW 1991, 2431.

28 OLG Karlsruhe NStZ 1992, 456.

Der Grundsatz der Verhältnismäßigkeit erfordert namentlich bei länger dauernden Unterbringungen eine gründliche Aufklärung der positiven Umstände und eine sorgfältige Abwägung des Sicherungsinteresses der Allgemeinheit mit dem Freiheitsanspruch des Untergebrachten.[29] Das ist vor allem bei der Unterbringung in einem psychiatrischen Krankenhaus und in der Sicherungsverwahrung wichtig, wo keine Höchstfristen vorgesehen sind und die Unterbringung somit theoretisch lebenslang andauern kann. Für die Aussetzung der weiteren Vollstreckung wird zudem keine sichere oder unbedingte Gewähr, sondern lediglich eine durch Tatsachen begründete Wahrscheinlichkeit verlangt, der Untergebrachte werde nach seiner Entlassung keine weiteren Taten begehen.[30]

Die Vollstreckung des Strafrestes kann bereits nach Ablauf der Hälfte zur Bewährung ausgesetzt werden, wenn die Unterbringung vor der Strafe vollzogen wird; sofern aber der Strafrest nicht auszusetzen ist, muss der Maßregelvollzug grundsätzlich fortgesetzt werden, sofern nicht Umstände in der Person des Untergebrachten stattdessen für den Wechsel in den Strafvollzug sprechen (§ 67 Abs. 5 S. 2 StGB).[31]

17 Die Unterbringung wird auch dann zur Bewährung ausgesetzt, wenn die Strafe ganz oder zum Teil vorweg vollzogen wurde und der Zweck der Maßregel die Unterbringung nicht mehr erfordert (§ 67c Abs. 1 Nr. 1 StGB, vgl. hierzu Rdn. 10). Zweck der Maßregel ist es, durch heilende oder bessernde Einwirkung auf den Betroffenen die von ihm ausgehende Gefahr weiterer Taten abzuwenden oder zu verringern.[32] Der Vollzug einer Sicherungsverwahrung wird zudem dann ausgesetzt, wenn diese in Anbetracht bislang unzureichender Therapieangebote unverhältnismäßig wäre (§ 67c Abs. 1 Nr. 2 StGB).

18 Mit der Aussetzung der Unterbringung tritt Führungsaufsicht ein (§§ 67c Abs. 1 S. 1 2. Hs., 67d Abs. 2 S. 3 StGB, s.u. Rdn. 25 ff.). Eine Besonderheit bietet § 67h StGB bei ausgesetzter Unterbringung im psychiatrischen Krankenhaus oder in der Entziehungsanstalt: Bei einer Verschlechterung des Zustandes bzw. gestiegener Suchtgefahr kann eine auf drei Monate befristete Wiederinvollzugsetzung der Maßregel angeordnet werden. Dies ermöglicht einen Mittelweg zwischen Nichtintervention und Widerruf der Aussetzung; insb. erledigt sich die Krisenintervention nach Fristablauf von alleine. Zwar kann auch sie gemäß § 67h Abs. 1 S. 2 StGB auf maximal sechs Monate verlängert werden. Das Risiko erneuter dauerhafter Unterbringung ist für den Verurteilten durch diese Regelung gleichwohl deutlich gesunken.

II. Erledigung von Maßregeln

19 Die Unterbringung in der Entziehungsanstalt nach § 64 StGB endet nach Ablauf der gesetzlichen Höchstfrist und die Maßregel ist erledigt. Diese Frist beträgt an sich zwei Jahre (§ 67d Abs. 1 StGB). Sie läuft von Beginn der Unterbringung ab, d.h. entweder ab Aufnahme in die Anstalt zum Vollzug, oder, sofern sich der Angeklagte bereits wegen einer einstweiligen Unterbringung in der Anstalt aufhielt (§ 126a StPO), ab Rechtskraft des Urteils. Die Höchstfrist verlängert sich allerdings um die Dauer einer daneben angeordneten Freiheitsstrafe, soweit die Zeit des Vollzugs der Maßregel auf die Strafe angerechnet wird (§ 67d Abs. 1 S. 3 StGB). Die Verlängerung darf aber das Doppelte der gesetzlichen Grundfrist nicht übersteigen; die Unterbringung endet daher spätestens nach vier Jahren.[33] Der früher zu dieser Frage häufig bestehende Verteidigungsbedarf dürfte sich seit der Einführung von § 67 Abs. 2 S. 2 StGB, der bei längeren Freiheitsstrafen neben der Maßregel nach § 64 StGB einen partiellen Vorwegvollzug der Strafe vorsieht, etwas reduziert haben, soweit

29 BVerfGE 70, 297.

30 *Hammerschlag/Schwarz* NStZ 1998, 323.

31 Zur Aussetzung einer neben Freiheitsstrafe angeordneten Unterbringung in einer Entziehungsanstalt nach § 36 BtMG vgl. Kap. 15 Rdn. 35 ff.

32 BGH StV 1998, 252.

33 LG Paderborn NStZ 1990, 357; *Röttle/Wagner* Rn. 343; a.A. *Fischer* § 67d Rn. 6; *Volckart/Grünebaum* Teil IV Rn. 38.

ein entsprechender ausreichender Vorwegvollzug der Strafe auch stattgefunden hat. Ist dies – etwa aus therapeutischen Akutbedürfnissen heraus – nicht geschehen, so bedarf es dennoch weiterhin eines Tätigwerdens, weil in der Praxis häufig eine Verlängerung um die vollen zwei Drittel der Freiheitsstrafe vorgenommen wird. § 67d Abs. 1 S. 1 StGB sei nämlich nur als Grundfrist und nicht als Begrenzung der verlängerten Höchstfrist zu verstehen.[34] Als Folge könnte eine Unterbringung in der Entziehungsanstalt bei langen Freiheitsstrafen weit über vier Jahre andauern, bevor wegen Ablaufs der Höchstfrist Erledigung einträte. Dies wäre jedoch therapeutisch widersinnig,[35] weshalb der Verteidiger dringend auf die richtige Berechnungsmethode hinwirken muss. Zudem geht die h.M. systematisch verfehlt vor: Nach § 67 Abs. 4 StGB können maximal zwei Jahre einer Unterbringung auf Strafe angerechnet werden, denn länger kann die Unterbringung nach § 64 StGB gemäß § 67d Abs. 1 S. 1 StGB nun einmal nicht dauern. Wenn nun § 67d Abs. 1 S. 3 StGB von einer Verlängerung der Maßregelhöchstdauer im Umfang der Anrechnung spricht (nach § 67 Abs. 4 StGB, denn andere Anrechnungsvorschriften existieren dazu nicht), dann wäre es einzig logisch, eine Verlängerung um maximal die besagten zwei Jahre aus § 67 Abs. 4 StGB zuzulassen. Gegebenenfalls ist hierüber eine gerichtliche Entscheidung nach § 458 StPO herbeizuführen. Bei Erledigung der Unterbringung muss die StVK darüber befinden, ob eine daneben angeordnete Freiheitsstrafe zur Bewährung auszusetzen ist (§ 67 Abs. 5 StGB).

Die Unterbringung in einem psychiatrischen Krankenhaus kennt zwar keine gesetzliche Höchstfrist; 20
umso wichtiger ist es hier, auf die Beachtung des Verhältnismäßigkeitsgrundsatzes zu achten.[36] Dieser kann dazu veranlassen, eine Unterbringung infolge überlanger Dauer für erledigt zu erklären, wenn sie wegen Anlasstaten von mittlerer oder gar geringerer Kriminalität angeordnet worden war.[37] Mit der Erledigung tritt auch hier Führungsaufsicht ein (§ 67d Abs. 2 S. 3, Abs. 3 S. 2, Abs. 4 S. 3 StGB).

Die Sicherungsverwahrung ist spätestens nach zehn Jahren für erledigt zu erklären, wenn nicht die 21
Gefahr weiterer Straftaten besteht, durch welche die Opfer seelisch oder körperlich schwer geschädigt werden (§ 67d Abs. 3 StGB).[38] Soweit es sich dabei noch um Täter handelt, die nur gewaltfreie Eigentums- oder Vermögensdelikte begangen haben, wird von der Erledigung auszugehen sein.[39] Bis zum Ablauf der genannten zehn Jahre verlangt § 67d Abs. 2 StGB für eine Entlassung noch die positiv festzustellende Annahme, dass keine Taten mehr zu erwarten sind, die eine Anordnung der Sicherungsverwahrung rechtfertigen würden.[40] Mit Überschreitung der Zehn-Jahres-Grenze tritt hingegen gewissermaßen eine Risikoverschiebung ein; nunmehr genügt gemäß § 67d Abs. 3 StGB die negative Voraussetzung, dass für derartige Taten eine Gefahr nicht mehr festzustellen ist, was dazu führt, dass auch die Fälle unklarer Prognose zu entlassen wären.[41]

Für die sog. Altfälle, d.h. Sicherungsverwahrte, die vor der Entfristung der erstmaligen Sicherungsverwahrung im Jahre 1998 verurteilt wurden, sind zudem die besonderen Voraussetzungen zu beachten, die das BVerfG aufgestellt hat.[42] Danach wird ihre weitere Unterbringung nur nach dem ThUG möglich sein, dessen Verfassungskonformität auch zwischenzeitlich das BVerfG unter der Maßgabe verfassungskonformer Auslegung bestätigt hat.[43]

34 So OLG Frankfurt StV 1993, 92; OLG Hamm StV 1995, 89; *Fischer* § 67d Rn. 6.
35 Vgl. *Volckart/Grünebaum* Teil IV Rn. 39 f.
36 Vgl. BVerfG StV 1994, 93.
37 OLG Hamburg NStZ-RR 2005, 40; LG Paderborn StV 1991, 73.
38 Zum Wegfall der absoluten Höchstfrist von zehn Jahren und zum Streit bezüglich der Auswirkungen auf Altfälle Sch/Sch/*Kinzig* § 67d Rn. 18 ff.
39 *Hammerschlag/Schwarz* NStZ 1998, 323; derartige Fälle werden angesichts der Neufassung von § 66 StGB allerdings künftig kaum noch vorkommen.
40 Zu dieser den Wortlaut einschränkenden Bedingung nötigt die vom Verhältnismäßigkeitsprinzip verlangte Bindung der Maßregel(-fortdauer) an ihren Zweck, vgl. *Fischer* § 67d Rn. 10, 13.
41 Vgl. *Fischer* § 67d Rn. 15.
42 BVerfG NJW 2011, 1931 (Tenor zu III.2.a. sowie S. 1946).
43 BVerfG NJW 2013, 3151.

22 Mit der Erledigung der Unterbringung durch Fristablauf oder wegen Unverhältnismäßigkeit tritt Führungsaufsicht ein (§ 67d Abs. 2 S. 3, Abs. 3 S. 2, Abs. 4 S. 3 StGB) und dem Verurteilten wird daraufhin die Unterstützung durch einen Bewährungshelfer zuteil (§ 68a Abs. 1 StGB).

23 Wenn sich – ein recht seltener Fall – tatsächlich einmal die (vollständige) Heilung des Betroffenen herausstellen sollte, kommt eine Aussetzung der Unterbringung zur Bewährung nicht mehr in Betracht. Auch in diesem Fall muss die Maßregel vielmehr für erledigt erklärt werden[44] (§ 67c Abs. 2 S. 5 StGB). Handelte es sich dabei um eine Unterbringung im psychiatrischen Krankenhaus, eröffnet dies den Weg zur Prüfung einer nachträglichen Anordnung der Sicherungsverwahrung (§ 66b StGB). Das Schicksal einer dann noch offenen Restfreiheitsstrafe ist von einer Entscheidung nach den §§ 67 Abs. 5, 57 StGB abhängig; im Zweifel wird zunächst die Restfreiheitsstrafe zu Ende zu vollstrecken sein.

Im Fall einer Fehleinweisung ist zu differenzieren: Bei einer Fehleinweisung aus tatsächlichen Gründen (also einer Falschdiagnose) ist die Unterbringung nach § 67d Abs. 6 S. 1 StGB für erledigt zu erklären und § 66b StGB kann zur Anwendung gelangen. Beruht die Fehleinweisung auf rechtlichen Gründen (z.B. bei einer falschen Annahme, eine – an sich richtig diagnostizierte – Persönlichkeitsstörung habe bei der Straftat Einfluss auf die Steuerungsfähigkeit gehabt), soll die Unterbringung hingegen nicht für erledigt zu erklären und daher bei fortbestehender Gefährlichkeit weiter zu vollziehen sein.[45] Eine Erledigung wegen einer Fehleinweisung kann die StVK auszusprechen. Darin liegt kein unzulässiger Eingriff in die Rechtskraft des Strafurteils; einer Wiederaufnahme des Verfahrens nach den §§ 359 ff. StPO bedarf es nicht.[46]

24 Die Unterbringung in einer Entziehungsanstalt darf nach § 67d Abs. 5 S. 1 StGB nur solange andauern, wie für die Behandlung der Abhängigkeit eine hinreichend konkrete Aussicht auf einen Therapieerfolg besteht. Entfällt diese (weil sich der Verurteilte als untherapierbar zeigt), hat die StVK den Vollzug der Maßregel unverzüglich zu beenden (womit gemäß § 67d Abs. 5 S. 2 StGB ersatzweise Führungsaufsicht eintritt). Dann noch eine Mindestverbüßungszeit der Maßregel von einem Jahr zu verlangen, wäre unverhältnismäßig. Gleichwohl wird in der Regel eine Unterbringungsdauer von zumindest drei Monaten erforderlich sein, um wenigstens den ernsthaften Versuch einer therapeutischen Arbeit mit der untergebrachten Person unternehmen und die Therapieaussichten verlässlicher einschätzen zu können.[47]

Auch die Zeit des vergeblichen Vollzugs der Maßregel wird nach § 67 Abs. 4 StGB[48] bis zu zwei Dritteln einer daneben verhängten Freiheitsstrafe auf diese angerechnet. Wartezeiten, die der Untergebrachte zwischen endgültigem Scheitern der Therapie, aber vor Rechtskraft des die Unterbringung beendenden Beschlusses im Maßregelvollzug zugebracht hat, sollen allerdings auf die Strafe nicht nach den Grundsätzen der Organisationshaft (vgl. Rdn. 15) angerechnet werden können.[49] Erst die Zeit ab Rechtskraft des die Unterbringung beendenden Beschlusses, die der Verurteilte noch in der Unterbringungseinrichtung verbringt, wird auf die Strafzeit angerechnet. Sind zum Zeitpunkt des Scheiterns der Therapie bereits zwei Drittel der Strafe durch Anrechnung erledigt, so verbringt der noch Untergebrachte die Wartezeit bis zur Rechtskraft des Beschlusses ohne strafverkürzende Wirkung.

▶ Beachte

Der Verteidiger muss somit auf den schnellstmöglichen Eintritt der Rechtskraft hinwirken. Daneben ist darauf zu achten, dass einige Vollstreckungsbehörden selbst die an sich gebotene

44 OLG Frankfurt StV 1985, 117; OLG Frankfurt NStZ-RR 2002, 58.
45 OLG Frankfurt NStZ-RR 2008, 324 (325); BVerfG NStZ-RR 2007, 29; vgl. auch EGMR NJW 2014, 369 (373); *Fischer* § 67d Rn. 23b; allgemein zur Erledigterklärung bei Fehleinweisungen in den psychiatrischen Maßregelvollzug *Berg/Wiedner* StV 2007, 434.
46 *Volckart/Grünebaum* Teil IV Rn. 11.
47 *Schneider* NStZ 2008, 68 (69).
48 Zur von Verfassungs wegen gebotenen Anrechnung auch auf verfahrensfremde Strafen s.o. Rdn. 13.
49 LG Freiburg NStZ 2000, 336; abl. *Ullenbruch* NStZ 2000, 293.

Anrechnung der Zeit zwischen Rechtskraft und Aufnahme im Strafvollzug nicht vornehmen. Auch hier ist Aufmerksamkeit geboten. In jedem Fall ist auf umgehende Verlegung in den Strafvollzug zu drängen.

Die Aussichtslosigkeit einer Behandlung in einem psychiatrischen Krankenhaus rechtfertigt demgegenüber keine Entlassung aus dem Maßregelvollzug, weil die Unterbringung nach § 63 StGB auch eine notfalls alleine sichernde Funktion haben kann. Hier käme eine Entlassung erst beim Eintritt von Unverhältnismäßigkeit in Betracht, sofern nicht bereits zuvor (z.B. wegen altersbedingter Abnahme der Gefährlichkeit) eine Aussetzung zur Bewährung möglich geworden ist.[50]

E. Führungsaufsicht

Neben den bereits genannten Fällen, in welchen nach Vollverbüßung einer längeren Freiheitsstrafe 25
(§ 68f StGB) bzw. nach Aussetzung oder Erledigung einer Maßregel Führungsaufsicht kraft Gesetzes eintritt (vgl. die Verweise in § 68 Abs. 2 StGB), kann auf Führungsaufsicht bereits im Urteil gesondert erkannt werden (§ 68 I StGB), soweit das bei einzelnen Delikten bzw. Deliktsgruppen vorgesehen ist (vgl. z.B. die §§ 181b, 256, 262 StGB).

Für die Dauer der Führungsaufsicht untersteht der Verurteilte nominell vorrangig einer Aufsichtsstelle und erhält zusätzlich einen Bewährungshelfer bestellt (§ 68a Abs. 1 StGB). In der Praxis übernimmt allerdings oft alleine der Bewährungshelfer alle wesentlichen Aufsichtsaufgaben, während der Aufsichtsstelle eher eine bessere Geschäftsstellenfunktion zukommt.[51] Für die Verteidigung ist damit der Bewährungshelfer der wichtigste Ansprechpartner.

Bei Konflikten mit Bewährungshelfer oder Führungsaufsichtsstelle kann in entsprechender Anwendung von § 68a Abs. 4 StGB eine gerichtliche Entscheidung herbeigeführt werden.[52] Zuständig hierfür ist nach den §§ 463 Abs. 2, 453 StPO das nach § 462a StPO auch für eine Bewährungsaufsicht vorgesehene Gericht.

Anders als bei der Strafaussetzung zur Bewährung wird für die Führungsaufsicht keine auf den 26
Einzelfall abgestimmte Unterstellungszeit festgesetzt. Vielmehr gibt das Gesetz einen Rahmen von zwei bis fünf Jahren vor[53] (§ 68c StGB), wobei sich die Höchstgrenze zudem vielfach durch Nichteinrechnungen (§§ 68c Abs. 4 S. 2, 68e Abs. 1 S. 2, 68g Abs. 1 S. 2, Abs. 2 StGB) zeitlich nach hinten verschiebt. Andererseits kann die Höchstdauer auch jederzeit abgekürzt werden (§ 68c Abs. 1 S. 2, 68d StGB), was vor allem bei geringem Restrisiko und überschaubarer Entwicklung des Probanden nahe liegt.

Die Führungsaufsicht endet entweder – bei positiver Kriminalprognose – durch ihre Aufhebung (§ 68e Abs. 2 StGB), jedoch frühestens nach Ablauf von zwei Jahren, ansonsten durch Ablauf der Höchstfrist oder im Falle des Vollzugs einer neuen freiheitsentziehenden Maßregel bzw. einer Freiheitsstrafe, wenn neben dieser eine solche Maßregel angeordnet ist, sowie durch Anordnung einer erneuten Führungsaufsicht (§ 68e Abs. 1 StGB). Allerdings kann die Führungsaufsicht nach § 68c Abs. 3 StGB über die Höchstdauer hinaus unbefristet verlängert werden, wenn sie entweder infolge einer Aussetzung der Unterbringung in einem psychiatrischen Krankenhaus eingetreten war und ein Rückfall in die Krankheit droht (§ 68c Abs. 2 Nr. 1 StGB) oder wenn Weisungsverstöße begangen wurden, die Führungsaufsicht nach Vollverbüßung oder Maßregelerledigung eingetreten ist und zudem der Verurteilung die in § 181b StGB genannten Sexualstraftaten zu Grunde lagen.

50 *Volckart/Grünebaum* Teil IV Rn. 29 ff.

51 *Fischer* § 68a Rn. 4.

52 *Pollähne/Woynar* Rn. 323.

53 Auf den Sonderfall der bereits im Urteil auf Dauer angeordneten Führungsaufsicht nach § 68c Abs. 2 StGB wird hier nicht eingegangen.

27 Für die Dauer der Führungsaufsicht erhält der Verurteilte Weisungen, die deutlich über das im Rahmen der Bewährungsaufsicht Vorgesehene hinausgehen (vgl. § 68b Abs. 1 StGB einerseits und § 56c StGB andererseits), einschließlich einer sog. elektronischen Fußfessel (§ 68b Abs. 1 Nr. 12 StGB), die jedoch nur unter den besonderen Voraussetzungen von § 68b Abs. 1 S. 3 StGB angeordnet werden darf. Auflagen hingegen werden nicht erteilt, da die Führungsaufsicht keine strafende Funktion hat. Eine Besonderheit der Weisungen tritt im Falle ihrer Nichtbefolgung zu Tage: Ein Weisungsverstoß stellt nämlich nach § 145a StGB zugleich eine eigenständige Straftat dar, die allerdings nur auf Antrag der Aufsichtsstelle verfolgbar ist (§ 145a S. 2 StGB). Die Führungsaufsichtsstellen stellen einen solchen Strafantrag nicht schematisch, sondern vor allem dann, wenn sie keine anderen Aussichten sehen, künftigen Weisungsverstößen vorzubeugen.[54] Ist ein – schuldhafter – Weisungsverstoß geschehen, so kann der Verteidiger der Strafantragstellung am besten entgegenwirken, wenn dargetan werden kann, warum es zu dem Weisungsverstoß gekommen ist und wie einer entsprechenden Situation künftig wirksam vorgebeugt wird.

Während bei den übrigen Führungsaufsichtsfällen der Weisungsverstoß jenseits des beschriebenen Strafbarkeitsrisikos folgenlos bleibt, kann er bei ausgesetzter Maßregel, gröblich oder beharrlich begangen, auch zu deren Widerruf führen, wenn der Sicherungszweck der Maßregel die erneute Unterbringung erfordert (§ 67g Abs. 1 Nr. 2 StGB).

54 Die Strafverfolgungsstatistik 2021 weist immerhin 728 Verurteilungen nach § 145a StGB aus.

Kapitel 17 Geldstrafen

Übersicht

A. Zahlungserleichterungen

Oft wird bereits das erkennende Gericht in seinem Urteil Zahlungserleichterungen nach § 42 StGB gewährt haben. Ist dies nicht der Fall (oder sind die vom Gericht festgesetzten Zahlungserleichterungen noch unzureichend), müssen entsprechende Anträge auf Stundung, Bewilligung von Ratenzahlungen oder deren Modifikation bei der Vollstreckungsbehörde gestellt werden, denn diese hat hierüber nach Urteilsrechtskraft zu entscheiden (§ 459a StPO). Die Entscheidung erstreckt sich auch auf die Verfahrenskosten (§ 459a Abs. 4 StPO). An sich wären solche Zahlungsvergünstigungen beim Vorliegen ihrer Voraussetzungen von Amts wegen zu bewilligen.[1] Das wird jedoch in der Praxis gelegentlich nicht beachtet, weshalb eine Entscheidung dann nur auf Antrag erreicht werden kann. Über Einwendungen entscheidet das Gericht (§ 459o StPO). 1

Es besteht ein Rechtsanspruch auf Gewährung der Vergünstigung, sofern es dem Verurteilten nach seinen persönlichen und wirtschaftlichen Verhältnissen nicht zuzumuten ist, die Strafe in einem Betrag zu zahlen. Das ist bei den meisten Mandanten der Fall, die sich bereits Schadensersatzforderungen ausgesetzt sehen (und nicht zuletzt ggf. schon ihren Verteidiger bezahlen mussten). Wer die Strafe deshalb nicht aus seinem laufenden Einkommen oder aus liquiden Rücklagen entrichten kann, hat Anspruch auf Bewilligung von Ratenzahlung.[2] In solchen Fällen empfiehlt es sich, bei der Antragstellung die wirtschaftliche Situation des Betroffenen unter Beifügung entsprechender Belege realistisch darzulegen und ggf. zum Nachweis der Zahlungsbereitschaft bereits eine erste Rate in der als angemessen eingeschätzten Höhe zu überweisen. Entgegen gängiger Ansicht in der Praxis gibt es für den Zeitraum der Bewilligung von Zahlungserleichterungen keine vorgeschriebene Höchstgrenze von zwei Jahren.[3] Allerdings werden minimale Raten (z.B. von 5 € im Monat) selbst bei Empfängern von Bürgergeld gar nicht oder nur äußerst zurückhaltend zugestanden.

Die Entscheidung über Zahlungserleichterungen kann nachträglich geändert oder aufgehoben werden (§ 459a Abs. 2 StPO); zum Nachteil des Betroffenen aber nur aufgrund neuer Tatsachen oder Beweismittel. Diese sind neu, wenn sie bei der früheren Entscheidung des erkennenden Gerichts oder der Vollstreckungsbehörde noch nicht eingetreten oder entstanden waren, wenn sie zur Zeit der früheren Entscheidung zwar vorhanden, der Behörde aber unbekannt geblieben waren oder wenn sie übersehen wurden.[4] Für Änderungen zugunsten des Verurteilten gelten diese Einschränkungen nicht, solange nur der Strafzweck nicht unterlaufen wird. 2

Teilbeträge werden, sofern bei der Zahlung nichts anderes bestimmt wird, zuerst auf die Geldstrafe verrechnet und erst nachrangig auf Kosten und andere Ansprüche der Justizkasse (§ 459b StPO). Das gilt entsprechend, wenn mehrere Geldstrafen aus verschiedenen Verfahren zu vollstrecken sind. Teilleistungen sind dann zunächst auf die zuerst verjährende Geldstrafe zu verrechnen.[5] 3

1 KMR/*Stöckel* § 459a Rn. 5.

2 SK-StGB/*Wolters* § 42 Rn. 4; *Fischer* § 42 Rn. 4, 5a.

3 OLG Düsseldorf StV 1999, 387 m.N. auch zur Gegenansicht; LG Berlin StV 2005, 93.

4 *Bringewat* § 459a Rn. 9.

5 KK/*Appl* § 459b Rn 4; KMR/*Stöckel* § 459b Rn. 3; *Röttle/Wagner* Rn 243; zum entsprechenden Vorgehen bei Geldbußen vgl. Göhler/*Seitz/Bauer* § 94 OWiG Rn 3.

Eine falsche Verrechnung kann nach Maßgabe der §§ 21 StVollstrO, 23 ff. EGGVG angefochten werden.

▶ **Beachte**

Um demgegenüber zugunsten des Verurteilten eine Tilgung möglichst vieler Tagessätze zu erreichen (und damit die Zahl etwaiger Ersatzfreiheitsstrafentage zu minimieren), sollte bei der Zahlung immer das Aktenzeichen derjenigen Geldstrafe mit der niedrigsten Tagessatzhöhe angegeben werden.

4 § 459b StPO gilt auch bei Teilzahlungen auf Gesamtgeldstrafen. Wurden auf einzelne Geldstrafen vor Rechtskraft einer nachträglich gebildeten Gesamtgeldstrafe Teilbeträge entrichtet, so soll sich der Maßstab für die Anrechnung nach der jeweiligen Tagessatzhöhe der Einzelstrafe, auf welche die Zahlung erfolgt ist, bestimmen.[6] Da dies nicht selten zu sachlich nicht gebotenen Ungleichbehandlungen führt,[7] wird auch vertreten, eine Anrechnung auf den Nennbetrag der nachträglichen Gesamtstrafe vorzunehmen.[8] Jedenfalls dann, wenn der Verurteilte bei Anwendung der erstgenannten Methode schlechter gestellt wäre (das mag der Fall sein, wenn sich die Vermögensverhältnisse bei Gesamtstrafenbildung schlechter darstellen als zum Zeitpunkt der früheren Verurteilungen), ist der letztgenannten Ansicht der Vorzug zu geben.[9] In diesem Fall sollte immer eine Vergleichsberechnung angestellt werden, um so auf eine für den Mandanten günstige Anrechnung der auf die Einzelstrafen erbrachten Leistungen hinzuwirken.

▶ **Antrag an die Vollstreckungsbehörde auf Gewährung von Ratenzahlungen**

Mit beiliegender Vollmacht zeige ich die Verteidigung des Herrn A an und beantrage, ihm zu gestatten, die Geldstrafe samt Verfahrenskosten in monatlichen Raten von 150 €, erstmals zum 01.06.2023, zu bezahlen.

Eine sofortige Zahlung der geforderten Summe ist meinem Mandanten nach seinen Verhältnissen nicht zuzumuten, da er die Forderung weder aus seinem laufenden Einkommen noch aus seinen liquiden Rücklagen tilgen kann. Bei der D-GmbH bezieht er laut beigefügter Gehaltsbescheinigung ein Nettomonatsgehalt von 1.500 €. Er hat ein unterhaltsberechtigtes Kind; seine Ehefrau verfügt über kein nennenswertes Einkommen. Die monatlichen Belastungen ergeben sich aus der beigefügten Aufstellung und sind entsprechend belegt.

Zum Nachweis seiner prinzipiellen Zahlungsbereitschaft hat Herr A heute eine erste Teilzahlung von 150 € geleistet.

B. Beitreibung der Geldstrafe

5 Ist aufgrund der Zahlungsaufforderung und nachfolgender Mahnung keine Zahlung erfolgt, kann die zwangsweise Beitreibung der Geldstrafe und Kosten angeordnet werden (§ 8 EBAO). Zulässig ist das grundsätzlich aber frühestens zwei Wochen nach Eintritt der Fälligkeit (§ 459c Abs. 1 StPO). Die Beitreibung erfolgt durch Vollstreckung in das bewegliche und unbewegliche Vermögen. Nach § 8 Abs. 4 EBAO sind dazu diejenigen Vollstreckungsmaßnahmen zu ergreifen, die nach den Umständen des Einzelfalls am schnellsten und sichersten zum Ziel führen. Auf die persönlichen und wirtschaftlichen Verhältnisse des Zahlungspflichtigen und seiner Familie ist Rücksicht zu nehmen, solange dadurch das Vollstreckungsziel unbeeinträchtigt bleibt.

6 BGHSt 28, 360, 364; kritisch *Zeitler* Rpfleger 2005, 70.
7 Vgl. die Beispiele bei *Meyer-Goßner* NStZ 1991, 434.
8 Hierzu *Lackner*/Kühl/*Heger* § 55 Rn. 14 m.w.N.
9 LG Konstanz MDR 1991, 171 mit zust. Anm. *Hamann*.

Häufig erfolgt die zwangsweise Einziehung durch Forderungspfändung. Den Pfändungs- und Überweisungsbeschluss kann die Vollstreckungsbehörde selbst erlassen; nach § 6 JBeitrG finden insbesondere die Pfändungsschutzbestimmungen der ZPO (§§ 850 ff. ZPO) sinngemäße Anwendung. 6

▶ **Beachte**

Neben dem Arbeitseinkommen wird oft auf Gefangenengelder Zugriff genommen. Der Verteidiger muss insbesondere wissen, welche unter ihnen von der Pfändung ausgenommen sind:[10] Unpfändbar sind Taschengeld, Hausgeld sowie die Entlassungsbeihilfe; das zu bildende Überbrückungsgeld unterliegt ebenfalls nicht der Pfändung, ebenso wenig das Bargeld in dieser Höhe für die Dauer von vier Wochen nach der Entlassung sowie Eigengeld, soweit es zur Auffüllung des Überbrückungsgeldes herangezogen wird. Darüber hinaus unterliegt das Eigengeld der Pfändung. Bezüge aus Arbeit oder Ausbildung sind im Rahmen der §§ 850 ff. ZPO pfändbar.

Die Vollstreckungsbehörde kann gegen eine gleichartige Forderung, die der Vollstreckungsschuldner gegen den Justizfiskus hat, die Aufrechnung erklären. Der Verurteilte seinerseits ist hierzu nur mit Einverständnis der Vollstreckungsbehörde befugt, da eine Aufrechnung unter Umständen dem Wesen und Zweck der Strafe widersprechen mag.[11] Aufgerechnet werden kann z.B. mit Ansprüchen auf Rückgabe beschlagnahmten, aber nicht eingezogenen Geldes, auf rechtskräftig festgestellte Entschädigungen für Strafverfolgungsmaßnahmen (§ 13 Abs. 2 StrEG), auf Zeugenentschädigungen oder auf Ersatz notwendiger Auslagen des Verurteilten im Fall des Teilfreispruchs. Im letzteren Fall ist aber nach § 43 RVG die Aufrechnung insoweit unwirksam, als sie den Anspruch des Rechtsanwalts bei vorheriger Abtretung des Auslagenerstattungsanspruchs an ihn vereiteln oder beeinträchtigen würde. Diese Abtretung muss allerdings der Aufrechnungserklärung zeitlich vorausgehen.[12] 7

▶ **Beachte**

Es ist dem Verteidiger anzuraten, die Abtretungserklärung bereits in die Verteidigervollmacht aufzunehmen. Eine reine Inkassovollmacht stellt keine solche Erklärung dar und hindert daher die spätere Aufrechnung durch den Justizfiskus nicht; die Abtretungsurkunde muss der Verteidiger daher auch dann einreichen, wenn in der Prozessvollmacht nur die Ermächtigung zum Geldempfang enthalten ist.[13]

Zur Erleichterung der Resozialisierung kann unter bestimmten Voraussetzungen das (vollständige oder teilweise) Unterbleiben der Vollstreckung einer Geldstrafe angeordnet werden (§ 459d StPO). In der Praxis findet diese Möglichkeit allerdings wenig Beachtung. Nicht übersehen darf man ihre für den Betroffenen wichtige Konsequenz: Weil die Anordnung zeitlich unbeschränkt getroffen wird und sie unwiderruflich ist, führt sie faktisch zum Wegfall der Strafe.[14] Voraussetzung ist, dass auf die Geldstrafe neben einer Freiheitsstrafe entweder in demselben Verfahren erkannt wurde oder aber Geld- und Freiheitsstrafe aus verschiedenen Verurteilungen vorliegen und keine Gesamtstrafenbildung möglich ist. Die Vollstreckung der Geldstrafe kann dann unterbleiben, wenn ansonsten die Wiedereingliederung des Verurteilten erschwert würde. Kann seinen persönlichen Verhältnissen indes durch Gewährung von Zahlungserleichterungen Rechnung getragen werden, so hat eine Absehensanordnung zu unterbleiben. Dies gilt auch, wenn der Verurteilte ihm mögliche Teilzahlungen 8

10 Vgl. die Zusammenstellung bei *Röttle/Wagner* Rn. 252.
11 OLG Braunschweig NJW 1951, 246.
12 OLG Karlsruhe Rpfleger 1986, 71; OLG Stuttgart MDR 1990, 1024; a.A. KG JurBüro 1978, 543; OLG München AnwBl 1978, 323 (alle noch zu § 96a BRAGO ergangen).
13 KG Rpfleger 1980, 402 (zu § 96a BRAGO).
14 OLG Koblenz MDR 1981, 870; KMR/*Stöckel* § 459d Rn. 1.

verweigert.[15] Diese Subsidiarität des Unterbleibens der Vollstreckung mag erklären, warum § 459d StPO nur sehr zurückhaltend angewandt wird.

Die Entscheidung trifft das nach den §§ 462, 462a StPO zuständige Gericht. Der Antrag ist selbst nach Anordnung der Ersatzfreiheitsstrafe noch zulässig (§ 459e Abs. 4 S. 1 StPO). Die Vollstreckung der Geldstrafe oder der Ersatzfreiheitsstrafe setzt dann jedoch keine vorherige ablehnende Entscheidung nach § 459d Abs. 1 StPO voraus; die noch ausstehende Entscheidung bildet also kein Vollstreckungshindernis.[16] Der Antrag kann bereits vor dem Ende des Vollzugs der Freiheitsstrafe gestellt werden; das Gericht muss dann die Entscheidung treffen, sobald die zeitlichen Voraussetzungen hierfür gegeben sind.[17]

C. Ersatzfreiheitsstrafe

I. Anordnung und Vollstreckung

9 Stellt die Vollstreckungsbehörde fest, dass die Geldstrafe nicht beigetrieben werden kann oder die Vollstreckung in absehbarer Zeit zu keinem Erfolg führen wird, so ordnet sie – nach einem Hinweis auf die Abwendungsbefugnis durch Zahlung oder Leistung gemeinnütziger Arbeit (§ 459e Abs. 2 S. 2 StPO) – in der Regel die Vollstreckung der Ersatzfreiheitsstrafe an (§ 459e Abs. 1 und 2 StPO). Diese stellt kein Beuge- oder Zwangsmittel dar, sondern bildet eine eigenständige Sanktionsform.

Grundsätzlich ist die Anordnung erst zulässig, wenn vorherige Beitreibungsversuche fruchtlos verlaufen sind. Der in der Praxis verbreiteten Tendenz, die Vollstreckung der Ersatzfreiheitsstrafe anzuordnen, ohne sich zuvor ernsthaft um eine Beitreibung der Geldstrafe zu bemühen, muss der Verteidiger rechtzeitig begegnen. Oftmals erfolgt die Anordnung sogleich mit dem vornehmlichen Ziel, den Verurteilten so zur Zahlung zu bewegen. Dabei wird aber verkannt, dass die Ersatzfreiheitsstrafe gerade kein Beugemittel darstellt. Eine Anordnung allein mit dem Ziel, den Geldstrafenschuldner zur Zahlung anzuhalten, wäre deshalb schlicht unzulässig.

Von einem zuvorigen Versuch der Beitreibung kann allerdings abgesehen werden, wenn zu erwarten steht, dies werde in absehbarer Zeit ohnehin zu keinem Erfolg führen (§ 459c Abs. 2 StPO). Diese Erwartung muss auf feststehende Tatsachen gestützt werden können und auf nicht absehbare Zeit bestehen.[18] Aussichtslos ist die Vollstreckung der Geldstrafe, wenn mit Wahrscheinlichkeit davon auszugehen ist, sie werde keinen Erfolg haben. Das ist insbesondere der Fall, wenn Beitreibungsversuche in anderen Sachen erfolglos verlaufen sind, vor Kurzem eine Vermögensauskunft nach den §§ 802c, 807 ZPO abgegeben wurde oder sich der Verurteilte im Insolvenzverfahren befindet.[19]

Der Streit darüber, ob dem Betroffenen vor der Anordnung nach § 459e Abs. 1 StPO rechtliches Gehör zu gewähren ist[20], dürfte sich durch die Neufassung von § 459e Abs. 2 S. 2 StPO erledigt haben.[21] Aus Gründen der Verfahrensfairness wäre dem Verurteilten ohnehin Gehör zu gewähren; denn so erhält er nochmals Gelegenheit, sich um die Bezahlung der Geldstrafe zu bemühen oder Umstände vorzutragen, welche eine Anordnung nach den §§ 459d, 459f StPO rechtfertigen könnten.[22]

15 KMR/*Stöckel* § 459d Rn. 4.
16 So aber *Volckart* NStZ 1982, 496; wie hier: OLG Zweibrücken NStZ 1985, 575; *Bringewat* § 459d Rn. 13.
17 *Bringewat* § 459d Rn. 15.
18 KMR/*Stöckel* § 459c Rn. 6.
19 Meyer-Goßner/*Schmitt* § 459c Rn. 5.
20 Vgl. Meyer-Goßner/*Schmitt* § 459e Rn. 2; verneinend KK/*Appl* § 459e Rn. 4; Meyer-Goßner/*Schmitt* § 459e Rn. 2; a.A. OLG Celle NdsRpfl 1977, 128.
21 § 459e Abs. 2 S. 2 StPO angefügt m.W.v. 01.10.2023 durch G. v. 26.07.2023 (BGBl. I Nr. 203).
22 Wie hier: KMR/*Stöckel* § 459e Rn. 4.

Über Einwendungen gegen die Anordnung der Ersatzfreiheitsstrafe entscheidet das nach den §§ 462, 462a StPO zuständige Gericht (§ 459o StPO).

Auch nach der Anordnung der Ersatzfreiheitsstrafe und sogar noch während ihrer Vollstreckung ist die Gewährung von Zahlungserleichterungen zulässig. Einem entsprechenden Antrag wird die Vollstreckungsbehörde bei Vorliegen der Voraussetzungen des § 42 StGB auch stattzugeben haben, wenn das Gesuch nicht mutwillig erscheint und die begründete Aussicht besteht, so doch noch eine Bezahlung der Geldstrafe in absehbarer Zeit zu erhalten. 10

▶ Beachte

Der Verteidiger sollte der Vollstreckungsbehörde ggf. nachdrücklich vor Augen halten, dass das Urteil gerade auf Geldstrafe lautet und der Vollzug der Ersatzfreiheitsstrafe an sich kriminalpolitisch unerwünscht und präventiv schädlich ist.

Wenn die Vollstreckungsbehörde bereits die Haft vollziehen lässt, aber unter der Bedingung einer sofortigen Anzahlung zur Gewährung (nochmaliger) Zahlungsvergünstigungen bereit ist, sollte das Geld entweder direkt bei der JVA oder aber bei einer Gerichtszahlstelle eingezahlt und diese ersucht werden, die Vollstreckungsbehörde hiervon sofort zu unterrichten; dann kann umgehend die Entlassung verfügt werden. Mit der Ratenbewilligung entsteht für die Ersatzfreiheitsstrafe ein Vollstreckungshindernis.[23]

Für die Ladung zum Strafantritt und die nach § 457 StPO zulässigen Zwangsmittel gelten die Ausführungen zur Vollstreckung von Freiheitsstrafen entsprechend. Aus Gründen der Verhältnismäßigkeit kommt bei geringfügigen Ersatzfreiheitsstrafen grundsätzlich keine Ausschreibung zur Festnahme in Betracht.[24] In der Ladung und dem Vorführungs- bzw. Haftbefehl wird der Betrag der Geldstrafe angegeben, durch welchen die Vollstreckung abgewendet werden kann. Gemäß § 43 Satz 2 StGB entsprechen nach Inkrafttreten der Neufassung[25] zwei Tagessätze einem Tag Ersatzfreiheitsstrafe. Da die Vollstreckung wegen eines Teilbetrages, der unter zwei Tagessätzen liegt, unzulässig ist (§ 459e Abs. 3 StPO), lässt sich die noch offene Haft von nur noch einem Tag schon durch Zahlung eines Bruchteiles der Tagessätze abwenden. 11

Sind mehrere Ersatzfreiheitsstrafen zu vollziehen, so sollte der Verteidiger stets prüfen, ob keine Bildung einer Gesamtstrafe infrage kommt. Ist das der Fall, muss er darauf drängen, allenfalls die zu bildende Gesamtstrafe zu vollstrecken (s.a. Kap. 13 Rdn. 35). Zwar wären bis zur Rechtskraft des Beschlusses nach § 460 StPO an sich noch alle Einzelstrafen jeweils für sich genommen vollstreckbar.[26] In den Fällen des § 41 Abs. 2 StVollstrO ist jedoch der Vollstreckung der Gesamtstrafenbeschluss bereits vor seiner Rechtskraft zu Grunde zu legen. Im Übrigen sollte der Verteidiger auf die in Haftsachen bei einigen Gerichten und Staatsanwaltschaften in der Praxis leider nicht immer genügend beachtete Eilbedürftigkeit hinweisen. 12

Eine Reststrafenaussetzung zur Bewährung ist bei Ersatzfreiheitsstrafen vom Gesetz nicht vorgesehen, denn die §§ 459 ff. StPO enthalten für die Geld- und Ersatzfreiheitsstrafen abschließende Regelungen. § 57 StGB ist auf sie nach inzwischen h.M. nicht anzuwenden.[27] Diese Frage war in der Recht- 13

23 KMR/*Stöckel* § 459e Rn. 7.
24 *Röttle/Wagner* Rn. 276.
25 Der Umrechnungsmaßstab wurde durch Gesetz vom 26.07.2023, BGBl. I Nr. 203, geändert. Die Änderung trat wegen erforderlicher technischer Anpassungen (erst) zum 01.02.2024 in Kraft, vgl. BGBl. I Nr. 218. Nach der Übergangsvorschrift des Art. 316o EGStGB bleibt es bei der Vollstreckung von vor dem 01.02.2024 rechtskräftig verhängten Geldstrafen beim bisherigen Umrechnungsfaktor.
26 BGH NJW 1956, 110.
27 OLG Oldenburg MDR 1988, 1171; NStZ-RR 2007, 253; OLG Bamberg NStZ-RR 1998, 380; OLG Thüringen NStZ 1999, 317; KG NStZ-RR 2011, 260 (261); KK/*Appl* § 459e Rn. 8; KMR/*Stöckel* § 454b Rn. 13; a.A. Sch/Sch/*Kinzig* § 57 Rn. 4; *Seebode* NStZ 1999, 318.

sprechung anfänglich umstritten;[28] inzwischen lehnt sie die Reststrafenaussetzung aber durchweg ab. Der Verteidiger könnte gleichwohl ein Gesuch um vorzeitige Entlassung auf Bewährung stellen, falls die Ersatzfreiheitsstrafe über zwei Monate dauern sollte (vgl. § 57 Abs. 1 Nr. 1 StGB), dann aber sogleich kombiniert mit einem hilfsweisen Antrag auf eine Anordnung nach § 459 f StPO (s. Rdn. 17), deren Wirkung einer Strafaussetzung ähnelt.[29] Als Begründung bietet sich der Hinweis auf eine ungerechtfertigte Ungleichbehandlung mit Gefangenen an, die eine Freiheitsstrafe in entsprechender Höhe verbüßen und, trotz schlechterer präventiver Ausgangslage, in den Genuss einer Reststrafenaussetzung kommen können (zu weiteren möglichen Gründen vgl. Rdn. 18).

II. Abwendung der Vollstreckung

1. Zahlung

14 Selbstverständlich lässt sich die Vollstreckung der Ersatzfreiheitsstrafe jederzeit durch Zahlung der Geldstrafe abwenden, denn dann entsteht für sie ein Vollstreckungshindernis. Der Gefangene ist sofort zu entlassen, auch wenn noch kein voller Tag verbüßt ist (§ 51 Abs. 4 StVollstrO). Geht nur ein Teilbetrag der insgesamt geschuldeten Summe ein, ist die noch offene Haftzeit entsprechend zu kürzen, wobei sich diese bei einer Vollzugsdauer von unter einer Woche nach vollen Stunden, sonst nach vollen Tagen berechnet (§ 37 Abs. 2 StVollstrO). Ergeben sich Überzahlungen, müssen diese zurückgezahlt werden, sofern sie nicht – was freilich zumeist der Fall sein wird – für noch offene Gerichtskosten verwendet werden können.

2. Leistung gemeinnütziger Arbeit

15 Art. 293 EGStGB ermächtigt die Landesregierungen, durch Rechtsverordnung oder im Gnadenwege Möglichkeiten zu schaffen, die Vollstreckung der Ersatzfreiheitsstrafe durch Leistung sog. freier bzw. gemeinnütziger Arbeit abzuwenden. Von dieser Ermächtigung haben auch alle Bundesländer Gebrauch gemacht.[30] Soweit die Arbeit tatsächlich geleistet wird, erledigt sich die Ersatzfreiheitsstrafe und damit die Geldstrafe. Die Arbeit muss unentgeltlich und gemeinnützig sein; sie darf keine erwerbswirtschaftlichen Zwecke verfolgen. Gemeinnützige Arbeit begründet weder ein arbeitsrechtliches noch ein Beschäftigungsverhältnis im Sinne der Sozial- und Arbeitslosenversicherung sowie des Steuerrechts; die Vorschriften über den Arbeitsschutz gelten aber sinngemäß (Art. 293 Abs. 2 EGStGB). Leistungsansprüche eines Arbeitslosen gehen nicht unter. Die Geldstrafenerledigung durch freie Arbeit ist nicht als geldwerter Vorteil nach den Vorschriften des SGB III oder des EStG anrechenbar.[31]

In der Regel wird ein Tagessatz Geldstrafe durch fünf bis sechs Stunden Arbeit getilgt; in Ausnahmefällen kann die dazu erforderliche Stundenzahl herabgesetzt werden. Gerade bei körperlich oder seelisch belastenden Arbeiten oder bei Nachteinsätzen, aber auch bei besonderen persönlichen Verhältnissen kommt eine entsprechende Anregung an die Vollstreckungsbehörde in Betracht.

16 Grundsätzlich erfolgt spätestens zusammen mit der Ladung zum Strafantritt eine Belehrung über die Arbeitsmöglichkeit unter gleichzeitiger Fristsetzung für eine etwaige Antragstellung. Ein rechtzeitiger Antrag hemmt die Vollstreckung der Ersatzfreiheitsstrafe,[32] jedoch ist der Antrag selbst bei Verfristung nicht ohne weiteres zurückzuweisen. Sofern der Antragsteller von sich aus keine Einsatzstelle benennen kann, wird ihm von der Vollstreckungsbehörde – ggf. unter Mitwirkung der Gerichtshilfe – eine solche zugewiesen. Will oder kann der Verurteilte die Arbeit voraussichtlich nicht leisten oder kommt ein Beschäftigungsverhältnis in angemessener Zeit nicht zustande, muss die

---

28 Dies befürwortend OLG Koblenz NStZ 1995, 254; OLG Hamm StV 1998, 151; insoweit jedoch aufgegeben durch OLG Hamm StV 2010, 696 (697).

29 Vgl. *Bringewat* § 459 f Rn. 10.

30 Vgl. die Zusammenstellung bei LK/*Häger* § 43 Rn. 12.

31 *Bringewat* § 459e Rn. 11; s.a. *Schall* NStZ 1985, 104.

32 *Röttle/Wagner* Rn. 281.

Gestattung abgelehnt werden.[33] Sie kann zudem bei durch den Verurteilten verschuldeten Arbeitsstörungen widerrufen werden; zuvor ist freilich rechtliches Gehör zu gewähren. Gegen die Ablehnung oder den Widerruf der Gestattung können Einwendungen gemäß § 459h StPO erhoben werden.

3. Anordnung des Gerichts

Eine weitere Möglichkeit, die Vollstreckung der Ersatzfreiheitsstrafe abzuwenden, eröffnet § 459f StPO). Danach kann das Gericht bei Vorliegen einer unbilligen Härte die Nichtvollstreckung anordnen. Die Anordnung bewirkt aber nur einen Aufschub und keinen Erlass der Ersatzfreiheitsstrafe; die weitere Vollstreckung der Geldstrafe bleibt folglich möglich.[34] Die Entscheidung ist bis zum Eintritt der Vollstreckungsverjährung widerruflich, falls die unbillige Härte zu einem späteren Zeitpunkt wieder wegfällt.[35] Die Anordnung wie ihr Widerruf sind mit sofortiger Beschwerde anfechtbar (§ 462 Abs. 3 S. 1 StPO). 17

Die den Verurteilten durch die Vollstreckung der Ersatzfreiheitsstrafe treffende Härte ist dann unbillig, wenn er unverschuldet mittellos geworden ist und dazu eine nicht mit dem Strafzweck vereinbare, unzumutbare Belastung hinzutritt.[36] Daneben muss eine günstige Täterprognose die Erwartung rechtfertigen, schon durch die Verhängung der Geldstrafe sei der Strafzweck erreicht worden.[37] Die Vollstreckung der Ersatzfreiheitsstrafe kann geradezu als ungerecht erscheinen, wenn der Verurteilte auch bei äußerstem Bemühen und gehöriger Einschränkung seiner Lebensverhältnisse außerstande ist, zumindest Teilzahlungen zu leisten.[38] Danach kann eine unbillige Härte etwa in folgenden Fällen zu bejahen sein:[39] die allein erziehende Hausfrau und Mutter ist ohne eigene Einkünfte und Mittel; andauernde Mittellosigkeit als Folge unverschuldeter schwerer persönlicher Schicksalsschläge; längere Krankheit des Ehepartners, weshalb Kleinkinder im Fall der Strafverbüßung des Verurteilten unversorgt blieben. Eine unbillige Härte liegt auch dann vor, wenn die Zurückstellung der Vollstreckung einer oder mehrerer Freiheitsstrafen gemäß § 35 BtMG allein an der mangelnden Zurückstellungsfähigkeit der anschließend zu vollstreckenden Ersatzfreiheitsstrafe scheitern würde[40] oder wenn andernfalls die Aufnahme in einer Therapieeinrichtung gefährdet wäre.[41] Sofern die Voraussetzungen einer unbilligen Härte vorliegen, besteht ein Rechtsanspruch auf Erlass einer Unterbleibensanordnung.[42] 18

▶ **Beachte**

Kommt zu der Ersatzfreiheitsstrafe auch noch eine Freiheitsstrafe hinzu, so hat der Verteidiger zu prüfen, ob nicht eine Entscheidung nach § 459d StPO erwirkt werden kann (vgl. oben Rdn. 8). Dass die Vollstreckung der Ersatzfreiheitsstrafe bereits angeordnet wurde oder sie schon begonnen hat, steht dem nicht entgegen. Die Entscheidung führt wegen § 459e Abs. 4 StPO zur sofortigen Beendigung der Ersatzfreiheitsstrafenvollstreckung.

33 KMR/*Stöckel* § 459e Rn. 14.
34 KMR/*Stöckel* § 459f Rn. 6.
35 Meyer-Goßner/*Schmitt* § 459f Rn. 3.
36 BGHSt 27, 90; OLG Düsseldorf MDR 1983, 341; LG Frankfurt StV 1983, 292.
37 OLG Düsseldorf MDR 1985, 76; Meyer-Goßner/*Schmitt* § 459f Rn. 2.
38 *Bringewat* § 459f Rn. 4.
39 Vgl. KMR/*Stöckel* § 459f Rn. 3.
40 OLG Karlsruhe StV 2006, 590.
41 OLG Schleswig StV 1998, 673.
42 KMR/*Stöckel* § 459f Rn. 5.

Kapitel 18 Fahrverbot und Führerscheinentzug

Übersicht

A. Fahrverbot

1 Das (auf maximal sechs Monate begrenzte) Fahrverbot wird spätestens einen Monat nach Rechtskraft des Straferkenntnisses wirksam, es sei denn, der Führerschein ist schon zu einem früheren Zeitpunkt zu den Akten gelangt (§ 44 Abs. 2 S. 1 StGB). Bei ausländischen Fahrerlaubnissen beginnt die Verbotsfrist mit der Eintragung eines Sperrvermerks in den Führerschein zu laufen (§ 44 Abs. 3 S. 1 StGB). Bei Abgabe des Führerscheins jenseits der Monatsfrist von § 44 Abs. 2 S. 1 StGB entsteht also der unangenehme Effekt, dass der Mandant zwar bereits nicht mehr fahren darf, diese Zeit aber nicht auf die Dauer des Fahrverbots angerechnet wird. Faktisch wirkt das Fahrverbot dann länger, als es das Urteil eigentlich anordnen wollte. Ist der Mandant daher im Besitz einer Fahrerlaubnis, muss der Verteidiger ihn darauf hinweisen und veranlassen, den Führerschein rechtzeitig abzugeben, damit das Ende der Verbotsfrist nicht später als unbedingt nötig eintritt.

Sofern die Monatsfrist für die notwendigen Dispositionen des Mandanten nicht genügt, ergibt sich für die Verteidigung noch die Möglichkeit, die Wirksamkeit des Fahrverbots durch die Einlegung eines Rechtsmittels hinauszuschieben. Der gewünschte Zeitpunkt des Wirksamwerdens lässt sich durch die spätere Rücknahme des Rechtsmittels erreichen. Dies gelingt freilich dann nicht, wenn die Staatsanwaltschaft (oder ein etwaiger Nebenkläger) ihrerseits das Straferkenntnis angefochten hat. Umgekehrt kann ein früherer Beginn der Laufzeit (beim sofort durch den Mandanten abzugebenden Führerschein) durch einen Rechtsmittelverzicht erreicht werden.

► **Beachte**

Ein etwaiger Rechtsmittelverzicht sollte immer ausdrücklich erklärt werden. Viele Vollstreckungsbehörden erblicken nämlich zu Recht in der Abgabe des Führerscheins ohne weitere Erklärung noch keinen konkludenten Rechtsmittelverzicht. Der Mandant hätte dann seinen Führerschein abgegeben, ohne dadurch die Wirksamkeit des Fahrverbotes herbeizuführen. Er könnte zwar weiterhin bis zum Eintritt der Rechtskraft führerscheinpflichtige Kraftfahrzeuge führen, beginge aber dann eine Ordnungswidrigkeit wegen Nichtmitsichführens des Führerscheins (§ 4 Abs. 2 i.V.m. § 75 Nr. 4 FeV).[1]

Ebenso empfiehlt es sich nicht, auf Rechtsmittel zu verzichten und den Führerschein abzugeben, solange die Staatsanwaltschaft nicht gleichfalls auf die Einlegung eines Rechtsmittels verzichtet. Denn auch in diesem Fall wäre der Mandant seinen Führerschein vor Wirksamkeit des Fahrverbotes los. Zwar könnte in diesen Fällen der Führerschein bis zur Rechtskraft wieder herausverlangt werden, jedoch ist dies wenig praktikabel, wenn die Rechtsmittelfrist ohnehin demnächst abläuft. Eine Anrechnung der Zeit der freiwilligen Abgabe des Führerscheins vor Rechtskraft nach § 51 Abs. 5 StGB ist nicht möglich. In extremen Ausnahmefällen käme allenfalls eine Anrechnung im Gnadenwege in Betracht.

2 Die Verbotsfrist beginnt nach § 44 Abs. 3 S. 1 StGB erst mit dem Eingang des Führerscheins bei der Behörde zu laufen. Uneinigkeit besteht in der Praxis freilich bei der Frage, ob der Fristbeginn bereits auf den Zeitpunkt fällt, in welchem der Führerschein bei einer Polizeidienststelle abgegeben wird, die ihn dann der Vollstreckungsbehörde zuleitet.[2] Einige Vollstreckungsbehörden rechnen die Frist demgegenüber erst ab Eingang des Führerscheins bei ihnen oder beim Gericht. Dies ist jedoch

1 OLG Köln VRS 1971, 54.
2 Vgl. *Koch* DAR 1966, 343; *Röttle/Wagner* Rn. 412.

unrichtig, da amtlicher Gewahrsam auch bei der Polizei (zumal auf Beschlagnahme nach § 463b StPO hin) oder bei der zuständigen Führerscheinstelle begründet wird. Um ganz sicher zu gehen, empfiehlt sich dennoch die Abgabe des Führerscheins bei der Vollstreckungsbehörde, gegebenenfalls unter gleichzeitiger Erklärung eines Rechtsmittelverzichts dem Gericht gegenüber. Dabei sollte auch mitgeteilt werden, ob der Führerschein zum Ablauf der Verbotsfrist selbst abgeholt werden wird oder dieser rechtzeitig wieder zurückgeschickt werden soll. Hat der Verurteilte seinen Führerschein verloren, muss er über dessen Verbleib eine eidesstattliche Versicherung abgeben. In diesem Fall beginnt die Verbotsfrist mit Rechtskraft der Entscheidung, falls der Führerschein zu diesem Zeitpunkt bereits in Verlust geraten war, andernfalls mit dem späteren Verlust des Dokuments.[3]

Häufig möchte der Mandant den Beginn des Fahrverbots hinausgeschoben wissen, um sich auf die 3 führerscheinlose Zeit einrichten zu können. Ein Vollstreckungsaufschub nach § 456 StPO ist aber nicht möglich, weil diese Vorschrift auf keine mit der Rechtskraft wirksam werdenden Nebenstrafen und Nebenfolgen anzuwenden ist.[4] Auch im Gnadenwege lässt sich das Fahrverbot nicht aufschieben; allenfalls ist in ganz besonderen Ausnahmefällen eine gnadenweise Abkürzung zu erreichen. Daher besteht im Strafverfahren nur die Möglichkeit, durch Einlegung von Rechtsmitteln bzw. durch die Erklärung des Rechtsmittelverzichts auf die Verbotsfrist Einfluss zu nehmen.

Anders sieht es aus, wenn ein straßenverkehrsrechtliches Fahrverbot nach § 24 StVG im Hinblick 4 auf Verkehrsordnungswidrigkeiten verhängt wurde. Denn hier lässt es § 25 Abs. 2a S. 1 StVG zu, die Wirksamkeit des Fahrverbots sogar bis zu vier Monate ab Rechtskraft der Bußgeldentscheidung hinauszuschieben, sofern gegen den Betroffenen in den letzten zwei Jahren vor Tatbegehung kein Fahrverbot ergangen war. Er hat es dann in noch höherem Maße selbst in der Hand, Beginn und Ende der Verbotsfrist in gewissem Maße nach eigenen Bedürfnissen zu bestimmen; das Fahrverbot wird in diesen Fällen entgegen der allgemeinen Regel erst mit Abgabe des Führerscheins und nicht bereits einen Monat nach Rechtskraft der Entscheidung wirksam.

In die Verbotsfrist nicht eingerechnet wird die Zeit, in welcher der Verurteilte auf behördliche Anord- 5 nung in einer Anstalt verwahrt wird (§ 44 Abs. 3 S. 2 StGB). Wurde der Führerschein bereits im Ermittlungsverfahren amtlich verwahrt, sichergestellt oder beschlagnahmt oder wurde gemäß § 111a StPO die Fahrerlaubnis vorläufig entzogen, ist die entsprechende Zeit nach § 51 Abs. 5 StGB auf das Fahrverbot anzurechnen. Das kann im günstigsten Fall dazu führen, dass bei Wirksamwerden des Fahrverbots bereits die gesamte Verbotsfrist infolge Anrechnung erledigt ist. Dann ist bei allseitigem Rechtsmittelverzicht nach Verkündung des Urteils der Führerschein sofort wieder herauszugeben. Nicht anrechenbar ist jedoch die Zeit einer freiwilligen Herausgabe des Führerscheins nach Verkündung des Urteils, aber vor Rechtskraft (vgl. Rdn. 2). Hiervon ist dem Mandanten deshalb dringend abzuraten.

Über Einwendungen gegen eine fehlerhafte Berechnung der Verbotszeit entscheidet das Gericht (§ 458 Abs. 1 StPO).

Sofern mehrere Fahrverbote zu vollstrecken sind und die Voraussetzungen einer Gesamtstrafen- 6 bildung nach § 55 StGB nicht vorliegen, werden die Fahrverbote nacheinander vollstreckt (§ 44 Abs. 4 StGB bzw. § 25 Abs. 2b StVG).

Wenn der Führerschein nicht freiwillig herausgegeben wird, droht seine Beschlagnahme (§ 463b 7 Abs. 1 StPO). Falls er bei dem Verurteilten nicht vorgefunden wird, so hat dieser auf Antrag der Vollstreckungsbehörde beim Amtsgericht eine eidesstattliche Versicherung über den Verbleib abzugeben (§ 463b Abs. 3 StPO).

3 *Pohlmann/Jabel/Wolf* § 59a Rn. 18; *Burmann/Heß/Hühnermann/Jahnke/Janker* § 25 Rn. 35b; AG Neunkirchen ZfS 2005, 208. a.A. OLG Düsseldorf NZV 1999, 521: Die Frist beginnt erst mit Abgabe der eidesstattlichen Versicherung.

4 AG Mainz MDR 1967, 683; HK/*Polllähne* § 456 Rn. 2; Meyer-Goßner/*Schmitt* § 456 Rn. 2.

B. Entziehung der Fahrerlaubnis

8 Die Fahrerlaubnis erlischt unmittelbar mit Eintritt der Rechtskraft eines auf ihre Entziehung lautenden Strafurteils (§ 69 Abs. 3 StGB). Der Führerschein wird eingezogen und die Einziehung ggf., soweit keine vorläufige Entziehung und Beschlagnahme erfolgt war, gemäß § 459g Abs. 1 StPO vollstreckt. Unabhängig vom etwaigen weiteren Besitz des Führerscheins ist dem Verurteilten aber mit der Rechtskraft die Nutzung fahrerlaubnispflichtiger Fahrzeuge verboten und ein Verstoß wäre nach § 21 StVG strafbedroht.

Die nach § 69a Abs. 1 StGB im Urteil zugleich angeordnete Sperrfrist für die Wiedererteilung einer Fahrerlaubnis läuft ebenfalls prinzipiell ab Rechtskraft des Straferkenntnisses; vorläufige Führerscheinmaßnahmen werden grundsätzlich nicht auf die Sperrfrist angerechnet; sie fließen nämlich bereits in die Sperrfristbemessung ein, weil die Sperrfrist der prognostizierten Zeit einer Fahrerlaubnisuntauglichkeit des Angeklagten zum Zeitpunkt des Straferkenntnisses entspricht (vgl. auch § 69a Abs. 3 StGB). Auf die Sperrfrist wird allerdings die Zeit einer vorläufigen Entziehung zwischen Erlass des Strafbefehls bzw. Verkündung des letzten tatrichterlichen Urteils und Rechtskraft angerechnet (§ 69a Abs. 5 und 6 StGB). Ist der Führerschein also bereits vorläufig entzogen, so beginnt die Sperrfrist faktisch nicht erst mit Rechtskraft, sondern schon mit Urteilsverkündung bzw. Erlass des Strafbefehls. Erfolgt die vorläufige Entziehung erst später, so beginnt auch die Frist frühestens mit Zustellung des betreffenden § 111a StPO-Beschlusses bzw. der Beschlagnahme des Führerscheins. Wann die Rechtskraft in allen diesen Fällen eintritt, spielt demgegenüber keine Rolle. Die vorsorgliche Einlegung von Rechtsmitteln und ihre spätere Rücknahme wirkt sich also insoweit nicht nachteilig auf die tatsächliche Dauer der Sperrfrist aus.

9 Das Gericht kann die Sperrfrist nach Ablauf von drei Monaten, in den Fällen des § 69a Abs. 3 StGB nach einem Jahr, vorzeitig aufheben, wenn die Annahme begründet ist, der Täter sei zum Führen von Kraftfahrzeugen nicht mehr ungeeignet (§ 69a Abs. 7 StGB). Dies setzt das Vorliegen neuer Tatsachen voraus.[5] Regelmäßig wird ein entsprechender Antrag nur Erfolg haben, wenn eine freiwillige verkehrserzieherische Nachschulung stattgefunden hat.

Wo die zeitlichen Voraussetzungen nicht erfüllt sind, kann in bestimmten Fällen eine vorzeitige Abkürzung der Sperre im Gnadenwege um drei Monate erfolgen.[6] Die Vollstreckungsbehörden versenden in den Fällen, in denen eine solche Abkürzung infrage kommt, entsprechende Merkblätter. Voraussetzung ist regelmäßig ein nicht über einem bestimmten Wert liegender Blutalkoholwert bei der Tat und keine Vorverurteilung wegen eines Alkoholdelikts. Außerdem ist die Teilnahme an einer verkehrserzieherischen Maßnahme obligatorisch.

10 Das größte Hindernis auf dem Weg zu einer neuen Fahrerlaubnis stellen ohnehin die Verkehrsbehörden dar, weil auch nach Ablauf der Sperrfrist kein Anspruch auf die Wiedererteilung besteht, d.h. die Führerscheinstellen selbst die Eignung für eine Fahrerlaubnis zu beurteilen haben (§ 11 FeV). Soweit Alkoholmissbrauch bei der Entziehung der Fahrerlaubnis eine Rolle gespielt hat, wird in diesen Fällen regelmäßig gemäß § 13 FeV ein ärztliches bzw. ein medizinisch-psychologisches Gutachten eingeholt, deren Erfolgswahrscheinlichkeit aus Sicht der Mandanten nicht sonderlich hoch ist. Eine Gewähr, die Führerscheinstelle werde nach Ablauf der Sperrfrist eine neue Fahrerlaubnis erteilen, besteht daher in keinem Falle.

Neben der vorzeitigen Aufhebung der Sperre besteht die Möglichkeit, entweder in entsprechender Anwendung von § 69a Abs. 7 StGB oder im Gnadenweg bestimmte Fahrzeugarten vorzeitig von der Führerscheinsperre auszunehmen (beispielsweise Traktoren für Landwirte).

5 OLG Düsseldorf StV 1984, 335.

6 Nach dem sog., bundeseinheitlich vereinbarten »Modell Mainz 77«.

▶ Antrag auf vorzeitige Abkürzung der Sperrfrist nach § 69a Abs. 7 StGB an das Gericht

Mit beiliegender Vollmacht zeige ich die Verteidigung der Frau A an und beantrage, die verhängte Sperrfrist von neun Monaten mit Ablauf des 01.02.2023 aufzuheben.

An diesem Tag wird die Sperre drei Monate gedauert haben, wobei bereits jetzt Grund zu der Annahme besteht, meine Mandantin werde dann nicht mehr ungeeignet zum Führen von Kraftfahrzeugen sein. Laut beiliegender Bescheinigung des TÜV in X hat sie erfolgreich an einem Nachschulungskurs für alkoholauffällige Fahrer teilgenommen. Sie sieht ihr Fehlverhalten ein und schließt eine nochmalige Teilnahme am Straßenverkehr unter Alkoholeinfluss aus. Hierbei ist auch von Bedeutung, dass gegen sie erstmals ein Fahrerlaubnisentzug ausgesprochen werden musste und die festgestellte Alkoholisierung nur eine relative Fahruntüchtigkeit zur Folge hatte, wobei die Blutalkoholkonzentration deutlich unterhalb des Grenzwertes zur absoluten Fahruntüchtigkeit lag.

Kapitel 19 Vollstreckung von Einziehungsentscheidungen

Übersicht

A. Überblick

1 Der Gesetzgeber hat das Recht der Vermögensabschöpfung mit dem am 01.07.2017 in Kraft getretenen Gesetz zur Reform der strafrechtlichen Vermögensabschöpfung[1] umfassend und grundlegend geändert. Begrifflich unterscheidet das Gesetz nicht mehr zwischen »Verfall« und »Einziehung«, sondern verwendet einheitlich den Begriff »Einziehung«. Die Änderungen erfassen neben den materiellen (§§ 73 ff. StGB) und strafprozessualen Regelungen (§§ 111b ff. StPO, 421 ff. StPO) auch die Vorschriften des Vollstreckungsrechts (§§ 459g ff. StPO).[2]

B. Vorläufige Sicherungsmaßnahmen

2 Die vorläufige Sicherstellung von Vermögenswerten nach den §§ 111b ff. StPO dient der Sicherung der Vollstreckung (§§ 459g ff. StPO) einer späteren gerichtlichen Einziehungsanordnung (§§ 73, 74 StGB) oder Wertersatzeinziehung (§§ 73c, 74c StGB).[3] Das Gesetz zur Reform der Vermögensabschöpfung hat die vorläufigen Sicherungsmaßnahmen der §§ 111b ff. StPO erheblich geändert. Die Eingriffsermächtigungen sind umbenannt und neu geordnet worden.[4] Das bisherige System, das zwischen Beschlagnahme und Vermögensarrest unterscheidet, ist aber geblieben. Welche Maßnahme einschlägig ist, hängt von der materiell-rechtlichen Frage ab, ob eine spätere Einziehungsanordnung gesichert werden soll (dann Beschlagnahme, §§ 111b-111d StPO) oder die Maßnahme der Sicherung einer Wertersatzeinziehungsanordnung (dann Vermögensarrest, §§ 111e-111h StPO) dient.[5] Die früher in § 111b StPO a.F. zusammengefassten Sicherungsinstrumente sind nunmehr hinsichtlich Anordnungsvoraussetzungen, Vollziehung und Wirkung voneinander getrennt.[6] Dabei finden sich in § 111b StPO die Voraussetzungen zur Sicherstellung von Gegenständen (Beschlagnahme), in § 111c StPO ist die Vollziehung der Beschlagnahme verortet und § 111d StPO normiert folgerichtig die Wirkungen der Vollstreckung der Maßnahme. Nach demselben Muster sind die Vorschriften zum Vermögensarrest geordnet: Zunächst sind in § 111e StPO die Anordnungsvoraussetzungen, in § 111f StPO die Vollziehung und § 111g StPO die Aufhebung der Vollziehung geregelt; § 111h und § 111i StPO normieren die Wirkungen des Vollzugs. Gemeinsame Vorschriften zur Zuständigkeit, zum weiteren Verfahren und zur Verwaltung verstrickter Gegenstände finden sich in den §§ 111j ff. StPO.[7]

---

1 BGBl. 2017 I 22 vom 21.04.2017, S. 872–894.
2 Hierzu *Köhler* NStZ 2017, 497; *Köhler/Burkhard* NStZ 2017, 665; *Trüg* NJW 2017, 1913.
3 LR/*Johann* vor §§ 111b ff. Rn. 2.
4 LR/*Johann* vor §§ 111b ff. Rn. 3.
5 LR/*Johann* vor §§ 111b ff. Rn. 5.
6 HK/*Gercke* vor §§ 111b Rn. 7; SSW/*Heine* § 111b Rn. 1.
7 SSW/*Heine* § 111b Rn. 2.

I. Die Vollziehung von Beschlagnahme und Arrest

Die Vollziehung (Vollstreckung) der vorläufigen Sicherungsmaßnahmen richtet sich insbesondere danach, in welchen Gegenstand (bewegliche oder unbewegliche Sachen, Forderungen) vollstreckt werden soll.[8] Für sie ist die Staatsanwaltschaft zuständig (§ 111k Abs. 1 StPO). Gegen Vollziehungsmaßnahmen kann gemäß § 111k Abs. 3 StPO Antrag auf gerichtliche Entscheidung gestellt werden. Zuständig ist gemäß § 162 Abs. 1 StPO der Ermittlungsrichter, nach Erhebung der öffentlichen Klage das mit der Hauptsache befasste Gericht (§ 162 Abs. 3 StPO). 3

II. Wirkungen der Vollziehung

Beschlagnahme und Vermögensarrest werden erst durch ihre Vollziehung (Vollstreckung) rechtswirksam.[9] Die bloße Anordnung der Maßnahmen reicht nicht aus. Die Wirkungen einer vollzogenen Beschlagnahme bzw. Arrestanordnung ergeben sich aus den §§ 111d, 111h, 111j StPO. Die Vorschriften haben für den Beschuldigten ganz erhebliche praktische Auswirkungen. 4

1. Veräußerungsverbot

Nach den §§ 111d Abs. 1 S. 1, 111h Abs. 1 S. 1 StPO kommt der Vollziehung der Beschlagnahme und des Vermögensarrestes die Wirkung eines relativen Veräußerungsverbotes i.S.v. § 136 BGB zu.[10] Sämtliche Verfügungen, die den Rechtsübergang des beschlagnahmten Gegenstandes auf den Staat (§ 75 Abs. 1 StGB) vereiteln würden, sind diesem gegenüber unwirksam; im Übrigen bleiben sie aber wirksam.[11] Der gutgläubige Erwerb vom Nichtberechtigten nach den entsprechenden Vorschriften des BGB bleibt weiterhin möglich. 5

Der vollzogene Vermögensarrest führt nach § 111h Abs. 2 S. 1 StPO zu einem Verbot der Einzelzwangsvollstreckung. Hierdurch sollen sämtliche Verletzte der verfahrensgegenständlichen Erwerbstaten gleichmäßig von den gepfändeten Vermögenswerten profitieren.[12] Während es nach alter Rechtslage gerade darum ging, dem Verletzten Vermögenswerte vorläufig zu sichern, damit er die Zwangsvollstreckung betreiben kann, wird ihm dieses Vorgehen heute ausdrücklich untersagt. Stattdessen kann er seine Ansprüche gegenüber den Strafverfolgungsbehörden anmelden und wird dann (erst) im Strafvollstreckungs- oder Insolvenzverfahren aus den gesicherten Vermögenswerten befriedigt.[13] Dies gewährleistet eine gleichmäßige Verteilung der oft unzulänglichen Vermögenswerte unter den Gläubigern. Eine Ausnahme hiervon macht § 111h Abs. 2 S. 2 StPO für den Arrestvollzug der Steuerbehörde nach § 324 AO; dieser bleibt zulässig. 6

2. Insolvenzverfahren

Die Vollziehung der Sicherungsmaßnahmen wirkt sich auch auf das Insolvenzverfahren aus. Mit dem Gesetz zur Reform der strafrechtlichen Vermögensabschöpfung hat der Gesetzgeber das Verhältnis von Beschlagnahme und Vermögensarrest zum Insolvenzverfahren ebenfalls neu geregelt.[14] 7

---

8 Die § §§ 111c Abs. 4, 111f Abs. 3 StPO betreffen die weniger praxisrelevanten Fälle der Vollstreckung in Schiffe, Schiffsbauwerke und Luftfahrzeuge.

9 KK/*Spillecke* § 111d Rn. 3; LR/*Johann* vor § 111b Rn. 6, § 111d Rn. 6; Meyer-Goßner/Schmitt/*Köhler* § 111d Rn. 2; SSW/*Heine* § 111d Rn. 2.

10 Meyer-Goßner/Schmitt/*Köhler* § 111d Rn. 1 m.W.N; § 111d Abs. 1 S. 1 StPO entspricht § 111c Abs. 5 Hs. 1 StPO.

11 Meyer-Goßner/Schmitt/*Köhler* § 111d Rn. 1, § 111h Rn. 2; SSW/*Heine* § 111d Rn. 2, § 111h Rn. 3.

12 *Köhler/Burkhard* NStZ 2017, 665 (678).

13 BT Drucks. 18/9525 S. 78; LR/*Johann* § 111h Rn. 9 ff.

14 LR/*Johann* § 111d Rn. 9, § 111h Rn. 4; *Köhler* NStZ 2017, 665 (676).

a) Beschlagnahme

8 Nach § 111d Abs. 1 S. 2 StPO bleibt die Wirkung der vollzogenen Beschlagnahme im Insolvenzverfahren bestehen. Das Veräußerungsverbot ist damit »insolvenzfest«[15]; beschlagnahmte Gegenstände fallen nicht in die Insolvenzmasse. Inkriminierte Gegenstände können folglich nicht mehr für privatrechtliche Verbindlichkeiten des Täters, Teilnehmers oder Drittbegünstigten eingesetzt werden.[16] Bis zur Reform galt das nur für solche Gegenstände, an denen ein Aussonderungsrecht nach §§ 47 ff. InsO bestand.[17] So konnte derjenige, dem eine Sache durch einen Diebstahl entzogen worden war, gestützt auf sein Eigentum die Herausgabe verlangen.[18] Kein Aussonderungsrecht bestand hingegen schon zuvor an dem durch einen Betrug erlangten Eigentum.[19] Mit der Neuregelung werden nun diese Sachverhalte gleichgestellt und sämtliche Fälle der deliktischen Erlangung eines Gegenstandes erfasst.[20] Was beschlagnahmt wurde, ist damit für den Betroffenen dauerhaft verloren.

▶ **Beachte**

Wenn der Einziehung keine Beschlagnahme vorausgeht, gilt bis zur Rechtskraft der Entscheidung § 75 Abs. 3 StGB. Der beschlagnahmte Gegenstand unterliegt einem Veräußerungsverbot i.S.v. § 136 BGB, ohne gem. § 111d Abs. 1 S. 2 i.V.m. § 75 Abs. 4 StGB privilegiert zu sein.[21] Die Staatsanwaltschaft hat damit ein Interesse, möglichst frühzeitig zu beschlagnahmen, um die Vermögensabschöpfung effektiv zu sichern.

b) Vermögensarrest

9 Der vollzogene Vermögensarrest ist gemäß § 111h Abs. 1 StPO im Hinblick auf die Insolvenzfestigkeit schwächer ausgestaltet. Nach dessen Absatz 1 S. 2, der deklaratorisch auf § 80 Abs. 2 S. 2 InsO hinweist, hat die Vollziehung des Vermögensarrestes im Verhältnis zur Insolvenz des Betroffenen die gleiche Wirkung wie die Zwangsvollstreckung eines anderen Gläubigers.[22] Die Gesetzesänderung ändert weder das geltende Recht, noch privilegiert sie den Staat.[23] Das Sicherungsrecht hat daher Bestand, soweit es nicht von der Rückschlagsperre des § 88 InsO (ein Monat) oder einer Anfechtung nach §§ 129 ff. InsO betroffen ist. Es berechtigt den Staat zur abgesonderten Befriedigung gemäß der §§ 49, 50 InsO.[24] Der Vermögensarrest ist damit grundsätzlich insolvenzfest,[25] aber nicht derart privilegiert wie die Beschlagnahme (§ 111d Abs. 1 S. 2 StPO).[26] Die beschlagnahmten Gegenstände sollen dem Täter keinesfalls zur Befriedigung seiner privatrechtlichen Verbindlichkeiten zur Verfügung stehen. Der Gläubiger eines durch den Vermögensarrest gesicherten Wertersatzanspruchs, der im Gegensatz zur Beschlagnahme nicht auf einen bestimmten Gegenstand abzielt, soll also nicht besser stehen als jeder andere Gläubiger auch.[27]

---

15 BT Drucks. 18/10146 S. 11; HK/*Gercke* § 111d Rn. 4; Meyer-Goßner/Schmitt/*Köhler* vor § 111b Rn. 4, § 111d Rn. 4; *Trüg* NJW 2017, 1913 (1917).

16 BT Drucks. 18/9525 S. 76; Meyer-Goßner/Schmitt/*Köhler* § 111d Rn. 4.

17 LR/*Johann* § 111d Rn. 11.

18 Kübler/Prütting/Bork/*Prütting* § 47 InsO Rn. 15 ff.

19 BT Drucks. 18/9525 S. 76; dies gilt jedenfalls, wenn bei der Betrugstat zivilrechtlich wirksam Eigentum übertragen worden ist.

20 BT Drucks. 18/9525 S. 76; LR/*Johann* § 111d Rn. 11.

21 Bittmann/Köhler/Seeger/Tschakert/*Bittmann*/*Tschakert* Rn. 639.

22 HK/*Gercke* § 111h Rn. 3; LR/*Johann* § 111h Rn. 5; Meyer-Goßner/Schmitt/*Köhler* § 111h Rn. 3; SSW/*Heine* § 111h Rn. 5.

23 BT Drucks. 18/9525 S. 78.

24 BT Drucks. 18/9525 S. 78; LR/*Johann* § 111h Rn. 5; Meyer-Goßner/Schmitt/*Köhler* § 111h Rn. 3.

25 HK/*Gercke* § 111h Rn. 3; KK/*Spillecke* § 111h Rn. 2; KMR/*Mayer* § 111h Rn. 4; Meyer-Goßner/Schmitt/*Köhler* § 111h Rn. 3.

26 SSW/*Heine* § 111h Rn. 4.

27 BT Drucks. 18/9525 S. 46; kritisch SSW/*Heine* § 111i Rn. 4.

▶ **Beachte**

Der Zeitpunkt der Maßnahme kann für den Beschuldigten eine wichtige Rolle spielen. Mit der Eröffnung des Insolvenzverfahrens werden auch die vorläufigen Sicherungsmaßnahmen des Staates gemäß § 89 Abs. 1 InsO unzulässig, weil hierdurch der vorläufig titulierte Anspruch des Staates auf Einziehung oder Wertersatzeinziehung vollstreckt wird.[28] Der Staat ist dann lediglich Insolvenzgläubiger, der nachrangig zu befriedigen wäre (§§ 38, 39 Abs. 1 Nr. 3 InsO).[29] In der Insolvenz besteht für den Beschuldigten aber – ggf. nach Absprache mit dem Insolvenzverwalter – die Möglichkeit, die Gegenstände, auf die sich die Einziehungsanordnung erstreckt, weiterzunutzen. Für die Beschlagnahme enthält § 111d Abs. 2 S. 3 StPO eine Sonderregelung. Dem Beschuldigten kann die Sache zur Benutzung zu überlassen werden, allerdings kann diese Maßnahme von Auflagen und Sicherheitsleistung abhängig gemacht werden.[30] Es mag daher erwägenswert sein, einen ohnehin anstehenden Insolvenzantrag selbst und möglichst frühzeitig zu stellen.

Eine gewichtige Ausnahme von der grundsätzlichen Insolvenzfestigkeit des Vermögensarrestes macht 10
§ 111i StPO. Liegt dem Vermögensarrest zumindest auch eine Erwerbstat im materiellen Sinn (etwa § 263 StGB, § 370 AO) mit mindestens einem Verletzten zugrunde, erlöschen die staatlichen Sicherungsrechte mit der Eröffnung des Insolvenzverfahrens.[31] Der Gegenstand steht dann für sämtliche Gläubiger im Insolvenzverfahren zur Verfügung. Beruht der Vermögensarrest hingegen ausschließlich auf materiellen Erwerbstaten zum Nachteil der Allgemeinheit (z.B. § 29a BtMG), bleibt es bei der grundsätzlichen Insolvenzfestigkeit der staatlichen Sicherungsrechte.[32] An Gegenständen, die ohnehin nicht in die Insolvenzmasse fallen, besteht das Sicherungsrecht des Staates fort (§ 36 InsO).[33] Für die Wirkungen des § 111i StPO ist es zudem unbeachtlich, ob das Insolvenzverfahren aufgrund eines Eigenantrags des Arrestschuldners oder aufgrund eines Antrags eines Verletzten, eines sonstigen Gläubigers oder der Staatsanwaltschaft eröffnet wird.[34]

▶ **Beachte**

§ 111i StPO greift ein, wenn der Vermögensarrest zumindest einen individuell Verletzten betrifft. Der Kreis der Verletzten i.S.v. § 111i StPO ist jedoch nicht starr. Geschädigte können ihre Verletztenstellung im Laufe des Verfahrens verlieren, etwa weil die Tat nicht nachzuweisen ist oder sie nach den §§ 154, 154a StPO aus dem Verfahren ausgeschieden wird. Ebenso gut ist es möglich, dass sich der Verletztenkreis erweitert, weil weitere Taten ermittelt werden.[35] Diese dynamische Situation sollte der Verteidiger stets vor Augen haben.

C. Vollstreckungsverfahren

Nach der bisherigen Rechtslage musste die Einziehungsanordnung unterbleiben, sofern der Verfall für 11
den Beschuldigten eine unbillige Härte bildete (§ 73c Abs. 1 S. 1 StGB a.F.). War die Bereicherung im Vermögen des Beschuldigten nicht mehr vorhanden oder hatte das Erlangte nur einen geringen Wert, konnte von der Anordnung des Verfalls abgesehen werden (§ 73c Abs. 1 S. 2 StGB a.F.). Die Vorschrift war Ausprägung des Verhältnismäßigkeitsgrundsatzes und diente dazu, die Folgen der zwingend vorgeschriebenen Anordnung des Verfalls abzumildern.[36] Der Gesetzgeber hat im Zuge

28 Meyer-Goßner/Schmitt/*Köhler* vor § 111b Rn. 5.
29 Vgl. hierzu BGH NZI 2019, 305 (307).
30 Näher hierzu LR/*Johann* § 111d Rn. 13.
31 Meyer-Goßner/Schmitt/*Köhler* vor § 111b Rn. 4, § 111i Rn. 1; *Köhler* NStZ 2017, 665 (676).
32 Meyer-Goßner/Schmitt/*Köhler* vor § 111b Rn. 4.
33 LR/*Johann* § 111i Rn. 16; SSW/*Heine* § 111i Rn. 12.
34 BT Drucks. 18/11640 S. 85; Meyer-Goßner/Schmitt/*Köhler* § 111i Rn. 4.
35 BT Drucks. 18/9525 S. 51.
36 LK/Schmidt, 12. Aufl. § 73c Rn. 3.

der Gesetzesänderung § 459g StPO reformiert. Der neu eingefügte § 459g Abs. 4 StPO enthält eine § 73e StGB ergänzende Regelung im Vollstreckungsverfahren.[37] Die Härteklausel des § 73c StGB a.F. wurde aus dem Erkenntnisverfahren gestrichen und in etwas abgewandelter Form in das Vollstreckungsverfahren in § 459g Abs. 5 StPO aufgenommen.[38] Der Verteidiger kann insoweit seine Einwendungen nur im Vollstreckungsverfahren vortragen.

I. Schutz vor doppelter Inanspruchnahme

12 Einen Schutz vor doppelter Inanspruchnahme bietet im Vollstreckungsverfahren § 459g Abs. 4 StPO.[39] Soweit der Anspruch des durch die Tat Verletzten nach der Anordnung der Einziehung oder der Wertersatzeinziehung befriedigt wird, ist die Vollstreckung ausgeschlossen. § 459g Abs. 4 StPO ist das vollstreckungsrechtliche Gegenstück zu § 73e StGB, der den Ausschluss der Einziehung bis zur Entscheidung im Erkenntnisverfahren regelt.[40] Die Vorschrift gilt nicht nur für die Erfüllung (§ 362 BGB), sondern auch für im Vergleichswege erlassene Forderungen (§ 397 BGB).[41]

▶ Beachte

Gerade die Möglichkeit, durch einen Vergleich die Wirkungen des § 459g Abs. 4 StPO herbeizuführen, kann für den Beschuldigten interessant sein. Zum einen kann eine Reduzierung der Forderung angestrebt, zum anderen die Vollstreckung abgewendet werden.

II. Unverhältnismäßigkeit

13 Anstelle einer Berücksichtigung der finanziellen Situation des Täters oder Teilnehmers bereits im Erkenntnisverfahren ist zur Vermeidung unbilliger Härten im Rahmen des Vollstreckungsverfahrens nach § 459g Abs. 5 S. 1 StPO die Möglichkeit getreten, von einer Vollstreckung der Einziehungsentscheidung abzusehen.[42] In der seit dem 01.07.2021 geltenden Fassung des § 459g Abs. 5 S. 1 StPO[43] wird explizit nur noch die Unverhältnismäßigkeit der Vollstreckung genannt. Der zuvor anerkannte Einwand der Entreicherung als zwingender (Unter-)Fall fehlender Verhältnismäßigkeit wurde als zu weitgehend empfunden, da die wesentliche Zielsetzung des Gesetzgebers (»Verbrechen darf sich nicht lohnen!«) hierdurch konterkariert worden sei.[44] Die Vorschrift gilt ausschließlich für die Wertersatzeinziehung nach den §§ 73c, 74c StGB.[45] Die vollstreckungsrechtliche Härteklausel des § 459g Abs. 5 StPO schützt den Beschuldigten dabei in demselben Umfang wie § 73c StGB a.F., weshalb auf die hierzu ergangene Rechtsprechung zurückgegriffen werden kann.[46] An die Unverhältnismäßigkeit der Vollstreckung sind allerdings hohe Anforderungen zu stellen.[47] Sie kommt nur in Betracht, wenn die Anordnung der Einziehung schlechthin »ungerecht« wäre.[48] Die Auswirkungen haben im konkreten Einzelfall außer Verhältnis zu dem mit der Maßnahme angestrebten Zweck zu stehen; es müssen besondere Umstände vorliegen, auf Grund derer mit der Vollstreckung der Einziehung eine außerhalb des Einziehungszwecks liegende zusätzliche Härte verbunden wäre, die dem Beschuldig-

37 Meyer-Goßner/Schmitt/*Köhler* § 459g Rn. 10.
38 BGH NStZ-RR 2018, 241; LR/*Johann* § 111b Rn. 39; *Köhler* NStZ 2017, 497 (498).
39 Meyer-Goßner/Schmitt/*Köhler* § 459g Rn. 10.
40 KK/*Appl* § 459g Rn. 15; Meyer-Goßner/Schmitt/*Köhler* § 459g Rn. 10.
41 BGH NStZ 2018, 400 m.A. Müller-Metz.
42 BGH, Urt. v. 08.05.2019 – 5 StR 95/19 –, juris.
43 Gesetz vom 25.06.2021 (BGBl. I 2099).
44 BT-Drucks. 19/27654, S. 111.
45 Meyer/Goßner/*Köhler* § 459g Rn. 12.
46 BGH, Urt. v. 08.05.2019 – 5 StR 95/19 –, juris; KK/*Appl* § 459g Rn. 16; vgl. zu den Einschränkungen für den Fall der Entreicherung C. III.
47 Meyer-Goßner/Schmitt/*Köhler* § 459g Rn. 13.
48 BGH NStZ-RR 2009, 234.

ten auch unter Berücksichtigung des Zwecks der Einziehung nicht mehr zugemutet werden kann.[49] Ein geringes Restvermögen nach der Vollstreckung bedeutet keine unzumutbare Härte.[50] Hierbei muss auch in den Blick genommen werden, dass der Beschuldigte ohnehin über § 459g Abs. 1 S. 2 StPO i.V.m. § 6 Abs. 1 Nr. 1 JBetrG i.V.m. §§ 850 ff. ZPO geschützt ist und außerdem Zahlungserleichterungen nach den §§ 459g Abs. 2, 459a StPO vorrangig sind.[51] In Betracht kommen Fälle, in denen – freilich gewichtige – Vollstreckungsmaßnahmen Dritter, insbesondere staatlicher Gläubiger[52] drohen, der Verlust des Beamtenstatus zu befürchten ist[53] oder das einzuziehende Vermögen ohne jeden denkbaren Zusammenhang mit den Straftaten erworben wurde.[54] Unverhältnismäßig kann die Vollstreckung schließlich auch sein, wenn das Erlangte nur einen geringen Wert (etwa 50 €[55]) hat und gemäß § 421 Abs. 1 Nr. 1 StPO von der Einziehung hätte abgesehen werden können.[56] Die im alten Recht durch den Verweis in § 459g Abs. 2 StPO a.F. i.V.m. § 459d StPO a.F. vorgesehene Möglichkeit, Erschwernisse bei der Resozialisierung des Täters nach der Haftentlassung zu berücksichtigen, wurde gestrichen. Dies führt aber nicht dazu, dass die Wiedereingliederung des Betroffenen schlechthin keine Rolle mehr spielt. Eine wesentliche Erschwerung der Resozialisierung muss vielmehr im Rahmen der Verhältnismäßigkeitsprüfung berücksichtigt werden.[57]

▶ Beachte

Der Verteidiger sollte die geforderten »besonderen Umstände« möglichst genau herausarbeiten und hinreichend substantiiert vortragen. Obgleich die Feststellungen des Tatgerichts im Urteil sowie sonstige Erkenntnisse der Staatsanwaltschaft, etwa resultierend aus erfolglosen Vollstreckungsversuchen, zu berücksichtigen sind, obliegt dem Betroffenen die Darlegungs- und Beweislast.[58] Dabei wird der bloße, nicht überprüfbare Verweis auf die eingetretene Vermögenslosigkeit, etwa durch den Verbrauch der Vermögenswerte zur Bewältigung allgemeiner Lebenshaltungskosten, nicht ausreichend sein.[59]

III. Wegfall der Bereicherung

Mit der Änderung des § 459g Abs. 5 S. 1 StPO[60] wird der Einwand der Entreicherung für sich 14
genommen aus Betroffenensicht künftig nicht mehr zum Erfolg führen.[61] Indes hat er als besonderer Aspekt in die Gesamtwürdigung einfließen und führt im Falle zusätzlicher unzumutbarer Härten zur Unterbleibensanordnung.[62] Nur die Entreicherung eines gutgläubigen Drittbegünstigten (§ 73e Abs. 2 StGB) ist weiterhin bereits im Erkenntnisverfahren zu prüfen.[63] Uneinheitlich beantwortet wird die Frage, ob die Neufassung des § 459g Abs. 5 S. 1 StPO unter Berücksichtigung des Meistbegünstigungsgrundsatzes nach § 2 Abs. 3 und 5 StGB auf vor deren Inkrafttreten am 01.07.2021

49 LK/*Schmidt*, 12. Aufl., § 73c Rn. 7; OLG Stuttgart, Beschl. v. 20.12.2022 – 4 Ws 514/22 –, juris.
50 BGH NStZ-RR 2009, 234 (235).
51 Meyer-Goßner/Schmitt/*Köhler* § 459g Rn. 13a.
52 HK/*Polläbne* § 459g Rn. 7; *Reh* NZWiSt 2018, 20 (23).
53 BeckOK StPO/*Coen* § 459g Rn. 28.
54 BGH NStZ-RR 2009, 234 (235).
55 Str. SSW/*Heine* § 421; *Köhler* NStZ 2017, 665 (675).
56 So § 73c StGB a.F; Bittmann/Köhler/Seeger/Tschakert/*Seeger* Rn. 1911.
57 BGH StV 2010, 304; für die Berücksichtigung KK/*Appl* § 459g Rn. 18; Meyer-Goßner/Schmitt/*Köhler* § 459g Rn. 13a.
58 KG Berlin, Beschl. v. 07.09.2020 – 5 Ws 105/19 –, juris.
59 Hanseatisches Oberlandesgericht Hamburg, Beschl. v. 05.01.2023 – 5 Ws 52/22 –, Rn. 19, juris.
60 Gesetz vom 25.06.2021 (BGBl. I 2099).
61 Ausführlich zur Neufassung *Bittmann* NStZ 2022, 8; OLG Nürnberg, Beschl. v. 31.05.2023 – Ws 307/23 –, Rn. 18, juris.
62 Nach der Gesetzesbegründung bleibt die Ausbildung neuer Fallgruppen der Rechtsprechung vorbehalten, BT-Drucks. 19/27654, S. 111 (112).
63 *Köhler* NStZ 2017, 497 (500).

angeordnete Wertersatzeinziehungen Anwendung findet.[64] Da der Entreicherungsfall entweder bereits isoliert zum Erfolg führten kann oder jedenfalls im Rahmen der Gesamtwürdigung als besonderer Gesichtspunkt zu berücksichtigen ist, sollte der Verteidiger hierzu möglichst belastbare Anhaltspunkte vortragen. Der Beschuldigte ist jedenfalls dann noch bereichert, wenn er über Vermögen verfügt, das dem angeordneten Einziehungsbetrag entspricht oder ihn übersteigt.[65] Der BGH berücksichtigt dabei nicht mehr die Gründe, die zur Entreicherung des Beschuldigten geführt haben. Sollte für die Härteklausel nach § 73c StGB a.F. etwa das »Verprassen« der erlangten Mittel oder ihre Verwendung für Luxus und zum Vergnügen gegen die Anwendung der Härtevorschrift gesprochen haben, andererseits der Verbrauch in einer Notlage oder zum notwendigen Lebensunterhalt des Beschuldigten und seiner Familie als Erwägung für eine positive Ermessensentscheidung gedient haben, so ist eine derart wertende Entscheidung nunmehr unzulässig.[66] Vielmehr hat die Vollstreckung zwingend zu unterbleiben, wenn der Wert des Erlangten nicht mehr im Vermögen vorhanden ist.

IV. Wiederaufnahme der Vollstreckung

15 Maßgeblicher Zeitpunkt für das Vorliegen der Voraussetzungen des § 459g Abs. 5 StPO ist – im Gegensatz zur Rechtslage vor der Reform – nicht das Urteil, sondern das Vollstreckungsverfahren. Die Vollstreckung kann nach § 459g Abs. 5 S. 2 StPO wiederaufgenommen werden, wenn nachträglich Umstände bekannt werden oder eintreten, die einer Anordnung nach Satz 1 entgegenstehen. Die Vorschrift erfasst zum einen die Fälle unbekannt gebliebener Umstände bei Erlass der Anordnung, aber auch neue Umstände nach Erlass der Anordnung, etwa einen Losgewinn.[67] Mit der zum 01.07.2021 in Kraft getretenen Änderung des § 459g Abs. 5 S. 2 StPO[68] wird klargestellt, dass das Gericht für die Anordnung der Wiederaufnahme der Vollstreckung zuständig ist.[69] Durch die neu geschaffene Regelung des § 459g Abs. 5 S. 3 StPO wird die Anhörung vor einer Wiederaufnahme der Vollstreckung entbehrlich, wenn sie den Zweck der Anordnung gefährden würde. Die Vollstreckungsbemühungen sollen nicht dadurch vereitelt werden, dass der Betroffene in Kenntnis von deren Fortsetzung Vermögenswerte beiseiteschafft.[70] Schließlich hat der Gesetzgeber durch die Neuregelung des § 459g Abs. 5 S. 4 StPO klargestellt, dass Ermittlungen der Vollstreckungsbehörde zur etwaigen Wiederaufnahme der Vollstreckung trotz gerichtlicher Unterbleibensanordnung zulässig sind. Eine gerichtliche Anordnung nach § 459g Abs. 5 S. 2 StPO soll indes erforderlich sein, wenn konkrete Vollstreckungsmaßnahmen, wie etwa Pfändungen, beabsichtigt sind.[71]

V. Durchsetzung und Rechtsschutz

16 Die mit der Reform in § 459g Abs. 3 StPO eingefügten, entsprechend anwendbaren Vorschriften sollen die Durchsetzbarkeit der Einziehungsanordnung stärken.[72] Sie betreffen gegebenenfalls erforderliche Durchsuchungen (§§ 102–110 StPO), die Vollziehung der Beschlagnahme (§ 111c Abs. 1, 2 StPO) und des Vermögensarrests (§ 111f Abs. 1 StPO) sowie die Ausschreibung zur Festnahme (§ 131 Abs. 1 StPO).[73]

---

64 Bejahend Hanseatisches Oberlandesgericht Hamburg, Beschl. v.05.01.2023 – 5 Ws 52/22 –, juris; OLG Stuttgart, Beschl. v. 20.12.2022 – 4 Ws 514/22 –, juris; verneinend Brandenburgisches Oberlandesgericht, Beschl. v. 22.09.2022 – 1 Ws 118/21 –, juris; OLG Karlsruhe, Beschl. v. 25.05.2022 – 1 Ws 122/22 –, juris; *Bittmann* NStZ 2022, 8 (17).

65 BGH NStZ 2012, 267.

66 BGH NStZ-RR 2018, 241 (242); zu § 73c StGB a.F. BGH NStZ-RR 2017, 15.

67 Meyer-Goßner/Schmitt/*Köhler* § 459g Rn. 14.

68 Gesetz vom 25.06.2021 (BGBl. I 2099).

69 BT-Drucks. 19/27654, S. 111 (113).

70 BT-Drucks. 19/27654, S. 111 (113).

71 BT-Drucks. 19/27654, S. 111 (113).

72 Meyer-Goßner/Schmitt/*Köhler* § 459g Rn. 9.

73 Weiterführend hierzu *Lubini* NZWiSt 2019, 419.

Über Einwendungen gegen die Entscheidungen der Vollstreckungsbehörde entscheidet nach § 459o StPO gemäß § 462a Abs. 2 StPO das Gericht des ersten Rechtszugs. Die StVK ist nur für Einwendungen zuständig, die während des Vollzugs einer Freiheitsstrafe – einschließlich einer Ersatzfreiheitsstrafe – erhoben werden.[74] 17

Beachte

Die Staatsanwaltschaft ist nicht verpflichtet, die Voraussetzungen einer Entreicherung oder unverhältnismäßigen Härte von Amts wegen zu ermitteln.[75] Die Darlegungs- und Beweislast für Einwendungen trifft vielmehr den Betroffenen.[76] Dieser ist jedoch nicht gehalten, erst die vollstreckungsrechtliche Entscheidung der Vollstreckungsbehörde abzuwarten und anschließend hiergegen gerichtlich vorzugehen. Er kann die gerichtliche Prüfung auch selbst herbeiführen und das Unterbleiben der Vollstreckung beantragen.[77] Der Verteidiger sollte wegen dieser Rechtsschutzmöglichkeit daran denken, frühzeitig einen gerichtlichen Antrag zu stellen, wenn sich abzeichnet, dass der Mandant die Voraussetzungen den § 459g Abs. 5 StPO erfüllt.

74 KK/*Appl* § 459o Rn. 5; Meyer-Goßner/Schmitt/*Köhler* § 459o Rn. 5; Bittmann/Köhler/Seeger/Tschakert/*Seeger* Rn. 1897 ff.
75 *Bittmann* NZWiSt 2019, 338 (339).
76 BT Drucks. 18/10146 S. 12; *Rettke* NZWiSt 2019, 338 (339).
77 BGH NJW-Spezial 2018, 377; KK/*Appl* § 459g Rn. 17.

17 Über Einwendungen gegen die Entscheidungen der Vollstreckungsbehörde entscheidet nach § 459o StPO gemäß § 462a Abs. 2 StPO das Gericht des ersten Rechtszugs. Die StVK ist nur für Einwendungen zuständig, die während des Vollzugs einer Freiheitsstrafe – einschließlich einer Ersatzfreiheitsstrafe – erhoben werden.[74]

► Beachte

Die Staatsanwaltschaft ist nicht verpflichtet, die Voraussetzungen einer Entreicherung oder unverhältnismäßigen Härte von Amts wegen zu ermitteln.[75] Die Darlegungs- und Beweislast für Einwendungen trifft vielmehr den Betroffenen.[76] Dieser ist jedoch nicht gehalten, erst die vollstreckungsrechtliche Entscheidung der Vollstreckungsbehörde abzuwarten und anschließend hiergegen gerichtlich vorzugehen. Er kann die gerichtliche Prüfung auch selbst herbeiführen und das Unterbleiben der Vollstreckung beantragen.[77] Der Verteidiger sollte wegen dieser Rechtsschutzmöglichkeit daran denken, frühzeitig einen gerichtlichen Antrag zu stellen, wenn sich abzeichnet, dass der Mandant die Voraussetzungen des § 459g Abs. 5 StPO erfüllt.

74 KK/Appl § 459o Rn. 5; Meyer-Goßner/Schmitt/Köhler § 459o Rn. 5; Bittmann, Köhler/Seeger/Tschakert/Seger Rn. 1897 ff.
75 Bittmann NZWiSt 2019, 338 (339).
76 BT-Drucks. 18/10146 S. 12; Rathke NZWiSt 2019, 338 (339).
77 BGH NJW-Spezial 2016, 377; KK/Appl § 459g Rn. 17.

Abschnitt 5 Verteidigung in speziellen Verfahren

Kapitel 20 Kapitalstrafsachen

Übersicht

A. Vorbemerkung

1 Jeder Beschuldigte in Kapitalstrafsachen ist einem existenziellen Vorwurf ausgesetzt. So ist die Verletzung der in § 74 Abs. 2 GVG und § 120 Abs. 2 GVG geregelten Straftatbestände Gegenstand des gegen ihn erhobenen Schuldvorwurfs, die in die Zuständigkeit der Schwurgerichte bzw. des Oberlandesgerichts fallen.

Man hat § 222 StGB unter die Kapitalstrafsachen zu subsumieren.

Neben der Zuordnung von Schuldvorwürfen zu dem Gebiet der Kapitalstrafsachen muss man feststellen, dass es sich jeweils um Straftaten gegen das Leben und damit gegen die menschliche Existenz handelt. Spiegelbildlich hat der Gesetzgeber bei all diesen Delikten, zumindest für den besonders schweren Fall, die Möglichkeit der maximalen Sanktion des Strafrechts, nämlich die lebenslange Freiheitsstrafe vorgesehen.

Im Fall des Schuldspruchs steht für den Beschuldigten damit auch eine dauerhafte und totale Beeinträchtigung seiner sozialen Existenz auf dem Spiel.

Daneben weisen die Tatbestände gegen das Leben auch nach der Neuregelung des § 213 StGB den größten Strafrahmen aus, den das Gesetz kennt, von 1 Jahr[1] Freiheitsstrafe bis im ungünstigsten Fall zur lebenslangen Freiheitsstrafe. Aus der Bedeutung dieser Strafsachen ergibt sich auch gleichzeitig die Verantwortung des in Kapitalsachen vertretenden Strafverteidigers.

Das Kapitalstrafverfahren kennt auch keinen Mindeststandard der Strafverteidigung, sondern verlangt von den dem Beschuldigten beistehenden Verteidigern von Anfang an maximalen Einsatz, um der Verantwortung gerecht zu werden. Verteidigung in Kapitalstrafsachen ist deshalb eine außerordentliche Belastung und Herausforderung, die besondere Fähigkeiten erfordert, die man durch Aus- und Weiterbildung erlangen und fortlaufend sichern und ausbauen muss. Deshalb ist gerade die Verteidigung in Kapitalsachen Gegenstand der Aus- und Weiterbildung der Fachanwaltsordnung (FAO).[2] Manch ein sog. »alter Hase der Strafverteidigung« meint, dass dies schlicht durch Routine geleistet werden kann. Für Strafverteidiger, wie für andere Beteiligte in Schwurgerichtsverfahren, gilt jedoch, dass Routine nicht Fachwissen und ständige Aus und Weiterbildung ersetzen kann.

Das vorliegende Buch enthält eine Vielzahl von Anregungen und Verhaltensmaßregeln für die verschiedenen Abschnitte des Strafverfahrens, die selbstverständlich jeweils auch auf Kapitalstrafverfahren zu übertragen sind.

Die nachfolgenden Ausführungen unternehmen den Versuch, Besonderheiten des Kapitalstrafverfahrens herauszuarbeiten: Dieser Abschnitt wird nicht geeignet sein, das notwendige Fachwissen auf diesem Gebiet der Strafverfahren aus allen Bereichen zu ersetzen, sondern das notwendige Fachwissen anreißen, um auf diesem Spezialgebiet der Strafverteidigung erfolgreich tätig zu sein.

B. Kriminologie zu Tötungsdelikten

2 Beschäftigt man sich mit der Kriminologie von Tötungsdelikten, so fällt als wesentliches Merkmal die Dominanz von Täter-Opfer-Beziehung bei den jeweiligen Tatgeschehen auf. So haben Untersuchungen ergeben, dass regelmäßig eine besondere Nähe zwischen Täter und Opfer bei Tötungsdelikten vorliegt. Besonders bei der Primärgruppenbeziehung – die Tatbegehung in der Gruppe der Ehepartner, Kinder, Eltern, Verwandten und engen Freunde – dominiert die Täter-Opfer-Beziehung. Fast die Hälfte aller Tötungsdelikte fand in dieser Gruppe statt.

Bemerkenswert ist, dass die Motivlage bei dieser Primärgruppenbeziehung sich diametral von der der Sekundärgruppenbeziehung unterscheidet. Sind bei einer Tatbegehung zwischen Ehepartnern, Kind, Elternteil, Verwandten und engen Freunden tief liegende Konflikte, Trauer und Verzweiflung, gelegentlich ein gescheiterter, erweiterter Selbstmord und Ausweglosigkeit einer gescheiterten Beziehung in der Regel das Motiv, dominieren bei der Sekundärgruppenbeziehung äußere Anlässe wie Habgier, Zechbekanntschaften, Beleidigungen.

Daher ergibt sich insbesondere bei den im sozialen Nahraum begangenen Delikten die besondere Beziehung zwischen Täter und Opfer. Das Opfer ist keineswegs austauschbar. Die Gefühlslage zwischen Täter und Opfer ist in der Regel ambivalent. Außerhalb dieser Gruppe der Täter-Opfer-Beziehung ist das Opfer in der Regel austauschbar. Die Gefühlslage zwischen Täter und Opfer ist hassmotiviert.

Gerade bei den im sozialen Nahraum begangenen Tötungsdelikten sind die Täter in der Regel zu 65 % nicht vorbestraft. Soweit sie vorbestraft sind, sind sie es in der Mehrheit der Fälle nicht wegen Gewaltdelikten (24 %). Nur 11 % der im sozialen Nahraum Tötungsdelikte begehenden Personen sind bereits wegen Gewaltdelikten vorbestraft.

---

1 Bei vorsätzlichen Tötungsdelikten.

2 *Kleine-Cosack* NJW 1997, 1257; *Stern* Rn. 18 ff.

Horn[3] führt eine besondere Täter-Opfer-Typologie aus: 3
- Lösung eines partnerbezogenen Leidensdrucks,
- auf der anderen Seite das tatprovozierende Opfer,
- Höhepunkt einer spezifischen partnerabhängigen Entwicklung,
- das unentschlossene Opfer,
- Reaktion auf aktuellen Erlebnisreiz,
- das unvorbereitete Opfer,
- Ausdruck einer täterspezifischen Disposition,
- das erduldende Opfer,
- Elimination des narzisstischen Objekts,
- das tatbegünstigende Opfer,
- Momentaufnahme einer diskordanten Beziehung,
- das tatbeteiligte Opfer.

In der Bundesrepublik Deutschland haben Mord und Totschlag gem. den §§ 211 bis 213 und 216 StGB ohne Versuchsdelikte im Zeitraum von 1966 bis 2021 von 534 auf 542 mit 220 Mord und 330 Totschlagsdelikten bei 1392 Straftaten gegen das Leben insgesamt praktisch nicht zu genommen.[4] *Kaiser*[5] führt – unter Entwicklung und Stand der Gewaltdelikte – dies auf folgende Entwicklung zurück: 4

> »Seit Ende der 50iger Jahre beobachten wir im Bereich der Jugenddelinquenz, dann auch auf die allgemeine Kriminalität übergreifend eine zunehmende Brutalisierung der Deliktsbegehung. Zu denken ist hier an die ›Mode der Gewalt‹ bei jugendlichen Rechtsbrechern, an die häufigere Anwendung von Schusswaffen, das vermehrte Auftreten von Banküberfällen und Geiselnahmen, und neuerdings vor allem an die Erscheinungen der Demonstrationsgewalt, der ausländerfeindlichen Gewaltakte …«

Man wird insofern feststellen müssen, dass dieser Erklärungsversuch von *Kaiser* zunächst die Sekundärgruppenbeziehung betrifft. Was gerade zu der auch in der Primärgruppe verstärkten Bereitschaft, gewaltsam bestimmte Beziehungsgeflechte zu lösen, führt, ist in der victiminologischen Forschung bisher nicht ausreichend geklärt. Seit dem Jahr 2000 sind die Zahlen einschließlich des Jahres 2012 wieder rückläufig.[6] Zwischen 2005 und 2006 gingen bei einer Gesamtzahl von 2468 auf 2396 einschließlich der Versuchsdelikte bei den vollendetet Mord und Totschlagdelikte um 727 zurück.

C. Mandatsaufnahme

Wird ein Verteidiger mit einem Mandat in einer Kapitalstrafsache beauftragt, so hat er sofort für eine sachgerechte Vertretung des Tatverdächtigen Sorge zu tragen. Hierzu hat der Strafverteidiger sofort Kontakt mit ihm aufzunehmen. Ist eine sofortige persönliche Kontaktaufnahme mit dem Tatverdächtigen nicht möglich, weil dieser nicht am Kanzleiort des Verteidigers inhaftiert ist, so hat der Verteidiger anderweitig sicherzustellen, dass der Tatverdächtige von dem kurzfristigen Erscheinen des Verteidigers in Kenntnis gesetzt wird und vor allem weiß, dass er bis zum Erscheinen seines Verteidigers keine Angaben gegenüber der Polizei machen soll. 5

Soweit der Verteidiger bei dieser ersten Kontaktaufnahme feststellt, dass aktuell eine Vernehmung mit dem Beschuldigten geplant oder sogar schon im Gange ist, sollte der Vernehmungsbeamte von der Beauftragung des Verteidigers (etwa durch die Angehörigen) in Kenntnis gesetzt werden und, soweit der Verteidiger noch nicht persönlich zugegen ist, darum ersuchen, den Beschuldigten direkt an das Telefon zu holen, sich mündlich beauftragen zu lassen, den Beschuldigten selbst über sein Schweigerecht gesondert zu unterrichten und ihn von der Fortsetzung der Vernehmung abzuhalten.

3 *Horn* Victiminologische Aspekte der Beziehungstat in: Kaiser/Jede, Kriminologische Opferforschung, Teilband 2, Heidelberg Kriminalistik, 1995, S. 173–188.
4 http://www.bka.de/.
5 *Kaiser* S. 382.
6 http://www.bka.de/.

Soweit die Polizeibeamte an dieser Stelle Schwierigkeiten machen, sind sie auf die Rechtsprechung des BGH hinzuweisen. Das gesetzeswidrige Verhalten ist zu dokumentieren: Danach kann es keinem Zweifel unterliegen, dass eine bewusste Verhinderung der Rücksprache mit einem Verteidiger (noch dazu verbunden mit der Bemerkung, die Vernehmung ohne den Verteidiger werde so lange fortgesetzt, »bis Klarheit herrsche«) zu einem Verbot der Verwertung der bei dieser Vernehmung gewonnenen Angaben führen muss; denn die Möglichkeit, sich des Beistandes eines Verteidigers zu bedienen, gehört zu den wichtigsten Rechten des Beschuldigten (vgl. Art. 6 Abs. 3 lit. c EMRK und § 137 Abs. 1 S.1 StPO). Dadurch wird sichergestellt, dass der Beschuldigte nicht nur Objekt des Strafverfahrens ist, sondern zur Wahrung seiner Rechte auf den Gang und das Ergebnis des Strafverfahrens Einfluss nehmen kann.[7]

6 Der Bundesgerichtshof hat demgemäß bereits ein Verwertungsverbot angenommen, weil der Verteidiger entgegen § 168c Abs. 5 StPO vom Termin einer Beschuldigtenvernehmung nicht benachrichtigt worden war.[8] Das Anwesenheitsrecht des Verteidigers wäre erheblich entwertet, wenn der Verstoß gegen die dieses Recht sichernde Benachrichtigungspflicht folgenlos bliebe.[9] Umso mehr muss, wenn dem Beschuldigten trotz der erfolgten Belehrung, er könne vor seiner Vernehmung einen Verteidiger befragen, die Kontaktaufnahme mit (s)einem Verteidiger verwehrt wird, ein Verwertungsverbot für die dann gewonnenen Angaben bejaht werden, weil nur so die Einhaltung dieses für den Beschuldigten äußerst wichtigen Rechtes gewährleistet ist.[10] Der Verteidiger wird hier dem Versuch begegnen müssen, hier einen Verzicht des Rechtes auf Verteidigerkonsultation zu konstruieren.[11]

Ebenso ist zu verfahren, soweit der Verteidiger später am Zugang zu dem Beschuldigten gehindert wird. Jeder muss hier nach seinem Naturell den Zugang mit dem gebotenen Nachdruck durchsetzen. Für besonders hartnäckige Beamte empfiehlt es sich, eine Art Verteidiger-Protokoll mitzuführen, in welchem der Beamte bestätigen muss, den Verteidiger nicht zu dem Mandanten vorgelassen zu haben. Wie bei allen Stadien der Strafverteidigung ist eine gute Dokumentation auch zur späteren Selbstkontrolle durch nichts zu ersetzen.

7 Soweit die Mandatierung durch den Beschuldigten selbst noch nicht erfolgt war, ist schon am Telefon mündlich die Beauftragung abzuklären, damit dem Verteidiger nicht später der Zutritt zu dem Beschuldigten auf der Polizeidienststelle verwehrt werden kann.

Kennt der Verteidiger den Vernehmungsbeamten nicht gut, und ist er sich deshalb nicht sicher, dass die Vernehmung dann tatsächlich unterbrochen wird, ist durch ein geeignetes kurzfristiges Schreiben an die zuständige Polizeidienststelle die Mandatsbestellung noch einmal per Fax zuzustellen und der nunmehr vom Mandanten fixierte Wunsch auf Unterbrechung der Vernehmung schriftlich festzuhalten. Aufgrund der Faxzeile wird sich später dokumentieren lassen, wann gegebenenfalls die Vernehmung in unzulässiger Weise fortgesetzt wurde.

Verlangt der Beschuldigte bei einer polizeilichen Vernehmung nach einem Verteidiger und will der Polizeibeamte die Vernehmung fortsetzen, so ist dies ohne vorangegangene Konsultation eines Verteidigers nur zulässig, wenn sich der Beschuldigte ausdrücklich nach erneutem Hinweis auf sein Recht auf Zuziehung eines Verteidigers mit der Fortsetzung der Vernehmung einverstanden erklärt. Dem müssen allerdings ernsthafte Bemühungen des Polizeibeamten vorausgegangen sein, dem Beschuldigten bei der Herstellung des Kontakts zu einem Verteidiger in effektiver Weise zu helfen.[12] Trotz aller dieser im Grunde scheinbar Beschuldigten-freundlichen Rechtsprechung sollte nicht der nachträgliche Widerspruch das Ziel der Verteidigerbemühungen sein, sondern die Verhinderung entsprechender kontaminierter Beweismittel.

7 BVerfGE 57, 250 (275); 63, 380 (390).
8 BGH NStZ 1989, 282.
9 *Hilger* NStZ 1989, 283.
10 Vgl. auch *Strate/Ventzke* StV 1986, 30 (33).
11 BGH NStZ 2022, 25.
12 BGH NStZ 1996, 291 = BGHSt 42, 15. Vgl. MüKO StPO § 136 Rn. 62 2023.

▶ Beachte

Der Verteidiger ist genauestens bei dem persönlichen Gespräch gehalten, den Beschuldigten im vorliegenden Verfahren nicht nur von seinem Schweigerecht zu informieren, sondern ihm darzulegen, warum es in der Regel keine andere Verteidigungsalternative zu Beginn des Verfahrens gibt als zu schweigen. Dies ist zu dokumentieren

Die Einlassung des Beschuldigten als Verteidigungsmittel kann nur dann sinnvoll eingesetzt werden, wenn sie nach entsprechender Sachverhaltsaufklärung erfolgt. Dies kann unmittelbar nach der Festnahme sinnvoll aber nicht geleistet werden. Schon die frische Konfrontation mit der Festnahmesituation ist geeignet, den Beschuldigten in seiner Verteidigungsfähigkeit entscheidend zu beeinträchtigen. In dieser Situation reagiert der Beschuldigte auf alle möglichen Signale, die er von den Vernehmungsbeamten erhält oder meint, dem Verhalten der Vernehmungsbeamten zu entnehmen, um die gerade verlorene Freiheit wieder zu erlangen. 8

Der ungeheure Schuldvorwurf mit der vom Beschuldigten befürchteten Strafe erwecken darüber hinaus bei den meisten Beschuldigten, gerade soweit Gegenstand des Schuldvorwurfs eine Tötung im sozialen Nahraum ist, einen besonderen Rechtfertigungszwang. Erfahrene Polizeibeamte wissen dieses Konglomerat an Gefühlen der jeweiligen Tatverdächtigen geschickt zum Erzielen unverrückbarer Ermittlungsergebnisse auszunutzen. Der Beschuldigte ist dabei nicht in der Lage, die Tragweite der gestellten Fragen zu erfassen. Der Beschuldigte läuft statt dessen Gefahr, gegebenenfalls Mordmerkmale in sich hineinfragen zu lassen.

▶ Beachte

Erste Aufgabe des Verteidigers ist es daher, einen etwaigen Tatverdächtigen aus einer Vernehmungssituation zu lösen und ihm die Gefahren der voreiligen Einlassung zu verdeutlichen. Dies entbindet jedoch nicht von der Überlegung ob ungeachtet eine Stellungnahme gerade jetzt geboten ist. Dies dürfte aber selten der Fall sein.

Der Verteidiger sollte sich bei dem ersten gemeinsamen Gespräch mit dem Beschuldigten – soweit dies in der Situation möglich ist – den Sachverhalt schildern lassen. Der Verteidiger muss, da der eigene Mandant in der Regel die erste Informationsquelle ist, diese zum Sachverhalt eingehend befragen. Das erste Gespräch hat aber auch die nicht zu unterschätzende Funktion, dem Beschuldigten die Gelegenheit zu geben, sich gegenüber einem Dritten zu rechtfertigen bzw. den Sachverhalt aus seiner Sicht zu schildern zu können. Damit kann man nämlich nicht selten Strategien der Polizei unterlaufen, den Beschuldigten endlich einmal reden zu lassen. Nicht selten wollen die Beschuldigten reden. Um nicht missverstanden zu werden: Es geht hier nicht darum, einen geständniswilligen Beschuldigten daran zu hindern, Angaben zu machen. 9

▶ Beachte

Es geht darum, einen Beschuldigten davor zu bewahren, die Vernehmung durch den Polizeibeamten als therapeutisches Setting falsch zu interpretieren und sich bei etwaig bestehenden Schuldgefühlen gegen sich selbst instrumentalisieren zu lassen.

Der Verteidiger hat den Beschuldigten nach der Existenz möglicher Zeugen und Beweismitteln zu fragen bzw. selbstständig abzuklären. Es ist natürlich sofort abzuklären, ob es Zeugen gibt, die ein Auskunfts- und Zeugnisverweigerungsrecht nach §§ 52, 55 StPO besitzen. Soweit eine Aussage dieser Personen nicht abzuschätzen ist, ist es Aufgabe des Verteidigers, auch diese Personen auf ihr Schweigerecht hinzuweisen. Es ist h.M., dass der Verteidiger Personen auf das ihnen zustehende Schweigerecht hinweisen kann. Er sollte dies tun, wenn die Verteidigungssituation des Beschuldigten gebietet.

Hat der Beschuldigte schon Angaben gemacht, ist abzuklären, ob er vor der Vernehmung korrekt belehrt worden ist und ob die Polizei den Beschuldigten aktiv bei der Verteidigerkonsultation unterstützt hat.

Allerdings wird die Polizei in aller Regel davon absehen, einen bestimmten Verteidiger zu empfehlen, schon um den Eindruck eines engen Zusammenwirkens mit bestimmten Verteidigern zu vermeiden. Unzulässig ist es, dem Beschuldigten die Bereitschaft zur Hilfe bei der Kontaktaufnahme durch bloße »Scheinaktivität« vorzuspielen und die von vornherein erwartete Erfolglosigkeit sowie die damit verbundene Entmutigung des Beschuldigten zur Fortsetzung des Vernehmungsversuchs auszunutzen.

10 Die bloße Überlassung des Branchentelefonbuchs von Hamburg, in dem sich unter dem Stichwort »Rechtsanwaltsbüros« eine sehr große Zahl von Eintragungen findet, war keine Hilfe, sondern angesichts der Umstände eher geeignet, den der deutschen Sprache nicht mächtigen Beschuldigten G. von der Unmöglichkeit einer alsbaldigen Kontaktaufnahme zu überzeugen. Von der Mitteilung der Telefonnummer des anwaltlichen Notdienstes, die eine wirksame Hilfe hätte sein können, haben die Polizeibeamten abgesehen. Stattdessen hätten Sie auf weitere Anwälte, besonders den Anwaltsnotdienst hinweisen müssen soll.[13] Die Rechtsprechung hat aber auf diese Situation schon einschränkend reagiert. So hat der erste Senat des BGH[14] zu einem möglichen Pflichtenverstoß ausgeführt, dass daraus aber kein Verwertungsverbot resultieren soll. Nur aus gravierenden Verfahrensverstößen soll ein Verwertungsverbot resultieren. Auch wenn diese Einschränkung nicht überzeugt, wird der Instanzverteidiger gut beraten sein, bei der Begründung des Widerspruchs die Schwere des Verfahrensverstoßes im Auge haben müssen und entsprechend in der Begründung des Widerspruches darzustellen haben.

Der Beschuldigte muss darüber eingehend belehrt werden, dass die Polizei immer wieder Versuche starten wird, ihn zu vernehmen und dies auch gegebenenfalls ohne Verteidiger durchzuführen. Dabei ist zu beachten, dass es zwar de lege ferenda immer wieder gefordert wird, ein Anwesenheitsrecht des Verteidigers bei der Vernehmung zu normieren, dies aber de lege lata noch nicht existiert.

11 Auch aus dem nun höchstrichterlich abgesegneten Recht auf Verteidigerkonsultation vor der polizeilichen Erstvernehmung, ergibt sich eben nicht das Recht des Verteidigers auf Teilnahme an der Vernehmung durch die Polizei selbst. Der Verteidiger hat Anwesenheitsrechte bei staatsanwaltschaftlichen und richterlichen Untersuchungshandlungen wie der Einvernahme durch den Staatsanwalt gem. § 163a StPO, gem. § 168c StPO bei der richterlichen Einvernahme, und bei dem richterlichen Augenschein gem. § 168d StPO. Nicht jedoch bei der richterlichen Einvernahme des Mitbeschuldigten.[15] Das Recht des Verteidigers auf Anwesenheit bei der polizeilichen Vernehmung ist von dem Gesetzgeber nicht geregelt worden. Aus dieser Regelungslücke glauben die Ermittlungsbehörden die Rechtfertigung ziehen zu können, der Verteidigung eine Anwesenheit lediglich zu gestatten, ohne dazu verpflichtet zu sein. Man überlässt es insoweit dem Dispositionsrecht des Beschuldigten selbst, die Anwesenheit des Verteidigers durch ein Schweigen zu erzwingen. Entsprechend hat der Verteidiger den Beschuldigten hierauf gesondert hinzuweisen. Es empfiehlt sich mit der Mandatsanzeige deutlich zu machen, dass es der ausdrückliche Wunsch des Beschuldigten ist, von seinem Schweigerecht Gebrauch zu machen und deshalb von einem Vernehmungsversuch Abstand zu nehmen ist.

Stellt der Verteidiger fest, dass unverwertbare Vernehmungen durch die Polizei durchgeführt wurden, so hat der Verteidiger den Mandanten gleich auf diesen Umstand hinzuweisen, um die Polizei daran zu hindern, ohne qualifizierte Belehrung den Beschuldigten im Glauben zu halten, er habe sich schon durch die bis zu diesem Zeitpunkt erfolgten Angaben soweit belastet, dass es keinen Sinn mehr macht hier noch zu schweigen.

So etwas kann nicht nur bei unterlassener oder besser nicht ausreichend unterstützter Verteidigerkonsultation der Fall sein, sondern wenn die Polizei ein Geständnis mit Täuschung des Beschuldigten erreicht hat.

13 BGH StV 1996, 187 = BGHSt 42, 15.
14 BGH NStZ 2006, 236, *Burhoff* 2022 Rn. 3087 ff.
15 BGH NStZ 1997, 351 ff.

Weiß nämlich der Vernehmungsbeamte, dass nach den bisherigen Ermittlungen kein dringender Tatverdacht gegen den Beschuldigten besteht, so kann eine Täuschung i.S.d. § 136a Abs. 1 S. 1 StPO schon darin liegen, dass er ihm gegenüber nur pauschal und ohne bestimmte Beweismittel vorzuspiegeln, von einer erdrückenden, ihm keine Chance lassenden Beweiskette spricht, um ihn dadurch zu einem Geständnis zu bewegen.[16]

D. Die Aktenbearbeitung

I. Akteneinsicht

Das Akteneinsichtsgesuch ist im Ermittlungsverfahren stets an die Staatsanwaltschaft zu richten,[17] 12
nach Anklageerhebung an den Vorsitzenden des mit der Sache befassten Gerichtes.

Nach § 147 Abs. 1 StPO ist der Verteidiger befugt, die Akten, die der Staatsanwaltschaft und dem Gericht vorliegen, einzusehen. Diese Befugnis soll dem Beschuldigten eine wirksame Verteidigung ermöglichen, und zwar regelmäßig unabhängig vom Verfahrensstadium und ob sich der Beschuldigte auf freiem Fuß oder in U-Haft befindet.

Während der U-Haft hat der Verteidiger für den Inhaftierten das Recht, sämtliche die Haftfrage begründenden Unterlagen einzusehen. Aus dem Recht des Beschuldigten auf ein faires, rechtsstaatliches Verfahren folgt ein Anspruch des inhaftierten Beschuldigten auf Einsicht seines Verteidigers in die Akten, wenn und soweit er die darin befindlichen Informationen benötigt, um auf eine bevorstehende richterliche Haftentscheidung effektiv einwirken zu können und eine mündliche Mitteilung der Tatsachen und Beweismittel, die das Gericht seiner Entscheidung zu Grunde zu legen gedenkt, nicht ausreichend ist.[18]

Das Akteneinsichtsrecht erstreckt sich nach dem Wortlaut des Gesetzes auf alle dem Gericht vorliegenden Akten, unabhängig davon, ob diese dem Gericht mit der Anklageschrift übersandt oder von ihm selbst angelegt worden sind. Es soll eine lückenlose Information über die im Verfahren angefallenen schriftlichen Unterlagen ermöglicht werden. Kein Verteidiger darf sich deshalb, wie er es auch nicht in späteren Stadien des Verfahrens tun würde, auf mündliche Unterrichtung über den Akteninhalt vertrösten lassen. Hierunter fallen auch die Unterlagen, die die Haftkontrolle betreffen. Erst die Kenntnis von allen diese Frage berührenden, vielfältigen Vorgängen setzt die Verteidigung in den Stand, einen in U-Haft befindlichen Angeklagten wirksam zu verteidigen. Fragen der Ausgestaltung der U-Haft und insbesondere ihrer Beschränkung berühren die Verteidigung. Aus ihnen können sich wesentliche Kenntnisse und Anknüpfungspunkte für Verteidigungsverhalten ergeben. So können sich aus einer Haftkontrolle Anhaltspunkte für eine mögliche Voreingenommenheit eines die Haftkontrolle durchführenden Richters ergeben, wie z.B. aus der Handhabung der Postkontrolle des Zeitschriftenbezugs und von Besuchserlaubnissen.

Es ist aber auch für den Verteidiger von Bedeutung, etwaige auch abschlägig verbeschiedene Besuchsanträge zu kennen, um auf derartige Versuche der Kontaktaufnahme mit seinem Mandanten reagieren zu können und den Mandanten insoweit beraten zu können, um von ihm gewünschten Personen den Zugang zu ermöglichen. Aus einer Anhäufung von Anträgen bestimmter Besuchspersonen können Erkenntnisse für eine Bedrohung oder Einflussnahme des Angeklagten gefolgert werden. Nicht auszuschließen ist, dass sich aus dem Inhalt der Haftkontrolle Erkenntnisse auch für die Hauptverhandlung ergeben können, z.B. Themen für Beweisanträge oder Beweisanregungen. Für die Strafzumessung kann neben der Dauer der U-Haft auch deren Ausgestaltung oder die Frage einer besonderen Haftempfindlichkeit von Bedeutung sein.[19]

16 BGH NStZ 1989, 35.
17 Vgl. *Bockemühl* Kap. 1 Rdn. 55.
18 BVerfG StV 1994, 465.
19 BGH NStZ 2014, 31.

Viele Verteidiger lassen sich allzu schnell von der Staatsanwaltschaft damit abspeisen, dass die Akteneinsicht mit dem Verweis auf das Andauern der Ermittlungen verweigert wird. Dies stellt keinen Grund für eine Weigerung dar. Nur die Gefährdung der noch andauernden Ermittlungen stellt nach § 147 Abs. 2 StPO eine hinreichende Berechtigung der Verweigerung der Akteneinsicht dar. Der Hinweis der Geschäftsstelle »Akten versandt« oder »Akten nicht entbehrlich« sollte vom Verteidiger in keiner Phase des Verfahrens in Kapitalsachen (und nicht nur da) akzeptiert werden.

Zum einen ist der sachbearbeitende Staatsanwalt und nicht die Geschäftsstelle für die Entscheidung zuständig. Nach Nr. 12 Abs. 2 RiStBV ist er überdies verpflichtet, Zweitakten in Kapitalsachen anzufertigen. Man sollte, auch um überflüssige Mehrfertigungen der Aktenauszüge zu vermeiden, darum bitten, dass Aktenauszüge in der Regel paginiert übergeben werden. Dies dient auch der Kontrolle der Aktenwahrheit und Aktenklarheit der übergebenen Aktenteile und lässt die Entnahme einzelner Dokumente bzw. Teile der Akten erkennen.

Nachdem auch die Gefährdung der Ermittlungen keinen Grund zu der Verweigerung der Akteneinsicht in die die Haftfrage begründenden Unterlagen gewährt, ist dieses Instrument zur Durchsetzung notwendiger Informationserlangung gerade in Haftsachen zu nutzen. Die Haftprüfung ist auch ungeachtet der oftmals fehlenden Aussichten auf eine positive Haftentscheidung, zur Gewährung der Akteneinsicht in diesem Stadium des Verfahrens, zu beantragen.

13 Ganz wesentliche Bedeutung bei der Gewährung von Akteneinsicht kommt aber § 147 Abs. 3 StPO zu. Die bevorzugten Unterlagen (Beschuldigtenvernehmung, schriftliche Äußerungen des Mandanten im gegenständlichen Verfahren, sowie alle Protokolle über richterliche Untersuchungshandlungen, bei welchen der Verteidiger anwesend war bzw. ein Recht auf Anwesenheit besitzt, und Sachverständigengutachten) dürfen dem Verteidiger in keiner Phase des Verfahrens versagt werden.

Der Antrag auf Herausgabe dieser Unterlagen ist immer dahin zu ergänzen, dass alle weiteren bevorzugten Unterlagen dem Verteidiger auch nach erfolgter Akteneinsicht immer dann zuzusenden sind, sobald diese zu den Akten gelangen. Gerade das Recht auf Einsicht in die Sachverständigengutachten, ermöglicht es dem Verteidiger frühzeitig vom Sektionsprotokoll (und nachfolgenden Obduktionsgutachten), den Unterlagen über einen etwaigen Alkoholisierungsgrad des Beschuldigten zum mutmaßlichen Tatzeitpunkt (AAK-, BAK-Befunde und diesen zugrunde liegende Untersuchungsbefunde) sowie allen übrigen angefertigten Gutachten zu Spuren und Spurenträger und sonstigen gerichtsärztlichen Untersuchungen von Täter und Opfer Kenntnis zu erlangen.

Sollte die unverzügliche Akteneinsicht in die bevorzugten Unterlagen nicht gewährt werden ist sofort gemäß 147 Abs. 5 StPO zu verfahren. Ebenso wenn in die Unterlagen nach 147 Abs. 1 StPO keine Einsicht gewährt wird, ohne dass die Ergebnisse der Ermittlungen gefährdet werden könnten.

Akteneinsicht ist darauf zu achten ob berechtigt oder nicht Aktenteile der Hauptakte entnommen wurden. Um dies abzuklären ist expressis verbis nach Sonderbänden (RiStBV Nr. 220 Abs. 2) zu fragen.

Im Rahmen der Akteneinsicht kommt der Akteneinsicht in die Bildmappen entscheidende Bedeutung zu. Es kann nicht dringend genug empfohlen werden hier nach Möglichkeit auf das Original-Bildmaterial in entsprechenden Digitaldateien zurück zu greifen. Anhand der zu diesen Digitalbildern gespeicherten Informationen lässt sich auch der Zeitpunkt und Datum der Anfertigung in der Regel feststellen.

Unter dem Recht zur Akteneinsicht wird auch das Recht zur in Augenscheinnahme der Beweisstücke und Asservate genannt. Der Verteidiger hat hier nicht nur das Recht sich die Beweismittel in Augenschein zu nehmen, sondern die Pflicht. Es entspricht nicht den Mindestanforderungen an eine ordnungsgemäße Verteidigung, die Asservate nicht zu kennen. Es empfiehlt sich schon im Ermittlungsverfahren die Staatsanwaltschaft nach Existenz und Verbleib der Asservate zu befragen und deren Besichtigung zu beantragen und dann natürlich auch vorzunehmen.

II. Spurenakten

Spurenakten werden von der ermittelnden Polizei angelegt, um verschiedene Hinweise oder Ermittlungsansätze über Personen auf ihre Relevanz im gegenständlichen Verfahren hin zu überprüfen.[20] Spurenakten müssen nach herrschender Meinung regelmäßig zu den Hauptakten gehören. Sind sie deren Teil, ist das Akteneinsichtsrecht selbstverständlich zu bejahen. Gleiches gilt, bei Sachverständigengutachten, etwa über am Tatort aufgefundene Fingerabdrücke oder DNA, enthalten sind. 14

Anders aber verhält es sich mit Vorgängen, die dem Gericht nicht vorliegen, weil sie nach Ansicht der Anklagebehörde den notwendigen Sachzusammenhang nicht aufweisen. Insoweit handelt es sich um verfahrensfremde Akten. Da sich nicht immer ein Verzeichnis über eventuell ausgehobene Spurenakten in der Ermittlungsakte befindet, muss die Verteidigung die Möglichkeit externer Spurenakten stets im Auge behalten und ggf. durch Nachfrage aufklären.

In jedem Kapitalverfahren oder sonstigen Strafsachen, in welchen Spurenakten angelegt werden, führt dies zu einer erheblichen Ansammlung von zum Teil auch völlig irrelevantem Material, das keinerlei Tatbezug auf den ersten Blick besitzt. Relevant ist es natürlich schon aufgrund der Tatsache, weil eben dieses Material in einem bestimmten Verfahren gesammelt, die Spurenakten in einem bestimmten Verfahren angelegt wurden. Das BVerfG[21] hat ausgeführt:

> »Unter der Maxime der Wahrheitserforschungspflicht und der Verpflichtung zur Objektivität steht selbstverständlich auch die Aufgabe des Staatsanwalts, als Herr des Vorverfahrens die Strafakten vollständig zusammenzustellen, die er dem Gericht nach § 199 II 2 StPO mit der Anklageschrift vorzulegen hat. Ihm werden dabei – wie auch sonst im Ermittlungsverfahren – mit Wertungen verbundene Entscheidungen abverlangt, die sich daran auszurichten haben, dass dem Gericht und dem Beschuldigten Aktenkenntnisse nicht vorenthalten bleiben dürfen, die für die gerechte Beurteilung der anhängigen Strafsache nützlich sein können. Bestehen daran hinsichtlich einzelner Ermittlungsvorgänge Zweifel, darf der Staatsanwalt sie nicht zurückhalten; er muss sie dem Gericht im Interesse rechtsstaatlicher Verfahrensgestaltung vorlegen. Die Möglichkeit des Missbrauchs dieser Regelung im Einzelfall macht sie nicht verfassungswidrig; es ist bei der Auslegung und Würdigung einer Norm vielmehr davon auszugehen, dass sie im Rechtsstaat korrekt und fair angewendet wird.«

Das BVerfG[22] ist deshalb in seinem Leitsatz zu folgender Schlussfolgerung gelangt:

> »Außerhalb der Ermittlungen gegen den Beschuldigten entstandene Spurenakten der Ermittlungsbehörden, in denen tatbezogene Untersuchungen gegen Dritte und deren Ergebnisse festgehalten sind, muss der Staatsanwalt von Verfassungswegen nur dann dem Gericht vorlegen und sie damit der Einsicht des Verteidigers nach § 147 StPO zugänglich machen, wenn ihr Inhalt für die Feststellung der dem Beschuldigten vorgeworfenen Tat und für etwaige gegen ihn zu verhängende Rechtsfolgen von irgendeiner Bedeutung sein kann.
>
> Eine gerichtliche Kontrolle der Aktenvollständigkeit nach Maßgabe der richterlichen Wahrheitsermittlungspflicht genügt rechtsstaatlichen Anforderungen.
>
> Einsicht in die dem Gericht nicht vorgelegten Spurenakten kann der Beschuldigte durch Vermittlung eines Rechtsanwalts unmittelbar bei der StA beantragen. Wird ihm diese verwehrt, steht ihm im Verfahren nach §§ 23 ff. EGGVG gerichtlicher Rechtsschutz zur Verfügung.«

Damit hat das Gericht zunächst zwei wesentliche Maximen aufgestellt. Es ist zunächst Sache der Staatsanwaltschaft, eine wie immer geartete Auswahl der Spurenakten zu treffen, die sie als Bestandteil der Akten aufnimmt, die die Spurenakten zunächst nicht sind. Diese Entscheidung unterfällt immer richterlicher Kontrolle, im Wege des Verfahrens nach § 23 EGGVG. Die Staatsanwaltschaft ist unabhängig von dieser Kontrollmöglichkeit verpflichtet die Spurenakten zu den Hauptakten zu nehmen, sobald auch nur ein Zweifel an dem fehlenden Sachbezug herzustellen ist. In keinem Fall

20 *Dünnebier* StV 1981, 504 Fn. 6; vgl. *Wasserburg* NJW 1980, 2441. 2 BvR 2500/092 BvR 1857/10.
21 BVerfGE 30, 1. MüKO StPO § 199 Rn. 34 2024.
22 BVerfGE 30, 1. LG Hannover, Beschl. v. 24.11.2014 (FD-StrafR 2015, 369880, beck-online).

lässt sich aus der Entscheidung des BVerfG ein generelles Recht auf Verweigerung von Akteneinsicht herleiten, wie dies von der Staatsanwaltschaft wiederholt in Kapitalverfahren versucht wird.

15 Der BGH[23] hat ausgeführt, dass es angezeigt sein kann, dem Verteidiger Einsicht in die Spurenakten zu gewähren. Ein solcher Fall wird sich wohl immer da begründen lassen, wo sich allein aufgrund des Ganges der Ermittlungstätigkeit, die Niederschlag in den Spurenakten gefunden hat, eine Notwendigkeit der Akteneinsicht ergibt. Daran wird zu denken sein, wenn die Ermittlungsbehörden allzu schnell sich nur auf einen Täter konzentriert haben, ohne dass sich hierfür aus den Hauptakten ein hinreichender Grund ergibt.

Das OLG Hamm führt insoweit aus:[24]

> »Der Verteidiger kann nicht in Ausübung seines Akteneinsichtsrechts nach § 147 Abs. 5 StPO Einsicht in nicht zu den Gerichtsakten gelangte Spurenakten fordern, und wenn diese ihm versagt wird, ggf. im Wege der Revision rügen, die Verteidigung sei in einem für die Entscheidung wesentlichen Punkte durch Gerichtsbeschluss unzulässig beschränkt worden (§ 338 Nr. 8 StPO). Denn die Spurenakten gehören in diesem Umfang nicht zu den Gerichtsakten, die dem Einsichtsrecht nach § 147 StPO unterliegen. Ein sog materieller Aktenbegriff, der vereinzelt in diesem Zusammenhang vertreten wird (Dünnebier, a.a.O.; Wasserburg, NJW 1980, 2441), ist der Strafprozessordnung fremd (BGH, StV 1981, 502 = NJW 1981, 2268; BVerfG, NJW 1983, 1044).«

Es bleibt aber insoweit zu beachten, dass die Revision nicht auf eine negative Verbescheidung eines die Einsicht in die Spurenakten begehrenden Antrages gestützt werden kann, weil die Spurenakten nicht Bestandteil der Akten sind. Spurenakten, die dem Gericht nicht vorgelegt wurden, sind verfahrensfremde Akten.[25] Die Revision kann aber darauf gestützt werden, dass das erkennende Gericht einen Antrag auf Unterbrechung oder Aussetzung der Hauptverhandlung nicht positiv verbeschieden hat, um der Verteidigung Gelegenheit zu geben, die Akteneinsicht im Wege des § 23 EGGVG durchzusetzen.

Wenn sich schon in einem Verfahren das Missgeschick ereignet, dass Spurenakten, die möglicherweise erhebliche Ermittlungen enthalten, erst im Laufe der Hauptverhandlung auftauchen, ist zu erwarten, dass das Gericht diese selbst im Rahmen seiner Aufklärungspflicht nach § 244 Abs. 2 StPO eingehend prüft und auch den Verfahrensbeteiligten, insbesondere aber dem Verteidiger, ausreichende Gelegenheit zur Nachholung der Verfahrensvorbereitung gibt, anstatt auf eine schnelle Verfahrensbeendigung zu drängen. Tut der Vorsitzende das nicht, so kann ein Schließen der Beweisaufnahme, die Besorgnis der Befangenheit begründen.[26]

E. Die Einlassung des Angeklagten

16 Die Frage der Einlassung des Angeklagten im Schwurgerichtsverfahren stellt sich in der Regel im Ermittlungsverfahren mehrfach. Hierbei ist gerade wegen der riesigen Sanktionsbreite zunächst Vorsicht geboten. In der Regel wird man davon ausgehen müssen, dass der Angeklagte in Kapitalstrafsachen zunächst schweigt.

▶ Beachte

Nur in geringen Ausnahmefällen kann die frühzeitige Einlassung eine Möglichkeit der Vorwärtsverteidigung sein. Dies gilt im Übrigen unabhängig von der Frage, ob der Angeklagte der ihm vorgeworfenen Tat schon überführt ist oder nicht und ob es »nur« um die Frage der Strafzumessung geht.

23 BGHSt 30, 131 ff.; BGH NStZ 1981, 361; 1983, 228.
24 OLG Hamm NStZ 1984, 423 ff., BGH NStZ 2010, 486,491.
25 KK/*Laufhütte* § 147 Rn. 7.
26 BGH NStZ 2003, 666.

In jedem Fall muss der Beschuldigte vor einer vom Verteidiger angeratenen Einlassung auf die Befragungssituation eingehend vorbereitet werden. Ebenso ist die Abgabe einer schriftlichen Einlassung zu erwägen. Beides setzt wiederum die Formulierung eines Verteidigungszieles voraus. Selbstverständlich bedeutet die Formulierung eines Verteidigungszieles nicht eine starre, ein für alle Mal getroffene Entscheidung, sondern einen dynamischen Prozess, der jeweils an die konkrete Prozesssituation, d.h. an den Stand des Ermittlungsverfahrens oder den Stand der Hauptverhandlung anzupassen ist.

Um eine vernünftige Prognose treffen zu können, kann diese verlässlich als Zwischenergebnis regelmäßig erst nach Abschluss der Ermittlungen geführt werden.

▶ **Beachte**

Im Rahmen von Kapitalsachen stellt sich die Frage des Ob und Wie einer Einlassung des Angeklagten jedoch schon bei der in Kapitalsachen durchgeführten Begutachtung durch den Sachverständigen. Der Verteidiger in Kapitalsachen sollte es in der Regel vermeiden, dass der Angeklagte bei dem Sachverständigen sich zum ersten Mal zu der Sache äußert. Zum einen gehört es zu den selbstverständlichen Beistandspflichten des Verteidigers, den Beschuldigten im Rahmen der Einvernahme der Sache beizustehen. Dies kann beim Sachverständigen nicht geschehen, da der Verteidiger bei der Untersuchung durch den Sachverständigen kein Anwesenheitsrecht besitzt. 17

Zum anderen stellt die Erstäußerung beim Sachverständigen jedoch das Risiko von Missverständnissen zwischen Beschuldigtem und Sachverständigen dar. Diesbezüglich ist zu beachten, dass die Äußerung des Beschuldigten durch den doppelten Filter zunächst bei dem Sachverständigen und danach bei der Gutachtenerstattung des Sachverständigen vor Gericht geht. Damit ist einer Missdeutung Tür und Tor geöffnet. Außerdem sollte nicht unterschätzt werden, dass Sachverständige sich gelegentlich auch über die Gutachtensfrage als Helfer des sie beauftragenden Staatsanwaltschaften und Gerichte zur Aufklärung der tatsächlichen Schuldfrage begreifen.

Der Verteidiger hat stattdessen offensiv dafür Sorge zu tragen, dass der Sachverständige hinlänglich auf § 80 Abs. 1 und 2 StPO hingewiesen wird. Hält der Sachverständige nämlich eine weitere Sachaufklärung für erforderlich, so ist der Sachverständige gehalten, zur Vorbereitung des Gutachtens durch die Vernehmung von Zeugen und des Beschuldigten sich weitere Aufklärung zu verschaffen. Der Sachverständige wird ab stattdessen sich das, was er für seine Begutachtung meint brauchen zu müssen selbst aus dem Mandanten zu erfragen. Der Sachverständige ist selbst im Rahmen von Explorationen, die verfahrensrechtlich polizeilichen, staatsanwaltlichen oder richterlichen Vernehmungen nicht gleichzusetzen sind (BGH NStZ 2003, 101), befugt, aber nicht verpflichtet, Zeugen über ihre Weigerungsrechte zu belehren (KK-*Senge*, a.a.O., § 80 Rn. 2 m.w.N.).[27]

Dies hat im Fall der staatsanwaltschaftlichen und richterlichen Vernehmung für den Verteidiger 18
den augenfälligen Vorteil, dass er einer derartigen Vernehmung beiwohnen kann. Eine Einlassung des Angeklagten liegt natürlich immer dort nahe, wo eine Einlassung zur Verwirklichung des Verteidigungskonzeptes benötigt wird und die durch die Einlassung benötigte Sachdarstellung durch andere Beweismittel nicht beigebracht werden kann. *Schoreit* und *Tondorf*[28] weisen zurecht darauf hin, dass der Tatrichter gehindert ist, Rechtfertigungs-, Entschuldigungsgründe und insbesondere Strafmilderungsgründe zu bekunden, soweit das Schweigen des Angeklagten zu seinen persönlichen Verhältnissen und seinen sonstigen Lebensumständen zur Tatzeit dazu führt, dass günstige Umstände in der Tat und der Persönlichkeit im Rahmen der nach § 56 StGB anzustellenden Sozialprognose nicht berücksichtigt werden können. Dies gilt es zu bedenken.

---

27 BGH NStZ 2006, 537.

28 *Schoreit* KK StPO | StPO § 261 Rn. 57; Formularbuch/*Tondorf* VII.A. 14.

F. Die Vorbereitung der Hauptverhandlung

19 Der Verteidiger hat insoweit die Fortschreibung des Verteidigungszieles mit dem Mandanten zu besprechen. Hierbei sollte der Verteidiger sich davor hüten, dem Mandanten die Prozesssituation, insbesondere das zu Beginn der Hauptverhandlung zu erwartende Beweisergebnis in zu günstigen Farben zu schildern. Hierzu gehören selbstverständlich die zutreffende Beurteilung der Verurteilungswahrscheinlichkeit und die etwaige Sanktionshöhe. In diesem Zusammenhang ist bei Kapitaldelikten die Tendenz mancher Verteidiger zu beobachten, den Angeklagten durch besonders günstige Vorhersagen hinsichtlich des Prozessausganges an den Verteidiger zu binden. Hierzu gehört auch der Umgang mit der Haftfrage.

▶ **Beachte**

Viele Strafverteidiger denken oft gar nicht an die Möglichkeit, Einwendungen gegen den Haftbefehl vorzubringen, weil sie dieses Vorgehen völlig zu Unrecht für von vornherein aussichtslos halten. Einwendungen gegen den Verdachtsgrad, wegen offensichtlicher Subsumtionsmängel oder begründete Versuche der Herabstufung des Tat- und Schuldgehalts[29] sind aber nicht selten von Erfolg gekrönt. Man sollte hier jedoch mit gebotener Vorsicht vorgehen, um nicht frühzeitig die Verteidigungslinie zu offenbaren. Vor Versuchen, mittels Teil-Einlassungen die Haftfrage isoliert zu beeinflussen, kann nur gewarnt werden. Angaben, die sich aus den Akten zur Frage der Fluchtgefahr ergeben, können dagegen selbstverständlich durch geeignete Dokumente widerlegt werden und bedürfen ohnehin nicht der Ausführung durch den Beschuldigten selbst. Gelegentlich versuchen die Ermittlungsbehörden einen schweigenden Angeklagten über die Frage der Verdunklungsgefahr zu Äußerungen zu tatrelevanten Einzelaspekten wie Tatwerkzeug, Tatort, etwaige Mittäter und/oder Zeugen zu bewegen. Aus der fehlenden Kooperationsbereitschaft kann der Haftbefehl unter dem Aspekt der Verdunklungsgefahr nicht begründet werden.[30]

Eng verwoben mit der Frage des Verteidigungsstils ist insbesondere in Kapitalsachen die Frage der Strategie und des taktischen Vorgehens auf dem Weg dorthin.

▶ **Musterschriftsatz**

Amtsgericht Regensburg

Augustenstr. 4

94041 Regensburg

Referat: RA Hubertus Werner

Landshut, den 23.07.2019

Unser Zeichen: x

Aktenzeichen: Js

Aktenzeichen: Gs

In der Strafsache

gegen

S.

wird

Beschwerde

29 *Stern* Rn. 790 ff.

30 Vgl. auch *Wankel/Schuster* Kap. 6.

gegen den Haftbefehl vom 11.08.2016 eingelegt.

Begründung:

Laut dem Haftbefehl wird der Beschuldigten zur Last gelegt, sie habe ihre Tochter aus niedrigen Beweggründen getötet. Sie soll ihre einjährige Tochter schutzlos in der Badewanne unbeaufsichtigt zurückgelassen und dabei billigend in Kauf genommen haben, dass diese in dem in der Badewanne befindlichen Wasser ertrinken würde, was dann auch geschehen sein soll.

Der Beschuldigten wird laut Haftbefehl insoweit weiter vorgeworfen, sie hätte diese Möglichkeit voraussehen können, bei ihrem Weggang habe sie dies zumindest billigend in Kauf genommen, um ein Leben ohne das Kind, welches ihre persönliche Freiheit belastet haben soll, führen zu können.

Weiter bleibt festzuhalten, dass diese Handlung entgegen der Auffassung im Haftbefehl nicht ohne Weiteres eine Handlung gemäß § 211 StGB als Mord darstellt.

Es bestehen durchgreifende Bedenken gegen den Vorwurf, weil die Beschuldigte, die Mutter des verstorbenen Kindes, unmittelbar nach Auffinden des leblosen Kindes den Rettungsdienst alarmiert hat und die Rettungssanitäter aufforderte, ihrem Kind zu helfen. Schon aus dem Verhalten der Beschuldigten ist zu entnehmen, dass es ihr nach ihrer Vorstellung darauf ankam, das von ihr nicht für tot gehaltene Kind zu retten.

Dies legt nahe, dass es der Beschuldigten gerade nicht darauf ankam, das Kind zu töten, sondern dass es sich um einen Unglücksfall gehandelt hat. Hierfür spricht auch die Aussage der Zeugin Z., die unmittelbar am Unglücksort vernommen worden war und angab, mit der Beschuldigten vom Nachbarhaus kurz zuvor telefoniert zu haben.

Der Erstzugriffsbeamte des KDD, der Zeuge X, hat zumindest bestätigt, dass die Nummer der Zeugin Z bei Betätigen der Wahlwiederholung des Telefons der Beschuldigten erschienen sei.

Zusammenfassend spricht daher alles für einen Unglücksfall im Zuge eines Momentes der Unaufmerksamkeit der Beschuldigten, abgelenkt durch die Nachbarin.

Der Haftbefehl ist daher aufzuheben oder ersatzweise außer Vollzug zu setzen.

Gerade in Anbetracht der in Kapitalsachen oft erheblichen Prozessdauer darf in diesem Zusammen- 20
hang auch die Frage der finanziellen Ressourcen des Beschuldigten nicht vernachlässigt werden. Selbstverständlich ist es Aufgabe des Mandanten, für eine ausreichende finanzielle Versorgung der Verteidigung zu sorgen. Es stellt jedoch ein grob kunstwidriges Vorgehen dar, eine Verteidigung in Kapitalsachen in Kenntnis mangelnder finanzieller Ressourcen zu beginnen und eine Verteidigungsstrategie zu wählen, die, sobald das Mandat notleidend geworden ist, nicht durchgehalten werden kann bzw. im ungünstigsten Fall zur völligen Absenz des gewählten Verteidigers führt.

Ebenso gilt es für die notwendig werdende Beiziehung von wissenschaftlichem Beistand. Mir ist allerdings notwendige Hilfe für wissenschaftliche Fachfragen von den Sachverständigen auch ohne Geld nie versagt worden. Oft scheitert die Inanspruchnahme an der Bequemlichkeit der Verteidiger. Genauso wie der BGH von den Sachverständigen erwartet, nicht ein Gutachten schlicht zu übernehmen, muss der Verteidiger allerdings die Gutachtenprobleme ebenso intellektuell durchdringen.

Gerade in Kapitalsachen, in denen die lebenslange Freiheitsstrafe droht, darf es jedoch, wenn die Verteidigung schließlich übernommen wird, keine Zurückhaltung in der Wahrnehmung sämtlicher Verteidigerrechte und Rechte des Angeklagten geben.[31]

Etwaige Rügemöglichkeiten und insbesondere die durch unterlassene Rügen eingetretenen Rügepräklusionen sind im Einzelnen zu berücksichtigen.

31 NStZ 1999, 632.

▶ Beachte

21 Dies bedeutet für die Vorbereitung der Hauptverhandlung in Kapitalsachen wegen der besonderen Bedeutung der Strafsache, dass sämtliche Anträge – soweit nur irgend möglich – vor Beginn der Hauptverhandlung schriftlich vorzubereiten sind. Im Hinblick auf eine etwaige notwendig werdende Revision kann nur so gewährleistet werden, dass etwaige Rügemöglichkeiten sachgerecht ergriffen und Rügepräklusionen vermieden werden, die letztlich im Eifer des Gefechtes auch bei den erfahrensten Kollegen vorkommen können.

Dahs hat im Handbuch des Strafverteidigers unter dem Kapitel »Das Revisionsrecht – eine Geheimwissenschaft« ausgeführt:

> »Die Revision gilt daher allgemein als ein höchst unbefriedigendes, selbst für den überdurchschnittlichen und folgerichtig denkenden Juristen schwer verständliches, wenig sinnvolles Rechtsgebilde.«[32]

Dahs betont insoweit völlig zurecht,[33] dass in Kapitalsachen die Revision das einzige Rechtsmittel darstellt und nur auf diesem Weg das Tor für eine neue Tatsachenverhandlung vor einem anderen Gericht (§ 354 Abs. 2 StPO) aufgestoßen werden kann.

▶ Beachte

Seiner Verantwortung kann der Verteidiger nur dadurch gerecht werden, dass er in Kapitalsachen ein Höchstmaß an Verantwortungsbewusstsein in der Vorbereitung der Hauptverhandlung an den Tag legt. In diesem Zusammenhang ist auf die pure Selbstverständlichkeit hinzuweisen, dass der Verteidiger sämtliche Haupt- und Nebenakten und, soweit relevant, auch Spurenakten nach Möglichkeit vollständig kopiert und danach auch beherrscht. Etwaige Tatortfotos sind in Kapitalstrafverfahren jeweils mit geeigneten Laserkopien originalgetreu zu reproduzieren bzw. als Original-Bilddatei (pdf) zu erlangen. Nur so kann gewährleistet werden, dass der Sachbearbeiter auch zu einem späteren Zeitpunkt zunächst noch nicht relevante Details auf den entsprechenden Fotografien nachvollziehen kann. Hierzu gehört selbstverständlich auch eine Einteilung der Beweismittel in für die Verteidigung Günstige und Ungünstige. Sollten insoweit Zeugenaussagen und Beweismittel, die das Verteidigungsziel des Angeklagten behindern können, unzulässig erlangt worden sein, ist wiederum das insoweit bestehende Beweisverwertungsverbot durch die Wahrnehmung des sachgerecht vorgetragenen Widerspruchs zum richtigen Zeitpunkt (§ 257 Abs. 2 StPO) anzubringen. Auch hier ist die Eliminierung durch die Belehrung über den Gebrauch von Auskunft- und Aussageverweigerungsrechten gegenüber hierzu bereiten Zeugen zu prüfen.

Auch diese Widersprüche in Bezug auf im Verfahren entstandene Beweisverwertungsverbote sind schriftlich vorzubringen.

G. Der Umgang mit den Medien

22 Gerade in Kapitalsachen ist das massenmediale Interesse ausgesprochen groß.[34] Es bedarf insoweit des Hinweises, dass ausschließliche Richtschnur auch für den Umgang mit der Presse das Interesse des vom Verteidiger vertretenen Mandanten ist. Dabei muss man sich jeweils vergegenwärtigen, dass die Auseinandersetzung mit der Presse und der damit einhergehende Verlust von Privatsphäre eine zusätzliche Belastung für den Angeklagten darstellt. Der Verteidiger hat hier regelmäßig zu über-

32 *Schweling* MDR 1967, 441, zit. nach *Dahs* Handbuch, Rn. 851.
33 *Dahs* Handbuch, Rn. 850.
34 Vgl. zum Umgang mit den Medien auch Abschnitt 9.

prüfen, inwieweit im Rahmen der Hauptverhandlung ein Antrag gem. § 171b GVG wegen der Beeinträchtigung schutzwürdiger Interessen des Angeklagten zu stellen ist.[35]

Dies drängt sich insbesondere bei den Gutachten der Sachverständigen im Rahmen der Abgabe der forensisch psychiatrischen oder forensisch psychologischen Begutachtung auf. Auch ist durch geeignete Maßnahmen, respektive durch Rücksprache mit dem Vorsitzenden Sorge dafür zu tragen, dass der Angeklagte im Sitzungssaal nicht mehr mit Blitzlichtgewitter in seiner Konzentration auf den Prozess beeinträchtigt wird. Man sollte dabei nicht die außerordentliche Belastung unterschätzen, die ein derartiges Verfahren ohnehin für den Angeklagten darstellt, sodass weitere überflüssige Beeinträchtigungen unbedingt vermieden werden müssen. Der Verteidiger, der glaubt, er stehe seinem Mandanten schon dadurch ausreichend bei, dass er sich im Gerichtssaal neben ihm postiert, um sich mit ihm gemeinsam von den herbeieilenden Pressefotographen ablichten zu lassen, hat seinen Beruf verfehlt. Selbst wenn man dem Rat von *Dahs*,[36] jeden Pressekontakt zu vermeiden, nicht befolgt, ist in der Regel Zurückhaltung zu üben. Hiervon können nur Ausnahmen gemacht werden, wenn der Verteidiger in Absprache mit dem von ihm vertretenen Beschuldigten geeignete Aussicht hat, unter Nutzung der Massenmedien für den Mandanten schädliche Berichte zu korrigieren.[37]

H. Der Sachverständige in Kapitalstrafsachen

23 In Kapitalstrafsachen, gerade bei der absoluten Strafandrohung mit lebenslanger Freiheitsstrafe, kommt in fast allen Prozessen dem forensisch psychiatrischen und forensisch psychologischen Sachverständigengutachten eine entscheidende Rolle auf dem Weg zur zeitigen Freiheitsstrafe im Wege einer etwaigen Strafrahmenverschiebung gem. § 49 Abs. 1 StGB zu. Wie oben bereits ausgeführt, hat der Verteidiger schon im Rahmen des Ermittlungsverfahrens dafür Sorge zu tragen, dass gem. Nr. 70 RiStBV der Staatsanwalt dem Verteidiger Gelegenheit gibt, vor der Auswahl des Sachverständigen Stellung zu nehmen (dies gilt im Übrigen nicht nur für forensisch-psychiatrische und forensisch-psychologische Sachverständigengutachten, sondern für sämtliche im Rahmen des Strafverfahrens anzufertigende Begutachtungen). Die Notwendigkeit der frühzeitigen Kontaktaufnahme ergibt sich aus der schon im Kapitel Sachverständige[38] dargestellten Problematik des § 244 Abs. 4 S. 2 StPO. Von sich aus wird der Staatsanwalt hier regelmäßig nicht aktiv. Ein einmal von der Staatsanwaltschaft oder später von dem Gericht beauftragter Sachverständiger wird in der Regel auch in der Hauptverhandlung sein Gutachten abgeben, womit im ungünstigen Fall die einmal zugewiesene Rolle zementiert wäre. *Rasch*[39] hat schon vor Jahren auf Folgendes hingewiesen, ohne dass das damals Gesagte an Gültigkeit verloren hätte:

> »Es ist schon erstaunlich, wie wenig informiert Verteidiger im Allgemeinen über Qualifikation und wissenschaftliche Ausrichtung der beigezogenen Sachverständigen sind, so verwundert doch noch stärker ihre Ignoranz bezüglich der humanitären und kriminalpolitischen Grundeinstellung der Gutachter. Sie lassen ihre Mandanten ohne Warnung einem notorisch übel wollenden Gutachter ins Messer laufen. Es stellt sich die Frage, warum Anwaltsvereinigungen nicht für eine hinreichende Information ihrer Mitglieder sorgen bzw von sich aus nicht bemüht sind, angemessene Maßstäbe für die Durchführung einer psychologischen und psychiatrischen Begutachtung aufzustellen.«

Es tragisch, dass diese Ausführungen so alt sie sind nichts an ihrer Aktualität verloren haben.

24 Die Bedeutung der wissenschaftlichen Ausrichtung und der Bereitschaft, der Längsschnittanalyse nicht den Vorzug vor der Querschnittanalyse des Tatgeschehens zu geben, hat aber schon *Maisch* herausgearbeitet.[40] Weder das Eine geht jedoch ohne das Andere. Diese Ausführungen, die für den

---

35 *Hohmann* NJW 2009, 881.(vgl. Minoggio, Unternehmungsverteidigung Rn. 79–84, 3. Aufl. 2016 entsprechend).

36 *Dahs* Handbuch, Rn. 82.

37 *Wagner* Prozessführung über Medien, passim;, StV 2005, 76.

38 Vgl. Kap. 37, NStZ 2008, 644.

39 *Rasch* StraFo 1989 Heft 3, 21 (23); zur aussagepsychologischen Begutachtung vgl. Kap. 39.

40 *Maisch* StraFo 1989 Heft 3, 25 (29).

forensisch psychiatrischen Sachverständigen gleichermaßen gelten, haben gerade hinsichtlich der Kapitaldelikte tragende Bedeutung. Von psychologischen und psychiatrischen Sachverständigen ist speziell für die Begutachtung von fraglichen Affekten, insbesondere bei Beziehungs- und Partnertötung, eine methodologisch differenziertere Abklärung zu erwarten als sie bisher im psychiatrisch-psychologischen Schrifttum beschrieben wird:

(1) durch die Anwendung der oben genannten theoretischen Konzepte und empirischen Erkenntnisse über Partnerbeziehungen und Störungsmuster (verhaltensdiagnostisch und lerntheoretisches und psychoanalytisches, partnerdynamische Konzepte);
(2) durch die Anwendung von kognitionstheoretischen Konzepten aus dem empirischen Bereich der neueren Belastungsforschung;
(3) durch die Anwendung von neueren Erkenntnissen der allgemeinen Psychologie, insbesondere der Gedächtnisforschung zur Analyse von speziellen Problemen der Tatanalyse: nämlich von Auslösung und Verstärkung von Affektreaktionen durch die situative Evokation gespeicherter szenischer Erinnerung, sowie von verschiedenartigen Auswirkungen der Affektreaktionen auf Wahrnehmung, Informationsverarbeitungsmodalitäten und Speicherung von Handlungsvorgängen (Amnesieproblematik);
(4) durch Fortführung des von *Rasch* 1964 eingeschlagenen Weges der tatvorgeschichtlichen Analyse von Beziehungskonflikten und Differenzierung weiterer abgrenzbarer Konfliktmuster im Vorfeld von Beziehungs- und Partnertötung.

25 Es genügt insoweit natürlich nicht, dass der Verteidiger gerade in Kapitalsachen nur gehört werden will. Man muss in diesem Zusammenhang auch geeignete Sachverständige kennen, die in dem konkreten Fall jeweils dem Staatsanwalt oder dem Gericht zum Zwecke der Abstimmung vorgeschlagen werden können.

▶ Beachte

Genau so wenig, wie sich die Verteidigung einen ungeeigneten, womöglich von vornherein ihre Interessen konterkarierenden Sachverständigen aufdrängen lassen sollte, darf sie sich mit der Auswahl eines Sachverständigen begnügen, der ungeeignet ist, weil er im Ruf steht, für Angeklagte günstige Ergebnisse regelrecht »auszuspucken«. Gerade ein Sachverständiger, der selbst bei Verneinung der Voraussetzungen der §§ 20, 21 StGB die Tat nachvollziehbar macht, wird bei Gerichten die Neigung wecken, dem Angeklagten gegebenenfalls im Hinblick auf das Strafmaß entgegenzukommen, soweit dies möglich ist. Hierbei ist nur ein Sachverständiger geeignet, der in der Lage ist, die Abklärung der tatmotivationalen Hintergründe durchzuführen, d.h. Aufklärung von Erklärungs- und Verständniszusammenhängen zwischen Persönlichkeitsproblematik/Tatvorgeschichte und Psychopathologie der Tat zu liefern.

Bei der Auswahl des Sachverständigen muss gerade bei Straftaten gegen das Leben darauf hingewiesen werden, dass dem Strafverteidiger bei der Verständigung mit der Staatsanwaltschaft deshalb ein hohes Maß an Verantwortung zukommt.

Gerade die Unsitte in bayerischen Strafprozessen mit der Institution des Landgerichtsarztes bei der Begutachtung in Verfahren bei Straftaten gegen das Leben operieren zu wollen, ist besonders unerträglich. Dies gilt aber insbesondere auch für die Frage der Schuldfähigkeitsbeurteilung durch Gerichtsmediziner. *Schumacher* hat insoweit treffend ausgeführt:

»Es ist zB schier unglaublich mit welchem Ausmaß an psychiatrischer Unkenntnis sich Rechtsmediziner regelmäßig und unwidersprochen zu differenzierten psychiatrischen Sachverhalten äußern. Dies ohne jede Kenntnis der Psychiatrie und ohne jede Erfahrung selbst mit einfachen psychiatrischen Sachverhalten. Dies trifft z.B. auf den weiten Bereich der Alkoholdelinquenz zu. Wieviel psychopathologisch relevante Alkoholabnormreaktionen, wieviel komplizierte oder gar pathologische Rauschformen mögen justitiell fehl beurteilt worden sein, einfach deshalb, weil der begutachtende Rechtsmediziner keine oder nur eine Lehrbuchahnung von diesen Vorgängen hatte. Ein exzellenter Diagnostiker ist also gefragt für die Aufgaben der forensischen Psychiatrie (…).

> Keinesfalls sollte man sich aus dem Blickpunkt der Verteidigung damit einverstanden erklären, dass ein Rechtsmediziner zu komplexen Fragen der Psychiatrie Stellung nimmt. Gewöhnlich beschränkt sich seine Ausbildung in Psychiatrie auf ganze 6 Monate, die in der Facharztordnung vorgeschrieben sind.«

Egal, wer beauftragt wird, wird das Sachverständigengutachten an den Mindeststandards für die Anfertigung forensisch-psychiatrischer Gutachten zu messen sein.[41] Diese muss allerdings der Verteidiger genauso präsent haben, um den Sachverständigen adäquat befragen zu können, nachdem er das vorläufige Gutachten hinreichend studiert hat.

▶ Beachte

Soweit man eine Begutachtung oder eine etwaige Einlassung des Angeklagten gegenüber dem Sachverständigen verhindert sehen möchte, ist der Angeklagte dahingehend zu belehren, dass er sämtliche Angaben gegenüber dem Sachverständigen unterlassen soll. Insofern empfiehlt es sich, dem Beschuldigten zu raten, überhaupt keine Angaben zu machen, da er im Rahmen eines scheinbar auch unverbindlichen Gespräches schon Informationen herausgeben kann, die ihn zum Augenscheinsobjekt in eigener Sache machen. Der Sachverständige und das Gericht sollten darauf hingewiesen werden, dass der Angeklagte von seinem Gutachtensmitwirkungsverweigerungsrecht Gebrauch macht. Gleichzeitig sollte eine Aufforderung an den Sachverständigen ergehen, dies zu akzeptieren und von Explorationsversuchen Abstand zu nehmen. 26

Ist eine Verständigung gemäß Nr 70 RiStBV mit dem Staatsanwalt bezüglich der Auswahl des Sachverständigen gescheitert, so stellt sich zunächst die Frage, ob man gleichwohl eine Begutachtung mit dem von der Staatsanwaltschaft gewünschten Sachverständigen erfolgen lässt, oder ob eine derartige Begutachtung im Wege einer Schweigeempfehlung an den Mandanten unterbunden wird.

In diesem Zusammenhang ist jedoch zu beachten, dass im Fall der Verweigerung der Begutachtung durch den Angeklagten, das Gericht im Rahmen der Aufklärungspflicht gem. § 244 Abs. 2 StPO nicht gehalten ist, einen weiteren Sachverständigen von sich aus zu beauftragen. In einem derartigen Fall wird der beauftragte Sachverständige eine gutachtliche Stellungnahme im Rahmen der Hauptverhandlung ohne entsprechende Exploration abgeben, soweit dies aufgrund der weiteren Anknüpfungs- und Befundtatsachen möglich ist.

In Kapitalstrafsachen hat die Verteidigung, soweit sie aufgrund der durch die Staatsanwaltschaft und gegebenenfalls durch das Gericht veranlassten Begutachtung der Auffassung ist, dass ein weiterer Sachverständiger hinzuzuziehen wäre, zunächst den Versuch der Hinzuziehung eines weiteren Sachverständigen noch vor der Hauptverhandlung durch einen entsprechenden Antrag bei Gericht bzw. der Staatsanwaltschaft zu veranlassen. Hat dieses Vorgehen keinen Erfolg, so hat der Verteidiger den Weg des § 245 Abs. 2 StPO zu beschreiten, und einen weiteren Sachverständigen im Wege des Selbstladungsrechtes zu laden. Der BGH hat dazu ausgeführt, dass die Instanzgerichte gut beraten sind, sich nicht gegen weitere Sachverständige zu wehren, sondern besser die dann vorhandenen Gutachten gegeneinander abzuwägen haben[42]

Zum Glück trifft die Auffassung von *Rasch*[43] nicht mehr zu, die dieser wie folgt äußerte: 27

> »Ein seriöser Sachverständiger wird sich im Allgemeinen sträuben als präsentes Beweismittel bereit zu stehen, schon weil er sich dieses aus zeitlichen Gründen nicht leisten kann. Seine Präsentation durch die Verteidigung ist aber auch mit dem Verdacht verbunden als parteiischer Sachverständiger aufzutreten.«

41 BGHSt 45, 164; NStZ 2006 537; NStZ 2000, 100; MüKO StPO § 73 Rn. 6,7 2023.
42 BGH NStZ 1999, 632.
43 *Rasch* StraFo 1989 Heft 3, 23.

Dem Verteidiger, der diesen Weg beschreiten will und dessen Mandant über die notwendigen finanziellen Ressourcen verfügt, stehen genügend Sachverständige zur Verfügung, die bereit sind, die Qualitätskontrolle im Rahmen der forensischen Psychiatrie zu gewährleisten.[44]

Daneben geht der Vorwurf der Parteilichkeit an den Sachverständigen, der auf Antrag der Verteidigung im Wege des Selbstladungsrechtes in den Prozess gelangt, fehl:
Der Sachverständige, der gemäß § 245 Abs. 2 S. 1 StPO nach dem Antrag der Verteidigung gemäß § 245 Abs. 2 S. 2 StPO ein Gutachten abgibt, ist nicht Sachverständiger der Verteidigung, sondern gleichberechtigt Sachverständiger des Gerichtes. Der Versuch ist nicht Erfolg versprechend, bei dem gerichtlich bestellten Sachverständigen den Angeklagten schweigen zu lassen, und den Angeklagten anzuhalten, bei einem weiteren Sachverständigen Angaben zu machen. Dies in der Absicht, den letztgenannten dann im Rahmen des § 244 Abs. 4 S. 2 StPO in das Verfahren als Sachverständigen mit überragenden Forschungsmitteln einzuführen.

Der BGH[45] hat insoweit ausgeführt:

»Verweigert ein Angeklagter dem gerichtlich bestellten Sachverständigen die (psychiatrische/psychologische) Untersuchung, so verfügt ein weiterer Sachverständiger nicht deswegen über überlegene Forschungsmittel, weil sich der Angeklagte von diesem untersuchen lassen würde.«

In diesem von dem BGH entschiedenen Fall wurde weiter ausgeführt:

»Der BGH hat entschieden, dass die Verfügung über besonders reichhaltiges Beobachtungsmaterial nicht die Annahme rechtfertigt, dem Sachverständigen stünden überlegene Forschungsmittel zu Gebote. Das Gleiche gilt für eine mehrwöchige Anstaltsbeobachtung (im Vergleich zur üblichen Beobachtung, wenn nicht Besonderheiten dargetan werden). Zwar wird insoweit anerkannt, dass eine Beobachtung nach § 81 StPO vielfach klarere Ergebnisse ergeben kann. Eine solche Untersuchung könne der Gesetzgeber aber nicht iR des § 244 IV 2 StPO gemeint haben, andernfalls sie stets auf Antrag durchgeführt werden müsse.
… In diesem Sinne ist davon auszugehen, dass die Untersuchung einer zu begutachtenden Person zwar eines der Hilfsmittel ist, deren sich ein Sachverständiger zur psychiatrischen Begutachtung üblicherweise bedient. Um ein überlegenes Forschungsmittel, über das der eine, nicht aber der andere Sachverständige verfügt, handelt es sich indes auch dann nicht, wenn ein Angeklagter die Untersuchung nur einem bestimmten Sachverständigen gestattet. Denn bei der Untersuchung eines Angeklagten handelt es sich nicht um eine Begutachtungsmöglichkeit, die in der Verfügung des Sachverständigen steht. Vielmehr kann sie vom Angeklagten nach dessen freier Entscheidung zur Verfügung gestellt werden oder auch nicht.

… Daraus folgt für den vorliegenden Fall, dass ein Angeklagter durch Untersuchungsverweigerung nicht einen weiteren Sachverständigen erzwingen kann.«

Will man nicht das Risiko eingehen, im Rahmen der Hauptverhandlung auf gut Glück die Entscheidung des Gerichtes gem. § 244 Abs. 4 S. 2 StPO im Hinblick auf etwaige Mängel des Gutachtens herbeizuführen, so ist der Weg des § 245 StPO zu beschreiten.

Bei der Auswahl ist darauf zu achten, dass der Sachverständige dem bereits beauftragten Sachverständigen gleichwertig ist. Bevor der beabsichtigte Sachverständige in der Hauptverhandlung gem. § 245 StPO geladen werden kann, muss er Gelegenheit haben, den Angeklagten zu begutachten. Hierfür ist ihm eine Besuchserlaubnis zu besorgen. Darüber hinaus sind dem Sachverständigen die Akten für die Begutachtung zu verschaffen. Dabei darf die Originalakte dem Sachverständigen nur nach vorheriger Genehmigung durch das Gericht ausgehändigt werden.

28 Liegt das Sachverständigengutachten vor und kommt es aufgrund der Aufdeckung tatsächlicher Mängel zu einem abweichenden und günstigeren Ergebnis als das des Vorgutachters, ist es dem Gericht alsbald vorzulegen. Es ist hinsichtlich der Ladung zu beachten, dass hier sämtliche bekannte Sitzungstage zu nennen sind, die auch der Verteidigung bekannt sind. Auch wenn die Ladung erst

44 *Monka* in BeckOK StPO § 168d B. | Ed. 10 – April 2011.
45 BGHSt 44, 26. = BGH NStZ 1998, 422; s. auch BGHSt 45, 164.

spät erfolgt, ist aus offensichtlichen Gründen eine frühzeitige Benachrichtigung des Sachverständigen von den vom Gericht beabsichtigten Terminen erforderlich. Auch durch eine noch so ordnungsgemäße Ladung kann der Sachverständige nicht gezwungen werden, dem Termin den Vorzug vor anderen zu geben.

▶ Beachte

Bei der Ladung ist schon zu entscheiden, ob man den Sachverständigen nicht nur als Sachverständigen, sondern auch als Zeugen hören möchte. Dies ist bereits bei der Ladung zu berücksichtigen. Es empfiehlt sich hier, im Zweifel einer Ladung als Zeuge und als Sachverständigen kombiniert den Vorzug vor irgendwelchen reduzierten Vernehmungen zu geben.[46] In beiden Fällen ist bei dem Antrag in der Hauptverhandlung das Beweisthema genau zu umreißen. Besondere Sorgfalt sollte darauf gelegt werden, der Anwendung des § 246 Abs. 2 StPO keinen Raum zu lassen. Deshalb ist es wichtig, dem Gericht und der Staatsanwaltschaft rechtzeitig die Ladung offiziell zur Kenntnis zu bringen und ebenfalls den Sachverständigen ausreichend namhaft zu machen. Hierzu gehört, wie oben bereits aufgeführt, die jeweilige Benennung der ladungsfähigen Adresse und – soweit vorhanden – auch die Benennung von Klinik und Praxisadresse.[47]

Zu einer rechtzeitigen Namhaftmachung gehört es natürlich auch, dem Gericht und den übrigen Prozessbeteiligten, rechtzeitig das vorläufige Gutachten zugänglich zu machen. Wer die obigen Ausführungen in sich aufgenommen hat, kann sich lebhaft vorstellen, welche Enttäuschung und welche Katastrophe sich aus einer fehlerhaften Ladung etc. nebst nachfolgender Aussetzung usw. ergeben kann, bei dem (finanziellen) Aufwand, den ein im Rahmen des § 245 StPO geladener Sachverständiger regelmäßig bedeutet. »... Je weniger sich der Richter (auch der Anwalt) auf die bloße Autorität des Sachverständigen verläßt, desto mehr er den Sachverständigen nötigt, ihn – den Richter – über allgemeine Erfahrungen zu belehren und mit möglichst gemeinverständlichen Gründen zu überzeugen, desto vollkommener erfüllen beide ihre verfahrensrechtliche Aufgabe...«.

Ist der Sachverständige zur Hauptverhandlung erschienen, ist sofort bei Beginn der Hauptverhandlung der Antrag gem. § 245 StPO zu stellen, und für deren Verbescheidung Sorge zu tragen, um für die ununterbrochene Anwesenheit des »präsenten« Sachverständigen zu sorgen und keine Erkenntnisdefizite gegenüber dem von Gericht und Staatsanwaltschaft geladenen Sachverständigen entstehen zu lassen. Dem Beweisantrag sollten die entsprechenden Ladungsnachweise und Kostenbelege in Anlage beigefügt werden.[48]

Gerade wegen des ungeheuren finanziellen Aufwandes, ist der Antrag nach § 220 Abs. 3 StPO unmittelbar zu stellen und feststellen zu lassen, dass die Abgabe des Gutachtens des im Wege des Selbstladungsrechtes geladenen Gutachters sachgerecht war und für die Vorbereitung der Entscheidung sachdienlich. In den Antrag ist mit aufzunehmen, die Aufwendungen des Sachverständigen die zur Vorbereitung des Gutachtens bei Gericht angefallen sind. Andernfalls wird der Sachverständige nur für die Zeit während der Gerichtsverhandlung vergütet.

46 Es braucht nicht gesondert darauf hingewiesen zu werden, dass dies jeweils individuell zu entscheiden ist nach Vorliegen des schriftlichen Gutachtens und/oder nach Rücksprache mit dem Gutachter.

47 Dies ist zwar nicht obligatorisch, sollte aber den übrigen Prozessbeteiligten eine Überprüfung ermöglichen. Man sollte sich nach Auffassung des Verfassers hier der gleichen Gepflogenheiten befleißigen, die man von der Staatsanwaltschaft ebenso zu Recht erwartet.

48 Es kann sich durchaus als vorteilhaft erweisen, den/die Sachverständige dem Gericht vor der Hauptverhandlung kurz persönlich vorzustellen, soweit dieser/diese nicht dem Gericht bekannt ist. Abgesehen von Praktikabilitätserwägungen ist es nicht zuletzt ein Gebot der Höflichkeit gegenüber dem/der Sachverständigen und den übrigen Prozessbeteiligten.

▶ Musterschriftsätze

Ladung des Sachverständigen Herrn Dr. Z
Adresse gem. §§ 38, 220 StPO

Sehr geehrter Herr Gerichtsvollzieher,

in Anlage übersende ich Ihnen eine vorgefertigte Ladung an den Sachverständigen Herrn Dr. Z, Adresse, zum Hauptverhandlungstermin des Landgerichts M vom 11.02.2017 in der Strafsache gegen Otto K. wegen des Verdachts des Mordes und der Bitte sie dem Sachverständigen zuzustellen.
Die Zustellung soll um 08:45 Uhr im Landgericht M, Sitzungssaal A 267, erfolgen.

Der Sachverständige wird zu diesem Zeitpunkt dort anwesend sein und wird die Urkunde dort auch entgegennehmen. Das notwendige Zeugen-/Sachverständigengeld wird der Unterfertigte zum Übergabezeitpunkt mitbringen, um die Entschädigung für die Reisekosten und den Verdienstausfall zu übergeben.

Sollten von Ihrer Seite noch irgendwelche Rückfragen bestehen, stehen wir Ihnen jederzeit gerne zur Verfügung.

Rechtsanwalt

Ladung zum Hauptverhandlungstermin des Landgerichts M am 11.02.2017 in der Strafsache gegen L.

Sehr geehrte Frau Dr. S,

in der Strafsache gegen L., Landgericht M, Az. 3 Ks X lade ich Sie hiermit in meiner Eigenschaft als Verteidiger des Herrn Otto K. als Sachverständige (ggf. auch sachverständige Zeugin) zu der am 11.02.2017 um 09:00 Uhr stattfindenden Hauptverhandlung des Landgerichts M, dort Sitzungssaal A 267, 2. Stock.
Hinsichtlich der Ihnen gesetzlich zustehenden Entschädigung als Sachverständigen/Zeugin sowie hinsichtlich der Reisekosten wird Ihnen ein entsprechender Barbetrag von € 1.000,00 über den Gerichtsvollzieher dargeboten.

Ich weise darauf hin, dass Ihnen im Falle Ihres Nichterscheinens die durch Ihr Ausbleiben verursachten Kosten auferlegt werden können, sogleich könnte gegen Sie ein Ordnungsgeld und für den Fall, dass dieses nicht beigetrieben werden kann, Ordnungshaft festgesetzt werden.

Es kann weiterhin die zwangsweise Vorführung angeordnet werden. Die Maßnahmen unterbleiben, wenn Sie im Falle einer Verhinderung dies dem Gericht mitteilen.

Rechtsanwalt

3 Ks

Beweisantrag

auf Vernehmung der präsenten Sachverständigen gem. § 245 Abs. 2 i.V.m. § 220 und § 38 StPO

In der Strafsache

gegen

L.

wegen des Verdachts des Mordes

wird beantragt, gem. § 245 StPO der von der Verteidigung geladene und erschienene Sachverständige Herr Dr. Z., Adresse, als Sachverständigen zum Beweis der Tatsache zu vernehmen, dass bei dem Angeklagten L. die Voraussetzungen der §§ 20, 21 StGB gegeben sind und die Steuerungsfähigkeit zum mutmaßlichen Tatzeitpunkt aufgehoben war. Hilfsweise wird das Gutachten beantragt zum Beweis, dass die Steuerungsfähigkeit erheblich vermindert war.

Ausweislich des übergebenen vorläufigen Gutachtens des Sachverständigen Z., der den Angeklagten am 11.01 2017 in der X JVA begutachtet hat, leidet der Angeklagte an einer krankhaften seelischen Störung der Psychosen aus dem schizophrenen Formenkreis und war in Folge der Erkrankung zum Zeitpunkt der ihm vorgeworfenen Tat in einem Zustand der aufgehobenen Schuldfähigkeit.

Rechtsanwalt

I. Die Tötungsdelikte im Einzelnen

I. Merkmale gem. § 211 StGB

1. Mordlust

29 Das Merkmal »aus Mordlust« ist erfüllt, wenn die Tathandlung auf einem Antrieb zum Töten, der auf den Tötungsvorgang als solchen gerichtet ist, beruht.[49] Die Tötung aus Mordlust unterscheidet sich von den anderen Tötungsvarianten, die in § 211 Abs. 2 StGB im Hinblick auf ihre Beweggründe und Ziele als Mord qualifiziert werden, dadurch, dass bei ihr der Tod des Opfers als solcher der einzige Zweck der Tat ist. Das Mordmerkmal der Mordlust ist auch erfüllt, wenn die Befriedigung nicht durch die Tat selbst, sondern durch das Betrachten eines bei der Tat angefertigten Videos erfolgt.[50] Das Mordmerkmal Mordlust wird durch triebhafte gefühlmäßige Regungen nicht in Frage gestellt.[51] Das Merkmal soll Fälle erfassen, bei denen weder ein in der Person des Opfers oder in der besonderen Tatsituation liegender Anlass, noch ein über den Tötungsakt selbst hinausgehender Zweck die Tat bestimmt. In solchen Fällen kommt eine prinzipielle, vom individuellen Träger gelöste, Missachtung fremden Lebens zum Ausdruck, die das den Mordvorwurf rechtfertigende Gefährlichkeitsurteil begründet. Mit dieser Auffassung von der Bedeutung des Tatbestandsmerkmals »aus Mordlust« als Beschreibung eines Tötungsantriebs, der auf den Tötungsvorgang als solchen gerichtet ist, befindet sich der BGH in Übereinstimmung mit den Deutungen, die das Merkmal im Schrifttum gefunden hat. Danach tötet aus Mordlust, wem es allein darauf ankommt, einen Menschen sterben zu sehen, wer aus Mutwillen oder Angeberei tötet, wer die Tötung als nervliches Stimulans oder »sportliches Vergnügen« betrachtet oder wer einen anderen zum Zeitvertreib tötet.

Aus Mordlust tötet derjenige, dem der Tod des Opfers der einzige Zweck der Tat ist, insbesondere der allein aus Freude an der Vernichtung eines Menschenlebens handelt.[52] Eine solche Einschränkung kommt jedoch nicht in Betracht, wenn die genannten Voraussetzungen der Mordlust erfüllt sind.

2. Befriedigung des Geschlechtstriebes

30 Dieses Mordmerkmal erfüllt, wer das Töten als ein Mittel zur geschlechtlichen Befriedigung benützt. Es umfasst sowohl den sog. Lustmord, bei dem der Täter in der Tötungshandlung selbst sexuelle Befriedigung sucht, als auch den Fall, dass er tötet, um das Opfer geschlechtlich zu missbrauchen.[53] So auch Fälle, wo das Töten selbst noch nicht der sexuellen Befriedigung dient, sondern der Täter sich an dem Leichnam vergehen möchte.[54] Hierbei ist es unerheblich, ob der Täter von vornherein mit Tötungsvorsatz handelt oder ob er den Tötungsentschluss erst während der Tatausführung fasst. Es ist ferner unwesentlich, in welchem Zeitpunkt der Tod des Opfers eintritt. Das Mordmerkmal »zur Befriedigung des Geschlechtstriebs« liegt auch dann vor, wenn der Täter diese Befriedigung erst bei der späteren Betrachtung der Bild-Ton-Aufzeichnung (Video) vom Tötungsakt und dem Umgang mit der Leiche finden will. Rechtsgut des § 168 Abs. 1 StGB ist nicht nur der postmor-

49 BGHSt 34, 59.
50 BGHSt 50, 80, vgl. auch *Eschelbach* in BeckOK StGB § 211 I. | Ed. 16 – Mai 2023.
51 BGH NStZ 2007, 522.
52 BGHSt 34, 59 (61).
53 BGH StV 1982, 15.
54 *Eser* NStZ 1983, 433 (434); BGHSt 7, 353 (354); 19, 101 (105); LSK 2009, 220642.

tale Persönlichkeitsschutz des Toten, sondern auch das Pietätsgefühl der Allgemeinheit. Das Einverständnis des Tatopfers in beschimpfenden Unfug an seiner Leiche ist deshalb nicht geeignet, die Strafbarkeit entfallen zu lassen.[55]

3. Habgier

31 Nach dem Sinn des Gesetzes, das das Mordmerkmal der Habgier dem Begriff der niedrigen Beweggründe zuordnet, kann es auf ein Streben nach beträchtlichem Gewinn, das je nach der Lage des Täters eher ein verständliches Tatmotiv abgeben könnte, nicht entscheidend ankommen. Es muss vielmehr genügen, dass der Täter von dem Verlangen getrieben ist, um jeden Preis und ohne jede Rücksicht irgendeinen, dem Opfer zustehenden, Vermögensgegenstand zu erwerben. Habgier ist daher insbesondere dann gegeben, wenn der Täter den Tod eines Menschen deshalb anstrebt oder in Kauf nimmt, weil er sich unter völliger Missachtung seiner elementaren Rechte und Interessen in den Besitz seiner Habe setzen will.[56] In dieser Situation steht das Streben nach einem Vermögensvorteil in einem besonders krassen Missverhältnis zum angerichteten Schaden.[57] Habgier wird nicht dadurch ausgeschlossen, dass der Täter das Mittel auch durch eine andere Straftat, z.B. durch bloßen Raub, erreichen hätte können.[58] Liegt Habgier neben anderen Gründen vor müssen Feststellungen darüber erfolgen, ob das Motiv der Habgier bestimmend war. Ist das nicht gegeben, ist das Merkmal zu verneinen.[59]

In den Fällen des Mordes wegen Tötung aus Habgier tötet, wer ausschließlich oder in erster Linie das Leben eines anderen Menschen auslöscht, um dadurch unmittelbar oder mittelbar wirtschaftliche Vorteile zu erlangen. Aus der Vernichtung menschlichen Lebens um der hieraus resultierenden wirtschaftlichen Vorteile willen folgt mit Blick auf die damit verbundene Hemmungslosigkeit und Rücksichtslosigkeit die besondere Verwerflichkeit der Tötung und die Gefährlichkeit des Täters.[60]

Habgier kann die lebenslange Freiheitsstrafe nicht wegen außergewöhnlicher Umstände im Sinne von BGHSt 30, 105 durch eine zeitige Freiheitsstrafe nach § 49 Abs. 1 Nr. 1 StGB ersetzt werden. Das BVerfG hat lediglich bei den Mordmerkmalen der Heimtücke und der Verdeckung einer Straftat eine Kollision mit dem Verhältnismäßigkeitsgrundsatz für möglich gehalten; die Entscheidung des Großen Senats betrifft nur das Merkmal der Heimtücke. Das Merkmal der Habgier ist ohnehin eng auszulegen.[61] Es liegt bei einem Motivbündel nur vor, wenn das Gewinnstreben Tat beherrschend und damit bewusstseinsdominant war.[62]

4. Aus sonst niedrigen Beweggründen

32 Nach der Rechtsprechung des BGH liegt ein niedriger Beweggrund vor, wenn der Tatantrieb sittlich auf tiefster Stufe steht und nach allgemeiner anerkannter Wertung besonders verwerflich und geradezu verachtenswert ist. Bei der Prüfung der Frage, ob der Angeklagte aus »sonst niedrigen Beweggründen« getötet hat, ist in Fällen, in denen das Handeln des Täters verschiedenen Motiven entspringt, der Beweggrund zu ermitteln und zu bewerten, der der Tat ihr Gepräge gegeben hat.

Nach der Rechtsprechung erfolgt diese Bewertung aufgrund einer autonomen, allein auf die eigenen Bedürfnisse ausgerichteten, und nicht bloß von schicksalhaften Konfliktsituationen abhängigen,

55 BGHSt 50, 80;NStZ 2020, 733.
56 BayObLGSt 1949/1951, 36, 42.
57 *Otto* ZStW 83, 39, 61, 62; Sch/Sch/*Eser* § 211 Rn. 17; SK-StGB/*Horn* § 211 Rn. 1.
58 BGH 2 StR 391/03.
59 LG Düsseldorf Beck RS 2016, 21360.
60 Vgl. auch *Eschelbach* in BeckOK StGB § 211 III. | Ed. 15 – Mai 2011.
61 BGHSt 42, 304.
62 BGH NJW 1995, 2365 (2366).

sozialen Rücksichtslosigkeit der Interessenverwirklichung, bei welcher der Rechtswert des Lebens absolut degradiert wird.[63]

Dabei ist eingehend auf die Motive einzugehen. Eine Gefühlsregung wie Wut kommt nur dann als 33 niedriger Beweggrund in Betracht, wenn sie ihrerseits auf niedrigen Beweggründen beruht. Bei der Prüfung, ob niedrige Beweggründe des in Wut Handelnden gegeben sind, sind die persönlichen Verhältnisse und die innere Verfassung des Täters, sowie das zur Tat führende Geschehen einzubeziehen. Hierbei können sich Probleme dahingehend ergeben, dass Motive nach oberflächlicher Betrachtungsweise »niedrig« i.S.d. Gesetzes zu sein scheinen. Wut, Hass und Rachsucht können niedrige Beweggründe sein, wenn sie ihrerseits auf niedrigen Beweggründen beruhen.

Dies kann nicht der Fall sein, wenn der Täter sich in gerechtem Zorn hingerissen fühlt und die Art der Provokation als schwer einzustufen ist. Dies ist nicht ohne weiteres der Fall, wenn der Täter auf eine Beleidigung (hier: Zeigen des »Stinkefingers«) spontan reagiert. Dies zeigt aber auch die ganze Problematik dieser Rechtsprechung auf vor dem Hintergrund des aus Art. 103 Abs. 2 GG sich ergebenen Gedanken des Bestimmtheitsgebots.

Hat ein Täter spontan und ohne Plan den Tatentschluss gefasst, so ist besonders sorgfältig zu prüfen, ob er sich der Umstände bewusst war, die die Tat als niedrig erscheinen lassen.[64]

Scheinbar niedrige Beweggründe wie Hass, Wut, Missgunst, Rache, Vergeltungssucht, eigensüchtiges Verhalten, wie nicht zu bändigender Zorn oder Angst vor Schande können so im Rahmen der Beurteilung des Einzelfalles umgedeutet werden. Dies bedeutet für den Strafverteidiger gleichzeitig Chance und Gefahr, weil dem Gericht ein großer Ermessensspielraum durch diese Rechtsprechung eröffnet wird.

Die Tötung des die außereheliche Beziehung hindernden Ehegatten erfüllt regelmäßig das Mord- 34 merkmal der niedrigen Beweggründe.[65] Allerdings ist nicht jede Tötung eines Intimpartners, der sich vom Täter abgewendet hatte und in die eheliche Beziehung zurückkehren will, zwangsläufig aus niedrigen Beweggründen begangen. Tat auslösend und Tat bestimmend können auch hier Gefühle der Verzweiflung und der inneren Ausweglosigkeit sein, die eine Bewertung als verwerflich oder verächtlich nicht rechtfertigen.[66] Dies ist nur dann der Fall wenn die Gefühle wiederum von Besitzstreben getragen sind.

Bei der Bewertung, ob Beweggründe niedrig sind, sollen auch die besonderen Anschauungen und Wertvorstellungen zu berücksichtigen sein, in denen ein in Deutschland lebender ausländischer Täter wegen seiner fortdauernden Bindung an die heimatliche Kultur verhaftet ist.

Dieser Gesichtspunkt hat dazu geführt, dass die Tötung einer untreuen Ehefrau durch einen Moslem nicht als niedrig motiviert bewertet wurde.[67] Zu der sog. Ehrenmordproblematik ist die Rechtsprechung allerdings inzwischen zurecht eindeutig.[68]

Der Maßstab für die Bewertung der (niedrigen) Beweggründe i.S.v. § STGB § 211 Absatz II StGB ist den Vorstellungen der Rechtsgemeinschaft der Bundesrepublik Deutschland zu entnehmen und nicht den Anschauungen einer Volksgruppe, die die sittlichen und rechtlichen Werte dieser Rechtsgemeinschaft nicht anerkennt.[69]

63 Sch/Sch/*Eser* § 211 Rn. 18.
64 *Altvater* NStZ 2001, 23, Urt. v. 11.01.2000 – 1 StR 505/99.
65 NStZ 1997, 490.
66 NStZ 1996, 276.
67 BGH, Urt. v. 26.06.1997 – 4 StR 180/97 nach *Altvater* NStZ 1998, 342 (mit berechtigter Kritik an dieser überflüssigen »Privilegierung« von Ausländern) BGH StV 1997, 565.
68 BGH 2 StR 421–07.
69 NStZ 2006, 284.

Ein Beweggrund kann auch dann als niedrig bewertet werden, wenn das Opfer zur Verdeckung einer Verhaltensweise des Täters getötet wird, die er zwar nicht für strafbar, jedoch für verwerflich oder seinem Ansehen abträglich hält. Die Frage, ob eine Tötung objektiv auf niedrigen Beweggründen beruht, ist aufgrund der hiesigen Wertvorstellungen, nicht anhand des Kulturkreises des Täters zu beurteilen.[70]

Eine Gefühlsregung wie Wut kommt nur dann als niedriger Beweggrund in Betracht, wenn sie ihrerseits auf niedrigen Beweggründen beruht. Bei der Prüfung, ob niedrige Beweggründe des in Wut Handelnden gegeben sind, sind die persönlichen Verhältnisse und die innere Verfassung des Täters sowie das zur Tat führende Geschehen einzubeziehen.

Ihre Motivlosigkeit allein qualifiziert eine Tötung nicht zum Mord aus niedrigen Beweggründen, denn »kein Beweggrund« ist nicht als »niedriger Beweggrund« anzusehen. Dieses Mordmerkmal kommt vielmehr nur in Betracht, wenn der Täter gerade in dem Bewusstsein handelt, einen nachvollziehbaren Grund für eine Tötung gar nicht zu brauchen. Ein solches, das Leben des Tatopfers bewusst als von vornherein unbedeutende Größe behandelndes Handlungsmotiv ist mit dem Fehlen eines feststellbaren Motivs jedoch nicht gleichzusetzen.[71]

a) Heimtücke

35 Nach der Rechtsprechung des BGH handelt heimtückisch, wer in feindlicher Willensrichtung die Arg- und Wehrlosigkeit des Opfers bzw. einer Schutzperson bewusst zur Tötung ausnutzt.[72] Arglos ist, wer sich zum Zeitpunkt der Tat, beginnend mit dem Versuchsstadium, sich keines Angriffs vonseiten des Täters versieht. Maßgebend für die Beurteilung, ob der Täter die Arg- und Wehrlosigkeit des Opfers bzw. einer Schutzperson in feindlicher Willensrichtung bewusst zur Tötung ausgenutzt, somit heimtückisch gehandelt hat, ist grundsätzlich der Beginn des ersten mit Tötungsvorsatz geführten Angriffs und damit der Eintritt der Tat in das Versuchsstadium.[73] Möglich ist es aber auch dann, wenn der Täter dem Opfer erst im letzten Augenblick feindlich gegenübertritt und dem Opfer so keine Möglichkeit der Gegenwehr bleibt.[74] Arglosigkeit des Tatopfers kann auch dann angenommen werden, wenn der überraschende Angriff zunächst nicht mit Tötungsvorsatz, sondern nur mit Verletzungsvorsatz geführt wird, jedoch der ursprüngliche Verletzungswille derart schnell in Tötungsvorsatz umschlägt, dass der Überraschungseffekt zu dem Zeitpunkt andauert, zu dem der Täter zum auf Tötung gerichteten Angriff schreitet. Voraussetzung für die Annahme von Arglosigkeit ist aber auch in einem solchen Falle, dass dem Opfer keine Zeit zu irgendwie gearteten Gegenmaßnahmen bleibt.[75]

Die Ausnutzung nur der Wehrlosigkeit des Opfers, rechtfertigt nicht die Annahme von Heimtücke. Das lässt sich schon daraus herleiten, dass die in diesem Zusammenhang erhebliche Wehrlosigkeit gerade in einer auf der Arglosigkeit beruhenden starken Einschränkung der natürlichen Abwehrbereitschaft und -fähigkeit besteht.[76] Demgemäß ist eine Herabsetzung dieser Bereitschaft und Fähigkeit, welche andere Ursachen hat, bei Ausschluss der Arglosigkeit für den Heimtückebegriff rechtlich bedeutungslos,[77] ebenso wie umgekehrt die Tatsache, dass das Opfer bewaffnet ist, bei Arglosigkeit die Annahme seiner Wehrlosigkeit nicht hindert.[78]

70 BGH NStZ 2004, 332..
71 BGH 2 StR 477/07.
72 BGHSt 7, 218 (221); 23, 119 (120 f.); 30, 105 (116 ff.) jeweils m.w.N.
73 Vgl. BGHSt 32, 382 (384); BGHR StGB § 22 Ansetzen 12 und § 211 Abs. 2 Heimtücke 2, 4 und 6 m.w.N.
74 *Altvater* NStZ 2001, 22 (Urt. v. 09.02.2000 – 3 StR 392/99 u. Beschl v. 03.08.2000 – 4 StR 259/00).
75 NStZ-RR 2004, 234.
76 BGH GA 1971, 113 (114).
77 BGH, Urt. v. 04.12.1962 – 2 StR 506/62.
78 BGH, Urt. v. 28.08.1979 – 1 StR 282/79.

Die Rechtsprechung hat den oben bezeichneten Grundsatz aber auch unabhängig von diesen Erwägungen anerkannt, und zwar insbesondere auch für den Fall, dass der Täter die Wehrlosigkeit des Opfers ohne Tötungsvorsatz selbst herbeigeführt hat, und sei es durch eine strafbare Handlung,[79] z.B. durch eine Körperverletzung, durch die er es in einen solchen Erschöpfungszustand versetzt, dass es nicht einmal mehr einen Hilferuf hervorbringen kann. Im Übrigen hat die Rechtsprechung gerade im Zusammenhang mit der vorsätzlichen Tötung eines Kleinkindes wiederholt darauf hingewiesen, dass allein die Ausnutzung von dessen natürlicher Wehrlosigkeit das Heimtückemerkmal nicht erfüllt.

Es bleibt mithin festzuhalten, dass Kausalität zwischen Arg- und Wehrlosigkeit bestehen muss. Hieran fehlt es regelmäßig, wenn das Opfer unabhängig von der bestehenden Arglosigkeit gar nicht in der Lage ist, einem etwaigen Angriff eine adäquate Gegenwehr entgegenzusetzen.

Ein der Tötungshandlung unmittelbar vorausgegangener, allein mit Worten geführter Angriff, schließt 36
Heimtücke nicht aus, wenn das Opfer dennoch gegenüber einem Angriff auf Leben oder körperliche Unversehrtheit arglos bleibt.[80] Insbesondere ist die Arg- und Wehrlosigkeit dann nicht ausgeschlossen, wenn die Zeitspanne zwischen feindlichem Gegenübertreten des Täters gegenüber dem Opfer und der Tat nicht ausreicht, um sich wirksam wehren zu können.[81]

Das Mordmerkmal der »Heimtücke« ist nur gegeben, wenn das Opfer gerade aufgrund seiner Arglosigkeit wehrlos ist. Dieser Kausalzusammenhang erscheint zweifelhaft, wenn die Möglichkeit besteht, dass das Opfer infolge Krankheit nicht in der Lage ist, die Absicht des Täters zu erkennen und diesem Angriff wirksam entgegenzutreten.[82]

Heimtücke setzt nicht voraus, dass der Täter die Arg- und Wehrlosigkeit des Opfers selbst bewusst herbeiführt oder bestärkt,[83] es genügt, dass er eine vorgefundene Situation für sein Vorhaben ausnutzt. Nicht erforderlich ist ferner, dass der Täter seinen Entschluss zur Tötung davon abhängig gemacht hat, sie unter Ausnutzung der Arg- und Wehrlosigkeit ausführen zu können. Heimtückisch kann vielmehr auch derjenige handeln, der – aufgrund welcher Erwägungen auch immer – auf jeden Fall, also unabhängig davon, welche Möglichkeit der Tatausführung sich ihm bietet, zur Tötung entschlossen ist und diesen Entschluss verwirklicht.[84] An Heimtücke kann es fehlen, wenn ein zur Selbsttötung entschlossener Täter Angehörige seiner Familie mit in den Tod nehmen will, weil er meint, zu deren Besten zu handeln,[85] es sei denn, das Opfer hat dies ausdrücklich abgelehnt.

Bei einer von langer Hand geplanten und vorbereiteten Tat kann das Heimtückische allerdings gerade 37
in den Vorkehrungen liegen, die der Täter ergreift, um eine günstige Gelegenheit zur Tötung zu schaffen, falls sie bei der Ausführung der Tat noch fortwirken. Das hat der BGH für Fälle eines wohl durchdachten Lockens in einen Hinterhalt und des raffinierten Stellens einer Falle entschieden.[86] In diesen Fällen hatte jeweils der Täter die Arg- und Wehrlosigkeit des Opfers dazu ausgenutzt, dieses in eine Lage zu bringen, in der es sich, von der Tat überrascht, wehrlos einer unentrinnbaren Übermacht gegenüber sah. Unter diesen Umständen würde eine Beschränkung der rechtlichen Würdigung, ob heimtückische Tatbegehung vorliegt, auf die Umstände im Augenblick der eigentlichen Tötungshandlung zu einer ungerechtfertigten Einengung des Anwendungsbereichs des § 211 StGB führen.

Wer ein Opfer tötet, das, wie er bemerkt oder auch nur für möglich hält, schläft, weiß selbstverständlich um die aus dem wahrgenommenen Zustand folgende Arglosigkeit und die hierdurch bedingte Wehrlosigkeit des Opfers, die er mit Vornahme der konkreten Tötungshandlung in der

79 Vgl. BGHSt 32, 388; 19, 321 (322); BGH NJW 1966, 1823 (1824); BGH Urt. vom 01.10.1980 – 2 StR 426/80; Beschl. v. 08.07.1982 – 4 StR 370/82.
80 BGH NStZ 1986, 504.
81 NStZ 2005, 526; StV 2004, 638.
82 NStZ 1997, 490.
83 BGHSt 8, 216 (219); 18, 87 (88); 22, 77 (79); 27, 322 (324).
84 BGH, Urt. v. 13.07.1984 – 3 StR 178/84, MDR (H) 1984, 796 f.
85 BGHSt 30, 105 (119); *Altvater* NStZ 2001, 22.
86 BGHSt 22, 77 (79, 80); BGH, Urt. v. 14.06.1960 – 1 StR 73/60.

erkannten Situation seines Opfers bewusst ausnutzt. Anders als bei anderen Fallkonstellationen der Heimtücke ist dieser klare Befund durch eine noch so heftige Gemütsbewegung des Täters nicht infrage zu stellen. Dass dieser seinen Tötungsentschluss in gleicher Weise in die Tat umgesetzt hätte, wenn er das Opfer nicht im Zustand der Ahnungs- und Schutzlosigkeit angetroffen hätte, stellt die Erfüllung des Mordmerkmals nicht in Frage.[87] Auch heimtückisches Unterlassen wird nicht gds. auszuschließen sein.

Problematisch in diesem Zusammenhang ist die Frage des erweiterten Suizids. Hier werden nämlich auch Fälle in den Mordtatbestand mit eingeschlossen, die bei Berücksichtigung aller Tatumstände, die Berechtigung der Höchststrafe keinesfalls rechtfertigen. Dies ist bei erweitertem Suizid oder anderen Tötungen unter sog. altruistischen Methoden der Fall. Von einem erweiterten Suizid kann allerdings nur gesprochen werden, wenn ein Täter in Willensübereinstimmung mit einem Partner aus dem Leben scheiden will und es entsprechend dem gemeinsamen Plan übernimmt, den Partner und sich selbst zu töten.[88] Hiervon zu unterscheiden ist der sog. Mitnahmeselbstmord.[89]

Mithin muss man im Sinne der Rechtsprechung vor Annahme der Heimtücke eingehend prüfen, ob die Tat im Rahmen vorangegangener Feindseligkeit von einer gewissen Erheblichkeit erfolgt ist (bloße Beleidigung reicht nicht aus), und ob der Täter selbst die Tat aufgrund einer feindseligen Willensrichtung erfolgen lässt.

Für die Anstiftung zum Heimtückemord genügt bedingter Vorsatz des Anstifters, der auch gegeben sein kann, wenn der Anstifter aus Gleichgültigkeit mit jeder eintretenden Möglichkeit der Tatausführung einverstanden ist.[90] Fehlt beim Anstifter der Vorsatz hinsichtlich des tatsächlich vorliegenden Mordmerkmals der Heimtücke, stellt sich der Anstifter jedoch vor, der Täter werde aus Habgier handeln, so ist tateinheitlich zur Anstiftung zum Totschlag eine versuchte Anstiftung zum Mord gegeben.[91]

Auch wenn in Fällen heimtückischer Tötung außergewöhnliche Umstände vorliegen, aufgrund welcher die Verhängung lebenslanger Freiheitsstrafe als unverhältnismäßig erscheint, ist wegen Mordes zu verurteilen. Es ist jedoch der Strafrahmen des § 49 Abs. 1 Nr. 1 StGB anzuwenden.[92]

b) Grausam

38 Grausam tötet, wer dem Opfer besonders starke Schmerzen oder Qualen körperlicher oder seelischer Art aus gefühlloser, unbarmherziger Gesinnung, die ihn jedenfalls bei der Tat beherrscht hat, zufügt, die nach Stärke und Dauer über das für die Tötung notwendige Maß hinausgehen.[93] Der innere Tatbestand erfordert hier die Kenntnis und das Wollen derjenigen Tatumstände, die die dem Opfer zugefügten besonderen Qualen bedingen, und eine gefühllose Gesinnung, in der dieser Tatwille wurzelt.[94] Dabei ist weiter zu beachten, dass das grausame Element der Tat zu Tage treten muss, bevor der Erfolg eingetreten ist. Da es sich objektiv um die Zufügung von schweren Leiden handelt, ist Grausamkeit immer da zu verneinen, wo das Opfer jeder Möglichkeit, Leiden zu empfinden, verlustig gegangen ist.

Eine gefühllose und unbarmherzige Gesinnung kann sich schon aus einem vom Vorsatz getragenen, objektiv grausamen Verhalten ergeben. Dies gilt aber nicht in jedem Fall. Auffällige Eigenarten der Persönlichkeit des Täters und seine besondere seelische Situation zum Zeitpunkt der Tat sowie sein

87 NStZ-RR 2004, 139.
88 BGH NStZ 1996, 32.
89 Vgl. *Eser* DJT 1980, 45 (46).
90 BGH NStZ 2005, 381.
91 BGH NStZ 2005, 381.
92 BGHSt 30, 105.
93 BGHSt 3, 180; 3, 264.
94 BGH, Urt. v. 21.08.1980 – 4 StR 346/80; Beschl. v. 04.12.1980 – 4 StR 592/80.

sonstiges Verhalten gegenüber dem Opfer können es erforderlich machen, die innere Tatseite unter Berücksichtigung dieser Umstände besonders sorgfältig zu erörtern.

Ein allein zeitlich, räumlich und durch die Art der Tatausführung geschaffener objektiver Zusammenhang zwischen als grausam zu bewertenden Körperverletzungshandlungen und einer selbst nicht grausamen Tötungshandlung vermag das gesamte Geschehen nicht zu einer einheitlichen als Mord zu beurteilenden Tat zu verbinden. 39

Das Mordmerkmal »grausam« kennzeichnet eine bestimmte Gesinnung des Täters und Tatumstände, welche es bedingen, dass dem Opfer besondere Schmerzen oder Qualen zugefügt werden.[95] Diese Tatumstände sind Bestandteil des Tatgeschehens, das der gesetzliche Tatbestand (§ 211 Abs. 2 StGB) beschreibt. Nur ein Handeln, das dieser Beschreibung entspricht und somit tatbestandsmäßig ist, kann den Tatbestand verwirklichen. Infolgedessen beginnt ein Mord erst, wenn der Täter nach seiner Vorstellung zum Töten eines anderen Menschen unmittelbar ansetzt, also den Entschluss zum Töten gefasst hat und ihn so betätigt, dass sein gewolltes Verhalten Akt des Tötens ist oder (ohne Zwischenakte) in das Töten des Opfers übergeht.[96] Was vor dieser Betätigung liegt, kann i.d.R. nicht Moment des vorsätzlichen Tötens und von Umständen sein, die es bedingen, dass beim Vorgang des Tötens dem Opfer besondere Schmerzen oder Qualen zugefügt werden. Ob Ausnahmefälle anzuerkennen sind, ob insbesondere bei protrahierter Tötung das Zufügen besonderer Schmerzen und Qualen dem unmittelbaren Ansetzen zum Töten vorausgehen kann, ist eine Frage, die der Beantwortung nicht bedarf. Auch nach den Entscheidungen, die sie bejahen.[97]

c) Mit gemeingefährlichen Mitteln

Das Mordmerkmal der Tötung mit gemeingefährlichen Mitteln ist nach der Rechtsprechung des BGH erfüllt, wenn der Täter ein Mittel zur Tötung einsetzt, das in der konkreten Tatsituation eine Mehrzahl von Menschen an Leib und Leben gefährden kann, weil er die Ausdehnung der Gefahr nicht in seiner Gewalt hat.[98] 40

Dabei ist nicht allein auf die abstrakte Gefährlichkeit eines Mittels abzustellen, sondern auf seine Eignung und Wirkung in der konkreten Situation unter Berücksichtigung der persönlichen Fähigkeiten und Absichten des Täters.[99]

Insoweit kommt es entscheidend auf die abstrakte Gefährlichkeit des Tatmittels und seines Einsatzes an. Die Beurteilung hängt danach davon ab, ob das Tatmittel und die in ihm ruhenden Kräfte nach ihrer Freisetzung nicht mehr beherrschbar und daher in der allgemeinen Wirkung geeignet sind, eine Vielzahl von Menschen an Leib und Leben zu verletzen. Die Beherrschbarkeit etwaiger Tötungsmittel beurteilt sich nach den typischen Wirkungen. Schusswaffen und Autos sind demnach keine gemeingefährlichen Mittel i.S.d. § 211 StGB, weil der typische Gebrauch dieser Gegenstände nicht gemeingefährlich ist. Die Beurteilung erfolgt also unabhängig von einem etwaigen Fehlgebrauch. Zu den typischen gemeingefährlichen Mittel gehören demnach Brandmittel ebenso wie Gas und die Herbeiführung von Explosionen.

d) Um eine andere Straftat zu ermöglichen oder zu verdecken

Die »Tötung« muss nicht »notwendiges« Mittel zur Begehung der anderen Straftat sein, vielmehr genügt es, dass sich der Täter deshalb für die zum Tode führende Handlung entscheidet, weil er glaubt, auf diese Weise die andere Straftat schneller oder leichter begehen zu können. Es genügt, 41

95 BGHSt 3, 180 (181); BGH NStZ 1982, 379.
96 BGHSt 26, 201 (204).
97 BGH NJW 1951, 666 (667); 1971, 1189.
98 BGHSt 34, 13 (14); vgl. RGSt 5, 309.
99 Vgl. BGH NJW 1985, 1477 f.; Sch/Sch/*Eser* § 211 Rn. 29; LK/*Jähnke* 12. Aufl., § 211 Rn. 59 m.w.N.

dass nicht der Tod des Opfers, sondern die zur Tötung geeignete Handlung vom Täter als Mittel zur Begehung der weiteren Straftat angesehen wird.

Bedingter Tötungsvorsatz steht der Annahme des Mordmerkmals »Töten zur Ermöglichung einer anderen Straftat« nicht entgegen.

42 Die zu verdeckende andere Straftat kann auch ein versuchtes Tötungsdelikt zum Nachteil des Opfers sein. Dabei ist zu beachten, dass es nach der aktuellen Rechtsprechung des BGH nicht eine andere Tat sein muss, die mittels der Tötung verdeckt werden soll, als die der Tötung vorangegangene Handlung gegen das Opfer.

Der BGH hat insoweit festgestellt:[100]

> »Der Bundesgerichtshof hat es abgelehnt, den Tatbestand des Verdeckungsmordes auf solche Fälle zu beschränken, in denen die Tötung schon im Voraus geplant war (BGHSt 27, 281; BGH, Urt. vom 12. April 1978 – 3 StR 58/78). Er hat sich auch nicht bereitgefunden, den Mordtatbestand durch das Erfordernis einer ›besonderen Verwerflichkeit der Tat‹ einzuschränken (BGHSt 30, 105, 115). Doch hat der erkennende Senat – unter dem Eindruck der erwähnten verfassungsgerichtlichen Entscheidung – den Tatbestand des Verdeckungsmords für eine bestimmte Fallgruppe eingeengt: Kein Mord zur Verdeckung soll danach vorliegen, wenn auch die Vortat sich gegen das Rechtsgut von Leib und Leben richtet (Gleichheit der Angriffsrichtung), beide Taten einer unvorhergesehenen Augenblickslage entspringen (so genannte ›Doppelspontaneität‹) und unmittelbar ineinander übergehen (enges zeitliches und sachliches Zusammentreffen).«

43 Nach der Rechtsprechung steht der Annahme eines »Verdeckungsmordes« nicht entgegen, dass sich bereits die zu verdeckende Vortat gegen Leib und Leben des Opfers richtete und unmittelbar in die Tötung zur Verdeckung des vorangegangenen Geschehens überging.[101]

Es handelt sich allerdings dann nicht um eine andere Straftat i.S.d. § 211 StGB, wenn der Täter nur die Tat verdecken will, die er gerade begeht.[102] Das ist dann der Fall, wenn während einer einheitlichen Tötungshandlung die Verdeckungsabsicht nur noch als weiteres Motiv für die Tötung hinzutritt.[103]

II. Motivbündel

44 Ist ein so genanntes Motivbündel gegeben, sind also mehrere Motive bei einer Tat zum Tragen gekommen, ist zu eruieren, welches Motiv der Tat ihr Gepräge[104] gegeben hat und welche Tat bei dem Täter bewusstseinsdominant war. In diesem Zusammenhang ist zu beachten, dass dann keine Tötung mit Mordqualifikation unter niedrigen Beweggründen gegeben ist, wenn kein Motiv bewusstseinsdominant war, auch wenn eines der verschiedenen Motive für sich als niedrig einzustufen ist. Bei Vorliegen eines Motivbündels beruht die vorsätzliche Tötung nur dann auf niedrigen Beweggründen, wenn das Hauptmotiv oder die vorherrschenden Motive, welche der Tat ihr Gepräge geben, nach allgemeiner sittlicher Wertung auf tiefster Stufe stehen und deshalb besonders verwerflich sind.[105] Die Absicht des Verdeckungsmordes kann natürlich mit anderen Motiven zusammenfallen. Die Verdeckungsabsicht muss aber die beherrschende Triebfeder des Handelns sein, um die Annahme dieses Mordmerkmal bei Motivbündeln annehmen zu können.

III. Motivationsbeherrschungskompetenz und Bewusstsein

45 Strafrechtsdogmatisch stellt sich diese als Motivationsbeherrschungspotenzial bezeichnete psychische Fähigkeit nicht als zusätzliches subjektives Erfordernis des Mordmerkmals der niedrigen Beweg-

100 BGHSt 35, 118; NStZ 2022, 476.
101 BGHSt 35, 116; BGH, Beschl. v. 12.07.1991 – 2 StR 605/90; vgl. auch BGH NJW 1984, 1568.
102 BGH, Urt. v. 01.10.1985 – 5 StR 450/85; NStZ 1992, 127.
103 NStZ 1990, 385.
104 BGH NStZ 1998, 36.
105 NStZ-RR 2004, 234;NStZ 2020, 86.

gründe dar. Hier wird dem Umstand Rechnung getragen werden, indem dem Täter nur solche Handlungsmodalitäten zur Schuld zugerechnet werden, die ihm bewusst waren und auf die er im Augenblick der Tat Einfluss nehmen.[106]

Hinsichtlich der oben genannten Mordmerkmale muss der Täter Sachverhaltskenntnis und Motivationsbewusstsein besitzen. Hierzu muss der Täter in der Lage sein, insbesondere muss er seine gefühlsmäßigen und triebhaften Regungen gedanklich zu beherrschen und zu steuern in der Lage sein. Regelmäßig wird man dies immer dort annehmen können, wo der Sachverhalt einfach und die Tat und ihre Modalitäten als schwerwiegend einzustufen sind.[107] Der Täter muss zu einer Bewertung und Steuerung seiner Handlungsantriebe in der Lage sein; diese Fähigkeit kann bei ausländischen Tätern und bei Affekttätern fehlen.[108] Psychisch beeinträchtigte Täter ebenso, wie die, die bei der zu beurteilenden Tat sich in einem Ausnahmezustand befunden haben, (z.B. aufgrund eines plötzlichen Wutanfalles[109] oder eines sog. Affektsturmes), fehlt der Zugang zu den innerpsychischen Gedankenvorgängen regelmäßig und damit sowohl das Erfassen der Arg- und Wehrlosigkeit und damit auch die Ausnutzungskompetenz. – Spielen bei der Tat starke Affekte eine Rolle, so muss sich der Tatrichter mit der Frage auseinandersetzen, ob der Angeklagte in der Lage war, sie gedanklich zu erfassen, zu beherrschen und willensmäßig zu steuern.

Nach dem normativen Maßstab der Rechtsprechung sind die Anforderungen für die Annahme, der Täter habe seine Antriebe zur Tat nicht mehr gedanklich beherrschen und gewollt steuern können, regelmäßig umso höher, je schwerwiegender die Tötungstat nach ihren – vom Vorsatz des Täters umfassten und ihm vorwerfbaren – konkreten Umständen und Folgen ist.[110]

Auch bei solchen Personen, die aufgrund ihrer eingeschränkten Empathie oder aufgrund ihrer sonstigen Persönlichkeitsstruktur nicht fähig sind, die eigenen Beweggründe als niedrig einzustufen, muss der Tatbestand verneint werden, weil sie sich die Relevanz der besonderen Umstände nicht bewusst machen können.[111] Die subjektiven Elemente des Mordmerkmals, nämlich die Kenntnis der tatsächlichen Umstände und die Fähigkeit zur gedanklichen Beherrschung der Tatantriebe, sind getrennt zu prüfen.[112] Man spricht insoweit von der Abkopplung der Motivationsbeherrschungskompetenz und des Motivationsbewusstseins von der Beurteilung der Schuldfähigkeit. Vielmehr ist einzig und allein zu klären, ob ein wie immer beeinträchtigter Beschuldigter bei Begehung der Tat die Lage des Opfers zu erfassen im Stande war, innerlich umzusetzen, dass ihm bewusst war, einen Menschen unter mordqualifizieren Umständen (Heimtücke) zu töten.

Insoweit ist die Motivationsbeherrschungskompetenz gegenüber der Schuldfähigkeit abzugrenzen. Es kann bei erhaltener Schuldfähigkeit gleichwohl die Motivationsbeherrschungskompetenz fehlen.

IV. Mittäterschaft

Mord in Mittäterschaft kann nach den einschlägigen Täterschafts- und Teilnahmeregeln bereits 46
durch Teilnahme an der Vorbereitungshandlung begangen werden. Es genügt schließlich nach der animus-Theorie, dass der Täter die Tat als die seine will. Eigenhändiges Töten ist nicht erforderlich. Insoweit werden alle Teilnehmer dann als Mörder verurteilt, wenn jeder für sich ein Mordmerkmal erfüllt. Problematisch wird es jedoch dort, wo die Teilnehmer unterschiedliche Mordmerkmale erfüllen oder einer der Teilnehmer sogar qualifikationslos handelt.

---

106 MK-StGB § 211, Rn. 96–100; NStZ2020, 86.
107 BGH StV 1994, 374.
108 BGH NStZ 2004, 332.
109 BGH MDR (D) 1974, 546; MDR (H) 1981, 266.
110 BGH NJW 1993, 3210, 3211; BGHSt 28, 210, 212; BGHR StGB § 211 Abs. 2 niedrige Beweggründe 2.
111 BGH StV 1981, 338 f.; vgl. auch Sch/Sch/*Eser* § 211 Rn. 39.
112 BGH NStZ 2004, 332.

Der BGH hat[113] den Meinungsstand wie folgt wiedergeben:

»Der Erörterung bedarf die Annahme von Mittäterschaft mit dem wegen Totschlags verurteilten Sohn.

Die Frage könnte dann offen bleiben, wenn die Angeklagte alle Merkmale des gesetzlichen Tatbestandes selber erfüllt hätte, sie also auch bei Hinwegdenken weiterer Beteiligter als Täterin zu verurteilen wäre. Das ist aber nicht der Fall, denn sie hat die Tatvollendung nicht eigenhändig herbeigeführt. Da die Angeklagte aber die Tat mit ihrem Sohn gemeinsam begehen und sie als eigene wollte, sie auch Tatherrschaft hatte, ist ihr der Tatanteil des unmittelbar handelnden Sohnes als eigener zuzurechnen.

Täterschaftliche Haftung der Angeklagten hat das LG deshalb zutreffend über die Zurechnungsnorm des § 25 II StGB begründet. Damit wird entscheidungserheblich, ob Mittäterschaft bei Mord und Totschlag möglich ist. Der Senat bejaht diese Frage.

Der 4. Strafsenat des BGH[114] hat allerdings in einer die Entscheidung nicht tragenden Bemerkung Bedenken gegen die Annahme von Mittäterschaft bei Mord und Totschlag geäußert. Von Mittäterschaft könne nur bei Erfüllung desselben Grundtatbestandes gesprochen werden. Mord und Totschlag seien nach der Rechtsprechung des BGH (BGHSt 1, 368, 370) jedoch selbstständige, voneinander unabhängige Tatbestände mit verschiedenem Unrechtsgehalt.

Abweichend davon meint der Senat, die Entscheidung der Frage hänge nicht davon ab, wie das Verhältnis der beiden Vorschriften zueinander zu beurteilen ist. Stehen Totschlag und Mord im Verhältnis von Grundtatbestand und Qualifikation (nahezu einhellige Meinung in Lehre und Schrifttum; vgl. LK-Jähnke, 10. Aufl., vor § 211 Rn. 39 m.w.N.) stellt § 212 StGB als Grunddelikt die gemeinsam verwirklichte Straftat dar (S/S-Eser, 23. Aufl., § 211 Rn. 43; LK-Jähnke, a.a.O., § 211 Rn. 61, § 212 Rn. 6). Aber auch wenn man mit der ständigen Rechtsprechung (seit BGHSt 1, 368, 370; so auch BGHSt 22, 375, 377; BGH, StV 1984, 69) Mord und Totschlag als selbstständige Straftatbestände begreift, besagt das nicht notwendig, Mörder und Totschläger begingen auch verschiedene Straftaten iSd § 25 II StGB, wenn sie gemeinsam den selben Menschen töten.

Mittäter begehen gemeinschaftlich ›die Straftat‹ (§ 25 II StGB). Hierunter ist nicht ein bloßer einheitlicher geschichtlicher Vorgang, eine Tat im prozessualen Sinne zu verstehen; gemeint ist der Straftatbestand des sachlichen Rechts. Aber Mittäterschaft ist nicht akzessorisch, die rechtliche Beurteilung der einzelnen Tatbeiträge kann auseinanderfallen. Die gemeinsame Straftat iSd § 25 II StGB setzt deshalb nicht notwendig die Verletzung (nur) des gleichen Strafgesetzes voraus (so auch S/S-Cramer, 23. Aufl., § 25 Rn. 87; Lackner, 18. Aufl., § 25 Anm. 2c; Jescheck, Lehrb. des Strafrechts AT, 4. Aufl., S. 613; Beulke/Hillenkamp, JuS 1975, 309, 313; Blei, StrafR, 18. Aufl., S. 282).

Bei Verletzung unterschiedlicher Strafnormen kann es sich um die gleiche Straftat handeln, wenn von jenen die eine vollständig in der anderen enthalten ist, die Täter insoweit also (auch) gemeinsam einen identischen Straftatbestand verletzen. Wird der von beiden Beteiligten erfüllte Tatbestand bei einem Täter, dem zusätzliche Merkmale zuzurechnen sind, durch einen weitergehenden Tatbestand verdrängt, so bedeutet das nicht, dass auch bezüglich des gemeinsam erfüllten Delikts verschiedene ›Straftaten‹ begangen worden sind – es handelt sich vielmehr um einen Fall von Gesetzeskonkurrenz. Die in beiden Tatbeständen gleichermaßen enthaltene einheitliche Straftat kann demnach in Mittäterschaft begangen werden. Wenn das Zusammenwirken insoweit auf gegenseitigem Einverständnis beruht (vgl. RGSt 12, 8, 10), wird bei arbeitsteiliger Tatbegehung ein Mangel im objektiven Tatbestand durch die Zurechnungsnorm des § 25 II StGB ausgefüllt. Jede rechts verletzende Handlung eines Beteiligten, die über dieses Einverständnis hinausgeht, ist nur diesem (als Einzeltäter) zuzurechnen (LK-Busch, 9. Aufl., § 47 Rn. 24).

In diesem Sinne ist auch die Rechtsprechung wiederholt von Mittäterschaft ausgegangen, wenn nicht der gleiche Straftatbestand (auch nicht ein einheitlicher Grundtatbestand) erfüllt war; und zwar in Fällen, in denen durch ein Mehr an Handlung oder Motivation von einem Beteiligten ein Tatbestand erfüllt wurde, der den gemeinsam begangenen Straftatbestand für diesen Täter verdrängte (Gesetzeskonkurrenz). Das war der Fall bei Körperverletzung und Tötung (RGSt 44, 321, 323), bei Kindstötung nach § 217 StGB und Totschlag/Mord (BGHSt 12, 8, 11 [BGH 30.06.1958 - GSSt 2/58]) sowie bei Diebstahl und Raub (RGSt 12, 8, 10) – § 25 II StGB besagt trotz abweichenden Wortlauts in der Sache nichts anderes als

113 BGHSt 36, 233 = BGH NStZ 1990, 277 m. Anm. *Beulke*.
114 BGHSt 6, 329 (330).

der den Entscheidungen zugrunde liegende § 47 StGB a.F. (vgl. LK-Roxin, 10. Aufl., § 25 Rn. 107; E 1962 S. 149) – und bei Raub und Nötigung (BGH, GA 1968, 121).

Auch Raub und Diebstahl (ebenso Raub und Nötigung) sind untereinander selbstständige Tatbestände (BGHSt 1, 368, 370; BGH, NJW 1968, 1292). Der Exzess eines Beteiligten schließt also bei teilweise gemeinsamem, aber arbeitsteiligem Vorgehen Mittäterschaft nicht aus, sondern führt nur zu unterschiedlicher Beurteilung der Mittäter, zur Verurteilung nach verschiedenen Straftatbeständen (S/S-Cramer, a.a.O., Rn. 90; LK-Roxin, a.a.O., Rn. 121).

So wie die vollständigen Tatbestände von § 242 StGB und § 240 StGB in § 249 StGB enthalten sind, so ist der Unrechtsgehalt des § 212 StGB in § 211 StGB enthalten (Beulke/Hillenkamp, a.a.O., S. 313), die vorsätzliche Tötung des § 212 StGB ist ein notwendiges Merkmal des § 211 StGB (so auch BGHSt 1, 368, 370). Der Wortlaut des § 212 StGB – ›ohne Mörder zu sein‹ – widerspricht dem nicht. Die Tätertypenbezeichnung sollte lediglich auf die besondere Rolle hinweisen, die bei Abgrenzung von Mord und Totschlag der Persönlichkeit des Täters zukomme (S/S-Eser, a.a.O., vor § 211 Rn. 6). Es handelt sich somit auch bei angenommener rechtlicher Selbstständigkeit nicht um zwei völlig verschiedene Taten (so schon Beulke/Hillenkamp, a.a.O.).

Die im vorliegenden Fall gegebene Verschiedenartigkeit von Motivation und Ausnutzungsbewusstsein, das sind außerhalb des konkreten Handlungsvollzuges liegende Differenzierungen, kann deshalb zwar zur Erfüllung unterschiedlicher Strafgesetze führen. Das Verhalten von Totschläger und Mörder betrifft aber, soweit sie gemeinsam einen Menschen vorsätzlich getötet haben, die gleiche Straftat iSd § 25 II StGB (so Roxin, Täterschaft und Tatherrschaft, 4. Aufl., S. 289). Mittäterschaft ist daher möglich, wenn bei einheitlichem Tötungsziel und -erfolg nur deswegen verschiedene Strafgesetze erfüllt werden, weil einer der gemeinschaftlich Handelnden zusätzliche Tatmotive hat oder die Tat in besonderer Art und Weise ausführt, oder wenn bei einem Beteiligten diese Umstände aus subjektiven Gründen fehlen.

Wenn ein Täter alle Voraussetzungen des Mordes erfüllt hat, so ist er auch dann als Mörder zu verurteilen, wenn der gemeinsam mit ihm vorsätzlich Tötende keine Mordmerkmale aufweist.«. Ein Handeln unter niedrigen Beweggründen ist für jeden Mittäter gesondert zu prüfen. Eine Zurechnung der Tat des einen Täters im Wege des 25 StGB ist nicht möglich.[115]

V. Anwendung von § 49 Abs. 1 StGB bei § 211 StGB

Unabhängig von den Fällen der §§ 13 Abs. 1, 21, 23 Abs. 2 StGB, in denen von Gesetzes wegen eine Strafmilderung möglich ist und die absolute Strafdrohung des § 211 StGB umgangen werden kann, hat die Rechtsprechung die Möglichkeit eröffnet, gem. 49 Abs. 1 StGB zu verfahren, wenn die Umstände außergewöhnlich sind. 47

Der Große Senat hat ausgeführt:[116]

»Die absolute Strafdrohung für Mord (§ 211 I StGB) schließt Zumessungserwägungen aus. Die verfassungskonforme Rechtsanwendung gebietet ihre Ersetzung durch einen für solche Erwägungen offenen Strafrahmen, wenn die Tatmodalität der heimtückischen Begehungsweise mit Entlastungsmomenten zusammentrifft, die zwar nicht nach ausdrücklicher gesetzlicher Regelung zu einer milderen Strafdrohung führen, auf Grund welcher die Verhängung lebenslanger Freiheitsstrafe aber als mit dem verfassungsrechtlichen Grundsatz der Verhältnismäßigkeit unvereinbar erscheint (ähnlich Geilen JR 1980, 309, 314, der aber in erster Linie die ›allgemeine Verwerflichkeitskontrolle‹ vertritt; Maurach/Schroeder, Strafrecht BT I 6. Aufl., § 2 III A 3c und B 2c, bb; Rengier MDR 1980, 1, 3). Allerdings kann nicht jeder Entlastungsfaktor, der nach § 213 StGB zur Annahme eines minder schweren Falles zu führen vermag, genügen (aA Rengier a.a.O.). § 213 StGB ist dem Tatbestand des Totschlags zugeordnet. Deshalb und weil nach dieser Vorschrift eine Privilegierung verhältnismäßig leicht zu erreichen ist (vgl. Jähnke a.a.O. § 213 Rn. 4; Geilen a.a.O. S. 315/316), kann ihr nicht der passende Maßstab entnommen werden. Vielmehr kann das Gewicht des Mordmerkmals der Heimtücke nur durch Entlastungsfaktoren, die den Charakter außergewöhnlicher Umstände haben, so verringert werden, dass jener ›Grenzfall‹ (BVerfGE 45, 187, 266, 267 [BVerfG 21.06.1977 - 1 BvL 14/76]) eintritt, in welchem die Verhängung lebens-

115 NStZ-RR 2014, 203 [BGH 26.03.2014 - 2 StR 505/13].
116 BGHSt – GS – 30, 105.

langer Freiheitsstrafe trotz der Schwere des tatbestandsmäßigen Unrechts wegen erheblich geminderter Schuld unverhältnismäßig wäre.

Eine abschließende Definition oder Aufzählung der in Fällen heimtückischer Tötung zur Verdrängung der absoluten Strafdrohung des § 211 I StGB führenden außergewöhnlichen Umstände ist nicht möglich. Durch eine notstandsnahe, ausweglos erscheinende Situation motivierte, in großer Verzweiflung begangene, aus tiefem Mitleid oder aus ›gerechtem Zorn‹ (vgl. BGH MDR 1961, 1027) auf Grund einer schweren Provokation verübte Taten können solche Umstände aufweisen, ebenso Taten, die in einem vom Opfer verursachten und ständig neu angefachten, zermürbenden Konflikt oder in schweren Kränkungen des Täters durch das Opfer, die das Gemüt immer wieder heftig bewegen, ihren Grund haben.«

48 Die praktische Bedeutung dieser Entscheidung ist allerdings im Alltag der Schwurgerichtsverhandlungen als eher gering einzustufen, weil in dieser Entscheidung keine generelle Durchbrechung der absoluten Strafdrohung zu sehen ist. Der BGH hat in der Folgezeit mehrfach deutlich gemacht:[117]

»Insbesondere wurde durch diese Entscheidung nicht allgemein ein Sonderstrafrahmen für minder schwere Fälle eingeführt. Die in dem Beschluss entwickelten Grundsätze für die Anwendung des gemilderten Strafrahmens betreffen vielmehr nur solche Fälle, in denen das Täterverschulden so viel geringer ist, dass die Verhängung der lebenslangen Freiheitsstrafe das verfassungsrechtliche Gebot Schuld angemessenen Strafens missachten würde. Es müssen Schuld mildernde Umstände besonderer Art vorliegen, die in ihrer Gewichtung gesetzlichen Milderungsgründen (zB nach §§ 21, 35 I 2 StGB) vergleichbar sind.«

49 Der BGH hat in seinen der Entscheidung des Großen Senats nachfolgenden Urteilen immer wieder herausgestellt, dass nur die Fälle zu einer Korrektur der lebenslangen Freiheitsstrafe nötigen, die notstandsähnlichen Charakter besitzen, oder einem immer wieder neu entfachten Konflikt entspringen, welcher von dem späteren Opfer verursacht wird.[118] In jedem Fall ist es Aufgabe des Verteidigers, den Weg über die Möglichkeit der Strafzumessungserwägung des § 211 StGB i.V.m § 49 Abs. 1 StGB immer wieder zu gehen, wo sich auch nur Ansätze i.S.d. Rechtsprechung ergeben. Mittäterschaft liegt vor, wenn ein Tatbeteiligter mit seinem Verhalten fremdes tatbestandsverwirklichendes Tun nicht bloß fördern will, sondern wenn sein Tatbeitrag im Sinne gleichgeordneten arbeitsteiligen Vorgehens Teil einer gemeinschaftlichen Tätigkeit sein soll. Dabei muss der Beteiligte seinen Beitrag als Teil der Tätigkeit des anderen und umgekehrt dessen Tun als Ergänzung seines eigenen Tatanteils wollen. Ob ein Beteiligter ein derart enges Verhältnis zur Tat hatte, muss nach den gesamten Umständen, die von den Vorstellungen des Handelnden umfasst wurden, in wertender Betrachtung beurteilt werden. Wesentliche Anhaltspunkte für diese Wertung sind insbesondere der Grad des eigenen Interesses am Erfolg der Tat, der Umfang der Tatbeteiligung und die Teilhabe an der Tatherrschaft oder wenigstens der Wille dazu, sodass Durchführung und Ausgang der Tat vom Einfluss des Mitwirkenden abhängen.

VI. Hemmschwellentheorie

50 Der BGH hat hinsichtlich solcher Handlungen, die objektiv geeignet sind, tödliche Verletzungen herbeizuführen, ausgeführt, dass jeweils die innere Tatseite des Täters genauestens zu überprüfen ist.[119]

Zunächst ist zu bemerken, dass es sich bei dieser Hemmschwelle nicht etwa um die Tötungshemmung im Sinne der Verhaltensforschung handelt, oder um die moralische Hemmung, eine Handlung zu begehen, von der man weiß, dass sie den Tod eines anderen herbeiführen kann. Dass der Täter diese Hemmung überwunden hat, steht ja in jedem Fall fest. Ginge es darum, den Unterschied zu berücksichtigen, ob die Überwindung dieser Tötungshemmung leichter oder schwerer ist, so wäre das allenfalls in dem Sinne zu rechtfertigen, dass den Täter ein umso schwererer Vorwurf trifft, je schwerer es war, diese Hemmschwelle zu überwinden und dass er umso milder zu beurteilen ist, je leichter es war. Die Entscheidung besagt das Gegenteil.

117 BGH NJW 1983, 54; NStZ 1984, 20.
118 Sch/Sch/*Eser* § 211 Rn. 57 m.w.N.
119 NStZ 2004, 309.

Es handelt sich vielmehr um eine Hemmung, die dagegen bestehen soll, dass der Täter, der sich trotz klarer Erkenntnis der hochgradigen Lebensgefahr, die er für sein Opfer schaffen wird, zum Handeln entschlossen hat, dies mit Tötungsvorsatz tut, indem er die Möglichkeit des Erfolgseintritts billigend in Kauf nimmt.[120]

Es bleibt jedoch zusammen zufassen, dass nicht in der puren Inkaufnahme der Gefährdung bei positivem Tun auf einen subjektiven Vorsatz geschlossen werden kann.[121]

Zu einer Anwendung der Hemmschwellentheorie im Rahmen der Mordqualifikation führt der 51
BGH[122] aus:

»Selbst wenn sich etwa bei Zusammentreffen von Körperverletzung und Vergewaltigung sicher beurteilen ließe, welche Angriffsrichtung ›vorherrschend‹ war und das Geschehen geprägt hat, wäre es nicht angemessen, nach solchem Kriterium zu entscheiden, ob Mord oder Totschlag vorliegt. Darüber hinaus spricht nichts dafür, dass derjenige Täter, dessen Vortat sich nicht in einer Körperverletzung erschöpft, sondern noch weitere Straftatbestände erfüllt, auf dem Wege zum Tötungsentschluss eine höhere Hemmschwelle überwinden müsste als jemand, der ›nur‹ eine Körperverletzung verübt hat; eher trifft das Gegenteil zu.«

Hinsichtlich der Hemmschwellentheorie hat der BGH Unterlassungsdelikte ausgeschlossen, weil beim Unterlassen keine vergleichbare Hemmschwelle bestehen würde wie bei positivem Tun. Bei derartigen Delikten kommt eine bedingt vorsätzliche Tötung dort in Betracht, wo der Täter den Eintritt eines die Strafbarkeit begründenden Ereignisses als unerwünschtes Ereignis ansieht, sich quasi zum eigenen Wohl damit jedoch abfindet.[123]

Die Rechtsprechung hat in der Vergangenheit im Hinblick auf das unterstellte besondere Hemmungsvermögen angenommen, dass bei Beurteilung der alkoholbedingten erheblichen verminderten Steuerungsfähigkeit umso strengere Anforderungen zu stellen sind, je schwerer die Tat und je höher deshalb die besondere Hemmschwelle sei.[124]

Es wird insoweit angenommen, dass bei Berücksichtigung der Hemmschwellentheorie bei der Beur- 52
teilung der Schuldfähigkeit aufgrund der BAK, ohne dass psychopathologische Befundtatsachen herangezogen werden können, ein Sicherheitszuschlag bei Tötungsdelikten zu den BAK-Werten hinzuzurechnen ist, die bei anderen Delikten, die Annahme einer erheblichen Einschränkung der Steuerungsfähigkeit rechtfertigen würden.

Kröber[125] führt insoweit aus:

»Die Ansetzung eines Hemmungszuschlags von 0,2 Promille für Tötungsdelikte schließlich ist ein freier schöpferischer Akt ex cathedra iS aristotelischer Naturwissenschaft. Eine Unterscheidung zwischen 2,0 (1,95–2,04) und 2,2 (2,15–2,24) Promille BAK ist schon unter messmethodischen Gesichtspunkten sinnlos; dass diesem Zahlen-Unterschied irgendein empirisch verifizierbarer Unterschied in der psychischen Verfasstheit entspräche, ist nicht zu belegen. Auch wenn wissenschaftliche Untersuchungen zu diesem Thema gänzlich fehlen (müssen), ist nicht erkennbar, wieso der Unterschied zwischen der Hemmung gegen zB Ladendiebstahl und solcher gegen die Tötung eines Menschen in 0,11 Promille oder 0,15 l Bier benennbar sein sollte.«

Ungeachtet dessen hält der BGH an seiner Auffassung fest, dass bei entsprechendem Leistungsverhalten eine errechnete BAK von 3,26 Promille nicht zwingend zu einer Aufhebung der Schuldfähigkeit zu führen haben.[126]

120 BGH VRS 13, 120, 124; NStZ 1992, 125.
121 BGH NJW 1983, 2268; NZV 1992, 370.
122 BGHSt 35, 123, BGHSt 45, 270, 296).
123 BGH VRS 13, 120, 124; NStZ 1992, 125.
124 Sch/Sch/*Lenckner* § 20 Rn. 16d m.w.H.
125 NStZ 1996, 569 (572).
126 *Altvater* NStZ 2001, 22, Beschl. v. 08.03.2000 – 3 StR 64/00.

Der BGH hat von der Hemmschwellentheorie Abschied genommen soweit damit der Versuch unternommen wurde, die Verwendung dieses Begriffes zur Rechtfertigung der fehlende Gesamtschau heranzuziehen. Bei äußerst gefährlichen Tathandlungen liegt es deshalb nahe, das der Täter damit rechnet, dass das Opfer zu Tode kommt, er gleichwohl mit seinem Handeln fortfährt, und somit den Tod billigend in Kauf nimmt. Bei der nötigen Gesamtschau darf das Gericht dann nicht auf eine Auseinandersetzung der Beweisanzeichen unter Hinweis auf die Hemmschwellentheorie verzichten.[127]

VII. Tötung auf Verlangen

53 Zunächst sind alle Tatbestandsmerkmale des § 212 StGB sowohl in objektiver wie subjektiver Hinsicht auch Tatbestandsmerkmale des § 216 StGB. Das Opfer muss damit vorsätzlich getötet worden sein. In Rechtsprechung und Lehre ist die Frage heftig umstritten, inwieweit § 216 StGB auch durch Unterlassen verwirklicht werden kann. Grundsätzlich geht der BGH[128] davon aus, dass dieses möglich ist, dass die Nichtverhinderung eines Suizids durch den Garanten ebenso nach § 216 StGB zu behandeln ist, wie etwa der sterbebeschleunigende Behandlungsabbruch durch einen Arzt. Dies gilt selbst für den Fall, dass der Arzt oder eine sonstige Person die lebensverlängernde Behandlung in Respektierung eines freiverantwortlichen Sterbeverlangens unterlässt.

Dieser Auffassung muss zu Recht entgegengehalten werden, dass gerade eine solche Unterordnung unter den Willen des Lebensmüden sogleich ein Grund sein kann, der zum Wegfall des auch für § 216 StGB erforderlichen Täter- bzw. Tatbeherrschungswillen führt.

Dieses deutet weiter auf die Tatsache hin, dass bereits das einverständliche Sterbenlassen von vornherein gar nicht den Tatbestandsbereich des § 216 StGB erfasst. Es wird insoweit auch weiter die Möglichkeit gesehen, beim Sterbenlassen, in Respektierung der im Sterbeverlangen zum Ausdruck kommenden Hilfeverweigerung, die Zumutbarkeit aufgedrängter Hilfe zu verneinen. Dieser sieht die Möglichkeit der Strafbarkeit des § 216 StGB lediglich auf jene Fälle beschränkt, in denen es an der Freiverantwortlichkeit des Sterbewilligen gefehlt hat, der Garant den ihm gegenüber geäußerten Willen jedoch für erheblich erachtet hat.

Zur Beurteilung des ernstlichen Willens wird auch eine etwaige Patientenverfügung heranzuziehen sein, wobei aber kein ernsthaftes Verlangen allein hieraus herzuleiten ist, insbesondere, wenn der Patient nicht mehr ansprechbar ist.

Die pure Teilnahme an der Selbsttötung ist straflos wegen der fehlenden Akzessorietät, aber auch aufgrund der Eigenverantwortlichkeit des Opfers.[129] »Bestimmen« i. S. der Privilegierung der Tötung auf Verlangen (§ 216 Abs. 1 StGB) setzt mehr voraus als die bloße Einwilligung des Opfers in seine Tötung. Es muss vielmehr im Täter den Entschluss zur Tat hervorrufen. Denn die außerordentliche Strafmilderung des § 216 StGB ist nur dann zu rechtfertigen, wenn das »Bestimmen« durch das Opfer auch tatsächlich handlungsleitend war.[130]

Die Grenzlinie von der straflosen Teilnahme an einer Selbsttötung zur strafbaren Tötung auf Verlangen wird in der Regel dadurch überschritten, dass der Täter über Tatentschlüsse, Ratschläge und Vorbereitungshilfen hinaus unmittelbar in das Tötungsgeschehen eingreift und aktiv an der Tötung etwa durch Aufdrehen des Gashahnes, Einflößen des Giftes oder anderer Tötungshandlungen direkt mitwirkt.[131]

127 NJW 2012, 1524.
128 BGHSt 13, 166; 32, 267; Sch/Sch/*Eser* § 216 Rn. 10; MüKO § 212 Rn. 74–78 m.w.N.
129 *Neumann* JA 1987, 245 ff.; Sch/Sch/*Eser* Vor § 211 Rn. 35.
130 2 StR 210/04.
131 Näher hierzu BGHSt 19, 138 ff.; *Roxin* NStZ 1987, 345; krit. hierzu *Schroeder* ZStW 106, 574 ff.

VIII. Bewusste Selbstgefährdung

Eigenverantwortlich gewollte und verwirklichte Selbstgefährdungen – so BGHSt 32, 262 sind nicht unter den Tatbestand eines Körperverletzungs- oder Tötungsdelikts zu subsumieren, wenn das mit der Gefährdung bewusst eingegangene Risiko sich realisiert hat. Wer lediglich eine solche Selbstgefährdung veranlasst, ermöglicht oder fördert, macht sich nicht wegen eines Körperverletzungs- oder Tötungsdelikts strafbar. Die Strafbarkeit könne vielmehr erst dort beginnen, wo der sich Beteiligende kraft überlegenen Sachwissens das Risiko besser erfasst als der sich selbst Gefährdende. Dies hat zu erheblichen Veränderung der Diskussion bei Drogendelikten, aber auch im Bereich der Beurteilung von herbeigeführten HIV Infektionen nicht nur in dem Bereich geführt, bei denen beiden Partner eines ungeschützten Geschlechtsverkehrs eine Infektion bekannt war, sondern lediglich dem Infizierten. Der BGH geht diese weitgehende Betrachtung nicht mit sondern hat diesen Gedanken in seiner Rechtsprechung nicht aufgegriffen.[132] 54

Durch das, was üblicherweise als verantwortliche strafausschließende Selbstgefährdung bezeichnet wird, ist bereits der Tatbestandsbereich betroffen. Für die praktisch besonders bedeutsamen Fälle des nachfolgenden Opferverhaltens liegt dies schon deshalb nahe, weil es schwer erklärlich wäre, wie ein als tatbestandserfüllend angesehenes Verhalten Dritter durch ein nachfolgendes Verhalten des Opfers gerechtfertigt oder entschuldigt werden sollte

IX. § 57a StGB

Die Feststellung der besonderen Schwere der Schuld nach § 57a Abs. 1 S. 1 Nr. 2 StGB verlangt Umstände von Gewicht. Der Tatrichter hat seine Entscheidung aufgrund einer Gesamtwürdigung von Tat und Täterpersönlichkeit zu treffen.[133] Hierin ist eine wesentliche Strafzumessungsklausel zu sehen. Dabei hat der BGH sich von der zunächst eingenommenen Bewertung gelöst, als noch der so genannte Durchschnittsfall des § 211 StGB zu ermitteln war und mit dem zu beurteilenden konkreten Sachverhalt gegenüberzustellen war. Dabei können Faktoren einer persönlichen Schuldsteigerung insbesondere in einer besonders brutalen und grausamen Tatbegehung, in dem möglichen Ausmaß des Leidens des Opfers und in der Realisierung mehrerer Mordmerkmale, der Anzahl der Opfer sowie einem besonders hinterhältigen Vorgehen gesehen werden. Diesen schuldsteigernden Elementen sind jedoch die schuldmildernden Elemente gegenüberzustellen. Diese können in außergewöhnlichen Zwangslagen des Täters, Provokationen vonseiten des Opfers oder sonstigem die Tat mit verursachenden Verhalten des Opfers liegen. Auch die Tatbegehung unter den Voraussetzungen der §§ 13 Abs. 2, 21, 23 Abs. 2 StGB fällt hierunter, soweit sie nicht ohnehin zu einer Strafrahmenverschiebung gem. § 49 StGB geführt hat. Gleichen nun die schuldmildernden Gesichtspunkte die schuldsteigernden Gesichtspunkte nicht oder lediglich unzureichend aus, ist die Schuldschwere zu bejahen. 55

Als Konsequenz der Entscheidung des BVerfG[134] obliegt dem für die eigentliche Gesamtstrafenbildung ohnehin nach § 462a Abs. 3 StPO zuständigen SchwurG dann im Rahmen des Verfahrens nach § 460 StPO auch die Entscheidung, ob unter Berücksichtigung von § 57b StGB bei zusammenfassender Würdigung insgesamt von einer besonderen Schuldschwere auszugehen ist. Durch die Entscheidung nach § 460 StPO wird nur das nachgeholt, was sonst beim Vorliegen der rechtlichen Voraussetzungen ohnehin schon Aufgabe des SchwurG im Erkenntnisverfahren gewesen wäre. Dieses Ergebnis erscheint – unabhängig von der dafür sprechenden Gesetzessystematik – auch schon deshalb sachgerecht, weil das SchwurG in aller Regel die größere Sach- und Zeitnähe bei einer solchen Entscheidung hat als das Vollstreckungsgericht. Ihm, das sich bereits in einem der einbezogenen Verfahren mit der Frage der Schuldschwere befasst hat, ist die nachträglich nach § 57b StGB 56

132 BGH NStZ1992, 1.
133 BGH NStZ 1995, 122.
134 BVerfGE 86, 288.

erforderliche Abwägung regelmäßig besser möglich, als einem zumeist erst viele Jahre später tätig werdenden Vollstreckungsgericht.

Bei sog. Altfällen fehlt für eine isolierte Entscheidung über die besondere Schwere der Schuld – ohne vollstreckungsrechtliche Gesamtwürdigung – die gesetzliche Grundlage. Hierfür findet sich in der Rechtsprechung und dem Gesetz keine Stütze. In diesen Fällen obliegt die Festlegung der Dauer und in Konsequenz auch der Zeitpunkt für etwaige Vergünstigungen der gem. § 454 Abs. 1 StPO i.V.m. § 57a StGB zuständigen Strafvollstreckungskammer.[135] Bei der Bestimmung der Vollstreckungsdauer auf der Grundlage einer vollstreckungsrechtlichen Gesamtwürdigung des Unrechts- und des Schuldgehalts der mit lebenslanger Freiheitsstrafe geahndeten Taten nach §§ 57a, 57b StGB müssen die Gerichte allerdings die progressive Steigerung der mit dem Fortschreiten der Zeit und dem Ansteigen des Lebensalters sich ergebenden Straf- und Vollzugswirkung hinreichend beachten. Sie müssen auch den Gesundheitszustand des Verurteilten in Beziehung zur Vollstreckungsdauer setzen und seine Aussicht, noch zu Lebzeiten aus der Strafhaft entlassen zu werden, würdigen.[136] Mit wachsender Dauer der Freiheitsentziehung gewinnt der Freiheitsanspruch des Verurteilten immer mehr Bedeutung; dem muss auch mit geeigneten Lockerungen Rechnung getragen werden. Nur so kann dem Resozialisierungsanspruch des Verurteilten geeignet Rechnung getragen werden.

Eines Antrages der Staatsanwaltschaft bedarf es zur Einleitung des Verfahrens nicht. Vielmehr ist über die Frage der Schuldschwere und der Mindestverbüßungsdauer in angemessener Zeit vor Ablauf der 15 Jahresfrist des § 57a StGB von Amts wegen zu entscheiden, falls die weiteren Voraussetzungen dieser Vorschrift gegeben sind, was die Strafvollstreckungskammer zu prüfen hat. Dabei ist zu beachten, dass die Entscheidung über die die Schuldschwere gebietende Mindestverbüßungsdauer in Rechtskraft für die Zukunft erwächst und nur in Ausnahmefälle korrigiert werden kann.

Gleichzeitig ist zu beachten, dass nach diesen verfassungsrechtlichen Grundsätzen einem zu lebenslanger Freiheitsstrafe Verurteilten nicht jegliche Lockerungsperspektive allein mit der Begründung versagt werden kann, die Festlegung der Mindestverbüßungsdauer für seine Strafe stehe noch aus.[137]

X. Totschlag in einem minder schweren Fall

57 Die frühere Bedeutung der Strafzumessungsnorm § 213 StGB n.F.[138] ist im Verhältnis zu § 212 StGB stark eingeschränkt worden. Früher sollte der Tatsache Rechnung getragen werden, dass der Täter durch einen durch das Opfer selbst ausgelösten Affekt oder infolge eines vergleichbaren Erregungszustandes in seinem Hemmungsvermögen in einem solchen Grade geschwächt ist, dass er wegen Schuldminderung die volle »Totschlagsstrafe« des § 212 StGB weder verdient noch ihrer bedarf.[139]

Auf diesen Wertungswiderspruch der Strafzumessungsnorm in dem am 26.01.1998 geänderten Gesetz muss bei den entsprechenden Fällen hingewiesen und der Versuch unternommen werden, in einer korrigierenden Auslegung in den Fällen des § 213 StGB n.F. zu einer Strafe zu gelangen, die unterhalb des Normalstrafrahmens des § 212 StGB liegt.

58 Nach dem Gesetzeswortlaut kommt es nicht darauf an, dass die Provokation eigenhändig durch das Opfer verwirklicht wurde. Bei fehlender Eigenhändigkeit ist es aber erforderlich, dass das Opfer als mittelbarer Verursacher der Provokation oder Misshandlung aufgetreten ist.[140]

---

135 OLG Nürnberg NStZ 1997, 408.

136 Vgl. dazu BVerfGE 72, 105 (117 f.).

137 StV 2011, 488.

138 *Altvater* NStZ 1998, 342 spricht dagegen davon, dass durch das 6. StrRG vom 26.01.1998 (BGBl. I S. 164), vgl. auch OLG Hamburg, Beschl. v. 06.10.1977 – Vollz (Ws) 10/77 –, ZfStrVo 1978 <Sonderheft>, S. 8; OLG Frankfurt, Beschl. v. 17.11.1988 – 3 Ws 699/88 (StVollz) –, NStZ 1989, S. 246 f., und v. 05.07.1993 – 3 Ws 242/93 –, StV 1993, S. 599; *Ullenbruch*, in: Schwind/Böhm/Jehle, StVollzG, 4. Aufl. 2005, § 11 Rn. 27; *Lesting*, in: Feest, AK-StVollzG, 5. Auflage 2006, § 11 Rn. 50.

139 Sch/Sch/*Eser* § 213 Rn. 1.

140 SK-StGB/*Horn* § 213 Rn. 6.

Zu Recht weist *Horn*[141] insoweit darauf hin, dass kein angemessenes Verhältnis zwischen Misshandlung und entsprechender Provokation bestehen muss, denn eine Misshandlung oder Kränkung steht regelmäßig im krassen Missverhältnis zur Tötung. Es besteht jedoch Einigkeit darüber, dass eine schwere Misshandlung oder Kränkung der Tat vorangegangen sein muss.

Vermeintliche Kränkung kann jedoch ein »anderer mildernder Umstand« i.S.d. § 213 StGB sein.

Der besonders benannte Strafmilderungsgrund, die Reizung zum Zorn, kommt dem Totschläger nicht zugute, der irrtümlicherweise die tatsächlichen Voraussetzungen einer Misshandlung oder schweren Beleidigung annimmt.[142] Richtig ist, dass die Strafmilderung nach der 1. Alternative des § 213 StGB nur entfällt, wenn der Täter zu dem Verhalten des Tatopfers im gegebenen Augenblick, d.h. in nahem zeitlichen Zusammenhang mit dem Tatgeschehen, schuldhaft genügende Veranlassung gegeben hat, sei es auch nur, dass sein unmittelbar vorangegangenes Verhalten der letzte Anstoß zu der Provokation war, also gleichsam der Tropfen, der das Fass zum Überlaufen brachte. Mithin kann das frühere Verhalten des Täters allein der Provokation nicht die strafmildernde Wirkung nehmen.[143]

Zu beachten ist, dass das »auf der Stelle hingerissen sein« nicht eine räumliche oder zeitliche Einschränkung darstellt, sondern den motivationspsychologischen Zusammenhang zwischen Provokation/Misshandlung und Tat aufzeigt, der für die Annahme des »minder schweren Falles« die Voraussetzung bildet.[144] 59

Ein unbenannter Fall des »minder schweren Falles« liegt vor, wenn aufgrund einer Gesamtbetrachtung aller Umstände, die für die Wertung der Tat und des Täters bedeutsam sein können und, wobei alle wesentlichen be- und entlastenden Faktoren gegeneinander abzuwägen sind, sich die Tat von dem Normalfall eklatant abhebt. Insbesondere können Milderungsgründe in ihrer Summierung zu einem minder schweren Fall führen, die in individueller Betrachtung für sich allein genommen nicht ausreichen würden.

Bei der Gesamtbetrachtung ist zunächst zu überprüfen, ob allgemeine Milderungsgründe für sich alleine die Annahme des »minder schweren Falles« rechtfertigen. Ist dies nicht der Fall, so ist auf etwaige sog. vertypte Milderungsgründe zurückzugreifen.[145] Auf diese Weise kann neben der Milderungsmöglichkeit des § 213 StGB zusätzlich eine ggf. mehrfache Strafrahmenverschiebung erreicht werden. Es stellt daher einen Zumessungsfehler dar, vertypte Milderungsgründe zur Begründung des minder schweren Falles heranzuziehen, ohne dazu Stellung zu beziehen, ob die sonstigen Milderungsgründe für sich allein eine Annahme des »minder schweren Falles« begründen.

Umgekehrt ist es fehlerhaft, die vertypten Milderungsgründe zur Frage der Strafrahmenverschiebung des Normalstrafrahmens heranzuziehen, ohne zuvor die Frage der Annahme eines minder schweren Falles geprüft zu haben.

Es ist insoweit zu beachten, dass auch alle Fälle des § 217a.F. StGB hierunter fallen. Auch wenn der BGH eine regelhafte Anwendung des Infantizids in unmittelbaren Anschluss an die Geburt ablehnt, ist doch regelmäßig eine Prüfung der Anwendung des § 213 StGB angezeigt, ohne die Gefahr der Anwendung von § 211 StGB aus den Augen zu verlieren.

XI. Besonders schwerer Fall des Totschlages i.S.d. § 212 Abs. 2 StGB

Die Rechtsprechung verlangt wegen der Identität zwischen den Strafdrohungen des §§ 212 Abs. 2 mit 211 StGB, dass das in der Tat zum Ausdruck gekommene Verschulden des Totschlägers ebenso schwer wiegt, wie das eines Mörders. Lediglich die Nähe der Tatausführung zur Annahme des Mor- 60

141 SK-StGB/*Horn* § 213 Rn. 5.
142 BGHSt 1, 102.
143 BGH NJW 1987, 3143; vgl. ferner MDR 1961, 1027.
144 NStZ (E) 1984, 53; Sch/Sch/*Eser* § 213 Rn. 10; StV 1991, 106.
145 BGH StV 1992, 371.

des reicht nicht aus. Vielmehr ist die erforderliche Tatschuldangemessenheit nur zu bejahen, wenn das Minus, das sich im Zurückbleiben der Tat hinter den Mordmerkmalen zeigt, durch ein Plus an Verwerflichkeit ausgeglichen wird.

Hierbei ist allerdings zu beachten, dass eine fehlende subjektive Mordkomponente nicht einfach mit dem § 212 Abs. 2 StGB unterlaufen werden darf. So kann ein besonders schwerer Fall sich aus den vom Täter verwirklichten über den Rahmen eines Normalfalls weit hinausgehenden Folgen der Tat ergeben. Zum Beispiel, wenn die Tat hinrichtungsähnlichen Charakter annimmt oder er beispielsweise mehrere Menschen tötet oder wenn er bei der Tat billigend in Kauf nimmt, dass auch noch andere Personen den Tod finden, sei es durch ein und dieselbe Handlung, sei es durch mehrere im gleichen zeitlichen und räumlichen Zusammenhang begangene Taten.[146] Die Frage, ob nun ein besonders schwerer Fall des Totschlags gegeben ist, ist abermals im Wege einer Gesamtschau zu ermitteln. Unter Berücksichtigung des Verhältnismäßigkeitsgrundsatzes scheidet ein besonders schwerer Fall in der Regel aus, wenn vertypte Milderungsgründe gegeben sind. Genauso wie allerdings das Vorliegen eines vertypten Milderungsgrundes nicht eo ipso zu einem minder schweren Fall führt, schließt auch das Vorliegen eines derartigen Grundes nicht zwingend den besonders schweren Fall aus.[147]

XII. Körperverletzung mit Todesfolge (§ 227 StGB)

61 Der Tatbestand dieser Vorschrift setzt voraus, dass durch die Körperverletzung der Tod des Verletzten verursacht worden ist, wobei dem Täter hinsichtlich dieser Tatfolge Fahrlässigkeit zur Last fallen muss (§ 18 StGB). Dabei reicht es freilich nicht aus, dass zwischen der Körperverletzungshandlung und dem Todeserfolg überhaupt ein ursächlicher Zusammenhang besteht, die Körperverletzung also nicht hinweggedacht werden kann, ohne dass damit zugleich der Tod des Verletzten entfiele. Vielmehr ergibt sich aus Sinn und Zweck des § 226 StGB, dass hier eine engere Beziehung zwischen der Körperverletzung und dem tödlichen Erfolg verlangt wird. Des Verbrechens nach § 227 StGB macht sich schuldig, wer eine vorsätzliche Körperverletzungshandlung begeht, der das Risiko eines tödlichen Ausgangs anhaftet, sofern sich das der Handlung eigentümliche Risiko im Eintritt des Todes des Angegriffenen verwirklicht und dem Täter hinsichtlich der Verursachung des Todes zumindest Fahrlässigkeit vorzuwerfen ist; da der Täter schon durch die schuldhafte Verwirklichung eines der Grunddelikte der §§ 223 f. StGB stets objektiv und subjektiv pflichtwidrig handelt, ist dabei alleiniges Merkmal der Fahrlässigkeit hinsichtlich der qualifizierenden Tatfolge die Vorhersehbarkeit des Todes des Opfers. Hierfür ist entscheidend, ob vom Täter in seiner konkreten Lage nach seinen persönlichen Kenntnissen und Fähigkeiten der Eintritt des Todes des Opfers – im Ergebnis und nicht in den Einzelheiten des dahinführenden Kausalverlaufs – vorausgesehen werden konnte oder ob die tödliche Gefahr für das Opfer so weit außerhalb der Lebenswahrscheinlichkeit lag, dass die qualifizierende Folge dem Täter deshalb nicht zuzurechnen ist.[148]

Die Vorschrift soll der mit der Körperverletzung verbundenen Gefahr des Eintritts der qualifizierenden Todesfolge entgegenwirken.[149] Die Vorschrift erfordert eine enge Beziehung zwischen Körperverletzung und dem tödlichen Erfolg. Sie gilt deshalb nur für solche Körperverletzungen, denen die spezifische Gefahr anhaftet, zum Tode des Opfers zu führen; gerade diese tatbestandsspezifische Gefahr muss sich im tödlichen Ausgang niedergeschlagen haben. Das ist zum Beispiel nicht der Fall, wenn das Opfer aus Furcht vor weiteren Misshandlungen flieht und dabei aufgrund eines Sturzes ums Leben kommt.[150]

---

146 BGH NStZ 1982, 114.
147 BGH StV 1993, 354; BGHR § 212 Abs. 2 Umstände schulderhöhend.
148 St. Rspr.; BGHR StGB § 227 [i.d.F. 6. StrRG] Todesfolge 1 m.w.N.; BGHR StGB § 226 [a.F.] Todesfolge 6 m.w.N.; vgl. BGHSt 31, 96, 100; BGH NStZ 1997, 82 f. und 341.
149 BGHSt 31, 96 (98).
150 Sch/Sch/*Stree* § 226 Rn. 3.

Dies gilt jedoch auch dann nicht, wenn dem Fliehenden absehbar durch Panik die Entschlusskraft vorher genommen war.[151]

Diese Einschränkung bedeutet jedoch nicht, dass die Anwendung des § 226 StGB stets ausgeschlossen wäre, wo die Körperverletzungsfolge – für sich gesehen – nicht mit dem Risiko eines tödlichen Ausgangs behaftet erscheint und der Tod des Verletzten dann erst durch das Hinzutreten weiterer Umstände herbeigeführt wird. Soweit die Vorschrift verlangt, dass sich im Tod des Verletzten die der Körperverletzung innewohnende Gefahr verwirklicht hat, kommt es nicht nur auf die zunächst eingetretene Körperverletzungsfolge an.[152]

XIII. Minder schwerer Fall der Körperverletzung mit Todesfolge

Bei der Prüfung der Frage, ob ein minder schwerer Fall i.S.v. § 226 Abs. 2 StGB gegeben ist, ist 62
nach der Rechtsprechung des BGH[153] auch der seinem Wortlaut nach nur für den Totschlag geltende besondere Strafmilderungsgrund der Reizung zum Zorn (§ 213 Alt. 1 StGB) zu beachten; liegt er vor, so führt dies zwingend zur Anwendung des § 226 Abs. 2 StGB.[154] Führt nach einer gemeinsamen gefährlichen Körperverletzung der Exzess eines Mittäters zum Tod des Opfers, so ist dieser wegen eines Tötungsdelikts und die Mittäter wegen Körperverletzung mit Todesfolge zu verurteilen, wenn das weitere gewaltsame Vorgehen gegen das Opfer von dem gemeinsamen Tatplan der gefährlichen Körperverletzung nach wie vor getragen war.[155]

XIV. Versuch bei vorsätzlichen Straftaten gegen das Leben

Es kommt für die Frage der Abgrenzung des unbeendeten und des beendeten Versuchs auf den »Rück- 63
trittshorizont« nach Abschluss der letzten Ausführungshandlung an. Unbeendet wäre der Versuch danach, wenn der Täter nach der letzten Ausführungshandlung glaubt, der Eintritt des Erfolges sei nicht möglich und von weiteren Handlungen absieht, die noch zum Erfolg führen könnten. Ist der Erfolgseintritt dagegen nach der letzten Ausführungshandlung möglich, so ist der Versuch beendet, wenn der Täter die hierfür maßgebenden tatsächlichen Umstände erkannt hat. Ein entsprechendes Ergebnis liegt auch nahe, wenn der Täter den Erfolgseintritt lediglich für möglich hält, die vorgenommene Handlung aber objektiv nicht zur Herbeiführung des Erfolgs geeignet ist.[156]

Der BGH nimmt den beendeten Versuch nicht schon dann an, wenn der Täter die von vornherein geplante Handlung ausführt, sondern erst dann, wenn er nach der letzten Ausführungshandlung die tatsächlichen Umstände, die den Erfolgseintritt nahe legen, erkennt oder wenn er den Erfolgseintritt in Verkennung der tatsächlichen Ungeeignetheit der Handlung für möglich hält.[157] Ist der Handlungsablauf dagegen nicht oder jedenfalls aus der Sicht des Täters nicht geeignet, den Erfolg herbeizuführen, so ist der Versuch, wenn er nicht endgültig gescheitert ist, unbeendet; denn das geschützte Rechtsgut ist in solchen Fällen, zumindest aus der Sicht des Täters, nicht unmittelbar gefährdet, und es besteht deshalb kein Anlass, von ihm zu erwarten, dass er – was beim beendeten Versuch Voraussetzung für die Straflosigkeit ist – zwecks Erlangung der Straffreiheit Aktivitäten zur Verhinderung des Erfolgseintritts entfaltet; es reicht vielmehr aus, dass er von der noch möglichen Tatvollendung freiwillig absieht.

Ein strafbefreiender Rücktritt vom unbeendeten Versuch ist auch in den Fällen möglich, in denen der Täter von weiteren Handlungen absieht, weil er sein außertatbestandsmäßiges Handlungsziel erreicht hat.

151 BGH StV 1993, 73.
152 BGHSt 31, 96 (99).
153 BGH NStZ 1983, 555.
154 Vgl. BGH StV 1981, 524.
155 Sch/Sch/*Stree* § 227 Rn. 8; BGH NStZ 2005, 93.
156 Vgl. *Dallinger* MDR 1970, 381; Sch/Sch/*Eser* § 24 Rn. 13.
157 *Fischer* § 24 Rn. 4 ff.

64 Nach der neueren und inzwischen gefestigten Rechtsprechung der Strafsenate des Bundesgerichtshofs kommt es für die Abgrenzung des unbeendeten vom beendeten Versuch und damit für die Voraussetzungen strafbefreienden Rücktritts darauf an, ob der Täter nach der letzten von ihm konkret vorgenommenen Ausführungshandlung den Eintritt des tatbestandsmäßigen Erfolgs für möglich hält.[158] Auf einen – fest umrissenen oder nur in groben Zügen gefassten – Tatplan kommt es dabei entgegen der früheren Rechtsprechung nicht an.

Entscheidend dafür, ob dem Täter die Wohltat des strafbefreienden Rücktritts zuzubilligen ist, muss sein, ob durch die vorgenommene Handlung des Täters für diesen erkennbar eine unmittelbare Gefährdung des Opfers eingetreten ist. Ist das der Fall, so muss von ihm erwartet werden, falls er sich Straffreiheit verdienen will, dass er Aktivitäten zur Verhinderung des Erfolgseintrittes entfaltet. Dazu reicht es nicht aus, dass der Täter passiv herbeigeholte Hilfe beobachtet, er muss sich selbst tatkräftig um die Erfolgsabwehr bemühen.

Ist das Opfer aber aus der Sicht des Täters durch die Handlung nicht unmittelbar gefährdet worden, so muss es ausreichen, dass er von der ihm noch möglichen Tatvollendung freiwillig absieht. Ob er sich bei Tatbeginn über die erforderlichen Handlungen genaue, weniger genaue oder gar keine Gedanken gemacht hat,[159] kann dabei keine ausschlaggebende Rolle spielen. Maßgeblich ist vielmehr, ob der Täter durch den Rücktritt seine Rechtstreue unter Beweis gestellt und damit gezeigt hat, dass er nicht fähig ist, die geplante Straftat zu vollenden.[160] Auch dann, wenn der Täter davon ausging, seine Handlung werde sogleich zum Erfolg führen, muss ihm bei einem vom geplanten Tatverlauf abweichenden Geschehen der Verzicht auf die sich ihm anbietenden weiteren Mittel als Rücktrittsleistung zugutegehalten werden.

XV. Bedingter Tötungsvorsatz

65 In der Rechtsprechung ist anerkannt, dass bei äußerst gefährlichen Gewalthandlungen der Schluss auf einen zumindest bedingten Tötungsvorsatz nahe liegt. Bei einer objektiv äußerst gefährlichen Handlung (hier: längeres Strangulieren des Tatopfers) liegt die Annahme eines bedingten Tötungsvorsatzes nahe. Bei einer solchen Fallkonstellation bestehen an die Darlegung der inneren Tatseite in den Urteilsgründen regelmäßig keine besonderen Anforderungen, doch ist die Darlegung nur dann rechtsfehlerfrei, wenn der Tatrichter alle nach Sachlage in Betracht kommenden Tatumstände in seine Erwägungen einbezogen hat, die dieses Ergebnis infrage stellen können. Diesen Anforderungen wird ein Urteil nicht gerecht, das lediglich auf die abstrakte Lebensgefahr des Würgeaktes für das Opfer verweist und allein aus der Kenntnis um diese Gefährlichkeit ohne Berücksichtigung der psycho-physischen Verfassung des Angeklagten auf sein Wissen und Wollen zur Tatzeit schließt.

66 Die Feststellung, der Angeklagte habe die – nur abstrakte – Lebensgefährlichkeit seines Vorgehens erkannt, belegt nur das Wissenselement des Vorsatzes. Hochgradige Alkoholisierung und affektive Erregung gehören deshalb zu den Umständen, die der Annahme eines Tötungsvorsatzes entgegenstehen können und deshalb ausdrücklicher Erörterung in den Urteilsgründen bedürfen.[161]

67 Fälle mit gedankenloser, dumpfer bloßer Verletzungsabsicht, die mit gröbster Fahrlässigkeit hinsichtlich einer möglichen Todesfolge einhergeht, und Fälle mit bereits bedingtem Tötungsvorsatz können in subjektiver Hinsicht so eng beieinander liegen, dass ihr Schuldgehalt – jedenfalls beim Fehlen von Mordmerkmalen – nicht von gravierend unterschiedlichem Gewicht ist. Das angemessene Strafmaß für Totschlag oder versuchten Totschlag wird sich daher in solchen Fällen im Ergebnis von demjenigen für Körperverletzung mit Todesfolge oder gefährliche Körperverletzung kaum beträchtlich

---

158 BGHSt 31, 170; 33, 295; 35, 90; BGH NStZ 1986, 264 (312); 1990, 30; BGHR StGB § 24 Abs. 1 S. 1 Versuch, beendeter 2, 3, 5, 6 und Versuch, unbeendeter 4, 6, 16, 17.
159 Vgl. BGHSt 31, 170 (175).
160 *Rudolphi* NStZ 1983, 361 (363).
161 BGH NStZ 2005, 92.

unterscheiden.[162] Bedenken gegen eine Vereinbarkeit des Mordmerkmals der Verdeckungsabsicht mit nur bedingtem Tötungsvorsatz liegen bei einem tödlichen Angriff auf ein nicht bekanntes Opfer zur Fluchtermöglichung grundsätzlich nicht vor.

XVI. Hinweispflicht gem. § 265 StPO

Wenn die Vorschrift – wie dies bei § 211 Abs. 2 StGB der Fall ist – mehrere gleichwertig nebeneinander stehende Begehungsweisen unter Strafe stellt, erfordert der Hinweis nach § 265 Abs. 1 StPO nach ständiger Rechtsprechung des BGH die Angabe, welche Variante im konkreten Fall in Betracht kommt. Des förmlichen Hinweises nach § 265 Abs. 1 StPO bedarf es seitens des Vorsitzenden grundsätzlich selbst dann, wenn alle Verfahrensbeteiligten den veränderten rechtlichen Gesichtspunkt bereits von sich aus in der Hauptverhandlung angesprochen haben. Entsprechend dem Regelungszweck des § 265 Abs. 1 StPO, den Angeklagten vor überraschenden Entscheidungen zu schützen, ist darüber hinaus regelmäßig die Angabe der Tatsachen erforderlich, die das neu in Betracht gezogene gesetzliche Merkmal nach Ansicht des Gerichts möglicherweise ausfüllen könnten. 68

XVII. Widerspruchslösung

Im Fall von Beweisverwertungsverboten verlangt die Rechtsprechung vom belehrten Angeklagten 69 oder seinem Verteidiger der Verwertung dieser Beweismittel bis zu dem Zeitpunkt des § 257 StPO zu widersprechen.[163] Gerade bei Kapitalverfahren kommt dem entscheidende Bedeutung zu. Die nachfolgende Entscheidung ist ein offensichtliches Beispiel:

> »Hat ein Verteidiger des Angeklagten in der Hauptverhandlung mitgewirkt und hat der verteidigte Angeklagte ausdrücklich der Verwertung des Inhalts einer ohne Belehrung (§ 136 I 2 StPO) zustande gekommenen Aussage zugestimmt, so besteht kein Verwertungsverbot. Dasselbe gilt, wenn der verteidigte Angeklagte einer solchen Verwertung nicht widersprochen hat. Der Widerspruch kann nur bis zu dem in § 257 StPO genannten Zeitpunkt erklärt werden. Er muss also spätestens in der Erklärung enthalten sein, die der Angeklagte oder sein Verteidiger im Anschluss an diejenige Beweiserhebung abgibt, die sich auf den Inhalt der ohne Belehrung (§ 136 I 2, § 163a IV 2 StPO) gemachten Aussage bezieht. Die Rechtsprechung hat schon bisher in vergleichbaren Fällen die Möglichkeit ins Auge gefasst, dass das Recht, sich auf ein Verwertungsverbot zu berufen, verloren geht, wenn der verteidigte Angeklagte in der tatrichterlichen Verhandlung der Verwertung und der ihr vorangehenden Beweiserhebung nicht widersprochen hat (RGSt 50, 364, 365; 58, 100, 101; BGHSt 1, 284, 286; 9, 24, 28; 31, 140, 145 zur Verwertung von Zeugenaussagen, die unter Verletzung der Benachrichtigungspflicht nach den §§ 224, 168c V StPO zustande gekommen sind). Diese Einschränkung des Verwertungsverbotes beschneidet die Rechte des Angeklagten nicht in unangemessener Weise. Sie entspricht der besonderen Verantwortung des Verteidigers und seiner Fähigkeit, Belehrungsmängel aufzudecken und zu erkennen, ob die Berufung auf das Verwertungsverbot einer sinnvollen Verteidigung dient.«

Der BGH[164] hat hinsichtlich der Zielrichtung in einer weiteren Entscheidung ausgeführt:

> »Er (Anm: der Widerspruch) dient der gebotenen Verfahrensförderung, ohne dem verteidigten Angeklagten unzumutbare Anforderungen aufzuerlegen. Eine untunliche Festlegung des Angeklagten tritt insofern nicht ein, als dieser seinen Widerspruch bis zum Ende der Beweisaufnahme zurücknehmen und dadurch die Verwertung seiner Aussage freigeben kann.
>
> Unter den gegebenen Umständen hält der Senat es für rechtlich unbedenklich, an das Erfordernis eines rechtzeitigen Widerspruchs auch in dem vorliegenden Fall anzuknüpfen.«

Aus den Ausführungen des BGH[165] ergibt sich die Konsequenz, dass der Verteidiger Beweisverwertungsverbote zugunsten des Angeklagten jeweils frühzeitig geltend machen sollte auf die Gefahr

162 BGH NStZ 2005, 384.
163 BGHSt 38, 214 ff.; *Dudel* Das Widerspruchserfordernis bei Beweisverwertungsverboten, 1999, passim.
164 BGHSt 42, 15 (23).
165 BGHSt 42, 24.

hin, den Widerspruch gegebenenfalls wieder zurückzunehmen bzw. auf die den Angeklagten belastenden Teile zu beschränken.

XVIII. Die Frage der Beurteilung der Schuldfähigkeit gem. §§ 20, 21 StGB

70 Der Strafverteidiger hat wegen der möglichen Strafrahmenverschiebung bzw. der vollständigen Exkulpation im Rahmen der §§ 20 bzw. 21 i.V.m. § 49 StGB die Einhaltung des Aufbaus der Schuldfähigkeitsbegutachtung zu gewährleisten. Bei der lebenslangen Freiheitsstrafe ist dies oft die einzige Möglichkeit, zu einer zeitigen Freiheitsstrafe zu gelangen. Aus dem Unbehagen, eine lebenslange Freiheitsstrafe zu verhängen, ist auch die Tatsache zu erklären, dass die meisten Grundsatzurteile zu der Beurteilung der Schuldfähigkeit im Rahmen von Kapitalverfahren gefällt werden.

Ist ein Sachverständiger nicht in der Lage, die Zweistufigkeit der Beurteilung der Schuldfähigkeit einzuhalten, so ist er von vornherein ungeeignet. Der Verteidiger hat insoweit auf die Entpflichtung des Sachverständigen hinzuwirken.

Zunächst sind die biologischen Einstiegsmerkmale des § 20 StGB für die Fälle der §§ 20 und 21 StGB abzuklären. Die vier biologischen Einstiegsmerkmale gliedern sich wie folgt auf:
1. Merkmal: Krankhafte seelische Störung
2. Merkmal: Tiefgreifende Bewusstseinsstörung
3. Merkmal: Schwachsinn
4. Merkmal: Schwere andere seelische Abartigkeit

Hat der Sachverständige im konkreten Fall eines dieser Merkmale bejaht, das dem »ersten Stockwerk« der §§ 20, 21 StGB zu entnehmen ist, stellt sich die Frage, ob diese Eingangsmerkmale in einer forensischen Relevanz vorliegen.

Dabei wird man nicht selten bei den psychopathologischen Auswirkungen eines oder mehrerer der festgestellten biologischen Merkmale die Auswirkungen für die Steuerungs- und Einsichtsfähigkeit, dem »zweiten Stockwerk« der §§ 20, 21 StGB abklären müssen.

Nachfolgend seien einige Beispiele aus den biologischen Merkmalen aufgezählt, um diese gerade unter dem Aspekt von Kapitaldelikten zu diskutieren.

1. Krankhafte seelische Störung

71 Zunächst ist festzustellen, ob ein psychopathologisches Syndrom vorliegt, das dem Rechtsbegriff der »krankhaften seelischen Störung« subsumierbar ist,[166] denn dieser Rechtsbegriff hat ungleich einfacher bestimmbare empirische Entsprechungen in den klinischen Syndromen. Ausgehend vom wissenschaftlichen Kenntnisstand über Eigenheiten und Verlauf der klinischen Syndrome kann dann eine Einschätzung der Einsichts- und Steuerungsfähigkeit unternommen werden.[167]

Einen Rechts- oder Erfahrungssatz, wonach ab einer bestimmten Höhe der Blutalkoholkonzentration regelmäßig vom Vorliegen einer krankhaften seelischen Störung auszugehen ist, gibt es nicht. Entscheidend ist vielmehr eine Gesamtschau aller wesentlichen objektiven und subjektiven Umstände. Die Blutalkoholkonzentration ist in diesem Zusammenhang ein zwar gewichtiges, aber keinesfalls allein maßgebliches oder vorrangiges Beweisanzeichen.[168]

Die allgemeinen Kriterien für eine akute Intoxikation sind in folgenden Fällen erfüllt:[169]
– Deutlicher Nachweis der Aufnahme einer oder mehrerer Substanzen in einer für die vorliegende Intoxikation ausreichend hohen Dosis.

166 *Kröber* NStZ 1996, 569.
167 Vgl. Sch/Sch/*Lenkner* § 20 Rn. 13 zu der Frage der Subsumtion unter das 1. Merkmal und nicht unter das 2. Merkmal.
168 BGH NStZ 2005, 329, BGHSt 43, 66.
169 ICD-10 F10.

- Für die jeweilige Substanz typische Intoxikationszeichen.
- Die Symptome sind nicht durch andere psychische oder körperliche Ursachen erklärbar.

Funktionsgestörtes Verhalten, deutlich an mindestens einem der folgenden Merkmale:
- Enthemmung
- Streitbarkeit
- Aggressivität
- Affektlabilität
- Aufmerksamkeitsstörung
- Einschränkung der Urteilsfähigkeit
- Beeinträchtigung der persönlichen Leistungsfähigkeit

Mindestens eines der folgenden Anzeichen:
- Gangunsicherheit
- Standunsicherheit
- verwaschene Sprache
- Nystagmus
- Bewusstseinsstörung
- Gesichtsröte

Beruht die erheblich verminderte Schuldfähigkeit auf zu verantwortender Trunkenheit, spricht dies allerdings auch ohne einschlägige Vorverurteilungen in der Regel gegen eine Verschiebung des Strafrahmens. Einer umfassenden Darstellung aller in die Abwägung einzubeziehenden Umstände in den schriftlichen Urteilsgründen bedarf es nur in Ausnahmefällen. Es genügt die Mitteilung der ausschlaggebenden Aspekte. Revisionsrechtlicher Überprüfung ist die Entscheidung über die fakultative Strafrahmenverschiebung nur eingeschränkt zugänglich; insoweit steht dem Tatrichter ein weiter Ermessensspielraum zu.[170] Die Frage einer Strafrahmenverschiebung nach §§ 21, 49 Abs. 1 StGB bei erheblicher Alkoholisierung hat der Tatrichter aufgrund einer Gesamtschau aller schulderhöhenden und schuldmindernden Umstände des Einzelfalles zu entscheiden. Der grundsätzlich schuldmindernde Umstand einer erheblichen Einschränkung der Steuerungsfähigkeit kann dabei durch schulderhöhende Umstände ausgeglichen werden. Das ist etwa dann der Fall, wenn der Täter die ungünstigen Wirkungen erheblicher Alkoholisierung auf seine Gewaltbereitschaft kennt.[171] Selbst wenn eine Strafrahmenverschiebung aufgrund eigenverantworteter Alkoholisierung gemäß den §§ 20, 21, 49 StGB nicht in Betracht kommt, hat der Tatrichter bei einer Alkoholisierung von über 2°/°°BAK die Frage der Schuldfähigkeit zu erörtern, weil es sich bei der Strafzumessung im inneren Sinne auswirken kann wenn die Alkoholisierung die Grenze der Steuerungsfähigkeit des § 21 StGB überschreitet.[172]

2. Affekt (tief greifende Bewusstseinsstörung)

Wie eingangs bereits dargestellt, sind die Tötungsdelikte gekennzeichnet durch eine oftmals der Tat länger vorangehende Täter-Opfer-Beziehung. 72

Gerade bei den Tötungsdelikten, die auf der Grundlage einer Täter-Opfer-Beziehung einhergehen, sind diese Delikte gekennzeichnet von der hochgradigen Erregung des Handelns, welches den Täter kennzeichnet und welches für sein Handeln wesentlich bestimmend war.

Auch bei Taten zwischen Tätern und Opfern, die sich vorher nicht kannten und die keine Tatvorgeschichte besaßen, geht die vorsätzliche Tötungshandlung in der Regel mit erheblichen Affekten einher. Von diesen Gefühlsaufwallungen, die grundsätzlich fast bei jedem Delikt, insbesondere aber

170 BGH NStZ 2005, 151.
171 BGH NStZ 2005, 384.
172 BGH NStZ-RR 2008, 355.

bei Beziehungsdelikten kennzeichnend sind für den Täter, sind die so genannten Affektdelikte zu unterscheiden.

Bei den Affektdelikten, bei denen man dann auch von einer tief greifenden Bewusstseinsstörung sprechen kann, liegen hochgradige bis höchstgradige Erregungszustände vor, die das Handeln des von diesem Zustand Ergriffenen wesentlich und entscheidend beeinflussen.

73 Für den Strafverteidiger ist es insoweit unerlässlich, die Diskussion über die Zubilligung bzw. Verweigerung des Zustandes einer Affektkonfiguration zu verfolgen und zu beherrschen. Insoweit wurden die Eckpunkte dieser Diskussion von *Saß* bereits 1983 umfassend dargestellt.[173] In dieser Untersuchung hat *Saß* bereits auf den hohen Prozentsatz von 25 % hingewiesen, der bei Kapitaldelikten die Annahme von Affektdelikten nahelegt. Man darf insoweit festhalten, dass es i.d.R. allenfalls zu Dekulpierungen von Angeklagten kommt, Exkulpierungen i.S.d. § 20 StGB sind äußerst selten.

Bei den Fällen der Exkulpation tritt neben den Affekt als situative Komponente meistens noch eine zusätzliche Beeinträchtigung, so z.B. die alkoholische Enthemmung.[174]

74 Grundsätzlich werden in der Literatur und Lehre die nachfolgenden Kriterien als solche angesehen, die zur Begründung eines hochgradigen Affekts herangezogen werden können. Insoweit ist jedoch Vorsicht geboten, da sämtliche dieser Kriterien sehr ambivalent sind.[175]

Kriterien zur Begründung eines hochgradigen Affekts
(1) Spezifische Tatvorgeschichte und Tatanlaufzeit, wobei in der Regel, wie oben bereits dargestellt, eine charakteristische Täter-Opfer-Beziehung besteht. Hier kann es dann auch zu einer chronischen Affektanspannung kommen.
(2) Affektive Ausgangssituation mit Tatbereitschaft.
(3) Psychopathologische Disposition der Persönlichkeit (in der Literatur wird in der Regel die asthenische Persönlichkeit als prädisponiert beschrieben. Tragend sind hier etwaige Verlustängste gepaart mit diesen Personen oft anhaftenden Minderwertigkeitsgefühlen).
(4) Abrupter elementarer Tatablauf ohne Sicherungstendenzen.
(5) Charakteristischer Affektaufbau und Affektabbau.
(6) Nachtatverhalten in der Regel mit tiefer Erschütterung über das gerade Getane. In diesem Zusammenhang sind oft Rettungsversuche oder andere äußere Zeichen der plötzlichen Realisierung der Tat zu sehen.
(7) Einengung des Wahrnehmungsfeldes und der seelischen Abläufe. Hierunter fällt eine Auflockerung bzw. Aufhebung der Fähigkeit der Introspektionsfähigkeit und die Störung der Sinn- und Erlebniskontinuität.
(8) Missverhältnis zwischen Tatanstoß und Reaktion.
(9) Erinnerungsstörung.

Hierbei ist zu beachten, dass insbesondere die Punkte 7 und 8 jeweils in Abhängigkeit zum Rapport des Angeklagten stehen, soweit es (um) die Störung der Sinn- und Erlebniskontinuität und den Erhalt der Introspektionsfähigkeit ebenso betrifft, wie den Bericht von Erinnerungsstörung.

Hinsichtlich des letztgenannten Merkmals ist zu beachten, dass die Erinnerungsstörung sehr schwierig zu verifizieren ist.

Merkmale, die nach *Saß* gegen Affektdelikte sprechen, sind:
(1) Aggressives Vorgestalten der Tat in der Fantasie.
(2) Vorankündigung der Tat.
(3) Aggressive Handlungen in der Tatanlaufphase.

173 *Saß* Nervenarzt 1983, 557.
174 BGH NStZ 1997, 232.
175 *Saß* Nervenarzt 1983, 557.

(4) Vorbereitungen oder Vorgestalten der Tat, wie bspw. auch die Herbeiführung der Tatsituation durch den Täter.
(5) Fehlende Verbindung zwischen Provokation, Erregung und Tat.
(6) Zielgerichtetes Ausgestalten des Tatablaufs, bei gleichzeitig lang hingezogenem Tatgeschehen.
(7) Erhaltene Introspektionsfähigkeit.
(8) Exakte Erinnerung.
(9) Jegliches Fehlen vegetativer psychomotorischer und psychischer Begleiterscheinungen, welche häufig mit einer heftigen Affekterregung einhergehen.

Bei der Beurteilung, ob nun die vorliegend ausgeschlossenen bzw. angenommenen Kriterien zu einer tief greifenden Bewusstseinsstörung i.S.d. §§ 20, 21 StGB anzunehmen sind, wird in der Rechtsprechung und Lehre auf das von *Saß* entwickelte psychopathologische Referenzsystem zurückgegriffen. Für die Beurteilung der Erheblichkeit einer Beeinträchtigung nach § 21 StGB gilt der Zweifelssatz nicht, weil es sich hierbei nicht um eine Tat-, sondern um eine auch von normativen Aspekten abhängige Rechtsfrage handelt.[176]

Danach muss eine tief greifende Bewusstseinsstörung Elemente von Störungen beinhalten, die auch 75
bei einer seelischen Störung i.S.d. §§ 20, 21 StGB auftreten. Dies wird von den Gerichten häufig dahingehend missverstanden, dass von einer tief greifenden Bewusstseinsstörung i.S.d. §§ 20, 21 StGB nur gesprochen werden kann, wenn das Vollbild der psychopathologischen Auffälligkeiten einer Psychose auch bei der Bewusstseinsstörung vorliegt. Elemente eines derartigen krankheitswertigen Zustandes müssen jedoch auch bei der tief greifenden Bewusstseinsstörung erreicht werden. Ohne jedwede psychopathologische Auffälligkeit in der Tatanlaufphase, während der Tat und der psychischen Befindlichkeit des Täters in der Phase nach der Tat, wird man eine tief greifende Bewusstseinsstörung nicht bejahen und zu keiner Dekulpation gelangen können.

Finale Suizidversuche oder Suizidversuche mit rein appellativem Charakter werden häufig im Anschluss an Affektdelikte bzw. als Reaktion auf die damit verbundenen Schuldgefühle begangen.

Hiervon zu unterscheiden ist der erweiterte Suizid. Beim erweiterten Suizid folgt die Selbsttötung der Tötung eines nahen Familienangehörigen bzw. einer Bezugsperson, wobei festzuhalten ist, dass die Selbsttötungsabsicht vor der Tötung des nahen Familienangehörigen bzw. der Bezugsperson bereits bestanden haben muss und nicht erst als Reaktion auf ein von dem Täter nicht kontrolliertes Affektgeschehen.[177]

Da dem Eingangsmerkmal »tief greifende Bewusstseinsstörung« kein psychopathologischer Sach- 76
verhalt entspricht, und psychiatrisches Diagnostizieren, das auf transindividuell gleichartige Typen psychischer Normwidrigkeit zielt, nicht verlangt ist, muss sich das Augenmerk allein auf die individuelle Lebensgeschichte richten unter Berücksichtigung deren innerer und äußerer Determinanten.[178]

▶ Beachte

In der Praxis zeigt sich, dass ein Richter eher bereit ist, eine tief greifende Bewusstseinsstörung zu akzeptieren, wenn das Tatopfer durch chronisches Fehlverhalten z.B. durch Quälerei oder Tyrannei eine laienpsychologische verständliche Wut und Verzweiflung auf sich gezogen hat, als wenn ein Täter durch besondere persönliche, lebensgeschichtlich begründete Betroffenheit in einen Affektsturm gerät.[179]

Hat der Täter zur Entstehung seiner Erregung dagegen vorwerfbar beigetragen, trifft ihn eine erhöhte Pflicht zur Selbstbeherrschung.[180]

176 BGH NStZ-RR 2008, 105; NStZ 2005, 149.
177 Vgl. *Nedopil* S. 193.
178 *Glatzel* StV 1993, 221.
179 *Nedopil* S. 194.
180 BGH NStZ 1997, 333.

Man wird insoweit von dem Sachverständigen verlangen müssen, dass er in der Lage ist, die von ihm getroffene Diagnose zunächst nach den Codes der ICD-10 und DSM-IV zu verschlüsseln und die so gefundenen Merkmale im Rahmen des »ersten Stockwerks« unter eines der vier Merkmale zu subsumieren.

Insofern ist zu beachten, dass die Bejahung eines Eingangsmerkmals des § 20 StGB noch nichts über seine forensische Relevanz hinsichtlich der Frage des »zweiten Stockwerks«, hier der Beeinträchtigung der Steuerung- und Einsichtsfähigkeit, aussagt.

Es ist jedoch im Rahmen der Rechtsprechung und Lehre anerkannt, dass bei Bejahung bspw. einer Persönlichkeitsstörung, die im Rahmen der ICD-10 bzw. des anderen Klassifikationssystems psychischer Störungen dem DSM-IV zu verschlüsseln ist, es besonderer Begründungen des Sachverständigen und später des Gerichts bedarf, um eine erhebliche Beeinträchtigung der Steuerungsfähigkeit i.S.d. §§ 20, 21 StGB zu verneinen.[181] Liegen gleich mehrere Störungen im Sinne einer Comorbidität vor, werden diese nebeneinander diagnostiziert. Auch eine Vielzahl von nebeneinander bestehenden Störungen sagt zunächst nichts über deren Auswirkungen auf die Steuerungsfähigkeit aus, sondern ist jeweils im Rahmen der Interdependenz zwischen Störung und Tat im Hinblick auf die Steuerungs- und Einsichtsfähigkeit zu beurteilen. In Betracht kommende Eingangsmerkmale des § 20 StGB dürfen nicht isoliert betrachtet und abgehandelt werden. Ein beteiligter Affekt, bzw. unbeherrschter Gefühlsausbruch ist vielmehr zusammen mit einer Alkoholisierung in einer Gesamtbetrachtung zu würdigen, weil beide Faktoren im Zusammenwirken eine erhebliche Verminderung der Steuerungsfähigkeit bewirken können.[182] Auch ein umsichtiges Nachtatverhalten darf nicht isoliert betrachtet werden. Zwar kann diesem Indizwirkung zukommen, der Tatrichter muss aber die spezielle Tatzeitverfassung des Täters aufgrund einer Sachverständigenbewertung seines Verhaltens vor, bei und nach der Tat ermitteln. Handlungsmodalitäten, die weniger Ausdruck einer sich frei entfaltenden verbrecherischen Energie, sondern eher Anzeichen für die Stärke einer seelischen Beeinträchtigung sind, dürfen einem vermindert Schuldfähigen grundsätzlich nicht uneingeschränkt angelastet werden. Eine strafschärfende Berücksichtigung generalpräventiver Gesichtspunkte ist nur möglich, wenn eine gemeinschaftsgefährliche Zunahme solcher oder ähnlicher Straftaten, wie sie zur Aburteilung stehen, festgestellt worden ist.[183]

3. Schwachsinn

77 Gerade in Kapitalsachen wird man Minderbegabte und Schwachsinnige (hier 3. Merkmal) selten vertreten sehen, auch wenn aufgrund der eingeschränkten Fähigkeiten affektive Zuspitzungen und unklare situative Verhältnisse Minderbegabte in besonderem Maße belasten.[184]

Von besonderer Relevanz ist wegen der großen Verführbarkeit von Minderbegabten jedoch deren mögliche Instrumentalisierung im Rahmen eines komplexen Tatgeschehens durch ihnen überlegene Dritte.

4. Schwere andere seelische Abartigkeit

78 Hinsichtlich des 4. Merkmals wird man die Anzahl der Persönlichkeitsstörungen aus dem ICD-10 und DSM-IV als Eingangsmerkmale finden. Nachdem es sich bei dem 4. Merkmal um eine schwere andere seelische Abartigkeit, Eingangscharakteristik des 4. Merkmals, handelt, muss die Persönlichkeitsstörung von einem gewissen Schweregrad sein, um das Eingangsmerkmal der schweren anderen seelischen Abartigkeit zu erfüllen.

181 BGH NStZ 1992, 380.
182 BGH NStZ-RR 2004, 360.
183 NStZ-RR 2004, 105; NStZ-RR 2004, 106.
184 *Nedopil* S. 175 ff.

Nach ICD-10 ist die Diagnose einer Persönlichkeitsstörung:[185]

(1) Eine deutliche Unausgeglichenheit in den Einstellungen und im Verhalten in mehreren Funktionsbereichen wie Affektivität, Antrieb, Impulskontrolle, Wahrnehmen und Denken sowie in den Beziehungen zu anderen.

(2) Das auffällige Verhaltensmuster muss andauern und gleichförmig sein und nicht auf Episoden begrenzt.

(3) Das Verhaltensmuster ist tief greifend gestört und in vielen persönlichen und sozialen Situationen eindeutig unpassend. Die Störung beginnt in der Kindheit oder Jugend und manifestiert sich auch dauernd im Erwachsenenalter.

(4) Sie führt zu deutlichem subjektivem Leiden, manchmal jedoch erst im späteren Verlauf und ist meistens mit deutlichen Einschränkungen der beruflichen und sozialen Leistungsfähigkeit verbunden.

Selbstverständlich ist die Frage der Beurteilung einer derartigen Persönlichkeitsstörung Sache des forensischen Psychiaters.

Aufgabe des Verteidigers ist es aber, in geeigneten Fällen in den Akten und bei den anderen Informationsquellen, die im Verfahren zur Verfügung stehen, nach Anknüpfungstatsachen zu suchen, die geeignet sind, dem Sachverständigen Material zu liefern, um die Annahme einer Persönlichkeitsstörung dekulpierend berücksichtigen zu können.

▶ Musterschriftsatz

Landgericht Landshut

Schwurgericht

Maximilianstraße 22

84028 Landshut

24.06.2015

Aktenzeichen: Ks

In der Strafsache

gegen

C. B.

wird beantragt, die Krankenunterlagen des Bezirkskrankenhauses

über die stationäre Behandlung von Herrn C. im Jahre 2020 bezüglich der Behandlung seiner Schizophrenie einzuholen,

zum Beweis der Tatsache,

dass Herr C. an einer krankhaften seelischen Störung in Form einer endogenen Psychose leidet.

Der Angeklagte entbindet hiermit das Bezirkskrankenhaus von seiner ärztlichen Schweigepflicht.

Ferner wird beantragt,

ein forensisch-psychiatrisches Gutachten einzuholen,

zum Beweis der Tatsache, dass Herr C. zum mutmaßlichen Tatzeitpunkt an einer relevanten Psychotischen Störung leidet. Hierzu ist dem Sachverständigen aufzugeben, die gesamte apparative Diagnostik anzuwenden.

Weiterhin wird beantragt,

ein forensisch-psychiatrisches und psychologisches Sachverständigengutachten einzuholen,

185 ICD-10 F60-F69.

zum Beweis der Tatsache, dass zum mutmaßlichen Zeitpunkt eines der Eingangskriterien des § 20 StGB beim Angeklagten in derart relevanter Form vorlag, dass eine Einsichts- und Steuerungsfähigkeit aufgehoben war.

Gründe

Herr C war im Jahre 2018 im Bezirkskrankenhaus. Seinerzeit wurde eine Erkrankung aus dem schizophrenen Formenkreis festgestellt.

Das Gutachten wird in der Zusammenschau der so genannten Befundlage ergeben, dass beim Angeklagten, Herrn C., die biologischen Eingangsmerkmale der krankhaften seelischen Störung (1. Merkmal) vorlagen. Aufgrund des Vorliegens dieses biologischen Merkmals im Sinne des § 20 StGB war die Einsichtsfähigkeit zum Zeitpunkt der Tat aufgehoben. Der Sachverständige wird bestätigen, dass bei dem Angeklagten zum mutmaßlichen Tatzeitpunkt eine floride psychotische Episode bestand.

Rechtsanwalt

J. Die Tatortarbeit

I. Tatortarbeit und kriminaltechnische Untersuchungen

1. Faserspurengutachten

79 Faserspuren gehören zu den »klassischen Kontaktspuren«. Textilien geben eigenes Fasermaterial ab und nehmen fremdes auf. Die vorhandenen Messgeräte und die angewendeten Analyseverfahren ermöglichen eine zuverlässige Feststellung der Beschaffenheit der Fasern. Geklärt werden kann aber meist nur die Material- und Einfärbungsidentität (Gruppenidentität). Dies bedeutet jedoch keine individuelle Zuordnung, da von einem Textil in der Regel mehrere Stücke hergestellt werden, es kann also nur eine Gruppenzuordnung erfolgen. Nur wenn zusätzliche Merkmale wie Anhaftungen oder Abnutzungsspuren hinzukommen, lässt sich eine Identität möglicherweise feststellen. Insofern ist auf eine charakteristische Faserspurenkombination abzustellen.[186] Hierbei beurteilt sich der Beweiswert der Faser nach ihrem Verbreitungsgrad. Wobei festzustellen ist, dass es statistische Aussagen über den Verbreitungsgrad von Fasern nicht gibt. Wird auf dem Opfer Fasermaterial gefunden, welches dem Lebensbereich des Tatverdächtigen zugeordnet werden kann, und werden an dem verwendeten Tatmittel Fasern aus dem Lebensbereich des Verdächtigen gefunden, so kommt einem solchen Befund – für sich genommen – besondere Beweiskraft noch nicht zu. Nachgewiesene material- und einfärbungsidentische Fasern sind für die Beurteilung eines möglichen Kontaktes vor allem aber dann bedeutsam, wenn das Spurenbild eine große Anzahl verschiedener Faserarten zeigt und jede Faserart in einer hohen Anzahl gleichartiger Fasern vertreten ist. Überkreuzungsspuren und Sekundärspuren erweitern dabei den Beweiswert erheblich.[187]

Letztlich ist das vorgefundene Spurenbild daraufhin zu beurteilen, ob es derart einzigartig ist, dass sein Vorkommen im Umfeld eines bei der Tat völlig Unbeteiligten eine völlig fern liegende Möglichkeit darstellt.[188]

Fehlerquellen können sich hier bei der Beurteilung im Wesentlichen in der Bewertung der Merkmalshäufigkeit, aber auch in der Beurteilung der Kontaktmöglichkeit wie auch in der Kontamination vorhandenen Spurenmaterials ergeben.

2. Gutachten zur Analyse von Blutspuren

80 Wie bei vielen Identifikationsmöglichkeiten mittels kriminaltechnischer Untersuchungen ist bei Blutanalysegutachten ähnlich vorzugehen wie bei Faserspurengutachten. Nur werden die nachfol-

186 BGH NStZ 1993, 394.
187 Vgl. *Stern* Rn. 700.
188 BGH NStZ-RR 1996, 324.

genden Ausführungen belegen, dass die Möglichkeiten der Merkmalszuordnung viel präziser vorgenommen werden können, da die technischen Möglichkeiten weit verfeinerter vorliegen, als auch etwaige statistische Eingrenzungen über die vorkommende Merkmalshäufigkeit. Darüber hinaus lässt aber gerade die Analyse von Blutspuren nicht nur auf einen bestimmten »Verursacher« schließen. Sie geben auch Aufschluss über bestimmte individuelle Formen der Tatbegehung.

Beruht die Auswertung der Blutspuren auf einer Blutvorprobe so macht dies eine weitere eingehende Begutachtung notwendig. Eine Blutvorprobe kann nie zu einem Nachweis führen, dass diese auf humanem Blut beruht.[189]

Blutspuren lassen sich nach wie vor in zwei wesentlichen Analysehauptformen mit tatrelevanten Spurenvergleichen bzw. auf etwaige Übereinstimmung untersuchen. Dabei wurde die früher verwandte Zuordnung nach dem AB0-System im Wesentlichen von der DNA-Analyse abgelöst.[190]

Bei der Analyse nach dem ABO-System und deren Untergruppen ließ sich schon früher eine relativ genaue Zuordnung nach der Herkunft des Blutes herstellen. Mit wachsendem Alter der zu analysierenden Blutspur nahm die Genauigkeit der Analysemöglichkeiten immer mehr ab, zudem wenn nur wenig Spurenmaterial zur Verfügung stand.

Darüber hinaus ist bei dieser Analyseform darauf zu achten, dass bestimmte Spurenträger auf das Analyseverfahren bestimmte Eigenschaften der Blutgruppenzugehörigkeit von sich aus vorgeben, ohne dass tatsächlich eine Blutspur auf dem Spurenträger vorhanden sein muss. Deshalb ist es bei der Verwendung derartiger Analyseverfahren unumgänglich, neben der zu analysierenden Spur noch sog. Nullproben zu ziehen. Hierbei wird dann nicht nur die auf dem Spurenträger vorhandene Blutprobe selbst untersucht, sondern auch der Spurenträger ohne Spur, ob und inwieweit er auf Blutprobeneigenschaften reagiert.

Wegen ihrer Präzision sollte aber in Zweifelsfällen immer der sog. DNA-Analyse der Vorzug gegeben werden, weil diese in der Lage ist, die individuellen Merkmalseigenschaften zu bestimmen und mit dem Spurenmaterial zu vergleichen und eine etwaige Übereinstimmung mit an Sicherheit grenzender Wahrscheinlichkeit festzustellen. Diese Untersuchungen werden praktisch ausnahmslos durch die Landeskriminalämter bzw. die rechtsmedizinischen Institute durchgeführt.

Bei dieser Analyse wird zunächst das vorhandene Spurenmaterial im Wege der PCR-Methode untersucht und gegebenenfalls hinsichtlich des zu analysierenden Materials vermehrt und dann im Rahmen der RFLP (Restriktions-Fragment-Längen-Polymorphismus) nach 7–8 verschiedenen Merkmalssystemen geordnet. Da die verschiedenen Merkmalskombinationen praktisch einzigartig sind und in Identität nur bei eineiigen Zwillingen vorkommt, kann eine praktisch exakte Aussage über die Übereinstimmung verschiedener zu untersuchender Blutproben getroffen werden.

▶ Beachte

Auch hier ist jedoch die Frage einer etwaigen Kontamination zu untersuchender Blutproben immer zu problematisieren. Verfälschungen der Proben können durch Alter, äußere Einflüsse wie Feuchtigkeit und Wärme ebenso geschehen wie durch mögliche Verunreinigung bei Befall mit Bakterien und Pilzen. Die Kontamination kann dabei nicht nur am Tatort geschehen, sondern gelegentlich auch bei Sicherung, Transport und Aufbewahrung der Spurenträger. Gelegentlich kann es auch zu einer Verunreinigung kommen, soweit die Vergleichsspuren anlässlich der Untersuchung im gleichen Raum, am gleichen Arbeitsplatz, analysiert, extrahiert bzw. vermehrt werden.

Während die Sicherung und Vermehrung des Spurenmaterials natürlich im Gerichtssaal nicht wiederholt werden kann, so ist die sog. RFLP-Analyse im Gericht anhand der fotografischen Darstellung

189 Eisenberg, Beweisrecht der StPO, 2017.
190 Vgl. Kriminalistik 2005, 303.

zu wiederholen und darzustellen. Dabei muss der Sachverständige auch jeweils in der Lage sein, die statistischen Größen wiederzugeben, bei welcher Wahrscheinlichkeit die verschiedenen Merkmalskombinationen in der Vergleichspopulation vorkommen.[191] Hier ist darauf zu achten, ob der Spurenverursacher der Vergleichspopulation angehört, an welcher die statistischen Werte validiert wurden. Letztlich ist auch hier das vorgefundene Spurenbild daraufhin zu beurteilen, ob es derart einzigartig ist, dass sein Vorkommen im Umfeld eines bei der Tat völlig Unbeteiligten eine völlig fern liegende Möglichkeit darstellt.[192] Der Tatrichter muss berücksichtigen, dass die DNA-Analyse lediglich eine statistische Aussage enthält, die eine Würdigung aller Beweisumstände nicht überflüssig macht.[193] Gerade bei Blutspuren kommen bei Personen, die dem gleichen Umfeld angehören, natürlich eine Vielzahl von Möglichkeiten in Betracht, derartige Spuren zu legen, ohne zwingend in eine etwaige Tat involviert zu sein. Derartige Möglichkeiten der Spurenverursachung sind ebenso auszuschließen wie die Möglichkeit der direkten Manipulation oder letztlich des Kontaktes mit einem Opfer nach der Tat.

3. Gutachten zu Fingerspuren

81 Die Daktyloskopie ist inzwischen derart standardisiert, dass die Grobsichtung bereits relativ verlässlich von Computern übernommen wird. Selbstverständlich muss nachfolgend die eigentliche Begutachtung durch den ermittelnden Sachverständigen vorgenommen und anhand des vorhandenen Materials auch erläutert werden. In der Regel kann es bei diesen Spuren auch durch Verunreinigungen nicht zu Verfälschungen des vorhandenen Spurenmaterials kommen, nur zu einer Fragmentierung der Spur. Hier stellt sich lediglich die Frage, ob das vorhandene Material noch genügend Elemente zur Individualisierung aufweist, um Aussagekraft zu besitzen.

Wie bei den vorgenannten Gutachten hat der Verteidiger sich bei diesen Gutachten nicht die Frage zu stellen, ob der Mandant als Spurenverursacher in Betracht kommt, sondern ob es derart einzigartig ist, dass sein Vorkommen im Umfeld eines bei der Tat völlig Unbeteiligten eine völlig fern liegende Möglichkeit darstellt.[194] Die Frage stellt sich daher vorrangig, ob es für das Vorhandensein der jeweiligen Spur möglicherweise eine von einer etwaigen Tatbeteiligung völlig unabhängige Erklärung gibt. Auch die Frage etwaigen Verbringens des Spurenträgers durch interessierte Dritte muss insoweit erwogen werden, soweit es sich um bewegliche Spurenträger handelt.

II. Tatortarbeit und Spurensicherung

82 In Kapitalsachen kommt der Sicherung der Spuren eine entscheidende Bedeutung zu. Deshalb ist es Aufgabe des Strafverteidigers, die von der Polizei vorgenommenen Maßnahmen, die in der PDV 100 im Einzelnen geregelt sind, auf die Einhaltung der Bestimmungen zu überprüfen. Die Einhaltungen der diesbezüglichen Bestimmungen dienen der Sicherung des Mindeststandards bei der Spurensicherung. Zuwiderhandlungen gefährden zum Teil die Spuren selbst und deren Interpretation. Um eine sachgerechte Beurteilung der Spuren zu gewährleisten, ist der bei jeder Kapitalstrafsache anzufertigende Erstzugriffsbericht, der Ablaufkalender, der Spurenbericht und eine etwaig vorliegende sachgerechte Tatortanalyse heranzuziehen.

83 Im **Erstzugriffsbericht** wird zunächst festgehalten, wann und auf welche Weise die Polizei Kenntnis von der entsprechenden Straftat erhalten hat und welche Polizeikräfte den Tatort zu welchem Zeitpunkt angefahren haben und welche Tatort-Sicherungsmaßnahmen ergriffen wurden, um den Tatort oder Leichenfundort wegen einer Veränderung zu sichern. Damit verbunden sind i.d.R. Beobachtungen vom Tatort bzw. Leichenfundort zum Zeitpunkt des ersten Zugriffs durch die i.d.R.

191 BGHSt 38, 320; BGH NStZ 1994, 554; LG Freiburg NStZ 2000, 162.
192 BGH NStZ-RR 1996, 324.
193 BGH NStZ 1992, 554.
194 BGH NStZ-RR 1996, 324.

uniformierten Beamten, soweit nicht der Erstzugriff bereits durch das zuständige Fachkommissariat geführt wird.

Im **Ablaufkalender** wird daneben festgehalten, wann welche Personen am Tatort und Leichenfundort eingetroffen sind, welche Beamten wann und wo welche Ermittlungshandlungen vorgenommen haben. Dabei wird auch festgehalten, wann welche Beamte für die Ermittlungen hinzugezogen wurden. Darüber hinaus wird das Eintreffen von etwaigen Rettungskräften und deren Maßnahmen vor Ort unabhängig von der Relevanz für das entsprechende Spurenbild festgehalten und der Zeitpunkt der etwaigen Sicherung von etwaigen Spuren. 84

Im Ablaufkalender werden auch möglicherweise sofort ergriffene Fahndungsmaßnahmen nach etwaigen Tatverdächtigen ebenso festgehalten, wie am Tatort festgestellte mögliche Zeugen. Als Maßnahmen des Erstzugriffs, die in einem sog. Ablaufkalender ggf. festgehalten werden, gelten auch solche Maßnahmen der Spurensicherung, die dazu dienen, etwaige witterungsbedingte Beeinträchtigungen des Spurenbildes zu verhindern. So kann es unter Umständen zu einer vollständigen »Umbauung« des Tatortes durch Zelte etc. kommen. 85

▶ Beachte

Die Bedeutung des Ablaufkalenders kann gar nicht besonders genug hervorgehoben werden. Allein schon die Anzahl der Personen, die im Wege des Erstzugriffs Zugang zum fraglichen Tatort haben und die Art der Begehung sind oftmals geeignet, eine Beeinträchtigung des Spurenbildes in irreparabler Weise hervorzurufen. In der Regel sind hier besonders Rettungsmaßnahmen von etwaigen Sanitätern etc. zu nennen. Hierbei sind eine erhebliche Anzahl spurenverändernder Maßnahmen denkbar und passive Übertragungen von Spurenmaterial möglich.[195]

Im **Spurenbericht** wird festgehalten, wo an dem etwaigen Auffindungsort sich welche Spur befunden hat. Dies wird i.d.R. in den maßstabsgetreuen Skizzen vorzunehmen sein, soweit es sich um Gebäude handelt. Darüber hinaus wird die genaue Position und Sicherung etwaiger Spuren fotografisch festzuhalten sein. Es entspricht heutzutage nicht mehr dem Standard, etwaige Fotoaufnahmen des ersten Zugriffs mit Sofortbildkameras vorzunehmen. Diese sind schon wegen ihrer nachlassenden Lebensdauer ungeeignet. Deshalb werden etwaige Fotos inzwischen uneingeschränkt digital gesichert, was auch eine leichtere Form der Übermittlung ermöglicht. Hierbei ist bei geeigneten Fällen darauf zu achten, ob mehr Fotomaterial noch existiert als das, welches sich bei der Akte befindet. 86

Hinsichtlich der weitergehenden Sicherung von Spuren ist gerade bei genetischem Material auf die einschlägigen wissenschaftlichen Parameter zu achten, die wegen der Fülle des auftretenden Spurenmaterials hier nicht abschließend behandelt werden können. 87

▶ Beachte

Es ist jedoch bei den verschiedenen Spurenträgern darauf zu achten, dass durch die Abnahme vom Tatort die Sicherung und Verpackung nicht beeinträchtigt werden. Insofern hat sich der Strafverteidiger jeweils mit dem Stand der Technik bei der Kriminaltechnik bezüglich der einzelnen Spurenträger auf dem Laufenden zu halten. Insbesondere ist darauf zu achten, dass die einzelnen Spurenträger nicht in einer Form verpackt werden, die geeignet sind, andere Spurenträger durch Spurenmaterial zu kontaminieren. Es versteht sich von selbst, dass die Beschriftung des etwaigen Spurenmaterials in geeigneter Form die Person kennzeichnen muss, die die Spur gesichert hat, den Zeitpunkt der Sicherung und den Ort an welchem die Spur gesichert worden ist und die weitere Verwendung.

195 Vgl. Kriminalistik 2005, 331 zur Frage Kriminaltechnik im europ. Raum.

88 Darüber hinaus ist abzuklären, ob eine sachgerechte Tatortanalyse vorgenommen wurde und ob die so vorgenommene Analyse dem Stand der Technik entsprach. Mit einer seriösen Tatortanalyse ist keineswegs das von manchen sog. »Sachverständigen« beschriebene Profiling gemeint. Vielmehr geht es um eine sachgerechte Zusammenarbeit am Tatort zwischen verschiedenen Wissenschaftsgebieten und dem Versuch, aus dem jeweiligen Spurenbild Informationen für die weiteren Ermittlungen abzuleiten. Dabei ist in jedem Fall vor dem Versuch zu warnen, auf etwaige Profiler hören zu wollen, die mit einem katatonischen Blick auf Tatort, Alter des Täters, sein etwaiges Vorstrafenregister und seinen Wohnort seine nächsten Taten vorhersagen wollen. Eine derartige kriminalpsychiatrische Forschung, die eine ableitbare Typisierung von Tätern vornehmen könnte, ist gegenwärtig noch nicht gegeben.

▶ Beachte

Ist aber im Wege einer wissenschaftlich unhaltbaren nicht sachgerechten Tatortanalyse eine Verengung der Ermittlungshypothese auf einen Täter (-Typus) erfolgt, die wissenschaftlich unhaltbar ist, kann eine Aufdeckung derartig fragwürdiger Methoden auch zur Entlastung des jeweiligen Tatverdächtigen führen. Hierbei ist insbesondere auf die Spurenakten zurückzugreifen. Die Spurenakten werden i.d.R. in Verfahren angefertigt, in mit der Aufdeckung des Verbrechens nicht zugleich auch ein Beschuldigter vorliegt. Die Spurenakten geben in diesen Fällen jeweils wieder, welche Spuren, Zeugen und Hinweise wann bei der Polizei eingegangen sind und wie diese jeweiligen Erkenntnisse mit welchem Ergebnis abgearbeitet wurden. Aus derartigen Spurenakten kann sich daher deutlich ergeben, dass die Polizei trotz Existenz derartiger Hinweise sich eingeengt auf einen Täter(-Typus) konzentriert hat und wichtige andere Hinweise und mögliche Tatverdächtige von vornherein ausgeklammert hat.

Kapitel 21 Verteidigung im Steuerstrafrecht

Übersicht

A. Einleitung

1 Verteidigung in Steuerstrafsachen setzt Kenntnisse des Steuerrechts voraus. Diese müssen zwar nicht zwingend derart umfassend und fundiert sein, wie man dies von einem Fachanwalt für Steuerrecht oder einem Steuerberater erwarten kann, dennoch kommt der Verteidiger ohne ein eigenes gesundes Grundverständnis und Kenntnisse steuerlicher Problematiken nicht aus. Ohne diese sollte der Beistand suchende Mandant lieber an einen in diesem Bereich erfahrenen Kollegen verwiesen oder ein solcher hinzugezogen werden. Fehlende eigene Kenntnisse können insbesondere nicht durch das Hinzuziehen eines allein über steuerliche Kenntnisse verfügenden Beraters ausgeglichen werden. Das spezielle Zusammenspiel steuerlicher und strafrechtlicher Probleme und die sich hierdurch ergebenden Möglichkeiten lassen sich nur erkennen, verstehen und nutzen, wenn der Strafverteidiger selbst beide Bereiche kennt und mit ihnen umzugehen vermag. Die dann hinzutretenden besonderen Probleme des Steuerstrafrechts runden den Gesamtkomplex lediglich noch ab, können aber wiederum in ihrer Bedeutung und Tragweite nur erfasst werden, wenn die steuerlichen und strafrechtlichen Grundlagen vorhanden sind.

▶ **Beachte**

Zu warnen ist insbesondere vor den Konstellationen, in denen der Steuerberater des einem Steuerstrafverfahren ausgesetzten Mandanten zur Klärung der steuerlichen Probleme hinzugezogen werden soll. Dieser hat oftmals erst die nun vorhandenen strafrechtlichen Probleme seines Mandanten verursacht und es sind demzufolge Fälle denkbar, in denen der Steuerberater weniger objektiv als eher auf seinem – falschen – Standpunkt beharrend an die Sache herangeht. Vermag der Verteidiger dies infolge eigener Nichtkenntnis des Steuerrechts nicht zu erkennen und verlässt er sich auf die steuerrechtliche Würdigung des Steuerberaters, so können falsche Wege und Verteidigungsstrategien eingeschlagen werden, von denen eine spätere Abstandnahme nur noch schwer möglich ist.

Auch steht der steuerliche Berater vor dem Problem, weiterhin Steuererklärungen für seinen Mandanten vorbereiten oder an steuerlichen Schlussbesprechungen teilnehmen zu wollen, für welche die den Gegenstand eines anhängigen Steuerstrafverfahrens bildenden Umstände Vorfrage sein können. Weiß der Steuerberater aber um ein insoweit strafbares Verhalten, weil er in die aktuelle Verteidigung einbezogen wird, und wird er gleichwohl für den Mandanten tätig, kann er sich nun selbst einer neuen Steuerstraftat strafbar machen.

2 Schließlich sind auch die Fälle nicht selten, in denen sich später der Steuerberater schon in dem originär gegen seinen Mandanten anhängigen Strafverfahren gezwungen gesehen hat, nach dessen Erweiterung einen eigenen Strafverteidiger um Hilfe zu bitten. Dies sind Konstellationen, die von vornherein ins Kalkül gezogen werden müssen und es unabdingbar notwendig machen, dass der Strafverteidiger in Steuerstrafsachen unabhängig von der Zuarbeit eines steuerlichen Beraters agieren kann.

Das Steuerrecht in seinem erheblichen Umfang kann und soll hier nicht vermittelt werden. Grundkenntnisse müssen vorausgesetzt werden, sollen aber auch ausreichen. Neben den steuerlichen Voraussetzungen und Besonderheiten des Steuerstrafrechts gibt es jedoch auch verfahrensrechtliche Besonderheiten, die im Folgenden dargestellt werden. Wegen der Nähe des reinen Steuerverfahrens und des Steuerstrafverfahrens soll hierbei auch auf das allein steuerrechtliche Verfahren und insbesondere das Außenprüfungsverfahren eingegangen werden, welches vielfach Anlass der Einleitung eines Steuerstrafverfahrens ist und sich hier bereits im Vorfeld Möglichkeiten für den Strafverteidiger bieten, die Einleitung eines Steuerstrafverfahrens zu vermeiden oder ein solches frühzeitig zum Abschluss zu bringen.

▶ **Beachte**

Als Besonderheit des Steuerstrafrechts ist daran zu erinnern, dass es den dieses Verfahren in aller Regel in Eigenregie durchführenden Finanzbehörden oftmals erstrangig um die Beitreibung der ausstehenden Steuerschuld geht und erst in zweiter Linie um die schuldangemessene Bestrafung eines Steuerhinterziehers.

Dieser Beitrag zum Steuerstrafrecht gliedert sich damit in die drei Hauptbereiche des Verfahrensrechts, des materiellen Steuerstrafrechts und des Ordnungswidrigkeitenrechts, welches jedoch nur ergänzende Darstellung finden soll.

Naturgemäß kann der Anspruch dieses Beitrages wegen seiner Kürze nur darin liegen, Problembewusstsein zu wecken und eine solide Grundlage zu liefern, von der aus die weiten Facetten des Steuerstrafrechts erkundet werden können. Für diesen weitergehenden Weg sei allen Interessierten eine intensive Beschäftigung mit den prägnanten und nicht zu überbietenden Monografien und Aufsätzen meines leider viel zu früh verstorbenen verehrten Lehrers und Freundes *Prof. Dr. Wolfgang Joecks* empfohlen, der das Steuerstrafrecht geprägt hat und dem ich für seine Anregungen und ständige Diskussionsbereitschaft zu Dank verpflichtet bin.

B. Das steuerstrafrechtliche Verfahren

Über die Verweisungsnorm des § 385 Abs. 1 AO finden die Regelungen der StPO und des GVG grundsätzliche Anwendung. Sondervorschriften hinsichtlich der Zuständigkeit der Finanzbehörde im steuerstrafrechtlichen Ermittlungsverfahren finden sich in den §§ 386 bis 390 AO, zur Zuständigkeit eines bestimmten Amtsgerichts in § 391 AO, für die Verteidigung in § 392 AO und hinsichtlich der Mitwirkung der Finanzbehörde im Ermittlungsverfahren und im gerichtlichen Verfahren in den §§ 399 ff., 406 und 407 AO. Für das Bußgeldverfahren finden sich in den §§ 409 bis 411 AO bestimmte Sondervorschriften. 3

Eine wesentliche Besonderheit des Steuerstrafverfahrens liegt darin, dass selbiges weit überwiegend durch besondere Finanzbehörden durchgeführt wird. Die Aufgaben der Polizei übernimmt die Steuerfahndung und die der Staatsanwaltschaft die Bußgeld- und Strafsachenstelle, bzw. Strafsachen- und Bußgeldstelle (regional unterschiedliche Bezeichnungen). Hinzu kommt die Besonderheit, dass das Steuerstrafverfahren oftmals parallel zum Besteuerungsverfahren durchgeführt wird und sowohl der strafrechtliche als auch der steuerlich relevante Sachverhalt von denselben Beamten ermittelt wird. Hiermit sind erhebliche Schwierigkeiten verbunden, da das Besteuerungsverfahren anderen Prinzipien unterliegt als das Strafverfahren. So bleiben trotz eines gleichzeitig anhängigen Strafverfahrens die allgemeinen und besonderen Mitwirkungspflichten des Betroffenen aus §§ 90 ff. und § 200 AO erhalten, allein deren Durchsetzung mit Zwangsmitteln ist der Finanzbehörde durch § 393 Abs. 1 S. 2 AO untersagt, der das Verhältnis beider Verfahrensarten zueinander regelt.

Oftmals kommt es zur Einleitung eines Steuerstrafverfahrens im Zuge der Durchführung einer Außenprüfung nach §§ 193 ff. AO. Eine Außenprüfung führt in aller Regel zu teils erheblichen Mehrsteuern, wobei jedoch nicht in jedem Fall auch der Verdacht einer Steuerstraftat nahe liegt. Bereits hier finden sich für einen frühzeitig herangezogenen Strafverteidiger Möglichkeiten, schon die Einleitung eines Steuerstrafverfahrens im Rahmen der laufenden oder kurz vor dem Abschluss stehenden Außenprüfung zu vermeiden. 4

Verteidigung im Steuerstrafrecht setzt insoweit nicht nur Kenntnisse im materiellen Steuerrecht voraus, sondern insbesondere auch im steuerlichen Verfahrensrecht, weshalb im Weiteren auch auf diese besondere Art des Steuerermittlungsverfahrens eingegangen werden soll.

I. Die Steuerfahndung

5 Die Aufgaben der Steuerfahndung als eines besonderen Prüfungsdienstes der Finanzverwaltung ergeben sich aus § 208 Abs. 1 AO. Die Steuerfahndung hat Steuerstraftaten aufzuklären (Nr. 1), in diesem Zusammenhang die steuerlichen Grundlagen zu ermitteln (Nr. 2) und darüber hinaus unbekannte Steuerfälle zu erforschen (Nr. 3). Von der nach § 208 Abs. 2 AO vorgesehenen Möglichkeit eines Einsatzes der Steuerfahndung für gewöhnliche Außenprüfungen wird in Anbetracht der Arbeitsbelastung der Steuerfahndung praktisch kein Gebrauch gemacht.

Die Steuerfahndungsbeamten sind Beamte der Finanzverwaltung. Ihnen stehen damit die Mittel des Besteuerungsverfahrens im vollen Umfang zur Verfügung; darüber hinaus werden sie durch § 208 Abs. 1 AO noch von einigen Beschränkungen befreit. Überdies werden der Steuerfahndung durch § 404 AO die **Aufgaben und Befugnisse von Ermittlungspersonen der Staatsanwaltschaft** übertragen und hierdurch die Möglichkeiten der Strafprozessordnung eröffnet. Die Steuerfahndung hat damit im Bereich des Steuerstrafrechts nicht nur dieselben Befugnisse wie die Polizei, sondern weitergehend nach § 404 AO auch das Recht zur Durchsicht von Papieren eines von der Durchsuchung Betroffenen, welches sonst nur der Staatsanwaltschaft, nicht aber der Polizei zusteht.

Die Steuerfahndung ist jedoch **keine selbstständige Behörde.**[1] Auch die Abgabenordnung spricht in §§ 208 Abs. 1 und 404 AO von »mit der Steuerfahndung betrauten Dienststellen«. Die Steuerfahndung wird entweder als unselbstständige Dienststelle in der Gliederung eines Finanzamtes geführt oder als Teil eines gesonderten Finanzamtes für Strafsachen und Fahndung. Beispielsweise gibt es in Berlin, Hamburg, Nordrhein-Westfalen, Mecklenburg-Vorpommern und Niedersachsen spezielle Finanzämter für Strafsachen und Fahndung, bei denen die Steuerfahndungsdienststellen und die Bußgeld- und Strafsachenstellen für die örtlichen Bereiche mehrerer Finanzämter konzentriert sind. In den übrigen Bundesländern ist die Steuerfahndung zumeist unselbstständige Dienststelle eines Finanzamtes, allerdings mit einer sich zumeist auf mehrere benachbarte Finanzamtsbezirke erstreckenden örtlichen Zuständigkeit.

Beim Bundeszentralamt für Steuern (BZSt) wurde eine **Informationszentrale Ausland (IZA)** geschaffen. Zweck dieser Einrichtung ist die Informationsbeschaffung und -auswertung sowie die Unterstützung der Steuerfahndungsdienste bei Auslandssachverhalten der Ermittlungstätigkeiten in Fällen überregionaler Bedeutung. Die Auskünfte der IZA haben Beweischarakter.[2]

6 Die Möglichkeiten der Steuerfahndung »zweigleisig« zu verfahren, nämlich wahlweise entweder nach den Regeln des Besteuerungsverfahrens oder nach denen der Strafprozessordnung, haben dazu geführt, schlagwortartig von der »Janusköpfigkeit« oder der »Doppelgleisigkeit« der Steuerfahndung zu reden. Beispielsweise kann das Finanzamt – und somit selbstverständlich jeder Steuerfahndungsbeamte – nach § 93 Abs. 5 AO das Erscheinen und die Vernehmung eines Auskunftspflichtigen anordnen, wobei sowohl der von einem Steuerstrafverfahren Betroffene, als auch jeder Dritte auskunftspflichtig im Sinne dieser Vorschrift sein können. Im Strafverfahren gibt es diese Möglichkeit bekanntermaßen nicht. Verweigert demgegenüber der Betroffene ein auf die Regelungen des Besteuerungsverfahrens gestütztes Herausgabeverlangen von Unterlagen, so wird dieses eben mit den Mitteln der StPO durchgesetzt. Dieses Nebeneinander von besteuerungs- und strafverfahrensrechtlichen Bestimmungen, von denen sich die Steuerfahndung unter Umständen nach dem Grundsatz

1 Vgl. *Webel*, in: Joecks/Jäger/Randt, 9. Aufl. 2023, AO § 404 Rn. 12.
2 Vgl. *Webel, in:* Joecks/Jäger/Randt, 9. Aufl. 2023, AO § 404 Rn. 16.

der Meistbegünstigung die Rechtsgrundlage aussuchen kann, die den Ermittlungen am besten dient, hat bereits vielfache Kritik hervorgerufen.[3]

Beachte

Besonders problematisch ist die Möglichkeit der Ausdehnung von Ermittlungen der Steuerfahndung in strafrechtlich verjährte Zeiträume. Der Hintergrund dafür liegt auf der Hand. Die steuerrechtliche Verjährung unterscheidet sich erheblich von der strafrechtlichen. Bereits der Verjährungsbeginn ist von unterschiedlichen Umständen abhängig, es können unterschiedliche Unterbrechungs- oder Hemmungsgründe eintreten und die steuerrechtliche Verjährungsfrist beläuft sich auf 10 Jahre (§ 169 Abs. 2 S. 2 AO) gegenüber der steuerstrafrechtlichen Frist von 5 Jahren (§ 78 Abs. 3 Nr. 4 StGB). Dies führt dazu, dass die Steuerfahndung zur Erzielung von steuerlichen Mehrergebnissen durchaus daran interessiert ist, mit den Mitteln des Strafprozessrechts auch für solche Jahre die Besteuerungsgrundlagen zu ermitteln, die strafrechtlich nicht mehr relevant sind. Begründet wird dies mit der eher oberflächlichen Argumentation, dass auch Steuerstraftaten in bereits strafrechtlich verjährten Zeiträumen durchaus ihre Berücksichtigung bei der Strafzumessung finden können. Deshalb soll es zulässig sein, mit Mitteln des Strafverfahrensrechts bereits strafrechtlich verjährte Zeiträume zu erforschen, insofern etwa Durchsuchungen und Beschlagnahmen durchzuführen. Dies jedoch nur anlässlich strafrechtlicher Ermittlungen für nicht strafverjährte Zeiträume. Ob eine Steuerhinterziehung oder leichtfertige Steuerverkürzung vorliegt, bestimmt sich bei der Prüfung der Festsetzungsverjährung gem. § 169 Abs. 2 S. 2 AO nach §§ 370, 378 AO, da § 169 AO diesbezüglich keine Legaldefinition enthält.[4] 7

Zutreffend kann zwar nach der Rechtsprechung eine **Strafzumessungsrelevanz**[5] verjährter Tatzeiträume bestehen, damit ist jedoch kein Freibrief erteilt, quasi »flächendeckend« auch die infrage kommenden Altjahre aufzuarbeiten. Die Rechtsprechung ging teilweise davon aus, dass sich die Berechtigung der Ermittlungen zwar nicht aus § 208 Abs. 1 Nr. 1 oder Nr. 2 AO (Erforschung von Steuerstraftaten und deren Besteuerungsgrundlagen) ergebe, jedoch § 208 Abs. 1 Nr. 3 AO (Aufdeckung unbekannter Steuerfälle) einschlägig sei.[6] Der Bundesfinanzhof[7] geht demgegenüber jedoch in nunmehr ständiger Rechtsprechung davon aus, zur Ermittlung der Besteuerungsgrundlagen nach § 208 Abs. 1 Nr. 2 AO gehöre auch die Tätigkeit der Steuerfahndung, die darauf abziele, den vom Eintritt der Strafverfolgungsverjährung unberührten Steueranspruch des Staates gegen den der Steuerhinterziehung verdächtigen Steuerpflichtigen festzusetzen und durchzusetzen, sofern die steuerliche Festsetzungsfrist des § 169 Abs. 2 S. 2 AO (10 Jahre) noch nicht abgelaufen ist.[8] Jedenfalls wird die Steuerfahndung aber nur noch im Besteuerungsverfahren tätig, so dass die Ermächtigungsnormen der Strafprozessordnung ausscheiden und ein Vorgehen ausschließlich auf die steuerverfahrensrechtlichen Vorschriften der Abgabenordnung gestützt werden kann.[9] 8

Mit der vordergründigen Argumentation der Strafzumessungsrelevanz wird jedoch oftmals durch die Finanzbehörden mit strafprozessualen Mitteln in erheblichem Umfange auch hinsichtlich strafrechtlich verjährter Zeiträume in die Privatsphäre des Beschuldigten eingegriffen; dies ist unzulässig.[10]

---

3 Vgl. gegen ein Wahlrecht nach dem Prinzip der Meistbegünstigung: *Webel*, in: Joecks/Jäger/Randt, 9. Aufl. 2023, AO § 404 Rn. 120; dafür *Rüsken*, in: Klein AO, 16. Auflage 2022, § 208 Rn. 28.

4 BFH v. 02.04.2014 – VIII R 38/13, BFHE 245, 295, BStBl II 2014, 698.

5 Vgl. OLG Stuttgart, v. 26. April 1994 – 3 Ss 49/94, wistra 1994, 236.

6 Hessisches Finanzgericht v. 08.11.1996 – 4 V 3735/96, wistra 1997, 118.

7 Vgl. BFH, v. 16.12.1997 – VII B 45/97 –, BStBl II 1998, 231, Rn. 12; *Seer*, in: Tipke/Kruse, 152. Lieferung 04.2018, AO/FGO, § 208 AO Rn. 24.

8 Vgl. auch *Noack* wistra 1997, 175.

9 BFHE 184, 266, BStBl II 1998, 231; *Webel*, in: Joecks/Jäger/Randt, 9. Aufl. 2023, AO § 404 Rn. 37; *Tormöhlen* wistra 1993,174; *Streck/Spatschek* wistra 1998, 341.

10 Vgl. auch BGH StV 1988, 90.

II. Die Bußgeld- und Strafsachenstelle

9 Die Bußgeld- und Strafsachenstelle nimmt die Funktion der Staatsanwaltschaft wahr. Regional unterschiedlich wird sie auch als Strafsachen- und Bußgeldstelle (»StraBu-« bzw. »BuStra-Stelle«) bezeichnet. Sie führt das Ermittlungsverfahren nach § 386 Abs. 2 AO selbstständig durch, wenn die Tat ausschließlich eine Steuerstraftat darstellt (Nr. 1) oder zugleich andere Strafgesetze verletzt und deren Verletzung Kirchensteuern oder andere öffentlich-rechtliche Abgaben betrifft, die an Besteuerungsgrundlagen, Steuermessbeträge oder Steuerbeträge anknüpfen (Nr. 2). Dies bedeutet, dass beispielsweise eine tateinheitlich mit der Steuerhinterziehung begangene Urkundenfälschung, z.B. durch das Fälschen von Betriebsausgaben vortäuschenden Quittungen, zwingend eine Abgabe des Verfahrens an die Staatsanwaltschaft zur Folge hat. Gleiches gilt nach § 386 Abs. 3 AO, sobald gegen einen Beschuldigten wegen der Tat ein Haftbefehl oder ein Unterbringungsbefehl erlassen ist. Die Staatsanwaltschaft bleibt also Herrin des Ermittlungsverfahrens trotz der Grundregelung, dass die Aufgaben und Befugnisse sonst im vollen Umfang von der Bußgeld- und Strafsachenstelle übernommen werden. Dies wird auch deutlich durch die Regelung in § 386 Abs. 4 AO, wonach die Staatsanwaltschaft die Steuerstrafsache jederzeit, also auch ohne das Vorliegen der vorbezeichneten Voraussetzungen, an sich ziehen kann. Dies ist das sog. Evokationsrecht der Staatsanwaltschaft. Es führt dazu, dass größere Verfahren, in denen weder ein Haftbefehl ergangen ist, noch eine Nichtsteuerstraftat zugleich in Rede steht, durchaus auch von der Staatsanwaltschaft geführt werden. Wegen der Beschränkung der Zuständigkeit der Bußgeld- und Strafsachenstelle auf ausschließlich Steuerstraftaten stellt sich vielfach das Problem, ob gelegentlich der Ermittlung einer Steuerstraftat auftretende Hinweise auf andere Straftaten, beispielsweise Zufallsfunde, von der Bußgeld- und Strafsachenstelle an die Staatsanwaltschaft weitergeleitet werden müssen. Dies ist angesichts des auf die Bußgeld- und Strafsachenstelle übertragenen Legalitätsprinzips entgegen anders lautender Stimmen kaum zu verneinen.[11]

Von größter Bedeutung für das Steuerstrafverfahren sind Kenntnisse der steuerrechtlichen Ermittlungsmöglichkeiten, insbesondere des Außenprüfungsverfahrens, da hier bereits entscheidende Weichen auch für das Strafverfahren gestellt werden können, ein solches sich im Idealfall sogar ganz vermeiden lässt.

III. Das Außenprüfungsverfahren

10 Die Überprüfung steuerlich erheblicher Sachverhalte im Finanzamt ist in vielen Fällen unzureichend und zum Teil auch darauf angelegt. Die Außenprüfung (§§ 193 ff. AO) gibt der Finanzverwaltung die Möglichkeit, beim Steuerpflichtigen Sachverhalte zu überprüfen, die dieser zur Grundlage steuerlicher Erklärungen gemacht hat. In diesem Zusammenhang kann auf die entsprechenden Unterlagen des Steuerpflichtigen zurückgegriffen werden; dieser muss bei der Überprüfung mitwirken.

Die Finanzverwaltung ist gehalten, Steuern nach Maßgabe der Gesetze gleichmäßig festzusetzen und zu erheben. Die Außenprüfung dient insofern vornehmlich dem Ziel, Steuergerechtigkeit durch gerechte Vollziehung der Steuergesetze zu verwirklichen.[12] Für die mit den §§ 193 ff. AO verbundenen Ermessensentscheidungen hat sich die Finanzverwaltung in Gestalt der **Betriebsprüfungsordnung** – BpO – in der Neufassung v. 15.03.2000[13] einer Selbstbindung unterworfen, die auch im gerichtlichen Verfahren zu beachten ist.[14] Bereits im Rahmen einer Außenprüfung ist – unter den Voraussetzungen der Beteiligten eines zur Entscheidung über die Steuerfestsetzung befugten Amtsträgers – eine Verständigung erzielbar.[15]

11 OLG Braunschweig, wistra 1998, 71; *Hardtke/Westphal* wistra 1996, 91.
12 BFH BStBl. II 1992 S. 220.
13 BMF BStBl. I 2000 S. 368.
14 BFHE 149, 101, BStBl II 1987, 361.
15 FG Nürnberg v. 13.01.2017 – 4 K 1172/16, EFG 2017, 357.

In den seltensten Fällen führt eine Außenprüfung zur Reduzierung der steuerlichen Belastung. Erhebliche Mehrergebnisse zeigen, dass in der Außenprüfung regelmäßig steuerliche Fehler korrigiert werden, die zulasten des Fiskus gegangen wären. Gerade deshalb ist es wichtig, die formalen Voraussetzungen der Außenprüfung zu kennen, um gegebenenfalls auf eine formale Art und Weise eine inhaltliche Überprüfung von Steuererklärungen zu verhindern. Kann bereits die Überprüfung verhindert werden, so wird zumindest für die einer Überprüfung entzogenen Jahre keine Einleitung eines Steuerstrafverfahrens erfolgen.

1. Zulässigkeit der Außenprüfung im Allgemeinen

Die Außenprüfung ist bei Einkünften aus gewerblicher, land- und forstwirtschaftlicher oder freiberuflicher Tätigkeit (§ 193 Abs. 1 AO) und bei Personen, die zur Einbehaltung von Steuern verpflichtet sind, etwa Arbeitgebern (§ 193 Abs. 2 Nr. 1 AO),[16] unbeschränkt möglich. Bei anderen Personen nur, wenn die für die Besteuerung erheblichen Verhältnisse der Aufklärung bedürfen und eine Prüfung an Amtsstelle nach Art und Umfang des zu prüfenden Sachverhaltes nicht zweckmäßig ist (§ 193 Abs. 2 Nr. 2 AO) oder wenn diese ihren Mitwirkungspflichten nach § 90 Abs. 2 Satz 3 AO nicht nachkommen (§ 193 Abs. 2 Nr. 3 AO). 11

Die Prüfung kann mehrere den Steuerpflichtigen betreffende Steuerarten umfassen, aber auch eine **isolierte Prüfung**, etwa der Umsatzsteuer oder der Lohnsteuer, sein. Die Durchführung bzw. Anordnung der Außenprüfung ist **Ermessensentscheidung** des Finanzamtes; einen Anspruch auf Prüfung hat der Steuerpflichtige nicht.[17] So finden bei Kleinst- und Kleinbetrieben Außenprüfungen äußerst unregelmäßig statt; bei Großbetrieben erfolgen demgegenüber i.d.R. sogenannte Anschlussprüfungen, d.h., der Betrieb wird – zumindest zeitlich – lückenlos vom Finanzamt vor Ort überwacht.[18]

In den vergangenen Jahren hat die Rechtsprechung eine Reihe von **Zweifelsfragen** geklärt, die mit Voraussetzungen und Umfang der Außenprüfung verbunden waren; i.d.R. erfolgte diese Klärung zulasten des Steuerpflichtigen: 12

Der Außenprüfung steht nicht entgegen, dass die Steuer bereits endgültig und vorbehaltlos festgesetzt ist. Immerhin kann noch eine Korrektur der Steuerbescheide nach Maßgabe der §§ 172 ff. AO erfolgen.[19] Es soll die Prüfung nicht hindern, dass Steueransprüche überprüft werden sollen, die möglicherweise verjährt sind oder aus anderen Gründen nicht mehr durchgesetzt werden können.[20] Selbst wenn die planmäßige Verjährungsfrist bereits abgelaufen ist, eine Änderung also nur in Betracht kommt, wenn eine leichtfertige Steuerverkürzung oder gar eine vorsätzliche Steuerhinterziehung gegeben ist, darf eine Außenprüfung durchgeführt werden.[21] Die Anordnung einer Außenprüfung für einen bereits geprüften Zeitraum (**Zweitprüfung**) ist grundsätzlich zulässig.[22]

Gegenstand einer auf § 193 Abs. 1 AO gestützten Außenprüfung kann grundsätzlich auch die Frage sein, ob der Steuerpflichtige einen gewerblichen Betrieb unterhält. Dies setzt allerdings voraus, dass konkrete Anhaltspunkte für das Vorliegen dieser Betätigung gegeben sind.[23] Eine Prüfung ist schon dann möglich, wenn auch nur Anhaltspunkte für das Vorliegen von Besteuerungstatbeständen i.S.d. § 193 AO vorliegen.[24]

16 Vgl. *Maetz*, in: Klein AO, 16. Aufl. 2022, § 193 Rn. 50.
17 BFH BStBl II 1970, 767.
18 BFH BStBl. II 1990 S. 721.
19 BFH BStBl. II 1985 S. 700; BFH/NV 1986, 445.
20 BFH BStBl. II 1986 433; II. 1988 S. 113.
21 BFH BStBl. II 1989 S. 440; FG Rheinl.-Pfalz EFG 1991, 7; FG Niedersachsen EFG 1989, 90; FG Düsseldorf EFG 1994, 992.
22 BFH BStBl. II 1989 S. 440.
23 BFH BStBl. II 1991 S. 278; BFH BStBl. II 1993 S. 82 zur vollbeendigten KG; FG Hamburg EFG 1994, 508.
24 BFH BStBl. II 1993 S. 146.

2. Prüfungsanordnung

13 Bedeutsames formales Moment der Außenprüfung ist die **schriftliche** Prüfungsanordnung (§ 196 AO), die rechtzeitig bekannt gegeben werden muss. In ihr wird der Umfang der Außenprüfung bestimmt. Sie bestimmt die mit dem Beginn der Prüfung verbundene **Ablaufhemmung** i.S.d. § 171 Abs. 4 AO; die Reichweite der erweiterten Bestandskraft späterer Bescheide nach § 173 Abs. 2 AO[25] und begrenzt die **Sperrwirkung** für eine **Selbstanzeige** nach § 371 Abs. 2 Nr. 1a AO. Die Prüfungsanordnung muss bei Rechtswidrigkeit **isoliert angefochten** werden. Der Steuerpflichtige wird in einem späteren Prozess über die geänderten Steuerbescheide nicht mit dem Einwand gehört, die Außenprüfung sei nicht zulässig gewesen. Die Ergebnisse der Außenprüfung sind also allenfalls dann nicht verwertbar, wenn die Prüfungsanordnung entweder aufgehoben oder vom Finanzamt zurückgenommen worden ist.

3. Typische Verfahrensfehler bei der Anordnung der Außenprüfung

14 Verfahrensfehler können sich auf die **Wirksamkeit** der Prüfungsanordnung (Stichwort: Bekanntgabe) und auf deren **Rechtmäßigkeit** auswirken. Eine Prüfungsanordnung ist nichtig, wenn aus ihr nicht zweifelsfrei erkennbar ist, ob sie sich an eine Person als Prüfungssubjekt oder als Zustellungsbevollmächtigten für ein anderes Prüfungssubjekt richtet.[26] Hierdurch erlangte Erkenntnisse dürfen nicht in einen Änderungsbescheid aufgenommen werden.[27] Die Unwirksamkeit muss, um ein Verwertungsverbot auszulösen gesondert geltend gemacht werden.

Im Übrigen ist das Spektrum denkbarer Fehler erheblich, wenn man etwa an die Bekanntgabe von Prüfungsanordnungen an Personenvereinigungen denkt. So muss beispielsweise die Prüfungsanordnung an die Gesellschaft gerichtet und kann nicht den Gesellschaftern bekannt gegeben werden, wenn bei einer Gesellschaft bürgerlichen Rechts eine Außenprüfung durchgeführt werden soll.[28] Eine Prüfungsanordnung darf auch nach der handelsrechtlichen Vollbeendigung einer KG an diese gerichtet und darum auch nach diesem Zeitpunkt vollzogen werden. Zumindest solange sie materiell-rechtlich als noch existent zu behandeln ist.[29]

Ein zweites Problemfeld ist die **Frist** für die Bekanntgabe der Prüfungsanordnung. Nach der Rechtsprechung richtet sich die Angemessenheit der Frist (§ 197 Abs. 1 AO) nach den Umständen des Einzelfalls.[30] Die Finanzverwaltung hält bei Mittelbetrieben eine Frist von 2 Wochen und bei Großbetrieben von 4 Wochen für angemessen (§ 5 Abs. 4 BpO). Eine längere oder kürzere Frist könne jedoch nach den Umständen des Einzelfalls möglich und geboten sein.

15 Ein drittes Problemfeld betrifft **Begründungserfordernisse** und **Prüfungszeiträume.**[31] Nach Auffassung des BFH[32] lässt der Gesetzeswortlaut und der Gesetzeszweck bei § 193 Abs. 1 AO zusätzliche (einschränkende) Voraussetzungen nicht erkennen. Es spreche eine Vermutung dafür, dass die Heranziehung eines der in § 193 Abs. 1 AO genannten Steuerpflichtigen zur Außenprüfung nicht ermessensmissbräuchlich sei. Einen Anspruch auf eine Prüfungspause gebe es nicht.[33] Insbesondere sei die Verwaltung nicht gehalten, nach einem generellen Zufallsprinzip zu verfahren. Sie könne vielmehr nach dem Gesichtspunkt der Prüfungsbedürftigkeit eine Vorauswahl treffen. Grenzen seien der Grundsatz der Verhältnismäßigkeit und das Willkür- und Schikaneverbot. Bei Prüfungsanordnungen, die auf § 193 Abs. 1 AO beruhten, genüge i.d.R. der Hinweis auf diese Vorschrift als

25 BFH BStBl. II 1995 289.
26 BFH DStR 2003, 1393.
27 BFHE 136, 192, BStBl II 1982, 659: für die Rechtswidrigkeit bejaht, für Nichtigkeit offengelassen.
28 BFHE 159, 28, BStBl II 1990, 272.
29 BFHE 169, 294, BStBl II 1993, 82.
30 BFHE 156, 18, BStBl II 1989, 483.
31 *Mösbauer* DB 1993, 67.
32 BFHE 166, 105, BStBl II 1992, 220.
33 So auch BFH/NV 1993, 73.

Begründung. Dies sei auch dann der Fall, wenn in relativ geringem Abstand eine weitere Prüfung (Anschlussprüfung) stattfinde. Eine Ausnahme gilt aber, wenn ein Kleinbetrieb dreimal nacheinander mit jeweiligen Prüfungspausen von einem Jahr geprüft wurde; in diesem Fall ist das Auswahlermessen zu begründen.[34]

4. Rechtsschutzmöglichkeiten

Die Prüfungsanordnung ist **Steuerverwaltungsakt**, der dem Einspruch unterliegt (§ 347 AO). Die Frist beträgt einen Monat ab Bekanntgabe der schriftlichen Prüfungsanordnung (§ 355 Abs. 1 AO), es sei denn – 1 Jahr – dieser fehlt die vorgeschriebene (§ 196 AO) Rechtsbehelfsbelehrung. Der Steuerpflichtige muss auch eine solche Anfechtung der Prüfungsanordnung durchführen, wenn er die Verwertung der Ergebnisse der Außenprüfung verhindern will. Dennoch ist die erfolgreiche Anfechtung einer Prüfungsanordnung gegebenenfalls ein Pyrrhussieg. Der Verwaltung steht es frei, eine weitere – fehlerfreie – Prüfungsanordnung für denselben Zeitraum und dieselben Steuerarten zu erlassen (**Wiederholungsprüfung**). Auch ist nicht gesagt, dass Einzelerkenntnisse der (rechtswidrigen) Außenprüfung nicht trotzdem zur Grundlage von Änderungsbescheiden bzw. Steuerfestsetzungen gemacht werden können. Fragt man vor diesem Hintergrund nach dem »Sinn« eines Rechtsbehelfes gegen Prüfungsanordnungen, dann zeigt sich, dass die Anfechtung einer Prüfungsanordnung jedenfalls dann sinnvoll ist, wenn die Außenprüfung **materiell unzulässig** ist, etwa bei Prüfungen von Nichtunternehmern. Geht es lediglich um formale Mängel, ist die Anfechtung einer Prüfungsanordnung vor dem Hintergrund der **Festsetzungsverjährung** interessant: Eine Betriebsprüfung, die aufgrund einer unwirksamen Prüfungsanordnung erfolgt, kann keine Ablaufhemmung der Verjährung herbeiführen.[35] Eine **Selbstanzeige** wäre auch bei lediglich formalen Mängeln wieder möglich, sofern nicht zwischenzeitlich ein anderer Ausschlussgrund des § 371 Abs. 2 AO vorliegt. 16

5. Durchführung der Prüfung

Bei Beginn der Prüfung hat sich der Prüfer auszuweisen und den Beginn der Außenprüfung unter Angabe von Datum und Uhrzeit aktenkundig zu machen (§ 198 AO). Die Prüfung erfolgt sodann zugunsten wie zuungunsten des Steuerpflichtigen (§ 199 AO). Eine Schwerpunktbildung ist dem Prüfer überlassen. Die Prüfung erfolgt i.d.R. in den Geschäftsräumen des Steuerpflichtigen.[36] Dieser hat bei der Feststellung der steuerlich erheblichen Sachverhalte mitzuwirken, insbesondere Auskünfte zu erteilen (§ 200 Abs. 1 AO). Im Rahmen der Außenprüfung ist der Prüfer von den Einschränkungen des § 93 Abs. 2 S. 2 AO und des § 97 Abs. 2 AO suspendiert (§ 200 Abs. 1 S. 5 AO). So dürfen Auskunftsersuchen (Verwaltungsakte!) auch mündlich ergehen, außerdem ist die Verpflichtung zur Vorlage von Büchern usw. erweitert. Die üblichen Verweigerungsrechte stehen den Betroffenen zu, insbesondere ist § 393 Abs. 2 S. 2 AO (Verbot des Zwangs zur Selbstbelastung) zu beachten. 17

Im Rahmen der Außenprüfung bei einem konkreten Steuerpflichtigen kann der Prüfer gemäß § 194 Abs. 3 AO sog. **Kontrollmitteilungen** schreiben, mit denen die zuständige Finanzbehörde über steuerlich erhebliche Umstände dritter Personen informiert wird.[37] Das **Auskunftsverweigerungsrecht** nach § 102 AO ist hier zu beachten. Die Auskunftsverweigerungsrechte nach den §§ 101 und 103 AO sollen hingegen keine entsprechende Anwendung finden. Eine Ausnahme wird man jedoch für den Fall machen müssen, dass der Prüfer gezielt die Vorlage von Unterlagen verlangt, die Basis für die Kontrollmitteilung über einen nahen Angehörigen sein sollen. 18

Kontrollmitteilungen bei der Prüfung von Banken sind nur beschränkt zulässig; der sog. Bankenerlass untersagte jahrelang das »flächendeckende« Erstellen von Kontrollmitteilungen über Gutha-

34 BFH/NV 1994, 444.
35 BFHE 150, 1, BStBl II 1988, 165; BFH/NV 1991, 790.
36 FG Baden-Württemberg EFG 1991, 9; *von Wedelstädt,* DB 1989, 1536; *Horst,* DB 1989, 2247.
37 *Pauly,* BB 1986, 1130.

ben usw. von Kunden des Kreditinstitutes. Diese Regelung ist mittlerweile (§ 30a AO) gesetzlich abgesichert worden.

Allerdings hindert § 30a Abs. 3 AO nicht generell die Fertigung und Auswertung von Kontrollmitteilungen anlässlich einer Außenprüfung bei Kreditinstituten. § 30a AO kommt keine konstitutive Bedeutung des Inhalts zu, dass hierdurch der den Finanzbehörden durch § 88 AO eröffnete Ermessensspielraum bei der Sachverhaltsermittlung eingeengt wird. Besteht ein hinreichend begründeter Anlass, wovon bei Vorliegen der Voraussetzungen der §§ 93, 208 Abs. 1 Nr. 3 AO ausgegangen werden kann, so dürfen die Finanzbehörden Auskünfte und insbesondere auch Sammelauskünfte bei den Kreditinstituten einholen.[38]

6. Reichweite der Außenprüfung

19 Die Reichweite der Außenprüfung ist insofern von Bedeutung, als damit der Bereich beschrieben ist, in dem auch bei **mündlichen Anfragen** Auskünfte erteilt werden müssen; der Bereich der Ablaufhemmung (§ 171 Abs. 4 AO) festgestellt wird; die Sperrwirkung für eine strafbefreiende Selbstanzeige umgrenzt ist und die Korrekturgrenze des § 173 Abs. 2 AO bestimmt ist.

Hier gilt zunächst, dass sich die Außenprüfung sachlich auf die Steuerarten erstreckt, die in der Prüfungsanordnung ausdrücklich genannt worden sind. Zeitlich werden die Steuerjahre erfasst, die die Prüfungsanordnung aufführt. Bei Personengesellschaften kann gegebenenfalls angeordnet werden, dass sich die Außenprüfung auch auf die steuerlichen Verhältnisse der Gesellschafter erstrecken soll.[39] Wenn dies jedoch nicht ausdrücklich in der Prüfungsanordnung vorgesehen ist, handelt es sich bei der Ermittlung der steuerlichen Verhältnisse der Gesellschafter um Einzelermittlungsmaßnahmen außerhalb einer Außenprüfung, die anderen »Spielregeln« unterliegen.

20 Nach der persönlichen Reichweite der Außenprüfung bestimmt sich, wer der gesteigerten Mitwirkungspflicht im Rahmen der Außenprüfung unterliegt, für wen die Ablaufhemmung nach § 171 Abs. 4 AO eintritt und wer trotz laufender Außenprüfung noch wirksam Selbstanzeige erstatten kann. Grundsätzlich bezieht sich die Außenprüfung lediglich auf die Personen, die in der Prüfungsanordnung aufgeführt worden sind. Die Prüfung der Lohnsteuer beim Arbeitgeber ist keine Außenprüfung im Hinblick auf die Einkünfte aus nichtselbstständiger Arbeit der Arbeitnehmer. Insofern tritt auch keine Ablaufhemmung nach § 171 Abs. 4 AO ein.

▶ **Beachte**

Im Hinblick auf die Selbstanzeige ist zu beachten, dass bei Straftaten in Unternehmen die Durchführung der Außenprüfung die Wirksamkeit der Selbstanzeige behindert, soweit die für das Unternehmen Tätigen noch im Unternehmen beschäftigt sind.

7. Kalkulationsmodelle

21 Neben den Schätzungsmethoden sind in der Betriebsprüfungspraxis in den letzten Jahren neue Kontrollinstrumente und Kalkulationsmodelle entwickelt worden, die nach Auffassung der Finanzbehörde insbesondere tauglich sein sollen, auch die Richtigkeitsvermutung der Buchführung (§ 158 AO) zu erschüttern:

Zeitreihenvergleich: Es handelt sich um eine besondere Variante des inneren Betriebsvergleichs. Es wird auf betriebsinterne Daten des Unternehmens zurückgegriffen, die in einer wechselseitigen Beziehung zueinanderstehen und sich gegenseitig beeinflussen. So beeinflusst bspw. der Umsatz den Wareneinkauf, das Verbrauchsmaterial etc. Zu beachten gilt es jedoch, dass der BFH mit seiner Entscheidung vom 25.03.2015 Einschränkungen für den Zeitreihenvergleich geschaffen hat, die-

38 BFHE 183, 45, BStBl II 1997, 499.
39 FG Hamburg EFG 1991, 587; vgl. aber auch *Seer,* DStR 1987, 178.

sen jedoch als zulässige Schätzungsmethode akzeptiert. So muss das Verhältnis von Umsatzerlösen und Wareneinsatz im Betrachtungszeitraum konstant sein. Ebenso darf die materielle Unrichtigkeit einer formell überwiegend ordnungsgemäßen Buchführung nicht allein durch einen Zeitreihenvergleich erschüttert werden. Bei formell unrichtiger Buchführung müssen andere Schätzungsmethoden ebenfalls fehlende Einnahmen aufzeigen, andernfalls müssen angemessene Abschläge beim Zeitreihenvergleich erfolgen. Bei formeller und materieller Unrichtigkeit der Buchführung ist der Zeitreihenvergleich durch andere Schätzungsmethoden zu plausibilisiere.[40]

Strukturtest nach dem Benfordschen Gesetz: Bei diesem Verfahren werden aufgrund einer Formel über die Wahrscheinlichkeit der Verwendung jeder Anfangsziffer Abweichungen hiervon in der Buchführung und Steuererklärung des Steuerpflichtigen untersucht. Festgestellte Unregelmäßigkeiten können zwar keine Zuschätzung rechtfertigen, sie werden jedoch weitere, genauere Überprüfungen auslösen, insbesondere auch den sog.

»Chi-Quadrat«-Test: Er stellt – ähnlich dem Benfordschen Gesetz – eine mathematische (rechnergestützte) Überprüfung von Häufigkeitsverteilungen bei den letzten oder vorletzten Ziffern einer Zahl dar. Er basiert auf dem Grundgedanken, dass jeder Mensch – bewusst oder unbewusst – eine oder mehrere Lieblingsziffern hat, die er in Zusammenhang mit frei erfundenen Zahlen (bspw. verfälschten Tageseinnahmen) entsprechend häufiger verwendet. Gleichzeitig wird er auch eine »Abneigung« gegen eine oder mehrere Ziffern haben. Der »Chi-Quadrat«-Test vergleicht nun, wie oft jede Ziffer in den Buchführungsunterlagen nach ihrer statistischen Wahrscheinlichkeit auftauchen sollte und wie häufig sie dort wirklich verzeichnet ist. Aus den Differenzen der erwarteten und der tatsächlichen Häufigkeit wird der sog. »Chi-Test-Wert« ermittelt.

Liegt dieser Wert zwischen 20 und 30, kann eine zufällige Abweichung von der Regelverteilung mit hoher Wahrscheinlichkeit ausgeschlossen werden.

Überschreitet der Wert die Zahl 30, soll mit einer fast 100 %-igen Wahrscheinlichkeit eine systematische Manipulation der Zahlen und damit der Betriebseinnahmen oder -ausgaben vorliegen.

Das FG Münster[41] hat zwar entschieden, dass der »Chi-Quadrat«-Test – anders als die Vermögenszuwachs- und Geldverkehrsrechnung – keine von der Rechtsprechung anerkannte Methode darstellt, eine Einnahmemanipulation sicher zu belegen. Er könne aber Anhaltspunkte für eine fehlerhafte Buchführung liefern, die durch weitere Ermittlungen erhärtet werden müssen und damit auch Anlass für die Einleitung eines Steuerstrafverfahrens sein. Für sich allein sind die genannten mathematischen Methoden, bis auf den Zeitreihenvergleich, grundsätzlich nicht geeignet, die Richtigkeit der Buchführung zu widerlegen. Die Kombination dieser Verfahren kann bei einer Gesamtwürdigung, ggf. ergänzt durch einen äußeren Betriebsvergleich (Richtsatzsammlung), aber durchaus zu einer Verwerfung der Buchführung führen. Im Ergebnis führt dann aber letztlich – systemwidrig – erst eine Schätzung zu einer Verwerfung der Buchführung, obgleich Letzteres überhaupt erst (eine) Voraussetzung für eine Schätzung nach § 162 AO sein soll. Zu beachten ist in jedem Fall, dass erst nach einer Verwerfung der Buchführung in einem zweiten Schritt eine Schätzung auf der Grundlage einer anerkannten Schätzungsmethode vorzunehmen ist.

8. Abschluss der Außenprüfung

Am Ende der Außenprüfung steht i.d.R. eine **Schlussbesprechung** (§ 201 AO); auf sie kann verzichtet werden. Sie ist entbehrlich, wenn sich keine Änderung der Besteuerungsgrundlagen ergeben hat. In der Praxis ist die Schlussbesprechung das Forum, in dem man streitige Punkte diskutiert und sich über Fragen unterhält, die erhebliche **Beurteilungsspielräume** bieten, wie etwa Privatanteile oder das Vorliegen einer Steuerhinterziehung, wobei insbesondere die subjektive Seite des Tatbestandes zur Debatte gestellt werden kann. Wenn beispielsweise mit der Finanzbehörde trefflich 22

40 BFH BStBl. II 2015 S. 743; BFH/NV 2015, 1277.
41 FG Münster EFG 2004, 9.

längere Zeit über die zutreffende steuerliche Behandlung eines Sachverhaltes gestritten werden kann, so wird hinterher kaum Platz sein, um dem Steuerpflichtigen den Vorwurf machen zu können, die unzutreffende steuerliche Behandlung des Sachverhaltes auch **vorsätzlich** zur Begehung einer Steuerhinterziehung vorgenommen zu haben.[42]

23 **Vereinbarungen** zwischen dem Steuerpflichtigen und der Finanzbehörde über den der Besteuerung zugrunde zu legenden Sachverhalt sind unter bestimmten Voraussetzungen als tatsächliche Verständigung zulässig.[43] Auf Seiten der Finanzbehörde muss daran ein Amtsträger beteiligt sein, der eine Entscheidung über die Steuerfestsetzung treffen kann (Vorsteher, Veranlagungssachgebietsleiter, u.U. Leiter der Rechtsbehelfsstelle). Der Steuerpflichtige ist über die Teilnahme eines solchen Amtsträgers an der Schlussbesprechung und über die Möglichkeit, dass an Ort und Stelle bindende Entscheidungen über die Steuerfestsetzung getroffen werden können, zu unterrichten.[44]

Besteht die Möglichkeit, dass in der Folge der Betriebsprüfung ein Strafverfahren gegen den Steuerpflichtigen eingeleitet werden könnte, muss der Steuerpflichtige in der Schlussbesprechung darauf hingewiesen werden (§ 201 Abs. 2 AO). Diese Regelung ist wenig glücklich; erkennt der Prüfer – regelmäßig schon während der Prüfung –, dass der Steuerpflichtige sich strafbar gemacht haben könnte, muss er schon zu diesem Zeitpunkt die Prüfung unterbrechen (§ 10 BpO) und ihn darauf hinweisen, dass die Erfüllung seiner Mitwirkungspflichten nun nicht mehr mit Zwangsmitteln durchgesetzt werden kann (§ 393 Abs. 1 AO).

Über das Ergebnis der Außenprüfung ergeht ein schriftlicher Prüfungsbericht (§ 202 AO), der eine nicht selbstständig anfechtbare Wissenserklärung ist. Er wird zur Grundlage für die Erstellung von Änderungsbescheiden bzw. für die erstmalige Veranlagung. Dieser Prüfungsbericht ist dem Steuerpflichtigen gegebenenfalls vor Auswertung zu übersenden. Dies gilt nicht bei der abgekürzten Außenprüfung, bei der auch eine Schlussbesprechung nicht nötig ist (§ 203 Abs. 2 S. 3 AO).

IV. Einleitung des Strafverfahrens

24 Mit der Einleitung des Steuerstrafverfahrens beginnt das eigentliche Ermittlungsverfahren.[45] Zielrichtung ist hier nicht mehr allein die Ermittlung der zutreffenden Besteuerungsgrundlagen, die zwar nach wie vor ihre Bedeutung für den vom Täter angestrebten Taterfolg haben, sondern insbesondere auch die eigentlichen Tathandlungen. Daneben finden solche Umstände der Besteuerungsgrundlagen besonderes Interesse, die zwar steuerlich zu berücksichtigen sind, jedoch infolge des in § 370 Abs. 4 S. 3 AO normierten sog. **Kompensationsverbotes** oder Vorteilsausgleichsverbotes steuerstrafrechtlich keine Berücksichtigung finden.

▶ Beachte

Die in § 397 Abs. 1 AO geregelte Befugnis zur Einleitung des Steuerstrafverfahrens entspricht nur teilweise der Befugnis, strafprozessuale Ermittlungen durchzuführen. Zur Einleitung eines Steuerstrafverfahrens sind sämtliche Finanzbeamte und Angestellte des Finanzamtes befugt. § 397 AO spricht hier von der »Finanzbehörde«, womit die in § 386 Abs. 1 S. 2 AO genannten Institutionen gemeint sind. Damit darf auch jeder Beamte eines rein steuerlichen Sachgebietes im Finanzamt ein Steuerstrafverfahren einleiten. Die Befugnisse im eigentlichen Ermittlungsverfahren sind hiervon scharf zu trennen, sie sind wegen der **Zuständigkeitskonzentration** auf die Steuerfahndungs- und Bußgeld- und Strafsachenstellen beschränkt. Der

42 *Joecks,* Praxis des Steuerstrafrechts, S. 195.

43 BFH BStBl. II 1985 S. 354; II 1991 S. 673; *Joecks,* Praxis des Steuerstrafrechts, S. 192; vgl. *Baumann* BB 1988, 602.

44 Vgl. BFH BB 1994, 633 m. Anm. *Bilsdorfer.*

45 Zu den Voraussetzungen, die an den notwendigen Tatverdacht zu stellen sind vgl. *Joecks* WM 1998 (Sonderbeilage 1) 1998, 8.

übrigen Finanzbehörde bleibt jedoch durch § 399 Abs. 2 AO eine **Notkompetenz.** Die sonst bekannte Einleitungsbefugnis der Polizei und Staatsanwaltschaft bleibt unberührt.

Der weitgezogene Kreis der **Einleitungsbefugnis** eines Steuerstrafverfahrens hat erhebliche Konsequenzen für den Betroffenen. Die Einleitung und deren Bekanntgabe gegenüber dem Betroffenen führt sowohl zur Unterbrechung der strafrechtlichen Verfolgungsverjährung (§ 78c Abs. 1 Nr. 1 StGB), als auch zur Hemmung des Ablaufes der steuerrechtlichen Festsetzungsverjährung (§ 171 Abs. 5 2 AO). Ferner ist die Möglichkeit einer Selbstanzeige ausgeschlossen (§ 371 Abs. 1 Nr. 1b AO), demgegenüber die Mitwirkung des Steuerpflichtigen im Steuerermittlungsverfahren jedoch nicht mehr erzwingbar (§ 393 Abs. 1 S. 2 AO), obgleich die rein steuerlichen Mitwirkungspflichten bestehen bleiben. 25

Bei den sog. **Vorfeldermittlungen** (Nr. 146 AStBV) steht rechtlich außer Zweifel, dass § 208 Abs. 1 Nr. 3 AO keine Handhabe zu beliebigem Eingreifen der Steuerfahndung bietet. Ermittlungen »ins Blaue hinein« sind ausgeschlossen, vielmehr muss ein hinreichender Anlass für die Aufnahme der Fahndungsermittlungen bestehen, der nur gegeben ist, wenn aufgrund konkreter Momente oder allgemeiner Erfahrungen Anordnungen bestimmter Art geboten sind.[46] Insbesondere von der Möglichkeit des (Sammel-) Auskunftsersuchens wird dabei Gebrauch gemacht, wobei deren Voraussetzung, die Ausübung pflichtgemäßen Ermessens im Rahmen einer Prognoseentscheidung der vorweggenommenen Beweiswürdigung, durch die Finanzgerichte überprüfbar ist.[47] Zu weitgehend erscheint die Ansicht, dass Vorfeldermittlungen bereits eine Sperrwirkung für die Selbstanzeige nach § 371 Abs. 2 Nr. 1a AO sollen entfalten können.[48] 26

V. Durchsuchung und Beschlagnahme

Besondere Regelungen für die Durchsuchung und Beschlagnahme finden sich im Steuerstrafverfahrensrecht nicht.[49] Da zumeist von einer Gefahr im Verzuge nicht ausgegangen werden kann, sind richterliche Durchsuchungsbeschlüsse die Regel. Ein dahingehender Antrag darf nur durch die Bußgeld- und Strafsachenstelle gestellt werden, die Steuerfahndung hat dieses Recht nicht.[50] Sechs Monate nach seinem Erlass verliert der richterliche Durchsuchungsbeschluss seine Wirksamkeit.[51] Im Übrigen gelten auch hier die Vorschriften der §§ 102 ff. StPO. 27

Gleiches gilt für die Beschlagnahme nach §§ 94 ff., 111b ff. StPO. Die der Staatsanwaltschaft und ihren Ermittlungspersonen (früher: Hilfsbeamten) und somit auch der Bußgeld- und Strafsachenstelle und der Steuerfahndung eröffnete Möglichkeit, bei »Gefahr im Verzuge« abweichend vom Grundsatz des Richtervorbehaltes eigenständig eine Beschlagnahme anordnen zu können (§ 98 Abs. 1 StPO), wird durch die Regelung der Notkompetenz in § 399 Abs. 2 S. 2 AO auf jeden Finanzbeamten erweitert.

Die Anforderungen, die an einen notwendigen **Anfangsverdacht** gestellt werden, sind eben nicht hoch. So sollen bei Tafelgeschäften allein schon der Erwerb oder die Einlösung im Ausland den Verdacht der Steuerhinterziehung begründen.[52] Der Verdacht, der als ein »Grad von Wissen«[53], den

46 BFHE 148, 444, BStBl II 1987, 267.

47 BFHE 149, 404, BStBl II 1987, 484.

48 Vgl. OLG Celle wistra 2000, 277; sowie *Rüping*, Tatausgleich durch Selbstanzeige, wistra 2001, 121–123.

49 Zu tatsächlichen Besonderheiten vgl. *Joecks* WM 1998 (Sonderbeilage 1) 1998, 20 ff.

50 Vgl. *Webel*, in: Joecks/Jäger/Randt, 9. Aufl. 2023, AO § 404 Rn. 86.

51 BVerfG wistra 1997, 223.

52 LG Detmold wistra 1999, 434; LG Waldshut-Tiengen wistra 2000, 354; LG Freiburg wistra 2000, 356; moderater dagegen LG Darmstadt wistra 2000, 238; LG Itzehoe wistra 1999, 432; LG Freiburg wistra 2000, 159.

53 Vgl. *Peters*, in: MüKo StPO, 1. Aufl. 2016, StPO § 152 Rn. 36.

Ermittlungsauftrag der Strafverfolgungsbehörden begründet, legitimiert zugleich Grundrechtseingriffe, wobei sich die Landgerichte nicht fragen, ob dies verhältnismäßig ist.

Problematisch ist die **Teilnahme von Betriebsprüfern** an Durchsuchungsmaßnahmen im Hinblick auf das nur den Steuerfahndungsbeamten und – im eigenständigen Ermittlungsverfahren – den Beamten der Bußgeld- und Strafsachenstelle zustehende Recht zur Durchsicht von Papieren.[54] Wie bei der Parallelproblematik der Durchsuchung im allgemeinen Strafverfahren durch Polizeibeamte stellt aber eine Grobsichtung von Unterlagen noch keine dort nur der Staatsanwaltschaft erlaubte Durchsicht dar.[55]

28 Auch die Durchsuchung bei **Berufsgeheimnisträgern** unterliegt den üblichen Voraussetzungen. Ist der Berufsgeheimnisträger selbst Beschuldigter, so richtet sich eine Durchsuchung nach § 102 StPO; kommt er als Zeuge in Betracht und ist er deshalb »Dritter«, kann eine Durchsuchung nur unter den Voraussetzungen des § 103 StPO erfolgen. Einschränkungen ergeben sich nur aus den Grenzen, die für eine Sicherstellung oder Beschlagnahme von Unterlagen bestehen, die der Berufsgeheimnisträger verwahrt.[56] Gegenstände, die gemäß § 97 StPO der Beschlagnahme nicht unterliegen, dürfen deshalb auch nicht Gegenstand der Durchsuchung sein. Dies gilt insbesondere für die Handakten des Steuerberaters (§§ 97 Abs. 1, 53 StPO). Dieses Beschlagnahme- und damit zugleich Durchsuchungsverbot gilt gemäß § 97 Abs. 2 StPO jedoch nicht, wenn der Berufsgeheimnisträger und damit Zeugnisverweigerungsberechtigte selbst der Teilnahme, der Begünstigung, der Strafvereitelung oder der Hehlerei verdächtig ist, oder wenn es sich um Gegenstände handelt, die durch eine Straftat hervorgebracht oder zur Begehung einer Straftat gebraucht oder bestimmt sind oder aus einer Straftat herrühren.

29 Umstritten ist, ob die **Buchführungsunterlagen**, die sich beim Steuerberater befinden, **beschlagnahmefrei** nach § 97 Abs. 1 Nr. 3 StPO sind.[57] Ein Teil der Rechtsprechung und Literatur geht davon aus.[58] Andererseits wird ein Zugriff auf Buchhaltungsunterlagen wieder für zulässig gehalten. Zu bedenken ist hierbei, dass von § 97 Abs. 1 Nr. 3 StPO nur Gegenstände erfasst sein sollen, die einen spezifischen Bezug zur Tätigkeit des Berufsgeheimnisträgers für seinen Mandanten – den Beschuldigten – haben. Buchführungsunterlagen sind deshalb beschlagnahmefrei, soweit sie dem Steuerberater zur noch ausstehenden Anfertigung von Steuererklärungen oder Jahresabschlüssen übergeben wurden.[59] Beschlagnahmefähig bleiben bzw. werden die Buchführungsunterlagen jedoch, wenn sie durch den Steuerberater lediglich verwahrt werden oder sie ihm allein für Aufgaben übergeben wurden, die keine steuerliche Beratungstätigkeit darstellen.[60] Nach Erstellung der Steuererklärung oder des Jahresabschlusses verkümmert der Steuerberater zum reinen Verwahrer, sodass dann eine Beschlagnahme zulässig ist.[61]

Darüber hinaus bleiben die aktuellen Buchführungsunterlagen gemäß § 97 Abs. 2 S. 3 StPO nur dann beschlagnahmefähig, soweit sie als **Tatwerkzeug** in Betracht kommen. Dies ist jedoch nicht schon dann der Fall, wenn sie nach der Vorstellung des Täters bei der Tatausführung »in breites-

---

54 *Rolletschke*, Die Hinzuziehung eines Betriebsprüfers bei einer Durchsuchungsmaßnahme der Steuerfahndung, DStZ 1999, 444.

55 Zur Gesamtproblematik des § 110 StPO vgl. *Park* wistra 2000, 453; sowie *Hegmann*, in: BeckOK StPO, 46. Ed. 1.1.2023, StPO § 110 Rn. 6 ff.

56 *Joecks*, Praxis des Steuerstrafrechts, S. 131.

57 Vgl. *Webel*, in: Joecks/Jäger/Randt, 9. Aufl. 2023, AO § 399 Rn. 124 m.w.N.

58 LG Bochum NStZ 2016, 500; LG Hamburg NJW 2011, 942; *Gerhold*, in: BeckOK StPO, 46. Ed. 1.1.2023, StPO § 97 Rn. 29 mwN.

59 LG Dresden NJW 2007, 2709; LG Hamburg wistra 2005, 394; LG Essen NStZ-RR 2010, 150.

60 LG Hildesheim wistra 1988, 327.

61 So auch: LG Halle, Beschl. v. 7.6.2017 – 2 Qs 1/2017; BVerfG NJW 2018, 2385 Rn. 79 ff.; **a.A.** *Gerhold*, in: BeckOK StPO, 46. Ed. 1.1.2022, StPO § 97 Rn. 24 m.w.N.

tem Sinne« Verwendung gefunden haben, sondern nur, soweit sie inhaltlich falsch im Sinne einer Manipulation sind.[62]

Problematisch werden damit die Fälle, in denen der Beschuldigte – zur eigenen Entlastung – behauptet, nur auf den Rat seines Steuerberaters gehört zu haben und diesen damit zugleich als möglichen Teilnehmer ins Spiel bringt. Wird der Steuerberater selbst zum (Mit-) Beschuldigten, so gelten die vorbezeichneten Einschränkungen nicht; eine Durchsuchung stützt sich dann nicht mehr auf § 103 StPO, sondern auf § 102 StPO. In Anbetracht der Beeinträchtigung der Rechte des Beschuldigten durch eine Durchsuchung bei seinem Steuerberater (oder auch seinem Verteidiger) sind an die Voraussetzungen eines Teilnahmeverdachts strenge Anforderungen zu stellen.[63] Allein die – insoweit unbedachten – Äußerungen des Beschuldigten dürfen hier nicht zu seinem Nachteil verkehrt werden und die Voraussetzungen des § 102 StPO in Bezug auf seinen Steuerberater sind nicht allein schon durch die Angaben des Beschuldigten gegeben.

VI. Zugriff auf Bankunterlagen

Die Anforderung von bei Banken vorhandenen Unterlagen ist ebenso wie eine Durchsuchung und 30
Beschlagnahme keinen besonderen rechtlichen Voraussetzungen unterworfen. In § 30a AO ist zwar der Schutz von Bankkunden geregelt, ein »**Bankgeheimnis**« gibt es jedoch auch im Steuerstrafverfahren nicht. Dennoch sind Durchsuchungen bei Banken nach § 103 StPO in der Praxis die Ausnahme. Regelmäßig wird zunächst ein **Herausgabeverlangen** nach § 95 StPO gestellt, welchem die Bank nachkommt. Da das Herausgabeverlangen von jedem gestellt werden kann, der auch zur Anordnung der Beschlagnahme befugt ist, kommt bei Gefahr im Verzuge neben dem Richter auch die Staatsanwaltschaft, die Finanzbehörde und die Steuerfahndung in Betracht und unter den Voraussetzungen des § 399 AO wiederum jeder Finanzbeamte. Handelt es sich um einen Fall fehlender Gefahr im Verzug, so steht der Staatsanwaltschaft bzw. der Finanzbehörde kein Recht auf ein Herausgabeverlangen zu.[64]

VII. Beschlagnahme von EDV

Der Zugriff auf EDV wirft neue Fragen auf, die den Vätern der StPO im 19. Jahrhundert nicht 31
bewusst sein konnten.[65] In der Praxis ist die Neigung der Steuerfahndung festzustellen, nicht nur Dateien sicherzustellen, sondern den gesamten Computer. Begründet wird dies mit der Überlegung, dass die Dateien manipuliert sein könnten und gelöscht würden, wenn die Verbindung zu einer bestimmten Hardware aufgehoben wird. Diese Argumentation überzeugt nicht. Als Ausdruck des Verhältnismäßigkeitsprinzips ist der Sicherstellung von Daten durch Reproduktion der Vorrang zu gewähren.[66] Der Versuch, den gesamten Festplatteninhalt auch auf drittbezogene Daten durchzusehen kommt einer – unzulässigen – gezielten Suche nach Zufallsfunden gleich.[67] Die Sicherstellung und Beschlagnahme von E-Mails ist zulässig, sofern diese auf dem Server des Providers zwischen- oder endgespeichert sind.[68]

Die Durchsicht von Datenträgern wurde durch § 110 Abs. 3 StPO um die Befugnis zur Durchsicht von vernetzten – aber räumlich getrennten – Speichermedien erweitert.

62 *Webel*, in: Joecks/Jäger/Randt, 9. Aufl. 2023, AO § 399 Rn. 126 m.w.N.; *Güntge*, in: Esser/Rübenstahl/Saliger/Tsambikakis, Wirtschaftsstrafrecht, § 399 AO, Rn. 6.

63 Sehr instruktiv LG Fulda NJW 2000, 1508.

64 LG Düsseldorf wistra 1993, 199; LG Bonn NStZ 1983, 326; *Hilgers-Klautzsch*, in: Kohlmann, Steuerstrafrecht, 69. Lieferung 11.2022, § 385 AO, Rn. 314f.; vgl. auch *Hornig*, Durchsuchungen bei der Commerzbank, PStR 2014, 103.

65 *Kemper*, NStZ 2005, 538; BVerfGE 113, 29; 115, 166.

66 *Webel*, in: Joecks/Jäger/Randt, 9. Aufl. 2023, AO § 399 Rn. 140.

67 Vgl. hierzu BVerfG NJW 2005, 1917.

68 *Webel*, in: Joecks/Jäger/Randt, 9. Aufl. 2023, AO § 399 Rn. 146; vgl. zur Entwicklung mit der Annahme der Beschlagnahmefreiheit von E-Mails: *Flore* PStR 2000, 87.

VIII. Zufallsfunde

32 Bei Gelegenheit einer Durchsuchung aufgefundene Gegenstände, die mit dem eigentlichen Ermittlungsanlass nichts zu tun haben, aber auf eine andere Straftat hindeuten, dürfen nach § 108 Abs. 1 S. 1 StPO einstweilen in Beschlag genommen werden. Nicht erlaubt ist aber die gezielte Suche nach Zufallsfunden. Noch weniger darf eine Durchsuchung dazu benutzt werden, systematisch nach Gegenständen zu suchen, auf die sich die Durchsuchungsanordnung nicht bezieht.[69] Auch liegt die Verdachtsschwelle für die Beschlagnahme eines Zufallsfundes nicht niedriger als die für die Durchsuchung selbst. Verstöße können zu einem Verwertungsverbot führen.[70]

IX. Überwachung der Telekommunikation

33 Unter bestimmten Voraussetzungen gestattet § 100a StPO die Überwachung und Aufnahme des Fernmeldeverkehrs auf Tonträger, jedoch beschränkt auf die in dieser Ermächtigungsgrundlage enumerativ aufgezählten Delikte. Von § 100a Nr. 2aStPO sind die schwere Steuerhinterziehung entweder unter den in § 370 Abs. 3 Nr. 5 AO genannten Voraussetzungen oder unter den in § 370 Abs. 3 Nr. 1 genannten Voraussetzungen, soweit der Täter als Mitglied einer zur Begehung der Steuerhinterziehung gebildeten Bande handelt, erfasst. Darüber hinaus werden von § 100a Nr. 2b und c der gewerbsmäßige, gewaltsame und bandenmäßige Schmuggel nach § 373 AO und die Steuerhehlerei im Fall des § 374 Abs. 2 AO erfasst.

Dies bedeutet, dass beispielsweise bei gewerbs- oder bandenmäßiger Hinterziehung von Umsatzsteuern eine Telefonüberwachung geschaltet werden darf. Insofern wird sich auch die Frage der Neuregelung des § 393 Abs. 3 AO in besonderer Schärfe stellen, wie nämlich mit Erkenntnissen umgegangen wird, die nicht die Hinterziehung betreffen, welche die Ermittlungsbehörden zur Telefonüberwachung berechtigt, sondern andere Aspekte der Besteuerung.

Auch in anderen Fällen besteht gegebenenfalls Anlass, einen Mandanten zur Vorsicht bei telefonischen Äußerungen zu ermahnen. Nach Ansicht des BGH[71] führt das Abhören eines Telefongespräches nicht zu einem Verwertungsverbot, wenn der Kriminalbeamte einen Zeugen veranlasst, bei einem Tatverdächtigen anzurufen und Fragen hinsichtlich des Tatverlaufes zu stellen, wenn sich der Zeuge einverstanden erklärt hat, dass der Kriminalbeamte dieses Gespräch über einen Zweithörer mithört und später darüber einen Vermerk fertigt.

▶ Beachte

Steuerfahndungsbeamte sind oftmals noch eifriger als Polizeibeamte und neigen aufgrund unzureichender Schulung im Strafprozessrecht manchmal dazu, aus dem Erfolg die Rechtmäßigkeit des Mittels abzuleiten.[72] Denkbar ist damit, dass Zeugen auch durch Steuerfahndungsbeamte angehalten werden, telefonisch mit dem Tatverdächtigen über den Sachverhalt zu reden, der Gegenstand des Ermittlungsverfahrens wegen Steuerhinterziehung ist.

Wenngleich der BGH wohl zutreffend hier keinen Verstoß gegen § 100a StPO annimmt, da insbesondere in den Schutz des Fernmeldegeheimnisses aus Art. 10 GG nicht eingegriffen werde und auch kein Verstoß gegen § 201 Abs. 2 Nr. 1 StGB vorliege, da übliche und zugelassene Mithöranlagen nicht zu den in § 201 StGB gemeinten Abhörgeräten zählen, sollte bei Bekannt werden derartiger Ermittlungsmaßnahmen doch verstärkt auf eine Unverwertbarkeit der daraus erzielten Erkenntnisse gedrungen werden. Es bestehen erhebliche Bedenken, dass es sich bei derartigen Ermittlungsmaßnahmen um einen Verstoß gegen die Grundsätze eines rechtsstaatlichen Verfahrens handelt, was als verbotene Vernehmungsmethode nach § 136a StPO zu einem Verwertungsverbot führt. Vergleichbar

69 LG Berlin NStZ 2004, 571; *Müller/Römer* NStZ 2012, 543.
70 LG Bonn NJW 1981, 292; LG Bremen wistra 1984, 241; LG Baden-Baden wistra 1990, 118.
71 BGH NJW 1994, 596.
72 *Depping,* Die mithörende Steuerfahndung, StB 1995, 97 (98).

der **Hörfalle**, die in weitverbreiteter Meinung im strafrechtlichen Schrifttum einen Verstoß gegen den Rechtsgedanken des § 136a StPO darstellt, bedarf heimliches grundrechtsrelevantes Vorgehen von Ermittlungsbehörden, so es etwa bei der Verfolgung besonders schwerer Straftaten unverzichtbar sein sollte, jedenfalls einer gesetzlichen Rechtfertigung. Eine solche liegt für ein Mithören eines Telefongespräches über einen Zweithörer jedoch nicht vor.

Mit dem **Telekommunikationsgesetz** (TKG) wird Strafverfolgungsbehörden die Möglichkeit eröffnet, 34
Daten im automatisierten Verfahren (§ 112 TKG) abzufragen. Dabei ist im Rahmen des Mobilfunkverkehrs zu beachten, dass zwar die Verbindungsdaten nur unter den Voraussetzungen der §§ 100a, 100b StPO abgefragt werden können, die Standortdaten aber auch außerhalb der eigentlichen Telekommunikationsüberwachung zur Verfügung stehen.

X. Rechtsschutz im Ermittlungsverfahren

Die rechtlichen Möglichkeiten hängen zunächst wesentlich davon ab, in welchem Verfahren sich 35
die Ermittlungen überhaupt befinden und aus welcher Verfahrensart heraus die Finanzbehörde tätig wird. Wie bereits dargelegt wurde, stehen gerade der Steuerfahndung beide Verfahrensarten zur Verfügung, die rein steuerrechtliche der Abgabenordnung und die strafrechtliche der StPO.

1. Rechtsschutzmöglichkeiten nach der Abgabenordnung

Wird die Steuerfahndung nach § 208 Abs. 1 Nr. 3 AO tätig, also zur Aufdeckung und Ermittlung 36
unbekannter Steuerfälle, so handelt es sich um eine reine Abgabenangelegenheit und es finden sich die Ermächtigungsgrundlagen für das Handeln der Steuerfahndung allein in der Abgabenordnung. Gegen Maßnahmen der Steuerfahndung sind in diesem Fall der **Einspruch** nach §§ 347 ff. AO und der **Finanzrechtsweg** nach § 33 Abs. 1 Nr. 1 FGO gegeben.[73] Anderes kann gelten, wenn bereits die Einleitung des Steuerstrafverfahrens erfolgt ist. Hier kommt es jedoch entscheidend darauf an, wie sich das Handeln der Steuerfahndung darstellt. Handelt sie als Finanzbehörde, so gilt das eben Gesagte; werden Maßnahmen im Rahmen der Strafverfolgung ergriffen, so kommt ein Rechtsschutz allein nach den Regelungen des Strafprozessrechts in Betracht.

Eine weitere, aber in Anbetracht der langen finanzgerichtlichen Verfahrensdauern kaum praktizierte 37
Möglichkeit ist die der **Aussetzung des Verfahrens** nach § 396 AO. Die strafrechtliche Verurteilung hängt zumeist von steuerlichen Vorfragen ab, der Blankettstraftatbestand der Steuerhinterziehung muss durch steuerrechtliche Vorschriften erst ausgefüllt werden. Deshalb kann das Strafverfahren bis zum rechtskräftigen Abschluss des Besteuerungsverfahrens ausgesetzt werden. Voraussetzung ist, dass es sich um dieselbe Rechtssache handelt, also derselbe Sachverhalt, dieselbe Person und dieselbe steuerrechtliche Fragestellung betroffen sind, was aber auch der Fall ist, wenn die steuerlichen Fragen eine GmbH und das Strafverfahren deren Geschäftsführer betreffen.[74] Die Entscheidung zur Aussetzung hat gem. § 396 Abs. 3 AO zur Folge, dass sowohl die Verjährung nach § 78 StGB, als auch die absolute Verjährung gem. § 78c Abs. 3 S. 2 StGB ruht.[75]

▶ Muster: Antrag auf Aussetzung

An das

Finanzamt …

Bußgeld- und Strafsachenstelle

ÜlStr-Nr.:

Ermittlungsverfahren gegen N.N.

---

73 BFHE 138, 164, BStBl. II 1983, 482; *Tormöhlen,* in: Hübschmann/Hepp/Spitaler, AO/FGO, 254. Lieferung 08.2019, § 208 AO Rn. 201.

74 *Schuhmann,* wistra 1992, 173.

75 BayObLG wistra 1990, 203; OLG Karlsruhe wistra 1990, 205.

wegen Steuerhinterziehung

Sehr geehrte Damen und Herren,

in vorstehender Angelegenheit hatten wir Ihnen unsere Bevollmächtigung bereits angezeigt. Nunmehr beantragen wir,

das Verfahren gemäß § 396 AO auszusetzen.

Dem Beschuldigten wird zur Last gelegt, in den Jahren 2018 und 2019 als Geschäftsführer der A-GmbH Lieferungen seitens der FM Ltd. mit Sitz auf der Isle of Man erhalten, diese bezahlt und die Aufwendungen als Betriebsausgaben geltend gemacht sowie die in Rechnung gestellte Umsatzsteuer als Vorsteuer abgezogen zu haben. Dies ist unstreitig.

Die Finanzverwaltung behauptet, dass es sich bei der FM Ltd. um eine Domizilgesellschaft im niedrig besteuerten Ausland handele, die selbst kein aktives Geschäft betreibe. Aus diesem Grunde seien die Zahlungen der A-GmbH an die FM Ltd. nicht als Betriebsausgaben abziehbar und kein Vorsteuererstattungsanspruch aus deren Rechnungen gegeben. Das Finanzamt Greifswald hat daraufhin Änderungsbescheide zur Körperschaft- und Umsatzsteuer der Jahre 2018 und 2019 gegen die A-GmbH erlassen, gegen welche derzeit ein Klageverfahren vor dem Finanzgericht Mecklenburg-Vorpommern zum Aktenzeichen 1K 0000/17 anhängig ist.

Unbeschadet weiterer Voraussetzungen hängt die strafrechtliche Verantwortlichkeit des Beschuldigten von dieser durch das Finanzgericht zu entscheidenden steuerrechtlichen Vorfrage ab.

Mit freundlichen Grüßen

2. Rechtsschutz nach der Strafprozessordnung

38 Ebenso wie die Maßnahmen der Staatsanwaltschaft im Ermittlungsverfahren einer gerichtlichen Kontrolle unterliegen, gilt dies für Maßnahmen der Finanzbehörde. In Betracht kommen die Beschwerde nach § 304 StPO und der Antrag auf gerichtliche Entscheidung nach § 23 EGGVG.[76]

Die Möglichkeit der **Beschwerde** nach § 304 StPO ist eröffnet gegen richterliche Entscheidungen, insbesondere den **Haftbefehl** sowie **Durchsuchungs- und Beschlagnahmebeschlüsse.** Hat die Steuerfahndung wegen Gefahr im Verzug Durchsuchung und/oder Beschlagnahme selbstständig angeordnet, so kann hierüber gemäß § 98 Abs. 2 S. 2 StPO die richterliche Entscheidung beantragt werden, gegen die dann wiederum die Beschwerde möglich ist. Diese ist nicht fristgebunden[77] und von dem von der Maßnahme Betroffenen einzulegen, gleich ob dieser Beschuldigter, Zeuge oder Drittbetroffener der Maßnahme ist (§ 304 Abs. 2 StPO). Die Zulässigkeitsvoraussetzung der Beschwer des Betroffenen kann entfallen sein, wenn die Maßnahme aus tatsächlichen oder rechtlichen Gründen nicht mehr ungeschehen gemacht werden kann. Die prozessuale Überholung führt dann i.d.R. zur Unzulässigkeit der Beschwerde.[78]

39 Von der früheren engen Handhabung des Grundsatzes der **prozessualen Überholung** ist die Rechtsprechung infolge des Beschlusses des Bundesverfassungsgerichts vom 30.04.1997 zwischenzeitlich abgerückt.[79] Art. 19 Abs. 4 GG gebietet es, ein Rechtsschutzinteresse in Fällen tiefgreifender Grundrechtseingriffe auch dann anzunehmen, wenn die eigentliche Belastung durch die hoheitliche Maßnahme sich auf eine Zeitspanne beschränkt, in welcher der Betroffene die gerichtliche Entscheidung kaum erlangen kann. Dies gilt insbesondere in Fällen richterlich angeordneter Wohnungsdurchsuchungen, als auch für vorläufige Festnahmen in deren Folge ein beantragter Haftbefehl nicht erlassen wurde. Es läuft den Wertungen des anerkannten Fortsetzungsfeststellungsantrages analog § 113 Abs. 1 S. 4 VwGO, § 28 Abs. 1 S. 4 EGGVG zuwider, allein aus dem Prinzip der prozessualen

76 *Amelung* NJW 1979, 1687.
77 BVerfG NJW 2005, 1855 (1856).
78 BVerfGE 49, 329; BGH NJW 1973, 2035.
79 BVerfG wistra 1997, 219.

Überholung heraus dem Betroffenen diesen Rechtsschutz zu versagen. Trotz nicht mehr vorhandener tatsächlicher Beschwer liegt es durchaus im Bereich des Möglichen, dass der Betroffene z.B. aus Rehabilitationsgründen oder um einen Amtshaftungsanspruch geltend zu machen, ein berechtigtes Interesse an einer Überprüfung auch bereits erledigter strafprozessualer Zwangsmaßnahmen hat.[80] Namentlich gilt dies, wenn wegen der erheblichen Folgen eines Eingriffs oder wegen der Gefahr einer Wiederholung ein nachwirkendes Bedürfnis für eine richterliche Überprüfung besteht.[81]

Der **Antrag auf gerichtliche Entscheidung** nach §§ 23 ff. EGGVG richtet sich gegen die Art und Weise der Durchführung von Justizverwaltungsakten, insbesondere von Beschlagnahme und Durchsuchung und ist auch hier nach Erledigung der Maßnahme der Rechtsweg zum zuständigen Oberlandesgericht eröffnet. Auch die Finanzbehörde wird hier als Justizbehörde tätig.

3. Verteidigung aus Anlass der Durchsuchung

Pauschale Hinweise und Ratschläge zum Verteidigungsverhalten anlässlich einer Durchsuchung 40
verbieten sich. Abhängig vom Einzelfall muss entschieden werden, ob überhaupt und mit welchem Nachdruck gegen solche Maßnahmen vorgegangen werden soll. In der Literatur finden sich zahlreiche Einzelbeispiele, Zusammenstellungen und Anregungen, die hier – ohne den Anspruch einer abschließenden Aufzählung zu erheben – mit dem Hinweis genannt werden sollen, sich aus Anlass einer aktuellen Auseinandersetzung mit diesen Beiträgen zu beschäftigen:
- Erfahrungen bei der Anfechtung von Durchsuchungs- und Beschlagnahmebeschlüssen in Steuerstrafsachen;[82]
- Rechtsschutz gegen vollzogene Durchsuchungen und Beschlagnahmen im Strafermittlungsverfahren[83];
- praktische Fragen bei Durchsuchungen, insbesondere in Wirtschaftsstrafsachen[84];
- zeitliche Geltung von Durchsuchungsbeschlüssen[85];
- Beschlagnahme von Geld durch die Steuerfahndung[86];
- Durchsuchung von/in Unternehmen nach § 102 StPO[87];
- unzulässige Suche nach Zufallsfunden und unzulässig ausgeweitete Durchsuchungen[88];
- Durchsuchung und Beschlagnahme beim Ehepartner, Steuerberater oder Rechtsanwalt[89];
- Rechtswidrigkeit der Durchsuchung bei fehlendem Anfangsverdacht[90];
- zur Rechtmäßigkeit der Art und Weise einer Durchsuchung[91];
- die fehlende Bestimmtheit eines Durchsuchungsbeschlusses vermag keine verjährungsunterbrechende Wirkung zu entfalten und es empfiehlt sich gegebenenfalls aus diesem Grunde eine Anfechtung[92].

80 *Wohlers* GA 1992, 214; *Winkelbauer* DStR 1978, 696.
81 BGH NJW 1978, 1013; 1815; *Fezer* Jura 1982, 135.
82 *Streck* StV 1984, 348.
83 *Dörr* NJW 1984, 2258.
84 *Rengier* NStZ 1981, 372.
85 *Fezer* StV 1989, 290; *Kronisch* AnwBl 1988, 617.
86 *Klos* wistra 1987, 121; Dörn wistra 1990, 181.
87 *Krekeler* wistra 1995, 296.
88 LG Berlin StV 1987, 97; LG Bremen wistra 1984, 241; KG StV 1985, 404; *Bandemer* wistra 1988, 136.
89 LG Saarbrücken StV 1998, 480; LG Baden-Baden wistra 1990, 118; LG München NJW 1989, 536; LG Berlin NJW 1990, 1058; LG Stuttgart wistra 1990, 282; BVerfG wistra 1990, 97; Volk DStR 1989, 338 ff., *Schmidt* wistra 1990, 245; *Schuhmann* wistra 1995, 50.
90 LG Köln StV 1988, 291; AG Offenbach StV 1993, 406; LG Darmstadt StV 1993, 573.
91 OLG Stuttgart wistra 1993, 120.
92 LG Frankfurt/Main wistra 2001, 28; BGH wistra 2000, 383; BVerfG wistra 1999, 257.

4. Akteneinsicht

41 Dem Beschuldigten, der keinen Verteidiger gewählt hat und dem auch keiner beigeordnet zu werden braucht, sind gem. § 147 Abs. 7 StPO Auskünfte und Abschriften aus den Akten zu erteilen, soweit dies zu einer angemessenen Verteidigung erforderlich ist, der Untersuchungszweck, auch in einem anderen Strafverfahren, nicht gefährdet werden kann und nicht überwiegende schutzwürdige Interessen Dritter entgegenstehen (vgl. auch Nr. 35 VII AStBV).[93] Dem Verteidiger kann Akteneinsicht jedoch gemäß § 147 Abs. 2 StPO versagt werden, solange sie den Untersuchungszweck gefährdet. Diese Einschränkung gilt nicht für Sachverständigengutachten, deren Einsicht dem Strafverteidiger in keiner Lage des Verfahrens versagt werden darf (§ 147 Abs. 3 StPO). Dieses strafprozessuale Akteneinsichtsrecht gilt bereits im Ermittlungsverfahren. Anders verhält sich dies jedoch im Besteuerungsverfahren.

42 Eine **Einsicht in die Steuerakten** der Finanzbehörde ist in aller Regel erst dann durchsetzbar, wenn ein finanzgerichtliches Verfahren anhängig ist. Selbst wenn die Steuerakten als Beiakten der Strafverfahrensakte hinzugezogen worden sind, was die Regel ist, sträubt sich die Finanzverwaltung in den allermeisten Fällen unter Hinweis auf das sogenannte Steuergeheimnis des § 30 AO, die Steuerakten zur Einsicht herauszugeben. Der betroffene Steuerpflichtige befindet sich in jedem Fall in einer Zwickmühle, gleich ob zunächst vorrangig das Steuerverfahren oder bereits das Strafverfahren betrieben wird. Im Steuerverfahren stützt das Finanzamt Änderungsbescheide möglicherweise auf Erkenntnisse aus der strafrechtlichen Ermittlungsakte, in welche unter Hinweis auf § 147 Abs. 2 StPO jedoch keine Einsicht gewährt wird. Der Steuerpflichtige kennt damit die Umstände nicht, die zur Änderung und Erhöhung seines Steuerbescheides führen. Im Strafverfahren ergibt sich erst aus den Steuerakten, ob der **Verkürzungsbetrag** zutreffend berechnet wurde, was in vielen Fällen gerade nicht der Fall ist. Oftmals finden sich allein steuerlich sehr gute Ansätze, den angeblichen Verkürzungsbetrag deutlich nach unten zu korrigieren.

> ▶ **Beachte**
>
> Es empfiehlt sich, bereits frühzeitig und mit Nachdruck eine Akteneinsicht auch in die Steuerakten zu betreiben. Mit der Argumentation aus § 147 Abs. 3 StPO kann diese in jeder Lage des Verfahrens verlangt werden.

Die Steuerfahnder sind zwar nicht »Sachverständige« im Sinne dieser Vorschrift, die dahinterstehende Wertung trifft jedoch gleichermaßen zu. In dem späteren gerichtlichen Verfahren wird der Steuerfahndungsbeamte oder auch der zuständige Veranlagungsbeamte quasi als **»sachverständiger Zeuge«**[94] gehört. Seine Berechnung des verkürzten Betrages ist somit ähnlich dem Gutachten eines Sachverständigen zu verstehen.[95] Insbesondere gilt dies in den Fällen, in denen ein Haftbefehl erwirkt wurde. Der Haftgrund der Fluchtgefahr hängt oft eng mit der Höhe der verkürzten Steuer zusammen, da diese das wesentliche und – bedauerlicherweise – oft einzige Kriterium für die **Strafzumessung** ist. Da aber das Bundesverfassungsgericht klargestellt hat, dass ein Haftbefehl nur auf solche Tatsachen gestützt werden kann, hinsichtlich derer der Verteidiger Akteneinsicht erhalten hat,[96] ist dem Verteidiger zwingend auch Einsicht in die Steuerakten zu gewähren, wenn sich nur aus diesen

---

93 *Randt*, in: Joecks/Jäger/Randt, 9. Aufl. 2023, AO § 392 Rn. 79.

94 Zu dieser besonderen Problematik, die einen Befangenheitsantrag rechtfertigen kann, vgl. *Joecks*, Der Fachanwalt für Steuerrecht 1999, 661 ff.

95 Gleichwohl obliegt die Feststellung des Verkürzungsbetrages allein dem Richter, vgl. BGH wistra 2001, 22.; eine Bezugnahme auf Fahndungsberichte oder Aussagen genügt nicht, OLG Saarland wistra 2000, 38.

96 BVerfG wistra 1994, 342.

die Höhe des hinterzogenen Betrages ergibt. Obwohl § 30 AO auch im Steuerstrafverfahren gilt[97], hat der Betroffene ein berechtigtes Interesse an einer Akteneinsicht.[98]

Der Finanzbehörde ist es auch aus rechtlichen Gründen nicht verwehrt, eine Akteneinsicht zu genehmigen, da § 30 Abs. 4 Nr. 1 AO diese Möglichkeit auch vorsieht, wenn der Steuerpflichtige ein eigenes steuerliches Verfahren gegen einen Änderungsbescheid betreiben will oder es sich eben um das Steuerstrafverfahren des Steuerpflichtigen handelt, wie sich aus der Verweisung in § 30 Abs. 2 Nr. 1b AO ergibt.

Problematisch bleibt jedoch die Einsichtsmöglichkeit, soweit hierdurch die Offenbarung eines **Anzeigeerstatters** oder die Kenntnisnahme sonstiger vertraulicher Hinweise erreicht werden soll. Vertrauliche Hinweise aus der Arbeitsakte des Betriebsprüfers können ausgeheftet werden.[99] Ob dies jedoch auch im Strafverfahren gilt, erscheint höchst zweifelhaft. Die Offenbarung des Anzeigeerstatters soll nur ausnahmsweise geboten sein.[100]

▶ Muster: Antrag auf Akteneinsicht

An das

Finanzamt …

Bußgeld- und Strafsachenstelle

ÜlStr-Nr.:

Ermittlungsverfahren gegen N.N.

wegen Steuerhinterziehung

Sehr geehrte Damen und Herren,

in vorstehender Angelegenheit zeigen wir Ihnen ausweislich der im Original anliegenden Vollmacht an, dass wir Herrn N.N. vertreten und Herr Rechtsanwalt X zu seinem Verteidiger bestellt ist.

Wir beantragen hiermit

Akteneinsicht

in die Ermittlungsakte, sämtliche Beiakten, Beweismittelordner, die Steuerakten sowie die Handakte des Betriebsprüfers.

Wir bitten um Übersendung der Akten in unsere Kanzlei für drei Tage. Für die entstehenden Kosten sagen wir uns stark. Sofern eine Übersendung der Beweismittelordner, Steuerakten und der Handakte des Betriebsprüfers an unsere Kanzlei nicht möglich sein sollte bitten wir, uns diese über das hiesige Finanzamt zur Einsichtnahme an Amtsstelle zur Verfügung zu stellen.

Mit freundlichen Grüßen

XI. Verwertungsverbote

Ein gegen den Steuerpflichtigen eingeleitetes Steuerstrafverfahren lässt dessen steuerliche **Mitwirkungspflichten** zur Ermittlung der Besteuerungsgrundlagen unberührt, wie sich zweifelsfrei aus § 103 AO und § 393 Abs. 1 S. 2 AO ergibt. Die Pflichten können allein mit Zwangsmitteln nicht mehr durchgesetzt werden, dies ist aber auch schon alles. Kommt der Steuerpflichtige seinen Mitwirkungspflichten nicht nach, ist insbesondere der Weg für eine **Schätzung** der Besteuerungsgrund- 43

97 A.A. OLG Celle NJW 1990, 1802.

98 OLG Hamburg NStZ 1996, 43.

99 BFH NJW 1995, 352.

100 BFH BStBl. II 1985 S. 571; 1994, 552; BB 1994, 1413; *Plewka/Söffing* NJW 1994, 3200; *Streck/Obeling* BB 1994, 1267; allgemein zur Akteneinsicht im Steuerstrafverfahren: *Schumann* wistra 1995, 181.

lagen nach § 162 Abs. 2 AO frei. Auch eine Schätzung kann dann Grundlage für den einer strafrechtlichen Verurteilung zugrunde zu legenden Steuerverkürzungsbetrag sein.

Aus dem Nebeneinander von Besteuerungs- und Strafverfahren resultiert damit eine Vielzahl von rechtsstaatlich bedenklichen Problemen.

Ergibt sich im Verlauf einer Außenprüfung aufgrund voraussichtlicher erheblicher Mehrsteuern der Verdacht einer Steuerhinterziehung, so hat der Betriebsprüfer gemäß § 10 BpO die Prüfung zu unterbrechen und den Steuerpflichtigen zu belehren, dass seine Mitwirkung nun nicht mehr erzwungen werden kann. Es ist jedoch die leider übliche Praxis, dass dem Steuerpflichtigen oftmals erst in der Schlussbesprechung, also nach Abschluss der Außenprüfung, dieser Vorwurf gemacht wird. Dahinter steht wohl die nachvollziehbare Überlegung des jeweiligen Prüfers, die Prüfung ohne weitere Erschwernisse oder ein unangenehmes Klima zu Ende zu bringen. Dieser praktikable Ansatz ist jedoch mit rechtsstaatlichen Grundsätzen nicht in Einklang zu bringen. Es kann niemand ernsthaft behaupten, dass dem Prüfer erstmalig in Vorbereitung der Schlussbesprechung bewusst wird, dass der Verdacht einer Steuerstraftat bestehen könnte. Wenn dem so ist, dann drängt sich dieser Verdacht wesentlich früher, nämlich noch in der Prüfung auf, und der Prüfer verstößt gegen die zwingende Vorgabe der § 393 Abs. 1 S. 4 AO, § 10 BpO.

44 Der Verstoß gegen das **Zwangsmittelverbot** gem. § 393 Abs. 1 S. 2 AO hat nach der h.M. ein **Verwertungsverbot** der gewonnen Erkenntnisse gem. § 136a Abs. 3 S. 2 AO zur Folge.[101]

Ein Verwertungsverbot greift nach der BGH Rechtsprechung auch bei Verstößen gegen die **Belehrungspflicht** ein.[102] Alle Angaben, die der Beschuldigte infolge der **pflichtwidrig unterlassenen Belehrung** gemacht hat, dürfen nicht verwertet werden. Ausnahmen von diesem Verwertungsverbot sollen nur eingreifen, wenn der Beschuldigte bei Beginn der Vernehmung auch ohne Belehrung sein Schweigerecht gekannt und trotz dieses Wissens freiwillig ausgesagt hat und ferner für den Fall, dass der Beschuldigte später ausdrücklich oder durch schlüssiges Verhalten einer Verwertung nicht widersprochen hat, wobei letztere Ausnahme nur Gültigkeit hat, wenn der Beschuldigte zu diesem Zeitpunkt einen Strafverteidiger zum Beistand hatte (sog. **Widerspruchslösung**).[103]

Für den Steuerpflichtigen ergibt sich vor Einleitung des Steuerstrafverfahrens eine dem § 55 StPO vergleichbare Situation. Er ist einerseits zur Mitwirkung und Auskunftserteilung verpflichtet, darf aber belastende Angaben unterlassen. Insbesondere vor dem Hintergrund der § 393 Abs. 1 S. 4 AO, § 10 BpO darf der Steuerpflichtige bei Fragen davon ausgehen, dass ihm diese im Rahmen des Besteuerungsverfahrens gestellt werden. Allein die Aushändigung eines **Merkblattes** wird dem Steuerpflichtigen wohl kaum hinreichend Kenntnis von seinem Recht der Aussageverweigerung vermitteln und es erscheint insoweit mehr als fraglich, ob hierdurch die Ausnahmevoraussetzungen entsprechend der Rechtsprechung des BGH seitens der Finanzverwaltung geschaffen werden. Dies spricht insgesamt eher für ein strafprozessuales Verwertungsverbot.[104]

Fraglich ist jedoch, ob dieses strafprozessuale Verwertungsverbot auch im Besteuerungsverfahren zu berücksichtigen ist. Hierbei wird es entscheidend darauf ankommen, ob das Verwertungsverbot typisch strafprozessualen Charakter hat oder eher als Ausdruck eines allgemeinen Rechtsgedankens anzusehen ist, der auch zu einem Verwertungsverbot im steuerlichen Verfahren führen würde. Der damit verbundene Problemkreis lässt sich unter dem Schlagwort der **Fernwirkung** von Verwertungsverboten zusammenfassen.[105]

---

101 Vgl. BGH NStZ-RR 2012, 372 (372); *Tormöhlen* in: Hübschmann/Hepp/Spitaler, AO/FGO, 256. Lieferung 02.2020, § 393 AO Rn. 112 m.w.N.

102 Vgl. BGHSt 38, 214; BGH NJW 2005, 2723.

103 Vgl. BGHSt 38, 214.

104 Vgl. *Jäger*, in: Klein AO 16. Aufl. 2022, AO § 393 Rn. 41 ff.

105 Vgl. Karstens, in: Joecks/Jäger/Randt, 9. Aufl. 2023, AO § 393 Rn. 64 ff.

Der BFH verneint eine solche Fernwirkung. In Teilen der Literatur wird eine solche Fernwirkung aber grundsätzlich befürwortet. M.E. überzeugt die Ansicht, wonach eine Fernwirkung des strafprozessualen Verwertungsverbots nicht auf das Besteuerungsverfahren durchschlägt. Es ist überzeugend den abgabenrechtlichen Charakter in den Fokus zu setzen und hieran die Überlegungen auszurichten. Denn ob es zu einer strafrechtlichen Verurteilung kommt, lässt die Steuerschuld unberührt. Aus verfassungsrechtlicher Sicht würde deshalb die steuerliche Belastungsgleichheit negativ zugunsten desjenigen beeinflusst, der durch sein steuerstrafrechtlich relevantes Verhalten »den Ball ins Rollen« gebracht hat. Das darf berechtigterweise nicht im Strafrecht gelten. Aus abgabenrechtlicher Sicht überzeugt es hingegen. Richtig betont der BFH in seiner jüngeren Rechtsprechung aber auch, dass das Verwertungsverbot jedenfalls dann auf die Besteuerungsebene durchschlägt, wenn der Verfahrensverstoß »schwerwiegend«, »bewusst« oder »willkürlich« begangen wurde. 45

Problematisch ist das Zusammentreffen mit **Allgemeindelikten**, hier kommen Fragen des **Steuergeheimnisses** hinzu. Inwiefern ein Beweisverwertungsverbot besteht, wenn der Steuerpflichtige im Rahmen einer unrichtigen Steuererklärung von einer unechten Urkunde Gebrauch macht, ist umstritten. Anknüpfungspunkt sind mehrere Entscheidungen des Bayerischen Obersten Landesgerichts. Ein Verwertungsverbot i.S.d. § 393 Abs. 2 S. 1 AO wurde für den Fall angenommen, dass der Angeklagte im Rahmen einer Außenprüfung auf Anforderung des Prüfers gefälschte Belege vorgelegt hat.[106] Hier sei tateinheitlich eine Urkundenfälschung begangen worden, die nur dann der Staatsanwaltschaft mitgeteilt werden dürfe, wenn es sich um besonders schwerwiegende Straftaten i.S.d. § 393 Abs. 2 2, § 30 Abs. 4 Nr. 5 AO handele. Gleiches gelte für den Fall, dass die Belege auf Anforderung des Veranlagungsbezirks nach Einreichung der Steuererklärung abgefordert würden.[107] In einer dritten Entscheidung wurde ein Verwertungsverbot für den Fall abgelehnt, dass bereits der Steuererklärung gefälschte Unterlagen über Werbungskosten beigefügt waren.[108] Solche gefälschten Belege seien nicht in Erfüllung einer steuerrechtlichen Pflicht i.S.d. § 393 Abs. 2 S. 1 AO eingereicht worden. Zumindest die letzte Entscheidung des BayObLG ist richtig. Ob dies auch für die ersten beiden Entscheidungen zutrifft, erscheint zweifelhaft.[109] Der BGH hat schon seinerzeit signalisiert, dass er die Auffassung des BayObLG nicht teilt.[110] 46

Zur Problematik der Steuererklärungspflicht bei einem laufenden Steuerstrafverfahren und der hierzu vom BGH gefundenen Verwertungsverbotslösung[111]; ebenso zur Frage einer niedrigeren Konkretisierungspflicht hinsichtlich zu erklärender Einkünfte aus Straftaten.[112]

Die Verwendungsmöglichkeiten von strafrechtlichen Erkenntnissen für das Besteuerungsverfahren sind in der Vergangenheit deutlich erweitert worden. § 393 AO regelt das **Verhältnis zwischen Straf- und Besteuerungsverfahren.** Durch § 393 Abs. 3 AO wird die Verwendung der im Steuerstrafverfahren gewonnen Erkenntnisse auch für das Besteuerungsverfahren zugelassen. Dies gilt auch für Erkenntnisse, die dem **Brief-, Post- und Fernmeldegeheimnis** unterliegen. Die besondere Problematik des § 393 Abs. 3 AO ergibt sich dabei erst mit Blick auf die Regelungen des § 370 Abs. 3 Nr. 1 und 5 AO und § 100a Nr. 2 StPO, die eine Überwachung der Telekommunikation ermöglichen. Erkenntnisse aus einer **Telefonüberwachung** in einem Strafverfahren zum Beispiel wegen Umsatz- oder Verbrauchsteuerhinterziehung, die dann allein einkommen- oder schenkungssteuerliche Relevanz haben, könnten nun gleichwohl steuerlich verwertet werden, obgleich derentwegen eine Telefonüberwachung nicht zulässig gewesen ist und strafprozessual diese Zufallserkenntnisse nicht, bzw. nur in engen Grenzen des »Prinzips der Wiederholbarkeit« nach § 477 Abs. 2 StPO verwertet werden dürfen. 47

106 BayObLG wistra 1996, 353.
107 BayObLG wistra 1998, 117.
108 BayObLG wistra 1998, 197.
109 Vgl. *Maier* wistra 1997, 53; *Jarke* wistra 1997, 325; *Spriegel* wistra 1997, 323; *Joecks* wistra 1998, 86.
110 BGH wistra 1999, 341.
111 BGH wistra 2005, 148.
112 BGH wistra 2007, 17; BGHSt 49, 317–342.

Einer steuerlichen Verwertung solcher Erkenntnisse über § 393 Abs. 3 AO wäre argumentativ damit zu begegnen, dass diese strafprozessual nicht verwertbaren Erkenntnisse zu löschen sind und damit zwar anlässlich einer strafprozessual zulässigen Maßnahme »erlangt« aber nicht »gewonnen« worden sind. Damit stehen sie dann auch für das Besteuerungsverfahren nicht zur Verfügung. Dies betrifft allerdings lediglich die Qualität als Beweismittel. Nach den Motiven des Gesetzgebers sollen sie als Ermittlungsansatz im Strafverfahren durchaus Verwendung finden dürfen. Auch soll eine Verwendung stattfinden dürfen, wenn es um dieselbe Tat i.S.d. § 264 StPO geht.[113]

C. Steuerstraftaten

I. Allgemeines

48 Die Steuerhinterziehung gem. § 370 AO ist der wichtigste Tatbestand der strafbewährten Steuerstraftaten. Nicht nur unter Rechtswissenschaftlern und nicht erst seit den Geschehnissen um die Cum-Ex/Cum-Cum Geschäfte, führt sie ein schillerndes Dasein. Vielmehr steht sie – mal mehr, mal weniger berechtigt – im ständigen politischen, wie gesellschaftlichen Diskurs.

Die **Bedeutung** der Steuerhinterziehung aus kriminologischer Perspektive lässt sich nur schwer anhand eines statistischen Befunds verdeutlichen.[114] Dies hängt insbesondere mit dem nur schwierig abschätzbaren Dunkelfeld[115] – d.h. der Taten, die nicht entdeckt sind – zusammen.[116] Das »Hellfeld« für das beispielhaft gewählte Jahr 2021 beläuft sich nach Statistiken des BMF, auf insgesamt 32.000 erledigte Ermittlungsfälle, bei denen ein steuerliches Mehrergebnis von insgesamt circa 2,2 Mrd. € festgestellt worden ist.[117]

Rechtsgut des § 370 AO ist nach h.M. das **rechtzeitige und vollständige staatliche Steueraufkommen im Ganzen.**[118] Andere Ansichten konnten sich nicht durchsetzen.[119] Diese Auffassung überzeugt.

Das Spezialdelikt des § 370 AO ist nach überwiegender und richtiger Auffassung als **Erfolgs- und Vermögensdelikt** einzuordnen.[120] Eines Verletzungserfolges bedarf es gleichwohl nicht. Ausreichend ist die Gefährdung des durch die Steuerhinterziehung geschützten Rechtsgutes.[121] D.h. der Erfolg tritt bereits dann ein, wenn der materiell-rechtlich entstandene Steueranspruch durch eine unrichtige Steuerfestsetzung bedroht wird.[122]

---

113 BT-Drs. 16/5846 S. 66.

114 Vgl. zu diesem Topos: *Schmitz/Wulf*, in: MüKo StGB, 3. Aufl. 2019, AO § 370 Rn. 34; *Singelnstein* MschrKrim 2015, 48–68.

115 Beispielhaft sei hier an die Cum-Ex/Cum-Cum Geschäfte erinnert, deren Aufdeckung eine lange Zeit in Anspruch genommen hat.

116 Hierzu und zum Fehlen eines empirischen Verfahrens: vgl. *Kirchler/Maciejovsky*, in: Wirtschaftspsychologie, S. 204 (226 ff.) m.w.N.

117 Verfolgung von Steuerstraftaten und Steuerordnungswidrigkeiten im Jahr 2021 – Monatsbericht Oktober 2022 des BMF (Abrufbar unter www.bundesfinanzministerium.de); zur Bewertung vgl. zudem: *Schmitz/Wulf*, in: MüKo StGB, 3. Aufl. 2019, AO § 370 Rn. 37 f.

118 BGHSt 53, 71 (80); OLG Hamburg NStZ-RR 2001, 147 (148); BVerfG v. 29.4.2010 – 2 BvR 871/04, BVerfGK 17, 273 (297); *Schmitz/Wulf*, in: MüKo StGB, 3. Aufl. 2019, AO § 370 Rn. 2 m.w.N.

119 Hierzu und auch zu den Gegenansichten, siehe Darstellung bei *Ransiek* in: Kohlmann, Steuerstrafrecht, 75. Lieferung 05.2022, § 370 AO Rn. 53 ff.

120 Statt Vieler: *Schmitz/Wulf*, in: MüKo StGB, 3. Aufl. 2019, AO § 370 Rn. 11 m.w.N.

121 BGHSt 53, 99, 107; BGH NStZ 2009, 510 (511); a.A. *Hellmann* in: DJStG 38 (2015), S. 53 (69).

122 So ausdrücklich BGH NZWiSt 2014, 157 (159); statt Vieler: *Peters*, in: Hübschmann/Hepp/Spitaler, AO/FGO, 253. Lieferung 07.2019, § 370 AO Rn. 70 m.w.N.; teilw. a.A. *Hardtke*, Steuerhinterziehung durch verdeckte Gewinnausschüttung (1995), S. 127, 144, 148: ordnet die Steuerhinterziehung als konkretes Gefährdungsdelikt ein; *Gaede*, in: Esser/Rübenstahl/Saliger/Tsambikakis, Wirtschaftsstrafrecht, § 370 AO, Rn. 22.

Entsprechend dieser Einordnung sieht die h.M. in der Steuerhinterziehung ein **konkretes Gefährdungsdelikt**[123]. Deshalb wird eine Steuerhinterziehung auch dann angenommen, wenn der Steueranspruch hätte niemals durchgesetzt werden können, weil der Schuldner nicht über die nötigen Mittel verfügt.[124]

Nach richtiger, aber erheblich umstrittener Auffassung ist die Steuerhinterziehung zudem als ***Blankettvorschrift*** einzuordnen, nicht als *Vorschrift mit normativen Tatbestandsmerkmalen.*[125] Ursprung dieser Differenzierung ist, ob die Anforderungen des Art. 103 Abs. 2 GG auch auf das materielle Steuerrecht zu erstrecken sind.[126] Richtigerweise muss sich deshalb die Beantwortung dieser Frage am Telos des Art. 103 Abs. 2 GG ausrichten.[127] Sein Sinn besteht u.a. darin, das von der Norm gewollte und strafbewährte Verhalten für einen Normenadressaten (Adressatenkreis) vorhersehbar und berechenbar zu umschreiben, damit der Adressatenkreis sein Verhalten danach ausrichten kann.[128]

Nimmt man diese Einordnung ernst und vergegenwärtigt sich zugleich des nur unscharf umrissenen Rechtsguts der Steuerhinterziehung (welches sozial-ethische Bild soll der Einzelne vom »staatlichen Steueraufkommen« haben?)[129], kann der Normenadressat allein durch Lektüre des § 370 AO seinen Freiheitsbereich nicht abgrenzen und hiernach ausgerichtet handeln. Ein anderes Verständnis hätte zur Folge, dass jedes irgendwie steuerlich relevante Verhalten aus Sicht des Adressaten potenziell eine Steuerhinterziehung sein könnte. Ist man sich aber einig, dass Art. 103 Abs. 2 GG genau dies u.a. verhindern möchte[130], verdeutlicht dies die Richtigkeit des gefunden Ergebnisses.

Über die rückgreifende ***Verweisungsnorm des § 369 Abs. 2 AO*** wird klargestellt, dass die allgemeinen Gesetze über das Strafrecht Anwendung finden. Diese Vorschrift hat jedoch nur deklaratorische Bedeutung, da ohne sie nichts anderes gelten würde, denn die §§ 370–376 AO enthalten offensichtlich keine vollständige Regelung des Steuerstrafrechts.

Der Tatbestand der Steuerhinterziehung ist in § 370 Abs. 1 AO umschrieben.

II. Der Tatbestand

Der Tatbestand der Steuerhinterziehung ist in § 370 Abs. 1 AO umschrieben. 49

123 Aus der Rechtsprechung: BGHSt 53, 99, 106 f.; wörtlich BGH v. 17.3.2009 – 1 StR 627/08, BGHSt 53, 221, 229; BGH v. 17.3.2009 – 1 StR 479/08, NStZ 2009, 512, 513; BGH, Beschluss vom 22. November 2012 – 1 StR 537/12 –, BGHSt 58, 50–59; aus der Lit.: *Krumm,* in: Tipke/Kruse, AO/FGO, 170. Lieferung 05.2022, § 370 AO Rn. 5; *Grötsch,* in: Joecks/Jäger/Randt, 9.Aufl. 2023, AO § 370 Rn. 27; *Hardtke,* GS Joecks, 467 (469 ff.); **a.A.** *Ransiek* in: Kohlmann, Steuerstrafrecht, 75. Lieferung 05.2022, § 370 AO Rn. 59).

124 Fehlende Wertigkeit, vgl. *Schmitz/Wulf,* in: MüKo StGB, 3. Aufl. 2019, AO § 370 Rn. 90.

125 Aus der Rspr.: BVerfG wistra 2011, 458; BVerfG wistra 1991, 175; aus der Lit.: *Sontheimer,* DStR 2014, 357 (358); *Tipke,* Steuerrechtsordnung I, 2. Aufl. 2000, S. 144 f.; *Kirchhof* NJW 1985, 2977 (2982); *Isensee* NJW 1985, 1007 (1008); **a.A.** *Gaede,* Der Steuerbetrug, 1. Aufl. 2016, S. 471.

126 Dies ist zu bejahen, wenn § 370 AO eine Blankettnorm ist.

127 Statt Vieler: *Gaede,* Der Steuerbetrug, S. 462 ff.

128 BVerfG NJW 1987, 3175 f., m.w.N.; BVerfG NJW 2010, 3209 (3210); vgl. *Epping/Hillgruber,* in: BeckOK Grundgesetz, 54. Ed. 15.8.2022, GG Art. 103 Rn. 24ff.; so auch *Bülte,* in: GS Joecks, S. 365 (366).

129 Gemeint ist hiermit, dass bspw. die Rechtsgüter beim Betrug und Diebstahl durch den Einzelnen durch mit ihnen verknüpfte sozial-ethische Vorstellung besser umrissen werden können. Beim staatlichen Steueraufkommen besteht dieses sozial-ethische Bild nicht; ähnlich argumentieren bereits: *Isensee* NJW 1985, 1007 (1008) sowie *Kirchhof* NJW 1985, 2977 (2982); **a.A.** *Gaede,* Der Steuerbetrug, S. 463 ff.

130 Ansonsten wäre zugleich der Freiheitsanspruch des Art. 2 Abs. 1 GG mit einer umfassenden Strafbewährung versehen.

1. Überblick

50 Der Grundtatbestand des § 370 enthält in Abs. 1 die Umschreibung des Tatbestandes. Die Absätze vier bis sieben ergänzen die Umschreibungen des tatbestandlichen Erfolges. In Absatz zwei wird die Versuchsstrafbarkeit angeordnet. Absatz drei regelt die besonders schweren Fällen unter Verwendung der aus dem Kernstrafrecht bekannten Regelungstechnik, unter Nennung nicht abschließender Regelbeispiele.

51 Zur Verwirklichung des objektiven Tatbestandes der Steuerhinterziehung bedarf es einer (1) tatbestandlichen Handlung, eines (2) tatbestandlichen Erfolges sowie (3) eines Kausalzusammenhangs zwischen Handlung und Erfolg.

Zur Umschreibung von Erfolgsunwert und Verhaltensunrecht, bedient sich Absatz 1 einer Kombinationstechnik. Kombiniert werden hierbei drei denkbare Verhaltensvarianten mit zwei denkbaren Erfolgsalternativen. Hierdurch kann es sechs Kombinationen geben.

Von Verhaltensseite aus werden unterschieden: (1) machen unrichtiger o. unvollständiger Angaben (Nr. 1), (2) pflichtwidrigeres in Unkenntnis lassen (Nr. 2) sowie (3) pflichtwidrige nicht Verwendung von Steuerzeichen o. -stemplern (Nr. 3).

Vom Erfolg aus werden unterschieden: die (1) Steuerverkürzung (§ 370 Abs. 1 1. Alt u. Abs. 4 S. 1) sowie die (2) Steuervorteilserlangung (§ 370 Abs. 1 2. Alt. u. Abs. 4 S. 2).

Die Steuerhinterziehung ist als nebenstrafrechtliche Vorschrift in das allgemeine Kernstrafrecht eingebettet, vgl. § 369 Abs. 2 AO. Für sie gelten hiernach die allgemeinen Vorschriften des StGB (bspw. Vorsatz (§ 16 ff.), Versuch (§ 23 f. StGB)).

Grundsätzlich schützt die Steuerhinterziehung »**Steuern**« (§ 3 Abs. 1 AO) oder »**Steuervorteile**« (Stundung, Erlass, etc.). Dem Wortlaut nach ist deshalb der Anwendungsbereich nicht ausdrücklich für steuerliche Nebenleistungen i.S.d. § 3 Abs. 4 AO eröffnet.[131]

Es ist allerdings umstritten, ob aufgrund der Verweisung in § 1 Abs. 3 AO, der § 370 *entsprechend* auf **steuerliche Nebenleistungen** anzuwenden ist oder ob dem nicht sogar zusätzlich das Erfordernis einer ausreichenden Bestimmtheit aus Art. 103 Abs. 2 GG entgegensteht.[132]

Rechtsprechung und Literatur erachten *überzeugend* § 370 für steuerliche Nebenleistungen als nicht anwendbar, trotz der Verweisung in § 1 Abs. 3 AO.[133] Von dieser Einordnung sind Zinsen und zinsähnlichen Ansprüche[134] ausgenommen, da mit § 239 Abs. 1 AO eine ausdrückliche Verweisung existiert, die die angedeuteten Konflikte eindeutig zugunsten der Anwendung von § 370 auflöst.[135]

131 Einheitliche Auffassung, statt Vieler: *Schmitz/Wulf*, in: MüKo StGB, 3. Aufl. 2019, AO § 370 Rn. 58.

132 Vgl. allgemein zu dieser Problematik *Peters*, in: Hübschmann/Hepp/Spitaler, AO/FGO, 253. Lieferung 07.2019, § 370 AO Rn. 247 f.

133 Aus der Rechtsprechung: BGH NJW 1998, 1568 (1576) bzgl. Säumnis- und Verspätungszuschläge; BayObLG NStZ 1981, 147 (148) bzgl. Säumniszuschläge; BGH NStZ 2007, 596 (597) bzgl. Zinsen gem. § 233a AO; aus der Literatur: *Grötsch*, in: Joecks/Jäger/Randt, 9. Aufl. 2023, AO § 370 Rn. 52; *Krumm*, in: Tipke/Kruse, AO/FGO, 170. Lieferung 05.2022, § 370 AO Rn. 76.

134 So nur *Peters*, in: Hübschmann/Hepp/Spitaler, AO/FGO, 253. Lieferung 07.2019, § 370 AO Rn. 252.

135 BGH, NStZ 2007, 596 (597) für Zinsen nach § 233a AO; *Jäger* NStZ 2007, 688 (693); i.E. zust. *Müller-Horn*, Steuerliche Nebenleistungen, S. 116 ff.; *Schmitz/Wulf*, in: MüKo StGB, 3. Aufl. 2019, AO § 370 Rn. 61.

Im Verhältnis zum Betrug gem. § 263 StGB (und mit ihm verwandter Delikte) ist die Steuerhinterziehung nach herrschender Meinung *lex specialis*[136]. Die Untreue gem. § 266 StGB tritt hingegen nicht zurück.[137]

2. Täterschaft und Teilnahme

Die Abgrenzung zwischen Täterschaft und Teilnahme orientiert sich nach den aus dem Kernstrafrecht bekannten Abgrenzungskriterien. Die exakte Abgrenzungslinie ist hier wie dort umstritten.[138] Sie soll hier nicht wiedergegebene werden. Täter ist mit der h.M. in der Literatur somit, wer die Tat als eigene will und das Tatgeschehen beherrscht, indem er planvolllenkend das Geschehen in den Händen hält und nach seiner Vorstellung anhalten und weiterlaufen lassen kann.[139] 52

Täter einer Steuerhinterziehung kann grundsätzlich jede natürliche Person (»wer«), die die Möglichkeit hat negativ auf Erhebung, Festsetzung und Vollstreckung der materiell-rechtlichen Steuer einzuwirken und damit zuungunsten des Steuergläubigers zu handeln.[140] Dies gilt zunächst für die aktive Begehungsform gem. § 370 Abs. 1 Nr. 1 AO. Hiermit ist allen voran der Steuerschuldner gemeint. Aber auch ohne steuerlich verpflichtet zu sein, kann eine (Allein-)Täterschaft begründet werden. 53

Beispielhaft ist hier der ***Steuerberater*** zu nennen, der sowohl als (Allein-)Täter (§ 25 Abs. 1 1. Alt StGB), als Mitttäter (§ 25 Abs. 2 StGB) oder mittelbarer Täter (§ 25 Abs. 1 2. Alt) auftreten kann, nicht nur als Teilnehmer o. als undoloses Werkzeug einer fremden mittelbaren Täterschaft.

Täter einer Steuerhinterziehung kann auch ein **Finanzbeamter** sein, der eine unrichtige Steuererklärung durchwinkt[141] o. eine Steuererklärung eines nicht existenten Steuerpflichtigen fingiert[142].

Bei den Unterlassungsalternativen (§ 370 Abs. 1 Nr. 2 u. 3) ist der Täterkreis durch das Element der *Pflichtwidrigkeit* begrenzt. Täter kann nur der sein, den eine Verpflichtung trifft die Finanzbehörde aufzuklären (Nr. 2) bzw. die richtigen Steuerzeichen o. Steuerstempler zu nutzen (Nr. 3).[143] Diese Begrenzung schlägt auch auf die übrigen Täterschaftsformen durch, sodass eine Mittäterschaft bzw. mittelbare Täterschaft ohne dieses Erfordernis nicht zu einer Strafbarkeit führen kann.[144] Es handelt sich somit um *Sonderdelikte.*[145] Im Zusammenhang mit einer Teilnehmerstrafbarkeit ist die *Pflichtwidrigkeit* – nunmehr auch von der Rechtsprechung erkannt[146] – richtigerweise als besonderes

---

136 *Krumm* in: Tipke/Kruse, AO/FGO, 170. Lieferung 05.2022, § 370 AO Rn. 6; *Rolletschke*, in: Graf/Jäger/Wittig, 2. Auflage 2017, § 370 AO Rn. 6; aus der Rspr. statt Vieler: BGHSt 51, 356, wistra 2007, 388.

137 Vgl. BGHSt 51, 356 = BGH NJW 2007, 2864 (2866).

138 Zu den Abgrenzungstheorien mit Nachweisen aus der Rspr. in Bezug auf das Kernstrafrecht: *Roxin*, Strafrecht Allgemeiner Teil Band II, § 25 Rn. 10 ff.; *Joecks/Scheinfeld*, in: MüKo StGB, 4. Auflage 2020, StGB § 25 Rn. 4ff.; in Bezug auf das Steuerstrafrecht: *Rolletschke*, in: Graf/Jäger/Wittig, 2. Auflage 2017, § 370 Rn. 281 ff.

139 Vgl. *Joecks/Scheinfeld*, in: MüKo StGB, 4. Auflage 2020, StGB § 25 Rn. 10ff; a.A.: Gefahrerhöhung als entscheidendes Abgrenzungsmerkmal: *Joecks/Scheinfeld*, in: MüKo StGB, 4. Auflage 2020, StGB § 25 Rn. 35.

140 Sog. »*Jedermannsdelikt*«, vgl. BGHSt 51, 356 (359) u. 23, 319 (322); zuletzt BGH NZWiSt 2018, 66 (68); *Grötsch*, in: Joecks/Jäger/Randt, 9.Aufl. 2023, AO § 370 Rn. 31; *Peters* in: Hübschmann/Hepp/Spitaler, AO/FGO, 253. Lieferung 07.2019, § 370 AO Rn. 86; *Hellmann*, in: GS Joecks S. 483 (492).

141 Vgl. BGH NJW 2011, 1299.

142 BGH NStZ 2007, 596 (598) auch zum Verhältnis zur Untreue; hierzu auch *Jäger*, in: Klein, AO 16. Aufl. 2022, § 370 Rn. 36.

143 BGH DStR 2013, 1177 (1180); BGH NZWiSt 2018, 498; *Schmitz/Wulf*, in: MüKo StGB, 3. Aufl. 2019, AO § 370 Rn. 413.

144 BGHSt 58, 218; BGH wistra 1987, 147.

145 *Gaede*, Der Steuerbetrug, 744 ff;.

146 BGH NJW 2019, 1621 (1622); früher sah die Rechtsprechung in dem Merkmal kein persönliches Merkmal i.S.d. § 28 Abs. 1 StGB, vgl. nur BGH NJW 2011, 2526 (2527).

täterbezogenes, persönliches Merkmal i.S.d. § 28 Abs. 1 StGB verstanden. Es kommt daher beim Teilnehmer zu einer *Strafrahmenverschiebung,* wenn bei ihm dieses Merkmal fehlt.[147]

54 **Mittelbarer Täter** (§ 25 Abs. 1 2. Alt. StGB) einer Steuerhinterziehung ist wer die Tat »durch« einen anderen begeht. Eine solche setzt voraus, dass der Vordermann (das »Werkzeug«) an einem Strafbarkeitsminus leidet, dass vom Hintermann beherrscht wird. Die Beherrschung kommt dabei durch drei klassische Varianten vor: (1) Tatherrschaft kraft überlegenen Wissens, (2) Tatherrschaft kraft überlegenen Wollens sowie (3) kraft überlegener Organisationsherrschaft.[148] Die sog. *Nötigungsherrschaft (2)* ist soweit ersichtlich höchstrichterlich bisher nicht in Erscheinung getreten. Die letzte Fallgruppe ist in höchstem Maße umstritten[149], wobei die Notwendigkeit nicht klar wird. Die in dieser Fallgruppe in Betracht kommenden *»Täter hinter dem Täter«* sind regelmäßig Personen, die ohnehin kraft ihrer Stellung in einer Gesellschaft durch Gesetz steuerlich verantwortliche sind. Dann kommt aber bereits die (Allein-)Täterschaft in Betracht. Regelmäßige und häufigste Fallgruppe i.R.d. § 370 AO i.V.m. § 25 Abs. 1 2. Alt StGB ist deshalb die Beherrschung kraft Wissensvorsprung.[150]

Mittelbarer Täter einer Steuerhinterziehung ist somit bspw., wer als wissender Auftraggeber, unverzollte Zigaretten durch eine Speditionsfirma einführen lässt[151] o. wer als Steuerpflichtiger unrichtige Angaben an seinen unwissenden Steuerberater weitergibt.[152]

55 Als **Mittäter** handelt, wer mit einem anderen aufgrund eines (1) gemeinsamen Tatplans eine Tat (2) gemeinschaftlich begeht.

In den Worten des BGH ist Mittäter, wer *»nicht nur fremdes Tun fördert, sondern einen eigenen Tatbeitrag derart in die gemeinschaftliche Tat einfügt, dass sein Beitrag als Teil der Tätigkeit des anderen und umgekehrt dessen Tun als Ergänzung des eigenen Tatanteils erscheint.«*[153] Ob diese Voraussetzungen erfüllt sind, bestimmt der BGH durch eine wertende Gesamtschau der Begleitumstände, wie z.B. das eigene Interesse an der Tat usw.

56 **Anstifter** (§ 26 StGB) ist wer einen anderen zu dessen vorsätzlich, rechtswidrigen Tat bestimmt hat. Bestimmen ist hierbei das kausale Hervorrufen des Tatentschlusses bei einem Haupttäter. Für die Frage, ob ein Handeln hiernach als Anstiftung zu qualifizieren ist, gelten die allgemeinen Grundsätze.

57 **Gehilfe** (§ 27 StGB) ist, wer vorsätzlich einem anderen zu dessen vorsätzlich begangener rechtswidriger Tat Hilfe leistet, § 27 Abs. 1 StGB. Wie bei der Anstiftung ist zunächst vorausgesetzt, dass eine vorsätzliche rechtswidrige Tat gegeben ist. Dies ist die von einer anderen Person begangenen Steuerhinterziehung. Die »Hilfe« kann hierbei sowohl physisch als auch psychisch geleistet werden

Möglich ist zunächst physische Beihilfe (Hilfeleistung durch Tat). Dies ist jede Handlung, die die Haupttat ermöglicht, ihren rechtsgutsverletzenden Erfolg vergrößert oder dem Haupttäter ihre Durchführung erleichtert, indem sie ihm Leistungen abnimmt, die für den Erfolg erforderlich sind. Im Rahmen einer Steuerhinterziehung ist diese Konstellation selten, aber denkbar. Eine psychische Beihilfe (Beihilfe durch Rat) liegt unproblematisch vor, wenn vonseiten des Gehilfen eine sogenannte »technische Rathilfe« geleistet wird.

Die Beihilfe zur Steuerhinterziehung ist in zweierlei Hinsichten als Problematisch zu beurteilen: (1) bzgl. des Kausalitätserfordernisses zwischen (Haupt-)Taterfolg und Beihilfehandlung, sowie (2) hinsichtlich der sog. »Neutralen« Beihilfehandlungen.

147 *Ransiek* in: Kohlmann, Steuerstrafrecht, 67. Lieferung 08.2020, § 370 AO, Rn. 271; *Schmitz/Wulf*, in: MüKo StGB, 3. Aufl. 2019, AO § 370 Rn. 453.

148 BGH wistra 1991, 138 (144); OLG Düsseldorf wistra 1989, 72; BFH, BStBl. II 1996, 554; vgl. auch: *Joecks*, in: MüKo StGB, 4. Aufl. 2020, StGB § 25 Rn. 58 ff.

149 Zusammenfassende Darstellung bei *Joecks*, in: MüKo StGB, 3. Aufl. 2017, StGB § 25 Rn. 146 ff.

150 *Peters* in: Hübschmann/Hepp/Spitaler, AO/FGO, 253. Lieferung 07.2019, § 370 AO Rn. 628.

151 BGH NStZ 2019, 158 (158).

152 FG Nürnberg ZEV 2016, 668.

153 BGH NStZ 2006, 44.

(1) In ständiger Rechtsprechung vertritt der BGH, dass eine tatbestandserfüllende Beihilfehandlung in jedem Handeln zu sehen sei, dass die Haupttat irgendwie fördert, ohne hierfür (mit-)ursächlich sein zu müssen. Der überwiegende Teil in der Literatur verlangt hingegen Kausalität, allerdings mit unterschiedlichen Anforderungen hinsichtlich der deshalb zu stellenden Anforderungen.

Divergenzen bestehen zwischen diese beiden Auffassungen so gut wie nur im Bereich der sog. »psychischen Beihilfe«. Eine solche Konstellation liegt vor, wenn der Täter zur Haupttat nur in der Weise einen Beitrag geleistet hat, dass er sich mit dem Täter solidarisiert hat. Also bspw. den Tatentschluss des Haupttäters stärkt, ihm die letzten Skrupel ausredet oder ihm ein größeres Gefühl der Sicherheit gibt.

Äußert etwa der Täter am Stammtisch den Plan, seine Umsätze künftig um 10 % zu niedrig anzugeben, um Liquidität für sein Unternehmen zu schöpfen, beginge sein Freund Beihilfe zur Steuerhinterziehung, wenn er auch nur erklärt, er finde diese Idee brillant. Dies ist vordergründig die Konsequenz der weiten Auffassung der Rechtsprechung. Zuzugeben ist jedoch, dass auch die Rechtsprechung in diesem Bereich nun fordert, die Solidarisierung müsse auch objektiv zum Bestärken geeignet sein. Der Hilfeleistende müsse hiernach den Täter zumindest »bestärken« und ihm hierdurch das »Gefühl der Sicherheit bei der Tatausführung« verschaffen.

Dem entsprechend sollen auch die Fälle gelöst werden, in denen die Beihilfehandlung in der bloßen Anwesenheit des Hilfeleistenden besteht. Es muss festgestellt sein, dass die Anwesenheit die Tat objektiv gefördert oder erleichtert hat, und dass der Gehilfe sich dessen bewusst war. Das bloße »Dabei sein« in Kenntnis einer Straftat reiche selbst bei deren Billigung nicht aus, die Annahme von Beihilfe im Sinne aktiven Tuns zu begründen. Anderenfalls würden die rechtlichen Anforderungen im Hinblick auf die Garantenpflichten beim unechten Unterlassen umgangen und die Strafbarkeit im Bereich der Beihilfe ausgedehnt. Wichtigstes Ergebnis ist insoweit sicherlich, dass auch nach der Rechtsprechung des BGH ein »Billigen« als solches noch nicht die Strafbarkeit ausmachen kann, sondern mehr hinzukommen muss. Eine psychische Beihilfe erfordert, dass sich der Haupttäter durch das Verhalten des »Gehilfen« bestärkt fühlen durfte (objektive Eignung), der Haupttäter den Hilfeleistenden auch wahrgenommen hat und sich der Gehilfe dessen bewusst gewesen ist.

Insgesamt sind die Grenzen zwischen (noch) zulässigem und (schon) verbotenem Verhalten aber weiterhin überaus unscharf. Die Betroffenen sind zurzeit mehr oder minder vom guten Willen des Strafverfolgers abhängig, der über die Frage zu entscheiden hat, ob dieser Dritte oder dieser Angestellte ebenfalls angeklagt wird und dabei oftmals den Ausweg über die Verneinung des subjektiven Tatbestands wählt.

(2) Sog. »neutrale« Beihilfehandlungen zeichnen sich objektiv dadurch aus, dass es sich um »alltägliche«, »berufsspezifische« oder »normale« Verhaltensweisen handelt, die der »Hilfeleistende« im Wissen bzw. unter billigender Inkaufnahme der Förderung eines strafbewährten Handelns eines anderen vornimmt.

Der BGH vertritt hierzu die Auffassung, dass »neutrales« berufstypisches Handeln nicht per se straflos sei. Wisse der Hilfeleistende, dass das Handeln des Täters ausschließlich darauf abzielt eine strafbare Handlung zu begehen, handele es sich hierbei um eine strafbewährte Beihilfehandlung. In diesem Fall solidarisiere sich der Hilfeleistende, seine Handlung verliere hier durch ihren Alltagscharakter. Halte es der Hilfeleistende nur für möglich, dass seine Handlung für eine Straftat genutzt wird, ist hierin noch keine strafbare Handlung zu erblicken. Nur wenn in diesem Fall, dass erkannte Risiko derart hoch ist, dass er hierdurch einen erkennbar tatgeneigten Täter unterstütze. Die Anknüpfung der Teilnahmestrafbarkeit an sicheres Wissen findet sich nun auch in einer Entscheidung des BVerfG.

Während aber die Rechtsprechung im Einzelfall entscheidet und verallgemeinerungsfähige Aussagen vermeidet, hat die jüngere Literatur eine Reihe von Kriterien entwickelt, die eine Abgrenzung zwischen noch straflosem, weil »neutralem«, und schon strafbarem Verhalten ermöglichen sollen. Auf diese Kriterien, die unter den Stichworten »neutrales Verhalten«, »sozialadäquates Verhalten«,

»Korrektur durch professionelle Adäquanz« oder »Prinzip der Eigenverantwortung« diskutiert werden, soll hier nur verwiesen werden.

Problematisch wird die Reichweite der § 370 AO, § 27 StGB etwa bei Arbeitnehmern, wobei es dabei insbesondere um Fälle der Beihilfe durch Tat geht. Fertigt etwa die Sekretärin die Reinschrift einer unrichtigen Umsatzsteuervoranmeldung, ist dies kausal für die Steuerhinterziehung. Handelt sie in Kenntnis der Sach- und Rechtslage, ist der – nach seinem Wortlaut weite – Tatbestand der Beihilfe erfüllt, soweit die Haupttat zumindest versucht wird. Der Bundesgerichtshof hatte den Fall einer Sekretärin zu beurteilen und in diesem Zusammenhang ausgeführt:

> »Der Senat ist zwar nicht der Auffassung, dass jede Mitwirkung – etwa eines Arbeitnehmers – beim Umsatz in Kenntnis der diesem nachfolgenden Umsatzsteuerhinterziehung durch den Steuerpflichtigen als Beihilfe zu dem Steuervergehen zu würdigen sei. Eine für die Wertung als Beihilfe sprechende besondere Sachlage kann aber dann gegeben sein, wenn das ganze Unternehmen, an dem ein Helfer mitwirkt, ausschließlich darauf abzielt, einen Gewinn durch Steuerhinterziehung zu erreichen. In einem solchen Falle kann die dem Umsatzgeschäft nachfolgende Hinterziehung der darauf zu zahlenden Steuern rechtlich nicht losgelöst von jenem betrachtet werden; vielmehr stellt sich das ›Umsatzgeschäft‹ lediglich als eine zur Zielerreichung unerlässliche Vorbereitung der angestrebten Steuerhinterziehung dar«.

Schreibt die Sekretärin – anders als in dem von der BGH-Entscheidung zugrunde gelegten Sachverhalt – nicht nur unrichtige Umsatzsteuervoranmeldungen, sondern zu 99 % korrekte Geschäftspost, wird auch die Rechtsprechung die Frage, ob die Unterstützung im Rahmen eines »ordentlichen« Unternehmens tatsächlich zur Haftung als Gehilfin führt, verneinen, wenn nicht Besonderheiten hinzutreten.

Entsprechendes gilt bei der Bezahlung von Handwerkern. Bezahlt ein Privatmann einen nicht-bilanzierenden Handwerker obwohl er weiß, dass dieser die entsprechenden Einnahmen steuerlich nicht erklären wird, ermöglicht er mit der Zahlung erst die Hinterziehung – ohne Zufluss (§ 11 EStG) gibt es nichts zu verschweigen. Diese Ermöglichung beschränkt sich aber darauf, den Steueranspruch überhaupt erst zum Entstehen zu bringen, den der Handwerker später »vereiteln« will. Die Frage ist, ob der Fiskus durch die Zahlung schlechter gestellt wird. Abgesehen davon, dass der Auftraggeber verpflichtet ist, den vereinbarten Werklohn zu bezahlen, wird doch durch die Zahlung die Position des Fiskus verbessert: Es entsteht insoweit erst ein Steueranspruch.

Bereits zuvor hatte der Bundesgerichtshof entschieden, dass allein durch den Abschluss eines Werkvertrages der Auftraggeber noch nicht Gehilfe der von den Werkunternehmern später begangenen Steuerhinterziehung wird. In dem entsprechenden Fall hatte der Angeklagte mehrere Personen gegen Bezahlung beim Umbau seines Hauses eingesetzt und war wegen Hinterziehung von Lohnsteuer angeklagt worden. Dieser Vorwurf konnte nicht aufrechterhalten werden, da die Arbeitgebereigenschaft nicht feststand. Das Landgericht verurteilte wegen Beihilfe zur Hinterziehung von Einkommen- und Umsatzsteuer. Der BGH verneint eine Beihilfe und verweist in Abgrenzung zum Fall der Sekretärin, die eine unrichtige Voranmeldung schrieb, darauf, dass »hier die Tätigkeit des Werkunternehmers nicht ausschließlich dem Ziel (diente), eine Steuerhinterziehung vorzubereiten«.

Hieraus lässt sich als Regel ableiten, dass eine Ursächlichkeit für eine spätere Steuerhinterziehung nicht zwingend zur Teilnahme führt, solange die Tätigkeit des »Gehilfen« auch oder primär anderen Zielen dient. Erst wenn der Auftraggeber weitere (Verschleierungs-) Handlungen vornimmt, die es dem Handwerker ermöglichen (sollen), eine Steuerhinterziehung zu begehen, kann ihm – vielleicht – ein Vorwurf gemacht werden.

Die vorstehenden Ausführungen zeigen, dass der BGH alleine die Kausalität einer (Beihilfe-)Handlung für den Erfolg nicht immer genügen lässt. Vielmehr muss der Hilfeleistende Wissen, dass seine Handlung eine Straftat fördert. Oder es muss sich ihm nach den Umständen des Einzelfalles geradezu aufgedrängt haben. Folgende Leitlinien lassen sich bilden:

– Sicheres Wissen um die Begehung einer Straftat führt auch bei neutralem Verhalten zur Beihilfestrafbarkeit, wenn das Handeln des Haupttäters »ausschließlich« darauf abzielt, eine strafbare Handlung zu begehen;

- nicht ausreichend ist, dass der Hilfeleistende eine Straftat nur für möglich hält;
- Eine Ausnahme ist zu machen, wenn das vom Gehilfen erkannt Risiko strafbaren Verhaltens derart hoch war, dass die Hilfeleistung sich als Solidarisierung darstellt.

3. Die Tathandlung

Die Steuerhinterziehung kann sowohl in der aktiven Begehungsweise (Nr. 1) oder in zwei Unterlassungsvarianten (Nr. 2 u. 3) begangen werden. 58

Wie auch im Kernstrafrecht, richtet sich die Abgrenzung von Tun und Unterlassen bei § 370 mit der h.M. nach dem Schwerpunkt der Vorwerfbarkeit.[154] Gibt bspw. ein Steuerpflichtiger eine Erklärung ab, in der er seine Einkünfte nur unvollständig dokumentiert, liegt der Schwerpunkt seiner Handlung in einem aktiven Tun. Mit der Abgabe der Erklärung versichert der Steuerpflichtige zugleich nämlich die Vollständigkeit seiner Angaben (vgl. § 150 Abs. 2 AO).[155] 59

Im Rahmen der aktiven Begehungsweise erfüllt ein Steuerpflichtiger den objektiven Tatbestand der Steuerhinterziehung, indem er (1) Angaben über (2) steuerlich erhebliche Tatsachen macht, die (3) unrichtig oder unvollständig sind. 60

Angaben macht, wer eine mündliche oder schriftliche Erklärung abgibt, die geeignet und bestimmt ist, auf das Vorstellungsbild eines Dritten einzuwirken. Sie erfordert einen kommunikativen Akt zwischen Erklärendem und Finanzbeamten (*»angeben«)*.[156] Erfasst ist auch die elektronische Übermittlung von Erklärungen.[157] Ob über ausdrückliche Erklärungen hinaus, auch schlüssiges Verhalten ein »Angaben machen« i.d.S. darstellen kann[158], hat wenig praktische Relevanz.[159]

Unrichtig sind solche Angaben, die mit der Wirklichkeit nicht übereinstimmen, wenn also nicht vorhandene Umstände als vorhanden und vorhandene Umstände als nicht vorhanden bezeichnet werden. **Unvollständig** sind die Angaben, wenn bestimmte Ereignisse und Umstände nicht offengelegt werden, der Täter aber gleichzeitig den Eindruck vermittelt weitere zu offenbarende Tatsachen sind nicht vorhanden.[160]

Die Angaben müssen sich auf **Tatsachen** beziehen. Tatsachen sind dem Beweis zugängliche Umstände der Wirklichkeit. Hiervon abzugrenzen sind Werturteile, also dem Beweis nicht zugängliche Einordnungen.[161] **Steuerlich erheblich** sind solche Tatsachen, die zur Ausfüllung des Besteuerungstatbestandes herangezogen werden müssen, da sie die Entstehung, Höhe oder Fälligkeit der Steuer beeinflussen.[162]

Probleme ergeben sich dort, wo der Steuerpflichtige über Tatsachen in seiner Erklärung kommuniziert, die richtig sind, aber auf einer **Rechtsauffassung** beruhen, die von der Rechtsprechung des Bundesfinanzhofs oder den Leitlinien der Finanzverwaltung abweicht. Gibt bspw. ein angestellter 61

---

154 Zum allg. Strafrecht: BGHSt 6, 46, (59); 59, 292 (296 f.); BGH NStZ 2003, 657; 2005, 446 (447); *Karstens,* in: Joecks/Jäger/Randt, 9. Aufl. 2023, AO § 369 Rn. 88; *Krumm,* in: Tipke/Kruse, AO/FGO, 170. Lieferung 05.2022, § 370 AO Rn. 38 m.w.N.

155 BFHE 245, 295, BStBl II 2014, 698; vgl. *Jäger,* in: Klein AO, 16. Aufl. 2022, AO § 370 Rn. 60.

156 So auch: *Krumm* in: Tipke/Kruse, AO/FGO, 170. Lieferung 05.2022, § 370 AO Rn. 37.

157 Vgl. *Schmitz/Wulf,* in MüKo-StGB, § 370 AO Rn. 216.

158 Bejahend: *Schmitz/Wulf,* in: MüKo-StGB, 3. Aufl. 2019, AO § 370 Rn. 227; **a.A.** *Joecks,* in: Joecks/Jäger/Randt/, 8. Aufl. 2015, AO § 370 Rn. 174; Bsp. »Grüner Ausgang« des Zolls am Flughafen, vgl. BFH DStRE 2007, 789.

159 Vgl. *Grötsch,* in: Joecks/Jäger/Randt, 9. Aufl. 2023, AO § 370 Rn. 184 f.

160 *Hardtke,* Steuerhinterziehung, S. 30; *Gaede,* in: Esser/Rübenstahl/Saliger/Tsambikakis, Wirtschaftsstrafrecht, § 370 AO, Rn. 114.

161 Zum allg. Tatsachenbegriff: *Hefendehl,* in: MüKo StGB, 4. Aufl. 2022, StGB § 263 Rn. 115 ff; RGSt 55, 129 (131); in Bezug auf § 370 AO, vgl. *Gaede* in: Esser/Rübenstahl/Saliger/Tsambikakis, Wirtschaftsstrafrecht, § 370 AO, Rn. 91.

162 *Hardtke,* Steuerhinterziehung, S. 30; *Grötsch,* in: Joecks/Jäger/Randt, 9. Aufl. 2023, AO § 370 Rn. 200.

Anwalt 5000 Euro als (tatsächlich) angefallene Werbungskosten an, in denen aber Kosten eines Anzugs enthalten sind – die dem Abzugsverbot gem. § 12 Nr. 1 EStG unterfallen – stellt sich die Frage, worüber er hier täuscht. Die Kosten des Anzugs sind tatsächlich angefallen, sodass diese nicht Anknüpfungspunkt sein können. Deshalb kann Anknüpfungspunkt nur die abweichende Rechtsauffassung sein (Abzugsverbot gem. § 12 Nr. 1 EStG ja/nein).

Rechtsauffassungen sind (im besten Fall) das Ergebnis einer Gesetzesauslegung, die ihrerseits eine wertende Zusammenschau mehrerer Aspekte ist. Diese wertende Gesamtschau ist den Kategorien richtig oder falsch nicht zugänglich und somit auch keine Tatsachenäußerung.[163] Um in derartigen Fällen Strafbarkeitslücke zu vermeiden, löst die Rechtsprechung dieses Problem, in dem der sog. miterklärten Tatsachenkern erforscht wird.

In der Leitentscheidung des BGH[164] zu dieser Frage, konstruiert das Gericht eine Offenlegungspflicht. Ist eine Rechtsfrage als obj. zweifelhaft zu beurteilen, träfe den Erklärende eine Offenlegungspflicht, deren Missachtung den nicht erklärten Tatsachenkern bilde. Die Offenlegungspflicht verpflichte den Erklärenden alle Sachverhaltsumstände offenzulegen, die zur Beurteilung des steuerlichen Sachverhalts erforderlich sind. Eine solche Offenlegungspflicht bejaht das Gericht dann, wenn die Rechtsauffassung des Steuerpflichtigen von »der Rechtsprechung, (den) Richtlinien der Finanzverwaltung oder der regelmäßigen Veranlagungspraxis abweicht.«[165] Für den hier gegebenen Rahmen lassen sich hieraus zwei Schlussfolgerungen ziehen: (1) Ein Steuerpflichtiger macht dann keine unrichtigen Angaben, wenn er auf seine abweichende Rechtsauffassung hinweist. (2) Teilt der Steuerpflichtige darüber hinaus, umfänglich alle relevanten Aspekte mit, ist ihm ein Vorwurf nicht entgegenhalten werden.[166]

Letztlich bleibt die Ansicht des BGH aber auf wackligen Füßen. Methodisch entlehnt sie ihre Vorgehensweise dem § 263 StGB. Dies mag im Ansatzpunkt aufgrund der Parallelen zum § 370 AO[167] zunächst einleuchten. Ihren Ursprung hat die beschriebene Methode – Erforschen des miterklärtem Tatsachenkern – einer Kommunikation zwischen zwei ranggleichen Rechtspersönlichkeiten eines ähnlichen Rechtskreises. Sie fußt letztlich auf der Erwartungshaltung eines Erklärungsempfängers, dass sich aus dem ausdrücklich Erklärten, etwas implizit Miterklärtes ergäbe. Zu einer »Täuschung über Tatsachen« führt dies nur, wenn diese Erwartungshaltung berechtigt ist. Über das Fehlen der Tatsache – von deren Vorliegen berechtigterweise ausgegangen werden durfte – täuscht der Erklärende objektiv. Wer an der Zapfsäule einer Tankstelle dem Tankwart erklärt, tanken zu wollen, erklärt hier durch zugleich auch zahlungswillig und auch zahlungsbereit zu sein. Letztere Umstände müssen nicht gesondert erklärt werden. Ihre gesonderte Erklärung – »Ich will tanken, bin zahlungswillig und zahlungsbereit« – wäre sogar unüblich.

Dies lässt sich nicht ohne Weiteres auf die Steuerhinterziehung übertragen. Der Steuerpflichtige kommuniziert nicht als in steuerlichen Angelegenheiten gleichrangige Person mit dem (Steuer-) Erklärungsempfänger. Der Empfänger ist der mit der entsprechenden steuerlichen Expertise, nicht jedoch der Erklärende. D.h. Erklärender und Erklärungsempfänger sind nicht gleichrangig. An dieser Stelle bricht somit bereits die Annahme des BGH.

Letztlich überfrachtet der BGH den objektiven Empfängerhorizont mit einer erheblichen Normativierung.[168] Die Erklärung des Steuerpflichtigen wird an einem Maßstab gemessen, den kein Steuerpflichtiger, nicht einmal der ideale erfüllen kann. Dann von einem »miterklärten« Tatsachenkern zu

163 Ganz h.M.; aus der Rspr. nur: BGH NStZ 2002, 144 (145); aus der Lit. nur: *Schmitz/Wulf*, in: MüKo StGB, 3. Aufl. 2019, AO § 370 Rn. 240.
164 BGH NStZ 2000, 203.
165 BGH NStZ 2000, 203 (204) unter Ziff. 3) lit. c) bb).
166 Zu diesen Ableitungen vgl. BGH NStZ 2000, 203 (204); *Gaede*, Der Steuerbetrug, S. 690 ff.
167 Vgl. *Hardtke*, Steuerhinterziehung durch verdeckte Gewinnausschüttung, S. 31; *Gaede*, in: Esser/Rübenstahl/Saliger/Tsambikakis, Wirtschaftsstrafrecht, § 370 AO, Rn. 91.
168 So auch *Gaede*, Der Steuerbetrug, S. 694.

sprechen, der impliziert, es handele sich um eine »Selbstverständlichkeit« im o.g. Sinne, ist bereits begrifflich kaum zu halten. Es geht im Ergebnis nicht mehr um die Frage eines »miterklärten Tatsachenkern« sondern um die Verletzung einer konstruiert wirkenden Erklärungspflicht.

Die Unrichtigkeit dieses Ansatzes zeigt sich auch darin, dass die fachgerichtliche Praxis das Problem über den »Vorsatz« löst. Scheint die Rechtsauffassung vertretbar und glaubt man dem Steuerpflichtigen seine Fehlvorstellung, wird – mangels Vorsatzes – der Fall nicht aufgegriffen. Sollte jedoch in einer Folgeprüfung der gleiche »Fehler« nochmals gemacht werden, geht das Finanzamt von strafbarem, weil vorsätzlichem Verhalten aus.

M.E. liegt eine Täuschung nur vor, wenn die abweichende Rechtsauffassung schlichtweg unvertretbar ist. Nur dann handelt es sich nicht mehr um eine rechtliche Subsumtion, sondern die nachträgliche Einkleidung eines gewünschten Ergebnisses in einen rechtlichen Rahmen und damit um eine – unrichtige – Tatsache.[169]

In der Unterlassungsalternative ist tatbestandliche Voraussetzung, dass der Steuerpflichtige eine (1) 62
gesetzliche Pflicht zur Erklärung oder Mitteilung über steuerlich erhebliche Tatsachen hat, die er nicht erfüllt, indem er eine zuständige Stelle (2) in Unkenntnis lässt.

Tatbestandlicher Ausgangspunkt ist somit eine gesetzliche Mitteilungs- oder Erklärungspflicht. Eine solche kann sich aus den Einzelsteuergesetzen oder der Abgabenordnung ergeben, z.B. § 153 AO. Auch die Nichtabgabe oder verspätete Abgabe von Steuererklärungen gehört hierzu, denn die Erklärungspflicht ist gesetzlich statuiert, z.B. §§ 149 AO, 18 UStG, 25 EStG.

Täter kann nur derjenige sein, der selbst zur Aufklärung steuerlich erheblicher Tatsachen besonders verpflichtet ist.[170]

Die in § 370 Abs. 1 Nr. 2 AO angesprochene Pflicht ist kein besonderes persönliches Merkmal 63
i.S.d. § 28 Abs. 1 StGB.[171] Es handelt sich nach Auffassung des BGH nicht um ein täterbezogenes, sondern ein tatbezogenes Merkmal, denn die steuerrechtliche Pflicht knüpft an objektive Vorgänge des täglichen Lebens an und trifft damit jeden, bei dem die tatsächlichen Voraussetzungen vorliegen, an die das Gesetz die Erklärungspflichten knüpft. Gleichwohl ist die Rechtsprechung der Auffassung, Täter (unmittelbarer, mittelbarer o. Mittäter) kann nur sein, der durch das Gesetz auch verpflichtet ist.[172] Wer also in erheblichem Umfang dazu beiträgt, dass ein zur Erklärung Verpflichteter das Finanzamt in Unkenntnis lässt, kann nur Teilnehmer sein. Zu einer Strafminderung nach § 49 Abs. 1 StGB kommt es trotzdem nicht. Das Merkmal soll sich allein auf das Verhalten des Täters, nicht auf dasjenige eines anderen Tatbeteiligten beziehen. Eine täterbezogene vorrechtliche Pflichtenstellung oder eine »besondere Pflichtenstellung höchstpersönlicher Art« fehlt bei den von § 370 Abs. 1 Nr. 2 AO angesprochenen steuerlichen Erklärungspflichten.

a) Berichtigungspflicht gem. § 153 Abs. 1 AO

In der Praxis ist die Berichtigungspflicht gem. § 153 AO von erheblicher Bedeutung. Ihr Anknüp- 64
fungspunkt ist eine **unerkannt** unrichtig eingereichte Steuererklärung. Ihr Bedeutung ist dort zu verorten, wo eine Strafbarkeit aufgrund der bereits unrichtig eingereichten Steuererklärung nicht erfolgt (»nachträglich erkennt«). Dies kann bspw. eine unvorsätzliche (o. leichtfertige) Steuerhinterziehung sein o. der Fall der Gesamtrechtsnachfolge[173] (§ 153 Abs. 1 S. 2 AO). Die Berichtigungspflicht entsteht, wenn ein Steuerpflichtiger (1) die Unrichtigkeit o. Unvollständigkeit einer abge-

169 *Hardtke*, Steuerhinterziehung, S. 31 ff.
170 Vgl. BGH 9.4.2013 – 1 StR 586/12, DStR 2013, 1177.
171 Zuletzt: BGHSt 56, 153–162; a.A.: *Grötsch*, in: Joecks/Jäger/Randt, 9. Auflage 2023, AO § 370 Rn. 246.
172 BGH DStR 2013, 1177 (1180).
173 Wenn bspw. ein Erbe (§ 1922 Abs. 1 BGB) erkennt, dass im Vermögen ein Schwarzgeldkonto enthalten ist, vgl. *Gaede*, in: Esser/Rübenstahl/Saliger/Tsambikakis, Wirtschaftsstrafrecht, § 370 AO, Rn. 124.

gebenen Steuererklärung (2) nachträglich erkennt, hierdurch (3) eine Steuerverkürzung droht oder bereits eingetreten ist sowie (4) die Festsetzungsfrist noch nicht abgelaufen ist.

Eine nachträgliche Kenntnis liegt vor, wenn der Steuerpflichtige **sichere Kenntnis** von der Unrichtigkeit bzw. Unvollständigkeit der ursprünglichen Steuererklärung hat. Ein Erkennen-Können oder -Müssen reicht hingegen nicht aus.[174]

Unter Außerachtlassung der im Schrifttum vorherrschenden Auffassung[175] hat der BGH eine Berichtigungspflicht auch bei einem Täter angenommen, der seine ursprüngliche Steuererklärung bedingt vorsätzlich (*dolus eventualis)* hinsichtlich einer Steuerhinterziehung eingereicht hat angenommen.[176] Zunächst gilt: bei positiver Kenntnis der Unrichtigkeit im Zeitpunkt der Abgabe, kann eine Berichtigungspflicht gem. § 153 AO nicht eintreten. Ein »nachträgliches erkennen« ist dann nicht möglich. Dies muss selbstverständlich auch gelten, wenn der Steuerpflichtige die Unrichtigkeit der Erklärung im Zeitpunkt der Abgabe nur für möglich hält und billigend in Kauf nimmt.[177] Kenntnis einer Steuerverkürzung hat, wer die Anforderungen nach § 16 Abs. 1 StGB, § 369 Abs. 1 AO erfüllt, sprich vorsätzlich handelt. Diese Anforderungen erfüllt auch, wer die Möglichkeit einer Steuerverkürzung für möglich hält und gleichwohl handelt (*dolus eventualis).*[178] Steht hiernach der Vorsatz fest, kann nicht – ohne erhebliche Extension des Wortlautes- von einer späteren (»nachträglichen«) Kenntnis (»erkennen«) gesprochen werden.[179]

b) »Nemo tenetur se ipsum accusare«

65 Inwiefern eine Steuererklärungspflicht besteht, wenn der Betreffende Gefahr läuft sich durch wahrheitsgemäße Angaben selbst zu belasten, ist zweifelhaft. Nach der Rechtsprechung des BGH ist diesbezüglich zwischen verschiedenen Konstellationen zu unterscheiden.

Ist bereits ein **Steuerstrafverfahren** zur Kenntnis des Steuerpflichtigen **eingeleitet**, ist er für das betreffende Jahr nicht verpflichtet Angaben zu machen, durch die er sich selbst belasten würde. Wer bspw. wegen unrichtiger Umsatzsteuervoranmeldungen strafrechtlich bereits verfolgt wird, unterliegt keiner Pflicht eine richtige Umsatzsteuerjahreserklärung für das strafrechtlich relevante Jahr abzugeben.[180] Die strafbewehrte Pflicht zur Abgabe der Steuererklärung ruht also während eines solchen Verfahrens.[181] Gleiches gilt für den Fall, dass die Tat bereits in das Versuchsstadium gelangt war, als ein Strafverfahren eingeleitet wurde.[182]

Die **Pflicht zur wahrheitsgemäßen Erklärung für Folgejahre** könnte bewirken, dass der Steuerpflichtige sein Endvermögen zum Abschluss des vorangegangenen Jahres mittelbar offenbaren würde. Auch würden korrekte Angaben zur Höhe der Einkünfte aus Kapitalvermögen Rückschlüsse auf die strafrechtlich relevanten Vorjahre zulassen. Hieraus folgt aber **keine Berechtigung unrichtige Erklärungen** abzugeben. Die Abgabe einer korrekten Erklärung ist zumutbar, wenn und soweit der Steuerpflichtige zugleich für die alten Jahre eine strafbefreiende Selbstanzeige erstatten könnte.[183]

Ist aber ein **Strafverfahren bereits anhängig**, so ist diese Möglichkeit wegen § 371 Abs. 2 Nr. 1b AO versperrt. Der Konflikt zwischen Selbstbezichtigung und Berichtigungspflicht ist evident, woraus

174 Ganz h.M. BGH NJW 2009, 1984 (1986); BMF 23.5.2016, BStBl. I 2016, 490 (= AEAO zu § 153) Rn. 2.4.; *Schmitz/Wulf*, in: MüKo-StGB, 3. Aufl. 2019, AO § 370 Rn. 334.
175 Nur *Ransiek* in: Kohlmann, Steuerstrafrecht, 67. Lieferung 08.2020, § 370 AO, Rn. 337 m.w.N.
176 BGHSt 53, 210.
177 So auch *Grötsch*, in: Joecks/Jäger/Randt, 9. Aufl. 2023, AO § 370 Rn. 275 f.
178 So auch die Rspr. BGH NStZ 2013, 581.
179 Mit weitergehender Argumentation und w.N. aus der Literatur, *Ransiek*, in: Kohlmann, Steuerstrafrecht, 67. Lieferung 08.2020, § 370 AO Rn. 337 ff.
180 BGHSt 47, 8; NJW 2001, 3638 (3640).
181 BGH wistra 2004, 185.
182 BGH NStZ 2002, 437 (437).
183 BGH NStZ 1999, 38 = wistra 1999, 27; wistra 1991, 223 (225).

eine Unzumutbarkeit der Erklärungspflicht resultieren könnte. Dem hat sich der BGH nicht angeschlossen.[184] Zwar erkennt das Gericht die Zwangslage an, befreit den Täter jedoch nicht von seiner Berichtigungspflicht. Der *nemo-tenetur* Grundsatz erlaube es zu Schweigen, nicht neues Unrecht durch falsche Erklärung zu schaffen. Der Zwangslage wird dadurch Rechnung getragen, dass die Angaben einem Verwertungsverbot für das Strafverfahren unterliegen.[185] Soweit die Angaben zu einer mittelbaren Selbstbelastung für zurückliegende strafbefangene Besteuerungszeiträume führen, greift ein Verwertungsverbot. Eine (korrekte) Erklärung für Folgejahre darf also im laufenden Strafverfahren nicht gegen den Beschuldigten verwendet werden.

c) Erklärungspflicht für Einkünfte aus Allgemeindelikten

Der BGH ist der Auffassung[186], dass es sich bei **Bestechungsgeldern** um erklärungspflichtige sonstige Einkünfte nach § 22 Nr. 3 EStG handelt und der *nemo-tenetur*-Grundsatz einer Pflicht zur wahrheitsgemäßen Steuererklärung nicht entgegensteht. Der BGH erkennt dabei durchaus das Problem des nur eingeschränkt zum Schutz des Steuerpflichtigen wirkenden Steuergeheimnisses und versucht dieses Spannungsverhältnis so zu lösen, dass es dem Steuerpflichtigen einen geringeren Grad der erforderlichen Konkretisierung solcher Einkünfte abverlangt.[187] Fraglich ist allerdings, was der BGH mit einem »niedrigeren Konkretisierungsgrad« meint. Letztlich entpuppt sich der Weg des BGH als Scheinlösung: Wenn ein Bauamtsleiter bislang keine sonstigen Einkünfte hatte und plötzlich 100.000 € sonstige Einkünfte erklärt, ohne diese zu spezifizieren, wird mit Sicherheit nachgefragt. Daher kommt es entscheidend auf die Frage an, ob die Durchbrechung des Verwendungsverbotes in § 393 Abs. 2 S. 2 AO mit dem *nemo-tenetur*-Grundsatz in Einklang steht oder aber – mit der wohl überwiegenden Auffassung – angenommen werden muss, dass diese Bestimmung verfassungswidrig ist. Die Lösung kann deshalb nicht in einer niedrigeren Konkretisierung der Einnahmen bestehen, sondern nur in einem unbedingten Verwendungsverbot unter entsprechender einschränkender Auslegung des § 393 Abs. 2 S. 2 AO.[188] 66

4. Der Taterfolg

Die Steuerhinterziehung unterscheidet zwei Taterfolgsalternativen, die Steuerverkürzung und die Erlangung eines nicht gerechtfertigten Steuervorteils. Nach überwiegender Ansicht wird die Steuervorteilserlangung als die speziellere Erfolgsalternative angesehen, die der Steuerverkürzung – als dem Grundtatbestand – vorgeht.[189] Oftmals werden in der Praxis keine genaueren Unterscheidungen getroffen und die Begrifflichkeiten munter vermischt. Damit ergeben sich hier nicht selten gute Ansätze für eine Verteidigung. 67

Die Steuerhinterziehung unterscheidet zwei Taterfolgsalternativen, die Steuerverkürzung und die Erlangung eines nicht gerechtfertigten Steuervorteils. Nach überwiegender Ansicht wird die Steuervorteilserlangung als die speziellere Erfolgsalternative angesehen, die der Steuerverkürzung – als dem Grundtatbestand – vorgeht.[190] Oftmals werden in der Praxis keine genaueren Unterscheidungen getroffen und die Begrifflichkeiten munter vermischt. Damit ergeben sich hier nicht selten gute Ansätze für eine Verteidigung.

184 Vgl. BGH NJW 2009, 1984 (1987).
185 BGH NZWiSt 2012, 470 (472).
186 BGH, NStZ-RR 2004, 242 (243).
187 So BGH StV 2004, 578; BGHSt 49, 317, wistra 2005, 58, (63).
188 Vgl. hierzu auch *Gaede*, in: Esser/Rübenstahl/Saliger/Tsambikakis, Wirtschaftsstrafrecht, § 370 AO, Rn. 134.
189 Ausfl. *Hardtke* Steuerhinterziehung, S. 113 ff.
190 Ausführlich *Hardtke* Steuerhinterziehung, S. 113 ff.

a) Steuerverkürzung

68 Dem Grunde nach sind gem. § 370 Abs. 4 S. 1 AO Steuern verkürzt, wenn sie (1) nicht, (2) nicht in der richtigen Höhe oder (3) nicht rechtzeitig festgesetzt worden sind.[191] Anknüpfungspunkt ist hierbei nur die tatsächlich erfolgte Festsetzung; nicht aber, wann die Steuer ohne oder bei späterer Erklärung festgesetzt worden wäre.

Eine Steuer ist dann nicht in der richtigen Höhe festgesetzt, wenn die Steuer niedriger festgesetzt wird, als es nach den jeweils geltenden materiellen Steuernormen richtig wäre. Dies ist der Fall, wenn die **Ist- hinter der Soll-Steuer zurückbleibt.**[192] Eine Steuer ist nicht rechtzeitig festgesetzt, wenn die Festsetzung zu einem Zeitpunkt erfolgt, der nach dem Zeitpunkt liegt, an dem die Festsetzung ohne Täuschung erfolgt wäre.[193] Eine objektive Abgrenzung zwischen Nicht-Festsetzung und nicht rechtzeitiger Festsetzung (Hinterziehung auf Zeit) lässt sich praktisch nicht treffen[194], weil bei später bekannt werdenden Fällen die Steuer schließlich doch noch in zutreffender Höhe festgesetzt werden wird. Die Tat wird entweder vor Ablauf der (steuerlichen) Verjährungsfrist entdeckt und die Steuer festgesetzt, oder aber sie wird nicht entdeckt und der Steueranspruch verjährt.

Diese Schwierigkeiten zeigen sich im Besonderen bei der Hinterziehung von sog. Anmeldesteuern (z.B. Umsatzsteuer-Voranmeldung, vgl. § 18 UStG). Für die Umsatzsteuer differenziert die Rechtsprechung zwischen der monatlich einzureichenden Erklärung (§ 18 Abs. 1 S. 1 UStG) und der Jahreserklärung (§ 18 Abs. 3 S. 1 UStG). Beiden können Anknüpfungspunkt sein. Ihnen komme selbstständige umsatzsteuerrechtliche, und folglich auch strafrechtliche Bedeutung zu.[195] Reicht der Steuerpflichtige unrichtige Monatserklärungen ein, erklärt er jedoch am Ende des Jahres die richtigen Beträge, handele es sich um eine Steuerhinterziehung auf Zeit. Erkläre der Steuerpflichtige aber auch am Ende des Jahres weiterhin die unrichtigen Angaben, werde hieraus eine Steuerhinterziehung auf Dauer.[196] Im Ergebnis stellt die h.M. bei der Abgrenzung auf das subjektive Vorstellungsbild des Täters ab.[197]

Die Differenzierung zwischen Steuerverkürzung auf Dauer und auf Zeit war in der Vergangenheit deshalb wichtig, weil die Strafgerichte in Fällen der geplanten Verkürzung auf Zeit regelmäßig nur einen Zinsverlust, der in Anlehnung an die §§ 233 ff. AO bestimmt wurde, zugrunde legten. Hiervon ist der BGH zwischenzeitlich abgerückt. Der Bemessung des Hinterziehungsbetrages erfolgt anhand des Nominalwertes der hinterzogenen Steuer. Begründet wird dies damit, dass das Erfolgsunrecht in beiden Formen der Hinterziehung gleich sei. Begünstigend sei in der Strafzumessung lediglich ein niedrigeres Handlungsunrecht zu berücksichtigen, wenn der Täter plante zu einem späteren Zeitpunkt die hinterzogenen Steuern nachzuerklären.[198] Dennoch dürfte es im Strafverfahren lohnenswert sein auf den deutlich niedrigeren Zinsschaden hinzuweisen.

69 Zeitpunkt des strafrechtlichen Erfolgseintritts ist das Wirksamwerden der Steuerfestsetzung, also die Bekanntgabe des Steuerbescheides (§§ 122, 124 AO) oder mit wirksamer Steueranmeldung (§§ 167, 168 AO). Ausreichend sind auch Vorbehaltsfestsetzungen oder vorläufige Festsetzungen (§§ 164, 165 AO). Im Falle der fehlenden Steuerfestsetzung ist zwischen Anmelde- und Veranlagungssteuern zu unterscheiden: Bei Anmeldesteuern tritt der Taterfolg in dem Zeitpunkt ein, in dem die Festsetzung bei pflichtgemäßem Verhalten des Steuerpflichtigen erfolgt wäre. Bei Veranlagungssteuern

191 Die nachfolgenden Ausführungen beziehen sich nur auf die Steuerhinterziehung im Festsetzungsverfahren; zur Abgrenzung sogleich.
192 BVerfG NVwZ-RR 2010, 585.
193 Vgl. *Grötsch*, in: Joecks/Jäger/Randt, 9. Aufl. 2023, AO § 370 Rn. 70.
194 Vgl. *Schmitz/Wulf*, in: MüKo-StGB, 3. Aufl. 2019, AO § 370 Rn. 91.
195 BGH NJW 2009, 1979.
196 BGHSt 43, 270 (276); BGHSt 38, 165 (171); BGHSt 53, 221 (230 f.).
197 BGH wistra 1988, 185; Vgl. *Grötsch*, in: Joecks/Jäger/Randt, 9. Aufl. 2023, AO § 370 Rn. 132.
198 Vgl. *Schmitz/Wulf*, in: MüKo-StGB, 3. Aufl. 2019, AO § 370 Rn. 127 f.; *Grötsch*, in: Joecks/Jäger/Randt, 9. Aufl. 2023, AO § 370 Rn. 133ff.; BGHSt 53, 221 (230 f.).

zieht die h.A. den Zeitpunkt heran, an dem der Steuerpflichtige als letztes hätte veranlagt werden können, sodass es auf den Abschluss der Veranlagungsarbeiten der zuständigen Stelle ankommt.[199]

Der Höhe nach bestimmt sich der Verkürzungserfolg nach der Differenz zwischen zunächst festgesetzter und materiell richtiger Festsetzung. Dies gilt bei der Steuerhinterziehung auf Dauer. Bei der Steuerhinterziehung auf Zeit wird, wie bereits erwähnt, der sog. Zinsschaden herangezogen.

Abschließend ist zu beachten, dass es auf die **Werthaltigkeit** des Steueranspruchs für den Verkürzungserfolg **nicht ankommt**. Ist der Steuerschuldner zahlungsunfähig bzw. zahlungsunfähig geworden, schließt dies den Verkürzungserfolg nicht aus.[200] Es genügt, dass die Steuererhebung durch den Täter erschwert worden ist.

b) »nicht gerechtfertigter Steuervorteil«

Eine exakte Begriffsbestimmung des »*Steuervorteils*« ist bisher nicht möglich. Die exakte Bestimmung 70
hat Bedeutung für die Abgrenzung gegenüber der Steuerverkürzung sowie für die Abgrenzung der Steuerhinterziehung vom Betrug (§ 263 StGB) und Subventionsbetrug (§ 264 StGB). Von der h.M. wird die Abgrenzung nach den jeweiligen Verfahrensabschnitten vorgenommen[201]: im Festsetzungsverfahren handele es sich um eine Steuerverkürzung, in allen anderen Verfahrensabschnitten handele es sich um einen Steuervorteil.

Ob dem gefolgt wird, kann hier dahinstehen. Jedenfalls muss die Erlangung dieses Vorteils zu einer Beeinträchtigung des durch § 370 AO geschützten Rechtsgutes führen.[202] Der Erlass steuerlicher Nebenleistungen (§ 3 Abs. 4 AO) ist deshalb bspw. kein Steuervorteil i.S.d. § 370 AO. Bei den unterschiedlichen Abgrenzungs- und Systematisierungsversuchen kann man einen Steuervorteil im steuerstrafrechtlichen Sinne definieren[203] als
(1) eine steuerliche Vergünstigung,
(2) die auf einer Bewilligung durch die Finanzbehörde beruht,
(3) keine Steuerverkürzung ist und
(4) den staatlichen Steueranspruch beeinträchtigt.

Beispiele einer Steuervorteilserlangung sind: Abwendung, Aufhebung oder Verzögerung von Vollstreckungsmaßnahmen[204]; Verzinsung von Steuererstattungsbeträgen[205]; Rücknahme und Änderung von Steuerbescheiden; Aussetzung der Vollziehung; Bewilligung von Buchführungs- und Aufzeichnungspflichterleichterungen[206]; Erlass oder Herabsetzung von Einkommensteuervorauszahlungen[207] usw.[208]

---

199 BGH wistra 2012, 484 Rn. 8 f. m.w.N.

200 OLG Karlsruhe wistra 2015, 325; BGH wistra 2009, 315; so auch *Schmitz/Wulf*, in: MüKo-StGB, 3. Aufl. 2019, AO § 370 Rn. 90, AO § 370 Rn. 55; **a.A.** *Gaede* in: Esser/Rübenstahl/Saliger/Tsambikakis, Wirtschaftsstrafrecht, § 370 AO Rn. 148 ff.

201 Vgl. *Krumm*, in: Tipke/Kruse, AO/FGO, 170. Lieferung 05.2022, § 370 AO Rn. 100.

202 So auch BGH NJW 2009, 381 (383), unter Verweis auf: *Hardtke/Leip*, NStZ 1996, 217 (219).

203 BGH NJW 2009, 381 (383): mit Verweis auf *Hardtke*, AO-StB 2002, 92 (93); *Hardtke/Leip*, NStZ 1996, 217 (219); BGH NZWiSt 2012, 75 (77); in diesem Sinne bereits *Hardtke*, Steuerhinterziehung durch verdeckte Gewinnausschüttung, 1995, S. 117 ff.

204 BGHSt 43, 381.

205 BGHSt 51, 356;.

206 BGH wistra 1996, 184 (186).

207 OLG Stuttgart wistra 1987, 263.

208 Weitere Aufzählung bei *Ransiek*, in: Kohlmann, Steuerstrafrecht, 67. Lieferung 08.2020, § 370 AO Rn. 436.

c) Sonderprobleme des Taterfolges

aa) Grundlagenbescheid

71 Ein besonderes Problem ist die Steuerverkürzung bei Grundlagenbescheiden, insbesondere Bescheiden über die einheitliche und gesonderte Gewinnfeststellung bei Personengesellschaften nach § 180 Abs. 1 Nr. 2 AO, Verlustfeststellungsbescheiden nach § 10d Abs. 4 EStG und der Feststellung des verwendbaren Eigenkapitals nach § 47 KStG (a.F.). Macht ein Täter in solchen Feststellungsverfahren unrichtige Angaben, so führt dies nicht zum Erlass eines unrichtigen Steuerfestsetzungsbescheides. Vielmehr ergeht zunächst ein Feststellungsbescheid, der aber abweichend vom Grundsatz des § 157 Abs. 2 AO mit Eintritt seiner Bestandskraft bindend Besteuerungsgrundlagen feststellt. Mangels einer Steuerfestsetzung kommt es also nicht zu einer Steuerverkürzung.[209]

In solchen Feststellungsverfahren sollte nach früherer Rechtsprechung eine Steuerhinterziehung erst dann vollendet sein, wenn eine entsprechende Umsetzung des Ergebnisses der unrichtigen Feststellung im Folgebescheid erfolgt ist, welcher nun erst eine – unrichtige – Steuer festsetzt.[210] Hieraus ergeben sich erhebliche Konsequenzen für den Wechsel von der Versuchs- in die Vollendungsstrafbarkeit, sowie für die Verjährung.

Bei der Verlustfeststellung nach § 10d Abs. 4 EStG verhält es sich ähnlich. Macht der Täter in einem Verlustjahr unrichtige Angaben, die seinen Verlust noch erhöhen, so liegt zwar eine Tathandlung vor, aber kein Taterfolg – zu einer Steuerverkürzung kommt es nicht, da wegen der Verluste sowieso keine Steuer festgesetzt wird. Erst in Folgejahren, wenn die Verluste mit positiven Einkünften verrechnet werden – bspw. zehn Jahre später – kommt es zu einem Steuerschaden, wenn aufgrund der damaligen unrichtigen Angaben jetzt Verluste verrechnet werden, die es eigentlich nicht gegeben hat. Es liegt in diesem Jahr dann aber keine Tathandlung vor, da die Verlustverrechnung von Amts wegen erfolgt und keiner neuen Erklärung des Steuerpflichtigen bedarf.

Sachgerechter ist deshalb die Annahme, dass der Taterfolg in der Alternative der Erlangung eines ungerechtfertigten Steuervorteils bereits mit Bekanntgabe des unrichtigen Feststellungsbescheides eingetreten ist. Damit wäre die Tat zu diesem Zeitpunkt bereits vollendet und beendet, das Stadium des Versuchs wäre verlassen und würde der Lauf der strafrechtlichen Verjährung beginnen. Hierbei geht es letztlich um die umstrittene Frage der Gleichstellung eines Festsetzungsbescheides mit einem Feststellungsbescheid.[211]

Der BGH hat diese Frage dahingehend entschieden, dass die gesonderte Feststellung von Besteuerungsgrundlagen nach § 180 Abs. 1 Nr. 2a AO ein nicht gerechtfertigter Steuervorteil im Sinne von § 370 Abs. 1 AO sein kann.[212] Eine vollendete Steuerhinterziehung liegt daher nicht erst dann vor, wenn gegenüber dem Gesellschafter ein unrichtiger Steuerbescheid ergeht, sondern bereits mit Erlass des Grundlagenbescheides.

Diese anlässlich einer einheitlichen und gesonderten Gewinnfeststellung ergangene Entscheidung des BGH, wird man auf alle Fälle zu übertragen haben in denen Besteuerungsgrundlagen gesondert festgestellt werden und diese Feststellung ihre automatische Umsetzung in dem jeweiligen Folgebescheid findet. So ist diese Rechtsprechung bereits auf die Frage des Verlustvortrag[213] einerseits, sowie andererseits auf den Erlass eines Gewerbesteuermessbescheides[214] übertragen worden.

209 So auch *Schmitz/Wulf,* in: MüKo StGB, 3. Aufl. 2019, AO § 370 Rn. 109.
210 Vgl. BGH BB 1980, 1090; wistra 1984, 142; wistra 1989, 184; vgl. auch BGH wistra 1995, 21 f.
211 Vgl. hierzu ausführlich *Hardtke/Leip* NStZ 1996, 217 (220); *ders.*, GS Joecks, 2018, 467 (468 ff.).
212 BGH wistra 2009, 114 (116); BGH wistra 2013, 199.
213 BFH wistra 2014, 151 (152).
214 LG Düsseldorf NZWiSt 2014, 70 (71), mAnm *Rolletschke*; zust. BGH wistra 2016, 410.

bb) Beitreibungsverfahren

Außerhalb des bisher betrachteten Festsetzungsverfahren, kann eine Steuerhinterziehung auch im Beitreibungs- bzw. Vollstreckungsverfahren verwirklicht werden. 72

Folgt man der h.A. Ansicht, wonach die objektive Abgrenzung zwischen Steuerhinterziehung auf Dauer von der auf Zeit nach den jeweiligen Verfahrensabschnitten erfolgt, kann im Rahmen des Beitreibungsverfahrens nur Steuerhinterziehung auf Zeit in Betracht kommen.

Jedenfalls aber liegt die Steuerverkürzung darin, dass Vollstreckungsmaßnahmen zu spät kommen oder der Fiskus einen Zinsverlust erleidet. Nötig ist also – anders als im Festsetzungsverfahren – zunächst immer die Feststellung, dass Vollstreckungsmaßnahmen zu dem an sich geplanten Zeitpunkt erfolgreich gewesen wären.[215] Der sich bei dieser hypothetischen Betrachtung ergebende Erfolgswert ist der Soll-Wert. Durch einen Vergleich mit dem tatsächlich realisierten Erfolg (Ist-Wert), ergibt sich eine Differenz, die den Verkürzungserfolg abbildet.

cc) Verkürzung verfassungswidrige Steuern

Inwiefern eine Steuerhinterziehung im Hinblick auf verfassungswidrige Steuern begangen werden kann, ist zweifelhaft. Diese Frage wurde im Hinblick auf die Vermögensteuer intensiv diskutiert. Dabei ist Folgendes vorauszuschicken: 73

Soweit Gesetze nach der Gründung der Bundesrepublik Deutschland im Jahr 1949 erlassen wurden, hat allein das BVerfG eine Verwerfungskompetenz. Hält ein Gericht eine Norm für verfassungswidrig, muss es dementsprechend die Sache dem BVerfG vorlegen (konkretes Normenkontrollverfahren, Art. 100 GG). Insofern kann es nur um solche Fälle gehen, in denen das BVerfG eine Norm für verfassungswidrig erklärt hat. Soweit dies geschieht, geht es unterschiedliche Wege. Es kann aus der Verfassungswidrigkeit einer Bestimmung heraus deren Nichtigkeit annehmen. Dann ist eine Steuerhinterziehung nicht mehr möglich. Da es keine wirksame Steuer gibt, kann es auch nicht zu einer Steuerverkürzung kommen. Ist sich der Täter der Verfassungswidrigkeit der (zu verkürzenden) Steuer nicht bewusst, bleibt er dennoch straflos. Hier liegt kein Versuch vor, sondern ein strafloses Wahndelikt. Das BVerfG kann sich aber auch darauf beschränken, die Norm für unvereinbar mit der Verfassung zu erklären und dem Gesetzgeber eine Frist zur Neuregelung aufzugeben. Dies geschieht namentlich im Steuerrecht in vielen Fällen, weil eine Nichtigerklärung des Gesetzes unabsehbare haushaltsrechtliche Risiken in sich trüge. In solchen Fällen besteht das Steuergesetz trotz erkannter Verfassungswidrigkeit noch für einen bestimmten Zeitraum fort.

Letzteres war die Konstellation, die der früheren Diskussion um die Hinterziehung von Vermögensteuer zugrunde liegt. Mit Beschluss vom 22.06.1995[216] erklärte das BVerfG das Vermögenssteuerrecht partiell für verfassungswidrig und gab dem Gesetzgeber auf, eine Neuregelung zu treffen. Dem Gesetzgeber gelang eine solche Neuregelung nicht. Folglich gab es für Zeiträume ab 1997 keine Vermögensteuer mehr. Dies war ebenso unstreitig wie der Umstand, dass auch nach dem 31.12.1996 Vermögensteuer festgesetzt und erhoben werden konnte, soweit es Zeiträume bis 1996 betraf. Heftig umstritten war demgegenüber, ob man sich auch für diese Zeiträume der Hinterziehung der (verfassungswidrigen) Vermögensteuer in strafbarer Weise schuldig machen konnte.

Die Beurteilung der Rechtslage in solchen Konstellationen ist überaus kompliziert. Zwei Fragen sind voneinander zu trennen: Kann man eine Verurteilung wegen Steuerhinterziehung auf eine mit dem GG unvereinbare, vom Bundesverfassungsgericht aber für weiterhin anwendbar erklärte Norm des besonderen Steuerrechts stützen? Wie wirkt es sich aus, dass es zu einer Neuregelung der entsprechenden Steuerarten nicht kam? Liegt hier eine »neue« für den Angeklagten günstige Rechtslage vor oder handelte es sich bei dem außer Kraft getretenen Vermögensteuergesetz um ein »Zeitgesetz« (§ 2

215 So auch BGH wistra 1998, 180, 184; *Grötsch,* in: Joecks/Jäger/Randt, 9. Aufl. 2023, AO § 370 Rn. 485; *Schmitz/Wulf,* in: MüKo StGB, 3. Aufl. 2019, AO § 370 Rn. 119.

216 BVerfG NJW 1995, 2615 ff.

Abs. 4 StGB), das weiterhin anwendbar bleibt? Gegen eine ganze Legion von Literaturmeinungen entschied der BGH, dass die Hinterziehung von Vermögensteuer für Besteuerungszeiträume bis zum 31. Dezember 1996 strafbar blieb.[217]

Dies kann aber nur Fälle meinen, in denen die Steuer immer noch wirksam in der Welt ist und damit erhoben wird. Erklärt jedoch das BVerfG ein Steuergesetz für nichtig, kann die entsprechende Steuer nicht mehr erhoben werden und damit auch nicht verkürzt sein. Wer darum nicht weiß und dennoch täuscht, glaubt nur sich strafbar zu machen. Es liegt dann kein strafbarer Versuch, sondern ein strafloses Wahndelikt vor.

dd) Steuerhinterziehung ohne steuerliches Mehrergebnis

74 Während einerseits ein steuerliches Mehrergebnis nicht zwingend eine Steuerverkürzung bedeutet, kann demgegenüber trotz gleichbleibender Steuerzahllast eine Steuerhinterziehung vorliegen. Bei solchen Steuerverkürzungen ohne steuerliches Mehrergebnis handelt es sich um die dem Kompensationsverbot nach § 370 Abs. 4 S. 3 AO unterfallenden Konstellationen.

Eine Steuerverkürzung liegt nach § 370 Abs. 4 S. 3 AO auch dann vor, wenn die Steuer, auf die sich die Tat bezieht, aus »anderen Gründen« hätte ermäßigt werden können. Mit dieser Regelung sollen jene Fälle als strafbar erfasst werden, in denen sich der Schaden, der durch die unrichtigen Angaben über steuererhöhende Tatsachen hervorgerufen wird, und der Vorteil, der durch das Verschweigen steuerermäßigender Tatsachen entsteht, gegenseitig aufheben.[218]

Die Auffassungen über Inhalt und Zweck des Kompensationsverbotes[219] (oder »Vorteilsausgleichsverbot«) sind sehr unterschiedlich. Von dem Verständnis des Kompensationsverbotes hängt es jedoch ab, wie der Umfang der Hinterziehung zu ermitteln ist, welche steuermindernden Gründe sich dabei auch steuerstrafrechtlich auswirken und welche als »andere Gründe« unberücksichtigt bleiben müssen.

Der BGH nimmt eine objektive Auslegung des Merkmals »andere Gründe« vor. Ausgehend von der Auffassung, dass der Sinn des Kompensationsverbotes darin liege, die Strafverfolgungsbehörden und Strafgerichte von der lückenlosen Überprüfung des gesamten steuerlichen Sachverhaltes freizustellen, fallen grundsätzlich alle nachträglich vorgebrachten Gründe unter § 370 Abs. 4 S. 1 AO – das sind alle Tatsachen, auf die sich der Steuerpflichtige nicht bereits im Besteuerungsverfahren berufen hat.[220] Ausgenommen werden davon nur solche Steuer mindernden Tatsachen, die in einem »unmittelbaren wirtschaftlichen Zusammenhang« mit der Steuer erhöhenden Tatsachen stehen.[221]

75 Das Kriterium des »**unmittelbaren wirtschaftlichen Zusammenhangs**« lässt sich auf einen am Rechtsgüterschutzdenken orientierten Grund zurückführen. Da der Täter weiterhin die Möglichkeit behält, die nicht erklärten »anderen Gründe« später nachzutragen, diese nachträgliche Geltendmachung keine falsche Angabe i.S.d. § 370 Abs. 1 Nr. 1 AO und deshalb straflos ist, begründet allein schon die Eröffnung dieser Möglichkeit eine Vermögensgefährdung. Damit stellt sich das Kompensationsverbot als ein Fall der **schadensgleichen Vermögensgefährdung**[222] dar. Allein dann, wenn die Tatsachen, die nachträglich geltend gemacht werden könnten, in einem so engen wirtschaftlichen Zusammenhang mit den der Verkürzung zugrunde liegenden Tatsachen stehen, dass die Geltendmachung der

---

217 BGH wistra 2002, 64.

218 Zu der Entwicklung des Kompensationsverbot: vgl. *Blüte* NZWiSt 2016, 1 ff.; *ders.* NZWiSt 2016, 52 ff.; *Madauß* NZWiSt 2019, 101 ff.; *Hardtke*, Steuerhinterziehung durch verdeckte Gewinnausschüttung, 1995.

219 *Hardtke* Steuerhinterziehung, S. 135 ff.; vgl. *Schmitz/Wulf*, in: MüKo StGB, 3. Aufl. 2019, AO § 370 Rn. 166.

220 Vgl. nur: BGHSt 7, 336; so auch: *Grötsch*, in: Joecks/Jäger/Randt, 9. Aufl. 2023, AO § 370 Rn. 115; zum Fall der unterlassenen Steuererklärungen: vgl. *Grötsch*, in: Joecks/Jäger/Randt, 9. Aufl. 2023, AO § 370 Rn. 120 ff.

221 Vgl. BGH wistra 2012, 29, (37); wistra 1984, 183; wistra 2010, 484, (493); wistra 2008, 310, (312).

222 So auch: *Grötsch*, in: Joecks/Jäger/Randt, 9. Aufl. 2023, AO § 370 Rn. 124;.

Minderungsgründe die Entdeckung der steuererhöhenden Tatsachen bewirken würde, besteht diese schadensgleiche Vermögensgefährdung nicht. Wenn die nachträgliche Geltendmachung des Ermäßigungsgrundes automatisch auch zur Aufdeckung der damit zusammenhängenden Falschangabe führt, ist diese Gefahr ausgeschlossen.[223] Die Regelung des Kompensationsverbotes führt letztlich dazu, dass eine versuchte Steuerhinterziehung als vollendete Tat bestraft wird[224].

Hinsichtlich der Hinterziehung von Umsatzsteuer, hat der BGH mit Urteil v. v. 13.9.2018 – 1 StR 642/17 seine ursprüngliche Rechtsprechung aufgegeben: In seiner früheren Rechtsprechung[225], unterwarf der BGH Vorsteuerbeträge dem Kompensationsverbot, weshalb im Verhältnis zur hinterzogenen Umsatzsteuer diese bei der Bestimmung des Verkürzungsbetrages nicht zu berücksichtigen waren. Dieses bereits in der Literatur kritisierte Ergebnis[226] hat der BGH nunmehr zu Recht aufgegeben. Diese Abkehr wird im Wesentlichen mit, bereits seinerzeit überzeugenden systematischen Argument begründet.[227] Nach der gesetzliche Konstruktion des Vorsteuerabzugs, steht er richtigerweise in unmittelbarem und direktem Zusammenhang zu den umsatzsteuerrelevanten Eingangsumsätzen (bspw. § 15 Abs. 2 Nr. 1 UStG i.V.m. § 4 Nr. 12 UStG sowie § 9 Abs. 1 UStG).

Verlustvorträge § 10d Abs. 2 EStG sind nach der Rechtsprechung nun mehr nicht als »andere Gründe« 76
i.S.d. § 370 Abs. 4 S. 3 AO einzuordnen und somit berücksichtigungsfähig.[228] Verlustabzüge sind allgemein zu berücksichtigen, wenn sie von Amts wegen zu berücksichtigen sind und bereits im Zeitpunkt der Tathandlung bestehen. Dies gilt nicht für den Verlustrücktrag nach § 10d Abs. 1 EStG. Zwar ist dieser von Amts wegen zu berücksichtigen, allerdings sind die geltend gemachten Verluste solche nachträglicher Art, die für den tatrelevanten Besteuerungszeitraum damit irrelevant sind.[229]

Diese Rechtsprechung lässt sich indes kritisch sehen. Ein Steuerpflichtiger kann vor dem Hintergrund seines Verlustvortrages gefahrlos eine unrichtige Erklärung einreichen. Wird er ertappt, macht er den Verlustvortrag geltend, wird er nicht entdeckt, kann er den Verlustvortrag für die Zukunft noch nutzen. Gerade diese Situation will § 370 Abs. 4 S. 3 AO verhindern.

Im Übrigen hat die Rechtsprechung einen »unmittelbaren wirtschaftlichen Zusammenhang« in folgenden Fällen **verneint:**
- bei einer nachträglichen Vorlage von Bescheinigungen über eine Steuerbefreiung nach § 4 Nr. 21 UStG[230];
- bei Betriebseinnahmen im Verhältnis zu nachzuholenden oder zu erhöhenden Einlagebuchungen[231];
- bei Vorlage von Scheinrechnungen zur Verschleierung steuerlich nicht berücksichtigungsfähiger Schwarzlohnzahlungen und Schmiergeldzahlungen[232].

---

223 Ausführlich: *Hardtke,* Steuerhinterziehung, S. 145 ff.
224 In diesem Sinne auch argumentierend: *Gaede*, in: Esser/Rübenstahl/Saliger/Tsambikakis, Wirtschaftsstrafrecht, § 370 AO, Rn. 206.
225 Vgl. BGH NStZ 1991, 89; BGHSt 47, 343 (348).
226 *Madauß,* NZWiSt 2012, 456 (458); *Ransiek,* in Kohlmann, 67. Lieferung 08.2020, § 370 AO Rn. 529f.; *Reiß,* in: FS Mehle, 2009, 497 (506).
227 BGH DStR 2018, 2696 (2698) unter Bezug auf EuGH DStR 2012, 1859 (1862) – Portugal Telecom mwN.
228 BGH NZWiSt 2012, 75 (77); NZWiSt 2012, 478 (480); so bereits BayObLG wistra 1982, 199; **a.A.** noch BGH wistra 1984, 183.
229 Vgl. BGH wistra 2001, 309; so auch *Schmitz/Wulf,* in: MüKo StGB, 3. Aufl. 2019, AO § 370 Rn. 173.
230 BGH wistra 2004, 147: wobei es hier auf das Kompensationsverbot nicht angekommen ist, da das Vorliegen solcher Bescheinigungen materielle Voraussetzung für die Steuerfreiheit zum Zeitpunkt der Tat gewesen ist.
231 BGH BB 1978, 1302.
232 BGH HFR 1991, 496.

In folgenden Fällen ist ein »unmittelbarer wirtschaftlicher Zusammenhang« **bejaht** worden:
- mit verschwiegenen Betriebseinnahmen unmittelbar zusammenhängende Betriebsausgaben[233];
- bei Betriebseinnahmen im Verhältnis zu Rückstellungen für die hinterzogenen Umsatz- und Gewerbesteuern[234];
- wenn der Täter einen Teil seiner »schwarzen Einnahmen« zur Zahlung zusätzlicher Löhne verwendet hat -jedenfalls dann, wenn die Steuerminderung sich wegen des engen wirtschaftlichen Zusammenhangs bei wahrheitsgemäßer Erklärung dieser Einkünfte ohne weiteres von Rechts wegen ergeben hätte[235];
- wenn für einen in der Steuererklärung aufgeführten, tatsächlich erfolgten Geschäftsvorgang ein neuer Zahlungsgrund und ein anderer Empfänger genannt werden[236].

ee) Steuerliches Mehrergebnis ohne Steuerhinterziehung

77 Das Finanzamt kann nach § 160 AO den Abzug einer Betriebsausgabe versagen, wenn der Steuerpflichtige auf Befragen nicht bereit ist, den Empfänger einer bestimmten Zahlung zu benennen. Andererseits ist es für den Vorsteuerabzug gemäß § 15 UStG Voraussetzung, dass der Steuerpflichtige einen entsprechenden Beleg, d.h. eine Rechnung i.S.d. § 14 UStG vorliegen hat. Welche Bedeutung nun die fehlende **Empfängerbenennung** strafrechtlich hat und ob eine Strafbarkeit gegeben ist, wenn ein Vorsteuerabzug trotz Fehlens einer ordnungsgemäßen Rechnung vorgenommen wird, ist bereits Gegenstand höchstrichterlicher Rechtsprechung gewesen. Danach hat § 160 AO keine unmittelbare strafrechtliche Relevanz.[237] Gleiches gilt für die Regelung über die **Treuhandschaft** in § 159 AO.[238] Auf der anderen Seite ist es ständige Rechtsprechung, dass das Vorliegen einer ordnungsgemäßen Rechnung **materielle Voraussetzung** für den Vorsteuerabzug ist, sodass bei deren Fehlen der Vorsteuerabzug gegebenenfalls zur Steuerhinterziehung führt[239,240]

Der Unterschied zwischen diesen beiden Konstellationen kann allenfalls darin gesehen werden, dass Treuhandschaft und Empfängerbenennung (§§ 159, 160 AO) Konstellationen betreffen, in denen die steuerliche Konsequenz des Verhaltens des Steuerpflichtigen von einer weiteren (Ermessens-) Entscheidung des Finanzamtes abhängt. Demgegenüber ist das Vorliegen einer ordnungsgemäßen Rechnung materielle Voraussetzung für den Vorsteuerabzug[241] sowie nach früherer Rechtsprechung der **Ausfuhrnachweis** (§§ 17a, 17c UStDV i.V.m. § 6a UStG) durch Belege materielle Voraussetzung für die Steuerfreiheit einer Ausfuhrlieferung war.[242] Letzteres wird seit der Entscheidung des EuGH v. 27.9.2007[243] (»*Collée*«) nicht mehr als materielle Voraussetzung behandelt[244]. Dem ist auch der BGH gefolgt, soweit es sich nicht um missbräuchliche Geschäftspraktiken handelt. Zugunsten einer umfassenden Vermeidung betrügerischer Praktiken gelangt der BGH in derartigen Fällen zu einer Strafbarkeit, wobei der strafrechtliche Anknüpfungspunkt in der unlautere Geschäftspraktik

233 BGH wistra 2005, 311.
234 BGH wistra 2008, 310 (312).
235 BGH NStZ 1990, 496.
236 OLG Karlsruhe, wistra 1985, 163.
237 BGH wistra 1986, 109; vgl. *Grötsch*, in: Joecks/Jäger/Randt, 9. Aufl. 2023, AO § 370 Rn. 94.
238 BGH wistra 1986, 25.
239 BFH 31.7.2007 – V B 156/06, BFH/NV 2008, 416 (417); 1.7.2004 – V R 33/01, BFHE 206, 463 (465) = BStBl. II 2004 S. 861 (862).
240 Gesamtdarstellung dieses Themenkreises bei *Keßeböhmer*, Beweis steuermindernder Tatsachen, 1995.
241 BFH 31.7.2007 – V B 156/06, BFH/NV 2008, 416 (417); 1.7.2004 – V R 33/01, BFHE 206, 463 (465) = BStBl. II 2004 S. 861 (862).
242 Hierzu vgl. *Schmitz/Wulf*, in: MüKo StGB, 3. Aufl. 2019, AO § 370 Rn. 185 ff mwN; Vgl. BFH 5.2.2004 – V B 180/03, BFH/NV 2004, 988 (989); 18.7.2002 – V R 3/02, BFHE 199, 80 (83 f.); BGH 12.5.2005 – 5 StR 36/05, wistra 2005, 308 (309).
243 EuGH 7.12.2010 – C-285/09, NJW 2011, 203 Rn. 47 ff.
244 Hierzu Vgl. BFH 8.11.2007 – V R 72/05, DStR 2008, 716 (717 f.); 6.12.2007 – V R 59/03, DStR 2008, 297 (299); 8.11.2007 – V R 71/05, DStR 2008, 718 (719).

zu sehen ist, nicht im fehlenden Beleg.[245] Weitere dazwischen liegende Konstellationen sind demgegenüber überaus schwierig zu beurteilen.[246]

Eine **Schätzung der Besteuerungsgrundlagen** nach § 162 Abs. 1 AO ist möglich, wenn diese nicht ermittelt oder berechnet werden können, insbesondere dann, »wenn der Steuerpflichtige über seine Angaben keine ausreichenden Aufklärungen zu geben vermag« (§ 162 Abs. 2 S. 1 AO) oder aber »Bücher oder Aufzeichnungen, die er nach den Steuergesetzen zu führen hat, nicht vorlegen kann …« (§ 162 Abs. 2 S. 2 AO). 78

Das Finanzamt wird i.d.R. die **Schätzung am oberen Rahmen** ansetzen. Im finanzgerichtlichen Tatsachenverfahren kann das Finanzgericht eine umfassende, eigene Schätzung vornehmen und die Schätzung der Finanzbehörde ersetzen (vgl. § 96 Abs. 1 S. 1 2. HS FGO)[247]; hier erfolgen oftmals Korrekturen. Eine eigene Schätzungsbefugnis steht dem Revisionsgericht hingegen nicht zu. Es ist an die Schätzung des Finanzgerichts als eine Tatsachenfeststellung (§ 118 Abs. 2 FGO) gebunden. Die Überprüfung beschränkt sich dann auf die Zulässigkeit der Schätzung dem Grunde nach, auf die Prüfung eines Verstoßes gegen Denkgesetze, auf die Verletzung der Aufklärungspflicht und darauf, ob in irgendeiner Form sonstige Verfahrensfehler vorgekommen sind.[248]

Ansonsten ist die Finanzbehörde, wenn eine gewisse Spanne für Zuschätzungen besteht, nicht gehalten, das dem Steuerpflichtigen günstigste Ergebnis anzunehmen. Es gibt hier kein »in dubio pro reo«, eher schon ein »**in dubio pro fisco**«; beim Finanzgericht freilich in abgemildeter Form.

Steht fest, dass der Steuerpflichtige einen Besteuerungstatbestand erfüllt hat, ist aber das Ausmaß der verwirklichten Besteuerungsgrundlagen ungewiss, dürfen auch im Steuerstrafverfahren die Besteuerungsgrundlagen geschätzt werden.[249] Zur Durchführung der Schätzung kommen die auch im Besteuerungsverfahren anerkannten – und erforderlichenfalls kombiniert anzuwendenden – Schätzungsmethoden in Betracht, insbesondere die Heranziehung der Richtsatzsammlung.[250] Die Schätzung obliegt dabei dem Tatrichter selbst. Er darf Schätzungen der Finanzbehörden nur dann übernehmen, wenn er von ihrer Richtigkeit unter Berücksichtigung der vom Besteuerungsverfahren abweichenden strafrechtlichen Verfahrensgrundsätze überzeugt ist.[251] In jedem Fall hat der Tatrichter in den Urteilsgründen für das Revisionsgericht nachvollziehbar darzulegen, wie er zu den Schätzungsergebnissen gelangt ist.[252]

Tatsächlich sind die Schätzungen der Fahndung regelmäßig zu hoch. In der Praxis schätzt sie – sofern es nicht zu einer tatsächlichen Verständigung über die Schätzungsgrundlagen kommt – so hoch, dass im finanzgerichtlichen Verfahren i.d.R. eine Reduzierung der Steuerschuld erfolgt. Nötig ist dabei ein **substantiierter** Angriff auf die in vielen Fällen sehr oberflächliche Schätzung. Das Finanzgericht ist dann in der unangenehmen Situation, seinerseits gemäß § 100 Abs. 3 FGO eine genauere Schätzung vornehmen zu müssen. Hierfür bedient es sich oftmals eines sog. **Augenscheinsgehilfen**, d.h. eines Beamten des Finanzamts, der **als Quasi-Sachverständiger** die Entscheidung des Senats vorbereitet. Aber auch bei dieser Schätzung werden Unsicherheiten noch zulasten des Steuerpflichtigen gewertet.

Der Strafrichter muss sich seine für eine Verurteilung nötige Überzeugung auf Grundlage einer eigenen Schätzung bilden.[253] Zu beachten ist hierbei, dass eine Bindung an die Feststellungen des 79

---

245 Vgl. BGH 20.11.2008 – 1 StR 354/08, EuZW 2009, 190 (191); BGH 7.7.2009 – 1 StR 41/09, DStR 2009, 1688; bestätigt durch EuGH 7.12.2010 – C 285/09, NstZ 2011, 165; BVerfG 16.6.2011 – 2 BvR 542/09, DStRE 2012, 379.

246 Vgl. auch *Keßeböhmer* wistra 1996, 334.

247 *Seer*, in: Tipke/Kruse, AO/FGO, 170. Lieferung 05.2022, § 162 AO Rn. 106f. mwN.

248 BFH 29.5.2008 – VI R 11/07, BStBl. II 2008, 933 (936).

249 BGH 24. Mai 2007 – 5 StR 58/07, wistra 2007, 345.

250 BGH 24. Mai 2007 – 5 StR 58/07, NStZ 2007, 589.

251 BGH 09. Mai 2007 – 1 StR 32/07, BGHSt 51, 333–345.

252 BGH 19. Juli 2007 – 5 StR 251/07, wistra 2007, 470.

253 BGH wistra 2004, 184.

Finanzamts selbst dann nicht besteht, wenn der auf den Feststellungen beruhende Steuerbescheid unanfechtbar geworden ist, vom Steuerpflichtigen also akzeptiert wurde.[254] Dies ist absolut zwingend, denn nicht jedes steuerliche Mehrergebnis ist auch Steuerverkürzung i.S.d. § 370 Abs. 4 AO und der Grad der Überzeugungsbildung im Steuerrecht und Steuerstrafrecht differiert erheblich. Für eine steuerrechtliche Schätzung ist die **größte Wahrscheinlichkeit** Maßstab, steuerstrafrechtlich dagegen die **volle Überzeugung** des Strafrichters.

▶ Beachte

Der Strafrichter muss in seinem Urteil die Ermittlung der Steuerverkürzung in einer Weise darlegen, die dem Revisionsgericht eine Überprüfung ermöglicht. Deshalb müssen die Besteuerungsgrundlagen dargestellt werden. Schätzungen des Finanzamtes darf der Tatrichter seinem Urteil nur zugrunde legen, wenn er von deren Richtigkeit überzeugt ist. Nicht allein die **subjektive** Überzeugung von der Richtigkeit der Schätzung ist maßgebend, sondern diese muss auch mit den normalen Voraussetzungen der richterlichen Überzeugungsbildung im Einklang stehen. Auch hier gelten die üblichen strafprozessualen Prinzipien der freien Beweiswürdigung und ihrer Grenzen.

80 Die im Steuerrecht angewendeten **Schätzungsmethoden** haben für das Steuerstrafrecht unterschiedlichen Beweiswert. Die sogenannte freie oder **griffweise Schätzung** allein kann nicht zu strafrechtlichen Zwecken verwandt werden.[255] Schätzungsmethoden der **Geldverkehrsrechnung**, der **Vermögenszuwachsrechnung**, des **äußeren und inneren Betriebsvergleichs** bieten dagegen auch im Strafverfahren geeignete Nachweismöglichkeiten, insbesondere wenn sie kombiniert angewendet werden. Die Ergebnisse einer steuerlichen Schätzung werden in der Praxis allerdings vielfach für das Strafverfahren übernommen, wobei ein sogenannter »**Sicherheitsabschlag**« erfolgt. Dennoch darf der Strafrichter die Schätzung nicht einfach – wenn auch gekürzt – übernehmen, sondern muss sich mit ihr auseinandersetzen. »Sicherheitsabschläge spiegeln nämlich nicht die Sicherheit der Schätzung, sondern häufig die Unsicherheit der Gerichte wider …«.[256]

81 Der Zweifelsgrundsatz gilt auch für den **Indizienbeweis**. Insoweit ist man sich zunächst einig, dass **belastende** Indizien feststehen müssen, der Zweifelssatz also eingreift, wenn ein einzelnes Belastungsindiz nicht sicher genug festgestellt werden kann. Dahinter steht die Überlegung, dass aus bloßen Möglichkeiten keine Gewissheit begründet werden kann.[257] Ein **non liquet** führt dazu, dass ein einzelnes Indiz als nicht bewiesen aus der Beweismasse ausscheidet und an der Gesamtwürdigung des Beweisstoffes nicht mehr teilnimmt. Dies bedeutet etwa, dass der Zufluss einer Einnahme sicher feststehen muss, um zur Grundlage der Verurteilung gemacht werden zu können.

Ansonsten darf im Hinblick auf entlastende Umstände der Zweifel an einer **Indiztatsache** nicht isoliert nach dem Grundsatz »**in dubio pro reo**« beurteilt werden; es ist eine Gesamtwürdigung entscheidend. Führt diese Gesamtwürdigung zu der richterlichen Überzeugung, dass die feststehenden Indizien stärker als die nicht aufklärbare Indiztatsache sind, ist der Zweifel über diese Indiztatsache überwunden; anderenfalls führt die Gesamtwürdigung zur Anwendung des Grundsatzes »in dubio pro reo«. Dies bedeutet etwa, dass der Strafrichter Zweifel über die von dem Angeklagten vorgetragenen Kosten dadurch beseitigen muss, dass er neben der bereits durchgeführten Schätzung eine Geldverkehrsrechnung oder Vermögenszuwachsrechnung durchführt, um die Plausibilität der Einlassung zu prüfen. Keinesfalls darf er den detaillierten Vortrag unter Hinweis auf allgemeine Erfahrungssätze abtun. Im Einzelfall kann dies – trotz erheblicher bestandskräftiger Steuernachforderungen – zu einem Freispruch führen.

---

254 *Schmitz/Wulf,* in: MüKo StGB, 3. Aufl. 2019, AO § 370 Rn. 199; *Stypmann* wistra 1983, 95 (96); BGH GA 1978, 278; BGH wistra 1991, 27.
255 *Joecks* wistra 1990, 52.
256 So wörtlich *Stypmann* wistra 1983, 95 (97).
257 BGH JR 1954, 468; BGH (D) MDR 1969, 194; *Herdegen* NStZ 1984, 342.

Nach der ständigen Rechtsprechung des BFH nimmt die Aufklärungspflicht – und damit der Umfang der Tatsachenermittlung – bei Schätzungen in dem Maße ab, wie der Steuerpflichtige es an einer ihm billigerweise zuzumutenden **Mitwirkung** fehlen lässt und die Beschaffung sonstiger Aufklärungsmittel mit unverhältnismäßigem Aufwand verbunden ist.[258] Richtigerweise überträgt der BGH diesen Grundsatz nicht in das Steuerstrafverfahren. Die Beweiswürdigung muss auch hinsichtlich der – grundsätzlich zulässigen – Schätzung den Anforderungen des § 261 StPO genügen. Im Besonderen müssen sich unüberwindbare Zweifel zugunsten des Angeklagten auswirken.[259] 82

5. Vorsatz und Irrtum

Die Steuerhinterziehung muss vorsätzlich begangen worden sein. Fahrlässigkeit reicht nicht aus. 83

Es gelten hierbei die aus dem allgemeinen Strafrecht bekannten Leitlinien zum Vorsatz, vgl. § 15 StGB, § 369 Abs. 2 AO. Vorsatz ist das »Wissen und Wollen der Tatbestandsverwirklichung«[260]. Der Vorsatz muss »bei Begehung der Tat« vorliegen (§ 16 Abs. 1 StGB). Zum Vorsatz der Steuerhinterziehung gehören hierbei neben dem Dolus Directus 1. und 2. Grades, auch der sog. *dolus eventualis.*[261] 84

Besondere Probleme wirft der bedingte Vorsatz auf (*dolus eventualis*). Nach ständiger Rechtsprechung des Bundesgerichtshofs gehört zum (bedingten) Vorsatz der Steuerhinterziehung, dass der Täter den Steueranspruch dem Grunde und der Höhe nach zumindest für möglich hält und ihn auch verkürzen will. Er muss den Eintritt des tatbestandlichen Erfolgs als möglich und nicht ganz fernliegend erkannt haben (kognitives Element) und ihn billigend in Kauf genommen haben (voluntatives Element) oder sich um des erstrebten Zieles Willen wenigsten mit ihm abgefunden haben, mag ihm auch der Erfolgseintritt unerwünscht gewesen seien.[262]

Die Grenze zur Fahrlässigkeit, als das außer Acht lassen der im Verkehr erforderlichen Sorgfalt, wird durch die sog. »bewusste Fahrlässigkeit« Markiert. Diese Abgrenzung erweist sich als äußerst diffizil und ist deshalb erheblich umstritten.[263]

Bewusst Fahrlässig handelt, wer mit der als möglich erkannten Tatbestandsverwirklichung nicht einverstanden ist und ernsthaft – nicht nur vage – darauf vertraut, dass der tatbestandliche Erfolg nicht eintreten wird.[264] Mit dem zwei gliedrigen bedingten Vorsatz (kognitiv und voluntativ), hat die bewusste Fahrlässigkeit das Wissenselement gemein. Die Abgrenzung beider erfolgt somit durch das voluntative Element. Im Rahmen der bewussten Fahrlässigkeit will der Täter den Erfolg nicht. Er vertraut ernsthaft – nicht nur vage – auf dessen ausbleiben.[265]

Erkennt der Täter die Möglichkeit falsche Angaben zu machen (§ 370 Abs. 1 Nr. 1 AO), sind die Konstellationen in denen er ernsthaft auf das Ausbleiben des tatbestandlichen Erfolges vertrauen kann, schwer denkbar. Er müsste auf einen Umstand vertrauen können, der noch das Ausbleiben der Steuerverkürzung herbeiführen könnte. Durch die erkannte Möglichkeit der Unrichtigkeit, wird i.d.R. somit das voluntative Element indiziert.

Die h.M. in der Literatur befindet sich auch auf dieser Linie, wenngleich mit unterschiedlichem Begründungansatz.Z.T. wird sogar davon ausgegangen, die Form der bewussten Fahrlässigkeit könne

258 *Seer*, in: Tipke/Kruse, AO/FGO, 170. Lieferung 05.2022, § 162 AO Rn. 32.

259 St. Rspr. BGH v. 6.4.2016 – 1 StR 523/15, NStZ 2016, 728; *Grötsch,* in Joecks/Jäger/Randt, 9. Auflage 2023, AO § 370 AO Rn. 103.

260 BGHSt 36, 1 (9).

261 BGH HFR 2010, 866.

262 Vgl. *Gaede*, in: Esser/Rübenstahl/Salziger/Tsambikakis, Wirtschaftsstrafrecht Kommentar, § 370 Rn. 267: mit weiteren Nachweisen aus der Rechtsprechung; BGH NStZ 2013, 581.

263 Vgl. *Peters* in: Hübschmann/Hepp/Spitaler, AO/FGO, 253. Lieferung 07.2019, § 370 AO Rn. 444.

264 StRspr., s. z.B. BGHSt 44, 99 (102 f.); BGHSt 51, 18 [23]; BGH NStZ 2013, 581.

265 So letztlich auch *Krumm* in: Tipke/Kruse, AO/FGO, 170. Lieferung 05.2022, § 370 AO Rn. 126.

es im Rahmen der Steuerhinterziehung nicht oder nur in sehr begrenzten Ausnahmefällen geben.[266] Auch die Rechtsprechung bewegt sich auf der dargestellten Linie. Dem Wollens-Element wird im Verhältnis zum Wissens-Element eine untergeordnete Rolle beigemessen. Wenngleich der BGH – richtiger Weise – nicht so weit geht das Erfordernis des *Wollens* bei der Steuerhinterziehung gänzlich aufzugeben.[267]

Letztlich ist aber damit das voluntative Element durch das kognitive Element auch nach der Rechtsprechung des BGH determiniert. Hat der Täter die Möglichkeit erkannt unrichtige Angaben zu machen, ist nur ausnahmeweise die voluntative Seite in Zweifel zu ziehen. Diese ist i.d.R. zugleich mit erfüllt.

85 Ein Steuerpflichtiger unterliegt einem vorsatzausschließenden Tatbestandsirrtum gem. § 16 Abs. 1 S. 1 StGB, wenn er die Anforderungen an das kognitive Element des Vorsatzes nicht erfüllt. Ein Täter erfüllt das kognitive Element, wenn er das Vorliegen der einzelnen objektiven Tatbestandsvoraussetzungen erkennt. Dabei muss der Betroffene nicht jedes Tatbestandsmerkmal genau kennen und richtig subsumieren. Es ist ausreichend, wenn der Täter den Bedeutungsgehalt des Merkmals den Grundzügen nach richtig erfasst hat. Der Betroffene muss zunächst alle Tatumstände sinnlich erfasst haben und dann laienhaft erkennen, dass sie dem Kern nach die objektiven Tatbestandsmerkmale ausfüllen (sog. *Parallelwertung in der Laiensphäre*).[268] Erforderlich ist hierfür dem Kern nach auch die außerstrafrechtliche Bedeutung der materiellen Steuernormen nachzuvollziehen.[269] Im Ergebnis wendet der BGH damit im Rahmen der Irrtumsdogmatik die Grundsätze an, die für normative Tatbestandsmerkmale gelten, wenngleich er an seiner Einordnung als *Blankettatbestand* festhält.

Unproblematisch sind die Fälle in denen der Steuerpflichtige Einnahmen versehentlich nicht erklärt. Aber auch wenn der Steuerpflichtige über ein normatives Tatbestandsmerkmal irrt, führt dies zum Vorsatzausschluss. Wer also davon ausgeht, dass ein Steueranspruch überhaupt nicht entstanden ist oder sich als zum Vorsteuerabzug berechtigt sieht, irrt über die normative Bedeutung der Tatbestandsvoraussetzungen der Steuerhinterziehung.[270] Er handelt folglich ohne Vorsatz.

Der Verbotsirrtum gem. § 17 StGB zeichnet sich durch fehlendes Unrechtsbewusstsein aus. Der Täter nimmt hier alle Aspekte, sowohl sinnlich als auch ihrem Kern nach richtig wahr, gelangt aber zu einer falschen Einordnung hinsichtlich der Strafbarkeit des Verhaltens. Bei einem solchen Irrtum handelt der Täter schuldlos, vorausgesetzt der Irrtum war nicht vermeidbar.[271] An seinem Vorsatz ändert dies nichts.

Erkennt ein Täter steuerpflichtige Umsätze zu haben, nimmt er aber irrig an keine Umsatzsteuervoranmeldung einreichen zu müssen, unterliegt er nach der h.M. einem vermeidbaren Verbotsirrtum.[272]

86 Von der dogmatischen Frage welche rechtlichen Voraussetzungen an den tatbestandlichen Vorsatz zu stellen sind, ist die Frage des Nachweises isoliert zu betrachten. Gerade in der Praxis ist Gegenstand der Diskussion zumeist der Nachweis des Vorsatzes bzw. eines vorsatzausschließenden Irrtums, weniger seine dogmatischen Grundlagen. Hierbei ist häufig zu beobachten, dass aus der Tatbestandsmäßigkeit eines Verhaltens zugleich auch auf das Vorliegen des subjektiven Vorsatzes geschlossen

266 Vgl. *Ransiek*, in: Kohlmann, Steuerstrafrecht, 67. Lieferung 08.2020, § 370 AO Rn. 614.
267 Vgl. BGH NZWiSt 2012, 71; zuletzt auch: BGH NStZ 2020, 89.
268 BGHSt 8, 321 (323); BGHSt 50, 331; zuletzt: BGH NStZ-RR 2018, 180 (182); *Krumm*, in: Tipke/Kruse, AO/FGO, 170. Lieferung 05.2022, § 370 Rn. 125 m.w.N.
269 BGH NStZ 2020, 89 (91).
270 *Jäger*, in: Klein AO, 16. Aufl. 2022, AO § 370 Rn. 180.
271 Vgl. *Karstens*, in: Joecks/Jäger/Randt, 9. Aufl. 2023, AO § 369 Rn. 106.
272 Vgl. *Karstens*, in: Joecks/Jäger/Randt, 9. Aufl. 2023, AO § 369 Rn. 91; a.A. für Tatbestandsirrtum: *Grötsch*, in: Joecks/Jäger/Randt, 9. Aufl. 2023, AO § 370 Rn. 504.

wird.[273] Vor dem Hintergrund, dass der BGH zur besonderen Sorgfalt beim Nachweis des Vorsatzes mahnt, erstaunt diese Handhabe.[274]

Richtig ist, dass der Aussage eines Steuerpflichtigen, er habe einem Tatbestandsirrtum unterlegen, alleine keine Beweiskraft zukommen kann. Der Täter wird stets eine für sich günstige Aussage machen.[275] Deshalb muss das Gericht bei der Vorsatzfeststellung alle in Betracht kommenden objektiven Gesichtspunkte heranziehen und bewerten, soweit sie Rückschlüsse auf das Vorliegen des Vorsatzes ermöglichen.

Ein besonders hervorzuhebendes Beweisindiz ist die sog. ***willfull-blindness.*** Erkennt ein Angeklagter eine Erkenntnisquelle, die ihm möglicherweise bei der Beurteilung des normativen Inhaltes einer Steuernorm geholfen hätte, nimmt er diese aber nicht wahr, verschließt er also – bildlich gesprochen – die Augen, können auf dieser Grundlage Schlussfolgerungen hinsichtlich seiner Möglichkeitsvorstellung gezogen werden. In einem solchen Fall liegt es äußerst nahe, dass der Angeklagte bereits mit einer ungünstigen Information rechnet und sich bewusst der endgültigen Erkenntnis entziehen möchte. Dass er die Möglichkeit durch sein Verhalten Steuern zu verkürzen erkannt hat (kognitives Element), ist dann in erheblichem Umfang indiziert.

Freilich ist bei der Anwendung dieses Beweisindiz Vorsicht geboten. Denn der Grat zum Fahrlässigkeitsvorwurf ist schmal. Es geht nicht darum, dass ein Steuerpflichtiger eine Erkenntnis hätte haben müssen. Dies wäre eine Sorgfaltspflicht, die allenfalls einen Fahrlässigkeitsvorwurf begründen könnte. Es geht darum, dass sich der Angeklagte einer erkannten Informationsquelle verschlossen hat und der Gründe hierfür. Um die Grenze zum Fahrlässigkeitsvorwurf nicht zu überschreiten, wird dieses Beweisindiz von der Rechtsprechung nur bei bereits festgestellten Zweifeln des Angeklagten herangezogen.[276] Der Angeklagte muss bereits an seiner steuerlichen Beurteilung nachweislich zweifeln. Ohne solche feststehenden Zweifel, kann aus möglichen Erkenntnismöglichkeiten keine Beweiskraft gewonnen werden. Ein anderes Verständnis hätte zur Folge, dass zur Begründung der Wissenskomponente Sorgfaltspflichten herangezogen würden. Der Nachweis von Zweifeln i.d.S. ist folglich der Fallgruppe zwingend vorgeschaltet.

Vor diesem Hintergrund ist bspw. die Formulierungen des BGH in NStZ 2012, 160 zu sehen, wonach die Gleichgültigkeit eines Kaufmannes hinsichtlich seiner steuerlichen Pflichten als Beweisindiz herangezogen wird.[277] Gemeint ist hiermit nicht, dass es für den (bedingten) Vorsatz ausreicht, eine Sorgfaltspflicht verletzt zu haben. Es geht um die Gründe, weshalb ein bereits zweifelnder Täter eine erkannte Erkenntnisquelle nicht genutzt hat und welche Schlussfolgerungen für seine Möglichkeitsvorstellung hieraus zu ziehen sind.

III. Die besonders schweren Fälle (§ 370 Abs. 3 AO)

Bei einem besonders schweren Fall der Steuerhinterziehung verschiebt sich der Strafrahmen von 87
sechs Monaten auf bis zu zehn Jahre. Die bereits aus dem Kernstrafrecht bekannten Regelungstechnik der Regelbeispiele (vgl. § 243 StGB) findet sich somit bei § 370 AO wieder. Solche besonders schwere Fälle sind in § 370 Abs. 3 S. 2 AO beispielhaft und nicht abschließend aufgezählt (»in der Regel«). Sie sind nicht starr anzuwenden. Es ist stets Einzelfallbezogen zu entscheiden. Ein besonders schwerer Fall ist anzunehmen, wenn *»das gesamte Tatbild nach einer Gesamt Wertung aller objektiven, subjektiven und die Persönlichkeit des Täters betreffenden Umstände, die der Tat selbst innewohnen oder*

273 Vgl. *Krumm* in: Tipke/Kruse, AO/FGO, 170. Lieferung 05.2022, § 370 AO, Rn. 130 f.; *Gaede,* in: Esser/Rübenstahl/Saliger/Tsambikakis, Wirtschaftsstrafrecht, § 370 AO Rn. 269.

274 BGHSt 36, 1, 9, (10 f.); BGH NStZ 2010, 151; BGH NStZ 2008, 453, (454); BGH NStZ 2006, 446.

275 BGH NStZ-RR 2010, 85.

276 BGH NStZ 2020, 89; *Gaede,* in: Esser/Rübenstahl/Saliger/Tsambikakis, Wirtschaftsstrafrecht, § 370 AO, Rn. 270.

277 Vgl. krit. *Krumm* in: Tipke/Kruse, AO/FGO, 170. Lieferung 05.2022, § 370 AO Rn. 134a mwN.

die sonst im Zusammenhang mit ihr stehen, vom Durchschnitt der erfahrungsgemäß vorkommenden Fälle in einem Maße abweicht, dass die Anwendung des höheren Strafrahmens geboten erscheint.«[278]

1. »Großes Ausmaß (Nr. 1)«

88 Seit der Entscheidung des BGH v. 27.10.2015[279] ist eine Steuerhinterziehung »großen Ausmaßes« einheitlich ab einem Hinterziehungsbetrag von 50.000 Euro anzunehmen.[280] Diese Wertgrenze begründet der BGH mit den strukturellen Unterschieden zwischen dem Tatbestand des Betrugs und der Steuerhinterziehung. So besteht im Rahmen des § 370 AO im Gegensatz zu § 263 Abs. 1 StGB kein Unterschied zwischen der Gefährdung des Steueranspruchs und dem Eintritt des Vermögensschadens beim Staat.

Offen bleibt die Frage, wie mit Selbstanzeigen nach dem 02.05.2011 und vor dem 31.12.2014 zu verfahren ist, bei denen der Hinterziehungsbetrag zwischen 50.000 € und 100.000 € lag.[281] Mögliche Ansätze wären zum einen, für den Fall der Einstellung nach § 153a StPO, dass Strafklageverbrauch eingetreten ist und die Finanzverwaltung keine weiteren Überprüfungen durchführen wird. Zum anderen könnte schutzwürdiges Vertrauen vorliegen für den Fall, dass die Selbstanzeige aufgrund der neuen Rechtsprechung unwirksam geworden ist und im Vertrauen auf die alte Rechtsprechung keine Angaben zu scheinbar verjährten Taten gemacht worden sind.[282]

In jedem Fall sind im Rahmen der Gesamtwürdigung auch andere strafzumessungsrelevante Umstände wie die Unterscheidung zwischen einer nur vorübergehenden (zeitlichen) und einer endgültigen Steuerhinterziehung genauso mit einzubeziehen wie die Frage, ob eine vollendete Hinterziehung oder nur ein Versuch vorliegt. Ebenso ist hier auch die Frage des Eingreifens des Kompensationsverbotes zu berücksichtigen.

2. »Amtsträger(-stellung) missbrauchen (Nr. 2) o. ausnutzen (Nr. 3)«

89 Bei der Einschaltung eines Amtsträgers (Nr. 2 und Nr. 3) ergibt sich durchweg das Problem, ob hier überhaupt eine Steuerhinterziehung vorliegt und ob nicht der Tatbestand der Untreue (§ 266 StGB) einschlägig ist. Auf die Höhe der verkürzten Steuer soll es in diesem Kontext zwar nicht ankommen. Allerdings ist bei Geringwertigkeit des Hinterziehungsbetrags, dem Grunde nach über die Verneinung der Indizwirkung nachzudenken.

Unproblematisch unter dieses Regelbeispiel zu fassen ist der Fall, dass ein Amtsträger auf den entscheidenden Beamten einwirkt. Problematisch ist dagegen der Fall, dass der entscheidende Amtsträger die Steuerfestsetzung selbst vornimmt oder ohne Steuerfestsetzung eine Erstattung an sich selbst veranlasst. Es stellt sich insoweit die Frage, ob eine Steuerhinterziehung schon deshalb ausgeschlossen ist, weil diese den Irrtum oder zumindest die Unkenntnis der Finanzbehörde voraussetzt. Der BGH lehnt das Erfordernis eines solchen Irrtums der zuständigen Finanzbehörde nunmehr ausdrücklich ab.

Im Rahmen des § 370 Abs. 3 Nr. 2 AO fallen aufgrund von Art. 6 des Gesetzes zur Bekämpfung der Korruption vom 20.11.2015 auch europäische Amtsträger unter den Täterbegriff der Regelbeispiele.

Im Fall des § 370 Abs. 3 Nr. 3 nutzt ein Dritter bei seiner Steuerhinterziehung die Mithilfe eines Amtsträgers aus, der seinerseits seine Befugnisse oder seine Stellung missbraucht. Ein Ausnutzen liegt vor, wenn sich der Täter der Beihilfe eines ungetreuen Amtsträgers bedient. Auf welche Art und Weise der Täter die Mithilfe des Amtsträgers erreicht und wie er dessen Mithilfe ausnutzt ist

278 BGH NJW 1979, 1666 (1666).

279 BGH DStR 2016, 914.

280 Abkehr v. stRspr. seit BGHSt 53, 71, (84 ff.).

281 Vgl. auch *Rübenstahl* in: Esser/Rübenstahl/Saliger/Tsambikakis, Wirtschaftsstrafrecht, § 370 AO, Rn. 481 f.

282 *Schauf*, in: Kohlmann, Steuerstrafrecht, 65. Lieferung 10.2019, § 370 AO Rn. 1099.1; *Kirch-Heim* NStZ 2016, 291 (291).

unerheblich. Geht der Täter aber davon aus, dass der Amtsträger gutgläubig ist (Fall der »vorgestellten« mittelbaren Täterschaft), nutzt er dessen Mithilfe nicht aus.

3. »Verwendung nachgemachter o. verfälschter Belege (Nr. 4)«

Belege sind verkörperte Gedankenerklärungen, die im Rechtsverkehr zum Beweis von Tatsachen geeig- 90
net und bestimmt sind und ihren Aussteller erkennen lassen. Diese Definition ist mit dem Urkundenbegriff des § 267 StGB identisch.[283] **Nachgemacht** ist ein Beleg, wenn der sich aus der Erklärung ergebende Aussteller nicht mit dem tatsächlichen Hersteller identisch ist. Dies ist identisch mit der »unechten Urkunde« i.S.d. § 267 Abs. 1 S. 1 1. Alt StGB. Ein Beleg ist **verfälscht**, wenn sein Inhalt nachträglich verändert wird, sodass der Eindruck erweckt wird, der Aussteller habe die Erklärung in der Form abgegeben, die sie durch die Änderung erlangt hat.[284] Der Beleg wird **»verwendet«**, wenn der Beleg selbst dem zu Täuschenden (Finanzamt oder Betriebsprüfer) zur Kenntnisnahme zugänglich gemacht wird.[285] Nicht ausreichend ist es, wenn der Beleg in die Buchführung aufgenommen wird.[286] Die Verwendung nachgemachter oder verfälschter Belege muss **fortgesetzt** erfolgen. Dieses bedeutet eine mehrfach wiederholte Begehungsweise. Der Täter muss deshalb mindestens zwei Mal eine Steuerhinterziehung unter Vorlage von unechten Belegen vorgenommen haben.[287]

Beim Vorliegen dieses Regelbeispiels ist zu beachten, dass zugleich eine Urkundenfälschung vorliegt und es sich damit nicht mehr ausschließlich um eine Steuerstraftat nach § 386 Abs. 2 AO handelt, sodass die Zuständigkeit für das Verfahren zwingend auf die Staatsanwaltschaft überwechselt.

4. Fortgesetzte Bandenbegehung (Nr. 5)

Eine Bande besteht, wenn sich mindestens drei Personen mit dem Willen verbunden haben, künftig 91
für eine gewisse Dauer Straftaten des im Gesetz genannten Deliktstyps zu begehen.[288] Als Bandenmitglied ist dabei anzusehen, wer in die Organisation der Bande eingebunden ist, die dort geltenden Regeln akzeptiert, zum Fortbestand der Bande beiträgt und sich an den Straftaten als Täter oder Teilnehmer beteiligt.[289]

Mit der zum 01.01.2008 neu eingeführte Ziff. 5 werden die klassischen Fälle des Umsatzsteuerbetruges ebenso erfasst wie der Schmuggel, bei dem es um die Tabak- oder Branntweinsteuer usw. geht. Konsequent erfolgten auch Erweiterungen des § 373 AO und eine Verschärfung des Strafrahmens in § 374 AO. Gleichzeitig wurde auch der § 261 StGB geändert. Bezugstat einer Geldwäsche ist nunmehr auch eine Tat nach § 370 AO, wenn sie gewerbsmäßig o. von einem Mitglied einer Band begangen wird (vgl. § 261 Abs. 1 S. 2 StGB).

In diesen Fällen soll der Tatbestand der Geldwäsche auch für die durch die Steuerhinterziehung ersparten Aufwendungen und unrechtmäßig erlangten Steuererstattungen und -vergütungen gelten.

§ 370 Abs. 3 Nr. 5 AO bringt insoweit eine massive Veränderung, als er zwar den bisherigen Verbrechenstatbestand des § 370a AO ablöst, anders als dieser aber auf die weitere Voraussetzung der Steuerhinterziehung großen Ausmaßes verzichtet. Es genügt schlicht jede banden- oder gewerbsmäßige Begehung einer bestimmten Art von Steuerstraftat. Einerseits ist die Nr. 5 damit enger als der frühere § 370a AO, weil durch die Beschränkung auf Umsatz- und Verbrauchsteuern nicht mehr auf jegliche Steuerhinterziehung abgestellt wird, andererseits ist dieses Regelbeispiel auch einschlägig, wenn kein großes Ausmaß im Raum steht. Damit wurde nunmehr wieder der Stand erreicht,

283 Vgl. BGHSt 3, 85; BGH NStZ 1999, 571 (571).
284 *Heine/Schuster*, in: Schönke/Schröder, 30. Aufl. 2019, StGB § 267 Rn. 64.
285 Vgl. BGH wistra 2005, 144.
286 BGH wistra 1989, 228.
287 Vgl. BGH NStZ 1998, 413 (414).
288 BGHSt GrS 46, 321; BGH wistra 2019, 63–72.
289 BGH wistra 2010, 347 f.; BGH NStZ-RR 2018, 368.

der schon mit der ersten Fassung des § 370a AO gegeben war, dass nämlich über die Gewerbsmäßigkeit der Begehung eine Vielzahl von Straftaten erfasst ist – jetzt allerdings beschränkt auf die Umsatzsteuer und die Verbrauchsteuern. Der Streit, ob der Steuerberater und das von ihm betreute Ehepaar eine »Bande« bilden können, wird neue Nahrung bekommen.

Problematisch ist, dass Gewerbsmäßigkeit inzwischen nicht mehr voraussetzt, dass der Täter die Tat mit der Absicht begeht, sich aus seiner wiederholten Begehung eine Einnahmequelle von einer gewissen Dauer und Erheblichkeit zu schaffen. Damit liegt ein Fall des § 370 Abs. 3 Nr. 5 AO auch dann vor, wenn sich ein Ehepaar regelmäßig von einem Freund aus dem Ausland unversteuert Zigaretten zusenden lässt. Bedenkt man jedoch, dass dieses Regelbeispiel immerhin Anlass für eine Telefonüberwachung sein soll, kann dies nicht ernsthaft gemeint sein. Ungeachtet des Verzichts auf ein großes Ausmaß wird man also jedenfalls Fälle, in denen ein kleines Ausmaß im Raum steht, aus dem Anwendungsbereich dieser Vorschrift herausnehmen müssen, also die Indizwirkung des Regelbeispiels verneinen. Allerdings wird sich eine solche restriktive Auslegung des Regelbeispiels – wenn überhaupt – voraussichtlich erst auf ober- oder gar höchstrichterliche Ebene durchsetzen.

Neben der Verknüpfung zu § 261 StGB ist zu bedenken, dass bei einer bandenmäßigen Begehungsweise der Steuerhinterziehung auch die so genannte Rasterfahndung nach § 98 StPO zulässig ist.

5. Drittstaat-Gesellschaft (Nr. 6)

92 Mit Wirkung für ab dem 25.6.2017 begangene Taten wurde durch den Gesetzgeber das Regelbeispiel des § 370 III 2 Nr. 6 AO eingeführt. Dieses erfüllt, wer eine Drittstaaten-Gesellschaft iSd § 138 III AO nutzt um steuerlich erhebliche Tatsachen zu verschleiern und so fortgesetzt Steuern verkürzt oder nicht gerechtfertigte Steuervorteile erlangt. Notwendig ist, dass der Stpfl alleine oder zusammen mit einer nahestehenden Personen i.S.d. § 1 II AStG unmittelbar oder mittelbar einen beherrschenden oder bestimmenden Einfluss auf die Drittstaaten-Gesellschaft ausübt.[290] Zur Erfüllung der Qualifikation genügt bereits die Möglichkeit für das Vorliegen eines unmittelbar oder mittelbar beherrschenden Einflusses. Dies soll sowohl im Falle rechtlich bindender Treuhandverträge oder aufgrund von Einflussmöglichkeiten durch gesellschaftsrechtliche Beteiligung gegeben sein.[291] Eine fortgesetzte Steuerverkürzung liegt erst ab der dritten Tat vor, sodass erst ab dieser das Regelbeispiel greift.[292]

Drittstaaten-Gesellschaft im Sinne von § 138 III AO ist jede Personengesellschaft, Körperschaft, Personenvereinigung und Vermögensmasse die ihren Sitz bzw. ihre Geschäftsleitung außerhalb der EU oder EFTA hat.[293] Nicht erfasst sind Gesellschaften mit Geschäftsleitung in Andorra, Liechtenstein und Malta.[294]

Eine »Verschleierung von steuererheblichen Tatsachen« setzt zunächst voraus, dass die Einnahmen und Wirtschaftsgüter dem Stpfl wirtschaftlich zuzurechnen sind. Gleichzeitig muss Auslandsgesellschaft nach außen formal als Eigentümerin oder Anspruchsinhaberin auftreten.[295] Zweifelhaft erscheint es in diesem Zusammenhang, wie der Nachweis einer Verschleierungsabsicht im Angesicht der Zulässigkeit der Gründung von Auslandsgesellschaften geführt werden soll.[296]

In der Literatur werden darüber hinaus nicht unbegründet verfassungsrechtliche Zweifel mit Blick auf den Bestimmtheitsgrundsatz erhoben.[297]

290 *Grötsch*, in: Joecks/Jäger/Randt, 9. Auflage 2023, AO § 370 Rn. 584.
291 *Schmitz/Wulf*, in: MüKo StGB, 3. Auflage 2019, AO § 370 Rn. 538.
292 *Schmitz/Wulf*, in: MüKo StGB, 3. Auflage 2019, AO § 370 Rn. 539.
293 *Hadamitzky/Senge*, in: Erbs/Kohlhaas, 244. EL. Dezember 2022, AO §370 Rn. 91b.
294 *Grötsch*, in: Joecks/Jäger/Randt, 9. Auflage 2023, AO § 370 Rn. 584 m.W.N.
295 *Schmitz/Wulf*, in: MüKo StGB, 3. Auflage 2019, AO § 370 Rn. 539.
296 *Jäger*, in: Klein AO, 16. Auflage 2022, AO § 370 Rn. 308.
297 *Grötsch*, in: Joecks/Jäger/Randt, 9. Auflage 2023, AO § 370 Rn. 584 m.W.N.; *Peters* AO-StB 2017, 248, 250; *Schmitz/Wulf*, in: MüKo StGB, 3. Auflage 2019, AO § 370 Rn. 538.

IV. Die Verjährung

Die Verjährung der Steuerhinterziehung richtet sich nach den allgemeinen Regeln des Strafgesetzbuches. Die Verjährungsfrist beträgt nach § 369 Abs. 2 AO i.V.m. § 78 Abs. 3 Nr. 4 StGB **fünf Jahre**. Für die **besonders schweren Fälle** verlängert sich die Verjährungsfrist auf eine Dauer von fünf**zehn Jahren**, vgl. § 376 Abs. 1 AO. 93

Zu beachten ist, dass von der Verfolgungsverjährung die Festsetzungsverjährung nach § 169 AO zu unterscheiden ist. Letztere verlängert sich von regelmäßig vier Jahren (§ 160 Abs. 2 S. 1 Nr. 2), im Falle der Steuerhinterziehung auf zehn Jahre und im Falle des § 378 AO auf fünf Jahre (§ 169 Abs. 2 S. 2 AO).

1. Beginn der Verjährung

Die strafrechtliche Verjährung beginnt, anders als die steuerrechtliche, wenn die Tat beendet ist (§ 78a StGB). Dies ist der Tag der Bekanntgabe des unrichtigen Steuerbescheides. Der für den Beginn der Verjährungsfrist maßgebliche Begriff der Beendigung der Tat (§ 78a StGB) birgt erhebliche Probleme in sich.[298] Bei einer **Tathandlung durch positives Tun** beginnt die Verjährung dementsprechend in den Fällen der Veranlagungssteuer mit der Bekanntgabe der unrichtigen Steuerfestsetzung an den Steuerpflichtigen.[299] Die Bekanntgabefiktion des § 122 Abs. 2 AO ist nicht anwendbar.[300] Bei infolge vorsätzlicher Falschangaben unrichtigen **Feststellungsbescheiden**, bspw. im Rahmen der einheitlichen und gesonderten Gewinnfeststellung einer Personengesellschaft nach § 180 Abs. 1 Nr. 2 AO, stellt die h.M. derzeit noch darauf ab, dass der Taterfolg und damit die Beendigung der Tat erst eingetreten ist, wenn eine Umsetzung der Ergebnisse des Feststellungsbescheides in dem persönlichen Einkommensteuerbescheid (**Folgebescheid**) des letzten betroffenen Gesellschafters erfolgt ist. Dies ist nur wenig nachvollziehbar und führt zu dogmatischen Brüchen sowie zu Unwägbarkeiten (vgl. auch oben Rdn. 63). Aufgrund der »automatischen« Umsetzung eines Feststellungsbescheides ist der Taterfolg der Falschangabe bereits in der Alternative des nicht gerechtfertigten Steuervorteils mit Bekanntgabe des Feststellungsbescheides eingetreten, endet mit diesem Zeitpunkt die Versuchsstrafbarkeit und beginnt der Lauf der Verjährungsfrist.[301] 94

In den Fällen unrichtiger Umsatzsteuer**voranmeldungen**, deren Daten in Jahreserklärungen übernommen werden, soll die Verjährung erst mit der entsprechenden Jahreserklärung beginnen.[302] Wird nach unzutreffenden Voranmeldungen eine Jahreserklärung nicht abgegeben, ist die Tat mit Ablauf der Abgabefrist beendet.[303]

Der **Versuch** der Steuerhinterziehung soll erst mit Bestandskraft des Steuerbescheides fehlgeschlagen sein.[304] Dies bedeutet, dass gegebenenfalls auch eine Beendigung der Tat und damit der Beginn der Verjährung in diesem Zeitpunkt gegeben ist. Vollendung und Beendigung der Steuerhinterziehung fallen damit regelmäßig zusammen. Sehr weitgehend ist die Auffassung, dass eine vollendete Tat selbst dann anzunehmen sei, wenn der Finanzbehörde im Zeitpunkt der Festsetzung die Unrichtigkeit der Erklärung bereits bekannt gewesen sei.[305] Dies gilt auch für den Fall, dass die Finanzbehörden zwar einen Tatverdacht hatten, gleichwohl aber aus ermittlungstaktischen Gründen, um den Erfolg äußerst umfangreicher Ermittlungen zur Aufdeckung und Zerschlagung eines groß angelegten

298 Dies gilt auch für die Frage der Verjährung der Beihilfe zur Steuerhinterziehung, vgl. hierzu *Pelz* wistra 2001, 11.
299 *Ebner*, in: Joecks/Jäger/Randt/, 9. Aufl. 2023, AO § 376 Rn. 26.
300 *Müller* wistra 2004, 11.
301 *Hardtke* AO-StB 2002, 92; *Hardtke* AO-StB 2001, 273; *Hardtke* NStZ 1996, 217.
302 BGH wistra 1983, 146.
303 BGH wistra 1992, 93.
304 BGH wistra 1991, 300.
305 BGH wistra 2000, 63, anders BayObLG wistra 1990, 159; vgl. *Grötsch*, in: Joecks/Jäger/Randt, 9. Aufl. 2023, AO § 370 Rn. 293.

Umsatzsteuerhinterziehungssystems nicht zu gefährden, Steuervergütungen gemäß § 168 S. 2 AO zugestimmt haben. Denn Straftäter haben keinen Anspruch darauf, dass die Finanz- oder Ermittlungsbehörden so rechtzeitig gegen sie einschreiten, dass der Eintritt des Taterfolgs verhindert wird.[306]

95 Wird die **Steuerhinterziehung durch Unterlassen** begangen, so ist das Delikt bei Veranlagungssteuern zu dem Zeitpunkt vollendet, zu dem die Veranlagungsarbeiten des zuständigen Finanzamtes »im Großen und Ganzen« abgeschlossen sind,[307] bei Fälligkeitssteuern mit Ablauf des Fälligkeitstages. Dabei ist streitig, ob die Beendigung in den Fällen des Unterlassens nicht erst dann eintritt, wenn die Rechtspflicht zum Handeln aufhört bzw. die Verjährung definitiv eingetreten ist. Die heute herrschende Meinung tendiert dazu, die gleichen Regeln wie bei der Begehung anzuwenden.[308] Täte man dies nicht, würde die Steuerhinterziehung durch Unterlassen praktisch nie verjähren, vgl. § 171 Abs. 7 AO, §§ 78 ff. StGB.[309]

Dem hat der BGH in der Form Rechnung getragen, dass er mittlerweile bei der Hinterziehung durch Unterlassen, Vollendung und Beendigung der Tat zusammenfallen lässt. Wird etwa die Umsatzsteuer-Jahreserklärung nicht abgegeben, ist die Tat mit dem Ablauf des 31. Mai des Folgejahres vollendet und auch beendet, sodass damit der Lauf der Verjährung beginnt.[310] Wird dann später eine unrichtige Umsatzsteuerjahreserklärung abgegeben, handelt es sich um eine mitbestrafte Nachtat, die in ihrer Strafbarkeit wieder auflebt, wenn die erste Tat – etwa wegen Eintritts der Verjährung – nicht verfolgt werden kann.[311]

Eine Ablaufhemmung entsprechend dem § 171 AO gibt es strafrechtlich nicht.

Aufgrund der Tatsache, dass die zehnjährige Verjährungsfrist des § 376 Abs. 3 S. 2 Nr. 1 AO lediglich an die Verwirklichung des Regelbeispiels anknüpft und nicht an den besonders schweren Fall, greift die zehnjährige Verjährungsfrist bereits bei Steuerverkürzung über 50.000 €.[312] Hierdurch verdoppelt sich, nach dem Urteil des BGH vom 27.10.2015, die Länge der Verjährungsfrist für die Fälle in denen eine Wertgrenze von 100.000 € angenommen wurde.

2. Unterbrechung der Verjährung

96 Die Unterbrechung der Verjährung richtet sich nach den allgemeinen Regeln des Strafrechts. Besonderheit ist, dass die Verjährung nach Maßgabe des § 376 AO auch dadurch unterbrochen wird, dass dem Beschuldigten die Einleitung des Bußgeldverfahrens bekannt gegeben oder diese Bekanntgabe angeordnet wird. Die Reichweite der Unterbrechung der Verjährung richtet sich nach dem Inhalt der Maßnahme; erfasst wird die Tat im strafprozessualen Sinn[313], während es für die Frage der Sperrwirkung bei der Selbstanzeige auf den materiell-rechtlichen Tatbegriff ankommt. Ein nicht hinreichend bestimmter Durchsuchungsbeschluss entfaltet keine verjährungsunterbrechende Wirkung.[314]

V. Sonderfragen der Steuerhinterziehung

97 Das Steuerrecht bewegt sich in einem stark interessensgeleiteten und politisierten Umfeld. Deshalb haben sich im Verlaufe der Jahre besondere Themenfelder aufgetan, von denen eine Auswahl im folgenden Teil dargestellt werden soll.

306 BGH wistra 2013, 107, *Grötsch*, in: Joecks/Jäger/Randt, 9. Aufl. 2023, AO § 370 Rn. 294.
307 BGH wistra 2002, 64; BayObLG wistra 2001, 194; krit *Dörn* NStZ 2002, 189.
308 Vgl. *Ebner*, in: Joecks/Jäger/Randt, 9. Aufl. 2023, AO § 376 Rn. 52.
309 *Hardtke* Steuerhinterziehung, S. 165.
310 BGH wistra 1991, 135; wistra 1992, 93.
311 BGH wistra 1993, 223.
312 BGH v. 13.06.13, 1 StR 26/13, wistra 2013, 471; *Schauf, in:* Kohlmann,Steuerstrafrecht, 65. Lieferung 10.2019, § 370 Rn. 1099.1.
313 BGH wistra 2000, 219 m. Anm. *Jäger*.
314 LG Frankfurt/Main wistra 2001, 28; BGH wistra 2000, 383; BVerfG wistra 1999, 257.

1. Die verdeckte Gewinnausschüttung

Eine Körperschaftsteuerhinterziehung kann sich allein auf der Ebene der Besteuerung einer nach § 1 Abs. 1 KStG steuerpflichtigen Körperschaft abspielen, zumeist einer Kapitalgesellschaft, auf welche im Folgenden abgestellt werden soll. In Betracht kommen aber durchaus auch Betriebe juristischer Personen des öffentlichen Rechts. Von zentraler Bedeutung bei der Hinterziehung von Körperschaftsteuer ist die sogenannte verdeckte Gewinnausschüttung. 98

Eine verdeckte Gewinnausschüttung (vGA) kann Körperschaftsteuer selbst dann auslösen, wenn die Gesellschaft keine steuerpflichtigen Gewinne erzielt. Nach der von der Rechtsprechung gestützten Auffassung der Finanzverwaltung ist eine verdeckte Gewinnausschüttung bei beherrschenden Gesellschaftern unter erleichterten Voraussetzungen zu bejahen. Im Verhältnis zwischen Gesellschaft und beherrschendem Gesellschafter ist eine Veranlassung durch das Gesellschaftsverhältnis auch dann anzunehmen, wenn es an einer klaren und im Voraus abgeschlossenen Vereinbarung darüber fehlt, ob und in welcher Höhe ein Entgelt für eine Leistung des Gesellschafters zu zahlen ist, oder wenn nicht einer klaren Vereinbarung entsprechend verfahren wird, z.B. in Fällen der Mitarbeit oder der Nutzungsüberlassung (Miete, Pacht oder Darlehen). Der beherrschende Gesellschafter muss im Voraus klar und eindeutig vereinbaren, ob er für eine Leistung an seine Gesellschaft einen gesellschaftsrechtlichen oder einen schuldrechtlichen Ausgleich sucht. Er hat den Nachweis zu erbringen, dass eine klare und eindeutige Vereinbarung vorliegt und entsprechend dieser Vereinbarung verfahren worden ist. Ohne eine derartige Vereinbarung kann eine Gegenleistung nicht als schuldrechtlich begründet angesehen werden. Das gilt selbst dann, wenn ein Vergütungsanspruch aufgrund gesetzlicher Regelungen bestehen sollte, wie z.B. bei einer Arbeitsleistung oder einer Darlehensgewährung. Diese rigide Auffassung hat u.a. zur Konsequenz, dass sogar bei gesetzlichen Ansprüchen eine verdeckte Gewinnausschüttung ggf. anzunehmen ist; z.B., wenn im Mutter-Tochter-Verhältnis Ansprüche auf Minderung nach § 441 BGB geltend gemacht werden. Inwiefern diese z.T. überzogenen Nachweisanforderungen auch strafrechtlich durchschlagen, ist wenig geklärt. Ein strafrechtliches Risiko wird sich jedenfalls dann nicht ergeben, wenn nicht widerlegt werden kann, dass es eine klare und eindeutige, im Voraus getroffene Vereinbarung gab, die aus irgendwelchen Gründen erst vor kurzer Zeit (§ 153 AO!) spurlos verschwunden ist.

Die steuerlichen Grundsätze für verdeckte Gewinnausschüttungen gelten auch für »ausländische« Kapitalgesellschaften, die ihren Sitz oder ihre Geschäftsleitung im Inland haben. Die Überführung einer aus dem Ausland stammenden und der Gesellschaft zustehenden Provision in das Privatvermögen des Gesellschafters ist deshalb eine Steuerhinterziehung.

2. Strafbarkeit von Steuerberatern

Die strafrechtliche Verantwortlichkeit von Steuerberatern kann sich auf allen Täterschafts- o. Teilnahmeebenen abspielen. 99

Als Alleintäter kommt der Steuerberater in Betracht, wenn er bspw. wissentlich und willentlich eine unrichtige Urkunde vorlegt, die er vorher durch nachträglichen gesonderten Ausweis der Mehrwertsteuer verändert hat.[315] Ob ein Steuerberater Mittäter ist, hängt von der Qualifikation seines Tatbeitrags als funktionaler Teil eines arbeitsteiligen Tatgeschehen ab.[316] Dies ist durch Abwägung der im Einzelfall relevanten Gesamtumstände zu beurteilen, wie bspw. das Interesse am Gelingen der Tat wegen eines vereinbarten Honorars.[317] In mittelbarer Täterschaft handelt der Steuerberater, wenn er Kraft überlegenen Wissens das tatbestandlichen Geschehen (»machen unrichtiger Angaben«) beherrscht. Dies ist bei einem Steuerberater der Fall, der ohne Wissen des Steuerpflichtigen Betriebsausgaben erhöht, um die Steuerschuld zu vermindern (Überlegenheit kraft Wissensvorsprung).[318]

315 BayOLG NStZ 1988, 313.
316 So auch *Peters* in: Hübschmann/Hepp/Spitaler, AO/FGO, 253. Lieferung 07.2019, § 370 AO Rn. 683.
317 Vgl. hierzu *Weckerle*, Steuerstrafrechtliche Verantwortung des Beraters, DStJG 38 (2015), S. 171 (185).
318 Vgl. *Schwedhelm*, Strafrechtliche Risiken steuerlicher Beratung, DStR 2006, 1017 (1019).

Freilich werden diese Fälle eher die Ausnahme bilden. Das Interesse des Steuerberaters wird selten so groß sein, derartige Handlungen vorzunehmen.[319]

100 Relevanter sind regelmäßig die Fälle der **Beihilfe** (§ 27 StGB) zur Steuerhinterziehung durch den Steuerberater. Ist geklärt, dass die Handlung des Steuerberaters in irgendeiner Weise den tatbestandlichen Erfolg kausal begünstigt hat, stellt sich regelmäßig das bereits bei der Beihilfehandlung diskutierte Problem der »neutralen« Beihilfe.

Im Ausgangspunkt führt eine Handlung des Steuerberaters jedenfalls dann zur Strafbarkeit, wenn sie einen deliktischen Sinnbezug aufweist und sich deshalb von vorherein nicht als »berufsspezifische Handlung« und damit »neutral« i.d.S. bezeichnen lässt.[320] Dies ist bspw. der Fall, wenn der Steuerberater durch wahrheitswidrige Erklärungen gegenüber dem Finanzamt eine Prüfung verzögert, um seinem Mandanten Zeit zu geben eventuelle Korrekturen zu veranlassen.[321] Oder wenn der Steuerberater Offshore-Gesellschaften vermittelt, mit dem Ziel, die Kapitalerträge seiner Mandanten vor dem Zugriff der Steuerbehörden zu bewahren.[322] Jedenfalls in solchen Fällen solidarisiert sich der Steuerberater mit den deliktischen Handlungen seiner Mandanten.

Nur wenn es an dieser Solidarisierung fehlt, d.h. die Handlung des Steuerberaters tatsächlich »alltagstypisch« ist, wird eine Abgrenzung relevant. Eine solche »neutrale« Handlung des Steuerberaters führt nur dann zu einer Strafbarkeit, wenn das mit der Handlung erkannte Risiko derartig hoch ist, sodass ein erkennbar tatgeneigter Täter gefördert wird. Weiß der Steuerberater, dass sein Mandant Einnahmen verschweigt[323] o. seine Bücher nicht ordnungsgemäß führt[324] und fertigt dennoch die Steuererklärung entsprechend der Angaben bzw. durch Verwendung der Daten aus den Büchern, begeht er eine strafbewehrte Beihilfe.

Abseits dieser Konstellationen dürfte nur ausnahmsweise eine strafbewehrte Beihilfehandlung anzunehmen sein. Insbesondere reicht es nicht aus, dass der Steuerberater es für möglich hält, dass sein Tun für eine Straftat genutzt wird. Der Steuerberater dürfe i.R.s. »professionellen« Handlung, auf die Legalität fremden Handelns vertrauen.[325]

101 Ein weiterer Problemkreis stellt die Unterlassungsstrafbarkeit eines Steuerberaters dar.

Die Strafbarkeit gem. § 370 Abs. 1 Nr. 2 AO setzt eine Erklärungs- bzw. Mitteilungspflicht voraus. Diese erwachsen aus gesetzlichen Verpflichtungen, wie bspw. § 153 Abs. 1 AO. Ihrem Wortlaut nach sind derartige Pflichten regelmäßig an den Steuerpflichtigen adressiert, nicht jedoch an dessen Berater. Die Diskussion um die Strafbarkeit wegen Unterlassen bei steuerlichen Beratern, kreist deshalb um die personelle Reichweite solcher Erklärungspflichten. Besondere Bedeutung kommt hierbei der Berichtigungspflicht nach § 153 Abs. 1 Nr. 1 AO zu.[326]

In der Tat betrifft schon vom Wortlaut her § 153 Abs. 1 Nr. 1 AO nur einen Steuerpflichtigen. Da diesem in § 33 AO definierten Begriff auch der gesetzliche Vertreter i.S.d. § 34 AO sowie der Verfügungsberechtigte i.S.d. § 35 AO unterfallen, kommt für den Steuerberater eine Berichtigungspflicht in den Fällen in Betracht, in denen er eine dem § 35 AO genügende Position erreicht hat. Verfügungsberechtigter i.S.d. § 35 AO ist jeder, der rechtlich und wirtschaftlich über Mittel, die einem anderen zuzurechnen sind (§ 39 AO), verfügen kann und über diese Mittel auch verfügen darf.[327] Infrage kommt dies letztlich nur, wenn der Steuerberater vom Mandanten bevollmächtigt/

319 So auch OLG Koblenz wistra 1987, 263;.
320 *Krumm,* in: Tipke/Kruse, AO/FGO, 170. Lieferung 05.2022, § 370 AO Rn. 179.
321 FG Berlin-Brandenburg EFG 2018, 1765.
322 LG Köln wistra 2020, 34.
323 BGH NStZ-RR 2014, 316.
324 FG Nürnberg DStRE 2003, 1251.
325 BGH NZWiSt 2014, 139 (141).
326 Vgl. grds. *Seer* in: Tipke/Kruse, AO/FGO, 146. Lieferung 10.2016, § 153 AO Rn. 4 ff.
327 Vgl. *Rüsken,* in: Klein AO, 16. Aufl. 2022, AO § 35 Rn. 1ff.

beauftragt wurde, etwa die Umsatzsteuer-Voranmeldungen zu unterzeichnen und auch Kontovollmacht hat. Denkbar ist auch der Fall, dass bereits die Umsatzsteuer-Voranmeldung genügt, weil der Finanzbehörde eine Abrufermächtigung vorliegt. Da Steuererklärungen grundsätzlich eigenhändig unterschrieben werden müssen, kommt dies nur in Betracht, wenn (ausnahmsweise) Eigenhändigkeit nicht erforderlich ist.

Richtig ist, dass der Steuerberater in erster Linie Beistand seines Mandanten ist. Seine Verpflichtungen entspringen aus dem Beratungsvertrag. Deshalb besteht seine Verpflichtung darin, seinen Mandanten über eine eventuelle Unrichtigkeit zu informieren. Dies gilt auch hinsichtlich der Regelung des § 153 AO.[328] Es steht dann dem Steuerpflichtigen selbst zu, ob er die offenbarte Unrichtigkeit berichtigen möchte. Tut er dies nicht, und tritt er gleichsam in die Strafbarkeit über, kann der Steuerberater sein Mandat niederlegen.[329] Dies muss gelten, ungeachtet ob die Steuererklärung vom Steuerpflichtigen oder vom Steuerberater im Auftrag des Steuerpflichtigen unterzeichnet worden ist.[330]

Ob hierneben eine Garantenstellung auch aus § 13 StGB resultieren kann, kann an dieser Stelle dahinstehen. Den Steuerberater trifft nicht die Pflicht das staatliche Steueraufkommen im Ganzen zu sichern. Er ist vielmehr sogar gem. § 203 Abs. 1 Nr. 3 gehalten, über die Verhältnisse seines Mandanten zu schweigen.

3. Umsatzsteuerkarussell

In Reaktion auf die erheblichen volkswirtschaftlichen Schäden durch Umsatzsteuer-Karussellgeschäfte[331] hat der Gesetzgeber mit Wirkung vom 01.01.2002 massive Änderungen im Umsatzsteuergesetz vorgenommen. Der zunächst gleichfalls eingeführte § 370a AO (Gewerbsmäßige Steuerhinterziehung) wurde aufgrund der erheblichen Kritik an dieser Vorschrift, welcher sich auch der BGH angeschlossen hatte, zum 01.01.2008 wieder aufgehoben. Einzelne Regelungen des früheren § 370a AO, der als Verbrechenstatbestand ohne strafbefreiende Wirkung einer Selbstanzeige ausgestaltet war, wurden als Regelbeispiele für einen besonders schweren Fall der Steuerhinterziehung nach § 370 Abs. 3 AO ausgestaltet. 102

a) Wirkung und Folgen eines Umsatzsteuerkarussells

Gegenstand der sog. Karussellgeschäfte sind Handelsgeschäfte, die – bis auf Kraftfahrzeuge – vergleichsweise klein (wegen angeblicher Lagerkapazitäten) und teuer (wegen des zu erzielenden Gewinns) sind. Entscheidungen der Rechtsprechung enthalten beispielhafte Umschreibungen von Karussellgeschäften, die im Folgenden nachgezeichnet werden sollen[332]: 103

Waren werden aus einem anderen Mitgliedstaat im Wege der innergemeinschaftlichen Lieferung (§ 6a UStG) an einen inländischen Erwerber veräußert (sog. ***missing-Trader***). Dieser veräußert seinerseits die Waren mit einem kleinen Aufschlag weiter an einen ebenfalls im Inland ansässigen Unternehmer (***Buffer I***). Letzterer führt ordnungsgemäß die in den Rechnungen des ***missing-Trader*** ausgewiesene Umsatzsteuer ab und macht für diese Lieferung Vorsteuer (§ 15 UStG) geltend, die ihm ausbezahlt wird. ***Buffer I*** veräußert die Ware nunmehr weiter an einen ***Buffer II***, und dieser weiter an einen Exporteur (sog. ***Distributor***). Der ***Distributor*** veräußert die Ware wieder an dem im EU-Ausland befindlichen ***missing-Trader***. Dieses Vorgehen wird dann wiederholt.

Der Nutzen dieses Vorgehens liegt darin, dass der ***missing-Trader*** wie von Anfang an geplant, die einbehaltene Umsatzsteuer nicht zahlt oder mit vermeintlich bestehenden Vorsteueransprüchen auf-

328 OLG Düsseldorf, v. 25.11.2008 – I-23 U 64/08 –, Rn. 4; *Hardtke*, Steuerhinterziehung durch verdeckte Gewinnausschüttung, 35 ff. m.w.N.

329 *Seer*, in: Tipke/Kruse, AO/FGO, 146. Lieferung 10.2016, § 153 AO Rn. 5.

330 *Weckerle*, Steuerstrafrechtliche Verantwortung des Beraters, DStJG 38 (2015), S. 171 (186).

331 Vgl. BT-Drs. 14/6883 S. 7.

332 Vgl. zu der Sachverhaltsumschreibung: BGH DStR 2009, 577.

rechnet. Der ***Buffer I*** macht zeitgleich die Vorsteuer für die betrugsrelevante Warenlieferung vom ***missing-Trader*** geltend. Da der ***missing-Trader*** nur in einem eng begrenzten Zeitraum tätig wird (ca. 3 Monate), war es ihm zumindest bis zur Einführung der Umsatzsteuernachschau nach § 27b UStG möglich wieder »abzutauchen«, bevor er durch die Finanzbehörden als Scheinunternehmen aufgedeckt werden konnte.

b) (Steuer-)Haftungsrechtliche Einordnung

104 Die kurze Existenzdauer des ***missing-Trader*** hatte regelmäßig zur Folge, dass eine Zahlung der geschuldeten Umsatzsteuer nicht erreicht werden kann.

In den haftungsrelevanten Fokus rückt deshalb der » ***Buffer I***«.[333] Im Ausgangspunkt hat dieser sich gesetzeskonform verhalten, indem er ordnungsgemäße Umsatzsteuererklärungen abgegeben hat und auch die richtige Vorsteuerbeträge für seine Eingangsumsätze geltend gemacht hat.

Grundsätzlich ist die Vorsteuerberechtigung des Unternehmers nicht vom Verhalten einer anderen, vom steuerpflichtigen Unternehmen verschiedenen Person abhängig. Solang und soweit der Steuerpflichtige die objektiven Voraussetzungen des Vorsteuerabzugs erfüllt, bleibt dessen Berechtigung auch dann bestehen, wenn ein anderer an der Lieferkette beteiligter Unternehmer in betrügerischer Absicht hinsichtlich seiner Umsätze handelt und diese betrugsbefangenen Umsätze unmittelbar Vor- o. Nachgehen.[334]

Die **Vorsteuerberechtigung** ist trotz Vorliegen ihrer Voraussetzungen **ausgeschlossen**, wenn der Steuerpflichtige wusste oder hätte wissen müssen, dass der sich mit seinem Umsatz, an einer vom Verkäufer begangenen Umsatzsteuerhinterziehung beteiligt. Solange jedoch Wirtschaftsteilnehmer das tun, was vernünftiger Weise von ihnen erwartet werden kann, um sicherzustellen, dass ihre Umsätze nicht in einen Umsatzsteuerbetrug einbezogen sind, können sie auf die Rechtmäßigkeit ihrer Umsätze vertrauen und laufen nicht Gefahr ihr Recht auf Vorsteuerabzug zu verlieren.[335]

Nach der Rechtsprechung des EuGH ist die Vermeidung von Steuerhinterziehung u.a. ein Ziel der Richtlinie 2006/112/EG.[336] Aus diesem Grund ist der Vorsteuerabzug zu versagen, wenn entsprechend der gemachten Ausführungen, ein objektiv belegter Missbrauch anzunehmen ist. Dies gilt selbst dann, wenn das nationale Recht keine Regelung bereithält, die eine Versagung des Vorsteuerabzug in derartigen Missbrauchsfällen bereithält.[337]

Die Frage, wann ein Steuerpflichtiger wusste oder hätte wissen müssen, dass er sich an betrugsbefangenen Umsätzen beteiligt, ist eine Frage des nationalen Rechts, die eine tatsächliche Würdigung des zuständigen Finanzgerichts voraussetzt.[338] Entscheidungserheblich ist hierbei der Zeitpunkt in dem der relevante Umsatz vorgenommen worden ist.[339]

c) Strafrechtliche Bewertung

105 Der ***missing-Trader*** macht, soweit er keine oder eine unrichtige Erklärung abgibt, sich entsprechend der Vorschriften nach § 370 AO strafbar. Häufiger wird jedoch der Fall so liegen, dass die Erklä-

---

333 Der Einfachheit sollen weitere »Buffer« in der Lieferkette zunächst unberücksichtigt bleiben; für sie gilt letztlich aber dasselbe. Alle »Buffer« haften zusammen als Gesamtschuldner.

334 EuGH DStR 2006, 133 (136).

335 EuGH DStR 2006, 1274 (1278).

336 EuGH DStRE 2012, 1336 (1340).

337 EuGH DStR 2015, 573 (577 ff.).

338 Vgl. *Schauf*, in: Kohlmann, Steuerstrafrecht, 73. Lieferung 10.2021, § 370 AO, Rn. 1401.1, mit Verweis auf EuGH DStR 2006, 420 (425).

339 BGH NZWiSt 2016, 274 (275 Rn. 12); dies gilt nur für den steuerschuldrechtlichen Zeitpunkt, nicht für den steuerstrafrechtlichen.

rungen ordnungsgemäß abgegeben wurden, jedoch keine Zahlungen geleistet werden. Die Nichtzahlung alleine führt nicht zu einer Steuerhinterziehung.

Beim ***Buffer I*** gestaltet sich hingegen die Sachlage ein wenig diffiziler. Hat der ***Buffer I*** nach objektiven Umständen im Zeitpunkt der Lieferung erkannt oder hätte er erkennen müssen, dass er in einen Umsatzsteuerbetrug eingebunden ist, ist er zum Vorsteuerabzug nicht berechtigt. Macht er die Vorsteuer geltend, macht er über steuerlich erhebliche Tatsachen unrichtige Angaben und erfüllt den objektiven Tatbestand des § 370 Abs. 1 Nr. 1 AO. Eine **nachträgliche Bösgläubigkeit** ist hingegen irrelevant. Erkennt der Steuerpflichtige später, dass er in einen Umsatzsteuerbetrug eingebunden ist, lässt dies seine Vorsteuerberechtigung unberührt und er macht folglich auch keine unrichtigen Angaben. Aus demselben Grund entsteht auch keine Berichtigungspflicht gem. § 153 Abs. 1 S. 1 Nr. 1 AO.[340]

Schwieriger wird nunmehr die Feststellung des subjektiven Tatbestandes. Der Steuerpflichtige muss im Tatzeitpunkt (§ 15 StGB) zumindest die Möglichkeit erkannt haben, den Taterfolg herbeizuführen und diesen Umstand billigend in Kauf genommen haben. Ein Kennen-Müssen reicht hier nicht aus. Der Täter muss also im tatrelevanten Zeitpunkt erkannt haben, dass er bei Vornahme der umsatzsteuerlichen Lieferung zumindest hätte erkennen müssen, in einen umsatzsteuerbetrug eingebunden gewesen zu sein.[341]

Für den ***Distributor*** gilt im Wesentlichen dasselbe.

d) Ordnungswidrigkeiten aus dem UStG

Zum 01.07.2021 wurde der bisherige § 26b UStG (Schädigung des Umsatzsteueraufkommens) in 106
modifizierter Form als neuer § 26a Abs. 1 UStG eingführt. Gestrichen wurde das bisherige Tatbestandsmerkmal *»in einer Rechnung im Sinne von § 14 ausgewiesene Umsatzsteuer«*. Hierdurch hat sich der Sinn und Zweck des Ordnungswidrigkeitentatbestandes erweitert. Nunmehr liegt mit § 26a Abs. 1 UstG eine allgemeine Sanktionsmöglichkeit für Fälle der unterbliebenen Entrichtung fälliger Umsatzsteuer vor.[342] Sanktioniert wird die unvollständige oder verspätete Zahlung fälliger USt, soweit der Täter zur Zahlung der Steuerbeträge in der Lage war.[343]

Durch § 26c UStG wird die Zuwiderhandlung nach § 26a Abs. 1 UStG, wenn sie gewerbsmäßig 107
oder als Mitglied einer Bande, die sich zur fortgesetzten Begehung solcher Handlungen verbunden hat, begangen wird, zur Straftat erhoben. Hierdurch soll eine Regelungslücke für die Fälle geschlossen werden, in denen eine Bestrafung gemäß § 370 AO mangels Erfüllung der objektiven Tatbestandsmerkmale nicht möglich ist, wenn nämlich unter Beachtung, dass sämtliche umsatzsteuerlichen Voraussetzungen für den Vorsteuerabzug aus den von ihnen gestellten Rechnungen erfüllt werdenden den Formerfordernissen entsprechend richtige Umsatzsteuervoranmeldungen bzw. Jahresanmeldungen abgegeben, jedoch tatplanmäßig die Steuerschulden nicht gezahlt werden.

Relativ klar ist noch das Erfordernis der »bandenmäßigen Begehung« in § 26c UStG. Hiernach bedarf es zumindest einer aus drei Tätern bestehenden Gruppe, die sich dazu verabredet hat »ordentliche« Rechnungen auszustellen, in der Absicht hiermit zusammenhängende Steuerbeträge nicht abzuführen.[344]

Schwieriger zu beantworten ist demgegenüber die Frage, wann eine Nichtzahlung (§ 26c UStG) gewerbsmäßig begangen wird. Gewerbsmäßig handelt, wer die Absicht hat sich durch die Begehung

---

340 So auch *Ransiek,* in: Kohlmann, Steuerstrafrecht, 67. Lieferung 08.2020, § 370 AO Rn. 446.2.

341 Vgl. hierzu: BGH NZWiSt 2014, 112 (113).

342 Zur historischen Entwicklung vgl. *Webel,* in: Joecks/Jäger/Randt, 9. Aufl. 2023, UStG § 26b Rn. 7.

343 *Webel,* in: Joecks/Jäger/Randt, 9. Aufl. 2023, Anhang II Rn. 9.

344 Vgl. zum allgemeinen Bandenbegriff im Steuerstrafrecht: *Schmitz/Wulf,* in: MüKo StGB, 3. Aufl. 2019, AO § 370 Rn. 532 m.w.N.; BGH wistra 2019, 63.

einer bestimmten Art von Straftaten eine Einnahmequelle von gewisser Dauer und Gewicht zu schaffen.[345] Es ist strittig, ob diese Definition ohne größere Anpassungen auf §26c UstG anzuwenden ist.[346]

108 Fraglich ist, ob die **Selbstanzeige** nach § 371 AO bei einer Tat nach § 26c UStG Anwendung findet. Der Wortlaut des § 26c UStG und der des § 371 AO lassen dies nicht zu, was jedoch zu Ungerechtigkeiten führt. Hat bspw. ein Unternehmer seine Umsatzsteuer nichtzutreffend angemeldet und dementsprechend zunächst zu wenig gezahlt, der andere aber eine immerhin zutreffende Anmeldung abgegeben, dann aber gleichfalls nicht gezahlt, so wird durch eine Selbstanzeige nur der erste Unternehmer straffrei, der eine unrichtige Erklärung abgegeben hat. Diese Ungerechtigkeit, denn der zweite Unternehmer ist immerhin seiner Erklärungspflicht richtig nachgekommen und hat der Finanzbehörde einen zutreffenden Titel in die Hand gegeben, spricht dafür, § 371 AO analog auch auf § 26c UStG anzuwenden.

VI. Selbstanzeige (§§ 371, 378 Abs. 3 AO)

109 Die Selbstanzeige führt zu einer Straf- und Bußgeldfreiheit bei Steuerhinterziehung (§ 370 AO) oder leichtfertiger Steuerverkürzung (§ 378 AO). Die Bußgeldtatbestände der §§ 379, 380 AO bleiben folglich weiterhin anwendbar, soweit deren tatbestandliche Voraussetzungen zugleich erfüllt wurden. Die wirksame Selbstanzeige ist ein persönlicher Strafaufhebungsgrund, der nur für § 370 AO gilt. Andere Taten bleiben strafbar, es sei denn, diese Straftatbestände verweisen auf § 371 AO.

Die Straf- und Bußgeldfreiheit beruht ausschließlich auf fiskalischen Überlegungen, das Motiv des Anzeigeerstatters ist unbeachtlich.[347] Es geht dem Gesetzgeber vordergründig um die Erschließung unbekannter Steuerquellen.

Voraussetzung einer wirksamen strafbefreienden Selbstanzeige ist zunächst positiv, dass gegenüber der Finanzbehörde unrichtige Angaben berichtigt, unvollständige Angaben ergänzt und/oder unterlassene Angaben für die letzten zehn Kalenderjahre nachholt werden. Für die Berechnung des Zehnjahreszeitraums wird auf das Jahr in dem die Selbstanzeige erstattet wurde abgestellt.[348] Demnach sind bei einer Selbstanzeige im Jahr 2016 die Jahre 2006 bis 2015 umfasst, sowie das Jahr 2016 selbst. Bereits zu seinen Gunsten hinterzogene bzw. verkürzte Steuern müssen innerhalb einer gesetzten (angemessenen) Frist nachentrichtet werden (§§ 371 Abs. 3, 378 Abs. 3 AO).

Sowohl Im Falle der der Überschreitung des Schwellenwerts von 25.000 €, als auch in den im § 370 Abs. 3 Nr. 2–6 AO genannten Fällen, findet für den Täter und auch für den Teilnehmer § 398a AO Anwendung. Folglich kann unter den Voraussetzungen des § 398a AO von der Strafverfolgung abgesehen werden, wenn der § 371 Abs. 1 AO erfüllt ist und keine Ausschlussgründe des § 371 Abs. 2 AO vorliegen.

Ein Rücktritt vom Versuch (§ 24 StGB) ist trotz der Möglichkeit der strafbefreienden Selbstanzeige nicht ausgeschlossen. Liegt ein strafbefreiender Rücktritt nach § 24 Abs. 1 S. 1 StGB mangels Freiwilligkeit nicht vor, so kann gleichwohl eine strafbefreiende Selbstanzeige gemäß § 371 AO in Betracht kommen. Nach Einleitung des Ermittlungsverfahrens entfällt die Freiwilligkeit und ist auch eine Selbstanzeige nur noch wegen der von der Verfahrenseinleitung nicht umfassten Steuerarten und Besteuerungszeiträume denkbar.[349]

345 Zuletzt: BGH NStZ 2014, 271.
346 Vgl. zum Streitstand: *Webel*, in: Joecks/Jäger/Randt, 9. Aufl. 2023, Anhang II Rn. 38ff.
347 H.M. BGH wistra 2010, 304; *Kohler*, in: MüKo StGB, 3. Aufl. 2019, AO § 371 Rn. 23; differenzierend *Joecks/Randt*, in: Joecks/Jäger/Randt, 9. Aufl. 2023, AO § 371 Rn. 25.
348 Vgl. Oberste Finanzbehörden der Länder v. 01.12.2019, BStBl I, 2019, S. 1142, Nr. 11 Abs. 3.
349 Vgl. BGHSt 37, 340, wistra 1991, 223 (225).

1. Anzeigeerstatter

Jeder Täter einer Steuerhinterziehung kann für sich selbst eine wirksame Selbstanzeige erstatten. 110
Gleiches gilt für dessen gesetzliche oder satzungsmäßige Vertreter sowie bevollmächtigte Vertreter, nicht aber Vertreter ohne Vertretungsmacht oder Geschäftsführer ohne Auftrag. Selbst wenn die Selbstanzeige dem mutmaßlichen Willen des Täters entspricht, reicht es nicht aus, wenn der Täter sie nachträglich genehmigt. Nicht erforderlich ist dagegen, dass der Bevollmächtigte die Selbstanzeige ausdrücklich im Namen des Täters erstattet. Eine verdeckte Stellvertretung ist zulässig. Das Verbot der Mehrfachverteidigung (§ 146 StPO) steht einer Selbstanzeige durch einen Rechtsanwalt für mehrere Auftraggeber nicht entgegen, weil es sich bei der Beratung und Durchführung einer Selbstanzeige um Steuerberatung und noch nicht um Strafverteidigung handelt.[350]

2. Form und Inhalt

Eine Selbstanzeige muss – und sollte – nicht als solche gekennzeichnet werden. Sie muss aber vom 111
Inhalt her die Finanzbehörde in die Lage versetzen, die zutreffende Steuer ohne weitere umfangreiche Nachforschungen festsetzen zu können.[351] Die bloße Nacherklärung bisher verschwiegener Einkünfte oder die Richtigstellung falscher Angaben ist deshalb ausreichend. Es sollte unbedingt davon abgesehen werden, in der Mitteilung an die Finanzbehörde von einer »Selbstanzeige« oder irgendeinem strafrechtlich relevanten Verhalten zu sprechen. Hierdurch kann bereits die Einleitung eines Steuerstrafverfahrens vermieden werden. Aufgrund interner Anweisungen sind die Veranlagungsstellen verpflichtet, Selbstanzeigen der Bußgeld- und Strafsachenstelle zuzuleiten. Eine »einfache« Nacherklärung muss aber nicht als Selbstanzeige erkannt werden und bleibt die Bußgeld- und Strafsachenstelle dann ggf. völlig aus dem Spiel. Von einer gestuften Anzeige wird gesprochen, wenn es sich um mehrere, zeitlich auseinanderliegende Erklärungen handelt, die erst in ihrer Gesamtschau die Anforderungen des § 371 AO erfüllen. Nach früher Auffassung war diese möglich. Die Rechtsprechung hat ihr aber eine Absage erteilt. Nach dieser Rechtsprechung ist für eine strafbefreiende Selbstanzeige erforderlich, dass der Erstattet bereits in seiner ersten Anzeige alle notwendigen Angaben tätigt, notfalls auch dadurch, dass er die nicht bekannten und noch zu genau zu beziffernden Beträge schätzen muss.

▶ **Beachte**

> Die Selbstanzeige kann schriftlich, per Telefax, fernschriftlich, mündlich oder fernmündlich[352] erstattet werden. Sie ist an keinerlei Form gebunden.[353] Zu warnen ist vor dem Fehler, eine Selbstanzeige zunächst lediglich anzukündigen. Die **Ankündigung einer Selbstanzeige** hat keine rechtliche Wirkung[354] sondern stellt allein eine »Einladung« an die Finanzverwaltung zur Einleitung eines Steuerstrafverfahrens dar (welches eine Selbstanzeige dann sperrt).

Sind unter Zeitdruck die erforderlichen Unterlagen nicht rechtzeitig herbeizuschaffen, um eine inhaltlich zutreffende Selbstanzeige abgeben zu können, so sollte der nachzuerklärende Betrag lieber großzügig geschätzt werden und in der Selbstanzeige ein Hinweis darauf erfolgen, dass den Angaben eine Schätzung zugrunde liegt. Eine spätere Korrektur ist dann unproblematisch möglich.[355]

---

350 Vgl. hierzu insgesamt *Joecks/Randt,* in: Joecks/Jäger/Randt, 9. Aufl. 2023, AO § 371 Rn. 107 ff.
351 BGH wistra 1993, 66; 2003, 385; 2004, 309.
352 OLG Hamburg wistra 1986, 116.
353 *Hoyer,* in: Gosch AO/FGO, 135. EL Oktober 2017, AO § 371 Rn. 38.
354 OLG Hamburg wistra 1993, 274.
355 *Theil* BB 1983, 1274 (1277).

▶ Beispiel

Beispiele für am unzureichenden Inhalt gescheiterte »Selbstanzeige«:

1. Beantragung einer Außenprüfung;[356]
2. Hinweis auf den Ursprung verschwiegener Einkünfte ohne Darlegung ihres Umfangs;[357]
3. Stillschweigende Nachzahlung der verkürzten Steuern;[358]
4. Hinweis auf zu niedrig erklärte Umsatzsteuer;[359]
5. Zurverfügungstellung der Buchführung;[360]
6. stillschweigende Versteuerung im folgenden Veranlagungszeitraum;[361]
7. Unterrichtung der Finanzbehörde über die Stellung eines Insolvenzantrages.[362]

Umfasst die Selbstanzeige nur einen Teil des strafrechtlichen Verhaltens, so war sie bis Mai 2011 hinsichtlich des angezeigten Teils wirksam.[363] Anstifter, Gehilfen oder auch Mittäter, deren Tatbeitrag begrenzt war, brauchen nur diejenigen Tatsachen zu offenbaren, bei deren Verbergung sie mitgewirkt haben.[364]

Mit der Neufassung des § 371 AO mit Wirkung vom 03.05.2011 ist eine »Teilwirksamkeit« einer unvollständigen Selbstanzeige ausgeschlossen worden. Straffreiheit erlangt ein Täter nur noch, wenn er zu allen unverjährten Steuerstraftaten einer Steuerart in vollem Umfang die unrichtigen Angaben berichtigt, die unvollständigen Angaben ergänzt oder die unterlassenen Angaben nachholt. Diese Verschärfung durch den Gesetzgeber macht den Weg der Selbstanzeige zu einem hohen Risiko und ist vor dem eigentlichen Hintergrund des § 371 AO abzulehnen.[365]

112 Von einer **gestuften Anzeige** wird gesprochen, wenn es sich um mehrere, zeitlich auseinanderliegende Erklärungen handelt, die erst in ihrer Gesamtschau die Anforderungen des § 371 AO erfüllen. Nach früher Auffassung war diese möglich. Die Rechtsprechung hat ihr aber eine Absage erteilt. Nach dieser Rechtsprechung ist für eine strafbefreiende Selbstanzeige erforderlich, dass der Erstattet bereits in seiner ersten Anzeige alle notwendigen Angaben tätigt, notfalls auch dadurch, dass er die nicht bekannten und noch zu genau zu beziffernden Beträge schätzen muss.[366]

Die Selbstanzeige sollte bei der örtlich und sachlich zuständigen Finanzbehörde (§ 6 Abs. 2 AO) erstattet werden, dies ist in aller Regel das Veranlagungs- bzw. Betriebstättenfinanzamt. Nach teilw. vertretener Auffassung soll zwar die Anzeige bei einer unzuständigen Stelle ebenfalls ausreichen[367], dass damit verbundene Risiko ist aber vermeidbar[368]. Denn der Anzeigende trägt das Risiko des Zugangs. Die bei der Staatsanwaltschaft abgegebene Selbstanzeige wird dagegen erst dann wirksam, wenn sie bei der Finanzbehörde eingeht, an die sie weitergeleitet wird.[369]

356 OLG Düsseldorf wistra 1982, 119.
357 OLG Hamburg wistra 1993, 274 (275).
358 BGH DStZ B 1959, 499.
359 BayObLG DStZ B 1963, 112.
360 BGH wistra 1991, 107 (109).
361 BGH DStZ B 1959, 499.
362 BGH wistra 1993, 66 (68).
363 In § 371 Abs. 1 AO a.F. wurde das eingrenzende Tatbestandsmerkmal »insoweit« verwandt.
364 OLG Hamburg wistra 1986, 116.
365 Vgl. zur fast durchgängigen Kritik in der Literatur allein Beckemper/Schmitz/Wegner/Wulf, wistra 2011, S. 281.
366 Vgl. BGH DStR 2010, 1133 (1136); ausführlich auch *Kohler*, in: MüKo StGB, 3. Aufl. 2019, AO § 371 Rn. 105.
367 *Hadamitzky/Senge*, in: Erbs/Kohlhaas, 244. EL Dezember 2022, AO § 371 Rn. 8.
368 Vgl. *Kohler*, in: MüKo StGB, 3. Aufl. 2019, AO § 371 Rn. 138.
369 *Beckemper*, in: Hübschmann/Hepp/Spitaler, AO/FGO, 234. Lieferung 08.2015, § 371 AO Rn. 53.

Das Risiko des rechtzeitigen Eingangs einer Selbstanzeige trägt der Anzeigeerstatter und gleichermaßen auch die Beweislast hierfür. Auf die Anwendung des Grundsatzes »in dubio pro reo« sollte der Steuerpflichtige nicht vertrauen und es empfiehlt sich schon deshalb unbedingt die Schriftform; bei mündlicher Erstattung der Selbstanzeige ist auf ihre Protokollierung zu achten.[370]

▶ **Muster einer Selbstanzeige (zugleich Berichtigungserklärung nach § 153 AO)**

An das

Finanzamt … (Veranlagungsfinanzamt)

Steuernummer: …

Herr N.N., Adresse

Einkommensteuer 2017 – 2019

Sehr geehrte Damen und Herren,

in vorstehender Angelegenheit zeigen wir Ihnen ausweislich im Original anliegender Vollmacht an, dass uns Herr Fritz Müller mit seiner Vertretung beauftragt hat.

Unser Mandant hatte in den Jahren 2017, 2018 und 2019 Einkünfte aus Kapitalvermögen, die er versehentlich für steuerfrei gehalten und deshalb in seine Einkommensteuererklärungen für diese Jahre nicht aufgenommen hatte. Es handelt sich in den einzelnen Jahren um folgende bisher nicht versteuerte Beträge:

2017: 10.000 EUR

2018: 15.000 EUR

2019: 30.000 EUR

Wir weisen darauf hin, dass es sich bei den Einkünften in 2019 in Höhe von 30.000 EUR zunächst um einen großzügig geschätzten Betrag handelt, da unserem Mandanten noch nicht sämtliche Belege zur Verfügung stehen. Sobald diese beigebracht werden konnten, werden wir Ihnen den genauen Betrag mitteilen, der voraussichtlich deutlich unterhalb des bisher geschätzten Betrages liegen wird.

Die unserem Mandanten in den Jahren 2017 – 2019 zur Erlangung dieser Einkünfte entstandenen Werbungskosten konnten wir bislang gleichfalls noch nicht abschließend feststellen. Auch diese werden wir nachträglich mitteilen.

Unter Hinweis auf die uns erteilte Zustellungsvollmacht dürfen wir bitten, künftige diese Jahre betreffenden Änderungsbescheide über unsere Kanzlei zuzustellen.

Mit freundlichen Grüßen

3. Ausschlussgründe

Eine Selbstanzeige hat u.a. den Sinn, den Finanzbehörden den Zugang zu noch nicht entdeckten steuerpflichtigen Einnahmen zu ermöglichen. Es ist deshalb folgerichtig, wenn die Strafbefreiung für solche Selbstanzeigen verwehrt wird, bei denen sich das Entdeckungsrisiko bereits konkretisiert hat. Vor diesem Hintergrund sind die Ausschlussgründe des § 371 Abs. 2 AO zu sehen und auszulegen.[371] 113

a) Bekanntgabe einer Prüfungsanordnung (§ 371 Abs. 2 Nr. 1a AO)

Auch hier ist die Selbstanzeigemöglichkeit eingeschränkt worden. Während bis Mai 2011 eine Selbstanzeige noch bis zum Erscheinen eines Amtsträgers zur Prüfung beim Steuerpflichtigen möglich war (vgl. jetzt § 371 Abs. 2 Nr. 3 AO), tritt der Ausschlussgrund jetzt schon früher, nämlich mit 114

370 *Joecks/Randt*, in: Joecks/Jäger/Randt, 9. Aufl. 2023, AO § 371 Rn. 90.
371 Vgl. auch *Joecks/Randt*, in: Joecks/Jäger/Randt,98. Aufl. 2023, AO § 371 Rn. 203.

Bekanntgabe der Prüfungsanordnung ein. Diese Regelung ist kontraproduktiv. Früher haben sich vielfach Steuerpflichtige in Ansehung einer bevorstehenden Prüfung zu einer Selbstanzeige entschlossen, da ihnen das mögliche Entdeckungsrisiko zu hoch gewesen ist. Eine solche Entscheidung kann der Steuerpflichtige jetzt nicht mehr treffen, sie ist ihm schon mit Bekanntgabe der Prüfungsanordnung weitgehend genommen. Allein wenn die tatsächliche Kenntnisnahme und der Tag der fiktiven Bekanntgabe (§ 122 Abs. 2 AO) der Prüfungsanordnung auseinanderfallen, könnte, wenn der Tag der tatsächlichen Kenntnisnahme früher ist, der Steuerpflichtige eine Selbstanzeige einreichen.[372]

Der Umfang der Sperre für die strafbefreiende Selbstanzeige richtet sich nach dem Inhalt der Prüfungsanordnung.[373] Vorteilhaft hieran ist, dass nach § 371 Abs. 2 Nr. 1a AO der sachliche und zeitliche Umfang der Berichtigung auf die angekündigte Außenprüfung beschränkt ist und somit für nicht von der Prüfungsanordnung umfasste Fälle eine strafbefreiende Selbstanzeige abgegeben werden kann. Zu beachten gilt es jedoch, dass die Finanzbehörde bei Auffälligkeiten den Umfang der Anordnung erweitern kann. Andere Jahre und Steuerarten können jedoch für eine Selbstanzeige infolge einer Tatentdeckung gesperrt sein.

Durch die Änderungen des Wortlautes von »Täter« zu »an der Tat Beteiligte« wurde die Sperrwirkung erweitert. Nun entfaltet die Bekanntgabe der Prüfungsanordnung eine Sperrwirkung sowohl für den Täter als auch für die Beteiligten i.S.v. §§ 26, 27 StGB unabhängig davon, ob sie Kenntnis von der Bekanntgabe haben. Unklar ist jedoch, wer unter den Begriff des »Begünstigten« fallen soll. Die Annahme liegt nahe, sowohl den Steuerpflichten selbst, als auch jede juristische sowie auch natürliche Person, der aus der Steuerstraftat ein unmittelbarer wirtschaftlicher Vorteil erwächst, als Begünstigten anzusehen.

Ob die Prüfungsanordnung rechtmäßig sein muss, um den Ausschluss auszulösen, ist zweifelhaft.[374] Überzeugend ist es hier von einer Sperrwirkung auszugehen, solange die Prüfungsanordnung wirksam ist, aber nicht nichtig gem. § 124 Abs. 3 AO.[375]

b) Bekanntgabe der Verfahrenseinleitung (§ 371 Abs. 2 Nr. 1b AO)

115 Eine **Bekanntgabe einer Verfahrenseinleitung** kann schriftlich oder mündlich erfolgen, ist damit nicht an eine bestimmte Form gebunden. Eine Verfahrenseinleitung liegt vor, wenn die Voraussetzungen des § 397 Abs. 1 AO erfüllt sind. Eine Bekanntgabe ist dann anzunehmen, wenn durch amtliche Mitteilung dem Täter oder seinem Vertreter die Ermittlungen eröffnet werden. Diese Eröffnung muss nicht gesondert geschehen, sondern kann auch in andere Verfahrensmaßnahmen, wie bspw. anlässlich des Vollzugs einer Durchsuchungsanordnung gem. § 102 StPO eingebettet sein.[376] Nur interne Ermittlungsmaßnahmen sind hingegen aufgrund der fehlenden Außenwirkung, nicht als Ermittlungsmaßnahmen i.d.S. zu verstehen.[377]

Der persönliche Anwendungsbereich des Ausschlussgrundes ist durch die Änderung im Jahre 2014 des Begriffs »Täter« in den »an der Tat Beteiligten« hat der Gesetzgeber Klarheit geschaffen, dass der Sperrgrund neben dem Täter auch die Teilnehmer umfasst.

In sachlicher Hinsicht entfaltet sich die Sperrwirkung nur hinsichtlich »einer Steuerart«. So hindert die Einleitung eines Steuerstrafverfahrens wegen Vermögenssteuerhinterziehung nicht die strafbefreiende Selbstanzeige wegen Hinterziehung von Einkommen-, Umsatz- und Gewerbesteuer. Eine

372 A.A. *Jäger*, in: Klein AO, 16. Aufl. 2022, AO § 371 Rn. 113.

373 Vgl. *Jäger*, in: Klein AO, 16. Aufl. 2022, AO § 371 Rn. 114.

374 Vgl. *Joecks/Randt*, in: Joecks/Jäger/Randt, 9. Aufl. 2023, AO § 371 Rn. 213 m.w.N.

375 *Seer*, in: Tipke/Kruse, AO/FGO, 162. Lieferung 09.2020, § 371 AO Rn. 69 m.w.N.; **a.A.** *Joecks/Randt*, in: Joecks/Jäger/Randt, 9. Aufl. 2023, AO § 371 Rn. 213.

376 Vgl. *Joecks/Randt*, in: Joecks/Jäger/Randt, 9. Aufl. 2023, AO § 371 Rn. 270; Aufzählung weiterer Verfahrensmaßnahmen bei: *Hunsmann*, in: Esser/Rübenstahl/Saliger/Tsambikakis, Wirtschaftsstrafrecht, § 371 AO, Rn. 117.

377 *Beckemper*, in: Hübschmann/Hepp/Spitaler, AO/FGO, 234. Lieferung 08.2015, § 371 AO Rn. 138.

Verfahrenseinleitung wegen Erbschaftsteuerhinterziehung hindert nicht die Straffreiheit durch Selbstanzeige wegen vorangegangener Schenkungen.

Praxisrelevant ist, dass die amtliche Mitteilung **hinreichend konkretisiert** den Tatvorwurf, wegen dem ermittelt wird, bezeichnen muss. Sie muss geeignet sein, dem Steuerpflichtigen den ihm gemachten Vorwurf zu eröffnen.[378] Tut sie dies nicht, so kann von ihr auch nicht die Sperrwirkung ausgehen.

c) Erscheinen eines Amtsträgers zur steuerlichen Prüfung (§ 371 Abs. 2 Nr. 1 c)), zur Ermittlung (Nr. 1 d)) o. zur Nachschau (Nr. 1 e))

Amtsträger ist jeder Beamte oder Angestellte einer örtlichen Finanzbehörde, der Oberfinanzdirektion, des Bundesamtes für Finanzen oder einer Gemeindesteuerbehörde (§ 6 AO). Erfasst sind aber einschränkend nur die Amtsträger einer **Finanzbehörde** (§ 6 Abs. 2 AO). Gemeint sind hiermit in erster Linie die Außenprüfer und Steuerfahndungsbeamte. Angehörige anderer Behörden sind im Hinblick auf den Wortlaut des Ausschlussgrundes keine Amtsträger i.d.S.; auch wenn sie in Amtshilfe handeln.[379] Ermittler der Steuerfahndung sind auch dann Amtsträger der Finanzbehörden, wenn sie in einem Verfahren der Staatsanwaltschaft weisungsgebunden tätig werden.[380] **116**

Ein Amtsträger ist **zur steuerlichen Prüfung erschienen**, sobald er den Prüfungsort, mit den Betriebs- oder Wohnräumen eines Steuerpflichtigen in der Absicht betritt, dessen steuerliche Verhältnisse zu überprüfen.[381] Gemeint ist hiermit in erster Linie die Außenprüfung. Handlung des Amtsträgers, die nicht der Ermittlung des steuerlichen Sachverhalts dienen, sind nicht »zur steuerlichen Prüfung« vorgenommen und erfüllen die Voraussetzungen des Ausschlusses nicht, soweit andere Handlungen nicht vorgenommen worden sind. Solche Handlung sind bspw. das Erscheinen zur Terminvereinbarung.[382] Zur Frage der rechtswidrigen Außenprüfung vgl. Erläuterungen zu Nr. 1 a).

Die **sachliche Reichweite** der Sperrwirkung ist ausweislich des Wortlautes der Norm »auf den sachlichen und zeitlichen Umfang der Prüfung der Außenprüfung« begrenzt. Dieser Umfang wird durch die Prüfungsanordnung definiert. Hieraus folgt u.a., dass eine Sachverhaltsermittlung vor Ort keine Sperrwirkung entfaltet.

Unklar ist, wann von einem Erscheinen des Prüfers ausgegangen werden kann, wenn die Prüfung an Amtsstelle durchgeführt wird bzw. im Büro des Steuerberaters erfolgt. Mag man sich bei Prüfungen im Büro des Steuerberaters noch damit behelfen, dass es dann auf sein Erscheinen beim Steuerberater ankommt, wird die Grenzziehung äußerst schwierig, wenn die Prüfung im Finanzamt stattfindet. Soll es dann darauf ankommen, wann der Prüfer tatsächlich mit Prüfungshandlungen beginnt oder wann der Steuerpflichtige ihm Unterlagen bringt?

Das Erscheinen eines Amtsträgers **zur Ermittlung (Nr. 1 d))** von Steuerstraftaten oder Steuerordnungswidrigkeiten ist in § 371 Abs. 2 Nr. 1 d) AO eigenständig geregelt. Entgegen der weiteren Sperrgründe gibt es hier keine Beschränkung auf den sachlichen und zeitlichen Umfang der Ermittlungen.[383] Insbesondere betrifft die Sperrwirkung die Ermittlungen der Steuer- und Zollfahndung. **Zur Ermittlung erschienen** ist ein Amtsträger, wenn er einem konkreten Anfangsverdacht nachgeht.

Durch das Hinzufügen des Sperrgrundes **»Zur Nachschau« (Nr. 1 e)** in § 371 Abs. 2 AO ist der Streit, ob es sich bei einer Nachschau um eine »steuerliche Prüfung« handelt, überflüssig geworden. Somit sperrt das Erscheinen und Ausweisen eines Amtsträgers zur Umsatzsteuer-Nachschau nach § 27b UStG, zur Lohnsteuer-Nachschau nach § 42g EStG oder zur Nachschau nach anderen steuer-

---

378 *Joecks/Randt*, in: Joecks/Jäger/Randt, 9. Aufl. 2023, AO § 371 Rn. 273 ff.; Jäger, 16. Aufl. 2022, AO § 371 Rn. 153.
379 *Joecks/Randt*, in: Joecks/Jäger/Randt, 9. Aufl. 2023, AO § 371 Rn. 219 m.w.N.
380 Vgl. LG Stuttgart 1990, 189 (190).
381 Vgl. *Jäger*, in: Klein AO, 16. Aufl. 2022, AO § 371 Rn. 122 ff.
382 *Burkhard* wistra 98, 216.
383 Vgl. *Hunsmann* NJW 2015, 113 (115).

rechtlichen Vorschriften eine wirksame Selbstanzeige.[384] Die Sperrwirkung tritt auch ein – was aus praktischer Sicht bedeutsam ist –, wenn die Nachschau bei dem Steuerberater stattfindet. Die Norm stellt nämlich nicht auf einen gesonderten Ort der Nachschau ab.

Der Sperrgrund entfällt, wenn die Nachschau ergebnislos beendet wurde. Dies liegt im Zeitpunkt des Verlassens der Räumlichkeiten durch den Amtsträger vor, da kein Prüfungsbericht erstellt werden muss.[385]

d) Tatentdeckung, § 371 Abs. 2 Nr. 2 AO

117 Die Sperrwirkung der Tatentdeckung tritt ein, wenn objektiv die Steuerstraftat »entdeckt« war und subjektiv der Täter dies »wusste« o. »damit rechnen musste«.

Eine **Tat** ist i.d.S. **entdeckt**, wenn bei vorläufiger Tatbewertung die Wahrscheinlichkeit eines verurteilenden Erkenntnisses gegeben ist. In seinem Bedeutungsgehalt ist dieser »Entdeckungsbegriff« mit den übrigen strafprozessualen Verdachtsgründen nicht gleichzusetzen. An die Wahrscheinlichkeitsprognose sind dabei keine überhöhten Anforderungen zu stellen.

Eine Tatentdeckung ist anzunehmen, »wenn unter Berücksichtigung der StQuelle oder der zum Auffinden der StQuelle bekannten weiteren Umstände nach allgemeiner kriminalistischer Erfahrung eine Steuerstraftat oder -ordnungswidrigkeit naheliegt(sic!)«.[386] Die **Kenntniserlangung von einer Steuerquelle** alleine stellt hiernach keine Tatentdeckung i.d.S. dar. Gleiches gilt für das Sicherstellen von Steuerunterlagen.[387] Da das Gesetz auf die Entdeckung der Tat abstellt, muss derjenige, der die Tat begangen hat, noch nicht bekannt sein.[388]

Ist die Tat aufgrund **rechtswidriger Maßnahmen** entdeckt worden, z.B. durch unzulässige Ausdehnung der Durchsuchung – gezieltes Suchen nach Zufallsfunden gemäß § 108 StPO – oder durch verbotenes Erzwingen der Herausgabe von Unterlagen, so ist dies bei der Wahrscheinlichkeitsbeurteilung zu berücksichtigen.[389]

Kontrollmitteilungen, die dem Finanzamt zugehen, schließen eine Selbstanzeige des durch sie Betroffenen jedenfalls so lange nicht aus, bis das Finanzamt Kenntnis davon erlangt hat, dass die sich aus den Kontrollmitteilungen ergebenen Vorfälle nicht verbucht sind.[390] Es muss allerdings auch hier die Wahrscheinlichkeit einer Verurteilung bestehen. Maßgeblich sind also insoweit der Inhalt der Kontrollmitteilungen und die sonstigen Umstände des Einzelfalles. Hilfreich ist oft die Überlegung, dass die Finanzbehörde mit Eingang der Kontrollmitteilung doch gehalten gewesen wäre, ein Steuerstrafverfahren einzuleiten, wenn sie bereits zu diesem Zeitpunkt die Tat entdeckt, also das Vorliegen der subjektiven Voraussetzungen angenommen hätte. Zu weitgehend erscheint die Ansicht, dass auch bereits Vorfeldermittlungen eine Sperrwirkung entfalten können.[391]

Ein Täter **wusste** von der Tatentdeckung, wenn Umstände zu seiner Kenntnis gelangt sind, aus denen er den Schluss der Tatentdeckung und der Wahrscheinlichkeit einer Verurteilung gezogen hat. Sie setzt also positives Wissen voraus.[392]

Ein Täter hätte mit der Entdeckung **rechnen müssen**, wenn er aus den ihm (nachweislich) bekannten Tatumständen hätte folgern müssen, dass seine Tat entdeckt worden ist. Hiermit ist gemeint, dass nicht der Nachweis positiven Wissens erforderlich ist. Bei Zugrundelegung des Kenntnisstan-

384 Vgl. *Schauf*, in: Kohlmann, Steuerstrafrecht, 71. Lieferung 07.2021, § 371 AO Rn. 542.
385 Vgl. *Jäger*, in: Klein AO, 16. Aufl. 2022, AO § 371 Rn. 144.
386 BGH NZWiSt 2018, 379 (382).
387 Vgl. *Jäger*, in: Klein AO, 16. Aufl. 2022, AO § 371 Rn. 159.
388 Nur: BGH NJW 2005, 2720 (2721 f.).
389 Vgl. *Jäger*, in: Klein AO, 16. Aufl. 2022, AO § 371 Rn. 166.
390 Vgl. *Joecks/Randt*, in. Joecks/Jäger/Randt, 9. Aufl. 2023, AO § 371 Rn. 309.
391 OLG Koblenz wistra 1985, 204; OLG Celle wistra 2000, 277.
392 Vgl. *Kohler*, in: MüKo StGB, 3. Aufl. 2019, AO § 371 Rn. 295.

des des Täters, hätte dieser unter Heranziehung seiner persönlichen Fähigkeiten den notwendigen Schluss ziehen müssen.[393]

Die irrtümliche Annahme des Täters, seine Tat sei bereits entdeckt, ist unschädlich und hat keine Sperrwirkung zur Folge.[394]

e) Hinterziehungsbetrag größer als 25.000 Euro, § 371 Abs. 2 Nr. 3

Nach früherer Rechtslage konnte für eine bis zu einem Hinterziehungsbetrag von 50.000 € begangene Steuerhinterziehung durch eine Selbstanzeige Straffreiheit erlangt werden. Dieser Betrag wurde durch den Gesetzgeber zum 01.01.2015 auf 25.000 € je Tat herabgesetzt. Bei dem Schwellenwert von 25.000 € handelt es sich um eine Freigrenze, so dass bei der Überschreitung des Schwellenwertes die Sperrwirkung für die gesamte Tat eintritt und nicht lediglich für Beträge über 25.000 €. 118

f) Nachzahlungspflicht verkürzter Steuern (§ 371 Abs. 3 AO)

Straffreiheit erlangt nur derjenige Täter o. Beteiligte, der innerhalb einer ihm gesetzten Frist die hinterzogenen Steuern, sowie seit 2015 auch die Hinterziehungszinsen bzw. Zinsen gem. § 233a AO nachbezahlt. Man kann insoweit von einer »Anwartschaft«[395] auf die Straffreiheit bzw. aus umgekehrter Sicht, von einem »auflösend bedingten«[396] Strafanspruch des Staates sprechen. Der »Vollerwerb« der Straffreiheit bzw. Auflösung des Strafanspruchs hängen von der wirksamen Nachzahlung ab. 119

Durch die Einbeziehung der Hinterziehungszinsen sind die Anforderungen auf dem Weg zur Straffreiheit verschärft worden.[397] Im ungünstigsten Fall kann sich hierdurch eine zusätzliche Zinsbelastung von 60 % des Hinterziehungsbetrag ergeben. Es würde deshalb kaum verwundern, wenn ein Steuerpflichtiger der zur Steuerehrlichkeit zurückkehren möchte, sich nunmehr hiergegen entscheidet.

Der **Umfang** der » ***aus der Tat (...) hinterzogenen Steuern*** « bemisst sich entsprechend der hinterzogenen Steuern. Hierzu zählen zunächst alle vorsätzlich hinterzogenen Steuern. Nicht jedoch alle unvorsätzlich hinterzogenen Steuern sowie alle steuerlichen Nebenleistungen (§ 3 Abs. 3 AO).[398] Hinsichtlich der steuerlichen Nebenleistungen gilt dies allerdings nur, wenn sie nicht selbst Gegenstand der steuerlichen Vorteilserlangung und somit Hinterziehungsgegenstand waren.[399]

Die Nachentrichtungspflicht bezieht sich hinsichtlich eines Täters oder Beteiligten nur auf die ***»zu seinen Gunsten«*** hinterzogenen Steuern. Dieser Begriff wird von der h.M. zu Recht wirtschaftlich verstanden: Eine Steuer ist dann zu Gunsten eines Täters oder Teilnehmers hinterzogen, wenn dieser einen unmittelbaren wirtschaftlichen Vorteil erlangt hat.[400]

Gemeint ist hiermit im Ausgangspunkt zunächst einmal der Regelfall, indem ein Täter seine eigenen Steuern hinterzieht. Problematisch sind die Fälle, denen verfahrensrechtlicher Steuerschuldner und wirtschaftlich Bevorteilter personenverschieden sind. Dies ist bei der Geschäftsführerin einer KG der Fall, die Steuern hinterzieht um anschließend die eingesparten Beträge zu eigenen Zwecken zu entnehmen.[401] Das hier die Geschäftsführerin die wirtschaftlich bevorteilte ist, ist evident und letztlich auch sachgerecht. Es zeigt die Unbilligkeit einer auf nur auf die Steuerschuldnerschaft abstellenden Ansicht: der wirtschaftlich Bessergestellte, könnte sich hinter seiner fehlenden Steuerschuldnerschaft

---

393 Vgl. *Joecks/Randt,* in. Joecks/Jäger/Randt, 9. Aufl. 2023, AO § 371 Rn. 324 m.w.N.
394 Vgl. *Joecks/Randt,* in. Joecks/Jäger/Randt, 9. Aufl. 2023, AO § 371 Rn. 325.
395 Vgl. *Joecks/Randt,* in. Joecks/Jäger/Randt, 9. Aufl. 2023, AO § 371 Rn. 140.
396 BGHSt. 7, 336 (341); OLG Karlsruhe NStZ-RR 2007, 147 (147).
397 *Zipfl/Holzner* BB 2014, 2459 (2462).
398 Vgl. *Schauf,* in: Kohlmann, Steuerstrafrecht, 71. Lieferung 07.2021, § 371 AO Rn. 321 ff.
399 Vgl. *Joecks/Randt,* in. Joecks/Jäger/Randt, 9. Aufl. 2023, AO § 371 Rn. 147.
400 BGHSt. 29, 37; OLG Hamburg wistra 1986, 116 (117); *Jäger,* in: Klein AO, 16. Aufl. 2022, AO § 371 Rn. 212 m.w.N.
401 BGHSt. 29, 37.

verstecken und somit »davonkommen«.[402] Allein die Motivation den eigenen Arbeitsplatz länger zu erhalten, genügt allerdings nicht um eine Nachzahlungspflicht auszulösen. Der angestellte Geschäftsführer wird bei einer »fremdnützigen« Steuerhinterziehung deshalb auch dann frei, wenn er selbst nicht in der Lage ist, die hinterzogenen Steuern nachzuentrichten.[403]

Auf welche Weise die Nachzahlung ***»nachentrichtet«*** wird, ist unerheblich. Entscheidend ist, dass die Schuld getilgt wird. Möglich sind alle Tilgungsmaßnahmen die nach § 224 Abs. 2 AO möglich sind. Zulässig ist auch die Aufrechnung, soweit die Voraussetzungen des § 389, 387 BGB erfüllt sind. Wer die Zahlung leistet, ist für die Tilgung unerheblich.

120 Für die Festsetzung der **Nachzahlungsfrist** ist die Bußgeld- und Strafsachenstelle zuständig. Es handelt sich hierbei um eine strafrechtliche Frist, für die der Finanzrechtsweg nicht eröffnet ist; ihre Überprüfung erfolgt durch die Strafgerichte im Beschwerdeverfahren der StPO (ohne Suspensiveffekt) oder im Rahmen der Hauptverhandlung, sodass das Verbot der Mehrfachverteidigung (§ 146 StPO) gilt.[404] Eine unangemessen kurze Frist erzeugt keine Rechtswirkung.[405] Die Frist muss so bemessen sein, dass sie den Zeitraum umfasst, den der Steuerpflichtige bei gutem Willen braucht, um den benötigten Geldbetrag etwa durch den Verkauf oder die Beleihung von Vermögensgegenständen oder durch die Aufnahme von Darlehen flüssig zu machen.[406]

Auf steuerlicher Ebene bleibt die Möglichkeit, einen Stundungsantrag zu stellen. Ob eine Gewährung der Stundung dann zur Folge hätte, dass auch die Nachzahlungsfrist im Sinne des § 371 Abs. 3 AO gehemmt bzw. hinausgeschoben wird, ist jedoch zweifelhaft. Auf der steuerlichen Seite ist festzustellen, dass bei Gewährung von Stundung die Fälligkeit hinausgeschoben wird und Säumniszuschläge nicht erhoben werden. Nach ständiger Verwaltungspraxis[407] wird für den Fall, dass die vor Fälligkeit beantragte Stundung erst nach Fälligkeit bewilligt wird, diese Bewilligung auf den Tag der Fälligkeit zurück erstreckt, sodass insofern schon keine Säumniszuschläge entstehen. Wird die Stundung vor Fälligkeit beantragt, aber nach Fälligkeit abgewiesen, wird dem Steuerpflichtigen in der Regel noch eine (kurze) Nachfrist gesetzt, binnen derer er die Steuer entrichten muss. Erst ab diesem neuen Zeitpunkt fallen Säumniszuschläge an. Eine Ausnahme wird nur für den Fall gemacht, dass der Antrag auf Stundung rechtsmissbräuchlich ist und offensichtlich keine Aussicht auf Erfolg hatte. Inwiefern dies strafrechtlich durchschlägt, ist mehr als zweifelhaft. Auf der sicheren Seite bewegt man sich nur, wenn binnen der kurzen Nachzahlungsfrist die Stundung tatsächlich bewilligt worden ist. Folgt man der Ansicht, dass für die Fristsetzung allein die Strafsachenstelle zuständig ist, kann dies aber an sich auch nur dann gelten, wenn diese Fristverlängerung von der Strafsachenstelle bestätigt oder im Einvernehmen mit ihr vorgenommen worden ist. Zu bedenken ist jedenfalls, dass die strafbefreiende Selbstanzeige persönlicher Strafaufhebungsgrund ist. Der Täter erwirbt mit der berichtigenden Erklärung eine Anwartschaft auf Straffreiheit. Lässt er die ihm gesetzte angemessene Frist verstreichen, steht fest, dass dieses Anwartschaftsrecht »erloschen« ist, er also wegen Steuerhinterziehung bestraft werden muss. Irgendwelche Entscheidungen ex post, die die Fälligkeit rückwirkend beseitigen, sind strafrechtlich nicht wirksam. Eine Auswirkung auf das Fortwähren der Anwartschaft auf Straffreiheit wird man einer Stundung nur dann zubilligen können, wenn mit ihr zugleich die Feststellung (der Strafsachenstelle) verknüpft ist, dass die zunächst gesetzte Frist nicht angemessen war und deshalb durch eine neue – angemessene – ersetzt wird, die gegebenenfalls dann auch die Verpflichtung zur Ratenzahlung beinhalten kann.

---

402 So auch *Schauf* in: Kohlmann, Steuerstrafrecht, 61. Lieferung 07.2021, § 371 AO Rn. 307.
403 Vgl. *Joecks/Randt*, in. Joecks/Jäger/Randt, 9. Auflage 2023, § 371 Rn. 144.
404 BFH BStBl. II 1982 S. 352; AG Saarbrücken wistra 1983, 268.
405 LG Hamburg wistra 1988, 317 (319); zur Unbilligkeit der Vollstreckung vor Ablauf der Nachentrichtungsfrist: FG Düsseldorf EFG 1994, 553.
406 Dörn wistra 1994, 10 (13); LG Koblenz wistra 1986, 79.
407 Vgl. AEAO zu § 240 Nr. 6 Buchst. a neu gef. mWv 20.1.2021 durch BMF v. 20.1.2021, BStBl. I 2021, 128.

Die seit Mai 2011 geltende Vorschrift des **§ 398a AO** ist ein Korrektiv zu der ausgeschlossenen Straffreiheit bei Hinterziehungen von mehr als 25.000 EUR. In all den Fällen, in denen der Hinterziehungsbetrag 25.000 EUR übersteigt, ist das **Verfahren einzustellen**, wenn der Täter einen Geldbetrag in Höhe von 10–20 % der hinterzogenen Steuer (abhängig von der Höhe der Hinterziehung) zugunsten der Staatskasse innerhalb einer ihm zu bestimmenden angemessenen Frist zahlt.[408] Für die Zahlungsfrist dürften die gleichen Grundsätze wie bei der Nachzahlungsfrist für die hinterzogenen Steuern gelten. 121

g) Drittanzeige (§ 371 Abs. 4 AO)

Die Berichtigungspflicht des § 153 AO trifft auch den **Gesamtrechtsnachfolger** des Steuerpflichtigen und die nach §§ 34, 35 AO für den Steuerpflichtigen handelnden Personen, insbesondere also auch Geschäftsführer einer GmbH.[409] Diese Berichtigung hat gemäß § 371 Abs. 4 AO zur Folge, dass Straffreiheit auch für denjenigen (vorangehenden) eintritt, der bereits selbst zur Berichtigung verpflichtet war. Dies gilt für alle Vorgänger in der Kette. Problematisch ist allein die Stellung des ersten in der Kette, nämlich desjenigen, der überhaupt erst die zur Steuerverkürzung führenden falschen Angaben gemacht hat und selbst deshalb nicht berichtigungspflichtig nach § 153 AO ist, da er die Unrichtigkeit seiner Steuererklärung ja nicht nachträglich erkennt. Nach dem Wortlaut des § 371 Abs. 4 AO tritt für den ersten in der Kette infolge einer Drittanzeige keine Straffreiheit ein.[410] 122

Dies erscheint mit dem Sinn und Zweck der strafbefreienden Drittanzeige jedoch nicht vereinbar zu sein. Gerade in den Fällen eines »unredlichen« Vorgängers wäre der Berichtigungspflichtige sonst gezwungen, eine ihm möglicherweise nahestehende Person einer Steuerstraftat zu bezichtigen. So wird dann auch – wohl zutreffend – vertreten, dass mit »Erklärung« i.S.d. § 371 Abs. 4 AO (auch) die ursprüngliche Steuererklärung gemeint ist[411] und damit auch für den ersten in der Kette Straffreiheit eintritt.

Gleichwohl sollten strafbefreiende Selbst-(Dritt-) Anzeigen möglichst mit der ersten Person in der Kette abgesprochen werden und diesem die Möglichkeit einer zeitgleichen eigenen Selbstanzeige gegeben werden. Hierbei ist aber zu bedenken, dass damit nicht die Rechtzeitigkeit der Selbstanzeige des eigenen Mandanten gefährdet werden darf. Kann nicht ausgeschlossen werden, dass sich die erste Person in der Kette nicht an zeitliche Absprachen hält und besteht damit die Gefahr, dass nach einer Selbstanzeige dieser Person ein Steuerstrafverfahren gegen den eigenen Mandanten eingeleitet wird, wodurch dessen Selbstanzeige gesperrt ist, so sollte die Selbstanzeige des eigenen Mandanten an einem späten Freitagabend in den Briefkasten des Finanzamtes eingeworfen und dies der ersten Person in der Kette mitgeteilt werden, welche dann noch bis zum Montagmorgen Zeit für eine eigene Selbstanzeige haben dürfte.

Denkbar ist auch, eine Selbstanzeige für alle Beteiligten zu erstatten, da die Selbstanzeige zum Bereich der steuerlichen Vertretung gehört und das strafprozessuale Verbot der Mehrfachvertretung nach § 146 StPO hier nicht eingreift.[412] Gleichwohl können sich dann jedoch in der Folge Schwierigkeiten ergeben, wenn mit den Strafverfolgungsbehörden um die Frage der Wirksamkeit der Selbstanzeige gestritten wird.

Die Möglichkeiten einer strafbefreienden Drittanzeige sind anders als die der »regulären« Selbstanzeige nicht verschärft worden. Sie wird weiterhin nur durch die Bekanntgabe der Einleitung eines Straf- oder Bußgeldverfahrens gesperrt.

---

408 Zu den sich damit für Steuerberater stellenden eventuellen Haftungsproblemen vgl. *Pegel*, Stbg 2011, 348.

409 *Schindler*, in: Gosch AO/FGO, 166 EL. Februar 2022, AO § 153 Rn. 10.

410 OLG Stuttgart wistra 1996, 190; *Jarke* wistra 1999, 286.

411 Vgl. *Joecks/Randt*, in: Joecks/Jäger/Randt, 9. Auflage 2023, § 371 Rn. 410 f.; *Samson* wistra 1990, 245, 249; LG Bremen wistra 1996, 317.

412 *Streck* DStR 1996, 288.

▶ Muster: Strafbefreiende Drittanzeige (zugleich Berichtigungserklärung nach § 153 AO)

An das

Finanzamt ... (Veranlagungsfinanzamt)

Steuernummer: ...

Müller und Söhne GmbH, Goldgräberstr. 3, 17489 Greifswald

Geschäftsführer Fritz Müller, ebenda

Lohnsteuer 2017 – 2019

Sehr geehrte Damen und Herren,

in vorstehender Angelegenheit zeigen wir Ihnen ausweislich im Original anliegender Vollmacht an, dass uns Herr Fritz Müller mit seiner Vertretung beauftragt hat.

Unser Mandant hat am 01.01.2020 die Geschäftsführung der von seinem Vater, Herrn Alfred Müller, begründeten Müller und Söhne GmbH übernommen. Zuvor waren seit ihrer Gründung bis zum 31.12.2018 Herr Alfred Müller und vom 01.01.2019 bis zum 31.12.2019 der Bruder unseres Mandanten, Herr Kurt Müller, als Geschäftsführer der Gesellschaft bestellt.

Bei Durchsicht der Unterlagen hat unser Mandant festgestellt, dass sein Vater, Herr Alfred Müller, in den Jahren 2017 und 2018 die Lohnsteuer unrichtig erklärt und abgeführt hat. In gleicher Weise hat der Bruder unseres Mandanten, Herr Kurt Müller, die Lohnsteuer im Jahr 2016 unrichtig erklärt und abgeführt. Es wurden in den jeweiligen monatlichen Anmeldungen 1.000 EUR zu wenig erklärt. Damit ergeben sich folgende hiermit nacherklärte Beträge

2017: 12.000 EUR

2018: 12.000 EUR

2019: 12.000 EUR

Der Gesamtbetrag in Höhe 36.000 EUR wird in den nächsten Tagen überwiesen.

(möglicher Zusatz, aber einzelfallabhängig:

Ausweislich der gleichfalls im Original anliegenden Vollmachten der Herren Alfred Müller und Kurt Müller zeigen wir an, dass diese uns gleichfalls mit ihrer Vertretung beauftragt haben und wird die vorstehende Erklärung zugleich auch in deren Namen abgegeben.)

h) Selbstanzeige und Bewährungswiderruf

123 Wird im Rahmen einer wirksamen Selbstanzeige eine Steuerstraftat bekannt, die innerhalb einer **Bewährungszeit** begangen wurde, so kann die Bewährung nicht widerrufen werden. Die Selbstanzeige hat nicht nur Wirkung hinsichtlich der konkret aufgezeigten Steuerstraftat, sondern verhindert auch einen Bewährungswiderruf in Bezug auf in der Vergangenheit abgeurteilte Taten, bei denen die Strafe zur Bewährung ausgesetzt wurde.[413] Sie ist ein Strafausschließungsgrund mit der Folge, dass nach einer Selbstanzeige eine zum Bewährungswiderruf berechtigende Straftat nicht mehr vorliegt.[414]

i) Selbstanzeige bei leichtfertiger Steuerverkürzung (§§ 378, 371 AO)

124 § 378 Abs. 3 AO bestimmt, dass eine Geldbuße nicht verhängt wird, soweit der Betroffene eine Berichtigungserklärung vor der Bekanntgabe der Einleitung eines Straf- oder Bußgeldverfahrens abgibt und die zu seinen Gunsten verkürzten Steuern fristgerecht zahlt. Im Übrigen gelten weitgehend die Ausführungen zu § 371 AO. Es gibt jedoch nur eine Sperrwirkung für die Selbstanzeige, nämlich die der Bekanntgabe der Einleitung eines Straf- oder Bußgeldverfahrens wegen der Tat.

413 *Streck/Spatscheck* NStZ 1995, 269.

414 Str., vgl. *Streck/Spatscheck* NStZ 1995, 269.

Deshalb kann auch während einer laufenden Außenprüfung noch wirksam Selbstanzeige erstattet werden, bspw. wenn man sich zuvor bereits mit dem Prüfer oder der Bußgeld- und Strafsachenstelle dahingehend verständigt hat.

§ 378 Abs. 3 AO umfasst jedoch nicht die Gefährdungstatbestände der §§ 379–382 AO und des § 126 BranntwMonG. Eine analoge Anwendung auf diese Zuwiderhandlungen ist nicht zulässig.[415]

VII. Strafmaß

Steuerhinterziehung wird mit Geldstrafe oder Freiheitsstrafe bis zu 5 Jahren bestraft. In besonders schweren Fällen (§ 370 Abs. 3 AO) beträgt der Strafrahmen 6 Monate bis 10 Jahre. Dabei enthält der § 370 Abs. 3 AO lediglich Regelbeispiele, sodass auch außerhalb der genannten Fälle das erhöhte Strafmaß Anwendung finden kann. 125

Nach Festsetzung des Strafrahmens kommen die allgemeinen Strafzumessungsgrundsätze des § 46 StGB zum Tragen. Weit überwiegend erfolgt die Strafzumessung in Abhängigkeit von dem im Mittelpunkt der Strafzumessungserwägungen stehenden Hinterziehungsbetrag.

Insbesondere die Möglichkeiten der Erledigung eines Steuerstrafverfahrens sind erheblich von der Höhe der Verkürzung beeinflusst. Für Mecklenburg-Vorpommern gilt bspw.:
(1) bis zu einem Verkürzungsbetrag von 500,00 Euro kann eine Einstellung nach § 398 AO erfolgen;
(2) bis zu einem Verkürzungsbetrag von 10.000,00 Euro kann eine Einstellung nach § 153a StPO mit Zustimmung des Gerichts erfolgen;
(3) ab 10.000,00 Euro Verkürzungsbetrag ist ein Strafbefehl zu erlassen
(4) ab 100.000,00 Euro Verkürzungsbetrag ist das Verfahren an die Staatsanwaltschaft abzugeben.

(Sämtliche Angaben gelten nur bei geständigen Ersttätern und erfolgter Schadenswiedergutmachung)

Nahezu bundeseinheitlich werden bei geständigen Ersttätern und Hinterziehungsbeträgen bis zu 1 Mio. Euro, Freiheitsstrafen noch zur Bewährung ausgesetzt, wenn die hinterzogene Steuer gezahlt wird. Ab einem Hinterziehungsbetrag von 1 Mio. Euro kommt eine Aussetzung der Freiheitsstrafe nicht mehr in Betracht.[416]

Neben der Höhe des Hinterziehungsbetrages kommen beispielsweise
- die **Beweggründe und Ziele des Täters,**
- **die Gesinnung, die aus der Tat spricht,**
- **das Maß der Pflichtwidrigkeit,**
- die **Art der Ausführung und die verschuldeten Auswirkungen der Tat**
- **das Verhalten nach der Tat und**
- **die Nähe zur Verfolgungsverjährung**

als weitere Strafzumessungsfaktoren[417] in Betracht.[418]

Soweit mehrere Taten im Raum stehen, muss eine Gesamtstrafe gebildet werden. Hier gelten die üblichen Spielregeln. Die Gesamtgeldstrafe kann dabei bis zu 720 Tagessätze betragen. Die zum Ausschluss einer Bewährungsaussetzung führende Einbeziehung einer Geldstrafe in eine Gesamtfreiheitsstrafe bedarf einer besonderen Begründung.[419] Die Bildung einer Gesamtfreiheitsstrafe aus Geld- und Freiheitsstrafe ist grundsätzlich zulässig.[420] 126

415 Vgl. *Randt*, in: Joecks/Jäger/Randt, 9. Aufl. 2023, AO § 378 Rn. 69.
416 Vgl. hierzu Grundsatzentscheidung: BGH NStZ 2009, 271; *Rolletschke* NZWiSt 2012, 18.
417 *Joecks* Steuerstrafrecht, S. 118.
418 Vgl. Schäfer/Sander/Gemmeren, Praxis der Strafzumessung.
419 BGH wistra 1998, 58.
420 BayObLG wistra 1997, 355.

127 Obwohl als Ausnahmevorschrift konzipiert, wird über § 41 StGB die Möglichkeit eröffnet, zumindest bei solventen Tätern sogar Freiheitsstrafen bis vier Jahren zur Bewährung auszusetzen, indem Geld- neben Freiheitsstrafe verhängt wird.[421] Die einzige Voraussetzung einer kumulativen Geldstrafe, die (versuchte) Bereicherung des Täters, liegt bei Steuerhinterziehung stets vor. § 41 StGB erlaubt keine Zusatzstrafe.[422] Vielmehr soll innerhalb der schuldangemessenen Strafe eine täter- und tatangemessene Strafartreaktion ermöglicht werden. Eine nach § 41 StGB erkannte Geldstrafe nimmt auf die Höhe der Freiheitsstrafe Einfluss[423]; sie darf insbesondere dazu führen, dass die Freiheitsstrafe »bewährungsfähig« wird.[424] Es ist nicht zu beanstanden, wenn neben einer zur Bewährung ausgesetzten Freiheitsstrafe von zwei Jahren noch eine Geldstrafe festgesetzt wird. Freilich darf dies jedoch nicht der Hauptzweck sein.[425]

Ob das Gericht diese Möglichkeit wahrnimmt, wird nicht zuletzt von einer Verständigung zwischen Verteidigung, Staatsanwaltschaft und Gericht abhängen. Eine solche Verständigung ist grundsätzlich zulässig, sofern die allgemeinen Strafzumessungsgesichtspunkte beachtet werden und die Strafe schuldangemessen ist.[426] Für eine solche Verständigung sind allein folgende Regeln zu beachten:

(1) Eine Verständigung muss unter Mitwirkung aller Verfahrensbeteiligten in öffentlicher Hauptverhandlung stattfinden. Das schließt Vorgespräche außerhalb der Hauptverhandlung nicht aus.
(2) Das Gericht darf vor der Urteilsberatung keine bestimmte Strafe zusagen. Es kann aber für den Fall der Ablegung eines Geständnisses eine Strafobergrenze angeben, die es nicht überschreiten werde. Hieran ist das Gericht gebunden, wenn nicht in der Hauptverhandlung dem Gericht bislang unbekannte, den Angeklagten belastende Umstände zu Tage treten.
(3) Bei der Zusage der Strafobergrenze sind allgemeine Strafzumessungsgesichtspunkte zu beachten. Ein Geständnis darf auch dann strafmildernd berücksichtigt werden, wenn es im Rahmen einer Absprache erfolgt.

Soweit mehrere Taten im Raum stehen, muss eine **Gesamtstrafe** gebildet werden. Hier gelten die üblichen Spielregeln. Die Gesamtgeldstrafe kann dabei bis zu 720 Tagessätze betragen. Die zum Ausschluss einer Bewährungsaussetzung führende Einbeziehung einer Geldstrafe in eine Gesamtfreiheitsstrafe bedarf einer besonderen Begründung.[427] Die Bildung einer Gesamtfreiheitsstrafe aus Geld- und Freiheitsstrafe ist grundsätzlich zulässig.[428]

D. Steuerordnungswidrigkeiten

128 Die Steuerordnungswidrigkeiten werden durch § 377 Abs. 1 AO von den Steuerstraftaten nach §§ 369 ff. AO abgegrenzt. Die Vorschriften der §§ 1–34 OWiG finden über die Verweisung des § 377 Abs. 2 AO Anwendung, soweit die steuerrechtlichen Bußgeldvorschriften nichts anderes bestimmen. Dies ist hinsichtlich der Verfolgungsverjährung (§ 384 AO), teilweise beim Verschuldensmaßstab und bei der Höhe der Geldbuße der Fall.

I. Leichtfertige Steuerverkürzung

129 Die leichtfertige Steuerverkürzung nach § 378 AO setzt voraus, dass (1) jemand als Steuerpflichtiger oder im Rahmen der Wahrnehmung der Angelegenheiten eines Steuerpflichtigen, eine der (2) in § 370 Abs. 1 bezeichneten Taten (3) leichtfertig begeht.

421 Bspw. AG Saarbrücken NStZ 1984, 76.
422 BGH NStZ-RR 2014, 338.
423 Flexible Handhabung, vgl. *Albrecht*, in: Kindhäuser/Neumann/Paeffgen StGB, 5. Aufl. 2017, StGB § 41 Rn. 5.
424 BGHSt 32, 60 ff; BGH NJW 1985, 1719.
425 BGH NZWiSt 2019, 388.
426 BGH wistra 1997, 341.
427 BGH wistra 1998, 58.
428 BayObLG wistra 1997, 355.

Täter einer leichtfertigen Steuerhinterziehung kann zunächst einmal jeder Steuerpflichtige i.S.d. § 33 AO sein. Ein Täter handelt **bei Wahrnehmung der Angelegenheiten eines Steuerpflichtigen**, wenn sein Tun oder pflichtwidriges Unterlassen mit den steuerlichen Pflichten eines Steuerpflichtigen im Zusammenhang steht.[429] Dieser Zusammenhang fehlt dann, wenn das Handeln des Täter überhaupt keine Beziehung zu den steuerlichen Pflichten des Steuerpflichtigen hat.

Leichtfertigkeit ist ein gesteigertes Maß an Fahrlässigkeit. Fahrlässigkeit wird beschrieben durch die Standards, die das allgemeine und besondere Steuerrecht aufgestellt hat. Leichtfertig i.S.d. § 378 AO handelt, wer die Sorgfalt außer Acht lässt, zu der er nach den besonderen Umständen des Einzelfalls und seinen persönlichen Fähigkeiten und Kenntnissen verpflichtet und imstande ist, obwohl sich ihm aufdrängen musste, dass dadurch eine Steuerverkürzung eintreten wird.[430]

Zwischen dem tatbestandlichen Erfolg und der leichtfertigen Handlung muss ein sog. **Rechtswidrigkeitszusammenhang** als weitere Voraussetzung bestehen. Während die Kausalität lediglich die Frage beantwortet, ob das Verhalten des Täters überhaupt ursächlich war, geht das Erfordernis des Rechtswidrigkeitszusammenhangs hierüber hinaus. Es muss im konkreten Einzelfall feststehen, dass der Erfolg ausgeblieben wäre, wenn der Täter sich rechtmäßig verhalten hätte (sog. rechtmäßiges Alternativverhalten). Die Tatbestandsmäßigkeit ist folglich dann zu verneinen, wenn nicht ausgeschlossen werden kann, dass der Erfolg auch bei Beachtung der erforderlichen Sorgfalt eingetreten wäre.[431]

II. Sonstige Steuerordnungswidrigkeiten

1. Allgemeines

In den §§ 379 ff. AO werden insbesondere Steuergefährdungstatbestände geahndet, die z.T. als 130
Vorbereitungshandlungen zu den §§ 370 und 378 AO anzusehen sind. Gemeinsam ist diesen Tatbeständen, dass objektiv Ordnungsvorschriften verletzt wurden, die jedoch nicht zu einer Steuerverkürzung geführt haben (müssen). Kommt es jedoch zu einem Steuerverkürzungsdelikt nach §§ 370, 378 AO, unabhängig davon, ob es sich um eine täterschaftliche oder teilnehmende Tatbegehung handelt und ob das Delikt vollendet oder lediglich versucht wurde, so treten die §§ 379 ff. AO als subsidiär zurück.

Andererseits greifen die §§ 379 ff. AO ein,
– wenn es zu einer Tat nach §§ 370, 378 AO nicht kam;
– oder diese nicht erweislich ist (z.B. in dubio pro reo);
– oder wegen einer Selbstanzeige straffrei ist.

▶ Beachte

Eine Selbstanzeige ist für die Delikte nach §§ 379 ff. AO nicht vorgesehen. Es war streitig, ob die Gefährdungsdelikte dann wieder verfolgt werden können. In der Praxis wurde in solchen Fällen bisher oftmals gemäß § 47 OWiG von einer Verfolgung abgesehen.[432] Mit Beschluss vom 11.7.1997 hat das BVerfG die Verfassungsbeschwerde gegen eine verurteilende Entscheidung des KG[433] nicht zur Entscheidung angenommen. Das BVerfG hält es für verfassungsrechtlich unbedenklich, dass etwa für § 379 AO die Möglichkeit der Selbstanzeige nicht vorgesehen ist.[434] Bei der Abwägung zwischen Einstellung und Bußgeldbescheid dürfe freilich nicht schematisch vorgegangen werden; nötig sei eine Gesamtwürdigung der konkreten Umstände des Einzelfalls.

429 Vgl. *Heuel,* in: Kohlmann, Steuerstrafrecht, 76. Lieferung 09.2022, § 378 AO Rn. 16.
430 BGH NZWiSt 2012, 71 (72).
431 StRspr. BGH NJW 1966, 1871.
432 Vgl. *Joecks/Randt,* in: Joecks/Jäger/Randt, 9. Aufl. 2023, AO § 371 Rn. 381.
433 KG v. 07.05.1992, 2 Ss 33/92; wistra 1994, 36.
434 BVerfG v. 11.07.1997, 2 BvR 997/92; wistra 1997, 297.

Steuerordnungswidrigkeiten können nach § 377 Abs. 1 AO auch in Einzelsteuergesetzen geregelt sein, z.B. der Verstoß gegen die Mitteilungspflicht beim Kapitalertragsteuerabzug (§ 50e EStG); die Verletzung von Mitwirkungspflichten bei der Besteuerung innergemeinschaftlicher Umsätze (§ 26a UStG); die Zuwiderhandlungen gegen die Anzeigepflicht der Vermögensverwahrer, -verwalter und Versicherungsunternehmen (§§ 33 Abs. 3 ErbStG).

131 Durch die Sonderregelung des § 371 Abs. 2a AO hat der Gesetzgeber Klarheit für die Fälle geschaffen, in denen eine Steuerhinterziehung durch Verletzung einer Pflicht zur rechtzeitigen Abgabe einer vollständigen und richtigen Umsatzsteuervoranmeldung bzw. Lohnsteueranmeldung eingetreten war. Zukünftig tritt Straffreiheit ein, wenn der Täter gegenüber der zuständigen Finanzbehörde die fehlenden Angaben korrigiert. In diesem Fall finden die Vorschriften über den Schwellenwert von 25.000 € oder das Absehen von Strafverfolgung nach § 398a AO keine Anwendung.[435]

2. Steuergefährdung (§ 379 AO)

132 Der Schutzbereich des § 379 AO erstreckt sich auf alle inländischen Steuerarten sowie Eingangsabgaben und Umsatzsteuern anderer EG-Mitgliedstaaten. Die Vorschrift ist damit *lex generalis* gegenüber den sich nur auf Abzugssteuern, Verbrauchsteuern und Eingangsabgaben erstreckenden §§ 380 bis 382 AO. Es werden besonders typische Handlungen, die zur Vorbereitung von Steuerverkürzungen geeignet sind und dadurch das Steueraufkommen in besonderem Maße gefährden, durch verschiedene Tatbestände erfasst.[436]

Belege i.S.v. § 379 Abs. 1 S. 1 Nr. 1 AO sind alle Schriftstücke, die geeignet sind, steuerlich erhebliche Tatsachen zu beweisen. Der Begriff ist weiter gefasst als der einer Urkunde. Unrichtig ist ein Beleg dann, wenn die darin gemachte Aussage über Tatsachen nicht der Wahrheit entspricht, z.B. ein Geschäftsvorfall wird bekundet, der nicht stattgefunden hat; bescheinigte Zahlungen werden in der Höhe falsch wiedergegeben; Ort oder Datum werden falsch angegeben.

Ein **unrichtiger Beleg** ist also eine ***»schriftliche Lüge«***. Streitig und von der Rechtsprechung bisher offengelassen ist, ob § 379 Abs. 1 S. 1 Nr. 1 AO nur den Fall der schriftlichen Lüge oder auch die Täuschung über die Person des Ausstellers erfasst. Diese Frage kann m.E. dahingestellt bleiben, weil in den Fällen, in denen eine Ordnungswidrigkeit und eine Straftat (Urkundenfälschung) in einer Handlung zusammentreffen, nach § 21 OWiG nur das Strafgesetz anzuwenden ist. Damit ist die Anwendung des § 379 Abs. 1 S. 1 Nr. 1 AO grundsätzlich auf die Fälle schriftlicher Lügen beschränkt.

133 Ein Beleg ist **ausgestellt**, sobald er in den Verfügungsbereich desjenigen übergeht, für den er bestimmt ist. Das bloße Herstellen reicht deshalb nicht aus. Eine »Aushändigung« des Belegs ist gleichfalls nicht erforderlich und z.B. beim Eigenbeleg ohnehin nicht möglich. Während bei Fremdbelegen auf den Erhalt der tatsächlichen Verfügungsmacht abgestellt werden kann, i.d.R. durch Aushändigen oder Zugänglichmachen in anderer Weise, muss sich beim Eigenbeleg der Gebrauchswille des Ausstellers manifestiert haben, z.B. durch Weitergabe an die Buchhaltung.

Unerheblich ist, ob der Empfänger eines Belegs von diesem **Gebrauch macht** oder ob der Aussteller des Belegs aus der Tat **Vorteile gezogen** hat. Allein die Eignung des Belegs ist ausreichend, weil in § 379 Abs. 1 AO nur objektiv darauf abgestellt wird, dass eine Steuerverkürzung ermöglicht wird. Damit ist jedoch auch eine Einschränkung des objektiven Tatbestandes dahingehend verbunden, dass die Ausstellung unrichtiger Belege, die für die Besteuerung ohne Bedeutung sind, keine Steuerordnungswidrigkeit nach § 379 AO darstellt.

134 Die **Gefährdung von Eingangsabgaben nach § 379 Abs. 1 S. 2 AO** erstreckt eine Ordnungswidrigkeit des Ausstellens falscher Belege auf die damit eröffnete Möglichkeit der Verkürzung von Eingangsabgaben eines EG-Staates und aller derjenigen Staaten, denen für Waren aus der EG aufgrund

---

435 *Thonemann-Micker/Kanders* DB 2014, 2125.

436 *Mösbauer* wistra 1991, 41 ff.

eines Assoziations- oder Präferenzabkommens eine Vorzugsbehandlung gewährt wird. Hierzu zählen fast alle Mittelmeerstaaten. Dies bedeutet eine entsprechende Anwendung des in § 370 Abs. 6 AO enthaltenen Gedankens. Auch hier ist Voraussetzung, dass durch das Ausstellen unrichtiger Belege objektiv die Verkürzung von Eingangsabgaben der EG oder eines der anderen in § 379 Abs. 1 S. 2 AO bezeichneten Staates ermöglicht wird. Entsprechendes gilt nach § 379 Abs. 1 S. 3 AO, wenn sich die Tat auf Umsatzsteuern bezieht, die von einem anderen Mitgliedstaat der EG verwaltet werden. Eine Verletzung von Buchführungs- und Aufzeichnungspflichten wird durch diese Regelung nicht erfasst.

Die **Verletzung der Mitteilungspflicht bei Auslandsbeziehungen nach § 379 Abs. 2 Nr. 1 AO** 135
sanktioniert die Verletzung der Anzeigepflicht aus § 138 Abs. 2 AO. Steuerpflichtige mit Wohnsitz, gewöhnlichem Aufenthalt, Geschäftsleitung oder Sitz im Inland haben nach dieser Vorschrift besondere Mitteilungspflichten hinsichtlich ihrer Auslandsbeteiligungen. Damit soll die steuerliche Überwachung bei Auslandsbeziehungen erleichtert werden. § 138 Abs. 2 AO ist bestimmt für die Fälle der Gründung und des Erwerbs von Betrieben im Ausland sowie der Beteiligung an ausländischen Personengesellschaften und des Erwerbs einer wesentlichen Beteiligung an einer ausländischen Kapitalgesellschaft.

Die **Verletzung der Mitteilungspflicht bei Auslandsbeziehungen nach § 379 Abs. 2 Nr. 1 AO** 136
sanktioniert die Verletzung der Anzeigepflicht aus § 138 Abs. 2 AO. Steuerpflichtige mit Wohnsitz, gewöhnlichem Aufenthalt, Geschäftsleitung oder Sitz im Inland haben nach dieser Vorschrift besondere Mitteilungspflichten hinsichtlich ihrer Auslandsbeteiligungen. Damit soll die steuerliche Überwachung bei Auslandsbeziehungen erleichtert werden. § 138 Abs. 2 AO ist bestimmt für die Fälle der Gründung und des Erwerbs von Betrieben im Ausland sowie der Beteiligung an ausländischen Personengesellschaften und des Erwerbs einer wesentlichen Beteiligung an einer ausländischen Kapitalgesellschaft.

Die **Tathandlung des § 379 Abs. 2 Nr. 1 AO** liegt darin, dass dieser Mitteilungspflicht nicht, nicht vollständig oder nicht rechtzeitig nachgekommen wird. Im Gegensatz zu § 379 Abs. 1 AO wird in Abs. 2 nicht ausdrücklich gefordert, dass durch das tatbestandsmäßige Verhalten ermöglicht werden muss, Steuern zu verkürzen oder nicht gerechtfertigte Steuervorteile zu erlangen. Dennoch besteht kein sachlicher Unterschied zur Regelung in § 379 Abs. 1 AO, denn mit einer Zuwiderhandlung gegen § 138 Abs. 2 AO hat der Täter stets die Möglichkeit, Steuern zu verkürzen oder nicht gerechtfertigte Steuervorteile zu erlangen. Der Gesetzgeber hat es deshalb nicht für notwendig erachtet, dieses Merkmal in den objektiven Tatbestand des § 379 Abs. 2 AO aufzunehmen.

Nach **§ 379 Abs. 2 Nr. 2 AO ist die Verletzung der Pflicht zur Kontenwahrheit** in § 154 Abs. 1 137
AO eine Ordnungswidrigkeit. Durch die Regelung des § 154 Abs. 1 AO soll verhindert werden, dass die Nachprüfung steuerlicher Verhältnisse durch Verwendung falscher oder erdichteter Namen erschwert wird. Der Pflicht zur Kontenwahrheit unterliegt sowohl der Kunde, als auch der Bankangestellte; beide kommen somit als Täter in Betracht. Es muss sich jedoch nicht ausschließlich um ein Bankkonto handeln, ein Konto i.S.d. § 154 Abs. 1 AO wird vielmehr auch dann errichtet, wenn zu einer anderen Person oder Firma eine laufende Geschäftsverbindung errichtet wird, die buch- und rechnungsmäßig in ihrem jeweiligen Stande festgehalten wird. Die Verwendung unrichtiger Namen im eigenen Geschäftsbetrieb fällt nicht unter § 154 Abs. 1 AO, kann aber nach § 379 Abs. 1 Nr. 2 AO i.V.m. § 146 Abs. 1 AO verfolgt werden. Auch bei diesem Tatbestand ist die Möglichkeit der Verkürzung von Steuereinnahmen nicht Tatbestandsmerkmal, da diese Gefahr bei Errichtung eines Kontos auf erdichtetem oder falschem Namen stets besteht.

Nach **§ 379 Abs. 3 AO** handelt es sich bei einem **Verstoß gegen Auflagen der besonderen Steuer-** 138
aufsicht gemäß § 120 Abs. 2 Nr. 4 AO, die zum Zweck der Steueraufsicht nach den §§ 209 bis 217 AO ergangen sind, um eine Ordnungswidrigkeit. Eine Auflage nach § 120 Abs. 2 Nr. 4 AO ist eine Nebenbestimmung zu einem Verwaltungsakt, durch die ein Tun, Dulden oder Unterlassen vorgeschrieben wird. Praktische Bedeutung hat § 379 Abs. 3 AO nur für das Zoll- und Verbrauchsteuerrecht. Die Steueraufsicht in den §§ 209 bis 217 AO dient der laufenden Kontrolle bestimmter Betriebe und Vorgänge, wie z.B. der Überwachung des Warenverkehrs über die Grenze.

3. Gefährdung der Abzugsteuern

139 § 380 AO ist ein echter Unterlassungstatbestand. Geahndet wird das Unterlassen einer pflichtmäßig gebotenen Handlung. Ordnungswidrig handelt, wer vorsätzlich oder leichtfertig seiner Verpflichtung, Steuerabzugsbeträge einzubehalten und abzuführen, nicht, nicht vollständig oder nicht rechtzeitig nachkommt. Die einzelnen Pflichten, ihr Umfang und der betroffene Personenkreis ergeben sich nicht unmittelbar aus § 380 AO. Zur Ausfüllung dieser »Blankettnorm« müssen auch hier die einschlägigen Bestimmungen der Einzelsteuergesetze herangezogen werden. So ergibt sich die Verpflichtung zur Einbehaltung und Abführung von Steuerabzugsbeträgen vornehmlich im Lohnsteuerverfahren (§§ 38 ff. EStG) und bei der Kapitalertragsteuer (§§ 43 ff. EStG).

Gegenüber der leichtfertigen Steuerverkürzung (§ 378 AO) und der Steuerhinterziehung (§ 370 AO) ist § 380 AO nur subsidiär anwendbar, also nur dann, wenn beispielsweise zutreffende Lohnsteuer-Anmeldungen abgegeben, die Lohnsteuer dann aber nicht abgeführt wurde. Nur dann, wenn bei Abgabe einer unrichtigen Anmeldung bzw. Nichtabgabe der Erfolg der Handlung – die Steuerverkürzung – für den Abzugspflichtigen nicht voraussehbar war, kann statt § 370/378 AO der Gefährdungstatbestand des § 380 AO vorliegen, weil der innere Tatbestand der Verkürzung nicht gegeben ist.

Der subjektive Tatbestand erfordert Vorsatz oder Leichtfertigkeit. An die Sorgfaltspflicht des Abzugsverpflichteten sind strenge Anforderungen zu stellen. Regelmäßig kann davon ausgegangen werden, dass ein Arbeitgeber zumindest leichtfertig, wenn nicht sogar vorsätzlich handelt, falls er sich über seine lohnsteuerlichen Verpflichtungen nicht ausreichend unterrichtet. Zahlungsschwierigkeiten entschuldigen den Arbeitgeber nicht. Reichen die vorhandenen Mittel nicht zur Zahlung des vollen vereinbarten Lohnes einschließlich der darauf entfallenden Steuern aus, so muss der Lohn gekürzt und die entsprechende Steuer einbehalten und abgeführt werden.

Täter kann jeder sein, der durch die Einzelsteuergesetze zum Handeln verpflichtet ist (z.B. Arbeitgeber, Kapitalgesellschaft), sowie die gesetzlichen und gewillkürten Vertreter und die in §§ 34, 35 AO genannten Personen. Dies ergibt sich auch aus § 9 OWiG (Handeln für einen anderen). Bei mehreren Geschäftsführern muss grundsätzlich jeder von ihnen die steuerlichen Pflichten einer GmbH erfüllen, gehört also jeder von ihnen zum Täterkreis. Eine im Voraus klar getroffene interne Aufgabenverteilung kann diese Pflicht zwar begrenzen, jedoch nicht gänzlich aufheben.

4. Verbrauchsteuergefährdung

140 § 381 AO ist gleichfalls eine Blankettvorschrift, die durch die Verbrauchsteuergesetze und die hierzu erlassenen Rechtsverordnungen ausgefüllt wird. Sie dient der Sicherung des Verbrauchsteueraufkommens und ist lex specialis gegenüber § 380 AO. Eine Besonderheit besteht in dem Rückverweisungsvorbehalt des § 381 AO, d.h., dass dieser Tatbestand nur erfüllt sein kann, wenn in den jeweiligen Verbrauchsteuergesetzen oder einer dazu ergangenen Rechtsverordnung selbst wieder auf § 381 AO verwiesen wird, was zwischenzeitlich jedoch bei fast allen diesen Gesetzen und Verordnungen der Fall ist. Soweit sie nicht verweisen, weil sie z.B. eigene Bußgeldvorschriften enthalten, gilt § 381 AO nicht (z.B. § 126 Abs. 2 Nr. 1 und 2 BranntwMonG). Auch gilt § 381 AO nicht für Einfuhrtatbestände, für diese gilt § 382 AO als lex specialis.

Täter einer Verbrauchsteuergefährdung kann jeder sein, der die jeweils konkret vorgeschriebenen Pflichten zu erfüllen hat. Tathandlung ist das Zuwiderhandeln gegen die Vorschriften der Verbrauchsteuergesetze oder der dazu erlassenen Rechtsverordnungen i.S.d. Nr. 1 bis 3 des § 381 Abs. 1 AO (z.B. BierStG, BranntwMonG, KaffeeStG, LeuchtmStG, MinöStG, SalzStG, SpielkStG, TabakStG, TeeStG, ZuckerStG, ZündwStG).

5. Gefährdung der Eingangsabgaben

141 Auch § 382 AO ist ausfüllungsbedürftige Blankettvorschrift und nur bei entsprechender Rückverweisung der ausfüllenden Rechtsvorschriften anwendbar. Die Vorschrift dient der Sicherung zollamtlicher Überwachung des Warenverkehrs über die Grenze. Es werden vorsätzliche oder fahrlässige

Zuwiderhandlungen gegen Vorschriften der Zollgesetze, der dazu erlassenen Rechtsverordnungen, der dazu erlassenen Verordnungen des Rates der Europäischen Gemeinschaften und der Verordnungen der Kommission der Europäischen Gemeinschaften erfasst.

§ 382 Abs. 1 AO unterscheidet in drei Tatbestandsalternativen Verstöße gegen Vorschriften mit Geltung für: die zollamtliche Erfassung des grenzüberschreitenden Warenverkehrs (Nr. 1); die Anmelde- und Erklärungspflichten bei der Überführung von Waren in ein Zollverfahren und dessen Durchführung (Nr. 2); den grenznahen Raum und für die der Grenzaufsicht unterworfenen Gebiete (Nr. 3). Insgesamt soll einer Gefährdung von Eingangsabgaben entgegengewirkt werden. Hierbei handelt es sich nicht nur um Zölle und Abschöpfungen, sondern auch um die an der Grenze erhobenen Verbrauchsteuern und die Einfuhrumsatzsteuer. Erfasst werden Zuwiderhandlungen, mit denen typischerweise die Gefahr einer späteren Verkürzung der Eingangsabgaben verbunden ist. Die zollamtliche Erfassung des Warenverkehrs und der Überführung von Waren ist im Einzelnen im Zollkodex geregelt.

Nach § 382 Abs. 2 AO findet diese Vorschrift auch Anwendung, soweit die Zollgesetze und die dazu erlassenen Rechtsverordnungen für Verbrauchsteuern sinngemäß gelten. Dies ist der Fall bei § 5 Abs. 1 KaffeeStG, § 5 Abs. 1 TeeStG und mit Einschränkungen bei § 21 Abs. 2 UStG.

6. Unzulässiger Erwerb von Steuererstattungs- und -vergütungsansprüchen

Wer entgegen § 46 Abs. 4 S. 1 AO steuerliche Erstattungsansprüche oder Vergütungsansprüche 142
geschäftsmäßig erwirbt, handelt gemäß § 383 Abs. 1 AO ordnungswidrig.

Geschäftsmäßigkeit nach § 46 Abs. 4 AO erfordert selbstständiges Handeln in Wiederholungsabsicht. § 383 AO ist auf alle Erstattungs- und Vergütungsansprüche aus dem Steuerschuldverhältnis (§ 37 AO) anwendbar, sämtliche in den Einzelsteuergesetzen geregelten Erstattungsansprüche sind erfasst.

III. Unbefugte Hilfe in Steuersachen

Wer unbefugt Hilfe in Steuersachen leistet (Nr. 1) oder unaufgefordert seine Dienste oder die Dienste 143
Dritte zur geschäftsmäßigen Hilfe in Steuersachen anbietet – Werbeverbot – (Nr. 2) handelt gemäß § 160 StBerG ordnungswidrig.

Tathandlung der unbefugten Hilfeleistung nach § 160 Abs. 1 Nr. 1 StBerG ist die geschäftsmäßige Hilfeleistung in Steuersachen entgegen § 5 StBerG oder entgegen einer vollziehbaren Untersagung nach § 7 StBerG.

Die Hilfeleistung ist unbefugt, wenn sie von anderen als den in den §§ 3, 4, 6 StBerG aufgeführten Personen oder Personenvereinigungen ausgeübt wird (§ 5 StBerG). Zur unbeschränkten Hilfeleistung sind nur Steuerberater, Steuerbevollmächtigte, Steuerberatungsgesellschaften (§ 3 Nr. 1, § 12a StBerG), Rechtsanwälte, Wirtschaftsprüfer, Wirtschaftsprüfungsgesellschaften, vereidigte Buchprüfer und Buchprüfungsgesellschaften (§ 3 Nr. 2 StBerG) befugt. Personen, die sich als »Wirtschaftsberater«, »Anlageberater«, »beratender Betriebswirt« oder »Unternehmensberater« bezeichnen, gehören nicht dazu. Beschränkt zur Hilfeleistung befugt ist der in § 4 StBerG genannte Personenkreis.

Vom Verbot der unbefugten Hilfeleistung des § 5 StBerG ausgenommen sind nach § 6 StBerG die Erstattung wissenschaftlicher Gutachten (Nr. 1); unentgeltliche Hilfe in Steuersachen für Angehörige (Nr. 2); Durchführung mechanischer Arbeitsgänge bei der Führung von Büchern und Aufzeichnungen, sofern es nicht um Kontieren von Belegen und Erteilen von Buchungsanweisungen geht (Nr. 3).

Ferner gilt das Verbot des § 5 StBerG nicht für das Buchen laufender Geschäftsvorfälle, die laufende Lohnabrechnung und das Fertigen der Lohnsteuer-Anmeldungen, soweit diese Tätigkeiten von Personen erbracht werden, die eine (steuer-) fachliche Abschlussprüfung bestanden haben und mindestens 3 Jahre auf dem Gebiet des Buchhaltungswesens hauptberuflich tätig waren (Nr. 4).

Die Abgrenzung zwischen einer befugten Hilfeleistung als Arbeitnehmer und unbefugter Steuerhilfe 144
ist besonders bei Stundenbuchhaltern schwierig. Es kommt auf die Gesamtumstände des einzelnen

Falles an. Wenn sich trotz formell abgeschlossenen Arbeitsvertrages das Bild einer freiberuflichen Tätigkeit zeigt, so handelt es sich i.d.R. um eine unbefugte Hilfeleistung in Steuersachen. Es müssen jeweils echte Arbeitsverhältnisse vorliegen, die Finanzverwaltung lässt unter diesen Voraussetzungen nur fünf, höchsten zehn Arbeitsverhältnisse zu.

Geschäftsmäßigkeit i.S.v. § 160 StBerG setzt Wiederholungsabsicht und Selbstständigkeit voraus. Selbstständig handelt, wer in eigener Entschließung und Verantwortung, also unabhängig von den Weisungen eines Arbeitgebers, tätig wird. Wiederholungsabsicht besteht, wenn die Tätigkeit zu einem wiederkehrenden und dauernden Bestandteil der Beschäftigung gemacht werden soll. Die darauf gerichtete Absicht bei der ersten Tätigkeit genügt. Nicht erforderlich ist, dass die Tätigkeit hauptberuflich oder entgeltlich erfolgt. Hilfeleistung aus rein privater Gefälligkeit ist nicht geschäftsmäßig, auch wenn sie wiederholt geschieht. Da Arbeitnehmer niemals selbstständig sind, handeln sie gegenüber dem Arbeitgeber auch nicht geschäftsmäßig. Der Angestellte ist deshalb zur Bearbeitung der Steuersachen seines Arbeitgebers befugt.

Täter einer Ordnungswidrigkeit nach § 160 Abs. 1 Nr. 1 StBerG ist sowohl die Person, die unbefugt geschäftsmäßig Hilfe in Steuersachen leistet, als auch derjenige, der sich daran beteiligt, somit auch der die Hilfe Inanspruchnehmende. Dieser ist Beteiligter i.S.d. § 14 Abs. 1 OWiG, wenn er gewusst hat, dass der Hilfeleistende nicht befugt handelt.

145 Von der Durchführung eines Bußgeldverfahrens nach § 160 StBerG ist das Untersagungsverfahren bei unbefugter Hilfeleistung in Steuersachen nach § 7 StBerG zu unterscheiden. Beide Verfahren haben unterschiedliche Zielsetzungen. Während mit dem Bußgeldverfahren ein bereits begangenes Unrecht geahndet werden soll, bezweckt das Untersagungsverfahren die Verhinderung künftiger Zuwiderhandlungen. Aufgrund der unterschiedlichen Zielsetzungen sind beide Maßnahmen ggf. nebeneinander zulässig. Der Verstoß gegen eine vollziehbare Untersagungsverfügung nach § 7 StBerG ist wiederum Ordnungswidrigkeit nach § 160 Abs. 1 Nr. 1 StBerG.

In § 8 StBerG ist ein Werbeverbot für alle zu Hilfeleistung in Steuersachen befugten Personen geregelt. Der Verstoß gegen dieses Werbeverbot wird in § 160 Abs. 2 Nr. 2 StBerG als Ordnungswidrigkeit geahndet. Danach ist das unaufgeforderte Anbieten der eigenen Dienste oder der Dienste Dritter zur geschäftsmäßigen Hilfeleistung in Steuersachen untersagt. Dies gilt nicht für gewerbliche Buchhalter i.S.v. § 6 Nr. 3, 4 StBerG. Auch dürfen bestimmte Körperschaften und Vereinigungen nach § 8 Abs. 2 StBerG »im Rahmen des sachlich Gebotenen« auf ihre Befugnis zur Hilfeleistung in Steuersachen hinweisen.

Im subjektiven Tatbestand ist für § 160 StBerG Vorsatz erforderlich. Eine erforderliche ausdrückliche Ausdehnung auf eine fahrlässige Begehung (§ 15 StGB) gibt es nicht.

Kapitel 22 Verteidigung in Betäubungsmittelstrafsachen

Übersicht

A. Vorbemerkungen

1 Diese Handreichung für den Strafverteidiger soll weder Lehrbuch noch Kommentar ersetzen, sondern aus der Sicht des Verteidigers die Aufnahme und Gestaltung eines Mandats in Betäubungsmittelstrafsachen darstellen

B. Der Erstkontakt mit dem Mandanten

I. Um welche Droge geht es?

2 Schon beim ersten Zusammentreffen mit dem Mandanten empfiehlt es sich, genau hinzuschauen und nachzufragen, um welchen Stoff es geht. Die verbotenen Betäubungsmittel sind in den Anlagen I bis III des BtMG aufgeführt, die Anzahl ändert sich laufend und wird den praktischen Bedürfnissen der Strafverfolgung und den Konsumgewohnheiten angepasst, die Einzelheiten bestimmt § 1 BtMG. Das Gesetz selbst unterscheidet nicht, um welche Art von Drogen es sich handelt, es spricht allgemein von Betäubungsmitteln.

3 Die auf dem deutschen Markt praktisch wichtigste **weiche Droge** ist Cannabis in Form von Haschisch (Brocken) und Marihuana (Pflanzenteile). Die Qualitäten schwanken beträchtlich, bei größeren Mengen wird i.d.R. ein Wirkstoffgutachten eingeholt, das den Gehalt der rauschauslösenden Substanz bestimmt. Danach richtet sich wesentlich das Maß der strafrechtlichen Schuld. Neuerdings argumentieren Staatsanwälte wieder verstärkt mit der angeblich wissenschaftlich erwiesenen erhöhten Gefährlichkeit von Cannabisprodukten. Dem kann der Verteidiger entgegentreten, wenn er den letzten wissenschaftlichen Stand der Debatte kennt.[1] Andererseits ändern sich auch bei althergebrachten Substanzen wie Marihuana die Umweltbedingungen: immer mehr Plantagen und Indoor-Anlagen entstehen auch in Deutschland mit früher unbekannt hohem THC-Gehalt, es entstehen vermehrt Rechtsprobleme, die der Verteidiger kennen muss.

Gerade aber bei Cannabis hat sich in der jetzigen Legislaturperiode viel ereignet. Am 23. Februar 2024 hat der Bundestag das *Gesetztes zum kontrollierten Umgang mit Cannabis und zur Änderung weiterer*

1 Krumdiek, NStZ 2008, 437.

Vorschriften (CanG)[2] beschlossen. Im Einzelnen sind folgende wesentliche Regelungen – die hier interessieren – vorgesehen: Erwachsenen ist gem § 9 Abs. 1 CanG der private Eigenanbau von bis zu drei Cannabis-Pflanzen zum Eigenkonsum sowie der gemeinschaftliche, nicht-gewerbliche Eigenanbau zum Eigenkonsum in Anbauvereinigungen bzw Genossenschaften erlaubt, der Besitz von bis zu 25 Gramm soll gem § 3 CanG straffrei sein.[3] In einer zweiten Säule geht es um Werbeverbote und verschiedene Vorschriften zum Schutz von Kindern und Jugendlichen.

4 Die wichtigsten **harten Drogen** sind bei uns Heroin, Kokain und Speed (Amphetamin), daneben sog Designerdrogen, d.h. Tabletten mit einer Mischung von Substanzen, meist unter dem Namen Ecstasy bekannt. Neuerdings tritt vor allem im Grenzbezirk zu Tschechien die als Crystal bezeichnete Droge auf, die aus Methamphetamin besteht. Das Aufkommen von Neuen Psychoaktiven Substanzen (NPS) im Zwischenbereich von BtMG und AMG stellt Justiz und Rechtswissenschaft vor neue Herausforderungen. Der EuGH hat soeben dazu eine lesenswerte Entscheidung gefällt.[4]

5 Als **Ersatzstoffe** kommen bei uns vor allem Codeinsaft (eigentlich ein Hustenmittel) und Methadon vor. Daneben benutzen die Süchtigen eine Vielzahl von Beruhigungs- und Aufputschmitteln, wenn die teuren Grundsubstanzen fehlen. Selten ist der Konsum nur einer harten Droge, meist kommen Mischformen vor. *Patzak/Volkmer/Fabricius* beschreiben alle gängigen Substanzen ausführlich im Kapitel »Stoffe Betäubungsmittel« ihres Kommentars.[5]

II. Liegt Abhängigkeit vor?

6 Bei der Abhängigkeit unterscheidet man die körperliche und die seelische Abhängigkeit. Der Mandant kann i.d.R. die Zeichen der körperlichen Abhängigkeit genau beschreiben, wenn er eine Zeit des Entzugs erlebt hat. Am meisten werden starkes Schwitzen, Gliederschmerzen, Schlaflosigkeit, Durchfall, Magenkrämpfe genannt. Es hängt davon ab, wie lange der Mandant wie viel von welcher Substanz konsumiert. Unbedingt ist auch der tägliche Konsum zur Tatzeit zu erfragen, die bei der Festnahme oft schon einige Zeit zurückliegt. Ist der Mandant in Haft, wird er häufig Medikamente gegen die körperlichen Entzugserscheinungen erhalten haben und in der Krankenstation der JVA liegen. Ist er gerade erst festgenommen, wird mit ihm zu besprechen sein, ob er seinen Entzug aufdecken und ärztliche Hilfe beanspruchen will. Er ist auch zu befragen, ob er trotz erkennbaren Entzugs vernommen wurde.

7 Es stellt sich die Frage nach der **Dokumentation** seiner Drogenabhängigkeit. Ist er in eine Krankenstation aufgenommen, wird es dort Aufzeichnungen über seine Entzugserscheinungen und die verabreichten Medikamente geben. Weiter ist die Frage von Blut- und Urinabgaben zu bedenken. In ihnen kann man die aktuelle Einnahme von Drogen nachweisen (am Festnahmetag bzw. einige Zeit davor).[6] Mit einem Antrag auf Entnahme und Untersuchung einer Haarprobe kann man erreichen, dass Art und Intensität der Aufnahme von Drogen bis zu ca. 24 Monaten zurückverfolgt werden können. Dabei gilt die Faustregel: ein cm Haar entspricht ca. einem Monat Wachstum. Je länger das Haar des Mandanten, desto länger kann sein Drogenkonsum zurückverfolgt werden. Bei Mandanten, die sich ihre Drogen mittels Spritzen zuführen, sind Einstichstellen zu sehen. Darauf kann man bei der Vorführung zum Ermittlungsrichter verweisen und diese Tatsache im Vorführprotokoll festhalten lassen. Die Frage eines psychiatrischen Gutachtens, um eine evtl. vorliegende verminderte

2 https://www.bundesgesundheitsministerium.de/fileadmin/Dateien/3_Downloads/C/Cannabis/Gesetzentwurf_Cannabis_Kabinett.pdf.

3 Vgl insofern den Regierungsentwurf eines CanG: https://www.bundesgesundheitsministerium.de/fileadmin/Dateien/3_Downloads/C/Cannabis/Gesetzentwurf_Cannabis_Kabinett.pdf.

4 EuGH, Urt. v. 10.07.2014 – C-358/und C-181/14.

5 Vgl. *Patzak*/Volkmer/Fabricius, Abschnitt Stoffe, Rn. 1 ff.

6 Vgl. zur Nachweisbarkeitsdauer der verschiedenen Drogen in Blut und Urin *Eberth/Müller/Schütrumpf*, Verteidigung in Betäubungsmittelsachen, 7. Aufl. 2018, Rn 362 ff.

Schuldfähigkeit gem. § 21 StGB wegen der (schweren) Drogenabhängigkeit feststellen zu lassen, wird sich dagegen erst später stellen, wenn wir den Mandanten näher kennen.

Allgemein gilt an dieser Stelle die Überlegung anzustellen, ob es sinnvoll ist, bereits zu dieser frühen Zeit auf eine möglichst rasche und lückenlose Dokumentation des Drogenkonsums und der Abhängigkeit zu drängen. Dies hängt u.a. davon ab, welcher strafrechtliche Vorwurf erhoben wird und wie die Beweislage ist bzw. wie sie einzuschätzen sein wird, wenn sich die Ermittlungen ausweiten.

III. Was wird dem Mandanten vorgeworfen und wie ist die Beweislage? Ziele der Verteidigung

Das BtMG unterscheidet zwischen reinem Besitz bzw. der Abgabe von Betäubungsmitteln und dem Handel damit, außerdem noch eine ganze Reihe weiterer Umgangsformen vom Anbau bis zur Einfuhr sowie auch rein verbale Beziehungen wie das Werben für Betäubungsmittel. Die Grundtatbestände finden sich in § 29 BtMG. Erschwerte Formen des Umgangs werden in §§ 29a, 30, 30a BtMG genannt, mit zum Teil drastischen Mindeststrafen. 8

Der Verteidiger wird zu diesem frühen Zeitpunkt folgende Überlegungen anzustellen haben, wenn er den Mandanten berät:

1. Welche Beweismittel stehen den Ermittlungsbehörden zur Verfügung? Gibt es Sachbeweise, Spuren, Telefonüberwachungsprotokolle, hat er z.B. Drogen an einen Scheinaufkäufer (verdeckten Ermittler) der Polizei abgegeben? Hat ihn ein Lieferant oder ein Abnehmer im Rahmen einer Aussage gem. § 31 BtMG (sog. Kronzeugenregelung) belastet?
2. Wie schwerwiegend sind die Vorwürfe? Liegt z.B. ein Verbrechenstatbestand vor, z.B. Handel oder Besitz einer »nicht geringen Menge« von Drogen (zu diesem wichtigen Begriff später) gem. § 29a BtMG? Wenn es z.B. nur darum geht, dass der Mandant im Besitz einer gewissen Menge von Drogen angetroffen worden ist, die nicht die »nicht geringe Menge« erreichen und seine sonstige soziale Situation günstig ist, sodass die Inhaftierung nicht zu erwarten ist, kann es durchaus sinnvoll sein, auf eine Dokumentation seiner evtl. Drogenabhängigkeit zu diesem Zeitpunkt zu verzichten. Wird er entlassen, kann er sich sehr viel besser um Therapie und Entzug kümmern, wenn er das will. In diesen Fällen ist auch prinzipiell an § 37 BtMG zu denken. Diese Vorschrift sieht vor, dass von der Erhebung der öffentlichen Klage abgesehen werden kann, wenn sich der Beschuldigte nach der behaupteten Tat aber vor Anklageerhebung in eine Drogenentwöhnungstherapie begibt und er nicht mehr als zwei Jahre Freiheitsstrafe zu erwarten hätte. Nach § 37 Abs. 2 BtMG ist dies auch noch nach Anklageerhebung möglich. Die Regelung führt ganz zu Unrecht ein Schattendasein, jedenfalls in Bayern, aber auch in den anderen Bundesländern.

Kommt man nach Gesprächen mit dem Mandanten und der größtmöglichen Information über den Stand der Ermittlungen durch Akteneinsicht und mündliche Mitteilungen des Staatsanwalts bzw. des Ermittlungsrichters zu dem Ergebnis, dass die Vorwürfe wohl zu beweisen sein werden, müssen aus den oben genannten Gründen die Ziele der Verteidigung möglichst früh definiert werden, da es in Betäubungsmittelsachen einige Besonderheiten gibt. 9

Abgesehen vom Freispruch kommen als **Verteidigungsziele** folgende Alternativen in Betracht:

1. Einstellung wegen Geringfügigkeit bzw. Absehen von Strafe
2. Lediglich geringe Strafe, ggf. Bewährung mit Therapieauflage
3. Therapie statt Strafe
4. Strafe und Therapie

C. Materielle und prozessuale Besonderheiten des Betäubungsmittelrechts

I. Einstellung wegen Geringfügigkeit/Absehen von Bestrafung, §§ 153, 153a StPO und §§ 31a, 29 Abs. 5 BtMG

10 Die Vorschrift des § 31a BtMG stellt eine Weiterentwicklung des § 29 Abs. 5 BtMG dar, der das Absehen von Bestrafung durch das Gericht nach durchgeführter Hauptverhandlung regelt sowie eine Ergänzung des Grundsatzes »Therapie statt Strafe« in § 35 BtMG.[7] Sie ist im Verhältnis zu §§ 153, 153a StPO die Spezialnorm, da sie auf die Anforderungen des Betäubungsmittelrechts zugeschnitten ist. In der Praxis wurde § 29 Abs. 5 BtMG in Bayern sehr selten angewandt; auch bei der Anwendung des § 31a BtMG ist es zunächst zu großen Unsicherheiten und regionalen Verschiedenheiten gekommen. Nach der Entscheidung des BVerfG vom 09.03.1994[8] ist jedoch das Gericht verpflichtet, bei Vorliegen der gesetzlichen Voraussetzungen von Amts wegen die §§ 29 Abs. 5 und 31a Abs. 2 BtMG zu prüfen und ggf. anzuwenden. Das Ermessen der Strafverfolgungsbehörden kann wegen des verfassungsrechtlichen Übermaßverbots auf null reduziert sein.[9] Eine Hausdurchsuchung lediglich wegen Verdacht des Erwerbs oder Besitzes von Cannabis kann nach LG Freiburg[10] unverhältnismäßig sein.

11 Die wesentlichen materiellen Voraussetzungen des § 31a BtMG sind eine lediglich **geringe Menge** der Betäubungsmittel, mit denen auch nur **zum Eigenverbrauch** umgegangen worden sein darf, dazu – und damit zusammenhängend – das fehlende öffentliche Interesse an der Strafverfolgung und die geringe Schuld des »Täters« wie es im Gesetz heißt, obwohl es sich formell noch um einen Beschuldigten handelt und ein Geständnis vom Gesetz nicht verlangt wird.[11]

12 Das wichtigste Kriterium und zugleich das strittigste ist das der **geringen Menge**. Diese muss zunächst von der **nicht gebrauchsfähigen Menge** abgegrenzt werden. Diese ist nämlich straflos. Bedingung der Strafbarkeit ist, dass die aufgefundene Menge mindestens einen »Rausch« hervorrufen kann, sodass winzige Spuren, Anhaftungen an Pfeifen oder sonstigen Rauchutensilien für eine Bestrafung des Besitzers nicht ausreichen.[12] In diese Kategorie wird man auch den Anbau von solchen Hanfpflanzen zählen müssen, bei denen sich später nicht mehr sicher nachweisen lässt, dass sie die rauschauslösende Substanz THC enthielten, z.B. weil sie nicht mehr zur Verfügung stehen. Wieder anders wird beim Verkauf von sog. »Räucherhanf« entschieden, also Pflanzen, die aus behördlich genehmigtem Anbau stammen und einen geringen THC-Gehalt aufweisen (0,34 % im entschiedenen Fall). Wird dieser Stoff zum persönlichen Konsum verkauft, soll Strafbarkeit gegeben sein.[13]

▶ **Beachte**

Das Gesetz gibt keine Definition der geringen Menge. In Schleswig-Holstein gelten dafür andere Kriterien als in Bayern oder in Sachsen-Anhalt. Zum Teil weichen die Grenzmengen erheblich voneinander ab. Während im Norden Deutschlands ca. 30 g Haschisch genannt werden, ist in Bayern die Grenze bei ca. 6 g. In einigen Bundesländern gibt es formelle Richtlinien der Landesjustizministerien.[14] Wie neuerdings berichtet wird, hat eine Angleichung der Praxis an die 6 g Grenze stattgefunden, Ausnahme soll nur noch Berlin sein.[15]

---

7 *Patzak*/Volkmer/Fabricius § 31a Rn. 5 ff.
8 StV 1994, 295 (Pflichtlektüre!).
9 OLG Koblenz StV 1998, 82; ebenso OLG Oldenburg StraFo 2009, 82.
10 LG Freiburg StV 2000, 14.
11 Zu den Voraussetzungen vgl. *Patzak*/Volkmer/Fabricius § 31a Rn. 17 ff.
12 BayObLG StV 1986, 145; OLG München NStZ-RR 2010, 23.
13 OLG Zweibrücken BeckRS 2010, 13810.
14 Nachweise bei *Patzak*/Volkmer/Fabricius § 31a Rn. 42 ff. sowie bei www.rafranke.de/einstellung.htm (am 24.10.2023 abgerufen).
15 *Patzak/Goldhausen* NStZ 2011, 76, 78.

Die einzelnen Bundesländer haben Regelungen in unterschiedlicher Weise getroffen. In einer neuen Entscheidung hat das BayObLG von »drei Konsumeinheiten eines Probierers« als Grenzmenge für die geringe Menge gesprochen. Bei Haschisch seien das je nach Qualität 3–6 g, bei Kokain 300 mg, bei Heroin eine Wirkstoffmenge (nicht Gewicht) von 0,15 g Heroinhydrochlorid,[16] bei Amphetamin 0,15 g Amphetamin-Base.[17] Der BGH hat in einem obiter dictum einer neueren Entscheidung 10 g Haschisch und 10 Konsumeinheiten bei 1,5 % THC als »geringe Menge« erwähnt.[18] *Körner* schlägt für die wichtigsten Drogen Grenzmengen vor, die er an der Rechtsprechung des BGH zu den so genannten »nicht geringen Mengen« (dazu später) orientiert.[19] Mit Recht weist er darauf hin, dass die jetzige zersplitterte Handhabung höchst unbefriedigend ist und auch der Forderung des BVerfG nach einer einheitlichen Praxis der Strafverfolgung von Konsumdelikten widerspricht.[20] Die Einstellungsquoten sollen zwischen 28,1 % in Bayern und 84,7 % in Schleswig-Holstein schwanken.

Nach der bayerischen Praxis wird etwa auch verlangt, dass der Beschuldigte zum ersten Mal mit dem BtMG in Konflikt gekommen ist. Auch diese Einschränkung ergibt sich nicht aus dem Gesetz. Vielmehr hat der Gesetzgeber den § 31a BtMG für den Gelegenheitskonsumenten wie für den Dauerkonsumenten und den Abhängigen geschaffen, sofern er mit dem BtM zum eigenen Verbrauch umgeht und keine Dritten gefährdet.[21]

Übereinstimmend soll **§ 31a BtMG nicht angewendet** werden, wenn kein Umgang zum Eigenverbrauch vorliegt und durch die Umstände des Konsums Gefährdungen Dritter möglich sind, z.B. im Verkehr, in Schulen, Krankenhäusern, Gefängnissen oder in bestimmten Berufen, etwa bei Ärzten oder Fluglotsen. Dagegen reicht nach der Rspr. nicht aus, dass die Droge als sogenannte harte Droge besonders gefährlich ist und eine bloße abstrakte Möglichkeit der Weitergabe besteht, konkrete Anhaltspunkte dafür, dass der Beschuldigte sie weitergeben wollte jedoch nicht bestehen.[22] 13

Wieder anders werden die sog. **Raucherrunden** bewertet, bei denen ein Joint kreist. Hier konsumieren zwar alle Teilnehmer selbst, was an sich straflos ist; zugleich reichen sie jedoch auch den Joint an ihren Nachbarn weiter, damit dieser konsumiert. Dies soll jedenfalls dann strafbar sein, wenn der Nachbar nicht zugleich der ursprüngliche Besitzer ist.[23] Ein Problem kann auch für den Wohnungsinhaber entstehen, der regelmäßige Raucherrunden bei sich duldet, er kann evtl. nach § 29 Abs. 1 Nr. 11 (Verschaffen von Gelegenheit) bestraft werden.[24] 14

Nach meinen Beobachtungen ist die Praxis in Bayern bei der Anwendung des § 31a BtMG aus politischen Gründen besonders restriktiv. Häufig wird auch zunächst die ganze Palette der polizeilichen Repression wie Hausdurchsuchung, ED-Maßnahmen, Speicherung der personenbezogenen Daten und Weitergabe an die Führerscheinbehörden durchgezogen, bis eine Maßnahme nach § 31a BtMG folgt. Eine Entlastung und Konzentration der Ermittlungsbehörden ist damit jedenfalls nicht verbunden. Es ist auch zu beobachten, dass statt des an sich einschlägigen § 31a BtMG der § 153a StPO herangezogen wird. Einziger relevanter Unterschied: dem Beschuldigten kann eine Geldauflage aufgegeben werden. 15

§ 31a Abs. 2 BtMG sieht auch dann ein Absehen von der Verfolgung durch Einstellung vor, wenn die Klage bereits erhoben war. Hier ist allerdings i.d.R. die Zustimmung des Angeschuldigten erforderlich. 16

---

16 BayObLG StV 1998, 590, BayObLG StV 2000, 83.
17 BayObLG NStZ 2000, 210.
18 BGH StV 1996, 95 (98).
19 *Patzak*/Volkmer/Fabricius § 31a Rn. 22.
20 So BVerfG StV 1994, 295.
21 *Patzak*/Volkmer/Fabricius § 31a Rn. 30 ff.; für § 29 Abs. 5 BtMG auch bei Mehrfachtätern LG Berlin StV 2000, 567.
22 BayObLG StV 1998, 590.
23 BayObLG StV 1998, 592 m. Anm. *Körner.*
24 OLG München NStZ 2006, 579.

II. Therapie statt Strafe, die §§ 35 ff. BtMG

17 Kommt eine Bewährungsstrafe mit möglicher Therapieauflage nicht in Betracht, sondern scheidet diese Möglichkeit aus, weil der Mandant entweder keine gute Prognose i.S.d. § 56 StGB hat oder eine höhere Strafe wahrscheinlich ist, so ist das Konzept »Therapie statt Strafe« zu erwägen.

▶ **Beispiel**

Der Mandant wird zu einer Freiheitsstrafe wegen Handeltreibens mit Betäubungsmitteln von zwei Jahren und 10 Monaten verurteilt. Sechs Monate hat er bereits in U-Haft verbracht. Er kann in vier Monaten gem. § 35 BtMG eine Therapie antreten, wenn er alle gesetzlichen Voraussetzungen erfüllt. Sonst müsste er noch mehr als 16 Monate in Haft bleiben, bis er die Voraussetzungen des § 57 Abs. 1 StGB erfüllt.

Diese Privilegierung der Drogenstraftäter wurde deshalb zur Notwendigkeit, weil mehr als die Hälfte der Inhaftierten mittlerweile wegen Verstoß gegen das BtMG sitzen und klar geworden ist, dass mit den Mitteln des Strafvollzugs allein das Problem immer unlösbarer wird. Die Therapie in einer Einrichtung außerhalb der JVAs ist eine erheblich bessere Möglichkeit, den Drogenstraftäter von seiner Sucht zu heilen als die Haft, mag dort auch gelegentlich eine Therapie angeboten werden (Parsberg in Bayern war ein solcher von den Gefangenen sogenannter »Drogenknast« – die Erfahrungen blieben weit hinter den hoch gesteckten Erwartungen zurück). Die einschlägigen Regelungen finden sich in den § 35 ff. BtMG.

18 **Voraussetzungen des § 35 BtMG sind**

1. eine Verurteilung zu einer Straftat, die aufgrund Betäubungsmittelabhängigkeit begangen wurde
2. eine Verurteilung zu nicht mehr als zwei Jahren Haft oder ein noch zu verbüßender Strafrest von zwei Jahren
3. Therapieplatzzusage einer Einrichtung, die von der Vollstreckungsbehörde anerkannt ist
4. Kostenzusage eines Kostenträgers
5. Zustimmung des Gerichts des ersten Rechtszuges
6. Rechtskraft des Strafurteils

19 Um die erste der Voraussetzungen zu erfüllen, empfiehlt es sich, schon in der Hauptverhandlung darauf hinzuwirken, dass das Gericht das Merkmal »**Betäubungsmittelabhängigkeit**« und den kausalen Zusammenhang mit der Straftat ins Urteil aufnimmt. Dies bedarf oft keines Antrags auf Sachverständigengutachten, da die Gerichte meist genügend eigene Sachkunde haben und die Betäubungsmittelabhängigkeit nicht automatisch eine verminderte Schuldfähigkeit i.S.d. § 21 StGB nach sich zieht. Eine solche nimmt die Rechtsprechung nur in besonders schweren Fällen an (dazu später). Ein Hinweis auf den kausalen Zusammenhang zwischen Abhängigkeit und Straftat ist notwendig bei allgemeinen Straftaten, etwa bei Beschaffungskriminalität. Wird der Zusammenhang bereits im Urteil dargetan, erspart man sich spätere Nachfragen des entscheidenden Vollstreckungsstaatsanwalts. Aber auch, wenn im Urteil eine Betäubungsmittelabhängigkeit verneint wird, kann jedenfalls dann im Verfahren gem. §§ 35 ff. das Gegenteil bewiesen werden, wenn das Urteil sich z.B. lediglich auf die eigenen Angaben des Angeklagten stützte.[25]

20 Hinsichtlich des **Strafrestes**, der noch zu verbüßen ist, sind oft genauere Nachfragen erforderlich. Besonders wichtig ist es, festzustellen, ob noch aus früheren Delikten Reststrafen offen sind. Wenn ja, ist zu prüfen, ob sie ihrerseits zurückstellungsfähig i.S.d. § 35 BtMG sind. Die Grenzhöhe von zwei Jahren muss für jede einzelne Strafe geprüft werden, d.h. es kann eine Zurückstellung auch dann erfolgen, wenn mehrere Strafen in der Summe mehr als noch zwei Jahre Strafrest ergeben.[26] Gibt es jedoch noch einen Strafrest aus einer Strafe, die nicht zurückstellungsfähig ist, liegt ein Zurückstellungshindernis i.S.d. § 35 Abs. 6 Nr. 2 BtMG vor. Hier empfiehlt es sich, dass der Mandant diese

25 OLG Karlsruhe StraFo 2009, 470 mit lesenswerter Anm. von *Malek*.
26 Vgl. Patzak/Volkmer/*Fabricius* § 35 Rn. 127.

Strafe vorab verbüßt, damit er dann die Therapie antreten kann und danach frei ist. Strittig ist, ob die andere, nicht zurückstellungsfähige Strafe zunächst vollständig verbüßt werden muss, bevor eine Zurückstellung der an sich zurückstellungsfähigen Strafe gem. § 35 BtMG in Betracht kommt. Die StA München verlangt dies mit dem Argument, zum Zeitpunkt der Zurückstellung müsse klar sein, dass keine andere Strafe mehr vollstreckt werde, wenn die Therapie beendet ist. Der Antragsteller muss daher hier zunächst auf die an sich mögliche Entscheidung über die Aussetzung seines letzten Drittels gem. § 57 StGB verzichten und dieses letzte Drittel komplett absitzen. Dann kann er nach dieser Praxis Antrag auf Aussetzung gem. § 35 BtMG in der zurückstellungsfähigen Sache stellen. Für diese Auslegung finden sich jedoch keine Anhaltspunkte im Gesetz.[27] Einen Ausweg schlägt *Schöfberger*[28] vor, indem die Vollstreckung der nicht zurückstellungsfähigen Sache gem. § 454b StPO analog zunächst unterbrochen und dann die zurückstellungsfähige nach § 35 ausgesetzt wird.[29] Steht der Mandant die Therapie durch, kann dann die andere Sache zur **Bewährung** ausgesetzt werden. In diesem Fall werden oft Auflagen gemacht, der Mandant habe sich Urinkontrollen auf seine Kosten zu unterziehen. Diese Kosten gefährden dann ihrerseits den Therapie- und Bewährungserfolg, wenn sie unzumutbar sind. Das OLG Stuttgart hat für diesen Fall entschieden, dass der Staat die Kosten übernehmen muss. Das passende Rechtsmittel ist die Beschwerde gegen die Weisung gem. § 453 Abs. 2 S. 1 und 2 StPO. Wird im Zusammenhang mit einer Aussetzung zur Bewährung **Führungsaufsicht** verhängt mit Weisungen, z.B. regelmäßige Urinkontrollen, so müssen diese wegen der Strafdrohung in § 145a SGB präzise bestimmbar und nicht unzumutbar sein, § 68b Abs. 3 StGB. Gleiches gilt für die Weisungen im Rahmen der Bewährung, deren Inhalt stets durch den Richter gesetzt werden muss und nicht etwa den Bewährungshelfer oder den Therapeuten.

21 Auch die Voraussetzung **Therapieplatzzusage** ist unter den gegebenen Verhältnissen in Bayern nicht so unproblematisch, wie es der Gesetzeswortlaut nahe legt. Die StA hat es sich zur Gewohnheit gemacht, nur bestimmte Therapieeinrichtungen als für § 35 BtMG geeignet anzuerkennen. Vielfach richtet sie sich dabei nach einer ominösen Liste, die im Sozialministerium geführt wird. Einrichtungen, die Drogenabhängige behandeln, können sich um Aufnahme in diese Liste bewerben. Aus mir unbekannten Gründen wird die Aufnahme in manchen Fällen verzögert, gelegentlich auch verweigert. Auch die Einrichtungen selbst können oft nicht angeben, warum dies geschieht. Das Gesetz verlangt an sich keine staatliche Anerkennung. Diese ist erst für die Frage der Anrechnung des Aufenthalts auf die Strafe gem. § 36 Abs. 1 S. 1 BtMG erforderlich.[30] Ist die Therapie jedoch bereits angetreten und auch schon einige Zeit vorangeschritten, kann die Vollstreckungsbehörde nur noch mit ganz gewichtigen Gründen die Zurückstellung wegen einer behaupteten Ungeeignetheit der Einrichtung ablehnen, auch wenn sie grundsätzlich die Auswahl trifft und der Proband nur ein Vorschlagsrecht hat.[31]

▶ **Beachte**

In der Praxis empfiehlt es sich, sich rechtzeitig zu erkundigen, ob die Therapieeinrichtung, die der Mandant anstrebt, von der StA akzeptiert wird. Da es die Vollstreckungsabteilung der StA ist, die eine Zurückstellung gem. § 35 BtMG verfügt, erspart eine vorzeitige Information dem Mandanten die mögliche spätere Enttäuschung.

In der Regel wird nur eine stationäre Therapie in einer von Fachpersonal geführten Einrichtung von der StA i.S.v. § 35 BtMG anerkannt. Ambulante Therapieformen werden nur in wenigen Ausnah-

27 Wie hier Patzak/Volkmer/*Fabricius* § 35 Rn. 116 und Rn. 316; ebenso *Kotz/Rahlf* NStZ-RR 2001, 80 m. Hinw. auf OLG München NStZ 2000, 223; OLG Stuttgart StraFo 2008, 525.

28 NStZ 2005, 441.

29 Ebenso OLG Frankfurt NStZ 2010, 185, aufg. durch BGH StV 2010, 695, der auf den Wortlaut des § 454b StPO verweist, der § 35 BtMG nicht als Unterbrechungsgrund nennt. Ebenso negativ OLG Hamm StV 2010, 698 mit Anm. *Comes*.

30 *Eberth/Müller/Schütrumpf* Betäubungsmittelsachen Rn, 352.

31 OLG Karlsruhe StraFo 2011, 196.

mefällen genehmigt.[32] Wichtiges Kriterium für die StA ist auch, dass eine relevante Einschränkung des Tagesablaufs und eine effektive Kontrolle des Süchtigen stattfinden. Leider werden durch solche verhältnismäßig starren Kriterien neue Therapiekonzepte, die eher auf individuelle Besonderheiten des Abhängigen eingehen können, stark behindert.[33]

Eine Zurückstellung der Strafvollstreckung zugunsten einer Therapie im **Ausland** ist prinzipiell möglich,[34] sie wird vor allem bei EU-Ausländern immer häufiger in Betracht kommen, da hier sowohl die erforderliche Überprüfbarkeit gegeben ist als auch i.d.R. die muttersprachliche Therapieeinrichtung besser geeignet sein wird.

Die Therapieeinrichtungen sind daran gewöhnt, Platzzusagen auf Anfrage schriftlich zur Vorlage bei Gericht und StA zu bestätigen. Der Verteidiger sollte rechtzeitig mit dem für die Haftanstalt zuständigen Drogenberater Kontakt aufnehmen und klären, welche Einrichtung für den Mandanten in Betracht kommt und wann in etwa mit einem Antritt der Therapie frühestens zu rechnen ist. Die Therapieplatzzusage sollte wenn möglich bereits zum Gerichtstermin vorliegen und in die Hauptverhandlung eingeführt werden. Sie stellt die Ernsthaftigkeit des Mandanten unter Beweis, sich um eine Drogenentwöhnung zu bemühen.

22 Ein weiteres Problem kann die **Kostenzusage** werden. Kostenträger sind die Rentenversicherung, eine Krankenkasse oder die Sozialhilfeverwaltung. In der Regel kann man davon ausgehen, dass jede notwendige und Erfolg versprechende Therapie auch einen Kostenträger findet. Es gibt jedoch zahlreiche praktische Hindernisse, die es unbedingt erforderlich machen, dass der inhaftierte Mandant sich der Hilfe eines Drogenberaters bedient, wie es sie jetzt für jede Haftanstalt gibt. Der Drogenberater hilft beim Aussuchen der passenden Einrichtung, vermittelt die Adressen, die der Mandant anschreiben muss und hilft beim Ausfüllen der notwendigen Anträge. Der inhaftierte Mandant hat auch einen Anspruch darauf, dass der Anstaltsarzt das für die Kostenzusage erforderliche ärztliche Gutachten fertigt.[35]

▶ Beachte

Da wegen der Überfüllung der Haftanstalten meist eine lange Zeit vergeht, bis der Drogenberater Zeit findet, den Mandanten aufzusuchen, kann der Anwalt hier durch persönliche Intervention oft Zeit gewinnen helfen.

Zu beachten ist, dass einige Kostenträger nur bestimmte, manchmal sogar nur die eigenen Einrichtungen finanzieren. Der Mandant sollte dies wissen, bevor er sich auf eine bestimmte Einrichtung festlegt. Auch hier hilft oft ein klärendes Gespräch mit dem Drogenberater. Schließlich ist in letzter Zeit zu beobachten, dass einige Kostenträger sich weigern, Kostenzusagen zu machen, bevor nicht feststeht, dass und wann der Mandant auf Therapie kann. Da andererseits die StA meist verlangt, dass Therapieplatz- und Kostenzusage vorgelegt werden, bevor sie über den Antrag nach § 35 BtMG entscheidet, befindet sich der Mandant in einer klassischen Falle, aus der er mit eigener Kraft nicht heraus kann. Hier hilft meist ein Gespräch mit dem entscheidenden Vollstreckungsstaatsanwalt, dem das Problem natürlich auch bekannt ist. Regelmäßig wird die StA in solchen Fällen eine Erklärung abgeben, dass eine Zurückstellung zu einem bestimmten Termin genehmigt werden wird, wenn eine Kostenzusage vorliegt. Damit wird der Kostenträger dann zu einer Kostenübernahmeerklärung gebracht. Da Kostenzusagen meist nur begrenzte Zeit gültig sind (i.d.R. 6 Monate), muss an eine rechtzeitige Verlängerung gedacht werden, wenn der Therapieantritt sich verzögert.

23 Die erforderliche **Zustimmung des Gerichts** des ersten Rechtszugs sollte bereits in der Hauptverhandlung angesprochen und erreicht werden. Wenn bereits im Urteil entsprechende Formulierungen

32 Dazu OLG Karlsruhe StV 2000, 631.
33 Zur Auswahl der Einrichtung durch die Vollstreckungsbehörde auch OLG Karlsruhe StraFo 2009, 124.
34 LG Kleve StV 2000, 325 m. Anm. *Stange*.
35 OLG Nürnberg NStZ-RR 2010, 262.

enthalten sind, erleichtert dies den Gang der weiteren Dinge. Der Verurteilte kann die Verweigerung der Zustimmung nicht isoliert mit der Beschwerde anfechten, § 35 Abs. 2 S. 2.

Das Urteil muss **rechtskräftig** sein. Diese Voraussetzung fällt umso leichter, je besser der Verteidiger den Mandanten auf die rechtlichen Möglichkeiten vorbereitet und unrealistische Erwartungen gedämpft hat. Wenn Therapieplatz- und Kostenzusage vorliegen und der Mandant dem Gericht vermitteln kann, dass er motiviert ist, seine Drogensucht mithilfe der Therapie zu bekämpfen, muss ohne Illusionen geprüft werden, ob eine Strafe möglich ist, die es erlaubt, das Konzept Therapie statt Strafe bald zu verwirklichen. Hier gilt die Faustregel: U-Haft plus zwei Jahre plus eine angemessene Bearbeitungszeit der StA für den Antrag (ca. 6–8 Wochen) sollten als maximale Freiheitsstrafe in etwa realistisch sein, um einen reibungslosen Übergang von der U-Haft in die Therapie zu gewährleisten. Ist eine wesentlich höhere Freiheitsstrafe zu erwarten, verliert der Mandant oft jede Motivation, dann noch in Therapie zu gehen.[36] Die Erfahrung zeigt, dass insbesondere Schöffengerichten dieser zeitliche Zusammenhang deutlich vor Augen geführt werden muss, da der § 35 BtMG in seiner konkreten Ausgestaltung kompliziert ist und keineswegs vorausgesetzt werden kann, dass die Laienrichter den geschilderten Rechenvorgang beherrschen. 24

Mit Recht weisen alle Fachleute darauf hin, dass auch mehrfache Therapieversuche möglich und sogar eher die Regel sind. Anträge nach § 35 BtMG können daher auch mehrfach gestellt werden, wenn der Mandant wieder rückfällig wurde.[37] Nach einer neuen Entscheidung des OLG Karlsruhe kommt die Annahme einer Therapieunfähigkeit nur in Ausnahmefällen in Betracht. 25

Ein besonderes Problem kann die Anwendung des § 35 BtMG bei **Ausländern** sein. Hier ist die Praxis, dass die Vollstreckungsbehörde beim zuständigen Ausländeramt nachfragt, ob eine Ausweisung/Abschiebung des Verurteilten zu erwarten ist. Nach OLG Frankfurt/Main[38] soll es nicht ermessensfehlerhaft sein, in diesem Fall die Zurückstellung nach § 35 BtMG zu versagen, weil zu befürchten sei, dass der Zurückgestellte während der Therapie untertaucht, um sich der Abschiebung zu entziehen. Diese Entscheidung ist jedoch problematisch, da sie zweierlei Maß an die Gewährung der Zurückstellung anlegt. Es darf an sich keine Ungleichbehandlung zwischen deutschen und ausländischen Drogenabhängigen geben.[39] 26

Die Entscheidung nach § 35 BtMG trifft die StA als **Vollstreckungsbehörde**, bei Jugendlichen ist dies der Jugendrichter, §§ 82, 84 JGG. 27

Die Ablehnung einer Zurückstellung kann mit Beschwerde und anschließendem Antrag auf gerichtliche Entscheidung zum OLG gem. §§ 35 Abs. 2 S. 2 BtMG i.V.m. 23 ff. EGGVG **angefochten** werden. Dieser Weg ist schwerfällig und wird daher sehr selten genutzt.[40] Allerdings hat die Vollstreckungsbehörde bei der Entscheidung ein nur eingeschränktes Ermessen, wenn die Tatbestandsvoraussetzungen des § 35 Abs. 1 und 3 BtMG erfüllt sind und Zurückstellungshindernisse nicht bestehen.[41] 28

Der häufigste **Zeitpunkt**, zu dem der Antrag gem. § 35 BtMG gestellt werden wird, ist nach durchgeführter Hauptverhandlung, wenn der Mandant noch in Haft ist. Er ist auch möglich, wenn der Mandant im Anschluss an die Hauptverhandlung gem. § 64 StGB in einer Entziehungsanstalt untergebracht ist, § 35 Abs. 1 S. 1 BtMG. Diese Alternative bietet sich dann an, wenn ein gehörter Sachverständiger im Prozess die Voraussetzungen des § 64 StGB wegen der Drogensucht des Man- 29

36 Patzak/Volkmer/*Fabricius* § 35 Rn. 303 ff.

37 *Eberth/Müller/Schütrumpf* Betäubungsmittelsachen Rn. 331; vgl. OLG Zweibrücken StV 2000, 157: § 35 BtMG auch für Risikoprobanden!; ebenso OLG Karlsruhe StV 2000, 631.

38 NStZ-RR 2000, 152.

39 Differenzierend Patzak/Volkmer/*Fabricius* § 35 Rn. 131 m.w.N.; auch OLG Karlsruhe StV 2010, 148 in einer sehr gut begründeten Entscheidung jedenfalls dann, wenn die Abschiebung/Ausweisung noch nicht vorliegt.

40 Vgl. dazu im Einzelnen Patzak/Volkmer/*Fabricius* § 35 Rn. 343 ff.

41 OLG Karlsruhe StraFo 2008, 42; positiv auch OLG München StV 2009, 370: Disziplinarvergehen in der Haft und die bloße Gefahr, ausgewiesen zu werden, sind keine Hindernisse für § 35 BtMG.

danten bejaht hat und eine Strafe zu erwarten ist, die einer baldigen Verwirklichung von Therapie statt Strafe im Wege stehen würde. Dann kommt der Mandant zunächst in eine Entziehungsanstalt, bis die zeitlichen Voraussetzungen für § 35 BtMG vorliegen. In diesem Fall kann es sinnvoll sein, **die Unterbringung gem. § 64 StGB** als Vorbereitung für die anschließende freie Therapie zu begreifen. Der BGH sieht ausdrücklich die Unterbringung nach § 64 StGB als vorrangig gegenüber der Zurückstellung nach § 35 BtMG an. Bei der Planung und Besprechung der Perspektiven für den Mandanten ist weiter zu beachten, dass die Dauer einer Unterbringung nach § 64 StGB zwei Jahre nicht übersteigen soll (§ 67d Abs. 1 StGB), längere Anordnungsdauer im Urteil macht die ganze Maßnahme unzulässig. Nach dieser (vernünftigen) Entscheidung des 3. Senats muss bei einer erforderlichen längeren Therapiedauer daran gedacht werden, die Maßnahme durch andere Therapieformen zu ergänzen. Beachte: Das BVerfG[42] hat § 67 Abs. 4 StGB durch Entscheidung vom 27.03.2012 für verfassungswidrig erklärt, soweit er eine Anrechnung der Maßnahme auf eine verfahrensfremde Strafhaft ausschließt.

Ist eine so lange Strafe zu erwarten, dass deshalb an Therapie statt Strafe vorläufig nicht zu denken ist, so ist noch folgende Möglichkeit zu erwägen: Ist der Mandant drogenabhängig, wird ein gehörter Gutachter oft den § 64 StGB bejahen müssen. Das Gesetz sieht an sich die Reihenfolge zuerst Maßnahme, dann Strafhaft vor, § 67 Abs. 1 StGB. Diese Reihenfolge ist wenig sinnvoll, wenn der Mandant nach der Zeit in der Entziehungsanstalt noch Strafhaft vor sich hat. In diesen Fällen, d.h. bei langjährigen Freiheitsstrafen und der angeordneten Maßnahme nach § 64 StGB, wird der gehörte Gutachter oft dafür plädieren, die Reihenfolge umzukehren und die Haft bis zu dem Punkt vor der Maßnahme zu vollziehen, von dem aus an dann an eine kontinuierliche Therapie des Mandanten gedacht werden kann. Ein solcher »**Teilvorwegvollzug**« der Strafe vor der Maßnahme ist oft vernünftig und rechtlich geboten.[43] Durch Gesetz vom 16.07.2007 hat der Gesetzgeber diese Erfahrung der Praxis auch in § 67 Abs. 2 S. 2, 3 StGB geregelt. Danach »soll« das Gericht im Fall einer zeitigen Freiheitsstrafe von über drei Jahren bestimmen, dass ein Teil der Strafe vor der Maßnahme zu vollziehen ist. Dieser (vorweg zu vollziehende) Teil der Strafe ist so zu bemessen, dass nach seiner Vollziehung und anschließenden Unterbringung eine Entscheidung nach § 67 Abs. 5 S. 1 StGB auch zum 2/3-Zeitpunkt möglich ist.[44] Auf die konkrete Wahrscheinlichkeit, dass nach Verbüßung der Teilstrafe und nach erfolgreichem Abschluss der Maßnahme die Strafe bereits zum 2/3-Zeitpunkt ausgesetzt wird, kommt es hierbei nicht an.[45] Wichtig ist für diese Frage: Die Umkehrung der Vollstreckungsreihenfolge soll nach dem Willen des Gesetzgebers nicht zu einer Verlängerung der Gesamtdauer des Freiheitsentzuges führen. Ein Teilvorwegvollzug soll nach ernst zu nehmenden Berechnungen aus der Praxis erst ab einer Freiheitsstrafe ab 7 Jahren sinnvoll sein.[46] In die oft mehrjährige Planung, die Sie dann zusammen mit dem Mandanten vornehmen müssen, sollten Sie auch den § 35 BtMG mit einbeziehen.[47]

▶ **Beispiel**

Der drogenabhängige Mandant wird wegen Handeltreibens mit Heroin im Kilobereich zu 6 Jahren verurteilt, gleichzeitig wird seine Unterbringung gem. § 64 StGB angeordnet, ein Jahr hat er bereits in U-Haft verbracht. Eine Entlassung des Mandanten in die Therapie gem. § 35 BtMG käme frühestens nach drei Jahren in Betracht. So lange Zeit wird ihn keine Entziehungsanstalt aufnehmen (anders aber Treckmann, FN 36, die von 3 Jahren durchschnittlicher

42 BVerfG, Beschl. v. 27.03.2012 – 2 BvR 2258/09, StV 2012, 741 ff.

43 Patzak/Volkmer/*Fabricius* § 35 Rn. 540 ff. m.w.N.

44 Die frühere Regelung, dass bei der Berechnung des Vorwegvollzugs auf den Halbstrafenzeitpunkt abzustellen ist, wurde mit Wirkung ab 1.10.2023 geändert; für Altfälle regelt Art 316o Abs. 2 EGStGB, dass das »alte Recht« auf die Vollstreckung anzuwenden ist.

45 Nachweise bei *Fischer* § 67 Rn 11a; zum Ganzen s. auch LG Kleve StV 2010, 687.

46 So *Trenckmann* in NStZ 2011, 322, 329, die mit Recht beklagt, dass Gerichte den Vorwegvollzug oft zu lang bemessen, weil sie die Dauer der Maßnahme unterschätzen.

47 Dazu auch *Wesemann* StraFo 2009, 59, 60.

Unterbringungsdauer ausgeht, allerdings auch Alkoholiker erfasst. Andere Erfahrungswerte schwanken zwischen 6 Monaten und zwei Jahren,[48] Anscheinend gibt es hier erhebliche regionale Unterschiede, die der Verteidiger kennen muss). So hätte er die Perspektive, nach ca. einem Jahr Entziehungsanstalt (dies wird in der Regel die örtlich zuständige Nervenklinik sein) wieder zurück in Haft zu müssen; seine Motivation, in der Klinik mitzuarbeiten, ist bei dieser Perspektive natürlich nicht groß, zumal die Klinik den üblichen Stufenvollzug nicht oder nicht vollständig anwenden wird, wenn der Mandant noch Haft vor sich hat. Besser ist es dann schon, das Gericht ordnet im Urteil an, dass zunächst weitere zwei Jahre Strafvollzug und dann erst die Maßnahme vollstreckt werden sollen. Dann hat der Mandant die Chance, sich beizeiten um eine geeignete freie Therapie zu bemühen und sie pünktlich zwei Jahre vor Strafende auch anzutreten. Dies kann auch über § 35 BtMG geschehen, der immer dann der sicherere Weg ist, wenn die Möglichkeit des § 57 StGB wegen Rückfällen, mehrfachen Bewährungsfehlschlägen oder Problemen im Vollzug nicht empfohlen werden kann.

Auch hier ist es wichtig, alle Alternativen beizeiten mit dem Mandanten durchzuspielen und schon im Prozess deutlich zu machen, was man will. Hierbei ist mit dem Mandanten auch zu besprechen, was ihn erwartet, wenn er sich auf den Weg von der Strafhaft in die Entziehungsanstalt und dann in die freie Drogentherapieeinrichtung einlässt. Gelangt man in einer ehrlichen Diskussion mit ihm zu dem Ergebnis, dass er sich für diesen Weg nicht eignet, müssen andere Alternativen angestrebt werden. So ist insbesondere die Unterbringung in einer Entziehungsanstalt für manche Mandanten höchst problematisch, oft wäre es für sie besser, direkt aus der Haft in eine freie Therapie zu gelangen. Die damit verbundenen längeren Haftzeiten können für sie das kleinere Übel sein – aber natürlich nur, wenn der Verteidiger sich die Zeit nimmt, die Alternativen gründlich zu besprechen, um eine wirkliche Entscheidung zu ermöglichen.

Ist der Mandant **Ausländer und vollziehbar zur Ausreise verpflichtet**, soll die ganze Strafe vorweg vollzogen werden, wenn zu erwarten ist, dass er tatsächlich nach Verbüßung der Strafe Deutschland verlassen muss, § 67 Abs. 2 S. 4 StGB. Hier hilft nur noch § 456a StPO.

Schon vor Anklageerhebung bzw. noch vor dem Ende der Hauptverhandlung kann der Mandant sich in eine Therapie begeben und damit unter ähnlichen Voraussetzungen wie im Fall des nachträglichen Antrags gem. § 35 BtMG erreichen, dass das Verfahren gegen ihn vorläufig eingestellt wird. Dieser frühzeitige Antrag richtet sich nach § 37 BtMG. Er sollte viel häufiger genutzt werden. 30

Befindet sich der Mandant bei Prozessbeginn länger als drei Monate in einer stationären Therapie, liegt ein Fall der notwendigen Verteidigung analog § 140 Abs. 1 Nr. 5 StPO vor.[49]

Der Mandant muss auch darüber aufgeklärt werden, dass die Therapieeinrichtungen den Abbruch der Therapie sogleich der Vollstreckungsbehörde mitteilen, § 35 Abs. 4 BtMG. Folge ist in aller Regel, dass die Zurückstellung der Strafvollstreckung widerrufen wird, § 35 Abs. 5 BtMG. Der Mandant wird erneut zum Strafantritt geladen. Auch in solchen Fällen sollte er wissen, dass noch nicht alle Chancen verspielt sind: Weist er nach Abbruch der Therapie nach, dass er sich erneut in eine geeignete Behandlung begeben hat, wird die Vollstreckungsbehörde vom Widerruf absehen, § 35 Abs. 5 S. 2 BtMG. Selbst wenn er schon im Strafvollzug ist, kann er jederzeit einen neuen Antrag gem. § 35 BtMG stellen, § 35 Abs. 5 S. 3 BtMG. 31

In der Praxis sollte der Verteidiger dem Mandanten anbieten, auch in solchen Fällen sofort mit ihm Kontakt aufnehmen zu können. Der Verteidiger kann dafür sorgen, dass die Vollstreckungsbehörde erfährt, dass der Mandant auch nach dem Abbruch sich um einen Neuanfang bei einer anderen Einrichtung bemüht. Er kann die Übersendung der erforderlichen Bestätigungen vermitteln und

48 S. dazu *Fischer* § 67 Rn 11b.
49 LG München StV 1999, 421; LG Traunstein StV 1995, 126; LG Münster StraFo 2000, 195.

versuchen, dem meist verunsicherten und niedergeschlagenen Mandanten klarzumachen, dass es an ihm liegt, wie es weitergeht.

32 Die **Anrechnung** der Zeit, die der Mandant in der Therapieeinrichtung verbracht hat, regelt § 36 BtMG. Die Anrechnungsfähigkeit wird vom Gericht zugleich mit der Zustimmung gem. § 35 BtMG entschieden, § 36 Abs. 1 S. 2, dabei sind die Beteiligten anzuhören, § 36 Abs. 5 S. 2 BtMG.

33 **Obligatorisch** ist die Anrechnung auf die Strafe, wenn der Mandant die Therapie in einer staatlich anerkannten Einrichtung absolviert hat, § 36 Abs. 1 BtMG. Wie schon oben ausgeführt, sollte die Auswahl der Einrichtung rechtzeitig mit dem Mandanten und dem zuständigen Drogenberater geklärt werden, bevor ein Antrag nach § 35 BtMG gestellt wird, um böse Überraschungen zu vermeiden. Nicht nur stationäre, sondern auch ambulante Therapieformen können staatlich anerkannt im Sinne der Vorschrift sein.[50] Im Einzelfall kann die ambulante Therapie höhere Anforderungen an den Mandanten stellen, was seine Fähigkeit betrifft, für sich selbst zu sorgen oder abstinent zu leben.[51] *Körner*[52] nennt als Beispiele ambulanter staatlich anerkannter Therapieformen Übergangseinrichtungen, die eine Langzeittherapie vorbereiten sollen, gruppentherapeutische Einrichtungen, therapeutische Wohngemeinschaften für Frauen und spezielle Einrichtungen für Drogenabhängige z.B. aus der Türkei, die in deutschen Einrichtungen nicht zurechtkämen. In Oberbayern gibt es z.B. die »Therapie auf dem Bauernhof«, in der die Abhängigen auf meist einsam gelegenen Höfen arbeiten und in den Bauernfamilien leben – betreut werden sie durch Therapeuten der Einrichtung, die regelmäßig die Höfe besuchen. Auch ein Methadon-Substitutions-Programm mit psychosozialer Begleitung kann in Betracht kommen.[53] Welche Einrichtung staatlich anerkannt ist, weiß der Drogenberater; im Zweifel ist es sinnvoll, bei der Einrichtung selbst nachzufragen. Das Merkmal der staatlichen Anerkennung ist für die Anrechnung unverzichtbar.

In Bayern wird allerdings insofern nach wie vor eine Unterscheidung zwischen ambulanter und stationärer Therapie auch bei der Anrechnung gem. § 36 Abs. 1 BtMG getroffen, als es hier üblich ist, die Zeit in ambulanten Einrichtungen nicht 1:1, sondern z.B. 1:7 auf die Haftzeit anzurechnen. Dies steht nicht in direktem Gegensatz zum Gesetz, da über das Anrechnungsverhältnis in § 36 BtMG nichts gesagt ist. Die Begründung dieser Praxis ist, dass die Beschränkung in der freien Gestaltung der Lebensführung bei ambulanten Therapieformen geringer ist als in stationären Einrichtungen.[54] Dabei wird allerdings übersehen, dass der Gesetzgeber dieses Merkmal durch die Änderung des BtMG vom 09.09.1992 gerade gestrichen hat, also wohl der (zutreffenden) Meinung war, dass es darauf im Zusammenhang mit der Anrechenbarkeit nicht ankommen soll.

Nicht entscheidend für die Anrechnung ist, ob die Therapie Erfolg hatte. Auch die Zeit einer abgebrochenen Therapie ist anzurechnen.[55]

Die Anrechnung erfolgt nur bis zum 2/3-Zeitpunkt, § 36 Abs. 1 S. 1 BtMG. Bei mehreren zurückstellungsfähigen Strafen wird der überschießende Zeitraum auf die zweite Strafe angerechnet, bis 2/3 erledigt wird usw.

---

50 Patzak/Volkmer/*Fabricius* § 36 Rn. 14 mit Beispielen.

51 Patzak/Volkmer/*Fabricius* § 36 Rn. 22.

52 Patzak/Volkmer/*Fabricius* § 36 Rn 21.

53 Patzak/Volkmer/*Fabricius* § 36 Rn. 21.

54 Dazu instruktiv LG Berlin StV 2009, 371: auch die ambulante Therapie kann zur Gänze angerechnet werden, wenn eine intensive Betreuung und ev. Substitution erfolgt. Einschränkend dazu wieder KG StV 2010, 150; differenzierend KG StV 2010, 699.

55 Patzak/Volkmer/*Fabricius* § 36 Rn. 37 m.w.N.; zum Zeitpunkt der Entscheidung s. OLG Köln StV 2010, 701: der zu vollstreckende Strafrest soll 2 Jahre nicht überschreiten. LG Kassel bejaht auch eine Anrechnungsfähigkeit einer Therapie, die zu einem Zeitpunkt angetreten wurde, als noch keine Zurückstellung möglich war, StV 2010, 702.

Die **fakultative** Anrechnung wird in § 36 Abs. 3 BtMG geregelt, der als Auffangvorschrift für »Ausnahme- und Härtefälle«[56] gedacht ist. Er ist vor allem für Mandanten interessant, die nach einer abhängigkeitsbedingten Tat während des laufenden Verfahrens eine Drogenentwöhnungstherapie antreten, also entweder zwischen Tat und Hauptverhandlung, während der Hauptverhandlung oder zwischen Verurteilung und Rechtskraft. Da hier noch kein Antrag gem. § 35 BtMG gestellt werden konnte, soll ein solcher Mandant jedenfalls nicht schlechter gestellt werden als wenn er erst ein rechtskräftiges Urteil abgewartet hätte. Die Vorschrift verlangt an sich weder eine Therapieeinrichtung i.S.d. § 35 BtMG noch eine staatliche Anerkennung gem. § 36 Abs. 1 BtMG.[57] Um spätere endlose Auseinandersetzungen mit ungewissem Ausgang zu vermeiden ist es jedoch unbedingt empfehlenswert, darauf zu achten, dass beide Voraussetzungen vorliegen. Mindestens muss der Mandant darauf hingewiesen werden, dass er sonst ein erhebliches Anrechnungsrisiko eingeht. 34

Die letzte Stufe des Programms Therapie statt Strafe bildet die **Aussetzung des Strafrestes zur Bewährung**. Im Fall der obligatorischen Anrechnung geschieht dies gem. § 36 Abs. 1 BtMG, bei einer Therapie, die nicht staatlich anerkannt ist oder nicht nach § 36 Abs. 3 BtMG für anrechnungsfähig erklärt wurde, gem. § 36 Abs. 2 BtMG. Strafaussetzung zur Bewährung ist also auch in Fällen möglich, wo keine Anrechnung der Therapie auf die Strafe erfolgt. Voraussetzung ist eine günstige Sozialprognose.[58] 35

Rechtsmittel: Sowohl gegen die Anrechnungsfähigkeitsentscheidung als auch die Entscheidung über die Anrechnung ist die sofortige Beschwerde möglich, § 36 Abs. 5 BtMG, § 311 StPO. Die Entscheidungen werden jeweils vom Gericht des ersten Rechtszuges getroffen. Wichtig ist, dass in jedem Fall zuvor auch der behandelnde Arzt o.ä. gehört werden muss, selbst wenn der Proband eigenmächtig die Therapie abgebrochen und eine ambulante Behandlung begonnen hat.[59] Gleiches gilt für die Bewährungsentscheidung. 36

Probleme der **Verteidigungsstrategie in Drogensachen:** Bestreitet der Mandant die Tat, ist es oft nicht sinnvoll, die Beweise für eine Drogenabhängigkeit zu sichern; wenn doch, muss darauf geachtet werden, dass damit keine zusätzliche Belastung produziert wird. 37

▶ Beispiel

Der drogenabhängige verhaftete Mandant, der jede Beteiligung an der vorgeworfenen Tat bestreitet, schreibt an die Therapieeinrichtung und legt dafür den vorgeschriebenen Lebenslauf mit Drogenkarriere vor. Der Richter, der den Brief zensiert, lässt eine Kopie als Beweismittel beschlagnahmen. Im Prozess wird dem Angeklagten vorgehalten, wie er denn den von ihm gegenüber der Therapieeinrichtung behaupteten Konsum finanziert haben will, wenn nicht durch den angeklagten Handel.

Andererseits droht in vielen Fällen der Beweisverlust, wenn sich der Verteidiger nicht frühzeitig um eine Dokumentation der Abhängigkeit bemüht. Blut und Urin halten nur sehr begrenzte Zeit die Drogenrückstände, der Entzug dauert nur wenige Wochen, auch die Haare werden einmal geschnitten und verschwinden damit auf Nimmerwiedersehen. Wird der Angeklagte psychiatrisch untersucht, ist es oft besser, der Gutachter erlebt ihn noch frisch unter dem Eindruck des Entzugs (z.B. mit Untergewicht und frischen Einstichspuren).

Das Dilemma lässt sich nur dadurch ein wenig entschärfen, dass der Verteidiger frühzeitig die einzuschlagende Strategie mit dem Mandanten bespricht und entsprechende Anträge stellt.

---

56 Patzak/Volkmer/*Fabricius* § 36 Rn. 26.
57 Patzak/Volkmer/*Fabricius* § 36 Rn. 32.
58 Patzak/Volkmer/*Fabricius* § 36 Rn. 70 ff.
59 OLG Dresden NStZ 2006, 458.

38 Besonderheiten bei Fragen der **Schuldfähigkeit und Drogenabhängigkeit:** Nicht jede Drogenabhängigkeit führt zu einer erheblich geminderten oder gar ausgeschlossenen Schuldfähigkeit im Sinne der §§ 20, 21 StGB. In Betracht kommen sowohl das Merkmal der anderen schweren seelischen Abartigkeit als auch die krankhafte seelische Störung gem. den §§ 20, 21 StGB.[60] Die Tat kann – ausnahmsweise – im Zustand eines akuten Drogenrausches begangen worden sein.[61] In der Regel wird jedoch die Straftat des Drogenabhängigen begangen, um an neue Drogen oder Geld für neue Drogen zu kommen und damit den Drogenentzug mit seinen als negativ erlebten psychischen und physischen Folgen zu vermeiden. Ist aber die Tat wesentlich von der Angst vor Entzugserscheinungen bestimmt, kommt § 21 StGB in Betracht.[62] Entscheidend ist immer die konkrete Erscheinungs- und Verlaufsform der Sucht sowie die suchtbedingte Einengung des Denk- und Vorstellungsvermögens.[63] Die Abgrenzung vom gemeinsamen Erwerb zum Zwecke des Handeltreibens und zum Eigenkonsum, wie er in der Praxis sehr oft vorkommt, ist schwierig und eröffnet dem Verteidiger gewisse Argumentationsspielräume auch im Hinblick auf die Frage der (eingeschränkten) Schuldfähigkeit. Die Versuche der Rspr., hier eine »geteilte Schuldfähigkeit« anzunehmen – unbeschränkt für den Handelsteil, beschränkt für den Erwerb zum Eigenkonsum – ist nicht überzeugend und auch beim BGH ablehnend aufgenommen worden.

Die Folge der Anwendung des § 21 StGB ist außer der üblichen fakultativen Verschiebung des Strafrahmens bei Drogendelikten noch zusätzlich die Möglichkeit, den minder schweren Fall z.B. der §§ 29a Abs. 2, 30 Abs. 2 und 30a Abs. 3 BtMG in Betracht zu ziehen – mit erheblichen Reduzierungen für das Strafmaß.

Auf Antrag der Verteidigung wird bei tatsächlichen Anhaltspunkten für das Vorliegen einer Drogenabhängigkeit im Ausmaß einer erheblich eingeschränkten Schuldfähigkeit regelmäßig ein psychiatrischer Sachverständiger zu hören sein, in Zweifelsfällen sollte der Verteidiger darauf bestehen.

III. Die Kronzeugenregelung des § 31 BtMG

39 Am Anfang fast jeden Mandats steht die Frage: Soll man dem Mandanten raten, zu reden oder ist es besser, er schweigt? Wenn er aber redet, soll er nur über seine eigene Rolle oder auch über Mittäter und Hinterleute bzw. Abnehmer reden? Falls die Beweislage unklar oder jedenfalls nicht sicher überschaubar ist, läuft der Mandant ein hohes Risiko, sich überschießend zu belasten, wenn er aussagt. Dieser Nachteil wird regelmäßig durch den Vorteil des § 31 BtMG, der in der Praxis im Wesentlichen eine Strafzumessungsregel ist,[64] nicht ausgeglichen. An sich eröffnet der § 31 den Gerichten mehrere Wege, die Aufklärungshilfe im Strafmaß zu berücksichtigen: eine Strafrahmenmilderung gem. § 49 Abs. 1 StGB, die Annahme eines minder schweren Falles (falls vorgesehen) oder eine Heranziehung bei der konkreten Strafzumessung. Nach dem BGH muss das Tatgericht in den Urteilsgründen das Bewusstsein solcher Wahlmöglichkeit erkennen lassen.[65] Es besteht jedoch die akute Gefahr von »Retourkutschen« derjenigen, die durch die Aussage des Mandanten belastet werden. Bedacht muss auch werden, dass oft zwangsläufig mit der Belastung anderer auch eine Selbstbelastung verbunden ist, die über das hinausgeht, was zum Zeitpunkt der Aussage bekannt war.

▶ Beispiel

Der Mandant, der mit 500 g Gras im Auto an der Grenze festgenommen wurde, nennt seinen Hintermann und stellt seine Geschäftsbeziehung zu ihm umfassend dar. Im letzten Jahr hat er von ihm drei Kilo bezogen. Im Verfahren kommt ihm nun zwar der erhebliche Strafmilderungsgrund des § 31 Nr. 1 BtMG zugute, angeklagt ist er aber nicht wegen der Einfuhr von

60 BGH NStZ 1989, 17; 1989, 436.
61 BGH NJW 1981, 1221.
62 BGH NStZ-RR 2001, 81.
63 BGH NStZ-RR 2006, 88; NStZ 2006, 151.
64 *Patzak*/Volkmer/Fabricius § 31 Rn. 9–12 referieren die Erfahrungen durchaus kritisch.
65 *Schmidt* NJW 2005, 3250 (3255) unter Hinw. auf BGH, Urt. v. 28.07.2005 – 3 StR 368/02.

500 g, sondern von drei Kilo. Im Ergebnis wird er schlechter fahren, als wenn er geschwiegen hätte.

Im Einzelfall können solche negativen »Beratungserfolge« vermieden und das Risiko für den Mandanten vermindert werden, indem der Verteidiger Absprachen mit dem zuständigen Staatsanwalt/Richter trifft und die Regeln beachtet, die BGHSt 43, 195 aufgestellt hat. Zum Beispiel kann vereinbart werden, den überschießenden Teil des Geständnisses gem. § 154 StPO auszuscheiden. Es kann auch eine feste Vereinbarung hinsichtlich der Strafhöhe angestrebt werden für den Fall, dass der Mandant Ross und Reiter nennt und sich dabei selbst mitbelastet. Aber welcher Strafverfolger wird eine solche Vereinbarung schließen, ohne zu wissen, was auf ihn zukommt?

▶ Beachte

Die Erfahrungen mit der Handhabung des § 31 BtMG durch StA und Gerichte lassen zu höchster Vorsicht mahnen. Nur in seltenen Fällen bringt eine Aussage i.S.d. § 31 BtMG wirklich etwas. Als Faustregel kann gelten: Je mehr der Mandant selbst verstrickt und diese Verstrickung auch beweisbar ist, desto mehr kann er evtl. mit der Kronzeugenregelung erreichen.

Wenn Absprachen im Rahmen des § 31 BtMG getroffen werden, sind sie durch StA und Gericht 40 abzusichern, eine Zusage der Polizei (»wir werden für ihn ein gutes Wort einlegen«) reicht keinesfalls. Ein regelrechter Kunstfehler ist es, den Mandanten einfach reden zu lassen im Vertrauen auf die segensreiche Wirkung des § 31 BtMG, ohne sich zuvor zu vergewissern, welche Folgen das für ihn hat.

Ein besonderes Problem ist es, wenn der Verteidiger das Mandat aufnimmt zu einem Zeitpunkt, 41 in dem der Mandant bereits Angaben i.S.d. § 31 BtMG gemacht hat, jedenfalls bei der Polizei. Hier kann es sinnvoll sein, zunächst die »Notbremse« zu ziehen und mit dem Mandanten zu vereinbaren, dass er schweigt und sich etwa bei richterlichen Zeugenvernehmungen auf § 55 StPO beruft, bis sich der Verteidiger Klarheit verschafft hat, was die StA zu tun beabsichtigt und welche Strafvorstellungen sie hat. Dies gilt umso mehr, als die Vorteile des § 31 BtMG nach der Rspr. des BGH nicht verwirkt sind, wenn der Aufklärungsgehilfe im Prozess gegen andere und in seinem eigenen schweigt oder gar widerruft, wenn er nur zuvor bei der Polizei Aufklärungshilfe geleistet hat.[66] Angesichts oft vorwurfsvoller Mienen von Vernehmungsbeamten und gut gemeinten Ratschlägen (»wenn er jetzt nicht redet, kommt ihm ein anderer zuvor«) sind hier Standvermögen und eine klare Abgrenzungsfähigkeit gefragt. Aufgabe der Polizei ist es, Informationen zu sammeln und Taten aufzuklären sowie Täter zu ermitteln; es ist Aufgabe des Verteidigers, bei gegebener Sachlage das Beste für den Mandanten herauszuholen.

Einzelfragen bei der Anwendung des § 31 BtMG:

Die Aussage des sog. Aufklärungsgehilfen muss **glaubwürdig** sein. Vertritt der Verteidiger den- 42 jenigen, der durch die Aussage belastet wird, wird er dies besonders sorgfältig zu prüfen haben, denn der Aussagende erwartet sich durch seine Belastung die Wohltat des § 31 BtMG, d.h. meist handfeste Vorteile. Die Rechtsprechung hat zwar diese Problematik gesehen und immer wieder das Postulat aufgestellt, dass wegen der Gefahr unrichtiger Belastungen die Aussage des Aufklärungsgehilfen besonders dann kritisch hinterfragt werden muss, wenn er das einzige Überführungsmittel darstellt;[67] in der Praxis neigen Gerichte jedoch dazu, dem Kronzeugen allzu unbesehen zu glau-

---

66 *Patzak*/Volkmer/Fabricius § 31 Rn. 26, ebenso BGH StV 2004, 605; selbst der in seiner eigenen HV bestreitende Angeklagte kommt in den Genuss des § 31, wenn er nur im Vorverfahren geeignete Angaben gemacht hat, BGH StraFo 2009, 394.

67 *Patzak*/Volkmer/Fabricius § 31 Rn. 115, neuerdings dazu BGH NStZ-RR 2005, 88; BGH StV 2009, 347: Aussage gegen Aussage; BGH StV 2009, 346: besonders kritische Würdigung, wenn einziger Belastungszeuge selbst in Straftat verwickelt ist und als Zeuge gem. § 55 StPO Aussage verweigert und so dem Angeklagten das Recht abschneidet, selbst Fragen zu stellen.

ben.[68] Da er meist nicht nur einen anderen belastet hat, empfiehlt es sich daher, nachzuforschen, wie der Wahrheitsgehalt seiner anderen Mitteilungen einzuschätzen ist. Mittel dazu ist der Antrag, die Akten der anderen Belasteten beizuziehen. Haben diese allesamt gestanden und damit die Aussage des Kronzeugen bestätigt, ist er glaubwürdiger als wenn sie sich empört zur Wehr setzen. Die anderen Akten können auch Aufschluss darüber geben, wie sich der Kronzeuge später verhält, ob er frühere Aussagen wiederholt oder sie abschwächt oder sonst verändert. Stellt sich dabei heraus, dass der Belastungszeuge in seinem eigenen Verfahren einen Deal gem. § 257c StPO abgeschlossen hatte, ist besondere Vorsicht geboten, wenn er irrig glauben konnte, eine Falschaussage zulasten anderer wäre für ihn besser als eine wahre Aussage zu ihren Gunsten.

▶ **Beachte**

Das besondere Problem bei Kronzeugen ist auch, dass sie selten völlig Fremde belasten. Meist gehören die Belasteten irgendwie zum Milieu, die behauptete Tat ist ihnen »zuzutrauen«. Haben die Kronzeugen ihre Geschichten nur auswendig gelernt, gelingt es manchmal, sie durch geduldige und hartnäckige Befragung über scheinbare Nebensächlichkeiten aus dem vorher gelernten Konzept zu bringen und damit zu entlarven.

Vertritt der Verteidiger den Kronzeugen selbst, muss er beachten, dass das Gericht nur dann von der Strafmilderung des § 31 BtMG Gebrauch machen wird, wenn es ihm auch glaubt.[69] Vertritt der Verteidiger denjenigen, der durch die Aussage des Kronzeugen belastet wird und beruht das Urteil dann wesentlich auf diesen Angaben, so muss im Urteil die Gefahr einer falschen oder übertriebenen Belastung diskutiert werden.[70]

43 Durch die Aussage des Aufklärungsgehilfen muss die Tat **über seinen eigenen Tatbeitrag hinaus aufgedeckt** worden sein. Das bedeutet zunächst, dass nicht lediglich bestätigt werden darf, was die Polizei schon wusste, es sei denn, die Aussage ist das »missing link«, ohne die eine Überführung nicht möglich wäre.[71] Die vom Aufklärungsgehilfen Belasteten brauchen jedoch noch nicht durch ihn gerichtlich überführt zu sein, weder Haftbefehl noch gerichtliche Verurteilung sind erforderlich. Die Angaben müssen aber geeignet sein, den Belasteten zu überführen.[72] Ob sie dies sind, kann zweifelhaft sein.

▶ **Beachte**

In diesen Fällen trägt der Aufklärungsgehilfe die Beweislast, der Verteidiger sollte also durch Beweisanträge sicherstellen, dass das Gericht den Angaben seines Mandanten nachgeht und sie nicht als zu vage oder zu spät abtun kann.

Derjenige, der die Vorteile des § 31 BtMG erlangen will, muss mehr tun, als ein Geständnis seiner eigenen Tat abzugeben, er muss über die Beteiligung anderer berichten. Andererseits muss er aber auch nicht alles sagen, was er weiß, weder über seine Beteiligung noch über die anderer. Nach der Rspr. des BGH kann er ohne Schaden für die Anwendung des § 31 BtMG seine eigene Rolle herunterspielen oder sogar verschweigen, wenn er nur einen Beitrag zur Aufdeckung des gesamten Tatgeschehens über seine Beteiligung hinaus leistet.[73] Dem Verteidiger des durch solche Aussagen

68 Vgl. aber OLG Karlsruhe StraFo 2000, 232 für den Fall der Abweichung der gerichtlichen von der polizeilichen Aussage.

69 So BayObLG v. 21.07.1998 – St RR 108/98 unter Bezug auf BGH StV 1997, 639; erhellend dazu BGH StraFo 2009, 167: der Tatrichter selber muss die Glaubhaftigkeit prüfen, auf den Überführungserfolg kommt es nicht entscheidend an.

70 BGH NStZ-RR 2005, 88.

71 St. Rspr. des BGH; Nachweise bei *Patzak*/Volkmer/Fabricius § 31 Rn. 57.

72 BGH in st. Rspr.; Nachweise bei *Patzak*/Volkmer/Fabricius § 31 Rn. 55.

73 Nachweise und Kritik dieser Rspr. bei *Patzak*/Volkmer/Fabricius § 31 Rn. 25.

Belasteten ist es natürlich unbenommen, aus derartigen lückenhaften und absichtsvoll zurechtgestutzten Aussagen Schlussfolgerungen auf deren Glaubwürdigkeit insgesamt zu ziehen.[74]

Entgegen dem Wortlaut der Vorschrift kann sich auch derjenige auf § 31 BtMG stützen, der über Taten aussagt, an denen er selbst nicht beteiligt war.[75]

Durch das 43. StrÄndG vom 29.07.2009 ist eine allgemeine Kronzeugenregelung in § 46b StGB eingeführt worden, der § 31 BtMG nicht ersetzt, sondern nur ergänzt.[76] Gleichzeitig wurde aber auch § 31 BtMG geändert: Die Strafrahmenmilderung erfolgt nunmehr wie bei § 46b StGB nach § 49 Abs. 1 StGB und nicht mehr nach dessen Abs. 2. Dies bedeutet konkret, dass der gesamte Strafrahmen abgesenkt wird und nicht nur die Mindeststrafe. Außerdem gilt nach § 31 Abs. 2 BtMG nun § 46b Abs. 2 und 3 StGB entsprechend. Hier ist besonders die Präklusionsvorschrift des § 46 Abs. 3 StGB zu beachten: Um eine Milderung zu erreichen, muss die Aussage des Kronzeugen vor Eröffnung seines eigenen Hauptverfahrens erfolgt sein, also nicht erst in seiner Hauptverhandlung. Allerdings kommt eine präkludierte Aussage im Rahmen des § 46 StGB als allgemeiner Strafzumessungsgrund in Betracht.

Altfälle sind nach dem Günstigkeitsprinzip des § 2 Abs. 3 StGB zu behandeln.[77]

44 Die Folgen der Anwendung des § 31 BtMG für den Aufklärungsgehilfen sind entweder eine **Verschiebung der Strafrahmengrenze** gem. § 49 Abs. 1 StGB oder nur eine Berücksichtigung bei der **Strafzumessung** im engeren Sinn. Dies kann im Einzelfall erheblich sein, so etwa, wenn deshalb von der Annahme eines besonders schweren Falles i.S.v. § 29 Abs. 3 BtMG abgesehen wird, obwohl ein Regelfall vorliegt oder ein minder schwerer Fall gem. § 30 Abs. 2 BtMG angenommen wird.

IV. Der Einsatz von V-Leuten und Verdeckten Ermittlern (VE), weitere verdeckte Ermittlungsmethoden

45 Im Betäubungsmittelrecht spielen V-Leute und Verdeckte Ermittler bzw. noePs (nicht offen ermittelnde Polizeibeamte) eine nicht zu unterschätzende Rolle. V-Leute als Privatpersonen sind oft Teil der Szene. Sie stellen den Kontakt zu den verdeckt arbeitenden Beamten der Polizei her, die regelmäßig als Kaufinteressent auftreten und mit günstigen Konditionen locken. Ein Großteil der Straftaten auf diesem Gebiet wird nur aufgedeckt, weil diese verdeckten Personen eingesetzt waren. Nur Schätzungen und Vermutungen gibt es darüber, wie groß der Anteil der Betäubungsmittelstraftaten ist, der sonst gar nicht begangen worden wäre, der also erst durch sie »angeschoben« wurde. Diese agents provocateurs sind das eigentliche Problem. Häufig wird die Verteidigung ein Interesse daran haben, den V-Mann in der Verhandlung zu vernehmen. Polizei und StA berufen sich dann oft auf eine dem V-Mann gegebene Vertraulichkeitszusage. Diese bindet jedoch nicht das Gericht, das sich bemühen muss, den V-Mann als Zeugen zu laden. Meist kommt es dann zu einer Sperrerklärung nach § 96 StPO analog und der V-Mann bleibt verborgen.[78]

▶ **Beachte**

Regelmäßig haben V-Leute ein eigenes finanzielles oder sonstiges Interesse daran, dass die Straftat zunächst geschieht und dann aufgedeckt wird. Bezahlung nach sichergestellter Menge an Stoff ist üblich, auch wenn die Polizei darüber ungern spricht. Das führt dazu, dass

74 Dazu eine interessante Entscheidung des OLG Braunschweig in StV 2009, 120: wechselnde Aussagen des Belastungszeugen zwingen das Gericht zu ausführlichen Ausführungen im Urteil, warum es ihm trotzdem glaubt.

75 So zutr. *Patzak*/Volkmer/Fabricius § 31 Rn. 38 m.w.N.

76 Kritisch *Malek* in StV 2010, 200, der die Problematiken sowohl aus der Sicht des Verteidigers gegen den Kronzeugen als auch aus Sicht des Verteidigers des Kronzeugen plastisch darstellt.

77 BGH 19.05.2010 – 5 StR 182/10, zit. bei *Winkler* NStZ 2010, 688; ebenso BGH StV 2010, 481 (3. Senat).

78 S. dazu auch *Bockemühl* Kap. 5 Rdn. 111 ff.

Mandanten, die vor dem Einsatz der V-Person nur im Grammbereich mit Drogen umgingen, plötzlich mit Pfunden und Kilogramm zu dealen anfangen, gelockt von sagenhaften Gewinnmöglichkeiten.

Die Rechtsprechung hat dies wenigstens bei der Strafzumessung berücksichtigt. Haben V-Leute der Polizei darauf hingewirkt, dass der Täter mit einer möglichst großen Menge Handel treibt, muss dies zwingend zu seinen Gunsten bewertet werden, sonst ist das Urteil rechtsfehlerhaft. Ist eine unverdächtige und zunächst nicht tatgeneigte Person durch die von einem Amtsträger geführte V-Person in einer dem Staat zuzurechnenden Weise zu einer Straftat verleitet worden und führt dies zu einem Strafverfahren, liegt darin ein Verstoß gegen den Grundsatz des fairen Verfahrens gem. Art 6 Abs. 1 EMRK. Dies soll zu einer Kompensation im Strafmaß führen.[79] Der Rspr. des BGH ist es bis jetzt nicht gelungen, klare Regeln zu entwickeln.[80]

Anerkannt ist auch, dass es zugunsten des Mandanten bei der Strafzumessung zu Buche schlägt und im Urteil erörtert werden muss, wenn ein sog. kontrolliertes Geschäft stattgefunden hat, d.h. das Rauschgift auf Veranlassung und unter den Augen der Polizei geliefert wurde. Grund für die Strafmilderung ist hier, dass keine Gefahr bestand, dass das Rauschgift je auf den Markt kam.[81]

Das Bundesjustizministerium hat einen Referenten-Entwurf für ein *Gesetz zur Regelung des Einsatzes von Verdeckten Ermittlern und Vertrauenspersonen sowie zur Tatprovokation* vorgelegt. Im Wesentlichen soll der VE-Einsatz grundsätzlich unter Richtervorbehalt gestellt werden und der Einsatz von V-Personen grundsätzlich an dieselben Voraussetzungen wie der VE-Einsatz geknüpft werden.[82]

▶ **Beachte**

Der Verteidiger sollte immer dann darauf dringen, dass die V-Person persönlich als Zeuge auftritt, wenn die Einlassung des Mandanten wesentlich von der Version der V-Person abweicht, wie sie sich aus den Akten darstellt. Auch hat die Erfahrung gezeigt, dass in einer relativ großen Zahl von Fällen die formalen Regeln für den Einsatz von VEs und noePs nicht eingehalten werden. Der Verteidiger sollte nicht zögern, dem nachzugehen.

46 Die **Telefonüberwachung** (TÜ) gem. § 100a StPO und der clandestine Einsatz anderer technischer Überwachungsmittel (Lauschangriff, verdecktes Filmen etc.) gem. § 100c StPO werden im Bereich der BtM-Kriminalität häufig eingesetzt. Besonders oft finden sich viele Seiten TÜ-Protokolle. Soweit hier sinngemäße Zusammenfassungen durch die Polizei vorgenommen worden sind, ist höchste Vorsicht geboten, ebenso bei Übersetzungen. Nach Rücksprache mit dem Mandanten ist es oft sinnvoll, das Vorspielen der Originalbänder zu verlangen. Zu prüfen vor einer Verwertung der Produkte der Überwachungsmaßnahmen ist immer, ob eine Katalogstraftat i.S.v. § 100a StPO vorliegt, vgl. § 100a i.V.m. § 100c Abs. 1 Nr. 2 StPO. Falls nicht, muss die Verwertung ausdrücklich gerügt werden. Ein weiteres Problem für die Verteidigung ist die häufig auftretende Konstellation, dass aufgrund eines beim Dealer regelrecht abgehörten Telefonats einfache Konsumenten ins Visier der Ermittler geraten. Gegen diese wird dann ein gerichtlicher Hausdurchsuchungsbeschluss erwirkt, weil sich aus dem abgehörten Telefonat ergibt, dass sie Abnehmer von RG sein können. Findet sich dann bei der Hausdurchsuchung beim Konsumenten/Abnehmer illegaler Stoff, hat die

---

79 BGH StV 1998, 600; grundlegend BGH StV 2000, 57, der ein Verfahrenshindernis in diesen Fällen allerdings ablehnt.

80 Dies zeigt der Fall BGH NStZ 2008, 39: Tatprovokation durch einen Lockspitzel in der JVA während der Strafhaft.

81 *Patzak*/Volkmer/Fabricius § 29 Teil 4 Rn. 284 m.w.N., insb. BGH NStZ-RR 2006, 220.

82 Vgl. hierzu die Stellungnahmen des Strafrechtsausschusses der BRAK Nr. 6/2024 und der *Strafverteidigerorganisationen*: https://strafverteidigertag.de/wp-content/uploads/2024/01/StN-StVV-VP-1_2024-ODb.pdf.

Verteidigung die Verwertbarkeit dieses Fundes zu prüfen. Diese Frage ist höchst umstritten.[83] Nach hier vertretener Auffassung liegt ein Verwertungsverbot vor, wenn der Konsument ausschließlich aufgrund des wg. einer Katalogtat beim Dealer abgehörten Telefonats in Verdacht gerät und bei ihm selbst die Abhörvoraussetzungen nicht vorliegen. Denn man hätte ihn nicht direkt abhören dürfen, und es ist nicht einzusehen, weshalb etwas anderes gelten soll, wenn seine Entdeckung nur Abfallprodukt einer nur beim Dritten legalen Abhörung ist.[84] Hier gilt natürlich erst recht der Rat an den Mandanten, zur Sache zu schweigen. Hat er schon geredet, etwa, weil er bei der Durchsuchung mit dem gefundenen Stoff konfrontiert wurde, stellt sich die Frage der »qualifizierten Belehrung«.[85] Eine unmittelbare Verwertung der gewonnenen Erkenntnisse gegen den Dritten, gegen den kein Verdacht einer Katalogtat besteht, ist jedenfalls nicht zulässig – auch nicht im Wege des Vorhalts.

Im Übrigen wird der Einsatz von V-Leuten, verdeckten Ermittlern, noePs und weiteren konspirativen Ermittlungsmethoden in diesem Buch ausführlich von *Bockemühl* in Kap. 5 Rdn. 103 ff. behandelt (Einzelheiten s. dort).

V. Der Begriff der nicht geringen Menge

Dieser Begriff ist für das gesamte materielle BtM-Recht von zentraler Bedeutung. Der Verbrechenstatbestand des § 29a Abs. 1 Nr. 2 BtMG hat den Umgang mit der nicht geringen Menge zur Voraussetzung. Die Einfuhr einer nicht geringen Menge führt nach § 30 Abs. 1 Nr. 4 BtMG zu der drakonischen Mindeststrafe von 2 Jahren und zwar unabhängig von der Art des Stoffes, also auch bei weichen Drogen. Schließlich gehört der bandenmäßige Umgang mit einer nicht geringen Menge zu den Voraussetzungen der Mindeststrafe von fünf Jahren in § 30a Abs. 1 BtMG. 47

Was eine nicht geringe Menge darstellt, hat die Rechtsprechung entwickelt, da das Gesetz darüber nichts aussagt. Im Einzelnen gilt Folgendes:

BtM	Nicht geringe Menge	Rechtsprechungsnachweise
Cannabis/Marihuana	7,5 g THC für synthetisches Cannabinoid: 1,75 g bzw. 0,75 g	BGHSt 42, 1; LG Ulm und LG Kleve für synth.
		Stoff, vgl. Kotz/Rahlf, NStZ-RR 2012, 199
Kokain/Crack	5 g Kokain HCI	BGHSt 33, 133
Heroin	1,5 g Heroinhydrochlorid	BGHSt 32, 162
Morphin	4,5 g Morphin-Hydrochlorid	BGH StV 1988, 107
Amphetamin	10 g Amphetaminbase	BGH StV 1985, 280
Methamphetamin	5 g Methamphetamin-Base, gilt auch für »linksdrehende«	BGH StV 2009, 360, LG Verden StV 2010, 689
LSD	6 mg Lysergsäurediäthylamid	BGH StV 1987, 436
Ecstasy	Wirkstoff MDE/MDMA: 30 g MDE-Base, entspricht 35 g MDE – Hydrochlorid, keine Festlegung des Grenzwerts nach Menge der Tabletten möglich*	BGH StV 1996, 665
		BGH StV 1997, 406; St 42, 255, 267; NStZ 2001, 381
Opium	6 g Morphin-Hydrochlorid**	OLG Köln StV 1995, 306

83 Meyer-Goßner/*Schmitt* § 477 Rn. 7 mit dem Streitstand.
84 Differenzierend LG Landshut NStZ 1999, 635.
85 Meyer-Goßner/*Schmitt* § 136 Rn. 9; dazu BGH StV 2007, 450 (452).

BtM	Nicht geringe Menge	Rechtsprechungsnachweise
Benzodiazepine und Zolpidem	Konsumeinheit/Tagesbedarf x 60	BGH StraFo 2011, 105
(dort finden sich alle einzelnen Stoffe)		
Medikament Subutex, Temgesic, Transtec	Wirkstoff Buprenorphin: 450 mg Buprenorphin-Hydrochlorid	BGH NJW 2007, 2054 = BGH St 51, 318
** BGH StraFo 2011, 472. Für den Sonderfall des Crystal Speed hat der 2. Strafsenat seine Ankündigung vom August 2008 wahrgemacht und nach Anhörung der anderen teilweise abweichenden Senate den Grenzwert der Methamphetamin-Base auf 5 g festgesetzt – StraFo 2009, 121*		
*** Evtl. auch nur 4,5 g, BGH StV 1988, 107; nach Körner/Patzak/Volkmer § 29a Rn. 92 noch nicht endgültig geklärt.*		

Allgemein gilt für die Strafzumessung, dass das Urteil Feststellungen dazu enthalten muss, welche betäubungsmittelrelevanten Wirkstoffmengen sich in den erworbenen und zur Veräußerung vorgesehenen RG-Mengen befunden haben.[86] Schwammige Begriffe wie »übliche Straßenqualität« z.B. bei Heroin reichen dazu nicht aus, da diese erheblich schwanken kann.[87] Auch ist zu beachten, dass sich die Wirkstoffmenge bei einigen Pflanzen je nach deren Zustand erheblich verändert, z.B. bei Khat[88], sodass eine Untersuchung durch Sachverständige geboten sein wird. Greift die Polizei bei einer Marihuanapflanzenplantage ein, bevor die Pflanzen erntereif sind,[89] soll nach der Rspr. des BGH die geplante Ernte-Menge für die Frage herangezogen werden, ob eine nicht geringe Menge nach § 29a Abs. 1 Nr. 2 vorliegt. Die Entscheidungen des 3. und 5. Senats sind nicht recht einleuchtend, da man nach allgemeiner Dogmatik auch an einen Versuch denken könnte. Enthält das Urteil lediglich die pauschale Feststellung »ein Vielfaches der nicht geringen Menge« sei gehandelt worden, wird dies oft zur Aufhebung des Schuldspruchs führen.[90]

VI. Der Begriff des Handeltreibens

48 Hier handelt es sich um einen zentralen Begriff des BtM-Rechts, der in dieser Form nur hier gebräuchlich ist. Unter Handeltreiben werden alle eigennützigen Bemühungen verstanden, die darauf gerichtet sind, den Umsatz von BtM zu ermöglichen oder zu fördern, selbst wenn es sich nur um eine einmalige oder auch nur vermittelnde Tätigkeit handelt.[91] Es handelt sich um ein Unternehmensdelikt mit der Folge, dass die Strafbarkeit weit in den Bereich vorverlagert ist, der sonst noch als Versuch bewertet wird, zumal kein Erfolg erforderlich ist. Lückenlos soll alles bestraft werden, was den Absatz von BtM fördert bzw. ihn fördern könnte, denn nicht einmal das reale Vorhandensein von Ware wird vorausgesetzt.

Als Handel strafbar sind daher nicht nur alle entgeltlichen Verpflichtungsgeschäfte, sondern auch – rein verbale – Bemühungen, wenn sie nur verbindlichen Charakter haben. Lediglich unverbindliche Vorgespräche werden nicht bestraft, wohl aber die Abgabe von verbindlichen Angeboten, zu kaufen oder zu verkaufen. Eine Grenze setzt der 5.Strafsenat des BGH bei einer Förderung, die nur der Vorbereitung des eigentlichen Delikts dient. Konsequent wird auch die Überlassung zum Einkaufspreis vom Handel ausgenommen. Auch der reine Kurier, Bote, Fahrer und Vermittler, im

86 BayObLG StraFo 2000, 230; BGH NStZ 2008, 471; ständige Rspr.
87 OLG Düsseldorf, Beschl. v. 29.05.2000, zitiert bei *Kotz/Rahlf* NStZ-RR 2001, 76.Evtl. auch nur 4,5 g, BGH StV 1988, 107; nach *Patzak*/Volkmer/Fabricius § 29a Rn. 92 noch nicht endgültig geklärt.
88 OLG Frankfurt StraFo 2010, 472.
89 S. dazu die Nw. bei *Winkler* NStZ 2009, 433, 434.
90 Hinweis bei *Winkler* NStZ 2008, 445 unter Verweis auf BGH 2 StR 92/07 vom 23.03.2007.
91 *Patzak*/Volkmer/Fabricius § 29 Teil 4 Rn. 23 ff. mit ausführlichen Nachweisen.

sonstigen Strafrecht regelmäßig Gehilfe, wurde nach der ausufernden Rechtsprechung des BGH regelmäßig zum Händler als Mittäter, ebenso der Geldbeschaffer oder -wechsler.[92] In letzter Zeit hatte der 3. Strafsenat des BGH den Versuch unternommen, die sehr weite Definition des Handeltreibens enger zu fassen. Er hat sich daher in einem Vorlagebeschluss bemüht, die anderen Senate für eine Eingrenzung zu gewinnen (BGH NStZ 2004, 105). Der Versuch ist nach uneinheitlichen Antworten der anderen Senate fehlgeschlagen. Der Große Senat hat in seiner Entscheidung vom 26.10.2005 die alte Definition ausdrücklich bestätigt.[93] Er weist allerdings darauf hin, dass die in der Vergangenheit von Literatur und Rechtsprechung problematisierten Fälle eher an der Grenzlinie zwischen Beihilfe und Mittäterschaft gelöst werden könnten. Diese Bemerkung hat eine Entwicklung beschleunigt, die vor allem den »reinen Kurieren« zu Gute kommt. Hier wird zunehmend nur noch Beihilfe zum Handeltreiben angenommen.[94] Voraussetzung ist, dass der Kurier sich auf die Kuriertätigkeit (von Drogen oder Geld) beschränkt und sonst keine wesentlichen umsatzfördernden Leistungen erbringt. Der konkrete Tatbeitrag des Kuriers ist dabei für das gesamte Tatgeschehen und nicht nur für den Teilakt des Transports zu bewerten.[95] Es kommt nach dieser Rechtsprechung darauf an, ob der Kurier in das Umsatzgeschäft selbst eingebunden ist oder sonst daran Interesse hat oder aber lediglich den Transport übertragen bekommen hat. Die gleichen Grundsätze gelten auch für den Vermittler. Wie bedeutsam die neue Rechtsprechung nicht nur für das Strafmaß sein kann, zeigt die Entscheidung des 5.Senats vom 07.02.2008.[96] Da die vom BGH im Gegensatz zur Vorinstanz angenommene Beihilfe nur versucht war, war sie straflos.[97] Natürlich kann der Kurier andere Delikte verwirklicht haben, z.B. Einfuhr von Drogen oder Geldwäsche.

Die Betätigung des Händlers muss **eigennützig** erfolgen. Dabei kann der angestrebte Vorteil in Geld aber auch in jeder sonstigen Weise gedacht sein, z.B. ein ideeller Vorteil, etwa die Vermeidung eines drohenden Nachteils. Der 1. Strafsenat des BGH will sogar die Stärkung des familiären Zusammenhalts genügen lassen.[98]

Die beschriebene Schwammigkeit des mit Abstand wichtigsten Tatbestandsmerkmals im Drogenrecht macht eine Verteidigung in diesem Punkt extrem schwierig. Selbst wenn nicht nachgewiesen ist, dass die Ware zu einem höheren Preis den Besitzer wechselte als sie vom Mandanten eingekauft wurde, wird ein Gericht in der Regel eine Einlassung, er habe zum Selbstkostenpreis verkauft, mit großer Skepsis aufnehmen. Es besteht die Gefahr, dass aus der allgemeinen Lebenserfahrung gefolgert wird, dass der Mandant sich nicht ohne Vorteilsabsicht auf ein so riskantes Unternehmen einließ. Das OLG München hat sich in vier Entscheidungen aus 2010 bemüht, die Eigennützigkeit an bestimmte Tatsachenfeststellungen zu knüpfen und z.B. nicht aus dem bloßen Auffinden einer über den Eigenbedarf hinaus gehenden Drogenmenge bereits auf ein beabsichtigtes Handeltreiben zu schließen.[99] Hier muss der Verteidiger darauf dringen, dass Handel nur in Betracht kommt, wenn entsprechende Fakten vorliegen, also entweder Verkäufe oder wenigstens ernsthafte Verkaufsbemühungen – jedenfalls dann, wenn nicht die schieren Mengen für sich sprechen. Da auch rein verbale Tätigkeiten sog. Verbalhandel sein können, ist eine Verteidigung gegen eine von einem »Kronzeugen«

92 Zur Kritik *Eberth/Müller* S. 30 ff.; einschränkende BGH-Entscheidungen nennt *Winkler* NStZ 2004, 376.

93 BGHSt – GS – 50, 252, inzwischen auch vom BVerfG akzeptiert, NJW 2007, 1193.

94 Nw. bei *Winkler* NStZ 2006, 328 und *Schmidt*, NJW 2007, 3254 unter Hinw. auf BGH NStZ 2007, 338 (Transport im Körper, der bisher stets als Mittäterschaft bewertet wurde). Die Fortschreibung dieser Rspr. wird von *Winkler* in NStZ 2008, 444, 445 dargestellt.

95 NStZ 2007, 338 mit einer Übersicht über die Rspr.; ebenso der 5. Senat in Entsch. vom 07.02.2008 – 5 StR 242/07 und 30.10.2008 – 5 StR 345/08. Krit. *Krumdiek* StV 2009, 385.

96 In NStZ 2008, 465 (= StV 2008, 420).

97 Diese Rspr. ist allerdings nicht unwidersprochen geblieben, Nachw. bei *Winkler* NStZ 2010, 685; BGH (2. Senat) StV 2010, 683, 684.

98 BGH NStZ 2006, 578; kritisch dazu mit Recht *Winkler* NStZ 2007, 317; einschränkend für ideelle Vorteile BGH 4 StR 33/08 bei *Winkler* NStZ 2008, 444.

99 Nachweise bei *Kotz/Rahlf* NStZ-RR 2011, 129; ebenso OLG Celle StV 2010, 134.

i.S.v. § 31 BtMG erhobene Beschuldigung, wenn sie nur fest und ohne große Widersprüche erfolgt, oft ohne Chancen. Dies gilt jedenfalls dann, wenn das Gericht dem Mandanten die Tat zutraut, d.h. er zum Beispiel aus dem Milieu oder einschlägig vorgeahndet ist. Die Mandanten glauben manchmal, ohne handfeste »Beweise« in Form von nachgewiesenem Stoff oder Spuren davon könnten sie nicht verurteilt werden, besonders dann nicht, wenn »nur Aussagen« gegen sie vorliegen. Es gehört zu den ersten Aufgaben des Verteidigers, sie über die Rechtslage aufzuklären, um so zu einer realistischen Einschätzung ihrer wirklichen Prozesslage zu kommen.

Ist der Stoff teils zum Eigenbedarf, teils zum Handeltreiben bestimmt, müssen die Urteilsfeststellungen ergeben, welche Mindestmengen zum Eigenverbrauch vorgesehen waren, da die Schuld des Angeklagten sich nach dem Maß bestimmt, in dem er andere gefährdet.[100]

VII. Weitere begriffliche Besonderheiten: Bande, unechte Betäubungsmittel, Bewertungseinheit, Einfuhr, Weltrechtsprinzip, Wiederholungsgefahr als Haftgrund

49 § 30a BtMG bestraft die **Bande**, die mit BtM in nicht geringen Mengen Handel treibt, anbaut, sie herstellt oder ein- und ausführt, mit einer Mindeststrafe von 5 Jahren. Eine Bande setzt voraus, dass sich mindestens 3 Personen zur mehrfachen Tatbegehung verbunden haben.[101] Nach der Entscheidung des Großen Senats des BGH vom 22.03.2001[102] sind die Voraussetzungen für eine Bande gelockert worden. Es ist kein gefestigter Bandenwille und kein übergeordnetes Bandeninteresse mehr erforderlich. Dies bedeutet, dass die StA stets als Bande anklagen kann, wenn sich mindestens drei Personen zu einem gemeinsamen Handel verabreden und dies auf eine gewisse zeitliche Dauer angelegt ist.[103] Die Verabredung kann auch durch schlüssiges Handeln geschehen.[104] Keine Bande soll vorliegen, wenn es sich um ein eingespieltes Absatzsystem handelt, bei dem sich lediglich Käufer- und Verkäuferseite gegenüberstehen.[105] Zu beachten ist, dass die Tatbeteiligung als Bandenmitglied persönliches Merkmal i.S.v. § 28 Abs. 2 StGB ist und für jeden Beteiligten gesondert geprüft werden muss. Mitglied einer Bande kann auch ein bloßer Beihelfer sein.[106] Seit der Entscheidung des Großen Senats ist eine Inflation von Banden-Anklagen zu beobachten mit der drakonischen Mindeststrafdrohung als gesetzlicher Folge.

Da häufig Bandenmitglieder in getrennten Verfahren angeklagt und abgeurteilt werden, kommt es zu der Situation, dass die Mandanten die Strafhöhen vergleichen. Oft erscheint es ihnen ungerecht, wenn z.B. der »Boss« relativ wenig Strafe erhält, die einfachen Bandenmitglieder dagegen verhältnismäßig hohe Strafen. In der Revision lehnen es die Gerichte regelmäßig ab, solche Vergleiche anzustellen. Die Berufung darauf verspricht wenig Erfolg.[107]

Zu den Merkwürdigkeiten des BtM-Rechts gehört es, dass selbst der bestraft wird, der mit Stoffen handelt, sie abgibt oder veräußert, die gar keine Betäubungsmittel sind, aber als solche ausgegeben werden, also **unechte Betäubungsmittel** (§ 29 Abs. 6 BtMG). Der 3.Strafsenat hat Bedenken angemeldet, ob die bisherige Rechtsprechung, die hier vollendetes Handeltreiben annahm, in dieser Form bestehen bleiben sollte.[108] Das OLG Hamm hat klargestellt, dass § 29 Abs. 6 BtMG ein eigener Straftatbestand ist, der lediglich bzgl. des Strafrahmens auf § 29 Abs. 1 BtMG verweist. Falls der

100 BayObLG StraFo 2000, 230 und *Kotz/Rahlf* NStZ-RR 2001, 76.
101 BGH StV 2001, 407.
102 BGH NStZ 2002, 375 (376).
103 Etwas einschränkend wieder der 3. und 4. Senat, zit. bei *Winkler* NStZ 2005, 315 (317 Fn. 19/20/21.).
104 BGH NStZ 2006, 176.
105 BGH NStZ-RR 2007, 153; NStZ 2007, 533; StraFo 2007, 387.
106 BGHSt 47, 214, 218; ebenso BGH NStZ 2008, 575.
107 BGH StraFo 2006, 500.
108 BGH NStZ 2007, 102.

Täter weiß, dass es sich um unechte Betäubungsmittel handelt, kann er die Verbrechenstatbestände des BtMG nicht erfüllen.[109]

Im Betäubungsmittelrecht hat sich der Begriff der **Bewertungseinheit** durchgesetzt. Dieser in der Regel für den Mandanten günstige Begriff ermöglicht es, z.B. viele Einzelverkäufe mehreren größeren Erwerbsmengen zuzurechnen. Als Anhaltspunkte gelten mehrere Verkäufe an einem Tag oder sonst in engem zeitlichen Abstand.[110] Sie kann auch vorliegen beim Umtausch mangelhafter in einwandfreie Ware und führt zur Annahme von Tateinheit statt -mehrheit.[111] Allerdings dürfen die Einzeltaten (des Straßenverkaufs) nicht zum Nachteil des Mandanten zu einer nicht geringen Menge addiert werden.[112] 50

Es ist auch strafbar, Betäubungsmittel **einzuführen**, § 29 Abs. 1 Nr. 1 BtMG; besonders wegen der Mindeststrafe von zwei Jahren in § 30 Abs. 1 Nr. 4 BtMG hat diese Vorschrift erhebliche Bedeutung. Eine Besonderheit bei Drogen ist, dass sie oft inkorporiert, also geschluckt werden, z.B. in Därme oder Kondome verpackt. Aus dieser Einfuhr durch »Bodypacking« können sich erhebliche rechtliche Probleme ergeben.[113] Entdeckt der Zoll die Drogen, bevor sie die Grenze überschreiten, werden sie aber aus polizeitaktischen Gründen gleichwohl überwacht über die Grenze gebracht, liegt nur Versuch vor. 51

Zu beachten ist, dass der Handel mit Betäubungsmitteln als Unterfall des Vertriebs gem. § 6 Nr. 5 StGB dem **Weltrechtsprinzip** unterliegt. Er kann auch dann in Deutschland verfolgt werden, wenn er im Ausland begangen wurde.[114] 52

▶ Beachte

Der Vorwurf bestimmter Betäubungsmitteldelikte kann dann einen **besonderen Haftgrund der Wiederholungsgefahr** darstellen, wenn die Gefahr weiterer erheblicher Straftaten angenommen wird, § 112a Abs. 1 Nr. 2 StPO. Diese problematische Vorschrift, auch »Sicherungshaft« genannt, wird zum Glück nur selten angewandt. Sie soll insbesondere für Serien- und Bandendelikte gelten.[115]

VIII. Straflosigkeit des Konsums. Wann liegt Besitz vor?

Nicht strafbar ist der reine Konsum von BtM. Nach der Rspr. ist auch der Moment davor straflos: Lässt sich der Mandant den Stoff lediglich zum sofortigen Konsum aushändigen, z.B. die Heroinspritze zur Injektion, liegt weder Erwerb noch Besitz vor.[116] Zum Besitz gehört, dass über einen nennenswerten Zeitraum die tatsächliche Sachherrschaft ausgeübt wird.[117] Nach hier vertretener Auffassung liegt kein strafbarer Besitz, sondern strafloser Konsum vor, wenn der Mandant z.B. dabei angetroffen wird, wie er einen Joint raucht, aber sich aus den Umständen ergibt, dass er einige Zeit davor allein war also rein theoretisch über den Joint noch verfügen konnte. Diese Meinung wird jedenfalls in Bayern keineswegs geteilt. 53

---

109 OLG Hamm NStZ 2011, 101.
110 BGH NStZ 2007, 102.
111 BGH NStZ 2011, 97.
112 BGHSt 49, 306.
113 *Oğlakcioğlu u.a.* NStZ 2010, 73.
114 Dazu *Patzak*/Volkmer/Fabricius vor § 29 Rn. 278 ff.; nicht aber der Besitz im Ausland, BGH StraFo 2010, 79.
115 OLG Düsseldorf StV 2010, 585.
116 *Eberth/Müller/Schütrumpf* Rn. 113; BGH StV 1993, 132; ebenso BayObLG StV 2002, 263; KG StV 1991, 520; LG München StV 1984, 77.
117 OLG München BeckRS 2010, 30559, zit. bei Kotz/Rahlf NStZ 2011, 131.

Die Änderungen, die durch das Cannabis-Gesetz[118] intendiert sind, standen zum Zeitpunkt der Drucklegung noch nicht abschließend fest. Im Einzelnen sind folgende wesentliche Regelungen – die hier interessieren – vorgesehen: Erwachsenen ist der private Eigenanbau von bis zu drei Cannabis-Pflanzen zum Eigenkonsum sowie der gemeinschaftliche, nicht-gewerbliche Eigenanbau zum Eigenkonsum in Anbauvereinigungen bzw Genossenschaften erlaubt. Ferner soll der Besitz von bis zu 25 Gramm straffrei sein.

In den letzten Jahren hat es zahlreiche Entscheidungen gegeben, ob Besitz oder Mitbesitz bei Mitbewohnern einer WG oder Vermietern angenommen werden kann. In der Regel ist ein bloßer Mitbewohner oder Vermieter kein (strafbarer) Mitbesitzer, da ihn keine Handlungspflicht trifft und er in der Regel auch keinen Besitzerwillen haben wird.[119]

Die Straflosigkeit des Konsums heißt jedoch leider nicht, dass er folgenlos wäre. Festnahme, polizeiliche Registrierung, Hausdurchsuchung[120] und anschließende Meldung an die Führerscheinbehörde können durchaus mögliche Konsequenzen sein, wenn eine Person beim an sich straflosen Konsum angetroffen wird. Wichtigster Rat an den Mandanten wird hier in der Regel sein, nicht durch weitere Aussagen z.B. über Konsumgewohnheiten in der Vergangenheit seine Lage noch zu verschlimmern.

IX. Sonstige spezielle Folgen einer Verurteilung wegen BtM-Umgang

54 Eine privilegierende Regelung gilt für Eintragungen im **Bundeszentralregister:** Gem. § 32 Abs. 2 Nr. 6 BZRG erscheinen Verurteilungen von nicht mehr als zwei Jahren nicht im Führungszeugnis bei Bewährungsstrafen und bei Fällen der §§ 35, 36 BtMG, wenn die Taten aufgrund einer Betäubungsmittelabhängigkeit begangen wurden und wenn keine weitere Straftat eingetragen ist. Ähnliches gilt für Jugendstrafen, § 32 Abs. 2 Nr. 3 und für Fälle, in denen daneben noch eine Unterbringung angeordnet ist, § 32 Abs. 2 Nr. 7 BZRG.

55 Besondere Nachteile hat ein wegen BtMG Verurteilter, falls er **Gastwirt** ist. Er wird hier i.d.R. als unzuverlässig i.S.d. § 4 Abs. 1 Nr. 1 GastG behandelt.

56 Auch als **Ausbilder oder Lehrherr** von Jugendlichen kann der Verurteilte gem. § 25 Abs. 1 Nr. 4 JArbSchG ausscheiden, der Eintrag im BZR enthält hier in vielen Fällen ein Beschäftigungsverbot.

57 Immer häufiger werden von den Strafverfolgungsbehörden bei BtM-Verfahren die Möglichkeiten des **Verfalls, der Einziehung und der Gewinnabschöpfung** genutzt. Zu den gesetzlichen Grundlagen der §§ 73 ff. StGB, die für alle Strafverfahren gelten, s. Kap. 24 »Wirtschaftsstrafverfahren« von *Quedenfeld/Richter* in diesem Buch.

Der BGH hat die Gültigkeit des **Bruttoprinzips** auch im Betäubungsmittelrecht ausdrücklich bestätigt, d.h. der Beschuldigte kann seine eigenen Ausgaben z.B. für den Einkauf der Drogen nicht geltend machen.[121] Allerdings werden Unkosten vom Verfall ausgenommen, wenn sie nicht »für die Tat«, sondern zu deren Durchführung erhalten werden. Ebenso kann es keinen Wertersatzverfall im Gegenwert der Drogen für den Bunkerhalter geben, denn dieser hat die Drogen nicht für oder aus der Tat erlangt, sondern es handelt sich um sog. Beziehungsgegenstände, die eingezogen werden können. Allgemein ist eine Verschärfung der Rechtsprechung auf diesem Gebiet zu beobachten; so kann die Entscheidung über einen Vermögensverfall auch aufgrund einer Schätzung erfolgen, lediglich die Grundlagen müssen dargetan werden.[122] Allerdings muss es überhaupt einen Erlös geben;

118 https://www.bundesgesundheitsministerium.de/fileadmin/Dateien/3_Downloads/C/Cannabis/Gesetzentwurf_Cannabis_Kabinett.pdf.

119 BGH StraFo 2008, 86; BGH NStZ 2010, 221.

120 Diese sollen allerdings unverhältnismäßig sein, wenn lediglich der Vorwurf des Erwerbs und Besitzes von Cannabis zum gelegentlichen Konsum im Raum steht, LG Kaiserslautern NStZ 2007, 424; ebenso LG Freiburg StV 2000, 14.

121 BGHSt 51, 65; die Entscheidung relativiert auch die sog. Härteklausel des § 73c Abs. 1 S. 2 StGB.

122 NStZ 2005, 455.

sind alle Drogen beschlagnahmt und kein (vorheriger) Erlös aus anderen Geschäften ersichtlich, kann es auch keine Abschöpfung geben.[123]

▶ Beachte

Der Verteidiger muss wissen, dass die Drogenabteilungen der Polizei oft mit speziellen Abteilungen des Zollamtes zusammenarbeiten, die sich ausschließlich um die Gewinnabschöpfung kümmern. Bereits kurz nach der Festnahme kann es zur Sicherstellung von Vermögensgegenständen des Mandanten im Wege der Beschlagnahme, § 111c StP0, oder des dinglichen Arrests, § 111e StPO, kommen.[124]

Von besonders gravierender Art können Folgen für **Führerscheinbesitzer** oder -bewerber sein: Es hat sich eingebürgert, dass schon Festnahmen wegen des Verdachts von BtM-Besitz von der Polizei direkt an die Führerscheinstellen weitergereicht werden. Diese Meldungen führen dann je nach Art und Schwere des Verdachts zu Reaktionen. Mir sind Fälle bekannt, dass schon das einmalige Anhalten während einer Bahnfahrt (!) durch die Polizei, wobei ein Joint im Gepäck entdeckt wurde, zur Aufforderung durch die Führerscheinstelle führte, der Betreffende solle sich einer nervenärztlichen Begutachtung auf seine Fahrtauglichkeit unterziehen. Für den Fall der Nichtbefolgung wurde der Entzug der Fahrerlaubnis angedroht gem. § 14 Abs. 2 FeV. In anderen Fällen kamen Aufforderungen, sich einer medizinisch-psychologischen Untersuchung (MPU) zu stellen oder Drogenscreenings vorzulegen, §§ 11 Abs. 8 i.V.m. 46 Abs. 3 FeV. Da diese Aufforderungen nicht mit Rechtsbehelfen anfechtbar sind, sondern erst die anschließenden Verwaltungsakte, z.B. der Führerscheinentzug, ist hier die Beratung nicht einfach. Oft empfiehlt es sich, unter Verweis auf die neuere obergerichtliche Rechtsprechung[125] allzu unverhältnismäßige Auflagen der Verwaltungsbehörde abzuwehren. Die Durchfallgefahr bei MPUs ist erfahrungsgemäß relativ hoch, auch wenn tatsächlich keinerlei Bezug von Rauschgiftkonsum zum Straßenverkehr bestand. Die Anordnung einer MPU soll jedoch rechtmäßig sein, wenn hinreichende Verdachtsmomente für nahezu täglichen Cannabiskonsum festgestellt sind.[126] Bei den sog. harten Drogen soll einmaliger Konsum zur Fahrungeeignetheit führen, vgl. Nr. 09.01. der Anlage zur FeV. Es liegt zweifellos eine deutliche Benachteiligung der BtM-Konsumenten etwa zu Alkoholtrinkern vor, bei denen bekanntlich nur eingegriffen wird, wenn Alkohol im Straßenverkehr konsumiert wird. Wer substituiert, z.B. mit Methadon, ist nicht von vorneherein zum Führen von Kfz ungeeignet, eine positive Beurteilung im Einzelfall ist möglich, vor allem, wenn Beikonsum fehlt. 58

▶ Beachte

Der Verteidiger muss wissen, dass es keine wissenschaftlich begründbaren absoluten Grenzwerte für eine **rauschbedingte Fahruntüchtigkeit** nach Drogenkonsum gibt. Schweigt der Beschuldigte und gibt es auch sonst keine Zeugen, kann er i.d.R. nicht wegen absoluter Fahruntauglichkeit verurteilt werden.[127] 121 Für eine Verurteilung wegen relativer Fahruntüchtigkeit ist die Feststellung rauschgiftbedingter Fahrfehler bzw. Ausfallerscheinungen erforderlich.

---

123 NStZ-RR 2006, 39.

124 Zum dinglichen Arrest bei Betäubungsmittel-Sachen sehr instruktiv: OLG Hamburg StV 2009, 122.

125 BVerfGE 89, 69; BVerwG NZV 1996, 467; BayVGH v. 12.05.1997 – 11 B 96.2359; vgl. aber neuerdings exzessiv BayVGH NJW 2000, 304; zum Ganzen *Eberth/Müller/Schütrupf* Betäubungsmittelsachen, Rn. 216 ff.

126 VGH Mannheim NJW 2003, 3004; nach einer weiter gehenden Auffassung kann der FS ohne weitere Aufklärung entzogen werden, wenn gewohnheitsmäßig Cannabis konsumiert wird, *Kannheiser* NZV 2000, 57 ff.

127 *Eberth/Müller/Schütrumpf* Betäubungsmittelsachen, Rn. 179; OLG Düsseldorf NStZ 2000, 12; BGH StV 2009, 359.

Als Anwalt sollte man daher allen Mandanten, welche die Thematik ansprechen, den Rat geben, nicht an jenen freiwilligen Tests teilzunehmen, welche im Rahmen von Verkehrskontrollen von den kontrollierenden Polizeibeamten bisweilen verlangt werden: auf einer Linie gehen, Nasen-Finger-Tests, auf einem Bein stehen und Ähnliches. Solche Tests dienen dem Zweck, durch die in Schnellkursen geschulten Beamten Ausfallerscheinungen nachzuweisen. Selbst wenn der später eingeschaltete Arzt nichts mehr feststellt, ist das für den FS eine höchst gefährliche Übung. Sind derartige Ausfallerscheinungen nicht nachgewiesen, steht aber z.B. aufgrund einer Blutuntersuchung fest, dass der Fahrer Drogen konsumiert hatte, greift der § 24a Abs. 2 StVG als Bußgeldtatbestand. Danach kann mit Geldbuße bis 3000,- Euro und Fahrverbot gem. § 25 StVG geahndet werden, wer unter der Wirkung von in der Anlage zu § 24a StVG genannten Drogen im Straßenverkehr ein Fahrzeug führt. Die Anlage nennt alle derzeit gängigen Rauschgifte. Als abstraktes Gefährdungsdelikt setzt § 24a Abs. 2 StVG voraus, dass eine Wirkstoffkonzentration der betreffenden Substanz zumindest in einer Höhe festgestellt ist, die eine Beeinträchtigung der Fahrsicherheit als möglich erscheinen lässt. Dazu muss mindestens der sog. analytische Grenzwert erreicht sein, der bei THC 1 ng/ml beträgt.[128] Bei Morphin/Kokain beträgt dieser Grenzwert 10 ng/ml, bei Amphetamin, Methamphetamin, MDA und MDMA jeweils 25 ng/ml[129] Bei dem Verfallsprodukt des Kokains gilt 75 ng/ml Benzoylecgonin.[130] Bei Werten unter den Grenzwerten erfolgt i.d.R. keine Ahndung mehr. Auch subjektiv ist es erforderlich, dass der Betroffene eine fortdauernde Wirkung der Drogen erkannte oder hätte erkennen müssen, etwa dann, wenn der Konsum schon längere Zeit zurückliegt.[131]

59 Wer als BtM-Konsument polizeilich registriert ist, muss zudem damit rechnen, dass er bei polizeilichen **Kontrollen** etwa an der Grenze oder an sog. Kontrollstellen gem. § 111 StPO besonders genau unter die Lupe genommen wird. Leider sind die Löschungsfristen der polizeilichen Datensammlungen zum Teil erheblich länger als die des BZR und jedenfalls völlig unübersichtlich und für den Bürger nicht durchschaubar. Es empfiehlt sich, die Mandanten auf diese mögliche Folge ausdrücklich hinzuweisen, um böse Überraschungen zu vermeiden.

60 **Entziehung der Fahrerlaubnis durch das Strafurteil:** Ist der Mandant, der unter dem Einfluss von Betäubungsmitteln ein Fahrzeug geführt hat, wegen Trunkenheit im Verkehr, § 316 StGB, oder wegen Straßenverkehrsgefährdung gem. § 315c Abs. 1 Nr. 1 StGB verurteilt worden, so gelten die üblichen Folgen: Entziehung der Fahrerlaubnis gem. § 69 Abs. 1 u. 2 StGB.

Hat der Mandant eine BtM-Straftat verwirklicht und dabei ein Kfz Benutzt, ohne unter der Wirkung von Rauschmitteln zu stehen, so war es früher üblich, ihm wegen »charakterlicher Mängel« gem. § 69 Abs. 1 StGB auch die Fahrerlaubnis zu entziehen. Hier hat sich die Rechtsprechung geändert.[132] Der Große Strafsenat des BGH will eine Ungeeignetheit zum Führen von Kfz nur noch dann annehmen, wenn konkrete Anhaltspunkte dafür zu erkennen sind, dass der Täter bereit ist, die Sicherheit des Straßenverkehrs seinen kriminellen Interessen unterzuordnen und zwar noch zum Zeitpunkt des Urteils.[133] Es gibt auch keinen Erfahrungssatz, dass Transporteure von Drogen im Fall von Kontrollen besonders riskant fahren.[134]

128 NJW 2005, 349; weitere Nachweise bei *Hentschel/König/Dauer* § 24a StVG Rn. 21.

129 Vgl. die Nachweise bei *Hentschel/König/Dauer* § 24a StVG Rn 21a.

130 OLG Hamm NVZ 2007, 248; OLG Zweibrücken StraFo 2009, 432.

131 OLG Celle NStZ 2009, 710; OLG Braunschweig StV 2010, 687; kritisch zu dieser »Stundenarithmetik-Rechtsprechung« mit einer ausführlichen Darstellung der Rspr. *König* NStZ 2009, 425.

132 *Eberth/Müller/Schütrumpf* Rn 195.

133 BGH v. 27.04.2005 – StV 2005, 551.

134 BGH v. 27.07.2005 (2 StR 431/04), zit. bei *Winkler* NStZ 2006, 328 (331).

▶ I. Antrag gem. § 35 BtMG[135]

An die Staatsanwaltschaft München I

– Vollstreckungsbehörde –

In der Vollstreckungssache

Hubert Mehr

wegen BtMG

hier: Antrag gem. § 35 BtMG

zeige ich an, dass ich den Verurteilten auch im Vollstreckungsverfahren verteidige.

In seinem Namen und Auftrage stelle ich den Antrag,

die Vollstreckung des Strafrestes aus dem Urteil des SchöffG München vom 01.12.2023 (Az ….) mit Wirkung vom 15.03.2024 mit der Maßgabe zurückzustellen, dass der Verurteilte sich ab diesem Tage in eine Langzeitdrogentherapie in der Einrichtung dropshop, Großmehring, Alte Mühle 7, begibt.

Begründung:

Mit Urteil vom 01.12.2023 hat das SchöffG München Herrn Mehr wegen Verstoß gegen das BtMG zu einer Freiheitsstrafe von 3 Jahren verurteilt. Im Urteil wurde festgestellt, dass Herr Mehr drogenabhängig ist und dringend einer Therapie bedarf. Er befindet sich seit dem 14.03.2023 in dieser Sache in Haft, so dass am 15.03.192024 der Strafrest zwei Jahre nicht mehr übersteigt (§ 35 Abs. 3 Nr. 2 BtMG). Therapieplatzzusage der Einrichtung dropshop zum 15.03.2024 und Kostenzusage der BfA liegen vor und werden in der Anlage beigefügt.

Kurz

(Rechtsanwalt)

▶ II. Antrag auf Entnahme einer Haarprobe sowie psychiatrische Untersuchung

In der Strafsache

gegen Walter Berg

wegen BtMG und Raub

stelle ich namens und im Auftrage des Beschuldigten die folgenden Anträge:

1. ihm eine Haarprobe zu entnehmen und diese durch einen Sachverständigen auf Rückstände von Betäubungsmitteln untersuchen zu lassen.
2. ihn durch einen psychiatrischen Sachverständigen untersuchen zu lassen.

Begründung:

Der Beweisantrag zu 1. wird erbringen, dass der Beschuldigte zur Tatzeit erhebliche Mengen von Drogen konsumierte, insbesondere Kokain.

Der Beweisantrag zu 2. wird erbringen, dass der Beschuldigte zur Tatzeit wegen einer Drogenabhängigkeit mindestens vermindert schuldfähig im Sinn von § 21 StGB war. Er konsumierte Kokain in einer Menge und Intensität, die seine Steuerungsfähigkeit mindestens erheblich einschränkte. Das ihm vorgeworfene Raubdelikt stellt sich als klassische Beschaffungstat dar, da der Beschuldigte sonst keine Möglichkeit sah, seine Gier nach Kokain zu stillen.

Gleichzeitig wird angeregt, die Krankenakte der JVA Neubruch beizuziehen und bei der Begutachtung zu verwerten. Aus ihr ergibt sich z.B., dass der Beschuldigte bei seiner Einlieferung in die U-Haft nur noch 45 kg wog und gesundheitlich wegen seiner Drogensucht völlig am Ende war.

Kurz

(Rechtsanwalt)

---

135 Auch für ein Zurückstellungsverfahren nach §§ 35, 36 kann in analoger Anwendung des § 140 Abs. 2 StPO. Die Bestellung eines Pflichtverteidigers geboten sein, Thüringen OLG StraFo 2009, 83.

Kapitel 23 Verteidigung in Verkehrsstraf- und -ordnungswidrigkeitensachen

Übersicht

A. Verkehrsstrafsachen

1 Das Straßenverkehrsrecht ist Ordnungsrecht, es will den Gefahren, Behinderungen und Belästigungen von Verkehrsteilnehmern und Dritten durch den Verkehr entgegenwirken und einen optimalen Ablauf gewährleisten.[1] Es ist Bundesrecht und besteht aus Verwaltungs-, Zivil-, Polizei-, Ordnungswidrigkeiten-, Straf- und internationalem Recht. Relevante, jedoch durch einen meist reaktiv tätig werdenden Gesetzgeber sich stets wandelnde Regelungen enthalten insbesondere das Strafgesetzbuch, das Straßenverkehrsgesetz (StVG), die Straßenverkehrsordnung (StVO), die Straßenverkehrszulassungsordnung (StVZO) sowie die Fahrerlaubnisverordnung (FeV).[2]

Verkehrsstrafsachen sind nach der Geschäftsverteilung des Bundesgerichtshofs solche Straftaten, durch die verkehrsrechtliche Strafbestimmungen (§§ 142, 315 bis 316 StGB) verletzt worden sind oder die Straftatbestände und Ordnungswidrigkeiten nach dem StVG, der StVO und der StVZO oder sich der strafrechtliche Vorwurf auf eine Verletzung straßenverkehrsrechtlicher Bestimmungen gründet, z.B. §§ 222, 229 StGB wegen nicht angepasster Geschwindigkeit oder Vorfahrtsverletzungen.[3]

2 Verkehrsstrafsachen und Ordnungswidrigkeitenverfahren haben in der täglichen Praxis der Verteidigung große Bedeutung, nach *der Statistik* betreffen fast 24 Prozent aller Verurteilungen in Strafsachen und Ordnungswidrigkeitenverfahren Straßenverkehrsdelikte.[4] Die Kenntnis straßenverkehrsrechtlicher Regelungen wie auch der rechtlichen Probleme in diesem Bereich sollte deshalb zum Rüstzeug eines jeden Strafverteidigers gehören.

3 Dieses Kapitel orientiert sich an diesen Gegebenheiten. Neben der Darstellung der gesetzlichen Grundlagen wird deshalb auch auf prozessuale Probleme im Zusammenhang mit der Verteidigung in Verkehrsstrafsachen eingegangen.

I. Straßenverkehrsrechtliche relevante Straftatbestände

4 Die meisten strafrechtlich relevanten Vorschriften über Delikte im Zusammenhang mit dem Straßenverkehr befinden sich im 28. Abschnitt des StGB.

5 Soweit hier von »*Straßenverkehr*« die Rede ist, entspricht der Begriff – wie der *Bundesgerichtshof*[5] im Zusammenhang mit § 315b StGB festgestellt hat – dem Begriff des Straßenverkehrs im Sinne des StVG, der StVO und der StVZO. Es muss sich danach um Vorgänge im öffentlichen Verkehrsraum handeln. Erfasst werden zum einen alle Verkehrsflächen, die nach dem Wegerecht des Bundes und der Länder oder der Kommunen dem allgemeinen Verkehr gewidmet sind (z.B. Straßen, Plätze,

1 BVerfG, Urt. v. 10.12.1975 – 1 BvR 118/71 = NJW 1976, 559.
2 Zu verkehrsrechtlichen Arbeitshilfen im Internet *Müller* SVR 2017, 203 ff.
3 Vgl. BGH, Beschl. v. 16.09.2014 – 1 StR 382/14 = NStZ-RR 2014, 351.
4 Statistisches Bundesamt, Fachserie 10 Reihe 3, Rechtspflege Strafverfolgung, 2021; die Strafverfolgungsstatistik zählt die folgenden Tatbestände zu den »Straftaten im Straßenverkehr«: §§ 222, 229 und 323a StGB, soweit sie in Verbindung mit einem Verkehrsunfall stehen, und §§ 142, 315b, 315c und 316 StGB sowie §§ 21, 22 und 22a StVG; vgl. dazu *Hatz* SVR 2012, 87 ff.
5 BGHSt 49, 128 (in Abgrenzung zum Werksgelände).

Brücken, Fußwege). Ein Verkehrsraum ist jedenfalls immer dann öffentlich, wenn er entweder ausdrücklich oder mit stillschweigender Duldung des Verfügungsberechtigten für jedermann oder zumindest für eine allgemein bestimmte größere Personengruppe zur Benutzung zugelassen ist und auch so benutzt wird. Umfasst werden demnach nicht nur Verkehrsflächen, die nach dem Wegerecht des Bundes und der Länder dem allgemeinen Straßenverkehr gewidmet sind, sondern auch solche, deren Benutzung durch eine nach allgemeinen Merkmalen bestimmte größere Personengruppe ohne Rücksicht auf die Eigentumsverhältnisse am Straßengrund oder auf eine verwaltungsrechtliche Widmung durch den Berechtigten ausdrücklich oder faktisch zugelassen wird. Dabei nimmt es der Verkehrsfläche nicht den Charakter der Öffentlichkeit, wenn für die Zufahrt mit Fahrzeugen eine Parkerlaubnis oder für die Nutzung ein Entgelt verlangt wird.[6] Für die Frage, ob eine Duldung des Verfügungsberechtigten vorliegt, ist nicht auf dessen inneren Willen, sondern auf die für etwaige Besucher erkennbaren äußeren Umstände (Zufahrtssperren, Schranken, Ketten, Verbotsschilder etc.) abzustellen. Eine Verkehrsfläche kann zeitweilig »öffentlich« und zu anderen Zeiten »nicht-öffentlich« sein. Die Zugehörigkeit einer Fläche zum öffentlichen Verkehrsraum endet mit einer eindeutigen, äußerlich manifestierten Handlung des Verfügungsberechtigten, die unmissverständlich erkennbar macht, dass ein öffentlicher Verkehr nicht (mehr) geduldet wird.[7]

▶ **Beispiele**

Öffentlicher Straßenverkehr[8] findet statt auf »faktisch öffentlichen Wegen« wie z.B. auf einem Privatgrundstück, das zum Parken freigegeben ist,[9] auf Parkplätzen für Gäste einer Gastwirtschaft ohne Rücksicht auf die Öffnungszeiten, auf Parkplätzen eines Einkaufszentrums für Kunden sowie im Bereich von Tankstellen.[10] Keine Teilnahme am öffentlichen Verkehr liegt vor bei der Benutzung eines Parkhauses außerhalb der normalen Betriebszeit, von Tiefgaragen, bei denen Einzelparkplätze an einen bestimmten Personenkreis vermietet sind, eines Tankstellengeländes während der Betriebsruhe, wenn durch tatsächliche Maßnahmen, wie etwa das Aufstellen einer Schranke, die Benutzung verhindert oder gehindert wird. Ferner findet auf einem Werksgelände kein öffentlicher Straßenverkehr statt, wenn der Zutritt lediglich Werksangehörigen und Personen mit individuell erteilter Erlaubnis möglich ist,[11] ebenso wenig auf Rasenfläche vor einem öffentlichen Gebäude.[12] 6

1. § 316 StGB – Trunkenheit im Verkehr

Geschütztes Rechtsgut ist die Sicherheit des öffentlichen Verkehrs, insbesondere des Straßenverkehrs; § 316 StGB[13] *ist ein abstraktes Gefährdungsdelikt und ein eigenhändiges Delikt.* Täter kann nur sein, wer die Tathandlung des Führens eines (Kraft-)Fahrzeugs in eigener Person vollzieht, das heißt das Fahrzeug selbst unter eigenhändiger Bedienung der essenziellen Fahrzeugvorrichtungen durch den Verkehr steuert.[14] Eine Strafbarkeit aufgrund mittelbarer Täterschaft oder Mittäterschaft ist damit 7

---

6 BGHSt 16, 7 (9 f.); BGH, Beschl. v. 30.01.2013 – 4 StR 527/12 = NStZ 2013, 530 (531); Beschl. v. 22.05.2017 – 4 StR 165/17 = BeckRS 2017, 112313.

7 BGH, Beschl. v. 30.01.2013 – 4 StR 527/12 = BA 2013, 184 f. = NStZ 2013, 530 f.; vgl. dazu *Krenberger* jurisPR-VerkR 16/2013 Anm. 5.

8 Vgl. zu § 142 StGB vgl. OLG Köln, Urt. v. 19.07.2011 – 1 RVs 138/11 = NStZ-RR 2011, 354 f.; vgl. dazu *Krenberger* jurisPR-VerkR 23/2011 Anm. 2; *ders.* jurisPR-VerkR 7/2012 Anm. 4; *Deutscher* jurisPR-StrafR 22/2011 Anm. 3.

9 BGHSt 16, 7.

10 OLG Dresden, Beschl. v. 11.12.2006 – Ss (OWi) 650/06 = NZV 2007, 152.

11 BGHSt 49, 128.

12 Zu § 315b StGB BGH, Beschl. v. 08.06.2004 – 4 StR 160/04 = NStZ 2004, 625.

13 Vgl. dazu den Überblick von *Müller* SVR 2011, 61 ff.; *Blum* SVR 2011, 173 ff.; *Klaws* VRR 2008, 3 ff.; *Zieschang* AL 2015, 333 f.; zu den notwendigen Feststellungen vgl. *König* in FS Bernd von Heintschel-Heinegg 2015, S. 257 ff.

14 BGHSt 18, 6.

ausgeschlossen. Andere Personen wie der Halter des KFZs oder die Begleitperson kommen nur als Teilnehmer (§§ 26, 27 StGB) in Betracht. Ihre Strafbarkeit setzt eine Vorsatztat des Fahrers voraus, das gilt auch für Ordnungswidrigkeiten.[15]

8 Die Vorschrift setzt voraus, dass der Täter infolge des Genusses alkoholischer Getränke oder anderer berauschender Mittel nicht in der Lage ist, das Fahrzeug sicher zu führen. Dabei ist weder Volltrunkenheit noch gänzliche Fahruntüchtigkeit Voraussetzung, also nicht die Unfähigkeit, ein Fahrzeug überhaupt zu führen. Erforderlich und ausreichend ist vielmehr eine bloße Unsicherheit in der Beherrschung des geführten Fahrzeugs im Verkehr. Das ist bereits dann der Fall, wenn die Gesamtleistungsfähigkeit des Täters, insbesondere infolge Enthemmung sowie geistig-seelischer und körperlicher Leistungsausfälle, so weit herabgesetzt ist, dass er nicht mehr in der Lage ist, sein Fahrzeug im Straßenverkehr über eine längere Strecke sicher zu steuern, und zwar auch bei plötzlichem Auftreten schwieriger Verkehrslagen.[16]

a) Ein Fahrzeug/Kraftfahrzeug im Verkehr führen

9 Kraftfahrzeuge sind sämtliche Fahrzeuge, »die durch Maschinenkraft bewegt werden, ohne an Bahngleise gebunden zu sein« (§ 1 Abs. 2 StVG). Darunter fallen Motorräder, Mopeds, Mofas, ein abgeschleppter Pkw[17] und sogar ein motorisierter Krankenfahrstuhl, bei dem der Grenzwert für die absolute Fahruntüchtigkeit jedenfalls nach der oberlandesgerichtlichen Rechtsprechung ebenfalls 1,1 Promille betragen soll.[18] Auch ein »Segway« gilt als Kraftfahrzeug im Sinne des § 316 StGB.[19] Bei Fahrzeugen ist demgegenüber nicht von Bedeutung, ob sie motorisiert sind. Fahrräder mit einem elektrischen Hilfsantrieb, der sich bei Erreichen einer Geschwindigkeit von 25 km/h abschaltet (sog. »Pedelecs«), sind unabhängig von einer etwaigen Anfahrhilfe, nicht als Kraftfahrzeuge einzustufen.[20] Auch der Führer einer Pferdekutsche soll ab einem Blutalkoholgehalt von 1,1 Promille absolut fahruntüchtig sein.[21]

Noch ungeklärt ist die Einordnung von E-Scootern. Bei einem E-Scooter handelt es sich zwar straßenverkehrsrechtlich um ein Kraftfahrzeug im Sinne des § 1 Abs. 2 StVG; welcher Grenzwert für die absolute Fahruntüchtigkeit gilt, ist aber umstritten. Zu unterscheiden ist, ob der E-Scooter noch ein sogenanntes Elektrokleinstfahrzeug ist gemäß § 1 Abs. 1 Elektrokleinstfahrzeuge-Verordnung (eKFV) oder bauartbedingt eine Höchstgeschwindigkeit von mehr als 20 km/h erreichen kann. Im letzteren Fall handelt es sich nicht mehr um ein Elektrokleinstfahrzeug, so dass nach dem *Bundesgerichtshof* für die Frage der absoluten Fahruntüchtigkeit der Grenzwert von 1,1 Promille anzuwenden ist.[22] Ob dieser Grenzwert auch bei Elektrokleinstfahrzeugen anzuwenden ist, hat der *Bundes-*

15 BGHSt 31, 309.

16 BGHSt 13, 90; 21, 160.

17 BGH, Beschl. v. 18.01.1990 – 4 StR 292/89 = NZV 1990, 157.

18 BayObLG, Beschl. v. 13.07.2000 – 2 St RR 118/2000 = NZV 2000, 509; OLG Nürnberg, Beschl. v. 13.12.2010 – 2 St OLG Ss 230/10 = NStZ-RR 2011, 153 = DAR 2011, 152; anders AG Löbau NZV 2008, 370; *Fischer* § 316 Rn. 25, 27 (jeweils 1,6 ‰); *Wegerich/Scheibenpflug* NZV 2012, 414 (416 ff.) (kein absoluter Grenzwert).

19 OLG Hamburg, Beschl. v. 19.12.2016 – 1 Rev 76/16 = DAR 2017, 157 = NZV 2017, 193.

20 OLG Hamm, Beschl. v. 28.02.2013 – III-4 RBs 47/13 = DAR 2013, 712; zur Frage, welcher BAK-Grenzwert auf Pedelecs anzuwenden sei, OLG Karlsruhe, Beschl. v. 14.07.2020 – 2 Rv 35 Ss 175/20 = DAR 2020, 579 (580 f.) (1,6 Promille); differenzierender *Kerkmann* SVR 2019, 369 (370); *König*, LK-StGB, 13. Aufl. 2020, § 316 Rn. 67a.

21 OLG Oldenburg, Urt. v. 24.02.2014 – 1 Ss 204/13 = NJW 2014, 2211; vgl. dazu *Krenberger* jurisPR-VerkR 13/2014 Anm. 5; anders AG Köln, Urt. v. 26.05.1988 – 708 Ds 172/87 = NJW 1989, 921; *König*, LK- StGB, 13. Aufl. 2020, § 316 Rn. 72; *Pegel*, MüKo-StGB, 4. Aufl. § 316 Rn. 46 (kein Grenzwert).

22 BGH, Beschl. v. 13.04.2023 – 4 StR 439/22, NStZ-RR 2023, 222.

gerichtshof allerdings ausdrücklich offengelassen,[23] so dass höchstens der Grenzwert für Radfahrer von 1,6 Promille zugrunde gelegt werden kann.[24]

▶ **Beachte**

§ 316 StGB spricht von Fahrzeug, § 24a StVG hingegen von Kraftfahrzeug. § 316 StGB erfasst daher im Gegensatz zu § 24a StVG nicht nur motorisierte, sondern sämtliche Fortbewegungsmittel, die geeignet sind, die Sicherheit des Straßenverkehrs zu beeinträchtigen, wenn sie im Zustand relativer oder absoluter Fahruntüchtigkeit geführt werden.

Unter Verkehr im Sinne des § 316 StGB sind sämtliche Verkehrsarten zu verstehen, also Straßen-, Schienen-, Schwebebahn-, Schiffs- und Luftverkehr.[25] 10

Der Begriff des Führens im Sinne des § 316 StGB ist enger als der Begriff Teilnahme am Straßenverkehr.[26] Zum Führen eines Fahrzeugs – also nicht nur Kraftfahrzeugs – ist erforderlich, dass es in Bewegung gesetzt[27] oder mit seinen technischen Vorrichtungen während der Fahrbewegung gelenkt wird.[28] Der Bewegungsvorgang muss dabei vom Willen zur Fortbewegung getragen werden. Es genügt, wenn das Fahrzeug von Menschenhand in Bewegung gesetzt wird, um den Motor in Gang zu bringen. Bei Mofa- oder Radfahrern reicht es aus, wenn sich diese auf dem Sattel sitzend abstoßen.[29] Der Tatbestand der Trunkenheit im Verkehr wird nicht bereits dadurch verwirklicht, dass der Fahruntüchtige in der Absicht, alsbald wegzufahren, den Motor seines Fahrzeugs anlässt und das Abblendlicht einschaltet, sondern erst dadurch, dass er das Fahrzeug willentlich in Bewegung setzt.[30] Gerät das Fahrzeug ungewollt ins Rollen, liegt kein Führen im Sinne des § 316 StGB vor. 11

Auch der Lenker eines abgeschleppten, nicht betriebsfähigen Fahrzeugs führt dieses, da eine Mitwirkung durch Lenken und Bremsen vorliegt; auch für diesen Fahrer gilt die Grenze der absoluten Fahruntüchtigkeit.[31] Auch der betrunkene Fahrlehrer, der bremst, ist Fahrzeugführer im Sinne des § 316 StGB.[32] Dasselbe soll für den »Mitfahrer« auf einem E-Scooter gelten, der den Lenker des Scooters lediglich (mit)hält.[33] 12

b) Öffentlicher Straßenverkehr

Erforderlich ist im Rahmen des § 316 StGB, dass der Täter das Fahrzeug im öffentlichen Straßenverkehr führt (vgl. oben I). 13

---

23 BGH, Beschl. v. 13.04.2023 – 4 StR 439/22 = NStZ-RR 2023, 222 (223); vgl. bereits BGH, Beschl. v. 02.03.2021 – 4 StR 366/20 = NStZ 2021, 608 (ebd.).

24 Vgl. hierzu *Schefer* NZV 2020, 239 ff.; siehe auch – am Ende offen gelassen – OLG Braunschweig, Urt. v. 30.11.2023 – 1 ORs 33/23, BA 2024, 68 ff; siehe aber KG, Beschl. v. 10.05.2022 – (3) 121 Ss 67/21 (27/21); LG Oldenburg, Beschl. v. 07.11.2022 – 4 Qs 368/22, BA 2023, 34 ff.; LG Mannheim, Urt. v. 08.11.2022 – 12 Ns 404 Js 11650/22, BA 2023, 151 (153); *Krumm* SVR 2023, 18; jeweils ausnahmslos 1,1 Promille.

25 *Fischer* § 315b Rn. 3 f. und § 316 Rn. 4, jew. m.w.N.

26 Vgl. dazu *Blum* SVR 2015, 130 ff.

27 BGHSt 35, 390.

28 § 1b StVG Rechte und Pflichten des Fahrzeugführers bei Nutzung hoch- oder vollautomatisierter Fahrfunktionen; zu Rechtsproblemen des autonomen Fahrens vgl. *Jänich* u.a. NZV 2015, 313 ff.; *Franke* DAR 2016, 61 f.; *Hartmann* PHI 2016, 114 f.; *Ternig* ZfSch 2016, 303 f.; *Schulz* NZV 2017, 548 ff.; *Nehm* JZ 2018, 398 ff.; *Balke* SVR 2018, 5 ff.; *Sander/Hollering* NStZ 2017, 193 ff.; *Freise* VersR 2019, 65 ff.; *Grunwald* SVR 2019, 81 ff.; *Steinert* SVR 2019, 5 f.

29 Vgl. *Fischer* § 315c Rn. 3 a ff.

30 BGHSt 35, 390 m. Anm. *Hentschel* JR 1990, 32 f.; vgl. auch BGHSt 36, 341.

31 Vgl. BGHSt 36, 341; OLG Karlsruhe, Beschl. v. 26.08.1992 = NZV 1992, 493.

32 LG Münster, Beschl. v. 09.06.2017 – 3 Qs 34/17.

33 LG Oldenburg, Beschl. v. 07.11.2022 – 4 Qs 368/22, BA 2023, 34 ff.

c) Absolute Fahruntüchtigkeit infolge von Alkoholaufnahme

14 Kraftfahrer gelten bei einem Blutalkoholgehalt von 1,1 Promille[34] als absolut fahruntüchtig.[35] Diese Grenze – bei der es sich um eine von der Rechtsprechung festgesetzte prozessuale Beweisregel handelt, die auf wissenschaftlichen Erkenntnissen basiert und der alkoholbedingten Leistungsminderung Rechnung tragen soll – gilt auch für Fahrer von Krafträdern, Motorrollern und Mofas. Radfahrer galten nach einer Entscheidung des Bundesgerichtshofs aus dem Jahr 1986 erst bei einem Blutalkoholgehalt von 1,7 Promille als absolut fahruntüchtig.[36] Inzwischen hat sich wegen des durch den Bundesgerichtshof an anderer Stelle von 0,2 auf 0,1 reduzierten Sicherheitszuschlags ein BAK-Wert von 1,6 Promille für Radfahrer durchgesetzt.[37] Doch auch diese Promillegrenze wird zum Teil als nicht mehr zeitgemäß angesehen.[38] Absolute Fahruntüchtigkeit liegt schon dann vor, wenn der zu 1,1 oder 1,6 Promille führende Alkohol erst später ins Blut übergeht, bei der Fahrt aber schon im Körper war (Anflutungsphase).[39] Für die ersten beiden Stunden nach Trinkende (Resorptionsphase) ist die Rückrechnung auf die BAK zum Tatzeitpunkt unzulässig (*in dubio pro reo*).[40]

d) Relative Fahruntüchtigkeit

15 Relative Fahruntüchtigkeit[41] ist bei einer BAK ab 0,3 Promille[42] und unter 1,1 beziehungsweise 1,6 Promille gegeben, wenn weitere Umstände erweisen, dass der Alkohol zur Fahruntüchtigkeit geführt hat. Es muss eine wie auch immer geartete alkoholbedingte Ausfallerscheinung vorliegen, wobei Mitursächlichkeit des Alkohols genügt. Ein wesentliches Beweisanzeichen kann die Fahrweise sein. Je niedriger der Blutalkoholgehalt ist, umso höhere Anforderungen sind an die Beweisanzeichen zu stellen; je höher der BAK ist, umso weniger zusätzliche Indizien sind erforderlich. Es muss allerdings erwiesen sein, dass sich der konkrete Fahrer ohne Alkohol anders verhalten hätte.[43] Das Verhalten eines durchschnittlichen Fahrzeugführers ist nur mittelbar von Bedeutung (»Jedermannsfehler«).[44] Aber: Je seltener ein bestimmter Fahrfehler bei einem nüchternen Kraftfahrer vorkommt,

---

34 Von der Fahruntüchtigkeit ist die Schuldunfähigkeit bzw. erheblich verminderte Schuldfähigkeit nach den §§ 20, 21 StGB zu unterscheiden; vgl. *Makepeace* JURA 2021, 378 f.

35 BGHSt 37, 89; der BGH spricht oft auch von Fahrunsicherheit, vgl. Urt. v. 15.04.2008 – 4 StR 639/07 = DAR 2008, 390 f.; vgl. auch *Fischer* § 316. Rn. 13.

36 BGHSt 34, 133; vgl. auch *Geiger* ZVR 2013, 120 f.; BVerwG, Beschl. v. 20.06.2013 – 3 B 102/12 = NJW 2013, 2696 f.; zum Radfahren unter Cannabiseinfluss *Maatz* u.a. NZV 2016, 460 f.

37 Vgl. OLG Karlsruhe, Beschl. v. 28.07.1997 – 2 Ss 89/97 = NStZ-RR 1997, 356 (357); OLG Celle, Urt. v. 10.03.1992 – 1 Ss 55/92 = NJW 1992, 2169 (2170); BayObLG, Beschl. v. 10.03.1993 – 2 St RR 41/93 = BA 1993, 254; OLG Zweibrücken, Beschl. v. 23.06.1992 – 1 Ss 60/92 = NZV 1992, 372 (373); OLG Hamm, Beschl. v. 19.11.1991 – 3 Ss 1030/91 = NZV 1992, 198; *Fischer* § 316 Rn. 27; *Ernemann*, Satzger/Schluckebier/Widmaier, StGB 4. Aufl. § 316 Rn. 11; *König*, LK-StGB, 13. Aufl. 2020, § 316 Rn. 71.

38 *Müller/Rebler* SVR 2015, 4 ff.; *Kettler* SVR 2015, 7 ff.; *Koehl* SVR 2015, 11 ff.; *Bönke* NZV 2015, 16 ff.; *Maatz* u.a. DAR 2015, 3 ff.; Kongressbericht vom 53. Deutschen Verkehrsgerichtstag 2015; *Scheidler* DAR Extra 2015, 751 ff.; *ders.* VD 2015, 185 f.; *Huhn* SVR 2015, 327 ff.; *Rebler* AnwZert VerkR 9/2013 Anm. 2; *Roeßink* VD 2015, 321 ff.; *Daldrup* u.a. BA 2015, 1 ff.

39 BVerfG, Beschl. v. 27.06.1994 – 2 BvR 1269/94 = NJW 1995, 125 (126).

40 BGHSt 25, 46; zu den relevanten Grenzwerten der Blutalkoholkonzentration *Satzger* JURA 2013, 345 ff.

41 Ausführlich *Fischer* § 316 Rn. 14; *Krumm* SVR 2023, 18 (21).

42 Allerdings kann in Ausnahmefällen auch bei einem BAK unter 0,3 Promille die relative Fahruntüchtigkeit angenommen werden, OLG Hamm, Beschl. v. 23.08.2004 – 2 Ss OWi 357/04 = BA 2004, 357 ff.; an die einzelnen Beweisanzeichen für die alkoholbedingte Fahruntüchtigkeit und an die Gesamtwürdigung sind aber in einem solchen Fall strenge Anforderungen zu stellen; siehe aber LG Hamburg, Beschl. v. 10.09.2003 – 603 Qs 450/03 = BA 2004, 545.

43 BGHSt 31, 42.

44 Vgl. hierzu *König*, LK- StGB, 13. Aufl. 2020, § 316 Rn. 103; Beispiele bei *Freyschmidt/Krumm* Verteidigung im Verkehrsstrafrecht, 12. Aufl. 2024, Rn. 179.

je häufiger er von alkoholisierten Fahrzeugführern begangen wird, desto eher lässt sich der Schluss ziehen, dass der konkrete Fahrzeugführer relativ fahruntüchtig war.

Beweisanzeichen neben der BAK können zum Beispiel sein:[45] falsche Reaktionen, Verwirrung, unvernünftige Entschlüsse, Enthemmung, erhöhte Risikobereitschaft, Sorglosigkeit, Leichtsinn, bewusst verkehrswidriges Fahren, Ausfallerscheinungen beim Gehen, Sehen, Sprechen oder Hören, Schlangenlinienfahren, Geradeausfahren in Kurven, grundloses Abkommen von der Fahrbahn, wesentliches Überschreiten der zulässigen Höchstgeschwindigkeit, Übermüdung, Befahrens einer Kraftfahrstraße entgegen der Fahrtrichtung.[46] Die Missachtung der Weisung eines Polizeibeamten zum Einfahren in eine Verkehrskontrollstelle und das versehentliche Einlegen des Rückwärtsgangs mit anschließendem Unfall genügen hingegen nicht für die Annahme von Fahrunsicherheit.[47] Selbst ohne die Feststellung und Berechnung einer BAK ist die Annahme von alkoholbedingter (relativer) Fahruntüchtigkeit nicht von Anfang an ausgeschlossen. Erforderlich sind aussagekräftige Beweisanzeichen, die belegen, dass die Gesamtleistungsfähigkeit des Kraftfahrzeugführers alkoholbedingt so weit herabgesetzt war, dass er nicht mehr fähig gewesen ist, sein Fahrzeug sicher zu steuern. Für die richterliche Überzeugungsbildung genügen soll die Feststellung einer, wenn auch nur geringen Ausfallerscheinung, die durch die Aufnahme alkoholischer Getränke zumindest mitverursacht sein muss.[48] 16

Lässt sich der Nachweis relativer Fahrunsicherheit nicht führen, liegt aber ein – in diesem Fall sogar ausdrücklich normierter – BAK-Wert von mindestens 0,5 Promille vor, ist eine Verkehrsordnungswidrigkeit nach § 24a Abs. 1 StVG gegeben. 17

e) Die Feststellung der BAK

Für die Frage, ob eine alkoholbedingte absolute Fahruntüchtigkeit im Sinne des § 316 StGB vorliegt, kommt es auf den Nachweis an, wie viel Alkohol der Angeklagte zur Tatzeit mindestens im Blut hatte.[49] Die BAK kann ermittelt werden durch Untersuchung einer Blutprobe oder durch Errechnung aus der eingenommenen Alkoholmenge.[50] Eine Umrechnung des Ergebnisses einer Atemalkoholanalyse in einen Blutalkoholwert ist nicht statthaft.[51] Obwohl eine direkte Konvertierung 18

---

45 Vgl. auch *Lemke-Küch* Verteidigung im Strafverfahren Rn. 703 ff. (S. 273 ff.).

46 Vgl. dazu BGH, Beschl. v. 10.12.2009 – 4 StR 503/09 = NStZ-RR 2010, 120 = NZV 2010, 261.

47 *König/Seitz* DAR 2011, 362 unter Hinweis auf OLG Köln BA 2010, 429 = StraFo 2010, 501 und OLG Hamm, Beschl. v. 29.06.2010 – III-3 RVs 45/10 = BA 2010, 433.

48 BayObLG, Urt. v. 13.02.2023 – 203 StRR 455/22, BA 2023, 242 ff.

49 Vgl. im Einzelnen *Salger* DRiZ 1989, 174 ff.; *Schütz/Weiler* StraFo 1999, 371 ff.; *Fischer* § 316 Rn. 16 ff.; *Grüner/Rentschler* Manual zur Blutalkohol-Berechnung 1976; *Winkler* in *Himmelreich/Halm*, Handbuch des Fachanwalts Verkehrsrecht, 6. Auflage, Teil 2 Kap. 33 Rn. 10 ff.; *Burmann* in Burmann/Heß/Jahnke/Janker, Straßenverkehrsrecht 26. Aufl. 2020 § 316 StGB Rn. 7 ff.; Tabellen und Richtlinien; vgl. *ders.* § 316 StGB Rn. 39 ff.; beachte auch: Gemeinsamer Runderlass des Hessischen Ministeriums des Innern und für Sport und des Hessischen Ministeriums der Justiz, für Integration und Europa vom 16.11.2011 StAnz. 2011, S. 1478 = JMBl 2012, S. 57 zur Feststellung von Alkohol-, Medikamenten- und Drogeneinfluss bei Straftaten und Ordnungswidrigkeiten; vgl. auch die bundeseinheitlichen Richtlinien zur Feststellung von Alkohol-, Medikamenten- und Drogeneinfluss bei Straftaten und Ordnungswidrigkeiten vom 23.06.2010.

50 Als alleiniges Beweismittel ist das nicht ausreichend zum Nachweis einer alkoholbedingten Fahruntüchtigkeit. Bei dem Alkoholanalysegerät Alcotest 7410 handelt es sich um ein sogenanntes Vortestgerät, mit dem der unmittelbare Nachweis einer Mindest-Blutalkoholkonzentration nicht geführt werden kann, so dass der mit diesem Gerät festgestellte Messwert der Atemalkoholkonzentration nicht zur Annahme einer absoluten Fahruntüchtigkeit ausreicht; vgl. OLG Stuttgart, Beschl. v. 13.01.2004 – 4 Ss 581/2003 = DAR 2004, 409; der Messbefund des Vortestgeräts entfaltet allerdings Indizwirkung bei der Prüfung der relativen Fahruntüchtigkeit; zur Problematik und zu neueren Bestrebungen *Laub* SVR 2016, 9 ff; *Wendt* BA 2015, 18 ff.; *Mußhoff* BA 2014, 305 ff.; *Ternig* SVR 2016, 4 ff.; *Krumm* SVR 2016, 26 ff.; *Schäfer* NZV 2017, 422 ff.

51 BGHSt 46, 358; KG, Beschl. v. 22.03.2007 – 1 Ss 515/06 (32/07) = DAR 2008, 273; vgl. auch *Janker* DAR 2009, 1 (3 ff.).

von Atemalkohol- in Blutalkoholkonzentrationen ausgeschlossen ist, wird jedem AAK-Wert eine gewisse Bandbreite von BAK-Werten entsprechen, die in die Beweiswürdigung über den Umfang eines Nachtrunks, zumal bei widersprüchlichen Angaben eines Angeklagten, in Befolgung der Aufklärungspflicht einzubeziehen und mit zu bewerten ist.[52] Jedoch kann es sich hierbei stets nur um eine statistische Wahrscheinlichkeitsaussage als relativer Erfahrungssatz handeln, die als alleiniges Indiz nicht ausreicht, um eine Strafbarkeit nach § 316 StGB zu bejahen.[53] Die »Faustformel«, die sich an dem Wortlaut des § 24a Abs. 1 StVG orientiert, nach dem 0,25 mg/l Alkohol in der Atemluft 0,5 Promille Alkohol im Blut entsprächen, und nach der sich der BAK-Wert durch Verdopplung des AAK-Werts »errechnen« ließe, ist daher abzulehnen.

Promille-Werte im Überblick		
0,3 bis 1,09 ‰	=	relative Fahruntüchtigkeit (§§ 316, 315c StGB)
ab 0,5 ‰	=	Grenze im Ordnungswidrigkeitenrecht (§ 24a Abs. 1 StVG)
ab 1,1 ‰	=	absolute Fahruntüchtigkeit (§§ 316, 315c StGB)
ab 1,6 ‰	=	absolute Fahruntüchtigkeit Fahrrad (§§ 316, 315c StGB)
ab 2,0 ‰	=	erheblich verminderte Schuldfähigkeit nach § 21 StGB kommt in Betracht
ab 3,0 ‰	=	Schuldunfähigkeit nach § 20 StGB kommt in Betracht

aa) Blutprobe ist entnommen

20 In Verkehrsstrafsachen wird der Alkoholisierungsgrad des Beschuldigten in der Regel anhand einer Blutprobe festgestellt.[54] Rechtsgrundlage für die Entnahme einer Blutprobe ist § 81a StPO.[55] Das Problem besteht darin, dass die Blutprobe nicht zum Zeitpunkt der Tat selbst entnommen werden kann, sondern zumeist einige Zeit vergeht. Damit entspricht aber der ermittelte Wert nicht dem tatsächlichen Wert zur Tatzeit, so dass dieser Wert im Wege der Rückrechnung zu ermitteln ist. Eine Rückrechnung vom Blutentnahmewert auf den Tatzeitwert ist jedoch nur durchführbar, wenn das Ende der Resorptionsphase feststeht, der Alkohol also bereits vollständig über den Magen-Darmtrakt in das Blut aufgenommen worden ist.

21 Im Einzelnen:

22 Zunächst ist zu berücksichtigen, dass zum Zeitpunkt des Trinkendes noch nicht der höchste Alkoholpegel vorliegen muss, da der Alkohol im Körper erst noch innerhalb der »Anflutungsphase« verarbeitet wird, also der BAK-Pegel nach Beendigung des Trinkens noch ansteigt (beim Sturztrunk sogar extrem; allerdings können bei gleichbleibender Trinkgeschwindigkeit über einen längeren Zeitraum hin Trinkende und Resorptionsphase sogar zusammenfallen). Nach der Rechtsprechung des Bundesgerichtshofs ist absolute Fahruntüchtigkeit eines Kraftfahrers nicht nur bei einem *Blutalkoholgehalt* von 1,1 ‰ und mehr anzunehmen, sondern bereits dann, wenn der Blutalkoholkonzentrationswert im Zeitpunkt der Fahrt zwar den Grenzwert der absoluten Fahruntauglichkeit noch nicht überschritten hat, der Kraftfahrer jedoch in diesem Zeitpunkt eine Alkoholmenge im Körper hat, die in der Folgezeit zu einer Blutalkoholkonzentration führt, die den Grenzwert der absoluten Fahruntauglichkeit erreicht oder übersteigt. Denn die Anflutungswirkung auf den Grenzwert oder einen höheren Wert hin gleicht den Konzentrationsfehlbetrag zumindest aus.[56]

52 BGH, Beschl. v. 26.01.2010 – 5 StR 520/09 = NStZ-RR 2010, 275.
53 OLG Naumburg, Beschl. v. 05.12.2000 – 1 Ws 496/00 = NStZ-RR 2001, 105 (106).
54 Vgl. dazu *Fischer* § 316 Rn. 13; *Ernemann* § 316 Rn. 20 ff.
55 Zu den dabei auftretenden Verwertungsproblemen unten C IV 3.
56 BGHSt 25, 246 (251); BGHSt 24, 200; BVerfG, Beschl. v. 27.06.1994 – 2 BvR 1269/94 = NJW 1995, 125.

▶ **Beispiel**

Der Kraftfahrer trank am Tattag zwischen 17 und 20 Uhr 1,5 Liter Bier. Kurz nach 20 Uhr trat er mit seinem Pkw die Heimfahrt an. Nach einer Fahrtstrecke von wenigen hundert Metern geriet er gegen 20:17 Uhr in eine Polizeikontrolle. Die bei ihm gegen 20:54 Uhr durchgeführte Blutentnahme ergab für diesen Zeitpunkt eine Blutalkoholkonzentration von 1,23 Promille. Zum Zeitpunkt der Fahrt mit dem Pkw lag die Blutalkoholkonzentration noch unter 1,1 Promille. Der Kraftfahrer befand sich in dieser Zeit in der sogenannten Anflutungsphase; maßgeblich ist daher der durch die Blutentnahme festgestellte Wert. 23

Die – zugunsten des Täters – vorzunehmende Rückrechnung beginnt nach Abschluss der längst möglichen Anflutungsphase von zwei Stunden, da eine Rückrechnung während der Resorptionszeit ausgeschlossen ist. Bei der Rückrechnung ist sodann von dem niedrigst möglichen Abbauwert auszugehen. Denn dann ergibt sich – wovon aufgrund des Zweifelssatzes zugunsten des Betroffenen auszugehen ist – ein niedrigerer Wert zur Tatzeit.[57] Nach der Rechtsprechung ist von einem Minimalwert von 0,1 Promille in der Stunde auszugehen, nicht von 0,15 Promille, wie häufig Sachverständige vorschlagen. Einen »individuellen« Abbauwert gibt es nicht.[58] 24

▶ **Beispiel**

Einem Pkw-Fahrer wird sieben Stunden nach der Fahrt eine Blutprobe entnommen. Die Blutprobe ergibt eine BAK von 0,5 Promille. Der Beschuldigte macht keine Angaben zur Sache. 25

Zugunsten des Fahrers ist zunächst davon auszugehen, dass das Fahrtende mit dem Trinkende zusammenfällt. Für die Anflutungsphase der ersten beiden Stunden nach Tatbegehung, also nach Fahrt- und unterstelltem Trinkende, ist dann kein Alkoholabbau zugrunde zu legen. Für die übrigen fünf Stunden bis zur Abnahme der Blutprobe wird der Minimalabbauwert von 0,1 Promille pro Stunde veranschlagt, so dass sich auf den Tatzeitpunkt bezogen eine BAK von 1,0 Promille errechnet.

Hätte der Pkw-Fahrer angegeben, das Trinkende hätte bereits zwei Stunden vor Aufnahme der Fahrt gelegen, so ergäbe sich ein Tatzeitwert von 1,2 Promille, da die Anflutungsphase schon abgeschlossen war. Werden zwei Blutproben entnommen, muss die zeitliche Differenz mindestens 30 Minuten betragen.

▶ **Beachte**

Die Ergebnisse einer Blutalkoholuntersuchung nach dem ADH- und Gaschromatografie-Verfahren rechtfertigen eine Verurteilung nach § 316 StGB (wegen »absoluter Fahruntüchtigkeit«), wenn bei Blutalkoholkonzentrationen mit einem Mittelwert ab 1,1 Promille die Differenz zwischen dem höchsten und dem niedrigsten Einzelwert (Variationsbreite) nicht mehr als zehn Prozent des Mittelwerts beträgt und das untersuchende Institut die erfolgreiche Teilnahme an den Ringversuchen versichert; einer Berechnung der Standardabweichung der Einzelwerte bedarf es nicht.[59] 26

Bei der Berechnung ist auch Alkohol, der nach der Tat aufgenommen wurde, zu berücksichtigen. Der bei einem *Nachtrunk* aufgenommene Alkohol ist von der ermittelten Tatzeit-BAK abzuziehen. Der Wert wird entsprechend den Werten bei fehlender Blutprobe ermittelt.

---

57 Anders bei der Klärung der Schuldfähigkeit, da diese eine strafhemmende, also für den Täter günstige Wirkung hat; dann ist mit dem höchstmöglichen stündlichen Abbauwert zurückzurechnen, d.h. es ist mit einem stündlichen Abbauwert von 0,2 ‰ zuzüglich eines (einmaligen) Zuschlags von 0,2 ‰ zu rechnen.

58 BGHSt 25, 246 (250); BGH, Beschl. v. 12.11.1985 – 4 StR 552/85 = NStZ 1986, 114.

59 BGHSt 45, 140.

bb) Keine Blutprobe entnommen

27 Ist keine Blutprobe entnommen,[60] muss die Alkoholkonzentration anhand des genossenen Alkohols berechnet werden. Die Ausgangs-Blutalkoholkonzentration wird nach der sogenannten Widmark-Formel ermittelt. Danach errechnet sich die Gesamtmenge des zu einem bestimmten Zeitpunkt im Körper befindlichen Alkohols aus dem Produkt von BAK, Körpergewicht und Reduktionsfaktor[61] (Alkoholmenge in Gramm[62] geteilt durch Körpergewicht mal Reduktionsfaktor, davon ist noch das Resorptionsdefizit in Höhe von 10 % abzuziehen).

28 Errechnet werden kann mit dieser Formel sowohl die im Körper befindliche Alkoholmenge wie auch die BAK.

29 Die Formel zur Ermittlung der BAK lautet:

$$\frac{A}{p \times r}$$

BAK in Promille =

Alkoholmenge (A) (d.h. Masse des genossenen Alkohols in g: kann Tabellen entnommen werden)

geteilt durch *Körpergewicht* in kg (p) *mal Reduktionsfaktor (r)* (Alkohol ist ausschließlich wasserlöslich und verteilt sich somit nicht in den Knochen und im Fettgewebe, daher steht dieser Körpermassenanteil nicht zur Verfügung; für Männer gilt der Durchschnittswert von r = 0,7[63] und für Frauen, die generell über mehr Fettgewebe verfügen, gilt r = 0,6).[64]

30 Von dem errechneten Promillewert ist zusätzlich der Wert des stark schwankenden *Resorptionsdefizits* abzuziehen, der derjenigen Alkoholmenge Rechnung trägt, die zwar vom Betroffenen aufgenommen wurde, jedoch speziell aufgrund von Ausscheidung und nicht erfolgender Verbrennung nicht vom Blut aus dem Magen-Darm-Trakt resorbiert wurde. Hierbei ist grundsätzlich auch der für den Betroffenen günstigste Wert zugrunde zu legen, weshalb bei der Ermittlung des Mindestblutalkoholgehaltes ein Wert von 30 % der gesamten aufgenommenen Alkoholmenge und bei der Ermittlung des Höchstblutalkoholgehaltes (also für die Frage der Schuldfähigkeit) der niedrigste Wert 10 % abzuziehen ist.

31 *Danach ergibt sich folgende Berechnungsformel:*

32 *BAK = A: (p × r) – Resorptionsdefizit*

▶ **Beispiel**

33 Ein Angeklagter (Körpergewicht 70 kg) trinkt alkoholhaltige Getränke; nach den entsprechenden Tabellen ergibt sich eine Gesamtmenge von 120 g Alkohol. Daraus errechnet sich für die Beurteilung der Fahrtüchtigkeit nach der Widmark-Formel folgender Wert:

120: (70 × 0,7) – 30 % = 1,71 Promille.

34 Geht es in diesem Beispiel um die Berechnung der Schuldfähigkeit, so ist ein Resorptionsdefizit von 10 % in Ansatz zu bringen; also hatte der Angeklagte eine BAK von 2,2 Promille.

60 *Ernemann* § 316 Rn. 25 ff.

61 Der Reduktionsfaktor drückt das Verhältnis der Alkoholkonzentration im Gesamtkörper zu derjenigen im Blut aus.

62 Angaben über den Alkoholwert von Getränken und Promillerechner finden sich im Internet z.B.: http://www.blutalkohol-homepage.de/Promillerechner; http:/www.firstsurf.com/promille; http://www.bartime.de/promille-rechner; http://www.auto-und-verkehr.de/promillerechner.

63 Bei Leptosomen ist von einem Faktor von 0,8 auszugehen.

64 BGHSt 34, 29; 36, 286; 37, 231.

Soweit der Betroffene sich auf einen Nachtrunk beruft,[65] ist es eine Frage der Beweiswürdigung, ob dieser bei der Berechnung in Betracht zu ziehen ist. Hat tatsächlich ein Nachtrunk vorgelegen, ist der auf ihn entfallene Alkoholanteil von der durch die Blutprobe oder Berechnung ermittelten BAK abzuziehen. Kann ein wirklicher Wert für den Nachtrunk nicht festgestellt werden, sind die dem Täter jeweils vorteilhaftesten Werte zugrunde zu legen (*in dubio pro reo*).[66] 35

cc) Alkoholbestimmung aus der Atemluft (§ 24a StVG)

Mit der Neufassung des § 24a StVG durch Gesetz vom 27.04.1998 (BGBl. 795) ist die Atemalkoholkonzentration Tatbestandsvoraussetzung der Ordnungswidrigkeitentatbestände geworden, ihre Messung daher unmittelbares Beweismittel im Ordnungswidrigkeitenverfahren.[67] Für den Nachweis einer bestimmten BAK im Strafverfahren ist die AAK-Messung bislang nicht geeignet. Eine direkte Konvertierung von Atemalkohol- in Blutalkoholkonzentrationen ist unzulässig.[68] Indes wird jedem AAK-Wert eine gewisse Bandbreite von BAK-Werten entsprechen, die ohne Weiteres in die Beweiswürdigung über den Umfang eines Nachtrunks – zumal bei widersprüchlichen Angaben eines Angeklagten – in Befolgung der Aufklärungspflicht einzubeziehen und zu bewerten ist.[69] Für die Feststellung einer »absoluten« Fahruntüchtigkeit i.S.d. § 316 StGB können Atemalkoholwerte daher nicht unmittelbar herangezogen werden, jedoch können Messergebnisse jedenfalls zugunsten des Beschuldigten, aber auch als Indizien bei der Prüfung der Fahruntüchtigkeit berücksichtigt werden und insbesondere Anlass zur Anordnung einer Blutentnahme geben.[70] 36

dd) Trinkmengenangaben

Trinkmengenangaben,[71] die der Berechnung der BAK zugrunde gelegt werden sollen, darf der Tatrichter nicht ungeprüft übernehmen. Entlastende Angaben des Angeklagten, für deren Richtigkeit oder Unrichtigkeit es keine genügenden Beweise gibt, sind nicht ohne Weiteres als unwiderlegt den Feststellungen zugrunde zu legen. Vielmehr ist auf der Grundlage des gesamten Beweisergebnisses zu entscheiden, ob diese Angaben geeignet sind, die Überzeugungsbildung zu beeinflussen.[72] Dem Tatrichter ist es im Rahmen freier Beweiswürdigung (§ 261 StPO) unbenommen, diese Angaben als nicht glaubhaft einzustufen. 37

f) Andere berauschende Mittel (Drogen)

Der z.B. von § 316 Abs. 1 und § 315c Abs. 1 Nr. 1a StGB genutzte[73] Begriff der »anderen berauschenden Mittel« ist nicht gesetzlich bestimmt. Diese weiteren Rauschmittel müssen ähnlich wie Alkohol auf das zentrale Nervensystem wirken und insoweit berauschend sein. Die Rechtsprechung versteht hierunter alle Mittel, die in ihren Auswirkungen denen des Alkohols vergleichbar sind und zu einer Beeinträchtigung des Hemmungsvermögens sowie der intellektuellen und motorischen Fähigkeiten 38

65 Vgl. dazu *Ernemann* § 316 Rn. 24; *Krumm* SVR 2006, 212 f.; *Winkler* Teil 2 Kap. 33 Rn. 68 ff.; *Madea/Mußhoff* 6 Kap. 39b Rn. 23 ff.; jew. in *Himmelreich/Halm* Handbuch des Fachanwalts Verkehrsrecht, 6. Auflage.
66 Vgl. BayObLG, Beschl. v. 15.08.2023 – 203 StRR 317/23, BA 2023, 416 f.
67 BGHSt 43, 358.
68 BGH, Beschl. v. 26.01.2010 – 5 StR 520/09 = NStZ-RR 2010, 275 f.; für die Aufwertung der Atemalkoholanalyse *Laub* SVR 2016, 9 ff.
69 BGH, Beschl. v. 26.01.2010 – 5 StR 520/09 = NStZ-RR 2010, 275; vgl. auch BGHSt 46, 358 (365).
70 Vgl. im Einzelnen *Fischer* § 316 Rn. 23, *Ernemann* § 316 Rn. 27; BGHSt 43, 358 (373).
71 *Fischer* § 20 Rn. 15 ff.
72 BGH StV 1998, 539; Beschl. v. 07.02.2012 – 5 StR 545/11 = NStZ 2012, 262 f. = StV 2013, 19 f.
73 Vgl. auch § 64 StGB.

führen.[74] Darunter[75] fallen Rauschgifte aller Art, ferner bei entsprechender Dosierung Medikamente wie Schmerz-, Beruhigungs-, Schlaf- und Weckmittel,[76] aber nur, wenn diese aber berauschende Stoffe enthalten.[77] Anders als beim Alkoholkonsum eines Fahrzeugführers ist eine Fahruntüchtigkeit nach dem Genuss von Drogen allein aufgrund eines positiven Wirkstoffspiegels im Blut nach dem gegenwärtigen Stand der Wissenschaft (noch) nicht zu begründen.[78] Das liegt unter anderem daran, dass es insoweit an validen Forschungsergebnissen fehlt. Die durch die Rechtsprechung an unwiderlegliche Erfahrungssätze gestellten Anforderungen werden daher kaum zu erfüllen sein, so dass für Rauschmittel ein absoluter Grenzwert abzulehnen ist.[79] Vorschlägen, die absolute Fahrunsicherheit zumindest beim Konsum von Cannabis etwa an das Erreichen eines bestimmten THC- (Tetrahydrocannabinol) oder CIF-Werts (Cannabis Influence Factor) zu knüpfen,[80] ist entgegenzuhalten, dass solche Grenzwerte bislang keine uneingeschränkte Unterstützung in der Wissenschaft finden. Das liegt beispielsweise daran, dass Dauerkonsumenten, die in der Regel höhere THC-Konzentrationen aufweisen als Gelegenheitskonsumenten und bei denen THC länger nachweisbar ist, grundsätzlich geringere Leistungsbeeinträchtigungen vorweisen. Auch ist bei Cannabis eine zuverlässige Rückrechnung nicht möglich.[81] Auch der Gesetzentwurf zum kontrollierten Umgang mit Cannabis und zur Änderung weiterer Vorschriften (CanG) enthält keine Regelungen zu Grenzwerten im Straßenverkehr. Das Bundesverkehrsministerium hat jedoch eine Expertengruppe eingerichtet, die für die Zulässigkeit des Führens von Kraftfahrzeugen auf öffentlichen Straßen maßgeblichen Grenzwerte für THC zumindest im Rahmen des § 24a StVG auf wissenschaftlicher Grundlage untersuchen und ermitteln sollen. Aktuell gilt mit Blick auf § 24 Abs. 2 Satz 2 StVG ein Grenzwert von 1,0 ng THC/ml Blutserum.[82]

Auch die Empfehlungen der Gemeinsamen Arbeitsgruppe für Grenzwertfragen und Qualitätskontrolle (Grenzwertkommission) bezeichnen lediglich Messwerte, die mindestens erreicht sein müssen, damit eine Blutwirkstoffkonzentration bei Anwendung der Richtlinien der Gesellschaft für Toxikologische und Forensische Chemie als qualitativ sicher nachgewiesen und quantitativ richtig bestimmt gelten kann (sog. Analytische Grenzwerte). Sie beruhen auf einer Übereinkunft der in der Kommission versammelten Experten und versuchen Richtlinien für den Nachweis berauschen-

74 *Fischer* § 316 Rn. 39; *Ernemann* § 316 Rn. 28, 29; vgl. auch *Krumm* SVR 2014, 376 f.; *ders.* NZV 2014, 441 ff.; *Jung* SVR 2016, 164 f.; zum Einfluss von Medikamenten *Focken* u.a. SVR 2015, 201 f.; *Krumm*, NJ 2019, 110 f.

75 Vgl. *Mettke* NZV 2000, 199 ff.; *Krause* SVR 2005, 52 ff.; *Geppert* DAR 2008, 125 ff.; *Pfister* FPPK 2009, 253 (262 f.); *Kraatz* DAR 2011, 1 ff. (Bestandsaufnahme); *Haase/Sachs* NZV 2011, 584 ff.; *Gehrmann* NZV 2011, 6 ff.; *Burhoff* VRR 2014, 49 f.; *Krumm* NZV 2014, 441 f.; *Deutscher* StRR 2015, 367 ff.; zum Fahrlässigkeitsvorwurf *Häcker* ZfS 2011, 243 ff.; *Deutscher* StRR 2015, 207 ff.; zur Verteidigung bei Fahren unter Rauschmitteleinwirkung *Lenhart/Blum* NJW 2010, 3205 f.; zum Fahren unter Einfluss von BtM (Haschisch) im Rahmen von § 24a StVG *Krumm* NJW 2011, 1259 ff.; vgl. auch BVerfG, Beschl. v. 21.12.2004 – 1 BvR 2652/03 = NJW 2005, 349 m. Anm. *Schreiber* NJW 2005, 1026; *Nobis* StraFo 2005, 238; *Dietz* NVwZ 2005, 410 ff.; *Krumm* NZV 2014, 441 ff.; *ders.* NJ 2019, 110 ff.; *Jung* SVR 2016, 164 f.; zu Medikamenten und Fahreignung *Müller/Rebler*, VD 2018, 171 ff.; 236 ff.

76 Z.B. Captagon, Doviran, Lexotanil, Valium; vgl. dazu ausführlich *Madea/Mußhoff* Kap. 39b Rn. 50 ff.; *Winkler* Kap. 33 Rn. 74.

77 *Ernemann* § 316 Rn. 29.

78 BGH StV 2009, 359 f. = NStZ 2009, 280 f.; zuletzt StV 2012, 285 f.

79 BGH, Beschl. v. 02.08.2022 – 4 StR 231/22 = NStZ 2022, 741; Beschl. v. 02.06.2015 – 4 StR 111/15 = NStZ-RR 2015, 321; siehe bereits BGHSt 44, 216.

80 So allerdings AG Berlin-Tiergarten, Urt. v. 06.04.2011 – 310 Ds 3012 PLs 11869/10 (32/10) = NStZ-RR 2012, 59 (60).

81 Vgl. *Maatz* u.a. NZV 2016, 460 ff.; *König*, LK-StGB, 13. Aufl. 2020, § 316 Rn. 148a; *Pegel*, MüKo-StGB, 4. Aufl. 2022, § 316 Rn. 67; zur Unmöglichkeit einer Rückrechnung bei Kokain LG Berlin, Urt. v. 10.04.2012 = NZV 2012, 397 (398).

82 OLG Karlsruhe NZV 2011, 413 (ebd.); OLG Koblenz NStZ-RR 2005, 385 (ebd.); siehe auch BGH NJW 2017, 1403 (1404); kritisch aber OLG Karlsruhe NJOZ 2016, 15 f.

der Mittel und Substanzen im Blut im Sinne von § 24a Abs. 2 Satz 2 StVG vorzugeben. Da diese Grenzwerte keine Aussage über eine Dosis-Blutkonzentrations-Wirkungs-Beziehung enthalten, lässt ihre Überschreitung für sich genommen keinen zuverlässigen Rückschluss auf eine im konkreten Fall gegebene rauschmittelbedingte Fahrunsicherheit zu.[83]

Grenzwerte der Grenzwertkommission (§ 24a Abs. 2 Satz 1 StVG		
Cannabis	Tetrahydrocannabinol	1 ng/ml
Heroin/Morphin	Morphin	10 ng/ml
Kokain	Benzoylecgonin	75 ng/ml
Amphetamine	Amphetamin; Methylendioxyamfetamin	25 ng/ml
Metamphetamin	Metamphetamin	25 ng/ml

Die Annahme »drogenbedingter Ausfallerscheinungen« kann nicht allein darauf gestützt werden, dass der Angeklagte vor einer Polizeikontrolle geflüchtet ist. Zwar kann auch dann, wenn der Täter sich einer Festnahme entziehen will, eine deutlich unsichere, waghalsige und fehlerhafte Fahrweise für eine (drogenbedingte) Fahruntüchtigkeit sprechen. Das versteht sich jedoch nicht von selbst.[84] Es bedarf regelmäßig der Feststellung weiterer aussagekräftiger Beweisanzeichen; die Beeinträchtigung der Sehfähigkeit aufgrund einer drogenbedingten Pupillenstarre genügt hierfür nicht ohne Weiteres.[85]

Relative Fahruntüchtigkeit liegt nach dem Konsum von Betäubungsmitteln erst vor, wenn Umstände erkennbar sind, die – über die allgemeine Drogenwirkung hinaus – den sicheren Schluss zulassen, dass der Konsument in der konkreten Verkehrssituation fahrunsicher war. Die verkehrsspezifischen Untauglichkeitsindizien müssen also nicht lediglich allgemeine Drogenenthemmung erkennen lassen, sondern sich unmittelbar auf die Beeinträchtigung der Fahrereignung beziehen. Die Anforderungen an Art und Ausmaß drogenbedingter Ausfallerscheinungen sind aber umso geringer, je höher die im Blut festgestellte Wirkstoffkonzentration ist.[86] Solche Auffälligkeiten können sein: starke Ermüdung bzw. Schläfrigkeit, Konzentrationsstörungen, verzögerte Reaktion, Teilnahmslosigkeit, Begriffsstutzigkeit, verwaschene, schleppende Sprache, schleppender, schwankender Gang, Nervosität, gesteigert hektisches Verhalten, Geplapper, Sehbeeinträchtigung, Schweißausbrüche, Zittern, Unruhe.[87] 39

▶ Beachte also

Anders als bei Alkohol kann der Nachweis einer rauschmittelbedingten Fahrunsicherheit gemäß § 315c Abs. 1 Nr. 1a), § 316 StGB nicht allein durch einen bestimmten Blutwirkstoffbefund geführt werden. Es bedarf neben dem Blutwirkstoffbefund noch weiterer aussagekräftiger Beweisanzeichen, die im konkreten Einzelfall belegen, dass die Gesamtleistungsfähigkeit des betreffenden Kraftfahrzeugführers so weit herabgesetzt war, dass er nicht mehr fähig gewesen ist, sein Fahrzeug im Straßenverkehr eine längere Strecke, auch bei Eintritt schwieriger Verkehrslagen, sicher zu steuern. Grundsätzlich kann hierbei auch aus der Fahrweise auf eine relative Fahruntüchtigkeit geschlossen werden. Befand sich der Täter auf der Flucht vor der Polizei, ist der Tatrichter nicht gehindert, in einer deutlich unsicheren, waghalsigen und fehlerhaften Fahrweise ein Beweisanzeichen für eine rauschmittelbedingte Fahruntüchtigkeit zu sehen.[88]

83 BGH StV 2012, 285 f. m.w.N.
84 BGH StV 2000, 618 f.
85 BGHSt 44, 219 m. Anm. *Artkämper* NJW 1999, 213; *Berz* NStZ 1999, 407; *Schreiber* NJW 1999, 1770; OLG Bamberg BA 2007, 255; DAR 2007, 274; OLG Frankfurt am Main NStZ-RR 2007, 249.
86 BGHSt 44, 219, 225; vgl. auch BVerfG NJW 2002, 2378 [2379].
87 *Deutscher* StRR 2015, 367, 368 f.; *Fromm* NZV 2014, 441 f.
88 BGH, Beschl. v. 31.01.2017 – 4 StR 597/16, StV 2017, 323 f.

40 Kokain ist ein berauschendes Mittel, dessen Genuss – ebenso wie der von Alkohol – zu einem Rauschzustand und einer dadurch bedingten Enthemmung führen kann. Bei einem kombinierten Genuss von Alkohol und Kokain kann der Kokaingenuss das Hemmungsvermögen zusätzlich mindern. Naturwissenschaftlich gesicherte Erkenntnisse, die der Annahme einer solchen Kombinationswirkung der enthemmenden Wirkung von Alkohol und Kokain entgegenstehen, liegen nicht vor. Vielmehr können nach den bisherigen wissenschaftlichen Erkenntnissen die Wechselwirkungen bei einer Mischintoxikation infolge Alkohol- und Kokaingenusses unterschiedlich ausfallen. Der kombinierte Genuss dieser berauschenden Mittel kann dazu führen, dass die alkoholbedingte Dämpfung des Antriebsniveaus vermindert wird, während zugleich eine alkoholbedingte Enthemmung verstärkt wird.[89] Im Einzelfall muss deshalb konkret festgestellt werden, in welchem Umfang der Kokaingenuss die Alkoholverträglichkeit beeinflusst haben kann.

▶ Hinweis

41 Der Nachweis kann durch eine Blutprobe, aber auch durch Haarproben oder Urinproben[90] erfolgen.

▶ Beachte

In Zusammenhang mit einer Betäubungsmittelabhängigkeit ist eine Aufhebung der Schuldfähigkeit (§ 20 StGB) regelmäßig ausgeschlossen. Die Abhängigkeit von Betäubungsmitteln begründet für sich allein noch nicht einmal die erhebliche Verminderung der Schuldfähigkeit im Sinne von § 21 StGB. Derartige Folgen sind bei einem Rauschgiftsüchtigen vielmehr nur ausnahmsweise gegeben, und zwar – unter Umständen – dann, wenn er das Delikt im Zustand eines akuten Rausches verübt oder wenn langjähriger Betäubungsmittelkonsum zu schwersten Persönlichkeitsveränderungen geführt hat oder der Täter unter starken Entzugserscheinungen bzw. der Angst vor solchen leidet und dadurch dazu getrieben wird, sich mittels einer Straftat Drogen zu verschaffen[91].

g) Beeinträchtigung der Schuldfähigkeit durch Alkohol (§§ 20, 21 StGB)

42 Einen Rechts- oder Erfahrungssatz, wonach ab einer bestimmten Höhe der BAK regelmäßig vom Vorliegen einer krankhaften seelischen Störung durch einen akuten Alkoholrausch – und damit von einer Schuldfähigkeit bzw. erheblich verminderte Steuerungsfähigkeit[92]– auszugehen ist, gibt es nicht[93]. Eine hohe BAK[94] ist in diesem Zusammenhang ein zwar gewichtiges, aber keinesfalls allein maßgebliches oder vorrangiges Beweisanzeichen, wobei deren Bedeutung auch von der Alkoholgewöhnung des Täters beeinflusst sein kann.[95] Der Blutalkoholkonzentration kommt aber umso geringere Bedeutung zu, je mehr sonstige aussagekräftige psychodiagnostische Beweisanzeichen zur Verfügung stehen.[96] Ein Blutalkoholwert von 2,0 Promille oder mehr hat deshalb nicht automatisch zur Folge, dass eine erheblich verminderte Schuldfähigkeit im Sinne des § 21 StGB zu bejahen ist. Erforderlich ist vielmehr, wenn Feststellungen zur Täterpersönlichkeit, zum Tatgeschehen und zum Verhalten des Täters vor, während und nach der Tat getroffen werden können, eine Gesamtwürdigung

89 BGH, NStZ 2001, 88.
90 Vgl. dazu BVerfG, NStZ 1993, 482.
91 BGH, Beschl. v. 10.08.2011 – 4 StR 345/11; BGH NStZ-RR 2004, 39 f.; 2006, 88.
92 Vgl. auch *Detter* Einführung in die Praxis des Strafzumessungsrecht, 2009, II. Teil Rn. 79–91.
93 BGH, Beschl. v. 29.05.2012 – 1 StR 59/12 m.w.N. in Rn. 21 = BGHSt 57, 247 ff. = NJW 2012, 2672 ff. m. Anm. *Schiemann; Fahl* JZ 2013, 314 f.; *Kudlich* JA 2012, 871 f.
94 Für Blutalkoholkonzentration von 2,92 ‰ vgl. BGH NStZ 2005, 329; von 3,03 ‰: BGH, Beschl. v. 29.05.2012 – 1 StR 59/12 = BGHSt 57, 247 ff. = NStZ 2012, 560 = StV 2013, 20.
95 BGHSt 43, 66 ff.; BGH NStZ 2002, 532; 2005, 92; 2005, 329 f.
96 BGH, Beschl. v. 29.05.2012 – 1 StR 59/12, BGHSt 57, 247 ff. = NJW 2012, 2672 ff. m. Anm. *Schiemann; Fahl* JZ 2013, 314 f.

aller für und gegen das Vorliegen einer Beeinträchtigung sprechenden Beweisanzeichen. Gegenüber aussagekräftigen psychodiagnostischen Beweisanzeichen darf dabei einem Blutalkoholwert geringere Beweisbedeutung beigemessen werden, wenn dieser lediglich aufgrund von Trinkmengenangaben bei einer längeren Trinkzeit ermittelt worden ist.[97]

Die Indizwirkung einer *errechneten* BAK verliert mit der Dauer der Rückrechnung an Gewicht, 43 andere Faktoren, wie Alkoholgewöhnung, Tatvorgeschichte und psychodiagnostische Kriterien gewinnen an Bedeutung.[98] Das indizielle Gewicht einer BAK ist bei einem alkoholabhängigen Täter in der Regel geringer einzustufen als bei einem Gelegenheitskonsumenten. Der *Bundesgerichtshof* lässt aber die Frage offen, ob bei diesem Personenkreis die bei der Rückrechnung zugrunde zu legenden stündlichen Abbauwerte noch dem »gesicherten wissenschaftlichen Erkenntnisstand« entsprechen.[99]

Hält der Tatrichter die Trinkmengenangaben eines Angeklagten für nicht zu widerlegen, so muss er 44 aus der angegebenen Menge die Tatzeitblutalkoholkonzentration nach den von der Rechtsprechung anerkannten wissenschaftlichen Berechnungsmethoden bestimmen und seinem Urteil zugrunde legen. Geboten sein kann aber oft eine Kontrollrechnung zur Ermittlung des Mindestwertes. Der Tatrichter ist in einem solchen Fall gehindert, zuungunsten des Angeklagten von einem niedrigeren Blutalkoholwert auszugehen oder sogar eine Alkoholisierung überhaupt infrage zu stellen. Insbesondere darf er nicht den Blutalkoholwert durch die Annahme relativieren, dass eine geringere Blutalkoholkonzentration dem Erscheinungsbild und Leistungsverhalten des Täters eher entspreche. Sieht der Tatrichter Trinkmengenangaben eines Angeklagten als nicht widerlegt an, vermag er sich aber nicht davon zu überzeugen, dass diese zu dem errechneten Maximalwert geführt haben, so gebietet es der Zweifelssatz, im Bereich zwischen dem theoretisch höchsten und dem niedrigsten Wert die höchstmögliche Tatzeitblutalkoholkonzentration zu bestimmen.[100]

Von einer Berechnung der Tatzeit-BAK darf nur abgesehen werden, wenn sich die Angaben des 45 Angeklagten zum Alkoholkonsum sowohl zeitlich als auch mengenmäßig jedem Versuch einer Eingrenzung der in Betracht kommenden Mindest-BAK entziehen.[101] Die Beurteilung der Schuldfähigkeit richtet sich dann nur nach psychodiagnostischen Kriterien.

Psychodiagnostische Kriterien sind solche Umstände, die aussagekräftige Hinweise darauf geben kön- 46 nen, ob das Steuerungsvermögen trotz erheblicher Alkoholisierung erhalten geblieben ist; das können sein fehlende Ausfallerscheinungen in der Motorik, Leistungsverhalten (Hochklettern an Pfeiler und Maschendrahtzaun), Alkoholgewöhnung, detailreiche präzise Erinnerung.[102] Eingeschliffenes Verhalten und schlichte Handlungsmuster sind nicht ohne Weiteres geeignet, die Indizwirkung einer hohen BAK zu entkräften. Die Alkoholbeeinflussung darf nicht getrennt bewertet werden von sonstigen psychiatrischen Auffälligkeiten in der Person des Angeklagten. Psychodiagnostische Kriterien, die gegen eine erheblich verminderte Schuldfähigkeit sprechen, können sich aus der Täterpersönlichkeit, aus dem Tatgeschehen und dem Verhalten des Täters vor, während und nach der Tat ergeben. Die Kriterien für die Beurteilung können dabei in einigen Teilaspekten denen ähneln, die bei der Beurteilung einer affektbedingten tiefgreifenden Bewusstseinsstörung herangezogen werden.[103] Zu beachtende psychodiagnostische Beurteilungskriterien sind in diesem Zusammenhang nur solche Umstände, die Hinweise darauf geben können, ob das Steuerungsvermögen des Täters trotz der erheblichen Alkoholisierung erhalten geblieben ist. Bei hoher Alkoholgewöhnung können äußeres Leistungsverhalten und innere Steuerungsfähigkeit durchaus auseinanderfallen. Gerade bei

97 BGH NStZ 1998, 457.
98 BGH NStZ-RR 1998, 133; BGH, Beschl. v. 28.03.2007 – 5 StR 32/07.
99 BGH StV 1998, 258.
100 BGH StV 1998, 259 = BGHR StGB § 20 Blutalkoholkonzentration 18.
101 BGH NStZ-RR 1998, 107 [108].
102 Beispiele: BGH NStZ-RR 2009, 270; 2008, 335; 2006, 72 f.; StraFo 2008, 334 f.; BGH, Beschl. v. 12.11.2008 – 2 StR 450/08, BGHR StGB § 21 Blutalkoholkonzentration 40.
103 *Kröber* NStZ 1996, 569 [575].

Alkoholikern zeigt sich oft eine durch »Übung« erworbene Kompensationsfähigkeit insbesondere im Bereich grobmotorischer Auffälligkeiten. Dem Verhalten nach der Tat kommt in diesem Zusammenhang nur geringe Aussagekraft zu, weil bei dem Angeklagten durch den Unfall eine Ernüchterung eingetreten sein kann[104].

47 Folgende Gesichtspunkte können für oder gegen eine Beeinträchtigung der Schuldfähigkeit sprechen:

48 – *gegen Beeinträchtigung:*

– Detaillierte Einlassung – chronischer Alkoholkonsum – logische und schlüssige Handlungssequenzen verbunden mit motorischen Kombinationsleistungen – umsichtiges Reagieren auf plötzlich und unerwartet sich ändernde Situation – Situationserkennen – Wahrnehmungsvermögen – Rückzugsverhalten.

49 – *für Beeinträchtigung:*

– Handeln entsprechend bisherigen Verhaltensmustern – Sinnlosigkeit und Persönlichkeitsfremdheit der Tat.

50 – *sowohl für als auch gegen eine Schuldfähigkeit können sprechen:*

– BAK – Trunkenheitsgrad – Handlungsablauf – Erinnerungsvermögen (aber: Verdrängung) – spontanes und eingeschliffenes Handeln (= Leistungsverhalten) – Beobachtungen Dritter vom Leistungsvermögen des Angeklagten um den Tatzeitpunkt herum. Zielgerichtetes Verhalten muss nicht immer gegen eine Beeinträchtigung sprechen. Alkoholgewohnte Täter können sich unter Umständen im Rausch noch motorisch kontrolliert verhalten, obwohl ihr Hemmungsvermögen möglicherweise schon erheblich herabgesetzt ist.[105]

51 Eine BAK von – unter Umständen erheblich – weniger als 2 Promille spricht grundsätzlich gegen eine Beeinträchtigung. Der *Bundesgerichtshof*[106] hat aber bei einem nahe an 2 Promille liegenden Wert (1,95 Promille) ausgeführt, dass »in Anbetracht einer sinnlosen Tat« die Annahme einer erheblich verminderten Schuldfähigkeit »ernsthaft in Betracht kommt«. Bei einer starken Alkoholisierung lässt sich eine erheblich verminderte Steuerungsfähigkeit nur ausschließen, wenn gewichtige Anzeichen dafürsprechen, dass das Hemmungsvermögen des Täters zur Tatzeit erhalten geblieben war.[107]

52 Bei der Feststellung der *Schuldunfähigkeit* hat die Rechtsprechung schon bisher den psychodiagnostischen Beurteilungskriterien Vorrang eingeräumt. Eine Alkoholisierung von 3 Promille an aufwärts erfordert auch weiterhin eine nähere Prüfung, ob die Verantwortlichkeit des Angeklagten zur Tatzeit aufgehoben war.[108] Bei einer BAK von 3,41 Promille ist die Prüfung einer Aufhebung der Schuldfähigkeit veranlasst. Wenn sich die BAK dem Wert von 3 Promille (bzw. 3,3 Promille bei schwerwiegenden Gewaltdelikten) nähert oder überschreitet, sind die Anforderungen an die Aussagekraft von psychodiagnostischen Kriterien höher anzusetzen. Solche Kriterien können hochgradige Alkoholgewöhnung und die genaue, auch die Motivationslage einschließende Erinnerung sein, während eingeschliffenes Verhalten und schlichte Handlungsmuster nicht ohne Weiteres geeignet sind.

53 Die Anwendung des § 20 StGB ist rechtsfehlerhaft, wenn der Tatrichter sich ohne Berücksichtigung sonstiger Umstände allein auf die Höhe der BAK stützt. Er muss bei der Prüfung, ob die Voraussetzungen des § 20 StGB vorliegen, neben der BAK auch alle wesentlichen objektiven und subjektiven Umstände, die sich auf das Erscheinungsbild und das Verhalten des Täters vor, während und nach der Tat beziehen, beurteilen und gegeneinander abwägen. Auch bei Blutalkoholkonzentrationen, die grundsätzlich eine Schuldunfähigkeit nahelegen, ist eine individuelle Beurteilung nicht entbehrlich.[109]

104 BGH Beschl. v. 28.02.2018 – 4 StR 530/17 = NStZ-RR 2018, 136.
105 BGH, Beschl. v. 07.10.2003 – 4 StR 322/03; vgl. auch *Fischer* § 20 Rn. 23 ff.
106 BGH NStZ-RR 1998, 237 [238].
107 BGH, Urt. v. 14.10.2015 – 2 StR 115/15, NStZ-RR 2016, 103 f.
108 BGH, Beschl. v. 14.10.2015 – 2 StR 115/15, NStZ-RR 2016, 103; Beschl. v. 13.01.2010 – 2 StR 447/09; zu 2,97 Promille; vgl. BGH, Urt. v. 24.02.2010 – 2 StR 552/09; Beschl. v. 02.07.2015 – 2 StR 146/15, NStZ-RR 2015, 367 f. zu 3,9 Promille.
109 BGHR StGB § 20 Blutalkoholkonzentration 6; 9; 12; 16.

Bei der Berechnung der Tatzeitblutalkoholkonzentration ist von den für den Angeklagten günstigsten Werten auszugehen, also den Werten, die möglicherweise zur Annahme oder Nichtausschließbarkeit einer Schuldunfähigkeit führen. Bei der Rückrechnung ist deshalb mit dem höchstmöglichen Abbauwert unter Einbeziehung der ersten zwei Stunden nach Trinkende hochzurechnen (0,2 Promille/Std. + einmaliger Sicherheitszuschlag von 0,2 Promille). Liegt kein Blutprobenergebnis vor, ist vom niedrigsten Abbauwert (0,1 Promille/Std.) auszugehen und das geringste Resorptionsdefizit von 10 % der aus der Alkoholmenge errechneten BAK zu berücksichtigen. 54

h) Rechtfertigung

Als Rechtfertigungsgrund[110] kommt wohl (theoretisch) nur rechtfertigender Notstand (§ 34 StGB[111]; bei Ordnungswidrigkeiten: § 16 OWiG[112]) in Betracht. Bei mehreren (objektiv) gleichermaßen zur Gefahrenabwehr geeigneten Verhaltensweisen bildet nur diejenige einen Rechtfertigungsgrund, die in der konkreten Notstandssituation geboten ist. Ein solches »Gebotensein« liegt aber nicht vor, wenn von dem Täter ein anderes als das gezeigte Verhalten zu fordern oder ihm zuzumuten ist. Meist ist z.B. sowohl bei der Trunkenheitsfahrt eines Arztes zum Patienten als auch beim Transport verletzter oder erkrankter Personen zum Arzt oder ins Krankenhaus anderweitige Hilfe erreichbar.[113] Notwehr oder Nothilfe, etwa zur Verfolgung eines Unfall-Flüchtigen oder Entführers, scheiden aus, da die Tat des § 316 StGB sich nicht gegen den Angreifer richten kann, sondern das Universalrechtsgut der Sicherheit des Straßenverkehrs beeinträchtigt. 55

i) Vorsatz und Fahrlässigkeit

Da die Trunkenheit im Verkehr in § 316 StGB sowohl vorsätzlich[114] (Abs. 1) als auch fahrlässig[115] (Abs. 2) begangen werden kann, muss die Schuldform in die Urteilsformel aufgenommen werden. Eine Bestrafung wegen vorsätzlicher Trunkenheit im Verkehr setzt also voraus, dass der Fahrzeugführer seine alkoholbedingte Fahruntüchtigkeit kennt oder zumindest mit ihr rechnet und sie billigend in Kauf nimmt. Aus der Höhe der BAK kann in der Regel nicht auf eine vorsätzliche Trunkenheitsfahrt geschlossen werden.[116] Der Tatrichter muss deshalb unter Heranziehung aller Umstände des Einzelfalls, der Täterpersönlichkeit, des Trinkverlaufs sowie des Verhaltens des Täters während und nach der Tat entscheiden.[117] Die Höhe der BAK kann aber ein Indiz für die Annahme vorsätzlichen Handelns sein.[118] Ob der Täter des § 316 StGB bedingten Vorsatz hinsichtlich der Fahruntüchtigkeit hat, richtet sich nach den allgemeinen Grundsätzen. Eine Bestrafung wegen vorsätzlicher Trunkenheit im Verkehr setzt daher voraus, dass der Fahrzeugführer seine alkoholbedingte Fahruntüchtigkeit kennt oder zumindest mit ihr rechnet und sich damit abfindet. Maßgeblich ist, ob der Fahrzeugführer eine so gravierende Beeinträchtigung seiner Leistungsfähigkeit zumindest für möglich hält und sich mit ihr abfindet oder billigend in Kauf nimmt, dass er den im Verkehr zu stellenden Anforderungen nicht mehr genügt. Absolute Grenzwerte müssen vom Vorsatz nicht umfasst sein, da es sich bei ihnen nicht um Tatbestandsmerkmale, sondern um Beweisregeln handelt. Der Tatrichter hat den Grad der Alkoholisierung mit dem ihm zukommenden Gewicht – für sich genommen oder zusam- 56

110 Zu Rechtfertigungsgründen bei Verkehrsstraftaten und Verkehrsordnungswidrigkeiten: *Blum* NZV 2011, 378 ff.

111 Vgl. dazu *Zieschang* LK 12. Aufl. § 34 StGB Rn. 42.; *Burmann* in: Burmann/Heß/Hühnermann/Jahnke § 316 Rn. 31.

112 Vgl. dazu *Burhoff* Verkehrsrecht aktuell 2005, 162; *Zieschang*. § 34 Rn. 88; OLG Düsseldorf NZV 2008, 470.

113 Zur Geschwindigkeitsüberschreitung vgl. auch OLG Hamm, Beschl. v. 30.10.2001 – 1 Ss OWi 824/01.

114 Auch bedingter Vorsatz genügt.

115 *Burmann* in: Burmann/Heß/Hühnermann/Jahnker/§ 316 Rn. 29 ff.

116 Ausführlich Brandenburgisches OLG BA 2010, 33 ff. m.w.N.; vgl. auch KG BA 2012, 46 ff.; OLG Hamm, Beschl. v. 16.02.2012 – III-3 RVs 8/12, 3 RVs 8/12, BA 2012, 164.

117 OLG Hamm NZV 2005, 161.

118 BGH VRS 65, 359; NZV 1991, 117; OLG Köln BA 2000, 372.

men mit anderen Indizien – in seine Überzeugungsbildung vom Vorliegen bedingt vorsätzlichen oder fahrlässigen Handelns einzubeziehen.[119] Als weitere Indizien kommen in Betracht einschlägige Vorstrafen, die noch nicht lange zurückliegen,[120] die Weiterfahrt nach einem Unfall,[121] vom Fahrer als auf Alkohol beruhend erkannte Ausfallerscheinungen sowie Hinweise und Warnungen Dritter.

▶ Beachte also

Eine Bestrafung wegen vorsätzlicher Trunkenheit im Verkehr setzt voraus, dass der Fahrzeugführer seine alkoholbedingte Fahruntüchtigkeit kennt oder zumindest mit ihr rechnet und sie billigend in Kauf nimmt. Allein die hohe Blutalkoholkonzentration zur Tatzeit rechtfertigt anerkanntermaßen nicht den Schluss auf eine vorsätzliche Tatbegehung; vielmehr müssen weitere auf einen Vorsatz hindeutende Umstände hinzutreten. Zu würdigen sind dabei insbesondere – soweit feststellbar – die Täterpersönlichkeit, der Trinkverlauf, der Zusammenhang zwischen Trinkverlauf und Fahrtantritt sowie das Verhalten des Täters vor und während der Fahrt.[122]

j) Konkurrenzen

57 § 316 StGB ist ein Dauerdelikt. Der Täter begeht von Fahrtbeginn bis -ende nur eine Gesetzesverletzung. Besondere Vorkommnisse und Fahrtunterbrechungen können aber eine Zäsur bewirken, so dass zwei Taten gegeben sind, die dann gemäß § 53 StGB zueinander in Tatmehrheit stehen. Kurzes, verkehrsbedingtes Anhalten z.B. an einer Ampel oder bei einem Stau führt aber zu keiner Unterbrechung, ebenso wenig eine kurzzeitige Fahrtunterbrechungen, die noch Bezug zum Straßenverkehr haben wie Einladen, Aufnehmen eines Mitfahrers, Tanken oder Toilettenbesuch.[123] Längerdauernde Unterbrechungen wie ein Gaststättenbesuch beinhalten dagegen eine Zäsur, ebenso ein Unfall[124] oder wenn der Betroffene nach durchgeführter AA-Messung trotz Belehrung weiterfährt.[125] In Fällen einer ununterbrochenen Polizeiflucht ist regelmäßig von Tateinheit bezüglich aller durch die Fahrt verwirklichten Delikte auszugehen.[126] Ein tatmehrheitliches Entfernen vom Unfallort kann gegeben sein, wenn sich der Fahrer nach Beendigung der Fluchtfahrt zu Fuß vom Unfallort entfernt.[127]

58 Hatte ein Angeklagter bei einem Treffen mit einem Rauschgiftdealer von diesem Rauschgift erhalten und anschließend in seinem Pkw transportiert, wobei er unter Drogeneinfluss stand, sind die Transportfahrt (strafbar als unerlaubter Besitz von Betäubungsmittel in nicht geringer Menge) und das dabei begangene Verkehrsdelikt des Fahrens unter Einfluss berauschender Mittel prozessual und meist auch materiell eine Tat i.S.d. § 264 StPO. Zwischen diesen Delikten besteht nur dann keine verfahrensrechtliche Identität, wenn das Mitsichführen der Betäubungsmittel in keinem inneren Beziehungs- bzw. Bedingungszusammenhang mit dem Fahrvorgang steht. Ein solcher Zusammenhang besteht aber jedenfalls dann, wenn die Fahrt gerade dem Transport der Drogen dient, also etwa den Zweck verfolgt, sie an einen sicheren Ort zu bringen.[128]

119 BGH, Urt. v. 09.04.2015 – 4 StR 401/14, NJW 2015, 1834 f. m. Anm. *König* DAR 2015, 737 f.; *Sandherr* NZV 2015, 402 f.; *Schulz-Merkel* jurisPR-StrafR 13/2015 Anm. 1.

120 OLG Hamm BA 2005, 384.

121 OLG Saarbrücken DAR 2008, 402.

122 Brandenburgisches Oberlandesgericht, Beschl. v. 05.02.2013 – (2) 53 Ss 1/13 (4/13), BA 2013, 138 f.; vgl. dazu *Küpper* jurisPR-StrafR 14/2013 Anm. 2.

123 BGH VRS 47, 178; BGH NStZ 1997, 508.

124 BGHSt 23, 141; 25, 72.

125 OLG Hamm VRS 115, 142.

126 BGH, Beschl. v. 07.09.2016 – 4 StR 221/16; Urt. v. 20.02.2003 – 4 StR 228/02, BGHSt 48, 233, 239 = DAR 2003, 228.

127 BGH, Beschl. v. 01.02.2017 – 4 StR 401/16 = DAR 2018, 90.

128 BGH NStZ 2009, 705 f.

2. § 315c StGB – Gefährdung des Straßenverkehrs

Strafbar macht sich, wer im Straßenverkehr ein Fahrzeug führt, obwohl er infolge des Genusses alkoholischer Getränke oder anderer berauschender Mittel oder infolge geistiger oder körperlicher Mängel nicht in der Lage ist, das Fahrzeug sicher zu führen, oder grob verkehrswidrig und rücksichtslos im Einzelnen aufgeführte Verkehrsverstöße begeht und dadurch Leib oder Leben eines anderen Menschen oder fremde Sachen von bedeutendem Wert gefährdet.[129] 59

Geschütztes Rechtsgut der Bestimmung des § 315c StGB ist die Sicherheit des Straßenverkehrs. 60 Die Vorschrift bezieht sich also nur auf den öffentlichen Verkehrsraum (s. oben). Das Delikt kann als Vorsatztat (Abs. 1), als Vorsatz-Fahrlässigkeits-Kombination (Abs. 3 Nr. 1) sowie als reine Fahrlässigkeitstat (Abs. 3 Nr. 2) begangen werden.

Auch § 315c StGB ist ein eigenhändiges Delikt. Täter kann deshalb nur sein, wer ein Fahrzeug selbst 61 in Bewegung setzt oder es während der Fahrt lenkt.[130] Wer nur als Beifahrer im Fahrzeug sitzt, macht sich demnach grundsätzlich nicht der (mit)täterschaftlichen Beteiligung schuldig, es sei denn, er greift selbst in das Steuer, um das Fahrzeug zielgerichtet zu lenken.[131]

§ 315c Abs. 1 Nr. 1 StGB unterscheidet zwischen rauschbedingter Fahrunsicherheit und solcher 62 infolge geistiger oder körperlicher Mängel. Der Begriff der rauschbedingten Fahrunsicherheit entspricht dem Begriff in § 316 StGB.

Der Begriff des geistigen oder körperlichen Mangels im Sinne des § 315c Abs. 1 Nr. 1 Buchst. b) StGB ist umfassend zu verstehen; er erfasst sämtliche psychopathologischen und körperlichen Defektzustände, die die Gefahr einer Aufhebung der Fahrsicherheit mit sich bringen. Unerheblich ist dabei, ob der Mangel dauerhafter oder nur vorübergehender Natur ist. Auch Anfallsleiden, die zwar außerhalb akuter Phasen keine beeinträchtigenden Wirkungen entfalten, aber die erhebliche Gefahr jederzeit auftretender Anfälle und damit einer plötzlich eintretenden Fahrunsicherheit begründen, unterfallen der Vorschrift. Von § 315c Abs. 1 Nr. 1 Buchst. b) StGB werden insbesondere auch seelische Anomalien wie Psychosen, Persönlichkeitsstörungen und abnorme Erlebnisreaktionen (Neurosen) erfasst.[132] Körperliche und geistige Mängel im Sinne des § 315c Abs. 1 Nr. 1 Buchst. b) StGB sind nicht nur solche Erkrankungen, die die Verkehrstüchtigkeit des Fahrers ständig oder – für die Zeit ihres Bestehens – vorübergehend herabsetzen. Allerdings erfasst § 315c Abs. 1 Nr. 1 Buchst. a) StGB, der das Fahren nach Genuss alkoholischer Getränke oder anderer berauschender Mittel untersagt, nur Zustände, in denen die psychophysische Leistungsfähigkeit aktuell beeinträchtigt ist. Daraus folgt aber nicht, dass für die Auslegung von § 315c Abs. 1 Nr. 1 Buchst. b) StGB die Annahme einer entsprechenden Beschränkung geboten wäre. Unter Berücksichtigung von Sinn und Zweck der Vorschrift besteht kein Unterschied zwischen Krankheiten, die die Verkehrstüchtigkeit eines Kraftfahrers ständig oder für die Zeit ihres Bestehens herabsetzen, und Erkrankungen, die die erhebliche Gefahr einer plötzlich eintretenden Verkehrsuntüchtigkeit begründen, im Übrigen – also außerhalb akuter Phasen – aber keine beeinträchtigende Wirkung entfalten. Auch Übermüdung kann zur Fahruntauglichkeit nach § 315c Abs. 1 Nr. 1 Buchst. b) StGB führen.[133]

§ 315c Abs. 1 Nr. 2 StGB zählt sieben strafbewehrte Verhaltensweisen auf (»sieben Todsünden«). Ein »einfacher« Verstoß mit der Folge einer Gefährdung oder gar Verletzung anderer Rechtsgüter ist lediglich eine Ordnungswidrigkeit und kann nur durch Verhängung eines Bußgeldes geahndet werden. Zur Straftat wird das Verhalten erst dadurch, dass grob verkehrswidrig und rücksichtslos gehandelt wird. Bei einer vorsätzlichen Gefährdung des Straßenverkehrs durch Nichtbeachtung der

---

129 Vgl. dazu *Zimmermann* JuS 2010, 22 ff.; zur Verteidigung bei Verstößen gegen § 315c StGB vgl. *Lenhart* NJW 2009, 967 f.; *Krumm* DAR 2013, 669 ff.

130 BGHSt 35, 390 (393).

131 BGHSt 36, 341 (343); BGH NJW 1996, 208; StraFo 2007, 475.

132 BGHSt 40, 341; BGH Urt. v. 12.09.2019 – 4 StR 146/19, NStZ 2020, 297 f.

133 AG Emmendingen, Urt. v. 01.03.2023 – 13 Cs 540 Js 31374/22, BA 2023, 249 f.

Vorfahrt (§ 315c Abs. 1 Nr. 2 Buchst. a StGB) muss die Tathandlung über die ihr innewohnende latente Gefährlichkeit hinaus in eine kritische Situation geführt haben, in der die Sicherheit einer bestimmten Person oder Sache von bedeutendem Wert so stark beeinträchtigt war, dass es nur noch vom Zufall abhing, ob das Rechtsgut verletzt wurde oder nicht.[134] Überholen im Sinne der Straßenverkehrsordnung meint den tatsächlichen Vorgang des Vorbeifahrens von hinten an Fahrzeugen anderer Verkehrsteilnehmer, die sich auf derselben Fahrbahn in dieselbe Richtung bewegen oder verkehrsbedingt halten. Das Tatbestandsmerkmal des Überholens wird auch durch ein Vorbeifahren von hinten an sich in derselben Richtung bewegenden oder verkehrsbedingt haltenden Fahrzeugen verwirklicht, das unter Benutzung von Flächen erfolgt, die nach den örtlichen Gegebenheiten zusammen mit der Fahrbahn einen einheitlichen Straßenraum bilden.[135] Ein falsches Fahren bei einem Überholvorgang i.S.v. § 315c Abs. 1 Nr. 2b StGB liegt vor, wenn der Täter eine der in § 5 StVO normierten Regeln verletzt oder einen anderweitigen Verkehrsverstoß begeht, der das Überholen als solches gefährlicher macht, so dass ein innerer Zusammenhang zwischen dem Verkehrsverstoß und der spezifischen Gefahrenlage des Überholens besteht.[136]

a) Konkrete Gefahr

63 Anders als § 316 StGB setzt § 315c Abs. 1 StGB in allen seinen Tatvarianten eine konkrete Gefährdung von Leib oder Leben einer anderen Person oder fremder Sachen von bedeutendem Wert voraus. Die von einem alkoholbedingt verkehrsunsicheren Fahrer ausgehende (abstrakte) Gefahr muss sich zu einer konkreten verdichtet haben. Die Tathandlung muss dabei über die ihr innewohnende latente Gefährlichkeit hinaus im Hinblick auf einen bestimmten Vorgang in eine kritische Situation geführt haben; in dieser Situation muss – was nach der allgemeinen Lebenserfahrung aufgrund einer objektiv nachträglichen Prognose zu beurteilen ist – die Sicherheit einer bestimmten Person oder Sache so stark beeinträchtigt worden sein, dass es nur noch vom Zufall abhing, ob das Rechtsgut verletzt wurde oder nicht.[137] Der BGH stellt insoweit oft auf einen »Beinahe-Unfall« ab und meint damit ein Geschehen, bei dem ein unbeteiligter Beobachter zu der Einschätzung gelangt, dass das »gerade noch einmal gut gegangen« ist.[138] Es reicht deshalb für die Annahme einer konkreten Gefahr nicht aus, dass sich Menschen oder Sachen in enger räumlicher Nähe zu dem Täterfahrzeug befunden haben.[139] Umgekehrt wird die Annahme einer Gefahr aber auch nicht dadurch ausgeschlossen, dass ein Schaden ausgeblieben ist, weil sich der Gefährdete – etwa aufgrund überdurchschnittlich guter Reaktionen oder durch Ausweichen – noch in Sicherheit bringen konnte oder weil es dem Täter – für den objektiven Beobachter überraschend – gelungen ist, sein Fahrzeug noch rechtzeitig anzuhalten.[140]

b) Gefährdung von Menschen und fremden Sachen von bedeutendem Wert

64 Die Verletzung[141] muss entweder den Mitinsassen oder anderen Verkehrsteilnehmern drohen.[142] Eine konkrete Gefährdung ist grundsätzlich nur anzunehmen, wenn nach allgemeiner Lebenserfahrung

134 BGH, Beschl. v. 21.05.2015 – 4 StR 164/15, DAR 2015, 702 f.
135 BGH, Beschl. v. 15.09.2016 – 4 StR 90/16, NJW 2016, 3462 f.; v. 15.03.2017 -4 StR 469/17 = StV 2018, 431 f.
136 BGH, Beschl. v. 22.11.2016 – 4 StR 501/16, NZV 2017, 135 f. m. Anm. *Preuß*.
137 BGHSt 13, 66; 22, 341; BGH VRS 44, 422; BGH, Beschl. v. 16.04.2012 – 4 StR 45/12, NStZ 2012, 701 f.; v. 21.05.2015 – 4 StR 164/15, DAR 2015, 702 f.
138 BGH NJW 1995, 3131; 1996, 329; NStZ 2003, 26; BGH, Beschl. v. 27.04.2017 – 4 StR 61/17; Beschl. v. 22.11.2022 – 4 StR 112/22.
139 BGH, Beschl. v. 20.12.2022 – 4 StR 377/22 = StV 2023, 463 (464); Urt. v. 22.03.2012 – 4 StR 558/11 = NJW 2012, 1524 f. = NStZ 2012, 38 ff.
140 BGH, Beschl. v. 06.07.2021 – 4 StR 155/21.
141 Zur Problematik des Fußgängerüberweges im Rahmen von § 315c Abs. 1 Nr. 2 Buchst. c) *Termig* SVR 2005, 289 ff.; allgemein zu § 26 StVO *Krumm* SVR 2020,452 ff.
142 BGH, Beschl. v. 16.04.2012 – 4 StR 45/12, NStZ 2012, 701 f.

aufgrund objektiv nachträglicher Prognose die Sicherheit einer bestimmten Person oder Sache von bedeutendem Wert durch das Verhalten des Täters so stark beeinträchtigt ist, dass es nur vom Zufall abhängt, ob die Rechtsgutverletzung eintritt oder nicht.[143] An der Tat als Anstifter oder Gehilfen Beteiligte (§§ 26, 27 StGB) fallen aus dem Schutzbereich heraus.[144] Ansonsten muss es auch bei alkoholbedingten Fahrfehlern (Schlangenlinienfahren oder vorübergehendes Abkommen von der Fahrbahn) für den Beifahrer zu einer kritischen Situation gekommen sei. Nur im Fall hochgradiger Alkoholisierung, bei der der Fahrer zu kontrollierten Fahrmanövern nicht mehr im Stande ist, liegt eine konkrete Gefährdung vor.[145] Eine konkrete Gefährdung des *Beifahrers* ist also nur dann gegeben, wenn der auf der Trunkenheit des Fahrers beruhende Fahrfehler zu einer kritischen Verkehrssituation geführt hat.[146] In Betracht kommt auch eine rechtfertigend wirkende eine Einwilligung des Mitinsassen in die (risikobehaftete) Trunkenheitsfahrt. Diese kann aber nur rechtliche Bedeutung haben bei einer Verletzung des Mitfahrers, falls nicht § 228 StGB entgegensteht (Problem der Selbstgefährdung).[147] Ein Beinaheunfall und damit eine Strafbarkeit nach § 315c Abs. 1 StGB liegen auch dann vor, wenn der Fahrzeugführer zur Vermeidung einer Polizeikontrolle an der Fahrerseite des ihm entgegenkommenden Polizeiwagens vorbeifährt und der zu diesem Zeitpunkt aus dem Polizeiwagen aussteigende Polizeibeamte eine Kollision nur dadurch abwenden kann, dass er »im letzten Augenblick« seinen Fuß in das Wageninnere zurückzieht und die Tür schließt.[148]

Von § 315c Abs. 1 StGB werden grundsätzlich alle täterfremden Sachen erfasst. Die Gefährdung 65
des geführten, dem Täter aber nicht gehörenden Fahrzeugs scheidet aber ebenfalls aus dem Schutzbereich des § 315c StGB aus, da es notwendiges Tatmittel ist.[149] Entscheidend ist, ob der Angeklagte sonst eine fremde Sache von bedeutendem Wert gefährdet hat.[150] Dass eine Sache von bedeutendem Wert nur in wirtschaftlich unbedeutendem Maße gefährdet wird, genügt nicht.[151] Das heißt es ist zu prüfen, ob auch ein bedeutender Schaden gedroht hat. Entscheidend ist allein der Gefährdungsschaden. Ein tatsächlich eingetretener Schaden ist daher grundsätzlich unerheblich. Der Wert der Sache ist hierbei nach dem Verkehrswert und die Höhe des (drohenden) Schadens nach der am Marktwert zu messenden Wertminderung zu berechnen.[152] Die Wertgrenze wird in der Rechtsprechung unterschiedlich beurteilt,[153] nach der Rechtsprechung des *Bundesgerichtshofs* liegt sie jedoch nach wie vor bei mindestens 750,- EUR.[154]

§ 315c Abs. 1 StGB setzt somit voraus, dass einer fremden Sache von bedeutendem Wert auch ein bedeutender Schaden gedroht hat. Es sind daher stets zwei Prüfschritte erforderlich, zu denen im Strafurteil entsprechende Feststellungen zu treffen sind: Zunächst ist zu fragen, ob es sich bei der gefährdeten Sache um eine solche von bedeutendem Wert handelt, was etwa bei älteren oder bereits vorbeschädigten Fahrzeugen fraglich sein kann. Handelt es sich um eine Sache von bedeutendem Wert, so ist in einem zweiten Schritt zu prüfen, ob ihr auch ein bedeutender Schaden gedroht hat,

---

143 BGH NStZ 1985, 263.

144 BGHSt 6, 100, 232; 11, 148, 199; 27, 40; BGH NJW 1991, 1120; BGH NStZ-RR 1998, 150; 1999, 120; BGH, Beschl. v. 16.04.2012 – 4 StR 45/12, NStZ 2012, 701 f.

145 BGH NZV 1995, 325 m. Anm. *Berz* NStZ 1996, 85.

146 BGH NStZ 1996, 83 = NJW 1995, 3131; vgl. auch NJW 1992, 2644 = NStZ 1992, 501.

147 BGHSt 53, 55 ff.

148 BGH, Beschl. v. 22.11.2022 – 4 StR 112/22.

149 BGHSt 27, 40.

150 Zur Feststellung einer konkreten Gefährdung fremder Sachen von bedeutendem Wert vgl. auch BGH NStZ 2010, 216 f.; NStZ-RR 2010, 120 f.

151 BGH NStZ-RR 2008, 83; BGH, Beschl. v. 16.03.2010 – 4 StR 82/10.

152 BGH, Beschl. v. 31.01.2017 – 4 StR 597/16 = StV 2017, 323 f.

153 Z.B. BGHSt 48, 119; BGH DAR 2008, 272; StV 2008, 580 = NStZ-RR 2008, 289: 750 Euro. S. auch BGH NStZ 2010, 216 f.; OLG Thüringen StV 2009, 194; 1.300 Euro; *Jagow/Burmann/Heß* StVR, § 315c Rn. 7: 1.200 Euro; *Fischer* § 315 Rn. 16a; § 315b Rn. 16; *Ernemann* § 315c Rn. 25; *König* in LK 12. Aufl. § 315 Rn. 94 ff.; vgl. auch *Himmelreich/Halm* NStZ 2008, 384; 2009, 375, 376.

154 BGH NZV 2012, 448; NStZ 2011, 215; dazu *Krenberger* jurisPR-VerkR 9/2011 Anm. 1.

wobei ein tatsächlich entstandener Schaden geringer sein kann als der maßgebliche Gefährdungsschaden.[155]

c) Ursächlichkeit

66 Die alkoholbedingte Fahruntüchtigkeit muss für die Fahrweise des Angeklagten ursächlich gewesen sein. Andere Gründe müssen ausscheiden. Die Gefahr muss unmittelbare Folge der Tathandlung sein. Eine reine Kausalbeziehung zwischen Fahren und Erfolg reicht aber nicht aus. Die Gefährdung muss vielmehr darüber hinaus auf der Fahrunsicherheit beruhen,[156] das heißt, die Gefahr muss ihren Grund gerade in gesetzlich verbotener Verhaltensweise haben; sie muss die typische Folge, die aus der Fahrunsicherheit abstrakten Gefahr resultiert, sein.[157] So lässt sich eine Verurteilung wegen vorsätzlicher Trunkenheit im Straßenverkehr nicht damit begründen, dass der Angeklagte mit einer BAK von 0,96 Promille »mit einer Geschwindigkeit von bis zu 150 km/h durch das Stadtgebiet fuhr und er auch mehrere Rotlichtverstöße beging«, wenn der Angeklagte dieses Fahrverhalten auf der Flucht vor einem ihn verfolgenden Polizeifahrzeug gezeigt hat. Zwar kann auch dann, wenn der Täter sich der Festnahme durch die Polizei entziehen will, eine deutlich unsichere, waghalsige und fehlerhafte Fahrweise für eine alkoholbedingte Fahruntüchtigkeit sprechen; das liegt aber nicht nahe, wenn sowohl die hohe Geschwindigkeit als auch die Lichtzeichenverstöße ausschließlich auf dem Entschluss des Angeklagten zur Flucht beruhten.[158] Bei der Prüfung der Frage, ob ein Verkehrsunfall für einen alkoholbedingt fahruntüchtigen Kraftfahrer auf ein pflichtwidriges Verhalten zurückzuführen und vermeidbar war, ist nicht darauf abzustellen, ob der Fahrer in nüchternem Zustand den Unfall und die dabei eingetretenen Folgen bei Einhaltung derselben Geschwindigkeit hätte vermeiden können; vielmehr ist zu prüfen, bei welcher geringeren Geschwindigkeit er – abgesehen davon, dass er als Fahruntüchtiger überhaupt nicht am Verkehr teilnehmen durfte – noch seiner durch den Alkoholeinfluss herabgesetzten Wahrnehmungs- und Reaktionsfähigkeit bei Eintritt der kritischen Verkehrslage hätte Rechnung tragen können, und ob es auch bei dieser Geschwindigkeit zu dem Unfall und den dabei eingetretenen Folgen gekommen wäre[159].

▶ Beachte

Die Tathandlung muss über die ihr innewohnende latente Gefährlichkeit hinaus in eine kritische Situation geführt haben, in der – was nach allgemeiner Lebenserfahrung aufgrund einer objektiv nachträglichen Prognose zu beurteilen ist – die Sicherheit einer bestimmten Person oder Sache so stark beeinträchtigt war, dass es nur noch vom Zufall abhing, ob das Rechtsgut verletzt wurde oder nicht.[160]

d) Grob verkehrswidrig und rücksichtslos

67 Grob verkehrswidrig und rücksichtslos muss der Täter handeln; nur eines dieser Merkmale reicht nicht aus. Das Merkmal der groben Verkehrswidrigkeit stellt mehr auf die objektive, das Merkmal der Rücksichtslosigkeit mehr auf die subjektive Seite ab, praktisch kann beides sich überschneiden. Grob verkehrswidrig ist ein Verhalten, das sich objektiv als besonders schwerer Verstoß gegen die Verkehrsvorschriften und gegen die Verkehrssicherheit darstellt.[161] Rücksichtslos handelt, wer sich aus eigensüchtigen Gründen über seine Pflichten gegenüber anderen Verkehrsteilnehmern hinwegsetzt oder aus Gleichgültigkeit von vornherein Bedenken gegen sein Verhalten nicht aufkommen lässt und

155 BGH Beschl. v. 31.01.2017 – 4 StR 597/16 = StV 2017, 323 f.
156 BGHSt 8, 32; BGH VRS 65, 359.
157 BGH NStZ 2007, 222; vgl. auch BGH NSZ-RR 2004, 108; NStZ 2007, 330; NZV 2006, 272.
158 BGH DAR 1995, 166.
159 BGH, Urt. v. 06.12.2012 – 4 StR 369/12, NStZ 2013, 231 f. m. Anm. *Foth*.
160 BGH, Urt. v. 22.03.2012 – 4 StR 558/11, StV 2012, 658 f.= NStZ 2012, 384.
161 BGHSt 5, 392; OLG Koblenz SVR 2009, 426 f.; Rechtsprechungsübersicht bei *Freyschmidt/Krumm*, Verteidigung im Verkehrsstrafrecht, 12. Aufl. 2024, Rn. 324, 329 f.

unbekümmert drauf losfahrt.[162] Das Merkmal der Rücksichtslosigkeit erfordert mithin eine sog. »üble Verkehrsgesinnung«,[163] die in der konkreten Tat hervortreten muss. Nicht nur bei Überschreitung der zulässigen Höchstgeschwindigkeit um mehr als das Doppelte kann von einer grob verkehrswidrigen Geschwindigkeitsüberschreitung im Sinne des § 315c Abs. 1 Nr. 2 Buchst. d) StGB gesprochen werden. Es genügt eine erhebliche Überschreitung der zulässigen Höchstgeschwindigkeit.[164]

e) Vorsatz und Fahrlässigkeit

Die vorsätzliche Gefährdung des Straßenverkehrs nach § 315c Abs. 1 Nr. 1 StGB setzt hinsichtlich aller Tatumstände zumindest bedingten Vorsatz voraus. Es ist daher nicht nur Vorsatz hinsichtlich der Kenntnis der Fahrunsicherheit, sondern auch bezüglich der konkreten Gefahr erforderlich. Der Täter muss die Umstände kennen, die den Gefahrerfolg in Form eines Beinaheunfalls naheliegend erscheinen lassen und er muss diese Gefahrenlage zumindest billigend in Kauf nehmen.[165] Aus einem besonders gefährlichen Überholmanöver eines Pkw-Fahrers darf auf den Vorsatz hinsichtlich einer Gefährdung des Straßenverkehrs geschlossen werden.[166] 68

3. § 315b StGB – Gefährlicher Eingriff in den Straßenverkehr

Der Tatbestand des § 315b StGB[167] ist dreistufig aufgebaut:[168] Durch eine der in Abs. 1 bezeichneten Tathandlungen muss die Sicherheit des Straßenverkehrs beeinträchtigt und hierdurch eine konkrete Gefahr für eines der genannten Individualrechtsgüter begründet worden sein. Erforderlich ist danach, dass die Tathandlung eine abstrakte Gefahr für die Sicherheit des Straßenverkehrs bewirkt, die sich zu einer konkreten Gefahr für eines der genannten Schutzobjekte verdichtet[169] und die Begründung der abstrakten Gefahr zeitlich dem Eintritt der konkreten Gefahr vorausgehen, etwa wenn der Eingriff zu einer kritischen Verkehrssituation führt, durch die sodann eines der Schutzgüter konkret gefährdet wird (»Beinahe-Unfall«[170]). Der Tatbestand des § 315b Abs. 1 StGB kann in sämtlichen Handlungsalternativen auch dann erfüllt sein, wenn die Tathandlung unmittelbar zu einer konkreten Gefahr oder Schädigung (Beschädigung des Kraftfahrzeugs) führt. Nicht jede Sachbeschädigung (oder auch Körperverletzung) im Straßenverkehr ist tatbestandsmäßig im Sinne des § 315b StGB. Vielmehr gebietet der Schutzzweck des § 315b StGB eine restriktive Auslegung der Norm, als unter einer konkreten Gefahr für Leib oder Leben eines anderen Menschen oder für fremde Sachen von bedeutendem Wert nur verkehrsspezifische Gefahren verstanden werden dürfen. Das ist der Fall, wenn die konkrete Gefahr – jedenfalls auch – auf die Wirkungsweise der für Verkehrsvorgänge typischen Fortbewegungskräfte (Dynamik des Straßenverkehrs) zurückzuführen ist.[171] Das ist etwa bei dem Wurf eines Gegenstands in die Windschutzscheibe eines *langsam anfahrenden* Fahrzeugs zu verneinen, da es dann an einer verkehrsspezifischen Gefahr fehlt.[172] 69

162 BGHSt 5, 392.
163 *Fischer* § 315c Rn. 14.
164 BVerfG, Beschl. v. 13.04.1999 – 2 BvR 577/99.
165 BGH, Beschl. v. 09.09.2014 – 4 StR 365/14, ZfSch 2014, 713; v. 13.01.2016 – 4 StR 532/15, NJW 2016, 1109 f. = NStZ 2016, 216 f.
166 BGH Beschl. v. 15.01.2019 – 4 StR 569/18.
167 Zur Verteidigung bei Verstößen gegen § 315b StGB vgl. *Lenhart* NJW 2009, 967 f.; zur Rechtsprechung des BGH: *Burhoff* VRR 2012, 251 ff.; *Hecker* JuS 2013, 84 f.; *Hecker* JuS 2013, 84 f.
168 BGH, Beschl. v. 22.11.2011 – 4 StR 522/11, NStZ-RR 2012, 123; v. 26.07.2011 – 4 StR 340/11, StV 2012, 217 f. (zur Vollendung).
169 BGHSt 48, 119, 122; BGH NStZ 2007, 34, 35; BGH Beschl. v. 05.12.2018 – 4 StR 505/18 = NStZ 2019, 346 f.; v. 06.08.2019 – 4 StR 255/19 = NStZ-RR 2019, 343 f.
170 BGH, Beschl. v. 03.11.2009 – 4 StR 373/09, BGHR StGB § 315b Abs. 1 Nr. 3 Eingriff, erheblicher 6; v. 18.06.2013 – 4 StR 145/13; v. 09.09.2014 – 4 StR 251/14, NStZ 2015, 278; v. 21.04.2015 – 4 StR 92/15, NJW 2015, 2898 f. = StV 2015, 630 f., v. 16.07.2015 – 4 StR 117/15, StV 2016, 287 f.
171 BGH StV 2009, 698 = NStZ 2009, 100 m. Anm. *Obermann* NStZ 2009, 539.
172 BGH, Beschl. v. 12.01.2021 – 4 StR 326/20 = NStZ 2021, 743.

Täter i.S.v. § 315b Abs. 1 StGB kann jeder – auch der Beifahrer – sein, der das tatbestandsmäßige Geschehen im Sinne der Nummern 1 bis 3 beherrscht.[173]

70 *Geschütztes Rechtsgut* der Bestimmung des § 315b StGB ist, auch wenn die Norm Individualrechtsgüter aufzählt, die Sicherheit des Straßenverkehrs.[174] Die Strafbarkeit nach § 315b StGB setzt voraus, dass durch die Tathandlung in den öffentlichen Straßenverkehr *eingegriffen* worden ist.[175] Allerdings wird die Anwendbarkeit der Strafvorschrift des § 315b StGB nicht schon dadurch ausgeschlossen, dass die konkrete Gefahr oder gar der Schaden erst außerhalb des öffentlichen Verkehrsraums eintreten. Ein tatbestandsmäßiger gefährlicher Eingriff in den Straßenverkehr nach § 315b StGB ist deshalb auch dann zu bejahen, wenn der Täter mit seinem Pkw das (konkret gefährdete) Opfer bereits auf der Straße verfolgt, er es aber erst außerhalb des öffentlichen Verkehrsraums erfasst. Befindet sich das Opfer dagegen von vorneherein – d.h. in dem Zeitpunkt, in dem sich der Täter zur Tatbegehung entschließt und sein Fahrzeug zweckwidrig als Waffe oder Schadenswerkzeug einsetzt (»pervertiert«) – außerhalb des öffentlichen Verkehrsraums, fehlt es an einer Beeinträchtigung der Sicherheit des Straßenverkehrs und damit an einer tatbestandlichen Voraussetzung für die Anwendbarkeit des § 315b StGB.

71 § 315b StGB erfasst somit ein vorschriftswidriges Verkehrsverhalten eines Fahrzeugführers nur dann, wenn dieser das von ihm gesteuerte Kraftfahrzeug in verkehrsfeindlicher Einstellung bewusst zweckwidrig einsetzt, er mithin in der Absicht handelt, den Verkehrsvorgang zu einem Eingriff in den Straßenverkehr zu »pervertieren« und dabei mit zumindest bedingtem Schädigungsvorsatz handelt.[176]

72 Im fließenden Straßenverkehr wird ein Verkehrsvorgang nur dann zu einem *Eingriff in den Straßenverkehr* im Sinne des § 315b Abs. 1 StGB »pervertiert«, wenn zu dem bewusst zweckwidrigen Einsatz eines Fahrzeugs in verkehrsfeindlicher Einstellung hinzukommt, dass es mit (mindestens bedingtem) Schädigungsvorsatz – etwa als Waffe oder Schadenswerkzeug – missbraucht wird.[177] Auch der Verkehrsteilnehmer selbst kann Täter eines gefährlichen Eingriffs in den Straßenverkehr sein. Bloß vorschriftswidriges Verkehrsverhalten wird aber grundsätzlich nicht von § 315b StGB, sondern – bei Vorliegen der weiteren Voraussetzungen – nur von § 315c StGB erfasst[178]. Doch können auch Vorgänge im ruhenden und fließenden Verkehr dann ein Hindernisbereiten im Sinne von § 315b Abs. 1 Nr. 2 StGB sein, wenn der Täter von vornherein vom Verhalten eines »normalen« Verkehrsteilnehmers dadurch abweicht, dass er durch die Zuwiderhandlung gegen die Verkehrsvorschriften die Schaffung eines Hindernisses beabsichtigt, wenn also die Behinderung nicht die bloße Folge, sondern der Zweck des verbotswidrigen Verhaltens ist. Ebenso erfüllt ein Fahrzeugführer im fließenden Verkehr in besonderen Fällen das Merkmal der Vornahme eines »ähnlichen, ebenso gefährlichen Eingriffs« im Sinne von § 315b Abs. 1 Nr. 3 StGB, wenn er das von ihm gesteuerte Kraftfahrzeug in verkehrsfeindlicher Einstellung bewusst zweckwidrig einsetzt. Wer absichtlich ohne verkehrsbedingten Grund stark bremst, um dem dahinter befindlichen Verkehrsteilnehmer eine »Lektion« zu erteilen, kann deshalb – neben einem Verstoß gegen § 240 StGB – unter Umständen auch gegen § 315b Abs. 1 Nr. 2 StGB verstoßen. Das absichtliche Herbeiführen eines Auffahrunfalls ist grundsätzlich als das Bereiten eines Hindernisses im Sinne des § 315b Abs. 1 Nr. 2 StGB bzw. des § 315 Abs. 1 Nr. 2 StGB einzuordnen.[179]

---

173 OLG Hamm, Beschl. v. 31.01.2017 – 4 RvS 159/16, DAR 2017, 391 f.

174 BGHSt 48, 119 ff.

175 BGH, NStZ 2004, 625; BGH, Beschl. v. 05.10.2011 – 4 StR 401/11, StV 2012, 218 f.; vgl. dazu *Geppert* DAR 2012, 372 ff.

176 BGHSt 41, 231, 234; 48, 233, 236 f.; Beschl. v. 21.06.2016 – 4 StR 1/16, NZV 2016, 533 f.

177 BGHSt 48, 233 m. Anm. *Seier* NZV 2003, 490; *Dreher* JuS 2003, 1159; *König* NStZ 2004, 175; *Ferner* SVR 2004, 73.

178 BGH Beschl. v. 15.03.2017 – 4 StR 53/17 = StV 2018, 430.

179 BGH, Beschl. v. 25.04.2012 – 4 StR 667/11, NStZ 2012, 700 f.; v. 25.01.2012 – 4 StR 507/11, NStZ-RR 2012, 185 f.; *Krenberger* jurisPR-VerkR 7/2016 Anm. 4.

Beachte

Die Strafbarkeit nach § 315b Abs. 1 StGB bei Verkehrsvorgängen im fließenden Verkehr (verkehrsfeindlicher Inneneingriff) setzt voraus, dass zu dem bewusst zweckwidrigen Einsatz des Fahrzeugs in verkehrsfeindlicher Einstellung hinzukommt, dass das Fahrzeug mit mindestens bedingtem Schädigungsvorsatz – etwa als Waffe oder Schadenswerkzeug – missbraucht wird. Erst dann liegt eine – über den Tatbestand des § 315c StGB hinausgehende und davon abzugrenzende – verkehrsatypische »Pervertierung« eines Verkehrsvorgangs zu einem gefährlichen »Eingriff« in den Straßenverkehr im Sinne des § 315b Abs. 1 StGB vor[180]

Beiden Fällen der Anwendung des § 315b StGB auf Verkehrsvorgänge ist gemeinsam, dass der Täter in der Absicht handelt, diese zu einem Eingriff zu »pervertieren«; es muss ihm darauf ankommen, durch diese in die Sicherheit des Straßenverkehrs einzugreifen.[181] Greift der Täter in den fließenden Verkehr ein, indem er Hindernisse auf der Fahrbahn bereitet oder Gegenstände auf fahrende Fahrzeuge wirft, kann § 315b Abs. 1 Nr. 2 oder Nr. 3 StGB auch dann erfüllt sein, wenn die Tathandlung unmittelbar zu einem bedeutenden Fremdsachschaden führt und dieser Erfolg sich als Steigerung der durch die Tathandlung bewirkten abstrakten Gefahr für die Sicherheit des Straßenverkehrs darstellt.[182] § 315b Abs. 1 Nr. 2 wie auch Nr. 3 StGB setzen nämlich voraus, dass der Täter in der Absicht handelt, den Verkehrsvorgang zu einem Eingriff zu »pervertieren«; dabei muss es ihm darauf ankommen, durch diesen in die Sicherheit des Straßenverkehrs einzugreifen.[183]

Eine *konkrete Gefahr* ist dann anzunehmen, wenn die Tathandlung über die ihr innewohnende 73
latente Gefährlichkeit hinaus im Hinblick auf einen bestimmten Vorgang in eine kritische Situation geführt hat; in dieser Situation muss – was nach der allgemeinen Lebenserfahrung aufgrund einer objektiv nachträglichen Prognose zu beurteilen ist – die Sicherheit einer bestimmten Person oder Sache so stark beeinträchtigt worden sein, dass es nur noch vom Zufall abhing, ob das Rechtsgut verletzt wurde oder nicht. Erforderlich ist ein »Beinahe-Unfall«, also ein Geschehen, bei dem ein unbeteiligter Beobachter zu der Einschätzung gelangt, dass »das noch einmal gut gegangen sei«.[184]

Hinsichtlich der konkreten Gefährdung einer fremden Sache von bedeutendem Wert gelten die oben 74
zu § 315c StGB genannten Wertgrenzen.[185] Die Wertgrenze für die Annahme der Gefährdung einer Sache von bedeutendem Wert liegt bei mindestens 750 €, wobei die Gefährdung des vom Täter geführten Fahrzeugs zunächst außer Betracht zu bleiben hat.[186] Sodann ist zu prüfen, ob der Sache von bedeutendem Wert auch ein bedeutender Schaden gedroht hat. Für die konkrete Gefährdung einer Sache von bedeutendem Wert reicht es nicht aus, dass eine Sache von bedeutendem Wert nur in wirtschaftlich unbedeutendem Maße gefährdet wird; vielmehr muss der konkret drohende Schaden bedeutenden Umfangs sein.[187]

---

180 Zuletzt BGH, Beschl. v. 18.06.2013 – 4 StR 145/13.

181 BGHSt 41, 231 mit zahlreichen Beispielen u.a. auch bei bewusst verkehrswidrigem Gehen auf der Fahrbahn; BGH StV 2000, 22 m. Anm. *Kudlich* StV 2000, 23; *Kopp* JA 2000, 365; *Freund* JuS 2000, 754; *König* JA 2000, 777.

182 BGHSt 48, 119 m. Anm. *Berz* NZV 2003, 198; *König* JR 2003, 255.

183 BGHSt 41, 231 [239 f.].

184 BGH, Beschl. v. 03.11.2009 – 4 StR 373/09 (bewusstes Lenken eines Pkws auf die Gegenfahrbahn; vgl. auch Durchtrennung eines Bremsschlauchs: *BGH*, NStZ 1996, 85 m. Anm. *Renzikowski* JR 1997, 115; Beschädigung der Bremsen: BGH NStZ 1993, 440.

185 SS. nur *Fischer* § 315 Rn. 16a; § 315b Rn. 16; *Ernemann* § 315c Rn. 25; *König* in LK 12. Aufl. § 315 Rn. 94 ff.; vgl. auch *Himmelreich/Halm* NStZ 2008, 384; 2009, 375, 376; vgl. auch BGH StV 2008, 580 (750,00 €); NStZ 2010, 216 f.

186 *Fischer* § 315 Rn. 16a; § 315b, Rn. 16b; *Ernemann*, a.a.O. § 315c Rn. 25; *König* in LK, 12. Aufl., § 315, Rn. 94 ff.; vgl. auch *Himmelreich/Halm*, NStZ 2008, 384; 2009, 375, 376; vgl. auch BGH, StV 2008, 580 (750,00 €); NStZ 2010, 216 f.; BGH, NStZ-RR 2008, 83; DAR 2011, 398 f.; Beschl. v. 13.04.2017 – 4 StR 581/16 = StraFo 2017, 252 f.

187 BGH NStZ-RR 2008, 83; DAR 2011, 398 f.

75 Ein *»ähnlicher, ebenso gefährlicher Eingriff«* im Sinne von § 315b Abs. 1 Nr. 3 StGB liegt vor, wenn der Täter das von ihm gesteuerte Fahrzeug in verkehrsfeindlicher Einstellung bewusst zweckwidrig als Mittel der Gefährdung oder Verletzung eines Menschen einsetzt.[188]

76 Auch ein (äußerlich) verkehrsgerechtes Verhalten kann das Bereiten eines Hindernisses oder einen ähnlichen, ebenso gefährlichen Eingriff darstellen, wenn es aus verkehrsfeindlichen Gründen, nämlich in der Absicht erfolgt, einen Verkehrsunfall herbeizuführen.[189]
Merke also:

77 Die Erfüllung des Tatbestandes des § 315b StGB verlangt, dass zu dem bewusst zweckwidrigen Einsatz eines Fahrzeugs in verkehrsfeindlicher Einstellung hinzukommt, dass das Fahrzeug mit (mindestens bedingtem) Schädigungsvorsatz – etwa als Waffe oder Schadenswerkzeug – missbraucht wird.[190] Gefährdungsvorsatz genügt also nicht.[191] Diese weitere Voraussetzung liegt auch dann nicht vor, wenn der Täter keine Kollision herbeiführen wollte und eine solche auch nicht billigend in Kauf nahm.[192]

▶ **Beispiele**

78 Werfen von Steinen oder Gullydeckel von Brücken,[193] das Entfernen von Gullydeckeln am Fahrbahnrand,[194] die Abgabe von Schüssen auf Fahrer oder Fahrzeuge,[195] das Errichten von Barrieren,[196] das Durchtrennen von Bremsschläuchen an einem Fahrzeug[197], das Lösen der Radmuttern,[198] das Stoßen eines Menschen auf die Fahrspur einer Autobahn,[199] der Griff ins Lenkrad durch den Beifahrer,[200] das absichtliches Herbeiführen von Verkehrsunfällen,[201] das Abdrängen von der Fahrbahn.[202]

▶ **Hinweis**

79 Setzt der Täter das Fahrzeug bewusst und gezielt ein, scheidet eine fahrlässige Straßenverkehrsgefährdung nach § 315c StGB neben dem vorsätzlichen Eingriff in den Straßenverkehr nach § 315b StGB aus.[203]

▶ **Beachte**

Ein vollendeter gefährlicher Eingriff in den Straßenverkehr gemäß § 315b Abs. 1 StGB liegt erst dann vor, wenn durch eine der in den Nr. 1 bis 3 genannten Tathandlungen (z.B. Fahrzeugbeschädigung durch Anschneiden des Bremsschlauches) eine Beeinträchtigung der Sicher-

188 BGHSt 28, 87 [88]; vgl. auch: BGH StV 1999, 317.
189 BGH StV 2000, 22 m. Anm. *Kudlich* StV 2000, 23; *Kopp* JA 2000, 365; *Freund* JuS 2000, 754; *König* JA 2000, 777.
190 BGHSt 48, 233 ff.
191 BGH, Beschl. v. 09.02.2010 – 4 StR 556/09, NStZ 2010, 391 f. = StV 2010, 525 f.
192 BGH StraFo 2006, 122.
193 BGHSt 48, 120 ff.: BGH VRS 45, 38; NStZ 2003, 206.
194 BGH NStZ 2002, 648.
195 BGHSt 25, 306; BGH NStZ 2009, 100 f.
196 BGH VRS 13, 125.
197 BGH, Beschl. v. 26.02.2011 – 4 StR 340/11, Verkehrsrecht aktuell 2011, 190.
198 BGH NJW 1996, 329; VA 2007, 127.
199 BGH NStZ 2007, 34 f.
200 BGH NStZ 2007, 34 f.
201 BGH StV 2008, 580.
202 BGH, Beschl. v. 03.11.2009 – 4 StR 373/09, BGHR StGB § 315b Abs. 1 Nr. 3 Eingriff, erheblicher 6.
203 BGHR StGB § 315c Konkurrenzen 1; BGH StV 2005, 606 f.; zum Einsatz eines Kraftfahrzeuges als Tatwerkzeug im Rahmen von § 211 StGB: BGH, NStZ 2006, 167 ff. [BGH 16.08.2–05 – 4 StR 168/05]

heit des Straßenverkehrs herbeigeführt worden ist und sich diese abstrakte Gefahrenlage zu einer konkreten Gefährdung von Leib oder Leben eines anderen Menschen oder fremder Sachen von besonderem Wert verdichtet hat[204]. Das ist der Fall, wenn die Tathandlung über die ihr innewohnende latente Gefährlichkeit hinaus in eine kritische Situation geführt hat, in der – was nach allgemeiner Lebenserfahrung aufgrund einer objektiv nachträglichen Prognose zu beurteilen ist – die Sicherheit einer bestimmten Person oder Sache so stark beeinträchtigt war, dass es nur noch vom Zufall abhing (sog. Beinahe-Unfall), ob das Rechtsgut verletzt wurde oder nicht. Bei Vorgängen im fließenden Verkehr muss zu einem bewusst zweckwidrigen Einsatz eines Fahrzeugs in verkehrsfeindlicher Absicht ferner hinzukommen, dass das Fahrzeug mit zumindest bedingtem Schädigungsvorsatz missbraucht wurde.[205]

▶ **Hinweis**

Der vertypte Strafmilderungsgrund des § 46a Nr. 1 StGB ist auf den vorsätzlichen Eingriff in den Straßenverkehr nach § 315b StGB nicht anwendbar.[206]

4. § 315d StGB – Verbotene Kraftfahrzeugrennen

Der als abstraktes Gefährdungsdelikt ausgestaltete Straftatbestand »Verbotene Kraftfahrzeugrennen« 80
ist durch das 56. Strafrechtsänderungsgesetz eingeführt und als neues Regeldelikt in § 69 Abs. 2 Nr. 1a StGB aufgenommen worden.[207] Nach § 315d StGB wird derjenige, der im öffentlichen Straßenverkehr ein nicht erlaubtes Kraftfahrzeugrennen ausrichtet oder durchführt, als Kraftfahrzeugführer an einem nicht erlaubten Kraftfahrzeugrennen teilnimmt oder sich als Kraftfahrzeugführer mit nicht angepasster Geschwindigkeit und grob verkehrswidrig und rücksichtslos fortbewegt, um eine höchstmögliche Geschwindigkeit zu erreichen, mit Freiheitsstrafe bis zu zwei Jahren oder mit Geldstrafe bestraft. Ein Kraftfahrzeugrennen ist ein Wettbewerb zwischen wenigstens zwei Kraftfahrzeugführern, bei dem es zumindest auch darum geht, mit dem Kraftfahrzeug über eine nicht unerhebliche Wegstrecke eine höhere Geschwindigkeit als der andere oder die anderen teilnehmenden Kraftfahrzeugführer zu erreichen. Die besondere Gefährlichkeit von Kraftfahrzeugrennen liegt darin, dass es zwischen den konkurrierenden Kraftfahrzeugführern zu einem Kräftemessen im Sinne eines Übertreffenwollens gerade in Bezug auf die gefahrene Geschwindigkeit kommt. Gerade diese Verknüpfung trägt die Gefahr in sich, dass dabei die Fahr- und Verkehrssicherheit außer Acht gelassen, der Verlust von Kontrolle in Kauf genommen und die Aufmerksamkeit auf das Verhalten des Konkurrenten gerichtet wird.[208]

Werden Leib oder Leben eines anderen Menschen oder fremde Sachen von bedeutendem Wert gefährdet, kommt Freiheitsstrafe bis zu fünf Jahren oder Geldstrafe in Betracht. Strafbar ist auch die fahrlässige Verursachung der Gefahr. Schwerer bestraft wird, wer den Tod oder eine schwere Gesundheitsschädigung eines anderen Menschen oder eine Gesundheitsschädigung einer großen

---

204 BGH StV 2012, 217 f.; BGH, Beschl. v. 18.06.2013 – 4 StR 145/13; v. 30.06.2015 – 4 StR 188/15, StV 2016, 286 f, dazu *Krenberger* jurisPR-VerkR 25/2015 Anm. 1; *Sandherr* NZV 2016, 346.

205 BGH, Beschl. v. 30.06.2015 – 4 StR 188/15; vgl. dazu *Krenberger* jurisPR-VerkR 25/2015 Anm. 1.

206 BGH, Beschl. v. 04.12.2014 – 4 StR 213/14, BGHSt 60, 84 f. = NJW 2015, 500 f.; differenzierender aber *Eschelbach*, SSW-StGB, 5. Aufl. 2021, § 46a Rn. 22; *Fischer* § 46a Rn. 8; *Heghmanns* ZJS 2015, 436 (439 f.).

207 Art. 1 Nr. 3 Gesetz v. 30.9.2017 I 3532 mWv 13.10.2017; vgl. dazu *Kulhanek*, JURA 2018, 561 f, *Blanke-Roeser*, JuS 2018, 18 f.; *Stam*, StV 2018, 464 f.; *Preuß* NZV 2018, 345 ff. (aktuelle Rechtsprechung); *Kusche* NZV 2017, 414 ff.; *Ruhs*, SVR 2018, 286 ff.; *Rebler*, AnwZert VerkR 2/2019 Anm. 2 Die strafrechtlichen Konsequenzen von Straßenrennen unter dem Eindruck der aktuellen BGH-Rechtsprechung; *Bechtel* JuS 2019, 114 ff. (Vorsatz?); *Lindemann/Bauerkamp/Chastenier* AL 2019, 74 ff.; *Steinert*, SVR 2019, 130 f.; *Hecker*, JuS 2019, 596 ff.; *Jansen* NZV 2019, 285 ff.; *Zopf* DAR 2020, 9 ff.

208 BGH, Beschl. v. 19.07.2022 – 4 StR 116/22 = NStZ-RR 2022, 373.

Zahl von Menschen verursacht. Ein illegales Straßenrennen i.S.d. § 315d Abs. 1 Nr. 1 StGB mit tödlichem Ausgang kann auch eine Strafbarkeit wegen Mordes begründen.[209]

Mit der Neuregelung bezweckt der Gesetzgeber, Strafbarkeitslücken zu schließen und den Schutz des öffentlichen Straßenverkehrs vor illegalen Kraftfahrzeugrennen bereits im Vorfeld konkreter Rechtsgutsgefährdungen durch das abstrakte Gefährdungsdelikt des § 315d Abs. 1 StGB sicherzustellen. Die konkreten Gefährdungsdelikte des § 315d Abs. 2, 4 und 5 StGB sollen – über den Anwendungsbereich der §§ 315b und 315c StGB sowie allgemeiner Körperverletzungs- und Tötungsdelikte hinaus – eine adäquate strafrechtliche Verfolgung auch solcher Fälle sicherstellen, in denen eine konkrete Lebens-, Leibes- oder erhebliche Sachgefahr eintritt oder es zum Tode oder erheblichem Sach- oder Personenschaden kommt. Zudem ist für das abstrakte Gefährdungsdelikt der Ausrichtung oder Durchführung eines nicht erlaubten Kraftfahrzeugrennens (§ 315d Abs. 1 Nr. 1 StGB) die Versuchsstrafbarkeit angeordnet, § 315d Abs. 3 StGB. § 315d Abs. 2 StGB erfordert als Qualifikation für eine vorsätzliche Gefährdung mindestens bedingten Gefährdungsvorsatz. Dieser ist gegeben, wenn der Täter über die allgemeine Gefährlichkeit des Kraftfahrzeugrennens hinaus auch die Umstände kennt, die den in Rede stehenden Gefahrerfolg im Sinne eines Beinaheunfalls als naheliegende Möglichkeit erscheinen lassen, und er sich mit dem Eintritt einer solchen Gefahrenlage zumindest abfindet.[210]

Als problematisch erwiesen hat sich vor allem die Tatmodalität des »Einzelrennens« nach § 315d Abs. 1 Nr. 3 StGB gerade bei kürzeren tatsächlich gefahrenen Strecken.[211] So ist bereits die Bestimmtheit des (entscheidenden) Merkmals »um eine höchstmögliche Geschwindigkeit zu erreichen« zweifelhaft.[212] Die Rechtsprechung der Oberlandesgerichte tendiert dazu, eine »relativ« höchstmögliche Geschwindigkeit ausreichen zu lassen, so dass auch Fälle, die sich jedenfalls im Grenzbereich zu (lediglich) schweren Geschwindigkeitsverstößen (als Ordnungswidrigkeiten) bewegen, erfasst werden könnten und damit der Anwendungsbereich auch des § 69 StGB eröffnet wäre.[213]

In subjektiver Hinsicht soll die Absicht des Fahrers ausreichen, die nach seinen Vorstellungen unter den konkreten situativen Gegebenheiten (Motorisierung, Verkehrslage, Streckenverlauf, Witterungs- und Sichtverhältnisse) maximal mögliche Geschwindigkeit auf einer nicht ganz unerheblichen Wegstrecke zu erreichen. Die erforderliche Abgrenzung tatbestandlich erfassten Verhaltens von sonstigen Geschwindigkeitsüberschreitungen wird damit in den subjektiven Tatbestand verlagert.[214] Jedoch muss der Fahrer hierbei nicht das Ziel verfolgen, die Möglichkeiten seines Fahrzeugs »voll auszureizen«. Dies würde den Fahrer, der ein hochmotorisiertes Fahrzeug führt und sehr hohe Geschwindigkeiten erreichen kann, ohne an das Limit der technischen Leistungsfähigkeit zu gehen, unangemessen begünstigen.[215]

Um auch für den Fall des »Einzelrennens« den Grad der zu fordernden abstrakten Gefahr mit demjenigen eines Kraftfahrzeugrennens unter Beteiligung mehrerer Personen vergleichbar widerzuspiegeln, fordert der Bundesgerichtshof den Tatbestand einschränkend, dass sich die Absicht des Angeklagten auf eine nicht ganz unerhebliche Wegstrecke beziehen muss.[216]

▶ Beachte

Ob auch Fälle der sogenannten »Polizeiflucht« dem Straftatbestand des § 315b StGB unterfallen können, ist umstritten. Als Teilnehmer an einem Rennen ist zunächst zu qualifizieren,

209 Zur Abgrenzung BGH, Beschl. v. 18.02.2021 – 4 StR 266/20 = StV 2021, 487.
210 BGH, Urteil vom 16.02.2023 – 4 StR 211/22 = NStZ 2023, 546 m. Anm. *Steins* = SVR 2023, 234 m. Anm. *Steinert*; *ders.* SVR 2023, 87 (89 f.).
211 Zur Strafbarkeit bei einer tatsächlich sehr kurz gefahrenen Strecke KG BA 2024, 74 f.
212 Mit verfassungsrechtlichen Bedenken daher AG Villingen-Schwenningen, DAR 2020, 218.
213 Vgl. KG NZV 2020, 210; OLG Köln NStZ-RR 2020, 224; OLG Stuttgart NJW 2019, 2787.
214 Vgl. zu den Einzelrennen BVerfGE 160, 284 f; BGHSt 66, 27 f;. *Winkelmann* DAR 2023, 2 ff.
215 KG BA 2023, 419 (420).
216 BGH, Beschl. v. 17.02.2021 – 4 StR 225/20 = DAR 2021, 269 (271).

wer sich äußerlich formalen Regeln eines Rennens unterwirft und dabei subjektiv einen Platz in einem Wettbewerb einnehmen oder das Ziel der Veranstaltung fördern möchte. Polizeibeamte haben aber keinen Förderungswillen, sondern wollen das Rennen so schnell wie möglich beenden, so dass es bereits an einer Rennabrede fehlt.[217] Auch die Polizeiflucht als Einzelrennen einzustufen, ist entgegen der Rechtsprechung des *Bundesgerichtshofs*[218] zu verneinen, da allein aus einer Fluchtmotivation kaum auf die Absicht geschlossen werden kann, die gefahrene Geschwindigkeit bis zur Grenze der situativ möglichen Geschwindigkeit zu steigern.[219]

5. § 316a StGB – räuberischer Angriff auf Kraftfahrer

81 Im Grundtatbestand mit einer Mindestfreiheitsstrafe von nicht unter fünf Jahren unter Strafe gestellt[220] ist der Angriff auf Leib oder Leben oder die Entschlussfreiheit des Führers eines Kraftfahrzeugs oder eines Mitfahrers zur Begehung eines Raubes (§§ 249 oder 250 StGB), eines räuberischen Diebstahls (§ 252 StGB) oder einer räuberischen Erpressung (§ 255 StGB), wenn dabei die besonderen Verhältnisse des Straßenverkehrs ausgenutzt werden.[221]

82 Erforderlich ist eine zeitliche Verknüpfung dergestalt, dass das Opfer *bei* Verüben des Angriffs entweder Führer oder Mitfahrer eines Kraftfahrzeugs ist. *Führer* im Sinne des § 316a StGB ist, wer das Kraftfahrzeug in Bewegung zu setzen beginnt, es in Bewegung hält oder allgemein mit dem Betrieb des Fahrzeugs und/oder mit der Bewältigung von Verkehrsvorgängen beschäftigt ist[222]. Daran fehlt es, sobald der Fahrer sich außerhalb des Fahrzeugs befindet, ferner in der Regel, wenn das Fahrzeug aus anderen als verkehrsbedingten Gründen anhält und der Fahrer den Motor ausstellt. Denn dann ist das Opfer den besonderen Gefahren des fließenden Straßenverkehrs gerade nicht ausgeliefert. Die Anwendbarkeit des § 316a StGB erfordert allerdings nicht, dass das Tatopfer bereits bei Beginn des Angriffs Führer oder Mitfahrer des Kraftfahrzeuges war. Das Tatbestandsmerkmal des »Verübens eines Angriffs« ist vielmehr auch dann erfüllt, wenn das Opfer durch einen vor Fahrtantritt begonnenen Angriff zur (Mit-)Fahrt gezwungen wird und der Angriff während der Fahrt fortgesetzt wird.[223]

▶ Beachte

Bei der Begehung der Tat müssen die besonderen Verhältnisse des Straßenverkehrs ausgenutzt werden. Dieses zusätzliche Tatbestandsmerkmal ist in der Regel erfüllt, wenn der Angriff im Sinne des § 316a StGB zu einem Zeitpunkt erfolgt, an dem sich der Fahrer mit dem Fahrzeug im fließenden Verkehr befindet und deshalb dem Angriff des Täters besonders ausgeliefert ist[224]. Entsprechendes gilt auch, wenn das Kraftfahrzeug während der Fahrt verkehrsbedingt *und*[225] mit laufendem Motor hält, die Fahrt aber nach Veränderung der Verkehrssituation sogleich fortgesetzt werden soll, das Fahrzeug sich also weiterhin im fließenden Verkehr befindet. In diesen Fällen hat auch der Mitfahrer, sollte er wegen der Einwirkung durch den oder

---

217 So OLG Oldenburg, Urt. v. 14.11.2022 – 1 Ss 199/22, BA 2023, 147 ff. = StV Spezial 2023, 103; siehe aber OLG Stuttgart Beschl. v. 04.07.2019 – 4 Rv 28 Ss 103/19; *Obermann* NZV 2021, 344 (345).

218 BGH, Beschl. v. 29.04.2021 – 4 StR 165/20, NStZ-RR 2021, 189 f.

219 OLG Zweibrücken, Beschl. v. 14.10.2022 – 1 OLG 2 Ss 27/22, BA 2023, 32 f.; MüKoStGB/*Pegel*, 4. Aufl. 2022, StGB, § 315d Rn. 27; insofern auch BGH, Beschl. v. 17.02.2021 – 4 StR 225/20 = DAR 2021, 269 (271).

220 Vgl. Übersicht von *Deutscher* VRR 2012, 169 ff.; 211 ff.; *Hecker* JuS 2013, 366 f.; *Geppert* DAR 2014, 128 f.; *Bosch* Jura 2013, 1234 f.; *Baur* NZV 2018, 103 ff.; *Krumm*, SVR 2018, 336 ff.

221 Zur Beihilfe vgl. BGH NStZ 2007, 35 f. [BGH 06.0–.2006 – 4 StR 48/06]; vgl. auch Überblick von *Kraemer* JA 2011, 193 ff.

222 BGH, Urt. v. 27.04.2017 – 4 StR 592/16.

223 BGHSt 52, 44 ff. m. Anm. *Dehne-Niemann* NStZ 2008, 319 ff.; *Krüger* NZV 2008, 234 ff.

224 BGH, Urt. v. 28.04.2016 – 4 StR 563/15, NStZ 2016, 607 f., vgl. dazu *Kulhanek* NStZ 2016, 609 f.; BGH, Urt. v. 27.04.2017 – 4 StR 592/16.

225 BGHSt 50, 169 (173).

die Täter zur Flucht entschlossen sein, regelmäßig keine Möglichkeit, sich dem Angriff ohne Eigen- oder Fremdgefährdung – etwa durch Öffnen der Tür oder Ziehen der Handbremse – zu entziehen. In allen anderen Fällen, insbesondere bei einem nicht verkehrsbedingten Halt, bedarf es zusätzlicher Umstände, die die Annahme rechtfertigen, dass die Tat unter Ausnutzung der spezifischen Bedingungen des Straßenverkehrs begangen worden ist.[226]

83 Einen tatbestandsmäßigen *Angriff auf die Entschlussfreiheit* verübt, wer in feindseliger Absicht auf dieses Rechtsgut einwirkt. Ausreichend, aber auch erforderlich ist eine objektiv gegen die Entschlussfreiheit gerichtete Handlung, sofern das Opfer deren Nötigungscharakter wahrnimmt; die feindliche Willensrichtung braucht es dagegen nicht erkannt zu haben. Danach kann bloße List oder Täuschung grundsätzlich noch nicht als Angriff auf die Entschlussfreiheit angesehen werden.[227] Auf die Entschlussfreiheit eines Kraftfahrzeugführers wird aber bereits dann eingewirkt, wenn vom Täter eines geplanten Raubs eine Polizeikontrolle vorgetäuscht wird und sich der Geschädigte dadurch zum Anhalten gezwungen sieht.[228] Die »Vereinzelung« oder Isolierung des Fahrers oder Mitfahrers begründet für sich allein noch kein Ausnutzen der besonderen Verhältnisse des Straßenverkehrs.[229]

84 Der Täter muss – und zwar spätestens während seines tatbestandsmäßigen Angriffs auf das Tatopfer[230] – den festen Entschluss zur Begehung einer der in § 316a Abs. 1 S. 1 StGB genannten Raubtaten gefasst haben.[231]

85 Die kriminalpolitische Legitimation des § 316a StGB wird aufgrund der hohen Strafandrohung, des historischen (nationalsozialistischen) Hintergrunds, der systematischen Einordnung im 28. Abschnitt des StGB und der relativ geringen praktischen Bedeutung zu Recht stark in Zweifel gezogen. Das Bundesministerium der Justiz hat mit dem am 23.11.2023 veröffentlichten Eckpunktepapier zur Modernisierung des Strafgesetzbuchs angekündigt, den Straftatbestand aufheben zu wollen.

6. § 323a StGB – Vollrausch

86 Aufgrund der Rechtsprechung des für Straßenverkehrssachen zuständigen 4. Strafsenats des *Bundesgerichtshofs* zur actio libera in causa[232] kommt der Regelung des § 323a StGB[233] im Straßenverkehrsrecht erhebliche Bedeutung zu.

▶ **Hinweis**

87 Nach Ansicht des *Bundesgerichtshofs* sind die Grundsätze der *actio libera in causa* auf die Vergehen der Straßenverkehrsgefährdung und des Fahrens ohne Fahrerlaubnis nicht anwendbar.[234] Die Meinung im Schrifttum,[235] dass diese Entscheidung »das Ende« oder zumindest »den

226 BGH, Beschl. v. 22.08.2012 – 4 StR 244/12, NStZ 2013, 43; *Fischer* § 316a Rn. 7; vgl. dazu *Hecker* JuS 2013, 366 f.
227 BGH, StV 2003, 140 m. Anm. *Sander* NStZ 2004, 501.
228 BGH, Beschl. v. 23.07.2014 – 2 StR 104/14 und 105/14; Urt. v. 23.04.2015 – 4 StR 603/14, NStZ-RR 2015, 250 f., v. 23.04.2014 – 4 StR 607/14, StV 2016, 290 f. m. Anm. *Zopfs* NJW 2015, 2133; *Krüger* NZV 2015, 454 f.; *Schiemann* JR 2015, 595 f.; vgl. dazu auch *Franke* BA 2015, 306, 310.
229 BGHSt 49, 8 m. Anm. *Krüger* NZV 2004, 161; *Sander* NStZ 2004, 501; *Ferner* SVR 2004, 73; *Herzog* JR 2004, 258; die früher anderslautende Rechtsprechung wurde aufgegeben.
230 BGHSt 37, 256 [258].
231 BGH, NStZ 1997, 236 [BGH 10.0–.1996 – 4 StR 416/96].
232 BGHSt 42, 235; zur actio libera in causa vgl. *Makepeace* JURA 2021, 378 ff.; *Rönnau* JuS 2010, 300 ff.; *Freund* GA 2014, 137 ff.
233 Vgl. dazu *Geppert* Jura 2009, 40 ff.; *Krumm* SVR 2007, 356 ff.; *Fahl* JuS 2005, 1076 ff.; *Duttge* in FS Geppert 2011, S. 63 ff.; *Satzger* JURA 2013, 345 f.
234 BGHSt 42, 235 ff. m. Anm. *Neumann* StV 1997, 23 ff.; *Horn* StV 1997, 264 ff.; *Fahnenschmidt/Klumpe* DRiZ 1997, 77 ff.; *Spendel* JR 1997, 133 ff.; *Hruschka* JZ 1977, 22 ff.; *Jerouschek* JuS 1997, 385 ff.; *Gottwald* DAR 1997, 302 f.; vgl. auch *Streng* JZ 2000, 20 ff.
235 *Neumann* StV 1997, 23; *Horn* StV 1997, 264.

Anfang vom Ende« der actio libera in causa in allen Bereichen bedeute, wird von den übrigen Senaten des Bundesgerichtshofs bislang nicht geteilt.[236] Die dogmatische Begründung des 4. Strafsenats bezieht sich streng genommen allein auf sogenannte Tätigkeitsdelikte, könnte aber als weiterer Ansatzpunkt dienen, das mit dem Rechtsstaatsprinzip nur schwer zu vereinbarende Rechtsinstitut der actio libera in causa insgesamt abzulehnen.[237]

§ 323a StGB ist ein Auffangtatbestand, der das vorsätzliche oder fahrlässige Sichberauschen unter Strafe stellt, wenn in diesem Zustand eine rechtswidrige Tat begangen wird, wegen der der Täter nicht bestraft werden kann, weil er infolge des Rausches schuldunfähig war oder die Schuldunfähigkeit nicht ausgeschlossen werden kann. Die Anwendung des Vollrauschtatbestandes setzt stets voraus, dass der Täter aufgrund nicht ausschließbarer Schuldunfähigkeit wegen seines rechtswidrigen Tuns ansonsten überhaupt nicht bestraft werden könnte.[238] Dabei ist die »rechtwidrige Tat« bloße objektive Bedingung der Strafbarkeit und braucht deshalb grundsätzlich nicht von der Schuld des Täters umfasst zu sein. Vorsatz oder Fahrlässigkeit müssen allein mit Blick auf das Sich-Berauschen vorliegen. Mehrere Taten, die der Täter im (andauernden) Rauschzustand begeht, sind als eine Gesetzesverletzung nach § 323a StGB zu werten.[239] 88

Der *Rausch im Sinne des § 323a StGB* hat *nicht* zur Voraussetzung, dass eine Schuldunfähigkeit des Täters *erwiesen* ist. Es genügt, dass der Täter den sicheren Bereich des § 21 StGB zu § 20 StGB hin verlassen hat.[240] Eine Verurteilung setzt die eindeutige Feststellung voraus, dass sich der Angeklagte in einem Rausch befunden hat, in den er sich schuldhaft versetzt haben muss. Bleiben Zweifel über das Ob der Berauschung, ist eine Verurteilung nach § 323a StGB ausgeschlossen;[241] auch eine Wahlfeststellung zwischen diesem Tatbestand und der im Rausch begangenen Tat ist unzulässig.[242] 89

§ 323a StGB kann vorsätzlich oder fahrlässig verwirklicht werden. Vorsätzlich handelt, wer bei dem Genuss von Rauschmitteln weiß oder billigend in Kauf nimmt, dass er sich dadurch in einen Rauschzustand versetzt, der seine Schuldfähigkeit jedenfalls erheblich vermindert, wenn nicht gar ausschließt.[243] Allein das Wissen eines chronisch Alkoholabhängigen über den bei ihm regelmäßig eintretenden Kontrollverlust rechtfertigt nicht die Annahme, die Volltrunkenheit werde jeweils vorsätzlich und uneingeschränkt schuldhaft herbeigeführt.[244] 90

Bei Blutalkoholgehalten ab 3 Promille (zur Berechnung s.o., Kapitel A.1.g) liegt Schuldunfähigkeit nahe. Einer Prüfung der Frage nach möglicher Schuldunfähigkeit bedarf es aber in der Regel bereits bei Überschreiten einer Tatzeitblutalkoholkonzentration von 2,5 Promille. Andererseits kann auch trotz Vorliegens einer BAK von 3 Promille und mehr im Einzelfall durchaus auch die Schuldunfähigkeit zu verneinen sein.[245] 91

Ein *pathologischer Rausch* tritt äußerst selten auf. Es handelt sich um einen durch Alkohol ausgelösten »Dämmerzustand«, der qualitativ mit einem Alkoholrausch nicht vergleichbar ist. Dagegen handelt es sich um einen sogenannten *abnormen* oder *komplizierten Rausch*, wenn lediglich eine quantitative Steigerung der Alkoholwirkung eintritt, die sich in einer außergewöhnlich starken Ausprägung einzelner rauschtypischer Merkmale wie Streitsucht oder Gereiztheit äußert. Die Abgrenzung des 92

236 BGHR StGB § 20 actio libera in causa 2 und 3 = BGH NStZ 2000, 584; BGH NStZ 2002, 31.; auch der 4. Strafsenat wendet die alic bei normalen Straftaten an: vgl. Urt. v. 17.06.2010 – 4 StR 47/10.
237 Die alic daher insgesamt ablehnend *Makepeace* JURA 2021, 378 (382 ff.).
238 Vgl. dazu BGH NStZ 2004, 678 m.w.N.
239 BGH NZV 2001, 133 = DAR 2001, 82: StV 1990, 404.
240 Es müssen aber die Voraussetzungen erheblich verminderter Schuldfähigkeit i.S.v. § 21 StGB positiv gegeben sein.
241 BGHSt 32, 48 [54].
242 BGHR StGB vor § 1/Wahlfeststellung Vergleichbarkeit, fehlende 2.
243 BGHSt 16, 187 ff. Zur subjektiven Seite vgl. *Geisler* NStZ 2009, 40 ff.
244 BGH NStZ 1996, 334; NStZ-RR 1997, 102 und 299; 2007, 368.
245 BGH DAR 1970, 117; BGH DAR 1988, 219.

pathologischen Rauschs vom abnormen Rausch ist schwierig. Die Annahme eines pathologischen Rausches, der zwar wie der normale oder abnorme Alkoholrausch unter die von § 323a StGB erfassten Rauschzustände fällt,[246] vom Betroffenen aber bei erstmaligem Auftreten in der Regel nicht vorhersehbar und deshalb schuldlos herbeigeführt ist, bedarf daher einer eingehenden Begründung; dabei sind die in der forensischen Psychiatrie im Zusammenhang mit dieser seltenen psychopathologischen Erscheinungsform erörterten typischen Ausgestaltungsmerkmale zu berücksichtigen.[247]

93 Der Anwendbarkeit des § 323a StGB steht nicht entgegen, wenn der Zustand der (möglichen) Schuldunfähigkeit nicht allein durch Alkohol, sondern erst durch das Hinzutreten weiterer Ursachen herbeigeführt worden ist. Voraussetzung ist jedoch, dass der Zustand der (möglichen) Schuldunfähigkeit – wie es der objektive Tatbestand des § 323a StGB verlangt – sich nach seinem ganzen Erscheinungsbild noch als ein durch den Alkoholkonsum hervorgerufener Rausch darstellt.[248] Wenn der Rauschzustand im Sinne des § 323a Abs. 1 StGB nicht allein durch den Alkoholgenuss, sondern erst durch das Hinzutreten eines Affektes herbeigeführt worden ist, setzt die Verurteilung wegen vorsätzlichen Vollrausches voraus, dass der Täter beim Alkoholgenuss vor Eintritt der (möglichen) Schuldunfähigkeit mit einem Verlust seiner Einsichts- oder Steuerungsfähigkeit infolge des Zusammenwirkens von Alkohol und Affekt gerechnet und diesen billigend in Kauf genommen hat.[249]

94 Auch für den Zeitpunkt des Sichberauschens ist die Schuldfähigkeit zu prüfen. Im Rahmen von § 323a StGB können auch die Voraussetzungen erheblich verminderter Schuldfähigkeit (§ 21 StGB) gegeben sein, wenn der Täter beim Sichbetrinken aufgrund einer krankhaften seelischen Störung sich in einem solchen Zustand befunden hat.[250]

95 Hat der Täter in demselben Rauschzustand mehrere rechtswidrige Taten begangen, liegt nur ein Vergehen nach § 323a StGB vor.[251]

§ 323a StGB kann vorsätzlich oder fahrlässig verwirklicht werden. Vorsätzlich handelt, wer bei dem Genuss von Rauschmitteln weiß oder billigend in Kauf nimmt, dass er sich dadurch in einen Rauschzustand versetzt, der seine Schuldfähigkeit jedenfalls erheblich vermindert, wenn nicht gar ausschließt.[252] Allein das Wissen eines chronisch Alkoholabhängigen um den bei ihm regelmäßig eintretenden Kontrollverlust rechtfertigt nicht die Annahme, die Volltrunkenheit werde jeweils vorsätzlich und uneingeschränkt schuldhaft herbeigeführt.[253]

▶ Hinweis

96 Eine Straftat nach § 323a StGB berechtigt zur Nebenklage, wenn es sich bei der Rauschtat um eines der in § 395 Abs. 1 Nr. 1 StPO oder 2 bezeichneten Delikte handelt.[254]

246 BGHSt 1, 196.
247 BGHSt 40, 198.
248 BGHSt 26, 363 [365 f.]; BGHSt 32, 48 [53]; BGH, Beschl. v. 10.11.2010 – 4 StR 386/10, NStZ-RR 2011, 80 = StraFo 2011, 71.
249 BGHR StGB § 323a Abs. 1 Fahrlässigkeit 1 und Vorsatz 1; BGHR StGB § 323a Abs. 1 Rausch 4.
250 BGH StV 1992, 230 f.
251 BGH NZV 2001, 133 [134].
252 BGHSt 16, 187 ff. zur subjektiven Seite vgl. *Geisler* NStZ 2009, 40 ff.
253 BGH NStZ 1996, 334; NStZ-RR 1997, 102 und 299; 2007, 368.
254 BGH NStZ-RR 1998, 305.

7. § 142 StGB – Verkehrsunfallflucht

§ 142 StGB[255] ist ein Sonderdelikt.[256] Erklärtes Ziel des § 142 StGB soll es sein, die aus einem Verkehrsunfall erwachsenen Schadensersatzansprüche der Geschädigten untereinander zu sichern.[257] Es soll der Gefahr des Beweisverlustes entgegengetreten und verhindert werden, dass Unfallgegner in Beweisnot geraten. Weil die Vorschrift nicht einmal das wirkliche Bestehen einer Anspruchsbeziehung voraussetzt, hat sie den Charakter eines abstrakten Vermögensgefährdungsdelikts (so dass sie streng genommen im 7. Abschnitt des StGB zu den Straftaten gegen die öffentliche Ordnung systematisch deplatziert ist).[258] 97

Der Straftatbestand des unerlaubten Entfernens vom Unfallort steht seit jeher und auch wieder jüngst in der Kritik.[259] Das hängt neben der verkomplizierten und zu Rechtsunsicherheit führenden Struktur des Tatbestands insbesondere damit zusammen, dass § 142 StGB auch die Verkehrsunfallflucht nach Bagatellunfällen kriminalisiert, ohne hierbei zwischen Personenschäden und sonstigen erheblichen Schäden zu differenzieren.[260] Mit Bagatellunfällen gemeint sind Verkehrsunfälle mit reinen Sachschäden beim Ein- und Ausparken, bei Begegnungsunfällen mit Kollision allein der Fahrzeugspiegel, beim Entladen eines auf öffentlicher Straße geparkten Lkw durch die Ladung oder bei der Beschädigung eines geparkten Fahrzeugs in der Nähe des Wohnhauses des Unfallverursachers, der zunächst ins eigene Haus geht, um dann wenige Minuten später zum Unfallort zurückzukehren.[261]

Strafbar ist ein Unfallbeteiligter, der sich nach einem Unfall im Straßenverkehr[262] vom Unfallort entfernt, bevor er zugunsten der anderen Unfallbeteiligten und der Geschädigten die Feststellung seiner Person, seines Fahrzeugs und der Art seiner Beteiligung durch seine Anwesenheit und durch die Angabe, dass er an dem Unfall beteiligt ist, ermöglicht hat (§ 142 Abs. 1 Nr. 1 StGB) oder bei Fehlen feststellungsbereiter Personen eine nach den Umständen angemessene Zeit gewartet hat (§ 142 Abs. 1 Nr. 2 StGB). Strafbar macht sich auch ein Unfallbeteiligter, der sich nach Ablauf der Wartefrist oder berechtigt oder entschuldigt vom Unfallort entfernt hat und die Feststellungen nicht unverzüglich nachträglich ermöglicht (§ 142 Abs. 2, Abs. 3 StGB). 98

a) Unfall

Ein »Unfall im Straßenverkehr« ist jedes Schadensereignis, in dem sich ein verkehrstypisches Unfallrisiko realisiert hat. Das kann jedenfalls dann nicht angenommen werden, wenn das Schadensereignis im Straßenverkehr schon nach seinem äußeren Erscheinungsbild nicht die Folge des allgemeinen Verkehrsrisikos, sondern einer deliktischen Planung ist.[263] Die Annahme eines »Verkehrsunfalls« setzt einen straßenverkehrsspezifischen Gefahrenzusammenhang voraus, d.h. in dem »Verkehrsunfall« müssen sich gerade die typischen Gefahren des Straßenverkehrs verwirklicht haben. Dass ein Unfall 99

---

255 Zur Schutzrichtung *Zopfs* ZfS 2017, 132 ff.; vgl. auch *Ferner* SVR 2004, 178 ff.; zur Anwendung von § 142 StGB im Zusammenhang mit Unfällen auf der Autobahn vgl. *Mitsch* NZV 2010, 225 ff.; *Lenhart* NZV 2013, 270 ff.; zur Verteidigung bei Verfahren nach § 142 StGB *Lenhart* NJW 2010, 2184 ff.; *Krumm/Himmelreich* DAR 2014, 744 f.; **zur** Verteidigung von Heranwachsenden in Strafverfahren *Krumm* DAR 2014, 754 f.; *Burhoff* VRR 2016, Nr. 2, 4–7; Nr. 3, 4–6; *Krumm* Rechtsprechung zu § 142 StGB SVR 2017,413 ff, 455 ff.; zur Reform *Fromm* NZV 2018, 5 f.; *Ternig* NZV 2018, 10 ff.

256 BGHSt 15, 1.

257 BGHSt 28, 129 [133]; zur Verfassungsmäßigkeit der Norm BVerfGE 16, 191 ff.; BVerfG BeckRS 2001, 30168011; ebenso BGHSt 24, 382 (386).

258 *Kretschmer*, NK-StGB, § 142 Rn. 6: »irreführend«.

259 Zu aktuellen Reformüberlegungen und zum Folgenden BRAK-Stellungnahme 49/2023, S. 3 ff.

260 Für eine Beschränkung des § 142 StGB auf Verkehrsunfälle mit Personenschäden und eine Herabstufung der Verkehrsunfallsflucht bei reinen Sachschäden zur OWi unter Einführung einer Meldepflicht daher BRAK-Stellungnahme 49/2023, S. 9 ff.; dagegen wiederum DRB-Stellungnahme 10/2023.

261 Vgl. auch *Fromm* NZV 2018, 5 (6 f.); *Fischer* § 142 Rn. 4.

262 Vgl. dazu zuletzt BGH NStZ 2013, 530 vgl. auch oben I Rdn. 6.

263 BGHSt 47, 158 m. Anm. *Sternberg-Lieben* JR 2002, 386; *Baier* JA 2002, 631; *Zopfs* ZIS 2016, 426 f.

vorsätzlich herbeigeführt wurde und die Person und das Fahrzeug des Verursachers bekannt sind, steht dem nicht entgegen.[264] Der Unfall muss also Verkehrsbezug aufweisen, wobei zu unterscheiden ist zwischen Verhaltensweisen »in Ausübung« der Verkehrsteilnahme, die § 142 StGB erfasst, und Verhaltensweisen »bei Gelegenheit«, die nicht dem Straftatbestand unterfallen.[265]

b) Fremdes Feststellungsinteresse

100 Es muss ein fremdes Feststellungsinteresse gegeben sein. Bei Selbstschädigung liegt kein tatbestandsmäßiges Handeln vor.[266] Der Tatbestand entfällt, wenn der Unfallgegner auf Feststellungen ausdrücklich verzichtet, in Betracht kommt auch ein konkludenter Verzicht.[267]

c) Unfallbeteiligter

101 Unfallbeteiligter ist jeder, dessen Verhalten nach den Umständen zur Verursachung des Unfalls beigetragen haben kann (§ 142 Abs. 5 StGB). Erforderlich ist danach nicht, dass jemand den Unfall tatsächlich mit verursacht (oder gar mitverschuldet) hat. Die Einzelheiten der Unfallbeteiligung werden sich bisweilen erst bei späteren Ermittlungen herausstellen. Für die Unfallbeteiligung genügt vielmehr, dass der Betroffene nach dem äußeren Anschein den Unfall mitverursacht haben kann. Nur dann, wenn das Verhalten eines zum Zeitpunkt des Unfalls am Unfallort Anwesenden zweifelsfrei nicht zur Verursachung beigetragen hat, entfällt die Warte- und Vorstellungspflicht.[268] Wer demzufolge nur mittelbar zum Unfall beigetragen hat, ohne sich dabei verkehrswidrig verhalten zu haben, ist kein Unfallverursacher. Unfallbeteiligter ist auch der bei der Fahrt anwesende Halter des Fahrzeuges sowie auch derjenige, dessen Unfallgegner den Unfall absichtlich herbeigeführt hat. Unter die Art der Beteiligung fällt auch die Trunkenheit als solche oder deren Grad.[269]

d) Schaden

102 Ist der angerichtete Schaden völlig belanglos, so dass seinetwegen üblicherweise nicht mit Schadenersatzansprüchen gerechnet werden muss, scheidet der Tatbestand aus.[270] Bei Sachschäden wird die Wertgrenze derzeit überwiegend zwischen 25 € und 50 € angesetzt[271] Der Tatbestand entfällt grundsätzlich auch, wenn der Unfallgegner auf Feststellungen ausdrücklich oder konkludent (durch Wegfahren trotz Kenntnis des eigenen Schadens) verzichtet, da insofern der Schutzzweck der Vorschrift nicht mehr betroffen sein kann.[272] Entsprechendes gilt, wenn nach Lage der Dinge von einem mutmaßlichen Einverständnis auszugehen ist.

e) Sich entfernen – Wartepflicht

103 § 142 Abs. 1 StGB verlangt von dem Verkehrsteilnehmer nur seine Anwesenheit am Unfallort (passive Feststellungsduldungspflicht) sowie seine Angabe, am Unfall beteiligt zu sein (Vorstel-

264 BGHSt 48, 233 ff.
265 Z.B. BGHSt 37, 366, 372 (Unfall durch nicht angeleinten Hund); BGH, NStZ 2002, 252 (Beifahrer schleudert aus einem fahrenden Pkw Mülltonnen gegen parkende Fahrzeuge); OLG Köln NStZ-RR 2011, 354 f. (Schädigung beim Ladevorgang); OLG Düsseldorf, Urt. v. 7.11.2011 – III 1 RVs 62/11 (die Kollision eines Einkaufwagens mit einem parkenden Pkw auf einem öffentlich zugänglichen Parkplatz ist ein »Unfall im Straßenverkehr« im Sinne des § 142 Abs. 1 Nr. 1 StGB).
266 BGH VRS 24, 118; auch nicht mit Blick auf den Kaskoversicherer BGHSt, 8, 263; BGHSt 9, 269.
267 BayObLG NZV 1990, 397; vgl. dazu *Ernemann* § 142 Rn. 8.
268 BayObLG NStZ-RR 2000, 140.
269 BGH, VRS 39, 184.
270 *Fischer* § 142 Rn. 11; Zu den Grundzügen der Schadensberechnung im Bereich des § 142 StGB vgl. *Hofmeister* AnwZert VerkR 13/2015 Anm. 2.
271 Ausführlich *Ernemann* § 142 Rn. 7; *Burmann*, § 142 Rn. 5 jew. zu § 142 StGB; *Krenberger* jurisPR-VerkR 15/2016 Anm. 6 (»Rechtsprechung ist in Fluss«); *Fromm* NZW 2018, 5 (8).
272 BayObLG NZV 1990, 397.

lungspflicht). Dagegen begründet die Vorschrift nicht die Pflicht, die Aufklärung des Unfalles zu fördern. Die Feststellungspflicht entfällt dann, wenn dem Feststellungsinteresse aller Geschädigten restlos Genüge getan ist oder der Geschädigte auf die Vornahme weiterer Feststellungen verzichtet. Ist einem Unfallbeteiligten, der am Unfallort die Feststellung seiner Person, seines Fahrzeuges und die Art der Beteiligung ermöglicht hat, von dem Feststellungsinteressierten gestattet, sich vom Unfallort zu entfernen, ohne dass weitere Feststellungen zur Frage einer alkoholische Beeinflussung getroffen wurden, obwohl das nach den Umständen möglich gewesen wäre, hat er seine aus § 142 Abs. 1 StGB sich ergebende Pflicht erfüllt mit der Folge, dass der Tatbestand des unerlaubten Entfernens nicht erfüllt ist.

Der Tatbestand des § 142 Abs. 1 Nr. 1 StGB ist auch dann erfüllt, wenn der Täter den Unfallort erst nach der letzten feststellungsberechtigten Person verlässt, sofern er zuvor seine Vorstellungspflicht verletzt hat. Nach dem Wortlaut ist nur erforderlich, dass sich der Täter entferne, »bevor« er die gebotenen Feststellungen ermöglicht habe. Da der Tatbestand gerade an die Verletzung der Vorstellungspflicht anknüpft, ist das Merkmal »bevor« so zu verstehen, dass der Täter den Unfallort verlassen haben muss, »ohne zuvor« die gebotenen Feststellungen ermöglicht zu haben. Damit setzt die Vorschrift des § 142 Abs. 1 Nr. 1 StGB ihrem Wortlaut nach eine Verletzung der Vorstellungspflicht voraus, zu der – faktisch – ein Sich-Entfernen hinzukommen müsse. Hierfür ist es jedoch ohne Bedeutung, in welcher Reihenfolge die Unfallbeteiligten den Unfallort verlassen und ob der Täter im Zeitpunkt seines Sich-Entfernens die Pflicht noch gegenüber einer anwesenden Person hätte erfüllen können.[273]

§ 142 Abs. 1 StGB gebietet das Verbleiben am Unfallort und differenziert danach, ob feststellungs- 104
bereite Personen anwesend (Nr. 1: Vorstellungspflicht) oder abwesend sind (Nr. 2: Wartepflicht). Die Abs. 2 und 3 des § 142 StGB sind als Auffangtatbestände zu verstehen, die dann zum Zuge kommen, wenn der Täter nicht bereits aus Abs. 1 belangt werden kann. Das ist der Fall, wenn er die angemessene Wartezeit eingehalten oder (ohne zu warten oder vor Ablauf der Wartefrist) sich berechtigt oder entschuldigt entfernt hat. Darunter fiel nach der Rechtsprechung des Bundesgerichtshofs auch das vorsatzlose Sichentfernen.[274] Diese, mit dem Analogieverbot unvereinbare Rechtsprechung hat jedenfalls nach der Entscheidung des Bundesverfassungsgerichts vom 19.03.2007[275] keinen Bestand mehr. Das vorsatzlose Sichentfernen unterfällt nicht dem insoweit unmissverständlichen Wortlaut des § 142 Abs. 2 StGB.[276] Eine unvorsätzliche mit einer entschuldigten Verhaltensweise gleichzusetzen, ist daher mit Art. 103 Abs. 2 GG unvereinbar.

Was der Unfallbeteiligte im Einzelnen tun muss, um einer Strafbarkeit nach § 142 StGB zu entgehen, ist in § 142 StGB nicht näher ausgeführt. Der Täter ist zu bestimmten Aktivitäten (doch wiederum nicht zur Durchführung der Feststellungen selbst, sondern nur zu deren Ermöglichung durch andere) verpflichtet und muss jedenfalls mehr tun, als er unter den Voraussetzungen des Abs. 1 hätte tun müssen. § 142 Abs. 3 StGB zeigt nur beispielhaft einige Möglichkeiten auf. Das Merkmal der Unverzüglichkeit richtet sich nach den Umständen des Einzelfalls, insbesondere nach Art und Höhe des Fremdschadens; Unverzüglichkeit bedeutet aber nicht zwingend die Einhaltung des schnellsten Weges. Demzufolge kommt der Definition des Tatbestandsmerkmals »Unfallort« besondere Bedeutung zu. Unfallort ist der Bereich, in dem der Unfallbeteiligte seine Pflicht, einem Berechtigten seine Unfallbeteiligung zu offenbaren, erfüllen kann, oder in dem – unabhängig davon – eine feststellungsbereite Person unter den gegebenen Umständen einen Wartepflichtigen vermuten

---

273 BGH Beschl. v. 11.04.2018 – 4 StR 583/17 = BGHSt 63, 121 ff.= NJW 2018, 2341; vgl. dazu *Lampe*, jurisPR-StrafR 16/2018 Anm. 3; *Krumm*, NJW 2018, 2343; *Eisele*, JuS 2018, 1011 f.; *Berghäuser*, NStZ 2018, 602 f.

274 BGHSt 28, 129.

275 NJW 2007, 1666; dazu *Fischer* § 142 Rn. 51 f.; *Küper* NStZ 2008, 597; *Mitsch* NZV 2008, 217.

276 BVerfG, Beschl. v. 19.03.2007 – 2 BvR 2273/06, NJW 2007, 1666 f. m. Anm. *Simon* NJW 2007, 1668 f.; *Geppert* DAR 2007, 380 f.

und gegebenenfalls durch Befragen ermitteln würde.[277] Maßgebend sind die Umstände des Einzelfalls.[278] Der Bereich darf nicht räumlich exakt mittels eines Radius oder von Entfernungsangaben bestimmt werden.[279] Das Entfernen nicht vom Unfallort selbst, sondern von einem anderen Ort, an welchem der Täter erstmals vom Unfall erfahren hat, erfüllt demzufolge nicht den Tatbestand des § 142 Abs. 1 Nr. 1 StGB. Das Verlassen der Unfallstelle kann gerechtfertigt sein, wenn der Unfallbeteiligte eine eigene Verletzung bemerkt und ein Verlassen des Unfallortes zumindest auch zwecks ärztlicher Versorgung der Verletzung erfolgt.[280]

105 Für das Sichentfernen reicht bereits eine geringe Absetzbewegung aus, sofern sie nur zu einer gewissen räumlichen Trennung vom Unfallort geführt hat. Nicht auf metermäßige Entfernung, sondern nur darauf kommt es an, dass der Unfallbeteiligte seine Pflicht, einem Berechtigten seine Unfallbeteiligung zu offenbaren, nicht mehr erfüllen kann. Kein Entfernen liegt vor bei Ruf- und Sichtkontakt.

Für den subjektiven Tatbestand des § 142 Abs. 1 StGB ist Vorsatz erforderlich, wobei bedingter genügt. Dieser muss sich auch darauf erstrecken, dass es zu einem Unfall gekommen ist. Der Täter muss erkannt oder wenigstens mit der Möglichkeit gerechnet haben, dass ein nicht ganz unerheblicher Schaden entstanden ist. Das Nichterkennen eines (Fremd-) Schadens infolge nachlässiger Nachschau schließt die Annahme bedingten Vorsatzes nicht zwingend aus. Es können Umstände (z.B. heftiger Anprall, Schaden am eigenen Fahrzeug u.a.) vorliegen, die beim Täter trotz eines solchen Nichterkennens die Vorstellung begründen, es ist möglicherweise ein nicht ganz unerheblicher Schaden entstanden. Solche Umstände bedürfen eingehender Darlegung und Würdigung[281].

106 Erfährt der Unfallbeteiligte erst später, aber noch innerhalb eines zeitlichen und räumlichen Zusammenhangs von dem Unfall, so soll er ebenfalls mit den nachträglichen Mitwirkungspflichten des § 142 Abs. 2 und 3 StGB belastet sein. Das gelte selbst dann, wenn dem Sichentfernen kein willensgetragenes Verhalten und damit keine Handlung im strafrechtlichen Sinne zugrunde liege (unfreiwilliger Abtransport).[282] Diese tatbestandserweiternde Auslegung scheint jedoch – vergleichbar mit der Frage, ob auch ein vorsatzloses Sichentfernen strafbar sei – mit Blick auf den Wortlaut des § 142 Abs. 2 Nr. 2 StGB und Art. 103 Abs. 2 GG bedenklich. Ein (erzwungenes) Entfernt-Werden kann nicht mit dem tatbestandlichen Sichentfernen gleichgesetzt werden.

107 Das Merkmal der Unverzüglichkeit (ohne vorwerfbares Zögern) richtet sich nach den Umständen des Einzelfalls, insbesondere nach Art und Höhe des Fremdschadens; Unverzüglichkeit bedeutet nicht zwingend die Einhaltung des schnellsten Weges. Entscheidend ist, ob das Zögern die Beweissituation des Geschädigten konkret erheblich gefährdet.[283]

f) Vorsatz

108 Verkehrsunfallflucht kann nur vorsätzlich begangen werden – bedingter Vorsatz reicht hierfür aus. Bei fahrlässiger Begehung kommt lediglich eine Ordnungswidrigkeit nach § 34 StVO in Betracht Der Kraftfahrer muss sich feststellbar in dem Bewusstsein entfernen, dass sich ein Unfall mit einem

277 BGH NStZ 2011, 209; OLG Karlsruhe DAR 1988, 281; OLG Stuttgart NZV 1992, 327; OLG Köln NZV 1989, 197.

278 *Ernemann* § 142 Rn. 19; *Fischer* § 142 Rn. 20.

279 Vgl. auch: OLG Düsseldorf NZV 2008, 107; OLG Hamburg NZV 2009, 301: nach Zurücklegen von 3 km bzw. sogar nur 1,5 km komme ein Sichentfernen vom Unfallort durch den bösgläubig Gewordenen nicht mehr in Betracht; dagegen OLG Hamburg NJW 2009, 2074; dazu *Mühlenfeld* jurisPR-StrafR 10/2009 Anm. 4.

280 BGH, Beschl. v. 27.08.2014 – 4 StR 259/14, NStZ 2015, 265; vgl. dazu *Krenberger* ZfSch 2014, 714.

281 OLG Köln NStZ-RR 2011, 285 vgl. dazu *Krenberger* jurisPR-VerkR 20/2011 Anm. 5.

282 BGHSt 30, 160; BayObLG NJW 1982, 1059.

283 BGHSt 29, 138 (141); *Fischer* § 142 Rn. 54.

nicht nur bedeutungslosen Fremdschaden ereignet hat und auf ihm ein nicht unberechtigter Beteiligungsverdacht ruhen kann.[284]

g) Nachträgliches Ermöglichen der Feststellungen – Tätige Reue (§ 142 Abs. 4 StGB)

Nach § 142 Abs. 4 StGB[285] ist in den Fällen, in denen sich der Unfall außerhalb des fließenden Verkehrs abgespielt hat, die Strafe zu mildern (§ 49 Abs. 1 StGB) oder *kann* von Strafe abgesehen werden, wenn der Unfallbeteiligte innerhalb von 24 Stunden freiwillig die Feststellungen nachträglich ermöglicht und kein bedeutender Sachschaden eingetreten ist. Tatsächlich spielt die Tätige Reue ob des engen Anwendungsbereichs in der Praxis kaum eine Rolle.[286] In diesem Zusammenhang wird auch kritisiert, dass die Tätige Reue für gleichzeitig verwirklichte Ordnungswidrigkeiten gemäß §§ 34, 49 Abs. 1 Nr. 29 StVO i.V.m. § 24 Abs. 1 StVG und die Eintragung im Fahreignungsregister folgenlos bleibt.[287] **109**

h) Wartezeit-Irrtum im Rahmen von § 142 Abs. 1 Nr. 2 StGB

Welche Wartezeit als »nach den Umständen angemessen« anzusehen ist, richtet sich nach den Gegebenheiten des Einzelfalls und den Maßstäben der Erforderlichkeit und Zumutbarkeit, wobei insbesondere auf Zeit, Ort und Schwere des Unfalls, die Verkehrsdichte und die Chancen wirksamer Aufklärung sowie die Höhe des Fremdschadens abzustellen ist.[288] Auf einen tatsächlichen Irrtum kann sich der Unfallbeteiligte nur berufen, wenn er die Voraussetzungen, unter denen ihm das Entfernen von der Unfallstelle gestattet ist, sorgfältig und verantwortungsbewusst geprüft hat. **110**

i) Folgen einer Verurteilung nach § 142 StGB

Eine Verurteilung nach § 142 StGB hat in der Regel eine Entziehung der Fahrerlaubnis zur Folge, sofern der Täter weiß oder wissen kann, dass bei dem Unfall ein Mensch getötet oder nicht unerheblich verletzt worden oder an fremden Sachen bedeutender Schaden entstanden ist[289] (§ 69 Abs. 2 S. 3 StGB). Eine besonders lang dauernde Entziehung der Fahrerlaubnis, insbesondere die auf Lebenszeit, ist allerdings auf die Fälle beschränkt, die unter Berücksichtigung aller für die Fristbestimmung maßgeblichen Gesichtspunkte, besonders der Gesamtpersönlichkeit des Angeklagten, einen Schluss auf mangelndes Verantwortungsbewusstsein im Straßenverkehr zulassen[290]. **111**

Stellt das Gericht in der Hauptverhandlung keine charakterliche Ungeeignetheit fest, hat es die Möglichkeit, als Nebenstrafe ein Fahrverbot gem. § 44 StGB zu verhängen. **112**

▶ **Hinweis**

Laut den im November 2023 veröffentlichten »Eckpunkten« des Bundesministeriums der Justiz zur Modernisierung der StGB soll § 142 StGB (erneut) reformiert werden. Ob die angekündigte Einführung einer Meldepflicht und entsprechender Meldestellen bei Unfällen mit bloßen Sachschäden zu einer Teilentkriminalisierung führen wird, bleibt abzuwarten. **113**

---

284 Vgl. dazu *Krumm/Staub* NZV 2016, 362 f.

285 Das Gericht mildert in den Fällen der Absätze 1 und 2 die Strafe (§ 49 Abs. 1) oder kann von Strafe nach diesen Vorschriften absehen, wenn der Unfallbeteiligte innerhalb von vierundzwanzig Stunden nach einem Unfall außerhalb des fließenden Verkehrs, der ausschließlich nicht bedeutenden Sachschaden zur Folge hat, freiwillig die Feststellungen nachträglich ermöglicht; vgl. dazu *Mitsch* in FS Geppert 2011 S. 337 ff.

286 *Fischer* § 142 Rn. 62; *Sternberg-Lieben*, Schönke/Schröder, StGB § 142 Rn. 88.

287 Vgl. BRAK-Stellungnahme 49/2023, S. 6 m.w.N.

288 Vgl. OLG Köln StraFo 2001, 209 m. zahlreichen Hinweisen.

289 Zum bedeutenden Fremdsachschaden vgl. *Himmelreich/Hahn* NStZ 2004, 317 [319]; *Harrendorf* in Satzger/Schluckebier/Widmaier StGB 4. Aufl. § 69 Rn. 42; *Fischer* § 69 Rn. 28 ff. (1.300 €).

290 Vgl. dazu *Himmelreich/Krumm/Staub* DAR 2012, 49 ff. zum Fahrerlaubnisentzug).

8. §§ 222, 223, 224, 229 StGB – Vorsätzliche, fahrlässige Körperverletzung und fahrlässige Tötung im Straßenverkehr

114 Obwohl es sich nicht um verkehrstypische Straftaten handelt, so kommt doch diesen Delikten im Rahmen von Verkehrsstraftaten eine nicht unerhebliche Bedeutung zu[291]. Wesentlich für §§ 222, 229 StGB[292] ist das Vorliegen einer objektiven Pflichtwidrigkeit. Zuwiderhandlung gegen Vorschriften, die das Verhalten im Straßenverkehr regeln (StGB, StVG, StVO, StVZO, Fahrerlaubnis-Verordnung – FeV), bedeuten ein starkes Indiz für eine Pflichtwidrigkeit.[293]

115 Gerade im Bereich des Straßenverkehrsrechts wird der Rahmen der objektiven Pflichtwidrigkeit begrenzt durch den *Vertrauensgrundsatz*. Sind nämlich an einem gefahrträchtigen Vorgang (und dazu gehört natürlich die Teilnahme am Straßenverkehr) mehrere beteiligt, so darf sich grundsätzlich jeder darauf verlassen, dass auch die anderen die Sorgfaltspflichtanforderungen (z.B. die Verkehrsregeln) beachten. Das Verhalten des Verkehrsteilnehmers muss sich also nicht daran ausrichten, dass der andere (möglicherweise) sorgfaltspflichtwidrig handeln werde. Das gilt aber nur für denjenigen, der sich selbst verkehrsgerecht verhält. Er darf grundsätzlich darauf vertrauen, dass sich auch andere Verkehrsteilnehmer verkehrsgerecht verhalten; sobald er erkennt, dass der andere Verkehrsteilnehmer sich nicht verkehrsgerecht verhält, kann er sich nicht mehr auf den Vertrauensgrundsatz berufen.[294] Als Maßstab anzulegen ist in diesem Zusammenhang die Verkehrsauffassung, die auf einen besonnenen und gewissenhaften Kraftfahrer in der konkreten Lage abstellt.

116 Die Pflichtwidrigkeit des Täterverhaltens muss sich gerade im konkreten Erfolg niedergeschlagen haben. Daran fehlt es, wenn der Erfolg auch bei pflichtgemäßem Alternativverhalten mit an Sicherheit grenzender Wahrscheinlichkeit eingetreten wäre.[295] Der tatbestandsmäßige Erfolg muss schließlich im Schutzbereich der verletzten Sorgfaltsnorm liegen. Von praktischer Bedeutung ist diese Zurechnungsfigur vor allem bei Haltegeboten und Geschwindigkeitsüberschreitungen.[296] Bei einem Verstoß gegen verkehrsbezogene Sorgfaltspflichten kann einer Einwilligung des Betroffenen in gefährdendes Verhalten einer anderen rechtlichen Bedeutung zukommen. Die Grenze zur Sittenwidrigkeit (§ 228 StGB) sind aber dann überschritten, wenn bei vorausschauender objektiver Betrachtung aller maßgeblichen Umstände der Tat der Einwilligende durch die Körperverletzungshandlung in konkrete Todesgefahr gebracht wird.[297] Bei der Prüfung der Frage, ob ein Verkehrsunfall für einen alkoholbedingt fahruntüchtigen Kraftfahrer auf ein pflichtwidriges Verhalten zurückzuführen und vermeidbar war, ist nicht darauf abzustellen, ob der Fahrer in nüchternem Zustand den Unfall und die dabei eingetretenen Folgen bei Einhaltung derselben Geschwindigkeit hätte vermeiden können; vielmehr ist zu prüfen, bei welcher geringeren Geschwindigkeit er – abgesehen davon, dass er als Fahruntüchtiger überhaupt nicht am Verkehr teilnehmen durfte – noch seiner durch den Alkoholeinfluss herabgesetzten Wahrnehmungs- und Reaktionsfähigkeit bei Eintritt der kritischen Verkehrslage hätte Rechnung tragen können, und ob es auch bei dieser Geschwindigkeit zu dem Unfall und den dabei eingetretenen Folgen gekommen wäre[298].

Umstritten ist, ob die Strafbarkeit eines alkoholbedingt fahruntüchtigen Kraftfahrers wegen fahrlässiger Tötung in Tateinheit mit Gefährdung des Straßenverkehrs entfällt, wenn der Beifahrer, der

291 Zur Problematik nicht genehmigter Autorennen BGH, Urt. v. 20.11.2008 – 4 StR 28/08, BGHSt 53, 55 f. = NStZ 2009, 148 f., Urt. v. 06.07.2017 – 4 StR 415/16 (Autorennen mit tödlichem Ausgang); neuerdings *Preuß* NZV 2017, 195 ff. (auch zum Problem der Selbst- bzw. Fremdgefährdung); *Piper* NZV 2017, 70 ff.; *Mitsch* DAR 2017, 70 ff.; *Kubiciel/Hoven* NStZ 2017, 439 ff.; *Zopf* DAR 2020, 9 ff.; für Tötungsdelikte bei Autorennen vgl. A I 4.

292 *Cierniak* SVR 2012, 127 ff.; *Backmann* NZV 2013, 465.

293 BGHSt 16, 145 [151].

294 BGHSt 13, 169; BGH, NZV 1992, 108.

295 BGHSt 24, 31.

296 BGHSt 33, 61.

297 BGHSt 53, 55 ff. m. Anm. *Puppe* GA 2009, 486 ff.; *Roxin* JZ 2009, 399 ff.; *Duttge* NStZ 2009, 690 ff.

298 BGH, Urt. v. 06.12.2012 – 4 StR 369/12, NStZ 2013, 231 f. m. Anm. *Foth*; *Puppe* JR 2013, 473 ff.

infolge eines durch die Trunkenheit verursachten Unfalles getötet wird, den Zustand des Fahrers bei Fahrtantritt gekannt und billigend in Kauf genommen hat. In diesen Fällen hängt die Strafbarkeit davon ab, ob dieses bewusste Eingehen eines nicht ungefährlichen Sozialkontaktes als straflose Mitwirkung des Kfz-Führers an einer Selbstgefährdung des Mitfahrers oder – vorzugswürdig – als dann einwilligungsbedürftige Fremdgefährdung eingestuft wird. In der Regel wird man allerdings davon ausgehen müssen, dass bei derart risikobewusstem Verhalten des Mitfahrers gar keine Einwilligung in den Erfolg (d.h. in die konkrete Gefährdung) vorliegt, so dass die Strafbarkeit nicht entfällt. Nach der Rechtsprechung kann sich jedoch ein Mitverschulden oder eine (unwirksame) Einwilligung des Mitfahrers günstig bei der Strafzumessung und Prüfung einer Strafaussetzung zur Bewährung auswirken.[299]

§ 229 StGB gehört zu den Privatklage- und Antragsdelikten. Zum einen findet also eine Strafverfolgung nur auf Antrag statt (§§ 77 ff. StGB), sofern nicht die Staatsanwaltschaft wegen des besonderen öffentlichen Interesses an der Strafverfolgung ein Einschreiten von Amts wegen für geboten hält (§ 230 StGB). Zum anderen ist der Verletzte auf den Privatklageweg zu verweisen, wenn die Staatsanwaltschaft nicht ein besonderes öffentliches Interesse bejaht (§ 376 StPO). Eine gesetzliche Grundlage, wann das besondere öffentliche Interesse an der Strafverfolgung zu bejahen oder zu verneinen ist, gibt es nicht. Maßstäbe enthalten die Richtlinien für das Straf- und Bußgeldverfahren (RiStBV) in Nr. 243 Abs. 3. Es handelt sich dabei um eine im Einzelfall zu treffende Ermessensentscheidung. Um eine bei der Vielzahl der Fälle möglichst gleichmäßige Sachbehandlung zu gewährleisten, haben einige Bundesländer hierzu zusätzliche Richtlinien erlassen. Die Bejahung des besonderen öffentlichen Interesses durch die Staatsanwaltschaft unterliegt keiner richterlichen Überprüfung.[300] 117

Von Bedeutung ist in diesem Bereich, ob die durch ein Kraftfahrzeug verursachten Körperverletzungen mittels eines gefährlichen Werkzeugs begangen sind (§ 224 Abs. 1 Nr. 2 StGB). Ein gefährliches Werkzeug i.S.d. § 224 Abs. 1 Nr. 2 StGB ist jeder Gegenstand, der nach seiner objektiven Beschaffenheit und nach der Art seiner Benutzung im Einzelfall geeignet ist, erhebliche Körperverletzungen herbeizuführen[301]. Der Begriff des Werkzeugs wird weit gefasst und umfasst jeden beweglichen Gegenstand, der vom Täter geführt, also zur Verstärkung der Einwirkung allein körperlicher Kraft oder zur Hervorbringung spezifischer Kraftwirkungen benutzt werden kann[302]. Die Körperverletzung muss schließlich »durch«, also unter zweckgerichteter Verwendung des Werkzeugs begangen werden und i.d.R. unmittelbar auf den Körper einwirken[303]. Schwierigkeiten bereitet diese Tatbestandsvoraussetzung oft im Zusammenhang mit der Verwendung eines Kraftfahrtzeuges, da hier die Verletzungen oft nicht »mittels« des Autos, also durch Anfahren des Opfers, eintreten, sondern durch den Einsatz des Fahrzeugs erst ein Kausalverlauf in Gang gesetzt wird, der dann mittelbar zur Verletzung führt. Das »Abschütteln« einer sich auf der Motorhaube eines mit geringer Geschwindigkeit fahrenden Autos festhaltenden Person ist deshalb nicht tatbestandsmäßig. Gleiches galt für das gezielte Anstoßen eines Motorrollers von hinten mit dem Auto, in dessen Folge sich der Fahrer des Rollers beim Sturz auf die Straße verletzte[304]. Beim gezielten Anfahren mit einem Auto und anschließendem Sturz muss für eine Strafbarkeit nach § 224 StGB bereits durch den Anstoß eine nicht unerhebliche Beeinträchtigung des körperlichen Wohlbefindens und damit eine körperliche Misshandlung erfolgt sein, die durch den daraus resultierenden Sturz erlittenen Verletzungen können nicht zur Begründung der Qualifikation herangezogen werden[305]. 118

299 OLG Koblenz BA 2002, 483 f.

300 BGH NJW 1991, 1726.

301 Vgl. u.a. BGHSt 30, 375, 377; BGH StV 2002, 485; StraFo 2010, 202.

302 Vgl. u.a. BGH NStZ 2007, 405.

303 BGH StraFo 2010, 202 m.w.N.).

304 BGH StV 2013, 438; Urt. v. 25.04.2019 – 4 StR 442/18 = NStZ 2019, 608.

305 BGH, Beschl. v. 14.01.2014 – 4 StR 453/13; v. 30.07.2013 – 4 StR 275/13, NStZ 2014, 36 f.; v. 20.12.2012 – 4 StR 292/12 m. Anm. *Jäger* JA 2013, 472 f.; vgl. aber auch OLG Hamm, Beschl. v. 20.02.2014 – 1 RVs 15/14, NStZ-RR 2014, 141 f. m. Anm. *Krenberger* JurisPR-VerkR 10/2014 Anm. 5.

In Betracht kommt auch eine gefährliche Körperverletzung gemäß § 224 Abs. 1 Nr. 5 StGB, wenn der Täter in einer Weise vorgeht, die nach den Umständen des Einzelfalls (generell) geeignet ist, das Leben zu gefährden.[306]

▶ **Hinweis**

119 Wird das besondere öffentliches Interesse verneint und das Verfahren zur Verfolgung etwaiger Ordnungswidrigkeiten an die Verwaltungsbehörde abgegeben, hat das Gericht möglicherweise auf einen Einspruch gegen einen Bußgeldbescheid hin in das Strafverfahren überzugehen, wenn ein wirksamer Strafantrag vorliegt.[307]

9. §§ 211, 212 StGB (Mord, Totschlag)

120 Ein vorsätzliches Tötungsdelikt (§§ 211, 212 StGB) im Zusammenhang mit Vorgängen im Straßenverkehr wie z.B. verbotenes Kraftfahrzeugrennen wird nur unter ganz besonderen Umständen zu bejahen sein.[308] Hier kommt der subjektiven Seite besondere Bedeutung zu, und zwar bei der Abgrenzung von bedingtem Vorsatz und bewusster Fahrlässigkeit.[309]

Bedingter Tötungsvorsatz ist gegeben, wenn der Täter den Tod als mögliche, nicht ganz fernliegende Folge seines Handelns erkennt (Wissenselement) und dies billigt oder sich um des erstrebten Zieles willen zumindest mit dem Eintritt des Todes abfindet, mag ihm der Erfolgseintritt auch gleichgültig oder an sich unerwünscht sein (Willenselement). Bewusste Fahrlässigkeit liegt dagegen vor, wenn der Täter mit der als möglich erkannten Tatbestandsverwirklichung nicht einverstanden ist und ernsthaft und nicht nur vage darauf vertraut, der tatbestandliche Erfolg werde nicht eintreten. Ob der Täter nach diesen rechtlichen Maßstäben bedingt vorsätzlich gehandelt hat, ist in Bezug auf beide Elemente im Rahmen der Beweiswürdigung umfassend zu prüfen und durch tatsächliche Feststellungen zu belegen. Bei besonders gefährlichen Verhaltensweisen, wie es das Mitschleifen eines Menschen an einem beschleunigenden Kraftfahrzeug darstellt, liegt es nahe, dass der Täter auch mit der Möglichkeit rechnet, das Opfer könne dabei zu Tode kommen[310]. Bei riskanten Verhaltensweisen im Straßenverkehr, die nicht von vornherein auf die Verletzung einer anderen Person oder die Herbeiführung eines Unfalls angelegt sind, kann eine vom Täter als solche erkannte Eigengefährdung dafürsprechen, dass er auf einen guten Ausgang vertraut. Dementsprechend muss sich der Tatrichter beim Vorliegen einer solchen Konstellation einzelfallbezogen damit auseinandersetzen, ob und in welchem Umfang aus Sicht des Täters aufgrund seines Verhaltens eine Gefahr (auch) für seine eigene körperliche Integrität drohte. Einen Erfahrungssatz, nach dem sich ein bestimmter Typ Autofahrer in einer bestimmten Art von Kraftfahrzeug grundsätzlich sicher fühlt und jegliches Risiko für die eigene Unversehrtheit ausblendet, gibt es nicht.

Falls bedingter Tötungsvorsatz bejaht werden kann, stellt sich die Frage der Verwirklichung von Mordmerkmalen. In Betracht kommt die Bejahung von gemeingefährlichen Mitteln im Sinne des § 211 StGB. In der konkreten Tatsituation muss eine Mehrzahl von Menschen an Leib oder Leben

---

306 BGH Urt. v. 25.04.2019 – 4 StR 442/18 = NStZ 2019, 608 f.

307 Problematisch, vgl. *Gürtler* in Göhler Ordnungswidrigkeitengesetz 16. Aufl. § 43 Rn. 10 ff.

308 BGH, Urt. v. 01.03.2018 – 4 StR 399/17 = BGHSt 63, 88 ff. = NJW 2018, 1621 ff.; v. 01.03.2018 – 4 StR 158/17 = NStZ 2018, 460 f.; v. 01.03.2018 – 4 StR 311/17 = DAR 2018, 380 f. m. Anm. *Walter* NStZ 2018, 412 f.; *Jäger* JA 2018, 468 f.; *Eisele* JuS 2018, 492 f.; *ders.* JZ 2018, 549 f.; *Hörnle* NJW 2018, 1576 f.; *Zopfs* DAR 2018, 375 ff. (zur Eigengefährdung); *Jäger* JA 2018, 468 ff.; *Eisele* JuS 2018, 492 ff.; *ders.* JZ 2018, 549 ff.; *Ternig* jM 2018, 258 ff.; *Walter*, NStZ 2018, 412 ff.; *Schneider* NStZ 2018, 528 ff.; *Preuß* NZV 2018, 345 ff.; *Steinert* SVR 2019, 326 ff.; *Gründel*, ZJS 2019, 211 ff.

309 Zum »Ku'damm-Raser-Fall« BGH, Urt. v. 18.06.2020 – 4 StR 482/19, BGHSt 65, 42 = StV 2021, 113 = NStZ 2020, 602 = NJW 2020, 2900; vom BVerfG »bestätigt«, Beschl. v. 07.12.2022 – 2 BvR 1404/20, StV 2024, 88 ff.

310 BGH StV 2001, 572 m. Anm. *Martin*, JuS 2001, 924 f.; Beschl. v. 06.08.2019 – 4 StR 255/19 = NStZ-RR 2019, 343 f.

gefährdet worden sein, weil der Täter die Ausdehnung der Gefahr nicht in seiner Gewalt hatte.[311] In Betracht kommt auch das Mordmerkmal der niedrigen Beweggründe. Solche liegen vor, wenn die vorsätzliche Tötung nach einer Gesamtwürdigung auf Motivationen beruht; die nach allgemeiner sittlicher Wertung auf tiefster Stufe stehen und deshalb besonders verwerflich, ja verachtenswert sind. Die Aspekte, welche die besondere Verwerflichkeit begründen, muss der Täter dabei erfassen und in ihre Bedeutung für die Bewertung für die Tat erkennen. Als ausschlaggebend für die Bejahung dieser Voraussetzungen wird meist ein vom Täter erkanntes eklatantes Missverhältnis zwischen Tötung und Tatanlass angesehen.[312] Eine solche Bewertung wird im Fall illegaler Autorennen mit billigend in Kauf genommenen Todesfolgen wohl anzunehmen sein, weil der Sieg und das Gewinnstreben der Fahrer im Verhältnis zu einem Menschenleben völlig belanglos ist. Auch die Verwirklichung des Mordmerkmals »Heimtücke« ist möglich. Problematisch ist dabei aber, ob das erforderliche Ausnutzungsbewusstsein gegeben ist.

10. § 240 StGB – Nötigung im Straßenverkehr

Der Begriff der Gewalt im Sinne des § 240 StGB[313] ist umstritten.[314] Nicht jeder vorsätzliche Regelverstoß im Straßenverkehr, der ein Nötigungselement enthält, ist eine Nötigung i.S. des § 240 StGB. In Betracht kommen vor allem Fälle, in denen ein Kraftfahrer dicht und bedrängend auf seinen Vordermann auffährt, seinen Hintermann – aus welchen Gründen auch immer – absichtlich »ausbremst«[315] oder vorsätzlich einen unerwünschten Verfolger »abdrängt«. Der Bundesgerichtshof meint, Nötigung im Straßenverkehr mittels eines Kraftfahrzeuges komme in Betracht, wenn etwa ein Fahrzeugfahrer andere Fahrzeuge blockiert, so dass die nachfolgenden Fahrzeuge ihre Fahrt nicht fortsetzen können. Selbst wenn psychischer Zwang die Betroffenen nicht beeindruckt haben würde, liege eine strafbare Nötigung vor, da die beabsichtigte Fortbewegung durch tatsächlich nicht überwindbare Hindernisse unterbunden werde. Erforderlich ist aber, dass es sich um einen Vorgang von einiger Dauer und gewisser Intensität handelt.[316] Nicht ausreichend sind daher reine Belästigungen, die nicht geeignet sind, einen vernünftigen und durchschnittlichen Kraftfahrer in Angst und Schrecken zu versetzen. Für die Feststellung einer Nötigung und die Annahme willensbeugender Gewaltanwendung im Straßenverkehr ist also die Intensität der Einwirkung des beanstandeten Fahrverhaltens im Einzelfall entscheidend. Nötigung liegt aber nicht nur in den Fällen vor, in denen der Täter den Nachfolgenden zu einer sogenannten »Vollbremsung« zwingt oder herunterbremst, mit der Folge, dass der Nachfolgende zum Anhalten gezwungen wird, sondern auch bereits dann, wenn der Täter seine Geschwindigkeit ohne verkehrsbedingten Grund massiv reduziert, um den Fahrer des nachfolgenden Fahrzeugs zu einer unangemessen niedrigen Geschwindigkeit zu zwingen und der Nachfolgende das ihm vom Täter aufgezwungene Verhalten nicht durch Ausweichen oder Überholen vermeiden kann.[317] **121**

311 BGH, Beschl. v. 21. 12, 2016 – 1 StR 375/16 = NStZ-RR 2017, 143; *Momsen* in Satzger/Schluckebier/Widmaier § 211 Rn. 63 ff.

312 *Momsen* in Satzger/Schluckebier/Widmaier § 211 Rn. 19 ff., 22.

313 Vgl. dazu *Maatz* NZV 2006, 337; *Rebler* DAR 2011, 372 ff.; *ders.* AnwZert VerkR 16/2011, Anm. 2; *Eisele* JA 2009, 698 ff.; *Magnus* NStZ 2012, 538 f.; *Heger* in FS Geppert 2011 DS. 153 ff.; zur Verteidigung bei Verstößen gegen § 240 StGB vgl. *Lenhart* NJW 2009, 967 f.; *König/Seitz* DAR 2009, 361 f., zur Nötigung im Autobahnverkehr und mit Verteidigerstrategien vgl. *Fromm* DAR 2016, 230 ff.

314 BGH, NStZ 1991, 218 (lediglich psychische Einwirkung); BVerfG NJW 1995, 1141 (Eine Zwangswirkung, die lediglich in der körperlichen Anwesenheit besteht, genüge dem Gewalterfordernis des § 240 StGB nicht. Notwendig ist Verhalten, das sich aktiv gegen denjenigen richtet, auf dessen Willen eingewirkt werden soll); zur Verwerflichkeit und Rechtfertigung bei der Nötigung *Küper* JZ 2013, 449 f., *Krumm* NZV 2015, 582 ff. (nötigende Gewalt); *Krumm* DAR 2016, 230 f. (Nötigung auf der Autobahn).

315 Im bloßen Aufleuchtenlassen des Bremslichts liegt weder eine (versuchte) Nötigung noch ein gefährlicher Eingriff in den Straßenverkehr vgl. OLG Köln NZV 1997, 318 f.

316 BGHSt 19, 263; OLG Frankfurt NStZ-RR 2011, 110 f. (30 Sekunden in den Weg stellen).

317 Zum Ausbremsen eines Verkehrsteilnehmers vgl. OLG Celle NZV 2009, 199 f.

Ein scharfes Ausbremsen des Hintermanns ohne verkehrsbedingte Veranlassung kann auch als Bereiten eines Hindernisses im Sinne des § 315b Abs. 1 Nr. 2 StGB gewertet werden.[318] Versperrt ein Fahrzeugführer einem entgegenkommenden Fahrzeug bewusst den Weg, um dessen Fahrer zum Anhalten zu bewegen, so ist er aber nicht wegen gefährlichen Eingriffs nach § 315b Abs. 1 Nr. 3 StGB zu bestrafen, wenn er weder einen Zusammenstoß mit dem Fahrzeug herbeiführen noch den anderen Fahrer konkret gefährden wollte. Das bewusste Versperren des Weges durch Schaffen eines Hindernisses stellt jedoch eine Gewaltanwendung im Sinne des § 240 StGB dar. Der »bloß« rücksichtslose Überholende macht sich in aller Regel nicht nach § 240 StGB wegen Nötigung strafbar, denn die Einwirkung seines Fahrverhaltens auf andere Verkehrsteilnehmer ist im Zweifel nicht der Zweck, sondern nur die in Kauf genommene Folge seiner Fahrweise. Sein Ziel ist es, schneller voranzukommen. Dass das auf Kosten anderer geschieht, ist nur die in Kauf genommene Folge seiner Fahrweise.[319]

122 Von Nötigungen im Straßenverkehr durch die Fahrer und Straßenverkehrsteilnehmer zu unterscheiden sind Nötigungen gegen die Straßenverkehrsteilnehmer, insbesondere durch Straßen- und Sitzblockaden. Nach inzwischen gefestigter Rechtsprechung erfüllt das Blockieren einer Straße, um Autofahrer an der Weiterfahrt zu hindern, jenseits der ersten Autofahrerreihe den Tatbestand der Nötigung gemäß § 240 Abs. 1 StGB (»Zweite-Reihe-Rechtsprechung«).[320] Ungeachtet der dogmatischen Einordnung des Verwerflichkeitsmerkmals nach § 240 Abs. 2 StGB sind nach dem *Bundesverfassungsgericht* bei Sitzblockaden im Zusammenhang mit Demonstrationen und Protesten besondere Kriterien zum Schutz der Versammlungsfreiheit bei der Verwerflichkeitsprüfung zu berücksichtigen. Unter Berücksichtigung aller Umstände des Einzelfalls sind unter anderem die Dauer und Intensität der Aktion, deren vorherige Bekanntgabe, Ausweichmöglichkeiten über andere Zufahrten, die Dringlichkeit des blockierten Transports, aber auch der Sachbezug zwischen den in ihrer Fortbewegungsfreiheit beeinträchtigten Personen und dem Protestgegenstand und schließlich der »Kommunikationszweck« zu berücksichtigen – und das nicht erst bei der Strafzumessung.[321]

11. § 248b StGB – Unbefugter Gebrauch eines Fahrzeugs

123 Die Frage, ob die Benutzung eines fremden Kraftfahrzeugs gegen den Willen des Berechtigten als Diebstahl oder als unbefugte Ingebrauchnahme zu beurteilen ist, beantwortet sich danach, ob der Täter über das fremde Fahrzeug selbstherrlich wie ein Eigentümer unter dauerndem Ausschluss des Berechtigten verfügen und zu diesem Zweck von vornherein den fremden Gewahrsam zugunsten des eigenen endgültig brechen will (Diebstahl) oder ob er sich von Beginn an mit der vorübergehenden eigenmächtigen Benutzung des Fahrzeugs, und deshalb mit nur zeitweiliger Brechung des fremden Gewahrsams begnügen, diesen also nach Beendigung des Gebrauchs wiederherstellen will (unbefugte Ingebrauchnahme). Danach unterscheiden sich beide Straftatbestände unter anderem durch den für die unbefugte Ingebrauchnahme wesentlichen Willen zur Rückführung des Fahrzeugs in den Herrschaftsbereich des bisherigen Gewahrsamsinhabers. Soll lediglich unbefugter Gebrauch vorliegen, muss also der Wille des Täters im Zeitpunkt der Wegnahme dahin gehen, dass der Berechtigte seine ursprüngliche Verfügungsgewalt über das Fahrzeug ohne besondere Mühe wieder ausüben kann.[322] Unter dem Gebrauch eines Fahrzeugs ist dessen vorübergehende Nutzung als Fortbewegungsmittel zu verstehen. Erforderlich ist das Ingangsetzen des Fahrzeugs zur selbstständigen Fahrt. Die bloße

318 BGH Beschl. v. 21.06.2016 – 4 StR 1/16 = NZV 2016, 533 f.
319 OLG Düsseldorf NJW 2007, 3219 f.
320 Vgl. nur BGHSt 41, 182 = BGH NJW 1995, 2643; BayObLGSt. 95, 167 (168); StV 2023, 543; gebilligt von BVerfG NJW 2002, 1031; 2011, 3020; kritisch zur Zweiten-Reihe-Rechtsprechung *Sinn*, MüKo-StGB, 4. Aufl. 2021, § 240 Rn. 52.
321 Vgl. BVerfGE 104, 92 (109 ff.); BVerfG NJW 2011, 3020 (3023).
322 BGHSt 22, 45 [46]; BGH NStZ 1982, 420; BGH NJW 1987, 266; BGH StV 1995, 640.

Inbetriebnahme durch Anlassen des Motors reicht daher ebenso wenig aus wie die Nutzung eines parkenden Fahrzeugs zum Schlafen.[323]

▶ Hinweis

Die Weiterbenutzung eines gemieteten Fahrzeugs durch den Mieter nach Ablauf der Mietzeit ist eine tatbestandsmäßige »Ingebrauchnahme« i.S.d. § 248b Abs. 1 StGB. Die Ingebrauchnahme eines Fahrzeugs durch einen an sich Unberechtigten allein zum Zwecke der Rückführung an den Berechtigten ist regelmäßig von dessen mutmaßlichen Willen gedeckt und daher nicht tatbestandsmäßig im Sinne des § 248b Abs. 1 StGB.[324]

▶ Beachte

§ 248b StGB ist ein Antragsdelikt (§ 248b Abs. 3 StGB)[325].

12. § 323c StGB Unterlassene Hilfeleistung

Ein Unglücksfall im Sinne dieser Vorschrift[326] ist ein plötzlich eintretendes Ereignis, das erheblichen 124
Schaden an Menschen oder Sachen anrichtet und weiteren Schaden zu verursachen droht. Als solches Ereignis kommt auch eine Straftat Dritter in Betracht.[327] Ein drohender Schaden reicht für die Annahme eines Unglücksfalles aus,[328] es muss das Risiko einer erheblichen Verletzung gegeben sein.[329]

Auch bei Straßenverkehrsunfällen kann eine Strafbarkeit nach § 323c StGB in Betracht kommen. Hilfspflichten i.S.v. § 323c StGB entstehen bei Vorliegen eines Notfalls, wie z.B. bei der unfallbedingten Verletzung eines Verkehrsteilnehmers.[330] Auf die Ursache des Notfalls kommt es grundsätzlich nicht an. Notfälle im Sinne des Gesetzes sind Unglücksfälle, eine gemeine Gefahr oder Not. »Bei« bedeutet in diesem Zusammenhang so viel wie »anlässlich«.

Die Tathandlung besteht im Unterlassen der erforderlichen, möglichen und zumutbaren Hilfeleistung. Das meint jede Tätigkeit, die ihrem Zweck nach auf die Abwehr weiterer Schäden gerichtet ist. Die Hilfeleistung muss erforderlich, also nach dem Urteil eines verständigen Beobachters geeignet und notwendig sein, um drohende weitere Schäden abzuwenden. Inhalt und Umfang der Hilfspflicht sowie Art und Maß der Hilfe richten sich wesentlich nach den Fähigkeiten und Möglichkeiten des Hilfspflichtigen.[331] Der Täter muss daher einem Verunglückten selbst dann die ihm mögliche Hilfe leisten, wenn sie am Ende vergeblich bleibt und sich die befürchtete Folge des Unglücks als von Anfang an als unabwendbar erweist; jedoch besteht keine Hilfspflicht mehr, sobald der Tod des Verunglückten eingetreten ist[332].

Die Hilfeleistung muss zumutbar sein. Umstritten ist die Zumutbarkeit für die Fälle, in denen der Betreffende sich durch Erbringung der geforderten Hilfeleistung der Gefahr der Strafverfolgung aussetzen würde.[333]

---

323 BGH, Beschl. v. 24.06.2014 – 2 StR 73/14, BGHSt 59, 260 f. = NJW 2014, 2887 f.

324 BGH, Beschl. v. 24.06.2014 – 2 StR 73/14, BGHSt 59, 260 f. = NJW 2014, 2887 f.

325 Beispiel für fehlenden Antrag: BGH, Beschl. v. 17.02.2011 – 3 StR 477/10.

326 In der Fassung vom 23.5.2017; vgl. *Geppert* Jura 2005, 39 f.; *Winkler* AnwZert VerkR 9/2009 Anm. 4; *Rudolphi* NStZ 1991, 237 f.; *Kargl* GA 1994, 247 ff.; *Rebler* VD 2015, 47 ff. (Unterlassene Hilfeleistung im Straßenverkehr).

327 BGH, Urt. v. 12.01.1993 – 1 StR 792/92.

328 BGHSt 3, 65, 66; 30, 391; 57, 42 ff. = NStZ 2012, 142 f.; BGH NStZ 1997, 127.

329 BGH, Beschl. v. 12.08.2015 – 2 StR 115/15, Rechtsmedizin 27, 201–203 (2017).

330 BGHSt 11, 135 f.

331 BGH 2, 296, 299; BGH NJW 1983, 350, 351.

332 BGH, Beschl. v. 15.09.2015 – 5 StR 363/15, NStZ 2016, 153.

333 BGHSt 11, 135 137; *Fischer* § 323c Rn.7; *Schöch* in Satzger/Schluckebier/Widmaier StGB, 4. Aufl. § 323c Rn 18.

Nach § 323c Abs. 2 StGB wird ferner bestraft, wer in Situationen des § 323c Abs. 1 StGB eine Person behindert, die einem Dritten Hilfe leistet oder leisten will. Die Behinderung setzt eine spürbare, nicht unerhebliche Störung der Rettungstätigkeit voraus, wodurch Hilfsmaßnahmen zumindest erschwert werden.[334]

Der Straftatbestand der unterlassenen Hilfeleistung tritt regelmäßig gegenüber der Beteiligung an der den Unglücksfall herbeiführenden Begehungstat als subsidiär zurück. Das gilt jedoch nicht, wenn dem Verletzten ein über den gewollten Verletzungserfolg hinausgehender, vom Vorsatz des Täters nicht umfasster weiterer Schaden, nämlich die Gefahr des Todes, erwächst.[335] Bleibt offen, ob sich der Täter an der den Unglücksfall bildenden Straftat beteiligt hat, kommt die ansonsten subsidiäre Vorschrift des § 323c StGB zur Anwendung mit der Folge, dass er wegen unterlassener Hilfeleistung bestraft werden kann, sofern er die ihm mögliche und zumutbare Hilfe nicht geleistet hat.[336]

13. § 164 StGB Falsche Verdächtigung

125 Gegen angebliche Straftaten und Ordnungswidrigkeiten im Straßenverkehr verteidigen sich die Betroffenen häufig mit der Behauptung, eine andere Person habe das Fahrzeug geführt.[337] Bezichtigt ein Beschuldigter in einem Ermittlungsverfahren bewusst wahrheitswidrig eine bislang unverdächtige Person der Täterschaft und wiederholt er die entsprechenden Behauptungen in der Hauptverhandlung, weshalb gegen die bezichtigte Person ein Ermittlungsverfahren eingeleitet wird, macht er sich der falschen Verdächtigung gemäß § 164 Abs. 1 StGB strafbar. Eine auf zulässiges Verteidigungsverhalten eines Beschuldigten im Strafverfahren oder dessen Selbstbelastungsfreiheit gestützte Einschränkung des Tatbestandes der falschen Verdächtigung gemäß § 164 Abs. 1 StGB kommt in der vorliegenden Konstellation nicht in Betracht.[338]

Für eine Strafbarkeit wegen Vortäuschens einer Straftat genügt es, wenn eine tatsächlich begangene Tat durch die Anzeige ein im Kern anderes Gepräge erhält, was aufgrund einer am geschützten Rechtsgut und dem Unrechtsgehalt orientierten Gesamtbetrachtung der Umstände des Einzelfalls zu beurteilen ist. Zu diesen zählt insbesondere auch, ob aufgrund der vorgetäuschten Tat gegenüber dem wahren Sachverhalt ein nicht unwesentlicher unnützer Ermittlungsaufwand betrieben worden ist.[339]

▶ Beachte

Umstritten ist, ob die Bestimmung einer anderen Person zu einer straflosen Selbstbezichtigung bezüglich einer Ordnungswidrigkeit – ohne Hinzutreten weiterer, eine Tatherrschaft begründender Umstände – strafbar ist oder ob diese mangels teilnahmefähiger Haupttat als straflose

334 Zu den Strafvorschriften gegen »**Gaffer**« vgl. *Schöch* GA 2018, 510 ff.; *Kubiciel* jurisPR-StrafR 7/2018 Anm. 1; *Lenk* JuS 2018, 229 f.; *Havliza* DRiZ 2018, 86 f.; *Koch* GA 2018, 323 ff.; *Müller* NJ 2021, 298 (300); kritisch MüKoStGB/*Freund/Koch*, 4. Aufl. 2022, StGB § 323c Rn. 132 ff.

335 BGH, Urt. v. 20.01.2000 – 4 StR 365/99; BGHSt 14, 282, 285/286; 16, 200, 203.

336 BGH, Urt. v. 8. 10 1996 – 5 StR 458/96, NStZ 1997, 127 f.

337 *Krell* NStZ 2011, 671 ff.; *Greiner* NZV 2017, 314 ff.; *Huber* NStZ 2018, 248 ff.; *Hofmeister* AnwZert VerkR 7/2017 Anm. 2 D; zu den Möglichkeiten echter Wahlfeststellung zwischen Strafvereitelung und falscher Verdächtigung *Köchel/Wilhelm* ZJS 2014, 269 f.

338 BGH, Urt. v. 10.02.2015 – 1 StR 488/14, BGHSt 60, 198-f., = NStZ 2015, 689 f. m. Anm. *Dehne-Niemann* NStZ 2015, 677 f.: *Fromm* DV 2015, 17 f.; *Zopfs* StV 2016, 808 f.; ausführlich zur falschen Verdächtigung im Verkehrsordnungswidrigkeitenverfahren *Huber*, NStZ 2018, 248 ff.

339 OLG Bamberg, Beschl. v. 29.03.2018 – 2 OLG 120 Ss 119/17.

Anstiftung und nicht als falsche Verdächtigung gemäß § 164 Abs. 2 StGB in mittelbarer Täterschaft zu qualifizieren ist.[340]

▶ **Hinweis**

Wer als Täter einer Verkehrsordnungswidrigkeit eine an dieser Tat unbeteiligte Person absprachegemäß dazu veranlasst, sich gegenüber der Bußgeldbehörde zu Unrecht der Tatbegehung zu bezichtigen, macht sich wegen falscher Verdächtigung in mittelbarer Täterschaft strafbar. Die falsche Selbstbezichtigung ist als Beihilfe zu dieser Haupttat einzustufen.[341]

14. § 21 StVG – Fahren ohne Fahrerlaubnis

§ 21 StVG[342] bedroht vorsätzliche und fahrlässige Verstöße gegen die Fahrerlaubnispflicht (§ 2 StVG) **126**
mit Strafe, ferner das Führen eines Kraftfahrzeugs trotz Fahrverbots (§§ 44 StGB, 25 StVG), trotz vorläufigen Entzugs der Fahrerlaubnis (§ 111a StPO) oder trotz Sicherstellung oder Beschlagnahme des Führerscheins und schließlich das Anordnen oder Zulassen der Führung eines Kraftfahrzeugs in den genannten Fällen durch den Halter[343]. Die Vorschrift gilt nur auf öffentlichem Verkehrsgrund. Die Missachtung fahrzeugbezogener technischer Beschränkungen (z.B. § 23 Abs. 2 FeV) ist durch § 21 StVG strafbewehrt, nicht aber die Missachtung einer mit der Fahrerlaubnis verbundenen persönlichen Auflage (z.B. Brillentragepflicht). Eine Fahrerlaubnis fehlt auch, wenn sie durch die Verwaltungsbehörde rechtskräftig entzogen oder vorläufig entzogen ist.

Die Dauerstraftat des Fahrens ohne Fahrerlaubnis endet regelmäßig erst mit Abschluss einer von vornherein für einen längeren Weg geplanten Fahrt und wird nicht durch kurze Unterbrechungen in selbstständige Taten aufgespalten.[344] Der Begriff des öffentlichen Verkehrsraums spielt beim Fahren ohne Fahrerlaubnis gemäß § 21 StVG eine entscheidende Rolle.[345] Ein Verkehrsraum ist dann öffentlich, wenn er entweder ausdrücklich oder mit stillschweigender Duldung des Verfügungsberechtigten für jedermann oder aber zumindest für eine allgemein bestimmte größere Personengruppe zur Benutzung zugelassen ist und auch benutzt wird. Umfasst werden nicht nur Verkehrsflächen, die nach dem Wegerecht des Bundes und der Länder dem allgemeinen Straßenverkehr gewidmet sind, sondern auch solche, deren Benutzung durch eine nach allgemeinen Merkmalen bestimmte größere Personengruppe ohne Rücksicht auf die Eigentumsverhältnisse am Straßengrund oder auf eine verwaltungsrechtliche Widmung durch den Berechtigten ausdrücklich oder faktisch zugelassen werden. Für die Beurteilung, ob eine Verkehrsfläche dem öffentlichen Verkehrsraum zuzurechnen

---

340 Einerseits vgl. OLG Stuttgart Urt. v. 23.07.2015 – 2 Ss 94/15 = NStZ 2016, 155 f. m. Anm. *Niehaus* DAR 2015, 720 f.; *Hecker* Jus 2016, 82 f.; *Kunkel* juris PR-StrafR 20/2015 Anm. 4; vgl. auch OLG Celle, NStZ-RR 2009, 370 f = NZV 2009, 517 f.; OLG Koblenz, NZV 2011, 93 f. = DAR 2011, 218, str.; vgl. dazu *Lampe* jurisPR-StrafR 14/2009; Deutscher VRR 2017, 14, 15; *Böse* ZJS 2018, 189 ff.; anderseits OLG Stuttgart, Beschl. v. 07.04.2017 – 1 Ws 42/17; vgl. dazu *Lampe* jurisPR-StrafR 12/2017 Anm. 2; *Hecker* NJW 2017, 1973 f.; *ders* JuS 2017, 795 ff.; *Niehaus* DAR 2017, 398; *Kudlich* JA 2017, 632 f.

341 Vgl. auch OLG Stuttgart, Urt. v. 23.07.2015 – 2 Ss 94/15, NStZ 2016, 155 f. m. Anm. *Niehaus* DAR 2015, 720 f., *Hecker* JuS 2016, 82 f.; *Kunkel* jurisPR-StrafR 20/2015 Anm. 4; vgl. auch *OLG Celle,* NStZ-RR 2009, 370 f = NZV 2009, 517 f.; *OLG Koblenz* NZV 2011, 93 f. = DAR 2011, 218, str.; vgl. dazu *Lampe* jurisPR-StrafR 14/2009.

342 Vgl. *Ferner* SVR 2004, 262; *Mitsch* NZV 2012, 512 f. (auch Fahren ohne Führerschein); vgl. dazu auch Führerscheintourismus; zur Verteidigung in Fällen des § 21 StVG vgl. *Krumm* ZfSch 2015, 610 f.

343 Vgl. dazu Kammergericht Beschl. v. 25.07.2017 – (6) 121 Ss 91/17 (32/17) = VRS 132, 39 f. m. Anm. *Krenberger*, jurisPR-VerkR 6/2018 Anm. 6.

344 BGH DAR 2004, 229 f.; Beschl. v. 12.08.2015 – 4 StR 14/15; v. 09.03.2016 – 4 StR 60/16, StraFo 2016, 262; zu Besonderheiten der Verteidigung bei Dauerdelikten im Verkehrsrecht *Krumm*, DAR 2017, 375 f.

345 Vgl. dazu KG StRR 2009, 232.

ist, kommt den äußeren Gegebenheiten, die einen Rückschluss auf das Vorhandensein und den Umfang der Gestattung bzw. Duldung des allgemeinen Verkehrs durch den Verfügungsberechtigten zulassen, maßgebliche Bedeutung zu.

§ 21 Abs. 3 StVG ermöglicht es dem Strafgericht, ein Tatfahrzeug einzuziehen, wenn es von jemandem geführt wurde, dem die Fahrerlaubnis entzogen worden war oder der zum Tatzeitpunkt keine Berechtigung zum Führen eines Kraftfahrzeuges hatte, weil gegen ihn ein Fahrverbot oder eine Sperre verhängt worden war.[346]

§ 21 StVG gilt auch für ausländische Kraftfahrzeugführer, die keine gültige Fahrerlaubnis haben.[347] EU/EWR-Führerscheine unterliegen dabei einer Sonderbehandlung. Deren Inhaber stehen sich in vielerlei Hinsicht besser als Fahrer mit einer sonstigen ausländischen Fahrerlaubnis.[348] Der Inhaber einer in einem EU- oder EWR-Staat erworbenen Fahrerlaubnis mit Wohnsitz im Inland, dem die deutsche Fahrerlaubnis von einem Gericht rechtskräftig entzogen worden war und der im Inland ein Kraftfahrzeug führt, macht sich aber nach § 21 Abs. 1 Nr. 1 StVG i.V.m. § 28 Abs. 4 Nr. 3 FeV strafbar, und zwar auch dann, wenn er aufgrund der ausländischen Fahrerlaubnis vor dem 1. Januar 1999 im Inland (wieder) Kraftfahrzeuge führen durfte.[349] Auch der Inhaber einer ausländischen Fahrerlaubnis,[350] der im Bundesgebiet ein Kraftfahrzeug führt, nachdem seit der Begründung seines ordentlichen Wohnsitzes im Inland die Frist des § 4 Abs. 1 Satz 3 IntKfzVO von sechs Monaten verstrichen ist, ist ohne Fahrerlaubnis im Sinne des § 21 StVG.[351]

▶ Hinweis

Beruft sich ein Kraftfahrzeugführer auf eine ausländische Fahrerlaubnis, die sich auf Kraftfahrzeuge der geführten Art erstreckt, so setzt, wenn die Aufenthaltsfristen des § 4 IntKfzVO gewahrt sind, seine Verurteilung wegen Fahrens ohne Fahrerlaubnis gemäß § 21 Abs. 1 Nr. 1 StVG die Überzeugung des Tatrichters davon voraus, dass er über die behauptete ausländische Fahrerlaubnis nicht verfügt. Der Vorwurf strafbaren Verhaltens lässt sich nicht schon darauf stützen, dass er den Nachweis der ausländischen Erlaubnis weder bei der Fahrt noch später erbracht hat.[352]

▶ Beachte

Die Beschränkung der Berufung auf den Rechtsfolgenausspruch ist nicht deshalb unwirksam, weil sich die Feststellungen in dem angegriffenen Urteil darin erschöpfen, dass der Angeklagte an einem bestimmten Ort zu einer bestimmten Zeit auf einer öffentlichen Straße ein näher bezeichnetes Kraftfahrzeug geführt hat, ohne die erforderliche Fahrerlaubnis zu besitzen und er insoweit wissentlich gehandelt hat.[353]

15. § 22 StVG – Kennzeichenmissbrauch

127 Wegen § 22 StVG[354] macht sich derjenige strafbar, der ein Kraftfahrzeug (oder einen Kraftfahrzeuganhänger), für das ein amtliches Kennzeichen nicht ausgegeben oder zugelassen worden ist, mit einem Zeichen versieht, das geeignet ist, den Anschein amtlicher Kennzeichnung hervorzurufen, oder mit

346 Vgl. dazu *Rebler* AnwZert VerkR 8/2016 Anm. 2.
347 Ausführlich unten II 5.
348 Zum sog. Führerscheintourismus vgl. unten II 5.
349 BGHSt 47, 335 m. Anm. *Piesker* VD 2002, 247; *Hillmann* BA 2003, 152.
350 Zur ausländischen Fahrerlaubnis vgl. unten.
351 Vgl. dazu BVerfG, Beschl. v. 16.09.2004 – 2 BvR 1603/04 m.w.N.
352 BGHSt 47, 89 m. Anm. *Piesker* VD 2002, 247.
353 BGH Beschl. v. 27. 94 2017 – 4 StR 547/16 = BGHSt 62, 155 ff. = NJW 2017, 2482 f.
354 *Ferner* SVR 2004, 297 ff.; *Deutscher* VRR 2912, 88 ff. (»strafbare Manipulationen an Kfz-Kennzeichen«); zu Rechtsfragen rund um das rote Nummernschild vgl. *Rebler* AnwZert VerkR 4/2012, Anm.

einer anderen als der amtlich für das Fahrzeug ausgegebenen oder zugelassenen Kennzeichnung versieht oder das an einem Kraftfahrzeug oder einem Kraftfahrzeuganhänger angebrachte amtliche Kennzeichen verändert, beseitigt, verdeckt oder sonst in seiner Erkennbarkeit beeinträchtigt.[355] Strafbar macht sich auch derjenige, der auf öffentlichen Wegen oder Plätzen von einem Kraftfahrzeug oder einem Kraftfahrzeuganhänger Gebrauch macht, von dem er weiß, dass die Kennzeichnung in der vorgenannten Art gefälscht, verfälscht oder unterdrückt worden ist. Die Straftatbestände des Kennzeichenmissbrauchs und des missbräuchlichen Herstellens, Vertreibens oder Ausgebens von Kennzeichen (§§ 22, 22a StVG) sind mit Freiheitsstrafe bis zu einem Jahr oder Geldstrafe bedroht.

Ein Kraftfahrzeug ist mit einem Kennzeichen versehen, wenn dieses dem Fahrzeug in einer Weise räumlich dergestalt zugeordnet ist, dass ein objektiver Beobachter daraus den Schluss zieht, dass es sich hierbei um das amtliche Kennzeichen handelt, mit dem die Verkehrsbehörde gerade dieses Fahrzeug zum öffentlichen Verkehr zugelassen hat. Hierbei ist es ausreichend, wenn im öffentlichen Verkehrsraum an einem Fahrzeug die Verbindung zu dem Kennzeichen in der Weise hergestellt wird, dass das für ein anderes Fahrzeug ausgegebene Kennzeichen in das vordere Fenster und auf die hintere Stoßstange gestellt wird und so der Eindruck erweckt werden soll, dass das Fahrzeug zugelassen ist. Im Sinne des § 22 Abs. 2 StVG macht auch derjenige von einem Kraftfahrzeug Gebrauch, der ein fahruntüchtiges Fahrzeug, das mit anderen als den amtlich für das Fahrzeug ausgegebenen Kennzeichen versehen ist, im öffentlichen Straßenraum schiebt. Ein auf einer öffentlichen Straße geschobenes Kraftfahrzeug ist »im Betrieb« i.S.d. § 7 Abs. 1 StVG und damit »im Gebrauch«.[356] Wegen Kennzeichenmissbrauchs nach § 22 Abs. 1 Nr. 3 StVG ist strafbar, wer bei Dunkelheit die Fahrzeugbeleuchtung und damit auch die Kennzeichenbeleuchtung ausschaltet, um (auch) die Ablesbarkeit des hinteren Kennzeichens zu vereiteln.[357] Wer im öffentlichen Straßenverkehr ein Fahrzeug benutzt, dessen Kennzeichen ihm durch amtliche Abstempelung von der Zulassungsstelle zugeteilt worden ist, das aber von der Eintragung im Kraftfahrzeugschein abweicht, macht sich nicht nach StVG § 22 Abs. 2 strafbar.[358]

In der Nutzung eines mit falschen amtlichen Kennzeichen versehenen Fahrzeugs im öffentlichen Straßenverkehr, durch die den anderen Verkehrsteilnehmern die unmittelbare Kenntnisnahme der am Fahrzeug angebrachten Kennzeichen ermöglicht wurde, liegt ein Gebrauchmachen von einer unechten zusammengesetzten Urkunde im Sinne des § 267 Abs. 1, 3. Alt. StGB. Entspricht diese Nutzung des Fahrzeugs dem bereits beim Anbringen der falschen Kennzeichen verfolgten Tatvorhaben, bilden das durch das Anbringen der Kennzeichen verwirklichte Herstellen der unechten Urkunde (§ 267 Abs. 1, 1. Alt. StGB) und deren nachfolgender Gebrauch als tatbestandliche Handlungseinheit *eine* Tat der Urkundenfälschung nach § 267 Abs. 1 StGB.[359]

Die Anbringung eines Überführungskennzeichen (»rotes Nummernschild«) an einem Kfz stellt (mangels Behördenstempel) keine Urkundenfälschung dar.[360]

Die an dem Fahrzeugkennzeichen angebrachte Prüfplakette beurkundet mit besonderer Beweiskraft im Sinne des § 348 Abs. 1 StGB neben dem Termin der nächsten Hauptuntersuchung auch die Vorschriftsmäßigkeit des Fahrzeugs zum Zeitpunkt der Durchführung der Hauptuntersuchung.[361]

Kennzeichenmissbrauch nach § 22 Abs. 1 Nr. 3 StVG und nicht Urkundenfälschung i.S.v. § 267 StGB liegt dagegen vor, wenn das amtliche Kennzeichen eines Kraftfahrzeugs mit einem reflektie-

---

355 Vgl. z.B. Oberlandesgericht des Landes Sachsen-Anhalt, Beschl. v. 10.01.2012 – 1 Ss 52/11.
356 OLG Köln NZV 1999, 341.
357 OLG Stuttgart DAR 2011, 542 f.
358 OLG Düsseldorf NZV 1993, 79.
359 BGH, Beschl. v. 26.01.2014 – 4 StR 528/13 = NStZ 2014, 272.
360 BGH Beschl. v. 15.02.2017 – 4 StR 629/16 = StraFo 2017, 124.
361 BGH Beschl. v. 16.08.2018 – 1 StR 172/18 = BGHSt 63, 182 ff. = NStZ 2019, 87 f. m. Anm. *Weidemann* NStZ 2019, 88 f.; *Hoven* NJW 2019, 90; *Gutfleisch* NZV 2019, 95 f.; *Bach* StraFo 2019, 102–108.

renden Mittel versehen wird, so dass die Erkennbarkeit der Buchstaben und Ziffern bei Blitzlichtaufnahmen beeinträchtigt ist.[362]

▶ **Beachte**

Hat der Täter schon beim Anbringen eines gestohlenen amtlichen Kennzeichens den Vorsatz, das Fahrzeug im öffentlichen Straßenverkehr zu nutzen, stellen der – gegebenenfalls mehrfache – Gebrauch der unechten zusammengesetzten Urkunde sowie ihre Herstellung eine tatbestandliche Handlungseinheit und damit nur *eine* Urkundenfälschung dar. Das jeweils tateinheitliche Zusammentreffen weiterer, auf der Fahrt begangener Delikte mit der einheitlichen Urkundenfälschung hat zur Folge, dass sämtliche Gesetzesverstöße zu einer Tat im materiell-rechtlichen Sinne verklammert werden.[363]

16. § 6 PflVG Gebrauch eines Kraftfahrzeugs ohne Versicherungsschutz

128 Nach § 6 PflVG macht sich strafbar, wer ein Fahrzeug auf öffentlichen Wegen oder Plätzen gebraucht oder – meist als Fahrzeughalter nach § 7 StVG – den Gebrauch gestattet, obwohl für das Fahrzeug der erforderliche Haftpflichtversicherungsvertrag nach § 1 PflVG nicht oder nicht mehr besteht. Die Strafbarkeit nach § 6 PflVG setzt also voraus, dass ein Versicherungsvertrag entweder gar nicht abgeschlossen oder durch Kündigung, Rücktritt, Anfechtung oder in anderer Weise aufgelöst worden ist.[364]

Praktisch Bedeutung kommt in den Fällen eines bestehenden Versicherungsvertrages der Differenzierung zu, ob der Versicherer nach § 38 Abs. 1 S. 1 VVG zurücktritt oder ob – im Fall der Nichtzahlung der Erstprämie – gemäß § 38 Abs. 1 S. 2 VVG der Rücktritt vermutet wird. Im Fall des Rücktritts nach § 38 Abs. 1 S. 1 VVG muss das Urteil die Tatsachen feststellen, aus denen sich die Wirksamkeit der Vertragsauflösung ergibt. Insbesondere sind Feststellungen dazu erforderlich, dass sowohl die Mahnung nach § 39 Abs. 1 VVG, als auch die Kündigung nach § 39 Abs. 3 VVG dem Versicherungsnehmer zugegangen ist. Der Zugang von Briefsendungen kann aber nur durch positive Beweisanzeichen festgestellt werden. Hierfür reicht allein der Nachweis der Aufgabe eines (auch: eingeschriebenen) Briefes zur Post nicht aus, weil mit dieser Begründung nicht auszuschließen ist, dass zumindest eines dieser Schreiben auf dem Postweg verloren gegangen sein könnte.

Im Fall der Nichtzahlung der Erstprämie gilt es hingegen als Rücktritt, wenn die Erstprämie nicht bezahlt und nicht innerhalb von drei Monaten ab Fälligkeitstag gerichtlich geltend gemacht worden ist. In diesen Fällen – sofern also der Versicherer den Anspruch auf die Erstprämie nicht gerichtlich geltend macht – hängt das Wirksamwerden des Rücktritts kraft der Fiktion des § 38 Abs. 1 S. 2 VVG nur noch vom Ablauf der Dreimonatsfrist ab. Nach Ablauf dieser Frist erfüllt der Täter den objektiven Tatbestand des § 6 PflVG, wenn er das Fahrzeug auf öffentlichen Wegen oder Plätzen gebraucht, und der subjektive Tatbestand ist erfüllt, wenn der Täter davon, dass der Versicherungsvertrag bei Nichtzahlung der Erstprämie drei Monate nach ihrer Fälligkeit auch ohne Benachrichtigung durch den Versicherer kraft Gesetzes endet, Kenntnis hatte oder hätte Kenntnis haben können. Das ist etwa dann anzunehmen, wenn sich entsprechende, für den Laien verständliche Hinweise in den Versicherungsunterlagen befinden.[365]

Die bloße Mahnung des Haftpflichtversicherers, die fällige Versicherungsprämie zu zahlen, führt nicht zur Beendigung des Versicherungsverhältnisses. Allein aus der Mitteilung der Kraftfahrzeugzulassungsstelle, dass der nach § 1 PflVG erforderliche Haftpflichtversicherungsvertrag zur Tatzeit nicht mehr bestand, darf der Strafrichter nicht ohne Weiteres auf die Rechtswirksamkeit der mitgeteilten Vertragsauflösung schließen und eine Strafbarkeit gemäß § 6 PflVG annehmen. Ein Verstoß

---

362 BGHSt 45, 197 m. Anm. *Kudlich* JZ 2000, 426; *Krack* NStZ 2000, 423.
363 BGH Beschl. v. 15.02.2017 – 4 StR 629/16 = StraFo 2017, 124.
364 Zur Rechtsprechung *Staub* DAR 2014, 313 ff.; vgl. auch *Blum/Huppertz/Baldarelle* Verkehrsstrafrecht 2015 Rn. 357 S. 187 ff.
365 KG, NZV 2002, 200.

gegen diese Regelung liegt auch dann nicht vor, wenn infolge einer technischen Veränderung des typenmäßigen Zustandes des Kraftfahrzeugs eine Gefahrerhöhung eintritt.

Der Begriff des »Gebrauchmachens« in § 6 PflVG stimmt mit dem des »Führens« in § 315c Abs. 1 Nr. 1, § 316 StGB und § 21 Abs. 1 StVG jedenfalls in praktischer Hinsicht überein. Das »Gestatten« des Gebrauchs setzt zumindest ein schlüssiges Verhalten voraus, das als stillschweigendes Einverständnis gewertet werden kann; das bloße »Ermöglichen« des Gebrauchs reicht – anders als bei dem »Anordnen« oder »Zulassen« in § 21 StVG und § 31 Abs. 2 StVZO – nicht aus.[366]

▶ **Beachte**

Der objektive Tatbestand der Vorschrift setzt voraus, dass der Täter den Gebrauch eines Fahrzeugs auf öffentlichen Wegen oder Plätzen »gestattet« (nicht: »duldet«), obwohl für das Fahrzeug der nach § 1 PflVG erforderliche Haftpflichtversicherungsvertrag nicht oder nicht mehr besteht. Der Begriff »Gestatten des Gebrauchs« erfordert, dass der Gestattende gegenüber dem Gebrauchenden eine übergeordnete Sachherrschaft an dem Fahrzeug hat. Es setzt zumindest stillschweigendes Einverständnis voraus; dass der Gebrauch nur ermöglicht wird, reicht zur Strafbarkeit nicht aus[367]

Bei einer Verurteilung wegen eines Vergehens gegen §§ 1, 6 PflVG müssen die Urteilsgründe erkennen lassen, aufgrund welcher Umstände das Tatgericht von einer zivilrechtlich wirksamen Beendigung des Versicherungsvertrags ausgegangen ist. Es ist entweder darzutun, dass dem Versicherungsnehmer die Kündigung zugegangen ist oder aufgrund welcher tatsächlichen Umstände die Zugangsfiktion des § 13 Abs. 1 VVG zum Tragen gekommen ist.[368]

II. Ahndung von straßenverkehrsrechtlichen Straftaten

1. Besonderheiten der Strafzumessung im Straßenverkehrsrecht

a) Zu § 142 StGB

Für die Strafzumessung ist von besonderer Bedeutung, ob bei dem Unfall ein bedeutender Fremdschaden entstanden ist. In der Regel wird der Angeklagte mit einer Geldstrafe rechnen müssen, die im Bereich zwischen 30 und 40 Tagessätzen liegen kann. Von Bedeutung ist auch § 142 Abs. 4 StGB (tätige Reue). 129

▶ **Hinweis**

Bei nicht allzu hohen Schäden[369] kann – außer in Fällen der Alkoholisierung des Täters – eine Einstellung nach § 153a StPO in Betracht kommen, wenn der Täter den Schaden in angemessener Zeit bei der Polizei oder bei dem Geschädigten gemeldet hat oder einen Zettel mit vollständiger Anschrift angebracht hat, von dem der Geschädigte Kenntnis genommen hat. 130

b) Zu §§ 222, 229, 315c StGB

In Fällen, in denen alkoholisierte Täter den Straftatbestand der fahrlässigen Tötung verwirklicht haben, oder auch bei sonstigen besonders schwerwiegenden Folgen der Tat kommt aus generalpräventiven Gründen in der Regel eine Freiheitsstrafe ohne Bewährung (§ 56 Abs. 3 StGB) in Betracht.[370] Wie das mit der sonstigen Rechtsprechung zur Berücksichtigung generalpräventiver Elemente in 131

366 OLG Köln NJW 1987, 914.
367 OLG Köln, Beschl. v. 18.06.2013 – III-1 RVs 111/13, DAR 2013, 481 f.
368 Kammergericht Beschl. v. 08.06.2018 – (3) 121 Ss 96/18 (12/18) = ZfSch 2018, 474.
369 Vgl. *Schäfer/Sander/van Gemmeren* 6. Aufl. Rn. 1731.
370 BGHSt 24, 64; BGH, NJW 1990, 193; OLG Rostock, BA 2005, 253 ff.; OLG Karlsruhe NZV 2008, 467 f.; vgl. auch *Schäfer/Sander/van Gemmeren*/Rn. 1736; vgl. Rn. 1725 ff.

der Strafzumessung vereinbart werden soll, erscheint problematisch. Zwar können generalpräventive Erwägungen auch bei der Bestimmung der Höhe der Strafe im Rahmen der Schuld zulasten des Angeklagten berücksichtigt werden. Der Tatrichter darf aber die Strafe aus Gründen der Abschreckung potenzieller Täter nur dann höher bestimmen, als sie sonst ausgefallen wäre, wenn eine gemeinschaftsgefährliche Zunahme solcher oder ähnlicher Taten, wie sie zur Aburteilung stehen, festgestellt worden ist. Dabei ist nicht in erster Linie auf den Deliktstyp als solchen abzustellen, weil damit der Strafgrund als solcher gegen den Angeklagten gewertet würde, was unter dem Gesichtspunkt des Doppelverwertungsverbots des § 46 Abs. 3 StGB Bedenken begegnet. Vielmehr ist auf die jeweiligen konkreten Umstände, die das Tatbild kennzeichnen, Bedacht zu nehmen. Hat die Tat hiernach Ausnahmecharakter, so lässt das generalpräventive Erwägungen eher nicht zu.[371] Die Entscheidung, ob eine Freiheitsstrafe zur Bewährung ausgesetzt werden kann, erfordert eine stets dem Einzelfall gerecht werdende Abwägung, bei der Tat und Täter umfassend zu würdigen sind. Die Möglichkeit einer Strafaussetzung darf aber keinesfalls für bestimmte Deliktsgruppen generell ausgeschlossen werden.[372] Bei vorsätzlichen Verstößen gegen das Straßenverkehrsrecht und aggressiver Fahrweise bedarf die Strafaussetzung zur Bewährung nach § 56 Abs. 3 StGB einer besonderen Begründung.[373].

132 Umstritten ist, ob die Strafbarkeit eines alkoholbedingt fahruntüchtigen Kraftfahrers wegen fahrlässiger Tötung in Tateinheit mit Gefährdung des Straßenverkehrs entfällt, wenn der Beifahrer den Zustand des Fahrers bei Fahrtantritt gekannt und billigend in Kauf genommen hat und infolge eines durch die Trunkenheit verursachten Unfalles getötet wird. In diesen Fällen hängt die Strafbarkeit davon ab, ob dieses bewusste Eingehen eines nicht ungefährlichen Sozialkontaktes als straflose Mitwirkung des Kfz-Führers an einer Selbstgefährdung des Mitfahrers oder – vorzugswürdig – als dann einwilligungsbedürftige Fremdgefährdung eingestuft wird. In der Regel wird man allerdings davon ausgehen müssen, dass bei derart risikobewusstem Verhalten des Mitfahrers gar keine Einwilligung in den Erfolg (d.h. in die konkrete Gefährdung) vorliegt, so dass die Strafbarkeit nicht entfällt. Nach der Rechtsprechung kann sich jedoch ein Mitverschulden oder eine (unwirksame) Einwilligung des Mitfahrers günstig bei der Strafzumessung und Prüfung einer Strafaussetzung zur Bewährung auswirken.[374]

c) Zu 315c, § 315b und § 316 StGB

133 Der Tatrichter ist regelmäßig verpflichtet, zur näheren Bestimmung des Schuldgehalts der Tat als Grundlage für eine sachgerechte Rechtsfolgenbemessung neben der Höhe der Blutalkoholkonzentration und der Schuldform weitere Umstände festzustellen, die geeignet sind, den Schuldumfang näher zu bestimmen und einzugrenzen.[375] Dazu zählen insbesondere die Umstände der Alkoholaufnahme (Trinken in Fahrbereitschaft) sowie der Anlass und die Gegebenheiten der Fahrt. Für das Ausmaß der abstrakten Gefahr und den Schuldumfang kommt es weniger auf die Höhe der Blutalkoholkonzentration (den Grad der Fahruntüchtigkeit) als auf die Fahrweise, die Art (Verkehrsverhältnisse) und Länge der zurückgelegten Strecke[376] an. Wichtige Kriterien sind Dauer und Länge der bereits zurückgelegten und noch beabsichtigten Fahrstrecke, Verkehrsbedeutung der befahrenen Straßen sowie der private oder beruflich bedingte Anlass der Fahrt. Bedeutsam kann ferner sein, ob der Angeklagte aus eigenem Antrieb handelte oder von Dritten verleitet wurde, ob ihm bewusste oder unbewusste Fahrlässigkeit anzulasten ist und ob er sich in ausgeglichener Gemütsverfassung oder einer Ausnahmesituation befand. Auch polizeilich festgestellte Auffälligkeiten des Angeklagten am Kontrollort oder bei der Blutentnahme können von Bedeutung sein.

371 BGH StV 2005, 387.
372 BGH wistra 2004, 298; BGH, NStZ-RR 2005, 38.
373 BGH Urt. v. 06.07.2017 – 4 StR 415/16 = NJW 2017, 3011 f. vgl. dazu *Kubiciel* jurisPR-StrafR 15/2017 Anm. 1; *Esposito* NJW 2017, 3013 ff.
374 OLG Koblenz BA 2002, 483 f.
375 OLG Köln BA 2010, 141 f.; *BayObLG N*StZ 1997, 359.
376 OLG Köln BA 2002, 276 f.

Beachte

Im Rahmen der bei der tatgerichtlichen Ermessensentscheidung über die Strafrahmenverschiebung nach den §§ 21, 49 Abs. 1 StGB gebotenen Gesamtwürdigung aller schuldrelevanten Umstände kann eine selbstverschuldete Trunkenheit die Versagung der Strafrahmenmilderung tragen, auch wenn eine vorhersehbare signifikante Erhöhung des Risikos der Begehung von Straftaten aufgrund der persönlichen oder situativen Verhältnisse des Einzelfalls nicht festgestellt ist.[377]

Von Bedeutung für die Strafzumessung ist vor allem § 47 StGB. Danach darf eine Freiheitsstrafe nur verhängt werden, wenn besondere Umstände, die in der Tat oder Persönlichkeit des Täters liegen, die Verhängung einer Freiheitsstrafe zur Einwirkung auf den Täter oder zur Verteidigung der Rechtsordnung unerlässlich machen. In Betracht kommt deshalb vorrangig eine Geldstrafe, die sich bei Ersttätern zwischen 25 und 50 Tagessätzen bewegt. Eine Freiheitsstrafe von sechs Monaten bis zu einem Jahr wird bei einer Verurteilung nach § 316 StGB nur bei mehrfachen Wiederholungstätern verhängt werden. Besondere Tatumstände im Sinne des § 47 StGB können z.B. darin liegen, dass der Täter in Fahrbereitschaft getrunken hat und damit vorsätzlich mit hohem Blutalkoholgehalt gefahren ist; besondere Umstände in der Person sind vor allem dann gegeben, wenn der Täter rückfälliger Trunkenheitsfahrer ist und wenn eine Geldstrafe bisher ohne Wirkung blieb.[378]

Zur Verteidigung der Rechtsordnung unerlässlich ist die Verhängung einer kurzen Freiheitsstrafe nach der Rechtsprechung nur dann, wenn eine Geldstrafe im Hinblick auf schwerwiegende Besonderheiten des Einzelfalls für das allgemeine Rechtsempfinden schlechthin unverständlich erscheinen müsste und das Vertrauen in die Unverbrüchlichkeit des Rechts und an den Schutz der Rechtsordnung vor kriminellen Angriffen dadurch erschüttert werden könnte.

Der vertypte Strafmilderungsgrund des § 46a Nr. 1 StGB ist auf den vorsätzlichen Eingriff in den Straßenverkehr nach § 315b StGB nicht anwendbar.[379]

d) Zu § 316a StGB

Nach Ansicht des *Bundesgerichtshofs* ist es »rechtlich bedenklich«, im Rahmen von § 316a StGB »die aus dem Angriff auf den Taxifahrer sprechende negative Gesinnung und den bei der Tat vom Angeklagten aufgewendeten Willen« strafschärfend zu berücksichtigten, da nicht erkennbar ist, welche über die bloße Tatbestandserfüllung hinausgehenden Gesichtspunkte gemeint sind.[380] 134

Ein minder schwerer Fall (§ 316a Abs. 2 StGB) liegt dann vor, wenn das gesamte Tatbild einschließlich aller subjektiven Momente und der Täterpersönlichkeit vom Durchschnitt der erfahrungsgemäß gewöhnlich vorkommenden Fälle in einem Maße abweicht, dass die Anwendung des Ausnahmestrafrahmens geboten erscheint. Zur Beurteilung ist eine Gesamtbetrachtung erforderlich, bei der alle Umstände heranzuziehen und zu würdigen sind, die für eine Würdigung von Tat und Täter in Betracht kommen, gleichgültig, ob sie der Tat selbst innewohnen, sie begleiten, ihr vorausgehen oder nachfolgen. Dabei sind alle wesentlichen entlastenden oder belastenden Gesichtspunkte gegeneinander abzuwägen. Erst nach dem so gewonnenen Gesamteindruck kann entschieden werden, ob der außerordentliche Strafrahmen anzuwenden ist. 135

377 BGH Beschl. v. 24.07.2017 – GSSt 3/17 –, BGHSt 62, 247 ff. = NStZ 2018, 273 f. m. Anm. *Jahn*, NJW 2018, 1184.
378 Vgl. dazu *Fischer* § 316 Rn. 53.
379 BGH, Beschl. v. 04.12.2014 – 4 StR 213/14, BGHSt 60, 84 f. = NJW 2015, 500 f.
380 BGH NStZ-RR 2003, 367.

e) Zu § 323a StGB

136 Die im Rausch begangene Tat[381] als solche kann dem Täter nicht zum Vorwurf gemacht werden, weil er insoweit ohne Schuld gehandelt hat. Deshalb dürfen *täter*bezogene Merkmale, namentlich Motive und Gesinnung, die zur Rauschtat geführt haben, ebenso Verhaltensweisen des Täters, die nur in ihr zum Ausdruck gekommen sind, nicht zu seinem Nachteil berücksichtigt werden.[382] *Tat*bezogene Merkmale des im Rausch begangenen Delikts, insbesondere dessen Art und Schwere sind aber strafschärfender Berücksichtigung zugänglich.[383] Bei den tatbezogenen Merkmalen der im Vollrausch begangenen Tat (wie etwa deren Art, Umfang, Schwere und Gefährlichkeit oder Auswirkungen) handelt es sich um Folgen des unter Strafe gestellten Sichberauschens, mithin um Anzeichen für den Gefährlichkeitsgrad des Rausches. Dementsprechend können diese Umstände – anders als die Motive und die Gesinnung, die zu der im Rausch begangenen Tat geführt haben – grundsätzlich straferschwerend herangezogen werden. Andererseits sind der strafschärfenden Berücksichtigung rauschtatbezogener Umstände mit Blick auf den Strafgrund des § 323a StGB dadurch Grenzen gesetzt, dass Gegenstand des Schuldvorwurfs nicht die im Rausch begangenen Taten, sondern das fahrlässige oder vorsätzliche Sichberauschen ist.[384] Die Voraussetzungen des § 21 StGB sind in Betracht zu ziehen, wenn der Täter, der sich in einen Rauschzustand versetzt, infolge psychischer und physischer Alkoholabhängigkeit unter einem derart starken Drang zur Alkoholaufnahme stand, dass seine Fähigkeit, der Versuchung zum übermäßigen Genuss alkoholischer Getränke zu widerstehen, erheblich herabgesetzt war.[385]

Bei nicht ausschließbarer Schuldunfähigkeit und feststehender verminderter Schuldfähigkeit kann bei einer Verurteilung nach § 323a StGB eine Strafrahmenmilderung gemäß § 49 Abs. 1 StGB geboten sein, weil die Verurteilung des Angeklagten Folge des Zweifelssatzes ist. Denn im Rahmen der Strafzumessung darf das für den Angeklagten nicht nachteilig sein. Solche Nachteile bestünden ohne Strafrahmenverschiebung in Fällen, in denen für den rauschbedingt Schuldunfähigen ein höherer Strafrahmen wegen des Vollrauschs als der für den erheblich vermindert Schuldfähigen gemilderte Strafrahmen wegen der Rauschtat vorgesehen wäre; dabei können auch mehrfache Milderungsmöglichkeiten zu berücksichtigen sein.[386]

▶ **Merke**

137 Bei § 323a StGB ist nicht die im Vollrausch begangene Tat, sondern das vorsätzliche oder fahrlässige Sichberauschen Gegenstand des Schuldvorwurfs und damit Grundlage der Strafzumessung. Deshalb ist eine nach § 323a StGB unter Strafe gestellte Tat in der Regel geringer zu bewerten als die Verletzung der »Rauschtat« (»rechtswidrige Tat«). Es ist auch unzulässig, dem Täter Verhaltensweisen und Motive anzulasten, die nur in der Rauschtat selbst zum Ausdruck kommen.

f) Zu § 21 StVG

138 Die abstrakte Gefährdung anderer Verkehrsteilnehmer beim Fahren ohne Fahrerlaubnis ist kein Strafschärfungsgrund, da diese Gefährdung bereits Teil des Tatbestands des §§ 21 StVG ist. Eine konkrete Gefährdung kann aber erhöhend berücksichtigt werden. Die Verhängung der gesetzlichen Höchststrafe ist nur in denkbar schwersten Fällen ohne jeden Milderungsgrund möglich.[387] Macht

381 Ausführlich *Schöch* in Satzger/Schluckebier/Widmaier StGB. 4. Aufl. § 323a Rn. 35 ff.
382 BGHSt 23, 375 f.; BGHSt 38, 356 [361]; BGH NStZ-RR 1997, 300; NStZ 1996, 334.
383 BGHSt 38, 356 [361].
384 BGH NZV 2001, 133.
385 BGH NStZ-RR 1997, 300.
386 BGH Beschl. v. 25.04.2017 – 3 StR 23/17 = StraFo 2017, 253.
387 BayObLG VRS 59, 187.; weitere Beispielen aus der Rechtsprechung zur Strafzumessung bei § 21 StVG *Ferner* SVR 2004, 262 ff.

das Gericht von der nach § 21 Abs. 3 StVG möglichen Einziehung des Fahrzeuges Gebrauch,[388] ist im Rahmen der erforderlichen Gesamtbetrachtung der Wert des eingezogenen Gegenstands strafmildernd zu berücksichtigen.

g) Maßregeln nach §§ 63, 64 StGB

Die Anordnung der Unterbringung in einem psychiatrischen Krankenhaus nach § 63 StGB auf Grund von Verstößen im Rahmen von Straßenverkehrsdelikten ist grundsätzlich möglich. Zu beachten ist bei der Gefährlichkeitsprognose aber, dass Straftaten, die im Höchstmaß mit Freiheitsstrafe unter fünf Jahren bedroht sind, nicht ohne Weiteres dem Bereich der erheblichen Straftaten zuzurechnen sind.[389]. Trunkenheitsfahrt (§ 316 StGB) und Straßenverkehrsgefährdung (§ 315c StGB) können aber erhebliche Taten i.S.v. § 64 Satz 1 StGB sein.[390] 139

2. Entziehung der Fahrerlaubnis (§ 69 StGB)

a) § 69 StGB

Bei der Entziehung der Fahrerlaubnis gemäß §§ 69, 69a StGB[391] handelt es sich nicht um eine Nebenstrafe, sondern um eine Maßregel der Sicherung und Besserung. Ihre Anordnung und Dauer hängen nicht von der Schwere der Tatschuld ab, sondern ausschließlich von der Ungeeignetheitsprognose. § 69 StGB bezweckt den Schutz der Sicherheit des Straßenverkehrs. Die strafgerichtliche Entziehung der Fahrerlaubnis wegen charakterlicher Ungeeignetheit bei Taten im Zusammenhang mit dem Führen eines Kraftfahrzeugs (§ 69 Abs. 1 Satz 1 Variante 2 StGB) setzt daher voraus, dass die Anlasstat tragfähige Rückschlüsse darauf zulässt, dass der Täter bereit ist, die Sicherheit des Straßenverkehrs seinen eigenen kriminellen Interessen unterzuordnen.[392] § 69 Abs. 1 Satz 1 StGB setzt nicht voraus, dass die im Zusammenhang mit dem Führen eines Kraftfahrzeugs verübte Tat im öffentlichen Verkehrsraum erfolgt.[393] 140

Wer bei oder im Zusammenhang mit dem Führen eines Kraftfahrzeuges ein **»typisches Verkehrsdelikt«** begeht[394], verstößt in der Regel dadurch gegen die Pflichten eines Kraftfahrers; dabei sind Verkehrsstraftaten nicht allein solche, die im Katalog des § 69 Abs. 2 StGB aufgeführt sind[395] Eine in diesem Sinne typische Verkehrsstraftat ist auch das Fahren ohne Fahrerlaubnis, die, wenn sie häufig und nach gerichtlicher Entziehung der Fahrerlaubnis begangen wird, auf fehlende charakterliche Eignung zum Führen von Kraftfahrzeugen hindeutet. Im Einzelfall kann aber auch eine andere Beurteilung in Betracht kommen.[396] 141

---

388 Vgl. dazu *Rebler* AnwZert VerkR 8/2016 Anm. 2.

389 BGH Beschl. v. 14.02.2017 – 4 StR 565/16 = StV 2017, 577.

390 OLG Hamm, Beschl. v. 08.11.2016 – III-3 RVs 85/16, BA 2017, 40 f.

391 Zur Rechtsprechung vgl. *Burhoff* VRR 2014, 208 ff.; zu Verteidigungsstrategien bei drohender Fahrerlaubnisentziehung vgl. *Gübner/Krumm* NJW 2007, 2801; zur Entziehung der Fahrerlaubnis auf Probe nach § 2a StVG vgl. *Weber* SVR 2015, 401 f.; zum Fahrverbot und Fahrerlaubnisentzug nach Verkehrsverstößen im Ausland *Janker* DAR 2009, 314 ff.; *Koehl* (Rechtsschutz gegen die Einziehung der Fahrerlaubnis) SVR 2012, 251 ff.; zur Konkurrenz zwischen Strafgericht und Fahrerlaubnisbehörde *Koehl* DAR 2012, 682 ff.

392 BGH Beschl. v. 27.04.2005 – GSSt 2/04 = BGHSt 50, 93 ff. = NJW 2005, 1957 m. Anm. *Hentschel* DAR 2005, 455 ff.; *Lampe* BA 2005, 315 ff.; *Pießkala/Leitges* NVZ 2008, 185 ff.; *Zopfs* NZV 2010, 179 ff.

393 BGH, Beschl. v. 08.10.2019 – 5 StR 441/19, NStZ 2020, 214 m. Anm. Krenberger, NStZ 2020, 214 f.

394 Vgl. die Aufzählung in § 69 Abs. 2 StGB.

395 Zum Verstoß gegen § 142 StGB: *Himmelreich/Krumm/Staub,* DAR 2012, 49 ff; *dieselben* DAR 2014, 46 ff. (Widerlegung des Regelfalles bei § 142 StGB); zum bedeutenden Fremdschadens nach Unfallflucht vgl. *Krumm* NJW 2012, 829.

396 BGH NStZ-RR 2007, 40; bejahend bei einer Trunkenheitsfahrt mit einem E-Scooter OLG Frankfurt a. M., Urt. v. 08.05.2023 – 1 Ss 276/22 = BeckRS 2023, 12529.

142 Die Alternative »unter Verletzung der Pflichten des Kraftfahrzeugführers« ist z.B. erfüllt, wenn der Täter sein Kraftfahrzeug einer Person ohne Fahrerlaubnis oder einem Fahrunsicheren überlässt.[397]

143 Dem Täter ist die Fahrerlaubnis nach § 69 Abs. 1 Satz 1 Var. 2 StGB wegen in der Tat zutage getretener mangelnder Eignung aber auch dann zu entziehen, wenn **kein typisches Verkehrsdelikt** vorliegt, sondern wenn die im Zusammenhang mit dem Führen eines Kraftfahrzeugs begangene Straftat der allgemeinen Kriminalität zuzurechnen ist (sog. Zusammenhangstat[398]). Dabei wird der Begriff des Zusammenhangs weit gefasst. Es kommt nicht darauf an, ob die Fahrt vor, während oder nach der Tat unternommen wird. Wesentlich ist vielmehr, dass das Führen des Kraftfahrzeugs dem Täter für die Vorbereitung oder Durchführung der Straftat oder anschließend für ihre Ausnutzung oder Verdeckung dienlich sein soll. Anders als bei der Begehung einer der in § 69 Abs. 2 StGB aufgeführten rechtswidrigen Taten begründet aber allein der Umstand, dass der Täter ein Kraftfahrzeug zur Begehung von Straftaten benutzt hat, nicht bereits eine Regelvermutung für seine charakterliche Unzuverlässigkeit zum Führen von Kraftfahrzeugen; die Rechtsprechung verlangt deshalb in diesen Fällen regelmäßig eine nähere Begründung der Entscheidung aufgrund einer umfassenden Gesamtwürdigung. Grundlage für die Beurteilung der Eignungsfrage nach § 69 StGB bildet für den Strafrichter die Anlasstat. Zwar mögen Straftaten, die auf eine niedrige Frustrationstoleranz oder ein erhöhtes Aggressionspotenzial des Täters hindeuten, unabhängig von der Schwere der Rechtsgutverletzung geeignet sein, die Zuverlässigkeit des Täters in Bezug auf Verkehrssicherheitsbelange in Zweifel zu ziehen. Soweit das in der Anlasstat aber keinen hinreichenden Ausdruck gefunden hat, ist für eine strafgerichtliche Entziehung der Fahrerlaubnis nach dem Wortlaut des § 69 Abs. 1 Satz 1 StGB (»wenn sich aus der Tat ergibt«) kein Raum. Eine bloß allgemeine charakterliche Unzuverlässigkeit, die in der Begehung von verkehrsunspezifischen Straftaten unter Verwendung eines Kraftfahrzeugs zum Ausdruck kommt, reicht nicht aus. Lassen sich deshalb im Strafverfahren aus einer Straftat zwar Hinweise dafür entnehmen, dass der Täter zu Aggression, Rücksichtslosigkeit oder allgemein zur Missachtung gesetzlicher Vorschriften neigt, ohne dass das für den Strafrichter schon die sichere Beurteilung der Fahreignung zulässt, und unterbleibt deshalb die Anordnung der Maßregel nach §§ 69, 69a StGB, so ist es Aufgabe der Verwaltungsbehörde zu prüfen, ob Anlass besteht, dem Täter die Fahrerlaubnis zu entziehen. »Aus der Tat« kann sich die charakterliche Ungeeignetheit des Täters zum Führen von Kraftfahrzeugen für den Strafrichter daher nur dann ergeben, wenn die Anlasstat selbst tragfähige Rückschlüsse darauf zulässt, dass der Täter bereit ist, die Sicherheit des Straßenverkehrs seinen eigenen kriminellen Zielen unterzuordnen[399]. Hierfür bedarf es keines – bereits von § 69 Abs. 1 Satz 1 Var. 1 und 3 StGB erfassten – Verstoßes gegen die Pflichten eines Kraftfahrzeugführers, wie er in der Regel bei »Verkehrsstraftaten« gegeben sein wird, auch soweit sie nicht vom Katalog des § 69 Abs. 2 StGB erfasst werden. Hierzu zählen etwa die unter Benutzung des Kraftfahrzeugs begangenen Fälle der Nötigung und des gefährlichen Eingriffs in den Straßenverkehr (§§ 240, 315b StGB), unter Umständen aber auch Fälle des räuberischen Angriffs auf Kraftfahrer gemäß § 316a StGB, wenn der Angriff von dem Fahrer während der Fahrt gegen das mitfahrende Opfer verübt wird. Während in diesen Fällen des Pflichtenverstoßes im Sinne des § 69 Abs. 1 Satz 1 Var. 3 StGB die Beeinträchtigung der Verkehrssicherheit regelmäßig offen zutage tritt, bedarf das bei den Zusammenhangstaten besonderer, die Umstände des Einzelfalls berücksichtigender Begründung. Denn der Tatrichter muss sich die Überzeugung verschaffen, dass der Täter bereit ist, sich zur Erreichung seiner kriminellen Ziele über die im Verkehr gebotene Sorgfalt und Rücksichtnahme hinwegzusetzen. Das ist anhand konkreter Umstände festzustellen, die sich aus der Tat unter Berücksichtigung der Täterpersönlichkeit ergeben. Dabei sind auch Umstände aus dem Vorleben des Täters oder seiner Tatvorbereitung in die Beurteilung einzubeziehen, sofern sich daraus tragfähige Schlüsse auf eine mögliche Gefährdung der Verkehrssicherheit im Zusammen-

397 BGHSt 15, 316.
398 Vgl. dazu BGHSt 50, 93, 102; BGH, Beschl. v. 23.05.2012 – 5 StR 185/12 (Drogenkurier); verneinend bei Manipulation des Fahrzeugs eines *Dritten* BGH, BGH, Beschl. v. 01.02.2023 – 4 StR 443/22 = DAR 2023, 336 m. Anm. *Bellardita*.
399 BGH, Beschl. v. 23.05.2012 – 5 StR 185/12, StraFo 2012, 282.

hang mit der Anlasstat ziehen lassen. Dafür kann es genügen, dass der Täter im Zusammenhang mit der Tat nahe liegend mit einer Situation gerechnet hat oder rechnen musste, in der es zu einer Gefährdung oder Beeinträchtigung des Verkehrs kommen konnte. Eine Prognose, dass der Täter mit Wahrscheinlichkeit auch künftig Zusammenhangstaten begehen und dabei tatsächlich die Sicherheit des Straßenverkehrs beeinträchtigen werde, ist nicht zu verlangen.[400] Für diese Prognose kann es genügen, dass ein Angeklagter im Zusammenhang mit den Anlasstaten nahe liegend mit einer Situation gerechnet hat oder rechnen musste, in der es zu einer Gefährdung oder Beeinträchtigung des Verkehrs kommen konnte, wobei auch früheres Verhalten (riskante Fluchtfahrt aus Angst vor Entdeckung bei einer Vorverurteilung) zu berücksichtigen ist.[401] Allein reicht aber die Benutzung eines Kraftfahrzeugs zur Fahrt zum Tatort bzw. für den Abtransport der Beute nicht aus. Vielmehr muss die Anlasstat tragfähige Rückschlüsse darauf zulassen, dass der Täter bereit ist, die Sicherheit des Straßenverkehrs seinen eigenen kriminellen Interessen unterzuordnen.[402] Verbringt der Täter das Tatopfer unter Anwendung einer List in seinem Fahrzeug zu einem abgelegenen Ort, um dort eine Sexualstraftat zu begehen, so erweist er sich allein dadurch noch nicht als ungeeignet für das Führen von Kraftfahrzeugen im Sinne des § 69 Abs. 1 Satz 1 StGB.[403] In Fällen, in welchem der Täter in einem Kraftfahrzeug Rauschgift transportiert, sind Belange der Verkehrssicherheit nicht ohne Weiteres berührt. Ein allgemeiner Erfahrungssatz, dass die Transporteure von Rauschgift im Fall von Verkehrskontrollen zu besonders riskanter Fahrweise entschlossen sind, besteht nicht. Das gilt jedenfalls dann, wenn besondere Vorkehrungen gegen eine Entdeckung des Rauschgifts, etwa durch Benutzung besonders präparierter Verstecke, getroffen worden sind.[404] Bei einem Betäubungsmitteldelikt kann sich daher die charakterliche Ungeeignetheit zum Führen von Kraftfahrzeugen »aus der Tat« meist nur dann ergeben, wenn die Anlasstat selbst tragfähige Rückschlüsse auf die Bereitschaft des Täters zulässt, die Sicherheit des Straßenverkehrs seinen eigenen kriminellen Zielen unterzuordnen. Das Urteil muss deshalb z.B. Feststellungen zu einem – etwaigen Beschaffungsfahrten (für Haschisch) vorausgegangenen – Drogenkonsum und zum täglichen Konsumverhalten des Angeklagten enthalten.[405]

▶ Beachte

Soll einem Täter wegen einer anderen Straftat, die nicht in dem Katalog des § 69 Abs. 2 StGB enthalten ist, die Fahrerlaubnis entzogen werden, muss der Tatrichter eine Gesamtwürdigung der Tatumstände und der Täterpersönlichkeit vornehmen, mit der die fehlende Eignung belegt wird, wobei der Umfang der Darlegung vom Einzelfall abhängt.[406]

Ob ein »bedeutender Schaden« i.S.d. § 69 Abs. 2 Nr. 3 StGB vorliegt, bemisst sich nach wirtschaftlichen Kriterien und beurteilt sich nach der Höhe des Betrages, um den das Vermögen des Geschädigten als direkte Folge des Unfalls gemindert wird. Die Grenze ist derzeit wohl bei 1.500 € anzusetzen.[407] Im Rahmen des zugrunde zulegenden wirtschaftlichen Schadensbegriffs dürfen bei der Beurteilung eines eingetretenen Fremdschadens i.S.d. § 69 Abs. 2 Nr. 3 StGB nur solche Scha-

400 BGHSt 50, 93 ff.
401 BGH, Beschl. v. 31.05.2005 – 4 StR 85/03, wistra 2005, 337; v. 31.05.2005 – 4 StR 155/03; v. 31.05.2005 – 4 StR 175/03.
402 BGH, Beschl. v. 13.07.2005 – 1 StR 153/05.
403 BGH StV 2005, 604 f. = NStZ 2005, 687 f.
404 BGH, Urt. v. 04.11.2014 – 1 StR 233/14 = NStZ 2015, 579 f. = StV 2015, 630 vgl. dazu *Krenberger* jurisPR-VerkR 7/2015 Anm. 1; Beschl. v. 23.05.2012 – 5 StR 185/12, StraFo 2012, 282.
405 BGH, Beschl. v. 23.05.2012 – 5 StR 185/12 = StraFo 2012, 282.
406 BGH Beschl. v. 17.12.2014 – 3 StR 487/14; v. 23.11.2017 – 4 StR 427/17 = StV 2018, 414 f.
407 *Rinklin* jurisPR-StrafR 14/2016 Anm. 2.; Krumm, NJ 2018, 371 f.; BayObLG Beschl. v. 17.12.2019 204 StRR 1940/19.

denspositionen herangezogen werden, die zivilrechtlich erstattungsfähig sind.[408] Zu berücksichtigen ist daher nur ein Fremdschaden.[409]

144 Eine Maßregelanordnung gegen einen Beifahrer ist möglich, dafür sind aber besonders gewichtige Hinweise zu fordern, aus denen sich die Ungeeignetheit zum Führen von Kraftfahrzeugen ergibt.[410]

Bei der Entziehung der Fahrerlaubnis eines Jugendlichen gemäß § 69 StGB i.V.m. § 7 Abs. 1 JGG kommt es – ebenso wie bei der Verhängung einer Sperrfrist gemäß § 69 StGB i.V.m. § 7 Abs. 1 JGG gegen einen Jugendlichen – allein auf dessen Ungeeignetheit zum Führen von Kraftfahrzeugen und nicht auf erzieherische Erwägungen an. Die Regelvermutung des § 69 Abs. 2 StGB findet daher auch im Rahmen des § 7 Abs. 1 JGG uneingeschränkt Anwendung.[411].

145 Die Frage der Entziehung der Fahrerlaubnis ist im Urteil zu erörtern, wenn eine Entziehung nach der Art der Straftat in Betracht kommt,[412] es sei denn, die Straftat liegt lange zurück.

b) § 69a StGB

aa) Dauer der Sperre

146 Nach § 69a Abs. 1 StGB bestimmt das Gericht, dass für die Dauer von sechs Monaten (bzw. 1 Jahr: § 69a Abs. 3 StGB) bis zu fünf Jahren keine neue Fahrerlaubnis erteilt werden darf (Sperre). Die Sperre kann für immer angeordnet werden, wenn zu erwarten ist, dass die gesetzliche Höchstfrist zur Abwehr der von dem Täter drohenden Gefahr nicht ausreicht.[413].

Maßgebend für die *Dauer der Sperre*[414] ist die voraussichtliche Ungeeignetheit zum Führen von Kraftfahrzeugen. Von allgemeinen Strafzumessungsregeln darf sich das Tatgericht nicht leiten lassen. Die Schwere der Schuld ist nur insoweit von Bedeutung, als sie Hinweise auf die charakterliche Unzuverlässigkeit geben kann.[415] Die Dauer der Sperre darf also nicht allein nach Strafzumessungsgesichtspunkten bestimmt werden.[416] War dem Täter die Fahrerlaubnis bereits vorläufig entzogen, kann sich die Sperre auf drei Monate verkürzen.

147 Wenn bei einer Gesamtstrafenbildung ein Urteil einzubeziehen ist, das unter anderem auf Entziehung der Fahrerlaubnis und Anordnung einer Sperrfrist erkannt hat, ist zu prüfen, ob sich die Sperrfrist infolge Zeitablaufs erledigt hat. Sollte sich die Sperrfrist infolge des Zeitablaufs erledigt haben, so ist lediglich die Entziehung der Fahrerlaubnis, nicht aber die Sperrfrist aufrecht zu erhalten.[417]

bb) Ausnahmen von der Sperre (§ 69a Abs. 2 StGB)

148 Das Gericht hat die Möglichkeit, bestimmte Arten von Kraftfahrzeugen von der Sperre auszunehmen, wenn besondere Umstände die Annahme rechtfertigen, dass der Zweck der Maßregel dadurch nicht gefährdet wird (§ 69a Abs. 2 StPO). Damit soll den Fällen Rechnung getragen werden, in denen etwa ein Landwirt seinen Trecker unbeanstandet führt, am Steuer seines Pkws aber die Verkehrsregeln missachtet. Ähnliches gilt für Berufskraftfahrer, die zwar einen LKW stets verkehrsgerecht steuern, nicht jedoch nach Feierabend einen PKW. Nur bestimmte Kraftfahrzeugarten, auf die nach § 5 Abs. 1 S. 2 StVO die Fahrerlaubnis beschränkt werden kann, können von der Fahrerlaubnis ausgenommen

408 OLG Hamm, Beschl. v. 06.11.2014 – III 5 RVs 98/14; vgl. dazu *Krenberger* jurisPR-VerkR 10/2015 Anm. 3.
409 Vgl. dazu *Harrendorf* in Satzger/Schluckebier/Widmaier StGB 4. Aufl. § 69 Rn. 42.
410 BGH NStZ 2004, 617; BGHSt 10, 333 ff.
411 OLG Nürnberg NStZ-RR 2011, 386 dazu *Krenberger* jurisPR-VerkR 1/2012 Anm. 6.
412 BGH NStZ RR 1997, 232.
413 Zur lebenslangen Entziehung vgl. *Koehl* DAR 2018, 432 ff.
414 Zu Gnadenanträgen bei Entziehung der Fahrerlaubnis *Fromm* NZV 2011, 329 f.
415 BGHR StGB § 69a Abs. 1 Dauer 1.
416 BGH StV 1994, 1994, 314, 479.
417 BGH, Beschl. v. 14.02.2008 – 1 StR 542/07; BGH NStZ-RR 2010, 58; NVZ 2010, 211.

werden, also z.B. LKW der Klasse 3 bis 7,5 t (EU-Klassifizierung: C), Feuerlöschfahrzeuge der früheren Klasse 3 (C1E), Landwirtschaftliche Zugmaschinen und LKWs der Klasse 2 (CE), Radlader, bestimmt bezeichnete Baustellenfahrzeuge auf abgegrenztem Baustellengelände, Omnibusse, Fahrzeuge der Klasse 4 (D, DE, D1 oder D1E). Bei Charaktermängeln (Trunksucht) werden allerdings die Voraussetzungen für eine Ausnahme von der Sperre in der Regel nicht gegeben sein.

Auch in den Fällen des § 69a Abs. 2 StGB erlischt die Fahrerlaubnis in vollem Umfang, der bisherige Führerschein wird eingezogen. Die Beschränkung der Sperre auf bestimmte Fahrzeugarten hat zur Folge, dass der Täter hinsichtlich der ausgenommenen Kraftfahrzeugarten sofort wieder eine neue Fahrerlaubnis beantragen kann und einen Anspruch darauf hat, dass ihm ein insoweit beschränkter Führerschein erteilt wird. 149

cc) Erhöhung des Mindestmaßes

Die in § 69a Abs. 3 StGB zwingend vorgeschriebene Erhöhung des Mindestmaßes der Sperre gilt nicht bei einer vorausgegangenen Entziehung nach § 4 StVG durch die Verwaltungsbehörde. 150

3. Fahrverbot (§ 44 StGB)

Nach § 44 StGB[418] kommt die Anordnung eines Fahrverbots auch dann in Betracht, wenn die Straftat nicht bei oder im Zusammenhang mit dem Führen eines Kraftfahrzeugs oder unter Verletzung der Pflichten eines Kraftfahrzeugführers begangen wurde. Das gilt namentlich, wenn sie zur Einwirkung auf den Täter oder zur Verteidigung der Rechtsordnung erforderlich erscheint oder hierdurch die Verhängung einer Freiheitsstrafe oder deren Vollstreckung vermieden werden kann[419]. Es kann nunmehr auch auf die Dauer von einem Monat bis zu sechs (bisher 3 Monate) Monaten ein Fahrverbot angeordnet werden. Die Ausweitung des Anwendungsbereichs des Fahrverbots auf alle Straftaten solle daher den Gerichten auch jenseits von verkehrsbezogenen Delikten ein zusätzliches Mittel an die Hand geben, zielgenau, spürbar und schuldangemessen auf den Täter einzuwirken, und zugleich der Vermeidung insbesondere kurzer Freiheitsstrafen dienen. 151

Das Fahrverbot, das durch Urteil oder Strafbefehl (§ 407 Abs. 2 Nr. 1 StPO) angeordnet werden kann, ist eine Nebenstrafe und setzt als solche eine schuldhafte Tat voraus und kann nur neben einer Freiheits- oder Geldstrafe verhängt werden[420]. Die Verhängung eines Fahrverbotes steht grundsätzlich im Ermessen des Tatrichters. Sie setzt eine Pflichtverletzung von einigem Gewicht voraus[421]. Das Fahrverbot ist eine Art Denkzettel für nachlässige und leichtfertige Kraftfahrer.[422] Die strengen Erfordernisse des § 25 StVG brauchen hingegen nicht gegeben zu sein.[423] Während das ordnungsrechtliche Fahrverbot (Bußgeldverfahren) nur in den Fällen der §§ 24, 24a StVG in Betracht kommt und nur bei Verletzung der Pflichten des Kfz-Führers angeordnet werden kann, kommt das Fahrverbot nach § 44 StGB grundsätzlich auch bei Straftaten zur Anwendung, die mit dem Führen eines Kfz nur im Zusammenhang stehen oder bei Verstößen des Halters, der das Kfz nicht geführt hat[424]. Es lässt den Bestand der Fahrerlaubnis unberührt und verbietet dem Verurteilten nur, von der fortbestehenden Fahrerlaubnis für den im Urteil bestimmten Zeitraum (1 – 3 Monate) Gebrauch zu machen.

---

418 Fassung vom 17.8.2017; vgl. dazu Schöch NStZ 2018, 15 ff.; *Rebler* AnwZert VerkR 5/2018 Anm. 2; *ders.* VD 2018, 3 ff.; SVR 2018, 446 ff. *Pott* StRR 2018, Nr. 2, 4 f.; *Kerkmann* SVR 2018, 48 f.; *Fromm* NJ 2018, 140 f.; *Krumm* NJW 2018, 1738 ff.; *König* DAR 2018,604 ff.; *Rebler* SVR 2018, 446 ff.

419 Zur Rechtsprechung vgl. *Fromm* DAR 2019, 650 ff.

420 Vgl. dazu *Krumm* SVR 2009, 136 f.; *Ferner* SVR 2004, 112 ff.; für Ordnungswidrigkeiten: vgl. § 25 StVG; zur Reform *Krumm* ZfSch 2017, 4 f., Neufassung vom 17.08.2017 in Geltung ab 24.08.2017 – BGBl. I S. 3202.

421 BVerfGE 27, 36.

422 BGHSt 24, 348; BGH NStZ 2004, 144 ff., 147; *Fischer* § 44 Rn. 2; *Claus* in Satzger/Schluckebier/Widmaier § 44 Rn. 3.

423 BGHSt 24, 348.

424 OLG Koblenz VRS 50, 61; OLG Hamm VRS 59, 468; BayObLG VRS 41, 62.

152 Zwischen der Höhe der Hauptstrafe und der Nebenstrafe »Fahrverbot« besteht eine Wechselwirkung. Beide Sanktionen verfolgen einen überwiegend identischen Strafzweck, der mit unterschiedlichen Mitteln erreicht werden soll. Als Nebenstrafe soll das Fahrverbot zusammen mit der Hauptstrafe diesem Strafzweck dienen und kommt in aller Regel in Betracht, wenn der mit ihm angestrebte spezialpräventive Zweck mit der Hauptstrafe allein nicht verwirklicht werden kann und die Verhängung deshalb erforderlich ist. Es ist daher in jedem Fall zu prüfen, ob der angestrebte (spezialpräventive) Erfolg nicht durch eine höher bemessene Hauptstrafe erreicht werden kann. Liegt die Tat längere Zeit zurück,[425] so wird bei zwischenzeitlicher Unauffälligkeit eine zusätzliche Einwirkung auf den Täter durch ein Fahrverbot nicht mehr für geboten erachtet. Es ist – anders als bei § 25 StVG – nicht zulässig, das Absehen vom Fahrverbot durch eine Erhöhung der Geldstrafe zu kompensieren.[426]

153 Die beiden Strafen müssen zusammen schuldangemessen sein. Haupt- und Nebenstrafe zusammengenommen dürfen das Maß einer im Hinblick auf die Tatschuld angemessenen Strafe überschreiten.[427] Bei einer Verurteilung aus §§ 315c Abs. 1 Nr. 1 lit a, 316 StGB ist gemäß § 44 Abs. 1 S. 3 StGB in der Regel auf ein Fahrverbot zu erkennen, sofern eine Fahrerlaubnis-Entziehung nach § 69 StGB unterbleibt (sog. *Regelfahrverbot*). Nur wenn besondere Umstände vorliegen, die eine Ausnahme rechtfertigen, kann und darf vom Fahrverbot abgesehen werden. Das Regelfahrverbot wird vor allem dann verhängt, wenn die endgültige Entziehung der Fahrerlaubnis nach § 69 StGB wegen der Dauer der vorläufigen Entziehung nach § 111a StPO unterbleibt.[428] Werden gegen den Täter mehrere Fahrverbote rechtskräftig verhängt, so sind die Verbotsfristen nacheinander zu berechnen. Die Verbotsfrist auf Grund des früher wirksam gewordenen Fahrverbots läuft zuerst. Werden Fahrverbote gleichzeitig wirksam, so läuft die Verbotsfrist auf Grund des früher angeordneten Fahrverbots zuerst, bei gleichzeitiger Anordnung ist die frühere Tat maßgebend (§ 44 Abs. 4 StGB n.F.). Ein in einer früheren Entscheidung verhängtes Fahrverbot ist als Nebenstrafe zwar nach § 55 Abs. 2 Satz 1 StGB grundsätzlich aufrechtzuerhalten, wenn mit der Strafe aus der früheren Verurteilung eine Gesamtstrafe zu bilden ist. Das gilt indes nicht, wenn die Nebenstrafe bereits vor der Einbeziehung etwa durch Zeitablauf oder sonstige Umstände gegenstandslos geworden ist und damit ihre tatsächliche Erledigung gefunden hat.[429]

Liegt die zur Aburteilung stehende Tat längere Zeit zurück, so wird bei einem zwischenzeitlich unauffälligen Verhalten des Betroffenen die Verhängung eines Fahrverbots nicht mehr geboten sein.[430]

154 Bei einer rechtsstaatswidrigen Verfahrensverzögerung kann es dazu kommen, dass ein angeordnetes Fahrverbot zumindest teilweise als vollstreckt gilt. Dabei ist zu bedenken, dass die Verfahrensverzögerung nicht unbedingt von Amts wegen geprüft wird.[431]

155 Das Fahrverbot wird wirksam, wenn der Führerschein nach Rechtskraft des Urteils in amtliche Verwahrung gelangt, spätestens jedoch mit Ablauf von einem Monat seit Eintritt der Rechtskraft (44 Abs. 2 S. 1 StGB n.F.). Im Gegensatz zu § 69 StGB lässt das Fahrverbot die Fahrerlaubnis unberührt; es untersagt nur, von der Erlaubnis Gebrauch zu machen. Zeiten der Anstaltsverwahrung sind in die Fahrverbotsfrist nicht einzurechnen (§ 44 Abs. 3 Satz 2 StGB). Gelockerter Vollzug, Urlaubs- und Ausgangstage unterbrechen die Zeit der Anstaltsverwahrung dabei nicht.[432]

425 Vgl. z.B. BayObLG NZV 2002, 280; KG NZV 2002, 281 (2 Jahre).
426 OLG Karlsruhe NStZ-RR 2006, 23; vgl. auch BGHSt 38, 106 ff. m. Anm. *Janiszewski* DAR 1992, 90. BGHSt 24, 348.
427 BGHSt 24, 348.
428 BGHSt 29, 58.
429 BGH Beschl. v. 13.11.2019 – 3 StR 277/19.
430 Die Rechtsprechung lässt einen Zeitraum von 1 Jahr 6.Monate bzw. zwei Jahren genügen: BGH ZfS 2004, 133; OLG Hamm DAR 2004, 535; 2007, 714; OLG Hamm BA 2009, 46.
431 OLG Hamm, Beschl. v. 24.03.2011–III-3 RBs 70/10; siehe auch *Heß/Burmann* NJW-Spezial 2011, 299.
432 OLG Stuttgart NStZ 1983, 429 f.; OLG Frankfurt NJW 1984, 812.

Zu unterscheiden vom Wirksamwerden des Fahrverbots ist der Beginn der Verbotsdauer. Die Verbotsfrist wird erst von dem Tage an gerechnet, an dem der Führerschein in amtliche Verwahrung gelangt oder das Fahrverbot in einem ausländischen Führerschein vermerkt wird (§ 44 Abs. 3 Satz 1 i.V.m. Abs. 2 StGB). Danach verlängert sich die Verbotsfrist ab Rechtskraft des Urteils um die Zeit, um die der Verurteilte seinen Führerschein nicht zur Verwahrung abgibt. Liefert er ihn nicht freiwillig ab, ist der Führerschein nach § 463b StPO zu beschlagnahmen. Auch hier läuft die Verbotsfrist erst ab amtlicher Verwahrung.

Hat der Verurteilte seinen Führerschein verloren oder ist er ihm sonst abhandengekommen, so dass er ihn nicht in Verwahrung geben kann, so hat er auf Antrag der Vollstreckungsbehörde eine eidesstattliche Versicherung über den Verbleib abzugeben (§ 463b Abs. 3 StPO). Umstritten ist in solchen Fällen jedoch die Fristberechnung. Teilweise wird der Verurteilte aufgefordert, sich einen Ersatzführerschein zu besorgen und diesen abzugeben; mit Abgabe wird die Verbotsfrist gerechnet[433]. Nicht selten wird daraufhin der (angeblich verlorene) Originalführerschein abgeliefert. Nach anderer Auffassung beginnt in derartigen Fällen die Fahrverbotsfrist bereits mit Rechtskraft des Urteils, wenn der Verurteilte den Führerschein bereits zu diesem Zeitpunkt verloren hatte[434]. Tritt der Verlust erst nach Rechtskraft der Entscheidung ein, ist der Tag des Verlusts für den Beginn der Verbotsfrist maßgebend. War der Verurteilte nicht aus tatsächlichen, sondern aus rechtlichen Gründen nicht in der Lage, einen Führerschein in amtliche Verwahrung zu geben (etwa, weil er keine Fahrerlaubnis hat oder weil sie ihm in einem anderen Verfahren entzogen oder vorläufig entzogen war), so läuft die Verbotsfrist ab Rechtskraft des Urteils bzw. ab Wirksamkeit der Entscheidung über den Fahrerlaubnis-Entzug. Kommt es trotz Sicherstellung oder Beschlagnahme des Führerscheins oder vorläufigen Entzugs der Fahrerlaubnis, die im Ermittlungsverfahren in Erwartung eines Fahrerlaubnis-Entzuges erfolgt waren, im Urteil nicht zu einer Maßnahme nach §§ 69, 69a StGB, sondern wird nur ein Fahrverbot angeordnet, ist die Zeit, in der der Beschuldigte nicht von der Fahrerlaubnis Gebrauch machen durfte, auf das Fahrverbot anzurechnen (§ 51 Abs. 5 i.V.m. Abs. 1 StGB). Das gilt auch, soweit diese Maßnahmen zwischen Urteilsverkündung und Rechtskraft fortgedauert haben (§ 450 Abs. 2 StPO)[435].

Wird der Führerschein eines Verurteilten amtlich verwahrt und sind zu dieser Zeit mehrere, in verschiedenen Verfahren angeordnete Fahrverbote wirksam, so werden diese ab Rechtskraft der jeweiligen Entscheidung nebeneinander und nicht nacheinander vollstreckt (str.)[436]. Andernfalls bestünde eine Benachteiligung der Kraftfahrer, die einen Führerschein zur Verwahrung abgeben gegenüber denen, die keine Fahrerlaubnis besitzen

▶ Beachte

Fahrverbot und Fahrerlaubnisentziehung bzw. Festsetzung einer isolierten Sperrfrist schließen einander regelmäßig aus. Denn das Fahrverbot nach § 44 StGB setzt voraus, dass sich der Täter gerade nicht als ungeeignet zum Führen von Kraftfahrzeugen im Sinne des § 69 StGB erwiesen hat. Deshalb kommt ein Fahrverbot neben einer Entziehung der Fahrerlaubnis bzw. der Festsetzung einer isolierten Sperrfrist nur in Betracht, wenn das Gericht dem Täter auch das Fahren mit gemäß § 4 Abs. 1 Satz 2 FeV fahrerlaubnisfreien Fahrzeugen verbieten oder nach § 69a Abs. 2 StGB bestimmte Arten von Kraftfahrzeugen von der Sperre ausnehmen will.[437]

433 So *Seib* DAR 1982, 283.
434 So *Hentschel* DAR 1988, 156.
435 Zum Problem s.a. *Schäpe* DAR 1998, 10.
436 OLG Celle NZV 1993, 157; BayObLG DAR 1994, 74; LG Münster NJW 1980, 2481; dag. LG Flensburg NJW 1965, 2309; *Hentschel* NZV 1990, 245.
437 BGH Beschl. v. 07.08.2018 – 3 StR 104/18, BA 2018, 437.

4. Beschlagnahme und vorläufige Entziehung des Führerscheins

a) Beschlagnahme

156 Rechtsgrundlage für die Beschlagnahme von Führerscheinen[438] ist grundsätzlich § 94 StPO i.V.m. § 98 StPO, wobei zu differenzieren ist, ob der Führerschein als Beweismittel (dann § 94 Abs. 1 StPO) oder als Einziehungsgegenstand (dann § 94 Abs. 3 StPO) in Betracht kommt[439]. Bei Trunkenheits- oder Drogenfahrten[440] ist der Führerschein kein Beweismittel; Rechtsgrundlage für dessen Sicherstellung bzw. Beschlagnahme ist somit § 94 Abs. 3 StPO i.V.m. § 98 StPO. Welche Führerscheine der Einziehung unterliegen, ergibt sich aus § 69 Abs. 3 S. 2 StGB und aus § 69b Abs. 2 S. 1 StGB. Demnach unterliegen der Einziehung (nur) die von einer deutschen Behörde ausgestellten Führerscheine und die von einer Behörde eines Mitgliedsstaates der Europäischen Union (Belgien, Dänemark, Deutschland, Estland, Finnland, Frankreich, Griechenland, Großbritannien, Irland, Italien, Lettland, Litauen, Luxemburg, Malta, Niederlande, Österreich, Polen, Portugal, Schweden, Slowakei, Slowenien, Spanien, Tschechische Republik, Ungarn, Zypern) oder eines anderen Vertragsstaates des Abkommens über den Europäischen Wirtschaftsraum (Island, Liechtenstein, Norwegen) ausgestellten Führerscheine, wenn der Inhaber seinen ordentlichen Wohnsitz im Inland hat.

157 Nur bei Gefahr im Verzug dürfen auch Polizeibeamte den Führerschein beschlagnahmen (§ 98 Abs. 1 StPO); ansonsten ist ein richterlicher Beschluss erforderlich. Der Begriff »Gefahr im Verzug« ist, soweit es sich um die Beschlagnahme des Führerscheins durch die Staatsanwaltschaft und ihre Ermittlungsbeamten handelt, nicht auf die Fälle zu beschränken, in denen ohne die Beschlagnahme der Verlust des Führerscheins als Beweismittel oder die Vereitelung seiner späteren Einziehung zu befürchten wäre. Vielmehr ist die Beschlagnahme des Führerscheins eines bei einer Trunkenheitsfahrt betroffenen Kraftfahrers auch dann zulässig, wenn die Gefahr besteht, er werde ohne die Abnahme des Führerscheins weitere Trunkenheitsfahrten unternehmen oder sonst Verkehrsvorschriften in schwerwiegender Weise verletzen.[441]

158 Wirksam beschlagnahmt ist der Führerschein nur, wenn er körperlich in Besitz genommen wird.[442] Wenn der Beschuldigte der Sicherstellung seines Führerscheins widerspricht (auch der weiteren Sicherstellung nach anfänglichem Einverständnis), ist ein richterlicher Beschluss herbeizuführen (§ 98 Abs. 2 StPO). Die in der Vorschrift genannte Drei-Tages-Frist ist eine Sollvorschrift, deren Verletzung die Wirksamkeit der Beschlagnahme nicht berührt und die auch nicht für die richterliche Entscheidung selbst gilt.[443]

▶ Hinweis

Der Fahrer, dessen Führerschein wegen eines Verkehrsverstoßes von der Polizei beschlagnahmt ist, hat keine Fahrerlaubnis (§ 21 Abs. 2 Nr. 2 StVG). Es bedarf aber der Wegnahme des Führerscheins; die Anordnung der Beschlagnahme genügt nicht.

b) § 111a StPO

159 Die vorläufige Entziehung der Fahrerlaubnis nach § 111a StPO ist eine Präventivmaßnahme, die sowohl die Allgemeinheit vor weiterer Gefährdung schützen als auch die Durchsetzung und Wir-

438 Vgl. auch *Janker* Die Polizei 2005, 5 ff.; *Heinrich* Kriminalistik 2005, 457; *Eschelbach* in Satzger/Schluckebier/Widmaier StPO 4. Aufl. § 94 Rn. 46.

439 Vgl. *Trupp* NZV 2004, 389 ff.

440 Zur Problematik der Beschlagnahme bei Drogenfahrt: *Laub* SVR 2016, 127 ff.; *Gutt* jurisPR-VerkR 3/2017 Anm. 4.

441 BGHSt 22, 385 ff.

442 OLG Stuttgart DAR 1968, 247.

443 LR-*Schäfer* § 98 Rn. 46 m.w.N.

kung der endgültigen Entziehung der Fahrerlaubnis sicherstellen soll.[444] § 111a StPO setzt voraus, dass dringende Gründe für die Annahme vorhanden sind, dass die Fahrerlaubnis gemäß § 69 StGB entzogen werden wird. Der Begriff »dringende Gründe« entspricht dem des »dringenden Verdachts« nach § 112 StPO. Die unterschiedliche Terminologie ist darauf zurückzuführen, dass die Maßnahme nach § 111a StPO sich auch gegen den Schuldunfähigen richten kann. Dringende Gründe sind danach gegeben, wenn eine hohe Wahrscheinlichkeit für die Verhängung der Maßnahme besteht.[445] In der Regel ist das dann der Fall, wenn ein dringender Tatverdacht besteht, dass eine Katalogtat des § 69 Abs. 2 StGB begangen wurde. In sonstigen – d.h. den nicht in § 69 Abs. 2 StGB geregelten – Fällen ist Voraussetzung für die vorläufige Entziehung der Fahrerlaubnis, dass die begangene Straftat, derer der Beschuldigte dringend verdächtig ist, die Besorgnis rechtfertigen muss, er werde ähnliche Straftaten begehen und somit eine Gefahr für andere Verkehrsteilnehmer darstellen. Vorsicht ist geboten, wenn der dringende Tatverdacht ausschließlich auf der Aussage des Geschädigten beruht, insbesondere bei Vorwürfen der Nötigung oder der Körperverletzung. Ob ein vorläufiger Entzug der Fahrerlaubnis auch dann noch möglich ist, wenn seit der Tat schon eine längere Zeit (etwa 8 Monate) vergangen ist, ist fraglich.[446] Da die vorläufige Entziehung der Fahrerlaubnis nach § 111a StPO als prozessuale Zwangsmaßnahme den verfassungsrechtlichen Grundsätzen der Verhältnismäßigkeit und der Beachtung des Beschleunigungsgebots unterliegt, spricht vieles dafür, dass sie nicht mehr rechtlich vertretbar ist, wenn die Tat über zwei Jahre zurückliegt, der diesbezügliche Antrag erst mit Anklageerhebung von der Staatsanwaltschaft gestellt wird und das Gericht bis zu seiner Entscheidung weitere fünf Monate vergehen lässt[447].

Mit dem Beschluss nach § 111a StPO wird dem Beschuldigten bis auf Weiteres das Führen von führerscheinpflichtigen Kraftfahrzeugen jeder Art verboten. Der Beschluss wird erst wirksam, wenn er dem Beschuldigten bekannt gegeben wird,[448] eine Zustellung an den Verteidiger oder eine Ersatzzustellung reichen nicht aus. Formlose Mitteilung genügt jedoch. Vor der vorläufigen Entziehung der Fahrerlaubnis ist dem Beschuldigten rechtliches Gehör zu gewähren (§ 33 Abs. 3 und 4 StPO), es sei denn die vorherige Anhörung würde den Zweck der Anordnung gefährden. 160

Die vorläufige Entziehung der Fahrerlaubnis (§ 111a Abs 1 S 1 StPO) erfordert Entscheidung über Vorliegen der Regelvermutung des § 69 Abs. 2 Nr. 3 StGB.[449] 161

Zuständig für den Erlass des Beschlusses ist im Ermittlungsverfahren das Gericht, in dessen Bezirk der Führerschein beschlagnahmt wurde oder zu beschlagnahmen ist. Daneben gelten aber auch die allgemeinen Zuständigkeitsregeln der §§ 7 f. StPO.

---

444 Zur Verfassungsmäßigkeit: vgl. BVerfG NStZ 1982, 78; NJW 2001, 357; 2005, 1767; NStZ-RR 2005, 276 f.

445 *Hentschel* DAR 1988, 89; vgl. auch *Pfordte* StraFo 2016, 53 f.; *Hillenbrand* ZAP Fach 9, 933 – 944 (Verteidigungsmöglichkeiten); *Fromm* DV 2012, 93 ff. (Strafverteidigung in § 111a StPO-Verkehrsstrafverfahren).

446 OLG Koblenz VRS 67, 254; OLG Koblenz VRS 68, 118; OLG Koblenz VRS 73, 292; OLG Karlsruhe VRS 68, 360; OLG München NJW 1992, 2776; *Hentschel* NJW 1990, 1463; *Krenberger* jurisPR-VerkR 14/2011 Anm. 3.

447 KG StraFo 2011, 353 f.: vgl. auch *Krenberger* jurisPR-VerkR 9/2015 Anm. 5 (achtmonatige Verzögerung); jurisPR-VerkR 5/2015 Anm. 5.

448 BGHZ 38, 86.

449 BVerfG, Beschl. v. 08.11.2017 – 2 BvR 2129/16 = ZfSch 2018, 47 ff.

162 Eine vorläufige Entziehung der Fahrerlaubnis nach § 111a StPO kommt auch in der Berufungsinstanz in Betracht.[450] Das Berufungsgericht darf, wenn das Erstgericht eine vorläufige Entziehung der Fahrerlaubnis unterlassen oder wieder aufgehoben hat, einen Entziehungsbeschluss aber nur dann erlassen, wenn neue Tatsachen oder Beweismittel vorliegen, aufgrund derer dem Angeklagten entgegen der Annahme des Erstgerichts die Fahrerlaubnis doch entzogen werden wird.

163 § 111a Abs. 1 S. 2 StPO ermöglicht es, von der vorläufigen Entziehung der Fahrerlaubnis bestimmte Arten von Kraftfahrzeug auszunehmen,[451] wenn besondere Umstände die Annahme rechtfertigen, der Zweck der Maßnahme werde dadurch nicht gefährdet. Der Beschuldigte kann dann im Rahmen der bewilligten Ausnahme weiter am Straßenverkehr teilnehmen, ohne bei der Verwaltungsbehörde die Erteilung einer entsprechenden Fahrerlaubnis beantragen zu müssen, da die Fahrerlaubnis im Umfang der Ausnahme bestehen bleibt. Dem Beschuldigten ist in derartigen Fällen keine neue (beschränkte) Fahrerlaubnis durch die Verwaltungsbehörde zu erteilen, sondern ein Führerschein mit einem entsprechenden Vermerk auszustellen.

Ein während der vorläufigen Entziehung der deutschen Fahrerlaubnis von einem anderen Mitgliedsstaat der Europäischen Union erteilter Führerschein berechtigt nicht zum Führen von Kraftfahrzeugen im Bundesgebiet.[452]

164 Die Entscheidung über die vorläufige Entziehung der Fahrerlaubnis ist mit der Beschwerde (§ 304 StPO) anfechtbar. Die weitere Beschwerde ist ausgeschlossen, § 310 Abs. 2 StPO. Gegen einen vom Landgericht im ersten Rechtszug oder als Berufungsgericht (erstmalig) gefassten Beschluss ist die Beschwerde zulässig. Auf die Beschwerde hin kann das Gericht, dessen Entscheidung angefochten wird, abhelfen und seine Entscheidung ändern.

165 Eine Beschwerde gegen die vorläufige Entziehung der Fahrerlaubnis ist auch während des laufenden Revisionsverfahrens zulässig. Das Beschwerdegericht ist aber an die Wertung des Berufungsgerichts, das sich die Überzeugung von der fehlenden charakterlichen Eignung des Angeklagten zum Führen von Kraftfahrzeugen verschafft und die Maßregel nach §§ 69, 69a StGB angeordnet hat, gebunden. Ihre Überprüfung ist allein dem Revisionsgericht vorbehalten. Das Beschwerdegericht kann daher nur prüfen, ob die materiell-rechtlichen Voraussetzungen des § 69 StGB vorliegen und die Strafkammer von ihrem im Rahmen der Entscheidung nach § 111a StPO zustehenden Ermessen rechtsfehlerfrei Gebrauch gemacht hat.[453]

166 Gemäß § 111a Abs. 2 StPO ist die vorläufige Entziehung der Fahrerlaubnis aufzuheben, wenn der Grund für die Maßnahme weggefallen ist. Das gilt auch für das Berufungsverfahren. Reiner Zeitablauf allein lässt den Grund noch nicht entfallen. Das Berufungsgericht ist trotz des Verschlechterungsverbots (§ 331 StPO) nicht gehindert, im Urteil die gleiche Sperre festzusetzen, die im angefochtenen Urteil bestimmt wurde. Wer gegen ein Urteil, das die Entziehung der Fahrerlaubnis anordnet, Berufung einlegt, muss damit rechnen, dass die Fahrerlaubnisentziehung länger dauert als die in dem erstinstanzlichen Urteil festgesetzte Sperrfrist. Die vorläufige Entziehung der Fahrerlaubnis ist auch dann aufzuheben, wenn das Gericht im Urteil die Fahrerlaubnis nicht entzieht (§ 111a Abs. 2 Alt. 2 StPO). Sie muss durch ausdrücklichen Beschluss aufgehoben werden, da sie sich nicht durch das Urteil automatisch erledigt.

450 Ein Beschluss über die vorläufige Entziehung der Fahrerlaubnis »im Verfahren über die Berufung gegen ein Urteil des Strafrichters« unterfällt der Entscheidungszuständigkeit der kleinen Strafkammer, die mit dem Vorsitzenden und zwei Schöffen besetzt ist, wobei die Schöffen jedoch bei Beschlüssen außerhalb der Hauptverhandlung nicht mitwirken. Die Entscheidung außerhalb der Hauptverhandlung kann daher (wenn überhaupt) nur vom Vorsitzenden allein getroffen werden: vgl. OLG Braunschweig NdsRpfl 2003, 357 [358].

451 Anders § 69 StGB; vgl. aber § 69a Abs. 2 StGB.

452 OLG Karlsruhe Beschl. v. 05.07.2018 – 2 Rv 4 Ss 332/18.

453 OLG Karlsruhe DAR 2004, 408.

Sowohl der vorläufige Entzug der Fahrerlaubnis als auch die Führerscheinbeschlagnahme gehören nach § 2 Abs. 2 Nr. 4 und 5 StrEG zu den entschädigungspflichtigen Strafverfolgungsmaßnahmen. 167

5. Verkehrsstraftaten Deutscher im Ausland

Ein Strafverfahren wegen einer im Ausland begangenen Tat ist unter dem Gesichtspunkt des Rechts- 168
güterschutzes nur dann geeignet und erforderlich, wenn das von der bundesdeutschen Strafnorm geschützte Rechtsgut durch das Verhalten im Ausland betroffen ist.[454] Strafrecht als innerstaatliches Ordnungsrecht verfolgt vorrangig den Schutz inländischer Rechtsgüter, und unabhängig von der Nationalität des Rechtsgutsinhabers und der Belegenheit seines Rechtsguts zählen dazu alle Individualrechtsgüter. Ein Strafurteil ist nicht bereits deswegen unverhältnismäßig, weil wegen derselben Tat bereits im Ausland eine Strafe verhängt worden war. Ein Verzicht auf ein inländisches Strafverfahren ist in solchen Fällen nicht von Verfassungs wegen geboten, da ein solcher Verzicht weitreichende Folgen hat. Die Verhältnismäßigkeit eines inländischen Strafverfahrens bzw. Strafurteils wird durch die Regelungen der § 51 Abs. 3 Satz 1 StGB sowie § 153c StPO hinreichend gewährleistet; zudem kann eine strafmildernde Berücksichtigung im Rahmen des § 46 StGB erfolgen.

Eine Trunkenheitsfahrt im Ausland wird vom Schutzbereich des § 316 StGB erfasst. Die Norm mit der materiellen Fahruntüchtigkeit stellt ein verkehrs- und auslandsrechtlich indifferent individualgefährliches Verhalten unter Strafe, was der Erhöhung der Sicherheit des Straßenverkehrs dient, und entfaltet ungeachtet ihrer Ausgestaltung als abstraktes Gefährdungsdelikt über den so vermittelten Schutz anderer Verkehrsteilnehmer vor ungeeigneten Kraftfahrern individualschützende Wirkung.[455] Fahren ohne Führerschein im Ausland ist nicht nur dann im Inland strafbar, wenn das ausländische Recht hierfür eine kriminelle Strafe androht, sondern auch, wenn es das Fahren ohne Führerschein als Ordnungswidrigkeit mit anderen Maßnahmen ahndet.[456]

▶ **Hinweis**

Bei der Beurteilung von gemäß § 7 Abs. 2 Nr. 1 StGB nach dem Strafrecht der Bundesrepublik Deutschland verfolgbaren Taten muss das Gericht bei der Strafzumessung regelmäßig Rücksicht auf Art und Maß des am ausländischen Tatort geltenden Strafrechts nehmen.

6. Besonderheiten bei einer ausländischen Fahrerlaubnis

a) Allgemein

§ 4 IntKfzVO[457] in Verbindung mit § 28 FeV[458] bestimmt, unter welchen Voraussetzungen Inhaber von ausländischen Fahrerlaubnissen[459] am Straßenverkehr im Inland teilnehmen können[460]. 169

---

454 Verteidigungsmöglichkeiten bei der Verfolgung von im EU-Ausland begangenen Verkehrsverstößen vgl. *Fromm* NZV 2014, 62 f.; *Trautmann* SVR 2018, 1 ff.; allgemein *Reinbacher* ZJS 2018, 142 ff.; Verwertbarkeit von Trunkenheitsfahrten im Ausland *Koehl* DAR 2015, 748 f.; Fahren im Ausland bei Führerscheinmaßnahmen in Deutschland vgl. *Nissen/Schäpe* DAR 2010, 3 f.; zur Vollstreckung ausländischer Bußgelder vgl. unten B IV 10.

455 BVerfG, Beschl. v. 4.12.2007 – 2 BvR 38/06, StraFo 2008, 151; vgl. dazu *Koehl* DAR 2015, 748 f.

456 BGHSt 8, 349 f.

457 Verordnung über internationalen Kraftfahrzeugverkehr.

458 Verordnung über die Zulassung von Personen zum Straßenverkehr – Fahrerlaubnis-Verordnung i.d.F. v. 21.12.2016. in der Fassung vom 14.08.2017.

459 Ausführlich *Mahlberg* in Himmelreich/Halm/Andreäe Handbuch des Fachanwalts Verkehrsrecht, 6. Aufl. Teil 3 Kap. 35 Rn. 599 ff.; *Rebler* SVR 2016, 377 f.; zur Anerkennungspflicht für EU-Führerscheine vgl. *Rebler* AnwZert VerkR 12/2012, Anm. 2; vgl. auch Thüringisches OLG, Beschl. v. 08.07.2013 – 1 Ss 17/13 SVR 2014, 272 f. m. Anm. *Koehl; Rebler* JuS 2018, 134 ff.

460 Zu einer anwaltlichen Checkliste für Verfahren über die Inlands(un)gültigkeit einer ausländischen EU-Fahrerlaubnis vgl. *Koehl* DAR 2013, 241 ff.

170 Inhaber einer ausländischen Fahrerlaubnis[461] dürfen nach § 4 Abs. 1 IntKfzVO (Ausnahme vgl. § 4 Abs. 3 IntKfzVO) im Umfang ihrer Berechtigung im Inland Kraftfahrzeuge führen, wenn sie hier keinen ordentlichen Wohnsitz[462] haben. Der Umfang der Fahrberechtigung in Deutschland entspricht der des ausländischen Führerscheins. Ein Überschreiten der ausländischen Fahrberechtigung stellt ein strafbares Fahren ohne Fahrerlaubnis gemäß § 21 StVG dar.

171 Begründet der Inhaber einer Fahrerlaubnis, die ihm von einem anderen Mitgliedstaat der Europäischen Union oder einem anderen Vertragsstaat des Abkommens über den Europäischen Wirtschaftsraum erteilt worden ist, einen ordentlichen Wohnsitz[463] im Inland, darf er im Umfang ihrer Berechtigung Kraftfahrzeuge im Inland führen.[464]

172 Begründet der Inhaber einer Fahrerlaubnis aus Nicht-EU- oder EWR-Staaten[465] seinen ordentlichen Wohnsitz in der Bundesrepublik Deutschland, besteht die Berechtigung zum Führen eines Kraftfahrzeugs für die Dauer von sechs Monaten (§ 4 Abs. 1 S. 3 IntKfzVO). Diese Frist kann auf Antrag bis zu zwölf Monaten verlängert werden, wenn der Antragsteller glaubhaft macht, dass er *seinen ordentlichen* Wohnsitz nicht länger als zwölf Monate in der Bundesrepublik Deutschland haben wird (§ 4 Abs. 1 S. 4 IntKfzVO).

173 Merke: Gemäß § 4 Abs. 1 IntKfzVO dürfen Inhaber einer ausländischen Fahrerlaubnis im Umfang ihrer Berechtigung Kraftfahrzeuge im Inland führen, solange sie im Inland keinen ordentlichen Wohnsitz im Sinne des § 7 FeV haben. Nach der Begründung eines ordentlichen Wohnsitzes im Inland richtet sich gemäß § 4 Abs. 1 S. 2 IntKfzVO für Inhaber einer EU/EWR-Fahrerlaubnis die weitere Berechtigung nach § 28 FeV. Für Inhaber einer Fahrerlaubnis aus Drittstaaten besteht die Berechtigung nach Begründung eines ordentlichen Wohnsitzes im Inland noch sechs Monate (§ 4 Abs. 1 S. 3 IntKfzVO). Diese Frist kann unter den Voraussetzungen des § 4 Abs. 1 S. 4 IntKfzVO um bis zu sechs Monate verlängert werden.

▶ Hinweis

174 Gemäß § 4 Abs. 3 Ziff. 3 IntKfzVO (vgl. auch § 28 Abs. 4 Nr. 2 FeV) gilt die Berechtigung des Inhabers eines ausländischen Führerscheins, mit diesem Führerschein in der Bundesrepublik Deutschland am öffentlichen Straßenverkehr teilzunehmen, **nicht**, wenn die Fahrerlaubnis im Inland vorläufig entzogen oder rechtskräftig von einem Gericht oder sofort vollziehbar oder bestandskräftig von einer Verwaltungsbehörde entzogen worden ist, wenn die Fahrerlaubnis bestandskräftig versagt worden ist oder wenn die Fahrerlaubnis nur deshalb nicht entzogen worden ist, weil auf die Fahrerlaubnis verzichtet wurde.

461 Hier wird nicht zwischen den Inhabern einer Fahrerlaubnis aus EU- oder EWR-Staaten und aus anderen Staaten unterschieden.

462 Der Begriff »ordentlicher Wohnsitz« ist in § 7 Abs. 1 FeV geregelt.

463 Vgl. § 7 FeV: »Dies wird angenommen, wenn der Bewerber wegen persönlicher und beruflicher Bindungen oder – bei fehlenden beruflichen Bindungen – wegen persönlicher Bindungen, die enge Beziehungen zwischen ihm und dem Wohnort erkennen lassen, gewöhnlich, das heißt während mindestens 185 Tagen im Jahr, im Inland wohnt«, wobei es wohl genügt, dass er 185 Tage wohnen will; zum Begriff »Wohnsitz« vgl. BayObLG NStZ 2000, 380 [391].

464 Ausnahmen sind in § 28 Abs. 2 bis 4 FeV geregelt.

465 Belgien, Bulgarien, Dänemark, Deutschland, Estland, Finnland, Frankreich, Griechenland, Großbritannien, Irland, Italien, Lettland, Litauen, Luxemburg, Malta, Niederlande, Österreich, Polen, Portugal, Rumänien, Schweden, Slowakei, Slowenien, Spanien; die Tschechische Republik, Ungarn und Zypern. Staaten der EWR sind neben den Staaten der EU die Staaten Island, Liechtenstein und Norwegen.

b) Strafverfahren und Bußgeldverfahren gegen Ausländer

Für Verkehrsstraftaten ausländischer Staatsangehöriger in Deutschland gelten die Regeln des Strafgesetzbuches. Auch Verkehrsordnungswidrigkeiten, begangen von ausländischen Staatsangehörigen, unabhängig davon, ob sie die Staatsangehörigkeit eines Mitgliedstaates der Europäischen Union oder eines anderen Landes haben, werden ebenso wie Verfehlungen von Deutschen geahndet, für alle Verkehrsteilnehmer gilt grundsätzlich der Bußgeldkatalog. Hat der Betroffene, der einer Ordnungswidrigkeit dringend verdächtig ist, im Geltungsbereich dieses Gesetzes keinen festen Wohnsitz oder Aufenthalt, so kann, um die Durchführung des Strafverfahrens sicherzustellen, angeordnet werden, dass er eine angemessene Sicherheit für die zu erwartende Geldbuße und die Kosten des Verfahrens leistet (§ 132 Abs. 1 Nr. 1 StPO i.V.m. § 46 Abs. 1 OWiG). Um die Durchführung des Ordnungswidrigkeitenverfahrens sicherzustellen, kann angeordnet werden, dass der Betroffene eine im Bezirk des zuständigen Gerichts wohnende Person zum Empfang von Zustellungen bevollmächtigt (§ 132 Abs. 1 Nr. 2 StPO i.V.m. § 46 Abs. 1 OWiG[466]). 175

c) Entziehung einer ausländischen Fahrerlaubnis

Die Entziehung einer ausländischen Fahrerlaubnis ist in § 69b StGB geregelt. Die Entziehung der ausländischen Fahrerlaubnis[467] gemäß § 69b Abs. 1 StGB, die kraft Gesetzes lediglich die (beschränkte) Wirkung eines Fahrverbots hat,[468] kommt in Betracht, wenn der Täter aufgrund seines ausländischen Fahrausweises nach den Vorschriften der IntKfzVO[469] zur Teilnahme am innerdeutschen Kraftverkehr befugt ist.[470] Die Entziehung der Fahrerlaubnis ist auch zulässig, wenn der Täter eine ausländische Fahrerlaubnis hat, mit der er am innerdeutschen Kraftfahrzeugverkehr nicht teilnehmen darf.[471] Fehlt es an dieser Befugnis, so ist eine Sperrfrist anzuordnen (§ 69a Abs. 1 S. 3 StGB). Als Folge dieser Anordnung darf der Angeklagte gemäß § 4 Abs. 2 Buchst. b) IntKfzVO in der Bundesrepublik Deutschland vor Ablauf der Sperrfrist auch dann kein Fahrzeug führen, wenn er einen gültigen ausländischen oder internationalen Führerschein gemäß § 4 Abs. 1 IntKfzVO nachweisen kann. 176

Während der Sperre darf keine deutsche Fahrerlaubnis erteilt werden. Hat der Führerscheininhaber seinen ordentlichen Wohnsitz (§ 7 Abs. 1 S. FeV) im Inland, so wird die Fahrerlaubnis, die durch Behörden eines Mitgliedsstaates der Europäischen Union oder eines anderen Vertragsstaates des Abkommens über den Europäischen Wirtschaftsraum ausgestellt wurde, an die ausstellende Behörde zurückgesandt (§ 69b Abs. 2 S. 1 StGB), in anderen Fällen erfolgt die Eintragung eines Sperrvermerks in der Fahrerlaubnis (§ 69b Abs. 2 S. 2 StGB). 177

Die Entziehung der Fahrerlaubnis ist auch zulässig, wenn der Täter eine ausländische Fahrerlaubnis hat, mit der er am innerdeutschen Kraftfahrzeugverkehr nicht teilnehmen darf (z.B. wegen ständigen Aufenthalts in Deutschland); es ist keine isolierte Sperre nach § 69a Abs. 1 S. 2 StGB anzuordnen, sondern die Entziehung gemäß § 69b StGB (= Sperrvermerk).[472] 178

---

466 Vgl. dazu EuGH, Urt. v. 22.03.2017 – C-124/16, C-188/16 und C-213/16 = JR 2017, 488; *Seifert* StV 2018, 123 f.; *Gietl* StV 2017, 263 ff.

467 Inhaber einer im Ausland erteilten Fahrerlaubnis ist jeder, dem von einer zuständigen ausländischen Behörde eine Erlaubnis zum Führen von Kraftfahrzeugen erteilt worden ist; auf seine Staatsangehörigkeit kommt es nicht an; vgl. auch *Blum* NVZ 2008, 176 ff., 181; SVR 2009, 368 ff., 372 f.

468 Ansonsten würde in die Souveränität des ausländischen Staates eingegriffen.

469 Verordnung über Internationalen Kraftfahrzeugverkehr.

470 Vgl. § 4 IntKfzVO und § 28 FeV (Verordnung über die Zulassung von Personen zum Straßenverkehr).

471 BGHSt 44, 194.

472 BGH NZV 99, 47.

Beachte

Die vorsorgliche Entziehung einer ausländischen Fahrerlaubnis, die der Angeklagte nur möglicherweise besitzt, ist nicht zulässig.[473]

d) Vorläufige Entziehung der Fahrerlaubnis bei Inhabern einer ausländischen Fahrerlaubnis

179 Auch eine ausländische Fahrerlaubnis kann vorläufig entzogen werden. Wird einem Beschuldigten, der anlässlich eines vorübergehenden Aufenthaltes in der BRD mit einer ausländischen Fahrerlaubnis berechtigterweise fährt, die Fahrerlaubnis vorläufig entzogen, so ist die Maßnahme grundsätzlich im ausländischen Führerschein zu vermerken (§ 111a Abs. 6 Satz 1 StPO) und dieser anschließend wieder auszuhändigen. Die vorläufige Entziehung der Fahrerlaubnis setzt dabei voraus, dass die Erfordernisse des § 69b StGB erfüllt sind, d.h., dass der Beschuldigte nach der FeV berechtigt war und ist, mit einem ausländischen Führerschein Kraftfahrzeuge im Inland zu führen. Andernfalls wäre im Urteil nur eine »isolierte Sperre« zu verhängen, für die es keine vorläufige Maßnahme gibt.

e) Führerscheintourismus

180 Die Tatsache, dass innerhalb der EU und dem EWR ausländische Fahrerlaubnisse grundsätzlich gegenseitig anzuerkennen sind, verleitete Personen mit Wohnsitz in der Bundesrepublik Deutschland dazu, nach einem Entzug der Fahrerlaubnis im EU-/EWR-Ausland einen Führerschein zu erwerben, z.B. um eine medizinisch-psychologische Untersuchung zu umgehen. Als »Führerscheintourismus«[474] wurde deshalb bezeichnet der Erwerb einer Fahrerlaubnis in einem Mitgliedstaat der EU oder des EWR unter Begründung eines ausländischen Scheinwohnsitzes mit dem Ziel, von dieser ausländischen Fahrerlaubnis in einem Mitgliedstaat nach dortiger Entziehung der Fahrerlaubnis und unter Umgehung der dort geltenden Vorschriften zur Wiedererlangung der Fahrerlaubnis Gebrauch zu machen.[475] Auch insoweit gilt der Grundsatz, dass der Inhaber einer gültigen EU- oder EWR-Fahrerlaubnis, die ihren ordentlichen Wohnsitz im Sinne des § 7 Absatz 1 oder 2 in der Bundesrepublik Deutschland haben, dürfen – vorbehaltlich der Einschränkungen nach den Absätzen 2 bis 4 – im Umfang ihrer Berechtigung Kraftfahrzeuge im Inland führen. Nach Abs. 4 Nr. 2 des § 28 FeV ist diese Berechtigung zugunsten der Verkehrssicherheit eingeschränkt, sie gilt nicht für Inhaber einer EU- oder EWR-Fahrerlaubnis, die ausweislich des Führerscheins oder vom Ausstellungsmitgliedstaat herrührender unbestreitbarer Informationen zum Zeitpunkt der Erteilung ihren ordentlichen Wohnsitz im Inland hatten, es sei denn, dass sie als Studierende oder Schüler im Sinne des § 7 Absatz 2

---

473 OLG Stuttgart, Beschl. v. 23.09.2010 – 5 Ss 471/10, NJW 2010, 3591 f. = StraFo 2011, 62 f.

474 *Keil* DAR 2012, 376 f. (Die Strafbarkeit des Führerscheintourismus im Spiegel der Rechtsprechung des EuGH); *Plate/Hillmann* DAR 2014, 7 ff. (»Schluss mit dem Führerscheintourismus«); *Nitsche* BA 2015, 114 ff.; *Zwerger* BA 2015 S. 100 ff.; *ders.* DAR 2014, 636 f.; ZfS 2015, 184 ff.; DAR 2016, 186 f. *Buchardt/Möller* SVR 2015, 1 ff.; *Koehl* NZV 2015, 7 f. *ders.* VD 2015, 143 f.; 171 f. *ders.* DAR 2016, 186 f. (Aktuelle Entwicklungen); *Plate* SVR 2015, 366 ff.; *Balke* u.a. NJ 2018, 221, 222; *König* DAR 2018,361,363.

475 Vgl. dazu *Geiger* DAR 2010, 61 ff.; 121 ff.; 2011, 61 ff.; 2012, 45 ff.; *Janker* DAR 2009, 181 ff.; *ders.* in Burmann/Heß/Hühnermann/Jahnke § 21 StVG Rn. 6a; *Mosbacher/Gräfe* NJW 2009, 801 ff.; *Will* NJ 2009, 448 ff.; vgl. auch OLG Hamm, Urt. v. 08.12.2009 – 3 Ss 382/09; Bayerischer Verwaltungsgerichtshof München, Beschl. v. 16.03.2010 – 11 BV 09.2752 (Vorabentscheidungsersuchen an den EuGH); dazu EuGH NJW 2012, 1935 ff. = SVR 2012, 273 ff. (Urt. v. 26.04.2012 – C-419/10); BVerwG, Urt. v. 25.02.2010 – 3 C 15/09; VerwGH Baden-Württemberg, DAR 2010, 153 f.; *Koehl* SVR 2010, 377 ff.; *Huppertz* VD 2011, 18 ff. *Müller* ZVS 2011, 157 ff.; *Krismann* BA 2011, 257 ff.; *Dyllick/Lörinc/Neubauer* NJ 2012, 104 ff.; *Scheidler* NWVBl 2011, 449 ff.; *ders.* NZV 2012, 66; *Keil* DAR 2012, 376 ff.; *Koehl* DAR 2012, 446 ff. (Rechtsprechung des EuGH); Haase SVR 2012, 281 ff. (Entwicklung der Rechtsprechung des EUGH); *Zwerger* jurisPR-VerkR 1/2016 Anm. 6 (EuGH zu Führerscheintourismus). Zur Anerkennungspflicht für EU-Führerscheine vgl. *Rebler* AnwZert VerkR 12/2012, Anm. 2.

die Fahrerlaubnis während eines mindestens sechsmonatigen Aufenthalts erworben haben. Liegen die Voraussetzungen des § 28 Abs. 4 Nr. FeV vor, bedarf es nicht noch zusätzlich einer konstitutiven Einzelfallentscheidung der Fahrerlaubnisbehörde um eine Ungültigkeit der ausländischen EU-/EWR-Fahrerlaubnis in Deutschland ab dem Erteilungszeitpunkt anzunehmen, mit der Folge, dass die Voraussetzungen des § 21 StVG gegeben sind.[476]

▶ **Beachte aber**

Art. 2 Abs. 1 und Art. 11 Abs. 4 Unterabsatz 2 der 3. Führerscheinrichtlinie verwehren es einem Mitgliedstaat der Europäischen Union, die Anerkennung der Gültigkeit eines Führerscheins abzulehnen, der einer Person, die Inhaber einer ihr in seinem Hoheitsgebiet entzogenen früheren Fahrerlaubnis war, außerhalb einer ihr auferlegten Sperrfrist für die Neuerteilung dieser Fahrerlaubnis von einem anderen Mitgliedstaat ausgestellt wurde, sofern die Voraussetzung eines ordentlichen Wohnsitzes im Hoheitsgebiet des letztgenannten Mitgliedstaates eingehalten wurde[477]. Das bedeutet, dass auch unter Geltung der 3. EU-Führerscheinrichtlinie der Aufnahmemitgliedstaat nur dann berechtigt ist, die von einem anderen Mitgliedstaat nach Ablauf einer Sperrfrist erteilte Fahrerlaubnis nicht anzuerkennen, wenn ein Verstoß gegen das Wohnsitzerfordernis feststeht.

7. Einziehung von Fahrzeugen

▶ **Beachte**

Am 01.07.2017 sind umfangreiche Änderungen im materiellen und prozessualen Recht der strafrechtlichen Vermögensabschöpfung in Kraft treten[478]. Das neue Recht soll zu einer Vereinfachung und daraus folgend effizienteren, dem Opferschutz dienenden und lückenlosen Vermögensabschöpfung führen. Zugleich soll die Richtlinie der Europäischen Union über die Sicherstellung und Einziehung von Tatwerkzeugen und Erträgen aus Straftaten in der Europäischen Union umgesetzt werden. Der Gesetzgeber gibt nunmehr die bisherige Differenzierung zwischen Verfall und Einziehung zugunsten des einheitlichen Begriffs der »Einziehung« auf. 181

Gemäß § 74 Abs. 1 StGB n.F. können u.a. solche Gegenstände eingezogen werden, die zur eigentlichen Begehung der Tat Verwendung finden bzw. die nach der Planung des Täters hierzu bestimmt sind. Das kann auch auf Kraftfahrzeuge zutreffen. Die Einziehung eines Kraftfahrzeuges ist dann zulässig, wenn der Täter selbst oder ein Teilnehmer zum Zeitpunkt der letzten tatrichterlichen Entscheidung Eigentümer des Fahrzeuges war (§ 74 Abs. 3 S. 1 StGB[479]). Die Einziehung eines als Tatfahrzeug z.B. für das Handeltreiben mit Betäubungsmitteln oder bei einer Vergewaltigung benutzten

---

476 BVerwG NJW 2012, 96 ff. = NZV 2012, 51 ff., DAR 2012, 102 ff., vgl. dazu *Liebler* jurisPR-BVerwG 2/2012 Anm. 4; BVerwG DAR 2012, 102; vgl. auch Entscheidungen des EuGH, Urt. v. 19.05.2011 – C-184/10; v. 01.03.2012 – C–467/10, DAR 2012, 192; m. Anm. *Geiger* DAR 2012, 197 f.; v. 26.04.2012 – C 419/10, NJW 2012, 1935 = SVR 2012, 273 f.; v. 01.03.2012 – C–467/10; NJW 2011, 3635 ff. = DAR 2011, 385 f.; v. 23.04.2015 – C 260/13, NJW 2015, 2945 f. = DAR 2015, 316 f. vgl. dazu *Zwerger* DAR 2015, 321 f.; *Koehl* SVR 2015, 272; v. 25.06.2015 – C 664/13, NJW 2015, 3219 f.

477 EuGH, Urt. v. 26.04.2012 – C-419/10, NJW 2012, 1935 ff. m. Anm. *Dauer* NJW 2012, 1940 f.; *Geiger* DAR 2012, 325 f.; *Keil* DAR 2012, 376 ff.; *Haus* NZV 2012, 453 f.; vgl. auch *Himmelreich/Rösrath/Halm* NStZ 2013, 514 f.

478 Gesetz zur Reform der strafrechtlichen Vermögensabschöpfung v. 13.04.2017 BGBl 2017 I 872 ff. Nach Art. 316h EGStG sind die neuen Regelungen abweichend von § 2 Abs. 5 StGB auch für Altfälle anzuwenden; vgl. dazu *Köhler* NStZ 2017, 497 ff.; 665 ff.; *Trüg* NJW 2017, 1013 ff.; *Köllner/Mück* NZI 2017, 593 ff.; *Schilling* ua StraFo 2017,305 ff.; *Schulz/Merkel* jurisPR-StrafR 16/2017 Anm. 2; *Lampe* jurisPR-StrafR 16/2017 Anm. 4.

479 BGH Beschl. v. 12. 06 2018 – 1 StR 159/18; zur Einziehung von an illegalen Autorennen beteiligten Mietfahrzeugen (§ 315f StGB) vgl. *Niehaus*, DAR 2018, 247–250.

Kraftwagens setzt keinen »verkehrsspezifischen Zusammenhang« voraus. § 74 Abs. 1 StGB lässt es genügen, wenn der Gegenstand zur Tatbegehung gebraucht worden ist.[480]

Eine spezielle Regelung[481] enthält für Straßenverkehrsdelikte § 21 Abs. 3 StVG.[482] Danach kann u.a. das Kraftfahrzeug, auf das sich die Tat bezieht, eingezogen werden, wenn der Täter das Fahrzeug geführt hat, obwohl ihm die Fahrerlaubnis entzogen oder das Führen des Fahrzeugs nach § 44 StGB oder nach § 25 StVG verboten war oder obwohl eine Sperre nach § 69a Abs. 1 S. 3 StGB gegen ihn angeordnet war.

Bei einer vorsätzlichen Trunkenheitsfahrt (§ 316 StGB) unterliegt – anders als bei § 315c Abs. 1 Nr. 1a StGB – das benutzte Kfz nicht der Einziehung nach § 74 Abs. 1 StGB, weil § 316 StGB darauf abzielt, den Gebrauch eines Kfz durch einen fahrunsicheren Fahrer zu verhindern. Bei einer Zuwiderhandlung gegen dieses Verbot kommt es dem Täter nur auf den Gebrauch des Fahrzeuges an. Ein darüberhinausgehender Einsatz des Fahrzeugs als Mittel i.S.d. § 74 Abs. 1 StGB liegt nicht vor.

▶ **Hinweis**

Eine Maßnahme nach § 74 StGB hat den Charakter einer Nebenstrafe und ist damit eine Strafzumessungsentscheidung. Wird dem Täter auf diese Weise ein ihm zustehender Gegenstand von nicht unerheblichem Wert entzogen, so ist das ein bestimmender Gesichtspunkt für die Bemessung der daneben zu verhängenden Strafe und insoweit im Wege einer Gesamtbetrachtung der den Täter treffenden Rechtsfolgen angemessen zu berücksichtigen.[483]

B. Verkehrsordnungswidrigkeiten

182 Ordnungswidrigkeiten sind rechtswidrige und vorwerfbare Handlungen, die den Tatbestand eines Gesetzes verwirklichen, das die Ahndung mit einer Geldbuße zulässt (§ 1 Abs. 1 OWiG; § 24 StVG) Die Tatbestände der Ordnungswidrigkeiten im Bereich des Straßenverkehrs schützen vor allem dessen Sicherheit und Leichtigkeit. Die Verkehrsordnungswidrigkeiten sind in Tatbeständen erfasst, in denen entweder die Bußgeldnorm selbst aufgezeigt wird[484] oder in Tatbeständen, die auf § 24 StVG[485] verweisen, nämlich die §§ 49 StVO, 69a StVZO, 75 FeV.

183 Ist eine ordnungswidrige Handlung zugleich Straftat, tritt die Ordnungswidrigkeit als subsidiär zurück (§ 21 OWiG).

I. Ausgewählte Tatbestände

1. Rotlichtverstoß (§ 37 StVO)

184 Rotlichtüberwachungen werden entweder durch automatische Kameras oder durch Polizeibeamte vor Ort vorgenommen. Nach der Verwaltungsvorschrift zu § 37 StVO[486] muss die Gelbphase zwischen Grün und Rot bei dem üblichen Tempolimit von 50 km/h drei Sekunden betragen, um dem Fahrer ein rechtzeitiges Anhalten oder Passieren zu ermöglichen. Überfährt er die Ampel bei Rotlicht, ist dem Fahrer wegen möglicher Störungen der Anlage anerkanntermaßen ein sogenannter Rotlichtbonus einzuräumen. Er beträgt zwischen einer halben und einer Sekunde. Wird dieser Toleranzbereich überschritten, ist zwischen einfachen und so genannten qualifizierten Rotlichtver-

480 BGH, Beschl. v. 13.07.2004 – 3 StR 189/04 = NStZ 2005, 232.

481 Die Voraussetzungen des § 74 Abs. 2 und 3 StGB müssen aber erfüllt sein; früher: BGHSt 10,28 = NJW 1957, 351.

482 Vgl. dazu *Rebler* AnwZert VerkR 8/2016 Anm. 2.

483 BGH Beschl. v. 03.05.2018 – 3 StR 8/18; v. 24.07.2018 – 3 StR 236/15.

484 §§ 23, 24a, 24b StVG; *beachte:* die Verfolgungsverjährung ist in § 31 OWiG geregelt.

485 *Beachte*: Verjährungsfrist § 26 Abs. 3 StVG: drei Monate.

486 Neufassung vom 06.03.2013; aus Anwaltssicht *Busch/Krenberger* DAR 2015, 48 f.; *Krumm* NJW 2016, 380 f.; interessant: *Lorenz* NZV 2015, 471 f. »Wann ist das Überfahren einer roten Ampel erlaubt?«

stößen zu unterscheiden. Letztere liegen vor, wenn das Rotlicht nach mehr als einer Sekunde (zzgl. Des Toleranzwerts) überfahren wird oder mit der Missachtung eine Gefährdung anderer verbunden ist. In diesem Fall zieht der Verstoß neben einer Regelbuße von 200 € (bei Gefährdung: 320 €) und einem Eintrag von 4 Punkten[487] regelmäßig auch ein Fahrverbot von einem Monat nach sich. Einfache Rotlichtverstöße werden demgegenüber nur mit einer Regelbuße von 90 € (bei Gefährdung: 200 € und ein Monat Fahrverbot) und 3 Punkten im Verkehrszentralregister geahndet[488].

Für einen Rotlichtverstoß ist das Überfahren der Haltelinie ausschlaggebend.[489] Bei Fehlen einer 185
Haltelinie ist das Einfahren in den geschützten Bereich maßgebend oder das Vorbeifahren an der Lichtzeichenanlage. Die Berechnung der Rotlichtzeit erfolgt ab Haltelinie. Die Verurteilung wegen eines vorsätzlichen Rotlichtverstoßes setzt die Feststellung voraus, mit welcher Geschwindigkeit sich der Betroffene der Haltelinie genähert hat, weiterhin die Angabe, worauf die Feststellung der Geschwindigkeit beruht, sowie die Feststellung, in welcher Entfernung der Fahrer das dem Rotlicht vorausgehende Gelblicht bemerkt hat, damit entschieden werden kann, ob er im Zeitpunkt des Tatentschlusses überhaupt in der Lage gewesen wäre, rechtzeitig anzuhalten.[490] Bei Verurteilung wegen eines qualifizierten Rotlichtverstoßes nach Schätzung der Rotlichtdauer durch einen Polizeibeamten, der den Rotlichtverstoß nur zufällig beobachtet hat, muss die im Urteil festgestellte Verkehrssituation konkrete Tatsachen aufweisen, auf denen die Schätzung der Dauer der Rotlichtphase zum Zeitpunkt des Überfahrens der Haltelinie beruht, und die einer gerichtlichen Überprüfung zugänglich sind. Daher ist mitzuteilen, nach welcher Methode der Polizeibeamte die Zeit geschätzt hat (etwa durch Mitzählen der Rotlichtphase) und ob und in welcher Höhe das Gericht einen Sicherheitsabschlag bei der konkret angewandten Schätzmethode vorgenommen hat.[491] Die Annahme eines qualifizierten Rotlichtverstoßes allein aufgrund freier (gefühlsmäßiger) Sekundenschätzung eines Polizeibeamten ist rechtsfehlerhaft.[492]

Ein Rotlichtverstoß ist schließlich auch dann gegeben, wenn ein Fahrzeugführer die Haltelinie bei 186
grün überfährt, danach verkehrsbedingt anhalten muss und bei zwischenzeitlich auf Rot gewechseltem Lichtzeichen weiterfährt.[493]

▶ Hinweis

Die für einen qualifizierten Rotlichtverstoß nach Nr. 132.2 der Anlage zu § 1 Abs. 1 BKatV vorgesehene Regelahndung ist nicht bei jedem Verstoß, der länger als eine Sekunde nach Beginn der Rotphase begangen wird, indiziert. Diese Vorschrift soll nach der amtlichen Begründung eine schärfere Ahndung besonders schwerwiegender Rotlichtverstöße erlauben, da die Missachtung eines Wechsellichtzeichens bei länger als einer Sekunde andauernder Rotlichtphase als besonders gefährlich anzusehen ist, weil sich nach dieser Zeit bereits Querverkehr und insbesondere auch Fußgänger in dem Bereich der durch Rotlicht gesperrten Fahrbahn befinden können. Dieser Gesichtspunkt kommt dann nicht zum Tragen, wenn es von vornherein nicht zu einer solchen abstrakten Gefährdung kommen kann, weil andere Verkehrsteilnehmer zum Zeitpunkt des Rotlichtverstoßes ebenfalls nicht in den geschützten Kreuzungsbereich eindringen dürften, weil die Fahrspuren für den Querverkehr bzw. auch die Fußgängerfurten gesperrt sind. In einem solchen Fall ist vielmehr von der Annahme eines

---

487 Anlage 13 zu § 40 FeV.
488 Nr. 132 der Anlage zur BKatV.
489 Für einen qualifizierten Rotlichtverstoß (§ 4 Abs. 1 Nr. 4 BKatV) ist die Zeit zwischen Beginn der Rotlichtphase und dem Verstoß maßgebend.
490 KG VRS 107, 214.
491 OLG Hamburg DAR 2005, 165; BayObLGSt 1995, 134 ff.
492 OLG Köln NJW 2004, 3439 f.
493 OLG Stuttgart DAR 2003, 574 f.

einfachen Rotlichtverstoßes auszugehen.[494] Bei einem Rotlichtverstoß wegen eines Mitzieheffekts ist trotz nachfolgendem Unfall kein Fahrverbot anzuordnen.[495]

2. Geschwindigkeitsüberschreitungen (§ 3 StVO)

187 Zu § 3 StVO[496] existieren in den einzelnen Bundesländern existieren Richtlinien für die polizeiliche Verkehrsüberwachung im Bereich der Geschwindigkeitsüberschreitungen.[497] Dabei handelt es sich zwar nur um Verwaltungsanweisungen, deren Nichtbeachtung zulasten des Betroffenen die Gerichte aber zum Anlass nehmen können, das Verfahren nach § 47 Abs. 2 OWiG einzustellen oder zumindest von einem Regelfahrverbot nach § 25 Abs. 1 S. 1 StVG abzusehen, denn die Richtlinien sichern auch die Gleichbehandlung der Verkehrsteilnehmer in vergleichbaren Kontrollsituationen, indem sie für alle mit der Verkehrsüberwachung betrauten Beamten verbindlich sind.[498]

188 Zur Ermittlung der Geschwindigkeit eines fahrenden Kraftfahrzeugs werden verschiedene Verfahren von unterschiedlichem Beweiswert, den der Tatrichter jeweils zu beurteilen hat, angewendet.[499] Die meisten der zum Einsatz gebrachten unterschiedlichen Messmethoden[500] sind mittlerweile von der Praxis anerkannt.[501] Von besonderer Bedeutung sind technische Verfahren wie Radarmess-, Lasermess-, Lichtschrankenverfahren, Messverfahren mit zumeist piezoelektrischen oder seltener faseroptischen Sensoren, Induktionsschleifenmessverfahren, Verkehrsvideoanlagen, Videostoppuhren und Verkehrs-Kontrollsysteme[502]. Dabei sind viele dieser Verfahren sogenannte »standardisierte Messverfahren«. Darunter ist zu verstehen ein durch Normen vereinheitlichtes (technisches) Verfahren, bei dem die Bedingungen seiner Anwendbarkeit und sein Ablauf so festgelegt sind, dass unter gleichen Voraussetzungen gleiche Ergebnisse zu erwarten sind. Das Gros der zum Einsatz gebrachten unterschiedlichen Messmethoden[503] ist mittlerweile von der Rechtsprechung als standardisierte Messverfahren anerkannt.[504] Dazu gehören unter anderem Lasermessungen[505], das ProViDa-System[506] bzw.

494 KG NZV 2010, 361 ff.; vgl. auch NZV 2010, 584 f.
495 OLG Karlsruhe, Beschl. v. 21.12.2009 – 2 (6) SsBs 558/09, NZV 2010, 412 f.; vgl. dazu *Krenberger* jurisPR-VerkR 19/2010 Anm. 5.
496 In der Fassung vom 06.03.2013; zu Geschwindigkeitsbegrenzungen für Radfahrer vgl. *Lorenz* NZV 2014, 498 ff.; zur Vorwerfbarkeit einer Geschwindigkeitsüberschreitung vgl. *Rümmler* AnwZert VerkR 10/2015 Anm. 2; *Burhoff* ZAP Nr. 12 (24.06.2015) S. 657 ff. (zum verkehrsrechtlichen Mandat bei Geschwindigkeitsüberschreitung).
497 Vgl. *Sobisch* DAR 2010, 48 mit einer Zusammenstellung der Richtlinien der Bundesländer zur Geschwindigkeitsüberwachung; vgl. auch *Weigel* DAR 2020, 62 ff.
498 BayObLG NStZ-RR 2002, 345.
499 Vgl. auch *Fromm* NZV 2013, 16 f.; *Rebler* VD 2013, 76 f. *Heß/Burmann* NJW 2013, 1652 f.; 2014, 1159; *Löhle* DAR 2016, 161 ff.; *Burhoff* ZAP Nr. 12 (24.06.2015) S. 657 ff. (zum verkehrsrechtlichen Mandat bei Geschwindigkeitsüberschreitung); vgl. auch Kurs 9, 10 *Weber* zum Sachverständigenrecht unter I.
500 Vgl. dazu BGHSt 39, 291 ff.
501 Vgl. dazu *Linke* SVR 2011, 21 f.; *Ferner/Quarch* SVR 2007, 175 ff.
502 Vgl. im einzelnen *Burhoff* ZAP Fach 9 S. 877 ff.
503 Vgl. dazu BGHSt 39, 291 ff.
504 Vgl. dazu *Linke* SVR 2011, 21 f.; *Ferner/Quarch* SVR 2007, 175 ff.
505 Zu Leivtec XV3 vgl. *Krumm* NZV 2012, 318 ff.; zu Lasermessung OLG Stuttgart, Beschl. v. 26.01.2015 – 4 Ss 8120/14, DAR 2015, 407 f. m. Anm. *Dorner* DAR 2015, 477 f.
506 OLG Bamberg, Beschl. v. 25.01.2017 – 3 Ss OWi 1582/16 m. Anm. *Burhoff* VRR 2017, 16 ff.

Police-Pilot-System, PoliScan Speed[507], Einseitensensor ES = Es 3.0[508], Auswerteprogramm Softwareversion VKS 3.2 3D[509]; Provida Proof Electronic PDRS-1245[510], Multanova VR 6F[511], Traffipax TraffiStar S 330[512], Traffipax SpeedoPhot[513];TraffiStar S 350[514]; Riegl FG 21 P[515], M5 Speed[516]. Ob die Neuregelung des gesetzlichen Messwesens zum 01.01.2015[517] Einfluss auf die Anwendung des Rechtsbegriffs vom standardisierten Messverfahren hat, ist fraglich. Von einem standardisierten Messverfahren kann dabei aber nur bei Einhaltung der in der Gebrauchsanweisung vorgeschriebenen Verfahrensweise ausgegangen werden. Bei der Anwendung standardisierter, d.h. nach einem genormten Muster vereinheitlichten Verfahren genügt es in Ordnungswidrigkeitenverfahren in der Regel bei der Beweisaufnahme, wenn der Tatrichter das angewandte Messverfahren mitteilt und ein Sicherheitsabzug erfolgt.[518] Voraussetzung ist aber, dass das Messpersonal die Bedienvorschriften des Geräteherstellers beachtet hat.[519]

▶ **Hinweis**

Hat sich der Tatrichter aufgrund der Beweisaufnahme in der Hauptverhandlung davon überzeugt, dass die Voraussetzungen eines standardisierten Messverfahrens im Sinne der Rechtsprechung des Bundesgerichtshofs[520] eingehalten wurden, verstößt die Ablehnung eines Antrags der Verteidigung auf Einsichtnahme in die digitale Messdatei und deren Überlassung ein-

507 Nicht unumstritten: OLG Bamberg, Beschl. v. 20.01.2016 – 2 Ss OWi 1145/15; v. 20.10.2015 – 3 Ss OWi 1220/15; OLG Karlsruhe NStZ-RR 2010, 155; OLG Frankfurt/M., Beschl. v. 12.09.2011 – 2 Ss OWi 558/11; OLG Oldenburg VRR 2011, 315 f. OLG Düsseldorf, Beschl. v. 30.04.2015 – IV-3 RBs 15/15; v. 14.07.2014 – IV-1 RBs 50/14; OLG Bamberg, Beschl. v. 22.10.2015 – 2 Ss OWi 641/15 = DAR 2016, 146 f.; OLG Karlsruhe, Beschl. v. 17.07.2015 – 2 (7) SsBs 212/15; OLG Koblenz, Beschl. v. 13.05.2016 – 2 OWi 4 SsRs 128/15; OLG Köln, Beschl. v. 11.09.2015 – 1 RBs 172/15; OLG Zweibrücken, Beschl. v. 27.01.2017 – 1 OWi 1 Ss 53/16 m. Anm. *Burhoff* VRR 2017, 218 ff. (standardisiertes Messverfahren), vgl. dazu *Krenberger* jurisPR-VerkR 25/2011 Anm. 4; *Schäfer/Grün* VRR 2014, 92 f.; 218; a.A. AG Tiergarten DAR 2013, 589 (kein standardisiertes Messverfahren).

508 Str.: OLG Oldenburg, Beschl. v. 18.04.2016 – 2 Ss (OWi) 57/16; OLG Dresden, Beschl. v. 26.10.2015 – OLG 21Ss 651/15 (Z), DV 2ß016.182 f.; OLG Zweibrücken, Beschl. v. 19.10.2012 – 1 SsBs 12/12, DAR 2013, 38; OLG Koblenz, Beschl. v. 04.05.2016 – 2 OWi 4 SsBs 8/16, vgl. dazu *Burhoff* Verkehrsrecht aktuell 2016, 124.

509 OLG Hamm, Beschl. v. 11.04.2016 – III-4 RBs 74/16.

510 BayObLG, Beschl. v. 23.07.2003, DAR 2004, 37 f.

511 OLG Bamberg DAR 2010, 279 f.

512 OLG Hamm, Beschl. v. 16.02.2016 – III-3 RBs 385/15; OLG Bamberg, Beschl. v. 17.01.2017 – 3 Ss OWi 1630/16, NStZ-RR 2017, 93.

513 OLG Düsseldorf, Beschl. v. 15.04.2016 – 1 RBs 83/16; OLG Naumburg, Beschl. v. 03.09.2015 – 2 Ws 174/15, ZfSch 2016, 230 f.

514 OLG Düsseldorf, Beschl. v. 31.01.2017 – 3 RBs 20/17.

515 OLG Hamm, Beschl. v. 24.01.2017 – 4 RBs 11/17; OLG Stuttgart, Beschl. v. 26.01.2015 – 4 Ss 810/14, DAR 2015, 407; vgl. auch *Bellardita* DAR 2015, 408 f.; *Dörner* DAR 2015, 477.

516 OLG Düsseldorf, Beschl. v. 25.01.2017 – IV-2RBs 10/17 m. Anm. *Deutscher* VRR 2017, 17 ff.

517 MessEG vom 25.07.2013, BGBl. I, 2722; MessEV vom 11.12.2014, BGBl. I, 2010; vgl. dazu *Schade/Hollinger* DAR 2016, 50 f.; *Rothfuß* DAR 2016, 257 f.

518 Vgl. dazu ausführlich *Cierniak* ZfS 2012, 664, 671 f.; *Linke* SVR 2011, 21 f.

519 Zur Frage eines Verwertungsverbots, wenn die Ordnungsbehörde die Auswertung der Falldatei privaten Dienstleistern überlässt: OLG Frankfurt, Beschl. v. 03.03.2016 -2 Ss OWi 1059/15 = NStZ-RR 2016, 185 f.; v. 26.04.2017 – 2 Ss-OWi 295/17 = NStZ 2017, 588, 590; v. 06.11.2019 – 2 Ss OWi 942/19: »Bei der Verkehrsüberwachung des fließenden Verkehrs beim Einsatz technischer Verkehrsüberwachungsanlagen ist die Hinzuziehung und Übertragung von Aufgaben an private Dienstleister bzw. Personen, die nicht in einem Dienst- und Treueverhältnis zum Staat stehen, ausgeschlossen«; BayObLG Beschl. v. 29.10.2019 – 202 ObOWi 1600/19; vgl. auch *Rebler* SVR 2018, 290 ff. für die Ahndung von Parkverstößen OLG Frankfurt/Main Beschl. v. 3.1.2020 – 2 Ss-OWi 963/18 = NJW 2020, 696 ff.

520 Vgl. BGHSt 39, 291; 43, 277; vgl. dazu *Rothfuß* DAR 2016, 257; *Brück* jM 2016, 261 f.

schließlich etwaiger Rohmessdaten nicht gegen die Grundsätze des fairen Verfahrens[521]. Aufgabe des Betroffenen und seines Verteidigers ist es, konkrete Zweifel an der Richtigkeit der Messung selbst vorzutragen. Ein pauschales Bestreiten der Richtigkeit der Messung ist nicht geeignet, die Amtsaufklärungspflicht auszulösen. Umstritten ist, ob und inwieweit für die Verteidigung ein Anspruch auf Einsicht in die Bedienungsanleitung und/oder andere Messunterlagen (sog. Lebensakte) besteht. Inzwischen unstreitig sollte hingegen sein, dass dem Verteidiger auch in alle Unterlagen, die eine Messung betreffen, ein umfassendes Akteneinsichtsrecht zusteht.[522] Sollte die Verwaltungsbehörde dennoch die Akteneinsicht verweigern, ist für ein späteres Rechtsmittel wie die Rechtsbeschwerde erforderlich, dass der Rechtsweg erschöpft wird. Wird dem Verteidiger die Einsichtnahme in die Messunterlagen verwehrt, so steht ihm im verwaltungsbehördlichen Verfahren der Antrag auf gerichtliche Entscheidung nach § 62 OWiG zu. Zuständig ist das Amtsgericht, in dessen Bezirk die Verwaltungsbehörde ihren Sitz hat (§ 68 OWiG). Dessen Entscheidung ist unanfechtbar (§ 62 Abs. 2 Satz 3 OWiG).

Bei der Geschwindigkeitsermittlung mittels eines standardisierten Messverfahrens genügt das Urteil in der Regel den Darlegungsanforderungen, wenn lediglich das Messverfahren und der berücksichtigte Toleranzwert mitgeteilt werden. Einer darüberhinausgehenden Mitteilung der zum Einsatz gebrachten Betriebsart bedarf es regelmäßig nicht.[523] Voraussetzung ist aber, dass das Messpersonal die Bedienvorschriften des Geräteherstellers beachtet hat.[524]

Bei der Geschwindigkeitsmessung durch Nachfahren[525] ist ein Abzug für Ungenauigkeiten durch technische Gesamtfehler (Tachoabweichung, Reifenzustand etc.) von 10 % der abgelesenen Geschwindigkeit zuzüglich 4 km/h, ein weiterer Abzug von 3 % aus der nach dem Abzug für technische Gesamtfehler verbleibenden Geschwindigkeit für Abstandsschwankungen und 3 km/h Abzug für Ablesefehler bei einem nicht justierten Tachometer in der Regel rechtlich möglich. Der Abzug für

521 OLG Bamberg, Beschl. v. 04.04.2016 – 3 Ss OWi 1444/15, DAR 2016, 337 f.; siehe auch OLG Oldenburg, Beschl. v. 09.11.2023 – 2 Orbs 188/23, DAR 2024, 102 ff. mit Anm. und zur Verteidigungsrelevanz der Daten einer Messreihe *Gratz* DAR 2024, 65 ff.

522 BVerfG, Beschl. v. 12.11.2020 – 2 BvR 1616/18; vgl. auch *Burhoff* ZAP Fach 9 S. 877 ff.; *ders.* Messungen im Straßenverkehr 2013 S. 618 ff.; *Khubaid-Ali Mohammed* SVR 2013, 174 ff.; *Cierniak* DAR 2014, 2 ff.; *ders.* ZfS 2012, 664, 671 f.; Überblick bei KG, Beschl. v. 07.01.2013–3 Ws (B) 596/12, DAR 2013, 211 f.; OLG Saarbrücken, Beschl. v. 24.02.2016 – Ss (BS) 6/2016 (Verfahrensrüge der unzulässigen Beschränkung der Verteidigung durch Versagung der Einsicht in die bei der Bußgeldbehörde zu einer Geschwindigkeitsmessung vorhandenen Messunterlagen und Messdaten); OLG Braunschweig, Beschl. v. 12.05.2014 – 1 Ss (OWi) 34/14, ZfSch 2014, 473; OLG Celle, Beschl. v. 25.04.2016 – 2 Ss (OWi) 82/16, VRA 2016, 140 (Vortrag Rechtsbeschwerde); zur Rechtsprechung *Hansmann* DAR 2012, 609 ff.

523 OLG Saarbrücken, Beschl. v. 02.06.2016 – Ss (BS) 8/2016 (7/16 OWi), DAR 2016, 534 f. m.w.N. str. vgl. dazu *Weigel* DAR 2016, 536 f.; vgl. dazu ausführlich *Cierniak* ZfS 2012, 664, 671 f.; *Linke* SVR 2011, 21 f.

524 Zur Frage eines Verwertungsverbots, wenn die Ordnungsbehörde die Auswertung der Falldatei privaten Dienstleistern überlässt: OLG Frankfurt/Main, Beschl. v. 03.03.2016 – 2 Ss – OWi 1059/15, NStZ-RR 2016, 185 f.; v. 26.04.2017 – 2 Ss-OWi 295/17 = NStZ 2017, 588, 590; v. 06.11.2019 – 2 Ss OWi 942/19:
Leitsatz: »Bei der Verkehrsüberwachung des fließenden Verkehrs beim Einsatz technischer Verkehrsüberwachungsanlagen ist die Hinzuziehung und Übertragung von Aufgaben an private Dienstleister bzw. Personen, die nicht in einem Dienst- und Treueverhältnis zum Staat stehen, ausgeschlossen«; BayObLG Beschl. v. 29.10.2019 – 202 ObOWi 1600/19; vgl. auch *Rebler* SVR 2018, 290 ff.; für die Ahndung von Parkverstößen OLG Frankfurt/Main Beschl. v. 3.1.2020 – 2 Ss-OWi 963/18 = NJW 2020, 696 ff.

525 *Krumm* SVR 2020,52 ff.

Ablesefehler braucht jedoch dann nicht in Ansatz gebracht zu werden, wenn das Fahrzeug mit einem digitalen Tachometer ausgerüstet ist.[526]

Bei Geschwindigkeitsverstößen berufen sich die Betroffenen manchmal auf einen rechtfertigenden Notstand nach § 16 OWiG. Die Rechtsprechung erkennt eine solche Rechtfertigung nur selten an[527]. Zum einen ist die gegenwärtige Gefahr im Sinne des § 16 OWiG nicht nach der subjektiven Einschätzung des Betroffenen zu beurteilen; zum anderen kann durch die Geschwindigkeitsüberschreitung regelmäßig nur ein kaum nennenswerter Zeitgewinn erzielt werden, mit der Folge, dass die Gefahr anders abwendbar (nämlich durch korrektes Fahren) oder der Geschwindigkeitsverstoß kein angemessenes Mittel hierzu ist. Überschreitet ein Arzt die zulässige Höchstgeschwindigkeit, weil er einem akut erkrankten Patienten Erste Hilfe leisten will, kann ein Rechtfertigungsgrund i.S.v. § 16 OWiG gegeben sein. Es ist aber erforderlich, dass gerade die Geschwindigkeitsüberschreitung das geeignete Mittel war, um einer Gefahr im Sinne des § 16 OWiG zu begegnen. 189

Im Bereich von Geschwindigkeitsverstößen kommt auch der Identifizierung des Fahrers besondere Bedeutung zu.[528]

▶ **Beachte**

Auch wenn die Tat nicht gerechtfertigt ist, kann die Gefahrensituation immerhin dazu führen, dass von einem Fahrverbot abzusehen ist. 190

▶ **Hinweis**

Ein starkes Indiz für fahrlässiges oder vorsätzliches Handeln ist der Grad der Überschreitung der zulässigen Höchstgeschwindigkeit. Dabei kommt es auf die relative Geschwindigkeitsüberschreitung an, d.h. auf das Verhältnis zwischen der gefahrenen und der vorgeschriebenen Geschwindigkeit[529]. 191

Bei mehreren im Verlauf einer Fahrt begangenen Geschwindigkeitsüberschreitungen eines Kraftfahrers handelt es sich im Regelfall um mehrere Taten im materiellen und prozessualen Sinne. Eine einzige Tat im Sinne einer natürlichen Handlungseinheit und damit schon deshalb (nur) eine Tat im verfahrensrechtlichen Sinne liegt ausnahmsweise dann vor, wenn die einzelnen Verstöße einen derart unmittelbaren zeitlich-räumlichen und inneren Zusammenhang aufweisen, dass sich der besagte Vorgang bei natürlicher Betrachtung auch für einen unbeteiligten Dritten als einheitliches zusammengehörendes Tun darstellt[530].

▶ **Beachte**

Geschwindigkeits- bzw. Abstandsmessung[531] mittels automatisierter Videoüberwachung (Geschwindigkeitsmessung mit Lichtbildern und anderen Bildaufzeichnungen, z.B. Videoaufnahme, Frontalfoto) sind verfassungsrechtlich unbedenklich. Rechtsgrundlage für einen

---

526 Ausführlich OLG Hamm, Beschl. v. 04.08.2008 – 2 Ss OWi 409/08; *Krumm* SVR 2008, 336 f.; *Quarch* SVR 2009, 327 f.; vgl. auch OLG Bamberg DAR 2010, 278 f.; OLG Koblenz, Beschl. v. 27.01.2016 – 1 OWi 4 SsBs 1/16.

527 Vgl. z.B. OLG Bamberg, Beschl. v. 09.03.2012 – 2 Ss OWi 195/12.

528 Zur Identifizierung des Fahrers vgl. OLG Bamberg, Beschl. v. 25.02.2010 – 3 Ss OWi 206/10, DAR 2010, 279 f. m. Anm. *Schrader* SVR 2010, 252 f.; v. 16.11.2009 – 2 Ss OWi 1215/09, NJW 2010, 100 f., OLG Braunschweig DAR 2011, 406; KG NZV 2005, 654; OLG Brandenburg VRR 2012, 117; *Huckenbeck/Gabriel* NZV 2012, 201 ff.; *Seitz* in Göhler Vor § 59 Rn. 139 ff.; zu den Urteilsfeststellungen bei Fahreridentifizierung vgl. *Krumm* NZV 2012, 267 ff.; vgl. auch BGH, Beschl. v. 02.11.2011 – 2 StR 332/11, NZV 2012, 143.

529 OLG Bamberg, Beschl. v. 09.03.2012 – 2 Ss OWi 195/12.

530 OLG Hamm ZfSch 2009, 651 f.; OLG Celle NZV 2012, 196 f.

531 *Krumm* ZfSch 2012, 129 f.

Eingriff in das Recht auf informelle Selbstbestimmung des Kraftfahrers ist § 100h Abs. 1 Satz 1 Nr. 1 StPO[532]. Bei einer unzulässigen Messung selbst ist aber oft ein Beweisverwertungsverbot fernliegend.[533]

3. Abstandsverstöße

192 Abstandsverstöße sind in § 4 StVO geregelt.[534] Danach muss der Abstand zu einem vorausfahrenden Fahrzeug in der Regel so groß sein, dass auch dann hinter diesem gehalten werden kann, wenn es plötzlich gebremst wird. Wer vorausfährt, darf nicht ohne zwingenden Grund stark bremsen (Abs. 1). Sonderregelungen weisen Abs. 2 und 3 des § 4 StVO auf.

Typischerweise werden Abstandsverstöße mittels Brückenabstandsmessanlagen und den dazu auf den Fahrbahnen angebrachten festen Markierungen festgestellt. Möglich sind auch Messungen durch Nachfahrten.[535] Die Brückenabstandsmessverfahren mit geeichtem Charaktergenerator sind nach der Rechtsprechung standardisierte Messverfahren, diese Darlegungserleichterung gilt nicht für die Nachfahrsysteme[536].

Streitig ist, über welchen Beobachtungszeitraum und welche gefahrene Strecke die Abstandsunterschreitung festzustellen war. Teils wird bei einer Dauer von drei Sekunden eine Messstrecke von 150 m für ausreichend erachtet, teils von nur 140 m. Das OLG Hamm[537] sieht wohl zutreffend als tatbestandsmäßig im Sinne einer vorwerfbaren Abstandsunterschreitung gemäß §§ 4 Abs. 1 Satz 1, 49 Abs. 1 Nr. 4 StVO bereits an, wer zu irgendeinem Zeitpunkt seiner Fahrt objektiv pflichtwidrig und subjektiv vorwerfbar den im einschlägigen Bußgeld-Tatbestand gewährten Abstand unterschreitet. Bei einem Abstandsverstoß eines Pkw-Fahrers beträgt der erforderliche Abstand die Hälfte der, auf dem Tachometer angezeigten Geschwindigkeit. Danach bemisst die BKatV samt Anlage die Schwere des Verstoßes. Auf das Vorliegen einer nicht nur vorübergehenden Abstandsunterschreitung kommt es nur dann an, wenn Verkehrssituationen infrage stehen, wie etwa das plötzliche Abbremsen des Vorausfahrenden oder der abstandsverkürzende Spurwechsel eines dritten Fahrzeugs, die kurzzeitig zu einem sehr geringen Abstand führen, ohne dass dem Nachfahrenden allein deshalb eine schuldhafte Pflichtverletzung angelastet werden könne.[538]

4. Überholen (§ 5 StVO)

193 Wer überholt[539], obwohl er nicht übersehen kann, dass während des ganzen Überholvorgangs jede Behinderung des Gegenverkehrs ausgeschlossen ist, verstößt gegen § 5 Abs. 2 S. 1 StVO. Dabei kommt es nicht darauf an, ob tatsächlich Gegenverkehr herrscht; vielmehr genügt es, dass Gegenverkehr möglich ist. Entscheidend ist, dass der Überholende schon bei Beginn des Überholvorgangs sehen kann, dass auf der gesamten Strecke, die er zum Überholen benötigt, einschließlich der Stre-

532 BVerfG DAR 2010, 508 f. = NJW 2010, 2717 f.; DAR 2010, 574 ff.; vgl. dazu OLG Hamm, Beschl. v. 22.05.2011 – III 3 RBs 61/11; OLG Bamberg, Beschl. v. 04.08.2015 – 3 Ss OWi 874/15; vgl. auch *Seitz* vor § 59 Rn. 145a; *Wilken* NZV 2011, 67.

533 BVerfG, Beschl. v. 20.05.2011 – 2 BvR 2072/10, NJW 2011, 2783 f. = DAR 2011, 457 f.

534 Zur Verteidigung bei Abstandsverstößen *Krumm* NJW 2016, 3642 f.; *Burhoff* ZAP Fach 9 S. 945 ff.; *ders.* ZAP Nr. 18, 971 ff. (14.09.2016).

535 Vgl. dazu *Krumm* NZV 2004, 377 f.; *Burhoff* ZAP Fach 9, 733 f.

536 Vgl. dazu *Gutt* ZfS 2015, 664, 666 f.; allgemein zu Abstandsmessungen *Ladenburger* DAR 2011, 765 f.; OLG Karlsruhe, Beschl. v. 08.04.2016 – 3 (4) SsBs 121/16, ZfSch 2016, 531 f.

537 Beschl. v. 22.12.2014 – 3 RBs 264/14, ZfS 2015, 711 ff.

538 OLG Hamm, Beschl. v. 22.12.2014 – 3 RBs 264/14, ZfS 2015, 711 ff.

539 Zum Begriff BGH, Beschl. v. 15.09.2016 – 4 StR 90/16, NJW 2016, 3462 f.; zu den notwendigen Feststellungen bei Verurteilung wegen eines Verstoßes gegen Überholvorschriften vgl. OLG Oldenburg NJW 2009, 2967.

cke, die ein Entgegenkommender während des Überholens zurücklegen kann, eine Behinderung etwa auftauchenden Gegenverkehrs auszuschließen ist.[540]

Überholen im Sinne der Straßenverkehrsordnung meint den tatsächlichen Vorgang des Vorbeifahrens von hinten an Fahrzeugen anderer Verkehrsteilnehmer, die sich auf derselben Fahrbahn in dieselbe Richtung bewegen oder verkehrsbedingt halten. Das Tatbestandsmerkmal des Überholens wird auch durch ein Vorbeifahren von hinten an sich in derselben Richtung bewegenden oder verkehrsbedingt haltenden Fahrzeugen verwirklicht, das unter Benutzung von Flächen erfolgt, die nach den örtlichen Gegebenheiten zusammen mit der Fahrbahn einen einheitlichen Straßenraum bilden.[541]

Hinweis

Der Begriff des falschen Überholens in § 315c Abs. 1 Nr. 2 Buchst. b) StGB geht wesentlich weiter als der entsprechende Begriff in der StVO und erfasst jedes Verhalten im Straßenverkehr, das durch besondere Rücksichtslosigkeit im Zusammenhang mit einem »Überholvorgang« eine gesteigerte Gefahr für andere Verkehrsteilnehmer heraufbeschwört. Er setzt folglich nicht zwingend voraus, dass sich die beteiligten Verkehrsteilnehmer auf derselben Fahrbahn befunden haben. 194

Ein falsches Fahren bei einem Überholvorgang i.S.v. § 315c Abs. 1 Nr. 2 Buchst. b) StGB liegt vor, wenn die gefahrene Geschwindigkeit dem Fahrer ein Anhalten innerhalb der übersehbaren Strecke unmöglich macht und gegen zulässige Höchstgeschwindigkeit innerhalb geschlossener Ortschaften verstößt. Durch diese Regelverstöße wird das Überholen als solches erheblich gefährlicher.[542]

Wenn ein Vorausfahrender in einer von dem Betroffenen überholten Fahrzeugkolonne seinerseits zum Überholen ansetzt, ist dem Betroffenen nur dann ein Überholen trotz unklarer Verkehrslage vorzuwerfen, wenn schon zu Beginn seines Überholvorgangs Anhaltspunkte für die Verhaltensänderung des Vorausfahrenden bestanden haben. Nach dem Erreichen des Endes eines Überholverbotes muss grundsätzlich nicht damit gerechnet werden, dass ein Vorausfahrender unter Verletzung seiner Rückschaupflicht und der Pflicht zum rechtzeitigen Ankündigen des Ausscherens zum Überholen ansetzen wird. Das gilt erst recht, solange das Überholverbot noch gilt und nur sein Ende absehbar ist.[543] Unklar ist die Verkehrslage, wenn nach allen Umständen mit einem ungefährlichen Überholen nicht gerechnet werden darf. Bezieht sich die Unklarheit nur auf das Erkennen etwaigen Gegenverkehrs und von dessen Verhalten, so kommt nur § 5 Abs. 2 S. 1, nicht Abs. 3 Nr. 1 StVO in Betracht, denn diese Bestimmung betrifft nur den Querverkehr und den zu überholenden Verkehr. 195

Die Missachtung des Fahrtvorrangs nach § 6 Satz 1 StVO ist als Vorfahrtsverstoß zu werten. § 315c Abs. 1 Nr. 2a StGB erfasst nicht nur den Vorrang beim Zusammentreffen von Fahrzeugen aus verschiedenen Straßen im Sinne des § 8 StVO, sondern gilt für alle Verkehrsvorgänge, bei denen die Fahrlinien zweier Fahrzeuge bei unveränderter Fahrtrichtung und Fahrweise zusammentreffen oder einander so gefährlich nahekommen[544]. Beim Vorbeifahren an einem Hindernis (§ 6 StVO) treffen den Ausscherenden gegenüber dem nachfolgenden Verkehr dieselben Sorgfaltspflichten wie einen Überholenden. Der Sorgfaltsmaßstab des Überholenden ist aber höher als der des Vorbeifahrenden, weil dieser auf den nachfolgenden Verkehr zu »achten« hat, während der Überholende sich so zu verhalten hat, dass eine Gefährdung des nachfolgenden Verkehrs »ausgeschlossen« ist.[545].

---

540 KG VRS 101, 56 ff.

541 BGH, Beschl. v. 15.09.2016 – 4 StR 90/16, NJW 2016, 3462 f.

542 BGH Beschl. v. 22.11.2016 – 4 StR 501/16 = NZV 2017, 135 f.; *Krenberger* jurisPR-VerkR 8/2017 Anm. 1.

543 Thüringer OLG NStZ-RR 2004, 27.

544 BGH Beschl. v. 09.01.2020 – 4 StR 324/19.

545 Saarländisches Oberlandesgericht Saarbrücken, Urt. v. 16.11.2017 – 4 U 100/16 = NJW-RR 2018, 347 f.; *Gutt,* jurisPR-VerkR 13/2018 Anm. 1.

196 Verschiedene Überholvorgänge auf derselben Fahrt können trotz engen räumlichen und zeitlichen Zusammenhangs mehrere Taten im verfahrensrechtlichen Sinne (§ 264 Abs. 1 StPO) sein.

5. Halterhaftung (§ 25a StVG)

197 Bußgeldrechtlich relevante Parkverstöße[546] sind im Bußgeldkatalog unter den Nr. 51 ff. BKatV unter Bezugnahme auf § 12 StVO aufgeführt. In Abgrenzung vom unzulässigen Halten soll ein Parken nach der Legaldefinition des § 12 Abs. 2 StVO erst vorliegen, wenn jemand sein Fahrzeug verlässt oder länger als drei Minuten hält. Kann in einem Bußgeldverfahren wegen eines Halt- oder Parkverstoßes der Führer des Kraftfahrzeugs, der den Verstoß begangen hat, nicht vor Eintritt der Verfolgungsverjährung ermittelt werden oder würde seine Ermittlung einen unangemessenen Aufwand erfordern, ist eine Halterhaftung bezüglich der Kostentragungspflicht bei Verstößen im ruhenden Verkehr gegeben (§ 25a StVG).[547] § 25a StVG ist verfassungskonform, da keine Sanktion mit Strafcharakter normiert wird, sondern nur Ersatz des Kostenaufwandes.[548] Das Aufbürden der Kosten und Auslagen auf den Halter setzt eine rechtzeitige Befragung voraus. Diese hat grundsätzlich innerhalb von zwei Wochen zu erfolgen. Dazu ist ausreichend, wenn die schriftliche Verwarnung am Fahrzeug angebracht wird. Ansonsten haftet der Halter bei Ordnungswidrigkeiten nur in den ausdrücklich normierten Fällen, z.B. bei mangelhafter Bereifung (§ 31 Abs. 2 i.V.m. § 36 Abs. 2a StVZO) oder fehlendem Erste-Hilfe-Material (§ 31 Abs. 2 i.V.m. § 35h Abs. 3 StVZO).

198 Rechtsmittel gegen die Kostenentscheidung der Verwaltungsbehörde ist der Antrag auf gerichtliche Entscheidung (2-Wochenfrist) gem. § 62 OWiG (§ 62 Abs. 1 S. 1 i.V.m. § 68 OWiG), die gerichtliche Entscheidung ist gemäß § 25a Abs. 3 S. 3 StVG unanfechtbar. Gemäß § 62 Abs. 2 OWiG gelten die §§ 297 bis 300, 302, 306 bis 309 und 311a StPO, so dass der Antrag bei der Verwaltungsbehörde zu stellen ist. Wird der Antrag bei unzuständiger Stelle (z.B. Amtsgericht) gestellt, wird er erst dann wirksam, wenn er bei der zuständigen Stelle eingeht. Bei unverschuldeter Fristversäumung besteht die Möglichkeit der Wiedereinsetzung in den vorigen Stand (§ 52 OWiG).

6. 0,5 Promille-Grenze – Drogenbeeinflussung (§ 24a StVG)

199 Mit einer Geldbuße bis 1.500,00 € (§ 24a Abs. 4 StVG) wird belegt, wer im Straßenverkehr ein Kraftfahrzeug[549] führt, obwohl er 0,25 mg/l oder mehr Alkohol in der Atemluft oder 0,5 Promille oder mehr Alkohol im Blut oder eine Alkoholmenge im Körper hat, die zu einer solchen Atem- oder Blutalkoholkonzentration führt (§ 24a Abs. 1 StVG)[550]. Dasselbe gilt, wer unter der Wirkung

---

546 Vgl. dazu *Fromm* ZfS 2015, 250 ff. (Rechtsprechung); zur Rechtfertigung verbotswidrigen Parkens vgl. *Fromm* ZfS 2015, 252; zu Vertragsstrafen wegen Parkverstößen auf den Parkplätzen von Einkaufsmärkten vgl. *Rebler* DAR 2018, 228 ff.; *ders.* AnwZert VerkR 7/2018 Anm. 2; BGH, Urt. v. 18.12.2019 -XII ZR 13/19 (Halterhaftung?).

547 Vgl. dazu *Himmelreich/Halm* NStZ 2009, 379; *Sandherr* NZV 2007, 433; *Gaedtke/Kettner* NZV 2008, 534; zur Halterhaftung bei Halt- oder Parkverstößen vgl. *Krumm* AnwZert VerkR 20/2010, Anm. 3; *Fromm* ZfSch 2015, 250 f.; *Krumm* NZV 2018, 310 ff.; zur Ausdehnung Müller SVR 2018, 201 ff.

548 BVerfG NZV 89, 398.

549 Zu sanktions- und fahrerlaubnisrechtliche Konsequenzen für Radfahrer vgl. *Rebler* AnwZert VerkR 9/2013 Anm. 2; zum Bußgeldkatalog für Radfahrer *Huppertz/Schramm* SVR 2016, 121 ff.; zum Radfahren unter Cannabiseinfluss *Maatz* u.a. NZV 2016, 460 f.

550 Zur Verfassungsmäßigkeit von § 24a StVG vgl. auch BVerfG NJW 2005, 349 m. Anm. *Schreiber* NJW 2005, 1026; *Nobis* 2005, 238; vgl. auch *Albrecht* SVR 2005, 81 ff.; vgl. auch *Krüger* BA 2014, 321 ff.; zur Belehrung über die Freiwilligkeit der Mitwirkung *Geppert* NZV 2014, 481 ff.; zur Führerscheinbeschlagnahme bei Drogenfahrt *Laub* SVR 2016, 127 ff.; zur Rechtsprechung *Bellardita* DAR 2016, 383 ff.; zur Fahrlässigkeit Rebler NZV 2018, 417 ff; *Burhoff*, ZAP 2017, 621 ff. (Praktische Fragen der Drogenfahrt nach § 24a Abs. 2 StVG im verkehrsrechtlichen Mandat).

eines der in der Anlage zu § 24a StVG[551] genannten berauschenden Mittel[552] im Straßenverkehr ein Kraftfahrzeug führt[553]. Als Anhaltspunkt für die zu berücksichtigen »Grenzwerte« der jeweiligen Substanzen können die Empfehlungen der sog. Grenzwertkommission dienen.[554]

▶ **Beachte**

Die Mitwirkung des Beschuldigten an einer Atemalkoholmessung ist freiwillig und kann nicht erzwungen werden. Ob der Betroffene über die Freiwilligkeit auch belehrt werden muss, ist strittig[555]

In § 24a Abs. 1 Nr. 1 StVG hat der Gesetzgeber einerseits Atemalkoholgrenzwerte, andererseits Blutalkoholgrenzwerte als Tatbestandsmerkmale festgesetzt und sie jeweils mit denselben Rechtsfolgen verknüpft. Die Atemalkoholwerte stellen gegenüber den Blutalkoholwerten ein »Aliud« dar. Es ist somit ausreichend, wenn die Überschreitung des Atemalkoholgrenzwerts oder die Überschreitung des Blutalkoholgrenzwerts festgestellt wird. **200**

Bei der Bestimmung der Atemalkoholkonzentration (AAK) im Sinne von § 24a Abs. 1 StVG[556] unter Verwendung eines Atemalkoholmessgerätes, das die Bauartzulassung für die amtliche Überwachung des Straßenverkehrs erhalten hat,[557] ist der gewonnene Messwert ohne Sicherheitsabschläge verwertbar, wenn das Gerät unter Einhaltung der Eichfrist geeicht ist und die Bedingungen für ein gültiges Messverfahren gewahrt sind.[558] Bei Messungen mit einem Atemalkohol-Analysegerät muss zwischen Trinkende und Messbeginn eine Wartezeit von mindestens 20 Minuten eingehalten werden. Die Nichteinhaltung dieser Wartezeit hat grundsätzlich die Nichtverwertbarkeit des Ergebnisses zur Folge.[559] **201**

BAK und AAK sind nicht konvertierbar.[560] Nach wie vor ist daher die BAK die sicherste Messgröße für den Alkohol. Eine AAK-Messung kann die Blutalkoholanalyse nicht ersetzen, wenn es um Straftatbestände geht, wenn eine Rückrechnung auf den Tatzeitpunkt erfolgen oder ein substanzieller Identitätsnachweis geführt werden muss sowie bei erforderlicher Untersuchung auf Medikamente oder Drogen oder einer Begleitstoffanalyse. Auch lässt sich ein behaupteter Nachtrunk mit einer AAK-Messung allein nicht widerlegen. **202**

Zum objektiven Tatbestand des § 24a Abs. 2 StVG gehört lediglich das Führen eines Kraftfahrzeugs unter der Wirkung eines in der Anlage zu dieser Vorschrift genannten berauschenden Mittels im Straßenverkehr. Eine »Wirkung« im Sinne der Vorschrift liegt vor, wenn eine in der Anlage genannte **203**

---

551 BGBl. I 2007, 1045.

552 Cannabis (als Medikament vgl. *Koehl* DAR 2017, 313 ff.), Heroin, Morphin, Kokain, Amphetamin, Designer-Amphetamin (MDE und MDMA); Methamphetamin.

553 Zum Bußgeldverfahren nach Drogenfahrten vgl. *Krumm* NJW 2011, 1259 ff.; *Gehrmann* NZV 2011, 6 ff.; *Haase/Sachs* NZV 2011, 584 f.; *Jung* SVR 2016, 164 ff. (Überblick); *Koehl* VD 2018, 124 ff.

554 Siehe oben Rdn 38.

555 Zur Belehrung über die Freiwilligkeit der Teilnahme an der Alkoholmessung vgl. *Cierniak/Herb* NZV 2012, 409 ff.

556 Eine verweigerte Mitwirkung bei der Atemalkoholmessung macht die Entnahme einer Blutprobe erforderlich.

557 Z.B. das Analysegerät Dräger Alcotest 7110 Evidential MK III.; zu den Richtlinien für die Feststellung von Alkohol-, Medikamenten-, Drogeneinfluss vgl. *Burmann* in Burmann/Heß/Hühnermann/Jahnke § 316 Rn. 40 ff.

558 BGHSt 46, 358 m. Anm. *Bode* ZfSch 2001, 283; *Hillmann* DAR 2001, 278; *Kramer* VD 2001, 145; *Maatz* BA 2002, 21; *Heifer* BA 2002, 89; *Janker* DAR 2009, 1 ff.; zur Problematik und zu neueren Bestrebungen *Laub* SVR 2016, 9 ff.; *Wendt* BA 2015, 18 ff.; *Mußhoff* BA 2014, 305 ff.; *Ternig* SVR 2016, 4 ff.; *Krumm* SVR 2016, 26 ff.; *Koehl* SVR 2016, 1 ff.; *Graw/Haffner* ZVS 2016, 13 f.

559 BayObLG, NZV 2005, 53.

560 BGH NZV 2001, 267 im Anschluss an BayObLG 2000, 51 [52 f.]; BGH, Beschl. v. 26.01.2010 – 5 StR 520/09, NStZ-RR 2010, 275 f.

Substanz im Blut nachgewiesen wird (§ 24a Abs. 2 StVG), und zwar in einer Konzentration, die mindestens den analytischen Grenzwert erreicht. Der objektive Tatbestand des § 24a Abs. 2 StVG erfordert nämlich seinem Wortlaut nach keine Beeinträchtigung der Fahrsicherheit. Es ist vielmehr schon dann gegeben, wenn eine der Substanzen der Anlage 2 im Blut nachgewiesen ist. Eine verfassungskonforme Anwendung erfordert aber, dass eine Wirkung im Sinne des § 24a Abs. 2 S. 1 StVG nur angenommen werden kann, wenn die betreffende Substanz in einer Konzentration nachweisbar ist, die eine Beeinträchtigung der Fahrsicherheit zumindest als möglich erscheinen lässt und damit die in § 24a Abs. 2 S. 2 StVG aufgestellte gesetzliche Vermutung rechtfertigt.[561] Bei Konsum von Cannabis ist eine Ordnungswidrigkeit gem. § 24a StVG erst bei 1 ng/l THC im Blut gegeben[562].

▶ Abgrenzung der straf- und ordnungswidrigkeitenrechtlichen Regelung bei Drogen

204 Der Nachweis von Drogenwirkstoffen im Blut des Fahrzeugführers genügt für die Annahme der Fahruntüchtigkeit i.S.d. § 316 StGB nicht. Eine unwiderlegliche Indizwirkung in Bezug auf die absolute Fahruntüchtigkeit, wie ein BAK-Wert ab 1,1 Promille bei Alkohol, existiert bei anderen Drogen bislang nicht. § 24a Abs. 2 StVG fungiert daher als Vorfeld- und Auffangtatbestand zu § 316 StGB. Die für den Ordnungswidrigkeitentatbestand relevante »Null-wert-Grenze« kann daher nicht zugleich als Maßstab für die Grenze strafbaren Verhaltens nach § 316 StGB herangezogen werden. Selbst für § 24a Abs. 2 StVG reicht nicht mehr jeder noch so geringe Nachweis von Betäubungsmitteln im Blut aus. Wegen inzwischen deutlich verbesserter Messtechniken ist eine Konzentration der bezeichneten Substanzen erforderlich, die deutlich oberhalb des Nullwerts liegt.[563]

▶ Hinweis

205 Liegen die Voraussetzungen des § 24a StVG vor, kann nur bei Härten ganz außergewöhnlicher Art und außergewöhnlicher Umstände vom Fahrverbot (§ 25 Abs. 1 S. 2 StVG) abgesehen werden.

206 Der innere Tatbestand des § 24a StVG erfordert, dass sich Vorsatz oder Fahrlässigkeit auch auf die fortbestehende Wirksamkeit des konsumierten Rauschmittels im Tatzeitpunkt bezieht[564]. Liegt zwischen dem Konsum und dem Fahrtantritt ein nicht unerheblicher Zeitraum, kann es an der Erkennbarkeit dieser fortbestehenden Wirksamkeit fehlen[565] Ein Kraftfahrzeugfahrer, der Drogen konsumiert hat, kann im Sinne des § 10 OWiG fahrlässig handeln, wenn er die Möglichkeit der fortdauernden, wenn auch womöglich subjektiv nicht spürbare Rauschwirkung hätte erkennen können und müssen. Liegt zwischen dem Konsum und dem Fahrtantritt aber ein nicht unerheblicher Zeitraum, kann es an der Erkennbarkeit dieser fortbestehenden Wirksamkeit fehlen.[566]. Der Vor-

561 Zum Fahren unter Einfluss von BtM (Haschisch) im Rahmen von § 24a StVG vgl. auch BVerfG NJW 2005, 349 m. Anm. *Schreiber* NJW 2005, 1026; *Nobis* 2005, 238; *Dietz* NVwZ 2005, 410 ff., vgl. auch OLG Hamm, Beschl. v. 11.02.2010 – 3 Ss OWi 319/09; zur Fahrlässigkeit vgl. BGH, Beschl. v. 14.02.2017 – 4 StR 422/15, zum Abdruck in BGHSt bestimmt (aus der Feststellung einer den analytischen Grenzwert erreichenden THC-Konzentration im Blut kann auf ein objektiv und subjektiv sorgfaltswidriges Verhalten im Sinne des § 24a Abs. 2 und 3 StVG geschlossen werden).

562 Zu Cannabiskonsum und Fahreignung vgl. *Koehl* DAR 2012, 183 ff.; *ders.* Zfs 2015, 369 ff.; Cannabiskonsum kontra Verkehrssicherheit *Maatz*, BA 2019, Sup I 3 – Sup I 1; zu Alkohol und Fahreignung *Koehl* ZfS 2016, 4 ff.; zur relativen Fahruntüchtigkeit *Staub* DAR 2019, 593 ff.

563 Hanseatisches Oberlandesgericht Hamburg Beschl. v. 19.02.2018 – 2 Rev 8/18 = StraFo 2018, 168 f.

564 Zur Fahrlässigkeit bei Drogenfahrten vgl. *Deutscher* StRR 2015, 207 ff.; *Rebler* NZV 20ß18,417 f.

565 OLG Karlsruhe BA 2012, 108 f.; OLG Stuttgart DAR 2011, 218 f.; KG, Beschl. v. 14.10.2014 – 3 Ws (B) 375/14, BA 2015, 32 ff.; einschränkend OLG Karlsruhe, Beschl. v. 19.01.2015 – 2 (5) SsBs 720/14, DAR 2015, 401 f.; »ein bloßer längerer Zeitablauf zwischen Konsum und Fahrtantritt lässt den Fahrlässigkeitsvorwurf nur noch bei Vorliegen ganz besonderer zusätzlicher Umstände entfallen.«.

566 OLG Hamm BA 2011, 288 ff.; OLG Karlsruhe BA 2012, 108 f.; OLG Stuttgart DAR 2011, 218 f.; *Häcker* ZfSch 2011, 243 ff.; *Krumm* SVR 2011, 5 ff.

wurf des fahrlässigen Führens eines Kraftfahrzeugs unter der Wirkung berauschender Mittel nach § 24a Abs. 2 und 3 StVG kann im Hinblick auf die Wirkung von Cannabis zum Tatzeitpunkt nur dann erhoben werden, wenn der Konsum entweder nachgewiesen zeitnah erfolgt ist oder im Fall eines länger zurückliegenden Konsums weitere Umstände hinzutreten, die es für den Betroffenen erkennbar gemacht haben, dass die Wirkung des von ihm vor längerer Zeit genossenen Cannabis unter Umständen noch fortdauert.[567]

▶ **Hinweis**

Ein Beschuldigter, der einer Verkehrsstraftat verdächtig ist, darf nicht zu einem Atemalkoholtest gezwungen werden. Das Kammergericht[568] ist der Meinung, eine entsprechende Belehrungspflicht bestehe nicht. Nur bei konkreten Anhaltspunkten über ein Vorspiegeln der Mitwirkungspflicht oder das bewusste Ausnutzen eines Irrtums des Betroffenen über eine solche Pflicht seitens der Ermittlungsbehörde kommt eine Unverwertbarkeit der Messung in Betracht. Umstritten ist, ob die unterbliebene Belehrung des Betroffenen über die Freiwilligkeit der Atemalkoholmessung zur Unverwertbarkeit der Messung führt. Die unterbliebene Belehrung über die Freiwilligkeit des Tests führt wohl nicht zu einer Unverwertbarkeit der Messung.[569]

7. Handyverbot (§ 23 Abs. 1a StVO)

Nach § 23 Abs. 1a StVO ist dem Fahrzeugführer[570] die Benutzung eines jeden elektronischen Gerätes, das der Kommunikation, Information- oder Organisation dient oder zu dienen bestimmt ist, untersagt, wenn hierfür das Gerät aufgenommen oder gehalten werden muss. § 23 Abs. 1a StVO gilt demnach nicht nur für die Benutzung eines Mobil- oder Autotelefons.[571] Das Verbot gilt nicht, wenn das Fahrzeug steht und bei Kraftfahrzeugen der Motor ausgeschaltet ist. Verwendet werden darf das Gerät, wenn nur eine Sprachsteuerung und Vorlesefunktion genutzt wird oder zur Bedienung und Nutzung des Gerätes nur eine kurze, den Straßen-, Verkehrs-, Sicht- und Wetterverhältnissen angepasste Blickzuwendung zum Gerät bei gleichzeitig entsprechender Blickabwendung vom Verkehrsgeschehen erfolgt oder erforderlich ist. Das Betätigen einer Funktionstaste eines Mobiltelefons stellt auch dann ein tatbestandliches »Benutzen« im Sinne des § 23 Abs. 1a StVO dar, wenn es nicht unmittelbar der Kommunikation dient, sondern klären soll, ob das Gerät noch funktioniert.[572] Das »Wegdrücken« eines eingehenden Anrufs auf einem Mobiltelefon ist eine ordnungswidrige Nutzung desselben i.S.v. § 23 Abs. 1a StVO.[573] Nimmt der Fahrzeugführer während der Fahrt ein Smartphone, mit dem er gerade ein (freihändiges) Gespräch über eine Bluetooth-Freisprecheinrichtung des Fahrzeugs führt, ausschließlich zu dem Zweck auf, um es – etwa zum Schutz vor Beschädigungen – umzulagern, liegt wiederum kein Benutzen im Sinne des § 23 Abs. 1a StVO vor; vom Wortsinn des Begriffs »Benutzen« und somit von Art. 103 Abs. 2 GG ist die bloße Ortsveränderung 207

---

567 KG, Beschl. v. 04.01.2010 – 3 Ws (B) 667/09, DAR 2010, 274 f.; zur relativen Fahruntüchtigkeit *Staub* DAR 2019,593 ff.

568 Beschl. v. 30.07.2014 – 3 Ws (B) 356/14, NStZ 2015, 42 m. Anm. *Mosbacher*; vgl. auch *Böse* JZ 2015, 653 ff.; *Geppert* NStZ 2014, 481 ff.; *Krenberger* ZfSch 2015, 48; *Jäger* JA 2015, 314 f.

569 Brandenburgisches OLG, Beschl. v. 16.04.2013 – (2 B) 53 Ss-OWi 58/13 (55/13) = VRS 124, 340 f. (2013); vgl. dazu *Krenberger* jurisPR-VerkR 2/2014 Anm. 4.

570 Zur Beteiligung *Mitsch* NZV 2011, 281 ff.; *Hufnagel* NJW 2014, 3265 ff.

571 Zur alten Rechtslage und Gesetzesgenese *Seibel* NZV 2007, 176 f.; *Janker* NZV 2006, 69 f.; *Keerl* NZV 2006, 181 f.; *Ternig* VD 2009, 13 ff.; *Hufnagel* NJW 2006, 3665; *ders.* NJW 2014, 3265 ff., *Himmelreich/Halm,* NStZ 2010, 500 f.; *Herrmann,* NStZ-RR 2011,65 ff.; *Beck,* SVR 2012, 335 f.; *Fromm,* NJ 2014, 141 f.; *Burhoff* VRR 2015, Nr. 1, 3 f.; *ders.* ZAP 2018, 389 ff.; *Rebler* SVR 2015, 295 ff.; *ders.* SVR 2018, 241 ff.; *Lohse,* SVR 2015, 361 ff.; *Krumm,* SVR 2015, 100 f.; *ders.* SVR 2019, 209 ff.

572 Kammergericht Beschl. v. 14.05.2019 – 3 Ws (B) 160/19; vgl. dazu *Krenberger* jurisPR-VerkR 15/2019 Anm. 6.

573 OLG Hamm Beschl. v. 26.09.2019 – 4 RBs 307/19.

des elektronischen Geräts genauso wenig gedeckt wie das bloße In-der-Hand-Halten, weil solche Handlungen keinen Bezug zur Funktionalität des Geräts aufweisen.[574]

Geräte im Sinne des Satzes 1 sind auch Geräte der Unterhaltungselektronik oder Geräte zur Ortsbestimmung, insbesondere Mobiltelefone oder Autotelefone, Berührungsbildschirme, tragbare Flachrechner, Navigationsgeräte, Fernseher oder Abspielgeräte mit Videofunktion oder Audiorekorder.[575] § 23 Abs. 1a StVO ist verfassungsmäßig.[576] Ob ein Taschenrechner einem Benutzungsverbot am Steuer nach § 23 Abs. 1a StVO unterliegt, ist umstritten. Das OLG Hamm hat diese Frage dem Bundesgerichtshof zur Entscheidung vorgelegt[577].Der Begriff des Benutzens umfasst auch die Nutzung der Kamerafunktion eines Mobiltelefons.[578]

Ob zum Nachweis eines Verstoßes gegen § 21 Abs. 1a StVO das Mobiltelefon sichergestellt und ausgelesen werden kann, ist fraglich.[579]

▶ Hinweis

Das Führen des Kraftfahrzeuges mit überhöhter Geschwindigkeit i.S.d. § 41 Abs. 2 Nr. 7 (Zeichen 274) StVO und das teils zeitgleiche Verwenden des Mobiltelefons i.S.d. § 23 Abs. 1a StVO stehen in Tateinheit i.S.d. § 19 OWiG,[580] was Auswirkungen auf einen möglichen Strafklageverbrauch haben kann.

▶ Beachte

Die regelmäßig vorsätzliche Verwirklichung des Bußgeldtatbestandes nach § 23 Abs. 1a StVO n.F. wird daher bei entsprechender Vorahndungslage auch dann, wenn die Voraussetzungen eines Regelfahrverbots nach § 25 Abs. 1 Satz 1 1. Alt. StVG i.V.m. § 4 Abs. 1 Satz 1 Nr. 4 BKatV i.V.m. lfd. NRn. 246.2 und 246.3 BKat (bei Gefährdung bzw. bei Kfz mit Sachbeschädigung) nicht gegeben sind, die Anordnung eines Fahrverbots wegen eines beharrlichen Pflichtenverstoßes außerhalb eines Regelfalls im Sinne von § 25 Abs. 1 Satz 1 2. Alt. StVG i.V.m. § 4 Abs. 2 Satz 2 BKatV nahelegen; nicht erforderlich ist, dass der Betroffene bereits wegen eines Verstoßes nach § 23 Abs. 1a StVO vorgeahndet ist[581].

574 OLG Karlsruhe, Beschl. v. 18.04.2023 – 1 Orbs 33 Ss 151/23 = NJW 2023, 1594 (1595); siehe auch OLG Celle, Beschl. v. 07.07.2019 – 3 Ss (OWi) 8/19 = StRR 2019, 20; anders aber BayObLG, Beschl. v. 10.01.2022 - 201 ObOWi 1507/21 = NStZ 2022, 495 (Ablegen des Handys auf den Oberschenkel); OLG Oldenburg, Beschl. v. 17.04.2019 – 2 Ss (OWi) 102/19 = NStZ-RR 2019, 288 (Blick aufs in der Hand gehaltene Handy bei roter Ampel).

575 Zur Smartwatch (Handyuhr) vgl. *Junker* DAR 2015, 610 f, *Krumm* NZV 2015, 374 ff.; *Gard/Singler* NZV 2015, 569 ff.; *Fromm* SVR 2016, 81, 82 (Anwendung von § 23 Abs. 1a StVO sehr fraglich); bejahend bei einem mobilen Kfz-Diagnosegerät OLG Schleswig, Beschl. v. 28.03.2023 – II Orbs 15/23 = NZV 2023, 522 = DAR 2023, 404.

576 BVerfG, DAR 2008, 387.

577 OLG Hamm v. 15.08.2019, III-4 RBs 191/19 (bejahend) gegen OLG Oldenburg v. 25.06.2018 (Az.: 2 Ss (OWi) 175/18 (verneinend).

578 Hanseatisches Oberlandesgericht Hamburg, Beschl. v. 28.12.2015 – 2 – 86/15 (RB), vgl. dazu *Krenberger* jurisPR-VerkR 3/2016 Anm. 5; *Küpper* jurisPR-StrafR 7/2016 Anm. 3.

579 Vgl. dazu *Ternig/Lellmann* NZV 2016,454 f.

580 Thüringer Oberlandesgericht, DAR 2010, 31.

581 Bayerisches Oberstes Landesgericht, Beschl. v. 22.03.2019 – 202 ObOWi 96/19, DAR 2019, 630.

8. Fahrzeug- und Ladungsmängel und sonstige Pflichten des Fahrzeugführers (§§ 22, 23 Abs. 1 StVO)

Gem. § 22 Abs. 1 StVO sind Ladung, Spannketten, Geräte und sonstige Ladeeinrichtungen sachgerecht verkehrssicher zu verstauen[582]. Ordnungswidrig (§ 24 StVG) sind alle in § 49 Abs. 1 Nr. 21 StVO genannten Zuwiderhandlungen. Gegen § 22 StVO zuwiderhandeln kann vor allem der Fahrzeugführer, daneben aber auch jede für die Ladung verantwortliche Person, z.B. auch der Halter.[583] Nach der über § 49 Abs. 1 Nr. 22 StVO bußgeldbewehrten Vorschrift des 23 Abs. 1 Satz 2 StVO muss der Fahrzeugführer u.a. »dafür sorgen, dass das Fahrzeug, der Zug, das Gespann (...) vorschriftsmäßig sind«. In der obergerichtlichen Rechtsprechung ist anerkannt, dass von der als Auffangtatbestand konzipierten Norm des § 23 Abs. 1 Satz 2 StVO erfasst werden alle sonstigen allgemeinen Verhaltens- und Sorgfaltspflichten des Fahrzeugführers als primärer Normadressat der StVO, der mit der Bewegung des Fahrzeugs eine Gefahrenquelle für Rechtsgüter Dritter setzt. Dazu gehört auch, dass von dem Fahrzeug bei Einhaltung sämtlicher Betriebs-, Bau- und Ausrüstungsvorschriften, etwa nach den einschlägigen Bestimmungen der StVZO, keine Gefahr deshalb ausgeht, weil die konkrete Verkehrs- und Betriebssicherheit des Fahrzeugs gleichwohl durch sonstige fahrzeugbezogene Umstände erheblich beeinträchtigt ist. Von einer solchen erheblichen Beeinträchtigung der Verkehrssicherheit durch sonstige fahrzeugbezogene Umstände ist auszugehen, wenn durch die Steigerung der normalen von dem Fahrzeug ausgehenden Gefahr der Eintritt einer konkreten Gefahr für andere wahrscheinlicher wird. Das ist dann der Fall, wenn das Fahrzeug, der Zug oder das Gespann geführt wird, obwohl sich auf dem Dach oder der Plane des Fahrzeugs selbst oder des Anhängers witterungsbedingt größere Eisplatten oder Eisstücke bilden konnten (sog. Dachladung), die im Fall der Ablösung zu massiven Gefährdungen Dritter führen können. Diese Normauslegung des § 23 Abs. 1 Satz 2 StVO, insbesondere des dort verwandten Begriffs der ›Vorschriftsmäßigkeit‹, ist auch mit dem möglichen Wortsinn der Bußgeldbewehrung vereinbar.[584] 208

9. Gurtpflicht (§ 21a StVO)

Ordnungswidrig gemäß § 49 Abs. 1 Nr. 20 a StVO i.V.m. § 21a StVO handelt, wer sich im Fahrzeug auf Vorder- und Rücksitzen nicht anschnallt, sofern keine der gesetzlichen Ausnahmen greift.[585] Auch das falsche Anlegen wird dabei erfasst. Der Sicherheitsgurt ist nur angelegt, wenn er die ihm durch § 35a Abs. 7 StVZO zugewiesenen Schutzfunktionen im Schulterbereich und Beckenbereich des Fahrers erfüllt.[586] Die Pflicht zum Anlegen des Sicherheitsgurtes entfällt nicht bei einem kurzfristigen, verkehrsbedingten Anhalten. Weder § 21a Abs. 1 S. 1 noch § 23 Abs. 1 S. 2 StVO begründen eine eigenständige Verpflichtung des Kraftfahrzeugführers, für das Anlegen des Sicherheitsgurtes durch den Beifahrer zu sorgen. Zum Schutz von Kindern sowie der allgemeinen Verkehrssicherheit ist aber die strikte Einhaltung von Sicherungsvorschriften von Kindern erforderlich. Jeder Fahrer ist verpflichtet, dafür Sorge zu tragen, dass ein mitfahrendes Kind während der gesamten Fahrt ausreichend gesichert ist und es auch bleibt.[587] Gegen die bußgeldbewehrte Gurtanlegepflicht bestehen keine verfassungsrechtlichen Bedenken.[588] 209

---

582 Vgl. *Borzym* SVR 2012, 204 f.; *Krumm* AnwZert VerkR 1/2012 Anm. 2; zum Begriff Ladung *Krumm* SVR 2015, 456 ff.; *ders.* SVR 2018, 216–219; zur verkehrsrechtliche Auffangvorschrift des § 23 Abs. 1 StVO vgl. *Rebler* AnwZert VerkR 19/2015 Anm. 2; AnwZert VerkR 20/2015 Anm. 2; *Rebler* SVR 2016, 102 ff. (Fallgruppen).

583 Vgl. dazu OLG Bamberg Beschl. v. 18.12.2017 – 3 Ss OWi 1774/17 = ZfSch 2018, 652 f.

584 OLG Bamberg DAR 2011, 212 f.

585 Vgl. auch *Balke* SVR 2014, 287 ff.; *Krumm* SVR 2018, 216 ff.

586 OLG Hamm NJW 1986, 267; anders etwa bei Kraftomnibussen, die serienmäßig nur mit einem Beckengurt ausgestattet sind.

587 OLG Hamm, Beschl. v. 05.11.2013 – III-5 RBs 153/13, DAR 2014, 150 f.; vgl. dazu *Krenberger* jurisPR-VerkR 9/2014 Anm. 5; *Ternig* NZV 2015, 202 f.

588 BVerfG MDR 1987, 24.

10. Winterreifenpflicht (§ 2 Abs. 3a StVO)

210 Der Verstoß gegen die Pflicht aus § 2 Abs. 3a StVO[589], nach dem ein Kraftfahrzeug bei Glatteis, Schneeglätte, Schneematsch, Eis- oder Reifglätte mit Winterreifen ausgestattet sein muss (M+S-Reifen), stellt eine Ordnungswidrigkeit dar.[590]

Eine grundsätzliche Winterreifenpflicht besteht bei Glatteis, Schneeglätte, Schneematsch, Eisglätte oder Reifglätte und beziehe sich damit auf die konkrete Verkehrslage. Mit Wirkung zum 1.6.2017[591] ist die Winterreifenpflicht gemäß § 2 Abs. 3a StVO reformiert worden. Eine gesetzliche Definition des Begriffs »Winterreifen« finde sich nunmehr in § 36 Abs. 4 StVZO. Diese beinhaltet sowohl Vorgaben zur materiellen Beschaffenheit wie zur förmlichen Kennzeichnung, die kumulativ vorliegen müssen. Erfasst sind alle KFZ mit Ausnahme der in § 2 Abs. 3a S. 2 StVO genannten Fahrzeuge (Nutzfahrzeuge der Land- und Forstwirtschaft, einspurige KFZ, Stapler, motorisierte Krankenfahrstühle sowie Einsatz- und Spezialfahrzeuge, für die keine entsprechenden Reifen zur Verfügung stehen). Busse und LKW dürften fahren, wenn zumindest die Räder der vorderen Lenkachsen und der permanent angetriebenen Achsen mit Winterreifen ausgerüstet seien. Bei Befreiung hat der Fahrzeugführer gemäß § 2 Abs. 3a S. 4 StVO vor jeder Fahrt die Pflicht, die Erforderlichkeit der Fahrt unter Berücksichtigung anderer Verkehrsmittel zu prüfen, einen bestimmten Abstand zu dem vorausfahrenden Fahrzeug einzuhalten und nicht schneller als 50 km/h zu fahren.

Der Regelgeldbußtatbestand ergibt sich für den Fahrzeugführer aus Nr. 5a BKat und für den Halter aus Nr. 213a BKat (§ 31 Abs. 2 StVZO).

11. Allgemeine Verkehrskontrolle nach § 36 Abs. 5 StVO

211 Die Vorschrift des § 36 Abs. 5 StVO[592] ermächtigt ihrem Wortlaut zufolge Polizeibeamte zum Durchführen einer Verkehrskontrolle einschließlich der Verkehrstüchtigkeit von Verkehrsteilnehmern[593]. Nach der VwV zu dieser Norm sind Verkehrskontrollen zulässig zur Prüfung der Verkehrstüchtigkeit der Führer, der nach den Verkehrsvorschriften mitzuführenden Papiere sowie des Zustands der Fahrzeuge. Allgemeine Verkehrskontrollen in diesem Sinne sind allgemeinem Verständnis zufolge indessen lediglich präventive verkehrsbezogene Maßnahmen, die ergriffen werden, um vorbeugend die Ordnung und Sicherheit des Straßenverkehrs zu gewährleisten, ohne dass ein augenblickliches

589 § 2 Abs. 3a (gültig seit 04.12.2010): »Bei Glatteis, Schneeglätte, Schneematsch, Eis- oder Reifglätte darf ein Kraftfahrzeug nur mit Reifen gefahren werden, welche die in Anhang II Nummer 2.2 der Richtlinie 92/23/EWG des Rates vom 31.03.1992 über Reifen von Kraftfahrzeugen und Kraftfahrzeuganhängern und über ihre Montage (ABl. L 129 vom 14.05.1992, S. 95), die zuletzt durch die Richtlinie 2005/11/EG (ABl. L 46 vom 17.02.2005, S. 42) geändert worden ist, beschriebenen Eigenschaften erfüllen (M+S-Reifen). Kraftfahrzeuge der Klassen M2, M3, N2 und N3 gemäß Anlage XXIX der Straßenverkehrs-Zulassungs-Ordnung in der Fassung der Bekanntmachung vom 28.09.1988 (BGBl. I S. 1793), die zuletzt durch Artikel 3 der Verordnung vom 21.04.2009 (BGBl. I S. 872) geändert worden ist, dürfen bei solchen Wetterverhältnissen auch gefahren werden, wenn an den Rädern der Antriebsachsen M+S-Reifen angebracht sind. Satz 1 gilt nicht für Nutzfahrzeuge der Land- und Forstwirtschaft sowie für Einsatzfahrzeuge der in § 35 Absatz 1 genannten Organisationen, soweit für diese Fahrzeuge bauartbedingt keine M+S-Reifen verfügbar sind. Wer ein kennzeichnungspflichtiges Fahrzeug mit gefährlichen Gütern führt, muss bei einer Sichtweite unter 50 m, bei Schneeglätte oder Glatteis jede Gefährdung anderer ausschließen und wenn nötig den nächsten geeigneten Platz zum Parken aufsuchen.«.

590 Näher dazu *Heß/Burmann* NJW-Spezial 2011, 9; *Golka/Krenberger/Schärer* NZV 2023, 481 (489); *Lippert* VD 2018, 31 ff.; Deutscher VRR 2017, Nr. 9, 4 f.; *Ternig* NZV 2017, 497 (498).

591 BGBl. I S. 1282.

592 *Rebler/Müller* SVR 2017, 1.

593 Zur Rechtmäßigkeit sogenannter legendierter Kontrollen BGH Urt. v. 26.04.2017 – 2 StR 247/16 = BGHSt 62, 123 ff. = NJW 2017, 3173 ff. m. Anm. *Cerny/Fickentscher* NStZ 2019, 697 ff.; *Mitsch* NJW 2017, 3124 ff.; *Lange-Bertalot/Aßmann* NZV 2017, 572 ff.; *Adler*, Kriminalistik 2019, 266 ff.; *Krehl* StraFo 2018, 265 ff.

Bedürfnis zur Regelung des Straßenverkehrs bzw. zum Erhalten seiner Ordnung und Sicherheit vorliegt oder eine Veranlassung zum repressiven Einschreiten zum Verfolgen einer Straftat oder einer Ordnungswidrigkeit besteht. Für eine allgemeine Verkehrskontrolle auf der Grundlage von § 36 Abs. 5 StVO ist demzufolge kein Raum, wenn das Anhalten eines Verkehrsteilnehmers wegen des konkreten Verdachts einer Verkehrsstraftat oder Verkehrsordnungswidrigkeit erfolgt. Umstritten ist, ob ein Eingreifen auf der Grundlage von § 36 Abs. 5 StVO und eine hierauf gestützte Pflicht zur Herausgabe der Papiere auch bei Vorliegen einer konkreten Verdachtslage zulässig ist. Denn der Verstoß gegen eine im Rahmen einer Verkehrskontrolle erfolgende Weisung ist seinerseits bußgeldbewehrt, und es ist nicht ersichtlich, dass der Gesetzgeber einen konkret Betroffenen oder Straftäter durch Sanktionen veranlassen will, an der Erforschung oder der Ahndung einer von ihm begangenen und beendeten Ordnungswidrigkeit oder Straftat aktiv mitzuwirken. Das schließt bei Vorliegen einer konkreten Verdachtslage ein Einschreiten der Polizeibeamten indessen nicht aus. Ihr Vorgehen stützt sich dann aber nicht auf die Vorschrift in § 36 Abs. 5 StVO, sondern auf die besonderen Regelungen der StPO und des Polizeirechts, etwa auf §§ 163b i.V.m. § 163a Abs. 4 Satz 1 StPO, 53 OWiG. Das kann für die Frage nach der formellen Rechtmäßigkeit des Handelns von Polizeibeamten, vorliegend vor allem im Hinblick auf das Einhalten der wesentlichen Förmlichkeiten einschließlich einer formal ordnungsgemäßen Belehrung, nicht ohne Folgen bleiben. Die fehlerhafte, weil bei Vorliegen eines konkreten Verdachts ausdrücklich auf § 36 Abs. 5 StVO gestützte Belehrung führt zur Rechtswidrigkeit der maßgeblichen Diensthandlung.[594]

Die Eingriffsermächtigung aus § 36 Abs. 1 StVO ist zeitlich und örtlich auf die Notwendigkeiten der situationsbedingten Verkehrsregelung begrenzt, z.B. auf die Prüfung des Verdachts, der Angeklagte könne unter Alkoholeinfluss fahren, und auf die Verhinderung der Fortsetzung der Fahrt. Die Reichweite der Ermächtigung hängt von den Umständen des Einzelfalls ab. Die Eindrücke der Polizeibeamten sind mitentscheidend. Rechtliche und tatsächliche Abgrenzungsschwierigkeiten liegen in der Natur der Sache. Der Betroffene entzieht sich der Eingriffsermächtigung nicht dadurch, dass er von der Straße auf irgendein Grundstück abbiegt. Das Recht der Polizei zu prüfen, ob er dort tatsächlich wohnt und die Gefahr einer alkoholisierten Weiterfahrt nicht mehr besteht, ist wohl nicht zu bestreiten.[595]

12. Einfahren und Parken in Umweltzonen

Nach § 49 Abs. 3 Nr. 4 StVO handelt ordnungswidrig i.S.d. § 24 StVG, wer entgegen § 41 Abs. 1 212
StVO ein durch Vorschriftzeichen angeordnetes Ge- oder Verbot der Anlage 2 Spalte 3 nicht befolgt: In dieser Anlage 2 wiederum ist unter der lfd. Nr. 44 als Zeichen 270.1 das Schild »Umweltzone« und dazu die Bestimmung aufgeführt, dass in so gekennzeichneten Zonen die Teilnahme am Verkehr mit einem Kraftfahrzeug verboten ist. Ausgenommen von dem Verbot sind nach der lfd. Nr. 46 Fahrzeuge, die mit der jeweils nötigen Plakette nach § 335. BImSchV ausgestattet sind (= Feinstaubplakette).

Auf der Plakette i.S.v. § 3 der 35. VO zur Durchführung des BImSch i.V.m. Nr. 46 zu Anl. 2 zur StVO (§ 41 StVO) muss das aktuelle Kennzeichen des jeweiligen Fahrzeugs eingetragen sein. Auch wenn ein Fahrzeug ohne gültige Plakette i.S.v. § 3 der 35. VO zur Durchführung des BImSch i.V.m. Nr. 46 zu Anl. 2 zur StVO in einer Umweltzone nur abgeparkt ist, kann das ordnungswidrigkeitenrechtlich nach § 49 Abs. 3 Nr. 4 StVO geahndet werden.[596]

Zur Kennzeichnung der in einem Luftreinhalteplan oder einem Plan für kurzfristig zu ergreifende Maßnahmen nach § 47 Absatz 1 oder 2 des Bundes-Immissionsschutzgesetzes festgesetzten Umwelt-

594 OLG Celle, Beschl. v. 23.07.2012 – 31 Ss 27/12, StV 2013, 25 f. m. Anm. *Jahn* JuS 2013, 268 f.; *Lampe* jurisPR-StrafR 20/2012 Anm. 2; vgl. aber auch BGHSt 32, 248 f. = NStZ 1984, 270 f.

595 Vgl. *Lampe* jurisPR-StrafR 20/2012 Anm. 2.

596 OLG Hamm, Beschl. v. 24.09.2013 – III-1 RBs 135/13, NZV 2014, 52 f. = DAR 2014, 153; vgl. auch *Benneter* DAR 2010, 489; *König/Seitz* DAR 2010, 366; strittig vgl. dazu *Hertel* SVR 2015, 121, 122 f.

zonen ordnet die Straßenverkehrsbehörde die dafür erforderlichen Verkehrsverbote mittels der Zeichen 270.1 und 270.2 in Verbindung mit dem dazu vorgesehenen Zusatzzeichen an (§ 45 Abs. 1 f StVO i.d. Fassung vom 16.12.2016, gültig ab 23.12.2016).

II. Verjährung (§ 31 ff. OWiG)

213 Die Verfahrenshindernisse der Verfolgungs- (§ 31, 32 und 33 OWiG) und Vollstreckungsverjährung (§ 34 OWiG) sind für Ordnungswidrigkeiten in §§ 31 f. OWiG geregelt.[597] Für Verkehrsordnungswidrigkeiten nach § 24 StVG enthält § 26 Abs. 3 StVG eine Sonderregelung. Danach gilt bei Ordnungswidrigkeiten in Straßenverkehrssachen eine dreimonatige Verjährungsfrist (§ 26 Abs. 3 StVG) bis zum Erlass des Bußgeldbescheides, danach sechs Monate (§ 26 Abs. 3 StVG; § 31 Abs. 2 Ziffer 4 OWiG[598]). Bei Verstößen gegen § 24a StVG beträgt die Verjährungsfrist zwei Jahre (§ 31 Abs. 2 Ziffer 2 OWiG).

214 Die Verjährungsfrist richtet sich nach dem gesetzlichen Höchstmaß der Geldbuße, das bei der Frage der Verjährung relevante Maß der Geldbuße ergibt sich aus § 17 Abs. 2 OWiG.[599] Fahrlässige Ordnungswidrigkeiten gemäß § 24a Abs. 1 Nr. 1 StVG verjähren demgemäß in einem Jahr (§ 31 Abs. 2 Nr. 4 OWiG). Die Frist beginnt, sobald die Handlung beendet ist (§ 31 Abs. 3 OWiG). Für den Ablauf der Verjährungsfrist gilt § 43 Abs. 2 StPO (Sonn- oder Feiertag) nicht.

215 Die *Unterbrechung der Verfolgungsverjährung* ist in § 33 OWiG geregelt[600]. Gemäß § 33 Abs. 4 S. 1 OWiG wirkt die Unterbrechung nur demjenigen gegenüber, auf den sich die Unterbrechungshandlung bezieht.[601] Aus der Untersuchungshandlung muss sich für den Adressaten der Maßnahme unmissverständlich ergeben, dass die Ermittlungen gegen ihn als Tatverdächtigen geführt werden. Ob er das auch so verstanden hat, ist hingegen ohne Belang, denn die Frage des Verjährungseintritts bedarf der Beurteilung anhand objektiver Kriterien und kann nicht davon abhängig gemacht werden, wie der Betroffene die an ihn gerichtete Maßnahme gedeutet hat.

Die Vollstreckungsverjährung ist in § 34 OWiG geregelt.[602]

216 Von besonderer Bedeutung sind die in Ziffer 1 aufgeführten Unterbrechungsalternativen (Vernehmung des Betroffenen; Bekanntgabe, dass gegen ihn ein Ermittlungsverfahren eingeleitet ist; Anordnung der Vernehmung oder deren Bekanntgabe), die alternativ und nicht kumulativ gelten. Eine informatorische Befragung nach dem Unfallgeschehen allein reicht nicht aus, auch das Angebot auf Zahlung eines Verwarngeldes unterbricht die Verjährung nicht. Erforderlich ist vielmehr der Hinweis zur gleichzeitigen Stellungnahme und Anerbieten eines Verwarngeldes[603]. Auch die Übersendung eines »Anhörungsbogens« oder »Zeugenfragebogens« unterbricht die Verjährung nicht.[604] Bei schriftlicher Anordnung unterbricht die Unterzeichnung (§ 33 Abs. 2 OWiG); unerheblich ist, ob und wann die Anordnung zugeht.[605] Bei mechanischer Erstellung ohne Unterschrift erfolgt die Unterbrechung am Tage des Ausdruckes. Nach § 33 Abs. 1 Ziffer 2 OWiG unterbricht entgegen der Ziffer 1 jede richterliche Vernehmung oder Anordnung der Vernehmung die Verjährung. Durch die richterliche Anordnung der Vernehmung eines Zeugen zur Ermittlung der noch unbekannten Personalien des Fahrzeugführers wird die Verjährung nicht unterbrochen. Das gilt auch dann, wenn sich in den

597 Zur Verjährung bei Verkehrsverstößen *Hufnagel* NJW 2011, 3075 f.; *Bergmann* in Beck/Berr OWi-Sachen im Straßenverkehrsrecht 7. Aufl. Rn. 256 ff. mit Muster.
598 Bei der Neufassung des § 33 Abs. 1 Nr. 9 OWiG wurde offensichtlich die Abstimmung mit der Vorschrift des § 26 Abs. 3 StVG übersehen.
599 BayObLG NZV 1999, 476.
600 Vgl. dazu *Fromm* StraFo 2010, 223 ff.; *Gutt/Krenberger* DAR 2014, 187 ff.
601 BGH NJW 1997, 538.
602 Zur Vollstreckung ausländischer Bußgelder vgl. unter IV 10.
603 BGH VRS 1970, 290.
604 OLG Hamm NZV 1998, 340; OLG Hamm DAR 2000, 81.
605 BGHSt 25, 6.

Akten ein zu dessen Identifizierung geeignetes Beweisfoto befindet.[606] Auch durch die gerichtliche Anordnung der Übersendung eines (anthropologischen) Sachverständigengutachtens zur Klärung der Fahrereigenschaft des Betroffenen an den Verteidiger des Betroffenen zur Stellungnahme wird die Verfolgungsverjährung der Verkehrsordnungswidrigkeit nach § 33 Abs. 1 Satz 1 Nr. 2 OWiG unterbrochen[607]. Die richterliche Vernehmung des Halters oder deren Anordnung hinsichtlich eines noch unbekannten Fahrers unterbricht nicht.[608] Die Verjährung wird auch unterbrochen durch den Erlass des Bußgeldbescheides, sofern er binnen einer Frist von 2 Wochen zugestellt wird, ansonsten durch Zustellung (§ 33 Abs. 1 Ziffer 9 i.d. Fassung vom 5.7.2017 gültig ab 01.01.2018), wobei Erlass mit Unterzeichnung gleichzusetzen ist. Bei Verwendung einer EDV-Anlage zum Erlass des Bußgeldbescheides (ebenso wie z.B. die Anordnung der Anhörung des Betroffenen) kommt es auf den Zeitpunkt des Ausdrucks des Schriftstückes an, da dieser dem Zeitpunkt der Unterzeichnung entspricht. Die Verjährung wird auch dann unterbrochen, wenn der Bußgeldbescheid (§ 33 Abs. 1 Nr. 9 OWiG) alsbald nach Erlass in den Geschäftsgang gelangt ist, § 33 Abs. 2 S. 2 OWiG.[609] Maßgebend ist insoweit nicht, wann der Bescheid zum Zwecke der Zustellung zur Post gegeben oder die hierzu erforderliche Anordnung getroffen wird. Unter Geschäftsgang im Sinne der genannten Vorschriften sind vielmehr alle nach der Behördenorganisation erforderlichen Stationen innerhalb der Behörde zu verstehen, die das Schriftstück auf dem Weg von der Unterzeichnung bis zur Absendung durchlaufen muss. Auch längere Verzögerungen im Geschäftsgang beseitigen die durch die Unterzeichnung eingetretene Verjährungsunterbrechung nicht. Eine Frist von 32 Tagen entspricht jedenfalls dem normalen Geschäftsgang.[610]

Ein Betroffener kann sich wegen Rechtsmissbrauchs nicht auf die Unwirksamkeit einer Ersatzzustellung des gegen ihn ergangenen Bußgeldbescheides berufen, wenn er bei der Verwaltungsbehörde einen Irrtum über seinen tatsächlichen Lebensmittelpunkt bewusst und zielgerichtet unter Verstoß gegen die Meldegesetze der Länder herbeigeführt hat.[611]

▶ Hinweis

Eine Handlung, die auf die Verfolgung des Täters wegen einer Tat im Sinn des § 264 StPO abzielt, unterbricht die Verjährung insgesamt, und zwar unabhängig davon, unter welchem rechtlichen Gesichtspunkt sie die Tat würdigt. 217

Sieht das Gericht von der Verfolgung einer Straftat nach § 154 Abs. 2 StPO ab, so hindert das die Ahndung der Handlung als Ordnungswidrigkeit nicht. In einem solchen Fall richtet sich die Frist für die absolute Verjährung, vor deren Ablauf ein Urteil des ersten Rechtszuges ergangen sein muss, nach der für die Straftat geltenden Verjährungsfrist. Gleichwohl muss die Verjährung jedoch jeweils rechtzeitig vor Ablauf der für die Verfolgung der Ordnungswidrigkeit geltenden (kürzeren) Verjährungsfrist unterbrochen worden sein.[612] 218

Nach jeder Unterbrechungshandlung beginnt eine neue Verjährungsfrist zu laufen, die Verfolgung verjährt jedoch spätestens gemäß § 33 Abs. 3 S. 2 OWiG, wenn das Doppelte der gesetzlichen Verjährungsfrist, mindestens jedoch zwei Jahre, verstrichen sind. 219

Fehlt es an einer wirksamen Zustellung des Bußgeldbescheides, kommt es nicht zu einer Verlängerung der Verjährungsfrist auf sechs Monate nach §§ 26 Abs. 3 StVG, 33 Abs. 1 S. 1 Nr. 9 OWiG.

---

606 BGHSt 42, 283.
607 OLG Bamberg DAR 2012, 33 f.
608 BayObLG DAR 1988, 172; BGH NJW 1997, 599.
609 BayObLG NZV 1995, 410.
610 OLG Düsseldorf NZV 1993, 204.
611 OLG Hamm, Beschl. v. 27.01.2015 – III-3 RBs 5/15, 3 RBs 5/15 = NStZ 2015, 525 f.; OLG Stuttgart, Beschl. v. 10.01.2017 – 1 Ss 732/16 = NZV 2017, 342; *Benjamin Krenberger* jurisPR-VerkR 9/2017 Anm. 6.
612 BayObLG NStZ-RR 2004, 306 f.

Allerdings können andere Tatbestände des § 33 OWiG (innerhalb der dreimonatigen Frist) die Verjährung weiterhin unterbrechen. Ein Zustellungsmangel wird durch das Faxen des Bescheides von dem Betroffenen an den Verteidiger auch nicht gem. § 51 Abs. 1 OWiG i.V.m. § 8 VwZG durch einen nachträglichen tatsächlichen Zugang beim Empfangsberechtigten geheilt. Eine wirksame Zustellung an den Verteidiger setzt jedenfalls voraus, dass der Bußgeldbescheid erkennbar an ihn adressiert ist.[613]

III. Die Sanktionen im Bereich der Ordnungswidrigkeiten

220 Als mögliche Rechtsfolgen einer Verkehrsordnungswidrigkeit kommen eine Verwarnung ohne Verwarnungsgeld, eine Verwarnung mit Verwarnungsgeld (§§ 56–58 OWiG) und eine Geldbuße (§§ 17–18 OWiG)[614] sowie die Nebenfolge des Fahrverbots (§ 25 StVG) in Betracht.

221 Wenn ein und dieselbe Handlung mehrere Ordnungswidrigkeiten verwirklicht, kann nur eine Geldbuße festgesetzt werden (§ 19 Abs. 1 OWiG). Die Höhe der Geldbuße richtet sich nach dem verletzten Gesetz mit der höchsten Bußgelddrohung; auf die in den anderen Gesetzen vorgesehenen Nebenfolgen (z.B. Fahrverbot, § 25 StVG) kann zusätzlich erkannt werden (§ 19 Abs. 2 OWiG). Liegen mehrere Handlungen vor, von denen jede einzelne den Tatbestand einer oder mehrerer Ordnungswidrigkeiten verwirklicht, wird jede Handlung einzeln geahndet (§ 20 OWiG). Es können in diesem Fall grundsätzlich so viele Geldbußen festgesetzt werden, wie Handlungen vorliegen. Die Zusammenfassung von Einzelstrafen zu einer Gesamtstrafe (vgl. § 53 StGB) gibt es im Ordnungswidrigkeitenrecht nicht.

1. Bußgeld

222 Das Bußgeldverfahren richtet sich nach §§ 35 ff. OWiG[615]. Über § 46 Abs. 1 OWiG gelten ferner die allgemeinen Verfahrensvorschriften der StPO, des GVG und des JGG sinngemäß.

223 Die Geldbuße wird nicht wie die Geldstrafe (§ 40 Abs. 1 S. 1 StGB) in Tagessätzen bemessen. Stattdessen wird durch den Zumessungsakt ein bestimmter Eurobetrag ermittelt, der im Tenor der Bußgeldentscheidung als Geldsumme ausgewiesen wird (vgl. § 66 Abs. 1 Nr. 5 OWiG). Bemessungskriterien sind gemäß § 17 Abs. 3 S. 1 OWiG vorrangig die Bedeutung der Ordnungswidrigkeit und der Vorwurf, der gegen den Täter erhoben wird. Die Geldbuße beträgt gemäß § 17 Abs. 1 OWiG mindestens fünf Euro und, wenn das Gesetz nichts anderes bestimmt, höchstens eintausend Euro Vorschriften des besonderen Ordnungswidrigkeitenrechts können ein höheres Bußgeld androhen, denn § 17 OWiG gilt nur subsidiär. Das Höchstmaß der angedrohten Geldbuße für fahrlässiges Handeln (§ 17 Abs. 2 OWiG: 500 €) darf aber auch dann nicht überschritten werden, wenn von der Anordnung einer Nebenfolge, wie z.B. Fahrverbot, vollständig oder teilweise abgesehen wird.

224 Vor allem bei der Bearbeitung der massenhaft vorkommenden Verstöße gegen Bußgeldvorschriften im Straßenverkehr sorgt die BKatV[616] für gleichmäßige Bemessungspraxis und für Beschleunigung und Entlastung des Verfahrens. Die BKatV stellt keine besonderen Bußgeldtatbestände auf, sondern enthält Regelsätze über die Höhe der Geldbuße zur Ahndung von Ordnungswidrigkeiten im Straßenverkehr nach §§ 24, 24a StVG. Richtpunkt dieser Regelsätze sind typisierte Situationen fahrlässigen Fehlverhaltens unter »gewöhnlichen Tatumständen« (§ 1 Abs. 2 BKatV40), die anhand bestimmter Merkmale im Bußgeldkatalog skizziert sind.

---

613 OLG Celle Beschl. v. 18.08.2015 – 2 Ss (OWi) 240/15 = ZfSch 2016, 110 f.

614 Zur Zumessung von Bußen im OWiG-Verfahren *Ferner* SVR 2005, 376 f.; *Krenberger* ZfSch 2015, 65 f.; allgemein zu Buß- und Verwarnungsgeldern im Straßenverkehr *Hornof* VD 2015, 157.

615 *Burhoff* ZAP 2017, 437 ff. (Überblick).

616 Verordnung über die Erteilung einer Verwarnung, Regelsätze für Geldbußen und die Anordnung eines Fahrverbotes wegen Ordnungswidrigkeiten im Straßenverkehr (Bußgeldkatalog Verordnung – BKatV) v. vom 14.03.2013 (BGBl. I S. 498); vgl. auch die Anlage 1 BKatV zu § 1 Abs. 1 i; zum Bußgeldkatalog für Radfahrer *Huppertz/Schramm* SVR 2016, 121 ff.

Feststellungen zu den wirtschaftlichen Verhältnissen des Betroffenen sind entbehrlich, solange die im Bußgeldkatalog vorgesehene Regelgeldbuße verhängt wird und sich keine Anhaltspunkte dafür ergeben, dass seine wirtschaftlichen Verhältnisse außergewöhnlich gut oder schlecht sind.[617]

Verwaltungsinterne Richtlinien für die nicht in der BKatV geregelte Bußgeldbemessung – wie der bundeseinheitliche Tatbestandskatalog für Straßenverkehrsordnungswidrigkeiten – können für das Gericht allenfalls grobe Orientierungshilfen darstellen, die eine Prüfung der Einzelfallumstände nicht entbehrlich machen. 225

Merke: 226

Bei der Zumessung des Bußgelds sind die Bedeutung der Ordnungswidrigkeit, der Vorwurf, der den Täter trifft, die wirtschaftlichen Verhältnisse des Täters und der wirtschaftliche Vorteil aus der Ordnungswidrigkeit (§ 17 Abs. 3 und 4 OWiG) maßgebend.[618] Eine bloß mittelbare Folge einer bußgeldrechtlichen Verurteilung muss bei der Bußgeldbemessung nicht zugunsten des Betroffenen berücksichtigt werden.[619]

2. Fahrverbot – §§ 25 StVG, 4 BKatV

Zu unterscheiden sind das Fahrverbot nach § 25 Abs. 1 S. 1 StVG[620], das Regelfahrverbot des § 4 BKatV und das Regelfahrverbot des § 25 Abs. 1 S. 2 StVG. Voraussetzung für das Fahrverbot nach § 25 Abs. 1 S. 1 StVG ist eine Ordnungswidrigkeit gemäß § 24 StVG, die »unter grober oder beharrlicher Verletzung der Pflichten eines Kraftfahrzeugführers« begangen wurde. Zu den Ordnungswidrigkeiten gemäß § 24 StVG zählen gemäß § 49 StVO praktisch sämtliche Verkehrsvergehen mit Ausnahme des Fahrens unter Alkoholeinfluss (§ 24a StVG). Im Fall des § 24a StVG ist ein Fahrverbot in der Regel anzuordnen, und zwar ohne dass eine grobe oder beharrliche Verletzung der Pflichten eines Kraftfahrzeugführers besonders festgestellt werden muss (§ 25 Abs. 1 S. 2 StVG)[621]. 227

Wird über zwei Ordnungswidrigkeiten, die in Tatmehrheit stehen und jeweils mit einem Fahrverbot als Nebenfolge geahndet werden können, gleichzeitig entschieden, so ist nur ein einheitliches Fahrverbot zu verhängen.[622]

a) Einige Begriffsbestimmungen

Grobe Pflichtverletzungen sind solche von besonderem Gewicht, die häufig zu schweren Unfällen führen und die subjektiv auf besonders groben Leichtsinn, grobe Nachlässigkeit oder Gleichgültigkeit zurückgehen (also nicht auf lediglich einfacher Fahrlässigkeit beruhen[623]) und die besonders verantwortungslos erscheinen. Auch ein erstmaliges Fehlverhalten kann ausreichen. ***Beharrlich*** ist eine Zuwiderhandlung, die nach Art oder Umständen zwar nicht unbedingt als grobe Pflichtverletzung zu werten ist, durch deren wiederholte Begehung der Täter aber gezeigt hat, dass ihm die für eine Teilnahme am Straßenverkehr erforderliche rechtstreue Einstellung und die nötige Einsicht in 228

617 Vgl. zur Problematik *Fromm* SVR 2016, 81, 84 f.

618 Zur Bemessung vgl. *Hufnagel* AnwZert VerkR 22/2010, Anm. 3.

619 OLG Hamm, Beschl. v. 08.10.2013 – III-1 RBs 132/13; vgl. dazu *Krenberger* jurisPR-VerkR 6/2014 Anm. 5.

620 Vgl. dazu *Deutscher* NZV 2017, 112 f.; 2016, 209 f.; 2015, 366 f.; 2014, 145 f., 2013, 111 f.; 2012, 105 ff.; 2011, 273 ff.; 2010, 175 ff.; 2009, 111 ff.; *Fromm* NZV 2012, 210 f., *ders.* JR 2014, 149 ff.; *Krumm* AnwZert VerkR 19/2016 Anm. 2; *Krumm* SVR 2017, 208 ff.; 2018, 89 ff.; SVR 2019,90 ff.; *ders.* DAR Extra 2017, 743 ff. (zur Verteidigungsstrategie); *Burhoff* VRA 2018, 180 ff.; zum Fahren im Ausland trotz eines inländischen Fahrverbots vgl. *Nissen/Schäpe* DAR 2010, 3 ff.; zur Beschränkung eines Fahrverbots vgl. *Pliefke*, DAR 2018, 235 ff.

621 Zur Verteidigung in Verkehrsbußgeldverfahren mit Fahrverboten vgl. *Fromm* SVR 2016, 285 f.

622 BGH, Beschl. v. 16.12.2015 – 4 StR 227/15, BGHSt 61, 100 f. = NJW 2016, 1188 f. = NStZ 2016, 476 f.

623 BGH NZV 1997, 525; BGH NZV 1997, 529.

zuvor begangenes Unrecht fehlen.[624] Auch hier kann Fahrlässigkeit genügen. Für die Annahme von Beharrlichkeit sind die Eintragungen im Fahreignungsregister (FAER von Bedeutung. Es besteht dabei grundsätzlich nicht die Verpflichtung, weitere Einzelheiten zu den dort enthaltenen Vortaten festzustellen.[625] Liegt einer der in § 4 Abs. 1 BKatV genannten Verstöße vor, wird das Vorliegen einer solchen groben Pflichtwidrigkeit vermutet. Gleichwohl ist für die Anordnung eines Fahrverbots dann kein Raum, wenn es im Einzelfall, insbesondere beim so genannten Augenblicksversagen,[626] auf der subjektiven Seite an der besonderen Vorwerfbarkeit fehlt (kein gesteigerter Handlungsunwert).

▶ **Hinweis**

Ein »Augenblicksversagen« oder kurzzeitiges Fehlverhalten, das nicht vorkommen darf, aber erfahrungsgemäß auch dem sorgfältigen und pflichtbewussten Kraftfahrer unterläuft, das nicht als grobe Verletzung der Pflichten eines Kraftfahrzeugführers im Sinne von § 25 Abs. 1 Satz 1 StVG oder schadensrechtlich nicht als grob fahrlässig zu bewerten ist, kann vorgelegen haben, wenn der oder die Betroffene ein unübersichtliches Verkehrsgeschehen falsch gedeutet oder eine verwirrende Verkehrsregelung falsch verstanden hat, auf eine besonders schwierige, insbesondere überraschend eingetretene Verkehrslage falsch reagiert oder ein Verkehrszeichen schlicht übersehen hat und die sichtbaren äußeren Umstände auch nicht auf eine Beschränkung oder ein Ge- oder Verbot hingedeutet haben.

Die fehlende Ortskenntnis ist kein Umstand, der einen groben Verkehrsverstoß in einem milderen Licht erscheinen lässt. Wer sich nicht auskennt, muss das durch erhöhte Aufmerksamkeit und Vorsicht ausgleichen.[627]
Die Indizwirkung des Regelbeispiels entfällt also nur dann, wenn das zu dem Verstoß führende Augenblicksversagen nicht seinerseits gerade auf einer groben Pflichtwidrigkeit beruht.[628]

Dem Zeitmoment kommt für die Wertung eines Pflichtenverstoßes als beharrlich außerhalb eines Regelfalls i.S.v. § 25 Abs. 1 Satz 1 2. Alt. StVG insoweit entscheidende Bedeutung zu, als sowohl der Zeitablauf zwischen dem jeweiligen Rechtskrafteintritt als auch zwischen den Tatzeiten zu berücksichtigen ist. Daneben sind insbesondere Anzahl, Tatschwere und Rechtsfolgen der früheren und im Entscheidungszeitpunkt noch verwertbaren Verkehrsverstöße zu gewichten.[629]

Liegt der Tatbestand eines Regelfalles vor und wird die daraus resultierende Vermutungswirkung nicht entkräftet, indiziert das die Erforderlichkeit des Fahrverbots, um auf den Betroffenen einzuwirken und ihn somit künftig von derartigem Fehlverhalten abzuhalten. Von der Verhängung eines Fahrverbots kann dann nach § 4 Abs. 4 BKatV nur ausnahmsweise abgesehen werden, wenn der Betroffene statt mit einem Fahrverbot genauso wirkungsvoll auch mit einer Erhöhung der Regelgeldbuße beeindruckt werden kann. Dabei spielt die Frage des Zeitablaufs zwischen Tat und Ahndung nur bedingt eine Rolle, wenn der Betroffene seit der Tat nicht mehr oder nur noch geringfügig gegen Verkehrsvorschriften verstoßen hat. Jedenfalls bei einem Zeitablauf von mehr als zwei Jahren[630] seit der Tat wird es zur Einwirkung auf den Betroffenen in der Regel nicht mehr erforderlich sein, ein

---

624 BayObLG NZV 1989, 35.
625 BayObLG NZV 2004, 102.
626 BGHSt 43, 241; OLG Hamm VRS 97, 212; BayObLG DAR 2000, 533; OLG Frankfurt DAR 2000, 177; OLG Düsseldorf, Beschl. v. 14.03.2014 – IV-1 RBs 183/13, DAR 2015, 213 f.
627 OLG Düsseldorf, Beschl. v. 14.03.2014 – IV-1 RBs 183/13, DAR 2015, 213 f.
628 OLG Köln VRS 97, 381; OLG Düsseldorf NZV 2000, 134; BGH, Beschl. v. 11.09.1997 – 4 StR 638/96, BGHSt 43, 241 = NJW 1997, 3252 f.
629 Bayerisches Oberstes Landesgericht, Beschl. v. 17.7.2019 – 202 ObOWi 1065/19.
630 OLG Düsseldorf DAR 2000, 415; DAR 2001, 133; OLG Rostock DAR 2001, 421; OLG Schleswig DAR 2001, 40.

Fahrverbot zu verhängen, insbesondere dann, wenn die Verzögerung nicht auf zurechenbarem Verhalten des Betroffenen beruht.[631]

b) Absehen vom Fahrverbot

Von der Verhängung eines Fahrverbots kann nur ausnahmsweise abgesehen werden, wenn der Betroffene statt mit einem Fahrverbot genauso wirkungsvoll auch mit einer Erhöhung der Regelgeldbuße beeindruckt werden kann.[632] Dabei spielt die Frage des Zeitablaufs zwischen Tat und Ahndung nur bedingt eine Rolle, wenn der Betroffene seit der Tat nicht mehr oder nur noch geringfügig gegen Verkehrsvorschriften verstoßen hat. Jedenfalls bei einem Zeitablauf von mehr als zwei Jahren[633] seit der Tat wird es zur Einwirkung auf den Betroffenen in der Regel nicht mehr erforderlich sein, ein Fahrverbot zu verhängen, insbesondere dann, wenn die Verzögerung nicht auf zurechenbarem Verhalten des Betroffenen beruht.[634] Selbst wenn die Anordnung eines Fahrverbots erforderlich ist, muss dennoch nach § 4 Abs. 4 BKatV davon unter Erhöhung der Geldbuße abgesehen werden, wenn das Fahrverbot beim Betroffenen zu einer unangemessenen und somit unzumutbaren Härte führen würde. Unangemessen ist die Verhängung des Fahrverbots dann, wenn sie im Vergleich mit anderen Betroffenen diesen Betroffenen stärker negativ treffen würde. Jedoch sind dabei aus dem Fahrverbot resultierende Erschwernisse, Unannehmlichkeiten und Lästigkeiten beruflicher oder sonstiger Art, wie sie jeden anderen sonst auch treffen würden, ohne Belang.[635] 229

▶ Hinweis

Der Tatrichter muss in den Urteilsgründen für das Rechtsbeschwerdegericht erkennbar deutlich werden lassen, dass er sich dieser Möglichkeit bewusst war und eine derartige Prüfung vorgenommen hat.[636] 230

Im Hinblick auf die unterschiedlichen Formulierungen in § 25 Abs. 1 S. 1 und 2 StVG sowie § 4 BKatV ist dem Gericht bei der Entscheidung über ein Absehen vom Fahrverbot ein unterschiedlicher Ermessensspielraum zugestanden. In den Fällen des § 25 Abs. 1 S. 2 StVG kann das Fahrverbot nur in Härtefällen ganz außergewöhnlicher Art oder nur dann entfallen, wenn das innere und äußere Erscheinungsbild der Tat außergewöhnlich weit vom Durchschnittsfall abweicht, während in den Fällen des § 25 Abs. 1 S. 1 StVG und des § 4 BKatV zur Begründung einer Ausnahme schon erhebliche Härten oder mehrere – für sich genommen gewöhnliche und durchschnittliche – Umstände ausreichen.[637] Ausnahmen sind möglich bei notstandsähnlichen oder entsprechenden Irrtums-Konstellationen;[638] bei existenziellen Härten in beruflich-wirtschaftlicher Hinsicht oder in der allgemeinen Lebensführung[639] und bei Bagatelltaten von geringem Gewicht[640] und bei einem Mitzieheffekt bei einem Rotlichtverstoß.[641] Keine Ausnahmen rechtfertigt dagegen der Hinweis auf 231

631 OLG Köln NZV 2000, 430; OLG Schleswig DAR 2000, 584.

632 *Fromm* NZV 2010, 1 ff. (Wegfall wegen Existenzgefährdung); *Buschbell* SVR 2010, 3 ff.; *Krumm* DAR 2011, 379 f.; *ders.* SVR 2012, 171 f.

633 OLG Düsseldorf DAR 2000, 415; DAR 2001, 133; OLG Rostock DAR 2001, 421; OLG Schleswig DAR 2001, 40; OLG Zweibrücken DAR 2011, 649.

634 OLG Köln NZV 2000, 430; OLG Schleswig DAR 2000, 584.

635 BayObLG DAR 2001, 84.

636 OLG Hamm NZV 2000, 136; OLG Naumburg ZfS 2001, 382; OLG Hamm NZV 2001, 222.

637 OLG Köln NStZ-RR 1996, 52; VRS 86, 152; BGHSt 38, 125; OLG Naumburg NZV 1995, 161; OLG Karlsruhe DAR 1992, 437.

638 OLG Hamm NZV 1996, 503.

639 OLG Frankfurt NZV 1995, 366; 1994, 286. Die entsprechende Behauptung des Betroffenen darf das Gericht dabei nicht ungeprüft übernehmen, sondern muss hierzu für das Beschwerdegericht nachprüfbare Feststellungen treffen: OLG Celle NZV 1996, 117; OLG Hamm, Beschl. v. 28.03.2012 – III-3 RBs 19/12, DAR 2012, 477.

640 OLG Köln NZV 1994, 157; OLG Düsseldorf DAR 1993, 479; OLG Celle DAR 1990, 150.

641 OLG Karlsruhe NZV 2010, 412 f. vgl. dazu *Krenberger* jurisPR-VerkR 19/2010 Anm. 5.

längere beanstandungsfreie Teilnahme des Betroffenen am Straßenverkehr seit der Tat,[642] ebenso wenig der Hinweis auf fühlbare berufliche Nachteile oder finanzielle Einbußen. Ein erheblicher Zeitablauf seit der Begehung der ein Fahrverbot indizierenden Ordnungswidrigkeit kann allerdings bei unbeanstandeter weiterer Teilnahme des Betroffenen am motorisierten Straßenverkehr die Anordnung des Fahrverbots ungerechtfertigt erscheinen lassen.[643]

▶ **Hinweis**

232 Die Anordnung eines Fahrverbots gemäß § 25 Abs. 1 S. 1 StVG wegen grober Verletzung der Pflichten eines Kraftfahrzeugführers kommt auch bei einer die Voraussetzungen des § 2 Abs. 1 S. 1 Nr. 1 BKatV erfüllenden Geschwindigkeitsüberschreitung nicht in Betracht, wenn die Ordnungswidrigkeit darauf beruht, dass der Betroffene infolge einfacher Fahrlässigkeit ein die Geschwindigkeit begrenzendes Verkehrszeichen übersehen[644] hat, und keine weiteren Anhaltspunkte vorliegen, aufgrund deren sich die Geschwindigkeitsbeschränkung aufdrängen musste. Die Bußgeldstellen und Gerichte brauchen bei einer solchen qualifizierten Geschwindigkeitsüberschreitung der Frage, ob die Tat auf einem lediglich einfach fahrlässigen Übersehen des die Geschwindigkeit beschränkenden Vorschriftszeichens beruht, nur auf eine entsprechende Einlassung des Betroffenen nachzugehen.[645]

233 Eine erstmalige grobe Pflichtverletzung durch vorsätzliche Überschreitung der zulässigen Höchstgeschwindigkeit kann die Verhängung eines Fahrverbots rechtfertigen, ohne dass es der ausdrücklichen Feststellung bedarf, der durch das Fahrverbot angestrebte Erfolg könne auch mit einer erhöhten Geldbuße nicht erreicht werden.[646] In den Fällen des § 4 Abs. 1 S. 1 und Abs. 2 S. 2 BKatV ist die Anordnung eines Fahrverbots zulässig, ohne dass es näherer Feststellung bedarf, der durch das Fahrverbot angestrebte Erfolg könne auch mit einer erhöhten Geldbuße nicht erreicht werden.[647]

234 Der Sinn eines Fahrverbots ist jedenfalls dann infrage gestellt, wenn die zu ahndende Tat mehr als zwei Jahre zurückliegt, es in der Zeit nach dem verfahrensgegenständlichen Verkehrsverstoß zu keinem weiteren Fehlverhalten des Betroffenen im Straßenverkehr gekommen ist und die für die lange Verfahrensdauer maßgeblichen Umstände außerhalb des Einflussbereichs des Betroffenen liegen.[648]

235 Ist im Bußgeldbescheid ein Fahrverbot nach § 25 StVG nicht angeordnet worden, so darf das Gericht im Einspruchsverfahren nur dann auf diese Nebenfolge erkennen, wenn es in entsprechender Anwendung des § 265 Abs. 2 StPO den Betroffenen zuvor auf diese Möglichkeit hingewiesen hat. Die Hinweispflicht soll den Betroffenen vor Überraschungen schützen, auf die er seine Verteidigung nicht hat einstellen können. Das Unterlassen eines solchen Hinweises begründet in der Regel die Rechtsbeschwerde und führt – bei unbeschränktem Rechtsmittel – zur Aufhebung des angefochtenen Urteils sowohl im Schuld- als auch im Rechtsfolgenausspruch, da ansonsten dem Betroffenen die Möglichkeit genommen würde,[649] seinen Einspruch zurückzunehmen.

642 OLG Düsseldorf DAR 1993, 479.
643 OLG Dresden DAR 2005, 226: »Von der Verhängung eines Fahrverbotes kann abgesehen werden, wenn zwischen dem Verkehrsverstoß und der tatrichterlichen Entscheidung mindestens zwei Jahre vergangen sind und in der Zwischenzeit kein weiteres Fehlverhalten im Straßenverkehr festgestellt worden ist«; vgl. auch OLG Karlsruhe DAR 2005, 168.
644 Konnte das Verkehrszeichen nicht gesehen werden (z.B. durch Bewuchs), entfaltet es keine Rechtswirkung mehr, vgl. OLG Hamm, Beschl. Vom 30.09.2010 – III-3 RBs 336/09.
645 BGHSt 43, 241 m. Anm. *Hentschel* NZV 1997, 527; *Vahle* DVP 1997, 527; *Jagow* VD 1997, 241; *Scheffler* DAR 1998, 157; *Lemke* NJ 1998, 43.
646 BGHSt 38, 106.
647 BGHSt 38, 125.
648 OLG Bamberg ZfSch 2008, 469; OLG Rostock StV 2009, 363.
649 Thüringer OLG, Beschl. v. 26.02.2010 – 1 Ss 270/09.

3. Verwarnung

Das Verwarnungsgeld gemäß § 56 Abs. 1 OWiG kommt nur bei geringfügigen Verkehrsordnungswidrigkeiten in Betracht, es wird in Höhe von 5 bis 55 Euro erhoben[650]. 236

Die wirksame Verwarnung bewirkt ein (eingeschränktes) Verfahrenshindernis (§ 56 Abs. 4 OWiG), 237 aber nur soweit der Verfolgungswille der Behörde reicht. Wird die Verwarnung bewusst oder versehentlich auf einen bestimmten tatsächlichen oder rechtlichen Gesichtspunkt beschränkt, so bleiben die übrigen nicht erfassten Handlungsteile oder Gesetzesverletzungen grundsätzlich verfolgbar. Die Verwarnung wird nur wirksam, wenn der Betroffene nach Belehrung über sein Weigerungsrecht mit ihr einverstanden ist und das Verwarnungsgeld entweder sofort oder innerhalb einer Woche bezahlt (§ 56 Abs. 2 OWiG). Sofern der Betroffene die Zahlungsfrist versäumt hat, ist ein Wiedereinsetzungsverfahren ausgeschlossen. Allerdings kann die Behörde – auch nachträglich – die Frist verlängern. Hat der Betroffene ein Verwarnungsgeld zwar verspätet, aber noch vor Erlass des Bußgeldbescheides gezahlt, so steht der Wirksamkeit des Bußgeldbescheides nicht das Verfolgungshindernis der wirksam erteilten Verwarnung entgegen. Die Verwarnung ist nämlich bei verspäteter Zahlung unwirksam, es sei denn, die Verwaltungsbehörde hätte die Zahlungsfrist nachträglich verlängert, worauf aber kein Anspruch besteht. Darin, dass die Verwaltungsbehörde die bei ihr verspätet eingehende Überweisung annimmt, liegt für sich allein noch keine stillschweigende Verlängerung der Frist zur Einzahlung des Verwarnungsgeldes. Eine Anfechtung der Verwarnung ist allenfalls im Hinblick auf die förmlichen Voraussetzungen, nicht dagegen in der Sache selbst möglich. Solange die Verwarnung noch nicht nach § 56 Abs. 2 Satz 1 OWiG durch Zahlung des Verwarnungsgeldes wirksam geworden ist, kann die Verwaltungsbehörde statt des Verwarnungsverfahrens ein Bußgeldverfahren einleiten. Auf den Grund für die unterbliebene Zahlung des Verwarnungsgeldes kommt es nicht an[651]

▶ Beachte

Die Verwaltungsbehörde kann ein Verwarnungsgeldangebot durch den Erlass eines Bußgeldbescheides zurücknehmen, wenn eine Verwarnung nicht hätte erteilt werden dürfen und die Abwägung zwischen dem Vertrauen des Betroffenen auf den Bestand des Verwaltungsaktes und dem öffentlichen Interesse an der Wahrung der Gesetzlichkeit und der Vermeidung ungerechtfertigter Bevorzugung einzelner den Vorrang des öffentlichen Interesses ergibt. Der Verfolgung einer Ordnungswidrigkeit steht nicht entgegen, dass dem Betroffenen zunächst ein Verwarnungsgeld angeboten worden war. Wirksam wird die Verwarnung gemäß § 56 Abs. 2 S. 1 OWiG nämlich erst mit der Zahlung des Verwarnungsgeldes. Die Gründe für die unterbliebene Zahlung sind ohne Belang. Der Betroffene hat auf eine gebührenfreie Ahndung der von ihm begangenen Ordnungswidrigkeit keinen Anspruch. 238

4. Einziehung (§ 22 bis 29a OWiG)

Die Einziehung (§ 22 bis 29a OWiG) ist den entsprechenden strafrechtlichen Regelungen (§§ 74 ff. 239 StGB) nachgebildet. Zweck der Einziehung ist die Sicherung der Allgemeinheit und der Rechtsordnung. Zu diesem Zweck können bestimmte Gegenstände, die Gegenstand der Zuwiderhandlung waren, zur Begehung der Tat gebraucht wurden oder aus ihr hervorgegangen sind, dem Täter entzogen werden. Voraussetzung ist grundsätzlich, dass die Gegenstände im Eigentum des Täters stehen (§ 22 Abs. 2 Nr. 1 OWiG). Dritten gegenüber ist die Einziehung zulässig, wenn diese zu der Ordnungswidrigkeit beigetragen haben oder davon wussten (§ 23 OWiG) sowie generell, wenn der Gegenstand für die Allgemeinheit gefährlich ist, z.B. weil zu erwarten ist, dass er für weitere Zuwiderhandlungen benutzt wird. Im letztgenannten Fall ist die Einziehung auch zulässig, wenn der Täter nicht vorwerfbar gehandelt hat (§ 22 Abs. 3 OWiG) oder die Tat bereits verjährt ist (§ 27 Abs. 2 Nr. 1 OWiG).

---

650 Siehe auch § 2 BKatV in der Fassung vom 05.11.2013; zu den Grundlagen *Krumm*, NJ 2018, 144 ff.

651 OLG Hamm, Beschl. v. 15.03.2011 – III-5 RBs 254/10, vgl. dazu *Krenberger* jurisPR-VerkR 19/2011 Anm. 6.

▶ Hinweis

240 Ein Urteil, das die Einziehung eines Fahrzeugs anordnet, muss erkennen lassen, ob die Einziehung zu Sicherungszwecken und/oder Ahndungszwecken erfolgt. Erfolgt die Einziehung ausschließlich zu Sicherungszwecken (§ 22 Abs. 2 Nr. 2 OWiG), weil die Gefahr besteht, dass der Täter das Fahrzeug auch künftig zu Ordnungswidrigkeiten benutzen wird, wenn er im Besitz des Fahrzeugs verbleibt, so muss sich der Tatrichter mit der Frage auseinandersetzen, ob im Rahmen des § 24 Abs. 2 OWiG eine Anweisung in Betracht kommt, das Fahrzeug innerhalb einer bestimmten Frist zu veräußern. Erfolgt die Einziehung auch zu Ahndungszwecken, so ist im Rahmen des Rechtsfolgenausspruches eine Gesamtbetrachtung aller sich für den Betroffenen ergebenden Nachteile (Geldbußen und Nebenfolge) erforderlich. Aus den Urteilsgründen muss dann auch hervorgehen, dass der Tatrichter den Wert des eingezogenen Gegenstandes bei der Bemessung der Geldbußen berücksichtigt hat.[652]

241 Die einzuziehenden Gegenstände müssen grundsätzlich in der Urteilsformel oder in einer Anlage dazu, mindestens aber in den Urteilsgründen, genau bezeichnet werden. Bezugnahmen auf die Anklage oder Polizeiprotokolle sind unzulässig. Im Fall einer Einziehung aus Sicherungsgründen ist im Urteil zu erörtern, ob die Einziehung dem Grundsatz der Verhältnismäßigkeit entspricht.

Nach dem Absatz 1 des neugefassten § 29a OWiG (Einziehung des Wertes von Taterträgen[653]) kann gegen denjenigen, der durch eine mit Geldbuße bedrohte Handlung oder für sie etwas erlangt hat, die Einziehung eines Geldbetrages bis zu der Höhe angeordnet werden, die dem Wert des Erlangten entspricht, wenn wegen der Handlung eine Geldbuße nicht festgesetzt wurde. Bei der Bestimmung des Wertes des Erlangten sind nach Absatz 3 die Aufwendungen des Täters oder des anderen abzuziehen. Außer Betracht bleibt jedoch das, was für die Begehung der Tat oder für ihre Vorbereitung aufgewendet oder eingesetzt worden ist. Wird gegen den Täter ein Bußgeldverfahren nicht eingeleitet oder wird es eingestellt, so kann die Einziehung selbständig angeordnet werden.[654]

▶ Hinweis

§ 29a Abs. 5 OWiG normiert, dass die Einziehung nur dann selbstständig angeordnet werden kann, wenn gegen den Täter ein Bußgeldverfahren nicht eingeleitet oder eingestellt wird. Voraussetzung für das auf die Anordnung der Einziehung gerichtete selbstständige Verfahren ist die Unmöglichkeit der Durchführung eines subjektiven Bußgeldverfahrens. Danach darf ein Bescheid nicht ergehen, wenn gegen die Verantwortlichen bereits ein Bußgeldverfahren durchgeführt und mit einer rechtskräftigen Verurteilung beendet wurde. § 29a Abs. 5 OWiG bewirkt damit ein Verfahrenshindernis für eine Einziehungsanordnung im selbständigen Verfahren.

Die Einziehung ist keine Strafe, Nebenstrafe oder Nebenfolge, sondern eine Rechtsfolge eigener Art, nämlich ein kondiktionsähnlicher Zugriff des Staates zur Wiederherstellung der durch die rechtswidrige in »Unordnung« geratenen Vermögensordnung. Die vorausgesetzte »mit Geldbuße bedrohte Handlung« liegt demgemäß entsprechend der gesetzlichen Begriffsbestimmung in § 1 Abs. 2 OWiG bereits dann vor, wenn die konkrete Handlung tatbestandsmäßig und rechtswidrig ist; vorwerfbar muss sie demgegenüber nicht sein.

Die Gewinnabschöpfung ist bereits mithilfe der Geldbuße möglich und nach § 17 Abs. 4 OWiG geboten, sofern der Täter rechtswidrig und vorwerfbar gehandelt und selbst den Vermögensvorteil erzielt hat.

---

652 BayObLG NJW 1994, 534.
653 Ausführlich *Rebler* DAR 2018, 411 ff.
654 OLG Karlsruhe Beschl. v. 04.07.2018 – 1 Rb 10 Ss 220/17.

5. Fahrtenbuchauflage (§ 31a StVZO)

Nach § 31a StVZO[655] kann die Verwaltungsbehörde gegenüber einem Fahrzeughalter die Führung eines Fahrtenbuches für ein oder mehrere auf ihn zugelassene oder zukünftig zuzulassende Fahrzeuge anordnen, wenn es nach einer Zuwiderhandlung gegen Verkehrsvorschriften nicht möglich war, den verantwortlichen Fahrzeugführer festzustellen[656]. Hierdurch sollen solche Fahrer ermittelt werden, die Leben, Gesundheit und Eigentum anderer Verkehrsteilnehmer gefährden. Der Halter kann sich weder auf ein prozessuales Zeugnisverweigerungsrecht noch auf ein Aussageverweigerungsrecht berufen, um die Verhängung des Fahrtenbuches abzuwenden.[657] Mit der Fahrtenbuchauflage wird weder das Zeugnisverweigerungsrecht unterlaufen, noch entsteht die Zwangslage, den seinerzeitigen Fahrer preiszugeben.[658] Ein Fahrtenbuch kommt in Betracht, wenn Verkehrsvorschriften in nennenswertem Umfang verletzt worden sind. Die einmalige und unwesentliche Verkehrsordnungswidrigkeit kann eine Fahrtenbuchauflage nicht auslösen, wenn sie als Einzelfall nicht geeignet ist, die charakterliche Zuverlässigkeit in Zweifel zu ziehen; in Betracht kommt in diesen Fällen aber die Androhung. Bei einer Vielzahl geringfügiger Verstöße im Verwarnungsgeldbereich kann ein Fahrtenbuch gerechtfertigt sein, sofern die Maßnahme für den Wiederholungsfall angedroht wurde. Die Fahrtenbuchauflage setzt stets voraus, dass der für die Begehung einer objektiv festgestellten Verfehlung verantwortliche Kraftfahrzeugführer nicht ermittelt werden kann. Der Umfang der Nachforschungsbemühungen ist an den Erfolgsaussichten und an dem Schweregrad des Verstoßes zu bemessen[659]. 242

Die Verpflichtung zum Führen eines Fahrtenbuches kann sich auch auf mehrere, ja sogar auf erst künftig zuzulassende Fahrzeuge beziehen. Ist der Betroffene Halter mehrerer Kraftfahrzeuge, so dürfen diese nur dann einbezogen werden, wenn auch dort einschlägige Zuwiderhandlungen mit einem nicht ermittelbaren Fahrer zu befürchten sind. 243

Aus Gründen der Verhältnismäßigkeit ist die Fahrtenbuchauflage regelmäßig zu befristen,[660] unzulässig ist jedoch auch die Verhängung auf unbestimmte Dauer nicht. 244

Der Inhalt des Fahrtenbuches ist in § 31a Abs. 2 StVZO geregelt. Der Halter oder sein Beauftragter haben für ein bestimmtes Fahrzeug und für jede Einzelfahrt vor deren Beginn Kennzeichen und Fahrer sowie Datum und Uhrzeit des Fahrtbeginns einzutragen. Nach Fahrtende sind unverzüglich Datum und Uhrzeit zu vermerken und dieser Eintrag ist zu unterschreiben. Die Eintragungen in das Fahrtenbuch nach § 31a StVZO müssen aus sich heraus verständlich sein. Die computermäßige Speicherung der Eintragungen auf eine Diskette ohne Ausdruck der Daten genügt nicht den an die Führung eines Fahrtenbuches zu stellenden Anforderungen.[661] 245

Das Fahrtenbuch muss nur dann mitgeführt werden, wenn es auf der Hin- oder Rückfahrt zu einem Fahrerwechsel kommt; anderenfalls genügt das Verbleiben beim Halter. Die Fahrtenbuchauflage kann als Verwaltungsakt durch Widerspruch[662] und Klage angefochten werden. Wird die Anordnung nach § 31a StVZO nicht erfüllt, so begeht der Betroffene nach § 69a Abs. 5 Nr. 4, 4a StVZO i.V.m. § 24 StVG eine Ordnungswidrigkeit, die nach Nr. 190 des Bußgeldkatalogs geahndet wird (100,00 €). 246

---

655 Ausführlich *Mahlberg* a.a.O., Kap. 35, Rn. 678 ff., S. 2263 ff.; *Kabus* DAR 2022, 172 (173 ff.); *Koehl* SVR 2011, 416 f. und 441 f.; *ders.* VD 2015, 262 f.; 283 f.; *Winter* DAR 2013, 290 f; *Weber* SVR 2014, 50 ff.; *Fromm* SVR 2016, 81, 85; *Rebler* DAR 2017, 105 ff.; *Stollenwerk* VR 2019, 194 ff.; zur Verfassungsmäßigkeit BVerfG NJW 1982, 568.

656 *Fromm* ZfSch 2016, 250 f. (Fahrerermittlung nach Verkehrsstraftaten); zur überschaubaren praktischen Relevanz *Müller* NZV 2023, 289 (293): lediglich in 21 % aller möglichen Fälle.

657 BVerfG DAR 1995, 459.

658 OVG Hamburg, Beschl. v. 28.06.2016 – 4 Bf 97/15, VerkMitt 2016, Nr. 53.

659 BayVGH, DAR 2016, 286 f.

660 Die Zeitspannen reichen von sechs Monaten bis zu zwei Jahren.

661 KG NZV 1994, 410.

662 Beachte Art. 15 Abs. 2 BayAGVwGO, § 16a HessAGVwGO [Anlage Nr. 11.1], § 8a Abs. 1 und 2 NdsAGVwGO, § 110 Abs. 1 JustG-NRW (von 01.11.2007 bis 31.12.2012), wonach das Widerspruchsverfahren (zeitweise) entfällt.

IV. Verfahren bei der Verfolgung von Ordnungswidrigkeiten

1. Das Bußgeldverfahren

a) Allgemeines

247 Im Gegensatz zum Legalitätsprinzip des Strafrechts wird das Ordnungswidrigkeitenrecht[663] vom Opportunitätsprinzip beherrscht, die Verfolgung von Ordnungswidrigkeiten liegt also im pflichtgemäßen Ermessen der Verwaltungsbehörde (§ 35 Abs. 1, § 47 Abs. 1 S. 1 OWiG). Bei der Entscheidung, ob ein förmliches Bußgeldverfahren einzuleiten ist, sind der Zweck der möglicherweise verletzten Ordnungsvorschrift und die Bedeutung des Verstoßes zu berücksichtigen. Bei nur geringfügigen Verstößen kann es angezeigt sein, von einem Bußgeldverfahren abzusehen (ähnlich § 153 StPO); dasselbe gilt, wenn zunächst die Klärung vorgreiflicher Rechtsfragen abgewartet werden soll (vgl. § 154d StPO). Eine Einstellung des Verfahrens ist veranlasst, wenn eine etwaige Ahndung der Tat unter Berücksichtigung des weiteren Verfahrensverlaufs in keinem Verhältnis zur Bedeutung der Tat und den damit verbundenen zusätzlichen Belastungen für die Betroffene stünde.[664]

248 Die Verwaltungsbehörde kann das Bußgeldverfahren auch auf einzelne Handlungen oder einzelne Rechtsverletzungen beschränken (vgl. §§ 154, 154a StPO). Die Einstellung bzw. Nichteinleitung eines Bußgeldverfahrens darf jedoch im Gegensatz zu § 153a StPO nicht von der Zahlung eines Geldbetrags an eine gemeinnützige Einrichtung oder eine sonstige Stelle abhängig gemacht werden (§ 47 Abs. 3 OWiG).

249 Wie im Strafverfahren sind auch im Bußgeldverfahren zwei grundlegende Abschnitte zu unterscheiden, nämlich das Erkenntnisverfahren (Verfahren bis zum Erlass einer rechtskräftigen Entscheidung über die Ordnungswidrigkeit und ihre Rechtsfolgen: §§ 35 bis 88 OWiG) und das Vollstreckungsverfahren (Verfahren zur Durchsetzung der festgesetzten Sanktion: §§ 89 bis 104 OWiG).

b) Zusammentreffen von Ordnungswidrigkeit und Straftat

250 Treffen Ordnungswidrigkeiten mit einer Straftat zusammen, so ist nebeneinander auf Strafe und Geldbuße zu erkennen, wenn Tatmehrheit besteht (§ 53 StGB, § 20 OWiG[665]). Bei Tateinheit oder Gesetzeskonkurrenz wird die Ordnungswidrigkeit durch die Straftat verdrängt (§ 21 OWiG)[666]. Das ist z.B. der Fall, wenn zwischen dem Besitz der erworbenen Betäubungsmittel und der Fahrt, die der Angeklagte nach dem Betäubungsmittelkonsum durchgeführt hat, eine unlösbare innere Verknüpfung über die bloße Gleichzeitigkeit der Ausführung der Tathandlungen hinaus bestand, weil die Verkehrsordnungswidrigkeit »Drogenfahrt« (§ 24a StVG) dazu diente, die vom Angeklagten erworbenen Betäubungsmittel zu seinem Wohnort zu transportieren. Dieser innere Bedingungszusammenhang begründet die Tateinheit, die eine Verurteilung wegen der Ordnungswidrigkeit ausschließt.[667] In diesen Fällen wird nur auf Strafe erkannt, gegebenenfalls zuzüglich der in der Bußgeldvorschrift angedrohten Nebenfolge (z.B. Fahrverbot). Die Anordnung des Fahrverbots nach § 25 StVG ist deshalb auch dann möglich, wenn die Ordnungswidrigkeit hinter einer tateinheitlich verwirklichten Straftat zurücktritt.[668]

---

663 Zum gerichtlichen Verfahren vgl. *Burhoff*, ZAP 2017, 437 ff.; zu den Kosten des Bußgeldverfahrens vgl. *Fromm* DAR 2012, 486 ff.

664 OLG Karlsruhe VersR 2010, 84 f.; zur Bindungswirkung nach § 47 Abs. 2 OWiG vgl. *Sandherr* NZV 2010, 41.

665 Vgl. dazu BGH, Beschl. v. 16.12.2015 – 4 StR 227/15, BGHSt 61, 100 f. = NJW 2016, 1188 f. = NStZ 2016, 476 f.

666 Beispiel: BGH, Beschl. v. 08.06.2011 – 4 StR 209/11, BA 2011, 356; allgemein zu den Konkurrenzen im Verkehrsstrafrecht *Franke* BA 2015, 184 ff.

667 BGH NZV 2012, 250.

668 Vgl. dazu *Krumm* NZV 2012, 210 ff.; vgl. auch BGH, Beschl. v. 08.06.2011 – 4 StR 209/11, NZV 2012, 250.

▶ **Hinweis**

Die Voraussetzungen für die Abgabe des Verfahrens an die Verwaltungsbehörde gemäß § 43 OWiG liegen bei einer Entscheidung nach § 153a StPO nicht vor, denn mit der Einstellung des Strafverfahrens gegen Auflagen wurde eine Art Sachentscheidung getroffen, die nach § 21 OWiG die Ahndung der mit derselben Tat begangenen Ordnungswidrigkeit ausschließt.[669]

c) Strafklageverbrauch

Ist der Bußgeldbescheid rechtskräftig geworden oder hat das Gericht über die Tat als Ordnungswidrigkeit oder als Straftat rechtskräftig entschieden, so kann dieselbe Tat nicht mehr als Ordnungswidrigkeit verfolgt werden[670]. Das rechtskräftige Urteil über die Tat als Ordnungswidrigkeit steht auch ihrer Verfolgung als Straftat entgegen. Dem rechtskräftigen Urteil steht der Beschluss nach § 72 OWiG und der Beschluss des Beschwerdegerichts über die Tat als Ordnungswidrigkeit gleich (§ 84 OWiG). Die erweiterte Rechtskraft der gerichtlichen Entscheidung im Bußgeldverfahren auch zur Straftat ergibt sich zwangsläufig daraus, dass das Gericht die Tat in Bußgeldverfahren auch unter strafrechtlichen Gesichtspunkten zu prüfen hat Eine spätere Verfolgung der Tat als Straftat ist dann bei neuen Tatsachen oder Beweismitteln nur in den förmlichen Wiederaufnahmeverfahren möglich (§ 85 Abs. 3 OWiG). Eine Bindungswirkung setzt jedoch nur dann ein, wenn in dem Bußgeldverfahren ein Sachurteil oder ein Beschluss nach § 72 OWiG ergangen ist. Nicht ausreichend ist eine Entscheidung der Verwaltungsbehörde. 251

In Literatur und Schrifttum ist umstritten, inwieweit ein Beschluss nach § 47 Abs. 2 OWiG als Opportunitätsentscheidung ebenso Wirkung wie die in § 84 Abs. 2 OWiG genannten Entscheidungen Bindungs- und Sperrwirkung für ein nachfolgendes Strafverfahren entfalten kann. Die herrschende Auffassung verlangt für die Verfolgung derselben Tat auch unter dem Blickwinkel einer möglichen Straftat unter Bezugnahme auf § 211 StPO mindestens das Vorliegen neuer Tatsachen oder Beweismittel, die dem Einstellungsbeschluss die Grundlage entziehen. Teilweise wird die Verfolgung sogar nur bei Vorliegen eines Verbrechens für zulässig erachtet.[671]

2. Der Bußgeldbescheid (§§ 65, 66 OWiG)

a) Inhalt

Dem Bußgeldbescheid[672] kommen wie einer Anklageschrift »Umgrenzungs- und Informationsfunktion« zu. Er muss Angaben zur Person des Betroffenen (§ 66 Abs. 1 Ziffer 1 OWiG) enthalten[673]. Mangelhafte Angaben zur Person beeinträchtigen die Wirksamkeit des Bußgeldbescheides nicht, soweit sich die Identität aus den vorhandenen richtigen Angaben ergibt. Die Angabe einer Firma zur Kennzeichnung des Betroffenen reicht aber nicht, da nur eine natürliche Person Betroffener sein kann (anders wohl bei einem Einzelkaufmann). Die der strafprozessualen Anklageschrift und dem Strafbefehl nachgebildeten Anforderungen an den Bußgeldbescheid als wirksame Verfahrensgrundlage dürfen aber nicht überspannt werden. Entscheidend ist, dass der Betroffene anhand der 252

---

669 Vgl. dazu *Schneider* DAR 2017, 176 ff.

670 Allgemein: *Krenberger* DAR 2017, 192 ff.; zum Strafklageverbrauch bei Aburteilung einer Transportfahrt von Betäubungsmitteln unter Alkoholeinfluss vgl. BGH, Beschl. v. 03.05.2012 – 3 StR 109/12; BGH StraFo 2009, 167; StV 2010, 119 f.; NZV 2012, 250 f.; vgl. auch KG NZV 2012, 305 f. = NStZ-RR 2012, 155 f. (erforderlich ist ein innerer Beziehungs- bzw. Bedingungszusammenhang zum Fahrvorgang).

671 Vgl. dazu OLG Düsseldorf, Beschl. v. 20.03.2012 – III-3 RVs 28/12, DAR 2012, 398 f.

672 Vgl. dazu *Mitsch* JA 2008, 241 ff.; 409 ff., 411; zum Bestimmtheitsgebot *Rebler* AnwZert VerkR 23/2015 Anm. 2 und AnwZert VerkR 24/2015 Anm. 2; zur Abgrenzungsfunktion *Rebler* NZV 2016, 304 f.; *ders.* SVR 2016, 444 f.; ThürOLG, Beschl. v. 18.04.2016 – 1 OLG 121 SsRs 6/16, StraFo 2016, 254; *Junghans* DV 2019, 50 ff.

673 OLG Bamberg DAR 2009, 155 f.; vgl. *Rützler* ZLR 2000, 459 f.

Tatbeschreibung des Bußgeldbescheides erkennen kann, wegen welches nach der Lebensauffassung einheitlichen geschichtlichen Vorgangs er zur Verantwortung gezogen werden soll und dass insoweit eine Verwechslung mit einem möglichen gleichartigen anderen Fehlverhalten desselben Betroffenen ausgeschlossen ist.[674]

253 Der Bußgeldbescheid muss die Bezeichnung der Tat (§ 66 Abs. 1 Ziffer 3 OWiG) enthalten. Der Begriff der Tat im gerichtlichen Verfahren in Bußgeldsachen deckt sich mit dem für das Strafverfahren maßgeblichen Tatbegriff des Art. 103 Abs. 3 GG.[675] Er bezeichnet ein konkretes Geschehen, das einen einheitlichen geschichtlichen Vorgang bildet und Merkmale enthält, die es von denkbaren anderen ähnlichen oder gleichartigen Vorkommnissen unterscheidet und umfasst das gesamte Verhalten des Täters, soweit dieses nach der natürlichen Auffassung des Lebens eine Einheit bildet.[676] Im Bußgeldbescheid ist der Tatbestand der Ordnungswidrigkeit unter Angabe der Tatsachen, welche die einzelnen Tatbestandsmerkmale erfüllen, als geschichtlicher Lebenssachverhalt konkret zu schildern, so dass erkennbar ist, welche Tat und welche Gesetzesverletzung dem Betroffenen zur Last gelegt wird.[677] Nicht jede Unrichtigkeit und Ungenauigkeit führt zur Unwirksamkeit, wenn keine Verwechselung möglich ist.[678] Entscheidend ist, dass sowohl für die Verfolgungsorgane als auch für den Betroffenen klar und eindeutig erkennbar ist, um welchen Vorgang es sich bei der im Bußgeldbescheid bezeichneten Tat handeln soll. Entsprechendes gilt auch für die zeitliche Begehung.

Ein in Papierform oder mithilfe der elektronischen Datenverarbeitung (§ 51 Abs. 1 Satz 2 OWiG) erstellter Bußgeldbescheid ist auch ohne eigenhändige Unterschrift wirksam, wenn aus der Akte anderweitig zweifelsfrei erkennbar ist, dass er auf dem Willen des zuständigen Behördenmitarbeiters beruht.[679]

b) Zustellung des Bußgeldbescheides (§ 51 OWiG)

254 Die Zustellung des Bußgeldbescheides erfolgt gemäß § 51 Abs. 3 OWiG[680] an den Verteidiger, dessen Vollmacht sich in den Akten befindet, dem Betroffenen wird der Bußgeldbescheid formlos zugestellt (§ 51 Abs. 3 S. 2 OWiG). Wenn sich keine Vollmacht in den Akten (mit Zustellungsvollmacht) befindet, erfolgt die Zustellung an den Betroffenen und eine formlose Abschriftsmitteilung an den Verteidiger. Die Zustellung an den Verteidiger ohne Zustellungsvollmacht ist nicht wirksam. Eine nach Zustellung zu den Akten gereichte Vollmacht reicht nicht aus.

255 Bei der Frage der Rechtzeitigkeit des Rechtsbehelfs und damit des Fristbeginns für einen Rechtsbehelf ist die Zustellung, nicht die Benachrichtigung maßgebend. Es kann wohl ausreichen, wenn die Bevollmächtigung aktenkundig ist. Die Anzeige, den Betroffenen zu verteidigen, reicht aber nicht aus, so dass deren Nichtbeachtung keinen Verstoß gegen Art. 103 Abs. 1 GG darstellt. Da es sich bei § 51 Abs. 2 OWiG lediglich um eine Ordnungsvorschrift[681] handelt, führt dessen Nichtbeachtung nicht zur Unwirksamkeit des Bußgeldbescheides. Wird der Bescheid nur dem Betroffenen zugestellt und unterbleibt eine Unterrichtung des Verteidigers nach § 51 Abs. 3 S. 3 OWiG und hat der Betroffene die Rechtsmittelfrist versäumt, so kann ihm in der Regel kein Mitverschuldensvorwurf daraus gemacht werden, dass er den Verteidiger nicht von der Zustellung unterrichtet hat. Der Betroffene kann darauf vertrauen, dass der zu den Akten gemeldete Verteidiger über die Zustellung ordnungsgemäß informiert wird. In einem solchen Fall kommt eine Wiedereinsetzung in den vorigen Stand (§ 52 OWiG) in Betracht.

674 OLG Bamberg DAR 2009, 155 f.
675 BayObLG JR 2002, 523 f. m. Anm. *Seitz.*
676 BGHSt 22, 375 [385].
677 BGHSt 23, 141 [145]; 336 ff.; BGHSt 35, 60 [62 ff.]; BGHSt 45, 211 [212 f.].
678 BayObLG NZV 1994, 448.
679 KG, Beschl. v. 14.01.2016 – 3 Ws (B) 610/15 m.w.N., VRS 129, 326 f.
680 Vgl. u.a. *Seitz/König* DAR 2009, 368 f.; zur Ersatzzustellung gem. § 180 ZPO vgl. OLG Nürnberg NJW 2009, 2229.
681 BVerfG NJW 1978, 1575.

▶ **Hinweis**

Erfolgt die Zustellung an den Verteidiger, ohne dass sich eine Zustellungsvollmacht in den Akten befindet, wird die Verjährung durch die »Zustellung« nicht unterbrochen. 256

257 Voraussetzung für die Wirksamkeit der Zustellung des Bußgeldbescheids gemäß § 51 OWiG i.V.m. § 3 VwZG ist neben der Absender- und Empfängerangabe grundsätzlich auch die richtige Bezeichnung des Aktenzeichens auf dem Umschlag. Eine teilweise falsche Geschäftsnummer auf dem Umschlag führt aber nicht zur Unwirksamkeit der Zustellung.

3. Der Einspruch (§ 67 OWiG)

258 Der Einspruch gegen den Bußgeldbescheid kann schriftlich oder zur Niederschrift bei der Verwaltungsbehörde, die ihn erlassen hat, eingelegt werden; er kann auch per Telefax oder Computerfax,[682] ja sogar telefonisch zur Niederschrift erklärt werden.[683] Legt der Verteidiger selbst Einspruch ein, soll die Einlegung als elektronisches Dokument – also per beA – erfolgen. Nach § 110c S. 1 OWiG gilt jedenfalls die Sollvorschrift des § 32d Satz 1 StPO[684] entsprechend im Bußgeldverfahren. Ob der Einspruch zwingend und verpflichtend gemäß § 32d Satz 2 StPO elektronisch einzureichen ist, ist bislang nicht geklärt. Zwar ist der Einspruch nicht in § 32d Satz 2 StPO aufgelistet.[685] Zur Vermeidung eines möglicherweise verspäteten Einspruchs, empfiehlt sich allerdings stets die Nutzung des besonderen elektronischen Anwaltspostfaches.

Die Einspruchsfrist beträgt zwei Wochen nach Zustellung oder Niederlegung des Bußgeldbescheids, der Einspruch muss binnen der »Zwei-Wochenfrist« eingegangen sein. Bei verspätetem Einspruchseingang verwirft die Verwaltungsbehörde gemäß § 69 Abs. 1 OWiG den Einspruch als unzulässig; hiergegen ist binnen zwei Wochen der Antrag auf gerichtliche Entscheidung gemäß § 62 OWiG möglich. Nach § 67 Abs. 2 OWiG kann der Einspruch auf bestimmte Beschwerdepunkte beschränkt werden, auch auf die Rechtsfolge.[686] Eine Beschränkung auf ein verhängtes Fahrverbot ist unzulässig, da diese Maßnahme nicht trennbar ist von der Höhe der Geldbuße.[687] Das Verbot der *Reformatio in peius* gilt nicht.

4. Wiedereinsetzung in den vorigen Stand (§ 52 OWiG)

259 Der Antrag[688] ist binnen Wochenfrist bei der Verwaltungsbehörde gem. § 52 Abs. 1 OWiG i.V.m. § 45 Abs. 1 StPO zu stellen. Die unverschuldete Fristversäumung muss begründet und glaubhaft gemacht werden. Eine eidesstattliche Versicherung des Antragstellers ist unzulässig, sie ist nur als »schlichte Erklärung« anzusehen und nur ausnahmsweise ausreichend, wenn andere Mittel nicht zur Verfügung stehen.[689] Die dem Antrag stattgebende Entscheidung der Verwaltungsbehörde ist

682 Vgl. *Seitz* in Göhler § 67 Rn. 21 ff.; *Bohnert* in KK-OWiG 4. Aufl. § 67 Rn. 64 ff.

683 *Seitz* in Göhler § 67 Rn. 26; *Bohnert,* § 67 Rn. 73; BGHSt 29, 173 ff.; anders bei der Einlegung einer Rechtsbeschwerde: vgl. *Seitz* in Göhler § 79 Rn. 28.

684 Vgl. zu den seit dem 01.01.2022 geltenden §§ 32a ff. StPO *Makepeace* JR 2023, 379 ff.

685 Für eine zwingende elektronische Einreichpflicht auch für einen Einspruch gegen einen Bußgeldbescheid *Jungbarer* DAR 2022, 168 (171); zweifelnd *Krenberger/Krumm*, OWiG, 7. Aufl. 2022, § 110c Rn. 13.

686 BayObLG NZV 1999, 51; OLG Hamm DAR 2012, 218 m. Anm. *Krumm*; OLG Hamm NZV 2010, 270 f.; ausführlich KG, Beschl. v. 02.01.2014 – 3 Ws (B) 652/13, 3 Ws (B) 652/13 – 162 Ss 187/13 m. Anm. *Krenberger* jurisPR-VerkR 14/2014 Anm. 6; *ders.* jurisPR-VerkR 18/2016 Anm. 4; jurisPR-VerkR 3/2017 Anm. 5; OLG Oldenburg, Beschl. v. 07.03.2016 – 2 Ss (OWi) 55/16, DAR 2016, 472 f.; dazu *Krenberger* jurisPR-VerkR 18/2016 Anm. 4.

687 BayObLG DAR 1999, 559.

688 Vgl. dazu *Klingenberger* AnwZert VerkR 11/2009, Anm. 3; *Bergmann* in Beck/Berr OWi-Sachen in Straßenverkehr. Rn. 237 ff. mit Muster.

689 *Seitz* in Göhler § 52 Rn. 21.

unanfechtbar (§ 52 Abs. 1 OWiG i.V.m. § 46 Abs. 2 StPO). Bei Verwerfung des Antrages auf Wiedereinsetzung in den vorigen Stand durch die Verwaltungsbehörde besteht die Möglichkeit, binnen zwei Wochen einen Antrag auf gerichtliche Entscheidung gemäß § 62 OWiG zu stellen; die Entscheidung des Gerichts über die Verwerfung ist mit der sofortigen Beschwerde gemäß § 52 Abs. 1 OWiG i.V.m. § 46 Abs. 3 StPO anfechtbar, darüber entscheidet die Kammer für Bußgeldsachen beim Landgericht.

260 Ist das Amtsgericht bereits mit der Entscheidung über den Einspruch befasst, so entscheidet es gemäß § 52 Abs. 2 OWiG auch über den Wiedereinsetzungsantrag.

5. Das Zwischenverfahren (§ 69 OWiG)

261 Die Verwaltungsbehörde ist im Fall eines zulässigen Einspruchs verpflichtet zu überprüfen, ob sie den Bescheid aufrechterhält oder zurücknimmt (§ 69 Abs. 2 OWiG).[690] Die Vorschrift stellt keine Ermessensvorschrift dar, sondern eine Verpflichtung, den Sachverhalt aufgrund der Einspruchseinlegung in tatsächlicher und rechtlicher Hinsicht zu überprüfen und erneut rechtlich zu würdigen. Beweisanträgen ist zu entsprechen, soweit Ermittlungen nicht unverhältnismäßig ausgedehnt werden. Gemäß § 69 Abs. 3 S. 1 OWiG übersendet die Verwaltungsbehörde die Akten, wenn der Einspruch nicht als unzulässig verworfen wird, über die Staatsanwaltschaft an das Amtsgericht. Gemäß § 69 Abs. 4 S. 2 OWiG legt die Staatsanwaltschaft dem Richter beim Amtsgericht die Akten vor, wenn sie weder das Verfahren einstellt noch weitere Ermittlungen durchführt.

6. Das Hauptverfahren (§§ 71 ff. OWiG)

262 Für das Hauptverfahren gelten grundsätzlich die Vorschriften über das gerichtliche Verfahren nach Einspruch gegen einen Strafbefehl entsprechend (§ 71 Abs. 1 OWiG i.V.m. § 411 Abs. 1 S. 2, §§ 226 ff. StPO). Das Verschlechterungsverbot gilt im erstinstanzlichen gerichtlichen Bußgeldverfahren kraft besonderer gesetzlicher Bestimmung nur bei einer Entscheidung durch Beschluss im schriftlichen Verfahren (§ 72 Abs. 3 Satz 2 OWiG), nicht aber bei einer Entscheidung durch Urteil nach Durchführung einer Hauptverhandlung.

a) Das Beschlussverfahren (§ 72 OWiG)

263 Hält das Gericht eine Hauptverhandlung nicht für erforderlich, kann das Gericht durch Beschluss entscheiden, wenn Betroffener und Staatsanwaltschaft diesem Verfahren nicht widersprechen. Dem Betroffenen muss die Gelegenheit zur Äußerung innerhalb von zwei Wochen gegeben werden. Der Hinweis auf die Möglichkeit des Widerspruchs muss ausdrücklich erteilt werden und ist förmlich zuzustellen.[691] Das Gericht muss ferner darüber belehren, dass im Fall einer zulässigen Beschlussentscheidung die Zulassungsrechtsbeschwerde ausgeschlossen ist (§ 79 Abs. 1 Nr. 5 OWiG). Liegen diese Voraussetzungen nicht vor, ist die Entscheidung im Beschlussverfahren unzulässig. Das Einverständnis mit dem schriftlichen Verfahren muss nicht ausdrücklich erklärt werden, ein stillschweigendes Einverständnis reicht aus. Der Antrag des Verteidigers auf Entbindung des Betroffenen von der Pflicht zum persönlichen Erscheinen enthält nicht die konkludente Voraberklärung des Einverständnisses mit dem Beschussverfahren.

Grundsätzlich ist ein Betroffener an die Zustimmung des Erlasses einer Entscheidung im Beschlussweg gebunden. Das gilt jedoch nicht, wenn sich im weiteren Verfahren neue tatsächliche oder rechtliche Gesichtspunkte ergeben, deren Berücksichtigung bei einer Entscheidung nach Lage der Akten von dem Verzicht auf den Widerspruch nicht gedeckt ist.[692]

690 Vgl. zur Verteidigung im Zwischenverfahren *Krumm* ZfSch 2011, 487 f.; *ders.* NJ 2017, 187 ff.
691 BayObLG NZV 1994, 492.
692 OLG Brandenburg, Beschl. v. 01.04.2016 – (1 B) 53 Ss-OWi 16/16 (29/16) DAR 2016, 469.

Das Gericht darf von der im Bußgeldbescheid getroffenen Entscheidung nicht zum Nachteil des Betroffenen abweichen (§ 72 Abs. 3 S. 2 OWiG). 264

▶ **Hinweis**

Anders als im Fall einer Entscheidung durch Urteil ist Gegenstand der Beschlussentscheidung nach § 72 OWiG und alleinige Grundlage der richterlichen Überzeugungsbildung die Tat, wie sie sich nach dem gesamten Akteninhalt darstellt. 265

b) Die Hauptverhandlung (§§ 73 ff. OWiG)

Die Staatsanwaltschaft kann am gerichtlichen Verfahren teilnehmen, ist hierzu jedoch nicht verpflichtet (§ 75 Abs. 1 S. 1 OWiG). Der Betroffene ist grundsätzlich zur Teilnahme an der Hauptverhandlung verpflichtet. Bei Abwesenheit des Betroffenen ohne genügende Entschuldigung wird der Einspruch durch Urteil verworfen (§ 74 Abs. 2 OWiG). 266

aa) Anwesenheit des Betroffenen in der Hauptverhandlung

Nach § 73 Abs. 1 OWiG ist der Betroffene auch im Ordnungswidrigkeitenverfahren zum Erscheinen in der Hauptverhandlung und grundsätzlich auch zur Anwesenheit während der gesamten Dauer der Hauptverhandlung verpflichtet.[693] Gemäß § 73 Abs. 2 OWiG entbindet das Gericht ihn aber auf seinen Antrag von dieser Verpflichtung, wenn er sich zur Sache geäußert oder erklärt hat, dass er sich in der Hauptverhandlung nicht zur Sache äußern werde und seine Anwesenheit zur Aufklärung wesentlicher Gesichtspunkte des Sachverhaltes nicht erforderlich ist.[694] 267

▶ **Beachte**

Ein Entbindungsantrag ist so rechtzeitig und in einer solchen Aufmachung anzubringen, dass das Gericht – in Anlehnung an den Zugang von empfangsbedürftigen Willenserklärungen im Zivilrecht – unter gewöhnlichen Umständen bei üblichem Geschäftsgang und zumutbarer Sorgfalt ihn als solchen erkennen, von ihm Kenntnis nehmen kann und muss und ihn deshalb einer Bearbeitung zuzuführen hat. Dabei verbietet sich jegliche schematische Betrachtung, sondern es kommt stets auf sämtliche Umstände des konkreten Einzelfalls an.[695]

Der Antrag des Betroffenen auf Entbindung von der Pflicht zum Erscheinen in der Hauptverhandlung bedarf keiner Form. Es reicht grundsätzlich aus, wenn der Betroffene in einem Schriftstück zum Ausdruck bringt, dass er von der Pflicht zum Erscheinen in der Hauptverhandlung befreit werden möchte.

Ob dem Tatrichter der Entbindungsantrag bis zum Erlass der angefochtenen Entscheidung tatsächlich zur Kenntnis gelangt war, ist unerheblich. Maßgeblich ist allein, ob der Antrag bei gehöriger gerichtsinterner Organisation dem Richter hätte rechtzeitig zugeleitet werden können.[696]

---

693 Vgl. OLG Bamberg, Urt. v. 30.03.2012 – 3 Ss OWi 360/12; zum Fernbleiben bei Krankheit vgl. *Fromm* DAR 2013, 172 f.

694 Vgl. dazu *Fromm* SVR 2010, 86 ff.; *ders.* DAR 2013, 368 ff.; *Janeczek* ZfSch 2015, 603; Rechtsprechungsübersichten von *Krenberger* ZfS 2012,424 ff.; 2013, 364 ff.; OLG Bamberg, Beschl. v. 08.05.2014 – 2 Ss OWi 405/13; vgl. dazu *Krenberger* jurisPR-VerkR 4/2015 Anm. 6.

695 OLG Hamm, Beschl. v. 19.05.2015 – III-5 RBs 59/15 = NStZ-RR 2015, 259 f.; vgl. dazu *Krenberger*, jurisPR-VerkR 23/2015 Anm. 5; vgl. auch OLG Rostock, Beschl. v. 15.04.2015 – 21 Ss OWi 45/15 = SVR 2015, 265 f.

696 Oberlandesgericht des Landes Sachsen-Anhalt, Urt. v. 25.078.2015 – 2 Ws 163/15; OLG Bamberg, Beschl. v. 30.10.2007 – 2 Ss OWi 1409/07 = NStZ-RR 2008, 86 f.

Die Entscheidung über den Entbindungsantrag ist nicht in das Ermessen des Gerichts gestellt.[697] Vielmehr ist das Gericht verpflichtet, dem Entbindungsantrag zu entsprechen, sofern die Voraussetzungen des § 73 Abs. 2 OWIG vorliegen.[698] Die Anwesenheit des Betroffenen dürfte zur Aufklärung des Sachverhaltes dann erforderlich sein, wenn das Gericht zuverlässigere Angaben von Zeugen oder Mitbetroffenen erwartet, falls sie diese in Gegenwart des Betroffenen abgeben werden oder einem zum Schweigen entschlossenen Betroffenen die im Laufe der Hauptverhandlung zu erwartenden Erkenntnisse die Möglichkeit geben sollen, seine Entscheidung zu überdenken. Für die Erforderlichkeit der Anwesenheit des Betroffenen müssen aber konkrete Anhaltspunkte vorliegen.[699] Wird die Fahrereigenschaft eingeräumt und eine weitere Einlassung zur Sache wurde ausgeschlossen, kann mit der Begründung, dass beabsichtigt sei, in der Hauptverhandlung einen rechtlichen Hinweis zu erteilen, ein Entbindungsantrag nicht abgelehnt werden.[700] Die rein spekulative Erwägung, der Betroffene werde in der Hauptverhandlung vielleicht doch Angaben machen, kann eine Aufklärungserwartung und damit die Ablehnung des Entpflichtungsantrags nicht begründen.[701]

Ein Antrag auf Entbindung des Betroffenen von der Erscheinenspflicht in der Hauptverhandlung nach § 73 Abs. 2 OWiG kann frühestens zusammen mit der Einlegung des Einspruchs gegen den Bußgeldbescheid wirksam gestellt werden[702], er kann noch zu Beginn der Hauptverhandlung gestellt werden.[703] Eine Entbindung von der Verpflichtung zum persönlichen Erscheinen in der Hauptverhandlung wirkt aber nur für die jeweilige Hauptverhandlung, also nicht bei Aussetzung und Verlegung, wohl aber für Fortsetzungstermine einer bereits begonnenen Hauptverhandlung.[704] Die antragsgemäße Entbindung des Betroffenen von der Pflicht zum persönlichen Erscheinen in der Hauptverhandlung nach § 73 Abs. 2 OWiG wirkt auch bei einer bloßen Verlegung des Hauptverhandlungstermins fort.[705]

Dass ein Entbindungsantrag gemäß § 73 Abs. 2 OWiG erst am Sitzungstag auf der Geschäftsstelle eingeht, steht der Pflicht nicht entgegen, ihn zu bescheiden. Die Fürsorgepflicht gebietet es deshalb, dass der Richter sich vor der Verkündung des Verwerfungsurteils bei der Geschäftsstelle informiert, ob dort eine entsprechende Nachricht vorliegt.[706] War ein Entschuldigungsschreiben oder eine entsprechende fernmündliche Nachricht über eine Verhinderung des Betroffenen zum Zeitpunkt der Entscheidung bei Gericht bereits eingegangen, ist die fehlende Kenntnis des Richters grundsätzlich unbeachtlich.[707] Bescheidet das Gericht den vom Betroffenen rechtzeitig vor der Hauptverhandlung gestellten Antrag auf Entbindung von der Pflicht zum persönlichen Erscheinen nicht und befasst es sich auch im Verwerfungsurteil in keiner Weise mit dem Antrag, so liegt darin eine Verletzung des

697 OLG Bamberg, Beschl. v. 18.07. 2013 – 2 Ss OWi 877/13 = NZV 2013, 612; OLG Bamberg, Beschl. v. 14.03.2013 – 3 Ss OWi 344/13.

698 OLG Frankfurt/Main, NStZ-RR 2011, 350 f.; NZV2012, 192 f.; Beschl. v. 08.03.2012 – 2 Ss-OWi 181/12 = NZV 2012, 307 f. m. Anm. *Krenberger*, juris PR-VerkR 25/2012 Anm. 6; (gilt auch bei Heranwachsenden); Kammergericht, DAR 2011, 146; 2012, 31 f.

699 OLG Hamm, NZV 2005, 386; Beschl. v. 29.09.2009 – 2 Ss OWi 705/09; OLG Bamberg, SVR 2009, 393 f.; Beschluss v. 08.05.2014 – 2 Ss OWi 405/13 vgl. dazu *Krenberger*, jurisPR-VerkR 4/2015 Anm. 6.

700 OLG Bamberg, Beschl. v. 08.05.2014 – 2 Ss OWi 405/13 = SVR 2015,70 f.; OLG Brandenburg, Beschl. v. 22.02.2016 -1 53 Ss OWi 617/15.

701 OLG Karlsruhe, Beschl. v. 19.04.2013 – 3 (4) SsRs 153/13 = ZfSch 2013, 653: Beschl. v. 05.06.2012 – 2 (6) SsRs 279/12 m. Anm. *Krenberger* jurisPR-VerkR 3/2013 Anm. 5: OLG Köln, Beschl. v. 16.10.2012 – III -1 RBs 265/12 = NZV 2013, 50 m. Anm. *Krenberger* jurisPR-VerkR 11/2013 Anm. 6.

702 OLG Bamberg, Beschl. v. 10.03.2016 – 3 Ss OWi 88/16 = StraFo 2016, 348.

703 OLG Celle, StraFo 2009, 340 f.; OLG Düsseldorf, Beschl. v. 02.02.2012 – IV-2 RBs 13/12.

704 Thüringer Oberlandesgericht, VRS 117, 342 f.; vgl. dazu *Meyer* NZV 2010, 496 f.; OLG Bamberg, Beschl. v. 30.03.2016 – 3 Ss OWi 1502/15 = StraFo 2016, 212 f. m. Anm. *Krumm*, DAR 2016, 393.

705 OLG Bamberg, Beschl. v. 30.03.2016 -3 Ss OWi 1502/15.

706 Kammergericht, Beschl. v. 20.08.2014 -3 Ws (B) 388/14 = NStZ-RR 2014, 382 f.; vgl. dazu *Krenberger*, ZfSch 2015, 234.

707 OLG Rostock, Beschl. v. 21.02.2014 – 2 Ss-OWi 30/14 (37/14).

Anspruchs auf rechtliches Gehör. Hat das Gericht einen Terminverlegungsantrag ohne stichhaltige Begründung abgelehnt, so verstößt das Gericht durch ein Einspruchsverwerfungsurteil gegen die Grundsätze fairer Prozessführung, denn es hat das Recht des Betroffenen auf rechtliches Gehör in unzulässiger Weise verletzt.[708] Auf den in der Rechtsbeschwerdebegründung fehlenden Vortrag, was der Betroffene im Falle seine Anhörung zur Sache ausgeführt hätte, kommt es in diesem Fall nicht an; das Ersturteil ist wegen des Verfahrensfehlers aufzuheben.[709]

Die Grundsätze einer fairen Prozessführung gebieten bei Anträgen zur Terminsverlegung ein sachgerechtes Umdisponieren des Gerichts. Die formularmäßige Ablehnung von Terminverlegungsanträgen mit der Begründung, dass aufgrund der hohen Geschäftsbelastung Terminsverlegungen nur in ganz engen Ausnahmefällen möglich seien und die Verhinderung des Verteidigers grundsätzlich keine solche Ausnahme darstelle, stellt eine grundsätzliche Verkennung des Rechts des Betroffenen dar, sich von einem Anwalt seines Vertrauens vertreten zu lassen.[710]

▶ Beachte für alle Verfahren

Zwar ist die Terminierung grundsätzlich Sache des Vorsitzenden und steht in dessen pflichtgemäßem Ermessen (§ 213 StPO). Der Vorsitzende muss sich aber ernsthaft bemühen, dem Recht des Angeklagten, sich von einem Rechtsanwalt seines Vertrauens verteidigen zu lassen, so weit wie möglich Geltung zu verschaffen und einem nachvollziehbaren Begehren dieses Verteidigers bezüglich der Terminierung im Rahmen der zeitlichen Möglichkeiten des Gerichts und anderer Verfahrensbeteiligter sowie des Gebots der Verfahrensbeschleunigung Rechnung zu tragen.[711]

Der Anspruch auf rechtliches Gehör ist auch verletzt, wenn über einen rechtzeitig gestellten Antrag des Betroffenen, ihn von der Verpflichtung zum Erscheinen in der Hauptverhandlung zu entbinden, zu Unrecht nicht entschieden worden ist.[712]

Nach § 74 Abs. 2 OWiG[713] ist, wenn der Betroffene trotz ordnungsgemäßer Ladung und Belehrung über die Folgen seines Ausbleibens in der Hauptverhandlung ausbleibt, die Verwerfung seines Einspruchs nur zulässig, wenn das Ausbleiben nicht genügend entschuldigt ist. Für die Frage, ob ein Betroffener »ohne genügende Entschuldigung« i.S.d. § 74 Abs. 2 OWiG ausgeblieben ist, ist nicht entscheidend, ob sich der Betroffene (genügend) entschuldigt *hat*, sondern ob er entschuldigt *ist*. Das Gericht muss dann, wenn es einen konkreten Hinweis (gleichgültig woher) für einen Entschuldigungsgrund hat, dem im Rahmen der Amtsaufklärung nachgehen.[714] Das gilt erst recht, wenn ein Attest vorgelegt wird und das Gericht Zweifel hat, ob der Betroffene aufgrund des Attestes genügend entschuldigt ist. Diese Aufklärung kann leicht durch moderne Kommunikationsmittel vorgenommen werden, denn in der Vorlage des Attestes liegt zugleich die Entbindung des ausstellenden Arztes von seiner Schweigepflicht. Können evtl. bestehende Zweifel im Freibeweisverfahren nicht geklärt werden, kann das Ausbleiben des Betroffenen nur dann als unentschuldigt angesehen werden, wenn die Unrichtigkeit des Attests erwiesen ist. Bestehen Zweifel, ob der Betroffene genügend entschuldigt ist, und können diese auch nicht im Freibeweisverfahren geklärt werden, so darf der Einspruch nicht verworfen werden. Den Betroffenen trifft hinsichtlich des Entschuldigungsgrundes zwar grundsätzlich keine Pflicht zur Glaubhaftmachung oder gar zu einem lückenlosen Nachweis. Erforderlich ist

708 OLG Bamberg, Beschl. v. 04.03.2011 – 2 Ss OWi 209/11 = StraFo 2011, 232.
709 OLG Dresden, Beschl. v. 24.07.2013 – 21 Ss 551/13 (Z) = NZV 2013, 613.
710 OLG Naumburg, Beschl. v. 08.10.2012 – 2 Ss (B) 101/12 m. Anm. *Krenberger*, jurisPR-VerkR 10/2013 Anm. 6.
711 BGH Beschl. v. 21.03.2018 – 1 StR 415/17 = NJW 2018, 1698 f.
712 OLG Zweibrücken, ZfSch 2012, 229 f.
713 Vgl. dazu *Rusell* DAR 2019, 675 ff.; *Sitzer*, StraFo 2014, 1 ff.; *Krumm* ZfSch 2019, 132 ff. zum Un-) Entschuldigtem Nichterscheinen im OWi-Verfahren.
714 Kammergericht, Beschl. v. 16.11.2015 – 3 Ws (B) 541/15; v. 02.06.2015 – 3 Ws (B) 124/15 = VRS 128, 292–293 (2015).

jedoch, dass der Betroffene vor der Hauptverhandlung schlüssig einen Sachverhalt vorträgt oder vortragen lässt, der geeignet ist, sein Ausbleiben genügend zu entschuldigen, dem Gericht somit hinreichende Anhaltspunkte für eine »genügende Entschuldigung« zur Kenntnis gebracht sind.[715]

Die Ablehnung einer Terminsverlegung ist ermessensfehlerhaft, wenn sich das Gericht auch auf die Vielzahl der dort sonst jährlich anhängigen Bußgeldverfahren stützt. Dieser Umstand darf bei der Ermessensentscheidung keine Berücksichtigung finden, weil die Geschäftslage des erkennenden Gerichts etwaige Abweichung vom Grundsatz des fairen Verfahrens schon unter rechtstaatlichen Gesichtspunkten nicht zu rechtfertigen vermag. Das Gericht darf den Betroffenen auch nicht darauf verweisen, sich entweder von einem anderen Anwalt verteidigen zu lassen, hilfsweise die Verteidigung selbst zu übernehmen, ohne sich damit auseinanderzusetzen, ob das dem Betroffenen angesichts des enormen Zeitdrucks noch zuzumuten ist.[716]

Ist der Verteidiger entgegen §§ 46 Abs. 1, 71 Abs. 1 OWiG, § 218 S. 1 StPO nicht zur Hauptverhandlung geladen worden und nicht erschienen, ist eine Verwerfung des Einspruchs nach § 74 Abs. 2 OWiG ungeachtet des Umstandes, dass diese Vorschrift allein auf das Nichterscheinen des Betroffenen abstellt, nicht statthaft, weil dem Verteidiger auf diese Weise die Möglichkeit genommen wird, auf das Verfahren Einfluss zu nehmen, namentlich für den ausgebliebenen Betroffenen Entschuldigungsgründe vorzutragen oder für ihn einen Antrag auf Entbindung von der Verpflichtung zum persönlichen Erscheinen nach § 73 Abs. 2 OWiG zu stellen.[717]

▶ Beachte

268 Das Amtsgericht hat den Einspruch des nicht vom persönlichen Erscheinen in der Hauptverhandlung entbundenen und unentschuldigt ausgebliebenen Betroffenen auch dann nach *§ 74 Abs. 2 OWiG* zu verwerfen, wenn das vorausgegangene Sachurteil vom Rechtsbeschwerdegericht nur im Rechtsfolgenausspruch aufgehoben und die Sache im Umfang der Aufhebung zurückverwiesen worden war.[718]

▶ Hinweis

Rügt der Betroffene, das Amtsgericht habe einen im Vorfeld der Hauptverhandlung gestellten Entbindungsantrag übergangen und ihn daher zu Unrecht als säumig behandelt, muss die Rechtsbeschwerde den gestellten Entbindungsantrag darlegen. Ist der Entbindungsantrag durch einen Verteidiger gestellt worden, ist auch dessen besondere Vertretungsvollmacht darzutun.

bb) Beweisaufnahme

269 In der Hauptverhandlung hat das Gericht den im Bußgeldbescheid umschriebenen Sachverhalt zu klären. An die Feststellungen im Bußgeldbescheid ist es insoweit gebunden, als nur die dort bezeichnete Tat Gegenstand des Verfahrens ist.

715 Zum erforderlichen Sachvortrag bei einer Rechtsbeschwerde: OLG Bamberg, DAR 2012, 88 f.
716 OLG Braunschweig, VRR 2012, 232 f.
717 OLG Köln, Beschl. v. 05.10.2011 – III-1 RBs 278/11; OLG Hamm, Beschl. v. 05.10.2011 – III-3 RBs 271/11.
718 BGH, Beschl. v. 18.07.2012 – 4 StR 603/11 = BGHSt 57, 282 f.= BGHSt 57, 282 f. = NStZ 2013, 486 f.

Die *Beweisaufnahme*[719] ist im Bußgeldverfahren durch die §§ 77, 77a OWiG eingeschränkt. Sie kann, wenn Betroffener, Verteidiger und Staatsanwalt (sofern Letztere an der Hauptverhandlung teilnimmt) zustimmen, nach Maßgabe der §§ 77a, 77b, 78 OWiG vereinfacht durchgeführt werden. Zur Aufklärung der Beschuldigung bestimmt das Gericht den Umfang der Beweisaufnahme unter Berücksichtigung der Bedeutung der Sache (§ 77 Abs. 1 OWiG). So darf die Vernehmung von Zeugen, Sachverständigen oder Mitbetroffenen durch Verlesung von schriftlichen Äußerungen dieser Personen ersetzt werden, wenn niemand der Anwesenden widerspricht (§ 77a Abs. 1 und 4 OWiG). Zeugen werden grundsätzlich nicht vereidigt (§ 48 OWiG). 270

Zwar gilt die Aufklärungspflicht von Amts wegen, jedoch ist dabei die Bedeutung der Sache zu berücksichtigen. Eine Verletzung der Aufklärungspflicht liegt im Bußgeldverfahren auch dann vor, wenn das Gericht – auch unabhängig von Beweisanträgen – davon absieht, Beweise zu erheben, deren Benutzung sich nach der Sachlage aufdrängt oder zumindest nahe liegt. 271

▶ **Hinweis**

Die Aufklärungspflicht im Bereich des Ordnungswidrigkeitenverfahrens bemisst sich einmal danach, wie gesichert das Beweisergebnis erscheint. Die Frage des Umfangs der Aufklärungspflicht orientiert sich aber auch an dem Gewicht dessen, was mit zusätzlichen Ermittlungen noch hätte bewiesen werden können. Je geringer die Bedeutung einer weiteren Aufklärung für die richterliche Entscheidung ist, desto weniger braucht sich das Gericht gedrängt zu sehen, im Anschluss an eine fehlgeschlagene Beweiserhebung in dem vorliegenden Aktenmaterial nach anderen Ansatzpunkten für eine bislang nicht aufgezeigte Nachweismöglichkeit zu suchen (vgl. auch § 77 Abs. 1 OWiG).[720] 272

Die Beweisaufnahme muss sich nicht auf präsente Beweismittel erstrecken. Überdies kann das Gericht – über § 244 Abs. 3 StPO hinaus – einen Beweisantrag ablehnen, wenn es den Sachverhalt nach dem bisherigen Ergebnis der Beweisaufnahme für geklärt hält und die Beweiserhebung nach seinem pflichtgemäßen Ermessen zur Erforschung der Wahrheit nicht für erforderlich hält (§ 77 Abs. 2 Nr. 1 OWiG) oder wenn der Beweisantrag verspätet vorgebracht wurde (§ 77 Abs. 2 Nr. 2 OWiG). 273

Geklärt ist ein Sachverhalt aufgrund der Beweisaufnahme, wenn das Ergebnis eindeutig und verlässlich ist, so dass eine weitere Beweiserhebung den Richter in seiner Überzeugung nicht mehr beeinflussen kann. Hält dagegen das Gericht weitere Ermittlungen nach Eingang der Akten für erforderlich, so ist für den Fall der Hauptverhandlung gemäß § 71 Abs. 2 OWiG zu verfahren (Anordnung weiterer Beweiserhebungen; Einholung von Erklärungen; Fristsetzung an den Betroffenen, Tatsachen oder Beweismittel zu benennen) bzw. für den Fall, dass noch kein Hauptverhandlungstermin anberaumt wird, sind gemäß § 69 Abs. 5 OWiG die Akten an die Verwaltungsbehörde bei offensichtlich ungenügender Aufklärung unter Angabe der Gründe mit Zustimmung der Staatsanwaltschaft zurückzugeben. 274

▶ **Hinweis**

Das Gericht hat die Möglichkeit, das Verfahren nach dem Opportunitätsprinzip einzustellen, wenn es eine Ahndung nicht für geboten hält (§ 47 Abs. 2 OWiG). Diese Entscheidung bedarf der Zustimmung der Staatsanwaltschaft, falls sie am Verfahren teilnimmt (§ 75 Abs. 2 OWiG). 275

719 Zum Umfang der Beweisaufnahme *Rebler* SVR 2017, 458 ff.; zum Beweisantrag im Verkehrsstraf- und Verkehrsordnungswidrigkeitenrecht *Cierniak* DAR 2018, 181 ff. zu den prozessualen Anforderungen an den Nachweis von Verkehrsverstößen *Cierniak,* ZfS 2012, 664 ff.; über die rechtliche Bedeutung von Geständnissen im Verkehrsbußgeldverfahren *Fromm,* SVR 2017, 161 ff.

720 BGH NJW 2005, 1381.

276 *Problem:* **Einlassung über Verteidiger?**

277 In einer Vielzahl von Konstellationen ist der Angeklagte am besten beraten, wenn er von seinem Schweigerecht Gebrauch macht (z.B. zur Vermeidung von Selbstbelastungen, weil etwa der Angeklagte als juristischer Laie eine Frage falsch interpretiert)[721]. Allerdings beraubt sich der Angeklagte, der umfassend schweigt, auch der Möglichkeit, die gegen ihn vorliegenden Verdachtsgründe zu beseitigen und die zu seinen Gunsten sprechenden Tatsachen geltend zu machen. Ein nur teilweises Schweigen wiederum kann grundsätzlich im Rahmen der Beweiswürdigung zulasten des Angeklagten berücksichtigt werden, jedenfalls soweit er in einigen Teilpunkten an der Aufklärung des Sachverhalts mitwirkt, dann jedoch einzelne Umstände nicht erwähnt bzw. auf einzelne Vorhalte keine oder nur lückenhafte Antworten gibt[722].

278 In Betracht kommen zwei Wege, um die mündliche Äußerung des Angeklagten in der Hauptverhandlung zu vermeiden, gleichwohl aber seine – etwa der Anklage widersprechenden gegenteiligen – Standpunkt in die Hauptverhandlung einzuführen: Zum einen die Einführung einer schriftlichen Sachäußerung in die Hauptverhandlung, zum anderen die Übertragung der Sachäußerungen auf den Verteidiger.

279 Zulässig ist die Verlesung einer schriftlichen Erklärung durch den Betroffenen,[723] die Übergabe einer schriftlichen Erklärung des Betroffenen (die durch das Gericht im Wege des *Urkundenbeweises* verlesen werden kann[724] und Beweiswert als Urkunde hat[725]), die Vernehmung des Verteidigers als Zeugen vom Hörensagen über eine von ihm aufgesetzte schriftliche Erklärung, die der Betroffene unterschrieben hat, die Abgabe einer mündlichen Erklärung für den anwesenden Betroffenen durch den Verteidiger.[726]

280 Die Verteidigung wird zu bedenken haben, dass im Ergebnis die aufgezeigten Arten der Einlassung des Angeklagten in den meisten Fällen deren Gewicht bei der Entscheidung über Schuld und Strafe schwächen (vor allem wenn – was meist angebracht sein wird – Fragen nicht zugelassen werden).

721 Literatur dazu: *Salditt* StV 1993, 442, 444; *Michel* MDR 1994, 648; *Park* StV 1998, 59 und 2001, 589 ff.: *Miebach* NStZ 2000, 234, 239; *Wesemann* StraFo 2001, 293, 294 ff.; *Eisenberg/Pinkus* JZ 2003, 397 ff.; *Meyer-Mews* JR 2003, 361 ff.; *Dahs* NStZ 2004, 451 ff.; *Geppert* FS Rudolphi 2004. S. 643 ff.; *Schäfer* FS Dahs 2005, 441 ff.; *Olk* JZ 2006, 204 ff.; *ders.* Die Abgabe von Sacherklärungen des Angeklagten durch den Verteidiger 2006; *Beulke* Festschrift zu Ehren des Strafrechtsausschusses der Bundesrechtsanwaltskammer 2006 S. 87 ff.; *Schlothauer* StV 2007, 623 ff.; *Schlösser* NStZ 2008, 310 ff.; *Noll* StRR 2008, 444 ff.; *Dencker* in FS Fezer 2008 S. 115 ff.; *Mehle* in Festschrift 25 Jahre Arbeitsgemeinschaft Strafrecht des Deutschen Anwaltsvereins 2009 655 ff.; *Gillmeister* FS Mehle 2009 S. 233 ff.; *Pfister* NStZ Sonderheft Miebach 2009 S. 25 ff.; *Detter* FS Rissing-van Saan 2011 S. 97 ff.; speziell bei Verkehrsstrafsachen *Staub* DAR 2013, 422 ff.

722 BGHSt 45, 367 ff.: BGH NStZ 1999, 47; 2003, 45 f., vgl. auch BVerfG, Beschl. v. 7.10.2008 – 2 BvR 1494/08; BGH, Beschl. v. 5.10.2010 – 3 StR 370/10; BGH NStZ 2000, 494 f.; StV 2002, 409 f. m. Anm. *Jäger* JR 2003, 166 f.; *Widmaier* JR 2004, 85 f.; *Volk* NStZ 1984, 377 f.; *Aselmann* JR 2001, 80 ff.; *Park* StV 2001, 589, 590 f.; *Meyer-Mews* JR 2003, 361, 363 ff.; *Richter* StV 1994, 687 ff.; *Miebach* NStZ 2000, 234 ff.; vgl. auch vom BGH, Beschl. v. 05.11.2009 – 3 StR 309/09, BGH NStZ-RR 2010, 53; Beschl. v. 08.06.2011 – 4 StR 151/11, StraFo 2011, 400.

723 BGH NStZ 2000, 439.

724 BGH StV 2007, 621; 2001, 548 f.; BGHSt 52, 175 ff.

725 BGHSt 3, 368; BGHSt 20, 162; BGHSt 27, 136; BGHSt 39, 305 ff.; BGHSt 40, 211; BGH StV 2001, 548; BGH StV 1994, 521 [524]; BGH NStZ 2000, 439; BGH NStZ 2004, 163.

726 BGHSt 38, 381; BGH StV 1998, 59; BGH NStZ 2002, 555; 2002, 392; 2000, 439; 2004, 163; 392; 2008, 349 f. m. Anm. *Schösser* NStZ 2008, 310; *Schlothauer* StV 2007, 622; BGH, Beschl. v. 28.06.2005 – 3 StR 176/05; der Verteidiger ist vom Vorsitzenden zu befragen, ob die von ihm abgegebene Erklärung als Einlassung des Angeklagten anzusehen ist.

Das Recht des Angeklagten auf Äußerung zur Sache nach § 243 Abs. 5 S. 2 StPO ist nämlich an sich als ein für den Angeklagten günstiges Instrument der Verteidigung gedacht.[727]

c) Absehen von Urteilsgründen – § 77b OWiG

Von der schriftlichen Begründung des Urteils kann abgesehen werden, wenn alle zur Anfechtung Berechtigen auf die Einlegung der Rechtsbeschwerde verzichten oder nicht fristgerecht Rechtsbeschwerde eingelegt wird. Hat die Staatsanwaltschaft an der Hauptverhandlung nicht teilgenommen, so ist ihre Verzichtserklärung entbehrlich. Nach § 77b Abs. 1 S. 3 OWiG ist die Verzichtserklärung des Betroffenen entbehrlich, wenn er vom persönlichen Erscheinen entbunden wird, in der Hauptverhandlung von einem Verteidiger vertreten wurde und im Urteil eine Geldbuße bis zu 250,00 € festgesetzt wurde. 281

Bei gesetzlich nicht gedecktem Fehlen von Urteilsgründen ist das Urteil bei einer zulässigen Rechtsbeschwerde schon auf die Sachrüge hin aufzuheben, weil dem Rechtsbeschwerdegericht dann eine Nachprüfung auf sachlich-rechtliche Fehler nicht möglich ist. In einem solchen Fall ist jedoch zu prüfen, ob die Zulassungsvoraussetzungen gem. § 80 OWiG vorliegen.[728] Sieht das Gericht – trotz Fehlens der Voraussetzungen des § 77b OWiG – von einer Begründung des Urteils ab, weil es den Eingang des Rechtsmittels des Betroffenen übersehen hat, führt dieser Umstand allein nicht zur Zulassung der Rechtsbeschwerde.[729] 282

▶ Beachte aber

Die Frist zur Einlegung der Rechtsbeschwerde beginnt für den bei der Urteilsverkündung abwesenden Betroffenen auch dann mit der Zustellung des Urteils, wenn dieses nicht mit Gründen versehen ist und die Voraussetzungen des § 77b Abs. 1 S. 3 OWiG nicht vorliegen.[730] 283

7. Der Übergang ins Strafverfahren (§ 81 OWiG)

Hält das Gericht – im Rahmen des im Bußgeldbescheid beschriebenen Geschehens – eine Straftat für verwirklicht, kann es hierüber mitentscheiden, nachdem der Beschuldigte auf die Veränderung des rechtlichen Gesichtspunkts hingewiesen und ihm Gelegenheit zur Verteidigung gegeben worden ist (§ 81 Abs. 1 OWiG). Mit dem gerichtlichen Hinweis erhält der Beschuldigte die Rechtsstellung des Angeklagten (§ 81 Abs. 2 S. 2 OWiG), d.h. das Verfahren geht in einen Strafprozess über. Die Vorschriften des OWiG, insbesondere die beschriebenen Regeln zur vereinfachten Beweisaufnahme, gelten dann nicht mehr (§ 81 Abs. 3 S. 1 OWiG). 284

▶ Hinweis

Ist eine Tat als Ordnungswidrigkeit verfolgt und geahndet worden, kann sie nach Abschluss des Verfahrens trotz Vorliegens einer wirksam gewordenen Verwarnung (§ 56 Abs. 4 OWiG) oder eines rechtskräftigen Bußgeldbescheides (§ 84 Abs. 1 OWiG) noch als Straftat verfolgt werden. Liegt jedoch eine rechtskräftige gerichtliche Entscheidung (§ 84 Abs. 2 OWiG) vor, so steht der Strafverfolgung das Prozesshindernis der Rechtskraft entgegen. 285

---

727 Vgl. auch *Staub* DAR 2013, 422 f.; OLG Köln, Beschl. v. 01.03.2013 – III -1 RVs 36/15, DAR 2013, 393 ff.

728 BGH NStZ 97, 39.

729 OLG Stuttgart NZV 2009, 522; Brandenburgisches OLG VRS 116, 279 f.

730 BGHSt 49, 230 = NJW 2004, 3643.

8. Die Rechtsbeschwerde (§§ 79 ff. OWiG)

a) Grundsätze

286 Das Institut der Rechtsbeschwerde[731] ist der Revision (§§ 333 ff. StPO) nachgebildet. Ebenso wie sie beschränkt sich die Rechtsbeschwerde auf eine Nachprüfung der Entscheidung und des vorausgegangenen gerichtlichen Verfahrens in rechtlicher Hinsicht. Sie unterscheidet sich insbesondere dadurch, dass die Rechtsbeschwerde nicht nur gegen Urteile statthaft ist, sondern grundsätzlich in gleicher Weise gegen Entscheidungen im Beschlussverfahren (§ 72 OWiG).

287 Gegen Urteile des Amtsgerichts ist unter den Voraussetzungen der §§ 79, 80 OWiG die Rechtsbeschwerde an das zuständige OLG zulässig. § 79 Abs. 1 OWiG bestimmt fünf Fälle einer ohne besonderes Zulassungsverfahren zulässigen Rechtsbeschwerde. Die häufigsten Fälle bilden Rechtsbeschwerden gegen eine Verurteilung zu mehr als 250 € Geldbuße oder zu Geldbuße und Fahrverbot. Liegt kein Fall des § 79 OWiG vor, bedarf die Rechtsbeschwerde immer einer besonderen Zulassung (§ 80 OWiG). Nur Urteile können mit der Zulassungsrechtsbeschwerde angefochten werden, nicht Beschlüsse nach § 72 OWiG (abgesehen vom Fall des § 79 Abs. 1 Nr. 5 OWiG). Die Zulassungsrechtsbeschwerde soll nicht der Einzelfallgerechtigkeit dienen, sondern die Klärung einer über den Einzelfall hinausgehenden, für die allgemeine Rechtsanwendung bedeutsamen Rechtsfrage ermöglichen. Ob die Rechtsbeschwerde selbst erfolgreich erscheint, spielt für die Frage der Zulassung keine Rolle.

288 Der Zulassungsgrund »Versagung des rechtlichen Gehörs« hat das Ziel, eine sonst mögliche Verfassungsbeschwerde zu verhindern. Voraussetzung ist, dass der Betroffene durch die Entscheidung besonders beschwert ist. Das rechtliche Gehör ist dann verletzt, wenn die Entscheidung auf einem Verfahrensfehler beruht, der seinen Grund in unterlassener Kenntnisnahme und Nichtberücksichtigung des Sachvortrags der Partei hat. Hierher gehört aber nicht jede Entscheidung, die den Sachvortrag eines Beteiligten aus Gründen des formellen oder materiellen Rechts unberücksichtigt lässt, sondern nur eine solche, durch die zugleich das unabdingbare Maß verfassungsrechtlich verbürgten rechtlichen Gehörs verkürzt wird.[732] Das ist z.B. der Fall, wenn der Antrag auf Vernehmung von Entlastungszeugen mit der offensichtlich unzutreffenden Begründung des verspäteten Vorbringens (§ 77 Abs. 2 Nr. 2 OWiG) abgelehnt wurde, nicht aber schon dann, wenn das Gericht die Erhebung weiterer Beweise gemäß § 77 Abs. 2 Nr. 1 OWiG nicht für erforderlich hielt.[733]

289 Die Form- und Fristvorschriften der Revision (§ 341 Abs. 1 StPO) gelten im selben Umfang für die Rechtsbeschwerde. Aufgrund der Verweisung auf § 32d StPO in § 110c OWiG und der entsprechenden Geltung *aller* Vorschriften der StPO über die Revision für die Rechtsbeschwerde (§ 79 Abs. 3 OWiG) ist nach hier vertretener Auffassung die seitens der Verteidigung eingelegte Rechtsbeschwerde zwingend per beA an das Gericht zu übermitteln, das die angefochtene Entscheidung erlassen hat.[734] Die Frist von einer Woche beginnt beim Beschlussverfahren (§ 72 OWiG) mit Zustellung; beim Urteil kommt es darauf an, ob es in Anwesenheit des Beschwerdeführers ergangen ist: Die Frist beginnt dann mit Verkündung des Urteils, bei Abwesenheit mit Zustellung der Ent-

---

731 In der Fassung vom 5.7.2017; zur anwaltlichen Rechtsbeschwerde vgl. *Gieg* DAR 2009, 617 ff.; *Bergmann* in Beck/Berr OWi-Sachen in Straßenverkehrssachen 7. Aufl. Rn. 208 ff. mit Muster; *Burhoff* ZAP Fach 21, 263 f.; zum Antrag auf Zulassung *Gutt/Krenberger* DAR 2016, 685 ff.; *Fromm* ZfS 2015, 484 ff.; *Cierniak* DAR 2020,69 ff. (Rechtsbeschwerde und Zulassungsantrag im Ordnungswidrigkeitenverfahren).

732 OLG Celle VRS 84, 232; OLG Köln VRS 83, 446; BVerfG NJW 1992, 2411; OLG Düsseldorf NZV 1997, 531.

733 Wird der Antrag auf Zulassung der Rechtsbeschwerde im Bußgeldverfahren auf eine Verletzung des rechtlichen Gehörs gestützt, sind die Tatsachen, aus denen eine Gehörsverletzung hergeleitet wird, entsprechend § 344 Abs. 2 S. 2 StPO in Form der Verfahrensrüge geltend zu machen.

734 So auch *Jungbauer* DAR 2022, 168 (170 f.); *Krenberger/Krumm*, OWiG, 7. Aufl. 2022, § 110c Rn. 13; zu den Folgen einer fehlerhaften Übermittlung *Makepeace* JR 2023, 379 (381 f.).

scheidung. Wurde der Betroffene durch einen Verteidiger vertreten, so beginnt die Frist des § 341 Abs. 1 StPO ebenfalls erst mit Zustellung an ihn oder den zustellungsbevollmächtigten Vertreter (§ 46 Abs. 1 OWiG i.V.m. § 145a StPO).

▶ Beachte

Die Frist zur Einlegung der Rechtsbeschwerde beginnt für den bei der Urteilsverkündung abwesenden Betroffenen auch dann mit der Zustellung des Urteils, wenn dieses nicht mit Gründen versehen ist und die Voraussetzungen des § 77b Abs. 1 S. 3 OWiG nicht vorlagen.[735] 290

Wie die Revision ist auch die Rechtsbeschwerde gemäß § 79 Abs. 3 OWiG i.V.m. § 344 Abs. 2 StPO zu begründen (Frist: ein Monat). Auch die Begründung der Rechtsbeschwerde ist gemäß § 32d S. 2 StPO in Verbindung mit § 79 Abs. 3, § 110c OWiG per beA zu übermitteln. Die Begründung muss erkennen lassen, ob das Urteil wegen Verletzung des materiellen oder des Verfahrensrechts angegriffen wird.[736] Sie kann auf den Rechtsfolgenausspruch beschränkt werden. Eine Begründung der Sachrüge ist nicht erforderlich. Die Verfahrensrüge muss Tatsachen, die den Mangel enthaltenden so genau und vollständig bezeichnen, dass das Rechtsbeschwerdegericht ohne Rückgriff auf die Akten allein anhand des Beschwerdevorbringens prüfen kann, ob ein Verfahrensfehler vorliegt, falls die behaupteten Tatsachen zutreffen.[737] 291

▶ Hinweis

Die Zulassung der Rechtsbeschwerde ist u.a. zur Sicherung einer einheitlichen Rechtsprechung geboten, wenn wesentliche Verfahrensgrundsätze unrichtig angewendet werden und ohne eine klärende Entscheidung des Oberlandesgerichts mit weiteren Fehlentscheidungen in gleich gelagerten Fällen gerechnet werden kann.[738] 292

▶ Beachte

Auch im Bußgeldverfahren ist der Betroffene bei fehlender Einhaltung von Form- oder Fristvorschriften grundsätzlich nur für eigenes Verschulden verantwortlich. Verschulden Dritter, auch des Verteidigers, ist ihm in der Regel nicht zuzurechnen und er ist grundsätzlich auch nicht zur Überwachung seines Verteidigers verpflichtet. Ihm kann deshalb in solchen Fällen Wiedereinsetzung gewährt werden. 293

b) Besetzung der Bußgeldsenate, § 80a OWiG

Durch die Regelung des § 80a Abs. 1 OWiG in der Fassung des 1. Justizmodernisierungsgesetzes hat der Gesetzgeber den Grundsatz für die Besetzung der Bußgeldsenate der Oberlandesgerichte neu festgelegt: In Umkehrung der bisherigen Rechtslage sind die Senate nunmehr »mit einem Richter besetzt, soweit nichts anderes bestimmt ist«. Die Besetzung mit drei Richtern einschließlich des Vorsitzenden ist jetzt die Ausnahme. In den Absätzen 2 und 3 des § 80a OWiG hat der Gesetzgeber diese Ausnahmefälle abschließend geregelt. Danach soll der gesamte Senat nur noch in den wirklich bedeutenden Fällen zusammentreten, nämlich dann, wenn eine Geldbuße und/oder eine vermögensrechtliche Nebenfolge festgesetzt oder beantragt worden ist, deren Wert – allein oder zusammengerechnet – 5.000 € übersteigt (Absatz 2), oder wenn dem Senat in der Besetzung mit drei 294

---

735 BGHSt 49, 230 ff.; OLG Hamm, Beschl. v. 09.11.2009 – 2 Ss OWi 829/09.

736 BGH NStZ 1991, 357.

737 Nach § 74 Abs. 2 OWiG ergangene Verwerfungsurteile, bei denen es sich um reine Prozessurteile handelt, können mit Ausnahme der Rüge fehlender Verfahrensvoraussetzungen mit der Rechtsbeschwerde nur mit der Behauptung angefochten werden, die prozessualen Voraussetzungen für die Verwerfung des Einspruchs hätten nicht vorgelegen.

738 OLG Düsseldorf ZfSch 2004, 185 f.

Richtern die Entscheidung zur Fortbildung des Rechts oder zur Sicherung der Rechtseinheitlichkeit übertragen worden ist (Absatz 3). Auch bei zugelassenen Rechtsbeschwerden entscheidet der Senat über deren Begründetheit nur dann in der Besetzung mit drei Richtern, wenn der Einzelrichter die Rechtsbeschwerde gemäß § 80 Abs. 1 Nr. 1 OWiG, also deshalb zugelassen hat, weil es geboten ist, die Nachprüfung des Urteils zur Fortbildung des Rechts oder zur Sicherung einer einheitlichen Rechtsprechung zu ermöglichen. Nur in diesen Fällen hat der Einzelrichter nach Entscheidung über die Zulassung der Rechtsbeschwerde die Sache zur Entscheidung über die Begründetheit dem Senat in der Besetzung mit drei Richtern zu übertragen. Hingegen hat nach der neuen Rechtslage der Einzelrichter auch in der Sache zu entscheiden, wenn die Zulassung der Rechtsbeschwerde (nur) deshalb erfolgt ist, weil die Versagung des rechtlichen Gehörs die Urteilsaufhebung geboten erscheinen lässt (§ 80 Abs. 1 Nr. 2 OWiG).[739]

9. Die Vollstreckung

295 Das Vollstreckungsverfahren dient der Durchsetzung der Bußgeldentscheidung hinsichtlich des Bußgelds, der Nebenfolgen und der Kosten. Gemäß § 89 OWiG sind Bußgeldentscheidungen (also Bußgeldbescheid und Urteil) vollstreckbar, wenn sie rechtskräftig sind.[740] Zuständige Vollstreckungsbehörde ist bei einem Bußgeldbescheid die Verwaltungsbehörde, die den Bußgeldbescheid erlassen hat (§ 92 OWiG), bei einer gerichtlichen Bußgeldentscheidung die Staatsanwaltschaft (§ 91 OWiG i.V.m. § 451 Abs. 1 StPO). Eine Vollstreckung kommt nur in Betracht, wenn der Betroffene der Sanktion nicht freiwillig Folge leistet, insbesondere die Geldbuße sowie die ihm auferlegten Kosten des Verfahrens nicht fristgerecht zahlt oder im Fall des Fahrverbots seinen Führerschein nicht in amtliche Verwahrung gibt. Die Vollstreckung eines Bußgeldbescheids richtet sich nach den Verwaltungsvollstreckungsgesetzen des Bundes bzw. des betroffenen Bundeslandes (§ 90 Abs. 1 OWiG), die Vollstreckung gerichtlicher Bußgeldentscheidungen nach der Justizbeitreibungsordnung (§§ 91 OWiG, 459 StPO)[741]. Neben den in diesen Gesetzen normierten Beitreibungsmaßnahmen steht der Vollstreckungsbehörde als besonderes Beugemittel die Erzwingungshaft zur Verfügung (§ 96 OWiG). Anders als die Ersatzfreiheitsstrafe (§ 43 StGB) hat die Erzwingungshaft keinen pönalen Charakter, sie hat auch keine Tilgungswirkung. Die Geldbuße bleibt nach verbüßter Erzwingungshaft weiter bestehen, wenn der Betroffene noch nicht gezahlt hat. Die Erzwingungshaft wegen einer Geldbuße ist auf sechs Wochen beschränkt (§ 96 Abs. 3 S. 1 OWiG).

296 Voraussetzung der Vollstreckung ist die formelle Rechtskraft der zu Grunde liegenden Entscheidung, also deren Unanfechtbarkeit. Die Rechtskraft kann vor Ablauf der Anfechtungsfrist eintreten, wenn der Betroffene auf einen Rechtsbehelf verzichtet hat. Verstrichen sein muss auch eine »Schonfrist« von zwei Wochen ab Fälligkeit der Bußgeldforderung.

10. Vollstreckung ausländischer Bußgelder

297 §§ 87 ff. IRG ermöglichen die EU-weite Vollstreckung von Geldbußen[742]. Gemäß § 87 Abs. 2 IRG werden von Gerichten oder Verwaltungsbehörden in anderen EU-Staaten rechtskräftig verhängte,

---

739 BGHR OWiG § 80a Besetzung 2.

740 Zu Einwendungen gegen den zu vollstreckenden Bußgeldbescheid vgl. *Haller* KKZ 2015, 175 f.; *Wettlaufer* KKZ 2012, 247 f.

741 Vgl. auch BGH, Beschl. v. 30.08.1985 – I ARZ 533/85, NJW-RR 1986, 286.

742 Vgl. *Hombrecher* JR 2011, 334; *Winkler* in Himmelreich/Halm a.a.O. Kap. 33 Rn. 445 ff.; *Schmidt* NZWiSt 2012, 95 ff.; *Trautmann* NZV 2011, 57 ff.; *ders.* zu Verteidigungsmöglichkeiten bei der Verfolgung von im EU-Ausland begangenen Verkehrsverstößen SVR 2018, 1 ff.; *Krumm* AnwZert VerkR 1/2011 Anm. 2; *Lampe* jurisPR-StrafR 19/2012 Anm. 3. *Lippert* VD 2013, 123 f.; *Johnson/Loroch* DAR 2013, 253 f. und DAR 2015, 423 f.; *Johnson,* SVR 2014, 321 f.; *ders.* zur Anerkennung und Vollstreckung von EU-Geldsanktionen nach dem Rahmenbeschluss 2005/214/JI SVR 2016, 449 ff. *Riedmeyer* NZV 2014, 18 f.; zu Falschparken im Ausland *Staudinger u.a.* DAR 2016, 181 ff.; S. 251 ff. (Vollstreckung); zu Verteidigungsstrategien *Scholz* VRR 2014, 8 f.; *Fromm* NZV 2014,62 ff.; *ders.* SVR 2016, 81, 85; *Johnson/Reiffs* DAR 2017, 242 ff.

strafgerichtlich überprüfbare Geldsanktionen vollstreckt.[743] Die Vollstreckung umfasst nur Geldsanktionen. Im Ausland verhängte Führerscheinmaßnahmen gelten grundsätzlich nur im Tatortland. Der Begriff der Geldsanktion umfasst neben Geldbußen und Geldstrafen auch Verfahrenskosten (§ 83 Abs. 3 IRG). Zuständige Behörde für die Prüfung und die Durchführung der Vollstreckung ist das Bundesamt für Justiz (BfJ) in Bonn. In Deutschland werden Geldsanktionen aus allen EU-Ländern vollstreckt werden, die ebenfalls den EU-Rahmenbeschluss zur Geldsanktionenvollstreckung (RBGeld) umgesetzt haben. Von den 27 EU-Mitgliedstaaten haben bis auf wenige Ausnahmen (z.B. Italien) alle den RBGeld umgesetzt. In sämtlichen EU-Nachbarstaaten Deutschlands ist die Umsetzung bereits erfolgt. Bußgelder aus Nicht-EU-Ländern (z.B. Kroatien, Norwegen, Liechtenstein oder Schweiz) sind vom RBGeld nicht umfasst. Erachtet das BfJ die Vollstreckung für zulässig, wird dem Betroffenen Gelegenheit zur Äußerung innerhalb von zwei Wochen gegeben. Hier kann der Betroffene noch Einwendungen vorbringen.

Stellt das BfJ nach erster Prüfung des Vollstreckungshilfeersuchens keine Zulässigkeitshindernisse fest, wird dem Betroffenen vor Bewilligung der Vollstreckung eine zweiwöchige Anhörungsfrist eingeräumt (§ 87c Abs. 1 IRG). Anschließend entscheidet das BfJ über die Bewilligung der Vollstreckung und stellt diese Bewilligungsentscheidung dem Betroffenen zu. Auch gegen den Bewilligungsbescheid kann Einspruch eingelegt werden (§ 87 f Abs. 4 IRG). Punkte werden für im Ausland begangene Verkehrsverstöße im Verkehrszentralregister nicht eingetragen. Wird kein Einspruch eingelegt, ist die Entscheidung rechtskräftig. Erfolgt daraufhin keine fristgerechte Zahlung, wird vollstreckt. Das BfJ muss gem. § 87b IRG die Vollstreckung verweigern, wenn die Vollstreckung unzulässig ist oder Bewilligungshindernisse vorliegen. Das ist u.a. dann der Fall, wenn der Mindestbetrag von 70 Euro nicht erreicht wird (§ 87b Abs. 3 Nr. 2 IRG), wenn der Betroffene in einem schriftlichen Verfahren nicht über seine Rechte belehrt wurde (§ 87b Abs. 3 Nr. 3 IRG). Das ist z.B. bereits dann der Fall, wenn das Verfahren im Ausland in einer für den Betroffenen nicht verständlichen Sprache durchgeführt wurde, wenn ein deutscher Kfz-Halter zuvor im Ausland erfolglos Einspruch mit der Begründung eingelegt hat, nicht selbst der Fahrer gewesen zu sein (z.B. weil im betreffenden Land eine Halterhaftung besteht, wie z.B. in Frankreich, Italien oder den Niederlanden), § 87b Abs. 3 Nr. 9 IRG. Dieser Einspruch muss bereits (erfolglos) bei der Behörde im Tatortland eingelegt worden sein. Einwände gegen den Tatvorwurf und die Ahndung können ausschließlich im Erkenntnisverfahren des Tatortlandes im Rahmen des dort vorgesehenen Rechtswegs vorgebracht werden. Im Rahmen des Vollstreckungsverfahrens durch das BfJ wird die materielle Rechtmäßigkeit der der Vollstreckung zugrunde liegenden Ahndung nicht mehr geprüft.

11. OWi-Verfahren gegen junge Verkehrsteilnehmer

Die Schuldfähigkeit im Bereich der Ordnungswidrigkeiten ist entsprechend § 19 StGB in § 12 Abs. 1 **298**
OWiG geregelt. Ein Jugendlicher, der im Zeitpunkt der Begehung der Tat 14 Jahre, aber noch nicht 18 Jahre alt ist, handelt gem. § 12 Abs. 1 Satz 2 OWiG entsprechend § 3 Satz 1 JGG nur vorwerfbar, wenn er zur Zeit der Tat nach seiner sittlichen und geistigen Entwicklung reif genug ist, das Unrecht der Tat einzusehen und nach dieser Einsicht zu handeln. Heranwachsende, also Betroffene, die zur Zeit der Tat bereits achtzehn aber unter einundzwanzig Jahren alt sind, sind anders als im Jugendgerichtsverfahren (§ 105 JGG) materiellrechtlich immer Erwachsenen gleichzustellen. Prozessual sind sie dagegen weitgehend Jugendlichen gleichgestellt; das gilt insbesondere für die Vollstreckung (§ 98 Abs. 4 OWiG). Anders als nach § 105 JGG kommt es hierbei auch nicht darauf an, ob der Heranwachsende nach seiner Entwicklung einem Jugendlichen gleichsteht.

Das OWiG kennt zur Ahndung von Zuwiderhandlungen gleichermaßen für Erwachsene, Heranwachsende und Jugendliche nur die Geldbuße (§ 1 Abs. 1 OWiG) und bei Straßenverkehrsdelikten ein Fahrverbot (§ 25 StVG). Das Ordnungswidrigkeitenrecht enthält aber in den §§ 78 Abs. 4, 98 OWiG Regelungen, die nur für das Verfahren gegen Jugendliche und Heranwachsende gelten und

743 Allgemein zu Vollstreckbarkeit europäischer Bußgelder *Pletter* NJW 2020, 924 ff.

insoweit auch die Anordnung von Erziehungsmaßnahmen zulassen.[744] Dabei handelt es sich aber um reine Vollstreckungsanordnungen, die aber schon im Urteil getroffen werden können (§ 78 Abs. 4 OWiG). Von der Heranziehung der Jugendgerichtshilfe (§ 38 JGG) kann nach § 46 Abs. 6 OWiG im Verfahren gegen Jugendliche und Heranwachsende abgesehen werden, wenn ihre Mitwirkung für die sachgemäße Durchführung des Verfahrens entbehrlich ist. Der Umstand, dass der Betroffene Heranwachsender ist, ändert nichts an der Verpflichtung, den Betroffenen auf seinen Antrag hin von der Verpflichtung zum persönlichen Erscheinen zu entbinden, wenn die Voraussetzungen des § 73 OWiG vorliegen, da er einem Erwachsenen gleichgestellt ist.[745] Im OWi-Verfahren gilt auch für Jugendliche gem. § 78 Abs. 3 OWiG, der über § 78 Abs. 3 JGG wieder auf § 50 Abs. 1 JGG und damit auf die allgemeinen Vorschriften über die Erscheinenspflicht nach § 73 Abs. 1 OWiG verweist, von der allerdings unter den Voraussetzungen des § 73 Abs. 2 OWiG entbunden werden kann.[746]

Bei jungen Fahranfängern bestehen nach dem Straßenverkehrsgesetz einige Verschärfungen gegenüber sonstigen Betroffenen. Bei erstmaligem Erwerb einer Fahrerlaubnis wird diese auf Probe erteilt; die Probezeit dauert zwei Jahre vom Zeitpunkt der Erteilung an (§ 2a Abs. 1 StVG)[747]. § 24c StVG[748] enthält ein spezielles Alkoholverbot für Fahranfänger in der Probezeit bzw. vor Vollendung des 21. Lebensjahres, das – anders als § 24a 1 StVO (0,5-Promille-Grenze) – nicht auf einen bestimmten Gefahrengrenzwert abstellt. Nach dieser Regelung handelt schon ordnungswidrig, wer in der Probezeit nach § 2a StVG oder vor Vollendung des 21. Lebensjahres als Führer eines Kraftfahrzeugs im Straßenverkehr alkoholische Getränke zu sich nimmt oder die Fahrt antritt, obwohl er unter der Wirkung eines solchen Getränks[749] steht (Nr. 2434 BKatV: 250 € Geldbuße, 1 Punkt im FAER, aber kein Fahrverbot). Eine Wirkung liegt regelmäßig erst ab einer Blutalkoholkonzentration von 0,2 Promille bzw. einer Atemalkoholkonzentration von 0,1 mg/l vor.[750] Verboten sind nur »Getränke«. Die Einnahme von Arzneimitteln (Hustensäften, Tinkturen und ähnlichen Mitteln) und der Genuss alkoholhaltiger Süßwaren (z.B. Weinbrandbohnen) erfüllen daher den Tatbestand nicht.[751]

Die Regelungen der Fahrerlaubnis auf Probe gelten auch für eine im Rahmen des »Begleiteten Fahrens ab 17 Jahre« (s §§ 48a, 48b FeV) erteilte Fahrerlaubnis, Im Rahmen des »Begleiteten Fahren ab 17 Jahre« (§ 6e StVG i.V.m. § 48a Abs. 1 FeV) handelt ordnungswidrig, wer einer vollziehbaren Auflage über die Begleitung durch mindestens eine namentlich benannte Person während des Führens von Kraftfahrzeugen 1 zuwiderhandelt (§ 75 Nr. 15, 48a Abs. 2 Satz 1 FEV – Geldbuße von 60 €, 1 Punkt im FAER).

▶ Hinweis

Bei Jugendlichen und Heranwachsenden dürfte eine Reduzierung der Geldbuße aufgrund der meist unterdurchschnittlichen wirtschaftlichen Verhältnisse in Betracht kommen.

---

744 Vgl. dazu *Fromm* NZV 2016, 57 ff. (auch zu verwaltungsrechtlichen Konsequenzen); *Koehl* SVR 2016, 412 f.; *Rebler* VD 2015, 59 ff.; *Gieg* in Burhoff Handbuch des straßenverkehrsrechtlichen OWi-Verfahren 5. Aufl. Rn. 2739 ff. (S. 905 ff.); Checkliste für führerscheinrechtliche Maßnahmen bei Fahrerlaubnis auf Probe *Koehl* SVR 2016, 412 ff.

745 OLG Frankfurt, Beschl. v. 08.03.2012 – 2 Ss-OWi 181/12, NZV 2012, 307 f.; vgl. dazu *Krenberger* jurisPR-VerkR 25/2012 Anm. 6.

746 Vgl. dazu Diemer/Schatz/Sonnen JGG § 50 Rn. 12.

747 Vgl. dazu *Weber* SVR 2015, 401 ff.; *Rebler* VD 2015, 59 ff.

748 Zum Adressatenkreis vgl. *Ternig* NZV 2013, 167 ff.

749 Zur Rechtsprechung vgl. *Janker* DAR 2015, 745, 746.

750 KG, Beschl. v. 15.02.2016 – 3 Ws (B) 538/15, DAR 2016, 278 f.; (lesenswert); OLG Düsseldorf, Beschl. v. 18.04.2016 – 3 RBs 36/16; zur Verteidigertätigkeit bei alkoholisierten Fahranfängern vgl. *Krumm* NJW 2015, 1863 f.; vgl. auch *Rebler* AnwZert VerkR 2/2013 Anm. 2; *Janker* DAR 2015, 745 f.; *Ternig* DAR 2015, 745 ff.

751 *Rebler* AnwZert VerkR 2/2013 Anm. 2.

V. Der Verteidiger im Ordnungswidrigkeitenverfahren

Nach § 137 StPO, der auch für das Bußgeldverfahren gilt, kann sich der Betroffene in jeder Lage des Verfahrens eines Verteidigers bedienen (vgl. auch § 60 OWiG)[752]. Über § 46 OWiG sind sinngemäß die Regelungen der notwendigen Verteidigung nach §§ 140, 141 StPO im gerichtlichen Bußgeldverfahren anwendbar.[753] Richtet sich das Bußgeldverfahren gegen einen mindestens seit drei Monaten in Haft befindlichen Betroffenen, so ist ihm für die Hauptverhandlung ein Verteidiger zu bestellen. Das Verbot der gemeinschaftlichen Verteidigung mehrerer Betroffener (§ 146 StPO) durch einen Verteidiger gilt auch in Bußgeldverfahren. In Verkehrssachen ist die Gefahr von Doppelmandaten besonders groß, wenn etwa ein Anwalt der Sozietät den Unfallfahrer verteidigt, während gleichzeitig der Sozius die Ansprüche des Geschädigten gegen den Fahrzeughalter und dessen Versicherung geltend macht. Die Pflichtwidrigkeit der anwaltlichen Tätigkeit ist nicht dadurch ausgeschlossen, dass der erste Mandant sich mit der Vertretung des Weiteren einverstanden erklärt, und zwar unabhängig davon, ob das erste Mandat beendet war oder nicht.[754] Die gemeinschaftliche Verteidigung ist unzulässig bei derselben Tat, und zwar auch dann, wenn in getrennten Verfahren gegen die Betroffenen wegen derselben Tat ermittelt wird und der Verteidiger in jedem Verfahren nur einen Betroffenen verteidigt. Sie ist ferner unzulässig bei verschiedenen Taten, wenn die Verfahren gegen die mehreren Beschuldigten verbunden worden sind. Die Verteidigung bleibt jedoch auch bei Tat- oder Verfahrensidentität zulässig, wenn die Sozietät mehrere Beschuldigte verteidigt, jeder Sozius jedoch jeweils einen anderen. Nur die gleichzeitige Verteidigung mehrerer Beschuldigter durch denselben Anwalt verstößt gegen § 146 StPO. Die sukzessive Mehrfachverteidigung, das heißt die Übernahme oder Fortführung der Verteidigung des Beschuldigten, nachdem die des Mitbeschuldigten erledigt ist, verbietet die Vorschrift nicht. Nicht mehr gleichzeitig ist die Verteidigung nur dann, wenn die Verteidigerbeziehung zu dem früheren Mandanten rechtlich beendet ist (Mandant verstorben, Mandat entzogen oder niedergelegt), wofür der Abschluss des Verfahrens gegen den früheren Mandanten weder erforderlich noch ausreichend ist. 299

Dem Verteidiger muss umfassende Akteneinsicht (§ 147 StPO) gewährt werden.[755] Zu den Akten gehören alle verfahrensbezogenen Unterlagen, das heißt alle Ermittlungsvorgänge einschließlich Registerauszüge. In Bußgeldsachen ist die Bußgeldbehörde verpflichtet, dem Verteidiger vor Übersendung der Akten an die Staatsanwaltschaft Akteneinsicht zu gewähren (§ 69 Abs. 3 S. 2 OWiG). Gemäß § 32f Abs. 1 Satz 1 StPO (i.V.m. § 110c Satz 1 OWiG) ist die Akteneinsicht grundsätzlich durch Bereitstellen des Inhalts der Akte zum Abruf oder durch Übermittlung auf einem sicheren Übermittlungsweg zu gewähren. Werden die Akten in Papierform geführt, sind dem Verteidiger auf dessen besonderen Antrag hin nach § 32f Abs. 2 Satz 3 StPO die Akten in dessen Kanzlei zu übersenden oder mitzugeben, sofern keine wichtigen Gründe entgegenstehen. Ist die Übersendung der in Papierform geführten Akte an den Verteidiger vor der Hauptverhandlung nicht (mehr) möglich, hat das Gericht gemäß § 32f Abs. 2 S. 2 StPO zu erwägen, die in Papierform vorliegende Akte einscannen und auf elektronischem Wege zum Abruf durch den Verteidiger zur Verfügung stellen zu lassen.[756] 300

Eigene Ermittlungen des Verteidigers sind zulässig, auch wenn solche bei Gerichten und Staatsanwaltschaften nicht gerne gesehen werden. Der Verteidiger darf Zeugen hören und ihre Aussagen schriftlich festhalten[757]. Dabei sollte er allerdings bereits den bloßen Anschein vermeiden, er wolle den Zeugen beeinflussen. Auch empfiehlt es sich, den Zeugen darauf hinzuweisen, dass dieser in der Hauptverhandlung auf Fragen hin das Gespräch erwähnen muss. In Verkehrsstrafsachen empfiehlt es sich zuweilen, die Unfallstelle zu besichtigen, u.U. unter Beiziehung eines Sachverständigen. So bald 301

752 Sehr wichtig für eine sachgerechte Verteidigung ist die Entscheidung, ob und wie sich der Angeklagte/Betroffene einlässt vgl. oben III 6b.

753 *Seitz* in Göhler. § 60 Rn. 23 ff.; *Fromm* NJW 2013, 2006 f.; *Krenberger* ZfSch 2013, 69 f.

754 BGHSt 18, 198.

755 Vgl. dazu *Krumm* NJW 2017, 607 f. (Rechtsmittel und Rechtsbehelfe bei verweigerter Akteneinsicht).

756 OLG Zweibrücken, Beschl. v. 10.07.2020 – 1 OWi 2 SsBs 51/20 = ZD 2021, 153.

757 OLG Frankfurt NStZ 1981, 144 f.; vgl. zu eigenen Ermittlungen *Bockemühl* Kap. 1 Rdn. 83 ff.

wie möglich sollten Lichtbilder von der Unfallstelle zur Vorlage in der Hauptverhandlung gefertigt werden, vor allem wenn mit späteren örtlichen Veränderungen zu rechnen ist (z.B. eingeschränkte Sichtverhältnisse wegen eines Getreidefeldes, das bis zur Hauptverhandlung abgedroschen sein wird). Der Verteidiger darf auch anstelle des Schädigers die Schadensregulierung durchführen. Nicht zu beanstanden ist auch, wenn er seinem Mandanten von einer Selbstanzeige abrät. Die Grenze des Zulässigen ist aber überschritten, wenn er dem Mandanten Hinweise gibt, wie die tatsächliche Schadenshöhe im Zusammenwirken mit dem Geschädigten gedrückt werden kann, um einen Entzug der Fahrerlaubnis zu vermeiden. Bedenkenfrei darf er aber ein für den Mandanten eingeholtes und diesem nachteiliges Privatgutachten dem Gericht vorenthalten oder einem aussage- bzw. zeugnisverweigerungsberechtigten Zeugen zur Aussageverweigerung raten. Kommt es auf die Identifizierung des Mandanten als Täter an, sollte der Anwalt frühzeitig darauf hinwirken, dass einem Zeugen nicht lediglich das Lichtbild des Beschuldigten vorgelegt wird, sondern dass eine Wahllichtbildvorlage oder eine Gegenüberstellung mit mehreren ähnlich aussehenden Personen erfolgt, um zu verhindern, dass in der Hauptverhandlung der Zeuge den Mandanten nur deshalb als Täter identifiziert, weil er ihn als die Person auf dem Lichtbild, das ihm vorgelegt wurde, wieder erkennt

302 Der gewählte Verteidiger, dessen Vollmacht sich bei den Akten befindet bzw. dem in der Hauptverhandlung Vollmacht zu Protokoll erteilt wurde, sowie der Pflichtverteidiger gelten kraft Gesetzes (§ 145a Abs. 1 StPO, § 51 Abs. 3 OWiG) als ermächtigt, Zustellungen und sonstige Mitteilungen für den Beschuldigten/Betroffenen entgegenzunehmen (also z.B. Zustellung der Anklage, des Strafbefehls, des Bußgeldbescheids, des Hinweises auf die Möglichkeit des Beschlussverfahrens nach § 72 Abs. 1 S. 2 OWiG). Für Ladungen des Beschuldigten/Betroffenen gilt das allerdings nur, wenn der Verteidiger in einer bei den Akten befindlichen Vollmacht ausdrücklich zur Entgegennahme von Ladungen ermächtigt ist (§ 145a Abs. 2 StPO, § 51 Abs. 3 OWiG). Diese Zustellungsvollmacht besteht auch nach Beendigung des Mandats so lange fort, bis die Anzeige über das Erlöschen des Verteidigerverhältnisses zu den Akten gelangt ist[758]. Befand sich dagegen im Zeitpunkt der Zustellung eine schriftliche Vollmacht nicht bei den Akten, ist eine an den Verteidiger bewirkte Zustellung unabhängig vom Bestehen der Vollmacht unwirksam. Das bloße Auftreten des Verteidigers in der Hauptverhandlung genügt nicht[759]. Die Zustellungsvorschriften ermächtigen jedoch lediglich zur Zustellung an den Verteidiger, begründen aber keine Rechtspflicht des Gerichts oder der StA. An wen zugestellt wird, steht vielmehr im pflichtgemäßen Ermessen der absendenden Behörde. Wird sowohl dem Verteidiger als auch dem Beschuldigten zugestellt, so gilt § 37 Abs. 3 StPO. Die Benachrichtigungspflichten der §§ 145a Abs. 3 StPO, 51 Abs. 3 OWiG stellen lediglich Ordnungsvorschriften dar[760], deren Verletzung ohne Bedeutung für die Wirksamkeit der Zustellung und den Fristenlauf ist. Jedoch stellt das Fehlen der Benachrichtigung i.d.R. einen Wiedereinsetzungsgrund dar[761] (str.). Die Zustellung an den Verteidiger ist selbst dann zulässig, wenn sein Mandant unbekannten Aufenthaltes ist. Für das Verfahren bei Zustellungen gelten im Straf- und im staatsanwaltlichen Ordnungswidrigkeitenverfahren die §§ 35, 36 ff. StPO, im Verwaltungsverfahren über § 51 VerwZG die jeweiligen landesrechtlichen Regelungen.

▶ Beachte

Ein Beschluss über die vorläufige Entziehung der Fahrerlaubnis (§ 111a StPO) oder eine entsprechende Beschwerdeentscheidung wird erst mit der Bekanntgabe an den Beschuldigten, nicht schon mit der Zustellung an den Verteidiger wirksam[762]. Letzterer ist schon im Hinblick auf die Benachrichtigungspflicht der Behörden nicht verpflichtet, seinen Mandanten über die erfolgte Zustellung in Kenntnis zu setzen.

758 OLG Koblenz VRS 71, 203.
759 BGH NJW 1996, 406.
760 BGH NJW 1977, 640.
761 BVerfG NJW 1978, 1575.
762 BGHZ 38, 86 = BGH NJW 1962, 2104.

Der Angeklagte/Betroffene ist zu den Terminen ordnungsgemäß zu laden. Unterbleibt die Ladung (gleich ob schuldhaft oder versehentlich), hindert das in Strafsachen die Säumnisfolgen, also die Verwerfung der Berufung des Angeklagten gemäß § 329 StPO oder des Einspruchs gegen den Strafbefehl nach § 411 StPO oder eine Abwesenheitsverhandlung nach § 232 StPO; in Bußgeldsachen begründet es die Rechtsbeschwerde. Auch der Verteidiger ist zu den Terminen zu laden, gleichviel, ob er bereits anderweitig Kenntnis vom Termin hatte oder eine Verteidigervollmacht (noch) nicht vorlag, allerdings muss die Verteidigung angezeigt worden sein. Auf die Ladung kann aber, u.U. auch stillschweigend, verzichtet werden. Angeklagter/Betroffener wie auch Verteidiger sind grundsätzlich durch förmliche Zustellung zu laden. Eine formlose Ladung genügt nur, wenn die Ladungsfrist – zwischen Zustellung der Ladung und dem Tag der HV muss eine Frist von mindestens einer Woche liegen, § 217 StPO, wobei der Tag der Zustellung und der der Hauptverhandlung nicht mitzurechnen sind – nicht eingehalten zu werden braucht, z.B. bei Fortsetzung einer unterbrochenen (nicht ausgesetzten!) Hauptverhandlung[763] Auch das Unterlassen der Ladung des Verteidigers stellt sowohl in Straf- als auch in Bußgeldsachen einen relativen Revisionsgrund dar[764]. Ist lediglich die Ladungsfrist nicht eingehalten, hat der Angeklagte/Betroffene bzw. sein Verteidiger einen bis zum Beginn der Vernehmung zur Sache (§ 243 Abs. 4 StPO) geltend zu machenden Aussetzungsanspruch, § 217 Abs. 2 StPO, es sei denn, der Verteidiger hatte nachweislich positiv Kenntnis vom Termin. Die Verwerfung des Einspruchs gegen den Strafbefehl oder den Bußgeldbescheid oder der Berufung wird durch die Nichteinhaltung der Ladungsfrist aber nicht gehindert; etwas anderes kann u.U. aber dann gelten, wenn der der Hauptverhandlung ferngebliebene Angeklagte/Betroffene bzw. sein Verteidiger schon vor der Hauptverhandlung einen Aussetzungsantrag gestellt hatten[765]. 303

C. Prozessuale Besonderheiten in Verkehrsstrafsachen

I. Der Sachverständigenbeweis

Sachverständige sind Personen, die aufgrund ihrer besonderen Sachkenntnis über Tatsachen, Wahrnehmungen oder Erfahrungssätze Auskunft geben oder einen bestimmten Sachverhalt beurteilen können. Sie sind Spezialisten auf bestimmten Sachgebieten und besitzen bezüglich einzelner Beweistatsachen eine besondere Sachkunde, die der Richter nicht besitzt. Bei Verkehrsstrafsachen werden sie vor allem zur Klärung von Unfallursache, zur Beurteilung von Verkehrsvorgängen (technische Sachverständige) oder zur psychischen Verfassung des Betroffenen (psychiatrischer Sachverständige) herangezogen werden müssen. Aber auch die Verlässlichkeit von Zeugenaussagen, zum Beispiel bei der Identifizierung von Personen ist einem Sachverständigenbeweis in der Gestalt eines aussagepsychologischen Gutachtens zugängig.[766] 304

Die Zuziehung eines Sachverständigen ist notwendig, wenn die eigene Sachkunde des Tatrichters zur Beurteilung anstehender Fragen nicht ausreicht.[767] Fast unumgänglich ist die Zuziehung eines Sachverständigen bei der Klärung der Auswirkungen einer Drogenabhängigkeit sowie bei Taten, die affektbeladen sind oder von der Tatausführung oder Täterpersönlichkeit her als auffällig, als aus dem Rahmen fallend, angesehen werden müssen. Für die Berechnung einer BAK,[768] sei es bei Vorliegen einer Blutprobe oder nach Feststellung der Trinkmengen, dürfte zwischenzeitlich die Sachkunde eines erfahrenen Tatrichters ausreichen.[769] Fraglich ist aber, ob die Beurteilung psychodiagnostischer Kriterien[770] ohne die besondere Sachkunde eines Psychiaters oder Psychologen möglich ist. Meist wird 305

763 BGH NStZ 1988, 421.
764 BGHSt 36, 259.
765 BGHSt 24, 143.
766 Vgl. dazu *Köhnken* DAR 2010, 628 ff.
767 *Eisenberg* Beweisrecht 10. Aufl. Rn. 1500 f., 1518 ff.
768 BGHSt 25, 246 ff.
769 BGHSt 34, 29; BGHSt 36, 286; BGHSt 37, 231; BGHR StGB § 20 BAK 2, 4, 10; § 21 BAK 7, 8, 12, 15, 17.
770 BGHSt 43, 66 ff.

ohne Anhörung eines Sachverständigen eine sachgerechte Entscheidung nicht möglich sein. Hält das Gericht die Anhörung eines Sachverständigen für erforderlich, um sich sachkundig zu machen, muss der Sachverständige in der Hauptverhandlung im Strengbeweisverfahren gehört werden.[771] Es ist deshalb rechtsfehlerhaft, einen Beweisantrag mit Hinweis auf genügend eigene Sachkunde abzulehnen, wenn sich das Tatgericht diese Sachkunde zuvor gezielt durch Befragung eines Sachverständigen im Freibeweisverfahren verschafft hat, um einen – entsprechend erwarteten – Beweisantrag ablehnen zu können.[772] Nicht ausreichend ist auch die Befragung eines Sachverständigen außerhalb der Hauptverhandlung, um die Sachkunde zu erlangen.[773]

306 Zur Bewertung technischer Vorgänge hingegen, insbesondere von Straßenverkehrsvorgängen,[774] reicht die Sachkunde des Tatrichters grundsätzlich nicht aus. Ebenso wenig reicht die Sachkunde des Richters für die Beurteilung der Schuldfähigkeit in Fällen, die vom Normalfall abweichen. Wenn nicht von vornherein auszuschließen ist, dass ein qualifizierter Sachverständiger aufgrund der von der Verteidigung benannten Anknüpfungstatsachen wenigstens in der Lage ist, weitere indizielle Anknüpfungstatsachen zu ermitteln und damit Entscheidungsrelevantes zur Beweisbehauptung der Verteidigung auszusagen, ist der Sachverständige ein geeignetes Beweismittel.[775] Das gilt auch dann, wenn er zwar keine sicheren und eindeutigen Schlüsse ziehen kann, seine Folgerungen aber die unter Beweis gestellte Behauptung als mehr oder weniger wahrscheinlich erscheinen lassen und das Gutachten Einfluss auf die Überzeugungsbildung des Gerichts haben kann.[776] Ein Sachverständiger ist allerdings ein völlig ungeeignetes Beweismittel, wenn er Untersuchungsmethoden anwendet, die unausgereift oder nicht zuverlässig sind. Welche Unterlagen er für die Erstattung seines Gutachtens benötigt und welche Untersuchungsmethoden er anwendet, bleibt ihm überlassen. Die Gutachterpflicht umfasst die Vorbereitung durch Aktenstudium, Vornahme von Untersuchungen, das Erscheinen vor Gericht, erforderlichenfalls auch die Fertigung eines schriftlichen Vorgutachtens.[777] Eine selbstständige Verpflichtung des Gerichts, von dem zu vernehmenden Sachverständigen stets die Vorlage eines vorbereitenden schriftlichen Gutachtens zu verlangen, besteht nicht.[778] Der Normalfall ist die Zuziehung eines Sachverständigen für ein bestimmtes Gebiet. Im Vorverfahren können Polizei und Staatsanwaltschaft einen Sachverständigen beauftragen (§§ 161a, 163 Abs. 1 StPO; Nr. 70 RiStBV). Die Staatsanwaltschaft kann auch den Richter (= Ermittlungsrichter) in die Benennung des Sachverständigen einschalten (vgl. § 162 Abs. 1 StPO). Während des Eröffnungsverfahrens ist das Gericht, bei dem die Anklage erhoben ist, für die Benennung zuständig, nach der Eröffnung das erkennende Gericht, d.h. das Gericht, bei dem das Hauptverfahren anhängig ist. Dem Angeklagten selbst bleibt das Recht, gemäß § 201 StPO die Einholung eines Sachverständigengutachtens zu beantragen, er hat weiter das Beweisantragsrecht nach § 219 StPO. Danach kann er nach der Eröffnung des Hauptverfahrens vor der Hauptverhandlung beim Gerichtsvorsitzenden den Antrag auf Ladung eines Sachverständigen stellen. Einen Anspruch darauf, dass ein bestimmter, von der Verteidigung konkret benannter Sachverständiger bestellt wird, hat die Verteidigung nicht (§ 73 Abs. 1 S. 1 StPO).[779]

---

771 BGH, Beschl. v. 26.03.2014 – 2 StR 274/13, StV 2015, 84 f.
772 BGH, Beschl. v. 26.03.2014 – 2 StR 274/13, StV 2015, 84 f.; vgl. dazu kritisch *Niemöller* NStZ 2015, 16 ff.
773 BGH StV 1995, 339.
774 *Hörl* ZfSch 2003, 269 ff.
775 BayObLG NStZ 2003, 616 f.
776 BGH StV 1990, 7; BGHR StPO § 244 Abs. 3 S. 2 Ungeeignetheit 16.
777 Vgl. dazu BGH StV 2009, 6 m. Anm. *Deckers/Heuse*.
778 BGHSt 54, 177 ff., vgl. dazu *Senge* jurisPR-StrafR 5/2010 Anm. 2.
779 Vgl. dazu BGHSt 48, 4.

II. Absprachen im Straßenverkehrs-Ordnungswidrigkeitenverfahren

§ 257c StPO ist über die §§ 46, 71 OWiG auch auf das Ordnungswidrigkeitenverfahren[780] anzuwenden. Von Bedeutung ist aber, dass die Staatsanwaltschaft als Verfahrensbeteiligte nach § 257c Abs. 1 Satz 1 StPO im Bußgeldverfahren zur Teilnahme an der Hauptverhandlung nicht verpflichtet ist (§ 75 Abs. 1 OWiG) und in der Regel an der Hauptverhandlung auch nicht teilnimmt. Eine Verfahrensabsprache mit dem Bußgeldrichter ohne Kenntnis der Staatsanwalt scheitert an § 257c Abs. 3 Satz 4 StPO. Dem kann dadurch abgeholfen werden, dass die Akte ohnehin vor einer Entscheidung mit der Bitte um Stellungnahme an die Staatsanwaltschaft übersandt wird. Absprachen über die Höhe der Geldbuße im Fall der Abgabe eines Geständnisses oder über den Wegfall von Fahrverboten gegen Erhöhung der Geldbuße sind als zulässig anzusehen, da nach § 257c Abs. 2 Satz 3 StPO nur Maßregeln der Besserung und Sicherung nicht Gegenstand einer Verständigung sein dürfen[781]. Die Verständigung auf eine »Punktstrafe[782]« erscheint trotz der Besonderheiten des OWi-Verfahrens nicht unproblematisch[783] Die Bindung. des Gerichtes an eine Verständigung kann gem. § 257c Abs. 4 StPO entfallen, wenn rechtlich oder tatsächlich bedeutsame Umstände übersehen worden sind oder sich neu ergeben haben und das Gericht deswegen zu der Überzeugung gelangt, dass der in Aussicht gestellte Strafrahmen nicht mehr tat- oder schuldangemessen ist. 307

III. Rechtsmittel gegen Urteile in Straßenverkehrssachen

Als Rechtsmittel gegen Urteile der Strafgerichte kommen Berufung (§§ 312 ff. StPO), Revision (§ 333 StPO) und Sprungrevision (§ 335 StPO) in Betracht. Das angemessene Rechtsmittel dürfte in den Sachen, die am Amtsgericht verhandelt wurden, die Berufung sein. Sprungrevision wird nur ausnahmsweise in Betracht kommen, vor allem dann, wenn der Sachverhalt geklärt ist und andere den Angeklagten begünstigende Feststellungen nicht mehr zu erwarten sind. 308

▶ Beachte

Nach Verwerfung einer der Annahme bedürftigen Berufung kann das ausdrücklich als Berufung bezeichnete Rechtsmittel auch dann nicht mehr als Revision fortgeführt werden, wenn der Übergang noch innerhalb der Revisionsbegründungsfrist erklärt wird.[784] 309

Die Rechtsmittel können auf bestimmte Beschwerdepunkte (§ 318 StPO) beschränkt werden. Diese Beschränkung ist zulässig und wirksam, wenn sie sich auf einen Teil der in der Urteilsformel enthaltenen Entscheidung bezieht, der losgelöst vom übrigen Urteilsinhalt – also dem nicht angegriffenen Urteilsteil – selbstständig geprüft und beurteilt werden kann.[785] Von besonderer Bedeutung ist die Beschränkung des Rechtsmittels auf eine oder mehrere in Tatmehrheit stehende Taten, auf den Straf- oder auf den Rechtsfolgenausspruch.[786] Eine Beschränkung ist auch möglich auf die Strafaussetzung zur Bewährung,[787] die Höhe des Tagessatzes, den Entzug der Fahrerlaubnis,[788] den Verfall und die Einziehung.[789]

780 *Fromm* NZV 2010, 550 f.; *Krumm* NZV 2011, 376 ff.
781 *Meyer-Goßner*/Schmitt § 257c Rn. 10.
782 Vgl. dazu BGH NStZ 2011, 648 = StV 2011, 338 f.; StraFo 2011, 279.
783 Vgl. dazu *Krumm* NZV 2011, 376 f.
784 OLG Oldenburg SVR 2012, 313 f. = NStZ 2012, 54 f.
785 BGHSt 27, 70 ff.
786 BGHSt 38, 362 ff.
787 BGH StV 1992, 230.
788 BGHR StGB § 69 Abs. 1 Entziehung 3.
789 BGH NStZ 1993, 400.

IV. Verwertungsverbote in Verkehrsstrafsachen

310 In Betracht kommen vor allem Verwertungsverbote[790] im Zusammenhang mit der Vernehmung des Beschuldigten bzw. Angeklagten, der Belehrung über das Recht auf Verteidigerkonsultation und der Erlangung von objektiven (sachlichen) Beweismitteln.

▶ **Hinweis**

Die Rechtsprechung verlangt vom Angeklagten bei einigen Verwertungsverboten, vor allem bei Verstößen gegen §§ 100a[791], 110a und b,[792] 136,[793] 224 und 168c Abs. 5 StPO,[794] eine Verweigerung der Zuziehung eines Rechtsanwalts[795] (nicht bei § 136a StPO), der Verwertung des Beweismittels bis zu dem in § 257 StPO genannten Zeitpunkt zu widersprechen (*Widerspruchslösung*[796]). Hängt die Unverwertbarkeit von einem Widerspruch in der Hauptverhandlung ab, so ist eine hierauf gestützte Verfahrensrüge nur zulässig, wenn der Revisionsführer auch die Umstände vorträgt, aus denen sich die Rechtzeitigkeit des Widerspruchs ergeben soll.[797]

1. Belehrung des Betroffenen

311 § 136 StPO[798] setzt eine »Vernehmung« voraus; dazu gehört, dass der Vernehmende der Auskunftsperson in amtlicher Funktion gegenübertritt und in dieser Eigenschaft Auskunft verlangt. Beschuldigter ist derjenige, gegen den die Strafverfolgungsbehörden aufgrund eines Anfangsverdachts nach § 152 Abs. 2 StPO zielgerichtet ermitteln.[799] Die Beschuldigteneigenschaft setzt den Verfolgungswillen der Strafverfolgungsbehörde voraus, der sich in einem Willensakt manifestiert.[800] Die informatorische Befragung der Tatverdächtigen ist grundsätzlich noch keine Beschuldigten-, sondern Zeugenvernehmung. Der Inhalt der Belehrung des verhafteten Beschuldigten ist in § 114b StPO geregelt.[801] Auch bei den informatorischen Befragungen bestehen die Aussageverweigerungsrechte nach §§ 52 ff. StPO. Es handelt sich aber nicht um Vernehmungen im Sinne der §§ 52, 55, 136 StPO.[802]

▶ **Beachte für Zeugenaussagen**

312 Das Verwertungsverbot gilt nicht nur für die Aussage des Zeugen bei einer förmlichen Vernehmung, die in ein Protokoll aufgenommen worden ist.[803] Vielmehr sind auch schriftliche

790 Vgl. dazu *Güntge* SchlHA 2011, 149 ff.; *Rebler* zfs 2017, 484 ff.
791 BGH NStZ 2006, 402 = StV 2006, 225; NJW 2006, 3654; StV 2001, 545.
792 BGH StV 1996, 529.
793 BGHSt 38, 214; 50, 272; BGH StV 2004, 57.
794 BGHSt 42, 86.
795 BGHSt 38, 372; 39, 349; 42, 15: BGH NStZ 1997, 614 m. Anm. *Müller-Dietz*.
796 BGHSt 38, 214; 42, 15, 22; 50, 206; BGH NStZ 1997, 502; BGH Beschl. v. 09.05.2018 – 5 StR 17/18 = NJW 2018, 2279 f. m. Anm. Meyer-Mews, NJW 2018, 2280 f.; vgl. auch *Meyer-Goßner/Schmitt*, Rn. 25 zu § 136; krit. *Schlothauer/Jahn* RuP 2012, 222; für Verkehrsordnungswidrigkeitenverfahren *Rebler*, AnwZert VerkR 19/2017 Anm. 2; *ders.* NZV 2018, 209 ff.
797 BGH NStZ 1997, 614 = StV 1997, 337.
798 Vgl. § 55 OWiG; zu § 136 StPO vgl. auch Alsberg/*Güntge* Rn. 941 ff. S. 361 f.
799 Ein Anfangsverdacht muss sich auf zureichende tatsächliche Anhaltspunkte, d.h. auf konkrete Tatsachen stützen, die dafür sprechen, dass gerade der zu untersuchende Lebenssachverhalt eine Straftat enthält. Bloße, nicht durch konkrete Umstände belegte Vermutungen oder reine denktheoretische Möglichkeiten reichen nicht für einen prozessual ausreichenden Anfangsverdacht; vgl. BGH NStZ 1994, 499 = StV 1994, 524; vgl. auch BGH, Urt. v. 30.12.2014 – 2 StR 439/13, NStZ 2015, 291 f. = StV 2015, 337 f.
800 BGH, Urt. v. 30.12.2014 – 2 StR 439/13, NStZ 2015, 291 f. = StV 2015, 337 f.; vgl. dazu *von Heintschel-Heinegg* JA 2015, 393 f.; *Mosbacher* JuS 2015, 701 f.
801 Vgl. dazu *Eisenberg* IR 2015, 449 f.
802 Vgl. dazu *Gürtler* in Göhler. § 55 Rn. 24; *Meyer-Goßner*/Schmitt Einl. Rn. 79.
803 Meyer-Goßner/*Schmitt* § 252 Rn. 7.

Erklärungen in einem von der Polizei zugesandten Fragebogen[804] und unprotokolliert gebliebene Angaben gegenüber einem Polizeibeamten unverwertbar, die der Zeuge auf dessen Befragen gemacht hat; die informatorische Anhörung steht insoweit der förmlichen Vernehmung gleich. Von dem Verwertungsverbot werden aber Äußerungen nicht erfasst, die ein Zeuge vor oder außerhalb der Vernehmung aus freien Stücken getan hat[805] Insbesondere gilt § 252 nicht für Erklärungen, die der Zeuge abgegeben hat, als er die Polizei um Hilfe rief[806] Auf Band aufgezeichnete Gespräche des Zeugen mit Beamten der Notrufzentrale sind keine Aussage und daher verwertbar[807]. Ebenso wenig ist der Inhalt einer Strafanzeige eine Aussage im Sinne dieser Vorschrift, sofern nicht mit ihr zusammen eine Vernehmung protokolliert worden ist.[808]

▶ Hinweis

Es steht im pflichtgemäßen Ermessen der Strafverfolgungsbehörde, wann sie von der Zeugen- zur Beschuldigtenvernehmung übergeht; maßgeblich hierfür ist die Stärke des Tatverdachts. Eine Belehrung nach § 136 StPO und eine dementsprechende Vernehmung als Beschuldigter ist somit erst veranlasst, wenn sich der bereits bei Beginn der Vernehmung bestehende Verdacht so verdichtet hat, dass die vernommene Person ernstlich als Täter der untersuchten Straftat in Betracht kommt. Ein Verdächtiger erlangt jedenfalls dann die Stellung eines Beschuldigten, wenn die zuständige Strafverfolgungsbehörde Maßnahmen gegen ihn ergreift, die erkennbar darauf abzielen, gegen ihn wegen einer Straftat vorzugehen.[809] 313

Der Beschuldigtenvernehmung durch einen Polizeibeamten hat der Hinweis vorauszugehen, dass es dem Beschuldigten freistehe, sich zur Beschuldigung zu äußern oder nicht zur Sache auszusagen (§ 136 Abs. 1 S. 2 i.V.m. § 163a Abs. 4 S. 2 StPO). Hinsichtlich der Ausgestaltung der Eröffnung im Einzelnen hat also der Vernehmende einen gewissen Beurteilungsspielraum.[810] Ansonsten dürfen seine Äußerungen, die er in dieser Vernehmung gemacht hat, nicht verwertet werden.[811] Das gilt aber nicht, wenn feststeht, dass der Beschuldigte sein Recht zu schweigen ohne Belehrung gekannt hat oder wenn der verteidigte Angeklagte in der Hauptverhandlung ausdrücklich der Verwertung zugestimmt oder ihr nicht bis zu dem in § 257 StPO genannten Zeitpunkt widersprochen hat. Dem verteidigten Angeklagten steht derjenige gleich, der vom Gericht über die Möglichkeit des Widerspruchs unterrichtet worden ist.[812] Auch wenn der Beschuldigte ordnungsgemäß belehrt wurde, dürfen seine Angaben nicht verwertet werden, wenn er nicht vernehmungsfähig war oder die Voraussetzungen des § 136a StPO vorliegen. Ein Verwertungsverbot besteht jedoch nur für Angaben, die im Rahmen einer Beschuldigtenvernehmung gemacht werden. So genannte Spontanäußerungen, die der Beschuldigte von sich aus ohne Zutun des Vernehmungsbeamten vor der beabsichtigten Belehrung abgegeben hat, sind deshalb verwertbar.[813] 314

---

804 OLG Stuttgart VRS 63, 52 f.

805 BGHSt 1, 373, 375; 29, 230, 232 mit Anm. *Gollwitzer* JR 1981, 125, 36, 384 (386); OLG Koblenz VRS 53, 440 f.

806 BGH NStZ 1986, 232; Meyer-Goßner/*Schmitt* § 252 Rn. 8.

807 OLG Hamm NStZ 2012, 53.

808 Alsberg/*Güntge* Rn. 677 S. 333.

809 BVerfG StV 2001, 257 [258]; NStZ-RR 2012, 49 f.: *Rinklin* jurisPR-StrafR 10/2016 Anm. 3.

810 Zum Inhalt der Belehrung vgl. BGH, Beschl. v. 06.03.2012 – 1 StR 623/11, StV 2013, 485 f. = NStZ 2012, 581 f.

811 BGHSt 46, 93; BGHSt 47, 172; 233; vgl. auch BGH StV 2004, 57, 358.

812 BGHSt 38, 214.

813 BGH NJW 1990, 461; vgl. aber die Einschränkung BGH, Urt. v. 27.06.2013 – 3 StR 435/12, NStZ 2013, 604 f. = StV 2013, 737 f. m. Anm. *Britz* NStZ 2013, 607 f.; zur Selbstbelastungsfreiheit *Soine* NZV 2016, 411 ff.

▶ Beachte

Die Verletzung der Aussagefreiheit kann auch außerhalb von Vernehmungen nach §§ 136, 136a StPO zu einem Beweisverwertungsverbot führen. Die Aussagefreiheit des Beschuldigten und das Verbot des Zwangs zur Selbstbelastung (*nemo tenetur se ipsum accusare*) sind notwendiger Ausdruck einer auf dem Leitgedanken der Achtung der Menschenwürde beruhenden rechtsstaatlichen Grundhaltung. Der Grundsatz der Selbstbelastungsfreiheit umfasst das Recht auf Aussage- und Entschließungsfreiheit innerhalb des Strafverfahrens. Dazu gehört, dass im Rahmen des Strafverfahrens niemand gezwungen werden darf, sich durch seine eigene Aussage einer Straftat zu bezichtigen oder zu seiner Überführung aktiv beizutragen Der Beschuldigte muss frei von Zwang eigenverantwortlich entscheiden können, ob und gegebenenfalls inwieweit er im Strafverfahren mitwirkt.[814]

▶ Hinweis

315 Die Angaben, die der Beschuldigte als Versicherungsnehmer nach einem Unfall seiner Versicherungsgesellschaft gegenüber gemacht hat, sind, obwohl er versicherungsrechtlich hierzu verpflichtet ist und auch nicht belehrt wird, im Strafverfahren gegen ihn verwertbar.[815]

316 *Aber:*

Soweit den Betroffenen außerhalb des Bußgeldverfahrens erzwingbare verwaltungsrechtliche Auskunfts- und Mitwirkungspflichten treffen und ihm insoweit keine Aussageverweigerung zusteht, dürfen die auf diese Weise erlangten Kenntnisse in Bußgeldverfahren nicht zu seinem Nachteil verwertet werden.[816]

317 Zu beachten ist, dass eine Beschuldigtenbelehrung erst erforderlich und möglich ist ab dem Zeitpunkt, zu dem der Vernommene als Beschuldigter in Betracht kommt.[817] Beschuldigter in diesem Sinne ist nur der Tatverdächtige, gegen den das Verfahren als Beschuldigten betrieben wird. Von der Zeugen- zur Beschuldigtenvernehmung ist dann überzugehen, wenn sich der Verdacht so verdichtet hat, dass die vernommene Person ernstlich als Täter der untersuchten Straftat in Betracht kommt. Ein Verdächtiger wird jedenfalls dann zum Beschuldigten, wenn die Strafverfolgungsbehörde faktische Maßnahmen ergreift, die erkennbar darauf abzielen, gegen ihn wegen einer Straftat vorzugehen.[818]

2. Verteidigerkonsultation

318 Der Beschuldigte ist gemäß § 163a Abs. 4 S. 2, § 136 Abs. 1 S. 2 StPO auf sein Recht auf Verteidigerkonsultation hinzuweisen, er ist aber nicht darüber hinaus über ein Recht zu belehren, die Bestellung eines Pflichtverteidigers verlangen zu können.[819] Das gilt aber dann nicht, wenn der Beschuldigte glaubt, aufgrund seiner Mittellosigkeit keinen Verteidiger zuziehen zu können, und ein Fall notwendiger Verteidigung vorliegt.[820] Die Verteidigerkonsultation dient dazu, den Beschuldigten zu beraten, ob er von seinem Schweigerecht Gebrauch macht oder nicht. Was für die Belehrung über das Schweigerecht gilt, ist deshalb auch für diejenige zur Verteidigerkonsultation erheblich.[821] Die Pflicht zur Belehrung über das Recht auf Verteidigerkonsultation gebietet nicht, den Beschuldigten,

814 BGH Urt. v. 06.03.2018 – 1 StR 277/= NJW 2018, 1986 f. m. Anm. *Jahn* NJW 2018, 1988 f.
815 BVerfG NZV 1996, 283.
816 *Gürtler* in Göhler § 55 Rn. 8a.
817 BGHSt 10, 8; BGHSt 34, 138 [140]; BGH, Beschl. v. 06.03.2012 – 1 StR 623/11, StV 2013, 485 f. = NStZ 2012, 581 f.
818 BGH NStZ 2003, 671.
819 Vgl. dazu *Neuhaus,* StV 2015, 185 f.; zur Frage einer notwendigen Verteidigung bei Blutentnahme nach § 81a StPO vgl. *Rebler* NZV 2017, 419 ff.
820 Meyer-Goßner/*Schmitt* § 136 Rn. 10 m.w.N.
821 BGHSt 47, 172; vgl. dazu *Eisenberg* JA 2012, 452 f.

der keinen Wunsch auf Zuziehung eines Verteidigers äußert, auf einen vorhandenen anwaltlichen Notdienst hinzuweisen.[822] Möchte der Beschuldigte vor seiner Vernehmung einen Verteidiger befragen, sind ihm Informationen zur Verfügung zu stellen, die es ihm erleichtern, einen Verteidiger zu kontaktieren. Auf bestehende anwaltliche Notdienste ist dabei hinzuweisen.[823]

Das Unterbleiben des gesetzlich vorgeschriebenen Hinweises auf die Möglichkeit einer Pflichtverteidigerbestellung führt nicht zu einem absoluten Verwertungsverbot. Auch die Annahme eines relativen, im Rahmen einer einzelfallbezogenen Abwägung festzustellendes Verwertungsverbot kommt nicht in Betracht, wenn das staatliche Verfolgungs- und Aufklärungsinteresse bei einem Tötungsdelikt besonders hoch ist, die Belehrung nicht bewusst oder willkürlich, sondern aus Unkenntnis der Vernehmungsbeamten über die Neuregelung unterblieben ist und damit der festgestellte Verstoß von geringerem Gewicht ist, und zudem jegliche Anhaltspunkte für die Annahme fehlen, die Angeklagten hätten im Rahmen ihrer ersten Vernehmung Angaben zur Sache gemacht, weil sie mangels wirtschaftlicher Mittel keine Möglichkeit gesehen hätten, sich eines Verteidigers zu bedienen.[824]

3. Erlangung von Beweismitteln

a) Durchsuchung und Beschlagnahme

Zur Auffindung von Beweismitteln (§ 102 StPO[825]) und der Beschlagnahme der aufgefundenen 319
Beweismittel dürfen Durchsuchungsmaßnahmen angeordnet werden.[826] Der Eingriff muss in angemessenem Verhältnis zur Schwere der Tat und der Stärke des Tatverdachts stehen. Im Einzelfall kann etwa die Geringfügigkeit der zu ermittelnden Straftat einer Durchsuchung entgegenstehen.[827] Inwieweit das Vorliegen von Gefahr im Verzug bei **Durchsuchungsmaßnahmen** durch die Gerichte nachprüfbar ist und welche Folgen sich aus der unrichtigen Annahme von Gefahr im Verzug ergeben, ist problematisch[828]. Die verfassungsrechtlich gebotene volle gerichtliche Kontrolle der Annahme von »Gefahr im Verzug« ist jedoch in der Praxis nur möglich, wenn nicht nur das Ergebnis, sondern auch die Grundlagen der Entscheidungen der Behörden und ihr Zustandekommen zuverlässig erkennbar werden. Aus Art. 19 Abs. 4 GG ergeben sich daher für die Strafverfolgungsbehörden Dokumentations- und Begründungspflichten, die den wirksamen gerichtlichen Rechtsschutz erst möglich machen. Eine wirksame gerichtliche Nachprüfung einer nichtrichterlichen Durchsuchungsanordnung wegen Gefahr im Verzug setzt daher voraus, dass der handelnde Beamte vor oder jedenfalls unmittelbar nach der Durchsuchung seine für den Eingriff bedeutsamen Erkenntnisse und Annahmen in den Ermittlungsakten dokumentiert. Insbesondere muss er, unter Bezeichnung des Tatverdachts und der gesuchten Beweismittel, die Umstände darlegen, auf die er die Gefahr des Beweismittelverlusts stützt.[829]

---

822 BGHSt 47, 233; Meyer/Goßner/*Schmitt* § 136 Rn. 10 m.w.N; s. aber auch BGHSt 42, 15; 38, 372.

823 § 136 Abs. 2 Satz 3 und 4 StPO in der Fassung vom 27.08.2017.

824 BGH Beschl. v. 06.02.2018 – 2 StR 163/17 = StraFo 2018, 300 f.

825 Zum Richtervorbehalt BVerfG Beschl. v. 12.03.2019 – 2 BvR 675/14 = NJW 2019, 1428 f. (richterlicher Bereitschaftsdienst) m. Anm. *Krumm* NJW 2019, 1432 f.

826 Ausführlich *Rebler* AnwZert VerkR 13/2013 Anm. 2; *ders.* SVR 2014, 41 ff.; *Michalke* StraFo 2014, 89 f.; *Fromm* ZfSch 2016, 250 ff., *Gramse* NZV 2002, 345 f.; *Trupp* NZV 2004, 389 f.; Verhalten bei Hausdurchsuchungen und Beschlagnahme vgl. *Lüdeke* StB 2017, 375 f.; zur Online-Durchsuchung Soine NStZ 2018, 497.

827 Zur Verhältnismäßigkeit einer Durchsuchung und Beschlagnahme zur Aufklärung einer Verkehrsordnungswidrigkeit vgl. *Rebler* AnwZert VerkR 13/2013, Anm. 2; BVerfG, Beschl. v. 14.07.2016 – 2 BvR 2748/14, DAR 2016, 641 m. Anm. *Niehaus* 644 f.; v. 29.01.2015 – 2 BvR 497/12, AnwBl 2015, 440 f.; vgl. auch *Dann* NJW 2015, 2609 f.

828 Vgl. die Übersichten von *Burhoff* StraFo 2005, 140 ff.; *Schröder* JuS 2004, 858 ff.; ausführlich *Jahn* StraFo 2011, 117 ff.; zur Problematik der allgemeinen Verkehrskontrolle nach § 36 Abs. 5 StVO vgl. *Ternig* DAR 2012, 730 f.

829 BVerfG, Beschl. v. 12.02.2004 – 2 BvR 1687/02, StV 2004, 633 f.; BGH, Beschl. v. 30.08.2011 – 3 StR 210/11, StV 2012, 1 f.

Voraussetzung ist ein **Anfangsverdacht**. Dieser muss eine Tatsachengrundlage haben, aus der sich die Möglichkeit der Tatbegehung durch den Beschuldigten ergibt, ohne dass es auf eine erhöhte Wahrscheinlichkeit ankommt; eine bloße Vermutung reicht nicht aus. Andererseits muss sich aus den Umständen, die den Anfangsverdacht begründen, nicht bereits eine genaue Tatkonkretisierung ergeben.[830]

Um die Durchführung der Maßnahme messbar und kontrollierbar zu gestalten, muss im Durchsuchungsbeschluss die aufzuklärende Straftat, wenn auch kurz, doch so genau umschrieben sein, wie das nach den Umständen des Einzelfalls möglich ist.[831]. Dazu muss der Beschluss auch die räumliche Sphäre, in der die Durchsuchung stattfinden soll, hinreichend genau umschreiben.[832]

Eine Durchsuchung kommt erst dann in Betracht, wenn andere Methoden zur Sachverhaltsaufklärung (Anhörbogen, Vernehmung) ohne Erfolg geblieben sind. Als weniger einschneidende Maßnahme ist beispielsweise eine Fahrtenbuchauflage nach § 31a StVZO anzusehen.

Ob zum Nachweis eines Verstoßes gegen § 21 Abs. 1a StVO das Mobiltelefon sichergestellt und ausgelesen werden kann, ist fraglich.[833]

320 Ein Zuständigkeitsverstoß allein zieht jedoch noch kein Verwertungsverbot nach sich. Nimmt z.B. ein Staatsanwalt irrtümlich an, der Ermittlungsrichter sei nicht mehr erreichbar, und ordnet daraufhin selbst eine Durchsuchung an, so liegt kein revisionsrechtlich relevanter Verfahrensverstoß vor. Etwas anderes gilt nur bei Willkür.[834]

321 Die **Durchsuchung von Wohn- und Geschäftsräumen** sowie die Beschlagnahme von Unterlagen stellen somit einen Eingriff in das Recht auf Achtung der Wohnung dar, wenn ein geringfügiges Delikt vorliegt und der Täter erstmalig in Erscheinung tritt. Der Durchsuchung sind andere geeignete Mittel vorzuziehen, wenn es um die Identifikation der für die Geschwindigkeitsüberschreitung verantwortlichen Person geht. Erfolgt die Durchsuchung zudem wegen einer mutmaßlich von einem Dritten begangenen Ordnungswidrigkeit und betrifft sie private Wohnräume des Beschwerdeführers, dann steht der Eingriff in seiner Verhältnismäßigkeit nicht im Einklang mit den rechtmäßig verfolgten Zielen.[835] Eine Durchsuchung wegen schwerwiegender Verkehrsordnungswidrigkeiten, die die Sicherheit des Straßenverkehrs und damit auch das Leben und die Gesundheit anderer schützen soll, ist grundsätzlich verfassungsrechtlich nicht zu beanstanden.[836]

▶ Hinweis

Ein Zuständigkeitsverstoß[837] allein zieht noch kein Verwertungsverbot nach sich. Fehler im Zusammenhang mit der Anordnung oder Durchführung einer Durchsuchung führen in der Regel nicht zur Unverwertbarkeit der hierbei erlangten Beweismittel. Das gilt jedenfalls dann, wenn bei hypothetischer Betrachtung, also bei ordnungsgemäßem Verlauf der Dinge, das Beweismittel auch in rechtmäßiger Weise hätte erlangt werden können. Ob Beweismittel, die bei Durchsuchungen ohne richterliche Anordnungen gefunden wurden, verwertbar sind, wenn das Fehlen einer Gefahr im Verzug offensichtlich war, ist sehr umstritten. Da die StPO kein

830 BVerfG Beschl. v. 7.5.2001 – 2 B 2 BvR 1775/16vR 2013/00.; v. 10.01.2018 – 2 BvR 2993/14; v. 14.11.2017 -2 BvR 1096/17; v. 10.11.2017; v. 14.07.2016 – 2 BvR 2474/14 = StV 2017, 361 f. (anonyme Anzeige).
831 BVerfG Beschl. v. 19.06.2018 – 2 BvR 1260/16.
832 BVerfG Beschl. v. 13.03.2018 – 2 BvR 2990/14.
833 Vgl. dazu *Ternig/Lellmann* NZV 2016, 454 f.
834 BGHSt 31, 304; BVerfG NJW 2001, 1121 ff.; vgl. auch *Roxin* NStZ 2007, 616 ff.
835 EGMR NJW 2006, 1495 f.; BVerfG, Beschl. v. 25.10.2011 – 2 BvR 2674/10, NJW 2012, 1065 f.
836 BVerfG ZfS 2007, 655.
837 Zur Zuständigkeit von Gericht und Staatsanwaltschaft vgl. BGH, Beschl. v. 25.04.2007 – 1 StR 135/07, NStZ-RR 2007, 242 f.; zum richterlichen Bereitschaftsdienst BVerfG Beschl. v. 12.03.2019 – 2 BvR 675/14 = NJW 2019, 1428 f. m. Anm. *Krumm*, NJW 2019, 1432 f.

Beschlagnahmeverbot für Fälle fehlerhafter Durchsuchungen aufstellt, die zur Sicherstellung von Beweisgegenständen führen,[838] wird deshalb überwiegend eine Verwertbarkeit angenommen.[839] Da § 105 Abs. 1 Satz 1 StPO jedoch eine vorherige richterliche Überprüfung gewährleisten will, ist zumindest bei seiner offensichtlichen Umgehung ein Beweisverwertungsverbot zu bejahen. Fehlt es dagegen nur an der Dokumentation einer (mündlichen) richterlichen Durchsuchungsanordnung, steht das der Beweisverwertung nicht entgegen.[840] Eine bewusste Missachtung oder gleichgewichtig grobe Verkennung der Voraussetzungen des für Wohnungsdurchsuchungen bestehenden Richtervorbehalts kann die Annahme eines Verbots der Verwertung bei der Durchsuchung gewonnener Beweismittel rechtfertigen.[841]

Ein Beweisverwertungsverbot liegt vor, wenn die Vollstreckung der Durchsuchungsanordnung in zu großem Abstand zu deren Erlass steht. Eine Durchsuchungsanordnung verliert spätestens ein halbes Jahr nach ihrem Erlass ihre rechtfertigende Wirkung.[842]

Bei der Frage eines **Beweisverwertungsverbots wegen Mängeln der Durchsuchungsanordnung** ist eine Abwägung des Strafverfolgungsinteresses mit dem betroffenen Individualinteresse erforderlich.[843] Selbst wenn aber der Beschlagnahme eines Gegenstandes regelmäßig nicht entgegensteht, dass er aufgrund einer rechtsfehlerhaften Durchsuchung erlangt worden ist, muss jedoch bei einem besonders schwerwiegenden Verstoß oder bei Willkür etwas anderes gelten.[844] Bei schwerwiegenden, bewussten oder willkürlichen Verfahrensverstößen ist deshalb ein Beweisverwertungsverbot als Folge einer fehlerhaften Durchsuchung und Beschlagnahme anzunehmen.[845] Eine ohne richterliche Anordnung durchgeführte Wohnungsdurchsuchung führt aber nicht zu einem Beweisverwertungsverbot, wenn die Voraussetzungen der »Gefahr im Verzug«[846] durch das ungeschickte Verhalten eines Polizeibeamten ausgelöst worden sind.[847]

Ob ein Verwertungsverbot im Rahmen von Durchsuchungs- oder Beschlagnahmemaßnahmen einen Widerspruch des Verteidigers in der Hauptverhandlung voraussetzt, ist streitig.[848]

▶ Beachte also

Eine Durchsuchung kommt erst dann in Betracht, wenn andere Methoden zur Sachverhaltsaufklärung (Anhörbogen, Vernehmung) ohne Erfolg geblieben sind. Als weniger einschneidende Maßnahme ist beispielsweise eine Fahrtenbuchauflage nach § 31a StVZO anzusehen.

b) Blutentnahme

§ 81a Abs. 1 S. 2 StPO sieht die Möglichkeit der Blutprobenentnahme »von einem Arzt nach den Regeln ärztlicher Kunst« vor.[849] Es muss sich bei dem entnehmenden Arzt um einen solchen mit Approbation (s. § 2 BÄO) handeln, ein Zahnarzt ist kein Arzt i.S.d. § 81a StPO.[850] Die Blutent- 322

838 BVerfG StV 2002, 113.
839 Anders BGH, Beschl. v. 30.08.2011 – 3 StR 210/11, NStZ 2012, 104 f. = StV 2012, 1 f.
840 BGH NStZ 2005, 392 = StV 2006, 174.
841 BGH, Urt. v. 18.04.2007 – 5 StR 546/06, BGHSt 51, 285 f.
842 BVerfG, Beschl. v. 27.05.1997 – 2 BvR 1992/92, BVerfGE 96, 44 = NStZ 1997, 502 = StV 1997.
843 BVerfG StV 2002, 113; vgl. auch *Daleman/Heuchemer*, JA 2003, 430 ff.
844 *Meyer-Goßner/Schmitt*, Rn. 21 zu § 94 m.w.N.; *Münchhalfen* in: FS Mehle, 2009, S. 445 ff.
845 BVerfG Beschl. v. 12.04.2005 – 2 BvR 1027/02 = NJW 2005, 1971 = StV 2005, 363; v. 02.07.2009 – 2 BvR 2225/08 = NJW 2009, 3225 f.
846 Zum Begriff vgl. *Berg*, StraFo 2007, 74 ff.
847 BGH Beschl. v. 19.01.2010 – 3 StR 530/09 = wistra 2010, 231 f.
848 BGH, Urt. v. 18.04.2007 – 5 StR 546/06 = BGHSt 51,286,296 f; = NStZ 2007, 601 f.; Urt. v. 17.02.2016-2 StR 25/15.
849 Zu modernen Messmethoden *Sandherr* NZV 2016, 6 ff.; allgemein *Koehl* SVR 2016, 1 ff.
850 *Meyer-Goßner/Schmitt*, a.a.O. § 81a Rn. 19.

nahme durch Mediziner ohne Approbation und ohne Erlaubnis i. S. von §§ 2 Abs. 2 BÄO, z.B. medizinisch-technische Assistentinnen und Krankenschwestern, ist nur zulässig, wenn der Beschuldigte einwilligt. Doch dürfen ausgebildete Mediziner ohne Approbation und ohne Erlaubnis i. S. von §§ 2 Abs. 2, 10 Bundesärzteordnung unter Anleitung, Aufsicht oder Verantwortung eines hauptamtlichen Arztes Blutentnahmen durchführen. Eine Blutentnahme durch einen Nichtarzt unter Verstoß gegen § 81a Abs. 1 S. 2 StPO gegen den Willen des Beschuldigten ist aber als Beweismittel grundsätzlich verwertbar.[851] Ein Verwertungsverbot besteht nur ausnahmsweise, vor allem im Falle einer Blutprobenentnahme von einem Nichtarzt unter Anwendung von Mitteln, die nach § 136a StPO unzulässig sind.[852] Ein Verwertungsverbot besteht jedenfalls dann nicht, wenn der verteidigte Angeklagte der Verwertung des Ergebnisses einer unter Verstoß gegen den Richtervorbehalt angeordneten Blutentnahme nicht in der erstinstanzlichen Hauptverhandlung spätestens innerhalb der in § 257 Abs. 2 StPO gezogenen zeitlichen Grenze widerspricht.[853]

Die Anordnung einer Blutprobe obliegt nach § 81 Abs. 2 Satz 1 StPO grundsätzlich dem Richter. Nur wenn der Untersuchungserfolg durch die mit dessen Anrufung verbundene zeitliche Verzögerung gefährdet würde,[854] darf die Anordnung durch die Staatsanwaltschaft oder ihre Ermittlungsbeamten erfolgen (bei Gefahr im Verzuge).[855] Ob Gefahr im Verzug vorliegt, ist eine Frage des Einzelfalls.[856] Das ist von den Ermittlungsbehörden zu dokumentieren.[857] Aus einem möglichen Verstoß gegen das Beweiserhebungsverbot in § 81a StPO folgt aber nicht automatisch ein Beweisverwertungsverbot.[858] Dieses ist durch Abwägung zu ermitteln und wird bei einem so geringfügigen körperlichen Eingriff wie der Blutprobenentnahme regelmäßig erst dann anzunehmen sein, wenn Willkür, eine bewusste Umgehung des Richtervorbehalts oder eine grobe Verkennung der Rechtslage vorliegt.[859] Ein Beweisverwertungsverbot wird wohl zu bejahen sein, wenn in Fällen, in denen bei der Blutprobenentnahme zur Tagzeit eine fernmündliche richterliche Anordnung einholbar gewesen wäre (und

851 BGH, NJW 1971, 1097.

852 BayObLG, NJW 1966, 415.

853 Vgl. u. a OLG Frankfurt/Main NStZ-RR 2011, 46 f.; OLG Bamberg DAR 2011, 268 f.; Hanseatisches Oberlandesgericht Hamburg StV 2008, 454 f.; Thüringer Oberlandesgericht BA 2011, 245 f.; OLG Bamberg DAR 2011, 268 f.

854 Vgl. z.B. Thüringer Oberlandesgericht BA 2012, 46.

855 Inzwischen sind für den »Normalfall« der Blutprobenentnahme Forderungen nach Gesetzesänderung und einer Übertragung der Anordnungsbefugnis auf Staatsanwaltschaft und Polizei erhoben worden, da die bisherige Regelung nicht sinnvoll sei und der (ggf. fernmündlich) angerufene Ermittlungsrichter gegenüber dem Ermittlungsbeamten kaum ein »Mehr« an Rechtsschutz bieten könne; vgl. dazu BA 2011, 16 f.

856 OLG Köln, StV 2012, 6 (zu einer allgemeinen Dienstanweisung).

857 BVerfG, Beschl. v. 31.10.2007 – 2 BvR 1346/07.

858 Vgl. u, a *König/Seitz,* DAR 2009, 367 f.; *Peglau,* NJW 2010, 2850 ff.; *Eidam/Moorkamp,* DAR 2010, 668 ff.; *Dallmeyer,* Straßenverkehr 2010, 625 ff.; Rechtsprechungsübersicht *Metz,* NStZ-RR 2010, 232 ff., 271 ff.; 2014,329 f.; zur Verwertbarkeit unzulässig erlangter Blutproben im fahrerlaubnisrechtlichen Verfahren vgl. *Rebler,* AnwZert VerkR 13/2012 Anm. 2., *ders.* JA 2017, 59 ff.; zur neueren Rechtsprechung *Metz* NStZ-RR 2014,329 ff.; zweifelnd für die Anwendung im Verwaltungsrecht: BVerfG, Beschl. v. 28.06.2014 – 1 BvR 1837/121 = NJW 2015, 1005 f.: *Niehaus,* DAR 2015, 384 f.; *Ternig,* SVR 2015, 311 ff.; für Verwertungsverbot OLG Oldenburg, Beschl. v. 20.06.2016 – 2 Ss (OWi) 152/16; zu den Darstellungsanforderungen der Verfahrensrüge, ein Polizeibeamter habe eine Blutprobenentnahme nach § 81a StPO angeordnet und dabei Gefahr im Verzug zu Unrecht angenommen OLG Celle, StV 2009, 518; dazu *Lampe* jurisPR-StrafR 20/2009 Anm. 1; OLG Oldenburg, Beschl. v. 03.11.2009 – 1 Ss 183/09 = NdsRpfl 2010, 63; OLG Köln, Beschl. v. 15.01.2010 – 83 Ss 100/09; vgl. auch *Trück* NStZ 2011, 202.

859 OLG Naumburg, Beschl. v. 05.11.2015 – 2 Ws 201/15 = NStZ-RR 2016, 121.

ein Beweismittelverlust kaum zu befürchten gewesen wäre), das aber weder in Erwägung gezogen noch versucht wurde.[860]

Beachte

Im Zusammenhang mit Straßenverkehrsdelikten hat sich die Frage der Verwertbarkeit von Blutentnahmen durch Einführung des § 81a Abs. 2 Satz 2 StPO weitgehend erledigt. Danach bedarf die Entnahme einer Blutprobe abweichend von § 81a Abs. 2 Satz 1 StPO keiner richterlichen Anordnung, wenn bestimmte Tatsachen den Verdacht begründen, dass eine Straftat nach § 315a Abs. 1 Nr. 1, Abs. 2 und 3 StGB, § 315c Abs. 1 Nr. 1 a, Abs. 2 und 3 oder § 316 StGB begangen worden ist.[861] Entsprechend bedarf es gemäß § 46 Abs. 4 Satz 1 OWiG richterlichen Anordnung, wenn bestimmte Tatsachen den Verdacht begründen, dass eine Ordnungswidrigkeit nach den §§ 24a und 24c StVG begangen worden ist. Die Verfolgungsbehörde tritt hier an die Stelle der Staatsanwaltschaft. Die für die Verfolgung der Ordnungswidrigkeit zuständige Behörde muss auch die Staatsanwaltschaft vor der Anordnung einer Blutentnahme nicht kontaktieren.

Hinweis

Aus der Unzulässigkeit der Beschlagnahme der einem Angeklagten im Zuge seiner ärztlichen Behandlung nach einem Verkehrsunfall entnommenen Blutprobe folgt nicht ohne Weiteres ein Beweisverwertungsverbot. Anders als bei Ermittlungsmaßnahmen, die zu Erkenntnissen führen, über die der in § 160a Abs. 1 S. 1 StPO[862] bezeichnete Personenkreis das Zeugnis verweigern dürfte, und deren Verwendung untersagt ist, hat bei dem in § 160a Abs. 2 S. 1 StPO bezeichneten Personenkreis eine Prüfung der Verhältnismäßigkeit der Ermittlungsmaßnahme zu erfolgen. Hierbei ist in den Fällen, in denen keine Straftat von erheblicher Bedeutung vorliegt, regelmäßig davon auszugehen, dass das Strafverfolgungsinteresse nicht überwiegt. Das gilt auch für die Verwertung von Erkenntnissen zu Beweiszwecken.[863] Das Bundesverfassungsgericht hat die bei vielen Verwaltungsgerichten gängige Praxis, eine im Straf- und Ordnungswidrigkeitenrecht zu Unrecht erlangte Blutprobe im Verwaltungsverfahren zu nutzen, in Zweifel gezogen.[864]

---

860 BVerfG, DAR 2008, 691 ff.; JR 2010, 400 ff.; DAR 2011, 196 f. vgl. u. a OLG Bamberg, NJW 2009, 2146; DAR 2010, 97; NZV 2010, 310 ff.; Kammergericht, NJW 2009, 3527; OLG Celle, NJW 2009, 3524; StV 2009, 518 f.; OLG Dresden, NJW 2009, 2149; OLG Hamm, Beschl. v. 28.04.2009 – 2 Ss 117/09; NStZ-RR 2010, 148 f.; OLG Frankfurt/Main, BA 2011, 360 ff.; vgl. auch *Hüls* jurisPR-StrafR 20/2009 Anm. 3; *Peglau* jurisPR-StrafR 25/2009 Anm. 4; *Rueber* jurisPR-VerkR 19/2009 Anm. 5; *Häcker* jurisPR-VerkR 8/2010 Anm. 6.; *Ernst,* Jura 2011, 94 f.; zu den verteidigungsrelevanten Aspekten vgl. Vergho, SVR 2011, 201 ff.; zur revisionsrechtlicher Geltendmachung einer rechtsfehlerhaften Anwendung des Richtervorbehalts vgl. *Trück* NStZ 2011, 202.

861 Vgl. *Claus* NZV 2017,449, 451 f.; *Singelstein/Derin* NJW 2017, 2646 f.; *Zwerger* jurisPR-VerkR 21/2017 Anm. 1; *Rebler* AnwZert VerkR 22/2017 Anm. 2; *Burhoff* StRR 2017, 4 ff. VRR 2017, Nr. 11, 4 ff.; *Stam* NZV 2018,155 ff.

862 Vgl. dazu auch BVerfG Beschl. v. 27.06.2018 – 2 BvR 1405/17 = NJW 2018, 2385 f.

863 Kammergericht Berlin, Beschl. v. 21.09.2011 – (3) 1 Ss 127/11 (91/11); vgl. auch OLG Celle, NStZ 1989, 385 f.

864 BVerfG, Beschl. v. 28.06.2014 – 1 BvR 1837/121 = NJW 2015, 1005 f. m. Anm. *Niehaus* DAR 2015, 384 f.; *Ternig* SVR 2015, 311 ff.

c) Identitätsfeststellung

323 Für die **Identitätsfeststellung**[865] gelten auch im Ordnungswidrigkeitenbereich die §§ 163b und c StPO.[866] Die Identifizierungsgegenüberstellung ist Augenscheinseinnahme des Beschuldigten und Teil der Vernehmung des Zeugen. Die Rechtsprechung des *Bundesgerichtshofes*[867] hält, wenn die Geschwindigkeitsüberschreitung nicht durch ein Radarfoto festgestellt wurde, bestimmte Indizien für die Fahrereigenschaft für ausreichend.

324 Bei der *Identifizierung des Fahrers anhand eines Radarfotos* ist folgendes zu beachten:[868] Befindet sich in den Akten ein zur Identifizierung geeignetes Foto, so ist es ausreichend, wenn der Richter seine Überzeugungsbildung unter ausdrücklicher Bezugnahme auf das in den Akten befindliche Foto begründet, insbesondere detaillierte Beschreibungen sind also nicht mehr notwendig. Unterbleibt eine prozessordnungsgemäße Verweisung auf das Beweisfoto, so muss das Urteil Ausführungen zur Bildqualität enthalten und die abgebildete Person oder jedenfalls mehrere charakteristische Identifizierungsmerkmale so beschreiben, dass dem Rechtsmittelgericht anhand der Beschreibung die Prüfung ermöglicht wird, ob das Foto zur Identifizierung generell geeignet ist. Bestehen aufgrund der Bildqualität Zweifel an der Eignung des Fotos als Grundlage für die Identifizierung des Fahrers, genügt eine Bezugnahme auf das Foto nicht. Der Richter muss vielmehr angeben, aufgrund welcher auf dem Foto erkennbarer Identifizierungsmerkmale er die Überzeugungsbildung von der Identität des Betroffenen mit dem abgebildeten Fahrzeugführer gewonnen hat. Zwar ist dem Rechtsbeschwerdegericht nach wie vor die Überprüfung der tatrichterlichen Überzeugungsbildung an sich versagt, aber es hat jetzt jedoch Zugriff auf das Radarfoto und kann eingreifen, wenn Zweifel an dessen Geeignetheit zur Täteridentifizierung bestehen.

325 Manchmal wird auf human-biologischen, somit anthropologischen Gutachten zurückgegriffen. Dabei werden anhand von Lichtbildern der Raumüberwachungskamera eine bestimmte Zahl deskriptiver morphologischer Merkmale (z.B. Nasenfurche, Nasenkrümmung etc.) oder von Körpermaßen des Täters herausgearbeitet und mit den entsprechenden Merkmalen des Tatverdächtigen verglichen: Ein solches Gutachten stellt WOHL kein allgemein anerkanntes und weithin standardisiertes Verfahren wie beispielsweise das daktyloskopische Gutachten dar:[869]

Oft wird die Verwaltungsbehörde um Übermittlung einer Kopie des Passfotos ersucht. Darin könnte ein Verstoß gegen § 24 Abs. 2 Personalausweisgesetz vorliegen. Danach wird die generelle Auskunftspflicht der Behörden nach § 161 StPO und § 46 OWiG eingeschränkt. Ob diese Einschränkung der Auskunftspflicht auch gegenüber den Strafverfolgungsbehörden gilt, ist umstritten.[870] *Inwieweit es zulässig ist, Lichtbil-*

---

865 Vgl. dazu *Himmerlreich/Halm* NStZ 2011, 447 f.; *König/Seitz* DAR 2011, 367 f.; ausführlich *Erb* in: Löwe-Rosenberg, StPO, 27. Aufl. 2018, § 163b.

866 Problematik des anthropologisches Identitätsgutachten: vgl. BGH StV 2005, 374; OLG Oldenburg NStZ 2008, 60; vgl. auch *König/Seitz* DAR 2008, 361, 372; vgl. auch *Lampe* jurisPR-StrafR 20/2012 Anm. 2.

867 BGHSt 25, 265; vgl. aber auch BVerfG NZV 1994, 197.

868 BGHSt 41, 376; OLG Hamm, Beschl. v. 11.04.2016 -III-4 RBs 74/16; Kammergericht, Beschl. v. 12.11.2015 – 3 Ws (B) 515/15 = NStZ-RR 2016, 27 f.; OLG Brandenburg, VRR 2012, 117; v. 02.02.2016- 2 B 53 Ss Owi 664/14 = DAR 2016, 282 m. Anm. *Staub* 293 f. (lesenswert, auch zur Rechtsbeschwerde); *Huckenbeck/Krumm* NZV 2017,453 ff.

869 Zur Problematik des anthropologischen Identitätsgutachtens: vgl. BGH NJW 2000, 1350; BGH NStZ 1991, 596, StV 2005, 374; NStZ 2012, 345 f.; OLG Oldenburg NStZ 2008, 60; Thüringer OLG VRS 122, 143 f.; vgl. auch *König/Seitz* DAR 2008, 361, 372; 2011, 371 f.; *Krumm* AnwZert VerkR 10/2010 Anm. 2; *Schott* NZV 2011, 169 f.; *ders.* SVR 2010, 286; *Rösing/Quarch/Danner*, NStZ 2012, 548 ff.; *Gabriel/Huckenbec/Kürpiers* NZV 2014, 346 f.; *Fromm* NZV 2ß18, 161 ff.; zum entspr. Beweisantragsrecht OLG Bamberg Beschl. v. 17.03.2017 – 3 Ss OWi 264/17 = StraFo 2017, 156 vgl. dazu *Rinklin* jurisPR-StrafR 9/2017 Anm. 4.

870 Vgl. einerseits OLG Frankfurt NJW 1997, 2963, andererseits BayObLG NJW 2004, 241; OLG Stuttgart NStZ 2003, 93/94; OLG Rostock Verkehrsrecht aktuell 2005, 51; vgl. dazu *Seitz* in Göhler vor § 59 Rn. 143.

der zeugnisverweigerungsberechtigter Personen zur Identifizierung in OWi-Verfahren in Verkehrssachen anzufertigen, wird in der Rechtsprechung und Literatur nicht einhellig und auch nicht eindeutig beantwortet.[871] *Zulässig sein dürfte die Verwertung des äußeren Erscheinungsbildes des die Aussage berechtigt verweigernden Zeugen zur Identifizierung des Beschuldigten.*[872]

Das Bundesverfassungsgericht sieht[873] bei einer Geschwindigkeitsmessung mit Lichtbildern und anderen Bildaufzeichnungen (z.B. Videoaufnahme, Frontalfoto) § 100h Abs. 1 Satz 1 Nr. 1 StPO als Rechtsgrundlage für einen Eingriff in das Recht auf informelle Selbstbestimmung des Kraftfahrers an.[874] **326**

Die Bestimmung des § 81g Abs. 1 Satz 1 StPO gestattet unter näher geregelten Voraussetzungen zur Identitätsfeststellung in künftigen Strafverfahren die Entnahme von Körperzellen und deren molekulargenetische Untersuchung.

d) Verwendung einer Dashcam (On-Board-Kamera)

Rechtsfragen, die sich beim Einsatz von »Dashcams« (Onboard-Kameras) stellen, sind seit einiger Zeit in der zivil-, straf- und verwaltungsrechtlichen Rechtsprechung und Literatur stark umstritten und werden uneinheitlich beantwortet.[875] Im *Zivilprozess* ist die permanente und anlasslose Aufzeichnung des Verkehrsgeschehens mit den datenschutzrechtlichen Regelungen des BDSG nach dem BGH nicht vereinbar.[876] Die Verwertung der Dashcam-Aufzeichnungen, die ein Unfallbeteiligter vom Unfallgeschehen gefertigt hat, als Beweismittel im Unfallhaftpflichtprozess ist dennoch zulässig. Inwieweit die Strafgerichte dieser Auffassung folgen, muss offenbleiben. Eine uneingeschränkte Übertragung der zivilrechtlichen Wertung auf das Strafverfahren hat bereits deshalb zu unterbleiben, da das Beweisrecht der StPO sich grundsätzlich von dem der ZPO unterscheidet. **327**

Die bisherigen Entscheidungen der Oberlandesgerichte sind nicht einheitlich. Nach Ansicht des OLG Celle[877] verstößt die Aufzeichnung mutmaßlich verkehrsordnungswidriger Verhaltensweisen Dritter im öffentlichen Straßenverkehr mittels einer Dash-Cam und die anschließende Übermittlung der dergestalt erhobenen Daten an die zuständige Bußgeldbehörde zwecks Ahndung eventuell begangener Verkehrsordnungswidrigkeiten gegen § 1 Abs. 1 Bundesdatenschutzgesetz (BDSG) und stellt somit eine unzulässige Beeinträchtigung des Persönlichkeitsrechts der betroffenen Verkehrsteilnehmer dar. Derartige Handlungen werden vom personalen und sachlichen Anwendungsbereich der entsprechenden Schutzvorschriften des Bundesdatenschutzgesetzes, u.a. von § 1 Abs. 2 Nr. 3 BDSG erfasst und durch § 43 Abs. 2 Nr. 1 BDSG als Ordnungswidrigkeit sanktioniert. Nach Ansicht des OLG Stuttgart[878] folgt aber aus einem Verstoß eines Verkehrsteilnehmers beim Betrieb einer Dash-

871 Vgl. dazu OLG Hamm DAR 2011, 409 f. m. Anm. *Lampe* jurisPR-StrafR 12/2011 Anm. 4.

872 BGH StraFo 2004, 314.

873 Vorher NJW 2009, 3293.

874 BVerfG DAR 2010, 508; 574; vgl. dazu OLG Hamm Beschl. v. 22.05.2011 – III 3 RBs 61/11; vgl. auch *Seitz* Vor § 59 Rn. 145 a; *Wilken* NZV 2011, 67.

875 Vgl. u.a. *Hoffmann-Benz* jurisPR-VerkR 3/2016 Anm. 1; *Albrecht/Wessels* jurisPR-ITR 2/2016 Anm. 3; *Klann* DAR 2016, 8 f.; *Richter* SVR 2016, 15 f.; *Deutscher* VRR 2016, Nr. 1, 4 f.; *Roggenkamp* AnwZert ITR 10/2015 Anm 3; *Lohse* VersR 2016, 953 f., für Zivilrecht *Nagel* ZfS 2016, 428 ff.

876 Urt. v. 15.05.2018 – VI ZR 233/17 = BGHZ 218, 348 ff. = VersR 2018, 1076 ff.; so auch OLG Saarbrücken, Urt. v. 13.10.2022 – 4 U 111/21 = NJW 2023, 1065; LG Aachen, Urt. v. 06.07.2023 – 12 O 398/22 = DAR 2023, 629 (630); vgl. dazu *Laumen* MDR 2018, 966 ff.; *Krämer* NZV 2018, 372 f.; *Kemperdiek* ZfS 2018, 368 ff.(auch zur anwaltschaftlichen Beratungspraxis); *Geisler* jurisPR-BGHZivilR 15/2018 Anm. 1, *Kuntz* jM 2018, 354, *Mäsch/Ziegenrücker* JuS 2018, 750 ff.; *Greger* DAR 2018, 506 f.; *Metz* NZV 2018, 419 f.; *Löffelmann* JR 2018, 628 (zu strafrechtlichen Konsequenzen).

877 Beschl. v. 04.10.2017 – 3 Ss (OWi) 163/17 = NStZ 2018, 293 f.: vgl. dazu *Nugel* jurisPR-VerkR 11/2018 Anm 5.

878 Beschl. v. 04.05.2016 – 4 Ss 543/15 = SVR 2016, 272 f. m. Anm. *Krämer* SVR 2016, 272 f.; *ders.* DAR 2022, 617 (619 f.); *Wölky* StV 2017, 20 f.

cam gegen das datenschutzrechtliche Verbot gem. § 6b BDSG, nach dem die Beobachtung öffentlich zugänglicher Räume mit optisch-elektronischen Einrichtungen nur in engen Grenzen zulässig ist, nicht zwingend ein Beweisverwertungsverbot im Bußgeldverfahren. § 6b BDSG, insbesondere dessen Abs. 3 S. 2, enthalte kein gesetzlich angeordnetes Beweisverwertungsverbot für das Straf- und Bußgeldverfahren. Ob ein (möglicherweise) unter Verstoß gegen § 6b BDSG erlangtes Beweismittel *zulasten* eines Betroffenen in einem Bußgeldverfahren verwertet werden darf, ist im Einzelfall jedenfalls insbesondere nach dem Gewicht des Eingriffs sowie der Bedeutung der betroffenen Rechtsgüter unter Abwägung der widerstreitenden Interessen zu entscheiden. Der Tatrichter ist grundsätzlich nicht gehindert, eine Videoaufzeichnung, die keine Einblicke in die engere Privatsphäre gewährt, sondern lediglich Verkehrsvorgänge dokumentiert und damit auch eine Identifizierung des Betroffenen über das Kennzeichen seines Fahrzeugs zulässt, zu verwerten, wenn das zur Verfolgung einer besonders verkehrssicherheitsbeeinträchtigenden Ordnungswidrigkeit erforderlich ist.[879]

4. Registerrechtliche Verwertungsverbote

328 Tilgungsreife Eintragungen dürfen dem Betroffenen weder vorgehalten noch zu seinem Nachteil verwertet werden (§ 5 Abs. 2 BZRG). Für die Frage der Verwertbarkeit[880] kommt es nicht auf den Zeitpunkt der neuen Tatbegehung an, sondern auf den letzten Verhandlungstag der Hauptverhandlung.[881] Ausnahmen regelt § 52 BZRG, insbesondere der für Verkehrssachen bedeutsame § 52 Abs. 2 BZRG. Danach gilt das Verwertungsverbot nur, soweit es um Auskünfte aus dem Register oder um die strafrechtliche Verwertbarkeit geht, nicht jedoch, soweit die Erteilung oder Entziehung einer Fahrerlaubnis Verfahrensgegenstand ist, solange die Verurteilung nach den Vorschriften der §§ 28 bis 30b StVG verwertet werden darf. Das Verwertungsverbot des § 51 Abs. 1 BZRG besteht auch dann, wenn der Betroffene eine getilgte oder tilgungsreife Vorstrafe (Vorahndung) von sich aus mitgeteilt hat[882] Das Verwertungsverbot gilt auch hinsichtlich des Verkehrszentralregisters. Bereits getilgte oder tilgungsreife strafrechtliche Vorahndungen dürfen bei der Strafzumessung nicht zulasten des Angeklagten herangezogen werden.[883]

▶ Beachte

Die Verwertbarkeit einer ausländischen Verurteilung in einem in Deutschland geführten Strafverfahren zum Nachteil des Beschuldigten setzt grundsätzlich aber ebenfalls voraus, dass diese, würde es sich um eine Verurteilung nach deutschem Recht handeln, nicht tilgungsreif wäre[884].

V. Entschädigung bei rechtswidrigen Maßnahmen

329 Nach § 2 Abs. 2 Nr. 4 und 5 StrEG gehören sowohl die vorläufige Entziehung der Fahrerlaubnis als auch die Führerscheinbeschlagnahme zu den entschädigungspflichtigen Strafverfolgungsmaßnahmen. Nach § 2 Abs. 2 Nr. 4 und 5 StrEG gehören sowohl die vorläufige Entziehung der Fahrerlaubnis als auch die Führerscheinbeschlagnahme zu den entschädigungspflichtigen Strafverfolgungsmaßnahmen. Der Anspruch ist nur dann wegen grob fahrlässiger Herbeiführung der Strafverfolgungsmaßnahme gemäß § 5 Abs 2 StrEG ausgeschlossen, wenn der Betroffene in ungewöhnlichem Maße die

879 Kritisch, jedoch wieder fürs Zivilverfahren, wenn die Aufnahme eines möglichen Verkehrsunfalls auf einer permanenten und anlasslosen Aufzeichnung einer an einem Haus installierten Videokamera beruht AG Geilenkirchen, Urt. v. 05.01.2023 – 10 C 114/21 = ZD 2023, 691 m. Anm. *Halder/Ittner*; zur Verwertbarkeit von GPS-Signalen einer Dash-Cam OLG Köln, Beschl. v. 29.08.2018 – 1 RBs 212/18 = NZV 2019, 266.
880 Vgl. dazu *Kuhn* JA 2011, 855 ff.
881 BGH NStZ 1983, 30.
882 BGH NStZ-RR 2012, 143 f.
883 OLG München NStZ-RR 2008, 89 m. Anm. *König* DAR 2008, 398 ff.
884 BGH StV 2012, 149 f.

Sorgfaltspflicht außer Acht gelassen hätte, die ein vernünftiger Mensch in gleicher Lage aufwenden würde, um sich vor Schaden durch Strafverfolgungsmaßnahmen zu schützen, und dadurch den Strafverfolgungsbehörden Anlass zum Einschreiten gegeben hätte.[885]

VI. Beweiskraft rechtskräftiger Strafurteile im Zivilprozess

Ein strafgerichtliches Urteil hat im Zivilprozess[886] keine Bindungswirkung.[887] Es kann aber im Wege 330
des Urkundenbeweises verwertet werden. Dadurch wird aber eine unmittelbare Beweisaufnahme nicht ersetzt oder überflüssig. Das Recht einer Partei, eine unmittelbare Beweisaufnahme zu verlangen, geht nicht verloren. Bei engem zeitlichem und sachlichem Zusammenhang der Sachverhalte, die den Gegenstand des Rechtsstreits und eines Strafverfahrens bilden, darf ein rechtskräftiges Strafurteil nicht unberücksichtigt bleiben. Zwar hat der Zivilrichter sich seine Überzeugung grundsätzlich selbst zu bilden und ist daher regelmäßig nicht an die Tatsachenfeststellungen eines Strafurteils gebunden. Das enthebt ihn jedoch nicht der Pflicht, sich mit solchen Feststellungen auseinanderzusetzen, wenn sie für die eigene Beweiswürdigung relevant sind.[888]

▶ **Hinweis**

Die durch das 1. Justizmodernisierungsgesetz geplante Aufwertung der Beweiskraft (§ 415a 331
ZPO) ist nicht zustande gekommen. Ein Strafurteil,[889] das vor Abschluss des Vorprozesses ergangen ist, kann aber hinsichtlich der ihm zugrunde liegenden Vorgänge eine zum Beweis geeignete Urkunde i.S.v. § 580 Nr. 7b ZPO sein. Erforderlich ist nur, dass die Urkunde einen eigenen Beweiswert aufgrund des in ihr verkörperten Gedankeninhalts hat und geeignet ist, das angefochtene Urteil in seinen tatsächlichen Grundlagen für jedermann erkennbar und in einer für das allgemeine Rechtsgefühl unerträglichen Weise zu erschüttern. Ist das der Fall, ist die Beweisurkunde als Restitutionsgrund anzuerkennen.[890]

V. Registerrechtliche Probleme im Bereich des Straßenverkehrsrechts

Im *Bundeszentralregister* werden eingetragen die strafgerichtlichen Verurteilungen (§§ 4 ff. BZRG) 332
sowie die gerichtliche Anordnung einer Sperre für die Wiedererteilung der Fahrerlaubnis nach § 69 StGB einschließlich des Tages ihres Ablaufs (§§ 3, 8 BZRG). Diese Taten werden – neben rechtskräftigen Entscheidungen wegen Ordnungswidrigkeiten – zudem ins *Verkehrszentralregister* (§ 28 StVG[891]) eingetragen.

▶ **Hinweis**

In das polizeiliche Führungszeugnis werden nur Verurteilungen zu mehr als 90 Tagessätzen 333
Geldstrafe oder mehr als drei Monaten Freiheitsstrafe eingetragen (§ 32 Nr. 5 Buchst. a und b BZRG).

1. Bundeszentralregister

Bei Straftaten[892] beginnt die Tilgungsfrist (§ 45 BZRG) mit dem Tag des ersten Urteils bzw. im Straf- 334
befehl mit dessen Unterzeichnung (§ 36 Abs. 1 i.V.m. § 5 Abs. 1 Nr. 4 BZRG; § 29 Abs. 4 Ziff. 1

885 Vgl. dazu *Krenberger* jurisPR-VerkR 18/2012 Anm. 5; *Sandherr* DAR 2007, 420 f. *ders.* SVR 2012, 272 f.
886 Vgl. dazu auch *Hinz* JR 2003, 356.
887 BGH NJW 1983, 230; vgl. auch § 14 Abs. 2 Nr. 1 EGZPO.
888 BGHR EGZPO § 14 Abs. 2 Nr. 1 – Strafurteil 1; BGH NJW-RR 88, 1527.
889 Gleiches gilt auch für einen Strafbefehl: BGH NJW 1980, 1000.
890 BGH NJW-RR 91, 380.
891 I. d. F. v. 17.07.2009.
892 Zu Praxisproblemen *Kumm* StraFo 2012, 165 f.

StVG). Die Tilgungsfrist beträgt fünf Jahre bei Verurteilung zu nicht mehr als 90 Tagessätzen Geldstrafe bzw. zu nicht mehr als drei Monaten Freiheitsstrafe (§ 46 Abs. 1 Ziffer 1 BZRG), ansonsten zehn Jahre bzw. fünfzehn Jahre (§ 46 Abs. 1 Ziffer 2 und 3 BZRG). Beträgt die Tilgungsfrist zehn Jahre, dann dürfen diese Taten nach fünf Jahren nur noch für ein Verfahren übermittelt oder verwertet werden, welches die Erteilung oder Entziehung der Fahrerlaubnis zum Gegenstand hat (§ 52 Abs. 2 BZRG i.V.m. § 29 Abs. 8 StVG).

335 2. Fahreignungsregister, Fahreignungs-Bewertungssystem, Bußgeldkatalog-Verordnung

a) Eintragung

336 In § 28 Abs. 3 StVG ist geregelt, welche Ahndungen in das Fahreignungsregister eingetragen werden. Eingetragen werden die in Anlage 13 zu § 40 FeV genannten Delikte, das heißt insbesondere

– rechtskräftige Entscheidungen der Strafgerichte, soweit sie wegen einer im Zusammenhang mit dem Straßenverkehr begangenen rechtswidrigen Tat auf Strafe, Verwarnung mit Strafvorbehalt erkennen oder einen Schuldspruch enthalten (§ 28 Abs. 3 Nr. 1 StVG),
– rechtskräftige Entscheidungen der Strafgerichte, die die Entziehung der Fahrerlaubnis, eine isolierte Sperre oder ein Fahrverbot anordnen sowie Entscheidungen der Strafgerichte, die die vorläufige Entziehung der Fahrerlaubnis anordnen (§ 28 Abs. 3 Nr. 2 StVG),
– rechtskräftige Entscheidungen wegen einer Ordnungswidrigkeit nach §§ 24, 24a oder 24c StVG, wenn gegen den Betroffenen ein Fahrverbot nach § 25 StVG oder eine Geldbuße von mindestens 60,00 € festgesetzt worden ist (§ 28 Abs. 3 Nr. 3 StVG),
– ferner bestimmte Maßnahmen der Verwaltungsbehörden, so die Entziehung oder Versagung der Erteilung einer Fahrerlaubnis (§ 28 Abs. 3 Nr. 4–14 StVG).

Die Zahl der einzutragenden Punkte ergibt sich aus dem Punktekatalog (vgl. § 4 StVG, § 40 FeV und Anlage 13 zu § 40 FeV). Die Höchstzahl beträgt in Bußgeldsachen einen Punkt und in Strafsachen drei Punkte. Tateinheitlich begangene Zuwiderhandlungen werden nur mit der Punktzahl des am höchsten bewerteten Einzelverstoßes eingetragen (§ 4 Abs. 2 S. 4 StVG). Die Eintragung im Fahreignungsregister ist keine mit einem Fahrverbot vergleichbare Nebenfolge, welche neben der Geldbuße als zusätzliche Sanktion zur Einwirkung auf den Betroffenen verhängt werden kann. Vielmehr soll die Bestimmung des § 28 Abs. 3 Nr. 3 StVG sicherstellen, dass Ordnungswidrigkeiten ab einer gewissen Bedeutung zentral vom Kraftfahrtbundesamt (KBA) erfasst und bei zukünftigen Entscheidungen berücksichtigt werden können.[893] Die Eintragung von Entscheidungen ist kein Verwaltungsakt und bei der Belastung mit Punkten nach § 4 StVG somit der Anfechtung entzogen.[894]

b) Tilgung und Löschung sind in § 29 StVG geregelt

337 Getilgt werden die Eintragungen nach Maßgabe des § 29 StVG, sofern keine lebenslange Untersagung der Erteilung einer Fahrerlaubnis nach § 29 Abs. 2 StVG vorliegt. Die Begriffe Tilgung und Löschung sind nicht identisch. Mit Tilgungsreife (= Ablauf der Tilgungsfrist) wird die Eintragung getilgt. Gleichwohl verbleibt es bei einem Eintrag, der den Behörden weiter eingeschränkt mitgeteilt und zulasten des Betroffenen verwertet werden darf. Erst nach Ablauf einer einjährigen Überliegefrist wird der Eintrag unwiderruflich gelöscht und unterliegt dann einem (unbeschränkten) Verwertungsverbot[895]. Die Länge der Tilgungsfrist ist in § 29 Abs. 1 StVG geregelt. Die Tilgungsfrist beginnt grundsätzlich einheitlich für bußgeld- und strafrechtliche Entscheidungen mit Rechtskraft der Entscheidung gemäß § 29 Abs. 4 StVG (Ausnahme § 29 Abs. 5 in den Fällen des § 29 Abs. 1 Satz 2 Nr. 3 StVG). Das heißt der Beginn der Tilgungsfrist kann durch das Einlegen von Rechtsmitteln hinausgeschoben werden. Die Tilgungsfristen gelten inzwischen unabhängig davon, ob während

893 OLG Hamm NStZ 2009, 341.
894 BVerwG NJW 2007, 1299.
895 Vgl. dazu § 29 Abs. 7 StVG.

des Laufs der Tilgungsfrist eine weitere Verkehrszuwiderhandlung begangen wird oder nicht. Eine Tilgungshemmung durch andere Eintragungen gibt es nicht (mehr). Bei Entscheidungen über eine Ordnungswidrigkeit gilt grundsätzlich eine Tilgungsfrist von zwei Jahren und sechs Monaten (§ 29 Abs. 1 Satz 2 Nr. 1 StVG), es sei denn die Ordnungswidrigkeit wird mit zwei Punkten im Fahreignungsregister bewertet; dann gilt eine Tilgungsfrist von fünf Jahren (§ 29 Abs. 1 Satz 2 Nr. 2 Buchst. b StVG). Bei Straftaten beträgt die Tilgungsfrist in der Regel fünf Jahre mit Ausnahme solcher Straftaten, für die die Fahrerlaubnis vom Strafgericht entzogen oder eine isolierte Sperre angeordnet wurde; dann beträgt sie zehn Jahre (§ 29 Abs. 1 Satz 2 Nr. 2 Buchst. a und Nr. 3 Buchst. a StVG).

c) Bußgeldkatalog-Verordnung (BKatV)

Bei bestimmten Ordnungswidrigkeiten nach den §§ 24, 24a und 24c StVG, den meist am häufigs- 338
ten vorkommenden und wichtigsten Verkehrsverstöße, ist eine Geldbuße nach den in der Bußgeldkatalog-Verordnung (BKatV)[896] bestimmten Beträgen festzusetzen. Der Bußgeldkatalog (Anlage 1 der BKatV) beinhaltet die Vorschriften zur Erteilung einer Verwarnung, die Regelsätze für Geldbußen und die Anordnung eines Fahrverbotes wegen Ordnungswidrigkeiten im Straßenverkehr. Die Verwaltungsbehörde und die Gerichte sind an die Regelsätze des Bußgeldkatalogs grundsätzlich gebunden, sofern ein Fall durchschnittlicher Schwere vorliegt. Die BKatV wurde mit der Neunten und Zehnten Verordnung zur Änderung der Fahrerlaubnis-Verordnung und anderer straßenverkehrsrechtlicher Vorschriften mit Wirkung ab dem 1. Mai 2014 geändert. Die Änderungen in der BKatV stellen Folgeänderungen zur Ausweitung des Verwarnungsverfahrens im Rahmen der Reform des Verkehrszentralregisters und des Punktsystems (VZR-Reform) dar. Als Folge der Anhebung der Verwarnungsgeldobergrenze von 35 Euro auf 55 Euro sowie der Anhebung der Grenze für die Eintragung von Punkten im Fahreignungsregister von 40 Euro auf 60 Euro wurden einige Bußgeldregelsätze an diese neuen Grenzen angepasst. Der Bußgeldkatalog wurde in Gänze auch an das neue Fahreignungsregister (FAER) angepasst.

d) Das Punktsystem

Die Rechtsgrundlage für das Punktsystem enthält § 4 StVG (Fahreignungs-Bewertungssystem[897]). 339

Aus der Anlage 13 zu § 40 der Fahrerlaubnisverordnung (FeV) ergibt sich im Einzelnen, welche Straftaten und Ordnungswidrigkeiten mit welcher Punktzahl und welche Taten in das Verkehrszentralregister eingetragen werden.[898] Nun reichen schon acht statt bisher 18 Punkte aus, um die Fahrerlaubnis zwingend zu verlieren. Der Punktekatalog wurde verändert. Es werden im Wesentlichen nur noch Verstöße mit Punkten bewertet, die die Verkehrssicherheit gefährden, (z.B. Handyverstöße, Geschwindigkeitsverstöße, bestimmte Verstöße gegen gefahrgutrechtliche Vorschriften). Außerdem erhalten Personen Punkte, die Feuerwehrzufahrten zuparken oder Unfallflucht begehen. Andere Verstöße werden hingegen nicht mehr erfasst (z.B. unerlaubtes Einfahren in die Umweltzone). Um weiterhin eine entsprechende Strafe zu gewährleisten, werden diese Vergehen mit einem höheren Bußgeld belegt. Zum Beispiel wird die Einfahrt in eine Umweltzone ohne Umweltplakette nicht mehr wie zuvor mit 40,00 € belangt, sondern nach dem neuen System werden 80,00 € fällig. Auch Ordnungswidrigkeiten, die in der vorigen Fassung mit 40,00 € und einem Punkt geahndet

---

896 BGBl. I 2013, 498 f.; BKatV zurzeit in der Fassung vom 06.06.2019 gültig ab 01.10.2019; zum Bußgeldkatalog für Radfahrer *Huppertz/Schramm* SVR 2016, 121 ff.

897 Fassung vom 28.11.2014 gültig ab 05.12.2014; zur Reform vgl. *Krumm* DAR 2013, 6 ff.; *Dahm* NZV 2013, 274 ff.; *Funke* NZV 2013, 1 ff.; *Ternig* NZV 2014, 193 ff.; Zur Überprüfbarkeit der Punktebewertung *Fromm* NZV 2015, 64 f.; vgl. auch *Kalus* DAR 2016, 2 f.; *Albrecht/Kehr* DAR 2015, 12 ff.; *Gail*, SVR 2019, 1 ff.; *Kalus* VD 2019, 67 ff.; zur Rechtsprechung *Tepe/Aden*, DAR 2015, 666 f.; zur Systematik *Koehl* NJW 2018, 1281 ff.

898 BKatV zurzeit in der Fassung vom 6.6.2019 gültig ab 01.10.2019; zur Reform des VZR vgl. *Albrecht* SVR 2012, 81 f.: *Dauer* VD 2012, 103 f.; *Barthelmess* NZV 2013, 521 ff.

werden, erfahren eine Steigerung im Strafmaß auf 60,00 €, um auch weiterhin mit einem Punkt belangt zu werden.

Einige Bußgeldregelsätze (z.B. für Handyverstöße), die derzeit unterhalb von 60 Euro liegen, wurden angehoben. Daneben erfolgte auch eine Anhebung von Regelsätzen für einige nicht-verkehrssicherheitsrelevante Verstöße, die nicht mehr mit Punkten bewertet werden (z.B. Fahren in Umweltzonen ohne Plakette)

Jeder Verstoß verjährt für sich. Die Tilgungshemmung entfällt. Ein neuer Eintrag verlängert nun nicht mehr automatisch die Tilgungsfrist der alten Einträge. Es gibt nur noch 3 Punktekategorien. Bei einem Stand von 1 bis 5 Punkten kann durch freiwilligen Besuch des neuen Fahreignungsseminars 1 Punkt abgebaut werden – allerdings nur einmal innerhalb von 5 Jahren. Auf der Stufe »Verwarnung« (6–7 Punkte) kann kein Punkt mehr abgebaut werden. Ein Punkteeintrag erfolgt erst ab 60 Euro (bisher 40 Euro.

Die Maßnahmen, die die Fahrerlaubnisbehörden beim Erreichen der dort genannten Punktzahlen zu treffen haben, setzen rechtskräftig geahndete Verkehrsverstöße voraus.[899]

899 BVerwGE 132, 48 ff. = NJW 2009, 612 ff.

Kapitel 24 Wirtschaftsstrafverfahren

Übersicht

A. Wirtschaftsstrafrecht

I. Versuch einer Definition

Eine allgemein anerkannte und vor allem exakte Definition des Wirtschaftsstrafrechts gibt es nicht. 1
Begriffe wie »Weiße-Kragen-Kriminalität«, »Berufskriminalität« oder »Verbandskriminalität« vernebeln mehr als dass sie genau bestimmen und sind zu Recht als zu ungenau erkannt worden.[1] Ob

1 *Wabnitz/Janovsky/Schmitt/Dannecker/Bülte* Kap. 1 Rn. 6 ff; Müller-Gugenberger/*Müller-Gugenberger* Wirtschaftsstrafrecht Rn. 1.86 ff.

es überhaupt einer genauen Definition bedarf und ob es sie je geben wird, kann hier dahin gestellt bleiben.[2] Man kann Wirtschaftsstrafrecht wohl nur grob umreißen, ausgehend von den Straftatbeständen, in ihrem Bezug zu Wirtschaftsleben und Wirtschaftsrecht. Es gibt Tatbestände, die originär wirtschaftsrechtlichen Inhalt und Bezug haben wie die Insolvenzdelikte in Form der Bankrottdelikte (§§ 283 ff. StGB) und der Insolvenzverschleppung (z.B. § 15 Abs. 4 InsO), die Sonderformen des allgemeinen Betrugstatbestandes Subventions-, Kapitalanlage-, Kredit- und Submissionsbetrug (§§ 264, 264a, 265b, 298 StGB), die Beitragshinterziehung des § 266a StGB, der Geheimnisverrat i.S.d. § 23 GeschGehG, das Kapitalmarktstrafrecht (§ 119 WpHG), die Bilanzdelikte der §§ 331 ff. HGB, das Außenwirtschaftsstrafrecht der §§ 17, 18 AWG, 19 ff. KWKG und die illegale Beschäftigung der §§ 15 AÜG, 10, 11 SchwArbG. Andererseits erlangen die Tatbestände z.B. des Betrugs und der Untreue, deren wirtschaftsstrafrechtlicher Inhalt aus dem Tatbestand selbst heraus noch nicht ersichtlich ist, erst durch den wirtschaftlichen und wirtschaftsrechtlichen Bezug wirtschaftsstrafrechtliche Relevanz, insbesondere in den besonderen Formen des Lieferantenbetrugs, der Geschäftsführeruntreue und der Bankuntreue. Dies gilt z.B. auch für die Straftatbestände der Urkundenfälschung, die erst als Mittel zum Zweck ihrerseits wirtschaftsstrafrechtliche Relevanz erlangen können. Das Korruptionsstrafrecht, ursprünglich ganz bei den Straftaten im Amt verankert, wurde und wird zunehmend zu einem Strafrecht im Wirtschaftsleben: Die Bestechung nach § 299 StGB oder nach Art. 2 § 2 IntBestG muss »im geschäftlichen Verkehr« bzw. »im internationalen geschäftlichen Verkehr« erfolgen, die Bestechung und Bestechlichkeit nach §§ 299a, 299b StGB findet im »Gesundheitswesen« statt. Die Beamtenbestechung der §§ 333, 334 StGB findet heute weitgehend im Zusammenhang mit Ausschreibungen und Auftragsvergaben der öffentlichen Hand im Wirtschaftsleben statt.

Eine Annäherung an den Begriff »Wirtschaftsstrafrecht« setzt daher immer voraus eine Tätigkeit im Wirtschaftsleben auf der Grundlage des geltenden Wirtschaftsrechts im weitesten Sinne (Zivilrecht, Handels- und Gesellschaftsrecht, Wettbewerbsrecht, Abgabenrecht, Urheberrecht, Patentrecht, Insolvenzrecht, Umweltrecht etc.).

2 Eine prozessuale Zuordnung des Wirtschaftsstrafrechts enthält § 74c Abs. 1 GVG.[3] Dort werden die Straftatbestände aufgezählt, die die Zuständigkeit der **Wirtschaftsstrafkammern** begründen, in Nr. 6 (die u.a. auf Betrug, Computerbetrug, Untreue verweist) mit der Einschränkung »soweit zur Beurteilung des Falles besondere Kenntnisse des Wirtschaftslebens erforderlich sind«.[4]

3 Wirtschaftsstrafkammern können für mehrere Landgerichtsbezirke bei einem Landgericht konzentriert werden, § 74c Abs. 3 GVG. In diesem Fall wird zugleich die für dieses Gericht bestellte Staatsanwaltschaft zuständig. Daneben ermöglicht § 143 Abs. 4 GVG die Bildung so genannter »Schwerpunktstaatsanwaltschaften«.[5]

4 Gerade in der staatsanwaltschaftlichen Tätigkeit zeigt sich, wie fließend die Grenzen zwischen Wirtschaftsstrafrecht und allgemeinem Strafrecht sind und dass es keine exakte Grenzziehung geben kann: Was zunächst als Wirtschaftsstraftat ermittelt wird, stellt sich im Laufe der Zeit als »allgemeine Straftat« dar (z.B. ein »normaler Betrug«) und wird nicht bei der Wirtschaftsstrafkammer angeklagt. Umgekehrt entwickeln sich die ursprünglichen Ermittlungen wegen einer »allgemeinen Straftat« zu einem komplexen Sachverhalt aus dem Wirtschaftsleben und werden an die **Schwerpunktstaatsanwaltschaft** abgegeben, um dann dort zu Ende geführt und bei einer Wirtschaftsstrafkammer angeklagt zu werden.

---

2 Vgl. *Bottke* wistra 1991, 1 ff. m.w.N; *Achenbach* StV 2008, 324 ff.
3 Vgl. dazu auch *Wabnitz/Janovsky/Schmitt/Dannecker/Bülte* Kap. 1 Rn. 8.
4 Hierbei handelt es sich um ein normatives Zuständigkeitsmerkmal, vgl. BGH NStZ 1985, 264.
5 Vgl. dazu *Liebl* wistra 1987, 13 ff; Müller-Gugenberger/*Müller-Gugenberger* Wirtschaftsstrafrecht Rn. 1.56, 1.94.

II. Rechtsquellen

Nur ein Teil des materiellen Wirtschaftsstrafrechts ist im StGB normiert, z.B. das Bankrottstrafrecht als Teil des Insolvenzstrafrechts in §§ 283 ff. StGB, die wirtschaftsstrafrechtlichen Sonderformen des Betrugs in §§ 264, 264a, 265b, 298 StGB, die Beitragshinterziehung in § 266a StGB oder das nationale Korruptionsstrafrecht in §§ 299, 331 ff. StGB. Teile des Insolvenzstrafrechts (Insolvenzverschleppung!), illegale Beschäftigung, Bilanzstrafrecht, Geheimnisverrat, Außenwirtschaftsstrafrecht etc. sind dagegen in den jeweiligen umfassenden gesetzlichen Regelungen als so genanntes »Nebenstrafrecht« geregelt.[6] Das internationale Korruptionsstrafrecht nach IntBestG und EuBestG wurde in das StGB durch die Einfügung von §§ 5 Ziff. 15, 335a StGB übernommen.[7] 5

Das StGB erfuhr spezielle wirtschaftsstrafrechtliche Regelungen und Erweiterungen insbesondere durch folgende Gesetze: 6
- Erstes Gesetz zur Bekämpfung der Wirtschaftskriminalität vom 29.07.1976[8] (Einführung der §§ 264, 265b StGB; Eingliederung des damaligen Konkursstrafrechts der Konkursordnung in die §§ 283 ff. StGB)
- Zweites Gesetz zur Bekämpfung der Wirtschaftskriminalität vom 15.05.1986[9] (Einführung des »Computerstrafrechts« wie z.B. §§ 263a, 269, 270, 303a, 303b StGB; Einführung der §§ 264a, 266a StGB)
- Gesetz zur Bekämpfung der Korruption vom 13.08.1997[10] (Eingliederung der Bestechungstatbestände aus dem UWG in §§ 299 ff. StGB, Einführung des § 298 StGB)
- Gesetz zur Bekämpfung der Korruption vom 20.11.2015[11] (Änderung insb. der §§ 331 ff. StGB und Einführung des § 335a StGB – Gleichstellung ausländischer und internationaler Bediensteter)
- Gesetz zur Bekämpfung der Korruption vom 30.05.2016[12] (Einfügung der §§ 299a, 299b StGB).

Durch das OrgKG vom 15.07.1992[13] wurde der Geldwäschetatbestand des § 261 StGB eingeführt, der partiell wirtschaftsstrafrechtliche Bedeutung hat und durch das Gesetz zur Verbesserung der strafrechtlichen Bekämpfung von Geldwäsche vom 09.03.2021[14] in seinem Anwendungsbereich massiv ausgeweitet wurde.[15] Nachdem § 261 Abs. 1 S. 1 StGB n.F. freilich auf eine erhöhte Mindeststrafe verzichtet (Geldstrafe gegenüber drei Monaten Freiheitsstrafe in § 261 Abs. 1 S. 1 StGB a.F.), kann sich die Neufassung mit Blick auf vor ihrem Inkrafttreten beendeten, aber noch nicht abgeurteilten Taten als »mildestes Gesetz« i.S.d. § 2 Abs. 3 StGB erweisen. Dies hat wiederum zur Folge, dass sich auch die Einziehung nach Maßgabe der Neufassung richtet; dies gilt nach Maßgabe der Rspr. auch dann, wenn sich die nunmehr zur Anwendung gelangende Einziehungsregelung (vgl. § 261 Abs. 10 StGB n.F.) gegenüber der alten Einziehungsregelung (vgl. § 261 Abs. 7 a.F.) für den Angeklagten – isoliert betrachtet – als ungünstiger erweist.[16] Die dahinter stehende Auffassung, wonach eine Entscheidung über die Anwendung alten oder neuen Rechts nur einheitlich – im Sinne strikter Alternativität – getroffen werden kann, stößt zu Recht auf Widerspruch. Dieser kann speziell mit

6 S. §§ 15a InsO; 95 ff. AufenthG; 10 ff. SchwarzArbG; 331 ff. HGB; 16 UWG; 23 GeschGehG; 17, 18 AWG.
7 Durch das Gesetz zur Bekämpfung der Korruption vom 20.11.2015, BGBl. I S. 2025.
8 Vgl. BGBl. I S. 2034.
9 BGBl. I S. 721.
10 BGBl. I S. 2038.
11 BGBl. I S. 2025.
12 BGBl. I S. 1254.
13 BGBl. I S. 1302.
14 BGBl. I S. 327.
15 Dazu *Gazeas* NJW 2021, 1041; *Gercke/Jahn/Paul* StV 2021, 330; *Travers/Michaelis* NZWiSt 2021, 125.
16 BGHSt 67, 130 (131 f., 135 ff.) = NJW 2023, 460 = NZWiSt 2023, 263; *Fischer* § 2 Rn. 9 m.w.N.

Blick auf die Einziehung nicht nur allgemein auf das Meistbegünstigungsprinzip, sondern auch auf die Regelung des § 2 Abs 5 StGB gestützt werden.[17]

Durch das Gesetz zur Reform der strafrechtlichen Vermögensabschöpfung vom 13.04.2017 wurden die §§ 73 ff. StGB umfassend geändert. Damit sollte die für das Wirtschaftsstrafrecht entscheidende Sanktion der Vermögensabschöpfung »systematisiert, gestrafft und vereinfacht« sowie »Abschöpfungslücken« geschlossen werden.[18]

III. Bedeutung

7 Über die volkswirtschaftliche Bedeutung und die durch »Wirtschaftsstraftäter« verursachten Schäden wurde und wird viel geschrieben. Insbesondere polizeiliche Statistiken nennen exorbitante Schadenssummen.[19] Wer die Unterschiede zwischen tatsächlichem und wirtschaftlichem Schaden einerseits und strafrechtlichem Schaden andererseits (vgl. nur die einzelnen Schadenstheorien und schließlich den rein juristischen Schadensbegriff »Vermögensgefährdung«) sieht, vermag eine Skepsis hierzu nicht zu unterdrücken. Dies gilt erst recht zu den »Dunkelziffern«, deren Ermittlung oft mehr an Kaffeesatzleserei erinnert und den Eindruck erweckt, dass hierdurch eher das Verlangen nach mehr Personal gerechtfertigt als eine ernsthafte wissenschaftliche Diskussion geführt wird.

IV. Einbeziehung des Ordnungswidrigkeitenrechts

8 In eine Darstellung des Wirtschaftsstrafrechts müssen die Ordnungswidrigkeitentatbestände zumindest teilweise mit einbezogen werden.

Zum einen können aus Ordnungswidrigkeitentatbeständen unter bestimmten Bedingungen Straftatbestände werden (man schaue nur auf das Verhältnis §§ 17, 18 AWG zu § 19 AWG oder das Verhältnis von § 16 AÜG zu § 15a AÜG und auch §§ 119, 119a zu § 120 WpHG), vor allem aber ist das Ordnungswidrigkeitenrecht das Einfallstor zu einem Unternehmens-»strafrecht« geworden, indem bei Erfüllung von Straf- oder Ordnungswidrigkeitentatbeständen neben dem Täter oder losgelöst vom Täter über § 30 OWiG Sanktionen gegen das Unternehmen verhängt werden können.[20] Die wirtschaftliche Folge in Form von Geldzahlung ist für ein Unternehmen gleich, egal ob diese Folge das Etikett »Strafe« oder das Etikett »Buße« trägt. Zu diesem »Unternehmenssanktionsrecht« korrespondiert die wachsende Bedeutung der wirtschaftsstrafrechtlichen Unternehmensberatung (s.u. Rdn. 11 ff.).

V. Ausklammerung des Steuer- und Umweltstrafrechts

9 Steuerstrafrecht ist ein Teil des Wirtschaftsstrafrechts, in der Praxis hat das Steuerstrafrecht wohl sogar den größten Anteil von allen Teilgebieten. Die Besonderheiten des materiellen Steuerstrafrechts (s. nur das Thema Selbstanzeige, § 371 AO), die Besonderheiten der Zuständigkeiten und die Besonderheiten des Steuerstrafverfahrens haben zu einer Verselbstständigung des Steuerstrafrechts geführt, die einer besonderen Darstellung bedarf (s. dazu oben *Hardtke* Kap. 21; *Quedenfeld/Füllsack*, Verteidigung in Steuerstrafsachen, 5. Aufl. 2016; *Streck/Spatscheck/Talaska*, Die Steuerfahndung, 5. Aufl. 2017; Volk/*Lohr* § 32; Volk/*Bohnert/Szesny* § 33; Volk/*Krause/Prieß*, § 34; *Bornheim/Kröber*, Steuerstrafverteidigung, 3. Aufl. 2015; *Flore/Tsambikakis*, Steuerstrafrecht, 2. Aufl.2016).

Ähnlich verhält es sich beim Umweltstrafrecht. Auch dieses ist zu einem großen Teil Wirtschaftsstrafrecht, nämlich dort wo die Regelung von Umweltstraftaten das Ziel hat, Gewinne zu erhöhen, Wettbewerbsvorteile durch günstigere Angebote (weil die Umweltstraftat die Kosten senkt)

17 Vgl. etwa *Czimek/Schefer* NStZ 2023, 285 f.; *Lenk* NJW 2023, 464; ferner MüKo-StGB/*Schmitz* Rn. 53 ff.; Sch/Sch/*Hecker* § 2 Rn. 32.

18 *Fischer* vor § 73 – 76b Rn. 3. Zu den Einzelheiten vgl. unten.

19 Vgl. *Wabnitz/Janovsky/Schmitt/Dannecker/Bülte* Kap. 1 Rn. 13 ff.

20 S. *Többens* NStZ 1999, 1 ff.; *Krekeler/Werner* Rn. 72 ff.; *Müller-Gugenberger* Wirtschaftsstrafrecht, 8. Aufl. 2024 (im Druck) Rn. 23.31 ff.

zu erlangen etc. Das Umweltstrafrecht ist geprägt von vorangehendem Verwaltungshandeln (Verwaltungsakzessorietät) und von technischen Vorfragen. Diese Umstände haben ebenfalls zu einer Verselbstständigung geführt und bedürfen einer gesonderten Darstellung (vgl. Saliger, Umweltstrafrecht, 2. Aufl. 2020; Müller-Gugenberger/Pfohl, Wirtschaftsstrafrecht, 8. Aufl.2024 [im Druck], Rn. 54.1 ff.; Volk/*Leipold* § 29).

B. Wirtschaftsstrafverfahren

I. Strafrechtliche Unternehmensberatung in Wirtschaftsstrafsachen

Eine besondere Bedeutung hat die strafrechtliche Beratung von Unternehmen vor oder während 10
eines Wirtschaftsstrafverfahrens erlangt. Die Tätigkeit erfolgt begleitend/beratend außerhalb des förmlichen Verfahrens oder direkt verteidigend im Verfahren.[21] Völlig neue Perspektiven eröffnen die internen Untersuchungen (»**internal investigations**«) im Rahmen von Compliance-Untersuchungen[22], die Entwicklung ist noch voll im Gang. Von besonderer Bedeutung ist in diesem Zusammenhang die Frage nach der strafprozessualen Verwertbarkeit von Unterlagen, die durch – mit der Untersuchung von Unternehmensseite beauftragte – Rechtsanwälte erstellt wurden.[23] Umstritten ist namentlich die Auslegung des **§ 97 Abs. 1 Nr. 3 StPO**, wobei Uneinigkeit besteht, ob das dort geregelte **Beschlagnahmeverbot** betreffend »andere Gegenstände (…), auf die sich das Zeugnisverweigerungsrecht der in § 53 Abs. 1 S. 1 Nr. 1 bis 3b Genannten erstreckt«, im Gleichlauf mit § 97 Abs. 1 Rn. 1 und 2 StPO die **Beschuldigtenstellung** des Mandanten des Zeugnisverweigerungsberechtigten **voraussetzt.** Eine solche liegt bei internen Untersuchungen eines Unternehmens, welches ein künftiges, gegen sich gerichtetes Ermittlungsverfahren »nur« befürchtet, freilich noch nicht vor (z.T. ist die Rede von einer »beschuldigtenähnlichen Stellung«[24]). Das BVerfG jedenfalls billigte die von den Ermittlungsbehörden vorgenommene, eine Beschuldigtenstellung auch i.R.d. § 97 Abs. 1 Nr. 3 StPO verlangende und damit die **Verwertbarkeit regelmäßig ermöglichende Auslegung** im Rahmen eines umfangreichen Nichtannahme-Beschlusses in Auseinandersetzung mit Verfassungsbeschwerden gegen Beschlagnahmen im sog. VW-Abgas-Skandal.[25]

1. Verfahrensbeteiligung des Unternehmens

Die Verhängung von Verbandsgeldbußen nach § 30 OWiG oder die Anordnung der Einziehung 11
nach §§ 73 ff. StGB tangieren ein Unternehmen nicht nur finanziell, sondern begründen eine prozessuale Teilnahme am Strafverfahren als Beteiligte nach § 444 StPO für den Fall der Verbandsgeldbuße und nach §§ 424 ff. StPO bei Einziehung und Vermögensbeschlagnahme. Das bedeutet nicht mehr und nicht weniger, als dass das Unternehmen ab Eröffnung des Hauptverfahrens grundsätzlich die **Befugnisse eines Angeklagten** hat, § 427 Abs. 1 StPO, und darüber hinaus auch Verfahrensobjekt in dem Sinn werden kann, als das Gericht das persönliche Erscheinen anordnen oder einen Vertreter beiordnen kann, §§ 427 Abs. 2 (das Unternehmen kann sich anwaltlich vertreten lassen), 428 Abs. 1 StPO. Das Einziehungsverfahren kann auch als selbstständiges Verfahren durchgeführt werden, §§ 435 ff. StPO.

Allein aus dieser Verfahrenssituation ergibt sich die Notwendigkeit einer Beratung des Unternehmens zu einem frühestmöglichen Zeitpunkt.

---

21 Vgl. dazu Volk/*Knierim* § 7; Volk/*Kempf/Schilling/Oesterle* § 10; *Taschke* StV 2007, 495 ff.; speziell zu Strategie und Taktik der Verteidigung in Wirtschaftsverfahren Volk/*Minoggio* § 8.

22 Vgl. Volk/*Park/Eggers* § 11 mit ausführlichem Literaturverzeichnis.

23 Vgl. LG Hamburg NJW 2011, 942 einerseits und LG Mannheim wistra 2012, 400 andererseits; dazu *Wehnert* StraFo 2012, 253 ff.; *Ballo* NZWiSt 2013, 46 ff.

24 KK-StPO/*Greven* § 97 Rn. 14b.

25 BVerfG NJW 2018, 2385; zustimmend KK-StPO/*Greven* § 97 Rn. 14a f.; kritisch *Lilie-Hutz/Ihwas* NZWiSt 2018, 349.

2. Drohendes Ermittlungsverfahren

12 Dieser Zeitpunkt kann schon vor dem Beginn eines Ermittlungsverfahrens gegen verantwortliche Personen des Unternehmens gegeben sein. Dies ist der Fall, wenn ein kommendes Ermittlungsverfahren wahrscheinlich oder so gut wie sicher ist, z.B. durch Presseberichterstattung über eine erfolgte Strafanzeige. Strafrechtliche Unternehmensberatung vor Beginn eines Ermittlungsverfahrens ist z.B. auch dann dringend erforderlich, wenn das Unternehmen selbst an eine Strafanzeige gegen Personen aus den Unternehmen[26] denkt: Was vordergründig als Untreue zum Nachteil des Unternehmens erscheint, ist bei näherem Hinsehen ein komplexer Korruptionssachverhalt mit weitreichend steuerlichen und steuerstrafrechtlichen Problemen (Nachmeldung nach § 153 AO, Selbstanzeige nach § 371 AO), daraus folgend Steuernachzahlungen in erheblicher Höhe[27] und schließlich dem wirtschaftlich viel größeren Problem, ob und in welcher (desaströsen) Höhe aufgrund der Korruption eine Einziehung zulasten des Unternehmens erfolgt und als weitere außerhalb des Strafverfahrens entstehende Folge der Ausschluss von nationalen und/oder internationalen Ausschreibungen oder Vergabeverfahren.

3. Eingeleitetes Ermittlungsverfahren

13 Der Zeitpunkt, zu dem eine Unternehmensberatung in jedem Fall beginnen muss, ist die positive Kenntnis von der Einleitung des Ermittlungsverfahrens gegen Verantwortliche des Unternehmens oder auch nur gegen Personen, die in Verbindung zum Unternehmen stehen.

a) Unmittelbare Unternehmensrelevanz

14 Das Ermittlungsverfahren gegen Verantwortliche des Unternehmens ist für das Unternehmen immer relevant. Unbeschadet der oben dargestellten wirtschaftlichen Folgen aus Verbandsgeldbuße oder Einziehung besteht eine unmittelbare juristische Konfrontation durch die Durchsuchung von Firmenräumlichkeiten nach § 103 StPO oder die Ermittlungen bei Banken. Dass eine Durchsuchung bei Unternehmen nur in Gegenwart sofort beigezogener anwaltlicher Berater erfolgt, gehört heute zum Standard firmeninterner Rechtsberatung.

b) Mittelbare Unternehmensrelevanz

15 Ermittlungsverfahren gegen Personen, die in Verbindung zum Unternehmen stehen, müssen ebenso Anlass für eine strafrechtliche Unternehmensberatung sein. Es kann sich einmal die Frage stellen, ob dieses Ermittlungsverfahren auf Mitarbeiter des Unternehmens oder das Unternehmen selbst durchschlagen kann. Auch hier genügt das Stichwort »Korruption« als Beispielsfall. Die Ermittlungen gegen Dritte können aber auch Grundlage für Schadensersatzansprüche des Unternehmens gegen die Dritten sein. Die Wahrnehmung der erweiterten Verletztenrechte nach § 406d ff. StPO (insbesondere Akteneinsicht nach § 406e StPO) stehen damit in untrennbarem Zusammenhang.

4. Sockelverteidigung

16 Außer der juristischen Betroffenheit im vorgenannten Sinn, bedeutet ein Ermittlungsverfahren gegen Verantwortliche eines Unternehmens immer eine Belastung des Unternehmens: Intern gibt es »Unruhe« unter den Mitarbeitern; extern führt ein Ermittlungsverfahren zu Vertrauenszweifeln oder gar -verlusten bei Banken, Lieferanten, Kunden. Je bedeutender das Unternehmen und je bekannter seine Verantwortlichen, umso größer wird die als Informationsinteresse getarnte Sensationsgier der »Öffentlichkeit« und der sie bedienenden Medien.

---

26 Hierbei ist auf die Form zu achten. Ein per E-Mail gestellter Strafantrag erfüllt nicht die Schriftform gem. § 158 StPO; vgl. BGH NJW 2022, 2768.

27 S. dazu Rdn. 428.

Das bedeutet für das Unternehmen das Interesse an einer effizienten Individualverteidigung der in der Regel mehreren Beschuldigten.[28] Es kann in diesem Fall sinnvoll sein, eine Verteidigergruppe zusammen zu stellen, dabei berücksichtigend die Individualität des einzelnen Beschuldigten, die speziellen Kompetenzen der einzelnen Verteidiger, die Vertrautheit eines Verteidigers mit örtlichen Gegebenheiten etc.

▶ **Beachte**

In jedem Fall hat der Unternehmensanwalt (»Unternehmensverteidiger«) zu versuchen, eine gemeinsame Plattform für alle Verteidiger zu schaffen, auf deren möglichst breiter Basis die Individualverteidigung aufbaut und, soweit das eben im konkreten Einzelfall möglich ist, den eigenen Mandanten pflichtgemäß schützt, ohne zu schaden. Eine solche Sockelverteidigung und ihre Zulässigkeit sind heute im Grundsatz anerkannt.[29] Eine geschlossen auftretende Verteidigerfront (als Idealfall) dient nach aller Erfahrung im Ergebnis auch der Individualverteidigung mehr als eine zersplitterte Verteidigerriege.

Der rechtliche Rahmen (Verbot der Doppelverteidigung, Probleme des Parteiverrats), mögliche Interessengegensätze zwischen Unternehmen einerseits und Beschuldigtem andererseits oder Interessengegensätze zwischen den Beschuldigten selbst setzen der Geschlossenheit der Verteidigung allerdings ihre Grenzen.

5. Zeugenbeistandschaft

Die Vernehmung einer Vielzahl von Mitarbeitern als Zeugen ist eine alltägliche Konstellation in 17
Wirtschaftsstrafverfahren. Die Mitarbeiter sind verunsichert (oft durch das Auftreten der Ermittler bei der Durchsuchung) und befürchten zu Recht oder zu Unrecht, selbst in die Beschuldigtenrolle zu geraten. Stellt das Unternehmen den Zeugen einen Zeugenbeistand zur Verfügung (wozu nicht zuletzt aus Fürsorgegründen dringend zu raten ist), so hat der Unternehmensanwalt die Zeugenbeistände über Verfahrensgegenstand, Hintergründe, Zusammenhänge, Stellung und Relevanz der Zeugen etc. zu unterrichten, gegebenenfalls auch durch Unternehmensunterlagen, Verteidigerschriftsätze, Gerichtsbeschlüsse.[30] Der Zeugenbeistand kann grundsätzlich für mehrere Zeugen tätig sein, das Verbot der Mehrfachverteidigung nach § 146 StPO hat insoweit keine Gültigkeit.[31]

II. Vertretung und Beratung vor dem Ermittlungsverfahren

Verteidigung im Wirtschaftsstrafverfahren fängt oft nicht erst mit der Legitimation in einem bereits 18
laufenden Ermittlungsverfahren an, sondern beginnt bereits vor dem Ermittlungsverfahren als noch nicht nach außen in Erscheinung tretende Beratung.[32]

▶ **Beispielsfälle**

(1) Es erscheint der Geschäftsführer einer GmbH vor oder nach Stellung des Insolvenzantrags, um über seine strafrechtlichen Risiken aufgeklärt zu werden.
(2) Ein Vorstandsmitglied sieht sich Schadensersatzansprüchen der Gesellschaft ausgesetzt wegen angeblicher Untreuehandlungen.

---

28 *Malek*, Hauptverhandlung Rn. 33 ff.

29 Zum Inhalt der Sockelverteidigung vgl. Volk/*Kempf/Schilling/Oesterle* § 10 Rn. 179 ff.; MAH/Müller/Schlothauer/Knauer/*Pfordte/Tsambikakis* § 17 Rn. 1 ff.; *Dahs* Handbuch des Strafverteidigers, 8. Aufl. 2015, Rn. 72.

30 Vgl. *Taschke* StV 2007, 495 (500).

31 Meyer-Goßner/*Schmitt* § 68b Rn. 4 m.w.N.; zu den Befugnissen des Zeugenbeistands Meyer-Goßner/*Schmitt* § 68b Rn. 4 f. m.w.N.; zu den mandatsrechtlichen Besonderheiten *Gillmeister* NStZ 2018, 561 ff.

32 S. dazu *Barton* JuS 2004, 553 ff.

(3) Ein Mandant sucht Rat, was er denn bezüglich seiner Kapitalanlage in der Schweiz unternehmen soll, nachdem seine Hausbank in Deutschland durchsucht worden ist.

19 **Eine solche Beratung vor dem Ermittlungsverfahren geht in zwei Richtungen**

Die eine heißt »Vermeidung eines Ermittlungsverfahrens«, die andere heißt »Vorbereitung auf das Ermittlungsverfahren«. Besonders das erste Thema, Vermeidung eines Ermittlungsverfahrens, mag erstaunen, denn welche Möglichkeiten hat der Berater, den Verfolgungszwang der Staatsanwaltschaft beim Vorliegen einer Straftat zu verhindern?

1. Auslöser des Ermittlungsverfahrens

20 Hierzu ist ein Blick auf die auslösenden Momente für diesen Verfolgungszwang hilfreich:
- **Strafanzeige** (durch den Geschädigten, geschiedenen Ehegatten, verlassenen Lebensgefährten, entlassenen Arbeitnehmer etc.)
- **Anonyme Anzeige** (ein im Wirtschaftsstrafrecht und insbesondere im Steuerstrafrecht bedeutender Anlass für das Entstehen zum Teil großer Verfahren)
- **Insolvenzverfahren** (vgl. hierzu die Anordnung über Mitteilungen in Zivilsachen, MiZi)
- **Betriebsprüfung** (steuerliche Außenprüfung)
- **Sonstige steuerlichen Prüfungen** (z.B. Lohnsteuerprüfung, Umsatzsteuerprüfung)
- **Kontrollmitteilungen** (d.h. Mitteilung aus Steuerprüfungen bei Dritten)
- **Abgabenrechtliche Prüfungen** (z.B. Beitragsprüfung durch die Deutsche Rentenversicherung)
- **Sonstige behördliche Prüfungen** (z.B. der gesamte Subventionsbereich, die gesamte öffentliche Hand durch Bundes- oder Landesrechnungshof)
- **Andere Ermittlungsverfahren** gegen andere Personen
- **Zufallsfunde** im eigenen Ermittlungsverfahren
- **Vorlage der Akten** durch ein Gericht oder eine Behörde (z.B. § 149 ZPO, § 6 SubvG; § 4 Abs. 5 Ziff. 10 EStG)
- **Betriebliche Revisionen** (z.B. Prüfung einer Bank durch Prüfungsverband, Bekanntwerden des Revisionsergebnisses und hieraus folgend die Aufnahme von Ermittlungen)
- **Presseveröffentlichungen** (z.B. von einer Bilanzpressekonferenz und hieraus folgend die Aufnahme von Ermittlungen)

2. Vermeidung des Ermittlungsverfahrens

21 Unter Umständen kann im Einzelfall das Ermittlungsverfahren verhindert werden, indem der auslösende Faktor »neutralisiert« wird. So kann die Strafanzeige durch den entlassenen Arbeitnehmer oftmals dadurch vermieden werden, dass die Folgen der Entlassung zumindest materiell aufgefangen werden und nicht etwa durch einen Arbeitsgerichtsprozess Öl ins Feuer gegossen wird. Ebenso kann die Strafanzeige durch vollständige oder partielle **Schadenswiedergutmachung** verhindert werden, sofern hierzu die finanziellen Möglichkeiten gegeben sind; in der Regel ist ein Unternehmen nicht an Strafverfolgung, sondern an Schadensersatz interessiert. Das **Vermeiden der Insolvenz** lässt die Vorprüfung durch die Staatsanwaltschaft von vornherein entfallen; an ein Vermeiden der Insolvenz ist insbesondere in den Fällen zu denken, wo kleine Ein-Mann-Gesellschaften betroffen sind, bei denen der Gesellschafter in der Regel ohnehin mit seinem gesamten Privatvermögen haftet und er mit seinem Privatvermögen Überschuldung oder Zahlungsunfähigkeit beseitigt. Steuerstrafverfahren infolge von Steuerprüfungen sind zu vermeiden durch die rechtzeitige **Selbstanzeige** gem. § 371 AO (s. hierzu *Hardtke* Kap. 21 Rdn. 109 ff.). Strafverfahren als Ergebnis von Prüfungen entstehen häufig auch erst dadurch, dass Fronten gegen den Prüfer aufgebaut werden, die diesen praktisch zur Strafanzeige zwingen, d.h. dass Strafverfahren oft zu vermeiden sind durch rechtzeitiges Nachgeben im Prüfungsverfahren und eine **einvernehmliche Erledigung** der Prüfung. Besondere Vorsicht ist angebracht bei dem Sachvortrag in anderen Verfahren, z.B. in zivilrechtlichen Rechtsstreitigkeiten. In dem Bemühen, den Gegner schlecht darzustellen und ihm ein strafbares Handeln vorzuwerfen, wird oft übersehen, dass dieser Vorwurf auf den eigenen Mandanten zurückfällt.

▶ **Beispielsfall**

In einem Patentrechtsstreit, in dem es um die Gültigkeit einer Lizenzvereinbarung ging, trug der Kläger vor, 22

»Der Beklagte, dem am Erhalt der Subventionen gelegen war, war es, der dem Kläger die Vorlage einer Lizenzvereinbarung beim Landesgewerbeamt immer wieder nahe legte. Der Kläger hatte jedoch immer wieder erklärt, dass er sich nicht durch einen mehrjährigen Vertrag binden wolle. Der Kläger und der Beklagte vereinbarten deshalb, dass aus formalen Gründen (gegenüber dem Landesgewerbeamt) der Kläger zwar eine Lizenzvereinbarung abschließen würde, diese aber sofort vertraglich wieder zwischen den Parteien aufgehoben werden solle.«

Im Klartext: Dem Landesgewerbeamt sollte zur Erlangung von Subventionen ein Vertrag vorgelegt werden, der in Wirklichkeit aufgehoben war.

Ein derartiger Vortrag bedeutet die Darstellung eines Subventionsbetruges durch beide Parteien und hat im konkreten Fall sofort zur Aussetzung des Zivilverfahrens und zur Vorlage der Akten durch das Landgericht bei der zuständigen Staatsanwaltschaft geführt und im Ergebnis beiden Parteien zur Bewährung ausgesetzte Freiheitsstrafen mit hohen Geldauflagen beschert.

3. Vorbereitung auf das kommende Ermittlungsverfahren

Lässt sich das Ermittlungsverfahren durch eine der (nur beispielhaft) genannten und natürlich nur bedingt möglichen Abwehrstrategien nicht vermeiden, so bedeutet dies, dass der Mandant auf das zu erwartende Ermittlungsverfahren vorbereitet werden muss. Diese Vorbereitung darf nicht verengt auf das strafrechtliche Verfahren und den strafrechtlichen Aspekt gesehen werden, sondern man muss die Gesamtsituation berücksichtigen und den Mandanten hierauf vorbereiten. Dies bedeutet: 23
- Vorbereitung auf die Ermittlungen, d.h. wie verhält sich der Mandant gegenüber den Ermittlern bei einer Durchsuchung, bei der Eröffnung eines Haftbefehls, bei telefonischer Kontaktaufnahme oder Ladung durch die Ermittlungsbehörden
- Geschäftliche und wirtschaftliche Vorsorge z.B. bei einem möglichen vorübergehenden Ausfall durch einen Haftbefehl (Mittel für die Stellung einer Kaution), Strategien zur eventuellen Reaktion der Banken bei Kenntniserlangung von dem Ermittlungsverfahren (z.B. vorherige Information der Banken über das mögliche Ermittlungsverfahren), Sicherung des Familienunterhalts etc., Strategien in Erwartung von Maßnahmen nach § 111b StPO (Erhaltung wirtschaftlicher Bewegungsfreiheit).

III. Die Verteidigung im Ermittlungsverfahren

1. Durchsuchung und Beschlagnahme

Wirtschaftsstrafsachen sind ein Teil des Wirtschaftslebens. Das Wirtschaftsleben wird weitgehend schriftlich und elektronisch dokumentiert: betriebsintern z.B. in Buchhaltung, Bilanzen, Kompetenzregelung, Anweisungen, Besprechungsnotizen, Protokollen (Geschäftsführung, Aufsichtsrat, Beirat) und im gesamten E-Mail-Verkehr, betriebsextern z.B. in Schriftverkehr, Verträgen, Verhandlungsprotokollen, Geldflüssen. Dies sind Sachbeweise, die zur Sachverhaltsfeststellung notwendig sind. Um diese Sachbeweise vollständig und unverfälscht zu erhalten, bedarf es ihrer Sicherstellung. Das prozessuale Instrumentarium hierfür ist die Durchsuchung[33] und Beschlagnahme. Diese Zwangsmaßnahmen sind damit zentrale Punkte in fast jedem Ermittlungsverfahren wegen Wirtschaftsstraftaten. 24

Für den Verteidiger stellen sich hierbei folgende Fragen

(1) Was ist **vor der Durchsuchung** zu tun?

(2) Was ist **während der Durchsuchung** zu tun?

---

33 Zur Durchsuchung speziell in Wirtschaftsstrafsachen vgl. *Heinrich* wistra 2022, 59 ff.

(3) Was ist **nach der Durchsuchung** zu tun?
(4) Soll ein **Rechtsmittel** eingelegt werden?
(5) Welchen **Nutzen** kann der Verteidiger aus der Rechtsmitteleinlegung ziehen?
(6) Was ist zu **unterlassen?**

a) Gesetzliche Regelung

25 Anordnung und Durchführung der Beschlagnahme regeln die §§ 94 ff. StPO, Anordnung und Durchführung der Durchsuchung die §§ 102 ff. StPO.

b) Durchsuchung

26 Die Durchsuchung geht naturgemäß der Beschlagnahme einer erst noch aufzufindenden Sache vor. Die Durchsuchung kann stattfinden beim Verdächtigen selbst, § 102 StPO, oder bei Dritten, § 103 StPO.

27 aa) Der Begriff »**Verdächtiger**« in § 102 StPO beinhaltet eine wichtige Vorverlagerung der Zulässigkeitsgrenze. Verdächtig ist nicht erst, wer formal Beschuldigter ist, sondern es genügt das Bestehen eines Anfangsverdachts gegen eine Person. Dieser Anfangsverdacht liegt schon dann vor, wenn die Annahme einer Straftat gerechtfertigt ist und tatsächliche Anhaltspunkte vorliegen, die den Betroffenen als Täter oder Teilnehmer möglich erscheinen lassen und damit die Möglichkeit der Strafverfolgung gegen ihn besteht.[34] An diese Anhaltspunkte werden von der Rechtsprechung der Instanzgerichte mit Billigung des BVerfG nur geringe Anforderungen gestellt.[35] Auf **anonyme Anzeigen** kann ein Anfangsverdacht auch nach der Rechtsprechung des BVerfG nur gestützt werden, wenn der Hinweis »von beträchtlicher sachlicher Qualität« ist oder zugleich »schlüssiges Tatsachenmaterial« vorgelegt wird.[36]

bb) Durchsuchungsgegenstände sind:

28 (1) Die **Wohnung** des Verdächtigen und **andere Räume**, z.B. Geschäftsräume, auch wenn dies Räume einer Gesellschaft sind, deren Geschäftsführer der Verdächtige ist. Allerdings muss die Durchsuchung dieser Geschäftsräume ausdrücklich beantragt und angeordnet sein.

29 (2) Die **Person** des Verdächtigen selbst, d.h. Kleidung und Körperoberfläche,

30 (3) **Sachen**, die dem Verdächtigen gehören, das sind nicht nur die in seinem Eigentum stehenden, sondern auch lediglich im Besitz, Gewahrsam oder Mitgewahrsam befindliche Gegenstände. Hierzu gehören z.B. der PKW, Gepäckstücke, Aktentasche, Notebook, die Einrichtungsgegenstände der durchsuchten Räume, aber auch Behältnisse außerhalb der durchsuchten Räume, zu denen der Verdächtige Zugang hat und die von ihm genutzt werden, z.B. Bankschließfächer.[37]

31 (4) **EDV-Anlagen.** Diese werden durch Inbetriebnahme und Datenträgerreproduktion durchsucht.[38] Auch EDV-Daten, die sich in Form einer Datei speichern lassen, unterfallen dabei dem für die Beschlagnahme relevanten Begriff des »Gegenstandes« iSd § 94 Abs. 1 StPO. Wichtig ist weiter, dass auch Speicherplätze auf Festplatten eines externen Servers beim **Cloud-Computing** durchsucht werden dürfen, nachdem der Nutzer insoweit jedenfalls faktischen Zugriff auf den konkreten Cloud-Speicherplatz und somit auch Mitgewahrsam hat.[39]

34 BGH NJW 2000, 84; Meyer-Goßner/Schmitt/*Köhler* § 102 Rn. 2 f.

35 BVerfG NJW 1994, 2079; wistra 2002, 298; NStZ-RR 2004, 143; LG Itzehoe wistra 1999, 432; LG Detmold wistra 1999, 434; 1999, 435; LG Waldshut-Tiengen wistra 2000, 354; LG Freiburg wistra 2000, 356; strenger dagegen LG Bielefeld wistra 1999, 153; LG Karlsruhe PStR 2001, 4.

36 BVerfG StV 2017, 361, 362; aus der Rechtsprechung der Instanzgerichte etwa LG Augsburg wistra 2018, 96.

37 *Quedenfeld/Füllsack* Rn. 902.

38 Meyer-Goßner/Schmitt/*Köhler* § 102 Rn. 10a.

39 Meyer-Goßner/Schmitt/*Köhler* § 102 Rn. 10a.

Als besonders problematisch erweist sich die Frage, unter welchen Voraussetzungen die Ermittlungsbehörden **Zugriff auf E-Mail-Verkehr** nehmen dürfen. Namentlich ist sorgsam abzuschichten, ob der Zugriff auf E-Mails dem Durchsuchungs- und Beschlagnahmerecht nach §§ 94, 102 ff. StPO unterfällt oder an den Voraussetzungen der Telekommunikationsüberwachung nach § 101a StPO zu messen ist. Unter Zugrundlegung der Rechtsprechung des Bundesverfassungsgerichts[40] wird man im Ausgangspunkt wie folgt differenzieren können: **Auf dem Rechner oder auch dem Mail-Server gespeicherte Nachrichten** des Absenders können ebenso Gegenstand einer Beschlagnahme nach Maßgabe der §§ 94 ff. StPO sein wie Nachrichten auf dem Rechner oder Mail-Server des Empfängers.[41] Die **»echten« Übertragungsvorgänge** – vom Absender zu dessen E-Mail-Provider, zwischen den E-Mail-Providern von Absender und Empfänger, vom E-Mail-Provider des Empfängers in dessen (exklusive) Zugriffssphäre – unterliegen sodann den Anforderungen des § 101a StPO.[42] Der BGH bejaht eine Anwendbarkeit des § 100a StPO freilich nunmehr ausdrücklich auch mit Blick auf Nachrichten, die auf dem Server des Email-Providers gespeichert sind, mithin nicht an einem Übertragungsvorgang im vorgenannten Sinne teilnehmen. Die (heimliche) Telekommunikationsüberwachung nach § 100a StPO soll insoweit neben die Möglichkeit der (offenen) Beschlagnahme nach §§ 94 ff. StPO treten.[43] Beide Ermittlungsmaßnahmen ergänzten sich; dabei seien die auf dem Server gespeicherten Nachrichten »nicht in einer ausschließlich vom betroffenen Kommunikationsteilnehmer beherrschten Sphäre abgelegt«[44], womit es sich (auch) um eine Überwachung von Telekommunikation und damit um eine (auch) von § 100a StPO erfasste Maßnahme handele.[45] An dieser Begründung ist insbesondere zu kritisieren, dass letztlich offen bleibt, wie sich der Beschlagnahmecharakter des Zugriffs auf gespeicherte Nachrichten mit dem (dynamischen) Begriff der »Überwachung« verträgt.[46]

Eine nicht zu unterschätzende Bedeutung kommt auch und insbesondere im Zusammenhang mit umfangreichen E-Mail-Beständen (sowie sonstigen großen Datenbeständen) der **Durchsicht** nach § 110 StPO zu. So ist zunächst zu sehen, dass die Durchsicht gemäß § 110 Abs. 3 S. 1 StPO auch »elektronische Speichermedien« erfasst. Gemäß § 110 Abs. 3 S. 2 StPO darf die Durchsicht sodann auf hiervon **»räumlich getrennte Speichermedien«** erstreckt werden, »soweit auf sie von dem Speichermedium aus zugegriffen werden kann« und sofern »andernfalls der Verlust der gesuchten Daten zu befürchten ist«. Möglich wird damit insbesondere der Zugriff auf Server im Internet, namentlich auch auf beim Provider zwischengespeicherte E-Mails.[47] Zudem ist zu beachten, dass elektronische Daten **zum Zwecke der Durchsicht** auch **mitgenommen** werden können, wenn eine Durchsicht an Ort und Stelle beschaffenheitsbedingt nicht möglich ist.[48] Darin liegt freilich noch keine Beschlagnahme. Bei dem – nach dem vorstehend Gesagten grundsätzlich zulässigen – **Zugriff** auf räumlich getrennte Speichermedien **erst im Nachgang der Durchsuchung** ist darauf zu achten, dass die Ermittlungsbehörden nicht mehrfach Zugriff auf E-Mail-Server usw. nehmen. Andernfalls artete das an die **punktuelle Maßnahme** der Durchsuchung gekoppelte Instrument der Durchsicht zu einer Form der dauerhaften Überwachung aus, bei welcher der Beschuldigte völlig im Unklaren darüber bliebe, ob und wann Zugriff auf die räumlich getrennten Speichermedien genommen wird. Eine

---

40 Vgl. insbesondere BVerfG NJW 2009, 2431.

41 Instruktiv KK-StPO/*Henrichs/Weingast* § 100a Rn. 20 m.w.N.

42 KK-StPO/*Henrichs/Weingast* § 100a Rn. 20 m.w.N.

43 BGH NStZ 2021, 355 (357 f.).

44 BGH NStZ 2021, 355 (357).

45 BGH NStZ 2021, 355 (357); KK-StPO/*Henrichs/Weingast* § 100a Rn. 21.

46 Zu Recht kritisch daher *Grözinger* NStZ 2021, 358 ff. m.w.N.; für eine eigenständige gesetzliche Regelung der Überwachung des Email-Verkehrs BeckOK-StPO/*Graf* § 100a Rn. 67.

47 Nachdem das BVerfG einen Zugriff auf beim Provider »liegende« E-Mails nach Maßgabe der §§ 94, 102 ff. StPO für zulässig hält (BVerfG NJW 2009, 2431), ist dies letztlich nur konsequent; vgl. dazu *Park* Durchsuchung und Beschlagnahme Rn. 824.

48 KK/*Bruns* § 110 Rn. 4.

Erforschung des Nutzungs- und Telekommunikationsverhaltens richtet sich demgegenüber nach den §§ 100a, 100b StPO.[49]

Nachdem sich **Server-Standorte häufig im Aus-, nicht im Inland** befinden, stellt sich überdies die grundlegende Frage, inwieweit nationale Ermittlungsbehörden (zu Sichtungszwecken) Zugriff auf Daten mit Speicherort im Ausland nehmen dürfen. Dabei ergibt sich eine weitere Schwierigkeit daraus, dass im Rahmen des Systemmanagements namentlich von Cloud-Diensten eine ständige Verschiebung von Daten zwischen verschiedenen Speicherorten erfolgt.[50] Auch die Cybercrime-Konvention sieht eine generelle Zugriffsmöglichkeit zwischen den Vertragsparteien gerade nicht vor, sodass regelmäßig der Weg des **Rechtshilfeersuchens** zu beschreiten ist.[51] Dieser (aufwendige) Weg wird von den nationalen Ermittlungsbehörden freilich nicht immer beschritten, was durch die Beschwerdeinstanzen – unter Verweis auf den weiten Wortlaut des § 110 Abs. 3 StPO sowie die tatsächlichen Schwierigkeiten bei der Bestimmung des aktuellen Speicherorts – zum Teil ausdrücklich gebilligt wird.[52]

Zugleich ergibt sich die Frage, wie mit – im Rahmen einer (Grob-)Durchsicht auftauchenden – **Verteidigungsunterlagen** in Form von EDV-Dateien umzugehen ist: Bei Offensichtlichkeit der Eigenschaft als Verteidigungsunterlagen sind diese grundsätzlich sofort und ungelesen herauszugeben bzw. bei EDV-Dateien zu löschen.[53]

Von der auf Basis der §§ 102, 103 StPO erfolgenden Durchsuchung von EDV-Anlagen ist die nunmehr mögliche sog. **Online-Durchsuchung** nach Maßgabe des § 100b StPO zu unterscheiden.[54] Bei dieser handelt es sich um eine von vornherein **auf Heimlichkeit angelegte Ermittlungsmaßnahme**, welche es den Ermittlungsbehörden hinsichtlich enumerativ benannter, allgemein wie auch im Einzelfall schwer wiegender sowie anderweitig kaum zu erforschender Straftaten erlaubt, »auch ohne Wissen des Betroffenen (…) mit technischen Mitteln in ein von dem Betroffenen genutztes informationstechnisches System ein[zugreifen] und (…) Daten daraus [zu] er[heben]« (§ 100b Abs. 1 StPO). Die Maßnahme bedarf einer richterlichen Anordnung (§ 100e Abs. 2 S. 1 StPO). Der weite Begriff der »informationstechnischen Systeme« schafft einen breiten – denkbaren – Anwendungsbereich und bleibt für künftige technische Entwicklungen offen. Ohne Weiteres dürften heute PC, Laptop, Notebook, Tablet, Smartphone, Pager und sonstige Kommunikationsgeräte darunter fallen.[55] Die Ermittlungsmaßnahme erweist sich als **massiver Eingriff** in das Grundrecht auf Vertraulichkeit und Integrität informationstechnischer Systeme, weshalb ein strenger Verhältnismäßigkeitsmaßstab heranzuziehen ist.[56]

---

49 Zum Ganzen *Bechtel* NZWiSt 2022, 162 (164); vgl. ferner MüKo-StPO/*Rückert* § 100b Rn. 34a.

50 *Meinicke* Der strafprozessuale Zugriff auf Inhaltsdaten in der Cloud B. VII.; *Warken* NZWiSt 2017 289 (295 f.); ferner *Park* NStZ 2023, 646 (652).

51 *Bechtel* NZWiSt 2022, 162 (165); *Blechschmitt* MMR 2018, 361 (364); *Gaede* StV 2009, 96 (101 f.); *Gercke* CR 2010, 345 (347); *Park* NStZ 2023, 646 (652).

52 Vgl. die verfehlte Entscheidung LG Koblenz NZWiSt 2022, 160 m. krit. Anm. *Bechtel*; ablehnend auch *Park* Durchsuchung und Beschlagnahme Rn. 901.

53 BVerfG NJW 2002, 1410 f. – Erfolgt die Durchsicht freilich auf einem Gerät des Beschuldigten, sind vor Löschung Kopien der Dateien anzufertigen. Zu den Rechtsbehelfen gegenüber fehlerhafter Durchsuchung vgl. Rn. 40 ff.

54 § 100b StPO wurde im Zuge des Gesetzes zur effektiveren und praxistauglicheren Ausgestaltung des Strafverfahrens neu gefasst, BGBl. 2017 I 3202; instruktiv zur Online-Durchsuchung etwa *Soiné* NStZ 2018, 497.

55 Vgl. auch BeckOK StPO/*Graf* § 100b Rn. 7.

56 *Park* Durchsuchung und Beschlagnahme Rn. 837 ff.; *Warken* NZWiSt 2017, 329, 335 f.; zu Fragen der (Un-)Verwertbarkeit vgl. *Soiné* NStZ 2018, 497, 504.

cc) Die Durchsuchung **bei Dritten** ist gem. § 103 StPO nur dann zulässig, wenn Tatsachen vorliegen, aus denen zu schließen ist, dass die gesuchte Person oder das gesuchte Beweis mittel sich bei dem Dritten befindet, d.h. die Zulässigkeitsgrenzen sind hier enger gezogen als in § 102 StPO.[57] 32

dd) **Anordnungsbefugnis.** Die Durchsuchung darf grundsätzlich nur aufgrund eines richterlichen Beschlusses erfolgen, § 105 Abs. 1 S. 1 StPO. Antragsberechtigt ist in Wirtschaftsstrafsachen nur die Staatsanwaltschaft (in Steuerstrafsachen auch die Finanzbehörde gem. § 399 Abs. 1 AO). Bei »Gefahr im Verzug[58]« darf die Zwangsmaßnahme jedoch auch durch Staatsanwaltschaft oder ihre Ermittlungspersonen angeordnet werden. Diese von der Praxis extensiv ausgelegte (und missbrauchte) Möglichkeit wurde erst vom BVerfG auf das verfassungsrechtlich vertretbare und notwendige Maß reduziert.[59] 33

ee) **Anfangsverdacht** bedeutet, das Vorliegen von zureichenden, tatsächlichen Anhaltspunkten für eine bereits begangene bestimmte Straftat, wobei das BVerfG und ihm folgend die Rechtsprechung der Instanzengerichte nur geringe Anforderungen an diese »Anhaltspunkte« stellen.[60] 34

ff) Die Durchsuchungsanordnung muss hinreichend **konkretisiert** sein, d.h. es muss sich der Tatverdacht, der Durchsuchungszweck und die Verhältnismäßigkeit der Maßnahme ergeben. Gerade bei der Durchsuchung zur Auffindung von Beweismitteln sind diese möglichst genau zu beschreiben. Das BVerfG stellt in ständiger Rechtsprechung diese erhöhten Anforderungen an die Durchsuchungsordnung, damit der Eingriff messbar und kontrollierbar ist.[61] Hiergegen wird in der täglichen Praxis der Ermittlungsbehörden und Ermittlungsrichter häufig verstoßen, es handelt sich bei der Zulässigkeit von Durchsuchungsanordnungen um ein ständig aktuelles Thema.[62] Die Rechtsprechung des BVerfG findet in der Rechtsprechung der Beschwerdegerichte zunehmend Beachtung.[63] 35

gg) Der **Gültigkeitsdauer** richterlicher Durchsuchungsbeschlüsse wurde vom BVerfG eine zeitliche Grenze von 6 Monaten gesetzt.[64] 36

hh) **Durchsicht** der Papiere. Zu den Papieren zählen auch Fotos, Filme, Tonträger, Magnetbänder, Disketten, sowie die gesamte EDV-Anlage.[65] Grundsätzlich ist der Begriff »Papiere« weit auszulegen.[66] Seit dem 01.09.2004 ist § 110 StPO durch das JuMoG dahin abgeändert,[67] dass alle durchsuchenden Ermittlungspersonen zur Durchsicht der Papiere berechtigt sind, wenn der Staatsanwalt dies anordnet. 37

Der Grundsatz der Verhältnismäßigkeit verlangt eine zügige Durchsicht der Papiere. Dadurch soll in angemessener Zeit festgestellt werden, was potenziell beweiserheblich und zu beschlagnahmen ist. Erst nach der Beschlagnahme können die sichergestellten Unterlagen ausgewertet werden.[68]

57 Meyer-Goßner/Schmitt/*Köhler* § 103 Rn. 5 f.
58 Zum Begriff vgl. Meyer-Goßner/Schmitt/*Köhler* § 98 Rn. 6 m.w.N.
59 BVerfG, Beschl. v. 28.09.2006 – 2 BvR 876/06, NJW 2007, 1444 m.w.N.
60 S. Fn. 33.
61 BVerfG StV 1990, 483; 1992, 49; 1994, 353; 1999, 519; 2000, 465; NStZ 2002, 372; NStZ-RR 2004, 143; wistra 2004, 295.
62 Vgl. BVerfG StV 1990, 483; 2000, 465; LG Freiburg NStZ 2000, 554 f.; BGH, Beschl. v. 15.12.2016 – StB 36/16.
63 LG Krefeld NJW 1994, 2036; LG Nürnberg-Fürth StV 1999, 521; LG Freiburg PStR 2000, 47; wistra 2000, 159; NStZ 2000, 554; LG Darmstadt wistra 2000, 228; LG Mainz wistra 2000, 475; LG Zweibrücken StV 2000, 552; LG Detmold StV 2001, 503; LG Bochum StV 2001, 503; LG Kleve StraFo 2002, 195; LG Berlin wistra 2004, 319; LG Koblenz wistra 2004, 438.
64 BVerfG NJW 1997, 2165.
65 Meyer-Goßner/Schmitt/*Köhler* § 110 Rn. 1; KK-*Bruns* § 110 Rn. 2.
66 BGH wistra 2003, 432.
67 Umfassend zur Änderung der StPO durch das JuMoG *Knauer/Wolf* NJW 2004, 2932.
68 Vgl. BVerfG vom 17.11.2022 – 2 BvR 827/21; StV Spezial 2023, 1; s. hierzu auch OLG Koblenz v. 30.03.2021 – 5 Ws 16/21; NZWiSt 2021, 386; dazu auch *Park* NStZ 2023, 646 (649 f.).

Bei der Durchsicht der Papiere hat der Verteidiger ein grundsätzliches Anwesenheitsrecht.[69]

38 ii) **Zufallsfunde**: Nach § 108 StPO können Gegenstände, die anlässlich einer Durchsuchung vorgefunden werden und Hinweise auf das Vorliegen von weiteren Straftaten geben, die mit der konkreten Durchsuchung nichts zu tun haben, vorläufig in Beschlag genommen werden. § 108 StPO erweitert also nur die Beschlagnahmebefugnis, nicht jedoch die Durchsuchung.

▶ **Beispielsfall für einen Zufallsfund und seine Bedeutung**

In einem Ermittlungsverfahren gegen zwei Geschäftsführer eines Unternehmens wegen Verdachts des Betruges findet eine Durchsuchung der Geschäftsräume statt. Die Durchsuchung ist abgeschlossen, als der die Durchsuchung leitende Staatsanwalt am Schreibtisch eines der Geschäftsführer Unterlagen über einen Auftrag der öffentlichen Hand findet und gleichzeitig einen Scheck lautend auf den Namen des Beamten, der als Verhandlungspartner aufseiten der öffentlichen Hand in den Unterlagen genannt wird. Diese Unterlagen, die einen völlig anderen Sachverhalt als den eigentlichen Betrugsvorwurf betreffen, beschlagnahmt er als Zufallsfund gem. § 108 StPO. Aus diesem Zufallsfund entstand ein Verfahren wegen Bestechung bzw. Bestechlichkeit, das für die Beteiligten mit der Verurteilung zu hohen Geldstrafen endet, der Beamte verlor darüber hinaus seinen Beamtenstatus. Das ursprüngliche Ausgangsverfahren wegen Betruges wurde gem. § 153a StPO eingestellt.

Unzulässig ist jedoch, dass anlässlich einer Durchsuchung gezielt nach Zufallsfunden gesucht wird.[70] Bei einer derartigen planmäßigen Suche nach Zufallsfunden sind die aufgefundenen Beweismittel unverwertbar.[71] Verwandt mit dieser Thematik ist die Frage nach der Zulässigkeit sog. **legendierter Kontrollen**, bei denen vor dem Hintergrund laufender Ermittlungen **vermeintlich zufällig** – etwa im Rahmen einer Zoll- oder Verkehrskontrolle – strafrechtlich relevante Funde gemacht werden. Ermittlungstaktisch liegt darin der Vorteil, weniger Aufsehen als bei gezieltem Handeln der Ermittlungsbehörden (insb. in Gestalt von Durchsuchungen) zu erregen und so die Ermittlungen gegen etwaige Hintermänner nicht zu gefährden. Die Rechtmäßigkeit dieses Vorgehens wurde vom 2. Strafsenat des BGH grundsätzlich bestätigt. Dabei hält der Senat im Einzelfall eine zu einem Beweisverwertungsverbot führende Verletzung des Fair-trial-Grundsatzes für möglich.[72]

c) Beschlagnahme

39 Beschlagnahme bedeutet die Begründung **amtlichen Gewahrsams**.

Dem **Verhältnismäßigkeitsgrundsatz** kommt bei der Beschlagnahme in Wirtschaftsstrafverfahren eine besondere Bedeutung zu. Dem Strafverfolgungsinteresse des Staates entspricht die umfangreiche Beschlagnahme von Geschäftsunterlagen zur Aufklärung und Beweisführung. Dem steht das oftmals lebensnotwendige Interesse des Betroffenen am Besitz dieser Unterlagen zur Aufrechterhaltung und Fortführung des Geschäftsbetriebs entgegen. Das Stichwort zur Lösung dieses Interessenkonflikts heißt »Fotokopien«.[73] Kommt es allein auf den Inhalt der Geschäftsunterlagen an, so genügt die Anfertigung von Fotokopien für die Ermittlungsbehörden anstelle der Beschlagnahme. Während

69 Vgl. LG Kiel NZWist 2021, 408; *Buchholz* NZWiSt 2021, 369 (371 f.); *Park* NStZ 2023, 646 (651); anders *Doege* NStZ 2022, 466.

70 LG Bonn NJW 1981, 292; LG Bremen wistra 1984, 241; LG Arnsberg ZIP 1984, 889; KG StV 1985, 404; LG Berlin StV 1987, 94; LG Baden-Baden wistra 1990, 118; LG Freiburg NStZ 1999, 583; LG Bonn StraFo 1999, 53; LG Berlin StV 2004, 198.

71 Vgl. die vorgenannte Fn. sowie *Amelung* NJW 1991, 2533 ff.; *Krekeler* NStZ 1993, 263 ff.; *Quedenfeld/Füllsack* Rn. 919 m.w.N.

72 BGH NStZ 2017, 651; überwiegend wird die Rechtmäßigkeit legendierter Kontrollen dagegen bereits grundsätzlich bezweifelt, vgl. etwa *Lenk* StV 2017, 692; *Mitsch* NJW 2017, 3124; *Schiemann* NStZ 2017, 657.

73 *Malek/Wohlers* Rn. 155 f.; *Ciolek-Krepold* Rn. 230.

der Fortdauer der Beschlagnahme der Originalunterlagen kann der Betroffene Fotokopien verlangen, zumindest soweit diese für seine berufliche Tätigkeit oder auch für private Zwecke erforderlich sind. Hierüber besteht im Grundsatz Einigkeit, Streit besteht nur darüber, in welchem Umfang das zu geschehen hat.[74] Fotokopien können auch am Ort und während der Durchsuchung zum Verbleib bei dem von der Durchsuchung Betroffenen angefertigt werden. Anstelle der Anfertigung von Fotokopien können die Unterlagen auch eingescannt werden. Die Parallelproblematik bei der EDV ist ebenso mit Kopien zu lösen. Diese können während der Durchsuchung gezogen werden und machen den Abbau der EDV-Anlage auch unter Verhältnismäßigkeitsgesichtspunkten unzulässig.[75]

▶ **Beachte**

Eine gerade in Wirtschaftsstrafverfahren bedeutsame Grenze für die Beschlagnahme von Gegenständen beinhaltet § 97 StPO.[76]

d) Rechtsschutz

Noch während der Durchsuchungsaktion oder nach ihrer Beendigung wird der Verteidiger, insbesondere durch seinen Mandanten, vor die Frage gestellt, ob und inwieweit Rechtsmittel eingelegt werden kann. 40

Gegen den **richterlichen Durchsuchungsbeschluss** mit dem Ziel der Aufhebung kann Beschwerde gem. § 304 StPO erhoben werden, die Beschwerde ist an keine Frist gebunden. Die Beschwerde ist auch nach Abschluss der Durchsuchung noch zulässig.[77] 41

Gegen die **Art und Weise** der **richterlich angeordneten** Durchsuchung kann während ihrer Dauer der anordnende Richter analog § 98 Abs. 2 S. 2 StPO angerufen werden, gegen seine Entscheidung ist wiederum die Beschwerde gemäß § 304 StPO gegeben.[78] 42

Die **nicht richterliche Durchsuchungsanordnung** kann während ihrer Durchführung analog § 98 Abs. 2 StPO beanstandet werden.[79] Auch nach ihrem Abschluss kann eine richterliche Entscheidung analog § 98 Abs. 2 S. 2 StPO beantragt werden.[80] 43

Gegen die **Art und Weise** der wegen Gefahr im Verzug **ohne richterlichen** Beschluss durchgeführten Durchsuchung ist während der Dauer ebenfalls der Antrag nach § 98 Abs. 2 S. 2 StPO gegeben.[81] 44

Gegen einen Beschlagnahmebeschluss ist die **einfache Beschwerde** gem. § 304 StPO gegeben. 45

Eine **weitere Beschwerde** gegen die Beschwerdeentscheidung **findet nicht statt,** § 310 StPO. 46

e) Handlungsmöglichkeiten des Verteidigers

Vermeidung der Durchsuchung 47

Da eine Anhörung vor einem Durchsuchungsbeschluss im Hinblick auf § 33 Abs. 4 StPO nicht stattfindet, hat der Verteidiger in der Regel keine Möglichkeit, einer Durchsuchung entgegenzuwirken. Eine Ausnahme besteht dann, wenn mit einer Durchsuchung zu rechnen ist, wie z.B. im Zusammenhang mit einem Insolvenzverfahren oder einem anderen Strafverfahren oder wenn aufgrund von Zufallsfunden im laufenden Verfahren mit einer weiteren Durchsuchung zu rechnen ist.

---

74 KK/*Greven* § 94 Rn. 13; *Malek/Wohlers* Rn. 155 f.
75 Vgl. BVerfG NJW 1997, 3343, 3344; Meyer-Goßner/Schmitt/*Köhler* § 94 Rn. 18a.
76 S. dazu unten Rdn. 80 ff.
77 BVerfG NJW 1997, 2103; 1998, 2131; 1999, 273.
78 *Bosbach* Ermittlungsverfahren, Rn. 464; *Malek/Wohlers* Rn. 124.
79 BGH StV 1988, 90; *Bosbach* Ermittlungsverfahren, Rn. 464.
80 *Quedenfeld/Füllsack* Rn. 733.
81 *Bosbach* Ermittlungsverfahren, Rn. 464.

Hier kann der Staatsanwaltschaft angeboten werden, alle erforderlichen Unterlagen freiwillig zur Verfügung zu stellen, sodass es weder eines Durchsuchungsbeschlusses noch einer Durchsuchungsaktion mit all ihren Beeinträchtigungen für den Betroffenen bedarf. Die Staatsanwaltschaft muss sich freilich nicht auf ein derartiges Angebot einlassen. In dem oben unter Rdn. 38 dargestellten Fall war klar, dass der Zufallsfund eine weitere Durchsuchung insbesondere auch bei der Hausbank zur Folge haben wird. Daher wurde dem ermittelnden Staatsanwalt angeboten, in der Firma die gesamte Buchhaltung, insbesondere die Bankbelege einzusehen und einer Mitnahme der ihm notwendig erscheinenden Unterlagen von vornherein zugestimmt. Dieses Angebot wurde angenommen und so insbesondere die Bankdurchsuchung vermieden.

Handeln während der Durchsuchung

48 Der Verteidiger hat grundsätzlich **kein Recht auf Anwesenheit** bei der Durchsuchung.[82] Er erfährt im Regelfall frühestens von der Durchsuchung durch die telefonische Nachricht des Mandanten während der Durchsuchung. In diesem Fall muss der Verteidiger, sofern keine zeitlichen oder räumlichen Hindernisse bestehen, sich unverzüglich an den Ort der Durchsuchung begeben oder, soweit möglich, im Fall seiner Verhinderung einen Kollegen beauftragen. Wenn der Verteidiger auch kein Recht auf Anwesenheit bei der Durchsuchung hat, bedeutet dies umgekehrt aber nicht, dass ihm die Anwesenheit versagt und er aus den durchsuchten Räumen ferngehalten werden kann. Sein Mandat besitzt zum einen nach wie vor das **Hausrecht** und vor allem das **Recht auf Verteidigung.** Grenzen sind im Rahmen einer Durchsuchung nur durch **§ 164 StPO** gesetzt, der auch für den Verteidiger gilt. Soweit der Verteidiger hiergegen nicht verstößt, kann seine **Anwesenheit nicht untersagt** werden.[83] Bei einer Durchsuchung bei Dritten i.S.d § 103 StPO kann nicht nur der Anwalt des Dritten, sondern auch der Verteidiger des Beschuldigten anwesend sein, sofern der Dritte die Anwesenheit gestattet und der Verteidiger nicht gegen § 164 StPO verstößt.[84] Die bloße Anwesenheit des Verteidigers bei der Durchsuchung dient dazu, die Art und Weise der Durchsuchung in einem erträglichen Rahmen ablaufen zu lassen. Schon die Einhaltung eines gewissen Stils trägt zur Beruhigung aller Beteiligten bei. Zu achten hat der Verteidiger insbesondere auf die Einhaltung des Beschlagnahmeverbots des § 97 StPO.

Der bei der Durchsuchung anwesende Verteidiger hat folgende Aufgaben:[85]

49 – **Prüfung**
– Er muss klären, ob ein **richterlicher Beschluss** vorliegt oder ob die Durchsuchung ohne einen solchen wegen **Gefahr in Verzug** vorgenommen wird. Im ersten Fall hat er darauf zu achten, welche Grenzen der richterliche Beschluss setzt.[86] Im zweiten Fall geht es darum, den verantwortlichen Beamten festzustellen und die Gründe zu erfahren, aufgrund derer die Gefahr im Verzug angenommen wird. Hierbei wird er jedoch oft erleben, dass er keine Antwort erhält. Es bleibt dann noch übrig, sofort das zuständige Gericht einzuschalten, eine Möglichkeit, die die Fortsetzung der Durchsuchung jedoch nicht hindert.

50 – **Beratung**
– Der Verteidiger hat seinen Mandanten über die Situation aufzuklären. Meist trifft er einen schockierten Mandanten, der dem Einbruch geballter Staatsgewalt in seine Privatsphäre fassungslos gegenübersteht. Hier gilt es, den Mandanten zuallererst zu beruhigen, gerade auch nach Prüfung des richterlichen Beschlusses oder aufgrund des klärenden Gesprächs mit den verantwortlichen Beamten durch **Darlegung der Rechtslage.** Die Beruhigung muss insbesondere auch erfolgen, um den Mandanten vor Äußerungen oder Handlungen zurückzuhalten, die sich auf das weitere

82 Meyer-Goßner/Schmitt/*Köhler* § 106 Rn. 3.
83 *Bosbach* Ermittlungsverfahren, Rn. 356; *Malek/Wohlers* Rn. 94; *Ciolek-Krepold* Rn. 128; *Krekeler* wistra 1983, 43 ff.; *Wehnert* StraFo 1996, 77.
84 Meyer-Goßner/Schmitt/*Köhler* § 106 Rn. 3; *Krekeler* wistra 1983, 43 ff.; *Ciolek-Krepold* Rn. 128.
85 S.a. *Bosbach* Ermittlungsverfahren, Rn. 344 ff.; *Quedenfeld/Füllsack* Rn. 935 ff.
86 In der Praxis wird in der Regel zu Beginn der Durchsuchung der Durchsuchungsbeschluss ausgehändigt unbeschadet der Regelung des § 107 Abs. 1 StPO.

Verfahren auswirken können, indem der Mandant z.B. irgendwelche Äußerungen in Bezug auf den bekannten oder vermuteten Tatvorwurf macht, die sich dann als Aktenvermerk eines Beamten in den Ermittlungsakten wieder finden und als Geständnis oder Schuldindiz gewertet werden (im Fall dieses freiwilligen Sprechens außerhalb einer förmlichen Vernehmung – sog. Spontanäußerung – gilt § 136 StPO nicht). Es muss verhindert werden, dass der Mandant Äußerungen macht, die sofortige Durchsuchungs- und Beschlagnahmeaktionen wegen Gefahr in Verzug bei Dritten bewirken (»hier finden sie nichts, alle Unterlagen sind beim Steuerberater«) oder dass der Mandant Äußerungen macht, die seine vorläufige Festnahme und anschließenden Erlass eines Haftbefehls bewirken (»was hier gesucht wird, habe ich längst in Sicherheit gebracht«). Insgesamt muss der Verteidiger seinen Mandanten dahin bringen, die Durchsuchungs- und Beschlagnahmeaktion hinzunehmen und ihm klar machen, dass insbesondere jede Äußerung zum gegenwärtigen Zeitpunkt außer Schaden nichts bringen kann.

- Zu beachten ist auch, dass der Durchsuchungszweck erledigt und eine weitere Durchsuchung damit unzulässig ist, wenn die gesuchten Unterlagen vorliegen. Werden diese Unterlagen also den Beamten vorgelegt, darf die Durchsuchung nicht durchgeführt bzw. fortgeführt werden (d.h. es können auch keine Zufallsfunde gemacht werden).
- **Sicherung und Information** 51
- An Ort und Stelle kann der Verteidiger auch die Frage klären, ob nur Fotokopien mitzunehmen sind, oder ob und inwieweit dem Mandanten Fotokopien zur Verfügung gestellt werden bzw. während der Durchsuchung angefertigt werden.
- Er hat darauf zu bestehen, dass ein **Verzeichnis** der sichergestellten Gegenstände ausgehändigt wird, § 107 S. 2 StPO. Dieses Sicherstellungsverzeichnis kann gegebenenfalls schon lange vor Akteneinsicht und Beschuldigtenvernehmung einen Rückschluss auf Ziel und Umfang des Ermittlungsverfahrens geben. Hier hat der Verteidiger auch darauf zu achten, dass die sichergestellten Gegenstände nach Art und Zahl genau bezeichnet werden, sodass sie leicht auffindbar und identifizierbar sind. So sind z.B. Aktenordner zumindest einzeln mit ihrer Beschriftung aufzuführen, unter Umständen ist darauf zu dringen, dass der Inhalt blattiert wird. Bei losen Schriftstücken in einem Aktendeckel reicht z.B. die Bezeichnung »ein blauer Aktendeckel mit diversen Schreiben« nicht aus, hier müssen die Schreiben einzeln bezeichnet werden. Der Verteidiger wird hier oft auf den Widerstand der durchsuchenden Beamten stoßen, muss aber hart bleiben (ein Nachgeben kann wiederum dort zweckmäßig sein, wo ein schnelles Ende der Durchsuchung vordringlich ist). Die Sicherung der Beweismittel durch genaue Kennzeichnung erleichtert später das Auffinden von Beweismitteln gerade für den Beschuldigten bzw. seinem Verteidiger.
- **Vorausschau** 52
- Der Verteidiger bzw. der Berater des nicht Verdächtigen wird nach Beendigung der Durchsuchung den Mandanten auf die Möglichkeit hinweisen, dass im weiteren Verlauf des Ermittlungsverfahrens eine **nochmalige Durchsuchung** aufgrund eines richterlichen Beschlusses erfolgen kann.

Einlegung von Rechtsmitteln

Man ist geneigt, die Rechtsmittel gegen Durchsuchungs- und Beschlagnahmeanordnungen als stumpfe Waffe zu bezeichnen. Dies liegt vor allem darin begründet, dass grundsätzlich keiner der möglichen Rechtsbehelfe eine aufschiebende Wirkung hat, sieht man von der Möglichkeit der Aussetzung der Vollziehung gemäß § 307 Abs. 2 StPO als grauer Theorie ab. Die laufende Durchsuchung kann der Verteidiger nicht aufhalten, die Beschlagnahme bleibt bis zur richterlichen Entscheidung bestehen. Darüber hinaus ist der Verteidiger regelmäßig vor das Problem gestellt, eine Begründung abgeben zu müssen, ohne den Ermittlungsstand und insbesondere die Akten zu kennen. Wie soll bei diesem Kenntnisstand z.B. zu der Frage Stellung genommen werden, ob die beschlagnahmten Gegenstände als Beweismittel von Bedeutung sein können? Er kann sich zwar die Begründung vorbehalten, bis ihm Akteneinsicht gewährt wird, solange darf nicht zum Nachteil des Beschuldigten entschieden werden. Nur erhält er die Akteneinsicht oft so spät, dass »alles gelaufen« ist. Die vollständige, unbeschränkbare Akteneinsicht gem. § 147 StPO wird er ohnehin in der Regel erst nach 53

Abschluss der Ermittlungen bekommen. Zudem ist der Begriff des Anfangsverdachts so weit, dass ein Angehen hiergegen wohl immer zum Scheitern verurteilt ist; abgesehen davon ist es ein gewagtes Unterfangen, dass sich zum Nachteil des Beschuldigten auswirken kann, ohne konkrete Kenntnis des Ermittlungsstandes und der Akten zum Tatverdacht und damit zur Sache Erklärungen abzugeben.

54 Auf einen **verjährungsrechtlichen** Aspekt sei in diesem Zusammenhang hingewiesen: Die richterliche Durchsuchungs- und Beschlagnahmeanordnung unterbricht die Verjährung gemäß § 78c Abs. 1 Nr. 4 StGB, ebenso die richterliche Entscheidung, die eine richterliche Anordnung aufrechterhält. Darunter fallen auch Entscheidungen, die eine nicht richterliche Durchsuchungs- und Beschlagnahmeanordnung aufrechterhalten.[87] D.h., dass durch die Beschwerdeentscheidung neue verjährungsunterbrechende Handlungen geschaffen werden, durch die die jeweilige Verjährungsfrist erneut zu laufen beginnt. Denkbar ist auch, dass der ursprüngliche Beschluss noch keine konkreten Beschuldigten enthält, dass dies aber in der Beschwerdeentscheidung der Fall ist. Gerade bei den oft Jahre zurück liegenden Sachverhalten in Wirtschaftsstrafverfahren spielt die 5-jährige Verjährungsfrist eine nicht zu unterschätzende Rolle, die immer wieder zu dem Verfahrenshindernis der Strafverfolgungsverjährung führen kann.

55 Die Entscheidung, ob ein Rechtsbehelf eingelegt werden soll, muss auch folgende Aspekte berücksichtigen: Das Rechtsmittel **verzögert das Verfahren.** Die Ermittlungsakten müssen dem zuständigen Gericht übersandt werden, das Gericht braucht Zeit zur Prüfung und Entscheidung, vom Gericht gehen die Akten dann wieder zu den Ermittlungsbehörden zurück. Die Ermittlungen werden in dieser Zeit oftmals ruhen. Ob eine solche Verzögerung im Interesse des Mandanten liegt, hängt jeweils von den Umständen des Einzelfalles und der Verteidigungsstrategie ab. Das Interesse des Beschuldigten kann gebieten, jede Verfahrensverzögerung zu vermeiden, und daher auf die Einlegung von Rechtsmitteln gegen Durchsuchungs- und Beschlagnahmeanordnungen zu verzichten. Man denke nur an den Fall der Untersuchungshaft wegen Verdunklungsgefahr, die mit zunehmendem Fortgang der Ermittlungen abnimmt und in der Regel spätestens bei Abschluss der Ermittlungen nicht mehr gegeben ist. Hier führt jede Verzögerung des Ermittlungsverfahrens zu einer Verlängerung der Untersuchungshaft. Andererseits ist grundsätzlich zu überlegen, ein Gegengewicht zur Praxis der schnellen, unbegrenzten Durchsuchungs- und Beschlagnahmebeschlüsse zu schaffen und die Gerichte für diese Problematik zu sensibilisieren. Es gibt die auf den Einzelfall bezogene Erwägung, durch die Aktenvorlage weitere Informationen über das Verfahren zu erhalten oder durch den Beschwerdebeschluss eine exakte Dokumentation der beschlagnahmten Unterlagen zu bekommen. Die Verfahrensverzögerung kann auch Zeitgewinn bedeuten, z.B. um im Fall einer noch nicht erkannten Steuerhinterziehung noch eine rechtzeitige strafbefreiende Selbstanzeige zu erstatten oder Dritten die Möglichkeit hierzu zu verschaffen.

f) Rechtsfolgen unrechtmäßiger Durchsuchungen

56 Der (nachträgliche) Rechtsschutz und evtl. Erfolg im Beschwerdeverfahren gibt für sich selbst noch nichts her. Entscheidend ist, inwieweit die aus einer unrechtmäßigen Durchsuchung (Beschlagnahme) gewonnenen Erkenntnisse im nachfolgenden Verfahren von Staatsanwaltschaft und Gericht als Entscheidungsgrundlage herangezogen werden können. Der Verteidiger wird hier ein **Prozesshindernis** und/oder ein **Verwertungsverbot** geltend machen. Die Rechtsprechung verneint bisher (noch) durchgängig das Entstehen eines Prozesshindernisses auch durch schwere Rechtsverstöße bei Durchsuchungen.[88] Umstritten ist dagegen, inwieweit durch Rechtsverstöße bei Anordnung/Durchführung der Durchsuchung/Beschlagnahme ein Verwertungsverbot entsteht. Hierzu gibt es eine umfangreiche landgerichtliche Rechtsprechung.[89] Da der Rechtsweg bei Durchsuchung und

87 BGH wistra 2006, 306.

88 Vgl. BGH NStZ 1984, 419 (unrechtmäßige Beschlagnahme der Handakten des Verteidigers); BGHSt 33, 283 (Versuch von Polizeibeamten, eine Verurteilung »um jeden Preis« herbeizuführen).

89 Vgl. hierzu im Einzelnen MAH/Widmaier/*Schlothauer* § 3 Rn. 79 mit zahlreichen Rechtsprechungsnachweisen.

Beschlagnahme mit der Beschwerdeentscheidung beendet ist, fehlt es an einer obergerichtlichen Rechtsprechungspraxis, von Einzelfällen abgesehen.[90]

2. Sicherstellung nach §§ 111b ff. StPO (Sicherung der Vermögensabschöpfung nach §§ 73 ff. StGB)

Die materiell-rechtliche Regelung der Vermögensabschöpfung nach §§ 73 ff. StGB wurde durch das 57
Gesetz zur Reform der strafrechtlichen Vermögensabschöpfung vom 13.04.2017 (BGBl. I 872 ff.) neu gestaltet.[91] Art. 3 dieses Gesetzes passte die Verfahrensvorschriften der §§ 111b ff. StPO dieser Neuregelung an und schuf mit den §§ 421 ff. StPO die Neuregelung des Verfahrens bei Einziehung und Vermögensbeschlagnahme.

Beibehalten bleibt die Trennung zwischen Sicherung der Einziehung nach §§ 73, 74 StGB durch die Beschlagnahmevorschriften der §§ 111b ff. StPO und die Sicherung der Einziehung des Wertersatzes gem. § 73c StGB durch die Arrestvorschriften der §§ 111e ff. StPO. Hier wird durch die Neufassung mit dem sog. Vermögensarrest ein eigenständiges strafprozessuales Institut geschaffen, das durch die fehlende Verweisung auf die zivilprozessualen Arrestvorschriften, die in § 111d Abs. 2 StPO a.F. enthalten waren, zu einer wesentlich einfacheren Handhabung des Arrestverfahrens führen wird.[92] Die fehlende Verweisung auf § 917 ZPO hat zur Folge, dass es eines Arrestgrundes für die Anordnung des Vermögensarrestes nach § 111e Abs. 1 StPO nicht bedarf.[93] Da die Anordnung gemäß § 111e Abs. 1 S. 1 StPO freilich nur »zur Sicherung der Vollstreckung« erfolgen darf, ist (weiterhin) ein **Sicherungsbedürfnis** vorauszusetzen.[94] Der Sache nach bleibt es daher bei der Prüfung, ob die Besorgnis besteht, dass die künftige Vollstreckung ohne Arrestanordnung vereitelt oder wesentlich erschwert werden würde.[95] Eine entsprechende (Prognose-)Entscheidung darf nur auf **konkrete Anhaltspunkte** gestützt werden, welche sich insbesondere aus der Person des Beschuldigten ergeben können (Lebensumstände, Lebensführung, Verhalten vor und nach Ermittlungsbeginn, Art und Weise der Tatbegehung).[96] Die bisherige Streitfrage,[97] ob Vermögensarrest (bisher: dinglicher Arrest) und ein dinglicher Arrest nach § 324 AO nebeneinander bestehen und die Finanzverwaltung ein Wahlrecht zwischen beiden hat, klärt § 111e Abs. 6 StPO n.F., indem die Möglichkeit einer Anordnung nach § 324 AO einer Anordnung des Vermögensarrestes nicht entgegensteht.

Maßnahmen gem. §§ 111b ff. StPO, insbesondere der Vermögensarrest nach § 111e StPO (bisher: dinglicher Arrest nach § 111d StPO) gehören in Wirtschaftsstrafverfahren zum Alltag mit weit über das Strafverfahren hinausgehenden Folgen. Man muss sich nur überlegen, was die Sicherstellung, d.h. Blockierung, des gesamten Vermögens oder auch nur von Vermögensteilen während der Dauer eines Wirtschaftsstrafverfahrens oder auch nur zeitweise für den Beschuldigten und/oder ein Unternehmen bedeutet, um die Dimension dieser Zwangsmaßnahmen richtig einzuordnen.

Aus der Sicherstellung für spätere materielle Rechtsfolgen ergibt sich die Abgrenzung zu den §§ 94 ff. 58
StPO: dient jene nur der Sicherstellung von Beweismitteln zu Beweiszwecken, die spätestens bei Verfahrensbeendigung entfällt, bereiten die §§ 111b ff. StPO die endgültige Entreicherung des Beschuldigten vor und können über die Verfahrensbeendigung hinausreichen.

---

90 BGH NStZ 1985, 262; OLG Koblenz StV 2002, 533.

91 S.u. Rdn. 393.

92 Vgl. *Bittmann* NZWiSt 2016, 131, 134.

93 Vgl. OLG Stuttgart NJW 2017, 3731 (3732).

94 BGH, Beschl. v. 19.01.2021 – StB 46/20; OLG Hamburg NZWiSt 2019, 106 (109); KK/*Spillecke* § 111e Rn. 4; Meyer-Goßner/Schmitt/*Köhler* § 111e Rn. 5.

95 BGH, Beschl. v. 19.01.2021 – StB 46/20; OLG Hamburg NZWiSt 2019, 106 (109); *Bürger* NZWiSt 2020, 80 (82); KK/*Spillecke* § 111e Rn. 4.

96 Meyer-Goßner/Schmitt/*Köhler* § 111e Rn. 6 m.w.N.

97 Vgl. dazu Quedenfeld/Füllsack/*Bach* Rn. 774.

a) Voraussetzungen der Sicherstellung

59 Je nach Abschöpfungsmaßnahme existieren zwei verschiedene Sicherungsmaßnahmen:

Für die Einziehung, die sich auf Taterträge (§ 73 StGB) oder auf Tatprodukte, Tatmittel oder Tatobjekte (§ 74 StGB) bezieht, ist es die Beschlagnahme nach den §§ 111b ff. StPO und für die Einziehung des Wertes von Taterträgen (§ 73c StGB) ist es der Vermögensarrest nach § 111e StPO.

In beiden Vorschriften heißt es in S. 1 gleichermaßen

»Ist die Annahme begründet, dass die Voraussetzungen
- der Einziehung oder Unbrauchbarmachung eines Gegenstands vorliegen, so kann er zur Sicherung der Vollstreckung beschlagnahmt werden

bzw.
- der Einziehung von Wertersatz vorliegen, so kann zur Sicherung der Vollstreckung der Vermögensarrest in das bewegliche und unbewegliche Vermögen des Betroffenen

angeordnet werden. «

Gleichlautend heißt es in S. 2:
- »Liegen dringende Gründe für diese Annahme vor, so soll die Beschlagnahme/der Vermögensarrest angeordnet werden.«

Die Anordnung von Beschlagnahme oder Arrest ist weder nach S. 1 noch S. 2 zwingend vorgeschrieben.

Bereits bei einem einfachen Tatverdacht (S. 1) besteht ein freies Ermessen für die Anordnungen der jeweiligen Sicherungsmaßnahme.[98]

Dringende Gründe sind gegeben, wenn eine große Wahrscheinlichkeit dafür spricht, dass die Voraussetzungen der §§ 73 StGB vorliegen und am Ende des Verfahrens eine entsprechende Anordnung getroffen wird. Der Grad der Wahrscheinlichkeit orientiert sich an § 122 Abs. 1 S. 1 StPO.[99]

In beiden Fällen ist der Grundsatz der Verhältnismäßigkeit zu beachten.[100]

Das bedeutet, dass bereits bei einem einfachen Tatverdacht die jeweilige Sicherungsmaßnahme angeordnet werden kann. Liegen dringende Gründe, d.h. ein dringender Tatverdacht i.S.d. § 112 Abs. 1 S. 1 StPO vor, so muss die jeweilige Sicherungsmaßnahme angeordnet werden.

b) Durchführung der Sicherstellung

60 § 111c StPO regelt, wie **Beschlagnahme** von beweglichen Sachen, Grundstücken oder grundstücksgleichen Rechten, Forderungen und anderen Vermögensrechten, Schiffen, Schiffsbauwerken und Luftfahrzeugen erfolgt und die Wirkungen dieser Beschlagnahme. Wichtig ist die Verweisung auf die jeweiligen Vollstreckungsvorschriften der ZPO bzw. des ZVG; nur die Einhaltung dieser zivilprozessualen Vorschriften bewirkt eine wirksame strafprozessuale Beschlagnahme. § 111d Abs. 1 S. 2 StPO enthält ein Novum: Die Wirkung der Beschlagnahme wird von der Eröffnung des Insolvenzverfahrens über das Vermögen des Betroffenen nicht berührt.[101]

§ 111e StPO regelt die Anordnung des **dinglichen Arrests** zur Sicherung der Wertersatzeinziehung (§ 74c StGB). Darüber hinaus kann nach Erlass eines Urteils oder eines Strafbefehls zur Sicherung der Vollstreckung einer Geldstrafe oder der voraussichtlichen Verfahrenskosten ebenfalls ein Vermögensarrest angeordnet werden, § 111e Abs. 2 StPO. Eine Abwendungsbefugnis zur Abwendung der Arrestvollziehung durch Hinterlegung eines Geldbetrages enthält § 111e Abs. 4 StPO.

98 BGHSt 67, 107 (108) = NJW 2022, 2856 (2857) (zum Verdachtsgrad); Meyer-Goßner/Schmitt/*Köhler* § 111 b Rn. 11; § 111 e Rn. 12 (zum Ermessen).
99 LR-*Johann* § 111b Rn. 94 f.
100 LR-*Johann* § 111 b Rn. 95; Meyer-Goßner/Schmitt/*Köhler* § 111b Rn. 11.
101 Vgl. *Bittmann* NZWiSt 2016, 131 (134).

Insolvenzrechtliche Vorschriften sind in § 111i StPO enthalten. Während die Beschlagnahme eines Gegenstandes von der Eröffnung des Insolvenzverfahrens nach § 111d Abs. 1 S. 2 StPO nicht erfasst wird, erlischt das Sicherungsrecht auf Grund eines Vermögensarrests, sobald der Gegenstand oder der erzielte Erlös vom Insolvenzbeschlag erfasst ist. Sind mehrere Verletzte vorhanden und reicht der Wert des gesicherten Gegenstandes oder des erzielten Erlöses nicht aus, um die Ansprüche aller Verletzten zu befriedigen, so stellt die Staatsanwaltschaft einen Antrag auf Eröffnung des Insolvenzverfahrens über das Vermögen des Arrestschuldners. Die Staatsanwaltschaft kann von einem Antrag auf Eröffnung des Insolvenzverfahrens nur absehen, wenn begründete Zweifel daran bestehen, dass das Insolvenzverfahren auf Grund dieses Antrags eröffnet wird.

c) Anordnungskompetenz

Die Anordnungskompetenz regelt § 111j StPO. Sie liegt grundsätzlich beim Richter, bei Gefahr im Verzug auch beim Staatsanwalt und beschränkt auf bewegliche Sachen auch bei den Ermittlungsbeamten. 61

d) Vollstreckungskompetenz

Die Vollstreckungskompetenz regelt § 111k StPO. Sie liegt grundsätzlich beim Staatsanwalt. Die Beschlagnahme beweglicher Sachen kann auch durch deren Ermittlungsbeamte erfolgen. Pfändungen in bewegliche Sachen auf Grund eines Vermögensarrestes können darüber hinaus durch die in § 2 des Justizbeitreibungsgesetzes bezeichnete Behörde oder den Gerichtsvollzieher erfolgen. 62

e) Opferentschädigung

Die Entschädigung des Verletzten regelt nunmehr § 459h StPO. 63

Bei Einziehung nach §§ 73–73b StGB ist der eingezogene Gegenstand an den Verletzten oder seinen Rechtsnachfolger herauszugeben, § 459h Abs. 1 StPO.

Bei Einziehung des Wertersatzes wird der Erlös an den oder die Verletzten oder deren Rechtsnachfolger ausgekehrt. Reicht der Erlös nicht aus, stellt die Staatsanwaltschaft einen Antrag auf Eröffnung des Insolvenzverfahrens gem. § 111i Abs. 2 StPO und es erfolgt nach Durchführung des Insolvenzverfahrens eine quotenmäßige Ausschüttung.

f) Rechtsmittel

Anders als bei der Beschlagnahme nach § 98 StPO ist bei der Anordnung eines Vermögensarrestes nach §§ 111eStPO über die Beschwerde hinaus nach § 310 Abs. 1 Nr. 3 StPO die **weitere Beschwerde** möglich, wenn der Betrag höher als € 20.000,- ist. Das Rechtsmittel steht nicht nur dem vom Arrest Betroffenen, sondern – wie der im Zuge der Neuregelung der strafrechtlichen Vermögensabschöpfung geänderte Wortlaut nunmehr eindeutig festhält[102] – auch der Staatsanwaltschaft gegenüber eine Arrestanordnung aufhebenden oder eine Aufhebung bestätigenden Entscheidungen zu.[103] 64

3. Untersuchungshaft

Ein Haftbefehl setzt einen **dringenden Tatverdacht** und einen **Haftgrund** voraus.[104] 65

In Wirtschaftsstrafverfahren spielen die Haftgründe der Fluchtgefahr und der Verdunklungsgefahr die Hauptrolle. Sie verlangen immer die Darlegung **bestimmter Tatsachen** für die Annahme dieser Gefahr. Nirgendwo klafft aber wohl zwischen gesetzlichem Anspruch und gerichtlicher Praxis

---

102 BT-Drs. 18/9525, S. 86.

103 NJW 2022, 2856 (2857) (insoweit nicht abgedruckt in BGHSt 67, 107); Meyer-Goßner/*Schmitt* § 310 Rn. 9; zur alten Rechtslage OLG München NJW 2008, 389.

104 Vgl. im Einzelnen oben *Wankel/Schuster* Kap.6.

ein größerer Widerspruch als bei den Haftgründen der Fluchtgefahr und der Verdunklungsgefahr. Die Begründung der **Fluchtgefahr** »Dass der Beschuldigte im Fall seiner Verurteilung mit einer hohen Freiheitsstrafe zu rechnen hat und deshalb die Gefahr besteht, dass er sich durch Flucht dem Verfahren entzieht« bzw. der **Verdunklungsgefahr** mit »Es werden Delikte vorgeworfen, die schon ihrer Eigenart nach von vorn herein auf Verdunklung angelegt sind und in Ausführung und Planung Verdunklung geradezu voraussetzen« beinhalten gerade nicht die Darlegung bestimmter Tatsachen (unter Würdigung der Umstände des Einzelfalles). Nichtsdestoweniger sind solche und ähnliche »Begründungen« insbesondere und gerade in Wirtschaftsstrafsachen übliche Praxis. Darüber hinaus sind Äußerungen von Haftrichtern und/oder Staatsanwälten geläufig wie »bei solchen Hinterziehungssummen ist ein Haftbefehl fällig«, »da muss ein Riegel vorgeschoben werden«, »die Öffentlichkeit würde nicht verstehen, wenn sich der Beschuldigte weiter auf freiem Fuß befände«. Solche Äußerungen und die oben genannten Begründungen zeigen, dass der Entscheidung über den Haftbefehl die rechtliche Prüfung nicht vorausgeht, sondern dass die Begründung der zuvor getroffenen Entscheidung angepasst wird. Diese »apokryphen Haftgründe« sind oft die wahren, aber gleichwohl ungesetzlichen Haftgründe.[105]

66 Darüber hinaus wird gerade in Wirtschaftsstrafverfahren die Untersuchungshaft als Beugemittel zur Geständnisförderung benutzt.[106] Dieses Faktum ist jedem Verteidiger in Wirtschaftsstrafsachen geläufig und wird durch das nachfolgende Zitat belegt:[107]

> »Schließlich sollte in schweren Fällen von Wirtschaftskriminalität der dynamisierende Effekt der Anordnung von Untersuchungshaft nicht unterschätzt werden. Unter dem Eindruck der Untersuchungshaft entschließen sich vielfach die in der Regel haftungewohnten Wirtschaftsstraftäter zu Geständnissen und auch zu weitreichenden Aussagen über Mittäter bzw. die eigentlichen Drahtzieher. Als Haftgründe kommen vor allem bei Großverfahren Flucht- und/oder Verdunklungsgefahr in Betracht«.

67 Dagegen stehen andererseits durchaus Entscheidungen, die dem gesetzlichen Inhalt des § 112 StPO eher Rechnung tragen.[108] Betrachtet man diese Rechtsprechung genauer, scheinen regionale Unterschiede in der Untersuchungshaftpraxis zumindest auf der OLG-Ebene evident zu sein.

▶ **Beachte**

68 Bei der Einlegung von Rechtsmitteln[109] in Haftsachen, wo gerade in Wirtschaftsstrafverfahren zu Beginn des Verfahrens der Sachverhalt noch weitgehend ungeklärt ist, hat der Verteidiger Folgendes zu beachten:

Jede richterliche Entscheidung, die den Haftbefehl bestätigt, gibt dem Haftbefehl zusätzlich **Bestandskraft**. Je höher die Instanz, die die Aufrechterhaltung ausspricht, desto mehr wird der Haftbefehl »zementiert«, insbesondere wird der dringende Tatverdacht fortgeschrieben.[110] Die Haftbeschwerde ist nach unserer Erfahrung ohnehin das am wenigsten geeignete Rechtsmittel zur Aufhebung oder Außervollzugsetzung des Haftbefehls, die Neigung der Strafkammern, den Haftrichter zu bestätigen, ist unverkennbar. Die Absegnung durch das Landgericht ist dann im weiteren Verlauf des Verfahrens oft ein Argument der Ermittlungsbehörden über die Haftfrage hinaus. Die weitere Beschwerde zum Oberlandesgericht erscheint nun nicht nur als ein weiteres Instrument der Verteidigung, sondern auch als wirksameres, wenn nun aber nach zwei Negativentscheidungen auch bei dem Oberlandesgericht der Erfolg ausbleibt, ist

105 S. dazu *Schlothauer/Weider/Nobis* Untersuchungshaft Rn. 680 ff.; *Münchhalffen/Gatzweiler* Rn. 139.
106 Vgl. *Schlothauer/Weider/Nobis* Untersuchungshaft Rn. 684 ff.; *Münchhalffen* StraFo 1999, 332 ff.
107 *Huber* NStZ 1996, 530 ff.
108 Vgl. OLG Köln StV 1986, 539; StraFo 1998, 279 m. Anm. *Hiebl*; OLG Bremen StV 1995, 85; KG StV 1998, 207; OLG Hamm wistra 2000, 239; OLG Frankfurt StV 2000, 151; Saarl. OLG StV 2002, 489; OLG Köln StV 2003, 510.
109 Zu den Rechtsmitteln vgl. *Schlothauer/Weider/Nobis* Untersuchungshaft Rn. 746 ff.; *Münchhalffen/Gatzweiler* 300 ff.
110 Vgl. *Schlothauer/Weider/Nobis* Untersuchungshaft Rn. 746 ff.

es im weiteren Verfahren nahezu aussichtslos, eine Freilassung des Mandanten zu erwirken. Dies belegt der folgende **Beispielsfall** aus der Praxis:

Gegen den Beschuldigten wurde wegen Kapitalanlagebetrugs ein Haftbefehl in Vollzug gesetzt. Als Haftgrund wurde Fluchtgefahr genannt. Die mündliche Haftprüfung blieb erfolglos. Das Landgericht verwarf die hiergegen gerichtete Beschwerde und fügte als weiteren Haftgrund noch Verdunklungsgefahr hinzu. Die weitere Beschwerde zum Oberlandesgericht blieb nicht nur erfolglos, sondern das Oberlandesgericht wies darauf hin, dass der dringende Tatverdacht nicht nur wegen Betruges, sondern darüber hinaus wegen Betruges im besonders schweren Fall bestehe. Nach einem Verteidigerwechsel blieben alle Versuche des neuen Verteidigers, mit der Staatsanwaltschaft Einvernehmen über eine Außervollzugsetzung des Haftbefehls zu erreichen, erfolglos mit dem stereotypen Hinweis auf die bestehenden drei richterlichen Entscheidungen. Der Hinweis des Oberlandesgerichts zum besonders schweren Fall des Betruges waren dann in der Hauptverhandlung die größte Hürde, nur eine Verurteilung wegen Betrugs gem. § 263 Abs. 1 StGB zu erreichen.

▶ **Beachte**

Als das geeignetste Mittel, eine **Außervollzugsetzung** des Haftbefehls zu erreichen, erscheint 69
die mündliche Haftprüfung, die gegebenenfalls schriftsätzlich, insbesondere aber im Gespräch mit dem zuständigen Staatsanwalt und dem Haftrichter vorbereitet werden sollte. Die mündliche Haftprüfung gibt die Möglichkeit, dem Haftrichter und auch dem Staatsanwalt einen Eindruck von der Person des Beschuldigten zu vermitteln, die persönlichen und wirtschaftlichen Verhältnisse detailliert darzulegen und noch offene Fragen des Richters zu beantworten.[111] Dabei ist nicht zu verkennen, dass insbesondere in der Zeit unmittelbar nach dem Haftbefehl die Neigung des Richters zu einer Außervollzugsetzung gegen den Willen des Staatsanwalts denkbar gering ist. Der Weg zum Erfolg, d.h. einer schnellen Außervollzugsetzung, führt daher immer über den Staatsanwalt. Der Verteidiger sollte daher vor der mündlichen Haftprüfung das Gespräch mit dem Staatsanwalt suchen und dessen Vorstellungen in Erfahrung bringen. Ein solches Gespräch kann oft von beiden Seiten offener geführt werden als die Erörterung in einer formellen Verhandlung, oft ist es hier einfacher, bestehende Vorstellungen, z.B. über die Höhe einer Kaution zu korrigieren und einen Konsens herbeizuführen. Abgesprochen werden kann z.B. auch die Fixierung eines Termins, zu dem die Außervollzugsetzung erfolgt, insbesondere im Fall eines Haftbefehls wegen Verdunklungsgefahr, die mit fortschreitenden Ermittlungen abnimmt. Auch die Frage eines **(Teil-) Geständnisses** kann erörtert werden, hierbei ist für den Verteidiger aber höchste Vorsicht geboten. Ein Geständnis ist kein Tauschobjekt für die Erlangung der Freiheit, das sich später zurückkaufen lässt. Ein Geständnis kann auch nur dort erfolgen, wo es etwas zu gestehen gibt. Dies lässt sich gerade in diesem Verfahrensstand oftmals überhaupt nicht überblicken. Der Beschuldigte ist unter dem Eindruck der Untersuchungshaft seinerseits allzu schnell bereit, Sachverhalte einzuräumen, die nicht richtig sind. Das **falsche Geständnis** in dieser Situation ist sicher kein Einzelfall. Es hat aber verfahrensentscheidende Wirkung und lässt sich durch einen späteren Widerruf nicht ungeschehen machen, von den Problemen eines solchen Widerrufs ganz abgesehen. Gelingt die Einigung mit dem Staatsanwalt, sollte die Erfüllung der vereinbarten Auflagen sofort vorbereitet werden, d.h. z.B. Ausweispapiere zur mündlichen Haftprüfung bereitgestellt und insbesondere für die Sicherheitsleistung gesorgt werden.

Eine Sicherheitsleistung kann in **bar** oder in Form einer **Bankbürgschaft** erfolgen. Denkbar, wenn auch wenig praktiziert, sind auch die Hinterlegung von Wertgegenständen oder die Bestellung von Grundpfandrechten. Der Verteidiger muss bei der Hinterlegung der Sicherheit daran denken, dass

111 Vgl. *Schlothauer/Weider/Nobis* Untersuchungshaft Rn. 757, 795.

Eigentum des Beschuldigten (Bargeld, Wertpapiere, Wertgegenstände) ebenso dem Zugriff seiner Gläubiger unterliegen wie seine Rückforderungsansprüche gegen die eine Bürgschaft gewährende Bank. Grundsätzlich sollten daher Dritte als Sicherungsgeber auftreten.

70 In Wirtschaftsstrafverfahren kehrt auch immer wieder die folgende Situation wieder: Der Beschuldigte befindet sich auf einer Auslandsreise, als plötzlich eine Durchsuchung stattfindet und hierbei ein Haftbefehl präsentiert wird oder es wird versucht einen Haftbefehl zu vollstrecken.

Der Beschuldigte will und muss, schon aus geschäftlichen Gründen, so schnell wie möglich zurückkehren. Er will aber andererseits nicht festgenommen werden mit der Ungewissheit der Dauer dieser Festnahme. Auch dieses Problem ist im Einvernehmen mit der Staatsanwaltschaft zu lösen, Bereitschaft hierzu natürlich vorausgesetzt. Man kann vereinbaren, dass der Beschuldigte sich zu einem bestimmten Termin mit seinem Verteidiger beim Haftrichter einfindet und dass in diesem Termin unter den zuvor ausgehandelten Bedingungen eine Außervollzugsetzung des Haftbefehls erfolgt.

71 Einer besonderen Erwähnung bedarf in Wirtschaftsstrafverfahren auch noch die **Betreuung des Inhaftierten.**[112] Der Wirtschaftsstraftäter ist in der Regel Ersttäter und insbesondere auch erstmals in Haft. Er ist daher auf die Gefahren von Äußerungen im kontrollierten Briefverkehr hinzuweisen und insbesondere auch auf die Gefahren der Erörterungen seines Falles mit Mitgefangenen. Gleiches gilt für die Gespräche während der überwachten Besuche.

Gerade in Wirtschaftsstrafsachen kann sich auch die Notwendigkeit erweiterter Besuchserlaubnisse zur Erörterung geschäftlicher Dinge mit Angehörigen, Mitarbeitern oder Geschäftspartnern ergeben. Hierzu bedarf es eines detailliert begründeten Antrags an den zuständigen Haftrichter, der in aller Regel bei einer hinreichenden Darlegung der Gründe erfolgreich sein wird. Schließlich gibt es auch noch die Möglichkeit einer überwachten Ausführung in den Betrieb oder zu Verhandlungen mit Geschäftspartnern.

4. Grenzen der Ermittlungstätigkeit

a) Auskunftsverweigerungsrecht, § 55 StPO

72 Gerade in Wirtschaftsstrafverfahren trifft man als typische Konstellation an, dass entweder die konkreten Beschuldigten noch gar nicht bekannt sind oder dass unklar ist, wie weit der Kreis der Beschuldigten zu ziehen ist (Teilnahmeproblematik) oder dass sich im Laufe des Verfahrens der Kreis der Beschuldigten erweitern kann. Folgende **Beispiele** machen diese Problematik deutlich: die »rechte Hand« des Geschäftsführers, die Chefsekretärin, der Buchhalter. Formal schlägt sich diese Unsicherheit und Ungewissheit nieder in der Zeugenladung oder im Durchsuchungsbeschluss mit der Formulierung »In dem Ermittlungsverfahren gegen die Verantwortlichen der Firma XY GmbH«. Verantwortlich kann auch der geladene Zeuge sein, d.h. er ist in Wirklichkeit Beschuldigter und hätte daher das Recht zu schweigen, umgekehrt würde er sich mit einer wahrheitsgemäßen Zeugenaussage selbst belasten. In dieser Konstellation hat § 55 StPO eine oft übersehene Bedeutung. § 55 StPO beinhaltet zunächst aber kein allumfassendes Aussage- oder Zeugnisverweigerungsrecht des Zeugen, sondern die Vorschrift gibt dem Zeugen nur das Recht, auf **einzelne Fragen** die Auskunft zu verweigern, deren Beantwortung ihn oder seine Angehörigen i.S.d. § 52 Abs. 1 StPO der Gefahr strafrechtlicher oder ordnungswidrigkeitenrechtlicher Verfolgung aussetzen würde.[113] Dieses Auskunftsverweigerungsrecht zu bestimmten Fragen kann sich aber so erweitern, dass es einem Recht auf totale Zeugnisverweigerung gleichkommt.[114] Dies wird immer wieder, auch auf Verteidigerseite, verkannt.

---

112 Vgl. dazu *Dahs* Handbuch des Strafverteidigers, 8. Aufl. 2015, Rn. 337; *Schlothauer/Weider/Nobis* Untersuchungshaft Rn. 46 ff.; *Quedenfeld/Füllsack* Rn. 1012 ff.

113 Grundsätzlich dazu *Dahs* NStZ 1999, 386 ff.

114 BGH StV 1986, 282; NStZ 1999, 410; LR/*Ignor/Bertheau* § 55 Rn. 6; *Malek* Hauptverhandlung Rn. 551.

▶ Beispiel

Gegen den Geschäftsführer einer GmbH läuft ein Ermittlungsverfahren. Sein engster Mitarbeiter, der über den dem Ermittlungsverfahren zu Grunde liegenden Sachverhalt informiert ist und hierbei tätig war, soll vernommen werden. Hier bringt bereits die Antwort auf die Frage nach Tätigkeit und Funktion des Zeugen diesen in Gefahr, wegen möglicher Beihilfe strafrechtlich verfolgt zu werden, sodass das Auskunftsverweigerungsrecht des § 55 StPO bereits bei der allgemeinen Frage nach seiner Position in der Firma besteht.

Dieses umfassende Auskunftsverweigerungsrecht wird von Ermittlungsbehörden und Gerichten ungern anerkannt; es muss aber mit aller Konsequenz geltend gemacht werden, unter Umständen auch durch die Inkaufnahme eines Ordnungsgeldbeschlusses mit anschließendem Beschwerdeverfahren (zur Ordnungsgeldfestsetzung durch die Staatsanwaltschaft vgl. § 161a Abs. 2 StPO, Ordnungsgeldfestsetzung durch das Gericht vgl. § 70 StPO; Rechtsmittelverfahren § 161a Abs. 3 StPO bei Festsetzung des Ordnungsgelds durch den Staatsanwalt, § 304 StPO bei Ordnungsgeldfestsetzung durch das Gericht).

§ 55 StPO gilt auch bei konkreter Gefahr **ausländischer Strafverfolgung in Bezug auf eine frühere Tat.**[115] Davon zu unterscheiden ist das Vorliegen **ausländischer Geheimhaltungspflichten**, die erst **durch die Aussage verletzt** werden (z.B. Geschäftsgeheimnisse der Schweiz); insoweit ist das Bestehen eines Auskunftsverweigerungsrechts gem. § 55 StPO im deutschen Strafverfahren umstritten.[116] 73

Das Bestehen eines Auskunftsverweigerungsrechts ist gegebenenfalls glaubhaft zu machen, wobei die Glaubhaftmachung dort ihre Grenzen findet, wo der Zeuge damit bereits wieder Gefahr läuft, durch seine Angaben sich der Gefahr strafrechtlicher Verfolgung auszusetzen.[117] 74

Und schließlich ist über das Auskunftsverweigerungsrecht erst dann eine Belehrung erforderlich, wenn der Vernehmende Anhaltspunkte dafür erkennt, dass sich der Zeuge evtl. in die Gefahr einer strafrechtlichen Verfolgung begibt.

Damit wird deutlich, wie komplex und kompliziert § 55 StPO im Grunde genommen ist und dass der nicht anwaltlich beratene Zeuge mit dem Erkennen und der Geltendmachung seines Rechts überfordert ist. Es ist daher zumindest in dem Bereich der tat- und täternahen Zeugen immer erforderlich, diesen Zeugen mit einem **Zeugenbeistand** den notwendigen Rechtsschutz zu geben. Der ursprünglich vom Gesetz nicht vorgesehene und von der Praxis der Instanzgerichte weitgehend verweigerte, erst durch das BVerfG[118] und jetzt in § 68b StPO anerkannte Zeugenbeistand kann in allen Verfahrensstadien tätig sein, sein Recht beschränkt sich jedoch ausschließlich auf die Anwesenheit und die Beratung seines Mandanten, selbstständige Frage- und/oder Antragsrechte hat er ebenso wenig wie ein Recht auf Akteneinsicht oder einen Anspruch auf Terminsverlegung.[119] 75

Das Auskunftsverweigerungsrecht des § 55 StPO entfällt dann, wenn der Zeuge in dieser Sache rechtskräftig verurteilt ist oder ein Verfahrenshindernis, z.B. Verjährung, besteht, da hier die Gefahr strafrechtlicher Verfolgung nicht mehr existent ist. Auch dies verschafft den Ermittlungsbehörden die Möglichkeit zur Erschließung weiterer Erkenntnisquellen, indem gegenüber Beschuldigten gem. § 153a StPO verfahren wird und damit aus den Beschuldigten Zeugen ohne Auskunftsverweigerungsrecht werden. Dagegen bleibt das Auskunftsverweigerungsrecht bestehen bei rechtskräftiger Ablehnung der Eröffnung des Hauptverfahrens, bei einem rechtskräftigen Freispruch oder auch bei 76

---

115 Meyer-Goßner/*Schmitt*, § 55 Rn. 7b.

116 Das Auskunftsverweigerungsrecht verneinen: LG Stuttgart NStZ 1992, 454; *Meyer-Goßner/Schmitt* § 55 Rn. 4; bejahend: LG Freiburg NJW 1986, 3036; LR/*Ignor/Bertheau* § 55 Rn. 13; *Odenthal* NStZ 1993, 52.

117 BGH StV 1986, 282; LR/*Ignor/Bertheau* § 55 Rn. 20.

118 BVerfG NJW 1975, 103.

119 KK/*Griesbaum* § 161a Rn. 3; vgl. im Einzelnen *Rode* unten Kap. 30.

einer Einstellung des Verfahrens gem. § 170 Abs. 2 StPO. Bei Ablehnung der Eröffnung des Hauptverfahrens oder bei einer Einstellung nach § 170 Abs. 2 StPO kann die wahrheitsgemäße Aussage neue Erkenntnisse liefern, die eine Aufnahme neuer Ermittlungen rechtfertigen. Im Fall des Freispruchs könnte die wahrheitsgemäße Aussage ein Geständnis beinhalten und damit ein Wiederaufnahmegrund i.S.d. StPO sein.

b) Zeugnisverweigerungsrechte, §§ 52 ff. StPO

77 Eine weitere Barriere bieten die Zeugnisverweigerungsrechte der §§ 52 ff. StPO, in Wirtschaftsstrafverfahren insbesondere die berufsbedingten Zeugnisverweigerungsrechte der §§ 53, 53a StPO, die von den absoluten und relativen Beweiserhebungs- und Beweisverwertungsverboten des § 160a Abs. 1 bzw. Abs. 2 StPO flankiert werden.[120]

aa) Syndikusanwälte

78 Eine Sonderproblematik stellt die Schweigepflicht und damit das Zeugnisverweigerungsrecht des **Syndikusanwalts** dar, der einerseits Berufsgeheimnisträger und andererseits Mitarbeiter eines Unternehmens ist.

§ 53 Abs. 1 Nr. 3 StPO wurde durch das Gesetz zur Neuordnung des Rechts der Syndikusanwälte und zur Änderung der FGO vom 21.12.2015 (BGBl. I 2517 ff.) um den Zusatz ergänzt, dass das normierte berufsbedingte Zeugnisverweigerungsrecht für Syndikusanwälte i.S.d. § 46 Abs. 2 BRAO und Syndikuspatentanwälte i.S.d. § 41a Abs. 2 PAO nicht für das gilt, was ihnen in dieser Funktion als Syndikus anvertraut oder bekannt geworden ist. Das Gesetz übernimmt damit die bis dahin herrschende Meinung.[121] Das Zeugnisverweigerungsrecht besteht nach § 53 Abs. 1 Nr. 3 StPO aber dann, wenn der Syndikus bei einer nach § 53 Abs. 1 Nr. 1–4 StPO zeugnisverweigerungsberechtigten Person tätig ist.
Bei einer originär anwaltlichen Tätigkeit für Dritte gilt das Zeugnisverweigerungsrecht für den Syndikus unmittelbar.

bb) Entbindung von der Schweigepflicht

79 Das Zeugnisverweigerungsrecht des § 53 StPO (und damit auch das Zeugnisverweigerungsrecht der Berufshelfer nach § 53a StPO) entfällt dann, wenn der Geheimnisträger von der Schweigepflicht entbunden wird. Eine Entbindung kann auch partiell erfolgen. Zu prüfen ist immer, wer die Entbindungserklärung abgeben muss: bei einer juristischen Person müssen alle Organmitglieder die Entbindungserklärung abgeben. Soweit eine faktische Organstellung (z.B. faktischer Geschäftsführer bei einer GmbH) vorliegt, muss auch der faktische Geschäftsführer neben dem/den rechtlichen Geschäftsführern zustimmen[122]. Kommt es zu einem Wechsel bei dem vertretungsberechtigten Organ, sei es durch Austausch der Mitglieder oder durch eine Insolvenz mit Bestellung eines Insolvenzverwalters, stellt sich die Frage, ob nur der/die neue(n) gesetzliche(n) Vertreter oder auch die alten Organmitglieder eine Entbindungserklärung abgeben müssen. Die Frage wird in Rechtsprechung und Literatur völlig unterschiedlich beantwortet[123]. Es scheint sich in der Rechtsprechung aber die Meinung durchzusetzen, dass nur der gegenwärtige Vertreter der juristischen Person bzw. der Insolvenzverwalter die Entbindungserklärung abzugeben braucht[124].

120 Vgl. dazu aus staatsanwaltlicher Sicht *Siegrist* wistra 2010, 427 ff.
121 Meyer-Goßner/*Schmitt* § 53 Rn. 15a unter Verweis auf die 58. Aufl. Rn. 15.
122 *Meyer-Goßner/Schmitt* § 53 Rn. 46a m.w.N.: LR/*Ignor/Bertheau* § 53 Rn. 78.
123 Vgl. die ausführlichen Nachweise bei LR/*Ignor/Bertheau* § 53 Rn. 78.
124 Vgl. OLG Oldenburg, Beschl. v. 28.05.2004 – 1 Ws 242/04, NStZ 2004, 570; OLG Nürnberg, Beschl. v. 18.06.2009 – 1 Ws 289/09, DStR 2010, 464; LG Bonn, Beschl. v. 13.02.2012 – 2 Qs 410 Js 511/10, DStR 2013, 63; OLG Hamm, Beschl. v. 27.02.2018 – 4 Ws 9/18, NZI 2018, 499.

Anderes gilt bei sog. Doppelmandaten. Das sind die Fälle, in denen der Zeugnisverweigerungsberechtigte sowohl für die juristische Person als auch für das Organ in Person mandatiert wurde. Diese Konstellation findet sich häufig, wenn nicht sogar regelmäßig, bei geschäftsführenden (Allein-)Gesellschaftern. Hier wird eine Trennung der Beratertätigkeit in verschiedene Mandate schon vom Sachverhalt her schwierig: z.B. berühren Gewinnverteilungsbeschlüsse oder Entlastungen immer beide Seiten gleichzeitig, eine rechtliche Beratung kann auf Informationen von beiden Seiten beruhen. In diesen Fällen des Doppelmandats muss daher eine Entbindung sowohl durch das jetzige Organ als Vertreter bzw. den Insolvenzverwalter als auch durch den früheren Vertreter der juristischen Person persönlich erfolgen.[125]

Der Stellenwert des Zeugnisverweigerungsrechts ergibt sich aus seinem strafrechtlichen Schutz in § 203 Abs. 1 Nr. 3 StGB.

c) Beschlagnahmeprivileg, § 97 StPO

In enger Verbindung zu dem berufsbedingten Zeugnisverweigerungsrecht des § 53 StPO steht 80
das Beschlagnahmeprivileg des § 97 StPO. Danach sind schriftliche Mitteilungen zwischen dem Beschuldigten und zeugnisverweigerungsberechtigten Personen, Aufzeichnungen, die sich die zeugnisverweigerungsberechtigten Personen über Mitteilungen oder andere Umstände des Beschuldigten gemacht haben und Gegenstände, auf die sich das Zeugnisverweigerungsrecht erstreckt, beschlagnahmefrei, sofern sich die Mitteilungen, Aufzeichnungen und Gegenstände im Gewahrsam des Zeugnisverweigerungsberechtigten befinden. Eine Ausweitung erfährt dieser Grundsatz für schriftliche Mitteilungen des Verteidigers an den Beschuldigten bzw. des Beschuldigten an den Verteidiger als Ausfluss des in § 148 StPO normierten freien Verkehrs zwischen Verteidiger und Beschuldigten; danach sind diese Mitteilungen auch dann beschlagnahmefrei, wenn sie sich bei dem Beschuldigten selbst oder auf dem Weg zwischen ihm und dem Verteidiger befinden.[126] Das Beschlagnahmeprivileg beim Syndikus reicht nur soweit wie sein Zeugnisverweigerungsrecht nach § 53 StPO reicht.[127] Den schriftlichen Mitteilungen sind Mitteilungen auf Tonträgern oder Medien der elektronischen Datenverarbeitung gleichzustellen.[128] Darüber hinaus sind auch beschlagnahmefrei alle Aufzeichnungen, die sich der Beschuldigte zu Verteidigungszwecken gemacht hat, auch wenn sie sich in seinem Gewahrsam befinden.[129]

Eine Einschränkung erfährt § 97 Abs. 1 StPO in § 97 Abs. 2 S. 2 StPO dann, wenn der Zeugnis- 81
verweigerungsberechtigte selbst der Beteiligung, einer Begünstigung, Strafvereitelung oder (Daten-)Hehlerei verdächtigt ist oder es sich um Gegenstände aus einer Straftat oder zur Begehung einer Straftat handelt. Der Beteiligungsverdacht muss hierbei durch Tatsachen erhärtet sein, insbesondere beim Verteidiger müssen »gewichtige Anhaltspunkte« vorliegen.[130] Dies bedeutet, dass die Sperre des § 97 Abs. 1 StPO mit einer Ausweitung des Ermittlungsverfahrens auf den zeugnisverweigerungsberechtigten Berater unterlaufen werden kann, was im Steuerstrafverfahren gegenüber dem Steuerberater mit dem Vorwurf der Beihilfe zur Steuerhinterziehung oder im Insolvenzverfahren gegenüber Steuerberater und/oder Rechtsanwalt durch den Vorwurf der Beihilfe zur Insolvenzverschleppung zunehmend geschieht.

---

125 So zutreffend Meyer-Goßner/*Schmitt* § 53 Rn. 46c; *Tully/Kirch-Heim* NStZ 2012, 657, 663; a.A. KK/*Greven* § 97 Rn. 6.

126 BGH NJW 1973, 2035; LR/*Menges* § 97 Rn. 107; KK/*Greven* § 97 Rn. 24; Meyer-Goßner/Schmitt/*Köhler* § 97 Rn. 37 m.w.N.; Satzger/Schluckebier/Widmaier/*Eschelbach* § 97 Rn. 21.

127 Vgl. Meyer-Goßner/*Schmitt* § 53 Rn. 15a.

128 LR/*Menges* § 97 Rn. 72.

129 BVerfG NStZ 2002, 377; BGH StV 1988, 468; NJW 1998, 1963; LG München StraFo 2001, 67.

130 BGH NJW 1982, 2503; KK/*Greven* § 97 Rn. 39; Meyer-Goßner/Schmitt/*Köhler* § 97 Rn. 38.

82 Die Beschlagnahmefreiheit des § 97 Abs. 1 StPO endet auch dann, wenn das Zeugnisverweigerungsrecht nicht mehr besteht, d.h. insbesondere dann, wenn eine Entbindung von der Schweigepflicht erfolgt ist.

83 Die scheinbar klare Regelung des § 97 Abs. 1 StPO ist bezüglich des Umfangs der beschlagnahmefreien Gegenstände höchst umstritten. Dies gilt insbesondere in Wirtschaftsstrafverfahren, wo die unterschiedlichsten Auffassungen darüber bestehen, welche Unterlagen beim Steuerberater, Wirtschaftsprüfer oder Rechtsanwalt (insbesondere auch im Zusammenhang mit internal investigations, s.o. Rdn. 10) beschlagnahmt werden dürfen oder nicht.[131] Die Rechtsprechungsvielfalt ergibt sich daraus, dass es gegen Beschwerdeentscheidungen des jeweiligen Landgerichts keine weitere Beschwerde gibt, sodass jedes Landgericht hierzu seine eigene Rechtsprechung entwickeln kann.

d) Steuergeheimnis, § 30 AO

84 In einem Wirtschaftsstrafverfahren ohne steuerstrafrechtlichen Bezug gilt gegenüber den nicht steuerlichen Ermittlungsbehörden das Steuergeheimnis des § 30 Abs. 1 AO.[132] Durchbrechungen sind jedoch in den Fällen des § 30 Abs. 4 AO zulässig, die in ihrer Weite und insbesondere in ihrer Unbestimmtheit von § 30 Abs. 4 Nr. 5 das Steuergeheimnis weitgehend aushöhlen.[133] Eine besonders bedeutsame Durchbrechung erfährt das Steuergeheimnis durch die Regelung des § 4 Abs. 5 Nr. 10 EStG: bei Korruptionsverdacht muss die Finanzbehörde die den Verdacht begründenden Tatsachen der Staatsanwaltschaft mitteilen. Die gerichtliche Praxis tut ihr Übriges, die Hürde des § 30 Abs. 1 AO möglichst niedrig zu halten. Der praktisch bedeutsamste Fall des Steuergeheimnisses im Wirtschaftsstrafverfahren besteht darin, dass es den Gerichten verwehrt ist, zur Bestimmung der Rechtsfolgenseite (Geldstrafe/Geldauflage) die Steuerakten beizuziehen.
Auch das Steuergeheimnis genießt strafrechtlichen Schutz durch § 355 StGB.

e) Sozialgeheimnis, § 35 Abs. 1 SGB I

85 Das dem Steuergeheimnis nachgebildete Sozialgeheimnis des § 35 SGB I[134] ist weitgehend unbekannt und wird daher nicht beachtet und infolgedessen ständig verletzt. Es entfällt ebenfalls bei Vorliegen der Einwilligung oder bei Vorliegen gesetzlicher Offenbarungspflichten. Auch hier besteht eine offenkundige Tendenz, das Sozialgeheimnis auszuhöhlen.[135]

f) Das Verwertungsverbot des § 97 Abs. 1 S. 3 InsO

86 Mit dem sog. »Gemeinschuldnerbeschluss« hat das BVerfG[136] die Durchsetzung der Auskunfts- und Vorlagepflichten der damaligen Konkursordnung durch die vorgegebenen staatlichen Zwangsmittel der Konkursordnung mit Art. 2 Abs. 1 GG in Einklang stehend erkannt, weil und soweit mit dieser Auskunftspflicht ein »strafrechtliches Verwertungsverbot« korrespondiert. Der BGH hat diesen Grundsatz auf die Angaben des Schuldners im Zwangsvollstreckungsverfahren gem. § 807 ZPO ausgedehnt.[137] Dieses von der Rechtsprechung anerkannte Verwertungsverbot hat nunmehr der Gesetzgeber in § 97 Abs. 1 S. 3 InsO normiert. Damit bleibt es den Strafverfolgungsbehörden verwehrt, aus der Auskunft des Gemeinschuldners (und zwar sowohl im Einleitungsverfahren gem. § 20 InsO als auch im Insolvenzverfahren selbst gem. § 97 Abs. 1 InsO) einen Anfangsverdacht zu

131 Vgl. dazu *Ciolek-Krepold* Rn. 296 ff. m.w.N.; *Quedenfeld/Füllsack* Rn. 923 m.w.N.; *Wabnitz/Janovsky/Schmitt/Nickolai* Kap. 26 Rn. 1–50.
132 Vgl. dazu *Quedenfeld/Füllsack* Rn. 95 ff.
133 Vgl. zu den Durchbrechungen *Quedenfeld/Füllsack* Rn. 100 ff.
134 Vgl. dazu Meyer-Goßner/Schmitt/*Köhler* § 161 Rn. 6; LR/*Erb* § 161 Rn. 32 ff.; HK-GS/*Pfliieger/Ambos* § 161 Rn. 6; *Zeibig* NStZ 1999, 339 ff.; *Kunkel* StV 2000, 531.
135 Vgl. LG Stuttgart wistra 1991, 356; 1993, 314.
136 BVerfG, Beschl. v. 13.01.1981 – 1 BvR 116/77, NJW 1981, 1431 ff.
137 BGH, Urt. v. 19.03.1991 – 5 StR 516/90 = BGHSt 37, 340 ff.

schöpfen oder auf Grundlage dieser Angaben Beweismittel zu erheben. Verwertbar bleiben allerdings die Geschäftsunterlagen des Gemeinschuldners, zu deren Führung und Vorlage er gesetzlich verpflichtet ist.[138]

g) Das Märchen vom Bankgeheimnis

Die tägliche Praxis zeigt immer noch, dass sich Mandanten, ihre Berater und/oder auch ihre Partner aufseiten der Banken durch ein Bankgeheimnis gegenüber den steuerlichen Ermittlungsbehörden geschützt glauben. Dies ist ein Irrglaube: Es gibt wohl eine zivilrechtliche Verpflichtung der Kreditinstitute gegenüber ihren Kunden, keine Auskunft über Kunden und deren Konten sowie über sonst durch die Geschäftsbeziehung bekannt gewordene Vorgänge an Dritte zu erteilen, es gibt aber kein strafprozessuales Bankgeheimnis, auf das sich Kreditinstitute und ihre Mitarbeiter gegenüber den Ermittlungsbehörden berufen können.[139] 87

5. Akteneinsicht

a) Akteneinsicht des Verteidigers

Das Akteneinsichtsrecht ist eines der stärksten und wichtigsten Rechte der Verteidigung schlechthin.[140] 88

In den oft monate- oder jahrelangen Ermittlungsverfahren wird dem Verteidiger aber regelmäßig als Versagungsgrund § 147 Abs. 2 StPO entgegengehalten.[141] Besondere Aufmerksamkeit hat der Verteidiger hier § 147 Abs. 3 StPO zu widmen, der ein Akteneinsichtsrecht in jeder Lage des Verfahrens gewährt in Protokolle von Beschuldigtenvernehmungen, von richterlichen Untersuchungshandlungen in Anwesenheit des Verteidigers und in Sachverständigengutachten; häufig werden während des laufenden Ermittlungsverfahrens ein oder mehrere Gutachten durch einen Wirtschaftsreferenten der Staatsanwaltschaft (s. unten) erstellt. Dieses Gutachten liegt oftmals lange vor dem Abschluss der Ermittlungen und der uneingeschränkten Akteneinsicht vor und ist dem Verteidiger sofort nach Erstellung im Rahmen der uneingeschränkten Akteneinsicht nach § 147 Abs. 3 StPO zur Kenntnis zu geben. 89

Gegen die Versagung der Akteneinsicht ist in folgenden Fällen die Möglichkeit einer richterlichen Überprüfung nach § 147 Abs. 5 StPO gegeben:[142] 90

(1) Verweigerung der Akteneinsicht nach Vermerk des Abschlusses der Ermittlungen in den Akten (§ 169a StPO), d.h. zum einen nach Einstellung des Verfahrens, aber auch zwischen Abschluss der Ermittlungen und Abschlussverfügung
(2) Verweigerung der Akteneinsicht in privilegierte Aktenteile gem. § 147 Abs. 3 StPO
(3) Verweigerung der Akteneinsicht bei nicht auf freiem Fuß befindlichen Beschuldigten durch fehlerhafte Ermessensausübung.

Das Akteneinsichtsrecht umfasst sämtliche vorhandene und tatsächlich beigezogene Akten, die vom Beginn des Ermittlungsverfahrens an entstanden sind, einschließlich der Ton- und Bildaufnahmen. Es gilt der Grundsatz der Aktenvollständigkeit.[143] Dazu gehören sämtliche Beiakten wie z.B. die Akten anderer Behörden (Akten anderer Gerichtsverfahren, Arbeitsamtakten, Sozialversicherungsträgerakten etc.).[144] Der Verteidiger hat gem. § 147 Abs. 1 StPO auch ausdrücklich das Recht, Beweisstücke, das sind in Wirtschaftsstrafsachen insbesondere die im Betrieb sichergestellten Unterlagen, zu besichtigen. 91

---

138 Einzelheiten s.u. Rdn. 116 ff.
139 *Ciolek-Krepold* Rn. 193; *Wabnitz/Janovsky/Schmitt/Knierim* Kap. 10 Rn. 34 ff.
140 Vgl. im Einzelnen *Bosbach* Rn. 70 ff.
141 Nach BVerfG, Beschl. v. 15.01.2004 – 2 BvR 1895/03, wistra 2004, 179, nicht zu beanstanden.
142 Vgl. oben *Bockemühl* Kap. 1 Rdn. 55.
143 Meyer-Goßner/*Schmitt* § 147 Rn. 14.
144 Vgl. Meyer-Goßner/*Schmitt* § 147 Rn. 15.

Die Akteneinsicht erfolgt durch Einsicht in die Ermittlungsakten im Original oder in Fotokopie. Eine weitere Form ist bei elektronisch erfassten Akten die elektronische Übersendung der Akten oder die Übergabe dieser »Akten« in Form einer CD. Das ist heute zumindest in Wirtschaftsstrafsachen die Regel und stellt eine wesentliche Beschleunigungsmöglichkeit dar. Der Verteidiger kann in jedem Fall die gesamten ihm vorliegenden Akten duplizieren und dem Mandanten zur Verfügung stellen.

Gerade in Wirtschaftsstrafverfahren empfiehlt sich auch die Beiziehung des Beschuldigten zur Akteneinsicht in die vorhandenen Beweismittel an Amtsstelle, da sich der Beschuldigte gerade bei umfangreichen Akten am besten auskennt und weiß, wo was zu finden ist. Dem stand bis vor kurzem bereits der Grundsatz entgegen, dass der Beschuldigte selbst keinen Anspruch auf Akteneinsicht hat.[145] Durch Gesetz vom 05.07.2017 wurde dem **unverteidigten Beschuldigten** in § 147 Abs. 4 StPO nunmehr ein eigener Anspruch auf Akteneinsicht eingeräumt, soweit der Untersuchungszweck (auch in anderen Strafverfahren) nicht gefährdet werden kann und nicht überwiegende schutzwürdige Interessen Dritter entgegenstehen.[146] Für den **verteidigten Beschuldigten** bleibt es dagegen auch nach der Novellierung des § 147 StPO (nur) bei der Möglichkeit der Zustimmung zur Akteneinsicht. Die Zustimmung erteilt, wer für die Gewährung der Akteneinsicht zuständig ist, also Staatsanwalt oder Vorsitzender.[147] Wenn dieser es mit den viel beschworenen Rechten des Beschuldigten/Angeklagten und der behaupteten Waffengleichheit ernst meint, kann er einen entsprechenden Antrag nicht ablehnen. Dabei ist es nicht ausgeschlossen, dass dem in U-Haft befindlichen Beschuldigten unter Umständen ein **elektronisches Lesegerät** (Laptop, E-Book o.Ä.) zum Zwecke der Akteneinsicht zur Verfügung zu stellen ist.[148]

b) Akteneinsicht Dritter

92 Das Akteneinsichtsrecht Dritter ist geregelt in § 406e StPO für den Verletzten und in § 475 Abs. 2 StPO für (sonstige) Privatpersonen und sonstige Stellen.

aa) Akteneinsicht des Verletzten, § 406e StPO

93 Der Begriff des Verletzten ist gesetzlich nicht definiert, sondern ist aus dem Funktionszusammenhang abzuleiten und dabei weit auszulegen.[149]

Streitig war, ob es einer unmittelbaren Rechtsverletzung bedarf oder ob auch mittelbare Verletzungen für die Begründung eines Akteneinsichtsrechts nach § 406e StPO ausreichen.[150] Indem der Gesetzgeber in § 406e Abs. 4 StPO mit dem Verweis auf § 403 S. 2 StPO nunmehr ausdrücklich klargestellt hat, dass sich das Akteneinsichtsrecht (auch) auf alle im Adhäsionsverfahren Antragsberechtigten erstreckt[151], ist zugleich festgehalten, dass auch eine nur **mittelbare Schädigung** die Verletzteneigenschaft zu begründen vermag.[152]

Der Insolvenzverwalter ist nicht Verletzter i.S.d. § 406e StPO, er kann ein Akteneinsichtsrecht nur unter den engeren Voraussetzungen des § 475 Abs. 2 StPO geltend machen.

---

145 Vgl. Meyer-Goßner/*Schmitt*, 60. Aufl. 2017, § 147 Rn. 3 m.w.N.

146 BGBl. I 2208; Meyer-Goßner/*Schmitt*, § 147 Rn. 31.

147 Vgl. Meyer-Goßner/*Schmitt* § 147 Rn. 34 f.

148 LG Frankfurt/M. StV 2018, 670.

149 Meyer-Goßner/*Schmitt* vor § 406d Rn. 2; zum Akteneinsicht Dritter grundlegend *Lauterwein*, Akteneinsicht und -auskünfte für den Verletzten, Privatpersonen und sonstige Stellen, §§ 406e und 475 StPO (2011); zur Akteneinsicht des Verletzens speziell im Wirtschaftsstrafverfahren *Quedenfeld* in FS-Wessing (2015) S. 190 ff.

150 Vgl. die Nachweise bei Meyer-Goßner/*Schmitt*, vor § 406d Rn. 2.

151 Im Zuge des Gesetzes zur Fortentwicklung der StPO v. 25.06.2021 (BGBl. I 2099); speziell zu § 406e StPO vgl. BT-Drs. 19/27654, S. 107.

152 KK/*Zabeck* § 406e Rn. 2; Meyer-Goßner/*Schmitt* § 406e Rn. 1a.

Grundvoraussetzung des Akteneinsichtsrechts nach § 406e StPO ist ein **berechtigtes Interesse**, das vom Verletzten außer im Fall der Nebenklage (§ 395 StPO) darzulegen ist.

Die Akteneinsicht ist zu versagen, wenn ihr **überwiegende schutzwürdige Interessen** des Beschuldigten oder anderer Personen entgegenstehen. Es findet also eine Abwägung statt zwischen dem berechtigten Interesse des Verletzten und dem schutzwürdigen Interesse des Beschuldigten, dieses muss das berechtigte Interesse des Antragstellers überwiegen.[153]

Parallel zum nunmehr gegebenen eigenständigen Akteneinsichtsrecht des unverteidigten Beschuldigten[154] gewährt § 406e (Abs. 3) StPO auch dem **nicht durch einen Rechtsanwalt vertretenen Verletzten** ein eigenes Akteneinsichtsrecht.[155] Im Falle der Vertretung wird die Einsicht durch den Rechtsanwalt ausgeübt (§ 406e Abs. 1 S. 1 StPO).

Zuständig für die Entscheidung über die Akteneinsicht ist nach § 406e Abs. 5 StPO im vorbereitenden Verfahren und nach rechtskräftigem Abschluss des Verfahrens die Staatsanwaltschaft, ansonsten der Vorsitzende des mit der Sache befassten Gerichts. Gegen die Entscheidung der Staatsanwaltschaft kann Antrag auf Entscheidung des nach § 162 StPO zuständigen Gerichts gestellt werden, § 406e Abs. 5 S. 2 StPO. Während des Ermittlungsverfahrens ist diese Entscheidung unanfechtbar, § 406e Abs. 5 S. 4 StPO. Wird das Ermittlungsverfahren von der Staatsanwaltschaft eingestellt oder ist das Strafverfahren rechtskräftig abgeschlossen, ist die Entscheidung des nach § 162 StPO zuständigen Richters mit der Beschwerde gem. § 304 StPO anfechtbar. Gegen die Entscheidung des erkennenden Gerichts während der Hauptverhandlung ist ebenfalls die Beschwerde gem. § 304 StPO statthaft.[156]

bb) Akteneinsicht von Privatpersonen und sonstigen Stellen, § 475 Abs. 2 StPO

Die Akteneinsicht nach § 475 Abs. 2 StPO ist die Ausnahme zu dem bloßen Auskunftserteilungsrecht von Privatpersonen und sonstigen Stellen nach § 475 Abs. 1 StPO. Auch die Akteneinsicht des »normalen« Zeugen, der nicht zugleich eine andere Verfahrensstellung (etwa als Verletzter) innehat, richtet sich nach § 475 Abs. 2 StPO.[157] Der anwaltliche Zeugenbeistand hat dabei keine weitergehenden Befugnisse als der Zeuge selbst; besteht für den Zeugen keine Einsichtsmöglichkeit (nach § 475 Abs. 2 StPO), gilt dies auch für den Beistand.[158] 94

Auch hier muss der Antragsteller zunächst ein berechtigtes Interesse darlegen. Die Akteneinsicht ist trotz eines dargelegten berechtigten Interesses bereits dann zu versagen, wenn der Beschuldigte daran ein schutzwürdiges Interesse hat. Eine Interessenabwägung wie bei § 406e StPO findet hier also nicht statt. Die Akteneinsicht wird auch versagt, wenn Zwecke des Strafverfahrens entgegenstehen, § 479 Abs. 1 StPO. Es ist eine zwingende Versagungsvorschrift im Gegensatz zu § 406e Abs. 2 S. 2 StPO und ist auch weiter gefasst als § 406e Abs. 2 S. 2 StPO (allgemeine Zwecke des Strafverfahrens und nicht nur Gefährdung des Untersuchungszwecks).

Zuständigkeit und Rechtsbehelfe gegen die Entscheidung über die Akteneinsicht sind in § 480 StPO geregelt. Sie entspricht hinsichtlich der Akteneinsicht der Regelung bei § 406e StPO.

6. Rechtshilfe

Die Globalisierung der Wirtschaft zieht die Globalisierung des Wirtschaftsstrafrechts nach sich. Die EU hat einen freien Markt geschaffen, für den aber immer noch strafrechtliche Grenzen bestehen. 95

153 Zu den Abwägungskriterien im Einzelnen und konkreten Einzelfällen vgl. *Quedenfeld*, FS Wessing S. 195 ff.

154 Dazu oben Rdn. 91.

155 BGBl. I 2208, 2213.

156 Meyer-Goßner/*Schmitt* § 406e Rn. 21.

157 OLG Hamburg NJW 2002, 1590; BeckOK-StPO/*Wittig* § 475 Rn. 2; KK-StPO/*Gieg* § 475 Rn. 1 f.

158 BGH NStZ-RR 2010, 246 (247); KG NJW 2015, 3255 (3256 f.); a.A. *Schefer* NStZ 2023, 193 ff.

Die Rechtshilfe gerade in Wirtschaftsstrafsachen ist schon länger zum juristischen Alltag geworden. Internationale Rechtshilfe basiert auf folgenden Grundlagen:[159]

a) IRG und internationale Abkommen

96 Das **IRG**[160] regelt die Gewährung der Rechtshilfe in Deutschland für ausländische Staaten. Für die in Deutschland erfolgte Rechtshilfe gilt deutsches Verfahrensrecht. Europäisches Rechtshilfeübereinkommen, europäisches Auslieferungsübereinkommen, Schengener Abkommen und bilaterale Abkommen binden einerseits die Bundesrepublik Deutschland für die Gewährung der Rechtshilfe nach den Förmlichkeiten des IRG, andererseits geben sie der Bundesrepublik Deutschland die Möglichkeit zur Beantragung von Rechtshilfe im Ausland, wobei die dort gewährte Rechtshilfe nach dem dort geltenden Recht erfolgt.[161] Das NotwVertNRG 2019[162] brachte eine deutliche Stärkung nicht nur der Verteidiger-, sondern auch der Beschuldigten-Rechte[163].

Rechtshilfe beinhaltet die Auslieferung von Personen, die Unterstützung ausländischer Staaten bei der Vollstreckung strafrechtlicher Sanktionen (§§ 48 ff. IRG)[164] und die »sonstige Rechtshilfe« (§§ 59 ff. IRG),[165] die jegliche Unterstützung eines ausländischen Staates bei allen sonstigen strafrechtlichen Maßnahmen umfasst. Bei dieser »sonstigen Rechtshilfe« handelt es sich in Wirtschaftsstrafverfahren insbesondere um die Durchsuchung und Beschlagnahme bei ausländischen Banken, Niederlassungen Geschäftspartnern etc., Vernehmung von Zeugen in diesem Zusammenhang und in zunehmendem Maß um vermögenssichernde Maßnahmen auf Grundlage der §§ 111b ff. StPO.[166]

b) Europäischer Haftbefehl (EuHB)

97 Das EuHbG vom 20.06.2007 (BGBl. I S. 1721) setzt den Rahmenbeschluss der Mitgliedsstaaten der EU über den europäischen Haftbefehl und die Übergabeverfahren in deutsches Recht um. Der Rahmenbeschluss geht vom Prinzip der gegenseitigen Anerkennung justizieller Entscheidungen aus. Nach dem EuHbG genügt bereits das Vorliegen eines europäischen Haftbefehls (§ 83a Abs. 1 IRG) oder ein Fahndungsersuchen nach dem Schengener Informationssystem (§ 83a Abs. 2 IRG) zum Erlass eines Auslieferungshaftbefehls, es bedarf keiner weiteren Unterlagen mehr. Dies führt zu einer erheblichen Beschleunigung des Auslieferungsverfahrens. Das Auslieferungsverfahren aufgrund eines europäischen Haftbefehls gliedert sich wie das sonstige Auslieferungsrecht in ein Zulässigkeits- und in ein Bewilligungsverfahren.[167]

Aufgrund des bereits 1995 geschaffenen Europäischen Polizeiamtes (**Europol**) und dessen primärrechtlicher Verankerung in Art. 88 AEUV (i.d.F. vom 28.6.2022[168]) sowie bilateraler Verträge mit Drittstaaten (wie etwa USA, Kanada und Schweiz), der Errichtung eines Justitiellen Netzes (EjN) 1996 bzw. **Eurojust** 2002 und schließlich der Schaffung der **Europäischen Staatsanwaltschaft** (2017)

159 Vgl. dazu *Ahlbrecht/Böhm* u.a. Rn. 593 ff.

160 Neufassung v. 27.6.1994, BGBl. 1994; zul. geänd. durch Art. 6 G v. 19.12.2022, BGBl. I S. 2632; vgl. dazu die Kommentare von *Schomburg/Lagodny* IRG 1998 und IRG in *Grützner/Pötz/Kreß*.

161 Eine Zusammenstellung der verschiedenen zwischenstaatlichen Abkommen enthalten die *Richtlinien für den Verkehr mit dem Ausland in Strafsachen.*

162 Gesetz zur Neuregelung des Rechts der notwendigen Verteidigung v. 10.12.2019, BGBl. I S.2128.

163 Näher *Moosbacher* GA 2022, 481.

164 Einzelheiten bei *Ahlbrecht/Böhm* u.a., Rn. 961 ff.

165 Einzelheiten bei *Ahlbrecht/Böhm* u.a., Rn. 994 ff.

166 Vgl. hierzu *Schmid/Winter* NStZ 2002, 8 ff.

167 Einzelheiten bei *Ahlbrecht/Böhm* u.a. Rn. 756 ff. (Zulässigkeitsverfahren) und Rn. 847 ff. (Bewilligungsverfahren).

168 Näher *Rüß/Lutz* GSZ 2022, 221 ff.

haben die nationalen Strafverfolgungsbehörden wirkungsvolle Instrumente zur europäischen Zusammenarbeit erhalten.[169]

c) Vertragsloser Zustand

Besteht zu einem fremden Staat ein vertragsloser Zustand, so bedeutet dies nicht, dass Rechtshilfe 98 ausgeschlossen ist; auch im Fall eines vertragslosen Zustandes kann Rechtshilfe, insbesondere Auslieferung, sowohl von als auch nach Deutschland erfolgen. Mögen diese Fälle in der Praxis auch keine Rolle spielen, so gibt es gerade in spektakulären Wirtschaftsstrafverfahren z.T. erfolgreiche Versuche der Bundesrepublik Deutschland, flüchtige Verdächtige ausgeliefert zu bekommen. Dies geschieht auf dem rechtlich nicht kontrollierbaren diplomatischen/politischen Weg.

d) Zeugenvernehmungen im Ausland

Bei Zeugenvernehmungen im Ausland hat sich der Verteidiger um eine Teilnahme an diesen Ver- 99 nehmungen zu bemühen, seine Berechtigung an der Teilnahme richtet sich nach dem jeweiligen Verfahrensrecht des ersuchten Staates.[170] Oftmals wird die Teilnahme von einer Zustimmung der deutschen Ermittlungsbehörden abhängig gemacht. Aus den ausländischen Ermittlungshandlungen, insbesondere Vernehmungen, können sich dann wieder Fragen nach der Verwertbarkeit ergeben. Häufig erfolgt die Rechtshilfe auch nur beschränkt für bestimmte Delikte (z.B. keine Rechtshilfe für einfache Steuerstraftaten durch die Schweiz), in diesen Fällen hat der Verteidiger auf die Einhaltung des Vorbehalts zu achten. Ist wegen derselben Sache bereits eine Verurteilung oder urteilsähnliche Ahndung im Ausland erfolgt, ergibt sich die Frage nach einem Verbot der doppelten Strafverfolgung.[171]

7. Wirtschaftsreferent

Im Wirtschaftsstrafverfahren bedient sich die Staatsanwaltschaft zur Klärung insbesondere betriebs- 100 wirtschaftlicher Sachverhalte weitgehend der sog. Wirtschaftsreferenten. Diese Wirtschaftsreferenten sind Beamte oder Angestellte bei der Staatsanwaltschaft, die in die Behörde eingegliedert sind und der Dienstaufsicht unterliegen.[172] Hieraus ergibt sich häufig ein Streit darüber, ob der Wirtschaftsreferent Sachverständiger oder Ermittlungsbeamter ist. Grundsätzlich steht die Zugehörigkeit zur Staatsanwaltschaft der Sachverständigentätigkeit des Wirtschaftsreferenten nicht entgegen. Dies schafft zwei Problemkreise: einmal die Frage, ob und inwieweit der Wirtschaftsreferent als Sachverständiger wegen Besorgnis der Befangenheit abgelehnt werden kann und zum anderen die Frage von verjährungsunterbrechenden Handlungen durch die Beauftragung des Wirtschaftsreferenten als Sachverständiger.

Grundsätzlich verneint die Praxis eine Befangenheit des Wirtschaftsreferenten aufgrund seiner Einbindung in die Organisation der Staatsanwaltschaft.[173] Bei erfolgreicher Ablehnung des Wirtschaftsreferenten als Sachverständigen steht er nichtsdestoweniger als sachverständiger Zeuge zur Verfügung und kann so für das Gericht Urteilsgrundlagen schaffen.

Die Tätigkeit des Wirtschaftsreferenten unterbricht die Verjährung nur dann, wenn ihm eindeutig ein Gutachtensauftrag erteilt wurde.[174] Dieser kann auch mündlich erfolgen, in der Regel wird sich in

---

169 Auch hierzu Müller-Gugenberger/*Engelhart* Wirtschaftsstrafrecht, 8. Aufl.2024 (im Druck) Rn. 6.146 ff.

170 Vgl. dazu *Ahlbrecht/Böhm* u.a., Rn. 1035.

171 Vgl. z.B. BGH NStZ 1999, 579; 2001, 163; BGH StV 2000, 347.

172 Dazu *Krekeler* wistra 1989, 52 ff.; allg. zu Stellung und Einsatz des Wirtschaftsreferenten ferner *Bittmann* wistra 2011, 47 ff.

173 Vgl. OLG Zweibrücken NJW 1979, 1995; KK/*Hadamitzky* § 74 Rn. 5; Meyer-Goßner/*Schmitt* § 74 Rn. 5; kritischer LR/*Krause* § 74 Rn. 7.

174 BGHSt 28, 381 ff.; StV 1986, 465.

der Akte jedoch ein schriftlicher Auftrag des zuständigen Staatsanwalts an den Wirtschaftsreferenten finden. Die Beauftragung zu bloßen Ermittlungstätigkeiten unterbricht die Verjährung jedoch nicht.

C. Materielles Wirtschaftsstrafrecht

I. Täter und Teilnehmer

101 Wirtschaftliches Handeln ist weitgehend ein Handeln juristischer Personen und ein arbeitsteiliges Handeln. Da es keine Strafbarkeit des Unternehmens selbst, d.h. der juristischen Person gibt (s. aber unten Rdn. 384 ff.), stellt sich die Frage, welche natürliche Person aus dem Unternehmensbereich strafrechtlich haftet. Wer ist z.B. der Täter des § 283 StGB, wenn eine juristische Person die Zahlungen eingestellt hat oder über ihr Vermögen das Insolvenzverfahren eröffnet wurde; wer trägt welche Verantwortung bei einer mehrgliedrigen Geschäftsleitung; wer ist verantwortlich, wenn Aufgaben delegiert werden?

Die Antwort hierauf geben § 14 StGB, §§ 9, 130 OWiG und die von Rechtsprechung geschaffene Figur des faktischen Geschäftsführers.

1. Übertragung der Verantwortlichkeit auf natürliche Personen

a) Organhaftung (§ 14 Abs. 1 StGB, § 9 Abs. 1 OWiG)

102 § 14 Abs. 1 StGB nennt drei **gesetzlich** geregelte **Vertretungsfälle:**

aa) das vertretungsberechtigte Organ einer juristischen Person oder das Mitglied eines solchen Organs (häufigste Fälle: Geschäftsführer einer GmbH oder Vorstandsmitglied einer AG)

bb) der vertretungsberechtigte Gesellschafter einer rechtsfähigen Personengesellschaft (häufigster Fall: vertretungsberechtigter Gesellschafter einer oHG oder KG)

cc) der gesetzliche Vertreter eines anderen (im Wirtschaftsstrafrecht häufigste Fälle: die so genannte Partei kraft Amtes wie Insolvenzverwalter, Nachlassverwalter, Testamentsvollstrecker, Liquidator).

In diesen Fällen werden die eine Strafbarkeit begründenden besonderen persönlichen Merkmale auf den gesetzlichen Vertreter eines Unternehmens oder eines Dritten angewendet, wenn diese Merkmale nicht bei ihm, wohl aber bei dem Vertretenen vorliegen. Dabei bleibt es auch bei einem mehrgliedrigen Vertretungsorgan trotz einer Aufgliederung der Verantwortlichkeit (horizontale Delegation) bei einer Verantwortlichkeit eines jeden Einzelnen, soweit es sich um bestimmte, nicht delegierbare Grundpflichten handelt (dazu grundlegend und ausführlich die so genannte **Lederspray-Entscheidung** des BGH).[175]

b) Substitutenhaftung (§ 14 Abs. 2 StGB, § 9 Abs. 2 OWiG)

103 § 14 Abs. 2 StGB erweitert den Täterkreis auf die **gewillkürten** Vertreter. Diese so genannte Substitutenhaftung unterscheidet zwischen der umfassenden Delegation, den Betrieb ganz oder teilweise zu leiten (Nr. 1), und der speziellen Delegation, einzelne Aufgaben des Betriebsinhabers zu übernehmen (Nr. 2) auf Personen, die nicht gesetzliche Vertreter sind (vertikale Delegation).

Die Beauftragung muss in beiden Fällen vom Betriebsinhaber oder einem sonst dazu Befugten (gesetzlich oder sonstiger Vertreter) erfolgen.

Die Beauftragung nach Nr. 2 muss aber ausdrücklich erfolgen, dieses Merkmal fehlt in Nr. 1. Dies bedeutet, dass die Beauftragung nach Nr. 1, die sehr viel weitergehend ist als die nach Nr. 2, auch

175 BGHSt 37, 106 ff.

konkludent erfolgen kann, während der Auftrag nach Nr. 2 eine formfreie, aber ausdrückliche Übertragung verlangt.[176]

- Auch bei einer grundsätzlich zulässigen Delegation i.S.v. Abs. 2 kann keine umfassende Freizeichnung des Delegierenden stattfinden. Der Vertretene bleibt Normadressat und es obliegen ihm gegenüber dem Beauftragten Auswahl und Kontrollpflichten, die das Erkennen oder Erkennen können der Pflichtverletzung des Beauftragten ermöglichen. Eine Verletzung der Auswahl- und Kontrollpflichten kann wieder die Strafbarkeit des Delegierenden als Mittäter oder mittelbarer Täter begründen oder zumindest zu einer Haftung nach § 130 OWiG führen (vgl. hierzu unten Rdn. 109). Abgestellt wird auf die tatsächliche, d.h. die faktische Stellung.
- § 14 Abs. 3 StGB bzw. § 9 Abs. 3 OWiG stellen schließlich klar, dass die Organhaftung nach Abs. 1 bzw. die Substitutenhaftung nach Abs. 2 unabhängig von der Wirksamkeit des Bestellungsaktes zum Organ bzw. zum Substituten besteht. Abgestellt wird auf die tatsächliche, d.h. die faktische Stellung.

2. Der faktische Geschäftsführer

Neben dem faktischen Geschäftsführer, der an Stelle des eingetragenen »Strohmann-Geschäftsführers«[177] tatsächlich die Geschäftsführung ausübt und insgesamt die Geschicke der Gesellschaft lenkt, wurde in der Rechtsprechung auch die faktische Mitgeschäftsführung bejaht für den Fall, dass der bestellte und eingetragene Geschäftsführer für die Gesellschaft tätig ist und unternehmensrelevante Aufgaben wahrnimmt, daneben jedoch, gewissermaßen in Arbeitsteilung, ein weiterer tatsächlicher Geschäftsführer, ohne als solcher im Handelsregister eingetragen zu sein, für die Geschäftsführung tätig ist.[178] Die Kriterien für die Annahme einer solchen faktischen Mitgeschäftsführerschaft werden in der höchstrichterlichen Rechtsprechung im Ergebnis nicht ganz eindeutig festgelegt.[179] Formell bedarf es zunächst irgendeines erkennbaren Bestellungsaktes durch die Gesellschafter, der keiner Form bedarf und z.B. stillschweigend erfolgt oder in einem bloßen Einverständnis bestehen kann. Materiell müssen tatsächlich Geschäftsführungsaufgaben wahrgenommen werden, hierzu finden sich folgende Formulierungen: 104

- der faktische Geschäftsführer muss die Geschicke der Gesellschaft **allein** bestimmen
- der faktische Geschäftsführer muss ein **Übergewicht** gegenüber dem formellen Geschäftsführer besitzen
- der faktische Geschäftsführer muss eine **überragende Stellung** in der Geschäftsführung gegenüber dem eingetragenen Geschäftsführer einnehmen
- der faktische Geschäftsführer muss die Geschäfte **in weiterem Umfang** als der formelle Geschäftsführer wahrnehmen, er muss die »Seele des Geschäfts sein« und bestimmten Einfluss auf **alle** Geschäftsvorgänge haben.

Es ist nicht zu übersehen, dass sowohl Staatsanwaltschaft als auch die Instanzgerichte mit der Annahme einer faktischen Geschäftsführung sehr schnell bei der Hand sind und dass zweifellos eine Neigung besteht, die faktische Geschäftsführung eher zu bejahen als zu verneinen. 105

176 Vgl. *Fischer* § 14 Rn. 12 m.w.N.

177 Mit Blick auf den zwar formal bestellten, faktisch (nachweisbar) jedoch in keiner Weise in die Geschäftsführung eingebundenen Geschäftsführer lässt sich freilich über dessen fehlende Verantwortlichkeit als »faktischer Nichtgeschäftsführer« nachdenken; dazu Rdn. 107.

178 Vgl. dazu im Einzelnen MüKo-HGB/*Klinger* § 331 Rn. 24 ff.; *Dierlamm* NStZ 1996, 153 ff.

179 Vgl. BGHSt 3, 32 ff.; 21, 101 ff.; 31, 118 ff.; 47, 318, 324; BGH NJW 1997, 66 f.; 2000, 2285; NStZ 2000, 34; OLG Düsseldorf NStZ 1988, 369; BayObLG BB 1997, 850 f.; OLG Karlsruhe wistra 2006, 352 ff.

Beachte

Vom Standpunkt der Verteidigung aus müssen folgende Kriterien für die Annahme einer faktischen Geschäftsführertätigkeit geprüft werden:

- Erfordernis eines **Einverständnisses der Gesellschafter** mit der Geschäftsführertätigkeit
- tatsächliche **Ausübung der Geschäftsführertätigkeiten** im nachfolgenden Umfang:
  - Bestimmung der Unternehmenspolitik
  - Bestimmung der Unternehmensorganisation
  - Personalentscheidungen, z.B. Einstellung und Entlassung von Mitarbeitern, Ausstellen von Zeugnissen
  - Gestaltung der Geschäftsbeziehungen gegenüber Vertragspartnern, einschließlich der Vereinbarung von Vertrags- und Zahlungsmodalitäten
  - Entscheidung in Steuerangelegenheiten
  - Verhandlungen mit Kreditgebern
  - Steuerung von Buchhaltung und Bilanzierung
  - Bezug eines Gehalts, das dem eines Geschäftsführers entspricht.
- **Außenwirkung** der Tätigkeit, d.h. Dritte sehen ihn »wie einen Geschäftsführer.«

106 Es scheint eine Tendenz in der Rechtsprechung zu bestehen, dass bei der Ausübung der Geschäftsführertätigkeit zumindest die Mehrzahl dieser 8 »klassischen Merkmale« der Geschäftsführung erfüllt sein muss, um eine faktische Mitgeschäftsführereigenschaft zu bejahen.[180]

107 Stellt sich bei einem faktischen Geschäftsführer die Frage, wer tatsächlich die Geschäftsführerposition innehatte und das Unternehmen lenkte und leitete, ist die umgekehrte Frage nach dem **faktischen Nichtgeschäftsführer** dann zu stellen, wenn der **formell wirksam bestellte** und im Handelsregister eingetragene Geschäftsführer **tatsächlich keinerlei Geschäftsführertätigkeit ausgeübt** hat.[181] Dazu folgende Fallgestaltung (relevant geworden in einem umfangreichen Wirtschaftsstrafverfahren): Das Vorstandsmitglied einer AG mit mehrköpfigen Vorstand wird von seiner Tätigkeit mit Zustimmung der Aktionäre, der Vorstandsmitglieder und des Aufsichtsrats von seiner Vorstandsfunktion völlig freigestellt, um die Alleingeschäftsführung einer Tochter-GmbH der AG zu übernehmen. Er wird in einem Vertrag zwischen AG und Tochter-GmbH mit seiner 100%gen Arbeitskraft zur Tochter-GmbH abgestellt. Er nimmt mit Zustimmung aller Beteiligten keinerlei Vorstandstätigkeit mehr wahr, erhält auch keinerlei Informationen mehr aus der AG, seine Vorstandsbezüge hat die GmbH 1:1 übernommen. Ein Anstellungsvertrag wurde mit der GmbH abgeschlossen. Von seiner Vorstandsfunktion und -tätigkeit blieb nur die Eintragung im Handelsregister übrig. Dieser rechtlichen Hülle lag eine tatsächliche Funktionslosigkeit gegenüber. Der Fall wurde nicht entschieden, sondern über § 153a Abs. 2 StPO abgeschlossen.

3. Mehrgliedrige Geschäftsführung

108 Bei der mehrgliedrigen Geschäftsführung mit einer Ressortaufteilung stellt sich die Frage, inwieweit eine Gesamtverantwortlichkeit des einzelnen Geschäftsführers/Vorstands besteht und inwieweit er für die Verantwortlichkeit in der Sphäre der anderen Ressorts freigestellt ist. Dabei lässt sich im Anschluss an die so genannte Lederspray-Entscheidung des BGH[182] festhalten, dass es einen Grundsatz der Generalverantwortlichkeit und Allzuständigkeit jedes einzelnen Geschäftsführers dort gibt, wo das Unternehmen als Ganzes betroffen ist. Dies wirkt sich insbesondere auf Insolvenzantragstellung und Bankrottdelikte aus, in der Regel auch auf Steuer- und Beitragsdelikte. Berührt werden hier Grundpflichten des Geschäftsführers und Kerninteressen der Gesellschaft. Dagegen können z.B. Betrugs- oder Untreuehandlungen durchaus dem einzelnen Geschäftsführer/Vorstand zugerechnet werden.

180 Vgl. *Dierlamm* NStZ 1996, 153 ff.
181 Vgl. dazu *Sahan-Altenburg* NZWist 2018, 161 ff.
182 BGH, Urt. v. 06.07.1990 – 2 StR 549/89, BGHSt 37, 106 ff.

4. Verletzung betrieblicher Aufsichtspflichten

§ 130 OWiG sanktioniert als Ordnungswidrigkeit das Unterlassen von Aufsichtsmaßnahmen, die erforderlich sind, um im Betrieb oder Unternehmen Zuwiderhandlungen gegen Pflichten zu verhindern, die den Inhaber als solchen treffen und deren Verletzung ihrerseits mit Strafe oder Geldbuße bedroht ist. 109

Adressat der Norm ist der Inhaber des Betriebes oder des Unternehmens, d.h. entweder der Unternehmer selbst oder aber der Personenkreis der § 14 StGB, § 9 OWiG.

Die Aufsichtsmaßnahmen beziehen sich nach § 130 Abs. 1 Nr. 2 OWiG auf Bestellung, Auswahl und Überwachung und darüber hinaus auf Organisation, Aufklärung und Schulung.[183] Die Verletzung muss auf betriebliche Pflichten gerichtet sein, wobei die Begehung dieser Zuwiderhandlung durch den Mitarbeiter eine objektive Bedingung der Strafbarkeit ist, d.h. Vorsatz oder Fahrlässigkeit des aufsichtspflichtigen Täters muss sich nicht auf die Tat des Mitarbeiters beziehen. Dies ist das Unterscheidungsmerkmal zur Teilnahme an der Tat des Mitarbeiters.[184]

Die Verletzung der Aufsichtspflicht ist aber nur dann ordnungswidrig, wenn bei Erfüllung der Aufsichtspflicht die vom Mitarbeiter begangene Zuwiderhandlung verhindert oder zumindest wesentlich erschwert worden wäre. Daraus entsteht das besonders verteidigungsrelevante Problem, wo die unwesentliche Erschwerung aufhört und die wesentliche Erschwerung beginnt.[185]

Der Bußgeldrahmen des § 130 OWiG ist in Abs. 3 gestaffelt:
- Ist die Zuwiderhandlung eine Straftat, kann die Aufsichtspflichtverletzung bis zu 1 Mio. EUR und die fahrlässige Aufsichtspflichtverletzung über die Regelungen des § 17 Abs. 2 OWiG mit Bußgeld bis zu 500.000,–EUR geahndet werden
- Ist die Zuwiderhandlung eine Ordnungswidrigkeit, so bestimmt sich die Geldbuße für die Aufsichtspflichtverletzung nach dem Bußgeldrahmen der begangenen Ordnungswidrigkeit.
- Ist die Zuwiderhandlung gleichzeitig mit Strafe und Geldbuße bedroht, so bleibt die angedrohte Geldbuße maßgebend, wenn diese die Geldstrafe übersteigt.[186]

5. Teilnehmer

Eine besondere Problematik ergibt sich aus dem Begriff des berufsbedingten Handelns und die mögliche Subsumtion dieses Handelns als strafbare Beihilfe. 110

Ausgangspunkt der intensiven Diskussion war die Frage, inwieweit ein Bankmitarbeiter sich der Beihilfe zur Steuerhinterziehung schuldig macht, wenn er am Kapitaltransfer ins Ausland mitwirkt, die zur Steuerhinterziehung durch Nichterklärung der Einkünfte führen.[187]

Die Problematik stellt sich ebenso für den Berater wie für den Mitarbeiter eines Unternehmens, das ins Visier der Staatsanwaltschaft geraten ist.[188]

Der BGH hat einer allgemeinen Ausklammerung so genannter »berufstypischer« (oder »neutraler« oder »professionell adäquater«) Handlungen aus der Beihilfestrafbarkeit eine Absage erteilt und ausdrücklich die Anwendung der allgemeinen Beihilfegrundsätze (und damit insgesamt der allgemeinen Teilnahmelehre) auch auf diese berufstypischen Handlungen bestätigt.[189] Es gibt insoweit

183 Vgl. HWSt/*Achenbach* 1. Teil 3 Rn. 51.

184 Vgl. HWSt/*Achenbach* 1. Teil 3 Rn. 60.

185 Vgl. dazu HWSt/*Achenbach* 1. Teil 3 Rn. 61 f. m.w.N.

186 Relevant wird dies bei Submissionsabsprachen im Widerstreit zwischen § 298 StGB und § 81 GWB.

187 Vgl. dazu im Einzelnen *Quedenfeld/Füllsack* Rn. 275 m.w.N.

188 Zur Problematik im Zusammenhang mit der Steuerhinterziehung *Hardtke* Kap. 21 Rdn. 57; *Quedenfeld/Füllsack* Rn. 272.

189 BGH, Urt. v. 01.08.2000 – 5 StR 624/99, BGHSt 46, 107 ff.; BGH, Urt. v. 18.06.2003 – 5 StR 489/02, NJW 2003, 2996.

kein pauschales Berater- oder Mitarbeiterprivileg.[190] Besondere Anforderungen an die (Gehilfen-) Strafbarkeit von Rechtsanwälten, Steuerberatern, Bankmitarbeitern usw., die Beratungs- und/oder Unterstützungshandlungen erbringen, stellt die Rspr. indes im subjektiven Beihilfetatbestand auf. Insoweit soll zu differenzieren sein zwischen dem in (sicherer) Kenntnis der Straftatbegehung eines Dritten (etwa in Gestalt der Steuerhinterziehung) agierenden Berufsträger sowie dem die deliktische Fruchtbarmachung des eigenen Beitrags nur für möglich haltenden (und billigend in Kauf nehmenden) Berufsträger. Bei **positiver Kenntnis** soll regelmäßig strafbare Beihilfe anzunehmen sein, bei lediglich **bedingt vorsätzlichem Agieren** soll eine Strafbarkeit dagegen einzig in Konfrontation mit einem »erkennbar tatgeneigten« (Haupt-)Täter angenommen werden können.[191]

II. Kernbereiche des materiellen Wirtschaftsstrafrechts

1. Insolvenzstrafrecht

111 In der Praxis der Schwerpunktabteilungen (häufig, allerdings unrichtig, »*Schwerpunktstaatsanwaltschaften*« genannt) für Wirtschaftsstrafsachen werden beim Niedergang von Unternehmen – jedenfalls bei juristischen Personen (einschließlich der Personengesellschaften ohne eine natürliche Person als Vollhafter, etwa GmbH & Co. KG) –»**insolvenzstrafrechtliche Verfahren**« geführt. Diese sind auf die Aufklärung von Straftaten der Insolvenzverschleppung, der Beitragshinterziehung, des Bankrotts wegen Rechnungslegungsverstößen oder Masseschmälerung bei Rückzahlung von Eigenkapital u.ä. durch Vermögensverschiebungen (etwa auf Gesellschafter oder auf Nachfolgegesellschaften), dann auch wegen Untreue sowie des Betruges zum Nachteil von Lieferanten (und sonstigen Kreditgebern) gerichtet und hatten zunächst durch die gesellschafts- und insolvenzrechtliche Novellierungen des **MoMiG** 2008[192], *Finanzmarktstabilisierungsgesetz* (**FMStG**)[193] und des **ESUG** 2011[194] bedeutsame Änderungen mit Auswirkungen für das Strafrecht erfahren.

112 Hatten bereits die europarechtlichen Vorgaben zum »*Vorinsolvenzlichen Restrukturierungsverfahren*«[195] zu einer Modifizierung unseres deutschen Insolvenzantragsrechts geführt[196], brachte die Umsetzung der am 16.07.2019 verabschiedeten **EU-Restrukturierungsrichtlinie**[197] durch das **COVInsAG**[198]

190 Vgl. dazu aber aus der Literatur *Ransiek* wistra 1997, 473 ff.; *Harzer/Vogt* StraFo 2000, 39 ff.

191 BGH NJW 2003, 2996, 2999; NStZ 2018, 328, 329; zum Ganzen *Bechtel* Jura 2016, 865; *Fischer* § 27 Rn. 17 ff.

192 Gesetz zur Modernisierung des GmbH-Rechts und zur Bekämpfung von Missbräuchen (**MoMiG**) v. 23.10.2008, BGBl. I S. 2026, in Kraft seit 01.11.2008.

193 Gesetz zur Umsetzung eines Maßnahmenpakets zur Stabilisierung des Finanzmarkts (**FMStG**) v. 17.10.2008, BGBl. I S. 1982 (seit diesem Tag in Kraft), i.d.F. des Gesetzes zur Erleichterung der Sanierung von Unternehmen v. 24.09.2009, BGBl. I, S. 1; s. hierzu unten Rdn. 149 ff.

194 Gesetz zur weiteren Erleichterung der Sanierung von Unternehmen (**SanG**) vom 07.12.2011 (BGBl. I, 2582 in Kraft seit 01.03.2012/01.01.2013); s. hierzu unten Rn. 229 ff., 242.

195 EU-Richtlinien-E v. 22.11.2016 COM (2016) 723 final RLE; vgl. hierzu nur *Graf-Schlicker* ZIP 2017, S001; *Sax/Ponseck/Swierczok* BB 2017, 323 und die Beiträge in der Sonderbeilage 1/2017 zu Heft 5 NZI 2017.

196 Gesetz zur Durchführung der Verordnung (EU) 2015/848 über Insolvenzverfahren v. 05.06.2017, BGBl. I, S. 1476; zum Gesetzentwurf der Bundesregierung v. 11.01.2017 vgl. *Frind* ZInsO2016, 2376; *Richter* ZInsO 2016, 2372; *Bittmann* wistra 2017, 88; näher hierzu unten Rn. 243 ff.

197 Richtlinie (EU) 2019/1023 des Europ. Parl. u. des Rates vom 20.6.2019 über präventive Restrukturierungsrahmen, über Entschuldung und über Tätigkeitsverbote sowie über Maßnahmen zur Steigerung der Effizienz von Restrukturierungs-, Insolvenz- und Entschuldungsverfahren und zur Änderung der Richtlinie (EU) 2017/1132 (**Richtlinie über Restrukturierung und Insolvenz; EU-RestrukturierungsRL**), ABl. L 172 v. 26.06.2019, S. 18; gültig ab 16.07.2019.

198 Gesetz zur vorübergehenden Aussetzung der Insolvenzantragspflicht und zur Begrenzung der Organhaftung bei einer durch die COVID-19-Pandemie bedingten Insolvenz (Sanierungs- und insolvenzrechtliches Krisenfolgenabmilderungsgesetz), BGBl. I S. 569.

vom 27.03.2020 (rückwirkend in Kraft seit **01.03.2020**[199]) vor allem mit seinem Art. 1, dem **SanInsKG**[200], Neuorientierung nicht nur des deutschen Insolvenz-, sondern auch des deutschen Insolvenzstrafrechts (i.w.S., also einschließlich des Bankrottstrafrechtes)[201]. Die ohnehin im Zentrum dieser Verfahren stehenden **Probleme der Krisenfeststellung** haben damit nicht nur inhaltliche Neujustierung, sondern zusätzliche Schwierigkeiten in der zeitlichen Zuordnung der (wechselnden) gesetzlichen Vorgaben gebracht.

Die nachfolgende **tabellarische Übersicht** erleichtert die Zuordnung der gesetzlichen Veränderungen und damit der konkreten **Handlungspflichten im jeweiligen Zeitabschnitt** und belegt damit Art und Inhalt der von den Strafverfolgungsbehörden festzustellenden **Verletzungshandlung:** 113

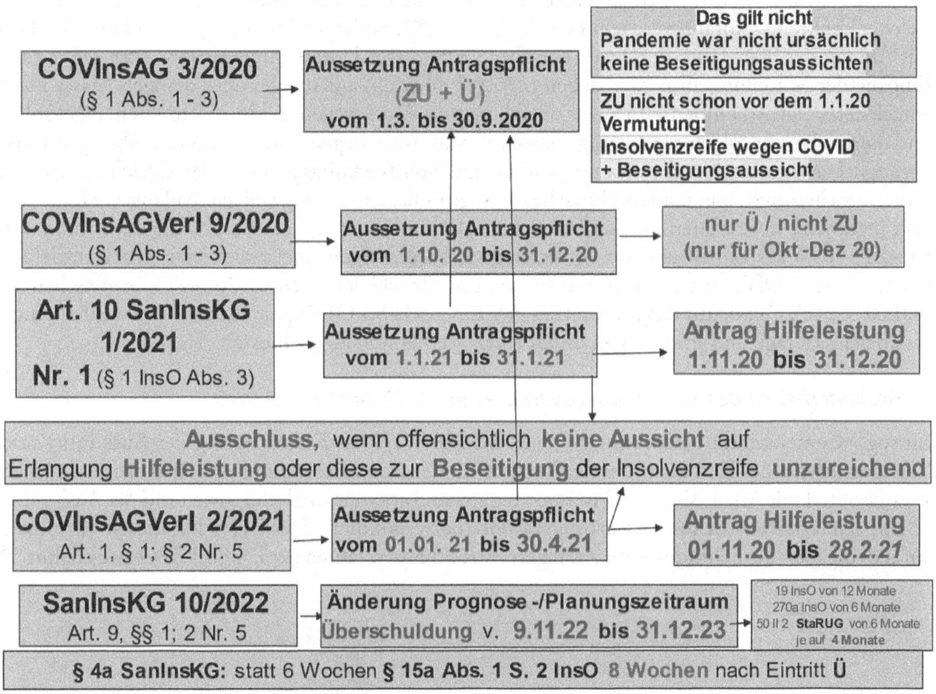

Abb. 1: Vorgaben der Pandemie-Gesetzgebung an die Handlungspflichtigen im Zeitablauf

Die **aktuelle** und vorerst letzte Änderung des SanInsKG (mit Wirkung ab dem **1.1.2023**) findet sich in **Art. 9** des **COVInsAGÄndG** v. 31.10.2022[202]: Für den Zeitraum vom **9.11.2022 – 31.12.2023** sind die *Prognosezeiträume* des **§ 19 Abs. 2 S. 1 InsO** zur **Überschuldungsfeststellung** von *12 Monate*, des **§ 270a Abs. 1 Nr. 1 InsO** für den **Finanzplan** der **Eigenverwaltungsplanung** von *6 Monate* und für die **Restrukturierungsplanung** des **§ 50 Abs. 2 Nr. 2 StaRUG** von *6 Monate* auf **jeweils 4 Monate** verkürzt. 114

199 Zuletzt geändert durch Art. 9 Gesetz zur Verlängerung von Sonderregelungen im Zusammenhang mit COVInsAGÄndG v. 31.10.2022, BGBl. I S. 1966.

200 Gesetz zur Abmilderung der Folgen der COVID-19-Pandemie im Zivil-, Insolvenz- und Strafverfahrensrecht; auch als COVFAbG oder Z/Ins/StVfRCOVFoAbG abgekürzt bezeichnet.

201 Aus Sicht des Insolvenzstrafrechts detailliert mit umf. Nachw. Müller-Gugenberger/*Richter* Wirtschaftsstrafrecht, 8. Aufl. 2024 (im Druck) Rn. 75.64 ff.

202 Gesetz zur Abschaffung des Güterrechtsregisters und zur Änderung des COVID-19-Insolvenzaussetzungs G (Sanierungs- und insolvenzrechtliches KrisenfolgenabmilderungsG GüRRegAbsch), BGBl. I S. 1966, gültig ab 01.01.2023), BT-Drs. 20/4087; BR-Drs. 526/22.

Auf dieser Grundlage ist vorab die Handhabung solcher Verfahren und die dabei notwendige strafrechtliche Krisenfeststellung vorzustellen:

a) Praktische Handhabung der Vorprüfung

115 Die einzelnen Staatsanwaltschaften der Bundesrepublik – insbesondere auch die Schwerpunktabteilungen – handhaben die **Einleitung** eines Ermittlungsverfahrens im Bereich der Insolvenzkriminalität weiterhin höchst unterschiedlich. Manche verlassen sich auf Strafanzeigen individuell Geschädigter, andere – die weit überwiegende Zahl – prüfen systematisch alle (Unternehmens-, nicht Verbraucher-) Insolvenzen durch Auswertung der Insolvenzakten und sonstiger öffentlich (Internet!) oder auch nur amtlich zugänglicher Informationen zur Feststellung, ob ein – und wenn ja, welcher konkrete – Anfangsverdacht (§ 152 Abs. 2 StPO) vorliegt.[203] In Stuttgart werden z.B. schon seit Anfang der 90er-Jahre durchweg bei über 90 % dieser Unternehmensinsolvenzen *sofort* nach Eingang der Mitteilungen in Zivilsachen (*MiZi*)[204] über ein anhängiges oder mangels Masse nicht eingeleitetes (Unternehmens-)Insolvenzverfahren von Amts wegen die Insolvenzakten angefordert und *ausgewertet*. Es folgen regelmäßig – ebenfalls von Amts wegen – standardisierte Abfragen amtszugänglicher Informationen (etwa der Mahn- und Vollstreckungsgerichte, der Gerichtsvollzieher, Sozialversicherungsträger u.a.) um Entscheidungsgrundlagen zur Frage, ob ein Anfangsverdacht vorliegt (ggf. welcher Straftaten welcher Verdächtiger), zu erlangen. Diese »Vorprüfungen«[205] führen in nahezu 100 % zur Einleitung von Ermittlungsverfahren wegen (meist mehrerer) Insolvenzdelikte (i.d.S.). Diese Verfahren werden in nur in wenigen Einzelfällen nach § 170 StPO, in zwischen 10 und 20 % nach Opportunitätsgrundsätzen (§§ 153, 153a StPO) eingestellt; ca. 75 % werden durch Strafbefehlsanträge und im Übrigen durch Anklageerhebung abgeschlossen.

b) Besonderheiten des Verwendungsverbotes des § 97 Abs. 1 S. 3 InsO

116 Im sog. »**Gemeinschuldnerbeschluss**«[206] hat das BVerfG[207] die Durchsetzung der Auskunfts- und Vorlagepflichten der Konkursordnung durch die in der Konkursordnung vorgegebenen staatlichen Zwangsmittel mit Art. 1 Abs. 1 GG in Einklang stehend erkannt, weil und soweit mit der Auskunftspflicht »ein **strafrechtliches Verwertungsverbot**« korrespondiert. Der BGH hat diesen Grundsatz auf die Angaben des Schuldners im Zwangsvollstreckungsverfahren gem. § 807 ZPO ausgedehnt.[208]

---

203 Allgemein zur Zulässigkeit von Ermittlungen zur Feststellung, ob ein strafrechtlich relevanter Anfangsverdacht besteht vgl. *Weyand* ZInsO 2016, 441; *Diversy* ZInsO 2005, 180; *N. Lange* DRiZ 2002, 264; *Baldarelli* Kriminalistik 2013, 356; krit. hierzu *Püschel* ZInsO 2016, 262; dagegen *Richter* ZInsO 2016, 1346.

204 Bundeseinheitliche Verwaltungsvorschriften nach § 12 Abs. 5 EGGVG i.d.F. v. 23.11.2018, BAnz AT 24.12.2018 B2; vgl. z.B. Baden-Württemberg i.d.F. v. 10.08.2021, Die Justiz 2021, 257; *Baumgarte* wistra 1991, 171.

205 *Heckendorf/Weisser* (NZWiSt 2022, 317 ff.) sprechen durchaus irreführend von »Insolvenzüberwachung« durch die Staatsanwaltschaft, für die sie eine Rechtsgrundlage vermissen und vom Gesetzgeber fordern.

206 Vgl. hierzu statt aller *Tiedemann* Insolvenz-Strafrecht, Vor § 283, Rn. 25.

207 BVerfG, Beschl. v. 13.01.1981, 1 BvR 116/77, BVerfGE 56, 37 (41 ff.), NJW 1981, 1431 (1433); bestätigend der Nichtannahmebeschluss des BVerfG v. 09.05.2004, 2 BvR 480/04, wistra 2004, 383; selbst Briefe seines Verteidigers an den inhaftierten Schuldner können bei einer Postsperre vom Insolvenzverwalter gelesen, dürfen allerdings nicht verwendet werden – vgl. BVerfG, Beschl. v. 06.11.2000, 1 BvR 1746/00, ZIP 2000, 2311.

208 BGH Urt. v. 19.03.1991, 5 StR 516/90, BGHSt 37, 340 (343); für das Recht der InsO zutreffend LG Aachen, Beschl. v. 08.11.2000, 65 Qs 125/00; bestätigend BVerfG, Beschl. v. 31.03.2008, 2 BvR 467/08, WM 2008, 989.

Zwar verbiete der »*nemo-tenetur-Grundsatz*«[209] nur im Strafprozess jeden Zwang zur Selbstbelastung auch gegen den (voll) schweigenden Angeklagten bzw. Beschuldigten. Dieser Grundsatz habe jedoch Auswirkungen auf Pflichten in anderen Rechtsgebieten mit Zwangswirkung und Folgen für die strafrechtliche Beweisführung.

Anzumerken bleibt schon in diesem Zusammenhang, dass sich das BVerfG in seiner »*Gemeinschuldner-Entscheidung*« – wie auch *Stürner* in seiner Entscheidungsbesprechung[210] – ausdrücklich **nicht** mit § 104 KO, also der Pflicht zur Vorlage von Vermögensübersichten oder sonstigen **Mitwirkungspflichten** befasst hat. Die InsO hat die Auskunfts- und Mitwirkungspflichten des Gemeinschuldners neu geregelt und unterscheidet weiterhin zwischen Eröffnungs- und Insolvenzverfahren im engeren Sinne. **117**

§ 20 InsO regelt allein die **Auskunftspflicht im Einleitungsverfahren.**

§ 97 InsO regelt demgegenüber die **Auskunfts- und Mitwirkungspflicht** im eröffneten **Insolvenzverfahren;** § 20 S. 2 InsO verweist auf die §§ 97 ff. InsO.

§ 97 Abs. 1 InsO lautet:

> »Der Schuldner ist verpflichtet, dem Insolvenzgericht, dem Insolvenzverwalter, dem Gläubigerausschuss und auf Anordnung des Gerichtes der Gläubigerversammlung über alle das Verfahren betreffenden Verhältnisse **Auskunft** zu geben. Er hat auch Tatsachen zu offenbaren, die geeignet sind, eine Verfolgung wegen einer Straftat oder einer Ordnungswidrigkeit herbeizuführen«.[211]

Damit ist klargestellt, dass es sich bei der **Auskunftspflicht** nach §§ 97 Abs. 1, 20 InsO um einen **besonders hervorgehobenen Teilbereich der allgemeinen Mitwirkungspflichten** des Gemeinschuldners handelt.[212]

Der Gesetzgeber hat das übergesetzliche Verwertungsverbot auf der Grundlage des Gemeinschuldnerbeschlusses des BVerfG in § 97 Abs. 1 S. 3 InsO positivrechtlich normiert: **118**

> »Jedoch darf eine **Auskunft**, die der Schuldner **gemäß seiner Verpflichtung nach Satz** 1 erteilt, in einem Strafverfahren oder in einem anderen Verfahren nach dem Gesetz über Ordnungswidrigkeiten gegen den Schuldner oder einen in § 52 Abs. 1 der Strafprozessordnung bezeichneten Angehörigen des Schuldners nur mit Zustimmung des Schuldners **verwendet** werden«.

Den Strafverfolgungsbehörden bleibt es somit nicht nur **verwehrt**, die **Auskunft des Schuldners** – sowohl im Einleitungsverfahren gem. § 20 InsO als auch im Insolvenzverfahren gem. § 97 Abs. 1 InsO – als Beweismittel gegen den Schuldner zu verwenden, sondern auch, aus dieser einen **Anfangsverdacht zu schöpfen** oder auf der Grundlage dieser Angaben **Beweismittel zu erheben.**[213] Hiervon **nicht betroffen** sind alle Informations- und Vorlagepflichten, die der Gesetzgeber als **Zulässigkeitsvoraussetzung** eines Insolvenzantrages festgelegt hat (etwa nach §§ 13, 270b, 101, 15 Abs. 2 S. 1 InsO). Nicht die Folgen eines unzulässigen Antrags (keine Begründetheitsprüfung des Antrags und somit die Nicht-Durchführung des Insolvenzverfahrens selbst), sondern allein der Druck der

---

209 Umfassend m. Nachw. *Richter* wistra 2000, 1; zustimmend LG Stuttgart, Beschl. v. 21.07.2000, 11 Qs 46/00, wistra 2000, 439 m. Anm. *Richter* 440; ebenso LG Aachen, Beschl. v. 08.11.2000, 65 Qs 125/00; aktualisiert zur weiterhin kontroversen Diskussion Müller-Gugenberger/*Richter* Wirtschaftsstrafrecht, 8. Aufl. 2024 (im Druck) Rn. 76.22 ff.; *Bittmann* in Bittmann, InsolvenzstrafR, 2. Aufl., § 1 Rn. 16 ff.; revisionsrechtlich begründet ein Verstoß jedenfalls kein Verfahrenshindernis, vgl. BGH v. 26.7.2017 – 3 StR 52/17, ZInsO 2018, 2314.

210 *Stürner* NJW 1988, 1757 (1758, 1763).

211 Hervorhebung – auch im Folgenden – vom Verf.

212 Umfassend auch zu Umfang und Dauer der Pflichten BGH, Beschl. v. 25.02.2016, IX ZB 74/15, ZIP 2016, 686.

213 *Richter* wistra 2000, 1 und das LG Stuttgart, Beschl. v. 21.07.2000, 11 Qs 46/00, wistra 2000, 439 m. Anm. *Richter* 440.

Zwangsmittel des § 98 InsO begründen das Verwendungsverbot[214]. Angesichts der umfangreichen Zulässigkeitsvoraussetzungen des § 13 InsO nach dem ESUG 2011 (unten Rdn. 237) und der Praxis der Insolvenzgerichte, dem Schuldner umfangreiche Fragebögen (mit Vorlagevorschlägen) schon zur Antragstellung anzubieten entstehende Zweifel an der » *Freiwilligkeit*« können deshalb nur dann zum Verwendungsverbot führen, wenn sie den Zwang des § 98 InsO suggerieren[215] (obwohl dessen Anwendung insoweit rechtlich nicht zulässig ist). Gleiches gilt, wenn Insolvenzgerichte Angaben des Schuldners gegenüber dem (reinen) Gutachter unter Androhung von Zwangsmaßnahmen verlangen – nur dann unterliegen diese dem Verwendungsverbot verlangen – auch diese unterliegen grundsätzlich nicht dem Verwendungsverbot[216].

119 Verwertbar bleiben die Geschäftsunterlagen des Schuldners. Sowohl im Zivilrecht – wo eine Vielzahl von Auskunftspflichten gesetzlich normiert ist[217] – als auch im Zivil-[218] und Strafprozessrecht[219] wird stets zwischen Auskunfts- und Vorlage- und/oder Rechnungslegungspflichten unterschieden. Auch § 22 Abs. 3 InsO differenziert zwischen der »**Gestattung der Einsicht in die Bücher**« (S. 2) und den »**erforderlichen Auskünften**« (S. 3). Zutreffend hat bereits *Verrel*[220] darauf hingewiesen, dass der » *nemo-tenetur-Grundsatz* « vom **BVerfG auf Aussagen beschränkt** wird, also z.B. die »**Vorlagepflicht von Büchern und Geschäftspapieren« nicht betroffen** ist.[221]

c) Feststellungen zur »Krise«

120 Ausgangspunkt jeder Krisenbetrachtung ist (jedenfalls zunächst) die **Trennung zwischen Vermögens**krise (*Überschuldung*) und **Liquiditäts**krise (*Zahlungsunfähigkeit*). Die **Finanzierungs**krise, diskutiert unter dem Begriff der *Kreditunwürdigkeit*, hatte bis zum MoMiG im November 2008[222] Bedeutung bei der Rückführung von Kapitalersatz und war so ein zentrales Problemfeld täglicher insolvenzstrafrechtlicher Praxis zum Untreue-Strafrecht, das allerdings in der (veröffentlichten) obergerichtlichen (Straf-)Rechtsprechung wenig Niederschlag gefunden hatte.[223] Obwohl das MoMiG die Strafbarkeit der Rückführung von Gesellschafterleistung in der (Finanzierungs-) Krise beseitigt hatte, bleiben erhebliche strafrechtliche Risiken unter dem Gesichtspunkt des *»existenzgefährdenden Eingriffs«*.[224]

121 Der **strafrechtliche** Gehalt der **Regelung der InsO** erschließt sich vor dem Hintergrund der Rechtsprechung zur KO: Mit Art. 5 des **FMStG**[225] hat der Gesetzgeber die Definition der **Überschuldung** durch diese Rechtsprechung (s. hierzu näher unten Rdn. 149 ff., 155) in § 19 Abs. 2 InsO – allerdings nur für »Unternehmen« (!) – übernommen. Die intensiv zur/nach Umsetzung der **EU-Restrukturie-**

---

214 Dies verkennen AG Frankfurt (Oder), Urt. v. 12.03.2020 – 412 Cs 147/18, ZInsO 2020, 2716 und *Wilke/Knauth*, NZWiSt 2020, 207 f.; näher – auch zu abw. Lit. u. Rechtspr. – Müller-Gugenberger/*Richter* Wirtschaftsstrafrecht, 8. Aufl. 2024 (im Druck) Rn. 76.22 ff., 76.25 ff., 76.38; s. auch *Püschel* Das Verwendungsverbot des § 97 Abs. 1 S. 3 InsO und seine Folgen für die Verteidigung, in FS Arbeitsgemeinschaft Strafrecht des Deutschen Anwaltvereins, 2009 S. 759 ff., 766 unter Berufung auf LG Stuttgart, Beschl. v. 21.07.2000 – 11 Qs 46/2000, wistra 2000, 439.

215 BGH v. 12.12.2002 – IX ZB 426/02, BGHZ 153, 205 (207).

216 LG Münster, Beschl. v. 31.08.2017 – 12 Qs 45 Js 916/16–25/17; ThüOLG, Beschl. v. 12.08.2010, 1 Ss 45/10; OLG Celle, Beschl. v. 19.12.2012, 32 Ss 164/12.

217 Vgl. nur die Aufzählung bei Grünberg/*Heinrich* BGB, 81. Aufl. 2021, § 261 Rn. 5.

218 Etwa §§ 273, 378 ZPO.

219 § 69 StPO »anzugeben« als »Aussage«.

220 *Verrel* NStZ 1997, 361 (363) m. Nachw.; einschränkend *Hefendehl* wistra 2001, 1.

221 So ausdrücklich BVerfG, Beschl. v. 22.10.1980, 2 BvR 1172/79, BVerfGE 55, 144 (150) für § 31a BinnenschiffahrtsG; eingehend m. Nachw. Müller-Gugenberger/*Richter* Wirtschaftsstrafrecht, 8. Aufl. 2022 (im Druck) Rn. 76.38b ff.

222 S. oben Rdn. 111.

223 Eingehend und mit nahezu betriebswirtschaftlicher Feststellung allerdings der 5. Strafsenats BGH, Beschl. v. 06.05.2008, 5 StR 34/08 für gesellschaftergesicherte Bankdarlehen, s. hierzu unten Rdn. 183 ff.

224 S. hierzu unten Rdn. 175 f.

225 Oben Rdn. 111.

rungsRL (s. Rdn. 111) geführte Diskussion beschränkt sich nicht auf den Erhalt/die Abschaffung/die inhaltliche Neudefinition der Überschuldung, sondern betrifft auch die Abgrenzung zur und damit den Umfang der (zivil- und strafrechtlich relevanten) Liquiditätskrise (hierzu näher Rdn. 137 ff.).

aa) Zahlungsunfähigkeit und Zahlungseinstellung

Die **Zahlungsunfähigkeit** (in der Sprache der Betriebswirtschaftslehre die »*Illiquidität*«) nach der KO war definiert als 122

> »das auf den Mangel von Zahlungsmitteln beruhende, voraussichtlich dauerhafte Unvermögen des Schuldners, seine fälligen und ernsthaft eingeforderten Geldschulden im Wesentlichen zu erfüllen«.[226]

Die **Zahlungseinstellung** ist demgegenüber als tatsächlicher Akt »*die äußere Manifestation der Zahlungsunfähigkeit*«. Sie umfasst somit auch die Fälle der schlicht auf Zahlungsunwilligkeit beruhenden Nichtzahlung. Hierfür reicht schon die Schuldnererklärung, man könne (oder werde) auf absehbare Zeit nicht zahlen.[227] Es muss sich – so der Insolvenzsenat des BGH[228] –»mindestens für die beteiligten Verkehrskreise der berechtigte Eindruck aufdrängen, dass der Schuldner nicht mehr in der Lage ist, seine fälligen Zahlungsverpflichtungen zu erfüllen«. Deutlich, die ständige Rechtsprechung prägend, der IX. Senat des BGH in seinem Urteil vom 30.06.2011:[229]

> »Die Zahlungseinstellung ist dasjenige äußerliche Verhalten des Schuldners, in dem sich typischerweise eine Zahlungsunfähigkeit ausdrückt. Es muss sich mindestens für die beteiligten Verkehrskreise der berechtigte Eindruck aufdrängen, dass der Schuldner nicht in der Lage ist, seine fälligen und eingeforderten Zahlungsverpflichtungen zu erfüllen. Die tatsächliche Nichtzahlung eines erheblichen Teils der fälligen Verbindlichkeiten reicht für eine Zahlungseinstellung aus. Eigene Erklärungen des Schuldners, eine fällige Verbindlichkeit nicht begleichen zu können oder monatelanges Schweigen auf Rechnungen[230], deuten auf eine Zahlungseinstellung hin. Daran ändert eine gleichzeitig geäußerte Stundungsbitte nichts; dies kann vielmehr gerade auf die Nachhaltigkeit der Liquiditätskrise hindeuten.«

Mit dem von der Strafrechtsprechung anerkannten »Grundsatz der **Zivilrechtsakzessorietät**« bestimmt die Rechtsprechung der Zivilsenate des BGH nicht nur die Definition der liquiden Mittel und fälligen Verbindlichkeiten, also alle (gegenüberzustellende) Rechengrößen, sondern auch deren Zeitpunkt-/Zeitraumbezogenheit und damit die Zahlungsunfähigkeit selbst. Wegen des **Schuldgrundsatzes unanwendbar** sind aber gesetzliche (§ 17 Abs. 2 S. 2 InsO) oder von der Rechtsprechung vorgegebene **Beweislastregeln:** Insolvenzrechtlich begründet Zahlungseinstellung die (widerlegbare) Vermutung der Zahlungsunfähigkeit – strafrechtlich handelt es sich also lediglich um ein Indiz für die Beweisführung. Ihr kommt aber eigenständige strafrechtliche Bedeutung im Bankrottstrafrecht (§§ 283 ff. StGB) zu, stellt sie dort doch eine der drei möglichen objektiven Bedingungen der Strafbarkeit nach § 283 Abs. 6 StGB dar (Rdn. 208).

---

226 Statt aller *Tiedemann* Insolvenz-Strafrecht, Vor § 283 Rn. 125 ff. unter Bezug auf BGH, Urt. v. 05.11.1956, III ZR 139/55 und die nachfolgende Rechtsprechung.

227 BGH, Urt. v. 01.03.1984, IX ZR 34/83, NJW 1984, 1953 (1954); BGH, Urt. v. 20.11.2001, IX ZR 48/01, BGHZ 149, 178; die Feststellung, ob ein »Mangel der Mittel« tatsächlich vorliegt (und welchen Umfang er heben könnte), ist nicht erforderlich (vgl. BGH v. 08.01.2015, IX ZR 203/12, NJW-RR 2015, 612), was auch mit dem Wortlaut des § 17 Abs. 2, S. 2 InsO nicht vereinbar wäre – so schon *Tiedemann* Insolvenz-Strafrecht, Vor § 283, Rn. 125.

228 Urt. v. 12.10.2006, IX ZR 228/03, ZIP 2006, 2222.

229 IX ZR 134/10; std. Rspr., vgl. auch Urt. v. 20.12.2007, IX ZR 93/06; BGH, Urt. v. 17.11.2016, IX ZR 65/15, ZIP 2016, 2423; instruktiv hinsichtlich der praxisrelevanten Zahlungsverzögerungen gegenüber dem Steuerfiskus OLG Brandenburg, Urt. v. 19.6.2019, 7 U 15/18, ZInsO 2020, 681; zur Vermutung der Fortdauer eingetretener Zahlungsunfähigkeit BGH, Urt. v. 06.05.2021 – IX ZR 72/20, BGHZ 230, 28 ff. solange »keine Aussicht auf nachhaltige Beseitigung der gegenwärtigen Zahlungsunfähigkeit besteht«.

230 BGH, Urt. v. 18.1.2018, IX ZR 144/16, ZInsO 2018, 511.

123 Zur **Feststellung der Zahlungsunfähigkeit** nach den Prozessregeln des Strafrechts wurden (und werden) einerseits »**betriebswirtschaftlich**« die gegenwärtigen (*Liquiditätsstatus*; Aktiva I) und künftigen (*Finanzplan*; Aktiva II) flüssigen Mittel den gegenwärtigen (Passiva I) und künftigen (Passiva II) Verbindlichkeiten gegenübergestellt.[231] Andererseits war (und ist) es aber auch zulässig, aus »**wirtschaftskriminalistischen Beweisanzeichen**«[232] in einer **wertenden Gesamtschau** hinreichend sichere Schlüsse zu ziehen.[233] In der Praxis der Staatsanwaltschaften wurde (und werden noch weitgehend) nahezu ausschließlich mit den genannten Beweisanzeichen gearbeitet, wobei diese jedoch regelmäßig mit (meist rudimentären) betriebswirtschaftlichen Erkenntnissen aus der Unternehmensbuchhaltung ergänzt wurden (und werden). Allerdings beziehen sich die Strafverfolgungsbehörden nicht selten (»*zu Gunsten des Beschuldigten*« oder unter Anwendung der Konzentration gem. § 154a StPO) auf den Zeitpunkt der **Eidesstattlichen Versicherung** oder (soweit nur pfändbare Habe vorhanden ist!) der **Pfandloserklärung des Gerichtsvollziehers.** Das Argument, es seien »*wirtschaftskriminalistisch*« nicht vermeidbare Quantifizierungsprobleme im Hinblick auf das Wesentlichkeitskriterium der Definition der Rechtsprechung nicht auszuschließen, ist quantitativen und qualitativen Mängeln der Verfolgungsbehörden geschuldet und führt – da so die Zahlungsunfähigkeit (zugunsten der Beschuldigten) in unmittelbare zeitliche Nähe zum endgültigen Unternehmenszusammenbruch gelegt wird – zu einer deutlichen Beeinträchtigung des Rechtsgüterschutzes.

124 Nach dem Willen des Gesetzgebers der InsO sollte eine **Vorverlagerung des Insolvenzzeitpunktes** (zunächst) im Liquiditätsbereich die Massearmut der Konkursverfahren (Stichwort: »*Konkurs des Konkurses*«) beseitigen. Deshalb **verzichtet § 17 Abs. 2 InsO** auf die unbestimmten Begriffe der »**Wesentlichkeit**« und »**Dauerhaftigkeit**«. Der Wortlaut legt so aber – entgegen der *gesetzgeberischen Intention* – die »*nackte Illiquidität*«, die sich in der Nichtbezahlung *auch nur einer* (fälligen) Verbindlichkeit offenbart, mithin das **Entfallen** der **Zahlungsstockung**, nahe (siehe aber unten Rdn. 128).

125 Vorab ein Wort zur »**Fälligkeit**«, weil diese zivilrechtlich determiniert dem Recht der InsO vorgelagert, durch deren Novellen nicht tangiert ist. An das ergänzende Merkmal der »**ernsthaften Geltendmachung**« hatte schon die Rechtsprechung zur KO[234] keine besondere Anforderung gestellt und es damit bewenden lassen, dass der Gläubiger nicht zu erkennen gibt, dass er nicht mehr auf sofortige Zahlung besteht. Dies judiziert die Zivilrechtsprechung spätestens seit der Entscheidung des IX.

231 Std. Rspr., eingehend BGH, Urt. v. 22.02.2001, 4 StR 421/00, wistra 2001, 306 (307); BGH, Beschl. v. 30.08.2011, 2 StR 652/10, NJW 2011, 3733; BGH, Beschl. v. 04.12.2018, 4 StR 319/18, wistra 2019, 206.

232 Anerkannt sind: Überschreitung von Zahlungszielen, Lieferungen nur gegen Barzahlung, Zahlungsrückstände bei betriebsnotwendigen Aufwendungen, insbes. bei Lohn- und Gehaltszahlungen und Sozialversicherungsabgaben, Scheckvordatierungen, Scheck- und Wechselprolongationen bzw. -proteste, Rücklastschriften, Mahn- und Vollstreckungsbescheide, erfolglose Pfändungen, Pfandloserklärungen, Ladung/Haftbefehl zur Ableistung der eidesstattlichen Versicherung gem. § 807 ZPO bzw. diese selbst und insbes. Schlüsse aus dem Verhalten der Hausbanken u.a.; vgl. *Richter* GmbHR 1984, 113, 137 (138); *Reulecke* Kriminalistik 1984, 81; *Krauß* ZInsO 2017, 2361; BGH, Beschl. v. 03.12.1991, 1 StR 496/91, wistra 1992, 146; BGH, Beschl. v. 17.02.1993, 3 StR 474/92, wistra 1993, 184 und insbes. die Aufzählung möglicher Indizien in BGH, Beschl. v. 21.08.2013, 1 StR 665/12; BGH, Urt. v. 16.06.2016, IX ZR 23/125, v. 09.06.2016, IX ZR 174/15 und zu deren Bedeutung bei fehlerhafter betriebswirtschaftlicher Feststellung BGH, Beschl. v. 11.08.2016, 1 StR 63/16; zur Unbeachtlichkeit kriminell erlangter Zahlungszuflüsse BGH, Beschl. v. 23.07.2015, 3 StR 518/14, ZWH 2015, 388.

233 BGH, Beschl. v. 17.02.1993, 3 StR 474/92, wistra 1993, 184; BGH, Beschl. v. 21.08.2013, 1 StR 665/12; BGH, Beschl. v. 11.08.2016, 1 StR 63/16; für das Zivilrecht vgl. BGH, Urt. v. 30.06.2011, IX ZR 134/10, ZIP 2011, 1426; BGH, Beschl. v. 26.02.2013, II ZR 54/12; BGH, Urt. v. 16.06.2016, IX ZR 23/15.

234 BGH, Urt. v. 08.10.1998 – IX ZR 337/97, ZIP 1998, 2008 (210); vgl. die Nachw. bei *Tiedemann* Insolvenz-Strafrecht, vor § 233, Rn. 128.

Senats des BGH vom 19.07.2007[235] in ständiger Rechtsprechung.[236] Dem folgt auch – ganz überwiegend – die Strafrechtsprechung.[237] Wird zwischen »**zivilrechtlicher**« **und** »**insolvenzrechtlicher**« **Fälligkeit** unterschieden, kann dies jedenfalls bei Rechnungsstellung keine Bedeutung erlangen. Liegt jedoch keine Rechnung (oder sonstige konkrete Fälligstellung) nicht vor, muss beim Unterlassen der Geltendmachung der Forderung im Einzelfall geprüft werden, ob der Gläubiger ausdrücklich oder konkludent (ausnahmsweise) »*den Anschein gibt*«, er sei mit einer nachrangigen Befriedigung einverstanden. In derartigen Fällen wird aber regelmäßig eine (mindestens konkludente) Stundung vorliegen – mithin keine Fälligkeit (mehr) gegeben sein. Jedenfalls ist ein wie auch immer geartetes Mahnschreiben ausdrücklich nicht erforderlich[238] – das Merkmal dient eben nur dazu, »*solche Forderungen auszunehmen, die rein tatsächlich*« gestundet sind.[239] Danach ist auch aus der Sicht des Strafrechts beim Fehlen anderweitiger Anhaltspunkte auszuschließen, dass der Gläubiger sich mit einer auch **nur zeitweiligen nachrangigen Befriedigung unter Verzicht auf staatlichem Zwang** einverstanden erklärt.

Wichtiger ist dabei für die Praxis, dass schon ein »**pactum de non petendo**« – also die lediglich schuldrechtliche Erklärung, die Forderung für eine gewisse Zeit nicht geltend zu machen – oder ein sonstiges **Stillhalteabkommen**[240] die Fälligkeit (im Sinne der InsO) beseitigt.[241] Wird das Stillhalten an Ratenzahlungen geknüpft, wird die Schuld von neuem fällig, wenn der Schuldner nicht in der Lage ist, die Raten zu zahlen.[242]

Zur Geltung des Rechts der KO war die Quote der Unterdeckung (»**Wesentlichkeit**«) streitig. Die **126**
ganz h.M. ging von **> 15– 25 %** (also – weil insoweit immer wieder Missverständnisse auftreten – einer Befriedigungsquote von < 75–85 %) aus.[243] Die Höhe der Quote war und ist für die strafrechtliche Praxis allerdings ohnehin eher zweitrangig, da sie mithilfe der kriminalistischen Feststellung nicht ermittelt werden kann. Wichtig bleibt demgegenüber, welche gegenwärtigen (liquiden[244]) Vermögenswerte (**Liquiditätsstatus**) und welche künftigen (geplanten) Einnahmen und Ausgaben

---

235 IX ZB 36/07, ZIP 2007, 1666; BGH, Urt. v. 22.05.2014 – IX ZR 95/13 zur Aussetzung der Vollziehung eines Steuerbescheides.

236 BGH, Urt. v. 29.03.2012 – IX ZR 40/10, v. 06.12.2012 – IX ZR 3/12, v. 26.02.2013 – II ZR 54/12 und v. 25.02.2016 – IX ZR 109/15.

237 BGH, Urt. v. 29.10.2020 – 5 StR 618/19; ZInsO 2020, 2710; wenn *Brand* (NStZ 2021, 308 ff.) annimmt, das Strafrecht urteile hier »strenger als das Zivilrecht«, kann dem nicht gefolgt werden.

238 Nach § 284 Abs. 3 BGB – i.d.F. des Gesetzes zur Beschleunigung fälliger Zahlungen vom 01.05.2000 – BGBl. I S. 330 – bedarf es ohnehin keiner Mahnung mehr.

239 BGH, Urt. v. 19.12.2017 – II ZR 88/16 unter Bezug auf BGH, Beschl. v. 19.07.2007 – IX ZB 36/07, BGHZ 173, 286; bestätigend BGH, Beschl. v. 29.10.2020 – 5 StR 618/19, NStZ 2021, 308 f. m. zust. Anm. *Brand*, NStZ 2021, 309 f.

240 Instruktiv AG Köln, Beschl. v. 26.02.2018 – 73 IN 177/17, NZI 2018, 643.

241 So hat es der BGH – Urt. v. 22.11.2012 – IX ZR 62/10 – ausreichen lassen, wenn anstelle des Verzugszinses weiter der vertragliche Zinssatz berechnet wird, oder – Urt. v. 22.05.2014 – IX ZR 95/13 – wenn die Rechtmäßigkeit der Vollziehung eines Steuerbescheides ernstlichen Zweifel ausgesetzt ist. Solche Forderungen sind aber bei der Prognose zur drohenden Zahlungsunfähigkeit zu berücksichtigen.

242 Näher Müller-Gugenberger/*Richter* Wirtschaftsstrafrecht, 8. Aufl.2024 (im Druck) Rn. 79.24.

243 *Tiedemann* Insolvenz-Strafrecht, Vor § 283, Rn. 129 ff.; Müller-Gugenberger/*Richter* Wirtschaftsstrafrecht, 8. Aufl. 2024 (im Druck) Rn. 79.9 ff.; OLG Düsseldorf, Urt. v. 18.04.1997, 22 U 226/96, GmbHR 1997, 699 (700) (kleiner als 75 % und positive Liquiditätsentwicklung für weitere 3 Monate); vgl. auch BayObLG, Beschl. v. 14.04.1987, RReg 4 St 34/87, wistra 1988, 363.

244 Nicht hinzuzuzählen sind beiseitegeschaffte Vermögenswerte – OLG Frankfurt/Main im »Schneider-Fall« (Beschl. v. 18.06.1997, 1 Ws 56/97, wistra 1997, 274), weil allein die Erschwerung des Gläubigerzugriffs maßgeblich ist; so auch BGH, Urt. v. 22.02.2001, 4 StR 421/00, wistra 2001, 306 (308); BGH, Beschl. v. 22.01.2013, 1 StR 234/12, ZWH 2013, 272 m. Anm. *Fauser;* a.A. *Krause* NStZ 1999, 161.

(**Finanzplan**[245]; s. Rdn. 123) in die Erfassung einbezogen werden, um die Abgrenzung zur bloßen **Zahlungsstockung** zu leisten.[246] Die Betriebswirtschaftslehre – und so auch viele Unternehmen – arbeiten in diesem Zusammenhang mit **Liquiditätskoeffizienten.** Danach wird zwischen Liquidität 1. bis 3. Grades unterschieden. Unter Beachtung der Stichtagsqualität dieser Aussagen entsprechen die zur Geltung der KO eingesetzten Vermögenswerte der **Liquidität 2. Grades:** Es werden bare und die kurzfristig liquidierbaren Mittel den kurzfristigen Verbindlichkeiten gegenübergestellt.[247]

127 Die (apodiktische) Formulierung der **Zahlungsunfähigkeit in § 17 InsO** bedeutet zunächst und mindestens, dass die bisher diskutierten Quoten der Unterdeckung nicht mehr erheblich sein können.[248] Damit folgt der Gesetzgeber Erfahrung der Praxis, wonach gerade die Nichtbegleichung kleinerer Beträge regelmäßig auf besondere Liquiditätsprobleme hinweist. »*Verflüssigungsfähiges Anlagevermögen*« ist nur heranzuziehen soweit es nicht betriebsnotwendig und kurzfristig veräußerbar ist;[249] *Kreditschöpfungsmöglichkeiten* nur dann, wenn sich diese als »*realistisch*« erweisen.[250] **Streitige Forderungen** sind erst mit dem Zeitpunkt ihrer Fälligkeit in die Berechnung einzubeziehen und begründen nur dann Liquidität, wenn und soweit sie (zumindest vorläufig) hinreichend sicher realisierbar sind.[251] Dies setzt eine zumindest vorläufig vollstreckbare Entscheidung zur Zahlung innerhalb des Dreiwochen-Zeitraums voraus.[252] **Bestreitet** demgegenüber der Schuldner seine Verbindlichkeit – etwa auch indem er **Mängeleinreden** erhebt –, ändert dies grundsätzlich nicht deren Fälligkeit, erst recht nicht, wenn der Gläubiger Klage erhebt. Der »*wahre Wert*« einer (Liquidität-) Verbindlichkeit realisiert sich in der »*Gefahr der Inanspruchnahme*«: Überwiegt diese Gefahr, ist der Nennwert zu passivieren.[253]

128 Auch unter der Geltung der InsO bleibt es dabei, dass nicht jede Unfähigkeit eine (unbedeutende) Verbindlichkeit (momentan) nicht bezahlen zu können, Zahlungsunfähigkeit zu begründen vermag[254] und es bleiben die **Probleme der Zeitraumbetrachtung.** Den Streit, ob eine Zeitpunkt- oder aber eine Zeitraumbetrachtung richtig ist, löst der Verzicht des Gesetzgebers auf das Erfordernis der » *Dauer* « in der InsO nur scheinbar. Die InsO hat die **Unterscheidung zwischen Zahlungsstockung und Zahlungsunfähigkeit** nicht aufgegeben. Eine reine Zeitpunktbetrachtung kann dies – auch

245 Dessen Fehlen im Hinblick auf die Schuldfrage bedeutsam ist und – jedenfalls bei stärker werdender Krise als Blindwirtschaft gem. § 283 Abs. 1 Nr. 8 StGB geahndet werden kann – vgl. BGH, Urt. v. 25.11.1980, 5 StR 356/80, BGHSt 29, 396, NJW 1981, 354.

246 Vgl. BGH, Beschl. v. 17.02.1993, 3 StR 474/92, wistra 1993, 184; BayObLG, Beschl. v. 14.01.1987, RReg 4 St 34/87, BB 1988, 1840; eingehend *Tiedemann* Insolvenz-Strafrecht, Vor § 283, Rn. 131 f.

247 Vgl. nur *Jacobs* Bilanzanalyse 1994, S. 138; unter Barmittel werden in erster Linie Kasse und Bank, unter liquidierbaren solche, die im Zeitraum bis zu 3 Monaten verflüssigbar und nicht betriebsnotwendig sind, verstanden.

248 So zutreffend Vermögensgegenstände *Moosmayer* Insolvenzordnung, S. 165.

249 BGH, Beschl. v. 10.07.2018, 1 StR 605/16, NStZ 2019, 83 m. Anm. *Bittmann*, 84 und *Floeth* EWiR 2018, 691.

250 *Reulecke* Kriminalistik 1984, 80 (82).

251 *Tiedemann* in LK, Vor § 283, Rn. 132; näher zu str. Forderungen und Verbindlichkeiten Müller-Gugenberger/*Richter* Wirtschaftsstrafrecht, 8. Aufl. 2024 (im Druck) Rn. 78.18, 78.21.

252 Zu rechtskräftig zugesprochenen Forderungen vgl. BGH, Beschl. v. 10.7.2018, 1 StR 605/16, NJW 2019, 382.

253 BGH, Urt. v. 22.05.2012, IX ZR 95/13, ZInsO 2014, 1326, Rn 33.

254 BGH, Urt. v. 28.04.2022 – IX ZR 48/21, DZWIR 2022, 487 ff.; Rn 27: »*Nichtzahlung einer einzigen Verbindlichkeit kann eine Zahlungseinstellung begründen, wenn die Forderung von nicht unbeträchtlicher Höhe ist … (und) wenn dieses Indiz eine hinreichende Aussagekraft hat. Fehlt es (hieran, dann nur) wenn die Gesamtheit der Indizien (die Überzeugung) rechtfertigt … Allein Zahlungsverzögerungen, auch wenn sie wiederholt auftreten, reichen häufig nicht. Es müssen dann Umstände hinzutreten, die mit hinreichender Gewissheit dafürsprechen, dass die Zahlungsverzögerung auf fehlender Liquidität des Schuldners beruht … Daher kann ein Rückstand von mehr als vier vollen Monatsbeiträgen bei einem einzigen Sozialversicherungsträger die Zahlungseinstellung begründen.*«.

mit dem Korrektiv der Krisenüberwindung – nicht leisten. Es bleibt demnach dabei, dass eine »*nur kurzfristige Wiederherstellung der Liquidität*« nicht ausreichend für eine »*echte Konsolidierung*« ist.[255]

Ging die h.M. für die KO bis Mitte der 90er Jahre noch von einem Zeitraum von **3–6 Monaten** aus,[256] hat der **BGH** schon seit 1998 eine Frist von **1 Monat** für ausreichend gehalten.[257] **129**

Verbleibt es demnach grundsätzlich bei einer Zeitraumbetrachtung, so bedeutet der Verzicht auf das Erfordernis der »**Dauer**« im Wortlaut der InsO doch mindestens, dass der Schuldner seine fällige Verbindlichkeit **alsbald** bezahlen kann. Danach war es weitgehend Konsens, dass **keine Zahlungsstockung mehr** vorliegt, wenn die fällige Verbindlichkeit nicht innerhalb der Frist von maximal **1 Monat** beglichen werden kann.[258] **130**

Zur **Zahlungsunfähigkeit nach der InsO** hat der BGH in seinem **Grundsatzurteil vom 24.05.2005**[259] zum einen im Hinblick auf die **Dauer** unter Hinweis auf die Insolvenzantragsfrist des § 64 Abs. 1 S. 1 GmbHG den Zeitraum für die Abgrenzung zwischen Zahlungsstockung und Zahlungsunfähigkeit grundsätzlich auf **3 Wochen** begrenzt. In dieser Zeit sollte es einer kreditwürdigen Person möglich sein, die erforderlichen Mittel zur Zahlung fälliger Verbindlichkeiten zu beschaffen. Ein Überschreiten der Drei-Wochen-Frist ist deshalb nur unschädlich, wenn deren endgültige Schließung **mit an Sicherheit grenzender Wahrscheinlichkeit** »*in absehbarer Zeit*« feststeht und dem Gläubiger nach den Umständen des Einzelfalles so lange ein (weiteres!) Zuwarten zumutbar ist.[260] **131**

Auch das Merkmal der **Wesentlichkeit** hat der BGH im soeben erwähnten »*Grundsatzurteil*«[261] als nach § 17 InsO notwendiges Abgrenzungskriterium bestätigt: »Geringfügig« ist eine Liquiditätslücke danach nur dann, wenn der »**Schwellenwert**« von **10 %** der insgesamt bestehenden Verbindlichkeiten nicht überstiegen wird. *Schwellenwert* bedeutet dabei, dass auch bei einer Unterdeckung von weniger als 10 % keine Zahlungsstockung mehr vorliegt, wenn »*besondere Umstände*« die Zahlungsunfähigkeit belegen. Dies ist insbesondere anzunehmen, wenn in der 3-Wochenfrist voraussichtlich eher ein Ansteigen der Unterdeckungsquote zu erwarten steht oder jedenfalls mittelfristig eine 100 %-ige Zahlung nicht erwartet werden kann.

Diese Rechtsprechung hat der Insolvenzsenat in seinen Entscheidungen vom Juni[262] und Oktober 2006[263] weiter konkretisiert:

- die Feststellung der Zahlungsunfähigkeit kann auch auf Indiztatsachen gestützt werden, wobei die Nichtabführung von Sozialversicherungsbeiträgen »*ein starkes Indiz*« darstellt, »weil diese Forderungen in der Regel wegen der drohenden Strafbarkeit gem. § 266a StGB bis zuletzt bedient werden«;
- ein wichtiges Indiz ist, dass die Schuldnerin nicht in der Lage ist, die Sozialversicherungsleistungen binnen 3 Wochen zu bezahlen, wonach die Einstellung der Zahlungen mangels erforderlicher

---

255 Zur Forderung nach einer »*nachhaltigen*« Wiederherstellung der Zahlungsfähigkeit vgl. BGH, Urt. v. 12.05.2016, IX ZR 65/14, DB 2016, 1490; Müller-Gugenberger/*Richter* Wirtschaftsstrafrecht, 8. Aufl. 2024 (im Druck) Rn. 78. 21.

256 BayObLG, Beschl. v. 14.04.1987 – RReg 4 St 34/87, wistra 1988, 363; s. hierzu auch *Tiedemann* Insolvenzstrafrecht, Vor § 283, Rn. 134.

257 BGH, Urt. v. 03.12.1998, IX ZR 313/97, ZIP 1999, 76 (78); BGH, Urt. v. 25.10.2001, IX ZR 17/01, BGHZ 149, 100 und BGH, Urt. v. 20.11.2001, IX ZR 48/01, ZIP 2002, 87 (90); vom IX. Zivilsenat des BGH war schon früher die Monatsfrist angenommen worden, vgl. Urt. v. 27.04.1995, IX ZR 147/94, ZIP 1995, 929 (930 f.).

258 So zur alten Rechtslage BGH, Urt. v. 10.07.2003 – IX ZR 89/02, ZIP 2003, 1666 (1669); bestätigend BGH, Urt. v. 17.02.2004 – IX ZR 318/01, ZIP 2004, 669 (670); ebenso und zutreffend *Harz* ZInsO, 2001, 193 m. Nachw.

259 BGH, Urt. v. 24.05.2005, IX ZR 123/04, BGHZ 163, 134.

260 BGH, Urt. v. 28.05.2013, II ZR 83/12.

261 Urt. v. 24.05.2005, IX ZR 123/04, BGHZ 163, 134 (139 ff.).

262 Beschl. v. 13.06.2006, IX ZB 238/05, S. 5 m. vielfachen Nachw.

263 Urt. v. 12.10.2006, IX ZR 228/03, ZIP 2006, 2222.

Geldmittel auch nach außen erkennbar wird, da die Nichtzahlung bei diesen Verbindlichkeiten typischerweise nur deshalb erfolgt;
- auch beträchtliche Zahlungen die Zahlungsunfähigkeit nicht ausschließen, wenn sie nicht den wesentlichen Teil der fälligen Verpflichtungen ausmachen.

Diese Rechtsprechung hat – unter der zutreffenden Annahme der hier konkret gegebenen **Zivilrechtsakzessorietät**[264] – der 1. Strafsenat des BGH in seiner Entscheidung vom 23.05.2007[265] – unter Klarstellung einer insoweit missverständlichen Entscheidung des 5. Strafsenates[266] – als auch für das Strafrecht verbindlich angesehen. Auch in diesem Bereich gibt es keinen Grund, den (objektiven) Schutzbereich des Strafrechtes nur auf Teile der zivilrechtlichen Grundnorm zu beziehen. Daraus kann als »**Faustformel**« des BGH[267] abgeleitet werden:
- Beträgt die innerhalb von 3 Wochen nicht zu beseitigende Liquiditätslücke des Schuldners weniger als 10 % der fälligen Gesamtverbindlichkeiten liegt Zahlungsfähigkeit nur dann vor, wenn bereits absehbar ist, dass die Deckungslücke demnächst größer wird.
- Beträgt die Deckungslücke mehr als 10 % ist Zahlungsunfähigkeit bereits gegeben, wenn nicht ausnahmsweise mit an Sicherheit grenzender Wahrscheinlichkeit zu erwarten ist, dass die Liquiditätslücke demnächst vollständig oder fast vollständig geschlossen wird und den Gläubigern ein Zuwarten nach den besonderen Umständen des Einzelfalles zuzumuten ist.

Unter dem Stichwort »**Bugwellenmodell**« war in der Literatur (betriebswirtschaftlich kaum nachvollziehbar) diskutiert worden, ob den Aktiva II (s. oben Rdn. 123: die sofort verfügbaren liquiden Aktiva I *und* die innerhalb der nächsten drei Wochen verfügbaren Mittel) nur die Passiva I (also die fälligen Verbindlichkeiten) gegenüber gestellt werden sollen. Zur Einbeziehung der zu erwartenden Verbindlichkeiten hat aber der BGH in Zivilsachen[268] (auch) unter Bezug auf vorangegangene Rechtsprechung des 1. Strafsenates des BGH[269] und ausführlicher Darstellung des Diskussionstandes klargestellt: Die zu erwartenden Verbindlichkeiten (**Passiva II**) sind **einzubeziehen!**

Die Zahlungsunfähigkeit kann nur dadurch **beseitigt** werden, dass der Schuldner seine Zahlungen insgesamt wieder aufnimmt.[270]

In der **Strafrechtspraxis** wird die **Zahlungsunfähigkeit** häufig von der **Nichtzahlung der Arbeitnehmeranteile zu Sozialversicherung**[271] – als einer bei Nichtzahlung mit Strafe bedrohter Verbindlichkeit – abgeleitet. Verspätete Zahlung dieser Verbindlichkeit führt aber nur dann zur Beseitigung der eingetretenen Zahlungsunfähigkeit, wenn nicht neue Verbindlichkeiten unbezahlt bleiben. Kann der Schuldner die am drittletzten Werktag vor Monatsablauf fälligen Arbeitnehmeranteile für Januar zu diesem Tag und voraussichtlich auch nicht bis zum 28.02. bezahlen, ist er am 28.01. zahlungsunfähig. Zahlt er am 16.03. verspätet die Januaranteile, verbleibt es bei der Zahlungsunfähigkeit, weil die Januaranteile schon länger als 4 Wochen unbezahlt geblieben sind. Zahlt er früher, ist die eingetretene Zahlungsunfähigkeit nur dann beseitigt, wenn nicht weitere unbezahlte fällige Verbindlichkeiten bestehen. Dieses Beispiel bedeutet natürlich nicht, dass bei rechtzeitiger Zahlung der Arbeitnehmeranteile keine Zahlungsunfähigkeit gegeben ist oder dass diese bei geringfügigen Beiträgen so belegt werden könnte. Entscheidend ist vielmehr stets die *»wertende Gesamtbetrachtung aller Umstände«*. Auch insoweit bleibt es dabei, dass sämtliche liquiden Mittel, also auch solche aus

264 Vgl. hierzu allg. nur *Tiedemann* AT, Rn. 2, 5 m. Nachw.

265 1 StR 88/07, NStZ 2007, 634; grundlegend *Tiedemann* Insolvenz-Strafrecht, Vor § 283, Rn. 155 und Müller-Gugenberger/*Richter* Wirtschaftsstrafrecht, 8. Aufl. 2024 (im Druck) Rn. 76.49 ff. je m. Nachw.

266 Urt. v. 19.04.2007, 5 StR 505/06, StV 2007, 527 m. Nachw. der abweichenden Kommentarliteratur.

267 BGH, Urt. v. 06.12.2012, I ZR 3/12; hierzu *Gehrlein* BB 2013, 1795; *Rühle* DB 2013, 167.

268 BGH, Urt. v. 19.12.2017, II ZR 88/16, ZWH 2018, 118 m. Anm. *Richter*.

269 Beschl. v. 21.08.2013, 1 StR 665/12, ZIP 2013, 2469; unklar insofern noch BGH, Beschl. v. 23.07.2015, 3 StR 518/14, ZInsO 2015, 2021 und Beschl. v. 16.05.2017, 2 StR 169/15, ZInsO 2017, 1364.

270 BGH, Urt. v. 09.12.2012, IX ZB 3/12; Urt. v. 24.03.2016, IX ZR 242/13; Urt. v. 17.11.2016, IX ZR 65/15, vgl. *Swierczok* DZWIR 2016, 361.

271 Hierzu näher unten Rdn. 250 ff.

Straftaten, in den Liquiditätsplan einzubeziehen sind, selbstverständlich aber nur dann, wenn sie tatsächlich in das Vermögen des Schuldners eingebracht sind und dessen Gläubiger hierauf auch zugreifen können.

Die »**drohende Zahlungsunfähigkeit**« als **überwiegende Wahrscheinlichkeit** des Eintritts der Zahlungsunfähigkeit[272] ist ebenfalls weiterhin von der **Zahlungsstockung** abzugrenzen. Praktisch sind hier Fälle der (angezeigten) Kreditkündigung der Bank, der alsbald fälligen größeren Verbindlichkeit, des sich abzeichnenden Ausfalls eines Schuldners u.ä.[273] Für die Prognose der drohenden Zahlungsunfähigkeit ist auf den letzten Fälligkeitszeitpunkt aller Verbindlichkeiten abzustellen: Je länger der Prognosezeitraum, desto höher muss die Wahrscheinlichkeit des Eintritts von Zahlungsunfähigkeit sein. Zu berücksichtigen ist dabei die gesamte Entwicklung der Finanzlage (fällige und im Prognosezeitraum entstehende Verbindlichkeiten, die zur Verfügung stehenden Mittel, Kreditmöglichkeiten und Auftragsentwicklung).[274] 132

Der (fakultative – auf Schuldnerantrag) Insolvenzeröffnungstatbestand der »**drohenden Zahlungsunfähigkeit**«, der in **§ 18 Abs. 2 InsO** normiert ist, hat durch das ESUG 2011 (unten Rdn. 237) bei Sanierung und Insolvenz ganz besondere Bedeutung erlangt (hierzu eingehend unten Rdn. 234 ff.). Er stellt ausdrücklich nur auf die Wahrscheinlichkeit ab, ob die *gegenwärtigen* Verbindlichkeiten bei Fälligkeit bezahlt werden können. Dabei gilt für die Frage der Quantität oder Qualität nichts Anderes als für die Zahlungsunfähigkeit selbst.[275] 133

Da die drohende Zahlungsunfähigkeit bereits nach dem Recht der KO eine der Krisendefinitionen des **Bankrottstrafrechts** darstellte, bedeutet die Vorverlagerung der Insolvenzantragsmöglichkeit durch die InsO mit der Folge eines (möglichen) früheren Eintritts der objektiven Strafbarkeitsbedingung übrigens – entgegen *Moosmayer*[276] – keine (auch keine »*faktische*«) Ausdehnung der Bankrottstrafbarkeit. 134

So besteht schon aus tatsächlichen Gründen kein Anlass, mit *Moosmayer*[277] – quasi als Korrektiv – den erforderlichen **inneren Zusammenhang** zwischen der Bankrotthandlung und dem Zusammenbruch des Unternehmens[278] dann nicht für gegeben zu halten, wenn das Insolvenzgericht die Aufhebung der Überwachung anordnet oder aber die gerichtliche Bestätigung des Insolvenzplanes (mit der damit einhergehenden Aufhebung des Insolvenzverfahrens) vorliegt, und die danach folgenden Bankrotthandlungen an einer erneuten Krisenbefangenheit zu messen. 135

Dem könnte ohnehin – ohne Bruch der bisherigen Dogmatik zu dieser Strafbarkeitsbegrenzung – nur insoweit gefolgt werden, als mit der Aufhebung des Insolvenzverfahrens die Krise **endgültig überwunden** ist, wofür die Entscheidung des Insolvenzgerichtes, beruhend auf der Überwachung und den Berichten des Insolvenzverwalters,[279] lediglich ein Indiz sein kann. Es bleibt dabei: Zweifel 136

272 Zur Streitfrage, ob nicht vielmehr eine »Wahrscheinlichkeit des nahen Eintritts der Zahlungsunfähigkeit« vorliegen müsse (BGH, Urt. v. 23.08.1978, 3 StR 11/78, JZ 1979, 77) eingehend *Tiedemann* Insolvenz-Strafrecht, Vor § 283, Rn. 135 ff.

273 Zum Prognosezeitraum näher Müller-Gugenberger/*Richter* Wirtschaftsstrafrecht, 8. Aufl. 2024 (im Druck) Rn. 78.47 ff.

274 BGH, Beschl. v. 19.02.2013, 5 StR 427/12.

275 Wobei unter Beachtung der Rechtsprechung zur »*Bugwelle*« – s. oben, Rdn. 131 – die (zu erwartenden) Zu- und Abflüsse zu berücksichtigen sind.

276 Insolvenzordnung, S. 169 f.; s. auch *Staufenbiel/Baziuk* ZInsO 2016, 1726 und BGH, Beschl. v. 22.05.2014, IX ZR 95/13, ZInsO 2014, 1326.

277 Insolvenzordnung, S. 168 ff.

278 Hierzu eingehend *Tiedemann* Insolvenz-Strafrecht, Vor § 283 Rn. 86 ff.; 91 ff.

279 §§ 261, 262 InsO – vgl. *Hess/Pape* InsO und EGInsO, 1995, Rn. 787.

gehen hier zulasten des Täters![280] Bankrotthandlungen können der objektiven Strafbarkeitsbedingung nachfolgen,[281] sie müssen also nicht *nur* unter dem Aspekt der neuen Krise betrachtet werden.[282]

bb) Die Überschuldungsprüfung und die Fortführungsprognose

137 Viele Strafjuristen scheuen die Beschäftigung mit der – häufig bereits Jahre vor der Zahlungsunfähigkeit eingetretenen – Überschuldung eines Unternehmens, weil sie sowohl objektiv als auch subjektiv unüberwindbare Hürden befürchten. Für die Masse der Fälle zu Unrecht, wie sogleich darzustellen sein wird. Hierauf hatte und hat sich auch der durch den Gesetzgeber vorgegebene mehrfache Inhaltswandel der Überschuldung (hierzu näher unter Rdn. 150 ff.) in der Strafrechtspraxis kaum ausgewirkt.[283] Zwar ist danach für die Feststellung der Überschuldung das Vermögen stets unter Ansatz von Zerschlagungswerten zu ermitteln (unten Rdn. 149), für die Wirksamkeit der Einwilligung der Gesellschafter zu Entnahmen aus dem Vermögen der Juristischen Person (unten Rdn. 176 ff.) kann die Vermögensübersicht indes weiter auch den Ansatz von Fortführungswerten gebieten, weshalb beide Wertansätze vorgestellt werden müssen.

138 Ausgangspunkt für die Feststellung einer Überschuldung ist zunächst die Definition der Rechtsprechung vor Geltung der InsO[284] (angelehnt an § 92 Abs. 2 S. 2 AktG): **Das Vermögen des Schuldners deckt seine Schulden nicht.**[285]

139 Mehrere Eckpfeiler dieser Rechtsprechung gelten uneingeschränkt auch für die InsO: Die Überschuldung kann aus **keiner Bilanz** (diese kann nur »*bilanzielle*« oder »*nicht durch Eigenkapital gedeckte Unterdeckungen*« ausweisen!) **sondern** nur aus einem »**Überschuldungsstatus**« (auch: Überschuldungsbilanz) abgeleitet werden.[286] Terminologisch ist es deshalb dringend zu empfehlen, beim Überwiegen der Passiva über die Aktiva bei sämtlichen anderen Vermögensübersichten von »*Unterdeckung*« bzw. »*Unterbilanz*« oder auch vom »*nicht durch Eigenkapital gedeckter Fehlbetrag*« zu reden.[287]

---

280 OLG Düsseldorf, Urt. v. 27.09.1979, 5 Ss 391/79–410/79 I, NJW 1980, 1292 (1293). OLG Hamburg, Urt. v. 31.10.1986, 2 Ss 98/86, NJW 1987, 1342 (1344).

281 Ganz h.M., vgl. nur die Nachweise bei *Tiedemann* Insolvenz-Strafrecht, Vor § 283, Rn. 96; Müller-Gugenberger/*Richter* Wirtschaftsstrafrecht, 8 Aufl. 2020 (im Druck) Rn. 81.77 ff.; BGH, Beschl. v. 14.03.2016, 1 StR 337/15 ZInsO 2016, 792 m zust. Anm. *Richter* ZInsO 2016, 1346; a.A. *Brand* NJW 2016, 1528 und *Weyand,* ZInsO 2017, 387, der allerdings verkennt, dass sich der 4. Strafsenat (Urt. v. 10.11.2016, 4 StR 86/16) gerade nicht zu Tathandlungen *nach* der objektiven Strafbarkeitsbedingung verhält.

282 So aber *Moosmayer* Insolvenzordnung, S. 180 f.

283 Eingehend hierzu *Richter* Das Fehlen der Positiven Fortführungsprognose als strafrechtliche Grenze von Unternehmenssanierungen, in: Lüderssen, Volk, Wahle (Hrsg.), Festschrift für Wolf Schiller, 2014, S. 547 ff.

284 Vom 5. Oktober 1994, BGBl. I S. 2866 i.d.F. v. 25.08.1998, BGBl. I S. 2489, vollständig in Kraft seit dem 01.01.1999.

285 Zur Entwicklung dieser Definition vgl. *Höffner* BB 1999, 189 (252 ff.).

286 Eingehend und bei vertiefter Befassung mit dem Problem unumgänglich: *Wolf/Schlagheck* Überschuldung, S. 1 ff.; *Tiedemann* Insolvenz-Strafrecht, Vor § 283, Rn. 151 und Müller-Gugenberger/*Richter* Wirtschaftsstrafrecht, 8 Aufl. 2024 (im Druck) Rn. 79.1 ff., 32 ff. je m. Nachw.; std. Rechtsprechung BGH, Urt. v. 24.01.1961, 1 StR 132/60, BGHSt 15, 306 (309); BGH, Beschl. v. 19.08.1986, 4 StR 358/86, wistra 1987, 28; BGH, Beschl. v. 14.01.2003, 4 StR 336/02, wistra 2003, 301 m. Hinw. auf BGH, Urt. v. 13.07.1992, II ZR 269/91, BGHZ 119, 201 (213 f.) und zur indiziellen Beweiskraft der Handelsbilanz BGH, Urt. v. 19.11.2013, II ZR 229/11.

287 Von der im Übrigen die Unterbilanz bzw. der »nicht durch Eigenkapital gedeckter Fehlbetrag« gem. § 30 GmbHG – das (nach § 42 GmbHG) bilanziell ausgewiesene Reinvermögen der Gesellschaft beträgt zwischen 0 und dem Nennbetrag des Stammkapitals – zu unterscheiden ist; vgl. *Goette* DStR 1997, 1495 (1496) m. Nachw. auf die std. Rspr. und Müller-Gugenberger/*Richter* Wirtschaftsstrafrecht 8. Aufl. 2024 (im Druck) Rn. 80.10; Müller-Gugenberger/*Wolf* Wirtschaftsstrafrecht, 8. Aufl.2024 (im Druck) Rn. 26.74.

Im Überschuldungsstatus sind das Vermögen und die Schulden (Aktiva und Passiva) – je einzeln! – mit ihren »**wahren wirtschaftlichen Werten**«[288] – zum Stichtag der Überschuldungsprüfung![289] – anzusetzen. Der »*wahre Wert*« eines Gutes kann in unserer Wirtschaftsordnung grundsätzlich nicht abstrakt, sondern nur nach dem **Bewertungsziel** – nämlich nach der (beabsichtigten) Verwendung des Gutes – quantifiziert werden. Hieraus folgt, dass **nur eine zweistufige Prüfmethode** – bestehend aus der Feststellung des Verwendungszieles und der Bestimmung des konkreten Wertansatzes – die Frage nach der Überschuldung beantworten kann.[290] Soweit reicht der sichere dogmatische Boden. Aus der Praxis ist hinzuzufügen, dass in der Masse der Fälle die Überschuldung durch **Umrechnung**[291] vorhandener – meist sogenannter »*Einheits-*«**Bilanzen** (also sowohl nach handels- als auch steuerrechtlichen Grundsätzen – oder auch internationalen Regeln wie IFRS oder US-GAAP – erstellter Jahresabschlussbilanzen) festgestellt wird. Da dem Wertansatz in diesen Vermögensübersichten stets die Fortführung zugrunde liegt, ist für die Überschuldungsfeststellung zu unterscheiden, ob **Fortführungs- oder Zerschlagungswerte**[292] zum Ansatz kommen. 140

Die Festlegung auf eine Bewertungsalternative für alle Vermögensgegenstände ist allerdings häufig zu pauschal. Betriebswirtschaftlich maßgebend ist zum einen die **Zerschlagungsintensität** – es kann bei einem insgesamt zu zerschlagenden Unternehmen ein Einzelgut (ein Unternehmensteil u.a.) einen Fortsetzungsansatz rechtfertigen – und andererseits die **Zerschlagungsgeschwindigkeit**,[293] also in welcher Zeit veräußert werden muss.[294] Unter dem – gerade von den aktuellen Novellierungen der InsO weiter betonten – Restrukturierungsgedanken hat diese Problematik noch an Bedeutung gewonnen. Für das Strafrecht führen Zweifel an der Erweislichkeit der ungünstigeren Bewertungsalternative zum Ansatz der günstigeren. 141

Wie jede Vermögensübersicht dient auch der Überschuldungsstatus einem Ziel, das für die Bestimmung der Bewertungsalternative und der Bewertung im Einzelfall maßgebend ist. Sein Ziel ist auch in der geltenden Fassung des Finanzmarktstabilisierungsgesetzes (FMStG, unten Rdn. 153 ff.) die Feststellung des **Schuldendeckungspotentials** im Vermögen des Schuldners für seine Gläubiger.[295] Unbeschadet der Wertfestsetzung der Einzelgüter führt die Feststellung einer negativen Fortführungsprognose zur Notwendigkeit, die **voraussichtlichen Abwicklungskosten** im Überschuldungsstatus zu passivieren, was wiederum regelmäßig die »*Explosion der Passivseite*«[296] zur Folge hat. 142

288 *Tiedemann* Insolvenzstrafrecht, Vor § 283, Rn. 151 m. Nachw.

289 Deutlich BGH, Beschl. v. 14.01.2003, 4 StR 336/02, wistra 2003, 301.

290 Hierzu nur Müller-Gugenberger/*Richter* Wirtschaftsstrafrecht, 8. Aufl. 2024 (im Druck) Rn. 80.6 ff. und *Tiedemann* Insolvenzstrafrecht, Vor § 283, Rn. 153 ff.

291 So auch für das Zivilrecht *Fleischer* ZIP 1996, 773 (774); vgl. BGH, Urt. v. 24.01.1961, 1 StR 132/60, BGHSt 15, 306 (309); es handelt sich hierbei vor allem um die Aktivierung »stiller Reserven«, hierzu OLG Stuttgart, Urt. v. 13.03.2002, 20 U 67/01, GmbHR 2002, 1072; std. Rechtspr. BGH, Urt. v. 21.02.1994, II ZR 60/93.

292 Auch: »*going-concern-Ansatz*«. Letztlich handelt es sich hierbei um (auf den Vermögensgegenstand bezogene) Ertragserwartungen, die sich regelmäßig in den Wiederbeschaffungs-/Wiederherstellkosten (Reproduktionskosten) widerspiegeln, soweit die Unternehmung mindestens kostendeckend wirtschaftet. Hinzuzurechnen ist allerdings – was insbes. in einer Gewinnsituation bedeutsam ist – der Firmenwert (auch: »good-will«). Dieser kann auch auf die einzelnen Vermögenspositionen umgelegt werden – sog. Teilwert. Die Liquidationswerte stellen die absolute Wertuntergrenze dar. Hierzu eingehend m. Nachw. *Tiedemann* Insolvenzstrafrecht, Vor § 283, Rn. 156 ff.; Müller-Gugenberger/*Richter* Wirtschaftsstrafrecht, 8. Aufl. 2024 (im Druck) Rn. 80.8; aus betriebswirtschaftlicher Sicht *Wolf/Schlagheck* Überschuldung, S. 36 ff.

293 Zu deren Bedeutung insbes. *Möhlmann* DStR 1998, 1843 (1846 f.); *Wolf/Schlagheck* Überschuldung, S. 37 f.

294 Hierzu näher *Höffner* BB 1999, 189 (199 f.); *Reck* GmbHR 1999, 267.

295 Zur Bedeutung auch für das aktuellen Recht zur Überschuldungsfeststellung *Richter* Das Fehlen der Positiven Fortführungsprognose als strafrechtliche Grenze von Unternehmenssanierungen, in: Lüderssen, Volk, Wahle (Hrsg.), Festschrift für Wolf Schiller, 2014, S. 547 ff. (552).

296 Worauf *Frystatzki* (ZInsO 2020, 176) zutreffend hinweist.

143 Ist die Nichtfortführung der Unternehmung zugrunde zu legen oder steht die Veräußerung eines Einzelgutes fest, müssen die Gläubiger (Summe der aus der Masse zu befriedigenden Verbindlichkeiten = Passiva des Überschuldungsstatus) aus dem Erlös bei Veräußerung der Aktiva (abzüglich Veräußerungskosten) befriedigt werden. Dieser **Liquidationswert** der Einzelgüter (oder auch der Teil- bzw. Gesamtunternehmung) wird durch die *zeitliche Limitierung* des Veräußerungsvorganges regelmäßig **unter** dem **Verkehrswert** liegen bzw. ist er bis hin zum *Schrottwert* gemindert. Dies kann sogar zu *negativen Werten* (Kostenposition der Zerschlagung) führen (**Zerschlagungswert**). Bei Immobilien geht der 4. Strafsenat des BGH[297] wohl vom Verkehrswert aus. Dies ist aber nur dann zutreffend, wenn man zugunsten des Beschuldigten unterstellt, dass die Verwertung der Immobilie im Zerschlagungsfall durch regulären Verkauf erfolgt. Legt man hingegen zugrunde, dass typischerweise eine Verwertung in Form der Versteigerung erfolgt, müssen – neben den Verwertungskosten – bezüglich der Erlöse deutliche Abstriche gemacht werden. Solche werden von Banken üblicher- und zutreffender Weise mit mindestens 20 % der Verkehrswerte bei der Sicherheitenbewertung berücksichtigt.

144 Ist die (voraussichtliche) Zerschlagung (der Unternehmung, der Gütereinheit, des Einzelgutes) nicht zugrunde zu legen (bzw. steht ihre Fortführung fest), sind die Gläubiger aus den **zukünftigen Erträgen** zu befriedigen.[298] Diese Erträge können aber nicht den einzelnen Vermögensgegenständen, sondern nur dem Unternehmen als Ganzes zugeordnet werden.[299] Richtig – und praktisch handhabbar – ist danach der Ansatz zu (Handels-)Bilanzwerten (Substanz- oder Wiederbeschaffungswerte abzüglich AfA) zuzüglich dem Ansatz eines Firmenwertes als gesonderte Position der Ertragserwartung der Gesamtunternehmung.[300] Fertige und unfertige Produkte sind mit den (realistischen) Verkehrswerten abzüglich der noch anfallenden Kosten zu bewerten. Selbst Gewinnerwartungen bestehender Aufträge müssen berücksichtigt werden. Sind jedoch mittelfristig keine Erträge oder gar Verluste zu erwarten, müssen die Gläubiger auch bei Unternehmensfortführung aus der Substanz der Unternehmung befriedigt werden. Die **Zerschlagungswerte** bilden daher die **Untergrenze** der Vermögensbewertung.

145 Auf einige **Einzelprobleme der Umrechnung** sei in diesem Zusammenhang kurz eingegangen:

Bei der Überführung der Bilanz in einen Überschuldungsstatus ist den »**Aufwendungen für die Ingangsetzung und Erweiterung des Geschäftsbetriebs**« jedenfalls bei Zerschlagungsprognose kein Wert beizumessen. Festgestellt werden soll, ob die Gläubiger (noch) aus dem am Stichtag vorhandenen verwertbaren Gesellschaftsvermögen befriedigt werden können oder ob zur Vermeidung einer weiteren Verschlechterung ihrer Befriedigungsaussichten umgehend die Durchführung eines Insolvenzverfahrens beantragt werden muss. »*Aufwendungen*« ist daher jedenfalls dann kein »**Schuldendeckungspotenzial**« beizumessen, wenn es sich hierbei lediglich um eine Bilanzierungshilfe (vgl. § 269 HGB) handelt, die dazu dient, den Ausweis von Verlusten in der Bilanz zu vermeiden.[301] Auch »*zweckgebundene Vermögensgegenstände*« – etwa eine Überweisung zum Erwerb von Gegenständen für den Auftraggeber – stellen kein bewertbares Aktivvermögen dar, weil ein solcher Betrag mit dem Verwendungszweck belastet ist.[302] Zum Ansatz von voraussichtlich entstehenden **Kosten der Unternehmensabwicklung** auf der Passiv-Seite des Überschuldungsstatus s. oben Rdn. 142.

146 Entsprechendes gilt für aktivierte Kosten eines »**Geschäftswertes**«. Jedenfalls bei Zerschlagungsprognose handelt es sich auch insoweit um eine Fehlinvestition, ein für Gläubiger realisierbarer »*Ver-*

297 Beschl. v. 14.01.2003, 4 StR 336/02, wistra 2003, 301 (302).
298 *Wolf/Schlagheck* Überschuldung, S. 38 ff.
299 Zutreffend *Höffner* BB 1999, 189 (200).
300 Als Saldo zum discounted-cash-flow – vgl. *Möhlmann* DStR 1998, 1843 (1847 f.); *Kallmeyer* GmbHR 1999, 1941 ff.; mit zutreffenden betriebswirtschaftlichen Erwägungen – allerdings ohne die rechtlich gebotene »Einzelbewertung der Vermögensgegenstände« – gelangt *Wolf* (StuB 2000, 165 ff.) bei Gegenüberstellung von »Unternehmenswert« (als Ertragswert) und Schulden zum selben rechnerischen Ergebnis.
301 Vgl. BGH, Beschl. v. 22.10.1990, II ZR 238/89, BB 1991, 14.
302 Zutreffend BGH, Urt. v. 19.04.2007, 5 StR 505/06, wistra 2007, 308, StV 2007, 527 (528).

mögenswert« wurde nicht geschaffen. Auch insoweit scheidet eine Aktivierung im Überschuldungsstatus daher aus. Für den »**Firmenwert**« gilt – auch soweit er zutreffend (»*Firma*« ist der Name des Kaufmanns, § 17 HGB) nicht synonym zum Geschäftswert gebraucht wird – nichts Anderes.[303]

Bei »**Stillen Beteiligungen**« muss zwischen »*typischen*« und »*atypischen*« Stillen Beteiligungen unterschieden werden. »*Typische Stille Beteiligungen*« sind grundsätzlich in voller Höhe zu passivieren. Der »*Stille Gesellschafter*« gem. § 236 HGB ist Insolvenzgläubiger.[304] Eine Passivierung entfällt nur insoweit, als die Einlage den Betrag des auf den Gesellschafter entfallenden Anteils am Verlust übersteigt, weil die Teilnahme am Insolvenzverfahrens nur insoweit zulässig ist (§ 236 Abs. 1 HGB). 147

Von der Passivierung konnte vor Geltung des MoMiG[305] nur dann abgesehen werden, wenn eine »**qualifizierte**« **Rangrücktrittserklärung**[306] vorlag. Diese war aus Gläubigerschutzinteresse (!) bedingungsfeindlich, hatte aber im Hinblick auf die Rückzahlungssperre nur *deklaratorische* Bedeutung.[307] *Konstitutiv* war demgegenüber die entsprechende Erklärung außenstehender Dritter, welche dieselbe überschuldungsvermeidende oder -beseitigende Wirkung herbeiführen konnte.

Auch nach Inkrafttreten des **MoMiG** kann ein (allerdings »**vereinbarter**«) **Rangrücktritt** (des Gesellschafters ebenso wie derjenige von Außenstehenden) die Passivierungspflicht entfallen lassen, bzw. die Aktivierung des Erstattungs- bzw. Ersatzanspruchs gestatten (§ 19 Abs. 2 InsO i.V.m. § 39 Abs. 1 Nr. 5, Abs. 4 und 5 InsO)[308]. Danach ist diese Erklärung stets – wie früher nur diejenige des Nichtgesellschafters – *konstitutiv*. Höchst streitig war – bis zur klärenden Grundsatzentscheidung des IX. Zivilsenates des BGH zum »*Hybrid-Kapital*«[309] – die (allerdings zentrale) Frage, ob die Erklärung *befristet* oder gar auf den Eintritt der Insolvenzreife oder der Insolvenz der Gesellschaft *bedingt* sein kann (eingehend hierzu – auch zu Anleihen und Genussscheinen – unten Rdn. 180 ff., 190). Für den Unternehmer (bzw. seinen Berater) bedeutet dies, dass eine Rangrücktrittserklärung die den Nachrang nur für den Fall der Eröffnung des Insolvenzverfahrens oder den Rücktritt hinter einzelne Gläubiger regelt, nicht geeignet ist, dieses Ziel zu erreichen, weil (und soweit) der Gläubiger nicht gehindert ist, seine Forderung *vor* Verfahrenseröffnung durchzusetzen. Im Überschuldungsstatus ist daher eine solche Verbindlichkeit (trotz »*Rangrücktritt*«) **zu passivieren.** Die Passivierungspflicht **entfällt nur** soweit der **Zugriff** des Gläubigers in der Krise des Schuldners (oder zu deren Herbeiführung) **ausgeschlossen** ist. Somit besteht nach Kriseneintritt (und in deren Vorfeld bei Kausalität) nicht nur ein Leistungsverweigerungsrecht, sondern ein **Zahlungsverbot**. Auf diese Forderung darf also nicht geleistet werden; Zahlung trotz Verbot ist eine »*Zahlung auf eine Nichtschuld*« – mit

---

303 Ausnahmen (etwa »Bauknecht«, »Quelle« oder »Märklin«) bestätigen auch hier die Regel.

304 BGH, Urt. v. 21.03.1983, II ZR 139/82, NJW 1983, 1855.

305 S. hierzu oben Rdn. 111.

306 Grundsätzlich BGH, Urt. v. 08.01.2001, II ZR 88/99, BGHZ 146, 264; zur analogen Anwendung von § 30 GmbHG bei »Stillem Gesellschafter« BGH, Urt. v. 13.02.2006, II ZR 62/04, BB 2006, 792. Als »qualifiziert« bezeichnete die Literatur Rangrücktrittserklärungen, die den Anforderungen der Rspr. genügten – vgl. *Goette* DStR 2001, 179; *Bauer* ZInsO 2001, 486, 491; *Henle/Bruckner* ZIP 2003, 1736. Zur Behandlung der verschiedenen Formen des Rangrücktritts in der Bilanz vgl. *Janssen* BB 2005, 1895.

307 BGH, Urt. v. 08.01.2001, II ZR 88/99, BGHZ 146, 264, ZIP 2001, 235 m. Anm. *Altmeppen*.

308 Zum (notwendigen) Inhalt einer »*Nachrangklausel mit Durchsetzungssperre*«; BGH, Urt. v. 22.03.2018, IX ZR 99/17, NJW 2018, 2193.

309 Urt. v. 05.03.2015, IX ZR 133/14, BGHZ 204, 213; *Hadamitzky* ZInsO 2015, 1778; *Bitter* GmbHR 2015, 345; *Hennrichs* NZG 2016, 1255; *Müller* BB 2016, 491; für die Steuer- und Handelsbilanz *Hoffmann* StuB 2016, 28; *Kahlert* BB 2016, 878 und – zutreffend differenzierend – *Schulze-Osterloh*, BB 2017, 427; zum Wegfall der Ausnahme für kurzfristige Darlehen (»Überbrückungsdarlehen«) und zum (Nichtvorliegen eines) »Bargeschäft« bei Darlehensrückzahlung vgl. *Dahl/Kortleben* NJW *Spezial* 2017, 21; BGH, Beschl. v. 07.05.2014, IX ZR 271/12; zur Bedeutung von »alternativen Darlehensprodukten« (mit und ohne Wertpapiercharakter) des Kapitalmarktes, wie Anleihen (Schuldverschreibungen nach §§ 793 ff. BGB), Schuldscheindarlehen, sonstige Genussscheine *Cranshaw*, DZWIR 2018, 508, 525.

den entsprechenden Strafbarkeitsfolgen im Hinblick auf Untreue gem. § 266 StGB und Bankrott durch Beiseiteschaffen gem. § 283 Abs. 1 Nr. 1, Abs. 6 StGB.

148 Für **Risiken und Chancen beim Rechtsstreit** sind – schon bilanziell – nicht die Klageerhebung oder Rechtsmitteleinlegung (erst recht nicht eine hierauf gerichtete Absicht) maßgebend. Erforderlich ist vielmehr die auf den Stichtag bezogene Risikobewertung der hinreichenden Wahrscheinlichkeit von Verlusten bzw. des Obsiegens.[310] Nichts anders gilt für den »*wahren wirtschaftlichen Wert*« im Überschuldungsstatus.

149 Zu einer erheblichen Verwirrung schon im objektiven Bereich der Überschuldungsfeststellung, erst recht aber im subjektiven Tatnachweis, führte unter der Geltung der KO (VerglO/GesO) die Verwendung **zweier konkurrierender** (zweistufiger) **Feststellungsmodelle** in Literatur und Rechtsprechung. Der Streit schien mit der Insolvenzordnung 1999 normativ entschieden. Nach dem seit dem 17.10.2008 durch das Finanzmarktstabilisierungsgesetz (FMStG)[311] (zunächst nur vorübergehend) geltenden neuen (in Wahrheit »*alten*«) Überschuldungsbegriff waren diese Irritationen – vor allem auch wegen ihrer zeitlichen Befristung – wieder aktuell geworden. Mit der vom Gesetzgeber vorgenommenen »*Entfristung*«[312] dieser normativen Festlegung ist jedenfalls insofern Klarheit geschaffen: Überschuldung (im Rechtssinn) liegt nur vor, wenn – neben dem Überwiegen der Passiva über die Aktiva im Überschuldungsstatus (unter Ansatz von Zerschlagungswerten!) – auch (und zusätzlich) das Fehlen der Fortführungsprognose feststeht (strafrechtlich: zur vollen Überzeugung des [Tat-] Richters zu beweisen ist). Wie vor der InsO 1999 kommt danach in der strafrechtlichen Praxis der rechnerischen Unterdeckung kaum noch praktische Bedeutung zu und konzentriert sich der Tatnachweis auf das **Fehlen der positiven Fortführungsprognose.**

Deshalb auch hierzu einige grundsätzliche Bemerkungen:

150 Im **Zivilrecht** galt zum alten Recht der KO – beruhend im Wesentlichen auf dem »*Dornier-Urteil*« des BGH[313] – die »**modifizierte zweistufige Prüfungsmethode**«.[314] Sie ging, dem Gedanken des Gläubigerschutzes folgend, davon aus, dass **zunächst** ein Überschuldungsstatus unter Ansatz von **Zerschlagungswerten** erstellt wird.

151 Führte dieser Ansatz zu einer Unterdeckung der Aktiva im Verhältnis zu den Passiva (sog. **rechnerische Überschuldung**), war – um zu einer normativen (oder auch: **rechtlichen**) **Überschuldung** zu gelangen – die »*negative Fortführungsprognose*« (oder auch: **Zerschlagungsprognose**) *kumulativ* festzustellen. Dies bürdete dem Unternehmen in erheblichem Umfang die Beweislast auf[315] und verlangte außerdem, dass der Geschäftsführer die wirtschaftliche Lage des Unternehmens bei Krisenanzeichen fortlaufend beobachten musste.[316]

152 In der Strafrechts-Praxis wurde danach – die Prüfungsreihenfolge ist ohnehin beliebig – die rechnerische Überschuldung nicht mehr diskutiert, wenn und soweit der Nachweis der Zerschlagungs-

---

310 Hierzu eingehend *Osterloh-Konrad* DStR 2003, 1631 (1675 ff.).

311 Vom 17.10.2002, BGBl. I S. 1982.

312 Gesetz v. 09.11.2012, BT-Drs. 17/11385; vgl. *Wolf* StuB 2013, 61; *Böcker/Poertzgen* GmbHR 2013, 17.

313 BGH, Urt. v. 13.07.1992, II ZR 269/91, BGHZ 119, 201, NJW 1992, 2891; instruktiv auch OLG Düsseldorf, Urt. v. 18.04.1997, 22 U 226/96, GmbHR 1997, 699. Die seit dem 17.10.2008 geltende Fassung des § 19 Abs. 2 InsO ist wörtlich der »Dornier-Entscheidung« von 1992 entnommen.

314 Im Anschluss an *K. Schmidt* AG 1978, 334; *Höffner* BB 1999, 189 (201); grundlegend auch BGH, Urt. v. 13.07.1992, II ZR 269/91, BGHZ 119, 201.

315 Grundlegend schon *Braun/Uhlenbruck* Unternehmensinsolvenz, 1997, 290; instruktiv zur Beweislast und zur Frist bei einer Umqualifizierung durch »Stehenlassen« BGH, Urt. v. 15.06.1998, II ZR 17/97, ZIP 1998, 1352; auch schon BGH, Urt. v. 02.06.1997, II ZR 211/95, ZIP 1997, 1648 und BGH, Urt. v. 02.06.1997, II ZR 211/95, NJW 1997, 3171.

316 Vgl. zur Pflicht, hierbei einen Überschuldungsstatus aufzustellen Fleischer ZIP 1996, 773; BGH, Urt. v. 06.06.1994, II ZR 292/91, BGHZ 126, 181 (199).

prognose misslang.[317] Da die **Beweislastregeln des Zivilrechtes** auf das Strafrecht **nicht übertragbar** sind, war allerdings schon der dogmatische Ausgangspunkt für das **Strafrecht** verfehlt und **unzulässig:** Der Ansatz fiktiver Werte (Zerschlagungswert-Ansatz) zum Nachteil des Beschuldigten würde einen Verstoß gegen den strafprozessualen Grundsatz »**in dubio pro reo**«[318] dargestellen.

Die Überschuldung wurde sodann unter der Geltung des Überschuldungsbegriffes in § 17 Abs. 2 InsO bis zum FMStG **im Strafrecht** nach den Grundsätzen der sogenannten **alternativen** (auch: »*einfachen*« oder »*nichtmodifizierten*«) **zweistufigen Prüfmethode**[319] festgestellt. Danach musste zunächst im Rahmen der Prüfung der Fortführungsprognose objektiv und subjektiv die **voraussichtliche Zerschlagung bewiesen** werden. Bei Zweifeln, ob eine *überwiegende* Fortführungswahrscheinlichkeit gegeben ist, war im Strafrecht zugunsten des Beschuldigten (in dubio pro reo[320]) von der Unternehmensfortführung auszugehen, mithin Fortführungswerte anzusetzen. Wies der hierauf erstellte Status eine Unterdeckung der Aktiva aus, lag *nach dieser Prüfmethode* **Überschuldung** vor – **gleichgültig welcher Wertansatz** zugrunde zu legen war. 153

Da bei der Masse der strafrechtlich relevanten Insolvenzen die mit einem Mindestkapital ausgestatteten GmbHs kaum über nennenswertes Aktiv-Vermögen verfügen, kann aus der Stuttgarter Praxis berichtet werden, dass auch bei Ansatz von Fortführungswerten nicht selten Überschuldung nachweisbar und diese als tatbestandsrelevantes Krisenmerkmal demjenigen der Zahlungsunfähigkeit regelmäßig vorgelagert war. 154

Diesen Ansatz der alternativen zweistufigen Prüfmethode hatte der Gesetzgeber (auch für das Zivilrecht) in **§ 19 InsO** zwingend vorgeschrieben.[321] Dessen Absatz 2 S. 2 lautete bis 17.10.2008: 155

> »Bei der Bewertung des Vermögens des Schuldners ist jedoch die **Fortführung** des Unternehmens zugrunde zu legen, **wenn diese** nach den Umständen **überwiegend wahrscheinlich ist.**«

Seit dem 17.10.2008 gilt gem. Art. 5 des FMStG (siehe hierzu oben Rdn. 121, 149) folgende Fassung des § 19 Abs. 2 InsO:

> »Überschuldung liegt vor, wenn das Vermögen des Schuldners die bestehenden Verbindlichkeiten nicht mehr deckt, es sei denn, die Fortführung des Unternehmens ist nach den Umständen überwiegend wahrscheinlich.«

Hatte der Gesetzgeber der InsO 1999 noch klargestellt, dass Regelfall der **Ansatz zu Zerschlagungswerten** war, kommt es nunmehr (wieder und jetzt zeitlich unbefristet) nicht auf den Bewertungsmaßstab, sondern auf die **Fortführungswahrscheinlichkeit** an. Danach ist wiederum nicht mehr die Wertbestimmung der Unternehmensgegenstände, sondern die Bestandsprognose des Unternehmens (auch in Fällen der Unterdeckung im Überschuldungsstatus) die alleinige Basis für die Chance der Gläubiger auf Befriedigung. Dabei bleibt anzumerken, dass die Feststellung der Überschuldung für das Verschleppungsstrafrecht (unten Rdn. 234 ff.) zwar nur für »*Unternehmen*«, nicht auch für den (überschuldeten) Verbraucher gilt, der jedoch beim Bankrottstrafrecht (unten Rdn. 206 ff.) auch von dieser Krisenbestimmung betroffen ist!

---

317 Zur zivilrechtlichen Haftungsfolge bei Konkursverschleppung *Meyke* ZIP 1998, 1179.
318 Hierzu näher unten Rdn. 156.
319 Zurückgehend auf *Uhlenbruck*, vgl. schon *Kuhn/Uhlenbruck* Konkursordnung, 11. Aufl. 1994, § 102 Rn. 5 f.; Wirtschaftsprüfer-Handbuch, 1996, Band 1, S. 1657; *Wolf/Schlagheck* Überschuldung, S. 21 ff.
320 Hierzu sogleich näher unter Rdn. 156.
321 In der Begründung zum RegE ist zu § 23 ausgeführt (zit. nach *Balz/Landfermann* Die neuen Insolvenzgesetze 1993, 93): »Wenn eine positive Prognose stets zu einer Verneinung der Überschuldung führen würde, könnte eine Gesellschaft trotz fehlender persönlicher Haftung weiter wirtschaften, ohne dass ein die Schulden deckendes Kapital zur Verfügung steht. Dies würde sich erheblich zum Nachteil der Gläubiger auswirken ...«.

156 Wie vorstehend bereits betont, kommt so der Frage, ob eine **Fortführungsprognose vorliegt oder nicht**, die **zentrale Bedeutung** für den Nachweis der **Überschuldung** zu. Es erstaunt demnach, wie wenig Aufmerksamkeit die *strafrechtliche* Praxis der **Fortführungsprognose**[322] widmet.[323]

Auch insofern stehen **Grundsätze** fest:

Von einer positiven Fortführungsprognose kann nur ausgegangen werden, wenn der Fortführungswille der Verantwortlichen positiv festgestellt, eine Prognoserechnung überhaupt (und dann auch ordnungsgemäß) erstellt worden ist *und* diese zu einem positiven Ergebnis geführt hat, also die Überlebensfähigkeit des Unternehmens objektiv auf der Grundlage eines *»aussagekräftigen Unternehmenskonzeptes«* (sog. Ertrags- und Finanzplanung) festgestellt ist.[324] Die bloße Möglichkeit der Fortführung ändert aber nichts am Ansatz der Aktiva zu Zerschlagungswerten als normativ festgelegtem Regelfall. Soll ausnahmsweise der Ansatz zu Fortführungswerten gestattet sein, ist nach § 19 Abs. 2 S. 2 InsO die Feststellung einer **überwiegenden Fortführungswahrscheinlichkeit** erforderlich. Danach gilt auch für das Strafrecht, dass vom gesetzlichen Regelfall *nur beim Überwiegen* der Wahrscheinlichkeit der Fortführung ausgegangen werden darf.[325] Dies bedeutet, dass auch strafrechtlich die Fortführungsprognose nur dann bejaht werden kann, wenn eine **höhere Wahrscheinlichkeit** der Fortführung als diejenige der Nichtfortführung besteht (Prozentzahlen: **»über 50 % ige-Sicherheit«** – sollen hier nur die Gedankenführung erleichtern).

Dabei sind weit verbreitete Missverständnisse über den Grundsatz **»in dubio pro reo«** auszuräumen: Diese **Entscheidungsregel** setzt voraus, dass alle Umstände, welche die Entscheidung beeinflussen können, erkannt und in eine Gesamtwürdigung einbezogen werden. Erst wenn dann noch Zweifel bleiben, ist die für den Beschuldigten günstigere Sachverhaltsgestaltung der Entscheidung zugrunde zu legen.[326] Sie **setzt** also eine **umfassende Beweiserhebung und -würdigung voraus**, ersetzt diese aber nicht. Dabei ist eine jede Möglichkeit eines abweichenden Geschehensablaufs ausschließende, *von niemandem mehr anzweifelbare* **Gewissheit, nicht erforderlich**. Die bloße gedankliche, abstrakt theoretische Möglichkeit, es könne auch anders gewesen sein, schließt die Überzeugungsgewinnung nicht aus.[327]

Für die Feststellung des Tatbestandsmerkmals der Überschuldung ist demgemäß erforderlich, **alle** (insbes. die vorerwähnten) **Indizien** zu sammeln und diese zunächst **einzeln und** dann in einer **Gesamtschau zu würdigen**. Ist danach sicher, dass Fortführung und Nichtfortführung gleich wahrscheinlich sind, muss von Zerschlagung ausgegangen werden. Wenn **nicht hinreichend sicher auszuschließen** ist, dass **Fortführungswahrscheinlichkeit überwiegt**, ist **strafrechtlich** Fortführung zugrunde zu legen. **Zivilrechtlich** muss dies der Schuldner darlegen und zur Überzeugung des Gerichtes bewei-

322 Eingehend m. Nachw. *Richter* Das Fehlen der Positiven Fortführungsprognose als strafrechtliche Grenze von Unternehmenssanierungen, in: Lüderssen, Volk, Wahle (Hrsg.), Festschrift für Wolf Schiller, 2014, S. 547 ff.; demgegenüber die aktuelle Literatur, vgl. *Goette* DStR 2016, 1684 (1752 ff.); *Gero Fischer* NZI 2016, 665; *Ehlers* ZInsO 2016, 1244; *Drukarczyk/Schüler* ZInsO 2017, 61. Zur Terminologie: *Möhlmann* DStR 1998, 1843 (»Betriebsbestehensprognose«); *Burger/Schellenberg* BB 1995, 266; *Schöppen* DB 1994, 200 und *Höffner* BB 1999, 189 (202) sprechen von »Fortbestehensprognose«. Zu den inhaltlichen Anforderungen vgl. BGH, Urt. v. 26.01.2017, IX ZR 285/14, DB 2017, 418 und BGH, Urt. v. 07.03.2013, IX ZR 64/12.

323 Vernichtend, aber im Kern zutreffend die Kritik an der alten Rspr. bei *Höffner* BB 1999, 189 (204 f.), der belegt, dass die Rspr. lediglich eine »allgemeine Lageeinschätzung« der Unternehmung vornimmt; instruktiv zur Definition, aber auch zur Beweislastregel *Blöse* ZIP 2003, 1687 (1690 f.); vgl. auch *Ehlers* NZI 2011, 161; demgegenüber *Frystatzki* NZI 2011, 173 und *Aleth/Harfinger* NZI 2011, 166; *Haarmann* BB 2015, 1603; aus strafrechtlicher Sicht *Hadamitzky* ZInsO 2015, 1778.

324 BGH, Beschl. v. 09.10.2006, II ZR 303/05, ZIP 2006, 2171, GmbHR 2006, 1334.

325 Näher Müller-Gugenberger/*Richter* Wirtschaftsstrafrecht, 8. Aufl. 2024 (im Druck) Rn. 80.16 m. Nachw.

326 Std. Rspr., vgl. nur BGH, Beschl. v. 15.07.2008, 1 StR 231/08.

327 Ebenfalls std. Rspr., BGH, Beschl. v. 26.06.2008, 3 StR 159/08.

sen. Danach ist es – trotz Zivilrechtsakzessorietät, jedoch aufgrund unterschiedlicher Beweislastregelung – möglich, dass ein Unternehmen insolvenzrechtlich, nicht aber strafrechtlich überschuldet ist.

Für die Beantwortung der Frage, ob ein Unternehmen – bei einer mittelfristigen Betrachtungsweise[328] – weiter existieren kann, also ob seine künftige Lebensfähigkeit überwiegend wahrscheinlich ist, ist zunächst auf **Liquiditätsgesichtspunkte** abzustellen:[329] Dem liegt die ohne weiteres einleuchtende Erwägung zugrunde, dass ein Schuldner, der seine fälligen Verbindlichkeiten mangels liquider Mittel nicht begleichen kann, jedenfalls nicht mit überwiegender Wahrscheinlichkeit weiter am Marktgeschehen teilnehmen kann. Die geforderte Finanzplanung kann sich daher auch nicht auf die kurze Zeit (von drei bis maximal sechs Wochen) beschränken, die Grundlage der insolvenzrechtlichen Zahlungsunfähigkeitsfeststellung ist. Sie muss jedenfalls über das laufende Geschäftsjahr hinausreichen (18 bis 24 Monate werden diskutiert[330]). Insofern ist der von der Rechtsprechung wiederholt angesprochene Zeitraum von ein bis zwei Jahren für die Liquiditätsbetrachtung durchaus betriebswirtschaftlich fundiert. 157

Nach diesem zutreffenden Ausgangspunkt führt die *insolvenzrechtliche* (auch nur drohende) **Zahlungsunfähigkeit** schon aus Rechtsgründen, also **in jedem Fall**, zum Fehlen einer Fortführungswahrscheinlichkeit. Wird diese allerdings allein oder auch nur überwiegend für die Fortführungswahrscheinlichkeit herangezogen, wird in unzulässiger Weise die Vermögens- mit der Liquiditätskrise vermengt. Diese Krisen wollte der Gesetzgeber gerade unterscheiden und hat sie daher als alternative Tatbestände formuliert. 158

Wie in der Betriebswirtschaftslehre zutreffend festgestellt, ist die Überlebenschance eines Unternehmens grundsätzlich an dessen **Ertragskraft** geknüpft.[331] Nur Erträge über den Kosten ermöglichen *auf Dauer* Zinsdienst und Fremdkapitaltilgung.[332] Die richtige Frage lautet daher: Ist das Unternehmen auf absehbare Zeit in der Lage, mit den voraussichtlichen Erlösen die voraussichtlich entstehenden Kosten zu decken (Gedanke des *»discounted cash flow«*[333])? Die Möglichkeit der Zuführung von Fremd- oder Eigenkapital ist hierbei nur insofern relevant, als damit *sichergestellt* werden kann, dass eine Deckungslücke endgültig oder doch mindestens mittelfristig geschlossen wird. Danach besteht für die Fortführungsprognose ein Rangverhältnis von voraussichtlicher Liquidität und zu erwartendem Ertrag: Die Unternehmung, welche mit überwiegender Wahrscheinlichkeit Liquidität (Fremd- oder Eigenkapital) zu erlangen vermag, beweist mit ihrem Liquiditätsplan (lediglich) die Fähigkeit zur Abdeckung zeitlicher Differenzen. Ist die künftige Kostendeckung zweifelhaft, muss der Liquiditätsplan die überwiegende Wahrscheinlichkeit nachhaltiger *Geldbeschaffung* dokumen-

---

328 BGH, Urt. v. 13.07.1992, II ZR 269/91, NJW 1992, 2891. Nach Art. 5 Nr. 10 SanInsFoG soll der Prognosezeitraum auf 24 Monate festgelegt werden.

329 So ausdrücklich OLG Düsseldorf, Urt. v. 18.04.1997, 22 U 226/96, NJW-RR 1998, 1250; kritisch zur Überbetonung der Liquiditätssicht zutreffend *Wolf* DB 1997, 1833; *Wolf/Schlagheck* Überschuldung, S. 19 ff.

330 Zu den Argumenten m. Nachw. *Wolf/Schlagheck* Überschuldung, S. 16 ff., 30 f.; *Möhlmann* DStR 1998, 1843 (1844) geht sogar von 3 Jahren aus. Schon Art. 5 Nr. 11 RegE SanInsFoG sah für die drohende Zahlungsunfähigkeit einen Prognosezeitraum von 12 Monaten, für den der Überschuldung von 24 Monaten vor.

331 So schon *Hess/Pape* InsO und EGInsO, Köln 1995, Rn. 108 m. Nachw.: »daß die Unternehmung wirtschaftlich lebensfähig ist und in absehbarer Zeit wieder kostendeckend arbeiten kann« und z.B. OLG Celle, Urt. v. 14.09.2000, 13 U 255/99: »... hätte so zwar die Liquidität der Insolvenzschuldnerin verbessert ... die Prognose für ihr Fortbestehen auch nur mittelfristig wäre aber auch bei Eintreiben dieser Forderungen nicht positiv gewesen«. Der Begriff umfasst also über die Ertragsdecke, -kraft, auch die Auftrags- und die Kostensituation – s. hierzu BGH, Urt. v. 02.06.1997, II ZR 211/1997, DB 1997, 2069, ZIP 1997, 1648 (1649).

332 Deutlich und zutreffend *Wolf/Schlagheck* Überschuldung, S. 19 ff., 21.

333 *Möhlmann* DStR 1998, 1843 (1844).

tieren. Diese ist nur bei (rechtlich und wirtschaftlich) garantierten Zuflüssen darstellbar.[334] Nichts Anderes hat der BGH schon im »*Dornier-Urteil*«[335] ausgeführt, wo zwar ausdrücklich von einer hinreichenden »*mittelfristigen Finanzkraft*«[336] die Rede, der Sache nach aber die Wiedererlangung eines positiven cash-flow verlangt wird.

159 Dass nur dieser Ansatz richtig ist, erschließt sich bei der Frage, welches **Schuldendeckungspotenzial** den Gläubigern bei Fortführung einer Unternehmung zur Verfügung steht, die **nicht kostendeckend** arbeitet. Die Aktiva einer Unternehmung, bei der die Abschreibungen nicht erwirtschaftet werden, sind – unter Fortführungsgesichtspunkten – weniger als die (ehemaligen) Anschaffungskosten wert – eine Erfahrung, die bei der Veräußerung der Unternehmen der Treuhandanstalt nach dem Niedergang der DDR bittere Wahrheit wurde. Werden nur die Abschreibungen erwirtschaftet, dürfen die Reproduktionskosten der Güter nicht höher als die ursprünglichen Anschaffungspreise sein. Entstehen insoweit Deckungslücken, müsste – trotz Fortbestehensprognose wegen ausreichender Liquidität! – zu (den danach höheren) Substanzwerten bilanziert werden – Werte, die den Gläubigern der Unternehmung allerdings nur bei ihrer Veräußerung, also der Liquidierung der Unternehmung, als Schuldendeckungspotenzial zur Verfügung stehen![337]

Steht somit fest, dass die Unternehmung im Beurteilungszeitraum über hinreichende Liquidität verfügt, muss die Ertragsvorausschau *darüber hinaus* die überwiegende Wahrscheinlichkeit der Kostendeckung belegen. Fehlt es hieran, bedarf es einer (werthaltigen) Zusage der Kostendeckung Dritter (harte Patronatserklärung/Gewinn- und Verlustabführungsvertrag im Konzern o.ä.[338]).

Der Prüfungsablauf zur Fortführungsprognose gestaltet sich so nach folgendem Schema:

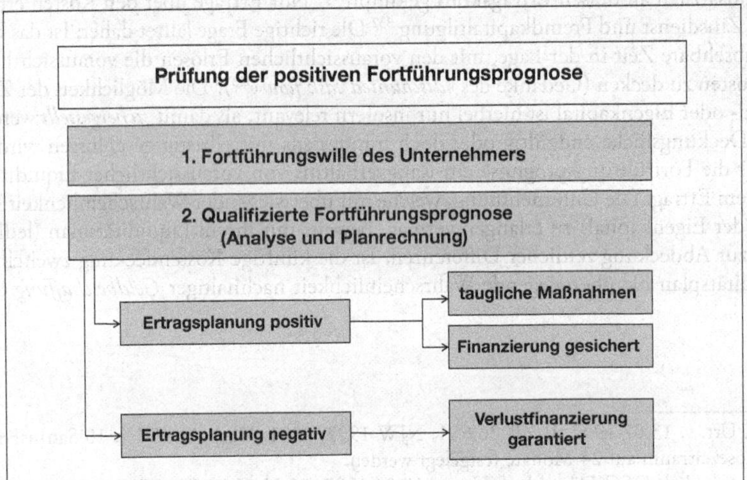

Abb. 2: Prüfschema Fortführungsprognose

334 *Richter* Das Fehlen der Positiven Fortführungsprognose als strafrechtliche Grenze von Unternehmenssanierungen, in: Lüderssen, Volk, Wahle (Hrsg.), Festschrift für Wolf Schiller, 2014, S. 556.

335 BGH, Urt. v. 13.07.1992, II ZR 269/91, BGHZ 119, 201, NJW 1992, 2891.

336 *Brinkmann* (in K. Schmidt/Uhlenbruck, Die GmbH in Krise, Restrukturierung und Insolvenz, 6. Aufl. 2023, Rn. 14.104 ff.) spricht vom »neuen« Überschuldungsbegriff, der »*ein Bekenntnis zum dominierenden Wert der Prognoseentscheidung*« darstelle.

337 *Wolf/Schlagheck* Überschuldung, S. 53: »*Eine Substanz ohne ausreichende Ertragskraft hat keinen wirtschaftlichen Wert*«; vgl. auch schon *Auler* DB 2000, 2169 (2170).

338 Näher Müller-Gugenberger/*Richter* Wirtschaftsstrafrecht, 8. Aufl. 2024 (im Druck) Rn. 79.27 m. Nachw.; zur Unterscheidung zwischen »*externem*« und »*internem*« Patronat vgl. *Sikora*, BBK 2019, 1133.

Große Probleme bereitet in der **Strafrechtspraxis** regelmäßig der Umgang mit einem (behaupteten oder tatsächlich vorliegendem) **Irrtum** – nicht nur, aber insbesondere – im Hinblick auf die Elemente der Krise. Hierzu sind deshalb eingehendere Ausführungen erforderlich: 160

Zur ordnungsgemäßen Geschäftsführung gehört – neben dem bereits für die Zahlungsunfähigkeit bedeutsamen **Finanzplan** – auch ein **Ertragsplan.**[339] Fehlen diese Planrechnungen, hat dies grundsätzlich negative Auswirkungen auf die Chance einer Krisenbewältigung. Die Überlebenschance eines Unternehmens ohne aussagekräftiges Rechnungswesen (ohne ordnungsgemäße Ertrags- und Finanzplanung) ist – jedenfalls oberhalb von Kleinbetrieben – dem Zufall überlassen und damit **nicht** »*überwiegend wahrscheinlich*«. Wer dies erkennt und dennoch weiter handelt (genauer: unterlässt), nimmt (bedingt) vorsätzlich die negative Fortführungsprognose in Kauf. 161

Regelmäßig wird bei objektiv vorliegender (rechnerischen) Überschuldung von Verteidigern vorgetragen, der Mandant sei – da er keine (zutreffende) Vermögensübersicht erstellt habe – schlicht davon ausgegangen, eine (rechtliche) Überschuldung liege nicht vor bzw. könne nicht vorliegen, weil seinem Unternehmen eine positive Fortführungsprognose zu stellen sei bzw. – soweit objektiv eine Zerschlagungsprognose vorliegt – der Mandant sei – irrtümlich – von einer Fortführungsmöglichkeit ausgegangen und dieser Irrtum sei unvermeidbar gewesen. Diese, auf § 17 StGB (Verbotsirrtum) beruhende Argumentation, ist verfehlt. Bei allen genannten Alternativen geht es um Kenntnis bzw. irrige Verkennung von Tatumständen – also um einen **Tatbestandsirrtum** gem. § 16 StGB. Liegt ein solcher Irrtum vor, ist Fahrlässigkeit – sowohl Insolvenzverschleppung als auch Bankrott sind auch insoweit strafbewehrt! – zu prüfen.[340] 162

▶ **Beachte**

Werden keine ordnungsgemäßen (insbes. keine aktuellen!) Finanz- und Ertragspläne und/oder Vermögensaufstellungen gefertigt, liegt der typische Fall des **bedingten Vorsatzes** vor. Relevante Irrtümer können demgemäß nur diskutiert werden, wo Fehlvorstellungen trotz eines dem Unternehmen adäquaten betrieblichen Rechnungswesens entstanden sind!

Überschuldung ist ein normatives Tatbestandselement, bei dem zunächst die diese Beurteilung tragende **Tatsachenkenntnis** den Vorsatz prägt. Eine abweichende Beurteilung der zutreffend erkannten Tatsachen stellt lediglich einen (zum Verbotsirrtum führenden) *Subsumtionsirrtum* dar.[341] 163

Tiedemann[342] und die neuere Rechtsprechung fordern darüber hinaus auch den Nachweis der **Bedeutungskenntnis:** Beim Ansatz von Zerschlagungswerten müsse der Täter »Kenntnis davon haben, dass die Unternehmung nicht fortgeführt werden kann«. Damit ist jedoch nicht Akzeptanz der Zerschlagung gemeint. Eine solche »Kenntnis« bedeutet vielmehr nur, dass der Täter in sein Bewusstsein (auch) die Grundlagen der Zerschlagungsprognose aufgenommen hat: (Bedingt) Vorsätzlich handelt,

---

339 Vgl. nur *Wolf/Schlagheck* Überschuldung, S. 14 ff.; *Burger/Schellberg* KTS 1995, 572 je m. Nachw.; st. Rechtspr., schon BGH, Urt. v. 18.11.1997, VI ZR 11/97, GmbHR 1998, 281 (282): »*eine (positive Fortführungs-) Prognose setzt die Aufstellung eines dokumentierten Finanz- und Ertragsplans voraus*«; BGH, Urt. v. 12.05.2016, IX ZR 65/14 (»*dauerhaft saniert*«); deutlich m. Nachw. LG Hamburg, Urt. v. 10.01.2017, 303 O 515/15, ZInsO 2017, 218.

340 Insoweit zutreffend OLG Düsseldorf, Urt. v. 18.04.1997, 22 U 226/96, WM 1997, 1866, GmbHR 1997, 699; näher Müller-Gugenberger/*Richter* Wirtschaftsstrafrecht, 8. Aufl. 2024 (im Druck) Rn. 80.57 ff., 81.8 m. Nachw.

341 *Fischer* § 283 Rn. 32; *Schlüchter* Irrtum über normative Tatbestandsmerkmale im Strafrecht, 1993, 136 f.

342 Insolvenz-Strafrecht, § 283 Rn. 184 und *ders.*, LK § 264a Rn. 66 m.N.; enger wohl *Tiedemann/Rönnau* GmbH-Strafrecht, § 82, Rn. 202: »*laienhafter Bedeutungskenntnis*« bei objektiver Beschränkung auf »*eindeutig unvertretbare Falschangaben*«; vgl. auch BGH, Urt. v. 12.05.2005, 5 StR 283/04; StV 2005, 496, für das Tatbestandsmerkmal der Erheblichkeit bei § 264 StGB »... *der Täter (muss) nicht nur die tatsächlichen Umstände kennen, sondern zugleich die rechtliche Würdigung der Erheblichkeit nachvollziehen*«.

wer es für möglich hält, dass zukünftige Erträge zur Befriedigung der Gläubiger nicht erwirtschaftet werden (**Vorsatz: Zerschlagungswert**) oder diese (bzw. die Zerschlagungseinnahmen) nicht zur Befriedigung aller Gläubiger reichen (**Vorsatz: Überschuldung**). Ob er dies »mangelnde Ertragskraft« nennt, ist ebenso unerheblich, wie seine Hoffnung, die Rechtsprechung werde einem nicht lebensfähigen Unternehmen, dem es gelingt, in den nächsten Monaten Fremd- oder Eigenkapital zur Schließung der Deckungslücke zu erlangen, eine positive Fortführungsprognose stellen. Auch wer weiß, dass der Eingang neuer Aufträge (zu kostendeckenden Preisen) nur eine Hoffnung ist, erkennt, dass keine bewertbare Realität vorliegt. Nimmt der Unternehmer aber die *Werthaltigkeit einer Hoffnung*[343] an – die *»vage Chance zukünftiger Vermögensmehrung«* stellt ohnehin keinen wirtschaftlichen Wert dar[344] – oder meint er, auf die Ertragskraft seiner Unternehmung komme es nicht an, liegt ein (für die Schuld) unbeachtlicher Subsumtionsirrtum (regelmäßig: eine Schutzbehauptung) vor.

164 *Tiedemann/Rönnau*[345] fordern für die Annahme eines (relevanten) Tatbestandsirrtums außerdem zutreffend »eine sorgfältige Prüfung der Sach- und Rechtslage, da eine unkontrollierte Aussage notwendigerweise die Möglichkeit einer gegenteiligen Annahme einschließt«.

165 Der Verbotsirrtum gem. § 17 StGB bezieht sich demgegenüber auf das hinter dem Straftatbestand stehende (abstrakte) Ge- oder Verbot der Norm, wobei es nicht auf die Kenntnis oder auch nur Erkennbarkeit der **Strafbarkeit**, sondern nur der **Rechtswidrigkeit**, durch den Täter ankommt.[346] An die Unvermeidbarkeit eines hierauf bezogenen Irrtums stellt die Rechtsprechung zutreffend sehr hohe Anforderungen. Der Täter muss nicht nur seine eigenen Erkenntnisse anspannen, sondern fachlichen Rat einholen.[347] In der Praxis scheitert der Entlastungsversuch über eingeholten Rat häufig daran, dass dem (kompetenten!) Ratgeber die tatsächlichen Verhältnisse nicht zutreffend oder nicht vollständig mitgeteilt wurden. Unzutreffend ist allerdings der nicht selten vorgebrachte Einwand, der Täter hätte Rechtsrat bei der Staatsanwaltschaft einholen können und müssen. Zur (unentgeltlichen) Erteilung von Rechtsrat ist die Staatsanwaltschaft nicht befugt.

166 Zu einem weiteren Sonderproblem:

Bei der (typischen – keine natürliche Person ist Vollhafter) **GmbH & Co KG** führt die **Überschuldung der KG** regelmäßig zur Überschuldung der **Komplementär-GmbH**. Gem. §§ 128 (auch nach der seit 01.01.2024 geltenden Fassung), 161 Abs. 2 HGB haftet die Komplementär-GmbH für die Verbindlichkeiten der KG den Gläubigern gegenüber persönlich. Dabei liegt jedoch zwischen der KG und der Komplementär-GmbH kein Gesamtschuldverhältnis vor; die Komplementär-GmbH haftet für eine fremde Schuld. Die evidente Haftungsinanspruchnahme im Fall der Überschuldung der KG muss die Komplementär-GmbH mindestens durch Passivierung einer Rückstellung jedenfalls in Höhe der Überschuldung der KG (in deren Bilanz und Überschuldungsstatus!) zum Ausdruck bringen (vgl. § 249 Abs. 1 S. 1 HGB). Die Komplementär-GmbH ist in diesen Fällen dann überschuldet, wenn die KG überschuldet ist *und* das Kapital der Komplementär-GmbH nicht ausreicht, die nicht durch Vermögen gedeckten Schulden der KG zu kompensieren.[348]

343 Die *»vage Chance zukünftiger Vermögensmehrung«* stellt keinen wirtschaftlichen Wert dar – vgl. BGH, Urt. v. 16.02.1962, 4 StR 517/61, BGHSt 17, 145 (147); BGH, Urt. v. 17.04.2002, 2 StR 531/01 wistra 2002, 300 (301) m. Nachw.

344 Std. Rspr. des BGH, vgl. nur BGH, Urt. v. 16.02.1962, 4 StR 517/61, BGHSt 17, 147 (148); BGH, Urt. v. 17.04.2002, 2 StR 531/01, wistra 2002, 300 (301) m. Nachw.

345 GmbH-Strafrecht, § 82 Rn. 179.

346 Näher in diesem Zusammenhang *Richter* Das Fehlen der Positiven Fortführungsprognose als strafrechtliche Grenze von Unternehmenssanierungen, in: Lüderssen, Volk, Wahle (Hrsg.), Festschrift für Wolf Schiller, 2014, S. 557 mit Bezug auf BGH, Urt. v. 11.10.2012, 1 StR 213/10, BGHSt 58, 15, NZWiSt 2013, 16 m. Anm. *Raschke*, 18.

347 Zutreffend und instruktiv hierzu *Tiedemann/Rönnau* GmbH-Strafrecht, § 82 Rn. 172.

348 Vgl. BGH, Urt. v. 22.10.1990, II ZR 237/89, BB 1991, 246; auch schon *Schlegelberger* HGB, Band 3, 5. Aufl. 1992, § 130a Rn. 4; zum Kapitalersatzrecht bei der GmbH & Co KG vgl. BGH, Urt. v. 26.03.2007, II ZR 310/05, GmbHR 2007, 596.

Entsprechendes gilt für den Insolvenzgrund der **Zahlungsunfähigkeit.**

Wie dargestellt muss bei der **Komplementär-GmbH** – soweit in der Bilanz der KG zum Stichtag ein negatives Eigenkapital ausgewiesen wird (oder werden müsste) – in deren Handelsbilanz eine **Rückstellung** wegen drohender Inanspruchnahme jedenfalls in Höhe der tatsächlichen Überschuldung der KG gebildet werden. Wird dies unterlassen, wird die Übersicht über den Stand des Vermögens der GmbH regelmäßig mindestens erschwert sein (Bankrott gem. § 283 Abs. 1 Nr. 7a, Abs. 6 StGB). 167

d) Eigenkapitalersetzende Darlehen und Rangrücktritt

Die Zivilrechtsprechung und -literatur hatte sich dem Problem des Eigenkapitalersatzes in vielen Jahren außerordentlich umfangreich und ziseliert angenommen.[349] Teile der Diskussion hatte der Gesetzgeber in den §§ 32a und b GmbHG umgesetzt.[350] Zutreffend hat *Henckel*[351] die ratio legis dieses Rechtsinstrumentes wie folgt beschrieben: 168

> »Das Eigenkapitalersatzrecht will verhindern, dass sich der Gesellschafter im Fall eines wirtschaftlichen Zusammenbruchs der GmbH vorrangig oder gleichrangig mit deren Gläubigern aus dem noch vorhandenen Gesellschaftsvermögen befriedigt …«.

Trotz dieses allgemein anerkannten Ansatzes war diese Rechtsprechung wegen ihrer Komplexität erheblicher Kritik ausgesetzt. Dennoch hatte das Strafrecht – unter zutreffender Anwendung des Grundsatzes der Zivilrechtsakzessorietät des Strafrechts[352] – die vorgenannten Rechtsgrundsätze übernommen und sowohl die **Rückführung von Kapitalersatz** als auch das **Unterlassen der Geltendmachung des Erstattungsversprechens** des Gesellschafters (z.B. kapitalersetzende Bürgschaft) als Untreue des Geschäftsführers gem. § 266 StGB gewertet und die Einwilligung (oder auch Anweisung) des Gesellschafters als unbeachtlich qualifiziert.[353] Auch unter Beachtung der sogleich näher darzustellenden Änderungen durch das **MoMiG** bleiben – auch strafrechtlich – relevante Unterschiede zwischen Fremd- und Gesellschafterleistungen.

Unter Verweis auf die ausführliche Darstellung der alten Rechtslage in den Vorauflagen sollen nunmehr nur noch deren strafrechtlich weiter bedeutsame Kernaussagen dargestellt werden, soweit dies zum Verständnis der aktuellen Rechtslage erforderlich ist.

Zunächst sind die vor und nach dem MoMiG straf- und zivilrechtlich **relevanten Gesellschafter** zu beschreiben: Betroffen sind sowohl unmittelbare als auch *mittelbare (faktische) Gesellschafter*, letztere allerdings nur insoweit, als ihre Stellung derjenigen des Gesellschafters entspricht.[354] *Nichtunterneh-* 169

---

349 BGH, Urt. v. 14.12.1959, II ZR 187/57, BGHZ 31, 258; BGH, Urt. v. 27.09.1976, II ZR 162/75, BGHZ 67, 171; BGH, Urt. v. 16.10.1989, II ZR 307/88, BGHZ 109, 59; BGH, Urt. v. 02.12.1996, II ZR 243/95, DStR 1997, 461 (dazu, dass die Fortbestehensprognose insoweit keine Rolle spielt); vgl. auch *Priester* DB 1977, 2429.

350 Gesetz zur Änderung des GmbHG v. 04.07.1980, BGBl. I S. 836.

351 GmbHR 2007, 139 (142).

352 Näher hierzu m. Nachw. Müller-Gugenberger/*Richter* Wirtschaftsstrafrecht, 8. Aufl. 2024 (im Druck) Rn. 75.49 ff.

353 Grundsätzlich und ausführlich Urt. des 5. Strafsenats des BGH v. 06.05.2008, 5 StR 34/08, wistra 2008, 379 und die Anmerkung hierzu von *Bittmann* wistra 2009, 102.

354 Treugeber: BGH, Urt. v. 08.07.1985, II ZR 269/84, BGHZ 95, 188 (193); (nur) atypische stille Gesellschafter: BGH, Urt. v. 07.11.1988, II ZR 46/88, BGHZ 106, 7 (9); verbundene Unternehmen: BGH, Urt. v. 24.09.1990, II ZR 174/89, BGH ZIP 1990, 1467; nahe Angehörige, vgl. § 115 Abs. 2 AktG, jedenfalls dann, wenn die Mittel von den Gesellschaftern stammen. Eingehend *v. Gerkan/Hommelhoff* Kapitalersatz, Rn. 4.1 ff.; auch *Fleischer* ZIP 1998, 313; OLG Düsseldorf, Urt. v. 03.07.2003, 12 U 6/03, GmbHR 2004, 305 m. Anm. *Blöse* 308; KG, Urt. v. 26.07.2004, 8 U 360/03, GmbHR 2004, 1334 m. Anm. *Blöse* 1337; vgl. auch § 138 Abs. 2 InsO; zum »*mittelbaren*« Gesellschafter OLG Hamburg, Urt. v. 16.12.2005, 11 U 198/05, ZIP 2006, 129, GmbHR 2006, 200 m. Anm. *Schröder* 203.

merische Kleinbeteiligungen bis zu **10 % des Haftungskapitals**[355] sind schon seit dem *Kapitalaufnahmeerleichterungsgesetz* (KapAEG),[356] Sanierungsgesellschafter mit dem **Sanierungsprivileg** im *Gesetz zur Kontrolle und Transparenz im Unternehmensbereich* (**KonTraG**)[357] ausgenommen. Sie sind somit wie Fremdgläubiger zu behandeln.[358]

170 Die Diskussion über die **zeitliche Geltung** der Regelung durch das **MoMiG für das Strafrecht**[359] – zivilrechtlich hat der Gesetzgeber des MoMiG eine Rückwirkung ausgeschlossen,[360] im Strafrecht gilt demgegenüber **§ 2 Abs. 3 StGB**, wonach bei unterschiedlicher Gesetzeslage zwischen Tat- und Entscheidungszeit das (konkret) *»mildere Gesetz«* anzuwenden ist – gibt Anlass, den Inhalt der *Vermögensbetreuungspflicht* nach § 266 StGB[361] im Zusammenhang mit dem Weisungsrecht des Gesellschafters nach dessen (Neu-)Justierung zu reflektieren:[362] Der gesellschaftsrechtlich (oder vertraglich) bestimmte Inhalt der Vermögensbetreuungspflicht nach § 266 StGB ist nicht Teil der Strafnorm, sondern dieser vorgelagert. Zwar ist auch bei Auslegung der **normativen Tatbestandselemente** des *Missbrauchs* der Verfügungsmacht/der *Pflichtverletzung* ein **gesetzgeberischer Wertewandel** zu berücksichtigen. Dieser ist jeweils ganz **konkret** zu bestimmen und besagt vorliegend, dass die Rückführung von Gesellschafterleistungen *ab der Geltung des MoMiG* gestattet ist, weil (und soweit) der Gesellschafter dem außenstehenden (Kredit-/Anleihe-)Gläubiger gleichgestellt ist. Danach kann weiterhin eine schadensverursachende Vermögens-/Masseminderung vorliegen.

171 Unter diesem Aspekt ist die unter Rdn. 168 geschilderte **Praxis und Rechtsprechung zum (Untreue-) Strafrecht** im Zusammenhang mit der Rückzahlung von Kapitalersatz[363] ab *Inkrafttreten des* MoMiG – mithin seit dem **01.11.2008 – grundsätzlich neu zu bewerten:**

Zahlungen an Gesellschafter stellen – auch in deren wirtschaftlicher Krisensituation nach § 30 Abs. 1 S. 2 GmbHG – dann *keine* **verbotene Einlagerückgewähr** dar,[364] *wenn* der Rückgewähr-(oder sonstige Gegenleistungs-)Anspruch gegen den Gesellschafter *vollwertig* ist. Aus Sicht des Strafrechts kommt es also auf die Bonität des Gesellschafters an, deren Mangel nachzuweisen ist, wenn sich die Wertlosigkeit des Anspruchs nicht schon aus dem fehlenden Einforderungswillen des Organs der Gesellschaft und der mangelnden Zugriffsmöglichkeit der Gläubiger (bzw. des Insolvenzverwalters)

355 Entsprechendes gilt bei sinngemäßer Anwendung der Grundsätze auf die AG, wobei von weniger als 25 % des Aktienkapitals auszugehen ist – vgl. BGH, Urt. v. 09.05.2005, II ZR 66/03, BB 2005, 1758, GmbHR 2005, 1135.

356 Vom 20.04.1998, BGBl. I S. 1998, 707 in Kraft seit 24.04.1998; vgl. hierzu *Remme/Theile* GmbHR 1998, 909 (913 f.); *Karsten Schmidt* GmbHR 1999, 9 und *Tillmann/Tillmann* GmbHR 2003, 325.

357 Vom 27.04.1998, BGBl. I 1998, 786, in Kraft seit 01.05.1998; zu den Ausdehnungen im Zivilrecht vgl. Centrale – Gutachterdienst GmbHR 2002, 1191; BGH, Beschl. v. 21.11.05, II ZR 277/03, NJW 2006, 1283, ZIP 2006, 279 m. Anm. *Pentz* EWiR 2006, 525 m. Anm. *Westphal*; zur *»objektiven Sanierungstauglichkeit«* bei *»aufsteigenden Finanzierungshilfen«* LG Bonn, Urt. v. 31.05.2005, 2 O 393/03, GmbHR 2005, 1571, Der Konzern 2005, 594; vgl. auch *Tetzlaff* ZInsO 2005, 644.

358 Die Regeln des Kapitalersatzes sind insgesamt nicht anwendbar – Voraussetzung ist ein seriös durchdachtes, *»gerichtsfest dokumentiertes«* Sanierungskonzept – vgl. BGH, Urt. v. 21.11.2005, II ZR 277/03, BB 2006, 570 m. Anm. *Nolting*, 572.

359 Das OLG Stuttgart (Beschl. v. 14.04.2009, 1 Ws 32/09, ZIP 2009, 1864) hatte angenommen, bei § 266 StGB handele es sich um eine *»Blankettnorm«* und die *»kraft Gesetzes zu bestimmende Vermögensbetreuungspflicht«* sei damit Bestandteil der Strafnorm. Dagegen Müller-Gugenberger/*Richter* Wirtschaftsstrafrecht, 8. Aufl. 2024 (im Druck) Rn. 82.23.

360 Art. 103d EGInsO i.d.F. des Art. 10 MoMiG (s. oben Rdn. 111).

361 Zum Zusammenhang zwischen Vermögensbetreuungspflicht und Pflichtwidrigkeit vgl. Müller-Gugenberger/*Hadamitzky* Wirtschaftsstrafrecht, 8. Aufl. 2024 (im Druck) Rn. 32.133 ff.

362 Ausf. M. Nachw. Müller-Gugenberger/*Richter* Wirtschaftsstrafrecht, 8. Aufl. 2024 (im Druck) Rn. 82.23 f.

363 Zum MoMiG beim Gründungs- und Insolvenzverschleppungsstrafrecht und zur Geschäftsführersperre s. oben Rdn. 246.

364 Was ausdrücklich auch für Darlehensgewährungen im Rahmen von Cashpool-Systemen gilt – allg. hierzu *Küthing/Eichenlaub* GmbHR 2014, 169.

auf diesen Vermögensgegenstand ergibt. Allein das Fehlen banküblicher Sicherheiten reicht jedenfalls im Strafrecht nicht für eine pflichtwidrige Schadensverursachung aus.[365]

§ 30 Abs. 1 S. 3 GmbHG hat die von der Rechtsprechung zum Schutz des Haftungskapitals äußerst ziseliert entwickelten Haftungsregelungen (sog. »**Rechtsprechungsregeln**«[366]) und die **Kapitalersatzregelungen der §§ 32a und 32b GmbHG** a.F.[367] nahezu vollständig ausgehöhlt. **Alle Leistungen der Gesellschafter**, die i.S.d. vorherigen Rechtsprechung »**kapitalersetzend**« waren, unterlagen nun **nicht** (mehr) dem **Rückzahlungsverbot**. Hieraus folgte, dass die **Rückzahlung** solcher Leistungen an Gesellschafter für den Geschäftsführer **grundsätzlich nicht pflichtwidrig** i.S.d. § 266 StGB ist. **Strafbarkeit wegen Untreue** war damit aber nicht für alle Fälle ausgeschlossen. Insoweit blieb und bleibt die bisherige (Straf-)Rechtsprechung weiterhin bedeutsam.

Zunächst unterlagen **Zahlungen an den Gesellschafter**, die unter Missachtung der Sorgfalt eines ordentlichen Geschäftsmannes erfolgen **und** die **Zahlungsunfähigkeit** der Gesellschaft (kausal) **herbeiführen** gem. § 64 S. 3 GmbHG a.F. weiterhin der Erstattungspflicht.[368] Die Norm diente dem Ausgleich des durch die Handlung des Geschäftsführers herbeigeführten Gesamtgläubigernachteils.[369] Solche Leistungen waren daher regelmäßig strafrechtlich pflichtwidrig und auch schadensverursachend, begründen also täterschaftliche Untreue des Geschäftsführers und (Teilnahme-) Strafbarkeit des Gesellschafters (näher Rdn. 175). 172

Als Ersatz für die bisherige **Rückzahlungssperre bei Gesellschafterleistungen in der (Finanzierungs-) Krise** bestimmt das MoMiG (§§ 39 Abs. 4 und 5, 44a, 135 InsO) die **Anfechtbarkeit** der Rückführung von Gesellschafterdarlehen (bzw. darlehensgleichen Leistungen) **durch den Insolvenzverwalter**, wenn sie **1 Jahr vor dem Eröffnungsantrag** erfolgt ist. Auf eine Unterscheidung zwischen Leistungen des Gesellschafters in oder außerhalb der Krise der Unternehmung verzichtet das MoMiG. 173

Unbeschadet davon, dass der Gesetzgeber mit der Jahresfrist einen besonderen Anreiz zur Insolvenzverschleppung gibt, ist in derartigen Fällen die **Verletzung der Pflicht zur rechtzeitigen Insolvenzantragstellung**[370] dann regelmäßig kausal für eine Vermögensschädigung bei der Gesellschaft, wenn die spätere Rückleistungs-Forderung gegen den Gesellschafter voraussichtlich wertlos sein wird – mithin **Untreue gem. § 266 StGB**. Ein etwaiger Anspruch auf Ersatz des Verschleppungsschadens[371] kann den tatbestandsmäßigen Vermögensnachteil nicht kompensieren.

Auch die schlichte **Rückzahlung der Gesellschafterleistung** selbst kann (weiterhin) tatbestandsmäßig sein. Das durch § 266 StGB geschützte Vermögen ist normativ-wirtschaftlich zu bestimmen. Danach sind **Exspektanzen**, also wirtschaftlich bereits hinreichend verdichtete Anwartschaften, grundsätzlich in den Schutzbereich des § 266 StGB einbezogen.[372] Bei **bevorstehender Insolvenzreife** und **absehbarer Wertlosigkeit der Rückzahlungsverpflichtung** bei deren Entstehung im Insolvenzfall ist die Rückführung der Gesellschafterleistung daher auch unter der Geltung des MoMiG beim Unternehmensorgan als **Untreue gem. § 266 StGB** strafbar. 174

365 Für das Zivilrecht vgl. BGH, Urt. v. 01.12.2008, II ZR 102/07, BGHZ 179, 71.
366 Hierzu sogleich unter Rdn. 175.
367 Diese Regeln gelten grundsätzlich auch für die übrigen juristischen Personen und für alle Personengesellschaften ohne eine natürliche Person als Vollhafter – für die AG aufgrund § 57 AktG, für die Genossenschaft gem. § 22 Abs. 4 GenG – waren aber insoweit deutlich weniger praxisrelevant.
368 Vgl. hierzu und dem Bezug zum sog. »*wrongful trading*« bei der Ltd. – *Breitenstein/Meyding* BB 2006, 1457.
369 So zum alten Recht *Baumbach*/Hueck/*Haas* GmbHG, 21. Aufl. 2017 § 64 Rn. 23.
370 S. hierzu näher unten Rdn. 234 ff.
371 Etwa aus § 15a InsO, 823 Abs. 2 BGB oder § 826 BGB.
372 BGH, Beschl. v. 20.01.1984, 3 StR 520/83, wistra 1984, 109; vgl. Müller-Gugenberger/*Hadamitzky* Wirtschaftsstrafrecht, 8. Aufl. 2024 (im Druck) Rn. 32.180 m. Nachw.

aa) Strafrechtliche Grenzen der Verfügungsmacht der Gesellschafter

175 Geschäftsführer, nicht aber die Gesellschafter,[373] einer GmbH sind deren Vermögen treuepflichtig (§ 43 GmbHG). Stimmen die Gesellschafter vermögensschädigenden Handlungen des Geschäftsführers – auch unter Verstoß gegen gesellschaftsrechtliche Formvorschriften – zu,[374] liegt jedenfalls kein tatbestandsmäßiger Schaden i.S. des § 266 StGB vor. **Unwirksam** und daher unerheblich ist eine **Zustimmung der Gesellschafter** jedoch insoweit, als ihnen die Verfügungsbefugnis über das Vermögen der Gesellschaft fehlt. Das satzungsgemäße Haftungskapital gem. **§ 30 GmbHG** – mithin die (bilanziell festzustellende) **Unterbilanz**[375] – bildet hier die Grenze.[376] Es ist daher richtig, von einem »**Angriff auf das Haftungskapital**« zu sprechen.

Das Haftungskapital steht nach dem »**Unversehrtheitsgrundsatz**«[377] ganz und ausschließlich den Gläubigern der Gesellschaft zur Verfügung. Unscharf ist es deshalb, wenn die Rechtsprechung gelegentlich formuliert, unwirksam sei die Zustimmung bei Überschuldung:[378] Entnimmt der (Allein-)Gesellschafter/Geschäftsführer seiner GmbH deren alleinigen Vermögensgegenstand, den Kassenbestand von 25.000 €, der dem Haftungskapital entspricht, ist die Gesellschaft nicht überschuldet, der Untreueschaden beträgt jedoch 25.000 €!

Die **Rückführung einer Gesellschafterleistung** war vor dem MoMiG **bei Kreditunwürdigkeit** der Gesellschaft auch strafrechtlich pflichtwidrig, wenn dadurch ein Angriff auf bzw. die Rückzahlung des Haftungskapitals vorlag, die Grenze des § 30 GmbHG also überschritten war (sog. »**Recht-**

373 Ausnahmsweise besteht eine Treuepflicht der Gesellschafter bei Existenzgefährdung konzernabhängiger Gesellschaften, BGH, Urt. v. 13.05.2004, 5 StR 73/03, BGHSt 49, 147 (157 ff.); BGH, Urt. v. 25.04.2006, 1 StR 519/05, BGHSt 51, 29, EWiR 2006, 509 m. zust. Anm. *Marxen/Taschner*; bestätigend BGH, Beschl. v. 31.07.2009, 2 StR 95/09: »*im mehrstufigen Beherrschungsverhältnis … nicht nur die Alleingesellschafterin der geschädigten Gesellschaft, sondern sämtliche die Untergesellschaft beherrschenden Konzernebenen*«; hierzu auch BGH, Beschl. v. 19.02.2013, 5 StR 427/12; BGH, Urt. v. 28.05.2013, 5 StR 551/11.

374 *Tiedemann/Rönnau* GmbH-Strafrecht, Vor §§ 82 ff., Rn. 10 fordert insoweit unter Hinweis auf §§ 46 Nr. 1, 47 Abs. 1, 48 ff. GmbHG Einstimmigkeit, es sei denn, die Möglichkeit eines Mehrheitsbeschlusses beruht auf einem in der Gesellschafterversammlung gefassten Gesellschafterbeschluss.

375 Stille Reserven sind nicht zu aktivieren – vgl. für den Firmenwert OLG Celle, Urt. v. 03.12.2003, 9 U 119/03, GmbHR 2004, 309; das Kapitalerhaltungsgebot gilt entsprechend für die GmbH & Co KG, vgl. OLG Celle, Urt. v. 18.06.2003, 9 U 2/03, GmbHR 2003, 900.

376 Eingehend hierzu *Tiedemann/Rönnau* GmbH-Strafrecht, Vor §§ 82, Rn. 8; Müller-Gugenberger/*Hadamitzky* Wirtschaftsstrafrecht, 8. Aufl. 2024 (im Druck) Rn. 32.84 ff.; *Fischer* § 266, Rn. 22 je m.N.; *Vonnemann* GmbHR 1988, 329; st. Rspr., ausgehend von BGH, Urt. v. 24.06.1952, 1 StR 153/52, BGHSt 3, 32 (39); BGH, Urt. v. 29.05.1987, 3 StR 242/86, BGHSt 34, 379 (388); BGH, Urt. v. 17.12.1991, 5 StR 361/91, wistra 1992, 140; auch BGH, Beschl. v. 2012.1994, 1 StR 593/94, wistra 1995.

377 Vgl. hierzu umfassend schon *Goette* DStR 1997, 1495 m. Nachw.

378 Oder gar die »*Gefahr, die Überschuldung herbeizuführen*«. Für die Zulässigkeit des sog. »*cash-managements*« oder auch »*cash-pooling*« vor dem MoMiG BGH, Urt. v. 17.09.2001, II ZR 178/99, BGHZ 149, 10, wistra 2002, 58 »*Bremer Vulkan*«; nunmehr ausdrücklich zugelassen nach § 30 Abs. 1 S. 2, 2. Alt. GmbHG. Die Grenze lag und liegt beim »*existenzgefährdenden Eingriff*« – vgl. – ebenfalls Bremer Vulkan – BGH, Urt. v. 13.05.2004, 5 StR 73/03, BGHSt 49, 147;EWiR 2004, 723 m. Anm. *Eisner*. Interessant bleibt in diesem Zusammenhang, dass das Strafrecht die Frage der Substanzausschüttung durchaus eigenständig prüft – vgl. etwa OLG Stuttgart, Urt. v. 31.03.1978, 1 Ss (6) 173/78, MDR 1978, 593 und BGH, Urt. v. 24.08.1988, 3 StR 232/88, BGHSt 35, 333 (335). Nach der Zivilrechtsprechung ist der Maßstab die Unterbilanz, also eine bilanzielle Unterdeckung – ganz eindeutig das Reinvermögen der Gesellschaft, das nach bilanziellen Grundsätzen ermittelt wird – BGH, Urt. v. 07.11.1988, II ZR 46/88, BGHZ 106, 7, GmbHR 1989, 152 (154); eingehend *K.J. Müller* DStR 1997, 1577 ff.; umfangreiche Nachweise bei *Wimmer* DStR 1996, 1249, 1250. Eine Überschuldungsrechnung nach den dargestellten (strafrechtlichen) Grundsätzen kann jedoch ohne weiteres zu niedrigeren Aktiva als beim bilanziellen Ansatz führen. Allein der »*wahre wirtschaftliche Wert*«, also das Schuldendeckungspotenzial ist für § 266 StGB maßgebend.

sprechungsregeln«[379]). Das **Vermögen** der juristischen Person war dann **auch bei Zustimmung der Gesellschafter** i.S.d. § 266 StGB treuwidrig geschädigt.[380] Nach Inkrafttreten des **MoMiG** ist dies nur noch in den oben unter Rdn. 172 f. genannten Ausnahmen der Fall.

Geschützt von § 30 GmbHG ist zugunsten ihrer Gläubiger zwar nicht die »Existenz« der Gesellschaft, sondern nur deren Haftungskapital, dieses aber in seinem vollem – wirtschaftlich verstandenen – Umfang! Das bedeutet nach der zivilrechtlichen Rechtsprechung zum **existenzgefährdenden Eingriff**[381] aber, dass schon im Vorfeld des Angriffs auf das Haftungskapital die Fähigkeit der Gesellschaft zur Erfüllung ihrer Verbindlichkeiten relevant beeinträchtigt sein kann.[382] Das Strafrecht hat diese Verfügungsbeschränkung der Gesellschafter zwar zutreffend übernommen, muss sie jedoch – ohne (versteckte) zivilistische Beweislastregeln – auf den wirtschaftlichen Kern zurückführen: 176

Erst wo der Nachweis gelingt, dass durch die **gefährdenden Handlungen** (am Ende der Handlungskette) der »**wahre Wert**« der Vermögensgüter **zur vollen Befriedigung der Gläubiger nicht ausreicht**, ist die **Einwilligung der Gesellschafter** (schon beim ersten Akt der Handlungskette) **unwirksam** und liegt ein relevanter Vermögensnachteil i.S.d. § 266 StGB vor.

Dass auch das Zivilrecht mit der Entscheidung des II. Senates des BGH vom 16.07.2007 (»TRIHOTEL«)[383] nicht mehr an den Missbrauch der Rechtsform anknüpft und damit keine gesellschaftsrechtliche Grundlage der Außenhaftung annimmt, sondern (als Innenhaftung) eine besondere Fallgruppe der vorsätzlichen sittenwidrigen Schädigung nach § 826 BGB – und damit **Deliktsrecht** – zugrunde legt, bestätigt die strafrechtliche Einordnung: Verschulden und Vorsatz ist hier ohnehin erforderlich.

Wenn der 4. Strafsenat des BGH einen **Strafantrag** der Gesellschafter bei einem »nicht bedeutsamen« Vermögensnachteil i.S.d. § 266 StGB zur Strafverfolgung bei »**unberechtigten Gewinnentnahmen**« fordert,[384] ist dies in zweifacher Hinsicht missverständlich: Ein »nicht bedeutsamer Vermögensnachteil« ist kein tatbestandsmäßiger Schaden des § 266 StGB und ein Schaden der juristischen Person erfordert keinen Strafantrag der Gesellschafter der juristischen Person[385]!– und lässt auch keinen 177

379 Vgl. hierzu die Nachweise bei Müller-Gugenberger/*Richter* Wirtschaftsstrafrecht, 8. Aufl. 2024 (im Druck) Rn. 82.29 ff.; zur Aufgabe BGH, Urt. v. 13.10.2016, IX ZR 184/14.

380 BGH, Beschl. v. 06.05.2008, 5 StR 34/08; zutr. schon *Muhler* wistra 1994, 283 ff.; aus zivilrechtlicher Sicht *v. Gerkan/Hommelhoff* Kapitalersatz, Rn. 3.51 ff.

381 Ohne dass hiermit inhaltliche Differenzen begründet wären, spricht das Zivilrecht vom existenzvernichtenden, das Strafrecht vom existenzgefährdenden Eingriff, was mit der strafrechtlichen Dogmatik zum (konkreten) Vermögensgefährdungsschaden zusammenhängt. Zur Aufgabe der Haftungsrechtsprechung zum »*faktisch-qualifizierten Konzern*« und zur Anknüpfung an das Deliktsrecht (zu den unterschiedlichen Fallgruppen nach den Entscheidungen »*Bremer Vulkan*«, »*Trihotel*« und »*Gamma*« – Konzernfinanzierung im Liquiditätsverbund ohne Sicherstellung, kalte Liquidation/Aushöhlung auch im Zusammenhang mit der Gewährung von »*Upstream-Sicherheiten*« bzw. »*Down-Stream-Merger*«, vgl. *Heckschen* GmbHR 2008, 802), nicht auch »*Unterkapitalisierung*«, *Heeg/Manthey* GmbHR 2008, 798; Müller-Gugenberger/*Richter* Wirtschaftsstrafrecht, 8. Aufl. 2024 (im Druck) Rn. 82.26 ff.

382 Missverständlich insofern der 4. Strafsenat des BGH, Beschl. v. 30.09.2004, 4 StR 381/04, wistra 2005, 105, der den Angriff auf das Haftungskapital als Unterfall des existenzgefährdenden Eingriffs ansieht; ähnlich wohl auch *Ransiek* wistra 2005, 121 (124); zutreffend dagegen der BGH, Urt. v. 13.12.2004, II ZR 206/02, ZIP 2005, 117 und BGH, Beschl. v. 10.01.2006, 4 StR 561/05, wistra 2006, 229; vgl. auch *Maurer* GmbHR 2004, 1549. Der existenzgefährdende Eingriff ist dem Angriff auf das Haftungskapital vorgelagert, setzt aber Kausalität des Entzuges wirtschaftlicher Ressourcen für den Angriff auf das Haftungskapital voraus – zutreffend insoweit OLG Stuttgart, Beschl. v. 14.04.2009, 1 Ws 32/09.

383 Urt. v. 16.07.2007, II ZR 3/04, GmbHR 2007, 927 m. Anm. *H. Schröder* 934; bestätigend in der Entscheidung »*GAMMA*« (BGH, Urt. v. 28.04.2008, II ZR 264/06), BGHZ 176, 204, GmbHR 2008, 805 m. Anm. *Ulrich* 810.

384 BGH, Beschl. v. 30.09.2004, 4 StR 381/04, wistra 2005, 105.

385 Anderes gilt allerdings bei der Personenhandelsgesellschaft, also auch bei der GmbH & Co KG – vgl. BGH, Beschl. v. 23.02.2012, 1 StR 586/11, StV 2013, 87, StraFo 2012, 198 und OLG Celle, Beschl. v. 18.07.2013, 1 Ws 238/13.

zu. Der BGH wollte ersichtlich zwischen Schaden der juristischen Person bei unwirksamer Zustimmung der Gesellschafter – Angriff auf das Haftungskapital/existenzgefährdender Eingriff – und (originärem) Schaden im Vermögen der Gesellschafter (etwa bezogen auf deren Gewinnanspruch u.ä.) unterscheiden.

178 Für die Frage der **Strafbarkeit** der Verantwortlichen von **Auslandsgesellschaften**[386] – etwa der englischen **Ltd.** – sind hierdurch Problemfelder beseitigt, weil das Deliktsrecht unstreitig auch für ausländische Gesellschaften gilt. Es bleibt somit dabei, dass Untreuestrafbarkeit gegeben ist, wenn der Eingriff den Wert der Vermögensgüter unter Gläubigerbefriedigungsgesichtspunkten derart beeinträchtigt (i.d.R. also die Zerschlagungsprognose begründet **und** beim Ansatz von Zerschlagungswerten die Gefahr der unvollständigen Befriedigung besteht), dass die Gläubiger mit Wahrscheinlichkeit nicht in voller Höhe befriedigt werden.

179 Die Frage, ob der Vermögensschaden der juristischen Person (bzw. die Masseschmälerung des schuldnerischen Unternehmens) nach **Bankrott- oder Untreue-Strafrecht** zu beurteilen ist, musste bis 2009 mit der **Interessentheorie** des BGH[387] (strafrechtlich relevante Vertreterhandlung gem. § 14 StGB nur, wenn der Täter – zumindest auch – im wirtschaftlich verstandenen Interesse der Gesellschaft handelt) beantwortet werden. Hiernach schied Bankrottstrafrecht gemäß § 283 StGB zwingend aus: Eine Vermögensschädigung »zumindest auch« im wirtschaftlichen Interesse der juristischen Person ist unmöglich! Es liegt jedoch Untreue gem. § 266 StGB vor. Nach der **Aufgabe der Interessentheorie** durch den BGH[388] liegt nunmehr in diesen Fällen regelmäßig – soweit, wie fast stets, das Vermögen der Gesellschaft mit der »Masse« identisch ist – ein **tateinheitliches Vergehen der Untreue** (§ 266 StGB) **und des Bankrotts durch Beiseiteschaffen** (§ 283 Abs. 6, Abs. 1 Nr. 1 StGB) vor.[389]

bb) Bedeutung des »Rangrücktritts« im Überschuldungsstatus

180 Bis zur Geltung des MoMiG konnten nach der **Zivilrechtsprechung** Gesellschafterleistungen (oder von Gesellschaftern gesicherte Drittleistungen) nur dann im Überschuldungsstatus nicht passiviert (bzw. konnten entsprechende Forderungen gegen den Gesellschafter aktiviert) werden, wenn ein »(qualifizierter) **Rangrücktritt**« (oder eine rangrücktrittsgleiche Erklärung) vorlag. Inhaltlich bedeutete dies die **Zusage** des Gesellschafters, er werde das Darlehen in der Krise der Gesellschaft **nicht zurückfordern** und in deren Insolvenz **nicht geltend machen,** ***solange*** **nicht sämtliche Gläubiger befriedigt sind** (bzw. er wolle mit seiner Bürgschaftsleistung/privaten Grundschuld vorrangig haften und mache entsprechende Ausgleichsforderungen gegen die Gesellschaft nicht geltend).[390]

181 Nach der bis zum MoMiG bestehenden Rechtslage bedeutete eine Rangrücktrittserklärung somit nichts anderes, als die förmliche **(vertragliche) Bestätigung der** ohnehin gegebenen, soeben dargestellten **Rechtslage.**[391] Bei einer (jederzeit möglichen) Rücknahme dieser Zusage, verblieb es bei der (gesetzlichen) Eigenkapitalgleichstellung.[392] Begründet wurde diese Behandlung im Überschul-

---

386 Umfassend hierzu m. Nachw. *Richter »Scheinauslandsgesellschaften«* in der deutschen Strafverfolgungspraxis, FS-Tiedemann 2008, 1023 ff.

387 Hierzu näher unten Rdn. 210.

388 Beschl. v. 10.02.2009, 3 StR 372/08 und Beschl. v. 01.09.2009, 1 StR 301/09; vgl. Müller-Gugenberger/*Richter* Wirtschaftsstrafrecht, 8. Aufl. 2024 (im Druck) Rn. 81.53 ff.

389 Hierzu unten Rdn. 210 ff.

390 Grundsätzlich zu der – früher streitigen – Frage BGH, Urt. v. 08.01.2001, II ZR 88/99, GmbHR 2001, 190 m. Anm. *Felleisen* ZIP 2001, 235; eingehend hierzu *Klein* GmbHR 2005, 221; so auch ausdrücklich OLG Schleswig, Urt. v. 10.03.2005, 7 U 166/03, GmbHR 2005, 1124; zum Ansatz in der Steuerbilanz *Heerma/Heerma* ZIP 2006, 2202.

391 Anders demgegenüber bei Abgabe einer solchen Rangrücktrittserklärung durch den Nicht-Gesellschafter: Hier wirkt die Erklärung rechtsbegründend. Der Ansatz im Überschuldungsstatus folgt dann allgemeinen Grundsätzen (der Werthaltigkeit – s. hierzu sogleich Rdn. 183 ff.).

392 BGH, Urt. v. 08.03.1982, II ZR 86/81, ZIP 1982, 563 (566).

dungsstatus mit den ansonsten bestehenden Feststellungsschwierigkeiten bezüglich der Zuordnung der Leistung zum Eigenkapital.[393]

Nach h.M. war dieses Bewertungsergebnis infolge der – unstreitig geltenden – Zivilrechtsakzessorietät (Rdn. 168) auch für das Strafrecht zu übernehmen. Dem kann nicht zugestimmt werden.[394] Da das **geltende Recht** in § 39 Abs. 2 InsO den Verzicht auf Passivierung vom Rangrücktritt abhängig gemacht hat, gilt – jedenfalls strafrechtlich – weiterhin folgendes: 182

Für das **Strafrecht** ist die Werthaltigkeit einer (Aktiv- oder Passiv-) Vermögensposition eigenständig festzustellen. Ein allgemeiner kaufmännischer Grundsatz, wonach die Gesellschafterleistung mit oder ohne Rangrücktrittserklärung unterschiedlich werthaltig ist, besteht nicht. Es handelt sich demnach nicht um eine Bewertungsvorgabe des Zivilrechts, sondern um eine Beweislastregelung: Den (durch Rechtsunsicherheit begründeten) Anschein der Wertminderung kann der Gesellschafter mittels (qualifizierter) Erklärung beseitigen. Für das Strafrecht gibt es keinen »Beweis des ersten Anscheins«, der Strafrichter muss sich mithilfe einer **Gesamtschau der Umstände** selbst **Gewissheit** über den Wert sämtlicher Vermögenspositionen bilden und »im Zweifel« den für den Beschuldigten günstigeren Wert ansetzen.

Nach dem MoMiG gibt es allerdings keine Bewertungsunsicherheit aufgrund der Gesellschafterposition. Die Forderung eines Gesellschafters steht derjenigen eines Außenstehenden in der Erfüllungspflicht gleich. Insofern kann kein Zweifel an der Passivierung bestehen. Der »Rangrücktritt« muss daher eine andere, nämlich die **Zahlungspflicht** des Unternehmens **beseitigende** Wirkung haben.

Zur besseren Erläuterung der hieraus zu ziehenden Konsequenzen soll zunächst zwischen Gesellschaftersicherheit und Gesellschafterdarlehen unterschieden werden.

Der **Ansatz des Vermögens** und der Schulden **im Überschuldungsstatus** ist kein normativer, sondern ein **wirtschaftlicher.**[395] Nicht nur der rechtliche Bestand einer Forderung, sondern ihre konkrete (wahrscheinliche) Durchsetzbarkeit, ihre wirtschaftliche Werthaltigkeit (ihr »*wahrer wirtschaftlicher Wert*« – also das in ihr enthaltene Schuldendeckungspotential), begründet die Höhe ihres Ansatzes als Aktiva.[396] Entsprechendes gilt für die Schulden: Wird das Vermögen (mit Wahrscheinlichkeit) durch die Tilgung der Verbindlichkeit belastet oder nicht? 183

Hat sich also ein Gesellschafter für die Bankverbindlichkeiten seiner Gesellschaft in Höhe von 1 Mio. EURO verbürgt (sein privates Grundstück zur Sicherheit übertragen u.ä.),[397] so ist zunächst die Forderung der kreditierenden Bank als Verbindlichkeit der Gesellschaft zu bewerten. Solange nicht sichergestellt ist (durch **verbindliche Erklärung der Bank**), dass die Gläubigerin auf das Gesellschaftsvermögen nicht (vorrangig) zugreifen wird (und Bonität des Bürgen gegeben ist), muss die Verbindlichkeit passiviert werden: Die Bank hat ein uneingeschränktes Auswahlrecht des Zugriffs 184

393 Statt aller v. *Gerkan/Hommelhoff* Kapitalersatz, Rn. 6.22m. Nachw.

394 Eingehend hierzu Müller-Gugenberger/*Richter* Wirtschaftsstrafrecht, 8. Aufl. 2024 (im Druck) Rn. 82.36 ff.; OLG Düsseldorf, Beschl. v. 25.11.1996, 5 Ss 303/96–93/96 I, StV 1998, 268; wohl auch BGH, Beschl. v. 14.01.2003, 4 StR 336/02, wistra 2003, 301 (302) (»*zumindest dann nicht … wenn sie nicht nur eigenkapitalersetzend … sondern … mit Rangrücktritt versehen waren*«).

395 *Tiedemann* Insolvenzstrafrecht, Vor § 283, Rn. 151.

396 Hier gilt im Kern dieselbe Argumentation wie bei der Zahlungsunfähigkeit: Maßgeblich ist, ob der Vermögensbestandteil für die Gläubiger (zum Bewertungsstichtag!) realisierbar ist. Der Absicht des Schuldners, ihn (später) den Gläubigern zuzuführen, vermag keinen wirtschaftlichen Wert zu begründen. Verheimlichte bzw. beiseite geschaffte Vermögenswerte (etwa weil sie auf andere Personen oder Gesellschaften übertragen sind) können daher nicht aktiviert werden.

397 Vgl. zu diesem – praktisch so bedeutsamen – Fall der Sicherung einer Drittschuld durch den Gesellschafter als Kapitalersatz, wie allgemein zum früheren Kapitalersatzrecht aus (untreue-)strafrechtlicher Sicht, die bereits mehrfach zitierte, sehr klare und umfassende, Entscheidung des BGH, Urt. v. 06.05.2008, 5 StR 34/08, wistra 2008, 379.

auf das Vermögen des Schuldners oder des Bürgen; die Wahrscheinlichkeit der Inanspruchnahme des Schuldners ist also gegeben. Die **gesellschaftergesicherte (Dritt-) Schuld ist zu passivieren.**[398]

185 Andererseits stand der Gesellschaft bis zum MoMiG ein **Freistellungsanspruch,**[399] bzw. (soweit der Dritte bereits auf das Gesellschaftsvermögen zugegriffen hat) ein **Erstattungsanspruch gegen den Gesellschafter** zu,[400] mochte sich dieser nun aus Gesetz (§§ 32a ff. GmbHG) oder Vertrag (rangrücktrittsgleiche Erklärung) ergeben. Zu dessen (unverzüglicher) **Durchsetzung** war der Geschäftsführer aus §§ 30, 31, 43 GmbHG **verpflichtet.**[401] Die Verletzung dieser Pflicht war grundsätzlich unter Untreuegesichtspunkten strafbewehrt.[402] Dieser Anspruch war nach allgemeinen Grundsätzen zu bewerten und entsprechend seiner Werthaltigkeit im Überschuldungsstatus zu aktivieren. Zum Schuldendeckungspotential – und damit als Aktivposten des Überschuldungsstatus – gehörte allerdings auch diese Forderung nur, wenn und soweit der Geschäftsführer willens und in der Lage war, sie geltend zu machen oder doch mindestens die Gläubiger auf sie Zugriff nehmen konnten. Selbst bei Bonität des Gesellschafters war demnach eine derartige Forderung dann nicht zu aktivieren, wenn der Geschäftsführer sie nicht geltend machte und sie den Gläubigern nicht bekannt war.

186 **Nach dem MoMiG** besteht eine Forderung gegen den Gesellschafter aus Gesellschaftsrecht nicht, vielmehr regelt das Bürgschaftsrecht die Haftung des Schuldners gegenüber dem Bürgen. Eine Aktivierung eines Anspruchs gegen den Gesellschafter – zum Ausgleich der passivierten Verbindlichkeit gegenüber dem Gläubiger und somit zur Vermeidung (oder Beseitigung) der Überschuldung – ist demnach nur möglich, wenn dessen *vertragliche* Bindung für die Gesellschaft und ihre Gläubiger einen werthaltigen Anspruch begründet. Dies ist Aufgabe und Inhalt einer **Rangrücktrittserklärung** ***nach*** **dem MoMiG** (s. Rdn. 147).

187 **Indizien** dafür, dass der Geschäftsführer Gesellschafterleistungen entgegen der Rechts- oder Vertragslage nicht als Eigenkapital behandelt (und deshalb die Gefahr der Schmälerung der Haftungsmasse besteht, mithin **Wertminderung** vorliegt), sind insbesondere Rückzahlungen auf (im Rang zurückgetretene) Gesellschafterdarlehen, Zahlungen auf durch Gesellschafter gesicherte Drittleistungen, Nichtangabe der gegen den Gesellschafter gerichteten Ansprüche in der Insolvenz, Zinszahlungen auf Gesellschafterleistungen, Vertuschungsmaßnahmen der in Wahrheit vorliegenden Nachrangigkeit von Gesellschafterleistungen, Forderungen aus Anleihen u.ä.

188 Dass die Gläubiger solche Vermögensbestandteile der Gesellschaft beim Einsatz sachkundiger Dritter (bei Insolvenz durch den Insolvenzverwalter) zur Masse ziehen können, ändert an ihrer gegenwärtigen wirtschaftlichen Wertlosigkeit nichts. *Werthaltigkeit* – und damit Aktivierungsmöglichkeit – setzt vielmehr voraus, dass die Gläubiger den vom Gesellschaftsorgan nicht geltend gemachten *Anspruch* **zum Bewertungsstichtag** *kennen* und *durchsetzen* können. Selbst wenn ein (möglicher) Insolvenzverwalter einen derartigen Anspruch zu einem in der Ferne liegenden Zeitpunkt nach gegenwärtiger Prognose möglicherweise durchsetzen könnte, hat die Forderung keinen gegenwärtigen wirtschaft-

398 Statt aller mit umf. Nachw. BGH, Beschl. v. 06.05.2008, 5 StR 34/08, wistra 2008, 379.

399 Für die Aktivierung des Freistellungsanspruches ausdrücklich OLG München, Urt. v. 15.04.1996, 31 U 4886/95, GmbHR 1998, 28; im Übrigen wiederum statt aller BGH, Urt. v. 06.05.2008, 5 StR 34/08.

400 BGH, Urt. v. 02.06.1997, II ZR 211/95, ZIP 1997, 1648 (165). Einer drohenden Inanspruchnahme des Gesellschaftsvermögens ist entsprechend durch Bildung einer Rückstellung Rechnung zu tragen – vgl. *Fleck* GmbHR 1989, 313; *Fleischer* ZIP 1996, 773 je m. Nachw.

401 BGH, Urt. v. 09.12.1991, II ZR 43/91, ZIP 1992, 108 (109); *v. Gerkan/Hommelhoff* Kapitalersatz, Rn. 5.32.

402 *Richter* GmbHR 1984, 113, 137 (146 f.); *C. Schäfer* GmbHR 1993, 778 (795); *Tiedemann/Rönnau* GmbH-Strafrecht, Vor §§ 82, Rn. 20, 33.

lichen Wert, zumal mindestens häufig mit Masselosigkeit und damit gerade nicht mit einem Verwalter gerechnet werden muss.[403]

Der nach dem **MoMiG** gegebene **Anfechtungsanspruch** aus § 39 Abs. 1 Nr. 5, Abs. 4 und 5 InsO, wonach auch Forderungen auf Rückgewähr eigenkapitalersetzender Darlehen und Leistungen auf kapitalersetzende Sicherheiten im Insolvenzverfahren (nachrangig) geltend gemacht werden können, begründet bei dieser Argumentation keinen (Vermögens-)Wert.[404] Eine Verbindlichkeit, die erst nach Befriedigung aller Gläubiger zu erfüllen ist, wird ebenso wenig wie das Haftungskapital selbst Teil des Überschuldungsstatus. Für diese Verbindlichkeiten ist kein Schuldendeckungspotential festzustellen. 189

Diese wirtschaftliche Bewertung einer mit Rangrücktritt versehenen Verbindlichkeit einer Gesellschaft in deren Überschuldungsstatus führt allerdings zu einer **Verschränkung von Liquiditäts- und Vermögensbetrachtung:** Bezieht sich der Rangrücktritt, wie von §§ 19 Abs. 2 S. 2, 39 Abs. 2 InsO vorgegeben, (nur) auf den Nachrang hinter die Forderungen nach § 39 Abs. 1 Nr. 1 – 5 InsO, scheint keine Passivierungspflicht zu bestehen, weil der Nachranggläubiger *bei der Verteilung der Masse* nicht mit den übrigen Gläubigern konkurriert. Kann der Nachranggläubiger jedoch *vor* der Verteilung – ja vor dem Insolvenzverfahren selbst – Befriedigung erlangen, weil **Fälligkeit** seiner (im Insolvenzverfahren nachrangiger) Forderung vorliegt (oder **hergestellt werden kann**), muss dies im *Liquiditätsstatus* berücksichtigt werden, was zur Zahlungsunfähigkeit führen kann.[405] Kommt es zur Befriedigung ist die Masse für die übrigen (an sich vorrangigen) Gläubiger gemindert.[406] 190

Parallel zu betrachten und – nach der weiten Auslegung der (Zivil-) Rechtsprechung zur **konzernrechtlichen Haftung** insbes. auch beim sog. **qualifiziert faktischen Konzern**[407] – von hoher (auch strafrechtlicher) Relevanz im Hinblick auf Ansatzprobleme im Überschuldungsstatus und unter Untreuegesichtspunkten,[408] sind Ausgleichs- oder Erstattungsansprüche gegen das herrschende Unternehmen und korrespondierende Verpflichtungen bei diesem. 191

Zunächst ist auch insoweit deren **rechtlicher Bestand** (zivilrechtlich) **und** in einem zweiten Schritt ihre **Werthaltigkeit** zu prüfen. Fehlt dem Gesellschafter (der herrschenden Gesellschaft usw.) Bonität, unterbleibt ein Ansatz auf der Aktivseite. Hat die herrschende Gesellschaft (der Gesellschafter usw.) zwar entsprechendes Vermögen, ist die **Durchsetzung** des Anspruchs aber **vom Geschäftsführerverhalten abhängig** (also ein Zugriff der Gläubiger hierauf nicht hinreichend gesichert) und 192

403 Unabhängig von dieser Indizwirkung für die Wertbemessung der Forderung liegt bei deren Verschweigen eine Straftat der falschen Versicherung an Eides statt gem. § 156 StGB in den Fällen des § 807 ZPO – vgl. hierzu BayObLG, Beschl. v. 06.03.2003, 5St RR 18/03, NJW 2003, 2181 – und des § 153 Abs. 2 InsO vor.

404 A.A. *Adolff* Festschrift für Hans-Jürgen Hellwig 2010, 433 ff.; zutreffend dagegen mit eingehender Begründung und Rechenbeispielen *R. Wolff* KSI 2010, 207 m. Nachw.

405 Umfassend hierzu am Beispiel der Genussrechte im Fall *PROKON* – symptomatisch für Anleihen, aber auch sonstiger Rangrücktritte *Bitter/Rauhut* ZIP 2014, 1005, ihnen folgend AG Itzehoe, Beschl. v. 01.05.2014, 28 IE 1/14, ZIP 2014, 1038; a.A. *Bork* ZIP 2014, 997 (zivilrechtlich fällige) mit einfachem Rangrücktritt versehene Verbindlichkeiten sind masse- und vermögensschmälernd und damit als Untreue/Bankrott strafbar – hierzu näher unten Rdn. 211.

406 Zutreffend *Wolf* ZWH 2014, 261 (263 f.).

407 Statt aller *Lutter/Hommelhoff* GmbHG, 21. Aufl. 2023, Anh. zu § 13 Rn. 13 ff.; deutlich auch *Köhl* GmbHR 1998, 119.

408 Vgl. hierzu Müller-Gugenberger/ *Wolf* Wirtschaftsstrafrecht, 8. Aufl. 2024 (im Druck) Rn. 26.99 ff., 26.109; *Tiedemann/Rönnau* GmbH-Strafrecht, Vor §§ 82, Rn. 22 ff.; *Richter* GmbHR 1984, 137 (145 f.) mit Beispielen.

nicht gewährleistet,[409] so steht zur Schuldendeckung nichts zur Verfügung: im Überschuldungsstatus ist nichts zu aktivieren[410].

193 Dieser Ansatz ist auch für das Gesellschafterdarlehen selbst maßgebend: Ist nach den Kautelen der Zivilrechtsprechung klargestellt, dass ein derartiges Darlehen zum Eigenkapital zählt (also bei Vorliegen eines »Rangrücktritts«, der den Zugriff im Insolvenzfall sicher ausschließt – oben Rdn. 186 ff.), ist die Gefahr des Zugriffs auf das Gesellschaftsvermögen wirtschaftlich unbedeutend. Ein Ansatz dieser Schuld in den Passiva des Überschuldungsstatus entfällt.[411] Ist umgekehrt beweisbar, dass der Geschäftsführer oder Gesellschafter die **rechtliche Qualifikation** des Darlehens als Eigenkapital **nicht akzeptiert und** verfügt er über die **tatsächliche Möglichkeit des Zugriffs** auf das Vermögen der Gesellschaft zur Rückführung des Darlehens, so ist – entgegen der rechtlichen Qualifizierung als Eigenkapital – wirtschaftlich eine Schuld zu passivieren.[412] Der in diesem Fall entstehende Sicherungs- oder Rückgewähranspruch gegen den Gesellschafter ist (wie geschildert) zu bewerten, also regelmäßig – wegen mangelnder Werthaltigkeit – im Überschuldungsstatus nicht zu aktivieren.

194 Entgegen *Muhler*, der die »Novellen-Darlehen« nach §§ 32a/32b GmbHG für »ohne Einschränkung an den darleihenden Gesellschafter« rückzahlbar hält,[413] handelte es sich nach § 39 Abs. 1 Nr. 5 InsO (a.F.) ebenso wie bei den »Rechtsprechungs- oder Überschuldungs-Darlehen« (genauer: bei Beeinträchtigung des § 30 GmbHG) um **nachrangige Verbindlichkeiten**, deren vorzeitige Rückzahlung den Bestand der Verteilungsmasse und nicht nur die Gleichmäßigkeit ihrer Verteilung beeinträchtigte.[414] Damit war allerdings die Frage der Strafbarkeit nach § 266 StGB nicht entschieden. Diese setzt vielmehr die Feststellung eines **Schadens** im betreuten Vermögen voraus. Soweit die Gesellschafter (satzungsgemäß) mit Entnahmen aus dem Vermögen einverstanden sind, hängt die Wirksamkeit dieses Einverständnisses – wie dargelegt – von der Beeinträchtigung des Haftungsvermögens der Gesellschaft ab. Bei Rückzahlung von »Überschuldungsdarlehen« (genauer: »**Unterbilanz-Darlehen**«) lag und liegt somit stets ein untreue-relevanter Schaden vor.[415]

195 Streitig war auch die Strafbarkeit bei Rückzahlung von »**Novellen-Darlehen**«. Ging man davon aus, dass §§ 32a, 32b GmbHG, 3 AnfG die Rückzahlung des Kapitalersatzes nicht verbieten, sondern lediglich einen Rückforderungsanspruch im Fall der Insolvenz begründen, war Strafbarkeit nicht bei Rückzahlung, sondern erst bei Verschweigen des Anspruchs gegenüber dem Insolvenzgericht/-verwalter gegeben. Nahm man demgegenüber aufgrund der Nachrangigkeitsregelung des § 39 Abs. 1 Nr. 5 InsO an, dass auch dieser Kapitalersatz zum (strafrechtlich) geschützten Vermögen der juristischen Person gehört, war dieses der Verfügungsmacht der Gesellschafter – auch schon zu Zeiten ihrer werbenden Tätigkeit – entzogen.[416]

---

409 So zutreffend *Wolf* DB 1995, 2277 (2278); *ders.* DB 1997, 1833 (1835); auf die Werthaltigkeit der Forderung stellt auch BGH, Urt. v. 09.02.1987, II ZR 104/86, NJW 1987, 1697 ausdrücklich ab.

410 Näher zu den Voraussetzungen der Aktivierung (rechtlich wirksame Vereinbarung, Bonität des Sicherungsgebers und wirtschaftliche Durchsetzbarkeit) OLG Hamburg, Urt. v. 13.04.2018, 11 U 127/17, ZInsO 2019, 83.

411 Im Ergebnis ebenso *Tiedemann* Insolvenzstrafrecht, Vor § 283, Rn. 1650, 1653; Müller-Gugenberger/*Richter* Wirtschaftsstrafrecht, 8. Aufl. 2024 (im Druck) Rn. 82.42; BGH, Urt. v. 06.12.1993, II ZR 102/93, NJW 1994, 724.

412 Std. (Zivil-) Rspr., vgl. die Nachweise bei *Uhlenbruck* KTS 1994, 173 ff.; für das Strafrecht *Tiedemann* Insolvenzstrafrecht, Vor § 283, Rn. 152, *Richter* GmbHR 1984, 113, 137 (141); a.A. OLG München, Beschl. v. 08.07.1994, 3 Ws 87/94, wistra 1994, 278 (279) mit dem Argument, die Gesellschaft könne dem Anspruch des Gesellschafters Einwände entgegenhalten; im Ergebnis auch LG Waldshut-Tiengen, Urt. v. 28.07.1995, 2 O 55/92, DB 1995, 2157; *Joecks* BB 1986, 1681.

413 Wistra 1994, 283 (285).

414 Hierzu auch Müller-Gugenberger/*Richter* Wirtschaftsstrafrecht, 8. Aufl. 2024 (im Druck) Rn. 84.29.

415 Vgl. nur *Tiedemann* Insolvenzstrafrecht, § 283, Rn. 183, 189, § 283c Rn. 10; Vor § 283, Rn. 152; Müller-Gugenberger/*Richter* Wirtschaftsstrafrecht, 8. Aufl. 2024 (im Druck) Rn. 82.29 ff.; *Muhler* wistra 1994, 283 (287) – insoweit allerdings für Strafbarkeit nach § 283 Abs. 1 Nr. 1 StGB.

416 Vgl. *Muhler* wistra 1994, 283 (285 f.).

Demgegenüber bleibt festzuhalten, dass »**Eigenkapitalersetzende Darlehen**« nach der Entscheidung des Gesetzgebers gerade kein Eigenkapital der juristischen Person (im Sinne des § 30 GmbHG) waren. Inwieweit sie als Eigenkapital behandelt werden mussten, definierte der Gesetzgeber in §§ 32a, 32b GmbHG und die (Zivil-) Rechtsprechung. Das Gebot vorrangiger Befriedigung der Drittgläubiger war danach nur durch Begründung eines Rückforderungsanspruches zu deren Gunsten (für die Masse!) und nicht durch ein Auszahlungsverbot gesichert. **196**

Nur die **Beeinträchtigung dieses Rückforderungsanspruches** kann daher Schutzgegenstand des Vermögensstrafrechtes sein. So hat die Zivilrechtsprechung auch wiederholt entschieden, dass lediglich eine »Unterbilanz« vermieden werden, also die Stammkapitalziffer erreicht sein muss – strafrechtlich gesprochen, das Haftungskapital den außenstehenden Gläubigern zur Befriedigung in vollem Umfang zur Verfügung steht. Danach ist die Rückzahlung von Kapitalersatz außerhalb des § 30 GmbHG selbst bei Zustimmung der Gesellschafter grundsätzlich **nicht** durch § 266 StGB **geschützt**. **197**

Vor und nach dem MoMiG lag und liegt die strafrechtlich relevante Beeinträchtigung des Rückforderungsanspruches nicht nur in seinem Verschweigen im Insolvenzverfahren.[417] Ist die **Entstehung** des (potentiellen) **Rückzahlungsanspruchs** gegen den Gesellschafter bei der Rückgewähr von Kapitalersatz bzw. des Anfechtungsanspruches nach § 39 InsO **hinreichend wahrscheinlich** und wird dieser voraussichtlich wertlos sein, führt die Rückzahlung selbst zum (gegenwärtigen) Schaden. Dies ist regelmäßig der Fall, wenn das Unternehmen **keine positive Fortführungsprognose hat.** **198**

cc) Zur subjektiven Tatseite

Bei konsequenter Anwendung der wirtschaftlichen Betrachtungsweise der Gesellschafterleistungen für den Vermögensansatz im Überschuldungsstatus reduzieren sich die Probleme des **subjektiven Tatnachweises** ganz erheblich. Insbesondere wird die Diskussion darüber, ob durch Kenntnis oder Unkenntnis der Zivilrechtsprechung ein Verbots- oder aber Tatbestandsirrtum oder ein schlichter Subsumtionsirrtum vorliegt, obsolet.[418] Vom (bedingten) Vorsatz des Beschuldigten muss lediglich – wie sonst auch – die Werthaltigkeit des Ausgleichsanspruchs gegen den Gesellschafter (bzw. die Kenntnis von der Gefahr der Inanspruchnahme[419] des Gesellschaftsvermögens durch Ausschüttung an den Gesellschafter) umfasst sein. **199**

Leistete demnach der Geschäftsführer **vor dem MoMiG** (bei bestehender Überschuldung) Zahlungen auf ein Gesellschafterdarlehen, so dokumentierte er hierdurch zunächst, dass er dieses Darlehen nicht als Eigenkapital behandeln will und dass der Bestand des Gesellschaftsvermögens für deren übrige Gläubiger gefährdet ist. Im Überschuldungsstatus war das Darlehen daher unabhängig davon zu passivieren, ob eine Rangrücktrittserklärung vorlag oder nicht. **Nach dem MoMiG** gilt hinsichtlich des erklärten Rangrücktritts nichts Anderes. Behauptet der Geschäftsführer, er habe angenommen, im Überschuldungsstatus sei eine wirtschaftlich wertlose Forderung zu aktivieren oder es brauche ein mit Wahrscheinlichkeit erfolgender Vermögensabfluss nicht passiviert zu werden, ist in aller Regel nicht von einem Irrtum, sondern von einer Schutzbehauptung auszugehen. Es ist allgemeinkundig, dass sich eine Überschuldung aus der Gegenüberstellung von Vermögen und Schulden ergibt, dass eine wertlose Forderung kein »Vermögen« bzw. dass eine Verbindlichkeit, bei der die mindestens naheliegende Möglichkeit des entsprechenden Vermögensabflusses besteht, eine »Schuld«, also eine Vermögensbelastung, darstellt. Soweit sich der Beschuldigte hierbei eine abweichende rechtliche Bewertung der wirtschaftlichen Gegebenheiten vorstellt, handelt es sich um einen unbeachtlichen Subsumtionsirrtum und um keinen (relevanten) Mangel an Bedeutungskenntnis. **200**

Wie bereits oben (Rdn. 169 ff.) eingehend dargestellt, sind Zahlungen an den Gesellschafter unter der Geltung der Rechtsänderungen durch das **MoMiG** nur dann als verbotene Einlagenrückgewähr **201**

417 Insoweit übereinstimmend und zutreffend Müller-Gugenberger/*Richter* Wirtschaftsstrafrecht, 8. Aufl. 2024 (im Druck) Rn. 82.17 ff. und *Muhler* wistra 1994, 283 (286).

418 S. hierzu eingehend oben Rdn. 162 ff.

419 Hierzu zutreffend BGH, Beschl. v. 12.02.2003, 5 StR 165/02, wistra 2003, 262 (264 f.).

und damit als Schaden i.S.d. Untreue gem. § 266 StGB anzusehen, wenn der Rückzahlungsanspruch der Gesellschaft nicht werthaltig ist. Danach richtet sich auch der Ansatz des Anspruchs in der Bilanz (Bankrott durch unrichtige Bilanzierung gem. §§ 283, 283b StGB) und im Überschuldungsstatus.

Gesellschafterleistungen stehen nach den Regeln des MoMiG der Unternehmung nur wie Fremdleistungen zur Verfügung. Daher ist (trotz grundsätzlicher Nachrangigkeit in der Insolvenz) das Gesellschafterdarlehen zu passivieren und die Sicherungsleistung des Gesellschafters nicht zu aktivieren. Zur Beseitigung einer Unterdeckung und zur Vermeidung einer Überschuldung wird es daher in vielen Fällen erforderlich sein, die bislang gegebenen Möglichkeiten einzusetzen. Dies lässt § 19 Abs. 2 S. 3 InsO auch weiterhin zu. Beachtlich bleiben jedoch soeben dargestellten Problemkreise des wirksamen Rangrücktritts: Nur dieser ermöglicht das Absehen von Passivierung bzw. die Aktivierung des Freistellungs-/Ersatzanspruches gegen den Gesellschafter.

e) Umwertung einer Handelsbilanz in einen Überschuldungsstatus (nach der Novelle durch das MoMiG)

▶ **Beispiel**

202 **1. Handelsbilanz**

H & T GmbH Stuttgart

Handels-) Bilanz zum 31.12.2023

Aktiva			**Passiva**
Ausstehende Einlagen	25.000,00	Stammkapital	50.000,00
Kasse	25.000,00	Rücklage	5.000,00
Immaterielle Vermögensgegenstände	18.000,00	Verlustvortrag	–100.000,00
Grundstücke unbebaut	200.000,00	Jahresverlust	–500.000,00
Grundstücke bebaut	1.000.000,00	EK i.w.S.	–545.000,00
Einbauten in fremde Grundstücke	70.000,00	Nicht durch EK gedeckter Fehlbetrag	545.000,00
Fahrzeuge	250.000,00	Gesellschafter-Darlehen	100.000,00
Vorräte:			
Halbfertige Bauten:	2.000.000,00	Bank-Darl. langfristig	2.000.000,00
Vorräte:	600.000,00	Bank kurzfristig	1.000.000,00
Forderungen LuL	1.000.000,00		
Forderung an AN	15.000,00	Verbindlichkeiten aus LuL	2.000.000,00
Bankkonto in $	10.000,00	Rückstellungen für Garantie	8.000,00
Gesellschafterdarlehen	100.000,00	für Denkmal/Renaturierung	500.000,00
ZS Aktiva	5.313.000,00	ZS Fremdkapital	5.858.000,00
Nicht durch EK gedeckter Fehlbetrag	545.000,00		
Bilanzsumme	5.858.000,00		5.858.000,00

▶ *Erläuterungen zur (Handels-)Bilanz zum 31.12.2023 der H & T GmbH Stuttgart*

203

Aktiva		**Erläuterungen**
Ausstehende Einlagen	25.000,00	Gesellschafter Vermögenslos
Kasse	25.000,00	
Immaterielle Vermögensgegenstände	18.000,00	EDV-Programme veraltet, nicht verwertbar
Grundstücke unbebaut	200.000,00	gekauft 1960, neuer Marktpreis
Grundstücke bebaut	1.000.000,00	Schloss/Kiesgrube
Einbauten in fremde Grundstücke	70.000,00	Bereicherungsanspruch gegen Vermieter
Fahrzeuge	250.000,00	1 neuer Ferrari, 2 LKW
Vorräte		
Halbfertige Bauten	2.000.000,00	Russlandhäuser
RHB (Waren)	600.000,00	alte Modelle
Forderungen LuL	1.000.000,00	Altersstruktur
Forderungen an AN	5.000,00	Bonität
Bankkonto in $	10.000,00	Währungsrisiko
Forderung gegen Gesellschafter	100.000,00	Bonität/Existenzgefährdung
ZS Aktiva	5.313.000,00	
Nicht durch EK gedeckter Fehlbetrag	545.000,00	
Bilanzsumme	5.858.000,00	

▶ *HB – Erläuterungen zur (Handels-) Bilanz zum 31.12.2023 der H & T GmbH Stuttgart*

204

Passiva		**Erläuterungen**
Stammkapital	50.000,00	ohne Ansatz
Rücklage	5.000,00	ohne Ansatz
Verlustvortrag	–100.000,00	ohne Ansatz
Jahresverlust	–500.000,00	ohne Ansatz
EK i.w.S	–545.000,00	ohne Ansatz
Nicht durch EK gedeckter Fehlbetrag	545.000,00	ohne Ansatz
	0,00	ohne Ansatz
Stille Gesellschaft	250.000,00	Typisch/Atypisch?
Gesellschafter – Darlehen	00.000,00	Rangrücktrittserklärung?
Bank langfristig	2.000.000,00	Bürgschaft des Gesellschafters Rangrücktritt: 1.000.000,00 Grundschuld auf Gesellschafter-Grundstück/Rangrücktritt: 500.000,00
Bank kurzfristig	1.000.000,00	Abtretung Forderungen LuL
Verbindlichkeiten LuL	2.000.000,00	Fälligkeit
Rückstellungen für Garantie	8.000,00	Neubewertung
für Denkmal/Renaturierung	500.000,00	Neubewertung
ZS Fremdkapital	5.858.000,00	
Bilanzsumme	5.858.000,00	

▶ *Überschuldungsstatus zum 31.12.2023der H & T GmbH Stuttgart*

205

Aktiva			Passiva
Ausstehende Einlagen	1,00	Stammkapital	0,00
Kasse	25.000,00	Rücklage	0,00
Immaterielle Vermögensgegenstände	1,00	Verlustvortrag	0,00
Grundstücke unbebaut	2.000.000,00	Jahresverlust	0,00
Grundstücke bebaut	1,00	EK i.w.S.	0,00
Einbauten in fremde Grundstücke	1,00	Nicht durch EK gedeckter Fehlbetrag	0,00
Fahrzeuge	50.000,00		0,00
		Stille Gesellschaft	0,00
		Gesellschafter-Darlehen	0,00
Vorräte: Halbfertige Bauten	3.000.000,00	Bank langfristig	2.000.000,00
Vorräte: RHB (Waren)	1,00	Bank kurzfristig	1.000.000,00
Forderungen LuL	800.000,00	Verbindlichkeiten LuL	2.000.000,00
Forderungen an AN	1,00		
Bankkonto in $	8.000,00	Rückstellungen	
Gesellschafterdarlehen	1,00	für Garantie	1.000.000,00
		für Denkmal/ Renaturierung	500.000,00
ZS Aktiva	5.883.007,00	ZS Fremdkapital	6.500.000,00
Nicht durch EK gedeckter Fehlbetrag	616.993,00		
Summe	6.500.000,00	Summe	6.500.000,00

Beispielsergänzung: GmbH & Co. KG, Bilanz weist als Aktivposten einen Verlustausgleichsanspruch gegen Kommanditisten aus, der die Überschuldung beseitigt – §§ 167, 136, 149 HGB.

2. Insolvenzstraftaten im engeren Sinn

a) Systematik der Bankrottstraftaten gem. §§ 283 ff. StGB

206 Bei den Bankrottstraftaten handelt es sich durchgehend um **Sonderdelikte.** Täter kann nur der von der Krise Betroffene sein. Lediglich § 283d StGB bildet eine Ausnahme. Hier kann jedermann tauglicher Täter sein. Bei einem Schuldner, der nicht eine natürliche Person ist, insbes. also bei juristischen Personen, bedarf es demnach bei §§ 283–283c StGB einer Überleitung der Strafbarkeit nach § 14 StGB.

207 § 283a StGB stellt einen unbenannten Strafschärfungsgrund, § 283c StGB eine Privilegierung bei der Beeinträchtigung der Verteilungsgerechtigkeit ohne Masseminderung dar. § 283d StGB – als **allgemeine Strafnorm** – stellt das Beiseiteschaffen des § 283 Abs. 1 Nr. 1 StGB durch Außenstehende unter Strafe, hat allerdings in der Praxis nur geringe Bedeutung.

Die Strafbarkeitsprüfung hat **für alle** Bankrottnormen stets mit der objektiven Strafbarkeitsbedingung des **§ 283 Abs. 6 StGB** zu *beginnen.*[420] Sodann ist festzustellen, ob eine Bankrotthandlung (Tathandlung nach **§ 283 Abs. 1 Nr. 1 bis 8 StGB**) *zeitlich* in einer insolvenzrechtlichen Krise i.S.d. Abs. 1 (Vermögens- oder Liquiditätskrise) vorgenommen wurde. Bei *Nichtvorliegen* ist mit der Prüfung des Grundtatbestandes, **§ 283 Abs. 2 StGB**, fortzufahren und **Kausalität** der Bankrotthandlung für die Krise zu prüfen. Liegt auch *keine Kausalität* vor, ist – **allein** für die *Buchführungs- und Bilanzierungsdelikte* (§ 283 Abs. 1 Nr. 5–7 StGB) – **§ 283b StGB** (Buchführungs- und Bilanzierungsdelikte außerhalb der Krise) zu prüfen. 208

Die **Prüfungsfolge** bei Bankrottstraftaten ist daher nach folgendem Raster vorzunehmen:

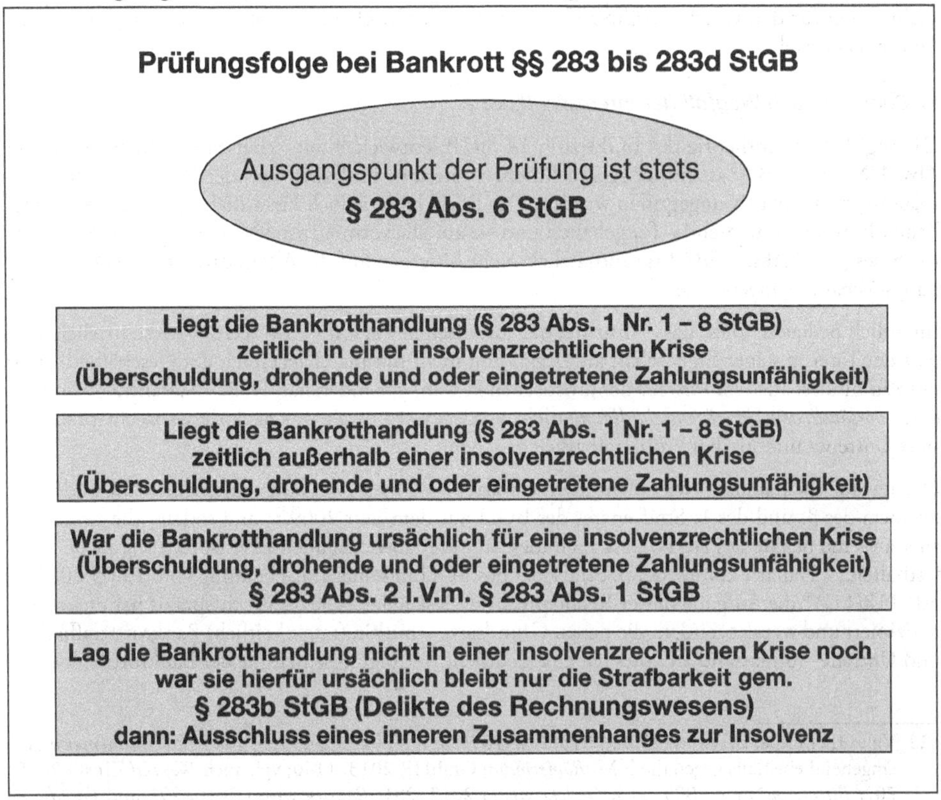

Abb. 3: Prüfschema Bankrott

Bei den Rechtsfolgen der Verurteilung wegen §§ 283 ff., auch 283b StGB (zu jeder Strafe, also auch bei einer Bestrafung bis zu 90 Tagessätzen, auch wegen Versuchs, Teilnahme und auch im Strafbefehlsverfahren[421] ist **§ 6 Abs. 2 Nr. 3b GmbHG**, **§ 76 Abs. 3 Nr. 3 AktG** mit der Folge einer (zwin- 209

420 Wie sich §§ 190 Abs. 1 und 202 Abs. 1 Nr. 1 UmwG entnehmen lässt, wirkt die objektive Strafbarkeitsbedingung auch für die Unternehmung nach, was auch bei grenzüberschreitendem Formenwechsel gilt; vgl. Saarländisches OLG, Beschl. v. 07.01.2020, 5 W 79/19, BB 2020, 1748.

421 BGH, Beschl. v. 13.12.2019, II ZB 18/19, ZInsO 2020, 334 m. zust. Anm. *Haase*, 336; *Weyand*, 152; *Brand*, GmbHR 2020, 202; KG, Beschl. v. 17.07.2018, 22 W 34/18, NJW Spezial 2018, 687 und selbst bei Verwarnung mit Strafvorbehalt (§ 59 Abs. 1 StGB), vgl. OLG Naumburg, Beschl. v. 30.01.2017, 5 Wx 2/17, NZWiSt 2018, 114 m. abl. Anm. *Wengenroth.*

genden) **5-jährigen Geschäftsführersperre (genauer: Amtsunfähigkeit/Inhabilität)** zu beachten.[422] Eine etwa schon vorgenommene Eintragung in das Handelsregister wird hierdurch unrichtig, ein Bestellungsbeschluss nichtig.[423]

Hier greifen jedoch wesentliche Erweiterungen, aber auch Beschränkungen, seit Geltung des **MoMiG:** (jeweils **nur vorsätzliche**) Insolvenzverschleppung, Falschangaben gegenüber dem Registergericht (§§ 82 GmbHG, 399 AktG, 313 UmwG), Unrichtige Darstellung (§§ 400 AktG, 331 HGB, 346 UmwG, 17 PublG), aber auch §§ 265b, 266 und 266a StGB[424] – diese jedoch nur bei Verurteilung zu Freiheitsstrafe von mindestens 1 Jahr.[425] Schmerzhaft ist häufig auch die – allerdings nur auf Antrag eines Gläubigers – zu versagende Restschuldbefreiung (§ 290 Abs. 1 Nr. 1 InsO) in der nicht selten für den Geschäftsführer/Gesellschafter der Insolvenz »seiner« GmbH nachfolgenden Verbraucherinsolvenz.

b) Bankrott nach Wegfall der Interessentheorie

210 Die sog. **Interessentheorie** des BGH zu § 14 StGB, entwickelt zum »Beiseiteschaffen« des § 283 Abs. 1 Nr. 1 StGB,[426] ist in der strafrechtlichen Literatur und auch von der Rechtsprechung der Instanzgerichte massiv angegriffen worden. Der BGH hatte jedoch hieran über Jahrzehnte – sämtlichen Einwänden trotzend – festgehalten und sie auf alle vermögensrelevanten Handlungsalternativen des § 283 Abs. 1 StGB (grundsätzlich nicht hingegen auf die Alternativen der Rechnungslegungs-Verstöße) angewendet.[427]

Inhaltlich bedeutete dies, dass – **nur bei der juristischen Person (§ 14 StGB!)** – festzustellen war, dass der Täter in seiner Eigenschaft als Organ und nicht nur bei Gelegenheit der Geschäftsführung (also zumindest auch *im Interesse* der juristischen Person) gehandelt hat. Diese Zielrichtung kann bei einer *vorsätzlichen Vermögensschädigung* nicht vorliegen. Insoweit war nach dieser Rechtsprechung stets Untreue- und nie Bankrottstrafbarkeit gegeben.

211 Nachgerade spektakulär – weil nicht mehr erwartet – wirkten zwei rasch aufeinander folgende obiter dicta des 3. und des 1. Strafsenates des BGH aus dem Jahr 2009[428] und sodann die Erklärung aller anderen Senate des BGH, dass auch diese an ihrer abweichenden Rechtsprechung nicht mehr festhalten.[429] Danach konnte der 3. Strafsenat des BGH in seiner Entscheidung vom 15.05.2012 (3 StR 118/11)[430] die **Aufgabe dieser Rechtsprechung** feststellen. Die Strafrechtspraxis hat dies sofort antizipiert und wendet seitdem die neuen Grundsätze – mithin (tateinheitlich) Bankrottstrafbarkeit **und** Untreue – umfassend an. Dies hat eine deutliche Verfolgungszunahme der Bankrottdelikte mit

422 Vgl. OLG Celle, Beschl. v. 29.08.2013, 9 W 109/13, ZWH 2013, 495 m. abl. Anm. *Bunnemann* und eingehend ebenfalls gegen die h.M. *Römermann* GmbHR 2013, 1140; vgl. auch *Weyand* ZInsO 2008, 702; *Bittmann* NStZ 2009, 113; *Gericke* wistra 2012, 291; *Ransiek* wistra 2010, 291 und *Gundlach/Müller* NZI 2011, 480; ebenfalls krit. *Brand*, ZInsO 2019, 865.

423 Eingehend m. Nachw. OLG Naumburg, Beschl. v. 10.11.1999, 7 Wx 7/99, ZIP 2000, 622, KTS 2000, 304.

424 Insoweit ablehnend *Brand*, GmbHR 2020, 202.

425 Zur Berechnung der »*Jahresfrist*« instruktiv LG Leipzig, Beschl. v. 12.10.2016, 15 Qs 148/16, ZInsO 2017, 41.

426 Statt aller: BGH, Urt. v. 04.04.199, 3 StR 488/78, BGHSt 28, 371; BGH, Urt. v. 20.05.1981, 3 StR 94/81 BGHSt 30, 127; kritisch hierzu weitgehend die Strafrechtsliteratur, *Tiedemann* Insolvenzstrafrecht, Vor § 283, Rn. 79 ff. mit umf. Nachw.; ablehnend auch schon *Richter* GmbHR 1984, 113, 137 (143 ff.); umf. zur Entwicklung Müller-Gugenberger/*Richter* Wirtschaftsstrafrecht, 8. Aufl. 2024 (im Druck) Rn. 81.53 ff.

427 Für die Alternative der »*Verringerung des Vermögensstandes*« gem. § 283 Abs. 1 Nr. 8 StGB BGH, Beschl. v. 14.12.1999, 5 StR 520/99, wistra 2000, 136.

428 BGH Beschl. vom 10.02. und 01.09.2009, 3 StR 372/08 und 1 StR 301/09.

429 BGH, Beschl. v. 10.02.2009, 3 StR 372/08; Beschl. v. 01.09.2009, 1 StR 301/09; zustimmend BGH, Beschl. v. 22.12.2011, ARs 403/11 und BGH Beschl. v. 10.01.2012, 4 ARs 17/11.

430 BGHSt 57, 229 ff.

Schädigungscharakter – neben den Rechnungslegungsdelikten – zur Folge. Die höchstrichterliche Rechtsprechung hat sich seither mit dieser Rechtsmaterie vermehrt beschäftigt und trägt so – sukzessive – zur Rechtsklarheit bei.

Die bislang ergangenen BGH-Entscheidungen haben bereits wichtige Grundsatzfragen geklärt oder doch angesprochen: So weist der 3. Strafsenat[431] zutreffend darauf hin, dass die Bankrottvorschriften dem Schutz der (künftigen) Insolvenzmasse bzw. der Gesamtvollstreckung dienen, die Beeinträchtigung eines einzelnen Gläubigers demgemäß lediglich im Rahmen des § 288 StGB (Vollstreckungsvereitelung) geahndet werden kann. Wenig überzeugend stellt die Entscheidung allerdings auf die Fähigkeiten und Möglichkeiten eines (gedachten, zukünftigen) Insolvenzverwalters ab und verkennt so, dass es auf die Bestellung eines (vorläufigen oder endgültigen) Insolvenzverwalters – ja auf die Durchführung eines Gesamtvollstreckungsverfahrens insgesamt – für die Bankrottstraftaten nicht ankommt. Auch (und gerade) in Fällen der Ablehnung eines Insolvenzantrages mangels Masse dienen die §§ 283 ff. StGB dem Schutz der Gläubiger in ihrer Gesamtheit, die ihr Recht dann allerdings je einzeln durchsetzen müssen. Zur Reichweite des § 283 Abs. 1 Nr. 8 StGB – insbes. bei den »Bestatter-Fällen«[432] in den Alternativen des Verheimlichens und Verschleierns der wirklichen geschäftlichen Verhältnisse wurde vom 5. Strafsenat[433] zutreffend der Blick auf die Gläubigerinteressen gelenkt, was zu einem weiten Anwendungsbereich führt.

c) Beginn und Ende der Pflichtenstellung

Abzustellen ist auf die **Organstellung** des Täters, nicht auf einen etwaigen Anstellungsvertrag.[434] Sie 212
beginnt mit der **Annahme der Bestellung** durch Gesellschafter/Aufsichtsrat und findet ihr Ende einerseits mit der **Abberufung**, andererseits mit der **Amtsniederlegung**. Die Niederlegung ist auch dann wirksam, wenn für sie objektiv kein wichtiger Grund vorliegt, ob sich der Geschäftsführer auf einen solchen beruft oder nicht.[435] **Keine wirksame Niederlegung** liegt aber bei **Rechtsmissbrauch** vor, z.B. wenn der einzige Geschäftsführer als Alleingesellschafter keinen neuen Geschäftsführer bestellt.[436] Bei Abberufung oder Niederlegung handelt es sich um empfangsbedürftige Willenserklärungen der Gesellschafter an den Geschäftsführer/Liquidator bzw. umgekehrt. Zur Wirksamkeit der Niederlegung ist also regelmäßig der Zugang bei der Gesellschafterversammlung erforderlich.[437] Schließlich bleibt noch das **rechtliche Ende der GmbH.**[438]

d) Die Buchführungsdelikte – ein »reiner Formalverstoß«?

Straftaten der Rechnungslegungsvorschriften (**Buchführung, Bilanzierung, Inventarerstellung** – 213
Führung, Erstellung, Aufbewahrung) durch die Sonderpflichtigen (Kaufmann) haben – schon wegen ihrer leichten Beweisbarkeit – hohe empirische Bedeutung bei der Strafverfolgung des Bankrotts. Zu Unrecht wird die Verletzung dieser strafbewehrten Pflichten aber immer wieder als »bloßer For-

---

431 BGH, Urt. v. 29.04.2010, 3 StR 314/09, ZIP 2010, 1351.

432 Hierzu eingehend unten Rdn. 271 f.

433 Beschl. v. 24.03.2009, 5 StR 353/08 mit krit. Besprechung *Brand/Reschke* ZIP 2010, 2134 und Beschl. v. 15.11.2012, 3 StR 199/12, ZHW 2013, 318 m. Anm. *Bittmann* 321; vgl. auch OLG Karlsruhe, Beschl. v. 19.04.2013, 2 (7) Ss 89/12 – AK 63/12, NStZ-RR 2013, 247 und BGH, Beschl. v. 17.03.2016, 1 StR 628/15, StV 2017, 79; BGH, Beschl. v. 14.03.2016, 1 StR 337/15, ZInsO 2016, 792 m. Bespr. *Richter* 1346.

434 Hierzu schon *Gehrlein* DStR 1997, 31.

435 BGH, Urt. v. 26.06.1995, II ZR 109/94, BB 1995, 1844, NJW 1995, 2850.

436 OLG Düsseldorf, Beschl. v. 06.12.2000, 3 Wx 393/00, MDR 2001, 702, GmbHR 2001, 144 m. Anm. *Hohlfeld* 145; KG, Beschl. v. 01.11.2000, 23 W 3250/00, GmbHR 2001, 147 (auch für Geschäftsführer/Gesellschafter, die gemeinsam niederlegen); BayObLG, Beschl. v. 15.06.1999, 32 BR 35/99, BB 1999, 1782, GmbHR 1999, 980.

437 OLG Naumburg, Beschl. v. 28.02.2001, 7 Wx 5/00, GmbHR 2001, 569; zur »*Verwaltungssequestration*« BFH, Urt. v. 13.03.1997, VR 96/96, GmbHR 1997, 912 (913).

438 Hierzu *Gehrlein* DStR 1997, 31.

malverstoß« in die Nähe des Ordnungswidrigkeitenrechts gebracht. Demgegenüber bilden diese Pflichten nicht nur historisch den »Kernbereich« des Bankrotts (als Abgrenzung zwischen »redlichem« und »unredlichem« Schuldner[439]), sie sind unverzichtbare Instrumente der *Selbststeuerung* des Schuldners (und damit der Insolvenzvermeidung) und notwendige *Prüfinstrumente* der von der Insolvenz betroffenen Gläubiger. Sie haben mit der Umsetzung der EU-Restrukturierungsrichtlinie (Rdn. 112, 234) deutlich an Bedeutung gewonnen.[440] Inhaltlich werden die Pflichten durch das HGB und durch internationale Standards und Publikationsvorschriften ergänzt.[441]

Im Umfang verkannt werden häufig **Einschränkungen der Pflichten**: Nach §§ 1 Abs. 2, 2 HGB sind Kleingewerbetreibende nur dann ausgenommen, wenn sie ihr Wahlrecht zur Eintragung nicht wahrnehmen oder – was jederzeit möglich ist (Löschungsantrag gem. § 2 S. 3 HGB) – die Eintragung wieder zurücknehmen. Zwar trifft die Buchführungspflichten auch denjenigen, der kein Kleingewerbetreibender mehr ist, sich jedoch nicht eintragen lässt, auch ohne Eintragung (§ 262 HGB).[442] Im Strafrecht können aber Vermutungstatbestände (z.B. § 5 HGB) keine Bedeutung erlangen.[443] Praxisrelevanz erlangt dies regelmäßig beim – nicht nur vorübergehenden! – Rückgang eines Unternehmens.

In der Literatur streitig – aber von der Strafrechtsprechung durchgehend angenommen – ist die Pflicht zur (deutschen?) **Buchführung und Bilanzierung** (mithin der Bankrottstrafbarkeit ihrer Verantwortlichen) derjenigen Gesellschaften, die ihren (Gründungs-) Sitz im **EU-Ausland**, ihre tatsächliche Tätigkeit allerdings allein im Inland haben (»**Ltd.-Problematik**«).[444]

Das am 29.05.2009 in Kraft getretene Bilanzrechtsmodernisierungsgesetz (BilMoG)[445] und seit 28.12.2012 das Kleinstkapitalgesellschaften-Bilanzrechtsänderungsgesetz (MicroBilG)[446] schränken das Strafbarkeitsrisiko für die Verantwortlichen kleinerer Unternehmen weiter fühlbar ein. Bedeutsam ist die Wahlmöglichkeit nach dem BilMoG in § 241a HGB für Einzelunternehmen,[447] die sich bei bis zu 60.000 EUR Jahresüberschuss und 600.000 EUR Umsatzerlöse gänzlich von der Buchführungs- und Bilanzierungspflicht befreien können. Erleichterungen zur Erstellung des Jahresabschlusses gewährt das BilMoG zudem in § 267 HGB (insbesondere) für kleine[448] und (allerdings nur eingeschränkt für) mittelgroße Kapitalgesellschaften (§ 267 Abs. 2 HGB). Weitergehend

439 Vgl. hierzu die Nachw. bei *Richter* wistra 2017, H. 10.

440 Müller-Gugenberger/*Richter* Wirtschaftsstrafrecht 8. Aufl. 2024 (im Druck) Rn. 75.64 ff. (75.73).

441 Umfassend hierzu m. Nachw. Müller-Gugenberger/*Wolf* Wirtschaftsstrafrecht, 8. Aufl. 2024 (im Druck) Kap. 26.

442 Vgl. *Bydlinski* ZIP 1998, 1169 (170).

443 So schon RG JW 1912, 952.

444 Umfassend *Richter* »*Scheinauslandsgesellschaften*« in der deutschen Strafverfolgungspraxis, FS-Tiedemann 2008, 1023; vgl. auch *Müller-Gugenberger* Glanz und Elend des GmbH-Strafrechts – Einige Bemerkungen zum Problem der Auslandsgesellschaften im deutschen Strafrecht, FS-Tiedemann 2008, 1003; *Schumann* ZIP 2007, 1189; AG Stuttgart, Urt. v. 18.12.2007, 105 Ls 153 Js 47778/05, wistra 2008, 229 m. Anm. *Schumann*; zustimmend i.E. *Kienle* GmbHR 2007, 696; s. auch unten Rdn. 246.

445 Gesetz zur Modernisierung des BilanzR v. 25.05.2009, BGBl. I S. 1102 mit Übergangsvorschriften in Art. 66 EGHGB.

446 Gesetz zur Umsetzung der Richtlinie 2012/6/EU des Europäischen Parlaments und des Rates vom 14.03.2012 hinsichtlich Kleinstbetrieben v. 20.12.2012, BGBl. I S. 2751.

447 Im Referentenentwurf war noch die Befreiung von Personenhandelsgesellschaften vorgesehen. Vgl. zu den insolvenzstrafrechtlichen Konsequenzen *Ebner* wistra 2010, 92.

448 Als klein sind solche Kapitalgesellschaften zu klassifizieren, die mindestens an zwei aufeinander folgenden Abschlussstichtagen mindestens zwei der folgenden drei Merkmale aufweisen: Umsatzerlöse bis 12 Mio EUR, Bilanzsumme bis 6 Mio EUR und bis zu fünfzig (jahres-)durchschnittlich beschäftigte Arbeitnehmer.

können Kleinstgesellschaften (§§ 264a Abs. 1 i.V.m. 267a Abs. 1 S. 1 HGB)[449] auf die Aufstellung eines Anhangs zum Jahresabschluss verzichten.

Zu unterscheiden ist die **mangelhafte** von der **unterlassenen** Buchführung (§§ 283 Abs. 1 Nr. 5, 1. und 2. Alt., 283 b Abs. 1 Nr. 1 StGB). Unordentliches Führen liegt vor, wenn die Aufzeichnungen nicht den Vorschriften der §§ 238, 239 HGB oder/und den Grundsätzen ordnungsmäßiger Buchführung (GoB) entsprechen. Mängel der erforderlichen Aufzeichnungen (falsche, unverständliche oder unvollständige Buchungen, solche mit unzutreffenden oder fehlenden Zahlen oder Bezeichnungen, fehlende oder unübersichtliche Gliederung, fehlende oder nicht geordnete Belege, Verzögerungen der Verbuchung oder fehlender zeitlicher oder sachlicher Zusammenhang zwischen einzelnen Buchungsvorgängen) erfüllen den Tatbestand, wenn sie den **Überblick über den Vermögensstand erschweren.**[450] Mehrere Einzelverstöße und ein (später erfolgtes) vollständiges Unterlassen führen nach der Rechtsprechung des BGH[451] im Rahmen einer Bewertungseinheit zu einer fehlerhaften Buchführung. Mangelhafte Buchführung kann für einen **untreuerelevantem Schaden** kausal werden, etwa wenn mit doppelter Inanspruchnahme zu rechnen ist oder wenn die unordentliche Buchführung zur Erschwerung der Rechtsverteidigung führt.[452] Von durchaus praktischer Bedeutung ist auch die Strafbarkeit der Verletzung der Aufbewahrungspflichten (§§ 283 Abs. 1 Nr. 6, 283b Abs. 1 Nr. 2 StGB), wonach es sich nicht lohnt, die Geschäftsunterlagen zur Verheimlichung von Buchhaltungs-/Bilanzmängel beiseite zu schaffen. 214

Bilanzierungsfristen: Große und mittelgroße GmbHs § 264 Abs. 1 S. 3 HGB = 3 Monate, kleine GmbH § 264 Abs. 1 S. 4 i.V.m. § 267 Abs. 1 HGB = 6 Monate.[453] 215

Pflichtenbeginn[454] und Pflichtenende wird – zivilrechtsakzessorisch – vom Handelsrecht bestimmt. Der Eintritt der objektiven Strafbarkeitsbedingung[455] bestimmt den Beginn des Laufes der Verjährung damit nur dann, wenn der Pflichtverstoß nicht danach erfolgt. So dauern die Rechnungslegungspflichten der Geschäftsführer/Liquidatoren auch nach Stellung des Insolvenzantrages bis zur Einsetzung des (endgültigen) Insolvenzverwalters an. Erst danach obliegt die Pflicht dem Verwalter[456] (auch soweit die Buchführungs- und Bilanzierungspflichten vor Insolvenzeröffnung entstanden sind), soweit dieser i.S.d. § 80 InsO die alleinige Verfügungsgewalt hat. Gleiches gilt für den vorläufigen Insolvenzverwalter (§§ 22 Abs. 1, 2, 80 Abs. 1, 159 ff. InsO).[457] Beim »starken vorläufigen« Insolvenzverwalter ist der Inhalt seiner Pflichten grundsätzlich auf die Fortführung der Unternehmung gerichtet (§ 22 Abs. 1 S. 2 Nr. 1 InsO), wonach ihn ohnehin die Unternehmerpflichten treffen. Beim »schwachen« Insolvenzverwalter kommt es auf den Umfang der vom Insolvenzgericht übertragenen

---

449 Die Gesellschaft überschreitet an zwei aufeinanderfolgenden Bilanzstichtagen zwei der drei folgenden Merkmale nicht: 350.000 EUR Bilanzsumme, 700.000 EUR Umsatz, zehn Arbeitnehmer im Jahresdurchschnitt.

450 Eingehend mit plastischen Beispielen *Wolf* StuB 2009, 909; vgl. auch *Fischer* § 283 Rn. 23 m.Nw. und Beispielen; BGH, Beschl. v. 07.02.2002, 1 StR 412/01, wistra 2002, 225.

451 BGH, Beschl. v. 18.01.1995, 2 StR 693/94, KTS 1995, 651, NStZ 1995, 347.

452 BGH, Urt. v. 26.04.2001, 5 StR 587/00.

453 In der Fassung durch das BilMoG – s. unten Fn. 351; aktuell i.d.F. v. 23.06.2017.

454 Wird mit »*Errichtung*« umschrieben, wobei die Pflicht zur Buchführung und Bilanzierung ab Abschluss des GmbH-Vertrages (Vor- oder Gründungsgesellschaft) durchgehend auch über die Eintragung der Gesellschaft in das Handelsregister besteht.

455 BGH, Urt. v. 09.03.1981, II ZR 54/80, BGHZ 80, 129 (140); BGH, Beschl. v. 03.12.1991, 1 StR 496/91, NStZ 1992, 182.

456 KG, Beschl. v. 03.06.1997, 1 W 8260/95, BB 1997, 1681, DB 1997, 1708; GmbHR 1997, 897 – für die Dauer des Konkursverfahrens der Konkursverwalter.

457 Unzutreffend insofern *Schramm* NStZ 2000, 398, der auf § 14 Abs. 1 Nr. 3 StGB abstellen will. Einer Überleitung der Strafbarkeit nach § 14 StGB bedarf es nicht, weil die Pflichtenstellung in § 266 StGB selbst definiert ist.

Aufgaben an. Dem (vorläufigen/endgültigen) Sachwalter obliegen lediglich Überwachungsfunktionen, weshalb er grundsätzlich kein tauglicher Täter ist.[458]

216 **Verjährungsbeginn** ist die Beendigung der Tat nur dann, wenn diese nach dem Eintritt der objektiven Strafbarkeitsbedingung liegt, was insbesondere bei (Dauer-)Unterlassungsdelikten (nahe) zur Unverjährbarkeit führt.[459]

217 Vor allem bei den §§ 283, 283b StGB handelt es sich – soweit die Verletzung der Buchhaltungs-/Bilanzierungspflichten erfasst ist – um **Unterlassungs-Dauerdelikte**, die erst mit der Erbringung der geforderten Handlung beendet sind. Die Rechtsprechung geht zur Abgrenzung zwischen §§ 283 und 283b StGB davon aus, dass die Krisensituation des § 283 StGB **nur** während der Bilanzierungsfrist vorliegen muss.[460] Tritt diese später ein, läge § 283b StGB vor. Dem ist nicht zuzustimmen.[461] Zwar ist § 283 StGB nach Ablauf dieser Frist vollendet, nicht jedoch beendet. Deutlich wird die Unstimmigkeit dieser Rechtsprechung beim Geschäftsführerwechsel, wonach auch der Geschäftsführer, der seine Pflicht nur in der Krisensituation verletzt hat, nach § 283b StGB zu bestrafen wäre.

218 Hiervon zu unterscheiden ist der Fall, dass die Bilanzierungspflicht erst **nach Eintritt der objektiven Strafbarkeitsbedingung** endet. Das OLG Düsseldorf[462] nimmt insoweit an, Strafbarkeit sei nicht gegeben. Dies wäre nur dann richtig, wenn die Bilanzierungs- bzw. Buchführungspflicht mit dem **Eintritt der objektiven Strafbarkeitsbedingung** enden würde. Wird das Insolvenzverfahren eröffnet, endet zwar die Pflicht des Schuldners, diese obliegt dann aber dem Insolvenzverwalter (bei Eigenverwalter allerdings weiter dem Schuldner).[463] Auch Insolvenzabweisung mangels Masse und/oder Zahlungseinstellung haben auf diese Pflicht grundsätzlich keinen Einfluss. Zu prüfen ist allerdings, ob ein Fall der **Unmöglichkeit** der Pflichterfüllung vorliegt. Sind vor diesem Termin keine hinreichenden Vorkehrungen zur Bilanzerstellung getroffen, sieht die Rechtsprechung hierin eine mögliche Tatbegehung,[464] richtigerweise liegt jedoch lediglich versuchtes Unterlassen vor,[465] wobei zu beachten ist, dass dies nur vorsätzlich begehbar ist.

---

458 Instruktiv BGH, Beschl. v. 21.07.2016, IX ZB 70/14, ZInsO 2016, 1637; umf. zu den »*Akteuren*« in Sanierung und Restrukturierung *Richter,* »Strafrechtliche Risiken der Akteure des Restrukturierungsverfahrens nach StaRUG und SanInsFoG«, in: Smid-FS 2022, S. 629; *Richter,* »Untreuerisiken der Sanierungskontrolleure«, in Dannecker-FS 2023, 285.

459 BGH, Beschl. v. 14.03.2016, 1 StR 337/15, BGHSt 61, 180, ZInsO 2016, 792 m Anm. *Richter* 1346; zur Tatbeendigung vor Bedingungseintritt BGH, Urt. v. 10.11.2016, 4 StR 86/16, ZInsO 2017, 383 m. Anm. *Weyand* 387, der allerdings übersieht, dass der 4. Strafsenat über die Verjährung bei den der objektiven Strafbarkeitsbedingung nachfolgenden Tathandlungen nicht zu entscheiden hatte. Krit. auch *Brand* NJW 2016, 1528, Anm. zu BGH, Urt. v. 03.06.2015 – 2 StR 422/14; umfassend Müller-Gugenberger/*Richter* Wirtschaftsstrafrecht, 8. Aufl. 2024 (im Druck) Rn. 81.85 f.

460 BGH, Beschl. v. 05.11.1997, 2 StR 462/97, wistra 1998, 105 m. abl. Anm. *Doster 326*; BGH, Beschl. v. 30.01.2003, 3 StR 437/02 und auch OLG Stuttgart, Beschl. v. 30.05.2011, 1 Ss 851/10 m. Hinw. auf weitere OLG-Rechtsprechung.

461 *Doster* wistra 1998, 326; *Maurer wistra 2005, 174*; umfassend m. Nachw. Müller-Gugenberger/*Richter* Wirtschaftsstrafrecht, 8. Aufl. 2024 (im Druck) Rn. 85.67.

462 Beschl. v. 23.07.1998, GmbHR 1998, 981 (982).

463 *Bittmann* (Insolvenzstrafrecht, Rn. 113) verneint Strafbarkeit mit dem Argument, die Gefahr des Unternehmenszusammenbruchs – vor dem die Bankrottstrafnormen schützen sollen – habe sich bereits realisiert, weshalb kein Strafbedürfnis mehr bestünde. Das verkehrt allerdings die Diskussion zum fehlenden Strafbedürfnis bei Überwindung der Krise/*Vermeidung* des wirtschaftlichen Zusammenbruchs (hierzu näher *Tiedemann,* Insolvenzstrafrecht, Vor § 283 Rn. 90) und verkennt den gerade von der Delikten des Rechnungswesens (auch) intendierten Rechtsgüterschutz (*Tiedemann,* a.a.O. Rn. 45 ff., 86 ff., 98).

464 BGH, Beschl. v. 03.12.1991, 1 StR 496/91, NStZ 1992, 182; OLG Düsseldorf, Beschl. v. 23.07.1998, 5 Ss 101/98–37/98, wistra 1998, 360; *Weyand/Diversy* Insolvenzdelikte, S. 90.

465 So zutreffend *Tiedemann* Insolvenzstrafrecht, § 283 Rn. 104.

Nach einer Entscheidung des BGH[466] soll bei Beauftragung eines Steuerberaters »bloßer Fristablauf« für die Tatbestandsverwirklichung nicht ausreichend sein. Entscheidend ist aber auch insoweit, dass die Buchhaltungsunterlagen der zur Erfüllung eigener Pflichten eingeschalteten Hilfsperson rechtzeitig und vollständig zugeleitet und der Beauftragte sorgfältig ausgewählt und kontrolliert wird.[467] Besteht die Möglichkeit der Rückforderung der Unterlagen zur eigenen oder anderweitigen Erledigung der Bilanzierungspflicht, liegt ebenfalls keine Unmöglichkeit vor. 219

Noch ein Wort zu den **Konkurrenzen:** 220

Bei den **Buchhaltungsdelikten** liegt auch bei mehreren Verstößen innerhalb einer Periode nur eine Tat vor.[468] Zweifelhaft ist, ob bei mehreren Verstößen in mehreren Perioden mehrere Taten vorliegen können. Dies hat der BGH[469] zwar verneint. Richtig erscheint demgegenüber – da die Buchhaltung periodenorientiert geführt wird – für jede Periode (Rechnungsjahr) einen (neuen) Normappell anzunehmen. Danach ist von einer Tat je Rechnungsjahr auszugehen. Die zunächst fehlerhafte und dann unterlassene Buchführung stellt eine Tat dar. Jede **Bilanz** begründet nur eine Tat, auch bei mehreren Fehlern in einer Bilanz oder wenn die verspätet erstellte Bilanz auch noch falsch ist.

Soweit eine Beauftragung vorliegt – z.B. an einen Steuerberater – ist, wenn dieser nicht beaufsichtigt wird (o.ä.), von einer Tat auszugehen.[470] Bei Mittätern ist bei jedem Täter eine selbstständige Prüfung vorzunehmen,[471] bei mehreren Gesellschaften Tatmehrheit anzunehmen. Demgegenüber soll bei der GmbH & Co. KG Tateinheit vorliegen.[472] 221

Zwischen **Buchhaltungs- und Bilanzverstößen**, auch bei Verstößen gegen §§ 283, 283b StGB, ist grundsätzlich von Tatmehrheit auszugehen.[473] Erfolgen diese teilweise *vor* und teilweise *in* der Krise (erst § 283b, dann § 283 StGB) liegt eine Tat des Bankrotts vor. Ansonsten gilt für die Tatmodalitäten des § 283 Abs. 1 StGB Tatmehrheit. Gelegentlich liegt aber auch eine natürliche Tat vor, z.B. bei übermäßigem Aufwand. Folgt nach dem Beiseiteschaffen ein (hierauf gerichtetes) Verheimlichen, ist von mitbestrafter Nachtat auszugehen; im umgekehrten Fall liegt eine Schadensvertiefung vor und damit eine neue Tat (so auch der BGH[474] im Fall mehrere Gläubigerbegünstigungen nach rechtskräftig ausgeurteilten Bankrotttat). 222

Ergänzend ist auf die – nach der Rüge des EuGH wegen Verstoßes gegen die Richtlinien 68/151/EWG, 78/660 EWG – erfolgte **Verschärfung der Sanktionen** bei **Verletzung von Offenlegungspflichten** in den §§ 335a und b HGB hinzuweisen,[475] das seit den Jahresabschlüssen 1999 Geltung erlangt hat[476] und Ordnungsgelder zur zwangsweisen Durchsetzung der Offenlegungspflicht **nach Ablauf von 12 Monaten** nach Abschluss des Geschäftsjahres von 2.500 bis zu 25.000 € vorsieht.[477] Als scharfes Schwert erweist sich die Vorlagepflicht zum elektronischen Handelsregister/Unterneh- 223

466 BGH, Beschl. v. 14.12.1999, 5 StR 520/99, wistra 2000, 136.
467 *Tiedemann* Insolvenzstrafrecht, § 283 Rn. 101.
468 BGH, Urt. v. 17.06.1952, 1 StR 668/51, BGHSt 3, 23 (26); BGH, Beschl. v. 05.11.1997, 2 StR 462/97, wistra 1998, 105.
469 War BGH, Beschl. v. 18.01.1995, 2 StR 693/94, wistra 1995, 146 noch mehrdeutig (*»mehrere Verstöße innerhalb eines bestimmten Zeitraums«*), so hat dies der BGH, Beschl. v. 05.11.1997, 2 StR 462/97, wistra 1998, 105 i.S. *einer* Tat klargestellt; dagegen zutreffend *Doster* wistra 1998, 326.
470 Vgl. BGH, Urt. v. 17.10.1995, 1 StR 372/95, wistra 1996, 140.
471 BGH, Beschl. v. 27.02.1996, 1 StR 596/95.
472 BGH, Beschl. v. 03.12.1991, 1 StR 496/91.
473 BGH, Beschl. v. 05.11.1997, 2 StR 462/97, wistra 1998, 105; BGH GA 1956, 348.
474 So auch der BGH (Beschl. v. 22.06.2022, 2 StR 353/21, wistra 2023, 129) im Fall mehrerer Gläubigerbegünstigungen nach rechtskräftig ausgeurteilter Bankrotttat.
475 Hierzu eingehend m. Nachw. *Zimmer/Eckhold* NJW 2000, 1361 (1366 ff.).
476 Für alle GmbH, für die GmbH & Co. KG, für alle nach dem 31.12.1999 beginnenden Geschäftsjahre – Art. 48 EGHGB; zu den praktischen Auswirkungen vgl. den Bericht über die Verfahrenssimulation in Nordrhein-Westfalen von *Dieckmann* GmbHR 2000, 353.
477 Die im Übrigen wiederholt verhängt werden können, vgl. *Zimmer/Eckhold* NJW 2000, 1361 (1367 f.).

mensregister auf der Grundlage von § 8b Abs. 1 Nr. 4 HGB bezüglich der **Rechnungslegung** (u.a. **§§ 325, 339 HGB**). Beginnend mit dem Jahr 2008 werden in großer Zahl **Zwangsgeldern gem. § 14 HGB wegen Nichtvorlage der Jahresabschlüsse** (bis zu 5.000 €) verhängt, weshalb die Strafverfolgungsbehörden zunehmend auf aktuelle Bilanzen zurückgreifen können.

e) Die »Unmöglichkeit« im Insolvenzstrafrecht

224 Die individuelle **Unmöglichkeit** zur Erfüllung der von der Strafnorm geforderten Handlung lässt die Tatbestandsmäßigkeit – ganz allgemein bei Unterlassungsdelikten[478] – entfallen. In der Strafrechtspraxis wird das Thema der »*Unmöglichkeit*« vorrangig im Bereich der Beitragshinterziehung gem. § 266a StGB diskutiert,[479] wurde häufig mit dem der »*Unzumutbarkeit*« vermengt und wird – selbst vom BGH[480] – gelegentlich auch bei der Zahlungsunfähigkeit der juristischen Person angewandt. Dass es allerdings nicht vordergründig auf das Fehlen von Zahlungsmittel ankommt, hat bereits das OLG Düsseldorf[481] belegt: Zunächst ist zu prüfen, ob der Verantwortliche – gegebenenfalls mit Mitarbeitern[482] – »aufgrund seiner Ausbildung und Tätigkeit in der Lage war, die Buchführung selbst zu führen«. Erst soweit dies nicht der Fall ist, muss die geforderte Handlung »gekauft« werden. Nur dabei kommt es darauf an, ob die hierfür erforderlichen Mittel vorhanden sind. Ihr Fehlen bedeutet dann – und nur dann – »*Unmöglichkeit*«. Missverständlich wird die fehlende Möglichkeit zur Pflichterfüllung mit »Zahlungsunfähigkeit« und »Zahlungseinstellung« des Schuldners damit begründet, *Unmögliches* dürfe »niemandem abverlangt« werden.[483] Daraus ist schon ersichtlich, dass diese »Zahlungsunfähigkeit« nicht mit derjenigen der InsO verwechselt werden darf. Gemeint ist vielmehr die schlichte Verfügbarkeit der notwendigen liquiden Mittel. Da selbst bei Zahlungseinstellung noch Mittel in dieser Höhe vorhanden sein können, kommt es allein drauf an, **ob überhaupt noch Mittel vorhanden sind**, wenn und soweit es an der persönlichen Fähigkeit des Geschäftsführers fehlt. Diese müssen **vor allen anderen Verpflichtungen** ausschließlich für die Erfüllung strafbewehrter Pflichten (etwa der Buchführung und Abführung der Arbeitnehmeranteile an die Sozialversicherung) verwendet werden.[484] Dem hat der 1. Strafsenat des BGH in vollem Umfang zugestimmt:[485] Es könne offen (bleiben), ob – um den gerade für Fälle eingetretener »Zahlungsknappheit« geschaffenen § 283 Abs. 1 Nr. 5 und Nr. 7 StGB nicht leerlaufen zu lassen – ein Geschäftsführer, der ein Unternehmen betreibt, so rechtzeitig Vorsorge zu treffen hat, dass das Führen der Bücher und Erstellen der Bilanzen gerade auch in der Krise, bei der dem Führen ordnungsgemäßer Bücher besondere Bedeutung zukommt, gewährleistet ist, weil der angeklagte GmbH-Geschäftsführer, der über eine Ausbildung zum »Einzelhandels- bzw. Großhandelskaufmann« verfügt, selbst in der Lage war, eine den Anforderungen des § 238 HGB entsprechende Buchhaltung zu erstellen.

---

478 *Tiedemann* Insolvenzstrafrecht, Vor § 283 Rn. 108 m. Nachw.

479 Eingehend und grundsätzlich der 5. Strafsenat des BGH, Beschl. v. 28.02.2002, 5 StR 16/02, BGHSt 47, 318, wistra 2002, 340 m. Anm. *Wegner* S. 382; umfassend und durchaus kritisch hierzu *Hillenkamp* Impossibilium nulla obliatio – oder doch? Anmerkungen zu § 283 Abs. 1 Nr. 5 und 7 StGB, in FS-Tiedemann 2008, 949.

480 BGH, Urt. v. 20.12.1978, 3 StR 408/78, JR 1979, 512 m. Anm. *Schlüchter*; BGH, Beschl. v. 03.12.1991, 1 StR 496/91, wistra 1992, 145, NStZ 1992, 182.

481 Beschl. v. 23.07.1998, 5 Ss 101/98–37/98, GmbHR 1998, 981 (982).

482 Zutreffend *Ehlers* DStR 1998, 1756 (1758) m. Nachw.

483 Unter Berufung auf BGH, Urt. v. 20.12.1978, 3 StR 408/78, BGHSt 28, 231 (233); BGH, Beschl. v. 03.12.1991, 1 StR 496/91, NStZ 1992, 182.

484 Vgl. hierzu insbes. BGH a.a.O (Fn. 260); *Schäfer* wistra 1986, 200, 203; *Pohl* wistra 1996, 14; OLG Celle m. Anm. *Bente* wistra 1996, 114; BGH, Beschl. v. 05.11.1997, DStR 1998, 500 und BGH, Urt. v. 15.10.1996, ZIP 1996, 1989; zur Vorrangigkeit BGH, Urt. v. 15.10.1996, VI ZR 327/95, GmbHR 1997, 25; auch *Schlüchter* JR 1979, 513, die auf die Pflicht abstellt, die Gesellschaft durch Stellung des Konkursantrages vom Markt zu nehmen; OLG Düsseldorf, Beschl. v. 23.07.1998, GmbHR 1998, 981.

485 Beschl. v. 20.10.11, 1 StR 354/11, wistra 1992, 145, NZWiSt 2012, 110.

Zutreffend weist der BGH[486] auch darauf hin, dass ein Fall der Unmöglichkeit nicht vorliegt, wenn der Pflichtige seine Unterlagen **zu spät oder unvollständig** an einen externen Beauftragten weiterleitet. Mindestens missverständlich ist jedoch, wenn der BGH weiter ausführt, Unmöglichkeit sei (regelmäßig) gegeben, wenn die Unterlagen rechtzeitig an den Beauftragten geleitet wurden und dieser die Bilanz nicht rechtzeitig erstellt. Hier gehört es zu den Pflichten des Geschäftsführers, auf die rechtzeitige Erstellung hinzuwirken, notfalls die Geschäftsunterlagen zurückzufordern und die Bilanz selbst oder durch einen Dritten erstellen zu lassen.[487] 225

f) Zum »fehlenden inneren Zusammenhang« zwischen objektiver Strafbarkeitsbedingung und Tathandlung

Breiten Raum vor allem in Hauptverhandlungen nehmen Diskussionen über den (angeblich[488]) **fehlenden inneren Zusammenhang** zwischen Tathandlung und objektiver Strafbarkeitsbedingung ein. Die Rechtsprechung vermittelt gelegentlich den Eindruck, als handele sich hierbei um ein (ungeschriebenes) Tatbestandsmerkmal.[489] Dies widerspricht aber den dogmatischen Grundlagen des Rechtsinstituts.[490] Zwar ist die Zulassung des Gegenbeweises der Ungefährlichkeit bei abstrakten Gefährdungsdelikten grundsätzlich anerkannt, führt dann aber zur **Beweislastumkehr:** »Zweifel gehen zu Lasten des Täters«.[491] 226

Es bleiben inhaltliche Probleme. Einigkeit herrscht darüber, dass der »innere Zusammenhang« **keine Kausalität**[492] sein kann. Daher scheiden solche Überlegungen bei § 283 StGB grundsätzlich aus, es sei denn, die Krise wurde (nachhaltig) überwunden und die objektive Strafbarkeitsbedingung tritt aufgrund erneuter Krise ein.[493] 227

Ansonsten verbleibt es beim Anwendungsbereich des § 283b StGB. Hier ist vom Täter das Fehlen eines »äußeren Zusammenhangs« oder einer »tatsächlichen Beziehung« zu beweisen. **Positiv liegt** eine solche **Beziehung vor**, wenn die Ordnungsgemäßheit der Buchführung zum Insolvenzzeitpunkt nicht wiederhergestellt ist, die verspätete Bilanz auf Sanierungsbemühungen negativen Einfluss hat,[494] wenn von der Bankrotthandlung dieselben Gläubiger betroffen sind oder die in einer Bilanz betroffenen Aktiv- oder Passivpositionen beim Eintritt der objektiven Strafbarkeitsbedingung noch eine Rolle spielen. Auch beim bloßen zeitlichen Zusammenhang oder einer durchgehenden Kette verspäteter Bilanzen zum endgültigen Niedergang der Unternehmung, ist immer der von der h.M. für erforderlich gehaltene Zusammenhang gegeben. 228

Hiervon zu unterscheiden ist, wenn die Tathandlung **nach Eintritt der objektiven Strafbarkeitsbedingung** erfolgt.[495] Die Gefährdung ist hier nicht nur generell gegeben, sondern konkret greifbar. 229

---

486 Beschl. v. 14.12.1999, 5 StR 520/99, wistra 2000, 136.

487 Umfassend m. Nachw. *Tiedemann* Insolvenzstrafrecht, § 283 Rn. 119.

488 Zutreffend ablehnend *Brand* in LK (13. Aufl. 2023), § 283 Rn. 187 ff. m. umf. Nachw.

489 BGH, Urt. v. 20.12.1978, 3 StR 408/78, BGHSt 28, 231 (232); OLG Düsseldorf, Urt. v. 27.09.1979, 5 Ss 391/79, NJW 1980, 1292; vgl. aber BGH, Beschl. v. 13.02.2014, 1 StR 336/13, wistra 2014, 354: »*im Hinblick auf eine ausnahmsweise fehlende Gefährlichkeit eines generell für die geschützten Rechtsgüter gefährlichen Verhaltens*«.

490 *Tiedemann* Insolvenzstrafrecht, Vor § 283, Rn. 91 ff., 94, § 283b Rn. 14 je m. Nachw.; a.A. BayObLG, Urt. v. 08.08.2002, 5St RR 202/02, wistra 2003, 30; ebenso BayObLG, Beschl. v. 03.04.2003, 5St RR 72/03, NJW 2003, 1960, wistra 2003, 357 das offenbar von einem (ungeschriebenen) Tatbestandsmerkmal des »*Erfordernis eines tatsächlichen Zusammenhanges*« ausgeht; hiergegen zutreffend m. Nachw. *Maurer* wistra 2003, 253; ebenso *Wilhelm* NStZ 2003, 511 (512).

491 *Tiedemann* Insolvenzstrafrecht, Vor § 283 Rn. 92 m. Nachw.

492 Auch nicht im Sinne eines »*Ursachenzusammenhangs*« – vgl. BGH, Beschl. v. 18.12.2002, IX ZB 121/02, NJW 2003, 974.

493 BGHSt 28, 231 (234); OLG Hamburg, Urt. v. 31.10.1986, 2 Ss 98/86. NJW 1987, 1342 (1344).

494 BGH, Beschl. v. 30.11.1995, 1 StR 358/95, wistra 1996, 262 (264): »*negative Auswirkungen*«.

495 Hierzu ebenfalls *Tiedemann* Insolvenzstrafrecht, Vor § 283 Rn. 97 m. Nachw.

Bankrottstraftaten sind daher auch noch nach der Insolvenzantragsabweisung und selbst noch nach Beendigung des Insolvenzverfahrens begehbar[496] (näher oben Rdn. 218).

g) Gläubigerbegünstigung

230 Die Reichweite des § 283c StGB wird insbesondere bei (auch polizeilichen) Strafanzeigen häufig verkannt. Dies ist nur zum Teil ihrer subjektiven Voraussetzung, **der positiven Kenntnis der Zahlungsunfähigkeit** durch den Täter, geschuldet. Krisen in Form der Überschuldung und drohenden Zahlungsunfähigkeit führen nicht zur Tatbestandserfüllung. Vor allem wird verkannt, dass die Norm lediglich die **Beeinträchtigung der Verteilungsgerechtigkeit** zum Schutzgegenstand hat. So kann der Schuldner noch nach Eintritt seiner Zahlungsunfähigkeit die Gläubiger frei (willkürlich) wählen, die er – aus welchen Gründen auch immer – vor den anderen Gläubigern begünstigen will, wenn die Befriedigung **kongruent** erfolgt.[497] Allerdings stellt § 283c StGB eine Privilegierung zum Bankrott/zur Untreue dar[498] – tritt Masseschmälerung ein, ist Strafbarkeit nach §§ 283, 283a StGB zu prüfen.[499]

231 Die Verteilungsgerechtigkeit ist tangiert, wenn der Gläubiger etwas bekommt, worauf er zu dieser Zeit oder in dieser Art keinen Anspruch hat (**inkongruente Deckung**). Diese liegt z.B. vor, wenn der Lieferant einen alten Pkw zur Befriedigung seiner Geldforderung übereignet bekommt, obwohl dieser nur einen Bruchteil seiner Forderung wert ist, weil und wenn (Geld-)Zahlung vereinbart war. Eine Sicherheitenbestellung wird auch nicht nach Nr. 13 der AGB-Banken kongruent, weil diese **nur einen bestimmten Sicherungsanspruch auf einen individualisierbaren Gegenstand** erfasst.[500] Für **zukünftige Leistungen** kann natürlich anderes vereinbart werden. Soweit allerdings mit der (neu vereinbarten) Gegenleistung für zukünftige Leistungen (gleichzeitig) auch alte Leistungen abgegolten werden sollen, darf die alte Vereinbarung nicht umgangen werden. Allerdings kann die Forderung eines Gläubigers, *neben* dem Entgelt für eine neue Leistung eine inkongruente Deckung für seine Altforderung zu erhalten, nur dann den Tatbestand der Erpressung (§ 253 StGB) erfüllen, wenn dies beim Erpressten zu einem **Vermögensnachteil** führt.[501] Gegenstand der Praxis sind Fälle des Herbeiführens einer Aufrechnungslage,[502] so z.B. wenn die Assets/das Grundstück einer zahlungsunfähigen GmbH an einen Forderungs-Gläubiger veräußert werden, der die Kaufpreisschuld sodann ganz oder teilweise durch Verrechnung erbringt[503] oder bei der Abtretung von Forderungen »an Erfüllungs statt« oder »erfüllungshalber«.[504]

232 Damit wird deutlich, dass die Tathandlung nur selten vom Schuldner ausgeht, der aber allein **tauglicher Täter** ist. Der Begünstigte ist als **notwendiger Teilnehmer** nur straflos, wenn er sich auf die *notwendige Teilnahme* beschränkt: Die *bloße Entgegennahme* der inkongruenten Leistung. Fordert er diese (ausdrücklich oder konkludent) ist er als Teilnehmer (Anstifter oder Gehilfe) strafbar.

3. Weitere Delikte im Zusammenhang mit der Unternehmensinsolvenz

233 Beim weit überwiegenden Fall von Unternehmensinsolvenzen juristischer Personen (oder einer Personenhandelsgesellschaft, bei der keine natürliche Person Vollhafter ist) – nur insoweit sind Antrags-

496 Müller-Gugenberger/*Richter* Wirtschaftsstrafrecht, 8. Aufl. 2024 (im Druck) Rn. 86.68.
497 A.A. *Klose*, NZWiSt 2020, 16, 22 – allerdings ohne Begründung.
498 Eingehend mit Praxisbeispielen Müller-Gugenberger/*Richter* Wirtschaftsstrafrecht, 8. Aufl. 2024 (im Druck) Rn. 84,17 ff.
499 BGH, Urt. v. 29.09.1988, 1 StR 332/88, BGHSt 35, 359.
500 BGH, Urt. v. 03.12.1998, IX ZR 313/87, WM 1999, 12.
501 Interessant hierzu die (untechnischen) Überlegungen des IX. Zivilsenates des BGH, Urt. v. 13.03.2003, IX ZR 64/02, BB 2003, 979 (982).
502 Umfassend zur zivilrechtlichen Haftung mit Hinweisen auf die Rspr. *Hörmann* MDR 2006, 1.
503 Zur Inkongruenz der Verschaffung einer Aufrechnungslage BGH, Urt. v. 09.02.2006, IX ZR 121/03, MDR 2006, 1314 m. Nachw.
504 BGH, Urt. v. 02.11.1995, 1 StR 449/95, StV 1996, 315; BGH, Beschl. v. 13.02.2014, 1 StR 336/13, StV 2014, 690.

verletzungen strafbewehrt – werden die Antragszeiten überschritten und werden (in der letzten Zeit) vor der Antragstellung) die Arbeitnehmeranteile zur Sozialversicherung nicht oder nicht rechtzeitig abgeführt. Dieser Teilbereich des **§ 266a StGB** (Beitragsvorenthaltung) gelangt regelmäßig am schnellsten (über die Amtsermittlung, vgl. oben Rdn. 115) zur Kenntnis der Strafverfolgungsbehörden und sind (meist) leicht nachweisbar. Sie fehlen daher selten bei Strafbefehlen und Anklagen im Bereich der Insolvenzstraftaten (näher unten, Rdn. 245 ff.).

a) Insolvenzverschleppung (§ 15a Abs. 4 und 5 i.V.m. Abs. 1 InsO)

Das **MoMiG 2008**[505] hat die **gesellschaftsrechtliche Lozierung** der Insolvenzantragspflicht (§§ 84 Abs. 1 Nr. 2 GmbHG; § 401 Abs. 1 Nr. 2 AktG; §§ 130a, b, 177a HGB jeweils a.F.) zur Beseitigung der Inlandsdiskriminierung deutscher Gesellschaften im Hinblick auf hier anerkannte ausländische Gesellschaften aufgehoben und Pflicht sowie Strafbewehrung **in das Insolvenzrecht überführt.**[506] Zugleich hat der Gesetzgeber auch bedeutsame **inhaltliche Änderungen** vorgenommen, auf die näher einzugehen ist (Rdn. 246 ff.). Zuletzt haben die Umsetzung der **EU-Restrukturierungsrichtlinie** in nationales Recht durch das **COVInsAG/SanInsKG** 2020/2023 und die Pandemie-Gesetzgebung (Rdn. 112, 113 f.) zu einer intensiven Diskussion über eine Neu-Justierung der Insolvenzantragsgründe – bis hin zur gänzlichen Abschaffung der Antragspflicht – geführt. Die **strafrechtlichen Grundsätze** haben aber weitgehend Geltung behalten, weshalb diese vorab beschrieben werden. 234

Die Verletzung der Insolvenzantragspflicht ist als **abstraktes Gefährdungsdelikt**[507] ausgestaltet, das jedenfalls zuvörderst die Vermögensinteressen der Gläubiger des Schuldnerunternehmens (sowohl der schon vorhandenen als auch die möglicher Neugläubiger) schützt, weshalb es für diese ein **Schutzgesetz i.S.d. § 823 Abs. 2 BGB** darstellt.[508] Dies gilt nicht für das Schuldnerunternehmen (und deren Gesellschafter), auch wenn sich das Insolvenzverfahren seit dem ESUG 2011 (unten Rdn. 237) vom reinen Liquidations- auch zum Sanierungsverfahren entwickelt hat.[509] 235

§ 15a Abs. 1 InsO nennt als von der gesetzlichen Antragspflicht betroffene Rechtsträger umfassend und rechtsformübergreifend »**juristische Personen**«. Damit sind zunächst alle Kapitalgesellschaften erfasst, die nach deutschem Recht anerkannt sind und ihren Sitz (jedenfalls auch) in Deutschland haben.[510] Grundsätzlich erfüllt das zuständige **Organmitglied** seine Pflicht mit strafbefreiender Wirkung, wenn es den erforderlichen Antrag stellt. Nach dem Recht der KO mussten hierfür aus strafrechtlicher Sicht angesichts des **Amtsermittlungsgrundsatzes** des Insolvenzgerichtes (§ 5 Abs. 1 S. 1 InsO) keine weitergehenden Unterlagen vorgelegt oder Auskünfte erteilt werden.[511] Dies galt (und gilt) allerdings *nicht* für *Verbraucherinsolvenzverfahren*. Hier wird gem. § 305 Abs. 3 InsO die Rücknahme des Antrags gesetzlich fingiert, wenn die geforderten Unterlagen bzw. Bescheinigungen nicht vorgelegt werden.[512] Schon vor Geltung des MoMiG war daher auch bei der Unternehmensinsolvenz jedenfalls dann von einem »**Nichtantrag**« – der zur Erfüllung der Pflicht nicht ausreicht, weil »*keine Tatsachen mitgeteilt* sind, *welche die wesentlichen Merkmale eines Eröffnungsgrundes erkennen lassen*« – auszugehen, wenn der Antragsteller dem Insolvenzgericht keine (hinreichenden) Anhalts- 236

505 S. oben Rdn. 111.

506 *Richter* »*Scheinauslandsgesellschaften* in der deutschen Strafverfolgungspraxis«, FS-Tiedemann 2008, 1023 (1031 ff.).

507 BGH, Beschl. v. 06.05.1960 – 2 StR 65/60, BGHSt 14, 280.

508 Näher *Barthen/Staab*, ZInsO 2019, 1285.

509 *Bork*, ZIP 2019, S1, S10.

510 Näher zu den betroffenen Unternehmensträgern, zur »*UG*«, zum Verein und der Stiftung, den europäischen Rechtsformen (auch im Hinblick auf den »*Brexit*«), den »*Scheinauslandsgesellschaften*« und zum Sonderfall der »*Führungslosigkeit*« s. Rdn. 246, 272 und umf. Müller-Gugenberger/*Richter* Wirtschaftsstrafrecht, 8. Aufl. 2024 (im Druck) Rn. 80.12 ff.

511 BayObLG, Beschl. v. 23.03.2000, 5 St RR 36/00, GmbHR 2000, 672.

512 OLG Köln, Beschl. v. 08.09.2000, 2 W 166/00, ZIP 2000, 1732; LG Göttingen, Beschl. v. 08.12.1999, 10 T 100/99, KTS 2000, 386.

punkte gab, um im Rahmen des Amtsermittlungsgrundsatzes das Vorliegen (oder Nichtvorliegen) der Antragsvoraussetzungen zu prüfen.[513] Unzulässigkeit lag und liegt auch vor, wenn der Antrag nicht schriftlich (oder zu Protokoll der Geschäftsstelle des Insolvenzgerichtes (als Teil des AG am Schuldnersitz), nicht erkennen lässt, ob ein Schuldner- oder Gläubigerantrag gestellt sein soll oder der Antrag beim unzuständigen Gericht gestellt wird.[514]

237 Eine in seinen Auswirkungen auf das Strafrecht der Verletzung der Insolvenzantragspflicht bei Stellung eines »nicht richtigen Antrags« nicht bedachte Ausweitung der strafrechtlichen Risiken brachte schon das **ESUG 2011**[515] mit seinen umfassenden und ziseliert geregelten Angabepflichten für Schuldneranträge im neu gefassten § 13 InsO (hierzu näher unten Rdn. 248). Nach der InsO-**Novelle 2017**[516] (auch) des Antragsstrafrechts (hierzu näher unten Rdn. 249) ist dieser Streit allerdings obsolet geworden, weil der Gesetzgeber damit klargestellt hat, dass **nur** noch der **nicht** (fristgerecht) **gestellte Antrag** (worunter auch der unzulässige fällt) **strafbar** ist – und dies auch nur, wenn der (fristgerecht aber unzulässig gestellte) Antrag als unzulässig (rechtskräftig) zurückgewiesen wurde. Unrichtige Angaben im zulässigen Antrag vor der Novelle waren nach dem *Meistbegünstigungsprinzip* (§ 2 Abs. 3 StGB) ebenfalls straflos.

238 Die **Pflicht zur Antragstellung erlischt nicht** (weil diese aus Gründen des Rechtsgüterschutzes *»entbehrlich«* sein soll), wenn ein **Drittantrag** gestellt worden ist (wonach eine solche Pflicht nach einer etwaigen Rücknahme des Drittantrages auch nicht *»wieder auflebt«*).[517] Im Wortlaut der Norm findet diese Einschränkung der Strafbarkeit keine Stütze. Die Begründung – die InsO verzichte auf die von der KO angeordnete Pflicht des Verantwortlichen bei Eigenantrag auf Vorlage von Gläubiger-/Schuldnerverzeichnissen und Vermögensaufstellungen, seine Pflichten seien vielmehr bei Eigen- und Fremdantrag gleich – vermag nicht zu überzeugen. Wie oben Rdn. 237 dargelegt muss der Verantwortliche beim **Eigenantrag** seit dem ESUG nicht nur hinreichende Anhaltspunkte für etwaige Amtsermittlungen liefern,[518] sondern ganz konkrete Angaben über seinen Geschäftsbetrieb schon zu dessen Zulässigkeit machen. Obwohl die Antragspflicht jeden Verantwortlichen in eigener Person trifft,[519] ist hier die Pflicht *für die Gesellschaft* durch den Antrag erfüllt. Bei **Rücknahme des Antrags** entsteht jeweils eine **neue Handlungspflicht** für alle Verantwortliche (wenn ein Insolvenzgrund – weiter – vorliegt).

239 Wird ein (zulässiger) Antrag (»mangels die Kosten des Verfahrens deckenden Vermögens des Schuldners« – landläufig: *»mangels Masse«* gem. § 26 InsO) als *unbegründet* zurückgewiesen, **endet die**

513 BGH, Beschl. v. 12.12.2002, IX ZB 426/02, BGHZ 153, 205; so zutreffend auch schon *Tiedemann/Rönnau* GmbH-Strafrecht, § 84 Rn. 77, 79.

514 Zuständig ist das Gericht, in dessen Bezirk der Schuldner den Mittelpunkt seiner geschäftlichen Tätigkeit hat (§ 3 Abs. 1 S. 2 InsO) – vgl. AG Göttingen, Beschl. v. 05.01.2001, 74 IN 278/00, ZIP 2001, 387. Diese Zuständigkeit geht dem *»allgemeinen Gerichtsstand«* gem. § 4 InsO i.V.m. §§ 12, 17 Abs. 1 ZPO, 3 Abs. 1, Nr. 1, 7 Abs. 1, 10 GmbHG vor – dem Sitz der juristischen Person nach ihrem Statut (§§ 11 Abs. 1 S. 1 InsO, 17 Abs. 1 S. 1 ZPO) – BayObLG, Beschl. v. 12.11.2002, 1Z AR 157/02, ZIP 2003, 676, EWiR 2004, 763 m.Am. *Pape.*

515 Gesetz zur weiteren Erleichterung der Sanierung von Unternehmen (ESUG) vom 07.12.2011; verkündet am 13.12.2011, BGBl. I S. 2582, in Kraft 01.03.2012, teilw. 01.01.2013; Begr. RegE BT-Drs. 12/2443; Rechtsausschuss BT-Drs. 12/7302.

516 Gesetz zur Durchführung der Verordnung (EU) 2015/848 über Insolvenzverfahren vom 5. Juni 2017, in Kraft seit 26. Juni 2017, BGBl I 2017 Nr. 34/1 S. 1476; BR-Drs. 654/16; BT-Drs. 18/10823 (Gesetzentwurf), 18/12154 (Beschlussempfehlung und Bericht). BR-Drs. 654/16 vom 0411.2016; R – Wi; zum Gesetzentwurf der Bundesregierung vom 11.01.217 vgl. Frind ZInsO2016, 2376; Richter ZInsO 2016, 2372; Bittmann wistra 2017, 88.

517 Müller-Gugenberger/*Richter* Wirtschaftsstrafrecht, 8. Aufl. 2024 (im Druck) Rn. 80.49; OLG Dresden GmbHR 1998, 830; *Leibner* GmbHR 2002, 424 (425); *Grube/Maurer* GmbHR 2003, 1461; **a.A.** *Tiedemann/Rönnau* GmbH-Strafrecht, § 84, Rn. 91 jedenfalls seit Geltung der InsO 1999.

518 S. oben Rdn. 236; BGH, Beschl. v. 12.12.2002, IX ZB 426/02, BGHZ 153, 205, NJW 2003, 1187.

519 Nachw. bei Müller-Gugenberger/*Richter* Wirtschaftsstrafrecht, 8. Aufl. 2024 (im Druck) Rn. 80.49.

Antragspflicht des Schuldners. Nach einer Entscheidung des 5. Strafsenates des BGH entsteht danach eine (erneute) Antragspflicht nicht mehr, auch wenn sich in der nunmehr folgenden Liquidation (selbst nach Abschluss der Liquidation!) der Gesellschaft bisher unbekannte (oder falsch bewertete) Vermögensgegenstände herausstellen, es sei denn, die Krise wurde zunächst überwunden und trat dann erneut ein.[520] Neue Tatsachen entstehen aber regelmäßig, wenn nach Antragsabweisung mangels Masse die Gesellschaft nicht liquidiert, sondern werbend weitergeführt wird, obwohl und soweit die Antragsvoraussetzungen (Überschuldung/Zahlungsunfähigkeit) gerade nicht beseitigt sind.[521]

Davon zu unterscheiden ist aber die **Wirkung der Verurteilung** nach § 15a InsO: Die Verurteilung wegen eines Dauerdeliktes bewirkt eine Zäsur mit der Folge, dass die Aufrechterhaltung des Dauerzustandes nach dem Urteil als neue selbstständige Tat zu werten ist.[522] Der entgegenstehenden – auf die »Kindesentzug-Entscheidung« des BVerfG[523] abstellenden – Auffassung des OLG München[524] ist die Literatur zutreffend entgegen getreten.[525]

Die Straftat der Insolvenzantragspflichtverletzung ist bei (auch bedingtem) **Vorsatz** und **Fahrlässigkeit** strafbar. Praxisrelevant sind **Irrtümer**: Irrt der Täter über Merkmale des Tatbestandes, wie z.B. über die Krisenmerkmale, liegt ein Tatbestandsirrtum[526] vor, der zur Fahrlässigkeitsprüfung führt. Um den Vorwurf der **Fahrlässigkeit** bei Verkennung der Insolvenzvoraussetzungen zu vermeiden, muss der Geschäftsführer regelmäßig Überschuldungs- bzw. Liquiditätsmessungen vornehmen.[527] 240

Trotz Bedenken der Literatur[528] ist nach der gefestigten Rechtsprechung auch der **faktische Geschäftsführer** (das faktische Organ) zur Antragstellung verpflichtet.[529] § 14 StGB ist nicht anwendbar: Der Vertreter/Beauftragte ist in der Norm selbst benannt.[530] Der Einwand der »**Unmöglichkeit**« – im Hinblick auf das Erfordernis des **Nachweises** der entsprechenden **Organstellung** – verfängt nicht. Zum einen ist der Nachweis der Organstellung zur Sicherheit des Insolvenzgerichtes über die Vertretungsbefugnis im Rahmen des § 15a Abs. 1 InsO nicht etwa auf den Auszug aus dem Handelsregister beschränkt. Der Geschäftsführer kann diesen Nachweis – ohne Formzwang – auch in anderer Weise, etwa durch Gesellschafterbeschluss, Erklärung des/der Gesellschafter u.ä. erbringen. Darüber hinaus liegt auch keine strafrechtlich relevante *Unmöglichkeit* vor, wenn und soweit der 241

520 Beschl. v. 28.10.2008, 5 StR 166/08, BGHSt 53, 24.

521 Zutreffend *Tiedemann/Rönnau* GmbH-Strafrecht, § 84, Rn. 88; Müller-Gugenberger/*Richter* Wirtschaftsstrafrecht, 7. Aufl. 2020 (im Druck) Rn. 80.51 jeweils m. Nachw.

522 BGH, Beschl. v. 12.01.2010, 3 StR 266/09.

523 BVerfG, Beschl. v. 27.12.2006, 2 BvR 1895/05.

524 Beschl. v. 14.06.2012, 3 Ws 493/12.

525 Umfassend *Grosse-Wilde* wistra 2014, 132; *Kring* wistra 2013, 257; *Weyand* ZInsO 2013, 737; differenzierend *Bittmann* NZWiSt 2013, 270, der erneuten Antragspflicht bei Fortsetzung der werbenden Gesellschaft (und für diesen Fall auch Bankrott gem. § 283 Abs. 1 Nr. 8 StGB) annimmt; zustimmend – allerdings ohne Begründung – *Fingerle* ZHW 2013, 295.

526 Ausführl. Müller-Gugenberger/*Richter* Wirtschaftsstrafrecht, 8. Aufl. 2024 (im Druck) Rn. 80.71 ff., auch zum Irrtum über die **Täterqualifikation** (BGH, Beschl. v. 24.09.2019, 1 StR 346/18, NJW 2019, 3532 vers. BGH, Beschl. v. 13.12.2018, 5 StR 275/18, GmbHR 2019, 278 m.Anm. *Brand*, 278 und *Lange*, ZWH 2019, 155) und bei Falschberatung.

527 So schon Mitteilung der Centrale für GmbH, GmbHR 1986, 57; eingehend zur Plausibilitätskontrolle OLG München, Urt. v. 17.01.2019, 23 U 998/18 unter Bezug auf BGH, Urt. v. 26.01.2016, II ZR 394/13; zur Bejahung von Vorsatz beim Unterlassen trotz Kenntnis von Krisenanzeichen OLG Oldenburg, Urt. v. 24.04.2008, 8 U 5/08, GmbHR 2008, 1101 (1102).

528 Vgl. hierzu nur die Nachw. bei *Tiedemann/Rönnau* GmbH-Strafrecht, § 84 Rn. 27 ff.

529 BGH, Urt. v. 22.09.1982, 3 StR 287/82, BGHSt 31, 118, 122; zu den registerrechtlichen Möglichkeiten nach Ausscheiden als Organ *A. Müller* BB 1998, 329 m. Nachw.; auch BayObLG, Urt. v. 20.02.1997, 5 St RR 159/96, NJW 1997, 1936 und BGH, Urt. v. 19.04.1984, 1 StR 736/83, wistra 1984, 178 insbes. zur Frage der Vermeidbarkeit eines Irrtums über die Pflichten eines (faktischen) Geschäftsführers.

530 BGH, Urt. v. 21.03.1988, II ZR 194/87, BGHZ 104, 44, BGH NJW 1988, 1789; BGH, Urt. v. 03.07.1989, wistra 1990, 60; BayObLG, Urt. v. 20.02.1997, 5St RR 159/96, BB 1997, 850.

faktische Geschäftsführer den formalen Geschäftsführer zur Antragstellung bzw. die Gesellschafter zur (förmlichen) Bestellung veranlassen bzw. sich – in entsprechender Anwendung des § 29 BGB – zum Notgeschäftsführer oder – analog §§ 4 InsO, 57 ZPO – zum Prozesspfleger bestellen lassen kann (und muss).[531]

242 **Weisungen durch Gesellschafter** entbinden den Pflichtigen nicht,[532] begründen vielmehr regelmäßig Teilnehmerstrafbarkeit für diese.[533] Die **3-Wochen-Frist** ist grundsätzlich **keine Sanierungsfrist**, sondern dient der Vorbereitung der Antragstellung (*»unverzüglich«*).[534] Lediglich bei aussichtsreichen Sanierungsbemühungen können »triftige Gründe« angenommen werden, die (ausnahmsweise und maximal) die Ausschöpfung der 3-Wochen-Frist zu rechtfertigen vermögen.[535]

243 Von großer praktischer Bedeutung sind die Fälle, in denen **Rechtsanwälte oder sonstige Beauftragte** die Gläubiger einer insolvenzreifen Unternehmung unter Hinweis auf deren (angebliche/angeblich geprüfte) Sanierungsfähigkeit um ein *»Moratorium«* ersuchen (s. hierzu auch unten Rdn. 259 ff). Der Nachweis des Vorsatzes im Hinblick auf die Zahlungsunfähigkeit der Unternehmung bereitet meist keine Probleme, weil in den Anschreiben regelmäßig ausgeführt wird, weitere Vollstreckungsversuche seien sinnlos und im Insolvenzverfahren würden die Gläubiger keinerlei Zahlung erlangen. In diesen Fällen obliegt jedenfalls den eingeschalteten Rechtsanwälten die Pflicht, den Geschäftsführer über dessen strafrechtlich relevante Verpflichtung, unverzüglich Insolvenzantrag zu stellen, zu informieren.[536] In den angesprochenen Fällen haben die Berater allerdings **nicht nur** dieser Handlungspflicht strafrechtlich relevant zuwider entsprechende Hinweise und Einwirkungen **unterlassen.** Sie haben vielmehr das weitere (strafbare) Unterlassen der Geschäftsführer **durch aktives Handeln gefördert.** Dass die Anwälte hierbei einem Begehren ihrer Mandanten entsprechen, entlastet sie nicht. Ein in diesem Zusammenhang gemeinsam mit seinem Mandanten angeklagter Rechtsanwalt ist Übrigens von dessen Verteidigung per se ausgeschlossen, wobei insbesondere die §§ 138a ff. StPO keine Anwendung finden.[537]

244 Wenig praktische Bedeutung erlangt das **Unterlassen der Verlustanzeige** (§§ 84 Abs. 1 Nr. 1 GmbHG, 401 Abs. 1 Nr. 1 AktG), die ebenfalls unverzüglich erfolgen muss; eine konkludente Anzeige reicht aus. Der Verlust muss sich aus der Bilanz ergeben,[538] wobei stille Reserven u.a. zu berücksichtigen sind.[539] Die **Fahrlässigkeitsstrafbarkeit** ist in § 84 Abs. 2 GmbHG geregelt.

245 Zu den **Konkurrenzen**: Pflichtverletzungen nach § 15a InsO und §§ 84 GmbHG, 401 AktG stehen immer in Tatmehrheit, also auch wenn beide Pflichten zeitlich zusammenfallen. Entstehen die Antragsvoraussetzungen bei Verschleppung (Überschuldung, Zahlungsunfähigkeit) in zeitlichem Abstand, handelt es sich zwar um jeweils neue Handlungspflichten. Diese werden aber durch ein und dieselbe Handlung erfüllt. Man könnte argumentieren, es läge gesetzlich jeweils ein neuer Normap-

531 Vgl. hierzu *Kutzer* ZIP 2000, 654.

532 BGH, Urt. v. 12.02.2007, II ZR 308/05: *»Von der Insolvenzantragspflicht kann der Vorstand weder durch den Aufsichtsrat noch durch die Generalversammlung entbunden werden«* (NJW-RR 2007, 690).

533 Vgl. nur *Tiedemann/Rönnau* GmbH-Strafrecht, § 84, Rn. 92 und Müller-Gugenberger/*Richter* Wirtschaftsstrafrecht, 8. Aufl. 2024 (im Druck) Rn. 80.39 jeweils m. Nachw.

534 *Tiedemann/Rönnau* GmbH-Strafrecht, § 84 Rn. 81 ff.

535 So zutreffend *Tiedemann/Rönnau* GmbH-Strafrecht, § 84 Rn. 82 m. Nachw.

536 Std. Rspr. im Haftungsrecht, vgl. nur BGH, Urt. v. 26.10.2000, IX ZR 289/99, NJW 2001, 517; BGH, Beschl. v. 20.09.1999, 5 StR 729/98, wistra 1999, 459, StV 2000, 479; s. hierzu ausführlich und m. Nachw. Müller-Gugenberger/*Häcker* Wirtschaftsstrafrecht, 7. Aufl. 2021, Rn. 95.13 ff.; s. hierzu auch unten Rdn. 259 ff.

537 LG Stuttgart, Beschl. v. 27.06.2001, 13 Qs 41/01 m. Nachw.

538 Str., vgl. zum Meinungsstand *Tiedemann/Rönnau* GmbH-Strafrecht, § 84 Rn. 3 f.; *Otto* Aktienstrafrecht, § 401 Rn. 16.

539 *Tiedemann/Rönnau* GmbH-Strafrecht, § 84 Rn. 48; *Otto* Aktienstrafrecht, § 401 Rn. 15; BGH, Urt. v. 09.10.1958, II ZR 229/57, BB 1958, 1181, WM 1958, 1416.

pell und damit Tatmehrheit vor. Da nur eine Handlung gefordert ist, erscheint die Annahme einer materiellen Unterlassungseinheit und damit Tateinheit (nicht: mitbestraften Nachtat) zutreffend.

Die strafrechtlich sicherlich bedeutsamste Änderung enthält das **MoMiG** (oben Rdn. 234) für das Verschleppungsstrafrecht. Dem lag vor allem eine Strafbarkeitslücke des Antragstrafrechts im Hinblick auf Gesellschaften mit (Gründungs)Sitz in einem Staat des Europäischen Wirtschaftsraums (EWR)[540] zugrunde, deren tatsächlicher Verwaltungssitz in Deutschland lag/liegt. In diesen Fällen schied Strafbarkeit nach dem GmbH-Gesetz schon wegen Verstoßes gegen das Analogieverbot aus.[541] Der Reformgesetzgeber des MoMiG hat das Verschleppungsstrafrecht aus dem Gesellschaftsrecht in das Insolvenzrecht »verschoben« – und damit einheitlich für alle im Inland anerkannten juristischen Personen – geregelt (§ 15a Abs. 4 i.V.m. Abs. 1 InsO; **Fahrlässigkeitsstrafbarkeit** in Abs. 5). Zudem wurden – allerdings nur für den Fall der **Führungslosigkeit** der GmbH, AG und Genossenschaft (§ 15a Abs. 3 InsO) – Gesellschafter/Aufsichtsrat zur Antragstellung (nur!) bei positiver (!) Kenntnis der Zahlungsunfähigkeit/Überschuldung *und* Führungslosigkeit verpflichtet. Diese sind deshalb auch taugliche Täter des Strafrechts. 246

Darüber hinaus brachte das MoMiG auch **inhaltlich eine Verschärfung:** Neben der schlichten Verschleppung wurde auch die **mangelhafte Antragstellung** (»*nicht richtig stellt*«) strafbar.[542] Dabei ist schon die Reichweite des **fehlerhaft** (»*nicht richtig*«) **gestellten Antrags** zweifelhaft und von der Rechtsprechung auch nicht entschieden. Nach dem Schutzzweck der Norm sollte nur ein *relevant fehlerhafter Eigenantrag* (»wesentliche Unvollständigkeit«) strafbar sein, also wenn der Schuldner dem Insolvenzgericht keine (hinreichenden) Anhaltspunkte gibt, die es diesem ermöglichen, im Rahmen des Amtsermittlungsgrundsatzes die Zulässigkeit aufgrund der Schuldnerangaben im Rahmen seiner Auskunftspflicht gem. § 20a Abs. 1 S. 1, 1. Alt. InsO zu prüfen. 247

Die von den Schuldnern in ihren Anträgen meist erst nach (teils mehrmaligen) Hinweisen der Insolvenzrichter zu erfüllenden **Angabepflichten** nach § 13 Abs. 1 S. 3 InsO in der Fassung des **ESUG** (oben Rdn. 237) lauten im Kern: Dem Antrag des Schuldners *ist* ein Verzeichnis der Gläubiger und ihrer Forderungen beizufügen. Hat der Schuldner einen Geschäftsbetrieb, der nicht eingestellt ist, *sollen* in dem Verzeichnis bestimmte Forderungen besonders kenntlich gemacht werden. Der Schuldner *hat in diesem Fall* auch Angaben zur Bilanzsumme, zu den Umsatzerlösen und zur durchschnittlichen Zahl der Arbeitnehmer des vorangegangenen Geschäftsjahres zu machen, die – insbesondere bei beantragter Eigenverwaltung[543] – verpflichtend sind. Schließlich *ist* dem Verzeichnis nach S. 3 und den Angaben nach S. 4 und 5 die Erklärung beizufügen, dass die enthaltenen Angaben richtig und vollständig sind. Ob – und ggf. wann – ein unzulässiger Antrag (strafrechtlich) als ein »nicht gestellter Antrag« gewertet werden muss (mit der Folge der Strafbarkeit wegen Unterlassen), war ebenso streitig, wie das Maß der Unrichtigkeit, das eine relevante (strafbare) Unrichtigkeit begründet. Einigkeit herrscht lediglich insoweit, als Angaben, die Anträge auf Eigenverwaltung/Schutzschirmverfahren (§§ 270a, 270b InsO) betreffen, von der Strafbewehrung nicht erfasst sind.[544] Im Übrigen wurde einerseits betont, dass nur ein zulässiger Antrag auf Fehlerhaftigkeit geprüft werden 248

---

540 Mitgliedstaaten der EU und der EFTA – s. *Richter* »Scheinauslandsgesellschaften« in der deutschen Strafverfolgungspraxis, FS-Tiedemann 2008, 1023 ff. (1028).

541 So zutreffend ganz einheitlich die Literatur, zusammenfassend und m. Nachw. *Richter* »Scheinauslandsgesellschaften« in der deutschen Strafverfolgungspraxis, FS-Tiedemann 2008, 1023 ff. (1031 ff.).

542 S.o. Rdn. 236 und eingehend Müller-Gugenberger/*Richter* Wirtschaftsstrafrecht, 8. Aufl. 2024 (im Druck) Rn. 80.47 m. Nachw.

543 Außerdem wenn der Schuldner die Merkmale des § 22a Abs. 1 InsO erfüllt oder die Einsetzung eines vorläufigen Gläubigerausschusses beantragt wurde.

544 Müller-Gugenberger/*Richter* Wirtschaftsstrafrecht, 8. Aufl. 2024 (im Druck) Rn. 77.9, 80.4a; *Richter,* Konfusion im Insolvenzantrags-Strafrecht nach dem ESUG, in: Exner/Paulus (Hrsg.), Festschrift für Siegfried Beck, 2016, S. 441 ff.; *Richter,* Neue Strafbarkeitsrisiken bei Restrukturierung, Sanierung und Insolvenz – FMStG, ESUG und Bankrottstrafrecht, in: *Heinrich* (Hrsg.) Hochkonjunktur für die Sanierungspraxis 2014, S. 39 ff.; *Bittmann,* Insolvenzstrafrecht, § 11 Rn. 35 jeweils m. ausf. Nachw.

könne,[545] andererseits sollten auch nur (gravierende) Mängel des unzulässigen (Eröffnungs-)Antrages zur Strafbarkeit führen.[546]

249 Die unerwünschten zivil- und vor allem strafrechtlichen Folgen der verfehlten Ausdehnung der Strafbarkeit von der verspäteten auf die unrichtige Antragstellung erkennend, hat der Gesetzgeber zunächst mit **RegE vom 04.11.2016**[547] (hierzu oben Rdn. 237) versucht, die Fehler zu korrigieren und dennoch sein (durchaus berechtigtes) Ziel, eine Vorverlagerung der Schuldneranträge zu erreichen, weiter zu verfolgen. Der Versuch ist deutlich misslungen.[548] Mit der seit 26.06.2017 geltenden **Fassung**[549] der §§ 13 Abs. 3, 15a Abs. 4 und 6 InsO scheint allerdings ein Schritt in die richtige Richtung gelungen:

§ 13 InsO

(3) *Ist der Eröffnungsantrag unzulässig, so fordert das Insolvenzgericht den Antragsteller unverzüglich auf, den Mangel zu beheben und räumt ihm hierzu eine angemessene Frist ein.*

§ 15a InsO[550]

(4) *Mit Freiheitsstrafe bis zu drei Jahren oder mit Geldstrafe wird bestraft, wer*
1. einen Eröffnungsantrag nicht oder nicht rechtzeitig stellt oder
2. nicht richtig stellt.

(6) *Im Falle des Absatzes 4 Nr. 2, auch in Verbindung mit Absatz 5, ist die Tat nur strafbar, wenn der Eröffnungsantrag rechtskräftig als unzulässig zurückgewiesen wurde.*

Damit hat der Gesetzgeber klargestellt, dass der unzulässige Antrag dem nicht gestellten Antrag gleichgestellt ist und es sich somit bei der Strafnorm (wieder) um ein *reines (echtes) Unterlassungsdelikt* handelt: **Strafbar** ist **nur** der **nicht rechtzeitig gestellte Antrag** – auch wenn er überhaupt nicht oder nur unzulässig gestellt ist. Weitergehende Handlungspflichten (etwa zu einem »richtigen« oder »wahrheitsgemäßen« *Antragsinhalt* sind – entgegen dem weiterhin verfehlten Wortlaut (»unrichtig« anstelle von »unzulässig«) nicht mehr Gegenstand dieser Strafnorm: Wird innerhalb der Antragsfrist ein zulässiger Antrag gestellt, folgt Strafbarkeit nicht aus § 15a InsO, sondern aus allgemeinem Strafrecht. Deshalb ist es zu begrüßen, dass der Gesetzgeber dem (redlichen?[551]) Schuldner mit der **objektiven Strafbarkeitsbedingung** des **§ 15a Abs. 6 InsO** – und zwar unabhängig davon, ob er die ihm in § 13 Abs. 3 gebotene Chance zur Nachbesserung seines zunächst unzulässigen (also als nicht gestellt geltendem) Antrags nutzt oder eigeninitiativ diesen Antrag zur Zulässigkeit bringt oder ob die Zulässigkeit *ganz ohne Zutun des* antragstellenden *Schuldners* eintritt – dann Straffreiheit gewährt, wenn er den fehlerhaften Antrag **rechtzeitig gestellt hat** und er so zu einer frühen (wenn auch möglicherweise nicht hinreichenden) Antragstellung motiviert wurde.

545 Müller-Gugenberger/*Richter* Wirtschaftsstrafrecht, 8. Aufl. 2024 (im Druck) Rn. 80.53 m. Nachw., *ders.* Konfusion im Insolvenzantrags-Strafrecht nach dem ESUG, in: Exner/Paulus (Hrsg.), Festschrift für Siegfried Beck, 2016, S. 441, 445 f.

546 *Bittmann,* Insolvenzstrafrecht, § 11 Rn. 36 ff. m. ausf. Nachw.

547 Gesetz zur Durchführung der Verordnung (EU) 2015/848 über Insolvenzverfahren vom 5. Juni 2017, in Kraft seit 26. Juni 2107, BGBl I 2017 Nr. 34/1 S. 1476; BR-Drs. 654/16; BT-Drs. 18/10823 (Gesetzentwurf), 18/12154 (Beschlussempfehlung und Bericht), BR-Drs. 654/16 vom 0411.2016; R – Wi; zum Gesetzentwurf der Bundesregierung vom 11.01.217, vgl. *Frind* ZInsO2016, 2376; *Richter* ZInsO 2016, 2372; *Bittmann* wistra 2017, 88.

548 Zur Kritik aus Sicht der Strafrechtspraxis vergl. *Richter* ZInsO 2016, 2372; *Bittmann,* wistra 2017, 88; aus Sicht der insolvenzrichterlichen Praxis *Frind* ZInsO 2016, 2376.

549 Durch Art. 2 G zur Durchführung der Verordnung (EU) 2015/848 über Insolvenzverfahren (InsVEU/2015/848-DG).

550 Die seit 01.01.2024 geltende Fassung des § 15a InsO (durch Art. 35 G v. 10.08.2021, BGBl. I, 3436, geändert durch Art. 34 Abs. 4 G v. 22.12.2023 BGBl. 2023 I Nr. 411) enthält nur eine Anpassung in Abs. 1 zur neuen Prsonengesellschaft (PEG).

551 Näher hierzu und insgesamt zum Antragsstrafrecht in seiner geschichtlichen Entwicklung und Einbindung in das Insolvenzstrafrecht *Richter,* wistra 2017, 329.

Durchaus erhebliche Fragestellungen – mithin Aufgaben für die Rechtsprechung und Kommentierung – bleiben weiterhin:

- Der **verspätete zulässige Antrag** (»*nicht rechtzeitig*«) bleibt verfolgbar und **strafbar**; ihn betrifft die objektive Strafbarkeitsbedingung nicht. Wird verspätet ein unzulässiger Antrag gestellt und dieser fristgemäß »geheilt« geht das Verfolgungshindernis somit »ins Leere« (wäre aber beim Strafmaß bei zweiter Antragstellung zu würdigen).
- Scheitert in diesem Fall die »Heilung« und wird der Antrag als unzulässig verworfen, ist die Antragspflicht nur ein Mal (und zwar durch Nichtstellung) erfüllt.
- Der Strafrichter ist weder an die Zurückweisung des Antrags als unzulässig durch den Insolvenzrichter noch an dessen Vorgaben zur Zulässigkeit gebunden.
- **Fehlvorstellungen des Antragspflichtigen** über notwendige Nachbesserungen **betreffen** die **objektive Strafbarkeitsbedingung nicht**, weshalb auch unbeachtlich ist, ob der Pflichtige die Information des Insolvenzrichters überhaupt erhalten hat.

b) Vorenthalten und Veruntreuen von Arbeitsentgelt (§ 266a StGB)

Strafbar ist gem. § 266a Abs. 1 und 2 StGB[552] die **Nichtzahlung fälliger**[553] **Beiträge der Arbeitnehmer**[554] **trotz** (zumutbarer) **Handlungsmöglichkeit** des Arbeitgebers[555]. Es handelt sich um eine **Dauerstraftat** die erst beendet ist, wenn die Beiträge abgeführt sind.[556] Für die Nichtabführung (die Nichtbereitstellung) von Beiträgen durch den Vorgänger kann der neu eintretende Geschäftsführer nicht (strafrechtlich) verantwortlich gemacht werden.[557] Dies ändert nichts daran, dass die nicht erfüllte Beitragsschuld weiter besteht und der neu eintretende Geschäftsführer ab seiner Bestellung zur Abführung verpflichtet ist.[558] Regelmäßig hat der Arbeitgeber – notfalls durch rechtzeitige Sicherstellung seiner Zahlungsfähigkeit – für fehlende Zahlungsmittel auch strafrechtlich einzustehen.[559] **250**

552 Nur insofern ist von »*Beitragsvorenthaltung*« zu sprechen; § 266a Abs. 3 umfasst dagegen einen Sonderfall der Untreue bezüglich »*anderer Teile des Arbeitsentgelt*«, s. auch zum folgenden umfassen Müller-Gugenberger/*Thul* Wirtschaftsstrafrecht, 7. Aufl. 2021, Rn. 38.1 ff. (3).

553 Die Fälligkeit richtet sich nach der Satzung der Kasse; in der – auch mehrmonatigen – Duldung der verspäteten Abführung der Arbeitnehmeranteile liegt keine, die Fälligkeit aufschiebende – Stundung, vgl. OLG Brandenburg, Urt. v. 21.11.2002, 12 U 149/01, GmbHR 2003, 595.

554 Zur »*Scheinselbständigkeit*« und »*Subunternehmer-Ketten*« s. (mit Praxis-Beisp.) Müller-Gugenberger/*Thul* Wirtschaftsstrafrecht, 7. Aufl. 2021, Rn. 38.1 ff.

555 Zur Definition des Arbeitgebers BGH, Beschl. v. 04.09.2013, 1 StR 94/13, wonach die »*tatsächlichen Gegebenheiten*« und nicht eine »*abweichende Vertragsgestaltung*« maßgebend sind; zum »*Strohmann*« BGH, Beschl. v. 13.10.2016, 3 StR 352/16, wistra 2017, 64; für die Gesellschafter einer Personengesellschaft OLG Celle, Beschl. v. 12.01.2016, 2 Ss 188/15, wistra 2016, 334; *Mosbacher* NStZ 2015, 255; zur Streitfrage, ob ein Irrtum über die Arbeitgeberstellung als Tatbestands- (BGH, Beschl. v. 24.01.2018, 1 StR 331/17 Rz. 13, ZWH 2018, 253 [254]) oder Verbotsirrtum (BGH, Beschl. v. 18.07.2018, 2 StR 416/16, NJW 2018, 3467 zu behandeln ist (vgl. zum Streitstand *Brand*, NJW 2019, 3535); umf. Müller-Gugenberger/*Thul* Wirtschaftsstrafrecht, 7. Aufl. 2021, Rn. 38.236 ff.

556 OLG Naumburg, Urt. v. 07.03.2000, 13 U 203/99, GmbHR 2000, 820 (821). Für die Nichtabführung (die Nichtbereitstellung) von Beiträgen durch den Vorgänger kann der neu eintretende Geschäftsführer nicht strafrechtlich belangt werden. Kritisch zur »*faktischen Unverjährbarkeit*« *Krug/Soupil* wistra 2016, 137.

557 So zutreffend BGH, Urt. v. 11.12.2001, VI ZR 123/00, GmbHR 2002, 208 m. Anm. *Haase* 210; zur Mittäterschaft BGH v. 14.06.20p23, 1 StR 74/22-, juris..

558 So zutreffend *Haase*, a.a.O. (Fn. 324), S. 212 m. Nachw.; nicht dagegen für jeden Arbeitnehmer bei einer Kasse – BGH Beschl. v. 24.04.2007, 1 StR 639/06; die Bruttolöhne können geschätzt werden – BGH, Beschl. v. 03.12.2007, 5 StR 504/07.

559 BGH, Beschl. v. 11.08.2011, 1 StR 295/11.

251 Für den jeweiligen Beitragsmonat müssen nach dem Grundsatzurteil des BGH vom **07.10.2010**[560] die Anzahl der Beschäftigten und deren Beschäftigungszeit nicht mehr festgestellt werden. Es reichen vielmehr – neben den Feststellungen, aus denen sich die Arbeitgeberstellung des Täters ergibt[561] – in der Regel die Höhe der vorenthaltenen **Gesamtsozialversicherungsbeiträge** und die darin enthaltenen **Arbeitnehmeranteile**, die geschädigten **Sozialversicherungsträger**[562] sowie die **Beitragsmonate**, in denen die Arbeitnehmeranteile vorenthalten wurden.

252 Der Überlegung, bei **Teilzahlungen** strafrechtlich (fiktiv) – abweichend von zivilrechtlichen Grundsätzen außerhalb des Beitreibungsverfahrens – eine Verrechnung nach einem mutmaßlichen Willen zur Strafbarkeitsminimierung anzunehmen, hat der BGH eine Absage erteilt. Eine von der Beitragszahlungsverordnung (§ 2 S. 1 BeitragsVO) abweichende Tilgungsbestimmung muss ausdrücklich getroffen werden.[563] Straf- und zivilrechtlich sind danach die Verrechnungen gleich zu beurteilen. Im Übrigen ist der Geschäftsführer verpflichtet, nach Entstehen der Beitragsschuld (zum Monatsende) sicherzustellen, dass die Zahlung bei Fälligkeit erfolgen kann.[564]

253 **§ 266a Abs. 2 StGB** regelt – betrugsnah, genauer: in Anlehnung an § 370 AO – **Täuschungshandlungen** durch Tun und Unterlassen. Bei Nichtabführung sowohl der Arbeitgeber- als auch der Arbeitnehmeranteile treffen demgemäß Abs. 1 und Abs. 2 tateinheitlich zusammen – also auch in den Fällen, in denen keine Arbeitnehmer gemeldet sind. Nach alter Rechtslage schied Strafbarkeit nach § 263 StGB mangels Täuschung aus. In Abs. 4 sind **besonders schwere Fälle** mit erhöhtem Strafrahmen normiert.[565]

254 Schon in seinem Grundsatzurteil vom 16.05.2000 hatte der VI. Zivilsenat des BGH die damalige Streitfrage der **Strafbarkeit bei unterbliebener Lohnzahlung** entschieden,[566] worauf der Gesetzgeber in Art. 8 des Gesetzes zur Erleichterung der Bekämpfung von illegaler Beschäftigung und Schwarzarbeit vom 23.07.2002[567] klarstellend in den Wortlaut des § 266a StGB einstellte: Es kommt nur auf die Fälligkeit und die tatsächliche Möglichkeit zur Zahlung der Beiträge an. Hierbei sind auch

560 BGH 1 StR 424/10, wistra 2011, 69; zur Einschränkung bei Beitragsnachweisen OLG Celle, Beschl. v. 12.01.2016, 2 Ss 188/15.

561 Zur strafrechtlichen Aufklärungspflicht auch bei geständigen Einlassungen vgl. BVerfG, Beschl. v. 20.12.2023, 2 BVR 2103/20-, juris.

562 BGH, Beschl. v. 11.01.2024, 1 StR 447/23-, juris.

563 Zugunsten der Beschuldigten nimmt das OLG Dresden, Urt. v. 04.04.1997, 8 U 1732/96, GmbHR 1997, 647 eine stillschweigende Tilgungsvereinbarung gem. § 336 Abs. 1 BGB an. Dem ist der BGH, Urt. v. 26.06.2001, VI ZR 111/09 mit Bespr. *Esser/Keuten* wistra 2010, 161; s. auch Urt. v. 14.11.2000, VI ZR 149/99, GmbHR 2001, 147, 148, aber in der Revisionsentscheidung entgegengetreten. Eine derartige Vereinbarung müsse *»greifbar in Erscheinung getreten«* sein. So auch schon BGH, Urt. v. 14.11.2000, VI ZR 149/99, ZIP 2001, 80 (82). Noch weitergehend BGH, Urt. v. 09.01.2001 (VI ZR 119/00, ZIP 2001, 419), wonach die Tilgungsreihenfolge § 2 BeitragszahlungsVO zu entnehmen ist, falls keine abweichenden Bestimmungen getroffen sind.

564 Nach alter Rechtslage am 15. des Folgemonats – BGH, Urt. v. 18.11.1997, VI ZR 11/97, GmbHR 1998, 280; bis zu diesem Zeitpunkt – ab dem Lohnzahlungszeitpunkt – musste die Sicherstellung der Liquidität erfolgen – BGH, Urt. v. 21.01.1997, VI ZR 338/95, NJW 1997, 1237. Seit 01.01.2006 sind die Arbeitnehmeranteile am drittletzten Werktag des Monats abzuführen. Es bleibt allerdings bei der Notwendigkeit einer vorherigen Sicherstellung.

565 Wobei beachtet werden muss, dass der Gewerbsmäßigkeit als dem Tatbestand des § 266a StGB immanentes Merkmal im Regelfall keine strafschärfende Bedeutung zukommen kann – BGH, Beschl. v. 24.04.2007, 1 StR 639/06.

566 BGH, Urt. v. 16.05.2000, VI ZR 90/99, wistra 2000, 422, GmbHR 2000, 816 m. Anm. *Haase* S. 819 und BGH, Urt. v. 14.11.2000, VI ZR 149/99, ZIP 2001, 80; ebenso OLG Düsseldorf, Urt. v. 30.06.2000, 22 U 9/00, GmbHR 2000, 939 m. Anm. *Frings* 940; a.A. *Bittmann* wistra 1999, 441; s. auch *Rönnau* wistra 1997, 13 (16); Zahlung nach Eintritt der Zahlungsunfähigkeit führt zu Schadensersatz nach §§ 823 Abs. 2 BGB, 64 Abs. 2 GmbHG, 93 Abs. 3 Ziff. 6 AktG; kritisch hierzu *Lüke/Mulansky* ZIP 1998, 673.

567 BGBl. I S. 2787.

Kreditmöglichkeiten auszuschöpfen.[568] Bei Lohnzahlung ist eine Kürzung des Auszahlungsbetrages vorzunehmen.[569] Es gibt also einen **absoluten Vorrang der strafbewehrten Pflichten** vor sonstigen zivilrechtlichen Verbindlichkeiten.[570] So bleibt für die (strafbefreiende) »*Unmöglichkeit der Pflichterfüllung*« kaum Raum: Dem Arbeitgeber obliegt die vorausschauende, planende Plicht, die erforderliche Liquidität sicher zu stellen.[571]

Nicht anders verhält es sich bei der sog. **Insolvenzgeld-Vereinbarung** gem. **§§ 183 ff. SGB III.**[572] Zwar tritt bereits bei Insolvenzantragstellung an die Stelle des Bruttolohn-Gehaltsanspruchs des Arbeitnehmers dessen Anspruch auf Insolvenzausfallgeld gegen die Bundesanstalt für Arbeit.[573] Diese verrechnet die Netto-Löhne mit dem Verwalter (weithin mit der vorfinanzierenden Bank); sie hat auch die Beiträge selbst an die Kassen abzuführen. Die Abführungspflicht des Arbeitgebers bleibt hiervon jedoch – wie § 208 Abs. 1 S. 1 SGB III ausdrücklich normiert – unberührt.[574] In diesem Zusammenhang ist darauf hinzuweisen, dass Arbeitgeber und -nehmer (aber auch Insolvenzverwalter und »sonstige Personen«) gem. §§ 315 ff. SGB III zu Auskünften verpflichtet sind, wobei die Nichterteilung gem. § 404 Abs. 2 SGB II mit Geldbußen bis zu 1.500 € geahndet werden kann und dass die Bundesanstalt für Arbeit diese Normen auch fleißig anwendet.

Häufig treten Probleme der **internen Geschäftsaufteilung** im Hinblick auf die strafrechtliche Verantwortung auf. 255 Zu den Pflichten eines GmbH-Geschäftsführers gehört es, sich in der finanziellen Krise des Unternehmens über die Einhaltung von erteilten Anweisungen zur pünktlichen Zahlung fälliger Arbeitnehmerbeiträge zur Sozialversicherung durch **geeignete Maßnahmen** zu vergewissern. Für den (bedingten) Vorsatz reicht die Vorstellung aus, die Beiträge könnten nicht abgeführt sein, wenn keine hinreichenden Vorkehrungen dafür getroffen sind, dass sie tatsächlich abgeführt werden. Ein Irrtum über den Umfang dieser Pflicht ist ein Verbotsirrtum, der den Vorsatz nicht entfallen lässt;[575] er ist im Übrigen regelmäßig vermeidbar. Für den Pflichtigen verbleibt somit praktisch nur die Möglichkeit, durch **Offenbarung der Zahlungsunfähigkeit** persönliche Straffreiheit zu erlangen (§ 266a Abs. 5 StGB),[576] von der in der Praxis allerdings kaum Gebrauch gemacht wird. Voraussetzung für die Anwendung dieser »Kann-Vorschrift« ist jedoch, dass die **Mitteilung** an die Einzugsstelle **rechtzeitig** erfolgt (spätestens unverzüglich nach Fälligkeit) *und* sowohl die **Höhe der Beiträge** als auch die **Gründe der Unmöglichkeit** (trotz ernsthaften Bemühens) enthält. Nach Absatz 5 S. 2 entfällt die Strafe, wenn die Beiträge innerhalb der Stundungsfrist entrichtet sind.

568 Zum – damit *überwundenen* – Streit über die Strafbarkeit auch bei fehlender Lohnzahlung vgl. OLG Naumburg GmbHR 1999, 1028; KG NStZ 1991, 287, wistra 1991, 188; zivil: BGHZ 134, 304, 310; deutlich nunmehr BFH, Urt. v. 05.06.2007, VII R 65/05 im Anschluss an BFH ZIP 2007, 1659.

569 So auch für § 25 Abs. 1 S. 2 SGB IV der BGH, Urt. v. 20.03.2003, III ZR 305/01, ZIP 2003, 921, 924.

570 5. Strafsenat, Beschl. v. 28.05.2002, 5 StR 16/02, BGHSt 47, 318 ff., wistra 2002, 340 m. Anm. *Wegner* wistra 2003, 383 und – gegen die Zivilsenate des BGH klarstellend und deutlich – ebenfalls der 5. Strafsenat Beschl. v. 09.08.2005, 5 StR 67/05, NJW 2005, 3650; zu einer möglichen »Rechtfertigung« der Nichtzahlung in der 3-Wochen-Frist zur Insolvenzantragstellung vgl. BGH, Beschl. v. 30.70.2003, 5 StR 221/03, NJW 2003, 3787.

571 BGH, Beschl. v. 11.10.2018, 1 StR 257/18, wistra 2019, 102 unter Bezug auf BGH, Beschl. v. 28.05.2002, 5 StR 16/02, BGHSt 47, 318 (322).

572 Zur Richtlinienkonformität der deutschen Regelung nach der Rechtsprechung des EUGH vgl. *Peters-Lange* ZIP 2003, 1877; BSG, Urt. v. 17.03.2015, B 11 AL 9/14 R, ZIP 2015, 1402; *Moschiol* ZInsO 2016, 248.

573 Vgl. hierzu LAG Hamm, Urt. v. 23.09.1999, 4 Sa 1007/98, KTS 2001, 274.

574 So zutreffend OLG Dresden, Beschl. v. 16.01.2003, 17 U 1167/02 S. 11, insoweit nicht abgedruckt in GmbHR 2003, 422 m. ablehnender Anm. *Gundlach/Frenzel.*

575 BGH, Urt. v. 09.01.2001, VI ZR 119/00, ZIP 2001, 422; zum Umfang der Überwachungspflicht vgl. BGH, Urt. v. 03.05.2016, II ZR 311/14, NJW 2017, 886 m. Nachw.; zur Beauftragung nach § 14 Abs. 2 Nr. 2 StGB, auch zur Irrtumsproblematik BGH, Urt. v. 07.04.2016, 5 StR 332/15, wistra 2016, 304 m. Anm. *Reichling,* 306.

576 *Fischer* StGB, § 266a Rn. 22 f. m.N.; sehr weitgehend *Winkelbauer* wistra 1988, 16.

256 Vor große Probleme stand angesichts dieser Rigidität des Strafrechts die Zivilrechtsprechung: So haftet der Geschäftsführer gem. § 64 Abs. 2 GmbHG für Zahlungen in der Krise, allerdings nicht für solche, die »mit der Sorgfalt eines ordentlichen Kaufmanns vereinbar« sind (§ 64 Abs. 2 S. 2 GmbHG).[577] Der hierauf beruhende Streit zwischen den Zivil- und Strafrechtssenaten des BGH ist längst überwunden: Mit den **Urteilen vom 14.05.2007**[578] **(II ZR 48/06)**, vom 02.06.2008 (II ZR 27/07)[579] und vom 05.05.2008 (II ZR 38/07)[580] – haben die Zivilsenate des BGH ihre **ständige Rechtsprechung** im Interesse der Einheit der Rechtsprechung **aufgegeben** und – angesichts der ansonsten drohenden Strafe – Zahlungen auf die Arbeitnehmeranteile zur Sozialversicherung als mit der Sorgfalt eines ordentlichen und gewissenhaften Geschäftsleiters vereinbar erklärt – und somit Schadensersatzansprüche aus §§ 92 Abs. 2, 93 Abs. 1 und 3 Nr. 6 AktG verneint. Mit dem Entfallen des Normbefehls, Zahlungen an Sozialversicherungsträger zu unterlassen, da sie jetzt als mit der Sorgfalt eines ordentlichen Geschäftsführers vereinbar anzusehen sind, entfällt die Pflichtenkollision mit § 266a Abs. 1 StGB.[581] Mit der Neujustierung der Pflichten zur Massesicherung i.S.d. Vorrangs der Massesicherung vor den Forderungen des Steuerfiskus in § 15b Abs. 8 InsO durch Art. 5 Nr. 9 Abs. 3 SanInsFoG hat die insolvenzrechtliche Literatur die Ansicht vertreten, insoweit habe in dieser insolvenzrechtlichen Situation auch die Pflicht zu Abführung der Arbeitnehmeranteile zurückzutreten, weshalb dann auch die Strafbarkeit der Nichtabführung entfallen müsse. Aus strafrechtlicher Sicht ist diese Ansicht nicht überzeugend – erste insolvenzrichterliche Entscheidungen gehen indes zutreffend von der weiter bestehenden Abführungspflicht aus.[582]

257 **Betrugsstrafbarkeit** gem. § 263 StGB ist bei Falschangaben gegenüber der Einzugsstelle, z.B. über die Anzahl der Beschäftigten oder über deren Verhältnisse, gegeben. Der **Schaden** ist in diesen Fällen die Summe der **Gesamtsozialversicherungsbeiträge.** Die Strafbarkeit nach § 266a Abs. 1 StGB tritt hinter derjenigen wegen Betruges zurück.[583]

258 Gelegentlich verweigern die Kassen den Strafverfolgungsbehörden unter Hinweis auf § 35 StGB I **Auskünfte.** Dem steht die Offenbarungsbefugnis aus § 69 Abs. 1 Nr. 2 SGB X entgegen,[584] die Übrigens auch für die Arbeitsämter gilt.

577 Für die persönliche Haftung allerdings OLG Thüringen, Urt. v. 11.12.2001, 8 U 741/01, ZIP 2002, 986.

578 NJW 2007, 2118 m. zust. Anm. *Altmeppen* S. 2121, EWiR 2007, 495 m. krit Anm. *Henkel/Mock*, 495, GmbHR 2007, 757 m. Anm. *Ch. Schroeder*; so im Übrigen nunmehr auch die Rechtsprechung des BFH, Urt. v. 05.06.2007, VII R 65/05 – im Anschluss an BFH, Urt. v. 23.04.2007, VII B 92/06, ZIP 2007, 1659.

579 GmbHR 2008, 815 ff. m. Anm. *Podewils* 817.

580 GmbHR 2008, 813 f. m. Anm. *Lindemann* S. 814; zum Vorrang einer nach § 266 StGB strafbewehrten Weiterleitungspflicht von treuhänderisch hierzu überlassenen Gelder der Konzernmutter an Schwestergesellschaften; vgl. auch BGH, Urt. v. 02.12.2010, IX ZR 247/09 m. krit. Anm. *Blank* ZInsO 2013, 461.

581 Anders allerdings noch OLG Naumburg, Urt. v. 09.05.2007, 5 U 21/07, DStR 2007, 2226, das – so allerdings ohnehin nicht vertretbar – rechtliche Unmöglichkeit annimmt.

582 Näher hierzu *Richter*, ZInsO 2021, 2010 ff. m. Nachw. pro et contra.

583 BGH, Beschl. v. 12.02.2003, 5 StR 165/02, wistra 2003, 262, EWiR 2003, 991 m. Anm. *Marxen/v. Berg*, 991.

584 LG Stuttgart, Beschl. v. 11.05.1993, 14 Qs 23/93, wistra 1993, 314 m. Nachw.

c) Sonderprobleme bei Sanierung

aa) Strafbarkeit der Sanierer

Das Modell (**gescheiterter, strafbarer** und dennoch sehr häufig vorkommender) **Sanierungsversuche** 259
entspricht immer noch dem vom OLG Stuttgart bereits im Dezember 1993 entschiedenen Fall.[585] »Sanierer« sind dabei in der Praxis der Strafverfolgung Rechtsanwälte oder Steuerberater.

Der »Sanierer« einer bereits insolvenzreifen GmbH bietet dessen Gläubiger ein »**Moratorium**« an. 260
Eingehende Kundenzahlungen – angeblich auch »sicher« solche von Dritten oder Familienangehörigen – sollen auf ein Anderkonto des »Sanierers« eingezahlt (»**Gläubiger-Pool**«) und von diesem nach dem »Sanierungsplan« ausbezahlt werden. Der »Sanierungsplan« scheitert, der »Sanierer« entnimmt seinen Lohn und überlässt den Rest der »Pool-Gelder« dem Geschäftsführer.

Treuepflichtig gem. § 266 StGB ist der »Sanierer« sowohl dem **Vermögen der GmbH**, möglicher- 261
weise auch demjenigen der sonstigen Geldgeber, jedenfalls auch demjenigen der **Gläubiger der GmbH**, die einen Stundungsvertrag abgeschlossen haben (§§ 662, 275 BGB).[586] Danach dürfen diese Gelder nur im Rahmen des Sanierungsplanes verwendet werden. Dabei muss nach der grundlegenden Entscheidung des II. Senates des BGH vom 05.02.2007[587] die **Krisensituation sachkundig festgestellt** werden. Regelmäßig wird der Geschäftsleiter – aber auch der Berater – über die objektive Sachkunde selbst nicht hinreichend verfügen und daher **sachkundigen Rat**, der auf zutreffenden Tatsachenfeststellungen beruht, einholen müssen.[588] Sanierungsbemühungen stellen jedenfalls dann kein ordnungsgemäßes Verhalten dar, wenn diese nicht geeignet sind, die Insolvenzgründe zu beseitigen – so ist die Aufnahme von Krediten nicht geeignet, die Überschuldung zu beseitigen.[589]

Beim **Scheitern des Planes** (und mangels ausdrücklicher Regelungen) ist es Sache der ergänzenden Vertragsauslegung, wie das Geld verteilt und Honorarforderungen hiervon bestritten werden dürfen. Regelmäßig liegt Beihilfe zur (für »faktische Geschäftsführer« auch täterschaftliche) Insolvenzverschleppung (siehe hierzu oben Rdn. 234 ff.) und Betrug (bei Täuschung über die Sanierungsgrundlagen) vor.

Zutreffend hat *Wessing*[590] darauf hingewiesen, dass Krisen und Insolvenzen Bestandteil einer funk- 262
tionsfähigen Marktwirtschaft sind, die Tätigkeit der insoweit eingeschalten Berater jedoch »gefahrgeneigt« ist. Entgegen vielfältiger Meinungen in der Literatur[591] hat der BGH die generelle Straflosigkeit sog. »**neutraler**« oder »**berufstypischer**« **Handlungen** abgelehnt[592] und stattdessen darauf abgestellt, ob der Gehilfenbeitrag die Haupttat objektiv fördert und der Gehilfe in Kenntnis der wesentlichen Merkmale der Haupttat und in Förderungsbewusstsein handelt. Ob er den Erfolg lieber vermeiden würde oder sogar erklärt, er missbillige die Haupttat, ist hierbei ohne Bedeutung.[593]

---

585 OLG Stuttgart, Urt. v. 13.12.1983, 4 Ss (22) 494/83, wistra 1984, 114; s. hierzu oben Rdn. 243 und *Richter* wistra 1984, 97; s. auch *Tiedemann* Insolvenzstrafrecht, Vor § 283 Rn. 7, 10, 30; BGH, Urt. v. 09.07.1979, II ZR 118/77, BGHZ 75, 96: *»auch aussichtsreiche Sanierungsverhandlungen verlängern nicht die 3-Wochen-Frist«*. Eingehend zur Strafrechtsrisiken der »*Akteure*« in der Sanierung Müller-Gugenberger/*Richter* Wirtschaftsstrafrecht, 8. Aufl.2024 (im Druck) Kap. 77.

586 Vgl. BGH, Beschl. v. 09.04.1991, 5 StR 85/91, wistra 1991, 218, kritisch hierzu *Tiedemann* ZIP 2004, 2440; OLG München, Beschl. v. 06.08.2004, 2 Ws 660/04, EWiR 2005, 519, mit (kritischer) Anmerkung *Schork/Feigen,* 519.

587 BGH, Beschl. v. 05.02.2007, II ZR 51/06, GmbHR 2007, 936 m. Anm. *Lindemann* 938.

588 Vgl. insoweit auch BGH, Urt. v. 14.05.2007, II ZR 48/06, GmbHR 2007, 757 m. Anm. *Schröder.*

589 BGH, Urt. v. 14.05.2007, II ZR 48/06.

590 NZI 2003, 1.

591 *Joecks* WM 1998, Sonderbeilage Nr. 1; *Hassemer* wistra 1995, 412, (43); *Ransiek* wistra 1997, 41 (46).

592 BGH, Urt. v. 01.08.2000, 5 StR 624/99, BGHSt 46, 107.

593 Vgl. hierzu – nahezu schulmäßig m. Nachw. – BFH, Urt. v. 05.06.2003, V R 25/02, BFHE 2202, 191, DStR 2003, 1392.

263 Der BGH fordert allerdings bei »berufstypischen neutralen« Handlungen einengend, dem Gehilfen müsse Kenntnis davon nachgewiesen werden, dass das Handeln des Haupttäters *ausschließlich auf die Begehung der strafbaren Handlung abzielt*, weil in diesem Fall sein Tun als **Solidarisierung mit dem Täter** zu deuten ist.[594]

264 Hält es der Hilfeleistende hingegen lediglich für möglich, dass der Haupttäter seinen Beitrag zur Begehung einer Straftat nutzt, ist für die Beihilfestrafbarkeit erforderlich, dass das *vom Gehilfen erkannte Risiko strafbaren Verhaltens des Haupttäters* so hoch ist, dass hieraus zu schließen ist, dass sich der Gehilfe ***die Förderung eines erkennbar tatgeneigten Täters angelegen sein ließ.***[595] Für einen Steuerberater hat der BFH unter Anwendung dieser Grundsätze des BGH entschieden, dass den Steuerberater bei Erkennen einer Steuerstraftat seines Mandanten eine Pflicht zur Aufklärung und Aufforderung zur Selbstanzeige trifft. Sollte sich der Mandant weigern, sei er aus standesrechtlichen Grundsätzen verpflichtet, sein Mandat niederzulegen.[596] Schon das durch Beratung erzeugte erhöhte Sicherheitsgefühl kann die Tatentschlossenheit (psychisch) bestärken und damit die Beihilfestrafbarkeit begründen.[597]

265 Übertragen auf den Sanierungsberater – auch und gerade wenn ein Rechtsanwalt »saniert« – bedeutet dies, dass die **Unterstützung** (durch Rat und/oder Tat) **der Sanierungsbemühungen** des Organs der juristischen Person bei erkannter Überschuldung und/oder Zahlungsunfähigkeit die Beihilfestrafbarkeit regelmäßig begründet, weil dies den Unterlassensvorsatz im Hinblick auf die Insolvenzantragspflicht für jedermann erkennbar zu unterstützen geeignet ist.

Für **Steuerberater** hatte der BGH[598] eine **Prüf- und Hinweispflicht** auf die **Überschuldung** zwar **verneint.** Mit Urteil v. 26.01.2017[599] hat der Senat aber die Hinweispflicht auf die (möglicherweise, nämlich bie Fortführung des *going-concern-Ansatzes* gem. § 252 Abs. 1 Nr. 2 HGB) **unrichtige Handelsbilanz** ausdrücklich (und zutreffend) **bejaht.**

Im Hinblick auf verantwortliche **Mitarbeiter kreditierender Banken** besteht **keine Pflicht** zur Kreditkündigung oder einem sonstigen Hinwirken auf die Erfüllung der Insolvenzantragspflicht. Zwar ist schon das Belassen der Kreditlinien – erst recht das Einräumen neuer Kredite – objektiv geeignet, den Unterlassensvorsatz des Haupttäters zu stärken. Die Grenze (strafloser) Sozialadäquanz ist jedoch überschritten, wenn Kreditentscheidungen im Hinblick auf **Sondervorteile der Bank** getroffen werden; z.B.: Belassen/Ausweitung von Krediten im Hinblick auf die Sicherung oder Verbesserung der Werthaltigkeit von Sicherungsobjekten der Bank oder sonstiger Sondervorteile zulasten der Gläubigergesamtheit.[600] Da sich solche »Sondervorteile« häufig als nicht »wertbeständig« erweisen, bergen solche Konstruktionen der Bankverantwortlichen zudem das Risio der Untreue (§ 266 StGB).

bb) Strafbarkeit von Liquidatoren und (vorläufigen) Insolvenzverwaltern

266 Der Konkursverwalter war **tauglicher Täter** der **Untreue**, weil er sowohl dem Vermögen des Gemeinschuldners als auch demjenigen seiner Gläubiger aufgrund der treuepflichtig war (§§ 6 Abs. 2, 17 ff.,

594 Urt. v. 01.08.2000, 5 StR 624/99, JZ 2000, 1175.
595 BGH, Urt. v. 01.08.2000, 5 StR 624/99, JZ 2000, 1175.
596 BFH, Urt. v. 05.06.2003, V R 25/02, DStR 2003, 1392.
597 BGH, Urt. v. 01.08.2000, 5 StR 624/99, JZ 2000, 1175 und BFH, Urt. v. 05.06.2003, V R 25/02, DStR 2003, 1392; vgl. auch BGH, Beschl. v. 11.01.1993, 3 StR 516/92, NStZ 1993, 233 und *Achenbach* Stbg 1996, 299.
598 Urt. v. 07.03.2013, IX ZR 64/12, DB 2013, 928 m. Anm. *Fischer* 2010 und *Schaaf/Mushardt,* 1890.
599 IX ZR 285/14, hierzu eingehend *Baumert* ZInsO 2017, 486.
600 Vgl. hierzu die Rechtsprechung zur Insolvenzanfechtung wegen sittenwidriger Schädigung gem. § 129 ff. InsO.

177 KO).[601] Gleiches gilt für den (auch vorläufigen – § 22 Abs. 1 und 2 InsO) **Insolvenzverwalter**[602] (§§ 80 Abs. 1, 159 ff. InsO), wobei sich die strafrechtlichen Risiken unter der Geltung der InsO deutlich erhöht haben.[603] Beim »*starken*« Insolvenzverwalter ist die inhaltliche Ausrichtung seiner Pflichten grundsätzlich auf die Fortführung der Unternehmung gerichtet (§ 22 Abs. 1 S. 2 Nr. 1 InsO), beim »*schwachen*« Insolvenzverwalter kommt es auf den Umfang der übertragenen Aufgaben an. Bei (reiner) Gutachtertätigkeit bleibt (regelmäßig) der Geschäftsführer dem Vermögen der Gesellschaft treuepflichtig.[604] Beim Gutachter kommt dann Teilnahmestrafbarkeit in Betracht. Darüber hinaus hat der Gutachter/schwache Insolvenzverwalter aber auch – wie sonstige nicht entscheidungsbefugte Berater[605] und Aufsichtspersonen – eine eigene Treuepflicht. Dies gilt – erst recht – wenn der schwache Insolvenzverwalter Zustimmungspflichten hat (§§ 22 Abs. 2 S. 1, S. 2 Nr. 2, 2. Alt. InsO) und kann auch Mitarbeiter der Insolvenzverwalter betreffen.[606] Zutreffend weist *Schramm*[607] zusätzlich auf die Möglichkeit der **faktischen Geschäftsführung** durch Insolvenzverwalter hin. Zwar sind die Aufgaben des (vorläufigen/endgültigen) Sachwalters[608] in der eigenverwalteten Insolvenz (nur) auf *Überwachung* die Entscheidungsorgane gerichtet, was indes – wie auch sonst bei Aufsichts- und Kontrollaufgaben[609] –eine Treueposition begründen kann.[610]

Den konkreten **Umfang der Treuepflicht**[611] – deren vorsätzliche Verletzung strafbewehrt ist – bestimmen zunächst die gesetzlichen Regelungen der InsO. Diese können durch Anordnungen des Insolvenzgerichts, Beschlüsse des Gläubigerausschusses (§§ 67 ff. InsO), der Gläubigerversammlung (§ 74 ff. InsO), durch den Insolvenzplan (§§ 217 ff. InsO) und im Übrigen durch die allgemein anerkannten Grundsätzen der ordentlichen und gewissenhaften Insolvenzverwaltung (§ 60 Abs. 1 S. 2 InsO) konkretisiert werden. **267**

Treuegeber sind – neben dem insolventen Unternehmen selbst – die Insolvenz-/Masse- und absonderungsberechtigten Gläubiger.[612] Bei zustimmungsbedürftigen Maßnahmen (§§ 160 ff. InsO) gilt nichts Anderes, so etwa bei Zustimmungen durch den Aufsichtsrat, einen Kreditausschuss oder Mitgliedern eines mehrköpfigen Organs (s. hierzu unten Rdn. 298). **268**

Relevanten **Schaden** begründen derartige Pflichtverstöße bei (**vorsätzlichen**) masseverkürzenden Handlungen bzw. dem Unterlassen der Massesicherung oder der Beeinträchtigung (gebotener und **269**

---

601 LK/*Schünemann* § 266 Rn. 128 m. Nachw.

602 Umfassend *Wessing*, NZI 2003, 1; unzutreffend insofern *Schramm*, NStZ 2000, 398, der auf § 14 Abs. 1 Nr. 3 StGB abstellen will. Einer Überleitung der Strafbarkeit nach § 14 StGB bedarf es nicht, weil die Pflichtenstellung in § 266 StGB selbst definiert ist. Dies gilt allerdings nicht für »*Vorschüsse*«, die nicht »Fremdgelder« sind – BGH, Urt. v. 24.11.2000, 2 StR 384/00 und wenn er »jederzeit bereit und fähig ist«, die ihm aus der Masse zugeflossenen Mittel »aus eigenen flüssigen Mitteln vollständig auszukehren« BGH, Urt. v. 16.12.1960, 4 StR 401/60, BGHSt 15, 342.

603 Vgl. schon *Uhlenbruck* GmbHR 1995, 81 (86); näher zu den Risiken in der (auch vorläufigen) Verwaltung Müller-Gugenberger/*Richter* Wirtschaftsstrafrecht, 8. Aufl. 2024 (im Druck) Rn. 87.32 ff.

604 *Bittmann/Rudolf* wistra 2000, 401, gehen darüber hinaus zutreffend davon aus, dass der Geschäftsführer nach den Regelungen der InsO auch nach Bestellung eines schwachen und starken Insolvenzverwalters treuepflichtig bleibt.

605 Zur Strafbarkeit Sanierungsberater, *Cyrus*, NZI 2016, 288 ff.

606 BGH, Urt. v. 17.04.2000, 5 StR 665/99, wistra 2000, 264 (265); zur Einstandspflicht für Fehler der Mitarbeiter vgl. *Gehrlein* ZInsO 2019, 165 ff.; *ders.* ZInsO 2020, 165 ff. (171).

607 NStZ 2000, 398 (401).

608 Näher Müller-Gugenberger/*Richter* Wirtschaftsstrafrecht, 8. Aufl. 2024 (im Druck) Rn. 77.14 ff.

609 Eingehend zu § 130 OWiG Müller-Gugenberger/*Fridrich* Wirtschaftsstrafrecht, 8. Aufl. 2024 (im Druck) Rn. 30.125 ff.

610 Instruktiv BGH, Beschl. v. 21.07.2016, IX ZB 70/14, ZInsO 2016, 1637 ff. Dies wird auch für die Akteure des (geplanten) Restrukturierungsverfahrens (oben Fn. 160) mindestens weitgehend zutreffen.

611 Näher hierzu *Schramm* NStZ 2000, 398 (399).

612 *Schramm* NStZ 2000, 398 (399).

möglicher) Bereicherung.[613] Auch die Schädigung individueller Gläubiger kann tatbestandsmäßig sein, so etwa das Unterlassen der Eintragung einer angemeldeten Forderung in der Tabelle (§ 175 InsO).[614]

cc) Falschangaben gegenüber dem Registergericht, Handel mit Firmenmäntel

270 Falschangaben gegenüber dem Registergericht sind nach den Spezialnormen des Gesellschaftsrechts pönalisiert (§ 339 Abs. 1 Nr. 1, 5, 6, Abs. 2 AktG, 82 Abs. 1 Nr. 1, 2, 3 GmbHG, § 147 Abs. 1 GenG). Dem liegen die Pflichten der Organe zur Versicherung ihrer Amtsfähigkeit, der Kapitalaufbringung u.a. zugrunde. So haben z.B. die Geschäftsführer einer GmbH gem. § 8 Abs. 3 GmbHG bei der Anmeldung zu versichern, dass ihrer Bestellung kein Hindernis gem. § 6 Abs. 2 S. 3 (mithin keine Bestrafung nach §§ 283–283d StGB[615]) oder gem. § 6 Abs. 2 S. 4 (»*Gewerbeverbot*«) entgegensteht. Die Abgabe einer unrichtigen Erklärung (»**Eignungstäuschung**«) unterliegt ebenfalls der Strafbarkeit nach § 82 Abs. 1 Nr. 5 GmbHG. Gründungs- und Kapitalerhöhungsschwindel gem. § 82 GmbHG im Zusammenhang mit dem beabsichtigten **Rückfluss an den Gesellschafter (Vorzeigegeld**[616]) steht in der Praxis hierbei im Vordergrund.[617]

Wiederholt wurden Fälle bekannt, wonach – meist Rechtsanwälte – eine Vielzahl von GmbHs zur Eintragung beim Handelsregister anmelden. Feststellungen in Stuttgarter Verfahren ergaben, dass in solchen Fällen das Haftungskapital entgegen der Versicherung zur Anmeldung nicht oder erst nach Anmeldung eingezahlt bzw. sofort wieder – als Darlehen – entnommen wurde. Regelmäßig ergibt dies Strafbarkeit gem. § 82 GmbHG.

Das **MoMiG** hat insofern zwar grundsätzlich keine Änderungen gebracht.[618] Bezüglich der – nahezu – ohne Anfangs-Kapital zu gründenden »*Unternehmensgesellschaft* (haftungsbeschränkt«) bzw. »*UG* (haftungsbeschränkt)«[619] sind neben **Falschangaben zur Vorstrafenfreiheit**[620] und Manipulationen

613 Instruktiv BGH, Urt. v. 11.07.2000, 1 StR 93/00, ZIP 2001, 383, wonach ein relevanter Schaden vorliegt, wenn der Insolvenzverwalter einen Auftrag vergibt, bei dem der Gemeinschuldner allein das Verlustrisiko trägt, die Gewinnchance aber beim Dritten realisiert werden soll.

614 Zutreffend *Schramm* NStZ 2000, 398 (399).

615 Andere Falschangaben – etwa im Hinblick auf eine Untreue-Vorstrafe – sind nicht erfasst, s. KG, Urt. v. 08.04.2014, (1) 121 Ss 25/14, wistra 2015, 401; BGH v. 07.05.2015, IX ZR 186/14, wistra 2015, 399.

616 Deutlich hierzu BGH, Urt. v. 29.06.2016, 2 StR 520/15, wistra 2016, 492; vgl. auch schon BGH, Beschl. v. 30.11.1995, 1 StR 358/95, wistra 1996, 262.

617 Das sog. »Hin- und Herzahlen« (Rückzahlung der Einzahlung als Darlehen) – auch »Her- und Hinzahlen« (Einzahlung aus zuvor von der Gesellschaft erlangtem Darlehen) – wird jeweils als unwirksame Leistungserbringung betrachtet, die durch »echte« Einzahlung geheilt werden kann, vgl. BGH, Urt. v. 12.06.2006, II ZR 334/04 sowie – zum cash-pool und auch zum MoMiG – *Priester* ZIP 2006, 1557 und *Küthing/Eichenlaub* GnbHR 2014, 169.

618 Zum MoMiG s. oben Rdn. 111. Die Beseitigung von *Sicherungsmaßnahmen* bei der Ein-Personen-GmbH (§§ 7 Abs. 2, 19 Abs. 4 GmbHG) und die Ausgestaltung der Übernahme mehrerer Stammeinlagen (§ 5 Abs. 2 bzw. Abs. 1 GmbHG) ist strafrechtlich nicht relevant.

619 § 5a GmbHG; Entsprechendes gilt aus der Sicht des Strafrechts für die seit 18.08.2008 statthafte Miniform der Genossenschaft (sog. »*kleine eG*«) – vgl. hierzu *Gschwandtner* BB 2008, 1748.

620 S. hierzu oben Rdn. 209; zu Strafbarkeit der Erklärung »*niemals*« verurteilt worden zu sein OLG Oldenburg, Beschl. V. 03.04.2018, 12 W 39/18, GmbHR2018, 1275. Als kriminogen wirkt sich aus, dass – nachdem seit 2007 (Gesetz über elektronische Handelsregister und Genossenschaftsregister sowie das Unternehmensregister, EHUG) – die zur Gründung erforderlichen Unterlagen grundsätzlich elektronisch beim Registergericht eingereicht werden, wobei die Einzahlung des Stammkapitals nur einer eingeschränkten Überprüfung durch das Registergericht unterliegt. Allerdings verbleibt es bei der Strafbarkeit wegen Falschangaben bei verdeckter Sachgründung –§ 19 Abs. 4 GmbHG. Vgl. hierzu auch KG, Urt. v. 08.04.2015, (1) 121 Ss 25/14 wistra 2015, 401; BGH 07.05.2015, IX ZR 186/14, wistra 2015, 399.

beim Gewinnausweis (um das »**Ansparen von Haftungskapital**«[621] zu vermeiden) bekannt geworden. Letzteres führt nicht nur Strafbarkeit wegen Bilanzdelikten, sondern auch wegen Untreue gem. § 266 StGB[622].

dd) Professionelle Firmenaufkäufer (»Firmenbestatter«)

Von großer praktischer Bedeutung waren viele Jahren lang – und sind es immer noch gelegentlich und immer wieder unter Beteiligung von Notaren[623] – die Fälle des systematischen Aufkaufs insolvenzreifer Unternehmen (auch »**gewerbsmäßige Unternehmens-/Firmenbestattung**« genannt).[624] Häufig erkennen die Strafverfolgungsbehörden bereits durch entsprechende Werbeanzeigen der Aufkäufer das Deliktsfeld (»*Kaufe GmbH mit Schulden*«). Ansonsten sind die Sachverhalte Gegenstand der Insolvenzüberprüfungen durch die Staatsanwaltschaften. Das strafrechtliche Risiko hat der 5. Strafsenat des BGH bereits mit seiner Entscheidung vom 24.03.2009[625] deutlich erhöht, was sich in der Vielzahl neuerer Entscheidungen des BGH bestätigt.[626] Regelmäßig macht sich sowohl der Verkäufer als auch der Käufer der Insolvenzverschleppung, der Beitragsvorenthaltung und der Untreue/des Bankrotts schuldig.[627] Gleiches gilt für die bereits erwähnten Rechtsanwälte, die sich als »*Notgeschäftsführer*« andienen, um den Altgeschäftsführern zu helfen »*keinen Konkurs am Hals zu haben*«. Sie betreiben die Liquidation, ohne den Insolvenzantragspflichten nachzukommen und verwenden die Liquidationserträge vorrangig zur Befriedigung eigener (Honorar-)Forderungen bzw. zur Reduzierung von Bankverbindlichkeiten, die regelmäßig durch (eigenkapitalersetzende) Bürgschaftsleistungen gesichert sind. 271

Obwohl das **MoMiG** gerade diese Missbrauchsfälle im Auge hatte,[628] ist durchaus fraglich, ob diese Regelungen – Antragspflicht der Gesellschafter bei Führungslosigkeit,[629] Zustellungserleichterung und zivilrechtliche Haftungsfolgen für Gesellschafter[630] – angesichts der Möglichkeiten der Verlagerung der Gesellschaft in das Ausland (durch Streichung von § 4a Abs. 2 GmbHG), der Rückzahlungsmöglichkeiten von Gesellschafterleistungen und der erleichterten Gründung von vermögenslosen (Nachfolge-)Gesellschaften – den angestrebten Erfolg haben konnten. 272

---

621 Gem. § 5a Abs. 3 GmbHG sind hierfür bilanzielle Rücklagen zu bilden, die nur zur Erhöhung des Nennkapitals gem. § 57c GmbHG verwendet werden dürfen.

622 So wird etwa das überhöhte Geschäftsführergehalt oder sonstige betriebswirtschaftlich nicht veranlasste Kostenbelastung schon als Schmälerung der Rücklage ein »Angriff auf das Haftungskapital« und damit eine – vom Gesellschafter nicht zu genehmigende Entnahme darstellen – vgl. hierzu ausführlich oben Rdn. 175 ff.

623 BGH, Beschl. v. 07.05.2020, IX ZB 84/19, wistra 2020, 385 m. Anm. *Bittmann*, 387, insbes. zum Insolvenzantrag; ein aktuelles Beispiel bietet LG Lübeck, Beschl. v. 27.03.2023, 6 Qs 33/22, wistra 2023, 259 m. instruktiver Anm. *Bittmann, 262.*

624 Vgl. Müller-Gugenberger/*Richter* Wirtschaftsstrafrecht, 8 Aufl. 2024 (im Druck) Rn. 87.44 ff.; *Schütz*, Die »*Bestattung*« insolventer Kapitalgesellschaften in der strafrechtlichen Praxis, wistra 2016, 53.

625 5 StR 353/08, wistra 2009, 273 m. Bespr. *Kümmel* 165, *ders.* wistra 2016, 53, *Weyand* ZInsO 2014, 1033, *Brand/Reschke* ZIP 2010, 2134.

626 BGH, Beschl. v. 15.11.2012, 3 StR 199/12, NJW 2013, 1892, ZWH 2013, 318 m. Anm. *Bittmann*, 320 und *Weyand*, ZInsO 2013, 1064 und 1033; BGH, Beschl. v. 30.05.2013, 5 StR 309/12, GmbHR 2013, 820; BGH, Beschl. v. 06.05.2015, 4 StR 40/15; zur Strafbarkeit der Notare vgl. BGH, Beschl. v. 23.11.2015, NotStr (Brfg) 4/15, NZI 2016, 147 m. Anm. *Schmittmann, 124.*

627 *Hey/Regel* Kriminalistik 1999, 258; *dies.* GmbHR 2000, 115; *Goltz/Klose* NZI 2000, 108; weitgehend a.A. demgegenüber *Ogiermann* wistra 2000, 250, die im Wesentlichen lediglich Strafbarkeit gem. § 84 GmbHG annimmt. Vgl. auch *Reck* ZInsO 2000, 121; *Pape* ZIP 2006, 877, m. ausführl. Nachw. auch zur Rspr. und *Haarmeyer* ZInsO 2006, 449, *Römermann* GmbHR 2006, 261; *Panani/Börner* GmbHR 2006, 513; *Bohrer* DNotZ, 2003, 888; eingehend und zusammenfassend m. ausf. Nachw. *Brand* in Bittmann, Insolvenzstrafrecht, § 12, Rn. 212 ff.

628 Begründung RefE S. 63.

629 S. oben Rdn. 246.

630 Vgl. hierzu den Überblick bei *Oppenhoff* BB 2008, 1630 (1633).

Bedeutsamer erscheint insofern die Aufgabe der »*Interessentheorie*« durch den BGH, weil danach neben Untreue gem. § 266 StGB auch Versuchs- und Fahrlässigkeitstaten bei Masseschmälerungsdelikte verfolgt werden können. Für die Fälle der »**Unternehmensbestattungen**«[631] hat der BGH wiederholt und zutreffend darauf hingewiesen, dass der Gesamtzusammenhang einer solchen Transaktion zulasten der Gläubiger regelmäßig eine Straftat des Bankrotts durch Verheimlichen oder Verschleiern der »*wirklichen geschäftlichen Verhältnisse*« gem. § 283 Abs. 1 Nr. 8, 2. Alt. StGB belegt,[632] was durchaus auch zu einem (unbenannten) besonders schweren Fall gem. § 283a StGB mit einem Strafrahmen bis zu 10 Jahren Freiheitsstrafe führen kann.

4. Betrug, insbesondere Lieferantenbetrug

273 Regelmäßig besteht beim Einkauf durch insolvenzreife Unternehmen (oder dem sonstigen Bezug von Leistungen auf Kredit) der Verdacht des **Eingehungsbetrugs** gem. § 263 StGB. Für die Täuschungshandlung – entweder eine ausdrückliche wahrheitswidrige Behauptung oder ein sonstiges, der Irreführung eines anderen dienendes Verhalten mit bestimmtem (nach der objektiven Verkehrsauffassung zu bestimmenden) Erklärungswert[633] – ist der **Zeitpunkt dieser Erlärung** (*Bestellung*) für die **Werthaltigkeit** der (Rück-)**Zahlungsfähigkeit** entscheidend. Soweit ein Geschäftsabsschluss nicht gezielt auf Täuschung angelegt ist, bestehen häufig Unsicherheiten über **Aufklärungspflichten** über Unsicherheiten der *Bonität am Fälligkeitszeitpunkt*. Aus einer allgemeinen Geschäftsbeziehung oder gar deren Anbahnung resultiert regelmäßig keine Garantenstellung im Hinblick auf die Offenbarung wirtschaftlicher Schwierigkeiten.[634] Diese kann sich nur ausnahmsweise aus einem »*besonderen Vertrauensverhältnis*« oder aus einer »Verbindung, die auf gegenseitigem Vertrauen beruht« ableiten. Dies ist z.B. bei »*engen laufenden Geschäftsbeziehungen*« angenommen worden, wenn »*ein Vertragsteil auf Abruf oder neue Bestellung ständig Waren oder Leistungen auf laufende Rechnung geliefert bekommt*«.[635] Die schlichte Bestellung enthält nicht ohne weiteres die konkludente Erklärung, man werde bei Fälligkeit auch bezahlen können.[636]

274 Bei Bestellungen »im Rahmen eines **laufenden Geschäftsbetriebes**« reicht für den Vorsatznachweis – jedenfalls im Rahmen der »*Alltagsgeschäfte*«, auch beim faktischen Geschäftsführer –, der »Entschluss, den Geschäftsbetrieb (im bisherigen Umfang) trotz Zahlungsunfähigkeit **fortzuführen**« – einer »konkreten Einwirkung oder auch nur aktuellen Kenntnis in Bezug auf einzelne Warenbestellungen« bedarf es dann nicht.[637] Bei mehreren Bestellungen durch Mitarbeiter des Unternehmensverantwortlichen liegt (bei diesem) regelmäßig **nur eine Betrugshandlung** vor.[638]

275 Das (insolvenzrechtliche) Kriterium der Zahlungsunfähigkeit bzw. deren Drohen kann zwar nicht ohne weiteres auf den Betrugstatbestand übertragen werden. Entscheidend ist vielmehr die vorhergesehene Liquiditätslage zum Fälligkeitszeitpunkt. Hierbei handelt es sich aber um keine gegenwärtige Tatsache, sondern um zukünftige Verhältnisse, also eine **Prognose**. Allerdings unterfallen auch innere Tatsachen der Betrugsnorm, also auch eine Täuschung über die **gegenwärtige subjektive**

631 Müller-Gugenberger/*Richter* Wirtschaftsstrafrecht, 8. Aufl. 2024 (im Druck) Rn. 87.44 ff.

632 Beschl. v. 24.03.2009, 5 StR 353/08, StV 2010, 25; Beschl. v. 15.11.2012, 3 StR 199/12; Beschl. v. 06.05.2015, 4 StR 40/15.

633 Vgl. die Nachweise bei LK/*Tiedemann* § 263 Rn. 28 ff.

634 BGH, Beschl. v. 22.03.1988, 1 StR 106/88, StV 1988, 386.

635 OLG Stuttgart, Beschl. v. 13.02.2003, 1 Ws 15/03, wistra 2003, 276; BGH, Urt. v. 04.08.2016, 4 StR 523/15, wistra 2016, 488 m. Nachw.

636 Grundsätzlich hat der Bestellende keine Pflicht zur Offenbarung seiner wirtschaftlichen Verhältnisse. Die *stillschweigende* Erklärung, er sei zur Leistung bei Fälligkeit in der Lage, ist jedenfalls bei Kenntnis der Zahlungsunfähigkeit unrichtig – BGH, Beschl. v. 19.12.1997, 2 StR 420/97, wistra 1998, 177; einschränkend BGH MDR 1973, 729; zur Tatbegehung durch schlichtes »*Weiterlaufenlassen*« BGH, Urt. v. 11.12.1997, 4 StR 323/97, wistra 1998, 148, NJW 1998, 767.

637 BGH, Beschl. v. 25.11.1997, 1 StR 465/97, NJW 1998, 767.

638 BGH, Beschl. v. 18.03.1998, 3 StR 545/97, wistra 1998, 224; BGH, Beschl. v. 21.12.1995, 5 StR 392/95, NStZ 1996, 296 (297).

Vorstellung bezüglich der **zukünftigen Liquiditätslage.** Diese wird aus äußeren Umständen (etwa der Umsatz- und Renditeentwicklung, den Krisensymptomen, der Zweckbestimmung der bestellten Ware u.a.) abgeleitet, wobei insbes. der (positiven oder negativen) **Fortbestehensprognose**[639] erhebliche Bedeutung zuommt. So wird regelmäßig schon drohende Zahlungsunfähigkeit (des Insolvenzrechts) die Wahrscheinlichkeit der Nichtzahlung begründen bzw. wird es in diesen Fällen dem Zufall überlassen bleiben, ob ein einzelner Gläubiger Zahlung erlangt. Widerlegen könnte der Schuldner diesen Anschein, indem er hinreichende Vorkehrungen zur Sicherstellung der Zahlung gerade für diesen Einzelfall belegt.

Auch das Tatbestandselement der (vorsätzlichen) **Irrtumserregung** beim Gläubiger ist vor allem im Wirtschaftsleben zu hinterfragen: Ist diese schon gegeben, wenn ein Lieferant trotz fehlender Zahlung früherer Lieferungen schlicht »weiter liefert«?[640] Allerdings ist auch im »*Überwinden von Zweifeln*« ein relevanter Irrtum gesehen worden[641] – auch der Zweifelnde kann irren! Auch der Leichtfertige ist jedenfalls dann geschützt, wenn und soweit er die Wahrheit der behaupteten Tatsache – trotz seiner Zweifel – für möglich hält und deswegen seine Vermögensverfügung trifft.[642] 276

Der tatbestandsmäßige **Vermögensschaden** wird regelmäßig durch *Saldierung* des Wertes des Zahlungsanspruchs mit dem der Ware/Leistung ermittelt.[643] Ob der Schaden i.S.d. § 263 StGB dabei identisch wie der Vermögensnachteil bei § 266 StGB zu bestimmen ist, ist nach der Entscheidung des 5. Strafsenates vom 20.03.2013[644] zweifelhaft geworden, stellt der Senat doch nicht auf die Vermögensdifferenz beim Getäuschten, sondern auf die (individuelle) Preisfestsetzung ab. Allerdings sind auch Vermögenswerte wie Forderungen, Beteiligungen, Optionen und Exspektanzen nach (betriebs-)wirtschaftlichen Erkenntnissen zu bewerten oder zu schätzen.[645] Bei durch Täuschung erlangtem Zahlungsaufschub liegt demgemäß regelmäßig kein Schaden vor.[646] Wird aber ein Gläubiger durch Täuschung dazu veranlasst, eine ihm zustehende Forderung nicht oder nicht alsbald geltend zu machen und erleidet er dadurch einen Wertverlust, wird regelmäßig Betrug zu bejahen sein.[647] 277

5. Untreue gem. § 266 StGB in Unternehmen

Auch zur Untreue gem § 266 StGB, die zweite zentrale Strafnorm in der Praxis des Wirtschaftsstrafrechts im StGB, kann und soll an dieser Stelle keine allgemeine Einführung oder auch nur ein Überblick geleistet werden.[648] Ihre Bedeutung für Entscheidungsträger in Unternehmen ist spätestens 278

639 Vgl. *Haft* ZStW 88, 365; BGH, Urt. v. 13.07.1992, II ZR 269/91, BGHZ 119, 201; vgl. auch oben Rdn. 156 ff.

640 BGH, Beschl. v. 25.06.1987, 1 StR 259/87, wistra 1988, 25.

641 BGH, Urt. v. 08.05.1990, 1 StR 144/90, wistra 1990, 305.

642 Ausführl. m. Nachw. BGH, Urt. v. 05.12.2002, 3 StR 161/02, NJW 2003, 1198, wistra 2003, 142 m. kritischer Anm. *Krüger* wistra 2003, 297.

643 BGH, Urt. v. 02.06.1993, 2 StR 144/93, wistra 1993, 265; BGH, Urt. v. 24.07.1991, 4 StR 258/91, wistra 1992, 24.

644 5 StR 344/12 – zutreffend kritisch und im Kern ablehnend hierzu *Albrecht* NZWiSt 2014, 17 m. ausf. Nachw.

645 Hierzu eingehend BVerfG, Beschl. v. 23.06.2010, 2 BvR 2559/08; lehrreich zur Wertlosigkeit bei Vermögensgegenständen (hier Gesellschaftsanteile) bei *individuellem Schadenseinschlag* bzw. *Zweckverfehlung* der 1. Strafsenat im *Falk*-Fall – Beschl. v. 14.07.2010, 1 StR 245/09, wistra 2010, 407.

646 Instruktiv hierzu OLG Stuttgart, Beschl. v. 23.05.1996, 2 Ss 166/96; zum Zeitpunkt der Täuschungshandlung muss eine »*realistische Möglichkeit der Befriedigung*« bestanden haben – vgl. BGH, Beschl. v. 25.07.2002, 1 StR 192/02, StV 2003, 447.

647 BGH, Beschl. v. 06.04.2018, 1 StR 13/18, juris (Rn. 11).

648 Vor allem kann auch nicht die grundlegende Entscheidung des BVerfG aus dem Jahr 2010 (Beschl. v. 23.10.2010, 2 BvR 2559/08, 2 BvR 105/09, 2 BvR 491/09, BVerfGE 126, 170) referiert

durch die *»Mannesmann-Entscheidung«* des LG Düsseldorf vom 22.07.2004,[649] der hierzu ergangenen Revisionsentscheidung des BGH vom 21.12.2005[650] und der folgenden Einstellung gegen alle Angeklagten gem. § 153a StPO durch die StA Düsseldorf jedenfalls den beteiligten Juristen deutlich geworden – jedoch immer noch nicht hinreichend den Entscheidungsträgern in Wirtschaft und Verwaltung. Hinzuweisen ist andererseits auf die grundlegende Entscheidung des BVerfG aus dem Jahr 2010[651], wodurch die Strafrechtspraxis vor erhebliche Nachweisprobleme zur Vermeidung der *»Verschleifung«* von Schaden und Pflichtwidrig gestellt ist.[652] Aus der Sicht des Wirtschaftsstrafrechts kommt § 266 StGB aber weiterhin einerseits unter dem Gesichtspunkt der **»Aushöhlung«**[653] im weitesten Sinne, mithin regelmäßig im Zusammenhang mit dem Niedergang des Unternehmens und der Problematik der Einwilligung der Gesellschafter,[654] andererseits im Gewande des **»Risikogeschäftes«**[655] große Bedeutung zu. Für diese Fälle ist auf Besonderheiten der **Rechtsdurchsetzung** hinzuweisen: So ist – aus der Sicht des Geschädigten i.S. des § 172 Abs. 1 StPO – wichtig, dass Verletzter (also Klageerzwingungsberechtigter) nicht der Gesellschafter, sondern nur die geschädigte Gesellschaft ist.[656]

a) Geschäftsführer-Untreue

aa) Pflichtenstellung und Pflichtwidrigkeit

279 Die Wahrnehmung fremder[657] Vermögensinteressen[658] muss wesentlicher Inhalt des Vertragsverhältnisses sein und darf nicht nur untergeordnete Bedeutung haben. Das Vermögen einer juristischen Person ist auch für deren Gesellschafter »fremdes Vermögen«.[659] Stichworte sind: Ermessensspielraum, Selbstständigkeit und Bewegungsfreiheit. Bei mehreren Untreuehandlungen an einem Tag

---

werden, die insbesondere genaue Anweisungen zum stets kritischen Nachweis eines *Vermögensschadens* gibt. Krit. zu unterschiedlichen »Umgrenzungen« der Strafsenate des BGH zur *»gravierenden Pflichtverletzung« M. Wagner,* ZStW 2019, 319 ff.; zu der großen Fülle von Entscheidungsanmerkungen sei auf die ausführliche und praxisnahe Kommentierung des Schadensproblems von *Anke Hadamitzky* in: Müller-Gugenberger, Wirtschaftsstrafrecht, 8. Aufl. 2024 (im Druck) Rn. 32.175 ff. verwiesen.

649 Urt. v. 22.07.2004, XIV 5/03, NJW 2004, 3275, ZIP 2004, 2044 m. Anm. *Tiedemann.*

650 3 StR 450/04, BGHSt 50, 331; die hierzu veröffentlichte Fachliteratur ist Legion.

651 Beschl. v. 23.06.2010, 2 BvR 2559/08, BVerfGE 126, 170; insbes. zum *»Verschleifungsverbot«*, Beschl. v. 01.11.2012, 2 BvR 1235/11, NJW 2013, 365; ZWH 2013, 60 m. Bespr. *Bittmann*, 55.

652 Auf Risiken der Beweisführung weist der BGH regelmäßig hin, jüngst etwa der 1. (Beschl. v. 18.05.2021, 1 StR 62/21, wistra 2021, 452) und der 3. Strafsenat (Beschl. v. 08.02.2023, 3 StR 167/22, wistra 2023, 425).

653 Vgl. Müller-Gugenberger/*Richter* Wirtschaftsstrafrecht, 8 Aufl. 2024 (im Druck) Rn. 87.1, 87.121 ff., 87.21 f.

654 Vgl. hierzu eingehend oben Rdn. 175 ff.

655 Eingehend und mit umfangreichen Nachw., die aktuelle Rechtslage darstellend Müller-Gugenberger/*Hadamitzky* Wirtschaftsstrafrecht, 8. Aufl. 2024 (im Druck) Rn. 32.156 ff.

656 OLG Stuttgart, Beschl. v. 04.12.2000, 1 Ws 222/00, wistra 2001, 198; ganz allgemein und umfassend – und mit vielen praxisrelevanten Beispielen – ist für die Besonderheiten der Untreue im Wirtschaftsstrafrecht auf Müller-Gugenberger/*Hadamitzky* Wirtschaftsstrafrecht, 8. Aufl. 2024 (im Druck) Kap. 32 hinzuweisen.

657 Personengesellschaften, also auch KG und die GmbH & Co. KG – besitzen kein eigenes, im Verhältnis zu ihren Gesellschaftern *»fremdes«* Vermögen. Untreuehandlungen können aber zum Nachteil des Vermögens ihrer Gesellschafter begangen werden, also insbesondere auch zum Nachteil des Vermögens der Komplementär-GmbH. Dabei ist die Zustimmung ihrer Gesellschafter unbeachtlich, wenn Haftungskapital ausgeschüttet oder eine Überschuldung vertieft wird – Müller-Gugenberger/*Hadamitzky* Wirtschaftsstrafrecht, 8. Aufl. 2024 (im Druck) Rn. 32.20 ff.

658 Daher ist keine Untreue zum Nachteil einer GmbH in Gründung (§ 11 GmbHG) möglich – BGH, Urt. v. 20.01.2000, 4 StR 342/99, wistra 2000, 178.

659 BGH, Urt. v. 12.12.1996, 4 StR 489/96, wistra 1996, 344; BGH, Urt. v. 10.07.1996, 3 StR 50/96; bezügl. Mandantengelder BGH, Beschl. v. 26.11.2015, 2 StR 144/15.

wird regelmäßig eine Tat im Sinne einer (natürlichen) Handlungseinheit anzunehmen sein.[660] So hat der (auch faktische) **Geschäftsführer** – nicht der Gesellschafter – eine umfassende Treuepflicht gegenüber dem Vermögen der Gesellschaft. Wirkt aber der **Gesellschafter** in »extremer Ausübung seines Weisungsrechts … dominierend in die Sphäre des beherrschten Unternehmens hinein« (ohne faktischer Geschäftsführer zu sein), so kann ihm ausnahmsweise eine Treupflicht gem. § 266 StGB obliegen.[661]

Obliegt dem Pflichtigen – wie regelmäßig dem Verantwortlichen eines Unternehmens – die Entscheidung in **Risikogeschäften**, können allein gravierende Verstöße gegen die Prüfungs- und Informationspflicht untreuerelevante Pflichtverstöße darstellen.[662] Das Erfordernis der gravierenden Pflichtverletzung soll dem Umstand Rechnung tragen, dass risikobehaftete unternehmerische Entscheidungen einen weiten Beurteilungs- und Ermessensspielraum voraussetzen. Bedingung ist aber ein wirtschaftlich vernünftiger Gesamtplan, bei dem der Erfolg mit mindestens hoher Wahrscheinlichkeit eintritt.[663] Ob die Rechtsprechung, wonach ein strafrechtlich relevantes **Risikogeschäft**[664] erst bei **äußerst gesteigerter Verlustgefahr** vorliegt, der eine **höchst zweifelhafte Gewinnaussicht gegenüber steht,**[665] also wenn der Täter »nach Art eines Spielers bewusst kaufmännische Sorgfalt missachtet«, nach Mannesmann, SSV-Reutlingen[666] und Kinowelt[667] noch Bedeutung erlangen kann, ist zweifelhaft. Maßgebend ist die **kaufmännische Sorgfaltspflicht**, also die Einholung von **umfassenden Informationen** und deren **sorgfältige sachkundige Bewertung** im Hinblick auf Chancen und Risiken.

bb) Schaden

Der von § 266 StGB geforderte »**Vermögensnachteil**«[668] entspricht in seiner Berechnung dem **Vermögensschaden beim Betrug** gem. § 263 StGB.[669] Es hat demnach ein Vergleich des Vermögens vor und nach der pflichtwidrigen Handlung zu erfolgen. Wie beim Betrug reicht der Eintritt eines Gefährdungsschadens jedenfalls nach alter Definition nicht aus. Erforderlich ist ein »unmittelbarer Vermögensnachteil«.[670] Maßgebender Zeitpunkt für die Schadensberechnung ist der Zeitpunkt der Pflichtverletzung. Entscheidend ist die Vermeidung der »Verschleifung« mit dem Tatbestandsmerk- **280**

660 BGH, Beschl. v. 16.02.2000, 1 StR 189/99, wistra 2000, 261.

661 BGH, Urt. v. 13.05.2004, 5 StR 73/03, BGHSt 49, 147 (157 ff.); BGH, Urt. v. 25.04.2006, 1 StR 519/05, BGHSt 51, 29; EWiR 2006, 509 m. zust. Anm. *Marxen/Taschner*; bestätigend BGH, Beschl. v. 31.07.2009, 2 StR 95/09; s. hierzu oben Rdn. 174.

662 Unter Hinweisen auf das Urt. gegen die Vorstände der Mannheimer Sparkasse, oben Rdn. 285 (BGH, Urt. v. 15.11.2001, 1 StR 185/01, BGHSt 47, 148.).

663 BGH, Urt. v. 15.11.2001, 1 StR 185/01, BGHSt 47, 148 (153) und schon BGH, Urt. v. 29.05.1985, IVa ZR 248/83, NJW RR 1986, 371; BGH, Beschl. v. 11.06.1991, wistra 1992, 26, BGHSt 47, 153; BGH, Urt. v. 15.11.2001, 1 StR 185/01, BGHSt 47, 148.

664 Umfassend hierzu Müller-Gugenberger/*Hadamitzky* Wirtschaftsstrafrecht, 8. Aufl. 2024 (im Druck) Rn. 32.161 ff.

665 BGH GA 1977, 342 (343).

666 BGH, Urt. v. 06.12.2001, 1 StR 215/01, BGHSt 47, 148 (HSH-Nordbank).

667 BGH, Urt. v. 22.11.2005, 1 StR 571/04, wistra 2006, 105; insoweit bestätigend BGH, Urt. v. 12.10.2016, 5 StR 134/15, wistra 2017, 112 und BGH, Urt. v. 14.03.2018, 2 StR 416/16; krit. hierzu *Baur/Holle,* JR 2019, 181.

668 Eingehend BVerfG, Beschl. v. 13.08.2010, 2 BvR 2559/08, 2 BvR 105/09, 2 BvR 491/09; hierzu Müller-Gugenberger/*Hadamitzky* Wirtschaftsstrafrecht, 8. Aufl.2024 (im Druck) Rn. 31.180 ff.; beachte BGH, Beschl. v. 20.12.1994, 1 StR 593/94, NStZ 1995, 185 für den Fall, dass die Entnahmen der (angemessenen) Vergütung des Geschäftsführers dienen; zur Untreue bei unordentlicher Buchführung s. Rdn. 214.

669 Ablehnend der 5. Strafsenat des BGH (Urt. v. 20.03.2013, 5 StR 344/12, BGHSt 58, 205) für einen *»außergewöhnlichen Sachverhalt«*; vgl. auch BGH, Beschl. v. 02.09.2015, 5 StR 186/15, StV 2017, 98.

670 Müller-Gugenberger/*Schumann* Wirtschaftsstrafrecht, 7. Aufl.2021, Rn. 67.88 ff. m. Nachw. der Rechtsprechung des 1. Strafsenates; bestätigend BVerfG, Beschl. v. 23.10.2010, 2 BvR 2559/08, 2 BvR 105/09, 2 BvR 491/09, BVerfGE 126, 170.

mal der Pflichtwidrigkeit (oben Rdn. 278). Der Vermögensnachteil ist dabei rein »wirtschaftlich« und ohne Rückgriff auf die (das Maß der) Pflichtverletzung rechnerisch festzustellen.[671]

281 Für die Organe der juristischen Person erlangt die **Zustimmung der Gesellschafter** zentrale Bedeutung, die – auch bei vermögensschädigenden Handlungen des Geschäftsführers und auch soweit sie unter Verstoß gegen gesellschaftsrechtliche Formvorschriften erteilt wurde – schon die Pflichtverletzung i.S.d. § 266 StGB entfallen lässt.[672] **Unwirksam** und daher unerheblich ist eine **Zustimmung der Gesellschafter** wenn ihnen die Verfügungsbefugnis über das Vermögen der Gesellschaft fehlt – grundsätzlich also bei Überschreiten der Grenze des **§ 30 GmbHG.**[673] Praxisrelevanz weist immer wieder das **Angehörigenverhältnis** von Geschäftsführer zu geschädigten Gesellschafter aus, die das Antragserfordernis aus § 266 Abs. 2, § 247 StGB auslösen.[674]

cc) Vorsatz

282 Im Bereich des Wirtschaftsstrafrechts muss die ständige Rechtsprechung des BGH zur subjektiven Tatseite der Untreue gem. § 266 StGB beachtet werden: Der weite Rahmen des objektiven Tatbestandes führt zu **strengen Anforderungen** an den Nachweis der **inneren Tatseite**, wie das BVerfG[675] immer wieder betont. Den obersten Gerichten ist bewusst, dass Wagnisse dem wirtschaftlichen Leben immanent sind; § 266 StGB soll wirtschaftlich vernünftigen Ausgaben, überhaupt kaufmännischem Unternehmensgeist, nicht hinderlich im Wege stehen.[676] Soweit lediglich **bedingter Vorsatz** nachzuweisen ist und der Täter **nicht eigensüchtig handelt** muss *nachgewiesen* werden, dass er sich der *Pflichtwidrigkeit* seines Handelns *bewusst* war. Die **Billigung der** das übliche Geschäftsrisiko übersteigenden **Vermögensgefährdung** kann nicht allein aus der Kenntnis der Gefährdung, sondern muss anhand der Motive und Interessenlage des Täters substantiiert nachgewiesen werden.[677] Danach sind für das unternehmerische Handeln (vgl. die bereits erwähnte *»Mannesmann-Entscheidung«*, oben Rdn. 278) die Maßstäbe des 1. Strafsenats des BGH[678] zur sog. *»Bankuntreue«* (pflichtwidrige Kreditvergabe bei mangelnder Bonitätsprüfung, unten Rdn. 285) weitgehend auch für die *»Unternehmensuntreue«* zu übernehmen. Allerdings gelten die Einschränkungen zum subjektiven Tatnachweis nicht, wenn der Vermögensnachteil bereits endgültig eingetreten ist – so insbes., wenn die als Gegenleistung begründete Forderung von Anfang an wertgemindert ist.[679]

▶ **Beispiele**

283 Entnahme aus Firmenkasse, Umleitung von Umsätzen auf ein verdecktes Konto,[680] Spekulationsgeschäfte,[681] Unternehmenskauf über Wert,[682] Kapitalausschüttung/Verletzung formaler Vorschriften,[683] mangelnde Dokumentation von Forderungen gegen den Pflichtigen mit der

---

671 Zum Vermögensnachteil bei **Schmiergeldzahlungen** und dem Führen von **schwarzen Kassen** BGH, Urt. v. 23.10.2018, 1 StR 234/17, ZWH 2019, 123 m. Anm. *Brand*, GmbHR 2019, 401.

672 BGH, Urt. v. 20.07.1999, 1 StR 668/98, wistra 2000, 18 (19) m. Nachw.

673 S. oben Rdn. 175 ff.

674 BGH, Beschl. v. 23.02.2012, 1 StR 586/11, wistra 2012, 233 unter Bezug auf BGH, Beschl. v. 30.08.2011, 2 StR 652/10, ZWH 2012, 65 m. Anm. *Florian Ufer*, ZWH 2012, 67.

675 Beschl. v. 23.10.2010, 2 BvR 2559/08, 2 BvR 105/09, 2 BvR 491/09, BVerfGE 126, 170.

676 BGH, Urt. v. 12.10.1989, VII ZR 339/88, NJW 1990, 319.

677 BGH, Urt. v. 06.04.2000, 1 StR 280/99, wistra 2000, 305 (306 f.).

678 S. hierzu näher unten, Rdn. 285 ff.

679 BGH, Beschl. v. 20.03.2008, 1 StR 488/07, ZIP 2008, 1426 (1427); vgl. hierzu die Kontroverse zwischen dem 1. (*Nack* StraFo 2008, 277 ff.) und dem 2. Strafsenat des BGH (*Fischer* StraFo 2008, 269 ff.).

680 BGH, Beschl. v. 14.12.1999, 5 StR 520/99, wistra 2000, 136.

681 BGH, Urt. v. 11.10.2000, 3 StR 336/00, wistra 2001, 61.

682 BGH, Urt. v. 10.07.1996, 3 StR 50/96, wistra 1996, 344.

683 BGH, Urt. v. 24.08.1988, 3 StR 232/88, BGHSt 35, 333; Kreditvergaben ohne genügende Bonitätsprüfung und gegen gesetzliche und bankinterne Vorschriften – BGH, Beschl. v. 20.12.1989, 2 StR 377/89, wistra 1990, 149.

Folge Kapitalrückzahlung,[684] Herbeiführung der Zahlungsunfähigkeit,[685] Gesamtverhalten »Aushöhlung«,[686] verdeckte Gewinnausschüttung,[687] Darlehensgewährung an Gesellschafter und Organe,[688] Untreue im (qualifiziert – faktischen) Konzern,[689] zur Erhöhung des Haftungsrisikos einer Komplementär-GmbH bei der GmbH & Co. KG als Gefährdung des Stammkapitals,[690] »cash-management« bzw. »cash-pool«,[691] Risikogeschäft.[692]

▶ **Feindliche Übernahme**

Der Konzern A beabsichtigt, die Aktienmehrheit der B-AG zu erwerben und gibt ein öffentliches Übernahmeangebot an die Aktionäre der B-AG ab. Der Vorstand der B-AG befürchtet, dann abberufen zu werden. Er hält es darüber hinaus auch für schädlich für die B-AG, wenn deren Konkurrentin A-AG maßgebenden Einfluss auf die Geschäftspolitik der B-AG erlangen würde. Aus diesen Gründen stellt er aus dem Vermögen der B-AG einen Werbeetat von 100 Mio. € zur Verfügung, mittels dessen er den Aktionären der B-AG von der Annahme des Angebotes der AG-AG dringend abrät. 284

Nachdem die A-AG hiergegen eine Werbekampagne für 150 Mio. € durchführt, erkennt der Vorstandsvorsitzende der B-AG, dass die Aktionäre das Angebot überwiegend annehmen werden. Er verhandelt nunmehr mit den Verantwortlichen der A-AG und vereinbart, dass die B-AG ihren Aktionären den Verkauf der Aktien empfehlen werde, wenn er eine Abfindung von 60 Mio. € nach Erlangung der Aktienmehrheit bei der B-AG durch die A-AG erhalten werde. Dabei stehen ihm nach seinem Anstellungsvertrag 30 Mio. € als Abgeltung für die restliche Laufzeit des Vertrages zu. 30 Mio. € soll er für die Wertsteigerung des Unternehmens während seiner Vorstandstätigkeit erhalten. Bezüglich der Restlaufzeit-Abgeltung wurde auf die vertraglich geregelte Möglichkeit der Anrechnung bei Erlangung einer neuen Stelle verzichtet. Das Wertzuwachs-Entgelt war im Vertrag nicht vereinbart. Untreue gem. § 266 StGB?

b) Bank-Untreue

Großverfahren im Zusammenhang mit der Vergabe von – ungesicherten oder jedenfalls nicht hinreichend gesicherten – Krediten, die zu Wertberichtigungen im 3-stelligen Millionenbereich selbst bei mittelständischen Bankinstituten führten – von der »*Schneider-Affäre*« ganz abgesehen – belasten seit Anfang der 90er Jahre die Schwerpunktabteilungen der Staatsanwaltschaften erheblich.[693] Der 1. Strafsenat des BGH hat in zwei grundsätzlichen Entscheidungen hohe Anforderungen an den Nachweis des subjektiven Tatbestands der Untreue gem. § 266 StGB gestellt.[694] Das Deliktsfeld bietet insgesamt eine sehr gute Möglichkeit, die **Strafbarkeit von Risikogeschäften** in der Wirtschaft ganz allgemein darzustellen. Auch die im Fall »*Mannheimer Sparkasse*« eingehend dargelegten 285

684 BGH, Urt. v. 08.01.1952, 1 StR 561/51, BGHSt 2, 95, 330 (340).

685 BGHSt 35, 333 (337); BGH, Urt. v. 24.03.1980. II ZR 213/77, BGHZ 76, 326 (335).

686 BGH, Urt. v. 29.05.1987, 3 StR 242/86, BGHSt 34, 379 (382); 35, 333 (338).

687 *Meilicke* BB 1988, 1271.

688 Anknüpfend an §§ 30, 43a GmbHG, vgl. *K.J. Müller* BB 1998, 1804.

689 BGH, Urt. v. 10.07.1996, 3 StR 50/96, wistra 1996, 344; a.A. *Wellenkamp* NStZ 2001, 113.

690 BGH, Urt. v. 29.11.1983, 5 StR 616/83, wistra 1984, 71 und BGH, Urt. v. 20.07.1999, 1 StR 668/98, wistra 2000, 18 (20).

691 Eingehend *Neumann,* GmbHR 2016, 1016 und *Küthing/Eichenlaub,* GmbHR 2014, 169 ff.; *Klein,* ZIP 2017, 258.

692 *Waßmer* Untreue bei Risikogeschäften, Heidelberg 1997; zu den Sorgfaltspflichten des GmbH-Geschäftsführers hierbei aus zivilrechtlicher Sicht *Scharpf* DB 1997, 737.

693 Eingehend hierzu *Doster* WM 2001, 333.

694 BGH, Beschl. v. 24.08.1999, 1 StR 232/99. wistra 2000, 60, ZIP 2000, 1210 m. Anm. *Luttermann*; BGH, Urt. v. 06.04.2000, 1 StR 280/99, wistra 2000, 305 und insbes. BGH, Urt. v. 15.11.2001, 1 StR 185/01, BGHSt 47, 148, wistra 2002, 101 (103), NJW 2002, 1211 (Mannheimer Sparkasse).

Grundsätze zur Bestimmung des Vorsatzes bei der Unternehmensführung im Fall »*Mannesmann*« vom LG Düsseldorf[695] ausdrücklich übernommen wurden. Auf derselben Ebene waren die Geschäfte der international tätigen Großbanken – auch und insbesondere deutscher Landesbanken – vor der Finanzkrise im »*Kreditersatzgeschäft*« strafrechtlich zu würdigen.[696]

aa) Zum Pflichtenkreis und zur Pflichtwidrigkeit der Bankmitarbeiter

286 Ausgangspunkt der Prüfung des § 266 StGB ist stets die genaue Bestimmung des **Pflichtenkreises** der tauglichen Täter. Nur so kann die Pflichtwidrigkeit als schadensbegründende Abweichung hiervon festgestellt werden. Die erforderlichen Fakten sind individuell den Anstellungsverträgen, Arbeitsplatzbeschreibungen, Organigrammen und Organisationsstatuten der konkret Betroffenen und der Bank bzw. Zweigstelle zu entnehmen. Zusammenfassend sind die **Pflicht der Besicherung** von Krediten, die **Prüfung von Sicherheiten** und die **Einhaltung von Beleihungsgrenzen** als wichtige Bereiche der Pflichtverletzungen im Sinne des § 266 StGB zu nennen.

bb) Strukturnormen des KWG

287 Neben den allgemeinen und besonderen Kompetenzregelungen der jeweiligen Bank sind zentrale Anknüpfungspunkte für den strafrechtlich relevanten Vorwurf der Untreue regelmäßig die unterlassene oder unzulängliche Absicherung von Krediten. Maßstab hierfür sind im Ausgangspunkt die gesetzlichen Regelungen des KWG:

288 So bedürfen **Großkredite**[697] nach § 13 KWG (Art. 392 der VO (EU) Nr. 575/2013 (ab 10 % der anrechenbaren Eigenmittel des Institutes (Art. 4 Abs. 1 Nr. 71 der VO [EU] Nr. 575/2013); für *Millionenkredite* (§ 14 KWG) und **Organkredite** (§ 15 Abs. 1 KWG) eines (der Kreditgewährung vorgelagerten) **einstimmigen Beschlusses aller Geschäftsleiter**. Dieser muss auf ausreichender Tatsacheninformation beruhen muss und unterliegt der Dokumentationspflicht (§ 13 Abs. 2 S. 4, 7 KWG) unterliegt.

289 Die zentralen Pflichten enthält **§ 18 KWG**, der den **anerkannten bankkaufmännischen Grundsatz**, Kredite nur nach umfassender und sorgfältiger **Bonitätsprüfung** zu gewähren und bei bestehenden Kreditverhältnissen die Bonität des Kreditnehmers **laufend zu überwachen**[698], normiert. Umfasst ist somit die Vorlage der erforderlichen Unterlagen und deren zielgerichtete und dokumentierte Auswertung; verlangt ist also eine fundierte und nachvollziehbare Kreditwürdigkeitsprüfung und Überwachung relevanter Kreditverhältnisse.[699] Dass ein Verstoß gegen § 18 KWG nicht nur als Ordnungswidrigkeit nach § 56 Abs. 3 Nr. 4 KWG verfolgt werden kann, sondern – als Verstoß gegen wesentliche Vorschriften des KWG, gleichzeitig auch eine organschaftliche Haftung des Vorstandes auf Schadensersatz wegen Sorgfaltspflichtverletzung darstellt, ist in der Zivilrechtsprechung seit Langem anerkannt.[700]

---

695 Urt. v. 22.07.2004, XIV 5/03, NJW 2004, 3275, ZIP 2004, 2044 m. Anm. *Tiedemann* 2056; zu den zwingend von § 93 Abs. 1 AktG normierten »*äußersten Grenzen unternehmerischen Ermessens*« BGH, Urt. v. 12.10.2016, 5 StR 134/15, NJW 2017, 578 m. Anm. *Brand*, 582 und *Müller-Michaels* BB 2017, 82.

696 Zur strafrechtlichen Würdigung der ABS-Geschäfte (Asset-Backed-Securities) vgl. Müller-Gugenberger/*Hadamitzky* Wirtschaftsstrafrecht, 8. Aufl. 2024 (im Druck) Rn. 32.172b.

697 Die nachfolgend zitierten §§ des **KWG** jeweils i.d.F. durch Art. 6 G v. 22.12.2023 BGBl. 2023 I Nr. 411; näher zur strafrechtlichen Bedeutung auch mit der MaRisk vg. Müller-Gugenberger/*Hadamitzky* Wirtschaftsstrafrecht, 8. Aufl. 2024 (im Druck) Rn. 67.30 ff.

698 So schon Rundschreiben 8/98 des BAKred v. 07.07.1998 (I 3 – 237 – 2/94).

699 *Reischauer/Kleinhans* zum Kreditwesengesetz, Aktualisierung 1/24, § 18 KWG Rn. 11.

700 Zur Schadensersatzpflicht aus § 34 Abs. 1 und 2 GenG bei unzureichender Prüfung der Kapitaldienstfähigkeit des Darlehensnehmers als Verstoß gegen § 18 KWG – und zur Verweigerung der Abtretung von Ansprüchen aus einer D&O-Versicherung – in diesem Fall vgl. OLG Dresden, Urt. v. 25.09.2007, EWiR 2008, 139 m. Anm. *Lieder*.

Präzisiert wurde das Verfahren zunächst durch BAKred-Rundschreiben.[701] Schon mit Schreiben vom 9. Mai 2005 verweist die BaFin auf die neue, qualitativ ausgerichtete Bankenaufsicht und Regelungen wie die »Mindestanforderungen an das Kreditgeschäft« (MaK),[702] nunmehr die **MaRisk**[703].

Gegen die Norm des § 18 KWG wird vielfach verstoßen. Ein Verstoß gegen die formalen Pflichten begründet allerdings allein noch nicht das Tatbestandsmerkmal der »Pflichtwidrigkeit« des § 266 StGB. Entscheidend ist insoweit, ob die den formalen Pflichten zugrunde liegende Information eingeholt und ausgewertet wurde,[704] wobei die Nichtbeachtung des § 18 KWG indizielle Bedeutung erlangt.[705]

Bei Verzug des Kreditnehmers mit der Vorlage der geforderten Unterlagen, insbesondere der Jahresabschlüsse, darf es keine Ausweitung des Engagements geben, notfalls muss die Kündigung des Engagements erfolgen. Bei der Bank müssen die Jahresabschlüsse ausgewertet, die Prüfungsergebnisse dokumentiert werden. Es muss eine laufende Überwachung der wirtschaftlichen Verhältnisse des Kreditnehmers erfolgen, gegebenenfalls muss eine Anpassung der Sicherheiten verlangt werden (vgl. Nr. 19 Abs. 1 AGB Banken). Die Prüfung der Kreditwürdigkeit muss sich auf die Person und den Betrieb und auf eine Analyse des Rechnungswesens des Kreditnehmers beziehen.

§ 21 Abs. 1 KWG enthält die Legaldefinition des Begriffes »**Kredit**«, **§ 19 Abs. 2 KWG** die Legal- 290
definition des **Kreditnehmers (i.S.d. § 14 KWG)**, wobei insbesondere mehrere wirtschaftlich verbundene natürliche oder juristische Personen als ein Kreditnehmer (»Kreditnehmereinheit«) zu behandeln sind.

Zusammenfassend ist also die Pflicht der **Besicherung** von Krediten, die **Prüfung von Sicherheiten** und die **Einhaltung von Beleihungsgrenzen** ein wichtiger Bereich der Pflichtverletzung i.S.d. § 266 StGB. Es besteht häufig ein Problem bei Verlagerung des Unternehmerrisikos auf die Banken, so z.B. bei Grundschulden auf Firmengrundstücken, bei Sicherungsübereignungen von Warenlagern, Zessionen und bei Bürgschaften.

cc) Bankenusancen

Vor besondere Probleme stellen die sog. **Vertrauenskredite**, also Kredite, die der Entscheidungsträ- 291
ger des Kreditinstitutes aufgrund seines *»guten persönlichen Eindrucks«* gewährt, ohne zureichenden Einblick in die persönlichen und wirtschaftlichen Verhältnisse des Kunden zu nehmen oder wo ein solcher Einblick die mangelnde Rückzahlungswahrscheinlichkeit aufgrund objektiver wirtschaftlicher Daten ergibt.

701 Rundschreiben Nr. 9/98 v. 07.07.1998 (I 3 – 237 – 2/94).

702 Rundschreiben 34/2002 v. 20.12.2002.

703 Rundschreiben 15/2009 (BA) – Mindestanforderungen an das Risikomanagement – **MaRisk** (BA 54-FR 2210–2008/0001; i.d.F. der 7. MaRisk-Novelle des Rundschreiben 05/2023 [BA] v. 29.06.2023); vgl. zu den Anforderungen an ein ordnungsgemäßes Compliance-Risikomanagement *Nietsch* ZHR 180 (2016), 733 ff.; notwendige Bestandteile konkretisiert *Schulz,* BB 2019, 579 ff.; Leitfäden zum Risikomanagement gibt *Tappert,* CCZ 2020, 46 ff. Zur Vorstandshaftung bei fehlerhafter Compliance vgl. *Balke/Klein,* ZIP 2017, 2038 ff.

704 Vgl. die auf BGH, Urt. v. 04.02.2004, 2 StR 355/03, StV 2004, 424 aufbauende Entscheidung des LG Essen v. 2004.2022, 32 KLs 10/20-, juris zur Untreue bei Ankauf nicht werthaltiger Forderungen (echtes Factoring) mit Hoffnung der Verlustvermeidung bei Umgehung des Risikomanagements. Die Hoffnung, hierdurch eine Verlustminderung der Gläubiger in der befürchteten Insolvenz kann – auch bei fehlender Bereicherungsabsicht – bestenfalls zur Strafmilderung führen.

705 BGH, Urt. v. 06.04.2000, 1 StR 280/99, BGHSt 46, 30, ZIP 2000, 1210 m. Anm. *Luttermann* 1212 und insbes. *»Mannheimer Sparkasse«*, Urt. v. 15.11.2001, 1 StR 185/01, BGHSt 47, 148 (oben Rdn. 285); deutlich auch BGH, Urt. v. 13.08.2009 – 3 StR 576/08, wistra 2010, 21; das BVerfG (B. v. 23.06.2010, 2 BvR 255/08, BVerfGE 126, 170) bestätigt ausdrücklich (Rn. 131 f.) den strafrechtlichen Pflichtenbezug auf § 18 KWG.

292 Ausgangspunkt ist die **Pflicht** zur **Prüfung der Bonität** eines (potenziellen) Kreditnehmers vor Gewährung eines Kredits und deren laufende Überwachung bei einem bestehenden Kreditverhältnis.[706] Diese Pflicht zur **Kreditwürdigkeitsprüfung** ergibt sich aus den sog. »*Bankenusancen*«, deren normative Ausprägung § 18 S. 1 KWG entnommen werden kann, die durch die laufenden Verlautbarungen der BaFin konkretisiert wird. Hiernach muss z.B. dann, wenn aus der Bonität des Ehepartners eine Schlussfolgerung gezogen wird, das Ehestandsregister, wenn es auf Immobilienabsicherung ankommt, das Grundbuch, eingesehen werden. Mithaftungen oder Bürgschaften müssen rechtsbeständig eingeholt werden, Scheckzahlungen vor dem Zulassen von Verfügungen von der belasteten Bank förmlich bestätigt sein.

293 Zwar sind – neben den Vermögensverhältnissen des Schuldners – auch das im persönlichen Umgang gewonnene Vertrauen in seine Kreditwürdigkeit beachtlich. Dies entbindet jedoch nicht von einer genauen Wertung des Rückzahlungsanspruchs aufgrund **wirtschaftlich objektiver Fakten.**[707]

Von hoher Bedeutung für die Verantwortlichen einer Bank, insbes. die **Bankleiter**, ist in diesem Zusammenhang die Vorgabe des § 25a Abs. 1 KWG (vgl. insoweit auch § 91 Abs. 2 AktG), der ein funktionsfähiges **Risikomanagement** als Bestandteil einer ordnungsgemäßen Geschäftsführung eines Kreditinstitutes definiert, weshalb Mängel (oder mangelnde Kontrolle) untreuerelevant sind.[708]

dd) Schadensprobleme und subjektiver Tatnachweis

294 Entscheidend ist die Feststellung des durch die Pflichtverletzung entstandenen **Vermögensschadens** bei der Bank. Hierbei sind die Schäden bei *Kreditausreichungen* und die Schäden im Laufe der *Kreditlaufzeit* zu unterscheiden. Beziehen sich die Schäden auf den Rückzahlungsanspruch, handelt es sich jedenfalls nach (zutreffender) Ansicht des 1. Strafsenates[709] regelmäßig nicht um Gefährdungs-, sondern um endgültig eingetretenen Schaden, weil und soweit die im Vermögen der Bank eingestellten Darlehensrückzahlungs- und Zins-Forderungen schon bei ihrem Entstehen wertgemindert sind und so den Mittelabfluss nicht kompensieren können.

Generell kann gesagt werden, dass Wertberichtigungen des Anspruchs der Bank ein wichtiges Indiz für einen Schaden sind, wobei allerdings solche Wertberichtigungen (pflichtwidrig) häufig nicht vorgenommen werden. Als *Regel* gilt: **Kreditgewährung ohne Sicherheit ist konkrete Vermögensgefährdung.** Der BGH hat in einer Entscheidung bereits im Jahr 1965 eine konkrete Vermögensgefährdung dann bejaht, wenn »*Kredite unter Außerachtlassung der zur Sicherung des Rückzahlungsanspruches erlassenen Vorschriften gewährt werden, soweit nach den Vermögensverhältnissen des Schuldners die jederzeitige Rückzahlung nicht sicher ist*«, wobei es allerdings zur Vermeidung des »*Verschleifungsverbotes*« der Schadensberechnung unter betriebswirtschaftlichen Prämissen bedarf.[710]

Für **Sanierungskredite** kommt es auf das Sanierungskonzept an. Schadensindizierend sind Neukredite, jedenfalls soweit die Werthaltigkeit der Rückzahlungsansprüche nicht mindestens die Summe der bestehenden Rückzahlungschancen der Alt- und Neukredite insgesamt erreicht. Die Gewährung des Sanierungskredites muss daher die konkrete Aussicht eröffnen, die Rückzahlungsfähigkeit bezüglich des Gesamtkredites (wieder)herzustellen.[711] Auch insofern haben die Umsetzung der **EU-Restrukturierungsrichtlinie** und die Pandemie-Gesetzgebung (Rdn. 112, 234) nicht nur das

---

706 Zutreffend *Luttermann* ZIP 2000, 1212; zur Rspr. vgl. Fn. 456.

707 Vgl. hierzu mit Beispielen aus der Rspr. *Otto* Bankentätigkeit und Strafrecht, 73.

708 Eingehend hierzu *Preussner/Pananis* BKR 2004, 347, die zutreffend auch auf den Wegfall der Zahlungspflicht der D & O Versicherungen bei Straftaten hinweisen (348); umfassend *Richter* Strafrechtliche Risiken im Bankvertrieb, in: Hellenkamp/Füderer (Hrsg.) Handbuch Bankvertrieb, 2016, S. 269 ff.

709 BGH, Beschl. v. 20.03.2008, 1 StR 488/07, ZIP 2008, 1426 (1427); vgl. hierzu auch oben Rdn. 280.

710 Müller-Gugenberger/*Schumann* Wirtschaftsstrafrecht, 7. Aufl.2021, Rn. 67.96 ff. m. Nachw. der Rspr. des BGH; BVerfG, Beschl. v. 23.06.2010, 2 BvR 255, BVerfGE 126, 170.

711 Müller-Gugenberger/*Schumann* Wirtschaftsstrafrecht, 7. Aufl.2021, Rn. 67.105 ff.; grundlegend schon RG, Urt. v. 22.02.1927, I 22/27, RGSt 61, 211.

(Bankrott-)Strafrecht und Betrug (§§ 263, 265b StGB) auf der Seite der Sanierungsorgane, sondern auch das Untreuestrafrecht (§ 266 StGB) auf der Seite der Sanierer neue Bedeutung gewonnen.[712]

Der Täter handelt mit **Vorsatz**, wenn er eine Benachteiligung der Bank als mögliche Folge seines Handelns erkannt hat und diese in der Hoffnung, die ganze Angelegenheit werde gutgehen, dennoch hinnimmt (bedingter Vorsatz).[713] Das **Wissenselement** des Vorsatzes bezieht sich – neben der Pflichtwidrigkeit des Tuns – allein auf die schadensgleiche Vermögens**gefährdung**. Es entfällt daher nicht etwa, weil ein Bankleiter beabsichtigt, hofft oder glaubt, den endgültigen Schaden abwenden zu können. Erforderlich ist aber, dass der Entscheidungsträger im Zeitpunkt der Kreditgewährung die (über das allgemeine Risiko bei Kreditgeschäften hinausgehende) Gefährdung des Rückzahlungsanspruches des Bank (= **Minderwertigkeit des Rückzahlungsanspruchs im Vergleich zur ausgereichten Darlehensvaluta** nebst Zinsen und Gebühren) erkannt und gebilligt hat.[714] Für das Wissenselement des bedingten Vorsatzes genügt bereits seine Kenntnis der die Vermögensgefährdung begründenden Umstände und das Wissen, dass die Forderung nach allgemeinen Bewertungsmaßstäben nicht als gleichwertig angesehen wird, mag er sie auch anders bewerten. Mit anderen Worten: Wer bei sich aufdrängenden Zweifeln an der Bonität des Kreditnehmers im Allgemeinen, der Realisierung des Geschäftserfolges im Besonderen, am Wert von Sicherheiten u.a., naheliegende Bonitätsprüfungen unterlässt, handelt vorsätzlich. 295

Bedeutsam ist, dass »**bloße Hoffnungen, es werde schon gut gehen**«, das Bewusstsein der Schädigung nicht auszuschließen vermögen.[715] Andererseits darf nicht allein auf den (erkannten) Grad der Wahrscheinlichkeit des Erfolgseintritts abgestellt werden. Der in der Praxis zunehmend erfolgende Verweis der Entscheidungsträger auf ein eingerichtetes »*Risikocontrolling*« wird den Entscheidungsträger nur dann entlasten, wenn dieser davon ausgehen konnte, dass dieses Sicherungsinstrument auf sorgfältig erhobenen, geprüften und analysierten Informationen basiert.[716] 296

Indizierend für den Vorsatz im Hinblick auf den Schaden ist die Nichteinhaltung der internen Gewährungsvorschriften, die Ausreichung von Strohmannkrediten (unter Umgehung von § 13 Abs. 1, 2 und 4 KWG), die Gewährung von »*Postlaufkrediten*« (Verfügungen über Guthaben nach Erhalt von Gutschrift), so genannte »*Schubladen-Kredite*« (gutgeschriebene Schecks u.ä. werden nicht zur Einziehung weitergegeben), Bürgschaftsgewährungen gegenüber dritten Banken, Manipulationen von Überziehungslisten, eigenmächtiges Heraufsetzen von Limits u.ä. Der Nachweis der »Billigung« des Erfolgs setzt eine »*sorgfältige und strenge*« **Prüfung** voraus, in die insbesondere auch die Motive und die Interessenlage des Entscheidungsträgers mit einbezogen werden müssen.[717] Eine Billigung ist stets anzunehmen, wenn der Bankleiter erkennt, dass die Kreditvergaben die Existenz der Bank aufs Spiel setzen. Bei **positiver Kenntnis der Unzuverlässigkeit des Kreditnehmers** liegt sogar ein direkter Vorsatz bezüglich der schadensgleichen Vermögensgefährdung nahe.[718] 297

Eher selbstverständlich ist die Anmerkung des BGH zur Verantwortlichkeit in **mehrköpfigen Gremien**:[719] Entscheidungsvorlagen durch Mitarbeiter darf so lange vertraut werden, als nicht in der Person des Sachbearbeiters bzw. in der Vorlage selbst Zweifel begründet sind. Im konkreten Fall hatte der BGH solche Zweifel schon aus dem in der Beschlussvorlage erwähnten Stammkapital der 298

712 Müller-Gugenberger/*Richter* Wirtschaftsstrafrecht, 8. Aufl. 2024 (im Druck) Rn. 75.64 ff., 75.74.
713 BGH, Urt. v. 28.05.2013, 5 StR 551/11; BGH, Urt. v. 06.02.1979, 1 StR 685/78, NJW 1979, 1512; BGH, Urt. v. 21.03.1985, wistra 1985, 190; LG Bochum, Urt. v. 18.05.1981, 9 KLs 35 Js 176/76, ZIP 1981, 1084 (1087).
714 BGH, Urt. v. 15.11.2001, 1 StR 185/01, »*Mannheimer Sparkasse*« (oben Rdn. 285).
715 *Otto* Bankentätigkeit und Strafrecht, 75; instruktiv auch BGH, Urt. v. 06.02.1979, 1 StR 685/78, NJW 1979, 1512.
716 Näher Müller-Gugenberger/*Hadamitzky* Wirtschaftsstrafrecht, 8. Aufl.2024 (im Druck) Rn. 32.196e.
717 BGH, Urt. v. 06.04.2000, 1 StR 280/99, BGHSt 46, 30, wistra 2000, 305.
718 BGH, Urt. v. 15.11.2001, 1 StR 185, BGHSt 47, 148 (157), wistra 2002, 101.
719 BGH, Urt. v. 06.04.2000, 1 StR 280/99, BGHSt 46, 30, wistra 2000, 305.

Kreditnehmerin von 300 TDM und der Feststellung in einem (der Kreditvorlage beiliegenden) Zwischenabschluss eines Steuerberaters, es sei »Eigenkapital von 100 TDM vorhanden«, abgeleitet.

III. Weitere ausgewählte Bereiche des materiellen Wirtschaftsstrafrechts

1. Erweiterungen des Betrugstatbestandes

299 Gerade im Bereich des Wirtschaftsstrafrechts wurde schon früh aus unterschiedlichen Gründen der Betrugstatbestand als nicht mehr ausreichend für die Ahndung bestimmter wirtschaftlicher Verhaltensweisen angesehen. Insbesondere das Tatbestandsmerkmal Schaden/der Schadensbegriff schien der Strafbarkeit eines als strafwürdig gewerteten Verhaltens entgegen zu stehen. Die Folge war eine **Ausdehnung** des strafrechtlichen Schutzes **in das Vorfeld** des Betrugstatbestandes: **Abstrakte Gefährdungsdelikte** wurden unter Verzicht auf das Tatbestandsmerkmal des Schadens geschaffen: Die neuen Tatbestände stellen allein auf das *Handeln des Täters* durch Abgabe von *Erklärungen* ab.

a) Subventionsbetrug

300 **§ 264 StGB** wurde durch das 1. WiKG vom 29.07.1976 (BGBl. I S. 2034) eingeführt und zuletzt mit Gesetz v. 19.06.2019 (BGBl. I S. 844) geändert. Der Begriff der **Subvention** wird in **Abs. 8** definiert und erfasst alle nach Bundes-, Landes- oder EU-Recht gewährten Subventionen, auch soweit sie Privatpersonen gewährt werden können. Das **zentrale Tatbestandsmerkmal** der **subventionserheblichen Tatsache** wird in **Abs. 9** definiert, wobei sich das Verbot der Subventionierung über den tatsächlichen Bedarf hinaus zwingend aus § 4 SubvG ergibt.[720]

Im Zusammenhang mit Subventionsgewährungen im Rahmen der COVID-19 Pandemie spielt § 264 StGB eine erhebliche Rolle in der Praxis der Instanzgerichte. Strittig ist, ob der bloße Hinweis auf »Tatsachen, die für die Bewilligung, Gewährung, Rückforderung, Weitergewährung oder Belassung der Zuwendung von Bedeutung sind« die subventionserhebliche Tatsache i.S.d. § 264 Abs. 9 Z. 1, 2. Alt. StGB hinreichend bezeichnet oder nicht.[721]

Die Auszahlung einer Investitionszulage für ein nicht zulagefähiges Wirtschaftsgut und das Unterlassen der Mitteilung über das Ausscheiden des Wirtschaftsgutes aus dem Anlagevermögen sind zwar zwei rechtlich selbständige Taten (§ 264 Abs. 1 Nr. 1, Nr. 3 StGB), der entstandene Schaden des Subventionsgebers vergrößert sich durch die unterlassene Mitteilung aber nicht, weshalb eine mitbestrafte Nachtat vorliegt.[722] Subventionsbetrug ist auch bei **Begehung im Ausland** strafbar, § 6 Nr. 8 StGB (und steht damit auf einer Ebene mit Völkermord [vormals § 6 Nr. 1 StGB; heute § 1 VStGB], Menschenhandel [§ 6 Nr. 4 StGB] etc.!).

Strafbar ist z.T. auch die **leichtfertige** (= grob fahrlässige) **Tatbegehung**, Abs. 5. Infolge der jüngeren gesetzgeberischen Umgestaltung (G v. 19.06.2019, BGBl. I S. 844) ist in Fällen des Abs. 1 Nr. 2 (Verwendung entgegen Verwendungsbeschränkung) auch der **Versuch** mit Strafe bedroht (Abs. 4).

Abs. 6 definiert den **Strafaufhebungsgrund der tätigen Reue**[723].

b) Kapitalanlagebetrug

301 **§ 264a StGB** wurde durch das 2. WiKG vom 15.05.1986 (BGBl. I S. 721) eingeführt, es handelt sich um ein Schutzgesetz i.S.d. § 823 Abs. 2 BGB,[724] wobei jedermann Täter sein kann, der im

720 BGH, Beschl. v. 28.05.2014, 3 StR 206/13, BGHSt 59, 244.

721 Vgl. *Klose* NZWiSt 2023, 41 (44). Zur Problematik der Corona-Soforthilfe vgl. BGHSt 66, 115 m.w.Nachw. = NZWiSt 2021, 472 m. Anm. *Peukert/Püschel*; KG v. 10.8.2021, NZWiSt 2022, 446; *Tolksdorf/Schellhaas* NZWiSt 2021, 344 ff.

722 BGH, Beschl. v. 03.02.2016, 1 StR 383/15, NStZ-RR 2016, 140.

723 Die insbes. im Zusammenhang mit zu Unrecht erlangten CORONA-Hilfen Bedeutung erlangen, vgl. *Höpfner/Bednarz*, ZWH 2021, 91 (95).

724 BGH, Urt. v. 24.06.2014, VI ZR 560/13, wistra 2014, 1635.

Zusammenhang mit dem Vertrieb einer Kapitalanlage (erhebliche) falsche Angaben macht.[725] Erfasst wird die **Erklärung** (unrichtige vorteilhafte **Angaben** oder **Verschweigen** nachteiliger Tatsachen) in **Prospekten** oder **Darstellungen** und **Übersichten** über den Vermögensstand.

In **Abs. 3** ist ebenfalls ein **Strafaufhebungsgrund**[726] bei **tätiger Reue** geschaffen.

c) Kreditbetrug

§ 265b StGB wurde durch das 1. WiKG (s. Rdn. 300) eingeführt. Der Tatbestand ist sowohl auf der Kreditgeber- wie auf der Kreditnehmerseite **beschränkt** auf Unternehmen und Betriebe i.S.d. Abs. 3, die also bei wirtschaftlicher Betrachtung ein Unternehmen sind, das einen nach Art und Umfang in kaufmännischer Weise eingerichteten Geschäftsbetrieb innehat.[727] Kredit i.S. der Norm ist auch Genussrechtekapital; umfasst sind auch Taten zu Lasten ausländischer Kreditgeber.[728] Auch insofern sind CORONA-Pandemie-Fälle, insbesondere bei Finanzierung von Unternehmen (unmittelbar oder mittelbar bei Finanzierungen über die Hausbank) durch Kredite der KfW betroffen. 302

Auch hier ist in **Abs. 2** ein **Strafaufhebungsgrund** bei **tätiger Reue**[729] geschaffen.

d) Submissionsbetrug

§ 298 StGB wurde durch das Korruptionsbekämpfungsgesetz vom 13.08.1997 (BGBl. I S. 2038) 303 eingeführt und damit z.T. (Kartell-)Ordnungswidrigkeiten nach § 81 GWB[730] zu Straftatbeständen erhoben. Bis zur so genannten Rhein-Ausbau-Entscheidung des BGH[731] scheiterte die (strafrechtliche) Erfassung von Submissionsabsprachen (*Wettbewerbsbeschränkende Absprachen bei Ausschreibungen*) durch § 263 StGB in der Regel am Tatbestandsmerkmal des Vermögensschadens. Auch nach der – umstrittenen – Entscheidung des BGH[732] blieb die Anwendung des § 263 StGB für die Praxis schwierig. Dem sollte durch die Schaffung des § 298 StGB abgeholfen werden.

Die Tathandlung besteht auch hier in einer **bloßen Erklärung**, nämlich der Abgabe eines Angebots; dieses muss auf einer **rechtswidrigen Absprache** *beruhen*. Täter des § 298 StGB kann jedermann sein. Strafbar sind mithin auch vertikale Absprachen, auch der an einer auf einer Absprache beruhenden Angebotsabgabe beteiligte Veranstalter.[733] Erfasst sind beschränkte Ausschreibungen öffentlicher Auftraggeber gemäß § 3 VOB/A auch dann, wenn diesen kein öffentlicher Teilnahmewettbewerb vorausgegangen ist.[734]

In **Abs. 3** ist wiederum ein **Strafaufhebungsgrund** bei **tätiger Reue** normiert, der bei den – bestenfalls mittelbar zum Wirtschaftsstrafrecht gehörenden – §§ 265c, 265d StGB (»*Sportwetten*«) gerade nicht vorgesehen ist.[735]

---

725 BGH, Urt. v. 22.12.2015, VI ZR 101/14.

726 Übersichtlich zur »tätigen Reue« *Bülte,* GA 2017, 568 ff. in seiner Besprechung der Habilitationsschrift *Ceffinato,* Vollendungsumehr und Wiedergutmachung, 2017.

727 BGH, Beschl. v. 07.04.2016, 1 StR 579/15, StV 2016.

728 BGH, Urt. v. 08.10.2014, 1 StR 114/14, BGHSt 60, 15 m. Anm. *Rübenstahl* NJW 2015, 426.

729 Plastisch zum Kreditbetrug und zur tätigen Reue *Nestle, Jura 2023, 803;*

730 Aktuell i.d.F. durch Artikel 1 Gesetz zur Änderung des Gesetzes gegen Wettbewerbsbeschränkungen und anderer Gesetze v. 25.10.2023, BGBl. 2023 I Nr. 294 und unter Bezug auf Vertrag über die Arbeitsweise der Europäischen Union in der Fassung der Bekanntmachung v. 09.05.2008, ABl. C 115 v. 09.05.2008, S. 47.

731 BGH, Urt. v. 08.01.1992, 2 StR 102/91, BGHSt 38, 186.

732 Vgl. BGH, Urt. v. 21.11.2000, 1 StR 300/00, wistra 2001, 103; tiefer – auch zur Verjährungsproblematik i.d. Zusammenhang *Lenk,* ZStW 2023, 221 (229).

733 BGH, Beschl. v. 25.07.2012, 2 StR 154/12, NJW 2012, 3318 m. Anm. *Hohmann* wistra 2013, 105.

734 BGH, Beschl. v. 17.10.2013, 3 StR 167/13, BGHSt 59, 34 m. Anm. *Bosch* ZWH 2014, 275.

735 Zutr. krit. *Tsambikakis,* StV 2018, 319.

2. Bank- und Börsenstrafrecht

a) Straftaten nach dem Kreditwesengesetz (KWG)

304 Das Kreditwesengesetz 1961 (KWG)[736] kennt Straftaten (§§ 54 bis 55b KWG), Ordnungswidrigkeiten (§ 56 KWG) und Geldbußen gegen Unternehmen (§ 59 KWG). Bußgeldbehörde ist die Bundesanstalt für Finanzdienstleistungsaufsicht (BaFin) in Bonn (§ 60 KWG). Es ist mittlerweile vielfach novelliert worden. Vor allem die Novellierungen 1996/97 enthalten auch erhebliche strafrechtliche Relevanz. Dies betrifft zwar weniger die Straftaten des KWG selbst (§§ 54 und 55 KWG). Insofern ist lediglich von Bedeutung, dass §§ 57 und 58 KWG schon durch Art. 82 EGOWiG aufgehoben sind und so für das KWG auch die Regeln des allgemeinen Strafrechts (im weiteren Sinne) gelten, nämlich §§ 14 StGB, 30 und 130 OWiG. Die Ergänzungen 2021 von § 54 Abs. 1 Nr. 1c[737] und 2023 (aktuelle Fassung mit redaktionellen Änderungen in Abs. 1 Nr. 1 und 2) Abs. 1 Nr. 3 dienen der Umsetzung europäischen Rechtes (Schwarmfinanzierung/Datembereitstellungsdienste).

Die Normen des KWG haben vor allem Bedeutung in Fällen der nicht hinreichend gesicherten Kreditvergabe – also der unter Rdn. 285 ff. näher erläuterten **Bankuntreue, § 266 StGB.** In diesem Zusammenhang enthält das KWG mit den Ergänzungen 2017 – 2021 vor allem in **§§ 13, 18, 21 KWG**[738] überwiegend redationelle Neuerungen.

aa) Nichtanzeige gem. § 55 KWG

305 § 55 KWG[739] kann als Sondertatbestand der **Insolvenzverschleppung** bezeichnet werden. Strafbar ist aber nicht das Unterlassen der Insolvenzantragstellung – diese ist bei Banken ausschließlich der BaFin vorbehalten (§ 46b S. 2 KWG). Strafbar nach § 55 KWG ist das **Unterlassen der Anzeige** der Zahlungsunfähigkeit bzw. der Überschuldung durch die Geschäftsleiter bzw. Inhaber – Strafbarkeit ist auch bei **einzelkaufmännisch** betriebenen Kreditinstituten gegeben – **gegenüber der BaFin.** Hierbei sind auch Kreditinstitute im europäischen Wirtschaftsraum einbezogen (§ 53b Abs. 1 S. 1 KWG[740]). Die Anzeige muss **unverzüglich** erfolgen – eine 3-Wochen-Frist wie etwa bei § 15a InsO gibt es also nicht. Entsprechende Regelungen gelten für Versicherungen und Bausparkassen.

bb) Unbefugte Verwertung und Offenbarung von Angaben gem. §§ 55a und 55b KWG

306 Mit Wirkung seit dem 01.01.1998, als Antragsdelikte mit einem Strafrahmen bis zu 2 Jahren ausgestaltet, ist die Strafbarkeit der **unbefugten Verwertung** (§ 55a KWG) und – mit Strafe bis zu 1 Jahr – die **unbefugte Offenbarung** (§ 55b Abs. 1 KWG – mit Strafschärfung in Abs. 2), bei **Millionenkrediten** gem. § 14 KWG.[741] Taugliche Täter sind die Verantwortlichen der in § 14 Abs. 1 genannten (meldepflichtigen) Kreditinstitute, die entsprechende Mitteilungen der Deutschen Bundesbank nach Abs. 2 erhalten.

cc) Verbotene Geschäfte gem. § 54 I Nr. 1 i.V.m. § 3 KWG

307 § 54 Abs. 1 Nr. 1 i.V.m. § 3 KWG hat wenig praktische Relevanz und betrifft das Betreiben von **Zweckunternehmen und Werksparkassen** oder sonstige Bankgeschäfte, bei denen Barabhebungen besonders erschwert sind. Zweigstellen von EU-Banken sind gem. § 53b Abs. 3 KW erfasst. Mit

736 I.d.F. der Bekanntmachung vom 09.09.1998 – BGBl. I S. 2776, zuletzt geändert durch Art. 6 G v. 22.12.2023, BGBl. I S. 411 m.W. v. 30.12.2023.
737 Durch Art. 14 G v. 03.06.2021, BGBl. I S. 1568.
738 S. hierzu eingehend oben Rdn. 287 ff.
739 I.d.F. d. Art. 2 Nr. 19 G v. 20.03.2009; BGBl. I S. 607 m.W. v. 26.03.2009.
740 I.d.F. d. Art. 12 G v. 03.06.2021, BGBl. I S. 1568.
741 Eingehend der BGH in Zivilsachen im Zusammenhang mit dem Niedergang der »*Kirch-Gruppe*« zu den – engen – Voraussetzungen bei §§ 55a und b KWG, Urt. v. 24.01.2006, IX ZR 384/03, BGHZ 166, 84 m. Bespr. *Höpfner/Seibl* BB 2006, 116 und *Patrick Rösler* EWiR 2006, 289.

Wirkung v. 01.01.2022[742] wurde die Strafbarkeit auf die Erbringer von **Schwarmfinanzierungsdienstleistungen** (*Crowdfunding*) ausgedehnt.[743]

dd) Bankgeschäfte ohne Erlaubnis gem. § 54 Abs. 1 Nr. 2 i.V.m. §§ 32, 1 Abs. 1 KWG

Wichtig ist demgegenüber die Strafnorm des **§ 54 Abs. 1 Nr. 2 i.V.m. §§ 32 Abs. 1f, S. 1 KWG**[744], das Betreiben von **Bankgeschäften ohne Erlaubnis** mit Strafdrohung von bis zu 5 Jahren Freiheitsstrafe. Dass es sich um betrügerische Bankgeschäfte handelt, steht der Strafbarkeit gem. § 54 KWG nicht entgegen:[745] Dies setzt gem. § 1 Abs. 1, 1. Alt. KWG voraus, dass die Geschäfte »**gewerbsmäßig**« betrieben werden, was seit dem 31.12.1997 schon dann der Fall ist, wenn diese **auf eine gewisse Dauer angelegt und mit** Ertragserzielungsabsicht betrieben werden. Danach bleibt die zweite Alternative, der (angestrebte) Umfang des Geschäftes **erfordert** einen **in kaufmännischer Weise eingerichteten Gewerbebetrieb**, weitestgehend ohne praktische Bedeutung, für welche das BAK im Anschluss an die Entscheidung des BVerwG[746] **Mindestgrenzen** festgelegt hat.[747] Beim **Handeln ohne Erlaubnis** nach dem Kreditwesengesetz (KWG), Zahlungsdiensteaufsichtsgesetz (ZAG) und Versicherungsaufsichtsgesetz (VAG) wurde das **Höchstmaß der Freiheitsstrafe auf fünf Jahre** bei Vorsatztaten und drei Jahre bei Fahrlässigkeit angehoben (vorher drei Jahre bzw. ein Jahr Freiheitsstrafe; §§ 54 KWG, 31 ZAG, 140 VAG).[748] In der Strafrechtspraxis hat die Norm insbesondere bei Finanztransaktionen im Rahmen des »*Hawala-Banking*« Bedeutung erlangt,[749] wobei überwiegend Reisebüros (bzw. deren Mitarbeiter) den Transfer von Geldern in den arabisch/afrikanischen, aber auch asiatischen Raum übernehmen. 308

b) Das neue Kapitalmarktstrafrecht

aa) Zur Begriffsbildung, zum Schutzgut und zur praktischen Bedeutung

Der Begriff des »***Kapitalmarktstrafrechts***« ist nicht technisch, sondern kriminologisch zu verstehen. Insofern kann die Grenze sehr weit gezogen werden und können darunter – quasi als »*Querschnittsdisziplin des Wirtschaftsstrafrechts*« – alle Strafrechtsnormen (jedenfalls des Vermögensstrafrechts?) verstanden werden, die »*unmittelbaren oder mittelbaren Bezug zum Kapitalmarkt bzw. kapitalmarkttypischen Geschäften haben*« (können?).[750] Im Folgenden soll hierunter aber nur das *Strafrecht* des *überwachten* Kapitalmarktes – demgemäß ohne das der BaFin obliegende Bußgeldrecht – verstanden werden. Dieses ist gemeinsames Wirkungsfeld der **Staatsanwaltschaften und** der Aufsichtsbehörde 309

742 Art. 4 G v. 03.06.2021, BGBl. I S. 1568.1.

743 Schwarmfinanzierungsverordnung, VO (EU) 2020/1503 – SF-VO, VO (EU) 2020/1503 v. 07.10.2020, ABl. 347.

744 I.d.F. durch. 22.12.2023, BGBl. I Nr. 411.

745 BGH, Beschl Art. 6 G v. 24.08.1999, 1 StR 385/99, wistra 2000, 25.

746 BVerwG, Urt. v. 15.12.2010, 8 C 37/09, GWR 2001, 138.

747 Einzelheiten – auch zur Gewerbsmäßigkeit – bei *Fülbier* in: Boos/Fischer/Schulte-Mattler, Kreditwesengesetz, 3. Aufl. 2008, § 1 Anm. 17 ff., 19 ff.

748 Gesetz zur Umsetzung der Zweiten E-Geld-Richtlinie v. 01.03.2011 (BGBl. I S. 288), seit 30.04.2011 in Kraft; auch die Regelungen über die Beteiligung der BaFin und Mitteilungen in Strafsachen wurden ergänzt: In Strafverfahren, die Straftaten nach §§ 54 KWG, 31 ZAG oder 140 VAG zum Gegenstand haben, hat die Staatsanwaltschaft die BaFin bereits über die Einleitung des Ermittlungsverfahrens zu unterrichten, soweit dadurch eine Gefährdung des Ermittlungszwecks nicht zu erwarten ist. Erwägt die Staatsanwaltschaft das Verfahren einzustellen, so hat sie die BaFin zu hören (§ 60a Abs. 1a S. 2 KWG, auch i.V.m. § 34 S. 2 ZAG; § 145b Abs. 1a VAG).

749 Vgl. hierzu, insbes. auch zum Anwendungsbereich des ZAG, die instruktive Entscheidung des BGH, Beschl. v. 28.10.2015, 5 StR 189/15, StV 2017, 114 m. Anm. *Achtelik* 115, *Weiß* wistra 2016, 160 und *Venn* ZWH 2016, 206.

750 *Schröder* Handbuch Kapitalmarktstrafrecht, 3. Aufl. 2015, Einl. Rn. 1 (das als Handwerkszeug für den Strafjuristen immer noch besonders zu empfehlen ist) unter Bezug auf *Park*, Kapitalmarktstrafrecht, 3. Aufl. 2013, Teil 1 Rn. 1.

des Kapitalmarktes, **der** *Bundesanstalt für Finanzdienstleistungsaufsicht* (**BaFin**). Die folgenden Ausführungen konzentrieren sich deshalb auf das **Insider- und Kurs(preis)manipulationsstrafrecht.**

310 Damit sind zwei verschiedene Schutzbereiche mit ganz unterschiedlicher strafrechtlicher Tradition angesprochen. Beide dienen nach der sogleich näher darzustellenden Entwicklung ihrer Rechtsquellen seit 2004 einem einheitlichen **Rechtsgut**, der **Bildung eines marktgerechten Preises für Wertpapiere** (organisationstechnisch formuliert: Der **Funktionsfähigkeit der überwachten Kapitalmärkte)**[751] aus zwei unterschiedlichen Richtungen. *Lenzen*[752] hat beide Seiten derselben Münze zutreffend umschrieben: Der Insider weiß aufgrund von Insiderinformationen, dass der Kurs eines Wertpapiers nicht »*richtig*« ist, der Manipulator führt den »*falschen*« Kurs herbei – beide nutzten die »*Kursdifferenz*« aus.

311 Aus dieser »überindividuellen« Rechtsgutsbestimmung leitet die h.M. zwar ab, dass es sich bei den genannten Normen um keine Schutzgesetze i.S.d. § 823 Abs. 2 BGB handelt, mithin grundsätzlich **kein Schadensersatzanspruch** aus § 823 Abs. 2 BGB gegeben ist[753] und die Staatsanwaltschaften **nicht Rückgewinnhilfe** zugunsten Geschädigter, **sondern Vermögensabschöpfung** im Hinblick auf den staatlichen Verfallsanspruch betreiben.[754] Einzelheiten waren aber durchaus streitig, nachdem der 5. Strafsenat des BGH einerseits in der Sache *Freenet*[755] (Insiderhandel) den Verfall auf den **Sondervorteil** (die Differenz zum hypothetischen Kursverlauf) beschränkt und andererseits in der Sache *Beutemüller*[756] (Marktpreismanipulation) diesen wegen möglicher deliktische Ansprüche Geschädigter (§§ 826, 830 BGB) sogar grundsätzlich ablehnt bzw. auf Ersatz-Verfall gem. § 111i StPO verwiesen hatte (zur grundsätzlichen Neuregelung der strafrechtlichen Vermögensabschöpfung 2017 vgl. oben Rdn. 57 ff.).

312 Beim Verdacht auf Kapitalmarktstrafdelikte ist regelmäßig auch zu prüfen, ob Strafbarkeit wegen Verstoßes gegen § 404 AktG, §§ 203, 204 StGB, § 23 GeschGehG[757], §§ 331 ff. HGB (entsprechende Normen des Gesellschaftsstrafrecht, insbes. auch die Verletzung der Berichtspflicht), das Verleiten zu Börsenspekulationsgeschäften gem. §§ 49, 26 BörsG[758] gegeben ist oder ob die §§ 54 ff. KWG[759] tangiert sind.

313 Die in den 28 Absätzen (mit teilweise über 130 Einzeltatbestände) des § 120 WpHG geregelten Ordnungswidrigkeiten-Tatbestände (mit Verweisen auf Grundnormen, auch in verschiedene EU-

---

751 Grundlegend EUGH, Urt. v. 11.03.2015, C-628/13 (*Lafonta*), Abl EU 2015, Nr. C 146, 5; BB 2015, 714 m. Anm. *Voß* 788; m. Anm. *Seibt/Kraack* EWiR 2015, 237; *Kalss/Nicolussi* NJW 2015, 16635; *Langenbucher* AG 2016, 417. Im »*Erwägungsgrund 6 MAD II*« hat der europäische Normgeber zutreffend festgestellt, dass diese Märkte »*eines effektiven strafrechtlichen Schutzes bedürfen*« und so den die hohe Bedeutung des Rechtsgutes für unsere Wirtschaftsordnung unterstrichen.

752 Unerlaubte Eingriffe in die Börsenkursbildung, 2000, S. 162, ihm folgend Assmann/Schneider/Mülbert/*Vogel* WpHG 8. Aufl. 2023, § 20a Rn. 9.

753 Zum Insiderstrafrecht vgl. die Nachw. bei Assmann/Schneider/Mülbert/*Sethe/Hellgardt*, WpHG, 8. Aufl. 2023, Vor Art. 7 VO Nr. 596/2014 Rn. 103; zum Manipulationsstrafrecht Assmann/Schneider/Mülbert/*Hellgardt*, WpHG, 8. Aufl. 2023, § 97, Rn. 156 (mit unionsrechtlichen Zweifeln, der allerdings zutreffend darauf hinweist, dass sich aus §§ 97, 98 WpHG speziellere Anspruchsgrundlagen ergeben; zu möglichen Ausnahmen schon nach deutschem Recht vgl. BGH, Urt. v. 13.12.2011, IX ZR 51/10, NJW 2012, 1800; OLG Stuttgart, Urt. v. 26.03.2015, ZIP 2015, 781.

754 Vgl. hierzu eingehend und umfassend *Schmid/Winter* NStZ 2002, 8.

755 BGH, Beschl. v. 27.01.2010, 5 StR 224/09, wistra 2010, 141 (142).

756 BGH, Beschl. v. 27.01.2010, 5 StR 254/09, wistra 2010, 141; zum Scalping vgl. BGH, Beschl. v. 25.02.2016, 3 StR 142/15, wistra 2016, 365; NZG 2016, 751 m. Anm. *Trüg*, 820.

757 Gesetz zum Schutz von Geschäftsgeheimnissen, G v. 18.04.2019, BGBl. I S. 466 – in Nachfolge der §§ 17 ff. UWG a.F.

758 Die das Vermögen unerfahrener Anleger schützen; vgl. hierzu *Schröder* Kapitalmarktstrafrecht Rn. 770 ff.

759 Hierzu instruktiv *Schröder* Kapitalmarktstrafrecht, Rn. 887 ff.

Verordnungen der MiFIR, MAR u.a.)[760] können – wie ausgeführt – nicht Gegenstand dieser Einführung in das Kapitalmarktstrafrecht sein. Ihnen kommt indes, schon aufgrund des erheblich erweiterten und erhöhten Bußgeldrahmens – ebenso wie die sehr weitgehenden Publizitätsvorschriften bei Kapitalmarktverstößen nach WpHG, VermAnlG u.a.– in der Praxis ganz erhebliche Bedeutung zu. Hinzuweisen ist insbesondere auf die als »*naming and shaming*« bezeichnete – und von den betroffenen Unternehmen als besonders belastend empfundene – Anordnung der Veröffentlichung von Sankionen der BaFin.[761] Zur Verdeutlichung sei deshalb auf die am 22.02.2017 veröffentlichten neuen **Leitlinien zur Festsetzung von Geldbußen im Bereich des Wertpapierhandelsgesetzes (WpHG)**[762] verwiesen.

bb) Zur Organisation der Marktüberwachung durch die BaFin

Rechtsanwälte sind sowohl im Bereich der Verteidigung als auch als Rechtsbeistände Geschädigter regelmäßig zunächst unsicher, welche Aufsichts- oder Strafbehörde Ansprechpartner beim Verdacht von Kapitalmarktstraftaten sein könnte. Für die (in der Praxis noch immer weitgehend unbekannten) **Befugnisse der BaFin** ist auf die umfassenden Regelungen in §§ 6, 11, 12, 23 WpHG (§ 4 WpHG a.F.) zu verweisen. Beachtet werden muss aber auch die Mitteilungspflicht der Staatsanwaltschaften und Strafgerichte gegenüber der BaFin gem. § 122 WpHG (i.d.F. v. 8.07.2019; § 40a WpHG a.F.). 314

Eine gute Orientierung zur Marktüberwachung in Deutschland und zur Struktur dieser Kapitalmarktaufsicht gibt immer noch ein Schaubild, das die BaFin zur Verfügung gestellt hat, dass allerdings um die europäische Aufsicht (**ESMA**[763]) ergänzt werden muss: 315

760 Vgl. *Kunz/de Schmidt*, CB 2019, 416 (417 f.); *v. Buttlar/Hammermaier* ZBB 2017, 1; allg. *De Schmidt* RdF 2016, 4; *Schmolke* AG 2016, 434; *Becker/Canzler* NZG 2014, 1090.

761 Infolge der Umsetzung der europäischen Transparenzrichtlinie (Richtlinie 2013/50/EU vom 22.10.2013) zum 25.11.2015 in Deutschland mit dem Gesetz zur Änderung des Transparenzrichtlinie-Änderungsgesetz (BGBl I v. 25.11.2015, S. 2029). Vgl. *Nartiwska/Knierbein* NZG 2016, 256; *Tischler*, Naming and Shaming: Zur Publikation kapitalmarktrechtlicher Verstöße, in: Bergmann (HG.), Europäisches Kapitalmarktstrafrecht, 2020, S. 157 ff.

762 WpHG-Bußgeldleitlinien II vom 22.02.2017 (aktualisiert am 15.01.2018); diese ergänzen die Leitlinien der BaFin vom November 2013 insbesondere auch im Hinblick auf die MAR und das 1. FiMaNoG. Sie sind vom BaFin unter dieser Bezeichnung im Internet eingestellt.

763 Die 2011 mit Sitz in Paris mit (EU)Verordnung 1095/2010 gegründete Europäische Wertpapier- und Marktaufsichtsbehörde (ESMA – European Securities and Markets Authority) ist eine unabhängige EU-Behörde, die den Anlegerschutz verbessern und für stabile, ordnungsgemäß funktionierende Finanzmärkte sorgen soll (ergänzt durch die europäische Banken- [EBA]) und Versicherungsaufsicht [EIOPA]).

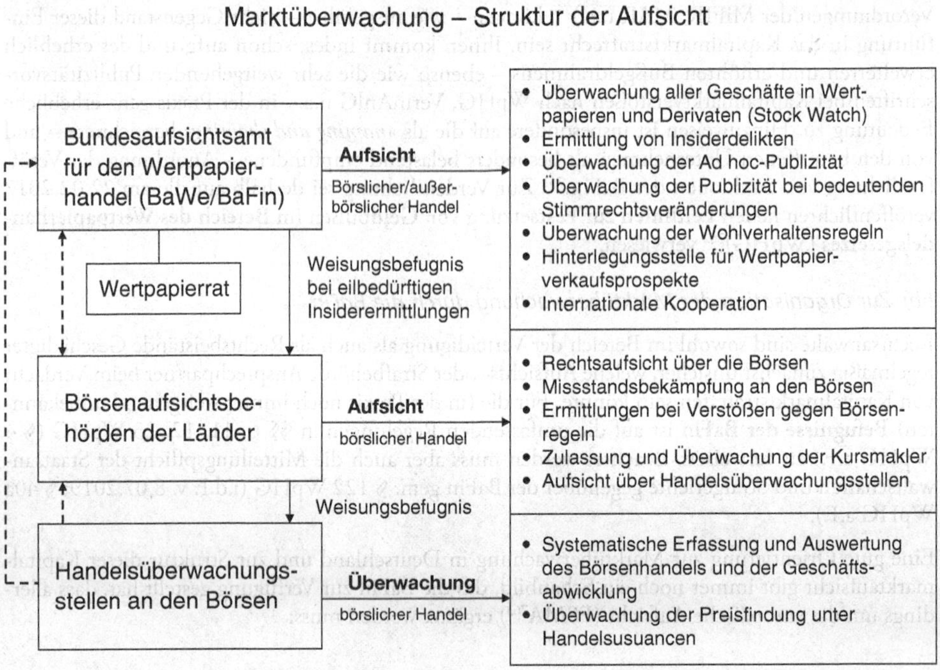

Abb. 4: Strukturübersicht deutsche Marktüberwachung

cc) Zur Entwicklung der gesetzlichen Grundlagen

316 Tabellarisch soll die Entwicklung des Kapitalmarktstrafrechts aufgelistet werden:

Seit 1884	§ 88 BörsG basiert auf § 75 Abs. 1 BörsG v. 22.06.**1896** (RGBl. 1896, 157 bzw. Art. 249d ADHGB v. 18.07.**1884**)
seit 01.08.1994	2. FFG (FinanzmarktförderungsG) v. 26.07.**1994** Ablösung der Insiderrichtlinie durch das Insiderstrafrecht (BGBl. I 1994 S. 1749)
seit 01.07.2002	4. FFG vom 21.06.**2002** (BGBl. I 2002 S. 2010)
28.01.2003	**MAR (Marktmissbrauchsverordnung)**[764]
seit 18.11.2003	**KuMaKV** (Verordnung zur Konkretisierung des Verbotes der Kurs- und Marktpreismanipulation) v. 18.11.2003[765]
30.10.2004	**AnSVG** (Anlegerschutzverbesserungsgesetz) v. 28.10.2004[766]
ab 01.07.2005	Verkaufsprospektgesetz (2. Teil des AnSVG) aufgeh. durch Art. 2 Gesetz v. 06.12.2011 m.W.v. 01.06.2012, BGBl. I 2481

764 EG-Richtlinie 2003/6/EG über Insider-Geschäfte und Marktmanipulation (Marktmissbrauchsrichtlinie) vom 28.01.2003; Abl. EU L 96 v. 12.04.2003 (aufgehoben gemäß Art. 37 der Verordnung Nr. 596/2014 zum 03.07.2016).

765 BGBl. I 2003, 2300 (aufgehoben m.W.v. 11.03.2005 durch § 11 S. 2 Marktmanipulations-KonkretisierungsVO).

766 BGBl. I 2004, 2630; i.Kr. seit 01.07.2005 (novelliert durch das Prospektrichtlinie-Umsetzungsgesetz v. 22.06.2005 [EGRL71/2003UmsG], BGBl I 2005, 1698).

weiterhin (nunmehr überwiegend europarechtliche) Bedenken erhoben, deren Berechtigung gegenwärtig noch ungeklärt ist.[782]

dd) Zum Insider-Strafrecht

Sowohl das Manipulations- als auch das Insiderstrafrecht haben zunächst mit dem AnSVG, dann aber auch mit dem 1. FiMaNoG, jeweils gravierende Änderungen erfahren, wobei Letzteres den **gerade in diesem** Rechtsgebiet schon immer begründeten **europarechtlichen Bezug** im Hinblick auf die **richtlinienkonforme Auslegung** zum unmittelbaren Gesetzesinhalt gemacht hat. Dieser soll – zunächst für das Insiderstrafrecht gem. **§ 14 WpHG a.F./119 Abs. 3 WpHG n.F., Art. 14 a) bis c) i.V.m. Art. 8 MAR** – mittels einer synoptischen Gegenüberstellung altes/neues Recht dargestellt werden. Dieser Vergleich soll die – ohnehin komplexe – Anwendung des aktuellen Rechtes erleichtern, weil so deutlich wird, dass die materiellen Änderungen im deutschen Recht überschaubar sind und dass deshalb die bereits ergangene Rechtsprechung weitgehend Geltung behält. **320**

Rechtslage vom 01.11.2007 bis 01.07.2016 **321**

§ 14 WpHG

(1) Es ist (einem Insider) verboten,
1. Verwendung einer Insiderinformation Insiderpapiere für eigene oder fremde Rechnung oder für einen anderen zu **erwerben** oder zu **veräußern**,
2. einem anderen eine Insidertatsache unbefugt **mitzuteilen** oder **zugänglich** zu machen,
3. einem anderen auf der Grundlage seiner Kenntnis von einer Insidertatsache den Erwerb oder die Veräußerung von Insiderpapieren zu **empfehlen** oder einen anderen auf sonstige Weise dazu zu **verleiten**.

Rechtslage vom 02.07.2016 bis 02.01.2018 **322**

§ 14 WpHG
aufgehoben[783]

Rechtslage seit dem 03.01.2018 (aktuelles Recht!) **323**

§ 119 WpHG
Strafvorschriften (zul. geändert durch Art. 5 G v. 11.12.2023, BGBl. I Nr. 354[784]**)**

(1) Mit Freiheitsstrafe bis zu 5 Jahren oder mit Geldstrafe wird bestraft, wer eine in **§ 120 Abs. 2 Nr. 3** oder **Abs. 15 Nr. 2** bezeichnete **vorsätzliche Handlung** begeht und dadurch **einwirkt** auf
1. den inländischen **Börsen- oder Marktpreis** eines Finanzinstruments …
2. den Preis eines **Finanzinstruments** …
3. den Preis einer **Ware** im Sinne des § 2 Absatz 5 oder eines ausländischen Zahlungsmittels …
4. die Berechnung eines **Referenzwertes** …

(2) Ebenso wird bestraft, wer **gegen** die Verordnung (EU) Nr. 1031/2010 der Kommission vom 12. November 2010 … (Versteigerung von *Treibhausgasemissionszertifikaten*) … **verstößt**,

(3) Ebenso wird bestraft, wer **gegen** die Verordnung (EU) … (*MAR*) … **verstößt**, indem er
1. entgegen Art. 14 Buchstabe a ein **Insidergeschäft tätigt**,
2. entgegen Art. 14 Buchstabe b einem Dritten **empfiehlt**, ein Insidergeschäft zu tätigen, oder einen Dritten dazu **verleitet** oder
3. entgegen Art. 14 Buchstabe c eine Insiderinformation **offenlegt**.

---

782 Vgl. nur die ausf. Anmerkung von *Th.M.J.Möller/Herz*, WuB 2019, 153 ff. und – nachhaltig kritisch – den Beitrag von *Moritz Schwarz* (Die eintägige Regelungslücke bei der Marktmanipulation – Lediglich ein Tag und doch weitreichende Konsequenzen, in: Marcus Bergmann [Hg.], Europäisches Kapitalmarktstrafrecht, 2020, S. 73 ff.), jeweils mit umf. Hinweisen auf die aktuelle Literatur.

783 G v. 30.06.2016, BGBl. I, 1514 (1. FiMaNoG).

784 Gesetz zur Finanzierung von zukunftssichernden Investitionen (Zukunftsfinanzierungsgesetz – ZuFinG).

(4) Der **Versuch** ist strafbar.

(5) Handelt der Täter in den Fällen des **Absatzes 2 Nr. 1 leichtfertig**, so ist die Strafe Freiheitsstrafe bis zu einem Jahr oder Geldstrafe.

Artikel 14 MAR – Verbot von Insidergeschäften und unrechtmäßiger Offenlegung von Insiderinformationen

Folgende Handlungen sind verboten:
a) das **Tätigen von Insidergeschäften** und der Versuch hierzu,
b) Dritten zu **empfehlen**, Insidergeschäfte zu tätigen, oder Dritte **anzustiften**, Insidergeschäfte zu tätigen, oder
c) die unrechtmäßige **Offenlegung** von Insiderinformationen.

324 Strafbar mit **Freiheitsstrafe bis zu 5 Jahren** sind damit auch nach aktuellem Recht **Insiderhandlungen (Insidergeschäfte)** und **Insiderempfehlungen** (diesen gleichgestellt: **Anstiftung** zur **Offenlegung** von Insiderinformationen[785]). Da ein **Insidergeschäft** nach **Art. 8 Abs. 1, 3 MAR** die Nutzung einer **Insiderinformation** und diese nach **Art. 7 MAR** die Eignung einer **nicht öffentlich bekannten** *präzisen* **Information** zur *erheblichen* **Kursbeeinflussung** eines (auch derivaten) **Finanzinstrumentes** voraussetzt, handelt es sich weiterhin um ein **abstraktes Gefährdungsdelikt**, das die *Funktionsfähigkeit des organisierten Kapitalmarktes* und die *Chancengleichheit der Marktteilnehmer* gewährleisten soll[786]. Am materiellen Inhalt der Insiderverbote hat sich somit Wesentliches nicht geändert, die **Versuchsstrafbarkeit** ist allerdings nunmehr umfassend angeordnet (§ 119 Abs. 4); allein (einfach-[787]) **vorsätzliches Handeln ist strafbar, fahrlässiges** (in Form der **Leichtfertigkeit**, § 120 Abs. 2, Abs. 14 WpHG) **ordnungswidrig; taugliche Täter** aller Strafrechtsnormen sind unterschiedslos sowohl **Primär- als auch Sekundärinsider** (was aber keine Sondertäterqualifikation enthält, es handelt sich um ein **Allgemeindelikt**).[788]

Die Strafbarkeit des Verstoßes gegen die Integrationsregeln im Zusammenhang der Versteigerung von **Treibhausgasemissionszertifikaten** gem. **§ 119 Abs. 2 WpHG** hat wenig praktische Bedeutung und wird seit dem 03.01.2018 weitgehend von den strafbaren Insidergeschäften erfasst[789] weshalb auf dessen Abdruck und Beschreibung verzichtet wird[790]. Das Handlungsverbot gem. § 119 Abs. 2 Nr. 1 ist allerdings auch bei **Leichtfertigkeit** strafbar (§ 119 Abs. 7).

325 Die weiteren **Zentralpunkte** der Insiderverbote und ihre ausführliche Regelung in der MAR können hier nur kursorisch vorgestellt werden:

Die bereits zitierte (»*präzise*«, legal definiert in Art. 7 Abs. 2 und 4 MAR und in den ESMA[791]-Richtlinien nach Abs. 5) **Insiderinformation** geht zwar über einen engen Tatsachenbegriff hinaus und umfasst auch Wertungen und Prognosen. Da diese aber beweisbar sein müssen, entsprechen sie dem schon im deutschen Recht anerkannten »*Tatsachen-Kern*«.[792] Die Rechtsprechung zur »*gestreck-*

785 Gemeint ist damit nicht die Anstiftung i.S.v. § 26 StGB, sondern das englische »to induce«, also die Verleitung i.S.v. Art. 3 lit. b) 2. Fall MAD II; s. auch Art. 10 Abs. 2 MAR (näher *Klöhn*, AG 2016, 423, 424); konkretisiert wird das **Empfehlungs-/Verleitungsverbot** in **Art. 8 Abs. 2 MAR**, das **Offenlegungsverbot in Art. 10 MAR**.

786 BGH, Urt. v. 04.06.2019 – 1 StR 585/17 Rn. 23), NZWiSt 2020, 123 unter Bezug auf BGH, Beschl. v. 27.01.2010 – 5 StR 224/09 (Rn. 18), NJW 2010, 882.

787 In der Lit. wird für Abs. 2 Nr. 2 (oder doch jedenfalls für das »Verleiten«) Absicht gefordert; dagegen zutreffend mit umf. Nachw. Schwark/Zimmer/*Böse/Jansen*, Kapitalmarktstrafrecht, WpHG, § 119 Rn. 55.

788 Schwark/Zimmer/*Böse/Jansen*, Kapitalmarktstrafrecht, WpHG, § 119 Rn. 36.

789 Assmann/Schneider/Mülbert/*Spoerr*, Wertpapierhandelsrecht, 7. Aufl. 2019, § 119 WpHG Rn. 136 ff.

790 Näher z.B. Park/*Hilgendorf/Kusche*, Kapitalmarktstrafrecht, WpHG, § 119 Rn. 17 ff.

791 Zur ESMA s. Rdn. 315.

792 Vgl. etwa für das Strafrecht BGH, Beschl. v. 29.04.2015, 1 StR 235/14, wistra 2015, 435; BGH, Urt. v. 04.06.2019, 1 StR 585/17, NZWiSt 2020, 123 (zur Beweisbarkeit); für das Zivilrecht BGH, Urt. v. 27.09.2016, VI ZR 250/13, NJW 2017, 104, je m. Nachw.

ten« Entscheidung[793] (»***Zwischenschritte***«[794]) hat der Verordnungsgeber ausdrücklich übernommen (Art. 17, Art. 7 Abs. 2 S. 2 und Abs. 3 MAR).

Bezugspunkt der Insiderinformation sind – über die **Insiderpapiere** und deren **Derivate** hinaus – auch **Finanzinstrumente** ([Rdn. 326]in Bezug auf multilateralen und organisierte Handelssysteme), **Waren** (Warenderivate/Waren-Spot-Kontrakte nach § 2 Abs. 36/Abs. 6 WpHG, Art. 2 Nr. 30 MiFIR, Art. 3 Abs. 1 Nr. 24/Nr. 15, Art. 7 MAR), **Emissionsberechtigungen** (Emissionszertifikate/ Auktionsobjekte) und **ausländische Zahlungsmittel** nach § 51 BörsenG.

» ***Zulässige Handlungen*** « und »*sicheren Häfen*« (»**safe harbour**«) sind als »*legitime Handlungen*« oder »*Offenlegungs-Berechtigungen*« in den Art. 5, 6 und 9 bis 11 MAR ausdrücklich geregelt und umschrieben. Hervorzuheben sind neben Aktienrückkauf- und Kursstabilisierungsmaßnahmen (Art. 5) vor allem die Weitergabe an Berechtigte und zur Marktsondierung (Art. 10, 11) und – als Voraussetzung hierfür – die detaillierten Anforderungen an interne Regelungen zur Sicherstellung der Marktintegrität (Art. 9).

Die strafrechtliche Ahndung der Verstöße gegen Insiderverbote sichert so die Funktionsfähigkeit der Kapitalmärkte durch Gewährleistung der (jedenfalls potentiell) gleichen Informationsmöglichkeit aller Marktbeteiligten. Soweit der Emittent Wissensvorsprünge hat, liegt es an ihm, den Verbotsbereich aufzuheben, indem er sein Wissen an den Markt weitergibt. Wie schon nach altem deutschen Recht (§§ 15, 39 WpHG a.F.) hat auch der europäische Verordnungsgeber diese Möglichkeit als (bußgeldbewehrte) Pflicht (»**ad-hoc-Meldung**«) ausgestaltet. Diese gilt auch für Freiverkehrs-Emittenten, wenn diese eine Zulassung zum Handel auf einem multilateralen Handelssystem in einem Mitgliedstaat beantragt oder erhalten haben (Art. 17 Abs. 1, UnterAbs. 3 MAR[795]; zur möglichen Strafbarkeit s. Rdn. 331).

ee) Weitere zentrale Begriffe und Erscheinungsformen des Insiderstrafrechts

Insider-Handelsverbot: Verboten waren nach § 14 WpHG a.F. der *Erwerb und* das *Veräußern* von *Insiderpapieren* (die in § 12 WpHG a.F. definiert waren). Nach aktuellem Recht ist das **Tätigen** (und der Versuch hierzu) von **Insidergeschäften** entgegen **Art. 14 lit. a MAR** verboten und das Zuwiderhandeln nach § 119 Abs. 3 WpHG strafbar. 326

Insidergeschäfte sind nach **Art. 8 Abs. 1 Nr. 1 MAR** der Handel auf eigene und fremde Rechnung (einschließlich Auftragsänderung und -stornierung sowie die Abgabe von Auktionsgeboten) in Bezug auf **Finanzinstrumente**.

Finanzinstrumente werden für die Rechtsgebiete der Rechnungslegung, der Bankenaufsicht u.a. unterschiedlich definiert. **§ 2 Abs. 4 WpHG** zählt diejenigen des WpHG in 7 Einzelkategorien enumerativ auf, wobei insbesondere Wertpapiere, Investmentanteile, Geldmarktinstrumente (auch als Derivate, § 2 Abs. 3 WpHG) bedeutsam sind[796]. Schutzobjekte des Manipulationsstrafrechtes sind nach § 119 Abs. 1 Nr. 1 und 2 neben den *Finanzinstrumenten* (mit verbundenen Waren-Spot-Kontrakten) auch (bestimmte) *Waren* und *ausländische Zahlungsmittel* (Nr. 3), nach Nr. 4 *Referenzwerte* (Art. 3 Abs. 1 Nr. 29 MAR) und nach Abs. 2 *Treibhausgaszertifikate*.[797]

---

793 Vgl. das hierzu ergangene »*Europäisches Grundsatzurteil*«, EUGH, Urt. v. 23.12.2009, C-45/08 (ZIP 2010, 78), i.d.S. der belgischen *Spector Photo Group NV und* EuGH, Urt. v. 28.06.2012, C-19/11 (NJW 2012, 2787, 2788 [Geltl]. Eine »*widerlegbare Vermutung*« würde zwar eine unzulässige Beweislastumkehr bedeuten und kann insoweit dem deutschen Strafrecht nicht zugrunde gelegt werden. Das Urteil weist aber auf gewichtige Indizien für die Überzeugungsbildung auch des deutschen Strafrichters hin.

794 Näher *Vaupel/Oppenauer,* Zur Strafbarkeit eines unterlassenen, verspäteten oder verfrühten Aufschubs von der Ad-hoc-Veröffentlichungspflicht, AG 2019, 502 (503, 508).

795 Informativ auch zu Vermeidungsstrategien *Klöhn*, AG 2016, 423, 426.

796 Statt aller: Assmann/Schneider/Mülbert/*Assmann*, Wertpapierhandelsrecht, 8. Aufl. 2023, § 2 Rn. 82 ff.

797 Assmann/Schneider/Mülbert/*Spoerr,* Wertpapierhandelsrecht, 8. Aufl. 2023, § 119 Rn. 41 ff.

Insider-Informationsverstoß: Verboten ist nach Art. 12 Abs. 1 lit. c) und d) MAR das *Empfehlen, Anstiften, Offenlegen,* das *Verbreiten* oder *Übermitteln* von (falschen oder irreführenden) *Informationen* oder *Angaben;* das Zuwiderhandeln ist nach § 119 Abs. 3 Nr. 2 und 3 WpHG strafbar.

Primär-/Sekundärinsider

– *Primärinsider* sind – entsprechend der Regelung in § 38 Abs. 1 WpHG a.F. – nach Art. 8 Abs. 4 UnterAbs. 1 MAR alle Personen, die unmittelbaren Zugang zur Insiderinformation haben oder über diese verfügen (gesellschaftsbezogene Funktionen, die beruflich bestimmungsgemäß Kenntnis Erlangenden, die am Emittenten und die an kriminellen Handlungen Beteiligten);
– *Sekundärinsider* ist nach Art. 8 Abs. 4 UnterAbs. 2 MAR jeder, der eine Insiderinformation *»unter anderen Umständen als nach Unterabsatz 1 besitzt und weiß oder wissen müsste, dass es sich dabei um Insiderinformationen handelt«.* Für die Insiderstraftat muss sich allerdings der *Vorsatz* auch auf die Kenntnis der Insiderinformation beziehen.

Die durch das **EU-Recht** formulierten **Insiderhandlungen** ergeben für das **deutsche Insiderstrafrecht keine Änderung** der **Erscheinungsformen:**

– **»klassischer Insiderhandel«** – der Insider handelt unter Ausnutzung der Kenntnis der Insiderinformation und wirkt so auf den Preis ein)
– **»Frontrunning«** – der Insider handelt unter Ausnutzung der Kenntnis von der Order eines Dritten, die geeignet ist, den Kurs der betreffenden Insiderpapiere im Fall ihres Bekanntwerdens erheblich zu beeinflussen [*Insiderinformation*] und wirkt so auf den Preis ein)
– Unbefugte **Weitergabe** als (aktive/passive) Empfehlung/Verleitung, nunmehr als »*Offenlegung* « **bzw.** »*Anstiftung* « hierzu.[798]
– Das klassische **»Scalping«** (*der Insider handelt unter Ausnutzung der Kenntnis von der bevorstehenden [auch eigenen] Abgabe einer das Finanzinstrument betreffenden Bewertung oder Empfehlung, die geeignet ist, deren Kurs oder Notierung im Fall ihres Bekanntwerdens erheblich zu beeinflussen [Insiderinformation] und wirkt so auf den Preis ein*[799] – ist unter strafrechtlichen Gesichtspunkten nicht als Insiderverstoß, sondern als Manipulation zu prüfen (Rdn. 333).

ff) Zum Insiderhandel

▶ **Beispiele**

327 (1) Der Beschuldigte ist Mitglied des Vorstandes einer AG. Er lässt eine Verkaufs-Order durch seine Ehefrau über 31 Aktien zum Preis von 215,10 EUR erteilen, nachdem er im Vorstand Kenntnis von einer Verschlechterung der Ertragserwartung erlangt, die am nächsten Tag mittels einer *»ad-hoc-Meldung«* (§ 15 WpHG) publiziert werden soll, worauf der Aktienpreis auf 130 EUR fällt. Bei der Durchsuchung gibt er an, hiervon nichts gewusst zu haben, seine Ehefrau sei wohl von dem Depotführer bei der Bank zu dem Verkauf bestimmt worden. Der Betrag sei auch zu unbedeutend, als dass er sich damit beschäftigt habe. Die dann noch zeitgleich erfolgte Durchsuchung bei der Bank und Vernehmung des Bankmitarbeiters ergab, dass die Ehefrau den Auftrag ausdrücklich »auf Wunsch ihres Mannes dringend« für diesen Tag erteilt hat.

(2) Das Mitglied des Vorstandes einer AG gibt eine (positive) Ertragsentwicklung, die für einen publizitätspflichtigen Abschluss gerade festgestellt worden ist, gegenüber einzelnen Journalisten bei so genannten »Hintergrundgesprächen« vorab bekannt.

(3) Der Vorstand A, der selbst und mit Familienmitgliedern 80 % der Aktien einer börsennotierten Familien-AG hält, beabsichtigt, den Mehrheitsanteil zu veräußern. Er gewährt

798 Nach Art. 1 Nr. 8, 2. FiMaNoG wird *»anstiftet«* durch *»verleitet«* ersetzt.

799 Nach der ausdrücklich auf die europäische Normsetzung rekrutierende Entscheidung des 1. Strafsenats des BGH im Fall *»OPEL«* (BGH, Urt. v. 06.11.2003, 1 StR 24/03, BGHSt 48, 373, NJW 2004, 302, NStZ 2004, 285, wistra 2004, 109) ist dies kein Fall des Insiderhandels, aber strafbare Kurspreismanipulation.

einem Interessenten B, der schon ein Paket von 15 % der Aktien dieser Gesellschaft hält, vollständigen Einblick in die Bücher der Unternehmung, wonach dieser von einigen Insidertatsachen Kenntnis erlangt. B entscheidet hierauf, die Aktien nicht zu kaufen, mehr/weniger als beabsichtigt zu kaufen, er verkauft sein Paket. Ein Sohn des A, der von den Absichten und der Kenntnis durch B erfährt, handelt bezüglich seines Paketes selbst.

(4) Vorstand und Aufsichtsrat einer AG wandten sich voller Empörung an die Staatsanwaltschaft Stuttgart. Ein Rechtsanwalt G aus F. habe ihnen schriftlich mitgeteilt, er »vertrete schwerpunktmäßig geschädigte Anleger gegen Organe von Aktiengesellschaften, die sich unter Ausnutzung von Insiderwissen des Börsenbetruges schuldig gemacht haben. Insofern dürfe er auf mehrere Dutzend Fälle eingeleiteter Verfahren in Stuttgart verweisen, die nicht nur zu einer 100 %-igen Haftung des Vorstandes einer AG, sondern auch zu dessen Verhaftung und Verurteilung durch eine Wirtschaftsstrafkammer in Stuttgart geführt hätten. Zu seinem persönlichen Bedauern müsse er mitteilen, dass er beauftragt sei, Strafanzeige wegen Verdachts von Insiderstraftaten zu stellen und Schadensersatzklagen zu erheben. Vorher wolle er aber noch Gelegenheit zu einer Stellungnahme geben«. Bei einer Besprechung mit diesem Anwalt, bei der neben dem Vorstandsvorsitzenden der betroffenen AG auch deren Syndikus teilnahm, macht der Anwalt deutlich, dass er »üblicherweise in solchen Fällen von außergerichtlicher Einigung absehe und in vergleichbaren Fällen sofort mit Staatsanwalt Dr. Richter in Kontakt trete. Hier könne er jedoch eine Ausnahme machen. Wenn für 25.000 Stück der betroffenen Aktie je 7 Euro bezahlt werden würden, seien alle Forderungen abgegolten und er werde auch keine weiteren Mandate in dieser Sache annehmen«.
Die erfolgte Durchsuchung bei Rechtsanwalt G. ergab, dass dessen Verlobte, die sich auf ihr Aussageverweigerungsrecht berief, 500 Aktien besaß; RA G. behauptet eine mündliche Beauftragung. Erpressung – hier nur im Versuch – gem. § 253 StGB? Die Anzeigeerstatter waren der Ansicht, eine Insiderstraftat läge bei ihnen nicht vor. Zwar hätten sie Aktien ihres Unternehmens in Kenntnis der kursrelevanten Verschlechterung ihrer Ertragssituation vor der erforderlichen ad-hoc-Mitteilung *zur Kurssicherung gekauft*. Dies jedoch nicht, um damit Gewinne zu erwirtschaften. Im Gegenteil, hätten sie erhebliche Verluste in Kauf genommen, um den Kurs ihrer Aktie zu stützen und ihre Aktionäre vor Verluste zu bewahren. Dies sei letztlich zwar gescheitert. Eine *Insiderstraftat* könne doch *nur* vorliegen, wenn sie durch rasche *Verkäufe Gewinne* gemacht/angestrebt oder doch wenigstens Verluste hätten vermeiden wollen. Insiderstraftat?

gg) Zum Manipulationsstrafrecht

Das Manipulationsstrafrecht hat mit dem AnSVG und dem 1. FiMaNoG jeweils gravierende Änderungen erfahren. Nachfolgend soll nur der Stand der Gesetzgebung seit 03.01.2018 im Detail vorgestellt und wegen der vorangegangen Änderungen auf die Vorauflage verwiesen werden. 328

Rechtslage ab 03.01.2018 (aktuelles Recht!) 329

§ 119 WpHG
[800] **Strafvorschriften**

(1) Mit Freiheitsstrafe bis zu 5 Jahren oder mit Geldstrafe wird bestraft, wer eine in **§ 120 Abs. 2 Nr. 3** oder **Absatz 15 Nr. 2** bezeichnete **Handlung begeht** und **dadurch einwirkt** auf … (den **Börsen- oder Marktpreis** eines Finanzinstrumentes, einer Ware oder Emissionsberechtigung, die Berechnung eines Referenzwertes …)

(7) Der Versuch ist strafbar.

---

800 In Kr. seit 03.01.2018; i.d.F. v. 23.06.2017 i.d.F. des Art. 3 Nr. 122, G v. 23.06.2017, BGBl. I, 1693, 2. FiMaNoG v. 23.06.2017, BGBl. I, 1693.

(8) Mit Freiheitsstrafe von **1 Jahr bis zu 10 Jahren** wird bestraft, wer in den Fällen des Absatzes 1 Nr. 2
1. **gewerbsmäßig** oder als Mitglied einer **Bande** ….
2. in Ausübung seiner Tätigkeit für … **Finanzaufsichtsbehörde** …

(1) **Ordnungswidrig** handelt, wer vorsätzlich oder leichtfertig …

3. entgegen § 25 in Verbindung mit Artikel 15 der Verordnung (EU) Nr. 596/2014 eine Marktmanipulation begeht.

(15) **Ordnungswidrig** handelt, wer gegen die Verordnung (EU) Nr. 596/2014 verstößt, indem er vorsätzlich oder leichtfertig

Nr. 2 entgegen Artikel 15 eine Marktmanipulation begeht, …

§ 12 WpHG verbietet den Adressaten aufsichtsrechtlicher Maßnahmen der BaFin zur Aufklärung des Verdachts von Insider- (Art. 15 MAR) und Manipulationshandlungen (Art. 14 MAR) hierauf bezogene Informationen an außenstehende Dritte weiter zu geben.

Artikel 15 MAR – Verbot der Marktmanipulation

Marktmanipulation und der Versuch hierzu sind verboten.

Artikel 12 MAR definiert als Marktmanipulation den Geschäftsabschluss/die Erteilung eines Handelsauftrags und »jede andere Handlung«, wenn diese *falsche oder irreführenden Signale* hinsichtlich des *Angebots/der Nachfrage/des Preises* geben oder Geschäftsabschlüsse (u.a.) unter *Vorspiegelung falscher Tatsachen oder unter Verwendung sonstiger Kunstgriffe* den Kurs *beeinflusst* haben oder *hierzu geeignet* sind,

es sei denn (der Handelnder weise nach), dass dem Geschäft/Auftrag/der Handlung *legitime Gründe* zugrunde liegen und diese **im Einklang mit der zulässigen Marktpraxis** (ZMP) gemäß **Artikel** 13 steht.

Artikel 13 MAR regelt die Voraussetzungen einer ZMP (zulässigen Marktpraxis).

331 Wie schon nach altem Recht (**§§ 38 Abs. 2, 39 Abs. 1 Nr. 1, 2 und Abs. 2 Nr. 11 WpHG a.F. mit Verweis auf § 20a Abs. 1 S. 1 WpHG a.F.**) handelt es sich auch bei der Marktmanipulation des gegenwärtigen Rechtes um ein **Erfolgsdelikt**: Strafbar war und ist das (vorsätzliche) **Einwirken** auf den **Börsen- oder Marktpreis** mit »***Einwirkungserfolg***«. Dieser kann sich in einer (Kurs-)**Erhöhung/Minderung**, aber auch darin manifestieren, dass sich der Kurs **nicht ändert**, obwohl er sich ohne die »Einwirkung« (noch oben *oder* unten) Falschangaben gegenüber dem Registergericht. Der **Versuch** der Marktmanipulation ist nunmehr grundsätzlich, **Fahrlässigkeit** (in der Form der Leichtfertigkeit) nur noch in einem Sonderfall der *Treibhausgasemissionszertifikate* (s. Rdn. 324) strafbar (im übrigen bußgeldbewehrt).

Manipulationshandlungen sind nach wie vor:

(1) Das Machen **unrichtiger oder irreführender Angaben** über bewertungsrelevante Umstände, wenn diese zur **Kursbeeinflussung geeignet** sind *und* **eingewirkt haben (informationelle Einwirkung)**.

(2) Die **Vornahme von Geschäften** oder Erteilung von Kauf- oder Verkaufangeboten mit der **Eignung, falsche oder irreführende Signale** für das Angebot, die Nachfrage oder den Kurs von Finanzinstrumenten zu geben oder ein künstliches Preisniveau herbeizuführen (**handelsbezogene Einwirkung**).

(3) Jede **sonstige Täuschungshandlung** mit Kursbeeinflussungseignung – also solche Handlungen, die geeignet sind, einen verständigen Anleger über Angebot und Nachfrage an einer Börse (oder relevantem Markt) in die Irre zu führen – wenn sie dadurch auf den Preis **einwirken.**

Hinzuweisen bleibt auf die bereits zum Insiderrecht vorgestellte Ausdehnung des Schutzbereiches und die durchgehende Versuchsstrafbarkeit (oben Rdn. 323 ff.). Dies gilt auch für das Manipulationsstrafrecht, in dem die Fahrlässigkeit (in Form der Leichtfertigkeit) ebenfalls (weitgehend) dem Ordnungswidrigkeitenrecht zugeordnet ist. Der von der Strafrechtspraxis seit langem (auch wegen der erweiterten StPO-Möglichkeiten) geforderte **Verbrechenstatbestand** (§ 38 Abs. 5 WpHG) betrifft – neben den Mitarbeitern der Aufsichtsbehörden – die **gewerbs- und bandenmäßige** Begehung der Manipulation und damit weite Felder der gegenwärtig bekannten (Manipulations-)Kriminalität.

Ausdrücklich nicht mehr von der Strafnorm erfasst ist das **Verschweigen bewertungsrelevanter Umstände »entgegen bestehender Rechtsvorschriften«** mit der Unterlassensfolge der Preiseinwirkung (§ 20a Abs. 1 Nr. 1 Alt. 2 WpHG a.F.). Nennenswerte Ahndungslücken entstehen hierdurch jedoch nicht, weil sich die (Unterlassens-)Strafbarkeit jedenfalls in den relevanten Fallgestaltungen der unterlassenen *ad-hoc-Mitteilung* (Art. 17 Abs. 1 Nr. 1 MAR), des *Director's Dealing/Manager's Transaction* (§ 15a WpHG) und der *Insiderlisten* (Art. 18 Abs. 1 Mar) aus § 13 StGB ergibt.[801]

Eine Konkretisierung erfahren die erwähnten »Signale«, die »Täuschungshandlungen« und »fiktiven Geschäfte« durch die MaKonV (§§ 3 und 4). Wichtig sind nach wie vor die insoweit ebenfalls konkretisierten **Ausnahmen** vom Verbotsbereich[802], die **zulässige Marktpraxis (ZMP**, in **Art. 13 MAR)** und **legitime Gründe des Handelnden** (in **Art. 12 MAR**). Diese »**safe harbour**-Regelungen« werden durch die nationalen Aufsichtsbehörden (in Deutschland die BaFin) festgelegt, wobei der europäischen Aufsicht, der ESMA[803], »koordinierende« Funktion zukommt, weshalb diese für Einigungsmängel letztlich zuständig ist (Art. 13 Abs. 3 MAR).

Zur Praxisrelevanz: 332

In der **strafrechtlichen Praxis**[804] treten Manipulationsstraftaten insbesondere in Form des »pumping and dumping« bzw. als »wash sales«, aber auch durch komplexe bandenmäßig oder auch mittels krimineller Vereinigungen betriebene »Manipulationsringe« – eine Vielzahl von Gesellschaften, die im Wesentlichen nur gegenseitig Aktien handeln, um deren Preis »hoch zutreiben«, wobei die den Handel Betreuenden (»Designated Sponsor«) und »Analysten« eingebunden werden – auf. Phänomene, wie sie schon vom »Neuen Markt« Anfang der 90er Jahre bekannt sind, unterfallen nunmehr regelmäßig dem soeben erwähnten Verbrechenstatbestand des § 38 Abs. 5 Nr. 1 WpHG.

▶ **Beispiele**

1. **B**, Mitarbeiter der **örtlichen KSK**, kauft 115.000 Stück der E-Aktie, beginnend mit einem Preis von 0,055 €. Danach gibt er zeitlich abgestimmt mit Marktfernen Preisen limitierte Kauf- und Verkaufsorder zum jeweils gleichen Preis ab. Der Kurs verändert sich auf letztlich 0,36 €. B erleidet letztlich einen Verlust (strafbare **Manipulationshandlung** durch **sonstige Täuschungshandlung** – sog. »wash sales« als »pumping and dumping«).
2. **L**, der **Leiter des Nostrohandels der Genossenschafts-Bank G**, richtet auf den Namen seiner Freundin F unter Verstoß gegen Compliance-Regeln Depots bei anderen Banken ein und gibt entsprechende gegenläufige Order ab (s.o.), tätigt aber zwischendurch immer wieder Käufe für seine Bank (neben **Manipulationsstraftat** durch **sonstige Täuschungshandlung** durch L – sog. »matched orders« – ist regelmäßig auch **Untreue gem. § 266 StGB** zum Nachteil der Bank verwirklicht, was zu entsprechenden Schadensersatzansprüchen der Bank führt –§§ 823 Abs. 2 BGB i.V.m. § 266 StGB).

---

801 Str. vgl. *Richter*, WM 2017, 1636 ff.; a.A. *Sajnovits/Wagner*, WM 2017, 1189 ff.; differenzierend beim Vorliegen von Selbstbefreiungsvoraussetzungen (Art. 17 Abs. 4 S. 1 Mar) *Park/Wagner*, wistra 2019, 306; *Günther*, Die Strafbarkeit der Marktmanipulation durch Unterlassen, in Bergmann (Hg.), Europäisiertes Kapitalmarktstrafrecht, 2020, 103 ff. mit Hinweis auf die Bußgeldbewehrung nach § 120 Abs. 15 Nr. 2 WpHG bei fehlendem Einwirkungserfolg.

802 Näher Schwark/Zimmer/*Zimmer/Bator*, Kapitalmarktstrafrecht, MAR Art. 13 Rn. 1 ff.

803 Vgl. das hierzu ergangene »*Europäisches Grundsatzurteil*« – EUGH, Urt. v. 23.12.2009, C – 45/08, ZIP 2010, 78, i.d.S. der belgischen *Spector Photo Group NV.* Eine »*widerlegbare Vermutung*« würde zwar eine unzulässige Beweislastumkehr bedeuten und kann daher dem deutschen Strafrecht nicht zugrunde gelegt werden. Das Urteil weist aber auf gewichtige Indizien für die Überzeugungsbildung des deutschen Strafrichters hin. Vgl. auch OLG Stuttgart ZIP 2007, 481 – Aufhebung BGH, Beschl. v. 25.02.2008, II ZR 9/07; OLG Stuttgart, Beschl. v. 22.04.2009 – 20 Kap 1/08; OLG Frankfurt/Main, Beschl. v. 12.02.2009, 2 Ss OWi 514/08 und den Vorlagebeschluss zum EuGH – BGH, Beschl. v. 22.11.2010, II ZB 7/09.

804 Eingehend zu den Erscheinungsformen *Schröder*, Handbuch Kapitalmarktstrafrecht, Rn. 487 ff.

3. Der **Fonds-Manager F der P-Privatbank** wünscht einen bestimmten (deutlich erhöhten) Preis der A-Aktie zum Bewertungsstichtag seines Fonds. Er bespricht mit dem **Händler H**, der den Handel für diesen **Bankensektor** abwickelt, die Kauf-Strategie, mittels abgestimmter Marktferner Angebote am Stichtag den Zielkurs zu erzielen (strafbare **Manipulation** durch »effektive Geschäfte« durch F, **Beihilfe** hierzu durch H).

333 Zu den besonders relevanten Fällen des in Art. 12 Abs. 2 lit. d. MAR umschriebenen »**Scalping**«[805] (Empfehlungen unter Täuschung über das eigene Interesse durch Verschweigen oder Verschleiern der selbst gehaltenen Papiere) hatte der BGH in mehreren erfreulich klaren Entscheidungen zum alten Recht nicht auf die »innere Absicht« der (nachfolgenden) Empfehlung als Insiderstraftat, sondern auf die Täuschungshandlung durch unrichtige Angaben über die Interessenlage der Empfehlenden als (informationsgestützte) Manipulationshandlung abgestellt.[806] Nach dieser – zutreffenden – Rechtsprechung genügen die Strafnormen dem verfassungsrechtlichen Bestimmtheitsgebot. Insoweit – aber auch bei abgesprochenen Geschäften (»prearranged trades« oder auch »matched orders«) – ist danach ein über die **Einwirkung auf den** jeweils an der Börse festgesetzten **Preis** hinausgehender *Taterfolg* – etwa in Form eins Irrtums bei sonstigen Marktteilnehmern – *nicht erforderlich.*[807] Schließlich hat diese Rechtsprechung – für die Verfolgungspraxis besonders bedeutsam – ausgeschlossen, dass »pauschale Disclaimer« einen bestehenden Interessenkonflikt nicht beseitigen[808] und die (kurze) presserechtliche Verjährung oder eine Privilegierung von »Finanzanalysten« eingreift. Es gelten im Übrigen die allgemeinen Regeln der gegenseitigen Zurechnung der Tatbeiträge bei Mittäterschaft gem. § 25 Abs. 2 StPO.

Auch hieran ändert das neue Recht nichts. Zwar bestimmt Artikel 9 Abs. 5 MAR, dass »die bloße Tatsache, dass eine Person ihr Wissen darüber, dass sie beschlossen hat, Finanzinstrumente zu erwerben oder zu veräußern, beim Erwerb oder der Veräußerung dieser Finanzinstrumente verschweigt, an sich noch keine Nutzung von Insiderinformationen« darstellt. Da die Norm aber lediglich auf Art. 8 und 14 MAR – mithin auf das Insider- und nicht auf das Manipulationsstrafrecht – verweist, schränkt sie die Strafbarkeit der Manipulation aus Art. 12 Abs. 2 lit. d MAR gerade nicht ein. Dieser umschreibt das **typische Scalping**: Als verbotene und strafbare Manipulation definiert ist die »*Ausnutzung eines … Zugangs zu … Medien durch Abgabe einer Stellungnahme … wobei zuvor Positionen bei diesem Finanzinstrument … eingegangen wurden und schließlich Nutzen aus den Auswirkungen der Stellungnahme auf den Kurs dieses Finanzinstrumentes … gezogen wird, ohne dass der Öffentlichkeit gleichzeitig dieser Interessenkonflikt ordnungsgemäß und wirksam mitgeteilt wird*«, definiert ist. Den in der Praxis auftretenden Fällen liegt regelmäßig bandenmäßige Begehung zugrunde – jedenfalls sind insoweit kaum Fälle denkbar, bei denen nicht »Gewerbsmäßigkeit« angenommen werden muss, weshalb dann der besonders schwere Fall mit dem **Strafrahmen** von einem Jahr bis zehn Jahre Freiheitsstrafe zugrunde zu legen ist.

3. Außenwirtschaftsstrafrecht und Kriegswaffenkontrollgesetz

334 Mit dem Gesetz zur Modernisierung des Außenwirtschaftsstrafrechts vom 06.06.2013 wurde das AWG vom 28.04.1961 aufgehoben und das Deutsche Außenwirtschaftsrecht grundlegend reformiert[809]. Dies beinhaltet auch eine Neustrukturierung der Straf- und Bußgeldvorschriften, die zum 01.09.2013 in Kraft trat (Art. 4 des Gesetzes vom 06.06.2013, BGBl. I S. 1482 ff.). Weitere Anpassungen erfolgten durch Gesetz v. 20.07.2017 (BGBl. I S. 2789) sowie – jüngst – durch Gesetz

---

805 S. oben Rdn. 326; näher Park/*Saliger*, Kapitalmarktstrafrecht, 5. Aufl. 2019, WpHG, Rn. 179 ff.
806 BGH, Urt. v. 06.11.2003 – 1 StR 24/03, BGHSt 48, 373; BGH, Urt. v. 127.11.2013, BGHSt 59, 80; BGH, Beschl. v. 04.12.2013 – 1 StR 106/13, BGHSt 59, 105; BGH, Beschl. v. 250.2.2016 – 3 StR 142/15; *Trüg*, NZG 2016, 820 ff.
807 *Richter* WM 2017, 1636 ff.
808 BGH, Beschl. v. 04.12.2013 – 1 StR 106/13, NJW 2014, 1896 mit Anm. *Brand* NJW 2014, 1900 ff.
809 Vgl. dazu *Oehmichen* NZWiSt 2013, 339 ff.; Niestedt/*Trennt* BB 2013, 2115 ff.; *Klötzer-Assion* WiJ 2013, 134 ff.

v. 12.12.2019 (BGBl. I S. 2602). Gegenstand der jüngsten Reform war § 18 AWG, wo nunmehr (seit 01.01.2020) auch die Nichtbefolgung von in Verwaltungsakten konkretisierten Pflichten pönalisiert ist (vgl. auch unten Rdn. 337).

Unverändert blieb dabei das KrWaffKontrG vom 22.11.1990 (BGBl. I S. 2506) und das Ausführungsgesetz vom 02.08.1994 zum Chemiewaffenübereinkommen vom 13.01.1993 (BGBl. II S. 807 ff.), die Spezialgesetze zum AWG sind.

a) Außenwirtschaftsgesetz

Die Straftaten sind in den §§ 17, 18 AWG geregelt (früher: § 34 AWG a.F.) und die Ordnungswidrigkeiten in § 19 AWG (früher: § 33 AWG a.F.)[810]. 335

Es handelt sich um Blankett-Normen, die durch die AWV und EU-Verordnungen ausgefüllt werden[811].

Systematik der Straf- und Bußgeldvorschriften:

§ 17 AWG Embargoverstöße 336

– § 17 AWG stellt Verstöße gegen bestehende Waffenembargos unter Strafe.

Abs. 1 sieht bei vorsätzlicher Begehung einen Strafrahmen von 1 bis 10 Jahren vor, damit ist die Tat als Verbrechen qualifiziert.

Abs. 5 ahndet auch die leichtfertige Tatbegehung, d.h. den gesteigerten Grad von Fahrlässigkeit,[812] mit einem Strafrahmen bis zu 3 Jahren Freiheitsstrafe oder Geldstrafe; es handelt sich damit um ein Vergehen.

Qualifikationen enthalten die Abs. 2 und 3: es sind dies die Einschaltung ausländischer Nachrichtendienste in den Beschaffungsvorgang und die gewerbsmäßige und bandenmäßige Tatbegehung. Der Strafrahmen erhöht sich auf 15 Jahre. Hierbei ist noch folgende Besonderheit zu beachten: § 17 Abs. 2 Nr. 2 AWG sieht für das gewerbsmäßige **oder** bandenmäßige Handeln eine Mindeststrafe von 1 Jahr Freiheitsstrafe vor. Bei Zusammentreffen beider Qualifikationstatbestände (Abs. 3: »Als Mitglied einer Bande, die sich zur fortgesetzten Begehung solcher Taten verbunden hat, gewerbsmäßig handelt«) erhöht sich das Mindestmaß der Freiheitsstrafe auf 2 Jahre.

Der Abs. 4 sieht für den minderschweren Fall eine Strafrahmenreduzierung von 3 Monaten bis 5 Jahre vor.

Abs. 6 stellt dem Handeln ohne Genehmigung nach Abs. 1 die durch Täuschung, Bestechung, Kollusion oder durch unvollständige Angaben erschlichene Genehmigung gleich.

§ 18 AWG Weitere Straftatbestände 337

– § 18 AWG enthält die Strafvorschriften für sonstige Handlungen. Es handelt sich bei einem Strafrahmen bis zu 5 Jahren ausnahmslos um Vergehenstatbestände. Die Strafbarkeit setzt vorsätzliches Handeln voraus, Fahrlässigkeit führt nur zur Ordnungswidrigkeit (s.u. Rdn. 338).
– Abs. 1 betrifft Verstöße gegen europäische Rechtsakte, die der Durchsetzung einer im Bereich der gemeinsamen Außen- und Sicherheitspolitik erlassenen wirtschaftlichen Sanktionsmaßnahme dienen.
– Abs. 1a sieht nunmehr eine Pönalisierung entsprechend Abs. 1 im Falle einer Zuwiderhandlung gegen eine vollziehbare Anordnung nach § 6 Abs. 1 S. 2 AWG vor (BGBl. I S. 2602). Damit kann auch die Zuwiderhandlung gegen durch Verwaltungsakt festgesetzte Pflichten zur Straftat werden.
– Abs. 1b sanktioniert Verstöße gegen die Handlungsverbote aus § 15 Abs. 4 AWG.

---

810 *Klötzer-Assion* WiJ 2013, 134.
811 *Klötzer-Assion* WiJ 2013, 134.
812 *Fischer* § 15 Rn. 35.

- Abs. 2 ahndet Verstöße gegen nationale Genehmigungserfordernisse nach der Außenwirtschaftsverordnung.
- Abs. 3 betrifft den Verstoß gegen Ein- und Ausfuhrverbote für den Handel mit Rohdiamanten nach der EU-Kimberly-Verordnung (ABl. L 358 vom 31.12.2002, 28; L 27 vom 30.01.2004, 57).
- Abs. 4 regelt die Verstöße gegen die EU-Anti-Folter-Verordnung (ABl. L 30 vom 31.1.2019, 1).
- Abs. 5 enthält die Strafbewehrung von Verstößen gegen die Dual-use-Verordnung (ABl. L 206 vom 11.6.2021, 1).
- Abs. 5a sanktioniert den Verstoß gegen die Anzeigepflicht nach Artikel 2 Abs. 2 Buchstabe a der EU-Verordnung Nr. 269/2014.
- Abs. 6 stellt den Versuch unter Strafe.
- Abs. 7 und 8 enthalten Qualifikationstatbestände, wie sie auch in § 17 Abs. 2 und 3 enthalten sind; mit der Besonderheit der nochmaligen Erhöhung der Mindeststrafe auf 2 Jahre (Abs. 8), wenn bandenmäßige **und** gewerbsmäßige Begehung zusammenfallen.
- Weiter enthalten ist in Abs. 7 Nr. 3 der Qualifikationstatbestand für Handlungen i.S.d. Abs. 1, die sich auf Entwicklung, Herstellung, Wartung oder Lagerung von Flugkörpern für ABC-Waffen oder sonstige Kernsprengkörper beziehen.
- Abs. 9 stellt wie § 17 Abs. 6 das Erschleichen einer Genehmigung dem Fehlen einer Genehmigung gleich.
- Ein persönlicher Strafausschließungsgrund ist in § 18 Abs. 11 enthalten: erfolgt eine Handlung nach § 18 Abs. 1 in Unkenntnis eines Verbots oder eines Genehmigungserfordernisses aufgrund eines EU-Rechtsaktes, so entfällt eine Strafbarkeit, wenn der Verstoß innerhalb von 2 Werktagen nach Veröffentlichung des Rechtsaktes im Amtsblatt der EU erfolgt ist[813] Eine entsprechende Regelung findet sich in Abs. 12 für Fälle der Zuwiderhandlung gegen Anordnungen nach Abs. 1a. Abs. 13 enthält nunmehr einen auf Abs. 5a zugeschnittenen persönlichen Strafaufhebungsgrund.

338 Ordnungswidrigkeiten

Eine fahrlässige Begehung der in § 18 Abs. 1 bis 5a genannten Handlungen begründet eine bußgeldbewehrte Ordnungswidrigkeit, § 19 Abs. 1.

Abs. 2 bis 6 enthalten insbesondere die Verletzung von Angabe-, Auskunfts-, Melde-, Anzeige- und Erklärungspflichten[814].

Nicht mehr bußgeldbewehrt sind Versuchshandlungen[815].

339 Selbstanzeige

Für die Fälle der Ordnungswidrigkeiten nach § 19 Abs. 3 bis 5 existiert seit 2013 in § 22 Abs. 4 eine Regelung, mit der ein Bußgeld vermieden werden kann. Danach wird die objektiv und subjektiv begangene Ordnungswidrigkeit nicht verfolgt, wenn
- der Verstoß im Weg der Eigenkontrolle aufgezeigt,
- dies der zuständigen Behörde angezeigt und
- angemessene Maßnahmen zur Verhinderung eines Verstoßes aus gleichem Grund getroffen wurden.

Diese Neuregelung wird sicherlich in Zukunft von großer praktischer Bedeutung sein. Eine Reihe von Fragen ist dabei noch ungeklärt:
- Es beginnt mit der rechtlichen Einordnung: Handelt es sich hier um einen persönlichen oder sachlichen Ausschließungsgrund? Bleibt also nur der Anzeigende selbst oder auch jeder Teilneh-

813 Kritisch zur Kürze dieser Frist *Oehmichen* NZWiSt 213, 339 (345); *Niestätt/Trend* BB 2013, 2115 (2118); DIHK BT-Drs. 17/12101, 7; *Hohmann* BT-Drs. a.a.O., 8.
814 Einzelheiten s. *Oehmichen* NZWiSt 2013, 339 (344); Volk/*Knierim*/Oehmichen, § 27 Rn. 101 ff.
815 Vgl. Volk/*Knierim*/Oehmichen § 27 Rn. 101.

mer von einer bußgeldrechtlichen Ahndung verschont?[816] Es wird sich empfehlen, den Personenkreis möglichst weit zu fassen und alle möglichen Beteiligten als Erklärende zu benennen. Gilt die Regelung des § 22 Abs. 4 AWG n.F. nur für die unter der Geltung der neuen Vorschriften begangenen Ordnungswidrigkeiten oder gilt die Selbstanzeigemöglichkeit auch für solche Ordnungswidrigkeiten, die vor Inkrafttreten der Neufassung begangen worden sind und jetzt den Tatbestand des neu gefassten § 19 Abs. 2 bis 5 AWG erfüllen?[817]
- Erfasst § 22 Abs. 4 AWG nur die dort genannten Fälle des § 19 Abs. 2 bis 5 AWG oder geht er durch die Verweisung in § 19 Abs. 3 Nr. 1 a und Abs. 4 Nr. 1 AWG darüber hinaus und erfasst auch die Fälle der §§ 81, 82 AWV n.F.?[818]
- Bedeutet Eigenkontrolle nur das eigene Kontrollsystem oder kann Eigenkontrolle auch durch Betriebsfremde im Auftrag des Unternehmens erfolgen?[819]
- Was sind »angemessene Maßnahmen« zum Verhindern eines erneuten Verstoßes?

Bemerkenswert und zu beachten ist, dass § 22 Abs. 4 AWG die Regelung des § 47 OWiG ausdrücklich unberührt lässt. D.h., dass im Fall der fehlgeschlagenen »Selbstanzeige« des § 22 Abs. 4 AWG der Weg des § 47 OWiG nicht versperrt wird, im Gegenteil: Gerade das Fehlschlagen ist ein Argument für die Ermessensausübung im Rahmen des § 47 OWiG[820].

b) Kriegswaffenkontrollgesetz

Das Kriegswaffenkontrollgesetz ist ein **Ausführungsgesetz** zu Art. 26 GG. § 1 KrWaffKontrG verweist für die Definition der Kriegswaffen auf die als Anlage zum KrWaffKontrG geführten Kriegswaffenliste.[821] Diese nennt in ihrem **Teil A Atom**waffen, **biologische** Waffen und **chemische** Waffen und in **Teil B** die **sonstigen Kriegswaffen.** Die Genehmigungsvorbehalte in §§ 2 ff. KrWaffKontrG beziehen sich nur auf die Waffen nach Teil B der Kriegswaffenliste, da die ABC-Waffen nach Teil A einem absoluten Verbot unterliegen. 340

Die **Strafvorschriften** sind in **§§ 19 ff.** KrWaffKontrG und die **Ordnungswidrigkeitentatbestände** in **§ 22b** KrWaffKontrG enthalten.[822] 341

§ 19 KrWaffKontrG enthält die Strafvorschrift zu dem umfassenden Atomwaffenverbotskomplex des § 17 KrWaffKontrG (Verbot des Entwickelns, Herstellens, Handeltreibens, Erwerbens, Überlassens, Einführens, Ausführens, Durchführens, Verbrauchens, Ausübens der tatsächlichen Gewalt, Verleiten eines anderen zu diesen Handlungen, Fördern dieser Handlungen). § 20 KrWaffKontrG normiert die Strafbarkeit bei Verstößen gegen den Verbotskomplex des § 18 KrWaffKontrG hinsichtlich biologischer und chemischer Waffen. § 21 KrWaffKontrG erstreckt die Strafandrohung des § 19 KrWaffKontrG teilweise und die des § 20 KrWaffKontrG uneingeschränkt auch auf Taten, die **von Deutschen im Ausland** begangen werden.

Die für die Praxis relevante Vorschrift des § 22a KrWaffKontrG stellt den Verstoß gegen die Genehmigungspflichten bei sonstigen Kriegswaffen (Kriegswaffenliste Teil B) unter Strafe. Der Grundtatbestand sieht eine Freiheitsstrafe von 1 Jahr bis zu 5 Jahren vor. Dieser Strafrahmen erhöht sich im besonders schweren Fall von 1 Jahr bis zu 10 Jahren. Ein Regelfall des besonders schweren Falles ist gegeben, wenn bei den Tatbestandsalternativen des Abs. 1 Nr. 1 – 4, 6 oder 7 Gewerbsmäßigkeit gegeben ist oder der Täter als Mitglied einer Bande, die sich zur fortgesetzten Begehung solcher

---

816 Vgl. *Oehmichen* in NZWiSt 2013, 339 (342).
817 So ausdrücklich *Krause/Prieß* NStZ 2013, 688 (689).
818 So ausdrücklich *Niestedt/Trennt* BB 2013, 2115 (2118).
819 Vgl. hierzu und zum Folgenden *Niestedt/Trennt* BB 2013, 2118; *Krause/Prieß* NStZ 2013, 688 (690).
820 Vgl. auch *Krause/Prieß* NStZ 2013, 688 (692).
821 Zur Systematik vgl. Müller-Gugenberger/*Alexander/Winkelbauer* Wirtschaftsstrafrecht, 8. Aufl.2024 (im Druck) Rn. 73.9 ff.; *Wabnitz/Janovsky/Schmitt/Hoffmann* Kap. 25 Rn. 176.
822 Vgl. Müller-Gugenberger/*Alexander/Winkelbauer* Wirtschaftsstrafrecht, 8. Aufl.2024 (im Druck) Rn. 73.17 ff., 73.108 ff.

Straftaten verbunden hat, unter Mitwirkung eines anderen Bandenmitglieds handelt. Für den minder schweren Fall sieht Abs. 3 Freiheitsstrafe bis zu 3 Jahren oder Geldstrafe vor. In Abs. 4 wird die Fahrlässigkeit für die Fälle des Abs. 1 Nr. 1 – 4, 6 oder 7 unter Strafe gestellt und mit Freiheitsstrafe bis zu 2 Jahren oder mit Geldstrafe bestraft.

Abs. 5 enthält den persönlichen Strafaufhebungsgrund der freiwilligen unverzüglichen Ablieferung nach S. 1 bzw. des freiwilligen und ernsthaften Bemühens hierzu nach S. 2.

4. Illegale Beschäftigung

342 Im Bereich der illegalen Beschäftigung bestehen vor allem 2 Strafbarkeitskomplexe: die illegale Arbeitnehmerüberlassung und die illegale Beschäftigung von Ausländern. In diesen Fällen tritt häufig noch hinzu Steuerhinterziehung gem. § 370 AO (betreffend Lohnsteuer, Einkommensteuer, Umsatzsteuer, Gewerbesteuer), Beitragshinterziehung gem. § 266a StGB sowie die Verletzung ausländerrechtlicher Strafvorschriften nach dem AufenthG (früher: AusländerG).[823]

a) Arbeitnehmerüberlassungsgesetz (AÜG)

343 Das AÜG ahndet den Verstoß der Arbeitnehmerüberlassung ohne die erforderliche Genehmigung nach § 1 AÜG zunächst nur als **Ordnungswidrigkeit:**

Nach § 16 Abs. 1 Nr. 1 AÜG handelt der **Verleiher** ordnungswidrig, wenn er Arbeitnehmer einem Dritten ohne Verleiherlaubnis überlässt (**Verleiherseite**). § 16 Abs. 1 Nr. 1a AÜG betrifft spiegelbildlich die **Entleiherseite:** Ordnungswidrig handelt, wer einen vom Verleiher (Täter des Abs. 1 Nr. 1) ohne Erlaubnis überlassenen Arbeitnehmer tätig werden lässt. **Strafrechtliche Risiken** entfaltet diese ordnungswidrigkeitenrechtliche Konstellation über die nach § 9 Nr. 1, 10 AÜG vorgenommene **fiktive Arbeitgeberstellung** des Entleihers: Dieser rückt in die Arbeitgeberstellung ein und damit auch in die steuerlichen und sozialversicherungsrechtlichen Arbeitgeberpflichten, deren Nichterfüllung dann eine Strafbarkeit nach § 370 AO betreffend der nicht entrichteten Steuern und nach § 266a StGB wegen nicht entrichteter Sozialversicherungsbeiträge begründet.[824]

344 Werden **ausländische Arbeitnehmer** verliehen, ergeben sich für den Entleiher weitere strafrechtliche Risiken:

Besitzt der Verleiher eine Verleiherlaubnis und wird ein ausländischer Arbeitnehmer ohne Aufenthaltstitel oder Arbeitsgenehmigung verliehen und beim Entleiher tätig, begeht der Entleiher eine Ordnungswidrigkeit nach § 16 Abs. 1 Nr. 2 AÜG. Wird diese Ordnungswidrigkeit beharrlich wiederholt, d.h. der Tatbestand des § 16 Abs. 1 Nr. 2 AÜG wird mindestens ein zweites Mal begangen, wird aus der bloßen Ordnungswidrigkeit eine Straftat nach § 15a Abs. 2 S. 1 Nr. 2 AÜG. Handelt der Entleiher zudem noch aus grobem Eigennutz, verschärft sich der Strafrahmen bis zu 3 Jahren.

Werden von einem Verleiher mit Verleiherlaubnis mehr als 5 ausländische Arbeitnehmer ohne Aufenthaltstitel oder ohne Arbeitsgenehmigung entliehen und beschäftigt, begeht der Entleiher eine Straftat nach § 15a Abs. 2 S. 1 Nr. 1 AÜG.

Wird ein ausländischer Arbeitnehmer ohne Aufenthaltstitel oder ohne Arbeitsgenehmigung entliehen und zu Arbeitsbedingungen beschäftigt, die in auffälligem Missverhältnis zu den Arbeitsbedingungen deutscher Leiharbeitnehmer stehen, begeht der Entleiher eine Straftat nach § 15a Abs. 1 AÜG.

Ein Verleiher ohne Verleiherlaubnis nach § 1 AÜG, der Arbeitnehmer ohne Aufenthaltstitel oder ohne Arbeitserlaubnis verleiht, begeht eine Straftat nach § 15 AÜG.

823 Zum sog. Ausländerstrafrecht vgl. Ignor/*Rixen/Mosbacher* § 4 Rn. 163 ff.; Volk/*Greeve* § 28 Rn. 21 ff.
824 Vgl. *Ignor/Rixen/Paetzold* § 3 Rn. 154.

Im gesamten Bereich der Arbeitnehmerüberlassung besteht ein zentrales Problem: es ist dies die **Abgrenzung** der Arbeitnehmerüberlassung von sonstigen Formen des Personaleinsatzes für Dritte.[825] Insbesondere im Baugewerbe wird versucht, Arbeitnehmerüberlassung als Werkvertrag zu tarnen, da im Baugewerbe Arbeitnehmerüberlassung nach § 1b S. 1 AÜG generell verboten ist. Formal wird ein Werkvertrag abgeschlossen, tatsächlich wird aber letztlich Personal zur Verfügung gestellt und nur der Personaleinsatz abgerechnet.[826] 345

Eine besondere Situation besteht, wenn die Arbeitnehmer aus EU-Mitgliedsländern im Besitz einer A1-**Entsendebescheinigung (früher: E101)** sind:[827] diese Bescheinigung ist für deutsche Behörden und Gerichte bindend und steht einer illegalen Arbeitnehmerüberlassung entgegen.[828] Anderes soll für die entsprechenden Bescheinigungen nach bilateralem Abkommen mit Nicht-EU-Staaten gelten.[829] 346

b) Schwarzarbeit

Der Begriff Schwarzarbeit wird im Gesetz zur Bekämpfung der Schwarzarbeit und illegaler Beschäftigung vom 23.07.2004 (BGBl. I S. 1842 ff.) definiert.[830] Das Schwarzarbeitsbekämpfungsgesetz enthält in §§ 10, 11 Straftatbestände, die früher in §§ 406, 407 SGB Abs. 3 geregelt waren: die Beschäftigung von Ausländern ohne Genehmigung und zu ungünstigen Arbeitsbedingungen (§ 10 Schwarzarbeitergesetz) und die Beschäftigung von Ausländern ohne Genehmigung in größerem Umfang (§ 11 Schwarzarbeitergesetz). Die Parallele zum AÜG ist unverkennbar, nur entfällt hier das Verleiher-/Entleiherverhältnis. Die in den §§ 10, 11 SchwArbG zu Grunde liegenden Ordnungswidrigkeitentatbestände sind weiterhin in § 404 SGB III normiert. 347

Tatsächlich geht Schwarzarbeit über diese Tatbestände hinaus und erfüllt die weiteren Straftatbestände der §§ 370 AO, 263, 266a StGB: Der Selbstständige, der Leistungen erbringt, ohne das hierfür erhaltene Entgelt in seiner Steuererklärung anzugeben, verkürzt zunächst die fällige Umsatzsteuer und zum Jahresende Einkommenssteuer und gegebenenfalls Gewerbesteuer. Der nicht selbstständige Arbeitnehmer, der sein Arbeitsentgelt vom Arbeitgeber ganz oder teilweise »bar auf Tatze« erhält, hinterzieht gemeinsam mit dem Arbeitgeber Lohn- bzw. Einkommenssteuer, darüber hinaus werden Sozialversicherungsbeiträge verkürzt (§ 266a StGB) und gegebenenfalls die Versicherungsträger über die tatsächliche Beitragsbemessung getäuscht (§ 263 StGB).[831] 348

Eine besondere Ermittlungszuständigkeit für die Behörden der Zollverwaltung im Bereich der Schwarzarbeit schafft § 14 SchwarzArbG: sie erhalten dafür die Befugnis der Polizeivollzugsbehörden und werden damit zu Ermittlungspersonen der Staatsanwaltschaft. Nach § 14 Abs. 3 SchwarzArbG, eingef. m.W. v. 18.07.2019 durch Gesetz v. 11.07.2019 (BGBl. I S. 1066), sind die Zollbehörden explizit auch zur Vornahme erkennungsdienstlicher Maßnahmen befugt. Weiter haben sie die Befugnisse der Finanzbehörde nach § 402 Abs. 1 AO, wenn sich der Verdacht von Steuerstraftaten oder -ordnungswidrigkeiten ergibt. Diese **Finanzkontrolle Schwarzarbeit** (FKS) ist organisatorisch bei den Hauptzollämtern angesiedelt.[832] 349

---

825 Stichworte: Werk-, Dienst-, Dienstverschaffungsvertrag, Selbstständigkeit/Scheinselbstständigkeit, vgl. Volk/*Greeve* § 28 Rn. 65 ff.; Müller-Gugenberger/*Henzler* Wirtschaftsstrafrecht, 8. Aufl.2024 (im Druck) Rn. 37.20 ff.

826 Zur Abgrenzung Werkvertrag/Arbeitnehmerüberlassung vgl. Wabnitz/*Janovsky/Richtarsky* Kap. 20 Rn. 187 ff.; HWSt/*Gercke* 12. Teil 4 Rn. 27 ff.; *Greeve/Leipold* S. 462 f.; Müller-Gugenberger/*Henzler* Wirtschaftsstrafrecht, 8. Aufl.2024 (im Druck) Rn. 37.20 ff.; Ignor/Rixen/*Paetzold* § 3 Rn. 21 ff.

827 Vgl. dazu *Jofer/Weiß* StraFo 2007, 277 ff.

828 BGH, Urt. v. 24.10.2006 – 1 StR 44/06, BGHSt 51, 124.

829 BGH, Urt. v. 24.10.2007 – 1 StR 160/07, BGHSt 52, 67.

830 Vgl. dazu *Joecks* wistra 2004, 441 ff.

831 Vgl. BGH, Urt. v. 18.05.2010 – 1 StR 111/10, wistra 2010, 408.

832 Zur Zuständigkeit und Organisation der FKS vgl. Böttger/*Gercke/Leimenstoll* Kap. 11 Rn. 14 f.; *Wabnitz/Janovsky/Schmitt/ Riediger/Schilling* Kap. 21 Rn. 3 ff.

▶ **Beachte**

Befugnisse und Abgrenzung zu den sonstigen Ermittlungsbehörden sind noch nicht endgültig geklärt. Für den Verteidiger empfiehlt sich daher immer ein besonderer Blick auf die Einhaltung der Kompetenzen durch die FKS.

5. Schutz von Unternehmensgeheimnis und der Datenverarbeitung; Geheimnisverrat, § 23 GeschGehG

a) Geheimnisverrat

350 Im Vordergrund der strafrechtlichen Praxis der Verletzung von Unternehmensgeheimnissen steht nunmehr **§ 23 GeschGehG**. Dieser hat die Regelungen der §§ 17 bis 19 UWG in das GeschGehG überführt.[833] Das GeschGehG trat am 26.04.2019 – in Umsetzung einer EU-Richtlinie[834] – in Kraft (BGBl. I S. 466). Zwar ist die Strafverfolgung zunächst an einen **Strafantrag gem. § 77 StGB** gebunden.[835] Die Staatsanwaltschaft kann jedoch auch ohne Strafantrag bei Bejahung eines *»besonderen öffentlichen Interesses«* (**§ 23 Abs. 8 GeschGehG**) die Tat verfolgen. Dies erlangt insbesondere Bedeutung bei den nicht seltenen Fällen, bei denen Strafantragsteller und Beschuldigte sich – evtl. nach Durchsuchungsmaßnahmen – einigen und Antragsrücknahme vereinbaren. Hier kann die Staatsanwaltschaft von sich aus weiter ermitteln und anklagen; in der Praxis ist die Einigung zwischen Strafantragsteller und Beschuldigtem aber häufig, wenn nicht sogar in der Regel, die Grundlage für eine Verfahrenserledigung nach § 153a StPO.

351 Ergänzende Tatbestände zu § 23 GeschGehG sind in § 404 AktG, § 85 GmbHG, §§ 201 ff. StGB enthalten.

b) Datenverarbeitung

352 Für den strafrechtlichen Schutz des DV-gespeicherten Know-how besitzt § 23 GeschGehG auch im Bereich des »**Software-Diebstahls**«, also der unbefugten Verwertung von Computerprogrammen, große Bedeutung (hier ist auch auf die **gewerblichen Schutzrechte**, insbesondere das **Urheberstrafrecht**[836] hinzuweisen). Der Forderung, bereits das Eindringen und/oder Benutzen fremder Datenverarbeitungssysteme und damit das »Hacking« bzw. den »Zeitdiebstahl« generell unter Strafe zu stellen, ist der Gesetzgeber zwar nicht nachgekommen. Geschaffen wurde jedoch eine spezielle Regelung zur Strafbarkeit der **Datenspionage** (§ 202a StGB). Zwar hat **§ 202a StGB** als Anknüpfungspunkt der Strafbarkeit der Hacker im Bereich der Wirtschaftskriminalität neben § 23 GeschGehG nur geringe Bedeutung, da die Daten regelmäßig Geschäfts- oder Betriebsgeheimnisse darstellen oder personenbezogen sind und daher eine Strafbarkeit nach **§ 42 BDSG** gegeben ist. Bedeutung gewinnt die Norm zunehmend im Bereich der Datenübermittlung, wobei als Sicherungsmaßnahmen bereits Passwörter und Kennnummern ausreichen.

353 Genannt werden soll noch die rechtswidrige **Veränderung von Daten** (§ 303a StGB) und die **Störung der Datenverarbeitung** (§ 303b StGB). In der ersten Alternative des § 303b StGB werden **Sabotagehandlungen** in Bezug auf die von § 303a Abs. 1 StGB erfasste Software, in der zweiten Alternative auf die Hardware, also die Datenverarbeitungsanlage selbst oder auch die Datenträger,

833 Bt-Drs. 19/4724, S. 40 f.; MüKo-StGB/*Joecks/Miebach* § 23 GeschGehG Rn. 6. Zur Struktur des § 23 GeschGehG – gerade im Vergleich zum aufgehobenen § 17 UWG – etwa *Dann/Markgraf* NJW 2019, 1774, 1778 f.

834 Richtlinie (EU) 2016/943 des Europäischen Parlaments und des Rates vom 8. Juni 2016 über den Schutz vertraulichen Know-hows und vertraulicher Geschäftsinformationen (Geschäftsgeheimnisse) vor rechtswidrigem Erwerb sowie rechtswidriger Nutzung und Offenlegung.

835 § 23 GeschGehG ist auch Privatklagedelikte gem. §§ 374 Abs. 1 Nr. 7, 376 StPO; der Verletzte kann sich insoweit auch als Nebenkläger anschließen (§ 395 Abs. 1 Nr. 6 StPO).

836 Vgl. Müller-Gugenberger/*Gruhl* Wirtschaftsstrafrecht, 8. Aufl.2024 (im Druck) Rn. 55.96 ff.

erfasst. Beide Alternativen müssen als »Datenverarbeitung« für Behörden bzw. fremde Betriebe oder Unternehmen »von wesentlicher Bedeutung« sein. Der Begriff der »Fremdheit« bezieht sich aber nicht auf die in Abs. 1 Nr. 2 erwähnte Hardware. Sabotageakte sind also auch strafbar, wenn sie sich gegen eigene Anlagen oder Datenträger richten, aber Daten betroffen werden, die – etwa bei Auftragsbearbeitung – dritten Berechtigten zustehen.

6. Werbestrafrecht, §§ 4, 16 Abs. 2 UWG

Mit der UWG-Novelle 2004[837] wurden die Strafnormen der Unwahren Werbung gem. § 4 UWG 354
und der Progressiven Kundenwerbung gem. § 6c UWG in den Absätzen 1 und 2 des § 16 UWG zusammengefasst und die strafbare geschäftliche Verleumdung in § 15 UWG im Hinblick auf die Verleumdung nach § 187 StGB gänzlich gestrichen. Für die Praxis wesentliche Änderungen – sieht man von der Streichung des Zusatzes »selbst oder durch andere« bei § 16 Abs. 2 UWG ab (wodurch die allgemeinen Regelungen in §§ 25 ff. StGB Anwendung finden) – ergaben sich danach nicht. Zu beachten ist allerdings, dass die UWG-Reform 2008[838] den geschützten Personenkreis, der vorher alle Nichtkaufleute umfasste, nunmehr auf Verbraucher beschränkt.

Nach – verfehlten – Entscheidungen des BayObLG[839] und des OLG Stuttgart[840] und einer vielfältigen Beschäftigung der Literatur und Praxis mit den sog. **Schneeballsystemen und Kettenbriefen** hat der 5. Strafsenat des BGH mit seinem Beschluss vom 22.10.1997[841] die Strafbarkeit von **Pyramidensystemen** als **progressive Kundenwerbung** nach (nunmehr) **§ 16 Abs. 2 UWG** bejaht. Dies hat zu einem weitgehenden Aussterben dieser kriminellen Systeme geführt, sodass der Hinweis auf die damaligen Veröffentlichungen und die genannte Entscheidung zur Bewältigung der Probleme ausreicht.

Weiterhin von Bedeutung in der Strafrechtspraxis ist das Werbestrafrecht in § 16 Abs. 1 UWG, 355
dessen Strafrahmen 1990 auf 2 Jahre erhöht wurde und der – seit 01.09.2000[842] – auch Angaben im Rahmen der **vergleichenden Werbung** umfasst. § 16 Abs. 1 UWG wird von den Strafverfolgungsbehörden in Kapitalanlagebetrugsfällen nicht selten zur Begründung eines Anfangsverdachtes herangezogen – die weiteren Ermittlungen belegen sodann den (eingetretenen) Schaden und begründen den Betrug gem. § 263 StGB. Tatbestandsmäßig sind **unwahre und zur Irreführung geeignete** Angaben über **geschäftliche Verhältnisse** in öffentlichen Bekanntmachungen oder wenn diese für **einen größeren Kreis von Personen bestimmt** sind. Dabei ist für die »Angabe« – ihre »Gesamtwirkung«[843] – der Tatsachenbegriff weit auszulegen, jedoch muss sie dem Beweis zugänglich sein und ist daher von reinen Werturteilen abzugrenzen.[844] Ein »größerer Kreis« – die Öffentlichkeit – ist dann angesprochen, wenn seine Mitglieder »grundsätzlich unbestimmt« sind. Dies ist z.B. der Fall, wenn es dem Zufall überlassen bleibt, wer ein Plakat sieht oder wenn nacheinander eine größere Zahl von Personen – auch **mündlich** – dem Sinne nach **gleichförmig** angesprochen werden sollen.[845]

837 Gesetz vom 03.07.2004, seit diesem Tag in Kraft, BGBl. I S. 1414.

838 Gesetz zur Änderung des Gesetzes gegen unlauteren Wettbewerb (1. UWGÄndG) vom 22.12.2008, in Kraft seit dem 30.12.2004, BGBl. I S. 2949; insoweit ohne Änderung durch die Neufassung des UWG v. 03.03.2010, BGBl. I S. 254.

839 Beschl. v. 21.03.1990, RReg 4 St 226/89, wistra 1990, 240.

840 Urt. v. 22.03.1991, 2 Ss 127/91, wistra 1991, 234.

841 BGH, Beschl. v. 22.10.1997, 5 StR 223/97, wistra 1998, 67 m. abl. Anm. *Otto* wistra 1998, 227; s. auch BGH, Urt. v. 10.11.2005, III ZR 73/05 und Urt. v. 21.06.2012, III ZR 291/11 zu »Schenkkreisen«.

842 Gesetz vom 01.09.2000 – BGBl. I S. 1374.

843 BGH, Urt. v. 07.02.1952, 3 KStR 331/51, BGHSt 2, 139.

844 Nachweise bei Müller-Gugenberger/*Gruhl* Wirtschaftsstrafrecht, 8. Aufl.2024 (im Druck) Rn. 60.13 ff.

845 BGHSt 24, 272 (273).

356 § 16 UWG ist zwar ein **Privatklagedelikt** (§ 374 Abs. 1 Nr. 7 StPO), jedoch **kein Antragsdelikt.** Die Ermittlung erfolgt (auch) von **Amts wegen**, wobei Anklageerhebung die Bejahung des öffentlichen Interesses (§§ 374 Abs. 1 Nr. 7, 376 StPO) voraussetzt.[846]

7. Marken- und Produktpiraterie

357 Unter Marken- und Produktpiraterie versteht man die Verletzung gewerblicher Schutzrechte, von Urheberrechten und sonstiger Leistungsschutzrechte sowie die Rechte sui generis des Herstellers einer Datenbank.[847] Die entsprechenden Straftatbestände befinden sich in den jeweiligen Sondergesetzen, so in §§ 143, 144 MarkenG; § 106 UrhG; § 142 PatG; § 25 GebrMG; § 10 HalbleiterschutzG; § 39 SortenschutzG.

8. Strafnormen des Handels- und Gesellschaftsrechts

a) Bilanzstrafrecht

358 Die früher in den gesellschaftsrechtlichen Gesetzen (z.B. AktG, GmbHG, GenG) auf Kapitalgesellschaften verstreuten Vorschriften des Bilanzstrafrechts sind nunmehr in den §§ 331 ff. HGB enthalten. Diese wurden eingeführt durch das Bilanzrichtliniengesetz vom 19.12.1985 (BGBl. I S. 2355). Der beschränkte Anwendungsbereich der §§ 331 ff. HGB wurde erweitert auf den Bankbereich, auf den Versicherungsbereich, auf die offene Handelsgesellschaft und die Kommanditgesellschaft i.S.d § 264a Abs. 1 HGB, d.h. die GmbH & Co. KG. Nachfolgende Erweiterungen des Anwendungsbereichs bzw. Neuschaffung von Tatbeständen finden sich im AVmG v. 26.06.2001, BilReG v. 04.12.2004, BilKoG v. 15.12.2004 und im EHMG v. 05.01.2007.[848]

359 Die §§ 331 ff. enthalten 5 Straftatbestände: die **unrichtige Darstellung**, die **unrichtige Versicherung**, die **Verletzung der Berichtspflicht**,die **Verletzung der Geheimhaltungspflicht** und die **Verletzung der Pflichten bei Abschlussprüfungen.**

aa) § 331 HGB

360 § 331 HGB schützt das Vertrauen in die **Richtigkeit und die Vollständigkeit bestimmter Informationen** über die Verhältnisse einer Kapitalgesellschaft bzw. des Konzerns.[849] Über § 340m HGB gilt diese Vorschrift auch für die nicht in der Rechtsform einer Kapitalgesellschaft betriebenen Kreditinstitute und Finanzdienstleistungsinstitute und über § 341m HGB auch für die nicht in der Rechtsform einer Kapitalgesellschaft betriebenen Versicherungsunternehmen.

Täter sind nur die Mitglieder vertretungsberechtigter Organe, Mitglieder des Aufsichtsrats und vertretungsberechtigte Gesellschafter. Es handelt sich somit um ein echtes Sonderdelikt. Eines bestimmten Taterfolges, z.B. in Form eines Vermögensschadens oder auch nur einer Vermögensgefährdung, bedarf es nicht, § 331 HGB ist ein abstraktes Gefährdungsdelikt.[850] Das für § 331 HGB zentrale Merkmal der **unrichtigen Wiedergabe** der (wirtschaftlichen) Verhältnisse einer Kapitalgesellschaft (etwa in der Jahresbilanz) setzt voraus, dass die Darstellung mit den objektiven Gegebenheiten am Maßstab konkreter Rechnungslegungsnormen und den Grundsätzen ordnungsgemäßer Buchführung nicht übereinstimmt.[851] Erforderlich ist weiter, dass es sich um einen **erheblichen**, mithin die

846 Ob ein öffentliches Interesse gegeben ist, richtet sich maßgeblich nach Nr. 260 RiStBV.
847 Vgl. dazu Volk/*Witting* § 24 Rn. 97 ff.; *Wabnitz/Janovsky/Schmitt/Röer* Kap. 18; Müller-Gugenberger/*Gruhl* Wirtschaftsstrafrecht, 8. Aufl.2024 (im Druck) Kap. 55.
848 Zu den Erweiterungen des Strafbarkeitsbereichs im Einzelnen vgl. MüKo-HGB/*Klinger* vor § 331 Rn. 10 ff.
849 Vgl. MüKo-HGB/*Klinger* § 331 Rn. 1.
850 Vgl. MüKo-HGB/*Klinger* § 331 Rn. 3.
851 BGH NStZ 2018, 540 (541); ferner BGH, Beschl. v. 15.08.2019 – 5 StR 204/19 –, juris.

Interessen der Gläubiger, Arbeitnehmer oder Gesellschafter berührenden **Verstoß** gegen Rechnungslegungsvorschriften handelt.[852]

Mit Blick auf das – nicht selten relevante – Verhältnis einer unrichtigen Darstellung nach Maßgabe des § 331 HGB zum Kreditbetrug gemäß § 265b StGB ist die Rspr. des BGH zu beachten, nach der eine zum Zwecke der anschließenden Krediterlangung erfolgte Manipulation regelmäßig im Verhältnis der Tateinheit zum Kreditbetrug steht.[853]

Der ursprünglich in § 331 Abs. 1 Nr. 3a HGB erfasste **Bilanzeid** ist nunmehr in der separaten Vorschrift des **§ 331a HGB** geregelt.[854] Damit werden Erklärungen zum Jahresabschluss und zum Lagebericht besonders geschützt und ein Verstoß gegen diese spezielle Wahrheitspflicht gesondert unter Strafe gestellt. Sinn und Zweck dieser aus dem angloamerikanischen Rechtskreis übernommenen Regelung ist mehr als zweifelhaft.[855]

bb) § 332 HGB

§ 332 HGB schützt das Vertrauen in die **Richtigkeit und Vollständigkeit der Prüfung** von Abschlüssen, Lageberichten und Zwischenabschlüssen durch ein unabhängiges Kontrollorgan.[856] Täter kann nur sein ein zum Abschluss-Prüfer bestellter Wirtschaftsprüfer oder, soweit zulässig, ein vereidigter Buchprüfer oder die Gehilfen dieser Personen. Ist eine Wirtschaftsprüfungs- oder Buchprüfungsgesellschaft zum Prüfer bestellt, ist der für die bestellte Gesellschaft handelnde Prüfer Täter des § 332 HGB. Auch § 332 HGB ist daher ein echtes Sonderdelikt und, da kein Erfolgseintritt für die Tatbestandserfüllung erforderlich ist, abstraktes Gefährdungsdelikt.[857] Gegenstand der Tathandlung sind die in Abs. 1 genannten Abschlüsse und Berichte. Gegenstand und Umfang der Prüfung werden in § 317 HGB definiert. **361**

Absatz 2 enthält einen Qualifizierungstatbestand: bei Handeln gegen Entgelt oder in Bereicherungsabsicht oder in Schädigungsabsicht erhöht sich der Strafrahmen auf bis zu 5 Jahren Freiheitsstrafe.

cc) § 333 HGB

Geschützt wird das **Geheimhaltungsinteresse** der geprüften Gesellschaft.[858] § 333 HGB richtet sich an den Abschluss-Prüfer bzw. seinen Gehilfen i.S.d § 332 HGB. Auch hier handelt es sich um ein echtes Sonderdelikt und, da kein Taterfolg erforderlich ist, ein abstraktes Gefährdungsdelikt.[859] **362**

Gegenstand der Tathandlung ist das Geheimnis eines Unternehmens. Der Geheimnisbegriff entspricht dem des ehemaligen § 17 UWG, und damit dem des nun maßgeblichen § 23 GeschGehG.[860] Zwei Qualifizierungen sind in Abs. 2 S. 1 und S. 2 enthalten. § 333 ist nach Abs. 3 ein Antragsdelikt.

---

852 BGH NStZ 2018, 540 (542).

853 BGH NStR-RR 2020, 45, 46: Einheitlicher Wille zur Begehung »der beiden final miteinander verknüpften Delikte« führe, sofern »ein räumlich-zeitlicher Zusammenhang« bestehe, zu natürlicher Handlungseinheit.

854 Zur Entstehungsgeschichte MüKo-HGB/*Klinger* § 331a Rn. 1 f.

855 Vgl. auch HWSt/*Ransiek* 10. Teil 1. Rn. 85 m.w.N.

856 Vgl. MüKo-HGB/*Klinger* § 332 Rn. 1.

857 Vgl. MüKo-HGB/*Klinger* § 332 Rn. 3.

858 Vgl. MüKo-HGB/*Klinger* § 333 Rn. 1.

859 Vgl. MüKo-HGB/*Klinger* § 333 Rn. 3.

860 Vgl. MüKo-HGB/*Klinger* § 333 Rn. 9 m.w.Nachw.; MüKo-StGB/*Leplow* § 333 HGB Rn. 18; zum neuen § 23 GeschGehG oben Rn. 345.

b) Gründungs- und Kapitalerhöhungsschwindel

363 Diese Vorschriften wurden weitgehend durch § 331 ff. HGB verdrängt. Sie haben nur noch für spezielle, nicht von § 331 HGB erfasste Sondersachverhalte der einzelnen Gesellschaftsformen Bedeutung.[861]

364 Der weitaus häufigste Fall in der Praxis ist der so genannte Gründungs- bzw. Kapitalerhöhungsschwindel nach § 82 GmbHG (zu den weiteren Alternativen der Falschangaben gegenüber dem Registergericht s.o. Rdn. 270).

Neben dem – auch faktischen[862] – Geschäftsführer ist auch der Gesellschafter tauglicher Täter des Gründungsschwindels[863], nicht aber des Kapitalerhöhungsschwindels nach § 82 Abs. 2 Nr. 1 GmbHG[864]. Gem. § 82 Abs. 1 Nr. 5 GmbHG sind die (in der Praxis sehr relevanten) Versicherungen zur (fehlenden) Inhabilitation[865] nach §§ 8 Abs. 3 und 39 Abs. 3 GmbHG auch für die Geschäftsleiter ausländischer juristischer Personen strafbewehrt. In diesen Fällen kann die Norm jedoch auch in **mittelbarer Täterschaft** begangen werden.[866] Außenstehende, wie Notare/Bankmitarbeiter/Rechtsanwälte und Steuerberater, können sich wegen Teilnahme strafbar machen.[867] Im Einzelnen:

365 Gem. § 57 Abs. 2 GmbHG wird erklärt, der Leistungsgegenstand befände sich endgültig in freier Verfügung des Geschäftsführers. Dabei ist Zweckbindung im Hinblick auf Forderung Dritter grundsätzlich möglich.[868] Verwendungsabsprachen schließen also die freie Verfügungsmacht nicht aus.[869] Mit dem Merkmal der »Endgültigkeit« wird jedoch das Fehlen von Rückzahlungsabsichten sowie deren Umsetzung versichert.[870] Strafbar ist also der beabsichtigte Rückfluss an den Gesellschafter (Vorzeigegeld).[871] Hierfür spricht z.B. ein enger zeitlicher Zusammenhang der Rückzahlung.[872]

366 Bei Bargründung darf keine Verrechnung mit einem Darlehensrückzahlungsanspruch erfolgen: Die Forderungseinbringung bedeutet Sachgründung.[873] Bei der Aufrechnung – also mit dem Ausgleich eines Passivpostens – stehen dem Gesellschafter keine Mittel zur freien Verfügung.[874] Bei Zahlung auf ein debitorisches Bankkonto kommt es darauf an, ob Kreditlinien eingeräumt und nicht überschritten sind.[875] Die Einlageleistung muss gegenständlich bei Anmeldung noch vorhanden sein.[876] Maßgebend ist der Tag des Eingangs beim Registergericht.[877]

▶ **Beispiel**

367 Rat des Rechtsanwalts an mittellosen Einzelunternehmer, 25.000 € als Darlehen bei Verwandten aufzunehmen, eine GmbH zu gründen, freie Vermögensgegenstände aus der Einzelunter-

861 MüKo-HGB/*Klinger* vor § 331 Rn. 35, § 331 Rn. 111, § 332 Rn. 51, § 333 Rn. 49.
862 BGH wistra 2000, 307 ff.
863 BayObLG wistra 1994, 276; zum Liquidator als möglichen Täter vgl. ThürOLG NStZ 1998, 307 f., in wistra 1998, 73 als OLG Thüringen zitiert.
864 Insofern ist weder der Liquidator (ThürOLG NStZ 1998, 307 f.; in wistra 1998, 73 als OLG Thüringen zitiert) noch der Gesellschafter möglicher Täter.
865 Zur Organ- oder Geschäftsführersperre s.o. Rdn. 209.
866 *Tiedemann* GmbH-Strafrecht, § 82 Rn. 41.
867 Vgl. OLG Hamm BB 1997, 433.
868 BGH NJW 1991, 226 f.
869 LG Koblenz WM 1991, 1507.
870 So zutreffend *Blecker* S. 125.
871 BGH wistra 1996, 262; auch bei Zahlung auf das Privatkonto des Gründers – BGH MDR 2001, 577.
872 BGH DStR 1995, 1801 f.; bei Rückzahlung als Darlehen OLG Köln GmbHR 2000, 720; zu nahem Zusammenhang zum Sachübernahmegeschäft OLG Düsseldorf DB 1996, 1816 f.
873 BGH DB 1996, 132 ff. (zivil. Entscheidung).
874 *Blecker*, S. 150.
875 *Blecker*, S. 155 m. N.
876 BGH DStR 1996, 1416.
877 OLG Düsseldorf ZIP 1996, A 231; BGH DB 1992, 2126 (2128) für die AG.

nehmung für 25.000 € zu kaufen und hiermit die Darlehen zurückzuzahlen, bedeutet Strafbarkeit nach § 82 Abs. 1 Nr. 1 GmbHG und Strafbarkeit des Rechtsanwaltes wegen Anstiftung (§ 26 StGB).

Die Probleme sind im Übrigen beim **Kapitalerhöhungsschwindel** im Wesentlichen gleich. Soweit Gesellschafter ihren Risikobetrag aus Darlehen der Gesellschaft finanzieren, entziehen sie sich ihrer Vorleistungspflicht. Ob die Gesellschaft ihr Geld erhält, hängt dann nämlich von der zukünftigen Zahlungsfähigkeit des Gesellschafters ab.[878] 368

Bei der Frage der **Konkurrenzen** ist zu beachten: Bei mehreren Falschangaben in einer Erklärung oder mehreren Erklärungen für dieselbe Angelegenheit ist von einer Tat auszugehen (Handlungseinheit). Bei Falschangaben gegenüber mehreren Registergerichten, auch wenn dieselbe Gesellschaft angemeldet wird und bei mehreren Gründungen, ist demgegenüber Tatmehrheit gegeben. 369

9. Korruptionsstrafrecht

Das Korruptionsstrafrecht hat sich in den vergangenen Jahren immer mehr zu einem **Teil des Wirtschaftsstrafrechts** entwickelt. Dies beruht zum einen auf dem Zusammenwirken zwischen Steuerrecht/Steuerstrafrecht/Korruptionsstrafrecht durch die seit 1997 nicht mehr anerkannte Geltendmachung von »Schmiergeldern« als Betriebsausgaben (vgl. dazu im Einzelnen unten Rdn. 383). Zum anderen macht das Korruptionsstrafrecht nicht mehr an den Grenzen Deutschlands Halt, sondern es erhielt einen internationalen Geltungsbereich (vgl. dazu unten Rdn. 380). 370

a) Neuregelung des nationalen Rechts

Eine Neuregelung des gesamten Korruptionsstrafrechts sowohl hinsichtlich der Beamtenbestechung im »klassischen Sinn« als auch der Bestechung im geschäftlichen Verkehr erfolgte durch das Korruptionsbekämpfungsgesetz vom 13.07.1997.[879] Damit wurde zum einen die Tatbestände der §§ 331 ff. StGB erweitert und die Strafdrohungen verschärft. Des Weiteren wurde in dem neuen 26. Abschnitt »Straftaten gegen den Wettbewerb« insbesondere die bisher wenig beachtete und in der Strafrechtpraxis kaum eine Rolle spielende Vorschrift des § 12 UWG über Bestechlichkeit und Bestechung im geschäftlichen Verkehr mit den §§ 299, 300 in das StGB eingeführt. Mit der Überführung dieses »Nebenstrafrechts« in das »Kernstrafrecht« hat die Bestechung und Bestechlichkeit im geschäftlichen Verkehr nicht nur eine andere Wertigkeit erhalten, sondern wird auch in der Strafverfolgungspraxis ganz anders wahrgenommen. Hier zeigt sich eine eindeutige Parallele zur Übernahme des Bankrottstrafrechts aus der früheren Konkursordnung in die §§ 283 ff. StGB. Die letzte größere Reform im Bereich des Korruptionsstrafrechts datiert auf das Jahr 2016, als durch das Gesetz zur Bekämpfung von Korruption im Gesundheitswesen (BGBl. I S. 1254) die §§ 299a, b StGB eingefügt wurden. Diese sollen eine Strafbarkeitslücke füllen, die der Gesetzgeber infolge höchstrichterlicher Rspr. zur Stellung des Vertragsarztes im Gefüge der §§ 299 bzw. §§ 331 ff. StGB sah.[880] Im Jahr 2019 wurde sodann die – 2015 in Kraft getretene – Regelung des § 335a, welche als Gleichstellungsregelung die Anwendbarkeit der §§ 331 ff. auf ausländische und internationale Richter, Bedienstete, Beauftragte und Soldaten zum Gegenstand hat[881], dahingehend erweitert, dass nunmehr auch die Vorteilsannahme und Vorteilsgewährung durch und gegenüber ausländischen und internationalen Richtern erfasst ist.[882] 371

878 *Blecker* S. 145.
879 BGBl. I 2038; dazu *Korte* NStZ 1997, 513 ff.
880 Dazu unten Rdn. 379.
881 Vgl. zur Regelung unten Rdn. 380.
882 Durch Art. 2 Nr. 2 des Gesetzes zur Umsetzung der Richtlinie (EU) 2017/1371 des Europäischen Parlaments und des Rates vom 5. Juli 2017 über die strafrechtliche Bekämpfung von gegen die finanziellen Interessen der Union gerichtetem Betrug v. 19.06.2019 (BGBl. 2019 I S. 844); prägnant dazu MüKo-StGB/*Korte* § 335a Rn. 1 u. 41.

372 Zum Komplex des Korruptionsstrafrechts zählt letztlich auch die Vorschrift des § 108e StGB, die mit der »**Bestechlichkeit und Bestechung von Mandatsträgern**« Verhaltensweisen pönalisiert, welche dem öffentlichen Interesse an der Integrität parlamentarischer Prozesse wie auch der Sachbezogenheit parlamentarischer Entscheidungen zuwiderlaufen. Bis zum Jahre 2014 war durch die Vorschrift unter Strafe gestellt das Unternehmen, »für eine Wahl oder Abstimmung im Europäischen Parlament oder in einer Volksvertretung des Bundes, der Länder, Gemeinden oder Gemeindeverbände eine Stimme zu kaufen oder zu verkaufen« (sog. Stimmenkauf). Die tatbestandliche Verengung auf die (versuchte) Einflussnahme nur auf Wahl- und Abstimmungshandlungen in Parlamenten bzw. Volksvertretungen bewog den Gesetzgeber des Jahres 2014, den Gegenstand der (versuchten) Einflussnahme weiter zu fassen: Bezugspunkt ist seitdem ein Handeln oder Unterlassen »**bei der Wahrnehmung des Mandats**«, womit nicht nur die (versuchte) Beeinflussung von Abstimmungen im Plenum, sondern auch die Arbeit in Ausschüssen oder sonstigen parlamentarischen Gremien erfasst wird.[883] Gleichwohl fällt das Erzielen persönlicher (wirtschaftlicher) Vorteile unter **außerparlamentarischer Fruchtbarmachung von Autorität und Kontakten** durch Abgeordnete nach wie vor nicht unter den Tatbestand, was unlängst im Zusammenhang mit den sog. Maskendeals[884] den Ruf nach einer tatbestandlichen Erweiterung laut werden ließ.[885] Eine unmittelbare gesetzgeberische Reaktion erfolgte freilich in Form einer **Strafrahmenanhebung**, welche mit einer Regelstrafdrohung von einem Jahr bis zu zehn Jahren Freiheitsstrafe eine Hochstufung zum Verbrechen mit sich brachte.[886] Die rechtspolitisch geforderte Neufassung auch der tatbestandlichen Voraussetzungen (zur Erfassung [auch] von Verhaltensweisen mit einem Mandatsbezug nur im weiteren Sinne) wird von den Koalitionspartnern der Bundesregierung aktuell vorbereitet; vorgesehen ist die Schaffung eines neuen – neben § 108e StGB tretenden – § 108f StGB, der die »**Unzulässige Interessenwahrnehmung**« unter Strafe stellen soll, wonach ein durch Vorteilszuwendung beeinflusstes Handeln oder Unterlassen des Mandatsträgers »**während seines Mandats**« erfasst wird – dies freilich nur, »sofern eine solche entgeltliche Interessenwahrnehmung die für die Rechtsstellung des Mandatsträgers maßgeblichen Vorschriften verletzen würde«.[887]

b) Problemkreise bei §§ 331 ff. StGB

373 Vorteilsannahme und Bestechlichkeit setzen auf der Täterseite einen **Amtsträger** voraus. Die Legaldefinition des Amtsträgers enthält § 11 Abs. 1 Nr. 2 StGB: Lit a nennt Beamte und Richter, diese Definition gibt kaum zu Streit Anlass. Nach Lit. b ist Amtsträger »wer in einem sonstigen öffentlich-rechtlichen Amtsverhältnis steht«, nach Lit c ist Amtsträger, »wer sonst dazu bestellt ist, bei einer Behörde oder bei einer sonstigen Stelle oder in deren Auftrag Aufgaben der öffentlichen Verwaltung unbeschadet der zur Aufgabenerfüllung gewählten Organisationsform wahrzunehmen«. Es bedarf wenig Phantasie, in diesen »Definitionen« die Grundlage einer unbegrenzten Auslegung ohne erkennbare Konturen zu sehen. Tatsächlich wurde der Amtsträgerbegriff von Ermittlungsbehörden und auch von den Instanzgerichten nicht mehr ausgelegt, sondern nahezu grenzenlos verwendet; erst der BGH hat den Versuch unternommen, verlässliche Leitlinien zu schaffen.[888]

883 Im Überblick *Bechtel* LRZ (E-Zeitschrift für Wirtschaftsrecht & Digitalisierung) 2023, Rn. 62 (73).

884 Zur fehlenden (Korruptions-)Strafbarkeit der betroffenen Abgeordneten instruktiv BGH NJW 2022, 2856; vgl. ferner *Bechtel* LRZ 2023, Rn. 62 ff.; *Kuhlen* JR 2022, 658; *Zimmermann/Zimmermann* NJW 2022, 2804 ff.

885 Vgl. *Zimmermann/Zimmermann* NJW 2022, 2804 (2806); ferner *Kubiciel* ZRP 2023, 47 ff.

886 Art. 3 des Gesetzes zur Verbesserung der Transparenzregeln für die Mitglieder des Deutschen Bundestages und zur Anhebung des Strafrahmens des § 108e des Strafgesetzbuches v. 8.10.2021, BGBl. 2021 I, 4650.

887 Vgl. BT-Drs. 20/10376.

888 Vgl. BGHSt 43, 96; 370 ff.; 45, 16; 46, 310; 50, 299; 52, 290; NJW 2001, 3062; 2004, 693; 2007, 2932; NStZ 2006, 628; 2007, 211; 2011, 394; LG Köln NJW 2004, 2173; BGH StV 1998, 368; *Greeve* S. 66 ff.; *Saliger* NJW 2006, 2377 ff.; zur Entwicklung jetzt grundlegend *Heinrich* wistra 2016, 471 ff.

Korruption ist untrennbar mit der **Gewährung von Vorteilen** verbunden. Nach ständiger Rechtsprechung des BGH und ganz herrschender Meinung in der Literatur ist ein Vorteil jede Leistung, auf die der Amtsträger keinen Rechtsanspruch hat und die objektiv zu einer wirtschaftlichen, rechtlichen oder auch nur persönlichen Besserstellung führt. Der Vorteil kann materieller oder immaterieller Art sein.[889] 374

Der Vorteil muss nicht dem Amtsträger selbst zu Gute kommen, auch der so genannte **Drittvorteil** reicht nach der gesetzlichen Neuregelung durch das Korruptionsbekämpfungsgesetz für die Tatbestandserfüllung der §§ 331 ff. aus.[890] Diese Tatbestandserweiterung hat zahllose Probleme im Bereich der **Drittmitteleinwerbung**, insbesondere im Bereich der Forschung, mit sich gebracht und erfasst auch den gesamten Bereich des **Sponsorings.**[891] Hier eröffnet sich ein weites Feld nicht erst für die Verteidigung, sondern bereits für die präventive Beratung[892]. 375

Nach alter wie nach neuer Rechtslage ist die so genannte **Unrechtsvereinbarung** zwischen dem Gebenden und dem Nehmenden der Kernpunkt des Korruptionsstrafrechts. Nach der Neuregelung durch das Korruptionsbekämpfungsgesetz wurde jedoch der frühere enge Bezug zwischen Diensthandlung und Vorteil gelockert und es reicht nunmehr aus, dass der Vorteil ganz allgemein für eine Dienstausübung gewährt bzw. gefordert wird, ohne dass es auf eine konkrete Diensthandlung ankommt.[893] 376

Ein **Rechtfertigungsgrund** ist bei der **Vorteilsannahme** nach § 331 StGB in Abs. 3 in Form der vorherigen oder nachträglichen Genehmigung durch die zuständige Behörde enthalten. Dieser Rechtfertigungsgrund gilt aber nicht für den Bestechlichkeitstatbestand des § 332 StGB. 377

Auf der Rechtsfolgenseite wird im Fall einer Verurteilung in aller Regel auch die Einziehung nach § 73 ff. StGB zur Anwendung kommen.[894] 378

c) Angestelltenbestechung, §§ 299 StGB

§ 299 StGB will den **freien Wettbewerb** schützen, der Begriff »im Wettbewerb« wird daher weit ausgelegt.[895] Vorteilsnehmer sind Angestellte oder Beauftragte eines Betriebes, also nicht der Betriebsinhaber selbst. Angestellter ist, wer in einem vertraglichen oder sonstigen Dienstverhältnis zu dem Unternehmen steht. Unter dem Begriff des Beauftragten fallen alle Personen, die kraft ihrer Stellung im Betrieb berechtigt und verpflichtet sind, für das Unternehmen geschäftlich zu handeln, wie z.B. Vorstands- und Aufsichtsratsmitglieder, Vertreter, Buchprüfer, Treuhänder etc.[896] 379

§ 299 StGB erfasst auch den ausländischen Wettbewerb (früher Abs. 3, jetzt direkt eingeführt in Abs. 1 und Abs. 2 durch das Gesetz zur Bekämpfung der Korruption vom 20.11.2015, BGBl. IS. 2025), d.h. der Tatbestand der Angestelltenbestechung nach § 299 StGB gilt weltweit ohne Tatort- und Täterbeschränkung.[897]

Die Tatbestandsmerkmale Vorteil, Anbieten, Versprechen, Gewähren sind hier wie bei den §§ 331 ff. StGB auszulegen. § 300 StGB normiert den besonders schweren Fall. Bei § 299 StGB handelt es

889 Vgl. die BGH-Rspr. bei *Greeve* S. 102 Fn. 214; aus der Literatur Sch/Sch/*Heine/Eisele* § 331 Rn. 13 ff.; *Fischer* § 331 Rn. 11 ff. mit zahlreichen Nachweisen.
890 Vgl. *Fischer* § 331 Rn. 13 f.; Sch/Sch/*Heine/Eisele* § 331 Rn. 20 ff.
891 Vgl. hierzu *Fischer* § 331 Rn. 27 ff. mit zahlreichen Nachweisen.
892 Vgl. hierzu insbesondere *Greeve* S. 31 ff.
893 Vgl. *Fischer* § 331 Rn. 21 ff.
894 Zur Einziehung s.o. Rdn. 57 ff.
895 Vgl. *Greeve* S. 198.
896 Vgl. *Fischer* § 299 Rn. 15 f.
897 Vgl. hierzu das anschauliche Bsp. bei *Greeve* S. 201: Wenn ein Afrikaner in Südamerika einen koreanischen Auftraggeber schmiert, ist dies auch dann in Deutschland strafbar und zu verfolgen, wenn kein deutscher Mitbewerber vorhanden ist.

sich um ein Antragsdelikt, § 301 StGB, es sei denn, die Strafverfolgungsbehörde bejaht ein besonderes Öffentlichkeitsinteresse. Dies ist nach den uns bekannten Verfahren nahezu immer der Fall.

Durch das Gesetz zur Bekämpfung der Korruption im Gesundheitswesen vom 30.05.2016 (BGBl. I S. 1254) wurden die **§§ 299a, 299b StGB** eingefügt. Ausgangspunkt für diese Ergänzung war die Frage, ob **niedergelassene Vertragsärzte** als Amtsträger oder Beauftragte des geschäftlichen Betriebs der Krankenkassen anzusehen sind. Nachdem der Große Senat des BGH die Frage negativ entschieden hat und eine Amtsträgerschaft ebenso verneinte wie eine Beauftragteneigenschaft i.S.d. § 299 StGB[898], sah sich der Gesetzgeber gezwungen, diese Lücke zu schließen.

Geschaffen wurde mit **§ 299a StGB** ein **Sonderdelikt**, nach dem sich Angehörige eines – durch staatliche Ausbildung qualifizierten – Heilberufs strafbar machen, wenn sie sich in Ausübung ihrer Berufstätigkeit Vorteile dafür versprechen lassen (bzw. solche annehmen), dass sie bei der **Verordnung** (Abs. 1 Nr. 1) oder dem **Bezug** (Abs. 1 Nr. 2) von Arzneimitteln und sonstigen Medizinprodukten einzelne Wettbewerber in unlauterer Weise bevorzugen. Daneben ist die unlautere Bevorzugung bei der **Zuführung** von Patienten oder Untersuchungsmaterial unter Strafe gestellt (Abs. 1 Nr. 3). Mit Blick auf die Bezugsvariante des Abs. 1 Nr. 2 StGB ist zu beachten, dass **Apotheker** zwar generell zum tauglichen Täterkreis der Vorschrift gehören, die bezogenen Arzneimittel oder Medizinprodukte aber ausweislich des Gesetzeswortlauts »zur unmittelbaren Anwendung durch den Heilberufsangehörigen oder einen seiner Berufshelfer bestimmt« sein müssen, was bei (Medikamenten-)Bestellungen von Apotheken gerade nicht der Fall ist. Da es auch an einer Pönalisierung der Abgabe (von Medikamenten) fehlt, dürfte eine Strafbarkeit von Apothekern nach § 299a StGB weitestgehend ausscheiden.[899] Für alle potentiellen Täter des § 299a StGB (wie auch des § 299b StGB) gilt, dass die – schon von § 299 StGB bekannte – **sozialadäquate Zuwendung** nicht tatbestandlich ist.[900]

§ 299b StGB ist die spiegelbildliche Entsprechung zu § 299a StGB, stellt mithin das Versprechen bzw. Gewähren eines Vorteils als Gegenleistung für die zuvor skizzierten Bevorzugungen unter Strafe. Bei § 299b StGB handelt es sich – anders als bei § 299a StGB – nicht um ein Sonderdelikt; Täter kann jedermann sein.

Die **Unlauterkeit** der Unrechtsvereinbarung kann sich insb. aus dem Verstoß gegen Regelungen des SGB V und Verstößen gegen die Berufsordnungen ergeben.[901]

d) Internationalisierung

380 Eine Erweiterung des Korruptionsstrafrechts bezwecken auch das EU-Bestechungsgesetz (**EUBestG**) vom 10.09.1998 und das Gesetz zur Bekämpfung internationaler Bestechung (**IntBestG**) vom 10.09.1998.[902] Diese Vorschriften wurden durch das Gesetz zur Bekämpfung der Korruption vom 20.11.2015 (BGBl. I S. 2025) ebenso wie das IStGH-Gleichstellungsgesetz aufgehoben und durch die neue Vorschrift des § 335a in das StGB übertragen. Durch eine Gleichstellung ausländischer Richter, Bediensteter, Soldaten und förmlich verpflichteter Personen mit Richtern, Amtsträgern, Soldaten der Bundeswehr und für den öffentlichen Dienst besonders Verpflichteten i.S.d. §§ 332 und 334, 331 und 333 sowie § 333 Abs. 1 und 3 StGB sind diese Korruptionstatbestände auch auf den genannten ausländischen Personenkreis anwendbar. Der neue Begriff des »Bediensteten« umfasst Beamte und sonstige Bedienstete ausländischer und internationaler Behörden und Gerichte.[903]

---

898 BGH NJW 2012, 2530 = NZWiSt 2012, 268 m. Anm. *Kraatz*.
899 Vgl. dazu auch Sch/Sch/*Eisele* § 299a Rn. 18.
900 So explizit auch BT-Drs. 18/6446, S. 17 f.: Zuwendungen, bei denen es »an einer objektiven Eignung fehlt, konkrete heilberufliche Entscheidungen zu beeinflussen«; so etwa »bei geringfügigen und allgemein üblichen Werbegeschenken oder bei kleineren Präsenten von Patienten«.
901 Vgl. *Fischer* § 299a Rn. 12.
902 BGBl. II S. 2327: IntBestG; BGBl. II S. 2340: EuBestG; zu beiden Gesetzen *Zieschang* NJW 1999, 105 ff.; *Schuster/Rübenstahl* wistra 2008, 201 ff.
903 Vgl. *Papathanasiou* wistra 2016, 175.

Vom IntBestG übrig geblieben ist die Bestechung ausländischer Abgeordneter im internationalen geschäftlichen Verkehr nach Art. 2 § 2 IntBestG, Art. 2 § 3 IntBestG begründet die Strafbarkeit eines Deutschen, wenn dieser die Tat nach § 2 im Ausland begeht.[904] 381

Die Regelung gilt seit dem 26.11.2015. 382

e) Korruptions- und Steuerstrafrecht

Durch die Regelung des § 4 Abs. 5 S. 1 Nr. 10 EStG durch das Steuerentlastungsgesetz 1999/2000/2002 können **Schmier- und Bestechungsgelder** nicht mehr als **Betriebsausgaben** abgezogen werden. D.h. werden sie doch gewinnmindernd als Betriebsausgabe unter einer Tarnbezeichnung (z.B. »Provisionen«) geltend gemacht und bei der Steuerfestsetzung daher berücksichtigt, ist der Tatbestand der Steuerhinterziehung nach § 370 AO erfüllt. Erlangt nun eine Finanzbehörde von diesem zunächst nur steuerlich und steuerstrafrechtlich relevanten Sachverhalt Kenntnis, so muss sie diese Tatsache der Staatsanwaltschaft mitteilen (§ 4 Abs. 5 S. 1 Nr. 10 S. 3 EStG),[905] die nun ihrerseits wegen Verdachts eines Bestechungstatbestandes ermittelt. Erlangt umgekehrt die Staatsanwaltschaft oder eine sonstige Ermittlungsbehörde Kenntnis von einer Korruptionsstraftat, so hat sie dies den Finanzbehörden zum Zwecke der Besteuerung und zur Verfolgung von Steuerstraftaten und -ordnungswidrigkeiten mitzuteilen (§ 4 Abs. 5 S. 1 Nr. 10 S. 2 EstG). Aus dem Steuerstrafverfahren entsteht somit zusätzlich ein Ermittlungsverfahren wegen Korruptionsdelikten und umgekehrt entsteht aus dem Ermittlungsverfahren wegen Korruptionsdelikten zusätzlich ein Ermittlungsverfahren wegen Steuerhinterziehung.[906] Für das Besteuerungsverfahren wie auch für das Steuerstrafverfahren heißt dies, dass das Steuergeheimnis nach § 30 AO über die Ausnahmetatbestände des § 30 Abs. 4 AO hinausgehend ausgehebelt ist. 383

IV. Die Sanktionen gegen den Täter und das Unternehmen

1. Strafe

Bestraft werden kann nach deutschem Recht nur eine natürliche Person. Das deutsche Recht kennt (noch) keine Verbands- oder Unternehmensstrafe (s.o.). In den letzten Jahren gab es indes einige Bewegung in der Debatte um das Erfordernis eines »Unternehmensstrafrechts«. Gleich mehrere Entwürfe wurden diesbezüglich veröffentlicht.[907] 384

Gegen Ende der letzten Legislaturperiode sorgte schließlich die Veröffentlichung eines **Regierungsentwurfs eines Verbandssanktionengesetzes (VerSanG)** für Aufsehen.[908] Dieser – der Diskontinuität des letzten Bundestages verfallene – Entwurf sah eine Art dritte, neben die bisherigen Kategorien von (Geld-)Strafe und Geldbuße tretende Sanktionsfolge vor – die »Verbandssanktion«.[909] Anknüp-

904 Vgl. Gesetzestext bei *Fischer* Anh. 18 IntBestG.

905 Die Mitteilungspflicht besteht selbst dann, wenn die Straftat offensichtlich verjährt ist, so BFH, Beschl. v. 14.07.2008 – VII B 92/08, BB 2008, 2218.

906 Vgl. *Quedenfeld* StraFo 1999, 253 ff.

907 So der »Kölner Entwurf« eines »Verbandssanktionengesetzes«, vgl. *Henssler* et al. NZWiSt 2018, 1 ff.; ferner der »Münchener Entwurf« (abrufbar unter: https://www.familienunternehmer.eu/fileadmin/familienunternehmer/positionen/unternehmernahe_politik/dateien/familienunternehmer_muenchner_entwurf_eines_verbandssanktionengesetzes.pdf Stand: [25.10.2020]). Zuvor hatte bereits das Land Nordrhein-Westfalen, unter Federführung des damaligen (Landes-)Justizministers *Kutschaty*, im Jahre 2013 einen Vorstoß gewagt (online nicht mehr verfügbar), vgl. zu diesem *Hoven* et al. NZWiSt 2014, 161 ff.

908 Der Entwurf eines Verbandssanktionengesetzes stand im Kontext des (Gesamt-)Entwurfs eines Gesetzes »zur Stärkung der Integrität in der Wirtschaft«, abrufbar unter: https://www.bmjv.de/SharedDocs/Gesetzgebungsverfahren/Dokumente/RegE_Staerkung_Integritaet_Wirtschaft.pdf?__blob=publicationFile&v=2 (Stand: 04.04.2023). Zu diesem etwa *Nienaber/Schauenburg/Wenglarczyk* NZWiSt 2020, 223; *Rotsch/Mutschler/Grobe* CCZ 2020, 169; ferner *Rostalski* NJW 2020, 2087.

909 Zur dogmatischen Verortung *Achenbach* ZIS 2020, 1 f.

fungspunkt für eine Verbandssanktion sollte gemäß § 3 Abs. 1 E-VerSanG entweder die Begehung einer »Verbandstat« (verbandsbezogene Straftat) durch eine Leitungsperson *oder* die – von Leitungspersonen zu verantwortende – mangelnde Verhütung der Begehung von Verbandstaten durch andere Verbandsangehörige oder sonstige im Interesses des Verbandes Handelnde sein. Die Sanktion sollte nach § 8 E-VerSanG in Gestalt einer **Verbandsgeldsanktion** oder einer **Verwarnung mit Verbandsgeldsanktionsvorbehalt** verhängt werden. In Anlehnung an entsprechende Regelungen des Kartellrechts sah der Entwurf in § 9 Abs. 2 bei Verbänden »mit einem durchschnittlichen Jahresumsatz von mehr als einhundert Millionen Euro« eine Sanktion i.H.v. bis zu 10 % (Vorsatztat) bzw. 5 % (Fahrlässigkeitstat) des durchschnittlichen – weltweiten – Jahresumsatzes vor.[910] Jedenfalls als mittelbare weitere Sanktion erwies sich die in § 14 E-VerSanG vorgesehene Möglichkeit, »bei einer großen Zahl von Geschädigten« die Verbandssanktion öffentlich bekannt zu machen. Die noch im Referentenentwurf vorgesehene weitere Sanktionsmöglichkeit der Verbandsauflösung wurde im Regierungsentwurf nicht weiterverfolgt.[911]

Die Verfolgung von Verstößen sollte gemäß § 24 Abs. 1 E-VerSanG iVm § 152 Abs. 2 StPO – anders als im Ordnungswidrigkeitenverfahren – nicht im Ermessen der Behörden stehen; es sollte das Legalitätsprinzip gelten. Immerhin wurden präventive und repressive Compliance-Maßnahmen nach Maßgabe des § 15 Abs. 3 Nrn. 6 u. 7 E-VerSanG ausdrücklich als (mildernde) Bemessungsfaktoren bei der Ermittlung der Verbandsgeldsanktion anerkannt. Auch war eine Regelung vorgesehen, wonach das Gericht die Verbandsgeldsanktion mildern »soll«, wenn der betroffene Verband durch »verbandsinterne Untersuchungen«, sog. Internal Investigations, wesentlich an der Aufklärung mitwirkt (§ 17 Abs. 1 E-VerSanG).

Ob es in der aktuellen Legislaturperiode zu einem neuen Anlauf kommt, ist bislang unklar. Der Koalitionsvertrag bleibt in diesem Punkt vage.[912] **De lege lata** erweist sich die Sanktionierung als dem **Ordnungswidrigkeitenrecht** zugehörig (dazu sogleich).

Das Strafensystem (betreffend natürliche Personen) ist in den §§ 38–44 StGB geregelt mit den Hauptstrafarten Freiheitsstrafe und Geldstrafe und der im Wirtschaftsstrafrecht weitgehend irrelevanten Nebenstrafe des Fahrverbots nach § 44 StGB.

2. Verbandsgeldbuße

385 Keine Strafe, in ihrer wirtschaftlichen Auswirkung jedoch wie eine Strafe wirkend, ist die Verbandsgeldbuße des § 30 OWiG. Diese Vorschrift ermöglicht die Festsetzung von Geldbußen gegen bestimmte nicht natürliche Rechtspersönlichkeiten bei strafrechtlichen oder ordnungswidrigkeitenrechtlichen relevanten Verhalten ihrer Vertreter.

a) Normadressat

386 Es sind dies **juristische Personen** (AG, KGaA, GmbH, Genossenschaft, VVaG, eingetragener Verein, Stiftung, Europäische Aktiengesellschaft -SE –), der **nicht rechtsfähige Verein (§ 54 BGB)** und die

910 Kritisch diesbezüglich etwa *Rotsch/Mutschler/Grobe* CCZ 2020, 169, 176 f. Zu den Bußgeldhöhen im Rahmen des Ordnungswidrigkeitenverfahrens unten Rn. 384.

911 Dazu *Rotsch/Mutschler/Grobe* CCZ 2020, 169, 174 f.

912 Vgl. Koalitionsvertrag zwischen SPD, Bündnis 90/Die Grünen und FDP: Mehr Fortschritt wagen – Bündnis für Freiheit, Gerechtigkeit und Nachhaltigkeit, S. 111: »Wir überarbeiten die Vorschriften der Unternehmenssanktionen einschließlich der Sanktionshöhe, um die Rechtssicherheit von Unternehmen im Hinblick auf Compliance-Pflichten zu verbessern und für interne Untersuchungen einen präzisen Rechtsrahmen zu schaffen« (abrufbar unter: https://www.bundesregierung.de/resource/blob/974430/1990812/1f422c60505b6a88f8f3b3b5b8720bd4/2021-12-10-koav2021-data.pdf?download=1 [Stand: 04.04.2023]).

Personenhandelsgesellschaften (OHG, KG, GmbH & Co. KG, EWIV, Partnerschaftsgesellschaft und nach h.M. auch die juristischen Personen des öffentlichen Rechts).[913]

b) Anknüpfungstat

§ 30 OWiG setzt voraus eine Straftat oder Ordnungswidrigkeit, durch die **betriebsbezogene Pflichten** verletzt oder durch die das Unternehmen, d.h. der vorgenannte Normadressat, bereichert wurde oder bereichert werden sollte. Eine betriebsbezogene Pflicht ist auch die Aufsichtspflicht nach § 130 OWiG, sodass auch eine Verletzung des § 130 OWiG zur Rechtsfolge des § 30 OWiG führen kann.[914] 387

c) Täterkreis

Die die Straftat oder die Ordnungswidrigkeit begehende natürliche Person muss die Qualifikation des § 30 Abs. 1 Nr. 1–5 OWiG besitzen, d.h. handeln als Organ, Vorstand, vertretungsberechtigter Gesellschafter, Generalbevollmächtigter, Prokurist oder Handlungsbevollmächtigter in leitender Stellung oder als sonstige Person, die für die Leitung verantwortlich handelt. Es handelt sich hierbei um eine **enumerative Aufzählung.** Ein zivilrechtlich gültiger Bestellungsakt ist nicht erforderlich, auch ein **faktisches Organ** erfüllt die Täterqualifikation des § 30 Abs. 1 OWiG.[915] 388

d) Verfahren

Die Geldbuße nach § 30 OWiG kann gegen das Unternehmen verhängt werden neben der Verhängung der Strafe oder eines Bußgelds gegen den handelnden Täter. Sie kann aber nach § 30 Abs. 4 OWiG auch im **selbstständigen Verfahren** nur gegen den Normadressaten des Abs. 1 festgesetzt werden, wenn der Täter nicht mehr verfolgt oder nicht identifiziert werden kann. Das selbstständige Bußgeldverfahren scheidet nur dann aus, wenn der Täter aus Rechtsgründen nicht mehr verfolgt werden kann, § 30 Abs. 4 S. 3 OWiG. Wenn nicht mehr festgestellt werden kann, wer der Täter ist, muss aber zumindest festgestellt werden, dass eine Person i.S.d. § 30 Abs. 1 OWiG gehandelt hat. 389

e) Höhe der Geldbuße

Sie beträgt nach § 30 Abs. 2 S. 1 OWiG bei einer vorsätzlichen Straftat bis zu 10 Mio. EURO und bei einer fahrlässigen Straftat bis zu 5 Mio. EURO. Bei Ordnungswidrigkeiten wird die Geldbuße nach § 30 Abs. 2 S. 2 OWiG durch das Höchstmaß der Geldbuße für die vergangene Ordnungswidrigkeit begrenzt. Dabei wird durch die Verweisung in § 30 Abs. 3 OWiG auf § 17 Abs. 4 OWiG eine Überschreitung des gesetzlichen Höchstmaßes erlaubt, wenn nur so der **wirtschaftliche Vorteil**, den der Täter aus der Ordnungswidrigkeit begangen hat, abgeschöpft werden kann. 390

Eine Sonderregelung für Kartellverfahren beinhaltet noch § 81c GWB. Danach kann in den dort genannten Fällen die Geldbuße gegen ein Unternehmen oder eine unternehmerische Vereinigung auch in Orientierung an der Höhe des weltweiten Gesamtumsatzes im Jahr vor der Entscheidung verhängt werden; nach § 81c Abs. 2 S. 2 GWB kann etwa eine Geldbuße in Höhe von bis zu 10 Prozent des Gesamtumsatzes verhängt werden. 391

3. Vermögensrechtliche Sanktionen neben Strafe bzw. Bußgeld

Die weitgehende vermögensrechtliche Sanktion der Einziehung und erweiterten Einziehung von Taterträgen (früher: Verfall und Verfall des Wertersatzes) als Möglichkeit der **Abschöpfung strafrechtlicher Gewinne** regeln die §§ 73 bis 73e StGB. Im Ordnungswidrigkeitenrecht übernimmt die Geldbuße die Funktion der Gewinnabschöpfung, insbesondere mit der Erweiterungsmöglichkeit des 392

913 OLG Frankfurt NJW 1976, 1276; OLG Hamm NJW 1979, 1312; *Göhler* § 30 Rn. 2; KK-OWiG/*Rogall* § 30 Rn. 62 ff.
914 BGH, Urt. v. 10.12.1985 – KRB 3/85, wistra 1986, 111 ff.; *Göhler* § 30 Rn. 17.
915 *Göhler* § 30 Rn. 14; KK-OWiG-*Rogall* § 30 Rn. 86; *Többens* NStZ 1999, 6 m.w.N.

§ 17 Abs. 4 OWiG. Nur dort, wo ein Bußgeld mangels Vorwerfbarkeit nicht verhängt werden kann oder der Vorteil von einem Dritten erlangt wird, schafft § 29a OWiG im Ordnungswidrigkeitenrecht die Möglichkeit der Einziehung von Taterträgen.[916] Bei der Einziehung handelt es sich nicht um eine Strafe, sondern um eine Maßnahme eigener Art.[917] Die im Wirtschaftsverfahren weniger bedeutsame Einziehung von Tatprodukten, Tatmitteln oder Tatobjekten ist in §§ 74 ff. StGB und parallel in § 22 ff. OWiG geregelt.[918]

a) Einziehung von Taterträgen und des Wertes von Taterträgen (§§ 73 ff. StGB, § 29a OWiG)

393 Mit dem Gesetz zur Reform der strafrechtlichen Vermögensabschöpfung vom 13.04.2017 (BGBl. I S. 872 ff.) wurde das Recht der strafrechtlichen Vermögensabschöpfung vollständig neu gefasst und teilweise neu geregelt.[919] Eingeführt wurde ein einheitlicher Begriff der Einziehung in § 73 StGB (Einziehung von Taterträgen anstelle des Verfalls), § 73c StGB (Einziehung des Werts von Taterträgen anstelle des Verfalls von Wertersatz) und in § 74 StGB (Einziehung von Tatprodukten, Tatmitteln, Tatobjekten).

Die gravierendste Neuregelung besteht in der Streichung des § 73 Abs. 1 S. 2 StGB a.F., nach dem Verletztenansprüche dem Verfall (jetzt: Einziehung) entgegenstanden. Damit entfällt zugleich die sog. »Rückgewinnungshilfe« für den anspruchsberechtigten Verletzten.

§ 73a StGB regelt die erweiterte Einziehung (früher: § 73d StGB). Sie ist nunmehr bei jeder Verurteilung möglich.

394 Die Einziehung bei Dritten war bisher in § 73 Abs. 3 StGB unvollständig geregelt. Der BGH unterschied zwischen Erfüllungs-, Verschiebungs- und Vertretungsfällen.[920] Erfüllungsfälle beim Gutgläubigen sind jeglicher Vermögensabschöpfung entzogen. In Vertretungsfällen war der Verfall (jetzt: Einziehung) schon nach § 73 Abs. 3 StGB a.F. zulässig. Nunmehr ist auch der Verschiebungsfall in § 73b Abs. 1 Nr. 2 StGB gesetzlich geregelt, auch hier ist die Einziehung zulässig und wird in Nr. 3 auf Erben und Pflichtteilsberechtigte erweitert.

395 § 73 Abs. 1 StGB setzt einmal die Begehung einer rechtswidrigen Tat voraus und dass aus dieser Tat oder für sie »etwas erlangt« wurde. Dieses »etwas erlangt« wird in § 73 Abs. 2 StGB auch auf Nutzungen erweitert. Auch **ersparte Aufwendungen**, z.B. Steuern, können erlangtes Etwas sein. Erforderlich ist auch insoweit, dass beim Täter infolge der Tat tatsächlich ein **messbarer wirtschaftlicher Vorteil** eingetreten ist. Daran kann es im Einzelfall fehlen.[921] Dass Vermögenswerte zunächst nicht unmittelbar dem Täter selbst zufließen, sondern etwa einer Gesellschaft, welche die Taterlöse sodann ganz oder teilweise an den Täter weiterleitet, steht einer **Einziehung beim Täter** grundsätzlich nicht entgegen – entscheidend ist allein der – wenn auch indirekte – Zufluss zum Tätervermögen.[922]

---

916 *Göhler/Gürtler* § 29a Rn. 1.

917 Vgl. *Fischer* § 73 Rn. 4 ff.

918 *Köllner/Cyrus/Mück* NZI 2016, 329: »Herzstück des Referentenentwurfs«.

919 Vgl. dazu *Bittmann* NZWiSt 2016, 131 ff.; *Köhler* NStZ 2017, 497 ff.; *Schilling/Corsten/Hübner* StraFo 2017, 305 ff.

920 BGHSt 45, 235 ff.

921 Vgl. BGH NStZ-RR 2019, 348, wonach die (Ersparung der) Tabaksteuer als Verbrauch- bzw. Warensteuer dem Täter nur dann wirtschaftlich messbar zugute kommt, wenn er »aus den Tabakwaren, auf die sich die Hinterziehung der Tabaksteuern bezieht, einen Vermögenszuwachs erzielt, beispielsweise in Form eines konkreten Vermarktungsvorteils«. Für den Spediteur, der die Tabakwaren gegen Entgelt an einen Dritten transportiert und dabei die (auch) ihn gemäß § 23 Abs. 1 TabStG treffende Steuerpflicht verletzt, ist daher nur das Entgelt erlangtes Etwas, nicht aber etwaige ersparte Aufwendungen.

922 BGH NZG 2020, 355, 357 f., der einen indirekten Vermögenszuwachs (über eine Gesellschaft) freilich dann nicht genügen lässt, wenn dem Transfer (z.B. von einer Gesellschaft an ihren Geschäftsführer) ein »nicht bemakelter Vertrag« zugrunde liegt, der mit der Straftat »in keinem Zusammenhang« steht (z.B. reguläre Vergütung). Dann verbleibt gemäß § 73b StGB (nur) die Möglichkeit der Einziehung bei der drittbegünstigten Gesellschaft.

Ist die Einziehung des Erlangten nicht möglich oder wird davon abgesehen, ist nach § 73c StGB die Einziehung eines Geldbetrages anzuordnen, der dem Wert des Erlangten entspricht.

Die Bestimmung des Erlangten i.S.d. Abschöpfungsvorschriften ist in Rechtsprechung und Literatur bis heute hoch streitig.[923] Grundsätzlich gilt das Bruttoprinzip, das aber in unterschiedlichster Weise modifiziert wird.[924] § 73d StGB versucht nun eine Brücke zwischen Brutto- und Nettoprinzip zu schlagen, indem eine mehrstufige Berechnung vorgenommen wird[925]: **396**

- Zunächst sind **sämtliche zugeflossenen Vermögenswerte** zu erfassen.
- Dann sind nach § 73d Abs. 1 S. 1 StGB die **Aufwendungen** des Täters, Teilnehmers oder des anderen **abzuziehen.**
- Ausgeschlossen von diesen Aufwendungen sind solche, die für die Begehung oder die Vorbereitung der Tat aufgewendet oder eingesetzt wurden.
- Hiervon sind wiederum Leistungen zur Erfüllung einer Verbindlichkeit gegenüber dem Verletzten der Tat abzuziehen.

Ob dieser Versuch erfolgreich sein wird oder die Probleme nur auf die Abgrenzung zwischen Ziff. 2 und 3 und Ziff. 3 und 4 verlagert werden, bleibt abzuwarten.[926] § 73d Abs. 2 StGB ermöglicht die Schätzung sowohl des Erlangten als auch der Aufwendungen.

§ 73e StGB sieht den Ausschluss der Einziehung nach §§ 73 – 73c StGB in folgenden Fällen vor: **397**

- Der Anspruch des Verletzten ist erloschen (Abs. 1).[927]
- Der Wert des Erlangten ist zum Zeitpunkt der Anordnung nicht mehr im Vermögen des Betroffenen und diesem waren die Umstände, die die Einziehung zugelassen hätten, zum Zeitpunkt des Wegfalls der Bereicherung unbekannt (Abs. 2).

§ 76 StGB schafft die Möglichkeit einer nachträglichen Anordnung der Einziehung des Wertersatzes, wenn die angeordnete Einziehung eines Gegenstandes nachträglich unmöglich wurde. **398**

§ 76a StGB sieht eine selbständige Einziehung für den Fall vor, dass wegen der Straftat keine bestimmte Person verfolgt oder verurteilt werden kann. Dies gilt nach Abs. 2 auch für verjährte Straftaten. Eine besondere Verjährungsfrist wird in § 76b StGB geschaffen: Die erweiterte Einziehung (§ 73a StGB) und die selbständige Einziehung (§ 76a StGB) des Tatertrags (§ 73 StGB) oder des Werts des Tatertrags (§ 73c StGB) verjähren in 30 Jahren ab Beendigung der zu Grunde liegenden Straftat. **399**

Die Neufassung der §§ 73 ff. StGB trat am 01.07.2017 in Kraft. Zu beachten ist die Übergangsvorschrift nach Art. 316h EStGB: **400**

Danach gelten für Taten, die **vor** dem 01.07.2017 begangen worden sind, über Anordnungen der Einziehung des Tatertrags oder des Werts des Tatertrags aber erst **nach** dem 01.07.2017 entschieden werden, abweichend von § 2 Abs. 5 StGB die §§ 73 – 73c, 75 Abs. 1 und 3 sowie §§ 73d, 73e, 76, 76a, 76b und 78 Abs. 1 S. 2 StGB in der Fassung des Gesetzes zur Reform der strafrechtlichen Vermögensabschöpfung vom 13.04.2017.

Die Vorschriften dieses Gesetzes sind aber nicht in Verfahren anzuwenden, in denen bis zum 01.07.2017 eine Entscheidung über Verfall oder Verfall des Wertersatzes nach der alten Fassung der §§ 73 ff. StGB ergangen ist. Entscheidungen sind nicht nur Strafbefehl oder Urteil, sondern auch schon Entscheidungen nach §§ 111b ff. StPO a.F. zur vorläufigen Vermögenssicherung. **401**

---

923 *Emmert* NZWist 2016, 449 ff.
924 *Fischer* § 73 Rn. 10 ff.
925 Zur Vorschrift des § 73d StGB auch *Rettke* wistra 2018, 234 ff.
926 Vgl. *Bittmann* NZWiSt 2016, 131, 132.
927 Insbesondere unterliegen Ansprüche aus einem Steuerschuldverhältnis, die gemäß § 47 AO infolge Verjährung erloschen sind, nicht mehr der Einziehung; dazu BGH NZWiSt 2020, 39.

402 Die **verfahrensrechtliche Absicherung** im Ermittlungsverfahren bis zur Rechtskraft des Urteils erfolgt durch die §§ 111b ff. StPO (s.o. Rdn. 57 ff.). Die Parallelvorschriften im Ordnungswidrigkeitenrecht sind in den §§ 22 ff. OWiG enthalten.

Im Übrigen ist in prozessualer Hinsicht zu beachten, dass es eines **ausdrücklichen Hinweises auf die Rechtsfolge der §§ 73, 73c StGB** nach Maßgabe des § 265 Abs. 2 Nr. 1 StPO auch dann bedarf, wenn sich jedenfalls die tatsächlichen Voraussetzungen der Einziehung aus der Anklageschrift ergeben.[928]

b) § 8 WiStG

403 Hierbei handelt es sich um eine in der Praxis wenig relevante Sonderregelung zur Abführung des Mehrerlöses bei Verstößen gegen die §§ 1 bis 6 WiStG. Der Tatbestand, dem im Regelungsgefüge der §§ 1 bis 6 WiStG (noch) die größte praktische Bedeutung zugeschrieben wird, ist im Bußgeldtatbestand der Mietpreisüberhöhung (§ 5 WiStG) zu sehen.[929] Denkbar ist nun, dass ein Mietentgelt nach Maßgabe des § 8 WiStG insoweit an das Land abzuführen ist, als es den Unterschiedsbetrag zwischen dem gemäß § 5 WiStG zulässigen und dem erzielten Preis überschreitet.[930]

D. Außerstrafrechtliche Folgen

404 Gerade in Wirtschaftsstrafverfahren ist mit dem strafrechtlichen Abschluss des Verfahrens oftmals noch kein Schlusspunkt erreicht, sondern es schließen sich als Folge des Strafverfahrens weitere Verfahren an, die in ihren Auswirkungen weit einschneidender sein können als das Strafverfahren. Es bedarf daher während des gesamten Verfahrens und insbesondere bei einvernehmlichen Verfahrenserledigungen immer eines Blicks auf diese außerstrafrechtlichen Folgen, die oft schwerer wiegen, weil bis zur Existenzvernichtung reichend, als die strafrechtlichen Folgen. Umgekehrt sind diese außerstrafrechtlichen Folgen bei der Strafzumessung (in der Regel strafmildernd) zu berücksichtigen.[931]

I. Registereintragung und Mitteilungen

1. Bundeszentralregister

405 Jede strafrechtliche Verurteilung führt zu einer Eintragung in das Bundeszentralregister. Diese Eintragungen führen zu Auskunftspflichten des Bundeszentralregisters bei entsprechenden Anfragen. Die Einzelheiten regelt das BZRG. Wichtig ist die so genannte 90-Tagessatz-Grenze: bei Verurteilungen zu einer Geldstrafe bis zu 90 Tagessätzen wird eine derartige Verurteilung nicht in ein Führungszeugnis aufgenommen und der Betroffene kann sich weiterhin als nicht vorbestraft bezeichnen (vgl. hierzu §§ 32 Abs. 2 Nr. 5 BZRG). Eine besondere Bedeutung spielt für die Mandanten in Wirtschaftsstrafverfahren auch die Frage, wie lange eine Eintragung im Bundeszentralregister vermerkt bleibt und wer welche Auskünfte erhält (vgl. hierzu §§ 45 ff. bezüglich der Tilgung, 41 ff. BZRG bezüglich der Auskünfte).

2. Gewerbezentralregister

406 Eine Eintragung auch von Ordnungswidrigkeiten in das Gewerbezentralregister sieht die Gewerbeordnung vor. Auskünfte aus dem Gewerbezentralregister werden nach § 150a GewO uneingeschränkt erteilt an Behörden zur Verfolgung bestimmter gewerberechtlicher Ordnungswidrigkeiten, zur Verfolgung von Ordnungswidrigkeiten im Bereich Arbeitnehmerüberlassung/Schwarzarbeit und in enumerativ aufgeführten Fällen an Gerichte, Staatsanwaltschaften, Kriminalpolizei und Bußgeldbehörden.

928 BGHSt 66, 20 = NJW 2022, 201.

929 Vgl. BeckOK-OWiG/*Kudlich* § 5 WiStG vor Rn. 1; Müller-Gugenberger/*Haas* Wirtschaftsstrafrecht, 8. Aufl. 2024 (im Druck) Rn. 61.74.

930 Zulässig ist gemäß § 5 Abs. 2 S. 1 WiStG eine bis zu 20 Prozent über dem für Räume vergleichbarer Art, Größe, Ausstattung, Beschaffenheit und Lage üblichen Entgelt liegende Miete.

931 Vgl. *Klose* NZWiSt 2023, 41 (45) mit Fallbeispielen aus der neuesten BGH-Rspr.

3. Wettbewerbsregister

Neu geschaffen wurde im Jahre 2017 mit dem »Gesetz zur Einführung eines Wettbewerbsregister und zur Änderung des Gesetzes gegen Wettbewerbsbeschränkungen«[932] ein Wettbewerbsregister, das als elektronische Datenbank beim Bundeskartellamt in Bonn geführt wird[933]. Das Gesetz dient dem Schutz des fairen Wettbewerbs um öffentliche Aufträge und der wirksamen Bekämpfung und Prävention von Wirtschaftskriminalität[934]. 407

Eingetragen werden
- rechtskräftige Strafurteile und Strafbefehle, die zum zwingenden Ausschluss iSd § 123 GWB vom Vergabeverfahren führen (insbesondere die Delikte Steuerhinterziehung, Korruptionsdelikte, Vorenthalten und Veruntreuen von Arbeitsentgelt, wettbewerbsbeschränkende Absprachen bei Ausschreibungen, Betrug zum Nachteil des Haushalts der EU oder von ihr verwalteter Haushalte, Geldwäsche).
- alle rechtskräftigen Strafurteile und Strafbefehle und rechtskräftige Bußgeldentscheidungen, die einen fakultativen Ausschlussgrund i.S.d § 124 GWB vom Vergabeverfahren darstellen (Verstöße gegen Schwarzarbeitbekämpfungsgesetz, Verstöße bei Arbeitsförderung nach SGB III, Arbeitnehmerüberlassungsgesetz, Mindestlohngesetz, Arbeitnehmerentsendegesetz, Kartellverstöße).

Es ist offenkundig, dass dieses Register für die gesamte vergaberechtliche Praxis größte Bedeutung haben wird[935].

4. Anordnung über Mitteilungen in Strafsachen (MiStra)

Die durch § 12 Abs. 5 EGGVG auf gesetzliche Grundlage gestellte Anordnung über Mitteilungen in Strafsachen vom 29.04.1998 (MiStra)[936] sieht weitergehende Mitteilungspflichten von Gerichten und Staatsanwaltschaften wegen der persönlichen Verhältnisse der Beschuldigten oder wegen der Art der verletzten Strafgesetze vor. Diese Mitteilungspflicht führt dann insbesondere zu **berufsrechtlichen Folgen** im berufs- oder disziplinarrechtlichen Verfahren. 408

5. Beamtenrecht

Eine besondere Mitteilungspflicht von Gerichten, Strafverfolgungs- und Strafvollstreckungsbehörden an den Dienstvorgesetzten von Beamten und Richtern sieht § 49 BeamtStG vor. Die Feststellungen in einem strafgerichtlichen Urteil sind für das Disziplinarverfahren grundsätzlich bindend.[937] 409

II. Berufliche Folgen

Eine strafrechtliche Verurteilung führt bei einer Reihe von Berufen oder bei den Inhabern von besonderen Genehmigungen, Erlaubnissen, Lizenzen etc. zu zusätzlichen beruflichen Folgen (bis hin zum »Berufsverbot«) oder dem Verlust der erteilten Genehmigungen, Zulassungen, Erlaubnissen, Lizenzen etc.[938] 410

---

932 BGBl. 2017 I, 2739.

933 Vgl. die Darstellung des Gesetzes bei Müller-Gugenberger/*Ludwig* Wirtschaftsstrafrecht Rn. 53.83 – 53.90; *Gottschalk/Lubner*, NZWiSt 2018, 96 ff.; *Bott/Bahrdt* StraFo 2017, 354 ff.

934 Vgl. BT-Drs. 263/17 S. 12.

935 *Gottschalk/Lubner*, NZWiSt 2018, 102.

936 Auszugsweise abgedruckt bei Meyer-Goßner/Schmitt Anh. 13.

937 BVerwG in st. Rspr., zuletzt BVerwG, Beschl. v. 15.05.2013, Beck RS 2013, 51944.

938 S. dazu die Übersichten bei *Gercke* wistra 2012, 291 ff; *Röth* StraFo 2012, 354 ff.; *Wegner* wistra 2017, 298 ff.; *ders.* wistra 2019, 442 ff, 490 ff.

1. Beamte und sonstige Amtsträger

411 1. Beamte unterliegen der besonderen Disziplinargewalt des Dienstherrn. Für Bundesbeamte gilt das BBG und das BDG, für Landesbeamte die entsprechenden Landesgesetze. Im Fall einer rechtskräftigen strafrechtlichen Verurteilung führt diese zu einem Disziplinarverfahren nach dem Bundesdisziplinargesetz oder dem jeweiligen Landesdisziplinargesetz. Gleiches gilt für Richter nach dem Deutschen Richtergesetz (DRiG) und Soldaten nach dem Soldatengesetz (SG).

Ein Disziplinarverfahren kann zu einem Verweis, einer Geldbuße, Kürzung der Dienstbezüge, Rückstufung oder Entfernung aus dem Dienst führen, § 5 BDG.

Der Verteidiger hat insbesondere bei Verständigungsgesprächen im Strafverfahren die Besonderheit des § 41 Abs. 1 BBG und die gleichlautenden Regelungen in § 24 Abs. 1 S. 1 Nr. 1 BeamtenStG, § 24 Nr. 1 DRiG und §§ 48 S. 1 Nr. 2, 54 Abs. 2 Nr. 2 SG zu beachten: Bei einer Verurteilung wegen einer vorsätzlichen Tat zu einer Freiheitsstrafe von mindestens 1 Jahr (oder 6 Monaten bei besonders staatsbezogenen Delikten) endet das Beamtenverhältnis mit Rechtskraft des strafgerichtlichen Urteil ohne weiteres Disziplinarverfahren. Damit enden auch die Ansprüche auf Besoldung und Versorgung.

Eine strafrechtliche Verurteilung von weniger als 1 Jahr kann aber auch zu einer Entfernung aus dem Dienst führen[939], allerdings erst nach Durchführung eines förmlichen Disziplinarverfahrens. Dies lässt zum einen eine (geringe) Chance zur Vermeidung der Entfernung aus dem Dienst bestehen und verzögert auf jeden Fall den endgültigen Verlust des Beamtenstatus.

Die im Strafurteil getroffenen Feststellungen sind für das nachfolgende Disziplinarverfahren bindend[940]. Ein Strafbefehl oder ein Bußgeldbescheid oder eine Einstellung nach § 153a StPO entfalten auf Grund ihres summarischen Charakters diese Bindungswirkung nicht[941]. Trotz einer Einstellung nach § 153a StPO bleibt aber eine disziplinarrechtliche Ahndung des (straffreien) Sachverhalts möglich.

Beispielsfälle: VG Regensburg vom 26.4.2013 PStR 2013, 229 (Berufsschullehrer); VG München vom 18.11.2014 PStR 2015, 34 (Verwaltungsbeamter); OVG NRW vom 18.11.2015 PStR 2016, 320 (Postbeamter im Ruhestand); BayVGH vom 6.12.2013 NZWist 2014, 275 (Gymnasiallehrer);

BayVGH vom 10.6.2016 PStR 2017, 186 (Finanzbeamter); OVG NRW vom 18.9.2019 PStR 2020, 26 (Polizeibeamter); BVerwG wistra 2018, 356 mit Anm. *Pflaum* (Finanzamtsvorsteher); BVerwG vom 7.3.2019 PStR 2019, 155 (Reserveoffizier).

Besonders zu beachten ist die Situation im Steuerstrafrecht bei erfolgter Selbstanzeige: Diese schließt trotz Straffreiheit im Falle ihrer Wirksamkeit ein Disziplinarverfahren mit disziplinarrechtlicher Ahndung nicht aus.[942]

2. Rechts- und steuerberatende Berufe (Rechtsanwälte, Notare, Wirtschaftsprüfer, Steuerberater, vereidigte Buchprüfer)

412 Berufsrechtliche Konsequenzen im Falle strafrechtlicher Verurteilung gibt es auch für die Angehörigen der rechts- und steuerberatenden Berufe. Die verschiedenen Berufsordnungen sehen ebenfalls Ausschließung als schärfste berufsrechtliche Folge vor (§ 114 Abs. 1 Nr. 5 BRAO, § 97 Abs. 1 BnotO; § 19 Abs. 1 Nr. 3 WPO; § 90 Abs. 1 Nr. 5 StBerG). Auch hier gilt die Bindungswirkung

939 Vgl. dazu OVG NRW v. 18.9.2019 PStR 2020, 26; VG Magdeburg v. 1.10.2019 PStR 2020, 91.
940 BVerwG v. 15.5.2013 – 2 B 20/12 = NJW Spezial 2013, 633.
941 BGH v. 12.4.1999 – AnwStR 11/98 = NJW 1999, 2288; BVerwG v. 15.3.2013 – 2 B 22/12 = NVwZ RR 2013, 557.
942 Vgl. VGH Bayern wistra 2019, 35; *Glöckle* PStR 2022, 256.

der strafrechtlichen Urteilsfeststellungen für das berufsgerichtliche Verfahren (vgl. § 118 BRAO, § 83 WPO, § 109 Abs. 3 StBerG), auch hier entfaltet ein Strafbefehl diese Bindungswirkung nicht[943].

Beispielsfälle: OLG Düsseldorf vom 13.1.2015 PStR 2015, 214; (Steuerberater) BGH wistra 2017, 31 (Steuerberater); wistra 2013, 31 (vereidigter Buchprüfer); wistra 2014, 103 (Notar); PStR 2021, 102 (Rechtsanwalt). Grundsätzliche Ausführungen zum steuerlichen Berater vgl. Höpfner/Schwartz PStR 2014, 61, 69.

3. Heilberufe

Unzuverlässigkeit oder Unwürdigkeit zur Ausübung des Berufs als Arzt, Zahnarzt oder Apotheker 413
können sich auch aus strafrechtlichen Verurteilungen ergeben, insbesondere wenn diese sich auf die Berufsausübung selbst beziehen. Zu nennen sind hier insbesondere Abrechnungsbetrug, Korruption, Steuerhinterziehung, Beitragshinterziehung. Sie führen zur Entziehung der Approbation und damit zum Entzug der wirtschaftlichen Existenzgrundlage.

Als weitere Berufsgruppen sind hier zu nennen: Heilpraktiker, Masseure, Physiotherapeuten und medizinische Bademeister nach dem MPhG oder Hebammen nach § 3 HebammenG.

Beispielsfälle: BayVGH vom 19.7.2013, VG Regensburg vom 27.9.2012, beide in PStR 2016, 115; (Ärzte) VG Köln vom 9.1.2018, PStR 2018, 276, PStR 2021, 8 (Ärzte); BayVGH vom 28.11.2016 PStR 2017, 61 (Zahnarzt); VG Ansbach vom 26.11.2013 PStR 2014, 36 (Apotheker); VG Augsburg vom 25.2.2016 PStR 2016, 204 (Apotheker); VG Aachen vom 6.7.2018 PStR 2018, 239 (Apotheker).

4. Architekten

Die Löschung aus der Architektenliste wegen Unzuverlässigkeit kann nach den landesrechtlichen 414
Architektengesetzen erfolgen.

Beispielsfälle: OVG NRW vom 22.3.2018 PStR 2018, 132; OVG Saarlouis vom 11.11.2019 PStR 2020, 49 (Architekten).

5. Bankmitarbeiter

§ 35 Abs. 2 Nr. 3 KWG sieht das Erlöschen und die Aufhebung der Erlaubnis zum Führen von 415
Bankgeschäften vor, wenn Tatsachen bekannt werden, die eine Versagung der Erlaubnis aus den Gründen nach § 33 Abs. 1 S. 1 Nr. 1 – 8, Abs. 1a oder Abs. 2 Nr. 1 – 3 rechtfertigen würden.

§ 36 Abs. 1 KWG kann in diesem Fall statt der Aufhebung der Erlaubnis auch die Abberufung der verantwortlichen Geschäftsleiter verlangt werden. Zuständig hierfür ist die Bundesanstalt für Finanzdienstleistungsaufsicht (BaFin). Entscheidendes Kriterium ist auch hier die Zuverlässigkeit der Geschäftsleitung. Eine Verurteilung lässt in der Regel zumindest bei Vorsatztaten die Zuverlässigkeit entfallen. Auch hier stellt sich die Frage, ob die Zuverlässigkeit bereits entfällt, wenn ein Strafverfahren nach § 153a StPO eingestellt wird oder eine wirksame Selbstanzeige vorliegt.[944]

6. Verlust von Genehmigungen etc.

a) Gewerbeuntersagung

Nach § 35 Abs. 1 GewO ist die Gewerbeausübung ganz oder teilweise zu untersagen, wenn dies »zum 416
Schutz der Allgemeinheit erforderlich ist«. Auslöser können nicht nur strafrechtliche Verurteilungen sein, sondern schon Eintragungen wegen Ordnungswidrigkeiten im Gewerbezentralregister mit den sich daraus ergebenden Auskunftspflichten nach § 150 GewO (vgl. o. Rn. 401).

943 Vgl. BGH v. 12.4.1999 – StR 11/98 = NJW 1999, 2288.
944 Vgl. *Wolfsfeld* PStR 2000, 10 f.; *Plepka-Heersprink* BB 1998, 1337.

Beispielsfälle: VG Gelsenkirchen vom 12.11.2012 PStR 2013, 55; VG Braunschweig vom 23.01.2014 PStR 2014, 53 (Bauingenieur); VG Regensburg vom 12.05.2016 PStR 2016, 271 (Holzhandel, forst- und landwirtschaftliche Dienstleistungen); VG Regensburg vom 21.03.2019 bei *Wegner*, wistra 2019, 493 (Makler); VG Würzburg vom 13.11.2019 PStR 2020, 98.

b) Personenbeförderung

417 Gerade im Personenbeförderungsgewerbe kommt es immer wieder zu flächendeckenden Ermittlungsverfahren gegen Taxiunternehmen. Das Gewerbe ist sicherlich anfällig für Verstöße gegen § 266a StGB und Steuerhinterziehung auf Grund von Scheinselbständigkeit und/oder Schwarzarbeit. Da die Schäden in diesem Bereich in der Regel 6stellige Summen erreichen, fallen auch die Strafen entsprechend aus und erreichen oft den Bereich der Freiheitsstrafe. In diesen Fällen ist der Widerruf der Genehmigung nach § 25 PBefG eine zwangsnotwendige Folge[945].

Beispielsfälle: VG Augsburg vom 30.11.2017 bei Wegner wistra 2019, 490; VG Köln vom 15.6.2018 PStR 2018, 214

c) Fluglizenz/Flughafenpersonal

418 § 7 Abs. 1 LuftSiG begründet eine Sicherheitsüberprüfung für Luftfahrer und Flughafenpersonal sowie weiterer Personen im Zusammenhang mit dem Luftverkehr. Nach § 5 Abs. 1 S. 1 LuftSiZÜV (Luftsicherheits-Zuverlässigkeitsüberprüfungsverordnung) ist die Zuverlässigkeit bereits dann zu verneinen, wenn an ihr »Zweifel verbleiben«.

▶ Beispielsfälle

– Die Versagung der luftverkehrsrechtlichen Zuverlässigkeit wurde vom OVG Berlin-Brandenburg in der Entscheidung vom 12.10.2015 bei einer Verurteilung wegen Einkommenssteuerhinterziehung zu einer Geldstrafe von 300 TS à 100,00 EUR bestätigt[946].
– Das VG München hat mit Entscheidung vom 16.6.2016 auf Grund einer Verurteilung zu einer Geldstrafe von 700 TS die Verneinung der Zuverlässigkeit bestätigt[947].
– Das VG Düsseldorf hat die Versagung der Zuverlässigkeit bei einer Verurteilung wegen Körperschaftssteuer- und Gewerbesteuerhinterziehung zu einer Geldstrafe von 350 TS à 480,00 EUR[948] bestätigt.

Bemerkenswert sind aus den Entscheidungen die Sentenzen
– »Der Antragsteller….. kann sich nicht darauf berufen, dass Steuerhinterzieher – soweit sie in wirtschaftlich auskömmlichen und bürgerlichen Verhältnissen leben – ansonsten Regelbefolger seien oder Steuerhinterziehung bei anderen Nationen als »Volkssport« gilt.«
– »Es können umso strengere Anforderungen an die Zuverlässigkeit gestellt werden, je schutzwürdiger die Rechtsgüter sind, die gefährdet werden können, und je höher der mögliche Schaden ist«.
– »Ein unmittelbarer Zusammenhang zwischen den Straftaten und der Sicherheit des Luftverkehrs muss nicht bestehen«.

Zuverlässigkeit bedeutet auch für das »einfache« Flugpersonal Verlust auf Zutrittsberechtigungen und damit in der Regel Verlust des Arbeitsplatzes[949].

Beispielsfälle: VG München vom 16.6.2016 bei *Wegner* wistra 2017, 301; VG Düsseldorf vom 18.5.2017 bei *Wegner* PStR 2017, 183; OVG Berlin-Brandenburg vom 12.10.2015 PStR 2016, 6.

945 Vgl. VG Köln v. 15.6.2018, 18 L 557/18 in PStR 2018, 214.
946 PStR 2016, 6.
947 Vgl. VG München v. 16.6.2016, bei *Wegner* wistra 2017, 298, 301.
948 VG Düsseldorf v. 18.5.2017 – 6 K 76.15/16, bei *Wegner* PStR 17, 183.
949 Vgl. *Röth* StraFo 2012, 354, 360.

d) Fahrlehrer

§ 2 Abs. 1 Nr. 4 FahrlG setzt für die Erteilung einer Fahrlehrererlaubnis voraus, dass keine Tatsachen vorliegen, die den Bewerber als unzuverlässig erscheinen lassen. Bei Verurteilung wegen Steuerhinterziehung in 4 Fällen und versuchter Steuerhinterziehung, zu dem sich noch eine verwaltungsrechtliche Entziehung der Fahrerlaubnis wegen eines BTM-Delikts gesellte, wurde bereits der Antrag auf Bewilligung von Prozesskostenhilfe für einen vorläufigen Rechtschutz abgelehnt[950]. **419**

Beispielsfall: VG Gelsenkirchen vom 4.10.2017 PStR 2017, 179.

e) Gaststättenerlaubnis

Eine Gaststättenerlaubnis kann nach § 15 Abs. 2 i.V.m § 4 Abs. 1 S. 1 Nr. 1 GastG widerrufen werden, wenn der Gaststättenbetreiber die erforderliche Zuverlässigkeit nicht besitzt. Die Unzuverlässigkeit wird von der Rechtsprechung übereinstimmend zu § 35 Abs. 1 GewO so definiert, dass der Gewerbetreibende nach dem Gesamteindruck seines Verhaltens nicht die Gewähr dafür bietet, dass er sein Gewerbe in Zukunft ordnungsgemäß betreibt[951]. Steuerhinterziehung durch Bildung schwarzer Kassen, Beitragshinterziehung nach § 266a StGB durch Schwarzarbeit und die Verletzung arbeitsrechtlicher Schutzvorschriften sind in diesem Bereich die häufigsten Grundlagen für eine Verurteilung, die dann als Unzuverlässigkeit i.S.d § 15 Abs. 2 GastG den Widerruf der Gaststättenerlaubnis begründen. **420**

Beispielsfälle: Vgl. VGH Baden-Württemberg vom 10.12.2013 PStR 2014, 118; VGH München vom 2.7.2014 PStR 2014, 229; vom 24.9.2015 PStR 2015, 308; vom 12.12.2017 – und vom 05.10.2018 – bei *Wegner* wistra 2019, 492 f.; VG Hamburg vom 18.03.2019 PStR 2019, 135.

f) Sonstige Freiberufler

Ein Prüfingenieur, der Hauptuntersuchungen und Sicherheitsprüfungen nach § 29 StVZO durchführt, wurde mit Strafbefehl wegen Einkommenssteuer- und Gewerbesteuerhinterziehung in 3 Steuerjahren in Höhe von 106.777,34 EUR zu einer Geldstrafe von 550 TS à 250,00 EUR = 137.500,00 EUR verurteilt. Hierauf wurde ihm die Betrauung von der zuständigen Überwachungsorganisation widerrufen und der Widerruf als sofort vollziehbar erklärt. Der Antrag auf Wiederherstellung der aufschiebenden Wirkung wurde vom VG Düsseldorf (vom 8.12.2020, 6 L 1700/20, PStR 2021, 87) als unbegründet zurückgewiesen. Hierbei stellte das VG Düsseldorf auf den Begriff der Unzuverlässigkeit i.S.d. § 35 Abs. 1 GewO ab. Danach bot der Prüfingenieur nach dem Gesamteindruck seines bisherigen Verhaltens nicht mehr die Gewähr, die ihm übertragenen Prüfaufgaben zukünftig ordnungsgemäß wahrzunehmen. **421**

7. Ungeeignetheit für Organstellung

§ 6 Abs. 2 GmbHG sieht zwingend vor, dass in folgenden Fällen einer strafrechtlichen Verurteilung der Verurteilte für die Dauer von 5 Jahren nicht mehr Geschäftsführer einer GmbH sein kann (eine Parallelvorschrift betreffend Vorstände einer Aktiengesellschaft findet sich in § 76 Abs. 3 AktG): **422**

- Bankrottdelikt i.S.d. §§ 283 ff. StGB
- Insolvenzverschleppung nach § 15a InsO n.F.
- falsche Angaben nach § 82 GmbHG oder § 399 AktG
- unrichtige Darstellung nach § 400 AktG, § 331 HGB, § 346 UmwG, § 17 PublG
- Tatbestände der §§ 263–264a StGB sowie der §§ 265b–266a StGB bei Verurteilung zu mindestens 1 Jahr[952] Freiheitsstrafe.

---

950 Vgl. VG Gelsenkirchen PStR 2017, 179.
951 Vgl. *Wegner* wistra 2019, 490, 493.
952 Zu den sich hieraus ergebenden Auslegungsfragen vgl. *Bittmann* NStZ 2009, 118.

8. Ungeeignetheit als Insolvenzverwalter

423 Mit Beschluss vom 31.01.2008 (AZ III ZR 161/07) hat der BGH entschieden, dass eine Vorstrafe wegen Insolvenzvergehen, unabhängig von einem Zusammenhang mit der beruflichen Tätigkeit als Insolvenzverwalter, der Bestellung zum Insolvenzverwalter im Allgemeinen entgegensteht bzw. nachträglich eine gesteigerte Überwachung erfordert. Diese Entscheidung des BGH veranlasst Insolvenzgerichte, gem. § 41 BZRG beim Generalbundesanwalt die Erteilung einer unbeschränkten Auskunft aus dem Bundeszentralregister zu beantragen, die auch Verurteilungen bis zu 90 Tagessätzen erfasst. Eine Verurteilung wegen Insolvenzvergehen, gleichgültig in welchem Zusammenhang und gleichgültig zu welcher Strafe, kann also der Bestellung zum Insolvenzverwalter entgegenstehen.

III. Außerberufliche Folgen

424 Folgender scheinbar nebensächlicher Effekt einer Verurteilung darf der Strafverteidiger nicht übersehen, weil sein Mandant hiervon oft mehr persönlich/emotional getroffen wird als von der Strafe: Verurteilungen führen zur Prüfung der Geeignetheit für den Jagd- und/oder Waffenschein.[953] Hier muss schon im Vorfeld gerade bei einer Verständigung abgeklärt werden, ob und ab welcher Grenze (in der Regel 60 TS) zumindest beim Waffenschein der jeweilige Schein in Gefahr ist bzw. ob eine Milderung der verwaltungsrechtlichen Folge, z.B. eine zeitliche Begrenzung, vorab vereinbart werden kann. Diese Vorabinformation erspart dem Verteidiger zumindest den Vorwurf des Mandanten, von der verwaltungsrechtlichen Folge nicht im Voraus etwas gewusst zu haben oder sich in Unkenntnis dieser Folge auf eine Verständigung »eingelassen« zu haben statt mit allen Mitteln und bis zur letzten Instanz zu kämpfen.

Beispielsfälle: VG München vom 9.3.2016; OVG Berlin-Brandenburg vom 21.12.2016; VGH München vom 14.11.2016 – alle bei Wegner wistra 2017, 298 (302); VG München vom 5.1.2018 bei Wegner wistra 2019, 491 (alle betreffend Waffenschein); BVerwG vom 14.1.2019 bei Wegner wistra 2019, 492 (Jagdschein).

IV. Haftung

425 Strafrechtliche Verurteilungen ziehen eine Vielzahl von Haftungsfragen nach sich:

426 (1) **Zivilrechtliche Schadensersatzansprüche** gem. § 823 Abs. 2 BGB i.V.m § 263 oder § 266 StGB etc.

427 (2) **Sozialversicherungsrechtliche Schadensersatzansprüche**, §§ 823 Abs. 2 BGB i.V.m. § 266a StGB

428 (3) **Steuerliche Haftung bei Beteiligung an Steuerstraftaten** gem. § 71 AO.

Diese Haftungsfälle werden als Vorsatztaten nicht von einer eventuell bestehenden **Berufshaftpflichtversicherung** gedeckt.

V. Folgen für das Unternehmen

1. Wegfall des gesetzlichen Vertreters

429 Für das Unternehmen bedeutet eine Verurteilung des Geschäftsführers zu einer Freiheitsstrafe ohne Bewährung **praktisch** den Wegfall des gesetzlichen Vertreters. Aus **Rechtsgründen** entfällt im Fall einer Verurteilung wegen eines Straftatbestands der §§ 283 ff. StGB nach §§ 6 Abs. 2 GmbHG, 76 Abs. 3 AktG der gesetzliche Vertreter bei der GmbH oder der AG.

953 Vgl. für den Bereich des Steuerstrafrechts *Bürger/Bechtel* Basiswissen SteuerstrafR, Rn. 521 f.

2. Ausschluss von Ausschreibungen

Schließlich bedeutet die Verurteilung von gesetzlichen Vertretern unter Umständen den **Ausschluss von Ausschreibungen** der öffentlichen Hand gem. §§ 123, 124 GWB bzw. § 21 SchwarzArbG.[954] 430

954 Einzelheiten vgl. bei HWSt/*Erdmann* 12. Teil 6 Rn. 126 ff.; *Greeve/Leipold* S. 471, 491, 500; speziell zur Neuregelung der §§ 123, 124 GWB vgl. *Gottschalk/Lubner* NZWist 2018, 96 ff.; *Bott/Bahrdt* StraFo 2017, 354 ff.

Kapitel 25 Sexualstrafverfahren

Übersicht Rdn.

A. Vorbemerkung

1 Wer Sexualstrafverfahren als Verteidiger führt, muss damit rechnen, auf die Seite der »Bösen« eingeordnet zu werden. Gerade die öffentliche Meinung – befeuert durch die (Boulevard-)Medien und Kampagnen wie *me too* – ist übersensibel und schlägt sich regelmäßig und meist ohne Kenntnis

oder Überprüfung der Fakten auf die Seite des behaupteten Opfers.[1] Um es an dieser Stelle klarzumachen: Sexualstraftaten sind schwere Verstöße gegen die gesellschaftliche Ordnung und die individuelle Selbstbestimmung. Dass hierfür die *ultima ratio* des Strafrechts bemüht wurde und wird, ist richtig. Wer nachgewiesen ein Sexualdelikt begangen hat, muss auch eine angemessene[2] staatliche Sanktion erfahren.

Gerade deshalb ist es aber in diesen Verfahren besonders wichtig, vorbehaltlos und vorurteilslos mit der Materie umzugehen. Das beginnt chronologisch beim aufnehmenden Polizeibeamten über den Staatsanwalt bis zum Gericht. Sie alle müssen sich innerlich freimachen, um sachlich und unter der Prämisse der Unschuldsvermutung[3] zu prüfen, ob die Vorwürfe stimmen. 2

Unabhängig vom Ausgang eines Sexualstrafverfahrens kommt es häufig zu einer Stigmatisierung der betroffenen Person, die sozial wie wirtschaftlich ausgegrenzt und ruiniert wird.[4] Es bleibt selbst im Fall eines Freispruchs oder einer Einstellung des Verfahrens der Makel zurück, mit einer besonders scheußlichen Straftat »in irgendeiner Weise etwas zu tun gehabt zu haben«.[5] Vulgo: Irgendwas bleibt immer hängen.[6] Wenn der Vorwurf des sexuellen Missbrauchs oder der Vergewaltigung erhoben, gar noch in Massenmedien verbreitet wird, hat man den Eindruck, es gelte der Grundsatz *in dubio contra reum*.[7] In keinem anderen strafrechtlichen Bereich ist ein Vorwurf für das weitere berufliche und soziale Leben so entscheidend, oft vernichtend wie im Bereich der Sexualdelikte. Hier werden gesellschaftspolitisch schwierige Prozesse simplifiziert oder verdeckt, und Moral und emotionale Parteinahme halten Einzug in juristische Verfahren. *Deckers*[8] führt dazu aus: 3

> »Alle professionellen Beteiligten dieser Verfahren geraten durch die gesellschaftspolitische Dimension des Problems unter einen diffusen und desorientierenden Druck, der die Konfliktbewältigung besonders erschwert.«

Im Druck der Öffentlichkeit sehen sich die Ermittlungsbehörden mit dem gesteigerten Bedürfnis konfrontiert, auch zur Beruhigung dieser Öffentlichkeit möglichst schnell einen Täter präsentieren zu können. Dadurch entsteht das Risiko eines erhöhten Fehleraufkommens, das sich auf das gesamte Verfahren auswirkt, sich schließlich bis zu dessen Abschluss fortsetzt und dadurch die Gefahr entwickelt, dass die Gerichte sich von den strikt sachlichen Grundsätzen der Wahrheitsfindung entfernen. 4

Unter dem Eindruck einer extremen Stimmung und einer möglichen eigenen emotionalen Betroffenheit können juristische Verfahrensweisen und eine strukturierte, sachgerechte Vorgehensweise in den Hintergrund geraten. Die für den Beschuldigten streitende Unschuldsvermutung bleibt in Sexualstrafverfahren, gerade solchen mit kindlichen Opfern, in besonderer Weise auf der Strecke, droht aber auch beim notwendigen Kampf um die Rechte der Frauen in Vergessenheit zu geraten. Denn Sexualstrafrecht ist keine Materie, in der sich emotional das gebotene und auch zu Gunsten von Frauen- und Kinderrechten nicht einzuschränkende Neutralitätsgebot leicht aufrecht erhalten lässt. Gleichwohl ist auch den Opfern von Sexualdelikten nicht geholfen, wenn öffentliche Meinung – und von ihr getrieben stellenweise auch die Justiz – Vorverurteilungen propagieren und die

---

1 Vgl. auch *Geipel/Renzikowski* Rn. 88 ff. m.w.N.

2 Insofern ist auch auf eine zum Teil schwer nachvollziehbare Wertung verschiedener Rechtsgüter im aktuellen Strafgesetzbuch hinzuweisen. Dieses Verhältnis könnte durch den Gesetzgeber im Rahmen einer neuen »Großen Strafrechtsreform« richtiggestellt werden. Siehe dazu auch *Renzikowski/Schmidt* KriPoZ 2018, 325; *Laubenthal* FS Fischer, S. 431 ff.; *Sobota/Gerecke* JR 2022, 237 (242).

3 Siehe zur Unschuldsvermutung ausführlich *Staudinger* Welche Folgen hat die Unschuldsvermutung im Strafprozess (2015) und *Stuckenberg* Untersuchungen zur Unschuldsvermutung (1998).

4 Zur Frage, ob bereits das Verfahren eine Strafe darstellen kann siehe *Gerson* wistra 2023, 56 ff. m.w.N.

5 *Schaefer* NJW 2000, 928.

6 *Staudinger*, Welche Folgen hat die Unschuldsvermutung im Strafprozess? (2015) S. 13 m.w.N.

7 Vgl. *Undeutsch* AnwBl 1997, 462 ff.; *Meyer-Mews* NJW 2000, 916. Siehe auch *Oestreich* taz vom 04.07.2014.

8 *Deckers* AnwBl 1997, 453 ff.

Politik keinen Anlass auszulassen scheint, nun noch härtere Strafen und weniger Beschuldigtenrechte zu fordern – verpackt im Gewand der Beschleunigung und Effektivierung des Verfahrens.[9]

5 Der Verteidigung in Sexualstrafverfahren fällt damit als eine der entscheidenden Aufgaben die Pflicht zur Versachlichung zu. Hierzu gehören fundierte aussage-, entwicklungs- und allgemein-psychologische, aber auch psychiatrische und kriminologische Kenntnisse. Es reicht in der Regel nicht, mit der eigenen Lebenserfahrung oder der forensischen Erfahrung im Allgemeinen zu agieren; zu komplex sind die Fragen kindlicher Entwicklung, gesellschaftspolitischer Einflüsse und der (mangelnden) Zuverlässigkeit des Zeugenbeweises sowie die Erkenntnisse der Sexualwissenschaft, der Gedächtnisforschung und der Psychologie (siehe unten Rdn. 151 ff.).

I. Statistische Betrachtung

6 Nicht nur die fundierte Kenntnis auch der zusätzlichen, außerstrafrechtlichen Disziplinen schafft Sachlichkeit, sondern auch und besonders ein Blick auf die statistisch erfassten Fälle. Dabei ist zwar sicherlich davon auszugehen, dass ein großes Dunkelfeld existiert.[10] Im Vergleich der Vorjahre darf aber auch angenommen werden, dass insbesondere die Anzeigebereitschaft eher gestiegen, denn geschrumpft ist.[11] Insofern ist das aktuelle Dunkelfeld mit hoher Wahrscheinlichkeit nicht größer als früher.

7 Die polizeiliche Kriminalstatistik führt die Fälle auf, in denen es zu Anzeigen wegen Handlungen gekommen ist, die den §§ 174 ff. StGB unterfallen. Die Betrachtung der Zahlen führt zu der Erkenntnis, dass die Fallzahlen in den vergangenen Jahren nicht gestiegen sind, sondern vielmehr auf gleichem Niveau stagniert sind. Allerdings ist aufgrund der verschiedenen Reformen des Sexual-

9 Der Gesetzgeber hat in den letzten Jahren sowohl im materiellen Sexualstrafrecht als auch im Verfahrensrecht diesen Forderungen auch häufig nachgegeben, siehe nur *Fischer* vor § 174 Rn. 2–4 m.w.N. Dass damit weniger Sexualdelikte verübt würden, ist fernliegend, weil ein Abschreckungseffekt vor allem bei aus der Emotion begangenen Delikten nicht erkennbar ist. Siehe dazu nur *Andrissek* Vergeltung als Strafzweck (2017) S. 47 ff. m.w.N. Siehe dazu auch *Pawlik* Person, Subjekt, Bürger (2004) S. 23 ff. m.w.N. Zudem wurde die dogmatische Behandlung und Einordnung möglicherweise relevanter Sachverhalte deutlich komplizierter; durch Hochstufung zum Verbrechen können zudem adäquate Verfahrensbeendigungen nicht mehr durchgeführt werden (siehe dazu ausführlich Rdn. 176 ff.).
Vor diesem Hintergrund gibt es keinen sachlichen Grund, Straftatbestände in dieser Art zu verändern, permanent zu verschärfen und die Verfallszeit von Neuregelungen im Sexualstrafrecht immer weiter zu verkürzen. Gleichwohl wurden in den letzten Jahren zahlreiche Änderungen vorgenommen. Das Gesetz mit dem klangvollen Namen »Gesetz zum Fakultativprotokoll vom 25. Mai 2000 zum Übereinkommen über die Rechte des Kindes betreffend den Verkauf von Kindern, die Kinderprostitution und die Kinderpornografie« ist am 19.09.2008 vom Bundesrat unverändert angenommen worden (BT-Drs. 16/9644, 16/3440 und BR-Drs. 613/08). Das Fakultativprotokoll soll das Übereinkommen über die Rechte des Kindes weiterentwickeln und verpflichtet die Vertragsstaaten, bestimmte Handlungen mit Strafe zu bedrohen. Mit dem am 1. Mai 2010 in Kraft getretenen 5. Gesetz zur Änderung des Bundeszentralregistergesetzes vom 16. Juli 2009 ist in §§ 30a, 31 Bundeszentralregistergesetz (BZRG) ein »erweitertes Führungszeugnis« eingeführt worden, welches über Personen erteilt werden kann, die beruflich, ehrenamtlich oder in sonstiger Weise kinder- oder jugendnah tätig sind oder tätig werden sollen. Künftig werden sogenannte erweiterte Führungszeugnisse dem Arbeitgeber in weit größerem Umfang Auskunft darüber geben, ob Stellenbewerber wegen bestimmter Sexualdelikte an Kindern und Jugendlichen vorbestraft sind. Im »Gesetz zur Verbesserung des Schutzes der sexuellen Selbstbestimmung« vom 10.11.2016 erfolgte ein weitreichender Paradigmenwechsel im Sexualstrafrecht. Sexuelle Handlungen, die ohne Nötigungsmittel gegen den erkennbaren Willen einer Person ausgeübt werden, werden unter Strafe gestellt, ebenso wie sexuelle Belästigungen unterhalb der Erheblichkeitsschwelle und Taten aus Gruppen heraus (BT-Drs. 18/8210, 18/9097). Siehe zudem aufschlussreich *Gelber/Walter* NStZ 2013, 75 und *Lederer* StV 2021, 322 (ff.) m.w.N.

10 *Ruch* Dunkelfeld und Anzeigeverhalten bei Delikten gegen die sexuelle Selbstbestimmung, 2011, *passim.*

11 Vgl. *Treibel/Dölling/Herrmann* in: Watzlawik u.a. (Hg.), Sexuelle Gewalt in pädagogischen Kontexten (2019), S. 125 ff. m.w.N.

strafrechts eine zahlenmäßige Gegenüberstellung schwierig und zum Teil – wegen der Zusammenfassung verschiedener Handlungen – nicht mehr möglich. Zudem ist hinsichtlich der Bewertung dieser Zahlen zu berücksichtigen, dass auch eine größere Bereitschaft zu sehen ist, Sexualstraftaten anzuzeigen. Dennoch ist eine Besorgnis erregende Steigerung in keinem Jahr zu verzeichnen. Vielmehr zeigt sich im 15-Jahres-Vergleich in etwa[12] folgendes Bild für in der öffentlichen Wahrnehmung prägenden Delikte:

	2021	2016	2011	2006
Vergewaltigungen	8.098	7.919	7.539	8.118
Sexueller Missbrauch	16.273	22.674	22.342	23.127
davon an Kindern	11.572	12.019	12.444	12.765

Bereiche, in denen die Zahlen zwischenzeitlich gestiegen waren, sind diejenigen Delikte, die entweder neu geschaffen wurden oder bei denen es eine »Digitalkomponente« gibt. Letztere sind insbesondere Kinderpornographiedelikte, die durch die Schaffung von Schwerpunktpolizeien und -staatsanwaltschaften (für Bayern beispielsweise die Cybercrime-Stelle bei der Generalstaatsanwaltschaft Bamberg) mehr in den Fokus der Ermittlungen gerückt sind. Zudem sind auch die technischen Hilfsmittel verbessert worden, so dass mittlerweile auch ein automatisierter Abgleich möglich ist. Die Strafverfolgungsbehörden sind heute also nicht mehr auf konkrete Hinweise und Zufallsfunde angewiesen, sondern können mithilfe entsprechender Software und Algorithmen strafrechtlich relevante Stellen im Netz und auch deren Besucher, Konsumenten und Betreiber ausfindig machen. Insofern verwundert eine Zunahme der Delikte in diesem Bereich nicht. Gleichzeitig bedeutet diese statistische Zunahme aber nicht, dass mehr Delinquenz vorliegt, sondern vielmehr, dass Anzeige und Aufklärung gesteigert werden konnten. Dies bedeutet vor allem ein Aufdecken des Dunkelfelds und somit keine Zunahme der Straftaten. 8

II. Pressearbeit

Auch in Sexualstrafverfahren – besonders in solchen, in denen Beschuldigter oder vermeintliches Opfer Personen des (regionalen) öffentlichen Lebens sind – stellt sich die Frage, wie mit Presseberichterstattung oder entsprechenden Anfragen umzugehen ist. Über die allgemeinen Empfehlungen hinaus (vgl. *Friedrichsen/Gerhardt* Kap. 41 Rdn. 1 ff.) muss das besondere Augenmerk auch darauf gerichtet sein, welche Folgen für das Umfeld des Mandanten aus der Berichterstattung, aber auch aus möglicher eigener Pressearbeit entstehen können. 9

Besondere Beachtung gilt auch bei Pressemitteilungen durch Polizei oder Justiz.[13] Zwar müssen die öffentlichen Stellen grundsätzlich so informieren, dass weder Identifizierung noch gar Stigmatisierung durch die Mitteilung erfolgt. Die Erfahrung zeigt allerdings, dass dies nicht immer gelingt, sondern durchaus schon durch diese Informationen (bleibende) Schäden eintreten können. Insofern ist es jedenfalls für größere Verfahren sinnvoll, auch darüber nachzudenken, einen Kollegen mit Kompetenz im Medienrecht ins Verteidigungsteam zu holen. Mit ihm ist die Verteidigungsstrategie zu besprechen und ein Weg zu finden, wie mit der Öffentlichkeit umgegangen werden kann, ohne die Strategie zu gefährden.[14] 10

12 Da die Vergleichbarkeit insgesamt aufgrund der unterschiedlichen Kriterien und Einteilungen in der PKS variiert, habe ich versucht, näherungsweise gleiche Vorwürfe gegenüberzustellen.

13 Zu dieser Thematik ausführlich der Sammelband Zöller/Esser (Hg.), Justizielle Medienarbeit im Strafverfahren (2019), mit zahlreichen Überlegungen. Siehe auch *König* NK 2021, 12 ff. und *Titz* NK 2021, 21 ff. m.w.N.

14 Siehe ausführlich *Herzog* Öffentlichkeits- und Medienarbeit des Strafverteidigers (Litigation-PR) (2014) sowie N. *Fischer* Die Medienöffentlichkeit im strafrechtlichen Ermittlungsverfahren (2014).

III. Zwischenfazit

11 Die Verteidigung ist – wie in anderen Strafsachen auch – gefordert, äußerst professionell zu arbeiten, weit über den juristischen Tellerrand zu schauen und sich zu prüfen, ob man persönlich sich ausschließlich an rational erfassbaren Sachverhalten zu orientieren vermag.[15] Die Entscheidung, eine Freispruchverteidigung in einem Sexualstrafverfahren zu führen, erfordert den Willen zur Sachlichkeit, Kompetenz und Zivilcourage. *Deckers*[16] formuliert treffend:

»Der Untersuchungsgegenstand zeichnet sich dadurch aus, dass Befangen- und Beklommenheiten auf allen Seiten zu überwinden sind, um zu einer neutralen und distanzierten Sachbehandlung zu gelangen. Schicksale sind hüben wie drüben zu beklagen. Die Lobby der vermeintlichen Opfer hat sich gesellschaftlich formiert, der Beschuldigte/Angeklagte und die Verteidigung können auf solche Kräfte nicht zurückgreifen. Umso mehr muss die Verteidigung durch aktiven und kunstgerechten Einsatz des strafprozessualen Sachverstands für Kompensation sorgen.«

12 Schon längst hat der Gesetzgeber offensichtlich aufgehört, durch empirische Daten den Nachweis für die Notwendigkeit seines häufigen Tätigwerdens im Bereich des Sexualstrafrechts zu erbringen. Der Verteidigung fällt damit auch die wichtige Aufgabe zu, das Gesetz zu ermitteln, das zum jeweiligen Tatzeitpunkt Geltung hatte. Diese Aufgabe ist unter mehreren Aspekten von großer Bedeutung. Vordringlich ist jedenfalls auf den *lex mitior*-Grundsatz abzustellen. Dies meint, dass immer die für den Beschuldigten tatsächlich mildeste Variante anzuwenden ist (§ 2 Absatz 6 StGB).

Der BGH weist allerdings in seiner Rechtsprechung einerseits darauf hin, dass gesetzgeberische Erwägungen bei einer Verschärfung des Straftatbestandes vom zuständigen Instanzgericht auch rückwirkend zu berücksichtigen seien.[17] In der konkreten Entscheidung führt der BGH aus, dass die Annahme eines nach a.F. möglichen minder schweren Falles zu beanstanden sei, wenn sich aus der Neufassung des Gesetzes und dessen Begründung ergebe, dass die konkreten Handlungen nun als besonders schwere Fälle einzuordnen seien und das Instanzgericht dies nicht berücksichtigt habe. Andererseits verspricht die Revision möglichen Erfolg, wenn durch das Instanzgericht ein unzutreffender Strafrahmen der Verurteilung zugrunde gelegt wird, weil das Gericht den zum Tatzeitpunkt gültigen Gesetzestext nicht zutreffend ermittelt hat.[18]

B. Besonderheiten im Mandantenkontakt

13 Der Kontakt mit dem Mandanten ist bei Sexualstrafverfahren besonders sensibel. Besonders dann, wenn schwerwiegende Vorwürfe erhoben werden, kommt es über das normale Maß auf ein vertrauensvolles Verhältnis an. Gleichzeitig ist das aber nicht zu verwechseln mit unprofessioneller Nähe. Der Mandant muss sich auf den fachlich kompetenten und integren Verteidiger verlassen können. Der Verteidiger ist aber keinesfalls Freund oder gar Komplize. — Strafverfahren wegen des Verdachts einer Straftat gegen die sexuelle Selbstbestimmung sind nicht homogen, sondern bedürfen je nach Vorwurf ganz unterschiedlicher Beratung des Mandanten.

I. Allgemeines

14 Nicht selten wird die Verteidigung zu Beginn des Mandats mit einem Problembündel von strafrechtlichen, aber auch beispielsweise arbeits- und familienrechtlichen Fragen konfrontiert, das eine besonders ausführliche Beratung erforderlich machen kann. Hilfreich ist es, gegebenenfalls auf die quasi nebenbei berührten Rechtsgebiete mit einem darauf spezialisierten Kollegen zu begegnen.[19] Dies ist auch mit Blick auf die immer stärker in den Fokus zu nehmende Haftung ernsthaft zu überlegen.[20]

15 Vgl. *Deckers* NJW 1996, 3105 (3106).
16 *Deckers* NJW 1996, 3105 (3111).
17 BGH 1 StR 343/09.
18 BGH 4 StR 282/10; 3 StR 80/10.
19 Vgl. allgemein *Ferber/Staudinger* Handbuch Sachbearbeitung Strafrecht Kap. 1 Rn. 6 ff.
20 KMR-*Staudinger* vor § 137 Fn. 36 ff. m.w.N.

Im ersten Gesprächskontakt sollte ein Beschuldigter auf jeden Fall (auch) allein mit dem Verteidiger sprechen und sorgende Angehörige sollten für diese Zeit gebeten werden, im Wartebereich Platz zu nehmen. Die Anwesenheit von Angehörigen, die ggf. Konsequenzen aus den Vorwürfen ziehen wollen, als Zeugen in Betracht kommen können oder eigene Ziele verfolgen, die nicht den Zielen des Beschuldigten entsprechen müssen, kann zu falschen Angaben des Beschuldigten gegenüber seinem Verteidiger und damit zu möglicherweise fatalen Fehlentscheidungen führen.

▶ **Beachte**

Lassen Sie den Mandanten ein **Personendiagramm** zeichnen/verschriftlichen. 15

Dazu bekommt der Mandant folgende Fragen:

- Wer steht mit wem weshalb in welcher Verbindung?
- Welche emotionalen Verbindungen bestehen zwischen wem?
- Welche Interessengefüge gibt es?
- Wer kennt wen aus welchem Grund?

In Fällen des Verdachts des Missbrauchs von Kindern aus dem familiären Umfeld muss gefragt werden:

- Wie sehen die familiären Strukturen aus?
- Wer lebt seit wann bei wem mit welchem familienrechtlichen Status?
- Wer ist mit wem verwandt oder verschwägert, wer nicht?
- Welche Berührungspunkte hat der Beschuldigte zum Anzeigenerstatter/vermeintlich Geschädigten?
- Wie lassen sich Kontakte vorerst vermeiden?

Durch die Erstellung eines solchen Personendiagramms lassen sich für die Verteidigung häufig mögliche Interessenkonflikte zwischen den Beteiligten frühzeitig erkennen, Weichen stellen, wie z.B. bei der Frage nach der Notwendigkeit eines Verfahrenspflegers und Schritte zur Vermeidung von Untersuchungshaft wegen Verdunkelungsgefahr einleiten. Dies ist umso wichtiger, als nach den Regeln der anwaltlichen Kunst eine fundierte Besprechung und Beratung erst nach Akteneinsicht erfolgen kann.[21] Zu diesem Zeitpunkt kann es ggf. für Warnungen hinsichtlich der Vermeidung von irgendwelchen Beeinflussungsversuchen möglicher Zeugen durch den Beschuldigten zu spät sein. 16

II. Besonderheiten bei Sexualvorwürfen

Dem Beschuldigten muss in für ihn verständlichen Worten nicht nur umfassend die Rechtstheorie, sondern auch die Justizwirklichkeit mit all ihren Konsequenzen erläutert werden, um ihn zu befähigen, seine Entscheidung für diesen oder jenen Weg verantwortungsvoll und selbstbestimmt treffen zu können. Die Beratung kann sich an folgendem Schema orientieren und dem Beschuldigten als Grafik (z.B. mit Verzweigungen, was alternativ passieren kann und welche Straferwartung bei welcher Variante gegeben ist) aufgemalt und zur Entscheidungsfindung mit nach Hause gegeben werden. 17

▶ **Checkliste Beratung über mögliches Verteidigungshandeln**

1. Einstellung des Verfahrens möglich? 18

□ Zu welchen Bedingungen?
□ Will der Mandant das?

2. Im Fall einer Anklage ohne Aussicht auf Einstellung des Verfahrens gibt es zwei grundsätzliche Wege:

21 *Ferber/Staudinger* Handbuch Sachbearbeitung Strafrecht Kap. 2 Rn. 55 ff.

Geständnis oder	**Bestreiten/Schweigen**
□ Strafmilderung	□ Möglichkeit eines Freispruchs/Risiko einer höheren Verurteilung
□ abgekürztes Verfahren	□ Erhöhung der Revisionschancen
□ Vermeidung/Beendigung von U-Haft?	□ Ausschöpfen aller Instanzen möglich
□ arbeitsrechtliche etc. Konsequenzen	□ ggf. andauernde Untersuchungshaft
□ familienrechtliche Konsequenzen	□ Vermeiden von arbeits-, dienst-, ausländer-, disziplinarrechtlichen Konsequenzen bei Freispruch, sonst bis zur Rechtskraft
□ Schonung des Belastungszeugen	□ umfassende Nutzung der prozessualen Rechte möglich
□ geringeres Presseinteresse	
□ geringere Prozesskosten Einflussnahme auf Entscheidungen nach §§ 63, 66 StGB möglich	

3. Stehen Maßregeln an?
□ Welche Voraussetzungen müssen gegeben sein?
□ Ablehnung oder Zustimmung des Mandanten?
□ Konsequenzen für den Mandanten

4. Steht Untersuchungshaft an/wird U-Haft vollzogen?
□ Auswirkung der Verteidigungslinie auf die Frage der Untersuchungshaft
□ Vermeidung/Entkräftung von Verdunkelungsgefahr
□ Rechtsmittel und ihre Erfolgsaussicht

5. Stehen Folgeentscheidungen an?
□ Bestimmte Berufsgruppe (Arzt, Rechtsanwalt etc.)?
□ Beamter/Beschäftigter im öffentlichen Dienst?
□ Ausländer?

6. Mögliche Auswirkungen der Verteidigungslinie auf eventuelle spätere Vollstreckung
□ Sozialprognose und bestreitender Mandant
□ Dauer und Ablauf von Maßregelbehandlungen

7. Kosten des Verfahrens
□ Kosten eines Sachverständigen
□ Kosten der Verteidigung
□ Weitere Verfahrenskosten

19 Über die Verteidigung in Sexualstrafverfahren und ihre Erfolgsaussichten wurde und wird viel publiziert,[22] wobei die Beratung des Beschuldigten nur am Rande thematisiert wird.[23] Zu einer umfassenden Beratung gehört aber auch, einem bestreitenden Mandanten die Möglichkeit und die Konsequenzen eines falschen, taktischen Geständnisses zu erläutern. Dem stehen richtigerweise weder das Berufs- noch das Strafverfahrensrecht entgegen.[24] Zwar sind auch Verteidiger Organe der Rechtspflege; sie sind aber nicht dazu berufen auf materiell richtige Urteile hinzuwirken. Ihre Aufgabe ist immer die Verhinderung der Verurteilung Unschuldiger. Sie sind aber zudem Interessenvertreter, die ihrem Mandanten, der im Strafverfahren lügen darf, alle Informationen geben dürfen, die für ihn zum bestmöglichen Ergebnis führen. Die Grenze des zulässigen Handelns des Verteidigers ist erst dann erreicht, wenn er selbst manipulativ oder falsch vorträgt oder gegen explizite Verbote aus dem Pro-

22 Vgl. u.a. *Deckers* NJW 1996, 3105 ff.; AnwBl 1997, 453 ff.; 1999, 1365 ff.; *Schünemann* StV 1998, 391 ff.; *Schaefer* NJW 2000, 928 ff.; *Meyer-Mews* NJW 2000, 916 ff.; *Jansen* StV 2000, 224 ff.; *Geipel* StV 2008, 271 ff.

23 Anders aber *Geipel/Renzikowski* Rn. 37 ff. m.w.N.

24 Siehe dazu KMR-*Staudinger* vor § 137 Rn. 23 ff. m.w.N.

zessrecht verstößt. Die Beratung – intern mit dem Mandanten – gehört noch nicht in diesen Bereich. Allerdings ist mit Blick auf spätere Folgen höchste Zurückhaltung geboten, denn – *your client is your enemy* – ein unzufriedener Mandant mag die (falsche) Behauptung aufstellen, er sei vom Verteidiger zu einem falschen Geständnis gezwungen worden. Insofern halte ich die Beratung zu einem falschen Geständnis, bei dem der Verteidiger sicher weiß, dass es nicht den Tatsachen entspricht, für fehlerhaft.[25] Vielmehr sind dem Mandanten vorbehaltlos alle erkennbaren Alternativen aufzuzeigen, die streitiges oder konsensuales Verteidigungsverhalten konkret bewirken können. Die Entscheidung, welche Alternative es sein soll, muss der Mandant auf dieser informierten Grundlage selbst treffen.

Unabhängig davon, ob der Verteidiger eher optimistisch die Auffassung vertritt, der BGH steuere mit seiner Rechtsprechung einen deutlichen und damit verlässlichen Kurs[26] oder in der Rechtsprechungspraxis eine *in dubio contra reum*-Anwendung beklagt[27], sind dem Mandanten die Risiken des Revisionsverfahrens und die Erfolgsaussichten einer Revision umfassend zu erläutern. In einer Studie hat *Barton*[28] die Rechtspraxis im Revisionsverfahren untersucht und empirisch Determinanten für die Frage des Erfolgs oder Misserfolgs einer Revision herausgearbeitet, die mit materieller Gerechtigkeit teilweise nichts zu tun haben. Erfolgs- und Trefferquoten von Angeklagtenrevisionen lagen zwischen 15 % bei spezifizierten Sachrügen und 3 % bei der Rüge nach § 338 Nr. 8 StPO, während die Erfolgs- und Trefferquoten bei staatsanwaltschaftlichen Revisionen durchschnittlich bei über 30 % lagen.[29] Wenn tatsächlich entscheidend für die Frage des Erfolgs einer Revision die Frage des Beschwerdeführers, die Zuständigkeit eines Senats, der Antrag des Generalbundesanwalts – und dort das Arbeitsverhalten des jeweils zuständigen Sachbearbeiters –, die Person des Berichterstatters oder des Vorsitzenden im BGH-Senat[30] oder das Einlassungsverhalten des Beschuldigten ist, hat der Erfolg einer Revision sehr viel mit nicht vorhersehbaren oder nicht von der Verteidigung zu beeinflussenden Umständen zu tun. Dieses Risiko muss der Beschuldigte kennen und für sich abwägen können. 20

Andererseits darf der Verteidiger nicht – die Risiken und Schwierigkeiten einer Freispruchverteidigung antizipierend – von vorneherein nur zur Verständigung raten. Obwohl die Gerichte immer wieder betonen, dass ihnen an zutreffenden und nicht falschen, taktischen Geständnissen gelegen sei, sehen sich Verteidiger und Beschuldigte in Sexualstrafverfahren dem zunehmenden Druck und der zunehmenden Praxis, einer Verständigung zuzustimmen, ebenso ausgesetzt wie den Realitäten des Revisionsrechts. Denn die neue Leitmaxime in Rechtsprechung und Gesetzgebung ist anscheinend die Schonung der Ressource Justiz.[31] *Eschelbach* formuliert seine Bestandsaufnahme aus eigener bundesrichterlicher Erfahrung heraus scharf: 21

> »Jedoch stellt sich die Frage, ob Effektivität mit der reibungslosen Erfüllung von Bestrafungs- und Straferwartungsprognosen in kurzen Prozessen gleichgesetzt werden kann, wenn dabei das Fehlurteilsrisiko potenziert wird und Mittel der Ergebniskontrolle zu ineffektiven rechtsstaatlichen Feigenblättern degenerieren. Dem Ziel der Effektivität der Strafverfolgung muss das Gebot der Effektivität des Rechtsschutzes bei dem hoheitlichen Eingriff in das Freiheitsrecht des Angeklagten (Art. 2 Abs. 1, Abs. 2 Satz GG) durch einen Schuld- und Straf- oder Maßregelausspruch entgegengehalten werden.

---

25 Siehe zum strafrechtlichen Risiko einer Strafvereitelung auch die Darstellung bei T. *Walter* LK § 258 Rn. 81 ff. m.w.N. sowie *Fischer* § 258 Rn. 16 ff. m.w.N. Vertiefend auch *Köllner* Einleitung Rdn. 70 ff. m.w.N.

26 So *Deckers* NJW 1996, 3111.

27 So *Meyer-Mews* NJW 2000, 916 ff.

28 *Barton* Die Revisionsrechtsprechung des BGH in Strafsachen. Eine empirische Untersuchung der Rechtspraxis (1999); vgl. auch *ders.* StV 2004, 332 ff.; *ders.* FS Mehle S. 17 ff.

29 Siehe auch *Garcia* myops 15 (2012), 55 ff.

30 Gleiches gilt grundsätzlich auch für Revisionen vor den Oberlandesgerichten oder dem Bayerischen Obersten Landesgericht. Auch hier bestimmen die jeweiligen Sachbearbeiter die grundsätzliche Richtung. Siehe allgemein auch zur Revisionsfrage *Fischer/Krehl* StV 2012, 550 (ff.) m.w.N. und *Fischer/Eschelbach/Krehl* StV 2013, 395 (ff.) m.w.N.

31 Siehe dazu auch *Staudinger* StV-S 2023, 42 ff. m.w.N.

Die Absprachepraxis, wie sie bei vielen Tatgerichten selbst unter Vernachlässigung des seinerseits unzureichend begründeten Richterrechts des Bundesgerichtshofs zur Begrenzung von Urteilsabsprachen angewendet wird, Markiert derzeit das unterste Leistungsniveau der Strafgerichtsbarkeit, welche auch sonst vor allem die für eine Richtigkeitsgewähr wichtigen Wissenschaften der Kriminologie und der Aussagepsychologie im Zentrum ihrer ureigenste Aufgabe der Beweiswürdigung kaum beachtet oder gar selbst beherrscht.

Ausreichende richterliche Sachkunde in diesen Bereichen wird vorausgesetzt, ist aber in einer zunehmenden Zahl von Fällen offensichtlich nicht vorhanden, wird durch intuitive Beweiswürdigung sowie sich steigernde Perseveranz- und Schulterschlusseffekte ersetzt, die wiederum eine kämpferische Strafverteidigung als Abwehrreaktion hervorrufen. ›Konfliktverteidigung‹ ist dann nicht selten die Wirkung einer richterlichen ›Beratungsresistenz‹, nicht jedoch der zentralen Ursache der aktuellen Krise des deutschen Strafprozesses. Insgesamt ist im Strafverfahren die Erfüllung der Justizgewährungspflicht ernsthaft in Frage gestellt.«[32]

22 Auch nach der gesetzlichen Normierung der Verständigung im Strafverfahren sind die niedergelegten Regeln weder eindeutig von der höchstrichterlichen Rechtsprechung ausgelegt noch wird überall und immer in den sogenannten geeigneten Fällen nach dem gesetzlichen Maßstab »gedealt«.[33] Vielmehr zeigt auch im Jahr 2022 die Studie von *Altenhain* u.a.,[34] dass es weiterhin neben, will sagen: gegen das Gesetz zu heimlichen Absprachen kommt. Sind diese dergestalt »angeboten«, dass es für ein (falsches) Geständnis im Sinne der Anklage besonders hohe Abschläge bei der Strafzumessung gibt, bei nichtgeständiger Einlassung oder gar streitiger Verhandlung aber eine deutlich höhere Strafe in den Raum gestellt wird, liegt eine (überdies) unerlaubte Sanktionsschere vor. In diesen Fällen bleibt in der Regel nur, das Gericht wegen der Besorgnis der Befangenheit abzulehnen.

23 Maßgeblich für die Entscheidung, welche Verteidigungslinie zu wählen ist, muss die von Sachargumenten getragene Überlegung des Mandanten nach umfassender Beratung, nicht jedoch ein etwaiges Unbehagen des Verteidigers und die Versuchung sein, den vermeintlich leichteren Weg zu gehen.

1. Wahl der Verteidigungslinie

24 Zwar stellt die Wahl einer Verteidigungslinie keine grundsätzliche Besonderheit eines Strafverfahrens dar. Schließlich sind auch in allen anderen Verfahren grundsätzlich die Möglichkeiten abzuwägen und eine Entscheidung zu treffen, wie verteidigt werden soll.[35] Gleichwohl ist in Sexualstrafverfahren besonders die Situation gegeben, dass ein vermeintliches Opfer aussagen muss – oder eben nicht. Gerade das kann Anlass dazu geben, eine Verfahrensverständigung herbeizuführen, aber auch mit der Kehrseite konfrontiert zu werden, nämlich mit einem druckvollen Hinweis, dass bei einem Geständnis eine entsprechend deutlich mildere Sanktion stehen bleiben könne. Insofern ist ein besonderes Augenmerk auf die Verteidigungslinie zu legen und gut überlegt in das Verfahren zu starten.

a) Strafmaßverteidigung

25 Im Rahmen der Erörterung des Ziels der Verteidigung, nach Abklärung der gesamten Situation, kann sich ergeben, dass es nicht in erster Linie um einen Freispruch, sondern darum geht, eine möglichst niedrige Bestrafung zu erreichen. In diesen Fällen ist die zentrale Frage, ob ein Geständnis abgelegt werden soll oder der Mandant schweigt. Ein Geständnis muss sich strafmildernd auswirken[36] – insbesondere vor dem Hintergrund, dass dem mutmaßlichen Opfer eine detaillierte Aussage in der Hauptverhandlung erspart bleibt[37] – und sollte grundsätzlich so früh wie möglich erfolgen. Gleichwohl ist eine Einlassung nicht ins Blaue hinein abzugeben. Denn erst mit Kenntnis der grundle-

32 *Eschelbach* HRRS 2008, 190 ff.
33 Siehe nur *Bockemühl/Heuser* StV 2021, 8 ff. m.w.N. sowie *dies.* StV 2021, 63 ff. m.w.N.
34 Altenhain/Jahn/Kinzig, Die Praxis der Verständigung im Strafprozess (2020) S. 250 f., 530 ff.
35 Siehe dazu ausführlich *Bockemühl* Kap. 1 Rdn. 40 ff. m.w.N.
36 *Fischer* § 46 Rn. 50 ff. m.w.N.
37 Siehe aber die grundlegende Kritik an der Bewertung der Rechtsprechung zur Frage, ob ein vermeintliches Opfer aussagen muss *Geipel/Renzikowski* Rn. 33 ff. m.w.N.

genden Vorwürfe – also mindestens aus dem Durchsuchungsbeschluss oder dem Haftbefehl, besser nach vollständiger Akteneinsicht – ist die Stoßrichtung der Strafverfolgungsbehörden erkennbar.[38]

Inwieweit sich die Aussage des mutmaßlich Geschädigten in der Hauptverhandlung nach dem Urteil des BVerfG[39] zur Verständigung in Strafsachen in Situationen vermeiden lässt, in denen eine Überprüfung des Geständnisses des Angeklagten nicht durch andere Beweismittel möglich ist, ist aber fraglich. Das vom BVerfG betonte Schuldprinzip, die richterliche Verpflichtung zur Ermittlung des wahren Sachverhalts, das Rechtsstaatsprinzip und das Prinzip der effektiven Strafverfolgung verlangen grundsätzlich die Überprüfung von Geständnissen. Ein »schlankes Geständnis« durch die Erklärung, die Taten wie angeklagt einzuräumen, oder die Erklärung, der Anklage nicht entgegenzutreten, wird nach der Entscheidung des BVerfG allein jedenfalls keine hinreichende Grundlage für eine richterliche Überzeugungsbildung sein können. Der Verteidigung fällt hier die Aufgabe zu, auf ein Geständnis in einer solchen Form hinzuwirken, dass eine Überprüfung anhand objektiver Kriterien möglich ist. Ausdrücklich gewarnt sei vor informellen Absprachen mit Staatsanwaltschaft oder dem Gericht – entgegen den Protokollierungspflichten –, denn dies birgt nicht nur für die beteiligten Richter strafrechtliche Risiken, sondern auch für Verteidiger.[40] 26

Sofern der Mandant sich sprachlich nicht gewandt ausdrücken kann, ist an die Abgabe einer (schriftlichen) Erklärung – stellvertretend durch den Verteidiger – zu denken. Sie kann im Anschluss vom Mandanten autorisiert werden.[41] 27

Da die materiell-rechtliche Einordnung der Tat die Grundlage für die Bestrafung bildet, liegt das Hauptaugenmerk bei der Strafmaßverteidigung darauf, die für den Mandanten günstigste Wertung im Hinblick auf das anzuwendende Strafgesetz zu kämpfen. Dabei ist zu beachten, dass die Strafzumessung seitens des BGH grundsätzlich als Sache des Tatrichters angesehen wird und eine später doch noch beabsichtigte Revision nur dann Erfolg verspricht, wenn die Zumessungserwägungen in sich fehlerhaft sind, wenn sie gegen rechtlich anerkannte Strafzwecke verstoßen oder sich die verhängte Strafe nach oben oder unten von ihrer Bestimmung, gerechter Schuldausgleich zu sein, so weit löst, dass sie nicht mehr innerhalb des dem Tatrichter eingeräumten Spielraums liegt.[42]

b) Freispruchverteidigung

Die Freispruchverteidigung bedarf einer besonderen Vorbereitung der Hauptverhandlung. Der Verteidiger muss dabei immer mit Blick auf ein eventuell erforderliches Revisionsverfahren verteidigen, ohne das Ziel in der Tatsacheninstanz aus den Augen zu verlieren. Auch ein von der Täterschaft des Mandanten überzeugter Verteidiger darf und muss auf Freispruch verteidigen und diesen beantragen,[43] wenn die Beweislage sich entsprechend darstellt. 28

Groß-Bölting/Kaps führten in diesem Handbuch bis zur 7. Auflage im Kapitel »Verteidigung in der Hauptverhandlung«[44] aus:

> »Zum Schweigen raten wird der Verteidiger, der mit dem Mandanten das Ziel des Freispruchs verfolgt, zunächst bei eher schwacher Beweislage auf Seiten der Anklage. Der Staat ist es, der die Straftat und die Täterschaft zu beweisen hat. An der Aufklärung noch offener Tatfragen sollte der Angeklagte, dem nemo-tenetur-Grundsatz entsprechend, nicht mitwirken.[45]«

---

38 *Ferber/Staudinger* Handbuch Sachbearbeitung Strafrecht Kap. 2 Rn. 55 ff. und Kap. 4 Rn. 14 ff.

39 BVerfGE 133, 168.

40 Siehe zur Verständigung ausführlich *Satzger/Ruhs* Kap. 32 Rdn. 8 ff. sowie *Fischer* § 46 Rn. 109 ff. m.w.N.; Meyer-Goßner/*Schmitt* § 257c Rn. 3 ff. m.w.N.; KMR-*von Heintschel-Heinegg* § 257c Rn. 8 ff. m.w.N.

41 *Ferber/Staudinger* Handbuch Sachbearbeitung Strafrecht Kap. 4 Rn. 33 ff.

42 BGHSt 29, 319 (320); BGHSt 34, 345 (349).

43 *Fischer* § 258 Rn. 16 – 22a m.w.Nachw.

44 Vgl. Kap. 4, Rdn. 128 ff.

45 BGH StV 1985, 56 vgl. zu der Problematik *Miebach* NStZ 2000, 234 ff.

29 Diese grundsätzliche Ausrichtung ist nach der Neuregelung des § 177 StGB in Frage zu stellen. Wesentliche Verteidigungsansätze werden eine Einlassung des Angeklagten erfordern, wenn er bestreitet, gegen den erkennbaren Willen des Partners gehandelt zu haben. Der Verteidigung kommt hier die Aufgabe zu, die Gerichte dafür zu sensibilisieren, dass der *nemo-tenetur*-Grundsatz durch die neue Rechtslage faktisch ausgehöhlt und diesem Umstand prozessual Rechnung zu tragen sein wird (beispielsweise durch die Notwendigkeit der Veränderung der Würdigung des »Teilschweigens« oder der Aufgabe der einschränkenden Annahme von »Aussage-gegen-Aussage-Konstellationen« durch die höchstrichterliche Rechtsprechung[46]). Solange allerdings die obergerichtliche Rechtsprechung weiter davon ausgeht, dass auch hier Teilschweigen zu Lasten des Angeklagten verwertet werden darf, bleibt – wie bei jeder Einlassung – das Risiko ebendieser Verwertung bestehen.

30 Ist die Beweislage für den Angeklagten eher ungünstig, macht eine Einlassung – wenn ein Freispruch angestrebt wird – nur Sinn, wenn der Angeklagte substanziell etwas mitzuteilen hat, was seiner Entlastung dienen kann. Aber auch dann ist vorher zu prüfen, ob diese Entlastungsfakten nicht anderweitig eingeführt werden können, weil die Gefahr eines Teilschweigens mit der strafprozessualen Verwertungsfolge oder der ungewollten Selbstbelastung groß ist. Gibt es objektive Indizien oder sogar Beweise, sind diese einer Aussage vorzuziehen. Insbesondere bei möglichen Hinweisen, die auf eine Entlastung deuten, ist dieser indirekten Einführung der Vorzug zu geben. Ggf. lässt sich auch ein Versuch einer Begutachtung mithilfe eines Polygrafen starten, der zumindest ein Indiz für die Richtigkeit der Angaben des Beschuldigten sein kann.[47] Angaben, die der Beschuldigte im Rahmen einer Begutachtung gemacht hat, lösen auch die Rechtsprechung zum Teilschweigen nicht aus, wenn diese über den Gutachter als Zeugen eingeführt werden.

31 Wichtige Informationen über innere Vorgänge des Beschuldigten (beispielsweise, wenn er von einvernehmlichem Geschlechtsverkehr ausging) oder Situationen, an denen neben dem Beschuldigten nur ein Belastungszeuge teilgenommen hat, können in der Regel nur durch den Beschuldigten eingebracht werden. Hierzu kann die Verteidigung nach entsprechender Rücksprache und Beratung mit dem Mandanten – wenn dieser schweigt – z.B. Briefe des Beschuldigten an seinen Verteidiger, in denen diese Informationen erläutert werden, vorlegen und beantragen, diese als Urkunden zu verlesen. Werden diese Briefe an andere Personen geschickt, werden sie in der Regel angehalten und zur Akte genommen. Auch sie sind dann verlesbar.

32 Hierzu stellen wir folgendes Formular vor:

▶ **Freispruchverteidigung**

In der Strafsache

gegen …
Az.: …

beantragt die Verteidigung,

die anliegenden 4 Briefe des Herrn X vom … an den Unterzeichner/die Unterzeichnerin als Urkunden zu verlesen zum Beweis der Tatsachen, dass

a) Herr X aufgrund der Angaben der Zeugin Z ihm gegenüber, sie sei mit dem Auto hier und könne daher nichts trinken, davon ausging, die Zeugin sei über 18 Jahre alt gewesen;
b) Herr X von einem einvernehmlichen Geschlechtsverkehr ausging, weil ihn die Zeugin Z noch zu sich in ihre Wohnung eingeladen und auf dem Weg zu dieser in seinem Beisein noch in einer Apotheke Kondome gekauft hatte.

Begründung

46 Vgl. Meyer-Goßner/*Schmitt* § 261 Rn. 11a m.w.N.
47 Zur Problematik hinsichtlich der Verwertbarkeit siehe *Makepeace* Der Polygraf als Entlastungsbeweis (2022) S. 39 ff. m. zahlr. N.; *ders.* StraFo 2023, 89 ff. m.w.N. sowie unten Rdn. 158 f.

Die Beweiserhebung ist für die Frage des Vorsatzes des Angeklagten von Bedeutung. Die Briefe werden ergeben, dass Herr X aufgrund verschiedener Informationen und Verhaltensweisen der Zeugin über deren Alter irrte und meinte, die Zeugin sei mit dem Geschlechtsverkehr einverstanden.

– Rechtsanwalt/Rechtsanwältin –

2. Maßregeln der Besserung und Sicherung

Neben der Freiheitsstrafe gehören freiheitsentziehende Maßregeln wie die Unterbringung nach § 63 StGB sowie nach § 66 StGB zu den belastenden Maßnahmen. Entsprechend muss der Mandant dazu beraten werden. 33

a) § 63 StGB – Psychiatrisches Krankenhaus

Steht fest, dass der Täter aus einem mehr oder weniger unwiderstehlichen Zwang im Zustand der Schuldunfähigkeit (§ 20) oder der verminderten Schuldfähigkeit (§ 21 StGB) heraus gehandelt hat und drohen weitere erhebliche Straftaten, hat der Tatrichter zu prüfen, ob eine Unterbringung in einem psychiatrischen Krankenhaus in Betracht zu ziehen ist. Ausschließlich auf der Grundlage einer angesichts der Gesamtumstände gebotenen ausführlichen psychiatrischen Diagnose kann das Gericht im Rahmen der Erheblichkeitsprüfung die Wertung treffen, ob die von der Norm abweichende sexuelle Präferenz den Täter – nicht anders als bei den sonstigen Persönlichkeitsstörungen – in seiner Persönlichkeit so nachhaltig verändert hat, dass er selbst bei Aufbietung aller ihm eigenen Willenskräfte dem Trieb nicht ausreichend zu widerstehen vermag, oder ob sie – infolge seiner Abartigkeit – den Täter in seiner gesamten inneren Grundlage und damit im Wesen seiner Persönlichkeit so verändert, dass er zur Bekämpfung seiner Triebe nicht die erforderlichen Hemmungen aufbringt.[48] 34

Der Verteidiger hat mit dem Mandanten zu entscheiden, ob dieser an seiner Begutachtung mitwirkt oder nicht. Eine ausführliche psychiatrische Diagnose erfordert in aller Regel eine Exploration, ohne die nachhaltige Persönlichkeitsveränderungen nur schwer nachzuweisen sind. Ist es Ziel der Verteidigung, für den Mandanten eine Unterbringung im Maßregelvollzug zu erreichen – etwa, weil der Mandant behandelt werden möchte und sich im (Straf)Vollzug gefährdet fühlt –, wird der Verteidiger auf eine Begutachtung drängen und dem Mandanten raten, an einer Exploration mitzuwirken. Möglich ist auch, die Zustimmung zur Beiziehung verschiedener Krankenunterlagen der bisherigen Behandler und damit verbunden eine ausdrückliche Entbindung von der Schweigepflicht zu erteilen. Will der Mandant hingegen die Unterbringung vermeiden, wird der Verteidiger ihm in der Regel raten, an der Begutachtung nicht mitzuwirken. 35

b) § 66 StGB – Sicherungsverwahrung

Die Unterbringung in der Sicherungsverwahrung ist unbefristet. Deren Anordnung erfordert das Vorliegen eines Hanges zu erheblichen Straftaten, d.h. u.a. solchen, die schwere seelische oder körperliche Schädigungen zur Folge haben, was bei Sexualstraftaten immer in Betracht kommen kann. Voraussetzung der Anwendung ist wie bei den übrigen Maßregeln im Sinne von § 61 StGB, dass die abgeurteilte Anlasstat sich als »Symptomtat« für die Gefährlichkeit des Täters darstellt.[49] 36

Anwendbar ist § 66 StGB allein auf erwachsene Straftäter, nicht aber auf Jugendliche oder Heranwachsende.[50] Nach § 106 Abs. 3 JGG kann gegen Heranwachsende, auf die Erwachsenenstrafrecht Anwendung findet, die Sicherungsverwahrung nur vorbehalten werden oder nach § 106 Abs. 5, 6 JGG nachträglich angeordnet werden. Aufgrund der am 12.07.2008 in Kraft getretenen Gesetzes- 37

48 BGH NStZ 1998, 30 (31); 1996, 401 (402).
49 *Fischer* § 66 Rn. 19.
50 Vgl. §§ 7 Abs. 1, 106 Abs. 3 S. 1 JGG.

änderung des § 7 JGG kann nunmehr auch die Sicherungsverwahrung von Jugendlichen nach § 7 Abs. 2 oder Abs. 3 JGG nachträglich angeordnet werden.

38 Die materielle Voraussetzung für die Anordnung der Sicherungsverwahrung nach den Absätzen 1 bis 3 ist jeweils die Gesamtwürdigung des Täters und seiner Tat nach § 66 Abs. 1 Nr. 4 StGB. Die geforderte Gesamtwürdigung muss ergeben, dass der Täter infolge eines Hanges zu erheblichen Straftaten für die Allgemeinheit gefährlich ist.[51]

Ein »Hang« im Sinne von Abs. 1 Nr. 4 StGB ist eine »psychologische Tatsache«[52] und ist bei einer auf charakterlichen Anlagen beruhenden und durch Übung erworbenen intensiven Neigung zu Rechtsbrüchen gegeben.[53] Der BGH[54] hält es für die Annahme eines Hanges für ausreichend, dass wiederholte Straftaten zulasten eines Opfers vorliegen, eine Mehrzahl von Opfern ist nicht erforderlich.

39 Die obligatorische Anordnung der Sicherungsverwahrung nach § 66 Abs. 1 StGB setzt formell die sich aus Abs. 1 Nr. 1, Nr. 2 und Nr. 3 ergebenden Anforderungen voraus. Nach § 66 Abs. 1 Nr. 1 StGB muss der Täter mindestens wegen einer vorsätzlichen Straftat zu einer freiheitsentziehenden Strafe von mindestens zwei Jahren verurteilt werden, die dem Katalog unter a-c unterfällt.[55] Kumulativ dazu muss der Täter nach § 66 Abs. 1 Nr. 2 StGB zweimal wegen einer oder mehrerer dieser Taten nach Abs. 1 Nr. 1 zu einer Mindestfreiheitsstrafe von einem Jahr verurteilt worden sein und nach § 66 Abs. 1 Nr. 3 StGB wegen einer oder mehrerer dieser Taten mindestens zwei Jahre Freiheitsstrafe verbüßt oder sich im Maßregelvollzug befunden haben. Detailfragen zur Beurteilung von Gesamtstrafen im Rahmen des Abs. 1 Nr. 1 und angerechneten Strafen im Rahmen des Abs. 1 Nr. 2 regelt § 66 Abs. 4 S. 1 und 2 StGB. Der Absatz 4 S. 3 und 4 stellt Verjährungsregeln auf. Liegen die Voraussetzungen des Abs. 1 vor, so muss die Sicherungsverwahrung angeordnet werden.[56]

40 § 66 Abs. 2 regelt die fakultative Anordnung der Sicherungsverwahrung auch bei Erstverurteilungen. Formell setzt dies zunächst voraus, dass der Täter hierfür drei vorsätzliche Straftaten begangen haben muss. Für jede dieser Taten muss er eine Freiheitsstrafe von mindestens einem Jahr verwirkt haben. Bei Verurteilung zu einer Gesamtstrafe muss jede Einzelstrafe ein Jahr erreichen.[57] Weiterhin muss wegen einer oder mehrere dieser Taten zu einer Freiheitsstrafe von mindestens drei Jahren verurteilt werden. Bei einer Gesamtstrafenbildung muss die Gesamtstrafe drei Jahre betragen, wobei die Höhe der jeweiligen Einzelstrafen nicht drei Jahre betragen muss.[58]

41 § 66 Abs. 3 StGB betrifft die Fälle einer Anordnung der Sicherungsverwahrung wegen besonderer Taten. Anlasstaten nach Absatz 3 können neben Verbrechen auch die in Absatz 3 S. 1 genannten Vergehen gegen die sexuelle Selbstbestimmung und die körperliche Unversehrtheit sowie entsprechende Rauschtaten sein.[59] § 66 Abs. 3 S. 2 StGB erlaubt auch die Anordnung der Sicherungsverwahrung bei erstmaliger Verurteilung. Im Gegensatz zu Absatz 2 kann dies schon bei Vorliegen von zwei selbstständigen Katalogtaten des Absatzes 3 S. 1 geschehen, wenn der Täter für jede der beiden Taten eine Freiheitsstrafe von mindestens zwei Jahren verwirkt hat und nun wegen einer oder beiden Taten zu einer Freiheitsstrafe von mindestens 3 Jahren verurteilt wird.[60] Im Gegensatz zu § 66 Abs. 1 StGB trifft das Gericht in den Fällen von § 66 Abs. 2 und 3 StGB eine Ermessensentscheidung.[61]

---

51 BGH NJW 2006, 1442 (1445); vgl. auch BGH NStZ 2013, 277.
52 BVerfG, Beschl. v. 23.08.2006, 2 BvR 226/06.
53 *Fischer* § 66 Rn. 47.
54 BGH NJW 2010, 1545.
55 *Fischer* § 66 Rn. 25.
56 Schönke/Schröder-*Kinzig* § 66 Rn. 51.
57 *Fischer* § 66 Rn. 32.
58 BGH NStZ 2002, 536 (537).
59 *Fischer* § 66 Rn. 35.
60 *Fischer* § 66 Rn. 38.
61 *Fischer* § 66 Rn. 23.

Für Verteidiger bedeutet eine im Raum stehende Sicherungsverwahrung, dass sämtliche Argumente, die verfassungs- und menschenrechtlich gegen die Anordnung der Sicherungsverwahrung sprechen, in allen Instanzen vorzutragen sind, ggf. die neue gesetzliche Regelung wiederum verfassungsrechtlich überprüfen zu lassen ist und Aussetzungsanträge bis zu Entscheidungen des BVerfG oder des EGMR zu anhängigen Verfahren mit vergleichbarem Hintergrund zu stellen sind.[62] 42

Für die Verteidigung gilt bei drohender Sicherungsverwahrung eine besondere Pflicht zur umfassenden Beratung. Wird zuweilen mit der Ankündigung, in diesem Fall sei die Anordnung der Sicherungsverwahrung zu prüfen, in erster Linie Druck auf den Angeklagten ausgeübt, sich geständig zu zeigen und einer konsensualen Lösung ohne deren Anordnung zuzustimmen, so muss der Verteidiger nicht nur mit seiner Erfahrung diese Fälle des Bluffs oder des Drucks von denen unterscheiden, in denen die Prüfung der Sicherungsverwahrung ernsthaft beabsichtigt ist, sondern muss auch beachten, dass eine Verständigung über die Verhängung einer Maßregel unzulässig ist.[63] Das Hauptverhandlungsprotokoll muss bei einer rechtswidrigen Verständigung über die Anordnung der Sicherungsverwahrung entweder inhaltlich falsch sein oder die Verständigung *contra legem* dokumentieren. Der Verteidiger darf sich nicht – auch nicht zum Wohl des Mandanten – an einer (informellen) Absprache über die Anordnung von Sicherungsverwahrung beteiligen, erst recht darf er sie nicht initiieren.[64] Gleichwohl darf er in seinen Äußerungen insbesondere gegenüber den Schöffen darauf eine besondere Betonung legen, dass die Sicherungsverwahrung schon aufgrund des Prozessverhaltens des Mandanten nicht in engeren Betracht zu ziehen sei. 43

C. Verfahrensfragen

I. Allgemein

Sexualstrafverfahren sind Strafverfahren. In ihnen gilt dieselbe Prozessordnung, die auch in jedem anderen Strafverfahren gilt. Das bedeutet, dass zunächst nicht anders verteidigt werden muss als gegen sonstige Vorwürfe. Die Verteidigung muss sich aber bewusst machen, dass jedenfalls die emo- 44

---

62 Der Europäische Gerichtshof für Menschenrechte hat unter dem Aktenzeichen 19359/04 »Reinhard M. against Germany« am 17.12.2009 (EGMR StV 2010, 181) die in der Bundesrepublik praktizierte Sicherungsverwahrung als Strafe eingestuft, die nur im Zusammenhang mit einem die Schuld des Täters feststellenden Urteils angeordnet und nicht nachträglich verlängert werden dürfe. Als Reaktion auf dieses Urteil des EGMR hat der Gesetzgeber das Therapieunterbringungsgesetz (ThUG) erlassen. Nach § 1 Abs. 1 ThUG findet das Therapieunterbringungsgesetz nur auf Personen Anwendung, die nicht länger in der Sicherungsverwahrung untergebracht werden können, weil ein Verbot rückwirkender Verschärfung im Recht der Sicherungsverwahrung zu berücksichtigen ist. Ferner hat der Gesetzgeber § 66 StGB Marginal geändert, das Institut der Sicherungsverwahrung aber beibehalten, obwohl das Urteil des EGMR das ganze System der nachträglichen strafrechtlichen Sanktionierung von Gefährlichkeit in den §§ 66 ff. StGB betraf (*Fischer* vor § 66 Rn. 1 ff. m.w.N.). Das BVerfG hat in RuP 2010, 111 geurteilt, dass die nachträgliche Verlängerung der Sicherungsverwahrung über die ursprüngliche Zehn-Jahres-Frist hinaus und die nachträgliche Anordnung der Sicherungsverwahrung in der gegenwärtigen Form nicht verfassungsgemäß sind. Aufgrund der Hervorhebung des Abstandsgebots zwischen Strafe und Sicherungsverwahrung durch das BVerfG hat der Gesetzgeber mit dem am 01.06.2013 in Kraft getretenen Gesetz zur bundeseinheitlichen Umsetzung des Abstandsgebots im Recht der Sicherungsverwahrung eine komplizierte Regelung für Altfälle geschaffen (*Fischer* § 66 Rn. 17). Hier ist ein genauer Vergleich der Katalogtaten erforderlich (vgl. BGH StV 2012, 212). Entsprechende Argumente finden sich in den bei *Fischer* § 66 Rn. 7a zusammengestellten Besprechungen des EGMR-Urteils und dem Aufsatz von *Ullenbruch* StraFo 2010, 438 ff. m.w.N. sowie im Urteil des BVerfG RuP 2010, 111.

63 Meyer-Goßner/*Schmitt* § 257c Rn. 9.

64 BVerfGE 133, 168 Rn. 75, 90, 115. *Fischer* § 339 Rn. 7 vertritt die Auffassung, dass sich Richter und Staatsanwälte (aber auch Verteidiger), die sich an rechtswidrigen Absprachen bzgl. der Anordnung der Sicherungsverwahrung beteiligen oder kein Rechtsmittel hiergegen einlegen (Staatsanwaltschaft), strafbar machen. Der Verteidiger riskiere im Fall seines Mitwirkens an einer rechtswidrigen Verständigung eine Strafverfolgung wegen der Anstiftung zur Rechtsbeugung (§ 339 StGB), zur Falschbeurkundung im Amt (§ 348 StGB) oder auch nur der versuchten Anstiftung nach § 30 StGB.

tionale Stimmungslage weniger entspannt sein dürfte, wenn ein sexueller Vorwurf erhoben wird (vgl. nochmals Rdn. 1 ff.). Auch der Umfang von Sexualstrafverfahren kann deutlich größer ausfallen, auch weil neben intensiven Vernehmungen Sachverständige vortragen und Nebenklagevertreter mitmischen. Es kann also sein, dass die Verteidigung in drei Richtungen (Gericht, Staatsanwaltschaft, Nebenklage) zu führen ist. Daher ist es sinnvoll, bereits frühzeitig Vorbereitungen zu treffen, um diesen Herausforderungen angemessen und professionell zu begegnen.

1. Gerichtsbesetzung

45 Nach § 76 Abs. 2 GVG beschließt die große Strafkammer bei der Eröffnung des Hauptverfahrens, dass sie in der Hauptverhandlung mit drei Richtern einschließlich des Vorsitzenden und mit zwei Schöffen besetzt ist, wenn die Strafkammer als Schwurgericht zuständig ist, wenn eine Maßregel nach §§ 63 oder 66 StGB oder deren Vorbehalt in Betracht kommt oder nach dem Umfang oder der Schwierigkeit der Sache die Mitwirkung eines dritten Richters notwendig erscheint. Ansonsten beschließt die große Strafkammer eine Besetzung mit zwei Berufsrichtern und zwei Schöffen. Ob ein dritter Richter mitwirken soll, hängt also von der Bewertung des Umfangs und der Schwierigkeit der Sache durch das Gericht ab. Im Bereich umfangreicher Sexualstrafsachen sind in der Regel Sachverständigengutachten erforderlich, Aussage-gegen-Aussage-Situationen führen zu problematischen und extremen Beweis(bewertungs)themen. Daher darf auf die Mitwirkung eines dritten Richters entgegen möglichen Wirtschaftlichkeitserwägungen unter In-Kauf-Nehmen eines Qualitätsverlustes in Verhandlungsführung und Beratung zum Urteil nicht verzichtet werden.

46 Die Verteidigung sollte in umfangreichen oder schwierigen Sexualstrafverfahren die Zweier-Besetzung des Gerichts rügen und muss dabei vortragen, dass die Entscheidung des Gerichts unvertretbar sei, nur mit zwei Berufsrichtern zu verhandeln. Hierzu sind dann im Einzelnen Ausführungen nötig, um die fehlerhafte Besetzung des Gerichts im Revisionsverfahren rügen zu können.[65]

2. Mehrere Verteidiger

47 Sind die Vorwürfe umfangreich, was gerade in Missbrauchsfällen auftreten kann, sollte die Verteidigung überlegen, ob ein weiterer Verteidiger hinzugezogen werden sollte. Das Verteidigen im Team macht insbesondere die Befragung und gleichzeitige Dokumentation leichter.[66] Zudem kann durch eine – auch emotionale – Rollenverteilung ggf. sinnvoller und ertragreicher befragt werden.

48 In Verfahren, in denen ein Pflichtverteidiger beigeordnet ist, kann eine solche Doppel- oder Mehrfachverteidigung auch gelingen, indem der Pflichtverteidiger nicht entbunden wird. Es empfiehlt sich hier, auf die Frage, ob die Verteidigung gesichert ist, keine Antwort zu geben.[67] Für den Fall, dass das Gericht einen sogenannten Sicherungsverteidiger beiordnet, lohnt zunächst abzuklären, ob dieser an echter Verteidigung interessiert ist. Nur dann, wenn dies nicht zutreffen sollte, braucht es Bemühungen, ihn aus dem Verfahren zu bringen. Andernfalls lässt sich ggf. arbeitsteilig und damit auch effektiver verteidigen.

---

65 Siehe dazu Meyer-Goßner/*Schmitt* § 338 Rn. 5 ff. m.w.N., insbesondere Rn. 16 ff.

66 Siehe zu der richtigen Forderung nach mehr Dokumentation der Hauptverhandlung nur *Bockemühl* KriPoZ 2019, 375 ff. m.w.N. und *ders.* FS von Heintschel-Heinegg, S. 51 ff. m.w.N. sowie auch den aktuellen Gesetzesentwurf (Referentenentwurf des Bundesministeriums der Justiz: Entwurf eines Gesetzes zur digitalen Dokumentation der strafgerichtlichen Hauptverhandlung) mit entsprechenden Stellungnahmen des Strauda BRAK 9/2023 und der AG Strafprozessrecht der BRAK 8/2023.

67 *Ferber/Staudinger* Handbuch Sachbearbeitung Strafrecht Kap. 5 Rn. 46 ff.

II. Ermittlungsverfahren und Zwischenverfahren

1. Allgemein

Auch in Sexualstrafverfahren, vielleicht sogar besonders dort ist es für den Mandanten sinnvoll, auf eine Einstellung des Verfahrens hinzuwirken. Für weniger gravierende Vorwürfe kann auch ein Strafbefehlsverfahren die öffentliche Hauptverhandlung verhindern, in der jedenfalls eine Stigmatisierung des Mandanten erfolgen wird. In diesen Fällen lohnt es sich, offen auf die Staatsanwaltschaft zuzugehen und bereits im Ermittlungsverfahren auf verfahrensbeendende Möglichkeiten hinzuweisen. 49

Wegen der höheren Mindeststrafen ist die Möglichkeit von Opportunitätseinstellungen nach § 153a StPO und für ein Strafbefehlsverfahren zwar durch den Gesetzgeber (möglicherweise nicht vollständig bedacht[68]) stark eingeschränkt worden. Allerdings sollte trotzdem in den noch möglichen Konstellationen zum Wohle des (prinzipiell geständigen) Mandanten diese Möglichkeit genutzt werden, um dem Mandanten die öffentliche Hauptverhandlung zu ersparen. Gerade dann, wenn ein Täter-Opfer-Ausgleich (siehe sogleich Rdn. 51) oder sonstige Milderungsgründe auf der Hand liegen, kann mit ausreichender Argumentation auf ein nicht-öffentliches Verfahrensende hingearbeitet werden. Freilich funktioniert dieses Vorgehen in der Regel nur bei einer Strafmaßverteidigung – es sei denn, es liegt ein zwingender Alibi-Beweis vor. 50

a) Täter-Opfer-Ausgleich

Die Möglichkeit des Täter-Opfer-Ausgleichs ist sowohl als »Präventivverteidigung« vor der Entdeckung der Tat als auch zum späteren Zeitpunkt eröffnet. Hier ist besonders an Vereinbarungen mit dem zeugnisverweigerungsberechtigten »Opferzeugen« zu denken. Eine Kontaktaufnahme stellt sich in der Regel schwierig dar: Die Interessen eines mutmaßlich Geschädigten sind denen eines fraglichen Täters gegenläufig. In diesen Fällen kann die anwaltliche Vertretung eines potenziellen Nebenklägers einen erheblichen Vorteil darstellen und häufig erst die Aufnahme von Gesprächen ermöglichen. Sie bietet dem agierenden Strafverteidiger zugleich einen Schutz, denn wenn die Kontaktaufnahme dem Zweck dient, den fraglichen Zeugen zu veranlassen, sein Aussageverweigerungsrecht auszuüben, eine Strafanzeige zu unterlassen oder wieder zurückzunehmen, verringern sich für den Verteidiger durch die Verhandlung mit dem professionellen Vertreter die Risiken, womöglich in den Verdacht einer Strafvereitelung zu geraten.[69] Hierzu hat der BGH ausgeführt, es sei grundsätzlich legitim, wenn ein Strafverteidiger mit dem Geschädigten, der zugleich Hauptbelastungszeuge ist, eine zivilrechtliche Schadensregulierung vereinbart.[70] In jedem Fall sollten die Aufnahmen, Durchführung und Ergebnisse der Ausgleichsverhandlungen in geeigneter Weise dokumentiert werden.[71] 51

Hilfreich ist es, wenn in solchen Fällen das mutmaßliche Opfer anwaltlich vertreten ist. Denn dies löst mögliche Risiken, dass dem Verteidiger vorgeworfen würde, er habe unzulässig Einfluss auf es genommen. In allen Fällen sollte ein Täter-Opfer-Ausgleich durch eine entsprechend geeignete Stelle durchgeführt werden. Vorteil davon ist, dass eine neutrale Person den Vorgang bestätigen kann. Und selbst für den Fall, dass ein Täter-Opfer-Ausgleich scheiterte, lässt sich über diese professionelle Stelle dokumentieren und in das Verfahren einbringen, dass es ein ernsthaftes Bemühen seitens des Mandanten gegeben hat. Letzteres kann bereits genügen, um die Rechtsfolge des § 46a StGB auszulösen.[72] 52

68 Das AG München hat eine Richtervorlage nach Artikel 100 GG zur Frage der Verfassungsmäßigkeit eingereicht (Az. 2 BvL 11/22). Zudem hat die 93. Justizministerkonferenz 2022 beschlossen, den Straftatbestand des § 184b StGB in seiner Sanktion abzumildern (Beschluss TOP II.18).

69 *Deckers* StV 2006, 353 (355).

70 BGH NJW 2000, 2433.

71 *Püschel* StraFO 2006, 261 (267).

72 *Fischer* § 46a Rn. 18 ff. m.w.N.

b) Einstellungsmöglichkeiten

53 Gerade in Sexualstrafverfahren ist die Prüfung einer Einstellung des Verfahrens sinnvoll. Zwar ist insbesondere mit Blick auf die Verteidigungskosten eine Einstellung nicht das Primärziel des Mandanten, weil diese hier bei dem Mandanten hängen bleiben. Andererseits bleibt ihm bei einer Einstellung ein möglicherweise stigmatisierendes öffentliches Verfahren erspart. Auf diese Punkte ist der Mandant jedenfalls hinzuweisen.

54 Einstellungen nach § 170 Absatz 2 StPO oder nach § 153 StPO sind schön, weil keinerlei Quasi-Sanktion im Wege von Weisungen oder Auflagen mit ihnen verbunden sind. Der Vorteil einer Einstellung nach § 153a StPO liegt allerdings darin, dass bei Erfüllung der Auflagen der Grundsatz *ne bis in idem* soweit zum Tragen kommt, als nicht später ein Verbrechen in dem Sachverhalt erblickt werden könnte. Ist bereits im Vorfeld ein Verbrechenstatbestand Gegenstand des Verfahrens, ist eine Einstellung nach § 153a StPO nicht mehr möglich.[73]

55 Eine Einstellung nach § 153b StPO, wenn ein Täter-Opfer-Ausgleich erfolgt ist, oder nach § 154 StPO, wenn aufgrund anderer (schwererer) Vorwürfe eine hiesige Sanktion nicht mehr ins Gewicht fiele, sollte ebenfalls geprüft werden. Denn jedenfalls dann, wenn die anderen Tatbestände nicht aus dem Sexualstrafrecht stammen, führt die Einstellung nach § 154 StPO dazu, dass das Sexualdelikt nicht im Bundeszentralregister aufgeführt wird.

c) Pflichtverteidigung

56 Nach der Novellierung des Rechts der notwendigen Verteidigung[74] ist schon bei »einfachen« Vorwürfen aus dem Sexualstrafrecht zu prüfen, ob ein Fall notwendiger Verteidigung vorliegt. Im Fall, dass es sich um ein Verbrechen handelt,[75] ist dies nach dem Katalog des § 140 Absatz 1 StPO gegeben genauso, wenn zu erwarten ist, dass die Verhandlung vor dem Schöffengericht oder höher stattfinden wird oder ein Haftbefehl beantragt wurde.[76] Der Beschuldigte ist in allen diesen Konstellationen bereits vor seiner ersten Vernehmung – konkret und ihm verständlich[77] – darüber zu belehren, dass er einen Antrag auf Pflichtverteidigerbeiordnung stellen kann. Über diesen Antrag ist dann unverzüglich durch den zuständigen Richter zu entscheiden; eine Vernehmung darf bis dahin nicht, jedenfalls nicht ohne Verteidiger stattfinden.[78]

57 Dass alle strafprozessualen Maßnahmen möglichst in Anwesenheit eines (Pflicht)Verteidigers stattfinden sollten, braucht keiner besonderen Betonung. Das gilt natürlich umso mehr für Vernehmungen des Beschuldigten oder von Zeugen – jedenfalls dann, wenn sie richterlich vernommen werden (siehe Rdn. 108). Das dortige Fragerecht sollte der Verteidiger dringend wahrnehmen, denn diese Wahrnehmung kann ihm auch nicht negativ (Rechtsmissbrauchsvorwurf) ausgelegt werden, wenn er vorher klar macht, dass eine Vernehmung aus seiner Sicht so unzulässig ist.[79] Das Konfrontationsrecht muss aber nur ermöglicht werden. Lehnt ein Verteidiger die aktive Teilnahme ab, führt dies nicht zu einem Verstoß gegen Artikel 6 Absatz 3 EMRK.

---

73 Siehe in diesem Zusammenhang auch Rdn. 179.
74 Siehe ausführlich LR-*Jahn* § 140 vor Rn. 1 m.w.N.; KMR-*Staudinger* § 140 Rn. 1 m.w.N.
75 Dies betrifft bereits § 184b StGB.
76 Siehe zu den vollständigen Fällen, bei denen immer ein Fall notwendiger Verteidigung vorliegt, § 140 Absatz 1 StPO sowie die Kommentierung dazu bei Meyer-Goßner/*Schmitt* § 140 Rn. 9 ff. m.w.N. und KMR/*Staudinger* § 140 Rn. 2 ff. m.w.N.
77 Siehe nur LG Nürnberg-Fürth StraFo 2023, 55 ff. m. Anm. *Staudinger*. Anderer Ansicht BGH NStZ-RR 2021, 290.
78 Meyer-Goßner/*Schmitt* § 141 Rn. 13 m.w.N.
79 Vgl. BGH StraFo 2023, 101.

2. Untersuchungshaft

Es gilt, bereits im Vorfeld, einen Antrag der Ermittlungsbehörden auf Erlass eines Haftbefehls zu vermeiden. Ist der Verteidiger noch vor dem staatsanwaltschaftlichen Antrag auf Erlass eines Haftbefehls in das Verfahren eingeschaltet, etwa weil sich erst im Nachhinein Haftgründe ergeben oder weil eine Durchsuchung beim Beschuldigten stattfand, muss er mit dem Mandanten klären, welche Auflagen von der Verteidigung im Fall einer Haftverschonung angeboten werden können. Der Verteidiger sollte die vom Gericht zu erwartenden Befürchtungen adaptieren und dafür geeignete Vorschläge unterbreiten, die auch ungewöhnlich sein können. 58

Nachfolgend als Beispiel: 59

▶ Verteidigungsschrift gegen drohenden Haftbefehl

In dem Ermittlungsverfahren

gegen

Az.:

beantragt die Verteidigung,

den Antrag der Staatsanwaltschaft S auf Erlass eines Haftbefehls gegen Herrn X abzulehnen,

hilfsweise Herrn X vom Vollzug der Untersuchungshaft zu verschonen.

Im Falle einer Verschonung ist Herr X bereit, sofort zu dem befreundeten Ehepaar Z zu ziehen, nicht mehr in die Familienwohnung zurückzukehren und jeglichen Kontakt mit seiner Tochter Y zu unterlassen. Ferner ist er bereit, einer Auflage nachzukommen, die ihm auferlegt, die Stadt D nur mit richterlicher Genehmigung zu verlassen.

Herr X arbeitet in D, das befreundete Ehepaar Z lebt in D, während die Ehefrau und Kinder des Beschuldigten in E leben und keine Beziehungen zur Stadt D haben. Das Ehepaar Z hat die anliegende Versicherung schriftlich überreicht, nach der Herr X zu ihm ziehen und sich dort amtlich melden kann und nach der Frau Z nach Terminsabsprache mit der Ehefrau von Herrn X dessen Kleidung und die benötigten Unterlagen abholen kann.

Es ist damit gewährleistet, dass keinerlei Kontakt zwischen Herrn X und der Anzeigenerstatterin zustande kommen kann. Der von der Staatsanwaltschaft angenommenen Verdunkelungsgefahr kann damit durch weniger einschneidende Maßnahmen begegnet werden.

Rechtsanwalt/Rechtsanwältin

Ist ein entsprechender Haftbefehl erst einmal ergangen oder der Mandant sogar in Haft gekommen, stellt es sich ungleich schwieriger dar, die Untersuchungshaft wieder zu beenden. Von der ersten Beratung an muss der Mandant aufgeklärt werden, welches Verhalten für ihn gefährlich ist. Er muss darüber informiert werden, welche Verhaltensweisen die Ermittlungsbehörden üblicher- und typischerweise als Vorbereitung zur Flucht oder Versuch der Verdunkelungsgefahr ansehen.[80] 60

Insbesondere bei Fällen im Familiengefüge sollte der Kontakt zum möglichen Opfer, aber auch zu anderen Zeugen sofort unterbrochen werden. Erweisen sich im Rahmen der Vorbereitung und Verfolgung der gewählten Verteidigungsstrategie Gespräche als unvermeidbar, müssen diese ausschließlich durch den Verteidiger durchgeführt und sorgfältig dokumentiert werden. Wenngleich dies vor dem Hintergrund der erheblichen psychischen Belastung des Mandanten angesichts des Tatvorwurfs eine extreme Bürde bedeutet, kann es geboten sein, den Rat zu erteilen, eine strikte räumliche Trennung vorzunehmen. 61

Je nach Fallkonstellation kann es – stets unter der Berücksichtigung der Interessenvertretung des Mandanten – zusätzlich angebracht sein, gegenüber den Ermittlungsbehörden Kooperationsbereit- 62

80 *Dahs* Handbuch Rn. 346. Siehe auch *Schuster* Kap. 6.

schaft zu signalisieren, wobei hier größte Vorsicht zu wahren ist. Hier ist beispielsweise an die Herausgabe von Unterlagen oder die frühzeitige Benennung von Zeugen zu denken.

3. Begutachtungen (Grundzüge)

63 Welche konkreten fachlichen Kriterien an eine aussagepsychologische Begutachtung zu stellen sind, führt *Loohs* im Kapitel 39 aus. Insofern soll es nachfolgend nur um die Fragen gehen, die sich im Rahmen der möglichen Verteidigungsoptionen stellen. Auch für andere Gutachten soll hier kein fachlicher Kanon aufgezeigt werden, sondern Überlegungen dargestellt, wie die Verteidigungslinie mithilfe solcher Begutachtungen gefördert werden kann.

a) Begutachtung des Angeklagten

64 Im Hinblick auf die im Einzelfall zu verhängende Strafe hat das Gericht unter anderem eine Prognose der Rückfallgefahr und den Aspekt der Legalbewährung zu berücksichtigen. Wenn Staatsanwaltschaft oder Gericht ein Gutachten im Hinblick auf den Angeklagten in Auftrag geben, wird es erforderlich, dass die Verteidigung Einfluss auf die Auswahl des Gutachters nimmt. Da die Justizwirklichkeit häufig hinter der Vorschrift Nr. 70 RiStBV zurückbleibt, empfehle ich in geeigneten Fällen – z.B. im Zusammenhang mit der Rückgabe von Ermittlungsakten – einen Sachverständigen unter der Bedingung vorzuschlagen, dass die Staatsanwaltschaft oder das Gericht die Einholung eines Sachverständigengutachtens für erforderlich halten sollte. Wird ein Gutachter ohne Anhörung des Verteidigers bestellt, muss ein ausführlich begründeter Antrag auf Auswechselung des Sachverständigen geprüft werden. Da die Auswahl des Sachverständigen oftmals entscheidend für das Gutachtenergebnis ist, ist es wichtig, dass der Verteidiger nicht in seinen Bemühungen nachlässt, den Sachverständigen seines Vertrauens beauftragen zu lassen.

65 Weiterhin ist mit dem Mandanten zu erörtern, ob er an der Exploration mitwirkt. Für die konkrete Entscheidung müssen die Fähigkeiten des Mandanten, der Tatvorwurf und die Chancen und Risiken der Exploration genau geprüft werden. Wenn für die Verteidigungslinie ein Sachverständigengutachten benötigt wird (Affekt, Rausch, Persönlichkeitsstörung etc.), ist eine Exploration nicht zu vermeiden. Mit dem Mandanten muss dann ausdrücklich geklärt werden, ob er im Rahmen einer Exploration auch Angaben zu den Tatvorwürfen macht oder nicht. Trotzdem ist auch in diesen Fällen (nochmals) darauf hinzuwirken, dass ein geeigneter Sachverständiger beauftragt wird. Ggf. lässt sich der Vorschlag auch gegenüber der Staatsanwaltschaft oder dem Gericht ein wenig »schmackhafter« machen, wenn die Aussicht auf Mitwirkung bei dem vorgeschlagenen Sachverständigen erklärt wird.

66 Bei entsprechenden Anzeichen – auch unterhalb der Voraussetzungen der §§ 20, 21 StGB – kann in Einzelfällen zu überlegen sein, gegebenenfalls selbst einen Gutachter zu beauftragen. Es ist jedoch immer zu bedenken, dass die Annahme einer eingeschränkten Schuldfähigkeit die Beschäftigung mit der Frage, ob eine Unterbringung nach § 63 StGB oder eine Sicherungsverwahrung nach § 66 StGB in Betracht kommt, aufkommen lassen kann. Selbst wenn die Unterbringung nach § 63 StGB in Ermangelung einer positiven Feststellung der Einschränkung der Schuldfähigkeit ausscheidet,[81] kann die Sicherungsverwahrung anwendbar bleiben[82] (siehe auch dort Rdn. 36 ff.).

b) Begutachtung von Zeugen

67 Bei der Beurteilung der Glaubwürdigkeit von Zeugen kann sich das Gericht grundsätzlich eigene Sachkunde zutrauen.[83] Im Ermittlungsverfahren filtern die Staatsanwaltschaften daher, ob nach ihrer Auffassung eine Ausnahme von dieser Regel vorliegt und ein Sachverständigengutachten ein-

81 Zu den sachlich-rechtlich notwendigen Urteilsfeststellungen hinsichtlich einer verminderten Schuldfähigkeit und einer Gefährlichkeitsprognose bei der Anordnung einer Unterbringung BGH NStZ 2016, 403.

82 BGH NStZ 2004, 197; NStZ-RR 2005, 11.

83 BVerfG NJW 2004, 209 (211).

geholt werden soll. Die Rechtsprechung hat zu diesen Ausnahmefällen eine nicht abschließende und allenfalls Anhaltspunkte gebende Kasuistik entwickelt.[84] Seit dem Grundsatzurteil des BGH[85] sind (aussagepsychologische oder psychiatrische) Sachverständige zu bestellen, wenn die Zeugenaussagen von Kindern oder Jugendlichen die alleinigen oder wesentlichen Beweismittel darstellen. Im Übrigen obliegt es dem Verteidiger durch genaue und präzise Argumentation das Vorliegen eines Ausnahmefalls zu begründen.

Bei der Begutachtung von Zeugen ist im Hinblick auf die Auswahl des Sachverständigen Nr. 70 RiStBV zu beachten. Der Verteidigung ist grundsätzlich während des Ermittlungsverfahrens vor der Auswahl eines Sachverständigen Gelegenheit zur Stellungnahme zu geben. Wenn einmal ein aussagepsychologisches Gutachten vorliegt, ist es äußerst schwierig, eine zweite Begutachtung in das Verfahren einzubringen. In der Regel verbleibt es bei einer methodenkritischen Untersuchung des Erstgutachtens. Dies liegt daran, dass dem Zeugen eine erneute Begutachtung nicht zugemutet werden soll. Zum anderen zwingt der erhebliche Zeitaufwand, der für die Erstellung eines weiteren Gutachtens erforderlich ist, zur Aussetzung des Verfahrens. Wie Zeugen methodisch zu begutachten sind, erläutert *Loohs*.[86] 68

Es ist einem Tatgericht nicht verwehrt, vom Gutachten eines Sachverständigen abzuweichen. Wenn das Tatgericht aber eine Frage, für die es geglaubt hat, des Rates eines Sachverständigen zu bedürfen, im Widerspruch zu dessen Gutachten lösen will, muss es die maßgeblichen Überlegungen des Sachverständigen wiedergeben und seine Gegenansicht unter Auseinandersetzung mit diesen begründen, damit ersichtlich wird, dass es mit Recht das bessere Fachwissen für sich in Anspruch nimmt.[87] Die Verteidigung muss also besonders in den Fällen, in denen das Gutachten zu Lasten des Mandanten ausfällt, die Argumentation fördern, warum die Annahmen und Folgerungen des Sachverständigen unrichtig, jedenfalls aber nicht zwingend sind. 69

4. Aussage-, Zeugnis- und Untersuchungsverweigerungsrechte

Grundsätzlich hat der Beschuldigte ein Schweigerecht. Das gilt auch für Mitwirkungen an Explorationen und ähnlichem. Aber auch Familienmitglieder haben ein Zeugnisverweigerungsrecht. Dem Mandanten ist dies klar zu vermitteln, wer von diesem Zeugnisverweigerungsrecht Gebrauch machen darf. Und auch eine rechtliche Aufklärung den Familienmitgliedern direkt ist dem Verteidiger nicht verboten. Wichtig dabei ist aber, dass er diesen keinen Rat erteilen darf, ob sie von ihrem Recht Gebrauch machen wollen. Denn das stellte eine Rechtsberatung dar, die aufgrund § 146 StPO unzulässig ist. 70

Zu den zeugnisverweigerungsberechtigten Angehörigen zählen: 71

- Ehe-, Lebenspartner und Verlobte.[88] Auch früher geschiedene Partner sind weiterhin zeugnisverweigerungsberechtigt.
- Verwandte in gerader Linie. Das sind alle Abkömmlinge, heißt Kinder, Enkel, Urenkel und so weiter. Das sind aber auch alle direkten Vorfahren, also Eltern, Großeltern, Urgroßeltern etc. In beiden Richtungen kommt das Zeugnisverweigerungsrecht zum Tragen.
- Sonstige Verwandte. Zeugnisverweigerungsberechtigte sind dabei ausschließlich Geschwister, deren Kinder (Nichten/Neffen) und leibliche Onkel und Tanten (Geschwister der Eltern). Die anderen Verwandten sind nicht zeugnisverweigerungsberechtigt.

---

84 Vgl. Meyer-Goßner/*Schmitt* § 244 Rn. 74 m.w.N.

85 BGHSt 7, 82.

86 Siehe *Loohs* Kap. 39 Rdn. 16 ff. m.w.N. Siehe auch BGH StV 1999, 473; StV 2022, 215.

87 BGH StV 2017, 363.

88 Meyer-Goßner/*Schmitt* § 52 Rn. 5 f. m.w.N. Bei Verlobten ist zu beachten, dass noch verheiratete Personen sich nicht schon neu verloben können. Zudem gibt es Gerichte, die die Verlobung im Rahmen einer Zeugenvernehmung prüfen. Das ist grundsätzlich zulässig, Meyer-Goßner/*Schmitt* § 52 Rn. 4a m.w.N. Allerdings kommt außer der in der Regel peinlichen Befragung am Ende nichts anderes heraus, als dass eine Verlobung anzuerkennen ist.

- Verschwägerte. Verschwägert sind diejenigen Angehörigen, die über den Partner zur Familie zählen. Zeugnisverweigerungsberechtigt sind dabei nur Schwiegereltern und Geschwister des Partners (Schwager/Schwägerin). Ehepartner der Geschwister haben kein Zeugnisverweigerungsrecht; die Kinder aus dieser Ehe auch nicht.

72 In Fällen, in denen die Aussage eines Kindes gegen einen Angehörigen durch Angabe eines Dritten, z.B. den psychologischen Sachverständigen, in die Hauptverhandlung eingeführt werden oder eine Belehrung des Zeugen in der Hauptverhandlung nicht vorgenommen wird, stellt sich die Frage, ob eine ordnungsgemäße Belehrung hinsichtlich des Aussageverweigerungsrechtes, § 52 StPO, sowie über das Recht, die Mitwirkung an der Begutachtung zu verweigern, § 81c Abs. 3 StPO, stattgefunden hat. Die Belehrung muss zwingend durch die Staatsanwaltschaft, § 81c Abs. 3 StPO oder das Gericht, § 52 Abs. 3 StPO erfolgen und kann nicht etwa durch den Sachverständigen vorgenommen werden.[89] Die Angaben eines psychologischen Sachverständigen über Bekundungen zeugnisverweigerungsberechtigter kindlicher Zeugen im Rahmen eines Explorationsgesprächs zur Erstellung eines Glaubwürdigkeitsgutachtens unterliegen einem Verwertungsverbot, wenn die Zeugen weder vor der Befragung durch den Sachverständigen noch in der Hauptverhandlung nach § 52 StPO belehrt worden sind.[90] Auch wenn ein Kind in der Hauptverhandlung nicht in der Lage ist, über das Tatgeschehen zu sprechen, entfällt die Belehrungspflicht nicht. Die Zustimmung der gesetzlichen Vertreter zur Vernehmung reicht für eine Verwertung der Angaben nur aus, wenn sich nach der Belehrung herausgestellt hätte, dass diese das Bewusstsein des Kindes überhaupt nicht erreicht hätte.[91] Es ist dann die Erklärung beider gesetzlicher Vertreter erforderlich. Sofern einer von ihnen der Beschuldigte ist, kann dieser keine Erklärung abgeben und es wird ein Ergänzungspfleger bestellt (§ 1909 Abs. 1 Nr. 1 BGB).

5. Richterliche Vernehmungen

73 Richterliche Vernehmungen von Zeugen zum Zwecke der Beweissicherung erfolgen dann, wenn das Protokoll über die Vernehmung zu einem späteren Zeitpunkt in der Hauptverhandlung verlesen werden soll, § 251 Abs. 1 StPO. Bei dem Vorwurf einer Sexualstraftat im innerfamiliären Bereich geht es regelmäßig darum, dass ein nach § 52 StGB zeugnisverweigerungsberechtigter Zeuge möglicherweise im Rahmen der Hauptverhandlung das Zeugnis verweigern wird, der Richter aber als Verhörsperson über den Inhalt der Aussage vernommen werden kann. Gemäß § 168 Abs. 2 StPO ist neben der Staatsanwaltschaft auch dem Beschuldigten und dem Verteidiger die Anwesenheit bei der richterlichen Vernehmung eines Zeugen gestattet. Dabei besteht ein Fragerecht,[92] das im Hinblick auf die evtl. später eintretende Unmöglichkeit dringend genutzt werden sollte.

74 Die richterliche Aussage kann allerdings nur dann eingeführt werden, wenn bei der richterlichen Vernehmung der Zeuge korrekt belehrt wurde. Das ist insbesondere in der Konstellation nicht möglich, wenn die frühere Lebensgefährtin zwischenzeitlich mit dem Beschuldigten verlobt oder verheiratet ist.[93] Sofern nicht der Nachweis erbracht wird, dass das Verlöbnis oder die Eheschließung ausschließlich dafür eingegangen wurde, um das Zeugnisverweigerungsrecht zu erhalten,[94] führt dies dazu, dass auch die frühere richterliche Vernehmung nicht eingeführt werden kann. Wird dies dennoch durch das Gericht zugelassen, muss die Verteidigung einen entsprechenden Verwertungswiderspruch erheben.[95]

---

89 BGH StV 1995, 563.
90 BGH StV 1996, 196; StV 1998, 470.
91 BGH StV 1996, 196.
92 Meyer-Goßner/*Schmitt* § 168c Rn. 2 m.w.N.
93 KMR-*Paulus* § 252 Rn. 26 m.w.N. Vgl. Meyer-Goßner/*Schmitt* § 252 Rn. 14 f. m.w.N.
94 Siehe hierzu BGHSt 45, 342 (347).
95 Siehe zu den Voraussetzungen Meyer-Goßner/*Schmitt* § 136 Rn. 25 ff. m.w.N.; KMR-*Kulhanek* § 136 Rn. 134 ff. m.w.N.

III. Hauptverfahren und -verhandlung

75 Die Hauptverhandlung in Verfahren, in denen ein Sexualdelikt Gegenstand der Vorwürfe ist, findet nach den allgemeinen prozessualen Regeln statt. Diese eigentlich überflüssige Feststellung ist deshalb erneut angebracht, weil gleichwohl eine besonders negative Stimmungslage – wie auch schon im Ermittlungsverfahren und allgemein bei Sexualvorwürfen – möglich ist. Das kann dazu führen, dass nicht jeder mit der Annahme konform geht, dass auch hier die prozessualen Regeln eingehalten werden müssen. Sachliche und professionelle Verteidigung sind im Hauptverfahren, insbesondere in (öffentlichen) Terminen besonders gefragt.[96] Jeder Verteidiger muss sich vorher bewusst machen, dass er emotional in der Regel mit wenig Unterstützung, dafür mit umso mehr Gegenwind und möglicherweise sogar (persönlichen) Anfeindungen rechnen muss. Wichtig ist, sich nicht aus der Reserve locken zu lassen. Das gilt erst recht, wenn Medienvertreter anwesend sind. Trotzdem und gerade aufgrund der erschwerten Bedingungen muss dem Verteidiger auch klar sein, dass seine Aufgabe darin besteht, dem Mandanten bestmöglich zur Seite zu stehen und ihn zu verteidigen. Wer diesem Druck nicht gewachsen ist, muss sich Unterstützung holen und im schlimmsten Fall das Mandat niederlegen.[97]

1. Allgemein

76 Wie die perfekte Verteidigung gegen Sexualvorwürfe aussieht, kann auch in diesem Handbuch nicht dargestellt werden. Verteidigung ist – abgesehen vielleicht von Massendelikten aus dem Verkehrsrecht (Ordnungswidrigkeiten) – immer maßgeschneidert. Das gilt erst recht für die Verteidigung in Sexualstrafverfahren. Ähnlich ist bei den meisten Vorwürfen, dass es sich häufig um schwierige Beweissituationen handelt, weil entweder die Aussagen von zwei Lagern gegenüberstehen (Aussage-gegen-Aussage-Situation) oder eine starke Betonung des subjektiven Tatbestands vorhanden ist. Gerade Letzteres erfordert genaues Arbeiten, weil nach der Rechtsprechung[98] der subjektive Tatbestand (auch) aus den objektiven Merkmalen geschlossen werden darf. Insofern sollen die folgenden Anmerkungen Hilfe sein für eine möglichst durchdachte Beweisaufnahme, die im besten Fall die Verteidigungslinie für den Mandanten zum Erfolg bringt.

2. Einlassung des Angeklagten, Verteidigererklärung oder Schweigen?

77 Die Überlegungen aus der Vorbereitung, die bestenfalls bereits während des Ermittlungsverfahrens angestellt wurden, können in der Hauptverhandlung zum Tragen kommen. Insofern ist an dieser Stelle zunächst auf das oben Rdn. 24 ff. Ausgeführte zu verweisen.

78 Freilich kann es aber auch in der Hauptverhandlung zu einer Neubewertung kommen, sei es durch eine Neubewertung des Mandanten, doch (k)eine Einlassung abgeben zu wollen, sei es, weil der Mandant keine verständliche Erklärung selbst (mehr) abgeben kann. In diesen Fällen muss die Verteidigung ggf. für ihn einspringen. Kommt es zu einer solchen Situation, kann auch die Unterbrechung der Verhandlung beantragt werden, damit das weitere Vorgehen mit dem Mandanten besprochen werden kann. Notwendig ist aber immer, dass der Verteidiger aktiv auf das Geschehen einwirkt und sich nicht von der Situation treiben lässt. Der Mandant braucht besonders in diesen Situationen professionellen Beistand.

3. Vernehmungen

79 Besonders bei Alleinverteidigungen sollte mit dem Mandanten besprochen sein, wie eine Vernehmung – Zeuge, Sachverständiger oder Mitangeklagter – ablaufen wird. Denn die Konzentration auf die Vernehmung kann dem Verteidiger nur gelingen, wenn er keine Ablenkung erfährt. Daher ist es wichtig, dem Mandanten vorher klarzumachen, dass er sich seine Fragen und Überlegungen

96 Siehe schon und erneut Rdn. 1 ff.

97 Siehe auch allgemein *Ferber/Staudinger* Handbuch Sachbearbeitung Strafrecht Kap. 2 Rn 97 ff.

98 Vgl. dazu *Fischer* § 15 Rn. 3 m. zahlr. N.

merken, besser notieren muss, um sie im Anschluss an die Vernehmung durch den Verteidiger mit diesem zu besprechen. Auf keinen Fall sollte der Mandant den Verteidiger »zutexten«, während die Vernehmung durchgeführt wird. Denn dann fehlen möglicherweise wichtige Teile der Aussage oder des Gutachtens, die für die Bewertung der Handlungen und Auswirkungen für das spätere Urteil relevant werden. Insbesondere solange noch keine Dokumentation der Hauptverhandlung durchgesetzt ist,[99] braucht es eine eigene Mitschrift des Verteidigers.

a) Zeugen

80 In Sexualstrafverfahren stellt der Zeugenbeweis oftmals das einzige Beweismittel dar – angesichts der Tatsache, dass der Zeugenbeweis das unzuverlässigste Beweismittel ist, ein extrem problematischer Umstand. Daher kommt dem Zeugenbeweis und noch mehr dessen Würdigung eine ungeheure Bedeutung zu. Für die Tatsachenfeststellung ist es grundsätzlich gleichgültig, ob es sich um eine vorsätzliche Lüge, eine fahrlässige Fantasiegeschichte oder um einen schlichten Irrtum handelt. Es kommt allein darauf an, ob eine Aussage zuverlässig ist, ob sie dem Urteil zugrunde gelegt werden kann.[100] Die Aussagen selbst sind das Tatsachenmaterial, das für eine Analyse zur Verfügung steht.[101]

81 In der Aussagepsychologie wird anhand empirisch fundierter Methodik untersucht, ob eine Aussage einen Erlebnishintergrund hat.[102] Die Untersuchung stellt sich als Qualitätsanalyse einer Aussage dar, wobei die Aussagepersönlichkeit mit ihren konkreten Fähigkeiten, die Aussagegenese und die Aussagequalität untersucht werden.[103] Allerdings erbringt die Aussagepsychologie keine Erkenntnis über eine exakt bestimmte Richtigkeit oder Unrichtigkeit hinsichtlich des bekundeten Geschehens, wie es etwa mit naturwissenschaftlichen Methoden möglich ist.[104] Sie ist aber in jedem Fall dem unreflektierten Bauchgefühl der Juristen vorzuziehen. Die aussagepsychologisch bezeichnete Nullhypothese behauptet, es bestehe kein Zusammenhang zwischen dem zu untersuchenden Bericht und einem realen Ereignis. Bei der Generierung weiterer Hypothesen wird zwischen solchen zu absichtlichen Falschaussagen, Fremdbeeinflussungen und zu Autosuggestionen unterschieden. Ergeben sich dafür keine Anhaltspunkte, wird von einer erlebnisfundierten Aussage ausgegangen.[105]

82 Im Hinblick auf die Frage der Authentizität einer Zeugenaussage kommt der Frage nach deren Entwicklungsgeschichte entscheidende Bedeutung zu. Hier muss zunächst das Hauptaugenmerk auf die Betrachtung der Erstaussage gelegt werden, um so mögliche Einflussnahme und/oder Verzerrungsfaktoren – fremd- oder autosuggestive Faktoren – herausarbeiten zu können. Die Erinnerung unterliegt schon unmittelbar nach der Wahrnehmung der Gefahr der Verfälschung. Fälschende Außeneinflüsse können beispielsweise das Besprechen und das (auch gutgläubige) Zurechtlegen der Aussagen mit anderen Zeugen, das Hörensagen, das private Ausgefragt-Werden oder auch Suggestion durch Zeitungsberichte sein.[106] Insbesondere ist zu untersuchen, ob das zu betrachtende Personengefüge Anlass für den Verdacht gibt, der Tatvorwurf könne instrumentalisiert worden sein. Suggestive Einflussnahmen sind nachträglich häufig aus den polizeilichen Vernehmungsprotokollen nur schwer oder gar nicht erkennbar. Eine besondere Schwierigkeit ergibt sich aufgrund des Umstandes, dass die befragten Personen (Eltern, amtl. Vernehmungspersonen, Mitarbeiter von Beratungsstellen) mangels genauer Kenntnisse der Suggestionsforschung schwerlich wissen können, welches Wort,

99 Siehe die aktuellen gesetzlichen Bestrebungen und darüber hinaus unter anderem *Bockemühl* FS von Heintschel-Heinegg, S. 51 ff. m.w.N. Siehe auch Rdn. 47.
100 *Bender/Nack/Treuer* Tatsachenfeststellung vor Gericht Rn. 212.
101 *Bender/Nack/Treuer* Tatsachenfeststellung vor Gericht Rn. 227.
102 Siehe auch *Geipel/Renzikowski* Rn. 244 ff. m.w.N.
103 *Steller* in: Volbert/Steller (Hg.) Handbuch der Rechtspsychologie, S. 301.
104 *Brause* NStZ 2013, 131.
105 *Steller/Volbert* Psychologie im Strafverfahren S. 25 ff.
106 *Dettenborn/Fröhlich/Szewczyk* Forensische Psychologie S. 66. Siehe auch *Deckers* StraFo 2013, 133.

welche Frage und welche ihrer Reaktionen unter Umständen eine suggestive Wirkung haben kann. Sie versichern daher ausnahmslos, dass sie suggestionsfrei gefragt haben.[107]

Hinsichtlich möglicher Befragungsinhalte bieten sogenannte Realkennzeichen Anhaltspunkte für die Verteidigung. Dabei handelt es sich um ein System aussageimmanenter Qualitätsmerkmale. Psychologen legten dazu inhaltliche Kriterienkataloge vor wie in nachfolgender Übersicht zusammengefasst:[108] 83
- allgemeine Merkmale
- logische Konsistenz
- ungeordnet sprunghafte Darstellung
- quantitativer Detailreichtum
- spezielle Inhalte
- raum-zeitliche Verknüpfungen
- Interaktionsschilderungen
- Wiedergabe von Gesprächen
- Schilderungen von Komplikationen im Handlungsverlauf
- inhaltliche Besonderheiten
- Schilderungen ausgefallener Einzelheiten
- Schilderung nebensächlicher Einzelheiten
- phänomengemäße Schilderung unverstandener Handlungselemente
- indirekt handlungsbezogene Schilderungen
- Schilderung eigener psychischer Vorgänge
- Schilderung psychischer Vorgänge des Angeschuldigten
- motivationsbezogene Inhalte
- spontane Verbesserung der eigenen Aussage
- Eingeständnis von Erinnerungslücken
- Einwände gegen die Richtigkeit der eigenen Aussage
- Selbstbelastungen
- Entlastung des Angeschuldigten
- deliktsspezifische Inhalte
- deliktsspezifische Aussageelemente

Zusätzlich zu den vorangehend dargestellten Qualitätsmerkmalen ist die persönliche Aussagekompetenz des Zeugen zu betrachten und ein Abgleich vorzunehmen.

Realkennzeichen dürfen nicht schematisch angewandt werden. Es ist methodisch unzulässig, aus dem Vorliegen einer bestimmten Anzahl von Merkmalen im Sinne eines Schwellenwertes auf die Qualität einer Aussage zu schließen.[109] Sinnvoll ist es für Verteidiger, die sich mit Aussagepsychologie beschäftigen wollen, fachspezifische Literatur von Psychologen zu lesen und sich selbst die Grundzüge der Rechtspsychologie durch Literaturstudium und Fortbildungen anzueignen;[110] beides ist für eine regelgerechte Verteidigung in Sexualstrafsachen unerlässlich.

▶ **Beachte**

Realkennzeichen sind ungeeignet, zur Unterscheidung zwischen einer wahren und suggerierten Aussage beizutragen.[111] 84

Die besondere Konstellation von »Aussage gegen Aussage«, die in Sexualstrafverfahren anders als in den übrigen Verfahren die Regel ist, birgt für das Verfahren und die Beweiswürdigung besondere 85

107 *Undeutsch/Klein* AnwBl 1997, 462 (463).

108 *Jansen* StV 2000, 224; *Steller/Volbert* Psychologie im Strafverfahren S. 25 ff.; *Bender/Nack* Tatsachenfeststellung vor Gericht Rn. 306 ff.

109 Siehe auch *Makepeace* Der Polygraf als Entlastungsbeweis (2023) S. 24 f., 34.

110 Beispielsweise hilfreich: *Volbert/Steller* Handbuch der Rechtspsychologie (2008).

111 BGHSt 45, 164.

Schwierigkeiten und erfordert vertieftes Wissen des Verteidigers. Obwohl Zeugenaussagen – anders als DNA-Spuren, medizinische oder kriminaltechnische Nachweise – regelmäßig zu einer uneindeutigen Evidenz führen, fehlt in Sexualstrafverfahren unter dem Druck, der Verdächtige könne weitere ähnliche Taten begehen, oftmals die kritische Distanz und der Drang zur skeptischen Überprüfung von Ermittlungsergebnissen. Dem Verteidiger kommt die Rolle zu, die notwendige kritische Distanz herzustellen und mit ihr und Sachlichkeit die Aussage des Belastungszeugen zu überprüfen.

86 Die höchstrichterliche Rechtsprechung und die Literatur ergeben für die besondere Beweiskonstellation von »Aussage gegen Aussage« inzwischen eine ausgereifte Definition. *Pfister*[112] hat anschaulich formuliert, der Angeklagte sage »Hü«, die Zeugin sage »Hott« und weitere Beweismittel stünden nicht zur Verfügung. Der BGH[113] hat für die Beurteilung dieser strukturell schwierigen Beweiskonstellation verschärfte Anforderungen entwickelt, die auch von Verfassungswegen geboten sind. Die Urteilsgründe müssen danach erkennen lassen, dass das Gericht alle Umstände, die die Glaubhaftigkeit der Zeugenaussage – wenn auch nur in Teilbereichen – bestätigen oder infrage stellen können, bei der Glaubwürdigkeitsprüfung in seine Überlegungen einbezogen hat. Dies bedeutet, dass vom Tatgericht eine vertiefte Auseinandersetzung mit der Aussageentstehung, der Aussagemotivation und eine Aussageanalyse, idealerweise orientiert an den wissenschaftlichen Kriterien der Aussagepsychologie, zu verlangen ist.[114] Der 3. Strafsenat relativiert die von den übrigen Strafsenaten geforderte zusammenhängende Darstellung der vorgenannten Elemente und hält es regelmäßig für verfehlt, die Aussagen der Zeugen umfänglich wiederzugeben.[115] Damit wird aber die gerade durch die erhöhte Darstellungsanforderung an das Urteil gegebene Kontrollmöglichkeit der Revisionsinstanz aufgegeben.

87 Für die Anerkennung der Konstellation »Aussage gegen Aussage« ist auf Seiten des Angeklagten keine detailreiche Einlassung notwendig, ein pauschales Bestreiten reicht jedenfalls aus.[116] Nach Auffassung des 2. und 4. Strafsenats genügt bereits das Schweigen des Angeklagten.[117] Ausschließlich der 5. Strafsenat forderte über das Schweigen in der Hauptverhandlung hinaus ein früheres Bestreiten des Angeklagten außerhalb der Hauptverhandlung, um die erhöhten Anforderungen an die Beweiswürdigung auszulösen.[118] Der 3. Strafsenat hingegen versagt dem schweigenden Angeklagten eine »Aussage gegen Aussage«- Situation und stellt diese selbst bei einer Verteidigererklärung infrage, die sich der Angeklagte zu eigen macht.[119]

88 Richtig ist allerdings, dass bereits ein Schweigen die erhöhten Anforderungen an die Beweiswürdigungsdokumentation im Urteil auslösen muss.[120] Denn klar ist, dass ein echter Mehrwert aus einem vollständigen Schweigen gegenüber einem pauschalen Bestreiten nicht vorliegt. Beides erschöpft sich darin, dass die Tat nicht eingestanden wird und es Aufgabe des Gerichts ist, die materielle Wahrheit zu erforschen. Der Umfang dieser Beweiswürdigung ist bereits von Amts wegen (§ 244 Abs. 2 StPO) unter Berücksichtigung der zu garantierenden Unschuldsvermutung – und für die Beweiswürdigung des Grundsatzes *in dubio pro reo*[121] – festgelegt und für beide Varianten gleich.

---

112 *Pfister* in: Deckers/Köhnken (Hg.) Die Erhebung von Zeugenaussagen im Strafverfahren (2004) S. 42 (54 f.).
113 BGH StV 2022, 217; StV 2022, 219; StV 2022, 212 m. Anm. *Krawczyk*.
114 Vgl. BGH StV 2003, 61; StV 2004, 58.
115 BGH NStZ 2009, 403.
116 BGH StV 2002, 466; Meyer-Goßner/*Schmitt* § 261 Rn. 11a m.w.N.
117 BGH StV 1998, 250; NStZ-RR 2005, 259.
118 BGH StV 2004, 58.
119 BGH StV 2003, 603.
120 Siehe nochmals Meyer-Goßner/*Schmitt* § 261 Rn. 11a m.w.N.
121 Siehe zu diesem Grundsatz ausführlich *Schwabenbauer* Der Zweifelssatz im Strafprozess, 2012, S. 44 ff. m.w.N., auch zur Abgrenzung zur Reichweite der Unschuldsvermutung. Zu letzterem auch *Staudinger* Welche Folgen hat die Unschuldsvermutung im Strafprozess?, 2015, S. 71 ff. m.w.N. Anders in der Abgrenzung *Gräbener* Zweifelssatz und Verbandsstrafe (2019) S. 54 ff. m.w.N.

In den besonderen Konstellationen, in denen der einzige Belastungszeuge den Angeklagten falsch belastet hat[122] oder in denen der Angeklagte keine Gelegenheit zur konfrontativen Befragung des einzigen Belastungszeugen hatte,[123] hat die höchstrichterliche Rechtsprechung die Anforderungen an die Beweiswürdigung noch weiter erhöht. Hier gilt, dass einer Aussage des einzigen Belastungszeugen regelmäßig nur dann noch gefolgt werden kann, wenn sie durch gewichtige, außerhalb der Aussage liegende Umstände bestätigt wird.[124] — Folgt der Tatrichter der Aussage der einzigen Tatzeugin und dem deren Glaubhaftigkeit bestätigenden Gutachten eines aussagepsychologischen Sachverständigen, obwohl bei der Zeugin eine Persönlichkeitsstörung vom Borderlinetyp besteht und konkrete Anhaltspunkte für das Vorliegen eines Falschbelastungsmotives festgestellt werden, bedarf es einer besonders sorgfältigen Würdigung der Aussage und Erörterung des Sachverständigengutachtens.[125] 89

aa) Vernehmung kindlicher Zeugen

Das deutsche Strafverfahrensrecht kennt kein Mindestalter für die Zeugnisfähigkeit und Zeugeneignung. Insoweit kommen grundsätzlich Kinder jeden Alters als Zeugen in Betracht, sofern von ihnen eine verständliche Aussage erwartet werden kann.[126] Kindliche und jugendliche Zeugen unter 18 Jahren sollen gemäß § 241a StPO nur durch den Vorsitzenden befragt werden. Sind keine Nachteile für den Zeugen zu befürchten, kann die unmittelbare Befragung durch den Verteidiger gestattet werden. Dies ist von der Verteidigung zu beantragen. 90

Das besonders schwierige Feld der kindlichen Aussage und die Ermittlung ihrer Glaubwürdigkeit bedürfen größter Sachkunde der mit dieser Materie Befassten.[127] Das Aussageverhalten des kindlichen Zeugen ist – je nach Altersstufe – unterschiedlich. Das Kind darf während der Vernehmung weder unter- noch überfordert werden. Insoweit kommt dem Auffassungsvermögen des kindlichen Zeugen eine gesteigerte Rolle zu. Für den Verteidiger ist es daher erforderlich, sich die Besonderheiten der jeweiligen Entwicklungsstadien eines Kindes vor Augen zu führen. Grundsätzlich denken Kinder weniger in folgerichtigen oder chronologischen Abläufen, ihre Darstellungsweise folgt stärker ihrer emotionalen Erlebnisweise.[128] Folglich kommt es auf kurze, prägnante Fragen und Aufforderungen, ohne Nebensatzkonstruktionen, ohne Fach- und Fremdwörter an.[129] Jede Frage sollte nur einen einzigen Punkt enthalten *(single idea)*, sonst weiß der kindliche Zeuge unter Umständen nicht, auf welchen Aspekt er eingehen soll.[130] 91

Inhaltlich ist gerade bei der Vernehmung eines kindlichen Zeugen das Hauptaugenmerk auf die Entstehungsgeschichte der Aussage und die Möglichkeit der Instrumentalisierung des Tatvorwurfs (besonders bei bestehender familienrechtlicher Problematik/Auseinandersetzung) zu legen. Der BGH hat bereits in NJW 1996, 207 ff. wie folgt ausgeführt: »Die neu erkennende Jugendschutzkammer wird zu bedenken haben, dass bei der Aussage kindlicher Zeugen der Entstehungsgeschichte der Beschuldigung erhebliche Bedeutung zukommt«. 92

Im Wechselprozess zwischen unbewusster – auch nonverbaler – Vermittlung schrecklicher oder willkommener Befürchtungen des Erwachsenen und einer Kombination von Fantasie, Lernprozess, Erwartungsentsprechung und Abwehr entstehen beim Kind – wie die forensische Erfahrung und aussagepsychologische Forschung belegt – die absurdesten Aussagekonstrukte.[131] Die Einwände und Scheinargumente gegen die Annahme einer bewussten oder unbewussten Suggestion lauten häufig: 93

122 BGH StV 2002, 470; Urt. v. 19.04.2007 – 4 StR 23/07.
123 BGHSt 46, 92; BGH NStZ 2009, 581. Siehe auch BVerfG NJW 2007, 204.
124 Vgl. auch *Deckers* StraFo 2010, 377 m.w.N.
125 BGH StV 2017, 4.
126 So schon RGSt 58, 396.
127 Vgl. *Schaefer* NJW 2000, 928.
128 *Deckers* NJW 1999, 1361 (1367).
129 Vgl. *Kuck* FPR 1995, 90.
130 *Deckers* Strafverteidigung in der Praxis § 20 Rn. 86.
131 Siehe schon *Piaget* Das Weltbild des Kindes (1978 [französisches Original 1926]) S. 28 ff.

»So etwas kann eine erwachsene Person einem Kind nicht eingeredet haben« oder »so etwas ist kein Kind in der Lage sich auszudenken«. Vor dem Hintergrund des immer früheren Zeitpunktes erster sexueller Beziehungen, der Aufklärung und der Präsenz von Sexualität in den diversen Medien stellt sich die Frage, inwieweit solche Thesen (noch) Gültigkeit haben können.[132]

▶ **Beachte**

94 Bei kindlichen Zeugen sind entsprechend entwicklungspsychologischer Erkenntnisse bestimmte Altersstufen zu unterscheiden, die unterschiedliche Arbeitsansätze der Verteidigung erfordern:[133]

Kindergarten-/Vorschulkinder	– fehlende Wahrnehmung zu Mengen, Größen, Entfernungen, Zeit, Farben und Formen – zur Beschreibung von Einzelheiten braucht das Kind Vergleiche zu Vertrautem – bewusste (komplexere) Lügen sind kaum möglich – Details in Erzählungen, die den ersten Punkten widersprechen, sprechen für einen Einfluss eines Erwachsenen auf die Aussage
Kinder von 6 bis 11 Jahren	– Sonderstellung bei der Frage der Aussagetauglichkeit – Gewachsene, gute Aussagefähigkeit – Intentionale Falschbelastungen und intentionale Transfers sind zu prüfen
Kinder ab 12 Jahren/Jugendliche	– psychosoziale Prozesse der Pubertät sind zu beachten – Abwehr gegen die Erwachsenenwelt? – Kenntnisse und Erfahrung im Bereich der Sexualität

95 Ein problematischer Aspekt ist die Tätigkeit diverser Kinderschutzvereine. Selbstverständlich ist die ehrenamtliche Arbeit der Mitarbeiter solcher Organisationen anzuerkennen. Sie leisten einen wichtigen Beitrag im Hinblick auf den Schutz von Kindern und deren Unterstützung in Strafverfahren. Das Rechtsstaatsprinzip, das Gebot des fairen Verfahrens ist jedoch gefährdet, wenn die entfalteten Aktivitäten über die rein humanitären Aspekte hinausgehen. Von der Erstaussage an stehen dem kindlichen Zeugen zahlreiche, es »gut meinende« Helfer zur Seite, die das gesamte Verfahren begleiten und deren Ziel es vor allem ist, das Kind emotional zu stärken. Die notwendige Sensibilität im Hinblick auf die Gefahr einer Beeinflussung besteht hier selten. Einmal gefangen im Federwerk der Helferinstitutionen und -personen verliert der kindliche Zeuge allzu schnell die notwendige Dispositionsfreiheit, die Nicht-Opfer-Vermutung und ist der Gefahr ausgesetzt, durch den Rollenzwang im Verfahren primär viktimisiert zu werden, mit allen denkbar verheerenden – lebenslänglich wirkenden – Konsequenzen.[134] Hier ist es Aufgabe der Verteidigung, möglichst umfassend aufzuarbeiten, wer wann mit welcher Intention mit dem kindlichen Zeugen was besprochen hat. Die entsprechenden Personen sollten als Zeugen in Beweisanträgen benannt werden.

96 Der Antrag an den Ermittlungsrichter kann wie folgt lauten:

▶ **Antrag auf umfassende Dokumentation einer Zeugenaussage**

In dem Ermittlungsverfahren

gegen

Az.:

beantragt die Verteidigung,

132 Vgl. *Deckers* NJW 1999, 1365 (1369).
133 Vgl. die Darstellung bei *Deckers* NJW 1999, 1361 (1369).
134 *Deckers* NJW 1999, 1361 (1366). Siehe allgemein nochmals Rdn. 80 ff.

die richterliche Vernehmung der Zeugin Z vom ... gemäß § 58a StPO auf Bild-Ton-Träger aufzuzeichnen.

Die Zeugin Z ist 15 Jahre alt und gegenüber dem Beschuldigten zeugnisverweigerungsberechtigt. Die Prozessbevollmächtigte der Zeugin Z hat zudem darauf hingewiesen, dass ihre Mandantin psychisch stark belastet und in ärztlicher Behandlung sei. Es ist daher zu besorgen, dass die Zeugin in der Hauptverhandlung nicht vernommen werden kann.

Der Aufzeichnung auf Bild-Ton-Träger kommt gegenüber der Aufzeichnung und Verlesung der Niederschrift der Vernehmung ein höherer Beweiswert zu, weil die Aufzeichnung neben den verbalen auch die non-verbalen Reaktionen der Zeugin aufzeichnet und der protokollierte Ablauf der polizeilichen Vernehmung – die Vernehmung wurde immer wieder für Rücksprachen der Zeugin mit ihrer Prozessbevollmächtigten unterbrochen – die Aufzeichnung der Situationen erfordert, in denen sich die Zeugin vor einer Antwort beraten lässt.

Rechtsanwalt/Rechtsanwältin

Folgende Fragen sind wichtig 97
- Wer hat das erste Gespräch über die Vorwürfe mit dem Kind geführt?
- Welche Gedanken/Gefühle haben die Angaben des Kindes bei dem Zuhörer hervorgerufen?
- Was ist danach passiert? Weitere Gespräche in dieser Konstellation?
- Wann und von wem kam die Idee der Strafanzeige auf?
- Wie lief die polizeiliche Vernehmung konkret ab? (Vorgespräch? Art und Weise der Protokollierung? Teilnahme von Vertrauenspersonen?)
- Wann und auf wessen Vorschlag wurde ein Opfer-Schutz-Verein eingeschaltet?
- Gab es direkte Kontakte des Vereins mit dem Kind? Von welcher Person?
- Was passierte bei den Kontakten?
- Welche Hilfsangebote gab es von dem Verein?
- Welche Gespräche zwischen Familienangehörigen des Kindes und dem Verein gab es?
- Welchen Inhalt hatten diese Gespräche?
- Mit wem hat das Kind sonst noch über die Vorwürfe gesprochen? (Schule? Jugendamt? Freunde? etc.)
- Gab es nach der polizeilichen Vernehmung weitere Gespräche mit Familienangehörigen?
- Von wem stammte die Idee, einen Rechtsanwalt zu beauftragen?
- Was war das Ziel der Beauftragung?
- Welche Gespräche fanden wann mit welchem Inhalt mit dem Rechtsanwalt statt?
- Hat der Rechtsanwalt Ergebnisse aus den Ermittlungsakten berichtet?
- Wurde das Kind auf die Hauptverhandlung vorbereitet?
- Wenn ja, von wem in welcher Weise? Was war Gesprächsinhalt?
- Welche Veränderungen haben sich im Leben des Kindes ergeben, seit die Vorwürfe erstmalig thematisiert wurden?
- Wie sieht der familienrechtliche, der schulische, der medizinische Hintergrund des Kindes aus?
- Welche Kenntnisse hat das Kind über Gerichtsverfahren (kennt es Gerichtsshows im Fernsehen?), über Sexualität (Wissen und Erfahrungen sind zu trennen), über die Folgen seiner Aussage?
- Gibt es einen Zweck/ein Ziel, das das Kind mit seinen Aussagen erreichen möchte?

bb) Vernehmung von Zeugen mit psychiatrisch erheblichem Krankheitsbild

Bei einem Zeugen mit psychiatrisch erheblichem Krankheitsbild kann die Aussagefähigkeit beeinträchtigt sein. Ergeben sich in der Hauptverhandlung Anzeichen für eine Erkrankung, wird in der Regel ein psychiatrisches Gutachten einzuholen sein, da eine Beurteilung der Aussagefähigkeit ohne medizinische Fachkenntnisse nicht möglich ist. Der BGH hat es beispielsweise im Fall von Persön- 98 lichkeitsstörungen,[135] emotionaler Instabilität und Depressionen[136] sowie schizophrenen Psychosen[137] für erforderlich erachtet, einen Sachverständigen zur Frage der Aussagetüchtigkeit hinzuzuziehen. Die Hinzuziehung eines Sachverständigen sei immer dann geboten, wenn der Sachverhalt solche Besonderheiten aufweise, dass Zweifel daran aufkommen können, ob die Sachkunde des Gerichts auch zur Beurteilung der Glaubwürdigkeit unter den gegebenen Umständen ausreicht.

b) Rekonstruktion von Aussagen unerreichbarer Zeugen

99 § 250 StPO beinhaltet den Unmittelbarkeitsgrundsatz. Damit ist – im Interesse einer möglichst zuverlässigen Beweisgewinnung – grundsätzlich die persönliche Vernehmung eines Zeugen in der Hauptverhandlung geboten, Vorrang des Personalbeweises vor dem Urkundenbeweis.[138]

100 Im Fall der Unerreichbarkeit eines Zeugen gilt Folgendes, wobei es im Hinblick auf die Eigenschaft »Zeuge« allein darauf ankommt, welche Position die betroffene Person in dem konkreten Verfahren einnähme:[139] Nach § 251 Abs. 1 StPO können Niederschriften früherer Vernehmungen eines Zeugen durch ihre Verlesung in die Hauptverhandlung eingeführt werden, u.a. im Fall einer Unmöglichkeit der Vernehmung. Eine solche kann außer bei Tod eines Zeugen oder dessen dauerhafter Erkrankung auch bei seiner Unerreichbarkeit vorliegen, d.h. wenn er aus einem anderen Grunde in absehbarer Zeit gerichtlich nicht vernommen werden kann.

101 Weiterhin dürfen nach § 251 Abs. 2 StPO richterliche Vernehmungsprotokolle als Ersatz einer Zeugenaussage verlesen werden, wenn
- Krankheit, Gebrechlichkeit oder andere nicht zu beseitigende Hindernisse über zumindest längere Zeit dem Erscheinen in der Hauptverhandlung entgegenstehen oder
- dem Zeugen das Erscheinen in der Hauptverhandlung wegen großer Entfernung nicht zumutbar ist oder
- der Staatsanwalt, der Verteidiger und der Angeklagte mit der Verlesung einverstanden sind.

102 Auch Aufnahmen vom Tonträger dürfen entsprechend § 251 StPO abgespielt und verwertet werden: Wenn schon eine »blutleere« Vernehmungsniederschrift verlesen werden darf, muss »erst recht« das Abspielen einer Tonbandaufnahme erlaubt sein.[140] Allerdings kann die Aufklärungspflicht die – nach ständiger Rechtsprechung zulässige – Vernehmung der polizeilichen oder richterlichen Verhörsperson statt der Verlesung der Vernehmungsniederschrift erfordern, nämlich wenn Unklarheiten im Protokoll vorliegen, das Aussageverhalten näher zu beleuchten ist oder sonstige Umstände eine ergänzende Nachfrage bei der Vernehmungsperson nahe legen.[141]

103 Richter und Polizeibeamte können somit Zeugen hinsichtlich früherer Aussagen eines Zeugen sein. Bei der Vernehmung einer Verhörsperson handelt es sich nach h.M. um eine an sich mittelbare Beweiserhebung.[142] Da der sogenannte Zeuge vom Hörensagen in der Hauptverhandlung unmittelbar als Zeuge vernommen wird, liegt insoweit aber keine Durchbrechung des Unmittelbarkeitsgrundsatzes vor.

104 Mithin können die Aussagen eines später unerreichbaren Zeugen durch deren Vernehmung rekonstruiert werden. Der persönliche Beitrag, die persönliche Vernehmung des Zeugen wird über einen Dritten in die Hauptverhandlung eingeführt. Aufgrund der Tatsache, dass der Zeugenbeweis ohnehin das schwierigste und unsicherste Beweismittel darstellt, führt diese Vorgehensweise zu erheblichen

135 BGH StV 1996, 367 (368).
136 BGH StV 2002, 637; StV 1994, 634.
137 BGH StV 1996, 476.
138 BGHSt 15, 253; BGH Beschl. v. 20.07.2004 – 1 StR 145/04; OLG Hamm StraFo 2021, 345 (ff.).
139 BGHSt 10, 186.
140 *Kintzi* JR 1996, 189.
141 BGH StV 2002, 120; StV 2007, 567; NStZ 2012, 209.
142 *Burhoff* Hauptverhandlung, Rn. 1057.

Problematiken, wenngleich das Gericht wegen der Mittelbarkeit des Zeugnisses den Beweiswert der Bekundungen dieses Zeugen besonders kritisch zu prüfen hat[143] und allein auf die Aussage des Zeugen ein Urteil nicht gestützt werden kann.[144]

Zunächst besteht die Gefahr des »Stille-Post-Effektes«. Mit jeder Wiederholung und durch eine weitere zwischengeschaltete Person besteht grundsätzlich die erhebliche Gefahr der Verfälschung. Der Zeuge vom Hörensagen gibt einen Sachverhalt nicht aufgrund eigenen Erlebnisses, sondern allein aufgrund des Eindruckes wieder, den die Aussage des unmittelbaren Zeugen bei ihm hinterlassen hat. Es entsteht in jeder Hinsicht – ob bewusst oder unbewusst – eine Verfälschung der Aussage. Der Schwerpunkt und die Gewichtung einzelner Sachverhaltselemente werden durch die Verhörsperson neu definiert. Eine Vollständigkeit der Aussage kann genauso wenig angenommen werden wie eine wertungsfreie Wiedergabe. Die Aussage ist gefiltert. **105**

Weiterhin kann eine Beweiswürdigung ausschließlich am mittelbaren Beweismittel vorgenommen werden, was unmöglich ist. Der Wahrheitsgehalt, den das Gericht einer Aussage zumisst, wird nunmehr dadurch bestimmt, wie gut/professionell die Aussage seitens des Zeugen vom Hörensagen präsentiert wird. Möglichkeiten der Beweiswürdigung, der Aussageanalyse im Hinblick auf den unmittelbaren Zeugen bieten sich nicht mehr. Die Verhörsperson schildert eine Aussage, die sie selbst wahrgenommen hat. Der Inhalt der Aussage der Verhörsperson wird denklogisch glaubhaft präsentiert. Zum einen handelt es sich um Professionelle, d.h. um Personen, die täglich mit entsprechenden Sachverhalten konfrontiert sind und für die eine Aussage vor Gericht nicht mit Hemmungen oder Ängsten verbunden ist. Zum anderen spielt es für die Verhörsperson keine Rolle, ob die Ursprungsaussage wahr oder unwahr ist. Sie gibt lediglich das Gehörte wieder. **106**

Letztlich führt die Einführung früherer Aussagen unerreichbarer Zeugen durch die Vernehmung von Verhörspersonen dazu, dass der Angeklagte sein durch Art. 6 Abs. 3 lit. d EMRK garantiertes Recht, Fragen an den Belastungszeugen zu stellen oder stellen zu lassen, nicht ausüben kann. Hintergründe, Tatsachen, die zur Entlastung des Angeklagten maßgeblich beitragen könnten, bleiben – jedenfalls im Hinblick auf dieses Beweismittel – nicht erfahrbar. Es kommt zu einer extremen Beschränkung der Verteidigungsmöglichkeiten. **107**

In den Fällen, in denen Richter als Zeugen über Angaben des Hauptbelastungszeugen vernommen werden, die sich z.B. aus einem aufgehobenen und zurückverwiesenen Verfahren oder aus ausgesetzten oder abgetrennten Hauptverhandlungen ergeben, und in denen der Hauptbelastungszeuge jetzt unerreichbar ist, ist auf eine besondere Problematik hinzuweisen: Diese Aussagen sind immer ein Gemisch aus Wahrnehmungen und Wertungen bzw. Beweiswürdigung, weil der Richter die Aussage in seiner Funktion als Richter und damit während seines Beweiswürdigungsprozesses wahrgenommen hat. Um zum einen die Angaben des Zeugen möglichst vollständig, ohne Auslassung der vom Richter als unwesentlich eingestuften Informationen zu erhalten und um zum anderen Berichtetes von Bewertungen zu trennen, empfehlen wir einen Beweisantrag, der auf die Verlesung der Mitschriften des Berichterstatters und die der Verteidigung gerichtet ist. Auch wenn kein Anspruch auf Herausgabe der Mitschriften des Berichterstatters oder eines anderen Richters besteht und gegen diese eingewandt wird, einer Herausgabe stehe das Beratungsgeheimnis entgegen, da die Mitschriften handschriftliche Kommentare und Hervorhebungen enthielten, die dem Beratungsgeheimnis unterfielen, oder ein Akteneinsichtsrecht in Notizen, Bearbeitungshinweise etc. eines Richters bestehe grundsätzlich nicht[145], kann ein derartiger Antrag gestellt werden. Ggf. könnten auch die Mitschriften des Sitzungsvertreters der StA der Akte beigezogen und als Urkunden verlesen und/oder in Augenschein genommen werden. Außerdem sollte die Vernehmung der Schöffen beantragt werden. **108**

143 BGHSt 45, 203 (208); BGH StV 2003, 596; NStZ 2020, 432.
144 BGH StV 2003, 604.
145 BGH NStZ 2001, 551; BGH StraFo 2005, 28; OLG Hamm StraFo 2004, 419; OLG Karlsruhe NStZ 1982, 299.

▶ **Beweisantrag**

109 In der Strafsache

gegen

Az.:

beantragt die Verteidigung

1. die Mitschriften des Berichterstatters, Herrn RiLG D, betreffend die Zeugenaussage der Zeugin Z in der Hauptverhandlung vom … im Verfahren vor der … Kammer des LG …, Az …,
2. die Mitschriften des Verteidigers, RA R aus W, betreffend eben diese Zeugenaussage

als Urkunden zu verlesen und

1. den Schöffen T, zu laden über das LG …,
2. die Schöffin S, zu laden wie 1.

als Zeugen zu vernehmen

hilfsweise

den Zeugen RiLG D seine gesamten Mitschriften der Vernehmung der Zeugin Z vor der … Strafkammer wörtlich und unkommentiert verlesen zu lassen

zum Beweis der Tatsachen, dass

a) die Zeugin Z in der Hauptverhandlung am … wie folgt widersprüchlich ausgesagt hat, …
b) die Zeugin Z bei ihren Angaben zum einen dies … zum anderen das gesagt, weil die Hauptverhandlung folgendes ergeben hat …
c) das Einlassungsverhalten der Zeugin wie folgt verlief …
d) …

Begründung

Wenn das Gericht nun unter Verzicht auf die Vernehmung der Zeugin Z ihre Angaben im gesamten Verfahren zur rekonstruieren versucht, so ergeben sich zum einen – aufgrund der Erinnerungslücken des richterlichen Zeugen – Lücken zu Einzelheiten, die die Zeugin Z angegeben hat und die ggf. auch zur Beurteilung von Konstanzen oder Widersprüchen oder sonstigen relevanten Umständen wichtig wären. Wenn die Kammer nicht in der Lage ist, sämtliche bisherigen Angaben der Zeugin Z vollständig zu rekonstruieren, erhält sie somit eine deutlich reduzierte Beurteilungsgrundlage für die Frage, ob die Angaben der Zeugin Z glaubhaft sind oder nicht.

Da die Zeugin Z für eine Vernehmung in der Hauptverhandlung nicht zur Verfügung stehen wird, sind die oben genannten umfangreichen Mitschriften momentan die einzige Möglichkeit, den Aussageninhalt der Vernehmung der Zeugin Z in die Hauptverhandlung möglichst detailgenau einzuführen. Die Einführung des unkommentierten Inhalts der Mitschriften ist von besonderer Wichtigkeit, da sich daraus Widersprüche, logische Brüche, Inkonstanzen, unwahre Angaben in der Aussage der Zeugin Z, sowie Anhaltspunkte für suggestive Einflüsse auf die Aussage ergeben.

Der Zeuge D hat an der Urteilsberatung im Verfahren … am … teilgenommen. Eine Trennung von wahrgenommenen Aussageinhalten und seinen Wertungen bzw. der Beweiswürdigung des Gerichts ist aus wissenschaftlicher Sicht unmöglich, da das Gehirn aus den neueren Wertungen und den älteren Angaben der Zeugin eine einheitliche Erinnerung produziert hat. Die damaligen Mitschriften entsprechen damit am ehesten den tatsächlichen Angaben der Zeugin Z.

c) Sachverständige

110 Wie Sachverständige zu vernehmen, besser: zu befragen sind, hängt nicht zuletzt von deren Profession ab. Ein naturwissenschaftlich-technischer Sachverständiger kann über seine wissenschaftlich fundierten Methoden eher ein Richtig-Falsch-Urteil abgeben als beispielsweise ein Sachverständiger, der ein aussagepsychologisches Gutachten erstattet. Gleichwohl gilt die Regel allgemein, dass ein

Sachverständiger nur zu dem Thema ein Gutachten zu erstatten hat, für das er beauftragt wurde und bei dem er ausreichende Sachkunde nachweisen kann. Insbesondere ist dem Sachverständigen verwehrt, eine rechtliche Wertung vorzunehmen.[146] Zu den Details siehe Kap. 37.

4. Serientaten

Gerade im Hinblick auf Missbrauch stellt sich häufig die Problematik der Serientaten. Die Erfordernisse des § 200 StPO sind im Hinblick auf die Darstellung der Anklage gleichwohl anzuwenden und einzuhalten. Die Vorschrift verlangt grundsätzlich, dass die einzelnen Teilakte ebenso wie die Einzeltaten möglichst genau nach Tatzeit, Tatort, Ausführungsart und anderen individualisierenden Merkmalen in der Anklage gekennzeichnet werden.[147] Die Schilderung muss umso konkreter sein, je größer die allgemeine Möglichkeit ist, dass der Angeschuldigte verwechselbare Straftaten gleicher Art verübt hat. Bei einer Vielzahl von Handlungen gegenüber demselben Geschädigten müssen die einzelnen Taten deutlich voneinander abgegrenzt sein.[148] **111**

Auch für die Sachverhaltsaufklärung, Tatfeststellung und Darstellung im Urteil gelten bei Serientaten keine anderen Anforderungen als bei Einzeltaten. Die Verteidigung muss bei mangelnder Konkretisierung der einzelnen Taten die Verletzung von § 200 StPO durch die konkrete Anklageschrift sowie die Fehlerhaftigkeit des Eröffnungsbeschlusses rügen. Zwar sind dies Verfahrensvoraussetzungen, deren Fehlen von Amts wegen sowohl vom Tat- als auch vom Revisionsgericht geprüft werden müssen. Die Verteidigung darf sich aber nicht darauf verlassen, dass das Gericht von sich aus reagiert. Vielmehr muss sie das Gericht dazu drängen, ihrer Argumentation zu folgen. **112**

5. Ausschluss der Öffentlichkeit

Grundsätzlich gilt, dass nach § 169 S. 1 GVG die Verhandlung und nach § 173 Abs. 1 GVG auch die Urteilsverkündung öffentlich sind. Ton und Fernseh-Rundfunkaufnahmen sowie Filmaufnahmen zum Zwecke der öffentlichen Vorführung oder Veröffentlichung ihres Inhalts sind gemäß § 169 S. 2 GVG während der Verhandlung unzulässig. **113**

Die §§ 171a ff. GVG stellen Ausnahmen auf, wann die Öffentlichkeit ausgeschlossen werden kann, § 174 GVG regelt das Verfahren zum Ausschluss der Öffentlichkeit. Das Gericht entscheidet nach pflichtgemäßem Ermessen,[149] wann die Öffentlichkeit ausgeschlossen werden soll, soweit in Verfahren wegen Straftaten gegen die sexuelle Selbstbestimmung (§§ 174 bis 184h StGB) oder gegen das Leben (§§ 211 bis 222 StGB, wegen Misshandlung von Schutzbefohlenen (§ 225 StGB) oder wegen Straftaten gegen die persönliche Freiheit nach den §§ 232 bis 233a StGB ein Zeuge unter 18 Jahren vernommen wird, § 171b Abs. 2 GVG. Beantragt ein Betroffener den Ausschluss der Öffentlichkeit, so muss dem Antrag stattgegeben werden, wenn die Voraussetzungen der Absätze 1 und 2 gegeben sind. § 171a GVG beinhaltet den speziellen Ausschlussgrund, dass das Verfahren die Unterbringung des Beschuldigten in einem psychiatrischen Krankenhaus oder einer Entziehungsanstalt zum Gegenstand hat. **114**

Nach § 171b Abs. 1 GVG kann die Öffentlichkeit ausgeschlossen werden, soweit Umstände aus dem persönlichen Lebensbereich eines Prozessbeteiligten, Zeugen oder durch eine rechtswidrige Tat Verletzten zur Sprache kommen.[150] Der persönliche Lebensbereich, also die Privat- oder Intimsphäre, umfasst Tatsachen des Innenlebens einer Persönlichkeit, religiöse Überzeugung, Weltanschauung, Tatsachen aus dem Familienleben, den geistigen und körperlichen Gesundheitszustand, das Sexual- **115**

---

146 Eine Ausnahme besteht natürlich für Sachverständige, die ein Rechtsgutachten erstellen, beispielsweise für ausländische Rechtsfragen.
147 BGHSt 40, 138; BGH NStZ 1986, 275.
148 BGH NStZ 97, 331.
149 KK-*Diemer* § 171b GVG Rn. 4.
150 Meyer-Goßner/*Schmitt* § 171b GVG Rn. 3.

leben.[151] Insgesamt handelt es sich also um Tatsachen, nach denen üblicherweise im Sozialleben nicht gefragt zu werden pflegt und die in der Regel nicht spontan und unbefangen mitgeteilt werden.[152] Die öffentliche Erörterung dieser Tatsachen muss ein schutzwürdiges Interesse des Betroffenen verletzen. Das ist der Fall, wenn sie sich für ihn in irgendeiner Hinsicht nachteilig auswirken kann, was nach objektiven Maßstäben und nicht nach den Wertvorstellungen des Betroffenen zu beurteilen ist; ein bloßes Interesse des Betroffenen an der Geheimhaltung der Tatsachen genügt nicht.[153]

116 Im Rahmen der Ermessensentscheidung fließt nach § 171b Abs. 1 S. 1 GVG explizit das Interesse an der öffentlichen Erörterung mit ein. Das Gericht muss also insoweit zwischen dem Interesse des Betroffenen und dem Interesse der Öffentlichkeit abwägen.[154] Dabei wird in der Regel das Interesse an der öffentlichen Erörterung überwiegen, wenn der Angeklagte Angaben zur Sache im Sinne des § 243 Abs. 5 S. 2 StPO machen will.[155] Nach § 171b Abs. 4 GVG muss auf Widerspruch der in ihrem Lebensbereich betroffenen Person gegen den Ausschluss die Verhandlung weiter öffentlich durchgeführt werden.

117 Gemäß § 171b Abs. 5 GVG sind Entscheidungen über den Ausschluss der Öffentlichkeit (nach den Absätzen 1 bis 4) unanfechtbar, wobei der BGH[156] dazu neigt, eine Ausnahme zu machen, wenn das Gericht überhaupt keine Entscheidung getroffen hatte.[157]

118 § 172 GVG beinhaltet weitere Ausschlussgründe, die zum einen dem vorrangigen Interesse der Allgemeinheit (Nr. 1) und zum anderen dem Schutz von Einzelinteressen (Nr. 1a–4) Rechnung tragen.[158] Tatsachen aus dem Erwerbsleben, Beruf oder sonstigen öffentlichen Tätigkeiten, die den äußeren Wirkungskreis des Betroffenen betreffen und somit nicht zu dessen persönlichem Lebensbereich im Sinne des § 171b Abs. 1 GVG gehören, können hier nach § 172 Nr. 2 und 3 GVG geschützt sein. — Nach § 173 Abs. 2 GVG kann die Öffentlichkeit durch besonderen Beschluss des Gerichts unter den Voraussetzungen der §§ 171b und 172 GVG auch von der Verkündung der Urteilsgründe ausgeschlossen werden.

119 Das Ausschließungsverfahren richtet sich nach § 174 GVG. Ein Ausschluss der Öffentlichkeit erfolgt auf Antrag des Betroffenen oder von Amts wegen. Antragsberechtigt sind jedoch nur die Verfahrensbeteiligten, nicht aber diejenigen, deren Persönlichkeitssphäre beeinträchtigt würde; diese können den Ausschluss nicht erzwingen, sondern nur anregen.[159]

120 Über den Ausschluss der Öffentlichkeit ist grundsätzlich in jedem einzelnen Fall öffentlich zu verhandeln.[160] Gemäß § 174 Abs. 1 S. 1 GVG ist über die Ausschließung der Öffentlichkeit nicht öffentlich zu verhandeln, wenn dies ein Beteiligter beantragt oder es das Gericht für angemessen erachtet. Das Gericht entscheidet über den Ausschluss der Öffentlichkeit von der Hauptverhandlung gemäß § 174 Abs. 1 S. 2 GVG durch Beschluss. Dieser muss öffentlich verkündet werden, auch wenn nicht öffentlich über den Ausschluss verhandelt wurde;[161] eine nicht öffentliche Verkündung kann nur dann erfolgen, wenn eine erhebliche Störung der Ordnung zu befürchten ist. In den Fällen der §§ 171b, 172 und 173 GVG ist nach Abs. 1 S. 3 bei der Verkündung der Beschluss auch öffentlich zu begründen. Die Begründung muss den maßgebenden Grund eindeutig erkennen lassen; ein bloßer

151 KK-*Diemer* § 171b GVG Rn. 3.
152 *Rieß/Hilger* NStZ 1987, 150; Meyer-Goßner/*Schmitt* § 171b GVG Rn. 3.
153 Meyer-Goßner/*Schmitt* § 141b GVG Rn. 3.
154 KK-*Diemer* § 171b GVG Rn. 4.
155 KK-*Diemer* § 171b GVG Rn. 4.
156 BGH StV 2015, 79.
157 Meyer-Goßner/*Schmitt* § 171 GVG Rn. 15.
158 Meyer-Goßner/*Schmitt* § 172 GVG Rn. 1.
159 Meyer-Goßner/*Schmitt* § 174 GVG Rn. 2.
160 KK-*Diemer* § 174 GVG Rn. 1.
161 BGH NJW 1980, 2088.

Hinweis auf die Gesetzesbestimmungen reicht nicht aus.[162] Nur wenn die gesetzliche Regelung einen einzigen Ausschließungsgrund enthält – wie z.B. § 172 Nr. 1a oder Nr. 4 GVG – reicht auch die bloße Angabe der Gesetzesbestimmung aus.[163] — In den Fällen der §§ 171b und 172 Nr. 2, Nr. 3 GVG kann das Gericht den anwesenden Personen gemäß § 174 Abs. 3 GVG durch Beschluss eine Schweigepflicht über die Tatsachen, die durch die nicht öffentliche Verhandlung zu ihrer Kenntnis gelangten, auferlegen. Dies kann von der Verteidigung angeregt werden.

Gemäß § 171b GVG (in Übereinstimmung mit Art. 6 Abs. 1 S. 2 EMRK) kann auch der Ange- 121
klagte den Ausschluss der Öffentlichkeit beantragen, soweit Umstände aus seinem persönlichen Lebensbereich zur Sprache kommen, deren öffentliche Erörterung schutzwürdige Interessen verletzen würde. Naturgemäß kommt es bei Sexualdelikten in der Hauptverhandlung zu einer Erörterung von Umständen aus dem persönlichen Lebens- und Intimbereich. Der Schutz dieser Vorschrift umfasst ausschließlich diesen Bereich, der jedermann zur Entfaltung seiner Persönlichkeit gewährleistet werden muss. Umstände, die das Berufs- oder Erwerbsleben betreffen, sind hier nicht gemeint.[164] Umfasst sind jedoch insbesondere private Eigenschaften und Neigungen des Betroffenen, sein Gesundheitszustand, seine Sexualsphäre, seine politische und religiöse Einstellung, aber auch Tatsachen, nach denen üblicherweise im Sozialleben nicht gefragt zu werden pflegt und die in der Regel nicht spontan und unbefangen mitgeteilt werden.[165] Bei einem überwiegenden Interesse an der öffentlichen Erörterung scheidet ein Ausschluss der Öffentlichkeit aus. Bei der Entscheidung hierüber sind Erwägungen hinsichtlich der Sphäre des berührten Persönlichkeitsbereiches und dessen konkreter Gefährdung im betreffenden Fall anzustellen. Die negative Bescheidung eines Antrages auf Ausschluss der Öffentlichkeit wird gerade in Fällen erhöhten Medieninteresses schwierig zu begründen sein. Grundsätzlich kann das Gericht den Ausschluss der Öffentlichkeit auch von Amts wegen anordnen.

6. Ausschluss des Angeklagten

In den in § 247 StPO bestimmten Fällen besteht die Möglichkeit, dass der Angeklagte während der 122
Vernehmung eines Zeugen aus der Hauptverhandlung entfernt werden kann. Der vorübergehende Ausschluss wird durch Gerichtsbeschluss angeordnet.[166] Aus dem Beschluss muss ersichtlich sein, für welchen Teil der Hauptverhandlung der Angeklagte sich entfernen muss, welchen Fall des § 247 StPO das Gericht angenommen hat und welche konkreten Anhaltspunkte für die entsprechende Befürchtung bestehen.[167] Auch die Erklärung des Angeklagten, er sei mit seiner Entfernung einverstanden, lässt das Erfordernis der Beschlussfassung und der Begründungspflicht nicht entfallen.[168] Der Ausschluss erfasst ausschließlich die eigentliche Vernehmung und nicht auch Verfahrensvorgänge mit selbstständiger verfahrensrechtlicher Bedeutung.[169] Nach ständiger Rechtsprechung des BGH gehört die Verhandlung hinsichtlich der Vereidigung eines Zeugen nicht mehr zu dessen Vernehmung, während der der Angeklagte gemäß § 247 StPO entfernt gehalten werden darf. Wird beispielsweise die Entscheidung über die Vereidigung daher in Abwesenheit des Angeklagten getroffen, so begründet dies den absoluten Revisionsgrund des § 338 Nr. 5 StPO.[170]

Da die Entfernung des Angeklagten aus der Hauptverhandlung – ggf. für den entscheidenden Teil 123
der Vernehmung des einzigen unmittelbaren Beweismittels – ein weitreichender Eingriff in die Verteidigungsrechte des Angeklagten ist, muss die Verteidigung auf entsprechenden Antrag der Neben-

162 BGHSt 27, 187 (188).
163 BGHSt 30, 212 (231); Meyer-Goßner/*Schmitt* § 174 GVG Rn. 9.
164 Meyer-Goßner/*Schmitt* § 171b GVG Rn. 3.
165 Meyer-Goßner/*Schmitt* § 171b GVG Rn. 3.
166 BGHSt 1, 346 (350); 22, 18 (20); BGH StV 1993, 285.
167 BGH NStZ 1999, 419.
168 Meyer-Goßner/*Schmitt* § 247 Rn. 14.
169 BGH StV 1987, 377.
170 BGH NStZ 1999, 44; StV 2005, 7; *Peglau/Wilke* NStZ 2005, 188.

klage oder Staatsanwaltschaft zum einen rechtlich zu den einzelnen Tatbestandsvoraussetzungen argumentieren und zum anderen hilfsweise weniger einschneidende Maßnahmen, wie die Videovernehmung des Zeugen, beantragen.

7. Aufzeichnung von Aussagen/Teilen der Hauptverhandlung

124 Gemäß § 169 S. 2 GVG sind Ton und Fernseh-Rundfunkaufnahmen sowie Ton- und Filmaufnahmen zum Zwecke der öffentlichen Vorführung oder der Veröffentlichung ihres Inhalts unzulässig. Dieses Verbot gilt auch für die Urteilsverkündung[171] und für Ortsbesichtigungen.[172] Während Verhandlungspausen sowie vor Verhandlungsbeginn und nach deren Ende sind Aufnahmen hingegen grundsätzlich zulässig[173] Für diese Zeiten, außerhalb der eigentlichen Hauptverhandlung, kann der Vorsitzende Ton- und Filmaufnahmen zulassen. Hierbei hat eine Abwägung stattzufinden, wobei zu beachten ist, dass schutzwürdige Belange der Allgemeinheit, der Prozessbeteiligten oder Dritter im Einzelfall dem Recht der Presse, über Vorgänge in einer öffentlichen Gerichtsverhandlung durch Bilder Bericht zu erstatten Grenzen setzen können.[174]

125 Im Hinblick auf die ihm zustehende Sitzungspolizei kann der Vorsitzende – ggf. auf Antrag der Verteidigung – auch Aufnahmen in und vor dem Gerichtssaal, vor und nach der Hauptverhandlung oder während Unterbrechungen unterbinden. Filme und Aufnahmen, die entgegen einer entsprechenden Anordnung gefertigt wurden, können sichergestellt werden.[175]

126 Für gerichtliche Ton- und Filmaufnahmen für justizinterne Zwecke und solche der Verteidigung gilt das Verbot des § 169 Abs. 2 GVG nicht. Diese spielen im Rahmen umfangreicher Verfahren eine immer größere Rolle, da die Protokolle der Hauptverhandlung nicht immer aussagekräftig sind. So werden der vollständige Wortlaut und die näheren Umstände einer Aussage nicht wiedergegeben. Zulässig sind Aufzeichnungen dann, wenn der jeweils Sprechende seine Zustimmung erklärt.[176] Sonstige Tonbandaufnahmen, die die Verteidigung – insbesondere von ihrem Schlussvortrag – machen möchte, sind mit Zustimmung des Vorsitzenden möglich. Die Entscheidung hierüber ist unter Ausübung des pflichtgemäßen Ermessens zu fällen. Gemäß seiner Entscheidung vom 12.07.1995 scheint das OLG Düsseldorf von einem Rechtsanspruch im Hinblick auf die Herstellung eigener Tonbandaufnahmen auszugehen: Es macht die Ablehnung eines entsprechenden Antrages davon abhängig, ob ein Ausschluss der missbräuchlichen Nutzung gewährleistet ist.[177]

IV. Rechtsmittel

127 Auch in Sexualstrafverfahren ist die Möglichkeit eines Rechtsmittels zu prüfen. Insbesondere dann, wenn eine Entscheidung nach § 63 oder § 66 StGB getroffen wurde, ist durch die Einlegung zu gewährleisten, dass ein sogenanntes langes Urteil verfasst wird. Darauf beginnt nämlich auch jede Begründung nachfolgender Vollstreckungs- und Vollzugsentscheidungen. Gibt es dafür nur ein abgekürztes Urteil (§ 267 Absatz 4 StPO), fehlt möglicherweise später – unkorrigierbar – der tatsächliche Anknüpfungspunkt (Feststellungen) für die Verteidigung.

128 Zu beachten ist aber auch, dass ein Rechtsmittel dazu führen kann, dass eine grundsätzlich erwünschte Therapiemaßnahme erst später beginnen kann. Die Abwägung für den Fall der Anordnung von § 63 StGB ist allerdings insoweit leichter als in Fällen des § 64 StGB, weil die Therapiedauer bei der ersten deutlich länger zu veranschlagen ist als ein Rechtsmittelverfahren dauert. Gleichwohl ist der Mandant aufzuklären, um ihm eine fundierte Entscheidung zu ermöglichen.

171 BGHSt 22, 83.
172 BGHSt 36, 119.
173 BGHSt 23, 123.
174 BGH NJW 1996, 310.
175 BGHSt 44, 5.
176 BGHSt 19, 193.
177 OLG Düsseldorf NJW 1996, 1360.

Im Übrigen gelten die grundsätzlichen Überlegungen, ob und ggf. welches Rechtsmittel einzulegen sei.[178] Dabei ist der Mandant vollständig über die prozessualen Möglichkeiten und Risiken, aber auch über kommende finanzielle Belastungen aufzuklären. Der Verteidiger muss dabei eine fundierte Einschätzung abgeben; letztlich entscheiden muss den einzuschlagenden Weg aber der Mandant aufgrund der fundierten vorherigen Aufklärung. 129

V. Strafvollstreckung

1. Behandlung

Ob und inwieweit im Strafvollzug für wegen eines Sexualdelikts Verurteilte Behandlungsmöglichkeiten gegeben sind, orientiert sich an individuellen Konzepten einzelner Justizvollzugsanstalten und den in den Ländern jeweils gültigen Zuständigkeitsregelungen der Justizvollzugsanstalten. Ein einheitliches Behandlungs- und Therapiekonzept besteht nicht. Bestehende Konzepte, die die Einbindung externer Therapeuten vorsehen, sind zumeist auf einen sehr kleinen Teilnehmerkreis begrenzt und abhängig von fiskalischen Gegebenheiten. Längst nicht für jeden Gefangenen mit einem entsprechenden Delikt besteht die Möglichkeit, an solchen Angeboten teilzunehmen. 130

Ist es das Ziel der Verteidigung, in der Strafvollstreckung dem Mandanten eine Behandlung zu ermöglichen, bietet es sich an, sich über die Vollstreckungszuständigkeiten der infrage kommenden Justizvollzugsanstalten sowie deren Konzepte und die Bedingungen für die Teilnahme an derartigen Behandlungen frühzeitig zu informieren. Sofern ein Einweisungsverfahren erfolgt, sollte bereits zu diesem Zeitpunkt unter Darlegung der Gründe eine Einweisung in die ausgesuchte JVA beantragt werden. 131

2. Vorzeitige Entlassung und Gefährlichkeitsprognose

Als besonders problematisch ist die Haltung vieler Strafvollstreckungskammern zu bezeichnen, dass ein weiterhin bestreitender Verurteilter unter Hinweis auf seine fehlende Bereitschaft zur Tatbewältigung in der Regel keine vorzeitige Entlassung aus der Strafhaft bewilligt erhält. Die Folge ist zumeist, dass in diesen Fällen bis zur Endstrafe vollstreckt wird. Der Mandant ist auf diese Praxis der Strafvollstreckungskammern frühzeitig hinzuweisen. 132

Die vorzeitige Entlassung in Fällen, in denen die Person wegen eines Sexualdelikts verurteilt ist, ist möglich, wenn gemäß § 454 StPO ein Sachverständiger angehört wurde und vom Verurteilten kein Gefährdungspotenzial mehr ausgeht.[179] Ein Gefährdungspotenzial wird angenommen, wenn von dem Verurteilten weiterhin Gefahr für die öffentliche Sicherheit ausgeht. Die Anhörung des Sachverständigen ist jedoch nur erforderlich, wenn nicht schon klar auszuschließen ist, dass Gründe der öffentlichen Sicherheit einer vorzeitigen Entlassung entgegenstehen. Dies ist dann der Fall, wenn bei dem Verurteilten keine Gefahr mehr besteht, dass dessen durch die Tat zutage getretene Gefährlichkeit fortbesteht, d.h. wenn die für die Prognoseentscheidung heran zu ziehende Umstände zweifelsfrei die Beurteilung zulassen, dass vom Verurteilten keine Gefahr mehr ausgeht.[180] In der Praxis wird die Rückfallgefahr von Missbrauchstätern überschätzt.[181] Gründe der öffentlichen Sicherheit sind beispielsweise dann ausgeschlossen, wenn der Verurteilte ein hohes Alter erreicht hat oder aus einem außergewöhnlichen, sich höchstwahrscheinlich nie wiederholenden Tatanlass gehandelt hat.[182] 133

178 Siehe allgemein *Brunner* Kap. 9 sowie *Detter* Kap. 10 und *Ferber/Staudinger* Handbuch Sachbearbeitung Strafrecht Kap. 6 Rn. 1 ff. m.w.N.

179 Meyer-Goßner/*Schmitt* § 454 Rn. 37.

180 OLG Karlsruhe StV 2000, 156; OLG Köln StV 2000, 155.

181 *Rosenau* StV 1999, 388 (391); *Egg* in: Volbert/Steller (Hg.), Handbuch der Rechtspsychologie (2008) S. 38 (40).

182 SK-StPO/*Paeffgen* § 454 Rn. 19.

134 Für den Fall, dass ein Sachverständigengutachten eingeholt werden muss, genügt nach Ansicht des OLG Karlsruhe der Anstaltspsychologe als Sachverständiger.[183] Verweigert der Verurteilte die Mitwirkung beim Erstellen des Sachverständigengutachtens, ist eine Anordnung nach § 81 StPO ausgeschlossen. Die Strafe darf dann aber nicht ausgesetzt werden, wobei es der Anhörung des Verurteilten nicht bedarf. Ein Sachverständigengutachten ist zudem auch dann nicht nötig, wenn das Gericht die Aussetzung der Strafe aus anderem Grund ablehnen will, etwa wegen der besonderen Schwere der Schuld oder aber auch, wenn eindeutige Gutachten jüngeren Datums vorliegen.[184] Das Gericht entscheidet über die Gefährlichkeit und Sozialprognose unter Würdigung aller Umstände des Falles nach pflichtgemäßer Einschätzung.

D. »Gegenspieler«

135 Nicht nur die Staatsanwaltschaft mit ihren Ermittlungspersonen sind als Gegenspieler in einem Sexualstrafverfahren zu beachten. Es gibt – öfter als in Verfahren ohne Sexualdelikte – auch weitere professionell Beteiligte, die in der Regel nicht für den Mandanten kämpfen. Allen voran ist dies ein möglicher Vertreter der Nebenklage des vermeintlichen Opfers. Aber durch verschiedene Opferrechtsreformgesetze ist darüber hinaus auch eine besondere Beteiligung von Opferbegleitungen möglich geworden. Sie alle muss der Verteidiger im Blick haben, weil sowohl juristisch als auch emotional und ggf. öffentlichkeitswirksam agiert werden kann.

I. Nebenklage

136 Häufig ist der vermeintlich Geschädigte nicht nur Anzeigeerstatter, sondern tritt auch als Nebenkläger auf. Für die Verteidigung kann dies Fluch und Segen sein – es kommt dabei wesentlich auf die Frage an, ob der Nebenkläger professionell anwaltlich vertreten wird. Ist das der Fall, kann beispielsweise für einen Täter-Opfer-Ausgleich die Kommunikation erleichtert sei (vgl. auch Rdn. 51 f.). Teil der Wahrheit ist allerdings auch, dass nicht jeder Nebenklagevertreter firm in strafprozessualen Fragen ist.[185] Problematisch kann dies werden, wenn in Bezug auf das Strafprozessrecht kenntnisarme Rechtsanwälte strafrechtlich unzulässige Anträge stellen. Auch hier kommt es darauf an, dass der Verteidiger sich dennoch professionell verhält und die (ggf. sinnlosen) Anträge prozesskonform zurückweist.

Siehe zur Nebenklage ausführlich *Forster* Kap. 28.

II. Opferschutz und Opferbegleitung, Zeugenschutz

137 Bei der Gesetzgebung zur Stärkung von Opferrechten konzentrieren sich alle Vorhaben auf das Strafverfahren, obwohl einem »Opfer« naturgemäß nur dann Rechte zugestanden werden können, wenn man die Opfereigenschaft schon zu Beginn des Verfahrens anerkennt. Diese Prämisse steht in unlösbarem Konflikt mit der Unschuldsvermutung.[186] Neben diesem grundsätzlichen Problem stellt sich die Beeinflussung des Verfahrens durch Opferschutzorganisationen und den polizeilichen Zeugenschutz als zusätzlich äußerst problematisch dar. Für die Verteidigung nahezu nicht zu bemerken und erst recht nicht kontrollierbar wirken für die Hauptverhandlung unsichtbar eine Reihe von Personen an der Aussage des Zeugen mit, indem sie bestenfalls den Zeugen psychisch stützen[187] und im schlechtesten Fall in seiner Aussage zulasten des Angeklagten beeinflussen, so dass nicht mehr

183 OLG Karlsruhe StV 1999, 358; 1999, 495.

184 OLG Thüringen StV 2001, 26.

185 Insofern ist – zugrunde gelegt, dass eine Nebenklage unumgänglich ist – ein Fachanwalt für Strafrecht wünschenswert. Siehe zur Kritik an dem Institut der Nebenklage die Ausführungen bei *Forster* Kap. 28 Rdn. 2 m.w.N.

186 *V. Galen* StV 2013, 171.

187 Siehe hierzu auch die Idee der psychologischen Begleitung im Sinne des § 406g StPO und die Kommentierung Meyer-Goßner/Schmitt § 406g Rn. 1; KMR-*Nepomuk* § 406g Rn. 1 ff. je m.w.N.

das tatsächlich wahrgenommene Geschehen geschildert wird, sondern ggf. ein (unbewusst, möglicherweise auch ungewollter) suggerierter Sachverhalt.

1. Opferschutzorganisationen

Im Rahmen dieses Beitrags soll auf die Gefahren der Tätigkeit von Opferschutzorganisationen eingegangen werden, die sich die Betreuung von Zeugen und die Verurteilung des Täters zum Ziel gesetzt haben. Hiervon gibt es – teilweise mit staatlicher Billigung und Förderung von Ministerien und unter Verleihung höchster Auszeichnungen[188] – nicht wenige. 138

Die Gefahr des Wirkens solcher Organisationen besteht darin, dass die die Zeugenaussage beeinflussende Arbeit von der Verteidigung nicht nachvollzogen werden kann und soll. Die Organisationen werden nicht selten im Vorfeld einer polizeilichen Maßnahme in die Arbeit der Ermittlungsbehörden eingebunden und sollen den Zugang der Ermittler zu den Zeugen erleichtern.[189] Auf die Schaffung des Erstkontakts, die Bereitschaft zur Aussage, die Frage möglicher Gegenleistungen bei Aussagebereitschaft wird von den Organisationen wie z.B. SOLWODI (Solidarity with women in Distress), die das auch als Teil ihrer Aufgabe verstehen, Einfluss genommen. 139

SOLWODI beschreibt als Ziel der eigenen Arbeit die Unterbringung, psychosoziale und medizinische Betreuung der Zeugin, Vermittlung eines Rechtsbeistands, das »coaching« während der laufenden Hauptverhandlung und die »gerechte« Bestrafung des Täters.[190] SOLWODI vermittelt zusätzlich zu der Prozessbevollmächtigten eine geeignete Dolmetscherin, die die polizeilichen Vernehmungen überträgt und ggf. im weiteren Verlauf des Verfahrens vom Gericht als Dolmetscherin für die Übertragung in der Hauptverhandlung beauftragt wird. Bei diesem Aufgabenverständnis und der gewollten Durchdringung aller für das Strafverfahren wichtigen Punkte mit den vermeintlichen Interessen der Zeugin, ist ein rechtsstaatliches Verfahren kaum zu gewährleisten.[191] Die große Gefahr der Zeugen- und Aussagebeeinflussung gepaart mit einer systematischen Geheimhaltung der Umstände des Wirkens der Organisation kann – auch im Interesse des Opferschutzes – nicht hingenommen werden. 140

Für die Verteidigung ergibt sich die Schwierigkeit, diese bewusst geheim gehaltene Betreuung und Begleitung überhaupt zu entdecken und dann darauf zu reagieren. 141

▶ Beachte

Wichtige Anhaltspunkte für die Tätigkeit einer derartigen Opferschutzorganisation im Hintergrund ergeben folgende Fragen:

- Wer ist der Verfahrensbevollmächtigte des Zeugen und wie kam der Kontakt zum Zeugen zustande?
- Wer ist der Dolmetscher/sind die Dolmetscher von der polizeilichen Vernehmung bis zur Hauptverhandlung und wie kam der Kontakt zustande?
- Wer sind die Zuhörer im Saal?
- Was sagt der Kostenordner über die Fahrtkosten des Zeugen?

Darüber hinaus kann der Zeuge selbst dazu befragt werden, ob und ggf. in welchem konkreten Umfang er von einer Opferschutzorganisation betreut wird. Danach hat die Verteidigung die Aussagegenese speziell auf eine etwaige Beeinflussung der Aussage durch die Arbeit der Opferschutzorganisation zu überprüfen. Dies geschieht in erster Linie durch die Befragung des Zeugen und kann durch Beweisanträge, gerichtet auf die Vernehmung der Betreuungspersonen, ergänzt werden. 142

188 Vgl. *Thielmann* S. 259 (260).
189 Vgl. *Thielmann* S. 259 ff.
190 *Therre* S. 164; *Koelges* S. 149 ff.
191 *Thielmann* StV 2006, 41 (43 f.).

2. Zeugenschutz

143 Den Zeugenschutz regelt das ZSHG (Zeugenschutzharmonisierungsgesetz). Seine wichtigsten Vorschriften regeln folgendes: Nach § 1 Abs. 1 ZSHG kann eine Person geschützt werden, wenn ohne ihre Angaben in einem Strafverfahren die Ermittlung des Sachverhalts oder des Aufenthaltsorts des Beschuldigten aussichtslos oder wesentlich erschwert wäre, wenn aufgrund der Aussagebereitschaft eine Gefährdung von Leib, Leben, Gesundheit, Freiheit oder wesentliche Vermögenswerte vorliegt und wenn die Person sich für den Zeugenschutz eignet.

144 Die Polizei oder die nach Bundes- oder Landesrecht zuständigen Behörden treffen ihre Entscheidungen nach pflichtgemäßem Ermessen (Kriterien hierfür sind insbesondere die Schwere der Tat, der Grad der Gefährdung, die Rechte des Beschuldigten und die Auswirkungen der Maßnahmen – § 2 Abs. 2 ZSHG), sie führen gemäß § 2 Abs. 3 ZSHG über ihre Maßnahmen und Entscheidungen Akten, die der Geheimhaltung unterliegen und nicht Bestandteil der Ermittlungsakte sind. Nur der Staatsanwaltschaft sind diese Akten auf Anforderung zugänglich zu machen.

145 Nach § 3 ZSHG sollen Personen, die nicht Amtsträger sind, nach dem Gesetz zur Verpflichtung nicht beamteter Personen zur Geheimhaltung verpflichtet werden. § 8 ZSHG regelt die Zuwendungen der Zeugenschutzstelle an den Zeugen und § 10 ZSHG normiert für das Strafverfahren insofern Besonderheiten, als es dort bei den üblichen Zeugenpflichten der StPO verbleibt, die in anderen Verfahren eingeschränkt werden.

146 Da die Maßnahmen des Zeugenschutzes weitreichend sein können, bis hin zur Schaffung einer Tarnidentität, muss der Verteidiger versuchen, den Einfluss des Zeugenschutzes auf das Verfahren so weit wie möglich zu ermitteln. Dass dies nicht leicht ist, zumal das Gesetz Geheimhaltung anordnet und die Verpflichtung nicht beamteter Personen erwartet, liegt auf der Hand.

147 Ist nicht klar, ob sich ein Zeuge im Zeugenschutz befindet, ergeben sich diesbezüglich jedoch für den Verteidiger Anhaltspunkte (z.B. dadurch, dass die Zeugin immer von 1 – 2 männlichen Personen bis zur Saaltür begleitet wird, oder dass dem Zeugen ein separater Raum – nicht das allgemein übliche Zeugenzimmer – zur Verfügung gestellt wird), ist unter Hinweis auf § 2 Abs. 3 S. 4 ZSHG der Sitzungsvertreter der Staatsanwaltschaft zu befragen, ob sich der Zeuge im Zeugenschutz befindet. Ersterer ist zur Auskunft verpflichtet. Ferner können die Ermittlungsbeamten, sowie der Zeuge selbst hiernach befragt werden. Dem Zeugen steht – auch wenn er als nicht beamtete Person besonders verpflichtet wurde – kein Auskunftsverweigerungsrecht in diesem Punkt zu.[192]

148 Grundlage für die Aufnahme einer Person in das Zeugenschutzprogramm ist eine Gefährdungsanalyse, die sich notwendigerweise an den Ermittlungen der Ermittlungsbehörden orientieren muss. An diesem Punkt müssen und werden Ermittlungsbehörden zusammenarbeiten, Informationen austauschen und sich gegenseitig auf dem Laufenden halten.[193] Hier bietet sich ein Ansatzpunkt für die Verteidigung. Die Ermittlungsbeamten im jeweiligen Verfahren müssen als Zeugen dazu befragt werden, ob sie Kontakt zur Zeugenschutzstelle hatten und welchen Inhalt etwaige Gespräche oder der Schriftverkehr hatten, welche Informationen zur Gefährdungseinschätzung sie weitergegeben haben. Sofern ihre Aussagegenehmigung hier keine Beschränkung vorsieht, sind die Beamten zu umfassenden Angaben verpflichtet.[194]

149 Trotz der eindeutigen gesetzlichen Vorschrift des ZSHG, dahingehend dass die Zeugenschutzakten nicht Teil der Ermittlungsakte sind, sollte die Beiziehung der Zeugenschutzakte gegenüber dem Gericht mit der Begründung beantragt werden, die – fortzuschreibenden – Gefährdungsberichte enthielten Informationen der Ermittlungsbehörden, die nach dem Prinzip der Aktenvollständigkeit und Aktenwahrheit den Verfahrensbeteiligten zugänglich sein müssen.

192 BGHSt 50, 318.
193 Vgl. hierzu *Maeffert* S. 243 ff.
194 Vgl. BGHSt 50, 318.

E. Besondere Methoden, Beweise und Beweisindizien einzuordnen

I. Allgemein

Weil in der Regel sexuell konnotierte Delikte in einem Zwei-Personen-Verhältnis stattfinden, kommt es nicht nur darauf an, wem das Gericht am Ende (mehr) Glauben schenkt. Es kommt für diese abschließende Entscheidung auch auf mögliche objektivierbare Beweise oder entsprechende Beweisindizien an. Sie richtig einzuordnen und diese Einordnung auch im Verfahren verständlich darzustellen, ist Aufgabe der Verteidigung. 150

II. Erkenntnisse naturwissenschaftlicher Forschung

1. Gedächtnisforschung

Die Erinnerung unterliegt schon unmittelbar nach der Wahrnehmung der Gefahr der Verfälschung.[195] 151
Befragt man nach einem Ereignis verschiedene Zeugen, wird man feststellen, dass es verschiedene Erinnerungen an denselben Vorfall gibt. Problematisch ist insofern, dass die Beobachter ihre Konstruktionen natürlich als zutreffende, unmittelbare Wahrnehmung erleben und nicht als relativierbare Interpretationen und es deshalb nahezu unmöglich ist, herauszufinden, was tatsächlich geschehen ist. Dies würde die vollständige Kenntnis der tatsächlichen Vorgänge erfordern – da es jedoch gerade um deren Aufklärung geht, tut sich hier ein hermeneutischer Zirkel auf. Die Mechanismen des Erinnerns sind offensichtlich nicht darauf ausgelegt, ein möglichst getreues Abbild dessen zu liefern, was ist, und dieses möglichst authentisch erinnerbar zu halten. Vielmehr scheint es darauf anzukommen, auszuwählen, um sparsam mit Speicherplatz umzugehen und die Lücken durch Rekonstruktionen aufzufüllen.[196] *Loftus/Ketcham*[197] veranschaulichen dies so:

> »Denken Sie an ihr Gedächtnis als an eine Schüssel mit klarem Wasser. Und jetzt stellen Sie sich jede Erinnerung als einen Teelöffel Milch vor, der in das Wasser gerührt wird. Jedes erwachsene Gedächtnis enthält Tausende von diesen nebligen Erinnerungen ... Wer von uns würde es sich zutrauen, das Wasser von der Milch zu trennen?«

2. Neurowissenschaften

Die Hirnforschung ist alt. Die Einführung bildgebender Verfahren in der psychiatrischen Forschung hat das Wissen über die biologischen Vorgänge bei psychologischen Erkrankungen revolutioniert. Die Neurowissenschaften haben sich inzwischen zu einem öffentlich viel beachteten Wissenschaftsbereich entwickelt. Probanden werden z.B. Bilder vorgeführt und mithilfe von Magnetresonanzaufzeichnungen die jeweiligen Gehirnreaktionen getestet und mithin sichtbar gemacht, welche Areale des Gehirns bei bestimmten optischen Reizen aktiv sind. Im Kernspintomographen wird die Hirnaktivität einer Person gemessen und versucht, Erkenntnisse darüber zu gewinnen, was dieser Mensch genau zu diesem Zeitpunkt denkt. So konnte z.B. durch Wissenschaftler die Absicht einer Person ausgelesen werden, sogar sieben Sekunden, bevor die Person selbst wusste, wie sie sich entscheiden würde.[198] Diese Techniken können im Hinblick auf die Untersuchung von Hirnprozessen bei Sexualstraftätern ungeheure Möglichkeiten bieten: Anhand der Aktivitätsmuster im Gehirn im Zusammenhang mit bestimmten Zielreizen könnte die sexuelle Ausrichtung festgestellt werden. Psychiater am Zentralinstitut für seelische Gesundheit in Mannheim haben beispielsweise herausgefunden, dass sich das Aktivitätsmuster im Gehirn von Pädophilen wesentlich von dem einer Person ohne pädophile Neigungen unterscheidet, wenn man beiden Personen das Bild eines Jungen in Unterhosen 152

---

195 *Bender/Nack/Treuer* Tatsachenfeststellung vor Gericht Rn. 179.

196 *Singer* Wahrnehmen, Erinnern, Vergessen – Eröffnungsvortrag des Deutschen Historikertags am 26.09.2000 in Aachen.

197 *Loftus/Ketcham* Die therapierte Erinnerung, S. 19.

198 *Hempel* Deutsches Ärzteblatt 2011, 108. Siehe aber auch die Kritik von H. J. *Luhmann* Hirnpotenziale (2020) S. 147 ff. m.w.N. und *Schild* in: Fischer/Hoven (Hg.), Schuld S. 11 ff. m.w.N.

aus einem Versandhauskatalog vorlegt.[199] Ein bundesweites Präventionsprojekt für Männer mit pädophiler Präferenz läuft beispielsweise am Sexualwissenschaftlichen Institut der Charité in Berlin.

153 Mit den bildgebenden Verfahren steht eine neue Untersuchungsmethode zur Verfügung, die auch bei der Evaluierung des Therapieverlaufs und der Prognose von Sexualstraftätern hilfreich sein könnte. Dysfunktionen unterschiedlicher neuronaler Netzwerke können mit den Untersuchungsmethoden unmittelbar in vivo studiert werden. Zudem ist davon auszugehen, dass eine Therapie von Sexualstraftätern nur dann als wirksam bezeichnet werden kann, wenn die Funktion der neuronalen Netzwerke sich tatsächlich auch verändert hat.[200] Insofern ergeben sich neue Therapiemöglichkeiten/therapeutische Strategien. Im Jahr 2012 gelang es, anhand der Hirnaktivität valide pädophile von nicht-pädophilen Probanden zu unterscheiden.[201] Diese neuen Erkenntnisse können für die Verteidigung gleichermaßen Fluch oder Segen sein. Ein den sexuellen Missbrauch von Kindern bestreitender Mandant kann Ergebnisse eines bildgebenden Verfahrens für seine Verteidigung ggf. nutzen. Ein Problem kann sich daraus ergeben, dass keine Vergleichsgruppe für die Untersuchung zur Verfügung steht.

154 Die Beurteilung der Glaubhaftigkeit von Zeugenaussagen ist ein weiterer denkbarer Einsatzpunkt bildgebender Verfahren. Dies würde ein Verfahren voraussetzen, das wissenschaftlich verlässlich genug ist. Nach heutigem Wissen existiert allerdings kein auf Lügen spezialisiertes Gebiet im Gehirn.[202] Weiterhin verriete der Blick ins Gehirn auch andere Details, ein Umstand, der nicht nur im Hinblick auf Art. 1 GG Bedenken hervorruft.

3. Sexualwissenschaft

155 Bei der forensisch-psychiatrischen Begutachtung stehen zwei Fragen im Vordergrund: Wann wird abweichendes Sexualverhalten strafbar? Wann wird abweichendes Sexualverhalten pathologisch oder krankhaft?[203] Um eine Abgrenzung vornehmen zu können, stellt sich die Frage nach der »normalen« Sexualität und deren Grenzen, die dem gesellschaftlichen Wandel unterworfen sind. Selbst Formen der Sexualität, die außerhalb der Grenzen liegen, bedeuten nicht, dass der Betreffende straffällig werden muss. Dieser Bereich gerät erst in Gefahr tangiert zu werden, wenn

- abweichendes Sexualverhalten als Symptom einer anderen Störung auftritt, z.B. einer organischen Erkrankung, einer Schizophrenie oder einer Manie,
- Sexualpraktiken zu einer eingeschliffenen Verhaltensschablone werden, die sich durch abnehmende Befriedigung, zunehmende Frequenz, durch Ausbau des Raffinements und durch eine gedankliche Einengung auf diese Praktiken auszeichnet,[204]
- die Sexualität als Ausdruck eines neurotischen Konfliktes Symptomcharakter annimmt, d.h., wenn die neurotischen Konflikte in sexuellen Handlungen ausgetragen bzw. abgewehrt werden.[205]

Die zehnte Ausgabe der International Classification of Diseases, ICD-10, in den sämtlichen Krankheiten aufgenommen und mit einer Kennnummer versehen sind, führt unter dem Begriff Störungen der Sexualpräferenz Formen von psychosexuellen Störungen auf, z.B. Fetischismus, Exhibitionismus, Voyeurismus, Pädophilie und Sadomasochismus.

III. Aussagepsychologische Begutachtung

156 Die aussagepsychologische Begutachtung kann in Sexualstrafverfahren, insbesondere dann, wenn Kinder beteiligt sind, großen Raum einnehmen. Wichtig ist aber auch hier, dass es sich bei der

199 *Bukhardt* Gehirn und Geist 2008, 59.
200 *Dreßing* Das Magazin (Wissenschaftszentrum NRW), 2003.
201 *Ponseti* Gehirn und Geist 2012, 16.
202 *Gemer* Gehirn und Geist 2008, 33.
203 *Nedopil* Forensische Psychiatrie, S. 143.
204 BGH StV 2002, 18; NStZ-RR 2001, 243.
205 *Nedopil* Forensische Psychiatrie, S. 145.

Begutachtung nur um ein Hilfsmittel handelt, dessen sich das Gericht bedient. Zwar ist in der Praxis ein negatives Gutachten häufig ein Indiz für eine spätere Verurteilung des Mandanten, weil sich das Gericht meist den Ausführungen des Sachverständigen anschließt. Gleichwohl ist – vor allem das schriftliche Vorgutachten – noch nichts in Stein gemeißelt. Klar ist aber auch, dass die Verteidigung mit entsprechendem Gutachtensergebnis ungleich schwieriger wird.

Es ist daher im Verfahren mit aussagepsychologischem Gutachten unabdingbar, sich fachlich mit der Materie auseinander zu setzen. Insofern verweise ich an dieser Stelle dringend auf Kap. 39, in dem *Loohs* die fachlichen Notwendigkeiten darstellt. Ggf. muss man zunächst überlegen, einen eigenen Sachverständigen mit einem Gegengutachten oder zumindest einem methodenkritischen Gutachten zu beauftragen. 157

IV. Polygraf

Neben einer aussagepsychologischen Begutachtung kann auch überlegt werden, die Aussage des Mandanten mithilfe eines Polygrafen – also einer polygrafengestützen Glaubhaftigkeitsbegutachtung – verifizieren zu lassen. In einer früheren Entscheidung hat der Bundesgerichtshof[206] zwar erklärt, dass ein Gutachten mithilfe eines Polygrafen völlig ungeeignet als Beweismittel sei. Die wissenschaftlichen Grundlagen für diese Annahme sind allerdings (jedenfalls) heute nicht mehr zutreffend.[207] Daher ist eine solche Verteidigungsoption nicht von vorneherein zu verwerfen. 158

Makepeace hat in seiner Arbeit herausgestellt, dass eine Verwendung zugunsten des Beschuldigten jedenfalls als bestärkendes Beweisindiz geeignet sei.[208] Vor allem im Vergleich zum anerkannten Verfahren einer aussagepsychologischen Begutachtung zeigen die von ihm dargestellten und ausgewerteten Studien eindrücklich, dass die Trefferquoten und damit der Beweiswert eines Polygrafengutachtens höher sind. Nachdem diese Methode zudem außerhalb des Strafrechts bereits Anwendung findet, insbesondere in familienrechtlichen Sorge- und Umgangsrechtsverfahren,[209] spricht gegen eine freiwillige Verwertung als Beweisindiz zugunsten eines Beschuldigten aus meiner Sicht nichts (mehr). Zulasten oder unfreiwillig kann eine solche Begutachtung freilich schon wegen der offenkundigen Verstöße gegen Unschuldsvermutung und den Grundsatz des *nemo tenetur* nicht gefordert werden.[210] 159

F. Besonderheiten im materiellen Sexualstrafrecht

I. Allgemeines und Prognose

1. Begriffsbestimmungen

Im Sexualstrafrecht dreht sich vieles um sexuelle Handlungen und Verhaltensweisen, die der Gesetzgeber als strafwürdig angesehen hat. § 184h Nr. 1 StGB bestimmt den Begriff der »sexuellen Handlung« als solche, die im Hinblick auf das jeweils geschützte Rechtsgut von einiger Erheblichkeit ist. Von einer Definition kann hier nicht die Rede sein.[211] Die Bedeutung wird vielmehr vorausgesetzt und durch den Faktor »Erheblichkeit« eine gewisse Einschränkung vorgenommen, wobei das Merkmal der Erheblichkeit im Sinne von § 184h Nr. 1 StGB nicht voraussetzt, dass das Opfer den sexuellen Charakter der zu bewertenden Handlung erkennt.[212] Entscheidend für das Vorliegen einer sexuellen Handlung ist, dass die Handlung objektiv, d.h. nach ihrem äußeren Erscheinungsbild einen Sexualbezug aufweist,[213] wobei auf den Gesamtvorgang abzustellen ist. Das OLG Oldenburg hat es 160

206 BGHSt 44, 308.
207 *Makepeace* Der Polygraf als Entlastungsbeweis (2023) S. 93 ff. m. zahlr. N.
208 *Makepeace* Der Polygraf als Entlastungsbeweis (2023) S. 177 ff. (Zusammenfassung) m.w.N.
209 Vgl. *Makepeace* StraFo 2023, 89 ff. m.w.N.
210 *Makepeace* Der Polygraf als Entlastungsbeweis (2023) S. 157 ff. m.w.N.
211 *Fischer* § 184h Rn. 2.
212 BGH NStZ 2017, 184.
213 BGHSt 29, 338; BGH NJW 1992, 325.

in einer Entscheidung abgelehnt, einen Sexualbezug darin zu sehen, dass eine nicht mehr stillende Frau ihren sechs Jahre alten Sohn und ihre neun Jahre alte Nichte an ihrer Brust saugen ließ.[214] Die sexuelle Motivation bleibt außen vor, entscheidend ist die nach außen erkennbare Sexualbezogenheit. Dieser Umstand wurde beispielsweise bei Handlungen verneint, die (nur) der Ermöglichung eines geplanten Geschlechtsaktes dienen – wie dem Entkleiden[215] – sowie einem Griff zwischen die Beine eines entkleideten Mädchens, um dessen Flucht zu verhindern,[216] und einer Freiheitsberaubung ohne nach außen tretende Merkmale einer Sexualbezogenheit, selbst wenn dies vom Täter so empfunden wird.[217]

161 Im Hinblick auf das einschränkende Merkmal der Erheblichkeit sind die gesamten Begleitumstände der Tat zu betrachten.[218] Erheblichkeit bezieht sowohl Aspekte der Bedeutung als auch solche der Art oder Dauer ein. Grundsätzlich ist das Merkmal der Erheblichkeit im Hinblick auf das jeweils geschützte Rechtsgut zu bestimmen.[219] So sind bei Tatbeständen zum Schutz der ungestörten sexuellen Entwicklung von Kindern und Jugendlichen an das Element der Erheblichkeit geringere Anforderungen zu stellen als bei Delikten gegen die sexuelle Selbstbestimmung Erwachsener.[220] Es muss die Besorgnis einer sozial nicht mehr hinnehmbaren Rechtsgutsbeeinträchtigung bestehen.[221]

2. Was kommt de lege ferenda?

162 Nach den umfangreichen Änderungen im Sexualstrafrecht sind *de lege ferenda* weitere Verschärfungen und Erweiterungen zu erwarten. Aufgrund der gesellschaftspolitischen Grundstimmung – Hypersensibilität – werden insbesondere Handlungen, die bislang außerhalb des Sexualstrafrechts oder sogar überhaupt außerhalb des Strafrechts anzusiedeln waren, zukünftig mit Strafe bedroht sein.[222] Als konkretes Beispiel – neben dem zwischenzeitlich durch die Rechtsprechung strafrechtlich anerkannten sogenannten *stealthing* (siehe Rdn. 172 ff.) – wird diskutiert, ob sogenanntes *catcalling* bestraft werden könne. Darunter versteht man sexuell konnotiertes, anzügliches Rufen, Hinterherpfeifen oder ähnliche Handlungen, insbesondere gegen Frauen gerichtet. Geschützt werden soll damit die sexuelle Selbstbestimmung auch dergestalt, dass unerwünschte Kontaktaufnahme mit sexueller Konnotation verboten sei.

163 Diese Vorstellungen und Überlegungen schießen allerdings über das Ziel hinaus.[223] Strafrecht ist *ultima ratio,* nicht Maßstab anständiger Moral. Strafwürdig ist nur das Verhalten, das nach allgemeingesellschaftlichen Maßstäben schlicht unerträglich ist. Das darf – insbesondere bei einmaligen – Vorfällen dieser Art bezweifelt werden. Denn Lästigkeiten oder Unhöflichkeiten allein genügen für strafbares Handeln gerade nicht. Für dauerhafte Belästigung ist bereits § 238 StGB (Nachstellung, sogenanntes *stalking)* geschaffen worden. Kommt ein beleidigender Inhalt vor, reicht eine Ahndung nach §§ 185 ff. StGB. — Alles in allem ist der Gesetzgeber gut beraten, das Sexualstrafrecht grundsätzlich neu aufzustellen.[224] Dies wäre die Chance, einerseits eine nachvollziehbare Struktur und Dogmatik (zurück) zu gewinnen und andererseits tatsächlich nur wirklich strafwürdiges Verhalten auch unter – angemessene – Strafe zu stellen. Ein »weiter so!« im Sinne von: Einzelfallprobleme in

214 OLG Oldenburg NStR-RR 2010, 240 m. Anm. *Deutscher* juris PraxisReport Strafrecht 3/2010 Anm. 1.
215 BGH NStZ-RR 1997, 292.
216 BGH NStZ-RR 1999, 357.
217 Schönke/Schröder-*Eisele* § 184 Rn. 6.
218 BGH NJW 1989, 3029.
219 BGH NStZ 2001, 370.
220 Schönke/Schröder-*Eisele* § 184 Rn. 16.
221 BGH NJW 1992, 324.
222 Vgl. *Lederer* StV 2021, 322 m.w.N.
223 Siehe auch *El-Ghazi* Editorial StV 4/2022.
224 Siehe auch *Renzikowski/Schmidt* KriPoZ 2018, 325; *Laubenthal* FS Fischer S. 431 ff.; *Sobota/Gerecke* JR 2022, 237 (242).

Gesetzesform zu gießen, schadet dem Strafrecht und wird damit bereits mittelfristig mehr Probleme schaffen als lösen.

Die nachfolgenden Ausführungen sollen einen Strafrechtskommentar nicht überflüssig machen. Vielmehr ist zumindest ein Blick in einen Standardkommentar zum materiellen Sexualstrafrecht unabdingbar, will man eine seriöse Verteidigung führen. Daher sind die folgenden Zeilen eine nur grobe Grundeinschätzung mit besonderem Augenmerk auf die derzeit aktuellen Besonderheiten. 164

II. Missbrauchsdelikte (§§ 174–176e, 182 StGB)

Missbrauchsdelikte sind zwar sprachlich zweifelhaft, weil es keinen »Gebrauch« gibt.[225] Allgemein wird aber weitgehend unstreitig verstanden, dass bei den Missbrauchsdelikten kein Zwang vorliegen muss, sondern es vielmehr ausreicht, dass verbotene Handlungen durchgeführt werden, gerade dann, wenn eine unwirksame Einwilligung des Tatopfers (beispielsweise des Kindes) vorliegt.[226] In der Regel geht der Gesetzgeber bei den Missbrauchsdelikten davon aus, dass es einen Bereich gibt, in denen der Staat paternalistisch eingreifen muss. Dieser setzt hierbei Grenzen der Freiheit des Opfers, indem er die Einwilligung für unwirksam erklärt. 165

Den Missbrauchsdelikte ist es zu eigen, dass entweder aufgrund des Alters oder aufgrund der Situation der Staat besondere – allgemeine und abstrakte – Schutzräume bestimmt, in denen sexuelle Handlungen verboten sind. Das sind zum einen Über-Unterordnungsverhältnisse (§§ 174, 174a StGB) und zum anderen besondere professionelle Vertrauensverhältnisse (§ 174c StGB). Insbesondere letzteres führt dazu, dass auch erwachsene und geistig gesunde Menschen kein sexuelles Verhältnis haben dürfen, solange eine Behandlung in psychotherapeutischer Hinsicht stattfindet.[227] 166

§§ 176–176e StGB setzt in verschiedenen Varianten den sexuellen Missbrauch von Kindern unter Strafe. Die letzten Änderungen an den Normen wurden 2021 vorgenommen, wonach unter anderem § 176 StGB als Verbrechen geahndet werden muss.[228] Bestand hat, dass damit eine absolute Grenze von sexuellen Handlungen gezogen wurde. Solche Handlungen an, vor oder mit unter 14-Jährigen sind abstrakt und absolut verboten.[229] Auszugehen ist im Rahmen der Verteidigung die materielle Prüfung in der Regel bei § 176 StGB. Die folgenden Normen enthalten minderschwere oder besonders schwere Fälle. Insbesondere § 176c StGB (entspricht § 176a StGB a. F.) ist dabei ggf. neben § 177 StGB zu beachten.[230] 167

III. Sexuelle Nötigung – Vergewaltigung (§§ 177, 178 StGB)

Was früher von vielen als zu wenig weitgehende Strafbarkeit angesehen wurde, hat der Gesetzgeber mit der bislang letzten Reform[231] deutlich ausgeweitet. Vor allem der (im Grundsatz richtige) Ausgangspunkt des »Nein-heißt-Nein« bestimmte die Überlegungen, sexuelle Übergriffe neu in Gesetzesform zu bringen. Dogmatisch und rechtspraktisch sind damit aber die früheren Probleme 168

225 Vgl. *Fischer* vor § 174 Rn. 8.

226 *Fischer* vor § 174 Rn. 9 ff. m.w.N.

227 Siehe dazu *Fischer* § 174c Rn. 6 ff. m.w.N.

228 Ausnahmen dafür finden sich lediglich in Absatz 2, nachdem bei einvernehmlichen sexuellen Handlungen von Strafe abgesehen werden kann, wenn der Alters- und Reifeunterschied der beteiligten Personen gering ist. Siehe auch *Fischer* § 176 Rn. 31 ff. m.w.N.

229 Insofern ergibt auch Absatz 2 dogmatisch Sinn, der eben nicht die Strafbarkeit in Frage stellt, sondern lediglich die Möglichkeit gibt, von (konkreter) Strafe abzusehen. Es bleibt aber jedenfalls beim Schuldspruch.

230 Siehe zu den Konkurrenzen *Fischer* § 176c Rn. 24 m.w.N.

231 Zu befürchten ist aber, dass weitere Verschärfungen und dogmatische Ungenauigkeiten kommen werden, siehe auch Rdn. 162 ff.

weitgehend nicht aufgelöst, sondern verlagert worden. Zudem sind – erwartbar – neue Problemfelder hinzugetreten.[232]

169 Grundsätzlich bestimmt § 177 Absatz 1 StGB, dass Handlungen unter Strafe gestellt werden, die sexueller Art sind und gegen den Willen des Opfers verstoßen. Dieser Wille muss erkennbar sein; maßgebend ist hierfür die Sicht eines objektiven Dritten, nicht die konkrete Sicht des Beschuldigten. Absatz 2 erweitert dies auf Situationen, in denen das Opfer keinen entgegenstehenden Willen bilden oder äußern kann und der Täter dies ausnutzt oder er die sexuelle Handlung aufgrund einer Nötigung erreicht. Beide Absätze bilden damit den Grundtatbestand, der durch die folgenden Absätze erschwert und (auch diese wiederum) über Absatz 9 als minderschwerem Fall (abgestuft) eingeschränkt wird. Der wesentliche Schwerpunkt im Rahmen der materiellen Verteidigung kann damit auf der Frage liegen, ob der entgegenstehende Wille auch erkennbar war. Entgegen dem erklärten Willen der Reformer, die prozessuale (Beweis)Lage für Opfer deutlich zu verbessern und als entwürdigend empfundene peinliche Befragungen der Opfer zu vermeiden, verpflichtet der Gesetzestext den ordnungsgemäß arbeitenden Verteidiger dazu, deutlich mehr die Gesamtsituation, die Beziehungsentwicklung, die übliche Art der Kommunikation der Betroffenen etc. in den Blick zu nehmen und zu erfragen und zu hinterfragen, insbesondere im Bereich eines möglichen Irrtums des mutmaßlichen Täters.

170 Beispiele für solche Fragen sind:
- Gab es ein Überreden/Zureden/eine Täuschung? (In diesen Fällen gibt es keinen entgegenstehenden Willen, allenfalls einen Motivirrtum.)
- Gab es irgendwann eine ausdrückliche oder konkludente Einwilligung? (Diese kann – genauso wie der entgegenstehende Wille – durch Gesten, Gesichtsmimik, Laute etc. zum Ausdruck gebracht werden.)
- Gibt es Anhaltspunkte dafür, dass sich der Betroffene über das Vorhandensein, die Aufgabe eines entgegenstehenden Willens geirrt hat? Wann soll der entgegenstehende Wille erstmals in welcher Situation zu Tage getreten sein? Wie viel Reaktionszeit ist dem Betroffenen zuzubilligen?
- Gibt es Anhaltspunkte für Rollenspiele oder ging der Betroffene hiervon irrig aus?

171 Aufgrund dieser Befragung kann es auch zum Vorwurf gegen den Verteidiger kommen, er frage zu viele intime Details (sexuelle Gewohnheiten, Vorlieben, Praktiken, Reaktionen und Verhaltensweisen im Verlauf sexueller Kontakte etc.) ab. Auch werden sich Stimmen mehren, die in dieser Art der Befragung eine prozessuale Erniedrigung des vermeintlichen Opfers sehen und daher mehr Opferschutz und weniger Beschuldigtenrechte fordern. Es ist daher Aufgabe der Verteidigung, dem entgegenzutreten und deutlich zu machen, dass dies eine logische Folge der Gesetzesfassung ist und damit für die Verteidigung unerlässlich.

172 Zu Problematisieren ist im Rahmen des § 177 StGB auch das in den Fokus gerückte sogenannten *stealthing*. Darunter ist das heimliche Entfernen eines Kondoms vor oder während des penetrativen Verkehrs gemeint. Die Frage, ob dies eine Umgehung des geäußerten Willens darstellt und somit – in der Konsequenz logisch – eine Vergewaltigung (§ 177 Absatz 6 Nr. 1 StGB) darstellt, lässt sich nur beantworten, wenn klar ist, ob es sich bei dem heimlichen Entfernen des Kondoms um einen wesentlichen Akt gegen die sexuelle Selbstbestimmung handelt. Große Teile der Literatur[233] und Rechtsprechung[234] gehen zwischenzeitlich davon aus, dass dies gegeben sei, und nehmen daher eine Vergewaltigung an. Wesentliches Argument ist, dass mit einem Kondom verhüteter Verkehr grundsätzlich anders sei als solcher ohne. Habe der Sexualpartner ausdrücklich nur in so geschützten Ver-

232 Siehe ausführlich *El Ghazi* StV 2021, 314 (ff.) m.w.N.
233 *Hoven* NStZ 2020, 578; *El Ghazi* StV 2021, 314; *Makepeace* KriPoZ 2021, 10; *ders.* StraFo 2021, 253; *Pschorr StraFo 2021, 279.*
234 BayObLG StV 2022, 240; OLG Schleswig StraFo 2021, 250; KG StV 2021, 311. Siehe auch BGH StraFo 2023, 110 (f.).

kehr eingewilligt, entfalle mit dem heimlichen Abziehen diese Einwilligung. Der Straftatbestand werde damit erfüllt.

Das überzeugt mich nicht. Richtig ist, dass das heimliche Entfernen des Kondoms ein Vertrauensbruch ist. Dieser ist aber mit § 177 StGB nicht zu fassen. Eine Strafbarkeit liegt daher nur wegen ggf. (versuchter) Körperverletzung bei wissentlicher Gefahr oder Eintritt einer Infektion oder Schwangerschaft vor. Die sexuelle Komponente – Einwilligung hinsichtlich eines Eindringens des männlichen Gliedes in eine bestimmte Körperöffnung des Sexualpartners – bleibt aber gleich.[235] Wäre dies tatsächlich anders, läge also bei jeder Täuschung ein Verstoß gegen den Willen im Sinne des § 177 StGB vor, müsste auch derjenige wegen Vergewaltigung strafbar sein, der »ewige Liebe« vorgegaukelt hätte, weil sich der Sexualpartner sonst nicht zum Geschlechtsverkehr bereit erklärt hätte.[236] § 177 StGB schützt aber gerade nicht vor einem Irrtum, sondern die sexuelle Selbstbestimmung. Diese ist bei einem erwachsenen und kognitiv nicht eingeschränkten Menschen aber nicht dann verletzt, wenn ein anderer lügt. Betrug ist dem Sexualstrafrecht als Strafgrund fremd. Nichts anderes kann bei dem – moralisch höchst unanständigen – *stealthing* gelten. 173

Aufgrund der obergerichtlichen Rechtsprechung – insbesondere auch derjenigen des BGH – muss allerdings derzeit von einer Strafbarkeit im Sinne einer Vergewaltigung ausgegangen werden. Das ist auch mit dem Mandanten klar zu kommunizieren. Denn es hilft ihm nichts, wenn eine rechtsdogmatische Frage zwar stringent erläutert werden kann, er aber dennoch auf der Linie der Rechtsprechung verurteilt wird. 174

IV. Prostitutionsdelikte (§§ 180a, 181, 184f, 184g StGB)

Prostitution an sich ist nicht (mehr) strafbar. Allerdings ist sie verwaltungsrechtlich an bestimmte Bedingungen geknüpft, die durch einige wenige strafrechtliche Normen bestärkt werden. Strafbar ist demnach zum einen, wenn Kontakt zu Minderjährigen besteht und diese durch die Ausübung der Prostitution gefährdet sein könnten. Zum anderen ist strafbar, wenn sich ein Dritter zu Lasten der Prostituierten (unrechtmäßig) bereichert (Zuhälterei). Gerade unter dem Eindruck, dass auch Zwangsprostitution gegeben sein kann, die nicht auf den ersten Blick erkennbar scheint, ist eine Strafbarkeit in der Gesellschaft weitgehend unumstritten. Gleichwohl ist das Spannungsfeld von grundsätzlich legaler Ausübung eines Gewerbes und einer möglichen Gefährdung oder gezwungener Fremdbestimmung zu beachten.Zu beachten ist auch, dass im Rahmen der Prostitution grundsätzlich alle Regeln der sexuellen Selbstbestimmung (Grundsatz: nein heißt nein!) bestehen bleiben. Insofern ist – jedenfalls für §§ 180a, 181 StGB – auch das in die Überlegungen einzubeziehen, um nicht später unangenehmen Überraschungen ausgesetzt zu sein. Siehe zudem Rdn. 168 ff. 175

V. Pornografiedelikte (§§ 184–184e StGB)

Pornografiedelikte zeichnen sich dadurch aus, dass sexuelle Praktiken dargestellt werden. Das kann sowohl durch Darbietung (beispielsweise Live-Shows) oder durch Aufzeichnung auf Medien geschehen. Letzteres ist rechtlich unter den Begriff des Inhalts im Sinne des § 11 Absatz 3 StGB zu fassen. Es kommt dabei nicht darauf an, ob ein tatsächliches Geschehen wiedergegeben wird; eine Fiktion (Geschichte, Computeranimation) genügt, um den Tatbestand zu erfüllen. 176

Wissenschaftliche Werke können in der Regel keine pornografische Schrift sein. Dazu muss der Fokus aber auf der sachlichen Ebene bleiben. Eine Abgrenzung zwischen Kunst und Pornografie ist schwierig. Hier kommt es immer auf eine Einzelbetrachtung an, bei der sowohl das dargestellte Geschehen als auch mögliche Kontexte und ggf. intendierte Botschaften in die Abwägung einzustellen sind. Was genau Pornografie ist, muss im Einzelfall bestimmt werden.[237] 177

235 Vgl. AG Kiel StV 2021, 311. Siehe auch *Zenger* StraFo 2023, 111 (f.) m.w.N.
236 Vgl. hierzu auch *Fischer* § 177 Rn. 2a ff. m.w.N., der aber beim *stealthing* auf Linie der Rechtsprechung zu sein scheint.
237 Vgl. *Sobota/Gerecke* JR 2022, 237 (239) m.w.N.

178 Zu unterscheiden ist bei den Pornografiedelikten, ob grundsätzlich legale Inhalte verbreitet oder dargestellt werden. Das ist nur dann strafbar, wenn einem Minderjährigen Zugang dazu verschafft wird. Das ist vor allem, aber nicht ausschließlich über digitale Medien möglich. Strafbar wird es also dann, wenn auf Webseiten, sozialen Netzwerken oder im direkten Kontakt entsprechende sexuelle Inhalte im Sinne des § 11 Absatz 3 StGB geteilt oder – ohne entsprechende Altersverifikation – zum Download bereitgestellt werden.

179 Neben dieser grundsätzlich legalen Pornografie gibt es absolut verbotene. Dabei handelt es sich um Kinder-, Jugend- und Tierpornografie sowie gewaltverherrlichende Pornografie. Diese absolut verbotene Pornografie führt zu entsprechender Strafbarkeit bereits beim Besitz. Durch die letzte Gesetzesreform 2021 wurde der Tatbestand des § 184b StGB zudem zum Verbrechen hochgestuft. Das bedeutet, dass schon bei einem einzigen Bild eine Mindestfreiheitsstrafe von einem Jahr zu verhängen ist. Damit ist auch zwingend mindestens das Schöffengericht zuständig. Zwar führt das auch zu einer notwendigen Verteidigung im Sinne des § 140 Absatz 1 Nr. 1 und 2 StPO. Allerdings ist der Gesetzgeber jedenfalls über das Ziel hinausgeschossen. Die Bestrafung von organisierter Kriminalität in diesem Bereich war auch vor der Änderung bereits ausreichend möglich. Geändert hat sich aufgrund der emotionalen Empörung eines lauten Teils der Gesellschaft hauptsächlich der »Einstiegstarif«. Dass es sich um eine Fehlentscheidung gehandelt hat, sieht jetzt anscheinend auch der Gesetzgeber.[238]

VI. Sexuelle Handlungen (§§ 180, 183, 183a StGB)

180 Neben den weitgehend aktiven sexuellen Handlungsweisen, die mehrheitlich direkt am sexuellen Kontakt teilnehmen, hat der Gesetzgeber auch unter Strafe gestellt, was aus seiner Sicht zu Irritationen oder Gefährdung hinsichtlich der sexuellen Selbstbestimmung führt. Namentlich sind dies § 180 StGB (Förderung sexueller Handlungen Minderjähriger), § 183 StGB (Exhibitionistische Handlungen) sowie 183a StGB (Erregung öffentlichen Ärgernisses). Dass dabei § 183 StGB ausschließlich durch Männer erfüllt werden kann, ist im Lichte des Artikel 3 Absatz 3 GG kritisch zu werten. Das mag aus der historischen Gesetzgebung begründet sein. Es gibt aber keinen Grund, diesen Zustand weiterhin in Kraft zu lassen. Vielmehr ist hier der Gesetzgeber gefordert, entsprechend verfassungskonform zu korrigieren. Die Verteidigung kann dies gemeinsam mit dem zuständigen Gericht fördern, wenn bei einer entsprechenden Sache eine Vorlage nach Artikel 100 Absatz 1 GG an das Bundesverfassungsgericht erfolgte.

VII. (Sexuelle) Belästigung u. a. (§§ 184i–184l StGB)

181 Das Schutzgut des **§ 184i StGB** ist die sexuelle Selbstbestimmung, wobei die Vorschrift eine sexuelle Handlung nicht voraussetzt. Nachdem in der politischen Diskussion zunächst vorgeschlagen worden war, die Erheblichkeitsklausel des § 184h Nr. 1 StGB zu streichen, hat man – mit dem erklärten Ziel des Gesetzgebers, die Strafbarkeitsschwelle unter die Grenze der Erheblichkeit im Sinne von § 184h StGB herabzusetzen – sodann eine neue Vorschrift geschaffen.

182 Tathandlung des Absatzes 1 ist eine Körperberührung als unmittelbarer Kontakt zwischen dem Täter und dem Opfer (eigenhändiges Delikt), wobei eine solche der Kleidung und auch eine mit einer Sache ausreichen. Die Berührung muss in sexuell bestimmter Weise geschehen, d.h. nach dem äußeren Erscheinungsbild sexuell geprägt sein. Dies können selbst Umarmungen, Wangenküsse oder aber ein Streicheln von Armen, Beinen oder des Kopfes sein – eben alle Handlungen, die unter die Erheblichkeitsgrenze fallen, womit ein fast als beliebig zu bezeichnender Beurteilungsrahmen geschaffen wurde, zumal es auf die persönliche und/oder soziale Beziehung zwischen Täter

238 Das AG München hat eine Richtervorlage nach Artikel 100 GG zur Frage der Verfassungsmäßigkeit eingereicht (Az. 2 BvL 11/22). Zudem hat die 93. Justizministerkonferenz 2022 beschlossen, den Straftatbestand des § 184b StGB in seiner Sanktion abzumildern (Beschluss TOP II.18).

und Opfer nicht ankommt. Die Gesetzesbegründung stellt allein auf die subjektive Motivation des Täters ab und erwähnt ausdrücklich das Küssen des Halses als Beispiel.

Taterfolg ist die Belästigung des Opfers durch die körperliche Berührung. Auch damit sind faktisch keinerlei Einschränkungen gegeben. Erfasst sind danach z.B. sozialübliche, aber erfolglose körperliche Annäherungen, etwa, wenn eine Person mit dem Ziel »einverständlicher Sozialkontakt« einer anderen den Arm um die Schulter oder die Hand aufs Bein legt, dann aber feststellen muss, dass das Interesse einseitig ist. Nahezu jede beliebige Körperberührung kann grundsätzlich nach dem subjektiven Empfinden des Opfers auch als Belästigung empfunden werden. Auch kann die gleiche Handlung von einer Person als Belästigung empfunden werden, von einer anderen jedoch nicht. Der Begriff der Belästigung findet sich auch in § 183 StGB, auf den auch die Gesetzesbegründung hinweist. In dessen Zusammenhang geht man von der Beeinträchtigung bzw. einer Auswirkung auf die individuelle Wahrnehmung des Opfers aus. **183**

Im Zusammenhang mit den Vorfällen in Köln und anderenorts während der Silvesternacht 2015 – später wiederholte sich die stereotype Diskussion in weiten Teilen nach Ausschreitungen in Berlin 2022[239] – sah sich die Politik einem massiv gesteigerten Handlungsdruck ausgesetzt und sprach von einem »neuen« und »gewichtigen« Phänomen im Rahmen gruppendynamischer Prozesse, auf das reagiert werden müsse. Erforderliche Tathandlung des **§ 184j StGB** ist die Beteiligung an einer Gruppe von mindestens drei Personen, zu denen das Opfer nicht gehört, und die das Opfer zur Begehung der Straftat bedrängt. Letztes ist gegeben, wenn das Opfer »mit Nachdruck an der Ausübung seiner Bewegungsfreiheit oder seiner sonstigen freien Willensbetätigung gehindert wird. Dabei muss die Gruppe mit einer gewissen Hartnäckigkeit auf das Opfer einwirken«; kurzfristiges Wegversperren oder verbales Einschüchtern, z.B. durch Grölen sollen dabei nicht ausreichen. Bedrängen ist also als körperlich ausgeführtes, aggressives Vorgehen gegen eine Person, welches das Ziel und den Erfolg hat, diese in seiner Flucht und Abwehrmöglichkeit einzuschränken oder in eine Situation körperlicher Unterlegenheit zu versetzen, welche die Verletzung seiner Rechtsgüter erleichtert, wobei das Umstellen und/oder Abschneiden eines Fluchtweges reicht. Der Täter muss sich an dem Vorgehen der Gruppe beteiligen. Dabei sei Beteiligung nicht im Sinne des §§ 25 bis 27 StGB zu verstehen, sondern im umgangssprachlichen Sinn – eine ungeschickte Formulierung zur Klarstellung, dass **kein** (Hervorhebung d. Verf.) bewusstes und gewolltes Zusammenwirken verlangt wird. Damit besteht auch die Möglichkeit, dass eine Person einseitig den Entschluss fasst, sich anderen anzuschließen und dabei den Vorsatz hat, zum Bedrängen beizutragen. **184**

§ 184j StGB setzt als objektive Bedingung der Strafbarkeit voraus, dass eine an der Gruppe beteiligte Person eine Straftat nach § 177 oder 184i – und zwar nicht notwendig an der von der Gruppe bedrängten Person – begangen hat. Konkret heißt dies, dass bezüglich dieser Straftat kein eigener Tatbeitrag eines jeden Gruppenmitglieds vorliegen muss. Damit ist eine Strafbarkeit auch bei Personen gegeben, die sich aus eigenem Entschluss einer Gruppe angeschlossen und mit einer späteren Entwicklung hin zu einer Straftat nach § 177 oder § 184i nicht gerechnet hatten, wenn diese also die ursprüngliche Vorstellung »überholt« hat. Die Tatbestandskonstruktion erweist sich als schlichte Umgehung der Regeln über die Zurechnung.[240] **185**

Mit der Einführung des **§ 184k StGB** wurde dasjenige strafbar gesetzt, das häufig unter dem Schlagwort *upskirting* beschrieben wird. Die Norm gilt seit 2021. Wer unbefugt primäre Geschlechtsteile, das Gesäß oder die *weibliche* Brust als Bild aufnimmt oder solche Aufnahmen gebraucht oder Dritten zugänglich macht, kann dafür bestraft werden. Es handelt sich um ein relatives Antragsdelikt. — Ob hier ein praktikabler Anwendungsbereich geschaffen wurde, bleibt (jedenfalls bislang) offen. Das gilt **186**

239 Zwar ging es hier hauptsächlich um Gewaltdelinquenz. Das Argumentationsmuster ist aber vergleichbar: Gruppendynamik plus Ausländer brauche höhere Strafen. Empirie oder Sachbeweise fehlen in der Regel. Es handelt sich meines Erachtens um populistische Forderungen ohne Sachziel zur Förderung von Wählerstimmen. Siehe erneut *Lederer* StV 2021, 322 (329) m.w.N.

240 Siehe zudem treffend MK-StGB/*Renzikowski* § 184j Rn. 1.

insbesondere für Fotografien der weiblichen Brust mit Blick auf die frei zugängliche »Bebilderung« in Werbung u.ä.[241] Neben sonstigen (dogmatischen) Unklarheiten ist auch die Sozialadäquanzklausel in Absatz 3 handwerklich nachzubessern.[242]

187 Die Vorschrift des § 184l StGB ist 2021 eingeführt worden. Strafbar ist es danach, Sexpuppen mit kindlichem Erscheinungsbild in den Verkehr zu bringen, zu kaufen oder zu besitzen. Zurückzuführen ist die Norm auf eine entsprechende Kampagne. Ob es einen tatsächlichen Bedarf des Verbots und der Strafe gibt, um »Strafbarkeitslücken« zu schließen, bleibt offen. Empirische Daten fehlen offensichtlich. Es handelt sich bei der Norm nach Auskunft des damaligen BMJV um ein »Signal«.[243]

241 Vgl. *Fischer* § 184k Rn. 4.

242 *Fischer* § 184k Rn. 14.

243 Siehe *Fischer* § 184l Rn. 2 f. m.w.N. Gesetzgebung im Bereich des Strafrechts – *ultima ratio!* – als Programmsatz (»Signal«) in Kraft zu setzen, ist nicht nur handwerklich falsch, sondern verfassungsrechtlich bedenklich. Denn auch den Nachweis eines wie auch immer gearteten Schutzzwecks der Norm bleiben Kampagne und Gesetzesbegründung weitgehend schuldig. Vgl. nochmals *Fischer* § 184l Rn. 2.

Kapitel 26 Jugendstrafverfahren

Übersicht Rdn.

A. Vorbemerkung

1 In der polizeilichen Erfassung von Straftaten[1] werden als Jugendkriminalität in Deutschland sämtliche Straftaten von Kindern, Jugendlichen und jungen Erwachsenen im Altersbereich zwischen 6 und 21 Jahren angesehen. Jugendkriminalität zeichnet sich geradezu dadurch aus, dass bestimmte Delikte sehr gehäuft auftreten, während andere Delikte im Bereich der Jugendkriminalität kaum je eine Rolle spielen: nach unserer Erfahrung begehen Jugendliche typischerweise Sachbeschädigungen (z.B. auch durch Anbringen von Graffiti), Beleidigungen, Diebstahls- und Raubdelikte (insbesondere Ladendiebstahl als das mit Abstand am häufigsten auftretende Delikt, aber auch »Abziehen« bzw. »Abrippen« anderer Jugendlicher), Körperverletzungen bis hin zum Totschlag oder gar Mord, Verstöße gegen das Betäubungsmittelgesetz sowie in den letzten Jahren vereinzelt auch Straftaten, die unter den Oberbegriff der Internetkriminalität gefasst werden können. Körperverletzungen, sog. »Ladendiebstahl« und Rauschgiftdelikte stellen sowohl bei deutschen als auch nichtdeutschen jugendlichen Tatverdächtigen den Schwerpunkt der vorgeworfenen Delikte dar.

2 In der Öffentlichkeit wird allerdings seit Jahrzehnten nahezu ausschließlich ein Bereich der Jugendkriminalität wahrgenommen und zum Ausgangspunkt und Gradmesser des Umgangs mit Jugendkriminalität im Ganzen gemacht: der Bereich der intensiven Gewaltdelikte junger Straftäter. Hier wird Kriminalitätsfurcht medial durch schlagwortartige Berichterstattung geschürt. »Erneut jugendlicher Intensivtäter nach Überfall festgenommen«, »Jugendliche immer gewalttätiger«, »Schon wieder: U-Bahn-Schläger«, »Jugendbanden terrorisieren Stadt«, »Gewalt um jeden Preis« so lauten die Schlagzeilen der Gegenwart (wie auch grundsätzlich der Vergangenheit und voraussichtlich der Zukunft). Auch Politiker stimmten und stimmen immer wieder in diesen medialen Kanon ein und bedienen den Stammtisch, indem sie – in Teilen erfolgreich – die Verschärfung des Jugendstrafrechts fordern, etwa in Form des Gesetz gewordenen »Warnschussarrests« und der Anhebung der Höchst-

1 Die Polizeiliche Kriminalstatistik (PKS) ist online abrufbar unter https://www.bka.de/DE/AktuelleInformationen/StatistikenLagebilder/PolizeilicheKriminalstatistik/pks_node.html.

grenze für Jugendstrafen auf 15 Jahre[2], in Form erleichterter Abschiebung jugendlicher Straftäter mit Migrationshintergrund, bis hin zur Forderung nach der gänzlichen Abschaffung des speziellen Jugendstrafrechts als Allheilmittel gegen die angebliche Steigerung der Jugendkriminalität.

Die Öffentlichkeit gewinnt dadurch in großen Teilen den Eindruck, junge Menschen würden seit Jahrzehnten erstens häufiger und zweitens schwerere Straftaten begehen – im Zentrum der Wahrnehmung stehen dabei in aller Regel Gewaltstraftaten und oftmals sogenannte jugendliche Intensivtäter.

Kriminologische Untersuchungen zum Dunkelfeld wie die des Kriminologischen Forschungsinstituts Niedersachsen e.V., die sich auch mit dem aus der Polizeilichen Kriminalstatistik abgeleiteten Hellfeld auseinandersetzen, stützen diese Sichtweise nur in Teilen.[3] Eine dauerhafte Steigerung und Intensivierung der Jugendkriminalität Jahr für Jahr ist nicht festzustellen, aktuelle negative Tendenzen bedauerlicherweise schon. 3

Dies ist nicht der Ort, in die rechtspolitische Debatte einzusteigen. Vielmehr soll der in Jugendstrafverfahren unerfahrene Verteidiger einen Einstieg in die Besonderheiten des Jugendstrafrechts finden und seine Chancen und Möglichkeiten im konkreten Fall kennenlernen. 4

Er sollte sich indes und in jedem konkreten Fall – sei dieser auch noch so weit entfernt vom Medieninteresse und der Debatte der Öffentlichkeit – bewusst sein, dass die Verteidigung junger Beschuldigter häufig einhergeht mit der Verteidigung gegen ein pauschales und falsches Bild in der Öffentlichkeit, das zuweilen auch in den Köpfen der am Strafverfahren Beteiligten festgesetzt ist.[4] Umso mehr braucht der Jugendliche eine qualifizierte Verteidigung zum Schutz und zur Ausübung seiner Rechte gegen den staatlichen Eingriff. 5

Der Jugendliche ist dem Strafverfahren und den ihm in vieler Hinsicht überlegenen, erwachsenen Beteiligten ohnehin in viel stärkerem Maße ausgeliefert, als dies bei erwachsenen Beschuldigten der Fall ist. Er steht unter dem Einfluss seiner Erziehungsberechtigten, seiner Umgebung und seines Umfelds, und sämtliche Einflüsse wirken bis in das Strafverfahren hinein – meist ohne dass der Jugendliche sich dessen erwehren oder auch nur bewusst sein könnte. Der Gesetzgeber hat der strukturellen Unterlegenheit des tatverdächtigen Jugendlichen in Ansätzen Rechnung getragen in Form des **Gesetzes zur Stärkung der Verfahrensrechte von Beschuldigten im Jugendstrafverfahren vom 09.12.2019** (BGBl. I S. 2146), welches z.B. in § 70a JGG den Staat verpflichtet, den Jugendlichen in allen Verfahrensstadien recht weitreichend u.a. über seine Rechte zu informieren. Dessen ungeachtet erscheint der Jugendliche weiterhin – und schon aufgrund seines jugendlichen Alters – noch »unfertig«, »formbar« und beeinflussbar durch positive wie negative Einflüsse. Auch beim Verteidiger mag zuweilen der Eindruck entstehen, er selbst könne erzieherisch auf den Jugendlichen einwirken und ihn bis zu einem gewissen Grad »formen« und vor weiteren Straftaten bewahren. Aufgabe des Strafverteidigers ist jedoch nicht die Erziehung oder gar »Rettung« des Jugendlichen – dafür ist die Strafverteidigung auch nicht geeignet. Vielmehr sollte der Strafverteidiger dem jugendlichen Mandanten genau das bieten, was dieser im Jugendstrafverfahren benötigt: unbedingten und verlässlichen Beistand durch einen durch all die äußeren Einflüsse gerade nicht tangierten, objektiven Verteidiger seiner Rechte. 6

Erfolgreiche Verteidigung im Jugendstrafverfahren setzt deshalb zuvorderst **spezifische Kenntnisse im Jugendstrafrecht** voraus, um den stetig postulierten Rechtszustand der Waffengleichheit im Verhältnis zum spezialisierten Jugendstaatsanwalt (und zum spezialisierten Jugendrichter) – vgl. für beide 7

2 Gesetz geworden bei einer Verurteilung eines Heranwachsenden wegen Mordes, § 105 Abs. 3 S. 2 JGG; gegen diese Anpassung an das Erwachsenenstrafrecht werden gewichtige Einwände vorgebracht, vgl. *Eisenberg* StV 2013, 44, 51 m.w.N.

3 Bergmann/Kliem/Krieg/Beckmann, Jugendliche in Niedersachsen. Ergebnisse des Niedersachsensurveys 2017, S. 1 f.

4 So auch *Schmitz-Justen,* Strafverteidigung in der Praxis § 26 Rn. 1.

den durch das Gesetz zur Bekämpfung sexualisierter Gewalt gegen Kinder v. 16.06.2021 (BGBl. I S. 1810 [Nr. 33]) ergänzten § 37 JGG – in der Praxis mit Leben zu füllen.[5]

B. Alter des Mandanten und Anwendung des JGG

8 Ausgangspunkt der Frage nach der Anwendung des spezifischen Jugendstrafrechts ist das Alter des Beschuldigten. Das Alter des Beschuldigten zum Zeitpunkt der Tat ist insbesondere bedeutsam für die Frage der **Strafmündigkeit**, § 19 StGB, § 3 JGG. Fehlt es an der Strafmündigkeit, darf ein Verfahren nicht (fort-) geführt werden. Das Alter ist weiterhin wichtig für die Differenzierung zwischen einem **Jugendlichen** und einem **Heranwachsenden**. In einem Verfahren gegen einen Jugendlichen gilt immer das gesamte JGG. Beim Heranwachsenden können gem. § 105 JGG bestimmte jugendstrafrechtliche Regelungen Anwendung finden oder es gilt das Erwachsenenstrafrecht.[6]

I. Alter bei Begehung der Tat

9 Das Alter des Beschuldigten bei **Begehung der Tat** ist entscheidend. Gem. § 8 S. 1 StGB wurde eine Tat zu der Zeit begangen, zu welcher der Täter oder der Teilnehmer gehandelt hat oder im Fall des Unterlassens hätte handeln müssen. Der Zeitpunkt des Taterfolgs ist unmaßgeblich, § 8 S. 2 StGB. Bei Dauerdelikten, wie etwa dem unerlaubten Besitz von Betäubungsmitteln oder Waffen, handelt der Täter während des gesamten Zeitraums.[7]

10 Die **Altersberechnung** erfolgt nach den §§ 186, 187 Abs. 2, 188 Abs. 3 BGB. Ein neues Lebensjahr beginnt an dem Tag, an dem üblicherweise der Geburtstag gefeiert wird.[8] Bestehen wegen der nicht genau feststehenden Tatzeit Zweifel am Alter zu eben diesem Zeitpunkt, so ist von einem geringeren Alter auszugehen, vgl. § 1 Abs. 3 JGG.[9]

II. Kind

11 Ein Kind und damit zwingend schuldunfähig i.S.d. Strafrechts ist, wer bei der Begehung der Tat **noch nicht 14 Jahre** alt ist, § 19 StGB. In Bezug auf Taten, die vor dem 14. Geburtstag begangen wurden, darf wegen des aus der Schuldunfähigkeit erwachsenden Prozesshindernisses kein Strafverfahren durchgeführt werden.[10] Ein Kind kann keine Straftaten begehen, da diese eine strafrechtliche Schuld voraussetzen.[11] Maßnahmen wegen rechtswidriger Taten eines Kindes können allein durch das Familien- und Betreuungsgericht nach den §§ 1631 Abs. 3, 1666, 1666a, 1795, 1813 BGB und nach dem Jugendhilferecht, SGB VIII, ergriffen werden.

III. Jugendlicher

12 Gem. § 1 Abs. 2 JGG ist Jugendlicher, wer zur Zeit der Tat vierzehn, aber **noch nicht achtzehn** ist. Bestehen Zweifel, ob der Beschuldigte zur Tatzeit das achtzehnte Lebensjahr bereits vollendet hat, so sind die für Jugendliche geltenden Verfahrensvorschriften anzuwenden, § 1 Abs. 3 JGG.

5 Zur Waffengleichheit: BVerfGE 38, 105 (111). Der Grundsatz ist zu einer ständigen Rechtsprechung geworden, vgl. nur BVerfGE 63, 45 (61); BGH NJW 1984, 1907; NStZ 2004, 347 (348) (aus Art. 6 EMRK).

6 Weitere wesentliche Regelungen zur Anwendbarkeit von (verfahrensrechtlichen) Vorschriften des JGG beim Heranwachsenden finden sich in § 109 JGG.

7 *Satzger*/Schmitt/Widmaier StGB § 8 Rn. 4.

8 BGH NStZ-RR 2010, 205; zur Berechnung des Lebensalters Palandt/*Ellenberger* BGB § 187 Rn. 3.

9 BGH ZJJ 2007, 216 = StV 2008, 117 (118).

10 *Eisenberg* StV 1989, 554 ff., der die Rechtsstellung von Kindern im Ermittlungsverfahren umfassend darstellt.

11 BGH StraFo 2009, 427.

1. Verantwortlichkeit gem. § 3 S. 1 JGG

13 § 3 S. 1 JGG benennt die **reifespezifische Verantwortlichkeit** des Jugendlichen als Voraussetzung der strafrechtlichen individuellen (Gesamt-) Verantwortlichkeit, der Schuld.[12] Für eine Verurteilung müssen die Voraussetzungen des § 3 S. 1 JGG positiv festgestellt werden.[13] Bei Zweifeln an der Verantwortlichkeit ist diese zugunsten des Beschuldigten zu verneinen.[14] Der Reifestatus zum Zeitpunkt der Tat ist entscheidend. Die Verteidigung muss ihr Augenmerk darauf richten, dass die Verantwortungsreife nicht allgemein, sondern konkret auf die Tatumstände bezogen festgestellt wird. So ist bei mehreren Taten, aber auch bei mehreren tateinheitlich begangenen Delikten und auch in Bezug auf qualifizierende Umstände[15] eine differenzierte Prüfung vorzunehmen.[16]

▶ Beachte

14 Die Judikatur zu § 3 S. 1 JGG ist übersichtlich. Dies ist der allgemein kritisierten, empirisch belegten geringen Bedeutung der Vorschrift in der Justizpraxis geschuldet.[17] Für die Verteidigung lässt sich aus der geringen Bedeutung ein Vorteil ziehen: die geringe Bedeutung geht regelmäßig mit geringen Kenntnissen der anderen Verfahrensbeteiligten einher. In Bezug auf § 3 S. 1 JGG kann sich die Verteidigung einen Wissensvorsprung erarbeiten, der in geeigneten Fällen unter Berücksichtigung der Risiken, dazu unten Rdn. 22 f., zugunsten des Mandanten zu nutzen ist.

a) Sittliche und geistige Entwicklungsreife

15 Zunächst ist die **Entwicklungsreife** in sittlicher und geistiger Hinsicht festzustellen.[18] Bezugspunkte der sittlichen Reife sind Ethik, Werte und soziale Reife, während bei der geistigen Entwicklung auf die Ratio, auf kognitive Elemente abgestellt wird.[19] Je jünger der Jugendliche ist, desto eher kann es an der Entwicklungsreife mangeln, gilt als Faustformel.

b) Unrechtseinsichts- und Handlungsfähigkeit

16 Die Unrechtseinsichtsfähigkeit setzt einen Entwicklungsstand voraus, der den Jugendlichen zu der Erkenntnis befähigt, dass seine Handlung mit einem geordneten und friedlichen Zusammenleben der Menschen unvereinbar ist und deshalb von der Rechtsordnung nicht geduldet werden kann.[20] Die Fähigkeit, das grundsätzliche Verbot der Tat zu erkennen, ist ausreichend. Sie muss nicht die

---

12 Zur historischen Entwicklung *Nix* ZJJ 2011, 416 ff.

13 Ostendorf-*Ostendorf JGG*, § 3 Rn. 2; gem. § 104 Abs. 1 Nr. 1 JGG gilt dasselbe in Verfahren gegen Jugendliche vor den für allgemeine Strafsachen zuständigen Gerichten.

14 BGH, Urt. v. 28.06.2016 – 1 StR 5/16, NStZ 2017, 644 unter Verweis auf BGH, Urteile vom 13.12.2012-4 StR 271/12, NStZ 2013, 286 und vom 03.02.2005 – 4 StR 492/04, ZJJ 2005, 205 mit Anm. *Ostendorf*; Eisenberg, JGG, 18. Aufl., § 3 Rn. 4; MünchKomm-StGB/*Altenhain*/*Laue*, 2. Aufl., § 3 JGG Rn. 5.

15 BGH, Urt. v. 03.02.2005 – 4 StR 492/04, ZJJ 2005, 205. Vgl. in diesem Zusammenhang die Anmerkung von *Ostendorf* in ZJJ 2005, 205 (206), der in Bezug auf Umstände, die der Angeklagte nach seiner Persönlichkeitsstruktur nicht erkennen konnte, auf die vorrangige Prüfung von Vorsatz- und Fahrlässigkeitselementen abstellt.

16 Zum Prüfungsumfang (bei mehreren Taten, Tateinheit, Gesetzeskonkurrenz, Tatmehrheit) detailliert *Eisenberg/Kölbel* JGG § 3 Rn. 5 ff.

17 Vgl. *Eisenberg/Kölbel* JGG § 3 Rn. 10 und insbesondere Ostendorf-*Ostendorf JGG* Grdl. z. § 3 Rn. 4. m.w.N.; *ders.* Jugendstrafrecht Rn. 42.

18 Abweichend von der h.M. wird in MüKo-StGB/*Altenhain* Bd. 4 JGG § 3 Rn. 8 die Prüfung der Reife als unmaßgeblich angesehen.

19 Vgl. *Eisenberg/Kölbel* JGG § 3 Rn. 15 f.; Ostendorf-*Ostendorf JGG* § 3 Rn. 5 f.

20 LG Passau NStZ 1996, 601 unter Verweis auf *Beulke/Swoboda*, Jugendstrafrecht, 16. Aufl. 2020, § 7 II 1a.

zutreffende strafrechtliche Bewertung umfassen.[21] Die Handlungsfähigkeit stellt das voluntative Element in den Vordergrund.[22] Zu fragen ist, ob der Jugendliche sich willentlich gegen die verbotene Tat hätte entscheiden können. Reifebedingte Einschränkungen der Fähigkeit des Jugendlichen, nach seiner Einsicht in das Unrecht der Tat zu handeln, schließen dessen Verantwortlichkeit für die verübte Tat nicht aus, sofern er hierfür gleichwohl »reif genug« war.[23]

▶ **Beachte**

17 Folgende **Gesichtspunkte** können gegen die Unrechtseinsichts- und/oder Handlungsfähigkeit sprechen:[24]

- geringes Alter,
- niedrige Intelligenz,
- ein Rauschzustand,
- kulturell bedingte Konflikte,
- Beteiligung von – steuernden – Autoritätspersonen,
- fehlende Handlungssteuerung bei sexualitätsbezogenem Verhalten,
- das Erfordernis besonderer deliktsspezifischer Kenntnisse, etwa wirtschaftlicher oder politischer Art,
- Erziehungsmängel,
- erlittener Missbrauch,
- die fehlende Fähigkeit, den Gefühlen geordnet Ausdruck zu verleihen.[25]

Insbesondere die Kombination verschiedener Faktoren legt eine detaillierte Prüfung nahe.

c) Verhältnis zu §§ 20, 21 StGB und § 17 StGB

18 Das Verhältnis der §§ 20, 21 StGB zu § 3 S. 1 JGG ist in Einzelfragen umstritten.[26] Während die §§ 20, 21 StGB Bewusstseinsstörungen zum Gegenstand haben, erfasst § 3 S. 1 JGG entwicklungsbedingte Reifemängel. Die Vorschriften stehen nach einer Entscheidung des BGH aus dem Jahr 1975 selbstständig **nebeneinander.**[27] Allein, weil die Voraussetzungen des § 3 S. 1 JGG zwingend positiv festzustellen sind, bietet es sich an, die Prüfung der Verantwortungsreife voranzustellen.[28] Sind sowohl die fehlende Verantwortungsreife i.S.d. § 3 S. 1 JGG festgestellt, als auch die Voraussetzungen der §§ 20, 21 StGB erfüllt, so sollen nach der Rechtsprechung nicht nur Maßnahmen nach § 3 S. 2 JGG ergriffen werden können, sondern muss insbesondere die Frage der Unterbrin-

---

21 BGH, Urt. v. 23.03.1976 – 5 StR 81/76; Ostendorf-*Ostendorf JGG* § 3 Rn. 7.
22 MüKo-StGB/*Altenhain*, Bd. 4 JGG § 3 Rn. 14; *Eisenberg/Kölbel* JGG § 3 Rn. 17.
23 BGH NStZ 2013, 286.
24 Vgl. BGHSt 26, 67 (Debilität); NStZ 2000, 553 (14 Jahre alt, erhebliche Entwicklungsstörungen und hierdurch verursachte emotionale Verwahrlosung und Labilität); (Urt. v. 03.02.2005 – 4 StR 492/04) = ZJJ 2005, 205 (Alkoholisierung, atypischer Verlauf ärztlicher Behandlung der Verletzungsfolgen); NStZ-RR 2010, 257 ff. (zu § 21 StGB: Schwachsinn, Gruppendynamik, Impulsivität bei Belastungssituationen, Alkoholisierung); OLG Hamm NStZ-RR 2007, 123 f. (Beteiligung von Autoritätspersonen); LG Passau NStZ 1996, 601 (keine Zweifel an der Verantwortungsreife u.a. wegen durchschnittlicher Intelligenz). Ausführlich zu den Gesichtspunkten *Eisenberg/Kölbel* JGG § 3 Rn. 21 ff. und Strafverteidigung/*Schmitz-Justen* § 26 Rn. 17.
25 LG Hamburg StV 2019, 478 f. (Ablehnung durch Mutter, fehlende Kommunikation zum willkürlichen und gewalttätigen Vater).
26 Ausführl. Dazu *Streng*, Jugendstrafrecht, 5. Aufl. 2020, Rn. 59 ff.; *Gabber* ZJJ 2007, 167 ff.; aus psychologischer Sicht *Schilling* NStZ 1997, 261 (264 f.).
27 BGHSt 26, 67 (69); vgl. Ostendorf-*Ostendorf JGG*, § 3 Rn. 3 f.
28 Ein Prüfungsschema unter Berücksichtigung des Streitstandes findet sich bei Ostendorf-*Ostendorf JGG* § 3 Rn. 4; detaillierte Prüfungsfragen führt *Gabber* ZJJ 2007, 167 ff. auf.

gung gem. § 63 StGB erörtert werden.[29] Die Anordnung der **Unterbringung** ist nicht durch § 3 S. 2 JGG wegen der fehlenden Verantwortungsreife gesperrt. Werden die Voraussetzungen des § 21 StGB bejaht, so führt dies wegen des § 18 Abs. 1 S. 3 JGG (keine Geltung der Strafrahmen des allgemeinen Strafrechts) nie zu einer Strafrahmenverschiebung über § 49 Abs. 1 StGB, sondern ist bei der Strafzumessung im engeren Sinne mildernd zu berücksichtigen.[30]

19 Da § 17 StGB den wie es *Zieger* formuliert »intellektuell bedingten« **Verbotsirrtum** regelt, § 3 S. 1 JGG dagegen den reifebedingten, stehen die Vorschriften nebeneinander.[31] Auch hier bietet es sich an, § 3 S. 1 JGG zunächst zu prüfen. Ist die Verantwortungsreife gegeben, kann trotzdem ein Verbotsirrtum vorliegen. Im Fall eines vermeidbaren Verbotsirrtums – wobei umstritten ist, ob der Prüfungsmaßstab der Vermeidbarkeit beim jungen Beschuldigten dem beim Erwachsenen entspricht, oder geringere Anforderungen zu stellen sind[32] – kann wegen § 18 Abs. 1 S. 3 JGG nicht der Strafrahmen verschoben werden, sondern der Irrtum wirkt sich als allgemeiner Milderungsgrund aus.

d) Verfahren, Anfechtbarkeit und Rechtsfolgen

20 Die Voraussetzungen des § 3 S. 1 JGG sind in jeder Verfahrenssituation – im schützenswerten Interesse des Jugendlichen möglichst **frühzeitig** – zu prüfen. Die Jugendgerichtshilfe ist stets zu beteiligen, in schwierigen Fällen bzw. bei verbliebenen Zweifeln des Gerichts[33] ein Sachverständiger, i.d.R. ein Jugendpsychologe, hinzuzuziehen, vgl. RiJGG zu § 3 Nr. 1.[34] Unter den Voraussetzungen des § 73 JGG kann die Unterbringung zur Vorbereitung eines Gutachtens über den Entwicklungsstand angeordnet werden. Wird der Jugendliche wegen fehlender Verantwortlichkeit i.S.d. § 3 S. 1 JGG freigesprochen, so fehlt es an einer Beschwer. Auch eine Einstellung ist gem. § 47 Abs. 2 S. 3 JGG unanfechtbar.[35]

21 Ist der Jugendliche nicht verantwortungsreif, so kann der Richter – nicht der Staatsanwalt – dieselben Maßnahmen wie das Familiengericht anordnen, § 3 S. 2 JGG. Als Maßnahmen kommen etwa die in § 34 Abs. 3 JGG genannten in Betracht, wobei stets der Verhältnismäßigkeitsgrundsatz zu beachten ist.[36] Wird das Verfahren im Hinblick auf die fehlende Verantwortungsreife eingestellt oder der Mandant deswegen freigesprochen,[37] so erfolgt ein Eintrag im Erziehungsregister, § 60 Abs. 1 Nr. 6 BZRG.

e) Chancen und Risiken

22 Die empirisch belegte geringe praktische Bedeutung des § 3 S. 1 JGG legt den Schluss nahe, dass auch die Verteidiger die Frage der Verantwortungsreife selten thematisieren. Dabei bietet ein Antrag

---

29 BGHSt 26, 67; NStZ-RR 2003, 186; OLG Thüringen NStZ-RR 2007, 218; krit. Etwa *Zieger/Nöding* Verteidigung in Jugendstrafsachen 7. Aufl. 2018 Rn. 39; zum Streitstand in dieser Frage *Eisenberg/Kölbel* JGG § 3 Rn. 35 ff.

30 Zum dreistufigen Vorgang der Strafzumessung *Schäfer/Sander/van Gemmeren* Rn. 487 ff.

31 *Zieger/Nöding* Verteidigung in Jugendstrafsachen 7. Aufl. 2018 Rn. 40; zu den Unterschieden zwischen den Vorschriften *Streng*, Jugendstrafrecht, 5. Aufl. 2020, Rn. 49.

32 Für denselben Maßstab streitet *Diemer*/Schatz/Sonnen JGG § 3 Rn. 9; für geringere Anforderungen beim jungen Beschuldigten spricht sich *Eisenberg/Kölbel* JGG § 3 Rn. 32 m.w.N. aus.

33 Nach OLG Hamm NStZ-RR 2007, 123 (124) kommt es allein auf die Zweifel des Gerichts, nicht auf eine divergierende Sichtweise der Jugendgerichtshilfe an.

34 Zum Sachverständigen *Diemer*/Schatz/Sonnen JGG § 3 Rn. 15 und Ostendorf-*Ostendorf JGG* § 3 Rn. 13 f.

35 Zur (Un-)Anfechtbarkeit Ostendorf-*Ostendorf JGG* § 3 Rn. 17.

36 Ausführlich zu den Maßnahmen und deren strafprozessualer Anfechtung *Diemer*/Schatz/Sonnen JGG § 3 Rn. 35 ff. und *Eisenberg/Kölbel* JGG § 3 Rn. 42 ff.

37 Bei fehlender Verantwortungsreife ist im Ermittlungsverfahren gem. § 170 Abs. 2 StPO einzustellen, im Zwischenverfahren die Eröffnung nach § 204 StPO abzulehnen, in der Hauptverhandlung ist freizusprechen oder gem. § 47 Abs. 1 S. 1 Nr. 4 JGG einzustellen.

auf Einholung eines **Sachverständigengutachtens** bei Vorliegen mehrerer entsprechender Indikatoren häufig einen guten Ausgangspunkt für die Erörterung des weiteren Verfahrensgangs.[38] Die Verteidigung muss sich aber immer des Risikos gewahr sein – und den Mandanten vorab über dieses Risiko informieren –, dass nicht nur die Verantwortungsreife, sondern naheliegend dann auch die strafrechtliche Verantwortlichkeit insgesamt, §§ 20, 21 StGB, Gegenstand einer sachverständigen Begutachtung sein werden, konkret die Unterbringung gem. § 63 StGB drohen kann. Auch die gem. § 3 S. 2 JGG mögliche Anordnung familiengerichtlicher Maßnahmen sind in die Risikoabwägung mit einzubeziehen, können diese Maßnahmen doch intensiv in das Leben des Mandanten und die Familienstruktur eingreifen.

2. Geltung der weiteren Vorschriften des JGG bei Jugendlichen

23 Welche weiteren Vorschriften des JGG Anwendung finden, richtet sich danach, ob das Verfahren zur Zuständigkeit der Jugendgerichte gehört, oder ob ausnahmsweise, was sehr selten vorkommt, das Gericht für allgemeine Strafsachen zuständig ist. Grundsätzlich sind für die Verfahren gegen Jugendliche die **Jugendgerichte** zuständig, § 33 Abs. 1 JGG. Dort ist der Anwendungsbereich des **gesamten JGG** eröffnet. Ausnahmsweise ergibt sich eine Zuständigkeit des Gerichts für allgemeine Strafsachen. In diesen Fällen regelt § 104 Abs. 1 JGG, welche Vorschriften des JGG zwingend anzuwenden sind.[39] § 104 Abs. 2 JGG stellt es in das Ermessen des Richters, ob weitere Verfahrensvorschriften des JGG Anwendung finden. Die Gerichte für allgemeine Strafsachen verhandeln gegen Jugendliche im Rahmen der originären Erstzuständigkeit gem. § 102 JGG (erste Instanz OLG oder BGH), bei der Widerklage gegen einen jugendlichen Privatkläger, § 80 Abs. 2 S. 1 JGG, und beim Verbund mit einem Verfahren gegen einen Erwachsenen i.S.d. § 103 Abs. 2 S. 2 JGG (Staatsschutz- und Wirtschaftsstrafkammer) sowie dem anschließenden Rechtsmittelverfahren.[40]

IV. Heranwachsender

24 Gem. § 1 Abs. 2 JGG ist Heranwachsender, wer zur Zeit der Tat **achtzehn, aber noch nicht einundzwanzig Jahre** alt ist. Die Frage der Verantwortungsreife i.S.d. § 3 JGG stellt sich beim Heranwachsenden nie. Er ist qua Gesetzeskonzeption immer verantwortungsreif. Bei ihm können Entwicklungsmängel nur im Rahmen der §§ 20, 21 StGB Berücksichtigung finden, vgl. RiJGG zu § 105 Nr. 1.[41] Unter welchen Voraussetzungen welche Vorschriften des zweiten Teils, erstes Hauptstück des JGG (Verfehlungen Jugendlicher und ihre Folgen) für den Heranwachsenden gelten, regelt im Wesentlichen **§ 105 JGG**.[42] Nach Abs. 1 gelten die §§ 4 bis 8, 9 Nr. 1, §§ 10, 11 und 13 bis 32 JGG entsprechend, wenn der Entwicklungsstand dem eines Jugendlichen gleichsteht, oder es sich bei der Tat um eine Jugendverfehlung handelt. Beide Varianten, Entwicklungsstand eines Jugendlichen und Jugendverfehlung, stehen nebeneinander, können sich aber auch überschneiden.[43]

---

38 Zu Verteidigungsmöglichkeiten Strafverteidigung/*Schmitz-Justen* § 26 Rn. 19.

39 Die §§ 1 und 2 JGG, die Vorschriften über Vollstreckung und Vollzug, die Beseitigung des Strafmakels gelten immer, auch wenn sie nicht in § 104 JGG aufgeführt sind, Ostendorf-*Goerdeler* JGG § 104 Rn. 4 und Diemer/*Schatz*/Sonnen JGG § 104 Rn. 5.

40 Ausführlich Ostendorf-*Goerdeler* JGG § 104 Rn. 3 mit weiteren Verweisen.

41 *Diemer*/Schatz/Sonnen JGG § 3 Rn. 1; *Eisenberg/Kölbel* JGG § 3 Rn. 2.

42 Welche verfahrensrechtlichen Vorschriften im Verfahren gegen einen Heranwachsenden Anwendung finden, regelt § 109 JGG. Die §§ 104, 112 JGG betreffen die Anwendbarkeit von Vorschriften des JGG, wenn die allgemeinen Gerichte ausnahmsweise zuständig sind.

43 BGH NStZ 2001, 102.

1. § 105 Abs. 1 Nr. 2 JGG (Jugendverfehlung)

In § 105 Abs. 1 Nr. 2 JGG wird auf die Tat, nicht wie bei § 105 Abs. 1 Nr. 1 JGG auf die Täter- 25
persönlichkeit abgestellt.[44] Da sich die Prüfung der Voraussetzungen der Jugendverfehlung einfacher gestaltet als die des Entwicklungsstandes i.S.d. § 105 Abs. 1 Nr. 1 JGG, besteht Einigkeit, dass die Jugendverfehlung zunächst zu prüfen ist.[45] Dabei ist jede vorgeworfene Tat gesondert zu beleuchten. Sind nicht alle Taten **Jugendverfehlungen**, so ist gem. § 32 JGG anhand des Schwergewichts der Taten zu entscheiden, ob das Jugend- oder das Erwachsenenstrafrecht Anwendung findet.[46]

Dass eine typische Jugendverfehlung vorliegt, kann sich aus der Art, den Umständen oder den 26
Beweggründen der Tat (oder aus einer Kombination dieser Gesichtspunkte) ergeben.[47] Die Art und die Umstände der Tat werden von der Rechtsprechung unter dem Gesichtspunkt des **»äußeren Erscheinungsbildes«** der Tat zusammengefasst,[48] die neben der **Tatmotivation** des Heranwachsenden zu prüfen ist. Grundsätzlich ist eine Jugendverfehlung weder wegen der Schwere der Tat, noch wegen der Art des Delikts ausgeschlossen.[49] So kann auch die gewerbsmäßige Steuerhehlerei eine Jugendverfehlung sein.[50] Das Gericht hat eine Gesamtwürdigung vorzunehmen, bei der ihm ein erheblicher Beurteilungsspielraum zusteht.[51]

Für eine Jugendverfehlung sprechen die folgenden **Tatumstände:**[52] 27
- Mangel an Ausgeglichenheit, Besonnenheit und Hemmungsvermögen,[53]
- ein falsch verstandener Ehrbegriff,[54]
- die Äußerung gegenüber der Jugendgerichtshilfe, »dass so etwas bei Geldmangel schon einmal vorkommen könne« als Sinnbild für die Einstellung zur Tat,[55]
- eine Gruppendynamik, z.B. bei einer Massenschlägerei,[56]
- Spontaneität der Tat,[57]
- Tat aus Abenteuerlust,[58]
- eskalierender Streit vor Bekannten mit Imponiergehabe,[59]
- das Sammeln von Zeitungsausschnitten über die Taten,[60]
- der Wunsch, »so gut angezogen« wie die Bekannten zu sein[61] bzw. die wirtschaftliche Situation zum Erwerb von Kleidung und des Führerscheins aufzubessern,[62]

---

44 *Zieger/Nöding* Verteidigung in Jugendstrafsachen 7. Aufl. 2018 Rn. 99 bezeichnet die Jugendverfehlung als besonders hervorgehobene, tatbezogene Fallgruppe des Reiferückstands.
45 Statt aller *Eisenberg/Kölbel* JGG § 105 Rn. 2; Strafverteidigung/*Schmitz-Justen* § 26 Rn. 22; *Zieger/Nöding* Verteidigung in Jugendstrafsachen 7. Aufl. 2018 Rn. 99.
46 Ostendorf-*Ostendorf JGG* § 105 Rn. 15; vgl. AG Rudolstadt ZJJ 2014, 48, 49 f.
47 BGH NStZ 2008, 696.
48 BGH NStZ 1986, 549 (550); NStZ 1987, 366; NStZ 2008, 696.
49 *Eisenberg/Kölbel* JGG § 105 Rn. 35; Ostendorf-*Ostendorf JGG* § 105 Rn. 17; Diemer/Schatz/*Sonnen* JGG § 105 Rn. 25.
50 KG StV 2013, 763 (764).
51 BGH NStZ 1986, 549 (550).
52 Vgl. auch die Beispiele aus der Rspr. Bei *Zieger/Nöding* Verteidigung in Jugendstrafsachen 7. Aufl. 2018 Rn. 100.
53 BGH NStZ 1986, 549 (550); NStZ 1987, 366; ZJJ 2007, 415 (416) = StV 2008, 121; BayObLG StV 1981, 527.
54 BayObLG StV 1981, 527.
55 BGH NStZ 1987, 366 (367).
56 BGH NStZ 2001, 102; OLG Zweibrücken (Beschl. v. 08.03.1989 – 1 Ss 11/89) NStZ 1991, 522 (524) bei *Böhm*.
57 OLG Zweibrücken (Beschl. v. 08.03.1993 – 1 Ss 21/93, NStZ 1993, 527 (530)) bei *Böhm*.
58 BGHR JGG § 105 Abs. 1 Nr. 2 Jugendverfehlung 3 Abenteuerlust (Haschischhandel).
59 OLG Zweibrücken (Beschl. v. 24.05.1993 – 1 AR 46/93) bei *Böhm* NStZ 1993, 527 (530).
60 BGH NStZ 1987, 366 (367).
61 BGH StV 1991, 424.
62 BGH NStZ 1987, 366.

– unübliches aggressives Verhalten in einer Sondersituation,[63]
– ein planmäßiges, überlegtes, zielgerichtetes Vorgehen schließt die Annahme einer Jugendverfehlung nicht aus; jedenfalls ist die Motivation zu untersuchen,[64]
– auch ein mit bedingtem Schädigungsvorsatz verübter Gewaltakt kann als Jugendverfehlung zu beurteilen sein, wenn die Tatumstände und die Beweggründe der konkreten Tat diese als eine jugendtümliche Lebensäußerung erscheinen lassen.[65]

Bei Zweifeln, ob eine Jugendverfehlung vorliegt oder nicht, ist Jugendstrafrecht anzuwenden.[66]

▶ **Beachte**

28 Während das äußere Erscheinungsbild der Tat objektivierbar ist, ist die Tatmotivation als rein subjektives Kriterium in hohem Maße abhängig von der etwaigen Einlassung des Mandanten. Diese gilt es sorgfältig vorzubereiten.

2. § 105 Abs. 1 Nr. 1 JGG (Entwicklungsstand eines Jugendlichen)

29 Im Rahmen einer Gesamtwürdigung der Persönlichkeit und der Umweltbedingungen ist der **Entwicklungsstand** des Heranwachsenden zu bestimmen. Dem Richter steht wie bei § 105 Abs. 1 Nr. 2 JGG ein **erheblicher Beurteilungsspielraum** zu.[67] Entscheidend ist nicht, ob der Heranwachsende »das Bild eines noch nicht Achtzehnjährigen bietet«, sondern ob »noch in größerem Umfang Entwicklungskräfte wirksam sind«.[68] Aus dem Maßstab der wirksamen Entwicklungskräfte folgt für die Rechtsprechung, dass Erwachsenenstrafrecht anzuwenden ist, wenn eine Nachreifung des Heranwachsenden über den Entwicklungsstand eines Jugendlichen hinaus ausgeschlossen werden kann.[69] Dieser Ausschluss der Nachreife kann aber nur ausnahmsweise mit der gebotenen Sicherheit und nicht selten nur unter Beteiligung eines Sachverständigen prognostiziert werden.[70] Der Sachverständige sollte gem. § 43 Abs. 2 JGG möglichst schon im Ermittlungsverfahren tätig werden. Das Gericht muss die entscheidungserheblichen Tatsachen und die rechtlichen Schlussfolgerungen detailliert darlegen, dabei alle für die Entwicklung des Heranwachsenden maßgeblichen Umstände in einer Gesamtschau würdigen.[71] Bei verbleibenden Zweifeln ist grundsätzlich Jugendstrafrecht anzuwenden.[72]

30 Aus der Rechtsprechung lassen sich folgende Gesichtspunkt extrahieren, die für den Entwicklungsstand eines Jugendlichen, für **noch wirksame Entwicklungskräfte** streiten:[73]
– fehlende (Schul-) Ausbildung und Arbeit,[74]

---

63 BGH NStZ 2008, 696 (Messerstich gegen Liebhaber der Mutter, der ggf. zuvor den Angekl. Beleidigt hatte; zudem besondere Bindung zur Mutter).
64 OLG Hamm StV 2006, 71 f.
65 AG Rudolstadt ZJJ 2013, 420 = StV 2013, 764 ff.
66 BGH NStZ 1986, 549 (550); NStZ 2008, 696; *Zieger/Nöding* Verteidigung in Jugendstrafsachen 7. Aufl. 2018 Rn. 100.
67 BGH NStZ 2023, 434; NStZ 2022, 558; BGHSt 36, 37 (38); NStZ 2004, 295.
68 BGHSt 36, 37; StV 2003, 460; StV 2013, 762; ZJJ 2014, 387 f., NStZ 2019, 217; kritisch dazu Diemer/Schatz/*Sonnen* JGG § 105 Rn. 21.
69 BGHSt 22, 41; NJW 2002, 73 (75) mit Besprechung *Kudlich* JuS 2002, 1164 ff.; BGH StV 2003 460 (461); OLG Köln (Beschl. v. 13.10.2010 – 2 Ws 641/10) ZJJ 2011, 204 (205).
70 BGH NJW 2002, 73 (76) unter Verweis auf *Schaffstein/Beulke*, in: *Venzlaff/Foerster, S. 68*; *Eisenberg/Kölbel JGG*, 8. Aufl., § 105 Rn. 27; Ostendorf-*Ostendorf JGG*, § 105 Rn. 25; *Diemer/Schoreit/Sonnen* JGG, 3. Aufl., § 105 Rn. 27.
71 OLG Celle NStZ-RR 2012, 321 f.
72 BGH NStZ 2023, 434; NJW 2002, 73, 75, ZJJ 2007, 415, 416.
73 Vgl. die Rechtsprechungsübersicht bei Diemer/Schatz/*Sonnen* JGG § 105 Rn. 22; weitere Gesichtspunkte bei *Streng*, Jugendstrafrecht, 5. Aufl. 2020, Rn. 76.
74 BGH StV 1994, 607; OLG Bremen StV 1993, 536; OLG Hamm StV 2001, 182.

- keine ausreichende Erziehung in der Vergangenheit,[75]
- soziale Entwurzelung, fremder Kulturkreis,[76]
- legaler und illegaler Drogenkonsum,[77]
- Zugehörigkeit zu einer Gruppierung, verbunden mit Unterordnung und Preisgabe von Freiheit, z.B. als Skinhead,[78]
- typische Gruppendelinquenz,[79]
- Spontaneität der Tat.[80]

Die folgenden Gesichtspunkte sprechen nicht notwendigerweise gegen einen jugendlichen Ent- 31
wicklungsstand bzw. schließen diesen nicht aus:
- abgeschlossene Schule und Lehre sowie geregelte Arbeit,[81]
- keine Abschreckung durch vorübergehende Inhaftierung, ähnliche Taten »nach der Art eines ausgekochten erwachsenen Täters« wiederholt zu begehen,[82]
- Uneinsichtigkeit,[83]
- Durchsetzungsvermögen, welches sich lediglich in den Straftaten manifestiert,[84]
- als 18 1/2-jähriger seit 2 Jahren eine feste Freundin zu haben,[85]
- die Fähigkeit, Formalitäten für die Ausreise nach Deutschland – wie viele andere Flüchtlinge – erledigen zu können,[86]
- alleine zu wohnen,[87]
- als Ausländer in die Drogenszene »integriert« zu sein,[88]
- die Taten als »Organisator« begangen zu haben,[89]
- eine realistische Zukunftsplanung zum Zeitpunkt der Begutachtung (oder Hauptverhandlung).[90]

Weitere Anhaltspunkte, welche Gesichtspunkte für den Entwicklungsstand relevant sind, lassen sich 32
den sogenannten **Marburger Richtlinien** entnehmen, die im Internet abgerufen werden können.[91] Falls die Staatsanwaltschaft gegen die Anwendung von Jugendstrafrecht opponiert, sollte die Verteidigung in geeigneten Fällen Bezug auf die »Anleitung für Sitzungsvertreter der Staatsanwaltschaft in der Hauptverhandlung vor dem Jugendgericht« von *Ostendorf* nehmen.[92]

75 BGH StV 1984, 254; BGHR JGG § 105 Abs. 1 Nr. 1 Entwicklungsstand 3 Sachverständiger.
76 BGH StV 1990, 508; OLG Hamm StV 2001, 182; vgl. aber auch BGH NStZ-RR 1999, 26 (»Dass der Angekl. Als Türke mit 2 Jahren in die Bundesrepublik kam, ist jedenfalls nicht so gewichtig«).
77 BGH StV 1994, 607; StV 1994, 608; OLG Bremen StV 1993, 536; vgl. auch OLG Rostock StraFo 2004, 103 (104). Bei chronischem Drogen- oder Alkoholkonsum kann die Nachreifung ausgeschlossen sein, BGHR JGG § 105 Abs. 1 Nr. 1 Entwicklungsstand 4 Alkoholproblematik.
78 OLG Zweibrücken StV 1986, 306.
79 Offengelassen in BGH NStZ 2001, 102.
80 OLG Hamm StV 2001, 182.
81 BGH StV 1982, 27.
82 BGH StV 1982, 474 f.
83 OLG Zweibrücken StV 1986, 306.
84 BGH StV 1984, 254.
85 BGH StV 1990, 508.
86 BGH StV 1990, 508; vgl. auch OLG Rostock StraFo 2004, 103 (104).
87 BGH NStZ-RR 2006, 187 (188); OLG Bremen StV 1993, 536.
88 OLG Rostock StraFo 2004, 103 (104).
89 BGH NStZ-RR 2006, 187 (188).
90 BGH ZJJ 2007, 415 (416) = NStZ 2008, 696.
91 Vgl. auch *Eisenberg/Kölbel* JGG § 105 Rn. 23 ff.; ursprünglich veröffentlicht in MschrKrim 1955, 60.
92 *Ostendorf* ZJJ 2010, 183 (184 f.).

3. Revision bei einem Verstoß gegen § 105 Abs. 1 JGG

33 Die auf die Sachrüge[93] gestützte Revision der Verteidigung gegen die Anwendung des Erwachsenenstrafrechts kann nur dann Erfolg haben, wenn wesentliche für den Entwicklungsstand eines Jugendlichen oder für die Jugendverfehlung streitende Gesichtspunkte nicht erörtert oder falsch gewertet wurden, das Tatgericht den Beurteilungsmaßstab insgesamt verkannt hat oder seine Entscheidung nicht ausreichend begründet hat.[94] Das ausreichend begründete (mögliche) Ergebnis der tatrichterlichen Gesamtwürdigung nimmt das Revisionsgericht regelmäßig hin. Erfolgreich gerügt werden kann nur »der Weg«, nicht »das Ziel«.

4. Geltung der weiteren Vorschriften des JGG bei Heranwachsenden

34 **§ 105 Abs. 2 JGG** eröffnet den Anwendungsbereich des § 31 Abs. 2 S. 1, Abs. 3 JGG. Auch ein nach Erwachsenenstrafrecht ergangenes Urteil kann bei der neuen Entscheidung, bei der Jugendstrafrecht wegen § 105 Abs. 1 JGG angewandt wird, einbezogen werden (dazu unten Rdn. 166–168). **§ 105 Abs. 3 JGG** normiert in Abgrenzung zu § 18 JGG, dass das Höchstmaß der Jugendstrafe für Heranwachsende 10 Jahre beträgt; mit der JGG-Novelle aus dem Jahr 2012 wurde das Höchstmaß der Strafe gegen Heranwachsende für Fälle des Mords auf 15 Jahre angehoben.[95] **§ 109 Abs. 2 JGG** verleiht bestimmten prozessualen Vorschriften zu den Bereichen Diversion, Untersuchungshaft, Verfahren und Adhäsionsverfahren Geltung, wenn Jugendstrafrecht Anwendung findet. § 110 Abs. 1 JGG regelt die Anwendbarkeit der Vorschriften über die Vollstreckung und den Vollzug bei der Anwendung von Jugendstrafrecht auf Heranwachsende, § 110 Abs. 2 JGG mit dem Verweis auf § 89c JGG gilt für den Vollzug von Untersuchungshaft (dazu unten Rdn. 101).

C. Das Mandatsverhältnis

35 Während im Erwachsenenstrafrecht nach den herrschenden Vereinigungstheorien die Strafzwecke der Spezial- und Generalprävention und der Vergeltung nebeneinander Anwendung finden,[96] dient gem. § 2 Abs. 1 S. 1 JGG das Jugendstrafverfahren vor allem der Spezialprävention, also erneuten Straftaten dieses einen Jugendlichen oder Heranwachsenden entgegenzuwirken.[97] Stärker noch als im Erwachsenenstrafrecht steht der junge Beschuldigte im Mittelpunkt des gegen ihn gerichteten Verfahrens.

36 Gerade der junge Beschuldigte bedarf professioneller Hilfe, um sich gegen die erhobenen Vorwürfe verteidigen zu können. Der Verteidiger im Jugendstrafverfahren muss verfahrensrechtliche Besonderheiten der Mandatierung beachten. Die Vergütungsfrage muss geklärt sein. Ein besonderes Augenmerk ist auf die Kommunikation im und um das Mandatsverhältnis zu richten. Dies ist der Vielzahl der am Verfahrensverlauf und -inhalt Interessierten – Familie, Jugendgerichtshilfe, Jugendamt, Schule, Freunde etc. – geschuldet.

I. Verteidiger im Jugendstrafverfahren

37 Mit unterschiedlich starkem Nachdruck wird darauf hingewiesen, dass an den Verteidiger in Jugendstrafsachen besondere Anforderungen zu stellen seien, er eine besondere Rolle einzunehmen habe, bis hin zu der Forderung, er müsse eine erzieherische Aufgabe erfüllen, die ggf. seine (im Erwachse-

93 BGH StV 1991, 424.

94 BGH NStZ 2022, 558; zu strafprozessualen Fragen *Eisenberg/Kölbel* JGG § 105 Rn. 46 ff.; Ostendorf-*Ostendorf JGG* § 105 Rn. 29; Diemer/Schatz/*Sonnen* JGG § 105 Rn. 35, jeweils m.w.N.

95 Gesetz zur Erweiterung jugendgerichtlicher Handlungsmöglichkeiten vom 04.09.2012, BGBl. I S. 1854.

96 Vgl. *Fischer* § 46 Rn. 2 ff.; *Kindhäuser*, LPK-StGB, vor § 1 Rn. 28.

97 Zur Intention des Gesetzgebers BT-Drs. 16/6293 S. 9.

nenstrafrecht zulässige) Verteidigungstätigkeit einschränke.[98] Tatsächlich sind an den Jugendstrafverteidiger keine weitergehenden Anforderungen zu stellen als an den Wirtschaftsstrafverteidiger, den Betäubungsmittelstrafverteidiger, den Steuerstrafverteidiger, als an jeden Strafverteidiger. Besondere an den Verteidiger in Jugendstrafverfahren gerichtete Regelungen sieht das Gesetz nicht vor.[99] Der Verteidiger muss, wie *Barton* es formuliert, **praktisch-professionell** agieren.[100] Dabei wird er den Mandanten schützen, indem er ihn entlastet, Fürsprache gegenüber Dritten hält, das Geschehen soweit aus Sicht der Verteidigung erforderlich aufklärt und die Justizförmigkeit des Verfahrens kontrolliert. Er muss dem Mandanten beistehen, indem er ihn berät und betreut. Dafür müssen Mandant und Verteidiger nicht dieselbe Sprache, dieselbe Ausdrucksweise verwenden. Sie müssen sich aber auf Grundlage einer gemeinsamen Kommunikationsbasis verständigen können.

Der Jugendstrafverteidiger wird sicher nicht unter erzieherischen Gesichtspunkten zu einem Geständnis raten, wenn die prozessuale Situation ein Schweigen gebietet. Den in Gerichtssälen und -fluren ab und an erhobenen Vorwürfen, dass bei einem Schweigen der junge Mann doch nur »verdorben« würde, weil das einzige, was er aus dem Verfahren »lernen« würde, wäre, dass er machen könne, was er wolle, da sein Verteidiger ihn »aus allem rausboxe«, ist entschieden entgegenzutreten. Den das Jugendstrafverfahren prägenden Erziehungsgedanken wird der Verteidiger im geeigneten Moment aufgreifen und verwenden, weil es der Verteidigung dienlich ist, nicht, um eine abstrakte Erziehungsaufgabe zu erfüllen. 38

II. Mandatsbegründung und Vergütung

Wie im Erwachsenenstrafrecht kann das Mandatsverhältnis privatrechtlich oder durch richterlichen Beschluss begründet werden.[101] 39

1. Wahlverteidigung

Der sogenannte Wahlverteidiger kann vom jungen Beschuldigten und/oder den Erziehungsberechtigten beauftragt werden. 40

a) Mandatierung durch Mandanten

Der junge Beschuldigte, auch der Jugendliche, hat das **Recht der selbstständigen Verteidigerwahl.** Voraussetzung dafür ist nicht die Geschäfts-, sondern die ausreichende Einsichtsfähigkeit.[102] Das eigene Wahlrecht ist zwingende Folge der aus dem Grundrecht des fairen Verfahrens abzuleitenden Subjektstellung des Beschuldigten: der Beschuldigte als Subjekt des Verfahrens muss selbst bestimmen dürfen, wer ihn verteidigt und damit professionell seine Interessen wahrnimmt.[103] 41

b) Mandatierung durch Erziehungsberechtigten

Im Verfahren gegen einen Jugendlichen – nicht im Verfahren gegen den Heranwachsenden – hat neben dem Beschuldigten der **Erziehungsberechtigte gem. § 67 Abs. 2 JGG** ein eigenes Recht zur 42

---

98 Ausführlich zu den Funktionen der Verteidigung im Jugendstrafverfahren der auch heute noch aktuelle Beitrag von *Beulke* in StV 1987, 458 ff. Zusammenfassend auch *Eisenberg/Kölbel* JGG § 68 Rn. 9 ff. m.w.N. zu den einzelnen Positionen. Vgl. zu den Aufgaben des Strafverteidigers unter dem Gesichtspunkt des Verteidigungsziels Widmaier/*Böttcher/Schütrumpf* § 53 Rn. 123 f.

99 Dazu und zum Verteidiger in Jugendstrafverfahren allgemein *Zieger/Nöding* Verteidigung in Jugendstrafsachen 7. Aufl. 2018 Rn. 148 ff.

100 *Barton* Einführung in die Strafverteidigung, § 2 Rn. 23 ff. Ausführlich zum Strafverteidiger Einleitung Rdn. 12 ff.

101 Zur Mandatsbegründung im Strafverfahren ausführl. Kap. 1 Rdn. 3 ff.

102 OLG Schleswig NJW 1981, 1681 (Untergebrachter); LR/*Lüderssen/Jahn* § 137 Rn. 58; Meyer-Goßner/*Schmitt* § 137 Rn. 9.

103 Grundlegend zum Recht auf anwaltlichen Beistand BverfGE 38, 105 ff. = NJW 1975, 103 ff.

Verteidigerwahl. Hat der Beschuldigte einen Anwalt gewählt, der Erziehungsberechtigte einen anderen, so hat Letzterer bei Differenzen über einzelne Verteidigungsaktivitäten und das Verteidigungsziel von der Einflussnahme auf die Verteidigung abzusehen.[104] Auch dies ergibt sich zwingend aus der Subjektstellung des Beschuldigten. Nicht nur das »Ob«, das Recht auf Verteidigung, sondern auch das »Wie«, hier: wer die Verteidigung ausübt, muss der Beschuldigte zuvorderst selbst in Abstimmung mit dem Anwalt seines Vertrauens bestimmen können. Das hohe Gut des Rechts auf den Anwalt des Vertrauens umfasst – sonst liefe es leer –, dass eben dieser Anwalt des Beschuldigten die Verteidigungsstrategie bestimmt.

c) Vergütung

43 Die Vergütungsfrage gilt es frühzeitig und offen zu klären. Der Verteidiger muss wissen, dass im Fall der Mandatierung durch den Jugendlichen ein – sei es auch »lediglich« gesetzlicher – Vergütungsanspruch gegen diesen nur besteht, wenn die Erziehungsberechtigten in diese Verpflichtung eingewilligt haben, § 107 BGB, oder sie mit ex-tunc-Wirkung genehmigen, § 108 BGB.[105] Dass der Jugendliche gegen seine Eltern bei fehlender **Zustimmung** ggf. einen unterhaltsrechtlichen Anspruch auf Zahlung der Verteidigungskosten hat, nützt dem Verteidiger nach hiesiger Auffassung nichts. Denn eine Pfändung dieses Anspruchs im Hinblick auf die Erfüllung einer unwirksamen Vergütungsverpflichtung ist unzulässig.[106] Jedenfalls empfiehlt es sich, solche vergütungsrechtlichen Probleme zu umgehen. Da i.d.R. das Interesse des Verteidigers darauf gerichtet ist, durch die Erziehungsberechtigten, meist die Eltern, vergütet zu werden, kann erwogen werden sich direkt durch diese beauftragen zu lassen. So entsteht unmittelbar gegen die Erziehungsberechtigten auch ein Vergütungsanspruch. Es erscheint dabei jedoch ratsam, die Erwachsenen zugleich ausdrücklich darauf hinzuweisen, dass der Verteidiger als Beistand des Beschuldigten allein **dessen** Belangen verpflichtet ist. Auch sollte deutlich erwähnt werden, dass die Verschwiegenheitsverpflichtung des Verteidigers den Erziehungsberechtigten gegenüber auch dann besteht, wenn die Vergütung durch diese erfolgt. Hierbei kann ggf. mit dem Jugendlichen erörtert werden, ob eine Entbindung von der Schweigepflicht erfolgen soll. Keinesfalls darf bei den Erziehungsberechtigten indes der Eindruck entstehen, sie erlangten durch die Zahlung der Vergütung das Recht, in einer den Interessen des Jugendlichen zuwiderlaufenden Weise auf das Mandat Einfluss nehmen zu dürfen. Vielmehr ist möglichst von Beginn an klarzustellen, dass bei eventuell abweichenden Vorstellungen des Jugendlichen und der Erziehungsberechtigten – sei es auch aus vermeintlich nachvollziehbaren Gründen heraus –eine Orientierung des Verteidigers stets am Beschuldigtenwillen zu erfolgen hat.[107] Mag dies auch zur Beendigung des Mandats von Seiten der Erziehungsberechtigten führen, so wäre jedes anderweitige Verhalten des Verteidigers dem Risiko einer Strafbarkeit nach § 356 StGB unterworfen.[108]

44 Bei der Bemessung der Höhe der Vergütung nach dem RVG innerhalb des jeweiligen Gebührenrahmens gelten die allgemeinen Grundsätze des § 14 Abs. 1 RVG. Hinsichtlich der Bedeutung der Angelegenheit wird der Anspruch nicht deshalb niedriger ausfallen dürfen, weil ggf. eine Diskrepanz zur Strafandrohung im Erwachsenenstrafrecht besteht.[109] Dem Erziehungsgedanken kommt eine hohe gesellschaftliche Bedeutung zu, der bei der Einstufung der Bedeutung der Angelegenheit insgesamt gebührenerhöhend zu berücksichtigen ist.[110]

---

104 *Zieger* StV 1982, 305; *Zieger/Nöding* Verteidigung in Jugendstrafsachen 7. Aufl. 2018 Rn. 173; dem folgend *Eisenberg/Kölbel* JGG § 68 Rn. 26.
105 Vgl. OLG Schleswig NJW 1981, 1681; *Eisenberg/Kölbel* JGG § 68 Rn. 18.
106 Anders Widmaier/*Böttcher/Schütrumpf* § 53 Rn. 110 und *Zieger/Nöding* Verteidigung in Jugendstrafsachen 7. Aufl. 2018 Rn. 172, die wohl von der Pfändbarkeit ausgehen.
107 *Eisenberg/Kölbel* JGG § 68 Rn. 25.
108 *Eisenberg/Kölbel* JGG § 68 Rn. 27.
109 Vgl. LG Essen StV 2008, 375; *Eisenberg/Kölbel* JGG § 74 Rn. 17.
110 LG Essen StV 2008, 375; vgl. auch *Zieger/Nöding* Verteidigung in Jugendstrafsachen 7. Aufl. 2018 Rn. 172.

Für den Abschluss einer **Vergütungsvereinbarung** gem. § 3a RVG gilt das oben Ausgeführte entsprechend. Auch diese sollte regelmäßig mit den Erziehungsberechtigten abgeschlossen werden. Dabei sollte ebenfalls deutlich auf die verpflichtende Orientierung am Mandantenwillen, wie auch auf die grundsätzlich bestehende Verschwiegenheitsverpflichtung hingewiesen werden, vgl. oben. Ist der Jugendliche ausnahmsweise in der Lage, die Verteidigungstätigkeit auf Grundlage einer Vereinbarung zu vergüten, ist die schriftliche Einwilligung oder Genehmigung der Erziehungsberechtigten einzuholen. 45

Der Wahlverteidiger muss immer dann, wenn die Notwendigkeit der Verteidigung gegeben sein könnte, den Regelungsgehalt des § 74 JGG ansprechen.[111] Danach kann – auch im Fall der Verurteilung – davon abgesehen werden, die Kosten und Auslagen dem Angeklagten aufzuerlegen. Unter Auslagen i.S.d. § 74 JGG ist nach der herrschenden Rechtsprechung nicht die Vergütung des Wahlverteidigers zu fassen, da § 74 JGG nur Auslagen der Staatskasse, worunter auch die Pflichtverteidigervergütung fällt, meint.[112] Bei der Vergütung des Wahlverteidigers handelt es sich, auch wenn dieser von den Erziehungsberechtigten mandatiert wurde,[113] hingegen um **notwendige Auslagen des Angeklagten**, die dieser im Fall einer Verurteilung stets selbst zu tragen hat. Im Einzelfall mag im finanziellen Interesse des Jugendlichen erwogen werden, mit einer Kombination aus – ggf. nach § 74 JGG von der Staatskasse übernommenen – Pflichtverteidigervergütung, sowie nach § 58 Abs. 3 RVG insoweit anrechnungsfrei bleibenden zusätzlichen Zahlungen des Jugendlichen oder dessen Erziehungsberechtigten zu agieren. Diese Vorgehensweise kann geeignet sein, die finanzielle Belastung des Jugendlichen zu reduzieren, ohne allzu drastische Einbußen der eigenen Vergütung hinnehmen zu müssen. 46

▶ **Beachte**

Der Wahlverteidiger muss auf das wegen § 74 JGG im Verhältnis zur Pflichtverteidigung erhöhte Kostenrisiko hinweisen, so ein Fall der notwendigen Verteidigung in Betracht kommt. Ohne den Hinweis droht der Anwaltsregress.[114]

2. Pflichtverteidigung

Stetig in der Diskussion ist die Frage der Pflichtverteidigung im Jugendstrafverfahren. Die Pflichtverteidigung, formal »notwendige Verteidigung«, ist in § 68 JGG, der in seiner Nr. 1 auf das allgemeine Strafrecht, also insbesondere § 140 StPO verweist, geregelt. 47

a) Anwendbarkeit, Zeitpunkt, Allgemeines

Die Vorschrift findet in Verfahren gegen **Jugendliche** Anwendung. Gem. § 109 Abs. 1 S. 1 JGG gelten im Verfahren gegen **Heranwachsende nur § 68 Nr. 1, 4 und 5 JGG**. Auch wenn ausnahmsweise die allgemeinen Gerichte zuständig sind, ist der Anwendungsbereich eröffnet.[115] Ferner kann die Verteidigung im vereinfachten Jugendverfahren[116] und im Vollstreckungsverfahren notwendig 48

111 Diemer/*Schatz*/Sonnen JGG § 74 Rn. 31; *Zieger/Nöding* Verteidigung in Jugendstrafsachen 7. Aufl. 2018 Rn. 178.

112 BGHSt 36, 27, 28 f.; BGH (Beschl. v. 25.07.2000 – 4 StR 229/00) NStZ-RR 2001, 321 (326) bei *Böhm*; NStZ-RR 2006, 224; vgl. die zahlreichen Nachweise – auch zur Gegenposition – bei Diemer/*Schatz*/Sonnen JGG § 74 Rn. 28; zur Vergütung des Pflichtverteidigers als Auslage der Staatskasse *Eisenberg/Kölbel* JGG § 74 Rn. 12.

113 Diemer/*Schatz*/Sonnen JGG § 74 Rn. 29.

114 *Zieger/Nöding* Verteidigung in Jugendstrafsachen 7. Aufl. 2018 Rn. 178.

115 Zur Anwendbarkeit ausführl. *Diemer*/Schatz/Sonnen JGG § 68 Rn. 1 ff. und *Eisenberg/Kölbel* JGG § 68 Rn. 1 ff.

116 Auch wenn wegen § 78 Abs. 3 JGG von § 68 JGG grds. Abgewichen kann, OLG Düsseldorf NStZ 1999, 211 (Notwendigkeit der Verteidigung beim Vorwurf des Verbrechens).

sein.[117] Den grundsätzlichen Zeitpunkt der Bestellung im Falle der Notwendigkeit von Verteidigung regelt 68a Abs. 1 S. 1 JGG, der gemäß § 109 Abs. 1 S. 1 JGG ebenfalls für Heranwachsende gilt: Dem Jugendlichen, der noch keinen Verteidiger hat, wird ein Pflichtverteidiger spätestens bestellt, bevor eine Vernehmung des Jugendlichen oder eine Gegenüberstellung mit ihm durchgeführt wird. Für Fälle, in denen die Verteidigung »nur« notwendig ist, weil dem Beschuldigten ein Verbrechen zur Last gelegt wird, ein Absehen von der Strafverfolgung nach § 45 Absatz 2 oder 3 zu erwarten ist und die Bestellung eines Pflichtverteidigers zu dem in Satz 1 genannten Zeitpunkt auch unter Berücksichtigung des Wohls des Jugendlichen und der Umstände des Einzelfalls unverhältnismäßig wäre, regelt 68a Abs. 1 S. 2 JGG eine Ausnahme. Weitere Ausnahmen schafft § 68b JGG, demzufolge Vernehmungen und Gegenüberstellungen ohne Verteidiger gestattet sind, soweit dies auch unter Berücksichtigung des Wohls des Jugendlichen zur Abwehr schwerwiegender nachteiliger Auswirkungen auf Leib oder Leben oder die Freiheit einer Person dringend erforderlich ist oder ein sofortiges Handeln der Strafverfolgungsbehörden zwingend geboten ist, um eine erhebliche Gefährdung eines sich auf eine schwere Straftat beziehenden Strafverfahrens abzuwenden.

49 Es gilt nun zunächst, den Begriff des Pflichtverteidigers näher zu betrachten. Das JGG kennt diesen erst seit Inkrafttreten der §§ 68a, 68b JGG am 17. Dezember 2019.[118] Gemeint ist derjenige Verteidiger, der im Falle der gesetzlich bestimmten Notwendigkeit von Verteidigung, § 68 JGG (vgl. auch § 140 StPO), durch das zuständige Gericht als Verteidiger bestellt wird. Dies kann – auf Antrag des Beschuldigten – ein bestimmter (ggf. zuvor gewählter) Verteidiger sein, es kann aber auch die Bestellung eines dem Beschuldigten unbekannten Verteidigers erfolgen. Durch die Beiordnung entsteht ein uneingeschränktes Mandatsverhältnis. Dem beigeordneten Verteidiger entsteht dabei (auch) ein Vergütungsanspruch gegenüber der Staatskasse, § 45 RVG. Die Höhe der Vergütung richtet sich in Strafsachen, wie für den gewählten Verteidiger, nach Anlage 1 (zu § 2 Abs. 2) RVG, dem Vergütungsverzeichnis, dort Teil 4. Die (fixen) Gebühren des Pflichtverteidigers liegen dabei regelmäßig 20% unter den Mittelgebühren des Wahlverteidigers. Die eingangs erwähnte Diskussion begreift »den Pflichtverteidiger« dabei als Person, deren Geschäftsmodell überwiegend in der Übernahme solcher Pflichtverteidigungen besteht und die dem verminderten Gebührenanspruch mit einer sachlich nicht begründbaren Reduktion der Verteidigertätigkeit – die, dem gängigen Vorwurf nach, dabei mindestens auch der Arbeitserleichterung des Gerichts dienen soll – begegnet. Dass auch dieser (von dem Beschuldigten nicht zuvor gewählte) Pflichtverteidiger dieselben Rechte wie der nicht beigeordnete Wahlverteidiger hat, ist eine Selbstverständlichkeit. Für die Anwaltschaft problematischer gestaltet sich die in dieser Pflichtverteidigerstellung bereits begrifflich enthaltene Kehrseite der Rechte, die der Pflichten. Hinsichtlich des oben beschriebenen Typus des Pflichtverteidigers hat *Baumhöfener* Ausführungen in der Literatur, die in Teilen empirisch untermauert sind, zusammengefasst:[119] diese Pflichtverteidiger verteidigen im Vergleich zu den Wahlverteidigern weniger engagiert, eher passiv, weniger qualifiziert, letztlich mit geringerem Erfolg. Die Ursachen für diesen erschreckenden Befund sind soweit ersichtlich nicht empirisch ermittelt. Die Auswahl der »geständnisbegleitenden Haus- und-Hof-Pflichtverteidiger« durch die Gerichte in den Fällen, in denen der Beschuldigte keinen Verteidiger benennt, mag eine Rolle spielen.[120] Wer sein fehlendes Engagement, seine Vorbehalte, Beweisanträge zu stellen, darauf gründet, Gefahr zu laufen, andernfalls aus dem Kreis der »Haus- und-Hof-Pflichtverteidiger« auszuscheiden, disqualifiziert sich als Strafverteidiger. Aber auch sonst werden sich die Anwaltschaft und diese Pflichtverteidiger selbst die Frage gefallen lassen müssen, ob sie immer alles für die erfolgreiche Verteidigung ex-ante als notwendig Erscheinende einbringen. Übernimmt der Verteidiger eine Pflichtverteidigung, so darf er angesichts des Umstands, dass ihm die Höhe der Vergütung bekannt ist, nicht den Versuch unternehmen, den insuffizienten Einsatz mit ökonomischen Argumenten zu erklären. Vielmehr hat er sich stets zu vergegenwärtigen, dass

117 Zur Pflichtverteidigung eines jungen Beschuldigten im Vollstreckungsverfahren *Möller* ZJJ 2010, 20 ff.
118 Gesetz zur Stärkung der Verfahrensrechte von Beschuldigten im Jugendstrafverfahren v. 09.12.2019, BGBl. I S. 2146.
119 *Baumhöfener* ZJJ 2007, 267 (268 f.).
120 Dazu *Thielmann* HRRS 2009, 452 ff.

es nicht Sinn der Pflichtverteidigung ist, dem Anwalt zu seinem eigenen Nutzen und Vorteil eine zusätzliche Gelegenheit beruflicher Betätigung zu verschaffen. Ihr Zweck besteht ausschließlich darin, im öffentlichen Interesse dafür zu sorgen, dass der Beschuldigte in schwerwiegenden Fällen rechtskundigen Beistand erhält und der ordnungsgemäße Verfahrensablauf gewährleistet wird.[121] Mangels eines Prozesskostenhilfesystems im Strafrecht, gegen welches der Gesetzgeber sich zuletzt im Rahmen der Umsetzung der Vorgaben der RL (EU) 2016/1919 entschieden hat, ist das Recht der notwendigen Verteidigung für bedürftige Beschuldigte dabei oft die einzige Chance, überhaupt Rechtsbeistand zu erhalten. **Gerade** die Tätigkeit des Pflichtverteidigers sollte demnach, wer sich zur Übernahme solcher Mandate bereit erklärt, besonders sorgfältig ausüben.

b) Notwendigkeit der Verteidigung nach § 68 JGG

Die Notwendigkeit der Verteidigung ist in der Vorschrift recht detailliert geregelt und wird ergänzt durch den Verweis in Abs. 1 S. 1 auf § 140 StPO, der in Abs. 1 einen weitergehenden Katalog von Beiordnungsgründen und in Abs. 2 eine Generalklausel enthält. Für die Praxis (immer noch) hilfreich sind die von einer Arbeitsgruppe der Deutschen Vereinigung für Jugendgerichte und Jugendgerichtshilfen e.V. (DVJJ) entwickelten **Kölner Richtlinien** zur Notwendigkeit der Verteidigung im Jugendstrafverfahren.[122] Diese sind zwar durch die Neuregelung der 68 ff. JGG durch das Gesetz zur Stärkung der Verfahrensrechte von Beschuldigten im Jugendstrafverfahren v. 9.12.2019[123] und die Reform des Rechts notwendiger Verteidigung im Erwachsenenstrafrecht[124] teilweise überholt, gleichwohl weiterhin lesenswert. 50

aa) Nr. 1: nach allgemeinem Strafrecht

Dem jungen Beschuldigten ist dann ein Verteidiger zu bestellen, wenn einem Erwachsenen ein Verteidiger zu bestellen wäre. Insbesondere die Regelung der notwendigen Verteidigung in **§ 140 StPO** ist insoweit bedeutsam. Hinsichtlich der speziellen Gründe des § 140 Abs. 1 darf auf die einschlägigen Kommentierungen zur StPO verwiesen werden. 51

Bei der Frage, ob gem. § 140 Abs. 2 StPO wegen der Schwere der Tat oder wegen der Schwierigkeit der Sach- oder Rechtslage oder wegen der eingeschränkten Verteidigungsfähigkeit die Mitwirkung eines (Pflicht-) Verteidigers geboten ist, sind jugendspezifische Gesichtspunkte zu berücksichtigen. 52

Die folgenden (**jugendspezifischen) Gesichtspunkte** streiten alleine oder in Kombination für die Notwendigkeit der Verteidigung i.S.d. § 68 Nr. 1 JGG i.V.m. § 140 Abs. 2 StPO:[125] 53

- allgemein: die Vorschrift ist extensiv auszulegen; je jünger der Beschuldigte, desto eher ist die Verteidigung notwendig,[126]
- allgemein: nicht nur aufgrund der Strafhöhe zu erwartende gravierende Auswirkungen,[127]
- nicht ausräumbare Spannungen zwischen Eltern und Kind bzw. Verständnisschwierigkeiten zwischen beiden,[128]
- drohende ausländerrechtliche Konsequenzen,[129]
- die zur (Selbst-) Verteidigung zu geringe Lebenserfahrung,[130]

---

121 BVerfG, NJW 2007, 3420 unter Verweis auf BVerfGE 39, 238, 241 f.; 68, 237, 253 f..
122 NJW 1989, 1024 ff.; vgl. auch *Zieger/Nöding* Verteidigung in Jugendstrafsachen 7. Aufl. 2018 Rn. 176 ff.
123 BGBl. I S. 2146.
124 Gesetz zur Neuregelung des Rechts der notwendigen Verteidigung v. 10.12.2019, BGBl. I S. 2128.
125 Vgl. die Übersicht bei *Burhoff* Ermittlungsverfahren Rn. 1803 ff.
126 OLG Hamm StraFo 2002, 293 (294); Saarl. OLG StV 2007, 9; OLG Hamm StV 2008, 120; OLG Schleswig StraFo 2009, 29.
127 OLG Hamm NJW 2004, 1338; OLG Karlsruhe StV 2007, 3.
128 *Möller* NStZ 2012, 112 (117) m.w.N.
129 OLG Karlsruhe StraFo 2002, 193 f.
130 OLG Hamm StV 2008, 120.

– Akteneinsicht ist erforderlich, z.B. in ein Gutachten oder bei Aussage gegen Aussage, die nur durch Verteidiger wahrgenommen werden kann,[131]
– eine Aussage-gegen-Aussage-Konstellation,[132]
– eine verfahrensbeendende Absprache kommt in Betracht,[133]
– die Mitangeklagten sind verteidigt (und komplexe Vorwürfe werden erhoben),[134]
– die Ankündigung der Jugendgerichtshilfe, zum Termin nicht zu erscheinen.[135]

bb) Nr. 2: Entzug der Rechte der Erziehungsberechtigten

54 Dem Jugendlichen ist ein Pflichtverteidiger zu bestellen, wenn dem Erziehungsberechtigten und dem gesetzlichen Vertreter »nach diesem Gesetz« die **Rechte entzogen** sind. Damit ist der Entzug der Rechte nach § 67 Abs. 4 JGG gemeint. Eine entsprechende Anwendung des § 68 Nr. 2 JGG kommt in Betracht, wenn die Rechte zwar nicht entzogen wurden, die Erziehungsberechtigten/gesetzlichen Vertreter aber verhindert sind, die Rechte wahrzunehmen.[136]

cc) Nr. 3: Ausschluss des Erziehungsberechtigten und des gesetzlichen Vertreters

55 Sind der Erziehungsberechtigte und der gesetzliche Vertreter gem. § 51 Abs. 2 JGG von der **Hauptverhandlung ausgeschlossen** und ist dieser Umstand nicht hinreichend durch nachträgliche Unterrichtung nach § 51 Abs. 4 JGG ausgeglichen, so ist dem Jugendlichen ein Pflichtverteidiger zu bestellen.[137]

dd) Nr. 4: Unterbringung zur Beobachtung

56 Kommt die **Unterbringung** des jungen Beschuldigten gem. § 73 JGG zur Vorbereitung eines Gutachtens über den Entwicklungsstand in Frage, so ist die Verteidigung notwendig. »In Frage« kommt die Unterbringung bereits dann, wenn ein Verfahrensbeteiligter einen entsprechenden entscheidungsbedürftigen Antrag stellt.[138]

ee) Nr. 5: Verhängung einer Jugendstrafe u.a.

57 Ein Fall der notwendigen Verteidigung liegt auch dann vor, wenn die Verhängung einer Jugendstrafe, die Aussetzung der Verhängung einer Jugendstrafe oder die Anordnung der Unterbringung in einem psychiatrischen Krankenhaus oder in einer Entziehungsanstalt zu erwarten ist.

c) Verfahren

58 Die regelmäßige Zuständigkeit für die Beiordnung richtet sich nach § 142 Abs. 3 und Abs. 4 StPO (i.V.m. § 2 Abs. 2 JGG). Sie liegt danach im Zwischen- und Hauptverfahren immer beim Vorsitzenden desjenigen Gerichts, an dem das Verfahren anhängig ist, § 142 Abs. 3 Nr. 3 StPO. Die Zuständigkeit im Ermittlungsverfahren liegt in den Fällen freiheitsentziehender Maßnahmen (§ 140 Abs. 1 Nr. 4 StPO), gemäß § 142 Abs. 3 Nr. 2 StPO bei dem Gericht, dem der Beschuldigte vorzuführen ist. Im Übrigen ist gemäß § 142 Abs. 3 Nr. 1 StPO das Amtsgericht zuständig, in dessen

131 OLG Schleswig NStZ-RR 1998, 289 (293) bei *Böhm*; OLG Koblenz NStZ-RR 2000, 176; OLG Hamm StraFo 2002, 293 f.
132 OLG Celle NStZ 2009, 175 und OLG Frankfurt NStZ-RR 2009, 207 (beide zum allg. Strafrecht).
133 BT-Drs. 16/11736, S. 8.
134 OLG Hamm StRR 2008, 346 = StV 2009, 85.
135 LG Bremen NJW 2003, 3646.
136 LG Braunschweig StV 1998, 325; LG Lüneburg StV 1998, 326; nach LG Rottweil NStZ-RR 2005, 220 nur bei schwerwiegenderen Vorwürfen, nicht bei Beförderungserschleichung.
137 Zur Gesetzesbegründung BT-Drs. 16/3038 S. 65.
138 Vgl. BGH NJW 1952, 797; *Diemer*/Schatz/Sonnen JGG § 68 Rn. 17; *Eisenberg/Kölbel* JGG § 68 Rn. 30; Ostendorf-*Sommerfeld* JGG § 68 Rn. 13.

Gerichtsbezirk die ermittelnde Staatsanwaltschaft ihren Sitz hat oder in dessen Gerichtsbezirk eine Ermittlungshandlung i.S.d. § 162 Abs. 1 S. 3 StPO durchzuführen ist). Hierbei entscheidet gemäß §§ 33a Abs. 2, 34 Abs. 1 der Jugendrichter.[139] Benennt der junge Beschuldigte einen **Anwalt seines Vertrauens**, so ist dieser – ohne dass es insoweit auf dessen erzieherische Befähigung o.ä. ankäme – beizuordnen.[140] Der junge Beschuldigte, nicht der Verteidiger,[141] ist durch die Ablehnung oder Aufhebung der Bestellung beschwert.[142] Da es sich nicht um eine der Urteilsfällung vorausgehende Entscheidung handelt, ist die Beschwerde der richtige und zulässige Rechtsbehelf, §§ 304, 305 S. 1 StPO. Eine das Hauptverfahren betreffende Beiordnung wirkt für das Verfahren über die Aussetzung der Jugendstrafe gem. § 57 JGG (vgl. unten Rdn. 257 ff.) fort.[143] Der Zeitpunkt der Bestellung richtet sich nach § 68a JGG und liegt regelmäßig vor einer Vernehmung oder Gegenüberstellung. Ausnahmen sind in § 68a Abs. 1 S. 2 und § 68b JGG unter Berücksichtigung des Wohls des Jugendlichen geregelt, etwa zur Abwehr schwerwiegender nachteiliger Auswirkungen auf eine Person oder einer besonderen Gefährdungslage.

▶ **Beachte**

Ist der Verteidiger der Ansicht, dass ein Fall der notwendigen Verteidigung gegeben ist, und ist er bisher nicht zum Pflichtverteidiger bestellt worden, sollte in der Hauptverhandlung der Antrag auf Bestellung mit detaillierter Begründung wiederholt werden. Wird dieser abgelehnt, kann der Verstoß gegen § 68 JGG, § 140 StPO nur dann erfolgreich in der Revision gerügt werden, wenn der Angeklagte in einem wesentlichen Teil der Hauptverhandlung unverteidigt war, § 338 Nr. 5 StPO. In der Revisionsbegründung ist insbesondere vorzutragen, dass dieser ggf. in zeitlicher Hinsicht kurze, aber wesentliche Teil der Hauptverhandlung nicht in Anwesenheit des Verteidigers wiederholt wurde.[144] 59

III. Die Rolle der Familie

Die Familie nimmt im Verfahren gegen einen jungen Beschuldigten eine besondere Rolle ein.[145] 60
Insbesondere gilt dies im Verfahren gegen einen Jugendlichen für die Erziehungsberechtigten und den gesetzlichen Vertreter, denen gem. § 67 JGG umfangreiche prozessuale Recht zustehen. Die Bedeutung des Verhältnisses zwischen Jugendlichem und Erziehungsberechtigten geht so weit, dass eine fehlende Belehrung über das gem. § 67a Abs. 1 JGG (vormals § 67 Abs. 2 JGG) bestehende Konsultationsrecht die Unverwertbarkeit der Vernehmung zur Folge haben soll.[146]

Gem. § 70b JGG sind sämtliche Belehrungen im Bereich des Jugendstrafrechts in einer Weise vorzunehmen, die seinem Alter und dem Entwicklungs- und Bildungsstand des Jugendlichen entspricht, sodass er sie verstehen kann. Belehrungen sind überdies auch an anwesende Erziehungsberechtigte zu richten, bzw. sind Erziehungsberechtigte und gesetzliche Vertreter nicht anwesend, muss ihnen die Belehrung darüber schriftlich erteilt werden.[147]

Der Verteidiger muss sich vergegenwärtigen, dass er ausschließlich die **Interessen des Mandanten** zu wahren hat. Ausgehend von diesem unumstößlichen Bezugspunkt muss er in Abstimmung mit dem Mandanten die Familie einbinden, wenn Unterstützung und Fürsprache notwendig sind. Er

139 *Eisenberg/Kölbel* JGG § 68a Rn. 16.
140 BverfG NJW 2001, 3695 ff. m.w.N.; *Diemer*/Schatz/Sonnen JGG § 68 Rn. 6; Ostendorf-*Sommerfeld* JGG § 68 Rn. 16.
141 Vgl. BverfG NStZ 1998, 46.
142 OLG München NJW 1981, 2208; OLG Hamburg NJW 1998, 621.
143 OLG Hamm ZJJ 2016, 302.
144 Ausführlich zur Begründung der Verfahrensrüge Kap. 10 Rdn. 141.
145 Zum Verhältnis zwischen Verteidiger und Erziehungsberechtigten Widmaier/*Böttcher*/*Schütrumpf* § 53 Rn. 119 und *Zieger*/*Nöding* Verteidigung in Jugendstrafsachen 7. Aufl. 2018 Rn. 182 ff.
146 LG Saarbrücken, NStZ 2012, 167 mit Anm. *Möller*.
147 *Eisenberg* StV 2013, 44.

muss die Familie abwehren, wenn diese etwa Sachverhalte geheim halten will, deren Offenbarung dem Mandanten, z.B. in Form eines Geständnisses, aber auch bei der Erklärung, dass der Mandant nur Werkzeug eines dominierenden Familienmitglieds war, nützt. Der Verteidiger muss den richtigen Mittelweg suchen, wenn die Familie eingebunden werden will und soll, wenn zugleich aber ein klärendes Gespräch mit dem Mandanten alleine unter vier Augen erforderlich ist, etwa weil dieser aus Scham oder anderen Gründen in Anwesenheit der Familie den Sachverhalt nicht zutreffend schildert. Das erste Gespräch sollte der Verteidiger mit dem Jugendlichen immer alleine führen, damit dieser – ohne dass die Familie Einfluss nehmen kann – erklären kann, gegenüber wem er den Verteidiger wieweit von der **Schweigepflicht** entbindet.[148] Praktisch bietet es sich beispielsweise an, den Jugendlichen nebst Begleitpersonen, soweit räumlich und personell möglich, beim Kanzleibesuch zunächst in einem gemeinsamen Wartebereich zu empfangen und anschließend allein mit dem Jugendlichen das Besprechungszimmer zu betreten. Es sollte eine Situation vermieden werden, in welcher der Jugendliche sich mit seiner Begleitperson beim Hinzukommen des Verteidigers bereits im Besprechungsraum befindet, aus dem die Begleitperson(en) sodann zunächst wieder »verbannt« werden müssen. Die sich insoweit ergebende Drucksituation, in welcher unmittelbar vor der Begleitperson nach dem Einverständnis des Jugendlichen mit deren Anwesenheit gefragt werden muss, dürfte regelmäßig erhebliche negative Auswirkungen auf das Vertrauensverhältnis haben. Eine Einflussnahme der Familie auf die Verteidigungsstrategie muss der Verteidiger zudem so weit wie möglich ausschließen.[149]

D. Verteidigung im Ermittlungsverfahren

61 Das Ermittlungsverfahren ist die Domäne der **Staatsanwaltschaft.**[150] Auch tritt die **Jugendgerichtshilfe** bereits in diesem Verfahrensabschnitt in Erscheinung. Für die Verteidigung bietet das Ermittlungsverfahren eine Vielzahl von Möglichkeiten, auf den weiteren Verfahrensgang, möglicherweise mit **verfahrensbeendender Wirkung**, Einfluss zu nehmen. Besondere Eile und Verteidigungsaktivität ist bei der Vollstreckung von **Untersuchungshaft** gefordert.

I. Die weiteren Beteiligten

62 Zu den weiteren Beteiligten zählen der Jugendstaatsanwalt und die Jugendgerichtshilfe.

1. Der Jugendstaatsanwalt

a) Befähigung

63 Für Verfahren, die zur Zuständigkeit der Jugendgerichte gehören, werden Jugendstaatsanwälte, die erzieherisch befähigt und in der Jugenderziehung erfahren sind, bestellt, §§ 36, 37 JGG.[151] Die RiJGG konkretisieren zu § 37 JGG diese Anforderungen, indem dort auf Eignung und Neigung, Erfahrung, Konstanz in der Tätigkeit, nützliche Kenntnisse auf den Gebieten der Pädagogik, Jugendpsychologie und -psychiatrie, Kriminologie und Soziologie und entsprechende Fortbildungen abgestellt wird. Der » (Super-)« Jugendstaatsanwalt soll besonders engagiert und über den juristischen – durchaus nicht kleinen – Tellerrand hinaus umfassend gebildet sein. Diese enormen Anforderungen erfüllt eine kleine Minderheit der Juristen insgesamt, sodass es sich um eher theoretische Vorgaben handelt, deren Verletzung in der Revision nicht erfolgreich gerügt werden kann.[152] Die §§ 36, 37

148 *Burhoff* Ermittlungsverfahren Rn. 997; *Zieger* StV 1982, 305 (306); *Zieger/Nöding* Verteidigung in Jugendstrafsachen 7. Aufl. 2018 Rn. 185.

149 Insgesamt zum Elternrecht im jugendstrafrechtlichen Verfahren und Strafvollstreckungsverfahren: VerfG Rheinland-Pfalz NStZ 2013, 292 f.

150 Die Staatsanwaltschaft als sogenannte Herrin des Vorverfahrens, vgl. §§ 162, 163 Abs. 2 S. 1 StPO.

151 Ausführlich zum Leitbild des Jugendstaatsanwalts (und -richters) Ostendorf-*Schady* JGG § 37 Rn. 3 ff. und *Höynck/Leuschner* ZJJ 2014, 364 ff. De lege ferenda *Breymann* ZJJ 2011, 88.

152 OLG Karlsruhe NStZ 1988, 241 f.; *Zieger/Nöding* Verteidigung in Jugendstrafsachen 7. Aufl. 2018 Rn. 126.

JGG sind reine Ordnungsvorschriften. Die Anklage kann grds. auch von einem Amtsanwalt und einem Rechtsreferendar vertreten werden,[153] wobei auch für diese besondere Voraussetzungen gelten sollen, vgl. § 36 Abs. 2 JGG.

b) Spezielle Aufgaben im Vorverfahren, §§ 43, 44 JGG

Der Jugendstaatsanwalt hat, bei gleichzeitiger Ausweitung des Opportunitätsprinzips im Jugend- 64
strafverfahren, entsprechend dem Legalitätsprinzip beim Vorliegen tatsächlicher Anhaltspunkte Ermittlungen durchzuführen, § 152 Abs. 2 StPO.

aa) Umfang der Ermittlungen, § 43 JGG

Der Umfang der Ermittlungen ist für das Verfahren gegen Jugendliche und unter den Voraussetzun- 65
gen des § 105 JGG gegen Heranwachsende in § 43 JGG geregelt. Die Vorschrift steht selbstständig neben § 152 Abs. 2 StPO, dem Legalitätsprinzip, und § 160 Abs. 3 StPO, der die Ermittlungsbehörden auffordert, auch sämtliche für die Bestimmung der Rechtsfolgen bedeutsamen Umstände zu ermitteln. Nach § 43 Abs. 1 JGG sollen möglichst frühzeitig Ermittlungen zur Persönlichkeit und zum sozialen Umfeld unter Einbeziehung der Erziehungsberechtigten, des gesetzlichen Vertreters, der Schule und des Auszubildenden vorgenommen werden.[154] Faktisch werden gem. § 43 Abs. 1 S. 4 JGG i.V.m. § 38 Abs. 6 JGG diese Ermittlungen von der Jugendgerichtshilfe durchgeführt. Als besondere Ausprägung des Verhältnismäßigkeitsgrundsatzes hat die Anhörung von Verantwortlichen in der Schule und des Auszubildenden zu unterbleiben, falls der junge Beschuldigte unerwünschte Nachteile, wie den Verlust seines Ausbildungs- oder Arbeitsplatzes, zu besorgen hätte, § 43 Abs. 1 S. 3 JGG.

▶ **Beachte**

Der Verteidiger muss sofort Kontakt zur Staatsanwaltschaft und der Jugendgerichtshilfe auf- 66
nehmen, wenn zu befürchten ist, dass eine Anhörung von Dritten die benannten negativen Konsequenzen haben könnte. Diese schadensvermeidende Aktivität kann wichtiger als der Ausgang des Strafverfahrens selbst sein.

bb) Staatsanwaltschaftliche Beschuldigtenvernehmung, § 44 JGG

§ 44 JGG normiert, dass in den Fällen, in denen die Verhängung von **Jugendstrafe zu erwarten** 67
ist, vor Anklageerhebung der Beschuldigte vom Jugendstaatsanwalt (oder vom Vorsitzenden des Jugendgerichts) **vernommen** werden soll. Dies gilt in Verfahren gegen Jugendliche vor den Jugendgerichten. Im Zuge der Vernehmung sind die prozessualen Regelungen, insbesondere die Belehrungsvorschriften (beachte § 70b JGG), Benachrichtigungspflichten und die Anwesenheitsrechte des Verteidigers (§§ 136, 163a, 168c StPO) sowie die Regelungen in § 70c zur Vernehmung des Beschuldigten (Art und Weise der Vernehmung, Aufzeichnung in Bild und Ton, notwendige Mitwirkung eines Verteidigers) zu beachten. Während Verstöße gegen diese Vorschriften regelmäßig erfolgreich mit der Revision gerügt werden können – insoweit darf auf die Kommentierungen zur StPO verwiesen werden –, handelt es sich bei § 44 JGG um eine bloße Ordnungsvorschrift. Die Verfahrensrüge, der Beschuldigte sei nicht vernommen worden, dringt allein nicht durch. Erst in Verbindung mit weiteren Defiziten bei der Aufklärung kann sich eine begründete Aufklärungsrüge wegen Verstoßes gegen § 244 Abs. 2 StPO ergeben.[155]

---

153 Zum Amtsanwalt als rechtmäßigem Sitzungsvertreter der Staatsanwaltschaft im Jugendstrafverfahren OLG Karlsruhe NStZ 1988, 241 f.; zum Rechtsreferendar LG Duisburg StRR 2010, 469.

154 Zu den Einzelheiten *Eisenberg/Kölbel* JGG § 43 Rn. 12 ff.; Diemer/Schatz/*Sonnen* JGG § 43 Rn. 3 ff. Detailliert auch die RiJGG zu § 43.

155 *Diemer*/Schatz/Sonnen JGG § 44 Rn. 6; *Eisenberg/Kölbel* JGG § 44 Rn. 14; Ostendorf-*Sommerfeld* JGG § 44 Rn. 7.

2. Die Jugendgerichtshilfe, § 38 JGG

68 § 38 JGG regelt sehr detailliert die Trägerschaft, die Aufgaben und die Einbindung der Jugendgerichtshilfe in das Strafverfahren.[156]

§ 38 JGG

Jugendgerichtshilfe

(1) Die Jugendgerichtshilfe wird von den Jugendämtern im Zusammenwirken mit den Vereinigungen für Jugendhilfe ausgeübt.

(2) Die Vertreter der Jugendgerichtshilfe bringen die erzieherischen, sozialen und sonstigen im Hinblick auf die Ziele und Aufgaben der Jugendhilfe bedeutsamen Gesichtspunkte im Verfahren vor den Jugendgerichten zur Geltung. Sie unterstützen zu diesem Zweck die beteiligten Behörden durch Erforschung der Persönlichkeit, der Entwicklung und des familiären, sozialen und wirtschaftlichen Hintergrundes des Jugendlichen und äußern sich zu einer möglichen besonderen Schutzbedürftigkeit sowie zu den Maßnahmen, die zu ergreifen sind.

(3) Sobald es im Verfahren von Bedeutung ist, soll über das Ergebnis der Nachforschungen nach Absatz 2 möglichst zeitnah Auskunft gegeben werden. In Haftsachen berichten die Vertreter der Jugendgerichtshilfe beschleunigt über das Ergebnis ihrer Nachforschungen. Bei einer wesentlichen Änderung der nach Absatz 2 bedeutsamen Umstände führen sie nötigenfalls ergänzende Nachforschungen durch und berichten der Jugendstaatsanwaltschaft und nach Erhebung der Anklage auch dem Jugendgericht darüber.

(4) Ein Vertreter der Jugendgerichtshilfe nimmt an der Hauptverhandlung teil, soweit darauf nicht nach Absatz 7 verzichtet wird. Entsandt werden soll die Person, die die Nachforschungen angestellt hat. Erscheint trotz rechtzeitiger Mitteilung nach § 50 Absatz 3 Satz 1 kein Vertreter der Jugendgerichtshilfe in der Hauptverhandlung und ist kein Verzicht nach Absatz 7 erklärt worden, so kann dem Träger der öffentlichen Jugendhilfe auferlegt werden, die dadurch verursachten Kosten zu ersetzen; § 51 Absatz 2 der Strafprozessordnung gilt entsprechend.

(5) Soweit nicht ein Bewährungshelfer dazu berufen ist, wacht die Jugendgerichtshilfe darüber, dass der Jugendliche Weisungen und Auflagen nachkommt. Erhebliche Zuwiderhandlungen teilt sie dem Jugendgericht mit. Im Fall der Unterstellung nach § 10 Absatz 1 Satz 3 Nummer 5 übt sie die Betreuung und Aufsicht aus, wenn das Jugendgericht nicht eine andere Person damit betraut. Während der Bewährungszeit arbeitet sie eng mit dem Bewährungshelfer zusammen. Während des Vollzugs bleibt sie mit dem Jugendlichen in Verbindung und nimmt sich seiner Wiedereingliederung in die Gemeinschaft an.

(6) Im gesamten Verfahren gegen einen Jugendlichen ist die Jugendgerichtshilfe heranzuziehen. Dies soll so früh wie möglich geschehen. Vor der Erteilung von Weisungen (§ 10) sind die Vertreter der Jugendgerichtshilfe stets zu hören; kommt eine Betreuungsweisung in Betracht, sollen sie sich auch dazu äußern, wer als Betreuungshelfer bestellt werden soll.

(7) Das Jugendgericht und im Vorverfahren die Jugendstaatsanwaltschaft können auf die Erfüllung der Anforderungen des Absatzes 3 und auf Antrag der Jugendgerichtshilfe auf die Erfüllung der Anforderungen des Absatzes 4 Satz 1 verzichten, soweit dies auf Grund der Umstände des Falles gerechtfertigt und mit dem Wohl des Jugendlichen vereinbar ist. Der Verzicht ist der Jugendgerichtshilfe und den weiteren am Verfahren Beteiligten möglichst frühzeitig mitzuteilen. Im Vorverfahren kommt ein Verzicht insbesondere in Betracht, wenn zu erwarten ist, dass das Verfahren ohne Erhebung der öffentlichen Klage abgeschlossen wird. Der Verzicht auf die Anwesenheit eines Vertreters der Jugendgerichtshilfe in der Hauptverhandlung kann sich auf Teile der Hauptverhandlung beschränken. Er kann auch während der Hauptverhandlung erklärt werden und bedarf in diesem Fall keines Antrags.

69 § 38 JGG gilt auch bei Anwendung des Jugendstrafrechts in Verfahren gegen Heranwachsende und auch vor den für allgemeine Strafsachen zuständigen Gerichten.[157] Der **Einfluss** der Jugendge-

156 Zur Jugendgerichtshilfe aus sozialpädagogischer Perspektive *Scherr* ZJJ 2011, 175 ff., historisch betrachtend *Philipp* ZJJ 2014, 383 ff.

157 BGH NStZ 1982, 257 (Heranwachsender); BeckOK/*Allgayer* JGG § 38 Rn. 1; *Eisenberg/Kölbel* JGG § 38 Rn. 2; Diemer/Schatz/*Sonnen* JGG § 38 Rn. 1.

richtshilfe auf den Verfahrensgang ist **groß.**[158] Dies gilt auch dann, wenn die Berichterstattung der Jugendgerichtshilfe gem. § 46a JGG ausnahmsweise erst nach Anklageerhebung erfolgt. Empirische Untersuchungen zeigen, dass die am Ende des Verfahrens verhängte Sanktion mit dem Vorschlag der Jugendgerichtshilfe in über 70 % der Fälle übereinstimmt.[159] Jedenfalls der verteidigte Beschuldigte wird informiert sein, dass die Jugendgerichtshilfe

- zuvorderst – aber nicht nur – der Verwirklichung des **Erziehungsgedankens** dient, § 38 Abs. 2 S. 1 JGG,
- dabei erforscht, also ggf. auch Belastendes **ermittelt**, § 38 Abs. 2 S. 2 JGG,
- letztlich eine **eigenständige Verfahrensrolle** einnimmt.[160]

Die Bezeichnung der Jugendgerichtshilfe im Hinblick auf ihre Doppelrolle, § 38 Abs. 2 S. 1 und S. 2 JGG, als »Doppelagentin«[161] ist irreführend, setzt dieser Begriff doch üblicherweise voraus, dass eine Seite nichts von der Tätigkeit für die andere Seite weiß. Für diese Heimlichkeit eines Doppelagenten ist aufgrund der expliziten Aufgabenbeschreibung im Gesetz kein Platz. **70**

Wegen der auch ermittelnden Funktion und des daraus resultierenden Vernehmungscharakters der Gespräche muss die Jugendgerichtshilfe den jungen Beschuldigten über den Tatvorwurf,[162] das Recht auf Verteidigerkonsultation und die Aussagefreiheit entsprechend § 136 Abs. 1 StPO **belehren,**[163] wie sie auch die Angehörigen über deren Zeugnisverweigerungsrechte zu belehren hat.[164] Regelmäßig versuchen die Mitarbeiter der Jugendgerichtshilfe, dem Jugendlichen wirklich zu helfen. Im Dialog mit der Jugendgerichtshilfe, insbesondere wenn eine Strafzumessungsverteidigung allein zielführend ist, lassen sich für den Mandanten günstige und sinnvolle Verfahrensergebnisse vorbereiten, die von der Staatsanwaltschaft (und auch von den Gerichten) häufig mitgetragen werden. Ist hingegen das realistische Verteidigungsziel die Verfahrenseinstellung nach § 170 Abs. 2 StPO, so wird i.d.R. kein Dialog mit der Jugendgerichtshilfe stattfinden, insbesondere wird der Mandant sich gegenüber der Jugendgerichtshilfe nicht zur vorgeworfenen Tat äußern. **71**

Problematisch wird es dann, wenn der Mitarbeiter der Jugendgerichtshilfe in die Zeugenrolle gerät, steht ihm doch grundsätzlich **kein Zeugnisverweigerungsrecht** zu.[165] **72**

▶ Beachte

> Soll der Mitarbeiter des Jugendamtes als Zeuge gehört werden, so kann der Verteidiger an den Vorgesetzten herantreten und anregen, dass dieser **keine Aussagegenehmigung** i.S.d. § 54 StPO erteilt, weil ansonsten die zukünftige Aufgabenerfüllung der Institution gefährdet würde.[166]

---

158 *Zieger/Nöding* Verteidigung in Jugendstrafsachen 7. Aufl. 2018 Rn. 129 f. Zur verfahrensrechtlichen Stellung ausführl. *Eisenberg* StV 1998, 304 ff.

159 Nachweise bei Diemer/Schatz/*Sonnen* JGG § 38 Rn. 34.

160 Ostendorf-*Sommerfeld* JGG § 38 Rn. 6.

161 Bezeichnung von Ostendorf-*Sommerfeld* JGG § 38 Rn. 7.

162 BGH NStZ 2005, 219; *Eisenberg* Beweisrecht der StPO Rn. 548.

163 Ostendorf-*Sommerfeld* JGG § 38 Rn. 11.

164 BGH NJW 2005, 765 f.

165 BverfG NJW 1972, 2214 ff.; Diemer/Schatz/*Sonnen* JGG § 38 Rn. 5 ff., insbesondere Rn. 13, sieht aufgrund eines Aufgabenwandels der Jugendgerichtshilfe diese Rspr. Als überholt an; vgl. auch Ostendorf-*Sommerfeld* JGG § 38 Rn. 12.

166 *Eisenberg* StV 1998, 304 (313); zust. *Burhoff* Ermittlungsverfahren Rn. 1004 und *Zieger/Nöding* Verteidigung in Jugendstrafsachen 7. Aufl. 2018 Rn. 126.

II. Vorläufige Anordnungen über die Erziehung und einstweilige Unterbringung, § 71 JGG

73 § 71 JGG ermächtigt den Richter, bei einem lediglich verdächtigen Jugendlichen wegen dringender Erziehungsbedürftigkeit zu intervenieren.[167] Die Vorschrift dient dazu, die **erzieherischen Ziele** des Verfahrens in dem Zeitraum zwischen Verfahrensbeginn und Eintritt der Rechtskraft zu sichern, insbesondere den Jugendlichen vor der Begehung neuer Straftaten zu bewahren, vgl. § 71 Abs. 2 S. 1 JGG.[168] Die Maßnahmen genießen Vorrang vor der Verhängung von Untersuchungshaft, § 72 Abs. 1 S. 1 JGG. § 71 JGG gilt grundsätzlich nur in Verfahren gegen Jugendliche vor den Jugendgerichten, nach Maßgabe des § 104 Abs. 2 JGG auch vor den allgemein zuständigen Gerichten. Für Heranwachsende gilt die Vorschrift nicht, vgl. § 109 Abs. 1 S. 1 JGG. Sämtliche Maßnahmen sind aufgrund ihrer Eingriffsnatur dem **Verhältnismäßigkeitsgrundsatz** unterworfen. Der Streit, ob der Jugendliche einer Straftat hinreichend **verdächtig** sein muss[169] oder ein einfacher Anfangsverdacht ausreicht,[170] ist soweit ersichtlich nicht obergerichtlich geklärt. Da der Wortlaut der Norm einen hinreichenden Tatverdacht nicht vorsieht, wird jedenfalls bis zur Anklageerhebung ein Anfangsverdacht ausreichen.

74 Gem. § 71 **Abs. 1 JGG** kann der Jugendrichter vom Beginn des Ermittlungsverfahrens bis zur Rechtskraft des Urteils vorläufige Anordnungen über die Erziehung treffen. Ausgehend vom Normzweck sind Weisungen, die sich auf den Aufenthaltsort beziehen, eine Ausbildungs- oder Arbeitsstelle anzunehmen, sich einem Betreuungshelfer zu unterstellen und den Verkehr mit bestimmten Leuten zu unterlassen, möglich.[171] Die Weisung, in einem sogenannten offenen Heim zu wohnen, richtet sich nach hiesiger Auffassung im Einklang mit dem Willen des Gesetzgebers nicht nach § 71 Abs. 1 JGG, sondern nach § 71 Abs. 2 JGG.[172] Vor der Anordnung sollen die Jugendgerichtshilfe und die Erziehungsberechtigten und die gesetzlichen Vertreter gehört werden, RiJGG zu § 71 Nr. 1. Der Beschluss über die Anordnung über die Erziehung ist mit der **Beschwerde** anzufechten, wobei vertreten wird, dass die Beschränkungen des § 55 Abs. 1 JGG (beschränkte Rechtsfolgenanfechtung) greifen.[173]

▶ **Beachte**

75 Die Verteidigung sollte entsprechende Vorschläge für Weisungen proaktiv einbringen, wenn damit die Anordnung von Untersuchungshaft oder auch die Unterbringung nach § 71 Abs. 2 JGG verhindert werden kann.

76 Die einstweilige Unterbringung in einem geeigneten Heim der Jugendhilfe nach **§ 71 Abs. 2 JGG** unterliegt als eingriffsintensivere Maßnahme weiteren Voraussetzungen. Als besondere Ausprägung der Verhältnismäßigkeit muss die Unterbringung »im Hinblick auf die zu erwartenden Maßnahmen geboten« sein, »um den Jugendlichen vor einer weiteren Gefährdung seiner Entwicklung, insbesondere vor der Begehung neuer Straftaten, zu bewahren«. Diese Kombination der Wiederholungsgefahr i.S.d. § 112a StPO mit einem dringenden Erziehungsbedürfnis bildet einen Unterfall der **Entwicklungs-**

167 Grundlegend *Eisenberg/Kölbel* JGG § 71 Rn. 3 ff.; Ostendorf-*Sommerfeld* JGG § 71 Rn. 2 f.
168 OLG Celle NJW 1965, 2069; OLG Brandenburg NStZ-RR 2003, 344; KG NStZ 2010, 284 (285).
169 *Eisenberg/Kölbel* JGG § 71 Rn. 4; Ostendorf-*Sommerfeld* JGG § 71 Rn. 2.
170 *Diemer*/Schatz/Sonnen JGG § 71 Rn. 3.
171 Aufzählung der zulässigen Maßnahmen nach *Diemer*/Schatz/Sonnen JGG § Rn. 6 f.; vgl. auch *Zieger/Nöding* Verteidigung in Jugendstrafsachen 7. Aufl. 2018 Rn. 194.
172 BT-Drs. 11/5829, S. 29: »Der Entwurf behält in Absatz 2 Satz 2 die sinngemäße Geltung der dort angeführten Vorschriften der StPO bei. Damit will er wie im geltenden Recht dem betroffenen Jugendlichen die notwendigen Rechtsgarantien geben, die bei einem Eingriff in die Persönlichkeitsrechte, wie sie die einstweilige Unterbringung, auch in einem offenen Heim, in jedem Fall darstellt, gewährleistet sein müssen.«; wie hier auch Ostendorf-*Sommerfeld* JGG § 71 Rn. 6.
173 *Diemer*/Schatz/Sonnen JGG § 71 Rn. 12; Ostendorf-*Ostendorf* JGG § Rn. 13; a.A. unter Hinweis auf den Wortlaut Widmaier/*Böttcher*/*Schütrumpf* § 53 Rn. 99; *Eisenberg/Kölbel* JGG § 71 Rn. 15.

gefährdung.[174] Nach dem Willen des Gesetzgebers soll die Maßnahme vor allem in den Fällen in Betracht kommen, »in denen schlechter Einfluss der Gruppe, mit der der Jugendliche seine Freizeit verbringt, zu nicht unerheblichen Straftaten geführt hat, und es notwendig erscheint, den Jugendlichen für eine gewisse Zeit aus dieser Umgebung zu lösen.«[175] Die Maßnahme ist deutlich von der Untersuchungshaft abzugrenzen, sodass eine besondere Fluchtsicherheit des Heims nicht erforderlich ist.[176] Die Unterbringung nach § 71 Abs. 2 JGG kann zur Sicherung des Strafverfahrens als Alternative zur Untersuchungshaft verhängt werden, § 72 Abs. 4 JGG. Den Hauptanwendungsfall bildet der Haftgrund der Fluchtgefahr, wenn dieser nach der Gewissheit des Gerichts auch durch die im Vergleich zur Haft weniger ausgeprägten Schutzmaßnahmen des Heims begegnet werden kann.[177]

Der **Rechtsschutz** und weitere verfahrensrechtliche Garantien sind durch den Verweis in § 71 Abs. 2 S. 2 JGG auf die §§ 114 bis 115a, 117 bis 118b, 120, 125 und 126 StPO wie bei der Untersuchungshaft geregelt. Insbesondere kann die **Haftprüfung** beantragt werden, (Haft-) **Beschwerde** und im Fall der Ablehnung die weitere Beschwerde i.S.d. § 310 Abs. 1 Nr. 2 StPO eingelegt werden.[178] 77

III. Untersuchungshaft

Die jungen Beschuldigten erleben die Vollstreckung von Untersuchungshaft regelmäßig als noch härter, belastender und einschneidender, als dies bei Erwachsenen der Fall ist. So manchem Mandanten steht die Unbegreiflichkeit des Umstandes, dass ihm für das, was ihm – zu Recht oder zu Unrecht – vorgeworfen wird, die Freiheit weitestgehend entzogen wird, in das junge Gesicht geschrieben. Eine erhöhte Suizidgefahr ist die potenziell gravierendste Folge.[179] Da mit der Vollstreckung von Untersuchungshaft neben der sozialen Stigmatisierung der Verlust der Ausbildungs- oder Arbeitsstelle oder die Unterbrechung des Schulbesuchs und gravierende negative Auswirkungen auf den weiteren Lebensweg des jungen Beschuldigten einhergehen, müssen diese Auswirkungen unbedingt vermieden werden. Das haben viele, aber nicht immer alle Beteiligte des Jugendstrafverfahrens verinnerlicht. Die prozessuale Bekämpfung der Vollstreckung von Untersuchungshaft stellt deshalb gerade in Verfahren gegen junge Beschuldigte die vordringlichste Aufgabe der Verteidigung dar. 78

1. Untersuchungshaft gegen Heranwachsende

§ 72 JGG regelt spezialgesetzlich die Untersuchungshaft gegen Jugendliche. Für Heranwachsende gelten wie bei Erwachsenen allein die **§§ 112 ff. StPO**. Insoweit darf auf die Ausführungen in der einschlägigen Kommentarliteratur sowie die im Kapitel 6 dieses Buches verwiesen werden. Für die Vollstreckung und den Vollzug gilt auch bei Heranwachsenden § 89c JGG (dazu unten Rdn. 101). 79

2. Untersuchungshaft gegen Jugendliche, § 72 JGG

§ 72 JGG gilt in Verfahren gegen Jugendliche, auch vor den für allgemeine Strafsachen zuständigen Gerichten. 80

a) Voraussetzungen

Die Voraussetzungen für die Verhängung von Untersuchungshaft entsprechen grundsätzlich denen im Erwachsenenstrafrecht, im Wesentlichen: dringender Tatverdacht – Haftgrund – Verhältnismä- 81

---

174 Vgl. BT-Drs. 11/5829, S. 29; *Diemer*/Schatz/Sonnen JGG § 71 Rn. 16.

175 BT-Drs. 11/5829, S. 30.

176 BT-Drs. 11/5829, S. 30; vgl. auch Ostendorf-*Sommerfeld* JGG § 71 Rn. 7.

177 KG NStZ-RR 2010, 156; vgl. auch OLG Hamm NJW 1999, 230.

178 Ostendorf-*Sommerfeld* JGG § 71 Rn. 14. Zur Zulässigkeit der weiteren Beschwerde OLG Hamburg, NJW 1963, 1167 f.; KK-*Engelhardt*, StPO, § 310 Rn. 11.

179 *Zieger/Nöding* Verteidigung in Jugendstrafsachen 7. Aufl. 2018 Rn. 195 m.w.N. Grundlegend zur Untersuchungshaft bei jungen Tatverdächtigen *Villnow* ZJJ 2009, 226 ff.

ßigkeit, sodass hier das Augenmerk speziell auf die jugendstrafverfahrenstypischen Besonderheiten und Verteidigungsansätze gelegt wird.

aa) Dringender Tatverdacht

82 Der dringende Tatverdacht als große Wahrscheinlichkeit, dass der Beschuldigte rechtswidrig und schuldhaft als Täter oder Teilnehmer eine Straftat begangen hat,[180] setzt die **Verantwortungsreife** des Jugendlichen gem. **§ 3 JGG** als Schuldelement zwingend voraus.[181] Nach dem Willen des Gesetzgebers sollen Hinweise auf die fehlende oder eingeschränkte strafrechtliche Verantwortlichkeit den dringenden Tatverdacht nicht bereits ausschließen, sondern eine besonders sorgfältige Prüfung erfordern.[182] Die Verteidigung wird bei solchen Hinweisen auf eine zumindest verminderte Schuld nicht nur den dringenden Tatverdacht, sondern auch den praktisch relevantesten Haftgrund der Fluchtgefahr, dort den Gesichtspunkt der Straferwartung, problematisieren.

bb) Haftgrund

83 Die Haftgründe der §§ 112 Abs. 2, 112a StPO gelten auch im Jugendstrafverfahren. Sie sind wegen des für die Untersuchungshaft bei Jugendlichen geltenden Subsidiaritätsprinzips, dazu detailliert sogleich unter Rdn. 87 ff.), restriktiv auszulegen und zu handhaben.[183]

84 Der Haftgrund der **Fluchtgefahr** unterliegt für Jugendliche unter sechzehn Jahren den zusätzlichen Beschränkungen des § 72 Abs. 2 JGG, vgl. Rdn. 94. Weitere besonders relevante Gesichtspunkte in Bezug auf die Frage der Fluchtgefahr (für alle Jugendlichen) sind:

– die fehlerhafte Benennung des gem. § 18 JGG nicht geltenden (Erwachsenen-) Strafrahmens des jeweiligen Delikts im Haftbefehl (»nach § … StGB eine Mindeststrafe von x Jahren zu erwarten«),[184]
– die letztlich bloße Vermutung, der die Schule besuchende und bei seinen Eltern lebende Jugendliche habe gute Aussichten, im Drogenmilieu unterzutauchen, liefert keine Tatsachen, die die Fluchtgefahr begründen könnten,[185]
– die Fluchtgefahr kann nicht auf »nächtliches Herumtreiben über mehrere Tage« gegründet werden, insbesondere wenn ein Wohnsitz grds. existiert,[186]
– wie im Erwachsenenstrafrecht bietet eine etwaige hohe Straferwartung einen Fluchtanreiz, vermag allein aber die Annahme von Fluchtgefahr nicht zu begründen,[187]
– hat sich der Beschuldigte in Parallel- bzw. früheren und/oder erstinstanzlichen Verfahren seiner Verantwortung gestellt und ist dort Meldeauflagen nachgekommen, so sprechen diese Umstände gegen den Erlass eines Haftbefehls durch das Berufungsgericht,[188]
– die bei Jugendlichen i.d.R. nicht vorhandenen Mittel für eine etwaige Flucht stehen der Fluchtgefahr entgegen.[189]

85 Hinsichtlich des Haftgrunds der **Wiederholungsgefahr**, der auch im Jugendstrafverfahren Anwendung finden kann,[190] ist auf eine Entscheidung des OLG Oldenburg aus dem Jahr 2010 hinzu-

---

180 BGH NStZ 1981, 93 (94) bei *Pfeiffer*; OLG Hamm OLGSt StPO § 112 Nr. 8; KK-*Graf*, StPO, § 112 Rn. 3 f.
181 *Diemer*/Schatz/Sonnen JGG § 72 Rn. 4; Ostendorf-*Sommerfeld* JGG § 72 Rn. 2.
182 BT-Drs. 11/5829, S. 33.
183 OLG Hamm StV 1996, 275.
184 *Zieger/Nöding* Verteidigung in Jugendstrafsachen 7. Aufl. 2018 Rn. 195.
185 OLG Karlsruhe StRR 2010, 235.
186 OLG Hamm StV 1996, 275.
187 OLG Karlsruhe StraFo 2010, 25 f. m.w.N.
188 OLG Karlsruhe StraFo 2010, 25 f.; vgl. auch OLG Hamm StV 1999, 215 f.
189 OLG Köln StV 1995, 475 f.; OLG Hamm StV 1999, 215 (216).
190 OLG Hamm StV 2002, 432 f.

weisen.[191] Dort heißt es zutreffend, dass der Haftgrund der Wiederholungsgefahr nicht auf frühere Straftaten des Beschuldigten gestützt werden könne, die nur mit jugendgerichtlichen Zuchtmitteln geahndet wurden. Denn diese seien keine Straftaten, die die Rechtsordnung schwerwiegend beeinträchtigten. Da in einem solchen Fall schädliche Neigungen vom Jugendgericht nicht festgestellt worden seien, könne wegen solcher früherer Straftaten auch kein Hang des Beschuldigten zu Straftaten angenommen werden, der eine Wiederholungsgefahr begründete. Einschränkend sieht das allerdings das OLG Bremen in einer Entscheidung aus 2013, in der als Leitsatz formuliert ist, dass die Tatsache, dass eine Vortat nur mit Zuchtmitteln geahndet worden ist, der Annahme einer die Rechtsordnung schwerwiegend beeinträchtigenden Straftat i.S.d. § 112a Abs. 1 S. 1 Nr. 2 StPO nicht von vornherein entgegensteht.[192] Ob eine Tat ihrem konkreten Erscheinungsbild nach die Rechtsordnung schwerwiegend beeinträchtigt, ist für sie einzeln zu bewerten.[193] Einen Gesamtschaden durch mehrere Taten zu bemessen, ist unzulässig. Gewerbsmäßige Betrugstaten bei einem Schaden von jeweils maximal Euro 330,00 sind nach einer Entscheidung des OLG Frankfurt keine schwerwiegenden Straftaten.[194] Werden neben einer Katalogtat i.S.d. § 112a Abs. 1 S. 1 Nr. 2 StPO auch Nicht-Katalogtaten begangen, so ist allein auf die Straferwartung/Beeinträchtigung der Rechtsordnung durch die Katalogtat abzustellen.[195]

Apokryphen Haftgründen wie Haft als vermeintliches Erziehungsmittel oder erzwungener Drogenentzug muss die Verteidigung entschieden **entgegentreten.**[196] Die Untersuchungshaft dient allein der Verfahrenssicherung,[197] ausnahmsweise bei Wiederholungsgefahr dem Schutz der Gemeinschaft vor weiteren Straftaten.[198] Das Gesetz ist der rechtliche Maßstab, nicht die subjektive Sichtweise des für die Haftfrage zuständigen Richters. 86

cc) Verhältnismäßigkeit, insbesondere Subsidiarität

Die Verhängung und die Vollstreckung von Untersuchungshaft müssen verhältnismäßig, also geeignet, erforderlich und angemessen sein. Der Gesetzgeber hat in § 72 JGG die sich bereits aus dem Verhältnismäßigkeitsgrundsatz zwingend ergebenden Anforderungen detailliert geregelt. Sprachlich verunglückt, denn es gibt keine unterschiedlichen Maße in Bezug auf etwas Ultimatives, wird in der Gesetzesbegründung ausgeführt, dass die Untersuchungshaft bei Jugendlichen »in besonderem Maße **ultima ratio der Verfahrenssicherung**« sein müsse.[199] Generalpräventive Erwägungen dürfen bei der Frage, ob ein Haftgrund gegeben ist, nicht berücksichtigt werden.[200] 87

Im Rahmen der Erforderlichkeit, der Suche nach einem milderen Mittel, um den Zweck der Untersuchungshaft, insbesondere die Verfahrenssicherung zu erreichen, muss der Richter gem. § 71 Abs. 1 S. 1 JGG prüfen, ob nicht **vorläufige Anordnungen über die Erziehung**, § 71 JGG, **oder andere Maßnahmen** ebenfalls zweckerfüllend sind. Als andere Maßnahme kommen bestimmte Meldepflichten wie ein regelmäßiges Zusammentreffen mit einer Vertrauensperson sowohl des Jugendlichen als auch des Gerichts wie ggf. auch mit Vertretern des Jugendamtes oder der Jugendgerichtshilfe oder, wenn Untersuchungshaft verhängt wird, die Verschonung von der Haft unter Auflagen gem. § 116 StPO in Betracht.[201] 88

---

191 OLG Oldenburg StRR 2010, 196 = StV 2010, 139 f.
192 OLG Bremen StV 2013, 773 ff.
193 OLG Frankfurt StV 2000, 209; vgl. auch LG Kiel StV 2002, 433.
194 OLG Frankfurt StV 2010, 141.
195 OLG Braunschweig StV 2009, 84.
196 Zu den apokryphen Haftgründen *Nobis* StraFo 2012, 45 (47 f.).
197 BverfG NStZ 1991, 142; BGH NJW 1987, 2525 (2526); LR/*Hilger* vor § 112 Rn. 1 m.w.N.
198 KG StV 2009, 83 m.w.N.
199 BT-Drs. 11/5829, S. 30.
200 LG Zweibrücken StV 1999, 161.
201 *Diemer*/Schatz/Sonnen JGG § 72 Rn. 6.; *Eisenberg/Kölbel* JGG § 72 Rn. 3a.

▶ **Beachte**

89 Aus obergerichtlichen Entscheidungen lässt sich die Pflicht des Gerichts und der Ermittlungsbehörden ableiten, unter Einschaltung der Jugendgerichtshilfe nach milderen Mitteln, etwa einer Heimunterbringung, zu suchen.[202] Hier muss die Verteidigung ebenfalls aktiv werden.

90 Es sind gem. § 72 Abs. 1 S. 2 StPO die **besonderen Belastungen** des Vollzugs für Jugendliche zu berücksichtigen. In der Regel sind diese Belastungen, wie die Trennung von der gewohnten sozialen Umwelt und die Stigmatisierung als Krimineller, umso größer, je jünger der Inhaftierte ist.[203]

91 Der Richter muss im Fall der Verhängung von Untersuchungshaft formell im Haftbefehl darlegen, warum andere Maßnahmen, insbesondere die Unterbringung in einem Heim der Jugendhilfe, nicht ausreichen und warum die Untersuchungshaft nicht unverhältnismäßig ist, § 72 Abs. 1 S. 3 JGG. Die Gesetzeskonzeption gibt ein **Regel-Ausnahme-Verhältnis** vor: i.d.R. ist Haft unverhältnismäßig; wird sie ausnahmsweise verhängt, ist dies in Ergänzung zu den Mindestanforderungen gem. § 114 Abs. 2 StPO – tatsachenbasierte Ausführungen zum Beschuldigten, zur Tat und zum dringenden Tatverdacht sowie zum Haftgrund – gesondert formell zu begründen.[204] Der Gesetzgeber hat pointiert ausgeführt, dass subjektive Vermutungen und Befürchtungen ebenso wenig ausreichen wie formelhafte Wendungen, die keine einzelfallbezogene Prüfung erkennen lassen. Deshalb erscheint dem Gesetzgeber auch die Anwendung eines bereits mit Haftgründen versehenen Vordrucks bzw. Faksimiles grundsätzlich ungeeignet.[205]

92 Für die Verteidigung problematisch gestaltet sich die Frage, wie ein **Verstoß** gegen das besondere Begründungserfordernis fruchtbar zu machen ist. Wird der Verstoß im Rahmen eines Haftprüfungsverfahrens eingewandt, so kann das Haftgericht den Haftbefehl problemlos ergänzen, so denn Argumente für die Verhältnismäßigkeit der Maßnahme existieren. Andererseits kann das Aufzeigen eines solchen Begründungsmangels in der Haftprüfungssituation den Einstieg in eine zielführende Diskussion über ein Haftvermeidungskonzept schaffen.[206] Wird der Mangel in der Beschwerde vorgetragen, so wird spätestens das Beschwerdegericht im Rahmen seiner originären Prüfungskompetenz Argumente anführen.[207] Hält man es mit dem OLG Hamm, so wird sich der Verstoß im Rahmen der Haftkontrolle nach den §§ 121, 122 StPO zugunsten des Mandanten auswirken.[208] Ergibt sich noch nicht einmal aus den Akten, dass die Verhältnismäßigkeit, insbesondere die Subsidiarität zuvor geprüft wurde, ist der Haftbefehl aufzuheben; eine Rückgabe zur Nachbesserung ist danach ausgeschlossen. Nach einer Entscheidung des OLG Zweibrücken soll im Zuge der §§ 121, 122 StPO allerdings ausnahmsweise nach Aktenlage die Fortdauer der Haft angeordnet werden können, auch wenn der Haftbefehl nicht den Anforderungen des § 72 Abs. 1 S. 3 JGG genügte und die Subsidiarität zuvor nicht geprüft worden war.[209] In dem der Entscheidung zugrunde liegenden Sachverhalt ergab sich aus der Akte, dass der Beschuldigte u.a. auf die Sicherheitseinrichtung des Zellenfensters eingewirkt und sich mithilfe einer Rasierklinge einen gefährlichen Gegenstand gebastelt hatte, sodass eine Heimunterbringung als milderes Mittel evident ausschied. Es handelt sich um einen sicherlich außergewöhnlichen Sachverhalt, der unter den Ausspruch »hard cases make bad law« fällt, sodass nach hiesiger Ansicht keine allgemeine rechtliche Geltung abgeleitet werden kann.

---

202 OLG Hamm NJW 1999, 230; OLG Köln, Beschl. v. 20.07.2007 – 2 Ws 369/07, StRR 2008, 35 f.; Beschl. v. 06.11.2008 – 2 Ws 552/08, StRR 2009, 155.

203 BT-Drs. 11/5829, S. 30.

204 Vgl. zum Regel-Ausnahme-Verhältnis *Eisenberg/Kölbel* JGG § 72 Rn. 4.

205 BT-Drs. 11/5829, S. 31.

206 *Zieger/Nöding* Verteidigung in Jugendstrafsachen 7. Aufl. 2018 Rn. 198.

207 Zur originären Prüfungskompetenz *Meyer-Goßner*/Schmitt § 309 Rn. 3 ff. m.w.N.

208 OLG Hamm NStZ 2010, 281 (282).

209 OLG Zweibrücken NStZ-RR 2001, 55.

Gem. § 72 **Abs. 4 JGG** kann auch dann, wenn die Voraussetzungen für den Erlass eines Haftbefehls gegeben sind, aus Gründen der Verfahrenssicherung die einstweilige Unterbringung in einem **Heim** i.S.d. § 71 Abs. 2 JGG angeordnet werden. Das Ermessen des Gerichts wird unter Subsidiaritätsgesichtspunkten regelmäßig auf Null reduziert sein, wenn mit der einstweiligen Unterbringung der Zweck der Verfahrenssicherung erreicht wird.[210] Dies gilt unabhängig davon, welcher Straftat der junge Beschuldigte verdächtig ist.[211] 93

b) Sonderregelung Fluchtgefahr für 14- und 15-jährige, § 72 Abs. 2 JGG

Für Jugendliche **unter 16** gilt hinsichtlich der Fluchtgefahr die Sonderregelung des **§ 72 Abs. 2 JGG**. Danach darf die Untersuchungshaft nur dann auf Fluchtgefahr gegründet werden, wenn der Jugendliche, der das sechzehnte Lebensjahr nicht vollendet hat, Anstalten zur Flucht getroffen hat, er sich dem Verfahren bereits entzogen hat oder er im Geltungsbereich des Gesetzes keinen festen Wohnsitz oder Aufenthalt hat. Die Anstalten zur Flucht dürfen nicht aus früherem Verhalten hergeleitet werden, sondern müssen im konkret geführten Verfahren festgestellt worden sein.[212] 94

c) Verfahren

Im Verfahren sind das Beschleunigungsgebot, die Zuständigkeit und die Beteiligung der Jugendgerichtshilfe bedeutsam. 95

aa) Beschleunigungsgebot

Gem. § 72 Abs. 5 JGG gilt das in Art. 2 Abs. 2 S. 2 GG verfassungsrechtlich verbürgte Beschleunigungsgebot in Haftsachen im Verfahren gegen Jugendliche in besonderem Maße.[213] Haftsachen haben auch im Jugendstrafrecht Vorrang vor Nicht-Haftsachen.[214] Wird zwei Monate nach Anklageerhebung das Hauptverfahren wie beantragt eröffnet und so terminiert, dass erst in drei Monaten die Hauptverhandlung beginnt, wird gegen das Beschleunigungsgebot eklatant verstoßen.[215] 96

bb) Zuständigkeit

Zuständig für den Erlass des Haftbefehls, die Vollstreckung und die Maßnahmen zur Abwendung der Vollstreckung ist der **Jugendrichter**, § 72 Abs. 3 und 6 JGG i.V.m. §§ 2, 34 Abs. 1, 42 JGG i.V.m. § 125 StPO. In dringenden Fällen ist der Jugendrichter zuständig, in dessen Bezirk die Haft vollzogen wird. Gem. § 72 Abs. 6 JGG ist die Übertragung der Zuständigkeit aus wichtigem Grunde unter Ausübung pflichtgemäßen Ermessens zulässig.[216] In der Praxis wird die Zuständigkeit nur ab und an auf den Jugendrichter, in dessen Bezirk die Haft vollstreckt wird, übertragen. 97

cc) Beteiligung der Jugendgerichtshilfe

Gem. § 72a JGG ist die Jugendgerichtshilfe in Haftsachen zu informieren und zu beteiligen. Sie ist von der Vollstreckung eines Haftbefehls unverzüglich zu unterrichten, soll idealerweise bereits den Erlass eines Haftbefehls mitgeteilt bekommen, sollte jedenfalls nach der vorläufigen Festnahme 98

---

210 Nach OLG Hamm NStZ-RR 2002, 120 und *Diemer*/Schatz/Sonnen JGG § 72 Rn. 13 »ist« bzw. »muss« dann die Unterbringung gewählt werden.

211 *Eisenberg/Kölbel* JGG § 72 Rn. 3b.

212 Ausführlich zu § 72 Abs. 2 JGG *Diemer*/Schatz/Sonnen JGG § 72 Rn. 10 ff. und Ostendorf-*Sommerfeld* JGG § 72 Rn. 3.

213 Allgemein zum Beschleunigungsgebot *Pieroth/Hartmann* StV 2008, 276 ff.

214 OLG Köln NJW 1997, 2252 f.

215 OLG Zweibrücken, Beschl. v. 10.10.1989 – 1 BerL 56/89, NStZ 1990, 528 (530) bei *Böhm*; vgl. auch OLG Hamm ZJJ 2004, 435 ff.

216 Zu den Einzelheiten *Diemer*/Schatz/Sonnen JGG § 72 Rn. 18.

kontaktiert werden, wenn eine richterliche Vorführung zu erwarten ist.[217] Dies dient der Suche nach Alternativen zur Haft, um sie zu vermeiden oder zu verkürzen. Wird Untersuchungshaft vollstreckt, so ist der Verkehr zwischen der Jugendgerichtshilfe, dem Betreuungshelfer, dem Erziehungsbeistand und dem Jugendlichen gestattet, § 72b JGG. Empirische Untersuchungen zeigen, dass hinsichtlich des Beitrags der Jugendgerichtshilfe im Rahmen der (Vermeidung von) Untersuchungshaft auf allen Seiten deutlicher Verbesserungsbedarf besteht – u.a. hinsichtlich gegenseitiger Information und Kommunikation, aber auch hinsichtlich flächendeckender Bereitschaftsdienste bei der Jugendgerichtshilfe.[218]

99 Soweit ersichtlich ist keine Rechtsprechung zu der Frage, wie sich **Verstöße** gegen § 72a JGG auf die Haftfrage auswirken, veröffentlicht. Das OLG Hamm hat es in einer Entscheidung offengelassen, ob der Haftbefehl (auch) wegen Verstoßes gegen § 72a JGG hätte aufgehoben werden müssen.[219]

d) Rechtsschutz

100 Hinsichtlich der Rechtsschutzmöglichkeiten gelten keine Besonderheiten.[220] Um die praxisrelevantesten Rechtsbehelfe zu benennen: es kann Haftprüfung beantragt oder Haftbeschwerde (im Anschluss weitere Beschwerde) eingelegt werden. Liegen die Chancen für die Haftvermeidung, Außervollzugsetzung oder Aufhebung im subjektiven Bereich, also in der Person des jugendlichen Beschuldigten, wird sich die mündliche Haftprüfung anbieten. Argumentiert die Verteidigung objektiv, etwa im Hinblick auf Verfahrensverzögerungen oder apokryphe Haftgründe, so ist regelmäßig die Haftbeschwerde der erfolgversprechendere Ansatz.[221]

e) Vollzug der Untersuchungshaft

101 In die Gesetzgebungskompetenz des Bundes aus Art. 74 Abs. 1 Nr. 1 GG fällt die Entscheidung über die übergeordnete Art des Vollzugs an jungen Gefangenen im Hinblick auf die gebotene jugendgemäße Ausgestaltung des Strafverfahrens, so der Gesetzgeber.[222] In § 89c JGG ist diese Kompetenz ausgeübt, wenn auch irreführend mit dem Titel Vollstreckung überschrieben.[223] § 89c S. 1 JGG regelt, dass bei zur Tatzeit Jugendlichen und Heranwachsenden (vgl. § 110 Abs. 2 JGG), die zum Zeitpunkt der Vollstreckung von Untersuchungshaft **noch nicht 21 Jahre** alt sind, **zwingend** die (landesrechtlichen) Vorschriften für den Vollzug der Untersuchungshaft an jungen Gefangenen anzuwenden sind. Weiterhin soll nach Möglichkeit die Haft in speziellen Einrichtungen vollzogen werden. Für **21- bis 24-jährige** gilt dies nach § 89c S. 2 JGG **fakultativ**. Darüber entscheidet nach Anhörung der Einrichtung, in der Regel eine Frage der vorhandenen Kapazitäten, das Gericht. Die gerichtliche Entscheidung unterliegt dem Beschwerderecht, nicht jedoch nachfolgend der weiteren Beschwerde, da die Entscheidung nicht eine Verhaftung i.S.d. § 310 Abs. 1 Nr. 1 StPO betrifft.[224] Gem. § 89c Abs. 2 JGG darf der **14- bis 17-jährige** Jugendliche mit jungen Gefangenen, die das 18. Lebensjahr vollendet haben, nur dann gemeinsam untergebracht werden, wenn diesem seinem Wohl nicht widerspricht. Mit Gefangenen, die das 24. Lebensjahr vollendet werden, darf er nur dann gemeinsam untergebracht werden, wenn diese seinem Wohl (positiv) dient.

217 Ostendorf-*Sommerfeld* JGG § 72a Rn. 7.
218 Dazu *Eberitzsch* ZJJ 2012, 296 ff.
219 OLG Hamm NStZ 2001, 281 (283); in Diemer/Schatz/*Sonnen* JGG § 72a Rn. 8 wird die Aufhebung jedenfalls bei Verstoß gegen § 73a S. 1 JGG befürwortet; vgl. auch *Eisenberg/Kölbel* JGG § 72a Rn. 9a.
220 Ausführlich zum Rechtsschutz bei Untersuchungshaft Kap. 6; *Burhoff* EV Rn. 1714 ff.; *Herrmann* Untersuchungshaft Rn. 985 ff.
221 Zu strategischen Fragen *Apfel/Strittmatter* Praxiswissen Strafverteidigung im Betäubungsmittelrecht Rn. 691 f.; *Herrmann* Untersuchungshaft Rn. 985 ff.; Widmaier/*König* § 4 Rn. 195 ff.
222 BT-Drs. 16/11644, S. 36.
223 Zur Abgrenzung *Eisenberg/Kölbel* JGG § 89c Rn. 3.
224 *Diemer*/Schatz/Sonnen JGG § 89c Rn. 5.

Die landesgesetzlichen Regelungen über die konkreten Haftbedingungen sind weitgehend deckungsgleich. Sie ergänzen die allgemeinen Vorschriften über den Vollzug der Untersuchungshaft.[225] Bei jungen Beschuldigten ist wegen der besonderen Schutzpflichten die Unschuldsvermutung in besonderem Maße zu achten und der Vollzug entsprechend als möglichst geringe Belastung auszugestalten.[226] Die gesetzlichen Grundzüge lauten **exemplarisch** in Nordrhein-Westfalen im **UVollzG NRW** wie folgt: 102
- § 48 Abs. 1 regelt, dass die nachfolgenden Vorschriften die allgemeinen Vorschriften **ergänzen**, wobei sich aus der Gesetzessystematik ergibt, dass ihr (**spezialgesetzlicher**) Regelungsgehalt den allgemeinen Vorschriften vorgeht. § 48 Abs. 2 bestätigt die Regelung des § 89c S. 2 JGG für bis 24-jährige.
- Nach § 49 soll der Vollzug **erzieherisch** gestaltet werden, was ein schlichtes Wegsperren ausschließt, Abs. 1. Vielmehr sollen Beschäftigungs-, Bildungs-, Freizeitmöglichkeiten und sonstige **Hilfestellungen** angeboten werden und die Bereitschaft der Untersuchungsgefangenen zur Nutzung geweckt und gefördert werden, Abs. 2. Am allgemein- oder berufsbildenden **Unterricht** ist teilzunehmen, was die Existenz eines solchen Unterrichts zwingend voraussetzt, Abs. 3. Die Personensorgeberechtigten sind zu informieren und sollen einbezogen werden, Abs. 4. Beschränkungen können auch auferlegt werden, soweit es dringend geboten ist, einer Entwicklungsgefährdung entgegenzuwirken.
- § 50 fordert eine **Trennung zum Erwachsenenvollzug** durch eigene Anstalten oder Abteilungen, wobei davon zur Erreichung des Zwecks der Untersuchungshaft oder aus Gründen der Sicherheit und Ordnung und zum Wohle von minderjährigen Häftlingen unter bestimmten Voraussetzungen abgewichen werden kann.
- Konkrete **Ansprechpartner** sind zuzuordnen, § 51.
- **Besuche** bei minderjährigen Untersuchungsgefangenen und der Schriftwechsel mit bestimmten Personen sind zu unterbinden, wenn die Personensorgeberechtigten damit nicht einverstanden sind, § 52 Abs. 1. Der Verkehr mit der Jugendgerichtshilfe u.a. ist gestattet, § 52 Abs. 2.
- Bestimmte Vorschriften des JStVollzG NRW gelten entsprechend, § 53.

Die **Zuständigkeit** für den Vollzug der Untersuchungshaft liegt grundsätzlich bei der **JVA**.[227] Die Landesgesetze über den Vollzug der Untersuchungshaft sehen Beschwerderechte vor. Der **Rechtsschutz** i.S.d. Art. 19 Abs. 4 GG gegen behördliche Entscheidungen der JVA ist in **§ 119a StPO** geregelt. Für die gerichtliche Überprüfung i.S.d. § 119a StPO ist der Richter zuständig, der den Haftbefehl erlassen hat, der Jugendrichter gem. § 72 Abs. 3 und 6 JGG i.V.m. §§ 2, 34 Abs. 1, 42 JGG i.V.m. § 125 StPO. Nur **ausnahmsweise** ist das **Gericht** originär zuständig: dies für die Vollstreckung und die Vollzugsbelange, die Anordnungen zur Abwehr einer Flucht-, Verdunkelungs- oder Wiederholungsgefahr i.S.d. § 119 StPO betreffen.[228] Hier ist regelmäßig der Beschwerdeweg i.S.d. § 304 StPO eröffnet.[229] 103

IV. Möglichkeiten der Verfahrensbeendigung im Ermittlungsverfahren

Eine Verfahrenseinstellung nach § 45 JGG oder den §§ 153 ff. StPO stellt in der Regel einen Erfolg für die Verteidigung dar. Beim Streben nach einer Verfahrensbeendigung muss der faule Kompromiss einer Verfahrenseinstellung unter Opportunitätsgesichtspunkten vermieden werden, wenn eine geringe Verurteilungswahrscheinlichkeit oder gar die hohe Wahrscheinlichkeit der Unschuld besteht. Denn eine Einstellung gem. **§ 170 Abs. 2 StPO** mangels hinreichenden Tatverdachts genießt immer 104

225 Zur Gesetzestechnik und den Einzelheiten exemplarisch anhand des Untersuchungshaftvollzugsgesetzes des Landes Berlin (UvollzG Bln) *Diemer*/Schatz/Sonnen JGG § 89c Rn. 6 ff.; insgesamt zur konkreten Vollzugausgestaltung *Eisenberg/Kölbel* JGG § 89c Rn. 22 ff.

226 *Eisenberg/Kölbel* JGG § 89c Rn. 22.

227 *Zieger/Nöding* Verteidigung in Jugendstrafsachen 7. Aufl. 2018 Rn. 199.

228 Zu den Beschränkungen i.S.d. § 119 in Abgrenzung zu Anordnungen der JVA StPO *König* NStZ 2010, 185 ff.; *Seebode* HRRS 2008, 236 ff. Die Rechtsprechung ist dargestellt bei *Diemer*/Schatz/Sonnen JGG § 89c Rn. 28.

229 Zu den Einzelheiten Meyer-Goßner/*Schmitt* § 119 Rn. 35 ff.

Vorrang. Dies gilt insbesondere vor dem Hintergrund, dass die praxisrelevanteste Einstellungsmöglichkeit, die gem. § 45 JGG, zwingend zu einem Eintrag im Erziehungsregister führt, § 60 Abs. 1 Nr. 7 BZRG. Der sich aus der Eintragung ableitende Eindruck, es sein schon »etwas dran« gewesen, kann in zukünftigen Verfahren (weiteren) Verfahrenseinstellungen entgegenstehen. Einstellungen werden dann faktisch zu Vorbelastungen.[230]

1. Einstellungsmöglichkeiten nach § 45 JGG

105 Junge Beschuldigte sollen durch das Verfahren nicht stigmatisiert werden, da dies unter Erziehungsgesichtspunkten regelmäßig kontraproduktiv ist. Sinnvoll ist es deshalb, noch häufiger als im Erwachsenenstrafverfahren das Verfahren ohne eine Hauptverhandlung zu beenden. Die praktische Bedeutung der Diversion ist enorm: es sollen bundesweit zwischen 60 und 70 % der Verfahren nach dem JGG eingestellt werden.[231] Die Einstellungsmöglichkeiten des § 45 JGG werden durch ein **Stufenverhältnis** mit ansteigender Eingriffsintensität geprägt.[232] § 45 JGG gilt gem. § 109 Abs. 2 JGG auch für Heranwachsende, wenn das Jugendstrafrecht Anwendung findet, vgl. RiJGG zu § 45 Nr. 5.

106 Die Verteidigung sollte proaktiv auf eine Einstellung hinwirken. Dabei bietet die RiJGG zu § 45 Argumentationshilfen. Dort heißt es eingangs unter Nr. 1, dass bei kleineren bis mittelschweren Verfehlungen stets zu prüfen ist, ob auf eine jugendstrafrechtliche Sanktion durch Urteil verzichtet werden kann. Eine solche klare Handlungsanweisung findet sich etwa in der RiStBV nicht. Will der Staatsanwalt nicht einstellen oder im Fall des § 45 Abs. 3 JGG der Richter der staatsanwaltschaftlichen Anregung nicht folgen, existiert kein Rechtsmittel dagegen. Dies gilt trotz der Beschwer der Eintragung im Erziehungsregister gem. § 60 Abs. 1 Nr. 7 BZRG.[233]

a) § 45 Abs. 1 JGG i.V.m. § 153 StPO

107 § 45 Abs. 1 i.V.m. § 153 StPO bietet die Möglichkeit der Verfahrenseinstellung **ohne Zustimmung des Gerichts** – allerdings auch ohne Zustimmung des Beschuldigten, der ggf. um eine vorrangige Einstellung gem. § 170 Abs. 2 StPO gebracht werden kann. RiJGG zu § 45 Nr. 2 lautet:

> »Eine Anwendung von § 45 Abs. 1 ist insbesondere bei Taten erstmals auffälliger Jugendlicher zu prüfen, wenn es sich um jugendtypisches Fehlverhalten mit geringem Schuldgehalt und geringen Auswirkungen handelt, das über die bereits von der Entdeckung der Tat und dem Ermittlungsverfahren ausgehenden Wirkungen hinaus keine erzieherischen Maßnahmen erfordert.«

108 Die Einleitung des Ermittlungsverfahrens mit allen seinen Umständen soll danach Warnung genug sein. Das Ermittlungsverfahren soll eo ipso erzieherische Wirkung entfalten.

▶ Beachte

109 Die Verteidigung sollte in geeigneten Fällen die bereits eingetretenen – auch außerstrafrechtlichen – Folgen des Ermittlungsverfahrens aufzeigen, um der Staatsanwaltschaft Argumente für die Einstellung nach § 45 Abs. 1 JGG zu liefern. Idealerweise sollte der Schriftsatz durch ein Telefonat mit der Staatsanwaltschaft über die grundsätzliche Einstellungsfähigkeit des Vorwurfs vorbereitet werden.

110 Die Verwendung des Worts »insbesondere« in der Richtlinie zeigt, dass auch in anderen Fällen § 45 Abs. 1 JGG Anwendung finden kann, etwa bei längeren zeitlichen Abständen zwischen verschiedenen Verfehlungen oder wenn die Verfehlungen sich in ihrem Rechtsgüterschutz und der Begehungsart

---

230 Vgl. dazu *Zieger/Nöding* Verteidigung in Jugendstrafsachen 7. Aufl. 2018 Rn. 154.
231 Eine statistische Übersicht von 1980 bis 2010 bietet *Ostendorf* Jugendstrafrecht Rn. 123; vgl. auch *Zieger/Nöding* Verteidigung in Jugendstrafsachen 7. Aufl. 2018 Rn. 153.
232 BT-Drs. 11/5829 S. 23; vgl. auch *Feigen* ZJJ 2008, 349 (350).
233 *Burhoff* Ermittlungsverfahren Rn. 1006; *Diemer*/Schatz/Sonnen JGG § 45 Rn. 30; Ostendorf-*Sommerfeld* JGG § 45 Rn. 23. Regelmäßig bleibt allein die Möglichkeit der Dienstaufsichtsbeschwerde.

unterscheiden.[234] Gem. § 153 StPO ist die Einstellung auf Verfahren wegen eines Vergehens, § 12 Abs. 2 StGB, beschränkt. Wesentliche Einstellungsvoraussetzung ist die **geringe Schuld**, die hypothetisch zu beurteilen ist.[235] Ferner darf **kein öffentliches Verfolgungsinteresse** bestehen, was sich i.d.R. als unproblematisch gestaltet. Ein Geständnis wird nicht vorausgesetzt.[236]

b) § 45 Abs. 2 JGG

Eine Einstellung gem. § 45 Abs. 2 JGG fordert zunächst den jungen Beschuldigten. Denn es muss eine **erzieherische Maßnahme** bereits durchgeführt oder zumindest eingeleitet sein. Der Katalog an denkbaren erzieherischen Maßnahmen geht über den der Erziehungsmaßregeln der §§ 9–12 JGG hinaus. Nach *Eisenberg* sind darunter alle Maßnahmen zu fassen, die zur Erziehung des Beschuldigten von privater oder öffentlicher Seite im Rahmen bestehender Erziehungsaufgaben durchgeführt oder eingeleitet sind.[237] Folgende Maßnahmen kommen z.B. in Betracht:[238] 111

- namentlich gem. § 45 Abs. 2 S. 2 JGG jedes Bemühen, einen Ausgleich mit dem Verletzten zu erreichen,
- eine Entschuldigung beim Opfer kann ausreichend sein,
- bei Vorwürfen im Zusammenhang mit einer Drogenproblematik sollten die Drogenberatung kontaktiert und Therapiebemühungen entfaltet werden,
- bei Gewaltkriminalität ist der Besuch von Anti-Aggressions-Trainings zielführend – so ein Seminarplatz erlangt werden kann,
- eine Psychotherapie kann in geeigneten Fällen Hilfe bringen,
- Maßnahmen des Jugendamtes,
- ein erzieherisches Gespräch mit der Jugendgerichtshilfe oder den Ermittlungsbehörden.[239]

Nach **RiJGG zu § 45 Nr. 3** soll der Staatsanwalt bei einem nicht ernsthaft bestreitenden jungen Beschuldigten in Abstimmung mit diesem und den Erziehungsberechtigten prüfen, ob er selbst die Voraussetzungen für die Einstellung schaffen kann, indem Maßnahmen angeregt werden. In der Praxis empfiehlt es sich, dass der Beschuldigte nicht auf etwaige Anregungen wartet, sondern er von sich aus oder zumindest auf Anraten des Verteidigers Aktivität entfaltet. Werden frühzeitig Maßnahmen, insbesondere in Zusammenarbeit mit dem sozialen Umfeld in Angriff genommen, so wird die Verteidigung mit dem Gesetzgeber argumentieren können, dass diese Maßnahmen, »folgen sie der Tat auf dem Fuße, besonders geeignet sind, Schuldeinsicht zu fördern und das künftige Verhalten des Jugendlichen zu beeinflussen«.[240] 112

Ein **Geständnis** ist wie bei § 45 Abs. 1 JGG **keine Voraussetzung** für die Verfahrenseinstellung.[241] Dies ergibt sich als Umkehrschluss aus § 45 Abs. 3 JGG, der ein solches ausdrücklich vorsieht. Die Einstellung kann **auch** beim Vorwurf eines **Verbrechens**, etwa beim sogenannten »Abziehen« (Raub oder räuberische Erpressung), greifen.[242] Es handelt sich um eine Mussvorschrift, deren zwingende Anwendung durch die Voraussetzungen aufgeweicht wird, dass der Staatsanwalt weder die Beteiligung des Richters noch die Erhebung der Anklage für erforderlich halten darf. 113

234 BT-Drs. 11/5829 S. 23 f.; *Diemer*/Schatz/Sonnen JGG § 45 Rn. 14; Ostendorf-*Sommerfeld* JGG § 45 Rn. 10; *Zieger/Nöding* Verteidigung in Jugendstrafsachen 7. Aufl. 2018 Rn. 157.

235 BverfG NJW 1990, 2741 ff.

236 So schon der Gesetzeswortlaut; vgl. auch *Ostendorf* Jugendstrafrecht Rn. 108.

237 *Eisenberg/Kölbel* JGG § 45 Rn. 19.

238 Zu den Maßnahmen *Burhoff* Ermittlungsverfahren Rn. 1007; *Diemer*/Schatz/Sonnen JGG § 45 Rn. 15 ff.; *Eisenberg/Kölbel* JGG § Rn. 19 ff.; Formularbuch/*Gillmeister/Rode* XII. A. 5.

239 Insbesondere ein solches Gespräch mit der Polizei wird im Hinblick auf die Gewaltenteilung und die Unschuldsvermutung kritisch gesehen, vgl. *Eisenberg/Kölbel* JGG § 45 Rn. 20 f m.w.N. Zur »Polizeidiversion« Ostendorf-*Sommerfeld* JGG § 45 Rn. 16 f.

240 BT-Drs. 11/5829 S. 24.

241 BGH StV 2002, 649; *Eisenberg/Kölbel* JGG § 45 Rn. 18.

242 Ostendorf-*Sommerfeld* JGG § 45 Rn. 11.

c) § 45 Abs. 3 JGG

114 Das informelle richterliche Erziehungsverfahren gem. § 45 Abs. 3 JGG kann dann Anwendung finden, wenn eine Einstellung nach den Absätzen 1 und 2 nicht in Betracht kommt. Der Anwendungsbereich des § 45 Abs. 3 JGG ist auch beim Vorwurf des Verbrechens eröffnet. Voraussetzung für die Einstellung ist das Vorliegen eines **Geständnisses.** Gegen diese Voraussetzung werden verfahrensrechtliche Bedenken in Bezug auf die Unschuldsvermutung erhoben sowie das falsche Geständnis als Fehlerquelle des Strafprozesses benannt.[243] Das Praxisproblem für die Verteidigung liegt darin, zum Zeitpunkt des Geständnisses weitestgehend sicher sein zu können, dass tatsächlich eingestellt wird. Die Ablehnung des »Angebots« der Diversion darf selbstredend nicht strafschärfend Berücksichtigung finden.[244]

▶ **Beachte**

115 Die Verteidigung wird i.S.d. § 160b StPO mit der Staatsanwaltschaft den Verfahrensstand erörtern und sich die **Zusage** einholen, dass der Staatsanwalt beim Gericht Maßnahmen i.S.d. § 45 Abs. 3 S. 1 JGG anregen wird, **bevor** das **Geständnis** abgelegt wird. Im Idealfall wird auch das Gericht in die Erörterung mit einbezogen, sodass die richterliche Umsetzung der staatsanwaltschaftlichen Anregung gesichert ist.

116 Der Staatsanwalt wird die in § 45 Abs. 3 S. 1 JGG benannten **Maßnahmen** – Erteilung einer Ermahnung, die Erbringung einer Arbeitsleistung, einen Täter-Opfer-Ausgleich, die Teilnahme an einem Verkehrsunterricht oder die Erfüllung von Auflagen i.S.d. § 15 JGG – anregen, wenn er dies für **erforderlich** hält, die **Anklageerhebung** aber für **nicht geboten** erachtet. Als Maßstab ist dabei stets auf die erzieherischen Wirkungen des informellen Erziehungsverfahrens im Verhältnis zum formellen gerichtlichen Verfahren abzustellen.[245] Die Jugendgerichtshilfe soll informiert werden, RiJGG zu § 45 Nr. 4. Die Erfüllung der Weisungen und Auflagen wird vom Gericht, ggf. mit Hilfestellung der Jugendgerichtshilfe, überwacht. Wurde erfüllt, muss der Staatsanwalt einstellen, § 45 Abs. 3 S. 2 JGG.

d) Rechtskraftproblematik

117 Bezüglich der Einstellung nach § 45 Abs. 3 JGG regelt der dortige Satz 4 i.V.m. § 47 Abs. 3 JGG, dass wegen derselben Tat nur aufgrund neuer Tatsachen oder Beweismittel trotz Einstellung Anklage erhoben werden kann. Diese neuen Tatsachen oder Beweismittel müssen zu einer erheblich anderen Bewertung führen.[246] Eine entsprechende Regelung findet sich weder in § 45 Abs. 1 JGG, noch in § 45 Abs. 2 JGG. Der Gesetzgeber will, dass die Möglichkeit der Wiederaufnahme der Ermittlungen im Fall des § 45 Abs. 2 JGG bei einer bloß eingeleiteten Maßnahme dann besteht, wenn »die Maßnahme abgebrochen oder sonst nicht abgeschlossen wird und bis zu diesem Zeitpunkt kein nennenswerter erzieherischer Erfolg eingetreten und auch keine andere Diversionsmaßnahme in Betracht zu ziehen ist«.[247] Wird die Maßnahme i.S.d. § 45 Abs. 2 JGG indes abgeschlossen, so wird man für eine Wiederaufnahme der Ermittlungen zumindest nicht ganz unerhebliche neue Tatsachen oder Beweismittel fordern müssen.[248] Dies gilt auch im Fall einer Einstellung nach § 45 Abs. 1 JGG.

---

243 *Eisenberg/Kölbel* JGG § 45 Rn. 24 ff. m.w.N.; *Zieger/Nöding* Verteidigung in Jugendstrafsachen 7. Aufl. 2018 Rn. 162; zum falschen Geständnis *Peters* Fehlerquellen im Strafprozess, 1. Aufl. 1972, Bd. 2 S. 13 ff.

244 OLG Hamm ZJJ 2006, 76 = StV 2007, 8.

245 Vgl. BT-Drs. 11/5829 S. 24 f.

246 *Diemer*/Schatz/Sonnen JGG § 45 Rn. 47 Rn. 21.

247 BT-Drs. 11/5829 S. 24.; zustimmend *Böttcher/Weber* NStZ 1990, 561 (563).

248 Ähnlich *Diemer*/Schatz/Sonnen JGG § 45 Rn. 29; dagegen kein Strafklageverbrauch und keine Rechtskraftwirkung nach *Eisenberg/Kölbel* JGG § 45 Rn. 31 m.w.N.

2. Weitere Einstellungsmöglichkeiten

Ob **§ 153 Abs. 1 StPO** und **§ 153a Abs. 1 StPO** durch § 45 StPO als lex specialis verdrängt werden, ist **umstritten.**[249] Um die negative Folge der Eintragung im Erziehungsregister bei einer Einstellung gem. § 45 JGG zu vermeiden, sollte die Verteidigung ungeachtet des Streitstands versuchen, eine Einstellung gem. § 153 StPO oder § 153a StPO zu erwirken. 118

Die im BtMG vorgesehene Einstellungsmöglichkeiten des **§ 37 BtMG** (Therapiebeginn) gilt gem. § 38 Abs. 2 BtMG auch für junge Beschuldigte. Umstritten ist, ob **§ 31a BtMG** (Eigenverbrauch) im Jugendstrafverfahren Anwendung finden kann. Während in der jugendstrafrechtlichen Kommentarliteratur ein Vorrang des § 31a BtMG in den sogenannten Konsumenten-Fällen favorisiert wird,[250] tendiert die betäubungsmittelrechtliche Kommentarliteratur überwiegend zum Anwendungsvorrang des § 45 JGG.[251] Im Ergebnis wird man beiden Normen eine eigenständige Berechtigung mit jeweils gleichberechtigtem Anwendungsbereich zusprechen können.[252] Auch hier gilt, dass eine Einstellung gem. § 31a BtMG erstrebt werden sollte, um registerrechtliche Nachteile zu vermeiden. 119

E. Verteidigung im Zwischenverfahren

Für die Verteidigung im Zwischenverfahren gelten die folgenden **allgemeinen Grundsätze:**[253] 120

- Das von *Wehnert* pointiert formulierte **Dilemma** des Verteidigers **bei Mängeln der Anklage** muss beachtet werden.[254] Da der Staatsanwaltschaft i.d.R. die Möglichkeit der Nachbesserung eingeräumt wird, ist nur Zeit gewonnen, wenn der Mangel im Zwischenverfahren geltend gemacht wird. In Haftsachen kann allerdings die Außervollzugsetzung oder Aufhebung des Haftbefehls wegen Verstoßes gegen den Beschleunigungsgrundsatz erreicht werden.[255]
- **Rechtsfragen** sollten frühzeitig diskutiert werden, da hier nicht die Gefahr von Nachbesserungen droht.
- **Beweisanträge** sollten i.d.R. nur dann gestellt werden, wenn die begründete Aussicht besteht, dass das Gericht die Eröffnung des Hauptverfahrens ablehnt.
- Ausnahme Sachverständiger: die Verteidigung muss spätestens das Zwischenverfahren nutzen, um Einfluss auf die **Auswahl des Sachverständigen** nehmen zu können.[256]
- Das Zwischenverfahren ist der letztmögliche Zeitpunkt, um **Aufklärungshilfe** zu leisten, (§ 31 S. 3 BtMG i.V.m.) § 46b Abs. 3 StGB.[257]
- Die Zuständigkeit des Gerichts ist in jedweder Hinsicht zu prüfen.

Die Verteidigung sollte im Fall der **Verbindung** von Strafsachen gegen **Jugendliche/Heranwachsende** und Strafsachen gegen **Erwachsene,** § 103 JGG, prüfen, ob ein Antrag auf Abtrennung des Verfahrens gegen den jungen Angeschuldigten sinnvoll ist.[258] Vor allem ist ein Abtrennungsantrag zu erwägen, wenn nach § 103 Abs. 2 S. 2 JGG (Wirtschaftsstraf- oder Staatsschutzkammer) ausnahmsweise das Erwachsenengericht zuständig ist. Denn eine Verhandlung vor dem Jugendstrafgericht ist i.d.R. angenehmer und häufig im Ergebnis vorteilhaft für den Mandanten. Im Rahmen 121

---

249 Zu den Positionen *Diemer*/Schatz/Sonnen JGG § 45 Rn. 9; *Eisenberg/Kölbel* JGG § 45 Rn. 10 ff.; Ostendorf-*Sommerfeld* JGG § 45 Rn. 5 f.; KK-*Schoreit*, StPO, § 153 Rn. 8, § 153a Rn. 8.

250 *Eisenberg/Kölbel* JGG § 45 Rn. 10b; Ostendorf-*Sommerfeld* JGG § 45 Rn. 8.

251 *Körner/Patzak/Volkmer*, BtMG, § 31a Rn. 15; *Weber*, BtMG, § 31a Rn. 19.

252 So *Hügel/Junge/Lander/Winkler*, Deutsches Betäubungsmittelrecht, § 31a Rn. 2.

253 Ausführlich zum Zwischenverfahren Kap. 2.

254 Widmaier/*Wehnert* § 5 Rn. 85.

255 Dazu ausführlich Strafverteidigung/*Bandisch* § 8 Rn. 55 f.

256 Zur Sachverständigenauswahl im Zwischenverfahren Widmaier/*Deckers* § 81 Rn. 43 ff.

257 Zur Aufklärungshilfe *Apfel/Strittmatter* Praxiswissen Strafverteidigung im Betäubungsmittelrecht Rn. 694 ff.

258 Dazu Widmaier/*Böttcher/Schütrumpf* § 53 Rn. 161; *Zieger/Nöding* 7. Aufl. 2018 Verteidigung in Jugendstrafsachen Rn. 201. Zur Konstellation der Abtrennung eines Verfahrens gegen einen Erwachsenen OLG Hamm ZJJ 2011, 89 f.

des Abtrennungsantrags ist darzulegen, warum keine wichtigen Gründe – wie die Wahrheitserforschung – der Abtrennung entgegenstehen, vgl. § 103 Abs. 1 JGG. Der Antrag auf Abtrennung ist gut zu begründen, steht ihm doch regelmäßig der Grundsatz der Prozessökonomie entgegen.[259] RiJGG zu § 103 Nr. 1 und 2 geben der Verteidigung Argumentationshilfen an die Hand. Danach steht als Ausgangspunkt der allgemeine Grundsatz, dass die Verbindung regelmäßig unzweckmäßig ist, Nr. 1. Der Staatsanwalt soll, wenn dies zweckmäßig erscheint, die Abtrennung beantragen, Nr. 2. Zweckmäßig ist die Abtrennung, wenn die Verhandlung gegen den jungen Angeschuldigten keinen großen Umfang hat, denn dann greift das prozessökonomische Argument der Vermeidung mehrerer umfangreicher Beweisaufnahmen nicht. Ferner ist abzutrennen, wenn wegen der Dominanz des/der Erwachsenen dem Mandanten gegenüber eine Einschüchterung o.ä. des Mandanten zu erwarten ist.[260] Eine solche Folge steht dem wichtigen Grund der Wahrheitserforschung i.S.d. § 103 Abs. 1 JGG entgegen. Nach einer Entscheidung des OLG Karlsruhe ist nicht abzutrennen, wenn jugendlichen bzw. heranwachsenden und erwachsenen Angeklagten gemeinschaftlich begangene Straftaten zur Last gelegt werden und voraussichtlich eine umfangreiche Beweisaufnahme erforderlich wird.[261] Denn im Fall gemeinschaftlicher Begehung von Straftaten kann man den Angeklagten sowohl bei der Aufklärung ihrer Rolle im Gesamtgeschehen – insbesondere auch bezüglich des etwaigen Einflusses erwachsener Angeklagter auf einen noch jugendlichen Mittäter – als auch bei der Strafzumessung regelmäßig nur in einer gemeinsamen Hauptverhandlung gerecht werden. Auch lassen sich dadurch divergierende Entscheidungen vermeiden.

F. Die Hauptverhandlung

I. Zuständigkeiten und Besetzung

122 Für die **örtliche Zuständigkeit** in Jugendstrafverfahren gelten die allgemeinen Regelungen, erweitert durch § 42 JGG,[262] in Verfahren gegen Heranwachsende in Verbindung mit § 108 Abs. 1 JGG. Die **sachliche Zuständigkeit** der Gerichte ergibt sich aus §§ 39 ff. JGG sowie für Heranwachsende aus § 108 i.V.m. §§ 39 ff. JGG. Hier wird zwischen der Zuständigkeit des **Jugendrichters** (§ 39 JGG), des **Jugendschöffengerichts** (§ 40 Abs. 1 JGG) und der **Jugendkammer** (§ 41 JGG) unterschieden.

123 Der **Jugendrichter** am Amtsgericht ist lediglich für solche Verfehlungen von Jugendlichen zuständig, für die nach dem Gesetz nur Erziehungsmaßregeln oder Zuchtmittel und möglicherweise Nebenstrafen oder Nebenfolgen oder die Entziehung der Fahrerlaubnis, jedoch keine Jugendstrafe zu erwarten sind (§ 39 Abs. 1 JGG). Dennoch reicht die Anordnungskompetenz des Jugendrichters bis zu einem Jahr Jugendstrafe (§ 39 Abs. 2 JGG).

124 Für alle anderen Verfahren gegen Jugendliche ist grundsätzlich das **Jugendschöffengericht** am Amtsgericht zuständig, das mit einem Richter und zwei Schöffen[263] besetzt ist (§ 40 Abs. 1 JGG). Das Jugendschöffengericht darf den Strafrahmen des JGG vollständig ausschöpfen – nur für den Fall, dass gegen Heranwachsende Erwachsenenstrafrecht angewandt werden soll, ist die Strafgewalt des Jugendschöffengerichts auf ein Höchstmaß von 4 Jahren beschränkt (§ 108 Abs. 3 JGG).Das Jugend-

259 Vgl. KG NStZ 2006, 521 (522). Solche reinen Zweckmäßigkeitserwägungen sind jedenfalls dann nicht ausreichend, wenn vor der Staatsschutz- oder Wirtschaftsstrafkammer verhandelt werden soll, BGHSt 10, 327 (329); Diemer/*Schatz*/Sonnen JGG § 103 Rn. 11 m.w.N.

260 Zur Argumentation *Zieger/Nöding* Verteidigung in Jugendstrafsachen 7. Aufl. 2018 Rn. 201.

261 OLG Karlsruhe ZJJ 2013, 211 (212).

262 Zur zweckmäßigen Abgabe des Verfahrens an ein Gericht, das für den Aufenthaltsort nicht örtlich zuständig wäre BGH StV 2022, 44.

263 Für die Wahl der Schöffen an den Jugendschöffengerichten besteht ein spezifisches Auswahlverfahren, das in § 35 JGG geregelt ist. Jugendschöffen sollen »erzieherisch befähigt« sein, und es herrscht Geschlechterparität: Es müssen ebenso viele männliche wie weibliche Schöffen gewählt werden. Auch Hauptverhandlungen gegen Jugendliche sollen möglichst mit einem männlichen und einem weiblichen Schöffen besetzt sein (§ 33a Abs. 1 S. 2 JGG). Ausführl. zu den Jugendschöffen *Zieger/Nöding* Verteidigung in Jugendstrafsachen 7. Aufl. 2018 Rn. 138 ff.

schöffengericht darf, anders als das Schöffengericht im Erwachsenenstrafrecht (§ 24 Abs. 1 Nr. 2 GVG), jedoch grundsätzlich die Unterbringung von Jugendlichen (und Heranwachsenden, auf die Jugendstrafrecht angewandt wird) in einem psychiatrischen Krankenhaus anordnen.[264] Eine Ausnahme für Tatvorwürfe i.S.d. § 7 Abs. 2 JGG schafft insoweit § 41 Abs. 1 Nr. 5 JGG, welcher in diesen Fällen die Zuständigkeit der Jugendkammer begründet.

▶ **Beachte**

Jugendschöffen wird eine tragendere Rolle zugeschrieben, als dies im Erwachsenenstrafrecht der Fall ist.[265] Ihr Engagement ist oft höher, ihr Selbstbewusstsein in Bezug auf die gerichtliche Entscheidung ausgeprägt. Die Verteidigung darf deshalb nicht allein die Berufsrichter als Kommunikationspartner ansehen.

Die **Jugendkammer** am Landgericht ist mit drei Richtern und zwei Schöffen besetzt. Sie ist nur für solche Verfahren gegen Jugendliche zuständig, die nach § 74e GVG im Erwachsenenrecht unter die Zuständigkeit des Schwurgerichtes fallen würden (§ 41 Abs. 1 Nr. 1 JGG), oder bei denen im Falle von Tatvorwürfen i.S.d. § 7 Abs. 2 JGG eine höhere Strafe als 5 Jahre Jugendstrafe oder die Unterbringung in einem psychiatrischen Krankenhaus zu erwarten ist (§ 41 Abs. 1 Nr. 5 JGG). 125

Darüber hinaus kann das Jugendschöffengericht Fälle von besonderem Umfang der Jugendkammer vorlegen (§ 40 Abs. 2 i.V.m. § 41 Abs. 1 Nr. 2 JGG), und auch die Staatsanwaltschaft kann in Fällen der besonderen Schutzbedürftigkeit des Verletzten Anklage zur Jugendkammer erheben (§ 41 Abs. 1 Nr. 4 JGG).[266] Kommt Erwachsenenstrafrecht zur Anwendung (z.B. in Fällen verbundener Verfahren), so ist die Jugendkammer für diejenigen Fälle zuständig, in denen nach den Vorschriften des Erwachsenenrechts die große Strafkammer zuständig wäre, oder in denen gegen Heranwachsende Freiheitsstrafen von mehr als 4 Jahren in Betracht kommen (§ 108 Abs. 3 S. 2 JGG). 126

Die Jugendkammer ist außerdem zuständig für **Berufungen** gegen die Urteile des Jugendrichters und des Jugendschöffengerichts. 127

II. Vorbereitung der Hauptverhandlung

Die **Verteidigung in der Hauptverhandlung** einer Jugendstrafsache erfordert – wie jede andere Hauptverhandlung – eine gewissenhafte Vorbereitung, bei der den Besonderheiten des Jugendstrafverfahrens Rechnung getragen werden muss. Der Verteidiger muss hier den jungen Mandanten und ggf. auch dessen Erziehungsberechtigte auf die Hauptverhandlung vorbereiten.[267] 128

▶ **Beachte**

Insbesondere wenn der junge Beschuldigte erstmals mit einer strafrechtlichen Hauptverhandlung konfrontiert wird, muss er wissen, was ihn dort erwartet und wie er sich angemessen verhält. Der Verteidiger sollte ihm im Vorfeld erklären, welche Personen an seiner Hauptverhandlung teilnehmen werden und welche Funktion diese haben – Richter, Schöffen, Staatsanwaltschaft, Jugendgerichtshilfe, Sachverständige –, denn auch in Zeiten täglicher Fernsehgerichtssendungen ist das vielen angeklagten Jugendlichen und Heranwachsenden nicht (vollständig) klar. Im Einzelfall mag auch Anlass bestehen, den Jugendlichen auf ein im Gericht angemessenes Verhalten und eine angemessene Kleidung hinzuweisen (z.B. »Die Müt- 129

---

264 Vgl. MüKoStGB/*van Gemmeren*, StGB § 63 Rn. 91.

265 *Zieger/Nöding* Verteidigung in Jugendstrafsachen 7. Aufl. 2018 Rn. 140.

266 Ausführungen zum besonderen Umfang und zur Schutzbedürftigkeit finden sich bei LG Koblenz ZJJ 2012, 208 f.

267 *Zieger/Nöding* Verteidigung in Jugendstrafsachen 7. Aufl. 2018 Rn. 202 ff., 203; *Burhoff*, Handbuch für die strafrechtliche Hauptverhandlung, 6. A. 2010 Rn. 567.

ze wird im Gerichtssaal abgesetzt!«) – wobei es verfehlt wäre, dem jungen Mandanten zu einer »Verkleidung« zu raten, die nicht seinem normalen Kleidungsstil entspricht.[268]

130 Der junge Beschuldigte muss darauf vorbereitet sein, welche Fragen das Gericht im Rahmen der Hauptverhandlung an ihn richten wird, und welche Fragen er beantworten oder nicht beantworten soll. Insbesondere im Vorfeld klärungsbedürftig ist etwa die Frage nach den Einkommensverhältnissen bzw. der Höhe des Taschengeldes.

131 Der junge Mandant muss außerdem – ebenso wie ein erwachsener Angeklagter – in die Verteidigungsstrategie einbezogen sein. Bei Erwachsenen eine Selbstverständlichkeit – aber auch bei der Vertretung sehr junger Angeklagter ist es verfehlt, »über deren Kopf hinweg« zu verhandeln. Schon im Vorfeld der Hauptverhandlung sollte etwa geklärt sein, ob der Mandant sich zur Sache äußert oder nicht. Hat man beschlossen, dass er schweigen wird, dann muss er so vorbereitet sein, dass er sich nicht zu Spontanäußerungen hinreißen lässt.

Der junge Beschuldigte muss wissen, dass er seinen Verteidiger jederzeit im Rahmen der Hauptverhandlung bei Erklärungsbedarf Fragen stellen kann, und dass der Verteidiger ggf. für eine vertrauliche Unterredung eine Unterbrechung der Hauptverhandlung veranlassen wird.

132 Ist der Mandant noch Jugendlicher,[269] dann sollten auch die **Erziehungsberechtigten**[270] aufgeklärt werden, was von ihnen in der Hauptverhandlung erwartet wird, und inwiefern sie aktiv an der Hauptverhandlung gegen ihr Kind teilnehmen können und sollen. Sie sollten i.d.R. wissen, welche Vorwürfe gegen ihr Kind bestehen und welche Sanktionen es zu erwarten hat.

133 Die Erziehungsberechtigten müssen zur Hauptverhandlung gegen ihr jugendliches Kind geladen werden (die Sollvorschrift des § 50 Abs. 2 JGG ist trotz ihres Wortlauts als Ladungspflicht auszulegen[271]). Sie haben ein **Anwesenheitsrecht** für die Dauer der Hauptverhandlung, können aber aus den Gründen des § 51 JGG zeitweilig ausgeschlossen werden. Ist wegen zeitweiligen Ausschlusses oder aus sonstigen Gründen kein Erziehungsberechtigter anwesend, ist einer anderen volljährigen Vertrauensperson des Jugendlichen die Anwesenheit in der Hauptverhandlung zu gestatten, oder es muss ein für die Betreuung des Jugendlichen zuständiger Vertreter der Jugendhilfe anwesend sein (§ 51 Abs. 6 JGG) Erziehern oder Vertrauenspersonen ist zwar kein Sitzplatz in der Reihe der Verfahrensbeteiligten im Gerichtssaal zugewiesen, sodass sie die Verhandlung nur von den Zuschauerbänken aus verfolgen können. Dennoch haben sie – ebenso wie der Jugendliche – ein Recht darauf, Fragen und Anträge zu stellen (§ 67 JGG), und sie haben – unmittelbar vor dem Jugendlichen[272] – das Recht auf **das letzte Wort**.[273]

134 Der Verteidiger wird sich deshalb vor der Hauptverhandlung auch mit den Erziehungsberechtigten über die Vorgehensweise in der Hauptverhandlung abstimmen. In der Regel wird es dem Beschuldigten – auch im Hinblick auf die zu erwartende Sanktion – nützen, wenn (möglichst beide) Erziehungsberechtigte an der Hauptverhandlung teilnehmen und sich um die Zukunft ihres Kindes besorgt zeigen. Dies kann im Falle getrennter, bzw. zerstrittener, Elternteile besondere Herausforderungen bergen. Der Verteidiger sollte die Erziehungsberechtigten in diesem Fall im Vorfeld der Hauptverhandlung mit entsprechendem Fingerspitzengefühl darauf hinweisen, dass eine möglichst einheitliche Abstimmung (mit dem Jugendlichen im Fokus) zu treffen ist. Für Heranwachsende gilt § 67 JGG nicht (vgl. § 109 Abs. 1 JGG).

---

268 So auch *Zieger/Nöding* Verteidigung in Jugendstrafsachen 7. Aufl. 2018 Rn. 203.

269 Bei für volljährig erklärten Jugendlichen findet die Vorschrift des § 67 JGG keine Anwendung, vgl. *Eisenberg/Kölbel* JGG § 67 Rn. 2.

270 Wer Erziehungsberechtigter oder gesetzlicher Vertreter ist, ist nach den Vorschriften des BGB zu bestimmen, vgl. *Eisenberg/Kölbel* JGG § 67 Rn. 5.

271 *Eisenberg/Kölbel* JGG § 50 Rn. 28 m.w.N.

272 *Eisenberg/Kölbel* JGG § 67 Rn. 5; KK-*Schoreit* StPO § 258 Rn. 20.

273 BGH StV 2019, 471.

Nur unter den strengen Voraussetzungen des § 67 Abs. 4 JGG kann der Richter den Erziehungsberechtigten ihre Verfahrensrechte entziehen,[274] dann muss allerdings durch das Familiengericht ein Pfleger zur Durchsetzung der Interessen des Jugendlichen bestellt werden. Der Ausschluss der Erziehungsberechtigen von der Wahrnehmung ihrer Rechte aus § 67 JGG ist revisibel. Bei Nichterteilung des letzten Wortes an die Erziehungsberechtigten liegt allerdings kein absoluter Revisionsgrund vor, der Fehler ist mit der Verfahrensrüge geltend zu machen.[275] In der Regel wird jedenfalls der Rechtsfolgenausspruch nicht ausschließbar auf der Nichterteilung des letzten Wortes beruhen.[276] Hat der Erziehungsberechtigte von der Urteilsverkündung keine Kenntnis erlangt und konnte er dies wegen Verstoßes gegen § 50 Abs. 2 S. 1 JGG auch nicht, so stellt dies nach versäumter Rechtsmittelfrist einen Grund für die Wiedereinsetzung in die Frist dar.[277] 135

▶ Beachte

Vor jeder Hauptverhandlung in einer Jugendsache empfiehlt es sich, das Gespräch mit den Verfahrensbeteiligten zu suchen. Insbesondere sollten sich Verteidiger darüber im Klaren sein, was die **Jugendgerichtshilfe** in der Hauptverhandlung berichten wird, und welchen Antrag sie zu stellen beabsichtigt (vgl. oben ab Rdn. 68). 136

Denn die Jugendgerichtshilfe hat im gesamten Verfahren ein Mitwirkungs- und Äußerungsrecht (§ 38 JGG). Sie muss gem. § 38 Abs. 2 JGG einen Jugendgerichtshilfebericht erstellen und einen Vorschlag für die Sanktion gegen den Jugendlichen unterbreiten. Wird die Jugendgerichtshilfe nicht zur Hauptverhandlung geladen, liegt ein revisibeler Verstoß gegen die Aufklärungspflichten des Gerichts vor, wenn nicht nach § 38 Abs. 7 JGG ordnungsgemäß auf die Anwesenheit der Jugendgerichtshilfe verzichtet wurde.[278] Ergeben sich aus einem Bericht der Jugendgerichtshilfe Erkenntnisse, die nicht Gegenstand der Hauptverhandlung gewesen sind, und steht die dort mitgeteilte Einschätzung der Jugendgerichtshilfe in deutlichem Widerspruch zu der Überzeugung des Gerichts, ist dieses gehalten, die Jugendgerichtshilfe in der Hauptverhandlung zu hören.[279]

Im Vorfeld der Hauptverhandlung wird manchmal ein **Sachverständiger** mit der Feststellung des Entwicklungszustandes beauftragt (§ 43 Abs. 2 JGG): bei Jugendlichen geht es – in eher seltenen Grenzfällen – um die Feststellung der Verantwortungsreife nach § 3 JGG (vgl. oben Rdn. 13 ff.), bei Heranwachsenden um die Feststellung des Reifegrades und entsprechend die Anwendung von Jugend- oder Erwachsenenrecht (§ 105 Abs. 1 S. 1 JGG, vgl. oben Rdn. 29 ff.). Hier ist – wie im Umgang mit der Jugendgerichtshilfe – darauf zu achten, dass Sachverständige in Bezug auf Tatäußerungen von Jugendlichen oder Heranwachsenden kein Zeugnisverweigerungsrecht besitzen. Wie im Erwachsenenstrafrecht hat die Verteidigung deshalb abzuwägen, inwieweit bereits im Vorfeld der Hauptverhandlung eine Begutachtung stattfinden soll. 137

Insbesondere in Jugendsachen, die erstinstanzlich vor der Jugendkammer verhandelt werden, sollte die Verteidigung die **Gerichtsbesetzung** gem. § 222a, 222b, 338 Nr. 1 StPO prüfen. Nicht selten unterlaufen hier insbesondere bei der in § 35 JGG geregelten Schöffenwahl Fehler. Wird tatsäch- 138

274 LG Essen StV 2013, 39: einem Vater, der im Verdacht steht, den Sohn angestiftet zu haben, können die Rechte entzogen werden; der Mutter in diesem Fall jedoch nicht, soweit keine Anhaltspunkte ersichtlich sind, dass auch sie ihre Rechte wegen der möglichen Verstrickung des Vaters missbrauchen könnte.

275 BGHSt 21, 288 (290); BGH StV 1998, 323 f.; BGH StraFo 2002, 290.

276 BGH NStZ-RR 2008, 291 u. OLG Köln StV 2008, 19 f.

277 *Eisenberg/Kölbel JGG* § 67 Rn. 23.

278 Ein Verzicht auf die Anwesenheit der Jugendgerichtshilfe in der Hauptverhandlung ist nur in wenigen Ausnahmefällen denkbar, vgl. *Eisenberg/Kölbel* § 38 Rn. 79, 80; zur Verletzung der Aufklärungspflicht BGH StV 1982, 336; 1993, 536.

279 BGH NStZ 2012, 574 f.

lich eine Fehlbesetzung gefunden, dann muss dies wegen § 222b Abs. 1 S. 1 StPO innerhalb einer Woche nach Zustellung der Besetzungsmitteilung gerügt werden, andernfalls ist die Rüge präkludiert.

III. In der Hauptverhandlung

139 Die Hauptverhandlung gegen Jugendliche läuft vom äußeren Rahmen ebenso ab, wie gewöhnliche strafrechtliche Hauptverhandlungen. Dennoch sollte die Verteidigung darauf achten, dass insgesamt den Bedürfnissen des jungen Mandanten entsprechend verhandelt wird, insbesondere was die Art der Befragung durch das Gericht und die Verständlichkeit von Belehrungen und rechtlichen Hinweisen anbelangt (beachte 70b JGG).[280] Besonderheiten sieht das JGG in den §§ 46–54 JGG vor.

140 Grundsätzlich werden die Verfahrensvorschriften des Jugendstrafverfahrens auch auf **Heranwachsende** gem. § 109 JGG entsprechend angewandt. Insofern einzelne Bestimmungen allein auf Jugendliche anzuwenden sind, wird dies nachfolgend ausdrücklich dargestellt.

1. Pflichtverteidigung

141 Ist der Verteidiger vor Beginn der Hauptverhandlung noch nicht beigeordnet worden, so kann er zu Beginn der Hauptverhandlung seine Beiordnung als Pflichtverteidiger beantragen, die Beiordnung erfolgt unter den Voraussetzungen des §§ 68, 68a, 68b JGG (vgl. oben Rdn. 47 ff.).

2. Ausschluss der Öffentlichkeit

142 Die Verhandlung gegen **Jugendliche** findet insgesamt in **nichtöffentlicher Hauptverhandlung** statt (§ 48 JGG). Zugelassen sind neben den unmittelbaren Verfahrensbeteiligten (vgl. §§ 67, 68, 69, 50 JGG) lediglich die in § 48 Abs. 2 JGG genannten Personen, also etwaige (mutmaßlich) Verletzte, deren Erziehungsberechtigte und gesetzliche Vertreter und, falls der Angeklagte der Aufsicht und Leitung eines Bewährungshelfers oder der Betreuung und Aufsicht eines Betreuungshelfers untersteht oder für ihn ein Erziehungsbeistand bestellt ist, der Bewährungshelfer, Erziehungshelfer oder Erziehungsbeistand (§ 48 Abs. 2 JGG).[281] Der Vorsitzende kann weitere Personen zu Ausbildungszwecken zulassen. Aufgrund des Schutzzweckes der Regelung, den Jugendlichen vor Bloßstellungen zu schützen und zugleich Hemmungen bei dem Jugendlichen abzubauen, sollte jedoch restriktiv mit solchen Ausnahmen umgegangen werden. Insbesondere die Zulassung von ganzen Schulklassen[282] oder gar von Pressevertretern[283] ist hier nicht akzeptabel. Revisibel ist der Verstoß gegen die Nichtöffentlichkeit durch unzulässige Erweiterung der Öffentlichkeit allerdings nur dann, wenn das Urteil auf diesem Fehler nicht ausschließbar beruht (§ 337 StPO).

143 Ein über die Begleitung zur Vernehmung hinausgehendes Anwesenheitsrecht des Rechtsanwalts als **Beistand des** (mutmaßlich) **Geschädigten** analog § 406 f Abs. 1 StPO bzw. § 406 h Abs. 1 StPO besteht nach h.M. nicht.[284]

---

280 Vgl. *Zieger/Nöding* Verteidigung in Jugendstrafsachen 7. Aufl. 2018 Rn. 203 ff.

281 Die im Gesetz benannten Anwesenheitsberechtigten dürfen sich nicht ihrerseits durch einen Rechtsanwalt vertreten lassen, vgl. KG Berlin, StV 2016, 712.

282 *Eisenberg/Kölbel* JGG § 48 Rn. 18; *Zieger/Nöding* Verteidigung in Jugendstrafsachen 7. Aufl. 2018 Rn. 211.

283 Vom Verteidiger ist auch darauf zu achten, dass das Verbot der Namensnennung des Jugendlichen in der Presse nicht unterlaufen werden kann, weil der Terminszettel unter voller Namensnennung der Jugendlichen am Verhandlungssaal angeschlagen ist – auch das ist bei nichtöffentlichen Verhandlungen gegen Jugendliche nicht zulässig (vgl. insoweit ausführl. *Zieger/Nöding* Verteidigung in Jugendstrafsachen 7. Aufl. 2018 Rn. 212).

284 Eine Ausnahme soll im Hinblick auf dessen Rechte i.Z.m. seiner Zeugenvernehmung nur dann gelten, wenn insoweit zugleich für den Jugendlichen gem. § 68 Nr. 1 iVm § 140 Abs. 2 S. 1 StPO (vgl. auch § 140 Abs. 1 Nr. 9 StPO) ein Verteidiger bestellt ist (*Eisenberg/Kölbel* JGG § 48 Rn. 23 m.w.N.; *Höffler* in MüKoStPO Rn. 15).

Liegen die besonderen Voraussetzungen des § 80 Abs. 3 JGG vor, dann kann sich der Geschädigte dem Verfahren als **Nebenkläger** anschließen und ist dann mit dem **Nebenklagevertreter** insgesamt zur Anwesenheit berechtigt.[285] 144

Für **Heranwachsende** gilt der Grundsatz der Nichtöffentlichkeit nicht, hier wird öffentlich verhandelt,[286] es sei denn, die Tatvorwürfe stammen aus der Zeit, als der Angeklagte noch Jugendlicher war. Dann ist nichtöffentlich zu verhandeln, selbst wenn alle Taten aus der Jugendzeit (vorläufig) eingestellt werden. 145

Bei **gemeinsamen Verhandlungen** gegen Jugendliche und Heranwachsende oder Erwachsene ist die Verhandlung öffentlich zu führen, es sei denn der Ausschluss der Öffentlichkeit ist im Interesse der Erziehung des Jugendlichen geboten (§ 48 Abs. 3 JGG). 146

3. Einstellung des Verfahrens (Diversion)

Noch in der Hauptverhandlung kann das Gericht unter den Voraussetzungen des § 47 JGG und mit Zustimmung der Staatsanwaltschaft – auch noch in der Berufungs- oder Revisionsinstanz – das Verfahren gegen **Jugendliche** und **Heranwachsende** – insofern materielles Jugendstrafrecht zur Anwendung kommt (§ 105 JGG) – einstellen.[287] 147

Das kommt vor allem in solchen Fällen in Betracht, in denen die Anklageschrift und die Hauptverhandlung bereits so starken Eindruck auf den jungen Angeklagten gemacht haben, dass ein Urteil zur weiteren erzieherischen Einwirkung nicht erforderlich erscheint. Auch die nur vorläufige Einstellung ist möglich, um die Durchführung von erzieherischen Maßnahmen[288] oder Weisungen nach § 45 Abs. 2, 3 JGG zu sichern. Erfüllt der Jugendliche die ihm auferlegten Maßnahmen oder Weisungen innerhalb der gesetzten Frist, dann ist das Verfahren endgültig einzustellen, andernfalls wird es fortgesetzt. 148

4. Hauptverhandlung ohne Angeklagten

Eine Hauptverhandlung in Abwesenheit des **jugendlichen** Angeklagten kann nur dann stattfinden, wenn dies nach den allgemeinen Vorschriften der StPO (§ 231 ff.) zulässig wäre und zusätzlich besondere Gründe dafür vorliegen und die Staatsanwaltschaft zustimmt, § 50 Abs. 1 JGG. Auf **Heranwachsende** ist die Vorschrift **nicht** anzuwenden. 149

Es kommt aber – allein in Verfahren gegen **Jugendliche** – auf Anordnung des Vorsitzenden die Ausschließung des Angeklagten von solchen Teilen der Hauptverhandlung in Betracht, aus denen Nachteile für die Erziehung des Jugendlichen entstehen können (§ 51 Abs. 1 S. 1 JGG). Daran ist insbesondere zu denken, wenn psychiatrische oder psychologische Sachverständige ihr Gutachten über den Jugendlichen oder dessen Familiensituation vortragen. Die Verteidigung muss hier abwägen, ob die Abwesenheit des Mandanten tatsächlich vonnöten ist und ggf. der Ausschließung widersprechen. Die Stellung des Mandanten als Prozesssubjekt wird durch einen Ausschluss abgeschnitten.[289] Erfolgt ein Ausschluss, dann ist der Anwendungsbereich der Norm weiter als bei der Entfernung des Angeklagten aus der Hauptverhandlung nach der allgemeinen Regelung des § 247 StPO, auch die Vereidigung und Entlassung eines Zeugen kann in Abwesenheit des Jugendlichen geschehen. Der Jugendliche muss anschließend unterrichtet werden, was in seiner Abwesenheit besprochen wurde 150

---

285 Dazu LG Köln ZJJ 2014, 175 f.; AG Ebersberg ZJJ 2014, 297 f. Privatklage kann gegen einen Jugendlichen nicht erhoben werden (§ 80 Abs. 1 S. 1). Gegen Heranwachsende sind die Nebenklage und Privatklage ohne Einschränkung zulässig.

286 Auch hier kann das Gericht jedoch nach § 109 Abs. 1 S. 3 JGG die Öffentlichkeit insgesamt vom Verfahren ausschließen, wenn das im Interesse des Heranwachsenden geboten ist.

287 Zur Einstellung im Ermittlungsverfahren oben ab Rdn. 104.

288 Bereits die Ladung zur Hauptverhandlung und deren teilweise Durchführung können eine »erzieherische Maßnahme« darstellen, vgl. *Eisenberg/Kölbel* JGG § 47 Rn. 14 m.w.N.

289 *Zieger/Nöding* Verteidigung in Jugendstrafsachen 7. Aufl. 2018 Rn. 215.

(§ 51 Abs. 1 S. 2 JGG). Wurden die Voraussetzungen des § 51 Abs. 1 S. 1 JGG nicht eingehalten, so liegt der absolute Revisionsgrund des § 338 Nr. 5 StPO vor.

151 Nach § 51 Abs. 2 JGG kann der Vorsitzende – unabhängig vom Angeklagten – auch die **Erziehungsberechtigten** des jugendlichen Angeklagten von der Hauptverhandlung ausschließen; insbesondere, wenn zu befürchten ist, dass dem Jugendlichen erhebliche erzieherische Nachteile oder gar Nachteile für das leibliche Wohl drohen, wenn die Erziehungsberechtigten den betreffenden Teil der Hauptverhandlung mitverfolgen. Ob das der Fall ist, wird in der Regel vor allem die Verteidigung wissen, wenn der Mandant Entsprechendes berichtet hat. In diesen Fällen muss bei Gericht darauf hingewirkt werden, dass die Erziehungsberechtigten dann tatsächlich von der Hauptverhandlung ausgeschlossen werden. Ein ungerechtfertigter Ausschluss der Erziehungsberechtigten ist nur dann revisibel, wenn das Urteil darauf beruht (§ 237 StPO).

5. Beweisaufnahme

152 Die Beweisaufnahme verläuft nach den allgemeinen Regeln. Auch Angeklagte haben das Recht, Zeugen zu befragen und Erklärungen zu den Zeugenbefragungen abzugeben. Dies wird allerdings noch seltener als im Erwachsenenrecht opportun sein. Die Verteidigung muss jedoch sowohl dem jungen Angeklagten als auch seinen Erziehungsberechtigten Gehör verschaffen, wenn etwa erhebliche entlastende Punkte vorgetragen werden können.

153 Junge Zeugen, die noch unter 18 Jahren alt sind, werden nach § 241a StPO nur durch den Vorsitzenden befragt, welcher verpflichtet ist, auch ergänzende Fragen der in § 240 Abs. 1 und 2 StPO genannten Verfahrensbeteiligten an den Zeugen zu übermitteln. Vorsitzende formulieren diese mittelbar gestellten Fragen in der Praxis gelegentlich mit der Begründung um, sie müssten an den Entwicklungsstand der Zeugen angepasst werden. Hierbei ist genau darauf zu achten, dass der Inhalt der Frage dem Grunde nach nicht verändert wird. Wenn aus den Fragen keine Nachteile für den Zeugen zu befürchten sind, kann der Vorsitzende auch die unmittelbare Befragung durch die Verteidigung und die Staatsanwaltschaft gestatten. Aus Gründen der Unmittelbarkeit sollte der Verteidiger dies regelmäßig einfordern. Hierbei ist Fingerspitzengefühl gefordert, da eine aus Sicht des Vorsitzenden »zu konfrontativ« geführte eigene Vernehmung ohne weitere Voraussetzungen unterbunden werden kann. Liegen die Voraussetzungen des § 247 S. 2 StPO vor, dann kann der jugendliche Angeklagte für die Dauer der Zeugenbefragung aus der Hauptverhandlung entfernt werden. Für die Vereidigung der Zeugen gilt § 59 StPO.

6. Absprachen und Verständigungen

154 Auch im Jugendstrafverfahren können **Absprachen und Verständigungen** nach § 2 Abs. 2 JGG i.V.m. § 257c Abs. 1 StPO getroffen werden.[290] Da bei Jugendlichen und Heranwachsenden (bei Anwendung materiellen Jugendstrafrechts) der Erziehungsgedanke im Vordergrund steht, wird eine Verständigung jedoch nur dann in Betracht kommen, wenn der Jugendliche nicht den Eindruck erhält, seine Strafe werde durch seinen Verteidiger für ihn »ausgehandelt« und er gebe ein pauschales Geständnis – wohlmöglich in Form des bloßen »Abnickens« der Anklageschrift – als »Gegenleistung« für eine dann niedrigere Jugendstrafe ab. Im Ergebnis kann der das Jugendstrafverfahren beherrschende Erziehungsgedanke die Anwendung der Verständigung einschränken, so das Bundesverfassungsgericht unter Bezugnahme auf den Gesetzgeber in seiner zentralen Entscheidung zur Verständigung.[291]

155 Im Übrigen besteht jedoch ein weiter Raum für Verständigungen und Absprachen, der schon durch die Bandbreite der Rechtsfolgen (s. unten ab Rdn. 162) und die Möglichkeit der Diversion (s. oben Rdn. 147) eröffnet ist.

290 LG Berlin ZJJ 2012, 203 f.
291 BverfG NJW 2013, 1058 (1063).

Oftmals wird die Verteidigung im Gespräch mit den Verfahrensbeteiligten nach einer Rechtsfolge suchen, die der Verfehlung des Jugendlichen entspricht und ihm zugleich aber auch Möglichkeiten für das weitere Fortkommen eröffnet, wobei die jeweilig gewünschte Rechtsfolge durchaus unter der Voraussetzung stehen kann, dass der junge Angeklagte seine Schuld einräumt und ein Geständnis ablegt.[292]

Der Bundesgerichtshof zieht in seiner Rechtsprechung allerdings enge Grenzen für Verständigungen **156**
in Jugendstrafverfahren: Schon die Zusage eine Strafobergrenze wird als bedenklich angesehen.[293] Auch eine Verständigung über die Anwendung von Jugendrecht oder Erwachsenenrecht wurde – zumindest vor der Regelung der Verständigung in § 257c StPO – als unzulässig angesehen.[294] Nach dem Wortlaut des § 257c StPO ist eine solche Verständigung zwar nicht ausgeschlossen[295] – es erscheint jedoch in der Tat fragwürdig, ob die Abgabe eines Geständnisses Einfluss auf die Frage haben kann bzw. darf, ob der Heranwachsende im Zeitpunkt der Taten eher einem Erwachsenen oder Jugendlichem gleichstand. Wird im Jugendstrafverfahren eine Verständigung getroffen, so liegt ein Fall der **notwendigen Verteidigung** vor.[296]

7. Plädoyer der Verteidigung

Das Plädoyer der Verteidigung im Jugendstrafverfahren weist keine grundsätzlichen Unterschiede **157**
zu anderen Strafverfahren auf – allgemeine Empfehlungen können deshalb an dieser Stelle nicht gegeben werden, zumal das Plädoyer stets an den Besonderheiten des Verfahrens auszurichten ist.[297] Thematisch stehen allerdings regelmäßig zunächst die spezifischen Fragestellungen des Jugendstrafrechts im Vordergrund, also die Fragen nach

- Verantwortungsreife,
- Reifestand,
- schädlichen Neigungen und der
- Schwere der Schuld.

Der Verteidiger wird nicht nur auf den Schlussvortrag der Staatsanwaltschaft eingehen, sondern auch zu den Ausführungen der Jugendgerichtshilfe und der etwaigen Sachverständigen Stellung beziehen.

8. Vereinfachtes Jugendverfahren/Strafbefehl

Nur gegen Jugendliche – nicht gegen Heranwachsende – und nur in Fällen mittlerer Jugendkri- **158**
minalität[298], bei denen ein einfach gelagerter Sachverhalt verhandelt wird,[299] kann der Staatsanwalt Antrag auf Entscheidung im **vereinfachten Jugendverfahren** stellen (§ 76 JGG), wenn zu erwarten ist, dass der Jugendrichter ausschließlich Weisungen erteilen, Hilfe zur Erziehung im Sinne des § 12 Nr. 1 JGG anordnen, Zuchtmittel verhängen, auf ein Fahrverbot erkennen, die Fahrerlaubnis entziehen oder Einziehung aussprechen wird.[300]

292 So auch *Zieger/Nöding* Verteidigung in Jugendstrafsachen 7. Aufl. 2018 Rn. 221 ff.
293 BGH NJW 2001, 2642 = NStZ 2001, 555 m. Anm. *Eisenberg.*
294 BGH NJW 2001, 2642; StV 2006, 400; NStZ-RR 2006, 187.
295 Für die grds. Möglichkeit der Verständigung über die Anwendung von Jugendstrafrecht *Meyer-Goßner/* Schmitt § 257c Rn. 7; a.A. *Nowak* JR 2010, 248; *Eschelbach* Beck-OK § 257c Rn. 7.1; *Noak* StV 2002, 445; *Zieger/Nöding* Verteidigung in Jugendstrafsachen 7. Aufl. 2018 Rn. 222.
296 So auch die Gesetzesbegründung des § 257c StPO, BT-Drs. 16/12310, S. 10.
297 Allgemeine Hinweise zum Aufbau eines Plädoyers in Jugendstrafverfahren: *Zieger/Nöding* Verteidigung in Jugendstrafsachen 7. Aufl. 2018 Rn. 220; Widmaier/*Böttcher/Schütrumpf* § 53 Rn. 167.
298 Widmaier/*Böttcher/Schütrumpf* § 53 Rn. 173.
299 *Eisenberg/Kölbel* JGG §§ 76–78 Rn. 5.
300 Zum sog. Neuköllner Modell als besondere Ausprägung des vereinfachten Verfahrens *Frenzel* ZJJ 2011, 70 ff.

159 Der Jugendrichter entscheidet sodann per Beschluss über die Durchführung im vereinfachten Jugendverfahren (§ 77 JGG), lehnt er das vereinfachte Verfahren ab, so kann der Staatsanwalt Anklage erheben.

160 Im vereinfachten Jugendverfahren besteht für den Staatsanwalt keine Anwesenheitspflicht, § 78 Abs. 2 S. 1 JGG. Der Richter entscheidet durch Urteil, kann aber das Verfahren in Abwesenheit des Staatsanwalts auch ohne dessen Zustimmung einstellen, § 78 Abs. 2 S. 2 JGG. Im vereinfachten Verfahren darf unter den Voraussetzungen des § 78 Abs. 3 JGG von Verfahrensvorschriften abgewichen werden, soweit wesentliche Verfahrensgrundregeln und der Grundsatz der Wahrheitserforschung nicht beeinträchtigt werden.[301] Der Richter kann alle Rechtsfolgen, außer Hilfe zur Erziehung im Sinne des § 12 Nr. 2 JGG, Jugendstrafe oder Unterbringung in einer Entziehungsanstalt verhängen (§ 78 Abs. 1 JGG).

161 Das vereinfachte Verfahren steht für den Jugendlichen an Stelle des Strafbefehls und des allgemeinstrafrechtlichen beschleunigten Verfahrens, die beide gegen Jugendliche nicht zulässig sind gem. § 79 JGG. Bei Heranwachsenden darf nur bei Anwendung allgemeinen Strafrechts ein Strafbefehl erlassen werden (§ 109 Abs. 2 JGG), mit dem aber gem. § 109 Abs. 3 JGG keine Freiheitsstrafe verhängt werden darf.

▶ **Beachte**

Oftmals hat bei einem Heranwachsenden der Einspruch gegen einen Strafbefehl schon dadurch Erfolg, dass man in der Hauptverhandlung doch zu der Anwendung von Jugendstrafrecht gelangt.[302]

9. Sanktionen des Jugendstrafrechts

162 Das Jugendstrafrecht bietet ein eigenes System und eine sehr viel größere Bandbreite an Sanktionsmöglichkeiten als das Erwachsenenstrafrecht. § 18 Abs. 2 JGG gibt dabei das maßgebliche Kriterium bei der Auswahl der angemessenen Strafe für den Jugendlichen vor: Die Jugendstrafe ist stets so zu bemessen, dass »die erforderliche erzieherische Einwirkung möglich ist«.

Strafzweck ist daher die positive Einwirkung auf den Jugendlichen in Form von **Erziehung** mit dem Ziel der Verhinderung künftiger Straffälligkeit. Sonstige Strafzwecke, wie der Schuldausgleich, die Verteidigung der Rechtsordnung oder die Generalprävention stehen nach der klaren gesetzgeberischen Intention dahinter zurück.[303]

Aus § 5 JGG ergibt sich die Abstufung der gesetzlichen Folgen: zunächst können **Erziehungsmaßregeln** angeordnet werden. Erst wenn diese nicht mehr ausreichen, wird die Strafe mit **Zuchtmitteln** oder – als gravierendste Sanktion – mit **Jugendstrafe** geahndet.

▶ **Beachte**

163 Die Verteidigung kann deshalb gerade im Hinblick auf die Rechtsfolge viel erreichen. Sie muss darauf hinwirken, dass die Bandbreite der Sanktionsmöglichkeiten genützt wird, um eine individuell für den Jugendlichen geeignete Sanktion zu finden – jedoch ohne dass zu übertriebenen Maßnahmen gegen den Jugendlichen gegriffen wird. Hierfür muss sie sich mit dem Jugendlichen auseinandersetzen, aber auch die jeweils am Ort vorhandenen Möglichkeiten und Programme kennen. Sie wird stets prüfen, ob für die im Raum stehende Maßnahme tatsächlich eine positiv-erzieherische Wirkung auf den Jugendlichen wahrscheinlich ist.

301 Im Einzelnen zu den Verfahrensvorschriften *Eisenberg/Kölbel* JGG §§ 76–78 Rn. 22 ff.; Ostendorf-*Sommerfeld* JGG §§ 76–78 Rn. 14.

302 So auch Widmaier/*Böttcher/Schütrumpf* § 53 Rn. 176.

303 BGHSt 36, 37; BGH NStZ 1996, 232.

Die Sanktionen des Jugendrechts sind **nicht notwendig milder** als die Sanktionen des allgemeinen Strafrechts, zumal das Gericht im Jugendrecht grds. über sehr viel intensivere Eingriffsmöglichkeiten in das Leben des Jugendlichen verfügt. Gerade die Möglichkeit der Kombination verschiedener Sanktionen kann einen intensiveren Eingriff darstellen als eine Kriminalstrafe nach Erwachsenenstrafrecht. 164

Die Jugendstrafe ist eben nur ein kleiner Teilbereich der möglichen Sanktionen des Jugendstrafrechts. Gerade über Erziehungsmaßregeln kann der Jugendrichter unmittelbar in das Leben und die Lebensumstände des Jugendlichen hineinwirken, kann ihm Arbeitsstunden auferlegen oder die Teilnahme an Maßnahmen abverlangen, durch die auf die Erziehung des Jugendlichen Einfluss genommen werden soll. Im Einzelfall kann dies dem Jugendlichen sehr viel mehr abverlangen (etwa das Ableisten von 80 Arbeitsstunden oder die Teilnahme an einem Anti-Aggressions-Training mit entsprechender psychischer Belastung), als die Auferlegung eines mehrwöchigen Arrests. Gerade weil diese Eingriffsmöglichkeiten in das Leben des Jugendlichen hier sehr umfassend sind – häufig im grundrechtsrelevanten Bereich – muss die Verteidigung stets die Wahrung der Verhältnismäßigkeit der entsprechenden Maßregel überwachen.[304] 165

a) Jugendliche/Heranwachsende

Gem. § 105 Abs. 1 JGG finden die Vorschriften des Jugendstrafrechts auch auf Heranwachsende Anwendung, wenn die Gesamtwürdigung Persönlichkeit ergibt, dass der Heranwachsende von seiner sittlichen und geistigen Entwicklung noch einem Jugendlichen gleichsteht[305] (zur Abgrenzung im Detail oben ab Rdn. 29). Gelangt der Richter zu Anwendung von Jugendstrafrecht, dann gelten die dort getroffenen Bestimmungen und der Richter kann die dort vorgesehenen Rechtsfolgen aussprechen. Einzige Ausnahme ist die Hilfe zur Erziehung, die bei Heranwachsenden nicht angeordnet werden kann. 166

Hat der Beschuldigte mehrere Straftaten in unterschiedlichen Altersstufen begangen,[306] die gleichzeitig abgeurteilt werden, dann ist bei der Rechtsfolgenbemessung zu prüfen, ob das Schwergewicht der Taten im jugendlichen oder im erwachsenen Alter liegt – je nachdem ist insgesamt Jugendstrafrecht oder allgemeines Strafrecht anzuwenden (§ 32 JGG). Wo das Schwergewicht der Taten liegt, beurteilt sich gerade nicht allein nach der Zahl und Schwere der einzelnen Delikte, sondern vor allem nach der Entwicklung dieser Straftaten über den Zeitverlauf hinweg. Dabei muss geprüft werden, ob die früheren Taten Auslöser für die späteren waren,[307] sodass diese in den früheren möglicherweise bereits angelegt waren (»Ermittlung der Tatwurzeln«).[308] 167

Gelangt der Richter bei einem Heranwachsenden zur Anwendung allgemeinen Strafrechts, dann kann der Richter an Stelle der Höchststrafe »lebenslänglich« auf eine Höchststrafe von 10 bis 15 Jahren erkennen gem. § 106 Abs. 1 JGG. Dadurch soll der **Entwicklungsstufe** Rechnung getragen werden, in der sich die jungen Erwachsenen noch befinden, selbst wenn sie nach dem Gesetz bereits so reif sind, dass sie eher einem Erwachsenen als einem Jugendlichen gleichstehen. Dem sich noch entwickelnden jungen Erwachsenen soll die Möglichkeit der Wiedereingliederung in die Freiheit offengehalten werden. Die Norm sollte deshalb nur dann nicht angewendet werden, wenn die Chance einer Legalbewährung gegen Null geht.[309] 168

---

304 Widmaier/*Böttcher/Schütrumpf* § 53 Rn. 53; *Eisenberg/Kölbel* JGG § 5 Rn. 24; Ostendorf-*Ostendorf JGG* § 5 Rn. 7.

305 BGHSt 36, 37; ZJJ 2011, 201–202; BGH NStZ 2013, 289.

306 Das gilt auch, wenn Taten, die im Erwachsenenalter begangen wurden, mit Taten zusammentreffen, die als Heranwachsender, auf den Jugendstrafrecht anzuwenden ist, oder als Jugendlicher begangen wurden; vgl. Diemer/*Schatz*/Sonnen JGG § 32 Rn. 31.

307 *Eisenberg/Kölbel* JGG § 32 Rn. 10–12; BGH NStZ-RR 1989, 523 bei *Böhm*.

308 *Zieger/Nöding* Verteidigung in Jugendstrafsachen 7. Aufl. 2018 Rn. 114.

309 So *Eisenberg/Kölbel* JGG § 106 Rn. 3 unter Verweis auf BGH StraFo 2009, 124.

b) *Erziehungsmaßregeln*

169 Erziehungsmaßregeln bestehen nach § 9 JGG in der Erteilung von **Weisungen** oder der Anordnung, **Hilfe zur Erziehung** im Sinne des § 12 JGG in Anspruch zu nehmen.

aa) *Weisungen*

170 In § 10 Abs. 1 JGG sind mögliche Weisungen des Gerichts geregelt. Weisungen sind grundsätzlich Gebote und Verbote, welche die Lebensführung des Jugendlichen beeinflussen und dadurch seine Erziehung fördern sollen. Dabei dürfen an die Lebensführung des Jugendlichen keine unzumutbaren Anforderungen gestellt werden. § 10 Abs. 1 JGG zählt mögliche Weisungen auf. Das Gericht kann dem Jugendlichen auferlegen,

- Weisungen zu befolgen, die sich auf den **Aufenthaltsort** beziehen, und
- es kann bestimmen, dass der Jugendliche **bei einer Familie** oder **in einem Heim** zu wohnen hat.

Diese Weisungen sind allerdings nur im Einvernehmen mit den Erziehungsberechtigten möglich.[310]

171 – Das Gericht kann dem Jugendlichen aufgeben, eine **Ausbildungs- oder Arbeitsstelle** anzunehmen, nicht jedoch eine bestimmte Arbeits- oder Ausbildungsstätte zuweisen – in der Auswahl ist der Jugendliche nach § 12 Abs. 1 GG frei. Hier kann gemeinsam mit dem Jugendlichen nach einer für diesen passenden Lösung gesucht werden: Hat der Jugendliche z.B. ein Angebot für eine Ausbildungsstätte, dann wird das Gericht in der Regel bereit sein, dem Jugendlichen schlicht aufzuerlegen, eben diese Ausbildung anzutreten und dann zu verfolgen.

172 – Das Gericht kann den Jugendlichen anweisen, eine bestimmte Anzahl von **Arbeitsstunden** in Form von sogenannter **Freizeitarbeit** zu erbringen, die der Jugendliche z.B. nachmittags nach Schulschluss, an den Wochenenden oder in den Schulferien abzuleisten hat. Freizeitarbeiten bestehen in der Regel in gemeinnützigen Tätigkeiten, oft wird die konkrete Arbeitsstelle durch die Jugendgerichtshilfe vermittelt. Die Arbeit muss unter erzieherischen Gesichtspunkten sinnvoll erscheinen und das Ausmaß der Arbeit darf nicht außer Verhältnis stehen. Die Auswahl der Arbeitsstelle kann das Gericht der Jugendgerichtshilfe überlassen, wobei die Weisung konkret gefasst sein muss, also mindestens die Anzahl der Stunden und die Frist, bis wann diese zu erbringen sind, vom Gericht bestimmt werden müssen.[311]

Auch hier kann der Verteidiger – nach Rücksprache mit dem Jugendlichen – darauf hinwirken, dass dem Jugendlichen eine für seine Lebenssituation sinnvolle Betätigung auferlegt wird (z.B. die Arbeit in einem Bereich, der den Jugendlichen bereits interessiert und in dem er sich eine zukünftige Ausbildung oder Arbeitstätigkeit vorstellen könnte). Der größte Erziehungszweck wird dann erreicht, wenn der Jugendliche die Arbeitsstunden nicht bloß »absitzt«, um sie hinter sich zu bringen.

▶ **Beachte**

Bei der Bemessung der Anzahl der Stunden wird die Verteidigung darauf hinwirken, dass die schulischen oder Ausbildungsleistungen des Jugendlichen nicht unter dem auferlegten Pensum leiden.

173 – Das Gericht kann den Jugendlichen anweisen, sich der Aufsicht eines Betreuungshelfers zu unterstellen. In der Regel wird ein Mitarbeiter der Jugendgerichtshilfe zum Betreuer des Jugendlichen bestimmt, seine Aufgaben sind in § 30 SGB VIII definiert. Nach § 11 Abs. 1 JGG soll die Dauer der Betreuung ein Jahr nicht übersteigen. Die Verteidigung kann auf die Auswahl der Betreuungsperson Einfluss nehmen.

174 – Das Gericht kann dem Jugendlichen auferlegen, an einem **sozialen Trainingskurs** teilzunehmen. Kommt eine solche Maßnahme in Betracht, so obliegt es auch der Verteidigung, herauszufinden, welche sozialen Trainingskurse von den Jugendämtern und freien Trägern angeboten

---

310 Allgemein zur Erteilung von Weisungen gem. § 10 Abs. 1 JGG *Wedler* NStZ 2012, 293 ff.
311 OLG Braunschweig ZJJ 2012, 318.

werden und für den Jugendlichen hilfreich sein könnten. Verglichen mit der hohen Rückfallquote bei Sanktionen wie Arrest oder Jugendstrafe erzielen manche Trainingskurse auch bei Wiederholungstätern beachtliche Erfolge.[312] Deshalb sollte die Verteidigung stets mit Blick auf die Erziehungsmaxime, die bei Sanktionen des Jugendstrafrechts im Vordergrund stehen muss, auf die Verhängung solcher Sanktionen an Stelle von Arrest oder Jugendstrafe hinwirken. Die Dauer einer solchen Maßnahme soll nach § 11 Abs. 1 S. 2 JGG 6 Monate nicht überschreiten.

- Das Gericht kann dem Täter aufgeben, sich darum zu **bemühen**, einen **Täter-Opfer-Ausgleich** 175 mit dem Opfer zu erreichen. Nicht notwendig ist hier das Ergebnis eines Täter-Opfer-Ausgleichs gem. § 46a StGB, sondern vielmehr die Auseinandersetzung des Jugendlichen mit seiner Tat und das Bemühen darum, hier einen gewissen Ausgleich zu erzielen – auch wenn der Geschädigte möglicherweise nicht dazu bereit ist, an einem Täter-Opfer-Ausgleich teilzunehmen. Dem Jugendlichen sollte dabei ein Vermittler zur Seite stehen. Dies wird in der Regel die Jugendgerichtshilfe oder ein freier Träger sein, denkbar ist jedoch auch, dass die Verteidigung eine solche Vermittlungsrolle einnimmt.
- Das Gericht kann den Jugendlichen anweisen, den **Verkehr mit bestimmten Personen** oder 176 den **Besuch bestimmter Örtlichkeiten** zu unterlassen. Naturgemäß ist eine solche Weisung nur schwer kontrollierbar – kann jedoch effektiv sein, wenn es an bestimmten Orten immer wieder zu Straftaten gekommen ist.
- Das Gericht kann dem Jugendlichen die Teilnahme an einem **Verkehrsunterricht** aufgeben. 177

Der Katalog des § 10 Abs. 1 JGG ist **nicht abschließend**, sondern zählt »insbesondere« mögliche 178 und übliche Weisungen des Gerichts auf. Darüber hinaus kann das Gericht eigene Weisungen entwickeln, solange diese verhältnismäßig und kontrollierbar sind. Solche »erfundenen« Weisungen kommen relativ häufig vor. Hier kann unmittelbar auf die Lebenssituation des Jugendlichen eingegangen werden und ihm kann z.B. der **regelmäßige Schulbesuch** oder ein sonstiges Engagement abverlangt werden (z.B. Ablegen eines »Erste-Hilfe-Kurses«, Teilnahme an Gesprächen mit Polizeibeamten, die spezifisch im Bereich der Jugendkriminalitätsbekämpfung tätig sind, keine Betäubungsmittel mehr einzunehmen in Verbindung mit der Vornahme von regelmäßigen Urinkontrollen[313]). Der Verteidigung öffnet sich an dieser Stelle die Möglichkeit – ggf. in Abstimmung mit der Jugendgerichtshilfe – kreativ im individuellen Interesse des Mandanten tätig zu werden und entsprechende Weisungsvorschläge zu entwickeln.

Die Einhaltung und Erfüllung der gerichtlichen Weisungen wird i.d.R. von der Jugendgerichtshilfe 179 überwacht (§ 38 Abs. 5 JGG). Erfüllt der Jugendliche die Weisungen nicht, so kann der Richter nach erneuter Anhörung des Jugendlichen – und wenn dieser zuvor über die möglichen Folgen belehrt wurde – **Ungehorsamsarrest** verhängen, der vier Wochen nicht übersteigen darf § 11 Abs. 3 S. 2 JGG).

Der Jugendliche kann auch dann dem Arrest noch zuvorkommen, indem er nunmehr schnell seinen 180 Weisungen nachgeht (§ 11 Abs. 3 JGG). Bei Weisungen, deren Erfüllung von der Zustimmung des Jugendlichen abhängig ist (z.B. Therapieteilnahme), darf kein Ungehorsamsarrest verhängt werden. Der Richter kann aber auch noch nachträglich Weisungen abändern oder die Laufzeit von Weisungen verändern (§ 11 Abs. 2 JGG).

▶ **Beachte**

Diese Möglichkeit, idealerweise verbunden mit einem konkreten Vorschlag einer alternativen Weisung, sollte die Verteidigung einbringen, wenn sich abzeichnet, dass der Jugendliche die ihm auferlegte Weisung nicht erfüllen wird.

312 *Zieger/Nöding* Verteidigung in Jugendstrafsachen 7. Aufl. 2018 Rn. 49 m.w.N.

313 Teilweise wird diese Weisung als verfassungswidrig angesehen, da die zwingende Abgabe von Urinkontrollen auf ein Selbstbelastungsgebot hinauslaufe, so *Hoferer* NStZ 1997, 172; Ostendorf-*Ostendorf JGG* § 10 Rn. 5. Für die Zulässigkeit einer solchen Weisung *BverfG* StV 1993, 465; *Zieger/Nöding* Verteidigung in Jugendstrafsachen 7. Aufl. 2018 Rn. 52.

bb) Hilfe zur Erziehung

181 Der Richter kann dem Jugendlichen gem. § 12 JGG nach Anhörung auferlegen, Hilfe zur Erziehung in Form der Erziehungsbeistandschaft nach § 30 SGB VIII oder in Form der Aufnahme in eine Einrichtung des betreuten Wohnens über Tag und Nacht im Sinne des § 34 SGB VIII anzunehmen. Schon aufgrund des ungeklärten Kompetenzverhältnisses zu den im Bereich des Jugendamtes zu treffenden Entscheidungen[314] und wegen der notwendigen faktischen Voraussetzungen, dass zunächst eine Kostenzusage eines Jugendhilfeträgers vorliegen und eine aufnahmebereite Einrichtung gefunden werden muss, wird von dieser Maßregel in der Praxis nur selten Gebrauch gemacht.

c) Zuchtmittel

182 Hält der Richter Erziehungsmaßregeln nicht für ausreichend (§ 5 Abs. 2 JGG), weil dem Jugendlichen eindringlicher zu Bewusstsein gebracht werden muss, dass er für das von ihm begangene Unrecht einzustehen hat, so kann er eines der »Zuchtmittel« gegen den Jugendlichen verhängen (sog. Denkzettelfunktion).

183 Auch hierbei steht – wie schon der Begriff nahelegt – die Erziehung des Jugendlichen im Zentrum, Zuchtmittel haben keine bestrafende Rechtswirkung (§ 13 Abs. 3 JGG). Die Verhängung von Zuchtmitteln kommt mithin nur in Betracht, solange die Verhängung einer Jugendstrafe nicht geboten ist, weil bei dem Jugendlichen keine schädlichen Neigungen festgestellt werden konnten (§ 13 JGG).

184 Zu den Zuchtmitteln gehört die **Verwarnung**, die **Verhängung von Auflagen** und der **Jugendarrest**. Der Jugendliche gilt bei Anordnung eines Zuchtmittels als nicht vorbestraft, vgl. klarstellend § 13 Abs. 3 JGG. Zuchtmittel werden in das Erziehungsregister eingetragen, § 60 Abs. 1 Nr. 2 BZRG.[315]

aa) Verwarnung

185 Mit der Verwarnung soll der Jugendliche förmlich durch den Richter zurechtgewiesen werden, das Unrecht seiner Tat wird ihm vorgehalten und verdeutlicht, und er wird vor der Begehung neuerlicher Straftaten gewarnt (§ 14 JGG).

186 Sinnvollerweise wird eine Verwarnung – nachdem alle Beteiligten auf Rechtsmittel verzichtet haben – unmittelbar im Anschluss an die Urteilsverkündung ausgesprochen. Ohne Rechtsmittelverzicht bedarf es eines eigenständig anzuberaumenden Verwarnungstermins nach Rechtskraft, zu dem der Jugendliche allerdings nicht vorgeführt werden darf. Erscheint er nicht, ergeht die Verwarnung schriftlich, wird dann aber jeweils kaum die beabsichtigte erzieherische Wirkung entfalten können.

▶ **Beachte**

187 Nimmt der Staatsanwalt im vereinfachten Jugendverfahren (§§ 76–78 JGG) nicht an der Hauptverhandlung teil, sollte die Verteidigung dem Gericht die von *Ostendorf*[316] vorgeschlagene Alternative der Verwarnung unter dem Vorbehalt der Rechtskraft des Urteils nahelegen, um dem Mandanten einen weiteren Gerichtstermin zu ersparen.

188 Insgesamt sollte die Verteidigung aber stets darauf hinwirken, dass das Verfahren gegen den Jugendlichen mit einer eindringlichen **Ermahnung** eingestellt wird, da sich die **Verwarnung** inhaltlich ohnehin nicht von der formlosen Ermahnung nach § 45 Abs. 3 S. 1, § 47 Abs. 1 S. 1 Nr. 3 JGG mit anschließender Verfahrenseinstellung unterscheidet. Die Erziehungswirkung von Ermahnung und Verwarnung ist identisch – allein darauf kommt es im Jugendstrafrecht an.

314 *BverfG* ZJJ 2007, 213; vgl. ausführl. *Zieger/Nöding* Verteidigung in Jugendstrafsachen 7. Aufl. 2018 Rn. 55 u. 56.
315 *Eisenberg/Kölbel* JGG § 13 Rn. 15.
316 Ostendorf-*Ostendorf* *JGG* § 14 Rn. 9.

bb) Auflagen

Mit der Auflage wird der Jugendliche angewiesen, eine möglichst tatbezogene Sühneleistung zu erbringen. § 15 Abs. 1 JGG enthält einen abschließenden Katalog von möglichen Auflagen: **189**
- die Schadenswiedergutmachung beim Verletzten,
- die persönliche Entschuldigung beim Verletzten,
- die Erbringung von Arbeitsleistungen (Freizeitarbeiten), sowie
- die Zahlung eines Geldbetrages zugunsten einer gemeinnützigen Einrichtung.

Die Arbeitsauflage ist bei den Gerichten außerordentlich beliebt und wird unter allen Maßnahmen am häufigsten angewandt.[317] Ob Art und Umfang (Dauer) und Einsatzort (Arbeitsstelle) der Arbeitsleistung in der Entscheidung, in der sie auferlegt wird, wie im Erwachsenenstrafrecht im Rahmen einer Bewährungsauflage genau bestimmt werden müssen, ist umstritten.[318]

Eine Auflage muss verhältnismäßig sein und darf keine unzumutbaren Anforderungen an einen Jugendlichen stellen. So dürfen eine Schadenswiedergutmachung oder eine Geldauflage nur dann angeordnet werden, wenn der Jugendliche den Geldbetrag **aus seinen Mitteln** erbringen kann, oder wenn aus der Tat erlangtes Vermögen abgeschöpft werden soll (§ 15 Abs. 2 JGG). Letzteres setzt voraus, dass das Vermögen noch vorhanden ist. **190**

▶ **Beachte**

Da die Auflage, Arbeitsleistungen zu erbringen, inhaltlich identisch ist mit der Weisung gem. § 10 Abs. 1 S. 3 Nr. 4 JGG Arbeitsleistungen zu erbringen, wird der Verteidiger darauf hinwirken, dass die Arbeitsverpflichtung als formell mildere Sanktion der Weisung und nicht als Auflage verhängt wird. **191**

Die Überwachung der angeordneten Auflagen – insbesondere von Arbeitsauflagen – obliegt der Jugendgerichtshilfe (§ 38 Abs. 2 S. 5 JGG). Wie Weisungen kann der Richter nachträglich auch Auflagen ändern – auch eine Erhöhung der Auflagen ist möglich – oder den Jugendlichen nachträglich von ihrer Erfüllung befreien. **192**

Bei schuldhafter Nichterfüllung der Auflagen kann – nach Anhörung und entsprechender vorheriger Belehrung über die Folgen der Nichterfüllung von Auflagen – bis zu 4 Wochen **Ungehorsamsarrest** verhängt werden (§ 15 Abs. 3 i.V.m. § 11 Abs. 3 JGG). Wurde neben der Auflage ein Arrest nach § 16 JGG ausgesprochen, so dürfen Ungehorsams- und Arrest nach § 16 JGG in der Addition die 4-Wochen-Grenze des § 11 Abs. 3 S. 2 JGG nicht überschreiten.[319] **193**

▶ **Beachte**

Auch hier kann der Jugendliche den Arrest durch nachträgliche Erfüllung der Auflagen im letzten Augenblick verhindern. Anders als bei den Weisungen kann der Richter nach einem vollstreckten Ungehorsamsarrest die Auflagen ganz oder zum Teil für erledigt erklären (§ 15 Abs. 3 S. 2 JGG).

317 Vgl. Widmaier/*Böttcher/Schütrumpf* § 53 Rn. 66.

318 BeckOK JGG/*Putzke* § 15 Rn. 58 f.

319 LG Zweibrücken ZJJ 2012, 88: zunächst ist der verhängte Arrest zu vollstrecken, dann kann geprüft werden, ob die Auflagen nicht unter dem Eindruck dieses Arrests erfüllt werden, damit ein Ungehorsamsarrest nicht erforderlich ist.

cc) Jugendarrest

194 Jugendarrest wird als »kurzzeitige Freiheitsentziehung mit erzieherischem Charakter« verstanden.[320] Der Jugendliche soll mit dem Arrest streng zurechtgewiesen werden, der Unrechtsgehalt seiner Tat soll ihm eindringlich – gewissermaßen schockartig[321] – zu Bewusstsein gebracht werden (§ 90 JGG).

195 § 16 JGG unterscheidet drei Kategorien: **Kurzarrest** (bis zu 6 zusammenhängende Tage), **Freizeitarrest** (1–2 Wochenenden, regelmäßig Samstag 8 Uhr bis Montag 7 Uhr, es sei denn, der Jugendliche hat Samstags noch die Schule oder Arbeitsstelle zu besuchen, dann ist ein späterer Beginn möglich) und **Dauerarrest** (mindestens 1 bis maximal 4 Wochen, wobei dazwischen auch nach einzelnen Tagen bemessen werden kann, um z.B. genau den Zeitraum von Schulferien abzubilden).

196 Hat der Jugendliche bereits Untersuchungshaft erlitten, so muss die Verteidigung darauf hinwirken, dass im Hinblick darauf der Jugendarrest ganz oder teilweise nicht vollstreckt wird. Das Gericht ordnet dies nach § 52 JGG im Urteil an. Der häufig so bezeichnete »Arrest verbüßt durch U-Haft« ist in der Praxis in Haftsachen gegen Jugendliche recht häufig anzutreffen. Es gilt dabei zu beachten, dass keine Anrechnung im engeren Sinne nach der Regel »Tag für Tag« erfolgt, sondern dass die Dauer der erlittenen Freiheitsentziehung nur im Hinblick auf den hierdurch erreichten erzieherischen Effekt eine Rolle spielt. Der Richter kann demnach die Nichtvollstreckung des gesamten Arrests auch dann anordnen, wenn die Dauer der Untersuchungshaft die Dauer des Arrests nicht erreicht. Geht sie über den Arrest hinaus, kann sie jedoch nur in diesem Umfang Berücksichtigung finden.[322]

197 Die positive Wirkung eines Jugendarrests ist hoch umstritten.[323] In der Praxis hat gerade die Tatsache, dass in den Arrestanstalten überwiegend Jugendliche zur Verbüßung einer Jugendstrafe (Mindeststrafe 6 Monate) untergebracht waren, dazu geführt, dass die Arrestanten zusätzlich kriminalisiert wurden und erst durch den Arrest in Kontakt mit viel stärker problembelasteten Jugendlichen gerieten. Der gewollte Besinnungs- und Denkzetteleffekt des Arrests wurde so in sein Gegenteil verkehrt. Der Arrestvollzug wurde deshalb zuletzt stärker pädagogisch ausgerichtet, gem. § 90 Abs. 1 S. 2 JGG muss der Jugendarrest »erzieherisch gestaltet« werden. Die Rückfallquote nach »abgesessenem« Jugendarrest ist indes weiterhin hoch.[324]

198 **Vollzugsleiter** des Jugendarrests ist der Jugendrichter am Ort des Arrestvollzugs (§ 90 Abs. 2 S. 2 JGG). Er kann wiederum auch **nachträgliche Entscheidungen** treffen und z.B. den Freizeitarrest in einen Kurzarrest umwandeln, wenn sich nachträglich herausstellt, dass der zusammenhängende Vollzug zweckmäßiger ist (§ 86 JGG).

199 Der Jugendrichter kann auch ganz oder teilweise von der Vollstreckung des Jugendarrestes absehen, wenn seit Erlass des Urteils neue Umstände eingetreten sind, die das nahelegen oder rechtfertigen, § 87 Abs. 3 JGG.[325] Allein der zu lange Zeitablauf, der eine weitere erzieherische Einwirkung verhindert, kann ein solcher Grund sein (z.B. nach Ablauf von 6 Monaten[326]). Ab Ablauf eines Jahres nach Rechtskraft des Urteils wird die Vollstreckung von Jugendarrest unzulässig gem. § 87 Abs. 4 JGG.

320 Ausführl. Zum Arrest *Dölling* ZJJ 2014, 92 ff.

321 *Zieger/Nöding* Verteidigung in Jugendstrafsachen 7. Aufl. 2018 Rn. 60 m.w.N.; vgl. auch den Gesetzeswortlaut des § 90 Abs. 1 JGG: »*Der Vollzug des Jugendarrests soll das Ehrgefühl des Jugendlichen wecken und ihm eindringlich zu Bewusstsein bringen, dass er für ein von ihm begangenes Unrecht einzustehen hat.*«. Auch genannt: »short-sharp-shock« vgl. *Brunner/Dölling* JGG 13. Aufl. 2017 § 16 Rn. 6; *Schmidt* Forum Strafvollzug 2011, 87 ff.

322 *Eisenberg/Kölbel* JGG § 52 Rn. 10.

323 Zu Anspruch und Wirklichkeit des Jugendarrests ausführl. *Goeckenjan* ZJJ 2013, 67 ff.

324 Widmaier/*Böttcher/Schütrumpf* § 53, Rn. 69.

325 Dazu *Rose/Friese*, ZJJ 2016, 10 ff.

326 So *Zieger/Nöding* Verteidigung in Jugendstrafsachen 7. Aufl. 2018 Rn. 60.

Mit Gesetz vom 04.09.2012 wurde gegen den ganz überwiegenden Sachverstand[327] der heftig umstrittene sog. »**Warnschussarrest**« eingeführt, §§ 8 Abs. 2 S. 2, 16a JGG.[328] Die Verhängung ist bei der Strafaussetzung zur Bewährung gem. § 21 JGG, bei der Bewährung vor der Jugendstrafe gem. § 27 JGG und bei der vorbehaltenen Aussetzung der Jugendstrafe gem. § 61 JGG möglich.[329] Drei Fallgruppen wurden vom Gesetzgeber gebildet: Erstens kann der Arrest verhängt werden, wenn es neben der Aussetzung der Jugendstrafe zur Bewährung geboten erscheint, dem Verurteilten seine Verantwortlichkeit für das begangene Unrecht und die Folgen weiterer Straftaten zu verdeutlichen, § 16a Abs. 1 Nr. 1 JGG, wobei eine solche Gebotenheit bei früherem Dauerarrest oder kurzfristiger Untersuchungshaft regelmäßig ausscheidet, § 16 Abs. 2 JGG. Zweitens kann der Arrest verhängt werden, wenn der junge Verurteilte aus seinem schädlichen Umfeld herausgenommen werden und er auf die Bewährungszeit im Arrest vorbereitet werden soll, § 16a Abs. 1 N. 2 JGG. Schließlich kann der Arrest verhängt werden, wenn im Arrest eine nachdrücklichere erzieherische Einwirkung auf den Jugendlichen erreicht werden soll, um dadurch bessere Erfolgsaussichten für eine erzieherische Einwirkung in der Bewährungszeit zu schaffen, § 16a Abs. 1 Nr. 3 JGG. 200

d) Jugendstrafe

Die Jugendstrafe ist **ultima ratio.** Sie darf nur dann verhängt werden, wenn mildere Sanktionen nicht in Betracht kommen und Jugendstrafe erforderlich ist. Erforderlich ist eine Jugendstrafe gem. § 17 Abs. 2 JGG dann, wenn wegen der **schädlichen Neigungen** des Jugendlichen die anderen Erziehungsmaßregeln nicht ausreichen, oder wenn wegen der **Schwere der Schuld** eine Jugendstrafe erforderlich erscheint.[330] 201

Jugendstrafe ist damit innerhalb des Jugendstrafrechts auch die einzige **Kriminalstrafe** im Rechtssinne.[331] Gleichwohl soll auch hier die Ausrichtung auf den Erziehungsgedanken dadurch bestehen bleiben, dass die Jugendstrafe in speziellen Jugendvollzugsanstalten abzuleisten ist, in denen der Strafvollzug auf die Erziehung der Jugendlichen ausgerichtet ist.

Nach der Rechtsprechung des BGH sollen **schädliche Neigungen** dann vorliegen, wenn aufgrund der Anlage des Jugendlichen oder seiner mangelnden Erziehung die Gefahr bestehe, dass er ohne weitere Gesamterziehung – durch Jugendstrafe – weitere Straftaten begehen werde, welche die Gemeinschaftsordnung nicht unerheblich stören.[332] Schädliche Neigungen können i.d.R. nur bejaht werden, wenn erhebliche Persönlichkeitsmängel schon vor der Tat, wenn auch unter Umständen verborgen, angelegt waren.[333] 202

Damit beruhen in der Regel solche Taten nicht auf schädlichen Neigungen des Jugendlichen, die aus einer **Ausnahmesituation** resultieren, spontan entstanden sind, denen eine Konflikt- oder Notsituation zugrunde liegt, oder bei denen letztlich der Einfluss einer Gruppendynamik zu der Tatau- 203

327 *Ostendorf* Jugendstrafrecht Rn. 208 m.w.N.; zu den Standpunkten und Argumenten *Endres/Breuer* ZJJ 2014, 127 ff.

328 LG Münster ZJJ 2013, 323 ff.; AG Nürnberg ZJJ 2013, 325 f.; AG Plön ZJJ 2013, 326 f.; AG Döbeln ZJJ 2013, 327 mit Anm. *Eisenberg* ZJJ 2013, 328 ff. zu allen vier Entscheidungen.

329 Vgl. *Eisenberg* NStZ 2013, 44; zur Anwendung auf Altfälle unter Berücksichtigung des Rückwirkungsverbots *Holste* StV 2013, 660 ff.: danach ist er nur zulässig, wenn es sich um das mildere Gesetz handelt.

330 BGH NStZ-RR 2010, 88; NStZ 2010, 281; StV 2019, 460.

331 Widmaier/*Böttcher/Schütrumpf* § 53 Rn. 73.

332 BGH NStZ 2010, 280; NStZ-RR 2010, 387; 2002, 20; BGH StV 1985, 419; 1991, 424; KG StRR 2010, 474; *Fricke* Rechtsprechungsübersicht Jugendstrafrecht – Die Verhängung einer Jugendstrafe bei Vorliegen schädlicher Neigungen gem. § 17 Abs. 2 JGG, StRR 2011, 51. Umfassend zur Jugendstrafe wegen schädlicher Neigungen *Swoboda* ZJJ 2016, 278 ff.

333 BGH NStZ 2013, 287; StV 2019, 467 f.

sübung geführt hat.[334] Allein aus der Schwere der Tat kann nicht auf schädliche Neigungen geschlossen werden. Bei Bagatelltaten ist die Annahme von schädlichen Neigungen freilich ausgeschlossen.

204 Die schädlichen Neigungen des Jugendlichen müssen im **Tatzeitpunkt** bestanden haben und (Mit-)Ursache der Tat gewesen sein. Dies setzt stets eine entsprechende Entwicklung der schädlichen Neigungen voraus, die sich in der Regel an vorangegangenen Jugendstraftaten ablesen lässt, für die ohne nachhaltigen Erfolg bereits eine Reihe von Erziehungsmaßregeln verhängt wurden. Regelmäßig sind die näheren Umstände der vorausgegangenen Taten im Urteil mitzuteilen, jedenfalls dann, wenn weder die verhängten Sanktionen, noch die Bezeichnungen der Taten ohne weiteres den Schluss auf schwerwiegende Anlage- oder Entwicklungsschäden zulassen.[335]

205 Zwingend notwendig ist eine solche »Sanktionenhistorie« jedoch nicht: Schon bei der ersten Tat können schädliche Neigungen hervortreten, wenn bei dem Jugendlichen eine entsprechende schädliche Persönlichkeitsentwicklung festgestellt werden kann.[336] Hierfür genügt es jedoch keinesfalls, dass bloße Reifeverzögerungen vorliegen (z.B. mangelnde Lebensplanung, Faulheit, Aufmüpfigkeit, Abbruch von Schule und Ausbildung etc.), wenn darin nicht die Neigung zur Begehung von Straftaten zum Ausdruck kommt.

Andererseits können Jugendliche in der Zeit zwischen Tat und Urteil ihre schädlichen Neigungen überwunden haben, etwa durch einen Entwicklungssprung oder eine aus der Tat gewonnene Einsicht – die Verhängung von Jugendstrafe scheidet dann aus.[337] Denn die schädlichen Neigungen müssen zum **Urteilszeitpunkt** weiterhin bestehen.[338] Die Begehung fortgesetzter kleinerer Ladendiebstähle genügt unter Beachtung des Verhältnismäßigkeitsgrundsatzes nicht zur Verhängung einer Jugendstrafe wegen schädlicher Neigungen, so zumindest das AG Rudolstadt.[339] Die Annahme schädlicher Neigungen noch zum Urteilszeitpunkt liegt eher fern, wenn seit der Tat ein längerer Zeitraum ohne weitere Straftaten vergangen ist.[340]

▶ **Beachte**

206 Für die Verteidigung liegen hierin Ansatzpunkte, dem Gericht darzulegen, dass und warum bei dem Jugendlichen entweder schon bei der Tat, oder zumindest im Zeitpunkt des Urteils keine schädlichen Neigungen mehr vorliegen und zunächst ein Erziehungsversuch mit milderen Erziehungsmaßregeln aussichtsreicher ist, als eine Unterbringung im Jugendstrafvollzug mit seinen eklatant hohen Rückfallquoten.[341]

207 Das Kriterium der **Schwere der Schuld** ist erfüllt, wenn ein Verbrechen oder besonders schweres Vergehen vorliegt und dem Jugendlichen im Hinblick auf die Tatbegehung – unter Berücksichtigung seines Alters, seiner Reife, seiner Persönlichkeitsentwicklung und seines Charakters – ein schwerer Vorwurf zu machen ist.[342] Dabei sind die Tatmotive und die konkreten Tatfolgen zu berücksichtigen, aber auch etwaige Schuldminderungsgründe des Erwachsenenstrafrechts. Der Gedanke der

334 Bei Handeln aus »falsch verstandener Kameradschaft« oder aus »krimineller Abenteuerlust« liegen die Voraussetzungen für schädliche Neigungen nicht vor, BGH StV 1985, 419.
335 BGH StV 2013, 762 f.; OLG Koblenz ZJJ 2016, 414, 415.
336 BGHSt 16, 261 f.
337 BGH StV 1992, 431; 1990, 505; BGH NStZ 2013, 287.
338 BGH ZJJ 2014, 46, 47; OLG Hamm ZJJ 2015, 73, 74; OLG Koblenz ZJJ 2016, 414, 415.
339 StV 2013, 36 f.
340 BGH ZJJ 2014, 46, 47; ZJJ 2015, 204.
341 *Eisenberg/Kölbel* JGG § 17 Rn. 12.
342 *Zieger/Nöding* Verteidigung in Jugendstrafsachen 7. Aufl. 2018 Rn. 67 ff.; BGHSt 15, 224 (226).

Generalprävention darf für die Beurteilung der Schuldschwere keine Rolle spielen.[343] Dem äußeren Unrechtsgehalt der Tat kommt nur insoweit Bedeutung zu, als aus ihm Schlüsse auf Persönlichkeit des Täters und die Höhe der Schuld gezogen werden können.[344] Entscheidend sind vielmehr die innere Tatseite und die subjektive Beziehung des Handelnden zur Tat.[345] Besonders bedeutsam sind vor allem bei Gewaltdelikten das konkrete Tatbild des Einzelfalls, insbesondere die Art und Weise der Einwirkung auf das Opfer, die Gefährlichkeit der Tathandlung, die Schwere der erlittenen Verletzungen sowie das Vor- und Nachtatverhalten.[346]

Ausnahmsweise kann sogar eine **Fahrlässigkeitstat** Ausdruck schwerer Schuld sein, jedoch nur dann, 208
wenn ein besonders verwerflicher Grad von Leichtsinn oder Rücksichtslosigkeit vorliegt.[347] Allein das Ausmaß der fahrlässig verursachten Tatfolgen begründet nicht die Schwere der Schuld.[348] Im Falle des Rücktritts vom versuchten Tötungsdelikt darf der Umstand, dass anfänglich ein Tötungsvorsatz gegeben war, nicht ohne weiteres zur Begründung der Schwere der Schuld herangezogen werden.[349]

Auch für das Kriterium der schweren Schuld geht der BGH überdies davon aus, dass die Verhän- 209
gung einer Jugendstrafe nur dann zulässig ist, wenn sie **aus erzieherischen Gründen erforderlich** ist.[350] Der Erziehungszweck tritt hier neben den Sühnezweck der Strafe.[351] Es existieren allerdings Tendenzen, die Bedeutung der Erziehungsfähigkeit und -bedürftigkeit hinsichtlich der Verhängung von Jugendstrafe wegen Schwere der Schuld zu minimieren.[352] Die Bedeutung des Erziehungsgedankens nimmt mit fortschreitendem Alter des Beschuldigten ab.[353]

Es obliegt daher der Verteidigung, sicherzustellen, dass das Gericht sich mit dem Erziehungsstand 210
und vor allem dem Erziehungsbedürfnis sowie dem Nutzen der Jugendstrafe als Erziehungs- und Einwirkungsmittel auf den konkreten Jugendlichen auseinandersetzt und nicht etwa die Notwendigkeit der Verhängung einer Jugendstrafe schlicht aus dem Vorliegen eines Verbrechenstatbestandes oder schwerer Tatfolgen ableitet.

343 *Zieger/Nöding* Verteidigung in Jugendstrafsachen 7. Aufl. 2018 Rn. 67 m.w.N.; BGHSt 16, 261; in jüngster Zeit tritt indes der Gedanke der (»positiven«) Generalprävention immer stärker in den Vordergrund, vgl. dazu krit. *Zieger/Nöding* Verteidigung in Jugendstrafsachen 7. Aufl. 2018 Rn. 70 m.w.N.; Ostendorf-*Ostendorf JGG* § 17 Rn. 5.

344 BGH NStZ 2023, 428; NStZ 2023, 430; StV 2013, 34 (35).

345 BGH NStZ 2023, 428; ZJJ 2015, 69 f. = StV 2014, 745 f.; KG ZJJ 2012, 210 = StV 2013, 35 f.; AG Rudolstadt ZJJ 2014, 51.

346 BGH NStZ 2023, 428; NStZ 2023, 430; NStZ 2022, 753.

347 OLG Karlsruhe NStZ 1997, 241; OLG Hamm NJW 1968, 462; OLG BayObLG StV 1985, 155.

348 Dazu AG Lübeck StV 2013, 759 ff.

349 BGH ZJJ 2016, 299, 300 (m. Anm. *Eisenberg*) = StV 2016, 700 f.

350 BGHSt 15, 224; BGH JR 1982, 432; NStZ 1984, 508; StV 2009, 93–94; 1996, 269; 1998, 333 (334); 2019, 468.

351 Ein Großteil der Literatur und teilweise auch Instanzgerichte sehen in der zweiten Alternative des § 17 Abs. 2 JGG eine Durchbrechung des Erziehungsgedankens; wenn in der Tat eine schwere Schuld des Jugendlichen zum Ausdruck komme, könne Jugendstrafe unabhängig davon verhängt werden, ob sie erzieherisch erforderlich und geboten sei (so *Beulke/Swoboda* Jugendstrafrecht,16. Aufl. 2020 § 22 II.2.c; *Laubenthal/Baier/Nestler* Jugendstrafrecht 3. Aufl. 2015 Rn. 697; *Brunner/Dölling* JGG 13. Aufl. 2017 § 17, Rn. 14a; Ostendorf-*Ostendorf JGG*, § 17, Rn. 5; BayObLG StV 1985, 156). Die Berücksichtigung des Erziehungsgedankens auch bei schwerer Schuld folgt allerdings bereits aus § 18 Abs. 2 JGG, wonach die Jugendstrafe so zu bemessen ist, dass die erforderliche erzieherische Einwirkung möglich ist. Ist eine erzieherische Einwirkung jedoch nicht erforderlich, dann ist keine Jugendstrafe zu verhängen.

352 BGH NStZ 2013, 658; BGH ZJJ 2016, 76 m. Anm. *Sonnen*.

353 BGH NStZ 2016, 101 m.w.N.; LG Ravensburg ZJJ 2016, 303 f.

e) Strafzumessung bei der Jugendstrafe

211 § 18 Abs. 1 JGG gibt den Strafrahmen für sämtliche Jugendstrafen vor: das **Mindestmaß** beträgt 6 Monate, das **Höchstmaß** bei Jugendlichen 5 Jahre (§ 18 Abs. 1 S. 1 JGG). Bei Verbrechen, für die das allgemeine Strafrecht ein Höchstmaß von mehr als 10 Jahren Freiheitsstrafe androht, beträgt das Höchstmaß der Jugendstrafe 10 Jahre (§ 18 Abs. 1 S. 2 JGG). Bei Heranwachsenden beträgt das Höchstmaß bei Anwendung von Jugendstrafrecht 10 Jahre, mit der JGG-Novelle aus dem Jahr 2012 wurde das Höchstmaß der Strafe gegen Heranwachsende für Fälle des Mords auf 15 Jahre angehoben[354] (§ 105 Abs. 3 JGG).

212 Innerhalb dieses Rahmens ist nach § 18 Abs. 2 JGG die Jugendstrafe so zu bemessen, dass die erforderliche **erzieherische Einwirkung** auf den Jugendlichen möglich ist.[355] Es sind das Gewicht des Tatunrechts gegen die Folgen der Strafe für die weitere Entwicklung des Jugendlichen oder Heranwachsenden abzuwiegen.[356] Allerdings ist das Erziehungskriterium nicht das einzige Kriterium der Strafzumessung. Dies folgt schon daraus, dass eine Jugendstrafe von 10 Jahren keinesfalls mehr allein mit dem Erziehungsgedanken zu begründen ist.[357] Wissenschaftliche Forschungen über die Auswirkungen des Jugendstrafvollzugs haben vielmehr die Erkenntnis gebracht, dass jede über 5 Jahre hinausgehende Freiheitsentziehung zu Hospitalismuserscheinungen und Lebensfremdheit führt – der Jugendliche wird dann nicht mehr für ein Leben in Freiheit erzogen, sondern im Gegenteil immer unfähiger, wieder zurück in die freie Gesellschaft zu kehren.[358]

213 Die Bemessung der Strafe wird deshalb auch an der **Schuldschwere** festgemacht,[359] besonders die Persönlichkeit und die Tatmotivation des Jugendlichen sind zu berücksichtigen. Daneben entfaltet auch die **gesetzliche Gewichtung des Tatunrechts**, die in den Strafrahmen des StGB zum Ausdruck kommt, eine gewisse Hinweiswirkung.[360] Daneben sind nach der Rechtsprechung auch andere Strafzwecke, bei schwerwiegenden Straftaten namentlich der Sühnegedanke und das Erfordernis eines gerechten Schuldausgleichs zu beachten.[361] Allerdings: jegliche generalpräventiven Aspekte sind bei der Bemessung der Jugendstrafe zu vernachlässigen.[362] Erzieherische Gesichtspunkte behalten aber auch dann Bedeutung bei der Strafzumessung, wenn die Verhängung von Jugendstrafe vollständig oder teilweise auf die Schwere der Schuld gestützt wird.[363]

214 Bemessungskriterien können danach insbesondere sein:[364]
- allgemeine Strafmilderungsgesichtspunkte des StGB, z.B. minderschwerer Fall, Beeinträchtigung oder Aufhebung der Schuldfähigkeit, Versuch, Tatprovokation;[365] ggf. im Rahmen der erzieherischen Beurteilungsspielräume,[366]
- charakterliche Haltung, Persönlichkeitsbild, Unbescholtenheit oder Vorbelastungen;[367]

---

354 Gesetz zur Erweiterung jugendgerichtlicher Handlungsmöglichkeiten vom 04.09.2012, BGBl. I S. 1854; vgl. dazu *Eisenberg* StV 2013, 44, 51; zur Anwendung im konkreten Fall BGH ZJJ 2017, 15 f.
355 BGH NStZ-RR 2010, 88, StV 2013, 37; StV 2013, 38; NStZ 2013, 287.
356 BGH NStZ 2023, 434; NStZ 2022, 553.
357 BGH NStZ 1996, 232; 1997, 29.
358 BGH StV 1996, 269; StV 1998, 344; *Eisenberg* JGG, § 18 Rn. 8; *Ostendorf* § 18 JGG Rn. 10.
359 BGH NStZ-RR 2010, 290.
360 *Eisenberg/Kölbel* JGG § 18 Rn. 21.
361 BGH NStZ 2023, 430.
362 BGHSt 16, 261; BGH StV 2019, 441; 442.
363 BGH StV 2013, 758 f. Zu den Entwicklungen in der Rspr. und der Lit. BGH ZJJ 2016, 76 ff. m. Anm. *Sonnen*.
364 *Zieger/Nöding* zählen eine Vielzahl dieser Kriterien in »Verteidigung in Jugendstrafsachen« 7. Aufl. 2018 Rn. 74 auf.
365 BGH NStZ-RR 2010, 527; StV 1986, 304; 1994, 599.
366 *Eisenberg/Kölbel* JGG § 18 Rn. 24.
367 BGH StV 1988, 307; 1991, 423.

- positive Entwicklungen seit der Tat, insbesondere eine Konsolidierung der Lebensverhältnisse;[368]
- Reife des Jugendlichen bzw. entwicklungsbedingte Reiferückstände;[369] Entwicklung oder Änderung der Lebenseinstellung;[370]
- Schulische Situation/Ausbildungssituation;[371]
- Familienstand, familiäre Verhältnisse;
- Tatmotiv, Kurzschlusshandlungen, Handlungen aus übersteigertem Ehrgefühl;
- etwaige Beeinflussung durch Mittäter, Gruppendynamik, Fortbestehen der Kontakte zu der Gruppe;[372]
- Geständnis und Schuldeinsicht;[373]
- selbstständiges Abstandnehmen von weiteren Taten;
- Mitwirkung an der Aufdeckung der Tat;
- Vollzug von Untersuchungshaft und Eindruck auf den Jugendlichen;[374]
- erstmals freiheitsentziehende Maßnahme;[375]
- zu erwartende Vor- oder Nachteile einer kürzeren oder längeren Jugendstrafe mit oder ohne Aussetzung zur Bewährung;[376]
- Bereitschaft, an einer Therapie teilzunehmen;[377]
- Auswirkungen einer Medienberichterstattung auf den Jugendlichen;[378]
- ausländerrechtliche Folgen der Verurteilung;[379]
- längeres Zurückliegen der Tat – gerade weil Jugendliche noch raschen Persönlichkeitsänderungen unterworfen sind;[380]
- echte **Verfahrensverzögerungen** führen nach der Rechtsprechung des BGH jedenfalls dann zur Bezifferung eines als vollstreckt geltenden Teils der Strafe, wenn wegen Schwere der Schuld auf Jugendstrafe erkannt wurde;[381]
- wie im Erwachsenenrecht darf **zulässiges Verteidigungsverhalten** nicht im Rahmen der Strafzumessung berücksichtigt werden.[382]

Die im StGB genannten **Strafobergrenzen** dürfen bei der Verurteilung des Jugendlichen nicht überschritten werden.[383] Denn aus Gründen des gerechten Schuldausgleichs darf zwar das erzieherisch angemessene Strafmaß überschritten werden, der Erziehungsgedanke rechtfertigt aber nicht die Überschreitung der schuldangemessenen Strafe.[384] Somit darf der Jugendliche nicht – aus Erzie- 215

368 BGH StV 2013, 758.
369 BGH StV 1984, 30; NStZ-RR 1996, 347; OLG Koblenz NStZ-RR 2010, 358.
370 BGH StV 1991, 423.
371 BGH StV 1988, 307; 1998, 335.
372 BGH StV 1991, 423; NStZ-RR 1996, 347.
373 BGH StV 1988, 307.
374 BGH NStZ-RR 2008, 259; OLG Frankfurt StV 2003, 457–458.
375 BGH StV 1991, 423; NStZ-RR 1996, 347; KG StRR 2010, 474–475.
376 BGH StV 2003, 458 = ZJJ 2003, 79–80.
377 OLG Hamm StV 2002, 404.
378 *Eisenberg* JGG § 18 Rn. 15; StraFo 2006, 15–19; NJW 2010, 1739.
379 BGH NJW 1997, 403; OLG Frankfurt StV 2003, 458.
380 BGH NStZ 1992, 528 (bei *Böhm*).
381 BGH (GSSt) NStZ 2008, 234 (allgemeines Strafrecht: Vollstreckungsmodell); bei Jugendstrafe allein wegen Schwere der Schuld ist Vollstreckungsmodell anerkannt (vgl. BGH NStZ 2010, 94, 95). Wenn Jugendstrafe neben Schwere der Schuld auch auf das Vorliegen schädlicher Neigungen gestützt worden ist: Anwendung des Vollstreckungsmodells strittig. Gegen Anwendung: 3. Strafsenat (vgl. BGHR MRK Art. 6 Abs. 1 Satz 1 Verfahrensverzögerung 30, 15); für Anwendung: 5. Strafsenat StraFo 2011, 56. S. auch BGH StV 2009, 93; BGH ZJJ 2007, 82; NStZ 2003, 364. Im Übrigen kann eine überlange Verfahrensdauer als Strafzumessungsgrund strafmildern berücksichtigt werden, vgl. BGH StV 2019, 444.
382 BGH NStZ-RR 2010, 88; StraFo 2010, 81.
383 BGH NStZ 1990, 389; a.A. noch BGH StV 1982, 27 (28).
384 Widmaier/*Böttcher*/*Schütrumpf* § 53 Rn. 79 m.w.N.

hungs- oder sonstigen Erwägungen – eine höhere Strafe bekommen, als sie ein Erwachsener mit der gleichen Schuld hinnehmen müsste. Vielmehr ist bei Jugendlichen in der Regel von einem gegenüber Erwachsenen verringerten Schuldumfang auszugehen, gerade weil Jugendliche noch nicht in vollem Umfang einsichtsfähig sind, und ihnen die notwendige Reife noch fehlt.[385]

▶ **Beachte**

216 Für die Verteidigung bietet gerade die Berücksichtigung des Erziehungsgedankens Argumentationsspielraum im Hinblick auf die Höhe der Jugendstrafe. Steht eine längere Jugendstrafe im Raum, so kann sie mit dem Jugendlichen gemeinsam nach einer sinnvollen JVA-internen Erziehungsmaßnahme oder Fortbildungsmöglichkeit suchen – z.B. zur Erlangung eines Schulabschlusses oder einer Berufsausbildung – und dem Gericht unter Berücksichtigung der Anfangszeiten und der Dauer der entsprechenden Maßnahme eine Jugendstrafe nahelegen, deren Halbstrafen- oder Zweidrittelzeitpunkt exakt auf das Ende der Maßnahme fällt, um dem Jugendlichen die Teilnahme an dieser Erziehungsmaßnahme zu ermöglichen – ihm dann aber nach erfolgreicher Teilnahme auch den Weg zur Rückkehr in die Freiheit zu ebnen. In der Regel wird der Richter einen solchen Vorschlag zur Unterstützung des jungen Angeklagten mittragen.

Naturgemäß – so der Umkehrschluss – darf dies nicht dazu führen, dass letztlich eine längere Jugendstrafe verhängt wird, als eigentlich nach dem Maß der Schuld erforderlich, nur damit der Jugendliche die Gelegenheit bekommt, in der JVA seinen Schulabschluss oder seine Berufsausbildung vollständig abzulegen.

Auch bei Verzögerungen im Jugendstrafverfahren ist eine Kompensation bei Verstößen gegen den Beschleunigungsgrundsatz jedenfalls für die sowohl auf schädliche Neigungen als auch auf die Schwere der Schuld gestützte Jugendstrafe zu gewähren.[386] Dabei ist wie im Erwachsenenstrafrecht ein bestimmter Teil der Strafe für bereits vollstreckt zu erklären, wenn ein solcher Ausgleich geboten ist.

f) Mehrere Straftaten – Einheitsstrafe

217 Die Gesamtstrafenbildung erfolgt im Jugendstrafrecht gem. § 31 JGG. Danach werden, auch wenn der Jugendliche mehrere Straftaten begangen hat, **einheitlich als Rechtsfolge** Erziehungsmaßregeln, Zuchtmittel oder eine einheitliche Jugendstrafe festgesetzt (§ 31 Abs. 1 S. 1 JGG). Die gesetzlichen Höchstgrenzen dürfen dabei nicht überschritten werden (§ 31 Abs. 1 S. 3 JGG). Verschiedene Rechtsfolgen – also ungleichartige Erziehungsmaßregeln und Zuchtmittel oder Maßnahmen – können aber nebeneinander angeordnet oder mit einer Jugendstrafe verbunden werden (§ 31 Abs. 1 S. 2 JGG).

218 Diese einheitliche Rechtsfolgenbildung erfolgt allerdings auch dann, wenn **frühere rechtskräftige Verurteilungen** bestehen, bei denen die Strafen, Zuchtmittel oder Maßregeln noch nicht vollständig verbüßt oder erledigt sind (§ 31 Abs. 2 JGG). Ein bereits verbüßter Jugendarrest kann nach § 31 Abs. 2 S. 2 JGG im Rahmen einer Verurteilung zu Jugendstrafe angerechnet werden.

219 Einbezogen werden dabei nicht lediglich die Rechtsfolge der früheren Verurteilung, sondern auch der Schuldspruch und die ihn tragenden Feststellungen, die für das einbeziehende Gericht bindend sind.[387] Der frühere Rechtsfolgenausspruch ist dagegen in keiner Weise bindend, das Gericht erkennt auf die Maßnahmen oder Jugendstrafe, die es im Zeitpunkt des Urteils für die Gesamtheit der festgestellten Straftaten für angemessen hält.[388] So wird sichergestellt, dass jeweils dem aktuellen Erziehungs- und Entwicklungsstand des Jugendlichen Rechnung getragen werden kann. Es sollen

385 BVerfG NJW 2006, 2093, 2095.
386 BGH NStZ 2022, 552.
387 *Eisenberg/Kölbel* JGG § 31 Rn. 37.
388 *Eisenberg/Kölbel* JGG § 31 Rn. 38; *Böhm*, NStZ 1997, 482.

nicht alte Rechtsfolgen noch vollstreckt werden, die nach den neuen gerichtlichen Erkenntnissen gar nicht mehr für den Jugendlichen angemessen sind, weil sie zu milde oder zu schwer bemessen waren. Die einheitliche Rechtsfolge kann deshalb im Einzelfall – weil eine positive Entwicklung bei dem Jugendlichen eingetreten ist – auch milder sein, als die einbezogene frühere Rechtsfolge.[389] Mit der Einbeziehung werden alle einbezogenen Rechtsfolgen gegenstandslos.[390] Die Einbeziehung setzt allgemein voraus, dass sich die Sachverhaltsdarstellung im neuen Urteil auf das einbezogene Urteil erstreckt, da nur so die Sanktionsbegründung nachvollziehbar ist.[391] Das bedeutet, dass die früheren Taten kurz dargestellt und die Strafzumessungserwägungen kurz mitgeteilt werden müssen.

Wurde die Einheitsstrafenbildung versäumt, so ist sie gem. § 66 JGG von Amts wegen nachträglich vorzunehmen. Das Gericht, das die schwerste Sanktion verhängt hat, entscheidet in einer eigens hierfür angesetzten Hauptverhandlung, oder – soweit es eine Hauptverhandlung nicht für erforderlich hält und deren Durchführung auch nicht durch die Staatsanwaltschaft beantragt wurde – per Beschluss über die Einheitsstrafe.[392] 220

Nach § 31 Abs. 3 JGG kann das Gericht allerdings auch **davon absehen**, schon abgeurteilte Strafen in seine Entscheidung mit einzubeziehen, wenn es dies aus erzieherischen Gründen für nicht zweckmäßig hält. Diese Gründe müssen unter dem Aspekt der Erziehung von besonderem Gewicht sein und erzieherisch über die üblichen Strafzumessungsgesichtspunkte hinaus das Nebeneinander zweier Jugendstrafen notwendig erscheinen lassen.[393] Dies wird nur in absoluten Ausnahmesituationen der Fall sein und bedarf einer entsprechend sorgfältigen Begründung.[394] 221

Wird von § 31 Abs. 3 JGG Gebrauch gemacht, so stellt sich die Frage, ob durch nebeneinander stehende Jugendstrafen die **gesetzlichen Höchstgrenzen** für die Jugendstrafe **überschritten** werden dürfen. Der BGH hat dies im Fall schwerer Verbrechen bejaht, da dem Jugendlichen klar gemacht werden müsse, dass die bereits verhängte Höchststrafe von 10 Jahren kein Freibrief für neuerliche Straftaten sein kann.[395] 222

▶ **Beachte**

Aus Sicht der Verteidigung erscheint die Nichteinbeziehung früherer Strafen dann sinnvoll, wenn die Einbeziehung des früheren Urteils möglicherweise zu einer nicht mehr bewährungsfähigen Jugendstrafe führen müsste, obwohl bei getrennter Verurteilung für jede einzelne Tat eine Bewährungsstrafe noch angemessen und erzieherisch sinnvoller erscheint (z.B. weil bereits 2 Jahre Jugendstrafe ausgeurteilt waren und das Gericht auch für die neuerliche Tat eine für den Jugendlichen spür- und greifbare Sanktion verhängen will). 223

Für **Heranwachsende** gilt § 31 JGG immer dann, wenn Jugendstrafrecht zur Anwendung gelangt, selbst wenn es sich bei der einzubeziehenden Rechtsfolge um eine Strafe nach allgemeinem Strafrecht handelt, § 105 Abs. 2 i.V.m. § 31 Abs. 2 Satz 1, Abs. 3 JGG.[396] Dies gilt sogar unabhängig davon, ob der Heranwachsende bei der einzubeziehenden früheren rechtskräftigen Verurteilung noch Heranwachsender oder bereits Erwachsener war, solange er – im Tatzeitpunkt der jetzt zu beurteilenden Tat – Heranwachsender war, Jugendstrafrecht zur Anwendung gelangt (§ 105 Abs. 2 JGG) und das Schwergewicht aller beurteilten Taten bei den Taten als Heranwachsender liegt.[397] 224

389 BGHSt 37, 34.
390 *Eisenberg/Kölbel* JGG § 31 Rn. 44.
391 BGH NStZ 2009, 43; OLG Celle ZJJ 2012, 450 (452); OLG Hamm StV 2014, 747 f.
392 OLG Celle NStZ 2010, 27.
393 BGH NStZ 2022, 556.
394 BGH NStZ 1997, 387–388.
395 BGHSt 36, 37; BGH NStZ 1995, 595; 2000, 263–264 m. abl. Anm. *Eisenberg* NStZ 2000, 484; BGH NStZ 2002, 204.
396 Widmaier/*Böttcher/Schütrumpf* § 53 Rn. 98.
397 BGHSt 37, 34.

225 Für Taten, die als **Jugendlicher** begangen wurden, lässt die Rechtsprechung mangels Anwendbarkeit des § 105 Abs. 2 JGG, jedoch keine Einheitsstrafenbildung mit einer bereits rechtskräftigen Verurteilung nach allgemeinem Strafrecht zu.[398] Und auch in die Verurteilung eines Erwachsenen nach allgemeinem Strafrecht kann eine rechtskräftige, noch nicht verbüßte Jugendstrafe nicht (im Rahmen der nachträglichen Gesamtstrafenbildung gem. § 55 StGB) einbezogen werden, sondern muss gesondert daneben bestehen bleiben – ggf. ist aber ein Härteausgleich vorzunehmen.

g) Nichtanrechnung von Untersuchungshaft

226 Nach § 52a S. 2 JGG kann der Richter anordnen, dass die Anrechnung von erlittener Untersuchungshaft (oder sonstiger einstweiliger Unterbringung/Unterbringung in einem Heim oder einer Anstalt zur Beobachtung[399]) ganz oder zum Teil unterbleibt, wenn die Anrechnung im Hinblick auf das Verhalten des Jugendlichen nach der Tat oder aus erzieherischen Gründen nicht gerechtfertigt ist.

227 Erzieherische Gründe liegen nach § 52a S. 3 JGG namentlich dann vor, wenn bei Anrechnung der Freiheitsentziehung die noch erforderliche erzieherische Einwirkung auf den Angeklagten nicht gewährleistet ist. Hierfür ist der Maßstab allerdings sehr hoch anzusetzen, zumal eine stets positiv zu beurteilende erzieherische Einwirkung des Strafvollzugs kaum angenommen werden kann.[400]

228 Bei Nichtanrechnung wegen eines Verhaltens nach der Tat werden nur verfahrensbezogene Umstände erfasst – wobei zulässiges Verteidigungsverhalten keinen Anlass für die Nichtanrechnung von Untersuchungshaft bieten darf.[401] Der Verteidiger kann sich in jedem Fall mit guten Argumenten gegen die Nichtanrechnung von Untersuchungshaft zur Wehr setzen – überzeugende Anwendungsfälle erscheinen kaum vorstellbar.

h) Maßregeln und Nebenfolgen

229 Das Gericht kann folgende **Maßregeln der Besserung und Sicherung** gem. § 7 Abs. 1 JGG gegen Jugendliche anordnen:
– die Unterbringung in einem psychiatrischen Krankenhaus;
– die Unterbringung in einer Entziehungsanstalt;[402]
– die Führungsaufsicht;[403]
– die Entziehung der Fahrerlaubnis.

Ausgeschlossen bleibt bei Jugendlichen die Anordnung eines **Berufsverbots** (§ 61 Nr. 6 StGB).

230 Ob die Anordnung einer Maßregel der Besserung und Sicherheit nach § 7 Abs. 1 JGG erfolgt, richtet sich nach den **allgemeinen Voraussetzungen** der §§ 63, 64, 68, 69 StGB. Bei der Prüfung sind allerdings die besonderen Grundsätze des JGG zu berücksichtigen und es ist stets eine sorgfältige und gründliche Verhältnismäßigkeitsprüfung insbesondere dahingehend vorzunehmen, ob die Maßregeln geeignet sind, das angestrebte Ziel zu erreichen.[404]

231 Werden Jugendliche in einem **psychiatrischen Krankenhaus** oder einer **Entziehungsanstalt** untergebracht, dann soll das Gericht gem. § 5 Abs. 3 JGG im Übrigen von Zuchtmitteln und Jugendstrafe absehen, wenn diese vor dem Hintergrund der Unterbringung entbehrlich erscheinen.[405] Hält das Gericht die weitere Ahndung nicht für entbehrlich, dann gilt für die Reihenfolge der Vollstreckung § 67 StGB.

---

398 BGH NJW 1978, 384.
399 BGH ZJJ 2014, 46; ZJJ 2015, 69 = NStZ-RR 2014, 59.
400 *Eisenberg/Kölbel* JGG § 52a Rn. 7; Ostendorf-*Schady* JGG § 52a Rn. 6.
401 *Eisenberg/Kölbel* JGG § 52a Rn. 7; StV 1989, 152.
402 Dazu BGH ZJJ 2015, 70, 71.
403 LG Berlin NStZ 2010, 286–287.
404 Widmaier/*Böttcher/Schütrumpf* § 53 Rn. 94.
405 Dazu BGH ZJJ 2015, 68 f.

Am 04.05.2011 hat das Bundesverfassungsgericht[406] die ehemalige Vorschrift des § 7 Abs. 2 JGG a.F., der die **nachträgliche Anordnung der Sicherungsverwahrung** gegen Jugendliche und Heranwachsende zuließ (ebenso wie die §§ 66b Abs. 2, 67d Abs. 3 S. 1 StGB) für **verfassungswidrig** erklärt. Gleichwohl blieben die verfassungswidrigen Vorschriften längstens bis zum 31.05.2013 weiter anwendbar, jedoch nur nach Maßgabe der Urteilsgründe und unter engsten Voraussetzungen.[407] 232

Dem Gesetzgeber war es aufgegeben, insgesamt ein neues Gesamtkonzept für die Sicherungsverwahrung zu entwickeln. Dies hat der Gesetzgeber mit dem Gesetz zur bundesrechtlichen Umsetzung des Abstandsgebotes im Recht der Sicherungsverwahrung vom 05.12.2012 (BGBl. I S. 2425) gem. Art. 316 f Abs. 2 EGStGB vorgelegt. Die neuen Vorschriften des § 7 Abs. 2–5 JGG galten erst ab dem 01.06.2013 und nur dann, wenn die Tat, wegen der Sicherungsverwahrung vorbehalten werden soll, nach dem 31.05.2013 begangen wurde. Für alle vor diesem Zeitpunkt liegenden Fälle war die Anwendungsfortsetzung der für verfassungswidrig erklärten Altvorschriften nach Maßgabe der Entscheidungen des EMRK und BVerfG zu prüfen, die in Art. 316 f Abs. 2 S. 2 EGStGB übernommen wurden:

> »wenn beim Betroffenen eine psychische Störung vorliegt und aus konkreten Umständen in seiner Person oder seinem Verhalten eine hochgradige Gefahr abzuleiten ist, dass er infolge dieser Störung schwerste Gewalt- oder Sexualstraftaten begehen wird.«

Danach ist die Anordnung von Sicherungsverwahrung (§ 63 StGB) gegenüber Jugendlichen und Heranwachsenden – auch bei Anwendung von Erwachsenenstrafrecht – ausgeschlossen (§§ 7 Abs. 1, 105 Abs. 1 106 Abs. 3 S. 1 JGG). Das Gericht kann aber unter den Voraussetzungen des § 7 Abs. 2, 3 JGG im Urteil die Anordnung der nachträglichen **Sicherheitsverwahrung vorbehalten;**[408] unter den Voraussetzungen des § 7 Abs. 4 JGG ist die **nachträgliche Anordnung der Sicherungsverwahrung** möglich, wenn die Unterbringung in einem psychiatrischen Krankenhaus für erledigt erklärt wurde.[409] Gegen die Möglichkeit der Sicherungsverwahrung im Jugendstrafrecht werden – auch nach der Neuregelung durch den Gesetzgeber – gewichtige Einwände vorgebracht: u.a. ist eine Gefährlichkeitsprognose bei dem jungen, noch wandelbaren Straftäter nahezu unmöglich; stets ist zu fragen, ob den Sicherheitserwägungen der Allgemeinheit nicht auf andere Weise (Behandlung/Therapie) besser genügt würde.[410] In jedem Fall dürfen der Vorbehalt und die nachträgliche Sicherungsverwahrung im Jugendstrafrecht nur äußerst restriktiv eingesetzt werden. 233

Auf **Nebenstrafen** und **Nebenfolgen** des StGB darf grundsätzlich neben der Rechtsfolge nach JGG erkannt werden, § 8 Abs. 3 JGG. Ausgeschlossen sind nur die in § 6 JGG genannten Nebenfolgen der Unfähigkeit, 234

- öffentliche Ämter zu bekleiden,
- Rechte aus öffentlichen Wahlen zu erlangen,
- in öffentlichen Wahlen zu wählen oder zu stimmen.

---

406 BVerfG NStZ 2011, 450 = HRRS 2011, 488; vgl. auch die diesem Urteil vorangegangene Entscheidung des EGMR vom 17.12.2009, NJW 2010, 2495; vgl. dazu insgesamt *Ostendorf* Jugendstrafrecht Rn. 285 ff.

407 BVerfG NStZ 2011, 450: »*wenn eine hochgradige Gefahr schwerster Gewalt- und Sexualstraftaten aus konkreten Umständen in der Person oder dem Verhalten des Untergebrachten abzuleiten ist und dieser an einer psychischen Störung […] leidet*«. Die Anordnung der Fortgeltung verfassungswidrigen Rechts gegen Jugendliche und Heranwachsende sowie deren Voraussetzungen sind hoch umstritten; zu dem jeweils anzuwendenden Recht ausführl.: *Renzikowski* NJW 2013, 1638, 1642 ff.; vgl. auch *Brettel* StV 2013, 768 (Anm. zu BGH StV 2013, 767).

408 Ausführl. zur vorbehaltenen Sicherungsverwahrung BGH StV 2022, 36.

409 Zu den Voraussetzungen im Einzelnen: *Ostendorf* Jugendstrafrecht Rn. 287–292.

410 Zusammenfassend: *Ostendorf* Jugendstrafrecht Rn. 286; *Ullenbruch* NJW 2008, 2612; Stellungnahme des Dt. Anwaltvereins Nr. 60/2010.

235 Zulässig sind somit etwa **Fahrverbot** (§ 44 StGB, allerdings gemäß § 8 Abs. 3 S. 2 JGG begrenzt auf höchstens drei Monate), **Einziehung** und **Unbrauchbarmachung** (§§ 73 ff. StGB).[411] Gegen die Einziehung von Wertersatz, wenn sich die durch die Tat erlangten Werte nicht mehr im Vermögen des Jugendlichen befinden, bestehen erhebliche Bedenken, weil hierdurch die Wirkung einer im Jugendstrafrecht unzulässigen Geldstrafe entstehen kann.[412] Der BGH hielt allerdings die Einziehung von Wertersatz gegenüber Jugendlichen stets für zulässig, da §§ 6 und 8 Abs. 3 JGG die Einziehung nicht ausschließen, und § 76 S. 1 JGG die Einziehung positiv erwähnt.[413] Durch die Neuregelung der strafrechtlichen Vermögensabschöpfung 2017,[414] ist nunmehr auch der neue § 73c StGB mangels Ausschluss im JGG auf Jugendstrafverfahren anwendbar. Dieser schreibt die Einziehung von Wertersatz zwingend vor, für jugendstrafrechtliche Erwägungen bleibt hier eigentlich kein Raum. Teilweise wurde versucht, dem Jugendrichter über Heranziehung von § 2 Abs. 1 S. 2, Abs. 2 oder § 8 Abs. 3 S. 1 JGG einen Ermessensspielraum zu verschaffen oder aber unbillige Härten im Vollstreckungsverfahren zu berücksichtigen (§ 459g Abs. 5 S. 1 StPO); die Frage wurde dem großen Senat des BGH zur Entscheidung vorgelegt.[415] Mit Beschluss vom 21. Januar 2021 entschied dieser, dass die Entscheidung über die Einziehung des Wertes von Taterträgen (§ 73c Satz 1 StGB) auch bei Anwendung von Jugendstrafrecht nicht im Ermessen des Tatgerichts steht.[416]

i) Strafaussetzung zur Bewährung

236 Nach § 21 Abs. 1 JGG werden Jugendstrafen von **bis zu einem Jahr** regelmäßig zur **Bewährung** ausgesetzt, wenn für den Jugendlichen die **günstige Prognose** besteht, dass er sich die Verurteilung zur Warnung dienen lassen und in der Bewährungszeit keine weiteren Straftaten begehen wird. Gem. § 21 Abs. 1 S. 1 JGG setzt das Gericht die Strafe auch dann zur Bewährung aus, wenn die positive Erwartung erst dadurch begründet wurde, dass neben der Jugendstrafe ein »Warnschussarrest« gem. § 16a JGG verhängt wurde.[417]

237 Freiheitsstrafen **zwischen 1 und 2 Jahren** sollen gem. § 21 Abs. 2 JGG ebenfalls zur Bewährung ausgesetzt werden, wenn nicht die Vollstreckung im Hinblick auf die Entwicklung des Jugendlichen geboten ist. Wiederum kommt es zuvorderst auf die Notwendigkeit der stationären Erziehungseinwirkung auf den Jugendlichen an. Für generalpräventive Erwägungen – wie im Erwachsenenstrafrecht gem. § 56 Abs. 3 StGB – ist hier kein Raum.[418]

238 Unter den deutschen Gerichten hat sich im Verlauf der Jahre – trotz teilweise heftiger populistischer Forderungen nach härteren Strafen und mehr Strafvollzug gegen Jugendliche aus der Politik, begleitet durch die Boulevardpresse – die Erkenntnis durchgesetzt, dass die Erziehung inhaftierter Jugendlicher geringere Erfolgsaussichten hat, als Erziehungsmaßnahmen in Freiheit. In den letzten

411 BGH ZJJ 2011, 199–201.
412 *Eisenberg/Kölbel* JGG § 6 Rn. 5 u. 7 m.w.N.; *Eisenberg*, StV 2010, 580 f.
413 BGHSt 55, 174, 177; mit zust. Anmerkung von *Altenhain*, NStZ 2011, 272 ff.
414 Gesetz vom 13.04.2017 BGBl. I 872.
415 AG Rudolfstadt, StV 2019, 462; LG Münster, StV 2019, 486 mit Anm. *Berberich/Singelnstein*, StV 2019, 505, 506 ff.; Anfragebeschluss des BGH v. 11.07.2019 – 1 StR 467/18, NStZ 2019, 682 ff. = JR 2019, 593 ff. m. Anm. *Eisenberg*; dagegen richtete sich der 2. Strafsenat in BGH, Beschl. v. 15.1.2020, 2 StR 555/19, so auch schon der 5. Senat mit Beschl. v. 26.11.2019, 5 StR 570/19; Antwort des 2. Senats auf den Anfragebeschluss: BGH, Beschl. v. 6.5.2020 – 2 ARs 203/19; Antwort des 4. Senats BGH, Beschl. v. 10.3.2020 – 4 ARs 10/19, NStZ-RR 2020, 261; Antwort des 5. Senats BGH, Beschl. v. 06.02.2020 – 5 ARs 20/19, NStZ-RR 2020, 124. Der 1. Strafsenat begehrte eine Klärung durch den Großen Senat für Strafsachen, Beschl. v. 8.7.2020 – 1 StR 467/18; vgl. dazu auch *Streng*, Jugendstrafrecht, 5. Aufl. 2020, Rn. 249a.
416 BGHSt 65, 242.
417 *Eisenberg* StV 2013, 44, 47.
418 *Eisenberg/Kölbel JGG* § 21 Rn. 6; *Zieger/Nöding* Verteidigung in Jugendstrafsachen 7. Aufl. 2018 Rn. 79.

Jahren wurden daher regelmäßig von den kürzeren Freiheitsstrafen 70–80 %, von den Freiheitsstrafen von über 1 Jahr noch 50–60 % zur Bewährung ausgesetzt.[419]

Für die Erwartung, dass der Jugendlichen sich künftig straffrei führen werde, bedarf es einer **Prognose** sowohl in Hinblick auf die Warnungswirkung der Verurteilung als auch in Bezug auf den künftigen »rechtschaffenen Lebenswandel« des Jugendlichen. 239

Einer Gewissheit oder Gewähr bedarf es allerdings nicht, auf der anderen Seite reicht auch die bloße Hoffnung nicht aus. Vielmehr muss aus Sicht des Gerichts die Wahrscheinlichkeit, dass der Jugendliche in Zukunft keine Straftaten mehr begehen wird, aufgrund der vorliegenden Lebenstatsachen höher sein, als die Erwartung, dass es doch wieder zu neuerlichen Straftaten kommt.[420] 240

Was die bestimmten Tatsachen aus dem Leben des Jugendlichen anbelangt, so findet der Grundsatz in dubio pro reo Anwendung.[421] Liegt eine positive Prognose vor, dann ist die Strafaussetzung zur Bewährung bei Jugendlichen obligatorisch.[422] 241

Prüfzeitpunkt ist dabei stets der **Zeitpunkt der Verurteilung**. Zu berücksichtigen sind die konkreten Lebensumstände des Verurteilten, wie sie sich in diesem Augenblick darstellen. Dabei ist zu beachten, dass die Entwicklung des Jugendlichen teilweise sprunghaft verlaufen kann, sodass auch innerhalb kürzerer Zeiträume eine Wesens- und Verhaltensänderung des Jugendlichen erfolgt sein kann.[423] Die Lebenssituationen des Jugendlichen vor und nach der Verurteilung sind zu betrachten, sein Lern- und Sozialverhalten, das Verhalten nach der Tat, eine etwaige Vollstreckung von Untersuchungshaft, seine etwaige Drogenabhängigkeit, etwaige zwischenzeitlich erfolgte erzieherische Interventionen bzw. die Möglichkeit der Teilnahme an Therapien oder sonstigen Maßnahmen des Jugendamts/der Jugendgerichtshilfe, privater Träger oder die Unterstützung durch Bewährungshelfer nach der Verurteilung sowie die schulische bzw. Ausbildungssituation. 242

Kurzum, die gesamte Lebenssituation mit all ihren Chancen und Möglichkeiten, aber auch mit ihren Unwägbarkeiten und Risiken ist zu beleuchten, um eine Antwort auf die Frage zu finden, ob dem Jugendlichen eine **günstige Sozialprognose** gestellt werden kann, oder ob hier – weil mit sehr viel höherer Wahrscheinlichkeit weitere Straftaten zu erwarten sind – eine Vollstreckung der Strafe erforderlich ist.[424] 243

Die **Bewährungszeit** beträgt gem. § 22 JGG zwischen 2 und 3 Jahren und beginnt mit der Rechtskraft der Entscheidung zu laufen. Nachträglich kann sie gem. § 22 Abs. 2 JGG in den Fällen des § 21 Abs. 1 JGG auf 1 Jahr und in den Fällen des § 21 Abs. 2 JGG auf 2 Jahre verkürzt oder auf 4 Jahre verlängert werden. Eine Verlängerung der Bewährungszeit erst nach Ablauf des ursprünglich bestimmten Zeitraums ist nur dann möglich, wenn andernfalls der Bewährungswiderruf erfolgen müsste.[425] 244

Der Richter soll die Lebensführung des Jugendlichen über die Dauer der Bewährungszeit durch **Auflagen oder Weisungen** beeinflussen gem. § 23 JGG. Solche Anordnungen können auch nachträglich – im Verlauf der Bewährungszeit – wieder geändert und an die jeweils aktuelle Lebenssituation des Jugendlichen angepasst werden. 245

419 So die Zahlen bei *Eisenberg/Kölbel JGG* § 21 Rn. 9.
420 BGH NStZ-RR 2005, 38.
421 *Eisenberg/Kölbel JGG* § 21 Rn. 16 m.w.N.; Ostendorf-*Ostendorf JGG* § 21 Rn. 9 ff.
422 Widmaier/*Böttcher/Schütrumpf* § 53 Rn. 82.
423 *Eisenberg/Kölbel JGG* § 21 Rn. 20.
424 *Zieger/Nöding* Verteidigung in Jugendstrafsachen 7. Aufl. 2018 Rn. 79.
425 *Eisenberg/Kölbel JGG* § 22 Rn. 9.

Für die Art und Ausgestaltung der Weisungen und Auflagen gilt das oben zu den §§ 10 und 15 JGG Ausgeführte. Es ist jedoch zu beachten, dass die Auflagen und Weisungen im Rahmen der Bewährung keinerlei strafenden Charakter haben dürfen.[426]

246 Für den Fall der Nichtbefolgung der Auflagen oder Weisungen kann wiederum Jugendarrest verhängt werden (s. oben ab Rdn. 190).[427] § 23 Abs. 2 JGG eröffnet für den Jugendlichen die Möglichkeit, selbst entsprechende **Zusagen** für seine künftige Lebensführung oder zum Ersatz des entstandenen Schadens zu machen. In diesem Fall kann der Richter davon absehen, entsprechende förmliche Auflagen und Weisungen zu erteilen.

247 Zwingend ist die **Beiordnung eines Bewährungshelfers** für maximal 2 Jahre gem. § 24 Abs. 1 JGG. Dieser unterstützt den Jugendlichen und ist gegenüber dem Gericht berichtspflichtig gem. § 25 S. 4 JGG.

248 Gegen die Nichtaussetzung einer Jugendstrafe zur Bewährung ist – neben den allgemeinen Rechtsmitteln der Berufung oder Revision gegen das Urteil – das **Rechtsmittel** einer gesonderten **sofortigen Beschwerde** gegeben, wenn allein die Bewährungsentscheidung angegriffen werden soll, gem. § 59 Abs. 1 JGG. Zuständig für die Entscheidung ist dann das dem erkennenden Gericht unmittelbar übergeordnete Gericht.

Über die sofortige Beschwerde wird ohne weitere Anhörung per Beschluss entschieden,[428] eine weitere Beschwerde ist nicht zulässig gem. § 2 Abs. 2 JGG, § 310 StPO.

▶ Beachte

249 Da mangels Anhörung oder Hauptverhandlung die Einflussmöglichkeit auf den Ausgang der Beschwerde gering ist, ist das gegen das gesamte Urteil gerichtete Rechtsmittel der Berufung der sofortigen Beschwerde vorzuziehen, das ggf. auf den Rechtsfolgenausspruch beschränkt werden kann.

250 Nach Ablauf der Bewährungszeit **erlässt** der Jugendrichter gem. § 26a JGG die Jugendstrafe, wenn nicht inzwischen ein Widerruf der Bewährung erfolgt ist und im Moment der Entscheidungen auch nicht die Voraussetzungen eines Widerrufs vorliegen. Nach h.M. besteht dabei keine Frist, innerhalb welcher nach dem Ablauf der Bewährungszeit der Widerruf bzw. Erlass auszusprechen ist, nur bei außergewöhnlichen Verzögerungen soll ein Widerruf unzulässig sein.[429] Der Erlass der Jugendstrafe ist unanfechtbar gem. § 59 Abs. 4 JGG.

j) Bewährungswiderruf

251 § 26 JGG regelt die Voraussetzungen des **Widerrufs einer Bewährung** durch das gem. § 58 JGG zuständige Gericht.[430] In der Regel ist hierfür Voraussetzung, dass der Jugendliche neuerliche **Straftaten** begangen hat (§ 26 Abs. 1 Nr. 1 JGG). Werden diese in Form eines Strafbefehls– der nur gegen Erwachsene und Heranwachsende, auf die Erwachsenenstrafrecht angewandt wird ergehen kann – sanktioniert, ist in besonderem Maße zu prüfen, ob tatsächliche eine oder mehrere neue Straftaten vorliegen oder die Rechtskraft allein aufgrund des prozessualen Säumnisses, Einspruch einzulegen,

426 *Eisenberg/Kölbel JGG* § 23 Rn. 5b; a.A. a.A. *Brunner/Dölling* JGG 13. Aufl. 2017 § 23 Rn. 1; vgl. auch oben Rdn. 190.

427 Gegen die Verhängung von Ungehorsamsarrest kann Beschwerde eingelegt werden; die weitere Beschwerde ist nach OLG München NStZ 2012, 166 nicht statthaft, da keine Verhaftung i.S.d. § 310 Abs. 1 Nr. 1 StPO gegeben ist.

428 *Eisenberg/Kölbel JGG* § 59 Rn. 10 u. 11.

429 *Eisenberg/Kölbel JGG* § 26a Rn. 19 m.w.N.: LG München I StV 2002, 434: 10 Monate nach Ablauf der Bewährungszeit sei der Widerruf unzulässig.

430 Zur Übertragung nachträglicher Bewährungsentscheidungen BGH StV 2022, 44.

eingetreten ist.[431] Aber auch der **gröbliche oder beharrliche Verstoß** gegen Weisungen oder das beharrliche Entziehen vor der Bewährungshilfe kann Anlass für einen Widerruf sein, wenn dadurch die Besorgnis entsteht, der Jugendliche werde erneut Straftaten begehen (§ 26 Abs. 1 Nr. 2 JGG).[432] Bei gröblichen oder beharrlichen Verstößen gegen Auflagen bedarf es des zusätzlichen Besorgnis neuer Straffälligkeit nicht, die Verstöße allein bieten Anlass für den Widerruf (§ 26 Abs. 1 Nr. 3 JGG).

Wie im allgemeinen Strafrecht, wird von einem Vorliegen einer neuen Straftat in der Regel erst dann ausgegangen, wenn eine neuerliche rechtskräftige Verurteilung vorliegt. Ohne eine solche ist ein Bewährungswiderruf schon aufgrund der Unschuldsvermutung nur im Ausnahmefall möglich, etwa wenn der Jugendliche ein glaubhaftes Geständnis abgelegt hat.[433] Selbst eine neue Straftat bietet jedoch keinen Anlass für einen Bewährungswiderruf, wenn dem Jugendlichen gleichwohl – im Zeitpunkt der Entscheidung – eine günstige Sozialprognose gestellt werden kann, oder wenn es sich um eine geringfügige oder völlig anders geartete Straftat handelt.[434] 252

In der Regel kommt es jedoch bei neuerlichen Straftaten nicht zu einer Entscheidung über den Bewährungswiderruf, da regelmäßig mit dem neuen Urteil eine Einbeziehung der Bewährungsstrafe zur **Einheitsjugendstrafe** erfolgt – wobei das Gericht auch abermals eine Bewährungsstrafe aussprechen kann (vgl. oben ab Rdn. 217). Der Verteidiger sollte ggf. darauf hinwirken, dass nicht schon vor Erlass des neuen Urteils ein Bewährungswiderruf erfolgt.[435] 253

Verstöße gegen Auflagen oder Weisungen sind dann als **gröblich** anzusehen, wenn ihr Ausmaß nicht unwesentlich ist. **Beharrliche** Verstöße liegen dann vor, wenn mindestens eine Zuwiderhandlung erfolgt ist und der Jugendliche die Intention hat, auch weiterhin die Auflagen oder Weisungen nicht zu beachten.[436] Nach dem OLG Hamm[437] ist ein Verstoß gegen Weisungen gröblich, wenn er objektiv schwerwiegend und subjektiv vorsätzlich ist. Beharrlich verstößt der Verurteilte gegen Weisungen, wenn er objektiv wiederholt und subjektiv nachdrücklich handelt. 254

▶ **Beachte**

Die Verteidigung wird hier jedenfalls vortragen, dass allein die Nichtbeachtung der Auflagen oder Weisungen keinen Anhalt für künftige neue Straftaten des Jugendlichen gibt, und darauf hinwirken, dass zunächst entweder die Weisungen und Auflagen derart an die Lebenssituation des Jugendlichen angepasst werden, dass diesem die Befolgung leichter fällt, oder dass zunächst mildere Maßnahmen, wie ein kurzfristiger Ungehorsamsarrest oder die Verlängerung der Bewährungszeit verhängt werden. 255

Dem Widerruf muss stets die **Anhörung** des Jugendlichen vorausgehen. Die Jugendgerichtshilfe ist am Widerrufsverfahren regelmäßig zu beteiligen.[438] Soll der Widerruf auf Umstände gestützt werden, die sich nach der letzten Anhörung ereignet haben, so ist der Jugendliche nochmals anzuhören.[439] **Rechtsmittel** gegen den Widerruf der Bewährung ist die **sofortige Beschwerde** gem. § 59 Abs. 3 JGG. Die Staatsanwaltschaft verfügt über kein Beschwerderecht gegen die Entscheidung des Jugendrichters, durch welche der Widerruf der Bewährung abgelehnt wurde.[440] Denn § 59 Abs. 3 JGG sieht ein solches zulasten des Beschuldigten nicht vor. Alle anderen mit der Bewährung in 256

431 KG ZJJ 2015, 75.
432 Ausführl. OLG Hamm ZJJ 2017, 76 ff.
433 BVerfG StV 1996, 163; NStZ 2005, 204.
434 *Eisenberg* § 26a Rn. 6; Ostendorf-*Ostendorf JGG* § 26a Rn. 6.
435 *Zieger/Nöding* Verteidigung in Jugendstrafsachen 7. Aufl. 2018 Rn. 82.
436 *Eisenberg* § 26a Rn. 8.
437 OLG Hamm ZJJ 2017, 76, 77.
438 OLG Celle StV 2022, 50.
439 LG Zweibrücken ZJJ 2012, 209.
440 LG Magdeburg ZJJ 2013, 213 = StV 2013, 777.

Zusammenhang stehenden Entscheidungen können mit der einfachen Beschwerde gem. § 59 Abs. 2 JGG angefochten werden

k) Entscheidung über die Bewährungsaussetzung nach Urteil/Legalbewährung

257 § 57 JGG bietet dem Verteidiger in Fällen, in denen das Gericht eigentlich nicht zu einer Aussetzung der Freiheitsstrafe zur Bewährung bereit ist, die Möglichkeit, doch noch zu einer solchen Bewährungsaussetzung zu gelangen, indem dem Jugendlichen eine gewisse »Erprobungszeit« oder »**Vorbewährung**« eingeräumt wird.[441]

258 Der Richter in Jugendsachen muss die Entscheidung über die Aussetzung einer Strafe von bis zu zwei Jahren zur Bewährung nicht unmittelbar im Urteil treffen, gem. § 57 JGG ist auch ein **nachträglicher Beschluss** möglich. In diesen Fällen werden im Urteil die Schuld und das Strafmaß festgestellt, eine Aussage zur Strafaussetzung wird jedoch noch nicht getroffen, sondern für einen bestimmten Zeitraum nach Rechtskraft des Urteils vorbehalten, §§ 61 ff. JGG.

259 Üblicherweise beträgt der Zeitraum der »Vorbewährung« 2–6 Monate, vgl. § 61a Abs. 1 JGG,[442] ein längerer Zeitraum kann dem Jugendlichen nicht zugemutet werden, ohne dass eine abschließende Entscheidung über die Strafaussetzung zur Bewährung getroffen wird. Im Ausnahmefall kann die »Vorbewährung« aus besonderen Gründen und im Einverständnis des Jugendlichen durch Beschluss auf neun Monate nach Rechtskraft des Urteils verlängert werden, § 61 Abs. 1 S. 3 JGG. Über diesen Zeitraum hat der Jugendliche die Chance, die Entscheidung über die Strafaussetzung zur Bewährung noch einmal nachhaltig zu beeinflussen und die Voraussetzungen für eine dann zu erfolgende Bewährungsaussetzung nach Erlass des Urteils zu schaffen.

▶ **Beachte**

Bewährt der Jugendliche sich nicht, wird der Richter die verhängte Jugendstrafe nicht zur Bewährung aussetzen. Die Verteidigung sollte schon bei Einräumen der »Vorbewährung« darauf hinwirken, dass auch die Zeit der »Vorbewährung« auf die spätere Bewährungszeit angerechnet wird.

260 Begehen Jugendliche im Zeitraum der Vorbewährung eine Straftat, die erst nach Bewährungsaussetzung bekannt wird, so rechtfertige das jedoch nicht den Widerruf der Bewährungsaussetzung, weil die Straftat nicht in der Bewährungszeit begangen wurde.[443]

l) Bewährung ohne Strafe

261 Kann indessen bis zur Urteilsfindung durch das Gericht nicht sicher festgestellt werden, ob die Straftat des Jugendlichen Ausdruck so umfangreicher **schädlicher Neigungen** ist, dass die Verhängung einer Jugendstrafe erforderlich wäre, so kann der Richter sich die Entscheidung über den Umfang der schädlichen Neigungen vorbehalten und zunächst lediglich abstrakt die Schuld des Jugendlichen feststellen.[444] Die Entscheidung über die Rechtsfolge wird für eine von dem Richter zu bestimmende Zeit zur Bewährung ausgesetzt (§ 27 JGG). Beim Fehlen schädlicher Neigungen oder auch nur bei Zweifeln an deren Existenz ist die Anwendung des § 27 JGG gesperrt.[445]

262 Damit besteht dann eine **aufschiebend bedingte Verurteilung**. Treten im Verlauf der Bewährungszeit keine schädlichen Neigungen des Jugendlichen zu Tage, dann entfällt nicht nur die Bestrafung,

---

441 Ausführl. OLG Hamburg ZJJ 2015, 71 ff. und KG ZJJ 2016, 175 ff. m. Anm. *Eisenberg*.
442 *Zieger/Nöding* Verteidigung in Jugendstrafsachen 7. Aufl. 2018 Rn. 83; Widmaier/*Böttcher/Schütrumpf* § 53 Rn. 88.
443 So *Zieger/Nöding* Verteidigung in Jugendstrafsachen 7. Aufl. 2018 Rn. 84 unter Verweis auf OLG Stuttgart StV 1996, 271.
444 *Zieger/Nöding* Verteidigung in Jugendstrafsachen 7. Aufl. 2018 Rn. 87.
445 BGH StV 2022, 39 m. Anm. *Dehne-Niemann*.

auch der Schuldspruch wird im Beschlussverfahren nach § 62 Abs. 2 JGG getilgt und gemäß § 13 Abs. 2 S. 2 Nr. 1 BZRG aus dem Bundeszentralregister entfernt. Anschließend wird er jedoch in das Erziehungsregister eingetragen, § 60 Abs. 1 Nr. 2 BZRG.[446] Waren mit dem Schuldspruch Anordnungen verbunden, § 8 JGG, bleiben diese ebenfalls im Erziehungsregister eingetragen, § 60 Abs. 1 Nr. 2 BZRG.

Andernfalls wird in einer neuerlichen Hauptverhandlung auf die Strafe für den Jugendlichen erkannt, die der Richter ohne Ungewissheit über das Vorliegen von schädlichen Neigungen im Urteilszeitpunkt ausgesprochen hätte (aber ohne neues Verhalten des Jugendlichen in der Aussetzungszeit zu berücksichtigen[447]). In der Regel – aber nicht zwingend – kommt es dann zur Verhängung einer Jugendstrafe ohne Bewährung[448] (§ 62 Abs. 1 u. 3 i.V.m. § 30 JGG). 263

Die Bewährungszeit nach § 27 JGG muss mindestens 1 Jahr und darf maximal 2 Jahre betragen. Wie bei der normalen Aussetzung einer Jugendstrafe zur Bewährung ist eine nachträgliche Verlängerung oder Verkürzung möglich (vgl. oben Rdn. 244). Auch hier muss für den Jugendlichen ein Bewährungshelfer bestellt werden. 264

m) Entscheidung über Kosten und Auslagen

Nach § 74 JGG kann bei Jugendlichen (bei Heranwachsenden nach § 109 Abs. 2 JGG bei Anwendung von Jugendstrafrecht) davon abgesehen werden, ihnen die Kosten und Auslagen des Prozesses aufzuerlegen. Auch hier gilt, dass das Urteil auch in seinen Nebenfolgen nicht wie eine – im Jugendstrafrecht unzulässige – Geldstrafe wirken soll.[449] Zweck der Regelung der Vorschrift des § 74 JGG ist es, den Jugendlichen vor einer zusätzlichen und oftmals besonders schädlichen Beeinträchtigung durch eine Art »Zusatzstrafe« zu schützen.[450] Kann der Jugendliche die Verfahrenskosten nicht aus seinen vorhandenen Mitteln tragen, so muss von der Auferlegung der Kosten abgesehen werden. Zu den dann von der Staatskasse zu tragenden Kosten zählen lediglich die Gebühren des Pflichtverteidigers, nicht jedoch die Vergütungen der Wahlverteidiger (vgl. oben Rdn. 46).[451] 265

G. Rechtsmittel

Für Rechtsmittel gelten die Vorschriften des allgemeinen Rechts, eingeschränkt durch § 55 JGG:[452] 266
Ein Rechtsmittel ist danach **nicht** zulässig, wenn das Gericht lediglich
- Erziehungsmaßregeln (§ 9 JGG) oder
- Zuchtmittel (§ 13 JGG) angeordnet hat,

und nur der **Umfang** oder die **Auswahl** der **Maßregel** angefochten werden soll (§ 55 Abs. 1 S. 1 JGG).

Stets möglich ist die Rechtsmitteleinlegung somit, wenn der **Schuldspruch** angefochten wird, wenn andere als die oben genannten Rechtsfolgen verhängt wurden, wenn Hilfe zur Erziehung angeordnet wurde (§§ 55 Abs. 1 S. 2 i.V.m. 12 Nr. 2 JGG), wenn Maßregeln der Besserung und Sicherung ausgesprochen wurden oder familienrechtliche oder vormundschaftsrichterliche Maßnahmen getroffen wurden.[453] Wurde ausschließlich ein Zuchtmittel angeordnet, so ergibt sich vor dem Hintergrund von § 344 Abs. 1 StPO für die Verteidigung die Notwendigkeit, eindeutig klarzustellen, dass mit 267

---

446 Diese erst seit dem 31.08.2020 bestehende Regelung erscheint bedenklich, vgl. hierzu auch *Eisenberg/Kölbel JGG* § 30 Rn. 19.

447 *Eisenberg/Kölbel JGG* § 30 Rn. 8 u. 9.

448 *Zieger/Nöding* Verteidigung in Jugendstrafsachen 7. Aufl. 2018 Rn. 88.

449 *Zieger/Nöding* Verteidigung in Jugendstrafsachen 7. Aufl. 2018 Rn. 97.

450 LG Saarbrücken ZJJ 2013, 418; *Eisenberg/Kölbel JGG* § 74 Rn. 8a.

451 Zu den notwendigen Auslagen des Nebenklägers im Jugendstrafverfahren: LG Koblenz StRR 2010, 269.

452 Ausführl. zu den Rechtsmitteln *Bartsch* ZJJ 2016, 112 ff.

453 Widmaier/*Böttcher/Schütrumpf* § 53 Rn. 168.

der Revision ein zulässiges Ziel (i.d.R. Anfechtung des Schuldspruchs) verfolgt wird.[454] Die Erhebung der allgemeinen, nicht ausgeführten Sachrüge genügt nicht.[455]

268 Antragsberechtigt sind die Staatsanwaltschaft, der angeklagte Jugendliche oder Heranwachsende – wenn Jugendstrafrecht zur Anwendung kam (§ 109 Abs. 2 JGG),[456] die Verteidigung, aber auch die gesetzlichen Vertreter und Erziehungsberechtigten (§ 2 Abs. 2 JGG i.V.m. §§ 365, 398 Abs. 1 StPO) und in den nach allgemeinem Strafrecht zulässigen Fällen die Nebenkläger.

▶ Beachte

269 Die Verteidigung muss mit der Abgabe eines Rechtsmittelverzichts direkt im Anschluss an das Urteil in besonderem Maße berücksichtigen, ob der Jugendliche sich tatsächlich der Tragweite dieser Entscheidung bewusst ist. Bestehen insoweit Zweifel, dann darf kein Rechtsmittelverzicht abgegeben werden.[457] Erziehungsberechtigte und gesetzliche Vertreter können das eingelegt Rechtsmittel – auch wenn sie es selbst eingelegt haben – nur mit Zustimmung des jugendlichen oder heranwachsenden Angeklagten zurücknehmen.

270 **Sodann sind die Rechtsmittel im Jugendstrafrecht stets auf eine** Kontrollinstanz beschränkt, auf eine Berufung kann keine Revision folgen. Vielmehr schließt das zulässige Einlegen des Rechtsmittels der Berufung das Rechtsmittel der Revision insgesamt aus (§ 55 Abs. 2 JGG).[458] Auch der Wechsel zwischen Rechtsmitteln ist dann nicht mehr möglich. Wurde eine zulässige Berufung eingelegt, dann kann insgesamt keine Revision mehr eingelegt werden.

271 Die Verteidigung wird deshalb in der Regel das Rechtsmittel der Berufung[459] mit einer neuen Tatsacheninstanz vorziehen, zumal eine etwaige inzwischen stattgefundene, positive Entwicklung des Jugendlichen bei der Strafzumessung auch dann zu berücksichtigen wäre, wenn das Gericht im Übrigen zu einem identischen Schuldspruch kommt (dann können allerdings – mangels Verbesserung des Schuldspruchs – die Kosten dem Angeklagten auferlegt werden).

272 Bei unbestimmter Einlegung eines Rechtsmittels kann die genaue Bezeichnung des Rechtsmittels noch bis zum Ablauf der Revisionsbegründungsfrist (1 Monat nach Zustellung der schriftlichen Urteilsgründe gem. § 345 Abs. 1 StPO) verändert werden. Werden innerhalb der Revisionsbegründungsfrist keine (formgültigen) Revisionsanträge gestellt, dann wird das Rechtsmittel in eine Berufung umgedeutet.[460] Legt ein Verfahrensbeteiligter Berufung ein und ein anderer zugleich Revision, dann wird das Rechtmittel insgesamt als Berufung durchgeführt (§§ 2 Abs. 2 JGG, 335 Abs. 3 S. 1 StPO). Hier bleibt dann jedoch das Revisionsrecht des anderen gegen das Berufungsurteil erhalten.[461]

273 Ausnahmsweise ist auch im Jugendstrafverfahren ein dreistufiges Verfahren möglich: Wird der freigesprochene Angeklagte auf die Berufung der Staatsanwaltschaft in der Berufungsinstanz verurteilt, so steht ihm dagegen das – dann erstmals ausgeübte – Rechtsmittel der Revision zu.[462]

---

454 BGH NStZ 2022, 557 f.; StV 2013, 772 f.

455 Vgl. auch *Eisenberg/Kölbel JGG* § 55 Rn. 77–79.

456 Werden Heranwachsende freigesprochen, dann gelten die Rechtsmittelbeschränkungen des Jugendstrafrechts ebenfalls nicht, da dann gerade keine Entscheidung darüber getroffen wurde, ob Jugendstrafrecht zur Anwendung kommt (OLG Frankfurt NStZ-RR 2003, 327).

457 BGH NStZ-RR 1998, 60.

458 Zuletzt OLG Dresden NStZ-RR 2010, 186.

459 Die Jugendkammer hat bei der Entscheidung über die Besetzung in Berufungssachen Beurteilungsspielraum: In der Regel wird die große Jugendkammer mit nur zwei Berufsrichtern und mit zwei Schöffen besetzt sein, vgl. *Burhoff* Handbuch für die strafrechtliche Hauptverhandlung Rn. 578 m.w.N.

460 BGHSt 2, 63, 70.

461 BayObLG NStZ-RR 2001, 49; BGHSt 25, 321 (Revision gegen Berufungsurteil auch möglich nach Rücknahme der ursprünglich eingelegten Berufung noch innerhalb der Revisionsbegründungsfrist).

462 *Eisenberg/Kölbel JGG* § 55 Rn. 64 ff. unter Nennung weitere Ausnahmefälle, in denen es zu einem dreistufigen Jugendstrafverfahren kommen kann.

Wie im allgemeinen Strafrecht gilt für Rechtsmittel, die durch den Angeklagten oder seine Vertreter geführt werden – solange nicht die Staatsanwaltschaft oder Nebenklage ebenfalls Rechtsmittel einlegen – das Verbot der **reformatio in peius.** Im Jugendstrafrecht ist dabei nicht immer eindeutig zu erkennen, welche Rechtsfolge jeweils schwerer oder leichter als eine andere ist. Grundsätzlich gilt, dass Verwarnungen eine geringere Eingriffsintensität haben als Auflagen, und diese wiederum als Weisungen. Stärkere Eingriffsintensität haben der Jugendarrest und sodann die Jugendstrafe, schärfstes Mittel ist die Freiheitsstrafe nach Erwachsenenrecht (bei Heranwachsenden).[463] 274

H. Vollstreckung und Vollzug

Die **Vollstreckung** der jugendstrafrechtlichen Rechtsfolgen ist in den § 82 ff. JGG geregelt. Abweichend vom allgemeinen Strafrecht ist – für alle Urteile, in denen Jugendstrafrecht zur Anwendung kam – der Jugendrichter **Vollstreckungsleiter** gem. § 82 Abs. 1 JGG. Örtlich zuständig ist dabei zunächst der Jugendrichter bzw. Schöffengerichtsvorsitzende des ersten Rechtszugs gem. § 84 Abs. 1 JGG. Hat erstinstanzlich die Jugendkammer oder ein Erwachsenengericht entschieden, so ist der Jugendrichter des Amtsgerichts zuständig, dem die familienrechtlichen Erziehungsaufgaben obliegen oder bei noch fehlender Volljährigkeit oblägen (§ 84 Abs. 2 JGG). 275

Bei der Vollstreckung von Jugendarrest gibt der Jugendrichter die Vollstreckung an den nach § 90 Abs. 2 S. 2 JGG als Vollzugsleiter zuständigen Richter ab (§ 85 Abs. 1 JGG). Wird Jugendstrafe vollstreckt, so geht die Vollstreckungszuständigkeit auf den Jugendrichter des Amtsgerichts über, in dessen Bezirk die Strafvollzugseinrichtung liegt (§ 85 Abs. 2 JGG). Für die Vollstreckung von Jugendstrafe im Erwachsenenvollzug (sog. »Jugendausnahme«; § 89b Abs. 1 JGG[464]) gelten dagegen[465] gem. § 92 Abs. 6 JGG nicht die (vorherigen) Abs. 1–5, sondern die §§ 109–121 StVollzG unmittelbar, sodass hier ausnahmsweise die Strafvollstreckungskammer zuständig ist.[466]

Nach § 88 Abs. 1 JGG kann der Vollstreckungsleiter den Rest einer Jugendstrafe zur **Bewährung** aussetzen, wenn das auch unter Berücksichtigung des Sicherheitsinteresses der Allgemeinheit verantwortet werden kann. Bei Jugendstrafen bis zu einem Jahr soll der Jugendliche oder Heranwachsende jedoch im Regelfall mindestens 6 Monate verbüßen (§ 88 Abs. 2 S. 1 JGG), bei längeren Strafen darf frühestens nach Verbüßung **eines Drittels** die Jugendstrafe zur Bewährung ausgesetzt werden (§ 88 Abs. 2 S. 2 JGG). Gegen die Tendenz der Praxis, wie bei Erwachsenen automatisch auf den Zweidrittel-Zeitpunkt abzustellen, muss der Verteidiger ankämpfen.[467] Entscheidend für die Frage der Strafaussetzung ist allein die Legalprognose für den Jugendlichen, die Schwere der Schuld, die ggf. zur Anordnung seiner Jugendstrafe führte, darf hier keine weitere Berücksichtigung finden.[468] 276

Jugendstrafe wird gem. § 17 JGG in eigens hierfür vorgesehenen Einrichtungen vollstreckt.

Jugendrichterliche Entscheidungen des Vollstreckungsleiters können mit der sofortigen Beschwerde angefochten werden (§ 83 Abs. 1 JGG). Hat der Jugendrichter sonstige Entscheidungen außerhalb des § 83 Abs. 1 JGG getroffen, so muss der Rechtsweg nach § 23 EGGVG beschritten werden.[469] 277

463 Zur Feinabstufung der einzelnen Maßnahmen auch innerhalb einer Kategorie: *Eisenberg/Kölbel JGG* § 55 Rn. 75–95.

464 An Verurteilten, die bereits das 18. Lebensjahr erreicht haben und sich nicht für den Jugendstrafvollzug eignen; dies wird nur selten der Fall sein. Ausführl. zu der Ausnahme *Stelzel/Kerner* ZJJ 2014, 246 ff.

465 Vgl. aber zu den Änderungen des § 92 JGG durch das Gesetz zur bundesrechtlichen Umsetzung des Abstandsgebots in der Sicherungsverwahrung etwa Ostendorf-*Rose* JGG § 92 Rn. 31.

466 Vgl. Meier/Rössner/Trüg/*Wulf* 2. Aufl. 2014 § 92 Rn. 40.

467 *Pollähne/Woynar* Verteidigung in Vollstreckung und Vollzug, 5. Aufl. 2014Rn. 524; *Kreutzer* NJW 2002, 2351.

468 Entgegen OLG Düsseldorf StV 2001, 184; vgl. *Ostendorf* Jugendstrafrecht Rn. 336 m.w.N.

469 Vgl. dazu ausführlicher *Kamann* Vollstreckung und Vollzug der Jugendstrafe Rn. 121 ff.

278 Gem. § 83 Abs. 3 S. 2 i.V.m. § 68 Abs. 1 JGG kann dem Jugendlichen oder Heranwachsenden im Verfahren um jugendrichterlichen Vollstreckungsentscheidungen ein Verteidiger beigeordnet werden. Eine notwendige Verteidigung besteht nach den Empfehlungen der *Kölner Richtlinien*[470] jedenfalls dann, wenn es um einen Bewährungswiderruf oder drohenden Antrag auf Aussetzung des Strafrestes zur Bewährung geht, und bei ansonsten rechtlich komplizierten Entscheidungen.[471]

279 Der **Jugendstrafvollzug** war über lange Zeit nur lückenhaft gesetzlich geregelt und wurde weitgehend durch die 1977 erlassenen bundeseinheitlichen Verwaltungsvorschriften zum Jugendstrafvollzug (VVJug) bestimmt, die ganz überwiegend den Regelungen des StVollzG entsprachen. Diesen Zustand hat das Bundesverfassungsgericht am 31. Mai 2006 für **verfassungswidrig** erklärt und die **Schaffung einer gesetzlichen Grundlage bis** zum Ablauf des Jahres **2007** angeordnet:[472]

> »Der Mangel an gesetzlichen Grundlagen für den Jugendstrafvollzug lässt sich nicht durch Rückgriff auf Rechtsgedanken des Strafvollzugsgesetzes beheben. […] Für den Jugendstrafvollzug bedarf es gesetzlicher Grundlagen, die auf die besonderen Anforderungen des Vollzuges von Strafen an Jugendlichen und ihnen gleichstehenden Heranwachsenden zugeschnitten sind. […] Freiheitsstrafen wirken sich für Jugendliche in besonders einschneidender Weise aus. […] So müssen etwa die Besuchsmöglichkeiten für familiäre Kontakte […] um ein Mehrfaches über denen im Erwachsenenstrafvollzug […] angesetzt werden. […] Der Rechtsweg zum Oberlandesgericht nach §§ 23 EGGVG genügt den Anforderungen eines effektiven Rechtsschutzes (Art. 19 IV GG) nicht.«

280 Da 2007 im Rahmen der **Föderalismusreform** die Gesetzgebungszuständigkeit auf die Länder übergegangen ist, ist der Jugendstrafvollzug seit dem 01.01.2008 in 16 Gesetzen der Bundesländer geregelt, die sich teilweise stark unterscheiden[473] und hier nicht im Einzelnen dargestellt werden können.[474] Dort ist auch nur der Vollzug der **Jugendstrafe** geregelt,[475] nicht aber der Vollzug freiheitsentziehender **Maßnahmen der Besserung und Sicherung.**[476] Für die Regelung des gerichtlichen Rechtsschutzes der Gefangenen bleibt ohnehin der Bund zuständig, hier erfolgte eine Neufassung des § 92 JGG, die allerdings weitgehend auf das StVollzG verweist, sodass letztlich drei verschiedene Regelungswerke (JGG, StVollzG und jeweiliges Landesjugendstrafvollzugsgesetz) für den Vollzug der Jugendstrafe gelten.

Der Jugendstrafvollzug beinhaltet eine Vielzahl von Maßnahmen, Interventionen und Konfrontationen: Es gibt Wohngruppenvollzug, Förderkurse, Soziales Training und Anti-Aggressivitäts-Trainingskurse, die jungen Gefangenen sollen Schulunterricht besuchen oder eine berufliche Ausbildung

470 NJW 1989, 1024 ff.

471 *Zieger/Nöding* Verteidigung in Jugendstrafsachen 7. Aufl. 2018 Rn. 245.

472 BVerfG NJW 2006, 2093 ff.; ausführlich dazu auch *Zieger/Nöding* Verteidigung in Jugendstrafsachen 7. Aufl. 2018 Rn. 254.

473 9 Bundesländer haben sich indes zu einem gemeinsamen Musterentwurf zusammengetan und deshalb inhaltlich weitgehend übereinstimmende, oft sogar deckungsgleiche Regelungen gefasst (sog. »Neunerentwurf«): Berlin, Brandenburg, Bremen, Mecklenburg-Vorpommern, Rheinland-Pfalz, Saarland, Sachsen-Anhalt, Schleswig-Holstein, Thüringen. Je nach Lesart – Hamburg und Sachsen waren temporär beteiligt – wird auch von 11 beteiligten Ländern gesprochen; sehr ausführlich zu den landesgesetzlichen Regelungen: *Ostendorf* Jugendstrafvollzugsrecht, 3. Aufl. 2016. Knappere Darstellungen finden sich bei *Eisenberg/Kölbel JGG* § 92 Rn. 22 ff.; *Eisenberg* NStZ 2008, 250 ff.; Meier/Rössner/Trüg/Wulf-*Jung-Silberreis/Hadmut* JGG2. Aufl. 2014 Anhang A; Diemer/Schatz/*Sonnen* JGG, Einleitung JStVollzG Rn. 2.

474 Teilweise stehen die Regelungen erkennbar in Widerspruch zu den durch das BVerfG formulierten Erwartungen, etwa was die Trennung von Jugendstrafvollzug und Erwachsenenstrafvollzug, oder den klaren Vorrang des Resozialisierungsprinzips angeht; vgl. *Kamann* Vollstreckung und Vollzug der Jugendstrafe Rn. 70 ff., 102 ff.; abweichend vom Erwachsenenstrafvollzug wurde die Mitwirkung an der Erreichung des Vollzugsziels zur Pflicht des jungen Gefangenen gemacht, dabei drohen entsprechende – negative – Konsequenzen durch die Nichtgewährung von Vollzugslockerungen, vgl. *Ostendorf* Jugendstrafvollzugsrecht, 3. Aufl. 2016, S. 103 ff., kritisch *Eisenberg/Kölbel* JGG § 92 Rn. 44 ff.

475 Zu den gesetzlichen Grundlagen *Ostendorf* ZJJ 2015, 112 ff.

476 Vgl. *Ostendorf* Jugendstrafvollzugsrecht, 3. Aufl. 2016, S. 87.

erhalten. All dies – in Verbindung mit der ständigen Unterbringung vieler Jugendlicher auf engem Raum – führt nicht selten zu Konflikten. Im Jugendstrafvollzug ist es für den Verteidiger deshalb in besonderem Maße sinnvoll und zielführend, auf informellem Weg an die jeweiligen Entscheidungsträger oder sonstige Personen heranzutreten, die für den Jugendlichen im Strafvollzug zuständig sind (Sozialarbeiter, Psychologen, Jugendgerichtshilfe, Anstaltspfarrer, Abteilungsleiter, Anstaltsleitung). Oft lassen sich viele Probleme schnell und unkompliziert über ein persönliches Gespräch lösen.

Kann auf dem informellen Weg keine Lösung gefunden werden, so findet sich ein § 108 StVollzG entsprechendes **Beschwerderecht** in allen Landesjugendstrafvollzugsgesetzen.[477] Nach § 92 JGG besteht die Möglichkeit, gegen Maßnahmen zur Regelung einzelner Angelegenheiten auf dem Gebiet der Jugendstrafe (des Jugendarrestes und der Maßregelunterbringung) **gerichtliche Entscheidung** bei der Jugendkammer zu beantragen. Vor einer gerichtlichen Entscheidung ist nunmehr auf Antrag des jungen Gefangenen dieser persönlich anzuhören und hierüber entsprechend zu belehren, während die Durchführung einer mündlichen Hauptverhandlung[478] im Ermessen des Gerichts liegt (§ 92 Abs. 3 JGG).[479] Nach § 92 Abs. 5 JGG besteht die Möglichkeit, von der Kostentragungspflicht des jungen Gefangenen nach § 121 StVollzG abzusehen, wenn dies dem Vollzugsziel widersprechen und dessen Wiedereingliederung in die Gesellschaft behindern würde.[480] 281

I. Register

Neben dem Bundeszentralregister wird ein Erziehungsregister geführt, in das weniger schwerwiegende, jugendstrafrechtliche Maßnahmen eingetragen werden, die nicht in das Bundeszentralregister gem. § 5 Abs. 2 BZRG aufzunehmen sind (§ 59 BZRG).[481] Die im Erziehungsregister stehenden Angaben werden nicht in Führungszeugnisse aufgenommen. Neben den Justizbehörden erhalten lediglich die Jugendämter Auskunft aus dem Erziehungsregister gem. § 61 BZRG. Spätestens mit Vollendung des 24. Lebensjahres sind die Eintragungen zu entfernen, wenn nicht inzwischen eine freiheitsentziehende Maßnahme verhängt wurde; gem. den §§ 97–101 JGG besteht aber schon zuvor die Möglichkeit der Tilgung durch Richterspruch. 282

477 Vgl. hierzu *Eisenberg/Kölbel JGG* § 92 Rn. 150; *Kamann*, Vollstreckung und Vollzug der Jugendstrafe – Verteidigung und Rechtsschutz, 2009, S. 86 ff.

478 Beispielsfälle bei Ostendorf-*Rose* JGG § 92 Rn. 25 a.E.

479 Vgl. Brunner/*Dölling* JGG 13. Aufl. 2017, § 92 Rn. 6.

480 Eisenberg § 92 Rn. 161; ablehnend Meier/Rössner/Trüg/*Wulf* JGG 2. Aufl. 2014 § 92 Rn. 39.

481 *Zieger/Nöding* Verteidigung in Jugendstrafsachen 7. Aufl. 2018 Rn. 265 ff. Auch Einstellungsentscheidungen wegen mangelnder Reife (Taten vor dem 14. Lebensjahr) werden in das Erziehungsregister eingetragen; vgl. insgesamt die Übersicht über Eintragungen ins Erziehungsregister oder Bundeszentralregister bei Widmaier/*Böttcher/Schütrumpf* § 53 Rn. 187.

erhalten. All dies – in Verbindung mit der ständigen Unterbringung vieler Jugendlicher auf engem Raum – führt nicht selten zu Konflikten. Im Jugendstrafvollzug ist es für den Verteidiger deshalb in besonderem Maße sinnvoll und zielführend, auf informellem Weg an die jeweiligen Entscheidungsträger oder sonstige Personen heranzutreten, die für den Jugendlichen im Strafvollzug zuständig sind (Sozialarbeiter, Psychologen, Jugendgerichtshilfe, Anstaltsplaner, Abteilungsleiter, Anstaltsleitung). Oft lassen sich viele Probleme schnell und unkompliziert über ein persönliches Gespräch lösen.

281 Kann auf dem informellen Weg keine Lösung gefunden werden, so findet sich ein § 108 StVollzG entsprechendes Beschwerderecht in allen Landesjugendstrafvollzugsgesetzen.[477] Nach § 92 JGG besteht die Möglichkeit, gegen Maßnahmen zur Regelung einzelner Angelegenheiten auf dem Gebiet der Jugendstrafe (des Jugendarrestes und der Maßregelunterbringung) gerichtliche Entscheidung bei der Jugendkammer zu beantragen. Vor einer gerichtlichen Entscheidung ist nunmehr auf Antrag des jungen Gefangenen dieser persönlich anzuhören und hierüber entsprechend zu belehren, während die Durchführung einer mündlichen Hauptverhandlung[478] im Ermessen des Gerichts liegt (§ 92 Abs. 3 JGG).[479] Nach § 92 Abs. 5 JGG besteht die Möglichkeit, von der Kostentragungspflicht des jungen Gefangenen nach § 121 StVollzG abzusehen, wenn dies dem Vollzugsziel widersprechen und dessen Wiedereingliederung in die Gesellschaft behindern würde.[480]

I. Register

282 Neben dem Bundeszentralregister wird ein Erziehungsregister geführt, in das weniger schwerwiegende jugendstrafrechtliche Maßnahmen eingetragen werden, die nicht in das Bundeszentralregister gem. § 5 Abs. 2 BZRG aufzunehmen sind (§ 59 BZRG).[481] Die im Erziehungsregister stehenden Angaben werden nicht in Führungszeugnisse aufgenommen. Neben den Justizbehörden erhalten lediglich die Jugendämter Auskunft aus dem Erziehungsregister gem. § 61 BZRG. Spätestens mit Vollendung des 24. Lebensjahres sind die Eintragungen zu entfernen, wenn nicht inzwischen eine freiheitsentziehende Maßnahme verhängt wurde; gem. den §§ 97–101 JGG besteht aber schon zuvor die Möglichkeit einer Tilgung durch Richterspruch.

477 Vgl. hierzu *Eisenberg/Kölbel* JGG § 92 Rn. 150; *Kamann*, Vollstreckung und Vollzug der Jugendstrafe – Verteidigung und Rechtsschutz, 2009, S. 86 ff.
478 Beispielfälle bei *Ostendorf/Rose* JGG § 92 Rn. 25 a.E.
479 Vgl. *Brunner/Dölling* JGG 13. Aufl. 2017 § 92 Rn. 5.
480 *Eisenberg* § 92 Rn. 164; ablehnend *Meier/Rössner/Trüg/Wulf* JGG 2. Aufl. 2014 § 92 Rn. 39.
481 *Zieger/Nöding* Verteidigung in Jugendstrafsachen 7. Aufl. 2018 Rn. 265 f. Auch Einstellungsentscheidungen wegen mangelnder Reife (Taten vor dem 14. Lebensjahr) werden in das Erziehungsregister eingetragen; vgl. insgesamt die Übersicht über Eintragungen ins Erziehungsregister oder Bundeszentralregister bei *Widmaier/Müller/Schlothauer* § 53 Rn. 197.

Abschnitt 6 Vertretung des Verletzten und des Zeugen

Kapitel 27 Klageerzwingungsverfahren

Übersicht

A. Bedeutung des Klageerzwingungsverfahrens

Das Klageerzwingungsverfahren sichert die Überprüfung der auf § 170 Abs. 2 StPO beruhenden Einstellungsbescheide der Staatsanwaltschaft und dient damit der Durchsetzung des **Legalitätsprinzips** (§ 152 Abs. 2 StPO). Der Verletzte, der die Strafverfolgung wünscht, kann in einem gerichtlichen Verfahren die Staatsanwaltschaft zur Anklageerhebung zwingen. Er selbst kann wegen des **Anklagemonopols** der Staatsanwaltschaft kein gerichtliches Verfahren gegen den der Tat Verdächtigen in Gang setzen (Ausnahme: Privatklage).[1] Das Klageerzwingungsverfahren ist keine Durchbrechung des Anklagemonopols, sondern dient lediglich seiner Kontrolle und hat seinen Ursprung im Begriff des Verletzten und seinen Interessen. Es sollte Garant für die Gewährung effektiven Rechtsschutzes sein. 1

Der Gesetzgeber hat den Personenkreis, der das Klageerzwingungsverfahren betreiben kann, erheblich eingeschränkt. Das Klageerzwingungsverfahren ist stets ausgeschlossen, wenn es sich um eine Straftat handelt, derentwegen die StPO das Privatklageverfahren (§ 374 StPO) zulässt.[2] § 172 Abs. 2 2

1 Vgl. Rdn. 15, 55, 56.
2 Vgl. Rdn. 15, 55, 56.

S. 3 StPO nimmt solche Einstellungen von der gerichtlichen Nachprüfung aus, bei denen die Staatsanwaltschaft zu Recht vom Opportunitätsprinzip als Ausnahme vom Legalitätsprinzip ausgegangen ist.[3] Weiter ist Voraussetzung, dass der Antragsteller zugleich Verletzter ist.[4]

3 Die tägliche Praxis zeigt, dass Klageerzwingungsanträge vor den OLGen wenig Erfolg haben. Die überwiegende Anzahl der Klageerzwingungsanträge wird als **unzulässig** verworfen. Daher muss für eine gegebenenfalls folgende Verfassungsbeschwerde bereits im Klageerzwingungsverfahren auf die verfassungsrechtlichen Verstöße hingewiesen und diese ausgeführt werden. Grund für die Unzulässigkeit der Klageerzwingungsanträge ist, dass die Rechtsanwälte den formellen Anforderungen des § 172 StPO nicht gerecht werden, zuweilen auch deshalb, weil sie vor Stellung und Begründung des Antrags keine Akteneinsicht nehmen und daher nicht in der Lage sind, die erforderlichen Daten vorzutragen.[5] Aber auch die OLGen überspannen die Zulässigkeitsvoraussetzungen auf teilweise verfassungswidrige Art und Weise[6], daher sollte der Verfasser eines Klageerzwingungsantrages zumindest auf die Gewährung effektiven Rechtschutzes hinweisen. Art. 19 Abs. 4 GG verbietet, die Darlegungsanforderungen nach § 172 Abs. 3 S. 1 StPO überstreng zu handhaben und hierdurch das Klageerzwingungsverfahren faktisch unmöglich zu machen.[7] Allerdings hat das Bundesverfassungsgericht die Rechtsprechung der Fachgerichte, wonach die Schlüssigkeitsprüfung der Erfolgsaussichten eines Antrags nach § 172 Abs. 3 StPO ausschließlich anhand der Antragsschrift ohne Rückgriff auf die Ermittlungsakten der Staatsanwaltschaft oder andere Schriftstücke vorzunehmen sei, nicht beanstandet. Hinweise auf die Rechtsprechung des EGMR sind ratsam.[8]

3 Vgl. Rdn. 57, 58.
4 Vgl. Rdn. 61 ff.
5 Vgl. Rdn. 107.
6 U.a. BVerfG 2 BvR 1453/16.
7 BVerfG 2 BvR 225/16, 2 BvR 1550/17.
8 EGMR, 09.11.2017, Hentschel u. Stark gegen Deutschland, Individualbeschwerde Nr. 47274/15.

B. Aufbau und die Struktur des Klageerzwingungsverfahrens

4

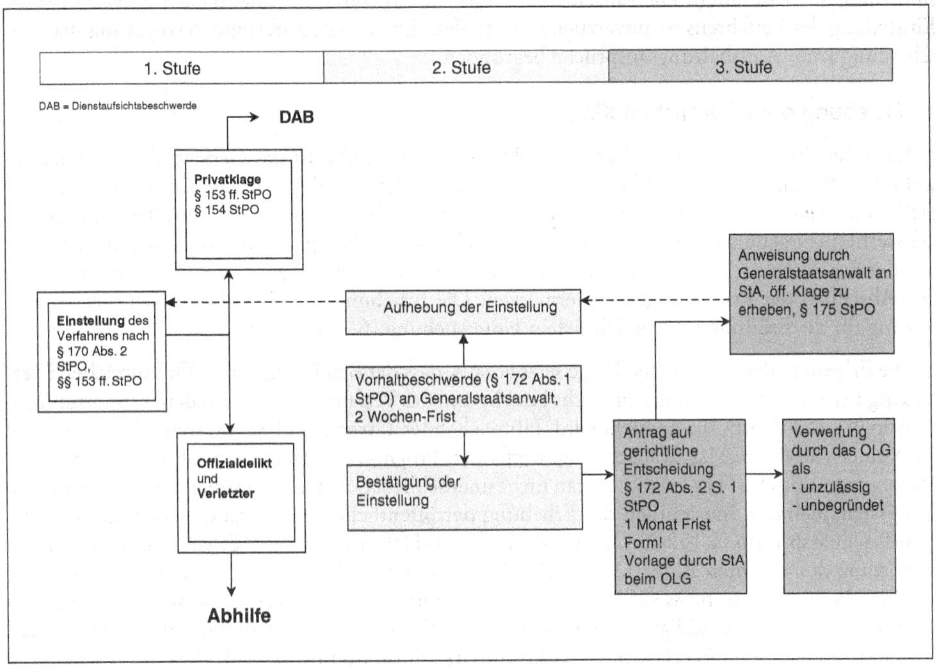

Abb. 1: Aufbau des Klageerzwingungsverfahrens

Das Klageerzwingungsverfahren ist **dreistufig** aufgebaut. **Erste Stufe** ist, dass die Staatsanwaltschaft einer Strafanzeige keine Folge gegeben und das **Ermittlungsverfahren gem. § 170 Abs. 2 StPO eingestellt** hat. Nur der Antragsteller ist befugt, das Klageerzwingungsverfahren zu betreiben,[9] vorausgesetzt, dass er zugleich Verletzter ist. Antragsteller ist derjenige, der in Form einer Strafanzeige, bei Antragsdelikten in Form eines förmlichen Strafantrags, die Erhebung der öffentlichen Klage begehrt hat.

§ 170 StPO regelt die von der Staatsanwaltschaft zu treffende **Abschlussverfügung.** Das vorbereitende 5
Verfahren endet entweder mit der Erhebung der öffentlichen Klage (§ 170 Abs. 1 StPO) oder der Einstellung des Verfahrens (§ 170 Abs. 2 StPO). Die öffentliche Klage kann durch Einreichung einer Anklageschrift (zum Inhalt vgl. § 200 StPO), durch Stellung eines Antrags auf Durchführung eines Sicherungsverfahrens (§ 413 StPO), auf Durchführung des objektiven Verfahrens (Einziehungsverfahren gem. § 440 StPO) oder auf Aburteilung im beschleunigten Verfahren (§ 417 ff. StPO) oder durch Einreichung eines Antrags auf Erlass eines Strafbefehls (§ 407 StPO) erhoben werden. Die Einstellung des Verfahrens kann auch nach dem Opportunitätsprinzip (§§ 153 ff. StPO) oder durch Verweisung auf den Privatklageweg (§ 376 StPO) erfolgen. Bei vorübergehenden Hindernissen ist das Ermittlungsverfahren in analoger Anwendung des § 205 StPO einzustellen.

I. Abschlussentscheidung

Die Abschlussentscheidung ergeht i.d.R. erst nach Durchführung der Ermittlungen. Die Abschluss- 6
verfügung kann auch ohne weitere Ermittlungen i.S.v. § 160 Abs. 1 StPO getroffen werden, wenn bereits nach dem Inhalt der Anzeige aus rechtlichen Gründen kein genügender Anlass zur Erhebung der öffentlichen Klage besteht. Die Ermittlungen brauchen nur soweit zu erfolgen, dass der

9 OLG Karlsruhe Justiz 1992, 187; OLG Oldenburg MDR 1987, 431.

Staatsanwaltschaft eine das Verfahren abschließende Entscheidung möglich ist. Die Ermittlungen sind zügig durchzuführen. Die Entscheidung über die Erhebung der öffentlichen Klage[10] oder die Einstellung des Verfahrens ist unverzüglich zu treffen. Die ungerechtfertigte Verzögerung der Entscheidung kann Amtshaftungsansprüche begründen.[11]

1. Erhebung der öffentlichen Klage

7 a) Die Klage ist bei dem **zuständigen Gericht** einzureichen. Das ist das Gericht, das die Staatsanwaltschaft für die Sachentscheidung, nämlich für die Eröffnung des Verfahrens gem. § 199 Abs. 1 StPO, für zuständig hält. Das Gericht ist an die durch die Staatsanwaltschaft getroffene Zuständigkeitswahl nicht gebunden. Vielmehr hat das Gericht die Zuständigkeit von Amts wegen zu prüfen. Vor der Erhebung der öffentlichen Klage hat die Staatsanwaltschaft gem. § 169a StPO in den Akten den **Abschluss der Ermittlungen** zu vermerken. Die Erhebung der öffentlichen Klage ist Voraussetzung für die Eröffnung der gerichtlichen Untersuchung (§ 151 StPO).

8 b) Die Erhebung der öffentlichen Klage setzt voraus, dass der Beschuldigte **der Tat hinreichend verdächtig** ist, ein Verfahrenshindernis nicht besteht und das Verfahren nicht nach dem Opportunitätsprinzip (§§ 153 ff. StPO) eingestellt wird. Hinreichender Tatverdacht besteht, wenn der Tatvorwurf nach einer von der Staatsanwaltschaft zu treffenden Prognoseentscheidung nachweisbar erscheint. Die Staatsanwaltschaft hat insoweit einen nicht unerheblichen Beurteilungsspielraum,[12] aber **keinen Ermessensspielraum** hinsichtlich der Erhebung der öffentlichen Klage, da die Staatsanwaltschaft dem Legalitätsprinzip (§ 152 Abs. 2 StPO) unterliegt. Hält die Staatsanwaltschaft nach vorläufiger Bewertung des gesamten Akteninhalts[13] eine Verurteilung des Beschuldigten für wahrscheinlicher als einen Freispruch, so muss sie Anklage erheben.[14] Die Aufklärung von Widersprüchen zwischen der Einlassung des Beschuldigten und den bisherigen Beweisergebnissen darf die Staatsanwaltschaft der Hauptverhandlung überlassen.[15] Der Grundsatz **»in dubio pro reo«** gilt für die Entscheidung der Staatsanwaltschaft nach § 170 StPO nicht. Er kann bei der **Prognoseentscheidung** nur mittelbar eine Rolle spielen.[16] Die Staatsanwaltschaft muss entscheiden, ob der Sitzungsvertreter nach der Sach- und Rechtslage am Ende einer Hauptverhandlung wahrscheinlich zum Antrag auf Verurteilung kommen wird. Kein genügender Anlass zur Erhebung der öffentlichen Klage ist das Interesse der Öffentlichkeit an der Klärung einer Rechtsfrage oder eines Tatvorwurfs oder die Anklageerhebung, um einen lästigen Anzeigeerstatter abzuwimmeln.

9 **Rechtsfragen** entscheidet der Staatsanwalt nach seiner Überzeugung. Rechtliche Zweifel an der Strafbarkeit des Beschuldigten berechtigen den Staatsanwalt nicht, von der Erhebung der öffentlichen Klage abzusehen, wenn insoweit eine gefestigte höchstrichterliche Rspr. besteht. Der BGH hat in einem obiter dictum die Bindung der Staatsanwaltschaft an die ständige Rspr. unter Berufung auf das Legalitätsprinzip bejaht.[17] Das Schrifttum lehnt eine solche Bindung ab. Eine vom BGH bejahte förmliche Präjudizienbindung der Staatsanwaltschaft wird von der inzwischen wohl h.M. verneint. Sie ließe sich mit der funktionellen Eigenständigkeit der Staatsanwaltschaft im Strafverfahren, die eine eigenverantwortliche Rechtsbeurteilung einschließt, auch schwerlich vereinbaren. Zu beachten ist allerdings, dass die Beurteilung von Auslegungs- und Rechtsfragen keineswegs im Belieben des Staatsanwalts steht und gefestigte Präjudizien schon aus Gründen des Gleichheitssatzes, des Willkürverbots und allgemein des Gebotes sachgerechter Amtsausübung durchaus rechtlichen

10 Vgl. Art. 6 Abs. 1 S. 1 EMRK.
11 BGHZ 20, 178 = NJW 1956, 1208.
12 BVerfG NStZ 2002, 606; BGH NJW 1970, 1543; *Meyer-Goßner/Schmitt* § 170 Rn. 1; § 152 Rn. 4; *Fluck* NJW 2001, 202; a.M. *Störmer* ZStW 108, 517.
13 BGHSt 23, 304 (306) = NJW 1970, 2071.
14 BGHSt 15, 155 (158) = NJW 1960, 2346; OLG Karlsruhe NJW 1974, 806 (807).
15 BGH NJW 1970, 1543 (1544).
16 OLG Bamberg NStZ 1991, 252; vgl. auch *Weiland* NStZ 1991, 574.
17 BGHSt 15, 155 (158).

Beachtungszwang entfalten.[18] Zu folgen ist der differenzierenden Meinung. Hält die Staatsanwaltschaft entgegen der höchstrichterlichen Rspr. einen Sachverhalt für strafbar, so kann sie nach dem Legalitätsprinzip Anklage erheben. Hält sie abw. von der Rspr. einen Sachverhalt für straflos, muss sie durch Anklageerhebung versuchen, eine Änderung der höchstrichterlichen Rspr. herbeizuführen, da die Einheitlichkeit der Rechtsanwendung und die Gleichheit vor dem Gesetz (Art. 3 Abs. 1 GG) die Strafverfolgung gebieten. Hat sich zu einer Rechtsfrage noch keine höchstrichterliche Rechtsprechung entwickelt oder bestehen einander widersprechende Entscheidungen, hat die StA (Behördenleiter) in eigener Verantwortung zu entscheiden.[19] Hinsichtlich der EUStA sind einzelne Einschränkungen vorhanden, die in § 3 EUStAG definiert sind.

c) Mit der Erhebung der öffentlichen Klage hat die Staatsanwaltschaft die Ergebnisse ihrer Ermitt- 10
lungen vollständig mit Ausnahme der Handakten dem Gericht vorzulegen (§ 199 Abs. 2 S. 2 StPO). Die Staatsanwaltschaft hat kein Auswahlrecht, sie darf kein be- oder entlastendes Beweismaterial zurückhalten. Die für die Beschuldigung bedeutungslosen Vorgänge, z.B. Spurenakten, die offensichtlich ins Leere gehen und keinen Bezug zur Tat oder zum Täter haben, braucht die Staatsanwaltschaft dem Gericht nicht zuzuleiten.[20] Nicht übersandt werden ferner behördeninterne Vorgänge der Staatsanwaltschaft (z.B. Berichtsakten für den Generalstaatsanwalt), Sachstandsanfragen und Dienstaufsichtsbeschwerden. Mit Anklageerhebung wird bei der Staatsanwaltschaft eine Handakte angelegt. Bei Massenverfahren, z.B. Straßenverkehrsdelikten, besteht die Handakte i.d.R. lediglich aus einer Abschrift der Anklageschrift; in Haftsachen sind komplette Zweitakten zu führen.[21]

2. Einstellung des Verfahrens

a) Genügender Anlass zur Klageerhebung

Besteht kein genügender Anlass zur Erhebung der öffentlichen Klage, ist das Verfahren endgültig ein- 11
zustellen. Die Einstellung des Verfahrens kann auf rechtlichen oder tatsächlichen Gründen beruhen.

aa) Erfüllt der Sachverhalt die Tatbestandsvoraussetzungen keiner Strafnorm, ist das Verfahren einzu- 12
stellen. Gleiches gilt, wenn die Tatbegehung oder die Täterschaft nicht sicher nachzuweisen sind oder wenn Rechtfertigungs-, Schuldausschließungs- oder Strafausschließungsgründe vorliegen. Parlamentarische Immunität hindert die Einstellung des Verfahrens nicht, wenn die Abschlussentscheidung ohne Ermittlungen getroffen werden kann[22] oder soweit eine allgemeine Genehmigung eingreift (vgl. § 152a StPO). Mit dem Klageerzwingungsverfahren kann stets geltend gemacht werden, dass das Verfahrenshindernis der Immunität nicht vorliege, weil z.B. die Genehmigung zur Strafverfolgung erteilt sei oder es einer solchen wegen Ergreifung auf frischer Tat nicht bedürfe.[23]

bb) Stellt die Tat nur eine **Ordnungswidrigkeit** dar, so wird das Verfahren zur Verfolgung der Ord- 13
nungswidrigkeit an die zuständige Verwaltungsbehörde abgegeben (§ 43 Abs. 1, 2 OWiG).

cc) Liegt ein nicht behebbares **Verfolgungshindernis** (z.B. Verjährung, dauernde Verhandlungsun- 14
fähigkeit) vor, so wird das Verfahren gem. § 170 Abs. 2 StPO eingestellt. Stirbt der Beschuldigte während des Ermittlungsverfahrens, unterbleibt eine Abschlussverfügung.[24] Der Staatsanwalt vermerkt lediglich das Ende des Ermittlungsverfahrens in der Akte.

---

18 LR/*Krauß* Vor § 141 GVG Rn. 18, 19; *Arndt* NJW 1961, 1617; *Dünnebier* JZ 1961, 312; *Faller* JZ 1961, 478; *Lüttger* GA 1957, 211; *Roxin* DRiZ 1969, 387; 1997, 115; differenzierend *Meyer-Goßner/Schmitt* Vor § 141 GVG Rn. 11; KK/*Moldenhauer* § 170 Rn. 6, 7.; bejahend BGH 15, 155; *Krey* JA 1985, 64 ff.; *Krey/Pföhler* NStZ 1985, 150.

19 KK/*Moldenhauer* § 170 Rn. 7.

20 BGHSt 30, 131 (139) = StV 1981, 500; OLG Frankfurt NJW 1982, 1408.

21 Nr. 12 Abs. 2, Nr. 54 Abs. 3 RiStBV.

22 Vgl. Nr. 191 Abs. 3b) RiStBV.

23 LR/*Graalmann-Scheerer* § 172 Rn. 18.

24 BGH NJW 1983, 463; OLG Stuttgart Justiz 1985, 176; OLG Hamburg NJW 1983, 464.

15 dd) Die Verweisung auf den **Privatklageweg** (§ 376 StPO) beinhaltet eine Einstellung des Verfahrens mit der Begründung, dass kein öffentliches Interesse an der Strafverfolgung gegeben ist. Es besteht daher ein Verfahrenshindernis für das Offizialverfahren. Das von der Staatsanwaltschaft insoweit ausgeübte Ermessen ist gerichtlich nicht nachprüfbar.[25] Gegen die Verweisung auf den Privatklageweg kann nur Dienstaufsichtsbeschwerde an den Vorgesetzten der Staatsanwaltschaft, d.h. an den Generalstaatsanwalt, eingelegt werden.[26] Der Staatsanwalt soll aber vor der Verweisung auf den Privatklageweg die erforderlichen Ermittlungen anstellen, wenn dem Verletzten nicht zugemutet werden kann, die Privatklage zu erheben, weil er die Straftat nicht oder nur unter großen Schwierigkeiten aufklären könnte.[27] Die Verweisung auf den Privatklageweg kann auch mit der Abgabe an die Verwaltungsbehörde wegen einer tatmehrheitlich vorliegenden Ordnungswidrigkeit verbunden werden.[28]

16 ee) Die Verfahrenseinstellung nach den **§§ 153 ff. StPO** ist keine Verfahrenseinstellung i.S.d. § 170 Abs. 2 StPO. Die Rechtsgrundlage dieser Verfahrenseinstellung findet sich in den Vorschriften der §§ 153 ff. StPO.

17 ff) Eine **Teileinstellung** nach § 170 Abs. 2 StPO ist nur dann zulässig, wenn das Ermittlungsverfahren mehrere selbstständige prozessuale Taten umfasst oder sich gegen mehrere Beschuldigte richtet. Keine Verfahrenseinstellung i.S.d. § 170 Abs. 2 StPO liegt in der Beschränkung gem. § 154a StPO. Treffen im Rahmen einer prozessualen Tat mehrere Tatbestände tateinheitlich zusammen, von denen einer zur Erhebung der öffentlichen Klage führt, so erfolgt keine selbstständige Einstellungsverfügung. Es wird nur ein Aktenvermerk gefertigt, der enthält, warum die öffentliche Klage nicht auf die übrigen Straftatbestände erstreckt wurde.

18 Wurde ein Ermittlungsverfahren von der Staatsanwaltschaft nach § 154d S. 3 StPO endgültig eingestellt und ist eine hiergegen gerichtete Beschwerde erfolglos geblieben, kann mit einem daraufhin gestellten Antrag auf gerichtliche Entscheidung nach § 172 Abs. 2 StPO nur geltend gemacht werden, dass die rechtlichen Voraussetzungen für eine Einstellung nach § 154d StPO nicht vorgelegen haben oder das der Staatsanwaltschaft eingeräumte Ermessen rechtsfehlerhaft ausgeübt worden ist.[29] Die Vorschrift des § 154d StPO dient nicht nur dazu, eine missbräuchliche Inanspruchnahme des strafrechtlichen Ermittlungsverfahrens zur Materialsammlung für Zivilprozesse zu vermeiden.[30] Mit ihr soll auch verhindert werden, dass eine Rechtsfrage durch die Strafjustiz anders beantwortet wird als durch die in erster Linie zur Entscheidung dieser Frage berufenen Fachgerichte.[31]

b) Form und Inhalt der Einstellungsverfügung

19 aa) Vor der Einstellungsverfügung hat die Staatsanwaltschaft den Beschuldigten und den Anzeigeerstatter oder Verletzten **nicht zu hören**. Der Abschluss der Ermittlungen muss **nicht** in den Akten vermerkt werden (§ 169a StPO). Hat eine Behörde oder öffentliche Körperschaft die Strafanzeige erstattet, teilt die Staatsanwaltschaft diesen Stellen vor ihrer Entscheidung die beabsichtigte Einstellung des Verfahrens mit und gewährt Gelegenheit zur Äußerung.[32] Gleiches gilt, wenn ein oberstes Staatsorgan des Bundes oder eines Landes eine Ermächtigung zur Strafverfolgung erteilt oder Strafantrag wegen Beleidigung gestellt hat.[33]

25 BVerfGE 51, 176 (182 ff.) = NJW 1979, 1591.
26 LR/*Graalmann-Scheerer* § 172 Rn. 11.
27 Nr. 87 Abs. 2 S. 1 RiStBV.
28 BayObLG MDR 1977, 246.
29 OLG Brandenburg OLGSt § 154d Nr. 1, S. 4; LR/*Mavany* § 154d Rn. 20 m.w.N.
30 Vgl. *Groß* GA 1996, 151, 153; *Meyer-Goßner/Schmitt* § 154d Rn. 1.
31 *Meyer* JurBüro 1990, 1403; LR/*Mavany* § 154d Rn. 1 m.w.N.
32 Nr. 90 Abs. 1 RiStBV; in Steuerstrafsachen § 403 Abs. 4 AO.
33 Nr. 90 Abs. 2, 211 Abs. 2, 3a RiStBV.

bb) Die Einstellung des Verfahrens erfolgt durch **eine zu begründende Verfügung**.[34] Sie ist vom Staatsanwalt oder, soweit zuständig, vom Amtsanwalt zu unterschreiben. Die Begründung muss die wesentlichen rechtlichen oder tatsächlichen Gesichtspunkte, die für die Einstellung des Verfahrens maßgebend waren, enthalten. Allgemeine, nichts sagende Redewendungen genügen zur Begründung nicht.[35] Muss ein Verfahren aus mehreren Gründen eingestellt werden, genügt es, wenn der maßgebende Grund dargelegt wird. 20

cc) Durch die Einstellung des Verfahrens tritt **kein Verbrauch der Strafklage** ein. Das Verfahren kann jederzeit wieder aufgenommen werden.[36] Dasselbe gilt bei der Einstellung des Verfahrens gem. § 153 StPO, nicht aber im Fall des § 153a StPO, da im letzteren Falle die Tat nicht mehr als Vergehen verfolgt werden kann (§ 153a Abs. 1 S. 5 StPO). 21

c) Mitteilung an den Beschuldigten

aa) Eine **Mitteilung** der Einstellung des Verfahrens **an den Beschuldigten** ist nur unter den Voraussetzungen des § 170 Abs. 2 S. 2 StPO (Vernehmung des Beschuldigten, Erlass eines Haftbefehls) zwingend vorgeschrieben, im Übrigen aber immer zulässig. Eine Mitteilungspflicht entfällt, wenn der Beschuldigte unbekannten Aufenthalts ist; eine Ausschreibung zur Aufenthaltsermittlung ist nicht erforderlich. Die Mitteilung der Einstellung des Verfahrens ist nochmals notwendig, wenn das bereits einmal eingestellte Verfahren auf die Beschwerde des Anzeigeerstatters wieder aufgenommen und nach Durchführung weiterer Ermittlungen erneut eingestellt wurde. 22

Der Beschuldigte ist **vernommen**, wenn er von der Polizei, Staatsanwaltschaft oder dem Richter zu dem gegen ihn bestehenden Tatverdacht gehört wurde. Ob ein Protokoll gefertigt wurde, ist ohne Bedeutung. Es genügt auch, wenn dem Beschuldigten Gelegenheit gegeben wurde, sich schriftlich zu äußern (§ 163a Abs. 1 S. 2 StPO). Eine Vernehmung als Zeuge reicht nicht aus. 23

Wenn gegen den Beschuldigten ein **Haftbefehl erlassen** war, muss er von der Verfahrenseinstellung unterrichtet werden. Es genügt bereits der Erlass des Haftbefehls, auf die Eröffnung kommt es nicht an. Der Unterbringungsbefehl nach § 126a StPO steht dem Haftbefehl gleich.[37]

Eine Mitteilung der Verfahrenseinstellung an den Beschuldigten ist weiter erforderlich, wenn der Beschuldigte um einen **Bescheid gebeten** hat oder ein **besonderes Interesse** an der Bekanntgabe der Verfahrenseinstellung besteht.

bb) Die **Bekanntgabe der Gründe** der Einstellung des Verfahrens ist gesetzlich nicht vorgeschrieben. I.d.R. erfolgt die Mitteilung an den Beschuldigten **ohne Gründe**. Ausnahmsweise sind die Gründe auf Antrag dem Beschuldigten aber mitzuteilen, wenn kein schutzwürdiges Interesse entgegensteht.[38] Haben die Ermittlungen ergeben, dass der Beschuldigte unschuldig ist oder gegen ihn kein begründeter Tatverdacht mehr besteht, so ist dies in der Mitteilung auszusprechen.[39] 24

cc) Am 01.06.1998 ist das Justizmitteilungsgesetz (JuMiG) vom 18.06.1997[40] in Kraft getreten. Gleichfalls zum 01.06.1998 wurde die neue Anordnung über Mitteilungen in Strafsachen (MiStra) in Kraft gesetzt. Nach Nr. 11 MiStra i.V.m. Art. 32 JuMiG teilt die Staatsanwaltschaft der **Polizeibehörde**, die mit dem Verfahren befasst war, den Ausgang des Verfahrens mit. Die Unterrichtung der Polizei über den Verfahrensausgang erfolgt in den Fällen des § 20 BZRG durch Übersendung 25

34 RiStBV Nr. 88, 89 Abs. 2.
35 Nr. 89 Abs. 2 S. 1 RiStBV.
36 RGSt 67, 315 (316); OLG Hamm VRS 58, 33.
37 LR/*Graalmann-Scheerer* § 170 Rn. 41.
38 Nr. 88 S. 1 RiStBV, vgl. auch § 8 EGStPO.
39 Nr. 88 S. 2 RiStBV.
40 BGBl. I S. 1430, ber. S. 2779, geänd. durch Art. 25 des Ersten SGB III – Änderungsgesetzes v. 16.12.1997, BGBl. I S. 2970 sowie durch Art. 17 des Dritten Finanzmarktförderungsgesetzes v. 24.03.1998, BGBl. I S. 529; vgl. auch § 8 EGStPO, der aber nachrangig zu § 30 AO (Steuergeheimnis) ist.

einer Mehrfertigung der Mitteilung an das Bundeszentralregister, im Übrigen grundsätzlich durch Übermittlung der Entscheidungsformel (Tenor) sowie des Datums und der Art der Entscheidung (Urteil, Beschluss, Verfügung der Staatsanwaltschaft). Nach den Ländergesetzen (z.B. Art. 38 Abs. 2 S. 2 Bayerisches Polizeiaufgabengesetz) hat die Polizei von ihr gespeicherte **personenbezogene Daten** zu löschen, wenn der der Speicherung zugrunde liegende Verdacht entfällt. Hierbei hat die Polizei auch zu prüfen, ob eine ihr bekannte Entscheidung der Justiz ergeben hat, dass die Gründe, die zur Aufnahme in eine Kriminalakte oder in den polizeilichen **Kriminalaktennachweis** (KAN) geführt haben (Tatverdacht), nicht zutreffen oder weggefallen sind. Um diese Prüfung vornehmen zu können, sind von der Staatsanwaltschaft an die Polizei in den Fällen, in denen die Staatsanwaltschaft dem Beschuldigten eine Mitteilung nach Nr. 88 S. 2 RiStBV gemacht hat, ein Abdruck der Einstellungsbegründung und in allen Fällen des gerichtlichen Freispruchs ein Urteilsabdruck zu übersenden. Von den **Datenschutzbeauftragten** der Länder wird regelmäßig überprüft, ob die Mitteilung nach Nr. 11 MiStra in den Kriminalakten der Polizei auffindbar ist. Dabei nehmen die Datenschutzbeauftragten neuerdings eine sachliche Prüfungskompetenz in Anspruch, ob ein Fall der Nr. 88 S. 2 RiStBV vorliegt. Dies ist mit Nachdruck abzulehnen. Die Dienstaufsicht über die Staatsanwaltschaft führt der Generalstaatsanwalt und nicht der Datenschutzbeauftragte. Insoweit kann der Datenschutzbeauftragte lediglich formal prüfen, ob die erforderlichen Mitteilungen durch die Staatsanwaltschaft an die Polizei erfolgt sind.

26 dd) Kommt eine **Entschädigung wegen Strafverfolgungsmaßnahmen** in Betracht (§ 2 StrEG), so ist der Mitteilung an den Beschuldigten eine Belehrung über das Antragsrecht beizufügen (§ 9 Abs. 1 S. 4, 5 StrEG). In diesem Fall ist die Einstellungsmitteilung mit der Belehrung stets zuzustellen,[41] in den übrigen Fällen genügt eine formlose Mitteilung durch einfachen Brief.[42]

d) Bescheid an den Antragsteller

aa) Bescheidungspflicht

27 § 171 S. 1 StPO sieht eine **Bescheidungspflicht** für die Staatsanwaltschaft gegenüber demjenigen vor, der einen Antrag auf Erhebung der öffentlichen Klage gestellt hat. Ein solcher Antrag liegt vor, wenn dieses Ersuchen ausdrücklich gestellt wird. Dies geschieht durch eine **Strafanzeige nach § 158 Abs. 1 StPO** mit dem erkennbaren Willen, die Strafverfolgung zu veranlassen.[43] Auf die Verwendung des Wortes »Strafanzeige« kommt es nicht an. In einem Strafantrag (§§ 77 ff. StGB), einer Ermächtigung (§ 77e StGB) oder einem Strafverlangen (§ 104a StGB) liegt stets ein Antrag auf Erhebung der öffentlichen Klage. Die Bescheidungspflicht besteht auch dann, wenn der Strafantrag zunächst bei einer unzuständigen Behörde eingereicht worden ist.

28 Der Antrag auf Erhebung der öffentlichen Klage setzt nicht voraus, dass die Strafverfolgungsbehörden noch keine Kenntnis von dem Sachverhalt besitzen. Der Antrag kann auch noch **nach Einstellung** des Verfahrens, das von Amts wegen eingeleitet wurde, gestellt werden, um die in § 172 StPO bestimmte Rechtsstellung zu erlangen.[44] Enthält der Antrag neue Tatsachen oder Beweismittel, ist ein neuer Bescheid erforderlich. Dies gilt auch bei Wiederholung eines Strafantrags. Der Weg zum Klageerzwingungsverfahren ist nur bei vorherigem Antrag auf Erhebung der öffentlichen Klage eröffnet, da ein an den Antragsteller gerichteter Bescheid nach § 171 StPO Voraussetzung ist.[45] Dies bedeutet, dass auch ein nachträglicher Antrag von der Staatsanwaltschaft stets zu verbescheiden ist.

41 Vgl. Rdn. 44.
42 Nr. 91 Abs. 1 RiStBV.
43 OLG Karlsruhe Justiz 1992, 187; *Meyer-Goßner/Schmitt* § 171 Rn. 1; KK/*Moldenhauer* § 171 Rn. 1.
44 KK/*Moldenhauer* § 171 Rn. 2; LR/*Graalmann-Scheerer* § 171 Rn. 4.
45 OLG Karlsruhe Justiz 1992, 187; OLG Oldenburg MDR 1987, 431; OLG Düsseldorf NStE Nr. 32 zu § 172; a.A. OLG Neustadt NJW 1956, 246 (247).

Für die Stellung des Antrags auf Erhebung der öffentlichen Klage ist Prozessfähigkeit nicht Voraussetzung. Es genügt prozessrechtliche Handlungsfähigkeit.[46] 29

Die Bescheidungspflicht entsteht, wenn die Staatsanwaltschaft ein Ermittlungsverfahren wegen 30
einer prozessualen Tat **endgültig einstellt**. Dies ist der Fall, wenn die Einstellung des Verfahrens gem. § 170 Abs. 2 StPO erfolgt, auch wenn das Verfahren zur Verfolgung einer Ordnungswidrigkeit anschließend an die zuständige Verwaltungsbehörde abgegeben wird (§ 43 OWiG) oder der Antragsteller auf den Privatklageweg verwiesen wird (§ 376 StPO).

War das Ermittlungsverfahren bereits einmal eingestellt, aber auf Beschwerde des Antragstellers **wieder aufgenommen** worden, so ist im Fall der erneuten Einstellung des Verfahrens der Antragsteller wiederum zu verbescheiden. 31

Eine **Teileinstellung** löst ebenfalls die Benachrichtigungspflicht aus, falls das Verfahren mehrere prozessuale Taten zum Gegenstand hat oder mehrere Beschuldigte betrifft und wegen einzelner Taten oder gegen einen der Beschuldigten eingestellt wird. 32

§ 171 StPO gilt nicht für die **vorläufige Einstellung des Verfahrens.** Die vorläufige Einstellung des Verfahrens nach § 154e StPO und entsprechend § 205 StPO wird von der Staatsanwaltschaft ohne Gründe mitgeteilt.[47] Bei Verfahrenseinstellung gem. § 154 Abs. 1 StPO ist ein begründeter Bescheid zu erteilen.[48] Bei der Fristsetzung mit vorläufiger Einstellung nach § 154d StPO ergibt sich die Mitteilungspflicht aus § 154d S. 2 StPO. 33

bb) Bescheid an den Antragsteller

Ein mit Gründen versehener Bescheid ist jedem zu erteilen, der wegen der eingestellten Tat einen Antrag auf Erhebung der öffentlichen Klage gestellt hatte, auch wenn er nicht Verletzter ist.[49] Von mehreren Antragstellern hat jeder einen Anspruch auf einen Bescheid. Bei Verzicht des Antragstellers auf einen Bescheid oder wenn der Anzeigeerstatter lediglich eine Anregung geben wollte, entfällt die Bescheidungspflicht. Dies gilt auch bei wiederholten **querulatorischen Anzeigen** oder bei **Anzeigen mit beleidigendem oder verunglimpfendem Inhalt.** Es kann nicht Aufgabe der Strafverfolgungsbehörden sein, sich in Anbetracht der stets steigenden Arbeitsbelastung immer wieder mit gleichartigen Sachverhalten auseinandersetzen zu müssen. Es besteht daher ein dringendes Bedürfnis, die Bescheidungspflicht unter dem Gesichtspunkt des »Rechtsmissbrauchs« einzuschränken. Die Justizverwaltungen sollten viel häufiger Querulanten mitteilen, dass gleichartige Beschwerden in Zukunft nicht mehr verbeschieden werden. 34

Der Bescheid soll den Anzeigeerstatter in verständlicher Sprache informieren, weshalb die Staatsanwaltschaft es ablehnt, überhaupt Ermittlungen durchzuführen bzw. weshalb die durchgeführten Ermittlungen aus tatsächlichen oder rechtlichen Gründen keinen genügenden Anlass zur Erhebung der öffentlichen Klage bieten (§ 170 Abs. 1 StPO). Es reicht aber, wenn lediglich einer der tragenden Gründe dargelegt wird. 35

Wenn der Beschuldigte unbekannten Aufenthalts ist, genügt die Mitteilung dieser Tatsache, ggf. verbunden mit dem Hinweis, dass die erforderlichen Fahndungsmaßnahmen eingeleitet sind. Bei Einstellung gem. § 153 StPO reicht i.d.R. die Wiedergabe des Gesetzestextes aus. Bei der Einstellung gem. § 154 StPO sind Einzelheiten aus dem Bezugsverfahren nicht mitzuteilen. Bei der Einstellung des Verfahrens gem. § 170 Abs. 2 StPO und Verweisung auf den Privatklageweg ist konkret darzulegen, weshalb kein öffentliches Interesse an der Strafverfolgung besteht. Bei Teileinstellung sollte dem Anzeigeerstatter mitgeteilt werden, dass im Übrigen Anklage erhoben werde. 36

---

46 KMR/*Plöd* § 302 Rn. 2.
47 Vgl. Nr. 103, 104 Abs. 3 RiStBV.
48 Nr. 101 Abs. 2, 89 RiStBV.
49 Vgl. Rdn. 61 ff.

37 Der Antragsteller erhält die **Mitteilung formlos**, wenn keine Belehrung nach § 171 S. 2 StPO erforderlich ist, weil der Anzeigeerstatter nicht Verletzter ist.[50] Ist er Verletzter und soll durch die Mitteilung die Frist des § 172 StPO in Lauf gesetzt werden, ist die **förmliche Zustellung** der Mitteilung zu erwägen, vorgeschrieben ist sie aber nicht.[51] Nur durch die förmliche Zustellung kann der Zugang an den Anzeigeerstatter sicher nachgewiesen werden (§ 172 Abs. 1 StPO).

cc) Belehrung

38 Eine **Rechtsmittelbelehrung** ist nur dann erforderlich, wenn der Anzeigeerstatter zugleich Verletzter ist und das Klageerzwingungsverfahren rechtlich zulässig wäre. Eine Rechtsmittelbelehrung unterbleibt daher, wenn das Klageerzwingungsverfahren nach § 172 Abs. 2 S. 3 StPO ausgeschlossen ist, insbesondere also bei Privatklagedelikten (§ 374 StPO) oder wenn es sich um eine Anzeige gegen einen unbekannten Täter handelt. Über das Recht, Dienstaufsichtsbeschwerde oder Privatklage zu erheben, wird nicht belehrt.

39 Die Belehrung muss auf die Möglichkeit der Beschwerde an den vorgesetzten Beamten der Staatsanwaltschaft, die zweiwöchige Frist und die Stelle, bei der die Beschwerde eingelegt werden kann, nämlich beim Generalstaatsanwalt oder bei der einstellenden Staatsanwaltschaft, hinweisen (§ 172 Abs. 1 S. 1, 2 StPO). Ein Hinweis auf das Klageerzwingungsverfahren unterbleibt, anders in den Fällen der §§ 120, 142a GVG, wenn das Ermittlungsverfahren vom Generalstaatsanwalt oder Generalbundesanwalt geführt und eingestellt wird. In Verfahren der EUStA ist der Verletzte zusätzlich zu der Möglichkeit der Anfechtung gem. § 172 Abs. 2 gem. Art. 42 Abs. 3 EUStA-VO vor dem EuGH sowie über die dafür jeweils vorgesehenen Fristen zu belehren. Eine Kontrolle durch den EuGH kommt nur dann in Betracht, wenn die Einstellung auf der Grundlage des Unionsrecht angefochten wird. Bei fehlender oder in wesentlichen Punkten mangelhafter Belehrung wird die Frist nicht in Lauf gesetzt (§ 172 Abs. 1 S. 3 StPO).

e) Wirkungen der Einstellung des Verfahrens

40 aa) Mit der Einstellung des Ermittlungsverfahrens endet die Beschuldigteneigenschaft. **Zwangsmaßnahmen** dürfen nicht mehr aufrechterhalten werden. Ein bestehender Haftbefehl ist aufzuheben (§ 120 StPO). Gleiches gilt für die vorläufige Entziehung der Fahrerlaubnis nach § 111a StPO oder ein vorläufiges Berufsverbot nach § 132a StPO. Die Staatsanwaltschaft hat hierzu die erforderlichen Anträge bei Gericht zu stellen und im Fall von Untersuchungshaft die Entlassung des Beschuldigten zu veranlassen (§ 120 Abs. 3 StPO). Ebenso hat die Staatsanwaltschaft in Zusammenhang mit der Einstellung des Verfahrens über den Verbleib sichergestellter **Beweismittel** oder **Einziehungsgegenstände** zu entscheiden, z.B. Rückgabe des Führerscheins, sichergestellter Urkunden, Fahrzeuge usw. Der sachbearbeitende Staatsanwalt hat im Zusammenhang mit der Einstellungsverfügung die **Asservatenbereinigung** durchzuführen, und zwar möglichst sofort, da der Sachbearbeiter am besten weiß, welche Unterlagen sichergestellt wurden und an wen (i.d.R. an den letzten Gewahrsamsinhaber) diese herauszugeben sind. Der Betroffene hat keinen Anspruch darauf, dass die bei Staatsanwaltschaft gespeicherten Daten gelöscht werden.[52]

41 bb) Die Befugnisse zur **Akteneinsicht** gem. § 147 StPO enden für den Beschuldigten mit der Verfahrenseinstellung. Der Beschuldigte hat aber i.d.R. nach der Verfahrenseinstellung ein berechtigtes Interesse an der Einsicht in die Akten durch einen bevollmächtigten Rechtsanwalt.[53] Die Entschei-

50 Vgl. Rdn. 61 ff.

51 OLG Schleswig OLGSt Nr. 11 zu § 172; *Meyer-Goßner/Schmitt* § 171 Rn. 5; LR/*Graalmann-Scheerer* § 171 Rn. 10; a.A. OLG Celle NStZ 1990, 505 mit. abl. Anm. *Nöldecke* NStZ 1991, 52 und Anm. *Wagner* NStZ 1991, 201; vgl. auch RiStBV Nr. 91 Abs. 1, 2.

52 OLG Zweibrücken NStZ 2007, 55.

53 Nr. 185 Abs. 3 RiStBV.

dung über die Akteneinsicht durch die Staatsanwaltschaft ist ein Justizverwaltungsakt, der nach den §§ 23 ff. EGGVG anfechtbar ist.[54]

cc) Die **Kosten** des Ermittlungsverfahrens trägt die Staatskasse. Die Einstellungsverfügung enthält grundsätzlich keine Kostenentscheidung. Der Beschuldigte kann Ersatz seiner **notwendigen Auslagen** nur verlangen, wenn die Staatsanwaltschaft nach Rücknahme einer Anklage das Verfahren einstellt. 42

dd) Nach h.M. hat die Einstellung des Verfahrens **keine Sperrwirkung.** Die Staatsanwaltschaft kann das Verfahren jederzeit wieder aufnehmen, auch wenn keine neuen Tatsachen oder Beweismittel vorliegen.[55] Daraus folgt, dass für den Fall, dass der Verletzte gegen eine Einstellungsverfügung der Staatsanwaltschaft keine Beschwerde eingelegt hat, er jederzeit versuchen kann, die Staatsanwaltschaft zum Beispiel bei einem Wechsel des Behördenleiters erneut aufzufordern, den Sachverhalt zu überprüfen. 43

f) Muster einer Einstellungsverfügung gem. § 170 Abs. 2 StPO

▶ **Muster einer Einstellungsverfügung gem. § 170 Abs. 2 StPO**

Staatsanwaltschaft Regensburg 44

Regensburg, den ...

Az.

Ermittlungsverfahren gegen

N.N., geb. 21.01.1977,

wegen Diebstahls

Verfügung

1. Das Ermittlungsverfahren wird gem. § 170 Abs. 2 StPO eingestellt.

Gründe:

(angezeigter Sachverhalt)

Dem Beschuldigten lag auf Grund der Anzeige des Zeugen Hintermeier zur Last, am 16.10.2013 aus dessen unversperrter Garage im Hofraum des Anwesens X. in Regensburg ein Fahrrad, Marke »Triumph«, im Wert von 980 € entwendet zu haben.

(Einlassung des Beschuldigten)

Der Beschuldigte ließ sich dahingehend ein, dass er im Besitz eines Fahrrads der Marke »Triumph« sei, dieses aber bereits im Sommer 2009 von dem Fahrradhändler Meiser für 450 € gekauft habe.

(Ermittlungsergebnis – Beweiswürdigung)

Nach dem Ergebnis der Ermittlungen ist ein Tatnachweis nicht sicher zu führen.

(Sachbeweise?)

Die unverzüglich nach Eingang der Strafanzeige mit Einverständnis des Beschuldigten durchgeführte Nachschau in der Garage des Beschuldigten erbrachte, dass der Beschuldigte ein Fahrrad der Marke »Triumph« besitzt, dieses Fahrrad aber keine individuellen Merkmale aufweist.

(Zeugenbeweise?)

54 OLG Hamburg NJW 1997, 3255, 3256.
55 LR/*Graalmann-Scheerer* § 170 Rn. 50.

Der Zeuge A. bestätigte, dass der Beschuldigte bei ihm ein gebrauchtes Fahrrad erworben habe. Er konnte sich aber an die Marke des Fahrrads und den Zeitpunkt des Verkaufs nicht mehr erinnern.

Der Zeuge B. bekundete, dass der Beschuldigte sich häufiger im Herbst des Jahres 2009 im Anwesen X. in Regensburg aufgehalten habe, da dieser mit Frau W., die auch in dem Mehrfamilienhaus wohne, eng befreundet gewesen sei. Dabei habe der Beschuldigte das Fahrrad in seiner Garage, die häufig offen gestanden sei, sehen können. Das ihm gezeigte Fahrrad des Beschuldigten könne er aber nicht als das ihm entwendete Fahrrad eindeutig identifizieren.

(Zusammenfassende Würdigung)

Nach dem Ergebnis der Ermittlungen ist ein Tatnachweis nicht sicher zu führen. In einem Gerichtsverfahren wäre ein Freispruch wahrscheinlicher als eine Verurteilung, weshalb eine Anklageerhebung zu unterbleiben hatte.

Die Geltendmachung zivilrechtlicher Ansprüche wird durch die Einstellung des Verfahrens nicht berührt.

(Hinweis: Die folgenden Angaben unter 2. bis 7. werden unabhängig vom konkreten Fallbeispiel angeführt, um möglichst viele Fallgestaltungen zu erfassen.)

2. Anhörung nach Nr. 90 Abs. 1 RiStBV nicht erforderlich/ist erfolgt (Bl …)
3. Mitteilung von 1. ohne Gründe: an den Beschuldigten

formlos

zustellen mit Belehrung gem. § 9 Abs. 1 StrEG

(Liegt eine entschädigungsfähige Strafverfolgungsmaßnahme i.S.d. § 2 StrEG vor, ist die Mitteilung von 1. an den Beschuldigten mit einer StrEG-Belehrung gem. § 9 Abs. 1 4, 5 StrEG zuzustellen. Bei jugendlichen Beschuldigten wird die Einstellungsverfügung auch den Erziehungsberechtigten und den gesetzlichen Vertretern zugestellt [§ 67 Abs. 1, 2 JGG]. Wenn der Verletzte Strafanzeige erstattet hatte, so wird der Beschuldigte auch darüber belehrt, dass über die Entschädigungspflicht nicht entschieden wird, solange durch einen Antrag auf gerichtliche Entscheidung nach § 172 Abs. 2 die Erhebung der öffentlichen Klage herbeigeführt werden kann.)

an Verteidiger(in)

- □ formlos
- □ zustellen mit Belehrung gem. § 9 Abs. 1 StrEG

c) Mitteilung an Beschuldigten unterbleibt, weil … (z.B. nicht vernommen).

4. Mitteilung von 1. mit Gründen an:
   - □ Antragsteller…
   - □ Vertreter(in) des Antragstellers
   - □ formlos ohne Beschwerdebelehrung
   - □ formlos mit Beschwerdebelehrung
   - □ zustellen mit Beschwerdebelehrung
   - □ mit Zusatz: die beigefügte Beschwerdebelehrung bezieht sich nicht auf die Einstellung des Verfahrens wegen … (z.B. Privatklagedelikt)
   - □ Mitteilung an Antragsteller unterbleibt, weil
   - □ Amtsanzeige
   - □ Verzicht
   - □ mangelndes Strafinteresse
5. Mitteilung an die Polizei mit Gründen (vgl. Rdn. 25, bei eindeutigem Wegfall des Tatverdachts)
   - □ Mitteilung an Ausländerbehörde gem. § 87 Abs. 4 AufenthG
   - □ Mitteilung an BZR gem. § 11 BZRG (bei § 20 StGB)
   - □ MiStra Nr. … an …
6. Frau Abteilungsleiterin/Herrn Abteilungsleiter zur Kenntnisnahme

7. Abtragen

- □ Akteneinsicht (Bl ...) für ... Tage genehmigt
- □ Wiedervorlage...
- □ Weglegen
- □ Dr. Fleißig
- □ Staatsanwältin

II. Beschwerde

In der **zweiten Stufe** kann sich der Antragsteller gegen die Einstellung des Ermittlungsverfahrens durch die Staatsanwaltschaft beim vorgesetzten Beamten der Staatsanwaltschaft (= Generalstaatsanwalt) beschweren. Die Beschwerde ist eine **Vorschaltbeschwerde** auf dem Weg zum OLG.[56] Der Antrag auf gerichtliche Entscheidung ist unzulässig, wenn der Antragsteller keine Vorschaltbeschwerde eingelegt hat.[57] Die Einstellungsbeschwerde entfällt in Staatsschutzsachen, in denen der Generalbundesanwalt oder der Generalstaatsanwalt selbst zuständige Staatsanwaltschaft ist (§§ 120 Abs. 1, 2, 142a Abs. 1, 2 GVG). Auch in Verfahren der EUStA ist § 172 Abs. 1 nicht anzuwenden (§ 3 Abs. 5 S. 2 EUStAG). Die Beschwerde ist auch zulässig, wenn die Staatsanwaltschaft endgültig untätig bleibt, da dieses Verhalten einer Einstellung gleichkommt. Damit ergeht der Bescheid nach § 171 StPO stillschweigend. Die zweiwöchige Beschwerdefrist nach § 172 Abs. 1 S. 1 StPO beginnt im Fall richtiger und vollständiger Rechtsbehelfsbelehrung, wenn der Antragsteller von der Einstellungsverfügung Kenntnis nehmen kann, d.h. mit Zugang der formlosen Mitteilung.[58] Bei wiederholter Einstellung ist für die Einhaltung der Beschwerdefrist der letzte Einstellungsbescheid maßgebend.[59] 45

1. Nach Eingang der Beschwerde des Verletzten prüft der Staatsanwalt unverzüglich, ob er der Beschwerde abhilft.[60] Die Staatsanwaltschaft kann der Beschwerde durch die Wiederaufnahme der Ermittlungen oder durch Aufhebung des Einstellungsbescheids und Anklageerhebung abhelfen (vgl. RiStBV Nr. 105 Abs. 1 und 2). Die Wiederaufnahme macht die Beschwerde gegenstandslos.[61] Wird die Beschwerde direkt bei der Staatsanwaltschaft eingelegt, teilt diese dem Beschwerdeführer und dem Beschuldigten die Wiederaufnahme der Ermittlungen oder die Aufhebung des Einstellungsbescheids mit. Eine Vorlage der Akten an den Generalstaatsanwalt unterbleibt. Wurde die Beschwerde beim Generalstaatsanwalt eingelegt, leitet dieser die Beschwerde der zuständigen Staatsanwaltschaft zu und bittet sie, die Frage der Wiederaufnahme der Ermittlungen zu prüfen. Nimmt die Staatsanwaltschaft nach durchgeführter Prüfung die Ermittlungen wieder auf, so teilt die Staatsanwaltschaft dies dem Beschwerdeführer[62] und dem Beschuldigten mit und berichtet dem Generalstaatsanwalt. Eine Vorlage der Akten an den Generalstaatsanwalt erfolgt nicht.[63] Mit der Wiederaufnahme der Ermittlungen wird die Beschwerde gegenstandslos.[64] Nimmt die Staatsanwaltschaft die Ermittlungen wieder auf und stellt sie das Verfahren erneut ein, so gelten wieder die §§ 171, 172 StPO. 46

2. Hilft die Staatsanwaltschaft der Beschwerde nicht ab, legt sie die Akten unverzüglich dem vorgesetzten Staatsanwalt (§ 147 GVG) vor. Im Fall der Ankündigung einer Beschwerdebegründung durch den Beschwerdeführer ist diesem eine angemessene Frist für die Beschwerdebegründung zu setzen. In diesem Fall erfolgt die Vorlage an die vorgesetzte Behörde erst nach Eingang der Begrün- 47

56 *Kleinknecht* JZ 1952, 489 (490); vgl. Rdn. 85 ff.
57 OLG Frankfurt BeckRS 2012, 25285.
58 OLG Stuttgart NStZ-RR 2009, 245; *Meyer-Goßner/Schmitt* § 172 Rn. 16.
59 OLG Hamm NJW 1957, 1730; LR/*Graalmann-Scheerer* § 172 Rn 130; *Meyer-Goßner/Schmitt* § 172 Rn. 16.
60 Vgl. Nr. 105 Abs. 2 RiStBV.
61 LR/*Graalmann-Scheerer* § 172 Rn. 37; *Meyer-Goßner/Schmitt* § 172 Rn. 13a.
62 Vgl. Nr. 105 Abs. 4 RiStBV.
63 Vgl. Nr. 105 Abs. 3 RiStBV.
64 OLG Hamm JMBlNRW 1963, 45 (46); *Meyer-Goßner/Schmitt* § 172 Rn. 13a; a.A. OLG Oldenburg NJW 1954, 166; OLG Celle NJW 1952, 488.

dung bzw. nach Fristablauf, um ein unnötiges Hin- und Herschicken der Akten zwischen Staatsanwaltschaft und Generalstaatsanwalt zu vermeiden. In dem Übersendungsbericht an den Generalstaatsanwalt legt die Staatsanwaltschaft dar, aus welchen Gründen die Ermittlungen nicht wieder aufgenommen wurden, wobei neue Tatsachen, neue Beweismittel und neue rechtliche Erwägungen in der Beschwerdeschrift zu würdigen sind.[65]

48 3. Nach Eingang der Akten kann der Generalstaatsanwalt unter Aufhebung des Einstellungsbescheids die Staatsanwaltschaft anweisen, Anklage zu erheben, wenn die Sache **anklagereif** ist. Dies kommt in Betracht, wenn der Sachverhalt oder das Ermittlungsergebnis vom Generalstaatsanwalt anders beurteilt werden als von der Staatsanwaltschaft, also hinreichender Tatverdacht bejaht oder wenn eine Rechtsfrage vom Generalstaatsanwalt anders beurteilt wird.

49 Der Generalstaatsanwalt ordnet die **Wiederaufnahme der Ermittlungen** an, wenn der Sachverhalt nicht ausreichend geklärt ist.

Regelmäßig lässt er die Ermittlungen durch die Staatsanwaltschaft durchführen. Die Frage, ob und unter welchen Voraussetzungen die Wiederaufnahme der Ermittlungen durch die Staatsanwaltschaft die Erledigung eines gegen den ablehnenden Bescheid der Generalstaatsanwaltschaft gerichteten Antrag auf gerichtliche Entscheidung gemäß § 172 Abs. 2 StPO zur Folge hat, wird in der Rechtsprechung und Literatur unterschiedlich beantwortet.[66] In der Regel hat der Antragsteller durch die Wiederaufnahme der Ermittlungen sein Ziel erreicht. Damit hat sich das Klageerzwingungsverfahren in der Form eines »Ermittlungserzwingungsverfahrens« erledigt.[67]

50 Wurde die Beschwerde nicht vom Verletzten oder nicht fristgerecht (in diesem Fall ist die förmliche Zustellung des Einstellungsbescheids Voraussetzung) eingelegt, so verwirft der Generalstaatsanwalt die Beschwerde als **unzulässig**. Hält der Generalstaatsanwalt die Beschwerde für **unbegründet**, so weist er sie zurück und öffnet damit den Weg in die **dritte Stufe** zum OLG. Der ablehnende Bescheid ist dem Antragsteller, der zugleich Verletzter ist, durch förmliche Zustellung bekannt zu machen.[68] Dem ablehnenden Bescheid ist eine **Rechtsbehelfsbelehrung** beizufügen. Zum notwendigen Inhalt der Rechtsbehelfsbelehrung nach § 172 Abs. 2 S. 2 StPO gehört nur der Hinweis auf das Antragsrecht (§ 172 Abs. 2 S. 1 StPO), den Adressaten des Antrags (§ 172 Abs. 3 3 StPO), die Antragsfrist (§ 172 Abs. 2 S. 1 StPO) und den Anwaltszwang (§ 172 Abs. 3 S. 2 StPO). Nicht belehrt zu werden braucht über die Notwendigkeit, die den Antrag begründenden Tatsachen und Beweismittel anzugeben, weil diese Angaben nicht zur Form, sondern zum Inhalt des Antrags gehört.[69] Eine Belehrung unterbleibt, wenn das Klageerzwingungsverfahren nicht statthaft ist.

▶ Muster der Verfügung für einen Bescheid des Generalstaatsanwalts

51 Generalstaatsanwalt

Gz Zs .../... Nürnberg, den ...

I. Schreiben:
□ Herrn Rechtsanwalt/Frau Rechtsanwältin
□ zustellen mit Empfangsbekenntnis und Rechtsmittelbelehrung

Name und Anschrift einsetzen: Bl ... dA

□ formlos mitteilen
□ Herrn/Frau
□ zustellen mit Postzustellungsurkunde

65 Vgl. Nr. 105 Abs. 2 RiStBV.
66 Vgl. OLG Bamberg NStZ 1989, 543 f.; Thüringer OLG NStZ 2007, 223; LR/*Graalmann-Scheerer* § 172 Rn. 182 und 115.
67 Vgl. OLG Nürnberg Az. 1 Ws 16/10 und 1 Ws 114/10.
68 Vgl. Nr. 105 V, 91 Abs. 2 RiStBV.
69 OLG Nürnberg NStZ-RR 1998, 143.

und Rechtsmittelbelehrung

Name und Anschrift einsetzen: Bl ...dA □ formlos mitteilen

Ermittlungsverfahren der Staatsanwaltschaft ...

gegen ...

wegen ..., Az 125 Js 23543/13;

Zum Schreiben vom ..., Ihr Zeichen: ...,

Ihre Schreiben vom ..., Ihr Mandant: ...

Sehr geehrter Herr Rechtsanwalt .../

Sehr geehrte Frau Rechtsanwältin .../

Sehr geehrter Herr .../Sehr geehrte Frau ...,

□ auf Ihre Beschwerde vom ... habe ich die mir vorgelegten Akten geprüft. Die Sachbehandlung der Staatsanwaltschaft ... nicht zu beanstanden.

□ die aufgrund Ihrer Beschwerde durchgeführte Prüfung der vorgelegten Akten hat ergeben, dass die Staatsanwaltschaft das Ermittlungsverfahren zu Recht eingestellt hat. Das Beschwerdevorbringen rechtfertigt es nicht, die Ermittlungen wieder aufzunehmen. Die Prognose der Staatsanwaltschaft, eine Verurteilung sei nicht wahrscheinlich, teile ich.

(Hier folgen jeweils die maßgeblichen Gründe der Beschwerdeentscheidung.)

□ (Bei einem Privatklagedelikt)

Ihre Anzeige betrifft ein Privatklagedelikt. Dabei geht das Gesetz davon aus, dass der Geschädigte regelmäßig die Strafverfolgung, wenn er sie wünscht, selbst betreibt (§ 376 StPO).

Nur in Ausnahmefällen übernimmt die Staatsanwaltschaft auch bei einem Privatklagedelikt die Strafverfolgung, nämlich, wenn dies im öffentlichen Interesse liegt.

Im öffentlichen Interesse läge die Strafverfolgung, wenn der Rechtsfriede über Ihren Lebenskreis hinaus gestört wäre und die Strafverfolgung ein gegenwärtiges Anliegen der Allgemeinheit wäre. Diese Voraussetzungen für die Bejahung des öffentlichen Interesses an der Strafverfolgung liegen hier nicht vor, da ...

Daher muss es bei der Einstellung des Verfahrens sein Bewenden haben.

□ Etwaige zivilrechtliche□ Ansprüche werden durch diesen Bescheid nicht berührt.

□ Die beigefügte Rechtsmittelbelehrung bezieht sich nicht auf den Tatvorwurf

... (nämlich Privatklagedelikte).

□ Hochachtungsvoll □ Mit freundlichen Grüßen

I. A.

II. Mit 1 Abdruck

... Bd Akten ... Js .../...

□ Zustellungsnachweis

an den Herrn Leitenden Oberstaatsanwalt

in ...

mit der Bitte um Kenntnisnahme und weitere Veranlassung.

III.

□ Zur Sammlung.

□ Wiedervorlage mE, sp ... (Eingang des Klageerzwingungsantrags?)

...

Oberstaatsanwalt

III. Klageerzwingungsantrag

52 Die **dritte Stufe** bildet der Antrag auf gerichtliche Entscheidung zum OLG.[70] Das Klageerzwingungsverfahren ist ein prozessual selbstständiges Verfahren.[71] Es ist nur bei einer Einstellung nach § 170 Abs. 2 zulässig. Darüber hinaus gibt es keinen von der Verfassung verbürgten Anspruch auf Strafverfolgung.[72] Den Antrag auf gerichtliche Entscheidung kann nur stellen, wer die Strafanzeige erstattet und auch Beschwerde eingelegt hat.

C. Sachliche Voraussetzungen

53 I. Von der Staatsanwaltschaft muss das Ermittlungsverfahren wegen einer Tat im prozessualen Sinn (so h.M.) nach § 170 Abs. 2 StPO eingestellt worden sein. Ein Einstellungsbescheid muss vorliegen. Auf die Bezeichnung kommt es nicht an. Der Klageerzwingungsantrag kann nicht darauf gestützt werden, dass die Staatsanwaltschaft die vom Antragsteller für richtig gehaltene rechtliche Qualifizierung nicht übernommen,[73] den vollen Tatumfang in der Anklage nicht zutreffend beschrieben oder bestimmte Gesetzesverletzungen nicht aufgenommen hat.[74] Dies gilt auch, wenn es sich bei den von der Anklage nicht erfassten Teilen der Tat um ein materiell-rechtlich selbstständiges Delikt handelt oder die Klage durch einen Strafbefehlsantrag erhoben wird, da die gesamte prozessuale Tat bereits Gegenstand des gerichtlichen Verfahrens ist.[75]

54 II. Auch wenn die Staatsanwaltschaft wegen des Fehlens der **Verfahrensvoraussetzungen** oder wegen des Bestehens eines **Verfahrenshindernisses** das Verfahren nach § 170 Abs. 2 StPO einstellt, ist das Klageerzwingungsverfahren grundsätzlich möglich. Es kann gerügt werden, dass der Beschuldigte der deutschen Gerichtsbarkeit unterliegt, der Strafantrag wirksam gestellt wurde oder ein Strafklageverbrauch nicht eingetreten ist. Mit dem Klageerzwingungsverfahren kann auch geltend gemacht werden, dass das Verfahrenshindernis der **Immunität** nicht vorliegt, weil der Beschuldigte der Immunität nicht unterliege, die Genehmigung zur Strafverfolgung erteilt sei oder es einer solchen wegen Ergreifung auf frischer Tat nicht bedürfe (§ 152a StPO).

55 III. Das Klageerzwingungsverfahren ist stets ausgeschlossen, wenn es sich ausschließlich um Privatklagedelikte nach § 374 StPO handelt (§ 172 Abs. 2 S. 3 StPO). Dies gilt auch dann, wenn der Antragsteller die Verneinung des öffentlichen Interesses für unrichtig hält.[76] Das Ermessen der Staatsanwaltschaft bei der Bejahung oder Verneinung des öffentlichen Interesses ist nicht überprüfbar.[77] Besteht zwischen einem Privatklagedelikt und einem Offizialdelikt Tateinheit oder Gesetzeskonkurrenz, ist der Klageerzwingungsantrag zulässig, wenn hinsichtlich des Offizialdelikts die Voraussetzungen des § 172 StPO gegeben sind.[78] Dann erfasst die Prüfung des OLG auch das Privatklagedelikt.[79] Der Antrag ist unzulässig, wenn die Prüfung hinsichtlich des tateinheitlichen Offizialdelikts ergibt, dass ein hinreichender Tatverdacht eines Offizialdelikts fehlt.[80] Bei Tatmehrheit wird das Privatklagedelikt vom Antrag mit erfasst, wenn es Teil einer einheitlichen Tat im prozessualen Sinne war, da nicht die materiell-rechtliche Konkurrenz entscheidet.

---

70 Vgl. Rdn. 89 ff.
71 BVerfGE 42, 172 (175).
72 BVerfG NStZ 2002, 606.
73 OLG Braunschweig NJW 1959, 1145.
74 OLG Karlsruhe NJW 1977, 62; a.A. OLG Hamm MDR 1965, 765 für den Fall unselbstständiger Teile einer einheitlichen Tat.
75 OLG Karlsruhe NJW 1977, 62; LR/*Graalmann-Scheerer* § 172 Rn. 13, 41.
76 KK/*Moldenhauer* § 172 Rn. 39.
77 BVerfGE 51, 176.
78 OLG Frankfurt NStZ-RR 2006, 47.
79 OLG Koblenz VRS 63, 359 (360); OLG Celle Nds. Rpfl. 1959, 95.
80 OLG Stuttgart Justiz 1990, 372.

4. Zulässig ist das Klageerzwingungsverfahren, wenn die Staatsanwaltschaft das Verfahren gegen einen **Jugendlichen wegen eines Privatklagedelikts nach § 170 Abs. 2 StPO eingestellt** hat, da gegen einen Jugendlichen eine Privatklage nicht erhoben werden kann (§ 80 Abs. 1 S. 1 JGG), nicht aber, wenn das Verfahren wegen Fehlens der Verfolgungsgründe des § 80 Abs. 1 S. 2 JGG eingestellt wurde.[81] Andernfalls wäre das Legalitätsprinzip bei jugendlichen Tätern nicht gesichert. 56

5. § 172 Abs. 2 S. 3 StPO nimmt solche Einstellungen von der gerichtlichen Nachprüfbarkeit aus, bei denen die Staatsanwaltschaft vom **Opportunitätsgrundsatz** ausgegangen ist. Dies ist der Fall bei der Einstellung des Verfahrens gem. §§ 153 Abs. 1, 153a Abs. 1 S. 1, 7, 153b Abs. 1, 153c bis 154 Abs. 1, 154b und 154c StPO. Dies gilt auch bei der Anwendung des § 45 JGG, obwohl diese Vorschrift in § 172 Abs. 2 S. 3 StPO nicht genannt ist.[82] Unerheblich ist, ob die Staatsanwaltschaft ihre Entscheidung ohne gerichtliche Mitwirkung getroffen hat. Dagegen ist das Klageerzwingungsverfahren mit der Behauptung zulässig, dass die allgemeinen gesetzlichen Grenzen der jeweiligen Vorschrift nicht eingehalten worden seien. Damit wird behauptet, dass die Staatsanwaltschaft gegen die Anklagepflicht verstoßen hat. 57

Bei der **Einstellung nach § 153a StPO** ist das Klageerzwingungsverfahren bereits im Stadium der vorläufigen Einstellung ausgeschlossen. Mit der endgültigen Einstellung entsteht ein Verfahrenshindernis (§ 153a Abs. 1 S. 5 StPO). Bei endgültiger Einstellung gem. § 153a StPO ist das Klageerzwingungsverfahren aber zulässig, wenn behauptet wird, dass der Beschuldigte die gemachten Auflagen oder Weisungen nicht erfüllt hat oder die Tat ein Verbrechen darstellt.[83] Die mit Zustimmung des zuständigen Gerichts erfolgte Verfahrenseinstellung durch die Staatsanwaltschaft gem. § 153a Abs. 1 StPO ist durch den Verletzten auch dann nicht gerichtlich überprüfbar, wenn dieser der Auffassung ist, die Verfügung der Staatsanwaltschaft beruhe auf unzutreffenden tatsächlichen und rechtlichen Grundlagen.[84] 58

Die Einstellung eines Verfahrens wegen einer **Ordnungswidrigkeit** nach § 47 Abs. 1 OWiG ist nicht mit dem Klageerzwingungsantrag angreifbar, da diese Einstellung ebenfalls nach dem Opportunitätsgrundsatz erfolgt (§ 46 Abs. 3 S. 3 OWiG). 59

Lehnt die Staatsanwaltschaft die **Fortsetzung** eines nach den §§ 153 ff. StPO eingestellten Verfahrens ab, so ist die Klageerzwingung zulässig, wenn geltend gemacht wird, dass aufgrund neuer Tatsachen oder Beweise die ges. Voraussetzungen der Einstellungsvorschrift nicht vorliegen. 60

D. Persönliche Voraussetzungen

I. Antrag

Das Klageerzwingungsverfahren setzt voraus, dass der Verletzte bereits den Antrag auf Erhebung der öffentlichen Klage nach § 171 StPO gestellt[85] und nach Einstellung des Verfahrens nach § 170 Abs. 2 StPO Beschwerde eingelegt hat, soweit erforderlich (nicht bei Staatsschutzverfahren, in denen der GBA oder die GStA zuständig ist, auch nicht bei Verfahren der EUStA). Der Antrag kann noch während und nach Abschluss des Ermittlungsverfahrens gestellt werden. Das Antragsrecht ist ein höchstpersönliches Recht, das nicht auf Erben oder Angehörige übergeht[86] und nicht durch Rechtsgeschäft (Abtretung) übertragen werden kann.[87] 61

81 OLG Stuttgart NStZ 1989, 136.
82 OLG Nürnberg MDR 1965, 845.
83 OLG Karlsruhe Justiz 1990, 28.
84 BVerfG StV 2002, 114 f.
85 Vgl. Rdn. 27, 34.
86 OLG Celle NStZ 1988, 568; SSW-StPO/*Sing* § 172 Rn. 11.
87 OLG Brandenburg NStZ-RR 2009, 245; SSW-StPO/*Sing* § 172 Rn. 11.

II. Verletzteneigenschaft

62 Der Antragsteller muss zugleich **Verletzter** sein. Der Begriff des Verletzten ist im Rahmen des § 172 StPO weit auszulegen, weil der Schutz des Legalitätsprinzips innerhalb des gesetzlichen Rahmens des § 172 StPO umfassend sein soll.[88] Verletzter ist, wer durch die schädigende Handlung unmittelbar in seinen Rechten, Rechtsgütern oder rechtlich anerkannten Interessen beeinträchtigt ist.[89] Diese Abgrenzung wird allerdings nicht einheitlich benutzt. Es herrscht aber Übereinstimmung, dass der Begriff des Verletzten teleologisch von seiner jeweiligen Funktion im prozessualen Sachzusammenhang her zu bestimmen ist.[90] Die weite Auslegung findet ihre Grenze in der gesetzgeberischen Absicht, ein Popularverfahren auszuschließen. Damit kann jemand durch eine Tat nur verletzt sein, wenn die übertretene Norm auch die Rechte dieser Person schützen will.[91] Erforderlich ist die Verletzung eines von der Rechtsordnung geschützten Rechtsguts, wobei wiederum strittig ist, ob die Verletzung unmittelbar erfolgen muss oder ob eine mittelbare Beeinträchtigung genügt. Die **Schutzzwecklehre** ist ein geeignetes Mittel zur Einschränkung des Kreises der Verletzten bei Tatbeteiligung. Eine weitergehende Ansicht lässt es genügen, dass eine Beeinträchtigung eines berechtigten Interesses (**Genugtuungs- oder Vergeltungsinteresse**) vorliegt.[92] Dieser Begriffsausweitung ist nicht zu folgen, da dadurch die Grenzen für die Berechtigung zur Stellung eines Klageerzwingungsantrags zu weit gezogen werden. Sachgerecht erscheint nur eine Abgrenzung, die sich am Schutzzweck der verletzten Norm orientiert.[93]

63 1. Verletzter ist damit immer der unmittelbar **Strafantragsberechtigte** und der zum Anschluss als **Nebenkläger** Berechtigte. Strafvorschriften, die ausschließlich Rechtsgüter der Gemeinschaft schützen wollen, können eine Verletzteneigenschaft nicht begründen.[94] Außerhalb des Schutzbereichs einer Norm stehen der Mittäter und der Teilnehmer an der Tat, ebenso, wer mit der Tat einverstanden ist. Wenn der Antragsteller in einem **Vergleich** die Erklärung abgegeben hat, dass er an der Strafverfolgung des Beschuldigten kein Interesse habe, so fehlt ihm für einen Klageerzwingungsantrag das Rechtsschutzinteresse. Gleiches gilt für einen Vergleich mit Abgeltungsklausel in einem Vermögensrechtsstreit.[95]

64 2. **Behörden**, öffentlich-rechtliche Anstalten und Körperschaften sind Verletzte, soweit sich die Tat gegen solche Rechtsgüter richtet, die ihnen zur Erfüllung ihrer Aufgaben zur Verfügung stehen, z.B. bei Vermögens- und Eigentumsdelikten. Nicht verletzt sind Behörden durch Straftaten gegen die Allgemeinheit, z.B. die Naturschutzbehörde bei Verstößen gegen das Naturschutzgesetz oder bei Umweltstraftaten,[96] die Ausländerbehörden bei Verstößen gegen das Aufenthaltsgesetz, die Finanzbehörden bei Steuerhinterziehung, das Kreiswehrersatzamt bei Wehrpflichtentziehung gem. §§ 109 ff. StGB,[97] die Rechtsanwaltskammer bei Verstößen gegen das Rechtsberatungsgesetz[98] oder die Ärztekammer bei unerlaubter Ausübung der Heilkunde.[99] Der Dienstherr eines bestochenen

---

88 BayObLGSt 1952, 232 (233); OLG Düsseldorf NStZ 1995, 49; OLG Dresden NStZ-RR 1998, 338.
89 OLG Dresden NStZ-RR 1998, 338; OLG Düsseldorf NJW 1992, 2370; MDR 1988, 77; OLG Karlsruhe NJW 1986, 1277; OLG Koblenz NJW 1985, 1409; OLG Hamm NJW 1972, 1874; OLG Köln NJW 1972, 1338; OLG Stuttgart NJW 1969, 569; OLG Celle Nds. Rpfl. 1962, 141; OLG Nürnberg, Beschl. v. 28.04.1998 – Ws 307/98.
90 LR/*Graalmann-Scheerer* § 172 Rn. 48 ff. m.w.N.
91 BGHSt 18, 283 (284).
92 *Eb.Schmidt* § 171 Rn. 15; OLG Braunschweig Nds. RPfl. 1965, 17 (18); OLG Bremen NJW 1950, 960; OLG Celle Nds. RPfl. 1954, 209; OLG Dresden NStZ-RR 1998, 338.
93 LR/Graalmann-Scheerer § 172 Rn. 52.
94 OLG Koblenz OLGSt § 172 S. 123.
95 OLG Stuttgart NJW 2002, 2191.
96 OLG Celle MDR 1967, 515.
97 KK/*Moldenhauer* § 172 Rn. 29; LR/*Graalmann-Scheerer* § 172 Rn. 60; a.A. OLG Hamm MDR 1973, 516 = GA 1973, 156.
98 OLG Celle JR 1967, 348; OLG Karlsruhe Justiz 1966, 105.
99 OLG Stuttgart NJW 1969, 569; *Meyer-Goßner/Schmitt* § 172 Rn. 12.

Amtsträgers ist nicht Verletzter i.S.d. § 172 StPO.[100] Dies gilt auch für Amtsträger von Truppen der NATO-Staaten.[101] Schutzgut der Bestechungstatbestände (§§ 331 ff. StGB) ist die Lauterkeit des öffentlichen Dienstes und das Vertrauen der Allgemeinheit in sie.[102]

3. **Private Vereine oder Verbände** sind verletzt, wenn sich die Straftat gegen ihnen von der Rechtsordnung zugeordnete Rechtsgüter (Eigentum, Vermögen, Hausrecht) richtet, nicht aber bei Verletzung von Gütern, deren Pflege lediglich satzungsmäßig angestrebt wird.[103] Grundsätzlich sind auch die einzelnen Aktionäre einer AG nicht Verletzte i.S.v. § 172[104], auch nicht die Gesellschafter einer GmbH.[105] 65

III. Einzelfälle

1. Bei vorsätzlichen oder fahrlässigen **Tötungsdelikten** (§§ 211, 212, 222 StGB): Verletzte sind der Nebenklageberechtigte gem. § 395 Abs. 2 Nr. 1 StPO, z.B. der Ehegatte oder Lebenspartner,[106] die Eltern,[107] die Kinder[108] und Geschwister des Getöteten.[109] Darüber hinaus begründen besonders enge persönliche Beziehungen die Verletzteneigenschaft, z.B. bei Pflegeeltern, Pflegekindern, aber auch bei auf Dauer angelegten nichtehelichen Lebensgemeinschaften, nicht aber bei lediglich partnerschaftlichen, freundschaftlichen oder geschäftlichen Beziehungen.[110] Bei einem versuchten Tötungsdelikt ist nur der Geschädigte bzw. derjenige, der nach dem Tatplan bei Vollendung der Tat verletzt sein würde,[111] Verletzter und damit zur Klageerzwingung befugt. 66

2. Bei **Körperverletzungsdelikten** (§§ 223 ff. StGB) ist nur die verletzte Person selbst antragsberechtigt, soweit nicht der Privatklageweg eröffnet ist, nicht Verwandte, die Krankenkasse oder Versicherungsgesellschaft.[112] Wer schon als durch die Straftat körperlich Verletzter keine Klageerzwingungsbefugnis hätte, kann sie erst recht nicht haben, wenn das durch das Privatklagedelikt vor Verletzung geschützte Individualrechtsgut nur konkret gefährdet worden ist, auch wenn die Gefährdung durch ein Offizialdelikt (z.B. bei Straßenverkehrsgefährdung) mit Strafe bedroht ist.[113] 67

3. **Beleidigung** (§ 185 StGB) ist Privatklagedelikt (Ausnahme § 194 Abs. 4 StGB, vgl. § 374 Abs. 1 Nr. 2 StPO). 68

4. Bei **Straftaten gegen die persönliche Freiheit** (§§ 234 bis 241a StGB) ist nur der Verletzter, dessen persönliche Bewegungs- und Entschlussfreiheit eingeschränkt worden ist.[114] Bei Kindsentziehung (§ 235 StGB) ist nur dann das Jugendamt verletzt, wenn ihm das Sorgerecht zusteht.[115] 69

5. Bei **Sexualdelikten** (§§ 174 ff. StGB) ist die missbrauchte, genötigte oder verführte Person verletzt, darüber hinaus der Ehemann der geschädigten Ehefrau,[116] nicht aber die Eltern bei unver- 70

---

100 OLG Nürnberg NJW 1997, 1320 = NStZ 1997, 254; *Meyer-Goßner/Schmitt* § 172 Rn. 12.
101 OLG Nürnberg NJW 1997, 1320 = NStZ 1997, 254.
102 BGH NStZ 1985, 499.
103 LR/*Graalmann-Scheerer* § 172 Rn. 61.
104 OLG Braunschweig wistra 1993, 31; a.M. *Zielinski* wistra 1993, 6.
105 OLG Stuttgart wistra 2001, 840.
106 OLG Hamm MDR 1952, 247, vgl. § 18 Nr. 4 Lebenspartnerschaftsgesetz (BGBl. I 2001 S. 268 [275]).
107 OLG Frankfurt NJW 1963, 1368; OLG Hamburg NJW 1955, 1770.
108 KG JR 1957, 71; OLG Celle NJW 1954, 1660.
109 Str.; a.A. OLG Koblenz NJW 1977, 1461; *Meyer-Goßner/Schmitt* § 172 Rn. 11 mit Beispielen.
110 OLG Celle MDR 1959, 60; LR/*Graalmann-Scheerer* § 172 Rn. 83.
111 LR/*Graalmann-Scheerer* § 172 Rn. 65.
112 OLG Rostock Alsb E 1 396.
113 OLG Stuttgart NStZ 1997, 254 (255) = NJW 1997, 1320.
114 OLG Koblenz NJW 1985, 1409.
115 OLG Düsseldorf NStZ 1981, 102.
116 OLG Celle NJW 1960, 835; a.A. KK/*Moldenhauer* § 172 Rn. 24; LR/*Graalmann-Scheerer* § 172 Rn. 76.

heirateten, im Hause wohnenden Kindern.[117] Bei den §§ 183, 183a StGB sind nur die durch die Tat Belästigten als Verletzte anzusehen. Im Fall der Verbreitung pornografischer Schriften wird nur die Rechtsgemeinschaft tangiert (Ausnahme § 184 Abs. 1 Nr. 6 StGB, Gelangenlassen von pornografischen Schriften an einen anderen ohne Aufforderung). Bei Zuhälterei und Förderung der Prostitution ist die Prostituierte Verletzte, da in ihre persönliche Freiheit und Selbstbestimmung eingegriffen wird und diese Rechtsgüter zum Schutzbereich der Tatbestände der §§ 180a, 180b, 181, 181a StGB gehören.[118]

71 6. In den Fällen der **Geheimnisverletzung nach den §§ 203, 204 StGB** sind der Anvertrauende und der materielle Geheimnisträger Verletzte,[119] ebenso bei den §§ 206, 355 StGB (Verletzung des Post- und Fernmeldegeheimnisses bzw. des Steuergeheimnisses). Ein naher Verwandter eines Verstorbenen ist nicht Verletzter i.S.d. § 172 StPO einer von ihm behaupteten Verletzung von Privatgeheimnissen des Verstorbenen i.S.d. § 203 StGB, da Verletzter nur derjenige sein kann, der durch die behauptete Tat – ihre tatsächliche Begehung unterstellt – unmittelbar in einem Rechtsgut verletzt ist.[120] § 202 StGB ist Privatklagedelikt (§ 374 Abs. 1 Nr. 3). Bei § 202a StGB (Ausspähen von Daten) ist der über die Daten Verfügungsberechtigte Verletzter.

72 7. **Meineid** (§ 154 StGB), **falsche uneidliche Aussage** (§ 153 StGB) und **falsche Versicherung an Eides statt** (§ 156 StGB) verletzen den Prozessbeteiligten, zu dessen Nachteil die Angaben gemacht wurden, weil durch die Rechtspflege, die in erster Linie geschützt werden soll, auch die Interessen der Verfahrensbeteiligten gewährleistet werden sollen.[121] Dies ist der Fall, wenn sich die Beweislage verschlechtert hat oder sich die Aussage, sofern das Verfahren bereits abgeschlossen ist, nachteilig ausgewirkt hat.[122] Zeitweilige Erschwerungen der Prozesslage eines Verfahrensbeteiligten infolge eines Eides- oder Aussagedelikts reichen nicht aus.[123] Die Abgabe einer falschen eidesstattlichen Versicherung über Wechselproteste verletzt den Wechselschuldner.[124] Bei einer falschen Versicherung an Eides statt nach § 807 ZPO kann auch der Gläubiger Verletzter sein, der die Zwangsvollstreckung nicht betrieben hat, aber wegen § 903 ZPO gehindert ist, vom Schuldner die Abgabe einer weiteren eidesstattlichen Versicherung über sein Vermögen zu verlangen.[125] Der an einem Zwangsvollstreckungsverfahren nicht beteiligte Gläubiger ist grundsätzlich nur mittelbar durch die falsche Versicherung an Eides statt des Schuldners (§ 807 StPO) in seiner Entscheidung über die gerichtliche Durchsetzung seiner Ansprüche betroffen und damit nicht Verletzter.[126] Nicht Verletzte sind die übrigen Verfahrensbeteiligten, z.B. Richter, ebenso Mitglieder eines parlamentarischen Untersuchungsausschusses, Rechtsanwälte. Bei Parteiverrat (§ 356 StGB) ist der Mandant der Verletzte, nicht der Prozessgegner.[127] Es fehlt an einem unmittelbaren Schaden für den Bestohlenen, wenn der Dieb im Strafprozess aufgrund einer Falschaussage freigesprochen wird.[128]

73 8. Bei **Eigentums- und Vermögensdelikten** ist die Person verletzt, die den Schaden an Eigentum oder Vermögen unmittelbar erlitten hat, bei Diebstahl auch der Gewahrsamsinhaber, bei Betrug auch der Getäuschte, nicht der Erbe des Verletzten[129] oder der Zessionar. Beim versuchten Prozess-

117 A.A. *Eb. Schmidt* Nachtr. I § 171, 5.
118 LR/*Graalmann-Scheerer* § 172 Rn. 78; a.A. BGH GA 1973, 117; OLG Hamm NJW 1972, 1874.
119 OLG Hamm NStZ 1986, 327; OLG Köln NStZ 1983, 412.
120 OLG Hamm NStZ 1986, 327.
121 OLG Düsseldorf NStZ 1995, 49.
122 OLG Bremen NJW 1950, 960; NStZ 1988, 39; OLG Frankfurt MDR 1974, 1036; OLG Hamburg NJW 1954, 1619; OLG Hamm NJW 1961, 1687.
123 OLG Köln JMBl. NW 1967, 23.
124 OLG Bremen NJW 1950, 960.
125 OLG Celle Nds. Rpfl. 1971, 214; OLG Frankfurt NStZ-RR 2002, 174.
126 OLG Frankfurt NStZ-RR 2002, 174.
127 OLG Hamm NJW 1976, 120.
128 KK/*Moldenhauer* § 172 Rn. 26; a.A. LR/*Graalmann-Scheerer* § 172 Rn. 73, die auf das strafrechtliche Genugtuungsinteresse des Geschädigten abstellt.
129 OLG Stuttgart NJW 1986, 3153.

betrug des Klägers ist der Beklagte Verletzter,[130] beim Subventionsbetrug der Subventionsgeber, bei Konkursdelikten sind es die betroffenen Gläubiger. Im Fall des Erschleichens von Prozesskostenhilfe ist nur die Staatskasse verletzt, nicht der Prozessgegner.[131] § 266a StGB (Vorenthalten und Veruntreuen von Arbeitsentgelt) dient dem Schutz der Solidargemeinschaft der Versicherten; damit können die betroffenen Sozialversicherungsträger und die Einzugsstellen Verletzte sein.[132] Bei Missbrauch von Scheck- und Kreditkarten (§ 266b StGB) ist Verletzter der Aussteller der Scheck- oder Kreditkarte. **§ 303a StGB** erfasst Daten, an denen ein unmittelbares Recht auf Nutzung, Verarbeitung und Löschung besteht. Diese Datenverfügungsbefugnis steht grundsätzlich demjenigen zu, der die Speicherung der Daten unmittelbar selbst bewirkt hat. Das gilt in der Regel auch im Rahmen eines Arbeits- oder Dienstverhältnisses bei in fremdem Auftrag erstellten Daten. Solange der Auftragnehmer die Daten nicht dem Auftraggeber ausgehändigt hat, besteht für den Auftraggeber außerhalb des Schutzbereichs des UWG lediglich der Schutz aufgrund der gegenseitigen schuldrechtlichen Verpflichtungen.[133] Nach h.M. ist durch § 303a StGB die Verfügungsgewalt des Berechtigten über die in Datenspeichern enthaltenen Informationen geschützt.[134] Bei **Computersabotage (§ 303b StGB)** ist Verletzter derjenige, der die Daten gespeichert hat, und derjenige, der vom Inhalt der Daten betroffen wird. Bleibt das Vermögensdelikt im Versuch stehen, so rechtfertigt bereits die Gefährdung des Vermögens die Verletzteneigenschaft. Bei Delikten zum Schaden einer juristischen Person ist nur diese verletzt, nicht der **Aktionär**, der Prokurist einer GmbH, ebenso wenig der einzelne Gemeindeangehörige bei Vermögensdelikten zulasten einer Gemeinde, der einzelne Steuerzahler bei Steuerhinterziehung.[135] Konkursverwalter und Testamentsvollstrecker sind nicht durch Straftaten gegen die von ihnen verwaltete Masse verletzt.[136] Die Verletzteneigenschaft des Aktionärs wurde anerkannt, soweit Vorschriften dem Schutz des einzelnen Aktionärs dienen.[137]

9. Die Vorschriften über **Widerstand gegen die Staatsgewalt und Straftaten gegen die öffentliche Ordnung** (§§ 111 bis 145d StGB) schützen überwiegend Gemeinschaftsgüter, aber auch individuelle Rechte. Bei den §§ 113, 114 StGB ist der genötigte Amtsträger verletzt, beim Verstrickungsbruch (§ 136 StGB) nur derjenige, zu dessen Gunsten die Sache in Beschlag genommen worden war; beim unerlaubten Entfernen vom Unfallort (§ 142 StGB) sind die anderen Unfallbeteiligten Verletzte. Hausfriedensbruch (§ 123 StGB) ist Privatklagedelikt (§ 374 Abs. 1 Nr. 1). In Fällen des schweren Hausfriedensbruchs (§ 124 StGB) ist der betroffene Hausrechtsinhaber Verletzter und damit zum Antrag nach § 172 StPO berechtigt.[138] Bei den Straftaten nach den §§ 127, 132, 134, 145, 145a, 145c und 145d StGB fehlt es an einem individuell Verletzten. 74

10. Die §§ 146 bis 152a StGB (**Geld-, Wertzeichenfälschung, Fälschung von Zahlungskarten**) schützen den allgemeinen Rechts- und Geldverkehr. Verletzt sind nicht die Notenbanken. Bei Postwertzeichenfälschung (§ 148 StGB) wurde die Post als verletzt angesehen,[139] ebenso die Justizkassen bei Kostenmarken. 75

11. Bei **Straftaten gegen die Religion und Weltanschauung** (§§ 166 bis 168 StGB) ist das einzelne Mitglied der Gemeinschaft nicht Verletzter,[140] jedoch die Gemeinschaft oder Vereinigung als 76

130 OLG Bamberg NStZ 1982, 247.
131 OLG Düsseldorf MDR 1988, 77.
132 LR/*Graalmann-Scheerer* § 172 Rn. 92.
133 OLG Nürnberg BeckRS 2013, 03553.
134 *Fischer* StGB, 67. Aufl. § 303a Rn. 2; ähnlich *Stree/Hecker* in Schönke/Schröder, StGB, 30. Aufl., § 303a Rn. 1; MüKo-StGB/*Wieck-Noodt* § 303a Rn. 2; LK/*Wolff* StGB, 12. Aufl. § 303a Rn. 4: Interesse des Verfügungsberechtigten an der unversehrten Verwendbarkeit der Daten.
135 OLG Köln MDR 1952, 568.
136 KG GA 71, 47; JR 1964, 470.
137 OLG Kiel HESt 2, 88.
138 LR/*Graalmann-Scheerer* § 172 Rn. 68.
139 OLG Koblenz NJW 1983, 1625; LR/*Graalmann-Scheerer* § 172 Rn. 70.
140 OLG Dresden Alsb E 1 391.

solche.[141] § 166 StGB schützt nicht die Religion als solche und nicht das religiöse Empfinden des Einzelnen, sondern den Inhalt des religiösen Bekenntnisses (Abs. 1) und die Einrichtungen einer im Inland bestehenden Kirche oder anderen Religionsgemeinschaft oder Weltanschauungsvereinigung (Abs. 2). Dazu gehören auch die Christusverehrung und das Leiden Christi. Verletzter i.S.d. § 172 Abs. 2 StPO ist deshalb die Religionsgesellschaft bzw. die Kirche als solche.[142] Bei Störung der Totenruhe sind die Angehörigen des Toten verletzt. Im Fall der Störung der Religionsausübung (§ 167 StGB) oder einer Bestattungsfeier (§ 167a StGB) ist jeder Teilnehmer, der Ärgernis nimmt, als Verletzter anzusehen.[143] Der Angehörige einer durch Volksverhetzung (§ 130 StGB) betroffenen Bevölkerungsgruppe ist nicht Verletzter, da die Vorschrift den öffentlichen Frieden schützt.[144]

77 12. Bei **Verletzung der Unterhaltspflicht** (§ 170 StGB) ist der Unterhaltsberechtigte verletzt, auch der Träger der Sozialhilfe[145] oder ein anderer öffentlicher Versorgungsträger, der an Stelle des eigentlich unterhaltsverpflichteten Täters den Unterhalt des gesetzlichen Unterhaltsberechtigten mit öffentlichen Mitteln sicherstellt[146] oder derjenige, der an Stelle des Unterhaltsverpflichteten nachrangig zu Unterhaltsleistungen herangezogen wird, z.B. Kinder, Großeltern (vgl. § 1606 Abs. 2 BGB).[147] § 171 StGB (**Verletzung der Fürsorge- und Erziehungspflicht**) schützt nicht ausschließlich gemeinschaftsbezogene Rechtsgüter, sondern auch die Person, der gegenüber die Verletzung der Fürsorge- und Erziehungspflicht gröblich verletzt worden ist.[148]

78 13. Bei **Urkundenfälschung** (§ 267 StGB) ist der Verletzter, zu dessen Nachteil die gefälschte Urkunde gebraucht wird oder nach dem Tatplan gebraucht werden soll. Gleiches gilt bei **Fälschung technischer Aufzeichnungen** (§ 268 StGB) und **Fälschung beweiserheblicher Daten** (§ 269 StGB).[149]

79 14. Im Fall der **Begünstigung** (§ 257 StGB) und **Hehlerei** (§ 259 StGB) ist derjenige Verletzter, der durch die Vortat geschädigt wurde. Bei **Strafvereitelung** (§ 258 StGB) ist ausschließlich die Rechtspflege geschütztes Rechtsgut.[150] Bei der Strafvereitelung sind nur die Allgemeininteressen der Rechtsgemeinschaft betroffen, nicht die des durch die Vortat Verletzten, da die Tathandlung den Vortäter vor dem Eingreifen der staatlichen Rechtspflegeorgane, vor der Verwirklichung des staatlichen Strafanspruchs und des staatlichen Anspruchs auf Verhängung einer Maßnahme schützen will. § 261 StGB (**Geldwäsche**) schützt Allgemeininteressen und keine Individualrechtsgüter.

Auch bei der **Rechtsbeugung** (§ 336 StGB) ist wie bei der Strafvereitelung die Rechtspflege das geschützte Rechtsgut. Allerdings wird für den Bereich der Strafverfahren die Verletzteneigenschaft des durch die Vortat Geschädigten vereinzelt mit einem so genannten spezifischen strafrechtlichen Genugtuungsinteresse begründet.[151] Wer im Verfahren gem. § 172 StPO die Erhebung der öffentlichen Klage wegen Rechtsbeugung gegen einen Staatsanwalt erstrebt mit dem Vorwurf, dieser habe angeblich zu Unrecht ein Ermittlungsverfahren wegen einer zum Nachteil des Antragstellers begangenen Straftat eingestellt, ist nur dann als Verletzter i.S.d. § 172 StPO anzusehen, wenn er bereits gegen die Einstellungsverfügung des jetzt Beschuldigten auch den Rechtsweg nach § 172 StPO ausgeschöpft hat.[152]

---

141 OLG Hamburg MDR 1962, 594; OLG Nürnberg NStZ-RR 1999, 238 ff. (»Schwein am Kreuz«).
142 OLG Nürnberg NStZ-RR 1999, 238 ff.
143 OLG Hamburg MDR 1962, 594.
144 OLG Stuttgart Justiz 1992, 186; OLG München NJW 1985, 2430; a.A. OLG Karlsruhe NJW 1986, 1276.
145 OLG Hamm NJW 1958, 640.
146 OLG Hamm NStZ-RR 2003, 116.
147 *Gorf*/Graf § 172 Rn. 2.1.
148 LR/*Graalmann-Scheerer* § 172 Rn. 75.
149 LR/*Graalmann-Scheerer* § 172 Rn. 93; *Achenbach* NJW 1986, 1837; *Möhrenschlager* wistra 1986, 134.
150 OLG Nürnberg, Beschl v. 28.04.1998, Ws 307/98; OLG Frankfurt aM NStZ-RR 1998, 279; OLG Dresden NStZ-RR 1998, 338.
151 OLG Dresden NStZ-RR 1998, 338; LR/*Graalmann-Scheerer* § 172 Rn. 71; vgl. Rdn. 62.
152 OLG Dresden NStZ-RR 1998, 338.

15. **Vorteilsannahme, Bestechlichkeit, Bestechung und Vorteilsgewährung** (§§ 331 ff. StGB) schützen den staatlichen Apparat und nicht individuelle Rechtsgüter. Der Dienstherr eines bestochenen Amtsträgers ist nicht Verletzter i.S.d. § 172 StPO.[153] 80

16. Die §§ 306 bis 330d StGB (**gemeingefährliche Straftaten**) dienen auch dem Schutz konkreter Individualrechtsgüter. Die dadurch Betroffenen kommen daher im Einzelfall als Verletzte in Betracht, z.B. Eigentümer und Nutzungsberechtigte bei Brandstiftung (§§ 306 ff. StGB), das Verkehrsunternehmen (§§ 315 Abs. 1 Nr. 1, 315b Abs. 1 Nr. 1 StGB) oder das Telekommunikationsunternehmen (§ 317 StGB). Strittig ist, ob derjenige, an dessen Rechtsgütern durch eine **Umweltstraftat (§§ 324 ff. StGB)** ein konkreter Schaden eingetreten ist, Verletzter i.S.d. § 172 StPO ist. Die Rspr. lehnt eine Verletzteneigenschaft ab.[154] Dem ist zu widersprechen, soweit in den Fällen der Gewässer- oder Bodenverunreinigung (§§ 324, 324a StGB) ebenfalls individuelle Rechtsgüter betroffen sind.[155] 81

17. Der Eigentümer/Halter eines Tieres ist in einem wegen des Verdachts der **Tierquälerei** geführten Verfahren nicht Verletzter i.S.v. § 172 Abs. 1 StPO, da das Tierschutzgesetz in erster Linie das lebende Tier vor Beeinträchtigungen durch den Menschen schützt und Ausdruck eines auf den Schutz von Tieren ausgerichteten ethischen Tierschutzes ist. Der Eigentümer/Halter des Tieres ist vom Schutzzweck des Gesetzes nicht erfasst.[156] 82

IV. Prozessfähigkeit

Für den Antrag auf gerichtliche Entscheidung ist **Prozessfähigkeit** (§ 50 ZPO) erforderlich, da die Stellung des Antragstellers mit der des Privatklägers im Privatklageverfahren vergleichbar ist.[157] Außerdem hat die Verwerfung des Antrags nach § 174 Abs. 1 StPO nachteilige Kostenfolgen für den Antragsteller (§ 177 StPO). Für prozessunfähige und juristische Personen handeln deren Vertreter.[158] Sind die gesetzlichen Vertreter, wie z.B. die Eltern, nur gemeinschaftlich zur Vertretung befugt (§§ 1626 ff. BGB), so müssen sie den Antrag gemeinsam stellen; Bevollmächtigung durch einen Elternteil gegenüber dem anderen genügt. Gewillkürte Vertretung ist zulässig. Ist der gesetzliche Vertreter verhindert, z.B. weil das Ermittlungsverfahren gegen ihn als Beschuldigten läuft, bedarf es der Bestellung eines Pflegers nach § 1909 BGB durch das Gericht. Das Antragsrecht ist als persönliches Recht **nicht vererblich**,[159] es erlischt mit dem Tode des Verletzten.[160] Mit dem Tode des Antragstellers erledigt sich das Verfahren.[161] Von **mehreren Verletzten** kann jeder das Klageerzwingungsverfahren durchführen. 83

E. Beschwerde an den Vorgesetzten der Staatsanwaltschaft

I. Der Vorgesetzte der Staatsanwaltschaft

Gegen den Einstellungsbescheid der Staatsanwaltschaft muss der Antragsteller, der zugleich Verletzter ist, Beschwerde an den Vorgesetzten der Staatsanwaltschaft eingelegt haben. Vorgesetzter ist regelmäßig der **Generalstaatsanwalt** beim OLG (§ 142 GVG). Dort, wo die Amtsanwaltschaft als 84

---

153 OLG Nürnberg NStZ 1997, 254 = NJW 1997, 1320; vgl. Rdn. 64.

154 OLG Köln NJW 1972, 1338 bei Verstößen gegen das WHG; OLG Dresden Alsb E 1 392 bei Verstößen gegen die Gewerbeordnung.

155 Ebenso LR/*Graalmann-Scheerer* § 172 Rn. 98.

156 OLG Braunschweig BeckRS 2013, 19475; OLG Celle, Beschl. v. 10.01.2007 – 1 Ws 1/07; LR/*Graalmann-Scherer* § 172 Rn. 100 m.w.N.; MüKo-StGB/*Pfohl* Bd. VI, Nebenstrafrecht, 3. Aufl., § 17 TSchG Rn. 153; anders OLG Koblenz, Urt. v. 14.12.1988 – 1 Ws 676/88 ohne Begründung.

157 OLG Düsseldorf MDR 1989, 377; OLG Hamburg NJW 1966, 1934; OLG Nürnberg MDR 1964, 944; KG JR 1960, 29 (30); LR/*Graalmann-Scheerer* § 172 Rn. 46.

158 KG JR 1960, 29.

159 OLG Düsseldorf NJW 1992, 2370; OLG Stuttgart NJW 1986, 3153; OLG Hamm NJW 1977, 64.

160 KG JW 1937, 767; OLG Kiel HESt 2, 92.

161 OLG Braunschweig NdsRpfl 1954, 91.

selbstständige Behörde organisiert ist, z.B. in Berlin, ist Vorgesetzter der Behördenleiter der Staatsanwaltschaft. Die Beschwerde entfällt, wenn der Einstellungsbescheid vom Generalbundesanwalt oder vom Generalstaatsanwalt selbst erlassen wurde (§§ 142a Abs. 1, 2, 145 GVG) oder bei der von der EUStA geführten Verfahren. Gegen deren Einstellungsbescheid kann unmittelbar Antrag auf gerichtliche Entscheidung gestellt werden. Neben der Beschwerde ist auch die an keine Frist gebundene **Dienstaufsichtsbeschwerde** zulässig.[162]

II. Einlegung der Beschwerde

85 Die Beschwerde kann bei der Staatsanwaltschaft oder beim Vorgesetzten der Staatsanwaltschaft eingelegt werden. Zu empfehlen ist die Beschwerdeeinlegung bei der Staatsanwaltschaft, der in jedem Fall die Beschwerde zuzuleiten ist, um zu überprüfen, ob die Ermittlungen wieder aufzunehmen sind. Die Beschwerde muss im Unterschied zur Gegenvorstellung eine Entscheidung des Vorgesetzten der Staatsanwaltschaft anstreben. Dies muss sich mindestens aus dem Gesamtzusammenhang ergeben.

86 1. **Form und Inhalt** der Vorschaltbeschwerde sind nicht gesetzlich geregelt. Die Beschwerde kann **schriftlich oder mündlich** eingelegt werden. Es besteht kein Anwaltszwang. Vertretung ist zulässig. Der Nachweis der Vollmacht kann nachträglich erbracht werden. Eine **Begründung** der Beschwerde ist nicht erforderlich.

87 2. Die Beschwerde ist **binnen zwei Wochen** nach Bekanntmachung des Einstellungsbescheids bei der Staatsanwaltschaft oder dem Vorgesetzten der Staatsanwaltschaft einzulegen. Voraussetzung für den Fristbeginn ist eine richtige und vollständige **Beschwerdebelehrung** (§§ 172 Abs. 1 S. 3, 171 S. 2 StPO). Für die Fristberechnung gilt § 43 StPO. Eine **förmliche Zustellung** ist nicht vorgeschrieben,[163] aber aus Gründen des Nachweises des Zugangs in manchen Fällen zu empfehlen. Bei förmlicher Zustellung gelten für den Fristbeginn die Vorschriften der ZPO über die Ersatzzustellung (§§ 181 ff. ZPO). Bei **formloser** Bekanntmachung gilt für den Zugang § 130 BGB. Es kommt darauf an, wann das Schreiben so in den Empfängerbereich gelangt ist, dass mit einer Kenntnisnahme zu rechnen ist; eine tatsächliche Kenntnisnahme ist nicht erforderlich.

88 3. Bei **Versäumung der Frist** für die Einlegung der Vorschaltbeschwerde gelten die Vorschriften über die **Wiedereinsetzung in den vorigen Stand** nicht unmittelbar, da es sich nicht um eine gerichtliche Frist handelt, sondern die Frist gegenüber der Staatsanwaltschaft einzuhalten ist. Nach h.M. sind aber die **§§ 44 ff. StPO entsprechend anwendbar.**[164]

Zuständig für die Entscheidung über die Wiedereinsetzung in die Frist zur Einlegung der Vorschaltbeschwerde ist der **Vorgesetzte der Staatsanwaltschaft**, solange er über die Beschwerde noch nicht sachlich entschieden hat.[165]

---

162 Im Einzelnen *Thode* DRiZ 2007, 57.

163 A.A. OLG Celle NStZ 1990, 505; 1991, 52, 200 (201).

164 OLG Düsseldorf NStZ 1988, 40; OLG Koblenz GA 1981, 325; KK/*Moldenhauer* § 172 Rn. 32; LR/*Graalmann-Scheerer* § 172 Rn. 131; *Meyer-Goßner/Schmitt* § 172 Rn. 17.

165 OLG Celle NJW 1971, 1374 = MDR 1972, 67; OLG Düsseldorf NJW 1988, 431; OLG Hamm NJW 1973, 1055; NStZ 1990, 450; OLG München NJW 1977, 2365; OLG Oldenburg NJW 1967, 1815; LR/*Graalmann-Scheerer* § 44 Rn. 11,12; KK/*Schneider-Glockzin* § 44 Rn. 11; für grundsätzliche Zuständigkeit des OLG: KG JR 1982, 209; OLG Hamm NStZ 1990, 450; 1991, 146; OLG Koblenz GA 1981, 324; OLG Nürnberg MDR 1972, 67; OLG Stuttgart NJW 1977, 61; MDR 1985, 75; Justiz 1988, 404; LR/*Graalmann-Scheerer* § 172 Rn. 134 ff.; *Meyer-Goßner/Schmitt* § 172 Rn. 17; einschränkend OLG Stuttgart NStZ-RR 1996, 239: Der Generalstaatsanwalt ist zuständig, wenn der Anzeigeerstatter einen Antrag auf gerichtliche Entscheidung nach § 172 Abs. 2 StPO noch nicht gestellt hat oder nicht stellen wird, da in diesen Fällen das OLG noch nicht mit dem Verfahren befasst ist; so auch OLG Düsseldorf NStZ 1988, 40; zum Meinungsstreit vgl. auch *Ernst* SchlHA 2004, 140 f.

Der Wiedereinsetzungsantrag ist an den Generalstaatsanwalt binnen Wochenfrist zu richten. Nur dann ist die Frist gewahrt, nicht aber bei Antragstellung zum OLG.[166] Hat der Generalstaatsanwalt Wiedereinsetzung gewährt, ist das OLG daran gebunden. Eine die Wiedereinsetzung verwerfende Entscheidung des Generalstaatsanwalts bindet das OLG nicht. Bescheidet der Generalstaatsanwalt eine verspätet eingegangene Einstellungsbeschwerde lediglich im Wege der Dienstaufsicht, so ist dieser Bescheid auch im Fall der Wiedereinsetzung des Anzeigeerstatters in die versäumte Beschwerdefrist keine geeignete Grundlage für ein Klageerzwingungsverfahren. Eine Ausnahme gilt nur, wenn der Generalstaatsanwalt seinen sachlichen Dienstaufsichtsbescheid für den Fall der Wiedereinsetzung des Anzeigeerstatters in die versäumte Beschwerdefrist als förmlichen Beschwerdebescheid bezeichnet und eine Rechtsmittelbelehrung erteilt.[167] Über das Wiedereinsetzungsgesuch hat dann das OLG zu entscheiden, da die Sache durch den Antrag auf gerichtliche Entscheidung beim OLG anhängig geworden war. Ein im Wege der Dienstaufsicht anstelle der förmlichen Beschwerdeentscheidung ergangener Bescheid, der die Beschwerde wegen Fristversäumung als unzulässig behandelt, erfüllt nicht die gesetzlichen Voraussetzungen, unter denen ein Antrag auf gerichtliche Entscheidung zulässig ist.

F. Antrag auf gerichtliche Entscheidung

I. Form

1. Der Antrag auf gerichtliche Entscheidung muss **schriftlich** gestellt werden. Telegraphische, fernschriftliche oder durch Telefax erfolgende Antragstellung genügt, nicht aber fernmündliche. Eine Antragstellung zu Protokoll des Urkundsbeamten der Geschäftsstelle sieht das Gesetz nicht vor. § 32 d StPO regelt die Pflicht zur elektronischen Übermittlung. Das Klageerzwingungsverfahren ist nicht erwähnt, eine Übermittlung per bea sollte trotzdem erfolgen. 89

2. Der Antrag muss von einem bevollmächtigten **Rechtsanwalt**, der bei einem Gericht im Geltungsbereich der StPO zugelassen ist, **unterzeichnet** sein. Die Vollmacht muss binnen Monatsfrist seit Zugang des Bescheids des Generalstaatsanwalts erteilt worden sein. Ein Vollmachtsnachweis kann nachträglich erfolgen. Eine Befreiung vom Anwaltszwang ist nicht möglich.[168] In eigener Sache kann der Rechtsanwalt selbst unterzeichnen. Die Unterzeichnung durch den Rechtsanwalt setzt Prüfung des Antrags durch diesen und Übernahme der Verantwortung voraus.[169] Übernimmt der Rechtsanwalt erkennbar nicht die Verantwortung für den Antrag, so ist dieser unzulässig. Gleiches gilt für Anträge, die nicht von einem Rechtsanwalt unterzeichnet sind, z.B. für einen Antrag, den ein Strafgefangener persönlich einreicht. Eine Unterzeichnung durch einen Rechtsreferendar (§ 139 StPO) oder einen Hochschullehrer reicht nicht aus. Ein amtlich bestellter Vertreter (§ 53 BRAO) oder ein Abwickler (§ 55 BRAO) können den Antrag im Rahmen ihrer Befugnisse stellen. 90

3. Den **Antrag auf Bewilligung von Prozesskostenhilfe** (§ 172 Abs. 3 S. 2 Hs. 2 StPO) für das gerichtliche Verfahren kann der prozessfähige Antragsteller selbst stellen, bei Prozessunfähigkeit sein Vertreter, und zwar schriftlich oder zu Protokoll der Geschäftsstelle des OLG (§ 117 Abs. 1 S. 1 ZPO). Der Antrag muss binnen der Frist des § 172 Abs. 2 S. 1 StPO gestellt werden.[170] 91

a) Innerhalb dieser Frist muss der Antragsteller die **Erklärung über seine persönlichen und wirtschaftlichen Verhältnisse** auf dem vorgeschriebenen Vordruck vorlegen, ansonsten ist der Antrag 92

---

166 LR/*Graalmann-Scheerer* Rn. 139.

167 OLG Stuttgart NStZ-RR 1996, 143 (144).

168 OLG Koblenz NJW 1982, 61.

169 KG GA 60, 478; OLG Hamburg GA 1958, 116; OLG Köln MDR 1973, 515; OLG München NStZ 1984, 281; OLG Hamm NStZ-RR 2001, 300. Es wird die maßgebliche Mitgestaltung des Antrags gefordert, bloße Kenntnisnahme und Unterzeichnung eines von einem Dritten gefertigten Antrags durch einen Rechtsanwalt genügen nicht.

170 OLG Bremen NJW 1962, 169; OLG Hamm Rpfleger 1961, 81; OLG Koblenz MDR 1985, 957; OLG Stuttgart Justiz 1984, 342; LR/*Graalmann-Scheerer* § 172 Rn. 173.

unzulässig.[171] Es gelten die §§ 114 ff. ZPO. Eine kurze Angabe des Sachverhalts und der wesentlichen Beweismittel ist gem. § 117 Abs. 1 S. 2 ZPO erforderlich, damit das Gericht die Erfolgsaussichten des Antrags prüfen kann.[172] Zum Teil wird darüber hinaus verlangt, auch die Darstellung der formellen Voraussetzungen für das Klageerzwingungsverfahren sei im Prozesskostenhilfegesuch erforderlich.[173] Die Anforderungen dürfen dabei aber nicht überspannt werden, da kein Anwaltszwang für den Prozesskostenhilfeantrag besteht.[174]

93 b) Die Staatsanwaltschaft (§ 33 Abs. 2 StPO) und der Beschuldigte sind vor der Entscheidung über den Prozesskostenhilfeantrag zu hören.[175] Das OLG entscheidet durch Beschluss. Bei Ablehnung ist eine Beschwerde nicht statthaft (§ 304 Abs. 4 S. 2 StPO, der § 127 Abs. 2 S. 2 ZPO verdrängt).

94 c) Die Bewilligung von Prozesskostenhilfe umfasst die Beiordnung eines Rechtsanwalts. Die Verpflichtung zur Zahlung von Gerichtskosten richtet sich nach § 122 Abs. 1 Nr. 1a ZPO. Strittig ist, ob die **Beiordnung eines Notanwalts** durch das OLG in entsprechender Anwendung des § 78b ZPO ohne Bewilligung von Prozesskostenhilfe möglich ist, wenn der Verletzte behauptet, keinen Rechtsanwalt zu finden.[176] Wenn das Gesetz Anwaltszwang anordnet, muss auch sichergestellt werden, dass der Verletzte von einem Rechtsanwalt vertreten wird.[177] Zur Zulässigkeit des Antrags auf Beiordnung hat der Antragsteller substantiiert darzulegen, dass er eine angemessene Anzahl in Betracht kommender Rechtsanwälte vergeblich um die Mandatsübernahme gebeten hat; insbesondere muss er sich auf Landesebene und nicht nur im weiteren Umkreis seines Wohnorts um einen Rechtsanwalt bemüht haben.

II. Frist

95 1. Der Antrag auf gerichtliche Entscheidung muss **binnen eines Monats** nach der Bekanntmachung des Bescheids des Vorgesetzten der Staatsanwaltschaft **beim OLG** gestellt werden (§ 172 Abs. 2 S. 1 StPO), falls mit der Beschwerdeentscheidung eine ordnungsgemäße Belehrung nach § 172 Abs. 2 S. 2 StPO verbunden war. Maßgeblich ist der Tag des Zugangs, nicht der (spätere) Zeitpunkt der tatsächlichen Kenntnisnahme.[178] Die Einreichung bei der Staatsanwaltschaft oder dem Generalstaatsanwalt genügt nicht zur Fristwahrung. Örtlich zuständig ist das OLG, in dessen Bezirk die Staatsanwaltschaft ihren Sitz hat, die den Einstellungsbescheid erlassen hat. Eine Fristverlängerung ist nicht möglich, da es sich nicht um eine richterliche Frist handelt.[179] Die Frist gilt auch für die

171 OLG Stuttgart NStZ 1985, 41.

172 OLG Celle NdsRpfl 1987, 37 (39); OLG Düsseldorf VRS 83, 272; OLG Hamburg NJW 1966, 1934; MDR 1985, 604; OLG Hamm NStZ-RR 1998, 279; OLG Koblenz MDR 1972, 886; OLG Schleswig SchlHA 1993, 227; OLG Stuttgart OLGSt § 172 Nr. 4; *Meyer-Goßner/Schmitt* § 172 Rn. 21a.

173 OLG Nürnberg, Beschl. v. 13.05.2004 – Ws 528/04.

174 OLG Hamm NStZ-RR 1998, 279.

175 BayVerfGH JR 1962, 316.

176 OLG Köln NStZ-RR 2008, 117; *Graf/Gorf* § 172 Rn. 24.1; a.M. OLG Hamm NStZ 2003, 683; *Pfeiffer*, StPO § 172 Rn. 11.

177 OLG Bamberg NJW 2007, 2274; OLG Stuttgart Jusitz 2001, 222; OLG Köln NStZ-RR 2008, 117 unter Aufgabe der in ständiger Rechtsprechung vertretenen gegenteiligen Auffassung; *Meyer-Goßner/Schmitt* § 172 Rn. 23; LR/*Graalmann-Scheerer* § 172 Rn. 159, 160; *Kaster* MDR 1994, 1073; *Meyer-Goßner* NStZ 1985, 235; *Müller* NJW 1955, 1181; a.A. OLG Düsseldorf MDR 1988, 165; NStZ 1985, 571; VRS 1997, 42; OLG Frankfurt NStZ 1981, 491; OLG Hamm MDR 1988, 990; NStZ 1995, 562, NJW 2003, 3286; OLG Bremen NStZ 1986, 475; OLG Celle NStZ 1985, 234; OLG Hamburg MDR 1965, 407; OLG Schleswig SchlHA 1960, 179; 1961, 220; KK/*Moldenhauer* § 172 Rn. 55; vgl. auch *Rieß* NStZ 1986, 433 ff.

178 OLG Stuttgart BeckRS 2009, 05156.

179 OLG Düsseldorf NJW 1987, 2453.

Begründung des Antrags.[180] Zulässig ist der Antrag nur, wenn auch die Beschwerdefrist nach § 172 Abs. 1 S. 1 StPO gewahrt ist.[181]

2. Bei unverschuldeter Fristversäumnis ist Wiedereinsetzung in den vorigen Stand auf Antrag möglich.[182] Das Verschulden des Rechtsanwalts, der den Antrag gestellt hat, ist dem Antragsteller zuzurechnen.[183] Ein Rechtsanwalt handelt schuldhaft i.S.d. § 233 ZPO, wenn er die ihm vorgelegten Akten bei einem neuen Mandat nicht selbst auf laufende Fristen überprüft, sondern sich darauf verlässt, dass sein erfahrener Bürovorsteher sie ihm schon als Fristsache bezeichnet hätte, wenn Fristen liefen.[184] Ist Prozesskostenhilfe rechtzeitig beantragt und wird nach Gewährung von Prozesskostenhilfe der Antrag auf gerichtliche Entscheidung unverzüglich gestellt, so ist Wiedereinsetzung in den vorigen Stand zu gewähren, auch wenn der Antrag erst nach Ablauf der Monatsfrist beim OLG eingeht.[185] **96**

III. Inhalt des Antrags

1. Das Hauptproblem des Klageerzwingungsverfahrens ist in der Praxis die Formulierung eines zulässigen Antrags auf gerichtliche Entscheidung. § 172 Abs. 3 S. 1 StPO verlangt lediglich, dass die Tatsachen, die die Erhebung der öffentlichen Klage begründen sollen, und die Beweismittel anzugeben sind. Der Antrag auf gerichtliche Entscheidung muss die Tatsachen, welche die Erhebung der öffentlichen Klage rechtfertigen sollen, in verständlicher Weise dergestalt aufführen, dass daraus der Sachverhalt in allen für die Beurteilung der Tat bedeutsamen Aspekten ohne Rückgriff auf die Akten deutlich wird. Weiter sind die Beweismittel anzugeben.[186] Zweck der Vorschrift ist es, das Gericht in die Lage zu versetzen, ohne Studium der Akten allein aufgrund der in der Antragsfrist eingereichten Unterlagen zu entscheiden, ob ein hinreichender Tatverdacht besteht, wenn man die Richtigkeit des Vorbringens und die Beweisbarkeit unterstellt. »Hinreichender Tatverdacht« im Sinne des § 203 StPO ist ein unbestimmter Rechtsbegriff, der einen nicht unerheblichen Beurteilungsspielraum eröffnet, zumal es sich um eine Prognoseentscheidung handelt.[187] Die Rspr. stellt insoweit **sehr strenge Anforderungen.** Hinreichender Tatverdacht besteht dann, wenn aufgrund einer vorläufigen prognostischen Bewertung des Ergebnisses des vorbereitenden Verfahrens eine Verurteilung des Beschuldigten nach Durchführung der Hauptverhandlung wahrscheinlich ist.[188] Die Wahrscheinlichkeit einer Verurteilung nach durchgeführter Beweisaufnahme muss höher sein als die Wahrscheinlichkeit des Freispruchs.[189] Das BVerfG hat die Auslegung des § 173 Abs. 3 S. 1 StPO, wonach der Antrag unzulässig ist, wenn er den oben genannten Anforderungen nicht entspricht, mehrfach als verfassungsrechtlich unbedenklich bezeichnet.[190] **97**

Der Antrag auf gerichtliche Entscheidung muss eine geschlossene und aus sich heraus verständliche Sachdarstellung enthalten, die es dem Gericht ermöglicht, ohne Rückgriff auf die Ermittlungsak-

---

180 OLG Köln JMBl. NW 1962, 260; OLG Hamm NJW 1963, 2284.

181 OLG Stuttgart NJW 1977, 61 (62); OLG Köln MDR 1972, 623; OLG Hamm JZ 1958, 622; a.A. OLG Celle NJW 1954, 974; OLG München NJW 1977, 2365.

182 Zur Zuständigkeit OLG Stuttgart NStZ-RR 1996, 239.

183 BGHSt 30, 309; OLG Düsseldorf NStZ 1989, 193; OLG Koblenz VRS 64, 33; OLG Hamm NJW 1972, 1431 (1432); OLG München NJW 1965, 120; 1962, 1530; OLG Nürnberg NStZ-RR 1998, 143 (144); KK/*Moldenhauer* § 172 Rn. 32; LR/*Graalmann-Scheerer* § 172 Rn. 131; *Meyer-Goßner/Schmitt* § 172 Rn. 25.

184 OLG München NStZ 1987, 136.

185 BVerfG NJW 1993, 720.

186 OLG Schleswig NStZ 2013, 302 (Beschl. V. 12.06.2012 im Gorch-Fock-Verfahren); OLG Frankfurt BeckRS 2012, 23477.

187 BVerfG NStZ 2002, 606 Rn. 1; BGH StV 2001, 580.

188 *Meyer-Goßner/Schmitt* § 170 Rn. 1.

189 OLG Nürnberg 1 Ws 464/10 und 2 Ws 227/10.

190 BVerfG NJW 1988, 1773; 1993, 382; 2004, 1585; NStZ-RR 2005, 176; BVerfG 08.06.2021 – 2 BvR 2010/20.

ten u.a. Schriftstücke eine »**Schlüssigkeitsprüfung**« vorzunehmen.[191] Aus der Sachdarstellung muss ersichtlich sein, welche konkreten Vorgänge den Schuldvorwurf begründen und aufgrund welcher Beweismittel der Beschuldigte nach Ansicht des Antragstellers zu überführen ist. Im Klageerzwingungsverfahren muss der Vortrag des Anzeigeerstatters zur Beweiswürdigung die bestimmte Behauptung enthalten, es bestehe im Fall der Erhebung der öffentlichen Klage die Wahrscheinlichkeit, dass der Beschuldigte wegen des Vorwurfs verurteilt werde. Es muss eine hinreichende Verurteilungswahrscheinlichkeit mit Bestimmtheit behauptet werden.[192] Der Klageerzwingungsantrag muss sich mit dem Einstellungsbescheid und dem Beschwerdebescheid des Generalstaatsanwalts auseinandersetzen und deren Unrichtigkeit inhaltlich darlegen.[193] Es sollte/muss bereits im Klageerzwingungsantrag auf die Grundrechtsverstöße hingewiesen werden, zur Vorbereitung einer gegebenenfalls zu erhebenden Verfassungsbeschwerde.

98 2. Um diesen Anforderungen zu genügen, muss der Antragsteller darlegen, dass er **Verletzter**, Anzeigeerstatter i.S.v. § 171 StPO, Beschwerdeführer der fristgerecht eingelegten Vorschaltbeschwerde und Antragsteller des fristgerecht eingereichten Antrags auf gerichtliche Entscheidung ist. Darüber hinaus müssen in groben Zügen der **Gang des Ermittlungsverfahrens**, der Inhalt der angegriffenen Bescheide und die Gründe für die behauptete Unrichtigkeit der Bescheide geschildert werden.[194] Wenn bereits der Erlass eines Strafbefehls vom Gericht abgelehnt worden ist, müssen die Gründe der Entscheidung mitgeteilt werden.[195] Der Antrag muss den Beschuldigten bezeichnen. Der Antragsschrift muss zu entnehmen sein, dass die gesetzlichen Fristen des § 172 Abs. 1 S. 1, Abs. 2 StPO gewahrt sind, damit das OLG überprüfen kann, ob der Rechtsweg zum OLG überhaupt eröffnet ist und die Staatsanwaltschaft ihre sich aus dem Legalitätsprinzip ergebende Verfolgungspflicht verletzt hat.[196] Unter Berücksichtigung der für einen Antrag auf gerichtliche Entscheidung im Klageerzwingungsverfahren zur Verfügung stehenden Frist von einem Monat ab Zugang des Beschwerdebescheids ist es zumutbar, dass der Rechtsanwalt, von dem der Antrag unterzeichnet sein muss, bei der Abfassung des Antrags eine eigene, das Wesentliche zusammenfassende Schilderung und Würdigung des Sachverhalts erstellt.[197] Die Auslegung des § 172 Abs. 3 S. 1 StPO, dass der Antragsteller auch die Einhaltung der Frist des § 172 Abs. 1 StPO darzulegen hat, ist verfassungsrechtlich unbedenklich.[198] Der Darlegungspflicht ist genügt, wenn der Antragsteller den Posteinwurf der Beschwerdeschrift angibt und danach noch zwei Postbeförderungstage bis zum Ablauf der Beschwerdefrist bleiben. Die Angabe des zwei Tage vor Fristablauf erfolgten Posteinwurfs genügt.[199] Es ist ausreichend, wenn

191 Zum notwendigen Inhalt eines Klageerzwingungsverfahrens OLG Düsseldorf NStZ-RR 1998, 365; OLG Nürnberg NStZ-RR 1998, 145; BayVerfGH Beschl. v. 30.03.2004, Az Vf 60-VI-02; OLG Frankfurt a.M. BeckRS 2012, 23477.

192 OLG Stuttgart NStZ-RR 2005, 113.

193 OLG Koblenz NJW 1977, 1461; wistra 1985, 83; OLG München MDR 1980, 250; OLG Düsseldorf GA 1982, 376; NJW 1981, 934; 1988, 1337; 1989, 3296; VRS 82, 36; OLG Schleswig NStZ 1989, 286; OLG Stuttgart Justiz 1984, 189; NStZ-RR 2002, 79; 2003, 331 a.A. OLG Celle NStZ 1989, 43; NJW 1989, 1102 unter Aufgabe der früheren RS; einschränkend OLG Bamberg NStZ 1989, 544; a.A. LR/*Graalmann-Scheerer* § 172 Rn. 153, 154.

194 KG JR 1983, 345; NJW 1969, 109; OLG Frankfurt NStZ-RR 2000, 113 f.; OLG Koblenz NJW 1977, 1462; OLG Schleswig SchlHA 1959, 218; OLG Düsseldorf NStZ-RR 1998, 365; OLG Dresden NStZ-RR 1998, 338; a.A. LR/*Graalmann-Scheerer* § 172 Rn. 153, 154.

195 OLG Frankfurt NStZ-RR 2002, 78.

196 OLG Nürnberg, Beschl. v. 23.10.1997 – Ws 1099/97; Beschl. v. 04.11.1997 – Ws 1140/97; OLG Hamm MDR 1993, 566; NStZ 1992, 250, 555; NStZ-RR 1997, 308; 2003, 177; OLG Düsseldorf MDR 1993, 567; StraFO 200, 22; OLG Karlsruhe NStZ 1982, 520; OLG Stuttgart BeckRS 2009, 05156; a.A. OLG Celle NJW 1990, 60; OLG Frankfurt NStZ-RR 2006, 311; KK/*Moldenhauer* § 172 Rn. 38.

197 BerlVerfGH NJW 2004, 2728.

198 BVerfG NJW 1988, 1773; NJW 1993, 382 f.; NJW 2004, 1585 = NStZ 2004, 215.

199 BVerfG NStZ 2004, 215.

zwischen Abfassung der Beschwerdeschrift und Eingang bei Gericht 5 Tage liegen.[200] Wird nur das Datum der Beschwerdeschrift angegeben, ist der Posteinwurftag nicht genau bezeichnet.[201]

Besondere Ausführungen im Hinblick auf das Rechtsschutzbedürfnis für den Klageerzwingungsantrag sind erforderlich, wenn Anzeige wegen Prozessbetrugs erstattet, aber vorher in einem Zivilverfahren ein Vergleich geschlossen wurde. Haben der Antragsteller und der Beschuldigte des Klageerzwingungsverfahrens über den vermögensrechtlichen Gegenstand im Zivilprozess einen Verglich mit Abgeltungsklausel geschlossen, so fehlt dem Antragsteller das Rechtsschutzbedürfnis für den Klageerzwingungsantrag[202]. Der Antrag auf gerichtliche Entscheidung ist dann nicht zulässig. Eine Ausnahme gilt nur, wenn ein Irrtum beider Parteien über die Vergleichsgrundlage vorgelegen hat, der zur Unwirksamkeit des Vergleichs führt (§ 779 BGB) oder wenn der Vergleichsabschluss wegen arglistiger Täuschung angefochten wurde. Derartige Umstände müssen vom Antragsteller vorgetragen werden, nämlich ob der Vergleich wegen arglistiger Täuschung angefochten wurde oder weswegen trotz des Abschlusses eines Vergleichs dennoch ein Rechtsschutzinteresse ausnahmsweise gegeben sein soll.[203] 99

3. Folgende Angaben sind erforderlich, um den genannten Anforderungen gerecht zu werden, vor allem zu beachten, dass keine Bezugnahme auf Anlagen zu erfolgen hat, sondern diese nur dem Nachweis dienen: 100

- Mitteilung der Anzeige,
- Mitteilung des Inhalts des Einstellungsbescheids der Staatsanwaltschaft,
- Datum des Zugangs des Einstellungsbescheids beim Antragsteller,
- Eingangsdatum der Beschwerde des Verletzten bei der Staatsanwaltschaft oder dem Generalstaatsanwalt,
- Datum und Inhalt der Beschwerdeentscheidung des Generalstaatsanwalts,
- Datum des Zugangs der Beschwerdeentscheidung des Generalstaatsanwalts beim Antragsteller.

4. Der Beschwerdeführer muss die **Tatsachen** vortragen, die den hinreichenden Tatverdacht begründen, d.h. er muss das Vorliegen der objektiven und subjektiven Tatbestandsmerkmale einer Strafbestimmung durch Tatsachen darlegen. Bei Anlass muss er Stellung nehmen, dass Rechtfertigungs-, Schuldausschließungs- oder Strafausschließungsgründe nicht vorliegen.[204] Neue Tatsachen und Beweismittel können im Klageerzwingungsverfahren noch vorgebracht werden. 101

5. Je nach Sachlage hat der Antragsteller Ausführungen zum Vorliegen der **Verfahrensvoraussetzungen** und Nichtbestehen von **Verfahrenshindernissen** zu machen. Erforderlich sind Angaben zur Unterbrechung der Verjährung[205] oder zur Rechtzeitigkeit eines erforderlichen Strafantrags.[206] 102

6. Der Antrag muss die **Beweismittel** benennen, auch dann, wenn diese im Ermittlungsverfahren bereits bekannt waren und verwertet worden sind.[207] Es ist eine Frage der Begründetheit des Antrags, ob die Beweismittel zum Nachweis der Tatsachenbehauptungen ausreichen. Dem Antrag auf gerichtliche Entscheidung muss eindeutig zu entnehmen sein, dass und welche Beweismittel für alle zum notwendigen Inhalt des Antrags gehörenden Tatsachen vorhanden sind und auf welche Weise welcher einzelne Umstand bewiesen werden soll.[208] Die Vorlage einer Liste von Beweisurkunden, von denen Ablichtungen als Anlage beigefügt werden, genügt nicht.[209] 103

200 BVerfG NStZ-RR 2005, 176.
201 BVerfG NJW 2004, 1585 = NStZ 2004, 215.
202 OLG Stuttgart NJW 2002, 2191; OLG Nürnberg, Beschl. v. 15.05.2011 – 2 Ws 273/11.
203 OLG Stuttgart NJW 2002, 2191; OLG Nürnberg, Beschl. v. 15.09.2011 – 2 Ws 273/11.
204 OLG Stuttgart Justiz 1973, 101; 1979, 235.
205 OLG Hamburg NStZ 1985, 41.
206 OLG Düsseldorf StV 1982, 558; OLG Hamm NStZ-RR 2003, 177.
207 OLG Celle NStZ 1988, 568.
208 OLG Celle NStZ 1988, 568.
209 OLG Düsseldorf NStZ-RR 1998, 365.

104 7. Die Rspr. verlangt als Zulässigkeitsvoraussetzung, dass die angefochtenen **Einstellungsbescheide** nicht nur mitgeteilt, sondern **gewürdigt** werden. Der Antragsteller muss darlegen, warum die Bescheide nicht richtig sind.[210] Eine erkennbare Auseinandersetzung mit den Argumenten der staatsanwaltschaftlichen Bescheide ist erforderlich. Denn durch das Klageerzwingungsverfahren soll geprüft werden, ob durch die Einstellung des Verfahrens das Legalitätsprinzip des § 152 Abs. 2 StPO verletzt worden ist. Daher muss dargelegt werden, aus welchen Gründen der Einstellungsbescheid gegen das Legalitätsprinzip verstößt.

105 8. **Bezugnahmen** auf die Akten, frühere Eingaben oder dem Antrag beigeheftete Schriftstücke sind zur Darlegung des Ganges des Ermittlungsverfahrens grundsätzlich unzulässig.[211] Die eigene Sachdarstellung ist tragendes Element des Antrags nach § 172 StPO. Im Klageerzwingungsverfahren ist es nicht Aufgabe des OLG, sich aus den Akten oder Anlagen zur Antragsschrift zusammenzustellen, was der Begründetheit des Antrags dienen könnte[212]; es reicht auch nicht aus, dass in den Antrag umfangreiche Schriftstücke einkopiert werden. Dies wäre eine unstatthafte Umgehung des § 172 Abs. 3 S. 1 StPO.[213] Statt der Bezugnahme und des Einkopierens ist die wörtliche Übernahme in den Antrag zu empfehlen, wobei die Sachdarstellung aber aus sich heraus verständlich bleiben muss.[214] Eine Bezugnahme auf die Ermittlungsakten oder frühere Eingaben genügt zur Darstellung des Sachverhalts nicht.[215]

106 9. Der Antrag auf gerichtliche Entscheidung ist unzulässig, wenn das Verfahren wegen länger dauernden unbekannten Aufenthalts des Beschuldigten für eine vorläufige Einstellung des Verfahrens entsprechend § 205 StPO reif wäre.[216] Wenn der Beschuldigte unbekannten Aufenthalts ist und daher eine Beschuldigtenvernehmung bisher nicht möglich ist, liegen die Voraussetzungen nicht vor, unter denen das OLG die Staatsanwaltschaft zur Erhebung der öffentlichen Klage anweisen könnte.[217] Denn die Anweisung auf Erhebung der öffentlichen Klage hätte rechtlich zwingend zur Voraussetzung (§ 175 StPO), dass der Beschuldigte zur Antragsschrift vorher angehört worden ist. Auch in der von der Staatsanwaltschaft zu fertigenden Anklageschrift müssten nach § 200 Abs. 1 S. 1 StPO der Wohnort und der Wohnsitz des Beschuldigten aufgeführt werden, damit ihm diese (§ 201 StPO), der spätere Eröffnungsbeschluss (§ 215 StPO) und die Ladung zur Hauptverhandlung (§ 216 StPO) zugestellt werden könnten.

IV. Checkliste für die Tätigkeit des Verteidigers

107 **Vorbemerkung:** An den Antrag auf gerichtliche Entscheidung gem. § 172 Abs. 2 StPO stellt die Rspr. sehr hohe formelle Anforderungen. Werden diese nicht erfüllt, erweist sich der Antrag als unzulässig. Hinsichtlich der Zulässigkeitsvoraussetzungen ist der Antrag auf gerichtliche Entscheidung vergleichbar mit der Rüge der Verletzung des formellen Rechts bei der Revisionsbegründung. In der Praxis

---

210 OLG Düsseldorf GA 1982, 376; OLG Hamm JMBl. NW 1957, 130; MDR 1971, 680; KG NJW 1969, 108; JR 1983, 345; OLG Koblenz NJW 1977, 1462; OLG Köln JR 1954, 396; OLG München MDR 1980, 250; OLG Schleswig SchlHA 1959, 218; OLG Stuttgart Justiz 1978, 235; a.A. OLG Celle NJW 1989, 1102.

211 OLG Düsseldorf OLGSt Nr. 6; NStZ-RR 1998, 365; OLG Koblenz NJW 1977, 1461; OLG Frankfurt, Beschl. v. 09.12.2011 – 2 WS118/11 und v. 14.11.2012 – 2 Ws 122/12; OLG Braunschweig BeckRS 2013, 19475; einschränkend OLG Bamberg NStZ 1990, 202 zur Feststellung der Fristwahrung; *Meyer-Goßner/Schmitt* § 172 Rn. 30 ff.

212 OLG Koblenz, Beschl. v. 02.06.1977 – 1 Ws 123/77; OLG Celle NStZ 1997, 406; KK/*Moldenhauer* § 172 Rn. 37 m.w.N.

213 OLG Celle NStZ 1997, 406; OLG Düsseldorf StV 1983, 498; OLG Schleswig SchlHA 1988, 110; a.A. KK/*Moldenhauer* § 172 Rn. 37.

214 LR/*Graalmann-Scheerer* § 172 Rn. 156.

215 OLG Koblenz NJW 1977, 1461; s.a. BVerfG StV 1996, 445.

216 OLG Stuttgart NStZ-RR 1999, 277.

217 OLG Stuttgart NStZ 2003, 682.

werden mit Sicherheit mindestens 90 % der Anträge von den OLGen als unzulässig verworfen.[218] Damit dies nicht geschieht, um also eine Sachprüfung zu erreichen, ist folgendermaßen vorzugehen:

Nach Zustellung des Bescheids des Generalstaatsanwalts ist **Akteneinsicht** zu beantragen und **Wiedervorlage** nach 1 Woche in der Handakte vorzumerken.

Aus den Akten sind folgende **Schriftsätze, Bescheide und Daten** zu erheben (vgl. Rdn. 100):
- die Anzeige,
- der Inhalt des Einstellungsbescheids der Staatsanwaltschaft,
- das Datum des Zugangs des Einstellungsbescheids der Staatsanwaltschaft beim Antragsteller oder Verteidiger,
- das Eingangsdatum der Beschwerde des Verletzten bei der Staatsanwaltschaft oder dem Generalstaatsanwalt,
- das Datum und der Inhalt der Beschwerdeentscheidung des Generalstaatsanwalts,
- das Datum des Zugangs der Beschwerdeentscheidung des Generalstaatsanwalts beim Antragsteller oder Verteidiger.

Vom Mandanten ist die Vollmacht zu erholen, soweit noch nicht vorgelegt, um sie mit dem Antrag auf gerichtliche Entscheidung dem OLG vorzulegen.

Im Fristenkalender Ablauf der Monatsfrist gem. § 172 Abs. 2 S. 1 StPO vormerken.

Antrag per Fax vor Fristablauf an das OLG, Original des Antrags an das OLG unverzüglich absenden.

V. Muster eines Antrags auf gerichtliche Entscheidung gem. § 172 Abs. 2 StPO

▶ Muster eines Antrags auf gerichtliche Entscheidung gem. § 172 Abs. 2 StPO

Rechtsanwälte ..., XY-Str. 6, 93051 Regensburg 108

OLG Nürnberg

– Strafsenat –

Fürther Str. 110

90429 Nürnberg

Ermittlungsverfahren der Staatsanwaltschaft Regensburg, Az 122 Js 123365/11

gegen ...

wegen Betrugs

Klageerzwingungsantrag

Gem. bereits vorgelegter Vollmacht vertreten wir den Anzeigeerstatter, Herrn ..., N-str. 163, 93053 Regensburg. (*Anm.: Falls Vollmacht noch nicht vorgelegt, Vollmacht unverzüglich nachreichen!*)

Hiermit *beantragen* wir

gerichtliche Entscheidung gegen den ablehnenden Bescheid des Generalstaatsanwalts in Nürnberg vom 16.09.2011 dahingehend, die Erhebung der öffentlichen Klage gegen den Beschuldigten ... zu beschließen. Vorab wird darauf hingewiesen, dass der Anzeigenerstatter in seinem Grundrecht auf Gewährung effektiven Rechtsschutzes verletzt ist (vgl. Art. 2 Abs. 1 Grundgesetz in Verbindung mit Art. 20 Abs. 3, gegebenenfalls sollte auch auf eine Verletzung des Grundrechtes aus Art. 3 Abs. 1 GG in seiner Ausprägung als Willkürverbot hingewiesen werden).

---

218 Vgl. *Bischoff* NStZ 1988, 63.

Begründung:

I. Dem Beschuldigten liegt folgender Sachverhalt zur Last:

Einsetzen aus der Strafanzeige.

II. Als *Beweismittel* bezeichne ich: (*vgl.* Rdn. 103)

Zeugen: Namen und Anschrift einsetzen!

Urkunden:

Sachverständige: Namen und Anschrift angeben!

Gutachten:

(Anm.: Der Antrag muss die Beweismittel angeben, auch wenn sie im Ermittlungsverfahren bereits bekannt waren und verwertet worden sind. Neue Beweismittel können angeführt werden.)

III. Verfahrensgang:

Wegen des geschilderten Sachverhalts haben wir namens und im Auftrag des Herrn ... gegen den Beschuldigten bei der Staatsanwaltschaft Regensburg Anzeige erstattet.

Die Staatsanwaltschaft Regensburg hat mit Verfügung vom ...das Ermittlungsverfahren gem. § 170 Abs. 2 StPO eingestellt.

Zur Begründung hat die Staatsanwaltschaft Regensburg folgendes ausgeführt:

(Einsetzen: Begründung aus dem Anzeigeerstatter mitgeteilten Einstellungsbescheid)

Der Einstellungsbescheid wurde uns am ... zugestellt.

Mit Schriftsatz vom ..., eingegangen bei der Staatsanwaltschaft Regensburg am ..., haben wir für den Anzeigeerstatter Beschwerde eingelegt.

Der Generalstaatsanwalt hat mit Bescheid vom ... die Einstellungsverfügung der Staatsanwaltschaft bestätigt.

Der Beschwerdebescheid des Generalstaatsanwalts wurde uns am ... zugestellt.

Zur Begründung des Beschwerdebescheids führt der Generalstaatsanwalt aus:

(Einsetzen: Begründung des Beschwerdebescheids des Generalstaatsanwalts)

IV. Die Gründe der Einstellungsverfügung der Staatsanwaltschaft Regensburg und des Bescheids des Generalstaatsanwalts sind aus Folgenden Erwägungen nicht richtig.

(Anm.: Hier ist darzulegen, aus welchen tatsächlichen oder auch rechtlichen Gründen die die Einstellung tragenden Gründe nicht zutreffen. Es ist im einzelnen Stellung zu nehmen, dass die Beweismittel zum Nachweis der mit ihnen verbundenen Tatsachenbehauptungen zur Begründung des hinreichenden Tatverdachts ausreichen. Dabei kann auch die Einlassung des Beschuldigten verwertet werden.)

Damit besteht gegen den Beschuldigten ein zur Anklageerhebung hinreichender Tatverdacht.

V. Verfassungsrechtliche Verstöße ausführen.

Unterschrift

Rechtsanwalt

G. Entscheidung des Gerichts

I. Verfahrensgang

1. Zuständig für die Entscheidung des Gerichts ist das OLG (§ 172 Abs. 4 StPO) und zwar der Strafsenat in der Besetzung mit drei Richtern (§ 120 GVG). Örtlich zuständig ist das OLG, in dessen Bezirk die Staatsanwaltschaft ihren Sitz hat, die die Einstellungsverfügung erlassen hat. 109

2. Nach Eingang des Antrags auf gerichtliche Entscheidung und Registrierung (Gz Ws __/11) leitet das OLG den Antrag dem Generalstaatsanwalt zur Stellungnahme zu. Der Generalstaatsanwalt gibt den Antrag an die zuständige Staatsanwaltschaft weiter und bittet um Überprüfung, ob im Hinblick auf das Vorbringen im Antrag die Ermittlungen wieder aufzunehmen sind. Der Antrag ist erledigt, wenn die Staatsanwaltschaft die Ermittlungen wieder aufnimmt.[219] Gleiches gilt, wenn der Generalstaatsanwalt vor der Entscheidung durch das OLG die öffentliche Klage erheben lässt.[220] Der Tod des Beschuldigten erledigt das Verfahren, ohne dass es einer förmlichen Einstellung bedürfte,[221] ebenso der Tod des Antragstellers, da dessen Rechtsstellung nicht vererblich ist.[222] Werden die Ermittlungen von der Staatsanwaltschaft nicht wieder aufgenommen, legt die Staatsanwaltschaft die Akten dem Generalstaatsanwalt vor. Der Generalstaatsanwalt leitet dem Strafsenat die Ermittlungsakten mit einer Stellungnahme zum Klageerzwingungsantrag zu. Vorzulegen sind die gesamten Akten des Ermittlungsverfahrens, auch Spuren-, Beweismittelakten, TÜ-Protokolle oder Beiakten. Der Generalstaatsanwalt beantragt die Verwerfung des Antrags auf gerichtliche Entscheidung als unzulässig oder als unbegründet. 110

3. Das **weitere Verfahren** bestimmt das OLG **nach eigenem Ermessen**. Gegenstand der gerichtlichen Überprüfung und Entscheidung ist nicht allein das Vorbringen des Antragstellers. Allerdings ist das OLG auf die Untersuchung der prozessualen Tat beschränkt, die Inhalt des Klageerzwingungsantrags ist und durch die nach § 172 Abs. 3 S. 1 StPO erforderlichen Angaben umschrieben wird. 111

1. Anhörungen

a) Der **Generalstaatsanwalt** bei dem OLG ist vor der Entscheidung durch das OLG zu hören (§ 33 Abs. 2 StPO), in den Fällen des § 142a Abs. 1 S. 1 GVG der Generalbundesanwalt. Dies geschieht bereits durch Übersendung des Klageerzwingungsantrags mit der Bitte um Stellungnahme und Vorlage der Ermittlungsakten.[223] Wenn das Gericht weitere Ermittlungen nach § 173 Abs. 3 StPO durchgeführt hat oder der Beschuldigte weitere Angaben nach Mitteilung des Antrags (§ 173 Abs. 2 StPO) gemacht oder auch der Antragsteller ergänzend Stellung genommen hat, ist eine erneute Anhörung erforderlich. 112

b) Die **Anhörung des Beschuldigten** steht im Ermessen des Gerichts. Eine Anhörung unterbleibt, wenn sich der Klageerzwingungsantrag als unzulässig oder unbegründet erweist. Der Beschuldigte ist aber stets zu hören, wenn das OLG dem Klageerzwingungsantrag stattgeben will. Dies folgt aus § 175 S. 1 StPO und aus Art. 103 Abs. 1 GG.[224] Ist die Anhörung zu Unrecht unterblieben, so ist sie, falls noch möglich, im Klageerzwingungsverfahren nachzuholen (§ 33a StPO). 113

Zur Gewährung des rechtlichen Gehörs leitet das Gericht dem Beschuldigten eine Kopie des Klageerzwingungsantrags zu und bestimmt eine angemessene Frist zur Stellungnahme (§ 173 Abs. 2 114

---

219 OLG Koblenz NStZ 1990, 48; OLG Zweibrücken MDR 1987, 341; a.A. OLG Bamberg NStZ 1989, 543.

220 OLG München NStZ 1986, 376, das den Antragsteller in diesem Fall so behandelt, als wäre der Antrag erfolgreich gewesen.

221 BGH NJW 1983, 463; OLG Stuttgart Justiz 1985, 176.

222 OLG Düsseldorf VRS 76, 370; GA 1984, 129; OLG Hamm NJW 1977, 64; OLG Karlsruhe Justiz 1981, 323.

223 Vgl. Rdn. 110.

224 BVerfGE 17, 356 (362); 19, 32 (36); 42, 172 (175) = NJW 1976, 1629.

StPO). Eine Erklärung des Beschuldigten, die nach Fristablauf, aber vor der Entscheidung beim OLG eingeht, ist zu berücksichtigen.

115 c) Eine **Anhörung des Antragstellers** ist in den §§ 172 ff. StPO nicht geregelt. Es gilt daher § 33 Abs. 3 StPO.

2. Weitere Ermittlungen des Gerichts

116 a) Nach § 173 Abs. 3 StPO kann das Gericht weitere Ermittlungen anordnen. Diese sind erforderlich, wenn der Ermittlungsstand eine Entscheidung des Gerichts nicht erlaubt. Die Ermittlungen müssen der **Vorbereitung der Entscheidung** des OLG dienen.

117 b) Die **Art und der Umfang der Ermittlungen** sind in § 173 StPO nicht bestimmt. Zulässig sind alle Arten von Ermittlungen, die auch im Rahmen des Ermittlungsverfahrens zulässig sind. Dabei können auch **Zwangsmaßnahmen**, z.B. Durchsuchungen oder Beschlagnahmen, angeordnet werden. Die Anordnung von Untersuchungshaft oder der Unterbringung in einem psychiatrischen Krankenhaus ist unzulässig.[225] Das Gericht kann auch umfangreichere Nachermittlungen durchführen.

118 c) Die Anordnung der ergänzenden Ermittlungen erfolgt durch einen **Beschluss des Strafsenats,** nicht durch Prozess leitende Verfügung des Vorsitzenden. In dem Beschluss werden die Ermittlungen konkret bezeichnet.

119 d) Mit der **Durchführung der Ermittlungen** kann das Gericht ein Mitglied des Senats oder einen ersuchten Richter (§§ 156, 157 GVG, § 173 Abs. 3 StPO) beauftragen. Der Generalstaatsanwalt bei dem OLG kann nicht um Durchführung der Ermittlungen ersucht werden. In der Praxis bittet allerdings das Gericht i.d.R. die Staatsanwaltschaft oder die Polizei um Durchführung der angeordneten Ermittlungen. Diese übliche Vorgehensweise steht in Widerspruch zum Wortlaut des § 173 Abs. 3 StPO. Daher besteht wohl keine Verpflichtung für die Staatsanwaltschaft oder die Polizei, die gewünschten Ermittlungen vorzunehmen.[226]

120 e) Das **Ergebnis der Ermittlungen** ist der Staatsanwaltschaft stets, dem Beschuldigten nur dann mitzuteilen, wenn Tatsachen oder Beweismittel zum Nachteil des Beschuldigten verwertet werden (§ 33 Abs. 2, 3 StPO).

II. Beschluss des Gerichts

1. Verwerfungsbeschluss

121 a) Das Gericht verwirft einen Klageerzwingungsantrag als **unzulässig**, wenn die nach § 172 Abs. 2 und 3 StPO erforderlichen formellen Voraussetzungen nicht gegeben sind.

Inhaltlich beschließt das OLG die Verwerfung des Antrags als **unzulässig,**
- wenn der Antrag nicht form- oder fristgerecht gestellt wurde (z.B. bei Fristversäumnis) oder
- wenn ausschließlich ein Privatklagedelikt vorliegt (§ 172 Abs. 2 S. 3 StPO) oder
- wenn das Opportunitätsprinzip gilt (§ 172 Abs. 2 S. 3 StPO) oder
- wenn der Antragsteller nicht Verletzter ist oder
- wenn der Beschuldigte nicht bezeichnet ist[227] oder ein Beschuldigter fehlt, z.B. bei einer Anzeige gegen einen unbekannten Täter[228] oder
- wenn keine endgültige Einstellung des Verfahrens vorliegt oder

225 LR/*Graalmann-Scheerer* § 173 Rn. 13 f.
226 LR/*Graalmann-Scheerer* § 173 Rn. 19.
227 OLG Düsseldorf VRS 77, 226; OLG Hamburg JR 1961, 32; MDR 1993, 1226; OLG Köln JR 1954, 390; OLG Oldenburg MDR 1986, 692; OLG Stuttgart Justiz 1987, 80.
228 OLG Düsseldorf VRS 83, 431 (434); OLG Hamburg MDR 1971, 252; OLG Celle MDR 1956, 120.

– wenn der Antrag sich nur auf einen Teil der Tat (§ 264 StPO) bezieht.[229]

Die Verwerfung als unzulässig erzeugt keine Sperrwirkung und keine Kostenfolge gem. § 177 StPO. Die Entscheidung, die den Antrag als unzulässig verwirft, ist dem Antragsteller und der Staatsanwaltschaft nach § 35 StPO bekannt zu machen. Eine Mitteilung an den Beschuldigten erfolgt nur, wenn er zum Antrag gehört worden ist (§ 173 Abs. 2 StPO).

b) Die Verwerfung des Antrags als **unbegründet** erfolgt, wenn aus tatsächlichen oder rechtlichen Gründen **kein genügender Anlass zur Erhebung der öffentlichen Klage** besteht.[230] Dieser Begriff ist identisch mit dem hinreichenden Tatverdacht i.S.v. § 203 StPO. Betrifft der zulässige Antrag ein Offizialdelikt und stellt das OLG einen hinreichenden Tatverdacht nur hinsichtlich eines Privatklagedelikts oder einer Ordnungswidrigkeit fest, so verwirft das OLG den Antrag als unbegründet, da eine sachliche Prüfung nur hinsichtlich des Offizialdelikts möglich ist.[231] Ergibt schon die Begründung des Antrags, dass kein Offizialdelikt vorliegt, ist der Antrag als unzulässig zu verwerfen. 122

Eine verfassungsrechtliche Überprüfung der Entscheidung des OLG durch ein Verfassungsgericht des jeweiligen Landes beschränkt sich darauf, ob das Gericht bei seiner ablehnenden Entscheidung willkürlich gehandelt hat oder ob ein Verfahrensgrundrecht des Landesrechts verletzt wurde, z.B. Verstoß gegen das Willkürverbot oder gegen den Anspruch auf Gewährung des rechtlichen Gehörs; auch Verletzungen gegen die Rechtsschutzgarantie wegen überhöhter Anforderungen an die Zulässigkeit des Antrages sollten gerügt werden.[232] 123

Bei Verwerfung aus sachlichen Gründen kann die Staatsanwaltschaft die Anklage nur aufgrund neuer Tatsachen oder Beweismittel erheben (§ 174 Abs. 2 StPO). Nur die Verwerfung eines unbegründeten Antrags löst die **Sperrwirkung des § 174 Abs. 2** StPO aus. Wird ein Sachverhalt auf Anzeige eines Verletzten auf seine strafrechtliche Relevanz überprüft, so geschieht dies nach der Offizialmaxime zugleich im Hinblick auf eine mögliche Verletzung anderer. Die Verwerfung eines die Einstellung anfechtenden Klageerzwingungsantrags bewirkt daher **Strafklageverbrauch**. Ein möglicherweise ebenfalls noch verletzter Dritter kann wegen desselben Lebenssachverhalts keinen neuen Klageerzwingungsantrag stellen.[233] Ein neues Verfahren ist aber zulässig, wenn der frühere Anzeigeerstatter oder andere Verletzte neue Tatsachen und/oder Beweismittel beibringen, die allein oder in Zusammenhang mit den bei Erlass der das Verfahren beendenden Sachentscheidung bekannten Tatsachen die Erhebung der öffentlichen Klage rechtfertigen können.[234] Die Kostenentscheidung des Verwerfungsbeschlusses ergibt sich aus § 177 StPO.

2. Anordnung der Klageerhebung

Erachtet das Gericht nach Anhörung des Beschuldigten den Antrag für begründet, so beschließt es die **Erhebung der öffentlichen Klage** (§ 175 S. 1 StPO). Der **Antrag ist begründet**, wenn sich aus dem Lebensvorgang, der in der Antragsschrift geschildert wird, und den angeführten Beweismitteln der hinreichende Tatverdacht ergibt, dass der Beschuldigte ein Offizialdelikt begangen hat. Besteht nur hinsichtlich einzelner von mehreren prozessualen Taten oder von mehreren Beschuldigten ein hinreichender Tatverdacht, so erfolgt nur insoweit die Erhebung der öffentlichen Klage. 124

a) § 175 StPO schreibt die **Anhörung des Beschuldigten** vor Anordnung der Erhebung der öffentlichen Klage zwingend vor.[235] Wird diese versäumt, so gilt § 33a StPO. Die Anhörung ersetzt nicht 125

229 OLG Karlsruhe NJW 1977, 62; OLG Frankfurt a.M. NStZ-RR 2001, 20; *Meyer-Goßner/Schmitt* § 172 Rn. 38; *Bliesener* NJW 1974, 874; *Meyer-Goßner* JR 1977, 216; *Solbach* DRiZ 1984; 476; a.A. OLG Hamm MDR 1965, 765; NJW 1974, 68 (69).

230 Vgl. Rdn. 11 ff.

231 OLG Celle Nds. Rpfl. 1963, 258; OLG Koblenz NJW 1960, 734.

232 BayVerfGH BeckRS 2013, 56096, BVerfG 02.07.2018 – 2 BvR 1550/17.

233 OLG Koblenz NStZ-RR 1998, 339.

234 *Meyer-Goßner/Schmitt* Einl. Rn. 182; LR/*Graalmann-Scheerer* § 172 Rn. 39, 40.

235 BVerfG JZ 1964, 653.

die Beschuldigtenvernehmung nach § 163a StPO. Diese ist vor Anordnung der Klageerhebung nachzuholen. Eine Nachholung der Beschuldigtenvernehmung nach der Entscheidung durch das OLG genügt nicht.[236]

126 b) Die Anordnung der Erhebung der öffentlichen Klage erfolgt durch einen Beschluss des OLG. Inhaltlich muss der Beschluss den Anforderungen genügen, die an eine Anklageschrift (§ 200 StPO) zu stellen sind. Die Tat muss nach Ort, Zeit und Umständen ihrer Begehung umschrieben werden. Ebenso müssen die Strafbestimmungen angegeben werden. Nicht anzugeben ist, bei welchem Gericht und in welcher Form (Anklage oder – unzulässigerweise – Strafbefehl) die Erhebung der öffentlichen Klage zu erfolgen hat. Der Beschluss ist an sich nicht zu begründen, da er unanfechtbar ist (§ 304 Abs. 4 S. 2 StPO). Dennoch ist in der Praxis eine Begründung üblich. Es sollen in dem Beschluss die Gründe enthalten sein, die eine Erhebung der öffentlichen Klage rechtfertigen.[237] Das OLG kann der Staatsanwaltschaft keine weiteren Verpflichtungen über die Anklageerhebung hinaus hinsichtlich der weiteren Sachbehandlung auferlegen.

127 c) Die **Staatsanwaltschaft** ist bei der Durchführung des Beschlusses an die Entscheidung des OLG in tatsächlicher und rechtlicher Hinsicht **gebunden**. Das OLG beschließt allerdings nur die Erhebung der öffentlichen Klage. Die Staatsanwaltschaft ist frei bei der Entscheidung, bei welchem Gericht sie anklagt und welche Klageart sie wählt. Der Antrag auf Erlass eines Strafbefehls ist im Hinblick auf die Anschlussmöglichkeit als Nebenkläger für den Antragsteller gem. § 395 Abs. 1 Nr. 3 StPO nicht zulässig, da im Strafbefehlsverfahren diese Beteiligungsmöglichkeit entfällt und damit dem Angeklagten im Fall der Verurteilung die durch das Klageerzwingungsverfahren dem Antragsteller entstandenen notwendigen Auslagen nicht auferlegt werden könnten.[238]

128 d) Die Staatsanwaltschaft kann nach Anordnung der Klageerhebung das Verfahren nicht mehr nach dem **Opportunitätsgrundsatz** (§§ 153, 153a StPO) einstellen, anders nach Anklageerhebung. Im weiteren Verfahrensgang hat die Staatsanwaltschaft selbst zu entscheiden, ob sie einer Verfahrenseinstellung nach Ermessensvorschriften (§§ 153 Abs. 2, 153a Abs. 2, 153b Abs. 2, 153e Abs. 2 StPO oder § 47 JGG) zustimmt. Sie kann auch Verfahrenseinstellung nach den §§ 154 Abs. 2 StPO beantragen.

Die Staatsanwaltschaft ist nicht verpflichtet, Rechtsmittel einzulegen, wenn das Gericht die Eröffnung des Verfahrens ablehnt oder in der Hauptverhandlung freispricht. Eine Rücknahme der Anklage ist der Staatsanwaltschaft nicht mehr gestattet, es sei denn, dass sie die Klage alsbald bei einem anderen zuständigen Gericht erheben will.[239]

129 e) Nach Anklageerhebung entfällt die Bindungswirkung des OLG-Beschlusses sowohl für die Staatsanwaltschaft als auch für das angegangene Gericht,[240] selbst für das OLG, wenn es erneut mit der Sache befasst werden sollte, z.B. bei sofortiger Beschwerde gegen die Ablehnung der Eröffnung des Verfahrens durch das LG.

130 f) Erhebt die Staatsanwaltschaft während des Klageerzwingungsverfahrens Anklage, so ist damit das Klageerzwingungsverfahren erledigt. Eine Entscheidung durch das OLG ist nicht mehr geboten. Das OLG München hat bei dieser Sachlage auf Antrag des Antragstellers eine **feststellende Entscheidung** getroffen, dass der **Klageerzwingungsantrag erfolgreich** war, um die Anschlussbefugnis des Antragstellers als Nebenkläger gem. § 395 Abs. 1 Nr. 3 StPO sicherzustellen.[241]

131 g) Die Entscheidung ergeht durch **Beschluss**, der nicht anfechtbar ist (§ 304 Abs. 4 S. 2 StPO). Im Klageerzwingungsverfahren ist das OLG zwar als erstes Gericht mit der Sache befasst, jedoch nicht

236 LR/*Graalmann-Scheerer* § 175 Rn. 3; a.A. KK/*Moldenhauer* § 175 Rn. 1.
237 Für Begründung: KK/*Moldenhauer* § 175 Rn. 3; LR/*Graalmann-Scheerer* § 175 Rn. 5.
238 A.A. LR/Graalmann-Scheerer § 175 Rn. 13; KK/*Moldenhauer* § 175 Rn. 6; *Meyer-Goßner/Schmitt* § 175 Rn. 3 ohne Begründung.
239 *Meyer-Goßner/Schmitt* § 175 Rn. 3.
240 OLG Karlsruhe NJW 1977, 62.
241 OLG München MDR 1986, 426 = NStZ 1986, 376.

i.S.d. § 304 Abs. 4 S. 2 Hs. 2 StPO im ersten Rechtszug zuständig. Eine Anfechtbarkeit der Entscheidung des OLG im Klageerzwingungsverfahren sieht das Gesetz nicht vor.[242]

h) Der Beschluss ist dem Antragsteller, der Staatsanwaltschaft und dem Beschuldigten mitzuteilen, 132
unabhängig, ob letzterer zum Antrag gehört worden ist (§ 174 Abs. 1 StPO). Eine Zustellung ist nicht erforderlich (§ 35 Abs. 2 S. 2 StPO).

3. Anordnung der Wiederaufnahme der Ermittlungen

Strittig ist, ob das OLG das Klageerzwingungsverfahren durch die **Anordnung** abschließen kann, 133
dass die Staatsanwaltschaft die **Ermittlungen wieder aufzunehmen** hat.[243] Entgegen dem Wortlaut der §§ 171, 172, 173 Abs. 3 und 175 StPO wird man in Ausnahmefällen die Anordnung des OLG, dass die Staatsanwaltschaft die Ermittlungen wieder aufzunehmen hat, zulassen müssen, wenn die Staatsanwaltschaft bisher aus nicht zutreffend erachteten Gründen davon abgesehen hatte und die zur Entscheidung über den Antrag auf gerichtliche Entscheidung erforderliche Aufklärung des Sachverhalts die vollständige oder weitgehende Durchführung eines selbstständigen Ermittlungsverfahrens durch das OLG erfordern würde.[244] Ansonsten müsste das OLG bei Bejahung eines Anfangsverdachts die Ermittlungen, die an sich der Staatsanwaltschaft obliegen, vollständig bis zur Entscheidungsreife selbst tätigen. Der Strafsenat würde bei fehlenden Ermittlungen der Staatsanwaltschaft zum »Hilfsstaatsanwalt«, der das gesamte weitere Ermittlungsverfahren durchzuführen hätte. Die Vorschrift des § 173 Abs. 3 StPO bezieht sich nur auf ergänzende, Lücken schließende Ermittlungen des Gerichts.[245] Die Gegenmeinung beruft sich auf den klaren Wortlaut der §§ 171, 172, 173 Abs. 3 und 175 StPO. Das OLG muss aber die Ermittlungen nach § 173 Abs. 3 StPO nur dann selbst ausführen, wenn der Sachverhalt im Ermittlungsverfahren im Wesentlichen aufgeklärt ist. Mit der Aufforderung an die Staatsanwaltschaft, die Ermittlungen aufzunehmen, ist das Klageerzwingungsverfahren abgeschlossen.

Die Entscheidung ergeht unter Aufhebung des Bescheids des Generalstaatsanwalts und der Einstel- 134
lungsverfügung der Staatsanwaltschaft in Form einer **Ermittlungsanordnung an die Staatsanwaltschaft**. Der Beschluss enthält **keine Kostenentscheidung**, da die Kosten des Klageerzwingungsverfahrens Kosten des Verfahrens sind.[246] Im Klageerzwingungsverfahren ergeht keine Auslagenentscheidung zugunsten des Antragstellers, wenn sich der Klageerzwingungsantrag infolge der Wiederaufnahme der Ermittlungen durch die Staatsanwaltschaft erledigt hat.[247] Das Klageerzwingungsverfahren kennt keine Kosten- oder Auslageentscheidung.

Der Antragsteller kann sich nach einem erfolgreichen Klageerzwingungsverfahren gem. § 395 Abs. 1 Nr. 3 StPO als Nebenkläger anschließen. Der Beschluss ist **nicht anfechtbar** (§ 304 Abs. 4 S. 2

242 BGH NStZ 2003, 501.

243 Gegen die Anordnung: KK/*Moldenhauer* § 175 Rn. 3; *Kuhlmann* NStZ 1981, 193; für die Anordnung: OLG Braunschweig wistra 1993, 33; KG NStZ 1990, 355 mit abl. Anm. *Wohlers* NStZ 1991, 300 = JZ 1991, 46 mit zust. Anm. *Eisenberg*; OLG Bremen OLGSt Nr. 1; OLG Nürnberg NStZ-RR 1999, 238, 241; OLG Zweibrücken GA 1981, 94; LR/*Graalmann-Scheerer* § 175 Rn. 16, 17; vgl. auch *Rieß* NStZ 1986, 436; 1990, 10; *Stoffers* NStZ 1993, 499; *Meyer-Goßner/Schmitt* § 175 Rn. 2, aber nur, wenn die Staatsanwaltschaft irrtümlich bisher von der Durchführung von Ermittlungen abgesehen hat.

244 KG NStZ 1990, 356 mit abl. Anm. *Wohlers* NStZ 1991, 300 = JZ 1991, 46; OLG Zweibrücken NStZ 1981, 193; OLG Braunschweig wistra 1993, 33; OLG Bremen OLGSt Nr. 1 zu § 175; OLG Koblenz NStZ 1995, 50, 51; OLG Hamm StV 2002, 128; OLG Köln NStZ 2003, 682; OLG Stuttgart Justiz 2003, 270; LR/*Graalmann-Scheerer* § 175 Rn. 16, 17; vgl. auch *Rieß* NStZ 1986, 436 ff.; a.A. KK/*Moldenhauer* § 175 Rn. 3; SK/*Wohlers* § 175 Rn. 2; *Kuhlmann* NStZ 1981, 193 f.

245 OLG Hamm NStZ-RR 1999, 148; OLG Nürnberg NStZ-RR 1999, 238, 241; LR/*Graalmann-Scheerer* § 175 Rn. 19.

246 LR/*Graalmann-Scheerer* § 175 Rn. 6.

247 OLG Schleswig SchlHA 1986, 106; OLG Koblenz NStZ 1990, 48; OLG Brandenburg NStZ-RR 2005, 45; *Meyer-Goßner/Schmitt* § 177 Rn. 1.

StPO). Der Beschluss ist dem Antragsteller und der Staatsanwaltschaft **formlos mitzuteilen** (§ 35 Abs. 2 S. 1 StPO). Eine Mitteilung an den Beschuldigten ist gesetzlich nicht vorgeschrieben, aber zu empfehlen.

4. Die Rücknahme bzw. Erledigung des Antrags

135 Bis zur Entscheidung durch das OLG kann der Antrag zurückgenommen werden. Bei **Erledigung des Antrags** ergeht ein Feststellungsbeschluss des OLG ohne Kostenentscheidung (§ 177 StPO). Durch die Wiederaufnahme von Ermittlungen seitens der Staatsanwaltschaft ist das Klageerzwingungsverfahren i.d.R. nicht erledigt.[248] Für diese Rechtsauffassung sprechen der Sinn und der Zweck der §§ 172 ff. StPO, insbesondere aber der eindeutige Wortlaut des § 175 StPO. Das Klageerzwingungsverfahren zielt auf den Abschluss durch Klageerhebung und nicht auf eine bloße Wiederaufnahme der Ermittlungen. Sinn und Zweck des Klageerzwingungsverfahrens ist die gerichtliche Kontrolle des Legalitätsgrundsatzes. Nach durchgeführten Ermittlungen soll das OLG über die Pflicht zur Klageerhebung entscheiden. Erhebt die Staatsanwaltschaft aufgrund eines Klageerzwingungsantrags Anklage, so tritt zwar Erledigung ein, aber der Antragsteller hat im Hinblick auf die Befugnis zum Anschluss als Nebenkläger wie auch auf sein Recht auf eine Entscheidung über die Kosten und seine notwendigen Auslagen trotz der eingetretenen prozessualen Erledigung ein Rechtsschutzbedürfnis auf Feststellung, dass sein Antrag erfolgreich war.[249] Der Antragsteller kann sich der erhobenen öffentlichen Klage als Nebenkläger auch dann anschließen, wenn das OLG lediglich feststellt, dass der Klageerzwingungsantrag erfolgreich war (§§ 395 Abs. 2 Nr. 2, 172 StPO). Die Kosten des Klageerzwingungsverfahrens sind im Fall einer solchen Feststellung Teil der Kosten des Strafverfahrens, über die das erkennende Gericht zu befinden hat.[250]

5. Sicherheitsleistung (§ 176 StPO)

136 § 176 StPO hat durch die Beseitigung des früheren § 472 StPO in der Praxis wenig Bedeutung. Die Sicherheitsleistung dient der Sicherung des nach § 177 StPO möglichen Kostenerstattungsanspruchs. Für die im Antragsverfahren vor dem OLG entstehenden, in § 177 StPO genannten Kosten kann vom Antragsteller durch einen besonderen Beschluss die Leistung einer Sicherheit verlangt werden. Der Beschluss setzt voraus, dass der **Antrag** nach vorläufiger Prüfung **zulässig** ist. Bei Bewilligung von Prozesskostenhilfe darf keine Sicherheitsleistung verlangt werden (§ 122 Abs. 1 Nr. 2 ZPO).

137 a) Die Sicherheit kann nur durch **Hinterlegung** von barem Geld oder von Wertpapieren erfolgen, nicht durch Pfandbestellung oder durch Bürgschaft. Bei Wertpapieren ist Mündelsicherheit nicht erforderlich. Auch gilt keine Beschränkung auf drei Viertel des Wertes (abw. von § 108 Abs. 1 S. 2 ZPO und von § 234 Abs. 1, 3 BGB). Die Hinterlegung erfolgt nach den Vorschriften der Hinterlegungsordnung. Der Nachweis der Hinterlegung kann noch nach Fristablauf gegenüber dem OLG geführt werden.

138 b) Vor der beabsichtigen Anordnung der Sicherheitsleistung ist die Staatsanwaltschaft zu hören (§ 33 Abs. 2 StPO), nicht aber der Beschuldigte oder der Antragsteller. Die Entscheidung des OLG zur Sicherheitsleistung ist nicht anfechtbar (§ 304 Abs. 4 S. 2 StPO). Wird die Sicherheit nicht rechtzeitig oder nicht in dem bestimmten Umfang erbracht, so hat das OLG durch Beschluss gem. § 176 Abs. 2 StPO den Antrag mit der Kostenfolge des § 177 StPO für zurückgenommen zu erklären.

139 c) Ergeht im Klageerzwingungsverfahren keine Entscheidung nach § 177 StPO (Entscheidung nach § 175 StPO, unzulässiger Antrag oder Erledigung des Klageerzwingungsverfahrens), so ist die geleistete Sicherheit vom OLG durch unanfechtbaren Beschluss freizugeben. Werden in den Fällen der §§ 174 und 176 Abs. 2 StPO dem Antragsteller die Kosten des Verfahrens nach § 177 StPO

248 OLG München MDR 1986, 426 = NStZ 1986, 376; OLG Hamm NStZ-RR 1999, 148.
249 OLG München MDR 1986, 426 = NStZ 1986, 376; vgl. KMR/*Plöd* § 175 Rn. 8.
250 OLG München NStZ 1986, 376 (377).

auferlegt, dient die Sicherheit der Befriedigung der Gläubiger (Staatskasse und Beschuldigter). Der Zugriff bestimmt sich nach der Hinterlegungsordnung.

6. Kostenentscheidung (§ 177 StPO)

a) Die **Kosten** des Verfahrens hat der **Antragsteller** zu tragen, wenn sich der **Antrag** als **unbegründet** erweist oder **nach § 176 Abs. 2 StPO** für zurückgenommen erklärt wird. Bei **Rücknahme des Antrags** hat der Antragsteller ebenfalls die Kosten des Verfahrens zu tragen.[251] 140

b) Dem **Antragsteller** werden **keine Kosten** auferlegt, wenn sich der Antrag als **unzulässig** erweist[252] 141
oder der **Antrag** infolge der Wiederaufnahme der Ermittlungen durch die Staatsanwaltschaft **erledigt** ist,[253] da in diesen Fällen eine Gebühr nach dem KVGKG (Gebühr nach Nr. 3200 KVGKG) nicht anfällt und der Antragsteller seine notwendigen Auslagen selbst zu tragen hat. Stirbt der Antragsteller vor der OLG-Entscheidung ist das Verfahren erledigt. Eine Kostenentscheidung unterbleibt.[254] Gleiches gilt, wenn der Beschuldigte verstirbt.

c) Wird dem **Antrag stattgegeben**, so ergeht **keine Kostenentscheidung** über die im Klageerzwin- 142
gungsverfahren entstandenen Kosten. Diese sind Teil des Strafverfahrens. Der Antragsteller kann sich dem Verfahren als Nebenkläger gem. § 395 Abs. 1 Nr. 3 StPO anschließen. Seine notwendigen Auslagen hat im Fall der Verurteilung der Angeklagte zu tragen (§ 472 Abs. 1 StPO). Dies gilt auch dann, wenn das Verfahren durch Strafbefehl erledigt würde, wobei aber eine Klageerhebung durch Strafbefehlsantrag als rechtlich unzulässig anzusehen ist.[255] Zwar wird in diesem Fall ein vorsorglich erklärter Anschluss als Nebenkläger nicht wirksam. Jedoch erwirkt der Antragsteller mit dem Beschluss nach § 175 StPO die (potentielle) Anschlussbefugnis als Nebenkläger und damit von diesem Zeitpunkt ab die Position nach § 406g StPO, die eine Auslagenerstattung nach § 472 Abs. 3 S. 1 StPO ermöglicht.[256] Bei Anordnung der Wiederaufnahme der Ermittlungen[257] durch das OLG ergeht keine Kostenentscheidung.[258]

d) Bei den **veranlassten Kosten** handelt es sich um eine Gerichtsgebühr nach Nr. 3200 KVGKG 143
(60,00 €),[259] die Kosten etwaiger Ermittlungen (§ 173 Abs. 3 StPO) und die notwendigen Auslagen des Beschuldigten im OLG-Verfahren.[260] Zu den notwendigen Auslagen gehören auch die Verteidigerkosten des Beschuldigten.[261]

---

251 OLG Düsseldorf GA 1983, 219; MDR 1989, 932; OLG Koblenz OLGSt Nr. 9; LR/*Graalmann-Scheerer* § 177 Rn. 1; SK/*Wohlers* § 177 Rn. 2; *Meyer-Goßner/Schmitt* § 177 Rn. 1; *Rieß* NStZ 1990, 9; a.A. KG NStE Nr. 1; OLG Celle Nds. Rpfl. 1988, 242; OLG Zweibrücken MDR 1985, 250; OLG München JurBüro 1983, 1209 = MDR 1983, 427; KK/*Moldenhauer* § 177 Rn. 2.

252 OLG Bremen MDR 1984, 164; OLG Koblenz NJW 1977, 1461, 1462; OLG Bamberg NJW 1952, 239.

253 OLG Schleswig SchlHA 1986, 106; OLG Koblenz NStZ 1990, 48; KG, Beschl. v. 12.11.1997 – 3 Ws 278/96; Brandenburgisches OLG OLG-NL 2005, 70 f.; *Meyer-Goßner/Schmitt* § 177 Rn. 1.

254 OLG Düsseldorf GA 1984, 129.

255 *Rieß* NStZ 1990, 9; KMR/*Plöd* § 175 Rn. 6; Strafbefehlsverfahren bedenklich bzw. unzweckmäßig: KK/*Moldenhauer* § 175 Rn. 6; LR/*Graalmann-Scheerer* § 175 Rn. 13; *Meyer-Goßner/Schmitt* § 175 Rn. 3.

256 LR/*Hilger* § 472 Rn. 14.

257 KMR/*Plöd* § 175 Rn. 4; vgl. Rdn. 133.

258 *Stoffers* JurBüro 1993, 645.

259 Nr. 3200 geändert mit Wirkung v. 01.01.2005 durch Art. 11 des Gesetzes v. 09.12.2004 (BGBl. I 2004 S. 3220).

260 § 464a Abs. 2 StPO; OLG Koblenz NStZ 1990, 48; OLG Stuttgart NJW 1962, 2021; *Stoffers* JurBüro 1993, 644.

261 Vgl. auch Rieß. NStZ 1990, 8.

H. Wiederholung des Klageerzwingungsverfahrens

144 I. Die Wiederholung des Klageerzwingungsverfahrens ist zulässig, wenn das OLG den Antrag als unzulässig verworfen, die Staatsanwaltschaft das Ermittlungsverfahren aber wieder aufgenommen und nach sachlicher Prüfung erneut eingestellt hat,[262] nicht aber, wenn die Staatsanwaltschaft neue Ermittlungen abgelehnt hat, da dann keine neue staatsanwaltschaftliche Entscheidung in der Sache ergeht.[263] Die Wiederholung eines Klageerzwingungsbegehrens bzw. des Begehrens auf Wiederaufnahme der Ermittlungen als Minus aufgrund neuer Tatsachen und/oder Beweismittel ist nur zulässig, wenn sich dem Begehren selbst offenkundig entnehmen lässt, dass die Staatsanwaltschaft unter Verletzung des Legalitätsprinzips die Wiederaufnahme der Ermittlungen abgelehnt hat.[264] Eine bloße Formalentscheidung kann den Weg ins Klageerzwingungsverfahren nicht erneut eröffnen.

145 II. Ist der Antrag nach § 174 Abs. 1 StPO als unbegründet verworfen worden, kann die Staatsanwaltschaft nur aufgrund neuer Tatsachen oder Beweismittel das Ermittlungsverfahren wieder aufnehmen. Dann ist der Weg für das Klageerzwingungsverfahren wieder frei.[265]

146 III. Nach rechtskräftiger Ablehnung der Eröffnung des Hauptverfahrens (§ 204 StPO) ist eine Wiederholung des Klageerzwingungsverfahrens zulässig, aber nur aufgrund neuer vom Antragsteller vorgebrachter Tatsachen und Beweismittel. Der Ablehnungsbeschluss hat nur eine beschränkte Rechtskraft.[266]

147 IV. Beim Abschluss eines Strafverfahrens durch rechtskräftigen Strafbefehl ist ein neues Klageerzwingungsverfahren dann zulässig, wenn die neuen Tatsachen oder Beweismittel die Qualifizierung der Tat als Verbrechen begründen würden.[267]

262 OLG Nürnberg MDR 1964, 524; OLG Zweibrücken MDR 1987, 341; *Dölling/Duttge/König/Rössner* § 172 Rn. 12.

263 OLG Düsseldorf NStE Nr. 26; OLG Stuttgart NStZ-RR 1997, 177; OLG Schleswig SchlHA 1982, 122; *Meyer-Goßner/Schmitt* § 172 Rn. 37.

264 OLG Köln NStZ 2003, 682.

265 OLG Braunschweig NJW 1961, 934; OLG Hamburg NJW 1963, 1121.

266 OLG Nürnberg MDR 1965, 845; KG JR 1983, 345; OLG Celle NJW 1958, 1791.

267 KG JR 1983, 34; OLG Braunschweig NJW 1961, 934; LR/*Graalmann-Scheerer* § 172 Rn. 41; a.A. OLG Karlsruhe NJW 1977, 62 (63).

Kapitel 28 Nebenklage

Übersicht

A. Einleitung

I. Entwicklung

1 Die Nebenklage ermöglicht den Opfern bestimmter Straftaten die aktive Teilnahme am Strafverfahren. Den Schwerpunkt der Mitwirkungsmöglichkeiten legen die §§ 395–402 StPO auf die Hauptverhandlung.

Die Gesetzesnovellen des Opferschutzgesetzes[1] sowie des Zeugenschutzgesetzes[2] haben insgesamt die Anschlussbefugnis und die Wahrnehmung prozessualer Rechte des Nebenklägers ausgebaut.[3] Der Nebenkläger rückte aus seiner ursprünglichen Verfahrensrolle als bloßer »Gehilfe der Staatsanwaltschaft«[4] heraus und wurde zum Subjekt des Verfahrens. Die Neufassung des § 406 StPO (Entscheidung über den Adhäsionsantrag) führte weiterhin zu einer Verbesserung der Position des Adhäsionsklägers: War bisher das »Absehen von der Entscheidung« (§ 405 a.F. StPO) die prozessuale Regel, so stellt § 406 n.F. StPO anheim, dass nur noch in Ausnahmefällen von einer Entscheidung über den Adhäsionsantrag abgesehen werden soll. § 405 StPO regelt nunmehr die Möglichkeit einer vergleichsweisen Einigung über den Adhäsionsantrag. Nach der Neufassung des § 395 Abs. 1 StPO durch das 2. JuMoG ist auch im Sicherungsverfahren die Nebenklage grundsätzlich zulässig. Die Rechte des Nebenklägers wurden durch mehrere Gesetzesnovellierungen auch in der Folgezeit

1 Vom 18.12.1986 (BGBl. I S. 2496).
2 Vom 30.04.1998 (BGBl. I S. 820); seit dem 01.12.1998 in Kraft.
3 Übersicht bei *Rieß* NJW 1998, 3240.
4 Zum Ganzen: *Fabricius* NStZ 1994, 257 (258).

erweitert.[5] Durch das Gesetz zur Stärkung der Rechte von Opfern im Strafverfahren (StORMG) vom 26.06.2013[6] erfolgte wiederum eine Verbesserung der Opferrechte.[7]

Vollständig seit dem 01.01.2017 (zum Teil aber bereits seit dem 31.12.2015) ist das 3. Opferrechtsreformgesetz (3. OpferRRG) in Kraft getreten, mit welchem die Rechte von Verletzten und Zeugen getreu der bisherigen Entwicklung weiter ausgebaut wurden.[8]

Es dient vor allem der Umsetzung der Richtlinie 2012/29 EU des Europäischen Parlaments und des Rates vom 25.10.2012 über Mindeststandards für die Rechte, die Unterstützung und den Schutz von Opfern von Straftaten.[9]

Neben der Einführung des (jetzt) § 48 Abs. 3 StPO, der auf bereits bestehende prozessuale Möglichkeiten des Zeugenschutzes hinweist und den Gerichten eine Prüfung der Erforderlichkeit derselben abverlangt (z.B. die Vernehmung des Zeugen in Abwesenheit des Angeklagten, § 168e StPO, die audiovisuelle Vernehmung, § 247a StPO, Ausschluss der Öffentlichkeit, § 171b Abs. 1 GVG), ist die Hilfestellung für der deutschen Sprache nicht Mächtige bei der Anzeige durch Einführung des § 158 Abs. 4 StPO und die Erweiterung von Informationspflichten an den Verletzen durch Änderung des § 406d StPO zu erwähnen. Danach sind dem Verletzten nunmehr auch Ort und Zeitpunkt der Hauptverhandlung sowie die gegen den Angeklagten erhobenen Beschuldigungen mitzuteilen. Er ist über eine etwaige Flucht des Beschuldigten aus dem Gefängnis oder der Entziehungsanstalt zu informieren und gegebenenfalls unter behördlichen Schutz zu stellen.

Ebenfalls erweitert wurden Hinweis- und Informationspflichten auf Befugnisse des Verletzten im Strafverfahren, aber auch außerhalb des Strafverfahrens. So muss nunmehr darauf hingewiesen werden, dass Schadensersatzansprüche auf dem Zivilrechtswege geltend gemacht werden können und ein Antrag auf Bewilligung von Prozesskostenhilfe gestellt werden kann (§ 406j Nr. 1 StPO).

Musste der Verletzte bislang nur auf die Möglichkeit der sogenannten psychosozialen Prozessbegleitung hingewiesen werden, ist ihm durch Einführung des § 406g Abs. 3 StPO als Opfer schwerer Gewalt- oder Sexualstraftaten auf Antrag ein psychosozialer Prozessbegleiter beizuordnen. Der (auch nicht beigeordnete) psychosoziale Prozessbegleiter hat ein Anwesenheitsrecht in der kompletten Hauptverhandlung und bei allen Vernehmungen des Verletzten (somit auch im Ermittlungsverfahren, § 406g Abs. 1 S. 2 StPO).

Zentrales Anliegen der Nebenklage ist die Wahrnehmung des Genugtuungsinteresses des Verletzten.[10] Weiterhin kann die Nebenklage der Reparation (z.B. in der Kombination mit einem Adhäsionsantrag[11]), der Kontrolle der Tätigkeit der Staatsanwaltschaft und der Förderung der Sachaufklärung dienen.

---

5 Vor allem durch: 6. StrafrechtsreformG v. 26.01.1998, 37. StrafrechtsänderungsG v. 11.02.2005, 2. OpferRRG v. 29.07.2009.

6 BGBl. I S. 1850.

7 Hier ist als besonders relevant zu beachten, dass die Verjährungsregelungen im Sinne erweiterten Opferschutzes angepasst (§ 78b Abs. 1 Nr. 1 StGB und § 197 Abs. 1 Nr. 1 BGB), die Möglichkeit der Videovernehmung im Ermittlungsverfahren ausgeweitet wurde (§ 58a Abs. 1 S. 2 StPO), durch die Neufassung des § 397a Abs. 1 Nr. 4 StPO der Rahmen der Beiordnung anwaltlichen Beistandes ausgedehnt und durch Neufassung des § 171b GVG die Ausschließung der Öffentlichkeit erleichtert worden ist. Daneben sind die Schutzbedürftigkeitsklausel in § 24 Abs. 1 S. 2 GVG, der § 26 Abs. 2 GVG (Anklageerhebung in Jugendschutzsachen), der § 36 JGG (Jugendstaatsanwalt), der § 69 StPO (Vernehmung des Zeugen zur Sache), der § 255a StPO (Vorführung von Bild- und Tonaufzeichnungen in der Hauptverhandlung), der § 246a Abs. 2 StPO (Sachverständigenanhörung) sowie die Regelung des § 268 Abs. 2 S. 3 StPO (Urteilsverkündung) neu gefasst bzw. abgeändert worden.

8 Vom 21.12.2015 (BGBl. I S. 2525).

9 S. Gesetzesentwurf der Bundesregierung BT-Drs. 18/4621.

10 BGH, Urt. v. 23.01.1979 – 5 StR 748/78 (NJW 1979, 1310).

11 Zum Adhäsionsverfahren s. *Forster* Kap. 29.

Dem Verletzten soll sowohl Schutz gegen ungerechtfertigte Schuldzuweisungen und Herabwürdigungen gewährt, als auch eine opferbezogene Verfahrensgestaltung unter Einbeziehung der entsprechenden Fürsorgepflichten durch Staatsanwaltschaft und Gericht ermöglicht werden.[12] Er soll nach dem Willen des Gesetzgebers seine Interpretation des Tatgeschehens artikulieren und Verantwortungszuweisungen durch den Angeklagten entgegentreten können.[13]

Weniger oft begegnet die Nebenklage von geschädigten Unternehmen im wirtschaftsdeliktsfähigen Bereich.[14] Hier mögen andere Umstände für die Beteiligung am Strafverfahren ausschlaggebend sein. Indem von der Nebenklage Gebrauch gemacht wird, gibt das Unternehmen zu erkennen, dass es Fehlverhalten in den eigenen Reihen nicht akzeptiert und an einer Sachaufklärung interessiert ist mit der Folge, dass das Ansehen des Unternehmens in der Öffentlichkeit keinen Schaden nimmt. Darüber hinaus erleichtern die Verletztenrechte dem Unternehmen die Durchsetzbarkeit von Schadensersatzansprüchen, auch im Rahmen des Adhäsionsverfahrens.

II. Kritik

Das Institut der Nebenklage wird von einer Vielzahl an Verteidigern missbilligt.[15] Das Auftreten einer 2
weiteren Partei im Strafprozess ist eine zusätzliche Herausforderung. Auch die Staatsanwaltschaft, von der die Nebenklage unabhängig ist, muss sich auf prozessuale Tätigkeit für aber auch gegen die Anklage einstellen. Leider wird die Nebenklagevertretung, die mit beinahe gleichen Rechten ausgestattet ist wie die Verteidigung, dem eingangs erwähnten Anliegen des Gesetzgebers nicht immer gerecht. Die Nebenklage wird gelegentlich nur als lukratives Tätigkeitsfeld des Rechtsanwalts verstanden[16], ohne dass die Vertreter ihr Handwerk verstehen oder sachgerecht im Sinne ihres Mandanten ausüben. Dies ist auch dem Umstand geschuldet, dass die Nebenklage in der Juristenausbildung stiefmütterlich behandelt wird[17] und in der Vergangenheit vielen Neuerungen ausgesetzt war. Die Verfahren, bei denen ein Nebenkläger mitgewirkt hat, dauerten zudem regelmäßig länger und gehen für den Angeklagten schlechter aus als Verfahren ohne Beteiligung eines Nebenklagevertreters.[18]

Die Nebenklage bietet aber auch Chancen für alle Verfahrensbeteiligten. Je nach Ziel der Verteidigung kann diese frühzeitig über die Nebenklagevertretung ausloten, welches Interesse der Verletzte verfolgt und gegebenenfalls z.B. auf einen frühzeitigen Täter-Opfer-Ausgleich hinwirken. Auch

12 HK-GS/*Rössner* § 395 Rn. 1 m.w.N.

13 Gesetzesbegründung zum Opferschutzgesetz aus dem Jahre 1986 (BT-Drs. 10/5305, S. 13).

14 Zur Nebenklage bei strafbaren Wettbewerbsverstößen umfassend: *Klinger* NZWiSt 2013, 412.

15 S. auch das Ergebnis des 41. Strafverteidigertags in Bremen, wonach sich die Mehrzahl der Teilnehmer dafür aussprach, Opferrechte effektiv, aber außerhalb des Strafverfahrens zu stärken. Die Opferrechtsreformen der vergangenen Jahre hätten den Geschädigten von Straftaten wenig gebracht, dem rechtsstaatlichen Strafverfahren aber großen Schaden zugefügt (Rechtspolitische Forderungen des 41. Strafverteidigertages nachzulesen bei: www.strafverteidigertag.de).

16 Ein Blick auf das NSU-Verfahren vor dem OLG München, bei dem sich einige wenige Nebenklagevertreter beobachten ließen, wie sie selbst oder von ihnen geschickte Vertreter für kurze Zeit den Gerichtssaal betraten und dann wieder verließen, dabei aber auf Kosten der Angeklagten und nicht zuletzt der Staatskasse unverdiente Gebühren »abgriffen«, stieß bei Prozessbeobachtern auf Kritik. Zudem wurde u.a. auch die große Anzahl an Nebenklägern für Verfahrensverzögerungen und die lange Dauer des NSU-Prozesses verantwortlich gemacht. Gegen Letzteres wurde mit Einführung des § 397b StPO reagiert, s. Rdn. 45.

17 So auch *Barton*, JA 2009, 753, der das »Mauerblümchendasein« mit dem Umfang von maximal drei Seiten in diversen bekannten Lehrbüchern verdeutlicht.

18 *Barton* (s. Rdn. 17.) beschreibt eine Studie aus dem Bereich des OLG Hamm mit 278 Verfahren aus dem Jahre 2004. Die Verfahren mit Nebenklage dauerten erheblich länger als die ohne (durchschnittlich fast 18 Wochen länger von Beginn der Ermittlungen an bis zur Hauptverhandlung) und gingen die Verfahren mit Nebenklage für den Angeklagten schlechter aus als die Verfahren in der Vergleichsgruppe. Dabei handelte es sich um 200 Verfahren mit Nebenklage und 78 Verfahren, die zwar nebenklagefähig waren, die Verletzten von diesem Recht aber nicht Gebrauch machten.

die Staatsanwaltschaft kann profitieren, weil der Verletztenbeistand bzw. Nebenklagevertreter als Ansprechpartner im Kontakt zum Verletzten dienlich sein kann und bei gleicher Interessensverfolgung den ein oder anderen Umstand erkennt, dem prozessuale Aufmerksamkeit zukommen kann im Sinne eines Vier-Augen-Prinzips. Für das Gericht kann Nebenklage die Förderung der Sachaufklärung bedeuten. Umso wichtiger ist es, dass das Institut der Nebenklage nicht missbraucht und in Kenntnis der prozessualen Rechte des Verletzten sachgerecht und zielführend ausgeübt wird. Von der Justiz hingegen ist zu fordern, dass sie Nebenklage nicht als unliebsames Anhängsel des Strafprozesses versteht und den Nebenklagevertreter frühzeitig und offen einbindet.

B. Grundlagen

3 Der Nebenkläger ist auch dann, wenn er mit besonderen Rechten (z.B. Beweisantragsrecht, Fragerecht, Beanstandungsrecht, § 397 StPO) ausgestattet ist und man insoweit durchaus von einer »Parteistellung« im Strafverfahren reden könnte, in seiner Rolle als Zeuge den entsprechenden Pflichten (Pflicht zum Erscheinen, Pflicht zur vollständigen und wahrheitsgemäßen Aussage) unterworfen.

4 Die durch das Strafverfahren geschaffene Situation, Zeuge und Nebenkläger zugleich zu sein, ist konfliktträchtig. Der nebenklageberechtigte Mandant entwickelt einerseits ein besonderes Interesse an der Bestrafung (Genugtuung) und oft auch an der finanziellen Reparation und ist bestrebt, diese seine Interessen gegenüber dem Beschuldigten durchzusetzen.

Der Nebenklagevertreter hat hier die Aufgabe, dem Nebenkläger diese spezifische Prozesssituation klar vor Augen zu führen und auf eine Harmonisierung der Zeugenrolle und der Rolle als Nebenkläger hinzuwirken. Das beinhaltet auch eine Positionsbeschreibung der Nebenklagevertretung: Die Wahrnehmung der Nebenklage gerät in Misskredit – und schadet damit letztlich auch den Interessen des Verletzten –, wenn sie sich in der Hauptverhandlung nur als bloße Artikulation der Rache- oder Vergeltungsbedürfnisse des Verletzten geriert. Auch der Nebenkläger und dessen Vertreter dürfen die für den Angeklagten streitende Unschuldsvermutung nicht missachten.

5 Der Nebenklagevertreter sollte unter Ausnutzung der ihm zur Verfügung stehenden Informationsquellen (insbesondere Akteneinsicht, § 406e Abs. 1StPO, Mandantengespräch) frühzeitig, das heißt, wenn die tatsächlichen und rechtlichen Eckdaten des Vorwurfs gegen den Angeklagten erkennbar konkretisiert sind, gemeinsam mit dem Mandanten eine Zielbestimmung für das Verfahren vornehmen.

▶ Beachte

Die Interessenlage des Mandanten kann sehr verschieden sein:

Besteht lediglich der Wunsch, am Verfahren teilzunehmen, um Tatnachweis und Verurteilung zu fördern oder steht die Reparation im Vordergrund? Ist Letzteres ausschlaggebend, sollte der Beistand durchaus auch auf andere Möglichkeiten, dem Mandanteninteresse zum Durchbruch zu verhelfen, eingehen. So kann es sich empfehlen, schon im Ermittlungsverfahren auf eine Wiedergutmachungsleistung durch den Beschuldigten zu drängen. Dies kann durch Kontaktaufnahme mit dem Verteidiger erfolgen oder aber durch Einschaltung einer Gütestelle mit dem Ziel einer Schlichtungsvereinbarung.[19] Spricht die Beweislage eindeutig gegen den Beschuldigten oder hat dieser bereits ein Geständnis abgelegt, kann auch aufseiten des Beschuldigten ein Interesse daran bestehen, durch Schadensausgleich gegebenenfalls eine Strafmilderung zu erreichen. Findet darüber hinaus ein kommunikativer Prozess zwischen Täter und Opfer statt, bei dem das Bemühen des Täters Ausdruck der Übernahme von Verantwortung ist und das Opfer die Leistung des Täters als friedenstiftenden Ausgleich akzeptiert, kann

19 Gegebenenfalls kann der Mandant aus der Schlichtungsvereinbarung direkt gem. § 794 Abs. 1 Nr. 1 ZPO vollstrecken.

der Täter sogar in den Genuss der Strafmilderung nach § 46a StGB kommen.[20] Das Interesse des Mandanten kann allein durch den Täter-Opfer-Ausgleich befriedigt sein.

Zur Strategie kann es auch gehören, im Vorfeld des Hauptverfahrens auf die Staatsanwaltschaft mit dem Ziel einer Einstellung nach § 153a StPO einzuwirken. In Fällen geringeren Unrechtsgehalts kann es im Interesse des Mandanten liegen, das Verfahren danach unter Verhängung einer Wiedergutmachungsauflage einzustellen, sofern die Geldauflage dem Geschädigten als vorweggenommene Schmerzensgeldzahlung respektive Schadensersatz zufließen kann.

Das durch den Verletzten initiierte Strafverfahren kann zudem der Vorbereitung eines Schadensersatzprozesses dienen, wobei der Verletzte von der Amtsaufklärungspflicht durch Staatsanwaltschaft und Gericht im Hinblick auf die Beweislastregeln der ZPO profitiert. Gleichzeitig sollte der Nebenklagevertreter in diesem Fall die zivilrechtlichen Verjährungsfristen im Blick behalten.

Aufgabe des Nebenklagevertreters muss die Förderung der Sachverhaltsaufklärung ebenso sein wie 6 den sachbearbeitenden Staatsanwalt bzw. Sitzungsvertreter für die Anliegen des Mandanten zu gewinnen. Dies erreicht der Nebenklagevertreter vordergründig durch frühzeitige Fühlungnahme mit Polizei und Staatsanwaltschaft. Da der Nebenklagevertreter, ebenso wie der Verletztenbeistand, nur über sehr geringe Einflussmöglichkeiten im Ermittlungsverfahren verfügt, kann dieser Mangel nur wettgemacht werden, wenn zumindest sichergestellt ist, dass der Rechtsbeistand den jeweiligen Stand des Verfahrens kennt. Des Weiteren werden Polizei und Staatsanwaltschaft, obwohl weder dem Verletztenbeistand noch der Nebenklagevertretung im Ermittlungsverfahren Beweisantragsrechte zustehen, sicherlich zur Sachaufklärung dienliche Anträge nicht einfach zur Seite legen, sondern ihnen nachgehen (Aufklärungspflicht und Legalitätsprinzip). Der Nebenklagevertreter sollte insbesondere die Auswahl eines Sachverständigen bei beabsichtigter aussagepsychologischer Begutachtung des Mandanten nicht der Entscheidung der Staatsanwaltschaft oder des Gerichts überlassen, sondern hier frühzeitig einen Vorschlag unterbreiten, wenn die Begutachtung im Raum steht. Dies wird insbesondere bei kindlichen Zeugen in Sexualstrafverfahren relevant. Da die Eltern zuvor die Zustimmung zur Exploration erteilen müssen, erfolgt zumeist eine schriftliche Anfrage beim Nebenklagevertreter, der dann noch rechtzeitig tätig werden kann.[21]

Enthält sich die Nebenklagevertretung jeglicher Aktivitäten im Vorfeld der Hauptverhandlung – 7 was erfahrungsgemäß nicht selten vorkommt – steht sie strukturell vor dem gleichen Problem, dem sich auch der erst spät im Verfahren mandatierte Verteidiger stellen muss: Der Sachverhalt steht weitgehend fest, Beweismittel sind für die Hauptverhandlung bereits gruppiert und die rechtlichen Beurteilungsalternativen sind ebenfalls auf ein Minimum reduziert.

Vor der Hauptverhandlung sollte sich der Nebenklagevertreter mit dem Sitzungsstaatsanwalt oder dem sachbearbeitenden Staatsanwalt in Verbindung setzen, um die Argumentationslinie und die Strafmaßvorstellungen der Staatsanwaltschaft in Erfahrung zu bringen.

C. Nebenklageverfahren

I. Der Kreis der Anschlussberechtigten

Der Übersichtlichkeit halber lässt sich der in § 395 StPO abschließend aufgeführte Kreis der zur 8 Nebenklage Anschlussberechtigten wie folgt darstellen:

20 S.a. *Ruhs*, Kap. 35 Rdn. 222 ff.

21 Zum aussagepsychologischen Gutachten s.a. *Staudinger*, Kap. 25 Rdn. 67 ff.

Verletzte

1. der Straftaten gem. §§ 174 bis 182, 184i bis 184k StGB,
2. der Straftaten gem. §§ 211 und 212 StGB (bei Versuch),
3. der Straftaten gem. §§ 221, 223 bis 226a und 340 StGB,
4. der Straftaten gem. §§ 232 bis 238, 239 Abs. 3, §§ 239a, 239b und 240 Abs. 4 StGB,
5. des § 4 des Gewaltschutzgesetzes,
6. des § 142 des Patentgesetzes, § 25 des Gebrauchsmustergesetztes, § 10 des Halbleiterschutzgesetzes, § 39 des Sortenschutzgesetzes, den §§ 143 bis 144 des Markengesetzes, den §§ 51 und 65 des Designgesetzes, den §§ 106 bis 108b des Urheberrechtsgesetzes, § 33 des Gesetzes betreffend das Urheberrecht an Werken der bildenden Künste und der Photografie, § 16 des Gesetzes gegen den unlauteren Wettbewerb und § 23 des Gesetzes zum Schutz von Geschäftsheimnissen,
7. Eltern, Kinder, Geschwister und Ehegatten und Lebenspartner des durch eine rechtswidrige Tat Getöteten,
8. (erfolgreiche) Antragsteller im Klageerzwingungsverfahren (§ 172 StPO);
9. andere rechtswidrige Taten, **insbesondere** nach den §§ 185 bis 189, 229, 244 Abs. 1 Nr. 3, Abs. 4, §§ 249 bis 255 und § 316a StGB berechtigen zum Anschluss, wenn dies aus besonderen Gründen, insbesondere wegen der schweren Folgen der Tat[22], zur Wahrnehmung der Interessen geboten erscheint (§ 395 Abs. 3 StPO). Ein Verletzter kann sich somit grundsätzlich jeder rechtswidrigen Tat anschließen.

Durch das 2. OpferRRG[23] wurde die Zulässigkeit des Antrags im Sicherungsverfahren in § 395 Abs. 1 StPO ausdrücklich geregelt, sodass sich der frühere Streit[24] um diese Frage erledigt hat.

1. Der Verletzte als Antragsteller

9 Mit dem Gesetz zur Fortentwicklung der StPO[25] wurde in § 373b der Begriff des Verletzten erstmals gesetzlich normiert und soll »im Sinne dieses Gesetzes« für alle Vorschriften der StPO gelten, in denen der Begriff des Verletzten verwendet wird. Danach sind »Verletzte« diejenigen, die durch die Tat, ihre Begehung unterstellt oder rechtskräftig festgestellt, in ihren Rechtsgütern unmittelbar beeinträchtigt worden sind oder unmittelbar einen Schaden erlitten haben. Im Abs. 2 der Vorschrift erfährt der Begriff eine Erweiterung bei Tötungsdelikten. Der Tod des unmittelbar Verletzten muss dabei uneingeschränkt eine direkte Folge der behaupteten und fiktiv unterstellten Tat sein.[26]

Anschlussberechtigt i.S.d. § 395 StPO ist aber nicht jeder Verletzte i.S.d. § 373b StPO, sondern nur die Personen, bei denen die sonstigen Voraussetzungen des § 395 StPO vorliegen. § 395 StPO ist insoweit lex specialis gegenüber § 373b StPO.[27]

Nach § 406i StPO ist ein Verletzter möglichst frühzeitig, regelmäßig schriftlich und soweit möglich in einer ihm verständlichen Sprache über seine Befugnisse im Strafverfahren zu unterrichten, insbesondere über die Möglichkeit der Strafanzeige oder die Stellung eines Strafantrags sowie sein Recht, sich unter den Voraussetzungen der §§ 395, 396 StPO und 80 Abs. 3 JGG der erhobenen öffentlichen Klage mit der Nebenklage anzuschließen und ihm ein Rechtsbeistand bestellt werden kann oder aber für dessen Hinzuziehung Prozesskostenhilfe bewilligt wird.[28] Dies sollte bestenfalls bereits beim Erstkontakt mit der Polizei erfolgen. Sobald die Staatsanwaltschaft mit den Ermittlun-

22 Dazu zählen laut Gesetzesbegründung körperliche oder seelische Schäden mit einem gewissen Grad an Erheblichkeit, die bereits eingetreten oder zu erwarten sind. Dies können Gesundheitsschädigungen, Traumatisierungen oder erhebliche Schockerlebnisse sein (BT-Drs. 16/12098, S. 31).

23 2. OpferRRG vom 29.07.2009 (BGBl. I S. 2280).

24 Bereits mit Beschl. des BGH v. 18.12.2001 – 1 StR 268/01, NJW 2002, 692 m.w.N. zum bisherigen Streit, wurde die gegenläufige Rechtsprechung aufgegeben.

25 Gesetz vom 25.06.2021 (BGBl. I 2099).

26 OLG Oldenburg, StraFO 2022, 204 (205); ein bloßer kausaler Zusammenhang reicht nicht aus.

27 KK/*Allgayer*, § 395 Rn. 2.

28 Durch das 3. OpferRRG wurden die Hinweis- und Informationspflichten ausgebaut, s.a. Rdn. 1.

gen selbst befasst ist, muss sie prüfen, ob die Informationen gemäß § 406i Abs. 1, §§ 406j bis 406l StPO erteilt worden sind. Falls erforderlich, holt sie dies nach. Dazu kann das übliche Formblatt verwendet werden.[29]

Die Straftat muss tatbestandsmäßig und rechtswidrig sein.[30] Ob der Täter hingegen schuldhaft gehandelt hat, ist für die Anschlussbefugnis irrelevant und kann erst im Verfahren festgestellt werden.[31] 10

- Unerheblich für das Bestehen der Anschlussbefugnis ist, ob als Beteiligungsform Täterschaft oder Teilnahme vorliegt oder ob das Delikt versucht oder vollendet ist. Strafbare Vorbereitungshandlungen (§ 30 StGB) lösen jedoch keine Anschlussbefugnis aus.[32]
- Treffen ein nebenklagefähiges Delikt und eine andere Straftat im Wege tateinheitlicher Begehungsweise zusammen oder besteht Gesetzeskonkurrenz, steht dies einer Nebenklagebefugnis nicht entgegen.[33]
- Ist der Verletzte zugleich (Mit-)Angeklagter, schließt diese »Zwitterstellung« die Anschlussbefugnis aus, wenn das Verfahren eine Tat zum Gegenstand hat, wegen der gegen ihn selbst als Mittäter oder Teilnehmer (§§ 25 bis 27 StGB) die öffentliche Klage erhoben und noch nicht erledigt ist.[34]
- Dass in den meisten Fällen der Verletzte ohnehin zugleich Zeuge ist, vermag die Nebenklageberechtigung in keiner Weise zu beeinträchtigen.[35] Auch der Nebenkläger muss vom Inhalt seiner Aussage überzeugen, auch bei seinen Aussagen gilt eine neutrale Anfangswahrscheinlichkeit für deren Zuverlässigkeit.[36]

2. Nebenklage im Verfahren gegen Jugendliche und Heranwachsende

Während die Nebenklage gegen Heranwachsende ohne Einschränkungen zulässig ist, wird sie in Verfahren gegen Jugendliche grundsätzlich ausgeschlossen (§ 80 Abs. 1 S. 1 JGG). Nur in den Fällen des § 80 Abs. 3 JGG[37] ist sie in den dort abschließend aufgezählten Ausnahmetatbeständen zulässig. Diese sind eng[38] und äußerst restriktiv[39] anzuwenden. Voraussetzung ist, dass der Verletzte durch die dort genannten Straftaten[40] seelisch oder körperlich schwer geschädigt[41] oder einer solchen Gefahr ausgesetzt worden ist. 11

Richtet sich das Verfahren gegen mehrere Beschuldigte, von denen einer Jugendlicher ist, so besteht Uneinigkeit in Rechtsprechung und Literatur darüber, ob die Nebenklage auch gegen die anderen zulässig ist, seien sie zur Tatzeit Heranwachsende oder Erwachsene gewesen.[42] Die Hauptargumente der Befürworter einer Zulässigkeit argumentieren damit, dass in den §§ 103, 104 JGG und §§ 109,

29 Nr. 174a RiStBV.

30 Beim Vollrausch nach § 323a StGB gilt Folgendes: Ist eines der in § 395 Abs. 1 StPO genannten Delikte die Rauschtat, berechtigt der Vorwurf nach § 323a StGB zur Nebenklage (Beschl. des BGH v. 16.7.2019 – 4 StR 131/19, NStZ 2019, 353).

31 *Meyer-Goßner/Schmitt* § 395 Rn. 3.

32 OLG Stuttgart, Beschl. v. 20.02.1990 – 5 Ws 19/90, NStZ 1990, 298.

33 BGHSt 33, 114 (115); BGH JR 1995, 71 m. Anm. *Geerds*.

34 BGH, Beschl. v. 15.11.1977 – 1 StR 287/77, NJW 1978, 330.

35 Vgl. schon RGSt 2, 384.

36 *Wendler/Hoffmann*, Technik und Taktik der Befragung im Gerichtsverfahren Rn. 34.

37 Zur Entstehungsgeschichte und Kritik: *Eisenberg* JGG § 80 Rn. 16 ff.

38 LG Saarbrücken, Beschl. v. 14.2.2014 - 3 Qs 20/14, NStZ 2015, 231.

39 LG Köln, ZJJ 2014, 175.

40 Die Schwere auch bei der letztgenannten Deliktsgruppe im Abs. 3 S. 1 Nr. 3 – wenngleich der Gesetzeswortlaut dies nicht klarstellt – muss gemäß gesetzessystematischer Auslegung derjenigen der sonstigen vorgeworfenen Taten gemäß Abs. 3 S. 1 Nr. 1 entsprechen (Eisenberg JGG § 80 Rn. 17a).

41 Allg. verlangt der Begriff der Schwere mehr als eine »nicht nur unerhebliche« Beeinträchtigung, vielmehr muss diese schon von besonderem Gewicht sein (*Eisenberg* JGG § 80 Rn. 18).

42 Obwohl dieser Streit durch BGH, Beschl. v. 18.10.1995 – 2 StR 470/95, NStZ 1996, 402, bereits entschieden schien.

112 JGG geregelt sei, welche Vorschriften des Jugendstrafverfahrens auf Jugendliche einerseits und auf Heranwachsende andererseits anzuwenden sind, wenn Strafsachen gegen Jugendliche und Heranwachsende und/oder Erwachsene vor einem für allgemeine Strafsachen zuständigen Gericht verbunden anhängig gemacht worden sind. Danach ergäbe sich, dass bei Verfahren gegen Angeklagte verschiedener Altersgruppen die Nebenklage nur gegen den Jugendlichen unzulässig ist. Es widerspräche dem Ziel des Opferschutzgesetzes vom 18.12.1986, wenn ein Verletzter (einer Tat eines Heranwachsenden oder Erwachsenen) in seinem Recht aus § 395 StPO nur deshalb beschränkt würde, weil sich das Verfahren auch gegen einen Jugendlichen richtet.[43]

Die Gegner dieser Ansicht stützen sich u.a. auf ein argumentum e contrario gemäß § 48 Abs. 3 JGG n.F. (§ 48 Abs. 3 S. 1 a.F.), wonach klargestellt wird, dass die Vorschriften über die Nichtöffentlichkeit durchbrochen werden, wenn sich das Verfahren auch gegen Heranwachsende oder Erwachsene richtet. Weil eine solche Einschränkung in § 80 JGG fehlt, müsse es bei der Unzulässigkeit der Nebenklage auch dann verbleiben, wenn das Verfahren sich auch gegen Heranwachsende oder Erwachsene richtet. Die Verfolgungsakte des Nebenklägers würden zudem wegen der Verschmelzung zu einem Verfahren immer auch auf den Jugendlichen durchschlagen, ohne dass dem durch Maßnahmen der Verhandlungsleitung substantiell hinreichend begegnet werden könnte.[44]

Im Kern entscheidet sich die Frage wohl damit, ob man dem Schutz des Jugendlichen oder aber den Rechten eines Verletzten den Vorzug geben möchte.

Werden einem Angeklagten Taten vorgeworfen, die er teils als Jugendlicher, teils als Heranwachsender begangen hat, wird die Nebenklage (wenn kein Fall des § 80 Abs. 3 JGG vorliegt) für unzulässig erachtet, auch wenn der Antragsteller durch eine Tat verletzt wurde, die der Angeklagte im Heranwachsendenalter begangen haben soll.[45]

3. Antragsdelikte

12 Bei Antragsdelikten ist der Strafantrag Prozessvoraussetzung. Auch bei fehlendem Strafantrag des Verletzten ist ein Anschluss der Nebenklage zulässig, wenn die Staatsanwaltschaft das Vorliegen des öffentlichen Interesses an der Strafverfolgung bejaht (§ 230 Abs. 1 StGB) oder der Dienstvorgesetzte von sich aus den Strafantrag gestellt hat (§§ 194 Abs. 3, 230 Abs. 2 StGB).[46]

▶ Hinweis

Zu den Aufgabenbereichen des Rechtsanwalts zählt es, Strafanzeige und Strafantrag für den Mandanten zu stellen. Dabei gelten für ihn dieselben Gefahren eines strafbaren Handelns (z.B. § 164 StGB) wie für den Mandanten. Er sollte daher gerade bei dieser Tätigkeit mit Sorgfalt und Zurückhaltung arbeiten und die Angaben des Mandanten nicht ungeprüft übernehmen.[47]. Die Anzeige einer Straftat und der Strafantrag können bei der Staatsanwaltschaft, den Behörden und Beamten des Polizeidienstes und den Amtsgerichten mündlich oder schriftlich angebracht werden (§ 158 StPO). Ist ein Verfahren bereits nach § 170 Abs. 2 StPO eingestellt, kann bei der Staatsanwaltschaft ein Antrag auf Wiederaufnahme des Verfahrens mit geeigneter Argumentation gestellt werden. Dabei können sich in den Fällen, in denen die Staatsanwaltschaft den Angaben einer Partei keinen Vorzug geben wollte, eigene Ermittlungen[48] in Form von eigens durchgeführten Zeugenvernehmungen empfehlen. Wurde die Stellung des Strafantrags innerhalb der Frist des § 77b StGB vom Mandanten versäumt, kann sich nach entsprechenden eigenen Ermittlungen gegebenenfalls der Verdacht einer Straftat

43 OLG Düsseldorf, Beschl. v. 22.02.1994 – VI 13/93 (NStZ 1994, 299) mit abl. Anm. *Eisenberg, so auch: Meyer-Goßner/*Schmitt *Vor § 395* Rn.6 m.w.N.
44 Dazu insg. *Eisenberg* NStZ 1994, 299 f.
45 Meyer-Goßner/*Schmitt* Vor § 395 Rn. 6 m.w.N. (auch a.A.).
46 KK/*Allgayer* § 395 Rn. 11 m.w.N.
47 So auch: *Burhoff*, Ermittlungsverfahren, 8. Auflage, Rn. 2675.
48 Zu eigenen Ermittlungen s.a.: *Bockemühl* Kap. 1 Rdn. 83 ff.

ergeben, deren Verfolgung einen Antrag nicht erfordert, womit die Wiederaufnahme begehrt werden kann.

4. Der Antragsteller im Klageerzwingungsverfahren

Der Antragsteller im Klageerzwingungsverfahren (§ 172 StPO), dessen Beschwerde erfolgreich war und eine ihm günstige gerichtliche Entscheidung gem. § 175 StPO erwirken konnte, hat ein selbstständiges Anschlussrecht gem. § 395 Abs. 2 Nr. 2 StPO. Hat die Generalstaatsanwaltschaft von sich aus Anklage erhoben bzw. die Anklageerhebung veranlasst, bevor das OLG entschieden hat, liegt also kein Fall des § 175 StPO vor, ist streitig, ob eine Anschlussberechtigung des Verletzten besteht.[49] 13

5. Die Anschlussbefugnis naher Angehöriger

Anschlussbefugte Angehörige sind allein Eltern, Kinder, Geschwister[50], Ehegatten und (eingetragene) Lebenspartner des durch die Straftat zu Tode gekommenen. Der erweiterte Verletztenbegriff des § 373b StPO gilt hier nicht.[51] Die Anschlussberechtigung liegt jeweils individuell vor und befugt jeden Angehörigen eigenständig den Anschluss zu erklären.[52] 14

Das Angehörigenverhältnis muss zum Zeitpunkt des Verfahrens bestehen.[53] Voraussetzung ist, dass der Angehörige zu Tode gekommen ist, wobei auch die durch einen Todeserfolg qualifizierten Delikte erfasst sind.[54]

II. Die Anschlusserklärung

1. Die prozessuale Wirksamkeit der Anschlusserklärung

Die Anschlusserklärung kann in jeder Lage des Verfahrens – auch noch im Rechtsmittelverfahren – erfolgen, wird aber frühestens mit Erhebung der öffentlichen Klage wirksam (§ 396 Abs. 1 S. 2 StPO)[55]. 15

Nach Rechtskraft des Urteils ist eine Zulassung der Nebenklage nicht mehr möglich.[56]

▶ Beachte

Die Entscheidung über den **Zeitpunkt der Antragstellung/Anschlusserklärung** steht im Ermessen des Nebenklägers bzw. seines Vertreters. In der Regel ist es ratsam, so früh als möglich die Anschlusserklärung bei Gericht (oder im Ermittlungsverfahren bei der Staatsanwaltschaft) einzureichen, nachdem man sich des Vorliegens eines Anschlusstatbestandes vergewissert hat. Dem Verletzten stehen bereits im Ermittlungsverfahren umfangreiche Rechte zu (§§ 406d – 406k StPO), so dass die Anzeige verbunden mit der Anschlusserklärung sofort erfolgen sollte. Die Rechte des Mandanten können so effektiver genutzt werden. 16

Darüber hinaus hat das frühzeitige Einreichen einer Anschlusserklärung eine **Signalwirkung**; Staatsanwaltschaft und Verteidiger müssen damit rechnen, zumal wenn die Anschlussvoraussetzungen 17

---

49 Für eine Anschlussbefugnis: Zuletzt OLG München, Beschl. v. 29.07.2011 – 2Ws 913/10, NStZ-RR 2011, 378; KK/*Allgayer* § 395 Rn. 14 m.w.N.; dagegen: Meyer-Goßner/*Schmitt* § 395 Rn. 9 m.w.N.

50 Auch Halbgeschwister: OLG Düsseldorf, Beschl. v. 19.09.1957 – (2) Ws 19/57, NJW 1958, 394.

51 Meyer-Goßner/*Schmitt* § 395 Rn. 8.

52 LG Osnabrück AnwBl 1968, 331.

53 Meyer-Goßner/*Schmitt* § 395 Rn. 8.

54 Vgl. BGHSt 33, 114; BGHSt 52, 153.

55 Damit kommt es nicht darauf an, wann das Gericht die öffentliche Klage zulässt oder den Beschluss über die Zulassung der Nebenklage fasst.

56 BGH, Beschl. v. 10.07.1996 – 2 StR 295/96, NStZ-RR 1997, 136; BGH, Beschl. v. 06.09.2005 – 1 StR 363/05, StraFO2005, 513; BGH Beschl. v. 08.05.2008 – 3 StR 48/08, StraFO 2008, 332.

offenkundig vorliegen, dass mit dem Nebenkläger ein weiterer Verfahrensbeteiligter »die Bühne des Verfahrens betritt«. Für den Verteidiger kann die Kenntnisnahme der Anschlusserklärung in Fällen, in denen der Täter überführt oder geständig ist, Bemühungen auslösen, durch Gespräche mit dem Nebenklagevertreter die Modalitäten einer Wiedergutmachungsleistung festzulegen. Der Verteidiger wird damit das Ziel verbinden, einerseits eine positive Strafzumessungstatsache für die Hauptverhandlung zu gewinnen[57] und andererseits den Nebenkläger »vorab zufriedenzustellen«, um dessen (kostenauslösende!) Teilnahme an der Hauptverhandlung zu unterbinden. Sofern der Angeklagte eine Tatbeteiligung bestreitet und/oder die Überführung des Angeklagten in der Hauptverhandlung eher zweifelhaft erscheint, hat der Nebenklagevertreter tendenziell mit einer »Verhärtung der Fronten« zu rechnen, sobald er auf der prozessualen Bildfläche erscheint.[58]

18 Auch wenn die Staatsanwaltschaft (als gekorene Adressatin[59] der Anschlusserklärung im Ermittlungsverfahren) Kenntnis von der Existenz eines Verletzenbeistands und späteren möglichen Nebenklägervertreters hat, wird sie in aller Regel Fragen der (teilweisen) Einstellung bestimmter Tatvorwürfe, die Erledigung im Strafbefehlsverfahren oder der Anklageerhebung mit dem Nebenklagevertreter nicht erörtern. Sie ist dazu auch nicht verpflichtet. Hingegen wird sie sich in der Regel an den Rechtsanwalt wenden, wenn z.B. eine aussagepsychologische Begutachtung des Mandanten bereits im Ermittlungsverfahren angedacht ist.

19 Die frühzeitige Einreichung einer Anschlusserklärung noch vor Erhebung der öffentlichen Klage ermöglicht es dem Gericht, die Hauptverhandlung effektiver zu planen. Für den Nebenklagevertreter liegt hierin der Vorteil, in die Terminabsprache selbst sowie in damit in Verbindung stehende Fragen der Zeugen- und Sachverständigenladung miteinbezogen zu werden. Solche Gesprächskontakte bieten erfahrungsgemäß die Gelegenheit, auch den (vorläufigen) Meinungsstand des Vorsitzenden oder des Gerichts zu bestimmten Beweisfragen oder Rechtsproblemen zu erspüren und gegebenenfalls selbst Konsequenzen hieraus für Beweisanträge zu ziehen.

▶ Beachte

Wenn die Anschlusserklärung bereits mit konkreten Beweisanträgen oder einem Antrag auf Gewährung von Prozesskostenhilfe verbunden ist, kann der Nebenklagevertreter durch frühzeitiges Einreichen der Erklärung bewirken, dass über die Beweisanträge und den PKH-Antrag zügig (zumeist zusammen mit dem Zulassungsbeschluss) entschieden wird.

Des Weiteren löst eine dem Gericht vorliegende Anschlusserklärung für den Fall, dass nach §§ 153 ff. StPO verfahren werden soll, die Pflicht aus, den Nebenkläger anzuhören. In der Hauptverhandlung ergibt sich diese Pflicht aus § 395 Abs. 1 StPO i.V.m. §§ 33, 385 Abs. 1 StPO; außerhalb der Hauptverhandlung besteht die Pflicht jedenfalls dann, wenn die Auslagen des Nebenklägers entgegen § 472 Abs. 2 S. 2, Abs. 1 StPO nicht erstattet werden sollen.[60] Vor einer Einstellung muss das Gericht über die Anschlussberechtigung entscheiden (§ 396 Abs. 3 StPO).

20 Im Strafbefehlsverfahren wird gem. § 396 Abs. 1 S. 3 StPO die Anschlusserklärung erst wirksam, wenn entweder Termin zur Hauptverhandlung bestimmt wird (z.B. wegen Einspruchs des Angeschuldigten) oder das Amtsgericht den Strafbefehlsantrag der Staatsanwaltschaft ablehnt. Im erstgenannten Fall ergeht oftmals zusammen mit der Terminbestimmung der Zulassungsbeschluss.

57 S. Rdn. 5.

58 Diese Entwicklung muss den Nebenklageinteressen jedoch nicht abträglich sein und lässt sich in der Regel auch durch eine spätere Anschlusserklärung nicht verhindern.

59 Da die Staatsanwaltschaft jedoch nicht zur Entscheidung über die Zulassung der Nebenklage berufen ist, wird das Anschlussbegehren erst mit der Anklageeinreichung dem Gericht vorgelegt. Weil die Staatsanwaltschaft ohnehin zur Frage der Anschlussberechtigung zu hören ist (§ 396 Abs. 2 S. 1 StPO) wird regelmäßig zugleich eine Stellungnahme übersandt.

60 OLG Celle, Beschl. v. 14.1.2014 – 2 Ws 368/13 (BeckRS 2014, 5703); ohne diese Einschränkung aber bereits: BVerfG, Beschl. v. 23.10.1962 – 2 BvR 74/62 (NJW 1962, 2248).

Im letztgenannten Fall ergeht ein Zulassungsbeschluss zugleich unter Hinweis auf das Recht, sich einer sofortigen Beschwerde der Staatsanwaltschaft gem. § 408 Abs. 2 S. 2 i.V.m. § 210 Abs. 2 StPO anzuschließen. Wird indes der Strafbefehl erlassen und wird er rechtskräftig oder erfolgt zwar ein Einspruch des Angeschuldigten, das Verfahren wird aber gem. § 153a StPO eingestellt, soll nach herrschender Meinung[61] kein Zulassungsbeschluss notwendig sein.[62] Letztere Auffassung ist angesichts des § 396 Abs. 3 StPO, wonach vor einer Einstellung des Verfahrens gem. §§ 153 Abs. 2, 153a Abs. 2, 153b Abs. 2 und 154 Abs. 2 StPO über die Anschlussberechtigung entschieden werden muss, nicht recht verständlich.

Beantragt die Staatsanwaltschaft erst im Hauptverfahren den Erlass eines Strafbefehls (§ 408a Abs. 1 StPO), hindert die Tatsache, dass bereits ein Anschluss der Nebenklage erfolgt ist und in den meisten Fällen auch schon ein Zulassungsbeschluss vorliegt, das Gericht nicht, dem Antrag der Staatsanwaltschaft zu folgen. Dem Nebenkläger ist vor Entscheidung indes rechtliches Gehör zu gewähren.[63] Spricht sich der Nebenkläger oder sein Vertreter gegen die von der Staatsanwaltschaft intendierte Verfahrensweise aus, bleibt dies im Fall der antragsgemäßen Entscheidung des Gerichts ohne Belang. Der Nebenkläger hat insoweit lediglich ein Erklärungsrecht, auf seine Zustimmung oder Ablehnung kommt es für die Entscheidung nicht an. Dies mag man bedauern, aber dem Nebenkläger steht ein Rechtsmittel gegen diese Entscheidung des Gerichts nicht zu. 21

Vonseiten des Nebenklägers ist allerdings durch entsprechende Antragstellung dafür Sorge zu tragen, dass das Gericht zugleich mit dem Erlass des Strafbefehls eine Entscheidung über die notwendigen Auslagen des Nebenklägers trifft.[64]

Die Wirksamkeit der Anschlusserklärung setzt die Prozessfähigkeit i.S.d. § 52 ZPO i.V.m. § 104 ff. BGB voraus mit der Folge, dass der minderjährige Verletzte sich vom Personensorgeberechtigten vertreten lassen oder aber dieser die Anschlusserklärung genehmigen muss.[65]

Richtet sich das Strafverfahren gegen einen Elternteil eines Minderjährigen, muss die Anschlusserklärung durch einen nach § 1909 BGB bestellten Ergänzungspfleger abgegeben werden.[66]

▶ Beachte

In dem Fall, dass ein Rechtsanwalt die Vertretung übernommen hat und die Erklärung schriftlich abgibt, hat dies in Form eines elektronischen Dokuments nach Maßgabe der §§ 32d S. 2 und 32a Abs. 3 StPO zu erfolgen.

2. Form, Inhalt und Adressat

Die Anschlusserklärung ist schriftlich bei dem zuständigen Gericht einzureichen (§ 396 Abs. 1 S. 1 StPO) oder zu Protokoll der Geschäftsstelle des zuständigen Gerichts zu erklären.[67] Auch ein in laufender Hauptverhandlung zu Protokoll erklärter Anschluss ist wirksam.[68] Die inhaltliche Abfassung der Anschlusserklärung sollte keinen Zweifel darüber lassen, hinsichtlich welcher Delikte oder Tatkomplexe der Anschluss begehrt wird. Ein Begründungserfordernis ist gesetzlich aber nicht vorgesehen. 22

61 A.A. wohl nur LG Köln MDR 1984, 776.

62 KK/*Allgayer* § 396 Rn. 3.

63 *Schellenberg* NStZ 1994, 370 ff., 374 f.

64 Ist dies ausdrücklich oder versehentlich unterblieben, soll dem Nebenklageberechtigten kein Rechtsmittel zustehen, OLG Frankfurt, Beschl. v. 21.06.2000 – 3 Ws 602/00, NStZ-RR 2001, 63.

65 KG, Beschl. v. 22.03.2010 – 4 Ws 6/10, StraFO 2010, 294 m.w.N.; a.A. Eisenberg, GA 1998, 32 ff.

66 KK-StPO/*Allgayer* StPO § 395 Rn. 2.

67 KK/*Allgayer* § 396 Rn. 1.

68 BayObLGSt 1958, 118.

23 Eine Klarstellung ist in aller Regel dann zu empfehlen,

- wenn über nebenklagefähige Delikte hinaus noch weitere nicht nebenklagefähige Vorwürfe erhoben werden,
- wenn nebenklagefähige Vorwürfe gem. § 154a StPO zur Einstellung gelangt sind und sich im konkreten Anklagesatz lediglich nicht nebenklagefähige Tatvorwürfe wiederfinden,
- wenn sich die Nebenklage gegen einen von mehreren oder gegen mehrere Angeklagte wendet,
- wenn sich die Nebenklage im Jugendstrafverfahren (§ 80 Abs. 1 JGG!) gegen einen Erwachsenen oder Heranwachsenden richtet.[69]

24 Es sollte auch explizit der »Anschluss als Nebenkläger« erklärt werden; die bloße Einreichung einer Vertretungsanzeige[70] oder ein Akteneinsichtsgesuch durch den Nebenklagevertreter reichen nicht, um hierin konkludent eine Anschlusserklärung zu vermuten.[71]

25 Die Anschlusserklärung kann auch durch einen Vertreter erfolgen; dies ist dann wirksam geschehen, wenn zum Zeitpunkt der Erklärung ein Bevollmächtigungsverhältnis besteht, was schriftlich auch noch später nachgewiesen werden kann.

26 Adressat der Anschlusserklärung ist regelmäßig das Gericht. Geht der Antrag auf Anschluss bei einer anderen Behörde – auch der Staatsanwaltschaft – ein, so hat diese die Erklärung weiterzuleiten. Wirksam wird die Erklärung erst mit Zugang bei Gericht (und Erhebung der öffentlichen Klage).

3. Entscheidung des Gerichts

27 Vor einer Entscheidung des Gerichts ist die Staatsanwaltschaft anzuhören (§ 396 Abs. 2 S. 1 StPO), der Angeschuldigte jedoch nur in den Fällen des § 395 Abs. 3 StPO (§ 396 Abs. 2 S. 2 StPO).

28 Für die Entscheidung ist immer das gerade mit der Sache befasste Gericht zuständig (§ 396 Abs. 2 S. 1 StPO), es sei denn, der Anschluss erfolgt mit Rechtsmitteleinlegung (§ 395 Abs. 4 S. 2 StPO).[72]

29 Der Prüfungsmaßstab des Gerichts ergibt sich im Wesentlichen bereits aus § 395 StPO. Zu überprüfen sind Zulässigkeit der Anschlusserklärung (der Antragsteller muss zum Kreis der anschlussberechtigten Personen gehören; bei Antragsdelikten ist zusätzlich das Erfordernis eines rechtzeitigen und wirksamen Strafantrags zu beachten; der Anschluss muss vor Rechtskraft erfolgt sein; die Anschlusserklärung hat den formellen Anforderungen zu genügen, der Nebenkläger muss prozessfähig sein) und Begründetheit. Letztere ist zu bejahen, wenn nach der Sachlage oder aufgrund des tatsächlichen Vorbringens des den Anschluss Erklärenden die Verurteilung des Angeschuldigten wegen eines nebenklagefähigen Delikts rechtlich möglich erscheint[73] – besondere Anforderungen an das Bestehen einer solchen Verurteilungsmöglichkeit werden nicht geknüpft; auch ein bestimmter Verdachtsgrad ist nicht erforderlich.[74]

Da es auf die Einschätzung der Staatsanwaltschaft nicht ankommt[75], kann sie den Anschluss nicht dadurch verhindern, dass sie das Nebenklagedelikt nicht anklagt.[76]

30 Die Berechtigung der Zulassung kann auf Antrag oder von Amts wegen vom Gericht jederzeit einer erneuten Prüfung unterzogen werden und es kann der Beschluss über die Zulassung nach

69 S. hierzu nochmals Rdn. 11.
70 Meyer-Goßner/*Schmitt* § 396 Rn. 3.
71 Jedoch Auslegung des Antrags auf Bewilligung von PKH und Beiordnung eines Rechtsanwalts als Anschlusserklärung i.V.m. einem Antrag auf Bestellung eines Beistandes gem. § 397a Abs. 1 StPO (BGH, Beschl. v. 08.05.2008 – 3 StR 48/08, StraFO 2008, 332).
72 Meyer-Goßner/*Schmitt* § 396 Rn. 8 m.w.N.
73 BGH, Beschl. v. 18.06.2002 – 4 StR 178/02, NStZ-RR 2002, 340; BGH, Beschl. v. 20.05.2008 – 5 StR 15/08, NStZ-RR 2008, 352.
74 KK/Allgayer § 396 Rn. 5 m.w.N.
75 BGHSt 29, 216.
76 *Burhoff* Ermittlungsverfahren, 8. Auflage, Rn. 2690.

Anhörung der Beteiligten aufgehoben werden. Zwar erlangt der Nebenkläger durch die Zulassung gewisse Rechte, die ihm nicht beliebig entzogen werden dürfen.[77] So darf die Zulassung des Nebenklägers nicht deshalb widerrufen werden, weil sich nachträglich herausstellt, dass die tatsächlichen Behauptungen des Nebenklägers nicht richtig oder nicht bewiesen sind und dass es daher an den tatsächlichen Voraussetzungen der Zulassung gemangelt hat.[78] Wenn sich aber nachträglich ergibt, dass selbst bei Zugrundelegung der zur Begründung der Nebenklage vorgebrachten Tatsachen der Zulassung die rechtliche Grundlage fehlte, kann dies die Aufhebung bzw. den Widerruf des Zulassungsbeschlusses nach sich ziehen.[79]

Die Befugnis, sich der erhobenen öffentlichen Klage mit der Nebenklage anzuschließen, entfällt auch nicht dadurch, dass der Nebenkläger in der Hauptverhandlung die Schuldfähigkeit (§ 20 StGB) und die strafrechtliche Verantwortlichkeit (§ 3 JGG) des Angeklagten in Zweifel ziehende Anträge stellt und letztlich dessen Freispruch erstrebt.[80]

4. Beschwerde

Sowohl gegen den Zulassungsbeschluss als auch gegen den Beschluss der Nichtzulassung der Neben- 31
klage steht den jeweils beschwerten Verfahrensbeteiligten[81] der Rechtsbehelf der einfachen Beschwerde (§ 304 StPO) zu. Nach herrschender Meinung dient die Zulassungsentscheidung der Regelung eines eigenständigen Verfahrenskomplexes und nicht der Vorbereitung der Urteilsfällung;[82] daher scheidet die Anwendung des § 305 Abs. 1 StPO aus. Nach § 396 Abs. 2 S. 2 Hs. 2 StPO ist die Entscheidung in den Fällen des § 395 Abs. 3 StPO zwar unanfechtbar. Dies gilt aber nicht hinsichtlich der Prüfung der formellen Anschlussbefugnis.[83]

Die Beschwerde ist beim iudex a quo einzulegen; einer Frist ist sie nicht unterworfen. Der Beschwerdeführer ist zur Begründung des Rechtsbehelfs nicht verpflichtet; es ist jedoch in jedem Fall zu empfehlen, eine Begründung zu fertigen. Dies kann im Hinblick auf eine spätere Entscheidung des Revisionsgerichts von Bedeutung sein: Die Prüfungsbefugnis des Revisionsgerichts erstreckt sich nämlich auch auf den der Beschwerdeentscheidung zugrunde liegenden Sachverhalt.[84] Auch gegen den Beschluss über die Bewilligung oder die Ablehnung von beantragter Prozesskostenhilfe gem. § 397a Abs. 2 StPO ist die einfache Beschwerde nach § 304 StPO statthaft.[85] Allerdings kann gegen den Beschluss über die Bewilligung von Prozesskostenhilfe nur die Staatsanwaltschaft Beschwerde einlegen.[86]

---

77 RGSt 51, 129 (130).
78 Meyer-Goßner/*Schmitt* § 396 Rn. 16.
79 BayObLG, Beschl. v. 18.12.1952, NJW 1953, 433.
80 BGH, Beschl. v. 01.09.2020 – 3 StR 214/20. Dass der Nebenkläger ein bestimmtes Ziel erstreben muss oder eine zunächst berechtige Nebenklage je nach Verfahrensziel unzulässig wird, ergibt sich aus dem Gesetzeswortlaut nicht.
81 Staatsanwaltschaft und Antragsteller oder Staatsanwaltschaft und Angeschuldigter.
82 BayObLGSt 1953, 64; OLG Köln HESt 1, 221; mit differenzierter Begründung OLG Frankfurt, Beschl. v. 22.06.1967 – 3 Ws 229/67, NJW 1967, 2075.
83 Meyer-Goßner/*Schmitt* § 396 Rn. 19 m.w.N.
84 BGH NJW 1973, 1985.
85 § 397a Abs. 3 S. 3 a.F., der dies noch ausgeschlossen hat, wurde durch das Gesetz zur Stärkung der Rechte von Opfern sexuellen Missbrauchs (StOMRG) v. 26.06.2013 (BGBl. Teil I S. 1805) gestrichen. So auch: KG, Beschl. v. 06.03.2014 – 2 Ws 88/14, NStZ-RR 2014, 295.
86 *Burhoff*, Ermittlungsverfahren, 8. Auflage, Rn. 2694.

5. Widerruf, Verzicht und Erlöschen des Anschlusses

32 Nach § 402 StPO kann der Nebenkläger seine Erklärung jederzeit auch selbst formlos[87] widerrufen. Ein einmal erklärter Widerruf hat keine Sperrwirkung für einen später im Verfahren erneut erklärten Anschluss, sofern nicht gleichzeitig auch der Verzicht auf das Nebenklagerecht erklärt wird.[88] Ein Verzicht führt zur Unzulässigkeit eines (auch erneuten) Anschlusses.[89]

33 Der **Tod des Nebenklägers** macht die Anschlusserklärung unwirksam (§ 402 StPO). Die umstrittene Frage, ob die Angehörigen nach dem Tod des Nebenklägers Anschluss erklären und damit die Nebenklage »übernehmen« können, wurde vom Bundesgerichtshof zwischenzeitlich verneint, weil mit dem Tod eines Menschen seine Fähigkeit endet, selbst oder über einen Vertreter Prozesshandlungen vorzunehmen.[90]

III. Verfahrensrechte des Verletzten und des Nebenklägers

1. Gesetzliche Grundlagen

34 Die Rechte des Verletzten und des Nebenklägers gestalten sich unterschiedlich, je nachdem, ob es sich um eine Mitwirkung im Ermittlungsverfahren (vor Anschlusserklärung), Aktivitäten im Zeitraum zwischen Anschlusserklärung und Zulassungsbeschluss, Nebenklagebefugnisse im Hauptverfahren oder im Rechtsmittelverfahren handelt. Die Rechte lassen sich aber nicht strikt nach Verfahrensabschnitten trennen, sondern gehen ineinander über oder stehen dem Verletzten oder dem Nebenkläger in jeder Lage des Verfahrens zu. Deshalb soll im Anschluss eine Einteilung nur grob erfolgen, wobei unter Ziffer 2 auf diejenigen Rechte eingegangen werden soll, die dem Verletzten bereits im Ermittlungsverfahren und außerhalb der Hauptverhandlung zustehen.

Das Gesetz unterscheidet begrifflich zwischen dem Verletzten, dem nebenklageberechtigten Verletzten (der von seiner Nebenklagebefugnis aber möglicherweise keinen Gebrauch macht) und dem Nebenkläger. In der genannten Reihenfolge stehen dem Mandanten immer mehr Rechte zu.

35 Der Verletzte, der eine Anschlussberechtigung nicht für sich beanspruchen kann oder will, verfügt gleichwohl durch die Regelungen der §§ 406d – 406k StPO über Verfahrensrechte, die eine Interessenwahrnehmung gewährleisten sollen.

2. Rechte des Verletzten außerhalb der Hauptverhandlung

36 Auch der Verletzte, der nicht zum Anschluss an das Strafverfahren als Nebenkläger berechtigt ist, wurde durch die Gesetzesreformen der späten 80er und 90er Jahre aus der Stellung als bloßes Objekt des Verfahrens gelöst und mit einer Stärkung seiner Rechtsstellung im Verfahren versehen. Die Ausweitung der Verletztenrechte im Strafverfahren ist genuiner Ausdruck des Gedankens einer fairen Verfahrensgestaltung. Lag der Schwerpunkt der Diskussion um Waffengleichheit und fair trial früher auf den Verteidigungsrechten des Beschuldigten, hat sich seit der Entscheidung des Bundesverfassungsgerichts zum Ausbau der Zeugenrechte[91] der Blickwinkel erweitert auf die Sicherstellung eines fairen Verfahrens für andere Verfahrensbeteiligte wie insbesondere Zeugen und Verletzte.[92]

87 Nach OLG Hamm, Beschl. v. 19.10.1970 – 3 Ss 739/70, NJW 1971, 394, soll sogar längeres stillschweigendes Verhalten im Verfahren und demonstriertes Desinteresse am Verfahren als konkludenter Widerruf ausreichen.
88 Meyer-Goßner/*Schmitt* § 402 Rn. 3.
89 BGH, Beschl. v. 19.03.1998 – 4 StR 98/98 (NStZ-RR 1998, 305); BGH, Beschl. v. 23.07.1985 – 5 StR 217/85 (NStZ 1986, 209 f.).
90 BGH, Beschl. v. 18.11.2008 – 4 StR 301/08 (NStZ 2009, 174).
91 BVerfGE 38, 105.
92 Ob diese Tendenz zur Harmonisierung der Prozessrollen letztlich nicht auf die Einschränkung von Verteidigungsrechten zuläuft, ist gleichwohl zu bedenken.

Es ergibt sich folgende Übersicht über Rechte des Verletzten außerhalb der Hauptverhandlung: 37

- Der Verletzte hat **Informationsrechte**, die weitgehend mit Hinweispflichten aufseiten der Ermittlungsbehörden und des Gerichts korrespondieren. Gem. § 406i StPO soll der Verletzte auf seine Rechte aus den §§ 406d – 406h StPO hingewiesen werden.[93] Auf Antrag erhält der Verletzte nach § 406d Abs. 1 StPO **Auskunft** über den Stand des Verfahrens, insbesondere über eine Einstellung des Verfahrens, den Ort und Zeitpunkt der Hauptverhandlung, sowie die gegen den Angeklagten erhobenen Beschuldigungen[94], als auch den Ausgang des gerichtlichen Verfahrens. § 406d Abs. 2 StPO regelt weitergehende Mitteilungspflichten die teilweise an die Geltendmachung eines berechtigten Interesses gebunden sind (§ 406d Abs. 2 Nr. 2 und Nr. 4 StPO). Eins solches ist immer dann zu bejahen, wenn weitere rechtswidrige Angriffe des Beschuldigten oder Verurteilten nicht auszuschließen sind, umgekehrt besteht ein schutzwürdiges Interesse dieser Personen, wenn der Verletzte etwa mit Rache gedroht hat.[95] Nach § 406d Abs. 2 S. 2 StPO erfolgt die Auskunft durch die Stelle, welche die Entscheidung gegenüber den Beschuldigten oder Verurteilten getroffen hat. Über diese Rechte ist der Verletzte nach § 406 Abs. 3 StPO sowie nach § 406i Abs. 1 StPO zu belehren. Der angezeigte oder bestellte Rechtsanwalt ist nach § 406d Abs. 4 S. 2 i.V.m. § 145a Abs. 1 StPO bevollmächtigt, die Mitteilungen entgegenzunehmen. Sofern dies – auch zur Kontrolle des Verfahrensganges durch den Rechtsanwalt – gewünscht wird, sollte die Bitte um Mitteilung an den Rechtsanwalt unter Verweis auf die Bevollmächtigung frühzeitig erfolgen.
- § 406e StPO stellt dem »Verletzten« ein **Akteneinsichtsrecht** zur Seite. Die Einsicht in die Akten ist jedoch nach § 406e Abs. 2 StPO zu versagen, soweit überwiegende schutzwürdige Interessen des Beschuldigten oder anderer Personen entgegenstehen (S. 1) oder soweit der Untersuchungszweck gefährdet erscheint (S. 2). Der Begriff des Verletzten in § 406e StPO ist weiter als der in § 373b Abs. 1 StPO. Durch den durch das Gesetz zur Fortentwicklung der StPO[96] eingefügten Abs. 4, in dem auf § 403 S. 2 StPO verwiesen wird, erstreckt sich das Akteneinsichtsrecht auf alle Personen, die einen Anspruch im Adhäsionsverfahren geltend machen können und somit auch auf mittelbar Geschädigte. Während der Nebenklageberechtigte das Akteneinsichtsgesuch nicht gesondert begründen muss, ist der (nur) Verletzte nach § 406e Abs. 1 S. 2 StPO verpflichtet, sein berechtigtes Interesse darzulegen. Ein solches »berechtigtes Interesse« wird regelmäßig dann zu bejahen sein, wenn durch die Akteneinsicht geprüft werden soll, ob eine Einstellungsbeschwerde gem. § 172 Abs. 1 StPO eingelegt werden soll oder der Weg der Klageerzwingung (§ 172 Abs. 2 StPO) zu beschreiten ist; auch für die Prüfung zivilrechtlicher Ansprüche gegen den Beschuldigten wird Akteneinsicht zu gewähren sein[97]. Ein Recht auf Akteneinsicht soll nicht bestehen, wenn sie lediglich zur »Ausforschung« des Beschuldigten dienen soll, um einer bisher unschlüssigen Zivilklage zur Schlüssigkeit zu verhelfen.[98] Diese Ansicht ist aufgrund der Funktion des Akteneinsichtsrechts, die primär darin besteht, dem Verletzten die Verfolgung seiner Schadensersatzansprüche zu ermöglichen[99], abzulehnen. Das Suchen des Verletzten nach Tatsachen und Beweismitteln begründet ein berechtigtes Interesse an einer Akteneinsicht, auch wenn sie zivilprozessual als Ausforschung zu würdigen wäre.[100] Der Verletztenstellung folgt das berechtigte Interesse aber nicht automatisch. Eine schlüssige Darlegung des Interesses, somit des Grunds der Beantragung, darf verlangt werden, wobei eine Glaubhaftmachung nicht erforderlich ist.[101]

---

93 S. Rdn. 9.

94 Diese Rechte wurden erweitert und konkretisiert durch das 3. OpferRRG vom 21.12.2015 (BGBl. I S. 2525).

95 Meyer-Goßner/*Schmitt* § 406d Rn. 6.

96 Gesetz vom 25.06.2021 (BGBl I 2099).

97 OLG Koblenz, Beschl. v. 09.03.1990 – 2 VAs 25/89, NStZ 1990, 604.

98 Meyer-Goßner/*Schmitt* § 406e Rn. 4 m.w.N. auch zur a.A.

99 Vgl. auch BVerfG, Beschl. v. 04.12.2008 – 2 BvR 1043/08.

100 Vgl. auch OLG Koblenz, Beschl. v. 30.05.1988 – 2 VAs 3/88, StV 1988, 332.

101 Meyer-Goßner/*Schmitt* § 406e Rn. 3.

Auch der Verletzte, der nicht durch einen Rechtsanwalt vertreten ist, hat nunmehr[102] nach § 406e Abs. 3 StPO ein Recht, die Akten in entsprechender Anwendung der Abs. 1 und 2 einzusehen und amtlich verwahrte Beweisstücke unter Aufsicht zu besichtigen. Wird die Akte nicht elektronisch geführt, können ihm an Stelle der Einsichtnahme in die Akten Kopien aus den Akten übermittelt werden. Diese müssen auch hier von allen Teilen der Akte erstellt werden, die dem Verletzten auch durch Einsichtnahme der Akte selbst zugänglich wären.[103] Die Gewährung der Akteneinsicht erfolgt im Übrigen in Form des § 32f Abs. 1, Abs. 2 S. 1 und 2 StPO.[104] Schutzwürdige Interessen des Beschuldigten i.S.d. § 406e Abs. 2 S. 1 StPO können z.B. an Daten über den Gesundheitszustand des Beschuldigten oder aber an den Ergebnissen der Finanzermittlungen bestehen, wobei das Steuergeheimnis aus § 30 AO zu berücksichtigen ist.[105] Nach wie vor begegnet den Vertretern von (auch nebenklagebefugten) Verletzten die **Ablehnung eines Akteneinsichtsgesuchs** unter Verweis auf eine mögliche Gefährdung des Untersuchungszwecks. Gelegentlich erfolgt dies ohne schriftliche Verfügung, sondern wird die Akte ohne Hinweis und Begründung erst zu einem späteren Zeitpunkt versandt. Damit wird zumeist das Ziel verfolgt, die erlebnisbasierte Erinnerung des Verletzten, der Zeuge ist, nicht durch die Kenntnis des Akteninhalts zu verfälschen. Nach Ansicht des OLG Hamburg in seiner vielzitierten Entscheidung aus dem Jahre 2014, wird die gerichtliche Beweiswürdigung durch die Kenntnis des Nebenklägers vom vollständigen Akteninhalt gefährdet und entwertet, weil das Kriterium der Aussagekonstanz zur Glaubhaftigkeitsüberprüfung an Aussagekraft verliert.[106] Die strikte und vor allem zum Teil ungeprüfte Versagung der Akteneinsicht mit dieser Argumentation ist in mehrfacher Hinsicht abzulehnen. Zum einen ist für die Prüfung der abstrakten Gefährdung des Untersuchungszwecks eine Würdigung der Verfahrens- und Rechtslage im Einzelfall vorzunehmen[107] und darf die Versagung gerade auch bei Berücksichtigung der Informationsrechte des Verletzten wenn überhaupt nur dann erfolgen, wenn tatsächlich keine weiteren unmittelbar tatbezogenen Beweismittel existieren, als die Aussagen des Zeugen und gegebenenfalls des Beschuldigten.[108] Zudem gibt es keinen Rechtssatz des Inhalts, dass eine Kenntnis der Verfahrensakten zur Annahme der Unrichtigkeit der in der Hauptverhandlung erfolgten Aussage des Zeugen drängt.[109] Die Möglichkeiten des Gerichts zur Überprüfung der Glaubhaftigkeit einer Zeugenaussage erschöpfen sich auch nicht in der Überprüfung der Aussagekonstanz, das heißt, ob der Zeuge im Kerngeschehen bei mehrfacher Vernehmung konstant aussagt oder nicht.[110] Das Kriterium der Aussagekonstanz wird bei der Entscheidung des OLG Hamburg überbewertet, wenn die mögliche Beeinträchtigung zu einer Reduzierung des gerichtlichen Ermessens auf Null führen soll.[111] Auch der BGH hat dem OLG Hamburg und der dortigen Argumentation eine Absage erteilt.[112]

102 Gesetz vom 05.07.2017, BGBl. I S. 2208.
103 BT-Drs. 18/9416, S. 65.
104 Meyer-Goßner/*Schmitt* § 406e Rn. 17.
105 LG Essen, Beschl. v. 24.08.2015 – 21 KLs 11/15.
106 OLG Hamburg, Beschl. v. 24.10.2014 – 1 Ws 110/14; danach soll dem Nebenkläger beschränkte Akteneinsicht gewährt werden. Von der Versagung umfasst sein sollen die Vernehmungen des Nebenklägers, die Vernehmungen und informatorischen Befragungen des Angeklagten sowie hieran jeweils anschließende Eindrucks- und Ermittlungsvermerke.
107 So bereits OLG Koblenz, Beschl. v. 30.05.1988 – 2 VAs 3/88.
108 So auch die Begründung des OLG Hamburg, a.a.O., s. Rn.. 97.
109 BGH, Beschl. v. 15.03.2016 – 5 StR 52/16.
110 Zu den Realkennzeichen einer Aussage umfassend: *Wendler/Hoffmann*, Technik und Taktik der Befragung im Gerichtsverfahren Rn. 130 ff.; Dass die Aussagekonstanz nicht als einziges Kriterium bei der Würdigung der Aussage zu beachten ist, hat der Bundesgerichtshof in seiner Grundsatzentscheidung vom 30.07.1999 angemahnt (BGHSt 45, 164, 172 ff.).
111 Eine weitere kritische Auseinandersetzung mit der Rechtsprechung des OLG Hamburg findet sich in: *Breu*, StraFO 2015, 248 ff., *Schöch*, NStZ 2016, 629); Auch der BGH hat dem OLG Hamburg zwischenzeitlich eine Absage erteilt: BGH, Beschl. v. 05.04.2016 – 5 StR 40/16.
112 BGH, Beschl. v. 05.04.2016 – 5 StR 40/16.

Beachte

Der Nebenklagevertreter muss darauf hinwirken, dass er die vollständigen Akten frühzeitig erhält und gegebenenfalls Rechtsmittel gegen die Versagung einlegt.[113] Ohne vollständige Akteneinsicht würden ihm protokollierte Missverständnisse, möglicherweise zu beachtende situative Besonderheiten in der Vernehmung etc. verborgen bleiben und bliebe spätestens in der Hauptverhandlung sein Frage- und Beanstandungsrecht weitgehend inhaltsleer.[114] Die Versagung vollständiger Akteneinsicht behindert zudem die Stellung von Beweisanträgen und Anträgen im Adhäsionsverfahren. Ein Ausgleich der Interessenslagen[115] kann gegebenenfalls durch die Zusicherung des Verfahrensbevollmächtigten des Verletzten geschehen, die Akten nicht an den Mandanten herauszugeben.[116] Der Rechtsbestand sollte im Sinne seines Mandanten alles unterlassen, was sich in der Glaubhaftigkeitsprüfung negativ auswirken kann. Schlussendlich ist Verletzten oft primär daran gelegen, dass man ihnen glaubt und sie mit ihrem Erlebten ernst genommen werden. Über die Kenntnis des Akteninhalts kann der Zeuge befragt werden. Eine Präparation der Aussage durch den Rechtsbeistand aus der Akte gewonnener Erkenntnisse wird das Gericht, welches hier als erfahren zu gelten hat, aufdecken können.[117] 38

Das Gericht muss sich im Rahmen der Beweiswürdigung mit der Erteilung der Akteneinsicht an den Nebenkläger grundsätzlich nicht auseinandersetzten.[118]

Wegen des einhergehenden Grundrechtseingriffs beim Beschuldigten ist dieser vor Gewährung der Akteneinsicht zu hören.[119]

- Aus § 406e Abs. 5 StPO ergibt sich neben – oder auch anstatt – dem Akteneinsichtsrecht, das Recht, bestimmte **Auskünfte oder Abschriften aus den Akten** zu erhalten.[120] 39
- Der *nebenklageberechtigte* Verletzte hat, auch wenn er sich nicht als Nebenkläger anschließt, ein Recht auf Heranziehung eines **Dolmetschers oder Übersetzers** nach § 187 Abs. 1 und 4 GVG i.V.m. § 395 StPO, beschränkt auf das zur Wahrnehmung strafprozessualer Rechte erforderliche Maß.[121] Über dieses Recht ist der Verletzte möglichst frühzeitig nach § 406i Abs. 1 Nr. 2b StPO zu unterrichten.

113 Die Entscheidung über die Akteneinsicht des Verletzten ist nach § 406e Abs. 5 S. 4 nach Eröffnung des Hauptverfahrens mit der Beschwerde nach § 304 StPO anfechtbar. Dem steht § 305 S. 1 StPO mangels Verweisung in § 406e Abs. 5 StPO nicht entgegen. Gegen die Entscheidung der Staatsanwaltschaft kann nach § 406e Abs. 5 S. 2 StPO Antrag auf gerichtliche Entscheidung durch den Ermittlungsrichter gestellt werden.

114 OLG Braunschweig, Beschl. v. 03.12.2015 – 1 Ws 309/15.

115 Auf Seiten des Angeklagten ist dies der Grundsatz der Wahrheitsermittlung als Ausfluss seiner Freiheitsrechte nach Art. 2 Abs. 2 S. 2, 20 Abs. 3 und 104 Abs. 1 GG, auf Seiten des Verletzten streitet hingegen ein Informationsrecht sowie seine Rechte auf Fürsorge, Gleichbehandlung und Menschenwürde nach Art. 1 Abs. 1, 2 Abs. 2 S. 2, 3 Abs. 1, 20 Abs. 1, 103 Abs. 1 GG (OLG Braunschweig a.a.O. Rn. 104.

116 OLG Braunschweig a.a.O. Rn. 104.

117 OLG Braunschweig a.a.O. Rn. 104.

118 Anders könne es liegen, wenn es etwas im Rahmen der Konstellation »Aussage gegen Aussage« in besonderem Maße auf eine Konstanzanalyse ankommt (insg.: BGH, Beschl. v. 15.03.2016 – 5 StR 52/16 auch dann nicht: BGH, Beschl. v. 05.04.2016 - 5 StR 40/16).

119 Zuletzt BVerfG, Beschl. v. 31.01.2017 – 1 BvR 1259/16 und BVerfG, Beschl. v. 30.10.2016 – 1 BvR 1766/14.

120 Die Entscheidung hierüber ist unanfechtbar.

121 Nach OLG Hamburg, Beschl. v. 27.10.2004 – IV-1/04 = NJW 2005, 1135, umfasst das Recht eine Übersetzungshilfe bei der Hauptverhandlung sowie eigene Verfahrenshandlungen vorbereitende Gespräche mit einem Verteidiger oder Vertreter. Erfasst ist zwar die Übersetzung von dem Akteninhalt zusammenfassenden Berichten, nicht jedoch von der gesamten Verfahrensakte.

- *Nicht nebenklageberechtigte* Verletzte können sich nach § 406f Abs. 1 StPO bereits im Ermittlungsverfahren eines **Beistands** bedienen oder sich durch einen solchen vertreten lassen. Dieser hat ein Anwesenheitsrecht bei Vernehmungen des Verletzten, die von Staatsanwaltschaft, der Polizei oder dem Gericht durchgeführt werden. Dem Beistand ist aber, ebenso wie dem Verletzten selbst, die Anwesenheit bei der Vernehmung anderer Zeugen oder des Beschuldigten verwehrt. Seine Rolle beschränkt sich auf die bloße Zeugenbeistandsleistung.
- § 406h Abs. 1 StPO gewährt dem nebenklageberechtigten Verletzten (in jeder Lage des Verfahrens) **das Recht, sich von einem Beistand vertreten zu lassen** und berechtigt ihn darüber hinaus zur Anwesenheit in der Hauptverhandlung.[122] Selbst im Jugendverfahren kann ein Beistand bestellt werden.[123] Mit dem 2. OpferRRG[124] wurden diese Rechte vom formellen Anschluss und der Zulassung als Nebenkläger gelöst und hängen nur noch mit der grundsätzlichen Berechtigung zusammen, worüber im Zweifel nach § 406h Abs. 1 S. 3 StPO das Gericht nach Anhörung der Person (des Verletzten) und der Staatsanwaltschaft zu entscheiden hat. § 406h Abs. 2 StPO gewährt dem Rechtsbeistand des nebenklageberechtigten Verletzten weitergehende Rechte als § 406f StPO, insbesondere was sein Anwesenheitsrecht in der Hauptverhandlung betrifft.
- Der Rechtsanwalt des nebenklageberechtigten Verletzten hat außerdem das Recht nach § 406h Abs. 2 S. 3 StPO an richterlichen Vernehmungen (des Beschuldigten, Zeugen und Sachverständigen) und der Einnahme richterlichen Augenscheins teilzunehmen, sofern seine Anwesenheit oder die Benachrichtigung des Rechtsanwalts den Untersuchungszweck nicht gefährden kann.[125] Nunmehr ist dem Rechtsanwalt nach richterlichen Vernehmungen zudem Gelegenheit zu geben, sich dazu zu erklären oder Fragen an die vernommene Person zu stellen (§ 406h Abs. 2 S. 4–6 StPO).
- Während § 406h Abs. 3 StPO die Möglichkeit der Beiordnung und Bewilligung von Prozesskostenhilfe bereits im Ermittlungsverfahren für den nebenklageberechtigten Verletzten eröffnet, trägt der nicht nebenklageberechtigte Verletzte seine Kosten im Ermittlungsverfahren selbst.

40 Für den Rechtsbeistand auch des nebenklageberechtigten Verletzten ist misslich, dass auf den Gang der Tatsachenfeststellung, Beweisaufnahme und rechtlichen Subsumtion ernsthaft erst in foro Einfluss genommen werden kann. Selbstverständlich bleibt es dem Nebenklagevertreter nicht nur unbenommen, sondern es ist ihm anzuraten, schon im Ermittlungsverfahren von seinem Erklärungs- und Beweisantragsrecht Gebrauch zu machen; eine Pflicht, diesen Anregungen (bescheidungsfähige Anträge können begrifflich erst mit Erhebung der öffentlichen Klage vorhanden sein) zu folgen, ergibt sich aus den §§ 395 ff. StPO indessen nicht.

41 Gleichwohl werden Staatsanwaltschaft und Polizei schon aufgrund ihrer Aufklärungspflicht (§§ 160, 163 StPO) und im Hinblick auf eine verfahrensökonomische Gestaltung der Hauptverhandlung den Beweisersuchen der Nebenklage in aller Regel nachgehen. Der Nebenklagevertreter sollte sich daher nicht scheuen, frühzeitig und prägend in die Ermittlungen einzugreifen, insbesondere wenn die Voraussetzungen einer Verurteilung und eines Schadensersatzanspruchs davon abhängen. Dies zu bewirken dürfte gemeinhin nicht schwerfallen, da dem Verletzten (und damit dem Nebenkläger) gerade in den Katalogtaten des § 395 StPO eine zentrale Rolle als Beweismittel zukommt und die Ermittlungsbehörden auf dessen Mitarbeit zur Aufklärung angewiesen sind. Fernerhin kann durch den Kontakt und Fühlungnahme mit Staatsanwaltschaft und Polizei auch schon bei Zeiten ausgelotet werden, welche rechtliche Einordnung der Sachverhalt erfahren wird. Steht für den Nebenkläger das Erreichen einer finanziellen Schadenswiedergutmachung im Vordergrund, wird dies andere Aktivitäten des Nebenklagevertreters auslösen, als wenn es dem Verletzten vorrangig um die Erlangung

122 Der Verletzte trägt zur Glaubhaftigkeit seiner Aussage bei, wenn er während einer Einlassung des Angeklagten auf sein Anwesenheitsrecht verzichtet und erst nach seiner eigenen Vernehmung von seinem Anwesenheitsrecht Gebrauch macht.
123 OLG Koblenz bei *Böhm* NStZ-RR 2000, 325.
124 Gesetz vom 29.07.2009 (BGBl. I S. 2280).
125 Gesetz vom 27.08.2017 (BGBl. I S. 3295).

ideeller Genugtuung geht.[126] Wird in der erstgenannten Alternative der Nebenkläger womöglich bereits mit einer Einstellung gem. § 153a StPO (Wiedergutmachungsauflage, Kostenfolge § 472 Abs. 1 i.V.m. Abs. 2 S. 2 StPO) konform gehen,[127] kann bei gleicher Sachverhaltskonstellation im zweiten Fall der Nebenkläger ein vorrangiges Interesse an der Verurteilung zu einer empfindlichen Strafe haben; letztlich wird dann oft die Teilnahme an der Hauptverhandlung und das Einwirken auf die Tatsachenfeststellungen selbst das erstrangige Ziel der Nebenklage sein.

Nach § 400 Abs. 2 S. 1 StPO steht dem Nebenkläger die sofortige Beschwerde gegen den Beschluss zu, durch den die Eröffnung des Hauptverfahrens abgelehnt oder das Verfahren nach §§ 206a und 206b StPO eingestellt wird. 42

▶ **Beachte**

Der Nebenklagevertreter sollte auch den Kostengesichtspunkt für die Abwägung der Strategie nicht ganz außer Acht lassen: Eine Verfahrenseinstellung gem. §§ 170, 153, 154, 154a StPO bedingt – außer in Ausnahmefällen (§ 472 Abs. 2 StPO) – dass der Nebenkläger, wie auch im Fall des Freispruchs, selbst für die notwendigen Auslagen, die in Zusammenhang mit seiner Rechtsausübung entstanden sind, aufkommen muss. Die Verurteilung und eine Einstellung nach § 153a StPO lösen für den Nebenkläger günstige Kostenfolgen[128] aus; ergeht ein Strafbefehl, trägt der Nebenkläger seine Auslagen grundsätzlich selbst.[129]. Die für den Nebenkläger mit eigenem Kostenrisiko verbundenen Schritte bedürfen demzufolge auch ausreichender Erörterung im Mandantengespräch. 43

3. Rechte des Nebenklägers in der Hauptverhandlung

Auf die Hauptverhandlung zentriert sich die Rechtsausübung des Nebenklägers. 44

Mit Erhebung der öffentlichen Klage (Eingang der Akten und der Anklageschrift bei Gericht)[130] ist die Anschlusserklärung materiell wirksam. Dem Zulassungsbeschluss kommt nur deklaratorische Wirkung zu. Der Nebenkläger kann bereits im Zwischenverfahren, sofern sich dies von der Strategie her anbietet, Erklärungen abgeben und auch Beweisanträge stellen. Eröffnet das Gericht das Hauptverfahren nicht (§ 204 StPO) und betrifft die Nichteröffnung ein nebenklagefähiges Delikt oder wird das Verfahren gem. §§ 206a, 206b StPO eingestellt, so steht dem Nebenkläger das Recht auf sofortige Beschwerde zu (§ 400 Abs. 2 S. 1 StPO). Gleiches gilt für den Fall, dass das Amtsgericht den Erlass eines Strafbefehls ablehnt (§ 408 Abs. 2 StPO i.V.m. § 396 Abs. 1 S. 2 StPO). Entscheidungen zu Fragen, durch die der Nebenkläger nicht beschwert ist (z.B. Unterbringung, Untersuchungshaft), sind unanfechtbar.

---

126 S. Rdn. 5.

127 Wegen § 155a S. 3 StPO ist die Zustimmung des Verletzten zum Täter-Opfer-Ausgleich als Auflage gem. § 153a Abs. 1 S. 2 Nr. 5 StPO erforderlich. Bei der Geldauflage zugunsten des Verletzten nach § 153a Abs. 1 S. 2 Nr. 1 StPO hingegen nicht. Der Verletztenbeistand sollte aber im letztgenannten Fall darauf achten, dass der Zusatz erfolgt: »Dem Verletzten wird nicht die Möglichkeit abgeschnitten, im Zivilrechtsweg den nach seiner Meinung entstandenen weitergehenden Schaden geltend zu machen« (Meyer-Goßner/*Schmitt,* § 153a Rn. 15), was nur klarstellende Funktion hat. Außerhalb des Adhäsionsverfahrens kann keine abschließende Entscheidung über bürgerlich-rechtliche Ansprüche des Verletzten durch ein Strafgericht ausgesprochen werden.

128 Es sei denn, die Kostenentscheidung zulasten des Angeklagten wäre »unbillig«, § 472 Abs. 1 S. 3 StPO.

129 Ausnahme: Der Angeschuldigte legt Einspruch ein und zieht diesen nach Terminanberaumung wieder zurück, LG Hechingen DAR 1991, 197; dann sind die notwendigen Auslagen (vollständig) vom Angeklagten zu tragen.

130 Meyer-Goßner/*Schmitt* § 396 Rn. 5.

Der Nebenklageberechtigte[131] und sein Rechtsbeistand sind vom Termin zur Hauptverhandlung nach § 406h Abs. 2 S. 2 StPO zu benachrichtigen und ist bei erfolgtem Anschluss der Nebenkläger selbst unter Beachtung der Ladungsfristen zur Hauptverhandlung nach § 397 Abs. 1 S. 2 StPO zu laden und der angezeigte oder bestellte Rechtsbeistand nach § 397 Abs. 2 S. 3 StPO vom Termin der Hauptverhandlung zu benachrichtigen. In der Regel wird das Gericht Terminwünsche des Nebenklägers und seines Rechtsbeistandes berücksichtigen, wenn sie frühzeitig geäußert wurden (z.B. Mitteilung der Urlaubszeiten). Nach § 398 Abs. 1 StPO wird der Fortgang des Verfahrens durch den Anschluss nicht aufgehalten. Konnte der Nebenkläger wegen der Kürze der Zeit nicht mehr zur Hauptverhandlung oder zu anderen Terminen geladen oder benachrichtigt werden, findet eine bereits anberaumte Hauptverhandlung trotzdem statt (§ 398 Abs. 2 StPO).

Die Verfahrensökonomie hat eindeutigen Vorrang vor den Interessen des Nebenklageberechtigten und Nebenklägers: Ist er trotz Benachrichtigung im Termin (Beweisaufnahme, Hauptverhandlung) nicht zugegen, trägt er selbst die Folgen eines dadurch eingetretenen Rechtsverlusts. Die Hauptverhandlung kann selbst dann ohne ihn durchgeführt werden, wenn er oder sein Vertreter aus triftigen Gründen, z.B. wegen einer Erkrankung, an der Teilnahme zur Hauptverhandlung verhindert sind.[132]

45 Die prozessualen Rechte des Nebenklägers sind größtenteils in § 397 Abs. 1 S. 3 und 4 StPO geregelt. Ersichtlich kann er nicht im selben Umfang Rechte wahrnehmen wie die Staatsanwaltschaft. Im Einzelnen stehen dem Nebenkläger im Hauptverfahren und in der Hauptverhandlung folgende Rechte zu:

– Dem Nebenkläger ist nach § 397a Abs. 1 StPO in den dort aufgeführten Fällen[133] auf seinen Antrag hin ein Rechtsanwalt als Beistand zu bestellen. Liegen die Voraussetzungen hierfür nicht vor, so ist ihm für die Hinzuziehung eines Rechtsanwalts auf Antrag Prozesskostenhilfe nach denselben Vorschriften wie in bürgerlichen Rechtsstreitigkeiten zu bewilligen, wenn er seine Interessen selbst nicht ausreichend wahrnehmen kann oder ihm dies nicht zuzumuten ist (§ 397a Abs. 2 StPO). Um das gerichtliche Strafverfahren zu verbessern und zu beschleunigen[134] sollte durch die Einführung des § 397b StPO[135] die Nebenklagevertretung durch die Bestellung oder Beiordnung eines gemeinschaftlichen Nebenklagevertreters bei gleichgelagerten Interessen gebündelt werden können.

  Selbstredend verbleiben dem Nebenkläger auch bei der gemeinschaftlichen Nebenklagevertretung insbesondere seine Anwesenheits- und Fragerechte. Dem Nebenkläger ist es zudem unbenommen, sich im Verfahren entweder unter Verzicht auf einen Bestellungs- oder Beiordnungsantrag oder zusätzlich zu dem gemeinschaftlichen Nebenklagevertreter durch einen Wahlnebenklagevertreter auf eigene Kosten vertreten zu lassen.[136]

  § 397b Abs.1 S. 2 StPO bejaht ein Vorliegen gleichgelagerter Interessen bei mehreren Angehörigen eines durch eine rechtswidrige Tat Getöteten im Sinne des § 395 Abs. 2 Nr. 1 StPO. Das Regelbeispiel soll indes nicht abschließend sein. Gleichgelagerte Interessen sind auch außerhalb von Tötungsdelikten und unabhängig von Verwandtschaftsbeziehungen denkbar, etwa bei Großschadensereignissen oder Umweltdelikten.[137] Ein gleichgelagertes Interesse wäre demnach auch dann zu bejahen, wenn eine strafbare Handlung zu einer Vielzahl von Opfern geführt hat. In

131 Nochmal: der formelle Anschluss ist für die Inanspruchnahme der Rechte nach § 406h StPO nicht mehr erforderlich!

132 S. hierzu: OLG Stuttgart, Beschl. v. 21.08.2003 – 1 Ws 232/03, das für einen »Extremfall« eine Ausnahme bei Antrag auf Verlegung zulassen will; ähnlich LG Nürnberg-Fürth 23.10.2008 – 2 Qs 54/08, StV 2009, 180.

133 Zuletzt zur Stärkung der Opferrechte im Strafverfahren auf Fälle der Vergewaltigung ausgedehnt durch Gesetz zur Modernisierung des Strafverfahrens vom 10.12.2019 (BGBl. I S. 2121).

134 BT-Drucks. 19/14747 S. 1; Zur Begründung und den Zielen des Gesetzesgebers: s. BT-Drucks. 532/19 S. 40 f.

135 Gesetz zur Modernisierung des Strafverfahrens vom 10.12.2019 (BGBl. I S. 2121).

136 BT-Drucks. 532/19 S. 40/41BT-Drucks. 532/19 S. 40/41.

137 BT-Drucks. 532/19 S. 41.

letzterem Fall wird sich aber eine gemeinschaftliche Nebenklagevertretung kaum realisieren lassen.[138]

Nach § 397b Abs. 2 S. 1 StPO soll den betroffenen Nebenklägern Gelegenheit gegeben werden, sich vor der Bestellung oder Beiordnung eines gemeinschaftlichen Rechtsanwalts dazu zu äußern. Die Vorschrift des § 397b StPO belässt dem Gericht ein Entschließungs- und Auswahlermessen. Bei der Entscheidung, ob die Mehrfachvertretung überhaupt in Betracht zu ziehen ist, soll das Gericht neben der Interessenlage der Nebenkläger weitere Gesichtspunkte berücksichtigen, wie die Wahrung der Rechte des Angeklagten, den Resozialisierungsgedanken oder die voraussichtliche Dauer und Komplexität des Verfahrens.[139]

- Der Nebenkläger hat ein **vollumfängliches Anwesenheitsrecht**, insbesondere auch dann, wenn er als Zeuge geladen ist; er kann also während der Vernehmung des Angeklagten zur Sache im Sitzungssaal verbleiben.[140] Während der Beistand des nicht nebenklagebefugten Verletzten ein Anwesenheitsrecht nur während der Vernehmung seines Mandanten hat, ist der Beistand des nebenklageberechtigten Verletzten nach § 406h Abs. 2 S. 1 StPO zur Anwesenheit in der gesamten Hauptverhandlung berechtigt, selbst in jenen Phasen, in denen die Öffentlichkeit ausgeschlossen ist.[141]
- Der Nebenkläger ist befugt, Richter oder Sachverständige wegen der Besorgnis der Befangenheit abzulehnen (§§ 24, 31, 74 StPO).
- Er übt sein Fragerecht (§ 240 Abs. 2 StPO) nach dem Staatsanwalt und vor dem Sachverständigen aus. Ist der Nebenkläger selbst mitangeklagt, ist die Befragung eines anderen Mitangeklagten unzulässig (§ 240 Abs. 2 S. 2 StPO).[142]
- Er hat das Recht zur Beanstandung von Anordnungen des Vorsitzenden sowie von Fragen und Vorhalten der Prozessbeteiligten (§§ 238 Abs. 2, 242 StPO).
- Dem Nebenkläger steht das Recht zu, Beweisanträge zu stellen (§ 244 Abs. 3–6 StPO). Da er dies nur im Rahmen seiner Anschlussberechtigung darf, müssen sich die Beweisanträge auf das Nebenklagedelikt beziehen.[143] Durch Erklärungen und Anregungen ist es dem Nebenkläger allerdings möglich, sofern seine Mitwirkung erkennbar eine der Sachverhaltsaufklärung dienliche Stoßrichtung hat, den Gang der Beweisaufnahme auch außerhalb der Feststellungen zu nebenklagefähigen Delikten zu beeinflussen.
- Die Beweisanträge des Nebenklägers sind auch mit dem Ziel eines Freispruchs des Angeklagten zulässig, z.B. wenn durch die Anträge die Schuldfähigkeit (§ 20 StGB) oder die strafrechtliche Verantwortlichkeit (§ 3 JGG) des Angeklagten in Zweifel gezogen werden sollen.[144]
- Der Nebenkläger kann die Selbstladung von Zeugen und Sachverständigen in die Wege leiten (§§ 220, 245 Abs. 2 StPO)[145].
- Er hat ein Erklärungsrecht (§ 257 StPO) und das Recht zum Schlussvortrag (§ 258 StPO); auf den Schlussvortrag des Verteidigers darf der Nebenkläger erwidern.[146]

---

138 Zu den Bedingungen bei gleichgelagertem Interesse: BeckOK StPO/*Weiner*, § 397b Rn. 8–12.

139 BT-Drucks. 532/19 S. 41; Weitere Kriterien für die Entscheidung: a.a.O. S. 41 f.

140 OLG Nürnberg, Beschl. v. 14.04.2009 – 2 St OLG Ss 33/09. In geeigneten Fällen kann es sich jedoch anbieten, auf dieses Recht zu verzichten, was der Aussage des Zeugen zu mehr Glaubhaftigkeit verhelfen kann.

141 *Meyer-Goßner*/Schmitt § 406h Rn. 4.

142 Zur Verfassungsmäßigkeit des § 240 Abs. 2 S. 2 StPO: BVerfG, Beschl. v. 21.08.1996 – 2 BvR 715/96, NJW 1996, 3408.

143 Zu Tatmehrheit, Tateinheit und Gesetzeskonkurrenz zu anderen Delikten: s. Meyer-Goßner/*Schmitt*, § 397 Rn. 5.

144 BGH, Beschl. v. 01.09.2020 – 3 StR 214/20: die frühere Vorstellung von der im Nebenklageverfahren »doppelt besetzten Anklagerolle« wurde längst aufgegeben und es ist nicht mehr maßgeblich, dass die Nebenklage ihrem Wesen nach auf die Bestrafung des Täters abzielt.

145 *Meyer-Goßner*/Schmitt § 397 Rn. 5 mit Hinweis auf a.A. *Beulke* DAR 1988, 118.

146 BGH, Urt. v. 11.07.2001 – 3 StR 179/01, NJW 2001, 3137.

– Im Rahmen einer Absprache (§ 257c StPO) ist er als Verfahrensbeteiligter miteinzubeziehen und anzuhören. Seine Zustimmung zu einer Verständigung ist indes nicht erforderlich.[147]

Darüber hinausgehende Rechte stehen dem Nebenkläger grundsätzlich nicht zu.

46 Insbesondere ist er von allen über den Katalog des § 397 StPO hinausgehenden Mitwirkungsrechten ausgeschlossen:

– Ihm fehlt die Zustimmungs- oder Ablehnungsbefugnis zu bestimmten prozessualen Handlungen: Verlesen von Protokollen früherer Vernehmungen, § 251 Abs. 1 Nr. 1 StPO; Verlesung des erstinstanzlichen Urteils in der Berufungshauptverhandlung, § 324 Abs. 1 S. 2 StPO; Verlesung von Vernehmungsniederschriften in der Berufungshauptverhandlung, § 325 2. Hs. StPO; Durchführung des Selbstleseverfahrens, § 249 Abs. 2 StPO; Beweisverzicht, § 245 Abs. 1 S. 2 StPO; Berufungsrücknahme des Angeklagten, § 303 S. 2 StPO.
– Anträge des Nebenklägers auf Aussetzung der Hauptverhandlung (§§ 246 Abs. 2, 265 Abs. 4 StPO), auf Protokollierung der Gründe für die Verlesung von Urkunden (§ 255 StPO), auf Protokollierung von Vorgängen und Bekundungen während der Hauptverhandlung (§ 273 Abs. 3 StPO)[148] und auf Vereidigung des Sachverständigen (§ 79 Abs. 1 StPO) sind unzulässig.

In der Praxis werden gleichwohl der Nebenkläger bzw. sein Rechtsbeistand oftmals um eine Erklärung in den vorbenannten Fällen ersucht. Dies entspricht allerdings eher dem nobile officium des Gerichts, ein Anspruch hierauf besteht nicht.

Die eingeschränkte Rechtsstellung hat zudem unmittelbare Auswirkung auf die Beschwer des Nebenklägers und auf dessen Befugnis zur Rechtmitteleinlegung.[149]

IV. Rechtsmittel gegen Urteile

1. Anfechtungsdefizite

47 Der Nebenkläger kann gegen Urteile Rechtsmittel und zwar Berufung und Revision einlegen (§ 400 StPO). Dieses Recht übt er unabhängig von der Staatsanwaltschaft aus (§ 401 Abs. 1 S. 1 StPO). Erforderlich ist die Anschlusserklärung des Nebenklägers, die explizit auch nach ergangenem Urteil nur zum Zwecke der Rechtsmitteleinlegung erfolgen kann (§ 395 Abs. 4 S. 2 StPO).

Voraussetzung ist aber eine Beschwer des Nebenklägers[150], was die Rechtsmittelmöglichkeiten erheblich einschränkt. Die Rechtsmittelbefugnis beschränkt sich insoweit auf nebenklagefähige Delikte i.S.d. § 395 StPO (§ 400 Abs. 1 2. Alt. StPO), wobei es dann keine Rolle spielt, ob es sich um einen Freispruch, eine tateinheitliche Verurteilung unter Außerachtlassen des Nebenklagedelikts handelt oder das Nebenklagedelikt nicht in den Schuldspruch aufgenommen worden ist.[151]

Ein Rechtsmittel, welches lediglich den Rechtsfolgenausspruch angreift, ist unzulässig (§ 400 Abs. 1 1. Alt. StPO). Dies betrifft auch den Fall, dass die Verhängung einer weiteren, bisher nicht angeordneten Rechtsfolge verlangt wird.[152] Die Rüge muss sich immer gegen den Schuldspruch wenden.

Während dem Nebenkläger früher die Rechtsmittelbefugnis uneingeschränkt zustand, wurde sie mit dem Opferschutzgesetz von 1987 eingeschränkt mit der Begründung, der Nebenkläger habe

147 Vgl. § 257c Abs. 3 S. 4 StPO.
148 Meyer-Goßner/*Schmitt* § 273 Rn. 26.
149 So ist die Beschwerde des Nebenklägers gegen einen Aussetzungsbeschluss nach § 228 Abs. 1 S. 1 StPO ungeachtet der Vorschrift des § 305 S. 1 StPO schon deshalb unzulässig, weil er selbst die Aussetzung der Hauptverhandlung nicht verlangen kann (OLG Karlsruhe, Beschl. v. 01.02.2016 – 2 Ws 572/15).
150 BGH, Urt. v. 13.02.1980 – 3 StR 5/80, NJW 1980, 1586.
151 Meyer-Goßner/*Schmitt* § 400 Rn. 4.
152 Beispiele bei KK/*Allgayer* § 400 Rn. 1 ff und Meyer-Goßner/*Schmitt* § 400 Rn. 2 ff.

zwar ein legitimes Interesse daran, dass der Angeklagte überhaupt verurteilt werde, aber nicht an der Höhe der Strafe.[153]

Es muss klar zwischen Schuld- und Rechtsfolgenausspruch unterschieden werden: Anwendung von Jugendstrafrecht auf einen Heranwachsenden (§ 105 JGG) betrifft den Rechtsfolgenausspruch und ist mit einem Rechtsmittel des Nebenklägers nicht angreifbar.[154] Auch die Annahme weiterer Mordmerkmale betrifft nicht den Schuldspruch[155], wie auch die Anwendung eines minder schweren Falls nur den Rechtsfolgenausspruch betrifft.[156] Selbiges hat für die Maßregeln der Besserung und Sicherung zu gelten, insbesondere die Nichtanordnung von Sicherungsverwahrung.[157]

▶ Hinweis

Der Nebenkläger bzw. sein Rechtsbeistand sollte deshalb das Rechtmittel begründen, auch wenn dies bei Einlegung einer Berufung (§ 317 StPO) oder aber Erhebung der allgemeinen Sachrüge im Rahmen der Revision (§ 344 Abs. 2 StPO) nicht zwingend erforderlich ist. Wurde beispielsweise der Angeklagte wegen eines Nebenklagedelikts verurteilt, hat der Nebenkläger das Ziel seiner Berufung mitzuteilen.[158] Selbiges hat für die Revision, insbesondere bei Einlegung der allgemeinen Sachrüge zu gelten.[159] Daran ändert auch eine durch die Staatsanwaltschaft eingelegte Revision und Begründung nichts. Der Nebenkläger hat sein Rechtsmittel zu begründen und muss ein zulässiges Anfechtungsziel erkennen lassen.[160] Er muss somit klarstellten, dass er das Urteil mit dem Ziel einer Änderung des Schuldspruchs anficht im Hinblick auf ein Delikt, das zum Anschluss als Nebenkläger berechtigt.[161] 48

Die Beschränkungen der Rechtsmittelbefugnis lassen sich nur schwer mit dem anerkannten Genugtuungsinteresse des Nebenklägers[162] als auch mit den gesetzgeberischen Zielen der Nebenklage in Einklang bringen.

▶ Beispiele

(1) Gesetzt den Fall, die Staatsanwaltschaft beantragt für einen bewährungsbrüchigen Angeklagten, der sich vor dem Amtsgericht wegen gefährlicher Körperverletzung zu verantworten hat, eine Freiheitsstrafe ohne Bewährung; der Nebenklagevertreter hingegen beantragt im wohlverstandenen Interesse des Verletzten die Verhängung einer Freiheitsstrafe, die zur Bewährung auszusetzen ist und gleichzeitig als Bewährungsauflage eine finanzielle Wiedergutmachungsleistung an den Nebenkläger. Folgt das Gericht dem Antrag der Staatsanwaltschaft, schneidet § 400 Abs. 1 StPO dem Nebenkläger jede Rechtsmittelmöglichkeit ab.[163] Er ist nun im Hinblick auf die Geltendmachung seines (finanziellen, aber verletzungsbedingten) Genugtuungsinteresses auf den Zivilrechtsweg oder die Adhäsion verwiesen.

(2) In einem Verfahren, in dem gewisse Indizien auf die Täterschaft des Angeklagten hindeuten und das Gericht deshalb dem Antrag der Staatsanwaltschaft auf Verurteilung folgt,

---

153 BT-Drs. 10/5305, S. 15.
154 BGH, Beschl. v. 28.02.2007 – 2 StR 599/06, StraFO 2007, 245.
155 BGH, Beschl. v. 21.02.2007 – 2 StR 540/06, StraFO 2007, 245.
156 BGH, Beschl. v. 21.04.1999 – 2 StR 64/99, NStZ-RR 2000, 33.
157 Zuletzt: BGH, Beschl. v. 17.05.2010 – 5 StR 161/10, StraFO 2010, 295.
158 Meyer-Goßner/*Schmitt* § 400 Rn. 5 m.w.N.
159 Zuletzt BGH, Beschl. v. 02.08.2016 – 2 StR 454/15. Wenn der Angeklagte wegen eines nebenklagefähigen Delikts verurteilt worden ist, bedarf die Revision des Nebenklägers eines genauen Antrages oder einer Begründung, die deutlich macht, dass er eine Änderung des Schuldspruchs hinsichtlich des Nebenklagedelikts verfolgt.
160 BGH, Beschl. v. 03.02.2015 – 3 StR 645/14.
161 S. Rdn. 8.
162 BGH, Urt. v. 23.01.1979 – 5 StR 748/78, NJW 1979, 1310.
163 Es fällt schwer, hier keine Beschwer des Nebenklägers, also einen unmittelbaren Nachteil zu unterstellen.

haben der Nebenklagevertreter wie auch der Verteidiger Freispruch beantragt, da sich während der Hauptverhandlung Hinweise darauf ergeben haben, dass eine konkrete andere Person als der Angeklagte der Täter gewesen ist. Das Genugtuungsinteresse, das sich am »wahren Täter« auszurichten hat, erforderte bei diesem Meinungsbild der Nebenklage einen Antrag auf Freispruch des Angeklagten. Die eigenständige Verfolgung eines Rechtsmittels ist für den Nebenkläger hier ausgeschlossen, weil dem Nebenkläger die Beschwer fehlen soll.[164]

▶ **Beachte**

49 Dem Mandanten sind die Einschränkungen des Anfechtungsrechts schon frühzeitig nach Mandatsübernahme, aber spätestens dann, wenn Anklage und Eröffnungsbeschluss vorliegen, zu erklären.

▶ **Hinweis**

50 Dies kann für die Erläuterung der Hauptverhandlungsstrategie der Nebenklage unabdingbar sein, z.B. wenn bereits absehbar ist, dass die Anordnung einer finanziellen Wiedergutmachung des durch den Angeklagten angerichteten Schadens im Rahmen einer Bewährungsauflage nur wenig Chancen hat und/oder die Staatsanwaltschaft die Verhängung einer Freiheitsstrafe ohne Bewährung anstrebt. In einem solchen Fall ist zur Durchsetzung der Rehabilitationsinteressen des Verletzten dann alternativ der Übergang ins Adhäsionsverfahren zu erwägen, da ein eigenständiges Rechtsmittel mit dem Ziel »Verhängung der von der Nebenklage intendierten Bewährungsauflage« ausgeschlossen ist. Letzteres genießt aber den Vorteil, dass die Geldzahlung an den Verletzten unter dem justiziellen Druck des Bewährungswiderrufs steht und die Chancen für einen Ausgleich weit höher sind als mit einem im Adhäsionsverfahren bewirkten Titel gegen einen Zahlungsunfähigen.

51 In jedem Fall aber ist der Mandant mit der kleinen Palette der Rechtsmittel bekannt zu machen. Dies verhindert zu hoch gesteckte Erwartungen in das Instrument der Nebenklage und fördert einen eher sachlichen Umgang des Nebenklägers mit dem Verfahrensstoff. Voraussetzung der insoweit notwendigen Klärung der Nebenklagestrategie ist die Prognose der Prozesssituation, wie sie sich wahrscheinlich in der Hauptverhandlung darstellen wird (Beweislage, Rechtslage, Strafzumessungsgesichtspunkte, absehbare Anträge von Verteidigung und Staatsanwaltschaft). Mitunter kann dies eine Fühlungnahme mit den Verfahrensbeteiligten erforderlich machen.[165]

2. Berufung und Revision

52 In den von § 400 Abs. 1 StPO gezogenen Grenzen stehen der Nebenklage die Rechtsmittel der Berufung und Revision auch in dem für die übrigen Verfahrensbeteiligten gezogenen Zulässigkeitsrahmen zur Verfügung.

Sämtliche Vorschriften über Form, Frist und Inhalt des Rechtsmittels haben selbstredend auch der Nebenkläger bzw. dessen Rechtsbeistand zu beachten. Die Revisionsanträge kann der Nebenkläger nur mittels einer von einem Rechtsanwalt unterzeichneten Schrift anbringen.[166]

164 BGH, Beschl. v. 12.07.1990–4 StR 247/90, NJW 1990, 2479 mit der wesentlichen Begründung, dass eine mit § 296 Abs. 2 StPO vergleichbaren Regelung in §§ 400 f. StPO fehlt.

165 Abzuklären wäre z.B., ob die Staatsanwaltschaft bereit ist, die Anordnung gewisser Wiedergutmachungsleistungen des Angeklagten in ihre Strategie mit einzubauen oder ob der Verteidiger im Sinne einer Deeskalation des Verfahrensstoffs daran interessiert ist, für seinen Mandanten schon von sich aus bestimmte Wiedergutmachungsgesten zu fördern.

166 Meyer-Goßner/*Schmitt* § 401 Rn. 2 m.w.N.

Wegen der Anfechtungsdefizite ist das Rechtsmittel in jedem Fall zu begründen,[167] um eine Verwerfung wegen Unzulässigkeit zu vermeiden. Im Rahmen der Revision muss beachtet werden, dass der Nebenkläger mit der Sachrüge nur die unterlassene oder fehlerhafte Anwendung gerade desjenigen Strafgesetzes rügen kann, auf das sich seine Anschlussbefugnis stützt.[168] Dies hat innerhalb der Revisionsbegründungsfrist des § 345 Abs. 1 StPO zu erfolgen (auch wenn nur die allgemeine Sachrüge erhoben wird)![169]

Gleiches gilt für die Erhebung von Verfahrensrügen; auch die von der Nebenklagevertretung vorgebrachte Rüge kann nur eine Verletzung formellen Rechts zum Gegenstand haben, die das nebenklagefähige Delikt betrifft.

Unabhängig davon empfiehlt es sich grundsätzlich immer, dem Rechtsmittelgericht eine Begründung an die Hand zu geben.

Ein eigenständig vom Nebenkläger bzw. dessen Rechtsbeistand eingelegtes und zulässiges Rechtsmittel ist weder vom Rechtsmittel der Staatsanwaltschaft, noch von dem des Angeklagten abhängig. 53

Insbesondere besteht keine innere Verbindung der Rechtsmittel von Staatsanwaltschaft und Nebenklage, es sei denn, es handelt sich um den Fall, dass sich die Nebenklage dem Rechtsmittel der Staatsanwaltschaft anschließt.[170] Das bewirkt, dass z.B. eine durch die Staatsanwaltschaft gegen ein Urteil des Amtsgerichts (Freispruch) eingelegte (Sprung-) Revision bei gleichzeitig durch die Nebenklage eingelegter Berufung im Ergebnis dazu führt, dass das Rechtsmittel der Staatsanwaltschaft als »Berufung« gewertet wird (§ 335 Abs. 3 S. 1 StPO). Verabsäumen Staatsanwaltschaft oder Nebenkläger die Einlegung des Rechtsmittels innerhalb der Berufungs- bzw. Revisionseinlegungsfrist, kann sich der jeweils Säumige nicht das Rechtsmittel des anderen »zu eigen machen«.

Die Anforderungen an Fristwahrung und Inhalt von Rechtsmitteleinlegungs- und Rechtsmittelbegründungsschriften entsprechen jenen für die übrigen Verfahrensbeteiligten.[171] Einige Besonderheiten sind zu beachten: 54

- Für die Berufungseinlegungs- und Revisionseinlegungsfrist verdient die Regelung des § 401 StPO besondere Beachtung. Erfolgt die Anschlusserklärung des Nebenklägers erst nach Erlass des Urteils – was prinzipiell möglich (§ 395 Abs. 4 S. 2 StPO) aber nicht unbedingt ratsam ist,[172]– dann ist vom Nebenkläger die Wochenfrist zur Einlegung des Rechtsmittels gleichwohl bindend (§ 399 Abs. 2 StPO), d.h. der Nebenkläger ist an die für die Staatsanwaltschaft und Verteidigung geltenden Fristen gebunden. Der Nebenklagevertreter ist in einem solchen Fall aufgerufen, unmittelbar mit der Anschlusserklärung auch die Rechtsmitteleinlegung vorzunehmen, sonst besteht die Gefahr, dass die Rechtsmitteleinlegungsfrist abläuft. Das Gericht wird dann die Zustellung des Urteils bewirken (unabhängig von der Entscheidung über die Zulassung der Nebenklage). Wird später der Anschluss der Nebenklage für unzulässig erklärt, führt dies automatisch zur Unzulässigkeit auch des eingelegten Rechtsmittels.
- Die Einlegungsfrist beginnt erst mit Zustellung des Urteils (Tenor genügt), wenn der Nebenkläger in der Hauptverhandlung überhaupt nicht anwesend oder vertreten war (§ 401 Abs. 2 S. 2 StPO).

---

167 S. Rdn. 48.

168 BGH, Beschl. v. 18.12.2007 – 5 StR 578/07, StraFO 2008, 164, wonach bei Tateinheit des Nebenklagedelikts mit einem anderen Delikt letzteres bei der Prüfung der Zulässigkeit des Rechtsmittels außer Betracht bleibt.

169 BGH, Urt. v. 26.07.2007 – 3 StR 221/07, NStZ 2007, 700.

170 Nicht ausgeschlossen ist, dass die Staatsanwaltschaft für die belastete Nebenklägerschaft Kostenbeschwerde einlegt, OLG Dresden, Beschl. v. 02.08.1999 – 1 Ws 206/99 (NStZ-RR 2000, 115).

171 S. zur Berufung: *Brunner* Kap. 9; zur Revision: *Günther,* Kap. 10.

172 Zeitdruck, Rechtsmittelbeschränkungen und mangelnde Einflussmöglichkeit auf das erkennende Gericht erster oder zweiter Instanz.

- War der Nebenkläger zwar in der Hauptverhandlung, aber nicht bei der Urteilsverkündung anwesend, so beginnt die Anfechtungsfrist mit dem Verkündungszeitpunkt zu laufen (§ 401 Abs. 2 S. 1 StPO).
- Für die Rechtsmittelbegründungsfrist (§§ 317 und 345 Abs. 1 StPO), die unabhängig vom Zeitpunkt des Zulassungsbeschlusses zu laufen beginnt, gilt § 401 Abs. 1 S. 3 StPO, wonach die Frist mit Ablauf der für die Staatsanwaltschaft laufenden Frist zur Einlegung des Rechtsmittels beginnt, spätestens aber mit Zustellung des Urteils an den Nebenkläger.
- Hat der Nebenkläger zulässigerweise eigenständig Rechtsmittel eingelegt (die Staatsanwaltschaft oder der Angeklagte aber nicht) und erscheint weder der Nebenkläger noch ein Nebenklagevertreter in der Berufungshauptverhandlung (§ 329 Abs. 1 StPO), dann wird die Berufung des Nebenklägers verworfen (§ 401 Abs. 3 S. 1 StPO). Hatten Staatsanwaltschaft und/oder Angeklagter indes ebenfalls Berufung eingelegt, wird in Abwesenheit über das Rechtsmittel des Nebenklägers entschieden werden.

Auf die zulässige Nebenklagerevision prüft das Revisionsgericht die zulässig erhobenen Verfahrensrügen sowie auf die Sachrüge hin das Urteil umfassend. Bei erfolgreicher Verfahrensrüge muss damit gerechnet werden, dass die Sache bei Aufhebung des Urteils mitsamt seiner Feststellungen zurückverwiesen und (ergebnisoffen) neu verhandelt wird. Auf diese Möglichkeit ist der Mandant, für den das Strafverfahren unter Umständen eine immense Belastung darstellen kann,[173] dringend hinzuweisen und ist dieser Umstand bei der Entscheidung darüber, ob Rechtsmittel eingelegt wird oder nicht (auch bezüglich der Berufung) miteinzubeziehen. Alternativ kann bei vollständigen Feststellungen zur Schuld eine eigene Sachentscheidung des Revisionsgerichts in Form einer Berichtigung des Schuldspruchs beantragt werden. Der Mandant sollte auch darüber aufgeklärt werden, dass das Revisionsgericht bei unbegründeter Rüge des Nebenklägers das Urteil von Amts wegen auf Rechtsfehler, die den Angeklagten belasten, überprüft und bei Feststellung eines solchen Rechtsfehlers das Urteil zu Gunsten des Angeklagten (!) entsprechend § 301 StPO abändern oder aufheben kann.[174]

V. Kostentragung

55 Notwendige Auslagen des Nebenklägers sind gem. § 464a Abs. 2 Nr. 2 StPO neben der Entschädigung für Zeitversäumnisse insbesondere die Gebühren und Auslagen des ihn vertretenden Rechtsanwalts; auch diejenigen, die im Vorverfahren entstanden sind.

§ 472 StPO regelt die Erstattung der für die Rechtsverfolgung des Nebenklägers notwendigen Auslagen wie folgt:

- Wird der Angeklagte wegen eines nebenklagefähigen Delikts verurteilt, trägt er die notwendigen Auslagen des Nebenklägers, es sei denn, die Kostentragung durch den Angeklagten wäre unbillig (§ 472 Abs. 1 StPO). In der Regel gilt dies auch für einen verurteilten Jugendlichen oder Heranwachsenden mit der Folge, dass im Falle des §§ 74 i.V.m. 109 Abs. 2 JGG diese dann der Staatskasse aufzuerlegen wären.[175]
- Der Verurteilte trägt auch dann die notwendigen Auslagen des Nebenklägers, wenn er mangels strafrechtlicher Verantwortlichkeit freigesprochen und eine Maßregel der Besserung und Sicherung angeordnet wird.[176] Bei einer Verfahrenseinstellung nach §§ 153, 154, 154a StPO werden dem Angeklagten die notwendigen Auslagen des Nebenklägers nur dann aufgebürdet, sofern besondere Aspekte der Billigkeit dies indizieren (§ 472 Abs. 2 S. 1 StPO).
- Eine Verfahrenseinstellung gem. § 153a StPO führt (entsprechend der Maßgabe des § 472 Abs. 1 StPO) regelmäßig zu einer Kostentragung durch den Angeklagten (§ 472 Abs. 2 S. 2 StPO).

---

173 Erneute direkte und indirekte Konfrontation mit dem Täter und der Tat.
174 H.M. z.B. auch *Meyer-Goßner*/Schmitt, § 301 Rn. 1 und 2 m.w.N.
175 Zur Problematik: Meyer-Goßner/*Schmitt*, § 472 Rn. 8 m.w.N.
176 Obwohl § 472 Abs. 1 S. 1 StPO im Gegensatz zu § 465 Abs. 1 S. 1 StPO die Maßregelanordnung nicht nennt, OLG Hamm, Beschl. v. 19.01.1988 – 5 Ws 343–344/87, NStZ 1988, 379.

- Wird ein Strafbefehl ohne Anfechtung rechtskräftig, werden dem Angeschuldigten die notwendigen Auslagen des Nebenklägers grundsätzlich nicht auferlegt; eine Ausnahme wird lediglich für die Kosten zu machen sein, die in Zusammenhang mit Tätigkeiten des § 406h StPO angefallen sind.[177]
- Bei Rücknahme eines zunächst eingelegten Einspruchs ist nach § 472 Abs. 1 StPO eine ausdrückliche Entscheidung über die notwendigen Auslagen des Nebenklägers hingegen erforderlich.[178]
- Kostenmäßig steht derjenige Anschlussberechtigte, der lediglich einen Rechtsanwalt nach § 406h StPO beauftragt hat, dem Nebenkläger entsprechend § 472 Abs. 1 und 2 StPO gleich, ebenso wie der Privatkläger, sofern die Staatsanwaltschaft gem. § 377 Abs. 2 StPO die Strafverfolgung übernommen hat.

Der Nebenklagevertreter darf sich nicht darauf verlassen, dass das Gericht von Amts wegen in jedem Fall eine ausdrückliche Entscheidung über die notwendigen Auslagen trifft. Auch wenn mittlerweile in der Rechtsprechung mehrheitlich davon ausgegangen wird, dass ein Urteilsspruch insoweit erforderlich ist,[179] empfiehlt es sich, am Schluss des Plädoyers einen ausdrücklichen Kostenantrag zu stellen, um das Gericht auf die Entscheidung dieser Frage aufmerksam zu machen. Fehlt es (dennoch) an einer für die Nebenklage günstigen Kostenentscheidung,[180] kann der Nebenklagevertreter sofortige Beschwerde (§ 464 Abs. 3 StPO) einlegen. Andernfalls trägt der Nebenkläger seine Kosten selbst. 56

Nach einer für den Nebenkläger günstigen Kostenentscheidung gehört es zum Aufgabenbereich des Nebenklagevertreters, einen Kostenfestsetzungsantrag für diesen beim Gericht des ersten Rechtszugs zu stellen. Im Gegensatz zu eigenen Kostenfestsetzungsanträgen kann die Verzinsung ab Antragstellung beantragt werden (§ 464b S. 1–3 StPO). Der Nebenkläger erhält durch den Kostenfestsetzungsbeschluss einen Titel gegen den Verurteilten, aus dem er dann gegebenenfalls zu vollstrecken hat. Der Nebenkläger sollte auf diesen Umstand bereits beim ersten Gespräch aufmerksam gemacht werden. Denn ist der Verurteilte zahlungsunfähig, bleibt er unter Umständen auf seinen Kosten sitzen. Die Forderung aus dem Kostenfestsetzungsbeschluss ist zudem »insolvenzfähig«, das heißt, die Forderung kann grundsätzlich der Restschuldenbefreiung unterliegen. 57

Unter den Voraussetzungen des § 397a Abs. 1 StPO ist dem Nebenkläger ein Rechtsanwalt als Beistand zu bestellen. Liegen diese Voraussetzungen nicht vor, verbleibt dem Nebenkläger ein Antrag auf Bewilligung von Prozesskostenhilfe, § 397a Abs. 2 StPO. Die Bewilligung kann auch rückwirkend nach Rechtskraft des Urteils erfolgen, wenn der Antrag rechtzeitig gestellt worden ist.[181] Auch der nebenklagebefugte Verletzte, der sich (noch) nicht als Nebenkläger anschließt, kann bereits im Stadium vor Anklageerhebung die Beiordnung eines Rechtsbeistandes verlangen (§ 406h Abs. 1 und 3 StPO).[182] 58

Die Höhe der notwendigen Auslagen ergibt sich aus den Gebührensätzen des RVG, die jenen des Verteidigers entsprechen – neben Verfahrensgebühr(en) und Terminsgebühr(en) entsteht im Fall eines Adhäsionsmandats zusätzlich die Gebühr des Nr. 4143 VV RVG und im Vergleichsfalle die Einigungsgebühr des Nr. 1000 VV RVG. Nach h.M. ist die Tätigkeit im Adhäsionsverfahren aber nicht automatisch von einer Beiordnung umfasst[183] und sollte der Nebenklagevertreter darauf hinwirken, dass er auch für dieses Verfahren gem. § 404 Abs. 5 S. 2 StPO i.V.m. § 121 Abs. 2 ZPO 59

177 OLG Frankfurt a.M., Beschl. v. 21.06.2000, NStZ-RR 2001, 63.
178 LG Braunschweig, Beschl. v. 04.08.2015 – 13 Qs 147/15.
179 LG Stuttgart Justiz 1988, 170; a.A. LG Düsseldorf NStZ 1988, 572.
180 Das »Nachholen« der Entscheidung ist unzulässig, Meyer-Goßner/*Schmitt* § 472 Rn. 10.
181 OLG Celle, Beschl. v. 04.08.2015 – 2 Ws 111/15.
182 Im vorbereitenden Verfahren ist für die Entscheidung über die Beiordnung der Ermittlungsrichter zuständig, § 406h Abs. 3 S. 2 StPO.
183 BGH, Beschl. v. 30.03.2001 – 3 StR 25/01, NJW 2001, 2486.

beigeordnet wird oder aber sich die bisherige Beiordnung als Nebenklagevertreter auf das Adhäsionsverfahren erstreckt.

In der Praxis relevant sind außerdem die Gebührentatbestände der Nr. 4102 VV RVG für die Teilnahme an Terminen außerhalb der Hauptverhandlung, z.B. an einer richterlichen Vernehmung des Mandanten. Für die Teilnahme des Rechtsanwalts an Verhandlungen im Rahmen des Täter-Opfer-Ausgleichs entsteht die Gebühr des Nr. 4102 Nr. 4 VV RVG. Diese sieht die Terminsgebühr für die Teilnahme an Verhandlungen im Rahmen des Täter-Opfer-Ausgleichs vor, z.B. die Teilnahme an Verhandlungsterminen in den (förmlichen) Verfahren nach den §§ 153a Abs. 1 Nr. 5, 155a, 155b StPO. Verhandelt der Rechtsanwalt mit dem Verteidiger über die rechtlichen und tatsächlichen Voraussetzungen eines TOA und gehen diese Verhandlungen über Anbahnungs- und Sondierungsgespräche hinaus, entsteht die Gebühr auch ohne Beteiligung der Staatsanwaltschaft und des Gerichts.[184] Die Bemessung der jeweiligen Gebühren richtet sich nach den allgemeinen Grundsätzen.

Bei besonders umfangreichen oder aber besonders schwierigen Verfahren[185] ist auch der Nebenklagevertreter berechtigt, eine Pauschgebühr zu beantragen.

Bei Mehrfachvertretung nach § 397b StPO ist auf § 53a RVG hinzuweisen.[186]

60 Richtet sich die Nebenklage gegen einen Heranwachsenden, muss § 74 i.V.m. § 109 Abs. 2 S. 1 JGG beachtet werden, wonach bei Anwendung von Jugendstrafrecht auf den Heranwachsenden davon abgesehen werden kann, ihm bei Verurteilung die Kosten und Auslagen aufzuerlegen. Der Anspruch des Nebenklagevertreters auf Ersatz der notwendigen Auslagen muss dann gegenüber dem Mandanten geltend gemacht werden.[187] Die Frage der Gebührenerstattung ist daher, um Überraschungen vorzubeugen, mit dem Nebenkläger bereits vor der Anschlusserklärung zu besprechen (der Gesichtspunkt des Kostenrisikos ist möglicherweise für den Mandanten von wesentlicher Bedeutung für das Schicksal der Nebenklage).

61 Widerruft der Nebenkläger seine Anschlusserklärung oder verzichtet er gar auf sein Recht zum Anschluss, verliert er gleichzeitig seinen Anspruch auf Erstattung seiner notwendigen Auslagen, über die erst mit Urteil entschieden wird.[188] Wird der Angeklagte freigesprochen oder wird das Hauptverfahren nicht eröffnet, hat der Nebenkläger seine notwendigen Auslagen ebenfalls selbst zu tragen.

---

184 Ausführlich hierzu: *Burhoff*, RVGreport 2016, 82, II. 2. c) aa).
185 Zu den Voraussetzungen: § 42 bzw. § 51 RVG.
186 Zum Vergütungsanspruch des Rechtsanwalts gegen die Staatskasse bei Bündelung der Nebenklagevertretung: Volpert in RVGReport 2020, 282.
187 S. zur Problematik: Rdn. 55.
188 Meyer-Goßner/*Schmitt* § 402 Rn. 2.

Kapitel 29 Adhäsionsverfahren

Übersicht

A. Grundlagen

Das Adhäsionsverfahren ermöglicht dem Verletzen oder seinem Erben im Strafverfahren zivilrechtliche Ansprüche gegen den Beschuldigten durchzusetzen; es ist geregelt in §§ 403–406c StPO. 1

Dieses Verfahren gehört schon seit 80 Jahren zum Grundbestand des deutschen Strafverfahrens;[1] für lange Zeit weitgehend aus dem Blick des strafprozessualen Alltags verschwunden, gewinnt es in den letzten Jahren zunehmend an Bedeutung. Diese Entwicklung ist berechtigt, entspricht doch diese Verfahrensart in besonders ausgeprägter Weise dem Prinzip der Verfahrensökonomie (Geltendmachung »eigentlich« zivilrechtlicher Ansprüche im Strafverfahren) und dem im Strafverfahrensrecht der letzten zwei Jahrzehnte beherrschenden Trend der Pointierung von Opfer- und Zeugenrechten.[2] Die enthusiastische Feststellung von *Rieß* »Der Verletzte kann im Adhäsionsverfahren nur gewinnen und nicht verlieren«[3] scheint insoweit – jedenfalls was die Gesetzeslage betrifft – also angebracht. 2

Das Adhäsionsverfahren wird gleichwohl zuweilen als zivilrechtlicher Fremdkörper im Strafverfahren angesehen, eine Auffassung, die gerade bei Strafrichtern angesichts der im Adhäsionsverfahren befürchteten Beweiserhebungen zu Schadensersatz und Schmerzensgeld nicht selten vorzufinden ist. Der Gesetzgeber hat durch weitere Änderungen (OpferRRG) im Jahr 2004 den Versuch unternommen, das Adhäsionsverfahren attraktiver zu machen[4]: Durch die Änderung bzw. Neufassung der §§ 405, 406 StPO wurde die Ablehnung von Adhäsionsanträgen erschwert und zudem Anerkenntnis und Vergleich zugelassen. Der Ausbau der Opferrechte im Rahmen des »Gesetzes zur Stärkung der Rechte von Opfern im Strafverfahren (StORMG)« vom 26.06.13 hat die Regelungen zur Adhäsion unmittelbar jedenfalls nicht betroffen, auch nicht das 3. Opferrechtsreformgesetz (OpferRRG) vom 21.12.2015. 3

Doch auch die Neufassung des § 406 StPO ermöglicht es in Abs. 1 S. 4 u. 5 StPO dem Gericht, aus Gründen der Verfahrensökonomie und bei Nichteignung der Erledigung zivilrechtlicher Fragen im Strafverfahren, von einer Entscheidung über den Adhäsionsantrag abzusehen; eine Hürde für den Antragsteller, die das »negative Image« des Adhäsionsverfahrens nicht unbedingt zum positiven zu wenden vermag.[5] 4

---

1 Eingeführt mit der Verordnung zur Vereinfachung der Strafrechtspflege vom 29.05.1943 (RGBl. I S. 342).

2 Zu verweisen ist insbesondere auf die zentrale Entscheidung des Bundesverfassungsgerichts zum Zeugenschutz, BVerfGE 38, 105, die Gesetzesnovellen des Opferschutzgesetzes vom 18.12.1986 (BGBl. I S. 2496) und des Zeugenschutzgesetzes vom 30.04.1998 (BGBl. I S. 820), als auch auf das 2. Justizmodernisierungsgesetz vom 22.12.2006 (BGBl. I S. 3416).

3 *Rieß* Gutachten für den 55. DJT Bd. I Teil C Rn. 42.

4 Instruktiv: *Klein* Das Adhäsionsverfahren nach der Neuregelung durch das Opferrechtsreformgesetz – Wiederbelebung eines tot geglaubten Verfahrens?, eine Bestandsaufnahme aus dem Jahre 2007.

5 Zu den »Stärken und Schwächen des reformierten Adhäsionsverfahrens«: *Grau/Blechschmidt/Frick* NStZ 2010, 662.

Die Strategie des Adhäsionsklägers muss sich auf diese Hürde einrichten und durch eine gute Vor- und Aufbereitung des zivilrechtlich relevanten und strafrechtlich erheblichen Sachverhalts Überzeugungsarbeit bei Gericht leisten.

5 Es kann deshalb auch ratsam sein, falls ein nebenklagefähiges Delikt vorliegt, Nebenklage und Adhäsionsverfahren miteinander zu kombinieren, vor allem um die dadurch verbreiterte Basis an Mitwirkungsrechten in der Hauptverhandlung effektiv zu nutzen. Alternativ sind regelmäßig auch jene Möglichkeiten zu prüfen, die den Restitutionsinteressen des Verletzten ebenfalls dienlich sein können, ohne dass ein Adhäsionsantrag gestellt werden muss.[6]

In jedem Fall aber wird der Rechtsbeistand im Adhäsionsverfahren seinen Mandanten ausführlich und zureichend über die vielfältigen Risiken dieses Verfahrens, gerade auch, was die Kosten betrifft, aufzuklären haben.

6 Die Vorteile des Adhäsionsverfahrens für den Verletzten sind immens. Das Adhäsionsverfahren kann die Anzahl der Vernehmungen als auch die Konfrontation mit Tat und Täter verringern, es führt zur schnellen Erlangung eines vollstreckbaren Titels, erfordert keinen Gerichtskostenvorschuss, nutzt den strafprozessualen Amtsermittlungsgrundsatz, führt zu besseren Beweismöglichkeiten in der »Aussage gegen Aussage«-Konstellation, fördert gegebenenfalls die Vergleichsbereitschaft des Angeklagten und schlussendlich erwächst keine Rechtskraft, soweit der Antrag ganz oder teilweise abgelehnt wird.[7]

B. Das Adhäsionsverfahren

I. Adhäsionsantrag

1. Antragsberechtigung

7 Antragsberechtigte des Adhäsionsverfahrens (§ 403 StPO) können sein:

- der unmittelbar durch die Straftat **Verletzte**. Eine Antragsbefugnis steht auch dem Verletzten zu, der im Strafverfahren selbst mitbeschuldigt ist oder jenem, der verabsäumt hat, einen Strafantrag zu stellen;[8]
- der **mittelbar Verletzte**, der einen Schadensersatz- oder Schmerzensgeldanspruch aus der Straftat ableiten kann. Dies wurde durch Einführung des S. 2[9] klargestellt und bewirkt, dass der Begriff des Verletzten nach dieser Vorschrift weiter reicht als in § 373b StPO. Nicht berechtigt ist allerdings der Versicherer oder der Sozialversicherungsträger des durch die Straftat unmittelbar Verletzten;[10]
- der Erbe;
- der Insolvenzverwalter, wenn der Gemeinschuldner erst nach der Eröffnung des Insolvenzverfahrens geschädigt worden ist.[11]

Weitere Anspruchsberechtigte sind ausgeschlossen: der Zessionar, der private Versicherer des Verletzten und der Sozialversicherungsträger können, da lediglich Einzelrechtsnachfolger, einen Adhäsionsanspruch nicht geltend machen.[12]

8 Der Adhäsionskläger muss prozessfähig (§ 52 ZPO) sein. Er kann sich neben der Adhäsionsklage auch durch die Erhebung einer Nebenklage (§§ 395 ff. StPO) oder als nicht nebenklageberechtigter Verletzter am Verfahren beteiligen; allerdings werden erfahrungsgemäß Adhäsionsklagen von

6 Zu denken ist hier beispielhaft an jene Fälle, in denen eine Geldauflage als Wiedergutmachungsleistung im Wege des § 153a StPO oder im Wege der Verurteilung (Bewährungsauflage) erreicht werden können.
7 Weiner/Ferber Handbuch des Adhäsionsverfahrens, Rn. 5; dort auch zu den Vorteilen für den Angeklagten, den Rechtsanwalt und die Allgemeinheit.
8 *Meyer-Goßner*/Schmitt § 403 Rn. 2.
9 Gesetz zur Fortentwicklung der StPO vom 21.06.2021 (BGBl. I 2099).
10 KK/*Zabeck* § 403 Rn. 6.
11 Meyer-Goßner/*Schmitt* § 403 Rn. 5.
12 Vgl. *Weber* Produkthaftung und strafprozessuales Adhäsionsverfahren, 1996, S. 39.

Nebenklageberechtigten erhoben. Auch geschädigte Mitangeklagte können im Adhäsionsverfahren vorgehen, ebenso wie der Privatkläger.

2. Der Beschuldigte als Anspruchsgegner

Der Adhäsionsantrag muss sich gegen den Beschuldigten richten. 9

Ausgeschlossen ist das Adhäsionsverfahren gegen
- Jugendliche (§ 81 JGG);
- verhandlungsunfähige Angeklagte.[13]

Das Adhäsionsverfahren gegen Heranwachsende hingegen ist uneingeschränkt möglich.[14]

Sofern im Strafverfahren sowohl gegen Jugendliche und Erwachsene Anklage erhoben ist, soll der Adhäsionsantrag gegen den erwachsenen Angeklagten statthaft sein.

3. Antragszeitpunkt

Dem Adhäsionskläger ist es unbenommen, seinen Antrag schon frühzeitig im Verfahren einzureichen oder einen entsprechenden Antrag bereits zum Zeitpunkt der Anzeigenerstattung zu stellen, wobei die prozessuale Wirksamkeit des Antrags erst dann einsetzt, wenn der Antrag bei Gericht eingeht.[15] Die Staatsanwaltschaft wird einen im Vorverfahren zu den Akten gereichten Adhäsionsantrag zusammen mit Akten und Anklageschrift an das erkennende Gericht weiterleiten. 10

Spätestens muss der Antrag aber bis zum Beginn der Schlussvorträge in der Hauptverhandlung (gleiches gilt auch für die Berufungshauptverhandlung) gestellt sein (§ 404 Abs. 1 S. 1 StPO). Geht der Antrag erst später bei Gericht ein oder wird der Antrag im Rahmen des Schlussvortrages des Adhäsionsklägers gestellt, ist er unwirksam; der Verletzte ist dann auf die zivilrechtliche Geltendmachung seiner Ansprüche angewiesen.

▶ Hinweis

> Der Rechtsbeistand sollte den Antrag möglichst frühzeitig stellen oder aber in den Fällen später Mandatierung die Stellung in der Hauptverhandlung wenigstens frühzeitig ankündigen. Wird das Gericht von der Stellung eines Adhäsionsantrags überrascht und konnte es sich nicht darauf vorbereiten, erhöht dies die Chancen einer Ablehnung wegen Verzögerung des Verfahrens.[16]

Auch im Schlussvortrag selbst ist die Antragstellung nicht mehr zulässig, es sei denn, es wird danach erneut in die Beweisaufnahme eingetreten.[17] Der Nebenklagevertreter darf mit der Antragstellung daher nicht bis zu seinem Schlussvortrag warten, sondern hat den Adhäsionsantrag spätestens bis zum Beginn des Schlussvortrags des Staatsanwalts zu stellen.[18] 11

Die Rücknahme des Antrags, die der Zustimmung des Angeklagten nicht bedarf und auch noch in der Berufungsinstanz erfolgen darf, kann bis zum Beginn der Urteilsverkündung erklärt werden (§ 404 Abs. 4 StPO). Nach herrschender Meinung[19] kann – trotz Rücknahme – im laufenden Verfahren der Antrag erneut gestellt werden. Die Gegenmeinung beruft sich auf die Überlegung, dass 12

---

13 Meyer-Goßner/*Schmitt* § 403 Rn. 9; Prozessfähigkeit wird aber nicht verlangt.
14 Geändert durch das Zweite Gesetz zur Modernisierung der Justiz (2. Justizmodernisierungsgesetz) vom 22.12.2006, in Kraft seit 31.12.2006.
15 KK/*Zabeck* § 404 Rn. 6.
16 Ähnlich auch *Burhoff* Hauptverhandlung, 9. Auflage, Rn. 263.
17 Zuletzt: BGH, Beschl. v. 22.10.2013 – 4 StR 368/13, NStZ-RR 2014, 90.
18 Oder im Berufungsverfahren, sofern allein vom Angeklagten Berufung eingelegt wurde, bis zum Beginn des Schlussvortrags des Verteidigers (Umkehrung der Plädoyerreihenfolge, § 326 S. 1 StPO).
19 Meyer-Goßner/*Schmitt* § 404 Rn. 13 m.w.N.

zum einen der Angeklagte nicht im Ungewissen gelassen werden darf, ob er sich nicht doch einem Adhäsionsverfahren stellen muss und zum anderen, dass die mehrmalige Antragstellung auch der Verfahrensökonomie abträglich sei.[20] Klammert man aber einmal die mutwillige Antragstellung aus, dann kann es sehr wohl gute Gründe für die nochmalige Antragstellung (nach vorhergehender Rücknahme) geben: Hat sich zum Beispiel eine Veränderung der Tatsachen- oder Rechtslage ergeben, kann es im Interesse des Verletzten sogar geboten sein, auf neuer Grundlage eine nochmalige Antragstellung vorzunehmen.

4. Form und Inhalt des Adhäsionsantrags

13 Form und Inhalt müssen sich an den zivilprozessualen Maßstäben einer Klage (§§ 253, 496 ff. ZPO) messen lassen. Der Antrag kann schriftlich eingereicht oder mündlich in der Hauptverhandlung gestellt werden. Wird er mündlich gestellt, ist er nach § 273 Abs. 1 StPO zu protokollieren. Wird der Antrag elektronisch eingereicht, muss das Dokument den Anforderungen des § 32a Abs. 3 und 4 StPO genügen.

Mit dem Adhäsionsantrag können nur vermögensrechtliche Ansprüche geltend gemacht werden, die aus der Straftat erwachsen sind (§ 403 S. 1 StPO). Der Anspruch muss aus derjenigen Tat erwachsen, wegen der der Angeklagte auch überführt wurde i.S.d. § 264 StPO.[21] Von § 403 StPO sind insbesondere Schadensersatzansprüche, auch Schmerzensgeldansprüche nach § 253 Abs. 2 BGB umfasst. Der Antragsteller kann aber auch Unterlassungsansprüche, Herausgabe- und Bereicherungsansprüche, Ansprüche auf Widerruf einer Behauptung oder Veröffentlichung einer Gegendarstellung u.v.m. mit dem Adhäsionsantrag verfolgen.[22]

14 Inhaltlich ist der Adhäsionsantrag schlüssig so zu fassen, dass aus ihm der Anspruchsgrund sowie der Anspruchsgegenstand (Lebenssachverhalt) klar erkennbar sind und die zum Beweis der aufgestellten Tatsachenbehauptungen tauglichen Beweismittel so konkret als möglich benannt werden. Eine Bezugnahme auf die Anklage kann aber unter Umständen jedenfalls bei einfachen und überschaubaren Sachverhalten ausreichend sein.[23]

Fehlt die Angabe von Beweismitteln, ist dies in der Regel unschädlich, da das Gericht der Aufklärungspflicht aus § 244 Abs. 2 StPO nachzukommen hat. Da das Gericht aber gleichzeitig schon aus prozesswirtschaftlichen Gründen gem. § 406 Abs. 1 StPO von einer Entscheidung über den Adhäsionsantrag absehen kann, somit die Gefahr einer »Nichtentscheidung« regelmäßig sehr hoch ist, ist dem Rechtsbeistand des Adhäsionsklägers zu raten, in jedem Fall ausreichend zu den Beweismitteln vorzutragen. Für den Antragsteller besteht kein Anwaltszwang, unabhängig von der Höhe der geltend gemachten Forderung und unabhängig davon, ob vor dem Amtsgericht, dem Landgericht oder dem Oberlandesgericht verhandelt wird.

15 Der Anspruchsinhalt wird in den meisten Fällen die Geltendmachung von Schadensersatz- und Schmerzensgeldansprüchen sein. Der Antrag muss inhaltlich bestimmt, somit vollstreckungsfähig sein. Der reine Schadensersatzantrag sollte in der Höhe konkret beziffert werden – Gleiches gilt für den Antrag auf Ersatz der Zinsen. Unzumutbarkeit oder aber Unmöglichkeit der Bezifferung des Anspruchs, etwa weil die Schadenshöhe erst noch im Verfahren gutachterlich festgestellt werden soll, macht die konkrete Bezifferung der Schadenshöhe aber entbehrlich.[24] Bei Schmerzensgeldansprüchen darf die Höhe der Forderung in das Ermessen des Gerichts gestellt werden.[25] Die Angabe der ungefähren Größenordnung ist aber weiterhin erforderlich zur Bestimmung des Streitwertes und

20 *Köckerbauer* NStZ 1994, 305 (307).
21 BGH, Beschl. v. 12.12.2002 – 5 StR 477/02.
22 Weitere Beispiele bei KK/*Zabeck* § 403 Rn. 1.
23 BGH, Beschl. v. 22.10.2013 – 4 StR 368/13 (NStZ-RR 2014, 90).
24 OLG Stuttgart, Beschl. v. 05.04.1978 – 3 Ss (8) 1043/77, NJW 1978, 2209; BGH NStZ-RR 2014, 90.
25 Es ist empfehlenswert, sich in der Antragsschrift umfassend zu den Bemessungskriterien des Schmerzensgeldes zu äußern.

des Beschwerdewertes sowie für die Kostenentscheidung.[26] Darüber hinaus kann die Feststellung der Ersatzpflicht für künftige Schäden beantragt werden[27]. Aber auch andere vermögensrechtliche Ansprüche, wie Herausgabeverlangen oder Unterlassungsbegehren sind adhäsionsfähig. Auch Feststellungsansprüche und Ansprüche auf den Widerruf unwahrer oder ehrenrühriger Behauptungen können im Adhäsionswege erhoben werden.[28]

Ein Kostenantrag (§ 472a Abs. 1 StPO) sollte nicht vergessen werden. Selbiges hat für die Beantragung von Prozesszinsen nach § 291 BGB zu gelten.[29]

Die betragsmäßige Höhe der mit dem Adhäsionsantrag geltend gemachten Forderung ist für die Zuständigkeit des Gerichts irrelevant (§ 403 StPO). Auch bei Strafverfahren vor dem Amtsgericht können Ansprüche, die die zivilrechtliche Zuständigkeitsstreitwertgrenze überschreiten, verhandelt werden. War es bis zur Gesetzesänderung durch das OpferRRG (2004) so, dass in Fällen exorbitant hoher Schmerzensgeldbeträge das Gericht geneigt war, wegen der dann auftretenden tatsächlichen Komplexität (z.B. Sachverständigenbeweis zu Umfang, Intensität und Folgen der Verletzung) von der Möglichkeit des Absehens von einer Entscheidung gem. § 405 a.F. StPO Gebrauch zu machen, ist dem nun durch § 406 Abs. 1 S. 6 StPO ein Riegel vorgeschoben: eine Ablehnung des Antrags auf Schmerzensgeld darf sich nicht mehr auf den Gesichtspunkt der »Ungeeignetheit« stützen – jedenfalls der Erlass eines Grundurteils ist dann unerlässlich.[30] Beschränkt sich das Gericht auf ein Grundurteil, hat es das teilweise Absehen von der Entscheidung im Hinblick auf § 406 Abs. 3 S. 3 StPO ausdrücklich zu tenorieren.[31] 16

Auch vor der Strafkammer des Landgerichts besteht kein Anwaltszwang und auch nicht bei Überschreitung eines Streitwerts von 5.000 Euro, da auf das Verfahren grundsätzlich die Vorschriften der StPO und nicht der ZPO Anwendung finden.[32]

Der außerhalb der Hauptverhandlung vom Adhäsionskläger gestellte Antrag ist gem. § 404 Abs. 1 S. 3 StPO unter Beachtung der Regeln über die förmliche Zustellung (§ 35 StPO) an den Beschuldigten zuzustellen, in laufender Hauptverhandlung wird der Antrag zumeist durch Verlesung dem Angeklagten zur Kenntnis gelangen. Der Antrag ist eine wesentliche Förmlichkeit und muss daher Eingang in das Sitzungsprotokoll finden (§ 273 Abs. 1 StPO). Der Antrag ist im Strafbefehlsverfahren unzulässig, solange es nicht zu einer Hauptverhandlung kommt.[33] 17

Der Antrag kann zunächst unter dem Vorbehalt möglicher Prozesskostenbewilligung gestellt werden oder nur angekündigt werden.[34]

26 Zuletzt: BGH, Beschl. v. 25.08.2016 – 2 StR 585/15 (NStZ-RR 2016, 351).

27 Bei schweren Verletzungen kann ein Anspruch auf Feststellung der Ersatzpflicht für künftigen Schaden nur dann verneint werden, wenn aus der Sicht des Geschädigten bei verständiger Beurteilung kein Grund bestehen kann, mit Spätfolgen wenigstens zu rechnen, BGH, Urt. v. 15.07.1997 – VI ZR 184/96, NJW 1998, 160.

28 LR/*Hilger* § 403 Rn. 8. Ansprüche, die in einem Kontext zum Arbeitsverhältnis stehen, dürfen mit der Adhäsion jedoch nicht beansprucht werden, sondern sind vor dem Arbeitsgericht zu realisieren (§ 2 ArbGG).

29 Diese stehen in entsprechender Anwendung von § 187 Abs. 1 BGB dem Adhäsionskläger erst ab dem auf die Rechtshängigkeit des Zahlungsanspruchs (§ 404 Abs. 2 StPO) folgenden Tag zu, BGH, Beschl. v. 02.12.2015 – 4 StR 411/15.

30 BeckOK StPO/Ferber StPO § 406 Rn. 11.

31 BGH, Beschl. v. 07.03.2017 – 3 StR 531/16.

32 KK/*Zabeck* § 404 Rn. 11.

33 *Meyer-Goßner*/Schmitt § 403 Rn. 12.

34 BeckOK StPO/*Ferber* § 404 Rn. 8 wobei die bloße Ankündigung eines Antrags »nach bewilligter Prozesskostenhilfe« noch keinen zulässigen Antrag darstellt, zuletzt: BGH, Beschl. v. 11.10.2016 – 4 StR 352/16.

II. Rechte des Adhäsionsklägers zur Durchsetzung seines Anspruchs im Hauptverfahren

18 Sofern der Rechtsanwalt des Adhäsionsberechtigten schon im Ermittlungsverfahren in der Funktion des Verletztenbeistands tätig ist, kann er auf seine Rechte aus §§ 406d – 406 f StPO zurückgreifen; im Fall des nebenklageberechtigten Adhäsionsklägers wird diese Rechtsposition um die Gewährleistungen des § 406h StPO erweitert.

19 Mit Antragstellung, die schriftlich möglichst früh nach der Anklageerhebung oder auch nach der Eröffnung des Hauptverfahrens erfolgen sollte, ist der Anspruch rechtshängig gemacht – eine anderweitige Rechtshängigkeit des Anspruchs schließt die Adhäsionsberechtigung aus (§ 403 StPO). Nach § 404 Abs. 3 S. 1 StPO ist der Antragsteller vom Termin der Hauptverhandlung zu benachrichtigen.

Wenn schon für die mit weitergehenden Rechten ausgestattete Nebenklage (§ 398 Abs. 2 StPO) gilt, dass Terminverlegungswünsche nicht akzeptiert werden müssen, entfaltet diese Einschränkung erst recht für den Adhäsionskläger Wirkung. Er hat zwar ein Anwesenheitsrecht, das sich indes nur dann, wenn er gleichzeitig Zeuge ist, für die Zeit der Vernehmung zu einer Anwesenheitspflicht verdichtet. Das Anwesenheitsrecht des Adhäsionsklägers[35] ist allerdings nicht auf den Vernehmungszeitraum beschränkt, sondern wird ihm generell gewährt; der Adhäsionskläger ist damit auch befugt, schon während der Vernehmung des Angeklagten zur Sache im Saal anwesend zu sein.[36]

Stellt der Adhäsionskläger erst in der Hauptverhandlung seinen Antrag, so hat er selbst dafür Sorge zu tragen, dass er die Terminierung der Hauptverhandlung übersehen kann.

20 Im Einzelnen hat der Adhäsionskläger – auch wenn er nicht zugleich Nebenkläger ist – folgende Rechte:

- Er kann sich durch einen Rechtsanwalt oder eine bevollmächtigte Person seines Vertrauens in der Hauptverhandlung vertreten lassen; dies gilt nicht hinsichtlich seiner Zeugenpflichten, denen er nur selbst nachkommen kann. Der Antragsteller darf aber auch vor Landgerichten ohne Hinzuziehung eines Rechtsanwalts agieren.[37]
- Der Adhäsionskläger kann Antrag auf Gewährung von Prozesskostenhilfe stellen (§ 404 Abs. 5 StPO). Diese darf vom Gericht erst dann bewilligt werden, sobald die Anklageschrift eingereicht worden ist. Die Entscheidung über Bewilligung von Prozesskostenhilfe ist nicht anfechtbar (§ 405 Abs. 5 S. 3 2. Hs. StPO).
- Nach § 404 Abs. 5 S. 2 i.V.m. § 121 Abs. 2 ZPO wird ein Rechtsanwalt auf Antrag beigeordnet, wenn die Vertretung durch einen Rechtsanwalt erforderlich erscheint oder der Gegner durch einen Rechtsanwalt vertreten ist, somit dann, wenn der Angeschuldigte einen Verteidiger hat. Die Erforderlichkeit misst sich am Umfang, der Schwierigkeit und der Bedeutung der Sache. Dass z.B. Ansprüche geltend gemacht werden, die im Zivilprozess dem Anwaltszwang unterliegen würden, kann hierfür ein Argument sein.[38]
- Der Adhäsionskläger hat das Recht, Beweisanträge zu stellen.[39] Diese können jedoch neben den in § 244 Abs. 3 – 5 StPO genannten Fällen auch dann abgelehnt werden, wenn sie für die Entscheidung über den Adhäsionsantrag keine Bedeutung haben.[40]
- Der Adhäsionskläger kann den Angeklagten, die Zeugen als auch den Sachverständigen befragen.[41]

35 Das Recht auf Anwesenheit während der Hauptverhandlung ist weit gefasst: es gilt auch für den gesetzlichen Vertreter, den Ehegatten oder Lebenspartner des Antragstellers, § 404 Abs. 3 S. 2 StPO.
36 Vgl. *Burhoff* Hauptverhandlung, 9. Auflage, Rn. 266.
37 S. Rdn. 16 am Ende.
38 KK/*Zabeck* StPO § 404 Rn. 7.
39 Meyer-Goßner/*Schmitt* § 404 Rn. 9.
40 Z.B. wegen der Möglichkeit des Gerichts, die Höhe des Schadens nach § 287 ZPO zu schätzen.
41 Dies ist gesetzlich nicht normiert, entspricht aber der einhelligen Auffassung im Schrifttum, z.B. LR/*Hilger* § 404 Rn. 15.

- Dem Adhäsionskläger steht die Möglichkeit offen, Beweispersonen im Selbstladeverfahren (§§ 220, 245 StPO) zu laden.
- Da der Adhäsionskläger eine »bei der Verhandlung beteiligte Person« im Sinne des Gesetzes ist, steht im nach § 238 Abs. 2 StPO auch das Recht zu, Anordnungen des Vorsitzenden zu beanstanden.
- Das Recht zur Sachverständigenablehnung und das Richterablehnungsrecht.[42]
- Das Recht, einen Schlussvortrag zu halten; allerdings mit der Einschränkung, dass der Vorsitzende über den Zeitpunkt des Schlussvortrags entscheidet.[43] In der Regel wird der Adhäsionskläger oder sein Rechtsbeistand nach dem Staatsanwalt plädieren. Es ist zu beachten, dass zum Zeitpunkt der Plädoyers der Adhäsionsantrag bereits gestellt sein muss!

Weitergehende Rechte stehen dem Adhäsionskläger nicht zu, insbesondere ist es ihm verwehrt, Anträge auf Protokollierung von Aussagen oder Vorgängen während der Hauptverhandlung zu stellen, Anträge auf Aussetzung des Verfahrens einzureichen oder sich entscheidungserheblich zu Fragen der Verlesung oder Vereidigung zu erklären, auch zu möglichen Einstellungen nach §§ 154, 154a StPO kommt ihm kein Erklärungsrecht zu. 21

Der Adhäsionskläger kann über den von ihm intendierten Anspruch mit dem Antragsgegner während des Verfahrens Vergleichsverhandlungen führen und entsprechend der Neuregelung des § 405 StPO einen solchen Vergleich (mit entsprechender Gebührenfolge) abschließen und zwar unabhängig vom Verfahrensstand und vom Verfahrensergebnis – also auch im Fall einer (drohenden) Nichtverurteilung des Angeklagten.[44] Ein Vergleich ist dabei nicht auf vermögensrechtliche Gegenstände beschränkt; es kann z.B. auch eine Ehrenerklärung angestrebt werden.[45] Die gerichtlich protokollierte Einigung kann unproblematisch als Vollstreckungstitel gem. § 794 Abs. 1 Nr. 1 ZPO dienen. Verzicht (§ 306 ZPO) und Anerkenntnis (§ 307 ZPO) waren nach der Rechtslage bis zur Einführung des OpferRRG (2004) im Adhäsionsverfahren nicht anwendbar – § 406 Abs. 2 StPO erlaubt nunmehr den Instanzabschluss per Anerkenntnisurteil. Eine Widerklage soll nach wie vor unzulässig sein.[46] 22

Eine Antragsrücknahme ist nach § 404 Abs. 4 StPO bis zur Verkündung des Urteils zulässig (auch noch in der Berufungsinstanz; nicht mehr hingegen in der Revisionsinstanz). Die Zustimmung des Angeklagten ist entbehrlich. Das Gericht entscheidet dann nach § 472a StPO (pflichtgemäßes Ermessen) über die Kostentragung. Eine Anfechtung dieser Kostenentscheidung durch den Antragsteller ist unzulässig.[47] 23

Dem Angeklagten ist nach Antragstellung ausreichend Gelegenheit zur Stellungnahme und Erwiderung zu geben. Er kann seinerseits mit dem geltend gemachten Anspruch eine Aufrechnung erklären (es gilt indes der Maßstab der §§ 387, 393 BGB). 24

III. Die Entscheidung des Gerichts

1. Entscheidung durch »Absehen von einer Entscheidung«

Auch wenn die seinerzeit schwammige Regelung des § 405 a.F. StPO durch die Neuregelung in § 406 Abs. 1 StPO etwas festere Konturen erhalten hat, soll dem Gericht weiterhin der gangbare Ausweg gelassen werden, sich mit anspruchsvolleren Fragen des materiellen und prozessualen Zivil- 25

---

42 Dies ist seit der Entscheidung des BVerfG v. 27.12.2006 – 2 BvR 958/06 (NJW 2007, 1670) nicht mehr streitig.

43 BGH, Urt. v. 21.09.1956 – 2 StR 68/55, NJW 1956, 1767. Gegen das Recht auf einen Schlussvortrag des Adhäsionsklägers z.B.: *Stoffers/Möckel*, Beteiligtenrechte im strafprozessualen Adhäsionsverfahren (NJW 2013, 830).

44 BT-Drs. 15/1976 S. 14.

45 BT-Drs. 15/1976 S. 15.

46 Meyer-Goßner/*Schmitt* § 404 Rn. 10.

47 Die Anfechtung durch den Angeklagten erfolgt über die sofortige Kostenbeschwerde des § 464 Abs. 3 S. 1 StPO.

rechts nicht beschäftigen zu müssen. Die Möglichkeiten, die Erörterung zivilrechtlicher Problemstellungen zu umgehen, sind damit immer noch weit gesteckt:

- Das Gericht kann von einer Entscheidung dann absehen, wenn der Antrag entweder unzulässig oder unbegründet erscheint (§ 406 Abs. 1 S. 3 StPO) oder aber sich »auch unter Berücksichtigung der berechtigten Belange des Antragstellers zur Erledigung im Strafverfahren nicht eignet« (§ 406 Abs. 1 S. 4 u. 5 StPO).

26 - Ist der Antrag nach strafprozessualen oder zivilprozessualen Gesichtspunkten unzulässig, z.B. weil ein bestimmter Antrag nicht gestellt wurde oder der Anspruch eine anderweitige Rechtshängigkeit erfährt, wird von der Entscheidung nach § 406 Abs. 1 S. 3 StPO abgesehen.

27 – Von einer Entscheidung wird abgesehen, wenn der Angeklagte nicht schuldig gesprochen und auch keine Maßnahme der Besserung und Sicherung verhängt wird (§ 406 Abs. 1 S. 1 StPO), der Antrag somit aus strafrechtlichen Gesichtspunkten unbegründet ist. Diese Regelung ist aufgrund der mangelnden Schuldfeststellung nachvollziehbar und entspringt der ratio des § 406 StPO, dass das Strafgericht nicht gehalten sein kann, sich mit zivilrechtlichen Fragestellungen zu beschäftigen, wenn die Basis zu einer Subsumtion strafrechtlicher Schuld bereits nicht ausreicht. Eine Entscheidung in der Sache ist für das Gericht schon dann zu umgehen, wenn der Adhäsionsantrag unbegründet »erscheint«. Dass der Antrag unbegründet »ist«, muss nicht festgestellt werden; andernfalls müsste die Adhäsionsklage förmlich »abgewiesen« werden (was offensichtlich aber nicht der Intention des Gesetzgebers entsprochen hat).

28 – Der Antrag kann zudem aus zivilrechtlichen Gesichtspunkten unbegründet sein, z.B. weil der geltend gemachte Schaden nicht nachgewiesen werden kann. Eine Abtretung des Anspruchs nach Antragstellung führt aber nicht zur Unbegründetheit. Der Antrag sollte aber auf Leistung an den Zessionar umgestellt werden.[48]

29 – Schließlich darf von einer Entscheidung abgesehen werden, sofern sich der Antrag zur Erledigung im Strafverfahren nicht eignet. Wie das Gericht zu dieser Ermessensentscheidung gelangen darf, hat das OLG Hamburg in einer grundlegenden Entscheidung vom 29.07.2005[49] festgelegt. Danach soll das Gericht die Interessen des Geschädigten, seine Ansprüche im Adhäsionsverfahren durchzusetzen, die Interessen des Staates an effektiver Strafverfolgung sowie die Interessen des Angeklagten an einem fairen und schnellen Verfahren gegeneinander abwägen. Das Opferinteresse habe ein hohes, aber nicht von vornherein überwiegendes Gewicht.
§ 406 Abs. 1 S. 5 StPO nennt beispielhaft den Fall der *erheblichen* Verfahrensverzögerung. Auslöser des § 406 Abs. 1 S. 5 StPO können somit nur solche Verzögerungen sein, die den Ablauf des Strafverfahrens wesentlich beeinträchtigen, z.B. die Notwendigkeit der Aussetzung des Verfahrens.[50]
Die gegen einen Angeklagten vollzogene Untersuchungshaft kann hierbei ausschlaggebend sein.[51]
Zu einer Verfahrensverzögerung können außerdem führen: Eine größere Anzahl von Adhäsionsklägern bzw. eine Vielzahl von Geschädigten mit unterschiedlichen Ansprüchen oder eine große Zahl Angeklagter aufgrund der damit verbundenen logistischen Probleme, Fälle mit Bezügen zu ausländischen Rechtsordnungen und zum internationalen Privatrecht und Fälle mit der Notwendigkeit umfangreicher Beweiserhebung bzgl. der Aktivforderung bei einer Aufrechnung des Angeklagten.[52]
Fernerhin wird auch nach dem OpferRRG eine Entscheidung dann obsolet sein, wenn der Amtsrichter mit einer außerordentlichen, die zivilprozessuale Streitwertgrenze weit hinter sich lassenden Schadensersatzforderung (nicht: Schmerzensgeldforderung, § 406 Abs. 1 S. 6 StPO!)

48 Weiner/Ferber, Handbuch des Adhäsionsverfahrens Rn. 136.
49 NStZ-RR 2006, 347.
50 Oder wenn im Anschluss an eine eintägige Hauptverhandlung ein neuer Termin mit einer weiteren Beweisaufnahme über den zivilrechtlichen Anspruch notwendig werden würde (KMR/*Stöckel*, § 406 Rn. 19).
51 OLG Celle 22.2.2007 – 1 Ws 74/07; LG Hildesheim 23.1.2007 – 25 Kls 5413 Js 18030/06.
52 Weitere Aufzählung bei: MüKo/*Grau* § 406 Rn. 13 m.w.N.

konfrontiert wird oder überdurchschnittlich schwierige Rechtsfragen zivilrechtlicher Art zu erörtern wären. Ungeeignet kann der Antrag schlussendlich dann sein, wenn die Haftungsrisiken für den Pflichtverteidiger dazu führen, dass er sein Verteidigerverhalten mehr auf den zivilrechtlichen Aspekt als auf die strafrechtlichen Fragen ausrichten muss. Eine solche Gewichtung würde wiederum den Interessen der Angeklagten an einem fairen Verfahren entgegenstehen.[53]

Sollte der Adhäsionskläger während der Hauptverhandlung und nach eingereichtem Adhäsionsantrag gewahr werden, dass das Gericht in die Richtung des § 406 Abs. 1 S. 3 ff. StPO tendiert (z.B., weil ein Aspekt des Anspruchsgrundes unklar blieb), ist angeraten, durch eine weitere (schriftliche) Erklärung nachzubessern. Dies kann ohnehin durch Veränderung der Beweissituation notwendig werden. Der Adhäsionskläger darf sich nicht darauf verlassen, ein einmal gestellter Antrag werde auch nach Veränderung tatsächlicher oder rechtlicher Gegebenheiten durch das Gericht im Interesse des Adhäsionsberechtigten »ausgelegt«. Zu bedenken ist hier das Gebührenrisiko: Bei einer Absehensentscheidung trägt der Adhäsionskläger die Kosten seiner Rechtsvertretung. Indes kodifiziert § 406 Abs. 5 StPO eine Hinweispflicht (analog der zivilprozessualen Regelung), die den Antragsteller vor überraschender Nichtbescheidung warnen soll. 30

In der Regel wird das Gericht erst im Urteil entsprechend § 406 Abs. 1 S. 3 ff. StPO entscheiden (»von einer Entscheidung über den Adhäsionsantrag wird abgesehen«); aber schon während des *laufenden* Verfahrens kann durch Beschluss die Nichtbescheidung des Adhäsionsantrages verfügt werden, z.B. wenn es offensichtlich an einer Antragsvoraussetzung fehlt. Die Entscheidung des Gerichts über die Nichtbescheidung ist mit sofortiger Beschwerde anfechtbar (§ 406a Abs. 1 StPO), aber nur sofern der Antrag bereits *vor* der Hauptverhandlung gestellt worden ist und zum anderen noch keine die Instanz abschließende Entscheidung getroffen ist (Urteil, Einstellung z.B. gem. §§ 153, 153a, 154 StPO). Durch diese (»wenig glückliche«)[54] Neuregelung des OpferRRG, die nur für wenige denkbare Konstellation den Rechtsmittelweg überhaupt eröffnet, wird der Adhäsionskläger im Fall der Nichtbescheidung weiterhin gehalten sein, seinen Anspruch zivilgerichtlich durchzusetzen. Handelt es sich um eine amtsrichterliche Entscheidung (Nichtbescheidung), dürfte es auch zulässig sein – da eine Entscheidung nach § 406 Abs. 1 S. 3 ff. StPO keine Antragsverwerfung beinhaltet – in der Berufungsinstanz den Antrag nochmals aufzunehmen. 31

Erfahrungsgemäß scheitert die Durchsetzung der Adhäsionsansprüche im Strafverfahren oft allein daran, dass dem Strafgericht die Aspekte der Schadensbemessung als zu kompliziert und vielschichtig erscheinen und deswegen auch über den Anspruchsgrund nicht entschieden wird, obschon dieser zumeist durch die Urteilsgründe im Fall der Verurteilung ausreichend festgeschrieben wird. Wenn also vonseiten des Adhäsionsklägers bestehende Zweifel des Gerichts hinsichtlich der Anspruchshöhe nicht zerstreut werden können, sollte dementsprechend zumindest – gerade hinsichtlich der damit gesteigerten Chancen im Zivilrechtsstreit (da dort dann nur noch das Ausmaß des Schadens in Streit stehen wird) – angestrebt werden, das Gericht zu einem Grundurteil zu bewegen (§ 406 Abs. 1 S. 2 StPO); generell ist ohnedies zu empfehlen, hilfsweise immer den Antrag auf Erlass eines Grundurteils zu stellen. 32

2. Die für den Adhäsionskläger günstige Entscheidung

Nach § 406 StPO entscheidet das Gericht über den begründeten Adhäsionsantrag im Strafurteil, wobei auch eine Entscheidung über den Anspruch dem Grunde nach (§ 304 ZPO) oder über einen Teil des Anspruchs (§ 301 ZPO) zulässig ist. Nach § 318 ZPO bindet das Grundurteil das mit der Höhe des Schadens befasste Zivilgericht. 33

Allerdings entfaltet eine Adhäsionsentscheidung weder Rechtskraft gegenüber dem Haftpflichtversicherer des Schädigers noch bindet sie das in einem Folgeprozess zur Entscheidung berufene Gericht.[55]

53 OLG Hamburg, Beschl. v. 29.07.2005 – 1 Ws 92/05 (NStZ-RR 2006, 347).
54 Meyer-Goßner/*Schmitt* § 406a Rn. 4.
55 BGH, Urt. v. 18.12.2012 – VI ZR 55/12 = NJW 2013, 1163; Anm. hierzu: *Höher/Mergner* NZV 2013, 231.

Die Urteilsbegründung hat die zivilrechtlichen Anspruchsgrundlagen zu benennen und muss insbesondere die für die Vollstreckung notwendigen Angaben (§ 313 Abs. 1 Nr. 1 ZPO) enthalten. In der Regel wird der Angeklagte zur Zahlung von Schadensersatz in bestimmter Höhe verurteilt.

Daneben kann ein Vergleich zwischen den Parteien (§ 405 StPO) geschlossen werden oder aber kann der Angeklagten den Anspruch anerkennen (§ 406 Abs. 2 StPO).[56]

Auch über die vorläufige Vollstreckbarkeit des Urteils ist zu befinden, § 406 Abs. 3 S. 2 StPO; die Entscheidung hierüber ist unanfechtbar. Der Adhäsionskläger hat kein verbrieftes Recht auf Erhalt einer vollständigen Urteilsausfertigung, ihm muss aber mindestens der Teil des Urteils zur Kenntnis gebracht werden, der für seinen Anspruch relevant ist – in der Regel wird dem Antragsteller indes eine vollständige Ausfertigung des Urteils mit Rechtskraftvermerk zugestellt.[57]

Die Vollstreckung des Urteils orientiert sich an zivilrechtlichen Grundsätzen (§ 406b S. 1 StPO); zuständig für die Vollstreckung ist das Gericht, in dessen Bezirk das Strafgericht erster Instanz seinen Sitz hat (§ 406b S. 2 StPO).

IV. Kostenentscheidung

34 § 472a StPO bestimmt die Kosten des Adhäsionsverfahrens:

- Wird dem Adhäsionsantrag in vollem Umfange stattgegeben, hat der Angeklagte die insoweit entstandenen Kosten sowie die notwendigen Auslagen des Adhäsionsklägers zu tragen.
- Ist der Adhäsionsantrag nur zum Teil erfolgreich (Grundurteil, Teilurteil, Teilrücknahme, Teilanerkenntnis), sieht das Gericht von der Entscheidung ab oder nimmt der Adhäsionskläger seinen Antrag zurück, trifft das Gericht eine Entscheidung über die Kostentragung nach billigem Ermessen (§ 472a Abs. 2 S. 1 StPO). An eine Quotelung entsprechend zivilprozessualer Kostengrundsätze ist das Strafgericht nicht gebunden.

Gegen eine ungünstige Kostenentscheidung steht dem Adhäsionskläger wegen §§ 406a Abs. 1 S. 2 i.V.m. 464 Abs. 3 S. 1 2. Hs. StPO kein Rechtsmittel zur Verfügung.[58] Der Angeklagte hingegen kann die für ihn ungünstige Entscheidung nach § 464 Abs. 3 S. 1 StPO mit der sofortigen Beschwerde anfechten.

35 Nach dem RVG stehen dem Rechtsanwalt des Adhäsionsklägers wie auch dem im Adhäsionsverfahren tätigen Verteidiger die Gebühren der VV Nr. 4143 bis 4144 zu. Diese Gebühren kann der Rechtsbeistand zusätzlich zur Tätigkeit im Rahmen der Neben- oder Privatklage abrechnen. (Verfahrensgebühr[en] und eine oder mehrere Terminsgebühren). Im Fall eines Vergleichsabschlusses entsteht zusätzlich die Gebühr des VV Nr. 1000.

36 Der Verteidiger im Adhäsionsverfahren erhält die Gebühr VV Nr. 4143 RVG ebenfalls gesondert. Voraussetzung ist selbstverständlich, dass er im Hinblick auf den Adhäsionsantrag auch eine Tätigkeit entfaltet hat. In aller Regel mündet dieses Tätigwerden in eine Erklärung zum Adhäsionsantrag. Für das Entstehen der Gebühr ist es unerheblich, ob insofern der Adhäsionsantrag ganz oder teilweise bestritten oder anerkannt wird, oder aber beantragt wird, über die Adhäsion nicht zu entscheiden. Die Höhe der Gebühr bestimmt sich beim Pflichtverteidiger nach den (reduzierten) Sätzen gem. §§ 49, 13 RVG.

---

56 Das Anerkenntnisurteil ist nicht in entsprechender Anwendung des § 313b Abs. 1 ZPO als solches zu bezeichnen, da das Strafurteil im Namen des Volkes ergeht (*Schneckenberger* Handbuch des Adhäsionsverfahrens, Rn. 163. Dort wird auch die Frage behandelt, inwieweit das Anerkenntnis als Geständnis des Angeklagten zu werten ist. Im Ergebnis wird dies verneint).

57 Eine vollstreckbare Ausfertigung (§ 724 I ZPO) wird vom Strafgericht erteilt.

58 Krit. allein *Köckerbauer* NStZ 1994, 305 (311).

Kapitel 30 Der Zeugenbeistand

Übersicht

A. Grundlagen

1 Eine *allgemeine gesetzliche Regelung* für das Institut des Zeugenbeistands ist erstmalig mit dem **Zeugenschutzgesetz** vom 30.04.1998[1] in die Strafprozessordnung aufgenommen worden. Der damals neu eingeführte § 68b StPO wurde durch das 2. ORRG vom 29.07.2009[2] vollständig überarbeitet und komplett neu gefasst. Das Recht der Zeugen, zu einer Vernehmung einen Rechtsbeistand hinzuzuziehen, wird in § 68b Abs. 1 S. 1 StPO ausdrücklich festgeschrieben. Die Tätigkeit als Zeugenbeistand für den strafrechtlich ausgerichteten Rechtsanwalt nimmt einen zunehmend breiter werdenden Raum ein.[3] Die Spezialisierung in der Anwaltschaft schreitet ebenso voran, wie das wachsende Bewusstsein um diese Spezialisierung in der ratsuchenden Klientel, die sich vor Aufsuchen eines Rechtsanwalts über dessen Schwerpunkte informiert und bereit ist, für die Suche nach dem richtigen Spezialisten einiges Engagement an den Tag zu legen. Zwar wird es auf absehbare Zeit keine Spezialisierung auf Zeugenrechte im Strafprozess geben, aber der Fachanwalt für Strafrecht muss auch in diesem Bereich Spezialkenntnisse nachweisen, wenn er seinen guten Ruf als Strafverteidiger festigen will. Hinzu kommt, dass eine Weiterentwicklung der Rechtsstellung des Zeugenbeistands nur dann gelingen kann, wenn sich der Fachanwalt für Strafrecht der Tätigkeit als Zeugenbeistand

1 Gesetz zum Schutz von Zeugen bei Vernehmungen im Strafverfahren und zur Verbesserung des Opferschutzes; Zeugenschutzgesetz – ZSchG vom 30.04.1998; BGBl. I S. 820.

2 Gesetz zur Stärkung der Rechte von Verletzten und Zeugen im Strafverfahren; 2. Opferrechtsreformgesetz – 2. ORRG vom 29.07.2009; BGBl. I S. 2280.

3 So bereits zu § 68b a.F. *Sommer* StraFo 1998, 8.

nicht generell verschließt und dieses Feld wegen der Beschränkung auf die klassische Strafverteidigung anderen, im Strafprozessrecht weniger versierten Kollegen überlässt,[4] die sich die Vertretung eines Zeugen wesentlich eher als die Verteidigung eines Angeklagten zutrauen.

2 Ist die prozessuale Stellung des Zeugenbeistands für den Strafverteidiger auch nicht mit annähernd so tiefen *Rollenkonflikten* verbunden wie die des Nebenklagevertreters,[5] so ist die Tätigkeit als Zeugenbeistand dennoch eine ungewohnte Rolle für den Strafverteidiger. Sie begrenzt seine unmittelbare Tätigkeit auf einen eng umrissenen, aber möglicherweise zentralen Teil des Verfahrens. Für den Zeugenbeistand steht nicht – wie für das Gericht, die Anklage und die Verteidigung – das Schicksal des Angeklagten im Vordergrund, sondern die Interessen des Zeugen.

3 Gesetzlich geregelt sind Schutz- und Mitwirkungsrechte zunächst für den Zeugen, der zugleich **Verletzter oder Nebenklageberechtigter** ist. Die §§ 406d–406h StPO sind durch das Opferschutzgesetz vom 18.12.1986[6] eingeführt und durch das Zeugenschutzgesetz vom 30.04.1998[7] ergänzt worden. Weitere Modifikationen und Erweiterungen erhielten die Regelungen durch das 1. und 2. Opferrechtsreformgesetz vom 24.06.2004[8] bzw. 29.07.2009[9] sowie durch das Gesetz zur Stärkung der Rechte von Opfern sexuellen Missbrauchs (StORMG) vom 26.06.2013[10], durch das 3. Opferrechtsreformgesetz vom 03.12.2015[11], durch das Gesetz zur Umsetzung der Richtlinie (EU) 2016/680 im Strafverfahren sowie zur Anpassung datenschutzrechtlicher Bestimmungen an die Verordnung (EU) 2016/679 vom 20.11.2019[12], durch das Gesetz zur Neuregelung des Rechts der notwendigen Verteidigung vom 10.12.2019[13] und zuletzt durch das Gesetz zur Fortentwicklung der Strafprozessordnung und zur Änderung weiterer Vorschriften vom 25.06.2021.[14] Sie regeln in § 406e StPO das Akteneinsichtnahmerecht des Verletzten sowie in §§ 406f und 406h StPO die Berechtigung, sich eines Beistands zu bedienen, wobei sich § 406f StPO auf den Verletzten und § 406h StPO auf den Nebenklageberechtigten bezieht. Mit § 406g StPO wird die psychosoziale Prozessbegleitung nun in einer eigenen Norm geregelt.[15] Nach § 406i StPO ist frühzeitig und in der Regel schriftlich auch auf die Befugnis zur Hinzuziehung eines Beistands hinzuweisen.

4 Für den sonstigen Zeugen hatte das Bundesverfassungsgericht in seinem Beschluss vom 08.10.1974[16] festgestellt, dass das in § 3 Abs. 3 BRAO für jedermann niedergelegte Recht, sich im Rahmen der gesetzlichen Vorschriften durch einen Rechtsanwalt seiner Wahl beraten und vertreten zu lassen, selbstverständlich auch für den Zeugen gilt. Dieser soll dadurch die Möglichkeit erhalten, »die Kenntnisse und Fähigkeiten des Rechtskundigen bei der Wahrnehmung seiner rechtlichen Interessen benutzen«[17] zu können. Das Bundesverfassungsgericht leitete das Recht auf Hinzuziehung eines Zeugenbeistands in bemerkenswerter Klarheit[18] aus dem Gebot eines *rechtsstaatlichen Verfahrens* ab. Das Recht auf ein faires Verfahren als Grundsatz des rechtsstaatlichen Verfahrens gewährleiste es dem

4 *Thomas* FG für Koch (1989), 277 (281).
5 *Thomas* FG für Koch (1989), 277.
6 BGBl. I 1986, 2496.
7 Vgl. o. Fn. 1.
8 BGBl. I 2004, 1354.
9 BGBl. I 2009, 2280.
10 BGBl. I 2013, 1805.
11 BGBl. I 2015, 2525; dazu ausf. *Ferber* NJW 2016, 279; krit. *Haverkamp* ZRP 2015, 53 (»Labyrinth des Opferschutzes«).
12 BGBl I 2019, 1724.
13 BGBl I 2019, 2128.
14 BGBl I 2021, 2099.
15 Dazu ausf. BeckOK/*Weiner* § 406g.
16 BVerfGE 38, 105.
17 BVerfGE 38, 105 (112); bestätigt BVerfG, Beschl. v. 06.03.2009 – 2 BvR 941/09.
18 *Thomas* FG für Koch (1989), 277 (285), spricht insoweit von einer »kraftvollen Installierung« des Instituts des Zeugenbeistands durch das Bundesverfassungsgericht, das Aufgaben und Rechte des Zeugenbeistands teilweise im Detail beschreibt.

Betroffenen, »prozessuale Rechte und Möglichkeiten mit der erforderlichen Sachkunde selbstständig wahrnehmen und Übergriffe staatlicher Stellen oder anderer Verfahrensbeteiligter angemessen abwehren zu können«.[19] Der Zeuge solle wirksam davor geschützt werden, zum bloßen Objekt des Strafverfahrens zu werden.

Die einfachgesetzliche Regelung zum Recht auf einen Zeugenbeistand ist durch das 2. ORRG vom 29.07.2009 vollständig neu gefasst und wesentlich erweitert worden. § 68b Abs. 1 S. 1 StPO normiert nunmehr ausdrücklich das Recht des Zeugen, sich eines anwaltlichen Beistands zu bedienen.[20] Der Gesetzgeber hat das Recht des Zeugenbeistandes mit dem 2. ORRG im »Gleichklang« zum Beistand des Verletzten und des Nebenklagebefugten geregelt.[21] *Aufgaben und Rechte des Zeugenbeistands* sind jedoch nicht näher beschrieben.[22] Dies ist freilich beim Verteidiger nicht anders. § 68b StPO befasst sich zumindest mit der Ausschließung des Zeugenbeistands. Mit dem Gesetz zur Einführung einer Speicherpflicht und einer Höchstspeicherfrist für Verkehrsdaten vom 10.12.2015[23] wurden die in § 68b Abs. 1 S. 4 Nr. 1 StPO genannten »Regelbeispiele« um die Datenhehlerei (§ 202d StGB) als mögliche Vortat erweitert. Auch die Gesamtschau der gesetzlichen Vorschriften ermöglicht kein umfassendes Leitbild des Zeugenbeistands und der ihm zugewiesenen Verfahrensrolle.[24] 5

Das Recht auf Hinzuziehung eines Zeugenbeistands besteht aufgrund seiner verfassungsrechtlichen Verortung im Rechtsstaatsprinzip nach allgemeiner Meinung im *Straf- und Ordnungswidrigkeitenverfahren*[25] sowie im *Disziplinarverfahren* und in *berufsrechtlichen Verfahren*.[26] Gleiches dürfte für das *vereins- und verbandsgerichtliche Verfahren* gelten. Dabei ist die Hinzuziehung eines Beistands in **allen Verfahrensabschnitten** möglich.[27] Einer ausdrücklichen Zulassung der die Vernehmung durchführenden Stelle bedarf der Zeugenbeistand nicht.[28] Gegen die Zurückweisung eines Rechtsanwalts als Zeugenbeistand durch die Staatsanwaltschaft im Ermittlungsverfahren soll gerichtliche Entscheidung analog § 98 Abs. 2 S. 2 StPO beantragt werden können.[29] 6

Der Zeuge muss die Hinzuziehung eines anwaltlichen Beistands gem. § 68b Abs. 1 S. 1 StPO gegenüber der Vernehmungsperson nicht näher begründen.[30] Maßgeblich ist allein, ob der Zeuge die Beiziehung für erforderlich hält, um von seinen prozessualen Befugnissen selbstständig und seinen Interessen entsprechend sachgerecht Gebrauch zu machen.[31] 7

Jenseits von § 68b Abs. 1 S. 1 StPO regelt § 68b Abs. 2 StPO subsidiär die Pflicht (arg. Wortlaut »ist«) des Gerichts bzw. im Fall von polizeilichen oder staatsanwaltschaftlichen Vernehmungen der Staatsanwaltschaft (§§ 161a Abs. 1 S. 2, 163 Abs. 3 S. 2 StPO), einem Zeugen für die Dauer der Vernehmung einen Rechtsanwalt beizuordnen, wenn dessen Interessen auf andere Weise nicht Rechnung getragen werden kann. § 68 Abs. 2 StPO betrifft damit nur Fälle, in denen das Rechtsstaatsgebot die Beiordnung eines anwaltlichen Beistandes gebietet, weil dieser andernfalls die ihm zustehenden Schutz- und Abwehrrechte nicht effektiv wahrnehmen kann. Aufgrund des Ausnahmecharakters 8

19 BVerfGE 38, 105 (106).
20 Zu den weiteren Voraussetzungen und der Vergütung vgl. Rdn. 47–54.
21 BT-Drs. 16/12098, S. 15.
22 *Rieß* StraFo 1999, 1, 7.
23 BGBl. I 2015, 2218.
24 Insoweit bereits BVerfG StV 2000, 401, 402 zu § 68b a.F.
25 Für das kartellrechtliche Ordnungswidrigkeitenverfahren vgl. *Brune/Vollmer* wistra 2019, 175; *Dörinkel* WuW 1975, 254.
26 LR/*Ignor/Bertheau* § 68b Rn. 3; BVerfGE 38, 105 (112 ff.).
27 BVerfGE 38, 105 (112): »bei richterlichen und sonstigen Vernehmungen«; Formularbuch/*Gillmeister* XIV.E.2; LR/*Ignor/Bertheau* vor § 68b Rn. 3.
28 BGH NStZ 1990, 25; Meyer-Goßner/Schmitt/*Schmitt* § 68b Rn. 3.
29 OLG Hamburg NStZ 1984, 566; vgl. auch BVerfG StV 2000, 401.
30 HK-GS/*Habetha* § 68b Rn. 2.
31 BVerfG v. 10.03.2010 – 2 BvR 941/09 – Rn. 24, *König* FS für Riess, 243 (246), restriktiver noch BVerfGE 38, 105 (118).

der Vorschrift setzt eine Beiordnung gem. § 68b Abs. 2 StPO »besondere Umstände« voraus. Solche »besonderen Umstände« liegen etwa bei minderjährigen (Opfer-) Zeugen, bei gefährdeten Zeugen,[32] bei allen in der Aussagebereitschaft oder -fähigkeit beschränkten Zeugen sowie allgemein in Fällen vor, in denen der Zeuge wegen rechtlicher oder tatsächlicher Schwierigkeiten mit der eigenständigen Wahrnehmung seiner prozessualen Rechte überfordert ist.[33] Allgemein liegen »besondere Umstände« im Sinne von § 68b Abs. 2 StPO immer dann vor, wenn die Aufrechterhaltung einer funktionsfähigen und wirksamen Rechtspflege die Beiordnung eines Zeugenbeistandes erfordert.[34]

9 Zentrale Bedeutung hat die Frage, ob dem Zeugen ein Auskunftsverweigerungsrecht über den Inhalt eines Beratungsgesprächs mit seinem Zeugenbeistand zusteht. Diese Frage taucht vornehmlich dann auf, wenn es in der Hauptverhandlung im Rahmen der Zeugenvernehmung zu einer Kontroverse über ein Zeugnisverweigerungsrecht, ein Auskunftsverweigerungsrecht oder gar über den Inhalt der Zeugenaussage gekommen ist und der Zeuge daraufhin von seinem Recht Gebrauch macht, sich mit dem Beistand zu beraten. Während dem Anwalt ein umfassendes Zeugnisverweigerungsrecht für alle Mandatsverhältnisse aus § 53 Abs. 1 Nr. 3 StPO zusteht, muss der Zeuge grundsätzlich unbeschränkt aussagen. Richtigerweise ist ein wirksamer Schutz des Vertrauensverhältnisses zwischen Mandant und Anwalt in der besonderen Konstellation von Zeuge und Zeugenbeistand nur dann gewährleistet, wenn dem Zeugen über den Inhalt des Beratungsgesprächs mit dem Anwalt ein Auskunftsverweigerungsanspruch zusteht.[35] Das durch § 53 Abs. 1 Nr. 3 StPO gesetzlich anerkannte Vertrauensverhältnis zwischen Anwalt und Mandant, das letztlich Ausprägung des Grundrechts auf Achtung der Privatsphäre aus Art. 2 Abs. 1 i.V.m. Art. 1 Abs. 1 GG ist, beschränkt insoweit die Auskunftspflicht des Zeugen.[36] Dies erscheint im Ergebnis auch deshalb unproblematisch, weil eine Verkürzung der Sachaufklärungsmöglichkeit gegenüber dem Fall der Vernehmung eines nicht durch einen Beistand beratenen Zeugen nicht eintritt, da lediglich der durch die Inanspruchnahme eines Anwalts zusätzlich entstehende Sachverhalt der Offenbarungspflicht entzogen wird.[37] Unterlagen aus dem Mandatsverhältnis unterliegen dem Beschlagnahmeverbot aus § 97 Abs. 1 Nr. 1 StPO analog.[38]

10 So einfach und verfassungsrechtlich geboten diese Lösung für den Fall erscheint, dass der Informationsfluss im Beratungsgespräch zwischen Zeuge und Zeugenbeistand einseitig vom Zeugen zum Zeugenbeistand verläuft und der Zeugenbeistand lediglich rechtlich berät, so problematisch wird diese Lösung, wenn umgekehrt der Zeugenbeistand tatsächlich Informationen für den Zeugen bereithält. Dies ist regelmäßig in zwei Konstellationen der Fall:

Der vom Unternehmen bereitgestellte oder vermittelte Zeugenbeistand in Wirtschaftsstrafsachen, der vom Unternehmensanwalt unterrichtet wird, kann den Zeugen mit diesem bis dato unbekannten Informationen aus bisherigen Ermittlungsverfahren oder aus der Unternehmenssphäre versorgen. Eine ähnliche Konstellation tritt ein, wenn der Zeugenbeistand zugleich Verletztenvertreter ist, umfassende Akteneinsicht hatte (vgl. dazu Rdn. 32) und dem Zeugen bspw. zur Wahrung von Aussagekonstanzen nicht nur das Protokoll von dessen vorangegangener Vernehmung überlässt, sondern weitere Erkenntnisse aus der Ermittlungsakte weiterleiten kann. In diesen Fällen besteht ein Interesse der Verfahrensbeteiligten – in zahlreichen Konstellationen gerade auch der Verteidigung – daran, Kenntnisse über den Informationszufluss vom Zeugenbeistand zum Zeugen zu erhalten. Ohne diese

32 Näher dazu unten Rdn. 15–17.

33 BVerfGE 38, 105 (117); BT-Drs. 13/7165, S. 8.

34 Vgl. BVerfGE 38, 105 (118).

35 OLG Düsseldorf, NStZ 1991, 504; LG Lübeck StV 1993, 516; Meyer-Goßner/Schmitt/*Schmitt* § 68b Rn. 4; *Thomas* NStZ 1982, 489, 493, der insoweit von einem Zeugnisverweigerungsrecht spricht; *Sieg* MDR 1992, 1627; eingehend *Gillmeister* NStZ 2018, 561.

36 Ebenso OLG Düsseldorf NStZ 1991, 504; LG Lübeck StV 1993, 516; vgl. dazu auch den Nichtannahmebeschluss des BVerfG BeckRS 2008, 31920 zur Vernehmung eines Mandanten über die Gespräche mit seinem Strafverteidiger.

37 OLG Düsseldorf StV 1991, 150.

38 BGH NStZ 2001, 604; *Schwerdtfeger/Schefer*, NStZ 2023, 655, 657 f.

ist eine Würdigung der Aussage des Zeugen durch die Verfahrensbeteiligten schwer oder gar nicht möglich. Ob sich das Auskunftsverweigerungsrecht des Zeugen über den Austausch mit seinem Zeugenbeistand deswegen nicht auf tatsächliche Informationen, die der Zeuge vom Zeugenbeistand erhält, erstreckt, ist soweit ersichtlich nicht gerichtlich geklärt. Nach hier vertretener Auffassung ist ein Auskunftsverweigerungsrecht jedenfalls nicht grenzenlos.

B. Aufgaben des Zeugenbeistands

I. Aufgaben vor Beginn der Vernehmung

1. Informationsgewinnung

11 Fälschlicherweise herrscht weit verbreitet noch die Vorstellung vor, die wesentliche Aufgabe des Zeugenbeistands sei die Begleitung des Zeugen zu der Vernehmung. Tatsächlich liegt häufig der Schwerpunkt der Tätigkeit des Beistands – ebenso wie bei der klassischen Strafverteidigung auch – jedoch im Vorfeld des eigentlichen Termins.[39] Der Zeugenbeistand wird sich daher, nachdem er das Mandat zur Vertretung des Zeugen übernommen hat, zunächst mit dem Gegenstand des Verfahrens vertraut machen.[40] Er wird sich über die Wahrnehmungen seines Mandanten berichten lassen, um Konfliktpotenzial und Risiken für den Zeugen möglichst frühzeitig zu erkennen. Hierzu ist oftmals eine Informationsbeschaffung über die Schilderungen des Mandanten hinaus angeraten. Gegebenenfalls kann es erforderlich sein, mit dem Verteidiger des Angeklagten Kontakt aufzunehmen. Dies ist ebenso unproblematisch, wie die Empfehlung durch den Strafverteidiger des Beschuldigten an den Zeugen, sich eines Zeugenbeistandes zu bedienen oder die Vergütung des Zeugenbeistandes durch den Beschuldigten.[41]

2. Prüfung von Zeugnis- und Auskunftsverweigerungsrechten

12 Nebenklageberechtigte und sonstige Verletzte stellen in der Praxis die größte Gruppe der Zeugen dar, die den Rat und den Beistand eines Rechtsanwalts erbitten. Daneben treten häufig solche Fälle auf, in denen es um den Bestand und den Umfang von Zeugnisverweigerungs- oder Auskunftsverweigerungsrechten geht. Ohne die einzelnen Normen der Strafprozessordnung genauer zu kennen, ist eine entsprechende laienhafte Parallelwertung regelmäßig vorhanden. Nunmehr ist es Aufgabe des Zeugenbeistands, den Bestand und den Umfang der Rechte des Zeugen zu prüfen sowie das Interesse des Zeugen auszuloten. Dies sollte unbedingt vor der Vernehmung erfolgen. Wird das Zeugnis bzw. die Auskunft verweigert, obwohl kein Verweigerungsrecht besteht, besteht für den Zeugen ein Strafbarkeitsrisiko wegen Strafvereitelung durch Unterlassen.[42]

a) Zeugnisverweigerungsrechte nach §§ 52 und 53 StPO

13 Bei einer Beratung über die Zeugnisverweigerungsrechte nach den §§ 52 und 53 StPO ist zu unterscheiden: das Zeugnisverweigerungsrecht aus § 52 StPO findet seine Begründung in der Rücksicht auf die *Zwangslage des Zeugen*, der einerseits der Wahrheit verpflichtet ist, andererseits aber befürchten muss, dadurch einem Angehörigen zu schaden.[43] In einem Verfahren gegen mehrere Beschuldigte haben die Angehörigen jedes Beschuldigten ein vollumfängliches Zeugnisverweigerungsrecht, wenn

39 Sehr eingehend zur Vorbereitung und zu Risiken bei der Vertretung von Unternehmensmitarbeitern als Zeugen im Strafverfahren gegen Verantwortliche in Wirtschaftsunternehmen: *Minoggio* AnwBl 2001, 584; zur »informationellen Vorbereitung« von Zeugenaussagen durch den anwaltlichen Rechtsbeistand *Dahs* NStZ 2011, 200.

40 Zur Akteneinsicht Rdn. 32 f.

41 *König* FS für Riess, 243 (255 ff.), der sogar von der Möglichkeit spricht, den Zeugenbeistand als Gehilfen der Verteidigung einzusetzen.

42 Dafür OLG Köln NStZ-RR 2010, 146; dagegen LG Itzehoe NStZ-RR 2010, 10; vgl. *Reichling/Döring* StraFo 2011, 82.

43 Meyer-Goßner/Schmitt/*Schmitt* § 52 Rn. 1.

die Aussage auch ihren Angehörigen betrifft. Es muss in irgendeinem Verfahrensabschnitt ein zusammenhängendes einheitliches Verfahren gegen die Beschuldigten in Bezug auf dieselbe prozessuale Tat anhängig gewesen sein. Auch wenn der nunmehr als Zeuge zu vernehmende Angehörige vormals ebenfalls Mitbeschuldigter war, steht ihm ein Zeugnisverweigerungsrecht zu.[44] Ein solches besteht nicht (mehr) nach rechtskräftiger Verurteilung des mitbeschuldigten Angehörigen,[45] bei rechtskräftigem Freispruch[46] oder beim Ableben des Beschuldigten.[47] Die Beratung des Zeugen richtet sich demnach ausschließlich nach dem Interesse des Zeugen, das seinerseits wesentlich durch die Wahrnehmungen des Zeugen und deren Prozessbedeutung beeinflusst wird. Der Zeugenbeistand wird daher dem Mandanten die Beweisbedeutung der Zeugenaussage im Prozess nahebringen, sofern diese nicht ohnehin auf der Hand liegt. Wichtigster Beratungspunkt ist regelmäßig der Hinweis, dass der Zeuge, wenn er sich zur Aussage entschließt, vollständig und wahrheitsgemäß aussagen muss. Beratungsaufwendig ist auch die Erläuterung der Möglichkeit, zwar das Zeugnis in der Hauptverhandlung zu verweigern und damit die mit der Einvernahme einhergehenden Belastungen zu vermeiden, aber die Verwertung der im Ermittlungsverfahren gemachten Aussagen zu gestatten und damit das ansonsten bestehende Verwertungsverbot zu umgehen.[48]

14 Anders sieht die Situation bei den Zeugnisverweigerungsrechten gem. § 53 StPO aus. Hier hat der Zeugenbeistand über die in § 203 StGB strafbewehrte *Schweigepflicht*[49] aufzuklären. Materiellrechtlich *darf* der Zeuge überhaupt nur dann aussagen, wenn eine Entbindung von der Schweigepflicht vorliegt. Die nach § 53 Abs. 1 Nr. 2–3b StPO zeugnisverweigerungsberechtigten Personengruppen freilich sind nach § 53 Abs. 2 StPO bei einer Entbindung von der Verschwiegenheit zur Aussage verpflichtet. Bei den übrigen Zeugen wird die Entbindung von der Schweigepflicht die Entschließung über die Aussagebereitschaft maßgeblich beeinflussen. Erfolgt die Entbindung nicht erst in der Hauptverhandlung, sondern bereits im Ermittlungs- oder Zwischenverfahren, so sollte der Zeugenbeistand auf einer schriftlichen Entbindungserklärung bestehen und versuchen, sicherzustellen, dass auf den Angeklagten kein Druck ausgeübt worden ist. War der Berufsgeheimnisträger eines mit dem Angeklagten verwandten Zeugen zum Zeitpunkt seiner polizeilichen Vernehmung von der Schweigepflicht entbunden, können dessen Angaben gem. § 252 StPO verwertet werden, selbst wenn in der Hauptverhandlung die Entbindung von der Schweigepflicht widerrufen wird. Dies beruht darauf, dass sich der Berufsgeheimnisträger im Zeitpunkt seiner Bekundungen wegen der Entbindung nicht in dem normtypischen Widerstreit zwischen Wahrheits- und Schweigepflicht befand.[50]

b) Auskunftsverweigerungsrecht nach § 55 StPO

15 Der Beratung und Unterstützung eines **»gefährdeten« Zeugen**[51] kommt besondere Bedeutung zu. Ein wirksamer Schutz des Zeugen kann nur dann gewährleistet werden, wenn er sich rechtzeitig auf sein Auskunftsverweigerungsrecht beruft. Daher hat der Zeuge einen Anspruch auf Beratung mit seinem Beistand vor Beginn der Vernehmung. Vor der Verhängung eines Ordnungsgeldes gegen den Zeugen ist diesem ein Beratungsgespräch mit dem Anwalt zu ermöglichen.[52] Dies gilt jedenfalls dann, wenn ein Auskunftsverweigerungsrecht nahe liegt. Dieses gesteht das Gesetz dem Zeugen dann zu, wenn die Gefahr besteht, dass der Zeuge selbst oder ein Angehöriger durch die Beantwortung einer Frage wegen einer Straftat oder Ordnungswidrigkeit verfolgt wird. Dabei ist unter

44 BGH NStZ 2012, 340.
45 BGHSt 38, 96 gegen die frühere Rspr.; vgl. *Fischer* JZ 1992, 570.
46 BGH NStZ 2012, 221; eingehend *Schwan/Andrzejewski* HRRS 2012, 507; KK/*Bader* § 52 Rn. 6.
47 BGH NJW 1992, 1118; ausführlich *Bertheau* StV 2010, 611.
48 BGH StV 2007, 22.
49 Zur fehlenden Deckungsgleichheit zwischen § 53 StPO und § 203 StGB Meyer-Goßner/Schmitt/*Schmitt* § 53 Rn. 4.
50 BGH NStZ 2012, 281 mit Anmerkung *Geppert* NStZ 2012, 282.
51 Eingehend *Hammerstein* NStZ 1981, 125; *Sommer* StraFo 1998, 8.
52 LG Zweibrücken VRS 1997, 424.

Verfolgungsgefahr bereits jeder prozessual ausreichende Anfangsverdacht zu verstehen.[53] Demnach darf der Zeuge nicht nur eine unmittelbar selbst belastende Antwort verweigern, sondern es ist zur Auskunftsverweigerungsberechtigung ausreichend, dass eine mögliche Antwort als Teil eines Beweisgebäudes im Zusammenhang mit weiteren Tatsachen eine Verfolgungsgefahr begründet.[54] Bei einer Frage ist grundsätzlich deren Bejahung und Verneinung in gleicher Weise in Betracht zu ziehen. Ergibt sich hinsichtlich *einer* der Antwortmöglichkeiten eine Verfolgungsgefahr, ist die Auskunftsverweigerung in der Regel berechtigt.[55] Zur Frage, ob dem Zeugen ein Auskunftsverweigerungsrecht auch dann zusteht, wenn für die Straftat, derer er sich eventuell selbst bezichtigen müsste, möglicherweise bereits Strafklageverbrauch eingetreten ist, sind zunächst zwei sich teilweise widersprechende Beschlüsse des BGH ergangen.[56] Als gesichert kann gelten, dass ein Auskunftsverweigerungsrecht dann nicht mehr besteht, wenn der eingetretene Strafklageverbrauch unzweifelhaft feststeht.[57] Sollte dagegen die Frage des Strafklageverbrauchs aus tatsächlichen Gründen noch nicht abschließend geklärt werden können oder die Frage nach dem Strafklageverbrauch mit materiell-rechtlich und prozessual vertretbaren Argumenten und Würdigungen zu verneinen sein, so haben diese Zweifel zugunsten des Zeugen auszuschlagen und ihm ist ein Auskunftsverweigerungsrecht zuzugestehen.[58] Selbstverständlich kann sich die Verfolgungsgefahr auch aus dem Umstand ergeben, dass der Zeuge bereits zu einem früheren Zeitpunkt eine Aussage zu dem Komplex der vorgesehenen Zeugenvernehmung gemacht hat und sich nunmehr möglicherweise in Widerspruch zu der früheren Aussage setzen und sich so der Gefahr eines Verfahrens nach §§ 153 ff. StGB oder § 164 StGB ausgesetzt sehen könnte. Straftaten, die erst durch die Aussage selbst begangen wurden (z.B. versuchte Strafvereitelung), können kein Recht gem. § 55 StPO begründen.[59] Auch die Gefahr einer »Rückbelastung« des Zeugen durch den Angeklagten berechtigt diesen grundsätzlich nicht dazu, die Auskunft zu verweigern.[60] Für § 55 StPO reicht hingegen, dass die Angaben des Zeugen zumindest im Rahmen einer mosaikartigen Beweisführung Bedeutung hinsichtlich des Verdachts seiner Mitwirkung an der Tat gewinnen können.[61]

Die Aufgabe des Zeugenbeistandes ist es, zu verhindern, dass sich der Zeuge bereits durch die Berufung auf sein Auskunftsverweigerungsrecht nach § 55 StPO der Gefahr der Strafverfolgung aussetzt. 16 Der Zeugenbeistand wird also sicherstellen, dass eine Auskunftsverweigerung rechtzeitig erfolgt. Dies ist umso leichter, je offensichtlicher die Verfolgungsgefahr für den Zeugen ist. Dagegen ist bei noch verborgener Gefährdung des Zeugen mit erhöhtem Widerstand der übrigen Verfahrensbeteiligten zu rechnen.[62] Der Zeugenbeistand sollte daher – durchaus fantasievoll – mögliche Antworten des Zeugen darstellen und deren etwaige strafrechtliche Relevanz für den Zeugen erläutern. § 56 StPO schreibt vor, dass der Zeuge auf Verlangen die Umstände, auf die er sein Recht auf Auskunftsverweigerung stützt, glaubhaft zu machen hat. Wichtigstes Mittel der *Glaubhaftmachung* ist die eidliche Versicherung des Zeugen (§ 56 S. 2 StPO). Dabei darf selbstverständlich nicht verlangt werden, dass der Zeuge diejenigen Tatsachen bekunden oder gar eidlich versichern muss, die die Verfolgungsgefahr auslösen.[63] Gelingt es dem Zeugenbeistand nicht, das Gericht durch seine Ausführungen zu einem Anerkennen des Auskunftsverweigerungsrechts zu bewegen, muss er deutlich machen, dass sich das Gericht in diesen Fällen mit der eidlichen Versicherung begnügen muss, der Zeuge nehme

53 OLG Thüringen NStZ-RR 2011, 279; LR/*Ignor/Bertheau* § 55 Rn. 10.
54 BVerfG StV 2002, 177; BGH StV 1994, 324; 1987, 328.
55 BGH StV 1993, 340; 1999, 71; *König* FS für Riess, 243 (250).
56 BGH StV 1999, 351; 1999, 352.
57 BGH NStZ 2002, 607.
58 Im Ergebnis ebenso *Dahs* NStZ 1999, 386, 387.
59 BGH StV 2013, 1; eingehend *Widmaier* NStZ 2013, 239.
60 KG NStZ 2011, 652.
61 BGH NJW 1999, 1413; BGH NStZ 2006, 509; BGH NStZ 2010, 287; BGH NStZ-RR 2011, 316; zuletzt BGH StV 2016, 774.
62 Formularbuch/*Gillmeister* XIV.E.1.
63 BGH StV 1987, 328.

nach bestem Wissen (und nach Beratung durch den Zeugenbeistand) an, er werde sich durch die Beantwortung der Frage der Gefahr einer Verfolgung aussetzen.[64]

17 Berechtigt § 55 StPO dem Wortlaut nach grundsätzlich nur dazu, die Antwort auf bestimmte Fragen zu verweigern, so ist allgemein anerkannt, dass § 55 StPO zu einem *umfassenden Zeugnisverweigerungsanspruch* erstarkt, wenn »nichts übrig bleibt, was er ohne die Gefahr strafgerichtlicher Verfolgung bezeugen könnte«.[65] Eine solche Konstellation ist regelmäßig bereits vor der Zeugenvernehmung erkennbar. Der Zeugenbeistand sollte daher versuchen, durch einen Schriftsatz oder in Gesprächen mit dem Vorsitzenden vor der Hauptverhandlung dessen Entscheidung[66] über die Auskunftsberechtigung vorzubereiten, um eine Kontroverse in Anwesenheit sämtlicher Verfahrensbeteiligter zu vermeiden. Nach Möglichkeit ist darauf hinzuwirken, dass sogar eine Ladung des Zeugen unterbleibt, was der BGH für Ausnahmefälle, in denen der Zeuge aufgrund seines umfassenden Auskunftsverweigerungsrechts zum *ungeeigneten Beweismittel* wird, ausdrücklich zugelassen hat.[67] Zeichnet sich ab, dass eine Einigung nicht zu erzielen ist, muss mit dem Zeugen rechtzeitig beraten werden, ob man es im Fall eines ebenfalls negativen Gerichtsbeschlusses[68] auf die Anordnung von Zwangsmitteln nach § 70 StPO ankommen lassen soll, gegen die die Beschwerde nach § 304 Abs. 2 StPO zulässig ist. Die Entscheidung hierüber hängt im Wesentlichen von dem Maß des Interesses des Zeugen an der Auskunftsverweigerung ab.

3. Geheimhaltung des Wohnortes bzw. der Identität des Zeugen

18 § 68 Abs. 2 StPO normiert bei der Besorgnis der Gefährdung des Zeugen oder einer anderen Person das Recht, den Wohnort des Zeugen zu verschweigen. Nach § 68 Abs. 3 StPO kann der Zeuge sogar seine Identität vollständig geheim halten, wenn durch die Offenbarung die Besorgnis besteht, dass Leben, Leib oder Freiheit des Zeugen oder einer anderen Person gefährdet werden. Diese Frage, die sich eigentlich erst zu Beginn der Zeugenvernehmung stellt, ist ebenfalls zweckmäßigerweise bereits vorab mit der vernehmenden Stelle zu erörtern. Die Umstände, aus denen sich Anhaltspunkte für die Gefährdung des Zeugen ergeben, sind rechtzeitig mitzuteilen, um eine Kontroverse über diese Frage in der Hauptverhandlung zu vermeiden, die ansonsten regelmäßig zu einer Offenbarung der Identität des Zeugen führt.

4. Ausschluss der Öffentlichkeit

19 Gleiches gilt für die Beantragung des Ausschlusses der Öffentlichkeit nach §§ 171b und 172 GVG. Auch auf entsprechende Anträge[69] sind der Vorsitzende und nach Möglichkeit auch die übrigen Verfahrensbeteiligten rechtzeitig hinzuweisen[70] und eine entsprechende Überzeugungsbildung zu fördern, um langwierige Verhandlungen über den Ausschluss in der Hauptverhandlung möglichst zu vermeiden. Zwar können die Verhandlungen über den Ausschluss der Öffentlichkeit selbst in nichtöffentlicher Sitzung erfolgen,[71] aber gerade wenn es um den Schutz vor der Presse geht, lässt sich der angestrebte Schutz des Zeugen bei einer unvorbereiteten Erörterung über den Ausschluss der Öffentlichkeit häufig nicht erreichen.

64 BGH StV 1986, 282.
65 BVerfG – 2 BvR 504/08 vom 21.04.2010 Rn. 20; BGHSt 10, 104, 105; BGH NStZ 2002, 607; BGH NStZ-RR 2023, 81.
66 Vgl. § 238 Abs. 1 StPO.
67 BGH NStZ 1986, 181.
68 Vgl. § 238 Abs. 2 StPO.
69 Das Antragsrecht des Zeugenbeistands des Verletzten ergibt sich aus der Stellung des Zeugen als Beteiligter i.S.d. § 174 Abs. 1 S. 1 GVG, vgl. BGHSt 60, 58.
70 Der Antrag selbst kann auch außerhalb der Hauptverhandlung gestellt werden, vgl. BGH BeckRS 2018, 23786; BGH BeckRS 2013, 20950; Meyer-Goßner/Schmitt/*Schmitt* § 171b GVG Rn. 10.
71 Vgl. § 174 Abs. 1 GVG.

5. Vorübergehende Ausschließung des Angeklagten

Unter den in § 247 StPO im Einzelnen dargelegten Voraussetzungen kann der Angeklagte auf Anordnung des Gerichts vorübergehend während der Vernehmung des Zeugen aus dem Sitzungssaal entfernt werden. Auch die für die Anordnung der Entfernung maßgeblichen Umstände treten regelmäßig bereits im Vorfeld der Hauptverhandlung zutage, sodass der Zeugenbeistand entsprechende Anregungen frühzeitig an das Gericht richten sollte. 20

6. Beantragung von Videovernehmungen

Durch das **Zeugenschutzgesetz** vom 30.04.1998[72] sind erstmalig Regelungen zum *Einsatz von Videotechnik bei Zeugenvernehmungen*[73] eingeführt worden. § 58a StPO stellt dabei die grundlegende Regelung dar, die für Vernehmungen im Ermittlungsverfahren[74] sowie richterliche Vernehmungen außerhalb der Hauptverhandlung[75] gilt und als Hauptanwendungsfall kindliche Opferzeugen erfasst. Weiterer Anwendungsfall ist der bedrohte Zeuge, der nach der Vernehmung im Ermittlungsverfahren ins Ausland geht oder in ein Zeugenschutzprogramm aufgenommen wird. § 168e StPO regelt die richterliche Vernehmung durch Videotechnik mit Standleitung. Die Vernehmung des Zeugen erfolgt getrennt von den sonstigen Anwesenheitsberechtigten, deren Mitwirkungsrechte jedoch durch die Möglichkeiten der Videostandleitung gewahrt werden sollen. § 255a StPO legt fest, unter welchen Voraussetzungen Videovernehmungen in der Hauptverhandlung vorgeführt werden dürfen und verweist insoweit auf die Verlesungsmöglichkeiten von Vernehmungsniederschriften, wobei jedoch für den kindlichen Opferzeugen Sonderregelungen in Absatz 2 getroffen werden. Der neu eingefügte § 247a StPO schließlich normiert die Voraussetzungen einer Zeugenvernehmung per Video in der Hauptverhandlung. Der Zeugenbeistand wird entsprechende Anträge auf Videovernehmung für den Zeugen stellen und organisatorische Fragen klären. Bereits wegen der noch nicht überall zur Verfügung stehenden Technik sind entsprechende Anträge rechtzeitig vor dem Vernehmungstermin zu stellen. 21

II. Aufgaben des Zeugenbeistands während der Vernehmung

1. Auskunftsverweigerungsrecht

Während sich die Frage nach der Inanspruchnahme eines Zeugnisverweigerungsrechtes regelmäßig vor der Vernehmung abschließend entscheiden lässt, fordert die Frage nach dem Auskunftsverweigerungsrecht des Zeugen auch während der Vernehmung ständige Aufmerksamkeit des Zeugenbeistands. Auch bei bester Vorbereitung lassen sich unerwartete und für den Zeugen kritische Situationen während der Vernehmung nicht immer vermeiden. Bei Zweifelsfällen muss der Zeugenbeistand die Vernehmung unterbrechen lassen und sich mit dem Zeugen über die Beantwortung einzelner Fragen beraten.[76] In Ausnahmefällen ist es auch denkbar, dass sich erst im Rahmen der Vernehmung ergibt, dass dem Zeugen ein zur umfänglichen Zeugnisverweigerung berechtigendes Auskunftsverweigerungsrecht zusteht. In jedem Fall sollte der Zeugenbeistand anstelle des Zeugen die Erörterungen mit den übrigen Verfahrensbeteiligten über die Rechte des Zeugen führen, um diesen aus einer möglichen Kontroverse weitestgehend herauszuhalten. 22

2. Zusammenhängender Vortrag des Zeugen

Nach § 69 Abs. 1 StPO soll der Zeuge zunächst die Möglichkeit erhalten, seine Wahrnehmungen im Zusammenhang zu berichten. Erforderlichenfalls hat der Zeugenbeistand auf die Einhaltung dieser Vorschrift hinzuwirken. 23

---

72 Vgl. o. Fn. 1.

73 Eingehend *Rieß* StraFo 1999, 1; *ders.* NJW 1998, 3240; *Diemer* NJW 1999, 1667; *Meurer* JS 1999, 937.

74 *Caesar* NJW 1998, 2313, 2315.

75 *Rieß* StraFo 1999, 1, 3.

76 Zum Schweigerecht des Zeugen auf Fragen über den Inhalt der Beratungen mit dem Beistand vgl. Rdn. 9.

3. Rüge bloßstellender Fragen

24 Nach § 68a StPO sind bloßstellende Fragen sowie Fragen nach den Vorstrafen des Zeugen nach Möglichkeit zu vermeiden. Immerhin ist der Zeuge als eigentlich Unbeteiligter in das Verfahren hineingezogen und nunmehr gezwungen, öffentlich auszusagen. Er kann von daher verlangen, dass möglichst *schonend* mit ihm umgegangen wird.[77] Der Zeugenbeistand wird bloßstellende Fragen rügen und erforderlichenfalls eine Entscheidung des Gerichts nach § 238 Abs. 2 StPO herbeiführen.[78]

4. Beantragung der Zurückweisung von Fragen

25 Bei ungeeigneten oder nicht zur Sache gehörenden Fragen der Staatsanwaltschaft oder der Verteidigung wird der Zeugenbeistand die Zurückweisung der Fragen nach § 241 Abs. 2 StPO durch den Vorsitzenden beantragen. Freilich ist umso mehr Zurückhaltung geboten, je weniger das Interesse des Zeugen durch die abseitige Frage beeinträchtigt ist.

5. Zeugen unter 18 Jahren

26 § 241a StPO schreibt vor, dass die Vernehmung von Zeugen unter 18 Jahren[79] allein durch den Vorsitzenden erfolgt. Der Zeugenbeistand wird die Einhaltung dieser Vorschrift, die den größtmöglichen Schutz kindlicher und jugendlicher Zeugen vor den psychischen Belastungen einer gerichtlichen Vernehmung bezweckt,[80] sicherstellen und Abweichungen beanstanden.

6. Beseitigung von Aussagefehlern und Missverständnissen

27 Diese Aufgabe des Zeugenbeistands hat das Bundesverfassungsgericht selbst treffend umschrieben: »Bei ungeschickten, ängstlichen oder aus anderen Gründen in ihrer Aussagefähigkeit und -bereitschaft gehinderten und gehemmten Zeugen kann der Rechtsbeistand aus seiner häufig besseren Kenntnis des Wissens des Zeugen dazu beitragen, Aussagefehler des Zeugen und Missverständnisse der Verfahrensbeteiligten zu vermeiden«.[81] Der Zeugenbeistand wird die Aussage aufmerksam verfolgen und behutsam dann eingreifen, wenn offensichtlich wird, dass die Äußerung bewusst oder unbewusst missverstanden zu werden droht. Vorsichtig wird der Zeugenbeistand einzelne Formulierungen geraderücken oder den Zeugen bitten, Missverständliches klarzustellen.

7. Protokollierung der Zeugenaussage

28 Der Protokollierung der Zeugenaussage kommt in der Praxis erhebliche Bedeutung zu. § 273 Abs. 3 StPO eröffnet die Möglichkeit, die wörtliche Protokollierung von Zeugenaussagen zu verlangen. Dabei kann ein entsprechender Antrag auch von dem Zeugenbeistand im Interesse des Zeugen gestellt werden. Die Antragsberechtigung des Zeugen folgt schon aus der Tatsache, dass sich das für die *wörtliche Protokollierung* erforderliche Interesse an der Feststellung auch auf ein anderes, beispielsweise zukünftiges Verfahren beziehen kann.[82] Insbesondere dann, wenn ein anderes Verfahren gegen den Zeugen im Raume steht (Straf-, Ordnungswidrigkeiten- oder Disziplinarverfahren), oder ein Zivilverfahren gegen oder im Interesse des Zeugen ansteht, wird der Zeuge ein schützenswertes Interesse an der wörtlichen Protokollierung seiner Aussagen haben. Den entsprechenden Antrag

77 LR/*Ignor/Bertheau* § 68a Rn. 3.
78 Das Recht des Zeugenbeistands zur Beanstandung von Anordnungen des Vorsitzenden (§ 238 Abs. 2 StPO), von Fragen (242 StPO), etc. ist für den Verletztenvertreter des Nebenklägers nunmehr in 397 Abs. 1 S. 3 StPO geregelt.
79 Zu den durch das Zeugenschutzgesetz vom 30.04.1998 neu eingeführten Möglichkeiten der Videovernehmung von Zeugen unter 18 Jahren vgl. Rdn. 21.
80 Meyer-Goßner/Schmitt/*Schmitt* § 241a Rn. 1.
81 BVerfGE 38, 105 (117).
82 Meyer-Goßner/Schmitt/*Schmitt* § 273 Rn. 21, 23.

wird der Zeugenbeistand stellen und bei Zurückweisung durch den Vorsitzenden einen Gerichtsbeschluss nach § 273 Abs. 3 S. 2 StPO herbeiführen.

C. Rechte des Zeugenbeistands

Die Rechte des Zeugenbeistands sind bereits durch das Bundesverfassungsgericht eingegrenzt worden, in dem dieses klarstellt, dass der Zeugenbeistand den Zeugen in seiner Aussage *nicht vertreten darf*.[83] Ferner stellt das Bundesverfassungsgericht fest, dass der Zeugenbeistand nicht mehr Befugnisse haben kann, als dem Zeugen selbst zustehen.[84] Mit dieser auf den ersten Blick ebenso eindeutigen wie einsichtigen Diktion[85] hat das Bundesverfassungsgericht im Ergebnis jedoch die Rechte des Zeugenbeistands über ein vertretbares Maß hinaus wieder eingeschränkt. Zwar ist dem Bundesverfassungsgericht zuzugeben, dass an der derivativen Natur des Instituts des Zeugenbeistands aus dogmatischer Sicht zunächst kein Zweifel bestehen kann. Andererseits stellt sich aber in der Praxis schnell heraus, dass ein effektiver Schutz des Zeugen nur möglich ist, wenn der Zeugenbeistand weitergehende Rechte in Anspruch nehmen kann. Dies wird augenfällig, wenn es um das Anwesenheitsrecht des Zeugenbeistands außerhalb der Vernehmung des Zeugen sowie um das Akteneinsichtnahmerecht geht. Die Chance einer gesetzlichen Regelung der Rechtsstellung des Zeugenbeistands hat der Gesetzgeber weder im Zeugenschutzgesetz (1998) noch im 2. (2009) oder 3. (2015) Opferrechtsreformgesetz ergriffen. 29

I. Anwesenheitsrechte außerhalb der Vernehmung des Zeugen

1. In öffentlicher Hauptverhandlung

Das Bundesverfassungsgericht hatte aus dem Akzessorietätsprinzip sowie der derivativen Natur des Zeugenbeistands den Grundsatz abgeleitet, dass diesem ein Anwesenheitsrecht außerhalb der Vernehmung des Zeugen in der Hauptverhandlung (§§ 58 Abs. 1, 243 Abs. 2 StPO) nicht zustehe.[86] Dabei hatte das Bundesverfassungsgericht verkannt, dass es, soweit die Hauptverhandlung öffentlich ist, nicht um die Anerkennung eines Anwesenheitsrechtes geht, sondern um die Aberkennung der durch das Öffentlichkeitsprinzip in § 169 GVG gewährleisteten Rechte, die dem Anwalt nicht aufgrund seiner Funktion als Zeugenbeistand sondern *originär* zustehen.[87] Ein Grund für diese Beschränkung ist nicht erkennbar. Allein die Möglichkeit, dass der Beistand dem Zeugen über den Inhalt der bisherigen Verhandlung berichten könnte, kann einen Ausschluss des Anwalts nicht begründen.[88] Hinzu kommt, dass die Anwesenheit in der Hauptverhandlung, insbesondere, wenn dem Zeugenbeistand zuvor keine Akteneinsicht gewährt wurde, häufig zwingende Voraussetzung für eine sachgerechte Ausübung der Beistandstätigkeit sein dürfte.[89] Der hier vertretenen Auffassung hat sich zwischenzeitlich das LG Heilbronn[90] angeschlossen und klargestellt, dass es für einen Ausschluss des Zeugenbeistands, der zunächst einmal Teil der Öffentlichkeit sei, einer gesetzlichen Grundlage bedürfe. § 58 Abs. 1 StPO gelte jedoch ausdrücklich nur für den Zeugen, sodass dem Zeugenbeistand die Beiwohnung in der öffentlichen Hauptverhandlung nicht versagt werden könne.[91] 30

83 BVerfGE 38, 105 (116).
84 BVerfGE 38, 105 (116).
85 *Lüdeke* Der Zeugenbeistand, 1995, 40 ff. spricht insoweit von dem Dogma der Akzessorietät zwischen prozessualen Rechten des Zeugen und seines Rechtsbeistands.
86 BVerfGE 38, 105 (116).
87 *Lüdeke* Der Zeugenbeistand, 1995, S. 44; ähnlich LR/*Ignor*/*Bertheau* § 58 Rn. 7.
88 Im Ergebnis ebenso *Hammerstein* NStZ 1981, 125, 127; *Thomas* NStZ 1982, 489, 495; *König* in FS für Riess, 243 (253 f.); *Stange*/*Rilinger* StraFo 2002, 224; a.A. *Wagner* NStZ 2004, 101.
89 AG Neuss StraFo 1999, 139; LR/*Ignor*/*Bertheau* § 58 Rn. 7; MüKo/*Maier* § 58 Rn. 14.
90 LG Heilbronn NStZ 2004, 100.
91 Ebenso AG Neuss StraFo 1999, 139; OVG Berlin StraFo 2001, 375; KG, Beschl. v. 31.05.2001 – KG (1) 2 StE 11/00 (4/00); dafür auch *Gillmeister* NStZ 2018, 561, 564.

2. Außerhalb der öffentlichen Hauptverhandlung

31 In § 406h Abs. 2 S. 1 StPO sind für den Beistand des *nebenklageberechtigten Zeugen*, auch wenn ein Anschluss als Nebenkläger nicht erklärt wird, besondere Anwesenheitsrechte in einer nicht öffentlichen Hauptverhandlung, bei richterlichen Vernehmungen und der Einnahme eines richterlichen Augenscheins begründet. Über diese gesetzlich normierten Fälle hinaus wird die Anwesenheit eines Zeugenbeistands nicht zu erreichen sein.

II. Akteneinsichtsrecht

32 Für den *Verletzten* ist das Akteneinsichtsrecht in § 406e StPO normiert, wobei es für den nicht nebenklageberechtigten Verletzten der Darlegung eines berechtigten Interesses bedarf.[92] Die Anforderungen an die Geltendmachung des berechtigten Interesses sind gering und können am einfachsten mit dem Hinweis auf die Prüfung zivilrechtlicher Ansprüche erfüllt werden.[93] Der Glaubhaftmachung bedarf es nicht. Bei Versagung der Akteneinsicht durch die Staatsanwaltschaft im Vorverfahren besteht nach § 406e Abs. 5 S. 2 StPO die Möglichkeit, gerichtliche Entscheidung nach Maßgabe des § 161a Abs. 3 S. 2–4 StPO zu beantragen.

33 Für den Beistand sonstiger Zeugen hat das Bundesverfassungsgericht das Recht auf Akteneinsicht mit dem Hinweis auf die abgeleitete Stellung des Zeugenbeistands grundsätzlich verneint.[94] Auch die h.M.[95] verneint ein Recht des Zeugenbeistands auf Akteneinsicht. Nach Einfügung der §§ 474–491 StPO durch das Strafverfahrensänderungsgesetz 1999[96] steht mit § 475 StPO eine Vorschrift zur Verfügung, die zur Begründung eines Anspruchs auf Akteneinsicht herangezogen werden kann. Zwar regelt § 475 StPO Aktenauskünfte und die Akteneinsicht für »Privatpersonen und sonstige Stellen« und es ist zweifelhaft, ob hierunter der Zeuge und der nunmehr in § 68b StPO als Verfahrensbeteiligter genannte Zeugenbeistand zu subsumieren sind.[97] § 475 StPO normiert ein Ermessen, das richtigerweise nur im Einzelfall ausgeübt werden kann. Gerade in den Fällen, in denen es um die Prüfung von Bestand und Umfang eines Auskunftsverweigerungsrechts nach § 55 StPO geht, ist die Gewährung von Akteneinsicht häufig zwingend erforderlich, um den Mandanten richtig beraten zu können.[98] Der Umfang des Auskunftsverweigerungsanspruchs sowie die Beantwortung der Frage, ob nicht bereits jegliche Aussage wegen Erstarkung des Auskunftsverweigerungsrechtes zu unterlassen ist, ergibt sich oftmals nur aus einer genauen Kenntnis des Verfahrensgegenstandes. Nach der hier vertretenen Auffassung ist die Akteneinsicht zwingende Voraussetzung für eine wirksame und zum Schutz des Zeugen effektive Beistandstätigkeit.[99] Dabei dient mitunter die Akteneinsicht des Zeugenbeistands auch dem *Interesse des Gerichts* an einer möglichst weitgehenden Aufklärung, da der Zeugenbeistand so in die Lage versetzt wird, – möglicherweise in Abstimmung mit dem Gericht – die für den Zeugen gefährlichen Komplexe exakt zu bestimmen und eine Befragung zu anderen Bereichen zu ermöglichen. Die Akteneinsicht kann demnach bei richtiger differenzierender Betrachtung nur dann und nur in dem Umfang abgelehnt werden, wie der Zweck der Wahrheitsermittlung (§ 244 Abs. 2 StPO) oder berechtigte Interessen des Beschuldigten dem ent-

---

92 In diesem Sinn auch BGH StV 2010, 298 m. Anm. *C. Koch*; BGH StraFo 2010, 252.
93 HK-GS/*Ferber* § 406e Rn. 4.
94 BVerfGE 38, 105 (116).
95 BGH NStZ-RR 2010, 246; OLG Düsseldorf NJW 2002, 2806; KG NJW 2015, 3255 m. Anm. *Gutmann* FD-StrafR 2015, 372699; KG StV 2010, 298 m. Anm. *Koch* u. Anm. *Senge* jurisPR-StrafR 13/2008; LG Hamburg BeckRS 2019, 20773 m. Anm. *Krug* FD-StrafR 2019, 421182; LG Münster BeckRS 2014, 6491; Meyer-Goßner/Schmitt/*Schmitt* § 68b Rn. 4; *Brune/Vollmer* wistra 2019, 175, 176f.
96 StVÄG 1999 v. 02.08.2000, BGBl. I S. 1253.
97 Bejahend OLG Hamburg StV 2002, 297.
98 Ebenso *Klengel/Müller* NJW 2011, 23, 25; so auch *Gillmeister* NStZ 2018, 561, 566; *Schefer*, NStZ 2023, 193, 195; a.A. OLG Düsseldorf NJW 2002, 2806.
99 Im Ergebnis ebenso *Hammerstein* NStZ 1981, 125, 127; *Schefer*, NStZ 2023, 193, 195; HK-GS/*Habetha* § 68b StPO Rn. 2.

gegenstehen.[100] Diese Argumente können nunmehr bei der Begründung des berechtigten Interesses gem. § 475 Abs. 1 StPO dargelegt werden. Eine Ablehnung des Antrags auf Akteneinsicht ist nach h.M.[101] nicht anfechtbar. Bestand und Umfang des Auskunftsverweigerungsrechts bei Nichtgewährung von Akteneinsicht sind zwangsläufig anhand des bisherigen Verlaufs der Hauptverhandlung[102] zu bestimmen.[103] Hilfsweise sollte für den Fall der Nichtgewährung vollständiger Akteneinsicht die Übersendung einer Kopie der Anklageschrift sowie anderer *Teile der Akten*, von denen aufgrund des Berichts des Mandanten die Vermutung besteht, dass sie für die genaue Beratung des Zeugen unerlässlich sind, beantragt werden.[104]

D. Der Ausschluss des Zeugenbeistandes

I. Gesetzliche Grundlage

34 Der Zeugenbeistand kann gem. § 68b Abs. 1 S. 3 StPO von der Vernehmung ausgeschlossen werden, wenn seine Anwesenheit die geordnete Beweiserhebung mehr als nur unwesentlich beeinträchtigen würde. Mit dieser Regelung wollte der Gesetzgeber des 2. ORRG einer missbräuchlichen Zuziehung von Zeugenbeiständen entgegenwirken. Zugleich kam er damit einem Monitum des BVerfG nach, das in den letzten Jahren mehrfach entschieden hatte, dass der Ausschluss eines Zeugenbeistandes nur auf der Grundlage einer gesetzlichen Regelung zulässig sei.[105]

II. Ausschlussgründe

35 Der Ausschluss eines Zeugenbeistandes ist nur zulässig, wenn andernfalls die geordnete Beweiserhebung mehr als nur unwesentlich beeinträchtigt wäre. Diese Generalklausel ist aus verfassungsrechtlicher Sicht dahin restriktiv zu verstehen, dass der Ausschluss des Zeugenbeistandes ultima ratio sein muss.[106]

Das insoweit bestehende richterliche Ermessen wird allerdings in der Regel auf Null reduziert sein, wenn einer der in § 68b Abs. 1 S. 4 StPO normierten Ausschlussgründe vorliegt.[107]

36 Ein Ausschluss gem. § 68b Abs. 1 S. 4 Nr. 1 StPO erfolgt, wenn der Zeugenbeistand im dringenden Verdacht steht, an der untersuchten Tat oder an einer mit dieser im Zusammenhang stehenden Datenhehlerei, Begünstigung, Strafvereitelung oder Hehlerei beteiligt zu sein[108]

---

100 In diesem Sinn etwa KG StV 2010, 298, 299 m. Anm. Koch a.a.O., die ein weitergehendes Akteneinsichtsgesuch aus einem Recht des nach § 55 StPO gefährdeten Zeugen auf eine »vorwirkende Verteidigung« fordert und *Senge* JurisPR-StrafR 2008, 184, der sich für ein Akteneinsichtsrecht analog § 147 StPO ausspricht. Zur Frage, ob und inwieweit eine potenzielle Gefährdung des Untersuchungszwecks der Gewährung von Akteneinsicht entgegensteht, s. auch *Schefer*, NStZ 2023, 193, 196 f.

101 OLG Hamburg StV 2002, 297; anders wohl OLG Düsseldorf NJW 2002, 2806; KG NStZ 2008, 587.

102 Zu den Anwesenheitsrechten oben Rdn. 30 f.

103 Mit dem Hinweis, dass den Schöffen der Akteninhalt ebenfalls nicht bekannt sei und sie gleichwohl nach § 238 Abs. 2 StPO zur Entscheidung über § 55 StPO berufen sein können, will *Thomas* NStZ 1982, 489, 495 die Erforderlichkeit einer Akteneinsicht für eine wirkungsvolle Beistandstätigkeit verneinen. Freilich überschätzt dieser Hinweis die tatsächliche Bedeutung der Schöffen und verkennt die prozessuale Situation, in der sich der Zeugenbeistand zunächst mit dem Vorsitzenden, der mit dem Akteninhalt vertraut ist, argumentativ auseinandersetzen muss.

104 Vgl. Formularbuch/*Gillmeister* XIV.E. 1; KK/*Slawik* § 68b Rn. 8.

105 BVerfGE 38, 105 (120); BGH NStZ 2000, 434, 435; BGH BeckRS 2010, 47961.

106 Bez. der Verfassungsmäßigkeit des ersichtlich zu weit geratenen Wortlauts von § 68b Abs. 1 S. 3 StPO *Matt/Dierlamm/Schmidt* StV 2009, 715; HK-GS/*Habetha* § 68b Rn. 3; *Klengel/Müller* NJW 2011, 23, 26.

107 BT-Drs. 16/1298, S. 16.

108 *Matt/Dierlamm/Schmidt* StV 2009, 715, 717; HK-GS/*Habetha* § 68b Rn. 4; *Klengel/Müller* NJW 2011, 23, 26.

37 Der Ausschluss eines Zeugenbeistandes gem. § 68b Abs. 1 S. 4 Nr. 2 StPO aufgrund bestehender Interessenkollisionen[109] wird dagegen angesichts des allgemein zu betrachtenden Gedankens der ultima ratio[110] nur unter engen Voraussetzungen zulässig sein.[111] Entscheidend ist insoweit, ob ein dringender Verdacht besteht, dass der Zeugenbeistand das Aussageverhalten des Zeugen in einer das Gebot der Wahrheitsfindung erheblich beeinträchtigenden Weise steuert, um dadurch den Prozess im Interesse Dritter zu beeinflussen.[112] Allein der Umstand, dass der Zeugenbeistand von einem Dritten, insbesondere dem Beschuldigten oder dem involvierten Unternehmen, bezahlt wird, reicht für die Annahme einer Interessenkollision nicht aus. Es gibt zahlreiche redliche und an der Wahrheitsfindung orientierte Gründe für Dritte, den Beschuldigten oder das betroffene Unternehmen, einen Zeugenbeistand zu bezahlen, die jenseits des Verdachts der Beeinflussung des Aussageverhaltens liegen. Allein die sichergestellte Wahrung der Zeugenrechte ist beispielsweise für ein Unternehmen Grund genug, für die Mitarbeiter einen Zeugenbeistand zu finanzieren.

38 Gem. § 68b Abs. 1 S. 4 Nr. 3 StPO wird ein Zeugenbeistand in der Regel dann auszuschließen sein, wenn konkrete Tatsachen den dringenden Verdacht nahelegen, dass der Zeugenbeistand die bei der Vernehmung erlangten Erkenntnisse zu Verdunklungshandlungen missbraucht oder in einer den Zweck der Untersuchung gefährdenden Weise weitergibt. Der Anwendungsbereich von § 68b Abs. 1 S. 4 Nr. 3 StPO überschneidet sich freilich wesentlich mit dem von Abs. 1 S. 4 Nr. 1, sodass der Regelung kaum ein eigenständiger Anwendungsbereich verbleiben dürfte.[113]

III. Verfahren

39 Zuständig für den Ausschluss des Zeugenbeistandes ist gem. § 163 Abs. 4 S. 2 StPO die die Vernehmung leitende Person. Richterliche Ausschließungsentscheidungen sind gem. § 68b Abs. 3 S. 1 StPO unanfechtbar, sodass insoweit nur verfassungsgerichtlicher Rechtsschutz zu erlangen ist. Gegen Entscheidungen der Staatsanwaltschaft oder der Polizei kann der Zeuge gem. §§ 161a Abs. 3, 163 Abs. 5 S. 1 StPO einen Antrag auf Entscheidung durch das gem. § 162 StPO zuständige Gericht stellen. Da dieser Antrag keinen Suspensiveffekt entfaltet, sollte der Beistand bei polizeilichen Vernehmungen darauf hinwirken, dass der Zeuge mit ihm das Vernehmungszimmer verlässt.[114] Im Fall von staatsanwaltschaftlichen Vernehmungen sollte der Zeuge die Aussage einstweilen verweigern und eventuelle Ordnungsgeld- bzw. Ordnungshaftbeschlüsse mithilfe von verfassungsrechtlichen Eilentscheidungen anfechten.

E. Praktische Fragen

I. Ankündigung der Vertretung des Zeugen

40 Es empfiehlt sich, die Vertretung des Zeugen rechtzeitig der die Vernehmung durchführenden Stelle anzuzeigen. Nach der Rechtsprechung des BGH[115] gewährt das Recht auf Hinzuziehung eines Zeugenbeistands nicht die Befugnis, einem Vernehmungstermin überhaupt fernzubleiben, sodass bereits zur Vermeidung von *Terminkollisionen*, bei deren Vorliegen der Zeuge gleichwohl zum Vernehmungstermin erscheinen müsste, eine rechtzeitige Kontaktaufnahme mit der die Vernehmung durchführenden Stelle geboten ist. Dabei sollte unter Übersendung einer Strafprozessvollmacht, die sich ausdrücklich auf die Zeugenbeistandstätigkeit bezieht, Akteneinsicht beantragt werden. Nach

109 Zur Vertretung mehrerer Zeugen oder Beteiligter durch einen Zeugenbeistand siehe unter Rdn. 43 ff.
110 S.o. Rdn. 35.
111 Einschr. etwa LG Kiel BeckRS 2016, 18962; vgl. *Matt/Dierlamm/Schmidt* StV 2009, 715, 717; HK-GS/*Habetha* § 68b Rn. 5; *Klengel/Müller* NJW 2011, 23, 27; *Müller* NJW 2013, 333; beachte aber AG Rudolstadt BeckRS 2012, 05875 (selbes Strafverteidigerbüro).
112 Vgl. BT-Drs. 16/12098, S. 16.
113 *Matt/Dierlamm/Schmidt* StV 2009, 715, 717; HK-GS/*Habetha* § 68b Rn. 6.
114 Ebenso *Matt/Dierlamm/Schmidt* StV 2009, 715, 717.
115 BGH NStZ 1989, 484.

Entscheidung über die Akteneinsicht sollte der Zeugenbeistand etwaige Anträge rechtzeitig ankündigen, um Rückfragen des Gerichts zu ermöglichen und eine Abstimmung herbeiführen zu können.

II. Platz des Zeugenbeistands im Sitzungssaal

Allzu häufig findet nach wie vor eine Beratung des Zeugen aus der Ferne statt.[116] Bedingt durch die Anordnungen des Sitzungssaals, die lediglich einen Zeugenstuhl vorsehen, nimmt der Zeugenbeistand im Zuschauerraum Platz. Die Chancen, von dort zugunsten des Zeugen in die Vernehmung einzugreifen und sich als Prozessbeteiligter Geltung zu verschaffen, dürfen jedoch als gering eingestuft werden. Von daher ist es zwingend erforderlich, notfalls auch unter Inkaufnahme des Umstandes, Unruhe im Sitzungssaal hervorzurufen, bereits bei Beginn der Zeugenvernehmung auf einer *Positionierung neben dem Mandanten* zu bestehen. Immerhin besticht diese Lösung dadurch, dass bei Durchsetzung dieser Sitzordnung die prozessuale Stellung gefestigt ist und spätere sachliche Interventionen von vornherein mit der räumlich dokumentierten Autorität eines Verfahrensbeteiligten erfolgen können. 41

III. Tragen der Robe

Nach herrschender Meinung[117] tritt der Zeugenbeistand nicht in Robe auf. Dies wird abgeleitet aus der Feststellung, dass der Zeugenbeistand nicht Beteiligter am Strafverfahren sei. Mitunter kann es jedoch in aufwendigen und absehbar kontroversen Zeugenvernehmungen angeraten sein, zur äußeren Aufwertung der prozessualen Stellung und insoweit zur Gleichstellung mit den Verfahrensbeteiligten und möglichen Gegnern in einer Auseinandersetzung um das Bestehen und den Umfang von Zeugenrechten, die Robe anzulegen. Eine Anordnung des Vorsitzenden gem. § 238 Abs. 1 StPO bzw. eine Gerichtsentscheidung nach Beanstandung gem. § 238 Abs. 2 StPO, die Robe abzulegen, dürfte unwahrscheinlich sein. 42

IV. Vertretung mehrerer Zeugen bzw. anderer Beteiligter

Gegen die Vertretung mehrerer Zeugen als Zeugenbeistand im selben Verfahren bestehen keine Bedenken, soweit *gleichlaufende Interessen* gegeben sind.[118] Erst wenn beide Zeugen wegen des Umfanges des Auskunftsverweigerungsrechtes nach § 55 StPO beraten werden möchten und ein Interessenkonflikt wegen der Beteiligung an derselben Tat nicht auszuschließen ist, verbietet sich eine Tätigkeit für beide Zeugen.[119] 43

Problematischer ist die Frage nach der gleichzeitigen Vertretung des Angeklagten und eines Zeugen. Hier ist von dem Grundsatz auszugehen, dass sich eine Tätigkeit sowohl für den Angeklagten, als auch für den Zeugen verbietet.[120] Dabei dürfte jedoch eine abstrakte Belehrung des Zeugen durch den Verteidiger über bestehende Zeugenpflichten noch zulässig sein.[121] Möglich ist auch eine Darstellung der Auswirkungen einer Aussage des Zeugen auf die Situation des Angeklagten sowie ein Hinweis auf ein Zeugnisverweigerungsrecht des Zeugen.[122] Im Übrigen wird hier regelmäßig der 44

116 *Thomas* FG für Koch (1989), 277 (278), nimmt insoweit zwar eine abnehmende Tendenz wahr, indes ist an kleineren Amtsgerichten die »Fernberatung« noch immer keine Ausnahme.

117 Vgl. Meyer-Goßner/Schmitt/*Schmitt* § 68b Rn. 5; *Bosbach* MAH Strafverteidigung Teil K. § 54 Rn. 82; a.A. *Wagner* DRiZ 1983, 21.

118 LG Heilbronn NStZ 2004, 100; AG Neuss StraFo 99, 139; *Bosbach* MAH Strafverteidigung Teil K. § 54 Rn 71; *Thomas* FG für Koch, 277 (285); so auch *Gillmeister* NStZ 2018, 561 565 Fn. 39.

119 Im Erg. auch Meyer-Goßner/Schmitt/*Schmitt* § 68b Rn. 7, der hierin u.a. sogar einen Ausschlussgrund gem. § 68b Abs. 1 S. 4 Nr. 2 StPO sieht.

120 Ebenso Meyer-Goßner/Schmitt/*Schmitt* § 68b Rn. 7 sowie zur früheren Rechtslage Formularbuch/*Gillmeister* XIV.E.; ebenso auch BR-Drucks. 178/09, 25; vgl. aber LG Kiel BeckRS 2016, 18962.

121 Weitergehend *König* in FS für Rieß, 256.

122 BGHSt 10, 393, 395.

Ausschlussgrund des § 68b Abs. 1 S. 4 Nr. 2 StPO erfüllt sein. Ausschlaggebendes Kriterium ist dabei der Umstand, dass der Anwalt seine Tätigkeit ausschließlich am Interesse des Angeklagten ausrichtet.

Nachdem es zwischenzeitlich als weitestgehend unbestritten gelten kann, dass verschiedene Mitglieder einer Anwaltssozietät mehrere Beschuldigte in einem Verfahren verteidigen können,[123] wird man es auch als zulässig betrachten können, wenn verschiedene Anwälte[124] einer Sozietät mehrere Zeugen als Beistand vertreten oder ein Sozius den Beschuldigten verteidigt, während ein anderer einen Zeugen vertritt.[125] Eine so geartete sozietätsinterne Mehrfachvertretung wird jedoch gem. § 68b Abs. 1 S. 4 Nr. 2 StPO dann unzulässig, wenn zwischen den Zeugen untereinander oder zwischen dem Beschuldigten und dem Zeugen ein Interessenkonflikt besteht.[126] Es muss sichergestellt sein, dass der Zeugenbeistand bei Durchsetzung der Rechte des Zeugen allein in dessen Interesse tätig wird.[127] Nur wenn die Interessen des Zeugen und des Beschuldigten auch in Ansehung der prozessualen Rolle des Zeugen gleichgelagert sind, kommt eine gleichzeitige Vertretung von Zeuge und Beschuldigtem durch mehrere Sozien in Betracht. Gleiches gilt für die Vertretung mehrerer Zeugen. Dabei ist das Interesse subjektiv nach dem Willen des Zeugen zu bestimmen.[128] Es kommt allein darauf an, welche Interessen der Zeuge definiert, nicht welche Interessen er abstrakt besitzen könnte oder welche einem Dritten vernünftig erscheinen. Es ist zu empfehlen, dass der Zeugenbeistand in entsprechenden Fällen das Interesse des Zeugen im Hinblick auf die Wahrnehmung seiner prozessualen Rechte genau definiert und im Rahmen eines Aktenvermerkes niederlegt. Hier ist Redlichkeit geboten und im Zweifel auf die Führung eines Mandates zu verzichten.

V. Eigene Mitschriften

45 Ein Zeugenbeistand darf den Inhalt der Zeugenvernehmung mitschreiben und diese Notizen mitnehmen.[129]

VI. Beistandschaft bei Internal investigations

46 Neue Problemfelder eröffnen sich für den Zeugenschutz – insbesondere für die Selbstbelastungsfreiheit[130] – bei betriebsinternen Aufklärungen, sog. Internal investigations.[131] Es handelt sich dabei nicht um eine Zeugenbeistandschaft im engeren Sinne des § 68b StPO, da Strafverfahren regelmäßig erst nach der Mitteilung der Ergebnisse der Internal investigations an die Ermittlungsbehörden eingeleitet werden (können). Die befragten Mitarbeiter des Unternehmens werden dabei als Arbeitnehmer im Rahmen ihrer arbeitsvertraglichen Pflichten von ihrem Arbeitgeber zur Aufklärung eines Sachverhalts auf Mitwirkung – und damit faktisch auf Aussage – in Anspruch genommen. Die Frage nach der Verwertbarkeit von solchen (erzwungenen) Angaben in einem sich anschließenden Strafverfah-

123 BVerfG NJW 1977, 99; BGHSt 40, 188; zu berufsrechtlichen Fragestellungen *Kleine-Cosack* StraFo 1998, 149; OLG Frankfurt StV 1999, 199.

124 Zu der wenig überzeugenden pauschalen Unterscheidung zwischen angestellten Rechtsanwälten und Sozien im Rahmen des § 146 StPO vgl. LG Karlsruhe BeckRS 2022, 23123.

125 Anders im Sinne einer pauschalen Betrachtungsweise Meyer-Goßner/Schmitt/*Schmitt* § 68b Rn. 7.

126 Ebenso Meyer-Goßner/Schmitt/*Schmitt* § 68b Rn. 7 sowie zur früheren Rechtslage Formularbuch/*Gillmeister* XIV.E.2; anders AG Rudolstadt BeckRS 2012, 05875.

127 Zum Ausschluss eines Zeugenbeistands, wenn sich dessen Tätigkeit in erheblichem Umfang an möglicherweise gegenläufigen Interessen eines Dritten ausrichtet, siehe LG Hanau, StV 2016, 153 m. Anm. *Ahlbrecht* StV 2017 169.

128 Insofern i.R. des § 356 StGB ebenfalls auf die subjektive Zielsetzung der Partei abstellend BGH NJW 2019, 316 ff.

129 *Wessing/Ahlbrecht* Der Zeugenbeistand, 2013, Rn. 75; *Mehle/Linz* NJW 2014, 1160 mit Verweis auf Nr. 50 der Anweisungen für das Straf- und Bußgeldverfahren (Steuer) vom 01.11.2013 (BStBl. I S. 2013).

130 Eingehend zu Internal investigations und Selbstbelastungsfreiheit, *Greco/Caracas* NStZ 2015, 7; *Tödtmann/von Erdmann,* NZA 2020, 1577; *Dannenfeldt* MAH Strafverteidigung Teil F § 33 Rn. 161 ff.

131 Vgl. zur aktuellen Rechtslage *Spehl* CCZ 2017, 204; *Dorneck* wistra 2022, 141.

ren ist nicht abschließend geklärt.[132] Für den anwaltlichen »Anhörungsbeistand«, der möglichst von Beginn an beteiligt sein sollte, stellen sich neben den arbeits-, zivil- sowie versicherungsrechtlichen insbesondere die erörterten strafrechtlichen prozessualen und materiellen Fragen.[133] Das vorübergehend legislativ in Angriff genommene Unternehmensstrafrecht[134] wollte einige der Fragen, die sich aus dem Spannungsverhältnis zwischen strafprozessualen Auskunftsverweigerungsrechten und arbeitsrechtlichen Auskunfts- und Mitwirkungspflichten ergeben, regeln.[135]

F. Kostenfragen und Beiordnung

Das RVG hat die Unklarheiten, die unter der Geltung der BRAGO hinsichtlich der Gebührenansprüche des Zeugenbeistands bestanden, entgegen der ersten Erwartung nicht vollständig beseitigt. 47

Gem. Vorb 4 Abs. 1 VV RVG für das Strafverfahren und Vorb 5 Abs. 1 VV RVG für das Ordnungswidrigkeitenverfahren sind die Vorschriften, die für den Verteidiger gelten, entsprechend anzuwenden. 48

Bereits in seinem Beschluss vom 08.10.1974 hatte das Bundesverfassungsgericht entschieden, dass die für den Zeugenbeistand entstehenden Kosten vom Zeugen grundsätzlich selbst zu tragen sind, falls die Hinzuziehung ausschließlich im Interesse des Zeugen erfolgte.[136] Wird der Rechtsanwalt vom Zeugen beauftragt, muss nach den Gebührentatbeständen des Teil 4 Abschnitt 1 VV RVG abgerechnet werden können.[137] Eine Beschränkung der Tätigkeit »auf die Dauer der Vernehmung« – wie sie von der Rspr. für den Fall der Beiordnung vorgenommen wird –[138] liegt regelmäßig nicht vor. Der Beistand bei der Vernehmung ist nur ein Teil der Beratungs- und Beistandsleistung des Anwalts. Eine Vergütungsvereinbarung gem. § 3a RVG sollte in aufwendigen Fällen der Zeugenbeistandschaft in Betracht gezogen werden.[139] 49

Die Frage einer **Beiordnung eines Zeugenbeistands** ließ das Bundesverfassungsgericht in der oben genannten Entscheidung offen. In einer späteren Entscheidung wurde die Erforderlichkeit einer Beiordnung eines Zeugenbeistands für einen mittellosen Zeugen verneint.[140] Nicht die Zuziehung, sondern der Ausschluss eines Beistands bedarf aber stets einer Rechtfertigung.[141] Gleichwohl konnte die Möglichkeit einer Beiordnung auch vor den Änderungen durch das **Zeugenschutzgesetz**[142] dem Grunde nach als unbestritten gelten,[143] wenngleich hinsichtlich der Voraussetzungen und gebührenrechtlichen Folgen im Einzelnen weitgehende Unklarheit herrschte.[144] 50

---

132 Zur Beschlagnahme von Interviewprotokollen nach »Internal Investigations« im Fall HSH Nordbank, LG Hamburg NJW 2011, 942 m. abl. Anm. *v. Galen* und *Schuster* NZWiSt 2012, 26; eingehend auch *Ignor* CCZ 2011, 143, *Knauer/Gaul* NStZ 2013, 192 sowie *Schumann/Knierim* NZWiSt 2016, 194, 196; *Dannenfeldt* MAH Strafverteidigung Teil F § 33 Rn. 161 ff.; grundlegend auch *Dorneck* wistra 2022, 141.

133 Vgl. auch *Bosbach* MAH Strafverteidigung Teil K. § 55 Rn. 91 ff.

134 Vgl. den Referentenentwurf des Gesetzes zur Stärkung der Integrität der Wirtschaft des BMJV vom 20.04.2020.

135 Dazu *Dilling* CCZ 2020, 132.; zum gegenwärtigen Stand des Gesetzgebungsverfahrens s. aber auch *Dorneck* wistra 2022, 141, 143.

136 BVerfGE 38, 105 (116).

137 Eingehend BeckOK-RVG/*Knaudt* Vorbemerkung 4 Rn. 24 ff.

138 Dazu sogleich Rn. 54.

139 Dazu Formularbuch/*Beukelmann* XV. A. 7.

140 BVerfG StV 1983, 489.

141 BVerfG StraFo 2010, 243.

142 Vgl. o. Fn. 1.

143 Richtigerweise erfolgte früher eine Beiordnung nach § 102 BRAGO (»Rechtsanwalt, der sonst beigeordnet worden ist«); ebenso LG Hannover NStZ 1982, 433.

144 Eine gesetzliche Regelung findet sich in § 406h Abs. 3 u. 4 StPO für den nebenklageberechtigten Zeugen.

51 Eine Beiordnung hat gem. § 68b Abs. 2 StPO nunmehr zu erfolgen, wenn der Zeuge bei seiner Vernehmung keinen anwaltlichen Beistand hat, und seinen schutzwürdigen Interessen auf andere Weise nicht Rechnung getragen werden kann. In diesen Fällen gebietet das Rechtsstaatsprinzip die Beiordnung eines anwaltlichen Beistandes auf Staatskosten.[145] Die Voraussetzungen der Bestellung eines Zeugenbeistandes von Amts wegen werden jedoch nur in Ausnahmefällen zu bejahen sein, da in aller Regel die gesetzlich vorgeschriebenen Belehrungen als ausreichend angesehen werden.[146] Die vor der Neufassung von § 68b Abs. 2 StPO bestehenden Antrags- und Zustimmungserfordernisse sind ersatzlos entfallen. Im Fall einer richterlichen Vernehmung entscheidet das Gericht, das die Vernehmung durchführt.[147] Die übrigen Verfahrensbeteiligten sind gem. § 33 StPO zu hören. Die Entscheidung ist gem. § 68b Abs. 3 S. 2 StPO zu begründen. Die Gründe sind grundsätzlich aktenkundig zu machen. Nach der inzwischen überwiegenden Auffassung[148] ist nicht nur die Entscheidung, mit der die Beiordnung angeordnet wird, nach § 68b S. 4 StPO unanfechtbar, sondern auch die die Beiordnung ablehnende Entscheidung.[149] Hinsichtlich der Auswahl des Zeugenbeistands gilt § 142 Abs. 1 StPO entsprechend. Im Fall von polizeilichen und staatsanwaltschaftlichen Vernehmungen entscheidet über die Beiordnung eines Zeugenbeistandes die Staatsanwaltschaft gemäß §§ 161a Abs. 1 S. 2, 163 Abs. 4 S. 1 Nr. 3 StPO. Die Beiordnung hat so rechtzeitig zu erfolgen, dass zunächst ein vorbereitendes Gespräch des Anwaltes mit dem Zeugen und dessen Begleitung zum Vernehmungstermin möglich ist.[150] Die rückwirkende Bestellung eines Zeugenbeistandes ist unzulässig.[151]

52 Das OLG Düsseldorf hatte in einer Entscheidung vor Erlass des **Zeugenschutzgesetzes** entschieden, dass die Beiordnung eines Zeugenbeistands jedenfalls dann zu erfolgen habe, »wenn sich der Zeuge einer tatsächlich und rechtlich derart schwierigen Lage gegenüber sieht, dass nicht angenommen werden kann, dass er ohne anwaltlichen Beistand zwischen seiner Aussageverpflichtung einerseits und dem Auskunftsverweigerungsrecht andererseits sachgerecht abzugrenzen in der Lage ist«.[152] Der Gesetzgeber hat es unterlassen, Schwierigkeiten bei der Abgrenzung hinsichtlich des Auskunftsverweigerungsrechts nach § 55 StPO als Grund für die Beiordnung eines Zeugenbeistands ausdrücklich zu normieren. Es ist jedoch bei Berücksichtigung der gesetzgeberischen Prämisse, dass die Lage des Zeugen durch das Zeugenschutzgesetz verbessert werden sollte, davon auszugehen, dass Abgrenzungsprobleme beim Auskunftsverweigerungsrecht auch nach der Neuregelung in § 68b StPO zur Beiordnung eines Zeugenbeistands berechtigen.[153] Dies ist erforderlichenfalls unter Hinweis auf die Rechtsprechung des OLG Düsseldorf darzulegen. Die Beiordnung eines Beistands für den Zeugen unter die Bedingung zu stellen, dass er sein Recht auf Auskunftsverweigerung nicht wahrnehme, ist unzulässig, weil der beigeordnete Beistand den Zeugen gerade auch darüber beraten soll, ob eine Auskunftsverweigerung zulässig und angezeigt ist.[154]

53 Ein Festsetzungs- und Vergütungsanspruch gem. § 53 Abs. 2 S. 2 RVG ergibt sich grds. gegen die Stelle, welche die Bestellung des Beistands veranlasst hat, § 55 Abs. 2, 7 RVG. Für den Fall der

145 HK-GS/*Habetha* § 68b Rn. 8.

146 KG BeckRS 2014, 05722; zur Beiordnung, wenn der Zeuge sich durch den Angeklagten massivst bedroht fühlt und deshalb unter diffusen Ängsten leidet vgl. LG München, StV-S 2022, 25; s. auch KK/*Slawik* § 68b Rn. 6.

147 BT-Drs. 16/12098, S. 18.

148 OLG Hamm NStZ 2000, 220; OLG Celle StraFo 2000, 231; OLG Hamburg NStZ RR 2000, 335; Meyer-Goßner/Schmitt/*Schmitt* § 68b Rn. 14; a.A. KK/*Slawik* § 68b Rn. 7; LR/*Ignor*/*Bertheau* § 68b Rn. 23 f.

149 OLG Celle NStZ-RR 2000, 336; OLG Hamm StV 2001, 103; OLG Bremen NStZ 2008, 648; KG NStZ-RR 2008, 248; dagegen KK/*Slawik* § 68b Rn 7.

150 LG Dortmund NStZ-RR 2006, 142.

151 AG Berlin NStZ-RR 2008, 248; KG NStZ-RR 2008, 248.

152 OLG Düsseldorf StV 1993, 142; ebenso OLG Stuttgart StV 1992, 262, 263.

153 A.A. Meyer-Goßner/Schmitt/*Schmitt* vor § 48 Rn. 11.

154 BGH NStZ-RR 2016, 174.

Bestellung durch die StA enthalten §§ 55, 56 RVG eine Regelungslücke, die durch analoge Anwendung von § 56 RVG zu schließen ist.[155] Gem. § 53 Abs. 2 S. 1 Var. 3 RVG hat der dem Zeugen bestellte Rechtsanwalt auf Grundlage seiner Bestellung keinen Anspruch gegen den Vertretenen, die Gebühren können nach dem Gesetzeswortlaut insoweit nur von dem Verurteilten verlangt werden,[156] sofern nicht die Staatskasse die Gebühren bezahlt hat, § 53 Abs. 2 S. 2 RVG. Die Beiordnung, die für eine Vernehmung ausgesprochen wurde, wirkt nicht automatisch auf weitere Vernehmungen fort. Erforderlich sind stets ein erneuter Antrag und eine Entscheidung hierüber.[157]

Zunächst sollte auch nach einem Teil der Rspr. der beigeordnete Zeugenbeistand Gebühren wie ein Pflichtverteidiger geltend machen können.[158] Die mittlerweile überwiegende Rspr. ist jedoch der Auffassung, dass der als Zeugenbeistand beigeordnete Rechtsanwalt seine Tätigkeit nur nach Teil 4 Abschnitt 3 VV RVG abrechnen können soll.[159] Es handle sich nur um eine Einzeltätigkeit. Dem Rechtsanwalt, der dem Zeugen gemäß § 68b Abs. 2 S. 1 StPO beigeordnet ist, steht danach lediglich eine einmalige Verfahrensgebühr entsprechend Nr. 4301 VV RVG nebst Post- und Telekommunikationspauschale sowie Umsatzsteuer zu. Die Grundgebühr entsprechend Nr. 4100 oder eine weitere Verfahrens- oder Termingebühr entsprechend Nrn. 4124 und 4126 VV RVG soll er nicht verlangen können.[160] Auch Beratungstätigkeiten des Zeugenbeistands außerhalb der Hauptverhandlung, etwa notwendige Vorgespräche, sollen (ausschließlich) durch die Gebühr nach Nr. 4103 VV RVG abgegolten werden.[161] Selbst wenn sich die Vernehmung über mehrere Tage erstreckt, soll der Gebührentatbestand der Nr. 4301 Ziff. 4 VV RVG nur einmal ausgelöst werden. Die Beiordnung erstrecke sich nach dem Wortlaut nur auf »die Dauer der Vernehmung des Zeugen«. Aus dieser Rechtslage können jedoch unzumutbare Härten für den Rechtsanwalt resultieren. Sie sollen im Verfahren über die Festsetzung einer Pauschgebühr nach § 51 Abs. 1 S. 1 RVG ausgeglichen werden können.[162] Nach dem BVerfG ist jedoch die Begrenzung des Vergütungsanspruchs durch einen von der Legislative im Sinne des Gemeinwohls vorgenommenen Interessenausgleich gerechtfertigt, sofern die Grenze der Zumutbarkeit gewahrt ist.[163] Diese Grenze ist überschritten bei wirtschaftlicher Existenzbedrohung oder weiteren Härtefällen, in denen von einem verfassungsrechtlich unzumutbaren Sonderopfer wegen zu geringer Vergütung auszugehen sein könnte. Hat der Zeuge einen weitergehenden Auftrag zur Beratung in einem Vorgespräch erteilt, ist dies vom Vertretenen selbst zu vergüten.[164] 54

155 LG Düsseldorf, Beschl. vom 15.02.2012 – 4 Qs 86/11.

156 Davon unberührt bleiben soll jedoch ein Anspruch des Zeugenbeistands gegen den Auftraggeber auf vertraglicher Grundlage, vgl. zum Ganzen Burhoff/*Volpert* § 53 Rn. 14.

157 LG Bad Kreuznach, Beschl. 16.10.2013 – 1042 Js 2656/13 KLs.

158 Statt vieler: OLG Hamm StraFo 2008, 45; OLG München (1. Strafsenat), Beschl. v. 29.03.2007 – 1 Ws 354/07.

159 Statt vieler: OLG Stuttgart AGS 2022, 405; OLG Dresden, BeckRS 2021, 39831; KG BeckRS 2021, 927; OLG Braunschweig BeckRS 2010, 22393 und BeckRS 2016, 18622; OLG Hamburg BeckRS 2010, 12611; OLG Stuttgart Die Justiz 2011, 367; KG BeckRS 2012, 12352; unter ausdrücklicher Aufgabe der bisherigen Rspr. auch OLG Koblenz BeckRS 2016, 03113; ausf. dazu *Kotz* NStZ-RR 2013, 270 ff.

160 OLG Stuttgart AGS 2022, 405; LG Dresden BeckRS 2022, 15167; OLG Dresden BeckRS 2021, 39831; KG BeckRS 2021, 927; BeckRS 2021, 6865; mit ausführlicher Begründung auch OLG Hamburg BeckRS 2010, 12611; anders ein Teil der Lit. Burhoff/*Volpert*, Vorb. 4.3. Rn. 31 ff. und BeckOK-RVG/*Knaudt* Vorbemerkung 4 Rn. 11 ff., beide jeweils m.w.Nachw.

161 KG BeckRS 2021, 927.

162 So auch grds. BVerfG NJW 2019, 3370; OLG Stuttgart AGS 2022, 405; KG, Beschl. v. 26.09.2011 – 1 Ws 52/10; OLG Stuttgart, Beschl. v. 15.08.2011 – 6–2 StE 2/10; jeweils m.w.Nachw.; zur Pauschgebühr KG NStZ-RR 2013, 232 und OLG Thüringen, Beschl. v. 27.01.2011 – 1 AR (S) 69/10.

163 BVerfG NJW 2019, 3370 (verneint bei dreitägiger Teilnahme an einer Hauptverhandlung).

164 OLG Hamburg BeckRS 2010, 12611; ausdrücklich auch OLG Celle BeckRS 2019, 9461.

Abschnitt 7 Instanzübergreifende Fragen der Strafverteidigung

Kapitel 31 Vernehmung des Beschuldigten – Überblick über die Beweisverbote

Übersicht

A. Begriff der Vernehmung

Die Vernehmung des Beschuldigten ist in den §§ 133–136a StPO geregelt. Die grundlegenden Vorschriften der §§ 136 Abs. 1 S. 2–6, Abs. 2, 3, 4 und 136a StPO gelten nicht nur für die *richterliche*, sondern wegen der Verweisung in § 163a Abs. 3, 4 StPO auch für die *staatsanwaltschaftliche* und die *polizeiliche* Vernehmung, ferner für die Befragung durch die Gerichtshilfe, nicht aber für 1

Bewährungshelfer[1] und den Beistand leistenden Konsularbeamten[2]. Zum Begriff der Vernehmung gehört, dass der Vernehmende dem Beschuldigten *in amtlicher Funktion gegenübertritt* und auch in dieser Eigenschaft von ihm Auskunft verlangt,[3] was nach den Grundsätzen der »*Sedlmayr*-Entscheidung« des BGH[4] bei Informanten und V-Leuten nicht der Fall ist, und zwar selbst dann nicht, wenn sie von der Ermittlungsbehörde gezielt auf den Beschuldigten angesetzt und straff geführt werden. *Sachverständige* haben keine Vernehmungsbefugnis und führen deshalb keine Vernehmung;[5] für sie ist § 136 StPO ohne Bedeutung,[6] während § 136a StPO entsprechende Anwendung findet.[7]

2 Ob eine Vernehmung vorliegt, ist häufig zweifelhaft. Die erste Frage eines Polizeibeamten ist nicht schon notwendig der Beginn einer Vernehmung.[8] Eine Vernehmung liegt jedoch dann vor, wenn der Befragte bereits in die prozessuale Stellung eines Beschuldigten eingerückt ist. Spätestens zu diesem Zeitpunkt muss er gemäß §§ 136 Abs. 1 S. 2, 163a Abs. 4 StPO über sein Recht zur Verweigerung der Aussage und zur Konsultation eines Verteidigers belehrt werden. Die Begründung der Beschuldigteneigenschaft ist nach der heute in Rspr. und Lit. vorherrschenden ***kombinierten formell-materiellen oder subjektiv-objektiven Beschuldigtentheorie***[9] von zwei Voraussetzungen abhängig:

3 – **Materielle (objektive) Voraussetzung:**
Es muss ein *individualisierter Anfangsverdacht* (vgl. § 152 Abs. 2 StPO) bestehen, d.h. es müssen konkrete tatsächliche Anhaltspunkte vorliegen, die es nach kriminalistischer Erfahrung als möglich erscheinen lassen, dass der Betroffene eine verfolgbare Straftat begangen hat:[10]
»Bedeutsam ist … die Stärke des Tatverdachts, den der Polizeibeamte gegenüber dem Befragten hegt. Dabei hat der Beamte einen Beurteilungsspielraum, den er freilich nicht mit dem Ziel missbrauchen darf, den Zeitpunkt der Belehrung nach § 136 I 2 StPO möglichst weit hinauszuschieben«.[11]
Es soll also der Strafverfolgungsbehörde obliegen, nach pflichtgemäßer Beurteilung darüber zu befinden, ob ein Tatverdacht sich bereits so verdichtet hat, dass die vernommene Person ernst-

1 BGHSt 52, 11 (15); KMR/*Kulhanek* § 136 Rn. 16; Satzger/Schluckebier/Widmaier/*Eschelbach* § 136 Rn. 11.

2 BGHSt 55, 314 (318).

3 BGHSt 40, 211 (213); 55, 138 (143); BGH NStZ 1995, 410; 1996, 200; 2001, 50; 2011, 596 (597); BGHSt – GS – 42, 139 (147); BGH NStZ 2008, 110; *Lesch* 3/46; Satzger/Schluckebier/Widmaier/*Eschelbach* § 136 Rn. 22; *Roxin* NStZ 1995, 456. A.A. *Kühl* StV 1986, 188: Vernehmung ist jede (auch verdeckt) durch Staatsorgane veranlasste Äußerung. Krit auch *Dencker* StV 1994, 667 (675), insbes. Fn. 69; ferner *Seebode* JR 1988, 428. *Gusy* StV 1995, 450 definiert die Vernehmung als »jede Anhörung des Bürgers gegen seinen Willen aus strafprozessualen Gründen«. Dagegen zutreffend *Widmaier* StV 1995, 621 f.

4 BGHSt 40, 211; BGH NStZ 2011, 596 (597); OLG Köln StraFo 2011, 504; zust. *Schlüchter/Radbruch* NStZ 1995, 355; *Sternberg-Lieben* Jura 1995, 306; *Beulke/Swoboda* Strafprozessrecht, Rn. 177.

5 Graf/*Monka* § 136 Rn. 3; Meyer-Goßner/*Schmitt* § 80 Rn. 2, § 136 Rn. 2; *Beulke/Swoboda* Strafprozessrecht, Rn. 306; *Eisenberg/Kopatsch* NStZ 1997, 298.

6 BGH NStZ 1997, 296, 297 m. Anm. *Eisenberg/Kopatsch*; str., vgl. LR/*Hanack*, 25. Aufl., § 136 Rn. 3; a.A. LR/*Gleß* § 136 Rn. 3.

7 BGHSt 11, 211; offengelassen von BGHSt 55, 314 (318); Graf/*Monka* § 136a Rn. 2; Meyer-Goßner/*Schmitt* § 136a Rn. 2; a.A.: SK-StPO/*Rogall* § 136a Rn. 8.

8 OLG Oldenburg StV 1996, 416; a.A. – zu weitgehend – *Beulke* StV 1990, 181; *Bernsmann* StV 1996, 417 f.

9 BGHSt 38, 214 (227 f.); BGH NStZ 2008, 48; 2007, 653; BGH StV 1995, 283; JR 1998, 166; OLG Oldenburg NStZ 1995, 412; BayObLG StV 1995, 237; Roxin/*Schünemann* 25/11; SK-StPO/*Rogall* Vor § 133 Rn. 31 ff.; *Rogall* NStZ 1997, 399; *Meyer-Goßner*/Schmitt Einl Rn. 76 f.; *Beulke* StV 1990, 181; *Artkämper* Kriminalistik 1996, 471; *Lesch* JA 1995, 159 f.; *Lesch* 3/38.

10 *Schlüchter* Strafverfahren, Rn. 85; LR/*Hanack*, 25. Aufl., § 136 Rn. 5; AK-StPO/*Gundlach* § 136 Rn. 7; AK-StPO/Achenbach § 163a Rn. 20; *Beulke* StV 1990, 181; *Artkämper* Kriminalistik 1996, 471; *Lesch* JA 1995, 160; enger *v. Gerlach* NJW 1969, 780.

11 BGHSt 38, 214 (227 f.); 53, 112 (114); ebenso BGH NStZ 1997, 398; NStZ-RR 2002, 67; 2012, 49 (50).

lich als Täter oder Beteiligter der untersuchten Straftat in Betracht kommt. Falls der Tatverdacht aber so stark ist, dass die Strafverfolgungsbehörde anderenfalls willkürlich die Grenzen ihres Beurteilungsspielraums überschreiten würde, ist es verfahrensfehlerhaft, wenn der Betreffende dennoch als Zeuge und nicht als Beschuldigter vernommen wird.[12]

- **Formelle (subjektive) Voraussetzung:** 4
  Neben der Stärke des Tatverdachts ist ferner von Bedeutung, wie sich das Verhalten des Beamten nach außen – auch in der Wahrnehmung des Befragten – darstellt.[13] Zu dem Tatverdacht muss also noch eine weitere Voraussetzung hinzukommen, nämlich die Manifestation des Verfolgungswillens, d.h. die Vornahme eines finalen Verfolgungsakts, einer gegen den Betroffenen gerichteten, gezielten Ermittlungsmaßnahme durch die Strafverfolgungsbehörde.[14] Maßnahmen, die nur dazu dienen, den Verdacht einer Straftat zu begründen (sog. »Vorermittlungen«), machen den Betroffenen noch nicht zum Beschuldigten. Dies ist vielmehr erst dann der Fall, wenn derartige Maßnahmen erkennbar darauf abzielen, gerade den Betroffenen strafrechtlich zu verfolgen.[15]

Als finale Verfolgungsakte kommen insbesondere in Betracht: 5
- die förmliche Einleitung eines Ermittlungsverfahrens durch Eintragung im Js-Register der StA;[16]
- die Aufnahme von Ermittlungen gegen den in einer Strafanzeige oder einem Strafantrag Bezeichneten;[17]
- das Treffen einer Anordnung, die nur gegen den Beschuldigten zulässig ist (z.B. eine körperliche Untersuchung gem. § 81a StPO oder eine erkennungsdienstliche Behandlung gem. § 81b StPO);[18]
- die auf § 102 StPO gestützte Durchsuchung der Wohnung des Verdächtigen mit anschließender Beschlagnahme von Beweismitteln;[19]
- jede polizeiliche Verhaltensweise, die schon nach ihrem äußeren Befund belegt, dass der Beamte dem Befragten als Beschuldigten begegnet, mag er dies auch nicht zum Ausdruck bringen.[20]
  Beispiele aus der Rspr.:
  - Die Verfolgungsbehörde überschreitet ihren Beurteilungsspielraum, wenn sie bei einer verdachtsunabhängigen Verkehrs-Alkoholkontrolle im Pkw, in dem sich nur der Fahrer befindet, Alkoholgeruch feststellt, den Fahrer aber nicht als Beschuldigten vernimmt.[21]
  - Ein Polizeibeamter führt mit einem Verdächtigen, den er in einem Streifenwagen mit zur Wache nimmt, Gespräche.[22]

---

12 BGHSt 53, 112 (114).

13 BGHSt 38, 214 (227 f.); BGH NStZ 2007, 653.

14 BGH NStZ 2008, 48; 2007, 653; 1997, 398; 1995, 410; *Lesch* JA 1995, 159; LR/*Gleß* § 136 Rn. 4 f.

15 Vgl. BFH, Urt. v. 23.04.2008 – X R 20/08 (Steuerstrafrecht).

16 SK-StPO/*Rogall* Vor § 133 Rn. 22; Meyer-Goßner/*Schmitt* Einl Rn. 76; *Lesch* JA 1995, 160.

17 SK-StPO/*Rogall* Vor § 133 Rn. 22; *Rieß* JA 1980, 298; *v. Gerlach* NJW 1969, 778; AK-StPO/*Grundlach* § 136 Rn. 9; *Lesch* JA 1995, 160.

18 Meyer-Goßner/*Schmitt* Einl Rn. 76; LR/*Hanack*, 25. Aufl., § 136 Rn. 4; LR/*Gleß* § 136 Rn. 5; *Beulke* StV 1990, 182; *Lesch* JA 1995, 160.

19 BGH NStZ 1997, 398 f. Allerdings setzt § 102 StPO – worauf *Rogall* NStZ 1997, 400 hinweist – nach seinem Wortlaut die Existenz eines *Verdächtigen*, nicht die eines *Beschuldigten* voraus; mit dieser Problematik hat sich der BGH indes nicht weiter beschäftigt. Nach *Rogalls* eigener Auffassung soll die inkulpierende Verfolgungsmaßnahme nicht erst in der *Durchsuchung*, sondern bereits in der *Stellung des Antrags* zu sehen sein.

20 *Lesch* JA 1995, 160.

21 BayObLG NZV 2003, 435 m. abl. Anm. *Heinrich* NZV 2004, 159 (vgl. Meyer-Goßner/*Schmitt* Einl Rn. 77a).

22 BGHSt 38, 214 (227 f.).

- Ein Polizeibeamter vernimmt den Halter eines Kfz über eine mit diesem Kfz begangene Verkehrsstraftat (hier wäre es wirklichkeitsfremd, den Halter nicht als Tatverdächtigen anzusehen).[23]
- Ein Polizeibeamter befragt eine Person, woher sie Drogen bezogen habe, geht also inzident von einem unerlaubten Drogenbezug aus.[24]

Jedenfalls nur den Charakter einer »informatorischen Befragung« haben dagegen die »Orientierungsfragen« eines Polizeibeamten am Tatort oder in der Umgebung des Tatorts danach, ob jemand ein bestimmtes Geschehen beobachtet hat, mag er auch hoffen, bei seiner Tätigkeit neben geeigneten Zeugen zugleich den Täter zu finden.[25] Die Beurteilung ändert sich aber spätestens dann, wenn sich konkrete Hinweise auf die Beteiligung eines Befragten ergeben. Noch keine Vernehmung ist aber die Befragung einer zum Kreis der potentiellen Tatverdächtigen gehörenden Person zum Zweck der Klärung, ob oder gegen wen gegebenenfalls förmlich als Beschuldigter zu ermitteln ist.[26] Nimmt ein Polizeibeamter in einer noch unklaren Situation ohne eigene Initiative *spontane Äußerungen* einer Person bloß zur Kenntnis, liegt wiederum nur eine »informatorische Anhörung«, aber keine Vernehmung vor.[27]

B. Funktion der Vernehmung

I. Das Verhör im Inquisitionsprozess des gemeinen Rechts

6 Um die Funktion und Gestaltung der Vernehmung (und damit auch den Sinn und Zweck der §§ 136 Abs. 1 S. 2 und 136a StPO) angemessen zu erfassen, ist es unabdingbar, sich in groben Zügen mit der historischen Entwicklung des Strafverfahrens vertraut zu machen. In dem zwischen dem 13. und 16. Jh. entwickelten und im Wesentlichen bis ins 19. Jh. hinein praktizierten *Inquisitionsprozess* war die richterliche Entscheidungsfindung noch nicht der *freien Beweiswürdigung* (vgl. § 261 StPO) überlassen, sondern an zwingende *gesetzliche Beweisregeln* gebunden.[28] Danach durfte die Verurteilung des Angeklagten nur auf dessen *Geständnis* oder auf die Aussage von mindestens zwei *klassischen Zeugen*,[29] nicht aber auf einen bloßen *Indizienbeweis* gestützt werden. Der Zeugenbeweis konnte jedoch als Urteilsgrundlage gegenüber der Überführung durch das Geständnis des Beschuldigten kaum eine praktische Bedeutung gewinnen, weil Straftaten normalerweise nicht in der Gegenwart zweier klassischer Zeugen begangen werden. War also der Inquisitionsprozess in erster Linie auf die Gewinnung eines Geständnisses – der »Königin der Beweisarten«[30] – ausgerichtet, so musste das inquisitorische Verhör geradezu zwangsläufig zum »wichtigsten Theil des peinlichen Processes« (bzw. gar zum »eigentlichen peinlichen Processe«)[31] avancieren, wobei man auf bestimmte Indizien hin immer auch zur *Folter* (»peinlichen Befragung«) griff, wenn sich der Beschuldigte einem freiwilligen Geständnis verweigerte.

7 Mit der allmählichen Beseitigung der Folter seit der Mitte des 18. Jh. wurde jedoch eine klaffende Lücke in das Beweissystem des gemeinrechtlichen Inquisitionsverfahrens gerissen. Der Untersu-

---

23 LG Zwickau StraFo 2015, 514; OLG Oldenburg StV 1995, 178 f.; AG Bayreuth NZV 2003, 202 m. zust. Anm. *Heinrich*.

24 BayObLG StV 1995, 237.

25 BGHSt 38, 214 (227 f.); Roxin/*Schünemann* 25/11; Meyer-Goßner/*Schmitt* Einl Rn. 78 f.; AK-StPO/*Achenbach* § 163a Rn. 23; *Lesch* 3/39; KK/*Diemer* § 136 Rn. 4.

26 BayObLG Beschl. v. 13.9.2021 – 202 StRR 105/21.

27 *Lesch* 3/39; SK-StPO/*Rogall* Vor § 133 Rn. 44; AK-StPO/*Achenbach* § 163a Rn. 22.

28 S. dazu und zum folgenden *Henkel* Strafverfahren, S. 48 ff., 62 ff.; *v. Hippel* Strafprozess S. 36 ff.; *v Kries* Lehrbuch, S. 394; zu *Dohna* Strafprozessrecht, S. 104 ff.; *Radbruch* Strafrecht, S. 114 f.; *Lesch* ZStW 111 (1999) 626 ff.

29 Vgl. Art. 67 CCC.

30 Vgl. *Köstlin* Wendepunkt, S. 96; *Zachariae* Handbuch, S, 252; *Sundelin* GA VI, 1858, 632; *Radbruch* Grenzen, S. 275.

31 *Kleinschrod* ArchCrim Band 1, 1798, erstes Stück, S. 1 f.

chungsrichter, der sich seines bislang wichtigsten Überführungsmittels beraubt sah, musste sich nunmehr auf andere Mittel einstellen, die es ihm ermöglichten, dem Verdächtigen das alles entscheidende Geständnis abzuringen. Es änderte sich also mit der Abschaffung der Folter allein die *Methode*, nicht aber das *Ziel* der inquisitorischen Beweistätigkeit. Die Herbeiführung des Geständnisses wurde nun, vielfach unter unmittelbarer gesetzlicher Anweisung, als eine regelrechte »Kunst« entwickelt, bei deren Pflege man auch vor bedenklichen Mitteln nicht zurückscheute.[32] Man begann mit Ermahnungen zur Wahrheit, schritt erforderlichenfalls zu Wiederholungen des Verhörs fort, versuchte, den vermeintlich leugnenden Beschuldigten in Widersprüche zu verwickeln oder vorhandene Widersprüche gegen ihn auszunutzen; man ließ ihn hinsichtlich des Ergebnisses der Ermittlungen im Dunkeln tappen, teilte ihm Beweisergebnisse jedenfalls nur mit größter Vorsicht und Zurückhaltung mit; Überraschungs- und Überrumpelungsmanöver, unerwartete Gegenüberstellungen wirkten, ebenso wie die wiederholten Verhöre, im Sinne der Zermürbungstaktik; und auch an sonstiger List fehlte es nicht, um dem Untersuchungsrichter den Erfolg seiner Waffen zu sichern. Hinzu kamen Zwangsmaßnahmen, die die Folter ersetzten, aber kaum weniger wirksam waren, nämlich die *Ungehorsamsstrafen*[33] (Prügelstrafe, strenger Arrest) gegen denjenigen Beschuldigten, der sich in Schweigen hüllte oder der trotz der bestehenden Verdachtsgründe hartnäckig leugnete.[34]

II. Die Reformdiskussion im 19. Jh.

Die zu Beginn des 19. Jh. einsetzende Reformbewegung richtete sich nicht mehr bloß gegen die *Methoden*, sondern überhaupt gegen die *Grundlagen* des Inquisitionsprozesses,[35] vor allem auch gegen »die einseitige Tendenz zum Geständnisse und die Behandlung des Verhörs als Mittel hiezu«.[36] Der Grund dafür lag jedenfalls auch darin, dass man die mangelnde Eignung des überkommenen inquisitorischen Verhörs als »Wahrheitserforschungsmittel« und den zweifelhaften Beweiswert eines durch die »perfide Jagdwissenschaft«[37] des Inquirierens erschlichenen oder erzwungenen Geständnisses längst erkannt hatte.[38] Es blieb jedoch zunächst heftig umstritten, ob man – nach englischem Vorbild dem reinen *Akkusationsverfahren* entsprechend – ganz auf das Verhör als Untersuchungsmittel verzichten[39] oder – insoweit dem *Inquisitionsverfahren* französischen Musters folgend – an der Vernehmung als Untersuchungsmittel prinzipiell weiterhin festhalten[40] und nur die einseitige Zielrichtung der Vernehmung nebst der Aussagepflicht des Beschuldigten beseitigen sollte.[41] Der Streit um die Funktion und die Gestaltung der Vernehmung wurde also im Grunde genommen 8

32 Vgl. etwa *Kleinschrod* ArchCrim Band 1, 1798, zweites Stück, S. 72 ff.; dazu auch *Radbruch* Grenzen, S. 273.

33 S. dazu *Köstlin* Wendepunkt, S. 101 ff.; *Zachariae* Handbuch, S. 255 ff.

34 *Henkel* Strafverfahren, S. 64; auch ibid S. 68; s. ferner *Mezger* ZStW 40 (1919), 152 f.

35 Vgl. *Henkel* Strafverfahren S. 68 f.; *Glaser* Handbuch I S. 618.

36 *Köstlin* Wendepunkt, S. 93.

37 *Köstlin* Wendepunkt, S. 94.

38 S. etwa *Mittermaier* GS I/1, 1849, 474; *Sundelin* GA VI, 1858, 628; *Glaser* ArchCrimNF 1851, 81, 88 f.; *Zachariae* Handbuch, S. 245 (252 f.); *John* StPO I, S. 933 f.; *Henschel* ArchKrimAnthr 56 (1914), 30 f. und passim; *Heldmann* Deutsche Strafrechts-Zeitung, 1916, Sp 367; *zu Dohna* Strafprozessrecht S. 104; *Joerden* JuS 1993, 927 f. Historisch gesehen ist also das von den Reformern für selbstverständlich erachtete Verbot der Einwirkung auf die Aussagefreiheit des Beschuldigten durch Zwang und inquisitorische List keineswegs als Folge der heute verbreiteten, völlig inhaltsleeren und zur Begründung jedes beliebigen Resultats taugenden Forderung, dass »die Wahrheit nicht um jeden Preis erforscht werden dürfe«, sondern – umgekehrt! – jedenfalls auch zum Zweck der Ausschaltung von Fehlerquellen und damit gerade *im Interesse der Wahrheitsfindung* entstanden. Deutlich auch *Köstlin* Wendepunkt, S. 97: Es »ist nicht einzusehen, warum das Streben nach dem Geständnis schlechthin eine Folge des Prinzips der Erforschung der materiellen Wahrheit sein soll«.

39 Dafür etwa *Mittermaier* GS I/1, 1849, 17 ff.; *ders.* GS II/2, 1859, 473 f.; *Glaser* ArchCrimNF 1851, 70 ff., 191 ff.

40 So *Sundelin* GA VI (1858), 624 ff.; *Planck* Darstellung, S. 246 ff., 357 ff.

41 So etwa *Köstlin* Wendepunkt, S. 91 ff.

als Streit um die bei der Reform des deutschen Strafprozesses einzuschlagende Richtung, nämlich als Streit um die Einführung eines strikt akkusatorischen oder die grundsätzliche Beibehaltung des inquisitorischen Prinzips geführt.

III. Funktion der Vernehmung nach der RStPO von 1877

9 Die StPO hat sich bekanntlich gegen den reinen Anklageprozess nach englischem Vorbild entschieden[42] und einen Kompromiss zwischen Anklage- und Untersuchungsprozess geschlossen:

»Das Gesetz kennt den Anklage- (akkusatorischen) Prozess, wonach der Ankläger gegen den Angeklagten den Beweis zu führen und daher letzterer keine Verpflichtung hat, seinen Gegner in der Sammlung der Beweise zu unterstützen, in seiner reinen Form nicht. Noch weniger aber den eigentlichen Untersuchungs (Inquisitorial) Prozess, welcher von der rechtlichen Verpflichtung des Beschuldigten zu wahrheitsgetreuer Aussage ausgehend in der Vernehmung des Beschuldigten ein für die Erforschung der Wahrheit nothwendiges und darnach zu behandelndes Mittel sieht. § 136 beruht auf einem, praktischen Gesichtspunkten entsprungenen … *gemischten System* [!]. Ohne theoretische Sätze aufzustellen, soll die Vorschrift des § 136 den Bedürfnissen der Rechtspflege mit möglichster Unterstützung der ausgedehntesten Vertheidigung gerecht werden. § 136 hebt zwar den ersteren Gesichtspunkt nicht besonders hervor, beschäftigt sich vielmehr hauptsächlich mit den zum Schutze des Beschuldigten gegebenen Vorschriften. Die Berechtigung des ersteren ergibt sich aber zweifellos nicht blos aus der bisherigen Entwickelung der Vernehmung des Beschuldigten in Deutschland, deren Gegentheil doch in der StPO irgendwo angedeutet sein müsste, sondern auch aus den §§ 133 und 134, welche eine Zwangspflicht zum Erscheinen zum Zwecke der Vernehmung voraussetzen.«[43]

10 Die Funktion der Vernehmung ist nach der RStPO vom 01.02.1877 also eine zweifache, nämlich
- die Gewährung der Gelegenheit für den Beschuldigten, zum Zweck seiner Verteidigung aktiv gestaltend in das Verfahren einzugreifen (*Verteidigungsfunktion*, § 136 Abs. 1, 2) *und*
- die Erforschung des Sachverhalts durch den Vernehmenden (*Inquisitionsfunktion*, §§ 244 Abs. 2, 160 Abs. 1, 163 Abs. 1).[44]

Insoweit hat man die Vernehmung durchaus treffend als eine besondere »Art der strafprozessualischen Beweisaufnahme« bezeichnet.[45] Rechtshistorischer Hintergrund ist
- für die *Verteidigungsfunktion* die Aufwertung des Beschuldigten vom bloßen Untersuchungsobjekt zum Prozesssubjekt (bzw. zur »Partei«)[46] mit eigenen Mitwirkungs- und Gestaltungsrechten sowie

42 *Heldmann* Deutsche Strafrechts-Zeitung, 1916, Sp 371.

43 *Keller* StPO § 136 Anm. 1, Hervorhebung vom Verf.

44 Motive II S. 71 f.; *Hahn* S. 1531; *v. Schwarze* StPO, S. 271; *John* StPO, S. 933 f.; *Keller* StPO § 136 Anm. 1; *Glaser* Handbuch I, S. 619 ff.; *Stenglein* StPO, Einl Vor § 133 S. 274; *Heldmann* Deutsche Strafrechts-Zeitung, 1916, Sp 366 ff., insbes. Sp 370 f.; *Mezger* ZStW 40, 191, 151, 160; *Löwe-Rosenberg* StPO, 15. Aufl., 1922, § 136 Anm. 3 und 18. Aufl. 1929, ibid; *Henkel* Strafverfahren S. 246 f.; *ders.* Strafverfahrensrecht, S. 173, 175 f.; *Eb. Schmidt* Lehrkommentar § 136 Rn. 8; *ders.* Lehrkommentar Nachtragsband I § 136a Rn. 12 f.; SK-StPO/*Rogall* § 136 Rn. 8; Meyer-Goßner/*Schmitt* § 136 Rn. 14. Allerdings hat man seit jeher auch die Auffassung vertreten, dass der Zweck der Vernehmung ausschließlich durch § 136 II StPO bestimmt werde und lediglich in der Verteidigung des Beschuldigten liege, so etwa *Thilo* StPO § 136 Anm. 2 (der freilich andererseits Fragen des Vernehmenden für zulässig hält und ein freiwillig geleistetes Geständnis als Beweismittel ansieht, sodass sich seine Auffassung im Ergebnis von der Gegenauffassung gar nicht unterscheidet); *Löwe* StPO, 7. Aufl., 1892, § 136 Anm. 3 (mit partiellem Widerruf in Anm. 4a); *Beling* Reichsstrafprozessrecht, S. 309; zu *Dohna* Strafprozessrecht, S. 106; *Henschel* ArchKrimAnthr, 56 (1914), 12 f.; *ders.* Beilagenheft zu GS LIV, 1909, 20, 68; *Degener* GA 1992, 455 ff.; *Dencker* StV 1994, 675; LR/*Gleß* § 136 Rn. 57.

45 *John* StPO, S. 920; *Mezger* ZStW 40 (1919), 154; a.A. RG-Rspr. V, 785; dagegen wiederum *v. Kries* Lehrbuch, S. 397.

46 *Glaser* ArchCrimNF 1851, 85 f., 191 f., 198 und passim; *Birkmeyer* Strafprozessrecht S. 292 ff., 335 f.; *v. Kries* Lehrbuch S. 219 ff.; *Mezger* ZStW 40 (1919), 151; *Beling* Reichsstrafprozessrecht, S. 122 ff., 144 f.; *Radbruch* Strafrecht, S. 117. Krit. dazu *v. Lilienthal* Strafprozessrecht, S. 24; *Wach* Struktur, S. 7 ff.; *Eb. Schmidt* Lehrkommentar, Rn. 105 ff.

– für die *Inquisitionsfunktion* die Absage an die Einführung eines reinen Anklageverfahrens nach englischem Vorbild und die prinzipielle Beibehaltung des Untersuchungsgrundsatzes.

IV. Schranken der Inquisitionsfunktion

Die Inquisitionsfunktion der Vernehmung hat jedoch eine radikale Beschränkung erfahren, die einerseits durch die Erweiterung des Vernehmungszwecks um die Verteidigungsfunktion und andererseits durch die negativen Erfahrungen mit dem überkommenen Inquisitionsprozess im Hinblick auf die Zuverlässigkeit der Beweiserhebung bedingt ist. Diese Beschränkung umfasst wiederum zwei Aspekte, nämlich 11

– die Einräumung des Rechts für den Beschuldigten, nach eigenem Ermessen selbst über die Art und Weise seiner Verteidigung zu bestimmen[47] und
– das generelle Verbot für den Vernehmenden, irgendeine Form von inquisitorischer List oder (psychischem oder physischem) Zwang anzuwenden.

Das Recht des Beschuldigten, selbst über die Art und Weise seiner Verteidigung zu bestimmen äußert sich 12

– in dem Recht zur freien Entscheidung darüber, ob er sich zu der Beschuldigung äußern oder nicht zur Sache aussagen will und
– in dem Recht, jederzeit, auch schon vor der Vernehmung, einen Verteidiger zu konsultieren.

Über beide Rechte muss der Beschuldigte gem. §§ 136 Abs. 1 S. 2, 163a Abs. 3, 4 StPO gleich zu Beginn der Vernehmung belehrt werden. Die Belehrungen sind bei der richterlichen Vernehmung trotz vorangegangener Belehrung durch die StA oder Polizei[48] und bei der staatsanwaltschaftlichen Vernehmung trotz vorangegangener Belehrung durch die Polizei zu wiederholen. Durch das Gesetz zur Fortentwicklung der Strafprozessordnung und zur Änderung weiterer Vorschriften vom 25.6.2021 wurde jeweils das Wort »erste« aus dem Gesetzestext in §136 Abs. 1 S. 1, Abs. 3 und § 163a Abs. 4 S. 1 StPO gestrichen, so dass jetzt vor jeder Vernehmung eine Belehrung stattfinden muss.[49] Dies soll gleichermaßen für richterliche, staatsanwaltliche und polizeiliche Vernehmungen im Ermittlungsverfahren gelten.[50]

Die *Aussagefreiheit* des Beschuldigten beruht – der heute vorherrschenden Meinung zum Trotz – nicht auf dem zur generellen »Selbstbezichtigungsfreiheit« überdehnten »Nemo-tenetur-Prinzip«,[51] sondern allein auf der Freiheit der Verteidigungsauswahl.[52] Dies folgt schon daraus, dass nicht nur derjenige zum Schweigen berechtigt ist, der sich ansonsten »bezichtigen« würde, weil er die vorgeworfene Straftat wirklich begangen hat, sondern auch derjenige, der sich per se nicht »bezichtigen« könnte, weil er die vorgeworfene Straftat gar nicht begangen hat, der aber die Verweigerung der Aussage (aus welchen Gründen auch immer) als die für seinen Fall ideale Verteidigungsstrategie einschätzt.[53] 13

Auch das Recht des Beschuldigten auf die *Konsultation eines Verteidigers* (§§ 136 Abs. 1 S. 2, 137 Abs. 1 S. 1 StPO, Art. 6 Abs. 3 lit. c EMRK) ist von besonderer Bedeutung.[54] Im gemeinrechtlichen Inquisitionsprozess waren die Funktionen des Anklägers, des Verteidigers und der Rechtsprechung in der Rolle des Richters vereinigt.[55] Demgegenüber hat die Reform des Strafprozesses zu 14

47 Vgl. *Gerland* Strafprozess, 1927, S. 137; *Planck* Darstellung, S. 246.
48 Meyer-Goßner/*Schmitt* § 136 Rn. 1.
49 BGBl. I S. 2099.
50 BT-Drs. 19/27654 S. 28.
51 Dazu krit. *Lesch* 2/189 f., 4/53 ff.
52 Schon *Exner* Strafverfahrensrecht, S. 37 hat betont, »dass ein freies Verteidigungsrecht des Verdächtigten der Wahrheitserforschung am besten dienlich ist«.
53 Vgl. dazu auch *Glaser* ArchCrimNF 1851, 78 f.
54 Vgl. BGHSt 38, 372 (374); 42, 15 (20 f.); *Beulke* NStZ 1996, 259; *Egon Müller* StV 1996, 359.
55 *Vehling* StV 1992, 87.

einer Verteilung dieser Funktionen auf drei verschiedene Rollen[56] und damit insbesondere zu einer Aufwertung des Beschuldigten zu einem prinzipiell gleichberechtigtem *Prozesssubjekt* mit eigenen *Mitwirkungs- und Gestaltungsrechten* geführt.[57] Weil aber der Beschuldigte als Selbst-Betroffener die Souveränität eines taktisch geschickt vorgehenden Prozesssubjekts regelmäßig nicht besitzt, er u.U. als Untersuchungshäftling in seinen Aktionsmöglichkeiten erheblich beschränkt ist und ihm zumeist auch das juristische Beurteilungsvermögen über die öffentliche Bedeutung seines in Rede stehenden Verhaltens fehlt, musste man zugleich eine Institution schaffen, die diese Defizite ausgleichen sollte,[58] nämlich die Institution der Verteidigung. Dem Anklagemonopol der StA als Ausdruck der öffentlichen Bewertung eines Verhaltens wurde also eine Institution gegenübergestellt, die die Kompetenz besaß, ein Verhalten öffentlich zu bewerten, ohne an das Dictum des Staates gebunden zu sein, eine Institution, die gleichberechtigt mit dem Staat an dem Diskurs über die Frage teilnehmen konnte, ob das Verhalten des Angeklagten als sozialschädlich zu bewerten sei.[59] In diesem Sinne ist der Verteidiger der *»Prozessrechtssubjekts-Gehilfe«* des Beschuldigten.[60]

15 Durch das Recht, in jeder Lage des Verfahrens einen Verteidiger konsultieren zu dürfen, soll es also dem Beschuldigten ermöglicht werden, »wissend« über sein Verhalten in der Vernehmung zu entscheiden. Es soll ihn in die Lage versetzen, sich auch schon darüber beraten zu lassen, ob es für ihn zweckmäßig ist, sich überhaupt zur Sache einzulassen, und wenn ja, wie er sich dann am Günstigsten zu der Beschuldigung äußert.[61] Damit wird sichergestellt, dass der Beschuldigte nicht nur ein passives Objekt des Strafverfahrens ist, sondern als Prozesssubjekt zur Wahrung seiner Rechte auf den Gang und das Ergebnis des Strafverfahrens Einfluss nehmen kann.[62] Er ist deshalb nicht nur zu Beginn der polizeilichen, staatsanwaltschaftlichen und richterlichen Vernehmung über sein Recht zur Konsultation eines Verteidigers zu belehren, sondern darüber hinaus auch faktisch in die Lage zu versetzen, dieses Recht ausüben zu können[63] (dazu näher unten Rdn. 45 ff.). Schlägt der erste Versuch einer Kontaktaufnahme mit dem Verteidiger fehl und wird die Vernehmung im Anschluss fortgeführt, ist die Belehrung über das Recht zur Konsultation eines Verteidigers zu wiederholen.[64] Der Verteidiger ist zur Anwesenheit bei der Vernehmung des Beschuldigten berechtigt (§ 168c Abs. 1 StPO) und von dem Termin vorher zu benachrichtigen (§ 168c Abs. 5 StPO). Unterbleibt die Benachrichtigung des Verteidigers, so führt das zu einem Verwertungsverbot, das sich auch auf die schriftliche Sachverhaltsdarstellung des Beschuldigten erstreckt, die dieser dem Haftrichter als seine Aussage zur Sache übergibt.[65]

16 Der durch die Reform des Strafprozesses herbeigeführte grundlegende Wandel der Vernehmung äußert sich aber, wie gesagt, nicht nur in der Einräumung des Rechts für den Beschuldigten, selbst über die Art und Weise seiner Verteidigung zu bestimmen, sondern auch in dem generellen Verbot für den Vernehmenden, irgendeine Form von *inquisitorischer List* oder *Zwang* auf den Beschuldigten auszuüben, insbesondere die Vernehmung einseitig auf die Erlangung eines Geständnisses auszurichten:

> »Wenn nun, und gewiss mit Recht, verlangt wird, es solle der Beschuldigte zur Abgabe einer ihm ungünstigen Aussage weder physisch noch psychisch, weder direkt noch indirekt gezwungen werden, so ist auch dieses Verlangen jedem, gleichviel wie konstruirten, Processe gegenüber aufrecht zu halten. Es wird auch

56 *Eb. Schmidt* Lehrkommentar I Rn. 76.
57 Dazu näher *Lesch* 3/30 ff.
58 *Dahs* Handbuch, Rn. 3–5; *Beulke/Swoboda* Strafprozessrecht, Rn. 225.
59 *Vehling* StV 1992, 87.
60 *Eb. Schmidt* Lehrkommentar I Rn. 79.
61 *Beulke* NStZ 1996, 258; *Lesch* JA 1995, 163.
62 BGHSt 38, 372 (374).
63 *Beulke* NStZ 1996, 259; *Artkämper* Kriminalistik 1996, 397, 472; *Roxin* JZ 1997, 344; *Ransiek* StV 1994, 343 f. Nach *Ransieks* Auffassung ist der Beschuldigte noch weitergehend auch über die Möglichkeit zu belehren, kostenlosen anwaltlichen Beistand in Anspruch nehmen zu können, wenn er einen Verteidiger nicht selbst bezahlen kann.
64 BGHSt 42, 15; KK/*Diemer* § 136 Rn. 14.
65 BGH StV 1989, 3.

dieses Verlangen nicht deshalb gestellt, damit ein Schuldiger sich herauslügen oder durch sein Schweigen die Wahrheitserforschung vereiteln möge, sondern deshalb, weil die Erfahrung gemacht ist, dass nur vollkommen freie Geständnisse die Garantie der Richtigkeit der zu bekundenden Thatsachen darbieten, dass dagegen jedes gleichviel wie erzwungene Geständniß die Gefahr der Unrichtigkeit seines Inhaltes darbiete.«[66]

Es galt daher im vorigen Jahrhundert bis hin zur Schaffung des § 136a StPO im Jahr 1950 in der strafprozessualen Literatur auch ohne ausdrückliche gesetzliche Regelung als »selbstverständlich«,[67] dass folgende, einstmals zur »förmlichen Kunst des Inquirierens«[68] gehörende Vernehmungsmethoden verboten sind:
- die Anwendung von physischem und psychischem Zwang;[69]
- die Anwendung aller Versprechungen, Drohungen, Überrumpelungen und Überlistungen;[70]
- die Anwendung »überhaupt aller Mittel, die auf eine Schwächung der psychischen Kräfte hinauslaufen«;[71]
- das Stellen unbestimmter, dunkler, vieldeutiger, suggestiver oder captiöser (verfänglicher) Fragen.[72]

Viele dieser Verbote, die man in der Strafprozessrechtswissenschaft bis weit in das vorige Jahrhundert hinein für selbstverständlich gehalten hat, sind im Jahr 1950 in die neu geschaffene Vorschrift des § 136a StPO übernommen worden, aber eben nicht alle. Wenn die h.M. beispielsweise heute wieder die Auffassung vertritt, dass die Anwendung »kriminalistischer List« einschließlich des Stellens von Fangfragen und des Abgebens doppeldeutiger Erklärungen von den Verboten des § 136a StPO nicht erfasst und deshalb zulässig sei,[73] so indiziert das einen bedauerlichen Rückfall in das Zeitalter des gemeinrechtlichen Inquisitionsprozesses, der durch die Einführung des kontraproduktiven § 136a StPO offenbar noch weiter zementiert worden ist (s. auch näher unten Rdn. 64 f.). Demgegenüber bleibt zu erinnern, dass die Vernehmung des Beschuldigten nach den Vorstellungen der an der Schaffung des Gesetzes von 1877 Beteiligten, in denen sich ein breiter Konsens der seinerzeitigen Reformbewegung widerspiegelt, gerade kein inquisitorisches Verhör mehr darstellen sollte.[74] Vielmehr ist die Vernehmung als ein *kommunikativer* und *dialogischer Prozess* zu begreifen,[75] in dem es um der Vermeidung falscher Aussagen willen per se nicht darum gehen kann, den Beschuldigten dazu zu bringen, fremde, durch die Strafverfolgungsbehörden (insbesondere durch die Polizei) geschaffene Situationsdefinitionen zu übernehmen:[76] »Überrumpelungsstrategien« sind einer auf die Vermeidung von Fehlerquellen angelegten Vernehmung fremd.[77] 17

66 *John* StPO., S. 933 f.; ebenso *Heldmann* Deutsche Strafrechts-Zeitung, 1916, Sp 367; *v. Hippel* Strafprozess, S. 422.
67 *VV. Schwarze* StPO, S. 272; *Heldmann* Deutsche Strafrechts-Zeitung, 1916, Sp 369.
68 Vgl. *Zachariae* Handbuch, S. 243; *Thilo* StPO § 136 Anm. 2; *Mezger* ZStW 40 (1919), 153; *Henschel* ArchKrimAnthr 56 (1914), 11.
69 *John* StPO, S. 934; *Sundelin* GA VI, 1858, 628; *Henkel* Strafverfahren, S. 250; *v. Hippel* Strafprozess, S. 422.
70 *Heldmann* Deutsche Strafrechts-Zeitung, 1916, Sp 369; *John* StPO, S. 934; *Keller* StPO § 136 Anm. 1; *v. Schwarze* StPO, S. 272; *Löwe-Rosenberg* StPO, 18. Aufl., 1929, § 136 Anm. 3; *Henkel* Strafverfahren S. 250; *Sundelin* GA VI, 1858, 634.
71 *Heldmann* Deutsche Strafrechts-Zeitung 1916, Sp 369; *Sundelin* GA VI, 1858, 624.
72 *Köstlin* Wendepunkt, S. 99; *Zachariae* Handbuch, S. 245 ff.; *Thilo* StPO § 136 Anm. 2; *Keller* StPO § 136 Anm. 1; *v. Schwarze* StPO, S. 271.
73 S. nur Meyer-Goßner/*Schmitt* § 136a Rn. 15 f.
74 *Exner* Strafverfahrensrecht, S. 37. In der polizeilichen Vernehmungspraxis herrscht heute freilich das gegenteilige Bild, s. *Degener* GA 1992, 450 m.w.N.
75 *Ransiek* StV 1994, 346.
76 *Ransiek* StV 1994, 344 ff.; *ders.* Rechte S. 94; *Egon Müller* StV 1996, 359; SK-StPO/*Rogall* § 136 Rn. 31 f. m.w.N.
77 *Artkämper* Kriminalistik 1996, 395.

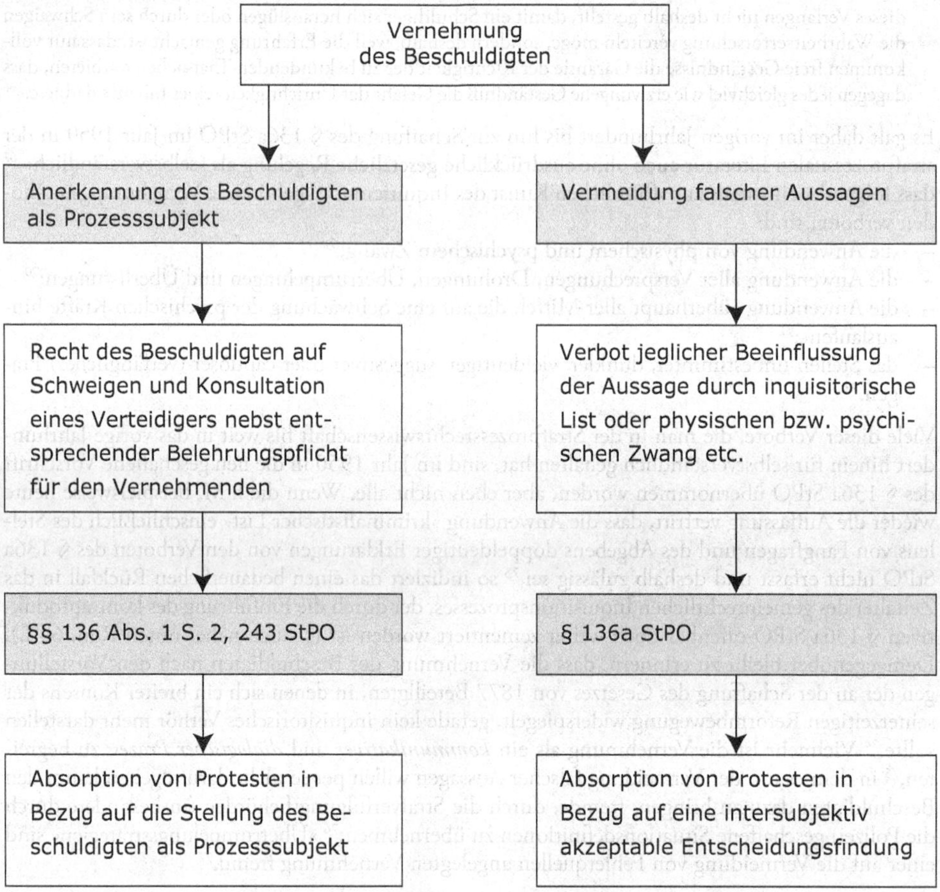

Abb. 1: Funktionen der Vernehmung

C. Ablauf der Vernehmung

18 Die Vernehmung hat nach folgendem Muster abzulaufen:[78]

(1) **Vernehmung zur Person (§ 136 Abs. 3 StPO, RiStBV Nr. 13)**
Sie steht am Beginn jeder Vernehmung und dient der Feststellung der Identität des Beschuldigten. Die darüber hinausgehende Ermittlung seiner persönlichen Verhältnisse (einschließlich der wirtschaftlichen Verhältnisse) gehört zur Sachvernehmung.[79] Obwohl sich das verfahrensrechtlich nicht erzwingen lässt, ist der Beschuldigte nach § 111 OWiG zu Angaben über seine Person (Vor-, Familien- und Geburtsnamen, Ort und Tag der Geburt, Familienstand, Beruf, Wohnort, Wohnung und Staatsangehörigkeit) verpflichtet.[80] Eine Ausnahme besteht dann, wenn die Angaben für die Schuldfrage relevant sind.[81] Nach der Religionszugehörigkeit darf

78 Vgl. Meyer-Goßner/*Schmitt* § 136 Rn. 4 ff.; *Lesch* 3/47; Graf/*Monka* § 136 Rn. 5.
79 Meyer-Goßner/*Schmitt* § 243 Rn. 12; KK/*Diemer* § 136 Rn. 21; MüKoStPO/*Schuhr* § 136 Rn. 16.
80 S. im Einzelnen Meyer-Goßner/*Schmitt* § 136 Rn. 5 m.w.N. Teilweise a.A. SK-StPO/*Rogall* § 136 Rn. 36 f.
81 BayObLGSt 1980, 79 f.; Meyer-Goßner/*Schmitt* § 136 Rn. 5; MüKoStPO/*Schuhr* § 136 Rn. 19.

der Beschuldigte nur gefragt werden, wenn sie für die Aussage zur Sache bedeutsam ist (RiStBV Nr. 13 Abs. 5).[82]

(2) **Mitteilung des Prozessgegenstands (Eröffnung des Tatvorwurfs und der in Betracht kommenden Strafvorschriften, § 136 Abs. 1 S. 1 StPO)** 19

Die Funktion der Eröffnung des Tatvorwurfs und der in Betracht kommenden Strafvorschriften besteht darin, den Prozessgegenstand zu fixieren und dem Beschuldigten die Wahrnehmung seiner Verteidigungsrechte zu ermöglichen. An dieser Funktion hat sich auch der Umfang der Eröffnungspflichten zu orientieren.[83] Schlagwortartige Angaben genügen deshalb nicht. Vielmehr muss der Sachverhalt dem Beschuldigten soweit bekannt gegeben werden, dass er sich wirksam verteidigen kann.[84] Auch aus Art. 6 Abs. 1 der RL 2012/13/EU über das Recht auf Belehrung und Unterrichtung im Strafverfahren[85] folgt die Verpflichtung Deutschlands, Beschuldigte so detailliert aufzuklären, dass ein faires Verfahren durch die wirksame Ausübung ihrer Verteidigungsrechte gewährleistet wird.[86] Nähere Einzelheiten, die über die eindeutige Fixierung des Prozessgegenstands hinausgehen, brauchen jedoch erst im weiteren Verlauf der Vernehmung erörtert zu werden.[87] Mehrere Taten im prozessualen Sinne können auch einzeln und nacheinander zum Gegenstand der Vernehmung gemacht werden. Allerdings darf die Vernehmung über eine Tat nicht dazu missbraucht werden, Erkenntnisse über eine andere Tat zu erlangen, deren Vorwurf dem Beschuldigten noch nicht eröffnet worden ist.[88] Die in Betracht kommenden Strafvorschriften sind dem Beschuldigten in der Regel vorzulesen und ggf. näher zu erläutern. Ergibt sich im weiteren Verlauf der Vernehmung, dass weitere oder andere Strafvorschriften anwendbar sein können, muss der Vernehmende den Beschuldigten darauf hinweisen, wenn sich die strafrechtliche Beurteilung wesentlich ändert.[89]

(3) **Belehrung über** 20

- **die Aussagefreiheit (§ 136 Abs. 1 S. 2 Alt. 1 StPO),**
- **das Recht zur Verteidigerkonsultation (§ 136 Abs. 1 S. 2 Alt. 2 StPO), das Beweisanregungs- bzw. -antragsrecht (§ 136 Abs. 1 S. 5 StPO).**

Die durch das Zweite Gesetz zur Stärkung der Verfahrensrechte von Beschuldigten im Strafverfahren und zur Änderung des Schöffenrechts (BGBl. I 2017, S. 3295) neu geschaffenen Hinweispflichten gem. § 136 Abs. 1 S. 3, 4 StPO beziehen sich auf Informationen zur Kontaktaufnahme mit einem Verteidiger und eventuell bestehende anwaltliche Notdienste. Darüber hinaus können auch andere aktive Hilfspflichten bestehen.[90]

Der Hinweis auf die Möglichkeit des Beschuldigten, sich schriftlich zur Sache zu äußern (§ 136 Abs. 1 S. 6 StPO), fristet in der Praxis ein Schattendasein und ist nur erforderlich, wenn der Vernehmende eine solche Äußerung für geeignet hält,[91] was primär im Bereich der Bagatellkriminalität,[92] aber auch bei umfangreichen Einlassungen[93] oder bei Bezugnahme auf eine Reihe von Schriftstücken in Betracht kommen dürfte. Dem Beschuldigten, dem faktisch ein

82 Gegen jede Beschränkung *Beling* Beweisverbote, S. 29.
83 KK/*Diemer* § 136 Rn. 8.
84 *Mezger* ZStW 40 (1919), 153; Meyer-Goßner/*Schmitt* § 136 Rn. 6. Nach BGH NStZ 2012, 581 (582) m. Bspr. *Jahn* JuS 2011, 658 ff. ist der Beurteilungsspielraum überschritten, wenn dem Beschuldigten der Tod des Opfers vorenthalten wird.
85 ABl. EU L 142 vom 01.06.2012, 1.
86 LR/*Gleß* § 136 Rn. 23.
87 Satzger/Schluckebier/Widmaier/*Eschelbach* § 136 Rn. 40 f.
88 LR/*Gleß* § 136 Rn. 24; SK-StPO/*Rogall* § 136 Rn. 41; KK/*Diemer* § 136 Rn. 8; Satzger/Schluckebier/Widmaier/*Eschelbach* § 136 Rn. 41.
89 Meyer-Goßner/*Schmitt* § 136 Rn. 6; LR/*Gleß* § 136 Rn. 26; a.A. KK/*Diemer* § 136 Rn. 9.
90 BGHSt 38, 214; 38, 372; LR/*Gleß* § 136 Rn. 41.
91 *Lesch* 3/47 Fn. 115; Satzger/Schluckebier/Widmaier/*Eschelbach* § 136 Rn. 132.
92 *Artkämper* Kriminalistik (1996), 395 ff.
93 KK/*Diemer* § 136 Rn. 16; LR/*Gleß* § 136 Rn. 52.

Wahlrecht zwischen mündlicher und schriftlicher Einlassung zukommt, ist es auch gestattet, seine mündliche Aussage schriftlich zu ergänzen.[94]

In geeigneten Fällen soll der Beschuldigte gem. § 136 Abs. 1 S. 6 StPO auch auf die Möglichkeit eines Täter-Opfer-Ausgleichs hingewiesen werden. Die Vorschrift gilt über die Verweisungen in § 136a Abs. 3 und 4 auch für Vernehmungen durch die Staatsanwaltschaft und Polizei. In Bezug auf Staatsanwaltschaft und Gericht tritt sie ergänzend neben § 155a.[95] Die Eignung eines Falles für die Möglichkeit eines Täter-Opfer-Ausgleichs ist von der vorgeworfenen Straftat, Art und Umfang der Schädigung sowie dem Grad der persönlichen Betroffenheit des Opfers abhängig. Im Hinblick auf die Verteidigungsrechte des Beschuldigten ist zu beachten, dass der Beschuldigte durch den Hinweis auf die Möglichkeit eines Täter-Opfer-Ausgleichs nicht zu einer »scheinkonsensualen« Lösung gedrängt werden darf. Der Hinweis ist deshalb ungeeignet, wenn der Beschuldigte die Tat bestreitet oder die Aussage verweigert oder wenn das Opfer voraussichtlich dem Täter-Opfer-Ausgleich nicht zustimmen wird.[96]

21 (4) **Mitteilung der Verdachtsgründe**

Damit soll dem Beschuldigten Gelegenheit gegeben werden, die Verdachtsgründe zu beseitigen (§ 136 Abs. 2 StPO). Das setzt voraus, dass er sie kennt.[97] Die Erklärung des Beschuldigten, er wolle nicht aussagen, macht die Mitteilung nicht überflüssig, weil er sich danach möglicherweise anders entscheiden könnte.[98]

22 In der Lit. wird die Auffassung vertreten, dass der Vernehmende nicht verpflichtet sei, den Beschuldigten über das ganze bisherige Ergebnis der Ermittlungen zu unterrichten, »da dann eine sachgemäße Durchführung des Ermittlungsverfahrens oft kaum möglich wäre«.[99] Vielmehr könne die Mitteilung der Verdachtsgründe bis zum Abschluss der Ermittlungen in dem Umfang unterbleiben, in dem sie dem Beschuldigten verheimlicht werden müssten, damit nicht nach dem jeweiligen Stand des Verfahrens i.S.d. § 147 Abs. 2 StPO der Untersuchungszweck gefährdet würde.[100] Das ist jedoch unzutreffend,[101] denn eine wesentliche Funktion der Vernehmung besteht auch und gerade darin, dem Beschuldigten die Gelegenheit zu geben, die gegen ihn vorliegenden Verdachtsgründe zu beseitigen und die zu seinen Gunsten sprechenden Tatsachen geltend zu machen (§ 136 Abs. 2 StPO). Mit dieser Funktion ist die dem gemeinrechtlichen Inquisitionsprozess eignende Methode, den Beschuldigten um der Erlangung eines Geständnisses willen hinsichtlich des Ergebnisses der Ermittlungen im Dunkeln tappen zu lassen und ihm Beweisergebnisse jedenfalls nur mit größter Vorsicht und Zurückhaltung mitzuteilen,[102] nicht mehr zu vereinbaren. Lässt sich eine ernsthafte Gewährung rechtlichen Gehörs für den Beschuldigten nach dem jeweiligen Stand des Verfahrens mit dem Sachaufklärungsinteresse nicht auf einen Nenner bringen, müssen die Strafverfolgungsbehörden bis zum Abschluss der Ermittlungen (vgl. § 163a Abs. 1 StPO) eben ganz auf die Vernehmung verzichten. Jedenfalls ist es unzulässig, eine Vernehmung im Wesentlichen nur zu Untersuchungszwecken zu führen.[103] Der Vernehmende muss also dem Beschuldigten stets »sämtliche Anschuldigungspunkte und wider ihn vorgelegten Beweispunkte vorhalten …, um seine Erklärung darüber möglich zu machen«, wenn dies auch im Hinblick auf die Untersuchungsfunktion der Vernehmung nicht unbedingt sogleich und auf einmal zu geschehen braucht.[104]

23 Wenn demgegenüber in der Lit. vorgebracht wird, »dass es sich bei § 136 Abs. 2 StPO [bloß] um eine Sollvorschrift handelt«,[105] so ist dies ein erschreckender Beleg dafür, wie weit man sich inzwischen wieder von der im vorigen Jahrhundert vollzogenen Reform des Strafprozesses entfernt und dem gemein-

94 Satzger/Schluckebier/Widmaier/*Eschelbach* § 136 Rn. 132.
95 LR/*Gleß* § 136 Rn. 53.
96 LR/*Gleß* § 136 Rn. 53.
97 *Dencker* StV 1994, 676; *Lesch* 3/47; Meyer-Goßner/*Schmitt* § 136 Rn. 13.
98 LR/*Hanack*, 25. Aufl., § 136 Rn. 34; Meyer-Goßner/*Schmitt* § 136 Rn. 13.
99 LR/*Hanack*, 25. Aufl., § 136 Rn. 34.
100 Meyer-Goßner/*Schmitt* § 136 Rn. 13; LR/*Hanack*, 25. Aufl., § 136 Rn. 34.
101 *Degener* GA 1992, 465 f.; *Lesch* ZStW 111 (1999), 642 f.
102 Vgl. *Henkel* Strafverfahren, S. 64; *Sundelin* GA VI, 1858, 624.
103 *Lesch* ZStW 111 (1999) 642.
104 Immer noch – oder vielmehr gerade heute wieder – lesenswert *Köstlin* Wendepunkt, S. 97 ff.
105 LR/*Hanack*, 25. Aufl., § 136 Rn. 34; krit. dazu auch *Grünwald* Beweisrecht, S. 63.

rechtlichen Inquisitionsprozess angenähert hat. Wie wir gesehen haben, war es bei der Schaffung der RStPO niemals umstritten, dass die Funktion der Vernehmung jedenfalls und wesentlich durch die Verteidigung des Beschuldigten bestimmt werden sollte.[106] Eine der wichtigsten Errungenschaften der Reform bestand ja gerade darin, dass man den Beschuldigten vom bloßen *Inquisitionsobjekt* zum *Prozesssubjekt* mit eigenen Mitwirkungs- und Gestaltungsrechten (also quasi zur »Partei« des Verfahrens) aufgewertet hatte. Die Mitwirkungs- und Gestaltungsrechte aber nimmt der Beschuldigte typischerweise in der Vernehmung wahr und dementsprechend sind die Gegner des reinen Anklageverfahrens nach englischem Vorbild der Forderung nach einer gänzlichen Abschaffung der Vernehmung[107] denn auch hauptsächlich mit *diesem* Argument entgegengetreten.[108] Gestritten wurde im Rahmen der Reform des Strafprozesses allein darüber, ob man der Vernehmung *über* die – per se obligatorische![109] – Verteidigungsfunktion *hinaus* noch eine weitere Funktion, nämlich die Inquisitionsfunktion zuschreiben sollte. § 136 Abs. 2 StPO und seine Vorläufer in den Entwürfen sind nicht etwa aus dem Grund als »Sollvorschrift« formuliert worden, dass die Verteidigungsfunktion der Vernehmung je nach dem Aufklärungsinteresse der Strafverfolgungsbehörden auch suspendiert werden könnte, sondern allein um damit zum Ausdruck zu bringen, dass diese nicht den *einzigen* (ausschließlichen) Zweck der Vernehmung bildet.[110]

(5) Vernehmung zur Sache 24

Dazu gehört auch die Ermittlung der persönlichen Verhältnisse (Vorleben, Werdegang, berufliche Ausbildung und Tätigkeit, familiäre und wirtschaftliche Verhältnisse sowie sonstige Umstände, die für die Beurteilung der Tat und für die Rechtsfolgenfrage von Bedeutung sein können, ggf. auch Vorstrafen).[111] Der Beschuldigte ist zur Äußerung über seine wirtschaftlichen Verhältnisse zwar nicht verpflichtet, jedoch wird im Allgemeinen die eigene Darstellung der finanziellen Situation durch den Beschuldigten einer amtlichen Ermittlung vorzuziehen sein.[112]

Durch die Vernehmung zur Sache wird dem Beschuldigten rechtliches Gehör gewährt.[113] Sie gibt ihm die Gelegenheit, die gegen ihn vorliegenden Verdachtsgründe zu beseitigen und Entlastungstatsachen geltend zu machen. Rechtsausführungen, Schlussfolgerungen und Wertungen sollten dem Verteidiger vorbehalten bleiben.[114] Wenn der Beschuldigte auch nach der Mitteilung der Verdachtsgründe noch unmissverständlich zum Ausdruck bringt, dass er von seinem Aussageverweigerungsrecht Gebrauch macht, ist hiermit die Vernehmung zu Ende.[115] Jedes weitere Bohren und Drängen ist unzulässig. Soweit der Beschuldigte aussagt, ist es – weil ihm wenigstens kein Recht zur Lüge zusteht[116] – zulässig, ihn zur Wahrheit zu ermahnen, ihn, wenn er mutmaßlich die Unwahrheit sagt, durch Vorhalte in Widersprüche zu verwickeln und ihn auf die strafmildernde Wirkung eines Geständnisses hinzuweisen.[117] 25

Macht ein Angeklagter in der Hauptverhandlung von seinem *Schweigerecht* Gebrauch, dürfen daraus weder nachteilige Folgerungen für die Schuldfrage noch für die Strafzumessung gezogen werden. Denn das Schweigerecht würde entwertet, wenn an seine Ausübung Nachteile geknüpft werden dürften, sodass 26

106 S. nur *Hahn* Materialien, S. 1531 f.

107 Vgl. etwa *Mittermaier* GS I/1, 1849, 17 ff.; *ders.* GS II/2, 1859, 473 f.; *Glaser* ArchCrimNF 1851, 70 ff., 191 ff.

108 Vgl. etwa *Schlink* GS I/1, 1849, 361; *Köstlin* Wendepunkt, S. 91 f.; *Hahn* Materialien, S. 1531.

109 Nur um das noch klarer zu verdeutlichen, hat man seinerzeit überhaupt erst die Vorschrift des § 136 Abs. 1 S. 1 eingefügt, vgl. *Hahn* Materialien, S. 1531 f.

110 *Lesch* ZStW 111 (1999), 633 f.

111 Meyer-Goßner/*Schmitt* § 136 Rn. 16; SK-StPO/*Rogall* § 136 Rn. 68, 71 f.

112 *Dahs* Handbuch, Rn. 453.

113 BGHSt 25, 325 (332); *Lesch* 3/47; LR/*Gleß* § 136 Rn. 57; KK/*Diemer* § 136 Rn. 19.

114 *Dahs* Handbuch, Rn. 454.

115 *Stenglein* Lehrbuch, S. 277.

116 BGH NStZ 2005, 517 [BGH 17.03.2005 - 5 StR 328/04]; *Beling* Reichsstrafprozessrecht, S. 310; *Heldmann* Deutsche Strafrechts-Zeitung, 1916, Sp 370; zu *Dohna* Strafprozessrecht, S. 106 f; SK-StPO/*Rogall* Vor § 133 Rn. 72.

117 BGHSt 1, 387; Einzelheiten sind streitig, s. dazu etwa *Keller* StPO § 136 Anm. 1 (S. 156); *John* StPO, S. 934; *v. Kries* Lehrbuch, S. 398 f.; Meyer-Goßner/*Schmitt* § 136 Rn. 18; *Rieß* JA 1980, 296. A.A. *Fezer* FS Stree/Wessels S. 678; SK-StPO/*Rogall* § 136 Rn. 70).

ein indirekter Aussagezwang entstünde.[118] Völligem Schweigen steht »beredtes Schweigen« gleich, wenn der Beschuldigte lediglich den Tatvorwurf bestreitet, seine Unschuld beteuert[119] oder die Entbindung eines Zeugen von der Schweigepflicht verweigert;[120] anders, wenn der Angeklagte sich zur Sache eingelassen hat und das Prozessverhalten in einem engen und einer isolierten Bewertung unzugänglichen Sachzusammenhang mit dem Inhalt seiner Aussage steht.[121] Auch aus dem Zeitpunkt des Antritts des Entlastungsbeweises dürfen keine belastenden Schlüsse gezogen werden[122]; falls der Zeitpunkt einer Beweisantragstellung ausnahmsweise einer Beweiswürdigung zugänglich ist, müssen unverfängliche Erklärungsmöglichkeiten im Rahmen einer Gesamtwürdigung erörtert und ausgeräumt werden.[123] Allerdings ist das Schweigen des Angeklagten in der Hauptverhandlung immer noch eine »zweischneidige Angelegenheit«. Denn das Schweigen wird vielfach zumindest unterschwellig als Schuldbekenntnis empfunden, weil nach der Lebenserfahrung ein Mensch, dem Vorwürfe gemacht werden, sich redend verteidigt. Außerdem wird Schweigen mitunter auch als eine Art »Kampfansage« verstanden, die das Verhandlungsklima negativ beeinflusst.[124] Das Schweigen kann sich aber vor allem dann als sinnvolle Verteidigungsstrategie erweisen, wenn die Beweise der Anklage schwach sind und sich überzeugende Entlastungsbeweise nicht vorbringen lassen. Auch kann es opportun sein, wenn der Angeklagte »zunächst« von seinem Schweigerecht Gebrauch macht und sich vorbehält, in einem späteren Stadium der Hauptverhandlung noch zur Sache auszusagen.

▶ **Beachte**

Ein Teilschweigen des Angeklagten ist aber jedenfalls zu verhindern,[125] weil es die Rspr. zulässt, daraus negative Schlüsse zu ziehen.[126] Durch die Einlassung macht sich der Angeklagte nämlich freiwillig zum Beweismittel; sein teilweises Schweigen bildet dann einen negativen Bestandteil seiner Aussage, die in ihrer Gesamtheit der freien richterlichen Beweiswürdigung (§ 261 StPO) unterliegt. Das gilt allerdings nur dann, wenn nach den Umständen Angaben zu dem betreffenden Punkt zu erwarten gewesen wären, andere mögliche Ursachen des Verschweigens ausgeschlossen werden können und die gemachten Angaben nicht ersichtlich lediglich fragmentarischer Natur sind.[127] Die Tatsache, dass ein Angeklagter sich überhaupt – zu einer Tat im prozessualen Sinne – zur Sache einlässt, führt allerdings nicht dazu, dass sein Schweigen zu *anderen Taten* indiziell gegen ihn verwertet werden kann.[128]

D. Verstöße gegen Belehrungspflichten

I. Fehler bei der Belehrung über die Aussagefreiheit

1. Grundlagen

27 Ein Verstoß gegen die in den §§ 136 Abs. 1 S. 2, 163a Abs. 3, 4 StPO normierte Pflicht zur Belehrung des Beschuldigten über seine Aussagefreiheit zieht prinzipiell ein *Verwertungsverbot* hinsichtlich

118 BGH NStZ 2016, 59 [BGH 17.09.2015 - 3 StR 11/15].
119 BGHSt 38, 302 (307); BGH NStZ 2000, 495; KMR/*Stuckenberg* § 261 Rn. 53 m.w.N.
120 BGHSt 45, 363.
121 BGHSt 45, 367 (369 f.).
122 BGH NStZ 2016, 59 [BGH 17.09.2015 - 3 StR 11/15].
123 BGH NStZ 2002, 161 f. [BGH 23.10.2001 - 1 StR 415/01]
124 *Dahs* Handbuch, Rn. 455.
125 *Dahs* Handbuch, Rn. 456.
126 BGHSt 20, 298 (300); 38, 302 (307); vgl. dazu auch KMR/*Stuckenberg* § 261 Rn. 56 ff.; BGHSt 45, 367 (369); BGH NJW 2002, 2260 m. krit. Anm. *Jäger* JR 2003, 165, gegen diesen *Widmaier* JR 2004, 85 m. Anm. *Jäger*.
127 BGH NStZ 2015, 601; BGH NStZ-RR 2011, 118.
128 BGH NStZ 2000, 495; Zur strafprozessualen Verwertbarkeit des Schweigens von Beschuldigten s. auch ausf. *Schneider* NStZ 2017, 73 mit Fortsetzung NStZ 2017, 126.

der daraufhin gemachten Äußerungen nach sich.[129] Denn der Grundsatz, dass niemand im Strafverfahren gegen sich selbst auszusagen braucht, also ein Schweigerecht hat, gehört nach der Rspr. des BGH zu den anerkannten Prinzipien des Strafprozesses,[130] wenn auch in der polizeilichen Vernehmungspraxis eine andere Auffassung zu herrschen scheint.[131] Ist eine Belehrung nicht *protokolliert*, darf der Richter davon ausgehen, dass sie unterblieben ist, es sei denn, es ließe sich (ausnahmsweise) mit anderen Mitteln aufklären, dass der Beschuldigte dennoch ordnungsgemäß belehrt wurde. Wenn die Polizei also ihrer Pflicht aus Nr. 45 Abs. 1 RiStBV nicht nachgekommen ist, spricht die Vermutung dafür, dass die Belehrung unterblieben ist. In diesem Fall dürfen Zweifel nicht zulasten des Beschuldigten gehen.[132] Ein Verwertungsverbot ist nicht nur dann anzunehmen, wenn die Belehrung unterblieben oder fehlerhaft gewesen ist, sondern auch dann, wenn der Beschuldigte die Belehrung *nicht richtig verstanden hat*, etwa weil er geistig behindert ist.[133] Schließlich kann die Verletzung der Aussagefreiheit auch außerhalb von Vernehmungen nach §§ 136, 136a StPO zu einem Beweisverwertungsverbot führen, etwa dann, wenn ein Polizeibeamter einem Arzt-Patienten-Gespräch des Beschuldigten beiwohnt.[134]

Demgegenüber ist ein Verwertungsverbot ausgeschlossen, 28

– wenn der Beschuldigte sich von sich aus *spontan* äußert (vgl. oben Rdn. 5) und dies nicht als Antwort auf eine Frage, als Vorwegnahme einer entsprechenden Frage oder nur als Reaktion auf eine Vernehmung oder Befragung angesehen werden kann;[135]
– wenn der Beschuldigte bei Beginn der Vernehmung auch ohne Belehrung sein Schweigerecht kennt (einen allgemeinen Erfahrungssatz, dass das Schweigerecht *Vorbestraften* ohnehin bekannt sei, gibt es allerdings nicht)[136] und er trotz dieses Wissens freiwillig aussagt (ein solcher Beschuldigter ist nämlich nicht im gleichen Maße schutzbedürftig wie derjenige, der sein Schweigerecht nicht kannte);[137]
– wenn der *verteidigte* Angeklagte der Verwertung seiner Aussage später ausdrücklich oder »stillschweigend durch schlüssiges Verhalten«[138] zustimmt, d.h. wenn er ihr nicht bis zu dem in § 257 StPO genannten Zeitpunkt (also spätestens bis zur Erklärung des Angeklagten bzw. seines Verteidigers zu der Beweiserhebung, die sich auf den Inhalt der ohne Belehrung gemachten Aussage bezieht) widerspricht (= sog. »Widerspruchslösung«),[139] wobei dem verteidigten Angeklagten ein solcher Angeklagter gleichsteht, der von dem Gericht über die Möglichkeit des Widerspruchs unterrichtet worden ist.[140]

---

129 Grundlegend BGHSt 38, 214 ff. m. Bespr. *Fezer* JR 1992, 385 ff.; *Roxin* JZ 1992, 923 ff.; *Bohlander* NStZ 1992, 504 ff.; *Kiehl* NJW 1993, 501 ff.; *Hauf* MDR 1993, 195 ff. Ebenso BGH StV 1995, 283; OLG Oldenburg NStZ 1995, 412; Meyer-Goßner/*Schmitt* § 136 Rn. 20a; *Rieß* JA 1980, 300; *Meyer* NStZ 1983, 567; *Grünwald* JZ 1983, 717; *Fezer* JR 1984, 341; SK-StPO/*Rogall* Vor § 133 Rn. 187, § 136 Rn. 78; AK-StPO/*Achenbach* § 163a Rn. 28; *Beulke* StV 1990, 181; *Ransiek* StV 1994, 343; *Haas* GA 1995, 231; *Lesch* JA 1995, 160 f.

130 BGHSt 38, 214, 220 f.; ebenso schon BGHSt 25, 325 (331) zu § 243 Abs. 4 S. 1.

131 *Degener* GA 1992, 445 m.w.N.

132 BGH NStZ-RR 2007, 80 (81); *Fezer* JR 1992, 386; LR/*Gleß* § 136 Rn. 78.

133 BGHSt 39, 349 ff.; *Artkämper* Kriminalistik 1996, 395 (397); *Neuhaus* NStZ 1997, 314.

134 BGH NStZ 2019, 36.

135 BayObLG NStZ-RR 2001, 49.

136 OLG Celle StV 1997, 68; LR/*Gleß* § 136 Rn. 79.

137 BGHSt 25, 325 (330); 38, 214 (224); BGH NStZ 1994, 596; NStZ 2012, 581 (582); *Meyer* NStZ 1983, 567; *Amelung* StV 1991, 455; Meyer-Goßner/*Schmitt* § 136 Rn. 20a; *Roxin* JZ 1992, 924; a.A. *Wohlers* JR 2002, 295.

138 *Roxin* JZ 1992, 924.

139 BGHSt 39, 349 (352 f.); 42, 15 (17, 22); BGH NStZ 1997, 99; BGH JZ 2006, 474 m. krit. Anm. *Fezer*; OLG Oldenburg StV 1996, 416; BayObLG StV 1997, 66 ff.; OLG Celle StV 1997, 68; OLG Stuttgart NStZ 1997, 405. S.a. bereits BGHSt 1, 284; 9, 24 (28); 17, 324 (327); 26, 332 (334); BGH NStZ 2004, 389.

140 BGHSt 38, 214 (225 f.); Meyer-Goßner/*Schmitt* § 136 Rn. 25; krit. dazu *Lesch* JA 1995, 162.

– wenn die Vorschriften einer Rechtshilfevernehmung im Ausland lediglich eine Pflicht zur Belehrung über die Möglichkeit der Zuziehung eines Rechtsanwalts, nicht aber eine dem § 136 Abs. 1 S. 2 vergleichbare Pflicht zur Belehrung des Beschuldigten über seine Aussagefreiheit vorsehen und dieser im ersuchten Staat daher ohne eine derartige Belehrung vernommen wird.[141]

2. Unterlaufen des Schweigerechts

29 Das Schweigerecht des Beschuldigten darf auch nicht durch Ermittlungsbeamte unterlaufen werden. Bedenklich ist schon die Frage, ob man nicht »miteinander sprechen« könne, nachdem sich der Beschuldigte gerade nach seiner Belehrung ausdrücklich auf sein Schweigerecht berufen und eventuelle Äußerungen von der vorherigen Konsultation eines Verteidigers abhängig gemacht hatte. Denn durch ein solches Verhalten könnte bei einem Beschuldigten der fehlerhafte Eindruck hervorgerufen werden, ein solches bloßes »Gespräch« unterscheide sich in seiner Verwertbarkeit von einer »förmlichen« Vernehmung.[142] Darüber hinaus kann stetiges Nachfragen ohne zureichenden Grund das Schweigerecht des unverteidigten Beschuldigten entwerten. Nachfragen sind nach ausdrücklicher Ausübung des Schweigerechts zwar dann unproblematisch, wenn neue Informationen erlangt werden, zu denen sich der Beschuldigte noch nicht positionieren konnte, eine neue prozessuale Situation eingetreten oder eine gewisse Zeitspanne verstrichen ist, in denen sich die Auffassung des Beschuldigten geändert haben kann. Jenseits solcher neuen Umstände oder eines möglichen Sinneswandels darf das Schweigerecht jedenfalls bei einem unverteidigten Beschuldigten nicht dadurch missachtet werden, dass beständig auf verschiedenen Wegen versucht wird, den Beschuldigten doch noch zu Angaben in der Sache zu bringen. Erst recht bedenklich sind beharrliche Nachfragen gegenüber einem Beschuldigten, der sich zur Frage einer Aussage zunächst mit einem von ihm benannten Verteidiger besprechen und bis dahin schweigen will, wenn die Benachrichtigung dieses Verteidigers unterbleibt.[143]

30 Ob und inwieweit ein Unterlaufen des Schweigerechts durch Ermittlungsbeamte auch zu einem Verwertungsverbot hinsichtlich der auf diese Weise erlangten Angaben führt, hatte der BGH bisher ausdrücklich offen gelassen.[144] Im Hinblick auf die besondere Bedeutung des Schweigerechts wird freilich auch in dieser Fallkonstellation von einem Verwertungsverbot auszugehen sein, was nunmehr auch der BGH in einer neueren Entscheidung grundsätzlich anerkannt hat.[145]

3. Insbesondere: Zur »Widerspruchslösung«

31 Nach der inzwischen gefestigten Rechtsprechung des BGH ist der Verwertung einer Aussage, die unter Verstoß gegen die Verfahrensgrundsätze der §§ 136 Abs. 1 S. 2, 163a Abs. 4 S. 2 StPO oder sonstige Belehrungspflichten aus dem Grundsatz des fairen Verfahrens nach Art. 20 Abs. 3 i.V.m. Art. 2 Abs. 1 GG im Ermittlungsverfahren erlangt worden ist, bis zu dem in § 257 StPO genannten Zeitpunkt zu widersprechen.[146] Der Widerspruch muss eindeutig erklärt und als wesentliche Förmlichkeit gem. § 273 StPO protokolliert werden.[147] Nach neuerer Rechtsprechung bedarf der Widerspruch regelmäßig einer Begründung, in der – zumindest in groben Zügen – anzugeben ist,

141 BGH NStZ-RR 2002, 67; noch offengelassen in BGH NJW 1994, 3364.
142 BGH NStZ 2006, 287.
143 BGH NStZ 2006, 287. S.a. BGHSt 58, 301.
144 BGH NStZ 2006, 287.
145 BGH NJW 2013, 2769 (2771): »Der hohe Rang der Selbstbelastungsfreiheit gebietet es, dass auch Spontanäußerungen - zumal zum Randgeschehen - nicht zum Anlass für sachaufklärende Nachfragen genommen werden, wenn der Beschuldigte nach Belehrung über seine Rechte nach § 136 Abs. 1 S. 2 StPO die Konsultation durch einen benannten Verteidiger begehrt und erklärt, von seinem Schweigen Gebrauch zu machen«.
146 BGHSt 38, 214; 42, 15 (22); 52, 38 (41); BGH JZ 2006, 474 m. krit. Anm. *Fezer*. Diese Rechtsprechung wird vom BVerfG NJW 2012, 907 (911) gebilligt.
147 Meyer-Goßner/*Schmitt* § 136 Rn. 25.

unter welchem Gesichtspunkt der Angeklagte den zu erhebenden oder bereits erhobenen Beweis für unverwertbar hält. Die Begründung muss die Angriffsrichtung erkennen lassen, die den Prüfungsumfang durch das Tatgericht begrenzt.[148] Unterbleibt der Widerspruch durch den Verteidiger oder durch den von dem Gericht über die Möglichkeit des Widerspruchs unterrichteten unverteidigten Angeklagten, ist ein Verwertungsverbot ausgeschlossen. Der unterlassene oder verspätete Widerspruch soll auch in der ersten Hauptverhandlung nach Zurückverweisung der Sache durch das Revisionsgericht in der neuen Hauptverhandlung nicht mehr geltend gemacht werden dürfen,[149] weil die Verwirkung des Widerspruchsrechts zu einem endgültigen Rechtsverlust führt und die StPO keine dem § 295 ZPO entsprechende Vorschrift über die rückwirkende Heilung von Verfahrensmängeln enthalte.[150] Nach Auffassung des OLG Stuttgart soll ein Verwertungsverbot ferner dann ausgeschlossen sein, wenn der Verteidiger den Widerspruch erstmals in der *Berufungsverhandlung* (wenn auch dort zu dem in § 257 StPO genannten Zeitpunkt) erhebt.[151] Auf die Prüfung der Verwertbarkeit von Beweisen im Ermittlungsverfahren findet die »Widerspruchslösung« aber keine Anwendung. In diesem Verfahrensstadium sind Beweisverwertungsverbote – wie im Zwischenverfahren – unabhängig von einer Beanstandung durch den Beschuldigten jeweils von Amts wegen zu beachten[152], auch wenn der zugrundeliegende Verfahrensmangel eine für ihn disponible Vorschrift betrifft. Denn Verwertungsverbote werden bereits durch den jeweiligen Gesetzesverstoß, nicht erst durch eine derartige Beanstandung begründet. Das gilt umso mehr, als nach der Rspr. des BGH der Verwertung eines Beweises vor der Hauptverhandlung ohnehin nicht wirksam widersprochen werden kann.[153] Trotzdem kann es sich als sinnvoll erweisen, dass der Strafverteidiger bereits im Rahmen einer Stellungnahme im Ermittlungs- oder Zwischenverfahren auf die Unverwertbarkeit eines zuvor erhobenen Beweises hinweist, um bereits in diesem Verfahrensstadium eine Einstellung des Verfahrens gem. § 170 Abs. 2 StPO bzw. eine Zurückweisung der Anklage gem. § 204 StPO zu erwirken.[154]

Der von der Rspr. angenommene Präklusion des Widerspruchsrechts aufgrund des fehlerhaften Ver- 32
teidigerverhaltens ist allerdings entschieden zu widersprechen.[155] Denn damit wird dem Verteidiger praktisch die eigentlich dem Gericht obliegende Verantwortung für die Beachtung der Verfahrensordnung übertragen. Der strafprozessuale Verfahrensfehler ist dann insoweit nicht mehr von Amts wegen, sondern wie eine zivilprozessuale Einrede[156] bloß auf Rüge zu berücksichtigen, wobei sich der Beschuldigte obendrein noch ein Anwaltsverschulden in der Hauptverhandlung zurechnen lassen muss. Ein solches Procedere mag in einem *Parteiprozess* (Akkusationsprozess), der den Prozessstoff weitgehend den Parteien zur Disposition stellt, angemessen sein, ist aber mit der *Inquisitionsmaxime*, die nun einmal dem deutschen Strafprozess sein maßgebliches Gepräge gibt, nicht in Einklang zu bringen. Die StPO hat es in § 244 Abs. 2 dem Gericht zur Aufgabe gemacht, über die materielle und formelle Berechtigung des Anklagevorwurfs zu wachen. Der Verteidiger wird daran aus seiner eigenen Interessenstellung heraus mitwirken. Daraus folgt aber nicht, dass das Gericht insoweit auch die Verantwortung an den Verteidiger abgeben darf. Vielmehr sind Verwertungsverbote stets von Amts wegen zu berücksichtigen, und zwar auch dann, wenn der Beschuldigte oder sein Verteidiger keine Rüge erheben.[157] Schließlich hat der BGH im Zusammenhang mit der Verwertbarkeit von Beweisen im Ermittlungsverfahren zu Recht darauf hingewiesen, dass Verwertungsverbote

148 BGHSt 52, 38 (42 f.); BGH NStZ 2013, 247. Krit. *Norouzi* NStZ 2013, 203 ff.
149 BGH JZ 2006, 474 m. krit. Anm. *Fezer*; BayObLG StV 1997, 66.
150 BayObLG StV 1997, 66.
151 OLG Stuttgart NStZ 1997, 405.
152 BGH NStZ 2019, 539.
153 BGH NStZ 2019, 539 (541).
154 *Reidel/Semmelmeyer* JA 2022, 859 (863 f.).
155 Zur »Widerspruchslösung« der Rspr *Roxin* JZ 1997, 346; *Heinrich* ZStW 112 (2000), 398 ff.; *Fezer* JZ 2006, 474 ff.
156 S. schon BGHSt 17, 324 (327).
157 *Fezer* JR 1992, 386; *Bohlander* NStZ 1992, 505; *Beulke/Swoboda* Strafprozessrecht, Rn. 227; *ders.* NStZ 1996, 262; SK-StPO/*Rogall* Vor § 133 Rn. 182; *Lesch* JA 1995, 162; *Lesch* 3/71.

bereits durch den jeweiligen Gesetzesverstoß und nicht erst durch dessen Beanstandung begründet werden.[158] Ein Verwertungsverbot ist allenfalls dann ausgeschlossen, wenn die Betroffenen der Verwertung ausdrücklich zustimmen. Zu diesem Zweck muss der Vorsitzende nicht nur den verteidigerlosen Angeklagten belehren, sondern auch einen Verteidiger auf die Möglichkeit der Zustimmung oder des Widerspruchs hinweisen. Nur in diesem Fall kann aus dem Schweigen der Schluss gezogen werden, dass die Betroffenen gegen die Verwertung nichts einzuwenden haben.

33 Die Rspr. hat jedoch trotz der in der Lit. erhobenen Einwände an der »Widerspruchslösung«[159] bislang hartnäckig festgehalten[160] und diese inzwischen auch auf den Fall einer zu spät erteilten Belehrung über das Recht auf konsularische Unterstützung nach § 114b Abs. 2 S. 3 StPO, Art. 36 Abs. 1 lit. b S. 3 WÜK erstreckt.[161] Der Verteidiger sollte daher jedenfalls namens des Angeklagten in der Hauptverhandlung der Verwertung des Inhalts einer nach seiner Auffassung unverwertbaren Vernehmung widersprechen und die Herbeiführung eines Gerichtsbeschlusses gemäß § 238 Abs. 2 StPO beantragen, und zwar tunlichst bereits *vor* der jeweiligen Beweiserhebung bzw. vor einem entsprechenden Vorhalt. Denn dadurch wird das Gericht gezwungen, zunächst die problematisierten äußeren Umstände dieser Vernehmung aufzuklären.[162] Nur wenn das Gericht zu dem Ergebnis kommt, dass ein Beweisverwertungsverbot nicht eingreift, darf es sich überhaupt mit dem sachlichen Inhalt der Vernehmung befassen.[163] Dabei hat der Verteidiger zusätzlich zu beachten, dass nach der Rspr. des BGH *jede* Beweiserhebung hinsichtlich der Verwertbarkeit *isoliert* zu betrachten ist. Wenn also beispielsweise zwei verschiedene Polizeibeamte über den Inhalt der bemakelten Vernehmung als Zeugen gehört werden, muss der Verteidiger auch jeder einzelnen Vernehmung für sich widersprechen.[164] Ggf. sind auch hier Beschlüsse nach § 238 Abs. 2 StPO zum Erhalt des Revisionsrechts erforderlich.

▶ **Beachte**

Kann der Verteidiger nicht sicher abschätzen, ob die tatsächlichen oder rechtlichen Voraussetzungen für das Eingreifen eines Verwertungsverbots vorliegen, sollte er jedenfalls rein vor-

158 BGH NStZ 2019, 539 (541).

159 Vgl. die Nachweise bei Meyer-Goßner/*Schmitt* § 136 Rn. 25a.

160 S. etwa BGHSt 50, 272 (274 f.); 42, 15 (22); auch BVerfG StV 2000, 233.

161 BVerfG NJW 2007, 499 (503); BGHSt 52, 38 (41); 52, 48 (51); 52, 110 (112); BGH StV 2008, 8 (9). Anders als § 136 Abs. 1 StPO knüpft § 114b Abs. 2 S. 3 StPO, Art. 36 Abs. 1 WÜK die Belehrungspflicht nicht an den Beginn der Vernehmung des Beschuldigten, sondern an seine Festnahme (vgl. BVerfG StV 2008, 1 [4]). Die Rechtsfolgen einer Verletzung dieser Belehrungspflicht sind noch nicht abschließend geklärt. Der BGH hat ein Beweisverwertungsverbot zunächst kategorisch abgelehnt (BGHSt 52, 48 [54]; 52, 110 [114 ff]). Während sich der 5. Strafsenat jedoch für eine Kompensation im Sinne der sog. »Vollstreckungslösung« ausgesprochen hat (BGHSt 52, 48 [56], ist eine solche Kompensation beim 3. Strafsenat nicht auf Gegenliebe gestoßen (BGHSt 52, 110 [118]; dagegen auch der 4. Strafsenat, BGH, StV 2011, 603). Das BVerfG hat jedoch die Entscheidung des 5. Strafsenats (BGHSt 52, 48) aufgehoben und die Sache zur erneuten Entscheidung an einen anderen Strafsenat des BGH zurückverwiesen (BVerfG, NJW 2011, 207 ff). Nach der Auffassung des BVerfG soll jedenfalls ein Beweisverwertungsverbot nach den Regeln der sog. »Abwägungskonzeption« in Betracht kommen (BVerfG, NJW 2011, 207 [210]). Diesen Vorgaben ist der 4. Strafsenat inzwischen gefolgt. Danach ist ein Beweisverwertungsverbot nur dann ausgeschlossen, wenn dem Angeklagten durch das Unterlassen der Belehrung nach Art. 36 Abs. 1 WÜK im weiteren Verfahren kein Nachteil entstanden ist. Ein Beweisverwertungsverbot ist aber jedenfalls nicht von vornherein ausgeschlossen. Vielmehr hat eine Abwägung zwischen dem durch den Verfahrensverstoß bewirkten Eingriff in die Rechtsstellung des Angeklagten einerseits und den Strafverfolgungsinteressen des Staates andererseits stattzufinden, wobei auf den Schutzzweck der verletzten Norm ebenso abzustellen sein soll wie auf die Umstände, Hintergründe und Auswirkungen der Rechtsverletzung im Einzelfall (BGH, StV 2011, 603 [605]).

162 Dass der Widerspruch gegen die Verwertung nicht schon in der Hauptverhandlung beschieden wurde, ist übrigens mit der Revision nicht angreifbar, vgl. BGH NStZ 2007, 719.

163 *Neuhaus* NStZ 1997, 315 f.

164 Vgl. BGHSt 39, 349 (352); BGH NStZ 2004, 389.

sorglich einen Widerspruch erheben.[165] Tut er das nicht, ist die Aussage nach der Rspr. verwertbar. Es bleibt also festzuhalten, dass eine aktive Verteidigung notwendig ist, um die Rechte des Angeklagten hinreichend zu wahren.[166] Will der Verteidiger sich auf eine »Meistbegünstigung« berufen und der Verwertung einzelner Teile aus der Vernehmung zustimmen, kann er den Widerspruch wegen der übrigen Teile natürlich erst *nach* der jeweiligen Beweiserhebung anbringen.[167] In einem solchen Fall ist besonders darauf zu achten, dass der Zeitpunkt des § 257 StPO nicht verpasst wird.

▶ Muster für einen präventiven Widerspruch

In der Strafsache gegen N.

wegen Unterschlagung

Az.: 71 Ds 60/01

wird der Vernehmung des KOK B. als Zeuge

widersprochen,

soweit dadurch über den Inhalt der »zeugenschaftlichen Vernehmung« des Herrn N. vom 18.10.2022 Beweis erhoben werden soll. Es wird

beantragt,

über den Widerspruch gem. § 238 Abs. 2 StPO durch Gerichtsbeschluss zu entscheiden.

Begründung:

Die »zeugenschaftliche Vernehmung« des Herrn N. vom 18.10.1999 unterliegt einem Beweiserhebungsverbot, weil Herr N. zu diesem Zeitpunkt bereits Beschuldigter und gem. § 163a Abs. 4 S. 2, 136 Abs. 1 S. 2 StPO über sein Recht, die Aussage zu verweigern, zu belehren war.

Wer einem objektiven, individualisierten Anfangsverdacht ausgesetzt ist, der sich in einem finalen Verfolgungsakt der Ermittlungsbehörde manifestiert hat, rückt in die prozessuale Stellung eines Beschuldigten ein und muss dann auch als solcher behandelt werden (vgl. KMR/*Lesch* Vor § 133 Rn. 4 ff. m.w.N.). Ein individualisierter Anfangsverdacht ist dann gegeben, wenn konkrete tatsächliche Anhaltspunkte vorliegen, die es nach der kriminalistischen Erfahrung als möglich erscheinen lassen, der Betroffene habe eine verfolgbare Straftat begangen (KMR/*Lesch* Vor § 133 Rn. 7). Bei der Beurteilung dieses Anfangsverdachts gegenüber dem Befragten hat der Polizeibeamte zwar einen Beurteilungsspielraum, den er aber nicht mit dem Ziel missbrauchen darf, den Zeitpunkt der Belehrung nach § 136 Abs. 1 S. 2 StPO hinauszuschieben (BGHSt 38, 214, 227 f.; BGH StV 1997, 281; Beulke StV 1990, 181).

Aus diesen Rechtsgründen durfte Herr N. am 18.10.1999 nicht mehr als Zeuge, sondern musste er als Beschuldigter vernommen und zuvor entsprechend belehrt werden. Denn zu diesem Zeitpunkt hatte die Polizei bereits gegen Herrn N. den Verdacht, dass zur Vorbereitung eines Versicherungsbetruges ein Diebstahl an dem PKW nur vorgetäuscht werden sollte und Herr N. an diesem Delikt beteiligt sei. Das ergibt sich zum einen aus dem Vermerk von KK H. vom 17.10.1999, wo es heißt:

»Nach Rücksprache durch UZ mit den Kollegen, die sich bei dem Fahrzeughalter N. aufhielten, wurde deutlich, dass eine zeugenschaftliche Vernehmung des Fahrzeughalters N. unter besonderer Berücksichtigung des Hintergrundes eines möglichen Sachwerterlangungsdeliktes an Ort und Stelle nicht möglich ist«. (Bl. 10 d.A.)

---

165 BGH NStZ 2004, 389.

166 Neuhaus NStZ 1997, 316.

167 Vgl. dazu *Bockemühl* in: Schriftenreihe der Strafverteidigervereinigungen, 23. Strafverteidigertag 1999, S. 161 ff.; *Rosenthal* in: Schriftenreihe der Strafverteidigervereinigungen, 23. Strafverteidigertag 1999, S. 149 ff.; *Hamm* StraFo 1998, 361 ff.; *Nack* StraFo 1998, 366 ff.; *Amelung* StraFo 1999, 181 ff.

Dieser Verdacht wurde zum anderen auch bei Beginn der »zeugenschaftlichen Vernehmung« vom 18.10.1999 gegenüber Herrn N. offenbart. In dem Protokoll über diese Vernehmung heißt es nämlich:

»Ferner wurde mir erklärt, dass durch die Vernehmung dem Verdacht der Vortäuschung einer Straftat vorgebeugt werden soll. In diesem Zusammenhang wurde ich ausdrücklich auf die Strafbarkeit der Vortäuschung einer Straftat und des Betruges zum Nachteil einer Versicherung hingewiesen.« (Bl. 21 d.A.)

Im Übrigen bringt auch der gesamte Ablauf der Vernehmung recht deutlich zum Ausdruck, dass der Vernehmende Herrn N. von vornherein als Beschuldigten ansah. Schließlich endet die Vernehmung auch mit der »Frage«:

»Es ist gängige Masche, dass ein Halter, der sein Fahrzeug loswerden will und es nicht verkauft bekommt, wie folgt vorgeht: Man verschließt das Fahrzeug nur mit dem einfachen Schlüssel. Der Wagen kann dann normal weggefahren werden. Der Fahrzeugschein bleibt aus ›Versehen‹ in dem Fahrzeug liegen. Da der mitwirkende Halter keine Diebstahlsanzeige erstattet, ist das Auto auch nicht bei der Polizei im Fahndungscomputer. Bei einer Kontrolle kann der ›Dieb‹ den Fahrzeugschein vorlegen. Später, wenn das Fahrzeug im Ausland ist, geht man zur Polizei und erstattet Anzeige. Dabei kann man die Infrarotschlüssel vorlegen. Man kassiert Geld von der Versicherung und erhält noch eine ›Prämie‹ bei Verkauf im Ausland. Ganz genau so sieht der Fall hier aus. Haben sie etwas mit dem Diebstahl zu tun? Sollte die Versicherung ›abkassiert‹ werden?«

Damit stellte sich die Vernehmung des Herrn N. zugleich in objektiver Hinsicht als gegen ihn selbst gerichtete, gezielte Ermittlungsmaßnahme dar (vgl. KMR/*Lesch* Vor § 133 Rn. 9 f.). Nach der Rspr. ist ein finaler Verfolgungsakt i.S.d. nämlich schon dann gegeben, wenn ein Polizeibeamter mit einem Verdächtigen, den er in einem Streifenwagen zur Wache mitnimmt, Gespräche führt (BGHSt 38, 214, 227 f.). Dies gilt erst recht, wenn ein Verdächtiger, wie im vorliegenden Fall, in den Diensträumen der Polizei förmlich vernommen wird.

Obwohl Herr N. demnach als Beschuldigter zu behandeln war, ist er ausweislich des Vernehmungsprotokolls vom 18.10.1999 nicht gem. § 136 Abs. 1 S. 2 StPO über sein Recht belehrt worden, dass es ihm nach dem Gesetz freistehe, sich zu der Beschuldigung zu äußern oder nicht zur Sache auszusagen und jederzeit, auch schon vor seiner Vernehmung, einen von ihm zu wählenden Verteidiger zu befragen. Der damit begründete Verstoß gegen die Pflicht zur Belehrung des Beschuldigten über seine Aussagefreiheit zieht prinzipiell ein Verwertungsverbot hinsichtlich der daraufhin gemachten Äußerungen nach sich (st. Rspr. seit BGHSt 38, 214 ff.; ebenso KMR/Lesch § 136 Rn. 22 m.w.N.). Dasselbe gilt auch für den Fall einer unterbliebenen Belehrung über das Recht des Beschuldigten zur Konsultation eines Verteidigers (KMR/*Lesch* § 136 Rn. 38 m.w.N.). Soweit ein Verwertungsverbot eingreift, ist schon die Beweiserhebung in der Hauptverhandlung nicht zulässig (*Lesch* JR 2000, 334 ff. m.w.N.).

Zwar ist Herr N. zu Beginn seiner Vernehmung gem. §§ 163 Abs. 3, 55 Abs. 2 StPO belehrt worden:

»Ich wurde belehrt, dass ich als Zeuge die Wahrheit sagen muss und die Aussage nur dann verweigern kann, wenn ich mich selbst oder einen Angehörigen gemäß § 52 StPO der Gefahr einer strafrechtlichen Verfolgung aussetzen würde.«

Aber die Belehrung nach § 55 Abs. 2 StPO geht weniger weit als die nach § 136 Abs. 1 S. 2 StPO und trägt den Rechten des Beschuldigten nicht in vollem Umfang Rechnung (*Lesch* JA 1995, 160 f.). Durch die Belehrung nach § 136 Abs. 1 S. 2 soll gegenüber dem Beschuldigten eindeutig klargestellt werden, dass es ihm freisteht, nicht auszusagen, obwohl ihn ein Richter, Staatsanwalt oder Polizeibeamter in amtlicher Funktion befragt (BGHSt 42, 139, 147; KMR/*Lesch* § 136 Rn. 19). Dies ist bei der Belehrung nach § 55 Abs. 2 StPO aber gerade nicht der Fall. Der im vorliegenden Fall hinzugefügte Hinweis, dass Herr N. »als Zeuge die Wahrheit sagen muss«, war – im Gegenteil – sogar dazu geeignet, das generelle Schweigerecht des Herrn N. als Beschuldigter zu verschleiern. Hinzu kommt, dass die Belehrung nach § 55 Abs. 2 StPO das Recht auf Konsultation eines Verteidigers gerade nicht mit umfasst.

gez. X, Rechtsanwalt

4. Verfahren gegen einen Dritten

Das Beweisverwertungsverbot, das sich aus einer Verletzung des Belehrungsgebots nach §§ 136 Abs. 1 S. 2, 163a Abs. 3, 4 StPO ergibt, erstreckt sich allerdings nicht auf das Verfahren gegen einen Dritten, in dem der rechtswidrig nicht Belehrte ausschließlich als Zeuge beteiligt ist.[168] Denn insoweit kann nichts anderes gelten als im Fall einer unterbliebenen Belehrung gemäß § 55 StPO, die nach zutreffender Auffassung ebenfalls nicht zur Unverwertbarkeit der Aussage führt.[169] Da § 136 Abs. 1 S. 2 StPO den status activus des Beschuldigten als Prozesssubjekt gewährleistet, ist bei einer Verletzung dieser Vorschrift ausschließlich der Rechtskreis des Beschuldigten tangiert, nicht aber derjenige eines Dritten, in dessen Verfahren der Beschuldigte als Zeuge auftritt.[170] Auch die Interessen eines Mitbeschuldigten bzw. Mitangeklagten werden von der Regelung des § 136 Abs. 1 S. 2 StPO nicht erfasst, sodass das Geständnisprotokoll eines nicht belehrten Beschuldigten gegen einen Mitbeschuldigten bzw. Mitangeklagten ohne weiteres verwertet werden darf.[171] 34

5. Private Aufklärungsgehilfen

Was den Einsatz von *privaten Aufklärungsgehilfen*, namentlich von V-Leuten und Informanten betrifft (sog. »Hörfalle«),[172] hat der *Große Senat* die (analoge) Anwendbarkeit des § 136 Abs. 1 S. 2, 163a Abs. 3, 4 StPO prinzipiell verneint: 35

> »Sinn und Zweck dieser Vorschriften ist es nicht, dem Tatverdächtigen zu Bewusstsein zu bringen, dass er von einer Amtsperson oder einer mit den Ermittlungsbehörden zusammenarbeitenden Privatperson befragt wird […].[173] Durch die Belehrung soll vielmehr gegenüber dem Beschuldigten eindeutig klargestellt werden, dass es ihm freisteht, nicht auszusagen, obwohl ihn ein Richter, Staatsanwalt oder Polizeibeamter in amtlicher Eigenschaft befragt. Das Belehrungsgebot will sicherstellen, dass der Beschuldigte vor der irrtümlichen Annahme einer Aussagepflicht bewahrt wird, zu der er möglicherweise eben durch die Konfrontation mit dem amtlichen Auskunftsverlangen veranlasst werden könnte. § 136 I ist vor diesem Hintergrund einer kraft staatlicher Autorität vorgenommenen Befragung zu verstehen. Dieser Sinn der Regelung wird nicht verletzt, wenn eine Privatperson, sei es auch auf Veranlassung der Ermittlungsbehörden, den Tatverdächtigen in ein Gespräch zu ziehen und von ihm Äußerungen zu erlangen sucht, durch die er sich gegebenenfalls belastet. Es liegt auf der Hand, dass sich der Beschuldigte in dieser Situation nicht durch die Autorität des Befragenden zu einer Äußerung veranlasst sehen kann. Er weiß, dass er sich –wie auch sonst gegenüber beliebigen Dritten –nicht zu äußern braucht. Zum Ausgleich der Autorität, mit der die amtliche Befragung durchgeführt wird, bedarf es in dieser Situation keines Gegengewichts, wie es die StPO im Interesse einer effektiven Gewährleistung der Schweigebefugnis mit dem Belehrungsgebot schaffen will.«[174]

Allerdings sind dem Einsatz von Privatpersonen zur Aufklärung von Straftaten nach Auffassung des Großen Senats *»rechtsstaatliche Grenzen«* gesetzt, die etwa dann überschritten sein können, wenn 36

– gezielt ein Liebesverhältnis angebahnt wurde, das zur Gewinnung von Informationen ausgenutzt werden soll (»Romeo-Fälle«) oder

168 Meyer-Goßner/*Schmitt* § 136 Rn. 20a; a.A. LR/*Gleß* § 136 Rn. 90.
169 BGHSt 11, 213 (218); *Beulke/Swoboda* Strafprozessrecht, Rn. 301; SK-StPO/*Rogall* Vor § 133 Rn. 191; Meyer-Goßner/*Schmitt* § 55 Rn. 17.
170 BayOBLG NStZ 1994, 250 f.; *Beulke/Swoboda* Strafprozessrecht, Rn. 717; SK-StPO/*Rogall* Vor § 133 Rn. 188.
171 BGHSt 53, 191; 47, 233; BGH StV 1995, 231; wistra 2000, 311 (313); BayObLG StV 1995, 237 m. krit. Anm. *Dencker* StV 1995, 232 ff.
172 Krit. dazu *Weiler* GA 1996, 101 f. (»Privatisierung der Informationsbeschaffung«); *Dencker* StV 1994, 671 (»Flucht ins Privatrecht«); *Bernsmann* StV 1997, 117; LR/*Gleß* § 136 Rn. 91.
173 So aber *Roxin* NStZ 1995, 466.
174 BGHSt 42, 139 (147) [BGH 13.05.1996 – GSSt – 1/96]; BGH NStZ 2011, 596 [BGH 31.03.2011 – 3 StR 400/10]; i.d.S. auch *Sternberg-Lieben* Jura 1995, 308 f.; ferner BayObLG NStZ-RR 2001, 49 (51).

- der Beschuldigte auf Veranlassung der Polizei durch eine Privatperson befragt wurde, obwohl er zuvor in einer Vernehmung ausdrücklich erklärt hatte, keine Angaben zur Sache machen zu wollen.[175]

37 Darüber hinaus soll die »Verwendung von Privatpersonen, welche ihren Auftrag verbergen«, auch noch einer »allgemeinen Grenze« unterliegen.[176] Zwar hält der Große Senat eine *Verletzung* des sog. »Nemo-tenetur-Grundsatzes«, des allgemeinen Persönlichkeitsrechts, des Rechtsstaatsprinzips und des daraus abgeleiteten Grundsatzes des fairen Verfahrens für nicht begründet, hegt jedoch im Hinblick darauf immerhin »*Bedenken*«, die einem »Verstoß … *nahekommen*«. »Ob diese Bedenken durchgreifen, hängt aber von einer Abwägung mit der ebenfalls im Verfassungsrang stehenden, mit dem notwendigen Schutz des Gemeinwesens und seiner Bürger begründeten Pflicht des Rechtsstaates zur effektiven Strafverfolgung ab.« Nach dieser Abwägung soll ein Beweisverbot in den einschlägigen Fallgestaltungen jedenfalls dann nicht in Betracht kommen, wenn

- es sich um eine *Straftat von erheblicher Bedeutung* handelt (zur Beurteilung dieser Frage sind die Kataloge der §§ 98a, 110a StPO heranzuziehen, deren Aufzählung jedoch nicht abschließend ist) und
- der Einsatz anderer Ermittlungsmethoden erheblich weniger erfolgversprechend oder wesentlich erschwert wäre.

38 Ein Eingriff kann aber angesichts der binären Codierung unseres Rechtssystems entweder nur rechtmäßig oder rechtswidrig sein – tertium non datur! Wenn also der Einsatz privater Aufklärungsgehilfen einem Verstoß gegen das Recht nur »nahekommt«, ist er gerade *nicht* rechts*widrig*, sondern eben recht*mäßig*, sodass die »Bedenken« des Großen Senats die vorgeschlagene Beschränkung eines solchen Einsatzes nicht tragen.[177]

II. Fehler bei der Belehrung über das Recht zur Verteidigerkonsultation

1. Pflichten der Strafverfolgungsbehörden

39 Gemäß § 136 Abs. 1 S. 2 StPO ist der Beschuldigte darüber zu belehren, dass es ihm nach dem Gesetz freistehe, jederzeit, auch schon vor seiner Vernehmung, einen von ihm zu wählenden Verteidiger zu befragen. Wenn der Beschuldigte verlangt, vor der Vernehmung einen Verteidiger zu sprechen, muss die Vernehmung zu diesem Zweck sogleich unterbrochen werden.[178] Der Beschuldigte darf dann nicht zu weiteren Angaben gedrängt werden.[179] Will der Polizeibeamte in einem solchen Fall die Vernehmung fortsetzen, so ist das nach einer Entscheidung des 5. Senats des BGH nur unter den folgenden drei Voraussetzungen möglich:[180]

40 – **Leistung »Erster Hilfe« bei der Verteidigerkonsultation**
Zunächst muss sich der Polizeibeamte ernsthaft darum bemühen, dem Beschuldigten bei der Herstellung des Kontakts zu einem Verteidiger in effektiver Weise zu helfen. Dies ist nunmehr seit dem Zweiten Gesetz zur Stärkung der Verfahrensrechte von Beschuldigten im Strafver-

175 BGHSt 52, 11; vgl. auch BGHSt 40, 66 (72), wo für den Fall einer ausdrücklichen Ablehnung der Mitwirkung eine nach § 136a Abs. 1 StPO unzulässige Täuschung in Betracht gezogen wird. I.d.S. auch EGMR StV 2003, 267 m. Anm. *Gaede* und Anm. *Esser* JR 2004, 98. S. ferner zum ganzen Meyer-Goßner/*Schmitt* § 136a Rn. 4a a.E.

176 BGHSt 42, 139 (154 f.).

177 Vgl. dazu auch *Roxin* NStZ 1997, 20; *Bernsmann* StV 1997, 119 spricht in diesem Zusammenhang treffend von einem »methodisch und inhaltlich verdorbenen (Kompromiss-) Brei«.

178 BGHSt 38, 372 (373); 42, 15 (19); BGH NJW 2013, 2769 (2770); SK-StPO/*Rogall* § 136 Rn. 48 m.w.N.

179 BGH NStZ 2006, 286; 2004, 450; BGH NJW 2013, 2769 (2770).

180 BGHSt 42, 15 (19); ebenso *Beulke* NStZ 1996, 259 ff.; *Egon Müller* StV 1996, 359; *Roxin* JZ 1997, 344. Nach SK-StPO/*Rogall* § 136 Rn. 49 soll die Vernehmung überhaupt nicht fortgesetzt werden können (ebenso LR/*Rieß*, 25. Aufl., § 163a Rn. 81; LR/*Erb* § 163a Rn. 81; Satzger/Schluckebier/Widmaier/*Eschelbach* § 136 Rn. 59; *Ransiek* Rechte, S. 71); vielmehr müsse ein neuer Vernehmungstermin angesetzt werden, der erst nach angemessener Frist (d.h. i.d.R. einige Tage später) stattfinden dürfe.

fahren und zur Änderung des Schöffenrechts vom 27.08.2018 (BGBl. I S. 3295) auch ausdrücklich in § 136 Abs. 1 S. 3 und 4 StPO gesetzlich geregelt: Dem Beschuldigten sind Informationen zur Verfügung zu stellen, die es ihm erleichtern, einen Verteidiger zu kontaktieren. Dabei ist er auch auf bestehende anwaltliche Notdienste hinzuweisen.[181] Der Umfang der gebotenen Hilfe richtet sich nach den Umständen des Einzelfalls.[182] Mit der Tatschwere und Unbeholfenheit des Beschuldigten wachsen die Notwendigkeit und das geforderte Ausmaß aktiver Unterstützungsmaßnahmen. Der Beschuldigte braucht nicht auf einen anwaltlichen Notdienst hingewiesen zu werden, wenn er nicht den Wunsch auf Hinzuziehung eines Verteidigers äußert.[183] In den Fällen einer notwendigen Verteidigung i.S.d. § 140 StPO ist der Beschuldigte, dem der Tatvorwurf eröffnet worden ist und der noch keinen Verteidiger hat, gem. § 141 Abs. 1 S. 1 StPO über sein Recht zu belehren, die Bestellung eines Pflichtverteidigers zu beantragen. Auch ohne einen Antrag des Beschuldigten ist ihm ein Pflichtverteidiger zu bestellen, sobald eine der Verfahrenssituationen des Abs. 2 Nr. 1 bis 4 vorliegt. Ein Fall der notwendigen Verteidigung i.S.d § 140 Abs. 1 Nr. 1 oder 2 gebietet für sich genommen keine Pflicht zur Verteidigerbestellung nach § 141 Abs. 2 S. 1 Nr. 3 StPO. Es ist vielmehr auf die individuelle Schutzbedürftigkeit abzustellen.[184] Maßgeblich sind beispielsweise die geistigen Fähigkeiten, der Gesundheitszustand, der Tatvorwurf und etwaige Verständigungsschwierigkeiten. Der Beiordnungsgrund ist dann anzunehmen, wenn tatsachengestützte Zweifel an der Verteidigungsfähigkeit bestehen, wobei ein Anhaltspunkt dafür auch unverständliches oder gar widersprüchliches Prozessverhalten sein kann.[185] Im übrigen ist der Beschuldigte – wenn ein Fall der notwendigen Verteidigung vorliegt – desweiteren dahin zu belehren, dass ihm auch im Hinblick auf eine später zu erwartende Pflichtverteidigerbestellung Gelegenheit gegeben werden kann, bei einem Rechtsanwalt seines Vertrauens bzw. beim anwaltlichen Notdienst anzurufen, auch wenn er selbst nicht die Mittel hat, den Verteidiger selbst zu bezahlen.[186]

– **Erneute Belehrung über das Recht zur Verteidigerkonsultation** 41
Sodann muss der Polizeibeamte den Beschuldigten erneut auf sein Recht auf Hinzuziehung eines Verteidigers hinweisen. Diese zweite Belehrung enthält die für den Beschuldigten wichtige zusätzliche Information, dass er durch die Vergeblichkeit der Bemühungen, zu einem Verteidiger Kontakt aufzunehmen, sein Konsultationsrecht nicht etwa verwirkt hat, sondern nach wie vor anwaltlichen Beistand verlangen kann.[187]

---

181 Dieser Gesetzesergänzung kommt lediglich deklaratorische Bedeutung zu, BGH StraFo 2019, 420 m. Anm. *Eidam* StV 2020, 435; Satzger/Schluckebier/Widmaier/*Eschelbach* § 136 Rn. 57.

182 SS. dazu *Beulke* NStZ 1996, 260 (262). Nach BGH NStZ 2013, 299 (300) soll es ausreichen, wenn sich die Vernehmungsbeamten jedenfalls aktiv und ernstlich um die Kontaktaufnahme zu der von der Beschuldigten gewählten Verteidigerin bemühen. Es sei weder erforderlich, die Beschuldigte bei der Belehrung vor einer erneuten Vernehmung ausdrücklich darauf hinzuweisen, dass die Verteidigerin telefonisch noch nicht erreicht worden sei, noch, dass die Beschuldigte nicht dieselbe Verteidigerin wählen könne wie ihr Ehemann. Auf die Versäumung der Gelegenheit, einen anderen Verteidiger zu wählen, komme es nicht an. S. aber BGH, NJW 2013, 2769 (2770), wonach eine (über die bloße Entgegennahme von »Spontanäußerungen« hinausgehende) Vernehmung nicht in Betracht kommt, wenn der Beschuldigte nach Belehrung über seine Rechte nach § 136 Abs. 1 S. 2 StPO die Konsultation durch einen benannten Verteidiger begehrt und erklärt, von einem Schweigerecht Gebrauch zu machen.

183 BGH NStZ 2006, 114; BGHSt 47, 233 m. krit. Anm. *Roxin* JZ 2002, 898.

184 BGH NJW 2022, 2126 (2127).

185 BGH BeckRS 2021, 20920 Rn. 35.

186 BGH NStZ 2006, 236 [BGH 18.10.2005- 1 StR 114/05]; BGH NStZ-RR 2006, 181.

187 *Beulke* NStZ 1996, 261; BGH StV 2019, 798.

42 – **Ausdrückliche Einverständniserklärung des Beschuldigten**
Grundsätzlich muss sich der Beschuldigte ausdrücklich[188] bzw. zumindest eindeutig[189] mit der Fortsetzung der Vernehmung einverstanden erklären. Eine in freier Entscheidung erfolgte Zustimmung zur Vernehmungsfortsetzung kommt aber auch durch schlüssiges Verhalten in Betracht. Dieses kann etwa darin zu sehen sein, dass sich der Beschuldigte von sich aus spontan zur Sache äußert, obwohl eine Verteidigerkonsultation noch nicht möglich war[190]

43 All dies ist geboten, weil der Beschuldigte vielfach, insbesondere im Fall einer Festnahme, durch die Ereignisse verwirrt und durch die ungewohnte Umgebung bedrückt und verängstigt ist.[191] Das für die Gewährleistung der aktiven Mitwirkungs- und Gestaltungsrechte des Beschuldigten als Prozesssubjekt fundamentale Recht auf anwaltliche Beratung (vgl. oben Rdn. 20) nützt aber demjenigen nichts, der keinen Anwalt hat und auch nicht weiß, wie er sich eine anwaltliche Vertretung verschaffen soll.[192] Deshalb kommt es nicht nur auf das Faktum der Belehrung an, sondern darüber hinaus auch darauf, dass der Beschuldigte in der Lage ist, das Recht der vorherigen Verteidigerkonsultation wirklich auszuüben.[193]

44 Unzulässig sind nach einer neueren Entscheidung des 1. Senats des BGH insbesondere beharrliche Nachfragen gegenüber einem Beschuldigten, der sich zur Frage einer Aussage zunächst mit einem von ihm benannten Verteidiger besprechen und bis dahin schweigen will, wenn die Benachrichtigung dieses Verteidigers unterbleibt.

»Zwar sieht der [1.] Senat auch in einer solchen Konstellation keinen Anlass für ein Innehalten mit einer Vernehmung des Beschuldigten bis zur Bestellung eines Pflichtverteidigers. Der Wunsch des Beschuldigten nach Rücksprache mit seinem Verteidiger zur Erörterung der Frage, ob eine Einlassung erfolgen soll oder nicht, darf aber nicht durch ständige Nachfrage missachtet werden, ohne dass dem Wunsch nach Benachrichtigung eines benannten Verteidigers zuvor nachgekommen wird. Die Besprechung mit einem Verteidiger soll dem Beschuldigten die Möglichkeit eröffnen, sich in der für seine Verteidigung höchst bedeutsamen Frage, ob er aussagen will oder nicht, mit einem Verteidiger zu beraten. Bittet ein Beschuldigter, der seine Aussagebereitschaft an die vorherige Konsultation eines Verteidigers knüpft, ausdrücklich um Benachrichtigung eines benannten Verteidigers, darf nicht weiter in den Beschuldigten gedrungen werden, wenn die erbetene Benachrichtigung nicht erfolgt. Das Schweigerecht des Beschuldigten würde missachtet, wenn [...] ein benannter Verteidiger nicht informiert, sondern stattdessen ein Beschuldigter ohne ergänzende Hinweise weiter befragt wird, obgleich er zuvor ausdrücklich erklärt hat, er wolle ohne vorherige Konsultation seines Verteidigers nichts sagen.«[194]

2. Verwertungsverbot

45 Ob und inwieweit die Verletzung von Pflichten der Strafverfolgungsbehörden zur Gewährleistung des Rechts auf die Konsultation eines Verteidigers jeweils ein Verwertungsverbot bezüglich der daraufhin getätigten Äußerungen des Beschuldigten nach sich ziehen, ist in der höchstrichterlichen

188 So BGHSt 42, 15 (19).
189 So *Beulke* NStZ 1996, 261 f. Nach BGH NJW 2013, 2769 (2770) soll u.U. auch eine konkludente Zustimmung ausreichen, so etwa wenn der Beschuldigte sich von sich aus spontan zur Sache äußert, obwohl eine Verteidigerkonsultation noch nicht möglich war. Allerdings hat der BGH in diesem Zusammenhang nur die bloße Entgegennahme spontaner Äußerungen für unbedenklich erklärt. Demgegenüber soll es der hohe Rang der Selbstbelastungsfreiheit gebieten, dass auch Spontanäußerungen – zumal zum Randgeschehen – nicht zum Anlass für sachaufklärende Nachfragen genommen werden, wenn der Beschuldigte nach Belehrung über seine Rechte nach § 136 Abs. 1 S. 2 StPO die Konsultation durch einen benannten Verteidiger begehrt und erklärt, von seinem Schweigerecht Gebrauch zu machen.
190 BGH NStZ 2013, 604 (605).
191 BGHSt 38, 214 (222); 42, 15 (19); *Beulke* NStZ 1996, 260.
192 *Beulke* NStZ 1996, 259; Roxin JZ 1997, 344.
193 *Ransiek* StV 1994, 343.
194 BGH NStZ 2006, 287 [BGH 10.01.2006 - 5 StR 341/05].

Rechtsprechung noch nicht abschließend geklärt. Nach der Rechtsprechung des 1. Senats des BGH[195] ist ein Verwertungsverbot jedenfalls dann anzunehmen, wenn der Beschuldigte über das Recht der Verteidigungskonsultation nicht oder nur unzureichend belehrt worden ist und er sein Recht nicht kannte.[196] Dazu hat der 1. Senat mit Recht ausgeführt,

> »dass die Pflicht zur Belehrung über das Recht auf Verteidigerkonsultation gegenüber dem Hinweis auf das Schweigerecht des Beschuldigten kein geringeres Gewicht hat; beide Rechte des Beschuldigten hängen eng zusammen und sichern im System der Rechte zum Schutz des Beschuldigten seine verfahrensmäßige Stellung in ihren Grundlagen; sie verdeutlichen ihm als Hinweise seine prozessualen Möglichkeiten. Gerade die Verteidigerkonsultation dient dazu, den Beschuldigten zu beraten, ob er von seinem Schweigerecht Gebrauch macht oder nicht. Was für die Belehrung über das Schweigerecht gilt, ist deshalb auch für diejenige zur Verteidigerkonsultation erheblich.«[197]

Weil die Möglichkeit, sich des Beistands eines Verteidigers zu bedienen, zu den wichtigsten Rechten des Beschuldigten gehört (der Verteidiger ist ja, wie gesagt, der »Prozessrechtssubjektsgehilfe« des Beschuldigten), will der 5. Senat des BGH ein Verwertungsverbot nicht nur dann annehmen, wenn dem Beschuldigten die Kontaktaufnahme mit seinem Verteidiger verwehrt worden ist, sondern schon dann, wenn sein Wunsch, vor der Vernehmung einen Verteidiger zu befragen, wirksam unterlaufen wird.[198]

Allerdings soll nach Auffassung des 5. Senats das Beweisverwertungsverbot analog zur Lage bei der unterbliebenen Belehrung über die Aussagefreiheit (s. oben Rdn. 31 ff.) nicht eingreifen, wenn der verteidigte Angeklagte der Verwertung seiner unter Verletzung des Verteidigerkonsultationsrechts durchgeführten Vernehmung nicht bis zu dem in § 257 StPO genannten Zeitpunkt widersprochen hat.[199] 46

Der Entscheidung des 5. Senats ist in einer Anmerkung bescheinigt worden, dass sie »in die Geschichte der Strafrechtspflege als bahnbrechendes Judikat eingehen« werde.[200] Diese Bescheinigung hat sich jedoch bedauerlicherweise als vorschnell erwiesen, denn in der neueren Rechtsprechung des BGH lassen sich auch restriktive Tendenzen ausmachen. Der 1. Senat des BGH hat der Entscheidung des 5. Senats zunächst für den Fall widersprochen, »in dem es wegen der mitternächtlichen Stunde wenig Aussichten gab, am Vernehmungsort einen Rechtsanwalt zu erreichen«.[201] Jenseits der von § 136a StPO gezogenen Grenzen gehe die StPO nämlich davon aus, dass ein im vollen Besitz seiner geistigen Kräfte befindlicher Beschuldigter selbst und frei entscheiden könne und müsse, inwieweit er die in der Belehrung eröffneten Rechte für sich in Anspruch nehmen wolle. Aus dem in § 137 Abs. 1 S. 1 StPO verankerten Recht des Beschuldigten, in jeder Lage des Verfahrens einen Verteidiger heranzuziehen, lasse sich auch nicht auf das Verbot schließen, einen aussagebereiten Beschuldigten ohne Verteidiger zu vernehmen, nur weil er zu einem früheren Zeitpunkt nach einem solchen verlangt habe. Denn ein ordnungsgemäß belehrter Beschuldigter könne seine Rechte aus § 137 Abs. 1 S. 1 StPO unschwer damit durchsetzen, dass er sich bei seiner Vernehmung jeglicher weiteren Angaben enthalte. In dem vom 1. Senat entschiedenen Fall hatte sich der Beschuldigte während der fraglichen Vernehmung zur Nachtzeit immerhin dreimal auf sein Recht berufen, Angaben ohne Hinzuziehung eines Verteidigers zu verweigern. 47

---

195 BGHSt 47, 172 (174).

196 Ebenso OLG Hamm NStZ-RR 2006, 47; *Roxin* JZ 1993, 372 (373); *Beulke* NStZ 1996, 262; *Ransiek* StV 1994, 343; *Lesch* JA 1995, 162 f.; Meyer-Goßner/*Schmitt* § 136 Rn. 21.

197 BGHSt 47, 172 (174).

198 BGHSt 42, 15 (22).

199 BGHSt 42, 15 (22 f.).

200 *Egon Müller* StV 1996, 358.

201 BGHSt 42, 170 m. krit. Anm. *Ventzke* StV 1996, 524 ff. und Bespr. *Roxin* JZ 1997, 343 ff. S. dazu auch *Herrmann* NStZ 1997, 209 ff. Der 1. Senat hat seine Auffassung in NStZ 1997, 252 noch einmal bestätigt.

In einer weiteren Entscheidung hat der 1. Senat des BGH das beharrliche Nachfragen gegenüber einem Beschuldigten, der sich zur Frage einer Aussage zunächst mit einem von ihm benannten Verteidiger besprechen und bis dahin schweigen will, für unzulässig erachtet, wenn die Benachrichtigung dieses Verteidigers unterbleibt, es aber ausdrücklich offen gelassen, ob ein derartiger Verfahrensfehler ein Verwertungsverbot nach sich zieht.[202] Demgegenüber hat der 3. Senat des BGH ein Verwertungsverbot angenommen, wenn der von dem Beschuldigten gewünschte Verteidiger nicht erreichbar war, der Beschuldigte daraufhin erklärt, er wolle sich nicht zur Sache äußern, die Ermittlungsrichterin den Beschuldigten aber (nach einer Spontanäußerung) durch gezieltes Nachfragen schließlich dazu bringt, eine umfassende Aussage zu machen.[203]

Ausdrücklich abgelehnt hat der 1. Senat des BGH ein Verwertungsverbot auch in folgendem Fall:[204] Bei der polizeilichen Vernehmung hatte der Beschuldigte auf die Frage, ob er einen Rechtsanwalt nehmen wolle, erklärt, dass er kein Geld habe und sich deshalb keinen Rechtsanwalt leisten könne. Damit war klar geworden, dass der Beschuldigte eigentlich einen Rechtsanwalt konsultieren wollte, sich dazu aber allein durch seine Mittellosigkeit gehindert sah. Der 1. Senat hat dazu zwar zutreffend ausgeführt, dass der Beschuldigte, der glaube, wegen Mittellosigkeit keinen Verteidiger zuziehen zu können, im Fall der notwendigen Verteidigung nicht in diesem Irrtum belassen werden dürfe. Es sei vielmehr angezeigt gewesen, den so inzident geäußerten Wunsch des Beschuldigten nach einem Verteidiger nicht zu übergehen. Der Beschuldigte habe also zunächst darüber belehrt werden müssen, dass fehlende Mittel einen ersten Kontakt zu einem Rechtsanwalt nicht ausschlössen, da dieser in Fällen der vorliegenden Art in der Regel trotzdem im Hinblick auf die später zu erwartende Pflichtverteidigerbestellung sofort tätig werde und dem Beschuldigten deshalb sehr wohl die Möglichkeit gegeben werden könne, einen Rechtsanwalt seines Vertrauens zu kontaktieren oder – gegebenenfalls – den anwaltlichen Notdienst anzurufen. Allerdings soll ein Verstoß gegen diese Belehrungspflicht nach Auffassung des 1. Senats in dem dort entschiedenen Fall kein Verwertungsverbot nach sich ziehen. Denn der Verfahrensverstoß sei hier »nicht gravierend«, weil der Angeklagte schon zuvor in Grundzügen geständig gewesen sei und eine gezielte Irreführung fernliege, sodass das Interesse an der Aufklärung schwerer Straftaten überwiege. Auch ein etwaiger Verstoß gegen das Gebot einer frühzeitigen Pflichtverteidigerbestellung hätte – so der 1. Senat – nicht zu einem Verwertungsverbot geführt.

48 Gerade wegen der »Asymmetrie der Vernehmungssituation«[205] darf sich der Vernehmende aber nicht über den Willen des Beschuldigten hinwegsetzen. Der in § 136 Abs. 2 StPO festgelegte Vernehmungszweck erfordert eine objektive Toleranz, die sich im Akzeptieren einer durch den Beschuldigten gewählten Verteidigungsmöglichkeit niederschlägt.[206] Die genannten Entscheidungen des 1. Senats sind also im Hinblick auf die Rspr. zur unterlassenen Belehrung über die Aussagefreiheit und die besondere Bedeutung des Rechts zur Konsultation eines Verteidigers für den status activus des Beschuldigten als Prozesssubjekt[207] und damit zugleich für die Legitimationsfunktion des Verfahrens[208] nicht haltbar.[209]

49 Wenn die ordnungsgemäße Belehrung des Beschuldigten bei seiner ersten Vernehmung unterbleibt, sind die Äußerungen, die er im Rahmen einer weiteren Vernehmung macht, nur dann verwertbar, wenn ihm zuvor die Unverwertbarkeit seiner vorangegangenen Äußerung hinreichend verdeutlicht und eine etwa vorhandene Fehlvorstellung darüber beseitigt wird, dass seine frühere Aussage nicht

202 BGH NStZ 2006, 287.
203 BGH NJW 2013, 2769.
204 BGH NStZ 2006, 236; ähnlich NStZ-RR 2006, 181.
205 S. dazu auch *Roxin* JZ 1997, 344.
206 *Artkämper* Kriminalistik 1996, 395.
207 S. dazu *Lesch* 3/30 ff.
208 S. dazu *Lesch* 1/4; *dens.* ZStW 111 (1999) 624 f.
209 *Lesch* 3/81.

mehr aus der Welt zu schaffen und er damit ohnehin festgelegt sei (sog. *qualifizierte Belehrung*).[210] Nach Auffassung des BGH soll der Verstoß gegen die Pflicht zur qualifizierten Belehrung jedoch nicht dasselbe Gewicht haben wie der Verstoß gegen die Belehrung nach § 136 Abs. 1 S. 2 StPO. Daher soll die Frage der Verwertbarkeit »durch Abwägung im Einzelfall zu ermitteln« sein.[211]

III. Audiovisuelle Vernehmung

Der durch das Gesetz zur Stärkung der Verfahrensrechte von Beschuldigten im Jugendstrafverfahren (BGBl. I 2019, S. 2146) neu eingeführte § 136 Abs. 4 StPO stellt zunächst in S. 1 klar, dass eine Vernehmung – wie schon bisher (vgl. § 163a Abs. 1 S. 2 StPO) – audiovisuell aufgezeichnet werden kann.[212] In den in S. 2 bezeichneten Fällen ist die Aufzeichnung der Vernehmung in Bild und Ton nunmehr obligatorisch. Dies ist namentlich bei vorsätzlichen Tötungsdelikten und zur Wahrung schutzwürdiger Interessen von Beschuldigten, die unter eingeschränkten geistigen Fähigkeiten oder einer seelischen Störung leiden, der Fall. Unterbleibt jedoch eine hiernach erforderliche Aufzeichnung, wird dies regelmäßig nicht zu einem Verwertungsverbot führen.[213] Ein Verwertungsverbot kommt jedoch in Betracht, wenn die Aufzeichnung bewusst, willkürlich oder auf genereller Weisung beruhend unterbleibt.[214] In Aussage-Aussage-Konstellationen zwischen Vernehmenden und Vernommenen kann der Verzicht auf eine Aufzeichnung jedoch Indizwirkung zulasten des Vernehmenden entfalten.[215] 50

E. Verbotene Vernehmungsmethoden (§ 136a StPO)

I. Grundlagen; Anwendungsbereich des § 136a StPO

Vielfach wird behauptet, dass die Vorschrift des § 136a StPO u.a. auf die Gewährleistung der »Selbstbelastungsfreiheit« des Beschuldigten (»nemo tenetur se ipsum accusare«) gerichtet sei und als »Kernvorschrift zum Schutz der Aussagefreiheit« eine Ergänzung zu § 136 StPO darstelle.[216] Diese pauschale Verquickung der in § 136a StPO normierten speziellen Verbote bestimmter Vernehmungsmethoden mit dem sog. »Nemo-tenetur-Grundsatz« ist jedoch nicht zutreffend. Denn nach §§ 69 Abs. 3, 72 StPO gilt die Vorschrift des § 136a StPO für die Vernehmung von Zeugen und Sachverständigen gleichermaßen und damit auch gegenüber solchen Personen, die gem. § 70 StPO gerade zur Aussage gezwungen werden können.[217] 51

Ferner wird behauptet, dass § 136a StPO den Zweck habe, die »Subjektstellung« bzw. die Menschenwürde des personalen Beweismittels zu garantieren und eine »integre rechtsstaatliche Strafrechtspflege« bzw. »das Ansehen des Rechtsstaates zu schützen«.[218] Allerdings lassen sich dem Verweis auf das »Subjekt« keinerlei konkrete Auslegungskriterien entnehmen, solange dieser Begriff – wie es heute weitgehend üblich ist – bloß schlagwortartig und unreflektiert verwendet wird und dabei 52

210 LG Bamberg, NStZ-RR 2006, 311; *Beulke/Swoboda* Strafprozessrecht, Rn. 182; *Artkämper* Kriminalistik 1996, 397 f.; SK-StPO/*Rogall* Vor § 133 Rn. 182; *Degener* GA 1992, 449; *Dencker* Verwertungsverbote, S. 75 Fn. 238; *Neuhaus* NStZ 1997, 315; *Lesch* 3/82.

211 BGHSt 53, 112 (116); LG Saarbrücken NStZ 2012, 167. Nach zutreffender Auffassung von *Beulke/Swoboda* Strafprozessrecht, Rn. 119 verdient diese halbherzige Auffassung (abgesehen von den ohnehin gegen die »Abwägungslehre« zu erhebenden Bedenken, s. unten Rdn. 98) jedoch keine Zustimmung.

212 Meyer-Goßner/*Schmitt* § 136 Rn. 19a.

213 Meyer-Goßner/*Schmitt* § 136 Rn. 20d; BT-Drs. 18/11277, S. 27.

214 *Singelstein/Derin* NJW 2017, 2646 (2649).

215 *Weigend* StV 2019, 852 (856).

216 BGHSt 1, 387; LG Bad Kreuznach StV 1993, 629 (630); SK-StPO/*Rogall* § 136a Rn. 4; *Seebode* JR 1988, 427 (428); *Sternberg-Lieben* Jura 1995, 299 (306).

217 *Dencker* StV 1994, 667 (673 f).

218 Vgl. etwa LR/*Hanack*, 25. Aufl., § 136a Rn. 3; SK-StPO/*Rogall* § 136a Rn. 4; *Seebode* JR 1988, 427 (428); *Sternberg-Lieben* Jura 1995, 299 (307); *Neuhaus* NStZ 1997, 312 (314 f).

regelmäßig offen bleibt, wie sich ein »Subjekt« überhaupt konstituiert.[219] Im Übrigen ist schon dem § 136a Abs. 3 S. 1 StPO, der der *Einwilligung* des Betroffenen in die Anwendung der bezeichneten Vernehmungsmethoden jede Bedeutung abspricht, zu entnehmen, dass es hier gerade *nicht* auf die Freiheit der Person und damit auch weder auf die »Subjektstellung« noch auf die Menschenwürde des Betroffenen ankommt.[220] Im Gegenteil: Wenn man dem unschuldig in Verdacht geratenen und in erdrückender Beweisnot befindlichen Angeklagten den Entlastungsbeweis in Form einer Vernehmung unter freiwilliger Anwendung von Wahrheitsdrogen, Hypnose oder Polygrafen mit dem Verweis auf § 136a StPO verweigert, dann ist das geradezu als eine *Verletzung* der »Subjektstellung« bzw. Menschenwürde des Betroffenen anzusehen. Auch erscheint es nicht nachvollziehbar, warum es das »Ansehen des Rechtsstaates« erschüttern sollte, wenn ein solcher Entlastungsbeweis zugelassen würde.

53 Der ausschließliche Zweck der in § 136a StPO ausgesprochenen Verbote besteht vielmehr – was sich bereits im Rahmen der historischen Rückblende auf die Entwicklung des Zwangs- und Täuschungsverbots in der Zeit vor der Einführung des § 136a StPO angedeutet hat – darin, den Beschuldigten, Zeugen oder Sachverständigen vor einer fehlerhaften Aussage zu bewahren und auf diese Weise die Sicherheit der Tatsachenfeststellung im Verfahren zu gewährleisten.[221] Die Bestimmung beruht auf der Voraussetzung, dass die Beeinträchtigung der Willensentschließung oder der Willensbetätigung der Beweisperson zu einem möglicherweise objektiv unrichtigen Ergebnis der Beweiserhebung führen, das Beweisergebnis dann also von vornherein entwertet und damit zur Erforschung der Wahrheit ungeeignet sein kann:[222] »Dem Ziel zutreffender Wahrheitsermittlung widerspricht jeder Versuch, die Aussage des Angeklagten in dem einen oder anderen Sinne zu beeinflussen, sie also in eine bestimmte Bahn zu drängen, insbes. also jede *Täuschung*, erst recht jeder *Zwang* in dieser Richtung.«[223] Es geht also m.a.W. um die Absorption von Protesten in Bezug auf eine intersubjektiv akzeptable Entscheidungsfindung und damit um die formelle Funktion (Legitimationsfunktion) des Verfahrens.[224] Nur so lässt es sich erklären, warum die Verbote des § 136a StPO gemäß Abs. 3 jeder Disposition des Betroffenen entzogen sind.

54 Aus der Stellung des § 136a StPO im Gesetz (wie auch aus der historischen Entwicklung des Täuschungs- und Zwangsverbots) folgt, dass die Vorschrift *unmittelbar* nur für *Aussagen*[225] bei *Vernehmungen* und nicht für die anderweitige Beschaffung von Beweismaterial[226] und außerdem nur für die mit der Strafverfolgung beauftragten *Staatsorgane* gilt,[227] wozu der BGH auch *Sachverstän-*

---

219 Siehe dazu etwa *Jakobs* Norm, Person, Gesellschaft, 2. Aufl. 1999.

220 Dafür spricht weiterhin, dass die Verfahrensrüge, eine Aussage sei durch verbotene Vernehmungsmethoden zustande gekommen, auch dann zulässig erhoben werden kann, wenn der Angeklagte der Verwertung der Aussage in der Hauptverhandlung nicht widersprochen hat (BGH, 03.02.2016 – 4 StR 561/15, StV 2016, 772).

221 *Lesch* 3/85; *ders.* ZStW 111 (1999), 624 (641); *ders.* GA 2000, 355 (356 passim); ähnl. *Krack* NStZ 2002, 120 (121 ff.); a.A. (ohne Begründung) LR/*Hanack*, 25. Aufl., § 136a Rn. 3; LR/*Gleß* § 136a Rn. 1, 3; SK-StPO/*Rogall* § 136a Rn. 5. Allerdings hat man schon bei der Einführung des § 136a StPO (dazu SK-StPO/*Rogall* § 136a Rn. 2) den ursprünglichen historischen Hintergrund der verbotenen Vernehmungsmethoden vollständig ausgeblendet. S. aber *Joerden* JuS 1993, 927 f.

222 OLG Oldenburg NJW 1955, 683.

223 *V.V. Hippel* Strafprozess, S. 422. Ebenso *Mittermaier* GS I/1, 1849, 474; *Sundelin* GA VI, 1858, 628; *Glaser* ArchCrimNF 1851, 81 (88 f.); *Zachariae* Handbuch, S. 245 (252 f.); *John* StPO, S. 933 f.; *Heldmann* Deutsche Strafrechts-Zeitung, 1916, Sp 367; zu *Dohna* Strafprozessrecht, S. 104; *Henschel* ArchKrimAnthr 56 (1914), 30 f.

224 Dazu näher *Lesch* 1/4.

225 BGHSt 24, 125 (129); 34, 365 (369).

226 BGHSt 34, 362 (363); 34, 365 (369); *Fezer* NStZ 1996, 289; SK-StPO/*Rogall* § 136a Rn. 22; Meyer-Goßner/*Schmitt* § 136a Rn. 4; *Sternberg-Lieben* Jura 1995, 299 (306).

227 BGHSt 17, 14 (19); 34, 365 (369); Meyer-Goßner/*Schmitt* § 136a Rn. 2; *Joerden* JuS 1993, 927 (928).

dige rechnet (»Gehilfen des Gerichts«).[228] Eine entsprechende Anwendung auf die Erklärungen des Rechtsmittelverzichts und der Rechtsmittelrücknahme kommt nicht in Betracht (was freilich nicht ausschließt, dass ein durch Drohungen erzwungener Rechtsmittelverzicht unwirksam sein kann).[229]

§ 136a findet auf *ausländische* Strafverfolgungsorgane keine unmittelbare Anwendung, es sei denn, sie sind deutscher Hoheitsgewalt unterstellt.[230] Die Frage, ob Beweismittel, die durch ausländische Hoheitsorgane mithilfe verbotener Vernehmungsmethoden erlangt wurden, in entsprechender Anwendung von § 136a StPO dann unverwertbar sind, wenn Erkenntnisse von einem Drittstaat durch die deutschen Strafverfolgungsbehörden angefordert oder auch nur angenommen worden sind, hat der BGH bislang offengelassen.[231] Jedenfalls soll der Beschuldigte die Beweislast dafür tragen, dass seine Angaben vor einer ausländischen Behörde durch Folter oder durch andere verbotene Vernehmungsmethoden erzwungen worden seien.[232] 55

Nach h.M. soll § 136a StPO keine *Drittwirkung* entfalten, sodass eine von einer Privatperson mit den Methoden des § 136a Abs. 1, 2 StPO gewonnene Auskunft regelmäßig keinem Beweisverwertungsverbot unterliege.[233] Etwas anderes könne erst dann gelten, wenn ein *»besonders krasser Verstoß gegen die Menschenwürde«* (z.B. Folter, Marter, Einkerkerung) oder eine *»schwere Grundrechtsverletzung«* vorliege.[234] Darüber hinaus soll es geboten sein, in entsprechender Anwendung der Norm ein Verwertungsverbot anzunehmen, soweit sich staatliche Behörden die in § 136a Abs. 1 und 2 StPO umschriebenen Verhaltensweisen Privater *zurechnen* lassen müssten.[235] Eine solche (auf Ausnahmefälle beschränkte) Zurechnung könne sich »aus der Art des Zusammenwirkens zwischen den Ermittlungsbehörden und der Privatperson« ergeben,[236] d.h. namentlich dann, wenn die Privatperson (insbesondere ein V-Mann) auf den Betroffenen *»angesetzt«* werde,[237] nach Auffassung des BGH darüber hinaus auch aus den Umständen, unter denen die Privatperson zu beweiserheblichen Angaben eines Tatverdächtigen gelange, insbesondere daraus, dass die Privatperson den Tatverdächtigen *»unter den besonderen Bedingungen der Untersuchungshaft«* ausforsche.[238] 56

II. Einzelne Verbotstatbestände

Im Einzelnen sind folgende Vernehmungsmethoden verboten (die Katalogisierung des Gesetzes ist missglückt und eher verwirrend,[239] eine Systematisierung ohne Überschneidungen kaum möglich): 57
- **Misshandlung** 58
  ist jede tatbestandsmäßige Körperverletzung i.S.d. § 223 StGB,[240] d.h. jede nicht bloß unerhebliche Beeinträchtigung der körperlichen Unversehrtheit oder des körperlichen Wohlbefindens,

228 BGHSt 11, 211 f.; ebenso Meyer-Goßner/*Schmitt* § 136a Rn. 2 m.N. pro et contra; näher dazu Satzger/Schluckebier/Widmaier/*Eschelbach* § 136a Rn. 15.
229 BGHSt 17, 14.
230 LR/*Gleß* § 136a Rn. 11.
231 BGH StraFo 2008, 296.
232 BGH StraFo 2008, 296.
233 BGHSt 44, 129 (134); BGH StV 2011, 129 (130) m. krit. Anm. *Roxin*; LR/*Hanack*, 25. Aufl., § 136a Rn. 9; Meyer-Goßner/*Schmitt* § 136a Rn. 3.
234 Einzelheiten sind str., vgl. Meyer-Goßner/*Schmitt* § 136a Rn. 3; KK/*Diemer* § 136a Rn. 3; LR/*Hanack*, 25. Aufl., § 136a Rn. 10; LR/*Gleß* § 136a Rn. 10; *Otto* GA 1970, 305.
235 BGHSt 44, 129 (134); KK/*Diemer* § 136a Rn. 4; *Derksen* JR 1997, 167 (169); *Joerden* JuS 1993, 927 (928); s. dazu auch EGMR StV 2003, 257 m. Anm. *Gaede*; ferner *Esser* JR 2004, 98.
236 BGHSt 44, 129 (134).
237 Meyer-Goßner/*Schmitt* § 136a Rn. 2; *Kahlo* FS Wolff, S. 185 f.; *Müssig* GA 1999, 138.
238 BGHSt 44, 129 (136 f.); zust. *Hanack* JR 1999, 349; krit. zum Ganzen *Lesch* GA 2000, 355 ff.; s. dazu auch EGMR StV 2003, 257 m. Anm. *Gaede*; ferner *Esser* JR 2004, 98.
239 SK-StPO/*Rogall* § 136a Rn. 41.
240 LR/*Hanack*, 25. Aufl., § 136a Rn. 18.

z.B. durch Fußtritte, Schläge, grelle Beleuchtung, Lärmverursachung, ständiges Stören im Schlaf, Vorenthalten der Nahrung und Frierenlassen.[241]

59 – **Ermüdung**
ist ein Zustand, in dem die Willenskraft ohne Anwendung irgendwelcher Mittel infolge des Ruhebedürfnisses so abgesunken ist, dass die Freiheit der Willensentschließung und -betätigung ernsthaft gefährdet ist.[242] Eine Ermüdung soll nach der Rspr. nur in Extremfällen tatbestandsmäßig sein, z.B. bei Dauerverhören oder nach 30 Stunden (noch nicht nach 24 Stunden)[243] ohne Schlaf.[244] Dabei wird es entscheidend auf die jeweilige Konstitution des Vernommenen und deshalb auf die Umstände des Einzelfalls ankommen.[245] Es ist aber auf jeden Fall unzulässig, den Beschuldigten durch ermüdende Vernehmungen zu zermürben. Nächtliche Vernehmungen sind, wenn dafür kein zwingender sachlicher Grund vorliegt, stets suspekt.[246] Der Verstoß gegen § 136a StPO setzt weder eine bewusste Herbeiführung noch ein bewusstes Ausnutzen der Übermüdung voraus.[247] Vielmehr ist allein der objektive Erfolg eines die Willensfreiheit beeinträchtigenden Ermüdungszustands maßgeblich.

60 – **Mangelnde Vernehmungsfähigkeit**
§ 136a StPO verbietet über seinen Wortlaut hinaus[248] überhaupt die Vernehmung des Beschuldigten in einem (etwa aufgrund von Alkoholentzugserscheinungen) nicht vernehmungsfähigen Zustand, und zwar auch dann, wenn dieser Zustand nicht von den Vernehmungsbeamten bewusst ausgenutzt wird bzw. von ihnen herbeigeführt wurde.[249] Grundsätzlich können nur schwere körperliche und/oder seelische Mängel oder Krankheiten die Vernehmungsfähigkeit ausschließen.[250]

61 – **Körperliche Eingriffe**
sind alle Maßnahmen, die die körperliche Unversehrtheit oder das körperliche Wohlbefinden beeinträchtigen,[251] auch schmerzfreie und folgenlose Eingriffe.[252] Meist werden körperliche Eingriffe schon als Misshandlung, Verabreichung von Mitteln oder Quälerei verboten sein.[253]

62 – **Verabreichen von Mitteln**
ist jede Einführung von festen, flüssigen oder gasförmigen Stoffen in den Körper, gleich in welcher Form das geschieht (z.B. durch Einatmen, Einspritzen, Einführen in Körperöffnungen, Beimischen in Speisen und Getränke).[254] In Betracht kommen betäubende, hemmungslösende, einschläfernde und berauschende Substanzen, insbesondere Rauschgifte, Alkohol und die Narkoanalyse, bei der durch Verabreichung von betäubenden bzw. einschläfernden Mitteln eine erhöhte, von Hemmungen befreite Mitteilungsbereitschaft erzielt wird,[255] aber auch Weckmit-

---

241 *Lesch* 3/87; Meyer-Goßner/*Schmitt* § 136a Rn. 7.
242 LR/*Hanack*, 25. Aufl., § 136a Rn. 19. Zur Ermüdung s. schon *Sundelin* GA VI, 1858, 635.
243 BGH NStZ 1984, 15.
244 BGHSt 60, 50; BGHSt 13, 60; Meyer-Goßner/*Schmitt* § 136a Rn. 8. A.A. SK-StPO/*Rogall* § 136a Rn. 44: Es komme nicht auf den tatsächlichen Ermüdungszustand des Beschuldigten an, sondern auf eine zweckgerichtete Herbeiführung eines die Willensfreiheit beeinträchtigenden Übermüdungszustands. Dagegen wiederum *Beulke/Swoboda* Strafprozessrecht Rn. 205.
245 BGHSt 12, 332 (333); *Joerden* JuS 1993, 927 (929); *Lesch* 3/88.
246 LR/*Hanack*, 25. Aufl., § 136a Rn. 19; LR/*Gleß* § 136a Rn. 24. A.A. Satzger/Schluckebier/Widmaier/*Eschelbach* § 136a Rn. 23 ff. und KK/*Diemer* § 136a Rn. 12 der bei wiederholter Vernehmung zur Nachtzeit ohne triftigen Grund aber von Quälerei ausgeht (Rn. 18).
247 *Lesch* 3/88; LR/*Hanack*, 25. Aufl., § 136a Rn. 20; LR/*Gleß* § 136a Rn. 25.
248 Die Vorschrift enthält nur *Beispiele* einer unzulässigen Beeinträchtigung der Willensentschließung und Willensbetätigung, BGHSt 5, 332 (334).
249 LG Dortmund NStZ 1997, 356 (357); *Neuhaus* NStZ 1997, 312 (313).
250 *Neuhaus* NStZ 1997, 312; *Lesch* 3/89.
251 SK-StPO/*Rogall* § 136a Rn. 48.
252 KK/*Diemer* § 136a Rn. 14; *Lesch* 3/90.
253 Meyer-Goßner/*Schmitt* § 136a Rn. 9; LR/*Hanack*, 25. Aufl., § 136a Rn. 23.
254 Meyer-Goßner/*Schmitt* § 136a Rn. 10; LR/*Gleß* § 136a Rn. 29; *Lesch* 3/91.
255 *Lesch* 3/91; Meyer-Goßner/*Schmitt* § 136a Rn. 10; KK/*Diemer* § 136a Rn. 17.

tel.[256] Ein Beschuldigter, der bereits unter Alkoholeinwirkung steht, kann vernommen werden, solange er verhandlungsfähig ist.[257] Zwar können Zigaretten und die Gewöhnung an ihren Genuss den typischen Rauschgiften und der krankhaften Sucht, die bei ihrem regelmäßigen Genuss entstehen kann, nicht gleichgestellt werden. Es ist jedoch nicht ohne Weiteres auszuschließen, dass auch das Versprechen und die Verabreichung von Zigaretten unter Umständen (in leichteren Untersuchungsfällen zum Beispiel) bei starken Rauchern Einfluss auf die Willensentschließung nehmen könnte. Dann aber sind Zigaretten ebenfalls als verbotene Mittel im Sinne des § 136a Abs. 1 StPO anzusehen.[258] Im Übrigen ist die Verabreichung von Mitteln, die nur der Stärkung oder Erfrischung dienen (Traubenzucker, Schokolade, Kaffee, Tee) ebenso wenig untersagt wie die Weigerung, sie dem Beschuldigten zu geben.[259] Medikamente und Injektionen, die unter dem Gesichtspunkt einer medizinischen Therapie den krankhaften Zustand der zu vernehmenden Person bekämpfen sollen (z.B. Kopfschmerztabletten oder Spritzen gegen Herz- und Kreislaufschwäche oder Diabetes) sind von dem Verbot des § 136a Abs. 1 StPO nicht erfasst.[260] Bei der Verabreichung von Mitteln ist es wiederum irrelevant, ob der Vernehmende die dadurch bewirkte Beeinträchtigung der Willensentschließungs- oder Willensbetätigungsfreiheit erkennt oder nicht; vielmehr genügt schon der objektive Zustand der Aussageperson, etwa wenn diese sich durch Rauschgift-,[261] Medikamenten-[262] oder Alkoholkonsum[263] selbst in einen solchen Zustand versetzt hat.[264]

– **Quälerei** 63
ist das Zufügen länger andauernder oder sich wiederholender körperlicher oder seelischer Schmerzen oder Leiden, z.B. durch entwürdigende Behandlung (fortwährende Beschimpfung etc.), Dunkelhaft, Erzeugung von Angst und Hoffnungslosigkeit,[265] u.U. auch durch das Hinführen zur Leiche,[266] nicht aber das Zeigen von Lichtbildern des Opfers. Das Vorenthalten von Zigaretten gegenüber einem starken Gewohnheitsraucher kann nur in extrem gelagerten Ausnahmefällen als Quälerei angesehen werden.[267]

– **Täuschung** 64
Der Begriff der Täuschung soll nach der heute üblichen Interpretation des § 136a StPO zu weit gefasst sein und daher einschränkend ausgelegt werden.[268] Dabei sei der Bezug zur Freiheit der Willensentschließung und Willensbetätigung sowie zu den anderen in der Vorschrift aufgeführten verbotenen Mitteln zu berücksichtigen.[269] Als Täuschung könne – da dem Begriff ein finales Moment innewohne – nur eine bewusste Irreführung des Vernommenen in Betracht kommen, während eine unvorsätzliche Irrtumserregung nicht erfasst sei.[270] Kriminalistische List werde

---

256 BGHSt 11, 211.
257 Meyer-Goßner/*Schmitt* § 136a Rn. 10; einschränkend LR/*Hanack*, 25. Aufl., § 136a Rn. 28; LR/*Gleß* § 136a Rn. 33.
258 BGHSt 5, 290 (291).
259 Meyer-Goßner/*Schmitt* § 136a Rn. 10; LR/*Hanack*, 25. Aufl., § 136a Rn. 26, 29.
260 LR/*Hanack*, 25. Aufl., § 136a Rn. 26; Satzger/Schluckebier/Widmaier/*Eschelbach* § 136a Rn. 30.
261 LG Mannheim NJW 1977, 346.
262 LG Marburg StV 1993, 238.
263 OLG Frankfurt VRS 36, 1969, 366; OLG Köln StV 1989, 520 f.
264 KK/*Diemer* § 136a Rn. 16; Meyer-Goßner/*Schmitt* § 136a Rn. 10; a.A. OLG Hamm StV 1999, 360 (361); SK-StPO/*Rogall* § 136a Rn. 51.
265 Meyer-Goßner/*Schmitt* § 136a Rn. 11; *Beulke/Swoboda* Strafprozessrecht, Rn. 207; LR/*Hanack*, 25. Aufl., § 136a Rn. 31; LR/*Gleß* § 136a Rn. 37.
266 BGHSt 15, 187 ff.; *Lesch* 3/92; Satzger/Schluckebier/Widmaier/*Eschelbach* § 136a Rn. 32.
267 KK/*Diemer* § 136a Rn. 18; LR/*Gleß* § 136a Rn. 34.
268 S. nur BFH NV 2008, 1441 m.w.N. sowie *Kühl* StV 1986, 189; KK/*Diemer* § 136a Rn. 19.
269 BGH StV 1996, 465 (466); *Sternberg-Lieben* Jura 1995, 299 (307) m.w.N.
270 BVerwG NZWehrr 2016, 217; BGHSt 31, 395 (399 f.); 35, 328 (329); 37, 48 (53); BGH NStZ 1997, 251; 2004, 631; SK-StPO/*Rogall* § 136a Rn. 59; *Beulke/Swoboda* Strafprozessrecht. Rn. 211; *Schlüchter* Strafverfahren, Rn. 96; Meyer-Goßner/*Schmitt* § 136a Rn. 13; a.A. LR/*Gleß* § 136a Rn. 49.

durch § 136a StPO nicht verboten.[271] Sie dürfe aber nur darin bestehen, dass Fangfragen gestellt und doppeldeutige Erklärungen abgegeben würden. Falsche Angaben über Rechtsfragen und bewusstes Vorspiegeln oder Entstellen von Tatsachen seien immer untersagt,[272] und zwar auch geringfügige Verdrehungen der Wahrheit.[273] Das Verschweigen von Rechten und Tatsachen, also das Täuschen durch Unterlassen, unterfalle dem § 136a StPO nur, soweit eine Rechtspflicht zur Aufklärung oder Belehrung bestehe.[274] Eine derartige Rechtspflicht bestehe nicht allgemein; insbesondere sei der Vernehmende nicht verpflichtet, den Beschuldigten über die vorhandenen Ermittlungsergebnisse zu informieren[275] (s. dazu bereits oben Rdn. 22 f.). Bei einer über die bloße Ausnutzung hinausgehenden Unterhaltung oder gar Ausweitung eines Irrtums soll der Tatbestand des § 136a StPO jedoch erfüllt sein.[276]

65 Die herrschende Interpretation nimmt die breit konsentierten Ergebnisse der Reform des Strafverfahrens im vorigen Jahrhundert teilweise wieder zurück und stellt damit einen bedauerlichen Rückfall in die Zeit des gemeinrechtlichen Inquisitionsprozesses dar.[277] Der Grund für diese Entwicklung ist darin zu sehen, dass man seit der – mit der kontraproduktiven und deshalb rechtspolitisch verfehlten Einführung des § 136a StPO wohl nicht von ungefähr parallel verlaufenden – Naturrechtsrenaissance nach dem Zusammenbruch des Dritten Reiches die einstigen *funktionalen* Erklärungsansätze einfach abgeschnitten und durch ebenso pathetische wie amorphe Beschwörungsformeln auf die »integre rechtsstaatliche Strafrechtspflege«, das »Ansehen des Rechtsstaates«, die »Menschenwürde« und die kaum jemals näher spezifizierte »Subjektsstellung« (bzw. »Prozesssubjektsqualität«) des Beschuldigten ersetzt hat, was dann schließlich in der Behauptung gipfelt, dass § 136a StPO der »allgemeine Grundsatz« zu entnehmen sei, dass die Wahrheit »nicht um jeden Preis«, sondern »nur auf justizförmige Weise« erforscht werden dürfe.[278] Noch einmal: Das von den Vätern der Strafprozessreform im 19. Jahrhundert für selbstverständlich gehaltene Verbot der Einwirkung auf die Aussagefreiheit des Beschuldigten durch Zwang und inquisitorische List ist jedenfalls auch zum Zweck der Ausschaltung von Fehlerquellen und damit gerade nicht *gegen* das, sondern – umgekehrt! – *im* Interesse der »Wahrheitsfindung« selbst entstanden. Denn seinerzeit hat man sich eben, wie gesagt, über die mangelnde Eignung des überkommenen inquisitorischen Verhörs als »Wahrheitserforschungsmittel« und den zweifelhaften Beweiswert eines durch die »perfide Jagdwissenschaft« (*Köstlin*) des Inquirierens erschlichenen oder erzwungenen Geständnisses keinerlei Illusionen mehr hingegeben. Was den Vätern der Strafprozessreform noch unmittelbar vor Augen stand, scheint heute jedoch unter dem Nebel der genannten Beschwörungsformeln weitgehend in Vergessenheit geraten zu sein. Jedenfalls hielt man damals unter dem noch relativ frischen Eindruck des soeben erst überwundenen gemeinrechtlichen Inquisitionsprozesses – im Gegensatz zur heute h.M. – die Anwendung aller Überrumpelungen und Überlistungen[279] sowie das Stellen unbestimmter, dunkler, vieldeutiger und verfänglicher (captiöser) Fragen selbstverständlich für unzulässig.[280] Demnach ist der Begriff der Täuschung keineswegs zu weit, sondern – umgekehrt – zu *eng* gefasst![281]

66 Die Frage, ob und inwieweit in den verschiedenartigen Konstellationen der sog. *»Hörfalle«* eine Verletzung des Täuschungsverbots vorliegt, ist in Rspr. und Lit. heftig umstritten. Wird der Beschuldigte bei

271 Vgl. BGHSt 35, 328 (329); OLG Frankfurt StV 1998, 119 (120).
272 BGHSt 35, 328 (329).
273 Meyer-Goßner/*Schmitt* § 136a Rn. 15; *Beulke/Swoboda* Strafprozessrecht, Rn. 210; *ders.* StV 1990, 180 (182).
274 BGHSt 39, 335 (348); 40, 66 (72); SK-StPO/*Rogall* § 136a Rn. 60; *Beulke/Swoboda* Strafprozessrecht, Rn. 211.
275 BGHSt 37, 48 (53).
276 SK-StPO/*Rogall* § 136a Rn. 61.
277 Man halte nur einmal den – äußerst lesenswerten! – Artikel von *Heldmann* Deutsche Strafrechts-Zeitung, 1916, Sp 366 ff. über die Vernehmung des Beschuldigten dagegen!
278 OLG Frankfurt StV 1996, 651 (654); Meyer-Goßner/*Schmitt* § 136a Rn. 1.
279 *Sundelin* GA VI, 1858, 634; *Köstlin* Wendepunkt, S. 98; *Heldmann* Deutsche Strafrechts-Zeitung, 1916, Sp 369; *Henkel* Strafverfahren, S. 64.
280 *Köstlin* Wendepunkt, S. 99; *Zachariae* Handbuch, S. 245 ff.; *Thilo* StPO § 136 Anm. 2; *Keller* StPO § 136 Anm. 1; *v. Schwarze* StPO, S. 271. Ebenso heute *Grünwald* Beweisrecht, S. 60; *Degener* GA 1992, 464.
281 *Lesch* ZStW 111 (1999), 624 ff.

angeordneter Überwachung der Telekommunikation durch polizeiliches Handeln zu einem Telefongespräch veranlasst, kann in dem bloßen Verschweigen der Überwachung gegenüber dem Beschuldigten eine Täuschung i.S.d. § 136a StPO noch nicht liegen.[282] Dasselbe gilt entsprechend, wenn eine *Privatperson* auf Veranlassung der Ermittlungsbehörden mit dem Tatverdächtigen zwecks Erlangung von Angaben zum Untersuchungsgegenstand *ohne Aufdeckung der Ermittlungsabsicht Gespräche führt*,[283] und zwar auch dann, wenn diese Gespräche fernmündlich stattfinden und von einem Polizeibeamten bzw. im polizeilichen Auftrag von einem Dritten *über einen Zweithörer mitverfolgt* werden[284] oder wenn diese Gespräche unter den besonderen Bedingungen der *U-Haft* stattfinden.[285]

Heimliche Tonbandaufnahmen während einer Vernehmung führen in aller Regel nicht zu einer Beeinträchtigung der Willensentschließungs- oder Willensbetätigungsfreiheit und können deshalb nicht als Täuschung qualifiziert werden.[286] 67

- **Hypnose** 68
  ist die Einwirkung auf einen anderen, durch die unter Ausschaltung des bewussten Willens eine Einengung des Bewusstseins auf die von dem Hypnotisierenden gewünschte Vorstellungsrichtung erreicht wird.[287] Sie darf lediglich zur Korrektur posthypnotischer Hemmungen eingesetzt werden, weil sie in diesem Fall die Freiheit der Willensentschließung und Willensbetätigung wiederherstellt.[288]
- **Zwang** 69
  ist gegenüber dem Beschuldigten nur zulässig, soweit eine entsprechende Ermächtigungsgrundlage besteht.[289] Nach der Rspr. des BGH soll Zwang auch dann vorliegen, wenn ein Mithäftling in der *U-Haft* mit dem Beschuldigten auf eine Zelle gelegt wird, um diesen heimlich *auszuforschen*.[290] War eine Zwangsmaßnahme zwar objektiv rechtswidrig, wurde sie aber nicht gezielt zur Herbeiführung einer Aussage eingesetzt, sollen die während der Zwangsmaßnahme gemachten Aussagen nach Auffassung des *BGH* verwertbar sein.[291]
- **Drohung mit einer verfahrensrechtlich unzulässigen Maßnahme** 70
  ist das Inaussichtstellen einer Maßnahme, auf deren Anordnung der Vernehmende Einfluss zu haben behauptet. Warnungen, Belehrungen und Hinweise sind keine Drohungen. Mit zulässigen Maßnahmen darf gedroht werden, sofern der Vernehmende zugleich zum Ausdruck bringt, dass er seine Entschließung nur von sachlichen Notwendigkeiten abhängig machen werde.[292] Das Androhen einer körperlichen Misshandlung ist jedenfalls verboten.[293] In der vom Tatrichter konkludent zum Ausdruck gebrachten Ankündigung, der Angeklagte werde in Haft genommen, falls er nicht gesteht, sondern den beabsichtigten Beweisantrag stelle und die Hauptverhandlung deswegen ausgesetzt werden müsse, liegt die Drohung mit einer unzulässigen Maßnahme i.S.v. § 136 Abs. 1 S. 3, wenn die Invollzugsetzung des Haftbefehls offensichtlich gem. § 116 Abs. 4 rechtswidrig wäre und die Drohung daher ersichtlich der Herbeiführung eines Geständnisses oder der Abwendung einer prozessual zulässigen Stellung eines Beweisantrags dient.[294] Auch mit

282 BGHSt 33, 217 (223) = StV 1986 m. abl. Anm. *Kühl*; Meyer-Goßner/*Schmitt* § 136a Rn. 4 f.
283 BGHSt 42, 139 (149); BGH NStZ 2011, 596 (597); krit. *Roxin* StV 2012, 131; ders. NStZ 1995, 465 f.; *ders.* NStZ 1997, 18 (20); KK/*Diemer* § 136a Rn. 26; *Lesch* 3/125; *Lesch* GA 2000, 355 (360); a.A. *Kahlo* FS Wolff. S. 185 f.; *Derksen* JR 1997, 167 (169); *Lagodny* StV 1996, 167 (172).
284 BGHSt 42, 139 (149) [BGH 13.05.1996 - GSSt - 1/96].
285 BGHSt 44, 129 (133); *Lesch* GA 2000, 355 (367 ff.). A.A. LR/*Hanack*, 25. Aufl., § 136a Rn. 37a; *Weiler* GA 1996, 115; *Kudlich* JuS 1997, 696 (698) [BGH 13.05.1996 - GSSt - 1/96].
286 SK-StPO/*Rogall* § 136a Rn. 69; a.A. KK/*Diemer* § 136a Rn. 24–25. Für die Annahme eines allgemeinen Verwertungsverbots BGHSt 31, 304 (307 ff.); zur »Stimmenfalle« s. BGHSt 34, 39; 40, 66.
287 Meyer-Goßner/*Schmitt* § 136a Rn. 19.
288 LR/*Gleß* § 136a Rn. 53; SK/*Rogall* § 136a Rn. 70. A.A. KK/*Diemer* § 136a Rn. 28.
289 *Beulke/Swoboda* Strafprozessrecht Rn. 214.
290 BGHSt 34, 362 (364); 44, 129 (134 f.); krit. *Lesch* GA 2000, 356 ff.
291 BGH StV 1996, 73 m. abl. Anm. *Fezer*; a.A. *Lesch* 3/95.
292 Meyer-Goßner/*Schmitt* § 136a Rn. 21 f.
293 LG Frankfurt 28.07.2003 – 5/22 Ks 2/03 – 3490 Js 230118/02, Kriminalistik 2005, 84 (Fall Gäfgen).
294 BGH StV 2004, 636 (637 f.).

der sachlich nicht gerechtfertigten (!) Bloßstellung homosexueller Neigungen des Beschuldigten darf nicht gedroht werden.[295]

71 – **Versprechen von gesetzlich nicht vorgesehenen Vorteilen**
Ein unzulässiges Versprechen i.S.v. § 136a Abs. 1 S. 3 ist *jedes Inaussichtstellen eines unberechtigten Vorteils*,[296] d.h. eines Zustands, der vom Empfänger des Versprechens als günstig empfunden wird und dazu geeignet ist, sein Aussageverhalten zu beeinflussen.[297] Wenn *gesetzlich vorgesehene Vorteile* angekündigt werden, ist ein Verstoß gegen § 136a Abs. 1 S. 3 ausgeschlossen. Das gilt etwa für die Belehrung über mögliche *Strafmilderungen*, auch über die strafmildernden Folgen eines *Geständnisses*,[298] nicht aber für das Inaussichtstellen einer schuldunangemessen niedrigen Strafe für den Fall eines Geständnisses[299] Die *Haftentlassung* bei Ablegung eines Geständnisses darf zugesagt werden, wenn die Haft nur wegen *Verdunkelungsgefahr* begründet ist.[300] Etwas anderes gilt dann, wenn ein Polizeibeamter diese Vergünstigung als *sicher* in Aussicht stellt,[301] nicht aber, wenn dadurch die *Fluchtgefahr* nicht ausgeräumt werden kann.[302] Werden Versprechen abgegeben, die der Vernehmende nicht selbst oder nicht allein einlösen kann, so muss das zum Ausdruck kommen.[303] Soweit Vorteile in materiellen Vergünstigungen (z.B. dem Verabreichen von Genussmitteln) liegen, ist schon fraglich, ob es sich um gesetzlich nicht vorgesehene Vorteile handelt; jedenfalls wird insoweit eine Beeinträchtigung der Willensfreiheit regelmäßig nicht vorliegen.[304]

72 Auch die Anwendung der »Sanktionsschere« zur Erwirkung eines verfahrensverkürzenden Geständnisses durch den Vorsitzenden einer Strafkammer kann einen Verstoß gegen § 136a StPO begründen.[305] Zwar darf das Gericht dem Angeklagten im Rahmen eines offenen Verhandlungsstils seine vorläufige Einschätzung zur Straferwartung einerseits bei einem Geständnis und andererseits bei einer Überführung nach durchgeführter Beweisaufnahme mitteilen. Es ist darüber hinaus gemäß der ausdrücklichen Regelung in § 257c Abs. 3 S. 2 StPO zulässig, dem Angeklagten für den Fall seines Geständnisses eine Strafobergrenze zuzusichern, an die das Gericht im Grundsatz gebunden ist und die es nur bei Eintritt bestimmter Umstände[306] überschreiten kann. Es muss aber stets die Freiheit der Willensentschließung des Angeklagten gewahrt bleiben. Dieser darf weder durch die Drohung mit einer höheren Strafe noch durch das Versprechen eines gesetzlich nicht vorgesehenen Vorteils – und hierzu gehört insbesondere auch die Verhängung einer schuldunangemessen milden Strafe – zu einem Geständnis gedrängt werden. Der Unterschied zwischen einer Strafobergrenze von dreieinhalb Jahren für den Fall eines Geständnisses und einer solchen von sieben bis acht Jahren im Fall eines Tatnachweises nach streitiger Hauptverhandlung ist mit der strafmildernden Wirkung eines Geständnisses nicht mehr erklärbar und deshalb als unzulässiges Druckmittel (»Sanktionsschere«) zur Erwirkung eines verfahrensverkürzenden Geständnisses zu werten.[307]

295 OLG Naumburg, StV 2004, 529 (530).
296 LR/*Hanack*, 25. Aufl., § 136a Rn. 50; LR/*Gleß* § 136a Rn. 58; a.A. BGHSt 14, 189 (191): »Erklärung …, die als bindende Zusage aufgefasst werden kann.«.
297 OLG Hamm StV 1984, 456.
298 BGHSt 20, 268; 43, 195 (204); BGH StV 1999, 407.
299 BGH StraFo 2003, 97 m. Anm. *Salditt*; BGH NStZ 2005, 393.
300 BGH MDR 1952, 532; Satzger/Schluckebier/Widmaier/*Eschelbach* § 136a Rn. 54.
301 LG Aachen NJW 1978, 2256.
302 BGHSt 20, 268 f.; KK/*Diemer* § 136a Rn. 33.
303 KK/*Diemer* § 136a Rn. 33.
304 Nach Satzger/Schluckebier/Widmaier/*Eschelbach* § 136a Rn. 53 handelt es sich insoweit um Sozialadäquanz.
305 BGH wistra 2007, 474 [BGH 14.08.2007 - 3 StR 266/07]; NStZ 2007, 655 (656 f.) [BGH 27.04.2007 - 2 StR 523/06].
306 Vgl. BGHSt 50, 40 (50) unter Ausweitung von BGHSt 43, 195 (210).
307 BGH wistra 2007, 474 (475) [BGH 14.08.2007 - 3 StR 266/07]; vgl. auch BGH NStZ 2004, 577 (2 Jahre Freiheitsstrafe mit Aussetzung zur Bewährung – 6 Jahre Freiheitsstrafe); BGHR StPO § 136a Abs. 1 Zwang 7 (3 1/2 Jahre Freiheitsstrafe – 6 bis 7 Jahre Freiheitsstrafe).

- **Anwendung eines Polygrafen (Lügendetektors)** 73
  Bei einem Polygraphen (Mehrkanalschreiber, auch sog. »Lügendetektor«[308]) handelt es sich um ein technisches Gerät, das mittels Sensoren auf »mehreren Kanälen« körperliche Vorgänge misst, die der direkten willentlichen Kontrolle des Untersuchten weitgehend entzogen sind. In der Regel werden – in wechselnder Zusammenstellung – Werte für Veränderungen von arteriellem Blutdruck, Herz- und Pulsfrequenz, Atemfrequenz und -amplitude sowie elektrischer Leitfähigkeit der Haut, gelegentlich auch von Muskelspannungen und Oberflächentemperaturen des Körpers erfasst und auf einem mitlaufenden, mit einem Linienraster versehenen Papierstreifen graphisch dargestellt. Während der Messungen werden vom Untersuchenden Fragen gestellt, die der Untersuchte durchgängig verneinen – dies ist die Regel – oder bejahen muss. Deren Inhalt hängt vom angewendeten Testverfahren ab. Insoweit werden im Wesentlichen der *Kontrollfragentest*[309] und der *Tatwissentest* eingesetzt. Beide Verfahren zielen auf das Hervorrufen unterschiedlich starker vegetativer Reaktionen nach einerseits für den Tatvorwurf relevanten Reizen und andererseits nach Vergleichsreizen ab.[310] Der Polygraph liefert also keine Enttarnung der Lüge (weshalb der Begriff »Lügendetektor« neben der Sache liegt), sondern ein Gutachter erstattet unter Zuhilfenahme und Auswertung der niedergelegten Parameter ein Gutachten zur Glaubhaftigkeit der Einlassungen des Beschuldigten sowie zu seiner Glaubwürdigkeit. Es ist mithin der Sachverständige, der es dem Gericht ermöglichen soll, die Einlassung des Beschuldigten auch vor dem Hintergrund der aufgezeichneten Körperreaktionen zu würdigen.[311]

  Die bislang h.M. hielt die Anwendung des Polygraphen in entsprechender Anwendung des § 136a Abs. 1 StPO für unzulässig, und zwar auch dann, wenn ein Beschuldigter damit seine Unschuld beweisen wollte.[312] Das wurde überwiegend unter Rekurs auf eine angeblich Missachtung der »Subjektstellung« bzw. »Menschenwürde« des Beschuldigten begründet.[313] Dieser Argumentation ist der BGH nunmehr zu Recht entgegengetreten. Denn jedenfalls bei einer freiwilligen Mitwirkung des Beschuldigten kann die Durchführung einer polygrafischen Untersuchung des seine Entlastung erstrebenden Beschuldigten eher dem Schutzgebot der Verfassung und seinem Verteidigungsinteresse entsprechen.[314] Dennoch hält der BGH die Anwendung des Polygrafen nach wie vor für verboten, weil ihr keinerlei Beweiswert zukommt und es sich somit um ein völlig ungeeignetes Beweismittel i.S.d. § 244 Abs. 3 S. 2 Alt. 4 StPO handelt.[315] 74
- **Überschreitung der Vorführfrist** 75
  Wird die Vorführungsfrist überschritten, so unterliegen die nach Fristüberschreitung möglicherweise gemachten Angaben des Beschuldigten einem Verwertungsverbot.[316]
- **Vernehmung im Rahmen der Rechtshilfe** 76
  Bei der aufgrund des Rechtshilfeersuchens eines anderen Staates in Deutschland durchgeführten Vernehmung handelt es sich nicht um eine ausländische Vernehmung. Wenn eine solche Vernehmung nach deutschem Strafprozessrecht ordnungsgemäß vorgenommen worden ist, sind die Erkenntnisse grundsätzlich auch in einem inländischen Strafverfahren verwertbar. Der Beschuldigte ist durch die Rechtshilfevernehmung jedenfalls dann nicht in dem Vertrauen geschützt, dass seine Angaben in einem deutschen Strafverfahren nicht verwendet werden können, wenn das deutsche Verfahren gegen ihn bereits eingeleitet ist und – wie ihm bekannt – in offensichtlichem Zusammenhang mit dem Gegenstand der Vernehmung steht. Auch aus der

---

308 Dazu eingehend SK-StPO/*Rogall* § 136a Rn. 86 ff. m.w.N.
309 S. dazu *Rill/Vossel* NStZ 1998, 481 ff.
310 BGHSt 44, 308 (313).
311 *Artkämper* NJ 1999, 153 (154); *Achenbach* NStZ 1984, 350 f.; *Lesch* 3/98.
312 BGHSt 5, 332 ff.; BVerfG NStZ 1981, 446 m. abl. Anm. *Amelung* NStZ 1982, 38 und *Schwabe* NJW 1982, 362 (367); OLG Frankfurt NStZ 1988, 425; OLG Karlsruhe StV 1998, 530; LG Düsseldorf StV 1998, 647 f.
313 BVerfG NJW 1998, 1938 (1939) [BVerfG 07.04.1998 - 2 BvR 1827/97].
314 BGHSt 44, 308 (316); ebenso *Hamm* NJW 1999, 922; *Amelung* JR 1999, 382 (383 f.); *ders.* NStZ 1982, 38; *Lesch* 3/100.
315 BGH NStZ 2011, 474 (475) [BGH 30.11.2010 - 1 StR 509/10].
316 BGH StV 1995, 283; *Münchhalffen/Gatzweiler*, Das Recht der Untersuchungshaft, Rn. 273.

Überschreitung der Rechtshilfebewilligung (etwa bei einer Befragung des Beschuldigten oder einer Protokollierung der Vernehmung durch Ermittlungsbeamte des um Rechtshilfe ersuchenden Staates) lässt sich in einem solchen Fall kein Verwertungsverbot herleiten.[317]

III. Reichweite des Verwertungsverbots

77 Nach Auffassung des BGH gilt das Verwertungsverbot des § 136a Abs. 3 StPO nur für diejenige Aussage, die durch die in § 136a Abs. 1, 2 StPO verbotenen Mittel herbeigeführt wird; eine spätere Aussage, bei der kein unzulässiger Druck mehr ausgeübt wird, ist voll verwertbar. Die spätere Aussage wird von dem Verwertungsverbot nur erfasst, soweit die verbotene Maßnahme »fortgewirkt und die Aussagefreiheit des Angeklagten in rechtserheblicher Weise beeinträchtigt hat«.[318] Indizien für eine derartige Fortwirkung sind ein naher zeitlicher Zusammenhang zwischen der Anwendung der verbotenen Vernehmungsmethode und der neuen Befragung und die Schwere der Beeinträchtigung der Willensfreiheit. Gegen eine Fortwirkung spricht indes, wenn sich der Beschuldigte oder Zeuge bei der späteren Vernehmung seiner Freiheit bewusst ist, sich von seiner früheren Aussage zu distanzieren.[319] Eine Fortwirkung dürfte allerdings regelmäßig auch dann anzunehmen sein, wenn der Beschuldigte glaubt, dass seine frühere Aussage ohnehin in der Welt und damit auch unverwertbar ist.[320] Deshalb muss für die weitere Verwertung eine *qualifizierte Belehrung* verlangt werden.[321] Nach der Rspr. beseitigt eine solche qualifizierte Belehrung jedenfalls das Fortwirken eines Verstoßes gegen § 136a StPO.[322] Jedoch soll aus dem Fehlen einer qualifizierten Belehrung nicht automatisch die Unverwertbarkeit der späteren Aussage folgen.[323] Hier sei vielmehr – so der BGH – eine Abwägung geboten, in die insbesondere das Gewicht der Willensbeeinträchtigung sowie der zeitliche und situative Zusammenhang zwischen den Vernehmungen eingestellt werden müssten. Bei Aussagen, die durch Folter oder unmenschliche Behandlung erlangt werden, ist allerdings im Einklang mit der Rechtsprechung des EGMR zu Art. 3 EMRK regelmäßig eine Fortwirkung hinsichtlich weiterer Vernehmungen im Ermittlungsverfahren anzunehmen.[324] Im übrigen gilt das Verwertungsverbot des § 136a Abs. 3 S.2 StPO absolut und auch zugunsten von Mitbeschuldigten.[325]

F. Fernwirkung?

78 Bei dem Problem der Fernwirkung geht es um die Frage nach dem *Umfang* eines Beweisverwertungsverbots, d.h. um die Frage, ob ein Ermittlungsergebnis, das aufgrund eines gemäß § 136a Abs. 3 S. 2 StPO unverwertbaren Beweismittels erzielt wurde (sog. »mittelbarer Beweis«), ebenfalls einem Beweisverwertungsverbot unterliegt.[326] Die Frage der Fernwirkung ist in Rspr. und Lit. umstritten:

79 **Theorie der »Früchte des verbotenen Baumes«**

In der Lit. wird die Fernwirkung von Beweisverwertungsverboten teilweise mehr oder weniger weitgehend bejaht,[327] und zwar vor allem in Anlehnung an die amerikanische »fruit of the poisonous tree

317 BGH NStZ 2007, 344.
318 BGHSt 35, 328 (332); 22, 129 (133 f.); BGH NStZ 2021, 431; vgl. auch OLG Frankfurt StV 1998, 119 (121).
319 BGH NStZ 2021, 431 (432).
320 Vgl. auch LG Dortmund NStZ 1997, 356 f.
321 S.o. Rdn. 49; ebenso LG Frankfurt StV 2003, 325 (326); zust. *Weigend* StV 2003, 436 (438); LR/*Gleß* § 136a Rn. 74; Meyer-Goßner/*Schmitt* § 136a Rn. 30. Offengelassen von BGHSt 53, 112 (115).
322 BGH NStZ 1996, 290 (2919).
323 BGH NStZ 2021, 431 (432).
324 EGMR NJW 2010, 3145; Meyer-Goßner/*Schmitt* § 136a Rn. 30a.
325 BGH NStZ 2023, 172 (173).
326 *Rose/Witt* JA 1997, 765.
327 *Roxin/Schünemann* 24/59 f.; *Grünwald* JZ 1966, 489 (500); *Otto* GA 1970, 289 (293 f.); *von Briel* StraFo 2002, 37 (43); *Müller/Trurnit* StraFo 2008, 144 (150 f.); *Jäger* GA 2008, 493 ff.; differenzierend je nach Einzelfall *Joerden* JuS 1993, 927 (931); *Müssig* GA 1999, 119 (137); *Eisenberg* Beweisrecht der StPO, Rn. 403 ff. (in Bezug auf § 136a StPO bejahend: Rn. 714 ff.).

doctrine«.[328] Grund dieser Doktrin ist die Vermutung, dass eine wirksame Grundrechtssicherung nur durch die Abschreckung der Ermittlungsbehörden vor rechtswidrigen Beweiserhebungen zu erzielen sei (»Disziplinierungsfunktion«). Nach diesem Ansatz ist auch die Verwertung der mittelbar erlangten Beweise grundsätzlich unzulässig, weil die Verbote des § 136a StPO sonst im Ergebnis umgangen und ausgehöhlt würden, insbesondere der Anreiz bliebe, sie zur Gewinnung mittelbarer Beweise doch anzuwenden, oder weil jedenfalls der Vertrauensschutz und die Freiheit vor Selbstbelastung eine solche Folge gebiete.[329]

H.M.: Keine Fernwirkung 80

Die h.M. in Rspr. und Lit. lehnt die Fernwirkung von Beweisverwertungsverboten grundsätzlich ab.[330] Denn »bei der Bestimmung des Umfangs eines Beweisverwertungsverbots darf nicht außer Acht gelassen werden, dass damit die Wahrheitserforschungspflicht des Gerichts, die zu den tragenden Grundsätzen des Strafverfahrensrechts gehört, eingeschränkt wird [...]. Ein Verfahrensfehler, der ein Verwertungsverbot für ein Beweismittel zur Folge hat, [darf] deshalb nicht ohne weiteres dazu führen, dass das gesamte Strafverfahren lahmgelegt wird«.[331]

Der Blick auf die materielle Funktion des Strafverfahrens[332] zeigt, dass die Verwertungsverbote auch 81
mittelbar gewonnene Beweismittel erfassen, also grundsätzlich von einer Fernwirkung der Verwertungsverbote auszugehen ist.[333] Gegenstand des Strafverfahrens ist der spezifisch strafrechtliche Konflikt, also der Normwiderspruch des Täters. Entsteht der Verdacht eines solchen Normwiderspruchs, muss entschieden werden, ob dieser Verdacht begründet und die Verhängung einer Sanktion zur Bestätigung der Normgeltung erforderlich ist.[334] Die symbolische Garantie des Rechts ist allerdings nicht auf einen verurteilenden Ausgang des Verfahrens beschränkt, sondern ist auch Ergebnis eines Freispruchs: Kann – aus welchen Gründen auch immer – ein Vorfall im Verfahren dem Beschuldigten nicht als Normbruch zugerechnet werden, so wird dennoch die infrage stehende Norm als relevantes gesellschaftliches Orientierungsmuster bestätigt, da das Geschehen von der Norm oder der Beschuldigte vom Geschehen distanziert werden kann; anders formuliert: Im Strafverfahren wird deutlich, dass diese Norm weiterhin gelten soll, weil ja gerade die Garantie grundsätzlicher Rechtsregeln der – legitime – Anlass des Strafverfahrens ist. Soll das Strafverfahren an der materiellen Legitimation des Strafrechts teilhaben, müssen sich die durch das Strafrecht garantierten Strukturen der Gesellschaft im Strafverfahren widerspiegeln. Das Strafverfahren darf also dem Recht der Gesellschaft nicht widersprechen.[335] Normgeltung kann überhaupt nur unter Einhaltung sämtlicher Rechtsregeln über das Strafverfahren konsistent demonstriert werden. Daraus folgt zwingend, dass Beweismittel, die durch den Rechtsbruch der Strafverfolgungsorgane gewonnen werden, generell präkludiert sind. Auch mittelbar gewonnene Beweismittel haben ihre Existenz dem Erhebungsverstoß zu verdanken und treten daher grundsätzlich als Beweiseinheit mit dem rechtswidrigen Erhebungsakt in Erscheinung.[336] Sie sind somit ebenso präkludiert wie unmittelbar gewonnene Beweismittel selbst. Aus dem Verwertungsverbot folgt ein Folgenbeseitigungsanspruch des Beschuldigten, und dieser Folgenbesei-

328 S. dazu und zu den Ausnahmen *Harris* StV 1991, 313 (314 ff.); *Beulke* ZStW 103 (1991) 657 (666 f.); *Rogall* in: Wolter (Hrsg.), Zur Theorie und Systematik des Strafprozessrechts, 1995, S. 132 ff.

329 Vgl. LR/*Gleß* § 136a Rn. 75.

330 BGHSt 27, 355 (368); 32, 68 (71); 51, 1; 55, 314 (318); StV 1995, 398; OLG Düsseldorf StV 1998, 170 (171); LG Frankfurt StV 2003, 325 m. insoweit abl. Anm. *Weigend* StV 2003, 436 (439 ff.); *Ranft* FS Spendel, S. 734 ff.; Meyer-Goßner/*Schmitt* § 136a Rn. 31; *Alsberg/Nüse/Meyer*, 5. Aufl. 1983, S. 486 deutlich kritischer Alsberg/Nüse/Meyer/*Güntge* S. 346 bzw. Rn. 909; Lesch 3/169.

331 BGHSt 51, 1 (8); BGHSt 35, 32 (34); ebenso bereits BGHSt 27, 355 (358); ferner KG Beschl. v. 28.04.1999 – 1 AR 422/29 – 4 Ws 99/99.

332 S. dazu *Lesch* 1/3.

333 *Lesch* FS Volk, S. 319 ff.

334 *Müssig* GA 1999, 122; zur gesellschaftlichen Funktion der Strafe als Bestätigung der Normgeltung s. *Jakobs* ZStW 107 (1995), 843 (844 f.); eingehend *Lesch* Der Verbrechensbegriff, 1999, 93 ff.

335 *Müssig* GA 1999, 122 f.

336 *Jäger* GA 2008, 494.

tigungsanspruch erstreckt sich grundsätzlich auch auf die Gewinnung solcher Beweismittel, die mit der rechtswidrigen Erhebung eines Beweismittels in einem Zurechnungszusammenhang stehen.[337] Im Übrigen würde das Beweisverwertungsverbot auch leerlaufen, wenn die Strafverfolgungsbehörden die bewusst oder willkürlich rechtswidrig erlangten Informationen für weitere Ermittlungsmaßnahmen verwenden könnten. Aus rein taktischer Sicht könnte dann etwa die rechtswidrige Wohnungsdurchsuchung und/oder Beschlagnahme bewusst in Kauf genommen werden, um so an weiterführende Informationen zu kommen, die überhaupt erst notwendig sind, um weitere Ermittlungsmaßnahmen »rechtmäßig« durchführen zu können.[338] Die Praxis der Strafverteidigung lehrt, dass solcherart Rechtsbruch von Ermittlungsbeamten zum Zweck der Überführung des Beschuldigten – verbrämt formuliert zum alles »legitimierenden« Zweck der »Wahrheitsfindung« – in der Realität keineswegs selten vorkommt. Die Disziplinierungsfunktion der »fruit of the poisonous tree doctrine« erweist sich damit jedenfalls auch als eine rechtsstaatliche Notwendigkeit.[339] Und nur der Rechtsstaat, der die Verbindlichkeit seiner Normen absolut und unmissverständlich selbst ernst nimmt, besitzt überhaupt das Recht und die Kompetenz, die Geltung von Normen zu demonstrieren.

G. Überblick

▶ Beweiserhebungs- und Beweisverwertungsverbote in Bezug auf die Vernehmung des Beschuldigten

82 1. Der Beschuldigte wird nicht ordnungsgemäß nach §§ 136 Abs. 1 S. 2, 163a Abs. 3, 4, 243 Abs. 4 StPO über seine Aussagefreiheit belehrt.
   Ausnahmen:
   – Dem Beschuldigten war dieses Recht ohnehin bekannt.
   – Der verteidigte Angeklagte hat der Verwertung nicht bis zu dem in § 257 StPO genannten Zeitpunkt widersprochen.
2. Die Konsultation eines Verteidigers durch den Beschuldigten wird
   – behindert oder
   – durch mangelhafte Hilfestellung faktisch unterlaufen.
   Ausnahme:
   Der verteidigte Angeklagte hat der Verwertung nicht bis zu dem in § 257 StPO genannten Zeitpunkt widersprochen.
3. Die Konsultation eines Verteidigers durch den Beschuldigten ist trotz aller gebotenen Bemühungen der Polizei (bzw. StA) gescheitert und der Beschuldigte
   – wird vor der weiteren Vernehmung nicht noch einmal über sein Recht zur Konsultation eines Verteidigers belehrt
   – und stimmt der weiteren Vernehmung nicht ausdrücklich oder jedenfalls eindeutig zu.
   Ausnahme:
   Der verteidigte Angeklagte hat der Verwertung nicht bis zu dem in § 257 StPO genannten Zeitpunkt widersprochen.
4. Der Beschuldigte wird nicht ordnungsgemäß nach §§ 136 Abs. 1 S. 2, 163a Abs. 3, 4 StPO über sein Recht zur Konsultation eines Verteidigers belehrt.
   Ausnahmen:
   – Dem Beschuldigten war dieses Recht ohnehin bekannt.
   – Der verteidigte Angeklagte hat der Verwertung nicht bis zu dem in § 257 StPO genannten Zeitpunkt widersprochen.
5. Der Verteidiger des Beschuldigten wird nicht ordnungsgemäß nach § 168c Abs. 5 StPO von dem Vernehmungstermin benachrichtigt.

337 *Müssig* GA 1999, 137.
338 *Müller/Trurnit* StraFo 2008, 150 f.
339 *Von Briel* StraFo 2002, 37 (43).

Ausnahme:
Der Verteidiger hat der Verwertung in der Hauptverhandlung nicht bis zu dem in § 257 StPO genannten Zeitpunkt widersprochen.

6. Der Beschuldigte macht eine Aussage, die nicht ausschließbar darauf beruht, dass ein staatliches Strafverfolgungsorgan bei der Vernehmung die Freiheit der Willensentschließung oder Willensbetätigung des Beschuldigten durch den Einsatz verbotener Mittel oder Methoden beeinträchtigt hat (§ 136a StPO).
7. Der Beschuldigte wird nach einem der genannten Verstöße bei einer erneuten Vernehmung nicht darüber belehrt, dass seine frühere Aussage in dem weiteren Verfahren nicht verwertet werden darf (= sog. »qualifizierte Belehrung«).

H. Anhang: Grundzüge der sog. Beweisverbotslehre

I. Terminologie

Ernst Beling hat in seiner Tübinger Antrittsvorlesung im Jahr 1902 den Begriff der *Beweisverbote* eingeführt,[340] ohne dabei zwischen den verschiedenen Verfahrensabschnitten zu differenzieren: Beweisverbote sollen im gesamten Strafprozess gelten und sich ganz unspezifiziert an sämtliche Organe der Strafverfolgung richten, d.h. an das Gericht, die StA und die Polizei gleichermaßen. Wenn aber allen diesen Organen bestimmte Beweise verboten sind, ist damit notwendig impliziert, dass sie auch allesamt Beweise erheben können. Üblicherweise sieht man das heute noch so und fasst unter dem Begriff der Beweisverbote all diejenigen Rechtsnormen zusammen, »die eine Einschränkung der Beweisführung im Strafverfahren enthalten«,[341] wobei man weiter zwischen *Beweiserhebungs-* und *Beweisverwertungsverboten*[342] sowie daran anknüpfend zwischen *selbstständigen* und *unselbstständigen* Beweisverwertungsverboten[343] zu unterscheiden pflegt. 83

Diese pauschale Diktion erweist sich jedoch bei näherer Betrachtung als sachlich verfehlt und überdies auch als irreführend, was insbesondere zu unnötigen Fehlern bei der Begründung von Revisionen und Verfassungsbeschwerden verleitet.[344] *Beweisen* heißt, *dem Richter* die Überzeugung vom Vorliegen einer Tatsache zu verschaffen.[345] Diese Überzeugung wiederum hat der Richter gem. § 261 StPO ausschließlich aus dem »Inbegriff der Verhandlung« zu schöpfen, und zwar *unmittelbar*. Unmittelbar wiederum heißt, dass der Richter alle entscheidungserheblichen Beweise *selbst* wahrnehmen muss und diese Aufgabe keinem Dritten überlassen darf. Allein in der *Hauptverhandlung* – d.h. namentlich in der *Beweisaufnahme* – werden also im eigentlichen Sinne des Wortes »Beweise erhoben«. 84

Im Gegensatz dazu ist das Ermittlungsverfahren per se nicht auf eine »Beweisführung« (resp. auf den Beweis von Tatsachen) gerichtet. Das Ermittlungsverfahren erfüllt im Wesentlichen zwei Funktionen. Zum einen geht es darum, der StA eine hinreichende Grundlage für die Entschließung darüber zu verschaffen, ob die öffentliche Klage zu erheben ist (§ 160 Abs. 1 StPO). Und zum anderen geht es darum, die aus der Perspektive des Ermittlungsverfahrens immerhin mögliche Hauptverhandlung vorzubereiten. Deshalb müssen Informationen erhoben, Beweis*mittel* (nicht Beweise!) gesucht, beschafft und sichergestellt, Vernehmungen durchgeführt und am Ende das zusammengetragene Material im Hinblick auf die potenzielle Hauptverhandlung einer hypothetischen Würdigung unterzogen werden. Aber die Erhebung der öffentlichen Klage setzt gerade nicht den *Beweis einer Tat*, sondern bloß einen *hinreichenden Tatverdacht* voraus (§ 170 Abs. 1 StPO). Auch die Vorbereitung der Hauptverhandlung ist keineswegs damit verbunden, für und anstelle des Richters *Beweis zu erheben*. *Beweise* werden also überhaupt nicht im Ermittlungsverfahren – ebenso wenig 85

340 *Beling* Beweisverbote, S. 3.
341 Roxin/*Schünemann* 24/14.
342 Meyer-Goßner/*Schmitt* Einl Rn. 50; Roxin/*Schünemann* 24/14; *Eisenberg* Beweisrecht, Rn. 335; *Ranft* FS Spendel, S. 726.
343 *Beulke/Swoboda* Strafprozessrecht Rn. 704; *Schlüchter* Strafverfahrensrecht Rn. 4.2.
344 Vgl. *Lesch* JR 2000, 334 ff.
345 Roxin/*Schünemann* 24/1.

im Zwischenverfahren –, sondern ausschließlich in der unmittelbaren Hauptverhandlung und hier wiederum in der Beweisaufnahme (§ 244 StPO) *erhoben*, und *Beweise* werden auch nicht etwa in der Beweisaufnahme, sondern ausschließlich im Rahmen der freien richterlichen Beweiswürdigung (§ 261 StPO) *verwertet*. Nur insoweit ist es sachlich zutreffend, jeweils von »Beweiserhebungs-« und »Beweisverwertungsverboten« zu reden.

86 Dazu ein Beispiel: Wenn ein Polizeibeamter aus dem Beschuldigten ein Geständnis herausprügelt, soll er damit nach dem überkommenen Sprachgebrauch gegen das »Beweiserhebungsverbot« des § 136a Abs. 1 S. 1 StPO verstoßen und dieses »Beweiserhebungsverbot« nach § 136a Abs. 3 S. 2 StPO ein »Beweisverwertungsverbot« nach sich ziehen. Das bedeutet, dass der »erhobene Beweis« nicht in die Hauptverhandlung eingeführt werden darf. Es handelt sich also eigentlich um ein (weiteres) *Beweiserhebungsverbot*. Wird der Polizeibeamte dennoch als Zeuge vom Hörensagen über das Geständnis vernommen, greift jedenfalls (wiederum) ein *Beweisverwertungsverbot* ein, was nunmehr besagt, dass das Gericht diese Aussage bei der Entscheidungsfindung nicht berücksichtigen darf. Aber durch die Vernehmung des Polizeibeamten in der Hauptverhandlung wird nicht etwa über den aufzuklärenden Gegenstand, d.h. über die *Tat selbst*, Beweis erhoben, sondern bloß über ein *Indiz* dafür,[346] nämlich über die *Tatsache*, dass der Beschuldigte in der Polizeivernehmung gegenüber dem Beamten ein Geständnis abgelegt hat (sog. »mittelbarer Beweis«). Das in der Polizeivernehmung abgelegte Geständnis ist also selbst noch gar kein »Beweis«, die Polizeivernehmung mithin keine »Beweiserhebung« und die Vernehmung des Beamten in der Hauptverhandlung auch keine »Beweisverwertung«.[347]

87 Ein weiteres Beispiel: Die Vorschrift des § 252 StPO wird üblicherweise ganz pauschal als »Beweisverwertungsverbot« bzw. – synonym – als »Verwertungsverbot« deklariert.[348] Aber in § 252 StPO ist bloß von der »Verlesung« der früheren Aussage des Zeugen in der Hauptverhandlung die Rede. Es wird in dieser Vorschrift also lediglich eine Regelung über die *Beweiserhebung* und nicht über die *Beweisverwertung* getroffen. Denn die frühere Aussage des Zeugen ist kein *Beweis*, sondern eine *Tatsache*, und bei der Regelung des § 252 StPO geht es ausschließlich um die Frage, ob und inwieweit es zulässig ist, über diese Tatsache jetzt – also in der Hauptverhandlung – erstmals *Beweis zu erheben*. Der BGH hat das in einer älteren Entscheidung sachlich ganz korrekt formuliert: »Dem Beweis zugänglich bleiben … trotz § 252 Aussagen eines Zeugen, die er bei einer früheren richterlichen Vernehmung nach Hinweis auf sein Zeugnisverweigerungsrecht gemacht hat. Alle anderen Aussagen dürfen jedoch, wenn der Zeuge später sein Zeugnis verweigert, nicht Gegenstand der Beweiserhebung [!] durch Vernehmung eines Verhörsbeamten werden«.[349] Gewiss wird bei einer Beweiserhebung in der Hauptverhandlung regelmäßig auch etwas aus dem Ermittlungsverfahren »verwertet«, aber eben kein *Beweis*, sondern lediglich eine (Indiz-) *Tatsache* (etwa die Aussage eines Zeugen bei einer Polizeivernehmung) und allenfalls noch ein *Mittel zum Beweis* dieser Tatsache (etwa das Vernehmungsprotokoll).

88 Die überkommene Terminologie von den »Beweis-«, »Beweiserhebungs-« und »Beweisverwertungsverboten« erweist sich aber bei genauerem Hinsehen nicht nur als sachlich verfehlt, sondern überdies auch als verwirrend. Denn danach ist ja immer schon dann ein Verstoß gegen ein »Beweisverbot« ausgemacht, wenn sich nur eine *Ermittlungsmaßnahme* als rechtswidrig herausstellt. Und die Annahme eines Verstoßes gegen ein »Beweisverbot« wiederum suggeriert, dass zugleich das *Urteil* fehlerhaft sein muss. Aber das trifft keineswegs in allen Fällen zu. Eine rechtswidrige Ermittlungsmaßnahme ist in Wahrheit noch gar keine Beweiserhebung, und selbst wenn über eine solche Ermittlungsmaßnahme durch einen *weiteren Akt* in der Hauptverhandlung *Beweis erhoben* wird und sich auch dieser weitere Akt als rechtswidrig herausstellt, sind die Würfel noch lange nicht gefallen, denn erst wenn das Gericht den rechtswidrig erhobenen Beweis in einem *dritten Akt* bei seiner Entscheidungsfindung tatsächlich *verwertet*, ist das Urteil als fehlerhaft zu qualifizieren. Deshalb

346 OLG Köln StV 1996, 252.
347 *Lesch* JR 2000, 334 (335).
348 *Geppert* Jura 1988, 305 (306 ff.); SK-StPO/*Velten* § 252 Rn. 3; *Beulke/Swoboda* Strafprozessrecht, Rn. 644.
349 BGHSt 2, 99 (108 f.).

kann auch eine Revision von vornherein nur auf solche Verfahrensmängel gestützt werden, die ein Beweisverwertungsverbot nach sich ziehen,[350] und für die »Superrevision« vor dem BVerfG kann selbstverständlich nichts anderes gelten.[351]

Im Interesse einer juristisch exakten Diktion und zur Vermeidung von Fehlern erscheint es demnach vorzugswürdig, den Begriff der *Beweiserhebungsverbote* auf die *Beweisaufnahme* und den der *Beweisverwertungsverbote* auf die *richterliche Beweiswürdigung* zu beschränken sowie auf die Verwendung des undifferenzierten alten *Beling'schen* Begriffs der *Beweisverbote* überhaupt zu verzichten. Auch Beweiserhebungsverbote sind in gewisser Hinsicht »Verwertungsverbote«, aber sie sind als solche jedenfalls keine »*Beweis*-Verwertungsverbote«, sondern allenfalls »*Tatsachen*-« und »*Beweismittel*-Verwertungsverbote«. Jenseits des Bereichs der Beweiserhebungs- und Beweisverwertungsverbote mag man dann vielleicht von »Ermittlungsverboten« sprechen, aber gewonnen ist damit nichts, weil schließlich überhaupt jede Verfahrensvorschrift das Verbot ihrer Missachtung beinhaltet und es im Grunde genommen doch immer nur darauf ankommt, ob und inwieweit ein Verstoß gegen eine Verfahrensvorschrift ein Beweiserhebungsverbot nach sich zieht. Eine verbotene Beweiserhebung wiederum ist im Hinblick auf die §§ 261, 264 StPO per se schon mit einem Beweisverwertungsverbot verbunden, denn ein verbotswidrig erhobener Beweis kann nicht zum »Inbegriff der Verhandlung« gezählt werden.[352] 89

II. Gesetzliche Beweiserhebungs- und Beweisverwertungsverbote

Die Beweisverbote werden üblicherweise in Beweis*erhebungs*- und Beweis*verwertungs*verbote eingeteilt.[353] Soweit ein *Beweiserhebungsverbot* eingreift, bedeutet das, dass bestimmte Tatsachen nicht zum Gegenstand der *Beweisaufnahme* gemacht werden dürfen (§ 244 Abs. 3 S. 1 StPO). Soweit ein *Beweisverwertungsverbot* eingreift, bedeutet das, dass bestimmte Tatsachen nicht zum Gegenstand der *Beweiswürdigung* und *Urteilsfindung* gemacht werden dürfen.[354] 90

Als Folge eines Verfahrensverstoßes war § 136a Abs. 3 S. 2 lange Zeit das einzige gesetzliche Verwertungsverbot in der StPO.[355] Heute finden sich gesetzlich angeordnete Beweiserhebungs- und Beweisverwertungsverbote etwa in: 91

- §§ 69 Abs. 3, 136a Abs. 2 StPO (bei verbotenen Vernehmungsmethoden);
- § 160a Abs. 1 S. 2 StPO (bei unzulässiger Beweiserhebung bei einem Berufsgeheimnisträger)
- § 160a Abs. 3 i.V.m. Abs. 1 S. 2 StPO (bei unzulässiger Beweiserhebung bei einem zeugnisverweigerungsberechtigten Berufshelfer)
- § 100d Abs. 1 und 2 StPO (bei Erkenntnissen aus dem Kernbereich privater Lebensgestaltung im Rahmen einer Überwachung der Telekommunikation);
- § 252 StPO (bei nachträglichem Gebrauchmachen von einem Zeugnisverweigerungsrecht erst in der Hauptverhandlung);
- § 393 Abs. 2 AO (bei Tatsachen oder Beweismitteln, die der Steuerpflichtige der Finanzbehörde vor Einleitung des Strafverfahrens oder in Unkenntnis der Einleitung des Strafverfahrens in Erfüllung steuerrechtlicher Pflichten offenbart hat);
- § 51 Abs. 1 BZRG (bei getilgten oder tilgungsreifen Vorstrafen);[356]
- Art. 1 § 7 Abs. 3 G 10 (bei Kenntnissen und Unterlagen aus einer Überwachung des Fernmeldeverkehrs hinsichtlich solcher Straftaten, die von dem Katalog der §§ 2, 3 Abs. 3 G 10 nicht erfasst sind).

---

350 Meyer-Goßner/*Schmitt* § 337 Rn. 19.
351 *Lesch* JR 2000, 334 (336).
352 *Hellmann* StV 1995, 121 (123); *Lesch* JR 2000, 334.
353 KMR/*Paulus* § 244 Rn. 485 ff.; *Eisenberg* Beweisrecht, Rn. 335; Meyer-Goßner/*Schmitt* Einl. Rn. 50; *Henkel* Strafverfahrensrecht, S. 268 f.; Roxin/*Schünemann* 24/14; *Ranft* FS Spendel, S. 726.
354 Meyer-Goßner/*Schmitt* Einl. Rn. 55; *Eisenberg* Beweisrecht, Rn. 356.
355 *Fezer* JZ 2007, 723 (724).
356 Vgl. dazu auch BGHSt 25, 24; 25, 81; 25, 100; 25, 141; 25, 172; 25, 301; 27, 108; 28, 338; BGH StraFo 2006, 296.

III. Außergesetzliche Beweiserhebungs- und Beweisverwertungsverbote

1. Vorbemerkungen

92 Weil die Regelungen der StPO über die Beweiserhebungs- und Beweisverwertungsverbote keineswegs abschließend sind,[357] kommt ein solches Verbot grundsätzlich auch dann in Betracht, wenn es im Gesetz nicht ausdrücklich angeordnet ist.

93 Unter welchen Voraussetzungen das der Fall sein kann, ist indes weitgehend ungeklärt, weil sich Rspr. und Lehre bislang noch nicht auf allgemeinverbindliche Regeln einigen konnten.[358] Jedenfalls soll ein Verfahrensfehler nach h.M. noch nicht zwangsläufig ein Beweiserhebungs- und/oder Beweisverwertungsverbot auslösen.[359] Denn dabei müsse – wie der BGH ausführt – beachtet werden, dass die Annahme eines Verwertungsverbots einen der wesentlichen Grundsätze des Strafverfahrens einschränke, nämlich den, dass das Gericht die Wahrheit zu erforschen und dazu die Beweisaufnahme von Amts wegen auf alle Tatsachen und Beweismittel zu erstrecken habe, die von Bedeutung sind. Gegenüber diesem Grundsatz bilde ein Verwertungsverbot eine Ausnahme, die nur nach ausdrücklicher gesetzlicher Vorschrift oder aus übergeordneten wichtigen Gründen im Einzelfall anzuerkennen sei.[360]

2. »Rechtskreistheorie« und »Abwägungslehre«

94 Die Auffassung der Rspr. ist durch eine Kombination der sog. *»Rechtskreistheorie«*[361] mit der auch in der Lit. vorherrschenden *»Abwägungslehre«*[362] gekennzeichnet:

> »Die Frage, ob ein Beweiserhebungsverbot ein Verwertungsverbot nach sich zieht, muss für jede Vorschrift und für jede Fallgestaltung besonders entschieden werden … Die Entscheidung für oder gegen ein Verwertungsverbot ist aufgrund einer umfassenden Abwägung zu treffen. Bei ihr fällt das Gewicht des Verfahrensverstoßes sowie seine Bedeutung für die rechtlich geschützte Sphäre des Betroffenen ebenso ins Gewicht wie die Erwägung, dass die Wahrheit nicht um jeden Preis erforscht werden muss. Andererseits ist zu bedenken, dass Verwertungsverbote die Möglichkeiten der Wahrheitserforschung beeinträchtigen und dass der Staat nach der Rechtsprechung des Bundesverfassungsgerichts von Verfassungswegen eine funktionstüchtige Strafrechtspflege zu gewährleisten hat, ohne die Gerechtigkeit nicht verwirklicht werden kann. Dient die Verfahrensvorschrift, die verletzt worden ist, nicht oder nicht in erster Linie dem Schutz des Beschuldigten, so liegt ein Verwertungsverbot fern … Andererseits liegt ein Verwertungsverbot nahe, wenn die verletzte Verfahrensvorschrift dazu bestimmt ist, die Grundlagen der verfahrensrechtlichen Stellung des Beschuldigten oder Angeklagten im Strafverfahren zu sichern.«[363]

95 Demnach ist bei der Prüfung der Frage, ob ein Verfahrensfehler zu einem Beweiserhebungs- oder Beweisverwertungsverbot führt, zweistufig zu verfahren:

a) Frage nach der Art des Verbots

96 Zunächst muss gefragt werden, ob überhaupt der Rechtskreis des Beschuldigten betroffen ist oder ob die verletzte Verfahrensvorschrift nicht oder jedenfalls nicht in erster Linie dem Schutz des Beschul-

357 BGHSt 19, 325 (329); 38, 214 (219); OLG Düsseldorf StV 1998, 170 (171).

358 Meyer-Goßner/*Schmitt* Einl Rn. 55a; *Meyer* NStZ 1983, 566 (567); *Fezer* JR 1984, 341 (344); *Beulke/Swoboda* Strafprozessrecht, Rn. 457; *Ranft* FS Spendel, S. 719; *Rose/Witt* JA 1997, 762 (763).

359 BVerfG NJW 2011, 2417 (2419); 2011, 2783 (2784); NStZ 2006, 46; 2000, 489; BGHSt 31, 304 (307); 38, 372 (373); 42, 15 (21); 44, 243 (248 ff.); 56, 128 (132); 58, 84 (96); Meyer-Goßner/*Schmitt* Einl Rn. 55; KK/*Bader* Vor § 48 Rn. 27; *Eisenberg* Beweisrecht, Rn. 362; *Beulke/Swoboda* Strafprozessrecht, Rn. 704.

360 BGHSt 37, 30 (32); ebenso BGHSt 27, 355 (357); 28, 122 (128); 40, 211 (217); 42, 372 (377); 58, 84 (96); OLG Düsseldorf StV 1998, 171.

361 Grundlegend BGHSt 11, 213; krit. dazu etwa Roxin/*Schünemann* 24/24; *Eisenberg* Beweisrecht, Rn. 365; s.a. *Ranft* FS Spendel, S. 727 ff.; *Weigend* StV 2003, 436 (439 ff.).

362 Meyer-Goßner/*Schmitt* Einl Rn. 55c; *Eisenberg* Beweisrecht, Rn. 367; KMR/*Paulus* § 244 Rn. 514; Roxin/*Schünemann* 24/30; *Rose/Witt* JA 1997, 762 (763); s. bereits *Beling* Beweisverbote, S. 33.

363 Zusammenfassend BGHSt 38, 214 (219 f.). Gebilligt von BVerfG NJW 2012, 907 (910).

digten dient, etwa weil es sich um eine bloße Ordnungsvorschrift oder – wie im Fall des § 55 II StPO – um eine Vorschrift zum ausschließlichen Schutz des Zeugen handelt.[364]

b) Abwägung der widerstreitenden Interessen

Soweit der Rechtskreis des Beschuldigten betroffen ist, müssen die einander widerstreitenden Interessen abgewogen werden.[365] Dabei sind nach Auffassung der Rspr. die Art und das Gewicht des Verstoßes sowie die wesentlichen Belange der Urteilsfindung im Strafverfahren zu berücksichtigen;[366] – im Einzelnen: **97**

pro	contra
– besonders schwerwiegender bzw. krasser Rechtsverstoß,[367] insbesondere, wenn dadurch der Zweck der Vorschrift vereitelt wird[368] – besondere Bedeutung des Verstoßes für die rechtlich geschützte Sphäre des Betroffenen[369] – Eingriff in die Grundlagen der verfahrensrechtlichen Stellung des Beschuldigten[370] – nicht erhebliches Gewicht der Tat[371] – das Beweismittel hätte auf rechtmäßige Weise nicht erlangt werden können[372]	– Beeinträchtigung der Funktionsfähigkeit der Strafrechtspflege (des Zwecks, Straftaten aufzuklären und zu ahnden)[373] – Behinderung der Wahrheitsfindung[374] – Schwere der Tat[375] – keine Beeinträchtigung des Beweiswerts infolge des Rechtsverstoßes[376] – Beweis hätte auch auf gesetzmäßigem Weg erhoben werden können[377] – Gutgläubigkeit des Ermittlers bei dem Rechtsverstoß[378] – das Beweismittel kann auch zur Entlastung des Angeklagten führen[379]

364 Vgl. BGHSt 1, 39 ff.; 11, 213 (214); 38, 214 (220); 40, 211 (217); BGH NStZ 1998, 635; 2012, 104 (105); LG Mosbach StV 1987, 334. Zur »Art« des Verstoßes: vgl. BGHSt 27, 355 (357); 29, 244 (249); 37, 30 (32).

365 BVerfG NJW 2010, 2937 (2938); 2012, 907 (910); BGHSt 19, 325 (329, 332); 24, 125 (130); 27, 355 (357); 29, 244 (250); 31, 304 (307); 35, 32 (34); 36, 167 (173); 36, 328 (336); 37, 30 (32); 42, 15 (21); 42, 170 (174); 44, 243 (249); 54, 69 (87); 56, 128 (132 f.); 56, 138 (145); 58, 84 (96); BGH NStZ 1998, 635; OLG Frankfurt StV 1996, 651 (653).

366 BGH StV 2008, 5 (6) m.w.N.; BGH NStZ-RR 2006, 181 (182 f).

367 BGHSt 25, 325 (330); 38, 214 (220); 42, 170 (174); OLG Hamm NJW 1965, 1089; LG Darmstadt StV 1993, 573.

368 BGHSt 25, 325 (330, 331). Das ist nach BGHSt 51, 285 (295 f.) und BGH NStZ 2012, 104 (105) insbesondere dann der Fall, wenn im Rahmen einer Durchsuchung der Richtervorbehalt willkürlich außer Acht gelassen wird. Insoweit kann auch nicht auf die Erwägungen zu hypothetischen Ersatzeingriffen abgestellt werden, weil sie den Richtervorbehalt faktisch leerlaufen ließen.

369 BGHSt 38, 214 (220); OLG Frankfurt StV 1996, 651 (653).

370 BGHSt 38, 214 (220); 38, 372 (374); 42, 15 (21); BGH NJW 2013, 2769 (2771); i. Erg. auch bereits BGHSt 9, 24 (27).

371 OLG Schleswig StV 2000, 11; LG Wiesbaden StV 1988, 292.

372 LG Wiesbaden StV 1988, 292 (293).

373 BGHSt 19, 325 (329, 332 f.); 29, 244 (250); BGH NStZ 1998, 635; BGH NStZ-RR 2006, 181 (182).

374 BGHSt 27, 355 (357); 28, 122 (128); 38, 214 (220); BGH v. 13.11.1997 – 4 StR 404/95 (unver-öff.); OLG Frankfurt StV 1996, 651 (653).

375 BGHSt 36, 167 (174); 53, 294 (310); BGH v. 13.11.1997 – 4 StR 404/95 (unveröff.); BGH NStZ 1998, 635; NStZ-RR 2006, 181 (182); s. auch schon *Beling* Beweisverbote, S. 35.

376 BGHSt 24, 125 (128 f., 130).

377 BGHSt 24, 125 (130); 34 39 (53); BGH NStZ 1997, 294; vgl. zum sog. hypothetischen Ersatzeingriff auch BGHSt NStZ 2003, 668 (670); OLG Zweibrücken NJW 1994, 810 (811); ferner Meyer-Goßner/*Schmitt* Einl. Rn. 57c.

378 BGHSt 24, 125 (130); s. auch *Ranft* FS Spendel, S. 728 (729).

379 BGHSt 36, 167 (174).

Bei der Abwägung der widerstreitenden Interessen sind mit anderen Worten Art und Gewicht des Verstoßes sowie die wesentlichen Belange der Urteilsfindung im Strafverfahren[380] zu berücksichtigen. Hervorzuheben ist aber, dass ein Eingriff in den absoluten Kernbereich des Persönlichkeitsrechts nach der Rechtsprechung stets unzulässig ist und ein Beweisverbot nach sich zieht.[381] Eine Abwägung findet hier nicht statt.[382]

98 Die herrschende »Abwägungslehre« ist rechtsstaatlich nicht tragbar, weil die Unschärfe der Abwägungskriterien und die dadurch herausgeforderte subjektive Wertungswillkür des Rechtsanwenders keine vorhersehbaren Ergebnisse garantieren. Die Ursachen für den unbefriedigenden Zustand der sog Beweisverbotslehre liegen tief und sind m.E. in einer prinzipiellen Krise der Wissenschaft vom Strafprozess zu verorten, die ihren Gegenstand schon längst nicht mehr *funktional*, sondern nur noch als *»angewandtes Verfassungsrecht«*[383] begreift. Gewiss haben sich die prozessualen Eingriffsregelungen (wie überhaupt alle Eingriffsregelungen) in das System der Grundrechte und ihrer Gesetzesvorbehalte einzufügen. Aber was die eigentliche *Funktion des Strafverfahrens* und die daraus resultierenden Konsequenzen angeht, sind greifbare Aussagen in der Verfassung nur höchst selten zu finden. Das Strafverfahrensrecht ist eben nicht mehr und nicht weniger »angewandtes Verfassungsrecht« als das Verwaltungsprozess-, Naturschutz-, Hochschul-, Lebensmittel- oder Abfallrecht. Die einseitige Interpretation des Strafverfahrensrechts als »angewandtes Verfassungsrecht« und die damit einhergehende *Ausblendung* funktionaler Aspekte muss deshalb geradezu zwangsläufig zum Rekurs auf zirkuläre Begründungsgänge führen: Man holt aus der Verfassung heraus, was man zuvor hineingelesen hat, und dies wiederum wird weitgehend auf der Grundlage einer inhaltlich vollkommen beliebigen (und damit zufälligen) Abwägungs- und Wertungswillkür entschieden.

3. Ablehnung von Verwertungsverboten im Interesse der »Wahrheitsfindung«?

99 Im Schrifttum wird es als »bedauerliche Fehlentwicklung« kritisiert, dass die Rechtsprechung des BGH in den letzten Jahren verstärkt versuche, das Eingreifen eines Verwertungsverbots zu verhindern.[384] Verwertungsverbote würden von den Strafverfolgungsbehörden offenbar als »störend« empfunden. Der Preis für die »Förderung der Wahrheitsfindung« im Einzelfall und für die »Effektivität der Strafverfolgung« im Ganzen werde immer höher. Wenn Verfahrensverletzungen bei der Beweisgewinnung im späteren Verfahren, insbesondere im Revisionsverfahren, folgenlos blieben, dann führe dies jedoch zur Entwertung der Verfahrensnormen. Komme es nicht mehr darauf an, wie die Beweise gewonnen würden, gehe das Gespür für die elementare Bedeutung der Verfahrensnormen für die Wahrheitsfindung im Strafprozess verloren: Die Wahrheit werde nicht irgendwie gefunden, sondern ausschließlich durch Verfahren und im Verfahren.[385]

100 Tatsächlich ist es schon im Ansatz verfehlt, wenn zur Versagung der als »störend« empfundenen Verwertungsverbote regelmäßig auf die »Förderung der Wahrheitsfindung« bzw. auf die »Effektivität

---

380 BGH StV 2008, 5 (6) m.w.N.

381 Nach der Rspr. des BGH soll der Kernbereich zwar bei einem Selbstgespräch im Auto betroffen sein (BGHSt 57, 71 [74]), nicht aber im Einzelbesuchsraum einer Haftanstalt (BGHSt 53, 294 [302]). Letzterenfalls hat der BGH dennoch ein Verwertungsverbot angenommen, und zwar wegen Verletzung des Rechts auf ein faires Verfahren aufgrund der täuschenden Einwirkung auf den Beschuldigten durch Zuweisung eines Einzelbesuchsraums und dessen nicht offener Überwachung entgegen dem üblichen Vorgehen (Nr. 27 UVollzO).

382 So deutlich: BVerfGE 109, 279 (314 passim).

383 BGHSt 19, 325 (329 f.); *Sax* in: Bettermann/Nipperdey/Scheuner, Die Grundrechte, III/2, 1959, S. 966; *Lagodny* StV 1996, 167; ebenso der Sache nach *Eb. Schmidt* Lehrkommentar I Rn. 99 und im Anschluss daran SK-StPO/*Wolter*, 3. Aufl. (Loseblattausgabe), Vor § 151 Rn. 25 (StPO als »Ausführungsgesetz zum GG«); *Wolter* GA 1991, 531, 552; *Lammer* Verdeckte Ermittlungen im Strafprozess, 1992, S. 142 (Strafprozessrecht als »konkretisiertes Verfassungsrecht«).

384 *Fezer* JZ 2007, 723 (725).

385 *Fezer* JZ 2007, 723 (725 f).

der Strafverfolgung« rekurriert wird.[386] Entgegen der überkommenen – von *Herdegen*[387] mit Recht als »naiv« bezeichneten – Auffassung wird die Verbindlichkeit der Entscheidung im Strafverfahren nämlich gerade nicht durch die Findung einer außerprozessual vorgegebenen, quasi ontologisch begründeten »materiellen Wahrheit und/oder Gerechtigkeit« begründet. Bei der Frage nach der Verbindlichkeit der Entscheidung geht es vielmehr um eine rein formale Legitimation durch das Verfahren selbst, das ebenso auszugestalten ist, dass es am Ende sämtliche Proteste gegen die Entscheidung absorbiert, d.h. in einem normativen – und nicht in einem empirisch-realen, sozialpsychologischen – Sinne als unvernünftig und deshalb nicht maßgeblich erscheinen lässt.[388] Dies erfordert zweierlei: Erstens sind die Beteiligten derart in den Kommunikationsprozess zu involvieren, dass jeder von ihnen eine reale Chance erhält, das Ergebnis mit zu beeinflussen. Zweitens muss sich die Entscheidungsfindung von einer intersubjektiv akzeptablen, in hohem Maße plausiblen Argumentation leiten lassen. Deshalb ist es insbesondere erforderlich, keine unzuverlässigen Beweismittel zugrunde zu legen und Fehlerquellen so weit wie möglich auszuschalten. Jedenfalls wird aber am Ende stets eine eigene, genuin prozessuale Wahrheit erzeugt. Prozessuale Wahrheit – namentlich Schuld bzw. Unschuld – ist also nichts ontisch Vorgegebenes, das es zu erkennen gälte, sondern etwas Werdendes, das in der konkret-juristischen Entscheidung erst geschaffen werden muss.[389] Bei dieser Sicht erweist sich das in der überkommenen Dogmatik vielfach heraufbeschworene »Spannungsverhältnis« zwischen »kollektiven Strafverfolgungsinteressen« und »individuellen Interessen des Beschuldigten« resp. zwischen »materieller« und »prozeduraler Gerechtigkeit« als bloßer Schein, weil eine mit dem Postulat »materieller Wahrheit und/oder Gerechtigkeit« verbundene »Durchsetzung des staatlichen Strafanspruchs« mit der formellen Funktion des Verfahrens schlechterdings nicht kompatibel ist, wenn der Beschuldigte dabei nicht »seine faire Chance gehabt hat«.[390] Anders formuliert: Das »kollektive Strafverfolgungsinteresse« lässt sich per se nur befriedigen, wenn der Beschuldigte in das Verfahren nicht nur, wie im gemeinrechtlichen Inquisitionsprozess, als Beweismittel (Prozess-Objekt), sondern darüber hinaus auch als Beteiligter mit effektiven verfahrensbezogenen Rechten (Prozess-Subjekt) involviert wird.

4. Funktionale Begründung von Beweiserhebungs- und Beweisverwertungsverboten

Aus dem Gesagten ergibt sich bereits zwingend eine erste funktionale Notwendigkeit für die prinzipielle Anerkennung von Beweiserhebungs- und Beweisverwertungsverboten.[391] Ein Verwendungsverbot muss nämlich jedenfalls dann in Betracht gezogen werden, wenn die Beweiserhebung oder Beweisverwertung die Proteste absorbierende Funktion (Legitimationsfunktion) des Verfahrens[392] konterkariert. 101

Die *Legitimationsfunktion des Verfahrens* wiederum ist namentlich dann betroffen,
– wenn die Erforschung einer Tatsache *nicht hinreichend gegen Fehler immunisiert* ist (namentlich bei der Anwendung gem. § 136a StPO verbotener Vernehmungsmethoden, u.U. auch bei der mittelbaren Beweiserhebung durch »Zeugen vom Hörensagen«, nicht aber bei der entgegen § 81a Abs. 1 S. 2 StPO erfolgten Entnahme einer Blutprobe durch einen Medizinalassistenten statt einen Arzt)[393] oder

386 S. dazu eingehend *Lesch* FS Volk, S. 313 f.
387 *Herdegen* JZ 1998, 54.
388 S. dazu *Lesch* 1/4; *ders.* ZStW 111 (1999), 624 f.; *ders.* FS Volk, S. 314.
389 *Lesch* 1/5; *ders.* FS Volk, S. 314.
390 Vgl. dazu *Pawlik* NStZ 1995, 309 (310).
391 S. dazu eingehend *Lesch* FS Volk, S. 311 ff.
392 S. dazu *Lesch* 1/4.
393 Treffend BGHSt 24, 125 (130) und OLG Zweibrücken NJW 1994, 810: Der Beweiswert der gesetzwidrig erlangten Probe ist nicht beeinträchtigt.

– wenn bei der Erforschung einer Tatsache der *status activus* des Beschuldigten, also seine Stellung als Prozesssubjekt (bzw. als »Quasi-Partei«)[394] nicht nur unerheblich verkürzt worden ist.

Letzteres hat der BGH im Ansatz durchaus treffend mit der Formulierung zum Ausdruck gebracht, dass ein Beweiserhebungs- bzw. Beweisverwertungsverbot dann nahe liegt, »wenn die verletzte Verhaltensvorschrift dazu bestimmt ist, die Grundlagen der *verfahrensrechtlichen* [!] Stellung des Beschuldigten zu sichern«,[395] d.h. namentlich dann, wenn der Anspruch des Beschuldigten auf rechtliches Gehör oder ein sonstiges grundlegendes Mitwirkungs-, Gestaltungs- oder Verteidigungsrecht verletzt worden ist (etwa beim Verstoß gegen die Benachrichtigungspflicht des § 168c Abs. 5 StPO oder gegen die Belehrungspflicht des § 136 StPO, u.U. aber auch unter diesem Aspekt bei der mittelbaren Beweiserhebung durch »Zeugen vom Hörensagen«).

102 Damit ist die funktionale Notwendigkeit für die Anerkennung von Beweiserhebungs- und Beweisverwertungsverboten jedoch noch keineswegs erschöpft. Das Strafverfahren erfüllt nämlich nicht bloß eine formelle (Proteste absorbierende resp. die Entscheidung legitimierende), sondern darüber hinaus auch eine materielle Funktion (s. dazu bereits oben Rdn. 81). Das Strafverfahren ist nämlich kein Zweck an sich, sondern als Teil eines übergreifenden Systems Strafrecht zugleich auch auf den Legitimationszusammenhang dieses Systems bezogen. Gegenstand des Strafverfahrens ist der spezifisch strafrechtliche Konflikt, also der Normwiderspruch des Täters. Entsteht der Verdacht eines solchen Normwiderspruchs, muss entschieden werden, ob dieser Verdacht begründet und die Verhängung einer Sanktion zur Bestätigung der Normgeltung erforderlich ist.[396] Die symbolische Garantie des Rechts ist allerdings nicht auf einen verurteilenden Ausgang des Verfahrens beschränkt, sondern ist auch Ergebnis eines Freispruchs: Kann – aus welchen Gründen auch immer – ein Vorfall im Verfahren dem Beschuldigten nicht als Normbruch zugerechnet werden, so wird dennoch die infrage stehende Norm als relevantes gesellschaftliches Orientierungsmuster bestätigt, da das Geschehen von der Norm oder der Beschuldigte vom Geschehen distanziert werden kann; anders formuliert: Im Strafverfahren wird deutlich, dass diese Norm weiterhin gelten soll, weil ja gerade die Garantie grundsätzlicher Rechtsregeln der – legitime – Anlass des Strafverfahrens ist. Soll das Strafverfahren an der materiellen Legitimation des Strafrechts teilhaben, müssen sich die durch das Strafrecht garantierten Strukturen der Gesellschaft im Strafverfahren widerspiegeln. Das Strafverfahren darf also dem Recht der Gesellschaft nicht widersprechen.[397] Normgeltung kann überhaupt nur unter Einhaltung sämtlicher Rechtsregeln über das Strafverfahren konsistent demonstriert werden. Nur der Rechtsstaat, der die Verbindlichkeit seiner Normen absolut und unmissverständlich selbst ernst nimmt, besitzt das Recht und die Kompetenz, die Geltung von Normen zu demonstrieren.[398] Daraus folgt zwingend, dass Beweismittel, die durch den Rechtsbruch der Strafverfolgungsorgane gewonnen werden, generell präkludiert sind. Aus dem Verwertungsverbot ergibt sich ein entsprechender Unterlassungs- und Folgenbeseitigungsanspruch des Beschuldigten.[399] Soweit die überkommene Doktrin die »Effektivität der Strafverfolgung« gerade gegen die Annahme von Verwertungsverboten anführt, ist das also schon im Ansatz verfehlt: Strafverfolgung – als Bestätigung von Normgeltung – lässt sich im Gegensatz dazu überhaupt nur unter der Bedingung einer generellen Anerkennung von Verwertungsverboten für rechtswidrig erlangte Beweismittel effektiv betreiben! Die überkommene Annahme eines durch Abwägung aufzulösenden »Spannungsverhältnisses« zwischen »kollektiven Strafverfolgungsinteressen« und »individuellen Interessen des Beschuldigten« hat sich also auch insoweit als Schimäre erwiesen.

---

394 Vgl. *Glaser* ArchCrimNF 1851, 85 f., 191 f., 198; *Birkmeyer* Strafprozessrecht, S. 292 ff., 335 f.; *v. Kries* Lehrbuch, S. 219 ff.; *Beling* Reichsstrafprozessrecht, S. 122 ff., 144 f.

395 BGHSt 38, 214 (220); 38, 372 (374); 42, 15 (21); Hervorhebung vom Verf.

396 *Müssig* GA 1999, 122; zur gesellschaftlichen Funktion der Strafe als Bestätigung der Normgeltung s. *Jakobs* ZStW 107 (1995), 843 (844 f.); eingehend *Lesch* Der Verbrechensbegriff, 1999, S. 93 ff.

397 *Müssig* GA 1999, 122 f.

398 *Lesch* FS Volk, S. 319.

399 Vgl. auch *Müssig* GA 1999, 133. Nahestehend: Satzger/Schluckebier/Widmaier/*Eschelbach* § 136 Rn. 93.

IV. Verfügungsrecht des Beschuldigten

Ein Verwertungsverbot ist für den Beschuldigten disponibel. Der Beschuldigte kann also selbst entscheiden, ob er die Verwertung der Erkenntnisse aus einer rechtswidrigen Ermittlungsmaßnahme gleichwohl wünscht oder nicht. Denn er kann ein gewichtiges Interesse an der Verwertung für ihn günstiger Erkenntnisse haben, etwa um einen Entlastungsbeweis zu führen oder um seine Einlassung zu untermauern, sein Tatbeitrag sei allenfalls untergeordneter Natur oder seine Schuldfähigkeit sei beeinträchtigt gewesen.[400] Über ein Verwertungsverbot, das aus einer Verletzung des Kernbereichs der privaten Lebensgestaltung resultiert, kann der Angeklagte allerdings nur disponieren, soweit allein seine eigene Sphäre tangiert ist.[401] 103

I. Anhang: Beweiserhebungs- und Beweisverwertungsverbote im Spiegel der Rechtsprechung

Jenseits der Beschuldigtenvernehmung (namentlich jenseits des Bereichs der §§ 136 Abs. 1 S. 2, 136a StPO, s. dazu Rdn. 82) hat die höchstrichterliche Rspr. in folgenden Fallkonstellationen ein Beweiserhebungs- bzw. Beweisverwertungsverbot erwogen: 104

I. Zeugenvernehmung

1. §§ 52 ff. StPO

Wird ein Zeuge nicht ordnungsgemäß nach §§ 52 Abs. 3, 161a Abs. 1 S. 2, 163a Abs. 5 StPO über sein Zeugnisverweigerungsrecht als Angehöriger belehrt, ist die Aussage unverwertbar,[402] wenn sich nicht »aus dem Akteninhalt mit Sicherheit ergibt, dass ein über sein Zeugnisverweigerungsrecht prozessordnungswidrig nicht belehrter Zeuge dieses Zeugnisverweigerungsrecht kannte und davon auch bei ordnungsgemäßer Belehrung keinen Gebrauch gemacht hätte«.[403] Von dem Umstand, dass der Zeuge bei der Polizei nach Belehrung ausgesagt hat, lässt sich aber weder darauf schließen, dass ihm sein Zeugnisverweigerungsrecht auch bekannt war, noch dass er nach einer Belehrung erneut zur Aussage bereit gewesen wäre.[404] Das gilt auch dann, wenn die nach § 52 Abs. 2 StPO erforderliche Zustimmung eines gesetzlichen Vertreters unterblieben[405] oder wenn der gesetzliche Vertreter vor der Zustimmungserklärung nicht über das Zeugnisverweigerungsrecht des Kindes belehrt worden ist.[406] Auf den vergleichbaren Fall der unterlassenen Belehrung über ein Untersuchungsverweigerungsrecht nach § 81c Abs. 3 StPO sind diese Grundsätze entsprechend anzuwenden.[407] Die Zustimmung des gesetzlichen Vertreters macht eine Belehrung des Kindes nicht überflüssig; die Belehrung muss auch den Hinweis umfassen, dass das Kind trotz Zustimmung des gesetzlichen 105

---

400 BGHSt 51, 1 (3). Der BGH meint, aus dieser Feststellung ein Argument für die »Widerspruchslösung« herleiten zu können: »Hieraus folgt, dass der Tatrichter in der Hauptverhandlung die Rechtmäßigkeit einer Telekommunikationsmaßnahme regelmäßig nur dann zu überprüfen braucht, wenn der Angeklagte der Verwertung rechtzeitig widerspricht, wie auch der Richter während des Hauptverfahrens ohnehin nicht gehalten ist, die materielle Rechtmäßigkeit jeder Ermittlungshandlung während des Vorverfahrens von vornherein in Zweifel zu ziehen. Das erkennende Gericht darf grundsätzlich darauf vertrauen, dass das Ermittlungsverfahren entsprechend den gesetzlichen Vorgaben geführt wurde.« Diese Argumentation ist unschlüssig: Wenn Anhaltspunkte dafür vorliegen, dass dieses Vertrauen im konkreten Fall gerade nicht gerechtfertigt ist, hat das Gericht dem nachzugehen, und zwar auch dann, wenn ein Widerspruch des Angeklagten (bzw. seines Verteidigers) unterbleibt.

401 BGHSt 51, 1 (4).

402 BGHSt 11, 213 (218); 14, 159 (160).

403 BGHSt 40, 336 (339) m.w.N.; KG, Urt. v. 13.12.1999 – (4) 1 Ss 257/99 (119/99).

404 BGH StraFo 2004, 238; StV 2004, 297.

405 BGHSt 40, 336 (339) m. Anm. *Eisenberg* StV 1995, 625.

406 BGH StV 1981, 4.

407 BGHSt 40, 336 (340) m. Anm. *Eisenberg* StV 1995, 625.

Vertreters seine Mitwirkung verweigern darf.[408] Wenn allerdings die Belehrung das Bewusstsein des Kindes überhaupt nicht erreicht hätte, kann die Verwertung der Angaben auch allein auf die Zustimmung des gesetzlichen Vertreters gestützt werden.[409]

106 Der falsche Hinweis auf eine angeblich fortbestehende Entbindung von der Schweigepflicht gegenüber einem nach § 53 StPO zeugnisverweigerungsberechtigten Zeugen führt zu einem Beweisverwertungsverbot.[410]

107 Kommt eine Zeugenaussage unter Verletzung der Belehrungspflicht des § 55 Abs. 2 StPO zustande, ist die Verwertung gegenüber dem Angeklagten nicht unzulässig.[411] In einem späteren Verfahren gegen den Zeugen selbst führt das Unterlassen der Belehrung dagegen zu einem Beweiserhebungsverbot.[412]

2. § 58 StPO

108 Will der Beschwerdeführer aus der Verletzung des § 58 StPO ein Beweisverwertungsverbot herleiten, ist zu beachten, dass die ermessensfehlerfreie Anwendung dieser Ordnungsvorschrift eine Rechtsbeschwerde nur begründen kann, wenn zugleich gegen andere Verfahrensvorschriften, insbesondere die Pflicht zur Wahrheitserforschung, verstoßen wird.[413]

3. § 252 StPO

a) Grundlagen

109 Der Zweck des § 252 StPO besteht darin, dem Zeugen in der Hauptverhandlung eine freie Entscheidung über die Ausübung seines Zeugnisverweigerungsrechts zu ermöglichen und ihn dabei nicht mit der Besorgnis zu belasten, das Gericht werde seine früher voreilig abgegebene Bekundung ohnehin im Urteil verwerten,[414] und zwar unabhängig davon, ob die Aussage für den Angeklagten günstig oder ungünstig war.[415] Dies gilt freilich nur, wenn der Zeuge sich in dem für das Zeugnisverweigerungsrecht des § 52 StPO typischen Konflikt befindet, der aus dem Widerstreit zwischen der Wahrheitspflicht bei der Vernehmung einerseits und seinen familiären Bindungen andererseits resultiert. Nur dieser mögliche Widerstreit der Pflichten in der Person des Zeugen hat den Gesetzgeber dazu veranlasst, das öffentliche Interesse an der Aufklärung eines strafbaren Sachverhalts zurücktreten zu lassen und unter bestimmten Voraussetzungen nicht nur das Recht zur Verweigerung des Zeugnisses zu gewähren, sondern für den Fall der Ausübung dieses Rechts das in § 252 StPO umschriebene Verbot auszusprechen.[416]

408 BGH StV 1995, 563; 1996, 196.
409 BGH StV 1996, 196.
410 BGHSt 42, 73 (78).
411 BGHSt 11, 213 (218); 38, 302 (304).
412 OLG Celle NStZ 2002, 386; Meyer-Goßner/*Schmitt* § 55 Rn. 17.
413 BGH NJW 1987, 3088 (3090); OLG Hamm, Urt. v. 16.02.1999 – 2 Ss OWi 42/99.
414 BGHSt 10, 77 (78); 45, 203 (208); SK-StPO/*Velten* § 252 Rn. 2; *Rengier* NStZ 1998, 47 (48); *Schittenhelm* NStZ 2001, 50.
415 BVerfG NStZ-RR 2004, 18 (19).
416 BGHSt 1, 373 (374 f.); 40, 211 (214 f.); 45, 203 (207).

b) Absolutes Beweiserhebungsverbot bei nichtrichterlichen Vernehmungen

110 Die Rspr. sieht in § 252 StPO nicht nur ein Verleseverbot, sondern ein Beweiserhebungsverbot für Aussagen bei früheren *nichtrichterlichen* Vernehmungen schlechthin.[417] Das – jeglicher Verfügung durch die Verfahrensbeteiligten entzogene[418] – Beweiserhebungsverbot erstreckt sich also auf:
- die **Verlesung der Vernehmungsniederschrift**;[419]
- die **Vernehmung der Verhörsperson** über den Inhalt der von ihr aufgenommenen Aussage;[420]
- den **Vorhalt**, wobei es keine Rolle spielt, ob der Vorhalt der Verhörsperson oder einem unbeteiligten Zeugen gemacht wird;[421]
- die **Schriftstücke und Tonbänder**, die der Zeuge bei seiner polizeilichen Vernehmung überreicht und zum Bestandteil seiner Aussage gemacht hat.[422]

Das Beweiserhebungsverbot gilt auch für die erneute Hauptverhandlung nach der Wiederaufnahme des Verfahrens.[423]

111 Eine Verwertung der früheren Aussage kommt erst dann in Betracht, »wenn *festgestellt ist, dass der Zeuge zur Aussage bereit ist*«.[424] Solange »Ungewissheit darüber besteht, ob der Zeuge von seinem Weigerungsrecht Gebrauch macht oder darauf verzichtet«, bleibt die Verwertung also ausgeschlossen.[425] Allerdings ist die Aussage eines Zeugnisverweigerungsberechtigten vor der Polizei oder Staatsanwaltschaft in der Hauptverhandlung auch ohne Verzicht auf das Verweigerungsrecht verwertbar, wenn der Aufenthalt des Zeugen nicht ermittelt werden kann.[426] Geht das Gericht davon aus, dass die Ehefrau des Angeklagten von ihrem Zeugnisverweigerungsrecht nach § 52 Abs. 1 Nr. 2 StPO Gebrauch machen werde und unterlässt es im Hinblick darauf eine Ladung zur Hauptverhandlung, darf die frühere Einlassung der Ehefrau nicht verwertet werden.[427] Die Geltendmachung des Zeugnisverweigerungsrechts hindert den Zeugen nicht, nach ordnungsgemäßer Belehrung die Verwertung der bei einer nichtrichterlichen Vernehmung gemachten Aussage zu gestatten.[428] Erforderlich ist eine ausdrückliche Erklärung des Beschuldigten nach qualifizierter Belehrung, welche zu protokollieren ist (§ 273 Abs. 1 StPO).[429]

112 Äußerungen des Zeugen *außerhalb einer Vernehmung* werden von § 252 StPO nicht erfasst.[430] Als Vernehmung i.S. der Vorschrift darf jedoch nicht nur eine unter Beachtung des § 163a Abs. 5 StPO durchgeführte förmliche Vernehmung angesehen werden. Der Begriff der Vernehmung i.S.d. § 252 StPO ist vielmehr weit auszulegen und umfasst auch Angaben bei einer nur *informatorischen Befragung* durch Polizeibeamte, bei der das Schutzbedürfnis des Zeugen sogar noch größer ist als bei einer mit

417 BGHSt 2, 99 (105); 7, 194 (195 f.); 13, 394 (395); 17, 324 (326); 34, 231 (234); 45, 203 (205); BGH NStZ 2001, 49 (50); NJW 2001, 528; StraFo 2007, 63 (64); BayObLG StV 1983, 142 (452); OLG Koblenz StV 1983, 325; OLG Frankfurt StV 1994, 117 (118).

418 BGH NStZ 1997, 95.

419 BGHSt 49, 72 (76).

420 BGH StV 2000, 236; NStZ 2001, 49 (50); BayObLG StV 1981, 62; OLG Koblenz StV 1983, 325.

421 BGHSt 2, 105 (110).

422 BGHSt 22, 219; BGH StV 1996, 196 f.; BGHR StPO § 252 Verwertungsverbot 19; BGH NStZ 2013, 247; LG Mosbach StV 1987, 334.

423 BGH NJW 2001, 528.

424 BGHSt 2, 99 (110).

425 BGH StV 1995, 563; 1996, 196; 2000, 236; BayObLG NStZ 2005, 468 f.; OLG Thüringen StV 2006, 517.

426 BGHSt 25, 176.

427 BGH StV 1992, 500.

428 BGHSt 45, 203; 48, 294 (297).

429 BGHSt 57, 254 (256 f.).

430 BGHSt 1, 373 f.; 20, 384 (385 f.); 40, 211 (213); BayObLG StV 1983, 142 f., 452; OLG Frankfurt 1994, 118.

vorgeschriebener Belehrung verbundenen förmlichen Vernehmung.[431] Zum Begriff der Vernehmung gehört aber auf jeden Fall, dass der Vernehmende dem Zeugen in amtlicher Funktion gegenübertritt[432] (z.B. als Polizei- oder Zollbeamter, als Staatsanwalt oder Richter) und in dieser Eigenschaft von ihm Auskunft verlangt. § 252 StPO verbietet also lediglich die Verwertung solcher Angaben, die der Zeuge vor einem staatlichen Organ gemacht hat, während aus freien Stücken heraus getätigte Äußerungen gegenüber Privatpersonen prinzipiell nicht erfasst sind.[433] Ein V-Mann führt deshalb keine Vernehmungen, und zwar auch dann nicht, wenn er von den Ermittlungsbehörden gezielt auf den Angeklagten und dessen Umfeld angesetzt, straff geführt und nach dem Verpflichtungsgesetz vom 2. März 1974 (BGBl. I S. 469 [547]) förmlich verpflichtet wird. Was ein V-Mann im Umfeld des Beschuldigten von dessen Angehörigen erfährt, fällt mithin auch dann nicht unter § 252 StPO, wenn er im Rahmen des Gespräches nachfragt.[434] Eine Ausnahme von dem Verwertungsverbot ist auch dann gerechtfertigt, wenn die Auskunft bei einer informatorischen Befragung auf einer freien Entscheidung der Auskunftsperson beruht und nicht als Reaktion auf die staatliche Strafverfolgung, sondern spontan auf eigenes Betreiben erfolgt.[435] Erklärt ein zeugnisverweigerungsberechtigter Zeuge den über telefonischen Notruf herbeigerufenen Polizeibeamten, warum er polizeiliche Hilfe benötigt, stellt dies auch dann keine ein Verwertungsverbot i.S.d. § 252 StPO begründende Vernehmung dar, wenn die aufgrund des Notrufs eintreffenden Polizeibeamten fragen, »was los sei«.[436]

113 Die *formale Stellung* bei der früheren Vernehmung ist für das Verwertungsverbot des § 252 StPO ohne Belang. Es macht also keinen Unterschied, ob der jetzt Zeugnisverweigerungsberechtigte bei seiner früheren Vernehmung Zeuge oder Beschuldigter war. Maßgeblich ist nicht die Stellung, die der Vernommene im Augenblick der Vernehmung hatte, sondern seine Stellung in der Hauptverhandlung, aufgrund derer ihm jetzt ein Zeugnisverweigerungsrecht zusteht.[437]

114 § 252 StPO greift nach der früheren Rechtsprechung des BGH auch dann ein, wenn das *Angehörigenverhältnis* (i.S.d. § 52 StPO) erst nach der früheren Vernehmung entstanden ist.[438] Im Fall der §§ 53 und 53a StPO ist § 252 StPO indes nur anwendbar, soweit ein Zeugnisverweigerungsrecht bereits bei der früheren Vernehmung bestanden hat, nicht aber, soweit der Zeuge damals von der Schweigepflicht entbunden war.[439] Nach der Rechtsprechung des BGH sollen die Angaben eines polizeilichen Vernehmungsbeamten über Schilderungen eines seinerseits von der Schweigepflicht entbundenen Arztes strafprozessual selbst dann verwertbar sein, wenn der mit dem Angeklagten verwandte Zeuge in der Hauptverhandlung die Entbindung des Arztes von der Schweigepflicht widerruft. Die Vorschrift des § 252 StPO soll der Verwertbarkeit der Angaben des Berufsgeheimnisträgers aus dem Ermittlungsverfahren nicht entgegenstehen, weil sich dieser infolge der Entbindung

431 BayObLG StV 1983, 142 f., 452; BayObLG NStZ 2005, 468 (469); OLG Frankfurt StV 1994, 118; OLG Thüringen StV 2006, 517.

432 BGHSt 40, 211 (213); BayObLG StV 1983, 143; OLG Frankfurt StV 1994, 118.

433 BGHSt 1, 373 (374 f.); 40, 211 (214 f.); anders jetzt BGHSt 46, 1 hinsichtlich der Befragung durch einen Verteidiger; krit. dazu mit Recht *Schittenhelm* NStZ 2001, 51.

434 BGHSt 40, 211 (213).

435 BGH NStZ 2001, 50; BayObLG StV 1981, 62; 1983, 143; OLG Frankfurt StV 1994, 118. S.a. LG Frankfurt StV 1988, 337 m. Anm. *Nestler-Tremel*: Das Verwertungsverbot des § 252 StPO gilt nicht für Informationen, die eine Vertrauensperson der Polizei von sich aus den von ihr herbeigerufenen Beamten gegeben hat.

436 BGH StV 1988, 46; OLG Hamm NStZ 2012, 53.

437 BGHSt 36, 384 (388); 38, 7 (9); BGH StV 1992, 500; NStZ 2001, 50; BayObLG StV 1983, 142; OLG Koblenz StV 1983, 325; OLG Frankfurt StV 1994, 118.

438 BGHSt 22, 219 (220); BGH StV 1988, 92. Der BGH hat allerdings später in einem obiter dictum erwogen, von seiner bisherigen Rechtsprechung abzuweichen, BGHSt 45, 342 (347), und die Frage seither ausdrücklich offen gelassen, BGH NStZ-RR 2001, 171 (172). A.A. jetzt LG Berlin NStZ 2015, 422.

439 BGHSt 18, 146; BGH StV 1997, 233.

im Zeitpunkt seiner Bekundungen über die Ergebnisse der Untersuchung der angehörigen Zeugen nicht in dem normtypischen Widerstreit zwischen Wahrheits- und Schweigepflicht befinde.[440]

§ 252 StPO gilt nur für die Fälle des Zeugnisverweigerungsrechts nach den §§ 52, 53, 53a StPO, 115
nicht aber für den Fall des Auskunftsverweigerungsrechts gemäß § 55 StPO.[441] Beruft sich ein Zeuge erst im Verlauf seiner Vernehmung auf sein Auskunftsverweigerungsrecht nach § 55 StPO, so sind seine bis zu dieser Erklärung gemachten Angaben auch dann (im Verfahren gegen den Angeklagten) verwertbar, wenn der Zeuge seine Erklärung auf seine bisherigen Angaben bezogen wissen will.[442]

Die Anhörung eines Zeugen *durch einen Sachverständigen* über *Zusatztatsachen*[443] steht einer nicht- 116
richterlichen Vernehmung gleich. Zusatztatsachen dürfen also, wenn der Zeuge in der Hauptverhandlung gemäß § 52 StPO seine Aussage verweigert, nicht durch eine Vernehmung des Sachverständigen als »Zeuge vom Hörensagen« in die Hauptverhandlung eingeführt und bei der richterlichen Überzeugungsbildung verwertet werden, ohne dass es darauf ankäme, ob der Zeuge vor seiner Anhörung durch den Sachverständigen richterlich über sein Aussageverweigerungsrecht belehrt worden war oder nicht.[444]

Nach der Auffassung des BGH soll ein Beweiserhebungsverbot analog § 252 StPO auch für eine vor 117
dem *verfahrensbeteiligten Verteidiger des Angeklagten* gemachte Aussage gelten, wenn sie zur Verwendung durch den Verteidiger des Angeklagten in dem gegen diesen gerichteten Verfahren bestimmt gewesen sei. Denn wenn § 252 StPO es schon untersage eine unter den Strafdrohungen der §§ 145d und 164 StGB vor der Polizei oder der StA gemachte Aussage nach anschließender berechtigter Zeugnisverweigerung zu verwerten, müsse dies erst recht der Verwertung einer Aussage bei einer anwaltlichen »Vernehmung« entgegenstehen, zumal der Verteidiger bei einer solchen Anhörung einseitig die Interessen des Beschuldigten wahrzunehmen habe, während die Strafverfolgungsorgane nach § 160 Abs. 2 StPO sowohl die belastenden als auch die entlastenden Umstände zu ermitteln hätten. Dies soll freilich nur in Betracht kommen, wenn die Aussage des Zeugen *gezielt für das Strafverfahren* herbeigeführt und nicht »aus freien Stücken« gemacht worden sei.[445]

Macht ein nur mit einem Angeklagten verwandter Zeuge von seinem Zeugnisverweigerungsrecht 118
Gebrauch, so wirkt das Verwertungsverbot des § 252 StPO nach der früheren Auffassung des BGH auch zugunsten der übrigen Mitangeklagten, wenn gegen alle Angeklagten ein sachlich nicht trennbarer strafrechtlicher Vorwurf erhoben ist.[446] Diese Auffassung hat der BGH aber inzwischen revidiert: »Das Zeugnisverweigerungsrecht, das der Angehörige eines Beschuldigten im Verfahren gegen den Mitbeschuldigten hat, erlischt mit rechtskräftigem Abschluss des gegen den angehörigen Beschuldigten geführten Verfahrens.«[447]

c) Kein Beweiserhebungsverbot bei richterlichen Vernehmungen

Das Beweiserhebungsverbot des § 252 StPO erstreckt sich nicht auf die *Vernehmung* einer *richterli-* 119
chen Verhörsperson, wenn der Zeuge bei seiner früheren richterlichen Vernehmung (auch in einem vorangegangenen Zivilprozess bzw. Verfahren der freiwilligen Gerichtsbarkeit)[448] ordnungsgemäß

---

440 BGH NStZ 2012, 281 m. abl. Anm. *Geppert*; Satzger/Schluckebier/Widmaier/*Beulke* Einl. Rn. 295.
441 BGHSt 17, 245 (246).
442 BGH StV 1997, 512.
443 Zusatztatsachen sind Tatsachen, die der Sachverständige feststellt, ohne dass dazu eine besondere Sachkunde notwendig ist. Dazu gehört regelmäßig auch die Tatschilderung eines auf seine Glaubwürdigkeit zu begutachtenden Zeugen.
444 BGHSt 13, 1 (2 f.); 18, 107 (109); 36, 384 (386); 45, 203 (205 f.); BGH StV 1987, 328; 1996, 522 f.; NJW 2001, 528.
445 BGHSt 46, 1 m. krit. Anm. *Schittenhelm*.
446 BGHSt 7, 194.
447 BGHSt 38, 96.
448 BGHSt 17, 324 (327); 36, 384 (387 f.).

über sein Zeugnisverweigerungsrecht belehrt worden ist[449] (wenn keine Belehrung: Verwertungsverbot,[450] es sei denn, dass der Zeuge vor der Hauptverhandlung verstorben ist).[451] »Der wesentliche Grund für die unterschiedliche Behandlung von richterlichen und nichtrichterlichen Vernehmungen wird nach der neueren Rechtsprechung darin gesehen, dass schon das Gesetz –wie aus § 251 Abs. 1 und 2 StPO zu entnehmen –richterlichen Vernehmungen ganz allgemein höheres Vertrauen entgegenbringt. Dieser Grund ist auch nach Einführung der Belehrungspflicht für Polizeibeamte und Staatsanwälte durch § 161a Abs. 1 StPO und § 163a Abs. 5 StPO nicht entfallen.«[452] Die *Verlesung* des richterlichen Vernehmungsprotokolls bleibt indes nach §§ 250, 252 StPO jedenfalls unzulässig. Allerdings ist nach der Rechtsprechung die Verlesung des Vernehmungsprotokolls im Wege des *Vorhalts* möglich,[453] wobei aber – wie sonst auch – nur die auf den Vorhalt hin getätigten Bekundungen des Richters in die Urteilsfindung einfließen dürfen: »Indem das Zeugnis des vernehmenden Richters zugelassen wird, ist die Verwertung der früheren Aussage der weigerungsberechtigten Auskunftsperson nicht mehr grundsätzlich verboten. Die Art dieser Verwertung ist allerdings eingeschränkt. Ausnahmslos unstatthaft ist jede Form des Urkundenbeweises; insbesondere ist eine entsprechende Anwendung des § 253 StPO, der es erlaubt, unter bestimmten Voraussetzungen die frühere, protokollarisch niedergelegte Aussage des Zeugen durch Verlesung unmittelbar zur Beweisgrundlage zu machen, schlechthin ausgeschlossen. Der Vorhalt ist aber kein Urkundenbeweis, sondern ein bloßer Vernehmungsbehelf, der durch das Verbot des Urkundenbeweises nicht ohne weiteres unzulässig wird«.[454] Im Übrigen darf die frühere Aussage mittelbar nur durch Vernehmung des *Richters*, vor dem der weigerungsberechtigte Zeuge unter Verzicht auf sein Recht ausgesagt hat, nicht aber durch Vernehmung des Protokollführers oder einer sonstigen bei der richterlichen Vernehmung anwesenden Person in die Hauptverhandlung eingeführt werden.[455]

120 Die Verwertung ist nur zulässig, sofern es sich bei der früheren Vernehmung um eine Vernehmung *als Zeuge* gehandelt hat; eine frühere Beschuldigtenvernehmung des heutigen Zeugen bleibt unverwertbar.[456] Auch das früher gegen den Zeugen ergangene Urteil darf nicht verlesen werden.[457]

121 Eine Verwertung kommt nur in Betracht, wenn das Zeugnisverweigerungsrecht schon *zum Zeitpunkt der früheren Vernehmung bestanden* hat. Ist das Angehörigenverhältnis erst nach der früheren Vernehmung entstanden, greift das Verwertungsverbot des § 252 StPO ein.[458]

122 Macht ein Arzt als Zeuge erst in der Hauptverhandlung von seinem Recht aus § 53 Abs. 1 Nr. 3 StPO Gebrauch, das Zeugnis zu verweigern, so darf über den Inhalt einer Aussage, die er früher vor dem Untersuchungsrichter gemacht hat, dieser jedenfalls dann vernommen werden, wenn der Arzt bei der früheren Aussage gemäß § 53 Abs. 2 StPO von der Verpflichtung zur Verschwiegenheit entbunden war.[459]

---

449 OGHSt 1, 299; BGHSt 2, 99 (105); 13, 394 (395 f.); 17, 324 (326); 21, 218 (219); 32, 25 (29); 36, 384 (385 f.); 45, 342 (345 f.); 48, 294 (297); 49, 72 (76 f.); BGH NStZ 2012, 521 (522); BGH NStZ-RR 2012, 212; BGH StV 1997, 234 (236); NJW 2001, 529; BayObLG StV 1983, 142, 452; OLG Koblenz 1983, 325.

450 BGHSt 17, 324 (328); 20, 384 (386).

451 BGHSt 22, 35 (36); 57, 254 (255); BGH NStZ 2012, 521 (522).

452 BGH NJW 2001, 528 (529); BGHSt 45, 342 (345 f.).

453 BGHSt 11, 338; BGH NStZ 2012, 521 (522); a.A. Meyer-Goßner/*Schmitt* § 249 Rn. 28; Meyer-Goßner/*Schmitt* § 252 Rn. 12.

454 BGHSt 11, 338 (340). Nach BGH NStZ 2012, 521 (522 f.) ist der Ermittlungsrichter verpflichtet, Erinnerungslücken durch Lektüre der Vernehmungsniederschriften zu beseitigen.

455 BGHSt 13, 394 (396); 17, 324 (327 f.).

456 BGHSt 20, 384 ff.; 42, 391 (397 ff.).

457 BGH NStZ 2003, 217.

458 BGHSt 22, 219 (220); 27, 231 (232); ausdr. offen gelassen in BGHSt 45, 342 (347); BGH NStZ-RR 2001, 171 (172); a.A. jetzt LG Berlin NStZ 2015, 422.

459 BGHSt 18, 146; BGH StV 1997, 233.

In Bezug auf die Ermittlung von *Befundtatsachen*,[460] die der *Sachverständige* im Rahmen seines Gutachtens in die Hauptverhandlung einführt, wird dieser einer *richterlichen* Verhörsperson gleichgestellt, sodass das Verwertungsverbot des § 252 StPO insoweit nicht eingreift,[461] wenn der angehörige Zeuge *vor* seiner Befragung durch den Sachverständigen *von einem Richter* über sein Zeugnisverweigerungsrecht belehrt worden ist. »Dabei kommt es nicht darauf an, ob die Angaben des Zeugen im Rahmen der Vernehmung gemacht wurden, zu deren Beginn er belehrt wurde oder ob die Belehrung im Laufe des Verfahrens in anderem Zusammenhang erfolgte und die (späteren) Angaben des Zeugen gegenüber dem Sachverständigen nicht im Rahmen einer richterlichen Vernehmung gemacht wurden.«[462] 123

d) Revision

Einen Verstoß gegen § 252 StPO darf der Angeklagte auch dann rügen, wenn er oder sein Verteidiger der Verwertung nicht widersprochen haben, da im Rahmen des § 252 StPO eine etwaige Einwilligung der Verfahrensbeteiligten unbeachtlich ist.[463] Der Revisionsvortrag erfordert auch nicht die Darlegung, dass der Zeuge nicht wirksam auf das Verwertungsverbot des § 252 StPO verzichtet hat.[464] Wenn die der Rüge zugrunde liegenden Verfahrensvorgänge nicht vollständig mitgeteilt werden, ist aufgrund einer umfassend erhobenen Sachrüge auch der Inhalt des Urteils, der sich zu diesen Vorgängen verhält, ergänzend zu berücksichtigen.[465] 124

4. § 168c StPO

Die gem. § 168e StPO angefertigte Videoaufzeichnung der richterlichen Vernehmung eines Zeugen darf nicht gem. § 255a StPO in die Hauptverhandlung eingeführt werden, wenn der zu der richterlichen Vernehmung kurzfristig geladene Verteidiger wegen anderweitiger beruflicher Verpflichtungen an einer Teilnahme verhindert war und seine Bitte um Terminsverlegung unbeachtet blieb, obwohl einer kurzfristigen Terminsverlegung keine Gründe entgegengestanden hätten.[466] »Die Vorführung der Videoaufzeichnung nach § 255a Abs. 2 S. 1 scheidet [auch dann] aus, wenn der Beschuldigte gem. § 168c Abs. 3 StPO bei der ermittlungsrichterlichen Vernehmung ausgeschlossen war und daher keine Gelegenheit zur Mitwirkung hatte. Dies gilt auch dann, wenn sein Verteidiger an dieser Vernehmung teilgenommen hat.«[467] Das Verwertungsverbot setzt allerdings einen Widerspruch des verteidigten Angeklagten voraus.[468] 125

Bei einer Verletzung der Benachrichtigungspflicht nach § 168c Abs. 5 StPO ist ein Verwertungsverbot anzunehmen, das sowohl die Verlesung der Vernehmungsniederschrift[469] als auch die Vernehmung des Ermittlungsrichters umfasst.[470] Ein Vorhalt bleibt als »bloßer Vernehmungsbehelf« aber zuläs- 126

460 Befundtatsachen sind Tatsachen, deren Wahrnehmung eine besondere Sachkunde voraussetzt, die der Sachverständige also aufgrund seiner Sachkunde ermittelt (vgl. dazu auch *Wohlers* StV 1996, 193).

461 BGHSt 13, 1 (2); BGH NStZ 1985, 182.

462 BGH StV 1995, 564 f. (1. Senat) m. krit. Anm. *Eisenberg/Kopatsch* NStZ 1997, 297. S. andererseits BGH StV 1995, 563, wo der 3. Senat den Sachverständigen »der Sache nach« zu den »*nichtrichterlichen* Vernehmungspersonen« rechnet. Beide Entscheidungen sind reichlich diffus. S. zur Kritik *Wohlers* StV 1996, 192 ff.

463 BGH StraFo 2007, 63 (64); BGHSt 45, 203 (205). Nach BGH NStZ-RR 2012, 212 (213) muss auch nicht ein Beschluss nach § 238 Abs. 2 StPO herbeigeführt worden sein.

464 BGHSt 57, 254 (256).

465 BGH StraFo 2007, 63 (64); BGHSt 45, 203 (204 f.).

466 OLG München StV 2000, 352.

467 BGHSt 49, 72 (80 ff.).

468 OLG München StV 2000, 352.

469 Zum Anwesenheitsrecht des Verteidigers bei einer Schweizer Rechtshilfevernehmung s. BGH StV 1997, 244.

470 BGHSt 26, 332; 31, 140; 42, 391 (392); BGH NStZ 1989, 282 m. Anm. *Hilger*; BGH StV 1997, 234 (235); BGH StV 2011, 336 (337).

sig.[471] Für den Rechtsverstoß macht es keinen Unterschied, ob die erforderliche Benachrichtigung absichtlich, versehentlich oder unter Verkennung der gesetzlichen Voraussetzungen unterblieben ist.[472]

127 Allerdings bedarf es keiner Benachrichtigung, wenn der Beschuldigte von der Anwesenheit bei der Verhandlung ausgeschlossen worden ist (§ 168c Abs. 3 StPO), weil er dann nicht mehr zu den Anwesenheitsberechtigten gehört, denen ein Anspruch auf eine Benachrichtigung zusteht.[473] Etwas anderes gilt dann, wenn lediglich ein Ausschlussgrund vorliegt.[474]

128 Aus der Abwesenheit des Verteidigers bei der *polizeilichen* Zeugenvernehmung ist kein Verwertungsverbot herzuleiten.[475] Deshalb tendiert der BGH in seiner neueren Rspr. dazu, das Protokoll einer unter Verletzung der Benachrichtigungspflicht erfolgten *richterlichen* Vernehmung rechtlich auf das Protokoll einer *nicht*-richterlichen Vernehmung herabzustufen und dessen Verwertung *in dieser Eigenschaft* zu gestatten. Allerdings hat das Gericht den Angeklagten dann auf die »Umwertung der rechtlichen Grundlage für die Verlesung der Aussage« hinzuweisen.[476]

129 Ein Verstoß gegen § 168c Abs. 5 S. 1 StPO zieht nur dann ein Verwertungsverbot nach sich, wenn der Verteidiger der Verwertung im Rahmen des Äußerungsrechts nach § 257 StPO sofort widerspricht.[477]

II. Blutprobenentnahme

130 Die Verwendung einer unter Verstoß gegen gesetzliche Bestimmungen erlangten Blutprobe ist grundsätzlich statthaft, insbesondere dann, wenn die Blutprobe nicht gemäß § 81a Abs. 1 S. 2 StPO von einem Arzt,[478] sondern von einem Medizinalassistenten[479] oder einer Krankenschwester[480] entnommen worden ist. Denn dadurch wird der Beweiswert der Blutprobe nicht geschmälert.[481] Auch die unzutreffende Bejahung von Gefahr in Verzug gemäß § 81a Abs. 2 führt nicht zur Unverwertbarkeit[482], solange nicht die Willkürgrenze überschritten ist.[483] Ein Verwertungsverbot kommt aber – soweit nicht das Interesse des Staates an der Aufklärung der Straftat überwiegt – dann in Betracht, wenn eine Blutentnahme weder auf Anordnung der Strafverfolgungsbehörde noch mit Einwilligung des Beschuldigten vorgenommen worden ist[484] oder wenn der Polizeibeamte zum Zweck ihrer Gewinnung ein Mittel angewendet hat, das nach § 136a StPO bei einer Vernehmung verboten ist.[485] Die Sicherstellung und Benutzung einer zu anderen Zwecken (z.B. zur Vorbereitung einer Operation des Beschuldigten) entnommenen Blutprobe ist dann zulässig, wenn diese aufgrund einer Anordnung nach § 81a StPO hätte entnommen werden dürfen.[486]

III. Hausdurchsuchung

131 Die bewusste Ausschaltung des zuständigen Ermittlungsrichters oder gleichgewichtig grobe Verkennung der Voraussetzungen des für Wohnungsdurchsuchungen bestehenden Richtervorbehalts

471 BGHSt 34, 231, 235 mit krit. Anm. Fezer StV 1987, 234.
472 BVerfG StV 2006, 72 (77); BGH NJW 2007, 237 (239); 2003, 3142.
473 BGHSt 31, 140 (142). Offengelassen von BGH StV 2011, 336 (337).
474 BGH StV 2013, 3; BGH StV 2011, 336 (337).
475 BGHSt 33, 70 (75).
476 BGH StV 1997, 512.
477 BGH StV 1997, 244 (246).
478 BayObLG bei *Rüth* DAR 1966, 261 f.
479 BGHSt 24, 125 (128); OLG Hamm NJW 1965, 1089.
480 OLG Oldenburg NJW 1955, 683.
481 BGHSt 24, 125 (130); OLG Zweibrücken NJW 1994, 810.
482 OLG Karlsruhe Justiz 2004, 493 (494); Meyer-Goßner/*Schmitt* § 81a Rn. 32.
483 BVerfG NJW 2010, 2864 (2865); BVerfG StraFo 2011, 145 (146).
484 BayObLG bei *Rüth* DAR 1966, 261.
485 BayObLG bei *Rüth* DAR 1966, 262; OLG Hamm NJW 1965, 1089; 1967, 1524.
486 OLG Celle NStZ 1989, 385; OLG Zweibrücken NJW 1994, 810 f. m. abl. Anm. *Weiler* NStZ 1995, 98; OLG Frankfurt NStZ-RR 1999, 246.

und die infolgedessen unbegründete Berufung auf Gefahr im Verzug stellt einen so schwerwiegenden Verfahrensverstoß dar, dass die bei der durchgeführten Hausdurchsuchung sichergestellten Beweismittel einem Verwertungsverbot unterliegen.[487] Auf Erwägungen zu hypothetisch rechtmäßigen Ermittlungsabläufen kommt es nicht an, weil dadurch die präventive richterliche Kontrolle umgangen würde.[488] Auch sonst können prozessuale Verstöße bei einer Durchsuchung so schwerwiegend sein, dass ein Beweiserhebungs- und Beweisverwertungsverbot eingreift.[489] Etwas anderes soll jedoch dann gelten, wenn die Durchsuchung gefahrenabwehrrechtlich, (d.h. aufgrund einer präventiven-polizeilichen Ermächtigungsgrundlage) zulässig war.[490] Die Polizei kann während eines bereits laufenden Ermittlungsverfahrens aufgrund präventiv-polizeilicher Ermächtigungsgrundlagen zum Zwecke der Gefahrenabwehr tätig werden. Insbesondere bei sogenannten Gemengelagen, in denen die Polizei sowohl repressiv als auch präventiv handeln kann und will, bleiben strafprozessuale und gefahrenabwehrrechtliche Maßnahmen grundsätzlich nebeneinander anwendbar.[491] Es besteht weder ein allgemeiner Vorrang der StPO gegenüber dem Gefahrenabwehrrecht noch umgekehrt.[492]

IV. Beschlagnahme

Das Beschlagnahmeverbot des § 97 Abs. 1 Nr. 1 StPO enthält ein Beweiserhebungs- und Beweisverwertungsverbot.[493] Mit dem Beschlagnahmeverbot endet auch das daraus folgende Verbot, den Gegenstand als Beweismittel zu verwerten.[494] Wird gegen das an das Zeugnisverweigerungsrecht der Berufsgeheimnisträger (§ 53 StPO) anknüpfende Beschlagnahmeverbot verstoßen (§ 97 Abs. 1 Nr. 1–3), richtet sich die Verwertung der so erlangten Beweismittel nach § 160a Abs. 1 S. 2, 5, Abs. 2 S. 3 oder Abs. 3. Der Vorrang, der § 97 StPO nach § 160a Abs. 5 StPO zukommt, steht dem nicht entgegen. Denn § 97 trifft hinsichtlich der Verwertung von beschlagnahmefreien Gegenständen keine Regelung.[495] 132

Die in § 97 Abs. 2 S. 2 StPO vorgesehenen Ausnahmen von dem Beschlagnahmeverbot greifen nur ein, soweit dasjenige Verbrechen oder Vergehen betroffen ist, das den Gegenstand des Verfahrens bildet, für dessen Zweck die Beschlagnahme erfolgt.[496] Dabei genügt jedenfalls der Verdacht der Beteiligung; dass gegen den Zeugnisverweigerungsberechtigten schon ein Ermittlungsverfahren eingeleitet worden ist oder dass seiner Einleitung keine rechtlichen Hindernisse entgegenstehen, setzt der Ausschluss der Beschlagnahmefreiheit nicht voraus.[497] 133

Wenn eine Beschlagnahme nach § 97 Abs. 2 S. 2 StPO gerechtfertigt ist, bedeutet das nicht, dass damit schlechthin auch jedes Verwertungsverbot entfällt. Schriftliche Mitteilungen zwischen dem Beschuldigten und seiner Ehefrau, die nach § 97 Abs. 2 S. 2 StPO wegen Verdachts der Teilnahme an einer bestimmten Straftat zulässigerweise beschlagnahmt worden sind, dürfen als Beweismittel für andere Straftaten des Beschuldigten, hinsichtlich deren kein Teilnahmeverdacht besteht, nicht verwertet werden. Das Verwertungsverbot entfällt jedoch dann, wenn das Gericht die Zustimmung der Ehefrau zur Verwertung unter Belehrung über ihr Recht einholt. Auf die Beachtung des Beschlagnahme- und Verwertungsverbots des § 97 Abs. 1 Nr. 1 StPO kann der zeugnisverweigerungsberechtigte Gewahrsamsinhaber nämlich verzichten. Denn das Verbot ist eine Folge seines Zeugnisver- 134

487 BGHSt 51, 285 (295 f.); BGH NStZ 2012, 104 (105); OLG Hamm, NStZ 2007, 355; LG Darmstadt StV 1993, 573; LG Osnabrück StV 1991, 152; AG Offenbach StV 1993, 406.
488 BGHSt 51, 285 (295); BGH NStZ 2012, 104 (105).
489 LG Wiesbaden StV 1988, 292.
490 BGH NStZ-RR 2016, 176; BGH NStZ 2017, 651.
491 BGH NStZ 2017, 651 m.w.N.; NStZ-RR 2018, 146; NStZ-RR 2016, 176.
492 BGH NStZ 2017, 651.
493 BGHSt 18, 227 (228).
494 BGHSt 25, 168 (170).
495 BVerfG NJW 2018, 2385 (2391), Meyer-Goßner/*Köhler* § 97 Rn. 50.
496 BGHSt 18, 227 (229); 25, 168 (169).
497 Meyer-Goßner/*Köhler* § 97 Rn. 17 f..

weigerungsrechts, über dessen Ausübung er entscheiden kann. Regelmäßig wird in der freiwilligen Herausgabe eines Beweismittels zugleich ein Verzicht auf die Beachtung des Beschlagnahme- und Verwertungsverbots liegen. Das gilt aber nicht uneingeschränkt, namentlich dann nicht, wenn ein zeugnisverweigerungsberechtigter Angehöriger dabei irrig von seiner Herausgabepflicht ausgeht.[498] Ob die Wirksamkeit eines Verzichts auf das Verwertungsverbot darüber hinaus stets auch von einer Belehrung abhängt, hat der BGH hingegen ausdrücklich offen gelassen.

135 Das Beschlagnahmeverbot des § 97 Abs. 1 Nr. 1 StPO entfällt, sobald die zur Verweigerung des Zeugnisses berechtigte Person sich durch eine Zeugenbekundung in der Hauptverhandlung einer Begünstigung verdächtig macht. Der Zulässigkeit der Beschlagnahme einer schriftlichen Mitteilung und ihrer Verwertung als Beweismittel von diesem Zeitpunkt an steht nicht entgegen, dass sie im Ermittlungsverfahren entgegen § 97 Abs. 1 Nr. 1 StPO sichergestellt worden war, bevor ein Begünstigungsverdacht bestand:[499] »Der Verstoß gegen § 97 Abs. 1 Nr. 1 wirkt auch nicht derart nach, dass ein auf diese Weise gewonnenes Beweismittel nicht mehr verwendet werden dürfte, wenn die gesetzliche Schranke, die der Verwertung zunächst entgegenstand, nachträglich wegfällt. Denn die Verwertung eines fehlerhaft erlangten Beweismittels ist nicht wegen des fehlerhaften Erwerbs verboten, sondern weil das Gesetz selbst den Gegenstand als Beweismittel ablehnt«.[500] Ergibt sich ein Teilnahmeverdacht aber erst nachträglich aus den rechtswidrig beschlagnahmten Unterlagen, so bleibt die Beschlagnahme unzulässig.[501]

V. Überwachung der Telekommunikation

136 Telefongespräche zwischen dem (überwachten) Verdächtigen und seinem *Verteidiger* sind von der Überwachung frei.[502] Das ergibt sich aus § 148 StPO, der den freien mündlichen Verkehr zwischen dem Beschuldigten und seinem Verteidiger garantiert. § 148 StPO gilt so lange, wie der Verteidiger nicht nach § 138a Abs. 1 StPO ausgeschlossen worden ist.[503] Im Hinblick auf § 148 Abs. 1 ist es im Rahmen einer laufenden Telefonüberwachung grundsätzlich geboten, die Aufzeichnung eines Telefonats – auch in dem Verfahren gegen einen Dritten gem. § 100a Abs. 3 StPO – sofort abzubrechen, wenn sich ergibt, dass es sich um ein Mandantengespräch zwischen dem Beschuldigten, Angeschuldigten bzw. Angeklagten und seinem Verteidiger handelt[504]; »ist der Abbruch der Aufzeichnung nicht möglich, weil sie automatisch durchgeführt wird, so hat jedenfalls jede inhaltliche Auswertung des Gesprächs zu unterbleiben«, und zwar nicht nur für die Schuld- und Straffrage sondern auch für sonstige, hiervon ohnehin kaum trennbare verfahrensrechtliche Zwecke, wie etwa einen Ablehnungsantrag gegen einen der erkennenden Richter.[505] »Ist [also] ein solches Verteidigergespräch Gegenstand einer aufgrund zulässig angeordneter Überwachungsmaßnahme gemachten Aufzeichnung, so ist diese im Verfahren gegen den Verdächtigen wie auch gegen den Verteidiger nicht verwertbar. Denn beide haben ein auf den Schutz dieser Verteidigung gegründetes und ihm

498 BGHSt 18, 227 (229 ff.).
499 BGHSt 25, 168.
500 BGHSt 25, 168 (170).
501 BGH NStZ 2001, 604 (606).
502 BGHSt 33, 347 (350); BVerfG StV 2012, 610.
503 *Meyer-Goßner*/Schmitt, 54. Aufl., § 100a Rn. 21; LR/*Lüderssen*/*Jahn* § 148 Rn. 14a; LR/*Schäfer*, 25. Aufl., § 100a Rn. 75; a.A. Meyer-Goßner/*Köhler* § 100a Rn. 21; KK/*Nack*, 6. Aufl., § 100a Rn. 43, wonach das Privileg bereits beim Vorliegen eines Verstrickungsverdachts entfallen soll.
504 Vgl. auch BT-Drs. 16/5846, S. 35 zu dem seit 01.01.2008 geltenden, neu eingefügten § 160a Abs. 1 StPO (§ 53b Abs. 1 StPO-E): »Aus diesem Verwertungsverbot kann sich in besonderen Einzelfällen unter Anwendung des Grundsatzes der Verhältnismäßigkeit die Verpflichtung ergeben, die Maßnahme gegen einen Dritten zu unterbrechen, so wenn es sich etwa um eine ausnahmsweise in Echtzeit erfolgende Telekommunikationsüberwachung handelt und dabei ein Gespräch etwa als Verteidigergespräch erkannt wird. In diesem Fall dürfen keine Erkenntnisse erhoben werden, die nach dem in Satz 2 enthaltenen Verwertungsverbot nicht verwertet werden dürften.«.
505 BGH StraFo 2005, 296.

dienendes Recht auf freien mündlichen Verkehr miteinander.«[506] Rechtsanwälte, die den Beschuldigten nicht verteidigen, sind durch § 160a Abs. 1 geschützt. Gegen diese Personen sowie ihre mitwirkenden Personen (§§ 160a Abs. 3, 53a StPO) gerichtete TKÜ-Maßnahmen, die voraussichtlich Erkenntnisse erbringen würden, über die sie das Zeugnis verweigern dürften, sind unzulässig und dürfen nicht verwertet werden.[507]

Erkenntnisse aus der zulässigen Überwachung eines Telefonanschlusses dürfen auch dann in dem Verfahren gegen einen Angeklagten verwertet werden, wenn sie ein Telefongespräch betreffen, das sein Verteidiger mit einem Dritten geführt hat, der Mitinhaber des überwachten Telefonanschlusses ist. Dies gilt unabhängig davon, ob den Dritten ein durch § 148 StPO grundsätzlich geschütztes eigenes Verteidigungsverhältnis mit dem Rechtsanwalt verbindet. Eine Unverwertbarkeit in dem Verfahren gegen den Angeklagten des zwischen seinem Verteidiger und dem Dritten geführten Gesprächs ergibt sich allenfalls daraus, dass der Dritte als Nachrichtenmittler oder Bote im geschützten Verteidigungsverhältnis zwischen dem Verteidiger und dem Angeklagten anzusehen wäre. Dann muss sich allerdings das Gespräch auf die Übermittlung einer Nachricht beschränken.[508] 137

Erkenntnisse aus einer zulässigen Telefonüberwachung sind nicht deshalb unverwertbar, weil die Gesprächsteilnehmer zu dem Angeklagten in einem ein Zeugnisverweigerungsrecht begründenden Angehörigen- bzw. beruflichen Vertrauensverhältnis stehen.[509] 138

Für Erkenntnisse, die aus einer *rechtswidrig* angeordneten Telefonüberwachung gewonnen worden sind, gilt ein Verwertungsverbot.[510] Das ist insbesondere dann der Fall, wenn es an einer wesentlichen sachlichen Voraussetzung für die Anordnung der Maßnahme nach § 100a StPO gefehlt hat. Dementsprechend hat es etwa die Unverwertbarkeit zur Folge, wenn der Verdacht einer Katalogtat von vornherein nicht bestanden hat.[511] Bei einer Kette von jeweils aufeinander beruhenden Anordnungen kommt es für die Verwertbarkeit lediglich auf die Rechtmäßigkeit derjenigen Anordnung an, auf deren Grundlage die Erkenntnisse gewonnen worden sind.[512] Anders verhält es sich dann, wenn die Anordnung der Telefonüberwachung nach § 100a StPO auf eine andere Katalogtat hätte gestützt werden können. Eine entsprechende Auswechslung der rechtlichen Begründung für die Anordnung einer Telefonüberwachung kommt allerdings nur in Betracht, soweit derselbe Lebenssachverhalt betroffen ist, auf den sich der Verdacht bezieht, und die Änderung der rechtlichen Grundlage für die Telefonüberwachung der damals bestehenden Ermittlungssituation nicht ein völlig anderes Gepräge geben würde.[513] Unverwertbar sind Erkenntnisse auch dann, wenn die Anordnung unter Missachtung des Subsidiaritätsgrundsatzes (§ 100a Abs. 1 Nr. 3 StPO) ergangen ist[514], die Tat im Einzelfall nicht schwer wiegt (§ 100a Abs. 1 Nr. 2 StPO) oder wenn »der Verdächtige unter Umgehung der richterlichen Anordnungsbefugnis von einem V-Mann der Polizei mit deren Billigung und unter deren Mitwirkung gezielt angerufen und unter Ausnutzung des bestehenden Vertrauensverhältnisses in ein Gespräch über eine Straftat verwickelt wird, damit dieses auf Tonband aufgenommen und später gegen ihn verwendet werden kann«.[515] Auch die Erkenntnisse aus einer Telefonüberwachung nach Art. 1 G 10, die unter Verletzung der völkerrechtlich anerkannten Grundsätze der Immunität der Konsularbeamten und der Unverletzlichkeit ihrer Diensträume erlangt sind, unterliegen einem strafprozessualen Verwertungsverbot.[516] Als *rechtswidrig* (mit der Folge eines Verwertungsverbots) 139

---

506 BGH StV 1990, 435 m. Anm. *Taschke*; s. dazu auch *Welp* NStZ 1986, 294.
507 Meyer-Goßner/Schmitt/*Köhler* § 100a Rn. 22.
508 BGH StV 1990, 435 m. Anm. *Taschke*.
509 BGH StV 1990, 435 m. Anm. *Taschke*.
510 BGHSt 31, 304 (308, 309); 32, 68 (70); 41, 30 (31); 47, 362 (365); 48, 240 (248).
511 BGHSt 31, 304 (309); 47, 362 (365); 48, 240 (248).
512 BGHSt 51, 1; *Klesczewski* Strafprozessrecht, 2. Aufl., Rn. 282.
513 BGHSt 48, 240 (249).
514 BGHSt 41, 30 (31).
515 BGHSt 31, 304 (308).
516 BGHSt 36, 396.

stellt sich die von dem Ermittlungsrichter oder dem Staatsanwalt angeordnete Telefonüberwachung allerdings nur dann dar, wenn deren Entscheidung – was im Ergebnis auf eine Kontrolle nach dem Maßstab (objektiver) Willkür oder grober Fehlbeurteilung hinauslaufen mag – nicht mehr vertretbar ist. Anderenfalls ist im Verfahren vor dem Tatrichter wie auch im Revisionsverfahren von der Rechtmäßigkeit der getroffenen Maßnahme und damit von der Verwertbarkeit der gewonnenen Erkenntnisse auszugehen.[517] Ein Verwertungsverbot besteht aber nicht schon deshalb, weil bloß gegen die Zuständigkeitsbestimmung des § 100e Abs. 1 StPO oder gegen sonstige Formvorschriften verstoßen worden ist.[518] Die Verwertung eines vom Beschuldigten mit Dritten in einem Kraftfahrzeug mit einem Mobiltelefon geführten Raumgesprächs kann auf eine schon bestehende, rechtsfehlerfrei ergangene Anordnung nach § 100a gestützt werden, wenn der Beschuldigte eine zuvor von ihm selbst hergestellte Telekommunikationsverbindung beenden wollte, diese jedoch aufgrund eines Bedienungsfehlers fortbesteht.[519]

140 Die Ergebnisse einer Telefonüberwachung sind auch dann unverwertbar, wenn trotz Wegfalls der Anordnungsvoraussetzungen die Telefongespräche weiterhin aufgezeichnet werden.[520]

141 »Außerhalb der gesetzlich geregelten Fernmeldeüberwachung ist es auch in Fällen schwerer Kriminalität grundsätzlich unzulässig, das nicht öffentlich gesprochene Wort des Angeklagten mittels einer ihm gegenüber verborgen gehaltenen Abhöranlage auf Tonband aufzunehmen, um Art und Weise seiner Gesprächsführung als Beweismittel gegen seinen Willen verwerten zu können« (»heimliche Stimmprobe«). Soweit der Angeklagte und sein Verteidiger die nachträgliche Genehmigung verweigert und der Verwertung widersprochen haben, folgt daraus ein Verwertungsverbot.[521]

142 Das Verwertungsverbot gilt nicht ohne weiteres für eine rechtmäßig beschlagnahmte *Tonbandaufnahme*, die eine *Privatperson* über ein zwischen ihr und dem Beschuldigten geführtes Gespräch ohne dessen Wissen für eigene Zwecke hergestellt hat.[522] Wenn eine Privatperson es einem Polizeibeamten gestattet, im Rahmen eines Ermittlungsverfahrens ein Telefongespräch mit dem Beschuldigten *über einen Zweithörer mitzufolgen* (sog. »Hörfalle«), handelt der Polizeibeamte in der Regel nicht rechtswidrig, und zwar auch dann nicht, wenn er das Gespräch ohne Wissen des anderen Teilnehmers mithört.[523]

143 Das Verwertungsverbot umfasst auch die Bekundungen des Beschuldigten, die er unter dem Eindruck des Vorhalts von unzulässig gewonnenen Erkenntnissen aus einer Telefonüberwachung gemacht hat.[524]

144 In Bezug auf Zufallsfunde trifft § 479 Abs. 2 S. 2 Nr. 1 StPO eine Sonderregelung für rechtmäßige Anordnungen der Telefonüberwachung. Im Übrigen gilt Folgendes[525]: Die *unmittelbare* Verwertung von *Zufallsfunden* bei der *Strafverfolgung gegen den Beschuldigten* ist nur insoweit zulässig, als die im Rahmen einer Überwachung nach § 100a StPO gewonnenen tatsächlichen Erkenntnisse mit dem Verdacht einer Katalogtat im Sinne dieser Bestimmung *im Zusammenhang stehen* (sog. »Zusammenhangtaten«).[526] Erkenntnisse, die bei einer wegen des Verdachts eines Vergehens nach § 129 StGB angeordneten Telefonüberwachung gewonnen worden sind, dürfen auch zum Nachweis der Taten

517 BGHSt 41, 30 (34).
518 Meyer-Goßner/Schmitt/*Köhler* § 100a Rn. 35.
519 BGH NStZ 2003, 668 (669 f.). A.A.: BGHSt 31, 296 (298); *Fezer* NStZ 2003, 625 (627); *Weßlau* StV 2003, 483 (484); *Beulke/Swoboda* Strafprozessrecht, Rn. 390.
520 OLG Münster StV 1996, 203.
521 BGHSt 34, 39.
522 BGHSt 36, 167.
523 BGHSt 39, 335 (338 ff.); BGH StV 1996, 465 (468); s. dazu auch *Welp* NStZ 1996, 295; *Sternberg-Lieben* Jura 1995, 302 f.; *Kudlich* JuS 1997, 697 f.; a.A.: Satzger/Schluckebier/Widmaier/*Eschelbach* § 100a Rn. 48.
524 BGHSt 27, 355 (357); 32, 68 (70).
525 Zur Aushöhlungstendenz der Rechtsprechung überblicksartig: Roxin/*Schünemann* 36/18 ff.
526 BGHSt 26, 298 (302); 28, 122 (125); BayObLG StV 1982, 411.

verwendet werden, von welchen bei der Anordnung der Maßnahme angenommen wurde, sie seien im Rahmen der kriminellen Vereinigung begangen worden, und zwar unabhängig davon, ob letztlich ein Vergehen nach § 129 StGB nachgewiesen werden kann oder nicht.[527] Eine *mittelbare* Verwertung in der Weise, dass aufgrund der erlangten Erkenntnisse Ermittlungen geführt und dabei andere Beweismittel gewonnen werden, ist stets zulässig.[528]

Die Verwertbarkeit von *Zufallsfunden* ist nicht auf Verfahren gegen den in § 100a Abs. 3 StPO (bzw. in Art. 1 § 2 Abs. 2 S. 2 G 10)[529] genannten Personenkreis beschränkt, d.h. auf den oder die Beschuldigten der Katalogtat, deretwegen die Überwachung des Fernmeldeverkehrs angeordnet worden ist, oder auf Nachrichtenmittler. Allerdings dürfen Zufallsfunde zur Strafverfolgung bislang *unbeteiligter Dritter unmittelbar* nur verwertet werden, soweit sie sich auf irgendeine Katalogtat beziehen.[530] Die im Rahmen der Überwachung gewonnenen tatsächlichen Erkenntnisse können grundsätzlich auch im *ehrengerichtlichen Verfahren* gegen eine dritte Person verwertet werden, sofern nur die den Vorwurf des ehrenrührigen Verhaltens begründenden Tatsachen mit dem Verdacht einer Katalogtat im Zusammenhang stehen; denn in einem solchen Fall könnte diese dritte Person auch selbst überwacht und könnten die dabei gewonnenen Erkenntnisse dann unmittelbar gegen sie verwertet werden.[531] Eine *mittelbare* Verwertung von Zufallsfunden gegen unbeteiligte Dritte ist ohne Einschränkungen möglich.[532] 145

Das [Beweiserhebungs- und] Beweisverwertungsverbot des G 10 § 7 Abs. 3 erfasst nicht nur solche Kenntnisse und Unterlagen, die unmittelbar durch die nach G 10 § 1 angeordneten Maßnahmen erlangt worden sind, sondern erstreckt sich auch auf solche Beweismittel, zu denen diese Kenntnisse und Unterlagen erst den Weg gewiesen haben. Die Benutzung mittelbar erlangter Beweismittel ist [also] nur zur Erforschung und Verfolgung von Katalogtaten gestattet.[533] 146

Die Verwertung von Erkenntnissen aus einer Überwachung der Telekommunikation lässt sich mit der Revision nur dann erfolgreich rügen, wenn in der Hauptverhandlung ein entsprechender Widerspruch erhoben worden ist.[534] Das muss auch in der Revisionsbegründung dargestellt werden.[535] Darüber hinaus sind Ausführungen zur Verdachtslage und zu den übrigen Eingriffsvoraussetzungen zum Zeitpunkt des Erlasses der beanstandeten Entscheidung zur Überwachung der Telekommunikation für eine revisionsgerichtliche Überprüfung unverzichtbar.[536] Der Antrag auf einen Gerichtsbeschluss nach § 238 Abs. 2 StPO über das Vorspielen abgehörter Telefonate ist nicht ohne weiteres dem Widerspruch gegen die Verwertung von unzulässigen Beweismitteln gleichzustellen.[537] 147

Für Erkenntnisse aus dem Kernbereich privater Lebensgestaltung sieht das Gesetz in § 100d Abs. 1 und 2 StPO ausdrücklich ein Beweiserhebungs- und -Verwertungsverbot vor. Danach ist jede Verwertung solcher Erkenntnisse ausgeschlossen und zwar auch als Spurenansatz (weiterer Ermittlungsansatz).[538] Der BGH hat ein aufgrund einer staatlichen Überwachungsmaßnahme aufgezeichnetes – interpretationsbedürftiges – Selbstgespräch des Beschuldigten im Krankenzimmer (Einzelzimmer) aufgrund der »Kumulation mehrerer Umstände« diesem Kernbereich zugerechnet und für nicht 148

527 BGHSt 28, 122, 125 (127).
528 BGHSt 27, 355; BVerfG NJW 2005, 2766; krit. SK/*Weßlau* § 477 Rn. 27 zur früheren Vorschrift des § 477 Abs. 2 S. 2 StPO.
529 BGHSt 29, 244 (247); 53, 64 (69).
530 BGHSt 28, 122 (129); BGHSt 32, 10 (15); BGH, Urt. v. 11.12.1990 – 1 StR 571/90; LG Stuttgart, Urt. v. 18.08.1999 – 13 Qs 51/99.
531 BGHSt 26, 298 (302).
532 LG Stuttgart, Urt. v. 18.08.1999 – 13 Qs 51/99.
533 BGHSt 29, 244 (251).
534 BGHSt 51, 1 = NStZ 2006, 402 (403) m.w.N.; BGH StraFo 2014, 20.
535 BGH wistra 2000, 432.
536 BGH wistra 2006, 311 (312).
537 S. dazu BGH wistra 2006, 311 (312).
538 BVerfGE 129, 208 (246); *Nöding* StraFo 2007, 459; Meyer-Goßner/*Köhler* § 100d Rn. 6.

verwertbar erklärt.[539] Zur Begründung hat der BGH ausgeführt, dass der Beschuldigte – anders als bei einem Tagebuch oder einem Zwiegespräch[540] – in einem solchen Fall nicht damit rechnen müsse, dass seine interpretationsbedürftigen Äußerungen Dritten zugänglich sein könnten. Der Nichtöffentlichkeit der Gedankenäußerung kommt eine entscheidende Bedeutung zu, sodass selbst ein Sozialbezug der Äußerung die Einordnung zum Kern der Persönlichkeitsentfaltung nicht infrage stellt.[541] Im Übrigen kann bei einem eindeutigen Bezug zu einer Straftat die Beurteilung aufgrund der gebotenen Abwägung im Einzelfall jedoch anders ausfallen.[542]

VI. Längerfristige Observation

149 Wird bei einer längerfristigen Observation im Rahmen einer anderen Sache (Verdacht des banden- und gewerbsmäßigen Betrugs) festgestellt, dass der Beschuldigte ein Kfz ohne die erforderliche Fahrerlaubnis führt, dürfen die erlangten personenbezogenen Daten nicht in dem Strafverfahren wegen eines Vergehens nach § 21 Abs. 1 StVG verwendet werden. Ist eine Maßnahme nur bei Verdacht bestimmter Straftaten zulässig, so gilt nämlich für die Verwendung der aufgrund einer solchen Maßnahme erlangten Daten in anderen Strafverfahren die Regelung des § 161 Abs. 3 StPO entsprechend (§ 479 Abs. 2 Satz 1 StPO). Nach der in Bezug genommenen Verwendungsbeschränkung des §161 Abs. 3 Satz 1 StPO dürfen die aufgrund einer solchen Maßnahme erlangten personenbezogenen Daten ohne Einwilligung der von der Maßnahme betroffenen Personen zu Beweiszwecken im Strafverfahren nur zur Aufklärung solcher Straftaten verwendet werden, zu deren Aufklärung eine solche Maßnahme nach diesem Gesetz hätte angeordnet werden dürfen (Gedanke des »hypothetischen Ersatzeingriffs«). Dies ist bei einer längerfristigen Observation hinsichtlich eines Vergehens nach § 21 Abs. 1 StVG nicht der Fall.[543]

VII. Aussagen des Beschuldigten in anderen Verfahren

150 Das BVerfG hat aus dem Grundsatz »nemo tenetur se ipsum accusare« hergeleitet, dass die Aussage, die der *Gemeinschuldner* im Konkurs aufgrund seiner in § 100 der alten KO angeordneten Verpflichtung gemacht hat, in einem späteren Strafverfahren gegen den Gemeinschuldner analog § 136a und § 393 Abs. 1 AO nicht verwertet werden darf.[544] Diese Auffassung ist nunmehr in § 97 Abs. 1 S. 3 der neuen InsO auch vom Gesetzgeber bestätigt worden. Aus der Wortwahl »verwenden« in § 97 Abs. 1 S. 3 InsO statt »verwerten« in § 100 KO soll sich nach Auffassung des LG Stuttgart ergeben, dass auch solche Tatsachen nicht verwertet werden dürften, zu denen die Auskunft den Weg gewiesen habe (»Fernwirkung«). Allerdings seien Geschäftsunterlagen, zu deren Führung eine gesetzliche Verpflichtung bestehe, namentlich Handelsbücher und Bilanzen, von dem Verwertungsverbot des § 97 Abs. 1 S. 3 InsO nicht erfasst.[545] Ebenso wird die Auskunftspflicht des Schuldners im Rahmen der *eidesstattlichen Versicherung* nach § 807 ZPO durch ein entsprechendes strafrechtliches Beweiserhebungs- und Beweisverwertungsverbot flankiert.[546]

---

539 BGH, Urt. v. 10.08.2005 – 1 StR 140/05 = BGHSt 50, 206.
540 BGHSt 57, 71 (77). So auch LG Kiel, Urt. v. 06.09.2010 – 8 KLs 2/10 – zu Kommunikationsinhalten mit unmittelbarem Bezug zu konkreten strafbaren Handlungen.
541 BGHSt 57, 71 (76 f.).
542 BGHSt 57, 71 (74).
543 OLG Düsseldorf, BeckRS 2022, 12120.
544 BVerfGE 56, 37 ff.; zur Reichweite des »Gemeinschuldnerbeschlusses« s. *Verrel* NStZ 1997, 361 f. m.w.N.
545 OLG Thüringen NJW 2010, 3673; LG Stuttgart wistra 2000, 439 m. Anm. *Richter*, sehr zw.; vgl. zur Kategorie des »Verwendungsverbots« auch Meyer-Goßner/*Schmitt* Einl Rn. 57d; *Hefendehl* wistra 2003, 1 ff.; zu weitgehend *Dencker* FS Meyer-Goßner, S. 237, 243.
546 BGHSt 37, 340 ff.; zur parallel gelagerten Problematik der Mitwirkungspflichten im Besteuerungsverfahren s. *Rüping/Kopp* NStZ 1997, 530 ff. m.w.N.

Demgegenüber sind die Angaben, die ein Asylbewerber im Rahmen der Anhörung nach § 25 Abs. 2 AsylVfG a.F. über die Modalitäten seiner Einreise macht, in einem gegen ihn gerichteten Strafverfahren wegen eines Vergehens gegen ausländer- bzw. aufenthaltsrechtliche Strafvorschriften (§ 47 Abs. 1 AuslG a.F. bzw. § 95 Abs. 1 AufenthG) auch ohne seine Zustimmung verwertbar,[547] ebenso die Angaben, mit der ein Asylbewerber gegenüber der Ausländerbehörde seine Furcht vor politischer Verfolgung substanziiert.[548] Auch lässt sich aus dem Nemo-tenetur-Prinzip kein Verwertungsverbot für selbstbelastende Angaben herleiten, die ein Angeklagter gegenüber seinem Kfz-Haftpflichtversicherer gemacht hat. Deshalb darf die Schadensakte des Haftpflichtversicherers in einem späteren Strafverfahren gegen den Versicherungsnehmer zum Gegenstand der Beweisaufnahme gemacht und ein Sachbearbeiter als Zeuge über den Inhalt dieser Unterlagen vernommen werden.[549] 151

VIII. Erstreckung der Untersuchung auf nicht angeklagte Taten

Der Richter ist gemäß § 244 Abs. 2 StPO verpflichtet, das Verhalten des Angeklagten unter Ausschöpfung aller zur Verfügung stehenden Erkenntnisquellen zu beurteilen. Ein Gebot lückenhafter Würdigung entsprechend dem mehr oder minder zufälligen Stand anderer Verfahren ist dem Gesetz nicht zu entnehmen. Deshalb ist der Richter generell befugt, die Untersuchung über die durch Anklage und Eröffnungsbeschluss bezeichnete Tat hinaus auf andere Straftaten zu erstrecken, wenn dies zur Wahrheitsfindung erforderlich ist. Dabei macht es auch keinen Unterschied, ob jene anderen Straftaten verjährt sind, ob das Verfahren mit einem Freispruch oder einer Einstellung durch die Staatsanwaltschaft geendet hat oder ob die Taten gemäß §§ 154, 154a StPO aus dem anhängigen Verfahren ausgeschieden wurden. Art. 6 Abs. 2 EMRK zwingt nicht zu der Unterstellung, dass der Sachverhalt einer strafbaren Handlung sich nicht zugetragen habe, bevor er rechtskräftig festgestellt ist. Die Annahme eines bis dahin bestehenden umfassenden Beweiserhebungs- und Beweisverwertungsverbots wäre vielmehr eine Überdehnung des Anwendungsbereichs der Vorschrift.[550] 152

[Auch] der [auslieferungsrechtliche] Spezialitätsgrundsatz schließt es nicht aus, Umstände, die eine Straftat darstellen, auf die sich die Auslieferung nicht erstreckt, bei der Überzeugungsbildung hinsichtlich der Auslieferungstat als Indiz zu berücksichtigen.[551] 153

IX. Tagebücher

Tagebuchartige Aufzeichnungen[552], »die mit der Persönlichkeitssphäre des Verfassers verknüpft sind und die er nicht zur Kenntnis Dritter bringen wollte« (dazu gehört auch ein Testament[553]), dürfen in einem Strafverfahren nicht gegen seinen Willen benutzt werden. Ein solches Beweiserhebungs- und Beweisverwertungsverbot hat jedoch nur Berechtigung, »soweit es sich um Äußerungen handelt, die ihrem Inhalt nach als Ausfluss der Persönlichkeit des Verfassers in Betracht kommen«. »Fertigt aber etwa ein Straftäter Aufzeichnungen über seine Verbrechen und Opfer an oder ein fremder Agent über seine Spionageunternehmungen, so ist für Persönlichkeitsschutz kein Raum. Die Entfaltung, nicht der Verfall der Persönlichkeit wird durch die Grundrechte geschützt. Auch geschäftliche Aufzeichnungen und solche, die sich lediglich auf Vorgänge äußerer Art beziehen und nicht mit der Persönlichkeitssphäre verknüpft sind, werden nicht unter ein Beweis- und Verwertungsverbot fallen«.[554] Die nüchterne Aufzeichnung von Vermögenswerten und Konten in einem Testament ent- 154

547 BGHSt 36, 328.
548 OLG Düsseldorf StV 1992, 503 m. Anm. *Kadelbach*.
549 KG NStZ 1995, 146; bestätigt durch BVerfG StV 1995, 562; s. zum Schutz der Aussagefreiheit durch außerstrafrechtliche Normen und zum Verbot der Beweisverwertung im Strafverfahren eingehend *von Glahn* StraFo 2000, 186 ff.
550 BGHSt 34, 209 (210 f.).
551 BGHSt 34, 352.
552 BGHSt 19, 325.
553 LG Koblenz StraFo 2010, 241 (242).
554 BGHSt 19, 325, 331; ebenso BGHSt 34, 397 (400).

hält allerdings noch keine Angaben über die Planung bevorstehender oder Berichte vergangener Steuerstraftaten.[555] Stammt ein Tagebuch nicht von dem Angeklagten selbst, sondern von einem Dritten, so dient das sich unter bestimmten Umständen aus dem allgemeinen Persönlichkeitsrecht ergebende Verwertungsverbot dem Geheimhaltungsinteresse des Dritten. Die Belange des Angeklagten, der darüber nicht verfügen kann, liegen demgegenüber außerhalb des mit der Anerkennung eines Verwertungsverbots verfolgten Schutzzwecks.[556] Das OLG Schleswig hält die Verwertung tagebuchartiger Aufzeichnungen nur dann für zulässig, wenn das der Aufklärung »außerordentlich schwerwiegender Handlungen« dient.[557]

X. Einsatz von V-Leuten

155 Nach der Rspr. des BGH ist der heimliche Einsatz von Personen, die den Beschuldigten befragen, um ihn zu belastenden Äußerungen zu veranlassen, jedenfalls dann zulässig, wenn es sich bei der den Gegenstand der Verfolgung bildenden Tat um eine Straftat von erheblicher Bedeutung handelt und wenn der Einsatz anderer Ermittlungsmethoden – für deren Auswahl untereinander wiederum der Grundsatz der Verhältnismäßigkeit gilt – erheblich weniger erfolgversprechend oder wesentlich erschwert wäre. Für die Beantwortung der Frage, wann eine Straftat von erheblicher Bedeutung vorliegt, vermitteln die Kataloge in §§ 98a, 100a, 110a StPO Hinweise; die Aufzählung ist nicht abschließend. Indes sind rechtsstaatliche Grenzen zu beachten, die der vernehmungsähnlichen Befragung von Tatverdächtigen ohne Aufdeckung der Ermittlungsabsicht – wegen ihrer Nähe zum nemo-tenetur-Prinzip – gesetzt sind. Aus dieser Nähe sowie aus dem Rechtsstaatsprinzip, speziell dem Grundsatz des fairen Verfahrens kann sich eine heimliche Befragung im Einzelfall auch unter Berücksichtigung des Gebotes einer effektiven Strafverfolgung als unzulässig erweisen. Als Beispiele aus der Rspr. werden in diesem Zusammenhang ausdrücklich die Fälle erwähnt, in denen einem U-Häftling ein Spitzel in die Zelle gelegt oder das gesprochene Wort verbotswidrig fixiert wurde. Mit dem Grundsatz der Selbstbelastungsfreiheit ist es ebenfalls nicht vereinbar, dem Beschuldigten, der sein Schweigerecht in Anspruch genommen hat, in gezielten, vernehmungsähnlichen Befragungen, die auf Initiative der Ermittlungsbehörden ohne Aufdeckung der Verfolgungsabsicht durchgeführt werden, selbstbelastende Angaben zur Sache zu entlocken. Unzulässig ist es auch, den Beschuldigten zu selbstbelastenden Äußerungen zu drängen. Eine weitergehende generelle Unverwertbarkeit der Angaben des Beschuldigten gegenüber einer V-Person mit Blick auf § 136 Abs. 1, § 136a Abs. 1 S. 1 StPO ist hingegen abzulehnen, da gerade keine Vernehmung vorliegt und die Aussagefreiheit des Beschuldigten nicht berührt ist.[558]

Wird ein V-Mann gesperrt und damit unerreichbar i.S.d. § 251 Abs. 2 Nr. 2 StPO, ist seine frühere Aussage bei der Polizei verwertbar, wenn nicht die Sperrerklärung »willkürlich und offensichtlich fehlerhaft« ist.[559] Soweit ersichtlich, hat die Rspr. aus diesem Grund bisher jedoch noch nie ein Verwertungsverbot angenommen. Der BGH hat mit Blick auf das ansonsten konterkarierte Konfrontationsrecht des Angeklagten aus Art. 6 Abs. 3 lit. d) EMRK zuletzt entschieden, dass die Angaben einer V-Person gegenüber einem Vernehmungsbeamten zumindest dann verwertbar seien, wenn sie durch andere gewichtige Gesichtspunkte außerhalb der Aussage bestätigt würden.[560]

555 LG Koblenz StraFo 2010, 241 (242).
556 BGH NStZ 1998, 635.
557 OLG Schleswig StV 2000, 11.
558 BGH NStZ 2023, 560 (562) m. Anm. Soiné.
559 BGHSt 33, 83 (89); 36, 159 (162 f.). Für die gerichtliche Überprüfung einer Sperrerklärung ist der Verwaltungsrechtsweg und nicht – wie bisher von mehreren Oberlandesgerichten praktiziert – der Rechtsweg gem. § 23 EGGVG gegeben (BGHSt 44, 107).
560 BGH NStZ 2023, 560 (563) m. Anm. Soiné.

Der rechtsstaatswidrige Einsatz eines polizeilichen Lockspitzels begründet – entgegen der Auffassung des EGMR[561] – kein Beweiserhebungs- und Beweisverwertungsverbot,[562] sondern ein von Amts wegen zu berücksichtendes absolutes Verfahrenshindernis.[563]

Ein Verwertungsverbot kommt dann in Betracht, wenn das Gespräch zwischen einer V-Person und dem Tatverdächtigen verbotswidrig fixiert wurde. Im Umkehrschluß folgert der BGH daraus, dass eine Verwertung von Gesprächsaufzeichnungen unter Beteiligung einer V-Person zulässig ist, wenn eine rechtmäßige Anordnung zum Aufzeichnen des nichtöffentlich gesprochenen Wortes gem. § 100f StPO vorgelegen hat.[564]

XI. Einsatz von Verdeckten Ermittlern

Erkenntnisse aus dem Einsatz eines VE sind prinzipiell auch dann verwertbar, wenn der Richter für die Zustimmung nach § 110b Abs. 2 StPO Formulare verwendet. Entscheidend ist, wie sie verwendet werden. Es muss deutlich werden, dass ein richterlicher Abwägungsprozess, eine Einzelfallprüfung auf der Grundlage sämtlicher für den Eingriff relevanter Erkenntnisse stattgefunden hat.[565] 156

Es begründet kein Verwertungsverbot, wenn die Zustimmung der StA zum Einsatz eines VE nur mündlich erteilt wird.[566] 157

Der verdeckte Einsatz von Polizeibeamten einer ausländischen Behörde richtet sich nicht nach den Vorschriften der §§ 110a ff. StPO. Sie sind vielmehr wie von der Polizei eingesetzte Vertrauenspersonen zu behandeln.[567] Wurde für ihren Einsatz dennoch eine richterliche Zustimmung eingeholt, »so kann die Verwertbarkeit der Angaben der Vertrauensperson oder sonstiger daraus resultierender Beweismittel nicht durch einen möglichen Fehler des Zustimmungsbeschlusses des Ermittlungsrichters beeinträchtigt sein«.[568] 158

Ist der Einsatz eines Verdeckten Ermittlers gegen einen Beschuldigten rechtmäßig, so führt dies zur Verwertbarkeit der in unmittelbarem Zusammenhang gewonnenen Erkenntnisse über einen weiteren Beschuldigten jedenfalls dann, wenn – unter dem Gesichtspunkt eines »hypothetischen Ersatzeingriffs« – auch gegen den anderen die Voraussetzungen für eine richterliche Zustimmung nach § 110b Abs. 2 S. 1 Nr. 1 StPO vorlagen.[569] 159

Die Erkenntnisse eines VE sind nicht verwertbar, wenn von vornherein der Verdacht einer Katalogtat nicht bestand. Dies gilt auch dann, wenn dem Gericht in der Hauptverhandlung verwehrt ist festzustellen, ob die Einsatzvoraussetzungen eines VE gegeben waren, indem weder die entsprechenden Akten, noch die dem Einsatz zugrunde liegenden Beschlüsse vorliegen, noch den Zeugen insoweit Aussagegenehmigungen erteilt werden.[570] 160

Ein Verdeckter Ermittler darf einen Beschuldigten, der sich auf sein Schweigerecht berufen hat, nicht unter Ausnutzung eines geschaffenen Vertrauensverhältnisses beharrlich zu einer Aussage drängen und ihm in einer vernehmungsähnlichen Befragung Äußerungen zum Tatgeschehen entlocken. Eine solche Beweisgewinnung verstößt gegen den Grundsatz, dass niemand verpflichtet ist, sich selbst zu belasten, und hat regelmäßig ein Beweisverwertungsverbot zur Folge.[571] 161

561 EGMR StraFo 2014, 504 (507); dagegen zutreffend BGH StraFo 2015, 501 ff.
562 BGHSt 32, 345 (355); 45, 321 (334 f.).
563 BGH NStZ 1984, 519 (529); BGH StraFo 2015, 501 ff.
564 BGH NStZ 2023, 560 (563) m. An. Soiné.
565 BGH NStZ 1997, 249.
566 BGH StV 1995, 398 m. Anm. *Sieg* StV 1996, 3.
567 BGH NStZ 2007, 713.
568 BGH NStZ 2007, 713 (714).
569 BGH NStZ 1997, 294.
570 AG Koblenz StV 1995, 518.
571 BGHSt 52, 11 = NStZ 2008, 110 m. Anm. *Rogall*; BGHSt 53, 294 (309); 55, 138 (144).

XII. Einsatz privater Unternehmen zur Überwachung des Straßenverkehrs

162 Erkenntnisse, die aufgrund gesetzwidrigen Einsatzes von Mitarbeitern privater Unternehmen (im Bereich der Verkehrsüberwachung) systematisch und berufsmäßig erlangt werden, unterliegen einem Verwertungsverbot.[572]

XIII. Tilgungsreife Vorstrafen

163 Das Verwertungsverbot des § 51 Abs. 1 BZRG verbietet die Verwertung tilgungsreifer Vorstrafen sowohl bei der Beweiswürdigung als auch bei der Strafzumessung. Es greift schon dann ein, »wenn die Tilgungsreife zwar zum Zeitpunkt der neuen Tat noch nicht verstrichen, wohl aber vor Ende der Hauptverhandlung in der Tatsacheninstanz bereits abgelaufen ist«.[573] Es gilt ebenso bei den Maßregeln der Besserung und Sicherung.[574]

XIV. Rechtshilfe

164 Protokolle über eine niederländische polizeiliche Zeugenvernehmung, die der deutschen Polizei außerhalb des förmlichen Rechtshilfeverkehrs zu Informationszwecken von niederländischen Polizeidienststellen überlassen worden sind, dürfen nicht durch Verlesung in der Hauptverhandlung als Beweismittel verwertet werden, wenn die Niederlande der Verwertung widersprechen und berechtigterweise die Rechtshilfe verweigern.[575]

165 Die Verwertbarkeit mangels Rechtshilfe eines ausländischen Staates erlangter Beweise bestimmt sich nach dem inländischen Recht. Auf diesem Weg gewonnene Beweise unterliegen trotz Nichteinhaltung der maßgeblichen rechtshilferechtlichen Bestimmungen keinem Beweisverwertungsverbot, wenn die Beweise auch bei Beachtung des Rechtshilferechts durch den ersuchten und den ersuchenden Staat hätten erlangt werden können [(Gedanke des »hypothetischen Ersatzeingriffs«)]. Ist die Rechtshilfe durch einen Mitgliedstaat der EU geleistet worden, darf bei der Beurteilung der Beweisverwertung im Inland nur in eingeschränktem Umfang geprüft werden, ob die Beweise nach dem innerstaatlichen Recht des ersuchten Mitgliedstaates rechtmäßig gewonnen wurden. Das gilt jedenfalls dann, wenn die dortige Beweiserhebung nicht auf einem inländischen Rechtshilfeersuchen beruht.[576]

572 KG StV 1997, 174; s. aber BayObLG NJW 1999, 2200.
573 BGH StV 1999, 639; BGH StV 2016, 541.
574 BGHSt 57, 300 (302); BGH NStZ-RR 2013, 84.
575 BGHSt 34, 334.
576 BGHSt 58, 32.

Kapitel 32 Verständigung im Strafprozess

Übersicht

A. Begriff und Entwicklung der Verständigung

1 Die StPO sah bis zum Jahr 2009 keine allgemeinen Regelungen über »Absprachen« im Strafprozess vor. Gleichwohl können Vereinbarungen zwischen Verfahrensbeteiligten seit mindestens 40 Jahren als strafprozessuales Faktum[1] angesehen werden; sie werden insb. von Praktikerseite oft als unverzichtbar eingestuft.[2] Diesen »gesetzlich ungeregelten« Zustand hat der Gesetzgeber durch das am 04.08.2009 in Kraft getretene **Gesetz zur Regelung der Verständigung im Strafverfahren**[3] beendet. Es hat eine der bedeutendsten Änderungen der StPO seit ihrer Verkündung im Jahr 1877 bewirkt.[4] Mit § 257c StPO als zentraler Norm wurde die langjährige – richterrechtlich akzeptierte – Absprachenpraxis erstmals auf eine detaillierte gesetzliche Grundlage gestellt. Die – teils scharfe – Kritik[5] an der gängigen Verständigungspraxis ist durch die gesetzliche Regelung nicht verstummt, da auch diese als mangelhaft bewertet und letztlich ungeeignet erachtet wurde und wird, um die mit der Verständigung einhergehenden Probleme zu bewältigen.[6] In der **Senatsentscheidung des BVerfG vom 19.03.2013** bescheinigt das Verfassungsgericht dem Verständigungsgesetz, die verfassungsrechtlichen Vorgaben zwar in ausreichender Weise zu beachten. Der Vollzug der Vorschrift durch die Praxis weise jedoch erhebliche Defizite auf.[7] Aufgrund dessen gibt es dem Gesetzgeber auf, die weitere Entwicklung im Auge zu behalten und die Wirksamkeit der Schutzmechanismen zu überprüfen sowie etwaigen Fehlentwicklungen durch geeignete Maßnahmen entgegenzuwirken).[8] Nachdem eine vom BMJV in Auftrag gegebene Evaluation des Verständigungsgesetzes ein weiterhin bestehendes Vollzugsdefizit offenbart hat,[9] hat sich das BVerfG abermals genötigt gesehen, zu bekräftigen, dass die Beobachtungs- und Nachbesserungspflicht des Gesetzgebers weiterhin Geltung beanspruche.[10] Da das von *Altenhain/Kinzig/Jahn* festgestellte Vollzugsdefizit allerdings nicht auf ein strukturbedingtes Regelungsdefizit der Vorschriften des Verständigungsgesetzes selbst zurückzuführen sei, erachtete das BVerfG das Verständigungsgesetz nach wie vor nicht als verfassungswidrig.[11]

2 Der Gesetzgeber hat für die auf das Erzielen von Einigkeit über den weiteren Fortgang und das Ergebnis des Verfahrens ausgerichtete Kommunikation der Verfahrensbeteiligten (vgl. § 257c Abs. 1 S. 1 StPO) den Begriff »**Verständigung**« gewählt. Das Verständigungsgeschehen ist durch eine **synallagmatische Verknüpfung der jeweiligen Handlungsbeiträge**[12] im Sinne eines »**do ut des**«[13] gekennzeichnet.

3 Abzugrenzen ist die Verständigung nach § 257c StPO zunächst von der »**Erörterung des Verfahrensstandes**« (§§ 160b, 202a, 212, 257b StPO), die nicht auf eine einvernehmliche Verfahrensbeendigung abzielt. Die Vorschriften sollen vielmehr in unterschiedlichen Verfahrensstadien »kommunikative Elemente« betonen und der »Transparenz und Verfahrensförderung dienen«.[14] Diese Art

1 *Jahn/Müller* NJW 2009, 2625; *Rosenau* FS Puppe, S. 1597 (1600).
2 *Widmaier* StV 1986, 357; *Leipold* NJW-Spezial 2013, 248.
3 BGBl. I 2009, S. 2353; im Folgenden: Verständigungsgesetz.
4 *Altenhain/Haimerl* JZ 2010, 327; *Jahn/Müller* NJW 2009, 2625; *Hettinger* JZ 2011, 292 (301).
5 Vgl. statt Vieler BeckOK-StPO/*Eschelbach* § 257c Rn. 1.1.
6 AnwK-StPO/*Püschel* § 257b Rn. 1; *Hettinger* JZ 2011, 292 (298); *Hamm* StV 2013, 652 (653); *Theile* NStZ 2012, 666 (668 f.).
7 BVerfGE 133, 168 m. Bespr. *Beulke/Stoffer* JZ 2013, 662; *Knauer* NStZ 2013, 433; *Kudlich* ZRP 2013, 162; *Meyer* NJW 2013, 1850; *Satzger* JK 8/13, StPO § 257c/5; *Stuckenberg* ZIS 2013, 212; *Weigend* StV 2013, 434; ausf. dazu s. *Rabe* Verständigungsurteil, passim; *Ruhs* Rechtsbehelfe bei Verständigungen, S. 47 ff.
8 BVerfGE 133, 168 (235).
9 *Altenhain/Jahn/Kinzig* Die Praxis der Verständigung im Strafprozess, 2020, S. 530 ff.
10 BVerfG NStZ 2021, 558 (559).
11 BVerfG NStZ 2021, 558 (559).
12 BVerfG NStZ 2016, 422 (424) m. Anm. *Bittmann*.
13 *Günter* DRiZ 1992, 230; *Beulke/Satzger* JuS 1997, 1072; KK/*Pfeiffer/Hannich* 6. Aufl., Einl. Rn. 29a.
14 BT-Drs. 16/12310, S. 13.

von Rechtsgesprächen war schon bislang unbestritten zulässig.[15] Nicht dem Verständigungsbegriff unterfallen zudem rein organisatorische Abstimmungen, z.B. solche über die Terminplanung oder Pausen der Hauptverhandlung.[16] Zu unterscheiden sind des Weiteren die – ebenfalls unproblematischen – gesetzlich vorgesehenen Zustimmungserklärungen (z.B. §§ 266, 303, 411 Abs. 3 StPO) sowie die Kronzeugenregelung (§ 46b StGB, § 31 BtMG), die allerdings mit Geständnissen im Rahmen von Verständigungen zusammenfallen kann.[17]

In der Rechtspraxis hat sich die Verständigung seit Anfang der 80er Jahre des vergangenen Jahrhun- 4
derts entwickelt, wobei die Verständigungspraxis bis zum Erlass des Verständigungsgesetzes (s.o.) gesetzlich nicht geregelt, aber allgemein anerkannt war. So hat die Rspr. aus verschiedenen punktuellen Entscheidungen eine »Verfahrensordnung für Verständigungen« im Strafprozess herausgearbeitet, die bis auf wenige Ausnahmen Vorbild für das Verständigungsgesetz wurde. Der Gesetzgeber hat überwiegend die vom BGH aufgestellten Richtlinien übernommen, sodass die die Rspr. von vor 2009 auch heute noch Berücksichtigung finden kann.

B. Häufigkeit von und Gründe für Verständigungen

Der Gesetzgeber handelte in dem Bewusstsein, dass Verständigungen aus dem derzeitigen Strafver- 5
fahren faktisch nicht mehr hinwegzudenken sind.[18] Vielfältige **Gründe** haben zur Unverzichtbarkeit von Verständigungen beigetragen: Es wird angenommen, dass insb. Verfahren mit unklarer Beweislage, vermutlich langwieriger Beweisaufnahme und/oder unklarer Rechtslage besonders »anfällig« bzw. geeignet für eine einverständliche Verfahrensgestaltung und -beendigung sind.[19] Dies folgt daraus, dass der Wunsch, ein langes Verfahren zu vermeiden, häufig allen Verfahrensbeteiligten gemein ist.[20] Das liegt zum einen an der allseits beklagten quantitativen wie auch – durch die Flut neuer, immer komplexer werdender Gesetze – qualitativen Überlastung der Justiz, die beim Gericht wie auch bei der StA einen erheblichen »Erledigungsdruck« erzeugt.[21] Die beschleunigende Wirkung von Verständigungen liegt dabei auf der Hand.[22] Aber auch Opferschutz (gerade im Bereich der Sexualstraftaten[23]) und die Überwindung von Beweisschwierigkeiten können Motive für eine Verständigung sein.[24] Eine einverständliche Abkürzung des Verfahrens kann auch dem Beschuldigten zugutekommen, selbst wenn das Verfahren nicht mit einem Freispruch endet. Die Belastungen, die eine Hauptverhandlung in wirtschaftlicher wie psychologischer und sozialer Hinsicht mit sich bringt, können vermindert bzw. ganz vermieden werden.[25] Zum anderen eröffnet sich dem Beschuldigten eine Möglichkeit, den Verfahrensausgang berechenbarer zu gestalten. Gerade soweit komplexe Materien Gegenstand des Verfahrens sind, wird es dem Beschuldigten häufig kaum möglich sein, das Ergebnis abzuschätzen.[26] Für ihn kann es daher von Gewinn sein, sich bereits frühzeitig auf eine

15 *Satzger* StraFo 2006, 45 (48); *Nehm* StV 2007, 549.
16 *Deutscher* ZAP Fach 22 R, 931 (933).
17 *Kühne* Strafprozessrecht, Rn. 749.6.
18 BT-Drs. 16/12310, S. 7 f.
19 Vgl. *Altenhain/Haimerl* JZ 2010, 327 (329); *Lüdemann/Bussmann* KrimJ 1989, 57 f.; *Schünemann* NJW 1989, 1896; *ders.* 58. DJT Gutachten B, S. 23; *Weßlau* ZStW 116 (2004), 165.
20 *Hamm* in: Dencker/Hamm, Vergleich, S. 113; *Sommer* AnwBl 2010, 197.
21 S. dazu *Schünemann* 58. DJT Gutachten B, S. 27 ff.; *Braun* Absprache, S. 28; *Meyer-Goßner* NStZ 1992, 167; *Behrendt* GA 1991, 344; *Deal* StV 1982, 545; *Erhard* StV 2013, 655 (656); *Landau/Eschelbach* NJW 1999, 321 f.; *Terhorst* GA 2002, 604; *Fezer* NStZ 2010, 177 (178); BGHSt 50, 40 (53 f.); auch *Hettinger* JZ 2011, 292 (293); *Altenhain/Jahn/Kinzig* Die Praxis der Verständigung im Strafprozess, S. 532; ausf. *Ruhs* Rechtsbehelfe bei Verständigungen, S. 86 f.
22 *Kudlich* 68. DJT Gutachten C, S. 30.
23 *Rosenau* FS Puppe, S. 1597 (1625).
24 *Schünemann* 58. DJT Gutachten B, S. 23; *Weimar/Mann* StraFo 2010, 12.
25 *Tscherwinka* Absprachen, S. 30 ff.
26 *Hamm* in: Dencker/Hamm, Vergleich, S. 124; *Rönnau* wistra 1998, 51.

abgesprochene Strafe einstellen zu können, zumal ein Freispruch nach der derzeitigen Praxis nur selten ergeht, sodass damit kaum jemals sicher gerechnet werden kann.[27]

6 Im Zusammenhang mit der Entscheidung des BVerfG zur Verfassungsmäßigkeit des § 257c StPO wurde eine statistische Erhebung durchgeführt, die ein aufschlussreiches Bild der Verständigungspraxis lieferte. An dieser Umfrage nahmen 159 Richter an Amts- und Landgerichten sowie 91 Strafverteidiger und 85 Staatsanwälte teil. Unter den befragten Richtern gaben 80,3 Prozent an, bereits einmal eine Verständigung (formell sowie informell) getroffen zu haben. Hinsichtlich der Häufigkeit gaben die Richter an, etwa 20 Prozent aller Hauptverhandlungen durch Absprachen zu beenden.[28] Befragt zur Art der getroffenen Absprache gaben 58,9 Prozent der Richter an, ausschließlich oder überwiegend informelle Absprachen zu treffen.[29] Absprachen haben daher einen bedeutenden Stellenwert bei der Beendigung von Strafverfahren. Es kommt jedoch vielfach nicht zu einer formell ordnungsgemäßen Durchführung i.S.d. gesetzlichen Regelung des § 257c StPO, weshalb ein erhebliches Defizit in Bezug auf die Umsetzung des Verständigungsgesetzes durch die Praxis zu konstatieren ist. Einer vorhergehenden empirischen Studie zufolge waren im Jahr 2004 über 50 Prozent aller Verfahren in Wirtschaftsstrafsachen durch Verständigung erledigt worden.[30] Die von *Altenhain/Kinzig/Jahn* in den Jahren 2018 bis 2020 erhobenen Daten kommen zu ähnlichen Ergebnissen. Hiernach sind informelle Absprachen – vor allem bei den Amtsgerichten – weiterhin ein wesentlicher Bestandteil der strafrechtlichen Praxis.[31]

C. Gefahren

7 Auch nach der gesetzlichen Kodifizierung von Verständigungen durch das Verständigungsgesetz gehen von der verbreiteten Verständigungspraxis zahlreiche Gefahren aus. Nicht auszuschließen sind Fehlurteile, wenn der Beschuldigte angesichts der oben genannten Vorteile ein Geständnis ablegt, das nicht der Wahrheit entspricht, das Gericht dieses jedoch – mehr oder minder ungeprüft – seiner Verurteilung zugrunde legt. Weiter wird ein Autoritätsverlust des auf Konsens bedachten Gerichts beklagt, der sich einerseits insoweit niederschlagen dürfte, als dass ausgehandelte Urteile von den Verurteilten möglicherweise nicht ernst genommen werden[32] und andererseits das Vertrauen der Bevölkerung in eine gleichmäßige und gerechte Strafrechtspflege erschüttert wird.[33] Kommt ein Geständnisangebot des Beschuldigten im Vorfeld einer Verständigung zu früh, so besteht die Gefahr, dass er hierdurch seine Schuld indiziert, sodass der »point of no return« überschritten wird: Bei Nichtzustandekommen einer Verständigung wird ein Freispruch dann äußerst unwahrscheinlich.[34] Auch diejenigen Angeklagten, die sich aus unterschiedlichsten (z.B. kulturellen) Gründen zu einer Verständigung und insb. einem Geständnis nicht in der Lage sehen, müssen negative Folgen ihres mangelnden Kooperationswillens befürchten.[35] Missbrauchsmöglichkeiten, die zulasten des Beschuldigten gehen können, eröffnen sich dann, wenn die Verständigung zwischen Verteidiger, Gericht und StA im Zusammenhang mit anderen Verfahren i.S.v. Paketlösungen getroffen wird. Dann könnten sachfremde Erwägungen (z.B. die Bestellung des Verteidigers in einem anderen Verfahren zum Pflichtverteidiger) Grundlage für die Verständigung werden.[36] Da – wie gesehen – nicht alle Strafverfahren gleichermaßen offen für Verständigungen sind, wird häufig die Gefahr gesehen, dass

---

27 *Schünemann* NJW 1989, 1898: Freispruchquote von 3 %; s.a. *Tscherwinka* Absprachen, S. 33 f.
28 *Altenhain/Dietmeier/May* Absprachen in Strafverfahren, S. 28, 31.
29 *Altenhain/Dietmeier/May* Absprachen in Strafverfahren, S. 36 f.
30 *Altenhain/Hagemeier/Haimerl/Stammen* Absprachen in Wirtschaftsstrafverfahren, 2007, S. 53, 331.
31 *Altenhain/Jahn/Kinzig* Die Praxis der Verständigung im Strafprozess, S. 530 f.
32 *Hamm* in: Dencker/Hamm, Vergleich, S. 132.; *ders.* ZRP 1990, 339.
33 *Ranft* Strafprozessrecht, Rn. 1227; *Terhorst* GA 2002, 607; *Landau* NStZ 2007, 121 (122).
34 Vgl. *Hamm* StV 2013, 652 (655); *Gerson* GVRZ 2020, 9, Rn. 25.
35 *Sommer* AnwBl 2010, 197; *Gerson* GVRZ 2020, 9, Rn. 25.
36 Vgl. *Hamm* in: Dencker/Hamm, Vergleich, S. 129.

nicht alle Straftäter von der Vergleichsmöglichkeit profitieren.[37] In jedem Fall sollte daher eine Verständigung von der Verteidigung als ultima ratio gewählt werden; stets gilt es sorgfältig zu prüfen, ob eine Absprache tatsächlich realistische Chancen auf ein für den Angeklagten besseres Verfahrensergebnis eröffnet.[38]

D. Zulässigkeit von Verständigungen de lege lata

I. Gesetzliche Regelung durch das Verständigungsgesetz 2009

Der Große Senat des BGH hatte in seiner Entscheidung vom 03.03.2005 einen eindeutigen – und im System der Gewaltenteilung ungewöhnlichen und seltenen – Appell an den Gesetzgeber gerichtet, die Zulässigkeit und Voraussetzungen der Verständigungspraxis im Strafverfahren zu kodifizieren. Diesem »Auftrag« ist der Bundestag im Jahr 2009 nachgekommen. Mit § 257c StPO als zentraler Norm und einigen flankierenden Vorschriften (§§ 35a, 160b, 202a, 212, 243 Abs. 4, 257b, 267 Abs. 3 S. 5, 273 Abs. 1 S. 2, Abs. 1a und § 302 Abs. 1 S. 2 StPO) enthält die Strafprozessordnung nun eine detaillierte Regelung der Verständigung im Strafverfahren. Entgegen einiger anderslautender Bestrebungen[39] hat der Gesetzgeber aber einer sog. »Großen Lösung« eine Absage erteilt und keine grundlegende Neugestaltung der StPO vorgenommen,[40] was freilich gewisse Friktionen zu einigen Prozessmaximen bedingt.[41] Die Rechtsprechung ist seitdem bemüht, die Normen des Verständigungsgesetzes inhaltlich auszufüllen und zu konkretisieren.[42] 8

II. Ordnungsgemäßes Zustandekommen einer Verständigung

Die Verständigung kommt zustande, wenn sich die Beteiligten einigen, d.h., wenn der Angeklagte[43] und die StA[44] dem **Vorschlag des Gerichtes** zustimmen, § 257c Abs. 3 S. 4 StPO.[45] Der Vorschlag zum Verständigungsinhalt muss also vom Gericht kommen. Das heißt aber nicht, dass es den anderen Beteiligten nicht freistünde, eine Verständigung zu initiieren.[46] In der Praxis soll die Initiative 9

37 Vgl. *Schmidt-Hieber* NJW 1990, 1884 ff.; *Eschelbach* JA 1999, 695; vgl. auch AnwK-StPO/*Püschel* § 257c Rn. 4.

38 *Bockemühl* in: 2. Dreiländerforum Strafverteidigung, S. 199 (205); *ders.* in: Akzeptanz des Rechtsstaats, S. 47 (56).

39 Entwürfe der BRAK und GenStA; s. aber auch das Positionspapier des DAV; alle abgedruckt in: Niemöller/Schlothauer/Weider Anhang 1–3.

40 Eine solche steht auch nicht zu erwarten, so konstatierend *Rabe* Verständigungsurteil, S. 508; *Busch-Gervasoni* FS Schiller 2014, S. 109 (119); *Ruhs* Rechtsbehelfe bei Verständigungen, S. 386.

41 Etwa mit dem Legalitätsprinzip, dem Untersuchungsgrundsatz, dem Schuldgrundsatz, dem Öffentlichkeitsgrundsatz, dem Gleichbehandlungsgrundsatz sowie der Unschuldsvermutung, s. dazu ausf. bei *Beulke/Swoboda* Strafprozessrecht, Rn. 394a.

42 Zur Rechtsprechung der vergangenen Jahre s. die umfassenden Rechtsprechungsübersichten von *Bittmann* und *Cierniak/Niehaus*: *Bittmann* ZWH 2014, 487 ff.; *ders.* ZWH 2015, 249 ff.; *ders.* ZWH 2016, 261 ff.; *ders.* ZWH 2017, 233 ff.; *ders.* ZWH 2018, 239 ff.; *ders.* ZWH 2019, 201 ff.; *ders.* ZWH 2020, 273 ff.; *ders.* ZWH 2021, 265 ff.; *ders.* ZWH 2022, 205 ff.; *ders.* ZWH 2023, 209 ff.; Cierniak/Niehaus NStZ-RR 2017, 129 f.; *dies.* NStZ-RR 2019, 193 ff.; *dies.* NStZ-RR 2019, 198 ff.; *dies.* NStZ-RR 2021, 201 ff.; *dies.* NStZ-RR 2022, 196 ff.; *dies.* NStZ-RR 2023, 197 ff.

43 Zur zulässigen Möglichkeit einer »Gesamtverständigung« mit mehreren Angeklagten s. BGH NStZ 2015, 537 (539).

44 Zur gestiegenen Rolle der StA und den verfassungsrechtlichen Bedenken an der Regelung s. Meyer-Goßner/*Schmitt* § 257c Rn. 5.

45 Das Einverständnis von StA und Angeklagten wirkt verständigungsbegründend, BGH, Urt. v. 14.05.2014 – 2 StR 465/13., Rn. 8 (= HRRS 2014 Nr. 736). Ein Widerspruch des Nebenklägers kann die Verständigung nicht verhindern, s. BT-Drs. 16/12310, S. 14.

46 BT-Drs. 16/12310, S. 13.

zu einer Verständigung sogar zumeist von der Verteidigung[47] und nur in etwas geringerem Umfang vom Gericht ausgehen;[48] wenn auch nicht zwingend initiativ, so ist die Mitwirkung des Gerichts jedoch konstitutiv.[49] Sowohl der Angeklagte[50] als auch das Gericht[51] müssen ihre Zustimmung zum Verständigungsvorschlag eindeutig erklären; eine konkludente Zustimmung genügt nicht. Das Fehlen eines Einverständnisses führt zur Revisibilität.[52] Eine Belehrung über das Schweigerecht (§ 243 Abs. 5 S. 1 StPO) erst nach dem Zustandekommen einer Verständigung ist unschädlich.[53]

Der BGH[54] prüft anhand einer **Gesamtschau**, ob – auch wenn das Tatgericht ausdrücklich betont, es habe keine qualifizierte Absprache stattgefunden – nicht doch eine (dann informelle, s. dazu Rdn. 57) Absprache stattgefunden hat. Anhaltspunkte hierfür hat er etwa darin gesehen, dass das Gericht – obwohl es sich von Vorschlägen zu einer einverständlichen Verfahrensbeendigung nach einem Geständnis distanziert hat – diesen im Ergebnis genau folgt.[55] Auch wenn das Gericht zu einem »schlanken« Geständnis (durch den Verteidiger, s. dazu Rdn. 33) keine Fragen stellt und keine Beweise erhebt oder Anträge von Verteidigung und StA in ihrer Übereinstimmung nur durch deren Erwartung zu erklären sind, das Gericht werde keine höhere als die vorgeschlagene Strafe verhängen, kann darin ein Anhaltspunkt für das Vorliegen einer nicht gesetzeskonformen Verständigung liegen. Das bloße Schweigen eines Richters zu den in seiner Anwesenheit erfolgten Erörterungen zwischen StA und Verteidiger (die sog. »Verständigungspantomime«) stehen einer konkludenten Absprache nicht entgegen. »Wenn ein solches Verhalten der Richter für die Beteiligten erkennbar nur den Sinn haben sollte, die formellen Anforderungen an eine Absprache gem. § 257c StPO und deren Rechtsfolgen zu umgehen, kam es nicht auf ein äußeres Verhalten oder eine ausdrückliche Erklärung, sondern allein darauf an, was nach dem Gesamtzusammenhang und dem Erkenntnishorizont der Beteiligten damit gemeint war.«[56]

10 Bei mehreren Beschuldigten hindert die Weigerung des bzw. der anderen das Zustandekommen einer Verständigung nicht.[57] Das Gericht hat dann aber grds. dafür Sorge zu tragen, dass die anderen Beschuldigten über das Ergebnis und die Inhalte der Verständigung mit dem kooperationsbereiten Beschuldigten unterrichtet werden. Anderenfalls kann es sich dem Verdacht der Befangenheit aussetzen (s.u. Rdn. 63 ff.) und Revisionsmöglichkeiten eröffnen (s.u. Rdn. 73 ff.).

11 Zum **Zeitpunkt** trifft das Gesetz keine ausdrückliche Aussage. Durch die systematische Stellung des § 257c StPO **nach** den Regelungen für die Beweisaufnahme und unmittelbar vor den Schlussvorträgen (§ 258 StPO) wollte der Gesetzgeber allerdings erkennbar zum Ausdruck bringen, dass

47 Nach Auffassung des OLG Dresden ist der Verteidiger »notwendiger Teilnehmer« aller verständigungsbezogenen Erörterungen, vgl. OLG Dresden, Beschl. v. 10.03.2016 – 2 OLG 26 Ss 762/15 (= BeckRS 2016, 05803). Diese Ansicht ist allerdings mit *Bittmann* abzulehnen, da sie verkennt, dass es dem Gericht stets freisteht, mit jedem Verfahrensbeteiligten Einzelgespräche zu führen, vgl. *Bittmann* ZWH 2016, 261; s. zur notwendigen Verteidigung im Übrigen Rdn. 67.

48 *Altenhain/Dietmeier/May* Absprache in Strafverfahren, S. 67 f.

49 KG NStZ-RR 2014, 316 (Ls).

50 BGH StV 2021, 7 (8) m. Anm. *Bockemühl/Heuser*.

51 MüKo-StPO/*Jahn/Kudlich* § 257c Rn. 143 zutr. schlussfolgernd aus EGMR NJW 2015, 1745; nun auch BGH NStZ-RR 2017, 87 (88); BGH NStZ 2019, 688 (689) m. Anm. *Kudlich*; ebenso BVerfG NStZ 2021, 558 (561).

52 BGH NStZ-RR 2014, 284; OLG München StV 2014, 523.

53 BGH StV 2022, 778 f.

54 BGHSt 59, 21 (24 f.).

55 Ähnl. BGH NStZ-RR 2014, 204.

56 BGHSt 59, 21 (25 f.); so auch BVerfG NStZ 2016, 422 (423); OLG Hamm NStZ 2016, 565; KG, Beschl. v. 04.04.2014 – 3 Ws 165/14, 141 AR 133/14, Rn. 9 (juris); zum Phänomen der »Verständigungspantomime« s. auch *Norouzi* NJW 2014, 874; *Landau* NStZ 2014, 425 (429); *Bittmann* NStZ 2015, 545 (548); *ders.* NStZ 2016, 425 (427); *Ruhs* Rechtsbehelfe bei Verständigungen, S. 152 ff.

57 Vgl. dazu z.B. BGH NStZ 2008, 54; BGH NJW 2013, 1316.

Verständigungen regelmäßig erst nach Ermittlung sonstiger Beweise stattfinden sollen.[58] Freilich wird eine Verständigung in aller Regel wohl **vor** einer tiefgehenden Beweisaufnahme initiiert, damit sich die prozessbeschleunigende Wirkung bestmöglich entfalten kann.[59] Jedenfalls unzulässig dürfte insoweit aber eine Verständigung vor Verlesung der Anklageschrift und der Vernehmung des Angeklagten zur Person[60] sowie nach Urteilsverkündung[61] sein.

Eine Verständigung kann vom Gericht nur in **»geeigneten Fällen«** angestrebt werden, § 257c Abs. 1 S. 1 StPO. Welche Fälle aber geeignet, und v.a. welche ungeeignet i.S.d. Gesetzes sind, bleibt offen. Die Geeignetheit ist daher nach den konkreten Umständen in einer Abwägung zwischen den Interessen der Justiz (Verfahrensbeschleunigung, Arbeitserleichterung) und des Angeklagten (möglichst günstiges Ergebnis, faires Verfahren) festzustellen.[62] Anders ist dies, wenn die Verteidigung von Beginn an klargestellt hat, dass die Vorwürfe bestritten werden, eine Verständigung unerwünscht und stattdessen eine umfängliche Beweisaufnahme gewünscht ist.[63] 12

Nicht unproblematisch erscheint eine Verständigung bei **vorsätzlichen Tötungsdelikten.** Aufgrund der oft im Affektzustand ausgeführten Handlung könnte ein Geständnis lückenhaft und falsch und damit unbrauchbar sein.[64] Eine generelle Ungeeignetheit kann aber auch den Tötungsdelikten nicht attestiert werden.[65] Ferner können auch Staatsschutzsachen geeignete Fälle sein.[66]

Eine gescheiterte Verständigung kann von vornherein weder Bindungswirkung noch Vertrauensschutz begründen. Eine weitergehende Rechtsposition gewährt auch § 257b StPO nicht, der sich auf kommunikative Elemente, die nicht auf eine einvernehmliche Verfahrenserledigung gerichtet sind, beschränkt.[67] 13

III. Verständigungsgegenstand und -inhalt

Durch das Verständigungsgesetz wurde zudem in § 257c Abs. 2 S. 1, Abs. 3 S. 2 StPO der zulässige und in § 257c Abs. 2 S. 3 StPO der unzulässige Gegenstand und Inhalt einer Verständigung geregelt. Insgesamt enthält die Regelung gegenüber der früheren Rspr. hier nur wenig Neues.[68] Eine wesentliche Änderung besteht jedoch darin, dass nicht nur die Vereinbarung eines Rechtsmittelverzichts unzulässig ist, sondern der **Rechtsmittelverzicht** selbst bei vorausgegangener Verständigung für generell unzulässig erklärt wird, § 302 Abs. 1 S. 2 StPO. Schließlich kann das Gericht nicht nur eine Strafobergrenze, sondern **Ober- und Untergrenze der Strafe** angeben, § 257c Abs. 3 S. 2 StPO. Nach Wortlaut, Sinn und Zweck der Vorschrift kann damit nur der konkret in Betracht kommende Strafrahmen nach erfolgreicher Verständigung gemeint sein, nicht jedoch die Straferwartung ohne und mit Absprache (sog. Sanktionsschere, s. dazu aber unten Rdn. 24).[69] Ansonsten kann als Faustregel gelten, dass all diejenigen Gegenstände Inhalt einer Verständigung sein können, über die das erkennende Gericht verfügen kann.[70] Im Übrigen hat sich eine feingliedrige, die gesetzlichen Vor- 14

58 *Kröpil* JR 2010, 96 (99).
59 *Graf* DRiZ 2016, 308 (310 f.).
60 SK-StPO/*Velten* § 257c Rn. 19.
61 BGH NStZ-RR 2019, 318 (319).
62 BT-Drs. 16/12310, S. 13; Radtke/Hohmann/*Ambos/Ziehn* § 257c Rn. 14.
63 AnwK-StPO/*Püschel* § 257c Rn. 5.
64 BeckOK-StPO/*Eschelbach*, 14. Edition 2012, § 257c Rn. 7.1; Meyer-Goßner/*Schmitt* § 257c Rn. 6.
65 Meyer-Goßner/*Schmitt* § 257c Rn. 6.
66 S. MüKo-StPO/*Jahn/Kudlich* § 257c Rn. 82 Fn. 299 m.w.N.
67 BGH NStZ-RR, 149 (Ls.).
68 *Altenhain/Haimerl* JZ 2010, 327 (331).
69 BGH NStZ 2013, 671 m. Bespr. *Satzger* JK 3/14, StPO § 257c/6; s. auch Meyer-Goßner/*Schmitt* § 257c Rn. 19.
70 BT-Drs. 16/12310, S. 13; s. auch BGH NStZ 2016, 428 (429); vgl. ferner *Geuenich/Höwer* DStR 2009, 2320 (2321).

schriften konkretisierende Kasuistik herausgebildet. Dabei ist die fach- und verfassungsgerichtliche Entwicklung allerdings noch längst nicht abgeschlossen.

1. Zulässiger Gegenstand einer Verständigung

15 Als **zulässiger** Gegenstand einer Verständigung kommen nach § 257c Abs. 2 StPO in Betracht:[71]

16 a) die **Rechtsfolgen**, die Inhalt eines Urteils oder der dazugehörigen Beschlüsse sein können, § 257c Abs. 2 S. 1 Var. 1 StPO, also:
- die Strafaussetzung zur Bewährung und einzelne Bewährungsauflagen (§§ 56 ff. StGB);[72]
- das (Nicht-) Erkennen auf Gesamtstrafe gem. § 53 Abs. 2 S. 2 StGB;
- fakultative Nebenstrafen (z.B. Fahrverbot gem. § 44 StGB);
- Strafrahmenverschiebung bei Regelbeispielen (z.B. § 263 Abs. 3 S. 2 StGB);[73]
- Kompensation rechtsstaatswidriger Verfahrensverzögerungen;[74]
- Fortdauer der Untersuchungshaft (vgl. § 268b StPO);[75]

17 b) sonstige **verfahrensbezogenen Maßnahmen** im zugrunde liegenden Erkenntnisverfahren, § 257c Abs. 2 S. 1 Var. 2 StPO, also:
- Verfahrenseinstellungen/-beschränkungen nach §§ 153 ff. StPO;[76]
- Zwangsmaßnahmen (z.B. Aufhebung/Außervollzugsetzung eines Haftbefehls;[77] Aufhebung eines Verschonungsbeschlusses);
- Beweiserhebungen (wegen § 257c Abs. 1 S. 2 i.V.m. § 244 Abs. 2 StPO aber nicht notwendige Beweiserhebungen, sondern nur fakultative und die Auswahl von Sachverständigen).

18 c) das **Prozessverhalten** der Verfahrensbeteiligten,[78] § 257c Abs. 2 S. 1 Var. 3 StPO, also:
- strafzumessungsrelevantes Verhalten (z.B. Geständnis, Aufklärungshilfe, Schadenswiedergutmachung, Täter-Opfer-Ausgleich);
- sonstiges verfahrensabkürzendes Verhalten (z.B. Rücknahme von Widersprüchen gegen die Verwertung bestimmter Beweismittel,[79] Verzicht auf Beweisanträge, Befangenheitsanträge, Unterbrechungs- und Aussetzungsanträge, Besetzungs- und Zuständigkeitsrügen, Zeugenbefragungen, Verlesung von Vernehmungsprotokollen und sonstigen Niederschriften, widerspruchslose Duldung des Selbstleseverfahrens etc.),[80] soweit nicht umfassend auf sämtliche Beweisanträge

71 Zum Ganzen Meyer-Goßner/*Schmitt* § 257c Rn. 8 ff.

72 Soweit eine Strafaussetzung auf Bewährung in Betracht kommt, ist auf die konkret in Betracht kommenden Bewährungsauflagen hinzuweisen, vgl. BGHSt 59, 172 (174); BGH NJW 2014, 3173 (3174); BGH NStZ-RR 2016, 379; KG, Beschl. v. 04.04.2014 – 3 Ws 165/1, 141 AR 133/14 (= BeckRS 2014, 13295); (wohl) weiter sogar OLG Frankfurt NStZ-RR 2015, 253.

73 BGH NStZ 2017, 363 (365) m. Anm. *Bittmann*; *Mosbacher* NZWiSt 2013, 201 (203); *Schneider* NStZ 2014, 192 (195); MüKo-StPO/*Jahn/Kudlich* § 257c Rn. 98; anders BVerfGE 133, 168 (210 ff.).

74 BGH NStZ 2016, 428 (430).

75 BGH NStZ 2015, 294 (295).

76 Zu § 154 Abs. 1 StPO s. OLG Hamm NStZ 2017, 725 (726): zu § 154 Abs. 2 StPO s. OLG Frankfurt NStZ-RR 2011, 49; BGH NStZ 2016, 221 (226); BGH NStZ 2016, 428; zu § 154a Abs. 2 StPO s. BVerfG NStZ 2016, 422 (423); BGH NStZ 2017, 244 m. Anm. *Bittmann*; zulässig ist die Verfahrensbeschränkung in Verbindung mit der Rücknahme von Beweisanträgen (vgl. BVerfG NStZ 2016, 422 [434 f.]) sowie die Verfahrenseinstellung gegen Rücknahme eines Rechtsmittels in einer anderen Rechtssache (vgl. HansOLG, Beschl. v. 31.10.2016 – 1 Ws 154/16 [= BeckRS 2016, 19478]).

77 BGH NStZ 2021, 61 (62).

78 Das Prozessverhalten des Nebenklägers ist unerheblich, er wird in der Vorschrift nicht erwähnt, BeckOK-StPO/*Eschelbach* § 257c Rn. 17 ff.

79 BGH NStZ 2022, 662.

80 S. dazu insgesamt MüKo-StPO/*Jahn/Kudlich* § 257c Rn. 104 ff.; Handbuch Staatsanwalt/*von Heintschel-Heinegg* 5. Teil 33. Kap. Rn. 32.

und Anträge, die zu einer Verzögerung eines Verfahrensabschlusses führen würden, verzichtet wird;[81]

– Verhalten der StA (z.B. Anträge und Zustimmungen gem. §§ 153 ff. StPO, Zusagen für Strafvollstreckung/-vollzug);[82]
– Vergleichsabschlüsse über die aus einer Straftat erwachsenen Ansprüche, § 405 StPO;[83]
– (nachträgliche) Beschränkung der Berufung auf den Rechtsfolgenausspruch.[84]

2. Unzulässiger Gegenstand einer Verständigung

Unzulässige Gegenstände sind: 19

a) der **Schuldspruch**, § 257c Abs. 2 S. 3 Var. 1 StPO, also insb. der Straftatbestand: 20

So darf es z.B. keine Verständigung darüber geben, ob der Angeklagte nach § 249 StGB oder §§ 253, 255 StGB verurteilt wird. Allerdings bleiben gerade hier beträchtliche Zweifelsfälle. Das Verbot der Verständigung über den Schuldspruch beinhaltet, dass auch der Sachverhalt, also die zugrunde liegende Tatsachenbasis, nicht disponibel ist.[85] Dieser Grundsatz erfährt aber eine gewisse Einschränkung durch die Möglichkeit, den Umfang der Beweiserhebung – wenn auch in engen Grenzen – zum Gegenstand einer Verständigung zu machen (s.o. Rdn. 17).[86] Die Verständigung darüber, bestimmte Umstände nicht zu ermitteln, die zu einem Qualifikationstatbestand führen würden[87] oder einen (milderen) Sonderstrafrahmen zum Gegenstand einer Verständigung zu machen,[88] sind als Verstoß gegen § 257c Abs. 1 S. 2 i.V.m. § 244 Abs. 2 StPO zu werten. Eine Verständigung über den Schuldspruch kann ebenso in einem abgesprochenen Geständnis gesehen werden. Wenn die Tatsachenbasis des Geständnisses dem Erwartungshorizont des Gerichts angepasst wird, so ist das Geständnis funktionslos und dient nur der Verständigung über den Schuldspruch.[89]

Im »normalen« Strafverfahren besteht die Möglichkeit, dass das Gericht den Angeklagten auf Grundlage eines Strafgesetzes verurteilt, das sich von dem in der Anklage angeführten Strafgesetz unterscheidet; Voraussetzung dafür ist ein entsprechender gerichtlicher Hinweis, damit der Angeklagte seine Verteidigung darauf einstellen kann (§ 265 Abs. 1 StPO).[90] Auch wenn letzteres bei einer Verständigung gewährleistet wäre, so dürfen die Beteiligten sich trotzdem nicht darüber verständigen, das Urteil auf ein von der Anklage abweichendes Strafgesetz zu stützen, da auch dies eine unzulässige Verständigung über den Schuldspruch wäre (§ 257c Abs. 2 S. 3 Var. 1 StPO). § 265 Abs. 1 StPO ist somit kein zulässiger Verständigungsgegenstand.[91]

---

81 BGH NStZ 2023, 56.
82 Handbuch Staatsanwalt/*von Heintschel-Heinegg* 5. Teil 33. Kap. Rn. 33 ff. Diese Zusagen der StA können auch andere Ermittlungsverfahren betreffen; Problem ist dann aber die fehlende Bindungswirkung (s.u. Rdn. 52).
83 *Schlothauer/Weider* StV 2009, 600 (603).
84 OLG Karlsruhe NStZ 2014, 536; OLG München StV 2014, 79; HansOLG NStZ 2014, 534 (535); HansOLG NStZ 2017, 307; KG NStZ 2015, 236 (237); OLG Hamm StV 2016, 791 (792); OLG Braunschweig NStZ 2016, 563 (564); OLG Nürnberg StraFo 2016, 473 (474 f.); OLG Brandenburg NStZ-RR 2020, 88; BayObLG, Beschl. v. 20.12.2019 – 205 StRR 1148/19 (= BeckRS 2019, 4553); krit. OLG Jena, Beschl. v. 06.12.2018 – 1 OLG 121 Ss 70/18, Rn. 35 ff. (= BeckRS 2018, 42956); dagegen *Mosbacher* JuS 2015, 701 (702); *Knauer/Pretsch* NStZ 2015, 238; offen gelassen von BGH NStZ 2016, 177; BGH, Beschl. v. 01.08.2019 – 4 StR 477/18, Rn. 11 (= HRRS 2019 Nr. 1333).
85 Vgl. BGH NJW 2011, 1526; OLG Celle NStZ-RR 2011, 252.
86 BeckOK-StPO/*Eschelbach* § 257c Rn. 11.7.
87 *Altenhain/Haimerl* JZ 2010, 327 (331); *Jahn/Müller* NJW 2009, 2625 (2628).
88 So BGH NStZ 2013, 540 (541) zum minder schweren Fall; ebenso BGH NStZ 2022, 55 (56).
89 *Hamm* FS Dencker 2013, S. 147 (153).
90 KK/*Bartel* § 265 Rn. 30.
91 *Schlothauer/Weider* StV 2009, 600 (602).

21 b) **Maßregeln der Besserung und Sicherung,** § 257c Abs. 2 S. 3 Var. 2 StPO:

Das Verbot aus § 257c Abs. 2 S. 3 Var. 2 StPO bezieht sich auf die Anordnung **sämtlicher** Maßregeln der Besserung und Sicherung (§ 61 StGB).[92] Daher erfasst das Verbot aus § 257c Abs. 2 S. 3 Var. 2 StPO nicht nur die Sicherungsverwahrung,[93] sondern insb. auch die Unterbringung in einem psychiatrischen Krankenhaus (§ 63 StGB)[94] oder in einer Entziehungsanstalt (§ 64 StGB),[95] das Berufsverbot (§ 70 StGB) sowie die Entziehung der Fahrerlaubnis und die Sperrfrist (§ 69 f. StGB).[96] Der richterliche Hinweis darauf, dass der im Rahmen der Eröffnungsentscheidung beschlossenen Besetzungsreduktion i.S.d. § 76 Abs. 2 S. 3 Nr. 2 GVG zu entnehmen sei, die Kammer sehe nach Aktenlage die materiellen Voraussetzungen der Sicherungsverwahrung als nicht gegeben an, stellt keine unzulässige Verständigung über eine Maßregel dar.[97] Ob die Aussetzung der Maßregel zur Bewährung zulässiger Verständigungsinhalt sein kann, ist umstritten.[98]

22 c) **Rechtsmittelverzicht,** § 302 Abs. 1 S. 2 StPO:

Unzulässig ist zudem die Erklärung des Rechtsmittelverzichts nach einer Verständigung, und zwar auch durch die StA (näher dazu unten Rdn. 58 ff.).[99] Der Rechtsmittelverzicht war früher faktisch häufig **der** zentrale Bestandteil jeder Verständigung. Zwar war bereits nach alter Rechtslage die Vereinbarung eines Rechtsmittelverzichts vor der Urteilsverkündung unzulässig.[100] Jedoch konnte der Angeklagte nach einer sog. »qualifizierten Belehrung«, wonach er trotz (anderslautender) Absprache in jedem Fall Rechtsmittel einlegen könne, einen (wirksamen) Rechtsmittelverzicht erklären. Dies ist nun nicht mehr möglich. Ein gleichwohl erklärter Rechtsmittelverzicht ist nach § 302 Abs. 1 S. 2 StPO **unwirksam**; vorausgesetzt ist allerdings, dass die Existenz einer Verständigung – z.B. über § 273 Abs. 1a StPO – nachgewiesen ist.[101] Das Verbot gilt nicht nur für den ausdrücklichen Verzicht, der unmittelbare Rechtsfolgen hat und unwiderruflich und unanfechtbar ist,[102] sondern sinngemäß auch für die Ankündigung, kein Rechtsmittel einlegen zu wollen.[103] Der Angeklagte ist über die Möglichkeit, trotz Verständigung Rechtsmittel einzulegen, nach § 35a S. 3 StPO zu belehren. Zu Umgehungsmöglichkeiten des Verbots sowie den Rechtsmittelmöglichkeiten nach einer Verständigung s.u. Rdn. 62 sowie Rdn. 71.

23 d) **Sonstiges:**

- jede unsachgemäße Verknüpfung zwischen Leistung und Gegenleistung (z.B. Strafmilderung gegen Begleichung von Steuerschulden aus anderen Verfahren);[104]
- Zusagen bzgl. der Strafvollstreckung, da es sich nicht um verfahrensbezogene Maßnahmen handelt (z.B. Folgeentscheidungen gem. § 57 StGB oder § 456a StPO, Vollzugslockerungen, Gnadenerweise);[105]

---

92 Vgl. auch BVerfGE 133, 168 (229).
93 Vgl. BGH NStZ-RR 2005, 39; BGH StV 2006, 118; BGH NStZ 2008, 620.
94 BGH NStZ 2021, 509 (510).
95 OLG Nürnberg, Beschl. v. 03.04.2018 – 1 Ws 104/18, Rn. 18 (= BeckRS 2018, 5516).
96 SSW-StPO/*Ignor/Wegner* § 257c Rn. 62; Meyer-Goßner/*Schmitt* § 257c Rn. 9.
97 BGH NStZ 2016, 221 (226).
98 Meyer-Goßner/*Schmitt* § 257c Rn. 9 m.w.N.
99 *Altenhain/Haimerl* JZ 2010, 327 (333).
100 BGHSt 50, 40 (61 f.).
101 OLG Frankfurt NStZ-RR 2010, 213.
102 Meyer-Goßner/*Schmitt* § 302 Rn. 21, 26.
103 BT-Drs. 16/12310, S. 14.
104 *Beulke/Swoboda* Strafprozessrecht, Rn. 597.
105 BT-Drs. 16/12310, S. 13; Radtke/Hohmann/*Ambos/Ziehn* § 257c Rn. 19; *Schlothauer/Weider* StV 2009, 600 (602); a.A. bzgl. § 57 Abs. 1 StGB Meyer-Goßner/*Schmitt* § 257c Rn. 12.

- Entscheidungen im Erkenntnisverfahren anderer Spruchkörper; damit ist ein sog. »Vertrag zu Lasten Dritter« unzulässig;[106]
- Einziehung, §§ 73 ff. StGB;[107]
- zwingende Rechtsfolgen (z.B. die Einhaltung des gesetzlichen Strafrahmens);[108]
- zwingende Nebenstrafen und Nebenfolgen (z.B. § 45 Abs. 1 StGB; §§ 165, 200 StGB);[109]
- die Zusage, auf jegliche Verteidigung zu verzichten (z.B. durch Abgabe aller zur Beendigung erforderlichen Prozesserklärungen);[110]
- Einschränkung der Schuldfähigkeit.[111]

3. Zulässiger Verständigungsinhalt

Zulässiger Verständigungsinhalt ist gem. § 257c Abs. 3 S. 2 StPO auch die Angabe eines **Strafrahmens**, innerhalb dessen sich das Urteil nach der Verständigung bewegen wird, also die Nennung einer Ober- und Untergrenze. Der BGH neigt nach der Kodifikation der Verständigung dazu, dass das Gericht eine Strafober- **und** Strafuntergrenze angeben muss.[112] Die Benennung dieses Strafrahmens schafft beim Angeklagten aber keinen dahingehenden Vertrauenstatbestand, dass er nicht mit einer über der Untergrenze liegenden Verurteilung zu rechnen braucht.[113] Andernfalls käme die Benennung der Unterstrafe einer Vereinbarung über eine bestimmte Strafhöhe gleich.[114] Eine solche Vereinbarung ist jedoch unzulässig (Verbot der »Punktstrafe«).[115] Die Angabe des Strafrahmens ist für den Angeklagten jedoch von großer Bedeutung.[116] Denn er muss wissen, welche Gegenleistung er für seine (Vor-) Leistung – i.d.R. ein Geständnis (vgl. § 257c Abs. 2 S. 2: »Bestandteil jeder Verständigung **soll** ein Geständnis sein«) – erwarten darf. Interessant ist es für den Angeklagten natürlich, wenn er vergleichen kann, welche Strafe ihn bei Verständigungsbereitschaft erwartet und welche im gegenteiligen Fall (also im »normalen« streitigen Verfahren, wenn er sich auf keine Verständigung einlässt) droht. Dann nämlich wird er in die Lage versetzt, entscheiden zu können, ob sich eine Verständigung (die ihn i.d.R. ein Geständnis »kostet«) für ihn »lohnt«. Hier ist man bei der sog. »**Sanktionsschere**« angelangt, die v.a. in ihren Einzelheiten problematisch und umstritten ist.[117] Die Ankündigung einer höheren Strafe bei Scheitern der Verständigung (sog. » **Alternativstrafe** «) ist nicht grds. unzulässig,[118] sofern das für den Fall, dass sich der Beschuldigte auf keine Absprache einlässt, in Aussicht gestellte Strafmaß noch tat- und schuldangemessen war. Einen Anspruch auf die Angabe einer Strafobergrenze für den Fall des Bestreitens lässt sich – auch nach dem BGH – 24

106 *Jahn/Müller* NJW 2009, 2625 (2628); krit. dazu unter Verweis auf § 46b StGB und den Vergünstigungen für informelle Kronzeugen: BeckOK-StPO/*Eschelbach* § 257c Rn. 10.

107 BGH NStZ 2018, 366; BGH NStZ 2023, 633 (634); vorher bereits Meyer-Goßner/*Schmitt* § 257c Rn. 10; Niemöller/Schlothauer/Weider/*Niemöller* Teil B § 257c Rn. 53; so auch MüKo-StPO/*Jahn/Kudlich* § 257c Rn. 101; *Schneider* NStZ 2018, 742 (743); *Ordner* wistra 2017, 50 (53 f.); *Becker* JA 2017, 641 (643); zu § 73 StGB a.F. (Verfall) s. *Schlothauer/Weider* StV 2009, 600 (602).

108 Radtke/Hohmann/*Ambos/Ziehn* § 257c Rn. 20.

109 *Schlothauer/Weider* StV 2009, 600 (602).

110 BeckOK-StPO/*Eschelbach* § 257c Rn. 17.5; Meyer-Goßner/*Schmitt* § 257c Rn. 15b.

111 BGH, Beschl. v. 24.11.2015 – 5 StR 375/15 (= HRRS 2016 Nr. 21).

112 BGH NStZ 2011, 170; BGH StV 2011, 75; BGH NJW 2011, 1526 (1527); ebenso OLG Oldenburg, Beschl. v. 28.06.2017 – 1 Ss 123/17, Rn. 11 (= BeckRS 2017, 147667); a.A. (wegen des Wortlauts »kann«) z.B. SK-StPO/*Velten* § 257c Rn. 21.

113 BGH NJW 2011, 1159; *Bittmann* NStZ-RR 2011, 102.

114 BGH NStZ 2010, 650 m. Anm. *Bockemühl/Staudinger* StraFo 2010, 425; BGH NStZ 2011, 231.

115 BGH NStZ-RR 2015, 379 (380); KG, Beschl. v. 16.01.2015 – (4) 161 Ss 240/14 (280/14), Rn. 16 ff. (= BeckRS 2015, 08294); OLG Oldenburg, Beschl. v. 28.06.2017 – 1 Ss 123/17, Rn. 11 (= BeckRS 2017, 147667).

116 BT-Drs. 16/12310, S. 14.

117 Zu einer möglichen Systematisierung s. *Ruhs* Rechtsbehelfe bei Verständigungen, S. 56 ff.

118 So explizit BGH NStZ 2008, 170.

nicht aus § 257c StPO ableiten.[119] Die Frage, wann – jenseits des § 136a StPO –[120] die Grenze zu einer verfassungswidrigen Beeinträchtigung der Selbstbelastungsfreiheit überschritten ist, entzieht sich – nach dem BVerfG – einer exakten mathematischen Berechnung und hängt von den Umstände des Einzelfalles ab.[121] Das BVerfG deutet an, dass die Spannweite zwischen dem Strafmaß mit und ohne Verständigung eng zu fassen sei.[122] In der Literatur werden verschiedentlich hohe Werte vertreten, nach denen ein in Aussicht gestellter »Strafnachlass« für den Fall einer Verständigung als unvertretbar anzusehen ist.[123] Angesichts der mit dem Mechanismus der Nennung einer Alternativstrafe verbundenen Gefahren, dass der Angeklagte unzumutbarem und somit unzulässigem Druck (»Geständniszwang«) ausgesetzt wird und die Urteilsfindung so zu einem »Handel mit der Gerechtigkeit« zu werden droht, überzeugt wohl letztlich nur die – vor allem in der Literatur verbreitet vertretene – Ansicht, wonach die Angabe einer Alternativstrafe für den Fall, dass keine Absprache zustande kommt, als generell unzulässig ansehen ist.[124]

4. Abgrenzung zu: Erörterung des Verfahrensstandes

25 Die Verständigung gem. § 257c StPO ist abzugrenzen von der sog. **»Erörterung des Verfahrensstandes«**, die in den §§ 160b, 202a, 212 und 257b StPO geregelt ist (zur Abgrenzung im Einzelnen s.u. Rdn. 27). Auch wenn ein Austausch über den Stand des Verfahrens bereits nach früherer Rechtslage unproblematisch zulässig war,[125] wurde durch die Einführung der Erörterungsvorschriften ein »*gesetzlich* ungeregelter Graubereich« beseitigt, sodass das Verfahren nun »innerhalb des von der StPO ausdrücklich vorgegebenen Rahmens statt[finden]« kann.[126] Insgesamt sollen die Vorschriften der »Stärkung kommunikativer Elemente auch außerhalb einer Verständigung« dienen und einen offenen Verhandlungsstil in allen Verfahrensstadien unterstützen.[127]

Erörterungen des Verfahrensstandes sind in sämtlichen Verfahrensstadien zulässig. Im Ermittlungsverfahren sind die Gespräche mit der StA zu führen (§ 160b StPO), von der i.d.R. – aber nicht zwingend – die Initiative dazu ausgehen wird. Im Zwischenverfahren gilt § 202a StPO, im Hauptverfahren § 212 StPO.

26 **Gegenstand der Erörterung** ist jeweils der »Stand des Verfahrens« im jeweiligen Verfahrensstadium, soweit die Erörterung »geeignet erscheint, das Verfahren zu fördern«. Der mögliche Erörterungsinhalt

---

119 BGH NStZ 2013, 671 m. Anm. *Satzger* JK 3/14, StPO § 257c/6; BGH NStZ 2015, 358 (359); ebenso BGH, Beschl. v. 10.12.2015 – 3 StR 163/15 (= HRRS 2016 Nr. 185).

120 Die Grenze zur Unzulässigkeit einer Sanktionsschere ist jedenfalls dann erreicht, wenn im Aufzeigen zweier Alternativstrafen die freie Willensentschließung und Willensbetätigung des Angeklagten, die ausweislich des § 136a StPO einen besonderen Schutz genießt, unzulässig beeinträchtigt wird, vgl. hierzu ausf. *Ruhs* Rechtsbehelfe bei Verständigungen, S. 56 ff.

121 BVerfGE 133, 168 (238); dazu vorher bereits BGH StV 2011, 202 (204).

122 In dem dem BVerfG vorliegenden Fall des LG Berlin hatte das Gericht nach Vorbringen des Beschwerdeführers bei herkömmlicher Verfahrensweise eine Gesamtstrafe von vier Jahren Freiheitsstrafe in Aussicht gestellt und für den Fall einer Verständigung eine Freiheitsstrafe von zwei Jahren zur Bewährung angeboten. In einer dienstlichen Stellungnahme im Revisionsverfahren gab der Vorsitzende der Strafkammer an, dass im Fall eines herkömmlichen Verfahrens drei Jahre Freiheitsstrafe in Aussicht gestellt wurden. Nach dem BVerfG ist die Spannweite in jeder der vorgebrachten Versionen in erheblichem Maße überschritten.

123 Nicht mehr als 15 % (so *Putzke/Scheinfeld/Putzke* Strafprozessrecht, Rn. 651), zwischen 20 und 30 % (so Meyer-Goßner/*Schmitt* § 257c Rn. 19; ebenso *Bittmann* wistra 2009, 414 [4159]; AnwaltK-StPO/*Püschel*, § 257c Rn. 22; *Roth* Stbg 2017, 124 [130]; ähnl. *Kubik* Sanktionsschere, S. 171).

124 In diesem Sinne auch SK-StPO/*Velten* § 257c Rn. 21; *Schlothauer* StV 2011, 205, 207; a.A. LR/*Stuckenberg* § 257c Rn. 49; MüKo-StPO/*Jahn/Kudlich* § 257c Rn. 131; SSW-StPO/*Ignor/Wegner* § 257c Rn. 73; *Roth* Stbg 2017, 124 (130).

125 *Kühne* Strafprozessrecht, Rn. 749.1; *Beulke/Swoboda* Strafprozessrecht, Rn. 599.

126 Vgl. bereits *Satzger* 65. DJT Gutachten C, S. 100; Hervorhebung durch die *Verf.*

127 Vgl. BT-Drs. 16/12310, S. 9, 11; vgl. auch *Satzger* 65. DJT Gutachten C, S. 100.

ist demnach weit und erfasst nicht nur eine reine Bestandsaufnahme des bisherigen Verfahrens, sondern insb. auch dessen weiteren Fortgang, also die Einstellungsmöglichkeiten der StA gem. §§ 153 ff. StPO,[128] die Strukturierung der Hauptverhandlung und die Möglichkeit und Grundstruktur einer Verständigung nach § 257c StPO. Den Verfahrensbeteiligten wird damit die Möglichkeit eingeräumt, ggf. die wesentlichen Verständigungsinhalte außerhalb der Hauptverhandlung festzulegen.[129] In Betracht kommen daneben z.B. die Sachverhaltsklärung, die Bewertung von Zeugenaussagen und anderen Beweismitteln, die Geständnis- und sonstige Kooperationsbereitschaft des Angeklagten, die Äußerung von bestimmten Rechtsmeinungen[130] und die vorläufige Rechtsfolgenerwartung[131] sowie die grundsätzliche Bewährungsmöglichkeit.[132]

Keine Erörterungen des Verfahrensstandes, diesen vielmehr vorgelagert und somit nicht vom Regelungskonzept des Verständigungsgesetzes betroffen sind solche Gespräche, die ausschließlich der organisatorischen Vorbereitung und Durchführung der Hauptverhandlung dienen (z.B. Absprache über Hauptverhandlungstermine oder Rücksprache mit dem Verteidiger, wie viel Zeit für eine etwaige Einlassung des Angeklagten in der Hauptverhandlung benötigt werde).[133]

Finden **Erörterungen zum Verfahrensstand gem. §§ 160b, 202a, 212 StPO** statt, ist deren **wesentlicher Inhalt aktenkundig** zu machen. Sofern die Gespräche auf eine Verständigung abzielen – im Wortlaut des Gesetzes: »wenn den Gegenstand die Möglichkeit einer Verständigung (§ 257c StPO) gewesen ist« –, ist deren **wesentlicher Inhalt in der Hauptverhandlung mitzuteilen** (vgl. **§ 243 Abs. 4 StPO**, s.u. Rdn. 37 ff.). Finden **Erörterungen gem. § 257b StPO in der Hauptverhandlung** statt, besteht allerdings keine Mitteilungsnotwendigkeit;[134] stattdessen statuiert **§ 273 Abs. 1 S. 2 StPO** eine **Protokollierungspflicht.** Um die Aufhebung von Urteilen allein wegen einer Verletzung der Mitteilungspflichten nach § 243 Abs. 4 S. 1 StPO zu vermeiden, empfiehlt der *5. Strafsenat* des BGH, »den über ein Verständigungsgespräch (alsbald) zu fertigenden, den Erfordernissen des § 243 Abs. 4 S. 1 StPO genügenden Aktenvermerk (§ 202a S. 2, § 212 StPO) in der Hauptverhandlung zu verlesen und als Anlage zum Sitzungsprotokoll zu nehmen.«[135]

Wie soeben dargestellt, ist eine Erörterung des Verfahrensstandes mit der Staatsanwaltschaft oder dem Gericht gem. §§ 160b, 202a, 212 und 257b StPO durch einen unverbindlichen Austausch über den status quo des Verfahrens gekennzeichnet, wohingegen die Verständigung gem. § 257c StPO eine bindende Entscheidung über den Verfahrensausgang anstrebt. Bisweilen gestaltet es sich allerdings schwierig, abzugrenzen, wann eine bloße Erörterung und wann eine Verständigung vorliegt, die die daran Beteiligten dem strengen Regelungs- und Schutzkonzept des § 257c StPO unterwirft. Dabei ist zu beachten, dass ein zu weites Verständnis des Verständigungsbezugs – wenn man bereits beim Vorliegen eines Einvernehmens eine Verständigung annähme – das Ziel des Verständigungsgesetzes, 27

128 Vgl. KG NStZ 2014, 293; s. auch BGH NStZ 2016, 171 (173).

129 *Altenhain/Haimerl* JZ 2010, 327 (334 f.); vgl. auch *Weimar/Mann* StraFo 2010, 12 (15); nach *Hettinger* JZ 2011, 292 (298) »fallen die Würfel« in dieser Phase des Verfahrens.

130 BGH, Urt. v. 15.05.2018 – 1 StR 159/17, Rn. 67 f. (= HRRS 2018 Nr. 1042).

131 Wenngleich dann zu beachten ist, dass das Gericht vom erörterten Strafmaß nur nach Hinweis gem. § 264 Abs. 2 Nr. 2 StPO abweichen darf, vgl. OLG Düsseldorf, Urt. v. 24.10.2018 – 3 RVs 46/18, Rn. 7 ff. (= BeckRS 2018, 42194). Dies gilt nicht für Äußerungen des Gerichts außerhalb der Hauptverhandlung, BGH, Beschl. v. 29.11.2018 – 5 StR 519/18, Rn. 1 (= HRRS 2019 Nr. 134).

132 BGH wistra 2012, 198; *Altenhain/Haimerl* JZ 2010, 327 (334); *Jahn/Müller* NJW 2009, 2625 (2627); Niemöller/Schlothauer/*Weider/Schlothauer* Teil B § 160b Rn. 18 ff., § 202a Rn. 9 ff.; Meyer-Goßner/*Schmitt* § 257b Rn. 2.

133 BVerfGE 133, 168 (174); BGH NStZ-RR 2016, 347 (348); OLG Nürnberg NStZ-RR 2017, 350 (351); *Schneider* NStZ 2014, 192 (197); *Mosbacher* NZWiSt 2013, 201 (205); MüKo-StPO/*Arnoldi* § 243 Rn. 49.

134 OLG Saarbrücken, Beschl. v. 25.05.2016 – Ss 29/2016 (22/16) (= BeckRS 2016, 12266); BGH, Beschl. v. 19.07.2017 – 4 StR 536/16, Rn. 3 f. (= HRRS 2017 Nr. 944); *Bittmann* NStZ 2016, 567 (568); a.A. OLG Hamm NStZ 2016, 565 (562).

135 BGH NStZ-RR 2018, 355; krit. hierzu *Bittmann* ZWH 2019, 201 (202).

die Förderung offener Kommunikation zum Zwecke der Verfahrensbeschleunigung, verfehlt. Ein zu enges Verständnis führt andererseits zur Schaffung von Umgehungstendenzen.[136]

Beim Streit über ein taugliches Abgrenzungskriterium besteht grds. dahingehend Einigkeit, dass hierfür maßgeblich auf objektive Kriterien abzustellen ist, sodass die Einordnung nicht zur Disposition der Verfahrensbeteiligten steht.[137] Ob ein Verständigungsvorschlag vorliegt, bestimmt sich daher nach dem sachlichen Gehalt der Inhalte und ist nicht abhängig von der Beurteilung der Prozessbeteiligten; dass diese nicht von einer Verständigung ausgehen oder sich von einer solchen sogar verbal distanzieren, ist demnach ohne Bedeutung.[138] Ein mangelnder Bindungswille der Verfahrensbeteiligten taugt ebenso wenig als Abgrenzungskriterium, da nach der gesetzlichen Konzeption durch die Verständigung allein das Gericht gebunden werde. Ein Rechtsbindungswille darf indessen nicht weiter gehen, als das Recht eine Bindung vorsieht.[139] Jedenfalls dann, wenn unter Berücksichtigung des Gesamtzusammenhangs und des Empfängerhorizonts das Verfahrensgeschehen **maßgeblich** durch eine **synallagmatische Verknüpfung** der jeweiligen Handlungsbeiträge gekennzeichnet ist, liegt eine Verständigung und keine Erörterung i.S.d. gesetzlichen Regelungen vor.[140]

28 Die Abgrenzungsproblematik tritt insb. im Hinblick auf § 257b StPO zutage. Die Vorschrift soll den »Gedanken eines transparenten Verfahrensstils« in die Hauptverhandlung einführen, sich aber nicht auf eine »einvernehmliche Verfahrenserledigung« richten.[141] Hierbei kann es allerdings unweigerlich zu Überschneidungen mit § 257c StPO kommen, da eine Verständigung nicht selten das Ergebnis eines dynamischen Prozesses ist und verfahrensfördernde Gespräche in eine Verständigung münden können. Überzeugend ist es daher, auch die Vorbereitung einer Verständigung (als »Verständigungsvorgespräch«[142]) als Gegenstand der Erörterung nach § 257b StPO zu akzeptieren.[143] Nach dem oben ermittelten Abgrenzungskriterium (s. Rdn. 27) tritt die Bindungswirkung der Erklärungen i.S.d. § 257c StPO jedenfalls dann ein, sobald eine wechselseitige Verknüpfung der Handlungsbeiträge der Beteiligten angestrebt wird.[144]

29 Da die Erörterungen nach §§ 160b, 202a, 212 StPO außerhalb der Hauptverhandlung stattfinden, ist für jedes Verfahrensstadium zu klären, **wer daran beteiligt werden kann.**

Allgemein sind das alle Prozesssubjekte, also alle Personen/Stellen, die durch gestaltende Willenserklärungen Einfluss auf den Prozess nehmen können.[145] Unproblematisch trifft dies zu für den **Beschuldigten/Angeklagten und seinen Verteidiger**, die **StA** und in Steuerstrafsachen die Finanzbehörde.[146] Auch der Nebenkläger ist Verfahrensbeteiligter. Unklar ist nur, ob er diese Rolle erst mit

136 So treffend *Bittmann* ZWH 2016, 261 (262).
137 BGH NStZ 2022, 120 (121).
138 BGHSt 59, 21 (25 f.); BVerfG NStZ 2016, 422 (424); zust. *Bittmann* NStZ 2016, 425 (426); *ders.* ZWH 2016, 262 f.; ebenso BGH NStZ 2022, 120 (121).
139 Vgl. BVerfG NStZ 2016, 422 (423, 424).
140 BVerfG NStZ 2016, 422 (424); BGH NStZ 2017, 52 (53); BGH NStZ 2017, 658 (660); BGH NStZ 2019, 484 (485); BGH NStZ-RR 2019, 318 (319); BGH NStZ 2020, 237 (238); ähnl. bereits BGH NStZ 2015, 535 (537); BGH NStZ 2015, 657 (658); HansOLG NStZ 2015, 661 (662); LR/*Stuckenberg* StPO § 257c Rn. 43; Niemöller/Schlothauer/Weider/*Niemöller* Teil B § 257c Rn. 7 f., 85 ff.; *Schneider* NStZ 2015, 53 (54); *Moldenhauer/Wenske* JA 2019, 698 (699).
141 BT-Drs. 16/12310, S. 12 f.; vgl. auch BGH NStZ 2015, 535 (536) m. Anm. *Kudlich* StV 2016, 89.
142 *Bittmann* ZWH 2015, 249 (251), Hervorhebung im Original.
143 *Altenhain/Haimerl* JZ 2010, 327 (334); Meyer-Goßner/*Schmitt* § 257b Rn. 2; vgl. auch *Jahn/Müller* NJW 2009, 2625 (2627); SK-StPO/*Velten* § 257b Rn. 1 ff.; wohl auch BGH StV 2014, 657 (658).
144 Ebenso MüKo-StPO/*Kudlich* § 257b Rn. 10.
145 Meyer-Goßner/Schmitt/*Köhler* § 160b Rn. 2.
146 BT-Drs. 16/12310, S. 11; *Jahn/Müller* NJW 2009, 2625 (2627); ausf. zur Verständigung in Steuerstrafverfahren *Roth* Stbg 2017, 124 ff.

Erhebung der öffentlichen Klage erhält (vgl. § 396 Abs. 1 S. 2 StPO), sodass er im Ermittlungsverfahren noch kein Beteiligter wäre[147], oder bereits durch seine Anschlusserklärung.[148]

Keine Verfahrensbeteiligten sind hingegen Sachverständige und Zeugen, die Gerichts- und Bewährungshilfe und nicht nebenklageberechtigte Verletzte.[149]

Bei Erörterungen im Zwischen- und Hauptverfahren ist zudem das **Gericht** Beteiligter. Die **Beset-** 30
zung des Gerichtes i.S.v. §§ 202a, 212 StPO folgt den allgemeinen Regeln (§§ 30 Abs. 1, 77 Abs. 1 GVG). Umstritten ist allerdings, wann bei einer Strafkammer von einer Erörterung »des Gerichts« gesprochen werden kann. Der *1. Strafsenat* des BGH hat hierzu in einem obiter dictum festgestellt, dass Sondierungsgespräche des Vorsitzenden nur mitteilungspflichtig sind, sofern diesen ein ausdrücklicher Auftrag des Gerichts zugrunde liegt.[150] Dem ist der *3. Strafsenat* des BGH – entscheidungstragend – nicht gefolgt.[151] Insofern können die in der Praxis üblichen telefonischen Unterredungen zwischen dem Vorsitzenden und dem Strafverteidiger bereits eine Mitteilungsverpflichtung auslösen, ohne dass der Verteidiger die Autorisierung des Gesprächsinhalts durch die übrigen Kammermitglieder prüfen muss.[152] Jedenfalls sind Gespräche, die ohne Beteiligung des Gerichts lediglich zwischen der StA und einzelnen Verteidigern geführt worden sind, keine Erörterungen i.S.v. §§ 202a, 212 StPO.[153]

Das Gericht muss nicht zwingend in voller Besetzung teilnehmen.[154] **Schöffen** können demnach 31
von Erörterungen außerhalb der Hauptverhandlung grds. ausgeschlossen sein.[155] Bei Erörterungen nach § 202a StPO (im Zwischenverfahren) wirken Schöffen daher eindeutig nicht mit, bei § 212 StPO (im Hauptverfahren) hingegen ist dieses Frage umstritten und hängt im Wesentlichen davon ab, was man unter »Hauptverhandlung« i.S.v. § 30 Abs. 2 GVG versteht.[156] Für eine Beteiligung der Schöffen wird angeführt, dass anderenfalls ein zumindest faktischer Ausschluss der Schöffen drohe, weil nicht davon auszugehen sei, dass diese sich einer zwischen Verteidigung, StA und den Berufsrichtern ausgehandelten Vereinbarung widersetzten.[157] Die vorab vereinbarten Verständigungsinhalte erhalten jedoch im weiteren Prozessverlauf nur dann verbindliche Geltung, wenn die Verständigung in der Hauptverhandlung und nach der Mitteilung über den Erörterungsinhalt (§ 243 Abs. 4 StPO) gem. § 257c StPO getroffen und nach § 273 Abs. 1a S. 1 StPO protokolliert wird.[158] Da die Schöffen in diesem Stadium in jedem Fall beteiligt sind und die Verständigung nach § 263 Abs. 1 StPO mit einer 2/3-Mehrheit beschlossen wird, besteht keine Gefahr, dass sie bei der Entscheidung über eine Verständigung vollkommen übergangen werden. Ihre Beteiligung im Rahmen von Erörterungen nach § 212 StPO erscheint daher nicht zwingend.[159]

---

147 Niemöller/Schlothauer/Weider/*Schlothauer* Teil B § 160b Rn. 14.
148 *Jahn/Müller* NJW 2009, 2625 (2627); BeckOK-StPO/*Sackreuther* § 160b Rn. 7.
149 Meyer-Goßner/Schmitt/*Köhler* § 160b Rn. 4; Niemöller/Schlothauer/Weider/*Schlothauer* Teil B § 160b Rn. 13 f., der zudem auf die sinnvolle Beteiligungsmöglichkeit des Verletzten in Fällen des Täter-Opfer-Ausgleichs hinweist.
150 BGH NStZ 2011, 592 (593); ebenso OLG Celle NStZ 2014, 290 (292); krit. dazu *Schlothauer* StV 2011, 205 f.; *Knauer/Lickleder* NStZ 2012, 366 (370).
151 BGH NStZ 2017, 52 (53) m. zust. Anm. *Claus*; vorher bereits krit. BGH NStZ-RR 2012, 148; BGH NStZ 2016, 221 (222).
152 *Claus* NStZ 2017, 54 f.; so schon *Knauer/Lickleder* NStZ 2012, 366 (370).
153 BGH NStZ 2015, 232; BGH NStZ-RR 2015, 379 (380).
154 BGH StV 2011, 202 (203).
155 BT-Drs. 16/12310, S. 12.
156 Zum Ganzen s. SSW-StPO/*Güntge* § 30 GVG Rn. 3.
157 *Fischer* StraFo 2009, 177 (183); abl. i.E. auch *Altenhain/Haimerl* JZ 2010, 327 (334).
158 Meyer-Goßner/*Schmitt* § 202a Rn. 4; s. dazu Rdn. 37 ff. sowie Rdn. 44 ff.
159 So i.E. auch Niemöller/Schlothauer/Weider/*Schlothauer* Teil B § 212 Rn. 7; *Jahn/Müller* NJW 2009, 2625 (2627).

Bei Erörterungen in der Hauptverhandlung nach § 257b StPO sind die Schöffen selbstredend beteiligt. Eine Pflicht, alle möglichen Beteiligten immer einzubeziehen, existiert jedoch nicht. Sie sind aus Gründen der Verfahrensfairness dann aber über die Ergebnisse zu unterrichten.[160] Im Unterlassensfall ist an Befangenheit des Richters zu denken (s.u. Rdn. 63 ff.).

IV. Anforderungen an ein Geständnis

32 Nach § 257c Abs. 2 S. 2 **soll** ein Geständnis Bestandteil jeder Verständigung sein. Damit ist ein Geständnis regelmäßige, aber doch **keine zwingende Voraussetzung** für das Zustandekommen einer Verständigung. Die Regelung wird zwar z.T. kritisiert,[161] der Gesetzeswortlaut ist aber insoweit eindeutig. Damit kann der Beschuldigte auch andere Leistungen erbringen. Als sonstige Gegenleistungen kommen dann etwa in Betracht: Zustimmung zu Einstellungen nach §§ 153 f. StPO, Verzicht auf Zeugenbefragung, Zustimmung zur Ersetzung von Zeugenvernehmungen durch die Vernehmung von Verhörspersonen, Zustimmung zur Verlesung von Vernehmungsniederschriften, Verzicht/Rücknahme von Prozessanträgen, Aufklärungshilfe, Schadenswiedergutmachung, Täter-Opfer-Ausgleich.[162] In der Berufung kann die Beschränkung auf den Rechtsfolgenausspruch zugesagt werden (s.o. Rdn. 18). Geeignet ist grds. alles, was zur Prozessökonomie, der Verfahrensbeschleunigung und zur Arbeitserleichterung für das Gericht beiträgt.

Klar ist aber, dass diese Gegenleistungen kaum an die Bedeutung eines Geständnisses heranreichen und das Geständnis daher **im Regelfall** weiterhin Kernpunkt der Verständigung ist.[163]

33 Schwierigkeiten bereitet die Frage, welche Voraussetzungen das Geständnis im Rahmen einer Verständigung erfüllen muss. § 257c enthält dazu keine Aussage. Allerdings bringt der Verweis des § 257c Abs. 1 S. 2 StPO auf § 244 Abs. 2 StPO klar zum Ausdruck, dass die Grundsätze der gerichtlichen Amtsaufklärungspflicht und der richterlichen Überzeugungsbildung unangetastet bleiben sollen. Daraus folgt – so einhellig die Rspr. –[164], dass das Gericht – die verfassungsrechtlichen Mindestanforderungen an die materielle Wahrheitsfindung beachtend (vgl. Fair-Trial-Grundsatzes, Art. 2 Abs. 1 i.V.m. Art. 20 Abs. 3 GG) –[165] auch das verständigungsbasierte Geständnis zwingend einer kritischen Prüfung auf Plausibilität, innere Stimmigkeit und Tragfähigkeit hin zu unterziehen hat. Ob das Geständnis die getroffenen Feststellungen trägt, ist durch Beweiserhebung in der Hauptverhandlung (inkl. Vorhalte und Selbstleseverfahren) und durch einen Abgleich mit sonstigen Beweisergebnissen herbeizuführen, auch wenn hierdurch die Beschleunigungswirkung von Verständigungen beeinträchtigt wird.[166] Dabei dürfen allerdings keine strengeren Anforderungen gestellt werden als die nach herkömmlichem Verfahren an ein Geständnis gestellten.[167]

---

160 BeckOK-StPO/*Sackreuther* § 160b Rn. 5.

161 S. dazu v.a. Meyer-Goßner/*Schmitt* § 257c Rn. 16.

162 AnwK-StPO/*Püschel* § 257c Rn. 17; *Schlothauer/Weider* StV 2009, 600 (602); Radtke/Hohmann/*Ambos/Ziehn* § 257c Rn. 25.

163 BeckOK-StPO/*Eschelbach* § 257c Rn. 20; Meyer-Goßner/*Schmitt* § 257c Rn. 16.

164 BVerfGE 133, 168 (208 f.); BVerfG, Beschl. v. 20.12.2023 – 2 BvR 2103/20, Rn. 65 (= BeckRS 2023, 41646); BGH StV 2013, 703 f.; BGH StraFo 2014, 335 (336); BGH NStZ-RR 2016, 147; BGH NStZ 2016, 489; BGH NStZ 2017, 173 (174); s. auch OLG Celle NStZ-RR 2011, 252; OLG Naumburg, Beschl. v. 20.02.2015 – 1 Rv 4/15, zu II. 1. lit. b (unveröffentlicht); OLG Oldenburg, Beschl. v. 28.06.2017 – 1 Ss 123/17, Rn. 15 (= BeckRS 2017, 147667); BayObLG Beschl. v. 05.06.2023 – 206 StRR 76/23, Rn. 18 (= BeckRS 2023, 12556); ähnl. bereits die Rspr. vor Inkrafttreten des Verständigungsgesetzes BGHSt 50, 40 (49); BGHSt 43, 195 (204); BGH StV 2003, 265 unter Verweis auf BGH NStZ 1999, 92; BGH NStZ-RR 2006, 187; BGH NStZ 2009, 467.

165 BVerfG, Beschl. v. 20.12.2023 – 2 BvR 2103/20, Rn. 41 ff. (= BeckRS 2023, 41646).

166 BVerfGE 133, 168 (208 f.); ähnl. BGH NStZ 2017, 173 (174).

167 BVerfGE 133, 168 (209); BGH NStZ 2014, 459 (460); BGH NStZ 2013, 727; BGH NStZ 2017, 173 (174).

Konkret bedeutet dies, dass einerseits ein bloßes inhaltsleeres Formalgeständnis oder die schlichte Erklärung, der Anklage nicht entgegenzutreten, kein Geständnis in diesem Sinn sein können. Andererseits sollten die Gerichte die Möglichkeit haben, den Besonderheiten des Einzelfalls Rechnung tragen zu können. Insofern dürfen keine allgemeinen und generalisierten Anforderungen an den Qualifikationsgrad des Geständnisses gestellt werden.[168] Da der bloße Abgleich mit der Aktenlage aber niemals eine hinreichende Grundlage für die erforderliche Überzeugungsbildung darstellen und hierdurch der Ermöglichung einer wirksamen Kontrolle verständigungsbasierter Urteile gerade nicht Rechnung getragen werden kann,[169] lässt sich daraus folgern, dass **in aller Regel ein hinreichend qualifiziertes Geständnis unabdingbar** ist.[170] Das den Anforderungen des § 257c Abs. 2 S. 2 StPO genügende Geständnis muss demnach **glaubhaft, substantiiert und widerspruchsfrei** sein.[171] Unzureichend wird daher oftmals ein prozessuales Anerkenntnis im Sinne eines »Ja! Ich war es«, das reine Nichtbestreiten sowie das bloße Einräumen des Tatvorwurfes ohne weitere Erklärung (sog. »schlanken Geständnis«) sein,[172] wenngleich bei einfach gelagerten Fällen und einer hinreichenden Überprüfung der Einlassung u.U. auch ein solches »schlankes Geständnis« den Anforderungen genügen kann.[173]

Auch die vor Erlass des Verständigungsgesetzes herausgebildete Rspr. zur **Behandlung eines Geständnisses bei mehreren Angeklagten** hat weiter Bestand: Soweit aufgrund des abgesprochenen Geständnisses eines Mitangeklagten auch weitere (nicht geständige) Mitangeklagte verurteilt werden sollen, darf eine ordnungsgemäße Sachverhaltsaufklärung keinesfalls unterbleiben.[174] Stützt sich die verständigungsbasierte Verurteilung maßgeblich auf die Aussage eines geständigen Mitangeklagten, hat der Tatrichter die von der Absprache möglicherweise ausgehende Gefahr der Falschbelastung des ehemaligen Mittäters in seine Beweiswürdigung mit einzubeziehen.[175] In jedem Fall muss die Glaubhaftigkeitsprüfung des Geständnisses in einer für das Revisionsgericht nachprüfbaren Art und Weise erfolgen, sodass insb. das Zustandekommen und der Inhalt der Verständigung in den Urteilsgründen wiederzugeben sind.[176] Dasselbe gilt im Übrigen auch dann, wenn die Verurteilung eines Angeklagten auf Angaben eines Belastungszeugen beruht, die seinem in der gegen ihn geführten Hauptverhandlung aufgrund einer Verständigung abgegebenen Geständnis entsprechen.[177] 34

Im Rahmen einer Verständigung muss jedoch nicht zwingend zwischen einem den Anforderungen genügenden und einem gerade nicht mehr ausreichenden Geständnis unterschieden werden. Da ein Geständnis keine zwingende Voraussetzung für eine Verständigung ist, kann das Gericht trotz Geständnisses – insb. unabhängig von seiner Qualität – eine (ergänzende) Beweiserhebung für erfor- 35

---

168 BVerfGE 133, 168 (209); ebenso auch BGH NStZ 2014, 459 (460); in diese Richtung auch *Moldenhauer/Wenske* JA 2019, 698 (703).

169 BVerfGE 133, 168 (209 f.); ebenso BGH NStZ 2017, 173 (174).

170 Ähnl. etwa SSW-StPO/*Ignor/Wegner* § 257c Rn. 53; BeckOK-StPO/*Eschelbach* § 257c Rn. 21 f.; *Hauer* Die gescheiterte Urteilsabsprache, S. 39 f.; *Kölbel/Selter* JR 2009, 447 (449); Radtke/Hohmann/*Ambos/Ziehn* § 257c Rn 25; *Ruhs* Rechtsbehelfe bei Verständigungen, S. 68; a.A. *Jahn/Müller* NJW 2009, 2625 (2628 f.); zu (»kulturbedingt«) atypischen Konstellationen s. etwa *Schlothauer/Weider* StV 2009, 600 (603); anders *Moldenhauer/Wenske* JA 2019, 698 (703).

171 BeckOK-StPO/*Eschelbach* § 257c Rn. 21; Meyer-Goßner/*Schmitt* § 257c Rn. 17 f.; Radtke/Hohmann/*Ambos/Ziehn* § 257c Rn. 25; teilw. wird noch hinzugefügt, dass es nach Überprüfung anhand der Akten mit dem Ermittlungsergebnis übereinstimmen müsse (vgl. Meyer-Goßner/*Schmitt* § 257c Rn. 17a; Radtke/Hohmann/*Ambos/Ziehn* § 257c Rn. 25), was jedoch zu weit gehen dürfte.

172 *Jahn/Müller* NJW 2009, 2625 (2629); *Rosenau* FS Puppe, S. 1597 (1616).

173 Vgl. BGH NStZ 2017, 173 (174).

174 BGH NStZ 2008, 54.

175 BGH NStZ 2014, 287.

176 BGHSt 48, 161 (167 f.); BGH, Beschl. v. 29.01.2020 – 1 StR 471/19, Rn. 5 (= BeckRS 2020, 4001); insofern gelten erhöhte Anforderungen an die Sorgfältigkeit und Vollständigkeit der vorzunehmenden Gesamtwürdigung, vgl. BGH NStZ-RR 2020, 90 f.

177 BGH NStZ 2008, 173 (174).

derlich halten. Dies muss jedenfalls für solche Feststellungen gelten, die im Rahmen eines Geständnisses nicht bewiesen werden können (z.B. Irrtum eines Geschädigten beim Betrug).[178]

V. Mitteilungs-, Belehrungs- und Dokumentationspflichten

36 Das Verständigungsgesetz hat eine Vielzahl von Informations- und Transparenzvorschriften geschaffen. Die Erörterungen vor der Hauptverhandlung gem. §§ 202a, 212 StPO sowie die von der StA vorgenommenen Gespräche gem. § 160b StPO sind mit ihrem wesentlichen Inhalt aktenkundig zu machen. Die Verfahrensbeteiligten erhalten dadurch die Möglichkeit, sich über den Stand der Erörterungen zu informieren, selbst wenn sie an einem Gespräch nicht unmittelbar beteiligt waren (dazu s.o. Rdn. 25 ff.). Dadurch können Missverständnisse verhindert und die verfassungsrechtlichen Risiken einer urteilsbasierten Verständigung gemindert werden.[179] Die Transparenzvorschriften dienen insgesamt dem Schutz »vor einem im Geheimen sich vollziehenden »Schulterschluss« zwischen Gericht, Staatsanwaltschaft und Verteidigung«[180] durch intransparente und unkontrollierbare Deals und stellen damit mehr als bloße Ordnungsvorschriften dar.

1. Mitteilungspflichten

a) Mitteilungspflichten gem. § 243 Abs. 4 StPO

37 Den Vorsitzenden[181] trifft in der Hauptverhandlung die Pflicht, mitzuteilen, ob im Vorfeld (außerhalb)[182] der Hauptverhandlung Erörterungen gem. §§ 202a, 212 StPO[183] mit dem Ziel einer Verständigung nach § 257c StPO stattgefunden haben; bejahendenfalls umfasst die Mitteilungspflicht deren wesentlichen Inhalt, § 243 Abs. 4 S. 1 StPO. Die Mitteilung hat – ausweislich des systematischen Standortes der Vorschrift – in der Zeit zwischen Verlesung des Anklagesatzes (vgl. § 243 Abs. 3 StPO) und der Belehrung über die Aussagefreiheit (vgl. § 243 Abs. 5 StPO) zu erfolgen.[184] Der Umstand und der Inhalt des Verständigungsgesprächs sind auch dann mitzuteilen, wenn die Bemühungen erfolglos geblieben sind.[185] Sie entfällt nach Ansicht des BGH insb. auch nicht bei einem Richter- oder Spruchkörperwechsel.[186] Bei einem Spruchkörperwechsel nach Verfahrensübernahme- und Verbindung ist die Rechtslage ungleich diffiziler.[187]

Wenn das Gericht die Hauptverhandlung aussetzt, ist gem. § 243 Abs. 4 S. 1 StPO zu Beginn der neuen Hauptverhandlung der wesentliche Inhalt der im ausgesetzten Verfahren geführten Verständigungsgespräche mitzuteilen.[188] Dabei ist auch anzugeben, dass und warum die Verständigung im ausgesetzten Verfahren nicht zum Tragen gekommen ist.[189] Nicht nur der Angeklagte, sondern auch

---

178 BGH NStZ 2014, 644 (645).

179 Niemöller/Schlothauer/Weider/*Schlothauer* Teil B § 202a Rn. 19 f.

180 BVerfG NStZ 2015, 170 (171); BVerfG NStZ 2015, 172 (173).

181 Eine Mitteilung durch einen Verteidiger genügt nicht, BGHSt 59, 252 (259); BGH StV 2019, 377; anders KG, Beschl. v. 25.04.2019 – (3) 161 Ss 42/19 (27/19), Rn. 32 (= BeckRS 2019, 12045).

182 Vgl. BGH, Beschl. v. 08.10.2014 – 1 StR 352/14 (= HRRS 2014 Nr. 1086); BGH NStZ 2017, 299.

183 Erörterungen im Ermittlungsverfahren gem. § 160b StPO sind ausweislich des Wortlautes nicht mitteilungspflichtig, vgl. BGH NJW 2015, 1260; BGH NStZ 2015, 232.

184 BGH NStZ-RR 2015, 379; BGH NStZ 2016, 357 (361).

185 BGH NStZ 2022, 246 (247); BGH StV 2022, 778; BGH StV 2023, 155.

186 BGH NStZ 2016, 221 (222) (Richterwechsel); BGH, Beschl. v. 23.09.2015 – 4 StR 54/15 (= HRRS 2015 Nr. 1172); BGH, Beschl. v. 08.02.2023 – 6 StR 284/22, Rn. 12 (= BeckRS 2023, 2195) (Wechsel des Spruchkörpers); anders zur Mitteilungspflicht beim Wechsel eines Spruchkörpers HansOLG NStZ 2016, 182 f.; OLG Saarbrücken, Beschl. v. 25.05.2016 – Ss 29/2016 (22/16) (= BeckRS 2016, 12266).

187 Gegen eine Mitteilungspflicht wohl KG, Beschl. v. 25.04.2019 – (3) 161 Ss 42/19 (27/19), Rn. 17 ff. (= BeckRS 2019, 12045); anders OLG Jena, Beschl. v. 06.12.2018 – 1 OLG 121 Ss 70/18, Rn. 45 (= BeckRS 2018, 42956).

188 BGH NStZ 2019, 483 (484); so auch BGH NStZ 2023, 633 (634).

189 BGH NStZ 2015, 535 (536); BGH NStZ 2019, 483 (484); BGH, Urt. v. 23.06.2020 – 5 StR 115/20, Rn. 9 (= BeckRS 2020, 17780); BGH NStZ 2022, 371.

die Schöffen und die Öffentlichkeit haben im Fall einer erneut begonnenen Hauptverhandlung ein berechtigtes Interesse, über etwa vorangegangene Verständigungsgespräche bzw. über eine zuvor zustande gekommene Verständigung informiert zu werden.[190]

Auch im weiteren Verlauf der Hauptverhandlung besteht eine Mitteilungspflicht, soweit sich Änderungen gegenüber der Mitteilung zu Beginn der Hauptverhandlung ergeben haben, **§ 243 Abs. 4 S. 2 StPO.**[191] Damit führt jede verständigungsbezogene Erörterung, die von einer zu Beginn der Hauptverhandlung abgegebenen Mitteilung abweicht, zum Auslösen der Mitteilungspflicht.[192] Die Mitteilung hat unverzüglich zu erfolgen.[193]

Ein **Verständigungsbezug** ist immer dann gegeben, wenn ausdrücklich oder konkludent die Möglichkeit einer Verständigung im Raum steht. Dies wird regelmäßig dann der Fall sein, wenn bei Gesprächen die Frage des prozessualen Verhaltens **in einen Konnex zum Verfahrensergebnis** gebracht wird[194] und damit die Frage nach einer Straferwartung naheliegt.[195] Hiervon sind solche Gespräche abzugrenzen, die sonstige verfahrensfördernde Maßnahmen zum Gegenstand haben, die nicht auf eine einvernehmliche Verfahrenserledigung abzielen,[196] sondern mit denen lediglich ein Gedankenaustausch über die vorläufige Einschätzung der Sach-, Beweis- oder Rechtslage erstrebt wird (vgl. § 257b StPO, dazu s.o. Rdn. 25 ff.).[197] Es genügt indes, wenn die Erörterungen von den Verfahrensbeteiligten als Vorbereitung einer Verständigung verstanden werden können; im Zweifel wird über das Gespräch zu berichten sein.[198] 38

Ob bereits der Austausch über die Beweislage und Aspekte der Beweiswürdigung die Mitteilungspflicht auslöst, ist innerhalb der Strafsenate des BGH umstritten.[199] Der verständigungskritische *2. Strafsenat* des BGH geht dabei so weit, dass bereits dann ein Verständigungsbezug gegeben sei, wenn sich der Vorsitzende mit der Frage an den Verteidiger richtet, ob ein Geständnis des Angeklagten zu erwarten sei.[200] Demgegenüber sieht der *3. Strafsenat* des BGH einen Konnex zum Verfahrensergebnis erst dann als gegeben an, wenn der Vorsitzende die Frage nach der Geständnisbereitschaft mit der Nennung einer Strafobergrenze verknüpft.[201] Der bloße Hinweis auf die strafmildernde Wirkung eines Geständnisses soll nach dem *1. Strafsenat* und *6. Strafsenat* des BGH jedenfalls nicht genügen, eine Mitteilungspflicht auszulösen.[202]

---

190 BGH NStZ 2022, 371.

191 Zu einer möglichen »Zäsur« im Falle einer Rückgabe der Anklageschrift zur »Nachbesserung« vgl. (abl.) BGH NStZ 2014, 217 (218).

192 BGH NJW 2014, 3385 (3386); BGH NStZ 2015, 294; BGH NStZ 2016, 362; so auch *Bittmann* ZWH 2016, 261 (266).

193 BGH NStZ 2015, 353; BGH NStZ 2018, 419 (420); BGH NStZ 2022, 761; BGH, Beschl. v. 08.02.2023 – 6 StR 284/22, Rn. 10 (= BeckRS 2023, 2195): »umgehende Mitteilung«.

194 BVerfGE 133, 168 (216); BGH NStZ 2014, 217 f.; OLG Saarbrücken NStZ 2017, 182; BGH NStZ 2018, 49 f.; BGH NStZ 2019, 484 (484); BGH NStZ 2019, 684 (685); BGH NStZ 2020, 237 (238); BGH NStZ 2022, 54 (55); BayObLG NStZ 2022, 127.

195 BGH NStZ 2022, 120; BGH NStZ 2022, 54 (55); BGH NStZ 2022, 246 (247).

196 BGH NStZ 2020, 237 (238).

197 BGH NStZ 2019, 684 (685) m. Anm. *Bittmann.*

198 BGH NStZ 2022, 54 (55).

199 Der *5. Strafsenat* des BGH verneint dabei den Verständigungsbezug, s. BGH, Beschl. v. 05.08.2015 – 5 StR 255/15, Rn. 4 (= HRRS 2015 Nr. 881) m. Anm. *Bittmann* ZWH 2015, 370; anders der *2. Strafsenat* des BGH, s. BGH NStZ 2016, 688 (689 f.) m. abl. Anm. *Bittmann* NStZ-RR 2016, 348 (349); *ders.* ZWH 2016, 261 (262 f.).

200 BGH StV 2016, 94 (95).

201 BGH NStZ 2016, 221 (222).

202 BGH NStZ 2022, 54 (55); BGH NStZ 2023, 638 (639); ebenso OLG Zweibrücken NStZ 2021, 253 (255): bloße Erörterung des Verfahrensstandes nach § 257b StPO; krit. zum OLG Zweibrücken *Bittmann* ZWH 2021, 265 (268).

Ein Konnex zum Verfahrensergebnis ist im Zusammenhang mit § 154 Abs. 2 StPO noch nicht hergestellt, indem die Verfahrensbeteiligten Gespräche führen, die allein auf die Möglichkeit einer Teileinstellung gerichtet sind.[203]

Werden hingegen die Möglichkeiten der Aufhebung eines Haftbefehls oder eine Verfahrensbeschränkung gemäß § 154 Abs. 2 StPO für den Fall der Ablegung eines Geständnisses im Vorfeld der Hauptverhandlung erörtert, liegt eine verständigungsbezogene Unterredung vor, die eine Mitteilungspflicht auslöst.[204]

Der richterliche Hinweis darauf, dass der im Rahmen der Eröffnungsentscheidung beschlossenen Besetzungsreduktion i.S.d. § 76 Abs. 2 S. 3 Nr. 2 GVG zu entnehmen sei, die Kammer sehe nach Aktenlage die materiellen Voraussetzungen der Sicherungsverwahrung als nicht gegeben an, stellt dabei keine Erörterung über eine Verständigung dar, die eine Mitteilungspflicht auszulösen geeignet ist.[205] Ebenso wenig lösen Gespräche, die vor der Hauptverhandlung ohne Beteiligung des später erkennenden Gerichts stattfinden, eine Mitteilungspflicht aus.[206]

Ob ein (Mit-) Angeklagter in eigenen Rechten verletzt ist, wenn bei einer verständigungsbezogenen Erörterung mit nur einem von mehreren Angeklagten, der andere eine nur unzureichende Mitteilung darüber bekommt, ist zwischen den Strafsenaten des BGH umstritten.[207]

Werden Erörterungen gem. § 202a StPO geführt, die Anklageschrift allerdings daraufhin förmlich zurückgenommen und wird in der Folge erneut unter Erweiterung des Tatvorwurfs Anklage erhoben, wird die Mitteilungspflicht gem. § 243 Abs. 4 S. 1 StPO nicht ausgelöst.[208]

39 Wenn überhaupt keine Erörterungen stattfanden, die auf eine Verständigung (formell und informell) ausgerichtet waren oder nur Unterredungen, die dem Regelungskonzept des Verständigungsgesetzes vorgelagert sind und von ihm nicht betroffen werden, ist auch dies vom Gericht mitzuteilen (sog. »**Negativmitteilung**«).[209] § 243 Abs. 4 StPO hat nämlich zum Ziel, bereits die Phase vor der Hauptverhandlung möglichst transparent zu gestalten und den Grundsatz der Öffentlichkeit der Hauptverhandlung (§ 169 GVG) zu gewährleisten. Durch die Negativmitteilungspflicht werden somit umfassend auch diejenigen Fälle transparent, in denen überhaupt keine relevanten Gespräche geführt wurden, sodass der Vorsitzende insoweit stets »Farbe bekennen« muss.[210]

40 Zum **wesentlichen** mitteilungspflichtigen **Inhalt** der Gespräche zählt nach Auffassung des BGH, von welcher Seite die Frage einer etwaigen Verständigung in Gesprächen aufgeworfen wurde,[211] welche Standpunkte von den Teilnehmern vertreten wurden und ob sie bei anderen Gesprächsteilnehmern

203 BGH NStZ 2018, 49 (50) m. Anm. *Bittmann*; BGH NStZ 2018, 487 m. Anm. *Bittmann*; BGH, Beschl. v. 19.07.2017 – 4 StR 536/16, Rn. 3 (= HRRS 2017 Nr. 944).

204 BGH NStZ 2021, 61 (62).

205 BGH NStZ 2016, 221 (226).

206 BGH, Urt. v. 15.05.2018 – 1 StR 651/17, Rn. 26 (= HRRS 2018 Nr. 689).

207 Dafür: *2. Strafsenat* des BGH, vgl. BGH StV 2016, 94; BGH NStZ 2016, 688 (689); dagegen: *1. Strafsenat* des BGH, vgl. BGH NStZ 2015, 657 (658); BGH NStZ 2016, 357 (360).

208 BGH NStZ 2014, 600 (601).

209 Vgl. BVerfG NJW 2014, 3504; BVerfG NStZ 2014, 592. Der Vorwurf des BVerfG, der BGH (BGH, Beschl. v. 22.08.2013 – 5 StR 310/13 [= HRRS 2013 Nr. 900]; BGH NStZ 2014, 32) verstoße »in unvertretbarer und damit objektiv willkürlicher Weise gegen den eindeutigen objektivierten Willen des Gesetzgebers« (BVerfG NJW 2014, 3504; BVerfG NStZ 2014, 592 [593]), ist jedenfalls fragwürdig, vgl. *Satzger* Jura 2015, 222; *Klotz* StV 2015, 1 (3).

210 So bereits schon Niemöller/Schlothauer/Weider/*Schlothauer* Teil B § 243 Rn. 7; SSW-StPO/*Beulke* Einl. Rn. 246; LR/*Becker* § 243 Rn. 52c; *Mosbacher* NZWiSt 2013, 201 (206).

211 S. BVerfGE 133, 168 (217); BVerfG NJW 2020, 2461 (2463); BVerfG, Beschl. v. 08.11.2023 – 2 BvR 294/22, Rn. 54 (= BeckRS 2023, 41749); ebenso der *2. Strafsenat* (vgl. BGH NStZ 2016, 228 [229]) und *3. Strafsenat* des BGH (vgl. BGH NStZ 2017, 363 [364]; BGH NStZ 2017, 596 [597]; BGH NStZ-RR 2020, 87); nun auch der *1. Strafsenat* des BGH (vgl. BGH NZWiSt 2017, 68 [72]; BGH NStZ 2018, 363 [364]).

auf Zustimmung oder Ablehnung stieß.[212] Dabei darf sich die Mitteilung nicht darauf beschränken, das Ergebnis der Erörterungen mitzuteilen, sondern es muss auch über den dahin führenden Entscheidungsprozess informiert werden.[213] Von wem die Initiative zu dem konkreten Gespräch ausgegangen ist, in dem dann über die Möglichkeit einer Verständigung gesprochen wurde, ist nicht mitteilungspflichtig.[214] Andererseits sind nach dem *2.*[215] und *5. Strafsenat*[216] des BGH der Verlauf verständigungsbezogener Erörterungen und die jeweils hierzu vertretenen Standpunkte mitteilungspflichtig. Nach dem *2. Strafsenat* ist auch mitzuteilen, dass sich ein Verfahrensbeteiligter einer inhaltlichen Bewertung enthält.[217]

b) Mitteilungspflicht gem. § 257c Abs. 4 S. 4 StPO

Wenn das Gericht von seinen Zusagen im Rahmen der Verständigung abweichen will – was unter bestimmten Voraussetzungen möglich ist (s.u. Rdn. 49 ff.) – muss auch diese Abweichung in der Hauptverhandlung mitgeteilt werden, **§ 257c Abs. 4 S. 4 StPO.**[218] 41

2. Belehrungspflichten

Nach dem Unterbreiten des Verständigungsvorschlags (§ 257c Abs. 3 S. 1 StPO), d.h. vor der Zustimmung des Angeklagten,[219] muss dieser gem. **§ 257c Abs. 5 StPO** darüber belehrt werden, unter welchen Voraussetzungen und mit welchen Folgen das Gericht von der Verständigung abweichen kann. Das BVerfG misst der in § 257c StPO verankerten Belehrungspflicht die Bedeutung einer »zentralen rechtsstaatliche[n] Sicherung des Grundsatzes des fairen Verfahrens und der Selbstbelastungsfreiheit«[220] bei. Der Angeklagte soll sich der nur eingeschränkten Bindungswirkung der Verständigung für das Gericht bewusst werden und autonom darüber entscheiden können, ob er den Schutz der Selbstbelastungsfreiheit aufgibt und sich auf eine Verständigung einlässt. Dazu ist erforderlich, dass der Angeklagte vollumfänglich über die Mitwirkung an der Verständigung und den damit verbundenen Risiken aufgeklärt wurde.[221] 42

Eine fehlerhafte Belehrung nach § 257 Abs. 5 StPO kann durch eine qualifizierte Belehrung mit dem Inhalt, dass der Angeklagte an seine erklärte Zustimmung nicht gebunden sei und diese folgenlos noch einmal überdenken könne, geheilt werden.[222]

3. Dokumentationspflichten

a) Dokumentation in den Urteilsgründen (§§ 267 Abs. 3 S. 5, Abs. 4 S. 2 StPO)

Eine Verständigung nach § 257c StPO ist auch in den **Urteilsgründen** anzugeben, **§ 267 Abs. 3 S. 5 StPO.** Das Gleiche gilt, wenn die Beteiligten innerhalb der Rechtsmittelfrist keine Rechtsmittel 43

---

212 BGH NStZ 2022, 245; BGH, Beschl. v. 08.02.2023 – 6 StR 284/22, Rn. 8 (= BeckRS 2023, 2195).
213 BGH NStZ 2022, 245; BGH, Beschl. v. 08.02.2023 – 6 StR 284/22, Rn. 8 (= BeckRS 2023, 2195).
214 So der *1. Strafsenat* (vgl. BGH NStZ 2015, 293 f.; BGH NStZ 2015, 416 f.; BGH NZWiSt 2017, 68 [72]) sowie der *5. Strafsenat* des BGH (vgl. BGH ZWH 2015, 367 [368 f.]).
215 Vgl. BGH NStZ 2021, 506; BGH StV 2021, 3; BGH StV 2021, 412; BGH StV 2021, 733.
216 Vgl. BGH NStZ-RR 2018, 355; BGH, Beschl. v. 03.03.2020 – 5 StR 36/20, Rn. 3 (= BeckRS 2020, 3815); BGH, Urt. v. 23.06.2020 – 5 StR 115/20, Rn. 9 (= BeckRS 2020, 17780); ebenso BVerfG NJW 2020, 2461 (2463).
217 Vgl. BGH StV 2021, 3.
218 Zur Revisibilität s. BGH NStZ 2019, 169.
219 BVerfG NJW 2014, 3506 (3507); BGH NStZ-RR 2017, 151; BGH, Beschl. v. 11.05.2016 – 1 StR 71/16 (= HRRS 2016 Nr. 558); BGH, Beschl. v. 06.03.2018 – 5 StR 585/17, Rn. 7 (= HRRS 2018 Nr. 456); BGH, Beschl. v. 09.10.2018 – 1 StR 425/18 (= HRRS 2019 Nr. 168); BGH NStZ-RR 2019, 27 (28); BGH NStZ 2019, 169; BGH NStZ 2023, 56 (BGH 21.9.2022 – 1 StR 479/21).
220 BVerfG NStZ-RR 2013, 315 (316); BVerfG NJW 2014, 3506 (3507).
221 BVerfGE 133, 168 (231); BGH NStZ 2023, 56.
222 BGH, Beschl. v. 30.03.2021 – 2 StR 383/20, Rn. 6 (= HRRS 2021 Nr. 877).

einlegen (**§ 267 Abs. 4 S. 2 StPO**); die Offenlegungspflicht gilt also auch bei zulässigerweise abgekürzten Urteilsgründen. Die Angabe in den Urteilsgründen hat allerdings keine Beweiswirkung. Diese kommt nur dem Protokoll zu.[223] Ausreichend ist grds. der Vermerk, dass eine Verständigung stattgefunden hat,[224] ggf. kann es aber erforderlich sein, Einzelheiten zum Verständigungsinhalt in die Urteilsgründe aufzunehmen, wenn dies für eine umfassende revisionsrechtliche Überprüfung auf Rechtsfehler notwendig ist.[225] Eine Angabe in den Urteilsgründen setzt jedoch voraus, dass eine Verständigung nach § 257c StPO tatsächlich zustande gekommen ist. Informelle und gescheiterte Verständigungen müssen nicht in den Urteilsgründen erwähnt werden, da § 267 Abs. 3 S. 5 StPO nicht entsprechend anwendbar ist.[226] Umstritten ist lediglich, ob bereits erzielte Verständigungen, von denen sich das Gericht wieder lösen möchte, der Erwähnung in den Urteilsgründen bedürfen. Zu Recht wird im Schrifttum vertreten, dass eine Angabe nach § 267 Abs. 3 S. 5 StPO erforderlich ist, damit überprüft werden kann, ob das Beweisverwertungsverbot des § 257c Abs. 4 S. 3 StPO eingreift.[227] Anders sieht dies der BGH, wonach es sich hier um bloße Verfahrensvorgänge handle, die nicht im Urteil zu erörtern seien.[228]

b) Dokumentation im Hauptverhandlungsprotokoll (§ 273 Abs. 1 S. 2, Abs. 1a StPO)

44 Die zentralen Protokollierungsvorschriften enthält **§ 273 Abs. 1 S. 2, Abs. 1a StPO.** Diese dienen der Transparenz. Sie sollen die Risiken einer urteilsbezogenen Verständigung minimieren und eine Kontrolle der Gesetzmäßigkeit der Verständigung durch das Revisionsverfahren ermöglichen.[229] Eine vollumfängliche Kontrolle kann nach dem BVerfG nur gewährleistet werden, wenn das Protokoll Angaben dazu enthält, wer die Anregung zu den Gesprächen gab und welchen Inhalt die einzelnen Diskussionsbeiträge der Verfahrensbeteiligten sowie der Richter hatten; insb. von welchem Sachverhalt sie hierbei ausgingen und welche Ergebnisvorstellungen sie äußerten.[230]

45 **aa)** Zunächst muss eine – in der Hauptverhandlung – erfolgte Erörterung nach § 257b StPO in wesentlichen Grundzügen (Inhalt und Ablauf) protokolliert werden, **§ 273 Abs. 1 S. 2 StPO.**

46 **bb)** Dasselbe gilt gem. **§ 273 Abs. 1a S. 1 StPO** für die Verständigung gem. § 257c StPO, zudem ist das (vollständige) Ergebnis zu protokollieren.[231] Die Protokollierungspflicht umfasst auch die in § 243 Abs. 4 und § 257c Abs. 4 S. 4 StPO vorgeschriebenen Mitteilungen (**§ 273 Abs. 1a S. 2 StPO**); also auch die notwendige (ggf. Negativ-) Mitteilung darüber, ob überhaupt eine Verständigung erwogen wurde (s.o. Rdn. 37 ff.). Den Anforderungen des § 273 Abs. 1a S. 2 StPO genügt es nicht, wenn nur die Tatsache, dass eine Mitteilung gem. § 243 Abs. 4 StPO stattgefunden hat, protokolliert wird.[232] Vielmehr bedarf es einer wortlautgetreuen Wiedergabe des Inhalts der Mitteilung.[233] Aus einer unvollständigen Mitteilung gem. § 243 Abs. 4 S. 2 StPO im Protokoll ergibt sich im Übrigen kein zusätzlicher Rechtsfehler.[234] Eine Pflicht zur Protokollierung des wesentlichen Inhalts in der öffentlichen Hauptverhandlung geführter gescheiterter Verständigungsgespräche schreibt das Gesetz

223 Niemöller/Schlothauer/Weider/*Niemöller* Teil B § 267 Rn. 6, 10.
224 BGH NStZ-RR 2010, 151; BGH NStZ 2011, 170; BGH StV 2011, 76 (78); BGH NStZ 2022, 662.
225 BGH NStZ-RR 2013, 52; eine Darlegung der Standpunkte der an der Verständigung Beteiligten wird (wohl) allerdings nicht verlangt, vgl. BGH, Beschl. v. 01.09.2015 – 1 StR 12/15 (= HRRS 2015 Nr. 916).
226 BGH NStZ 2013, 415 (416).
227 So insb. Meyer-Goßner/*Schmitt* § 267 Rn. 23a; *Ruhs* Rechtsbehelfe bei Verständigungen, S. 78.
228 Vgl. BGH NStZ 2013, 51 (53).
229 BGH NStZ-RR 2010, 151.
230 BVerfGE 133, 168 (215).
231 Ebenso wie die Zustimmungserklärung der Verfahrensbeteiligten, s. BVerfG NStZ 2021, 558 (560).
232 So wohl noch BGHSt 60, 150 (154).
233 BGH StV 2016, 94 (95); zust. *Bittmann* ZWH 2016, 261 (270).
234 BGH NStZ 2018, 363 (364) m. Anm. *Bittmann*; a.A. implizit OLG Brandenburg, Beschl. v. 10.09.2018 – (1) 53 Ss 93/16 (61/18), Rn. 12 (= BeckRS 2018, 31366).

nicht vor, da Gespräche in der Hauptverhandlung ihrem Wesen nach der Kenntnis und Kontrolle aller Verfahrensbeteiligten und der Öffentlichkeit unterliegen.[235]

cc) Auch wenn keine Verständigung stattgefunden hat, muss dies – als sog. »**Negativattest**« – im Protokoll vermerkt werden (**§ 273 Abs. 1a S. 3 StPO**). Der Wortlaut beschränkt sich jedoch nicht auf das »Zustandekommen« einer Verständigung (also den Erfolg), sondern auf das »Stattfinden einer Verständigung« (also die darauf gerichteten Handlungen). Dies legt eine weite Auslegung nahe. Auch beim gänzlichen Fehlen von irgendwelchen auf eine Verständigung gerichteten Gesprächen muss ein Negativattest ins Protokoll aufgenommen werden. Eine derart weite Auslegung des § 273 Abs. 1a S. 3 StPO liegt jedenfalls im Interesse des Angeklagten und dient zweifelsohne auch der Transparenz des Verfahrens.[236] Ein gewisses systematisches Manko kann nicht geleugnet werden, ist aber in der Vorschrift angelegt: Die Bedeutung des Negativattests bezieht sich so auch auf (negative) Vorgänge außerhalb der Hauptverhandlung;[237] Verständigungen können ja auch außerhalb der Hauptverhandlung vorbereitet bzw. getroffen werden. § 273 Abs. 1a S. 3 StPO soll jedoch umfassend heimliche, »verständigungsähnliche« Verhaltensweisen verhindern[238] und hat insoweit abschließenden Charakter. Daher erstreckt sich der Anwendungsbereich der Norm auch auf Urteilsabsprachen, die außerhalb der Hauptverhandlung getroffen wurden. Diese unterliegen ebenfalls der Protokollierungspflicht nach § 273 Abs. 1a StPO.[239] Dies hat dann zur Folge, dass künftig jedes Hauptverhandlungsprotokoll einen (positiven oder negativen) Vermerk zu Verständigungen enthalten muss.[240] Demgegenüber geht der BGH davon aus, dass – wenn überhaupt keine Verständigung zustande kam – das Regelungskonzept des § 257c StPO nicht berührt sei. Daher sei auch kein Negativattest erforderlich.[241] 47

Wie ist aber zu verfahren, wenn das Protokoll widersprüchliche Feststellungen enthält? Die Förmlichkeiten der Verständigung gem. § 273 Abs. 1 und Abs. 1a StPO sind wesentlich i.S.v. § 274 S. 1 StPO, sodass gegen den diese Förmlichkeiten betreffenden Inhalt des Protokolls nur der Nachweis der Fälschung zulässig ist, § 274 S. 2 StPO.[242] 48

Wenn das Protokoll weder einen Vermerk nach § 273 Abs. 1a S. 1 StPO über eine stattgefundene Verständigung enthält, noch ein Negativattest nach § 273 Abs. 1a S. 3 StPO beinhaltet,[243] kommt dem Protokoll positive und negative Beweiskraft zu. Das heißt, die protokollierten wesentlichen Förmlichkeiten gelten – bis zum Nachweis der Fälschung – als geschehen, die nicht beurkundeten als nicht geschehen.[244] Der fehlende Vermerk nach S. 1 entfaltet negative Beweiskraft, eine Urteilsabsprache hätte danach nicht stattgefunden. Die positive **und** negative Beweiskraft gilt aber auch für S. 3. Der fehlende Vermerk, dass **keine** Verständigung stattgefunden hat, entfaltet dann die (negative) Beweiskraft, dass die Beteiligten sich eben doch verständigt hätten. Die **sich widersprechenden Feststellungen** lassen die Beweiskraft des Protokolls insgesamt entfallen.[245] An dieser Stelle entfaltet S. 3 seine eigenständige Wirkung,[246] da die Frage, ob eine Verständigung stattgefunden hat,

235 BGH, Urt. v. 14.06.2023 – 1 StR 304/22, Rn. 19 f. (= BeckRS 2023, 19478).
236 So schon *Brand/Petermann* NJW 2010, 268 (270); ebenso BVerfG, Beschl. v. 09.12.2015 – 2 BvR 1043/15, Rn. 7 (= HRRS 2016 Nr. 97).
237 Enger daher SSW-StPO/*Ignor/Wegner* § 257c Rn. 12 mit Verweis auf die Systemwidrigkeit der Vorschrift (dazu auch Meyer-Goßner/*Schmitt* § 273 Rn. 12c).
238 BT-Drs. 16/12310, S. 15; s. auch BVerfG, Beschl. v. 09.12.2015 – 2 BvR 1043/15, Rn. 7, 9 (= HRRS 2016 Nr. 97).
239 BVerfGE 133, 168 (213); a.A. *Niemöller* StV 2013, 419 (421).
240 So auch Meyer-Goßner/*Schmitt* § 273 Rn. 12c; *Altenhain/Haimerl* StV 2012, 397; *Brand/Petermann* NJW 2010, 268; anders *Bittmann* wistra 2009, 413; *Niemöller* StV 2012, 387.
241 BGH NJW 2013, 3045 (3046).
242 Meyer-Goßner/*Schmitt* § 274 Rn. 8; SSW-StPO/*Güntge* § 274 Rn. 5; ausdrücklich zu § 273 Abs. 1a S. 3 StPO s. BGH NStZ-RR 2010, 213.
243 So bei einem Fall, welcher dem OLG Frankfurt NStZ-RR 2010, 213 vorlag.
244 S. (mit weiteren Nennungen) Meyer-Goßner/*Schmitt* § 274 Rn. 13 f.
245 S. BGH NStZ-RR 2019, 318; zum Ganzen Meyer-Goßner/*Schmitt* § 274 Rn. 17 f.
246 Vgl. MüKo-StPO/*Valerius* § 273 Rn. 38.

nunmehr vom Revisionsgericht im Freibeweisverfahren zu klären ist.[247] Der Angeklagte muss dann aber konkret darlegen, »in welchem Verfahrensstadium, in welcher Form und mit welchem Inhalt die von ihm behauptete Verständigung zu Stande gekommen ist.«[248] Zu den damit verbundenen Risiken für die Strafbarkeit des Verteidigers, s.u. Rdn. 101 ff.

Anders verhält es sich, wenn Zweifel über das Zustandekommen einer Verständigung bestehen und das Gericht seiner Protokollierungspflicht nicht hinreichend nachgekommen ist, sodass sich **nicht klären lässt, ob eine Verständigung stattgefunden hat.** Enthält das Protokoll zumindest Anhaltspunkte dafür, dass ein den Regelungsbereich des § 257c StPO berührendes Rechtsgespräch zwischen den Verfahrensbeteiligten geführt wurde, so dürfen Zweifel nicht zulasten des Angeklagten gehen, wenn das Gericht seiner Dokumentationspflicht nicht hinreichend nachgekommen ist.[249]

VI. Bindungswirkung und Beweisverwertungsverbot

1. Bindungswirkung

49 Die Frage, inwieweit Verständigungen im Übrigen Bindungswirkung nach sich ziehen, ist im Grundkonflikt der Verständigung verankert, wonach einerseits die Freiheit des Gerichts bei der Urteilsfindung (§§ 261, 264 StPO) unangetastet bleiben soll[250] und andererseits eine gewisse, zumindest faktische Bindungswirkung eine Grundvoraussetzung der Verständigung darstellt. Könnte das Gericht beliebig von seinen Zusagen abweichen, so würde sich der Angeklagte nicht bemüßigt fühlen, mit ihm zu kooperieren oder gar ein umfassendes Geständnis abzulegen.

50 Das Verständigungsgesetz knüpft an die Rspr. des BGH an, wonach die Bindungswirkung des Gerichts an die Verständigung nur entfällt, wenn sich in der Hauptverhandlung neue schwerwiegende Umstände zulasten des Angeklagten ergeben.[251] § 257c Abs. 4 S. 1 StPO regelt, in welchen Fällen eine Bindung des Gerichts an die Verständigung entfällt. Daraus lässt sich im Umkehrschluss folgern, dass in allen Fällen, die nicht explizit in § 257c Abs. 4 geregelt sind, eine **Bindungswirkung des Verständigungsinhalts für das Gericht** besteht.[252] Das BVerfG spricht insoweit von einer eingeschränkten Bindungswirkung der Verständigung zugunsten der Neutralität des Gerichts und der Schuldangemessenheit der Strafe.[253] Bei der Beurteilung, ob der in Aussicht gestellte Strafrahmen noch tat- und schuldangemessen ist, komme dem Gericht ein weiter Beurteilungsspielraum zu.[254] Dieser sei erst überschritten, wenn die zugesagte Strafober- oder -untergrenze nicht mehr mit den Vorgaben des materiellen Rechts in Einklang zu bringen sei. Dies sei der Fall, wenn die Strafrahmenzusage unter Berücksichtigung von neuen Umständen derartig weit vom Gedanken eines gerechten Schuldausgleichs entfernt sei, dass der Strafrahmen unvertretbar erscheint.[255] Diese gesetzliche Klarstellung ist für die Praxis zunächst begrüßenswert, auch wenn damit eine Unstimmigkeit innerhalb der StPO – § 261 StPO einerseits, Bindungswirkung der Absprache andererseits – festgeschrieben wird. Zu beachten ist allerdings, dass dieser StPO-immanente Konflikt nunmehr insofern reduziert wird, als die **Möglichkeiten des Gerichts, sich von einer Verständigung zu lösen** im Verhältnis zur

---

247 BGH NJW 2011, 321 (322); OLG Frankfurt NStZ-RR 2010, 213 (214); OLG Celle NStZ-RR 2012, 20; OLG Zweibrücken StV 2012, 656; so auch OLG Düsseldorf StV 2011, 80 (82); OLG Hamm NStZ 2017, 725 (726); *Brand/Petermann* NJW 2010, 268 (270); *Jahn* StV 2011, 497 (504); MüKo-StPO/*Valerius* § 273 Rn. 38; vgl. auch BGH NStZ 2011, 473.

248 BGHSt 56, 3 (6).

249 BVerfG StV 2012, 385 m. Anm. *Satzger* JK 3/13, StPO § 257c/4; OLG Zweibrücken StV 2012, 656; a.A. OLG Frankfurt NStZ-RR 2010, 213 (214).

250 Niemöller/Schlothauer/Weider/*Niemöller* Teil B § 257c Rn. 107.

251 BGHSt 50, 40 (51 f.).

252 *Weimar/Mann* StraFo 2010, 12.

253 BVerfGE 133, 168 (204 f.).

254 BGHSt 57, 273 (278 f.).

255 BGH NStZ-RR 2013, 184.

früheren Rspr. ausgeweitet wurden.[256] Der Wegfall der gerichtlichen Bindungswirkung tritt jedoch nicht kraft Gesetzes ein. Erforderlich ist eine gerichtliche Entscheidung, da das Abweichen vom im Verständigungsvorschlag zugesagten Strafrahmen einen Widerruf darstellt. Die gerichtliche Entscheidung über das Abweichen von der Verständigung ist nach § 257c Abs. 4 S. 4 unverzüglich mitzuteilen (s.o. Rdn. 41).[257] Die Möglichkeit des Gerichts, sich von einem nicht mehr angemessenen Strafrahmen zu lösen, geht grds. zulasten des vorleistungspflichtigen Beschuldigten. Einen gewissen Ausgleich bietet das vom Gesetzgeber zum Schutz des Angeklagten eingeführte Beweisverwertungsverbot im Hinblick auf das Geständnis (§ 257c Abs. 4 S. 3 StPO), womit einer Mindestforderung des »fairen Verfahrens« entsprochen wird.[258] Darüber hinaus ist der Angeklagte zwingend über die nur eingeschränkte Bindungswirkung des Gerichts an die getroffene Verständigung zu belehren, § 257c Abs. 5 StPO (s.o. Rdn. 42).

- De lege lata entfällt die rechtliche Bindungswirkung einer Verständigung dann, wenn der in Aussicht gestellte **Strafrahmen nicht mehr tat- oder schuldangemessen** ist (S. 1 a.E.).[259] Dies kann nach S. 1 darauf beruhen, dass **rechtliche oder tatsächliche Umstände übersehen** worden sind oder **sich neu ergeben** haben. Die Lösungsmöglichkeit besteht also auch bei eigenem Verschulden des Gerichts und sogar bei einem Rechtsirrtum.[260] Insb. für den Verteidiger kann sich hier ein Dilemma ergeben, wenn das Gericht wegen ungenügenden Aktenstudiums eine dem Beschuldigten an und für sich »zu günstige« Tatsachengrundlage als Basis für die Verständigung wählt. Auf dieser – auf den ersten Blick erfreulichen – Grundlage birgt das Geständnis des Beschuldigten die Gefahr, dass sich das Gericht danach und aufgrund der neuen Erkenntnisse von der Verständigung lösen möchte und auch kann. Soll hier der Verteidiger bereits zum Zeitpunkt des Vorschlags einer Verständigung das Gericht darauf hinweisen, dass die Tatsachenlage für seinen Mandanten ungünstiger ist? *Jahn/Müller* verweisen zu Recht darauf, dass vorliegend eine »Aufklärung« des Gerichts nur schwer mit der Beistandspflicht des Verteidigers gegenüber seinem Mandanten gem. § 137 Abs. 1 S. 1 StPO zu vereinen ist.[261] 51
- Nach S. 2 entfällt die Bindungswirkung auch dann, wenn das **weitere Prozessverhalten des Angeklagten nicht dem der gerichtlichen Prognose zugrunde gelegten Verhalten entspricht und das Gericht aufgrund dessen zu der Überzeugung gelangt, dass der in Aussicht gestellte Strafrahmen nicht mehr tat- und schuldangemessen ist.**[262] Dies ist vielfach der Fall, wenn der Angeklagte seine zugesagte **und protokollierte** Leistung nicht erbringt und bspw. – entgegen der Abmachung – kein Geständnis oder ein nicht hinreichend »qualifiziertes« (s.o. Rdn. 33) Geständnis ablegt. Der Wortlaut lässt ein Abweichen des Gerichts aber auch bei einem Prozessverhalten zu, das außerhalb des in der Verständigung festgehaltenen liegt. Die bedenkliche Konsequenz dieser unbestimmten Formulierung in S. 2 ist, dass dem Gericht Mittel gegeben werden, um die Verteidigung des Angeklagten zu beeinflussen und zu lenken und ganz erheblichen Druck auf ihn auszuüben.[263] Die Verteidigung ist also gut beraten, penibel auf die vollständige und detaillierte Protokollierung des Verständigungsinhaltes, insb. des vom Gericht erwarteten Prozessverhaltens, zu achten.[264]

---

256 Meyer-Goßner/*Schmitt* § 257c Rn. 26.

257 BGHSt 57, 273 (279).

258 So auch BVerfGE 133, 168 (237).

259 Im umgekehrten Fall, dass sich nachträglich Umstände zugunsten des Angeklagten ergeben, bleibt das Gericht einfach unter der zugesagten Strafobergrenze, vgl. *Rosenau* FS Puppe, S. 1597 (1619).

260 *Altenhain/Haimerl* JZ 2010, 327 (332).

261 *Jahn/Müller* NJW 2009, 2625 (2629); allgemein zur »Richterfehlerverhütungspflicht« im Strafprozess LR/*Jahn* Vorbem. § 137 Rn. 44.

262 BGH NStZ 2013, 417 (419).

263 *Beulke/Swoboda* Strafprozessrecht, Rn. 605; nach *Kudlich* 68. DJT Gutachten C, S. 53, verweist S. 2 auf den gesamten S. 1 und folglich auch auf die Tat- und Schuldangemessenheit, »sodass § 257c [Abs. 4 S. 2] nicht als »allgemeine Wohlverhaltensanforderung« gelesen werden darf«.

264 Vgl. *Altenhain/Haimerl* JZ 2010, 327 (333).

52 Grds. gilt, dass »in eine Verständigung nicht Verfahren mit Bindungswirkung einbezogen werden können, die außerhalb der Kompetenz des Gerichts liegen«[265] (Verbot von sog. »Gesamtlösungen«). Die Frage, **wer** im Einzelnen nach dem Zustandekommen der Verständigung durch die Zustimmung des Angeklagten und der StA zum Vorschlag des Gerichts gebunden ist, ist umstritten. Nach dem Wortlaut des § 257c Abs. 4 S. 1 (»Bindung *des Gerichts*«) bezieht sich die Bindungswirkung nur auf das Gericht, sodass im Umkehrschluss von einer fehlenden Bindungswirkung staatsanwaltlicher Zusagen ausgegangen werden könnte.[266] Aus dem Wortlaut könnte demgegenüber allerdings auch gefolgert werden, dass ein Entfallen der Bindungswirkung nur für die in § 257c Abs. 4 S. 1 und 2 StPO normierten Ausnahmekonstellationen vorgesehen ist und im Übrigen die Zustimmung der Verfahrensbeteiligten zum Verständigungsvorschlag stets Bindungswirkung entfaltet. Eine solche Lesart deckt sich überdies mit allgemeinen prozessrechtlichen Grundsätzen, wonach prozessgestaltende Handlungen von Verfahrensbeteiligten jedenfalls dann unwiderruflich sind, wenn die mit der Erklärung bezweckte Rechtsfolge eingetreten ist.[267] Ferner ist es aus Vertrauensgesichtspunkten geboten, dass sich die StA nicht einseitig von einer Verständigung lösen kann.[268] Dem hat sich nunmehr auch der BGH angeschlossen und die Auffassung dahingehend konkretisiert, dass nach Zustandekommen einer Verständigung die StA diese sogar dann nachträglich nicht einseitig zu Fall bringen könne, wenn sie die Voraussetzungen von § 257c Abs. 4 S. 1 oder 2 StPO als gegeben ansieht. Die Bindungswirkung könne nur durch eine Entscheidung des Tatgerichts entfallen, soweit dieses die Voraussetzung des § 257c Abs. 4 S. 1 oder 2 StPO bejahe.[269]

Aus dem Regelungszusammenhang ergibt sich des Weiteren auch, dass unter »Gericht« i.S.v. § 257c Abs. 4 StPO **nur** der an der Verständigung beteiligte Spruchkörper zu verstehen ist, also weder das Berufungs- oder Revisionsgericht noch das neue Gericht nach Zurückverweisung;[270] wobei der BGH annimmt, dass bei einer Aufhebung eines verständigungsbasierten Urteils nach Revision der StA das Geständnis nur bis zu der Obergrenze der vom Tatgericht getroffenen Verständigung verwertbar sein soll.[271]

Wird das Verfahren, in dem es zu einer Verständigung gekommen war, ausgesetzt, so entfällt gemäß des Fair-Trial-Grundsatzes die Bindungswirkung des Gerichts,[272] wobei in diesem Fall das Geständnis des Angeklagten nicht verwertet werden kann.[273] Der Angeklagte ist indessen nicht qualifiziert über die Unverwertbarkeit seines Geständnisses zu belehren, sofern er im ausgesetzten Verfahren ordnungsgemäß nach § 257c Abs. 5 StPO belehrt worden ist.[274] Das Gericht hat gleichwohl zu Beginn der neuen Hauptverhandlung über den Wegfall der Bindungswirkung zu informieren.[275]

265 BGH NStZ 2017, 56 (57) m. Anm. *Bittmann*; ähnl. bereits BVerfGE 133, 168 (214); so auch BGH NZWiSt 2017, 107 (110) und HansOLG NStZ 2017, 307 (309); BGH NStZ-RR 2023, 58.

266 Niemöller/Schlothauer/Weider/*Niemöller* Teil B § 257c Rn. 38; so insb. Handbuch Staatsanwalt/*von Heintschel-Heinegg* 5. Teil 1. Kap. Rn. 48.

267 Weiterführend dazu *El-Ghazi* JR 2012, 406 (409 f.).

268 MüKo-StPO/*Jahn*/*Kudlich* § 257c Rn. 153; BeckOK-StPO/*Eschelbach* § 257c Rn. 31.

269 BGHSt 57, 273 (278); BGH StV 2017, 287 (289); vorher bereits *El-Ghazi* JR 2012, 406 (409); Meyer-Goßner/*Schmitt* § 257c Rn. 25.

270 BT-Drs. 16/12310, S. 15; so im Übrigen auch die ganz h.M., s. BGH NStZ-RR 2013, 373; OLG Düsseldorf StV 2011, 80 (81); *Kudlich* 68. DJT Gutachten C, S. 52; *Norouzi* StV 2014, 661 f.; *Schneider* NZWiSt 2015, 1 (2).

271 BGH, Urt. v. 23.01.2019 – 5 StR 479/18, Rn. 43 (= HRRS 2019 Nr. 344).

272 BGH NStZ 2021, 568 (571).

273 BGH NStZ 2021, 568 (569).

274 Vgl. Meyer-Goßner/*Schmitt* § 257c Rn. 30b.

275 BGH NStZ 2021, 568 (571); a.A. (Erfordernis einer qualifizierten Belehrung) in einem obiter dictum der *1. Strafsenat* des BGH im Beschl. v. 24.04. 2019 – 1 StR 153/19, Rn. 10 (= HRRS 2019 Nr. 594); krit. auch *Bittmann* ZWH 2021, 265 (272).

Abreden, die nur zwischen Angeklagtem und StA getroffen werden, sind für das Gericht allerdings insgesamt unbeachtlich.[276] Sagt die StA im Rahmen einer Verständigung zu, ein anderes Verfahren einzustellen (gem. § 154 Abs. 1 StPO) oder auf eine Einstellung hinzuwirken (gem. § 154 Abs. 2 StPO), löst dies weder eine Bindungswirkung noch ein schutzwürdiges Vertrauen aus.[277] Solche verfahrensübergreifenden Erörterungen sind allerdings nicht verboten. Erforderlich ist dann jedenfalls eine Belehrung des Richters über die mangelnde Bindungswirkung solcher Ankündigungen.[278]

An der Bindungswirkung der Verständigung nehmen im Übrigen nur verfahrensbezogene Maßnahmen Teil. Verfahren, die außerhalb der gerichtlichen Kompetenz liegen, können nicht in die Verständigung mit einbezogen werden.

Von vornherein ist das Tatgericht nicht an einen in Aussicht gestellten Strafrahmen gebunden, wenn eine Verständigung nicht zu Stande kommt. Es ergibt sich auch keine Verpflichtung, die in einem Verständigungsvorgespräch geäußerte Strafuntergrenze zu verhängen.[279]

Auch **Schöffen** sind am Zustandekommen von Verständigungen – da diese in der Hauptverhand- 53
lung getroffen werden – zu beteiligen und dann auch von der Bindungswirkung erfasst.[280] Allerdings setzt eine Verständigung zunächst eine Beratung der Richter voraus, wobei sich gem. § 263 Abs. 1 StPO eine Zweidrittelmehrheit für die konkrete Verständigung finden muss. Die Schöffen werden also nicht übergangen, allerdings darf nicht übersehen werden, dass die Laienrichter an den »Erörterungen des Verfahrensstands« (s.o. Rdn. 25 ff.) außerhalb der eigentlichen Hauptverhandlung nicht beteiligt sind (s.o. Rdn. 31), sodass rein faktisch wichtige Koordinaten des Prozesses vom Berufsrichter bereits vorgezeichnet sind, auch wenn die Schöffen einen solchen Konsens letztlich »platzen« lassen können.[281]

2. Beweisverwertungsverbot

Nach § 257c Abs. 4 S. 3 StPO gilt für das bereits abgelegte **Geständnis** ein **Beweisverwertungs-** 54
verbot, sofern die Bindungswirkung des Gerichts entfallen ist. Damit wird – wie bereits aufgezeigt (s.o. Rdn. 50) – dem Anspruch des Beschuldigten auf ein faires Verfahren entsprochen; das Geständnis darf nicht mehr zulasten des Angeklagten verwendet werden, wenn die Verständigung, also insb. die zugesagte Strafobergrenze, keinen Bestand mehr hat. Eine belastbare Verständigung ist sozusagen die »Vertrags«- oder »Geschäftsgrundlage« für das Geständnis.[282] Nach § 257c Abs. 4 S. 3 StPO besteht das Beweisverwertungsverbot in »diesen Fällen«, also nur in den in S. 1 und 2 geregelten Konstellationen und folglich nicht bei Zurückverweisung und in höherer Instanz.[283] Fraglich und umstritten ist indes, was mit dem Beweisverwertungsverbot in einer höheren Instanz oder bei Zurückverweisung geschieht. Während das OLG Düsseldorf § 257c Abs. 4 S. 3 StPO in der Berufungsinstanz entsprechend anwenden will[284], möchte das OLG Karlsruhe die Verwertbar-

---

276 *Geuenich/Höwer* DStR 2009, 2320 (2322).

277 BGH NZWiSt 2023, 311.

278 BGH NStZ 2017, 56 (57) m. Anm. *Bittmann*; offengelassen hinsichtlich der Zusage einer Rechtsmittelrücknahme in einem anderen Verfahren von BGH NStZ 2016, 177 m. Anm. *Ventzke*; das HansOLG hält eine verfahrensübergreifende Berufungsrücknahme jedenfalls für zulässig, s. HansOLG NStZ 2017, 307 (308 f.) m. Anm. *Bittmann*.

279 BGH NStZ 2018, 232.

280 Zu einer empirischen Untersuchung der Beteiligung von Schöffen im Rahmen von Verständigungen s. die Studie von *Iberl/Kinzig*, Die Rolle der Schöffen bei Absprachen im Strafprozess, 2023, passim; zusammenfassend *dies.* StV 2023, 843 ff.

281 Zum Ganzen *Pfister* RohR 2010, 97 ff.

282 Meyer-Goßner/*Schmitt* § 257c Rn. 28.

283 OLG Nürnberg wistra 2012, 243 (244) m. zust. Anm. *Deutscher* StRR 2012, 347 f. und *Wenske* NStZ 2015, 137 (141 f.).

284 OLG Düsseldorf StV 2011, 80 (81); ähnl. auch OLG Naumburg NStZ 2018, 238 (239).

keit eines Geständnisses quasi in die Disposition des Berufungsgerichts stellen.[285] Das OLG Nürnberg verneint demgegenüber eine analoge Anwendung des § 257c Abs. 4 S. 3 StPO.[286] Ebenso hat der BGH ursprünglich – anlässlich einer Aufhebung und Zurückverweisung des vorinstanzlichen Urteils – ein Beweisverwertungsverbot verneint.[287] Angesichts des schützenswerten Vertrauens des Angeklagten sollte aus Fairnessgesichtspunkten beim Abweichen des Gerichtes auch in einer höheren Instanz oder bei Zurückverweisung in analoger Anwendung des § 257c Abs. 4 S. 3 StPO stets ein Beweisverwertungsverbot hinsichtlich des Geständnisses bestehen.[288] Dies hat der BGH mittlerweile in mehreren Entscheidungen bestätigt.[289]

55 Nicht geregelt ist auch, was für Folgeermittlungen gilt, die auf Grundlage des Geständnisses angestrengt wurden. Nach bislang h.M. wird eine Fernwirkung von Beweisverwertungsverboten abgelehnt; im Rahmen einer Verständigung wird man – auf dieser Basis – dann nichts anderes gelten lassen können, sodass durch Folgeermittlungen erlangte Beweise grds. verwertbar bleiben.[290] Eine Ausnahme erscheint höchstens über den Fair-Trial-Grundsatz für jene Fälle denkbar, in denen das Gericht selbst wesentliche, die Abweichung rechtfertigende Umstände aus Nachlässigkeit übersehen hat.[291]

Scheitert eine Verständigung, ist es dem Angeklagten unbenommen, auf das im Rahmen der (gescheiterten) Absprache abgelegte Geständnis bei Abschluss einer neuen Verständigung – auch konkludent – zurückzugreifen. Das Beweisverwertungsverbot des § 257c Abs. 3 S. 3 StPO gilt für diese Konstellation nicht.[292]

56 Was ist zu tun, wenn das Gericht sich trotz wirksam zustande gekommener Verständigung nicht an seine Zusagen halten sollte? Ein (einklagbarer) Anspruch zur Durchsetzung der angekündigten Leistung existiert nicht. Der Verstoß gegen § 257c StPO ist dann als Verfahrensfehler im Rechtsmittelverfahren geltend zu machen. Auch die Missachtung des Beweisverwertungsverbots ist vollumfänglich revisibel.[293] Folgt man der Ansicht des OLG Düsseldorf (s.o. Rdn. 54), kann auch die Geständnisverwertung durch das Berufungsgericht die Revision begründen; nach Ansicht des BGH hingegen besteht kein Beweisverwertungsverbot und folglich auch kein Verfahrensfehler.

3. »Informelle Absprachen«

57 Die meisten Probleme bereiten die sog. »**informellen Absprachen**«, also Vereinbarungen zwischen den Verfahrensbeteiligten, die außerhalb der Vorschriften des § 257c StPO erfolgen.

---

285 OLG Karlsruhe NStZ 2014, 294 (295): Danach unterliegt das auf der Verständigung beruhende Geständnis einem Verwertungsverbot, soweit das Berufungsgericht von seiner fehlenden Bindung an die erstinstanzlich erzielte Verständigung Gebrauch macht; hält das Berufungsgericht den Angeklagten jedoch an seinem erstinstanzlich abgegebenen Geständnis fest, so bindet es sich nach dem Rechtsgedanken des fairen Verfahrens und des Vertrauensschutzes (Art. 6 Abs. 1 EMRK, Art. 20 Abs. 3 GG, § 257c Abs. 4 S. 3 StPO) im Gegenzug auch selbst an die Bedingungen der Verständigung.

286 OLG Nürnberg NStZ-RR 2012, 255 f.

287 BGH StV 2010, 470; zust. *Knauer/Lickleder* NStZ 2012, 366 (377); a.A. BeckOK-StPO/*Eschelbach* § 257c Rn. 37 ff.

288 So auch die h.L. *Schlothauer/Weider* StV 2009, 600 (605); Niemöller/Schlothauer/Weider/*Weider* Teil C Rn. 99; *Meyer* HRRS 2011, 17 (18); *Jahn* StV 2011, 497 (501); *Altvater* StraFo 2014, 221 (222).

289 BGH, Urt. v. 26.05.2021 – 2 StR 439/20, Rn. 39 (= HRRS 2021 Nr. 1154); BGH NStZ 2023, 310 (311 f.); BGH NStZ-RR 2023, 277 (279).

290 *Geuenich/Höwer* DStR 2009, 2320 (2323); Meyer-Goßner/*Schmitt* § 257c Rn. 28; ebenso BT-Drs. 16/12310, S. 14.

291 *Jahn/Müller* NJW 2009, 2625 (2629); *Beulke/Swoboda* Strafprozessrecht, Rn. 607; *Schlothauer/Weider* StV 2009, 600 (605); *Kudlich* 68. DJT Gutachten C, S. 54, bewertet die praktische Bedeutung der Frage jedoch als gering, »da die meisten in Betracht kommenden Beweismittel regelmäßig schon vor dem Geständnis bekannt gewesen sein dürften.« a.A. *Bittmann* wistra 2009, 414 (416); Meyer-Goßner/*Schmitt* § 257c Rn. 28.

292 BGH, Beschl. v. 29.06.2017 – 5 StR 226/17 (= BeckRS 2017, 117350).

293 *Weimar/Mann* StraFo 2010, 12 (15).

Eine Bindungswirkung kann hier schon deshalb nicht eintreten, weil es an einer Verständigung im Sinn von § 257c StPO in diesem Fall gerade fehlt (vgl. auch Abs. 1: »nach Maßgabe der folgenden Absätze«).[294] Die informelle Absprache ist demnach unzulässig, gesetzeswidrig und daher wirkungslos.[295] Fraglich ist dann aber, ob ein auf Grundlage einer informellen Absprache abgelegtes Geständnis verwertbar ist/bleibt. Teilweise wird die analoge Anwendung des § 257c Abs. 4 S. 3 StPO befürwortet.[296] Angesichts des gesetzgeberischen Willens, heimlichen Absprachen durch das gesamte Regelungsgefüge eine Absage zu erteilen, und den eindeutigen Vorgaben des § 257c StPO ist diese Ansicht nur wenig überzeugend.[297]

Für bestimmte Ausnahmekonstellationen wird man jedoch – auch neben § 257c Abs. 4 S. 3 StPO – aus allgemeinen Erwägungen ein Verwertungsverbot für Geständnisse, die auf informellen Absprachen beruhen, annehmen müssen; hier kann auf gewisse Parallelen zu den Wertungen vor der gesetzlichen Normierung der Absprachenpraxis zurückgegriffen werden: Zunächst lässt sich ein solches – für krasse Fälle – aus § 136a Abs. 3 S. 2 StPO ableiten, etwa dann, wenn der Beschuldigte bewusst getäuscht wurde, also z.B. der Vorsitzende im Gegenzug für ein glaubhaftes Geständnis eine Strafobergrenze zusichert, die er aber von Anfang an nicht einhalten möchte. Zu denken ist darüber hinaus – vielleicht realistischer – an eine »Drohung mit einer verfahrensrechtlich unzulässigen Maßnahme«, wenn der Angeklagte durch den Absprachеinhalt unter prozessinadäquaten Druck gerät, insb. dann, wenn die angedrohte Maßnahme gegen materielles Recht verstößt und/oder nicht in die Kompetenz des Gerichts fällt. V.a. der Fall, in dem das Gericht dem nicht kooperativen Angeklagten eine zu hohe, die Schuldangemessenheit übersteigende Strafe in Aussicht stellt, falls dieser nicht »mitmache«, gehört hierher.

Darüber hinaus ist nur noch an einen den Beschuldigten schützenden Vertrauenstatbestand als Ausfluss des Fair-Trial-Prinzips zu denken,[298] was vom BGH jedoch ebenfalls äußerst zurückhaltend bewertet wird.[299] Die Frage, ob im Fall einer unzulässigen Absprache das Geständnis des Angeklagten für das weitere Verfahren verwertbar bleibt, war bereits vor dem Verständigungsgesetz heftig umstritten.[300] Ähnlich wie damals erscheint nur eine differenzierende Lösung angemessen: Nur, wo ein schutzwürdiger Vertrauenstatbestand auf Seiten des Beschuldigten überhaupt entstehen kann, wird man ein Beweisverwertungsverbot erwägen können. Hier gilt es zu bedenken, dass der Beschuldigte, der sich auf eine informelle Absprache einlässt, an der Umgehung der gesetzlichen Vorgaben teilhat. Damit erbringt er aber sein Geständnis auf einer erkennbar unsicheren Grundlage und somit »auf eigene Gefahr«.[301] Mangels schutzwürdigen Vertrauens kann zu seinen Gunsten kein Verwertungsverbot auf Grundlage des Fairnessprinzips angenommen werden.[302]

---

294 So die h.M., s. BGH NStZ 2011, 107 m. Anm. *Satzger* JK 08/11, StPO § 257c Abs. 4/2; BGH NStZ 2012, 523; BGH NStZ 2015, 178; statt Vieler im Schrifttum s. MüKo-StPO/*Jahn*/*Kudlich* § 257c Rn. 156 m.w.N.

295 Das Verdikt der Rechtswidrigkeit wird von *Kudlich* 68. DJT Gutachten C, S. 44 f., bezweifelt, der aber die Wirkungslosigkeit ebenfalls unterstreicht.

296 Meyer-Goßner/*Schmitt* § 257c Rn. 31; SK-StPO/*Velten* § 257c Rn. 32.

297 Den abschließenden Charakter betont auch BGH StV 2011, 76, wonach bei einer fehlerhaften Verständigung kein Verwertungsverbot aus § 257c Abs. 4 S. 3 StPO abgeleitet werden darf.

298 Vgl. hierzu auch OLG Düsseldorf StV 2011, 80; vgl. auch *Fischer* ZRP 2010, 249 (251).

299 BGH StV 2011, 74; BGH NStZ 2011, 107 (108). Der *1. Strafsenat* des BGH hat zuletzt offen gelassen, ob aus gesetzeswidrigen Absprachen überhaupt Bindungswirkungen für das Gericht resultieren können, vgl. BGH NStZ 2019, 218.

300 Vgl. dazu *Beulke*/*Satzger* JuS 1997, 1074 ff.; *Weigend* FS BGH, Bd IV, S. 1011 (1036 ff.); *Kuckein* FS Meyer-Goßner, S. 63 (65 ff.); *Kölbel* NStZ 2002, 77 ff.

301 Demgegenüber betont SSW-StPO/*Ignor*/*Wegner* § 257c Rn. 137, dass die »im Gesetz geregelte Wechselwirkung zwischen einer vom Gericht geschaffenen Vertrauenslage und dem Geständnis des Angeklagten« auch bei einer informellen Absprache bestehe.

302 Vor dem Verständigungsgesetz in diesem Sinn s. BGH StV 2003, 481 (obiter dictum); vgl. dazu aber die abl. Anm. von *Schlothauer*: »Die Verantwortung für die Einhaltung der in BGHSt 43, 195 entwickelten Verfahrensordnung trifft allein das Gericht«.

Ein anderes Ergebnis erscheint allenfalls dann ausnahmsweise möglich, wenn der Beschuldigte die Unzulässigkeit der Verständigung **nicht erkannte und auch nicht erkennen konnte**. Hier ist ein dem Fairnessgrundsatz entsprechendes Verwertungsverbot zu erwägen. Die Fehlerhaftigkeit der Verständigung entspringt hier dem Risikobereich der rechtskundigen und für die Gewährleistung eines ordnungsgemäßen Verfahrens zuständigen Strafverfolgungsorgane (die sich auf informelle Absprachen überhaupt eingelassen oder diese angeregt haben).[303]

Gehen die Verfahrensbeteiligten – am Gesetz vorbei – den Weg der informellen Absprachen, so ist – da ein Beweisverwertungsverbot für das vorzuleistende Geständnis nur ganz ausnahmsweise eingreifen wird – der Beschuldigte derjenige, der die unmittelbaren Nachteile einer unzulässigen Verständigung allein zu tragen hat (zum strafrechtlichen Risiko der Beteiligten, insb. für Amtsträger, s.u. Rdn. 87 ff.). Er kann dies nur vermeiden, indem er sich eng an die gesetzlichen Vorschriften hält.

VII. Rechtsmittelverzicht

58 Faktisch ist der Rechtsmittelverzicht bzw. dessen frühzeitige Vereinbarung unter den an einer Verständigung Beteiligten ein zentraler Punkt. Da hierdurch aber die Überprüfbarkeit jedweder formellen wie informellen Verständigung durch die Rechtskraftwirkung verhindert wird, hat bereits die Rspr. vor dem Verständigungsgesetz die Vereinbarung eines Rechtsmittelverzichts verboten. Die – davon zu trennende – Erklärung des Rechtsmittelverzichts sollte aber dann wirksam sein, wenn der Angeklagte in qualifizierter Form darüber belehrt worden war, dass er trotz erfolgter Absprache Rechtsmittel einlegen könne.[304]

Dieser (formalistischen und zweifelhaften) Praxis hat das Verständigungsgesetz nun einen Riegel vorgeschoben. Im Fall einer Verständigung ist ein **Rechtsmittelverzicht** nunmehr **stets unwirksam** (§ 302 Abs. 1 S. 2 StPO); also nicht mehr nur bei unterbliebener qualifizierter Belehrung.[305]

Damit soll der Angeklagte davor geschützt werden, dass er nicht »aufgrund tatsächlicher oder vermeintlicher Erwartungshaltungen vorschnell auf Rechtsmittel verzichte[t]«.[306] Ferner verfolgt § 302 Abs. 1 S. 2 StPO das Ziel, »eine wirksame vollumfängliche revisionsgerichtliche Kontrolle verständigungsbasierter Urteile zu ermöglichen und sog. informelle Absprachen zu verhindern.«[307] Die Vorschrift wird flankiert von § 35a S. 3 StPO, der trotz Unwirksamkeit eines eventuell erklärten Rechtsmittelverzichts weiterhin eine Belehrung des Angeklagten fordert, dass er in jedem Fall – d.h. trotz Verständigung – Rechtsmittel einlegen kann. Diese Belehrung könnte man angesichts der generellen Unwirksamkeit eines Rechtsmittelverzichts für überflüssig erachten; sie soll jedoch gewährleisten, dass der Angeklagte tatsächlich Kenntnis von seinem Rechtsmittelrecht erlangt, sich nicht entgegen der gesetzlichen Regeln an die Verständigung gebunden fühlt und sein Recht dann durch Verstreichenlassen der (kurzen) Rechtsmittelfrist »verspielt«.[308] Laut Gesetzesbegründung stellt die Belehrung eine »wesentliche Absicherung des Grundsatzes dar, dass ein Rechtsmittelverzicht nicht Gegenstand einer Verständigung sein darf.«[309] Dem § 35a S. 3 StPO kommt damit jedenfalls ein ordnender Charakter zu.[310]

303 So auch *Meyer* HRRS 2011, 18 (20 f.); SSW-StPO/*Ignor/Wegner* § 257c Rn. 135.
304 BGHSt 50, 40.
305 Die von AnwK-StPO/*Püschel* § 302 Rn. 23 geäußerte Überlegung, der Rechtsmittelverzicht könne u.U. nur dann gelten, wenn er zum Gegenstand einer Verständigung gemacht wurde, ist angesichts der eindeutigen gesetzlichen Regelung abzulehnen.
306 BT-Drs. 16/13095, S. 10.
307 BGH NStZ 2015, 178 (179); vgl. auch BVerfGE 133, 168 (221 ff.).
308 *Kudlich* 68. DJT Gutachten C, S. 42.
309 BT-Drs. 16/12310, S. 10.
310 Ebenso *Bittmann* wistra 2009, 414 (417); *Altenhain/Haimerl* JZ 2010, 327 (333); *Ruhs* Rechtsbehelfe bei Verständigungen, S. 82.

Unwirksam muss ein Rechtsmittelverzicht erst recht dann sein, wenn die vorangegangene Absprache in dem Sinn »informell« war, dass sie außerhalb der Voraussetzungen des § 257c StPO getroffen und insb. nicht in das Hauptverhandlungsprotokoll (§ 273 Abs. 1a S. 1 StPO) aufgenommen wurde.[311] § 302 Abs. 1 S. 2 StPO findet somit auf informelle Verständigungen entsprechend Anwendung, da durch die Vorschriften des Verständigungsgesetzes die Zulässigkeit von Verständigungen im Strafprozess eine abschließende Regelung erfahren hat. Absprachen, die außerhalb dieses Regelungskonzeptes erfolgen, sind illegal, weshalb auch ein darauf beruhender Rechtsmittelverzicht unwirksam sein muss.[312]

Unwirksam ist auch ein Rechtsmittelverzicht seitens der StA. Diese kann also trotz vorausgegange- 59
ner Verständigung sowohl zulasten als auch zugunsten des Angeklagten Rechtsmittel einlegen. Eine Beschränkung der Berufung auf den Rechtsfolgenausspruch soll als teilweiser Rechtsmittelverzicht jedenfalls dann unwirksam sein, wenn das angefochtene Urteil ausschließlich auf dem Geständnis beruht.[313]

Folge der Regelung in § 302 Abs. 1 S. 2 StPO ist, dass eine Verständigung keinerlei Auswirkungen 60
mehr auf das Rechtsmittelrecht hat.[314] Die Rechtsmitteleinlegung kann und **muss** also insb. innerhalb der entsprechenden Einlegungsfrist (§§ 314, 341 StPO) erfolgen,[315] und zwar auch in den Fällen unterlassener Belehrung nach § 35a s. 3 StPO.[316] Zur Problematik der Wiedereinsetzung in den vorigen Stand bei unterlassener Rechtsbehelfsbelehrung, s.u. Rdn. 80.

Die aus der Vorschrift erwachsenden Nachteile halten sich insgesamt in Grenzen. Zwar kann der 61
Richter mangels Rechtskraft nicht unmittelbar ein abgekürztes Urteil (§ 267 Abs. 4 StPO) verfassen und der Verurteilte nicht gleich von der Untersuchungs- in die Strafhaft überführt werden, jedoch beträgt die Verzögerung in beiden Fällen lediglich eine Woche.[317]

Schwierigkeiten bereiten in diesem Zusammenhang jedoch mögliche »**Umgehungsstrategien**«. 62
Nach § 302 Abs. 1 S. 1 StPO kann ein eingelegtes Rechtsmittel zurückgenommen werden, und zwar auch vor Ablauf der Frist zu seiner Einlegung. Der Ausschluss des Rechtsmittelverzichts nach § 302 Abs. 1 S. 2 StPO könnte also dadurch umgangen werden, dass die Verteidigung (wie vielleicht stillschweigend vorausgesetzt) zunächst ein Rechtsmittel einlegt, dieses dann sogleich oder nur wenig später zurücknimmt und dadurch Rechtskraft herbeiführt. Der *1. Strafsenat* des BGH glaubte darin allerdings keine (unzulässige) Umgehung des ausgeschlossenen Rechtsmittelverzichts zu sehen.[318] Er blickt dabei primär auf den Wortlaut: Die Vorschrift unterscheide in S. 1 eindeutig zwischen Verzicht und Rücknahme. Eine vorausgegangene Verständigung beeinflusse die Zulässigkeit einer Rechtsmittelrücknahme nicht, da die Rücknahme in S. 2 nicht genannt sei. Eine vorschnelle (unüberlegte) Entscheidung des Angeklagten, im Ergebnis kein Rechtsmittel einzulegen, sei nicht zu befürchten, denn die Rechtsmittelrücknahme bedürfe einer weiteren Erklärung, vor der ihn der Verteidiger i.d.R. auch beraten werde. Eine unzulässige Umgehung läge aber dann vor (obiter dic-

---

311 So richtig *Jahn/Müller* NJW 2009, 2625 (2630); *Schlothauer/Weider* StV 2009, 600 (601); a.A. *Niemöller* NStZ 2013, 19 (22) wonach § 302 Abs. 1 S. 2 StPO nach dessen Wortlaut nur auf Verständigungen Anwendung finde, die den Anforderungen des § 257c StPO genügen.

312 BVerfGE 133, 168 (213 f., 222); BGHSt 59, 21 (26 f.); OLG München StV 2013, 493 (494); OLG Stuttgart StV 2014, 397 (399); OLG Köln NStZ 2014, 727; a.A. *Niemöller* NStZ 2013, 19 (21 f.); *ders.* GA 2014, 179 (184 f.).

313 OLG Düsseldorf StV 2011, 80.

314 Ein vor Inkrafttreten des Verständigungsgesetzes erklärter Rechtsmittelverzicht bleibt aber wirksam, da das Urteil dann bereits Rechtskraft erlangt hat, die durch eine nachträgliche Verfahrensänderung nicht beseitigt werden kann, BGHSt 54, 167 (169).

315 OLG Frankfurt NStZ-RR 2011, 49; BGH NStZ 2010, 244; s. auch BT-Drs. 16/12310, S. 10 f.

316 BT-Drs. 16/12310, S. 10.

317 *Altenhain/Haimerl* JZ 2010, 327 (333); krit. Meyer-Goßner/*Schmitt* § 302 Rn. 26b, 26e.

318 BGHSt 55, 82 (85); ebenso KG NStZ 2015, 236 (237); BayObLG, Beschl. v. 20.12.2019 – 205 StRR 1148/19, Rn. 7 (= BeckRS 2019, 4553).

tum), »wenn ein Gericht im Zusammenhang mit Verständigungsgesprächen auf den Angekl. einwirkt, Rechtsmittel allein deshalb einzulegen, um sodann durch Zurücknahme des Rechtsmittels die Rechtskraft herbeizuführen oder wenn eine solche Vorgehensweise gar Inhalt einer Verständigung« sei.

Die Entscheidung des BGH stößt in der Literatur zu Recht einhellig auf Kritik:[319] Ob der Verzicht erklärt oder die eingelegte Revision unmittelbar anschließend (wie hier) zurückgenommen wird, rechtfertigt keine unterschiedliche Behandlung. Anderenfalls könnte § 302 Abs. 1 S. 2 StPO leicht umgangen werden.[320] Entscheidend kann – wie auch sonst – nicht allein der (zu enge) Wortlaut der Norm sein, vielmehr gilt es, eine analoge Anwendung in Betracht zu ziehen. Die Zielsetzung des Gesetzgebers, dem Verurteilten eine Bedenkzeit zu geben und zu dessen Schutz eine Rechtsmittelverzichtserklärung nach Verständigungsurteil nicht zuzulassen, ist auch für den Bereich der Rücknahme zu respektieren. Die unmittelbar aufeinanderfolgende Einlegung eines Rechtsmittels und dessen Rücknahme (mit der Folge, dass eine erneute Einlegung des Rechtsmittels unzulässig ist) bedeutet vor diesem Hintergrund eine offensichtliche Umgehung des § 302 S. 2 StPO.[321]

Widersprüchlich erscheint die Argumentation des *1. Strafsenats* des BGH in Zusammenhang mit seinem obiter dictum, wonach bei einer in der Absprache angeregten/vereinbarten Rechtsmittelrücknahme eine Umgehung anzunehmen sei: Wenn doch der Angeklagte vor dem Entschluss zur Rücknahme eines Rechtsmittels angeblich so viel mehr Besinnungszeit habe, wieso sollte er sich dann nicht auch in dieser Konstellation über eine solche Vereinbarung hinwegsetzen?[322]

VIII. Sonstiges

1. Ablehnung des Richters wegen Befangenheit

63 Insb. bei Fehlschlagen einer Verständigung im Strafverfahren können Bedenken bzgl. der richterlichen Unbefangenheit aufkommen.[323] Jedoch konnte bereits vor Inkrafttreten des Verständigungsgesetzes die bloße Beteiligung des Gerichts an einem offenen Rechtsgespräch den Befangenheitsantrag noch nicht begründen.[324] Diese Rechtsansicht wurde durch den Gesetzgeber nun bestätigt. Das Gesetz erlaubt dem Gericht die Erörterung ausdrücklich in unterschiedlichen Verfahrensstadien (§§ 202a,

319 So auch *Niemöller* StV 2010, 53; *ders.* StV 2010, 474; *Staudinger* HRRS 2010, 347; *Malek* StraFo 2010, 251; *Dießner* StV 2011, 43 (45); *Fischer* ZRP 2010, 249 (250); SSW-StPO/*Momsen/Momsen-Pflanz* § 341 Rn. 38; MüKo-StPO/*Jahn/Kudlich* § 257c Rn. 187; *Ruhs* Rechtsbehelfe bei Verständigungen, S. 151 f.

320 Vgl. *Beulke/Swoboda* Strafprozessrecht, Rn. 601; *Weimar/Mann* StraFo 2010, 12 (16 f.); a.A: *Niemöller* NStZ 2013, 19 (23) wonach zwischen den Rechtswirkungen des Rechtsmittelverzichts und der Rechtsmittelrücknahme ein wesentlicher Unterschied bestehe. Der Verzicht führe zu einem generellen Verlust des Anfechtungsrechts, während die Zurücknahme nur das zuvor eingelegte Rechtsmittel beseitige und damit den Status quo vor Einlegung des Rechtsmittels wiederherstelle.

321 Allerdings darf nicht übersehen werden, dass es – in anderen Fallgestaltungen – auch nachvollziehbare »umgehungsferne« Motive für eine Rücknahme des Rechtsmittels gibt, die nicht ausgeschlossen sein sollen (z.B. Rücknahme des Rechtsmittels bei sich herausstellenden geringen Erfolgschancen aus Kostengründen). Insb. muss auch die – für den Zurücknehmenden – negative Kostenfolge des § 473 Abs. 1 S. 1 StPO beachtet werden, so *Sander* in: Jahn/Nack, Rechtsprechung in Strafsachen, S. 53 (58).

322 *Satzger* JK 11/10, StPO § 302 Abs. 1 S. 2/3.

323 BeckOK-StPO/*Cirener* § 24 Rn. 32.1.

324 BGHSt 42, 46 (48); BGH NStZ 2007 (172); vgl. SK-StPO/*Velten* § 257b Rn. 8.

212, 257b StPO) und stärkt damit die Position des Richters, der sich durch die Initiative zu einer Verständigung der Ablehnungsgefahr (§ 24 StPO) gerade nicht aussetzen kann.[325]

Eine darüber hinausgehende, verallgemeinernde Aussage zur (Un-)Befangenheit des Richters enthält die gesetzliche Neuregelung hingegen nicht,[326] sodass die bisherige Rspr. dazu grds. Fortbestand hat.

Bereits mehrmals hat der BGH die Besorgnis eines Verfahrensbeteiligten, ein an einer (vermuteten) 64
Verständigung beteiligter Richter sei befangen, für begründet[327] bzw. für grds. möglich[328] erachtet. Dabei ging es jeweils um Konstellationen, in denen der Richter außerhalb der Hauptverhandlung Gespräche mit einem Verfahrensbeteiligten führte, ohne die anderen hinzuzuziehen. Jeder vernünftige Prozessbeteiligte, der an einem Gespräch außerhalb der Hauptverhandlung – etwa über die Straferwartung bei einem Geständnis – nicht beteiligt werde, müsse mit Recht die Voreingenommenheit des Richters befürchten, sodass er diesen wegen Besorgnis der Befangenheit ablehnen könne.[329]

Die Gefahr unfairer Nichtbeteiligung besteht vor allem bei erkennbar widerstreitenden Interessen der Verfahrensbeteiligten.[330] Allerdings ist – wie gesehen – die Einbeziehung aller Verfahrensbeteiligten bei Erörterungen außerhalb der Hauptverhandlung nicht zwingend erforderlich. Deren Interessen sind durch die Pflicht, die wesentlichen Gesprächsinhalte aktenkundig zu machen und mitzuteilen, hinreichend gewahrt (s.o. Rdn. 25). Eine Ablehnung wegen Befangenheit scheidet dann aus.

Wenngleich eine Erörterung mit nur einem Mitangeklagten grds. nicht verboten ist, auch wenn diese Gespräche einen Verständigungsbezug aufweisen,[331] kann dies gleichwohl dann die **Besorgnis der Befangenheit** wecken, wenn eine darauffolgende Verständigung heimlich erfolgt[332] und eine unmittelbare zuverlässige Unterrichtung des anderen Mitangeklagten über Gang und Inhalt der informellen Gespräche unterbleibt[333] oder wenn bei einem Verständigungsvorgespräch mit einem Mitangeklagten eine Absprache für den Fall der Belastung des anderen Angeklagten getroffen wird.[334] Werden Verfahren gegen mehrere Mitangeklagte allerdings voneinander abgetrennt und wird in dem abgetrennten Verfahren ein verständigungsbasiertes Urteil gefällt, begründet die Beteiligung am Erstverfahren keine Besorgnis an der Unparteilichkeit des Richters, solange bei Vorbefassung mit dem Verfahrensgegenstand die von den abgelehnten Richtern getroffene Entscheidung bzw. die darin zum Ausdruck kommende Rechtsauffassung sich nicht als rechtlich völlig abwegig erweist oder gar als willkürlich erscheint.[335] Dem Vorwurf der Befangenheit setzt sich zudem der Richter aus, der sich vor dem Verständigungsgespräch bereits auf die Schuld des Angeklagten festgelegt hat und nur noch über die Straffrage verhandelt.[336] Ebenso kann das Inaussichtstellen einer bestimmten

325 AnwK-StPO/*Püschel* § 257b Rn. 4, § 257c Rn. 2; Radtke/Hohmann/*Ambos/Ziehn* § 257b Rn. 1; Meyer-Goßner/*Schmitt* § 257b Rn. 3; BeckOK-StPO/*Eschelbach* § 257b Rn. 5; *Kudlich* 68. DJT Gutachten C, S. 39 f. Nach BGH, Urt. v. 15.05.2018 – 1 StR 159/17, Rn. 67 f. (= HRRS 2018 Nr. 1042) kann die Erörterung des Verfahrensstandes – ohne einen Befangenheitsgrund zu begründen – rechtliche oder tatsächliche Hinweise, Strafvorstellungen des Gerichts oder die Vorbereitung einer verfahrensbeendenden oder verkürzenden Absprache beinhalten; ähnl. auch OLG Düsseldorf, Urt. v. 24.10.2018 – 3 RVs 46/18, Rn. 5 ff. (= BeckRS 2018, 42194).

326 BeckOK-StPO/*Eschelbach* § 257b Rn. 5.

327 BGHSt 37, 99 (103 ff.); BGHSt 37, 298 (302 ff.); s. ferner LG Kassel StV 1993, 68.

328 BGH StV 1996, 355; BGH StV 2003, 481.

329 BGHSt 37, 298 (303).

330 BGH NStZ 2003, 563; vgl. auch BeckOK-StPO/*Cirener* § 24 Rn. 32.

331 Der BGH hat jedoch mehrmals betont, dass bei solchen Gesprächen besondere Zurückhaltung geübt werden muss, vgl. BGHSt 37, 99 (103 ff.); BGH NStZ 2008, 229; BGH StV 2011, 72 (73); BGH NStZ 2019, 223 (224 f.).

332 BGHSt 37, 99; BGH NJW 1996, 1355 (1358); BGH wistra 1996, 145.

333 BGHSt 37, 298; BGHSt 45, 312; vgl. auch BGHSt 37, 99 (104 f.); BGH StV 1996, 355.

334 LG Schwerin StV 2018, 153.

335 BGH NStZ 2016, 357 (359 ff.).

336 BeckOK-StPO/*Eschelbach* § 257b Rn. 5.

Strafe einen Ablehnungsgrund darstellen.[337] Auch die sog. »Sanktionsschere« kann zur Befangenheit führen,[338] wenn die Differenz zwischen dem Strafmaß mit und ohne Verständigung zu groß und mit objektiven Kriterien nicht mehr zu rechtfertigen ist (s.o. Rdn. 24). Und schließlich kann es als Anzeichen für die Befangenheit gewertet werden, wenn der Richter den Angeklagten zu einem Geständnis zu überreden versucht oder unzulässigen Druck ausübt, indem er bspw. mit Empörung auf die fehlende Verständigungsbereitschaft des Angeklagten reagiert.[339]

65 Demgegenüber solle **kein Fall der Befangenheit** vorliegen, wenn das Gericht außerhalb der Hauptverhandlung einseitig gegenüber dem Angeklagten die nach Ansicht der Berufsrichter (bei umfassendem glaubhaften Geständnis) angemessene Strafobergrenze bekannt gibt, ohne die StA hiervon ebenfalls zu informieren. Der BGH betont, dass es sich bei der Aussage über die Strafobergrenze nur um eine Prognose handle und das Gericht berechtigt sei, auch einseitig mit der Verteidigung zwecks Förderung des Verfahrens Kontakt aufzunehmen und es sei erst in der Hauptverhandlung verpflichtet, dies offenzulegen.[340] Freilich verschwimmt hier die Abgrenzung zu den unter Rdn. 63 f. genannten Fällen. Geht es nur um die bloße Offenlegung der Strafmaßvorstellung des Gerichts und deren Erörterung mit den Verfahrensbeteiligten, so darf dies noch keine Befangenheit begründen;[341] anders sei dies jedoch, wenn das Gericht dabei den Eindruck erwecke, sich aufgrund von Vorbesprechungen mit einem Verfahrensbeteiligten bereits endgültig festgelegt zu haben.[342] Ferner müssen rein sachliche Bewertungen des Verfahrensstandes durch das Gericht als Ablehnungsgrund weiterhin ausscheiden.[343]

66 Letztlich ist das Vorliegen eines Befangenheitsgrundes stets eine Frage des Einzelfalles.[344] Solange sich das Gericht jedoch an die gesetzlich geregelten Zulässigkeitsgrenzen hält, wird ein Befangenheitsantrag aber i.d.R. nicht begründet sein.[345] Entscheidender Maßstab dürfte daher – in Übereinstimmung mit der generellen Zielsetzung des Verständigungsgesetzes – die konsequente Gewährleistung von Transparenz durch das Gericht sein.

2. Notwendige Verteidigung bei Verständigungen

67 Ob das Vorliegen von Verständigungsgesprächen regelmäßig einen Anwendungsfall für eine notwendige Verteidigung nach § 140 Abs. 2 StPO begründet, ist in Rspr.[346] und Literatur[347] umstritten. Folgt man der Annahme, dass der Beschuldigte im Verständigungsverfahren strukturell unterlegen ist, dieser seine Interessenlage nicht realistisch einschätzen kann, die Vor- und Nachteile einer Verständigung nicht entscheidend gegeneinander abwägen und eventuellem Druck des Gerichts oft nicht standhalten kann, ist die notwendige Konsequenz, aus dem Gebot der Verfahrensfairness regel-

337 BGHSt 37, 298; BGHSt 45, 312.
338 BGH NStZ 2008, 170 (171); BeckOK-StPO/*Eschelbach* § 257b Rn. 5.
339 BGH StV 2009, 171; SK-StPO/*Velten* § 257b Rn. 8.
340 BGH NStZ 2008, 172 (173).
341 So auch BGH, Urt. v. 02.09.2020 – 5 StR 630/19, Rn. 20 ff. (= BeckRS 2020, 23353) für den Fall, dass die StA dem Verständigungsvorschlag nicht zugestimmt hat und das Gericht gleichwohl – ohne Verständigung – an dem Vorschlag festhält.
342 BGHSt 45, 312 m. Anm. *Sinner* StV 2000, 289; vgl. aber LG Verden StV 2010, 234.
343 *Jahn/Müller* NJW 2009, 2625 (2627).
344 BGH NStZ 2008, 116; BGH NStZ 2008, 229; BGH NStZ 2009, 701.
345 BeckOK-StPO/*Cirener* § 24 Rn. 31.
346 Dafür: OLG Naumburg NStZ 2014, 116 (117); OLG Dresden, Beschl. v. 10.03.2016 – 2 OLG 26 Ss 762/15 (= BeckRS 2016, 05803); dagegen: OLG Bamberg NStZ 2015, 184.
347 Für eine solche Regelwirkung: Niemöller/Schlothauer/Weider/*Schlothauer* Teil B, § 202a Rn. 18; *Burhoff* StRR 2014, 70; *ders.* StRR 2015, 103; differenzierend nach Komplexität der Abspracheszenarien: *Jahn/Müller* NJW 2009, 2625 (2627); MüKo-StPO/*Jahn/Kudlich* § 257c Rn. 83 f.; differenzierend in Abhängigkeit von den zu erwartenden Rechtsfolgen: SSW-StPO/*Beulke* § 140 Rn. 50; *König/Harrendorf* StV 2015, 540; Einzelfallbetrachtung: *Wenske* NStZ 2014, 117 f.; *Peglau* jurisPR-StrafR 6/2014, Anm. 2; *Ruhs* NStZ 2016, 706 ff.

mäßig eine Kompensation durch das Institut der notwendigen Verteidigung nach § 140 Abs. 2 S. 1 Var. 2 StPO herzuleiten.[348] Allerdings hat der Gesetzgeber bei der Schaffung des Verständigungsgesetzes – trotz zuvor geäußerter Änderungsanregungen –[349] keinen Anlass gesehen, dem Angeklagten zwingend bei Prozessabsprachen einen Verteidiger zur Seite zu stellen[350] und diese Präsumtion damit implizit abgelehnt.[351] Reflexartig beim Anbahnen einer Absprache einen Verteidiger zu bestellen, ist somit nach der gesetzlichen Regelung nicht notwendig.[352] Es hängt von den Umständen des konkreten Einzelfalles ab, ob die Bestellung eines Rechtsbeistandes trotz dieser Regelung zur effektiven Verteidigung geboten ist. Auf eine Schwierigkeit der Sach- oder Rechtslage nach § 140 Abs. 2 S. 1 Var. 2 StPO soll nicht allein deshalb geschlossen werden können, weil die Rechtspraxis bei der Anwendung eines Rechtsinstituts selbst unsicher ist.[353] Die Sach- oder Rechtslage kann demnach erst dann als »schwierig« gelten, wenn bei Anwendung des materiellen oder des formellen Rechts auf den konkreten Sachverhalt bislang nicht ausgetragene Rechtsfragen entschieden werden müssen, oder wenn die Subsumtion im Einzelfall problematisch ist.[354] Gerade jetzt – da eine gefestigte Rspr. zur Frage der notwendigen Verteidigung bei Verständigungen noch nicht besteht – ist es für den Beschuldigten bzw. dessen Strafverteidiger jedenfalls ratsam, sich in dieser Frage auf den Beschluss des OLG Naumburg zu berufen.

Aufgrund der besonderen Konstitution junger Delinquenten wird jedenfalls bei Jugendlichen oder Heranwachsenden im Sinne des JGG stets und zwingend ein Fall notwendiger Verteidigung gemäß § 68 Nr. 1 JGG i.V.m. § 140 Abs. 2 S. 1 StPO zu bejahen sein.[355]

3. Verständigung in Verfahren vor dem Amtsgericht

Teilweise werden Bedenken bzgl. der Praktikabilität der Verständigungsvorschriften in **amtsgerichtlichen Verfahren** geäußert. Im Gegensatz zu den Landgerichten, die größere, z.T. öffentlichkeitswirksame Fälle bearbeiteten, müssten die Amtsgerichte i.d.R. mehrere Verfahren an einem Tag erledigen. Sie könnten daher Schwierigkeiten mit der Umsetzung der zahlreichen Protokollierungsvorschriften bekommen.[356] Dies mag zutreffen. Wenn Verständigungen vor dem Amtsgericht stattfinden, gelten jedoch dieselben Grundsätze wie bei Verfahren vor dem Landgericht, denn das Verständigungsgesetz macht keinen Unterschied zwischen den Verfahrensarten. Den Amtsgerichten bleibt die Einhaltung aller formellen Vorschriften daher nicht erspart. Angesichts der v.a. für den Angeklagten möglicherweise gravierenden Folgen (s.o. Rdn. 57) sollte die Verteidigung gerade bei amtsgerichtlichen Verfahren auf deren Einhaltung peinlich genau achten.[357] 68

Eine gescheiterte Absprache vor den Amtsgerichten hat im Übrigen keine Auswirkungen auf die sachliche Zuständigkeit. So begründet sich die Zuständigkeit des LG gem. § 270 StPO nach einem

---

348 So insb. *Satzger* Jura 2016, 327; wohl auch *König/Harrendorf* StV 2015, 540 (541); implizit auch OLG Naumburg NStZ 2014, 116 (117); ähnl. OLG Dresden, Beschl. v. 10.03.2016 – 2 OLG 26 Ss 762/15 (= BeckRS 2016, 05803).

349 *Schmidt-Hieber* NJW 1990, 1884 (1887); *Kudlich* 68. DJT Gutachten C, S. 66.

350 Anders *Burhoff*, nach dem die Gesetzesbegründung (vgl. BT-Drs. 16/12310, S. 2) so zu lesen sei, dass nur allgemein zur Verständigung Stellung genommen, dabei aber keine Aussage zur Pflichtverteidigung bei Prozessabsprachen getroffen werde, vgl. *Burhoff* StRR 2015, 103.

351 *Ruhs* NStZ 2016, 706 (708 f.).

352 So zu Recht OLG Bamberg NStZ 2015, 184; a.A. OLG Naumburg NStZ 2014, 116 (117).

353 So aber OLG Naumburg NStZ 2014, 116 (117).

354 S. dazu insgesamt *Ruhs* NStZ 2016, 706 ff.

355 BT-Drs. 16/11736, S. 8; Meyer-Goßner/*Schmitt* § 257c Rn. 7; MüKo-StPO/*Jahn/Kudlich* § 257c Rn. 87.

356 *Altenhain/Haimerl* JZ 2010, 327 (335); *Fischer* ZRP 2010, 249 (250); zum Ganzen s. *Weimar/Mann* StraFo 2010, 12 (17); s. auch *Deutscher* VRR 2014, 410 ff.

357 Vgl. zu den Gefahren einer (informellen) Verständigung unter Missachtung der gesetzlichen Vorschriften für den Angeklagten OLG München StV 2013, 613 (614).

Verweisungsbeschluss des AG nicht daraus, dass nach dem Scheitern von Verständigungsgesprächen das Verfahren einen besonderen Umfang annimmt.[358]

4. Verständigung in Jugendstrafverfahren

69 Nach vorherrschender Auffassung und dem gesetzgeberischen Willen lässt es die gegenwärtige Gesetzeslage zu, auch im Jugendstrafverfahren Verständigungen durchzuführen,[359] da mangels eines expliziten Verbotes die Verständigungsvorschriften der StPO über § 2 Abs. 2 JGG Anwendung finden. Hiermit wird dem Bedürfnis, den Verfahrensfortgang durch Prozessabsprachen – auch bei Verfahren vor den Jugendgerichten – zu beschleunigen, Rechnung getragen. Die Rechtsprechung sieht Verfahren gegen Jugendliche oder Heranwachsende gleichwohl nur in besonderen Ausnahmefällen als »geeignete Fälle« im Sinne des § 257c Abs. 1 Satz 1 StPO an.[360] Mit vorzugswürdiger Literaturauffassung[361] ist diese restriktive Auslegung der Geeignetheits-Klausel indessen abzulehnen. Vielmehr kann eine Verständigung im Jugendstrafverfahren nur dann als ungeeignet gelten, wenn erzieherische Gründe explizit entgegenstehen. Dahingehend bedarf es einer besonders sorgfältigen Prüfung im Einzelfall, ob es zweckmäßig ist, die Sanktionsentscheidung (auch) in die Hände eines jungen Delinquenten zu legen.[362] Dabei sollte in eine Gesamtbetrachtung auch einfließen, dass das mit einer Verständigung zum Ausdruck kommende Eingestehen eigener Schuld aus erzieherischen Gesichtspunkten einen erheblich positiven Einfluss auf den Jugendlichen oder Heranwachsenden haben kann.[363]

Eine Verständigung darüber, ob bei einem Heranwachsenden gemäß § 105 JGG Jugend- oder Erwachsenenstrafrecht Anwendung findet, ist nach zutreffender Ansicht unzulässig. Dies würde dem Zweck der Regelung des § 105 JGG widersprechen, der dem ganz individuellen – gerade aber nicht disponiblen – Entwicklungsstand des Heranwachsenden Rechnung tragen soll.[364]

5. Verständigung bei Ordnungswidrigkeiten

70 Im Bereich der Ordnungswidrigkeiten kommen die Verständigungsvorschriften grds. über die Verweisungsnorm der §§ 46, 71 OWiG zur Anwendung.[365] Geeignete Fälle sind im Bußgeldverfahren selten.[366] Ausnahmen können sich im Bereich des Wirtschaftsrechts bei besonders schweren Ordnungswidrigkeiten,[367] aber auch in verkehrsrechtlichen Verfahren ergeben.[368]

---

358 BGH NStZ 2017, 100 (101 f.) m. zust. Anm. *Moldenhauer.*

359 BT-Drs. 16/12310, S. 10; BGH, Beschl. v. 06.03.2018 – 5 StR 512/17, Rn. 3 (= BeckRS 2018, 3836); Meyer-Goßner/*Schmitt* § 257c Rn. 7; Radtke/Hohmann/*Ambos/Ziehn* § 257c Rn. 15; MüKo-StPO/*Jahn/Kudlich* § 257c Rn. 86; die generelle Ungeeignetheit von Jugendstrafsachen vertritt SK-StPO/*Velten* § 257c Rn. 9.

360 BGH, Beschl. v. 06.03.2018 – 5 StR 512/17, Rn. 3 (= BeckRS 2018, 3836); HansOLG, Beschl. v. 19.12.2022 – 2 Rev 28/22, Rn. 21; eher krit. *Fahl* NStZ 2009, 613; *Nowak* JR 2010, 248; ebenso Handbuch Staatsanwalt/*von Heintschel-Heinegg* 5. Teil 1. Kap. Rn. 3.

361 MüKo-StPO/*Jahn/Kudlich* § 257c Rn. 86; *Jahn* in: Hilgendorf/Kudlich/Valerius, Handbuch des Strafrechts Bd VIII § 45 Rn. 42.

362 MüKo-StPO/*Jahn/Kudlich* § 257c Rn. 86; *Jahn* in: Hilgendorf/Kudlich/Valerius, Handbuch des Strafrechts Bd VIII § 45 Rn. 42.

363 *Heller* Das Gesetz zur Regelung der Verständigung im Strafverfahren – No big deal?, 2012, S. 268 ff.; ebenso MüKo-StPO/*Jahn/Kudlich* § 257c Rn. 86; *Jahn* in: Hilgendorf/Kudlich/Valerius, Handbuch des Strafrechts Bd VIII § 45 Rn. 42.

364 *Beulke/Swoboda* Strafprozessrecht, Rn. 602.; *Fahl/Geraats* JA 2009, 791 (796); BeckOK-StPO/*Eschelbach* § 257c Rn. 7.1; SSW-StPO/*Ignor/Wegner* § 257c Rn. 42. Ähnl. auch BGH NStZ-RR 2006, 187 (188) vor dem Inkrafttreten des Verständigungsgesetzes; a.A. wohl Meyer-Goßner/*Schmitt* § 257c Rn. 7.

365 *Deutscher* VRR 2014, 410 (415).

366 Zur Mitteilungspflicht bei Totaleinstellung des Verfahrens nach § 47 Abs. 2 OWiG s. HansOLG Hamburg NStZ 2015, 661.

367 BT-Drs. 16/12310, S. 15.

368 Ausf. dazu s. *Deutscher* VRR 2014, 410 (415).

E. Revision und sonstige Rechtsmittel und Rechtsbehelfe

Die durch die Einlegung von Rechtsmitteln vollumfängliche Überprüfbarkeit von Verständigungen war dem Gesetzgeber ein zentrales Anliegen.[369] Insofern bleibt eine Rechtsmittelbefugnis erhalten, auch wenn dem Urteil eine Verständigung vorausgegangen ist.[370] Da nach der gesetzgeberischen Idee die Verständigung als integraler Bestandteil des Strafverfahrens verstanden wird, ist es folgerichtig, dass das Rechtsmittelrecht im Fall einer Verständigung uneingeschränkt bestehen bleibt.[371] Vor dem Inkrafttreten des Verständigungsgesetzes konnten die Beteiligten nach einer qualifizierten Belehrung auf eine Überprüfung der Verständigung verzichten. Das Verständigungsgesetz hat hier **rechtlich** eine wesentliche Änderung bewirkt: Zwar ist der Angeklagte nach wie vor in qualifizierter Form zu belehren, dass er Rechtsmittel einlegen kann (§ 35a S. 3 StPO). Ein dennoch erklärter Rechtsmittelverzicht ist nun jedoch gem. § 302 Abs. 1 S. 2 StPO unwirksam (s.o. Rdn. 58). 71

Nichtsdestotrotz können auch die Regelungen des Verständigungsgesetzes nicht verhindern, dass – in einer Vielzahl von Fällen – eine Verfahrensabsprache **faktisch** nicht angefochten wird, sodass etwaige Fehler nicht durch eine höhere Instanz aufgedeckt werden können: So offenbaren Praxisberichte zahlreiche Versuche, die Schutzvorschriften des Verständigungsgesetzes – u.a. die revisionsrechtlichen Überprüfungsmöglichkeiten – zu umgehen (zuvorderst durch Umgehung des Rechtsmittelverzichtsverbots, s.o. Rdn. 62 oder die sog. »Verständigungspantomime«, s.o. Rdn. 9).[372] Entspricht der Deal dem Interesse aller Verfahrensbeteiligten, können alle rechtlichen Vorgaben (Offenlegung, Protokollierung etc.) an das Verständigungsverfahren außer Acht gelassen werden; faktisch können die Verfahrensbeteiligten in dieser Konstellation also quasi »ihr Recht selbst schaffen«. Solange ein solcher »Konsens« besteht und eine Absprache contra legem funktioniert, wird das Revisibilitätsrisiko nicht akut.[373] Dem kann (s.u. Rdn. 87 ff.) durch eine Strafdrohung generalpräventiv entgegengetreten werden, wobei dies wohl nur unzureichend Abhilfe schaffen wird.

I. Berufung

Auch nach einer Verständigung ist also zunächst rechtlich unbeschränkt die Berufung zulässig. Diese führt zu einer völligen Neuverhandlung der Sache, d.h. zu einer zweiten Tatsacheninstanz und nicht zur Überprüfung des erstinstanzlichen Urteils.[374] Das Berufungsgericht ist nicht an die Verständigungsinhalte der Vorinstanz gebunden,[375] das Gleiche gilt für die anderen Beteiligten, die insb. auch entgegen früherer Zusagen ein unbeschränktes Beweisantragsrecht haben; ob das Geständnis jedoch verwertbar ist oder dem Beweisverwertungsverbot des § 257c Abs. 4 S. 3 StPO unterliegt, ist umstritten (s.o. Rdn. 54). Nach jüngster Rspr. kann allerdings angenommen werden, dass es beim Scheitern einer Verständigung dem Angeklagten unbenommen ist, auf das im Rahmen der (gescheiterten) Absprache abgelegte Geständnis bei Abschluss einer neuen Verständigung in der Berufungshauptverhandlung – auch konkludent – zurückzugreifen. Das Beweisverwertungsverbot des § 257c Abs. 3 S. 3 StPO gilt für diese Konstellation nicht.[376] U.U. kann zur Vermeidung einer weiteren Tatsacheninstanz die Sprungrevision gem. § 335 StPO angezeigt sein. 72

---

369 Vgl. BT-Drs. 16/12310, S. 9.

370 BGH, Beschl. v. 17.01.2023 – 2 StR 87/22, Rn. 31 ff. (= BeckRS 2023, 16821).

371 BGH StV 2009, 680; s. auch die ausf. Darstellung des gesamten Rechtsmittelrechts in Niemöller/Schlothauer/Weider/*Weider* Teil C und MüKo-StPO/*Jahn/Kudlich* § 257c Rn. 186 ff.

372 *Ruhs* Rechtsbehelfe bei Verständigungen, S. 150 ff.

373 *Fischer* StraFo 2009, 177 (184); *ders.* ZRP 2010, 249 (250); *König* AnwBl 2012, 982 (983); ähnl. bereits *Satzger* StraFo 2006, 45 (49); *Ruhs* Rechtsbehelfe bei Verständigungen, S. 161: »Bollwerk des Schweigens«.

374 Meyer-Goßner/*Schmitt* Vorbem. § 312 Rn. 1.

375 BT-Drs. 16/12310 S. 15; vgl. auch OLG Düsseldorf StV 2011, 80; OLG Karlsruhe NStZ 2014, 294.

376 BGH, Beschl. v. 29.06.2017 – 5 StR 226/17 (= BeckRS 2017, 117350).

Da es sich bei der Berufung um eine weitere Tatsacheninstanz handelt, steht einer erneuten Verständigung in der Berufungsinstanz nichts entgegen, die auch mit der erstinstanzlichen Verständigung übereinstimmen kann. Auch hier müssen dann jedoch alle Verfahrensvorschriften eingehalten werden.

Im Berufungsverfahren kann die »Beschränkung der Berufung auf den Rechtsfolgenausspruch oder – wenn zugleich die Staatsanwaltschaft eine auf den Rechtsfolgenausspruch beschränkte Berufung eingelegt hat – die Rücknahme des eigenen Rechtsmittels genügen.«[377]

II. Revision

73 Die Kontrolle von verständigungsbasierten Urteilen durch die Revision gehört zum Kern der gesetzlichen Regelung der Verständigung.[378] Durch die Transparenz- und Dokumentationspflichten der Ausgangsgerichte soll eine umfassende Kontrolle der getroffenen Verständigungen ermöglicht werden.[379] Ansatzpunkt einer Revision kann zum einen ein Mangel der Verständigung selbst, zum anderen ein Verfahrensfehler im Zusammenhang mit der Verständigung sein. Auf die Revisionsmöglichkeiten hat eine Verständigung rechtlich keine Auswirkungen. Nach allgemeinen Regeln sind hier ebenfalls Fristen und sonstige formelle Voraussetzungen, v.a. der Revisionsbegründung (§ 344 Abs. 2 StPO), einzuhalten.

1. Sachrügen

74 Mit der Sachrüge kann demnach auch im Fall einer Verständigung geltend gemacht werden, dass die tatsächlichen Feststellungen keine Grundlage für den Schuld- und Rechtsfolgenausspruch bilden oder materiell-rechtliche Vorschriften unrichtig angewendet wurden.[380] Insb. die Vereinbarung einer »Punktstrafe« stellt einen Rechtsfehler i.d.S. dar.[381]

2. Verfahrensrügen

75 Mit der Verfahrensrüge können Fehler im Verständigungsverfahren, geltend gemacht werden.[382] In der Zustimmung zu einer Verständigung kann kein Verzicht auf (zwingende) Verfahrensvorschriften gesehen werden.[383] Dementsprechend können z.B. die Besetzungsrüge (§ 338 Nr. 1 StPO) und die Befangenheitsrüge (§ 338 Nr. 3 StPO), aber auch alle anderen Rügen gem. § 338 StPO unter den allgemeinen Voraussetzungen erhoben werden. Der Erhebung der Aufklärungsrüge wegen Verletzung von § 257c Abs. 1 S. 2 i.V.m. § 244 Abs. 2 StPO steht auch ein Geständnis nicht entgegen;[384] ebenso wenig wie ein etwaig erklärter Verzicht auf Stellung weiterer Beweisanträge.[385] Eine bedenkliche Beschränkung der Verfahrensrüge wurde durch den BGH geschaffen, der über eine Revision nach § 338 Nr. 8 StPO wegen Beschränkung der Verteidigung zu entscheiden hatte. Der Beschwerdeführer rügte die Nichtverbescheidung seines Antrags auf Auswechslung des Pflichtverteidigers. Nach Ansicht des BGH ist die Verfahrensrüge bereits unzulässig, weil der Angeklagte anschließend »unter ausschließlicher Mitwirkung des bisherigen Pflichtverteidigers eine Verständigung i.S.d.

---

377 LG Freiburg StV 2010, 236; OLG München StV 2014, 79 (80); so auch Niemöller/Schlothauer/Weider/*Weider* Teil C Rn. 99.

378 BVerfGE 133, 168 (221 f.); ausf. zur Revisibilität s. *Ruhs* Rechtsbehelfe bei Verständigungen, S. 95 ff.

379 BT-Drs. 16/12310, S. 1.

380 BGHSt 51, 84; BGH NStZ-RR 2007, 245 (246); BGH NStZ 2011, 648.

381 BeckOK-StPO/*Eschelbach* § 257c Rn. 49; vgl. auch Meyer-Goßner/*Schmitt* § 344 Rn. 15.

382 Zum gewachsenen Anwendungsspielraum wegen des Verständigungsgesetzes s. *Frisch* GS Weßlau, S. 127 ff.

383 Niemöller/Schlothauer/Weider/*Weider* Teil C Rn. 4, 18; *Pfister* StV 2009, 550 (553).

384 S. BeckOK-StPO/*Eschelbach* § 257c Rn. 50, 54.

385 *Beulke/Witzigmann* StV 2009, 394 (397); ebenso *Schlothauer/Weider* Verteidigung im Revisionsverfahren, Rn. 1663.

§ 257c StPO getroffen hat.« Zudem sei in diesem Verhalten die »konkludente Rücknahme« des Auswechslungsantrags zu sehen.[386]

Revisible Verstöße gegen § 136a StPO erhalten im Rahmen von Verständigungen besondere Relevanz durch die sog. »Sanktionsschere« (dazu s.o. Rdn. 24). Bei etwaigen unter Verstoß gegen § 136a StPO gewonnen Inhalten sollte die Verteidigung der Verwertung widersprechen und darauf hinwirken, dass dies protokolliert wird.[387] Insb. sollte sie auch im Blick haben, dass ein entsprechendes Verhalten des Gerichts nach §§ 202a, 212, 243 Abs. 4 StPO wirklich aktenkundig ist, da anderenfalls kaum den Anforderungen des § 344 Abs. 2 S. 2 StPO Genüge getan werden kann.[388] Gleiches gilt im Hinblick auf die Rüge eines Verstoßes gegen den Grundsatz des fairen Verfahrens. Wird ein Gesetzesverstoß durch das Aufzeigen einer Sanktionsschere allerdings festgestellt, wird nur in Ausnahmefällen davon auszugehen sein, dass das Urteil auch auf der Gesetzesverletzung beruht.[389]

Daneben unterliegt aber auch die Einhaltung der Verständigungsvorschriften der vollständigen revisionsrechtlichen Überprüfbarkeit, wobei etwaige Verstöße wiederum mit der Verfahrensrüge zu beanstanden sind. Gerügt werden kann die Nichteinhaltung einer bindend gewordenen Zusage, die im Rahmen einer Verständigung vonseiten des Gerichts abgegeben wurde.[390] Daneben sind auch Verstöße gegen § 243 Abs. 4, § 273 Abs. 1a sowie § 257c Abs. 2–5 StPO revisionsrechtlich überprüfbar.[391] Schließlich stellt sich noch die Frage nach den Revisionsmöglichkeiten bei gescheiterten Verständigungen, also wenn die Verständigung nicht gem. § 257c Abs. 3 StPO wirksam zustande gekommen ist. Auch dann folgt die Revision den allgemeinen Regeln.[392] 76

Wichtig ist insb. auch die Revisibilität von **Verstößen gegen Belehrungspflichten** (v.a. § 257c Abs. 5 StPO, s.o. Rdn. 42). Nach § 257c Abs. 5 StPO muss der Angeklagte darüber belehrt werden, unter welchen Voraussetzungen und mit welchen Folgen das Gericht von der Verständigung abweichen kann. Erst hierdurch wird dem Angeklagten eine autonome Entscheidung ermöglicht, ob er den Schutz der Selbstbelastungsfreiheit aufgibt und sich auf eine Verständigung einlässt. Das BVerfG misst der in § 257c StPO verankerten Belehrungspflicht die Bedeutung einer »zentralen rechtsstaatliche[n] Sicherung des Grundsatzes des fairen Verfahrens und der Selbstbelastungsfreiheit« zu.[393] Bei einer unterbliebenen Belehrung ist i.d.R. davon auszugehen, dass das Geständnis und damit das Urteil auf dem Rechtsverstoß **beruhen.**[394] Damit liefert eine Verletzung der Belehrungspflicht nach § 257c Abs. 5 StPO i.d.R. einen Revisionsgrund. Anders soll dies nur sein, wenn die Ursächlichkeit des Belehrungsfehlers für das Geständnis ausgeschlossen werden kann, weil der Angeklagte dieses auch bei ordnungsgemäßer Belehrung abgegeben hätte;[395] hierzu müssen vom Revisionsge- 77

386 BGH StV 2010, 470 m. krit. Anm. *Wattenberg* StV 2010, 471 f.
387 MüKo-StPO/*Jahn*/*Kudlich* § 257c Rn. 133.
388 BGH NStZ-RR 2010, 181; s. auch Niemöller/Schlothauer/Weider/*Weider* Teil C Rn. 29.
389 So etwa, wenn der Angeklagte trotz des Aufzeigens einer Sanktionsschere beim Bestreiten der Tatvorwürfe blieb, s. BGH NStZ 2018, 419 (420); dem zust. *Ruhs* Rechtsbehelfe bei Verständigungen, S. 98; *Bittmann* ZWH 2018, 239 (244).
390 Meyer-Goßner/*Schmitt* § 257c Rn. 33; BeckOK-StPO/*Eschelbach* § 257c Rn. 49.
391 Niemöller/Schlothauer/Weider/*Weider* Teil C Rn. 31, 41.
392 MüKo/*Jahn*/*Kudlich* § 257c Rn. 193.
393 Vgl. BVerfGE 133, 168 (224 f.); BVerfG NStZ-RR 2013, 315 (316); BVerfG NJW 2014, 3506 (3507).
394 BVerfGE 133, 168 (224 f.); BVerfG NStZ-RR 2013, 315 f.; BVerfG NJW 2014, 3506 (3507).
395 So z.B., wenn dem Angeklagten wegen eines vorangegangenen Verständigungsvorschlags sowohl Voraussetzungen für den Wegfall der Bindung sowie dessen Konsequenzen bekannt waren, s. BGH, Beschl. v. 08.08.2019 – 1 StR 295/19, Rn. 13 (= HRRS 2019 Nr. 1192); vgl. auch BGH NStZ 2020, 93 (94), wonach ein Beruhen wegen ausreichender Information der Öffentlichkeit ausnahmsweise auszuschließen war.

richt allerdings konkrete Feststellungen getroffen werden,[396] pauschalierende Vermutungen genügen nicht.[397] Die fachgerichtliche Rspr. ist dem im Wesentlichen einhellig gefolgt.[398]

78 Auch die **Verletzung von Mitteilungspflichten** (§ 243 Abs. 4 S. 1 StPO, s.o. Rdn. 37 ff.) kann im Wege der Revision gerügt werden. Nach der Senatsentscheidung des BVerfG vom März 2013 ist ein Beruhen des Urteils auf dem Verstoß grds. nicht auszuschließen, »sofern nicht ausnahmsweise zweifelsfrei feststeht, dass es keinerlei Gespräche gegeben hat, in denen die Möglichkeit einer Verständigung im Raum stand«[399]. Dies hat das BVerfG in mehreren Kammerentscheidungen konkretisiert, wonach über eine reine Kausalitätsprüfung hinaus unter Berücksichtigung des Sinns und Zwecks der Mitteilungspflichten die Beruhensprüfung um normative Gesichtspunkte (insb. die Bedeutung des Öffentlichkeitsgrundsatzes, aber auch der Fair-Trial-Grundsatz[400]) angereichert werden könne.[401] Die Revisionsgerichte seien im Übrigen »nicht gehindert, bei der Prüfung, ob sich ein Beruhen des Urteils auf einem Transparenzverstoß ausnahmsweise ausschließen lässt, Art und Schwere des Verstoßes zu berücksichtigen«[402]. Während die fachgerichtliche Rspr. dieser »Segelanweisung« im Wesentlichen gefolgt ist,[403] hat der *3. Strafsenat* des BGH ganz grds. die Entscheidungen des BVerfG inhaltlich sowie hinsichtlich ihrer Bindungswirkung angezweifelt (zur Kritik s. sogleich)[404] und belässt der Fachgerichtsbarkeit einen verhältnismäßig großzügigen Beurteilungsspielraum bei der Beruhensfrage.[405] Jüngst hat das BVerfG allerdings zu erkennen gegeben – abermals in einer Kammerentscheidung –, dass es an der strengen Linie seiner Grundsatzentscheidung aus 2013 nicht mehr zwingend festzuhalten gedenkt. Es äußerte vorsichtig, dass die Revisionsgerichte nicht daran

396 BVerfGE 133, 168 (238); BVerfG NStZ-RR 2013, 315 (316); BVerfG NJW 2014, 3506 (3507).
397 BVerfG NJW 2014, 3506 (3507).
398 BGH NStZ-RR 2013, 350; BGH NStZ 2013, 728 (729); BGH NStZ-RR 2014, 185; BGH StV 2014, 518 (519); BGH NStZ-RR 2015, 225; BGH NStZ-RR 2017, 120; BGH, Beschl. v. 16.10.2018 – 3 StR 357/18, Rn. 4 (= HRRS 2018 Nr. 1171); BGH StV 2019, 380 (381); BGH NStZ-RR 2019, 27 (28); BGH NStZ 2019, 169; OLG München StV 2014, 79; OLG Köln StV 2014, 80; OLG Karlsruhe NStZ 2014, 294.
399 BVerfGE 133, 168 (223 f.).
400 So jüngst in einem Eilrechtsschutzverfahren BVerfG NJW 2020, 2461 (2462).
401 BVerfG NStZ 2015, 170 (172); BVerfG NStZ 2015, 172 (174).
402 BVerfG NStZ 2015, 170 (172); BVerfG NStZ 2015, 172 (174); konkretisierend in einer Kammerentscheidung das BVerfG 2020, 2461 (2464); ebenso BVerfG Beschl. v. 08.11.2023 – 2 BvR 294/22, Rn. 59 ff. (= BeckRS 2023, 41749).
403 BGH NStZ 2016, 221 (225 f.); BGH NStZ 2016, 362; BGH, Beschl. v. 10.12.2015 – 3 StR 163/15, Rn. 15 (= HRRS 2016 Nr. 185); implizit auch BGH NStZ 2017, 52 (54); BGH NStZ 2017, 363 (365); BGH NStZ 2017, 596 (598). Auch der *5. Strafsenat* des BGH macht sich die Rspr. des BVerfG offenbar nur widerwillig zu Eigen und spricht mit Verweis auf krit. Stimmen der Lit. (vgl. *Niemöller* NStZ 2015, 489 ff.) von einer »von der herkömmlichen Dogmatik zum Beruhen […] abweichenden Rechtsprechung des Bundesverfassungsgerichts«, s. BGH NStZ-RR 2018, 355; nunmehr BGH NStZ 2021, 61 (62). Anders hingegen der *1. Strafsenat* des BGH, s. BGH NStZ 2017, 482 (483); BGH NStZ 2018, 363 (364); NStZ 2019, 688 (689) m. Anm. *Kudlich* sowie der *2. Strafsenat* des BGH im Beschl. v. 06.10.2020 – 2 StR 262/20, Rn. 9 (= HRRS 2020 Nr. 1379); s. zum Ganzen ausf. *Ruhs* Rechtsbehelfe bei Verständigungen, S. 111 ff.
404 Grundlegend BGH NStZ 2016, 221 (225 f.); s. aber auch BGH NStZ 2016, 362 sowie BGH, Beschl. v. 10.01.2017 – 3 StR 216/16, Rn. 21 (= HRRS 2017 Nr. 278); ebenso krit. nunmehr der *6. Strafsenat* des BGH, s. BGH NStZ 2022, 246 (247) und BGH, Beschl. v. 08.02.2023 – 6 StR 284/22 (= BeckRS 2023, 2195); krit. zur Frage der Bindungswirkung auch *Stuckenberg* ZIS 2013, 212 (216); *Mosbacher* NZWiSt 2013, 201 (202); *Kudlich* NStZ 2013, 379 (381); *Knauer* NStZ 2013, 433 (435 f.); *Niemöller* StV 2013, 419 (421 f., 424); *ders.* NStZ 2015, 489 (494); *Ruhs* Rechtsbehelfe bei Verständigungen, S. 138 ff.
405 Vgl. BGH NStZ-RR 2020, 87, wonach ein Beruhen des Urteils auf der Verletzung des § 243 Abs. 4 S. 2 StPO auszuschließen sei, wenn der Beschuldigte sowie die Öffentlichkeit durch eine Mitteilung des Verteidigers sowie durch die weiteren protokollierten Hinweise über den wesentlichen Inhalt der Verständigungsgespräche informiert gewesen seien.

gehindert seien, aufgrund einer an den Umständen des Einzelfalls ausgerichteten Gesamtbetrachtung ausnahmsweise zu einem Ausschluss des Beruhens zu gelangen.[406] Die BVerfG-Rspr. entfaltet – gleich mit welchem Spruchkörper das Verfassungsgericht entscheidet – eine faktische Bindungswirkung[407], sodass die Entscheidungen – trotz aller Kritik – in der Praxis unvermeidlich zu berücksichtigen sind.

Letztlich kann auch die **Verletzung von Protokollierungspflichten** (§ 273 Abs. 1a StPO, s.o. Rdn. 44 ff.) in der Revision gerügt werden. Ausgehend von den verfassungsgerichtlichen Vorgaben hat der *2. Strafsenat* des BGH ausgeführt, dass angesichts des einheitlichen Regelungskonzeptes des Verständigungsgesetzes eine mangelhafte Dokumentierung des verständigenden Prozessgeschehens zugleich auf einen Rechtsfehler des gesamten Verständigungsverfahrens schließen lasse. Ein Beruhen des Urteils auf einem Protokollierungsverstoß sei dabei regelmäßig nicht auszuschließen, auch wenn es tatsächlich nicht zu einer Verständigung gekommen ist.[408] In diesem Zusammenhang genüge es den Darlegungsanforderungen des § 344 Abs. 2 StPO, wenn der Revisionsführer auf die Fehlerhaftigkeit des Protokolls, welches nur unzureichende Angaben zu den Gesprächen in Bezug auf eine Verständigung enthält, verweise. Aufgrund der in sich geschlossenen Regelungskonzeption der Verständigung mit den verbundenen Mitteilungs- und Dokumentationspflichten ist der Revisionsführer nicht verpflichtet, die Verletzung der einzelnen Verfahrensvorschriften ausdrücklich zu benennen. Der Gesetzgeber habe hier mit § 257c StPO i.V.m. § 243 Abs. 4, § 273 Abs. 1a StPO eine Sonderregelung geschaffen, die zu einer Reduktion der Darlegungspflichten des Beschwerdeführers führt.[409] Dem tritt erneut der *3. Strafsenat* des BGH entgegen. Es sei »denklogisch ausgeschlossen«, dass ein Urteil auf einer unzureichenden Protokollierung beruhen könne, da die Sitzungsniederschrift stets erst nach dem Urteilserlass fertiggestellt wird.[410] Überdies sei eine Ausnahme vom Verbot unzulässiger Protokollrügen von Verfassungs wegen nicht angezeigt, wie das BVerfG in begrüßenswerter Deutlichkeit im Anschluss an die Entscheidung des *2. Strafsenats* des BGH klargestellt hat.[411] **79**

Das BVerfG sowie ein Teil der fachgerichtlichen Rspr. verknüpfen das Verständigungsgesetz zu einer normativ »untrennbare[n] Einheit«[412], wonach sich sämtliche Verstöße gegen die Informations- und Transparenzpflichten – je nach Art und Schwere – auf die gesamte Verständigung durchschlagen können, sodass ein Beruhen des Urteils auf der Verletzung regelmäßig nicht mehr auszuschließen sei. Insgesamt ist die Bildung eines normativen Beruhensmaßstabes durch die Kategorie sog. **»quasi-absoluter« Revisionsgründe** kritisch zu sehen. Die Schaffung solcher – vom Gesetzgeber in dieser Form nicht vorgesehenen –[413] bereichsspezifischen Ausnahmen bei dem herkömmlichen, auf Kausalitätserwägungen basierenden Beruhensmaßstab gefährdet die Grundkonzeption des Revisionsrechts (relative/absolute Revisionsgründe), dessen Auswirkungen auf andere Verfahrensbereiche noch nicht absehbar sind.[414]

---

406 Vgl. BVerfG NJW 2020, 2461 (2464); dies bestätigend BGH, Urt. v. 23.06.2020 – 5 StR 115/20, Rn. 12 (= BeckRS 2020, 17780); wohl auch BGH, Beschl. v. 16.09.2020 – 5 StR 249/20, Rn. 13 (= BeckRS 2020, 25251).

407 Zur faktischen Bindungswirkung bundesverfassungsgerichtlicher Entscheidungen s. MüKo-StPO/*Jahn*/*Kudlich* § 257c Rn. 34; ebenso bei *Rabe* Verständigungsurteil, S. 76 und *Ruhs* Rechtsbehelfe bei Verständigungen, S. 143 f.

408 BGHSt 58, 310 (312 f.); dem folgend der *4. Strafsenat* des BGH (vgl. BGH StV 2014, 67 f.) sowie OLG München StV 2014, 520 (521) und OLG Bremen StV 2016, 790.

409 BGHSt 58, 310 (311 f.); dem folgend OLG Bremen StV 2016, 790.

410 BGHSt 59, 130 (133 f.); zweifelnd auch der *1. Strafsenat* des BGH, vgl. BGH NJW 2015, 645 (in BGHSt 60, 150 [152] nicht abgedruckt); ebenso wie HansOLG NStZ 2014, 534 (536) und OLG Nürnberg StV 2015, 282 (283).

411 BVerfG, Beschl. v. 09.12.2015 – 2 BvR 1043/15, Rn. 9 (= HRRS 2016 Nr. 97); zust. *Pfister* StraFo 2016, 187 (195).

412 BVerfGE 133, 168 (222).

413 Und sich damit an den Grenzen richterlicher Rechtsfortbildung bewegend, vgl. *Beulke*/*Stoffer* JZ 2013, 662 (669); *Pfister* StraFo 2016, 187 (196); ähnl. *Frisch* GS Weßlau, S. 127 (145 f.).

414 Hierzu ausf. mit eigenem Regelungsvorschlag *Ruhs* Rechtsbehelfe bei Verständigungen, S. 394 ff.

Freilich wäre es denkbar, den herkömmlichen Katalog des § 338 StPO um einen weiteren Revisionsgrund zu ergänzen, welcher Verstöße gegen die Informations- und Transparenzvorschriften des Verständigungsgesetzes zu einem eigenen Revisionsgrund erhebt.[415] Allerdings liegt es in der Hand des Gesetzgebers – und nicht der Judikative – eine solche Erweiterung vorzunehmen.

III. Wiedereinsetzung in den vorigen Stand

80 Ein zusätzliches Problem ist die mögliche Wiedereinsetzung in den vorigen Stand bei Fristversäumung aufgrund unterlassener Rechtsbehelfsbelehrung nach § 35a S. 3 StPO. Bei dem Antrag gem. § 44 StPO handelt es sich um einen förmlichen Rechtsbehelf anderer Art,[416] der eine unverschuldete Fristversäumung zur Voraussetzung hat. Der Anwendungsbereich des Wiedereinsetzungsantrags ist durch das Verständigungsgesetz nicht erweitert worden. Die gesetzliche Vermutung der unverschuldeten Fristversäumung für den Fall der unterbliebenen Belehrung (s. § 44 S. 2 StPO) bezieht sich nämlich ausdrücklich nur auf die unterbliebene Rechtsmittelbelehrung nach § 35a S. 1 und S. 2 StPO. Die Belehrung nach § 35a S. 3 StPO bleibt unerwähnt. Das beruht darauf, dass der Betroffene das Ergebnis einer Verständigung i.d.R. akzeptieren wird und an einem Rechtsmittelverfahren kein Interesse hat. Wegen der Unwirksamkeit eines etwaigen Rechtsmittelverzichts (§ 302 Abs. 1 S. 2 StPO) hat der Betroffene aber in jedem Fall eine einwöchige Bedenkzeit. Der Wiedereinsetzungsantrag soll aus Gründen der Rechtssicherheit nicht die Möglichkeit eröffnen, bei späterer Meinungsänderung doch noch Rechtsmittel einzulegen.[417] Ob jedoch die zu späte Kenntnisnahme von der Unwirksamkeit eines Rechtsmittelverzichts gem. § 302 Abs. 1 S. 2 StPO ein Verschulden i.S.v. § 44 S. 1 StPO begründet, ist umstritten. Während der BGH annimmt, dass die zu späte Kenntnisnahme einer gesetzlichen Regelung durch den Verurteilten und ggf. dessen Verteidiger nicht das Verschulden verhindert,[418] argumentiert das OLG München, dass eine unverschuldete Hinderung zur Einlegung des Rechtsmittels vorliegen kann, wenn der Beschuldigte glaubhaft macht, dass er von der Unabänderlichkeit des Urteils nach dem erklärten Rechtsmittelverzicht ausgegangen ist.[419] Da die Widereinsetzung wegen § 44 StPO allerdings nur solche Irrtümer betrifft, die den Fristbeginn oder -lauf zum Gegenstand haben,[420] ist eine fehlerhafte Motivlage des Rechtsmittelberechtigten unbeachtlich.[421] Die Ansicht des OLG München ist daher abzulehnen.

IV. Wiederaufnahme des Verfahrens

81 Die Wiederaufnahme des Verfahrens gem. §§ 359 ff. StPO eröffnet, ob der Vielzahl an Verfahrensabsprachen, ein großes Anwendungspotential. Dieser außerordentliche Rechtsbehelf, dem im Vergleich zu den Rechtsmitteln eine nur »beschränkte Korrektivfunktion«[422] zukommt, ist auch in Verständigungsfällen uneingeschränkt möglich;[423] in der Verständigung liegt weder ein Verzicht[424] noch eine Verwirkung[425] bzgl. des Antragsrechts. Da mithilfe dieses Instituts aus materiellen oder

415 S. zur Kritik insgesamt *Stuckenberg* ZIS 2013, (215); *Mosbacher* NZWiSt 2013, 201 (205 f.); *Knauer* NStZ 2013, 433 (435); *ders./Pretsch* NStZ 2015, 174; *Niemöller* NStZ 2015, 489 (493 f.); *Bittmann* ZWH 2023, 209 (219 ff.); *Ruhs* Rechtsbehelfe bei Verständigungen, S. 130 ff.; eine sehr ausf. und lesenswerte Darstellung s. bei *Rabe* Verständigungsurteil, S. 356 ff.

416 Meyer-Goßner/*Schmitt* § 44 Rn. 1.

417 BT-Drs. 16/12310, S. 11.

418 BGH NStZ-RR 2010, 244; BGH NStZ-RR 2017, 48.

419 OLG München StV 2013, 495 (500).

420 MüKo-StPO/*Valerius* § 44 Rn. 39; *Ruhs* Rechtsbehelfe bei Verständigungen, S. 156.

421 Anderenfalls würde ein Anschlussrechtsmittel geschaffen werden, welches die StPO so nicht vorgesehen hat, *Ruhs* Rechtsbehelfe bei Verständigungen, S. 156 f.

422 Dazu *Ruhs* Rechtsbehelfe bei Verständigungen, S. 203 ff.

423 BeckOK-StPO/*Eschelbach* § 257c Rn. 56; *Ruhs* Rechtsbehelfe bei Verständigungen, S. 166.

424 BeckOK-StPO/*Eschelbach* § 257c Rn. 45, 56.1; *Ruhs* Rechtsbehelfe bei Verständigungen, S. 310 f.

425 *Eschelbach* HRRS 2008, 190 (203); *Fahl* Rechtsmißbrauch, S. 659 f.; *Ruhs* Rechtsbehelfe bei Verständigungen, S. 312 f.

prozeduralen Gerechtigkeitserwägungen ausnahmsweise in den vom Gesetzgeber abschließend festgelegten Fällen die materielle Rechtskraft eines Urteils durchbrochen werden kann,[426] erlangt diese Verteidigungsmöglichkeit im Zusammenhang mit Verständigungen dann besondere Bedeutung, wenn sich erst nach Rechtskraft deren Scheitern herausstellt bzw. herausstellen kann, so z.B. wenn dem Beschuldigten eine Vergünstigung bei der Strafvollstreckung (offener Vollzug, Halbstrafenregelung, etc.) zugesagt wird. Aber auch bei einem Geständniswiderruf oder bei einer möglichen strafbaren Amtspflichtverletzung kann das Rechtsinstitut der Wiederaufnahme Abhilfe schaffen.

1. Wiederaufnahme nach § 359 Nr. 5 StPO

Als Grund für eine Wiederaufnahme zugunsten des Verurteilten kommt § 359 Nr. 5 StPO in Betracht. »Neue Beweismittel«, die einen Freispruch oder die Anwendung eines milderen Strafgesetzes zu begründen geeignet sind, können etwa dann beigebracht werden, wenn die Verständigung dahin ging, die Hauptverhandlung durch Verzicht auf wichtige Beweismittel (z.B. Zeugen, Sachverständige) abzukürzen. Denn ein Beweismittel, dessen sich das erkennende Gericht nicht bedient hat, gilt als neu, gleichgültig, ob es dem Gericht bekannt oder unbekannt war.[427] Eine entsprechende Geeignetheit wird man den nicht berücksichtigten Beweismitteln allerdings nur dann unterstellen können, wenn der Verurteilte kein umfassendes und glaubhaftes Geständnis abgelegt hat. Andernfalls wäre ein Wiederaufnahmeantrag bereits unzulässig, da es nicht als genügend wahrscheinlich angesehen werden könnte, dass die den Schuldspruch tragenden Feststellungen des Urteils erschüttert würden;[428] die Verurteilung würde dann ja immer noch von dem umfassenden Geständnis gestützt. Auf weitere Beweismittel käme es regelmäßig nicht mehr an.[429] 82

Die Wiederaufnahme kommt jedoch insb. dann infrage, wenn ein Geständnis des Angeklagten Teil der Verständigung ist und der Verurteilte dieses widerruft; denn in diesem Widerruf wird eine »neue Tatsache« i.S. des § 359 Nr. 5 StPO gesehen.[430] Im Verhältnis zum Rechtsmittelrecht ist von Bedeutung, dass bei einem Geständniswiderruf nicht die Revision, sondern nur der Wiederaufnahmeantrag nach § 359 Nr. 5 StPO wegen einer neuen Beweistatsache zulässig ist.[431] Allerdings bedingt die besondere beweisrechtliche Bedeutung des Geständnisses sehr strenge Anforderungen der Rspr. an den Umfang der Darlegungslast im Hinblick auf §§ 368–370 StPO (die sog. erweiterte Darlegungslast). Hiernach muss der Antragsteller gute Gründe für die Ablegung des behaupteten Falschgeständnisses und den verspäteten Widerruf benennen.[432] Dies gilt grds. auch für den Widerruf eines verständigungsbasierten Geständnisses.[433] Das Verständigungssystem schafft aber jedenfalls Anreize, ein ganz oder teilweise falsches Geständnis abzulegen, um die Nachteile einer langen Hauptverhandlung mit riskantem Ausgang zu umgehen,[434] sodass hier ein ernst zu nehmender Ansatzpunkt für eine wirksame Verteidigung zu erkennen ist.[435] Der Verurteilte hat bei einem auf einer Verständigung beruhenden Geständnis häufiger als sonst ein einleuchtendes Motiv für die

---

426 Ausf. zu den rechtsdogmatischen Grundlagen s. SSW-StPO/*Kaspar* Vorbem. §§ 359 ff. StPO Rn. 1 f.; MüKo-StPO/*Engländer/Zimmermann* Vorbem. § 359 Rn. 1 ff.; *Ruhs* Rechtsbehelfe bei Verständigungen, S. 166 ff.

427 Meyer-Goßner/*Schmitt* § 359 Rn. 32.

428 Zur Zulässigkeitsprüfung im Additionsverfahren, vgl. Meyer-Goßner/*Schmitt* § 368 Rn. 8 ff.

429 Vgl. *Rönnau* Absprache, S. 261. Etwas anderes hätte nur zu gelten, wenn das Geständnis z.B. wegen eines Verstoßes gegen § 136a StPO nicht verwertet werden dürfte, vgl. *Gerlach* Absprachen, S. 206 f.

430 KMR/*Eschelbach* § 359 Rn. 132; KK/*Schmidt* § 359 Rn. 22; LR/*Schuster* § 359 Rn. 64; *Beulke/Swoboda* Strafprozessrecht, Rn. 586.

431 BeckOK-StPO/*Eschelbach* § 257c Rn. 49.

432 BGH NJW 1977, 59; BVerfG NJW 1994, 510; LG Landau StV 2009, 237.

433 BayVerfGH NStZ 2014, 447.

434 *Rönnau* Absprache, S. 262 ff.; vgl. aber auch die früher abl. Haltung des OLG Köln NJW 1963, 967 f.

435 Beispiele für eine erfolgreiche Wiederaufnahme, nachdem sich die Unrichtigkeit der absprachebedingten Geständnisse der Angeklagten herausgestellt hatte, sind die Entscheidungen des OLG Köln DRiZ 1989, 181 und des OLG Stuttgart NJW 1999, 375; vgl. auch *Hellebrand* NStZ 2008, 374 (379).

Abgabe eines falschen Geständnisses[436] und damit einen Grund für dessen Widerruf. Somit sind die Darlegungslasten beim verständigungsbasierten Geständnis insgesamt als weniger streng anzusehen.[437] Dies gilt insb. dann, wenn die Verurteilung auf einem sog. »schlanken Geständnis« beruht, da dieses i.d.R. den Beweisanforderungen des § 257c Abs. 1 S. 2 i.V.m. § 244 Abs. 2 StPO nicht genügt (s.o. Rdn. 33); der geringe Beweiswert demnach u.U. bereits durch einen ebenso schlanken Widerruf erschüttert werden kann.[438] Jedenfalls muss für die Antragsbegründung genügen, wenn aufgezeigt werden kann, dass beim streitigen Verfahren eine bedeutend höhere Bestrafung für den Verurteilten zu erwarten gewesen wäre.[439]

Die Wiederaufnahme nach § 359 Nr. 5 StPO kann auch dann begründet sein, wenn ein Geständnis unter dem Eindruck einer nach § 136a Abs. 1 S. 3 StPO unzulässigen Sanktionsschere zu Stande kam (s.o. Rdn. 24) und in der Folge in der Hauptverhandlung gem. § 136a Abs. 3 S. 2 StPO schon nicht hätte verwertet werden dürfen. Denn sofern die Unverwertbarkeit dem Gericht nicht bekannt war (z.B., weil die unzulässige Sanktionsschere außerhalb der Hauptverhandlung aufgezeigt wurde), kann dies eine »neue Tatsache« darstellen.[440]

2. Wiederaufnahme nach §§ 359 Nr. 3, 362 Nr. 3 StPO

83 Angesichts der großen Strafbarkeitsrisiken, denen sich die Prozessbeteiligten bei Verständigung contra legem ausgesetzt sehen können (s.u. Rdn. 87 ff.), wird in Fällen einer Amtspflichtverletzung eines Richters künftig dem »vergessene[n] Wiederaufnahmegrund« propter falsa nach §§ 359 Nr. 3, 362 Nr. 3 StPO eine erhöhte Bedeutung beizumessen sein.[441]

Dabei wird der Wiederaufnahme **zugunsten** des Verurteilten i.d.R. keine »Veranlassung« gem. § 359 Nr. 3 StPO a.E. entgegenstehen, weil der Angeklagte gem. § 257c Abs. 3 S. 4 StPO einer rechtswidrigen Absprache zugestimmt hat. Andernfalls würde dies das gesetzliche Regelungskonzept konterkarieren.[442] Hingegen wird das Zulässigkeitserfordernis des § 364 S. 1 StPO regelmäßig eine Hürde für ein erfolgreiches Wiederaufnahmebegehren begründen,[443] wenngleich die Alt. 2 des § 364 S. 1 StPO jedenfalls die Möglichkeit eröffnet, auch ohne rechtskräftige Verurteilung (etwa beim sog. »Stillstand der Rechtspflege«[444]) eine Wiederaufnahme erfolgreich anzustreben.[445]

Freilich stellt bei der Wiederaufnahme **zuungunsten** des Angeklagten die Möglichkeit des Wiederauflebens wegen strafbarer Amtspflichtverletzung ein Risiko für den Angeklagten dar, da das Verbot der reformatio in peius hier nicht gilt (vgl. § 373 Abs. 2 StPO).[446]

436 KG NStZ 2006, 468 (469).
437 Ebenso SSW-StPO/*Kaspar* § 359 Rn. 36.
438 KMR/*Eschelbach* § 359 Rn. 132.
439 *Hellebrand* NStZ 2008, 374 (379); MüKo-StPO/*Engländer/Zimmermann* § 368 Rn. 36.
440 *Bock/Eschelbach/Geipel/Hettinger/Röschke/Wille* GA 2013, 329 (344); BeckOK-StPO/*Eschelbach* § 257c Rn. 56.3; zust. *Rabe* Verständigungsurteil, S. 501.
441 So zu Recht *Bock/Eschelbach/Geipel/Hettinger/Röschke/Wille* GA 2013, 329 (341); vgl. die ausf. Darstellungen zur Bedeutung der §§ 359 Nr. 3, 362 Nr. 3 StPO nach einer Verständigung bei *Ruhs* Rechtsbehelfe bei Verständigungen, S. 205 ff.
442 So aber *Dießner* StV 2011, 43 (49); a.A. zu Recht *Kirsch* StraFo 2010, 96 (101).
443 Dazu MüKo-StPO/*Engländer/Zimmermann* § 364 Rn. 3.
444 So erstmals KMR/*Eschelbach* § 364 Rn. 24; BeckOK-StPO/*ders.* § 257c Rn. 56; dem beipflichtend *Ruhs* Rechtsbehelfe bei Verständigungen, S. 334 ff.; abl. *Bittmann* wistra 2020, 143.
445 Zu den weiteren denkbaren Anwendungsfällen s. *Ruhs* Rechtsbehelfe bei Verständigungen, S. 330 ff.
446 *Schlothauer/Weider* StV 2009, 600 (606); *Dießner* StV 2011, 43 (49); vgl. auch *Kirsch* StraFo 2010, 96 (101).

V. Sonstiges

1. Nichtigkeit als Rechtsfolge

Ausnahmsweise kann – jedenfalls nach Auffassung des OLG München – gegen Urteile, die unter Missachtung des Verständigungsgesetzes dem Verfahrensrecht vollständig entrückt sind, das Verdikt der **Nichtigkeit** ausgesprochen werden. Dies sei dann anzunehmen, wenn das Urteil des Ausgangsgerichts die formellen Offenlegungs-, Dokumentations-, Hinweis- und Belehrungspflichten völlig außer Acht gelassen hat und das Urteil allein auf einem ungenügenden Geständnis des Angeklagten beruhe. Folglich könne – selbst bei allseitigem Rechtsmittelverzicht – keine Rechtskraft eintreten.[447] 84

So begrüßenswert die klaren Worte des OLG München[448] sind, ist die Nichtigkeitsfolge im Strafverfahren jedoch mit der im Vordringen befindlichen Auffassung abzulehnen.[449] Inwieweit nichtige Urteile in der jeweiligen Verfahrensordnung Anerkennung finden können, lässt sich nur anhand einer Betrachtung des »Systems der Rechtskraftwirkung, der Durchbrechungsmöglichkeiten und der daraus abzuleitenden Gesamtbewertung durch die Rechtsordnung«[450] beurteilen. Der gesetzlichen Struktur ist die Vermutung zu entnehmen, dass richterliche Entscheidungen Wirksamkeit beanspruchen. Selbst das Vorliegen schwerer Verfahrensverstöße nach § 338 StPO führt nicht zugleich zur Unwirksamkeit der richterlichen Entscheidung. Die Nichterwähnung der Nichtigkeitsfolge im System der abgestuften Reaktionsmöglichkeiten (relative bzw. absolute Revisionsgründe, Wiederaufnahmegründe propter falsa/nova) auf Verfahrensfehler spricht ferner für eine Nichtanerkennung.[451] Zu beachten sind daneben die verfahrensrechtlichen Konsequenzen der Nichtigkeit einer Entscheidung. Die Erklärung der Unwirksamkeit eines Urteils im Revisionsverfahren hat zur Folge, dass der Verurteilte dem Schutz der §§ 331 Abs. 1, 358 Abs. 2 S. 2 StPO verlustig geht. Das Wegfallen des Verschlechterungsverbots widerspricht damit eklatant dem System des Revisionsrechts.[452]

2. Sonstige Rechtsbehelfe

In Ausnahmefällen kommt die Verfassungsbeschwerde nach Art. 93 Abs. 1 Nr. 4a GG i.V.m. §§ 13 Nr. 8a, 90 ff. BVerfGG gegen das Gesetz selbst bzw. gegen seine Anwendung und Auslegung in Betracht. Im Hinblick auf die Verletzung von Informationspflichten nach § 243 Abs. 4 S. 2 StPO steht die Subsidiarität der Verfassungsbeschwerde einem solchen Vorgehen nicht im Wege, wenn der verurteilte Beschwerdeführer im Strafprozess keinen Beschluss nach § 238 Abs. 2 StPO herbeigeführt hat, denn diese ist ausschließlich dem Vorsitzenden des Gerichts überantwortet worden und soll den Angeklagten gerade vor einer fehlerhaften Beratung durch seine Verteidiger schützen.[453] Im Übrigen verbleibt nur ein Gnadengesuch (vgl. § 452 StPO)[454] sowie als allerletzter Rechtsbehelf die Beschwerde zum Europäischen Gerichtshof für Menschenrechte in Straßburg nach Art. 34 EMRK (s. dazu Kap. 4 Rdn. 353 ff.) wegen eines im Ganzen unfairen Verfahrens oder fehlender Neutralität.[455] Auch wenn eine Entscheidung des EGMR nicht kurzfristig zu erwarten ist, eröffnet ein ent- 85

447 Vgl. OLG München StV 2013, 495; etwas zurückhaltender OLG Karlsruhe, Beschl. v. 20.07.2017 – 2 Ws 162/17, Rn. 19 ff. (= BeckRS 2017, 120473).

448 *Satzger* JK 6/14, StPO § 257c/7; ebenso MüKo-StPO/*Jahn/Kudlich* § 257c Rn. 207.

449 So schon zweifelnd *Grünwald* ZStW 76 (1964), 250; *Sarstedt* JR 1955, 351; neuere Lit. etwa *Radtke* JR 2003, 127 (130); *Meyer-Goßner* StV 2013, 614; *Kudlich* NJW 2013, 3216 (3217 f.); MüKo-StPO/*ders.* Einl. Rn. 340; MüKo-StPO/*Jahn/Kudlich* § 257c Rn. 207.

450 LR/*Kühne*, Einl. Abschn. K, Rn. 112 ff.

451 *Kudlich* NJW 2013, 3216 (3217); MüKo-StPO/*Jahn/Kudlich* § 257c Rn. 207.

452 *Meyer-Goßner* StV 2013, 614 (615); *Förschner* StV 2013, 502 (503); denkbar wäre auch eine analoge Anwendung der Reformatio-in-peius-Vorschriften, vgl. *Satzger* JK 6/14, StPO § 257c/7.

453 BGHSt 59, 252 (256); im Übrigen BVerfG StV 2000, 3.

454 S. *Rückel* NStZ 1987, 302 f.; *Gerlach* Absprachen, S. 207; *Janke* Verständigung, S. 244.

455 Zur Individualbeschwerde und ihren Voraussetzungen s. ausf. SSW-StPO/*Satzger* Art. 34 EMRK Rn. 1 ff.

sprechend positives Urteil des EGMR über § 359 Nr. 6 StPO die Wiederaufnahme des deutschen Verfahrens und somit die Möglichkeit einer nachträglichen Rehabilitation.[456]

F. Schadensersatzpflicht des Verteidigers

86 Unterlaufen dem Verteidiger bei den Verständigungsverhandlungen Fehler, ohne die ein günstigeres Ergebnis möglich gewesen wäre, ist der Verteidiger grds. Haftungsrisiken ausgesetzt.[457] Diese ergeben sich i.d.R. aus § 280 Abs. 1 BGB, u.U. auch aus § 280 Abs. 3 i.V.m. § 281 BGB oder aus § 280 Abs. 2 i.V.m. § 286 BGB. Voraussetzung dafür ist, neben einer schuldhaften Pflichtverletzung aus dem zugrunde liegenden Schuldverhältnis (Geschäftsbesorgungsvertrag oder gesetzliches Schuldverhältnis), ein Schaden des Mandanten sowie die Zurechnung zum Verteidiger. Den Verteidiger trifft die Pflicht, die gesamte Rechtslage sachlich (anhand der Akten) und rechtlich umfassend zu prüfen, den Mandanten zu beraten, eine Verteidigungsstrategie zu erarbeiten und den Mandanten über die Möglichkeiten bei Zustimmung zu einer Verständigung sowie bei deren Ablehnung zu informieren. Dabei sollten die Vor- und Nachteile einer Verständigung gegenüber einem streitigen Verfahren aufgezeigt werden.[458] Die Pflichtwidrigkeit des Verteidigerhandelns bestimmt sich dabei aus einer Betrachtung ex ante und nicht aus dem Misserfolg der dem Mandanten vorgeschlagenen Verteidigerstrategie.[459] Entscheidendes Kriterium für die Zurechnung pflichtwidrigen Verhaltens ist insb. die Kausalität zwischen Pflichtverletzung und Schaden. Einen – bedenkenswerten wie auch bedenklichen – Ansatz dafür liefert eine (allerdings nie rechtskräftig gewordene) Entscheidung des OLG Nürnberg.[460] Der Verteidiger hatte in dem zugrunde liegenden Sachverhalt versäumt, das Gericht im Rahmen einer strafprozessualen Absprache darauf hinzuweisen, dass die abgesprochene Strafe von 2 Jahren Freiheitsstrafe mit Bewährung für den angeklagten Ruhestandsbeamten den Verlust seiner Ruhestandsbezüge zur Folge hätte. Da der Wegfall beamtenrechtlicher Bezüge nach der Rspr. des BGH gem. § 46 Abs. 1 S. 2 StGB strafmildernd berücksichtigt werden kann,[461] war nicht auszuschließen, dass bei einem entsprechenden Hinweis des Verteidigers eine niedrigere Strafe ausgehandelt hätte werden können. In dieser Situation eines »non liquet« bzgl. der Kausalität der anwaltlichen Pflichtverletzung für den – ganz erheblichen – Vermögensschaden des Mandanten ließ das OLG Nürnberg zugunsten des Mandanten eine Beweislastumkehr eingreifen, mit der Folge, dass der Verteidiger zum Schadensersatz verurteilt wurde. Über das Zivilrecht wird hier ein Weg eröffnet, die Risikoverteilung im Strafprozess allgemein, insb. aber auch bei den fehleranfälligen Verständigungen, neu – und zwar zulasten des Verteidigers – vorzunehmen. Es erscheint fraglich, ob eine derart weitgehende Beweislastumkehr wirklich gerechtfertigt ist. Vielmehr sollte dieser Weg nur dann eröffnet sein, wenn dem Verteidiger ein besonders schwerer Berufspflichtverstoß zur Last gelegt werden kann.[462]

Näherliegend scheint hingegen eine Beweiserleichterung zugunsten des Mandanten zu sein, die sich aus der besseren Erkenntnis des Verteidigers ergibt, insb. im Fall informeller Gespräche in Abwesenheit des Angeklagten, wenn diese nicht – was angesichts der Unzulässigkeit dann der Regelfall sein dürfte – gem. § 243 Abs. 4 und § 273 Abs. 1a StPO offengelegt und protokolliert wurden.[463] Um die Revisionsmöglichkeit sicherzustellen und gleichzeitig sein Haftungsrisiko zu verringern, sollte

456 BeckOK-StPO/*Eschelbach* § 257c Rn. 58; vgl. auch AnwK-StPO/*Püschel* § 257c Rn. 35.

457 Allgemein zur zivilrechtlichen Haftung des Verteidigers *Müller/Gussmann* Berufsrisiken des Strafverteidigers, Rn. 127 ff., 135 ff.; *Krause* NStZ 2000, 225; zur Haftung des Pflichtverteidigers s. OLG Düsseldorf StV 2000, 430.

458 Zum Ganzen BeckOK-StPO/*Eschelbach* § 257c Rn. 59.

459 *Dietrich* Haftung des Strafverteidigers, S. 98 f.

460 OLG Nürnberg StV 1997, 481; s. auch OLG Düsseldorf NJW-RR 1999, 785.

461 BGH StV 1985, 454; BGH StV 1987, 243; BGH StV 1991, 207; BGH NStZ 1988, 494; zu diesem »Paradefall« anwaltlicher Pflichtverletzung s. auch BeckOK-StPO/*Eschelbach* § 257c Rn. 67.3.

462 Im Anschluss an *Barton* StV 1998, 607; aufgrund einer »sachgerechten Anwendung des § 287 ZPO« meint *Krause* NStZ 2000, 231 ff., ganz auf eine Beweislastumkehr verzichten zu können.

463 BeckOK-StPO/*Eschelbach* § 257c Rn. 66.

der Verteidiger daher auf eine detaillierte Protokollierung achten.[464] Auch unter diesem Aspekt ist also dem Verteidiger von heimlichen Absprachen eindringlich abzuraten.

G. Strafbarkeit der an einer Verständigung Beteiligten, insb. die des Strafverteidigers

Eine Schranke der Handlungsbefugnis des Strafverteidigers – wie auch der anderen Verfahrensbeteiligten[465] – in Bezug auf Verständigungen kann sich aus dem materiellen Strafrecht ergeben. Darauf hatte bereits das BVerfG im Jahr 1987 hingewiesen.[466] In seiner Senatsentscheidung vom März 2013 hat es nochmals ausdrücklich die Strafbarkeitsrisiken hinsichtlich des Vorsitzenden und Urkundsbeamten gem. § 348 StGB betont. Mit dieser »sehr ernst gemeinte[n] Mahnung an alle Akteure in einem Strafverfahren«[467] unternimmt das BVerfG den Versuch, die Fachgerichte zu disziplinieren.[468] Im Folgenden sollen kursorisch die Strafbarkeitsrisiken, die sich für Amtsträger und Verteidiger ergeben, dargestellt werden. Aus Akzessorietätsgründen ist dabei zunächst auf die Strafbarkeit der Berufsrichter, Schöffen und Staatsanwälte einzugehen, bevor sich der Strafbarkeit des Verteidigers als Teilnehmer bzw. als Täter zuzuwenden ist. 87

I. Strafbarkeitsrisiken für Amtsträger (Berufsrichter, Schöffe, Staatsanwalt)

1. Rechtsbeugung

Der Tatbestand des § 339 StGB erlangt für den Verständigungskomplex weitgehend Bedeutung,[469] da dessen Täterkreis und Schutzbereich nicht auf Richter – einschließlich Schöffen (§ 11 Abs. 1 Nr. 3 StGB) – und Gerichtsverfahren beschränkt ist, sondern auch der eigenverantwortlich Entscheidungen treffende StA im Ermittlungsverfahren ein »anderer Amtsträger [...], welcher bei der Leitung oder Entscheidung einer Rechtssache tätig wird«, sein kann.[470] Die Problematik liegt hier im Tatbestandsmerkmal der »Beugung des Rechts«, dessen Auslegung umstritten ist. Eine Auffassung (sog. Pflichtverletzungstheorie) sieht eine Rechtsbeugung als gegeben an, wenn die Entscheidung unter Verletzung der richterlichen Pflichten aus sachfremden Erwägungen heraus getroffen wurde.[471] Eine im Vordringen befindliche Auffassung bejaht den objektiven Tatbestand beim Vorliegen einer objektiv fehlerhaften Rechtsanwendung.[472] Die Rspr. verlangt für die Beugung des Rechts nicht nur eine unrichtige Rechtsanwendung, sondern einen schwerwiegenden, nicht mehr im Rahmen des Vertretbaren liegenden, also elementaren Verstoß gegen die Rechtspflege.[473] Dies sei jedenfalls dann der Fall, wenn sich der Täter bewusst und in schwerwiegender Weise von Recht und Gesetz entfernt.[474] Die Vorstellung des Richters, er tue »das Richtige«, lässt den subjektiven Tatbestand i.d.R. nicht entfallen.[475] Nach der Rspr. des BGH kann die Rechtsbeugung jedenfalls auch durch einen Verstoß gegen Verfahrensregeln begangen werden, und zwar unabhängig von der materiell-recht- 88

464 *Dießner* StV 2011, 43 (49).

465 Für den Angeklagten hingegen existieren keine Strafbarkeitsrisiken, wie sich schon aus dem Rechtsgedanken des § 258 Abs. 5 StGB ergibt, *Dießner* StV 2011, 43 (49); Niemöller/Schlothauer/Weider/*Schlothauer* Teil D Rn. 55.

466 BVerfG NStZ 1987, 419.

467 So *Voßkuhle* in der offiziellen Pressemeldung des BVerfG, zitiert nach *Jahn* JuS 2013, 659 (661, Fn. 11); krit. zur Bekämpfung der Missbrauchsgefahr mit den Mitteln des Strafrechts *Fahl* StV 2015, 51.

468 MüKo-StPO/*Jahn*/*Kudlich* § 257c Rn. 31.

469 Da es sich bei § 339 StGB um ein Verbrechen handelt, ist auch an § 30 StGB (insb. Abs. 2) zu denken.

470 *Schünemann* 58. DJT Gutachten B, S. 131; im Einzelnen s. *Fischer* § 339 Rn. 5 f.

471 *Rudolphi* ZStW 82 (1970), 610 (626); *Behrendt* JuS 1989, 945 (948).

472 *Seebode* Rechtsbeugung, S. 20 ff.; *Spendel* GS Radbruch, S. 312 (315); MüKo-StGB/*Uebele* § 339 Rn. 26.

473 Vgl. nur BGHSt 44, 258; *Fischer* § 339 Rn. 27 f.

474 Vgl. nur BGHSt 59, 144 (147) m. Anm. *Satzger* JK 12/14 StGB, § 339/5; BVerfG NJW 2016, 3711 m. Anm. *Satzger* Jura 2017, 606.

475 BGHSt 32, 360 (361); BGHSt 59, 144 (148) m. Anm. *Satzger* JK 12/14 StGB, § 339/5.

lichen Un-/Richtigkeit.[476] Folge der Verfahrensverletzung muss die konkrete Gefahr einer falschen Entscheidung sein, auf das tatsächliche Eintreten eines Vor- oder Nachteils kommt es hingegen nicht an.[477] Eine Strafbarkeit wegen Rechtsbeugung kann insb. bei verständigungsspezifischen Verstößen in Betracht kommen:[478]

89 – **Unzulässige Verständigung über die Schuld bzw. über Ma ß regeln der Besserung und Sicherung** (§ 257c Abs. 2 S. 3 StPO): Angesichts des eindeutigen Normtextes begründet eine Missachtung stets einen elementaren Verstoß; zudem impliziert dies einen Verfassungsverstoß.[479] Die konkrete Gefahr einer falschen Entscheidung folgt aus der möglicherweise zu milden Strafe.

90 – **Unzulässiger Rechtsmittelverzicht** (§ 302 Abs. 1 S. 2 StPO): Im Wesentlichen gilt hier das Gleiche. Das Verbot, im Rahmen einer Verständigung einen Rechtsmittelverzicht zu erklären, ist ein zentrales Anliegen des Verständigungsgesetzes.[480] Ein Sich-Hinwegsetzen des Richters über die dem Schutz des Angeklagten dienende Vorschrift durch gezieltes Einwirken auf den Angeklagten kann folglich als elementarer Verfahrensverstoß gewertet werden.[481] Trotz Unwirksamkeit des Rechtsmittelverzichts, und sogar bei Fehlen der Rechtsmittelbelehrung des § 35a S. 3 StPO,[482] läuft die (kurze) Frist des § 341 Abs. 1 StPO; dies beinhaltet die konkrete Gefahr inhaltlich falscher Entscheidungen.

91 – **Verbot heimlicher Verständigungen**: Erklärtes Ziel des Gesetzgebers war es, die Verständigung als solche nur in der Hauptverhandlung (und damit öffentlich) stattfinden zu lassen. Erörterungen außerhalb der Hauptverhandlung sind aktenkundig zu machen und in die Hauptverhandlung einzuführen. Wie gesehen sind heimliche Verständigungen, welche sich über die Informations- und Transparenzpflichten hinwegsetzen, rechtswidrig und unwirksam (nach unrichtiger Auffassung sogar nichtig, s. Rdn. 84). Sollte es dennoch außerhalb der Hauptverhandlung zu heimlichen Verständigungen über den Urteilsinhalt kommen, so stellt dies angesichts der klaren Wertung des Gesetzes einen elementaren Verfahrensverstoß dar.[483] Etwas anderes gilt dann, wenn es im Rahmen der Erörterung nicht zu einem »Leistungsaustausch« gekommen ist. Die heimliche Verständigung erweckt jedenfalls den Eindruck eines inhaltlich unzulässig zustande gekommenen Urteils und begründet daher die konkrete Gefahr einer falschen Entscheidung. Dies gilt natürlich erst recht bei tatsächlichen »Umgehungsstrategien«,[484] um sich über gesetzlich unzulässige Inhalte zu verständigen.[485]

92 – **Grob rechtsstaatswidrige Herbeiführung eines Geständnisses**: Der BGH hat – in einer nicht verständigungsbezogenen Rechtssache –[486] entschieden, dass die Ausübung unzulässigen Drucks auf den Angeklagten einen elementaren Verstoß gegen die Rechtspflege und somit eine Rechtsbeugung darstellt. Diese Entscheidung könnte auch auf rechtswidriges Verhalten der Richter im Zusammenhang mit Verständigungen übertragen werden. Dasselbe gilt bei unzulässiger Aus-

476 BGHSt 47, 105 (109).

477 BGHSt 42, 343 (346, 351); vgl. *Fischer* § 339 Rn. 23.

478 Vgl. zum Ganzen *Dießner* StV 2011, 43 (45 f.); Niemöller/Schlothauer/Weider/*Schlothauer* Teil D Rn. 47 ff.

479 BVerfG NStZ 1987, 419.

480 BT-Drs. 16/12310, S. 9.

481 SSW-StGB/*Kudlich* § 339 Rn. 23; ähnl. *Fischer* § 339, Rn. 22a; *Ruhs* Rechtsbehelfe bei Verständigungen, S. 238 f.

482 Meyer-Goßner/*Schmitt* § 341 Rn. 8.

483 *Dießner* StV 2011, 43 ff.; *Erb* StV 2014, 103; *Fischer* HRRS 2014, 324.

484 S. auch *Jahn/Müller* NJW 2009, 2625 (2631).

485 Insgesamt zurückhaltend *Kudlich* 68. DJT Gutachten C, S. 44 f.; SSW-StGB/*ders.* § 339 Rn. 23.

486 Vgl. BGH StV 2013, 388 (390): Im vorliegenden Fall hatte der Richter ein Geständnis in grob rechtsstaatswidriger Weise, unter anderem durch Androhung einer nicht zu Bewährung ausgesetzten Freiheitsstrafe, durch Androhung einer stationären Psychotherapie oder Einsperren in einer Gewahrsamszelle herbeigeführt.

übung von Druck auf den Angeklagten durch das unzulässige Aufzeigen einer zu weit geöffneten Sanktionsschere.[487]

– **Verletzung der Aufklärungspflicht** (§ 257c Abs. 1 S. 2 StPO): Kommt das Gericht der Pflicht zur Aufklärung des strafzumessungsrelevanten Sachverhalts gem. § 244 Abs. 2 StPO nicht nach, so liegt darin zwar ein Rechtsverstoß. Allerdings wird dies i.d.R. den Tatbestand des § 339 StGB (noch) nicht erfüllen. Nur in besonders schwerwiegenden Ausnahmefällen ist die Annahme einer Rechtsbeugung vertretbar.[488] So z.B. bei vollkommen unterbliebener Sachverhaltsaufklärung trotz entgegenstehenden Akteninhalts, bei ungeprüfter Annahme von Strafmilderungsgründen oder bei einer gänzlich unvertretbar niedrigen Strafe. 93

Allerdings darf die abschreckende Wirkung des § 339 StGB auch nicht überschätzt werden. So hat *Schünemann*[489] die in der Vergangenheit allzu restriktive Haltung der StA selbst in – nach seiner Ansicht – eindeutigen Fällen kritisiert.[490] Vor allem bei intransparenten Verständigungen dürfte auch künftig nicht mit einer großen Anzahl an Verfahren zu rechnen sein,[491] auch wenn dies angesichts des verfassungsrechtlichen Gehalts, den das BVerfG den Informations- und Transparenzpflichten zuschreibt, durchaus seine Berechtigung hätte. Die eigentliche praktische Bedeutung des Rechtsbeugungstatbestandes könnte in seiner sog. »Sperrwirkung« zu suchen sein, mit der die Unabhängigkeit der Rechtspflege gesichert werden soll. Demnach kann ein Richter (oder anderer Amtsträger) wegen anderer Straftaten, die er bei der Leitung einer Rechtssache begangen hat, nur dann verurteilt werden, wenn gleichzeitig die (engen) Voraussetzungen des § 339 StGB erfüllt sind.[492] Indem das BVerfG andeutet, dass auch eine Bestrafung von Richtern und Staatsanwälten wegen rechtswidrigen Verständigungen nicht ausgeschlossen sei,[493] scheint es der Tatbestandssperre jedoch implizit einen geringeren Wirkungsgrad zuzuschreiben.[494] 94

2. Strafvereitelung im Amt

§ 258a StGB kommt bei extensiven Einstellungen durch StA oder Richter ebenso in Betracht wie bei verständigungsbedingten Strafmilderungen über das vertretbare Maß hinaus. Allerdings hat man es hier wegen des jeweils vorhandenen Beurteilungs- bzw. Ermessensspielraums mit ganz ähnlichen Subsumtionsproblemen im objektiven wie subjektiven Tatbestand wie bei der Rechtsbeugung zu tun, sodass auch hier eine Strafbarkeit – von eklatanten Extremfällen abgesehen –[495] aus Beweisgründen praktisch ausscheidet.[496] 95

3. Falschbeurkundung im Amt

Auch eine Falschbeurkundung im Amt gem. § 348 Abs. 1 StGB erscheint bei der Verletzung von Protokollierungsvorschriften möglich.[497] Das Hauptverhandlungsprotokoll ist eine öffentliche Urkunde, 96

487 OLG München StV 2013, 495 (503); *Kubik* Sanktionsschere, S. 209 ff.
488 So *Ruhs* Rechtsbehelfe bei Verständigungen, S. 239 f.
489 *Schünemann* ZRP 2009, 104 f.
490 S. nur StA München II und GenStA München StV 2014, 569 (570), die trotz des Nichtigkeitsausspruchs durch OLG München StV 2013, 495 (s. dazu Rdn. 84) keinen Anfangsverdacht einer Rechtsbeugung begründet sahen.
491 So *Altenhain/Haimerl* JZ 2010, 327 (336).
492 BGHSt 32, 357 ff.; OLG Karlsruhe NJW 2004, 1469 (1470); s. auch SSW-StGB/*Kudlich* § 339 Rn. 35.
493 Das BVerfG erwähnt hier ausdrücklich § 348 Abs. 1 StGB, vgl. BVerfGE 133, 168 (213 f.).
494 *Ruhs* Rechtsbehelfe bei Verständigungen, S. 243 f.
495 Z.B. eine nach strafzumessungsrechtlichen Maßstäben nicht mehr vertretbare Strafmilderung, vgl. *Dießner* StV 2011, 43 (47 f.).
496 So auch *Schünemann* 58. DJT Gutachten B, S. 135 f.; *Siolek* Verständigung, S. 214 f.; *Ruhs* Rechtsbehelfe bei Verständigungen, S. 247 f.; weitergehend wohl *Rönnau* Absprache, S. 236.
497 So ausdrücklich BVerfGE 133, 168 (213 f.).

soweit es Beweiskraft für und gegen jedermann hat.[498] Die Beweiskraft des Protokolls bezieht sich nach § 274 StPO auf die »für die Hauptverhandlung vorgeschriebenen Förmlichkeiten«. Dazu zählt jedenfalls die Tatsache der Übereinstimmung des Verständigungsvorschlages mit dem dokumentierten Inhalt[499] ebenso wie die Dokumentation gem. § 273 Abs. 1a S. 2 StPO, ob die Mitteilungen und Belehrungen nach § 243 Abs. 4, § 257c Abs. 4 S. 4 und Abs. 5 StPO stattgefunden haben.[500] Eine bloß fehlerhafte Beurkundung nach § 273 Abs. 1 S. 2 und Abs. 1a S. 2 StPO begründet eine Strafbarkeit wegen Falschbeurkundung im Amt jedoch nicht, da sich die Beweiskraft des Protokolls nicht auf den Inhalt einer Erörterung oder einer Verständigung erstreckt, sondern nur auf die protokollierten Tatsachen.[501] Gleiches muss richtigerweise gelten, wenn der Richter ein Negativattest protokolliert, obwohl tatsächlich eine (informelle) Verständigung zustande gekommen ist. Die Beweiskraft der Sitzungsniederschrift erstreckt sich nämlich ausschließlich auf (wesentliche) Vorgänge innerhalb der Hauptverhandlung.[502] Da das Negativattest aber das Fehlen einer Verständigung bzw. jeglicher auf eine Verständigung zielender Handlungen zum Gegenstand hat, betrifft es Vorgänge, die bereits vor Beginn der Hauptverhandlung stattgefunden haben (müssten). Sie werden daher von der Beweiskraft des Protokolls nicht (ebenso wenig wie Beratungen, Abstimmungen und Vorgänge nach Beendigung der Hauptverhandlung) erfasst.[503]

4. Verfolgung Unschuldiger

97 Zumeist wird bei einer rechtswidrigen Verständigung die Verfolgung Unschuldiger gem. § 344 StGB zwar erwogen, mit Verweis auf die hohen Vorsatzanforderungen (mindestens Wissen oder Wollen bzgl. der Unschuld)[504] allerdings verneint.[505] Angesichts der Entwicklungen in der Rspr. wird es dem Richter aber u.U. im Einzelfall schwerfallen, bei einer Absprache unter Missachtung sämtlicher Verständigungsvorschriften zu behaupten, von der Rechtswidrigkeit seines Tuns nicht gewusst zu haben, sodass § 344 StGB nicht von vorherein auszuschließen ist.[506]

5. Aussageerpressung

98 Zwar entspricht es der Funktion des § 343 StGB, das in § 136a Abs. 1 S. 1 StPO enthaltene Verbot unzulässiger Vernehmungsmethoden strafrechtlich abzusichern, jedoch nicht bzgl. aller Varianten.[507] Nur bei »Einsatz der Peitsche« (z.B. Misshandlung, Ermüdung, Quälerei), nicht aber bei dem in Absprachefällen allein angewandten »Zuckerbrot« kommt § 343 StGB zur Anwendung.[508] Anders kann dies u.U. zu beurteilen sein, wenn dem Angeklagten eine besonders weit nach oben geöffnete

---

498 *Fischer* § 348 Rn. 6; BGH NStZ 2007, 49 (50); *Schlothauer/Weider* StV 2009, 600 (606); *Ruhs* Rechtsbehelfe bei Verständigungen, S. 250; a.A. OLG Hamm NJW 1977, 592 (593); *Bittmann* wistra 2020, 143.

499 *Erb* StV 2014, 103 (104); anders *Dießner* StV 2011, 43 (46 f.).

500 *Dießner* StV 2011, 43 (46 f.); *Ruhs* Rechtsbehelfe bei Verständigungen, S. 251 f.; a.A. wohl *Schlothauer/Weider* StV 2009, 600 (606).

501 Vgl. *Dießner* StV 2011, 43 (47).

502 Meyer-Goßner/*Schmitt* § 274 Rn. 9; BeckOK-StPO/*Peglau* § 274 Rn. 6; insb. *Erb* StV 2014, 103 (104).

503 So auch *König/Harrendorf* AnwBl 2013, 321 (324); *Ruhs* Rechtsbehelfe bei Verständigungen, S. 251; a.A. BVerfGE 133, 168 (213 f.); *Scheffler/Lehmann* StV 2015, 123 (128).

504 S. SSW-StGB/*Kudlich* § 344 Rn. 11.

505 Vgl. *Rönnau* Absprache, S. 237; *Siolek* Verständigung, S. 215; s. auch *Schünemann* 58. DJT Gutachten B, S. 136.

506 *Ruhs* Rechtsbehelfe bei Verständigungen, S. 258.

507 SSW-StGB/*Kudlich* § 343 Rn. 1, 8.

508 *Schünemann* 58. DJT Gutachten B, S. 136; ebenso im Wesentlichen *Rönnau* Absprache, S. 237 f. und *Siolek* Verständigung, S. 215 f.; i.E. auch Niemöller/Schlothauer/Weider/*Schlothauer* Teil D Rn. 40.

Sanktionsschere vor Augen geführt wird, die den Betroffenen unter Beugung seines Willens zur Abgabe eines Geständnisses bewegen soll.[509]

6. Nötigung

Angesichts der Vielschichtigkeit möglicher Fallgestaltungen lässt sich eine Strafbarkeit nach § 240 StGB weder völlig ausschließen (z.B. bei Gewaltanwendung gegenüber dem Beschuldigten),[510] noch pauschal bejahen. Im Bereich gesetzeskonformer Verständigungen wird man den Verständigungsvorschlag des Gerichts, dessen Ablehnung dem Beschuldigten das Risiko einer – gegenüber der verständigungsbedingten Strafe – höheren Bestrafung einbringen kann, nicht als Inaussichtstellen eines empfindlichen Übels und damit als Drohung i.S.d. § 240 Abs. 1 StGB ansehen können.[511] Zudem ließe sich die Verwerflichkeit zumeist wohl nur schwer begründen.[512] Jedenfalls die Drohung mit einer nicht schuldangemessene Strafe für das Ausbleiben eines Geständnisses[513] sowie die Androhung von Inhaftierung oder Fortsetzung der Untersuchungshaft, ohne dass ein Haftgrund vorliegt,[514] kann einen Anwendungsfall des § 240 StGB begründen. Drängt der Richter den Angeklagten zu einem Rechtsmittelverzicht und stellt er gleichzeitig in Aussicht – sollte der Beschuldigte dem nicht Folge leisten –, das Strafmaß für den Nichtgeständnisfall anzuwenden, kann dies ebenso eine Nötigung darstellen.[515] 99

7. Vorteilsannahme/Bestechlichkeit

Denkbar sind auch die Bestechungsdelikte der §§ 331 f. StGB. Immerhin erwächst den betroffenen Richtern oder Staatsanwälten als Amtsträgern aus der Verständigung zumindest der (mittelbare) Vorteil einer Arbeitsersparnis. Allerdings bemisst sich Arbeitsleistung eines Richters nicht an seinem tatsächlichen messbaren Arbeitsaufwand, sondern wird pauschaliert bestimmt.[516] Insofern ist eine objektiv messbare Arbeitsersparnis, die einen immateriellen Vorteil darstellen würde,[517] kaum denkbar.[518] 100

Ungeachtet dessen werden die Bestechungsdelikte jedenfalls regelmäßig wegen einer fehlenden sach- bzw. regelwidrigen Verknüpfung zwischen Vorteil und Dienstausübung[519] ausscheiden. Durch das Verständigungsgesetz ist der Austausch i.S.e. »do ut des« gesetzlich gestattet, sodass sich der Amtsträger keinem Risiko aussetzt, einen unrechtmäßigen Vorteil anzunehmen. Dies gilt grds. auch bei Regelverstößen. Zumindest bei Einstellungen nach § 153a StPO stehen zusätzlich Drittvorteile, z.B. für eine gemeinnützige Einrichtung, im Raum. Auch in diesem Fall ist die Verknüpfung von Vorteil und Dienstausübung gesetzlich vorgesehen und damit regelkonform. Nur in seltenen Ausnahmefällen (z.B., wenn der Amtsträger aufgrund einer besonderen Beziehung zu der begünstigten Einrichtung – etwa als ihr geschäftsführender Vorstand – in individualisierter Weise von der Leistung profitiert) ist eine Strafbarkeit aus §§ 331 f. StGB ggf. möglich.

---

509 *Malek* StraFo 2005, 441 (445); zust. *Kubik* Sanktionsschere, S. 244; ebenso *Ruhs* Rechtsbehelfe bei Verständigungen, S. 261 f.

510 Vgl. *Jungfer* StV 2007, 380 (383 f.).

511 *Siolek* Verständigung, S. 216 ff.; *Schünemann* 58. DJT Gutachten B, S. 136 f.; *Ruhs* Rechtsbehelfe bei Verständigungen, S. 266; anders *Kubik* Sanktionsschere, S. 230 ff.; *Zimmermann* Das Unrecht der Korruption, S. 571 f.

512 S. dazu *Braun* Absprache, S. 90.

513 Niemöller/Schlothauer/Weider/*Schlothauer* Teil D Rn. 42.

514 Niemöller/Schlothauer/Weider/*Schlothauer* Teil D Rn. 45.

515 Hierzu *Ruhs* Rechtsbehelfe bei Verständigungen, S. 264 f.

516 S. nur BVerfG NStZ 2012, 458 (459).

517 BGHSt 47, 295 (304 f.); BGHSt 48, 44.

518 *Rönnau* Absprache, S. 235; *Moldenhauer* Verfahrensordnung, S. 93; *Erb* StV 2014, 103 (108); *Ruhs* Rechtsbehelfe bei Verständigungen, S. 269 f.

519 So bereits *Satzger* ZStW 115 (2003), 481 f.; außerdem *Höltkemeier* Sponsoring als Straftat, S. 117 ff.

II. Strafbarkeitsrisiken für Strafverteidiger

1. Beteiligungsstrafbarkeit

101 Grds. setzt sich der Strafverteidiger, der an einer rechtswidrigen Verständigung mitwirkt, einem Strafbarkeitsrisiko wegen Beteiligung an den Taten der Amtsträger aus.[520] Je nachdem, ob das Gericht, die StA oder er selbst die (erfolgreiche) Verständigung angeregt hat, handelt es sich dann um eine Anstiftung oder Beihilfe zur Rechtsbeugung (§§ 339, 26, 27, 28 Abs. 1 StGB). Kommt es nicht zu einer Verständigung, ist an die Anstiftung zur versuchten Rechtsbeugung (§§ 339, 22, 23 Abs. 1, 26, 28 Abs. 1 StGB) oder die versuchte Anstiftung (§§ 339, 30 Abs. 1 S. 1 StGB) zu denken. Hat jedoch das Gericht oder die StA den (gescheiterten) Verständigungsversuch initiiert, kann der Verteidiger mangels Tätereigenschaft nicht nach § 30 Abs. 2 StGB als Mittäter bestraft werden.[521] Schließlich kommt grds. auch eine mittäterschaftlich begangene Strafvereitelung (§§ 258 Abs. 1, 25 Abs. 2 i.V.m. § 28 Abs. 2 StGB) in Betracht. Der Verteidiger sollte zudem im Blick behalten, dass beim Verdacht auf Strafvereitelung die Ausschließung gem. § 138a Abs. 1 Nr. 3 StPO droht.

102 Fraglich ist allerdings, wie hoch das tatsächliche Strafbarkeitsrisiko des Verteidigers in der Praxis einzuschätzen ist. Solange keine (Haupt-) Tat durch die Amtsträger nachweisbar begangen wird, kann ein Strafverteidiger jedenfalls auch nicht als Anstifter oder Gehilfe bestraft werden.[522] *Beulke/Ruhmannseder* halten eine Strafverfolgung des Verteidigers – insb. nach § 258 StGB – zwar einerseits für unwahrscheinlich, weisen aber andererseits darauf hin, dass die strafrechtlichen Risiken des Verteidigers im Verständigungsbereich schwer kalkulierbar seien und mahnen den Anwalt zu größter Vorsicht.[523] In Anlehnung an das Lügeverbot gelte für den Verteidiger, »dass er zwar unzulässige Absprachen zwischen Gericht und Angeklagten nicht durch aktives Verhalten verhindern [müsse], dass er aber seinerseits nicht auf sie hinarbeiten [dürfe]«.[524] Auch *Fischer* betont die Gefahr der »zweifellos gängige[n] Praxis« rechtswidriger Verständigungen, die von anwaltlicher Seite meist mit der »Verpflichtung zur bestmöglichen Verteidigung« gerechtfertigt werde.[525] Im Hinblick auf die strafrechtlichen Risiken ist dem Verteidiger daher ein eher passives und abwartendes Verhalten anzuraten.

2. Vorteilsgewährung/Bestechung

103 In dem (sehr geringen) Umfang, in dem §§ 331 f. StGB für den Richter/StA herangezogen werden können (s.o. Rdn. 100), könnte ausnahmsweise auch für den Strafverteidiger eine Strafbarkeit nach den – spiegelbildlich ausgestalteten – §§ 333 f. StGB in Frage kommen.

3. Strafvereitelung in Alleintäterschaft

104 Angemerkt sei, dass auch eine Verwirklichung von §§ 258 Abs. 1, 25 Abs. 1 Alt. 1 StGB möglich erscheint, und zwar dann, wenn es nicht um eine Strafvereitelung durch die Verständigung als solche, sondern um die Vereitelung durch das Verteidigerverhalten vor, bei und nach den Verständigungsgesprächen selbst geht, so z.B., wenn der Verteidiger bewusst lügt, um für seinen Mandanten ein günstigeres Verständigungsergebnis zu erzielen. § 258 StGB greift insoweit immer dann ein, wenn

---

520 Nach *Fahl* müsse sich der Verteidiger vor § 240 StGB »am meisten in Acht nehmen«, *Fahl* in: Engländer/Fahl/Satzger/Swoboda, Strafverteidigung, S. 17 (25 ff.).

521 Vgl. Niemöller/Schlothauer/Weider/*Schlothauer* Teil D Rn. 29 f.; krit. zur bloßen Teilnehmerstrafbarkeit des Verteidigers *Fahl* in: Engländer/Fahl/Satzger/Swoboda, Strafverteidigung, S. 17 (18); krit. im Hinblick auf die komplizierte Zurechnungsproblematik *Schünemann* 58. DJT Gutachten B, S. 137 f.

522 *Beulke* FS Schlothauer, S. 315 (317).

523 *Beulke* erwähnt überdies, dass die »Sperrwirkung« des § 339 StGB lediglich ein Richterprivileg sei und für den Verteidiger gerade nicht gelte, vgl. *Beulke* FS Schlothauer, S. 315 (317 ff.).

524 *Beulke/Ruhmannseder* Strafbarkeit, Rn. 123 f.

525 *Fischer* ZRP 2010, 249 (251).

die Rechtspflege prozessordnungswidrig behindert wird.[526] Dies kann auch der Fall sein, wenn der Verteidiger eine Verständigung trifft, bei welcher er sich unzulässigerweise über den Schuldspruch (z.B. Absehen von erfüllten Qualifikationstatbeständen) oder die Verhängung einer Maßregel mit dem Gericht verständigt.[527]

Strafbarkeitsrisiken birgt auch ein Revisionsvorbringen der Verteidigung gegen abgesprochene Urteile (sog. »Lüge-Rüge«).[528] Das LG Augsburg hatte im Jahr 2011 über die Strafvereitelung eines Verteidigers zu entscheiden, bei welcher der Verteidiger im Revisionsverfahren vor dem BGH die Nichteinhaltung eines im Rahmen einer (informellen) Verständigung zugesagten Strafoberrahmens rügte. Das Ausgangsgericht bestritt jedoch, dass es zu einer Verständigung gekommen sei. Das LG Augsburg sah in der Rüge der Nichteinhaltung der angeblich getroffenen Verständigung ein objektiv unwahres Vorbringen von Tatsachen durch den Verteidiger. Es sei eindeutig erwiesen gewesen, dass zu keinem Zeitpunkt eine Verständigung zwischen den Verfahrensbeteiligten getroffen worden sei. Durch das Vorbringen der Verteidigung sollte lediglich die Bestrafung des Mandanten teilweise unterbunden werden. Zu einem Freispruch des Verteidigers kam es im Ergebnis nur deshalb, weil sich dessen Vorsatz nicht zweifelsfrei feststellen ließ.[529] Auch wenn der vorliegende Fall außergewöhnlich war, so lässt sich nicht leugnen, dass eine Revision gegen Urteile, welche auf informellen Verständigungen basieren und keine dahingehenden Angaben im Gerichtsprotokoll enthalten, die Gefahr in sich bergen, dass der Revisionsverteidiger eine Strafvereitelung begeht, wenn er dem Revisionsgericht nicht glaubhaft vermitteln kann, dass tatsächlich eine Verständigung getroffen wurde.[530]

4. Parteiverrat

Ob § 356 StGB eingreifen kann, ist umstritten.[531] Parteien i.S.d. Vorschrift sind nur Rechtssubjekte 105
mit einander widerstreitenden Interessen. Das kann im Verhältnis zum Beschuldigten weder vom Gericht als objektivem »Nichtbeteiligten« noch – wegen § 160 Abs. 2 StPO – von der StA angenommen werden.[532] Allerdings wird der Verteidiger der StA i.d.R. nicht dienen wollen, sodass eine Strafbarkeit jedenfalls auf subjektiver Ebene ausscheiden muss.[533]

5. Verletzung des Privatgeheimnisses

Eine echte Gefahr der Strafbarkeit droht dem Verteidiger aus § 203 Abs. 1 Nr. 3 StGB. Soweit der 106
Angeklagte von den Erörterungen außerhalb der Hauptverhandlung oder heimlichen Absprachen ausgeschlossen ist, wird es dem Verteidiger ermöglicht, nicht zuletzt zur Bestärkung der eigenen Seriosität, kritische Einschätzungen über seinen Mandanten darzutun, was in der Hauptverhandlung unvorstellbar wäre. Diese Offenbarungen beruhen zumindest mittelbar auf den vom Mandanten stammenden Informationen und können daher als »sonst bekanntgewordene Tatsachen« eingestuft werden.[534] Dies gilt erst recht dann, wenn ein Verteidiger ein Geständnis, dass sein Mandant ihm gegenüber abgelegt hat, ankündigt oder dessen Inhalt in den Verständigungen offenbart.[535] Jedem Verteidiger ist daher anzuraten, jede Verständigung nur mit Einverständnis des Mandanten zu führen

---

526 Vgl. *Beulke/Swoboda* Strafprozessrecht, Rn. 174; *Beulke/Ruhmannseder* Strafbarkeit, Rn. 1 ff.; vgl. auch SSW-StGB/*Jahn* § 258 Rn. 25 ff.
527 SSW-StGB/*Jahn* § 258 Rn. 30, § 258a Rn. 15.
528 S. hierzu LG Augsburg StV 2014, 21 ff. m. krit. Anm. von *Tsambikakis* StV 2014, 25 und *Fahl* StV 2015, 51 sowie LG Augsburg, Urt. v. 01.04.2011 – 3 KLs 400 Js 116928/08 (= BeckRS 2011, 28195).
529 LG Augsburg, Urt. v. 01.04.2011 – 3 KLs 400 Js 116928/08 (= BeckRS 2011, 28195); krit. hierzu *Bockemühl* in: Akzeptanz des Rechtsstaats, S. 47 (51 ff.).
530 So *Ventzke* StraFo 2012, 212 (215).
531 Dafür etwa *Schünemann* 58. DJT Gutachten B, S. 138 f.; ähnl. wohl *Dahs* NStZ 1988, 156.
532 Ebenso *Braun* Absprache, S. 97; *Rönnau* Absprache, S. 240; *Siolek* Verständigung, S. 221 f.; *Tscherwinka* Absprachen, S. 178; *Janke* Verständigung, S. 264; a.A. *Beulke/Ruhmannseder* Strafbarkeit, Rn. 232.
533 *Dießner* StV 2011, 43 (49); ähnl. MüKo-StPO/*Jahn/Kudlich* § 257c Rn. 231.
534 So *Schünemann* 58. DJT Gutachten B, S. 139 f.; *Braun* Absprache, S. 98; *Siolek* Verständigung, S. 222.
535 S. nur *Siolek* Verständigung, S. 223.

und bereits vorab zu klären, welche Informationen er dabei preisgeben darf.[536] Insoweit ist das Verteidigerverhalten dann nicht »unbefugt«, sondern durch eine rechtfertigende Einwilligung[537] gedeckt.

6. Zusammenfassung

107 Insgesamt kann dem Verteidiger daher nur dringend geraten werden, die gesetzlich geregelten Zulässigkeitsgrenzen der Verständigung einzuhalten. Denn anderenfalls besteht – wie gesehen – ein nicht unerhebliches Strafbarkeitsrisiko, das durch das Verständigungsgesetz im Vergleich zur früheren Rechtslage eher gestiegen ist. Auf die angesprochenen praktischen Probleme der Nachweisbarkeit und der Akzessorietät sollte man also nicht zu sehr vertrauen.[538]

H. Neue Verteidigungsstrategien

108 Bereits die früher geduldeten bzw. durch die Rspr. abgesegneten strafprozessualen Absprachen hatten die Praxis der Strafverteidigung maßgeblich beeinflusst. Das Verständigungsgesetz zementiert diese Veränderungen und verlangt von jedem Strafverteidiger, dass er sich mit den Regeln der Verständigung, den Vor- und Nachteilen für seinen Mandanten sowie mit den rechtlichen Grenzen der Verständigung auseinandersetzt. Das Verständigungsverfahren ist nicht nur rechtlich komplex, einige wichtige Fragen sind umstritten und der Verteidiger sieht sich neben zivilrechtlichen Haftungsgefahren (s.o. Rdn. 86) auch strafrechtlichen Risiken (s.o. Rdn. 101 ff.) ausgesetzt. Auch rein faktisch kommt es auf die beteiligten Personen, deren Einstellung und Bereitschaft zu konsensualer Verfahrensführung und -beendigung und – ganz generell – auf die Atmosphäre im Gerichtssaal an. Teilweise wird davon gesprochen, dass als Folge des Verständigungsgesetzes ein »neuer Typus des Strafverteidigers« entstehe.[539] Auch wenn diese Sichtweise – angesichts der bereits früher praktizierten Absprachen – übertrieben anmutet, so kann doch nicht geleugnet werden, dass die Neuregelung den Verteidiger endgültig vor eine wichtige Herausforderung stellt.

Im Folgenden sollen – ohne Anspruch auf Vollständigkeit – einige bedeutsame Punkte dargestellt werden, die seitens der Verteidigung berücksichtigt werden sollten.[540]

109 Nach wie vor ist die erste Aufgabe der Verteidigung eine Verteidigungsstrategie zu entwerfen, die sich detailliert mit den Vor- und Nachteilen bzw. den Möglichkeiten und Gefahren einer Verständigung bzw. deren Vermeidung auseinandersetzt. Der Verteidiger sollte sich aber klar machen, dass das Gericht i.d.R. eine beherrschende Rolle einnimmt. Eine Verständigung kommt nur zustande, wenn das Gericht sie will; StA und Verteidigung haben sozusagen keine »Erzwingungsmöglichkeiten«. Durch die Ankündigung einer Vielzahl an Beweisanträgen hätte die Verteidigung die Möglichkeit, dementsprechend Druck auf das Gericht auszuüben. Die (teilweise bedenkliche[541]) Tendenz, das Beweisantragsrecht immer mehr zu beschränken, nimmt der Verteidigung aber einen Teil ihrer »Verhandlungsmasse«.[542] Dennoch bringt es die nunmehr gesetzlich zugelassene Methode des konsensualen Vorgehens mit sich, dass der Verteidiger – will er ein optimales Ergebnis für seinen Mandanten erzielen – aktiv wird, mehr oder minder kooperatives Verhalten als Verhandlungsmasse in Aussicht stellt und so dem Gericht aktiv Handlungsoptionen aufzeigt. Eine rein defensive Rolle kann in einem Prozess, zu dem das (Ver-) »Handeln« gehört, nur selten zum Vorteil des Mandanten gereichen.[543]

---

536 Vgl. auch *Dahs* NStZ 1988, 154; *Deal* StV 1982, 551.
537 Zur Einwilligung in § 203 StGB s. SSW-StGB/*Bosch* § 203 Rn. 36 ff.
538 So auch *Beulke/Ruhmannseder* Strafbarkeit, Rn. 123.
539 *Sommer* AnwBl 2010, 197.
540 S. zum Ganzen *Sommer* AnwBl. 2010, 197.
541 Zur Fristsetzung für Beweisanträge s. z.B. BGH StV 2006, 113 ff.; BGH NStZ 2007, 716; BGHSt 51, 333 ff.; BGHSt 52, 355 ff.; krit. *Satzger* FH Tepperwien, S. 56 ff.
542 *Fezer* NStZ 2010, 177 (181).
543 Vgl. auch *Sommer* AnwBl 2010, 197 (199).

Der Verteidiger sollte auch einen psychologischen Aspekt nicht außer Acht lassen: Da – wie gesehen – die Initiative zu einer Verständigung nicht zwingend vom Gericht ausgehen muss (s.o. Rdn. 9), kann der Verteidiger als Erster den Vorstoß wagen und unter bestimmten Bedingungen mit einem sog. »Wahrnehmungsanker«[544] ein konkretes Strafmaß vorschlagen. Dieser Vorschlag (Umstände, Höhe, etc.) mag sich auf das »Gegenangebot« des Gerichts auswirken, sodass der Verteidiger – bei kluger Strategie – das Angebot des Gerichts in eine für seinen Mandanten günstige Richtung bewegen kann.[545] Gerade auch die vorherige »Abstimmung« mit der StA kann (positive) Auswirkungen darauf haben, ob das Gericht dem Vorschlag der Verteidigung entgegenkommt.

Diese »Strategie« ist jedoch nicht für alle Fälle empfehlenswert. Abgesehen von den Besonderheiten des jeweiligen Verfahrens ist zu beachten, dass sich der Abschluss einer Verständigung regelmäßig nicht mit einer Freispruchverteidigung vereinbaren lässt.[546] Hat der Verteidiger zusammen mit seinem Mandanten eine auf Freispruch gerichtete Verteidigungsstrategie entworfen oder will er sich diese Option zumindest offen halten, so muss er vielmehr von Anfang an jeden Versuch der anderen Verfahrensbeteiligten, eine Verständigung zu erreichen, verhindern und abwehren. Dies kann z.B. durch einen frühen eindeutigen Schriftsatz an das Gericht bzw. die StA erreicht werden.[547]

Zudem muss sich jeder Strafverteidiger bei seiner Strategie das aufgezeigte Strafbarkeitsrisiko vergegenwärtigen, wenn er zu offensiv und jenseits der Grenzen der gesetzlichen Regelung auf eine Verständigung hinarbeitet (s.o. Rdn. 101 ff.).

Nicht zuletzt ist darauf hinzuweisen, dass eine Verständigung im Strafprozess auch Auswirkungen auf andere Rechtsgebiete zeitigen und dem verständigungsbasierten Urteil insoweit eine Bindungs- und Indizwirkung zukommen kann. So können insb. die in dem verständigten Urteil festgestellten Tatsachen präjudizierenden Charakter für verwaltungs- und sozialgerichtliche Verfahren haben (z.B. im Beamten- oder Standesrecht).[548] Dies gilt es – im Hinblick auf das Gebot anwaltlicher Sorgfalt – bei der prozessstrategischen Planung abwägend zu berücksichtigen.

I. Verteidigung im Fall fehlgeschlagener Verständigungen

In eine schwierige Lage gerät die Verteidigung in Fällen fehlgeschlagener Verständigungen, d.h., **110**
wenn eine von den Strafverfolgungsbehörden aus Sicht des Angeklagten abgegebene Zusage nicht oder nicht voll eingehalten wird. Verständigungen können aus unterschiedlichen Gründen misslingen. Zunächst wegen der in § 257c Abs. 4 S. 1 und S. 2 StPO vorgesehenen Fälle, in denen eine Bindungswirkung an die Verständigung entfällt; daneben wegen eines Sinneswandels der StA (zur Bindungswirkung von Zusagen der StA s.o. Rdn. 52) oder auch wegen eines (versteckten) Dissenses, wenn die Beteiligten den Verständigungsinhalt unterschiedlich verstanden haben.

Nach der gesetzlichen Neuregelung hat die Thematik angesichts des in § 257c Abs. 4 S. 3 StPO geregelten Beweisverwertungsverbotes etwas an Brisanz verloren. Allerdings ist schon dessen Reichweite – nicht zuletzt in Berufung und Revision – umstritten. Außerdem bezieht sich das Beweisverwertungsverbot nur auf das Geständnis und nicht auf sonstige Leistungen des Angeklagten. Das Problem stellt sich auch verstärkt bei unzulässigen (heimlichen) Absprachen, auf die das gesetzlich

---

544 Der sog. »anchoring effect« wurde in einer Vielzahl von empirischen Studien dokumentiert, mehr dazu bei *Bühring-Uhle/Eidenmüller/Nelle* Verhandlungsmanagement, S. 42 f.

545 S. auch AnwK-StPO/*Püschel* § 257c Rn. 32; *Altenhain/Dietmeier/May* Absprachen in Strafverfahren, S. 67 f.

546 SK-StPO/*Velten* Vorbem. § 257b Rn. 15 f.; BeckOK-StPO/*Eschelbach* § 257c Rn. 15; s. auch *Thielmann* ZRP 2010, 89; *Kudlich* 68. DJT Gutachten C, S. 32.

547 *Sommer* AnwBl 2010, 197 (198).

548 Exemplarisch stellt *Bittmann* eine Auswahl an Entscheidungen von Verwaltungs- und Sozialgerichten und deren Wechselwirkungen zusammen, s. *Bittmann* ZWH 2018, 239 (244 f.); *ders.* ZWH 2019, 201 (208); *ders.* ZWH 2020, 273 (283 ff.); *ders.* ZWH 2021, 265 (273); *ders.* ZWH 2023, 209 (221).

geregelte Beweisverwertungsverbot gem. § 257c Abs. 4 S. 3 StPO für das Geständnis nicht anwendbar ist (ausf. dazu und zu sonstigen Grundlagen für ein Beweisverwertungsverbot s.o. Rdn. 57).

Praktisch relevant wird die fehlgeschlagene Verständigung aus Sicht der Verteidigung immer dann, wenn der Angeklagte – wie regelmäßig – eine Vorleistung zu erbringen hat und sich erst danach herausstellt, dass sich die Strafverfolgungsorgane nicht an ihre Zusage(n) halten können oder wollen. Dann steckt er regelmäßig in dem Dilemma, im Hinblick auf die Verständigung (oder informelle Absprache) eine – seine prozessuale Position verschlechternde – Leistung erbracht zu haben, ohne in den Genuss der vereinbarten Gegenleistung kommen zu können, denn – wie gesehen – lassen sich die Zusagen im Rahmen einer prozessualen Verständigung grds. nicht durchsetzen. Die Strategie der Verteidigung kann daher darauf angelegt sein, so weit wie möglich die (nachteilige) Vorleistung und deren Folgewirkungen aus der Welt zu schaffen, um wieder den status quo ante erreichen zu können. Ob und wie dies gelingen kann, hängt im Wesentlichen von der Art der erbrachten Vorleistung ab.

I. Widerrufliche, abänderbare oder wiederholbare Prozesshandlungen

111 Im Regelfall ist eine Korrektur dann ohne Probleme möglich, wenn sich die Vorleistung auf Prozesshandlungen bezieht, die widerruflich, abänderbar oder wiederholbar sind.[549] Dies betrifft vor allem Anträge und Erklärungen, soweit nicht der Prozessabschnitt, in dem die Prozesshandlung erfolgt, durch den weiteren Prozessverlauf endgültig abgeschlossen ist. Stellt sich das Scheitern der Verständigung (oder informellen Absprache) heraus, indem etwa das Gericht den Hinweis erteilt, aufgrund nachträglich bekannt gewordener Tatsachen die ursprüngliche Absprache nicht einhalten zu können (§ 257c Abs. 4 S. 4 StPO), kann der Angeklagte die vorgenommene Handlung widerrufen oder zurücknehmen bzw. die Handlung vornehmen, wenn es dem Inhalt der Verständigung entsprach, diese Handlung zu unterlassen.[550] Die Interessen des Angeklagten können hier regelmäßig voll gewahrt werden.[551] Hat der Angeklagte bspw. aufgrund der Verständigung einen Beweisantrag zurückgenommen, stellt sich dann aber heraus, dass das Gericht oder die StA nicht an der Verständigung festhalten, so kann er den Antrag erneut stellen.

112 Einen Sonderfall stellt das – äußerst häufig als Vorleistung vom Angeklagten erbrachte – (Teil-) Geständnis dar.[552] Zwar ist auch dieses, wie nicht zuletzt die Regelung des § 254 StPO beweist, widerrufbar.[553] Dem Interesse des Angeklagten, das Geständnis möglichst aus der Welt zu schaffen, wird dadurch aber nur unzureichend entsprochen: Denn der Widerruf bewirkt keine Unverwertbarkeit des Inhalts des Geständnisses. Dem Gericht ist es im Rahmen seiner umfassenden richterlichen Beweiswürdigung vielmehr unbenommen, ein Geständnis trotz späteren Widerrufs für glaubhaft zu halten und einer Verurteilung zu Grunde zu legen.[554] Anders ist dies nur im Fall eines Beweisverwertungsverbots. Ein solches ist nun in § 257c Abs. 4 S. 3 StPO für gescheiterte Verständigungen gesetzlich vorgesehen – für informelle Absprachen ist diese Norm nicht analog heranzuziehen, auch aus allgemeinen (Fairness-) Erwägungen ergibt sich nur ganz ausnahmsweise ein Verwertungsverbot (dazu s.o. Rdn. 57).

II. Unwiderrufliche Prozesshandlungen

113 Wesentlich ungünstiger ist die Situation aus der Sicht des Beschuldigten, wenn dieser aufgrund der Verständigung (oder aufgrund einer informellen Absprache) eine unwiderrufliche Prozesshandlung

549 LR/*Kühne* Einl. Abschn. G Rn. 63.

550 S. auch *Schmidt-Hieber* Verständigung, Rn. 247; *Gerlach* Absprachen, S. 163 ff.

551 Anders, wenn sich das Scheitern erst nach Rechtskraft herausstellt, dazu Rdn. 80 ff.

552 Zur Frage, ob das Geständnis des Beschuldigten als Prozesshandlung eingestuft werden kann, vgl. LR/*Rieß* 25. Aufl., Einl. Abschn. J Rn. 10.

553 Vgl. *Beulke/Satzger* JuS 1997, 1076; Meyer-Goßner/*Schmitt* § 254 Rn. 2; *Gerlach* Absprachen, 166.

554 BGHSt 21, 285 (287); BGH NStZ 1994, 597; BGH StV 2003, 481; OLG Köln NJW 1961, 1224; s. dazu *Kölbel* NStZ 2003, 232.

vorgenommen hat und sich erst danach der Fehlschlag der Verständigung/Absprache herausstellt. Solche unwiderruflichen Prozesshandlungen – zumeist prozesstragende bzw. -beendende Erklärungen –[555] sind nach h.M. nämlich aus Gründen der Rechtssicherheit grds. weder anfechtbar,[556] noch findet § 136a StPO auf sie analoge Anwendung.[557] Für die weitaus wichtigste unwiderrufliche Prozesshandlung – den Rechtsmittelverzicht – ist das Problem im Kontext formeller Verständigungen aber durch § 302 Abs. 1 S. 2 StPO gelöst (s.o. Rdn. 58 ff.).

III. Sonderfall: Nichteinhaltung staatsanwaltlicher Zusagen

Da staatsanwaltschaftlichen Zusagen nach der gesetzlichen Systematik des § 257c StPO von vornherein nicht die Bindungswirkung einer gerichtlichen Verständigung zukommen (s.o. Rdn. 52), gilt es zu beachten, dass bei Abreden zwischen Beschuldigtem und StA (insb. im Rahmen von Erörterungen nach § 160b StPO) nicht schon zu viel preisgegeben wird, was später nicht unproblematisch rückgängig gemacht werden kann. 114

Ist die Korrektur der Vorleistung nicht möglich oder nicht ausreichend, so muss versucht werden, gegen die Verständigung selbst bzw. gegen das mit dieser im Zusammenhang stehende Verhalten der Strafverfolgungsorgane vorzugehen. Die entsprechenden Möglichkeiten im Rechtsmittelrecht wurden bereits dargestellt. 115

Angesichts der beschriebenen Schwierigkeiten sollte für die Verteidigung aber stets das Bemühen im Vordergrund stehen, ein Scheitern der Verständigung und somit ein Entfallen der Bindungswirkung zu verhindern. Dafür ist erforderlich, vom Gericht präzise Aussagen bzgl. der erwarteten Qualität eines Geständnisses bzw. sonstiger Leistungen des Angeklagten einzufordern und auf deren Dokumentierung zu achten.[558]

Innerhalb des durch das Verständigungsgesetz gesteckten Rahmens sind der Angeklagte und sein Verteidiger dann vor unangenehmen Überraschungen einigermaßen sicher.

J. Bewertung und Ausblick

Die Regelungen des Verständigungsgesetzes sind im Schrifttum[559] auf vielfache Kritik gestoßen. Diese entzündet sich insb. an dem (untauglichen) gesetzgeberischen Versuch, ein an sich auf »Konsens« ausgerichtetes Verfahren in das geltende Strafprozessrecht zu implementieren. Gegenüber dem vormaligen ungeregelten Zustand, der gesetzeswidrigen »Deals« Tür und Tor öffnete und keinerlei Gegenmittel bereithielt, hat die gesetzlichen Verankerung des Verständigungsverfahrens jedenfalls ein deutliches Plus an Rechtssicherheit und Disziplinierung der Verfahrensbeteiligten erreicht und zudem die Überprüfbarkeit des Prozessgeschehens erleichtert.[560] 116

Dies hat auch das BVerfG[561] 2013 gesehen und das Verständigungsgesetz in der derzeitigen Ausgestaltung als verfassungsgemäß eingestuft. Das Gericht stellte fest, dass die bestehende Regelung mit dem Schuldgrundsatz, der Pflicht zur Erforschung der materiellen Wahrheit und dem Grundsatz des fairen, rechtsstaatlichen Verfahrens, der Unschuldsvermutung und der Neutralitätspflicht des

---

555 *Beulke/Swoboda* Strafprozessrecht, Rn. 300.

556 RGSt 57, 83; BGH NStZ 1983, 280 (281); KK/*Fischer* Einl. Rn. 345; Meyer-Goßner/*Schmitt* § 302 Rn. 21, 9; *Erb* GA 2000, 519.

557 BGHSt 17, 14 (17 ff.); BGHSt 34, 365; *Braun* Absprache, S. 106; *Beulke/Swoboda* Strafprozessrecht, Rn. 301; LR/*Gleß* § 136a Rn. 17; a.A. *Roxin/Schünemann* § 22 Rn. 7; allgemein dazu *Satzger* JuS 2000, 1159.

558 S. auch *Schlothauer/Weider* StV 2010, 600 (602).

559 S. nur *Hettinger* JZ 2011, 292; *Kempf* StV 2009, 269; *Meyer-Goßner* ZRP 2009, 107; *Murmann* ZIS 2009, 526; *Schünemann* ZRP 2009, 104.

560 SSW-StPO/*Ignor/Wegner* § 257c Rn. 9; *Geuenich/Höwer* DStR 2009, 2320 (2324); *Rosenau* FS Puppe, S. 1597 (1624); ebenso Handbuch Staatsanwalt/*von Heintschel-Heinegg* 5. Teil 1. Kap. Rn. 88.

561 Vgl. BVerfGE 133, 168 ff.

Gerichts vereinbar ist. Allerdings hat das höchste deutsche Gericht auch klargestellt, dass – obwohl die gesetzlichen Regelungen gegenwärtig kein strukturelles Regelungsdefizit aufweise, das derzeit eine Verfassungswidrigkeit der Norm begründen könne – die Anwendung des Verständigungsgesetzes durch die Praxis vielfach erhebliche Missstände offenbare, die mit den verfassungsrechtlichen Anforderungen an ein Strafverfahren nicht zu vereinbaren seien. Wahrheitserforschung, rechtliche Subsumtion und Strafzumessung stünden entgegen der täglichen gerichtlichen Praxis nicht zur Disposition der Verfahrensbeteiligten. Das BVerfG hat daher im Jahre 2013 unter klarer Missbilligung der Umsetzung durch die Praxis die gesetzlichen Regelungen zur Verständigung unter Bewährungsaufsicht gestellt.[562] Obgleich die gerichtliche Praxis – insbesondere bei den Amtsgerichten – die Transparenz- und Dokumentationsvorschriften über ein Jahrzehnt nach der Einführung des Verständigungsgesetzes weiterhin gröblich zu missachten scheint,[563] führe dies weiterhin nicht zu dessen Verfassungswidrigkeit, da das festgestellte Vollzugsdefizit nicht auf ein strukturbedingtes Regelungsdefizit des Verständigungsgesetzes zurückzuführen ist, so das BVerfG 2021 bei jüngster Gelegenheit.[564] Da das Gericht es somit abermals vermied, die gesetzlichen Regelungen zu kippen, ist mit einem großen Umsturz – weder von Seiten des Gesetzgebers noch von Seiten der Rechtsprechung – auf absehbare Zeit nicht zu rechnen.

K. Schlussbetrachtung

117 Auch nach der gesetzlichen Regelung der Verständigung verbleiben – gerade auch für den Verteidiger – Unsicherheiten und Gefahren, die nur durch taktisches Geschick und Umsicht aufgefangen werden können. Will der Verteidiger bei Verständigungen »mitspielen«, so darf er das Vertrauen, welches die faktische Grundlage einer jeden Verständigung ist, keinesfalls missbrauchen, wenn er auch in Zukunft als verlässlicher Gesprächspartner gelten können will.[565] Der sicherste Weg hierzu dürfte die genaue Einhaltung des gesetzlichen Rahmens sein, da Folgeprobleme insb. aus den sog. »informellen Absprachen« erwachsen können. Die Konsequenzen, die die Ablehnung eines dementsprechenden Versuchs seitens des Gerichts nach sich ziehen könnte, erscheinen im Vergleich dazu als das geringere Übel. Ein Verteidiger sollte im Übrigen nicht der Versuchung erliegen, stets und zu schnell eine einverständliche Lösung anzustreben, insb. nicht ohne diese Möglichkeit vorab mit dem Mandanten erörtert zu haben. Manches Mal wird das »klassische« Strafverfahren letztlich doch den erfolgversprechenderen Weg eröffnen.[566]

562 Vgl. *Niemöller* StV 2013, 419 (423).
563 *Altenhain/Jahn/Kinzig* Die Praxis der Verständigung im Strafprozess, S. 530 ff.
564 BVerfG 2021, 558 (559).
565 Dazu *Dahs* Handbuch, Rn. 192.
566 So bereits *Rückel* NStZ 1987, 303; *Schünemann* NJW 1989, 1899.

Kapitel 33 Anklageschrift, Eröffnungsbeschluss und Urteil als Angriffspunkte der Verteidigung

Übersicht

A. Die Anklageschrift

I. Allgemeines

1 Die Kunst der Anfertigung einer schulmäßigen Anklageschrift geht in einer überlasteten Praxis überforderter Staatsanwälte zunehmend verloren. Wirkliche Verteidigung muss die Anklageschrift genau prüfen und mit den darin enthaltenen Informationen arbeiten sowie fehlende Informationen reklamieren. Je schwächer die Anklageschrift ist, desto mehr trifft das Tatgericht eine Hinweispflicht aus dem Gehörs- und Fairnessanspruch des Angeklagten. § 265 Abs. 2 StPO ist mit den Anforderungen aus diesem Informationsanspruch, der zuerst durch die Anklageschrift oder ein Anklagesurrogat und gegebenenfalls auch danach durch den Eröffnungsbeschluss des Gerichts zu erfüllen ist, nicht endgültig abgestimmt.[1] Das betrifft nicht nur Art und Umfang der notwendigerweise vor dem Urteil zu liefernden Informationen, sondern auch den Zeitpunkt der Erfüllung von Informationspflichten, der zur Erreichung des Ziels, eine sachgemäße Verteidigung zu ermöglichen, möglichst früh liegen soll. Die Anklageschrift ist der erste und wichtigste Informationsträger. Sie ist ein das Hauptverfahren vorbereitender Schriftsatz, der nicht nur das zuständige Gericht ansprechen und diesem einen Prüfungsgegenstand im Sinne des § 151 StPO unterbreiten,[2] sondern auch dem Angeschuldigten eine effektive Verteidigung ermöglichen soll. Der Schriftsatz soll dazu möglichst anschaulich und die maßgeblichen Punkt betonend anzeigen, welche vorläufigen Tatsachenfeststellungen die Anklagebehörde ihrem strafrechtlichen Vorwurf zugrunde legt (konkreter Anklagesatz), wie sie diese rechtlich bewertet (abstrakter Anklagesatz) und welche Beweisgründe dafür ausschlaggebend sind (wesentliches Ergebnis der Ermittlungen).[3] Anhand der vorläufigen Tatsachenfeststellungen, Wertungen und Beweiserwägungen aufgrund des staatsanwaltschaftlichen Freibeweisverfahrens, die durch das Gericht im Eröffnungsbeschluss statistisch selten verworfen (§ 204 Abs. 1 StPO), zumeist gebilligt (§§ 203, 207 Abs. 1 StPO) oder in seltenen Fällen teilweise abgeändert werden (§ 207 Abs. 2 StPO), kann die Verteidigung zum Beispiel abwägen, ob sie von den Möglichkeiten der Erhebung von Zuständigkeitseinwänden, oder ob und wie[4] sie von der Möglichkeit eines Widerspruchs gegen die Beweisverwertung[5] Gebrauch machen will. Die Widerspruchslösung entfaltet nach neuerer Rechtsprechung keine »Vorwirkung« dahin, dass Beweisverwertungsverbote vor der Hauptverhandlung unbeachtlich seien.[6] Werden sie frühzeitig reklamiert, kann im Lauf der weiteren Verfahrensgangs mit Tatsachenhinweisen und Rechtsargumenten vertieft werden, was am Ende in der Revisionsinstanz oder bei der Urteilsverfassungsbeschwerde konzentriert vorzutragen ist. Dazu kann das Freibeweisverfahren vor der Hauptverhandlung wichtige Hinweise liefern, die später selten vertieft werden. So kann zum Beispiel der Einsatz von V-Leuten beanstandet werden, wenn er feststellbar ist und zu informellen Ausforschungen oder sogar zu einer staatlichen Tatprovokation geführt hat. Frühe Verteidigertätigkeit kann Zweifel an der Eröffnungsreifer der Sache wecken, wenn sie etwa darlegt, dass der Einsatz von V-Leuten ohne gesetzliche Grundlage per se bedenklich bleibt, auch wenn die Rechtsprechung des Bundesgerichtshofs dazu vorerst auf überkommenen Thesen beharrt.[7] Argumentationshilfen sollten frühzeitig und nicht unter dem Zeitdruck einer späteren Rechtsmittelfrist gesucht werden, so etwa auch in der Rechtsprechung des Bundesverfassungsgerichts in anderem einfachrechtlichem Zusammenhang, weil die verfassungsrechtlichen Obersätze übergreifende Bedeutung haben können. So hat

1 BGHSt 66, 20 (24).

2 BGH Beschl. v. 15.02.2024 – 2 StR 329/22.

3 LR/*Stuckenberg*, StPO § 200 Rn. 2.

4 Zur späteren Bindung an eine benannte Angriffsrichtung nach der geforderten Widerspruchsbegründung BGH JR 2023, 575 (576).

5 BGHSt 38, 214 (225 f.); 39, 349 (352); 42, 15 (22); 50, 272 (274); 51, 1 (3); 52, 38 (40 ff.); 52, 48 (51 ff.); 53, 191 (198); modifizierend BGHSt 64, 89 (97 f.); zu einer Neukonzeptionierung *Berg* NStZ 2018, 327 (331 ff.); zur Bevorzugung der »Mühlenteichtheorie« *Börner* StV 2022, 806 ff.

6 BGHSt 64, 89 (97); OLG Koblenz Beschl. v. 09.03.2022 – 1 Ws 791/20 geht aber davon aus, im Zweifel sei die Entscheidung über die Beweisverbotsfrage der Hauptverhandlung vorzubehalten, obwohl Beweisverwertungsverbote vor der Hauptverhandlung auch von Amts wegen zu beachten sind.

7 BGH JR 2023, 451 (453) m. Anm. *Kudlich/Göken*.

das Bundesverfassungsgericht im Zusammenhang mit Normen des Verfassungsschutzes ausgeführt, beim Einsatz von V-Leuten liege ein Grundrechtseingriff darin, dass die Vertrauensperson die vermeintliche Vertrauensbeziehung ausnutzt, um von einer anderen Person Informationen zu erlangen, die sie ansonsten nicht erhalten würde. Der Vorgang ist dem Staat zuzurechnen. Das Gewicht des Grundrechtseingriffs hängt von den Umständen des konkreten Einsatzes ab. Jedenfalls auf Dauer sind Einsätze von Vertrauenspersonen nicht weniger eingriffsintensiv als Einsätze Verdeckter Ermittler.[8] Überträgt man diese verfassungsgerichtlichen Äußerungen auf den Strafprozess, so folgt daraus, dass die Ermittlungsgeneralklausel des § 161 Abs. 1 S. 1 StPO als gesetzliche Ermächtigung nicht ausreichen kann, ferner, dass den Handlungsmöglichkeiten der V-Leute verfassungsrechtliche Grenzen zu setzen sind, schließlich, dass im Einzelfall zum prüfen ist, welche Eingriffe stattgefunden haben und ob daraus prozessuale Rechtsfolgen in Form von Beweisverboten oder Verfahrenshindernissen resultieren. Um eine nähere Sachaufklärung im Freibeweisverfahren herbeizuführen und das Gericht schon vor der Eröffnung des Hauptverfahrens auf Probleme aufmerksam zu machen, ist eine Kontrolle der vorläufigen Beweisführung der Staatsanwaltschaft anhand der Anklageschrift geboten. Bei der Anklageerhebung und im Zwischenverfahren ist die Prüfung von Beweisverwertungsverboten unter prognostischer Bewertung des Beweisgangs in der Hauptverhandlung zu beurteilen, wofür auch die Ankündigung von Verteidigungsmaßnahmen von Bedeutung sein kann.[9]

Die Anklageschrift ist besonders als staatsanwaltschaftliche Auswertung des Aktenmaterials in ihrem »wesentlichen Ergebnis der Ermittlungen« ein wichtiges Informationsmittel[10] zur Entwicklung einer Verteidigungsstrategie sowie zur Vorbereitung auf eine eventuelle Verständigung. Denn die Anklageschrift, die in der Regel unverändert zur Hauptverhandlung zugelassen wird, verkörpert auch im Hinblick auf die bekannten Perseveranz-, Inertia- und Schulterschlusseffekte[11] die Beurteilungsperspektive der Strafjustiz. Will die Verteidigung das dort vorskizzierte Tatbild infrage stellen, so muss sie dies frühzeitig und mit Vorausschau auf die nachfolgenden Rechtsschutzmöglichkeiten tun. Insbesondere das Aufzeigen von Gegenhypothesen zum Tatverdacht der Staatsanwaltschaft ist zur Vermeidung zunehmender Vernachlässigung von Alternativen aufgrund von kognitiver Dissonanz[12] wirkungsvoller, wenn es frühzeitig erfolgt. Die Nichtbeachtung der Nullhypothese (Unwahrhypothese)[13] und die Eliminierung von Alternativhypothesen sind die wichtigsten Fehlerquellen für Strafurteile aufgrund einer einseitig entwickelten und im Lauf des Verfahrens zunehmend verfestigten Verdachtshypothese. Die Verteidigung muss auch intervenieren, wenn die Anklageschrift nicht durch ausreichende Informationsvermittlung leistet, was sie nach dem Gesetz zur Ermöglichung einer ausreichenden Vorbereitung der Verteidigung leisten soll, und erst recht, wenn sie sachlich nicht zutreffend ist. Will die Verteidigung »konsensual« vorgehen (§§ 160b, 202a, 212, 257b, 257c StPO), muss sie sich in besonderer Weise mit dem Tatbild nach der Anklageschrift vertraut machen. Sie darf sich auf verständigungsbezogene Erörterungen, die verfahrenspsychologisch einen »point of no return« überschreiten, erst einlassen, wenn sie sich mit dem Mandanten eingehend über Bedeutung und Tragweite eines solchen Vorgehens im Hinblick auf den Anklagevorwurf beraten hat. Das Verteidigungsziel muss, auch zur Vermeidung von Parteiverrat[14] oder zivilrechtlicher Anwaltshaftung,[15] im Mandat gemeinsam definiert sein und eingehalten werden. Der Verteidiger darf zum Beispiel nicht eine milde Bestrafung anstreben, wenn der Mandant eine Verteidigung mit dem Ziel der Freisprechung wünscht. Zur Abklärung der Lage muss eine wirksame Verteidigung auch eine 2

8 BVerfG NJW 2022, 1583 (1612).
9 *Schlothauer* FS Lüderssen, 2002, S. 761 ff.
10 *Stuckenberg* NStZ 2020, 496.
11 *Bandilla*, Informationsverzerrung in der Hauptverhandlung des deutschen Strafverfahrens in Abhängigkeit von Vorinformationen, 1983; ders., Kontextabhängige Informationsverarbeitung in bundesdeutschen Strafverfahren, 1986; *Bandilla/Hassemer* StV 1989, 551 ff.; *Schünemann* StV 2000, 159 ff.
12 *Eschelbach* GA 2019, 593 ff.; *Krehl* FS Ignor, 223, S. 609 (622 ff.).
13 *Eschelbach* in: Fischer/Hoven (Hrsg.), Verdacht, S. 29 (35 ff.).
14 *Wegerich* S. 108 ff.
15 Widmaier/Müller/Schlothauer/*Barton*, § 41 Rn. 47.

rechtliche Überprüfung des Sachverhalts anhand der Verdachtsbeschreibung durch die Staatsanwaltschaft durchführen. Das Gericht muss die Anklageschrift tatsächlich anhand der Akten und nicht zuletzt auch rechtlich überprüfen, bevor es sich auf eine Verständigung einlässt.[16] Ob das immer mit der gebotenen Sorgfalt geschieht, wenn ein »Vergleich« in Aussicht genommen wird, muss nach praktischen Erfahrungen weiter bezweifelt werden. Jedenfalls im rechtlichen Ansatz haben die professionellen Akteure des Strafprozesses den Informationsgehalt der Anklageschrift zu erfassen, zu überprüfen und ihre Vorgehensweise darauf einzustellen.

3 Für den nicht oder noch nicht verteidigten Angeklagten ist die Anklageschrift neben Hinweisen auf die Sach- und Rechtslage bei Vernehmungen (§§ 136 Abs. 1 S. 1, 163a Abs. 4 StPO) ohnehin die einzige Informationsquelle zur Vorbereitung seiner Verteidigung,[17] die er auch in eigener Person vorbereiten und führen kann (Art. 6 Abs. 3 lit. b und lit c EMRK). Hat der Angeschuldigte diese Informationen nicht, so ist er in seiner Verteidigung wesentlich beeinträchtigt.[18] § 200 Abs. 2 S. 2 StPO, der in Strafrichtersachen beim Amtsgericht das Weglassen des wesentlichen Ergebnisses der Ermittlungen gestattet, wirkt nach heutigem Verständnis der Prozessgrundrechte überholt; denn dies schneidet gerade dem gegebenenfalls nicht verteidigten und auch selbst nicht aktenkundigen Angeklagten die wichtigste Informationsquelle ab. Eine Überprüfung dieser gesetzlichen Regelung und ihrer Auslegung und Anwendung im Einzelfall anhand des Anspruches des Angeklagten auf rechtliches Gehör und anhand des Fairnessgrundsatzes aus Art. 20 Abs. 3 GG in Verbindung mit den Freiheitsgrundrechten sowie aus Art. 6 Abs. 3 EMRK steht immer noch aus. Die Vorschrift des § 200 StPO über den notwendigen Anklageinhalt gehört aber zu den Bestimmungen, die für »ein rechtsstaatliches Strafverfahren Gewähr leisten«.[19] Nach der Rechtsprechung führt § 200 Abs. 2 S. 2 StPO gleichwohl sogar dann zur Entbehrlichkeit der Mitteilung des wesentlichen Ergebnisses der Ermittlungen, wenn die beim Strafrichter angeklagte Sache durch Vorlage gemäß § 209 StPO an das Landgericht gelangt.[20] Das bleibt bedenklich.[21]

1. Anklageprinzip

4 Der Anklagegrundsatz besagt, dass – auch als Ausdruck des Gewaltenteilungsprinzips – eine personale Trennung von Ankläger und Richter vorgenommen werden muss.[22] Als deren Folge sieht die Strafprozessordnung vor, dass der Richter im Zwischen- und Hauptverfahren nur tätig werden darf, wenn ihm zuvor von der Anklagebehörde ein bestimmter Verfahrensgegenstand mittels einer öffentlichen Klage unterbreitet wird (§ 151 StPO).[23] Nur in diesem Umfang darf der Richter mit dem Ziel der Verurteilung handeln (§§ 155 Abs. 1, 264 Abs. 1 StPO),[24] insoweit aber auch mit der

16 BGH NJW 2005, 1440 (1442), in BGHSt 50, 40 (49) insoweit nicht abgedruckt; BGH StV 2011, 453 f.; übernommen von BT-Drs. 16/12310 S. 13; zur fehlenden Kontrollmöglichkeit *Duttge* FS Böttcher, 2007, S. 53 (69); *Eschelbach* FS Richter II, 2006, S. 113 (120 ff.) und Graf/*Eschelbach*, BeckOK-StPO § 257b Rn. 2; *Fischer* StraFo 2009, 177 (179); *Gössel* FS Fezer, 2008, S. 495 (510); *SK/Paeffgen*, StPO § 202a Rn. 10.

17 LR/*Stuckenberg*, StPO § 200 Rn. 8.

18 Zum Erfordernis der rechtzeitigen Übersetzung der Anklageschrift an einen nicht sprachkundigen Ausländer OLG Hamm StV 2004, 364 f.; OLG Stuttgart StV 2003, 490; a.M. OLG Düsseldorf NJW 2003, 2766 f.

19 BGH NJW 1954, 360 (361) m. Anm. *Görke* JR 1954, 140.

20 BGH NStZ 2020, 496.

21 *Stuckenberg* NStZ 2020, 496 ff.

22 LR/*Mavany*, StPO § 151 Rn. 1; *Danko*, Rechtsfehler bei der Anklageerhebung oder in der Anklageschrift unter besonderer Berücksichtigung der Rechtsprechung, 1998, S. 42.

23 BGHSt 32, 146 (150); 46, 130 (137); Beschl. v. 15.02.2024 – 2 StR 329/22; BayObLGSt 1991, 3, 5.

24 Zur Überschreitung der Grenzen der Anklage bei Bestechung und Bestechlichkeit BGH NStZ 2000, 318 f.

Befugnis und Pflicht zu umfassender Sachaufklärung (§ 155 Abs. 2 StPO)[25] und eigenverantwortlicher rechtlicher Bewertung[26] der Tat (§§ 155 Abs. 2, 244 Abs. 2, 264 Abs. 2 StPO),[27] die auch durch eine Verständigung nicht beeinflusst werden darf (§ 257c Abs. 1 S. 2 und Abs. 2 S. 3 StPO). Nach einer ausnahmsweise vorgenommenen anfänglichen Anklagerücknahme und erneuter Anklageerhebung muss die neu eingereichte Anklageschrift gegebenenfalls wieder die Voraussetzungen des § 200 Abs. 1 StPO erfüllen; eine Bezugnahme auf die zurückgenommene Anklageschrift reicht nicht aus.[28]

Die als Bewirkungshandlung für die gerichtliche Untersuchung vorausgesetzte Erhebung der öffentlichen Klage ist im Fall der Einreichung einer Anklageschrift zugleich die gesetzliche Form der Dokumentation der Erfüllung der verschiedenen Anklagefunktionen und der Einhaltung des Anklageprinzips. Eine Unterzeichnung der Anklageschrift durch den Staatsanwalt ist nicht zwingend erforderlich, sofern der Anklagewille feststellbar und die versehentliche Übersendung eines bloßen Entwurfs sicher auszuschließen ist.[29] Nachträgliche gerichtliche Hinweise zur Nachbesserung oder Aktualisierung der Informationen aus der Anklageschrift bedürfen zur Dokumentation dieser Prozesshandlungen in der Hauptverhandlung einer Protokollierung (§§ 265 Abs. 1 und 2, 273 StPO). Das wird durch die Neufassung des § 265 Abs. 2 StPO akzentuiert.[30] 5

2. Grenzen der Beurteilungskompetenz des Richters aufgrund des Anklageprinzips

Aus der Rollenteilung zwischen Ankläger und Richter folgt eine Beschränkung der Beurteilungskompetenz des Strafrichters auf einen bestimmten Verfahrensgegenstand, den die Staatsanwaltschaft mit der Anklageschrift vorgibt. Aus der Anklageschrift müssen die Verfahrensbeteiligten, namentlich die Verteidigung, entnehmen können, innerhalb welcher tatsächlichen Grenzen sich die Hauptverhandlung und die Urteilsfindung gemäß §§ 155 Abs. 2, 264 Abs. 2 StPO zu bewegen haben.[31] Davon hängt es auch ab, welche tatsächlichen Vorgänge später von der Rechtskraft einer Verurteilung oder eines Freispruchs erfasst werden. Über den Rahmen des Prozessgegenstands hinausgehende Feststellungen können im Einzelfall zu treffen sein, soweit es um bloße Indiztatsachen oder rechtsfolgenrelevante Umstände geht. 6

▶ Beachte

Eine gerichtliche Untersuchung der Schuldfrage ist unzulässig, soweit dem Gericht ein bestimmter Prozessgegenstand, also eine Tat im prozessualen Sinne, nicht durch eine Anklageschrift oder ein Anklagesurrogat (Nachtragsanklage, Strafbefehl, Antrag auf Aburteilung im beschleunigten Verfahren) in abgrenzbarer Weise und damit wirksam unterbreitet wurde.[32] Dies ist zwar in jeder Lage des Strafverfahrens von den Gerichten von Amts wegen zu prüfen, aber vorsorglich auch von der Verteidigung geltend zu machen.

Soweit nicht angeklagte Straftaten nach prozessordnungsgemäßer Aufklärung als Strafschärfungsgründe herangezogen werden, ist die Grenze der richterlichen Beurteilungskompetenz nach der 7

25 Zum Gebot der bestmöglichen Sachaufklärung, das auch im Freibeweisverfahren gilt, als Teil des fairen Verfahrens BVerfGE 70, 297 (309); 103, 21 (35); 109, 133 (162); 109, 190 (223 f.); BVerfG JR 2004, 37 ff. m. Anm. *Böse*.
26 Std. Rspr. seit RGSt 4, 192 (194).
27 *Niemöller* S. 11.
28 OLG Düsseldorf Beschl. v. 10.11.2009 – III-2 Ss 215/09 (148/09 I).
29 RGSt 37, 407 (408 f.).
30 Zu den Hinweispflichten bei veränderter Sachlage *Ceffinato* JR 2020, 6 ff.; *Pauly* StraFo 2023, 418 ff.
31 BGHSt 46, 130 (134).
32 BGH Beschl. v. 15.02.2024 – 2 StR 329/22.

Rechtsprechung nicht überschritten.[33] Diese Aspekte betreffen nicht die von §§ 155 Abs. 2, 264 Abs. 1 StPO angesprochene Schuldfrage, sondern die Straffrage, für die Umstände außerhalb des angeklagten Tatgeschehens bestimmend sein können. Zudem können nicht angeklagte Taten als Indiztatsachen für die nach der Anklage aufzuklärende Tat erforscht werden.[34] Aus einer für die Verfahrensbeteiligten nicht ohne weiteres erkennbaren Bewertung wichtiger Indiztatsachen können sich allerdings Hinweispflichten für das Gericht gemäß § 265 Abs. 2 Nr. 3 StPO ergeben. Geht es etwa bei der Frage des Schuldnachweises darum, ob der Angeklagte durch weitere Taten eine bestimmte »Handschrift« des Täters bei seinem Vorgehen gezeigt hat, so ist das Gericht berechtigt, auch der Begehungsweise weiterer Straftaten nachzugehen, die nicht zum Verfahrensgegenstand im engeren Sinne gehören. Der bloße Verdacht der Begehung weiterer Taten kann allerdings für den Nachweis der abzuurteilenden Tat keine Indizwirkung entfalten, da belastende Indiztatsachen positiv feststehen müssen.[35]

▶ **Beachte**

Die rechtskräftige Verurteilung wegen eines gleichgelagerten Delikts begründet ein Indiz für die Täterschaft des Angeklagten im dem Parallelfall.[36] Tatsachenfeststellungen früherer Urteile können zwar Gegenstand des Urkundenbeweises sein,[37] sie sind aber für das neue Tatgericht rechtlich nicht bindend.[38] Tatsachenfeststellungen erwachsen nämlich für sich genommen nicht in Rechtskraft. Sie können nur bei Teilrechtskraft eine innerprozessuale Bindungswirkung entfalten. Die fehlende Rechtskraft von Urteilsfeststellungen in anderen Verfahren eröffnet bisweilen Verteidigungsmöglichkeiten, weil die frühere Tatbegehung oder die Art ihrer Ausführung und der Schuldumfang im neuen Prozess bestritten werden kann und das neue Tatgericht zur Sachaufklärung zwingt, wenn dies entscheidungserheblich ist und substantiierte Zweifel an der Richtigkeit und Vollständigkeit früher getroffener Feststellungen erhoben werden können. Das Aufklärungsgebot verliert allerdings an Bedeutung, wenn sich das neue Tatgericht für seine Strafzumessung darauf zurückzieht, dass es für seine Rechtsfolgenentscheidung nur auf die Tatsache der früheren Verurteilung mit deren Warnwirkung[39] ankomme, die schon durch die Urteilsurkunde hinreichend belegt werden kann.

8 Problematisch ist die Wahrung des Anklageprinzips in Fällen der Anklageerhebung wegen nicht genau konkretisierter Serientaten, durch die eine sachgerechte Verteidigung erschwert wird.[40] Besteht zum Beispiel der Verdacht, dass der Angeschuldigte über Jahre hinweg eine Vielzahl von Einzeltaten des sexuellen Missbrauchs von Kindern begangen hat, von denen nachträglich keine Einzige nach Tatzeit, Tatort und Tatbild so umschrieben werden kann, dass sie von anderen möglichen Taten genau unterscheidbar wäre, kann die Anklagebehörde nach der Rechtsprechung – von der »Breitbandanklage« abgesehen[41] – auch unter Verfahrenseinstellung im Übrigen gemäß § 154 Abs. 1 StPO wegen

33 Sogar verjährte Taten können nach der Rechtsprechung, wenngleich mit geringerem Gewicht, als Strafschärfungsgründe herangezogen werden, vgl. BGHR StGB § 46 Abs. 2 Vorleben 19, 20, 24; BGH NStZ 2008, 146; BGH Beschl. v. 09.05.2023 – 4 StR 3/23; krit. *Foth* NStZ 1995, 375; *Gillmeister* NStZ 2000, 344; *Leitmeier* StV 2015, 585 ff.; zur Verteidigung hiergegen *Sander* StraFo 2004, 47 ff.

34 Graf/*Eschelbach* BeckOK-StPO § 264 Rn. 18.

35 BGH StV 2017, 7; NStZ-RR 2017, 88.

36 BGH NStZ-RR 2002, 338 f.

37 BGH NStZ-RR 2019, 224 (225).

38 BVerfGE 103, 21 (36); BGHSt 43, 106 (107 f.) m. Anm. *Loos* JR 1998, 118 f.; *Bock/Schneider* NStZ 2003, 337 (338).

39 Zu Recht krit. *Erhard*, Strafzumessung bei Vorbestraften unter dem Gesichtspunkt der Strafzumessungsschuld, 1992, S. 67 ff.; *Stuckenberg* StV 2007, 655 (662 f.); s.a. SSW-StGB/*Eschelbach,* § 46 Rn. 110.

40 BGHSt 40, 44 (48); BGH StV 2005, 113; wistra 2018, 272 (274); 2020, 297 (298): OLG Stuttgart Die Justiz 2020, 113 ff.

41 BGH NStZ 2014, 49 m. Anm. *Ferber*.

einer einzigen Tat gleicher Art oder einer begrenzten Anzahl, die Mindestfeststellungen ermöglicht,[42] die öffentliche Klage erheben. In diesem Fall steht zwar die Tatkonkretisierung infrage. Jedoch geht die auf Praktikabilität zielende Rechtsprechung undogmatisch davon aus, dass die Beschränkung auf einen vage eingegrenzten Verfahrensgegenstand durch gleichzeitige Verfahrenseinstellung oder Freisprechung wegen aller anderen Taten ohne durchgreifenden Rechtsnachteil für den Angeklagten erfolgen könne. Mit der Aburteilung der einen Tat sei »in dubio pro reo« Strafklageverbrauch[43] bezüglich aller anderen Taten innerhalb desselben Tatzeitraums eingetreten. Diese Lösung bleibt bedenklich. Durch sie wird zwar dem Grundsatz »ne bis in idem« nach Art. 103 Abs. 3 GG Rechnung getragen. Jedoch wird das Defizit der Verteidigungsmöglichkeiten durch fehlende Tatkonkretisierung kaum angemessen kompensiert. Unklar bleibt insbesondere, wie ein Alibibeweis geführt werden soll, wenn die Tatzeit der im Anklagesatz vage umschriebenen Tat – von einem nach Monaten oder Jahren bemessenen Tatzeitraum abgesehen – unbekannt bleibt.

Nicht zulässig ist nach der Rechtsprechung zu Tatserien die Abweichung vom Tatbild der Anklage[44] 9
oder eine Überschreitung der in der Anklageschrift im Einzelfall genannten Höchstzahl der Taten durch das Urteil,[45] weil es dann für weitere Taten an der Prozessvoraussetzung einer zugelassenen Anklage fehlt. Andererseits wird die Simulation der Erfüllung der Umgrenzungsfunktion der Anklageschrift in Fällen vage umschriebener Serien gleichförmiger Handlungen mit »der Folge eines Erdrutsches«[46] in der Rechtsprechung zum Anlass genommen, zugleich vorliegende Defizite in der Informationsfunktion der Anklageschrift zu bestreiten.[47] Das deutet eine Fehlentwicklung an, gegen die sich die Verteidigung aufs Ganze gesehen nicht ausreichend mit der Rüge der Verletzung des Anspruchs auf rechtliches Gehör und auf Fairness des Verfahrens im Revisions-, Verfassungsbeschwerde- und Menschenrechtsbeschwerdeverfahren zur Wehr setzen kann.

3. Funktionen der Anklageschrift

Die Anklageschrift besitzt eine Umgrenzungsfunktion[48] sowie verschiedene Informationsfunktionen.[49] 10
Alle diese Funktionen sind trotz unterschiedlicher Rechtsfolgen im Fall ihrer Nichterfüllung im Ansatz gleichermaßen für die Verteidigung von Bedeutung. Die Rechtsprechung behauptet allerdings, dass die Umgrenzungsfunktion die wichtigste Funktion der Anklageschrift sei, so dass generell nur deren Verletzung zu einem Verfahrenshindernis führen könne.[50] Andere Mängel der Anklageschrift machen diese nach der Rechtsprechung nicht unwirksam; ein Prozesshindernis resultiert daraus angeblich generell nicht.[51] Diese hinsichtlich einer generellen Abwertung der Informationsfunktion nahezu begründungslos aufgestellte Behauptung trifft aus der Perspektive der Verteidigung nicht immer zu. Lässt etwa die Anklageschrift offen, worin bei einem genau umgrenzten Handlungsgeschehen die Strafbarkeit der Verursachung eines weitreichenden Kausalverlaufs liegen soll, kann trotz angeblicher Erfüllung der Umgrenzungsfunktion ein funktionaler Mangel der Anklage angenommen werden.[52] Umgrenzungs- und Informationsfunktionen sind zumindest in einem Kernbereich der notwendigen Informierung der Verteidigung über Tatsachenannahmen gleich gewichtig.[53] Die Tatumgrenzung nach der Anklageschrift spielt zudem für die Bestimmung der Reichweite der Rechtskraft keine Rolle,

---

42 BGH Beschl. v. 27.02.2018 – 2 StR 390/17.
43 BGHSt 40, 138 (160).
44 BGH StraFo 2017, 26 f.
45 BGH NStZ-RR 1999, 274.
46 *Peters* NStZ 1994, 591 (592).
47 BGHSt 48, 221 (224) m. Anm. *Maier* NStZ 2003, 674 ff.
48 BGHSt 56, 183 (185); 57, 88 (91); BGH StraFo 2019, 206 f.; 2019, 332 f.
49 BGHSt 56, 183 (185 f.); LR/*Stuckenberg*, StPO § 200 Rn. 4.
50 BGHSt 56, 183 (185); 57, 88 (90 f.); BGH NStZ-RR 2022, 75 f.
51 BGHSt 57, 88 (90 f.); BGH wistra 2018, 49 (50); 2020, 297 (298).
52 OLG Nürnberg Beschl. v. 22.02.2012 – 1 St OLG Ss 240/11 m. Anm. *Maluga* jurisPR-StrafR 6/2012 Anm. 2.
53 *Danko* S. 46 f.

wenn das rechtskräftige Urteil darüber hinausgeht, was etwa bei der Annahme eines »uneigentlichen Organisationsdelikts« der Fall sein kann. In diesem Fall kommt es nur auf die Urteilsurkunde, nicht auf die Anklageschrift, an.[54]

a) Umgrenzungsfunktion

11 Die Anklageschrift hat die Aufgabe, den Verfahrensgegenstand genau zu kennzeichnen.[55] Dies ist ihre »Umgrenzungsfunktion« hinsichtlich der angeklagten Taten im prozessualen Sinn.[56] Die Anklageschrift legt dadurch den Gegenstand des gerichtlichen Verfahrens fest.[57] Sie bestimmt damit mittelbar den Umfang der Rechtskraft eines späteren Urteils und sie dient der Verhinderung einer Mehrfachverfolgung, die gemäß Art. 103 Abs. 3 GG[58] ausgeschlossen sein soll.[59] Der Inhalt der Anklageschrift bestimmt zusammen mit dem Eröffnungsbeschluss, der den Verfahrensgegenstand modifizieren oder verringern, aber nach dem Anklagegrundsatz weder originär bestimmen noch erweitern kann, die Grundlage der Hauptverhandlung.[60] Der Verfahrensgegenstand besteht aus einer subjektiven Komponente, dem jeweiligen Angeschuldigten, und einer objektiven Komponente, der Tat. Beides zusammen ist die Tat eines bestimmten Täters im prozessualen Sinn.[61] Mehrere Taten sind, auch bei Anklageerhebung auf wahldeutiger Grundlage,[62] verschiedene Prozessgegenstände, die in einer Sammelanklage gemeinsam angeklagt werden, aber verschiedene Rechtsschicksale haben können und daher auch untereinander abgrenzbar sein sollen. Besteht etwa ein unauflösbarer Widerspruch in der Bezeichnung der Anzahl der Taten im abstrakten sowie im konkreten Anklagesatz,[63] dann ist die Umgrenzungsfunktion nicht erfüllt und die Anklage deshalb unwirksam.[64] Andererseits ist zur Erfüllung der Umgrenzungsfunktion nur die Tathandlung des Angeschuldigten genau zu kennzeichnen. Es ist nicht notwendig das weitere Tatgeschehen bei Beteiligung weiterer Personen, namentlich bei einem »uneigentlichen Organisationsdelikt« oder einer Bandentat des Angeklagten, auch in den Einzelheiten der Handlungen der Vorderleute zu umschreiben.[65] Die Tat im verfahrensrechtlichen Sinne erstreckt sich allerdings auf das gesamte Verhalten des Täters, das nach natürlicher Auffassung ein mit diesem geschichtlichen Vorgang einheitliches Geschehen bildet. Liegen verschiedene Lebenssachverhalte vor, die einer getrennten Feststellung und Bewertung zugänglich sind, so sind diese nur dann Gegenstand der Urteilsfindung, wenn sich nach dem aus der Anklageschrift erkennbaren Willen der Staatsanwaltschaft ergibt, dass sie sämtlich einer Aburteilung zugeführt werden sollen. Beschränkt sich die Anklage auf das eigentliche Tatgeschehen, so besteht zum Beispiel keine prozessuale Tatidentität mit einem auf der Fahrt zum Tatort verübten Delikt.[66]

54 KK/*Schneider*, StPO § 200 Rn. 1.
55 BGHSt 57, 88 (91); BGH NStZ 2012, 349 f.; wistra 2018, 272 (274); 2020, 297 (298); LR/*Stuckenberg* StPO § 200 Rn. 5.
56 BGHSt 44, 44 (45); 40, 390 (391); 44, 153 (154 f.); 56, 183 (185); OLG Hamm wistra 2016, 86 f.; KG StV 2016, 548 f.
57 BGH NJW 2018, 878 (879); Beschl. v. 17.02.2024 – 2 StR 329/22.
58 Zum Grundsatz »ne bis in idem« BVerfGE 23, 191 (202); 56, 22 (27 ff.); BGHSt 5, 323 (328 ff.).
59 BGH NStZ 2017, 551.
60 BGHSt 46, 130 (134).
61 Zum Tatbegriff BGHSt 13, 21 (26); 23, 141 (145); 32, 215 (218 f.); BGH NStZ 1995, 46; NStZ-RR 1998, 304 f.
62 BGH NStZ 1998, 635; OLG Köln StV 2016, 218 f.; OLG Oldenburg NStZ-RR 2012, 282; zur weiteren Zulässigkeit der echten Wahlfeststellung BGHSt 62, 164 (168 ff.), dazu BVerfG NJW 2019, 2837 ff.; zur abw. Auffassung etwa *Pohlreich* ZStW 128 (2016), 676 ff.; s.a. BeckOK-StPO/*Eschelbach*, § 261 Rn. 50.1 ff. m.w.N.
63 OLG Oldenburg StraFo 2011, 149 f.
64 BGH NStZ 2012, 85.
65 BGHSt 57, 88 (93); 59, 11 (13); BGH wistra 2016, 492 (495).
66 BGH Beschl. v. 19.11.2020 – 2 StR 358/20.

Bereitet die Bestimmung des Prozesssubjekts[67] in der Praxis meist keine Schwierigkeiten, so ist die 12
Abgrenzung der objektiven Kriterien der Tat im prozessualen Sinn oft problematisch.[68] Die Anklage ist als Prozessvoraussetzung nach § 151 StPO nur wirksam, wenn sie den Prozessgegenstand ausreichend bestimmt.[69]

b) Informationsfunktion

Die Anklageschrift hat auch die Aufgabe, dem Angeklagten eine sachgerechte Verteidigung in der 13
Hauptverhandlung zu ermöglichen,[70] indem schon die ihm zuzustellende Anklageschrift, nicht erst deren Verlesung in der Hauptverhandlung,[71] ihn über die tatsächlichen und rechtlichen Grundlagen des Vorwurfes sowie zumindest in Fällen des § 200 Abs. 2 S. 1 StPO zugleich über die Beweisgründe dafür informiert. Die Nichterfüllung dieser Funktion der Anklageschrift, welche die Informationen zur Tatumgrenzung einschließt,[72] aber darüber hinausgeht, bildet nach herrschender Meinung kein Verfahrenshindernis.[73] Jedoch sind zumindest Verfahrensrügen möglich, wenn Hinweise auf Umstände, die für die Verteidigung in der Hauptverhandlung wesentlich gewesen wären, nicht vorab in der Anklageschrift oder jedenfalls nachträglich durch das Gericht gemäß § 265 Abs. 1 und 2 StPO erteilt wurden. Nach den Motiven des historischen Gesetzgebers[74] ist die Informationsfunktion der Anklageschrift ihrer Umgrenzungsfunktion prinzipiell gleichwertig. Das kommt in der Rechtsfolgendiskussion bei Anklagemängeln heute zu kurz. Nur selten gehen Überlegungen dahin, Informationsmängel stärker zu beachten.[75] Schwerste Mängel der Anklageschrift in ihrer Informationsfunktion rechtfertigen danach ausnahmsweise auch die Nichteröffnung des Hauptverfahrens.[76] Weniger gravierende Informationsmängel begründen kein Verfahrenshindernis, sondern lösen nur Hinweispflichten des Gerichts aus. So ist etwa die Angabe des Schadensumfangs bei einem Vermögensdelikt nur ein Aspekt der Information der Verteidigung, nicht der Tatumgrenzung. Das Informationsdefizit ist heilbar, wenn durch das Gericht ein Hinweis nach § 265 Abs. 2 Nr. 3 StPO erteilt wird. Auch eine Schadensschätzung in der Anklageschrift ist kein Fall der Verletzung ihrer Informationsfunktion.[77]

c) Prozessfunktion

Ein Unterfall der Informationsfunktion der Anklageschrift kann als deren »Prozessfunktion« bezeich- 14
net werden.[78] Diese Funktion besteht darin, den nicht aktenkundigen Richtern oder Schöffen, den Verfahrensbeteiligten und der Öffentlichkeit bei Verlesung des Anklagesatzes in der Hauptverhandlung gemäß § 243 Abs. 3 StPO mitzuteilen oder bewusst zu machen, über welchen Prozessstoff ver-

---

67 OLG Karlsruhe wistra 2000, 357 ff.; *Danko* S. 207.

68 Zum Fahren ohne Fahrerlaubnis ohne Angabe der Tatzeit bei falscher Straßenbezeichnung BayObLG NZV 2001, 176 f.; s.a. OLG Oldenburg StV 2010, 511.

69 BGH Beschl. v. 17.02.2024 – 2 StR 329/22.

70 BGHSt 40, 44 (45); 40, 138 (150); 43, 293 (299); 44, 153 (156 f.); 48, 221 (224); 56, 183 (189).

71 BGHSt 56, 109 (116 f.); ebenso der Vorlagebeschluss BGH NJW 2010, 1386 (1388) und die Nachfolgeentscheidungen BGH NStZ 2011, 420 ff. und StV 2011, 407 f.

72 LR/*Stuckenberg*, StPO § 200 Rn. 6, 16.

73 BGHSt 40, 44 (45); 44, 153 (156); 56, 183 (185); 57, 88 (90 f.); BGH NJW 2018, 878 (879); OLG Celle NZWiSt 2015, 430 (432 f.); für unheilbare Informationsmängel a.A. *Danko* S. 224; *Krause/Thon* StV 1985, 252 (254); s.a. zu einem unklaren Anklagevorwurf innerhalb eines umgrenzten Geschehens OLG Nürnberg, Beschl. v. 22.02.2012 – 1 St OLG Ss 240/11.

74 Nachweise bei *Danko* S. 46 f.

75 BGHSt 40, 44 (48); 44, 153 (156 ff.); *Rieß* JR 1998, 37 (41); *Danko* S. 224; *Krause/Thon*, StV 1985, 252 (254); SSW-StPO/*Rosenau*, § 200 Rn. 20.

76 SK-StPO/*Paeffgen*, § 200 Rn. 28.

77 BGH NStZ 2013, 409 f.

78 *Danckert* StV 1988, 282 (283).

handelt werden soll.[79] Informationsdefizite in diesem Punkt können sich dadurch auswirken, dass ein nicht aktenkundiger Verfahrensbeteiligter aus Unkenntnis bestimmter Tatsachen sein Frage- oder Antragsrecht nicht wahrnimmt oder Prozessvorgänge mangels einer Möglichkeit zur Einordnung als relevante Aspekte nicht richtig wahrnimmt. In Strafverfahren wegen einer Vielzahl gleichförmiger Taten oder Einzelakte, die durch eine gleichartige Begehungsweise gekennzeichnet sind, ist dem Erfordernis der Verlesung des Anklagesatzes nach der Rechtsprechung gleichwohl schon Genüge getan, wenn dieser soweit vorgelesen wird, als in ihm die gleichartige Tatausführung, welche die Merkmale des jeweiligen Straftatbestands erfüllt, beschrieben und die Gesamtzahl der Taten, der Tatzeitraum sowie bei Vermögensdelikten der Gesamtschaden bestimmt sind.[80] Einer Verlesung der die Vorwürfe näher konkretisierenden tatsächlichen Umstände der Einzeltaten oder Einzelakte bedarf es in diesem Fall nicht mehr, weil ein Zuviel an Informationen über Einzeldaten bei der Verlesung des Anklagesatzes, insbesondere bei tabellarisch dargestellten Zahlenwerken, in Großverfahren eher die Informationswirkung der Verlesung des Anklagesatzes vermindert als sie zu verbessern. Auch die Umgrenzungsfunktion muss nicht notwendig allein durch den in der Hauptverhandlung zu verlesenden Text erfüllt werden. Es genügt nach der Rechtsprechung, dass der Verfahrensgegenstand in aktenkundiger Weise abgegrenzt wurde. Die weitergehende Informierung der Schöffen kann in Großverfahren nach der Rechtsprechung auch dadurch erfolgen, dass ihnen der Anklagesatz ausgehändigt wird.[81] Insbesondere bei frühzeitigen Erörterungen nach §§ 202a 212 ist es in der Praxis üblich, dass die Berufsrichter die Schöffen in den Verfahrensstoff einführen.[82] Dadurch wird aber die Mitwirkung von Schöffen als »Garanten der Unmittelbarkeit« entwertet,[83] was die Rechtsprechung zunehmend ignoriert.

▶ Beachte

Überinformationen im Anklagesatz, etwa durch Mitteilung von Indizien und Beweisschlüssen, können im Einzelfall eine suggestive Beeinflussung, insbesondere der Schöffen, bewirken.[84] Die Verteidigung muss schon im Zwischenverfahren darauf achten, dass solche und ähnliche Verfahrensbeeinflussungen vermieden werden. Sie kann gegebenenfalls die Rückgabe[85] der Anklageschrift mit den Akten durch das Gericht an die Staatsanwaltschaft anregen, um eine Nachbesserung des zu verlesenden Anklagesatzes zu verlangen. Die Fehlerbeanstandung für das Revisionsverfahren aufzusparen bleibt riskant. In einem nochmals späteren Verfassungsbeschwerdeverfahren wird auf den aus § 90 Abs. 2 S. 1 BVerfGG abgeleiteten Grundsatz der Subsidiarität der Verfassungsbeschwerde verwiesen, der voraussetzt, dass der Beschwerdeführer schon im Ausgangsverfahren alle ihm möglichen und zumutbaren Maßnahmen ergreift, um eine Grundrechtsverletzung zu verhindern. Ein solches Subsidiaritätskriterium kann auch für den Antrag auf Anklagerückgabe vor der Zulassung zur Hauptverhandlung gelten, welche eine Richterablehnung wegen Zulassung einer Vorbeeinflussung durch Verlesung eines fehlerhaften Anklagesatzes betrifft und für diesbezügliche Verfahrensrügen im Revisionsrechtszug gelten.

---

79 BGH StV 1982, 100 (101); NStZ 1995, 200 m. Anm. *Krekeler* NStZ 1995, 299; zum Verfahrensfehler der fehlenden Anklagesatzverlesung im beschleunigten Verfahren OLG Köln NStZ-RR 2003, 17 f.; zu den Anforderungen an die Revisionsrüge der Verlesung eines falschen Anklagesatzes BGH StraFo 2009, 389.

80 BGHSt 56, 109 (112 ff.) m. Anm. *Börner* NStZ 2011, 436 ff.; *Gössel* JR 2011, 546 ff.

81 BGHSt 56, 109 (118); weiter gehend BGH, Beschl. v. 28.10.2009 – 5 ARs 53/09, BeckRS 2009, 29960: auch das wesentliche Ergebnis der Ermittlungen.

82 BGH Urt. v. 17.01.2024 – 2 StR 459/22.

83 *Börner* StraFo 2012, 434 ff.

84 BGH StV 1988, 282 m. Anm. *Danckert* = JR 1987, 389 m. Anm. *Rieß*; s. auch BGHSt 43, 36 (37); 43, 360 (361 ff.).

85 Vgl. BGHSt 46, 130 (134 f.); einschränkend OLG Nürnberg NStZ-RR 2011, 251 f.

Die Neigung der Staatsanwaltschaften zur Durchführung von Nachbesserungen der Anklagefassung nach Rückgabe durch das Gericht ist – zu Unrecht – gering. Gleichwohl sollte die Verteidigung frühzeitig Informationsmängel in der Anklageschrift geltend machen. Das Weglassen einer wesentlichen und für die Verteidigung relevanten Information in der Anklageschrift mit der Folge der Nichtausübung von Frage- oder Antragsrechten als Fall der Verletzung des Anspruchs auf rechtliches Gehör ist nachträglich im Revisionsrechtszug kompliziert darzustellen und ein Beruhen des Urteils auf einem Informationsmangel (§ 337 Abs. 1 StPO) für Revisionsrichter schwer nachzuvollziehen. Unterschwellige suggestive Einflüsse auf die Richter und Schöffen bilden im Ergebnis meist keinen beschwerdefähigen Ablehnungsgrund gemäß §§ 24, 28 Abs. 2 S. 2, 338 Nr. 3 StPO, solange nicht durch richterliche Reaktionen ein Anlass für die Besorgnis der Befangenheit erkannt werden kann. Allerdings ist schon die Mitwirkung derjenigen Richter, die an der Eröffnungsentscheidung beteiligt waren, auch am Urteil gegen denselben Angeklagten »eher als eine Ausnahme« anzusehen, »über deren innere Berechtigung in Zukunft der Gesetzgeber zu befinden haben wird«.[86] Wird über dieses seit langem beklagte,[87] aber von Gesetzgeber und Rechtsprechung ignorierte strukturelle Defizit des Verfahrens hinaus im Einzelfall auch noch ein fehlerhafter Anklagesatz zur Hauptverhandlung zugelassen, könnte die entgegen allen empirischen Erkenntnissen[88] nur normativ begründete Unbefangenheitsvermutung für diejenigen Richter, die zugleich am Eröffnungsbeschluss mitgewirkt haben und anschließend am Urteil mitwirken sollen, die Grenze des Zulässigen überschritten haben.[89] Das normative Richterbild der Praxis dementiert die erfahrungswissenschaftlich gesicherten Erkenntnisse über erhebliche kognitive Dissonanzen.[90] Vor diesem Hintergrund muss die Verteidigung schon im Rahmen der Ausübung ihres Äußerungsrechts gemäß § 201 Abs. 2 S. 1 StPO darauf hinwirken, dass das Gericht bei der Staatsanwaltschaft eine Nachbesserung der Anklageschrift anregt, wenn wesentliche Informationsmängel zu verzeichnen sind. 15

4. Surrogate für eine Anklageschrift

Die Anklagefunktionen werden bisweilen nicht durch eine Anklageschrift, sondern durch andere Prozesshandlungen erfüllt, die funktional die Anklageschrift ersetzen und daher ihrerseits das Anklageprinzip zu wahren haben. Es bedarf in diesen Fällen auch mit Blick auf die nachfolgenden Verfahrensabschnitte keiner gesonderten Anklageerhebung bezüglich desselben Prozessgegenstands als Verfahrensvoraussetzung gemäß § 151 StPO. Das Anklagesurrogat muss dazu aber ebenso wie eine Anklageschrift die Umgrenzungsfunktion und Informationsfunktionen erfüllen, zumindest soweit es um den Anklagesatz geht. Die Mindestanforderungen nach § 200 Abs. 1 StPO gelten insoweit auch für die Nachtragsanklage, ferner für die Anklageschrift im beschleunigten Verfahren[91] und im vereinfachten Jugendverfahren, sowie für den Strafbefehl nach § 409 Abs. 1 S. 1 StPO[92] und im Wesentlichen auch für den Bußgeldbescheid gemäß § 66 Abs. 1 Nr. 3 OWiG.[93] 16

a) Nachtragsanklage

Erscheint der Angeklagte nach dem Ergebnis der Beweisaufnahme in der Hauptverhandlung der Begehung weiterer, nicht von der Anklage umfasster Taten hinreichend verdächtig, so hat die Staatsanwaltschaft diese gegebenenfalls durch eine Nachtragsanklage nach § 266 StPO neu anzuklagen. Geschieht dies nicht und erfolgt dennoch eine Verurteilung des Angeklagten wegen dieser Taten, 17

86 *Leibholz/Geiger/Rinck* in BVerfGE 30, 157 (160).
87 *Wohlers* FS C. Roxin, 2011, S. 1313 ff.
88 *Kierzkowski*, Die Unparteilichkeit des Richters im Strafverfahren unter Berücksichtigung von Art. 6 Abs. 1 S. 1 EMRK, 2016, S. 130 ff.; *Krehl*, FS Ignor, 2023, S. 609 (622 ff.).
89 Zu einem erneuten Diskussionsversuch *Traut/Nickolaus* StraFo 2012, 51 ff.
90 *Eschelbach* GA 2019, 593 ff.
91 OLG Hamburg NJW 2012, 631 f.
92 BGH JR 2019, 655 f..
93 OLG Bamberg DAR 2009, 155; LR/*Stuckenberg*, StPO § 200 Rn. 1.

so muss das Urteil auf die Revision hin aufgehoben und das Verfahren eingestellt werden.[94] Verfahrensvoraussetzung für die Erhebung einer Nachtragsanklage ist die sachliche Zuständigkeit desselben Gerichts.[95] Dann kann ein selbstständiger Verfahrensgegenstand durch mündliche Anklageerhebung zu Protokoll der Hauptverhandlung in die Hauptverhandlung eingeführt werden;[96] auch eine Wahlfeststellung[97] wird, wenn sich diese auf zwei selbständige Taten im prozessualen Sinn bezieht,[98] im Einzelfall ermöglicht.[99] Bei einer bloßen Erweiterung des Vorwurfes innerhalb des bereits angeklagten Prozessgegenstands, etwa durch tateinheitlich erfüllte weitere Straftatbestände, ist die Nachtragsanklage entbehrlich und ein rechtlicher Hinweis gemäß § 265 Abs. 1 StPO ausreichend. Eine im Einzelfall überflüssige Nachtragsanklage ist mit deklaratorischer Wirkung aus dem Prozess auszuscheiden, um Verwirrung zu vermeiden. Weitergehende prozessuale Konsequenzen hat sie nicht.[100] Die Erhebung einer Nachtragsanklage mit den Formerleichterungen des § 266 StPO ist nur möglich, wenn bereits über eine wirksam erhobene und zugelassene Anklage verhandelt wird und nur ein weiterer selbständiger Prozessgegenstand hinzugefügt werden soll. Für die Erhebung einer wirksamen Nachtragsanklage erforderlich ist die Wahrung des Anklageprinzips hinsichtlich der Umgrenzungsfunktion, welche auch durch einen gerichtlichen Hinweis nicht ersetzt werden kann.[101] Auch die Nachtragsanklage, die nur aus einem Anklagesatz besteht und kein wesentliches Ergebnis der Ermittlungen mitteilen soll, setzt die Erfüllung der Mindestvoraussetzungen des § 200 Abs. 1 StPO voraus.[102] Deren Dokumentation wird durch Protokollierung der mündlich erhobenen Nachtragsanklage in der Hauptverhandlung erreicht. In der Berufungsinstanz ist eine Nachtragsanklage mangels sachlicher Zuständigkeit des Berufungsgerichts für das Eröffnungsverfahren nicht zulässig.[103]

18 Im Verfahren über eine Nachtragsanklage entfällt das Zwischenverfahren im Sinne der §§ 201, 202. Erforderlich ist hier nur die Einbeziehung der Nachtragsanklage in die bisherige Verhandlung durch einen Beschluss des Gerichts (§ 266 Abs. 1 StPO), der in der für die Hauptverhandlung vorgesehenen Besetzung erfolgt. Diese Besetzung war für den ursprünglichen Eröffnungsbeschluss nicht zuständig.[104] Der Einbeziehungsbeschluss ist aber eine sonst gleichartige Verfahrensvoraussetzung für die gerichtliche Untersuchung des Gegenstands der Nachtragsanklage.[105] Die notwendige Legitimation der nachträglichen Einbeziehung eines weiteren Verfahrensgegenstands in die laufende Hauptverhandlung ohne Zwischenverfahren erfolgt durch das Erfordernis der ausdrücklichen und eindeutigen Zustimmung des Angeklagten,[106] die sich aber als bloße Prozesserklärung von einer Sacheinlassung zum Gegenstand der Nachtragsanklage unterscheidet.[107] Diese Zustimmung muss als wesentliche Förmlichkeit der Hauptverhandlung in deren Protokoll aufgenommen werden. Stimmt der Angeklagte der Einbeziehung einer Nachtragsanklage in der Hauptverhandlung nicht ausdrücklich zu, so steht es dem Gericht nicht frei, den zusätzlichen Vorwurf durch Eröffnung des Hauptverfahrens außerhalb der Hauptverhandlung und Verbindung der neuen Sache mit dem bisherigen Verfahren zum Gegenstand einer einheitlichen Hauptverhandlung zu machen. Zumindest müsste in dieser

94 BGH NStZ-RR 2022, 87.
95 AG Villingen-Schwenningen Urt. v. 30.10.2019 – 6 Ds 31 Js 29240/18.
96 BayObLGSt 1953, 1; SSW-StPO/*Rosenau*, § 266 Rn. 1.
97 Zur weiteren Zulässigkeit BGHSt 62, 164 (168 ff.).
98 *Schulz-Merkel* jurisPR-StrafR 3/2017 Anm. 6.
99 OLG Düsseldorf NStZ-RR 1999, 304 f.; OLG Oldenburg NStZ-RR 2011, 282; SSW-StPO/*Rosenau* § 266 Rn. 3; zur prozessualen Tatmehrheit von Diebstahl und Hehlerei als klassischen Wahlfeststellungsfällen BGHSt 62, 164 (168 ff.); OLG Köln StV 2016, 218 f.
100 BGH NJW 1970, 904 f.
101 OLG Jena StV 2007, 230 (231).
102 BGH NStZ 1986, 276; BayObLGSt 1953, 1; SSW-StPO/*Rosenau* § 266 Rn. 8.
103 OLG Stuttgart NStZ 1995, 51 f.; SSW-StPO/*Rosenau* § 266 Rn. 13.
104 BGHSt 60, 248 (250 ff.); BGH StV 2015, 743; NStZ-RR 2017, 181.
105 BGH NStZ-RR 1996, 140; BayObLGSt 1953, 1 (2); SSW-StPO/*Rosenau*, § 266 Rn. 21.
106 BGH NJW 1984, 2172; OLG Düsseldorf StV 1996, 532.
107 BayObLGSt 1953, 1; SSW-StPO/*Rosenau*, § 266 Rn. 15.

Konstellation mit der Hauptverhandlung neu begonnen werden.[108] Wird die Nachtragsanklage nicht in die laufende Hauptverhandlung einbezogen, hat es damit sein Bewenden.[109] Das Gericht kann auch nicht außerhalb der Hauptverhandlung bereits aufgrund der Nachtragsanklage ein neues Hauptverfahren eröffnen.[110] Erforderlich ist dann vielmehr, sofern der neue Verfahrensgegenstand weiter verfolgt werden soll, ein normales Anklage- und Eröffnungsverfahren. Die Nichteinbeziehung der Nachtragsanklage hat dafür keine Sperrwirkung. Die Verweigerung der Zustimmung des Angeklagten zur Einbeziehung der Nachtragsanklage begründet nach herrschender Meinung umgekehrt dann, wenn gleichwohl ein Einbeziehungsbeschluss erfolgt, für sich genommen kein Verfahrenshindernis.[111] Es liegt nur ein Verfahrensfehler vor, der gegebenenfalls mit einer Verfahrensrüge in der Revisionsinstanz geltend gemacht werden kann. Freilich kann im Verfahren über die Nachtragsanklage auch das Vorliegen eines hinreichenden Tatverdachts durch das Gericht anstelle einer Einbeziehung verneint werden,[112] was gegebenenfalls einer näheren Begründung bedarf.[113] In diesem Fall dürfte eine neue Anklageerhebung außerhalb der Hauptverhandlung nur noch bei Vorliegen neuer Tatsachen oder Beweismittel infrage kommen, wie es § 211 StPO vorsieht. Die Staatsanwaltschaft verliert dann die Option der sofortigen Beschwerde gegen den Beschluss über die Ablehnung der Einbeziehung der Nachtragsanklage im Sinne von § 210 Abs. 2 StPO, weil die sofortige Beschwerde nach dem Gedanken des § 305 StPO während der Hauptverhandlung ausgeschlossen sein soll. Das Risiko dieses prozessualen Nachteils hat die Staatsanwaltschaft in der Hand.

▶ Beachte

Die Nachtragsanklage ist kein Mittel zur Nachholung einer fehlenden oder ungenügenden Erstanklage. Erst recht kann ein Mangel der wirksamen Anklageerhebung in der Berufungsinstanz nicht mehr durch Einreichung einer »Nachtragsanklage« geheilt werden.[114] Fehlt eine wirksame erste Anklageschrift, so handelt es sich unbeschadet einer etwaigen Fehlbezeichnung bei einer in der Hauptverhandlung mündlich erhobenen Anklage nicht um eine Nachtragsanklage im technischen Sinn. Wenn gleichwohl ein Einbeziehungsbeschluss nach § 266 Abs. 2 StPO durch das Gericht in der Hauptverhandlung an die Stelle eines Eröffnungsbeschlusses außerhalb der Hauptverhandlung gesetzt wird, fehlt schon wegen der dann fehlerhaften Besetzung des Gerichts eine wirksame Eröffnungsentscheidung.

Wichtig für die Bewertung des Anklageinhalts ist im Fall der Erhebung einer Nachtragsanklage in 19
der Hauptverhandlung (§ 243 Abs. 3 S. 1, § 266 Abs. 2 S. 1 StPO) die Verweisung des Gesetzes nur auf § 200 Abs. 1 StPO. Daraus folgt im Umkehrschluss, dass die in der Hauptverhandlung mündlich erhobene Nachtragsanklage kein wesentliches Ergebnis der Ermittlungen (§ 200 Abs. 2 S. 1 StPO) enthält. Dies dient aus der Sicht des historischen Gesetzgebers dazu, insbesondere Schöffen nicht durch den mündlichen Vortrag der Beweisgründe für die Nachtragsanklage zu beeinflussen; sie sollen Garanten der Unmittelbarkeit der Beweisaufnahme bleiben. Allerdings können Schöffen ohne Aktenwissen nicht in gleicher Weise wie die aktenkundigen Berufsrichter über die Berechtigung der Nachtragsanklage im Sinn einer den Eröffnungsbeschluss ersetzenden Einbeziehungsentscheidung mitabstimmen, obwohl sie gemäß § 30 GVG ein gleichrangiges Stimmrecht haben. Die neuere Rechtsprechung zur Unschädlichkeit einer Aktenkenntnis von Schöffen[115] oder der Verlesung eines Vorlagebeschlusses mit Beweisgründen[116] stellt infrage, ob in einem Verstoß gegen das Gebot,

108 BGHSt 53, 108 (111) m. Anm. *Kuhli* ZJS 2011, 183 ff.; BGH StraFo 2010, 337.
109 SSW-StPO/*Rosenau,* § 266 Rn. 27.
110 OLG Karlsruhe NStZ-RR 2001, 209 f.
111 BGH NStZ-RR 1999, 303 (304); a.A. SSW-StPO/*Rosenau* § 266 Rn. 17.
112 *Hilger* JR 1983, 441.
113 SSW-StPO/*Rosenau,* § 266 Rn. 24.
114 BGH NStZ 1985, 324.
115 BGHSt 43, 36 (38 ff.) = StV 1997, 450 m. Anm. *Lunnebach* = NStZ 1997, 507 m. Anm. *Katholnigg*; zur Aushändigung des Anklagesatzes in Großverfahren BGHSt 56, 109 (118).
116 BGHSt 43, 360 (363).

bei der Verlesung des Anklagesatzes (§ 243 Abs. 3 S. 1 StPO) oder bei der mündlichen Erhebung einer Nachtragsanklage in der Hauptverhandlung (§ 266 Abs. 2 i.V.m. § 200 Abs. 1 StPO) die Beweisgründe wegzulassen, überhaupt noch ein revisibler Rechtsfehler gesehen wird.[117] Durch die Rechtsprechung, die eine Aktenkenntnis von Schöffen zulässt, wird andererseits das Regelungssystem, wie es sich aus § 266 Abs. 2, § 243 Abs. 3 S. 1 StPO ergibt, vernachlässigt und die Eigenschaft der Schöffen als Garanten der Unmittelbarkeit praktisch aufgegeben. Schließlich fehlt bisher auch eine Pflicht zur Akteneinsicht durch Schöffen, um Entscheidungen im Freibeweisverfahren gleichberechtigt mittragen zu können.

b) Strafbefehlsantrag

20 Das Anklageprinzip wird nach § 407 Abs. 1 S. 4 StPO auch erfüllt, wenn die Staatsanwaltschaft einen Strafbefehlsantrag stellt und darin den Prozessgegenstand bestimmt.[118] Das Strafbefehlsverfahren hat die Zahl der Anklageerhebungen statistisch bereits überholt,[119] obwohl es besonders fehleranfällig ist.[120] Der Trend dürfte nach dem Verbot des informellen Deals[121] aus Gründen der Prozessökonomie weiter gehen, weil dessen Entlastungswirkung für die chronisch überlastete und personell zunehmend überforderte Justiz nunmehr an anderer Stelle ersetzt werden muss. Der Strafbefehlsantrag tritt funktional an die Stelle der Anklageschrift, der Erlass des Strafbefehls an die Stelle des Eröffnungsbeschlusses,[122] der rechtskräftige Strafbefehl an die Stelle des Urteils. Der Strafbefehl muss bereits nach dem Anklagegrundsatz des § 151 StPO die dem Anklagesatz entsprechenden Funktionen erfüllen.[123] Er richtet sich auch im Fall einer Personenverwechslung grundsätzlich gegen die in ihm durch die Personalien bezeichnete Person.[124] Ist der Strafbefehl nicht unterschrieben, ist er ebenso unwirksam wie ein Eröffnungsbeschluss ohne richterliche Unterschrift.[125]

21 Der Strafbefehl muss die Umgrenzungsfunktion zur Bestimmung der verfahrensgegenständlichen Tat im prozessualen Sinn erfüllen,[126] die sonst der Anklageschrift zufällt. Ist dies nicht der Fall, dann besteht ein Prozesshindernis.[127] Sein notwendiger Inhalt, an den die Rechtsprechung freilich keine übertriebenen Anforderungen stellen will,[128] ergibt sich aus § 408 Abs. 3 i.V.m. § 409 Abs. 1 Nr. 1–6 StPO. Kommt es nach Einspruch gegen den Strafbefehl zur Hauptverhandlung, so knüpft das Gesetz ebenso wie nach dem Eröffnungsbeschluss als einem weiteren idealtypischen Fall eines »Vorurteils« die Fiktion der Unbefangenheit des Richters, obwohl dieser sich mit Erlass des Strafbefehls nicht nur über die Schuldfrage, sondern sogar schon nach Aktenlage eine vorläufige Meinung über eine bestimmte Strafe, also eine »Punktstrafe«, gebildet hatte;[129] denn nach dem Einspruch gegen den Strafbefehl ist vorbehaltlich einer Änderung der Geschäftsverteilung in der Zwischenzeit grundsätzlich derselbe Richter zur Durchführung der Hauptverhandlung berufen, ohne dass ein Ausschließungsgrund als abstrakt-generelle Regelung einer typisierten Besorgnis der Befangenheit

117 So noch BGH StV 1988, 282 m. Anm. *Danckert* = JR 1987, 389 m. Anm. *Rieß*; offengelassen in BGHSt 43, 36 (39); 43, 360 (361).
118 BGH JR 2019, 655 (656); OLG Düsseldorf NJW 1989, 2145.
119 *Böttcher* FS Odersky S. 299; *Fahl* JR 2019, 319 ff.
120 *Kemme/Dunkel* StV 2020, 52 ff.
121 BVerfGE 133, 168 (204).
122 OLG Düsseldorf NJW 1989, 2145 f.; SSW-StPO/*Momsen* § 409 Rn. 2.
123 SSW-StPO/*Momsen*, § 409 Rn. 6; a.A. für den Übergang vom Regelverfahren in das Strafbefehlsverfahren OLG Düsseldorf Beschl. v. 31.07.2012 – III-1 RVs 41/12.
124 LG Berlin NStZ 2005, 119.
125 OLG Karlsruhe Die Justiz 1993, 203.
126 BGH JR 2019, 655 (656); OLG Düsseldorf NJW 1989, 2145; SSW-StPO/*Momsen*, § 407 Rn. 13 und § 409 Rn. 6.
127 OLG Düsseldorf NJW 1989, 2145; OLG Hamm Beschl. v. 19.02.2013 – III-1 RVs 8/13.
128 OLG Karlsruhe wistra 1995, 319.
129 Warum es dann gegen § 261 StPO verstoßen soll, wenn im Absspracheverfahren eine »Punktstrafe« vereinbart wird, BGHSt 43, 195 (206 f.); 50, 40 (51), wirkt unklar.

eingreift. Wegen der gesetzlichen Fiktion der Unbefangenheit ist eine Richterablehnung durch die Verteidigung in der Praxis nicht aussichtsreich. Bedenken, die seit jeher gegen das Zwischenverfahren erhoben werden und die im Strafbefehlsverfahren wegen der vorläufigen Bestimmung auch einer konkreten Strafart und bestimmten Strafhöhe nach Aktenlage multipliziert werden, bleiben unbeachtet. Dies sollte Verteidiger nicht hindern, genau darauf zu achten, ob Richter noch ergebnisoffen verhandeln, wenn sie mit Erlass des Strafbefehls praktisch schon einen Schuld- und Strafausspruch konkret antizipiert haben. Ist dies im Einzelfall ausweislich der Fassung des Strafbefehls nicht der Fall, dann ist die Richterablehnung wegen Vorbefassung[130] mit der Sache durch den Strafbefehl und Hinzutretens besonderer Umstände im Einzelfall gerechtfertigt. Für die Verteidigung ist es andererseits riskant, sich im Rahmen einer Verständigung auf ein Strafbefehlsverfahren einzulassen und ungesicherte Vorleistungen zu erbringen.[131]

▶ Beachte

Der Strafbefehlserlass allein rechtfertigt aus rechtssystematischen Gründen nicht die Ablehnung des Richters wegen Besorgnis der Befangenheit, wenngleich aus verfahrenspsychologischer Perspektive eine strukturelle Voreingenommenheit des Richters, der sich bereits punktgenau zu einem Prozessergebnis nach Aktenlage geäußert hat, nach einem Einspruch gegen diesen Strafbefehl besteht. Individuelle Voreingenommenheit kann eigentlich auch in einer in der Praxis anzutreffenden richterlichen Androhung einer Strafverschärfung nach Einlegung eines Einspruchs mit dem Ziel der Einspruchsrücknahme zum Ausdruck kommen. Es müssen allerdings wegen der gesetzlichen Fiktion der Unvoreingenommenheit des durch Strafbefehlserlass mit der Sache vorbefassten Richters vom Standpunkt der Rechtsprechung aus markante Zusatzindizien dafür vorliegen, dass der Richter sich vorschnell auf ein Ergebnis festgelegt hat.[132] Entscheidend ist, ob der Angeklagte unter verständiger Würdigung aller Umstände aus seiner Sicht einen begründeten Anlass dafür hat, an der Unvoreingenommenheit und objektiven Einstellung des Richters zu zweifeln. Aus der Art der Verhandlungsführung kann sich ein Misstrauen in die Unvoreingenommenheit ergeben, wenn der Richter den Angeklagten zum Beispiel dazu drängt, zur Sache auszusagen.[133] Zwar kann der Vorsitzende bei der Vernehmung des Angeklagten auch Vorhalte machen, dies sogar in nachdrücklicher Weise.[134] Er hat dabei andererseits Zurückhaltung zu wahren.[135] Vor allem darf er nicht schon vor der Durchführung entsprechender Beweiserhebungen in der Hauptverhandlung zum Ausdruck bringen, dass er auf ein bestimmtes Beweisergebnis nach Aktenlage festgelegt ist. Zu prüfen ist deshalb, ob berechtigte Gründe für die Befürchtung des vorliegen, dass sich der Richter in einem frühen Stadium der Hauptverhandlung eine vorgefasste Meinung über seine Schuld und deren Umfang gebildet hat.[136] Dafür kann andererseits ein begründeter Anschein als Ablehnungsgrund genügen.[137]

c) Antrag auf Aburteilung im beschleunigten Verfahren

Der Antrag auf Aburteilung im beschleunigten Verfahren gemäß § 417 StPO ist eine weitere Form 22
der Erfüllung des Anklageprinzips. Dabei sind wiederum nur formale, keine inhaltlichen Erleichterungen gegenüber der Abfassung einer Anklageschrift vorgesehen. Eine schriftsätzliche Anklageerhebung ist dabei nicht zwingend erforderlich (§ 418 Abs. 3 S. 1 StPO), aber möglich. Fehlt

130 Allg. dazu, auch mit Blick auf die Rechtsprechung des EGMR, *Krehl*, FS Ignor, 2023, S. 609 ff.
131 BeckOK-StPO/*Temming*, § 407 Rn. 5.
132 Zur Befangenheit des dealenden Richters *Isfen* ZStW 125 (2013), 325 ff.
133 BGH NJW 1959, 55 (56) m. Anm. *Eb. Schmidt.*
134 BGH NStZ 2007, 711 (712).
135 BayObLG NJW 1993, 2948; OLG Hamm NJW 1967, 1577.
136 BGHSt 43, 16 (21); 45, 312 (316); 48, 4 (8); s.a. EGMR NJW 2009, 2871 (2872).
137 BGHSt 37, 298 (304).

sie, so bedarf es der mündlichen Anklageerhebung und deren Protokollierung (§ 418 Abs. 3 S. 2 StPO).[138] Erforderlich ist wiederum ein den Anforderungen des § 200 Abs. 1 S. 1 StPO entsprechender Anklagesatz.[139] Auch bei der Anklage im beschleunigten Verfahren ist es erforderlich, dass der Prozessgegenstand erkennbar abgegrenzt wird[140] und die für einen Anklagesatz essenziellen Informationen zur Sach- und Rechtslage erteilt werden. Das Informationsgebot gilt erst recht, wenn der Angeklagte erstmals in der Hauptverhandlung von den Einzelheiten des Anklagevorwurfs erfährt. Ist er nicht von einem Rechtsanwalt oder Hochschullehrer verteidigt, so potenziert sich sein Informationsbedürfnis, weil ohne dies eine sachgerechte Vorbereitung der Verteidigung (Art. 6 Abs. 3 lit b EMRK) nicht möglich ist. Die Tatsache, dass es hier wiederum an der Mitteilung des wesentlichen Ergebnisses der Ermittlungen fehlt, ist erneut eine »Anomalie« im System der schützenden Formen des Strafprozessrechts.[141]

II. Der Anklagesatz

23 Hinsichtlich der Erfüllung der Funktionen der Anklageschrift ist deren Anklagesatz (§ 200 Abs. 1 S. 1 StPO) von zentraler Bedeutung. Er bestimmt den Prozessgegenstand in subjektiver und objektiver Hinsicht, also hinsichtlich der Person des Angeschuldigten und der Tat im prozessualen Sinne. Er entfaltet außerdem eine Informationsfunktion für alle Verfahrensbeteiligten und für die Öffentlichkeit in der Hauptverhandlung. Der konkrete Anklagesatz hat Informationen im Sinne vorläufiger Tatsachenfeststellungen zu enthalten, aber keine Ausführungen zur Beweislage.[142] Andererseits sind zur Erfüllung von Informationsfunktionen auch solche Tatsachen, die Strafzumessungsaspekte betreffen, in den Anklagesatz aufzunehmen, soweit sie, wie durch Regelbeispiele für besonders schwere Fälle oder vertypte Milderungsgründe, die Strafrahmenwahl betreffen.[143] Sonstige allgemeine Strafzumessungstatsachen gehören nicht hierher.[144]

1. Bestimmung des Prozesssubjekts

24 Der Anklagesatz muss den Angeschuldigten als Prozesssubjekt bestimmen. Deshalb hat die Bezeichnung des Angeschuldigten so genau wie möglich zu erfolgen.[145] Das Fehlen oder die Fehlerhaftigkeit einzelner Personaldaten im Anklagesatz ist unschädlich, solange der Angeschuldigte mithilfe der verbleibenden Daten hinreichend individualisiert wird. Ist der Name des Angeschuldigten unbekannt, so ist eine Kennzeichnung des Angeschuldigten durch Lichtbilder[146] und Fingerabdrücke möglich,[147] die nach § 81b StPO gewonnen und der Anklageschrift beigefügt werden können;[148] das DNA-Identifizierungsmuster, § 81g StPO, kann hinzukommen. Aliasnamen sind als solche zu kennzeichnen.

25 Problematisch ist die Frage, wie im Fall einer Personenverwechslung im Anklagesatz zu entscheiden ist.[149] Deuten die in der Anklage genannten Daten auf eine bestimmte Person hin, so ist diese das Prozesssubjekt im Sinne des Anklagevorwurfes; dass gegebenenfalls der Falsche als Täter bezeichnet wurde, ist ein inhaltlicher Fehler, der durch Freisprechung zu eliminieren ist. Eine Personenverwechslung führt dazu, dass eine unverdächtige Person angeklagt ist, während der »richtige« Verdächtige

138 OLG Hamburg NJW 2012, 631 f.
139 LG Köln StV 2003, 156 f.; SSW-StPO/*Rosenau,* § 417 Rn. 10.
140 OLG Frankfurt StV 2000, 299.
141 *Stuckenberg* NStZ 2020, 496 (497).
142 BGH NStZ 1987, 181; SK/*Paeffgen,* StPO § 200 Rn. 8; LR/*Stuckenberg,* StPO § 200 Rn. 26.
143 LR/*Stuckenberg* StPO § 200 Rn. 30 ff.
144 KK/*Schneider,* StPO § 200 Rn. 14; a.A. SK/*Paeffgen* StPO § 200 Rn. 11.
145 KK/*Schneider,* StPO § 200 Rn. 2; gemeint sind hier nur die »Personalien«, die in § 243 Abs. 2 StPO als die »persönlichen Verhältnisse« bezeichnet werden.
146 KK/*Schneider,* StPO § 200 Rn. 2.
147 LR/*Stuckenberg,* StPO § 200 Rn. 12.
148 SSW-StPO/*Rosenau,* § 200 Rn. 3.
149 BGH NStE Nr. 4 zu § 200 StPO; *Schäpe* S. 54; *Danko* S. 82 f., 206 f.

nicht Prozesssubjekt geworden ist. Ist aber die »richtige« Person im Anklagesatz angesprochen und identifizierbar, obwohl einzelne Daten falsch angegeben wurden, richtet sich die Anklage in wirksamer Weise gegen die »richtige« Person.[150]

2. Bestimmung der Tat im prozessualen Sinn

Gegenstand der gerichtlichen Untersuchung ist in objektiver Hinsicht die im Anklagesatz umschriebene Tat des Angeschuldigten im Sinne von § 155 Abs. 1 und § 264 Abs. 1 StPO. Was in der Anklageschrift nur zur Illustration des Vorwurfs geschildert, aber nicht vom Verfolgungswillen[151] der Staatsanwaltschaft erfasst ist, gehört nicht zum Prozessstoff im engeren Sinne und erfüllt nur ergänzende Informationsfunktionen.[152] Jedoch ist die Tat im prozessualen Sinn der gesamte Lebenssachverhalt, der nach den Anschauungen des Lebens eine untrennbare Einheit bildet.[153] Diese Tat ist auch dann vom Gericht erschöpfend zu beurteilen, wenn einzelne Umgrenzungsmerkmale in der Anklageschrift nach den gerichtlichen Feststellungen nicht oder nicht zutreffend beschrieben sind; so etwa bei der Falschbezeichnung der Tatzeit,[154] vorausgesetzt, dass dadurch die Tatkonkretisierung im Ganzen nicht infrage gestellt ist.[155] Eine Änderung der durch das Gericht festgestellten Tatzeit ist zulässig, dies allerdings nur, wenn die Umgrenzung der verfahrensgegenständlichen Tat nach anderen Merkmalen ausreichend erfolgt ist.[156] Ob die angeklagte Tat oder die Mehrzahl von selbständigen Taten jeweils ausreichend umgrenzt sind, ist anhand der Tatsachenangaben aus dem Anklagesatz, nach der Rechtsprechung gegebenenfalls aber auch ergänzend aus dem wesentlichen Ergebnis der Ermittlungen der Anklageschrift,[157] zu entnehmen und hängt von den Umständen des Einzelfalls ab.[158] Informationen außerhalb der Anklageschrift dürfen bei der Prüfung der Wahrung der Umgrenzungsfunktion nicht herangezogen werden. 26

a) Prozessualer Tatbegriff

Die Tat, die gemäß § 264 StPO allein Gegenstand der Urteilsfindung sein darf, umfasst den von der zugelassenen Anklage betroffenen geschichtlichen Vorgang, innerhalb dessen der Angeklagte einen Straftatbestand verwirklicht haben soll.[159] Auch das Verhalten eines Täters im Vorfeld der eigentlichen Tat, wie das Auskundschaften des Tatorts vor einem Raubüberfall, kann mit dem später angeklagten Tatverlauf ein einheitliches Geschehen und damit ein Teil der prozessualen Tat, der zur erschöpfenden Beurteilung des Unrechtsgehalts mit aufzuklären und zu bewerten ist.[160] Verändert sich im Lauf des Verfahrens das Bild des Geschehens, wie es in der Anklageschrift und in dem Eröffnungsbeschluss umschrieben ist, so ist die Prüfung der Frage, ob die Identität der prozessualen Tat noch gewahrt ist, nach dem Kriterium der »Nämlichkeit« der Tat zu beurteilen.[161] Dies ist dann gegeben, wenn bestimmte Merkmale die Tat weiterhin als ein einmaliges und unverwechselbares Geschehen kennzeichnen.[162] Die Kognitionspflicht gebietet insoweit, dass der durch die zugelassene Anklage 27

150 BGH NStZ 1996, 9 f.
151 BGH NStZ-RR 2024, 81; Urt. v. 17.01.2024 – 2 StR 459/22; LR/*Stuckenberg* StPO § 200 Rn. 3.
152 BGHSt 43, 96 (99 ff.); BGH NStZ-RR 2024, 81; BayObLGSt 1991, 3; LR/*Stuckenberg*, StPO § 200 Rn. 14.
153 BGH NStZ 2012, 168, 169; 2023, 441; NStZ-RR 2024, 81.
154 BGHSt 46, 130 (133); SSW-StPO/*Rosenau*, § 200 Rn. 4.
155 BGH Urt. v. 11.02.2016 – 3 StR 454/15.
156 BGH NStZ 2010, 346 f.
157 BGH NJW 2018, 878 (879).
158 BGH NStZ-RR 2018, 353 f.
159 BVerfGE 56, 22 (28); BGHSt 32, 215 (216); 43, 252 (255); BGH NJW 2010, 308 (309); NStZ 2018, 347 (350); 2023, 252.
160 BGH NJW 2022, 2349 f.
161 BGH NStZ-RR 2006, 316 (317); 2018, 353 (354); NStZ 2020, 46; Beschl. v. 04.03.2021 – 2 StR 423/20; Beschl. v. 19.04.2023 – 1 StR 72/23.
162 BGH wistra 2022, 439.

bezeichnete Prozessstoff durch vollständige Beurteilung des einheitlichen Lebensvorgangs erschöpft wird. Der Unrechtsgehalt der Tat muss ohne Rücksicht auf die dem Eröffnungsbeschluss zugrunde gelegte Bewertung ausgeschöpft werden, soweit keine rechtlichen Hindernisse, insbesondere in Form von Verfahrenshindernissen oder Beweisverboten, entgegenstehen.[163] Ist die Nämlichkeit der Tat in Anklage und Urteil nicht gewahrt, so liegt ein Rechtsfehler vor, der aufgrund einer zulässig erhobenen Revision vom Revisionsgericht von Amts wegen zu beanstanden ist.[164] Zu der Tat, die in rechtlich genügender Weise durch Anklageerhebung und Eröffnung des Hauptverfahrens zum Gegenstand der Hauptverhandlung gemacht wurde und die auch im Kern übereinstimmend den Gegenstand des Urteils bildet, gehört jedoch nicht nur der in der zugelassenen Anklage dem Angeklagten ausdrücklich zur Last gelegte Geschehensablauf, sondern auch dessen gesamtes Verhalten, soweit es mit dem durch die Anklage umschriebenen geschichtlichen Vorkommnis bei natürlicher Betrachtung einen einheitlichen Vorgang bildet.[165] Bereits eine Ablehnung der Eröffnung des Hauptverfahrens bezüglich eines Teils der einheitlichen Tat im prozessualen Sinn ist nicht zulässig und deshalb für die Staatsanwaltschaft mit sofortiger Beschwerde anfechtbar.[166] In der Praxis stellt sich immer wieder die Frage, wie weit die prozessuale Tat reicht und wann von verschiedenen Verfahrensgegenständen auszugehen ist. Das kann nicht einheitlich beantwortet werden, sondern hängt von den Umständen des Einzelfalls ab. Das materielle Recht liefert mit seinen Konkurrenzregeln einige Anhaltspunkte, ohne zwingend das Ergebnis auch für das Verfahrensrecht festzulegen. Nach § 52 StGB tateinheitlich begangene Taten bilden regelmäßig eine einheitliche Tat im prozessualen Sinn.[167] Aber auch rechtlich selbstständige Taten gemäß § 53 StGB können prozessual eine Tat darstellen, wenn sie einen einheitlichen Lebenssachverhalt bilden. Greift etwa der Täter in ununterbrochener Abfolge höchstpersönliche Rechtsgüter durch verschiedene Handlungen im natürlichen Sinn an, geht die Rechtsprechung regelmäßig von materiell-rechtlicher Tatmehrheit aus,[168] wohingegen das kompakte Gesamtgeschehen eine Tat im prozessualen Sinn bildet. Für die Annahme einer einheitlichen Tat im prozessualen Sinn kommt es unter anderem darauf an, ob die strafrechtlich relevanten Handlungen nicht nur äußerlich ineinander übergehen, sondern auch innerlich derart miteinander verknüpft sind, dass der Unrechts- und Schuldgehalt der einen Handlung nicht ohne die Umstände, die zu der anderen Handlung geführt haben, richtig gewürdigt werden kann und ihre getrennte Würdigung und Aburteilung in verschiedenen Verfahren einen einheitlichen Lebensvorgang unnatürlich aufspalten würde.[169] Allein die zeitliche und örtliche Verknüpfung von verschiedenen Tathandlungen führt danach aber für sich genommen noch nicht zur Annahme einer einheitlichen Tat im Sinne von § 264 StPO. Hinzutreten muss eine innerliche Verknüpfung dergestalt, dass der gesamte Unrechts- und Schuldgehalt nur einheitlich beurteilt werden kann.[170]

28 Für die ausreichende Umgrenzung einer einheitlichen Tat im prozessualen Sinn im Anklagesatz, die auch bei einem Organisationsdelikt[171] oder einer Bewertungseinheit[172] vorliegen kann, bestehen nach der Rechtsprechung geringere Anforderungen als bei Serien selbstständiger Taten. In solchen Fällen müssen nicht alle Einzelakte im Anklagesatz abgrenzbar umschrieben sein; sämtliche Teilakte werden auch dann zum Gegenstand des Verfahrens, wenn nur das Rahmengeschehen konkretisiert ist, das

163 BGH NStZ 2022, 420 (422).
164 BGH StraFo 2013, 249 f.; 2017, 26 f.
165 BGHSt 32, 215 (216); BGHR StPO § 264 Abs. 1 Tatidentität 28, 32; BGH NStZ-RR 2018, 353 (354).
166 OLG München NJW 2013, 3799 (3800 f.).
167 BGHSt 48, 153 (161).
168 BGH NStZ 2016, 594 f.; NStZ-RR 2019, 211.
169 BGHSt 43, 252 (255); 45, 211 (213); 49, 359 (362); BGH NStZ 2006, 350 (351); StraFo 2013, 249 (250); KG NStZ-RR 2008, 48 (49).
170 KG Beschl. v. 23.12.2019 – (3) 121 Ss 181/19 (105/19).
171 BGHSt 48, 331 (341); BGH wistra 2017, 495 (498); StV 2020, 378 (381).
172 BGHSt 30, 28 (31); 31, 163 (165); 40, 138 (164); 41, 385 (394); 42, 162 (164); 43, 252 (255 f.); 54, 253 (257).

eine prozessuale Tateinheit darstellt. Die Mitteilung der Einzelheiten kann dann auch dem wesentlichen Ergebnis der Ermittlungen in der Anklageschrift vorbehalten bleiben oder unabhängig von der Anklageschrift durch einen gerichtlichen Hinweis erfolgen.[173] Die Mitteilung durch Ausführungen im wesentlichen Ergebnis der Ermittlungen oder in einem Hinweis des Gerichts bleibt zur Erfüllung der Informationsfunktion erforderlich, die zur Gewährleistung rechtlichen Gehörs und eines fairen Verfahrens geboten ist.[174] Anders ist die Bedeutung der Bezeichnung der Einzelhandlungen, wenn diese selbständige Taten im prozessualen Sinn darstellen. Divergiert etwa die Benennung der Anzahl von selbständigen Taten einer Serie im Anklagesatz gegenüber der Tatschilderung im konkreten Anklagesatz, so wird die Umgrenzungsfunktion nicht erfüllt, weil unklar bleibt, auf welche und auf wie viele Taten sich der Vorwurf bezieht.[175] Bei Serien gleichförmig begangener Taten kann auch die Abweichung im Tatbild abgeurteilter Einzeltaten eine Rolle spielen.[176]

b) Das Umgrenzungsproblem bei Einzeltaten

Von dem Gericht, bei dem die Sache anhängig ist, von Amts wegen zu prüfen ist die genügende Umgrenzung des Verfahrensgegenstands. § 200 Abs. 1 S. 1 StPO nennt Tatzeit und Tatort als wichtige Konkretisierungsmerkmale. Jedoch stehen diese Merkmale nicht allein. Andere Umstände, insbesondere die Einzelheiten des Geschehensablaufs bei der Tatbegehung, können auch der Tatkonkretisierung dienen und Tatzeit sowie Tatort können als Umgrenzungsmerkmale durch markante andere Umstände ergänzt oder ersetzt werden.[177] Ihr Fehlen, ihre Unbestimmtheit oder ihre fehlerhafte Angabe ist nicht schon für sich genommen ein wesentlicher Anklagemangel. Maßgeblich ist vielmehr, ob der historische Geschehensablauf zumindest mit einem Teil der möglichen Umgrenzungsmerkmale unverwechselbar in der Anklageschrift oder dem Anklagesurrogat bezeichnet ist.[178] Wie weit etwa der Zeitraum, innerhalb dessen die angeklagte Tat an einem unbekannten Tattag begangen wurde, gespannt werden kann, ohne das Gebot der Tatkonkretisierung zu verletzen, hängt von den Umständen des Einzelfalls und von der Art der Tat ab.[179] Hat etwa die Überschreitung von Schutzaltersgrenzen bei sexuellen Missbrauch von Kindern oder Jugendlichen oder ein anderer zeitlicher Faktor materiell-rechtliche Bedeutung, so kann der Zeitrahmen für die Tatumgrenzung nicht ohne Rücksicht darauf definiert werden. 29

▶ Beachte

Die Merkmale, die zur Umgrenzung der angeklagten Tat verwendet werden können, sind variabel. Entscheidend ist, dass der historische Geschehensablauf so genau umschrieben wird, dass er von anderen vergleichbaren Verhaltensweisen, die nach der Sachlage des konkreten Einzelfalls denkbar erscheinen, unterschieden werden kann. Die sachliche Fehlerhaftigkeit oder Auswechselbarkeit einzelner Umgrenzungsfaktoren spielt solange keine Rolle, wie die Identität des verfahrensgegenständlichen Geschehens durch andere Merkmale gewahrt bleibt. Je alltäglicher der Vorgang erscheint, desto wichtiger sind die möglichst genaue Angabe von Tatzeit und Tatort. Je seltener der Vorgang wirkt, desto wichtiger ist das Tatbild als Umgrenzungsmerkmal.

Die Schilderung von Vortaten oder von einem Geschehen nach der Tat gehört nicht zur Tatschilderung mit dem Ziel der Umgrenzung des Prozessgegenstands. Daher sind etwa bei der Anklage wegen Geldwäsche auch die Vortaten – unbeschadet der weitergehenden Darstellungserfordernisse 30

173 BGH StV 2018, 792 (793).
174 BGH NJW 2011, 2310 f.
175 OLG Oldenburg NStZ-RR 2011, 250 f.
176 BGH StraFo 2017, 26 f.
177 BGH StV 1998, 580; LR/*Stuckenberg*, StPO § 200 Rn. 19.
178 Std. Rspr. seit RGSt 3, 406 (408); BGH NJW 2020, 2484 (2485).
179 Vgl. den Zeitraum von vier Jahren, innerhalb deren die Tatzeit liegen kann, bei einer Missbrauchstat OLG Celle Beschl. v. 06.11.2013 – 2 Ws 322/13.

aufgrund der Informationsfunktion der Anklageschrift – nicht notwendigerweise zur Tatumgrenzung darzustellen.[180] Mit welchen Tatsachenfeststellungen die Tatkonkretisierung zu erfolgen hat, hängt vom konkreten Sachverhalt und dem angeklagten Straftatbestand ab.[181] Die Tötung eines Menschen wird als einmaliges Ereignis schon durch die Bezeichnung des Tatopfers zur Abgrenzung des Verfahrensgegenstands unverwechselbar gekennzeichnet, ohne dass es dafür unbedingt auf die Tatzeit und den Tatort ankommt.[182] Wiederholte Vergehen des unerlaubten Erwerbs einer Drogenportion im Rahmen des Handeltreibens sind dagegen nur ausreichend umgrenzt, wenn Tatzeit, Tatort, Lieferant oder charakteristische Modalitäten des konkreten Geschäfts beschrieben werden. Die Umgrenzungsfaktoren sind dabei jeweils variable Größen. Dies gilt auch für den für die Verteidigung mit Alibibehauptungen besonders wichtigen Tatzeitraum, soweit durch dessen Verschiebung nicht notwendigerweise die Identität der Tat im prozessualen Sinn verändert wird.[183] Welcher Lebenssachverhalt noch dieselbe »Tat« im prozessualen Sinne[184] darstellt und wann die Grenze zu einer anderen »Tat« überschritten ist,[185] bleibt aber in der Praxis ein Dauerproblem.

c) Aufweichung des Prinzips bei Serientaten

31 Was für die Einzeltat gilt, müsste grundsätzlich auch für jede rechtlich selbständige Tat innerhalb einer Serie gleichartiger Verhaltensweisen, die verschiedene Taten im prozessualen Sinn darstellen, beachtet werden.[186] Insoweit liegt gegebenenfalls eine Sammelanklage vor, die abtrennbare Verfahrensgegenstände nennt und durch verschiedene Einzelanklagen ersetzt werden könnte.[187] Die Praxis[188] weicht hier vom Postulat der Einzeltatkonkretisierung ab, wenn bei Serien gleichartiger Handlungen die Unterscheidbarkeit der angeklagten Einzeltaten voneinander und von potenziellen weiteren Taten praktisch unmöglich ist, weil Einzelheiten wegen des Fehlens objektiver Beweise oder wegen Erinnerungsverlusts von Zeugen infolge eines langen Zeitablaufs nicht mehr rekonstruierbar sind. Dies erschwert die Verteidigung,[189] auf die von der Rechtsprechung nur begrenzt Rücksicht genommen wird.[190] Die Konstruktion erscheint dogmatisch angreifbar, weil danach eine Einzeltatkonkretisierung nur noch gefordert wird, wenn und soweit diese nach Aktenlage möglich ist,[191] während angeblich darauf verzichtet werden kann, wenn dies nicht der Fall ist. Mischfälle, in denen eine Tatkonkretisierung für einen Teil der Serie möglich, für weitere Fälle aber nicht mehr rekonstruierbar ist, werden in der Praxis meist nach § 154 StPO bereinigt. Dies alles ist aus der Sicht der Justiz pragmatisch, aus der Sicht der von Fall zu Fall mehr oder weniger erschwerten Verteidigung aber vom Zufall abhängig und aus der Sicht der Strafprozessdogmatik unzutreffend. Symptomatisch sind vor allem zwei Konstellationen, die nachfolgend darzustellen sind.

180 OLG Karlsruhe NJW 2005, 767 (770).
181 Vgl. für Betrugstaten BGH StV 1986, 329 (330).
182 LR/*Stuckenberg* StPO § 200 Rn. 18.
183 BGHSt 44, 153 (154 f.); 46, 130 (133 f.).
184 Zum Tatbegriff BGHSt 23, 141 (145); 26, 284 (285 f.); 32, 215 (216); 35, 60 (61); 35, 80 (81); 35, 318 (323).
185 So sind Diebstahl und Begünstigung verschiedene Taten; KG Beschl. v. 13.02.2002 – (5) 1 Ss 25/02 (3/02). Zur Änderung der prozessualen Tat bei Umstellen von einem Unterlassungsdelikt auf aktives Tun informativ schweizerisches BG SJZ 2003, 281 (282).
186 BGHSt 56, 183 (186); KG StV 2016, 548 f.
187 BGHSt 10, 137 ff.
188 Zu Serientaten des sexuellen Missbrauchs von Kindern BGHSt 40, 44 (46); 44, 153 (154 f.); 46, 130 (133 f.); BGH NStZ 2006, 649 f.; 2014, 49; Beschl. v. 27.02.2018 – 2 StR 390/17; Beschl. v. 09.09.2020 – 2 StR 291/20; zum Betäubungsmittelrecht BGH StV 2007, 562; zu Diebstahlsserien OLG Zweibrücken Urt. v. 13.06.2008 – 1 Ss 70/08.
189 BGHSt 40, 44 (48); 44, 153 (156).
190 Krit. SSW-StPO/*Rosenau* § 200 Rn. 6.
191 OLG Oldenburg StV 2010, 511 für Fahrten ohne Fahrerlaubnis, die anhand einer Tachoscheibe rekonstruierbar sind.

aa) Einheitstat »in dubio pro reo«

32 In der einen Fallgruppe geht es typischerweise um Unterschlagungen oder Untreuehandlungen eines Täters, der für den Geschäftsherrn eine Kasse führt. Nimmt dieser Täter über einen längeren Zeitraum hinweg durch eine Mehrzahl von rechtlich selbstständigen Handlungen[192] unbefugt oder treuwidrig Geldbeträge an sich, deren Gesamtsumme später feststellbar ist, nicht aber die Einzelhandlungen und Einzelbeträge, so stellt sich die Frage, ob und wie eine Anklage wegen einer Serie unbekannter Einzeltaten erhoben werden kann. Das Reichsgericht hatte in strikter Befolgung der für Einzeltaten geltenden Grundsätze bei solchen Serientaten die Anklagetauglichkeit unbestimmter Einzeltaten verneint.[193] Die spätere Rechtsprechung fingierte mit der Figur der fortgesetzten Handlung eine anklagefähige Einheitstat.[194] Nach Aufgabe dieser Rechtsfigur[195] hat der Bundesgerichtshof für die Anklageerhebung[196] die Annahme gebilligt, es könne bei einer Vielzahl gleichartiger[197] Tathandlungen mangels einer feststellbaren Zahl von konkretisierten Handlungen »in dubio pro reo« von einer einzigen Handlung ausgegangen werden,[198] die zu dem ermittelten Gesamterfolg geführt habe. Dies soll im Fall des vielfachen unbefugten Griffs in die Kasse sogar dann gelten, wenn sicher ist, dass die entnommene Gesamtsumme im Hinblick auf den durchschnittlichen Kassenbestand nicht durch eine einzige Handlung erlangt worden sein konnte.[199] Der Zweifelssatz wirkt sich dann nur insoweit aus, als ein absolutes Minimum an Handlungen zugrunde gelegt und die Reichweite der Wirkungen der Rechtshängigkeit und der Rechtskraft im Sinne von Art. 103 Abs. 3 GG im Zweifel auf alle weiteren vergleichbaren Handlungen innerhalb des von der Anklageschrift umrissenen Handlungsrahmens erstreckt wird. Das theoretische Minimum der feststellbaren Handlungen müsste in dieser Konstellation, in der eine Handlung sicher nicht ausreichend war, um die Gesamtschadenssumme zu erreichen, genau genommen die Mindestzahl der Handlungen sein, durch welche die festgestellte Gesamtsumme mit Blick auf den jeweils höchstens aus der Kasse entnehmbaren Betrag erlangt worden sein konnte.

33 Zur Rechtfertigung der Konstruktion der fiktiven Einheitstat »in dubio pro reo« wird geltend gemacht, dass der Zweifelssatz auch sonst zu »unmöglichen Feststellungen« führen könne, so etwa, wenn im Zweifel zugunsten aller Beteiligter angenommen wird, der jeweils andere sei der Haupttäter gewesen, sodass alle Angeklagten nur als Teilnehmer verurteilt werden, ohne dass letztlich ein Haupttäter feststeht. Indes betrifft diese Konsequenz des Zweifelssatzes das materielle Recht, während das hier interessierende prozessuale Problem auf der Reduzierung der Verteidigungsmöglichkeiten infolge der vage bleibenden Tatbeschreibung in der Anklage beruht. Ob die Fairness des Verfahrens und das Gebot der prozessualen Gleichbehandlung noch gewahrt sind, wenn in Fällen »unmöglicher Feststellungen« auf sonst geltende prozessuale Grundsätze nach dem Anklageprinzip verzichtet wird, bedarf noch weiterer Diskussion. Wirkliche Verteidigung muss die Frage im Rahmen der Bekämpfung des Eröffnungsbeschlusses, bei der Revision und der Urteilsverfassungsbeschwerde immer wieder aufwerfen und die Beschränkungen der Verteidigungsmöglichkeiten sowie die prozessualen Folgen im Hinblick auf Art. 103 Abs. 3 GG geltend machen.

---

192 BGHSt 56, 183 (186).

193 RGSt 3, 406 (408).

194 OLG Frankfurt OLGSt StPO § 200 Nr. 1 m. Anm. *Rieß* = JR 1990, 39 m. Anm. *Schlüchter* JR 1990, 10.

195 BGHSt 40, 138 ff.

196 *Altvater* FS 50 Jahre BGH, S. 495 ff.

197 Bei einer Vielzahl von Diebstahlstaten zur Beschaffung von diversen Sachen zum Lebensunterhalt zu verschiedenen Zeitpunkten zum Nachteil verschiedener Geschädigter kann das nicht gelten; vgl. OLG Hamm StV 2008, 509.

198 Für Untreue BGH NStZ 1994, 586; für Betrug BGH NJW 1995, 2933, 2934; für Sexualdelikte BGH StV 1998, 474 m. abl. Anm. *Hefendehl*.

199 BGH Beschl. v. 07.09.1995 – 1 StR 319/95.

bb) »Breitbandanklage«

34 Die zweite markante Fallkonstellation ist diejenige von Tatserien des sexuellen Missbrauchs von Kindern.[200] Hier soll an die Tatkonkretisierung »ein großzügigerer Maßstab angelegt werden« können,[201] um unerträgliche Lücken in der Strafverfolgung zu vermeiden.[202] Auf der Strecke bleiben bisweilen Unschuldige, die einem – ausnahmsweise vorkommenden – falschen Missbrauchsvorwurf ausgesetzt werden, die sich aber gegen einen unkonkretisierten Vorwurf kaum sachgerecht verteidigen können, denen ferner durch Anwendung von § 24 Abs. 1 S. 1 Nr. 3 1. Alt. GVG eine zweite Tatsacheninstanz im Interesse vermeintlichen Opferschutzes genommen wird und denen niemand glauben will. In wirklichen Missbrauchsfällen, die oft erst Jahre nach der Tatserie aufgedeckt und von kindlichen Zeugen nur noch ungenau umschrieben werden können, liegt das Strafverfolgungsinteresse[203] ebenso auf der Hand wie die Schwierigkeit oder Unmöglichkeit der Konkretisierung von Einzeltaten. Auch dazu hatte das Reichsgericht zunächst – dogmatisch folgerichtig – angenommen, nur jeweils ausreichend konkretisierte Einzeltaten könnten angeklagt werden.[204] Nachdem insoweit bis zur Aufgabe des Rechtsinstituts der fortgesetzten Handlung die Tatkonkretisierung bisweilen[205] von der Einzeltat auf das allgemeine Tatbild der Serie umgestellt worden war, sucht die Rechtsprechung immer noch nach dem richtigen Maßstab. Heute nimmt sie an, eine Tatkonkretisierung sei schon ausreichend, wenn das wiederkehrende Rahmengeschehen in der Anklageschrift geschildert, ein Tatzeitraum für die Tatserie genannt und die Höchstzahl[206] der innerhalb dieses Zeitraums begangenen Taten mitgeteilt wird.[207] Ergibt sich dann aber in der Hauptverhandlung für mögliche Einzelfälle ein anderes Tatbild, ist die Nämlichkeit der Tat nicht mehr zu begründen.[208]

35 Die angeklagte Zahl der Fälle darf im Urteil, das eine feststellbare Mindestzahl der Fälle zugrunde legen muss,[209] nicht überschritten werden.[210] Zwischen der angeklagten Höchstzahl und der im Urteil unter Beachtung des Zweifelssatzes festgestellten Mindestzahl klafft dann eine Lücke, die durch Teilfreispruch oder Verfahrensbeschränkungen geschlossen wird. Die Folge eines eigentlich schon im Zwischenverfahren absehbaren Teilfreispruchs, der gleichwohl die ungeschmälerte Eröffnung des Hauptverfahrens nicht verhindert, belegt die dogmatische Fehlerhaftigkeit der Konstruktion. Sie wird als Notbehelf angesehen, weil es heute als weniger erträglich gilt, einen Schuldigen nicht zu verfolgen, als einen potenziell Unschuldigen einem Verfahren auszusetzen, in dem er ohne die sonst üblichen Verteidigungsmöglichkeiten mit einiger Wahrscheinlichkeit verurteilt wird. Ob diese Rechtslage noch dem Fairnessprinzip gerecht wird, bleibt der Bewertung einer künftigen Generation vorbehalten. Jedenfalls kann schon jetzt eine Umgestaltung der Strafklage nicht mehr stattfinden, wenn sich nach Erhebung einer »Breitbandanklage« mit Umschreibung eines Rahmengeschehens nachträglich herausstellt, dass die Tatmodalitäten bei feststellbaren Fällen in wesentlichen Punkten

---

200 Vgl. BGHSt 40, 44 (45 ff.); 44, 153 (154 ff.); 46, 130 (133 f.); BGH NStZ 2011, 47; 2014, 49; StraFo 2017, 26 f.; Beschl. v. 27.02.2018 – 2 StR 390/17; NStZ-RR 2022, 75 f.

201 BGH NStZ 2005, 282; OLG Thüringen OLGSt StPO § 200 Nr. 11; s.a. OLG Bamberg NJW 1995, 1167 (1168): umso großzügiger, je jünger das missbrauchte Kind war und je länger die Taten zurückliegen.

202 SSW-StPO/*Rosenau* § 200 Rn. 6.

203 Zur Frage beim geständigen Täter BGHSt 10, 137, 139; *Fränkel* LM StPO § 200 Nr. 2.

204 RGSt 21, 64 (66).

205 Vgl. aber BGH StV 1993, 570; 1995, 113; Urt. v. 28.09.1994 – 3 StR 231/94.

206 BGH NJW 1994, 2556 (2557); Beschl. v. 09.09.2020 – 2 StR 291/20; OLG Thüringen OLGSt StPO § 200 Nr. 11; krit. LR/*Stuckenberg*, StPO § 200 Rn. 24.

207 BGHSt 40, 44 (46); 44, 153 (154 f.); 46, 130 (133 f.); BGHR StPO § 200 Abs. 1 S. 1 Tat 14; BGH StV 1998, 169 (170); 1998, 580.

208 BGH StraFo 2017, 26 f.; Beschl. v. 09.09.2020 – 2 StR 291/20.

209 LR/*Stuckenberg* StPO § 200 Rn. 24.

210 BGH Urt. v. 16.12.2004 – 3 StR 387/04; Beschl. v. 15.02.2005 – 4 StR 572/04.

anders aussehen als nach der Umschreibung im Anklagesatz. In einem solchen Fall ist die Nämlichkeit der Tat nicht mehr gewahrt.[211]

Der Bundesgerichtshof[212] hatte anfangs darauf hingewiesen, dass in den Fällen der Sammelanklage vage umschriebener Taten mit der Benennung einer hochgerechneten Anzahl die Umgrenzungsfunktion der Anklageschrift zwar noch gewahrt, aber die Verteidigung wegen des verbleibenden Informationsdefizits erschwert sei. Das rechtliche Gehör werde dem Angeschuldigten im Rahmen des Möglichen gewährt, aber es sei ein Verfahrensfehler, wenn gegebenenfalls die nachträgliche Erkenntnis weiterer verteidigungsrelevanter Konkretisierungsmerkmale nicht durch einen gerichtlichen Hinweis mitgeteilt werde.[213] Später hat der Bundesgerichtshof das Postulat der Randkorrektur durch Hinweispflichten des Gerichts wieder zurückgenommen.[214] Danach werden anfängliche Mängel, die durch Fiktion einer Erfüllung der Umgrenzungsfunktion übergangen werden, auch auf der Ebene der Informationsfunktion nicht geheilt und sie werden nicht einmal teilweise durch gerichtliche Hinweise kompensiert. 36

▶ Beachte

Es ist unter der Geltung des neugefassten § 265 Abs. 2 Nr. 3 StPO naheliegend, dass eine nach der Anklageerhebung noch ohne Einzeltatkonkretisierung erst in der Hauptverhandlung möglich werdende genauere Tatbeschreibung zu gerichtlichen Tatsachenhinweisen zwingt[215] und diese Hinweise förmlich zu erteilen sowie zu protokollieren sind. Ein Informationsdefizit ist von der Verteidigung jedenfalls im Revisionsverfahren geltend zu machen, der Informationsgang und seine Lücke dazu mit Blick auf § 344 Abs. 2 S. 2 StPO möglichst genau darzustellen und das Ausbleiben von Heilungsakten als »Negativtatsachen« hervorzuheben. Der Sache nach wird dann eine Verletzung von Art. 2 Abs. 1 GG i.V.m. Art. 20 Abs. 3 GG (Fairnessanspruch) und Art. 103 Abs. 1 GG (Anspruch auf rechtliches Gehör), Art. 6 Abs. 1 MRK (wiederum der Anspruch auf Fairness des Verfahrens) sowie § 200 Abs. 1, 265 Abs. 2 Nr. 3 StPO (einfachrechtliche Ausgestaltung der verfassungs- und konventionsrechtlichen Gebote) gerügt, ohne dass unbedingt eine Rechtsnorm benannt werden muss.

Die unterschwellige Divergenz in der früheren Rechtsprechung zu Hinweispflichten nach der alten Fassung des § 265 StPO bezüglich einer erst nachträglich möglichen Tatumgrenzung in Fällen von Tatserien verdeutlicht, dass sich die Rechtsprechung für eine Fallgruppe vom Prinzip der anfänglichen Tatkonkretisierung im Anklagesatz gelöst und ein Sonderstrafprozessrecht, insbesondere für Missbrauchsfälle, geschaffen hat. Dieses wird kasuistisch fortgeführt. Werden an sich vorhandene Mängel der Anklageschrift in der Umgrenzungsfunktion dementiert und angeblich allenfalls verbleibende Mängel in der Informationsfunktion heruntergespielt, dann muss eine »wirkliche Verteidigung« weiterhin mit Revision und Verfassungsbeschwerde auf den fehlerhaften Ansatz aufmerksam machen.[216] Dem Angeklagten fehlt bei Strafkammersachen, die oft erst im Rahmen beweglicher 37

211 BGH NStZ 2012, 168 f.; Beschl. v. 09.09.2020 – 2 StR 291/20.

212 BGHSt 40, 44 (48); LR/*Stuckenberg* StPO § 200 Rn. 23.

213 BGH NStZ 1999, 42; abzugrenzen ist der Fall der Änderung der Sachlage gegenüber einem genau konkretisierten Anklagevorwurf, BGHSt 44, 153 (154 f.).

214 BGHSt 48, 221 (223 ff.).

215 *Pauly* StraFo 2023, 418 (423).

216 BGHSt 48, 221 (223 ff.) hatte Hinweispflichten an der überkommenen Bestimmung des § 265 Abs. 1 StPO gemessen, die eine vorherige Tatkonkretisierung nach dem Grundmodell des § 200 Abs. 1 StPO voraussetzt. Dabei blieb unbeachtet, dass sich Hinweispflichten in Konstellationen, die das Gesetz nicht vorgesehen hatte, auch unmittelbar aus Art. 103 Abs. 1 GG ergeben können, vgl. BGHSt 11, 88 (91). Die Neufassung des § 265 Abs. 2 StPO hat das Spektrum erweitert; auch danach noch verbleibende Lücken sind aber weiter durch Art. 103 Abs. 1 GG zu schließen, soweit das zur Vermeidung von Überraschungsentscheidungen erforderlich ist.

Zuständigkeiten am Rand des Zulässigen[217] zu solchen werden, eine zweite Tatsacheninstanz. Dies ist aufgrund des durch Art. 2 des StORMG[218] weiter aufgewerteten § 24 Abs. 1 S. 1 Nr. 3 GVG mit einer Antizipation der Opferrolle von Zeugen der Fall.[219] Der Angeklagte wird dort nach Erhebung einer »Breitbandanklage« auch darüber im Unklaren gelassen, welche Einzelvorwürfe konkret gegen ihn erhoben werden. Er wird ferner in der Hauptverhandlung in Fällen, in denen »Aussage gegen Aussage« steht, mit einer Zeugenaussage über eine vage Tatbeschreibung konfrontiert und dieser Inbegriff der Hauptverhandlung (§ 261 StPO) wird bisher nicht einmal aufgezeichnet,[220] um wenigstens eine nachträgliche Kontrolle nach aussagepsychologischen Maßstäben zu ermöglichen. Im Ganzen[221] wirkt ein solches Verfahren unfair. Erforderlich ist zum Verständnis dieser Lage aber eine Gesamtschau, die von der Verteidigung sachgerecht in die Formate von § 344 Abs. 2 Satz 2 StPO, § 92 BVerfGG, Art. 47 EGMR-VerfO einzubringen wäre, welche dafür allerdings so nicht vorgesehen und daher nicht ganz passend sind. Insbesondere das Revisionsrecht kennt mit seinen überkommenen Akzenten zu § 344 Abs. 2 S. 2 StPO eigentlich keine »Gesamtverfahrensrüge«, die das Recht der Menschenrechtsbeschwerde jedoch mit dem Postulat, dass nur ein »insgesamt« unfaires Verfahren[222] eine Verletzung von Art. 6 Abs. 1 S. 1 EMRK darstellt, in gewisser Weise voraussetzt. Das Verfassungsbeschwerdeverfahren steht nicht nur zeitlich, sondern auch hinsichtlich der Rügeanforderungen zwischen diesen Polen. Wirkliche Verteidigung muss ihr Anliegen daher frühzeitig und konsequent wiederholt präsentieren.

▶ Beachte

Gesetzgebung und Rechtsprechung haben der Strafverfolgung in Missbrauchsverfahren so viele Erleichterungen verschafft, dass die Beschuldigtenrechte, aufs Ganze gesehen, derart zurückgedrängt wurden, dass in den nicht ganz seltenen[223] Fällen einer Falschbezichtigung[224] ein rechtsstaatliches Verfahren kaum noch gewährleistet ist.[225] Zur Beschränkung von Verteidigungsmöglichkeiten[226] gehören die Kürzung des Instanzenzuges nach § 24 Abs. 1 S. 1 Nr. 3 GVG zum Schutz des mutmaßlichen Opfers,[227] ferner der Verzicht auf eine Einzelaktkonkretisierung in der Anklageschrift, außerdem eine großzügige Haltung der Tatgerichte bei der Eröffnungsentscheidung zugunsten der Verdachtshypothese,[228] sowie die Reduzierung der Anforderungen an einzeltatbezogene Urteilsfeststellungen,[229] schließlich die Möglichkeit der

---

217 *Arnold* ZIS 2008, 92 ff.
218 Gesetz zur Stärkung der Rechte von Opfern sexuellen Missbrauchs, BT-Drs. 17/6261 S. 13.
219 Zur Absenkung der Anforderungen für eine Anklageerhebung zum Landgericht aus Gründen des Opferzeugenschutzes OLG Karlsruhe NStZ 2011, 479; zur Verletzung der Unschuldsvermutung durch Antizipation der Opfereigenschaft *Salditt* StV 2002, 273 ff.; zum Problem der Möglichkeit einer »Tat ohne Täter« *Mack* Kriminalistik 7/2014, 459 ff.; zu weiteren prozessualen Problemen infolge des überzogenen Opferschutzdenkens (»vom Kind her gedacht«) *Deckers* StraFo 2017, 133 (138).
220 Zur Kritikwürdigkeit *Meyer-Mews* NJW 2004, 716 ff.
221 Der EGMR prüft nur, ob das Verfahren als Ganzes fair war; vgl. EGMR StV 1997, 617 (619); 1999, 127 (128); StraFo 2007, 107 (108 f.); NJW 2009, 3565 (3566). Diesen Maßstab hat das BVerfG u.a. in NJW 2001, 2245 (2246); 2010, 925 (926) übernommen. In das Revisionsrecht ist er noch nicht eingeflossen, weil dies dem System des § 344 Abs. 2 S. 2 StPO widerspricht, der eine »Gesamtverfahrensrüge« eigentlich ausschließt.
222 EGMR NStZ 2008, 699 (702).
223 *Endres/Scholz* NStZ 1994, 466 (469 ff.); *Frauen*, Vorgetäuschte Sexualdelikte, 2008, S. 17 ff.; *Schwenn* StV 2010, 705 (707 ff.).
224 *Burgheim/Friese*, Sexualdelinquenz und Falschbezichtigung, 2006, S. 11 ff.; *Kühnel/Markowitsch*, Falsche Erinnerungen, 2009, S. 94 ff.; *Mack* Kriminalistik 7/2014, 459 ff.
225 *Bung* StV 2009, 430 ff.; beispielhaft *Rückert*, Unrecht im Namen des Volkes, 2007; zum leichtfertigen Umgang der Justiz mit der Wahrheit *Erb* FS Küper, 2007, S. 29 (35).
226 *Deckers* in: Egg, Sexueller Missbrauch von Kindern – Täter und Opfer, 1999, S. 113 ff.
227 OLG Karlsruhe StraFo 2011, 154 f.; zur Verletzung der Unschuldsvermutung *Salditt* StV 2002, 273 ff.
228 OLG Stuttgart Die Justiz 2011, 218 f.
229 BGH Beschl. v. 25.03.2010 – 5 StR 83/10.

audiovisuellen Zeugenvernehmung und das Zeugencoaching mutmaßlicher Opfer.[230] Hinzu kommt das Ruhen der Verjährung der Strafverfolgung bis zur Vollendung des 30. Lebensjahrs der mutmaßlichen Tatopfer nach § 78b Abs. 1 Nr. 1 StGB, das mittelbar zur geringeren Bewertung einer langen Zeitspanne zwischen Tat und Urteil für die Strafbemessung führen mag.[231] »Geschädigte« werden aufgrund einer strukturellen Voreingenommenheit der Justiz[232] wie privilegierte Zeugen behandelt.[233] Glaubwürdigkeitskriterien, die außerhalb des Bereichs des eigentlichen Tatgeschehens liegen, werden von »Opferzeugen« zu deren angeblichem Schutz nicht erfragt, womit insbesondere Falschaussagemotive oder Ursachen für »falsche Erinnerungen« unerforscht bleiben. Werden die Aussagen von Belastungszeugen in der Hauptverhandlung nicht einmal aufgezeichnet,[234] dann ist eine Überprüfung nach aussagepsychologischen Maßstäben anschließend, auch für Wiederaufnahmezwecke, nicht mehr möglich. Die in der meist einzigen Tatsacheninstanz im Allgemeinen ohne sachverständige Beratung durchgeführte Beweiswürdigung erfolgt in der Praxis immer noch vielfach intuitiv oder mit einer zum Teil eher dilettantischen Imitation aussagepsychologischer Methoden. Die Hinzuziehung aussagepsychologischer Sachverständiger wird oft zu Unrecht wegen angeblich ausreichender eigener Sachkunde abgelehnt.[235] »Opferzeugen«, die eine Nebenklägerrolle einnehmen, erhalten über einen Anwalt auch Aktenkenntnis,[236] was den Inhalt ihrer folgenden Aussagen beeinflusst und insbesondere eine realistische Konstanzanalyse ausschließt. Ein Zeugencoaching durch Opferschutzeinrichtungen bis hin zu einem regelrechten Training der Zeugenrolle und des Aussageninhalts kann hinzukommen. Die inzwischen schon vom Gesetz vorgenommene Einordnung von »Geschädigten« in die Position von zu schützenden Prozesssubjekten führt zu einer Desavouierung der Zeugenrolle mutmaßlicher Tatopfer.[237] Wirkungsvoller Rechtsschutz existiert dagegen kaum noch; denn eine effektive Kontrolle der Beweiswürdigung kann die Revisionsinstanz nicht leisten und der Umgang mit der Wahrheit durch Wiederaufnahmegerichte wirkt bedenklich.[238] Die Garantien aus Art. 19 Abs. 4, 20 Abs. 3, 92, 103 Abs. 1 GG, Art. 6 Abs. 1 S. 1 MRK laufen leer. Die Annahme, dass besonders strenge Anforderungen an die Beweiswürdigung die Reduzierung der Verteidigungsmöglichkeiten durch vage Tatumschreibung im Anklagesatz kompensieren könne,[239] ist zu optimistisch, da kognitive Dissonanz eine wirkliche Neutralität der Beweiswürdigung und die Effektivität ihrer revisionsgerichtlichen Kontrolle verhindert.[240] Das ist von der Verteidigung in geeigneten Fällen in der Revisionsinstanz, danach in einem Verfassungs- und Menschenrechtsbeschwerdeverfahren geltend zu machen und wegen der jeweiligen Subsidiarität der Verfassungs- und Menschenrechtsbeschwerden vorher zu postulieren.

Die Grenze der Möglichkeit zur Pauschalisierung der Darstellung von Serientaten ist auch nach der 38
bisher zugunsten der Anklagepraxis großzügigen Rechtsprechung erreicht, wenn Einzeltaten rechtlich verschiedenes Gewicht haben können, weil das Tatbild in wesentlichen Punkten nicht mit der

230 *Eschelbach* ZAP 17/2014, S. 781 ff. = Fach 22, S. 971 ff.; zur psychosozialen Prozessbegleitung *Deckers* StraFo 2017, 133 (139 f.); *Neuhaus* StV 2017, 55 ff.

231 BGH NStZ 2006, 393; dagegen nun BGHSt 62, 184 (191 ff.).

232 *Bung* StV 2009, 430 (432 f.); *Salditt* StV 2002, 273 (274 ff.); *Schwenn* StV 2010, 705 (706).

233 *Meyer-Mews* NJW 2000, 916 (197).

234 *Meyer-Mews* NJW 2002, 103 ff.; 2004, 716 (717).

235 Zur Beweisproblematik *Hohoff* NStZ 2020, 387 ff.

236 *Herrmann* ZIS 2010, 236 (238); *Safferling* ZStW 122 (2010), 87 (100); zur Abwägung bei der Entscheidung über die Gewährung von Akteneinsicht OLG Brandenburg Beschl. v. 13.09.2023 – 1 Ws 141/23 (S).

237 *Schünemann*, FS Hamm, 2008, S. 687 (690 ff.); *Schroth* NJW 2009, 2916 (2919).

238 *Schwenn* StV 2010, 705 (707 ff.).

239 KK-StPO/*Schneider* § 200 Rn. 5.

240 *Eschelbach* GA 2019, 593 (610 ff.).

Anklagebeschreibung übereinstimmt,[241] oder weil vom gleichen Täter verschiedenartige Kausalverläufe ausgelöst oder durch unterschiedliche Handlungsintensität verschiedene Tatbestände erfüllt worden sein können,[242] ferner wenn mehrere Beteiligte[243] in unterschiedlicher Weise zum Taterfolg beigetragen haben oder verschiedene Opfer betroffen sind.[244] Hier können Tatbeteiligte, Tatopfer und Kausalverläufe der Einzeltaten endgültig nicht mehr durch die Annahme, es sei »in dubio pro reo« eine einzige Handlung erfolgt, hinsichtlich ihrer Konkretisierungsmerkmale für die Tat im prozessualen Sinn offengelassen werden.

3. Rechtliche Kennzeichnung des Vorwurfs im abstrakten Anklagesatz

39 Der abstrakte Anklagesatz soll den Angeschuldigten, die Verteidigung, die nicht aktenkundigen Richter oder Schöffen und die übrigen Verfahrensbeteiligten, schließlich auch die Öffentlichkeit bei Verlesung des Anklagesatzes gemäß § 243 Abs. 3 S. 1 StPO über die rechtliche Bewertung des Vorwurfs unterrichten. Erforderlich ist die genaue rechtliche Kennzeichnung der Tat[245] im Anklagesatz hinsichtlich

- des durch Tun oder Unterlassen erfüllten Straftatbestandes, seiner Tatbestandsvariante bei mehrgliedrigen Normen[246] und seiner Qualifikationen, gegebenenfalls auch hinsichtlich der Regelbeispiele für besonders schwere Fälle,[247]
- des Stadiums der Tatausführung bei einem Versuch der Tat (§ 22 StGB) oder einer versuchten Beteiligung an einem Verbrechen (§ 30 StGB),
- der Schuldform von Vorsatz oder Fahrlässigkeit, soweit nach dem Gesetz beides alternativ in Betracht kommt,
- der Beteiligungsform[248] als Alleintäterschaft, mittelbare Täterschaft, Mittäterschaft, Anstiftung oder Beihilfe, sowie
- der Konkurrenzen bei mehreren tateinheitlich oder tatmehrheitlich begangenen strafbaren Handlungen.

Der Prüfungsmaßstab für die anfängliche Kennzeichnung der Tat entspricht dabei demjenigen bei der nachträglichen Änderung der Rechtslage nach §§ 207 Abs. 2 Nr. 3, 265 Abs. 1 StPO. Deshalb ist es ein Informationsmangel der Anklageschrift, wenn statt der von der Staatsanwaltschaft bei Anklageerhebung zugrunde gelegten konkreten Tatbestandsvariante einfach alle im Gesetz vorgesehenen Varianten genannt werden, also z.B. statt eines bestimmten Grunddelikts einfach alle in § 177 Abs. 1 und Abs. 2 StGB genannten Merkmale.

4. Heilung von Mängeln des Anklagesatzes

40 Mängel des Anklagesatzes können, soweit sie nicht wegen Verfehlung der Umgrenzungsfunktion zur Unwirksamkeit der Anklage als Prozessvoraussetzung gemäß § 151 StPO führen, an anderer Stelle geheilt werden, sodass Rechtsmittelangriffe gegen den ursprünglichen Fehler nicht mehr erfolgreich sind.[249] Erfolgt keine Heilung, müssen zur Erhebung einer zulässigen Verfahrensrüge in der Revisionsinstanz der anfängliche Informationsmangel in Anklageschrift und Eröffnungsbeschluss und das Ausbleiben einer Heilung in Form eines gerichtlichen Hinweises[250] gemäß § 344 Abs. 2 S. 2

241 BGH StraFo 2017, 26 f.
242 BGH Beschl. v. 16.12.2004 – 3 StR 387/04; StV 2005, 113.
243 BGH StV 1998, 469 (470).
244 BGH GA 1960, 245 (246).
245 *Schäpe* S. 83 m.w.N.
246 Zum gerichtlichen Hinweis auf Mordmerkmale BGH StV 1998, 582 (583); 1998, 583.
247 Kein Hinweis ist bei unbenannten besonders schweren Fällen geboten, BGH StV 2000, 298.
248 Zur Hinweispflicht des Gerichts bei Änderung der Teilnahmeform BGH Beschl. v. 14.06.2016 – 3 StR 196/16.
249 SSW-StPO/*Rosenau*, § 200 Rn. 19.
250 Zu Hinweispflichten nach der Neuregelung in § 265 Abs. 2 StPO *Ceffinato* JR 2020, 6 ff.

StPO dargelegt werden, wobei nur auf die vom Revisionsgericht von Amts wegen zu berücksichtigenden Prozesshandlungen in der Form der Anklageschrift und des Eröffnungsbeschlusses neben eigenen Umschreibungen im Übrigen inhaltlich Bezug genommen werden kann. Die rasche Heilung prozessualer Mängel noch in der Tatsacheninstanz liegt aber im Interesse an Prozessökonomie und Verfahrensbeschleunigung. Der Angeklagte ist insoweit oft nicht gut beraten, wenn er Verteidigungsvorbringen zurückhält und auf eine spätere Revision vertraut. Dort kann das Rechtsmittel mit der Verfahrensrüge der Verletzung von Informations- und Hinweispflichten immer noch an verschiedenen Hürden scheitern. Selbst eine Prozessentscheidung, die zur Einstellung des Verfahrens wegen Unwirksamkeit der Anklage als Prozessvoraussetzung führt (§§ 206a, 260 Abs. 3 StPO), hat im Übrigen nur formelle, aber keine materielle Rechtskraftwirkung. Sie versetzt das Verfahren in den status quo ante zurück, beendet es aber nicht endgültig. Es ist gegebenenfalls nach dem Legalitätsprinzip durch Neuerhebung einer wirksamen Anklage weiter zu betreiben. Der Angeklagte verliert bei behebbaren Anklagemängeln durch deren späte Aufdeckung letztlich auch Zeit, ohne dass damit notwendigerweise ein Gewinn in der Sache verbunden wäre. Dies muss bei der Entwicklung einer sachgerechten Verteidigungsstrategie bedacht werden.

a) Erteilung von Informationen im wesentlichen Ergebnis der Ermittlungen anstatt im Anklagesatz

Es »entspricht jedenfalls nicht dem Gesetz«,[251] wenn Informationen, die im Anklagesatz geboten sind, von der Staatsanwaltschaft erst im wesentlichen Ergebnis der Ermittlungen der Anklageschrift mitgeteilt werden. Sie werden dann nicht mit dem Anklagesatz verlesen.[252] Jedoch kann die Umgrenzungsfunktion der Anklageschrift nach herrschender Ansicht auch durch den Schriftsatz im Ganzen erfüllt werden,[253] der einer Prüfung im Freibeweisverfahren zugänglich ist. Auf die Verlesung des Anklagesatzes kommt es dafür nicht an. Es genügt nach diesem Ansatz ausnahmsweise, wenn aus dem Anklagesatz in Verbindung mit dem wesentlichen Ergebnis der Ermittlungen hinreichend deutlich wird, welche Taten dem Angeschuldigten zur Last gelegt werden,[254] sofern aus dem Anklagesatz zumindest die Grundlagen einer Tatbeteiligung erkennbar sind.[255] 41

So lag etwa der Fall des Vorwurfs der »Haushaltsuntreue« durch einen Theaterintendanten.[256] Dort nannte der Anklagesatz nur das durch eine Vielzahl von einzelnen Vertragserfüllungen am Jahresende erreichte Gesamtergebnis einer Haushaltsüberschreitung, während erst das wesentliche Ergebnis der Ermittlungen Einzelausgaben bezeichnete und damit einzelne Handlungen als selbstständige Straftaten andeutete. Die Anklageschrift erfüllte damit im wesentlichen Ergebnis der Ermittlungen ihre Umgrenzungsfunktion hinsichtlich der Einzeltaten. Nicht vollständig erfüllt war dagegen die Informationsfunktion, weil auch dort nicht aufgeführt wurde, welche Kosten-/Nutzenanalyse jeweils dazu geführt haben soll, dass den Ausgaben keine angemessene Kompensation für den Haushaltgeber gegenüberstand und somit ein Schaden entstanden war. Bei einer Vielzahl gleichartiger Straftaten, etwa Anlagebetrügereien nach dem gleichen Muster zum Nachteil einer Vielzahl von Kapitalanlegern, kann dagegen auch eine tabellarische Auflistung der Einzeltaten zur Einzeltatumgrenzung genügen.[257] Diese Liste ist nach der Entscheidung des Großen Senats des BGH für Strafsachen in den Anklagesatz aufzunehmen,[258] aber nicht notwendigerweise in der Hauptverhandlung 42

251 BGH JR 1954, 149 f.
252 Zur Bedeutung der Verlesung des Anklagesatzes BGHSt 56, 109 ff. m. Anm. *Börner* NStZ 2011, 436 ff. und *Gössel* JR 2011, 546 ff.
253 BGHSt 46, 130 (134); BGH NStZ 2001, 656 (657); NJW 2008, 2131 f.; 2018, 878 (879); enger BGHSt 56, 109 (112 ff.).
254 BGHSt 5, 225 (227); 46, 130 (134); BGH StV 2007, 171 (172); NStZ 2012, 85; *Rieß*, FG 50 Jahre BGH, S. 809 (830).
255 BGH NJW 2010, 308 (309).
256 BGHSt 43, 293 (299).
257 BGH NStZ 2008, 351.
258 BGHSt 56, 109 (112 ff.) m. Anm. *Börner* NStZ 2011, 436 ff.; *Gössel* JR 2011, 546 ff.

zu verlesen. Ob dann andererseits eine Anklageschrift, welche die Liste von vornherein nur in das wesentliche Ergebnis der Ermittlungen aufnimmt, unwirksam ist, blieb im Beschluss des Großen Senats noch offen. Heute werden in der Praxis solche Listen meist aus dem zu verlesenden Anklagesatz verbannt und im wesentlichen Ergebnis der Ermittlungen aufgeführt. Das dürfte auch vom Standpunkt des Großen Senats aus genügen. Soweit die Rechtsprechung aber annimmt, dass sogar eine Anlage zur Anklageschrift zur Erläuterung der Reichweite des Prozessgegenstands herangezogen werden kann,[259] geht das zu weit.

b) Nachbesserung der Anklageschrift oder Einreichen einer Anklageergänzungsschrift

43 Ergeben sich auch aus dem wesentlichen Ergebnis der Ermittlungen die notwenigen Informationen nicht in vollem Umfang, so hat die Staatsanwaltschaft vor Eröffnung des Hauptverfahrens die Möglichkeit, entweder die Anklage gemäß § 156 StPO zurückzunehmen und sie in nachgebesserter Form neu einzureichen[260] oder – nach einer wiederum zweifelhaften Hilfskonstruktion – durch einen Ergänzungsschriftsatz[261] die Informationsfunktion zu erfüllen. Zu diesem Zweck sollte das Gericht zur Prozessförderung die Akten an die Staatsanwaltschaft zurückgeben und eine Nachbesserung anregen.[262] Freilich gebietet es der Beschleunigungsgrundsatz, der auch im Zwischenverfahren gilt[263] und gegebenenfalls durch sachgerechte Erörterungen nach § 202a StPO gewahrt werden kann,[264] dass das Gericht selbst Änderungen nach § 207 Abs. 2 StPO vornimmt, soweit dies im Einzelfall ausreicht und auf der Grundlage der bisherigen Ergebnisse der Ermittlungen möglich ist. Die Staatsanwaltschaft hat dann zwar wiederum eine neue Fassung der Anklageschrift nach § 207 Abs. 3 StPO einzureichen, die aber nur deklaratorischer Natur ist und das Zwischenverfahren nicht neu in Gang setzt.[265] Lehnt die Staatsanwaltschaft im Fall der Zurückgabe der Anklageschrift durch das Gericht eine Korrektur ab, muss das Gericht spätestens darüber entscheiden, ob die Anklage mit solchen Mängeln behaftet ist, die eine Eröffnung des Hauptverfahrens hindern und im letzteren Fall die Eröffnung des Hauptverfahrens ganz oder teilweise ablehnen.[266]

▶ **Beachte**

Die Verteidigung sollte auf Informationsmängel der Anklageschrift frühzeitig hinweisen. Ein Zurückhalten von Verteidigungsvorbringen für eine spätere Revision ist ein unwägbares Risiko und empfiehlt sich im Allgemeinen nicht. Wird der Mangel aber auch danach im Zwischenverfahren und in der Hauptverhandlung nicht geheilt, dann ist der Revisionsgrund weiterhin gegeben und der Rechtsmittelangriff gegebenenfalls schon im Zwischenverfahren vorbereitet worden. Wird der Fehler später durch einen gerichtlichen Hinweis geheilt, kann die Verteidigung immerhin mit Beweisanträgen zum Beleg der Berechtigung von Alternativhypothesen zum Tatverdacht darauf reagieren. Auch das ist eine sachgerechte Verteidigung.

259 BGH Beschl. v. 08.12.2009 – 4 ARs 17/09; zum Teil a.A. BGH wistra 2010, 66 (67).
260 *Danko* S. 242.
261 BGH Beschl. v. 19.01.1993 – 5 StR 679/92.
262 BGHSt 46, 130, 134 f.; OLG Frankfurt NStZ-RR 2003, 146 f.; SSW-StPO/*Rosenau* § 200 Rn. 18; LR/*Stuckenberg* StPO § 200 Rn. 82.
263 BVerfG Beschl. v. 04.05.2011 – 2 BvR 2781/10.
264 OLG Nürnberg StV 2011, 750 (751).
265 OLG Nürnberg NStZ-RR 2011, 251 f.
266 OLG Frankfurt NStZ-RR 2003, 146 f.

c) Gerichtliche Hinweise

Mängel der Anklageschrift in der Umgrenzungsfunktion können nicht durch das Gericht geheilt werden.[267] Dies würde dem Anklageprinzip widersprechen. Nur zur ergänzenden Erfüllung von Informationsfunktionen über den Inhalt der Anklageschrift hinaus erforderliche Hinweise kann das Gericht wirkungsvoll erteilen.[268] Die Hinweispflichten in § 265 Abs. 1 und 2 StPO ergänzen die Vorschriften über den notwendigen Inhalt der Anklageschrift (§ 200 StPO) und den Eröffnungsbeschluss (§ 207 StPO).[269] Ob die Informationsfunktion vom Gericht in einem Eröffnungsbeschluss mit Gründen, in einem separaten schriftlichen Hinweis außerhalb der Hauptverhandlung oder in einem mündlich zur Protokoll der Hauptverhandlung erteilten Hinweis des Vorsitzenden oder Gerichtsbeschluss[270] erfüllt wird, zählt im Ergebnis gleich. Es ist zur Gewährung rechtlichen Gehörs gemäß Art. 103 Abs. 1 GG und zur Ermöglichung einer sachgerechten Verteidigung gemäß Art. 6 Abs. 3 lit b, c EMRK unerheblich, woher die dafür erforderlichen Informationen der Verfahrensbeteiligten stammen, sofern diese nur den Zweck erfüllen, Überraschungsentscheidungen zu verhindern. Je später der Hinweis allerdings erfolgt, desto kürzer wird die Reaktionszeit für die Verteidigung. Darauf nimmt das Gesetz, von § 265 Abs. 4 StPO abgesehen, wenig Rücksicht. 44

Die Heilung von Mängeln der Anklageschrift in der Informationsfunktion hinsichtlich einzelner Umgrenzungsmerkmale einer Tat im Fall vage umschriebener Serientaten bedarf nach einem Ansatz in der Rechtsprechung[271] dann, wenn nachträglich eine Präzisierung möglich wird, eines ausdrücklichen Hinweises durch das Gericht. Eine solche »Nachbesserung der Anklage« durch das Gericht muss danach auch zur Ermöglichung einer Überprüfung durch das Revisionsgericht entweder im Protokoll der Hauptverhandlung dokumentiert werden.[272] Davon ist der Fall einer nachträglichen Änderung der Sachlage[273] gegenüber einer bereits anfänglich ausreichend informativen Anklageschrift zu unterscheiden. Hier solle es nach der früheren Gesetzesfassung genügen, wenn sich aus dem »Gang der Hauptverhandlung« die nötigen Informationen für die Verteidigung ergeben.[274] Das entspricht nun nicht mehr der Regelung des § 265 Abs. 2 StPO n.F. § 265 Abs. 2 Nr. 3 StPO fordert aber keinen gerichtlichen Hinweis zu sämtlichen Änderungen der Sachlage, weil sonst ständig auf mögliche Änderungen hinzuweisen wäre.[275] Jedoch ist nach Neuregelung bei den für die Verteidigung wesentlichen Änderungen der Tatsachenlage ein Hinweis geboten. Was darunter zu verstehen sein soll, bleibt unbestimmt. Die Rechtsprechung[276] setzt eine der Veränderung der Rechtslage ähnliche Bedeutung der Sachverhaltsänderung voraus. Den Fall der praktischen Nichterfüllung der Umgrenzungsfunktion der Anklageschrift durch vage Tatumschreibungen und Hochrechnungen von Fallzahlen, die nur nach einer richterrechtlichen Fiktion die Umgrenzungsfunktion erfüllen sollen, hatte der Strafprozessgesetzgeber in § 265 StPO eigentlich nicht zu bedenken. Insoweit sind, wenn der Mangel der Umgrenzung zu den Einzeltaten nicht sogar weitergehende Wirkungen haben soll, jedenfalls Hinweispflichten aus § 265 Abs. 2 Nr. 3 StPO n.F., hilfsweise aus dem Fairnessgebot und aus dem Anspruch des Angeklagten auf rechtliches Gehör herzuleiten. Das gilt auch für die Änderung der Sachlage zu einzelnen wesentlichen Umgrenzungsmerkmalen, wie Tatzeit und Tatort.[277] Die Aufstellung von Hinweispflichten für Tatsachenänderungen im Allgemeinen ginge der Rechtspre- 45

267 OLG Hamm, Beschl. v. 13.12.2007 – 3 Ss 430/07; *Schäpe* S. 75 f.; unrichtig BGHSt 46, 130 (134) mit Hinweis auf BGH GA 1973, 111 (112); 1980, 108 (109), die noch Fälle der inzwischen aufgegebenen »fortgesetzten Handlung« betrafen.
268 BGHSt 44, 153 (156); 56, 183 (191); 57, 88 (91).
269 BGHSt 66, 20 (24).
270 BGH Beschl. v. 27.09.2022 – 5 StR 104/22.
271 BGHSt 44, 153 (156 ff.) einerseits und BGHSt 48, 221 (223 ff.) andererseits.
272 Zur alten Fassung des § 265 BGHSt 44, 153 (157).
273 BGH StV 1996, 197.
274 BGHSt 19, 141 (144); 28, 196 (197); BGH StV 1999, 304.
275 BGH StV 2019, 818 f.; NStZ 2019, 239 f.
276 BGH NStZ 2019, 236 f.; 2020, 97 (98); Beschl. v. 22.11.2022 – 2 StR 262/22.
277 BGH StV 2019, 818 f.

chung dagegen zu weit, weil eine Hinweispflicht bei allen möglichen Änderungen der Sachlage die Verhandlung lähmen würde; andererseits hat der Gesetzgeber im Wortlaut der Norm keine andere Beschränkung als diejenige auf für die Verteidigung wesentliche Umstände vorgenommen.[278] Die Beschränkung auf die bisherige Kasuistik greift insoweit zu kurz.

▶ Beachte

Nur für die Nachholung von Rechtsinformationen stellt § 265 Abs. 1 StPO eine Verpflichtung des Gerichts zur Erteilung eines Hinweises auf, der nach § 273 StPO der Protokollierung bedarf und gemäß § 274 StPO nur durch das Protokoll bewiesen werden kann. Ob und in welchem Umfang bei einer Änderung der Rechtslage auch deren Tatsachengrundlage Teil des Hinweises sein muss, hängt von den Umständen des Einzelfalls ab.[279] Gesetzlich bisher nicht ausdrücklich vorgesehene Tatsachenhinweise waren für sich genommen nicht protokollpflichtig.[280] Dies hat sich durch Neufassung des § 265 Abs. 2 Nr. 3 StPO zwar nicht nach den Motiven des Gesetzgebers, wohl aber nach Wortlaut und Zweck der Norm geändert, auch wenn die Rechtsprechung im Wesentlichen an ihrer bisherigen Kasuistik festhalten will.

III. Das wesentliche Ergebnis der Ermittlungen

46 Nach § 200 Abs. 2 S. 1 StPO hat die Anklageschrift auch das wesentliche Ergebnis der Ermittlungen darzustellen. Darin wird die im Anklagesatz enthaltene Behauptung mit Beweiserwägungen und Rechtsausführungen begründet, der Angeschuldigte habe wahrscheinlich eine bestimmte Straftat begangen. Das wesentliche Ergebnis der Ermittlungen hat erhebliche Bedeutung für die Verteidigung. Von seiner Mitteilung kann nach dem Gesetzestext nur bei Strafrichteranklagen abgesehen werden; wenn es sich um einfach gelagerte Fälle handelt; § 200 Abs. 2 S. 2 StPO.[281] Wenn die ökonomisierte Praxis davon in Straf- und Jugendrichtersachen nahezu generell Gebrauch macht, geht dies aber zu weit, weil dem Informationsbedarf des Angeklagten dann überhaupt nicht mehr Rechnung getragen wird, selbst wenn er nicht anwaltlich verteidigt wird. Die Nichtmitteilung des wesentlichen Ergebnisses der Ermittlungen selbst in komplexeren Beweislagen wird praktisch nur wegen meist ausbleibender Verfahrensrügen toleriert. Die Informationsfunktion der Anklageschrift richtet sich nach dem Grad der Kompliziertheit des Falles und dem Informationsbedarf des Angeklagten, entgegen der Andeutung durch § 200 Abs. 2 S. 2 nicht generell nach der Entscheidungszuständigkeit des Straf- oder Jugendrichters.

1. Inhalt

47 Das wesentliche Ergebnis der Ermittlungen kann ergänzende vorläufige Tatsachenfeststellungen enthalten. Hier werden insbesondere Feststellungen zur Vorgeschichte der Tat, zum Nachtatverhalten und zur Schuldfähigkeit mitgeteilt, die im Anklagesatz nichts zu suchen haben. Es folgt bei einer schulmäßig abgefassten Anklageschrift auch die Mitteilung der Beweisgründe für die Verdachtsannahme der Staatsanwaltschaft und deren behördliche Würdigung. Erläuterungen zur Rechtslage finden sich im wesentlichen Ergebnis der Ermittlungen in der Praxis nur, soweit dafür Bedarf besteht, weil es im Einzelfall um komplizierte Rechtsfragen geht oder der Anklageerhebung eine umstrittene Rechtsmeinung zugrunde liegt. Es empfiehlt sich aber für die Darstellung des wesentlichen Ergebnisses der Ermittlungen insgesamt ein Aufbau, der – von der Strafzumessung abgesehen – jedenfalls in groben Zügen der Gliederung und dem Inhalt der Gründe eines Strafurteils ähnelt. Formelhafte Mitteilungen sind zur Darstellung des wesentlichen Ergebnisses der Ermittlungen unzureichend.

278 *Pauly* StraFo 2023, 418 (423).

279 Zum Wechsel des Mordmerkmals BGH NJW 2017, 1253 ff. m. Anm. *Schlund* = NStZ 2017, 241 ff. m. Anm. *Gubitz*.

280 BGHSt 44, 153 (157); 48, 221 (223 ff.).

281 Zu dieser »Anomalie« *Stuckenberg* NStZ 2020, 496 f.

Wenn substanziell keine Erläuterungen mitgeteilt werden, sind formelhafte Ausführungen dem Fehlen eines wesentlichen Ergebnisses der Ermittlungen gleichzusetzen.[282]

2. Rechtsfolgen des Fehlens

Die Bedeutung inhaltlicher Fehler des wesentlichen Ergebnisses der Ermittlungen wird selten dis- 48
kutiert.[283] Nur die Frage, ob das völlige Fehlen des wesentlichen Ergebnisses der Ermittlungen in der Anklageschrift in den Fällen des § 200 Abs. 2 S. 1 StPO ein Verfahrenshindernis begründen kann, wird bisweilen erörtert. Die Antwort war zunächst umstritten.[284] Die Rechtsprechung zieht sich aber heute auf die schematisch gehandhabte These zurück, nur Defizite in der Umgrenzungsfunktion, die typischerweise vom Anklagesatz erfüllt werden muss, seien als Prozesshindernis relevant, Mängel in der Informationsfunktion der Anklageschrift dagegen nicht.[285] Das ist nur die halbe Wahrheit, da der historische Gesetzgeber der SPO die Umgrenzungs- und Informationsfunktionen der Anklageschrift prinzipiell gleichgewichtig regeln wollte. Für die Beachtlichkeit eines Anklagemangels in Form des Fehlens eines wesentlichen Ergebnisses der Ermittlungen spricht, dass das Gesetz die Mitteilung nur in den Fällen der §§ 200 Abs. 2 S. 2, 266 Abs. 2 StPO für verzichtbar erklärt. In allen anderen Fällen handelt es sich also um einen an sich unverzichtbaren Teil. Aus den genannten Normen kann andererseits abgeleitet werden, dass das wesentliche Ergebnis der Ermittlungen kein konstitutiver Teil der Anklageschrift ist. Das gilt nach der Rechtsprechung auch dann, wenn zunächst Anklage zum Strafrichter erhoben wird und es anschließend zur Vorlage des Verfahrens beim Landgericht (§ 209 Abs. 2 StPO) sowie zur dortigen Übernahme des Verfahrens kommt. Auch in diesem Fall soll § 200 Abs. 2 Satz 1 StPO nicht verletzt sein, wenn die ursprünglich an den Strafrichter adressierte Anklage kein wesentliches Ergebnis der Ermittlungen enthält.[286] Eine Nachbesserung der Anklageschrift ist auch insoweit nicht vorgesehen. Das erscheint aber schon für den Normalfall des § 200 Abs. 2 S. 2 StPO zweifelhaft, weil diese Norm verfassungsrechtlichen Bedenken ausgesetzt ist; denn sie lässt sogar einen unverteidigten und nicht aktenkundigen Angeklagten im Verfahren vor dem Strafrichter ohne Möglichkeit zur Selbstverteidigung, die er nach Art. 6 Abs. 3 lit. c EMRK führen darf. § 266 Abs. 2 StPO, der keine Verweisung auf § 200 Abs. 2 S. 1 StPO enthält, das wesentliche Ergebnis der Ermittlungen also ausklammert, bildet einen Sonderfall, weil die Anklageerhebung in öffentlicher Hauptverhandlung nur erfolgt, wenn auch die Gründe dafür in der Hauptverhandlung erörtert worden sind und der Angeklagte der Einbeziehung des weiteren Vorwurfs ausdrücklich zustimmt. Auch aus der Verzichtbarkeit der Mitteilung eines wesentlichen Ergebnisses der Ermittlungen in dieser Sonderkonstellation kann also nicht abgeleitet werden, dass dies im Fall des § 200 Abs. 2 S. 1 StPO nicht essenziell ist. § 265 StPO erlaubt keinen anderen Schluss. Soweit danach ein gerichtlicher Hinweis geboten ist, dieser aber vom Tatgericht versäumt wird, ist das nur ein Verfahrensfehler, der vom Revisionsgericht auf eine Verfahrensrüge geprüft, aber nicht als Verfahrenshindernis gehandhabt wird. Damit ist der Totalausfall der Mitteilung des wesentlichen Ergebnisses der Ermittlungen, der eine Vielzahl von gerichtlichen Hinweisen erfordern würde, wenn auch insoweit von einer Neuheit von Indiztatsachen und einer darauf bezogenen Hinweispflicht nach § 265 Abs. 2 Nr. 3 StPO auszugehen wäre, die in der Hauptverhandlung erörtert werden, nicht zu vergleichen. Gerade die Breite des Defizits und der sich daraus ergebende Aussetzungsanspruch des Angeklagten könnte als Hinweis auf die Annahme eines Verfahrenshindernisses als angemessene Rechtsfolge interpretiert werden.

282 LR/*Stuckenberg*, StPO § 200 Rn. 54.

283 *Stuckenberg* NStZ 2020, 496.

284 Nach BGHSt 40, 390 ist die Mitteilung des wesentlichen Ergebnisses der Ermittlungen nicht konstitutiv; a.A. OLG Düsseldorf StV 1997, 10 = JR 1998, 37 m. Anm. *Rieß*; OLG Schleswig StV 1995, 454 = SchlHA 1995, 214 ff. m. Anm. *Ostendorf*; LG Dresden StV 1996, 203; LR/*Stuckenberg*, StPO § 200 Rn. 91 f.

285 BGHSt 56, 183 (185); 57, 88 (91); BGH NZWiSt 2020, 409 (410).

286 BGH NStZ 2020, 496; OLG Nürnberg NStZ-RR 2013, 378 f.

49 Für ein faires Verfahren und eine ausreichende Gewährung rechtlichen Gehörs ist vorauszusetzen, dass die Mitteilung der zumindest abstrakt[287] für die Verteidigung des Angeklagten wesentlichen Beweisgründe für die Verdachtshypothese im wesentlichen Ergebnis der Ermittlungen nach § 200 Abs. 2 S. 1 StPO erfolgt. Mit der Akteneinsicht des Verteidigers oder der Mitwirkung an der Hauptverhandlung allein lässt sich eine sachgemäße Verteidigungsstrategie gegen den Tatvorwurf nicht entwickeln, wenn die Beweisgrundlagen des strafrechtlichen Vorwurfs nicht rechtzeitig offen gelegt werden. Es kann dann insbesondere nicht geprüft werden, ob Alternativhypothesen bereits geprüft und weshalb sie gegebenenfalls verworfen wurden. Die Planung des Einlassungsverhaltens, die eigenständige Suche der Verteidigung nach entlastenden Indizien und die Vorbereitung von Beweisanträgen wird erschwert oder unmöglich, wenn die Staatsanwaltschaft und das Gericht sich in Anklageschrift und Eröffnungsbeschluss über die vorläufige Bewertung der Beweislage ausschweigen. Dieser Informationsmangel ist für die Verteidigung ebenso wesentlich wie ein Mangel der Anklageschrift in ihrer Tatumgrenzungsfunktion. Die Annahme, dass nur letzterer eine wirkungsvolle prozessuale Rechtsfolge in Form eines Verfahrenshindernisses haben soll, greift aus dieser Perspektive zu kurz.[288]

50 Die Verteidigung hat einen Anspruch auf die Offenlegung der Beweisgründe des Anklagevorwurfs und ihrer vorläufigen Würdigung durch die Staatsanwaltschaft bei der Anklageerhebung sowie durch das Gericht bei der Eröffnung des Hauptverfahrens; die Praxis der Vernehmung des Ermittlungsführers als Zeuge in der Hauptverhandlung über das wesentliche Ergebnis der Ermittlungen ist dagegen systemwidrig.[289] Die gerichtliche Bewertung der Verdachtslage im Zwischenverfahren[290] entspricht bei Schweigen des Eröffnungsbeschlusses gegebenenfalls derjenigen in der Anklageschrift. Auch das lässt sich aber nur annehmen, wenn die Anklageschrift im wesentlichen Ergebnis der Ermittlungen ihre Überlegungen zur Beweiswürdigung offenlegt. Bleibt der Informationsanspruch der Verteidigung bereits in der Anklageschrift unerfüllt und schweigt sich danach, wie in der Praxis üblich, auch das Gericht aus, weil es seinen Eröffnungsbeschluss nicht begründet und auch in der Hauptverhandlung keine Hinweise zur vorläufigen Bewertung der Beweislage gibt, so berührt dies das Recht des Angeklagten und seines Verteidigers auf Gehör vor Gericht (Art. 103 Abs. 1 GG),[291] auf ein faires Verfahren (Art. 20 Abs. 3 GG i.V.m. Art. 2 Abs. 1 GG, Art. 6 Abs. 1, Abs. 3 lit. a und b EMRK) sowie auf Gleichbehandlung (Art. 3 Abs. 1 GG) im Sinne von Art. 200 Abs. 2 Satz 1 StPO. § 279 Abs. 3 ZPO leistet vergleichsweise mehr. Zu Recht wird daher auch die Annahme eines – behebbaren – Verfahrenshindernisses bei schwerwiegenden Informationsmängeln, wie dem Fehlen einer Darstellung des wesentlichen Ergebnisses der Ermittlungen, erwogen.[292]

51 Die Annahme, der Vorsitzende könne bei Fehlen eines wesentlichen Ergebnisses der Ermittlungen in beschwerdefähiger Weise die Zustellung der mangelhaften Anklageschrift verweigern,[293] führt allerdings nicht weiter. Sie trägt der Bedeutung des Anklagemangels nicht ausreichend Rechnung und sie ist in der Praxis für die Verteidigung kaum durchsetzbar.

52 Als ernsthafte Alternative zur Annahme eines Verfahrenshindernisses bei Fehlen des wesentlichen Ergebnisses der Ermittlungen käme nur die Annahme eines Revisionsgrundes in Betracht, wobei § 338 Nr. 8 StPO eine Beschränkung der Verteidigung durch einen Gerichtsbeschluss in einem

---

287 Nach der Rspr. kommt im Fall des § 338 Nr. 8 StPO, also bei Beeinträchtigung der Verteidigung in einem wesentlichen Punkt durch Gerichtsbeschluss, nur den im Einzelfall wesentlichen Beeinträchtigungen eine Bedeutung zu; BGHSt 30, 131 (135); 42, 71 (73); 44, 82 (90); BGH StV 2000, 402 (403) m. Anm. *Stern*. Dadurch wird der Norm zu Unrecht eine eigenständige Bedeutung genommen. Deshalb sollte abstrakte Wesentlichkeit ausreichen; vgl. *Weiler* NStZ 1999, 105 ff.

288 SSW-StPO/*Rosenau*, § 200 Rn. 20.

289 *Eschelbach*, FS Eisenberg, 2019, S. 409 ff.

290 Zur Verteidigung im Zwischenverfahen *Henckel* StraFo 2024, 2 ff.

291 LR/*Stuckenberg*, StPO § 200 Rn. 55.

292 BGHSt 40, 390 (392 f.); *Danko* S. 224 ff.

293 *Fezer* NStZ 1995, 247 (248).

wesentlichen Punkt voraussetzt.[294] Dieser Beschluss könnte in einem Eröffnungsbeschluss gesehen werden, wenn dieser ohne Begründung ergeht und die ihrerseits praktisch begründungslose Anklageschrift kommentarlos zur Hauptverhandlung zulässt. Dagegen spricht allerdings § 336 StPO. Auf dem Weg der Annahme eines Revisionsgrundes – anstelle eines Verfahrenshindernisses – würde auch der Anklagemangel vor der neuen Hauptverhandlung nach Zurückverweisung der Sache an die Tatsacheninstanz immer noch nicht behoben. Es handelt sich daher auch bei diesem Ansatz um eine Sackgasse.

Jedenfalls in komplexen Fällen sollte nach allem das völlige Fehlen eines wesentlichen Ergebnisses 53 der Ermittlungen als konstitutiver Anklagemangel anzusehen sein, der ein Verfahrenshindernis zur Folge hat. Das sollte schon im Zwischenverfahren reklamiert werden. Der Rechtsstaat vergibt sich nichts, wenn er auf diesem Wege auf die frühe Korrektur eines vom Gericht erkannten Mangels des Verfahrens hinwirkt, statt einem rechtsstaatlich bedenklichen Verfahren ohne weiteres seinen Lauf zu lassen.

IV. Anträge

Üblicherweise endet die Anklageschrift damit, dass der Antrag auf Eröffnung des Hauptverfahrens 54 (§ 199 Abs. 2 StPO) und Zulassung der Anklageschrift zur Hauptverhandlung (§ 207 Abs. 1 StPO) gestellt wird. Dieses Begehren versteht sich als Folge des Anklagesatzes von selbst. Wichtiger ist der Antrag auf Durchführung der Hauptverhandlung vor einem Gericht mit bestimmter Zuständigkeit.[295] Damit wird vorbehaltlich einer eigenen Zuständigkeitsprüfung des Adressatgerichts[296] durch die Staatsanwaltschaft der gesetzliche Richter ausgewählt.[297] Bezüglich der örtlichen Gerichtszuständigkeit ist die staatsanwaltschaftliche Auswahl unter Wahlgerichtsständen sogar für das Gericht praktisch bindend,[298] was unter dem Blickwinkel des Art. 101 Abs. 1 S. 2 GG bedenklich bleibt.[299] Jedenfalls dann, wenn die Zuständigkeitsauswahl der Staatsanwaltschaft im Einzelfall auf sachfremden Erwägungen beruht, etwa weil ein besonders konsensfreudiges, ein besonders strenges Gericht oder ein solches, das nicht genügend ausgelastet ist, angegangen werden soll, ist dies als Verletzung von Art. 101 Abs. 1 S. 2 GG zu beanstanden.[300]

Problematisch ist die Frage der sachlichen Zuständigkeit im Bereich der »beweglichen Zuständigkeiten«. Bleibt bei überschlägiger Prognose der Straferwartung offen, ob der Strafbann des Amtsgerichts 55 möglicherweise überschritten werden wird, ist die nach § 24 Abs. 1 S. 1 Nr. 2 GVG als Ausnahme konzipierte sachliche Zuständigkeit des Landgerichts nach einem Ansatz in der obergerichtlichen Rechtsprechung nicht eröffnet; es verbleibt in diesen Fällen bei der regelmäßigen Eingangszuständigkeit des Amtsgerichts.[301] Das wird an anderer Stelle anders gesehen[302] und der Meinungsstreit zeigt, dass die Problematik der beweglichen Zuständigkeiten auch bei dem häufigsten Abgrenzungskriterium der Straferwartung nicht endgültig behoben ist. Bei der Auswahl des sachlich zuständigen Gerichts nach §§ 24 Abs. 1 S. 1 Nr. 2, 3, 25 Nr. 2 GVG hat die Staatsanwaltschaft nach der gebotenen verfassungskonformen Auslegung des § 24 Abs. 1 GVG kein freies Ermessen, sondern lediglich einen Beurteilungsspielraum,[303] den sie in nachprüfbarer Weise ausfüllen muss. Da Art. 101 Abs. 1

294 *Rieß* JR 1998, 38 (41); *Stuckenberg* NStZ 2020, 496 (497).
295 Zum Zuständigkeitssystem im Überblick *Satzger* Jura 2016, 620 ff.
296 Zur Prüfung der Zuständigkeit anhand der Straferwartung KG Beschl. v. 03.03.2000 – 4 Ws 46/00.
297 *Herzog* StV 1993, 609.
298 Vgl. aber OLG Hamm NStZ-RR 1999, 16; krit. *Heghmanns* StV 2000, 277 ff.
299 *Achenbach*, FS Wassermann, S. 849 (855 f.); *Herzog* StV 1993, 609 (612); *Rotsch* ZIS 2006, 17 (25 ff.).
300 LR/*Erb*, StPO Vor § 7 Rn. 24.
301 OLG Dresden NStZ 2023, 445.
302 KG OLGSt StPO § 207 Nr. 6.
303 BVerfGE 9, 223 (226); 22, 254 (260).

S. 2 GG nach der Rechtsprechung[304] eine Ausprägung des allgemeinen Willkürverbots ist,[305] sollen nur willkürlich fehlerhafte staatsanwaltschaftliche Entscheidungen zu beanstanden sein.[306] Danach soll die gerichtliche Nachkontrolle der staatsanwaltschaftlichen Zuständigkeitsauswahl dem grundrechtsgleichen Recht auf Sachprüfung durch den gesetzlichen Richter Genüge tun.

56 Das überzeugt nach wiederholten Änderungen des Zuständigkeitssystems kaum noch,[307] zumal die praktische Wirkung der gerichtlichen Zuständigkeitskontrolle gegenüber der anfänglichen Auswahl durch die Staatsanwaltschaft zunehmend zu wünschen übrig lässt.[308] Die Zuständigkeitsprüfung im Hinblick auf die Merkmale gemäß § 24 Abs. 1 S. 1 Nr. 3 GVG ist auf den Zeitpunkt der Eröffnung des Hauptverfahrens beschränkt; das Tatgericht bleibt anschließend an seine Zuständigkeitsannahme gebunden.[309] § 24 Abs. 1 S. 1 Nr. 3 GVG nennt in dieser Norm eine bisher noch nicht anhand von Art. 101 Abs. 1 S. 2 GG näher überprüfte bewegliche Zuständigkeit,[310] nach der wegen der Annahme einer besonderen Schutzbedürftigkeit von Verletzten der Straftat, die als Zeugen in Betracht kommen, als Ausnahme vom Grundsatz der amtsgerichtlichen Zuständigkeit auch Anklage zum Landgericht erhoben werden kann, um »Opferzeugen« eine weitere Tatsacheninstanz zu ersparen, die aber der Verteidigung verloren geht. Ob ein zu schützender Zeuge tatsächlich das Opfer einer Straftat war, weshalb er gegebenenfalls besonderen Schutz verdient, kann aber erst nach Ende der Beweisaufnahme beurteilt werden. In den infamen Fällen[311] des falschen Vorwurfes eines sexuellen Missbrauchs wird dem vielfach benachteiligten[312] Angeschuldigten dann auch noch eine zweite Tatsacheninstanz[313] zum Schutz eines angeblichen Tatopfers genommen. Dies beruht auf einer Antizipation der Opferrolle von bestimmten Zeugen im Vorgriff auf ein nach Art. 6 Abs. 2 EMRK noch nicht feststehendes Prozessergebnis. Dies lässt sich als bedenklich bezeichnen.

57 Aus der Befugnis der Staatsanwaltschaft zur Erstauswahl des sachlich zuständigen Gerichts folgt die Frage, ob die Anklageschrift die getroffene Wahl begründen muss.[314] Das wird meist pauschal verneint,[315] jedoch zu Unrecht, denn es geht um die Bestimmung des gesetzlichen Richters im Sinne von Art. 101 Abs. 1 S. 2 GG aufgrund eines im Hinblick auf die gesetzliche Vorausbestimmung bestenfalls grenzwertigen Regelungssystems. So bedarf etwa die besondere Schutzbedürftigkeit des Verletzten nach § 24 Abs. 1 S. 1 Nr. 3 und S. 2 GVG der Begründung, sofern sie nicht auf der Hand

304 BVerfGE 9, 223 (230 f.); 22, 254 (262).
305 Zum Stand der Rspr. und der Kritik *Voßen* S. 221 ff.
306 BGHSt 44, 34 (36).
307 SK-StPO/*Degener*, GVG § 24 Rn. 23 ff.
308 *Arnold* ZIS 2008, 92 (95 ff.).
309 BGH NJW 2017, 280 (281 f.) m. Anm. *Zopfs* = NStZ 2017, 100 (101 ff.) mit Anm. *Moldenhauer*; *Godendorff* StV 2017, 626 ff.
310 Hier soll auch eine verfassungskonforme Auslegung der Zuständigkeit zum Opferzeugenschutz erfolgen, SSW-StPO/*Spiess*, GVG § 24 Rn. 7; wie diese aber im Einzelnen aussehen soll, bleibt unklar.
311 Vgl. *Sabine Rückert*, Unrecht im Namen des Volkes, 2007; zur – häufiger vorkommenden – Ursachenbasis einer Borderlinestörung als Quelle von Falschaussagen *Böhm/Meuren/Sturm-Wahlich* Praxis der Rechtspsychologie 12/2002, 209 ff.; zu »falschen Erinnerungen« angeblicher Opferzeugen *Mack* Kriminalistik 7/2014, 459 ff.
312 *Deckers* StraFo 2017, 133 (137 ff.).
313 Die zweite Tatsacheninstanz wäre auch für die Glaubhaftigkeitsprüfung von Bedeutung; vgl. *Eisenberg* HRRS 2011, 64 (70 f.). Ein partielles Surrogat könnte theoretisch in der authentischen Dokumentation der Hauptverhandlung der einzigen Tatsacheninstanz liegen, welche zumindest nachträglich eine Überprüfung nach aussagepsychologischen Maßstäben eröffnen könnte. Da diese de lege lata fehlt und das Revisionsgericht die Hauptverhandlung nicht rekonstruiert, BGHSt 43, 212 (213), fehlt ein effektiver Rechtsschutz gegen ein Fehlurteil, der sich ausgerechnet in den Fällen eines »Missbrauchs mit dem Missbrauch« zum Nachteil eines angesichts der Opferschutzeuphorie verteidigungsunfähigen Angeklagten auswirkt.
314 BGH NStZ-RR 1998, 336.
315 BGHR GVG § 24 Abs. 1 Straferwartung 1; LR/*Stuckenberg* StPO § 200 Rn. 49.

liegt.[316] Die autonome gerichtliche Zuständigkeitsprüfung fällt in den Konstellationen der beweglichen Zuständigkeiten infolge eines Trägheitseffekts meist großzügig zugunsten der Annahme der Zuständigkeit des Adressatgerichts der Anklage aus, sodass die staatsanwaltschaftliche Erstauswahl in der Praxis tatsächlich mehr ist, als nur ein unverbindlicher Vorschlag. Der Erläuterungsbedarf kann erst recht bei ergänzender Berücksichtigung der generellen Bedenklichkeit der beweglichen Zuständigkeiten und zugleich auch der heute nach §§ 29 Abs. 2, 76 Abs. 2, 122 Abs. 2 S. 2 GVG und § 33b Abs. 2 JGG »beweglichen« Besetzungsstärken der einfachen oder erweiterten Schöffengerichte, der mit zwei oder drei Berufsrichtern besetzten großen Straf- und Jugendkammern sowie der mit drei oder fünf Berufsrichtern verhandelnden Staatsschutzsenate der Oberlandesgerichte kaum noch ernsthaft bestritten werden. Der Begründungsbedarf für die Auswahl der Staatsanwaltschaft, deren Antrag in den Fällen des § 29 Abs. 2 GVG sogar für die Hinzuziehung eines weiteren Berufsrichters konstitutiv ist,[317] hängt aber von den Umständen des Einzelfalls ab.

Liegt die sachliche Zuständigkeit eines Gerichts auf der Hand, etwa diejenige des Landgerichts im Fall eines schweren Raubes mit einer Straferwartung von mindestens fünf Jahren Freiheitsstrafe gemäß § 250 Abs. 2 StGB, muss dies in der Anklageschrift nicht erläutert werden; denn Offensichtliches bedarf keiner Begründung. Ist die sachliche Zuständigkeit dagegen im Einzelfall im Grenzbereich zwischen derjenigen von Amts- und Landgericht oder von Strafrichter und Schöffengericht angesiedelt, ist eine Begründung der Auswahl geboten. Deuten bestimmte Umstände eher auf die Zuständigkeit eines anderen Gerichts als des Adressatgerichts der Anklageschrift hin, wie etwa im Fall der Anklageerhebung zum Landgericht bei einer Straferwartung von höchstens zwei Jahren Freiheitsstrafe, muss eine Begründung der Zuständigkeitsauswahl, zum Beispiel wegen besonderer Bedeutung der Sache nach § 24 Abs. 1 S. 1 Nr. 3 GVG,[318] in der Anklageschrift verlangt werden. Liegt die Zuständigkeit des Adressatgerichts fern und fehlt eine Begründung dafür, warum dieses Gericht nach der Vorstellung der Staatsanwaltschaft sachlich zuständig sein soll, kann sich dies in einem Eröffnungsbeschluss, der seinerseits – wie üblich – keine Begründung der Zuständigkeitsannahme liefert, dahin auswirken, dass Art. 101 Abs. 1 S. 2 GG verletzt ist. Andererseits kann bereits ein knapper Hinweis in der Anklageschrift oder im Eröffnungsbeschluss genügen, um objektive Willkür und damit einen Verstoß gegen Art. 101 Abs. 1 S. 2 GG auszuschließen. 58

Eine wegen willkürlicher Zuständigkeitsauswahl der Staatsanwaltschaft fehlerhafte Anklageerhebung zu einem bestimmten Gericht kann durch Zuständigkeitsverschiebung im Zwischenverfahren gemäß § 209 StPO geheilt werden. Andernfalls ist das Urteil anfechtbar. § 269 StPO steht dem nicht entgegen, wenn mit Art. 101 Abs. 1 S. 2 GG höherrangiges Recht verletzt ist. 59

▶ Beachte

Bedeutsam für den Strafverteidiger ist, dass die – uneinheitliche – Rechtsprechung[319] dazu tendiert, auch in Fällen der §§ 269, 338 Nr. 4 StPO eine Verfahrensrüge zu verlangen. Auf eine Prüfung der sachlichen Unzuständigkeit von Amts wegen[320] (§ 6 StPO) kann sich der Verteidiger daher nicht verlassen. Geklärt ist dies für die funktionelle Zuständigkeit, die nur bis zur Eröffnung des Hauptverfahrens von Amts wegen geprüft wird (§ 6a StPO), danach nur auf Rüge. Gleiches gilt auch für die Abgrenzung zwischen Spruchkörpern der Jugend- und Erwachsenengerichte.[321] Bei der sachlichen Zuständigkeit sollte aber nach dem Regelungssystem der §§ 6, 6a StPO gerade nicht dasselbe gelten.

---

316 OLG Karlsruhe Die Justiz 2011, 141 (142); a.A. SSW-StPO/*Spiess*, GVG § 24 Rn. 9.
317 Zur verfassungsrechtlichen Problematik BeckOK-GVG/*Eschelbach* § 29 Rn. 9.
318 Dazu BGHSt 44, 34 (36).
319 BGHSt 42, 205 (210 ff.); 43, 53 (55 ff.).
320 So aber BGHSt 40, 120 (123 f.); 44, 34 (36); OLG Düsseldorf StV 1995, 238; OLG Hamm StV 1996, 300; OLG Köln StV 1996, 298.
321 BGHSt 18, 79 (83); 21, 191 (198); *Eisenberg*, JGG § 33 Rn. 38.

B. Der Eröffnungsbeschluss

I. Bedeutung des Zwischenverfahrens

1. Die rechtliche Idee der Gewaltenkontrolle und ihre tatsächliche Vernachlässigung

60 Das Zwischenverfahren dient, neben der Bestimmung des gesetzlichen Richters für das Hauptverfahren, vor allem der gerichtlichen Kontrolle des Vorliegens eines hinreichenden Tatverdachts, den die Staatsanwaltschaft als Teil der Exekutive mit der Anklageerhebung bejaht hat.[322] Der Filter des Zwischenverfahrens soll eine Schutzfunktion für den Angeschuldigten entfalten,[323] weshalb es verkürzt erscheint, wenn darin lediglich eine Möglichkeit zur besseren Verfahrensgestaltung gesehen wird.[324] Es geht um eine Kontrolle im Rahmen der Gewaltenteilung zwischen Exekutive und Judikative. Dies ist von Rechts wegen eine besonders wichtige Funktion, die in der Praxis aber seit jeher vernachlässigt wird. Im Urteilsabspracheverfahren steht das Prozessergebnis am Anfang der Erörterungen, sodass die »gerichtliche Untersuchung« auf den Kopf gestellt wird. Die Gewöhnung daran führt dazu, dass Richter auch dann ein Prozessergebnis vor der Hauptverhandlung und sogar schon vor der Eröffnungsentscheidung vor Augen haben, wenn eine Verständigung später nicht iSv § 257c Abs. 3 S. 4 StPO zustande kommt. Weil die Überlegungen zum Ergebnis derart vorgezogen werden, lässt die ohnehin durch Perseveranz-, Inertia- und Schulterschlusseffekte[325] reduzierte Bereitschaft dazu, die Verdachtshypothese infrage zu stellen weiter nach.[326] Das Zwischenverfahren verliert seinen Sinn, sofern es jedenfalls nicht bei Erörterungen nach § 202a StPO in eine Art von Güteverhandlung u.a. zum Täter-Opfer-Ausgleich nach § 46a StGB umgedeutet wird.

61 Ehrliche Strafrichter geben zu, dass bisweilen »blind eröffnet« wird. Würde das im Einzelfall bekannt, so läge darin ein Ablehnungsgrund nach § 24 Abs. 2 StPO, der aber wegen des Beratungsgeheimnisses kaum zum Zuge kommt. Problematisch ist jedoch die Verfahrenspraxis von Wertungen ohne vorherige Abstimmung im Kollegialgericht. § 202a StPO sieht vor, dass das Gericht[327] schon vor der Eröffnung des Hauptverfahrens Erörterungen über den Verfahrensgang und über potenzielle Prozessergebnisse führen kann, wenn es die Eröffnung des Hauptverfahrens erwägt. Ob dem stets eine ernsthafte und vollständige Eröffnungsberatung des für das Urteil maßgeblichen Quorums vorausgegangen ist, was bei Kollegialgerichten eigentlich eine unabdingbare Voraussetzung für die Erwägung der Eröffnung des Hauptverfahrens im Sinne von § 202a stopp sein sollte, und warum diese Erwägung angesichts Geltung des Beschleunigungsgrundsatzes[328] nicht sogleich in einen Eröffnungsbeschluss einfließt, weil Erörterungen gemäß §§ 212, 257b StGB schließlich auch danach möglich sind, bleibt unklar. Unreflektiert ist bisher die Bedeutung der Änderung des Quorums im Fall der Besetzungsreduktion nach § 76 Abs. 2 GVG, wenn sowohl vor dem Eröffnungsbeschluss (§ 202a StPO) – ohne Besetzungsreduktion – als auch danach (§ 212 StPO) Erörterungen mit dem Ziel einer Verständigung stattfinden können sollen. Der Richter, dessen Ausscheiden in der Hauptverhandlung bereits beschlossen ist, wird auch im Stadium der Vorbereitung der Hauptverhandlung (§ 212 StPO) nicht mehr dasselbe Engagement an den Tag legen, wie ein Richter, der auch am weiteren Gang des Verfahrens beteiligt bleibt. Welche Abstimmung im Kollegialgericht zu fordern ist, um in Erörterungen nach §§ 202a, 212 StPO sachdienliche Hinweise geben zu können,

322 OLG Hamm VRS 98 (2000), 199, 200; *Rieß* Jura 2002, 735 ff.; zum einfachrechtlichen Maßstab für die Verdachtsprüfung BGHSt 35, 39 (40 ff.); OLG Düsseldorf OLGSt StPO § 203 Nr. 2; OLG Hamm NStE Nr. 5 zu § 203 StPO; zum verfassungsrechtlichen Maßstab BVerfG Beschl. v. 13.06.1993 – 2 BvR 848/93.

323 BGHSt 50, 267 (271); *Vormbaum* ZIS 2015, 328 (329).

324 Darauf beschränkt sich *Weidemann* FS Heintschel-Heinegg, 2015, S. 499 ff.

325 *Schünemann* StV 2000, 159 ff.

326 *Eschelbach* GA 2019, 593 (604 ff.).

327 Zwar kann auch ein Richter bei Vorgesprächen allein tätig werden; er kann dabei aber nur dann im Namen des Kollegialgerichts agieren, wenn er dazu nach einer Beratung ermächtigt wurde; BGH StV 2011, 202 (203).

328 BVerfG Beschl. v. 04.05.2011 – 2 BvR 2781/10.

bleibt unklar. Die revisionsgerichtliche Rechtsprechung konzentriert sich auf § 243 Abs. 4 StPO. Da die Mitteilungspflicht nach dem Wortlaut des Gesetzes vom »Gericht« geführte Erörterungen mit den Verfahrensbeteiligten erfasst, fallen nach einzelnen Äußerungen hierunter in Verfahren vor einer Strafkammer nur solche Gespräche, an denen entweder alle Berufsrichter teilgenommen haben oder in denen die Strafkammer sich erkennbar durch eines ihrer Mitglieder nach entsprechender Beratung geäußert hat.[329] Der Wert solcher Beratungen bleibt rechtlich fragwürdig, weil eine Schöffenbeteiligung dann in der Regel noch fehlt.[330] Eine Mitteilungspflicht über Gespräche des Vorsitzenden mit den professionellen Verfahrensbeteiligten soll nach anderer Rechtsprechung aber auch bestehen, wenn den Gesprächen kein Auftrag des Kollegialgerichts zugrunde liegt. Dies soll insbesondere dann gelten, wenn das Gericht vollständig bei der Unterredung anwesend ist und keines seiner Mitglieder den Ausführungen des Vorsitzenden entgegentritt. In einem solchen Fall soll von einer konkludent erklärten Zustimmung zu den Äußerungen des Vorsitzenden auszugehen sein.[331] Das wirkt bereits deshalb problematisch, weil Schweigen im Allgemeinen keinen Erklärungswert hat. Aber auch die Bedeutung und Tragweite von Äußerungen des gegebenenfalls autoritär agierenden Vorsitzenden ohne vorangegangene Beratung des Spruchkörpers bleibt fragwürdig. Die ohnehin eher fiktive Ergebnisoffenheit des Eröffnungsrichters, der später an der Urteilsfindung mitwirken soll,[332] schwindet jedenfalls noch weiter, wenn gemäß § 202a StPO sogar schon vor der Eröffnungsentscheidung ergebnisorientierte Erörterungen stattfinden.[333] Sind die Erörterungen aus der Sicht des Gerichts ertragreich, wird dadurch die Eröffnungsentscheidung partiell präjudiziert. Kaum noch reflektierte Eröffnungsentscheidungen werden zusätzlich dadurch erzwungen, dass der besondere Beschleunigungsgrundsatz in Haftsachen eine Eröffnung schon dann gebietet, wenn die Terminvorbereitung noch aussteht,[334] sodass zumindest zum Teil Doppelarbeit erforderlich wird, welche die überlastete Praxis kaum noch schulmäßig leistet. Das wird in der ökonomisierten Praxis durch Reduzierung des Vorbereitungsaufwands kompensiert, welche wiederum durch Einführung des wesentlichen Ergebnisses der Ermittlungen, insbesondere durch Vernehmung des Ermittlungsführers zu Beginn der Beweisaufnahme in der Hauptverhandlung als Zeuge hierzu,[335] gekontert wird. Ladungen von Beweispersonen zur Vorbereitung der Hauptverhandlung werden dann schematisch nach der Beweismittelliste in der Anklageschrift vorgenommen. Auch die Tatsache, dass der Eröffnungsbeschluss in Strafkammersachen von drei Berufsrichtern gefasst werden muss, von denen anschließend nach § 76 Abs. 2 S. 1 GVG meist nur noch zwei an der Hauptverhandlung teilnehmen, führt nicht zu einer Verbesserung der Prüfungs- und Beratungsqualität im Zwischenverfahren, sondern eher zur Vernachlässigung der Prüfungspflichten in Umlaufverfahren mit eher formaler Beteiligung des Berufsrichters, der anschließend aus dem Quorum für das Urteilsverfahren ausscheidet. Praktische Defizite des Eröffnungsbeschlusses bleiben dadurch verborgen, dass er nicht begründet wird und als unanfechtbar gilt, wenn von der praktisch ineffektiven Anhörungsrüge[336] abgesehen wird.

▶ **Beachte**

Erörterungen nach § 202a StPO setzen voraus, dass das Gericht die Eröffnung des Hauptverfahrens erwägt. Ein Kollegialgericht kann diese Erwägung genau genommen nur zugrunde legen, wenn zuvor eine Beratung des Spruchkörpers stattgefunden hat. Ist die Frage des Vorliegens eines hinreichenden Tatverdachts aber beraten und ernsthaft ins Auge gefasst worden,

---

329 OLG Celle NStZ 2014, 290 (291).

330 Anders im Fall BGH Urt. v. 17.01.2024 – 2 StR 459/22 durch ein »Rechtsgespräch« unmittelbar nach Aufruf der Sache.

331 BGH NStZ 2016, 221 f.

332 *Eschelbach* in: Fischer/Hoven (Hrsg.), Verdacht, 2016, S. 29 (34 f.); *Traut/Nickolaus* StraFo 2012, 51 ff.; *Vormbaum* ZIS 2015, 328 (329 f.).

333 Vgl. *Duttge* FS Böttcher, 2007, 53 (63 f.); *Gössel* FS Böttcher, 2007, 79 (89).

334 BVerfG Beschl. v. 04.05.2011 – 2 BvR 2781/10.

335 *Eschelbach* FS Eisenberg, 2019, S. 409 ff.

336 Zur Bedeutung dieser Fehlkonstruktion *Eschelbach/Geipel/Weiler* StV 2010, 325 ff.

dann muss der Eröffnungsbeschluss unabhängig von der Terminierungsfrage alsbald erlassen werden. Andernfalls wird der Beschleunigungsgrundsatz verletzt. Die Zwischenschaltung von Erörterungen nach § 202a StPO zeigt, dass das Verständigungsgesetz mit dem überkommenen Strafprozesssystem nicht harmoniert.

2. Überprüfung des hinreichenden Tatverdachts

62 Das Hauptverfahren ist zu eröffnen, wenn hinreichender Tatverdacht besteht.[337] Der unbestimmte Rechtsbegriff lässt dem Tatrichter einen Beurteilungsspielraum.[338] Hinreichender Tatverdacht ist anzunehmen, wenn die nach Maßgabe des Akteninhaltes, nicht lediglich aufgrund der Anklageschrift vorzunehmende vorläufige Tatbewertung ergibt, dass die Verurteilung des Angeschuldigten wahrscheinlich ist. Eine solche Wahrscheinlichkeit besteht, wenn unter erschöpfender Zugrundelegung des vorläufigen Ergebnisses der Ermittlungen und der daran anknüpfenden rechtlichen Erwägungen zum objektiven und subjektiven Tatbestand, der Rechtswidrigkeit und Schuld bei Einschätzung des mutmaßlichen Ausgangs der Hauptverhandlung mehr für eine Verurteilung als für einen Freispruch spricht.[339] Dieser Tatverdacht setzt vorläufige Tatsachenfeststellungen aufgrund verwertbarer und aussagekräftiger Beweise voraus, die im Freibeweisverfahren erkennbar sind, ferner deren rechtliche Bewertung als Straftat im Sinne von bestimmten Tatbeständen sowie das Fehlen von Prozesshindernissen. Hinreichender Tatverdacht ist nach herrschender Auffassung die nach Aktenlage durchgeführte Prognose des Gerichts, dass die Hauptverhandlung – rebus sic stantibus – wahrscheinlich zu einem Schuldspruch führen wird.[340] Diese Prognose, die in §§ 359 Nr. 5, 368 Abs. 1 StPO ein Gegenstück findet, setzt eine vorläufige Bewertung der gesamten Sach- und Rechtslage im Freibeweisverfahren voraus, die bei der Beweiswürdigung auch eine vollständige Gesamtwürdigung aller bisher bekannten Umstände nach Aktenlage erfordert. Insbesondere in Fällen, in denen »Aussage gegen Aussage« steht,[341] ist arbeitsmethodisch ebenso wie bei der Urteilsfindung anhand der für die Glaubhaftigkeitsprüfung geltenden Beurteilungsmaßstäbe vorzugehen.[342] Die Praxis neigt aber dazu, im Zweifel das Hauptverfahren zu eröffnen,[343] damit das Verfahren nicht ohne Hauptverhandlung endet. Das gipfelt in dem Satz, Beweiswürdigungsrechtlich schwierige Fragen dürften in diesem Zusammenhang nicht im Wege einer nicht unmittelbaren »vorläufigen Tatbewertung« abgehandelt und damit endgültig entschieden werden.[344] Jedoch sind gerade (beweis-) rechtliche Wertungen im Zwischenverfahren nicht anders zu entscheiden als im Hauptverfahren und sie dürfen daher im Eröffnungsbeschluss eigentlich nicht offengelassen werden. Das Strengbeweisverfahren ist im Gefolge der Gewöhnungseffekte der Urteilsabsprachepraxis zudem, unter anderem mit anwaltlich vorformulierten Sacheinlassungen von Angeklagten, längst so modifiziert, dass meist kein substanzieller Unterschied der Urteilsgrundlagen nach der Hauptverhandlung zu dem Beweisstoff des Freibeweisverfahrens bei der Eröffnungsentscheidung mehr besteht.

63 Es liegt auf der Hand, dass sich die überlastete Praxis an die Vorgaben für eine positive Eröffnungsentscheidung in der Mehrzahl der Fälle nicht mehr hält und eine genaue Beweiswürdigung durch eine summarische Betrachtung oder in der Eile des Alltags und unter dem Druck der Beschleunigungsmaxime durch eine Schlüssigkeitsprüfung der Anklageschrift ersetzt. Im Übrigen besteht

337 OLG Frankfurt Beschl. v. 07.12.2012 – 1 Ws 60/12; SSW-StPO/*Rosenau* § 203 Rn. 3.
338 OLG Jena NZWiSt 2017, 480 (482).
339 OLG Koblenz NJW 2013, 98 f.; OLG Rostock ZWH 2013, 70 (71); SSW-StPO/*Rosenau*, § 203 Rn. 3 f.
340 BGHSt 29, 224 (229), 35, 39 (42); OLG Stuttgart Die Justiz 2011, 218 f.; LR/*Stuckenberg* StPO § 203 Rn. 9 ff.
341 Vgl. allgemein BGHSt 44, 153 (158 ff.); BGH NStZ 2010, 228; NStZ-RR 2010, 317; OLG Nürnberg NJW 2010, 3793 (3794); OLG Stuttgart NJW 2006, 3506 f.
342 OLG Düsseldorf Beschl. v. 31.03.2008 – 1 Ws 203/07.
343 Vgl. OLG Koblenz NJW 2013, 98 f.
344 OLG Brandenburg Beschl. v. 27.02.2023 – 2 Ws 112/22, RN. 22.

Streit über den Grad der Wahrscheinlichkeit der künftigen Verurteilung, der für die Eröffnungsentscheidung vorausgesetzt wird. Es kommen die einfache, überwiegende oder eine noch darüber hinaus erhöhte Wahrscheinlichkeit infrage.[345] Wenn die Tatgerichte fast immer von einer Begründung ihres Eröffnungsbeschlusses absehen, lassen sie nicht nur offen, welche für und gegen den Angeschuldigten sprechenden Beweisgründe sie mit welchem Beweiswert zu Grunde gelegt haben, sondern auch, warum sie gegebenenfalls von deren Verwertbarkeit ausgegangen sind und schließlich welcher Beweismaßstab angelegt wurde. Dogmatisch ist das unhaltbar; die Praxis agiert intuitiv. Sie lässt durch den Wegfall jeder Begründung des Eröffnungsbeschlusses nicht einmal erkennen, wie zu entscheiden sein soll, wenn die Wahrscheinlichkeit für Verurteilung oder Freispruch annähernd gleich hoch erscheinen. Anzunehmen ist, dass hier bei der Eröffnungsentscheidung mehrheitlich nach der Maxime verfahren wird, das Hauptverfahren solle im Zweifel eröffnet werden, weil sich erst in der Hauptverhandlung genauere Erkenntnisse gewinnen lassen könnten und diese Prüfung nicht vorschnell preisgegeben werden soll.[346]

Mit der Verdachtskontrolle im Zwischenverfahren soll nach der ursprünglichen Idee des Gesetzgebers eine Überprüfung der erhobenen Anklage durchgeführt werden, um unnötige Hauptverhandlungen mit ihren gravierenden Belastungen für den Angeschuldigten zu vermeiden.[347] Dieser Regelungszweck wäre ein Gegenargument gegen die Maxime der Entscheidung für die Eröffnung des Hauptverfahrens auch in Zweifelsfällen. Die Eröffnungsentscheidung soll andererseits erkennbar aussichtslose Fälle herausfiltern, aber der Hauptverhandlung nicht umfassend vorgreifen.[348] Zur positiven Eröffnungsentscheidung ist eine Verurteilungsprognose anzustellen, die in ihrer praktischen Wirkung den von der Staatsanwaltschaft zugrunde gelegten Verdacht durch gerichtliche Bestätigung im verfahrenspsychologischen Ergebnis verfestigt und Perseveranz-, Inertia- und Schulterschlusseffekte auslöst.[349] Die Schutzfunktion des Zwischenverfahrens verkehrt sich dadurch ins Gegenteil. 64

Die künftige Beachtung des Zweifelssatzes[350] in der Urteilsberatung wird dadurch relativiert, dass derselbe Richter, der das Urteil fällen soll, zuvor schon seine vorläufige Meinung nach Aktenlage dahin geäußert hat, dass er den Angeschuldigten – rebus sic stantibus – wahrscheinlich verurteilen werde. Der Verteidigung wird es dadurch verfahrenspsychologisch erheblich erschwert, nachträglich noch durchgreifende Zweifel an der Schuld des Angeklagten zu vermitteln. Was bei der Schaffung eines Zwischenverfahrens zunächst nur als Schutz des Angeschuldigten gedacht war, ist auch insoweit zur Gefährdung seiner Rechtsposition mutiert. Verteidigungsziel muss es daher sein, den Eröffnungsbeschluss zu verhindern oder ihn in seiner Wirkung zu minimieren. Dazu kann auch das Hinwirken auf die Eröffnung des Hauptverfahrens vor einem Gericht niedrigerer Ordnung gehören. 65

Tatsächlich ist für den Zweifelssatz, der sich schließlich an jeden einzelnen erkennenden Richter bei ihrem Urteilsvotum nach Abschluss der Beweisaufnahme in der Hauptverhandlung richtet, bei der vorangegangenen Eröffnungsentscheidung wenig Raum.[351] Die Entscheidung über den hinreichenden Tatverdacht wird auf freibeweislicher Grundlage ausschließlich durch die Berufsrichter getroffen, das Urteil gegebenenfalls unter Beteiligung von Laienrichtern aus dem Inbegriff der 66

345 SK/*Paeffgen*, StPO § 203 Rn. 11; LR/*Stuckenberg*, StPO § 203 Rn. 12.

346 Tendenziell in diesem Sinne BGHSt 35, 39 f.; im Einzelfall a.A. OLG Nürnberg NJW 2010, 3793 f.

347 BGHSt 29, 224 (229); OLG Hamm VRS 98 (2000), 199 (200); *Eschelbach* FS Richter II, 113 (116 ff.); *Loritz* S. 45.

348 OLG Düsseldorf Beschl. v. 18.04.2017 – III-2 Ws 528 – 577/16.

349 *Bandilla/Hassemer* StV 1989, 551 ff.; *Henckel* StraFo 2024, 2 (3); SK/*Paeffgen*, StPO Vor §§ 198 ff. Rn. 13; *Schünemann* StV 2000, 159 ff.; s.a. *Eschelbach* GA 2019, 593 (604 ff.); *Geipel* AnwBl. 2006, 784 (785).

350 Zur Bedeutung des Zweifelssatzes in der Eröffnungsentscheidung KG Beschl. v. 28.08.2000 – 4 Ws 134/00 (mittelbar zu berücksichtigen), OLG Dresden Beschl. v. 11.02.2000 – 2 Ws 535/99 (nicht anwendbar); SSW-StPO/*Rosenau*, § 203 Rn. 4.

351 OLG Hamburg Beschl. v. 08.09.2017 – 1 Ws 98/17; SK/*Paeffgen* StPO § 203 Rn. 12; LR/*Stuckenberg*, StPO § 203 Rn. 12, 15.

Hauptverhandlung geschöpft. Ob dort eine für die Verurteilung erforderliche Mehrheit der jeweils im Rahmen der Abstimmung votierende Richter subjektive Zweifel überwinden kann, ist kaum prognostizierbar und kommt in der Praxis selten vor. Zu prüfen ist im Zwischenverfahren andererseits, ob voraussichtlich tragfähige Beweisgründe für eine Verurteilung vorliegen. Aus den verfahrenspsychologischen Effekten ergeben sich in zunehmendem Maße generelle Bedenken gegen das System der Eröffnungsentscheidungen.

▶ **Beachte**

Die Verteidigung hat wenig Einfluss auf die Eröffnungsentscheidung[352] und kann diese nicht mit der sofortigen Beschwerde angreifen (§ 210 Abs. 1 StPO), nur mit der systemfremden Anhörungsrüge nach § 33a StPO. Gleichwohl hat das Zwischenverfahren auch für die Verteidigung eine Bedeutung, die oft unterschätzt wird. Vorneverteidigung im Zwischenverfahren mit Schutzschriften und Beweisanträgen sowie gegebenenfalls der Anhörungsrüge gegen den Eröffnungsbeschluss bleibt wichtig. Sie kann dem erkennenden Gericht vorab signalisieren, dass die Verteidigung nicht vorschnell »klein beigibt« und argumentativ bis zur Revisionsinstanz zu kämpfen beabsichtigt. In einem Fall naheliegenden »Missbrauchs mit dem Missbrauch« kann etwa mit einigem argumentativem Aufwand die Eröffnung des Hauptverfahrens über den peinlichen Vorwurf abgewehrt werden.[353] Später ist die Verfestigung der Verdachtshypothese dagegen in der Regel so weit fortgeschritten, dass eine Verteidigung mit dem Ziel des Freispruchs kaum noch Erfolgsaussichten hat.

3. Defizite bei der Kontrolle nach Aktenlage

67 Die Eröffnungsentscheidung wird in der Praxis von überlasteten Gerichten zunehmend entwertet, die ihre Notstandshandlungen bei einem »blind« erlassenen Eröffnungsbeschluss kaschieren und dementieren. Die Vernehmung des Ermittlungsführers als Zeuge über das wesentliche Ergebnis der Ermittlungen wird das als Ersatz für eine aufwändige eigene Vorbereitung der Hauptverhandlung genutzt, ist aber als grobe Rechtsverletzung zu beanstanden.[354] Die Eröffnungsentscheidung wird durch formularmäßig gefasste Beschlüsse ohne Begründung,[355] die in Strafkammersachen oft auch nur in einem Umlaufverfahren ergehen, bei dem der dritte Berufsrichter, der mit einem schon zwei Unterschriften tragenden Beschlussentwurf konfrontiert wird und der an der Hauptverhandlung meist nicht mehr teilnimmt, das schwächste Glied in der Kette bleibt, längst in der Mehrzahl der Fälle nicht mehr der vom Gesetzgeber vorausgesetzten Prüfung unterzogen wird. Kritisiert wird das Zwischenverfahren allgemein und nun auch vor diesem Hintergrund vor allem deshalb, weil die gerichtliche Anklagekontrolle als ineffektiv gilt. In weniger als einem Prozent der Fälle wird die Eröffnung des Hauptverfahrens abgelehnt,[356] zumal dann die weitere Kontrolle der Nichteröffnungsentscheidung durch eine der Beschwerdeinstanz entfällt und zudem, weil die Strafrichter in der Pensenbewertung nach Hauptverhandlungstagen dotiert werden, während Beschlussverfahren kaum zählen. Ein Eröffnungsbeschluss ohne Begründung und ohne erhebliche Beratungsanstrengungen wird daher gegenüber dem aufwändigen Nichteröffnungsbeschluss, der zu beraten und zu begründen wäre und danach der Anfechtung durch die sofortige Beschwerde der Staatsanwaltschaft unterliegt, bevorzugt. Beschwerdegerichte, die am Hauptsacheverfahren auch nicht mehr beteiligt sind, wollen die Verantwortung für ein vorzeitiges Prozessende nicht tragen und tendieren meist auch in Grenzfällen zur Revidierung der Nichteröffnungsentscheidung.[357] In der Sache wird nicht ohne Grund

352 *Henckel* Strafo 2024, 2 ff.; zu den praktischen Problemen des Beweisantragsrechts im Zwischenverfahren *Quedenfeld* FG K. Peters, S. 215 (221 f.).

353 LG Wiesbaden Beschl. v. 16.06.2008 – 2231 Js 23918/04.

354 *Eschelbach* FS Eisenberg, 2019, S. 409 ff.

355 Krit. *Eschelbach* FS Richter II, 2006, S. 113 (119 ff.); *Paeffgen/Wasserburg* GA 2012, 535 (541).

356 *Henckel* StraFo 2024, 2; *Loritz* S. 163.

357 Vgl. zum »Loveparade-Verfahren« OLG Düsseldorf Beschl. v. 18.04.2017 – III-2 Ws 528 – 577/16.

befürchtet, dass Richter, die nach dem Aktenstudium bereits die Verurteilungswahrscheinlichkeit mit dem Eröffnungsbeschluss bejaht haben, in der Hauptverhandlung tendenziell voreingenommen sind. Das wird von der Rechtsprechung bestritten, ist aber soziologisch und psychologisch belegt.[358]

Schließlich wird von Kritikern des Zwischenverfahrens im Eröffnungsbeschluss ein Verstoß gegen die Unschuldsvermutung gesehen. Insoweit müssten zumindest Verbesserungen angestrebt werden, die aber bisher an – zu kurz greifenden – prozessökonomischen Überlegungen scheitern. In der Praxis werden stattdessen informelle Vorgespräche über eine Verständigung nach § 202a StPO schon vor der Eröffnungsentscheidung geführt UND es kommen Terminabstimmungen zwischen dem Vorsitzenden und dem Verteidiger zustande, bevor über die Eröffnung des Hauptverfahrens beraten wurde. Der Eröffnungsbeschluss ist dann psychologisch kaum noch zu verhindern. Auch dies ist eine grobe Missachtung des ursprünglichen Zwecks des Zwischenverfahrens.[359] 68

Der durch den Formulareröffnungsbeschluss ohne Begründung geweckte Eindruck einer ungenügenden gerichtlichen Überprüfung des hinreichenden Tatverdachts trifft andererseits nicht immer zu. Gerade bei umfangreichen Verfahren sollte die Eröffnungsentscheidung mit der Terminvorbereitung durch den Vorsitzenden und den Berichterstatter einhergehen und auf einer gründlichen Sichtung und Bewertung des Aktenmaterials beruhen. Der nicht mit Gründen versehene Eröffnungsbeschluss dokumentiert dies dann nur nicht. Er verbirgt von Fall zu Fall ebenso die Güte wie die Schwäche einer gerichtlichen Vorprüfung der Sach- und Rechtslage. Dies ist ein Unsicherheitsfaktor, der dazu beiträgt, dass die Verteidigung eine Ergebnissicherheit durch Vorgespräche und informelle Zusagen sucht. Durch Informalität sind aber weder Verbesserungen der Prozessqualität noch endgültige Sicherheit zu erlangen. 69

Neben der Vernachlässigung der Verdachtsprüfung vor dem Eröffnungsbeschluss kommt in der Praxis bisweilen eine Vernachlässigung der Terminvorbereitung wegen der chronischen Überlastung der Strafgerichte vor. Sie äußert sich im Einzelfall darin, dass schematisch das Beweisprogramm abgearbeitet wird, welches sich aus der Beweismittelliste der Anklageschrift ergibt. Überlastete Richter bereiten sich in solchen Fällen nicht insgesamt und vorab auf die Hauptverhandlung vor, sondern nur von Termin zu Termin. Gehen sie aber so vor, dann besitzen sie keinen Gesamtüberblick und stehen Beweisanträgen oder anderen Verteidigungsmaßnahmen zumindest phasenweise hilflos gegenüber, was zur Zurückstellung der Antragsbescheidung bis zu einem Sammeltermin am Ende der Beweisaufnahme führt. Richter kritisieren »Konfliktverteidigung«, um die Schuld für ein Prozessdilemma auf andere abzuwälzen oder sie flüchten sich in einen »Deal«. Ein Gegenmittel gegen kognitive Dissonanz bei Richtern kann aus Verteidigersicht nur eine aktive Verteidigung schon im Zwischenverfahren sein. Haben Richter das Hauptverfahren »blind« eröffnet und auf eine rechtzeitige und eingehende Vorbereitung der Hauptverhandlung verzichtet, sind sie durch die Eröffnungsentscheidung strukturell voreingenommen. Ihre erfolgreiche Ablehnung hängt davon ab, ob die Defizite belegbar werden. Erörterungen nach §§ 202a, 212, 257b StPO können insoweit zur Bloßstellung führen. Eine Ablehnung wird dann auch nicht durch die gesetzgeberische Idee, mit der normativen Pauschalregelung der Erörterungen durch das Verständigungsgesetz (§§ 202a, 212 StPO) sei von Rechts wegen eine Richterablehnung ausgeschlossen,[360] verhindert, sondern allein faktisch durch das Geben und Nehmen beim »gentleman's agreement« in Abwesenheit des Angeklagten.[361] Die Verteidigung muss sich frühzeitig entscheiden, ob sie »Kampf oder Kuschelkurs«[362] wählen will. Spätere Kursänderungen sind kaum noch effektiv möglich. 70

358 *Henckel* StraFo 2024, 2 (3); *Wohlers* FS Roxin II, 2011, Bd. 1, S. 1313 ff.; s.a. *Eschelbach* GA 2019, 593 (604 ff.); *Isfen* ZStW 125 (2013), 325 ff.

359 Zu den Gründen *Eschelbach*, FS Richter II, 113 (123).

360 BT-Drs. 16/12310 S. 13; zur Kritik BeckOK-StPO/*Eschelbach* § 257b Rn. 5.

361 *Isfen* ZStW 125 (2013), 325 ff.

362 *Hamm* NJW 1997, 1288 ff.

71 Das sachlich bessere Vorgehen sähe wie folgt aus: Eine genaue Prüfung der Aktenlage ist nicht nur von Rechts wegen die Pflicht aller beteiligten Richter,[363] sie wirkt aufs Ganze gesehen auch prozessökonomisch und amortisiert sich bei der Vorbereitung und Durchführung der Hauptverhandlung. Ein mit genauer Begründung, auch zur Würdigung der vorläufigen Beweisergebnisse versehener Eröffnungsbeschluss könnte zu einer frühzeitigen Entwicklung der Verteidigungslinie beitragen und ein offenes Verhandeln über den Verdacht und die Alternativhypothesen fördern.[364] Das ist durch das geltende Recht keineswegs gewährleistet. Der Gesetzgeber des Verständigungsgesetzes hat offene Rechtsgespräche nicht untersagen, sondern fördern wollen. Sachkenntnis sichert Verfahrensherrschaft; das gilt auch für Verteidiger. Wenn die im Gesetz weder vorgesehene noch ausgeschlossene Begründung des Eröffnungsbeschlusses von der Praxis auch gegenüber Schutzschriften und Anhörungsrügen verweigert wird, hat dies vor allem zwei Gründe: Zum einen wollen die Richter sich nicht vorschnell auf eine bestimmte Hypothese und deren Beweisgrundlagen festlegen. Zum anderen fehlt – aus Überforderung oder Bequemlichkeit – regelmäßig im Zwischenverfahren ein genaues Votum, mit dessen Hilfe eine Begründung des Beschlusses gerade in Großverfahren relativ leicht zu formulieren wäre, die wiederum eine vom Gesetzgeber gerade für das Verständigungsverfahren gewünschte Transparenz tatsächlich fördern würde. So könnte zur Erleichterung für alle Beteiligten ein klares Verhandlungsprogramm aufgestellt werden, das sich in einer gut strukturierten und von allen Beteiligten sachkundig geführten Hauptverhandlung amortisieren würde. Der Schreibaufwand ist im Zeitalter der Textverarbeitung kein überzeugendes Gegenargument. Die Praxis dilettiert stattdessen herum und beklagt anschließend die Folgen der Defizite überlanger Hauptverhandlungen sowie auch angesichts der Orientierungslosigkeit der Richter zunehmend aggressive Verteidigungsbemühungen der anderen Seite. Eine Rückkehr zur Beachtung von Förmlichkeiten des Verfahrens, bei sachgemäßer Offenheit im Rechtsgespräch und deren effektive Nutzung wäre demgegenüber der effektivere Weg.

72 Die Rechtsprechung lässt selbst nach Einreichung ausführlicher Schutzschriften einen Eröffnungsbeschluss ohne Begründung und die Ablehnung von Beweisanträgen im Zwischenverfahren mit formelhaften Sätzen genügen, während von der Praxis in informellen Vorgesprächen zu Urteilsabsprachen fast das gesamte Prozessergebnis ausgehandelt wird. Beides ist falsch. Das Dilemma besteht darin, dass die Gerichte sich auf Absprachen einlassen, wo es ihnen beliebt, und Anklageschriften fast ausnahmslos ohne Begründung zur Hauptverhandlung zugelassen werden, weil das der bequemere Weg ist. Von einmal fixierten Zwischenergebnissen will danach niemand gern abweichen. Die Ablehnung der Eröffnung des Hauptverfahrens würde zur staatsanwaltschaftlichen sofortigen Beschwerde an ein mit dem Hauptsacheverfahren nicht befasstes Beschwerdegericht führen, das wiederum selten die Verantwortung für ein vorzeitiges Ende des Verfahrens zu übernehmen bereit ist und tendenziell eher das Hauptverfahren eröffnet als einen Nichteröffnungsbeschluss zu bestätigen. Dieses negative feedback wirkt auch auf die Neigungen der Tatrichter zur Eröffnung ein, weil eine Ablehnung im Endergebnis aussichtslos erscheint. Ablehnungsbeschlüsse, die näher begründet werden müssten, sind daher nicht nur extrem selten,[365] sondern sie haben meist keinen Bestand, weshalb sie von erstinstanzlichen Richtern vermieden werden. Die Eröffnung des Hauptverfahrens ohne Mitteilung einer Begründung ist für die Verteidigung, von dem seinerseits wegen Zuständigkeit des iudex a quo ineffektiven § 33a StPO abgesehen, unanfechtbar. Das Beschlussverfahren bei der Nichteröffnung des Hauptverfahrens, durch die sich die beschließenden Richter justizintern unbeliebt machen, zählt auch in der richterlichen Pensenbewertung fast nichts, während die Hauptverhandlung nach der Eröffnung des Hauptverfahrens unabhängig vom Prozessergebnis zu Verhandlungstagen führt, welche in der Pensenbewertung erhebliche Bedeutung besitzen.[366] Das sind verfahrenspsychologisch wichtige, wenngleich aus rechtlicher Sicht auch nicht erfassbare Aspekte für eine Eröffnung des

363 Zur uneingeschränkten Pflicht aller zuständigen Richter, sich vor jeder Entscheidung umfassend über alle wesentlichen Aspekte des Prozessstoffs zu informieren, BVerfG NStZ 2012, 458 (460).
364 SK/*Paeffgen*, StPO § 202a Rn. 10.
365 *Henckel* StraFo 2024, 2.
366 *Eschelbach* FS Richter II, 2006, S. 113 (122 f.).

Hauptverfahrens und gegen deren Ablehnung. Die Nichtbescheidung ausführlicher Schutzschriften mit nicht offensichtlich unerheblichem Verteidigungsvorbringen durch begründungslose Eröffnungsentscheidungen verletzt Art. 103 Abs. 1 GG und § 34 StPO. Sie rechtfertigt eigentlich eine Anhörungsrüge gegen den Eröffnungsbeschluss (§ 33a StPO), die allerdings regelmäßig erfolglos bleibt, weil darüber der iudex a quo zu entscheiden hat, der strukturell ungeeignet ist, als Richter in eigener Sache Verletzungen des Prozessgrundrechts aus Art. 103 Abs. 1 GG festzustellen. Das Anhörungsrügeverfahren ist zwar rechtlich existent und angeblich von Verfassungs wegen erforderlich,[367] aber ineffektiv.[368] Diese Erkenntnis kann immerhin bei der Beantwortung der Frage, ob die Zurückweisung der Anhörungsrüge gegen den Eröffnungsbeschluss mit der Beschwerde anfechtbar ist oder nicht,[369] argumentativ verwertet werden.[370]

Die Eröffnung des Hauptverfahrens hat ungeachtet ihrer Substanzlosigkeit und oft mangelhaften Vorbereitung und Durchführung erhebliche Signalwirkung.[371] Das ursprünglich ausgewogene System des Strafverfahrens ist mit zunehmender Tendenz in eine erhebliche Schieflage geraten,[372] die nicht selten zu Zufallsergebnissen führt. Das darf im Rechtsstaat nicht das letzte Wort sein. Zur Herbeiführung einer prozessualen Gleichbehandlung wäre es de lege ferenda sachdienlich, wenn anstelle informeller Gespräche ohne genau geregelten Inhalt (§§ 202a, 212, 257b StPO) generell vor jeder ergebnisbezogenen gerichtlichen Äußerung ein mit Gründen versehener Eröffnungsbeschluss, der auch die Prozessaussichten unter dem Vorbehalt rebus sic stantibus bilanziert, verlangt werden würde.[373] Dieser könnte anschließend zur Grundlage für ein informatives und produktives Rechtsgespräch werden. Daran könnte sich die Verteidigung orientieren und ihre Strategie ausrichten. Der Aufwand des ausführlichen Eröffnungsbeschlusses auf freibeweislicher Grundlage könnte sich gerade in Großverfahren amortisieren, weil der substantiierte Beschluss die Sache auch für eine »streitige« Hauptverhandlung strukturierend wirken würde oder die Qualität eines schriftlichen Vorschlags für eine Verständigung annehmen könnte. 73

▶ Beachte

Eine wirksame Verteidigung kann de lege lata durch Schutzschriften vor der Eröffnungsentscheidung[374] und Anhörungsrügen nach einem Eröffnungsbeschluss tendenziell darauf hinwirken, dass die Gerichte weiteren Anlass zur Prüfung der Sache und Begründung ihrer Verdachtshypothesen entwickeln. Der Richter, der die Verdachtshypothese der Anklageschrift unverändert übernimmt, gilt nach einem normativen Richterbild als unvoreingenommen, obwohl der begründungslose Eröffnungsbeschluss oft unreflektiert erlassen wird. Aus verfahrenspsychologischer Sicht ist das der falsche Weg. Die Eröffnungsentscheidung rechtfertigt nach der bisherigen Regelungsstruktur keine Richterablehnung wegen Besorgnis der Befangenheit, auch wenn diese strukturell besteht. Für eine Richterablehnung wegen Besorgnis der Befangenheit sind auf den konkreten Einzelfall bezogene und belegbare Indizien erforderlich, aus denen gegebenenfalls abgeleitet werden kann, dass der Richter sich vorschnell auf ein Ergebnis jedenfalls zur Schuldfrage festgelegt hat. Ergebnisbezogene Äußerungen vor dem Eröffnungsbeschluss bei Erörterungen gemäß § 202a StPO können entgegen der gesetzgeberischen Erwartung die Besorgnis der Befangenheit ergeben, insbesondere wenn sich ein Richter eines Kollegialgerichts ohne vorherige Beratung des Spruchkörpers dahin erklärt, dass er

367 BVerfGE 107, 395 (408 ff.).
368 *Eschelbach/Geipel/Weiler* StV 2010, 329 ff.
369 Einschränkend OLG Celle NJW 2012, 2899 f.; KG StV 2016, 545 ff.; abl. OLG Hamburg NJW 2017, 2360.
370 *Eschelbach* GA 2004, 228 (240).
371 LR/*Stuckenberg*, Vor §§ 198–212b StPO Rn. 20.
372 *Schünemann* FS Meyer-Goßner, S. 385 (397).
373 SK/*Paeffgen*, StPO § 202a Rn. 10.
374 *Henckel* StraFo 2024, 2 (4).

ein Ergebnis zur Schuld- oder Straffrage bereits ins Auge gefasst hat. Mitteilungs- und Dokumentationspflichten[375] sichern inzwischen die Einhaltung der Regeln ab.

4. Ergänzende Funktionen des Zwischenverfahrens

a) Ergänzende Beweiserhebungen

74 Das Zwischenverfahren hat nach dem Gesetz weitere Aufgaben über die gerichtliche Gegenkontrolle der Verdachtshypothese der Anklageschrift hinaus. In diesem Verfahrensabschnitt wird dem Angeschuldigten nach der Idee des historischen Gesetzgebers unter Zustellung der Anklage gemäß § 201 StPO vor der Hauptverhandlung nochmals das rechtliche Gehör gewährt. Das Gericht kann im Zwischenverfahren nach § 202 StPO ergänzende Beweiserhebungen durchführen,[376] was in der Praxis z.T. etwa dadurch geschieht, dass schriftlich vorbereitende Sachverständigengutachten, besonders zur Frage der Schuldfähigkeit des Angeklagten oder zur Glaubhaftigkeit von Zeugenaussagen, eingeholt werden. Soweit Sachverständige dabei methodisch[377] im Hinblick auf schriftichvorbereitende Gutachten darauf verpflichtet werden sollen, den Akteninhalt auszuwerten und dies zu dokumentieren, wird allerdings eine zunehmende Anbindung der Prozessergebnisse auch in der Hauptverhandlung an den Akteninhalt bewirkt.[378] Dort wiederholen die Sachverständigen bei der mündlichen Gutachtenerstattung ihre vorbereitenden Gutachten und beziehen sich in Unkenntnis der Regeln des Strengbeweisverfahrens auf den Akteninhalt, auch soweit dieser mangels originärer Beweiserhebungen des Gerichts nicht zum Inbegriff der Hauptverhandlung gehört. Die Rechtsprechung nimmt das aus Gewöhnung an den Vorgang hin und vernachlässigt dabei ihrerseits den Unmittelbarkeitsgrundsatz. Das Postulat der Aktenreproduktion als methodisches Kriterium, das mit Blick auf schriftliche Gutachten entwickelt wurde, wird zu Unrecht verallgemeinert.[379] In letzter Konsequenz folgt aus der Begutachtung nach Aktenlage, die in der Hauptverhandlung auch bei der mündlichen Gutachtenerstattung nur reproduziert wird, eine heimliche Strukturveränderung des Strafverfahrens.[380] Die Grundidee des § 261 StPO wird verdrängt.[381] Eine »wirkliche Verteidigung«, die an der Richtigkeit der in den Akten dokumentierten Befunde ernsthafte Zweifel anmelden kann, muss dagegen intervenieren, indem auch Anknüpfungstatsachen für Sachverständigenwertungen infrage gestellt oder durch Beweisanträge neu in den Raum gestellt werden. Das schriftlich-vorbereitende Gutachten hat nach § 261 StPO rechtlich keine Bedeutung für das Urteil. Es kann nur eine Orientierung zur Vorbereitung auf die Hauptverhandlung geben, Gelegenheit zur methodischen Gutachtenkritik bieten und einen Anlass dafür begründen, dass ein Privatgutachten eingeholt und ein weiterer Sachverständiger sistiert und über § 245 StPO in den Prozess einbezogen wird.

▶ **Beachte**

Die Überwachung und Leitung des gerichtlichen Sachverständigen durch das Gericht ist rechtlich von erheblicher Bedeutung, sie wird in der Praxis überforderter Juristen und überlasteter Gerichte aber bis zur reinen Aufgabendelegierung verdrängt. § 78 StPO regelt die Aufgabe des Gerichts gegenüber dem Sachverständigen nur kursorisch, während § 404a ZPO genauere Bestimmungen enthält. Aus der Natur der Sache folgt aber, dass im Strafprozess jene Grund-

375 BGHSt 58, 380 ff.; BGH Urt. v. 05.06.2014 – 2 StR 381/13.

376 *Beining* HRRS 2016, 407 ff.; KMR/*Seidl*, § 202 Rn. 10.

377 *Boetticher/Nedopil/Bosinski/Saß* NStZ 2005, 57 (59); *Kröber* in: Kröber/Dölling/Leygraf/Sass (Hrsg.), Handbuch der forensischen Psychiatrie, Bd. 2, 164 ff.; abl. *Bock* StV 2007, 269 ff.; *Eisenberg* NStZ 2005, 304 ff.

378 Beck-OK-StGB/*Eschelbach*, § 20 Rn. 82.

379 *Dippel*, Die Stellung des Sachverständigen im Strafprozess, 1986, S. 115; *Hetzer*, Wahrheitsfindung im Strafprozess unter Mitwirkung psychiatrischer/psychologischer Sachverständiger 1982, S. 95.

380 *Fischer* FS Widmaier, 2008, S. 191 (219 f.).

381 *Sarstedt* NJW 1968, 177 (180).

regeln ebenso gelten.[382] Der Strafrichter hat den Sachverständigen durchgehend zu leiten, wozu es auch gehört, dass er ihn bei der Vorbereitung und Erstellung des Gutachtens zu belehren, anzuweisen, zu informieren und zu überwachen hat. Der Richter hat dem Sachverständigen seinen Auftrag klar und eindeutig zu erteilen. Zumindest bei erkennbarem Bedarf muss das Gericht dem Sachverständigen auch die prozessuale oder materiell-rechtliche Rechtslage erläutern, soweit dies für den Gutachtenauftrag von Bedeutung ist.[383] Beauftragt das Gericht einen Sachverständigen, dann entscheidet dieser nach der Rechtsprechung zwar in eigener Verantwortung darüber, welche Unterlagen er benötigt und welche Untersuchungsmethoden er anwendet.[384] Das Gericht hat aber dem Sachverständigen die von ihm ermittelten Anknüpfungstatsachen mitzuteilen[385] und bei kritischen Beweislagen zum Nachweis von Anknüpfungstatsachen diesbezügliche Vorgaben zu machen. Das Gericht muss dem Sachverständigen seinerseits verfügbare und verwertbare Informationsmittel zur Verfügung stellen. Schließlich hat es dafür Sorge zu tragen, dass Anknüpfungstatsachen, die nicht vom Sachverständigen als Befundtatsachen zu ermitteln sind, im Strengbeweisverfahren festgestellt werden.

b) Bestimmung des gesetzlichen Richters

Die Eröffnungsentscheidung bestimmt das für das Hauptverfahren örtlich, sachlich und funktionell zuständige Gericht[386] nach § 209 StPO mit der Möglichkeit einer Abweichung vom Antrag der Staatsanwaltschaft. Hinzu kommt, wenngleich formal durch einen zwar mit dem Eröffnungsbeschluss verbundenen, aber rechtlich selbständigen Beschluss, eine Entscheidung über die erweiterte (§ 29 Abs. 2 GVG) oder reduzierte (§ 76 Abs. 2 GVG) Besetzung des Gerichts. Dies gewährleistet nach der gesetzgeberischen Idee[387] die Sachprüfung durch den gesetzlichen Richter im Sinne von Art. 101 Abs. 1 S. 2 GG. Im Fall von § 29 Abs. 2 GVG und des § 76 Abs. 2 GVG wird die Besetzungsstärke des Spruchkörpers für die Hauptverhandlung bestimmt. Die diesbezügliche Entscheidung ist zeitlich zusammen mit dem Eröffnungsbeschluss zu treffen, anschließend tritt grundsätzlich eine perpetuatio fori ein. Was insoweit für die beweglichen Zuständigkeiten gemäß § 24 Abs. 1 S. 1 Nr. 3 GVG gilt,[388] muss auch für die Besetzungsentscheidung gelten. Auch dieser das Quorum verändernde Akt betrifft in gleicher Weise das Prozessgrundrecht aus Art. 101 Abs. 1 S. 2 GG. Üblicherweise wird diese Entscheidung, die das Gericht ebenso wie den Eröffnungsbeschluss in der Besetzung außerhalb der Hauptverhandlung zu treffen hat, nicht begründet, was aber mit der Bedeutung des grundrechtsgleichen Rechts gerade angesichts der Problematik der beweglichen Zuständigkeiten strukturell unvereinbar erscheint. Die Praxis kaschiert zahlreiche Schwachpunkte durch Nichtbegründung von Entscheidungen und die schlichte Behauptung der Einhaltung eines Beurteilungsspielraums.[389] In Grenzfällen muss die Verteidigung die Zuständigkeitsauswahl und Besetzungsentscheidung beanstanden (§§ 222b, 338 Nr. 1 StPO), denn die Instanzenzüge sind inkongruent und der kürzere Instanzenzug (LG – BGH) kann gerade bei reduzierter Strafkammerbesetzung für den Angeschuldigten gegenüber dem längeren (AG – LG – OLG) wegen Fehlens der zweiten Tatsacheninstanz von Nachteil sein. Die überkommene These, dass niemandem ein Unrecht geschehe, wenn er vor einem Gericht höherer Ordnung angeklagt wird,[390] ist überholt, wenn die großen Strafkammern nach einer Besetzungsreduktion regelmäßig nur noch in derselben 75

382 *Ulrich*, Der gerichtliche Sachverständige, 12. Aufl., Rn. 312.
383 *Barton*, Der psychowissenschaftliche Sachverständige im Strafverfahren, 1983, S. 28; *Sarstedt* NJW 1968, 177 (181).
384 BGH NStZ 1997, 610; krit. LR/*Krause*, StPO § 78 Rn. 1; KK/*Senge*, StPO § 78 Rn. 1.
385 BGH NStZ 1995, 282; *Dippel* FS Egon Müller, 2008, S. 125 (135).
386 KG Beschl. v. 05.02.1997 – 3 Ws 628/96.
387 Zur Vernachlässigung der Kontrollfunktion durch die Praxis *Arnold* ZIS 2008, 92 (95 ff.).
388 BGH NJW 2017, 280 (281 f.).
389 Problematisch daher BGHR GVG § 24 Abs. 1 Straferwartung 1.
390 BVerfGE 9, 223 (230).

Besetzungsstärke verhandeln und entscheiden wie ein erweitertes Schöffengericht, wobei aber auf das Schöffengerichtsurteil zwei weitere Instanzen folgen, auf das Strafkammerurteil nur noch eine. Die durch Perpetuierung und Neufassung des § 76 Abs. 2 GVG[391] aus Personalmangel fortgeführte Praxis der mehrheitlichen Reduzierung der Besetzungsstärke der Strafkammern kann ein Nachteil für die Verteidigung sein.

▶ **Beachte**

Seit die Gesetzesnovelle zu § 76 Abs. 2 GVG die Anforderungen an die Besetzungsreduktion stärker strukturiert hat, ist die Besetzungsrüge wegen einer im Einzelfall zu Unrecht reduzierten Besetzung in der Sache theoretisch mit größerer Aussicht auf Erfolg zu rügen.[392] Jedoch hat das neue Vorabentscheidungsverfahren nach § 222b StPO neue Hürden errichtet. Die Statthaftigkeit des Vorabentscheidungsverfahrens reicht nur soweit, wie auch eine Rügeobliegenheit nach § 222b Abs. 1 S. 1 StPO besteht. Sie setzt voraus, dass eine gebotene Besetzungsmitteilung nach § 222a StPO tatsächlich bis spätestens zu Beginn der Hauptverhandlung erfolgt ist.[393] Verkündet das Tatgericht vor der Entscheidung des Rechtsmittelgerichts nach § 222b Abs. 3 StPO ein Urteil, so ist das Vorabentscheidungsverfahren erledigt. Die Rüge vorschriftswidriger Besetzung kann sodann im Rahmen der Revision geltend gemacht werden. Die zulässige Begründung der Besetzungsrüge erfordert nach der Rechtsprechung eine geschlossene und vollständige Darstellung der Verfahrenstatsachen, die den behaupteten Besetzungsfehler begründen.[394] Dasselbe soll aber praktisch auch schon für den Besetzungseinwand in der Tatsacheninstanz gelten, obwohl dort die Umstände gerichtsbekannt sind. Da die Besetzungsreduktion zusammen mit dem Eröffnungsbeschluss zu beschließen ist und danach eine perpetuatio fori eintritt, ist es nicht zulässig, wenn das Gericht im Hinblick auf Verständigungsgespräche gemäß §§ 202a, 212 StPO im Eröffnungsbeschluss erklärt, es behalte sich eine spätere Besetzungsreduktion vor. Ist ein Beschluss über die Besetzungsreduktion nach § 76 Abs. 2 GVG nicht oder nicht wirksam ergangen, hat die große Strafkammer in voller Besetzung zu verhandeln und zu urteilen. Geschieht dies nicht, ist ein Besetzungseinwand gerechtfertigt.[395] Allerdings postuliert die Rechtsprechung, dass in Strafkammersachen ein Besetzungseinwand binnen einer Frist von einer Woche ab Bekanntmachung der Besetzungsentscheidung zu. Insoweit sei § 222b StPO analog anzuwenden, wobei an die Stelle der Besetzungsmitteilung nach § 222a StPO die Mitteilung der Besetzungsentscheidung treten soll.[396] Damit wird im Ergebnis eine Präklusionsregelung analog angewendet, ohne dass dies im Sinne der Rechtsmittelklarheit ausreichend durch das Gesetz legitimiert ist. Zudem wäre ein prozessual vergleichbarer Besetzungseinwand gegen die Beiziehung oder Nichtbeiziehung eines zweiten Berufsrichters nach § 29 Abs. 2 GVG nicht an dieselben Voraussetzungen zu binden, weil das Regelwerk der §§ 222a, 222b StPO allgemein nur für das Verfahren vor den großen Strafkammern gilt. Der Vergleich zeigt die Unhaltbarkeit der Rechtsprechung Umdeutung der Fristenregelung.

391 *Deutscher* StRR 2012, 10 ff.
392 BGHSt 44, 328, 330 ff.; BGH NStZ 2011, 52 f. m. Anm. *Metzger*.
393 OLG Köln Beschl. v. 16.02.2024 – III-2 Ws 58 – 61/24.
394 KG StraFo 2024, 25 f.
395 OLG Stuttgart Die Justiz 2023, 207 f.
396 OLG Karlsruhe Beschl. v. 15.11.2022 – 1 Ws 307/22.

c) Informationsfunktion

76 Die Eröffnungsentscheidung kann durch ergänzende Hinweise zur Sach- und Rechtslage Mängel der Anklageschrift in ihrer Informationsfunktion heilen und dadurch dem Angeschuldigten frühzeitig Gelegenheit zur weiteren Vorbereitung der Verteidigung geben, statt auf Hinweise in der Hauptverhandlung nach § 265 Abs. 2 StPO angewiesen zu sein.[397] Das Gesetz sieht zwar nicht (mehr) vor, dass der Eröffnungsbeschluss eine Begründung enthalten soll. Es schließt dies aber auch nicht aus. Das Gericht sollte nach dem Regelungsgedanken des § 265 Abs. 2 Nr. 3 StPO nicht nur dann, wenn es die rechtliche Bewertung der Verdachtshypothese abändert, sondern auch dann, wenn es wesentliche Änderungen in der Sachlage annimmt, dies möglichst frühzeitig mitsamt den zugehörigen Beweisanzeichen in einer Begründung des Eröffnungsbeschlusses mitteilen. Wenn die Praxis von dieser Möglichkeit kaum Gebrauch macht, so geht sie das Risiko ein, dass sich ein Verfahrensfehler in die Hauptverhandlung einschleicht, wenn er im Drang der Geschäfte nicht durch spätere Hinweise nach § 265 Abs. 2 Nr. 3 StPO ausgeräumt wird.

II. Der Eröffnungsbeschluss als Prozessvoraussetzung und Zäsurpunkt

77 Der Eröffnungsbeschluss, dem in Fällen der Erhebung einer Nachtragsanklage der Einbeziehungsbeschluss nach § 266 Abs. 1 StPO gleichstehen soll, obwohl auch daran die Schöffen nicht stets ebenso allein anhand des Inbegriffs der Hauptverhandlung effektiv mitwirken können, weil sie keine Aktenkenntnis haben, kann nach dem Anklageprinzip den Prozessgegenstand nicht selbst originär festlegen. Er kann ihn nur gemäß § 207 Abs. 2 StPO einschränken oder modifizieren. Dennoch gilt auch der Eröffnungsbeschluss neben der Anklageerhebung wegen einer bestimmten Tat im prozessualen Sinn als eigenständige Prozessvoraussetzung, deren Vorliegen in den nachfolgenden Verfahrensstadien stets von Amts wegen zu prüfen ist.[398] Das war nach dem früheren Recht, das dem Eröffnungsbeschluss größere Bedeutung zugemessen hatte,[399] indem dieser anstelle des Anklagesatzes in der Hauptverhandlung zu verlesen war, ebenso gewesen.[400] Heute ist der Eröffnungsbeschluss nicht nur ein Schutzmechanismus zugunsten des Angeklagten, sondern auch ein Zäsurpunkt für die Möglichkeit zur Herbeiführung einer Strafrahmenmilderung wegen Aufklärungs- oder Präventionshilfe nach § 46b Abs. 3 StGB. Die – fakultative – Milderung oder das Absehen von Strafe nach § 46b Abs. 1 StGB sind ausgeschlossen, wenn der Täter sein Wissen erst offenbart, nachdem die Eröffnung des Hauptverfahrens gegen ihn beschlossen worden ist. Danach kann ein entsprechendes Verhalten nur noch als einfacher Strafmilderungsgrund nach § 46 Abs. 2 StGB bewertet werden. Allerdings fehlt eine Erklärung dafür, warum eine außerhalb des Einflussbereichs des Angeschuldigten liegende Prozesshandlung des Gerichts eine materiell-rechtlich nachteilige Wirkung entfalten soll. Auch wer unverschuldet zu spät kommt, verliert die Vergünstigung der Strafrahmenmilderung, die andere unter sonst gleichen Voraussetzungen erlangen. Das wurde unter dem Gesichtspunkt des Art. 3 Abs. 1 GG nicht überprüft. Zudem fehlt eine Entscheidung über den Sonderfall, dass ein Eröffnungsbeschluss ergangen sein soll, der aber keine Wirkung entfaltet. Fehlt der Eröffnungsbeschluss[401] oder ist er

397 SSW-StPO/*Rosenau*, § 207 Rn. 5.
398 BGH StV 1996, 362; OLG Hamm Beschl. v. 31.01.2008 – 3 Ss 500/07; OLG Zweibrücken Beschl. v. 02.05.2008 – 1 Ws 142/08.
399 RGSt 10, 56 (57).
400 RGSt 1, 66 (68).
401 Zur Eröffnung in Bezug auf eine spätere Anklageschrift, nicht auf eine frühere BGH NStZ-RR 2017, 86 f.

unwirksam,[402] so liegt – von der Konstellation des § 419 Abs. 3 StPO abgesehen[403] – ein Verfahrenshindernis vor, obwohl diese Konsequenz nicht ebenso zwingend erscheint wie bei der Anklageerhebung, deren Eigenschaft als Bedingung für die gerichtliche Untersuchung gemäß § 151 StPO (Akkusationsprinzip) letztlich auf dem Gewaltenteilungsprinzip fußt.[404] Das Verfahrenshindernis ist auch nach Teilrechtskraft für das Verfahren im Ganzen zu beachten.[405]

▶ **Beachte**

Die fehlende Eröffnungsentscheidung wird grundsätzlich nicht durch einen Übernahme- oder Verbindungsbeschluss[406] oder durch eine Termin- und Ladungsverfügung ersetzt.[407] Zwar fehlt eine spezielle Formvorschrift für den Eröffnungsbeschluss; dieser kann also auch konkludent ergehen, was aber Eindeutigkeit voraussetzt.[408] Jedenfalls bedarf es regelmäßig der schriftlichen Fixierung der Entscheidung.[409] Erforderlich ist aus Gründen der Rechtssicherheit, dass das entsprechende Schriftstück aus sich heraus oder in Verbindung mit anderen Urkunden sicher erkennen lässt, dass der zuständige Richter die Eröffnung des Hauptverfahrens beschlossen hat.[410] Die Wirkung eines Eröffnungsbeschlusses kommt einem Verbindungsbeschluss nicht zu, wenn daraus nicht zugleich klar hervorgeht, dass das Gericht auch die Eröffnungsvoraussetzungen geprüft hat.[411] Die Verwendung von Vordrucken, auch wenn sie den Eröffnungsbeschluss mit einer Termin- und Ladungsverfügung kombinieren, ist zulässig. Sie müssen dann aber auch vollständig ausgefüllt werden.[412]

78 Das Fehlen eines Eröffnungsbeschlusses als Prozessvoraussetzung für das weitere Verfahren ist nicht zwingend anzunehmen, wenn eine so bezeichnete Entscheidung nicht vorhanden ist oder eine Unterschrift fehlt; denn eine bestimmte Form der Eröffnungsentscheidung ist nicht vorgeschrieben;[413] nur aus Gründen der Rechtsklarheit ist zur Dokumentation der Entscheidung eine schriftliche Abfassung geboten.[414] Erst recht liegt ein wirksamer Eröffnungsbeschluss bei einem nur unvollständig

402 Bei Eröffnung des Hauptverfahrens nur gegen einen Mitangeklagten BGH Beschl. v. 14.12.1993 – 4 StR 714/93; bei Fehlen eines schriftlichen Beschlusses BGH StV 2017, 785 f. oder einer als Eröffnungsbeschluss auslegbaren Urkunde BGH NStZ 2020, 236 f.; bei fehlender Unterschrift BGH StV 1983, 2; 1983, 318; 1986, 329; anders in Strafrichtersachen BayObLG NStZ 1989, 489 m. Anm. *Naucke*; BayObLG StV 1990, 395 (397); OLG Karlsruhe StV 2005, 120 (121); OLG Koblenz NStZ-RR 2009, 288; StraFo 2010, 248; OLG Zweibrücken NStZ-RR 1998, 75; a.A. KG OLGSt StPO § 203 Nr. 5; keine Unwirksamkeit bei Mitwirkung eines ausgeschlossenen Richters BGHSt 29, 351 (355); BGH NStZ 1981, 447 m. Anm. *Rieß*; BGH NStZ 1985, 464; anders bei Eröffnungsentscheidung in der Besetzung für die Hauptverhandlung BGHSt 50, 267 (269); BGH StV 2008, 505; 2018, 776 f.; zur Unterzeichnung von Verfügungen ohne erkennbare Unterzeichnung des Eröffnungsbeschlusses im Vordruck OLG Saarbrücken Beschl. v. 01.12.2016 – Ss 71/2016 (54/16).

403 Dort ist der Mangel eines Ablehnungs- und Eröffnungsbeschlusses nach OLG Hamburg StV 2000, 299 ff. kein Verfahrenshindernis, sondern ein auf Verfahrensrüge zu prüfender Fehler, auf dem aber mit Blick auf § 261 StPO das Urteil nicht beruhen muss, § 336 StPO.

404 OLG Düsseldorf StV 1996, 199 ff.; OLG Hamm VRS 98 (2000), 199, 201.

405 OLG Bamberg wistra 2017 80.

406 OLG Hamburg StraFo 2019, 160 f.

407 OLG Saarbrücken Beschl. v. 01.12.2016 – Ss 71/2016 (54/16); OLG Zweibrücken StraFo 2008, 470 f.; a.A. OLG Hamm, Beschl. v. 08.01.2019 – III-4 RVs 166/18.

408 BGH NStZ-RR 2017, 86 f.

409 BGH StV 2017, 785 f.

410 BGH NStZ-RR 2011, 150 f.

411 OLG Düsseldorf StV 2011, 98 f.; OLG Hamburg StraFo 2019, 160 f.

412 OLG Koblenz NStZ-RR 2009, 288; StraFo 2010, 248; OLG Saarbrücken, Beschl. v. 01.12.2016 – Ss 71/2016 (54/16).

413 OLG Zweibrücken Beschl. v. 02.05.2008 – 1 Ws 142/08.

414 BGHSt 34, 248 (249); BGH StV 1995, 342; OLG Hamm VRS 98 (2000), 199 (200); OLG Zweibrücken StV 1998, 66.

ausgefüllten Vordruck vor, dem zwar nicht der Name des Angeklagten und das Aktenzeichen des Gerichts zu entnehmen ist, wenn dieser aber mit der Bezeichnung der zuständigen Staatsanwaltschaft sowie des Js-Aktenzeichens eine ausreichende Bezeichnung auch der Anklage enthält, die mit der Eröffnungsentscheidung zur Hauptverhandlung zugelassen wird, und sich das Verfahren nur gegen einen Angeklagten richtet.[415] Die Eröffnung des Hauptverfahrens kann im Einzelfall auch aus anderen Entscheidungen hervorgehen, wenn dieser hinreichende Klarheit herstellt.[416] Ob ein Beschluss über die Fortdauer der Untersuchungshaft auch eine stillschweigende Eröffnung des Hauptverfahrens enthält,[417] hängt von den Umständen des Einzelfalls ab, die darauf zu überprüfen sind, ob die Bejahung des dringenden Tatverdachts im Sinne der Haftentscheidung auch die Bejahung des hinreichenden Tatverdachts im Sinne eines Eröffnungsbeschlusses einschließt. Bedenklich bleibt die formularmäßige Einbeziehung des Eröffnungsbeschlusses in den Text der Termin- und Ladungsverfügung, die nur als solche die Unterschrift des Richters trägt.[418] Ein Verweisungsbeschluss nach § 270 StPO hat nur dann die Wirkung eines Eröffnungsbeschlusses, wenn die Voraussetzungen des § 203 StPO erkennbar geprüft worden sind.[419] Schwere funktionale Mängel der Anklageschrift, also namentlich die Nichterfüllung der Umgrenzungsfunktion, führen zugleich zur Unwirksamkeit des Eröffnungsbeschlusses.[420]

III. Nachholung fehlender Eröffnungsbeschlüsse

Die Rechtsprechung lässt die Nachholung eines fehlenden oder die Heilung eines unwirksamen 79
Eröffnungsbeschlusses noch in der Hauptverhandlung zu,[421] jedoch nur bis zum Beginn der Vernehmung des ersten Angeklagten zur Sache und nur in der ersten Instanz.[422] Dabei muss allerdings die Besetzung des Spruchkörpers wieder in den Stand außerhalb der Hauptverhandlung zurückversetzt werden,[423] da nach dem Gesetz nur die Berufsrichter an der Eröffnungsentscheidung mitwirken und dazu Aktenkenntnis erlangen müssen. Auch bei einer Besetzungsreduktion nach § 76 Abs. 2 GVG in der Hauptverhandlung müssen in einer Strafkammersache zuerst drei Berufsrichter den Eröffnungsbeschluss fassen.

Beim Nichtvorliegen eines wirksamen Eröffnungsbeschlusses nur wegen Fehlens einer Unterschrift[424] 80
ist die Nachholung der förmlichen Eröffnung des Hauptverfahrens praktisch kaum abzulehnen. Der Makel der begonnenen Hauptverhandlung, der auf dem Angeschuldigten lastet, würde nicht beseitigt, sondern nur vertieft, wenn das Gericht die Hauptverhandlung aussetzen, den Eröffnungsbeschluss nachholen und die Hauptverhandlung neu durchführen müsste. Andererseits scheidet eine die Eröffnung ablehnende Entscheidung verfahrenspsychologisch aus. Dies wird in der Rechtsprechung zur Nachholung eines fehlenden Eröffnungsbeschlusses nicht ernsthaft berücksichtigt. Die Annahme der Nachholbarkeit gilt aber prozessökonomisch als geboten. Anders kann es sein, wenn die Verteidigung gewichtige Einwände gegen die Eröffnung des Hauptverfahrens vorbringen kann, wie etwa einen Hinweis auf Strafverfolgungsverjährung »in dubio pro reo« bei unklarer Tatzeit.[425]

---

415 OLG Celle Beschl. v. 31.01.2023 – 3 Ss 3/2.
416 Vgl. *Rieß* JR 1991, 34 f. und *ders* FG 50 Jahre BGH, S. 809, 830 f.
417 OLG Hamm JR 1991, 33 m. Anm. *Rieß*.
418 OLG Saarbrücken Beschl. v. 01.12.2016 – Ss 71/2016 (54/16); OLG Zweibrücken, Beschl. v. 02.05.2008 – 1 Ws 142/08.
419 BGH NStZ 1988, 236.
420 BGH StV 2007, 562.
421 BGHSt 29, 224 (228); 50, 267 (268) m. Anm. *Rieß* NStZ 2006, 299 f.; BGH NStZ 1981, 448; 1985, 324; 1986, 276; 1987, 239; OLG Köln JR 1981, 213 m. Anm. *Meyer-Goßner*; a.A. SK-StPO/*Paeffgen*, § 203 Rn. 4.
422 BGHSt 33, 167 (168) m. Anm. *Naucke* JR 1986, 120; BayObLG StV 1986, 336; OLG Hamburg StraFo 2019, 160 f.; OLG Zweibrücken StV 1998, 66.
423 BGHSt 50, 267 (269); 60, 248 (250); BGH StV 2008, 505; 2015, 743.; 2018, 776 f.
424 BGH NJW 1954, 360 f.; im Ergebnis anders KG OLGSt StPO § 203 Nr. 5.
425 OLG Köln StraFo 1998, 230.

IV. Arten von Eröffnungsbeschlüssen

1. Der Eröffnungsbeschluss, der den rechtlichen Vorwurf der Anklage übernimmt

81 Der Eröffnungsbeschluss,[426] der nur anordnet, dass das Hauptverfahren gemäß § 203 StPO eröffnet und die Anklageschrift unverändert zur Hauptverhandlung zugelassen wird (§ 207 Abs. 1 StPO), bedarf nach herkömmlicher Auffassung keiner Begründung, weil er unanfechtbar[427] ist (§ 34, § 210 Abs. 1 StPO). Die Option der durch das Plenum des Bundesverfassungsgerichts[428] zum Verfassungsgebot aufgewerteten Anhörungsrüge gemäß § 33a StPO wurde dabei nicht berücksichtigt. Die Schlussfolgerung, dass sich hiernach Begründungspflichten ergeben,[429] zumindest wenn Anträge der Verteidigung im Zwischenverfahren abgelehnt werden oder wenn der Anklagesatz der sang- und klanglos zur Hauptverhandlung zugelassenen Anklageschrift gravierende Mängel in der Informationsfunktion aufweist, wurde bisher aber nicht gezogen. Erklärbar ist das nur damit, dass andernfalls eine grundlegende Änderung der Praxis der Nichtbegründung erforderlich würde, die unerwünscht erscheint. Der nicht mit Gründen versehene Eröffnungsbeschluss erfüllt für sich genommen weder Umgrenzungs- noch Informationsfunktionen.[430] Ersteres darf er nach dem Anklageprinzip nicht, letzteres wäre rechtlich möglich, wird aber aus Gründen der Arbeitsersparnis und angeblichen Entbehrlichkeit wegen Unanfechtbarkeit übergangen. Die Tatsache, dass der Eröffnungsbeschluss nach § 34 StPO, solange kein Antrag der Verteidigung abgelehnt wird, keiner Begründung bedarf, besagt indes nicht, dass er keine Begründung aufweisen dürfe. Die Gerichte übersehen bei ihrer nachlässigen Vorgehensweise mit formularmäßigen Eröffnungsbeschlüssen, dass Beschlussgründe, die eine Informationsfunktion erfüllen, spätere Verfahrensfehler verhindern könnten.

82 Fehlt im Einzelfall ein erforderlicher Hinweis auf die Sach- oder Rechtslage in Anklageschrift, Eröffnungsbeschluss und Hauptverhandlung, kann das Urteil mit einer Verfahrensrüge angefochten werden (§§ 200, 265, 337 StPO). Zur Zulässigkeit der Rüge der Unterlassung eines Hinweises auf eine wesentliche Abweichung vom Tatbild der Anklage i.S.d. § 344 Abs. 2 S. 2 StPO gehört der Vortrag des Inhalts von Anklage und Eröffnungsbeschluss. Ob bei fehlenden Tatsachenhinweisen auch die Angabe erforderlich ist, es habe sich auch aus dem Gang der Hauptverhandlung nicht erkennen lassen, dass das Gericht von der Tatschilderung im Anklagesatz in einem wesentlichen Punkt abweichen wollte, war in der Rechtsprechung zuerst umstritten; dies dürfte überholt sein, weil diese Tatsache nach der Neufassung des § 265 StPO nur für die Prüfung des Beruhens des Urteils auf dem Fehlen eines nunmehr erforderlichen förmlichen Hinweises gebracht wird, wofür aber keine Vortragspflicht aus § 344 Abs. 2 S. 2 StPO besteht.[431]

2. Der Eröffnungsbeschluss, der die Anklage abändert

83 Das Gericht ist an die Anträge der Staatsanwaltschaft rechtlich nicht gebunden (§ 155 Abs. 2 StPO). Es kann und muss gegebenenfalls die Tat im prozessualen Sinne anderes bewerten. Geboten ist nach dem überkommenen Recht eine Begründung des Eröffnungsbeschlusses grundsätzlich aber auch nicht in den Fällen des § 207 Abs. 2 StPO. Dort sieht das Gesetz nur vor, dass das Ergebnis der Entscheidung über die Änderungen bei der Zulassung der Anklageschrift zur Hauptverhandlung im Beschluss dargelegt wird. Aus § 34 StPO ergibt sich in diesen Fällen ebenfalls keine Begründungspflicht hinsichtlich der zugrunde gelegten Sachlage; ein Hinweisgebot kann aber unmittelbar aus Art. 103 Abs. 1 GG abgeleitet werden. Beruht die abweichende rechtliche Würdigung nicht nur auf einer anderen Wertung desselben Sachverhalts, sondern auch auf einer wesentlichen Abweichung

426 Zum Inhalt BayObLGSt 1991, 6.
427 KG Beschl. v. 26.04.2000 – 4 Ws 88/00; auch die Verfassungsbeschwerde ist unzulässig, BVerfG NJW 1989, 2464; NJW 1995, 316; Beschl. v. 05.03.1998 – 2 BvQ 5/98.
428 BVerfGE 107, 395 ff.
429 *Eschelbach* GA 2004, 228 (239).
430 BGH StV 1996, 362.
431 BGH NStZ-RR 2021, 346.

der Tatsachenbewertung des Gerichts vom Tatbild der Anklageschrift, bedarf es auch in der abweichenden Eröffnungsentscheidung eines Hinweises auf die neue Sachlage,[432] denn andernfalls würde die Informationsfunktion der Anklageschrift aufgegeben.

V. Ausnahmen von der Erforderlichkeit der Eröffnungsentscheidung

Das Gesetz sieht in manchen Konstellationen vor, dass ein Eröffnungsbeschluss entbehrlich ist oder durch eine andere Prozesshandlung ersetzt wird. Dann ist das Fehlen eines Eröffnungsbeschlusses auch in den nachfolgenden Verfahrensabschnitten kein Prozesshindernis. 84

So ist im Fall der Erhebung einer Nachtragsanklage (§ 266 Abs. 2 StPO) keine Eröffnungsentscheidung vorgesehen. Stattdessen ergeht ein Einbeziehungsbeschluss (§ 266 Abs. 1 StPO) durch das Gericht[433] in der für die Hauptverhandlung vorgesehenen Besetzung. Dieser Beschluss wird protokolliert. Er ist eine Prozessvoraussetzung für den einbezogenen Verfahrensteil,[434] denn er tritt an die Stelle des Eröffnungsbeschlusses. Weil der Einbeziehungsbeschluss ein funktionaler Ersatz für den Eröffnungsbeschluss ist, hat das Gericht auch in diesem Verfahrensstadium bei Erhebung der Nachtragsanklage das Vorliegen eines hinreichenden Tatverdachts hinsichtlich der von der Nachtragsanklage erfassten weiteren Taten zu prüfen.[435] 85

Im Strafbefehlsverfahren ist ein gesonderter Gerichtsbeschluss, der das Hauptverfahren eröffnet, entbehrlich. Seine Funktion wird durch den richterlichen Erlass des von der Staatsanwaltschaft beantragten Strafbefehls erfüllt. Jedoch entfaltet dieser nicht ebenso wie der Eröffnungsbeschluss die Wirkung eines Hindernisses für die Rücknahme der Anklage, § 411 Abs. 3 S. 1 StPO. Im beschleunigten Verfahren entfällt das Erfordernis eines Eröffnungsbeschlusses mit der Wirkung der Rechtshängigkeit, § 418 Abs. 1 StPO. Daraus wird erkennbar, dass der Eröffnungsbeschluss als Prozessvoraussetzung für ein rechtsstaatliches Strafverfahren nicht generell unverzichtbar ist. 86

VI. Anhörungsrüge gegen den Eröffnungsbeschluss

Der Eröffnungsbeschluss ist nach § 210 Abs. 1 StPO unanfechtbar. Ist der Eröffnungsbeschluss auf unvollständiger Aktengrundlage erlassen worden oder finden sich nachträglich entlastende Beweise, die im Freibeweisverfahren den hinreichenden Tatverdacht entfallen lassen würden, bleibt der Eröffnungsbeschluss gleichwohl wirksam.[436] Das Gesetz sieht auch für solche Fälle eine Rücknahme des Eröffnungsbeschlusses durch das Gericht[437] oder dessen Anfechtbarkeit durch die Verteidigung nicht vor. Die Fälle langwieriger und schon für sich genommen mit erheblichen Nachteilen verbundener Hauptverhandlungen hat der historische Gesetzgeber bei dieser Regelung nicht bedacht, weshalb nachträglich erkennbar werdende Fehler der Eröffnungsentscheidung mit der Behauptung ignoriert werden, es sei dem Angeklagten nach dem Eröffnungsbeschluss zuzumuten, seine Rechte im Hauptverfahren wahrzunehmen. Ausnahmsweise kommt aber eine Verfahrenseinstellung wegen eines Verfahrenshindernisses von Verfassungs wegen[438] gemäß § 206a StPO in Betracht.[439] Jedoch lehnt die Rechtsprechung solche Verfahrenshindernisse bisher meist ab.[440] 87

432 Für den gerichtlichen Hinweis in der Hauptverhandlung BGH StV 1995, 462.

433 BGH StV 1995, 342.

434 BGH StV 1996, 5.

435 *Hilger* JR 1983, 441 (442 f.); a.A. *Meyer-Goßner* JR 1984, 53 f.

436 Rieß NStZ 1983, 247 ff.

437 A.A. LG Kaiserslautern StV 1999, 13 f.; LG Konstanz JR 2000, 306 f. 6. Anm. *Hecker* LG Nürnberg-Fürth JR 1983, 257 m. Anm. *K. Meyer*.

438 *Hillenkamp* NJW 1989, 2841; *Weiler* GA 1994, 561.

439 Aus ähnlichen Gründen postuliert *Hecker* JR 1997, 4 eine Möglichkeit zur Zurücknahme des Eröffnungsbeschlusses.

440 Im Fall BGHSt 35, 137 (141) wurde eine Zustimmung zur Einstellung nach § 153 Abs. 2 StPO durch die Staatsanwaltschaft versagt; der BGH nahm ein im Gesetz nicht vorgesehenes »Zurückverweisungsverbot« an.

88 Eine nachträgliche Änderung der Eröffnungsentscheidung ist nur aufgrund einer Anhörungsrüge nach § 33a StPO möglich.[441] Die Anhörungsrüge gegen den Eröffnungsbeschluss ist unbeschadet seiner Unanfechtbarkeit mit Rechtsmitteln zulässig.[442] »Dabei besitzt das Anhörungsrügeverfahren nicht nur Bedeutung für die Zulässigkeitsvoraussetzung für im Verbund mit dieser Rüge erhobene andere Grundrechtsrügen. Dies folgt aus dem in § 90 Abs. 2 BVerfGG verankerten allgemeinen Grundsatz der Subsidiarität des Verfahrens über die Verfassungsbeschwerde. Das Bundesverfassungsgericht soll mit Grundrechtsverletzungen erst dann befasst werden, wenn diesen durch die Fachgerichte nicht mehr abgeholfen werden kann. Durch ein erfolgreiches Anhörungsrügeverfahren wird ein Fachgericht im Regelfall aber nicht nur wieder in die Lage versetzt, über die Verletzung rechtlichen Gehörs zu befinden. Es kann sich zugleich mit weiteren gerügten Grundrechtsverletzungen befassen«.[443] Auch ergeben sich aus der Rechtsprechung des Bundesverfassungsgerichts zum Justizgewährungsanspruch weitere Möglichkeiten der sonst eng begrenzten Anfechtung eines Eröffnungsbeschlusses mit der außerordentlichen sofortigen Beschwerde unter einschränkender Auslegung des § 210 Abs. 1 StPO, sofern Prozessgrundrechte verletzt sein können.[444] Schließlich ist, auch wenn der Subsidiaritätsgrundsatz die vorgreifliche Ausschöpfung von Angriffsmöglichkeiten auch im Hauptverfahren voraussetzt,[445] – ausnahmsweise – ein isolierter Angriff mit der Verfassungsbeschwerde auf den Eröffnungsbeschluss zulässig.[446]

89 Prüfungsmaßstab der Anhörungsrüge ist das Grundrecht auf Gehör vor Gericht. Die Beteiligten eines gerichtlichen Verfahrens dürfen nach Art. 103 Abs. 1 GG weder vom Ergehen der Entscheidung an sich noch von deren tatsächlichem oder rechtlichem Inhalt überrascht werden. Einer gerichtlichen Entscheidung dürfen nur solche Tatsachen und Beweisergebnisse zugrunde gelegt werden, zu denen sich die Beteiligten äußern konnten.[447] Der tatsachenbezogenen Äußerung wird außerdem, was von den Strafgerichten oft nicht beachtet wird,[448] die Möglichkeit der Beteiligten zu einer Äußerung zur Rechtslage gleichgestellt.[449] Die bloße Information der Verfahrensbeteiligten über Tatsachen vor der Gerichtsentscheidung genügt für sich genommen noch nicht zur Gewährleistung des rechtlichen Gehörs. Es muss vielmehr für sie auch eine konkrete Möglichkeit der Äußerung zum Sachverhalt bestehen.[450] Gemäß Art. 103 Abs. 1 GG sind die Gerichte ferner gehalten, die Ausführungen der Prozessbeteiligten zur Sach- und zur Rechtslage nicht nur zu ermöglichen, sondern diese auch zur Kenntnis zu nehmen und bei der Entscheidung in Erwägung zu ziehen.[451] Denn nur im Zusam-

441 *Eschelbach* FS Richter II, 2006, S. 113 (124 ff.); LR/*Stuckenberg*, StPO § 203 Rn. 20.
442 KG StraFo 2007, 241.
443 BVerfG, Beschl. v. 04.09.2007 – 2 BvR 1311/05.
444 BVerfG StV 2005, 196, 197 f. m. Anm. *Durth*.
445 BVerfG, Beschl. v. 03.03.2004 – 2 BvR 215/04.
446 BVerfG StV 2005, 196, 197; *Eschelbach* GA 2004, 228, 240; ablehnend aber – meist vor der Plenarentscheidung in BVerfGE 107, 395 ff. oder ohne Rücksicht hierauf – BVerfGE 1, 9 (10); 25, 336 (343); BVerfG Beschl. v. 15.05.1979 – 2 BvR 424/79; v. 27.07.1979 – 2 BvR 710/79; v. 19.09.1979 – 2 BvR 1057/79; v. 14.10.1983 – 2 BvR 1402/93, 1546/83; v. 10.07.1989 – 2 BvR 751/89; v. 03.03.2004 – 2 BvR 215/04; a.A. BayVerfGHE 15, 41 (44 f.); 20, 208 (210).
447 BVerfGE 63, 45 (59); 67, 96 (99).
448 § 33a StPO hatte bis zu dem am 01.01.2005 in Kraft getretenen Anhörungsrügegesetz folgende Fassung: »Hat das Gericht in einem Beschluss zum Nachteil eines Beteiligten Tatsachen oder Beweisergebnisse verwertet, zu denen er noch nicht gehört worden ist, und steht ihm gegen den Beschluss keine Beschwerde und kein anderer Rechtsbehelf zu, so hat es, sofern der Nachteil noch besteht, von Amts wegen oder auf Antrag die Anhörung nachzuholen und auf einen Antrag zu entscheiden. Das Gericht kann seine Entscheidung auch ohne Antrag ändern.« Die Norm wurde jedoch schon in jener Fassung erweiternd ausgelegt: »§ 33a StPO ist so auszulegen und anzuwenden, dass er jeden Verstoß gegen Art. 103 Abs. 1 GG im Beschlussverfahren erfasst«, BVerfGE 42, 243 (250).
449 BVerfGE 60, 175 (210); 64, 135 (143); 83, 24 (25); 86, 133 (144); 98, 218 (263).
450 BVerfGE 66, 260 (263); 67, 39 (41); 67, 154 (155); 69, 145 (148); 70, 93 (100).
451 BVerfGE 96, 205 (216); 105, 279 (311).

menspiel von Äußern und Gehörtwerden kann sich die zentrale prozessuale Befugnis, die Art. 103 Abs. 1 GG gewährleistet, verwirklichen.

Demnach sind Äußerungen zur Sachlage, aber auch Äußerungen zur Rechtslage prinzipiell bescheidungspflichtig. Wenngleich das Gericht nicht zu allen Einzelheiten der Äußerungen der Verfahrensbeteiligten stets ausdrücklich Stellung nehmen muss, so muss es doch erkennen lassen, dass es jedenfalls die zentralen Aspekte des Vorbringens erkannt und erwogen hat. Adressat des Anspruchs auf rechtliches Gehör ist das Gericht. Damit wird der zuständige Spruchkörper, bei Kollegialgerichten aber auch jeder einzelne Richter, der zur Mitwirkung an der Entscheidung berufen ist, in die Pflicht zur Gewährung des rechtlichen Gehörs an die Prozessbeteiligten einbezogen. Der Anspruch auf rechtliches Gehör bedeutet also, dass das entscheidende Gericht durch alle mit dem Verfahren befassten Richter die Ausführungen der Prozessbeteiligten zur Kenntnis nehmen und in Erwägung ziehen muss.[452] Wie das beratungstechnisch zu geschehen hat, wird weder von der Prozessordnung noch vom Gerichtsverfassungsgesetz vorgeschrieben.[453] Es ergibt sich auch nicht unmittelbar aus Art. 103 Abs. 1 GG. Zur Überprüfung der tatsächlich praktizierten Gewährung rechtlichen Gehörs durch alle Richter steht im Ergebnis also nur die Begründung der Entscheidung des Gerichts, wo eine solche erfolgt, zur Verfügung. Daran sind aber wegen der Geheimnisse über die Art und Weise der Beratung und Beschlussfassung eher erhöhte Anforderungen zu stellen. Aus dem Anspruch der Prozessbeteiligten auf rechtliches Gehör folgt eine prinzipielle Verpflichtung des Gerichts zur Begründung seiner Entscheidung.[454] Im Eröffnungsverfahren wird die Begründung, ähnlich wie bei den Revisionsverwerfungsbeschlüssen nach § 349 Abs. 2 StPO, oftmals dadurch surrogiert, dass die Gerichtsentscheidung stillschweigend auf die vorherigen Ausführungen der Staatsanwaltschaft, hier durch die Anklageschrift, Bezug nimmt. Dies reicht nicht aus, wenn die Verteidigung nach der staatsanwaltschaftlichen Äußerung in einer Schutzschrift dazu Stellung nimmt. Darauf müsste das Gericht – nach § 34 StPO zumindest, soweit zugleich ein Antrag der Verteidigung abgelehnt wird – mit einer Entscheidungsbegründung antworten, um die Gewährung rechtlichen Gehörs zu dokumentieren. In der Praxis geschieht das gleichwohl regelmäßig nicht. 90

Das Fehlen einer Begründung, wo sie als Reaktion auf das Vorbringen eines Verfahrensbeteiligten angebracht erscheint, ist prinzipiell als Verletzung von Art. 103 Abs. 1 GG anzusehen, weil das Fehlen einer Auseinandersetzung mit wesentlichen Aspekten im Vorbringen zur Sachlage oder zur Rechtslage eben darauf hinweist, dass das Gericht nicht durch alle zuständigen Richter bei der Beratung und Abstimmung über die Entscheidung diese Ausführungen zur Kenntnis genommen und in Betracht gezogen hat. Art. 103 Abs. 1 GG verlangt darüber hinaus zwar grundsätzlich nicht, dass das Gericht vor der Entscheidung die Verfahrensbeteiligten auf seine Rechtsauffassung hinweist.[455] Auch das gilt indes nur, soweit damit keine Überraschungsentscheidung verbunden ist. Auch ergibt sich aus dem Prozessgrundrecht keine allgemeine Frage- und Aufklärungspflicht; ein Gericht verstößt aber gegen Art. 103 Abs. 1 GG und außerdem gegen das Gebot eines fairen Verfahrens, wenn es ohne vorherigen Hinweis an die Verfahrensbeteiligten Anforderungen an Tatsachenvorbringen stellt oder auf rechtliche Gesichtspunkte abstellt, mit denen selbst ein kundiger Verfahrensbeteiligter nicht zu rechnen brauchte.[456] Angesichts dieser weit reichenden Gewährleistung des Prozessgrundrechts auf Gehör wird die strafgerichtliche Praxis beim Erlass formularmäßig abgefasster Eröffnungsbeschlüsse im Umlaufverfahren ohne mündliches oder schriftliches Votum des Berichterstatters nochmals infrage gestellt. Die Nichtbescheidung von Vorbringen in Schutzschriften durch den Eröffnungsbeschluss kann im Einzelfall als Gehörsverletzung erscheinen und die Anhörungsrüge begründen. Auch die 91

452 BVerfGE 11, 218 (220); 46, 315 (319).
453 BVerfG NJW 1987, 2219 (2220).
454 *Voßen*, Die Rechtsprechung des Bundesverfassungsgerichts zur Rechtsweggarantie des Art. 19 Abs. 4 GG, den Verfahrensgarantien nach Art. 101 Abs. 1 Satz 2 GG, Art. 103 Abs. 1 GG und zum Prozessrecht der Fachgerichte, 2002, S. 448.
455 BVerfGE 66, 116 (147).
456 BVerfGE 86, 133 (144 f.).

Nichtbescheidung eines Antrags auf ergänzende Akteneinsicht noch nicht bekannter Aktenteile kann eine Verletzung des rechtlichen Gehörs darstellen, wenn die Eröffnungsentscheidung ohne solche Gehörsgewährung ergeht.[457]

92 Die Anhörungsrüge wird in der Praxis ebenso lieblos behandelt wie die Eröffnungsentscheidung selbst. Der iudex a quo ist als Kontrollinstanz zur Prüfung der Verletzung eines grundrechtsgleichen Rechts durch seine eigene Entscheidung ungeeignet; er sollte nicht Verfassungsrichter in eigener Sache sein. Das Anhörungsrügeverfahren ist auch wegen dieses Konstruktionsfehlers ein stumpfes Schwert, solange jedenfalls keine Beschwerdeinstanz im Fall der Verwerfung des Sonderrechtsbehelfs hinzukommt.[458] Ob das der Fall ist, geht aus dem Gesetz nicht eindeutig hervor. Der Eröffnungsbeschluss selbst ist nach § 210 Abs. 1 StPO nicht mit der sofortigen Beschwerde anfechtbar. Als Ausnahme von dieser Regel ist er mit der Anhörungsrüge hinsichtlich eines bestimmten Beanstandungspunktes im Sinne von Art. 103 Abs. 1 GG nach § 33a StPO – angreifbar. Die ablehnende Anhörungsrügebescheidung unterläge nach allgemeinen Regeln auch der Beschwerde gemäß § 304 Abs. 1 StPO,[459] was aber dem Konzept der Unanfechtbarkeit der Eröffnungsentscheidung widerstreitet.[460] Es besteht keine positivrechtliche Regelung, welche die nach dem Wortlaut des Gesetzes existierende Beschwerdemöglichkeit ausschließt. Eine Ausschlussregel muss sich auch am rechtsstaatlichen Gebot der Rechtsmittelklarheit[461] messen lassen. Danach ist sie im Grunde abzulehnen, weil das Gesetz die Beschwerde vorsieht und keine bestimmte Ausschlussregel enthält. Weil aber nicht sein kann, was nicht sein darf, schließen die Verfassungs- und Beschwerdegerichte eine sachliche Überprüfung der Anhörungsrügeentscheidung des iudex a quo gleichwohl meist aus und lassen die Beschwerdemöglichkeit nur zu, wenn der iudex a quo zu Unrecht schon die Zulässigkeit der Anhörungsrüge verneint[462] oder seinerseits eine Überprüfung seiner Entscheidung auf eine Verletzung von Art. 103 Abs. 1 GG unterlassen hat. Hat es die Erfüllung des Anspruchs auf rechtliches Gehör überprüft, soll eine Beschwerde ausscheiden.[463] Das Dilemma beruht auf der falschen Konstruktion der Anhörungsrüge, die vom Bundesverfassungsgericht zur Selbstentlastung erfunden wurde, aber nicht in das Rechtsmittelsystem passt.

C. Das Urteil

I. Beanstandungsgegenstand

93 Die mündliche Urteilsbegründung ist für die Rechtsmittelberechtigten ohne Belang.[464] Es geht bei der Verteidigung gegen das Urteil um die schriftlichen Urteilsgründe,[465] die nach verbreitetem Dogma angeblich die Meinung der Abstimmungsmehrheit in der Beratung wiedergeben[466] und in einer begrenzten Frist abzusetzen sind, damit sie noch die Übereinstimmung zwischen dem Beratungsergebnis und dem Inhalt der Urteilsurkunde gewährleisten.[467] Tatsächlich wird nach dem aus der Schwurgerichtsverfassung vor der Emminger-Reform überkommenen und seither in § 263 StPO unveränderten Recht bei der Urteilsberatung in der Hauptverhandlung in einer Totalabstimmung

457 KG StV 2016, 545 (546).
458 *Eschelbach* GA 2004, 228 (240).
459 KG OLGSt StPO § 33a Nr. 9.
460 OLG Hamburg NJW 2017, 2360.
461 BVerfGE 107, 395 (416).
462 VerfGH München Beschl. v. 05.07.1996 – Vf.116-VI-94; VerfGH Potsdam NStZ-RR 2000, 172 (173); OLG Frankfurt NStZ-RR 2003, 79 f.; OLG Thüringen VRS 112 (2007), 353 f.; a.A. OLG Karlsruhe Die Justiz 1977, 277.
463 OLG Celle NJW 2012, 2899 f.; KG StraFo 2008, 328; StV 2016, 545 ff.
464 Im Einzelfall kann eine fehlerhafte mündliche Urteilsbegründung aber zu einem irrtümlichen Rechtsmittelverzicht führen, der dann unwirksam sein kann, BGHSt 46, 257 (258.).
465 BVerfGE 64, 135 (154 f.); BGHSt 7, 373 (371); 15, 263 (265).
466 Zur Urteilsbegründung durch einen überstimmten Schöffengerichtsvorsitzenden OLG Oldenburg StraFo 2005, 250 f.
467 BGHSt 29, 43 (45).

nur über Schuld und Strafe abgestimmt, nicht über einzelne Gründe für dieses Entscheidungsergebnis. Das schriftliche Urteil ist danach allein das Produkt einer Fassungsberatung der Berufsrichter, denen ein Fassungsermessen zusteht.[468] Eine bewusste Sachverhaltsverfälschung, um die Revision leerlaufen zu lassen, wäre Rechtsbeugung,[469] die gegebenenfalls unter den Bedingungen des § 364 StPO auch einen Wiederaufnahmegrund gemäß § 359 Nr. 3 StPO eröffnen würde.[470] Praktisch relevant geworden ist das bisher aber nicht. Wirkliche Verteidigung muss gleichwohl mit Rechtsmitteln und Rechtsbehelfen gegen Strafurteile vorgehen, wenn sie dem Angeklagten aus seiner Sicht zu Unrecht Nachteile erbringen und er den Angriff wünscht. Ein Anfechtungsinteresse kann auch dann gegeben sein, wenn sich die Urteilsfeststellungen erst nachträglich zu seinem Nachteil auswirken können, indem etwa bei späteren Entlassungsprognosen daran angeknüpft wird. Angriffsmittel gegen Strafurteile sind die ordentlichen Rechtsmittel, also Berufung und Revision, zunehmend aber auch Sonderrechtsbehelfe, wie die Anhörungsrüge (§ 55 Abs. 4 JGG i.V.m. § 356a StPO), der Antrag auf Wiederaufnahme des Verfahrens zugunsten des Verurteilten (§ 359 StPO), die Verfassungsbeschwerde (§§ 90 ff. BVerfGG), sowie die Menschenrechtsbeschwerde (Art. 34 EMRK).

▶ Beachte

Die Verteidigung gegen Strafurteile muss vorbeugend im Erkenntnis- und Rechtsmittelverfahren auch vollstreckungsrechtliche Rechtslagen und Nachverfahren gemäß §§ 66a, 66b StGB sowie Vorfeldmaßnahmen gemäß § 81g StPO in den Blick nehmen. Selbst eine konsensuale Verteidigung darf nicht ohne weiteres bei einem Akzeptieren des schriftlichen Urteils mit einem Schulterzucken die Tätigkeit einstellen, sondern sie muss die verbleibenden Verteidigungsmöglichkeiten[471] prüfen.

Zur Überprüfung der Notwendigkeit und der Möglichkeit eines Angriffs mit Rechtsbehelfen ist der Inhalt des schriftlichen Urteils vom Verteidiger zur Erfüllung seines Auftrages genau zu sichten. Es können kognitive Dissonanzen bei der Wahrnehmung des »Inbegriffs der Hauptverhandlung« vorliegen, sodass der Urteilsinhalt den Verteidiger überrascht. Er muss deshalb nicht notwendigerweise sachlich falsch sein; ein Wahrnehmungs- oder Einordnungsfehler kann schließlich auch beim Verteidiger vorgelegen haben. Das muss andererseits nicht so sein. Rechtsbehelfe haben zunächst von den Feststellungen des Tatgerichts auszugehen, dem die Fassungshoheit zusteht. Die Unrichtigkeit der Urteilsfeststellungen kann im Revisionsrechtszug prinzipiell nur mit Hilfe von Verfahrensrügen zum Gegenstand eines Angriffs gemacht werden. Im Übrigen steht das Wiederaufnahmeverfahren zur Verfügung, das nach der Konzeption des Gesetzes eine Berufungsersatzfunktion mit Novenpflicht erfüllen soll. 94

Strafurteile bestehen aus Rubrum, Tenor und Gründen. Der den verurteilten Angeklagten beschwerende Tenor ist der primäre Angriffsgegenstand im Rechtsmittelverfahren,[472] die Urteilsbegründung ist der argumentative Ansatzpunkt für die Begründung des Rechtsmittels. Strafurteile werden im Normalfall, soweit keine Abkürzung nach § 267 Abs. 4 StPO erfolgt, mit Tatsachenfeststellungen, mit einer Darstellung der Beweisgründe für diese Feststellungen, mit Rechtsausführungen[473] und mit einer Erläuterung der Strafzumessung und der anderen Rechtsfolgen begründet. Die Unterscheidung ist aber nicht zwingend nach dem Urteilsaufbau vorzunehmen, sondern nach dem Aussagegehalt einer Textpassage. Feststellungen können sich innerhalb der Darstellung der Beweisgründe, 95

468 *Eschelbach* FS Widmaier 2008, S. 127 (128 ff.).
469 BGHSt 43, 212 (216).
470 *Bock/Eschelbach/Geipel/Hettinger/Röschke/Wille* GA 2013, 327 (343).
471 Zur Möglichkeit der Wiederaufnahme des Verfahrens *Eschelbach* HRRS 2008, 190 ff.
472 Nach der Rspr. des BVerfG kann im Einzelfall aber auch aus einer ehrverletzenden Aussage in den Gründen der Entscheidung für sich genommen eine Beschwer resultieren; BVerfGE 28, 151 (159 ff.). Andererseits liegt noch keine Beschwer allein in einer möglicherweise unrichtigen Rechtsauffassung BVerfGE 8, 222 (224).
473 Zur Gliederung BGHR StPO § 267 Abs. 1 S. 1 Sachdarstellung 2; BGH StV 1994, 542.

unter den Rechtsausführungen oder Rechtsfolgenerläuterungen finden lassen. Beweisgründe können bereits unter dem Gliederungspunkt zu den Feststellungen oder bei den Rechtsausführungen notiert sein. Indiztatsachenfeststellungen finden sich in der Praxis an verschiedenen Orten im Urteilstext. Genaue Urteilslektüre ist für jeden Juristen, der Rechtsmittelmöglichkeiten zu prüfen hat, zwingend erforderlich. Eine Bezugnahme der Urteilsbegründung auf externe Schriftstücke, etwa die Anklageschrift,[474] ist grundsätzlich nicht zulässig, auch nicht auf eine Tabelle außerhalb der Urteilsurkunde.[475] Für Zwecke einer Ergänzung[476] der Erläuterungen in den Urteilsgründen um optische Impressionen, die kaum verbalisierbar sind, kann ausnahmsweise im Anschluss an eine Beschreibung auf bei den Akten befindliche Abbildungen Bezug genommen werden (§ 267 Abs. 1 S. 3 StPO), nicht aber auf Filmsequenzen oder auf ein elektronisches Speichermedium.[477] Die Bezugnahme ist etwa bei Täteridentifizierungen nach Wahllichtbildvorlagen zur Erläuterung der Zuverlässigkeit der Wiedererkennungsleistung eines Belastungszeugen zulässig und sachgerecht, weil ohne Bezugnahme unter Umständen komplizierte Ausführungen wären.[478] Ob Lichtbildkopien zum Schutze des Persönlichkeitsrechts abgebildeter Personen ihrerseits nicht in die Gründe eines schriftlichen Urteils übernommen werden dürfen,[479] erscheint zweifelhaft. Die Bezugnahme auf Bestandteile der Akten muss im Urteil eindeutig erfolgen, damit sie wirksam ist.[480] Stützt der Tatrichter seine Überzeugung von der Täterschaft auf die Identifizierung einer abgebildeten Person auf einem Lichtbild, müssen die Urteilsgründe auch Feststellungen dazu enthalten, dass das Lichtbild zur Ermöglichung der Identifizierung geeignet ist. Dies kann durch einen Verweis im Urteil gemäß § 267 Abs. 1 S. 3 StPO auf das bei den Akten befindliche Foto geschehen. Wird von einer derartigen Verweisung kein Gebrauch gemacht, muss das Urteil Ausführungen zur Bildqualität und Bildschärfe enthalten und die abgebildete Person oder mehrere Identifizierungsmerkmale so beschreiben, dass die Prüfung der Ergiebigkeit des Fotos in gleicher Weise ermöglicht wird wie bei dessen Betrachtung.[481]

▶ Beachte

Bezugnahmen auf Fotos sind insbesondere in Verfahren über Verkehrsstraftaten oder Ordnungswidrigkeiten[482] gebräuchlich. Die Darlegungen zur Identifizierung des Betroffenen anhand der bei Verkehrsüberwachungsmaßnahmen gefertigten Beweisfotos müssen dem Rechtsmittelgericht die Möglichkeit zur Prüfung der Geeignetheit der Fotos zur Identifizierung eröffnen. Dies kann in der Weise geschehen, dass auf bei den Akten befindliche Fotos, nicht aber Filme oder Datenträger, in den Urteilsgründen konkret Bezug genommen wird. Hierzu reicht die allgemeine Erwähnung in der Akte befindlicher Lichtbilder nicht aus, sofern nicht auf ein bestimmtes Beweisfoto erkennbar Bezug genommen wird.[483] Macht der Tatrichter in zulässiger Weise von der Möglichkeit der Bezugnahme auf Abbildungen Gebrauch, so sind zwar im Regelfall weiter gehende Ausführungen zur Beschreibung des Abgebildeten entbehrlich. Dies gilt jedoch nur dann, wenn das Foto – wie etwa ein Frontfoto eines Fahrzeugführers, das die Gesichtszüge gut erkennen lässt, nach Inhalt und Qualität zur Identifizierung uneingeschränkt

474 RGSt 4, 137 f.
475 BGH Beschl. v. 09.05.2019 – 1 StR 167/19.
476 Insbesondere bei Bezugnahme auf einen Videofilm kann nicht auf eine kurze Beschreibung im Urteil verzichtet werden; OLG Brandenburg NStZ-RR 2010, 89, 90; OLG Hamm Beschl. v. 09.12.2009 – 3 Ss OWi 948/09. Andererseits sind keine übertriebenen Anforderungen zu stellen, BGHSt 41, 376 (381 f.).
477 BGHSt 57, 53 (54 f.); OLG Saarbrücken Beschl. v. 11.03.2013 – Ss 88/12 (57/12); SSW-StPO/*Güntge* § 267 Rn. 8; KK-StPO/*Kuckein* § 267 Rn. 6.
478 OLG Koblenz, Beschl. v. 21.12.2009 – 2 Ss 204/09.
479 OLG Hamm, Beschl. v. 10.01.2008 – 3 Ss 550/07 bezüglich pornografischer Darstellungen.
480 BGH StV 2016, 778 f.; OLG Hamm Beschl. v. 23.03.2017 – 4 RVs 30/17; Beschl. v. 28.05.2020 – 4 RBs 191/20; KG NJ 2016, 393 f.
481 BGH StV 2018, 399 f.
482 OLG Bamberg DAR 2017, 89 ff.; KG VRS 131 (2016), 92 f.
483 OLG Koblenz Beschl. v. 17.08.2010 – 1 SsBs 97/10.

geeignet ist.[484] Nimmt der Tatrichter nicht ausdrücklich auf in der Akte befindliche Fotos zur Personenidentifizierung Bezug, ist es grundsätzlich erforderlich, die Identifizierungsmerkmale so präzise zu beschreiben, wie sie bei Betrachtung eines Fotos wahrgenommen würden;[485] hierbei muss das Urteil unter Umständen auch Ausführungen zu der als Beweisgrundlage dienenden Bildqualität enthalten.[486]

Die Urteilsgründe sind für die Verteidigung in allen Rechtsmittel- oder Rechtsbehelfsverfahren von zentraler Bedeutung, weil sie der Ausgangspunkt aller Überlegungen sein muss, ob in einer weiteren Tatsachen- oder Rechtskontrollinstanz ein für den Angeklagten günstigeres Ergebnis erreicht werden kann. Das Urteil hat dabei auch Bedeutung für die außerordentlichen Rechtsbehelfe. Das Recht dieser Sonderrechtsbehelfe geht, ähnlich wie das Revisionsrecht, zunächst von der Verbindlichkeit der bisherigen Urteilsbegründung aus. Das Wiederaufnahmerecht gestattet meist nur Tatsachenangriffe mit neuem Vorbringen (§ 359 Nr. 5 StPO) oder aber Rechtsangriffe bei typisierten groben Verfahrensmängeln (§ 359 Nr. 1–4, 6 StPO) und zwar prinzipiell nur gegen den Schuldspruch (§ 363 StPO). Für alle Rechtsmittel und Rechtsbehelfe ist es für die Verteidigung von besonderer Bedeutung, die Gründe des angegriffenen Urteils nachzuvollziehen, sie hinsichtlich der Bedeutung von Einzelfaktoren zu interpretieren und zulässige Beanstandungen zu formulieren. Ferner ist die Urteilsbegründung in Nachverfahren zur Verhängung der Sicherungsverwahrung gemäß § 66a StGB und § 275a StPO von erheblicher Bedeutung[487] sowie im Strafvollstreckungsverfahren[488] vor allem bei Prognosen über Rückfallgefahren (§§ 56 Abs. 1 S. 2, 57 Abs. 1 S. 2, 57a Abs. 1 S. 2, 57b, 67d Abs. 2[489] StGB). Die Urteilsbegründung gewinnt überdies Bedeutung für Vorfeldmaßnahmen bezüglich künftiger Strafverfahren, die auch anhand der bisherigen Urteilsfeststellungen prognostiziert werden (§ 81g StPO),[490] wobei freilich keine Rechtskraftwirkung hinsichtlich der Feststellungen besteht.[491] 96

1. Die Urteilsbegründung als Kontrollgegenstand

a) Bedeutung der Urteilsfeststellungen

Die Rechtsprechung geht meist davon aus, dass Feststellungen des rechtskräftigen Urteils des Tatgerichts, die im Erkenntnisverfahren getroffen wurden, generell für Vollstreckungsbehörden und -gerichte sowie für Sachverständige bindend und deshalb unbeschadet neuer Erkenntnisse, etwa aus einer neuen Exploration für ein Sachverständigengutachten bei der Gefährlichkeitsprognose, zwingend zugrunde zu legen seien. Dabei erwachsen Urteilsfeststellungen nach herrschender Rechtskraftlehre als solche nicht in Rechtskraft. Es kann allenfalls um eine innerprozessuale Bindungswirkung gehen. Naturwissenschaftlich und rechtlich lässt sich aus der Sicht der im Vollstreckungsverfahren eingeschalteten Sachverständigen ein solches Hindernis für die – gegebenenfalls nachträglich verbesserte – Erforschung des »wahren Sachverhalts« so nicht begründen.[492] Die Behauptung, dass 97

484 OLG Düsseldorf DAR 2011, 408 f.
485 OLG Brandenburg ZfSch 2010, 527, 529.
486 OLG Bamberg Beschl. v. 08.06.2011 – 2 Ss OWi 757/2010.
487 BGHSt 50, 121 (131) verwies für die – später wieder weitgehend eliminierte – nachträgliche Anordnung der Sicherungsverwahrung nach § 66b StGB a.F. darauf, dass die Feststellungen des Ersturteils »rechtskräftig« seien. Das traf aber nicht zu; vgl. BGHSt 43, 106 (107). Auch eine innerprozessuale Bindungswirkung bestand nicht, weil das Nachverfahren gemäß § 66b StGB (a.F.), § 275a StPO ohne eine Verbindung mit dem rechtskräftig beendeten Ursprungsverfahren war, das zu einem Schuld- und Strafausspruch geführt hatte.
488 *Bock/Schneider* NStZ 2005, 337 ff.
489 BVerfGE 70, 297 (309 ff.).
490 BVerfGE 103, 21 (35 ff.); BVerfG StV 2001, 378 (380 ff.); 2003, 1, 2 f.
491 BVerfGE 103, 21 (36).
492 Näher zu diesem Aspekt, der in BVerfGE 118, 71 (105 ff.) übergangen wurde, *Brettel,* Tatverleugnung und Strafrestaussetzung, 2007, S. 197 ff.

es rechtlich anders sein soll, wird aber immer wieder ohne nachvollziehbare Begründung in den Raum gestellt. Letztlich ist nur zu konstatieren, dass im Strengbeweisverfahren getroffene Feststellungen des Tatgerichts in der Regel zuverlässiger und deshalb in späteren Freibeweisverfahren der Vollstreckungs- oder Wiederaufnahmegerichte im Allgemeinen bis zur Grenze einer Relevanz im Sinne von § 359 Nr. 5 StPO hinzunehmen sind. Ausschließlichkeit kann dieser Aussage aber nicht zukommen. In diesem Punkt ergibt sich für die Verteidigung im Wiederaufnahmeverfahren sowie im Straf- oder Maßregelvollstreckungsverfahren und in sonstigen Nachverfahren ein weitgehend unerforschtes Betätigungsfeld.[493]

98 Die Urteilsgründe haben nicht unbedingt die Aufgabe, den Verfahrensgegenstand und damit den Umfang der Rechtskraftwirkung des Urteils festzulegen. Diese Aufgabe obliegt nach § 151 StPO der Anklageschrift in den vom Eröffnungsbeschluss gezogenen Grenzen. Ebenso wie der Eröffnungsbeschluss kann das Urteil den durch die Anklageschrift vorgegebenen Verfahrensgegenstand modifizieren (§ 264 Abs. 2 StPO), insbesondere begrenzen, aber nicht erweitern. Das ist namentlich bei den vage umschriebenen Serientaten der Fall, bei denen die Anklageschrift eine Höchstzahl nennen muss, während das Urteil[494] nur die Mindestzahl feststellen kann. In diesen Fällen ist regelmäßig eine Differenz gegeben, die zum Teilfreispruch zwingt. Dieser Mechanismus der Unterscheidung von angeblich anklagetauglichen Höchstzahlenschätzungen und angeblichen Mindestzahlenfeststellungen deutet darauf hin, dass das System des Umgangs mit letztlich hinsichtlich der Einzelakte nicht konkretisierbaren Tatserien fragwürdig bleibt. Insbesondere ist die Ansicht zweifelhaft, der Richter müsse sich von einer Mindestzahl der begangenen Taten, deren Höchstzahl in der Anklageschrift geschätzt worden war, sicher überzeugen,[495] obwohl auch ihm kein anderes arbeitstechnisches Mittel zur Verfügung steht als eine Schätzung. Die sichere Überzeugung kann sich nur auf ein Mindestquantum beziehen, welches für die Strafzumessung wiederum eine relative Größe ist.

99 Das strafrichterliche Urteil muss den Verfahrensgegenstand erschöpfend behandeln,[496] soweit dadurch noch die Nämlichkeit der angeklagten und abgeurteilten Tat gewahrt ist.[497] Dazu muss das Tatgericht die abgeurteilte Tat im Urteil zumindest so weit nach Tatort, Tatzeit und Tatbild kennzeichnen, dass die Übereinstimmung mit dem Anklagevorwurf derselben prozessualen Tat nachgeprüft werden kann.[498] Es darf nicht einzelne selbstständige Taten im prozessualen Sinn, die auch vom Anklagevorwurf umfasst sind, unerörtert lassen.[499] Wird durch das Urteil eine von mehreren Taten im prozessualen Sinn nicht behandelt, bleibt der Prozess insoweit beim Tatgericht anhängig. Wird nur ein Teil einer einheitlichen Tat im prozessualen Sinn nicht erörtert, so liegt hingegen ein Urteil vor, das zwar die Instanz beendet, aber unvollständig und fehlerhaft ist. Das Gericht kann bei der Beurteilung der angeklagten Tat natürlich über die Tatschilderung im Anklagesatz hinaus weitere Feststellungen treffen, soweit dies für die Subsumtion der einschlägigen Strafnormen, die das Gericht selbstständig eruieren muss, erforderlich ist.[500] Das Gericht kann auch rechtlich eine »Umgestaltung der Strafklage«[501] gegenüber dem zugelassenen Anklagevorwurf vornehmen, was prozessual aber vorherige Hinweise zur Gewährung des rechtlichen Gehörs voraussetzt (§ 265 Abs. 1 StPO, Art. 103 Abs. 1 GG).

100 Die Begründung einer Verurteilung hat die Aufgabe, dem Angeklagten die Gerichtsentscheidung zu vermitteln und dadurch gemäß Art. 103 Abs. 1 GG das rechtliche Gehör[502] sowie ein faires Ver-

493 Zur Wiederaufnahmemöglichkeit nach einer Sachverhaltsverfälschung im Urteilstext *Bock/Eschelbach/Geipel/Hettinger/Röschke/Wille* GA 2013, 328 (343).
494 BGH StV 1996, 363 (364 f.); 1998, 472 (473); 2002, 523 (524).
495 BGH, Beschl. v. 25.03.2010 – 5 StR 83/10.
496 BGH NStZ-RR 2012, 215 f.; SSW-StPO/*Rosenau*, § 264 Rn. 16, 21, 27.
497 BGH StraFo 2013, 249 f.; zum Tatbegriff auch BGH StraFo 2012, 190 (191).
498 OLG Celle NZV 2012, 399 f.
499 BGHSt 46, 130 (133).
500 Zu den unterschiedlichen Anforderungen an Anklage und Urteil *G. Schäfer* JR 1988, 476 f.
501 BGHSt 16, 47 (49); 18, 141 (143); 23, 270 (275); 27, 115 (116); 29, 124 (127).
502 BVerfGE 27, 248 (252); BVerfG StV 2005, 64 (65); s.a. *Eschelbach* GA 2004, 228 (238).

fahren[503] zu gewähren, ferner den Anfechtungsberechtigten eine sachgerechte Entscheidung über die Einlegung eines Rechtsmittels zu ermöglichen, außerdem dem Rechtsmittelgericht eine Überprüfung zu gestatten, danach durch klare Tatbeschreibung eine Doppelbestrafung in weiteren Verfahren zu verhindern (Art. 103 Abs. 3 GG) und schließlich für ein Strafvollstreckungsverfahren erforderliche Informationen über Täterpersönlichkeit und Schuldumfang zu liefern. Dazu bedarf es einer zumindest in komplexen Fällen thematisch untergliederten[504] Urteilsbegründung, die grundsätzlich aus sich selbst heraus verständlich sein muss.[505] Nicht geboten ist die um sich greifende Praxis, alle in der Hauptverhandlung gewonnenen Informationen in Urteilsfeststellungen zu dokumentieren und sodann jede einzelne Feststellung schrittweise mit der Wiedergabe der Beweisgrundlagen und deren themenbezogener Würdigung zu belegen. Den Anforderungen an eine aus sich heraus verständliche Beweiswürdigung genügt, die für die Überzeugungsbildung des Tatgerichts maßgeblichen Gesichtspunkte im Rahmen einer strukturierten, verstandesmäßig einsichtigen Darstellung hervorzuheben. Als Ergebnis einer wertenden Auswahl des Tatgerichts zwischen Wesentlichem und Unwesentlichem ist das Beweisergebnis nur soweit zu erörtern, wie es für die Entscheidung von Bedeutung ist. Eine vollständige Dokumentation der Beweisaufnahme ist ebenso wenig angezeigt wie die Angabe eines Belegs für jede Feststellung, mag diese auch noch so unwesentlich sein.[506] Das Abfassen unangemessen breiter Urteilsgründe ist rechtlich nicht geboten, aber geeignet, Widersprüche oder Unklarheiten in der weiträumigen Urteilsbegründung zu übersehen, den Blick auf das Wesentliche zu verstellen und dadurch den Bestand des Urteils zu gefährden.[507]

b) Sachliche Fehler in den Urteilsgründen

Würden Urteilsgründe insgesamt oder jedenfalls eine Darstellung des zugrunde gelegten Sachverhalts[508] fehlen, so wäre dies nicht nur ein revisibler Verfahrensfehler (§§ 267, 338 Nr. 7 StPO), sondern auch ein Darstellungsmangel, der im Revisionsverfahren bereits aufgrund der Sachrüge aufzugreifen wäre.[509] Das wird natürlich kaum praktisch relevant. Fehlt dagegen eine Urteilsbegründung für einen abgrenzbaren Teil der Entscheidung, was insbesondere in Umfangsverfahren und Punktesachen aus Versehen vorkommt, kann auch eine Rechtsmittelbeschränkung unwirksam sein, die den gänzlich unbegründeten Urteilsteil andernfalls in Teilrechtskraft erwachsen lassen würde.[510] Im Übrigen sind inhaltliche[511] Rechtsfehler, die aus den Urteilsgründen hervorgehen, im Revisionsverfahren mit der Sachrüge angreifbar, aber nicht bloße Abweichungen des Urteils von der Aktenlage[512] oder von einer falsch dargestellten Situation in der Hauptverhandlung.[513] Solche Abweichungen können allenfalls mit einer verfahrensrechtlichen Darstellungsrüge angegriffen werden[514] und dies auch nur, soweit nicht das »Verbot der Rekonstruktion der Beweisaufnahme«[515] durch das Revisionsgericht eingreift.[516] 101

Die fehlende Dokumentation des Inbegriffs der Hauptverhandlung zumindest durch ein Wortprotokoll oder durch eine audiovisuelle Aufzeichnung sowie die fehlende Dokumentation der Beweis- 102

503 LR/*Esser,* StPO Art. 6 EMRK Rn. 231.
504 BGH Beschl. v. 19.02.2004 – 3 StR 25/04.
505 BGHSt 30, 225 (226); 33, 59 (60); 37, 21 (22); BGHR StPO § 267 Abs. 1 S. 1 Bezugnahme 1; BGH NStZ-RR 2000, 304 f.
506 BGHR StPO § 267 Abs. 1 Satz 2 Beweisergebnis Darstellung 2.
507 BGH Beschl. v. 13.03.2024 – 2 StR 30/22.
508 SK-StPO/*Frisch,* § 337 Rn. 121.
509 BGHR StPO § 338 Nr. 7 Entscheidungsgründe 2; SSW-StPO/*Güntge* § 267 Rn. 55.
510 BGHSt 43, 22 (25).
511 Die Darstellung »wie ein Kriminalroman« wird kritisiert, ist aber kein Rechtsfehler, BGH NStZ-RR 1999, 261.
512 BGH NJW 1992, 2840 (2841); NStZ 2007, 115; SK-StPO/*Frisch,* § 337 Rn. 103.
513 BGH NStZ-RR 2008, 148 (149); OLG Koblenz, Beschl. v. 14.10.2010 – 1 Ss 139/10.
514 *G.Schäfer* StV 1995, 147 (154 ff.).
515 BGHSt 29, 18 (21); 43, 212 (214).
516 *Schäfer* StV 1995, 147 (156).

inhalte von Aussagen der Beschuldigten, Zeugen und Sachverständigen ist ein beständiger Grund zu der anwaltlichen Klage, dass vom Tatgericht eine »Sachverhaltsverfälschung« vorgenommen worden sei,[517] oder dass sie »den falschen Film gesehen«[518] oder an der falschen Hauptverhandlung teilgenommen hätten.[519] Dem können kognitive Dissonanzen[520] auf beiden Seiten zugrunde liegen. Aber bisweilen ist auch eine Methode des Weglassens wesentlicher Entlastungsbeweise in der schriftlichen Urteilsbegründung[521] der Grund für diese anwaltliche Klage. Darin läge gegebenenfalls eine Verletzung des Anspruchs auf Gehör vor Gericht,[522] wenn die Verfahrensbeteiligten einen erkennbar wichtigen Entlastungsbeweis in der Hauptverhandlung erörtert hätten, sich das Tatgericht dazu aber im Urteil nicht äußert. Tatsächlich dürfte oft eine Verletzung des Anspruchs auf rechtliches Gehör vorliegen, gegen den die Prozessordnung nach den Maßstäben der Entscheidung des Plenums des Bundesverfassungsgerichts[523] zur Anhörungsrüge effektiven Rechtsschutz in irgendeiner Form – die Anhörungsrüge nach § 55 Abs. 4 JGG gegen letztinstanzliche Berufungsurteile,[524] die Revision oder einen Wiederaufnahmeantrag nach § 359 StPO – zur Verfügung stellen müsste. Manche Autoren gehen von einer »Vermutung der Vollständigkeit der Urteilsgründe« aus,[525] die aber eben bisweilen nicht zutrifft und revisionsrechtlich meist nicht widerlegt werden kann. Nähme man die These von der Vermutung der Vollständigkeit der Urteilsgründe ernst, so wäre jeder offensichtlich bedeutungsvolle Entlastungsbeweis, der im schriftlichen Urteil nicht erwähnt wird, ein Novum im Sinne von § 359 Nr. 5 StPO und nach der Umkehrung der Vermutung insoweit bei erkennbarer Erheblichkeit dazu geeignet, die Wiederaufnahme des Verfahrens zu beantragen.[526] Eine bewusste Sachverhaltsverfälschung im Urteilstext durch die an der Fassungsberatung alleine teilnehmenden Berufsrichter wäre zudem eine Rechtsbeugung,[527] die nach §§ 359 Nr. 3, 364 StPO einen Wiederaufnahmegrund liefern könnte, zumindest wenn etwa bei reduzierter Strafkammerbesetzung mit nur noch zwei Berufsrichtern gemäß § 76 Abs. 2 GVG nachweisbar wäre, dass beide im Rahmen der Fassungsberatung übereinstimmend gehandelt haben müssen. Bisweilen wird behauptet, es sei »absurd« anzunehmen, dass Tatrichter entlastende Umstände gezielt im Urteilstext weglassen, um die Revision leer laufen zu lassen.[528] Dennoch kommt auch das in der Praxis vor. Ein Hinweis auf § 267 Abs. 1 S. 2 StPO[529] geht in solchen Fällen fehl, weil er durch das Richterrecht zur »erweiterten

517 *Hirschberg*, Das Fehlurteil im Strafprozess, 1960, S. 88 f.; *König* StV 1998, 113 (114); zum »Frisieren« des Urteils bereits *Alsberg*, Justizirrtum und Wiederaufnahme, 1913, S. 39; zum »Dichtschreiben« *Bossi*, Halbgötter in schwarz, 2005, S. 94.

518 *Nack*, FS Rieß, 2002, S. 361 (368); *Wahl* NJW-Sonderheft für Gerhard Schäfer 2002, S. 73 (74).

519 *Döhmer* SVR 2009, 46 (47); zu einer wiederaufnahmerechtlichen Alternativrüge als Verteidigungsmittel hiergegen KMR/*Eschelbach*, StPO § 366 Rn. 61.

520 *Eschelbach* GA 2019, 593 ff.

521 *Wilhelm* ZStW 117 (2005), 143 (144).

522 *Schäfer* FS Rieß 2002, 477 (479); *Wahl* NJW-Sonderheft für G. Schäfer 2002, S. 73 (74); s.a. *Schröder*, Das Wortlautprotokoll als revisionsrechtlicher Nachweis eines Widerspruches zwischen tatrichterlichem Strafurteil und dem Inbegriff der mündlichen Hauptverhandlung, 1996, S. 112 ff.

523 BVerfGE 107, 395 (410 ff.).

524 *Eschelbach/Geipel/Weiler* StV 2010, 325 (329).

525 *Schäfer* StV 1995, 147 (156) und in *DAV*, Rechtssicherheit versus Einzelfallgerechtigkeit, 1992, S. 44 (55); *Wahl* NJW-Sonderheft für G. Schäfer 2002, 72 (75); s.a. *Kühne* GA 2008, 361 (373).

526 *Eschelbach* FS Widmaier, 2008, S. 127 (139);.

527 Vgl. BGHSt 43, 212 (216); *Bock/Eschelbach/Geipel/Hettinger/Röschke/Wille* GA 2013, 328 (343).

528 So OLG Oldenburg Beschl. v. 10.07.2006 – 1 Ws 355/06 – als Beschwerdegericht im Wiederaufnahmeverfahren in dem von *Sabine Rückert*, Unrecht im Namen des Volkes, 2007, beschriebenen Fall, in dem aber durchaus das Gegenteil der Fall war und in dem später auch die Wiederaufnahme zugelassen wurde; LG Osnabrück Beschl. v. 26.07.2007 – 3 AR 103 Js 3479/04 – 4/07; OLG Oldenburg Beschl. v. 21.08.2007 – 1 Ws 463/07.

529 So aber in praxiswidriger Weise BVerfG Beschl. v. 07.05.2008 – 2 BvR 1441/07 – zu dem Fall, den *Sabine Rückert*, Unrecht im Namen des Volkes, 2007, beschrieben hat, um einen Rechtsbeugungsvorwurf durch OLG Oldenburg Beschl. v. 23.05.2007 und 04.06.2007 – 2 Ws 07/07 – zu dementieren.

Revision« überholt ist. Dies alles zeigt, dass gravierende Fehler der Urteilsbegründung zumindest im verfahrensrechtlichen Ansatz für ein Wiederaufnahmeverfahren Angriffsflächen bieten müssen.[530]

▶ Beachte

Der Vorwurf richterlicher Rechtsbeugung durch Weglassen erkennbar wichtiger Entlastungsbeweise in der Urteilsbegründung, um die Revision leer laufen zu lassen, wiegt schwer und hat eine Abwehrhaltung in der Justiz zur Folge. Ein Verteidiger darf diesen Vorwurf daher nur dann ausdrücklich erheben, wenn er sich seiner Sache sicher ist und liquide Beweise dafür zur Verfügung hat. Er muss mit der Umkehrung des Vorwurfs im Sinne einer falschen Verdächtigung rechnen.[531] Allerdings kann er darauf verweisen, dass ein im Urteil übergangener wichtiger Entlastungsbeweis neu ist, weil dem Erstrichter gerade keine Rechtsbeugung zu unterstellen sei.

103 Welcher Rechtsbehelf zur Bekämpfung einer Verletzung des Anspruchs auf rechtliches Gehör vorhanden ist, gilt vor der Verfassung gleich, sofern er nur effektiv ist. Die Revisionsinstanz bietet wegen des »Verbots der Rekonstruktion der Hauptverhandlung« und wegen der Aufzeichnungsdefizite keinen ausreichenden Rechtsschutz gegen mögliche Verletzungen von Art. 103 Abs. 1 GG.[532] Um dies durchgreifend geltend zu machen, muss die Verteidigung in einem klaren Fall eine entsprechende Revisionsrüge mitsamt der verfassungsrechtlichen Forderung nach effektiven Rechtsschutz gegen eine Gehörsverletzung erheben und nach Rechtsmittelverwerfung aufgrund konventioneller Begründung mit dem »Rekonstruktionsverbot« auch eine Rechtsnormbeanstandung mit der Verfassungsbeschwerde vorbringen. Das bisher in der höchstrichterlichen und verfassungsgerichtlichen Rechtsprechung meist übergangene Problem kann nur auf diesem Wege unter genauer Darstellung des Vorliegens eines Verstoßes gegen Art. 103 Abs. 1 GG und Art. 19 Abs. 4, 20 Abs. 3 GG irgendwann einmal näher zur Sprache gebracht werden.[533]

2. Abkürzung der Urteilsbegründung

104 § 267 Abs. 4 StPO gestattet bei einer Verurteilung die Abkürzung der Begründung,[534] wenn schon vor Urteilsabsetzung Rechtskraft eintritt. Dies kommt vor allem bei einem Rechtsmittelverzicht in Betracht, der aber entsprechend § 302 Abs. 1 S. 2 StPO nicht wirksam ist, wenn eine informelle Verständigung vorgelegen hat. Dann ist eine Urteilsabkürzung nicht zulässig, eine gleichwohl vorgenommene Abkürzung aber nicht mehr nachträglich zu ändern.[535] Feststellungen müssen jedoch auch im Fall einer Urteilsabkürzung getroffen und mitgeteilt werden. Sie sind auch für die Rechtskraft durchbrechende Sonderrechtsbehelfe, wie eine Anhörungsrüge oder einen Wiederaufnahmeantrag, von Bedeutung, ferner für das Vollstreckungsverfahren. Schließlich sind Feststellungen im Urteil – auch wegen der längeren Aufbewahrungsfristen für das Urteil gegenüber den kürzeren Aufbewahrungsfristen für die Akten mitsamt der Anklageschrift – dazu nötig, um in eventuellen späteren Verfahren prüfen zu können, ob eine res iudicata vorliegt (Art. 103 Abs. 3 GG). Schließlich knüpfen Vorfeldmaßnahmen zur Beweissicherung für künftige Strafverfahren gemäß § 81g StPO unbeschadet der fehlenden Rechtskraft der Urteilsgründe[536] daran an.

105 Entbehrlich ist im abgekürzten Urteil vor allem die Darstellung der Beweiswürdigung, da diese für Angriffe mit Rechtsmitteln oder Sonderrechtsbehelfen, für die Prüfung des »ne bis in idem« oder

530 *Eschelbach* HRRS 2008, 190 (199); *Wahl* NJW-Sonderheft für Gerhard Schäfer, 2002, 73 (74 f.).
531 VRGSt 74, 257 ff.
532 Zur Gehörsgewährung im Rahmen der Beweiswürdigung BGHSt 22, 26 (28); OLG Stuttgart NJW 1968, 2022.
533 *Eschelbach* FS Widmaier 2008, 127 (136 ff.); *Meyer-Mews* NJW 2004, 716 (717).
534 Zu den Grenzen der Abkürzungsbefugnis BVerfG StV 2005, 64 f.
535 BGHSt 59, 21 (26 ff.) m. Anm. *Norouzi* NJW 2014, 874; *Knauer* NStZ 2014, 115 f.
536 BVerfGE 103, 21 (36).

für Vollstreckungszwecke und Nachverfahren in den Fällen des § 267 Abs. 4 StPO nicht benötigt wird. Auch Rechtsausführungen können weitgehend entfallen, weil die rechtliche Würdigung keiner Rechtskontrolle mehr unterliegt.

106 Die Strafzumessung muss auch im abgekürzten Urteil erläutert werden, weil sie für Fragen einer nachträglichen Gesamtstrafenbildung, für das Vollstreckungsverfahren und für Nachverfahren von Bedeutung bleibt. Wird, nachdem die Urteilsgründe in abgekürzter Form zu den Akten gebracht worden sind, eine Wiedereinsetzung in den vorigen Stand gegen die Versäumung der Frist zur Einlegung eines Rechtsmittels gewährt, ist das Urteil zu ergänzen,[537] zumindest, soweit das Rechtsmittel zur Rechtskontrolle in der Revisionsinstanz führt und auch bei einem Übergang von der Berufung zur Revision.[538] Ob und inwieweit Sonderrechtsbehelfe, die nachträglich die Rechtskraft durchbrechen sollen, wie § 55 Abs. 4 JGG i.V.m. § 356a StPO, eine nachträgliche Ergänzung der Urteilsbegründung nach Wegfall der Annahme der Rechtskraft des Urteils gebieten,[539] ist noch nicht geklärt.

107 Bildet ein abgekürztes Urteil den Angriffsgegenstand eines Antrags auf Wiederaufnahme des Verfahrens gemäß § 359 Nr. 5 StPO, ergeben sich besondere Probleme. Verbreitet wird dann die Frage, ob Tatsachen oder Beweismittel neu und zur Herbeiführung insbesondere eines Freispruchs geeignet sind, nach Aktenlage beurteilt, wie es auch beim Wiederaufnahmeangriff auf einen rechtskräftigen Strafbefehl geschieht.[540] Jedoch ist das im dogmatischen Ansatz falsch, denn das Urteil ergeht aufgrund einer Beratung, bei der allein aus dem Inbegriff der Hauptverhandlung die Voten der stimmberechtigten Richter geschöpft werden durften (§ 261 StPO). Auch hier sind also nur diejenigen Tatsachen und Beweismittel nicht neu, die Gegenstand von Urteilsberatung und Abstimmung waren.[541] Auf die Aktenlage kommt es rechtlich nicht an; sie liefert faktisch nur Indizien für oder gegen die Neuheit von Tatsachen oder Beweismitteln, die Gegenstand der Hauptverhandlung waren oder auch nicht. Nicht einmal auf den in der Hauptverhandlung erörterten Prozessstoff kommt es rechtlich zwingend an, wenn und soweit dieser in der Urteilsberatung nicht mehr gegenwärtig war oder in der Hauptverhandlung, etwa aufgrund von kognitiver Dissonanz, nicht zur Kenntnis genommen wurde.[542] Das Problem in Fällen der Urteilsabkürzung liefert also – nur – ein Beweisproblem. Da im Wiederaufnahmeverfahren, anders als in der Revisionsinstanz, kein »Verbot der Rekonstruktion der Hauptverhandlung« besteht, muss versucht werden, den Prozessstoff, das Verhandlungsgeschehen und den Gegenstand von Beratung und Abstimmung zu unterscheiden. Die Urteilsabkürzung erschwert dies; ausgeschlossen ist eine zumindest annäherungsweise Rekonstruktion jedoch nicht.

108 Trotz (Teil-) Rechtskraft kann eine vorschnelle Urteilsabkürzung Rechtsfehler zur Folge haben, die gegebenenfalls noch im Verfassungsbeschwerdeverfahren geltend gemacht werden können.[543] Wo die Beweiswürdigung bezüglich der Schuld eines Mitangeklagten auch Beweisbedeutung für einen anderen Mitangeklagten haben kann,[544] wirkt sich die Urteilsabkürzung insbesondere auch für einen Nichtrevidenten als Darstellungsmangel in der Rechtfertigungsschrift des Revisionsführers aus.[545]

537 Zur nachträglichen Urteilsergänzung in anderen Fällen BGH NStZ-RR 2013, 53.

538 OLG München NJW 2007, 96 f.

539 Zur Bedeutung der nachträglichen Ergänzung der Urteilsbegründung nach dem Ordnungswidrigkeitenrecht BGHSt 43, 22 (29 f.).

540 Zum Strafbefehl BVerfG NJW 1993, 2735, 2736; SK-StPO/*Frister*, § 359 Rn. 48.

541 OLG Hamm GA 1957, 90.

542 OLG Frankfurt NJW 1978, 841; OLG Düsseldorf NJW 1987, 2030; LR/*Gössel*, StPO § 359 Rn. 97; AK-StPO/*Loos*, § 359 Rn. 49; *Stern* NStZ 1993, 409 (411 f.).

543 BVerfG StV 2005, 64 f.

544 Dies ist namentlich der Fall, wenn ein geständiger Mitangeklagter aufgrund einer Urteilsabsprache einen anderen Angeklagten belastet; vgl. BGHSt 48, 161 (167 ff.); 52, 78 (82 f.); 58, 184 (188 ff.); zur Besorgnis der Befangenheit, wenn ein Interessenkonflikt zwischen sich gegenseitig belastenden Mitangeklagten und ihren Verteidigern übergangen wird, BGH, Urt. v. 11.06.2014 – 2 StR 489/13.

545 BGH StV 1998, 117.

Sachlich-rechtliche Fehler des Urteils wegen unzureichender Feststellungen können zur Revisionserstreckung auf einen Nichtrevidenten nach § 357 StPO führen.[546] Dies zeigt, dass die Option der Urteilsabkürzung ein Fehlerquell ist und Angriffspunkte für die Verteidigung im Revisions-, Verfassungsbeschwerde und Wiederaufnahmeverfahren bietet. »Wirkliche Verteidigung« muss die verzahnten Rechtsmittel- und Rechtsbehelfsmöglichkeiten konzentriert nutzen.

II. Tatsachenfeststellungen

Wesentlicher Teil der Urteilsgründe sind Tatsachenfeststellungen, die den im Schuld- und Strafausspruch zugrunde gelegten Sachverhalt ausfüllen sollen,[547] einschließlich der Sachlage zur subjektiven Tatseite.[548] Diese Feststellungen sind erforderlich, damit das Urteil aus sich heraus verständlich ist und die einzelfallbezogene Entscheidung über Schuld und Strafe plausibel erklärt. Bezugnahmen auf frühere Urteile, die dazu führen, dass das jüngere Urteil nicht mehr aus sich heraus verständlich ist, begründen einen Darstellungsmangel.[549] Zur Urteilsbegründung angebracht ist eine möglichst geschlossene Darstellung[550] – nur – der für die Rechtsfolgenentscheidung relevanten Punkte des Lebenslaufs des Angeklagten, der Vorgeschichte der Tat, des eigentlichen Tatgeschehens mitsamt der inneren Tatseite und des Nachtatverhaltens des Angeklagten sowie etwaiger Folgewirkungen der Tat. Im Urteil entbehrlich sind im Allgemeinen Feststellungen zum Prozessgeschehen,[551] es sei denn, daraus ergäben sich Anknüpfungspunkte für schuldunabhängige Strafzumessungsgründe. Gleichwohl finden sich in Urteilsgründen namentlich dann, wenn in der Hauptverhandlung um Beweisverwertungsverbote gestritten wurde, zunehmend Ausführungen zu diesbezüglichen Prozesstatsachen. Soweit diese nicht zugleich doppelrelevante Tatsachen enthalten, geht es um den Gegenstand eines Freibeweisverfahrens; insoweit ist ist das Revisionsgericht nicht an die Urteilsgründe gebunden. 109

1. Bedeutung der Feststellungen für die Verteidigung

Im Strafprozess findet eine Totalabstimmung über das Urteil statt,[552] sodass Feststellungen kein Gegenstand der Urteilsabstimmung im Sinne von § 263 StPO und nur informatorisch Gegenstand der Urteilsberatung auch mit den Schöffen sind. Das gilt auch für die von Verteidigern oft vermissten oder kritisierten Indiztatsachenfeststellungen.[553] Eine aus dem Zivil- oder Verwaltungsprozess vertraute Stufenabstimmung, die Schritt für Schritt alle Einzelfragen klärt, gilt auch im Strafverfahren zwar als sachdienlich. Vorgeschrieben ist diese »informatorische«[554] und bei der nachfolgenden Totalabstimmung in der Urteilsberatung während der Hauptverhandlung über die Schuldfrage rechtlich nicht bindende[555] Stufenabstimmung für den Strafprozess aber nicht. Das verbreitete Vorstellungsbild über die Bedeutung der Tatsachenfeststellungen im Urteil als Ergebnis der Urteilsberatung und Abstimmung ist daher unhaltbar. Die Fassung des schriftlichen Urteilstextes beruht letztlich allein auf dem Fassungsermessen des Berichterstatters und dem Ergebnis der Fassungsberatung der Berufsrichter nach der Hauptverhandlung, an welcher die Schöffen nicht mehr teilnehmen. Feststellungen sind deshalb nicht derart sakrosankt, wie es Richter im Revisions-, Wiederaufnahme- oder 110

546 BGH NStZ 1997, 80; wistra 2003, 351; Beschl. v. 06.06.2002 – 1 StR 170/02; OLG Hamm VRS 107 (2004), 42 (43).
547 BGH NStZ 2000, 607 f.
548 SK-StPO/*Frisch*, § 337 Rn. 122; SSW-StPO/*Güntge*, § 267 Rn. 15.
549 BGH NStZ 2000, 441.
550 BVerfG StV 2005, 64; BGHR StPO § 267 Abs. 2 Sachdarstellung 2, 4; SSW-StPO/*Güntge*, § 267 Rn. 5.
551 BGH NStZ-RR 2007, 244; insbesondere sind Ausführungen zur Verwertbarkeit von Beweismitteln nicht geboten, BGHSt 51, 1 (5).
552 SK-StPO/*Velten* § 263 Rn. 9.
553 *G.Mellinghoff*, Fragestellung, Abstimmungsverfahren und Abstimmungsergebnis im Strafverfahren, 1988, S. 55 f.
554 *G. Mellinghoff* a.a.O., S. 31.
555 RGSt 61, 217 (220); BGH (H) MDR 1976, 989; OLG Bamberg NStZ 1981, 191 (192).

Vollstreckungsverfahren oft behaupten,[556] zudem sie sind auch rechtlich jedenfalls außerhalb der Beziehung von Tatgericht und Revisionsgericht zueinander, die von einer innerprozessualen Bindung des Revisionsgerichts an die Feststellungen der Tatsacheninstanz gekennzeichnet ist, rechtlich nicht bindend. Urteilsfeststellungen nehmen auch nicht an der Rechtskraft des Urteils teil, das vielmehr nur hinsichtlich seines Tenors in Rechtskraft erwächst.[557]

111 Unbeschadet fehlender Rechtskraftwirkung haben die Tatsachenfeststellungen im Urteil weit reichende praktische Bedeutung. Das gilt auch für das Strafvollstreckungsverfahren. Dort sind die Feststellungen des Tatgerichts insbesondere der zentrale Anknüpfungspunkt für Legalprognosen bei der Prüfung einer bedingten Entlassung aus der Strafhaft oder aus dem Maßregelvollzug.[558] Sie sind nur auch dort nicht unumstößlich. Insbesondere ist das Vollstreckungsgericht nicht gehindert, ergänzende Feststellungen zu treffen. Erst recht ist ein Sachverständiger, der mit der Prognosebegutachtung beauftragt ist und von Standpunkt seines Faches aus eventuell neue Erkenntnisse gewinnt, nicht gezwungen, sich nachträglich als falsch oder unvollständig erweisende Urteilsfeststellungen sklavisch zu beachten.[559] Das Postulat der Bindung an die Urteilsfeststellungen läuft auf eine Verhinderung der Wahrheitserforschung hinaus, die mit der auch in Freibeweisverfahren geltenden Aufklärungspflicht[560] unvereinbar ist.

112 Bedeutung haben die Feststellungen ferner für Wiederaufnahmeverfahren. Dort sind sie der Ausgangspunkt der meist gemäß § 359 Nr. 5 StPO erforderlichen Prüfung, ob neue Tatsachen vorgebracht werden, die eine Wiederaufnahme des Verfahrens rechtfertigen, wenn sie geeignet sind die Urteilsfeststellungen ernsthaft zu erschüttern.[561]

113 Urteilsfeststellungen des Tatgerichts sind besonders im Revisionsverfahren von Belang. Feststellungen zu Tatsachen bezüglich der Schuld- und Rechtsfolgenfrage sind für das Revisionsgericht bindend. Aufgrund der Sachrüge revisibel ist nur das Fehlen oder die Lückenhaftigkeit von Feststellungen, die zur Subsumtion von Merkmalen einer Strafnorm[562] oder Rechtsfolgenbestimmung erforderlich sind, sowie gegebenenfalls eine fehlende oder rechtsfehlerhafte Fundierung der Feststellungen in den Beweisgründen. Zu den unerlässlichen Mindestvoraussetzungen gehört, dass das Urteil eine

---

556 Sachverständigengutachten, die besagen, dass ein angebliches Missbrauchsopfer als Borderlinekranke eine Pseudologie aufweist und krankhaften Hass gegen den Verurteilten entwickelt hatte, ihre Zeugenaussagen nicht die Mindestanforderungen an Realkennzeichen erfüllen, die Täterschaft des Verurteilten kriminologisch widersinnig wäre und die Missbrauchsberichte der einzigen »Tatzeugin« von einem Fernsehfilm beeinflusst waren, konnten im Einzelfall die Wiederaufnahmegerichte nicht davon überzeugen, dass ein Fehlurteil des nicht sachverständig beratenen Erstgerichts in einem Fall, in dem »Aussage gegen Aussage« stand, auch nur im Sinne von § 368 Abs. 1 StPO wahrscheinlich ist; LG Augsburg, Beschl. v. 06.11.2006 – Jug LKs 200 Js 129915/06 – und v. 02.07.2007 – Jug KLs 200 Js 116172/07; LG München I, Beschl. v. 31.10.2007 – 11 KLs 455 Js 314720/07; OLG München, Beschl. v. 29.03.2007 – 3 Ws 33/07, Beschl. v. 29.02.2008 – 2 Ws 156, 157/08, v. 29.09.2008 – 2 Ws 1122/07, v. 20.10.2008 – 2 Ws 1122/07, v. 14.04.2008 – 2 Abl. 1/09, v. 26.05.2009 – 2 Ws 1122/07, 156–157/08, v. 21.07.2010 – 2 Ws 437/10. Heute wird im Zivilprozess um Schadensersatzforderungen der »Geschädigten«, die im strafprozessualen Erstverfahren unerkannt in stationärer psychiatrischer Behandlung therapiert und danach von Opferschützern gecoacht worden war, als psychisch gesund gegolten hatte und deshalb unter Zurückweisung eines Beweisantrags nicht untersucht worden war, gestritten; vgl. zu diesem im Strafprozess skandalös behandelten Fall *Bock/Eschelbach/Geipel/Hettinger/Röschke/Wille* GA 2013, 328 (334 ff.);, *Paeffgen* GA 2013, 253, 267; *Paeffgen/Wasserburg* GA 2012, 535, 552 ff.; *Wille*, Aussage gegen Aussage im Sexualstrafverfahren, 2012, S. 11 ff.

557 *Bock/Schneider* NStZ 2003, 337 ff.; *Eschelbach*, FS Widmaier, 2008, S. 127 (144 f.).

558 *Bock/Schneider* NStZ 2003, 337 (338).

559 *Brettel*, Tatverleugnung und Strafrestaussetzung, 2007, S. 197 ff.

560 BVerfGE 70, 297 (309 ff.).

561 Vgl. zur Beschränkung der Bindungswirkung der Urteilsfeststellungen für das Wiederaufnahmegericht BVerfG NJW 1993, 2735 (2736); 1995, 2024 (2025); Beschl. v. 27.09.1995 – 2 BvR 2575/94; EuGRZ 2007, 586 f.

562 BGH StraFo 2005, 214; 2005, 214 (215 f.).

geschlossene und nachvollziehbare Darstellung des verwirklichten strafbaren Verhaltens enthält.[563] Erschöpft sich die Sachverhaltsschilderung in der Wiedergabe des Gesetzeswortlauts der Strafnorm, ohne die Tatbestandsmerkmale mit Tatsachenmitteilungen zu den Tatumständen näher zu bezeichnen, so genügt dies, von Evidenzfällen abgesehen, im Allgemeinen nicht den gesetzlichen Anforderungen.[564] Insoweit gilt auch für Urteile nach einer Verständigung nichts anderes als für Urteile nach einem streitigen Verfahren. Die Vorgehensweise, die Feststellungen zum Straftatbestand durch »Einrücken« eines Teils des Anklagesatzes in die Urteilsgründe aufzunehmen, birgt die Gefahr, auf eine eigenverantwortliche gerichtliche Prüfung zu verzichten. Sie gefährdet auch den Bestand des Urteils zumindest dann, wenn dem Anklagesatz nicht alle erforderlichen Tatsachen zu entnehmen sind.[565] Rechtsfehlerhaft sind widersprüchliche Urteilsfeststellungen.[566] Wurden die Feststellungen eines früheren Urteils in derselben Sache aufgehoben, muss der neue Tatrichter eigene Feststellungen treffen und in den schriftlichen Urteilsgründen mitteilen; stützt sich der Tatrichter auf aufgehobene Feststellungen, ist dies ein Sachmangel des Urteils.[567] Nur wenn die neue Hauptverhandlung die Richtigkeit der Feststellungen des aufgehobenen Urteils durch eigene Beweiserhebung und -würdigung des neuen Tatrichters ergeben hat, dürfen sich die neuen Feststellungen an die früheren anlehnen; allenfalls dann ist es auch zulässig, den Text des aufgehobenen Urteils zu übernehmen.[568]

Die Verteidigung muss bei der Vorbereitung der Revisionsbegründung bezüglich der Sachrüge[569] 114 prüfen, ob die getroffenen Feststellungen den Schuldspruch tragen und die Rechtsfolgeentscheidung ausreichend erklären[570] oder ob Lücken und Widersprüche vorhanden sind. Dabei ist von Bedeutung, dass Feststellungen zwar geschlossen dargestellt werden sollen, aber nicht notwendigerweise nur in einer bestimmten Abteilung der Urteilsgründe unter einem einheitlichen Gliederungspunkt zu finden sind. Da die Urteilsbegründung als Einheit zu verstehen ist, schaden bloße »Aufbaufehler« nicht.[571] Auch im Rahmen der Darstellung der Mitteilung von Beweisgründen, im Zusammenhang mit Rechtsausführungen oder Strafzumessungserläuterungen können sich noch Tatsachenfeststellungen finden. Sogar dem »Gesamtzusammenhang der Urteilsgründe«[572] können nach der Praxis der Revisionsgerichte konkludent zum Ausdruck gebrachte Feststellungen entnommen werden.[573] Werden nur Zitate aus Schriftstücken aneinander gereiht, so reicht das jedenfalls nicht aus.[574] Evidenz macht zum Teil die Formulierung von Feststellungen entbehrlich. So liegen bei der Schilderung des äußeren Ablaufs eines Ladendiebstahls der Tatvorsatz und die Absicht rechtswidriger Zueignung des wegge-

563 BGH NStZ-RR 2011, 213 f.

564 BGH Beschl. v. 01.03.2011 – 4 StR 30/11.

565 BGH Beschl. v. 19.08.2010 – 3 StR 226/10.

566 BGH Beschl. v. 23.03.1995 – 1 StR 68/95 zu Tatzeitfeststellungen.

567 BGH StV 2019, 816 f.

568 BGH NStZ-RR 2009, 91 f.; 2009, 148 f.

569 Unmittelbar gegen die Feststellungen kann nur mit der Aufklärungsrüge, §§ 244 Abs. 2, 337 StPO, oder der Darstellungsrüge, §§ 261, 337 StPO angegangen werden, vgl. BGH NStZ-RR 2000, 304 f.; *Fezer* FS Hanack, 1999, S. 331 (332 ff.); *G. Schäfer* StV 1995, 147 ff., wobei die Rügen nach einer zum Teil vertretenen Ansicht auch alternativ erhoben werden können, vgl. *Bauer* NStZ 2000, 72 ff.; a.A. *Hebenstreit* FS Widmaier, 2008, S. 267 ff.E s verbleibt eine Lücke im System der Kontrolle, die im Einzelfall entsteht, wenn fehlende (Indiztatsachen-) Feststellungen aus dem Urteilstext heraus nicht erkennbar sind.

570 Zur Darstellungspflicht bezüglich unzulässiger Tatprovokationen durch V-Leute BGHSt 45, 321 (329 ff.); BGH StV 2000, 604 f.; zur Nachprüfung anhand der Urteilsfeststellungen und der Akten sowie dem Revisionsvorbringen BGHSt 60, 238 (241); a.A. zur Rechtsfolge BGHSt 60, 276 (290 ff.).

571 BGH NStZ 1994, 400; Beschl. v. 15.11.1991 – 1 StR 462/91, v. 23.06.1993 – 5 StR 326/93 und v. 07.05.1996 – 5 StR 739/95; anders bei mangelnder inhaltlicher Unterscheidung von Feststellungen, Beweiswürdigung und Rechtsausführung BGH StV 1994, 542.

572 Vgl. BGHSt 35, 357 (361) a.E.; 37, 21 (27); 41, 6; 43, 381 (391); 46, 36 (46); 46, 339 (345); 48, 34 (37).

573 BGH StV 2004, 521 f.

574 BGH StV 2000, 655.

nommenen Gegenstandes im Allgemeinen so auf der Hand, dass keine ausdrückliche Feststellung der Tatsachen zur inneren Tatseite erforderlich ist, wenn der äußere Geschehensablauf beschrieben worden ist. Was evident ist, bedarf nicht unbedingt der Erläuterung. Erforderlich ist andererseits eine in sich geschlossene Darstellung des zum Anklagevorwurf festgestellten Sachverhalts.[575] Wirken verschiedene Personen an der Tat mit, ist der jeweilige Tatbeitrag festzustellen, damit die Art der Beteiligung auch rechtlich abgegrenzt werden kann.[576] Im Übrigen sind auch innere Tatsachen, wie die Umstände, die zum Vorsatz und zur Schuldfähigkeit gehören, festzustellen. Bei Beteiligung mehrerer an der Tat, ist dies grundsätzlich individuell für jeden Täter oder Teilnehmer erforderlich, soweit jedenfalls nicht Evidenz herrscht, dass alle Beteiligten gemeinsam von demselben Tatvorsatz oder von einer gleichartigen Beeinträchtigung der Schuldfähigkeit beherrscht wurden.

2. Feststellungen zum Vorleben und zu früheren Straftaten

115 Feststellungen zum Vorleben des Angeklagten und insbesondere zu seinen früheren Straftaten und Vorstrafen haben bisweilen Indizbedeutung für die neue Tat und die neue Schuld; sie können daher die Beweiswürdigung und die Strafzumessung beeinflussen. Im ersten Fall sind solche Feststellungen nach § 267 Abs. 1 StPO, im letzteren Fall nach § 267 Abs. 3 S. 1 StPO im Urteil darzustellen. Knapp gefasste Feststellungen zum Werdegang und zu den Lebensverhältnissen des Angeklagten sind nicht schon wegen ihrer Kürze rechtsfehlerhaft, solange sie genug Aussagekraft besitzen, um die darauf gestützten Folgerungen, insbesondere für die Strafzumessung, verständlich zu machen.[577] Fehlen sie völlig,[578] so ist dies ein Rechtsfehler, sofern Feststellungen möglich gewesen wären. Eine Bezugnahme auf Feststellungen zum Vorleben des Angeklagten in einem früheren Urteil, die Bestand haben, ist möglich, nicht jedoch eine Bezugnahme auf Feststellungen in einem aufgehobenen Urteil.[579] Gleiches gilt, wenn sich bei Teilaufhebung eines früheren Urteils durch das Revisionsgericht die Bindungswirkung aufrecht erhaltener Feststellungen nicht auf diejenigen zum Vorleben bezieht.[580] Das Fehlen von Feststellungen zum Vorleben hat grundsätzlich im Revisionsverfahren Bedeutung für die Strafzumessung; es kann nicht durch ein »Nachschieben« von Feststellungen im Wege der Urteilsberichtigung oder -ergänzung geheilt werden.[581] Im Einzelfall kann es sich auf den Schuldspruch auswirken, wenn das Vorleben eine wichtige Indiztatsache[582] für oder gegen die Täterschaft oder Schuld des Angeklagten sein kann.

116 Macht der Angeklagte keine Angaben zu seinem Werdegang, muss sich das Tatgericht um andere Beweise bemühen.[583] Die Beweisergebnisse dazu sind im Urteil zumindest anzudeuten. Andernfalls liegt ein Sachmangel in Form einer Darstellungslücke vor.[584] Die Grenze zur verfahrensrechtlich zu bewertenden Aufklärungslücke ist fließend. Die erforderlichen Feststellungen können etwa aus Zeugenaussagen oder Urkunden, insbesondere aus früheren Strafurteilen in anderer Sache, Explorationsmitteilungen in psychiatrischen Sachverständigengutachten oder Jugendgerichtshilfeberichten, gewonnen werden.

575 BGHR StPO § 267 Abs. 1 S. 1 Sachdarstellung 3; BGH StV 2000, 655.
576 BGH NStZ-RR 2019, 29.
577 Krit. BGH Urt. v. 21.10.1992 – 2 StR 361/92.
578 BGHR StPO § 267 Abs. 3 S. 1 Strafzumessung 8, 9, 10 (12); BGHR StGB § 46 Abs. 2 Vorleben 25; BGH, Beschl. v. 24.10.1991 – 1 StR 618/91, v. 27.01.1995 – 2 StR 753/94 und v. 22.03.1995 – 2 StR 51/95; Urt. v. 03.12.1997 – 2 StR 380/97.
579 BGHSt 24, 274 (275); BGH StV 1991, 653; NStZ-RR 1996, 266; StraFo 2004, 211; Beschl. v. 07.02.1995 – 5 StR 7/95; v. 10.06.1997 – 5 StR 259/97; v. 14.04.2004 – 2 StR 97/04; BGHR StPO § 267 Abs. 1 S. 1 Bezugnahme 3; KG Beschl. v. 08.05.2000 – (4) 1 Ss 116/00 (70/00).
580 BGH Beschl. v. 10.03.1992 – 1 StR 111/92.
581 BGH NJW 2007, 3219.
582 Vgl. BGH NJW 1999, 1562 ff.
583 BGH NStZ 1991, 231; BGHR StGB § 56 Abs. 1 Sozialprognose 34.
584 BGH NStZ-RR 1998, 17; 1999, 46; 2003, 18; StV 2002, 353; BGHR StPO § 267 Abs. 3 S. 1 Strafzumessung 8–12; 15; 17, 18; BGH Urt. v. 23.09.2004 – 3 StR 214/04.

117 Auch einschlägige Vorstrafen sind unabhängig von den zu Grunde liegenden Straftaten wegen der Warnwirkung der Verurteilung wichtige Strafzumessungsgründe.[585] Bisweilen sind frühere einschlägige Straftaten auch aussagekräftige Indizien für die Begehung der nunmehr angeklagten Tat,[586] dies aber nur, wenn sie infolge einer Markanten Vorgehensweise dafür Aussagekraft besitzen oder wegen ihrer Zahl, Frequenz, Gleichförmigkeit und anderer Markanter Umstände auffallen. Frühere Taten und Vorstrafen können nur dann als Schuldindizien oder Strafzumessungsgründe im neuen Urteil mit einiger Aussagekraft bewertet werden, wenn ausreichende Feststellungen dazu getroffen wurden.[587] Dafür genügt das Abschreiben oder Kopieren des Bundeszentralregisterauszugs im Einzelfall nicht,[588] denn Einzelheiten der früheren Taten sind daraus nicht zu entnehmen.[589] Andererseits ist das oft zu beobachtende Abschreiben der Feststellungen früherer Urteile nicht geboten.[590] Auch eine sonstig allzu breite Darstellung des Gegenstands der Vorstrafen ist nicht angezeigt.[591] Dies könnte im Extremfall als unkritische Übernahme rechtlich nicht bindender Feststellungen gewertet werden. Rechtsfehlerfrei ist dagegen eine prägnante Zusammenfassung des früheren Tatgeschehens und des Ergebnisses des früheren Strafprozesses.[592] In welchem Umfang Vorstrafen zu schildern sind, ist eine Frage des Einzelfalls.[593] Die schriftlichen Urteilsgründe sollen sich auf das Wesentliche beschränken. Dies bedeutet, dass Vorstrafen nur in dem Umfang und mit den Einzelheiten mitzuteilen sind, die für die neue Entscheidung von Bedeutung sind.[594] Daher wird es regelmäßig, wenn nur Zahl, Frequenz, Höhe, Einschlägigkeit und Verbüßung der Vorstrafen von Bedeutung sind, ausreichen die entsprechenden Tatsachen mitzuteilen. Vortaten dürfen andererseits bei Zweifeln an der Richtigkeit der früheren Entscheidungen nicht ungeprüft aus früheren Urteilen übernommen werden, da deren Feststellungen nicht in Rechtskraft erwachsen.[595] Soweit es um noch nicht abgeurteilte Taten als Indiz- oder Strafzumessungstatsachen geht, sind diese dem Angeklagten nur verwertbar, wenn das Tatgericht sie selbst zur eigenen Überzeugung aufklärt und feststellt. Ein bloßer Tatverdacht darf nicht zu Lasten des Angeklagten verwertet werden.[596]

3. Feststellungen zum eigentlichen Tatgeschehen

118 Nach § 267 Abs. 1 S. 1 StPO haben die Urteilsgründe die für erwiesen erachteten Tatsachen anzugeben, in denen die gesetzlichen Merkmale der Straftat gefunden werden. Erforderlich ist eine in sich geschlossene Darstellung.[597] Die Urteilsgründe müssen erkennen lassen, welche festgestellten Tatsachen den einzelnen objektiven und subjektiven Merkmalen des Straftatbestandes mitsamt seinen Qualifikationen zugrunde gelegt werden sollen.[598] Die Sachverhaltsschilderung soll zwar kurz, klar und bestimmt sein und alles Unwesentliche fortlassend.[599] Sie darf andererseits nicht lediglich ein Gerippe bilden und den Sachverhalt in flüchtigen Umrissen wiedergeben. Es genügt im Allgemeinen auch nicht, den Anklagesatz in das Urteil einzurücken.[600] Fehlen sonst zur Subsumtion unter die Strafnorm notwendige Feststellungen oder liegen Widersprüche oder Unklarheiten vor, so liegt

585 BGHSt 24, 198 (199 f.); *Frisch* Wissenschafts-FG 50 Jahre BGH, Bd. 4, 2000, S. 269 (291).
586 Vgl. BGHR StPO § 261 Beweiswürdigung 20.
587 KG Beschl. v. 23.06.1997 – 1 Ss 103/97 und v. 17.04.1998 – 1 Ss 60/98.
588 BGH Beschl. v. 06.08.1997 – 2 StR 199/97; a.A. BayObLG Beschl. v. 20.12.2004 – 4 St RR 204/04.
589 BGHR StPO § 267 Abs. 1 S. 1 Sachdarstellung 1; BGH NStZ-RR 1996, 266; Beschl. v. 06.08.1997 – 2 StR 199/97.
590 BGHR StPO § 267 Abs. 3 S. 1 Strafzumessung 13; BGH NStZ 1997, 377.
591 BGH Urt. v. 23.05.2013 – 4 StR 70/13.
592 BGH NStZ-RR 1996, 266; BGHR StPO § 276 Abs. 3 S. 1 Strafzumessung 16.
593 BGH Beschl. v. 20.06.2001 – 3 StR 202/01.
594 BGH Beschl. v. 10.09.2003 – 1 StR 371/03; Urt. v. 23.05.2013 – 4 StR 70/13.
595 BGHSt 43, 106 (107).
596 BGH StV 2017, 7 (8); NStZ-RR 2017, 88.
597 BGH wistra 2008, 109 [BGH 18.10.2007 – 4 StR 481/07.
598 BGH StraFo 2005, 214 (215) zur gewerbsmäßigen Bandenhehlerei.
599 BGH NStZ 2020, 102.
600 BGH StV 2007, 516 (517).

darin ein Sachmangel des Urteils, der zu dessen Aufhebung aufgrund der Sachrüge führt. Lücken in den Feststellungen außerhalb des zur Subsumtion des Straftatbestands unbedingt notwendigen Geschehens mit Indizbedeutung oder Rechtsfolgenrelevanz sind hingegen vom Revisionsführer mit einer Verfahrensrüge geltend zu machen. Ein Rückgriff auf die Urteilsgründe scheidet aus, wenn diese sich dazu nicht äußern müssen.

119 Feststellungen zur Tat müssen einen mit allen Merkmalen unter das Strafgesetz subsumierbaren Sachverhalt ergeben.[601] Nur dann bilden sie eine tragfähige Grundlage für den Schuldspruch. Andererseits sind nach der Rechtsprechung über den subsumierbaren Sachverhalt hinaus keine weiter gehenden Feststellungen zu Details des Geschehens erforderlich.[602] Das wird immer wieder vom Bundesgerichtshof betont, weil latente Unsicherheiten der Urteilsverfasser dazu führen, dass tendenziell immer umfangreichere Urteilsabfassungen zu verzeichnen sind und überlange Urteile[603] keine Seltenheit darstellen.

120 Bei Serientaten ergibt sich für die Urteilsabfassung in ähnlicher Weise wie bei der Anklageschrift das Problem der Konkretisierung von Einzelakten durch Mindestfeststellungen.[604] In Fällen gleichartiger Vorkommnisse ist nach der Rechtsprechung auch im Urteil eine Schilderung jedes Einzelakts entbehrlich.[605] In »Punktesachen«[606] sind vereinfachende Sachdarstellungen, insbesondere eine tabellarische Darstellung, erlaubt.[607] Nur Einzeltaten einer Tatserie, die durch keinerlei Feststellungen belegt sind, sind dagegen nicht rechtsfehlerfrei abgeurteilt.[608] Taten, die verschiedenen Personen zuzurechnen sind,[609] müssen unterscheidbar festgestellt werden. Mindestfeststellungen müssen auch getroffen werden, um einzelne Tatbestandsmerkmale[610] oder die Tatbestandserfüllung überhaupt[611] sowie Qualifikationen und Voraussetzungen der inneren Tatseite[612] subsumieren zu können. Eine Hochrechnung der Anzahl der Taten einer Serie genügt nicht.[613] Der Tatrichter muss sich vielmehr unter Beachtung des Zweifelssatzes von einer Mindestzahl der gleichartigen Taten überzeugen.[614] Dazu reicht es jedoch nach der Rechtsprechung wiederum aus, wenn von einem hochgerechneten Ergebnis ein Sicherheitsabschlag vorgenommen wird.

4. Indiztatsachenfeststellungen

121 Das Urteil »soll« gemäß § 267 Abs. 1 S. 2 StPO Indiztatsachen feststellen. Nach der Rechtsprechung zur erweiterten Revision ist dies zwingend,[615] soweit es um für die Entscheidung wesentliche Indizien geht. Damit soll das Urteil daraufhin revisionsrechtlich überprüfbar sein, ob es eine tragfähige

601 BGH JR 1988, 475 m. Anm. *G. Schäfer*; Beschl. v. 07.10.1997 – 4 StR 253/97; v. 13.10.1998 – 4 StR 483/98; Urt. v. 11.11.1998 – 5 StR 325/98; BayObLGSt 2000, 50 f.

602 KG Beschl. v. 24.08.2000 – (4) 1 Ss 198/00 (100/00).

603 Zu einem 1.300 Seiten langen Urteil gegen sieben Angeklagte wegen Bandendiebstahls u.a. BGH, Beschl. v. 30.05.2018 – 3 StR 486/17.

604 BGHSt 40, 374 (376); BGH StV 1993, 508; 1994, 173; 1994, 449; 1994, 528; 1997, 173; 1998, 63 (64); NStZ 2004, 568; 2005, 113; BGHR StPO § 267 Abs. 1 S. 1 Mindestfeststellungen 1–5, 7, 8, Sachdarstellung 7, 9, 13; BGH Urt. v. 13.01.2005 – 4 StR 422/04.

605 BGHR StPO § 200 Abs. 1 S. 1 Tat 14; BGH StV 1996, 365.

606 BGH Beschl. v. 20.03.1996 – 5 StR 415/95 und 5 StR 417/95; vgl. auch BGH wistra 1996, 62.

607 BGH Beschl. v. 20.12.1994 – 5 StR 696/94; einschränkend BGH NStZ 1992, 602.

608 BGH Beschl. v. 27.09.1996 – 2 StR 237/96; Urt. v. 13.01.2005 – 4 StR 422/04.

609 BGH StV 1996, 6.

610 BGHR StPO § 267 Abs. 1 1 Mindestfeststellungen 7.

611 BGHSt 43, 293, 299.

612 BGH Beschl. v. 12.08.1997 – 4 StR 353/97.

613 Vgl. BGHSt 42, 107 (109).

614 BGHSt 42, 107 (109); BGH, Beschl. v. 25.09.1997 – 4 StR 437/97; v. 12.11.1997 – 3 StR 559/97; v. 25.03.2010 – 5 StR 83/10.

615 BGH StV 1994, 360; NStZ-RR 2000, 304 f.

Beweisgrundlage hat.[616] Die für eine Verurteilung angeführten Indizien müssen feststehen.[617] Sie dürfen nicht nur möglich sein;[618] denn selbst aus einer Summe von Möglichkeiten lässt sich noch kein sicheres Urteil gewinnen.

▶ Beachte

Indizien sind nur festzustellen und dem Urteil zu Grunde zu legen, soweit sie Aussagekraft[619] und Entscheidungserheblichkeit besitzen. Indizien, denen keine Aussagekraft zukommt oder die für die Entscheidung ohne Bedeutung sind, sollen entfallen.[620] Soweit aber objektiv wichtige Umstände im Raum stehen, darf deren Mitteilung in den Urteilsgründen nicht nur erfolgen, weil der Tatrichter meint, darauf komme es für sein Entscheidungsergebnis nicht an. Es sind vielmehr alle für und gegen den Angeklagten sprechenden Umstände, soweit sie objektiv wesentlich sind, im Urteil zu erörtern. Erst recht darf der Tatrichter die Revision nicht dadurch leer laufen lassen, dass er objektiv gewichtige Zweifelsgründe aus dem Urteilstext weglässt (Rdn. 102). Das grenzt andernfalls an Rechtsbeugung[621] und verletzt jedenfalls den Anspruch der Verfahrensbeteiligten auf rechtliches Gehör.

III. Mitteilung der Beweiswürdigung

Häufiges Angriffsziel der Verteidigung im Revisionsverfahren ist die Beweiswürdigung. Diese unter- 122
liegt nur eingeschränkter, wenngleich z.T. erweiterter[622] Nachprüfung durch das Revisionsgericht auf sachlich-rechtliche Fehler. In besonderen Fällen eröffnet ein Mangel der Beweiswürdigung sogar eine Angriffsmöglichkeit mit der Verfassungsbeschwerde, wobei angeblich der Fairnessgrundsatz den Prüfungsmaßstab liefert.[623] Geprüft werden im Revisionsverfahren nach der Rechtsprechung[624] nur Verstöße gegen Denkgesetze oder anerkannte Erfahrungssätze,[625] eine Überspannung der Anforderungen an die Überzeugungsbildung beim Freispruch,[626] Lücken im Beweisgebäude,[627] Unklarheiten oder Widersprüche, schließlich nach partiell divergierender Rechtsprechung auch das Fehlen einer tragfähigen objektiven Tatsachengrundlage im Fall der Verurteilung.[628] Verletzungen des Zweifelssatzes sind nach der Rechtsprechung nur erfolgreich zu rügen, wenn die Urteilsgründe ergeben, dass der Richter verurteilt hat, obwohl er Zweifel an der Schuld des Angeklagten hatte; das wird meist bereits mit der Diktion des schriftlichen Urteils überspielt. Gerade weil die tatrichterliche Praxis

---

616 SK-StPO/*Frisch,* § 337 Rn. 126.

617 BGH NStZ-RR 2017, 88.

618 Vgl. BGHSt 10, 208 (209); 21, 149 (151); 26, 56 (63); 29, 18 (20); BGH JR 1954, 468; 1975, 34 m. Anm. *K. Peters*; BGH StV 1994, 580; BGHR StPO § 261 Überzeugungsbildung 22, 25; *Detter* FS 50 Jahre BGH, S. 679 (685).

619 Zur mangelnden Aussagekraft der Blutalkoholkonzentration für den Vorsatz zur Straßenverkehrsgefährdung etwa OLG Hamm NZV 2005, 161 f.

620 *Niemöller* StV 1984, 431, 433: »taube Nuss«.

621 BGHSt 43, 212 (216).

622 BVerfG StV 2003, 593 ff. = JR 2004, 37 ff.; *Detter* FS 50 Jahre BGH, 2000, S. 679 (680 ff.) m.w.N.; *Wilhelm* ZStW 117 (2005), 143 ff.

623 BVerfG StV 2003, 593 ff. = JR 2004, 37 ff. m. Anm. *Böse.*

624 BGHSt 58, 212 (214).

625 Zum Fehlen eines gesicherten Erfahrungssatzes zur erheblich verminderten Schuld bei einer BAK ab zwei Promille BGHSt 43, 66 (71 ff.); zum Beweiswert einer unerprobten naturwissenschaftlichen Untersuchungsmethode BGH StV 1994, 227; zur Ungeeignetheit des Polygrafentests BGHSt 44, 308 (312 ff.); zur fehlenden Allgemeinverbindlichkeit von Sätzen der Lebenserfahrung BGH StV 1993, 116 (117); zum Fehlen kriminologischer Erfahrungssätze über das Vorgehen eines Produkterpressers bei der Lebensmittelvergiftung BGH NJW 1999, 1562 (1563).

626 BGH NStZ-RR 1998, 102 f.; 2005, 149; wistra 2013, 195 (196).

627 BGH StraFo 2005, 161.

628 BGH NStZ-RR 2013, 387 (388).

dem Zweifelssatz[629] die praktische Bedeutung in der Revisionskontrolle nimmt, steuerte die Rechtsprechung phasenweise der Gefahr von Fehlurteilen zum Nachteil von Angeklagten mit erhöhten Anforderungen an eine tragfähige objektive Urteilsgrundlage entgegen, aus der sich zumindest die hohe Wahrscheinlichkeit der Schuld des Angeklagten ergeben muss.[630] Bedeutung und Tragweite dieser Rechtsprechungsänderung waren unklar. Inzwischen ist diese Rechtsprechung zur Notwendigkeit einer objektiv hohen Wahrscheinlichkeit der Richtigkeit der Feststellung von Täterschaft und Schuld unter der Hand wieder weit gehend aufgegeben worden. Ob derzeit noch eine Divergenz besteht, die früher nur nicht offen gelegt worden war, bleibt in der Kasuistik verborgen. Bei der Frage des erforderlichen Beweismaßes für eine strafrechtliche Verurteilung herrscht danach Unklarheit, die durch Verschweigen kaschiert wird. Effektive Verteidigung muss die Frage in plakativen Fällen problematisieren, zumal das Bundesverfassungsgericht zwischenzeitlich in seiner Kammerrechtsprechung den engeren Maßstab der objektiv hohen Wahrscheinlichkeit der Schuld des Angeklagten zu einer Maxime des fairen Verfahrens erklärt hatte.[631] Dass sich die Senatsrechtsprechung bis heute nicht mit der Frage des rechtsgenügenden Beweises[632] und der revisionsgerichtlichen Kontrolle mit Hilfe einer bei der Sachrüge richterrechtlich erweiterten, bei der Verfahrensrüge reduzierten Revision[633] befasst hat, erscheint bezeichnend für das herrschende Unverständnis von den zentralen Problembereichen des Strafverfahrens.

123 Die Anknüpfung des Bundesgerichtshofs in seiner zwischenzeitlichen Rechtsprechung daran, dass im Verurteilungsfall rational nachvollziehbare objektive Grundlagen die Urteilsgrundlage bilden müssen, aus denen sich zumindest die hohe Wahrscheinlichkeit[634] der Richtigkeit des gefundenen Beweisergebnisses ergeben muss, und sodann erst ergänzend eine subjektive richterliche Überzeugung von der Schuld des Angeklagten gefordert wird, verlangte eine Zweiteilung der Urteilsbegründung hinsichtlich der Beweislage in die Darstellung der objektiven Beweisgründe und die richterlichen Folgerungen hieraus, also die eigentliche Würdigung der objektiven Befunde. »Angriffe auf die Beweiswürdigung« nur als solche, also auf den zweiten Teil der genannten Beweisgrundlagen des Urteils, mit der Sachrüge sind immer noch meist aussichtslos. Die Revision kann insoweit nur geltend machen, dass die subjektive Würdigung der objektiven Beweisgrundlagen durch das Tatgericht

629 Der rechtsstaatliche Zweifelssatz, vgl. BVerfGE 63, 380 (392), gilt nach der Rspr. nicht für einzelne Indiztatsachen, sondern nur für das Ergebnis der Gesamtwürdigung aller Beweise, BGHSt 36, 286 (290 ff.). Abschließend geklärt ist das nicht. Dazu bedürfte es auch einer Abstimmung mit der »Nullhypothese«, deren Beachtung und eindeutige Widerlegung bei jedem Realkennzeichen oder Hinnahme von aussagepsychologischen Sachverständigen verlangt wird, vgl. BGHSt 45, 164 (168), und an die sich die richterliche Beweiswürdigung annähern soll, OLG Nürnberg NJW 2010, 3793 (3794); *Boetticher* NJW-Sonderheft für G. Schäfer 2002, 8 (12). Das Dogma von der Favorisierung der »Nullhypothese« ist aus der Prüfstatistik übernommen worden, vgl. *Volbert* in: Kindesmisshandlung und -vernachlässigung 12. Jhg. 2009 Heft 2, S. 52, 54 f.; krit. *König/Fegert* ebenda S. 16, 17. Dabei bleibt unklar, inwieweit eine Übertragbarkeit auf dynamische Systeme besteht. Das Postulat wird andererseits als Annäherung an die Unschuldsvermutung oder den Zweifelssatz erklärt, *Schmuck/Brügge-Niemann* NJOZ 2014, 601, 602. Es kommt jedoch einer Anwendung des Zweifelssatzes auf Einzelaspekte des Beweisergebnisses nahe, die im Strafprozessrecht angeblich gerade nicht gilt; vgl. BGH NStZ 2012, 171, 172. Wissenschaftsmethodisch wirkt die Anwendung einer normativen Regel auf eine Maßnahme der Erfahrungswissenschaft systemfremd; *Staniuskaswki/Blumer* Streit 2/2000, 65, 67 f. Die Tatsache, dass erst seit BGHSt 45, 164 (168 ff.) die Vorgabe der Beachtung der Nullhypothese an Sachverständige gilt, aber bis zu jenem Zeitpunkt noch nicht aufgestellt worden war, deutet an, dass es sich um ein neues Produkt handelt. Dessen Legitimität wäre noch unter Beweis zu stellen. Inzwischen wird in der Psychologie vorgeschlagen, die Nullhypothese jedenfalls nicht mehr hervorzuheben, *Greuel* in: Egg, Psychologisch-psychiatrische Begutachtung in der Strafjustiz, 2012, S. 33, 37.

630 BVerfG JR 2004, 37 (39); BGH NJW 1999, 1562 ff.; OLG Karlsruhe Die Justiz 2005, 195 (196 f.).

631 BVerfG NJW 2003, 2444 (2445).

632 Dazu näher *Haustein*, Zu den Entscheidungsnormen bei Aussage gegen Aussage, 2017.

633 Dazu näher *Schletz*, Die erweiterte Revision in Strafsachen, 2020.

634 BGH StV 1993, 510 (511); 1995, 453; NStZ 1988, 236 (237); NJW 1999, 1562 (1564) m. Anm. *Salditt* NStZ 1999 ff.

unlogisch, widersprüchlich, lückenhaft sei oder Erfahrungssätzen widerspreche. Die Revision kann neben »Angriffen auf die Beweiswürdigung« aber die objektiven Grundlagen dieser Würdigung als unvollständig oder nicht tragfähig angreifen.[635] Dabei trifft sie nur auf die Schallmauer der fehlenden Dokumentation der Äußerungsinhalte in der Hauptverhandlung in Protokoll und Urteil. Dahinter können sich Tatrichter verstecken. Das ist ein rechtsstaatlicher Skandal.

1. Darstellung der Beweisgründe im Urteil

Die Rechtsprechung verlangt mit der Darlegung der für die Entscheidung wesentlichen Beweisergebnisse und ihrer Würdigung mehr als das Gesetz in § 267 Abs. 1 StPO,[636] denn eine Erläuterung der Beweisgründe im Urteil sei »unabweisbar geboten«.[637] Dadurch soll vermieden werden, dass Verurteilungen ohne tragfähige Grundlage erfolgen[638] und auf bloßen Vermutungen beruhen.[639] Ferner wird tatrichterlichen Umgehungen des Zweifelssatzes[640] durch die bloße Behauptung einer vorhandenen subjektiven Überzeugung entgegengewirkt. Da aber nach bisheriger Rechtsprechung andererseits schon logisch mögliche Beweisschlüsse rechtsfehlerfrei sind, bleibt von einer Kontrolle mit dem Ziel der Wahrscheinlichkeit der sachlichen Urteilsrichtigkeit wenig übrig. Selbst in der Diktion des Urteils erkennbare Dissonanzreduktionen liefern keinen revisiblen Rechtsfehler.[641] Die Bewertung von einzelnen Realkennzeichen unterliegt jeweils einem nicht revisiblen Deutungsspielraum, so dass die Überwindung der Nullhypothese eine Frage der individuellen Bewertung bleibt. Eine umfassende Dokumentation der Beweisinhalte wird ebenfalls im Allgemeinen nicht gefordert.[642] Überlange Urteile,[643] die mehr oder weniger alle Beweisinhalte im Einzelnen wiedergeben, die in der Hauptverhandlung zur Sprache kamen, ergeben keine Verbesserung der Urteilsqualität, sondern lenken eher von Würdigungsdefiziten oder Unsicherheiten ab. Anders liegt es nur, wenn »Aussage gegen Aussage« steht und die Aussage des einzigen Belastungszeugen einer genauen Nachprüfung sowie gegebenenfalls der Widerlegung einer bestreitenden Einlassung des Angeklagten unterzogen werden soll. Dann bedarf es einer möglichst präzisen Wiedergabe der Sacheinlassung des Angeklagten, soweit dieser Angaben zur Sache gemacht hat, und der belastenden Zeugenaussagen des einzigen Tatzeugen sowie der eingehenden Würdigung dieses Beweisstoffs.[644] Das umfassende Referat von Aussageinhalten in vollem Umfang im Urteilstext verführt allerdings Urteilsverfasser dazu, die eigene Würdigung zu vernachlässigen und diese partiell dem Leser zu überlassen. Die Revisionsinstanz liefert mangels Kontrollierbarkeit der Inhalte der Beweiswürdigung aber praktisch nur die Simulation einer angeblich zuverlässigen Kontrolle der Beweiswürdigung, die auf tönernen Füßen steht und Fälle falscher Urteile oft nicht erfassen kann.[645] Die Urteilsgründe dienen einerseits im Allgemeinen nicht der Dokumentation der Beweisaufnahme; sie sollen nicht das vom Gesetzgeber abgeschaffte Protokoll über den Inhalt der Äußerungen des Angeklagten, der Zeugen und Sachverständigen ersetzen, sondern das Ergebnis der Beweisaufnahme erkennen lassen und die Nachprüfung 124

635 Zu der nicht tragfähigen bloßen Vermutung, die Einlassung des Angeklagten sei unrichtig, BGH wistra 2005, 106 f.

636 Vgl. BGH NStZ-RR 2000, 304 f.; krit. *Foth* DRiZ 1997, 201; 1997, 476.

637 *Maul* FS Pfeiffer, S. 411 (420); *Wagner* ZStW 106 (1994), 259 ff.

638 BGH StV 1998, 3.

639 BGH NStZ-RR 1997, 17; Urt. v. 31.05.1996 – 1 StR 247/96; Beschl. v. 23.09.1997 – 4 StR 154/97.

640 Vgl. *Hoyer* ZStW 105 (1993), 523 ff.; zur Freiheit der Beweiswürdigung *Jerouschek* GA 1992, 493 ff.

641 *Eschelbach* GA 2019, 593 (610 ff.).

642 BGH Beschl. v. 14.05.2013 – 3 StR 101/13.

643 Vgl. den Extremfall bei BGH Beschl. v. 30.05.2018 – 3 StR 486/17, aber auch den Fall der wörtlichen Wiedergabe überwachter Kommunikation und der Beweiswürdigung zu allen getroffenen, vielfach auch unerheblichen Tatsachenfeststellung bei BGH Beschl. v. 04.10.2017 – 3 StR 145/17; Beschl. v. 11.03.2020 – 2 StR 380/19; zu praktisch unverständlichen überlangen Urteilsgründen BGH NStZ-RR 2020, 258 f.

644 BGH NStZ-RR 2016, 148 (149); 2016, 382 f.; StV 2017, 7; 2019, 522 f.; Beschl. v. 21.09.2017 – 2 StR 275/17.

645 Vgl. *Sabine Rückert* Unrecht im Namen des Volkes, 2007, S. 152; weitere Beispiele bei *Darnstädt*, Der Richter und sein Opfer – Wenn die Justiz sich irrt, 2013.

der getroffenen Entscheidung auf Rechtsfehler ermöglichen.[646] Andererseits wird eine immer genauere Darstellung der Beweisgrundlagen von den Revisionsrichtern verlangt, je komplizierter ihnen der Fall erscheint. Das gilt etwa für die Würdigung des Wiedererkennens von Angeklagten als Täter durch Zeugen,[647] die Personenidentifizierung anhand von Aufnahmen,[648] oder für die Auswertung von Spurenmaterial mit Hilfe einer DNA-Untersuchung.[649] Details dazu sind mitzuteilen, sofern es sich jedenfalls nicht nur um ein zur Abrundung herangezogenes Zusatzindiz handelt.

125 Eine der Beweiswürdigung vorangestellte Auflistung aller erhobenen Beweise und die Mitteilung, das Urteil beruhe darauf, stammt aus der Zeit, als sich die Revisionsgerichte nicht aufgrund einer »erweiterten Revision« in die tatrichterliche Beweiswürdigung einmischten. Ein solcher Vermerk ist überholt. Er ersetzt nicht die aus revisionsrechtlicher Sicht notwendige Mitteilung der Beweiswürdigung.[650] Diese Darstellungsform bildet nur eine unnötige Fehlerquelle[651] und trägt nichts zur Richtigkeitsgewähr bei. Die umgekehrt verbreitet praktizierte Mitteilung aller Informationen, die in der Beweisaufnahme überhaupt gewonnen wurden, um anschließend schrittweise die Beweisgrundlagen jeder einzelnen getroffenen Feststellung – ohne Rücksicht auf deren Bedeutung für das Entscheidungsergebnis – darzulegen, geht auch fehl. Diese unnötige Maximierung des Schreibaufwands führt eher zur Vernachlässigung der notwendigen Gesamtwürdigung aller Indizien zu den wesentlichen Aspekten.

126 Das Urteil soll nach derzeitigen Stand des Revisionsrechts durch die Erörterung der einzelnen Beweisgründe erkennen lassen, dass alle wesentlichen Beweise berücksichtigt[652] und auf ihre Tragfähigkeit geprüft wurden, soweit dies nicht offensichtlich ist.[653] Es bedarf deshalb einer zusammenfassenden Darstellung der Indiztatsachen, welche die Grundlage der richterlichen Würdigung hinsichtlich der entscheidungserheblichen Sachverhaltstatsachen bilden,[654] sodann einer Darstellung ihrer Würdigung. Für ersteres geboten ist auch gegebenenfalls die zusammenfassende Wiedergabe der Einlassung des Angeklagten,[655] soweit diese von den Feststellungen abweicht, auf die im Übrigen als Inhalt von Äußerungen durch Beweispersonen Bezug genommen werden kann.[656] Die Praxis der Abgabe von Verteidigererklärungen führt zunehmend dazu, dass diese vorformulierten und meist auch schriftlich zu Protokoll gereichten Erklärungen im Urteilstext vollständig wiedergeben werden, was eine Fehlentwicklung andeutet. Bei einer Einlassung des Angeklagten mittels einer von ihm mehr oder weniger pauschal als seine Aussage bestätigten Verteidigererklärung hat das Tatgericht zu berücksichtigen, dass dieser Erklärung von vornherein verminderter Beweiswert zukommt. Es handelt sich um schriftliches, häufig nicht hinterfragbares Verteidigungsvorbringen. Derartige in der Hauptverhandlung verlesene Einlassungen sind allenfalls bedingt einer Glaubhaftigkeitsprüfung zugänglich. Ihr Beweiswert bleibt hinter der dem gesetzlichen Leitbild der Einlassung entsprechenden, nicht nur persönlich und mündlich, sondern in freier Rede und vollständig getätigten Aussage zurück.[657] Zumindest zur Überführung eines anderen Angeklagten liefern Verteidigererklärungen für sich genommen keine tragfähige Beweisgrundlage. Entbehrlich ist auch sonst eine lückenlose oder sogar

646 BGH wistra 2004, 150.
647 BGH StraFo 2016, 154 f.; 2017, 70; 2017, 111 f.
648 BGH StV 2018, 399 f.
649 BGH NStZ-RR 2016, 118 f.; 2017, 91 f.; NStZ 2016, 490 ff.; 2018, 303; NJW 2020, 350.
650 BGH Beschl. v. 07.05.1998 – 4 StR 88/98.
651 BGH StV 1998, 245 f.
652 BGHR StPO § 261 Beweiswürdigung 11; OLG Hamm NZV 2012, 600 f.
653 BGHSt 44, 153 (158 ff.); 44, 256 (257).
654 Zur Notwendigkeit der inhaltlichen Mitteilung einer entlastenden Zeugenaussage, die das Gericht für unzutreffend hält, BGH NStZ-RR 2000, 304 f.
655 BGH StV 1992, 555; KG NStZ 1998, 55 f.; *G. Schäfer* StV 1995, 147 (151).
656 BGH NStZ-RR 1997, 270.
657 BGH NStZ 2021, 180 (181); OLG Hamm Urt. v. 01.06.2021 – III-5 RVs 33/21.

wortlautgetreue Dokumentation der Aussage des Angeklagten[658] oder aber von Zeugenaussagen[659] im Urteil, das nicht das fehlende Inhaltsprotokoll der Hauptverhandlung ersetzen kann und soll.

Die Anforderungen an den Umfang der Darstellung von Beweisgrundlagen ist in der revisionsgerichtlichen Rechtsprechung uneinheitlich, was das Entscheidungsergebnis der Rechtskontrollinstanz unvorhersehbar erscheinen lässt und zu Verunsicherung führt. Eine eingehende Darstellung der Einlassung des Angeklagten, eines Mitangeklagten[660] oder von Zeugenaussagen ist danach ausnahmsweise geboten, wenn und soweit es auf inhaltliche Details oder Glaubwürdigkeitskriterien ankommt.[661] Das gilt auch und erst recht, wenn eine Aussageänderung vorliegt[662] oder das Tatgericht der Aussage nur zum Teil folgen will.[663] Das darf auch nicht durch Teileinstellungen nach § 154 StPO hinsichtlich zweifelhafter Tatbehauptungen umgangen werden.[664] Andernfalls ist eine vollständige Dokumentation eher schädlich als nützlich, weil sie nur eine Wiedergabegenauigkeit vortäuscht, die in Wahrheit mangels authentischer Aufzeichnung nicht besteht und für sich genommen noch keine richtige Würdigung verbürgt. Für Sachverständigenäußerungen[665] gilt Ähnliches;[666] hier bestehen besondere Darstellungsanforderungen vor allem bei Vorliegen divergierender Gutachten.[667] Hält der Tatrichter die Zuziehung eines Sachverständigen für erforderlich, so hat er dessen Ausführungen in einer zusammenfassenden Darstellung unter Mitteilung der zu Grunde liegenden Anknüpfungstatsachen und der daraus gezogenen Schlussfolgerungen wiederzugeben, um dem Revisionsgericht die gebotene Nachprüfung zu ermöglichen.[668] Der Tatrichter hat das Gutachten aber eigenverantwortlich zu bewerten[669] und »weiterzuverarbeiten«.[670] Dazu muss er sich selbst sachkundig machen und zwar nicht immer nur mithilfe des gerichtlichen Sachverständigen, dessen Gutachten der Richter schließlich auch überprüfen soll, sondern bei Bedarf mithilfe ergänzender Informationsquellen. Zwar bereitet das schriftliche Gutachten die Begutachtung durch den Sachverständigen in der Hauptverhandlung nur vor; es ist also nach dem Maßstab des § 261 StPO rechtlich unerheblich.[671] Widerspricht aber das mündlich erstattete Gutachten dem vorbereitenden schriftlichen Gutachten in entscheidenden Punkten, so muss sich das Tatgericht auch mit diesen Widersprüchen auseinandersetzen und nachvollziehbar darlegen, warum es das eine Ergebnis für zutreffend, das andere für unzutreffend erachtet. Die Widersprüche müssen eine Lösung finden, welche Zweifel an der 127

658 BGH Beschl. v. 25.01.2005 – 3 StR 496/04.

659 BGH Beschl. v. 11.01.2005 – 3 StR 456/04.

660 BGH Beschl. v. 09.01.2020 – 2 StR 355/19.

661 Vgl. BGH Beschl. v. 21.09.2017 – 2 StR 275/17; StV 2019, 522 f.; 2019, 525 f.; 2020, 446 (447).

662 BGH StV 2019, 525 f.; NStZ 2020, 240 f.

663 BGH NStZ 2018, 116; Urt. v. 11.12.2019 – 5 StR 391/19.

664 BGH StV 2020, 446 (447).

665 BGH NStZ-RR 1997, 258; NStZ-RR 1998, 5; StV 1998, 15 (16); 1998, 658 (659).

666 BGH NStZ 2019, 690 f.; Beschl. v. 08.10.2019 – 2 StR 362/19.

667 BGH NStZ 2019, 240.

668 BGH StV 1994, 359 (360); 1993, 235; JR 2007, 127 f. m. Anm. *Deckers*; OLG Hamm StV 2008, 240 f.

669 BGHSt 7, 238 (239).

670 *Schmid*, Krank oder böse? Die Schuldfähigkeit und die Sanktionenindikation dissozial persönlichkeitsgestörter Straftäter und delinquenter »Psychopaths« sowie die Zusammenarbeit von Jurisprudenz und Psychiatrie bei der Beurteilung der Schuldfähigkeit 2009, S. 534 ff.

671 Daher ist auch die Aufstellung methodischer Anforderungen an das schriftlich-vorbereitende Gutachten unter Verpflichtung des Sachverständigen zur genauen Aktenauswertung bedenklich, wie es von *Boetticher/Nedopil/Bosinski/Saß* NStZ 2005, 57 ff. propagiert wird; krit. *Eisenberg* NStZ 2005, 304 (306); *Fischer* FS Widmaier, 2008, S. 191 (195 ff.). Die »Empfehlungen« der Arbeitsgruppe werden in der Praxis schematisch angewendet und im Ergebnis wie Rechtsregeln behandelt. Das verstößt gegen die Freiheit der Beweiswürdigung. Überdies führt das schematische Vorgehen dazu, dass unreflektiert Aktenwissen durch das Gutachten des Sachverständigen, der bewusst oder unbewusst auf seine schriftlichen Ausarbeitungen rekurriert, eingebracht und die alleinige Maßgeblichkeit des Geschehens in der kontradiktorischen Hauptverhandlung verletzt wird.

Richtigkeit des angenommenen Ergebnisses beseitigt.[672] Will das Tatgericht dem Votum des Sachverständigen nicht folgen, muss es die maßgeblichen Ausführungen des Gutachtens mitteilen und sich damit auseinander setzen.[673]

▶ Beachte

Die auf § 261 StPO gestützte »Darstellungsrüge«[674] bereitet Verteidigern oft Probleme. Im Kern gilt folgendes: Soweit sich Darstellungsmängel aus dem Urteil selbst ergeben, insbesondere also Lücken in der zusammenfassenden Wiedergabe der wesentlichen Beweisgründe, werden sie vom Revisionsgericht bereits aufgrund der Sachrüge beachtet.[675] Ist ein Mangel erst durch einen Vergleich der Urteilsurkunde mit einer bei den Akten befindlichen Urkunde möglich, bedarf es einer Verfahrensrüge, um dem Revisionsgericht durch das Rügevorbringen gemäß § 344 Abs. 2 S. 2 StPO den notwendigen Akteninhalt offen zu legen. Diese Verfahrensrüge ist nur aussichtsreich, wenn das Vorbringen des Revisionsführers ohne Rekonstruktion der tatrichterlichen Beweisaufnahme im Ganzen anhand feststehender Beweisinhalte geprüft werden kann.[676] Dies kommt etwa beim Vergleich des Inhalts verlesener Urkunden mit der Darstellung des Inhalts derselben Urkunde im Urteil infrage.[677] Im Übrigen galt die Rüge der »Aktenwidrigkeit« des Urteils zunächst als unzulässig; sie bleibt nach heutiger Diktion meist unbegründet, weil der Nachweis eines Rechtsfehlers aufgrund des »Verbots der Rekonstruktion der Beweisaufnahme« nicht geführt werden kann.[678] Auch kann die Verteidigung gegen Verletzungen des Anspruchs auf rechtliches Gehör nur mit Sonderrechtsbehelfen vorgehen, dies aber nicht ganz ohne Aussicht auf Erfolg.

2. Prüfung der Beweiswürdigung auf Sachmängel

128 Die Beweiswürdigung ist nach der ständigen Rechtsprechung grundsätzlich die ureigene Aufgabe des Tatgerichts,[679] obwohl den Richtern meist jedenfalls zu Beginn der Berufstätigkeit eine spezifische Ausbildung in Beweislehre, Kriminologie und Aussagepsychologie fehlt und obwohl sie – anders als aussagepsychologische Sachverständige[680] – nicht strikt darauf verpflichtet werden, einer hypothesengeleiteten Vorgehensweise zu folgen.[681] Dagegen kann die Verteidigung im Revisionsverfahren regelmäßig nicht erfolgreich vorgehen. Für Wiederaufnahmeverfahren ist die Einholung von Sachverständigengutachten durch Antragsteller – meist auf eigene Kosten – erforderlich. Auch typisch tatrichterliche Wertungen, wie die Auslegung von Äußerungen,[682] sind nicht revisibel. Der Beurteilung durch das Revisionsgericht unterliegt nur, ob dem Tatrichter bei der Beweiswürdigung Rechtsfehler unterlaufen sind. Das ist dann der Fall, wenn die Beweiswürdigung widersprüchlich, unklar oder lückenhaft ist oder gegen Denkgesetze oder gesicherte Erfahrungssätze verstößt.[683] Das Urteil muss auch auf tragfähige Beweisgründe aufbauen, um nicht willkürlich zu erscheinen, und die daraus gezogenen Schlussfolgerungen müssen wenigstens logisch möglich sein. Insoweit bedarf

---

672 BGH NStZ 2005, 161 f.
673 BGH StV 2007, 19, 20; NStZ-RR 2017, 88 (89) m. Anm. *Eisenberg* NZFam 2017, 1 ff.
674 *G. Schäfer* StV 1995, 147 ff.
675 *Peltz* NStZ 1993, 361 ff.
676 BGHSt 43, 212 (214 ff.).
677 BGH StV 1991, 549.
678 BGH NStZ 1995, 27; 1997, 450; 2000, 156; 2006, 55 (56); NStZ-RR 2001, 262; SSW-StPO/*Schluckebier*, § 261 Rn. 65.
679 BGHSt 8, 130 (131); BGH StV 1998, 62 f.; NStZ-RR 2007, 195 f.; 2013, 387 (388).
680 BGHSt 45, 164 (168).
681 Krit. *Böttcher* NJW-Sonderheft für Gerhard Schäfer 2002, 8 (12); *Deckers* in: Deckers/Köhnken, Die Erhebung von Zeugenaussagen im Strafprozess, 2007, S. 89; *Tsambikakis* Kunert-Symposium, 2006, S. 87 (93).
682 *Wittig* GA 2000, 267 ff.
683 BGHSt 58, 212 (214); BGH StV 2005, 85 (86).

es der Mitteilung einer Beweiswürdigung im Urteilstext, um dem Revisionsgericht eine Nachprüfung zu ermöglichen.

Bei den Beweisgründen und deren Würdigung bietet das Urteil Angriffsflächen für die Revision sowohl für als auch gegen den Angeklagten. Für den Umfang der Beweiswürdigung im Urteil gilt grundsätzlich, dass diese umso genauer darzulegen ist, je problematischer die Beweislage erscheint.[684] Sie kann vom Standpunkt der Revisionsgerichte aus knapp ausfallen, wenn das Ergebnis klar wirkt, insbesondere im Fall eines beim Abgleich mit anderen Beweisen für glaubhaft gehaltenen Geständnisses des Angeklagten.[685] Steht »Aussage gegen Aussage«,[686] wird nicht nur eine relativ genaue Wiedergabe der Äußerungen der Auskunftspersonen, sondern auch eine erkennbare Gesamtwürdigung aller Umstände, die für und gegen die Glaubhaftigkeit der belastenden Aussage sprechen, verlangt.[687] Das gilt insbesondere für die Aussageentstehung[688] Und die Aussagekonstanz.[689] In diesem Zusammenhang kann im Einzelfall auch ein langer Zeitraum zwischen Tatbegehung und Anklageerhebung erläuterungsbedürftig sein.[690] Beruht die Überzeugung des Gerichts von der Täterschaft des Angeklagten allein auf der Aussage einer Belastungszeugin, so sind an die Überzeugungsbildung strenge Anforderungen zu stellen. Die Urteilsgründe müssen in solchen Fallkonstellationen nach der Rechtsprechung erkennen lassen, dass der Tatrichter alle Umstände, welche seine Entscheidung beeinflussen können, erkannt und in seine Überlegungen einbezogen hat. Insbesondere die Aussage der Zeugin selbst ist einer sorgfältigen Glaubhaftigkeitsprüfung zu unterziehen. Macht sie in der Hauptverhandlung in einem wesentlichen Punkt von früheren Tatschilderungen abweichende Angaben, so muss sich der Tatrichter damit auseinandersetzen und darlegen, dass und aus welchem Grund insoweit keine falschen Angaben vorgelegen haben. Gleiches gilt in Fallkonstellationen, in denen Anhaltspunkte für das Vorhandensein eines Falschbelastungsmotivs bestehen.[691] Aussagepsychologische Gutachten dürfen vom Tatgericht nicht einfach übernommen werden; sie bedürfen der Überprüfung.[692] Wenn Aussage gegen Aussage steht und der Tatrichter die Zuziehung eines aussagepsychologischen Sachverständigen für geboten erachtet, reicht es nach der Rechtsprechung allerdings regelmäßig aus, dass die Urteilsgründe die wesentlichen Anknüpfungstatsachen und methodischen Darlegungen des Gutachtens in einer Weise enthalten, die zum Verständnis des Gutachtens und zur Beurteilung seiner Schlüssigkeit und sonstigen Rechtsfehlerfreiheit erforderlich sind. Um die revisionsrechtliche Nachprüfung zu ermöglichen, ist es danach geboten, näher auf die Aussageentstehung einzugehen sowie darzulegen und zu erörtern, welche Möglichkeiten als Erklärung für eine möglicherweise unwahre Aussage der Hauptbelastungszeugin in Betracht kommen konnten.[693] Insbesondere mögliche Suggestiveffekte durch eine Familienaufstellung, eine therapeutische Intervention oder die Erlangung von Aktenwissen liefern Bedenken, die im Verurteilungsfall ausgeräumt werden müssen.[694] Der Tatrichter ist nicht gehalten, einem Gutachten zur Glaubwürdigkeit des Opfers zu folgen. Kommt er zu einem anderen Ergebnis, muss er sich mit dem Gutachten auseinanderset- 129

684 BGH NStZ 2013, 541 f.

685 Einschränkend im Fall der Verfahrensabsprache zulasten Dritter BGHSt 52, 78 ff. m. Anm. *Schmitz* NJW 2008, 1751 f.; zur Notwendigkeit der Glaubhaftigkeitskontrolle des Geständnisses BGH NStZ 2014, 170 m. Anm. *Jahn*.

686 BGHSt 44, 153 (159); 44, 256 (257); näher *Wille*, Aussage gegen Aussage in sexuellen Missbrauchsverfahren, 2012.

687 BGH StV 1996, 582; 1997, 63; 1997, 513; 2001, 551 f.; NStZ-RR 1998, 15 (16); 2004, 87; 2005, 149; OLG Düsseldorf StV 2002, 471 (472 f.); krit. *Meyer-Mews* NJW 2000, 916 ff.

688 BGH StV 1995, 6 (7); 1995, 451 (452); 1996, 365 (366); 2000, 243 (244); 2003, 61 (62); 2005, 488 (489); StV 2017, 367 f.; Beschl. v. 09.01.2020 – 2 StR 355/19.

689 BGH Beschl. v. 21.09.2017 – 2 StR 275/17; krit. zu dem oft überschätzten Glaubhaftigkeitskriterium *Deckers* StV 2017, 50 ff.

690 BGH Beschl. v. 09.02.2005 – 4 StR 552/04.

691 BGH Urt. v. 30.03.2016 – 2 StR 92/15.

692 BGHSt 45, 164 (166 ff.); BGH NStZ 2001, 45 f.

693 BGH StV 2003, 61 (62).

694 *Hohoff* NStZ 2020, 387 ff.

zen, um zu belegen, dass er über besseres Wissen oder eine Mehrzahl von Erkenntnisquellen verfügt.[695] Vor allem muss der Zeugenbeweis selbst kritisch überprüft werden. Wechselt der einzige Belastungszeuge in einem wichtigen Aussagedetail seine Angaben,[696] so bedarf es der Erörterung im Urteil, ob darin ein Fall der bewussten Lüge in einem Teilbereich der Aussage liegt, die den Aussagewert auch im Übrigen reduziert.[697] Ähnlich liegt es, wenn der Hauptbelastungszeuge sich früher selbst der Falschaussage und der falschen Verdächtigung des Angeklagten bezichtigt hatte, der Tatrichter die vormalige vermeintliche Falschaussage aber doch glauben will; auch das bedarf näherer Erläuterung.[698] Erst recht ergeben sich bei einer gespaltenen Würdigung einer Aussage, der das Gericht teils folgt, teils aber nicht glaubt, besondere Erörterungspflichten für das Tatgericht.[699] Auch besondere Falschaussagemotive, wie das Bestreben nach der Erlangung einer Vergünstigung gemäß § 46b StGB[700] oder einer Vergütung als V-Mann,[701] verpflichten den Tatrichter dazu, seine Beweiswürdigung näher darzulegen.[702]

130 Revisionsangriffe auf den Inhalt der Beweiswürdigung mit der Sachrüge sind entgegen einer gebräuchlichen Wendung[703] grundsätzlich zulässig, allerdings meist unbegründet. Es ist daher nicht sachgerecht, wenn die Verteidigung nur gegen das Ergebnis der richterlichen Würdigung von Indizien argumentiert. Nach der Rechtsprechung genügen Schlussfolgerungen des Tatgerichts, die nach der Lebenserfahrung möglich sind.[704] Zwischenzeitlich wurde zwar vorausgesetzt, dass der Schuldspruch auf einer tragfähigen Beweisgrundlage aufbaut, welche die objektiv hohe Wahrscheinlichkeit der Richtigkeit des Beweisergebnisses ergibt, also nicht nur auf einer subjektiven Überzeugung des Tatrichters beruht, die letztlich nur eine Vermutung darstellt, solange ihr eine nachvollziehbare objektive Grundlage fehlt.[705] Damit war die frühere Rechtsprechung überholt; jedoch findet sich auch die Behauptung, dass eine nur denklogisch mögliche Schlussfolgerung ausreichend ist, weiterhin in der Judikatur.[706] Auch fernliegende Schlussfolgerungen rechtfertigten demnach kein Eingreifen des Revisionsgerichts, selbst wenn die so getroffenen Urteilsfeststellungen mit einiger Wahrscheinlichkeit falsch sein können. Die »erweiterte Revision« in Strafsachen führt deshalb zu keiner besseren Richtigkeitsgewähr.[707]

695 BGH NStZ-RR 2016, 380 (381).
696 Vgl. dazu auch BGH StV 2002, 470.
697 BGHSt 44, 153 (158 ff.); 44, 256 (257); BGH NStZ 2001, 161 f.
698 BGH StV 2004, 59 f.
699 BGH StV 1999, 305 f.; NStZ 2018, 116; Urt. v. 11.12.2019 – 5 StR 391/19.
700 BGH StV 2014, 325 (326).
701 BGH Beschl. v. 09.05.2012 – 5 StR 41/12.
702 BGH StV 2002, 470 f.; StV 2014, 325 (326).
703 Die Annahme der »Unzulässigkeit« von Angriffen mit der Sachrüge auf die Beweiswürdigung rührt daher, dass vor Einführung des § 349 Abs. 2 StPO nur unzulässige Revisionen durch Beschluss verworfen werden durften und die Revisionsgerichte zur Vermeidung scheinbar unnötiger Hauptverhandlungen für unzulässig erklärten. Heute ist das entbehrlich. Zu den Begründungsansätzen *Momsen* GA 1998, 488 ff.
704 BGHSt 10, 208 (209); 36, 1 (14); BGH, Urt. v. 14.01.1992 – 1 StR 755/91. Durch die Rspr. zur Erforderlichkeit einer objektiv hohen Wahrscheinlichkeit der Richtigkeit des Beweisergebnisses war dies überholt; BGH NJW 1999, 1562 (1564). Inzwischen dürfte diese Rspr. mehrheitlich wieder aufgegeben sein.
705 BGH StV 1997, 120 (121).
706 »Die tatsächlichen Schlussfolgerungen des Tatgerichts müssen nicht zwingend sein; es genügt, dass sie möglich sind und das Tatgericht von ihrer Richtigkeit überzeugt ist«; BGH StV 2017, 291 f.
707 *Geipel*, Handbuch der Beweiswürdigung, § 4.

Den Schlussfolgerungen des Tatgerichts müssen nach einem engen Kontrollmaßstab sicher festgestellte Indiztatsachen[708] zugrunde liegen, denen Aussagekraft für die Beweisfrage zukommt[709] und die eine objektiv hohe Wahrscheinlichkeit des Beweisergebnisses begründen.[710] Eine subjektive Überzeugung des Tatrichters[711] reicht danach nicht aus, sie muss im Verurteilungsfall zur objektiv hohen Wahrscheinlichkeit der Schuld des Angeklagten hinzukommen. In diesem Sinne müssen Indizien zugrunde gelegt werden, die den Urteilsspruch bei objektiver Betrachtung tragfähig begründen. Dies gilt für manche Umstände mangels ausreichender Aussagekraft bei isolierter Betrachtung nicht. Bei detailarmen Aussagen von Belastungszeugen kann etwa der Gesichtspunkt der Aussagekonstanz kein Gewicht besitzen.[712] Ein Fingerabdruck einer Person auf dem »Bekennerschreiben« einer Personengruppe belegt für sich genommen nicht die Täterschaft.[713] Das Fehlen entlastender Beweise oder das Scheitern eines Alibibeweises ist für sich genommen kein ausreichender Überführungsgrund. Der Umstand, dass der Angeklagte einen Fluchtversuch unternommen hat, kann nicht als Indiz für seine Täterschaft gewertet werden.[714] Die bloße Annahme, dass die Einlassung des Angeklagten unzutreffend sei, ist ebenfalls noch kein Beweis für seine Täterschaft.[715] Schließlich kann sich auch der Unschuldige mit falschen Behauptungen zu verteidigen suchen oder fliehen. 131

Manche Indizien dürfen aus Rechtsgründen nicht zum Nachteil des Angeklagten gewertet werden. 132
Ein Beschuldigter ist im Strafverfahren nicht verpflichtet, aktiv die Sachaufklärung zu fördern. Die Verweigerung der aktiven Mitwirkung darf ihm deshalb nicht als belastendes Beweisanzeichen entgegengehalten werden. Das gilt nicht nur für eine Aussageverweigerung, sondern auch etwa für die Verweigerung der Mitwirkung an einer DNA-Analyse durch Abgabe einer Speichelprobe.[716] Schweigen des Angeklagten darf nicht gegen ihn verwendet werden, weil sonst sein Recht, sich nicht durch aktive Handlung an der eigenen Überführung beteiligen zu müssen, mittelbar beeinträchtigt wäre.[717] Aus demselben Grund darf ein sonstiges Prozessverhalten, wie die Verweigerung einer Mitwirkung an der Sachaufklärung[718] oder die Verweigerung der Entbindung eines Zeugen von der Verschwiegenheitspflicht,[719] ebenfalls nicht als belastendes Indiz verwertet werden. Nach der Rechtsprechung soll dagegen ein »Teilschweigen« verwertet werden dürfen.[720] Dies gilt wiederum nicht, soweit sich das Schweigen auf eine selbstständige Tat im prozessualen Sinn bezieht.[721] Unverwertbar ist ein anfängliches Schweigen.[722] Diese Gegenausnahmen in der Rechtsprechung stellen das Prinzip der Verwertbarkeit des Teilschweigens jedoch zunehmend infrage.

708 BGH NStZ-RR 2017, 88.
709 Umstritten ist die Aussagekraft psychodiagnostischer Kriterien, insbesondere des »Leistungsverhaltens«, für eine zur Tatzeit vorhandene Schuldfähigkeit, BGHSt 43, 66 ff.; BGH NStZ-RR 2015, 367 (368); 2016, 103 (104); NStZ 2015, 634 f.
710 BGH NJW 1999, 1562, 1564 m.w.N.
711 *Frisch* ZIS 2016, 707 ff.
712 BGH StV 2000, 123 (124).
713 BGH StV 1998, 3 (4).
714 BGH StV 2008, 235.
715 BGHSt 41, 153 (154); BGH StV 1997, 9; NStZ 2000, 549 f.
716 BGHSt 49, 56 (59 ff.).
717 BGHSt 45, 363 (364); 45, 367 (368 f.); BGH StV 2016, 132 f.; 2016, 417 f.
718 BGHSt 45, 367 (370).
719 BGHSt 45, 363 (365).
720 Vgl. BGHSt 20, 281 (282 f.); 20, 298 (300); 32, 140 (145); 38, 302 (307); 45, 367 (369 f.); zur wiederaufnahmerechtlichen Bewertung einer Fehldeutung OLG Düsseldorf NStZ-RR 2014, 22. Gibt der Verteidiger eine Erklärung zur Sache ab, die der Angeklagte unter Ablehnung der Beantwortung weiterer Fragen bestätigt, liegt nach BGH Urt. v. 05.06.2013 – 1 StR 457/12 – ein verwertbares Teilschweigen vor.
721 BGHSt 32, 140 (145).
722 BGH StV 1994, 283 (284); 2016, 417 f.

133 Regelmäßig bedarf es einer Gesamtwürdigung aller aussagekräftigen Beweise,[723] bei der – nur – die aussagekräftigen Einzelindizien in ein Gesamtbild der Beweise einzufügen sind, wobei sich die Bewertung der Einzelindizien durch Mitberücksichtigung des Bedeutungsgehalts der anderen Indizien verändern kann.[724] Das Eliminieren einzelner Indizien jeweils für sich genommen verstößt gegen diese Methode der Beweiswürdigung und bildet einen Sachmangel des Urteils, weil sie zu kurz greift. Lässt das Urteil neben der Erörterung der Einzelindizien aber jedenfalls dem Grunde nach auch erkennen, dass daneben eine Gesamtwürdigung der Beweise stattgefunden hat, dann liegt kein Rechtsfehler vor.

134 Tragfähige Beweisschlüsse können nur dann auf einzelne Beweise gestützt werden, wenn diese schon für sich genommen genügend Aussagekraft für das Gesamtbild der Feststellungen besitzen und die Indiztatsachenfeststellungen selbst nicht zweifelhaft erscheinen.[725] Ausreichend scheint insbesondere ein glaubhaftes Geständnis des Angeklagten,[726] das aber auch zumindest im Ansatz einer Überprüfung im Strengbeweisverfahren bedarf, besonders im Fall der Verständigung, oder eine glaubhafte Gesamtdarstellung des Geschehensablaufs in einer Zeugenaussage, die nicht durch andere Beweise infrage gestellt wird. Das »taktische Geständnis« hat von einem aussagepsychologischen Standpunkt aus allerdings keinen Beweiswert.[727] Entgegen allen aussagepsychologischen Maßstäben ist es nach der Rechtsprechung für die Beweiswürdigung von Bedeutung. Allerdings bedürfen solche Geständnisse kritischer Betrachtung hinsichtlich ihrer Substanz, ihrer Übereinstimmung mit dem sonstigen Beweisergebnis sowie im Fall der Einlassung durch bestätigte Verteidigerklärung dahingehend, ob sie wirklich als von dem jeweiligen Angeklagten stammend angesehen werden können. Die Bewertung eines Geständnisses unterliegt der freien Beweiswürdigung gemäß § 261 StPO. Das Tatgericht muss aber, will es die Verurteilung des Angeklagten auf dessen Einlassung stützen, von dessen Richtigkeit überzeugt sein. Es ist deshalb zu untersuchen, ob das Geständnis genügend Feststellungen zur Tat ergibt, ob es in sich stimmig ist und auch sonst Beweisergebnisse keinen Glaubhaftigkeitsbedenken unterliegt. Nicht geständnisfähige Tatsachen, wie der Irrtum eines vom Angeklagten getäuschten Betrugsopfers, müssen grundsätzlich durch andere Beweismittel belegt sein.[728] Legt der Angeklagte ein Geständnis ab, so soll er dies im Grundsatz mit eigenen Worten tun, gegebenenfalls ergänzend zu einer von seinem Verteidiger verlesenen Erklärung. Bei Geständnissen, die auf Verfahrensabsprachen beruhen, muss diese in ihren Grundlagen und deren Darstellung in den Urteilsgründen besonderen Anforderungen genügen.[729] Ein »Formalgeständnis« ist als alleinige Urteilsgrundlage ungenügend,[730] es wird von der Verteidigung nur als Minimum der Angeklagtenleistung dargeboten.[731] Gibt sich das Tatgericht damit zufrieden, macht es sein Urteil angreifbar. Als alleinige Beweisgrundlage einer Verurteilung ausreichend ist allenfalls das »qualifizierte Vollgeständnis«, in dem substanziiert der Tathergang geschildert wird, ohne dass Zweifelsgründe erkennbar werden.[732] Auch ein solches Vollgeständnis erfordert immer noch eine Glaubhaftigkeitsüberprüfung. Vom Bundesgerichtshof wurde zunächst angenommen, die Glaubhaftigkeit eines Geständnisses, das infolge einer Absprache abgelegt wurde, sei anhand der Akten zu überprüfen.[733] Jedoch soll das Strengbeweisverfahren die Richtigkeit der in den Akten verfolgten Verdachtshypothese kontrollieren, weshalb nicht die Akten das Mittel

723 BGHSt 25, 285 (286); BGH NStZ 2000, 550 (551); zum Indizienbeweis *Nack* MDR 1986, 366 ff.; JA 1995, 320 ff.; Kriminalistik 1995, 466 ff.; 1999, 32 ff.
724 BGH bei *Altvater* NStZ 1999, 17 (18 f.).
725 Der Zweifelssatz gilt u.a. nach *Foth* NStZ 1986, 423 f. nicht für Einzelindizien, sondern nur für das Ergebnis der Gesamtwürdigung der Beweise.
726 Zum absprachebedingten »schlanken Geständnis« zu weit gehend BGH StV 1999, 410 f. m. Anm. *Weigend* NStZ 1999, 57 ff.; enger danach BGH NJW 2005, 1440 (1442).
727 *Eschelbach* FS Rissing-van Saan, 2011, S. 115 (130 f.); SK/*Paeffgen*, StPO § 202a Rn. 8.
728 BGH NStZ 2016, 489 f.; 2017, 173 f.; NStZ-RR 2016, 147 f.; Beschl. v. 16.03.2017 – 2 StR 169/15.
729 BGHSt 52, 78 (82) m. Anm. *Schmitz* NJW 2008, 1751 f.
730 BGH NStZ-RR 2006, 187 f.; OLG Celle, Beschl. v. 08.11.2010 – 32 Ss 152/10.
731 *Gillmeister* FS Mehle, 2009, S. 233 (236).
732 BT-Drs. 16/12310 S. 18; *Eschelbach* FS Rissing-van Saan, 2011, S. 115 (133).
733 BGHSt 50, 40, 49.

zur Glaubhaftigkeitskontrolle sein dürfen, sondern die Beweiserhebung in der Hauptverhandlung der Kontrolle des Aktenbefundes dient. Mit diesem Missverständnis hat das Bundesverfassungsgericht im Ansatz aufgeräumt, indem es der Kontrolle des Geständnisses anhand der Akten widersprochen und stattdessen seine Kontrolle anhand der Beweisergebnisse eines Strengbeweisverfahrens gefordert hat,[734] obwohl das den prozessökonomischen Interessen der Beteiligten widerspricht. Dem folgt die fachgerichtliche Rechtsprechung[735] mit gewissem Widerwillen. Soweit abweichende Akzente aus der ursprünglichen Rechtsprechung noch anzutreffen sind,[736] werden diese langsam abgeschliffen. Erhöhte Anforderungen an die Beweisführung stellt die Rechtsprechung auf, wenn die Feststellungen auf die geständigen Angaben eines tatbeteiligten Mitangeklagten[737] oder gesondert verfolgten Zeugen[738] gestützt sind. Basiert die Verurteilung eines Angeklagten auf Angaben eines Mitangeklagten oder Belastungszeugen, die seinem Geständnis in der gegen ihn selbst geführten Hauptverhandlung entsprechen, und war dieses Geständnis seinerseits Gegenstand einer Verständigung, muss die Glaubhaftigkeit der selbstbegünstigenden und drittbelastenden Bekundungen unter Einbeziehung des Zustandekommens und des Inhalts der Absprache eingehend und in einer nachprüfbaren Weise gewürdigt werden. Das Falschaussagemotiv des informellen Kronzeugen wird jedoch immer wieder unterbewertet.

Auf ein Einzelindiz kann der Schuldspruch meist nicht allein gestützt werden,[739] sofern es sich jedenfalls um ein notorisch unzuverlässiges oder unüberprüfbares Einzelindiz handelt. Dies gilt etwa bei Aussagen durch Zeugen vom Hörensagen,[740] bei ermittlungsrichterlichen Vernehmungen ohne den in absehbarer Weise später erforderlichen Verteidigerbeistand,[741] bei wiederholtem Wiedererkennen[742] einer Person als Täter durch einen Zeugen, bei Aussagen von behördlich bezahlten V-Leuten[743] oder in Fällen von »Aussage gegen Aussage« bei Belastungszeugen, deren Angaben in einem wesentlichen Detailpunkt unglaubhaft sind[744] oder die ihre anfängliche belastende Aussage später als falsch widerrufen.[745] Erforderlich ist in solchen Fällen für einen tragfähig begründeten Schuldspruch regelmäßig das Hinzutreten weiterer wichtiger Indizien,[746] die außerhalb der unzuverlässigen Zeugenaussage selbst liegen. Die Rechtsprechung verlangt in besonderen Konstellationen, insbesondere bei behördlich gesperrten Zeugen,[747] auch eine besonders »vorsichtige Beweiswürdigung«. Wurde dem Nebenklagevertreter Akteneinsicht gewährt, so besteht nach der Rechtsprechung keine generelle Erörterungspflicht für das Tatgericht in Bezug auf eine etwaige Kenntnis auch des als Zeuge vernommenen 135

734 BVerfGE 133, 168 (209).

735 BGH NJW 2014, 872 (874); NStZ 2014, 170.

736 BGH StV 2013, 684; 2013, 703: »... zu untersuchen, ob das abgelegte Geständnis mit dem Ermittlungsergebnis zu vereinbaren ist ...«.

737 BGHR StPO § 261 Mitangeklagte 1 und 2; BGH StV 1997, 172; NStZ 2018, 116; Beschl. v. 09.01.2020 – 2 StR 355/19.

738 BGH NStZ-RR 1997, 105 (106).

739 Anders für eine DNA-Analyse BGHSt 58, 212 (214).

740 BVerfGE 57, 250 (292 f.); BGHSt 17, 382 (383 f.); 33, 178 (181 ff.); 36, 159 (161 ff.); 42, 15 (25); 46, 93, 96, 105; 49, 112 (120 ff.); 50, 11 (15); s.a. EGMR JR 2006, 289 ff. m. Anm. *Esser* NStZ 2007, 106 ff.; EGMR, Urt. v. 17.04.2014 – Nr. 9154/10 m. Sondervotum *Power-Forde*; *Gaede* JR 2006, 292 ff.; BGH StV 2008, 236 f.; OLG Koblenz StV 2007, 519 f.

741 BGHSt 46, 93, 105 ff.

742 BVerfG StV 2003, 593 ff.; BGHSt 16, 204; BGH StV 1996, 413; StV 1998, 249 f.; 2004, 58; 2005, 421; 2010, 53 (54); 2013, 546 (547); NStZ 2013, 725.

743 *Eschelbach* StV 2000, 390 (398).

744 BGHSt 44, 153 (158 ff.); 44, 256 (257); BGH NStZ 2004, 63 f.; Urt. v. 11.12.2019 – 5 StR 391/19.

745 BGH StV 1998, 250 f.

746 Für Zeugen vom Hörensagen BVerfG NJW 1995, 448; BGHSt 17, 382 (385 f.); 33, 83 (88); 33, 178 (181); 36, 159 (166); 39, 141 (145 f.); 42, 15 (25); BGHR StPO § 261 Zeuge 13, 15, 16, 17; BGH StV 1996, 583 f.

747 BGHSt 49, 112 ff. m. Anm. *Gaede* StraFo 2004, 195 ff.; *Mosbacher* JR 2004, 523 ff.; *H. E. Müller* JZ 2004, 926 ff.

Nebenklägers vom Inhalt der Akten. Dies soll auch für Konstellationen gelten, in denen Aussage gegen Aussage steht. Aktenkenntnis stelle die Glaubhaftigkeit der Angaben eines Belastungszeugen nicht stets in besonderer Weise in Frage. Eine ausdrückliche Bewertung möglicher Aktenkenntnis bei der Beweiswürdigung könne jedoch geboten sein, wenn Hinweise auf eine konkrete Falschaussagemotivation des Zeugen oder Besonderheiten in seiner Aussage dazu Anlass geben.[748] Damit wird indes die kritische Bedeutung der bedenklichen Beweiskonstellation, in der Aussage gegen Aussage steht und ein parteilich agierender Belastungszeuge auch noch Erinnerungsverfälschungen durch Aktenlektüre unterliegen kann, unterschätzt. Bei dem Problemfeld geht es nicht nur um intentionale Falschaussagen, sondern auch um die Möglichkeit von »falschen Erinnerungen«.[749]

IV. Rechtliche Würdigung

136 Die rechtliche Wertung des Sachverhalts durch das Tatgericht in seinem Urteil ist ein Angriffspunkt der Revision, nicht der Wiederaufnahme. Hier liegt der zentrale Aspekt der Rechtskontrolle durch die Revisionsinstanz. Auch diese wird aber von der revisionsgerichtlichen Rechtsprechung zum Teil eingeschränkt, indem typisch tatrichterliche Wertungen innerhalb von Beurteilungsspielräumen[750] einer ins Einzelne gehenden Rechtskontrolle entzogen sein sollen. Rechtsausführungen im tatrichterlichen Urteil sind sonst entbehrlich, soweit sich das im Tenor genannte Ergebnis der Subsumtion ohne weiteres anhand der Feststellungen nachvollziehen lässt.[751] Das Revisionsgericht subsumiert den festgestellten Sachverhalt dann selbst; der Revisionsführer muss mit der Sachrüge meist nicht viel dazu beitragen, wenngleich es sich empfiehlt, dass die Erläuterung einer abweichenden Bewertung zur Revisionsbegründung mitgeteilt wird. Jedoch muss schon aus dem tatrichterlichen Urteil deutlich werden, in welchen Umständen das Tatgericht die gesetzlichen Merkmale des Straftatbestandes erfüllt sieht.[752] Erläuterungen der rechtlichen Bewertung der festgestellten Tatsachen sind auch erforderlich, soweit es sich nicht von selbst versteht, welcher Teil der Feststellungen den Schuldspruch in rechtlicher Hinsicht tragen soll. Eine Darstellung der rechtlichen Würdigung im tatrichterlichen Urteil ist schließlich unverzichtbar, soweit spezifisch tatrichterliche Wertungen erforderlich sind.[753]

1. Spezifisch tatrichterliche Wertungen

137 Bestimmte Wertungen bedürfen der Erörterung im Urteil, wenn sie dem Tatrichter vorbehalten sind, weil ihm infolge der engen Verknüpfung der Rechtsfrage mit der Tatsachenbeurteilung, die nur der Tatrichter aus dem Inbegriff der Hauptverhandlung zutreffend vornehmen kann, ein Beurteilungsspielraum zugebilligt wird.[754] Fehlen die dann erforderlichen Ausführungen im tatrichterlichen Urteil, so kann dies mit der Sachrüge beanstandet werden. Andererseits wird durch die Annahme eines Beurteilungsspielraums die revisionsrechtliche Kontrolle reduziert, soweit das Tatgericht tatsächlich Ausführungen macht und dabei zumindest nicht willkürlich agiert. Ob das Postulat eines Beurteilungsspielraums dem Gebot der Effektivität des revisionsgerichtlichen Rechtsschutzes und damit Art. 19 Abs. 4 GG Genüge tut, ist nicht abschließend geklärt.

---

748 BGH StV 2017, 146 m. Anm. *Deiters* = JR 2016, 391 m. Anm. *Eisenberg* = NStZ 2016, 367 m. Anm. *Gubitz*.

749 *Eschelbach* ZAP 17/2014, 781 ff. = Fach 22, 971 ff.

750 *Kuhli* in: Einheit der Prozessrechtswissenschaft? Tagung Junger Prozessrechtswissenschaftler am 18./19. September 2015 in Köln, S. 189 ff.

751 Bei nicht ganz einfach gelagerter Rechtslage ist eine Erläuterung jedenfalls sachgerecht, vgl. BGHSt 44, 251.

752 BGH StraFo 2005, 214.

753 So muss das Tatgericht, das eine 26-seitige Erklärung wörtlich wiedergibt, im Urteil kenntlich machen, in welchen Passagen es die Erfüllung des Tatbestandes eines Äußerungsdelikts, wie § 130 StGB, erblickt, das nicht durch den Gesamttext, sondern durch Einzelbemerkungen erfüllt sein mag, KG Urt. v. 09.09.2000 – (5) 1 Ss 73/00 (24/00).

754 *Maatz/Wahl*, FS 50 Jahre BGH, S. 531 (551 ff.); *Tolksdorf*, FS Meyer-Goßner, 2001, S. 523 ff.

So sind zum Beispiel Täterschaft und Teilnahme nach der Rechtsprechung[755] in einer wertenden Betrachtung[756] voneinander abzugrenzen. Welche Art der Beteiligung vorliegt, muss daher im Urteil dargelegt werden, wenn verschiedene – und vor allem rechtlich ungleichwertige[757] – Alternativen in Betracht kommen. In Grenzfällen hat der Bundesgerichtshof dem Tatgericht für die ihm obliegende Wertung einen Beurteilungsspielraum eröffnet. Lässt das angefochtene Urteil erkennen, dass das Tatgericht die genannten Maßstäbe erkannt und den Sachverhalt vollständig gewürdigt hat, so kann das gefundene Ergebnis danach vom Revisionsgericht auch dann nicht als rechtsfehlerhaft beanstandet werden, wenn eine andere Beurteilung möglich gewesen wäre.[758] Ebenso hat der Tatrichter bei der Bestimmung der Grenze von Tun und Unterlassen durch Bestimmung des Schwerpunkts des vorwerfbaren Verhaltens im Grenzbereich angeblich einen Beurteilungsspielraum.[759] 138

Auch für die Frage des Versuchsbeginns[760] besteht in Grenzfällen nach der Rechtsprechung ein Beurteilungsspielraum für den Tatrichter. Erläuterungen im Urteil sind daher nur dann entbehrlich, wenn nach den Feststellungen die Grenze von der Vorbereitungshandlung zum Versuch zweifelsfrei überschritten worden war.[761] Im Fall eines nach den Feststellungen bereits beendeten Versuchs muss das Urteil nicht mehr rechtlich erörtern, dass die Schwelle zum Versuch schon überschritten war; dies liegt sodann auf der Hand; dafür bedarf der »Rücktrittshorizont« des Täters genauer Erläuterung, damit die tatrichterliche Behauptung der Beendigung des Versuchs nachvollzogen werden kann. Umgekehrt liegt bei Aufstellen einer Falle für das Opfer mangels Eintritts einer konkreten Gefährdung des Opfers kein Versuch vor, wenn unklar bleibt, ob das Opfer überhaupt erscheint.[762] Der Rücktritt vom Versuch bedarf der Erörterung, sobald er nach den Gesamtumständen des Falles ernsthaft in Betracht kommt.[763] Dies ist namentlich dann der Fall, wenn die Tat unvollendet geblieben ist, obwohl nach den Urteilsfeststellungen noch ein Tatmittel zur Verfügung gestanden hätte oder eine Verfolgung des fliehenden Opfers durch den Täter möglich gewesen wäre.[764] Die Nichterörterung der Rücktrittsfrage ist jedoch kein Rechtsfehler, wenn aufgrund der Feststellungen zweifellos eine Strafbefreiung auszuschließen ist.[765] 139

Ähnliche Maßstäbe wie für Tatbestandsfragen mit Beurteilungsspielräumen gelten für die Prüfung von Rechtfertigungsgründen.[766] So kann in Grenzfällen die Frage der Erforderlichkeit einer Notwehrhandlung erörterungsbedürftig sein. Notwehr kann zwar sogar den lebensgefährlichen Einsatz einer Waffe rechtfertigen,[767] solche Handlungen sind aber etwa gegenüber alltäglichen leichten Übergriffen eines Wohngenossen unangemessen.[768] 140

755 *Roxin* Wissenschafts-Festgabe 50 Jahre BGH, 2000, Bd. 4, S. 177 ff.
756 BGHR StPO § 261 Überzeugungsbildung 29.
757 Ob Alleintäterschaft, Mittäterschaft oder mittelbare Täterschaft angenommen wurden, ist für das Ergebnis der revisionsrechtlichen Prüfung ohne Belang, wenn jedenfalls eine dieser Formen gegeben ist; auf der unrichtigen Anwendung einer anderen Zurechnungsnorm kann das Urteil dann nicht beruhen. Kommen die Alternativen der Täterschaft oder Anstiftung in Betracht, könnte bei fehlerhafter Annahme von Täterschaft der Strafausspruch immer noch Bestand haben, da der Anstifter »gleich einem Täter« bestraft wird. Kommen Täterschaft oder Beihilfe in Betracht, so bringt die fehlerhafte Annahme von Täterschaft auf die Sachrüge des Angeklagten den Schuld- und Strafausspruch zu Fall.
758 BGH NStZ-RR 2017, 5 f.
759 BGHR StGB § 13 Abs. 1 Unterlassen 4.
760 BGH NJW 2020, 559 f.; 2020, 2570 f.
761 BGH Urt. v. 07.08.1997 – 1 StR 319/97.
762 BGHSt 43, 177 ff.
763 BGHR StGB § 24 Abs. 1 S. 1 Freiwilligkeit 25; StGB vor § 1/Rechtsstaatsprinzip Feststellungen 1; Beschl. v. 05.11.1998 – 4 StR 474/98; Beschl. v. 23.08.2000 – 2 StR 271/00.
764 BGH NStZ-RR 1997, 260.
765 BGHR StGB § 24 Abs. 1 S. 1 Rücktritt 8; BGH NStZ-RR 1998, 9.
766 *Hirsch* FG 50 Jahre BGH, S. 199 ff.
767 BGH JR 2016, 598 (599) m. Anm. *Erb*.
768 BGH NStZ 1997, 609 f.

141 Die Beurteilung der Frage, ob Beweggründe zur Tat im Sinne von § 211 Abs. 2 StGB »niedrig« sind, hat nach der Rechtsprechung aufgrund einer Gesamtwürdigung aller äußeren und inneren für die Handlungsantriebe des Täters maßgeblichen Faktoren, insbesondere der Umstände der Tat, der Lebensverhältnisse des Täters, und seiner Persönlichkeit zu erfolgen. Auch dabei soll es sich um eine im Kern dem Tatrichter vorbehaltene Wertung handeln,[769] Die ihm einen Beurteilungsspielraum belässt.[770] Das deutet aber zugleich an, dass das Qualifikationsmerkmal relativ unbestimmt ist und deshalb Bedenken im Hinblick auf das Bestimmtheitsgebot nach Art. 103 Abs. 2 GG unterliegt.[771] Für Tatbestandsmerkmale der Strafnorm im engeren Sinne müssten insoweit möglicherweise andere Maßstäbe gelten als für Merkmale von Vorschriften des Allgemeinen Teils oder der Strafzumessungsebene. Diese dürften eigentlich nicht von einer Gesamtwürdigung verschiedener Umstände abhängig sein und müssten in weiterem Umfang der Rechtskontrolle des Revisionsgerichts unterliegen. Das Beispiel zeigt, dass auch die Behauptung des Bestehens von Wertungsspielräumen des Tatgerichts nicht nur generell, sondern auch von Fall zu Fall mit unterschiedlichem Akzent infrage gestellt werden kann.

2. Konkurrenzkorrektur

142 Beurteilungsspielräume für die Tatgerichte ergeben sich oft bei Konkurrenzfragen.[772] Falsche Bewertungen der Konkurrenzlage führen zur Korrektur des Schuldspruchs in diesem Punkt, die meist aber das Revisionsgericht selbst vornimmt, ohne dass dies notwendigerweise weitere Auswirkungen auf das Gesamtergebnis hat. Soweit der Schuldgehalt der Taten von der Korrektur der rechtlichen Konkurrenzbewertung unberührt bleibt, wird oftmals eine im Ergebnis gleich hohe (Gesamt-) Strafe angenommen.[773] Wo Tatmehrheit und Einzelstrafen entfallen, wird dann die vormalige Gesamtstrafe zur neuen (Einzel-) Strafe abgeändert, da der Schuldgehalt im Ganzen unverändert bleibt. Bisweilen kann aber eine falsche Konkurrenzbewertung zur Aufhebung des Strafausspruchs führen, insbesondere wenn zahlreiche oder gewichtige Einzelstrafen entfallen[774] oder wenn anstelle der bisherigen Einzelstrafe eine neue Gesamtstrafe aus mehreren Einzelstrafen zu bilden ist, die dem Tatrichter vorbehalten ist. Demnach darf die Prüfung der Konkurrenzlage durch Verteidiger nicht außer Acht gelassen werden, da Fehler zur Beurteilung der Konkurrenzlage im Einzelfall auch zur Urteilsaufhebung im Strafausspruch nach Schuldspruchänderung durch das Revisionsgericht führen können.[775] Auf das Problem der Annahme einer Tat »in dubio pro reo« bei Unklarheit über die Zahl gleichartiger Handlungen wurde schon im Zusammenhang mit der Anklage hingewiesen;[776] es begegnet ebenso bei der Nachprüfung des Urteils. Im Übrigen ist bezüglich der Konkurrenzlage in groben Zügen Folgendes zu beachten:

143 Das Institut der fortgesetzten Handlung existiert praktisch nicht mehr.[777] Grundsätzlich liegen daher bei mehreren, sich weder ganz noch teilweise überlappenden tatbestandsmäßigen Handlungen mehrere Taten im Sinne des § 53 StGB vor.[778] Der Aufbruch mehrerer Kraftfahrzeuge, um daraus zu stehlen, erfolgt etwa tatmehrheitlich, ohne dass es auf den genauen räumlichen und

769 BGH Urt. v. 19.06.2008 – 4 StR 105/08.
770 BGH Urt. v. 04.08.2015 – 1 StR 53/15.
771 BeckOK-StGB/*Eschelbach*, § 211 Rn. 39.
772 Zur Handlungskonkurrenz BGHSt 61, 1 (4 ff.).
773 BGH wistra 2004, 417; 2007, 100; StV 2004, 532; NStZ-RR 2016, 281 f. Nach Einführung von § 354 Abs. 1a StPO ergeben sich weitere Möglichkeiten für die Revisionsgerichte zur eigenständigen Strafzumessungsentscheidung, wenngleich diese wieder verfassungskonform eingeschränkt werden; BVerfGE 118, 212 ff. m. Anm. *Gaede* HRRS 2007, 292 ff.; *Peglau* JR 2008, 80 ff.
774 BGH StV 2017, 291.
775 BGH Beschl. v. 11.11.1998 – 5 StR 207/98.
776 BGH NStZ 1994, 586; NJW 1995, 2933 (2934); StV 1998, 474 m. Anm. *Hefendehl*.
777 BGHSt 40, 138 (145 ff.).
778 Zur Tatmehrheit des Herstellens einer unechten Urkunde und des Gebrauchmachens BGHSt 43, 96 (98).

zeitlichen Abstand ankommt.[779] Sukzessive Ausführung derselben Tat, deren Teilakte jeweils nicht für sich genommen in vollem Umfang den Straftatbestand erfüllen, ist dagegen eine Handlungseinheit.[780] Ein fehlgeschlagener Versuch bildet für mehrere Handlungen mit gleicher Zielrichtung aber eine Zäsur,[781] soweit keine Rücktrittsannahme nach der Gesamtbetrachtungslehre infrage steht. Ein Dauerdelikt verklammert andere Delikte nicht zu einer Tat, wenn diese schwerer wiegen.[782] Im Tatbestand der Norm kann aber die Eigenschaft als eine Art von Dauerdelikt angelegt sein. Hinsichtlich einer Strafbarkeit wegen Misshandlung von Schutzbefohlenen ist zu beachten, dass das tatbestandsmäßige Quälen im Sinne von § 225 StGB das Verursachen länger dauernder oder sich wiederholender erheblicher Schmerzen oder Leiden bedeutet.[783] Dieses Tatbestandsmerkmal wird typischerweise durch Vornahme mehrerer Handlungen verwirklicht. Deswegen stellt ein auf Dauer angelegtes Quälen eine Handlungseinheit dar.[784] Nachstellungen im Sinne von § 238 StGB bilden ebenfalls eine Handlungseinheit,[785] solange keine besondere Zäsur vorliegt.

Die §§ 52, 53 StGB knüpfen nach ihrem Wortlaut an die Zahl der objektiv tatbestandsmäßigen Handlungen an, nicht an Momente der inneren Tatseite. Ein einheitliches Motiv oder ein »Gesamtvorsatz« verbinden mehrere Handlungen nicht zur Handlungseinheit.[786] Dies gilt für mehrere Geldwäschehandlungen, auch wenn der Täter einen Gesamtbetrag erstrebt.[787] Mehrere Vorteilsannahmen begeht etwa, wer monatlich Überweisungen auf sein Konto annimmt; eine zu Grunde liegende Unrechtsvereinbarung verklammert die Vorteilsannahmen nicht zur Handlungseinheit, zumindest wenn sie mit »open-end-Charakter« erfolgen.[788] Andererseits verknüpfen einheitliche Handlungen bei einem »uneigentlichen Organisationsdelikt« eine Mehrzahl von Taten in der Person des Organisators zu einer Einheit.[789] Ob die anderen Mittäter oder Teilnehmer die einzelnen Delikte gegebenenfalls tatmehrheitlich begangen haben, ist danach ohne Bedeutung.[790] Die Bewertung als Organisationsdelikt hat, ähnlich wie früher die fortgesetzte Handlung, Auswirkungen auf die geringeren Anforderungen an die Tatkonkretisierung und den Umfang der Rechtskraft des Urteils hinsichtlich der Teilakte, ferner im Hinblick auf den einheitlichen Beginn der Strafverfolgungsverjährung erst mit Beendigung des letzten Teilakts.[791] 144

Zur Tateinheit führt ferner die Figur der tatbestandlichen Bewertungseinheit,[792] die etwa bei Handlungen im Rahmen von Dauerdelikten,[793] bei Straftaten, die der Täter als Funktionär eines Vereins begangen hat,[794] bei gleichzeitigem unerlaubtem Besitz mehrerer Waffen oder bei Handeltreiben mit Betäubungsmitteln aus einem Lagerbestand in Betracht kommt.[795] Nach ständiger Rechtsprechung ist eine einheitliche Tat des Handeltreibens mit Betäubungsmitteln anzunehmen, wenn ein und derselbe Güterumsatz Gegenstand der strafrechtlichen Bewertung ist.[796] Die Annahme einer 145

779 BGHR StGB vor § 1 natürliche Handlungseinheit, Entschluss einheitlicher 14.
780 BGH NStZ 1996, 398 (399); BGHR StGB § 253 Abs. 1 Bereicherungsabsicht 8.
781 BGHSt 41, 368 (369) m. Anm. *Beulke/Satzger* NStZ 1996, 432; BGH NStZ 1998, 294; 1999, 25 m. Anm. *Beulke*.
782 BGH NStZ 2008, 209 f.
783 BGH NStZ 2016, 472; Beschl. v. 25.03.2020 – 4 StR 567/19.
784 BGH StV 2007, 635 (636).
785 BGHSt 54, 189 (191).
786 BGH Urt. v. 25.09.1997 – 1 StR 481/97.
787 BGH NJW 1997, 3322.
788 BGHSt 41, 292 (302); BGH wistra 1998, 106 ff.
789 BGHSt 48, 331 (343); 49, 177 (184); BGH wistra 2019, 361 f.; 2020, 105 f.; StV 2020, 378 ff.
790 BGHSt 49, 177 (183); BGH NStZ-RR 2003, 265 (267); wistra; 2008, 181 (182); 2016, 309 (310).
791 BGH wistra 2017, 495 (497).
792 BGHSt 43, 252 (261); BGH StV 2007, 297 f.
793 BGH StV 1998, 423 f.
794 BGHSt 46, 6 (14) = JZ 2000, 733 f. m. Anm. *Puppe*.
795 BGHSt 42, 162 (164); BGH StV 1998, 594; 1998, 595.
796 BGH Beschl. v. 07.03.2017 – 5 StR 38/17.

Bewertungseinheit ist aber nur geboten, wenn konkrete Anhaltspunkte dafür bestehen.[797] Ob eine Bewertungseinheit vorliegt, unterliegt nach der Rechtsprechung wieder einer typisch tatrichterlichen Wertung,[798] die im Urteil darzulegen ist. Fehlt diese Wertung, so kann ein Erörterungsmangel des Urteils vorliegen. Der Zweifelssatz zwingt aber auch dort nicht generell zur Feststellung einer Bewertungseinheit,[799] wo diese nicht positiv ausgeschlossen ist, zumal wenn die hierdurch bewirkte Zusammenfassung von Teilmengen eines Tatobjekts einen schwereren Tatbestand, etwa wegen nicht geringer Menge gehandelter Betäubungsmittel, erfüllen würde;[800] dann würde die Zusammenfassung wegen der damit verbundenen Qualifikation oder sonstigen Aufwertung der Tat eben nicht »pro reo« erfolgen.

146 Eine »natürliche Handlungseinheit«[801] als weiterer Fall der Verknüpfung mehrerer verschiedener tatbestandsmäßiger Handlungen zu einer rechtlichen Handlungseinheit liegt bei einheitlichem objektivem Handlungsablauf mit unmittelbar aufeinander folgenden Handlungen vor. Auf ein subjektives Element kommt es auch hier nicht an,[802] obwohl dies in manchen Entscheidungen anklingt.[803] So können mehrere Raubhandlungen bezüglich derselben Sache bei kurzzeitigem Besitzverlust des Täters in natürlicher Handlungseinheit begangen werden.[804] Die Tötung verschiedener Menschen durch mehrere Handlungen ist dagegen regelmäßig Tatmehrheit.[805] Es darf nicht außer Acht gelassen werden, dass höchstpersönliche Rechtsgüter verschiedener Personen einer additiven Betrachtungsweise, wie sie der natürlichen Handlungseinheit zugrunde liegt, nur ausnahmsweise zugänglich sind. Greift der Täter einzelne Menschen nacheinander an, um jeden von ihnen in seiner Individualität zu beeinträchtigen, so besteht bei wertender Betrachtungsweise selbst bei einheitlichem Tatentschluss und engem räumlichen und zeitlichen Zusammenhang der Einzelhandlungen regelmäßig kein Anlass, diese Vorgänge rechtlich als eine Tat zusammenzufassen.[806]

V. Strafzumessung

147 Die Sachrüge der Verteidigung in der Revisionsinstanz führt zur Überprüfung der Rechtsfolgenentscheidung und ihrer Begründung im Urteil,[807] die häufiger zu revisionsgerichtlichen Beanstandungen führt als eine gegen den Schuldspruch gerichtete Sachrüge. Freilich kann das Revisionsgericht nach § 354 Abs. 1a StPO n.F. nunmehr in gewissen Grenzen auch selbst Korrekturen anbringen.[808] Die tatrichterliche Strafzumessungsbegründung am Ende der Urteilsberatung und -abfassung bedarf aus revisionsgerichtlicher Sicht keiner geringeren Aufmerksamkeit als die Begründung der übrigen Urteilsteile; sie wird aber in der Praxis bisweilen vernachlässigt. Auch hier gilt, ähnlich wie bei der Beweiswürdigung, der Grundsatz, dass der Urteilsbegründung umso mehr Bedeutung zukommt, je mehr das Ergebnis bedenklich erscheint, so etwa bei der Verhängung einer gleich hohen Strafe nach Urteilsaufhebung und Zurückverweisung der Sache aufgrund eines niedrigeren Strafrahmens.[809] An dieser Stelle können nur exemplarisch einige Aspekte des Strafzumessungsrechts angesprochen werden.

---

797 BGHR BtMG § 29 Bewertungseinheit 8, 11.
798 BGH Urt. v. 24.07.1997 – 4 StR 222/97.
799 BGH StV 1997, 636; Beschl. v. 01.09.1997 – 5 StR 284/97.
800 BGH Beschl v. 02.12.1997 – 1 StR 698/97.
801 BGHSt 4, 219 (220); 10, 129 (131); 41, 368; 46, 6 (12); 46, 146 (153); BGH StV 2020, 228.
802 BGH Urt. v. 25.09.1997 – 1 StR 481/97.
803 BGH Beschl v. 17.01.1997 – 2 StR 646/96.
804 BGH Beschl v. 23.09.1997 – 4 StR 450/97.
805 BGHR StGB vor § 1 natürliche Handlungseinheit, Entschluss einheitlicher 5, 9, 10, 11.
806 BGH Beschl. v. 06.06.2008 – 2 StR 189/08 m.w.N.
807 SSW-StGB/*Eschelbach*, § 46 Rn. 5; SK-StPO/*Frisch*, § 337 Rn. 147 ff.
808 Zu den Grenzen BVerfGE 118, 212 ff. m. Anm. *Gaede* HRRD 2007, 292 ff.; *Peglau* JR 2008, 80 ff.
809 OLG Stuttgart Die Justiz 2000, 422 f.

1. Allgemeine Regeln

Die Strafe muss in einem gerechten Verhältnis zur Schwere der Tat und zum Verschulden des Täters stehen. Das folgt aus dem verfassungsrechtlich verbürgten Schuldprinzip.[810] Die Strafzumessung des Tatgerichts muss diesen äußeren Rahmen beachten, insbesondere auch im Verständigungsverfahren, in dem es nicht zu einer »Sanktionenschere« kommen darf.[811] Die Strafzumessungsentscheidung ist im Übrigen rechtsfehlerfrei, wenn sie sich auf tragfähig begründete Feststellungen stützt, vom richtigen Strafrahmen ausgeht, die in Betracht kommenden Sanktionsformen berücksichtigt,[812] die bestimmenden Strafzumessungsgründe (§ 267 Abs. 3 StPO)[813] nennt und diese wenigstens nach dem »Gesamtzusammenhang der Urteilsgründe«[814] in einer Gesamtschau[815] von Täterpersönlichkeit und Taten abwägt. Eine revisionrechtliche Überprüfung der Strafzumessung hat sich an dem sachlichen Gehalt der Ausführungen des Tatgerichts zu orientieren. Möglicherweise unzureichende Formulierungen sind nicht entscheidend. Insbesondere hängt die Überprüfung nach der Rechtsprechung nicht davon ab, ob Urteilsausführungen einen Umstand positiv oder negativ umschreiben, ob ein einzelner Umstand strafzumessungserheblich und ob die ihm von dem Tatrichter beigelegte Bewertungsrichtung vertretbar ist oder nicht.[816] Eine sich innerhalb des Rahmens eines der Schuld angemessenen Strafens bewegende Strafe wird vom Revisionsgericht im Allgemeinen nicht beanstandet.[817] Nach der »Spielraumtheorie«[818] werden danach nur noch unvertretbar milde oder unvertretbar hohe Strafen als rechtsfehlerhaft bewertet,[819] wobei sich freilich die Frage stellt, worin der Rechtsfehler (§ 337 Abs. 2 StPO) liegt und wann von Unvertretbarkeit gesprochen werden kann. Es kommt Art. 3 Abs. 1 GG infrage, der als subjektive Rechtsposition aber nur für den Angeklagten streitet, nicht gegen diesen. Man wird indes bei Unvertretbarkeit der Strafe vom Fehlen einer tragfähigen Begründung der Strafzumessung i.S.d. § 46 StGB ausgehen können. Die Begründungspflicht bezüglich der Strafzumessung geht dann – ähnlich wie bei der Beweiswürdigung – über den Wortlaut des Gesetzes (§ 267 Abs. 3 StPO) hinaus. Allerdings braucht der Tatrichter im Urteil nur diejenigen Umstände anzuführen, die für die Bemessung der Strafe bestimmend gewesen sind; eine erschöpfende Aufzählung aller Strafzumessungserwägungen ist weder vorgeschrieben noch möglich.[820] Die tragenden Gründe müssen nachvollziehbar dargelegt werden. Auch dies ist eine Folgeerscheinung der »erweiterten Revision«. Ein atypischer Mangel der Strafzumessungsbegründung ist die Annahme, eine punktgenaue Absprache als Grundlage der konkreten Strafe führe zur Aufhebung des Strafausspruchs auf die Sachrüge, wenn sich die Absprache schon aus dem Urteil ergibt.[821] Bei der Überprüfung der Strafzumessungsbegründung gilt im Übrigen in groben Zügen Folgendes: 148

Erforderlich ist zunächst die Bestimmung des Strafrahmens durch das Tatgericht.[822] Die Prüfung einer – auch mehrfach möglichen[823] – Strafrahmenverschiebung, etwa wegen eines minder schwe- 149

---

810 BVerfGE 86, 288 (313); 95, 96 (140); 105, 135 (155).
811 BVerfGE 133, 168 (240); BGHSt 50, 40 (50); BGH StV 2011, 202 (203).
812 Die Möglichkeit der Aufrechterhaltung einer Gesamtgeldstrafe neben einer Freiheitsstrafe bedarf der Erörterung, wo sie in Betracht kommt, BGH Beschl. v. 16.10.1992 – 3 StR 463/92; kurzzeitige (Einzel-) Freiheitsstrafen bedürfen gemäß § 47 StGB besonderer Begründung, wo diese nicht auf der Hand liegt, vgl. BGH Beschl. v. 13.10.1998 – 4 StR 483/98.
813 Zur verfahrensrechtlichen Bedeutung des Antrags der Verteidigung nach § 267 Abs. 3 S. 2 StPO BGH StV 1999, 137 f.
814 BGH Urt. v. 11.11.1998 – 5 StR 415/98.
815 BGHR StPO § 267 Abs. 3 S. 1 Strafzumessung 17.
816 BGH NStZ-RR 2020, 6.
817 BGH Urt. v. 14.05.1997 – 3 StR 40/97; v. 05.11.1997 – 5 StR 504/97.
818 SSW-StGB/*Eschelbach* § 46 Rn. 42 ff.
819 BGHSt 34, 345 (349); BGH StV 2001, 453 f.; *Detter* FS 50 Jahre BGH, 2000, S. 679 (697 ff.).
820 BGHR StPO § 267 Abs. 3 S. 1 Strafzumessung 2; BGHR StGB § 46 Abs. 1 Schuldausgleich 18; BtMG § 29 Strafzumessung 10.
821 BGHSt 43, 195 (196); 50, 40 (51); 51, 84 (86); BGH StV 2011, 338.
822 *Detter*,FS 50 Jahre BGH, S. 679 (694 ff.); SSW-StGB/*Eschelbach* § 46 Rn. 65 ff.; § 50 Rn. 15.
823 BGH Beschl. v. 12.11.1998 – 4 StR 552/98.

ren Falles,[824] z.B. gemäß § 213 StGB[825] oder § 250 Abs. 3 StGB,[826] nach §§ 21, 49 StGB,[827] wegen einer Aufklärungshilfe gemäß § 31 BtMG[828] oder nach § 46b StGB[829] und anderem bedarf der Gesamtwürdigung der wesentlichen Strafzumessungsgründe im Urteil.[830] Hat der Tatrichter diese vorgenommen, keinen bestimmenden Zumessungsgrund, der aus den Feststellungen zu erkennen ist, unberücksichtigt gelassen und keine Widersprüche oder falschen Wertungen erkennen lassen, so ist sein Strafzumessungsergebnis im Allgemeinen rechtlich nicht zu beanstanden.[831] Rechtsfehler können sich ausnahmsweise aus der Bewertungsrichtung von Einzelumständen ergeben. Wenn der die Tat bestreitende Angeklagte keine Reue und Unrechtseinsicht zeigt, darf dies nicht zu seinem Nachteil gewertet werden.[832] Ob ein Umstand strafschärfend oder strafmildernd bewertet werden kann und in welchem Umfang dies geschieht, hängt vom Bezugspunkt der Betrachtung ab. Wird etwa die geringe Überschreitung des Mindestmaßes der nicht geringen Menge von Betäubungsmitteln beurteilt, handelt es sich um einen Strafschärfungsgrund gegenüber der Mindeststrafe, sofern nicht gerade ein Bagatellfall vorliegt, bei dem praktisch doch nur der Qualifikationstatbestand als solcher erfüllt ist, der für sich genommen kein Strafzumessungsgrund ist (§ 46 Abs. 3 StGB).[833] Geht es um die Prüfung, ob ein minder schwerer Fall vorliegt, was anhand des Durchschnitts der erfahrungsgemäß vorkommenden Fälle zu bemessen ist, wirkt eine nur geringe Überschreitung der einfach nicht geringen Menge – als ein Faktor unter Vielen innerhalb der Gesamtschau – für sich genommen eher mildernd.

150 Die Gesamtabwägung zur Prüfung des Vorliegens eines minder schweren Falles soll zunächst ohne Rücksicht auf vertypte Milderungsgründe nach §§ 13 Abs. 2,[834] 21, 23 Abs. 2, 27 Abs. 2 S. 2 StGB stattfinden.[835] Erst wenn ohne den vertypten Milderungsgrund ein minder schwerer Fall verneint werden würde, dann muss auch dieser in die Waagschale geworfen werden; ein vertypter Milderungsgrund kann für sich genommen zur Annahme eines minder schweren Falles führen.[836] Wird er dabei »verbraucht« (§ 50 StGB), so hat es damit sein Bewenden. Wird jedoch der minder schwere Fall trotz vertypten Milderungsgrundes verneint, kann der Strafrahmen nach dessen Regeln gemildert werden; dies bedarf der Erörterung im Urteil.[837] Eine doppelte Strafrahmenverschiebung ist möglich, wenn der vertypte Milderungsgrund bei der Bejahung eines minder schweren Falles nicht verbraucht wird. § 27 Abs. 2 S. 2 StGB sieht eine zwingende Milderung des Strafrahmens vor. Bei »Kannbestimmungen«, zu denen etwa § 21 StGB gehört,[838] ist erneut eine Gesamtbewertung erforderlich. Dies führt zusammen mit der Strafzumessung im engeren Sinn zu mehreren Abwägungsvorgängen.

---

824 Zum Umfang der revisionsrechtlichen Kontrolle bei minder oder besonders schweren Fällen *Kalf* NJW 1996, 1447 ff.

825 Zur Provokationsalternative BGH NStZ 2017, 163 m. Anm. *Drees*; NStZ-RR 2017, 11 f.; zum allgemeinen minder schweren Fall BGH NStZ-RR 2015, 240; BGHR StGB § 213 Alt 2 Gesamtwürdigung 1.

826 BGH Urt. v. 12.11.1997 – 3 StR 412/97; Beschl. v. 07.10.1998 – 1 StR 518/98.

827 BGHSt 35, 143 (146).

828 BGHSt 37, 147 (152).

829 BGH wistra 2011, 99; 2011, 299 (300 f.); NStZ-RR 2016, 274; zur zeitlichen Begrenzung der Aufklärungshilfe BGH StraFo 2011, 61; NJW 2011, 2529 f.; zur Ermessensentscheidung SSW-StGB/*Eschelbach* § 46b Rn. 31 ff.

830 BGH NStZ 1998, 84 f.

831 BGH Urt. v. 03.06.1997 – 1 StR 202/97.

832 BGH NStZ-RR 2017, 71 f.

833 BGHSt 62, 90 (95).

834 Zur Erörterungspflicht BGH, Beschl. v. 30.07.1992 – 4 StR 270/92; zur Bewertung der unterlassensbezogenen Aspekte BGH NStZ-RR 2011, 334.

835 SSW-StGB/*Eschelbach*, § 50 Rn. 13.

836 BGH Beschl. v. 07.10.1998 – 1 StR 518/98.

837 BGH Beschl. v. 22.10.1997 – 5 StR 512/97.

838 BGHSt 43, 66 ff.; BGHR StGB § 21 Strafrahmenverschiebung 31 zur schuldhaft herbeigeführten alkoholbedingten Verminderung der Schuldfähigkeit.

Dabei kann im Urteil aber auf die erste Darstellung bei den jeweils nachfolgenden Abwägungsvorgängen Bezug genommen werden,[839] soweit nicht spezielle Wertungen bei den verschiedenen Vorgängen im Vordergrund stehen. Vermeidbare Wiederholungen in der Darstellung und Bewertung der bestimmenden Strafzumessungsgründe werden jedenfalls nicht verlangt.

Die Nichterwähnung eines Umstands als Strafzumessungsgrund ist kein Rechtsfehler, wenn dieser 151 für die Strafzumessung nicht bestimmend war, § 267 Abs. 3 StPO.[840] Lag andererseits nach den Feststellungen ein wesentlicher Strafzumessungsgrund nahe, so ist es rechtsfehlerhaft, wenn dieser in die wertende Gesamtbetrachtung nicht erkennbar einbezogen wurde[841] oder seine Bedeutung mit verfehlten Überlegungen dementiert wird.[842] Ein Geständnis ist zum Beispiel nach der Rechtsprechung meist ein bestimmender Milderungsgrund, es sei denn, ausnahmsweise wäre Leugnen ohnehin aussichtslos gewesen.[843] Auch ein Geständnis im Rahmen einer Verständigung darf nach der Rechtsprechung nicht unberücksichtigt bleiben,[844] obwohl das taktisch motivierte Geständnis streng genommen nichts über Schuldeinsicht und Reue als Indizien für eine mindere Tatschuld besagt.[845] Der Wert des Geständnisses als Strafbemessungsfaktor wird uneinheitlich eingeschätzt.[846] Jedenfalls erscheint es fragwürdig, wenn die Praxis seinen Wert auch daran misst, wie sehr dadurch die Strafverfolgung erleichtert und die Hauptverhandlung abgekürzt wurde; damit wird letztlich eigene Arbeitsersparnis mit Strafrabatt belohnt. Ferner ist nach der Strafzumessungslösung der überkommenen Rechtsprechung zur Kompensation von Verfahrensmängeln eine dem Staat zuzurechnende Tatprovokation, die über ein bloßes »Anschieben« der Tatbegehung durch einen Verdeckten Ermittler oder V-Mann hinausgeht, ein Strafmilderungsgrund,[847] der einer Erörterung in den Urteilsgründen bedarf.[848] Jüngst wurde die Strafzumessungslösung aber für Fälle des Verstoßes gegen das Rechtsstaatsprinzip durch eine Verfahrenshindernislösung ersetzt.[849]

Erörterungspflichten ergeben sich in der Praxis oft bei konkreten Hinweisen auf erheblich vermin- 152 derte Schuld im Sinne des § 21 StGB.[850] Insbesondere im Fall einer Alkoholintoxikation durch einen Blutalkoholwert von zwei Promille[851] und mehr[852] oder bei latent bestehender Drogensucht[853] hat der Tatrichter die Frage der erheblichen Verminderung der Schuldfähigkeit zur Zeit der Tat in den Urteilsgründen zu erläutern. Dabei ist der psychiatrisch oder medizinisch bedeutsame Befund samt der Schwere der daraus resultierenden Beeinträchtigung der Steuerungsfähigkeit bei der Begehung der Tat nachvollziehbar darzustellen; der allgemein gehaltene Hinweis auf eine »dissoziale Persönlichkeitsstörung«,[854] die für sich genommen meist keinem Eingangsmerkmal nach § 20 StGB zugeordnet werden kann und sich einer Bewertung der Erheblichkeit i.S.d. § 21 StGB entzieht, genügt nicht.[855] Ob eine Beeinträchtigung des Steuerungsvermögens bei Vorliegen eines Eingangsmerkmals erheblich ist, bleibt nach der Rechtsprechung aber eine nicht empirisch, sondern normativ

839 BGH NStZ 1997, 337.
840 BGH StV 1998, 653; NStZ-RR 2009, 343 f.
841 BGH StV 1993, 72; BGHR StGB § 46 Abs. 1 Schuldausgleich 28.
842 BGH Beschl. v. 11.11.1998 – 5 StR 588/98.
843 BGH Beschl. v. 30.09.1997 – 4 StR 399/97.
844 BGHSt 43, 195 (209 f.).
845 SSW-StGB/*Eschelbach*, § 46 Rn. 125 ff.
846 BGH StV 2011, 202 (203).
847 BGHSt 45, 321 (326 ff.); 47, 44 (47); BGH StV 2014, 321.
848 Nachweise und Kritik näher bei SSW-StGB/*Eschelbach*, § 46 Rn. 137 ff.
849 BGHSt 60, 276 (290 ff.); anders noch BGHSt 60, 238 ff.
850 BGHSt 62, 247 (259 ff.).
851 Zur Prüfungspflicht im Grenzbereich unter zwei Promille BGH BA 37 (2000), 256 m. Anm. *Scheffler*.
852 BayObLGSt 1997, 180.
853 BGH Beschl. v. 04.11.1998 – 2 StR 360/98.
854 *Schmid* Krank oder böse? Die Schuldfähigkeit und die Sanktionenindikation dissozial persönlichkeitsgestörter Straftäter und delinquenter »Psychopaths« sowie die Zusammenarbeit von Jurisprudenz und Psychiatrie bei der Beurteilung der Schuldfähigkeit 2009.
855 BGHSt 49, 45 (50 ff.).

zu beantwortende Frage, über die das Gericht und nicht der Sachverständige zu befinden hat. Ist das Vorliegen eines Eingangsmerkmals im Sinne der §§ 20, 21 StGB festgestellt, liegt regelmäßig zumindest die Annahme einer erheblichen Beeinträchtigung der Steuerungsfähigkeit nahe.[856] § 21 StGB ist, was nicht übersehen werden sollte, eine Kann-Bestimmung, die es dem Tatrichter selbst bei Vorliegen eines Eingangsmerkmals und der erheblichen Verminderung des Hemmungsvermögens des Täters zur Tatzeit gestattet, von der Strafrahmenmilderung abzusehen.[857] Beruht eine erhebliche Verminderung der Steuerungsfähigkeit zur Tatzeit insbesondere auf einer vom Täter zu verantwortenden und in vorhersehbarer Weise die Tat auslösenden Trunkenheit, so spricht dies in der Regel gegen eine Strafrahmenmilderung.[858] An der Vorwerfbarkeit fehlt es bei einer Alkoholkrankheit.[859] Was insoweit für Alkohol gilt, kann auch nicht ohne weiteres auf andere Genuss- und Betäubungsmittel übertragen werden.[860] Auch kann einem Alkoholkranken sein Alkoholkonsum per se nicht vorgeworfen werden,[861] weil es sich dabei nicht um strafbares Unrecht handelt. Erst wenn eine Tatförderung durch Alkoholkonsum vorliegt, die dem Angeklagten nach dem Schuldgrundsatz vorgeworfen werden kann, kommt eine nachteilige Bewertung des (Vor-) Verschuldens durch Versagung der Strafrahmenmilderung in Betracht.

153 Die Strafzumessung im engeren Sinne[862] innerhalb des gesetzlichen Strafrahmens kann meist auf die Strafzumessungsgründe, die bei der Prüfung einer Strafrahmenverschiebung bereits erörtert wurden, Bezug nehmen. Voraussetzung ist aber, dass sich nicht die Bewertungsrichtung geändert hat, weil der Bezugspunkt in der Strafrahmenwahl und in der Bemessung der Strafe innerhalb des vorab bestimmten Rahmens sich ändert (Rdn. 149). Auch knappe Begründungen von Einzelstrafen sind aber ausreichend tragfähig, wenn allgemein geltende Strafzumessungsgründe nur »vor die Klammer gezogen« wurden und aus den Urteilsgründen erkennbar ist, dass für die Strafzumessung im engeren Sinne jeweils nur einzelfalltypische Aspekte, wie der Schadensumfang, bestimmend waren.

154 Bei Versagung einer Strafaussetzung zur Bewährung[863] oder einer Verwarnung mit Strafvorbehalt[864] begründet nicht nur die Tatsache, dass einem diesbezüglichen Antrag der Verteidigung nicht entsprochen wurde, eine Erörterungspflicht, § 267 Abs. 3 S. 4 StPO.[865] Auch aus allgemeinen Verfahrensregeln entnimmt die Rechtsprechung bei der »erweiterten Revision«, dass Darstellungspflichten zu den Gründen einer Versagung der Strafaussetzung zur Bewährung – freilich nur bei bewährungsfähigen Strafen[866] – bestehen, deren Verletzung aufgrund der Sachrüge zur Beanstandung des Urteils durch das Revisionsgericht führt.[867] Ein Erörterungsmangel wegen Nichterwähnung ist nur auszuschließen, wenn eine Strafaussetzung nach der gesamten Sachlage fern liegt. Insbesondere bei geringen Freiheitsstrafen ist die Nichterörterung der Versagung der Strafaussetzung zur Bewährung meist als Sachmangel des Urteils anzusehen.[868] Wird die Bewährungsfrage erörtert, dabei aber nicht die Frage der Sozialprognose geprüft, weil vorschnell die weiter gehenden Voraussetzungen des § 56 Abs. 2

856 BGH NStZ-RR 2017, 37 f.
857 BGHSt 62, 247 (259 ff.).
858 BGHSt 49, 239 (240 ff.); 62, 247 (259 ff.).
859 BGH Beschl. v. 23.04.2013 – 1 StR 105/13.
860 BGH StV 2005, 19 f.
861 BGH StV 2005, 495.
862 Näher *Detter* FS 50 Jahre BGH, S. 679 (699 ff.); zu den Kriterien SSW-StGB/*Eschelbach* § 46 Rn. 73 ff.
863 BGH StV 2016, 563; NStZ-RR 2016, 9; StraFo 2016, 425.
864 OLG Düsseldorf StV 1997, 123.
865 OLG Celle StV 2001, 159; zur Notwendigkeit der Beanstandung mit einer Verfahrensrüge im Revisionsrechtszug OLG Düsseldorf StraFo 2004, 142 f.; zur Entbehrlichkeit des Antrags der Verteidigung im Fall der Verurteilung wegen Besitzes von Cannabis OLG Koblenz StV 1998, 82 f.
866 BGH StraFo 2012, 137.
867 BGH StV 2011, 728.
868 BGH Urt. v. 12.11.1991 – 5 StR 404/91; Beschl. v. 05.03.1997 – 2 StR 63/97; v. 11.11.1998 – 4 StR 337/98.

StGB ohne Berücksichtigung der auch insoweit relevanten Aspekte, die sich aus der Sozialprognose ergeben können, verneint werden, so ist auch dies ein Rechtsfehler.[869]

2. Besonderheiten im Jugendstrafrecht

Im Jugendstrafverfahren werden zum Teil besondere Anforderungen an die Begründung[870] der Rechtsfolgenentscheidung gestellt. Verantwortlichkeit gemäß § 3 JGG und Schuldfähigkeit im Sinne der §§ 20, 21 StGB[871] bedürfen allerdings der Erörterung im Urteil nur dort, wo besondere Auffälligkeiten vorliegen. So kann etwa suchtartiger Konsum Gewalt darstellender Horror-Videos zumindest zu einer erheblichen Beeinträchtigung der Steuerungsfähigkeit führen.[872] 155

Gemäß § 105 Abs. 1 Nr. 1 JGG ist auf einen Heranwachsenden Jugendstrafrecht anzuwenden, 156 wenn die Gesamtwürdigung der Persönlichkeit des Täters bei Berücksichtigung auch der Umweltbedingungen ergibt, dass er zur Zeit der Tat nach seiner sittlichen und geistigen Entwicklung noch einem Jugendlichen gleichstand. Das Jugendgerichtsgesetz geht bei der Beurteilung des Reifegrades nicht von festen Altersgrenzen aus, sondern es stellt auf eine dynamische Entwicklung des individuellen jungen Menschen zwischen 18 und 21 Jahren ab. Einem Jugendlichen gleichzustellen ist der noch ungefestigte Heranwachsende, bei dem Entwicklungskräfte noch in größerem Umfang wirksam sind.[873] Hat der Angeklagte dagegen bereits die einen jungen Erwachsenen kennzeichnende Ausformung erfahren, dann ist er nicht mehr einem Jugendlichen gleichzustellen und auf ihn ist allgemeines Strafrecht anzuwenden. Dabei steht die Anwendung von Jugendstrafrecht oder allgemeinem Strafrecht nicht im Verhältnis von Regel und Ausnahme.[874] §§ 105 Abs. 1 Nr. 1 JGG stellt auch keine Vermutung für die grundsätzliche Anwendung des einen oder anderen Rechts dar. Nur wenn dem Tatrichter, dem bei der Entscheidung dieser Frage ein weites Ermessen eingeräumt ist,[875] nach Ausschöpfung aller Möglichkeiten Zweifel verbleiben, muss er die Sanktionen dem Jugendstrafrecht entnehmen.[876] Bei der Frage der Anwendung von Jugendrecht auf Heranwachsende im Hinblick auf die Reife gilt im Grundsatz, dass die Annahme, der Heranwachsende stehe noch einem Jugendlichen gleich, umso näher liegt, je näher das Alter des Angeklagten zur Tatzeit der Altersgrenze zum Jugendlichen kommt.[877] Je näher aber sein Alter der Grenze zum Erwachsenen kommt, desto näher liegt auch die Anwendung von Erwachsenenrecht.[878] Entsprechend steigen oder sinken die Anforderungen an die Ausführungen im Urteil zu dem jeweils ferner liegenden Punkt. War der Angeklagte zum Zeitpunkt der Tat 18 Jahre alt, so bedarf es im Urteil bezüglich der Nichtanwendung von Jugendstrafrecht ausreichender Tatsachenfeststellungen zu seiner geistigen und sittlichen Entwicklung sowie zu Art, Umständen und Beweggründen der Tat.[879] Für eine Gleichstellung des Heranwachsenden mit einem Jugendlichen ist maßgebend, ob in dem Täter zur Tatzeit noch in größerem Umfang Entwicklungskräfte wirksam waren. Das Wirksamsein von Entwicklungskräften ist Tatfrage, wobei dem Tatrichter ein erheblicher Beurteilungsspielraum eingeräumt wird.[880] Im Übrigen bedarf es einer Begründung der Entscheidung im Urteil mit tragfähigen Aspekten.[881] Für

869 BGH Beschl. v. 22.03.1993 – 5 StR 120/93.
870 Allgemein OLG München Beschl. v. 12.05.2005 – 5 St RR 37/05.
871 Zur Konkurrenz von § 3 JGG und § 20 StGB OLG Karlsruhe NStZ 2000, 485 f.
872 LG Passau JR 1997, 118 ff. m. Anm. *Brunner* = NJW 1997, 1165 f. m. Anm. *Eisenberg* NJW 1997, 1336 ff.
873 BGH NStZ 2013, 289; 2019, 217.
874 BGH NStZ 2004, 294 (295 f.).
875 BGHR JGG § 105 I Nr. 1 Entwicklungsstand 8.
876 BGHSt 36, 37 (40) m. Anm. *Brunner* JR 1989, 521 ff.; BGH StV 2003, 460 (461).
877 Vgl. die Fälle BGH NStZ 1987, 366 f.; BGHR JGG § 105 Abs. 1 S. 1 Nr. 1 Entwicklungsstand 4.
878 BGH NStZ-RR 1999, 26.
879 OLG Rostock StraFo 2004, 103 f.
880 BGHSt 12, 116 (118); 22, 41 (42); 36, 37 (38); BGHR JGG § 105 Abs. 1 Nr. 1 Entwicklungsstand 2, 4, 5, 6; BayObLG NStZ 2005, 645; OLG Koblenz StraFo 2010, 384 f.
881 BGH StV 1994, 608.

mehrere Straftaten, die gleichzeitig abgeurteilt werden und auf die teils Jugendstrafrecht und teils allgemeines Strafrecht anzuwenden wäre, gilt einheitlich das Jugendstrafrecht, wenn das Schwergewicht bei den Straftaten liegt, die nach Jugendstrafrecht zu beurteilen wären. Dies gilt für einen Heranwachsenden entsprechend, wenn die Gesamtwürdigung seiner Persönlichkeit ergibt, dass er zur Zeit der Tat nach seinem Entwicklungsstand noch einem Jugendlichen gleichstand oder es sich bei der Tat um eine Jugendverfehlung handelt.[882]

157 Jugendverfehlungen i.S.d. § 105 Abs. 1 Nr. 2 JGG, die auch die Anwendung von Jugendstrafrecht gebieten,[883] sind meist Taten, die schon nach ihrem äußeren Erscheinungsbild die Merkmale jugendlicher Unreife aufweisen. Jedoch können auch die Beweggründe der Tat oder ihre Veranlassung diese als eine Jugendverfehlung kennzeichnen. Auch bei planmäßigem, überlegtem und zweckgerichtetem Vorgehen eines Heranwachsenden kann es sich aber um eine Jugendverfehlung handeln, wenn die Beweggründe der Tat und ihre Veranlassung den Antriebskräften der noch jugendtümlichen Entwicklung des Angeklagten entspringen. Zur Ermöglichung der Überprüfbarkeit durch das Revisionsgericht ist es grundsätzlich erforderlich, dass das Tatgericht eine umfassende Würdigung der Beweggründe des Täters vornimmt, wenn die Verneinung einer Jugendverfehlung nicht auf der Hand liegt.[884] Auf die Art der Straftat kommt es grundsätzlich nicht an. Auch bei einem schweren Raub eines Achtzehnjährigen ist eine Jugendverfehlung deshalb nicht ausgeschlossen.[885] Dies bedarf vielmehr der Erörterung im Urteil; für das Ergebnis hat der Tatrichter aber wieder einen erheblichen Beurteilungsspielraum.[886]

158 Verhängung von Jugendstrafe gemäß § 17 Abs. 2 JGG ist zunächst geboten, wenn schädliche Neigungen vorliegen. Dies sind erhebliche Anlage- oder Erziehungsmängel, die ohne längere Gesamterziehung die Gefahr weiterer Straftaten begründen.[887] Sie sind regelmäßig nur gegeben, wenn sie schon vor der Tat im Charakter des Heranwachsenden angelegt waren,[888] sie können allerdings ausnahmsweise auch erst im Verlaufe einer länger andauernden Tatserie geweckt werden.[889] Bei der Erörterung der Persönlichkeit des Angeklagten im Hinblick auf das Vorliegen von schädlichen Neigungen können aber auch spätere Taten bzw. Taten, die während des Zeitraums begangen wurden, in dem die im vorliegenden Verfahren zu beurteilenden Taten begangen wurden, herangezogen werden.[890] Schon in der ersten Straftat eines Jugendlichen können sich schädliche Neigungen zeigen, welche die Verhängung einer Jugendstrafe erforderlich machen. Dies erfordert aber regelmäßig die Feststellung von Persönlichkeitsmängeln, die schon vor der Tat entwickelt waren, auf sie Einfluss gehabt haben und weitere Taten befürchten lassen.[891] Dazu muss das tatrichterliche Urteil ausreichende tatsächliche Feststellungen treffen.[892] Die Urteilsgründe müssen auch erkennen lassen, dass schädliche Neigungen zur Zeit des Urteils noch vorhanden waren, wenn Taten zur Zeit des Urteils längere Zeit zurückliegen.[893] Schädliche Neigungen können sich ausnahmsweise schon in der ersten Straftat des Täters zeigen. Dies bedarf dann aber der Feststellung schon vor der Tat vorhandener Persönlichkeitsmängel.[894] Bei einem bisher noch nicht strafrechtlich in Erscheinung getretenen Täter, der dem Einfluss anderer erlegen ist, wird regelmäßig nicht von schädlichen Neigungen gesprochen wer-

882 BGHSt 64, 178.
883 OLG Hamm StV 2005, 71 (72).
884 OLG Hamm StV 2005, 71 f.
885 BGH StV 1987, 307 f.
886 BGH StV 1991, 424; 2001, 181 f.
887 BGHSt 11, 169 (170); BGH StV 2011, 581; NStZ 2013, 287.
888 BGHR JGG § 17 Abs. 2 schädliche Neigungen 5; OLG Hamm StV 2007, 2 f.; OLG Karlsruhe StV 2007, 3, 4.
889 BGHSt 11, 169 (170 f.).
890 BGHR JGG § 17 Abs. 2 Schädliche Neigungen 9.
891 BGH NStZ 2002, 89 f.; NStZ-RR 2010, 387 f.
892 BGH NStZ 2016, 682.
893 BGH StV 1985, 419.
894 BGHSt 16, 261 (262).

den können.[895] Ist die Verhängung einer Jugendstrafe rechtsfehlerhaft mit der Annahme schädlicher Neigungen begründet, so hat das Urteil dennoch Bestand, wenn die Verhängung von Jugendstrafe zugleich auch mit der Schwere der Schuld begründet wurde und dies nicht zu beanstanden ist.[896]

Für die Bewertung der Schwere der Schuld[897] als zweiter Alternative für die Verhängung von Jugendstrafe sind nach der Rechtsprechung vor allem die charakterliche Haltung und das Persönlichkeitsbild, wie sie in der Tat zum Ausdruck gekommen sind, von Bedeutung.[898] Dem verwirklichten Straftatbestand kommt danach im Allgemeinen keine selbstständige Bedeutung zu.[899] Anders liegt es, wenn bei dem Angeklagten ein Erziehungsbedarf nicht mehr festgestellt werden kann.[900] Maßgeblicher Anknüpfungspunkt ist die innere Tatseite. Dem äußeren Unrechtsgehalt der Tat kommt nur insofern Bedeutung zu, als hieraus Schlüsse auf die Persönlichkeit des Täters und das Maß der persönlichen Schuld gezogen werden können. Entscheidend ist, inwieweit sich die charakterliche Haltung, die Persönlichkeit und die Tatmotivation des jugendlichen oder heranwachsenden Täters in der Tat in vorwerfbarer Schuld niedergeschlagen haben.[901] Eine Schwere der Schuld, welche die Verhängung von Jugendstrafe gebietet, ist freilich in erster Linie bei Verbrechen oder ähnlich schwer wiegenden Vergehen anzunehmen,[902] vor allem dann, wenn dem Heranwachsenden ein Kapitalverbrechen zur Last liegt.[903] Dagegen kann ein Vergehen mit geringem Schaden, auch wenn es »bedenkenlos« begangen wird, die Schwere der Schuld nicht begründen, da das Gewicht der Tat zu gering ist.[904] Bei freiwilligem Rücktritt vom Versuch eines schweren Delikts ist die schulderhöhende Berücksichtigung des zunächst gegebenen Vollendungsvorsatzes im Rahmen der Prüfung der »Schwere der Schuld« für ein verbleibendes Delikt jedenfalls dann rechtsfehlerhaft, wenn nicht der Umstand der freiwilligen Abkehr von diesem Vorsatz mit berücksichtigt wird.[905] 159

Die Strafzumessung im engeren Sinn bedarf im Jugendrecht besonderer Sorgfalt, da neben den schuldbezogenen Strafzumessungsgründen auch der Erziehungszweck der Sanktionen zu berücksichtigen ist.[906] Im Jugendstrafrecht ist der als Strafzweck beherrschende Erziehungsgedanke nach überkommener Rechtsprechung im Allgemeinen auch vorrangig zu berücksichtigen, wenn eine Jugendstrafe nur wegen der Schwere der Schuld verhängt wird.[907] Die neuere Rechtsprechung tendiert zur Aufgabe dieser Rechtsposition dahin, dass in gravierenden Fällen auch Jugendstrafe wegen der Schwere der Schuld zu verhängen ist, wenn zurzeit des Urteils kein Erziehungsbedarf mehr festzustellen ist.[908] Schwere und schwerste Straftaten können danach nicht praktisch ungesühnt bleiben, weil Jugendstrafrecht anzuwenden, aber im Urteilszeitpunkt kein Erziehungsbedarf mehr festzustellen ist. Die Urteilsgründe müssen sonst aber regelmäßig erkennen lassen, dass dem Erziehungsgedanken die ihm zukommende Beachtung geschenkt und bei der Bemessung der Jugendstrafe auch das Gewicht des Tatunrechts gegen die Folgen der Strafe für die weitere Entwicklung des Heranwachsenden abge- 160

895 BGH StV 1989, 306 f.
896 BGHR StGB § 46 Abs. 2 Tatumstände 11.
897 BGH StV 2005, 66 f.; NStZ-RR 2010, 290 f.; OLG Hamm StV 2005, 67 ff.; ZJJ 2005, 447 f.; OLG Köln StV 2003, 457 f.
898 BGH StV 2019, 463 f.
899 BGHSt 15, 224 (226); 16, 261 (263); BGH StV 1996, 269 f.; NStZ 2010, 281.
900 BGH NStZ 2020, 301 f.
901 BGH NStZ 2013, 289; NStZ-RR 2016, 325 f.
902 BGH StV 1998, 332 f.; NStZ-RR 2001, 215 f.
903 OLG Hamm ZJJ 2005, 447 f.
904 BGH StV 1998, 332 f.
905 BGHSt 61, 188 ff.
906 BGH StV 2019, 466 f.
907 BGH NStZ 2016, 683; 2024, 113 f.; krit. BGH NStZ 2020, 301 f.
908 Anfragebeschluss BGH NStZ 2024, 106 ff. = JR 2024, 196 ff. m. Anm. *Kaspar*; *Eisenberg/Kölbel* NStZ 2024, 79 ff.

wogen worden ist.[909] Eine formelhafte Begründung der Höhe der Jugendstrafe trägt nicht,[910] ebenso ein Hinweis auf nicht existierende Erfahrungssätze über Erziehungswirkungen von Sanktionen.[911] Beherrschender und im Urteil besonders zu beachtender Strafzweck des Jugendstrafrechts ist die Erziehung.[912] Dies bedeutet allerdings nicht, dass die Erziehung als einziger Gesichtspunkt bei der Strafzumessung heranzuziehen ist. Vielmehr sind daneben auch andere Strafzwecke, namentlich das Erfordernis gerechten Schuldausgleichs, zu beachten. So ist die Verhängung einer Strafe im oberen Bereich des nach § 18 Abs. 1 S. 2 JGG eröffneten Strafrahmens in der Regel allein mit dem Erziehungsgedanken nicht mehr zu begründen. Namentlich bei Kapitaldelikten erlangt neben dem Erziehungsgedanken auch das Erfordernis eines Schuldausgleichs besondere Bedeutung.[913] Bei der Bemessung der Jugendstrafe ist unter Berücksichtigung des Entwicklungsstandes des Angeklagten und seines Persönlichkeitsbildes zu prüfen, in welchem Ausmaß er sich selbstverantwortlich für das Unrecht entschieden hat.[914] Beschränkt sich das Tatgericht jedoch auf eine Abwägung von Strafzumessungskriterien wie sie auch im Erwachsenenstrafrecht üblich sind, genügt dies nicht den gesetzlichen Anforderungen.[915] Auch wenn ein Jugendstrafverfahren in rechtsstaatswidriger Weise verzögert wird, kam früher eine Kompensation des Verstoßes gegen das Verbot überlanger Verfahrensdauer in Form eines bezifferten Abzugs von der Jugendstrafe nach der »Strafabschlagslösung« nicht in Betracht.[916] Nach der von der Rechtsprechung nunmehr befürworteten Anrechnungslösung ist eine Kompensation der rechtsstaatswidrigen Verfahrensverzögerung auch im Bereich der Jugendstrafe möglich.[917] Eine rechtsstaatswidrige Verfahrensverzögerung ist auch bei der Bestimmung des Maßes des Erziehungsbedarfs zu berücksichtigen.[918]

161 Besonderer Prüfung bedarf bei der Verhängung von Jugendstrafen die Frage der Strafaussetzung zur Bewährung zugunsten des Jugendlichen oder Heranwachsenden. Nach § 21 Abs. 2 JGG muss die Vollstreckung einer Jugendstrafe von mehr als einem Jahr, die zwei Jahre nicht übersteigt, zur Bewährung ausgesetzt werden, wenn nicht die Vollstreckung im Hinblick auf die Entwicklung des Täters geboten ist. Die Entscheidung steht insoweit nicht mehr, wie früher, im freien Ermessen des Gerichts.[919] Die auch sonst erforderliche Erwartung künftiger straffreier Lebensführung auch ohne Vollstreckung der Jugendstrafe gemäß § 21 Abs. 1 JGG erfordert keine sichere Gewähr. Es reicht aus, dass die Begehung weiterer Straftaten nicht wahrscheinlich erscheint.[920] Für die Anwendung dieser Vorschrift ist eine Gesamtwürdigung der in der Tat und in der Täterpersönlichkeit liegenden Umstände erforderlich.[921] In diese Gesamtwürdigung sind unter Berücksichtigung des das Jugendstrafrecht beherrschenden Erziehungszweckes auch Umstände einzubeziehen, die nach der Tat eingetreten sind, wie die Tatsache, dass sich die Lebensverhältnisse des Angeklagten inzwischen stabilisiert haben. Maßgeblich für die Prognoseentscheidung ist der Zeitpunkt der tatrichterlichen Entscheidung, nicht derjenige der Tat. Daher ist auch die weitere Persönlichkeitsentwicklung nach der Tat im Urteil zu erörtern, soweit sie von Belang ist.[922] Die Entscheidung über die Strafaussetzung zur Bewährung ist im Urteil von der Strafzumessungsentscheidung zu trennen.[923] Die Strafhöhe darf nicht speziell mit Blick auf die Ermöglichung oder Ausschließung der Strafaussetzung bemessen wer-

909 BGH Beschl. v. 17.07.2012 – 3 StR 219/12; Beschl. v. 21.02.2023 – 6 StR 493/22.
910 BGH Beschl. v. 02.02.1993 – 1 StR 920/92.
911 BGH Beschl. v. 17.05.1995 – 5 StR 186/95.
912 BGH NStZ-RR 2010, 88 f.
913 BGH NStZ 2007, 522 f. m. Anm. *Schmitz* NStZ 2008, 94 ff.; NStZ 2020, 301 f.
914 BGH StV 1994, 598.
915 BGH Beschl. v. 12.11.2015 – 3 StR 345/15.
916 BGH StV 2008, 113 f.
917 BGH NStZ 2019, 218 (219) m. Anm. *Kett-Straub* = JR 2018, 573 (574 f.) m. Anm. *Kölbel*.
918 BGH, Beschl. v. 09.05.2017 – 4 StR 73/17.
919 BGH StV 1991, 423 f.
920 BGH Beschl. v. 29.10.1985 – 1 StR 444/85.
921 BGHR JGG § 21 Abs. 2 Gesamtwürdigung 2; BGH StV 1993, 533; 1996, 270 (281).
922 BGH StV 1991, 424; 2008, 113 f.
923 BGH StV 2009, 90.

den. Die Versagung der Strafaussetzung zur Bewährung begegnet rechtlichen Bedenken, wenn das Tatgericht lediglich ausführt, der nicht vorbestrafte Angeklagte habe eine Phase des Wohlverhaltens durch die Tat beendet und angesichts einer Persönlichkeitsproblematik sei von einer ungünstigen Legalprognose auszugehen.[924]

Die Anordnung der Unterbringung[925] in einem psychiatrischen Krankenhaus gemäß § 7 JGG, § 63 StGB kann bei einem Jugendlichen nur in besonderen Ausnahmefällen gerechtfertigt werden.[926] Bei fehlender Verantwortungsreife[927] i.S.d. § 3 S. 1 JGG und Schuldunfähigkeit nach § 20 StGB scheidet sie im Allgemeinen aus,[928] aber nicht immer.[929] Ähnliches gilt bei einem Heranwachsenden, der die Schwelle des § 1 Abs. 2 JGG gerade überschritten hat.[930] Bei einem Jugendlichen oder diesem gleichgestellten Heranwachsenden ist aber jedenfalls ganz besonders sorgfältig zu prüfen, ob die Anordnung einer Unterbringung tatsächlich erforderlich ist oder weniger einschneidende Maßnahmen ausreichen. Wird aus Anlass einer Straftat eines nach Jugendstrafrecht zu beurteilenden Heranwachsenden nach § 63 StGB dessen Unterbringung in einem psychiatrischen Krankenhaus angeordnet, so ist grundsätzlich zu prüfen, ob die angeordnete Maßregel die Ahndung mit Jugendstrafe entbehrlich macht, § 5 Abs. 3 JGG.[931] Die Unterbringung in der Sicherungsverwahrung kann nach § 7 Abs. 2 JGG n.F. gegen Jugendliche und nach § 106 Abs. 3 und 6 JGG n.F. unter eingeschränkten Voraussetzungen nur noch im Sinne von § 66a StGB vorbehalten und nachträglich angeordnet werden; eine Möglichkeit zur primären Anordnung der Maßregel neben der Strafe besteht nicht.

924 BGHR JGG § 21 Sozialprognose 1.
925 BGH StV 1998, 340 f.
926 BGH StV 1993, 534; BGHSt 37, 373.
927 BGH, Urt. v. 03.02.2005 – 4 StR 492/04.
928 OLG Karlsruhe NStZ 2000, 485 f.
929 OLG Thüringen NStZ-RR 2007, 217, 218.
930 BGHR StGB § 63 Gefährlichkeit 18.
931 BGH StV 2002, 416; 2003, 456.

Kapitel 34 Prozessualer Tatbegriff und Strafklageverbrauch

Übersicht Rdn.

A. Allgemeines

1 Der prozessuale Tatbegriff des § 264 StPO liegt dem gesamten Verfahren von der Einleitung über die Anklage[1] bzw. die Einstellung des Verfahrens nach § 170 Abs. 1, 2 StPO (Rdn. 15), den Eröffnungsbeschluss (Rdn. 16), die Hauptverhandlung (Rdn. 17 f.) bis zum Urteil mit Rechtskraft und Strafklageverbrauch zugrunde. Die prozessuale Tat dient so der Rechtsklarheit durch Eingrenzung des Verhandlungsstoffs und damit der effektiven Strafverteidigung des Angeklagten, seinem Schutz vor Mehrfachverurteilung (ne bis in idem), aber auch der Verfahrenskonzentration. Ferner entfaltet der Begriff bei der Beweiswürdigung Bedeutung, wenn der Angeklagte sich teilweise zur Sache einlässt.[2] Trotz der sich durch die gesamte StPO ziehenden Bedeutung des Tatbegriffs, ist es Rechtsprechung und Literatur bisher nicht gelungen, der prozessualen Tat in sachlicher Richtung feste und vorherbestimmbare Konturen zu geben.[3] Der Grundsatz »in dubio pro reo« gilt, wenn konkrete,

---

1 Zu den Grenzen der Beurteilungskompetenz des Richters aufgrund des Anklageprinzips s. *Eschelbach* Kap. 33 Rdn. 4 f.; zum Eröffnungsbeschluss dort Kap. 33 Rdn. 77.

2 Dazu oben *Bockemühl* Kap. 1 Rdn. 148 ff. und *Schneider* NStZ 2017, 73 ff. und 126 ff.

3 KMR-*Stuckenberg* § 264 Rn. 28 ff.; *Ranft* JuS 2003, 417.

auf tatsächliche Umstände gründende Zweifel verbleiben, die nach Ausschöpfung aller Erkenntnismöglichkeiten in der Gesamtschau unüberwindbar sind.[4]

B. Begriffsbestimmung

I. Faktische Betrachtungsweise

In persönlicher Hinsicht ist der Tatbegriff unproblematisch, da bzgl. jedes Mitbeschuldigten/Mitangeklagten eine eigene prozessuale Tat gegeben ist, auch wenn es sich um Mittäter i.S.v. § 25 Abs. 2 StGB handelt.[5] Bei der inhaltlichen Bestimmung des Begriffes ist gesicherte Erkenntnis nur, dass es sich bei dem Tatbegriff um einen Lebenssachverhalt handelt, der unabhängig ist vom konkreten Erkenntnisstand der Ermittlungsbehörden und deren rechtlicher Qualifikation. Es ist also nicht entscheidend, wie StA und Gericht das Verhalten des Angeklagten rechtlich beurteilen und auch nicht, ob ihnen alle Geschehensmodalitäten bei Anklageerhebung/Eröffnungsbeschluss bekannt waren oder hätten bekannt sein können.[6] Der Umfang der angeklagten Tat bestimmt sich allein nach objektiven Kriterien. Der BGH definiert daher in ständiger Rechtsprechung die prozessuale Tat als geschichtliches Vorkommnis, das nach der Auffassung des Lebens einen einheitlichen Vorgang bildet, der bei getrennter Würdigung und Aburteilung unnatürlich aufgespalten würde. Sie ist ein einheitlicher geschichtlicher Vorgang, der sich von anderen ähnlichen oder gleichartigen unterscheidet und innerhalb dessen der Angeklagte einen Straftatbestand verwirklicht haben soll.[7] Dabei hat der BGH wiederholt herausgestellt, dass eine abstrakt-generalisierende Betrachtungsweise nicht möglich sei.[8] Der Tatbegriff könne nur von Fall zu Fall bestimmt werden, wobei es auf den sachlichen, nicht den zeitlichen Zusammenhang ankomme.[9] Auch der EuGH hat als maßgebendes Kriterium für die Definition der prozessualen Tat i.S.v. Art. 54 SDÜ (und Art. 3 Nr. 2 RbEuHb) das Vorhandensein eines Komplexes konkreter, in zeitlicher und räumlicher Hinsicht sowie nach ihrem Zweck unlösbar miteinander verbundener Tatsachen bezeichnet,[10] und zwar unabhängig von der rechtlichen Qualifizierung dieser Tatsachen oder von dem geschützten rechtlichen Interesse.[11] 2

Diese tatsächlichen Kriterien haben aber unterschiedliches Gewicht, je nach Deliktsart und Deliktsschwere; z.B. steht bei Hehlerei der Tatort und die Tatzeit im Vordergrund, bei Tötungsdelikten und Sexualstraftaten geht es vorrangig um das Opfer, wobei die Tatzeit in den Hintergrund tritt. Der unten Rdn. 4 aufgeführte Kriterienkatalog ist daher lediglich eine erste praktische Hilfe zum Auffinden relevanter Gesichtspunkte.

---

4 BGH NStZ 1997, 233; BGH NStZ 2010, 160 m. Anm. *Schwabenbauer* HRRS 2011, 26.

5 BGHSt 32, 215, 217; EuGH NStZ 2007, 408 – Gasparini; BGH vom 12.02.2019 – 4 StR 565/18.

6 BGHSt 16, 200, 202; 23, 270, 275; NStZ-RR 2012, 355; KK-*Tiemann* § 264 Rn. 5; KMR-*Stuckenberg* § 264 Rn. 18 m.w.N. zur BGH-Rechtsprechung.

7 BGH NStZ 2019, 428; BGH v. 14.04.2021 – 5 StR 143/20 formuliert: »Die Tat als Gegenstand der Urteilsfindung im Sinne des § 264 Abs. 1 StPO ist der geschichtliche Vorgang, wie er in der zugelassenen Anklageschrift umschrieben ist und innerhalb dessen der Angeklagte einen Straftatbestand verwirklicht haben soll. Sie wird in der Regel durch Tatort, Tatzeit und das Tatbild bestimmt.«.

8 BGHSt 45, 211; BGH NStZ 2006, 350; BGH StraFo2013, 249: »Die Tat als Gegenstand der Urteilsfindung (§ 264 Abs. 1 StPO) ist der von der Anklage benannte geschichtliche Vorgang, innerhalb dessen der Angeklagte einen Straftatbestand verwirklicht haben soll. Zur Tat im prozessualen Sinn gehört das gesamte Verhalten des Täters, soweit es nach der Auffassung des Lebens einen einheitlichen Vorgang darstellt (BGH NStZ-RR 2012, 355 [BGH 07.02.2012 - 1 StR 542/11], und NStZ 2012, 168, jeweils m.w.N.). Bei der Untersuchung und Entscheidung muss die Identität der Tat gewahrt bleiben (BGH NStZ 2012, 168, und NStZ-RR 2009, 146 [BGH 10.11.2008 - 3 StR 433/08]).«.

9 BGHSt 43, 252, 255; BGH NStZ-RR 2003, 82.

10 BGH StV 2021, 629.

11 EuGH StV 2006, 393 – Van Esbroeck m. Anm. *Radtke* NStZ 2008, 162; NStZ 2008, 164 – Van Kraaijenbrink; EuGH StV 2011, 425 m. Anm. *Böse* HRRS 2012, 19.

II. Normative Betrachtungsweise

3 Der verfahrensrechtliche Tatbegriff deckt sich nicht mit den materiell-rechtlichen Tatbegriffen von Tateinheit[12] (§ 52 StGB) und Tatmehrheit (§ 53 StGB). Er ist weiter, da bspw. innerhalb einer prozessualen Tat auch mehrere Delikte tatmehrheitlich zusammentreffen können. Schulbeispiel ist die Trunkenheitsfahrt mit Unfall und anschließendem Entfernen vom Unfallort.[13] Andererseits liegt bei tateinheitlich zusammentreffenden Delikten stets nur eine prozessuale Tat vor, da dieses Rechtsinstitut dieselbe Handlung voraussetzt, § 52 StGB.[14] Die vormals einzige in der Rechtsprechung anerkannte Ausnahme bei Organisationsdelikten hat der BGH aufgegeben (Rdn. 33). Mehrere tatmehrheitlich zusammentreffende Straftaten begründen dagegen regelmäßig auch mehrere prozessuale Taten.[15] Die Praxis nähert sich der prozessualen Tat daher zunächst über die materiellrechtliche Konkurrenzlehre, weil hier die Begriffe juristisch genauer zu handhaben sind. Erst danach wirft sie die Frage nach der Einheitlichkeit des Lebenssachverhaltes auf.[16]

III. Prüfschema

4 Das folgende Prüfschema soll lediglich eine Hilfe zum Auffinden der relevanten Entscheidungskriterien bei der Bestimmung der prozessualen Tat sein. Ausgangspunkt der Überlegungen ist die materiell-rechtliche Konkurrenzsituation.

12 Zum stark umstrittenen Begriff der Handlung i.S.v. § 52 StGB: BGHSt 23, 141; 29, 63; MüKo-StGB/*v. Heintschel-Heinegg* § 52 Rn. 12–17.
13 *Fischer* § 142 Rn. 70.
14 BGH NStZ 1997, 446: »Ist ein Geschehen materiell-rechtlich zur Tateinheit verbunden, so liegt i.d.R. auch nur eine Tat im prozessualen Sinne vor, denn der dem Gericht zur Beurteilung unterbreitete Sachverhalt muss alle Tatsachen umfassen, für die nach sachlichem Recht eine einheitliche Rechtsfolge zu verhängen ist«; zweifelnd für zeitlich und örtlich weit auseinanderfallende Handlungen, die aufgrund von Besonderheiten des Delikts tateinheitlich zusammenfallen Meyer-Goßner/*Schmitt* § 264 Rn. 12a (z.B. Urkundsdelikte im Straßenverkehr, Umsatzgeschäfte im BtM-Handel) und *Klose* NZV 2022, 507..
15 BGHSt 35, 14, 17; 43, 96, 99; BGH StV 2000, 350, 351 (unten bei Rdn. 38); Meyer-Goßner/*Schmitt* § 264 Rn. 14.
16 Zu den Tendenzen, den Tatbegriff von der materiell-rechtlichen Betrachtung abzukoppeln unten Rdn. 25, 26, 33 und OLG Düsseldorf NStZ-RR 1999, 176. Dem entgegenwirkend: EuGH StV 2006, 393 – Van Esbroeck; NStZ 2008, 164 – Van Kraaijenbrink.

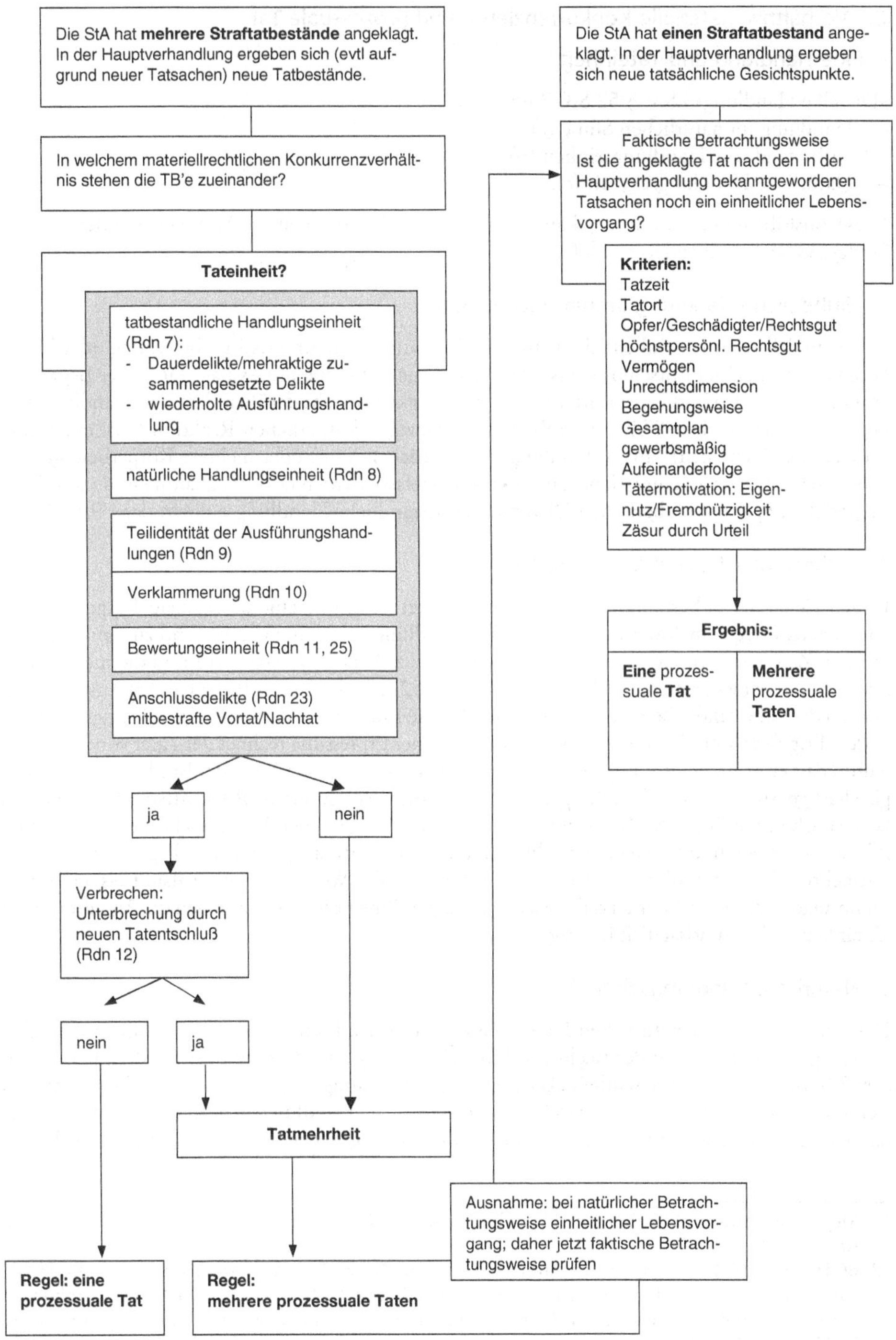

Abb. 1: Prüfschema zur Bestimmung der prozessualen Tat

C. Verhältnis materielle Konkurrenzlehre und prozessuale Tat

I. Eine Handlung und Tateinheit

5 »Dieselbe Handlung« i.S.v. § 52 StGB umfasst:
– Handlung im natürlichen Sinne (a)
– Tatbestandliche Handlungseinheit (b)
– Natürliche Handlungseinheit (c).

Diese Ausführungshandlung(en) kann (können) gleichzeitig mehrere Strafgesetze oder dasselbe Strafgesetz mehrfach verletzen (d–f).

1. Einheitliche Handlung im natürlichen Sinn

6 Jede materiell-rechtlich einheitliche Handlung im natürlichen Sinn (Körperbewegung oder Unterlassen aufgrund eines Entschlusses) ist gleichzeitig auch nur eine prozessuale Tat.[17] Der Begriff der Handlung i.S.v. § 52 StGB ist stark umstritten. Einigkeit besteht darüber, dass eine Handlung vorliegt, wenn ein einziger Willensimpuls zu einer einzigen körperlichen Reaktion (z.B. ein Schuss verletzt zwei Menschen) führt (Handlung im natürlichen Sinn) oder mehrere Körperbewegungen von Gesetzes wegen zu einer Handlung zusammengefasst werden (z.B. Wegnahme und Gewalt zur Beutesicherung beim räuberischen Diebstahl: tatbestandliche Handlungseinheit, dazu Rdn. 7).

2. Tatbestandliche Handlungseinheit

7 In den Fällen der tatbestandlichen Handlungseinheit ist immer eine prozessuale Tat gegeben, da von Gesetzes wegen mehrere an sich getrennte Handlungen zu einem Tatbestand zusammengefasst werden. Zu dieser Gruppe gehören die Dauerdelikte, z.B. §§ 239, 316 StGB und die mehraktigen sowie die zusammengesetzten Delikte, z.B. §§ 249, 252, 277 StGB. Der BGH hat den Anwendungsbereich der tatbestandlichen Handlungseinheit für die Fälle der wiederholten Ausführungshandlung in der »Dagobert-Entscheidung«[18] ausgedehnt: Bei einer Erpressung rechnet der Täter von Anfang an damit, dass er mehrere Drohungen aussprechen muss. Auf die Beurteilung der Konkurrenz mehrerer gleichartiger sukzessiver Tathandlungen sind nach dieser Rspr. somit die Rücktrittsregeln anwendbar (siehe auch unten Rdn. 38). Erst wenn der Täter davon ausgeht, den Erfolg nicht mehr (so) herbeiführen zu können und sich dann entschließt, nochmals (neu) tätig zu werden, liegt auch eine neue (tatmehrheitliche) Handlung vor (neuer Tatentschluss). Ein Wechsel des Angriffsmittels, räumliche Trennungen oder zeitliche Intervalle zwischen den jeweiligen Einzelakten stellen die Annahme einer Tateinheit nicht grundsätzlich in Frage.[19]

3. Natürliche Handlungseinheit

8 Das Rechtsinstitut der natürlichen Handlungseinheit ist stark umstritten. In der Literatur wird es überwiegend abgelehnt, in der Rechtsprechung aber häufig ausdrücklich oder inzident herangezogen.[20] Natürliche Handlungseinheit als Unterfall der Handlung im juristischen Sinn liegt dann vor, wenn mehrere Handlungen, die an sich mehrere natürliche Handlungen ausmachen, so kurz aufeinanderfolgen und auch in räumlich nahem Zusammenhang stehen, dass von einer einzigen Hand-

---

17 Meyer-Goßner/*Schmitt* § 264 Rn. 12; BGHSt 23, 141; 29, 63; SK-StGB/*Samson/Günther* Vor § 52 Rn. 15 ff.

18 BGHSt 41, 368 ff. (»Dagobert«) m. Anm. *Beulke/Satzger* NStZ 1996, 429; daran anknüpfend BGH StV 1998, 70 – Autobahnschütze m. krit. Besprechung *Momsen* NJW 1999, 982: Mehrfache Drohungen mit Zahlungsaufforderung sind eine Einheit und begründen den Tatbestand der Erpressung nur einmal. BGH StV 2007, 635–636 Rn. 24 zu auf Dauer angelegtem Quälen; BGH NStZ 2011, 213 zu Ausnutzen derselben Drohung bei mehreren Teilakten.

19 BGH vom 25.03.2020 – 6 StR 11/20, dort als »Bewertungseinheit« bezeichnet.

20 BGHSt 43, 312, 315; BGH JZ 2000, 733, 744; *Fischer* Vor § 52 Rn. 3; vgl. dazu auch *Eschelbach* Kap. 33 Rdn. 146.

lung ausgegangen werden muss.[21] Beispiele: Der Täter geht im Supermarkt an verschiedenen Regalen vorbei und steckt fünf verschiedene kleinere Gegenstände in seine Jackentasche, um sie unbezahlt für sich zu behalten. Es sind nicht fünf, sondern es ist nur ein Diebstahl gegeben. Der Täter zertrümmert in der Gastwirtschaft einen Stuhl und schlägt mit dem Stuhlbein auf einen Gast ein. Obwohl ein neuer Tatentschluss (Verletzungsvorsatz) gefasst wird, wäre es gekünstelt, Tatmehrheit zwischen Sachbeschädigung und Körperverletzung anzunehmen, daher liegt ausnahmsweise eine natürliche Handlungseinheit vor. Diese führt hier dazu, dass Sachbeschädigung und gefährliche Körperverletzung in Tateinheit zueinanderstehen, da es sich um verschiedene Delikte handelt. Ein neuer Tatentschluss führt allerdings regelmäßig zu einer Zäsur und damit zu Tatmehrheit; so z.B. wenn der Täter die Tat für beendet erachtet und danach einen weiteren Angriff gegen das Rechtsgut ausführt oder wenn aus Beihilfe Mittäterschaft wird.[22] Der BGH beschränkt den Anwendungsbereich der natürlichen Handlungseinheit zumindest für Angriffe gegen verschiedene höchstpersönliche Rechtsgüter auf Ausnahmefälle, denn höchstpersönliche Rechtsgüter sind einer additiven Betrachtungsweise, wie sie der natürlichen Handlungseinheit zugrunde liegt, grds. nicht zugänglich.[23] Etwas anderes kann ausnahmsweise dann gelten, wenn eine Aufspaltung in Einzeltaten wegen eines außergewöhnlich engen zeitlichen und situativen Zusammenhangs, etwa bei Messerstichen innerhalb weniger Sekunden oder bei einem gegen eine aus der Sicht des Täters nicht individualisierte Personenmehrheit gerichteten Angriff (z.B. kurz aufeinanderfolgende Schüsse in eine Menschenmenge), willkürlich und gekünstelt erschiene.[24] Das Zeitmoment wirkt der Annahme von Handlungseinheit entgegen: Das Ausnutzen einer schutzlosen Lage oder Zwangslage über einen längeren Zeitraum für mehrere Straftaten (Vergewaltigungen, sexuelle Übergriffe u.a.) führt nicht zur natürlichen Handlungseinheit, wenn dazwischen erhebliche zeitliche Abstände liegen.[25] Bei der Brandstiftung führt demgegenüber eine handlungseinheitliche Beeinträchtigung mehrerer Tatobjekte selbst dann nicht zu einer mehrfachen Verwirklichung des Tatbestands, wenn verschiedene Rechtsgutsträger geschädigt worden sind, weil das Delikt von vornherein auf die Verletzung von Gesamtheiten abstellt.[26] Beim Betrug ist zu differenzieren: Führen ein einziger Tatentschluss und eine einzige Täuschung oder Irrtumserregung zu mehreren Vermögensverfügungen des Opfers, so liegt eine Handlung vor. Veranlasst ein Täter – sukzessiv und inhaltlich auf früheren Tathandlungen aufbauend – einen Geschädigten durch immer neue Täuschungshandlungen zu jeweils eigenständigen Vermögensverfügungen, reicht dies selbst im Falle desselben Tatentschlusses nicht für die Annahme einer einheitlichen Tat aus.[27]

4. Teilidentität der Ausführungshandlungen (Tatbestandsüberschneidung)

Erfüllt eine Handlung gleichzeitig mehrere Tatbestände, liegt nach § 52 StGB Tateinheit vor (vollständige Identität oder Kongruenz der Tatbestandsmerkmale). Aber auch, wenn nur Teilidentität (Teilkongruenz) der Ausführungshandlung(en) gegeben ist, lässt die Rechtsprechung dies für Tateinheit genügen.[28] Beispiel: Bei Raubmord ist die Tötung gleichzeitig die Gewalt beim Raub, §§ 211, 249, 52 StGB. Örtliche und zeitliche Parallelität genügt dafür jedoch nicht. Nach h.M. ist darüber hinaus zu fordern, dass ein objektiver Teil der einen Tatbestandshandlung zur Verwirklichung des anderen Tatbestands mitgewirkt hat, sog. funktionaler Zusammenhang.[29] Das gilt auch, wenn die Handlung 9

21 *Sowada* Jura 1995, 247 spricht plastisch von einer »Miniaturausgabe des Fortsetzungszusammenhangs«.
22 BGH NStZ 2002, 433 zu §§ 221, 224, 211 StGB.
23 BGH NStZ 1996, 129; BGH StV 1998, 70, 71 – Autobahnschütze und BGH NStZ 2005, 262.
24 BGH NStZ 2016, 594.
25 BGH GSSt NJW 1994, 1663; NJW 1997, 1590; NJW 2000, 1048; NStZ 2002, 199.
26 BGH NStZ 2016, 605.
27 BGH Urt. v. 22.12.2021 – 3 StR 255/21.
28 BGHSt 22, 206, 208; 27, 66, 67; BGH NStZ 1998, 300;.zur fehlenden Teilidentität von § 31d ParteienG, Bestechlichkeit und Untreue: BGH 4.11.2021 – 6 StR 12/20 ab Rn. 101, in NStZ 2022, 282 nicht abgedruckt.
29 BGH NStZ 2019, 695.

des einen Delikts nur noch im Beendigungsstadium dem anderen Delikt dient, z.B. eine Sachbeschädigung auf der Flucht nach vollendetem Diebstahl, mit der die Beute gesichert werden soll.[30]

5. Tateinheit durch Klammerwirkung

10 Das Rechtsinstitut der Tateinheit durch Klammerwirkung ist umstritten.[31] Tateinheit ist danach gegeben, wenn die Ausführungshandlungen zweier oder mehrerer Delikte jeweils mit einer Ausführungshandlung eines weiteren Deliktes (zumindest) teilidentisch (Rdn. 9) sind – also Tateinheit gegeben ist – und Wertgleichheit des verklammernden Delikts mit wenigstens einem der beiden verklammerten Delikte besteht[32] oder das verklammernde Delikt das schwerste ist.[33] Daher kann ein Vergehen ein Verbrechen mit einem weiteren Vergehen verbinden, nicht aber jeweils wertschwerere Delikte, bspw. zwei Verbrechen. Bei der Frage der Wertgleichheit kommt es nicht abstrakt auf den Strafrahmen an, sondern auf die konkrete Gewichtung der Taten.[34] S. zu den weiteren Einschränkungen unten Rdn. 12. Beispiel: Der Täter fesselt und knebelt sein Opfer (Körperverletzung), um es am Weglaufen zu hindern (Freiheitsberaubung). Nach einiger Zeit schlägt er das Opfer bewusstlos (gefährliche Körperverletzung), da er nun befürchtet, das Opfer könnte sich befreien. Die erste Körperverletzung wird durch die Freiheitsberaubung (Dauerdelikt) mit der zweiten Tathandlung zur Tateinheit verbunden. Nutzt er hingegen die andauernde Freiheitsberaubung für mehrere Vergewaltigungen aus, stehen diese mangels Wertgleichheit mit der Freiheitsberaubung zueinander in Tatmehrheit. Eine Beschränkung des Dauerdelikts nach § 154a StPO hindert die Klammerwirkung nicht.[35]

6. Bewertungseinheit und (uneigentliche) Organisationsdelikte

11 Die Figur der Bewertungseinheit wurde von der Rspr. entwickelt,[36] um im Betäubungsmittelrecht (s. Rdn. 25) einzelne Handlungen, die eine Einheit im Unrechtserfolg bilden und von einheitlichem Tatentschluss getragen werden, nicht gesondert aburteilen zu müssen. Sie hat darüber hinaus überall dort Bedeutung erlangt, wo die vielfache Verwirklichung eines Tatbestandes von einem Gesamtplan des Täters umfasst ist,[37] z.B. bei Verstößen gegen ein vereinsrechtliches Verbot.[38] Zum Teil spricht die Rechtsprechung auch bei wiederholten Erpressungshandlungen (s. oben Rdn. 8 »natürliche Handlungseinheit«) von Bewertungseinheit.[39] Bei Mittätern kommt es auf den jeweiligen Tatbeitrag an.

Entsprechendes gilt für die Organisationsdelikte: Bei echten Organisationsdelikten (bereits die Organisation selbst ist strafbar, z.B. § 129 StGB) sind sämtliche Handlungen, die der Organisation dienen, ohne zugleich weitere Delikte zu erfüllen, nur eine Handlung im Rechtssinn. Nach neuerer Rspr. stehen die einzelnen von Mitgliedern der Organisation ausgeführten Delikte hierzu in Tatmehrheit (s. Rdn. 33). Bei uneigentlichen Organisationsdelikten liegt stets Tateinheit vor, wenn sich das Verhalten des Organisators auf einheitliche Planungs- und Vorbereitungsmaßnahmen beschränkt (z.B. der Hintermann bei betrügerischen Schneeballsystemen, der die täuschende Vermarktung sei-

---

30 *Seher* JuS 2004, 392, 393 f.

31 Fischer Vor § 52 Rn. 30 ff. m.w.N.; MüKo/StGB-*v. Heintschel-Heinegg* § 52 Rn. 96 ff.; *Schönke/Schröder/Sternberg-Lieben/Bosch* § 52 Rn. 14 ff.

32 BGHSt 31, 29, 31.

33 BGH NStZ-RR 2022, 68: keine Verklammerung eines räuberischen Diebstahls und eines schweren gefährlichen Eingriffs in den Straßenverkehr durch eine Urkundenfälschung (mehrfache Fahrten mit entwendeten Kennzeichen).

34 Meyer-Goßner/*Schmitt* § 264 Rn. 19; BGH NJW 1998, 619 (Autobahnschütze): Mord als schwerstes Delikt kann nicht durch Raubdelikte verklammert werden; BGH NStZ 2005, 562; BGH NStZ-RR 2020, 64: keine Verklammerung gewerbsmäßiger Betrugstaten durch § 32 KWG.

35 BGH vom 02.02.2012 – 3 StR 321/11; BGH NStZ-RR 2020, 64.

36 BGHSt 30, 28; BGH NStZ 1994, 495; StV 1994, 658.

37 *Fischer* Vor § 52 Rn. 12 ff.

38 BGH StV 1998, 546 fortgeführt in StV 2001, 510 m. Anm. *Mitsch*; BGH NStZ 2010, 455 (Zäsurwirkung einer Verurteilung).

39 BGH vom 25.03.2020 – 6 StR 11/20.

ner Anlage Vermittlern überlässt). Erst wenn der Organisator selbst darüber hinaus im Einzelfall konkret mitwirkt, steht diese Tat zur Organisationshandlung in Tatmehrheit.[40]

Die Einzelakte innerhalb einer Bewertungseinheit sind rechtlich unselbstständige Teile der Gesamttat. Der Zweifelssatz gebietet es nicht, eine Bewertungseinheit anzunehmen, wenn keine Anhaltspunkte hierfür gegeben sind.[41] Eine rechtskräftige Aburteilung einer Bewertungseinheit führt notwendig zum Strafklageverbrauch all ihrer Einzelteilakte.[42]

7. Unterbrechung des Dauerdeliktes durch neuen Tatentschluss (insb. bei Verbrechen)

Trifft eine Straftat mit einem Dauerdelikt (s. Rdn. 26) zusammen, so ist zwischen den einzelnen Tatbeständen immer dann Tateinheit gegeben, wenn die Verwirklichung des Dauerdeliktes gleichzeitig notwendige Bedingung für das zusätzlich gegebene Delikt ist, so z.B. bei einem Raubüberfall, bei dem die Waffe als Nötigungsmittel eingesetzt wird, oder bei einem Tötungsdelikt mit einer Schusswaffe ohne »Waffenschein«.[43] Folge wäre, dass alle tateinheitlich mit dem Dauerdelikt zusammentreffenden Taten auch eine prozessuale Tat bilden würden, mit der weiteren Folge des Strafklageverbrauchs. Der BGH hat dieses Ergebnis in einer grundlegenden Entscheidung dahingehend eingeschränkt, dass der (neue) Entschluss, eine Tat mit der Waffe zu begehen, eine Zäsur in der Dauerstraftat begründe.[44] Der Verstoß gegen das Dauerdelikt steht dann in Tatmehrheit zu dem Delikt, bei dem die Waffe verwendet wurde; dieses wiederum in Tateinheit zum Dauerdelikt im Zeitpunkt der Begehung der Tat. Das Delikt, das mit der Waffe begangen wurde, wird sozusagen aus dem Dauerdelikt »herausgeschnitten«, mit der Folge, dass die Verurteilung des Dauerdeliktes die Strafklage wegen der weiteren Handlung nicht verbraucht. Regelmäßig wird die mit der Waffe begangene Tat schwerer wiegen, als das Dauerdelikt (Verbrechen zu Vergehen). Das ist jedoch nicht Voraussetzung dieser Rechtsprechung.[45] (S. auch zu den echten Organisationsdelikten unten Rdn. 33). 12

8. Teilnahme/Täterschaft

Die Betrachtung der Konkurrenzen richtet sich bei Teilnahme immer nach dem Teilnehmer. Das führt vor allem bei der Beihilfe zu differenzierten Ergebnissen. Handlungseinheit liegt vor, wenn der Gehilfe mit nur einer Unterstützungshandlung zu mehreren Haupttaten eines Anderen Hilfe leistet. Handlungseinheit liegt ferner vor, wenn sich mehrere Unterstützungshandlungen auf dieselbe Haupttat beziehen. Fördert eine von mehreren Beihilfehandlungen gleichzeitig mehrere Haupttaten in deren Ausführungsstadium, so werden diese sowie die übrigen sich auf diese Haupttaten beziehende Beihilfehandlungen zur Handlungseinheit verknüpft.[46] Wenn ein Gehilfe neben jeweils eigenständigen Beihilfehandlungen im Ausführungsstadium mehrerer Haupttaten zusätzlich eine tatübergreifende, alle Taten umfassende Mitwirkung im Vorbereitungsstadium erbringt; verbindet die übergreifende Handlung die individuellen Tatbeiträge nicht zu einer Tat im Sinne des § 52 Abs. 1 StGB (vgl. auch uneigentliche Organisationsdelikte, oben Rdn. 11).[47] Die gleichen Grundsätze gelten auch für den mittelbaren Täter. Es kommt auf seine Handlung(en) an, nicht auf die des Tatmittlers.[48] 13

II. Handlungsmehrheit, Tatmehrheit

Stehen Delikte in Tatmehrheit zueinander, so liegen regelmäßig auch mehrere prozessuale Taten vor. Nach dem Kriterienkatalog (oben Rdn. 4) und unter Heranziehung der Einzelfallrechtspre- 14

40 St. Rspr., z.B. BGH NStZ 2010, 103; NStZ 2015, 334; wistra 2016, 492 jeweils m.w.N.
41 BGH NStZ-RR 2006, 55.
42 *Fischer* Vor § 52 Rn. 12a ff. m.w.N. insbesondere zum BtMG.
43 S. unten Stichwort Waffenrecht Rdn. 39.
44 BGHSt 36, 151, 154 = StV 1990, 341 m. Anm. *Neuhaus*; BGH JR 1995, 168 m. Anm. *Erb*.
45 BGH NJW 2016, 657, 659 m.w.N.
46 BGH StV 2022, 387.
47 BGH StV 2009, 169; 2022, 387.
48 BGH 26.07.2022 – 1 StR 51/22, NStZ-RR 2023, 15.

chung kann auch bei Tatmehrheit ausnahmsweise eine prozessuale Tat gegeben sein, z.B. bei alkoholbedingtem Unfall mit anschließender Flucht (unten Rdn. 37), Brandstiftung und (versuchtem) Betrug zum Nachteil der Versicherung[49] oder der Verletzung höchstpersönlicher Rechtsgüter, wenn die Verletzungshandlungen in engem zeitlich, örtlich und situativem Zusammenhang stehen (vgl. oben Rdn. 8).[50]

D. Prozessuale Tat und Verfahrensabschnitte

I. Ermittlungsverfahren

15 Die StA trifft hinsichtlich jeder selbstständigen prozessualen Tat eine eigenständige Verfügung: Einstellung gemäß § 170 Abs. 2 StPO, nach dem Opportunitätsprinzip gemäß §§ 153 ff. StPO oder sie erhebt die öffentliche Klage. Hat die StA eine oder mehrere prozessuale Taten eingestellt und beabsichtigt, hinsichtlich weiterer Taten Anklage zu erheben, kann sie den Anspruch auf Akteneinsicht (§ 147 StPO) bzgl. der nicht eingestellten Taten bis zum Zeitpunkt des § 169a StPO beschränken.

Die Einstellungsverfügung (§ 170 Abs. 2 StPO) verbraucht die Strafklage nicht. Das Klageerzwingungsverfahren hat den Zweck, die Einstellung der jeweiligen Tat gerichtlich überprüfen zu lassen. Hat die StA fälschlich innerhalb einer prozessualen Tat Teile eingestellt und andere angeklagt, ist das Klageerzwingungsverfahren daher unzulässig.[51] Das Gericht kann in der Hauptverhandlung nach Hinweis gemäß § 265 StPO auch die fälschlich eingestellten Delikte (Tatteile) einbeziehen und aburteilen.

II. Zwischenverfahren

16 Die Erhebung der Anklage begründet die Anhängigkeit des Verfahrens. Im Vorfeld des Strafklageverbrauchs hindert sie jede anderweitige Verfolgung des Beschuldigten wegen derselben prozessualen Tat.[52] Das Gericht entscheidet im Zwischenverfahren durch Eröffnungs- oder Nichteröffnungsbeschluss nur über die angeklagten prozessualen Taten. Mit dem Eröffnungsbeschluss (Eintritt der Rechtshängigkeit) verliert die StA die Dispositionsbefugnis über die Klage und kann die angeklagte prozessuale Tat nicht mehr auswechseln. Eine Zustimmung der StA zur Eröffnung nicht angeklagter Taten ist daher unwirksam.[53] Geht das Gericht über die angeklagte prozessuale Tat hinaus, fehlt es insoweit an der Prozessvoraussetzung des Eröffnungsbeschlusses (und der Anklage). Dieser Mangel kann in der ersten Instanz durch Nachtragsanklage gemäß § 266 StPO geheilt werden.[54] Stimmt der Angeklagte nicht zu, so ist das Verfahren in Bezug auf die nicht angeklagte Tat einzustellen. Für eine Sachentscheidung bleibt kein Raum. Der Grundsatz, des Vorranges des Freispruchs gilt nicht.[55] In der Berufung und Revision (unten Rdn. 19/20) ist das Verfahren nach § 206a StPO bzw. §§ 206a, 354 Abs. 2 StPO endgültig einzustellen, soweit der Eröffnungsbeschluss fehlt.[56] Die StA kann dann erneut Anklage erheben.

III. Hauptverfahren, § 264 StPO

1. Umfang der Kognitionspflicht

17 § 264 Abs. 1 StPO bestimmt den Umfang der Kognitionspflicht des erkennenden Gerichtes in der Hauptverhandlung und nimmt dazu auf die Anklage Bezug. Durch diese werden die Grenzen des

49 BGH NStZ 2006, 350; 03.11.2021 – 3 StR 231/21.
50 BGH NStZ 1996, 243, 244.
51 OLG Karlsruhe NJW 1977, 62.
52 KK-*Fischer* Einl Rn. 161.
53 BGH StV 2002, 642: die StA hatte versehentlich den falschen Tatzeitraum angegeben.
54 BGHSt 29, 224.
55 BGH StV 2002, 642.
56 BGHSt 33, 167; Meyer-Goßner/*Schmitt* § 203 Rn. 4 und § 354 Rn. 6.

Eröffnungsbeschlusses und damit auch die Grenzen der Hauptverhandlung und des darauf fußenden Strafurteils (Verurteilung/Freispruch/Einstellung) abgesteckt.[57] Das Gericht hat die angeklagte Tat restlos unter allen tatsächlichen und rechtlichen Gesichtspunkten aufzuklären und abzuurteilen.[58] Der Umfang der Rechtskraft eines Strafurteils bestimmt dann wiederum die Reichweite des Strafklageverbrauchs i.S.v. Art. 103 GG.

2. § 264 Abs. 2 StPO

§ 264 Abs. 2 StPO hat bei der Bestimmung der prozessualen Tat keine eigenständige Bedeutung. 18
Auch in diesem Zusammenhang ist die entscheidende Frage, ob die tatsächlichen Veränderungen innerhalb der Grenzen der prozessualen Tat liegen (dann Aburteilungsbefugnis nach Hinweis gemäß § 265 StPO), oder nicht (dann Aburteilungsbefugnis nur nach Nachtragsanklage gemäß § 266 StPO). Aus § 264 Abs. 2 StPO folgt nur die sich schon aus Abs. 1 ergebende Aussage, dass das Gericht an den durch den Eröffnungsbeschluss (der seinerseits wieder durch die Anklage bestimmt wird) gezogenen Rahmen gebunden ist. Ob es sich um eine rein rechtliche Veränderung handelt, die die Identität der prozessualen Tat nicht berührt, ist nicht Voraussetzung, sondern Folge der Beurteilung des Tatbegriffes.

Umstände außerhalb der angeklagten prozessualen Tat (überschießende Feststellungen) dürfen für die Beweiswürdigung,[59] insb. aber für die Strafzumessung (Tat- und Täterbeurteilung) mit herangezogen werden. Letzteres ergibt sich schon aus § 46 StGB. Konsequenterweise können daher in diesem Zusammenhang auch Straftaten, die nicht angeklagt worden sind, bereits abgeurteilte Taten,[60] von der StA eingestellte (auch verjährte) Taten (sei es nach § 170 Abs. 2 StPO oder § 154, §§ 153 ff. StPO) oder ausgeschiedene Tatteile zum Gegenstand der Hauptverhandlung gemacht werden.[61] Will das Gericht diese Taten im Urteil (z.B. bei der Strafzumessung[62]) verwerten, muss es sie beweiskräftig feststellen.[63] Dabei müssen selbstverständlich das Mündlichkeitsprinzip, der Grundsatz des rechtlichen Gehörs und § 265 StPO beachtet werden.[64] Die Verteidigung wird in solchen Fällen oft einen Antrag auf Unterbrechung oder Aussetzung stellen können, vgl. auch § 265 Abs. 3 und 4 StPO.[65]

IV. Berufung

Das Berufungsgericht ist wie die erste Instanz an den Umfang der angeklagten Tat gebunden. Eine 19
Nachtragsanklage nach § 266 StPO scheidet in der Berufung aus, da dem Berufungsgericht die erstinstanzliche Verhandlungskompetenz fehlt.[66]

Durch Rechtsmittelbeschränkung nach § 318 StPO kann die Verteidigung den Prüfungsumfang einschränken, und zwar durch Beschränkung auf eine von mehreren abgeurteilten prozessualen Taten, aber auch innerhalb einer prozessualen Tat. Die Wirkung der Rechtsmittelbeschränkung auf eine ganze prozessuale Tat wird häufig als vertikale und die Beschränkung innerhalb einer prozessualen Tat als horizontale Teilrechtskraft bezeichnet.[67]

---

57 BGHSt 32, 215, 221.
58 KMR-*Stuckenberg* § 264 Rn. 41 ff.
59 BGH StV 2017, 9.
60 BGHSt 34, 209, 210; allerdings nur noch nicht im BZR getilgte Taten, § 51 BZRG; z.B. BGH NStZ 1997, 285.
61 BGHSt 30, 147 und 165; Meyer-Goßner/*Schmitt* § 154 Rn. 25; § 154a Rn. 2.
62 S. dazu *Detter/Makepeace* Kap. 35 Rdn. 235 ff.
63 Vgl. BGH NJW 1987, 660, 661.
64 BGH StV 1998, 252.
65 Meyer-Goßner/*Schmitt* § 265 Rn. 38 ff.
66 Meyer-Goßner/*Schmitt* § 266 Rn. 10; KK- *Bartel* § 266 Rn. 5.
67 Meyer-Goßner/*Schmitt* Einl Rn. 185 f.

V. Revision

20 Das Revisionsgericht hat das Verfahrenshindernis der entgegenstehenden Rechtskraft/des Strafklageverbrauchs von Amts wegen in jeder Lage des Verfahrens zu berücksichtigen und das Verfahren gegebenenfalls einzustellen.[68] Dabei ist zu beachten, dass bei mehreren prozessualen Taten unter Umständen eine Teileinstellung in Betracht kommt, wenn die Sperrwirkung der Rechtskraft sich nur auf eine von mehreren Taten i.S.d. § 264 StPO bezieht. Ergibt sich in der Revision, dass die Tatsacheninstanz über die angeklagte prozessuale Tat hinausgegangen ist, stellt das Revisionsgericht das Verfahren mangels Prozessvoraussetzung (Anklage i.V.m. Eröffnungsbeschluss) ein, aber nur, soweit die fehlende Prozessvoraussetzung reicht. Da Prozessvoraussetzungen und Prozesshindernisse von Amts wegen geprüft werden, braucht die Verteidigung sie in der Revision nicht ausdrücklich zu rügen. Aus Gründen der Sorgfalt sollte stets darauf hingewiesen werden. Eine Rüge ist allerdings zwingend erforderlich, wenn im Übrigen weder Sach- noch Verfahrensrügen erhoben werden, weil die Revision mangels Begründung sonst unzulässig wäre.

VI. Strafklageverbrauch

21 Strafklageverbrauch bedeutet, dass ein Täter nicht wegen derselben Tat mehrfach bestraft werden darf. Gerichtliche Entscheidungen müssen zu einem feststellbaren Zeitpunkt verbindlich und gegebenenfalls auch vollstreckbar werden. Dieser Zeitpunkt tritt ein, wenn bei einem befristeten Rechtsmittel die Rechtsmittelfrist abgelaufen oder die Entscheidung aus anderen Gründen unanfechtbar ist.[69] Strafurteile oder mit sofortiger Beschwerde angreifbare Gerichtsbeschlüsse werden demnach mit Ablauf der Rechtsmittelfrist, durch Rechtsmittelverzicht, Rechtsmittelrücknahme[70] oder letztinstanzliche Entscheidung formell rechtskräftig. Beschlüsse, die von vornherein der Anfechtung entzogen sind, werden mit Erlass formell rechtskräftig. Diese formelle Rechtskraft oder Unabänderbarkeit der Entscheidung ist Voraussetzung für die materielle Rechtskraft.[71] Deren wesentliche Wirkung ist, dass Strafurteile die Strafklage verbrauchen. D.h., der Täter kann wegen derselben Straftat nicht erneut verfolgt werden. Diese Sperrwirkung hat Verfassungsrang (Art. 103 Abs. 1 GG) und begründet ein von Amts wegen zu beachtendes Verfahrenshindernis für eine neue Strafverfolgung. Dabei ist zu beachten, dass nur Sachentscheidungen diese Sperrwirkung entfalten, also nicht das Einstellungsurteil nach § 260 Abs. 3 StPO. Andererseits bedeutet das Verbot der Mehrfachbestrafung in Art. 103 Abs. 1 GG auch ein Verbot der Mehrfachverfolgung, d.h. es gilt auch bei Freispruch.[72]

Das Vorliegen des Strafklageverbrauchs begründet ein Prozesshindernis mit der Folge, dass das Verfahren eingestellt werden muss, soweit der Strafklageverbrauch reicht.

▶ Beachte

22 Durch das Inkrafttreten des Vertrages von Lissabon am 01.12.2009 wurde das in Art. 50 GRC formulierte Recht des ne bis in idem zu vollwertigem Primärrecht.[73] Art. 54 SDÜ wurde damit zu sekundärrechtlicher Konkretisierung des Art. 50 GRC. Der europäisch-transnationale Strafklageverbrauch ergibt sich weiterhin aus Art. 54 SDÜ, der im Licht des Art. 50 GRC auszulegen ist.[74]

68 BGH NJW 2000, 3293.
69 Formelle Rechtskraft, Meyer-Goßner/*Schmitt* Einl Rn. 164–166.
70 Das gilt jedenfalls, wenn bei Rücknahme die Rechtsmittelfrist bereits abgelaufen ist.
71 Meyer-Goßner/*Schmitt* Einl Rn. 168 ff.
72 BGH NStZ 2001, 557 m. Anm. *Radtke* NStZ 2001, 662 ff.
73 *Burchardt/Brodowski* StraFo 2010, 179.
74 Vgl. auch *Schuster* Kap. 6 Rdn. 53 Stichwort Strafklageverbrauch.

Das Verbot der Doppelbestrafung gilt **innerhalb der EU** auch für **ausländische Entscheidungen.**[75] Der Strafklageverbrauch solcher Entscheidungen betrifft nicht nur die Verurteilung,[76] sondern auch Freispruch,[77] gerichtliche Einstellung wegen Verjährung,[78] gnadenähnliches Absehen von Strafe[79] und Einstellung des Verfahrens gegen Auflagen durch die Staatsanwaltschaft ohne Mitwirkung des Gerichts.[80] Kein Strafklageverbrauch tritt ein, soweit die Einstellung ohne Sachprüfung erfolgte[81] und erst recht nicht durch Einleitung des Ermittlungsverfahrens.[82] Einer vorläufigen Einstellung durch die StA nach § 154 Abs. 1 StPO soll eine Sperrwirkung zukommen, wenn die StA eine eingehende Sachprüfung vorgenommen hat.[83] Der Strafklageverbrauch geht aber immer nur so weit, wie er im Ausgangsstaat der verbrauchenden Entscheidung reicht.[84] Art. 54 SDÜ setzt voraus, dass die Mitgliedsstaaten ihre Rechtsordnungen wechselseitig auch dann akzeptieren, wenn das eigene Recht zu anderen Ergebnissen kommen würde.[85]

E. Einzelfälle nach Stichworten

I. Anschlussdelikte

Die einer Straftat vorausgehenden oder die sich an eine Straftat anschließenden Folgedelikte werden häufig als mitbestrafte Vor- oder Nachtat (Diebstahl mit anschließender Sachbeschädigung) im Wege der Gesetzeskonkurrenz verdrängt[86]. Zeitlich getrennte Vorbereitungs-, Verwertungs- oder 23

75 Meyer-Goßner/*Schmitt* Einl. Rn. 177a; zum Tatbegriff im Anwendungsbereich von Art. 54 SDÜ EuGH StV 2006, 393 – Van Esbroeck m. Anm. *Radtke* NStZ 2008, 162; JZ 2007, 245 – Van Straaten m. Anm. *Kühne*; EuGH Urt. v. 16.11.2010 EuGRZ 2011, 32–37: » (F)ür die Zwecke der Ausstellung und Vollstreckung eines Europäischen Haftbefehls (stellt) der Begriff »dieselbe Handlung« in Art. 3 Nr. 2 des Rahmenbeschlusses einen autonomen Begriff des Unionsrechts dar (…). In einem Fall wie dem des Ausgangsverfahrens, in dem die ausstellende Justizbehörde auf ein Informationsersuchen der vollstreckenden Justizbehörde im Sinne des Art. 15 Abs. 2 des Rahmenbeschlusses hin gemäß ihrem nationalen Recht und unter Beachtung der Anforderungen, die sich aus dem in Art. 3 Nr. 2 des Rahmenbeschlusses aufgeführten Begriff »dieselbe Handlung« ergeben, ausdrücklich festgestellt hat, dass das zuvor im Rahmen ihrer Rechtsordnung erlassene Urteil keine rechtskräftige Verurteilung wegen der in ihrem Haftbefehl bezeichneten Handlungen darstellt und den in diesem Haftbefehl genannten Strafverfolgungsmaßnahmen daher nicht entgegensteht, besteht für die vollstreckende Justizbehörde kein Anlass, wegen dieses Urteils den in diesem Art. 3 Nr. 2 vorgesehenen zwingenden Grund für die Ablehnung der Vollstreckung anzuwenden« *Schomburg* NJW 2000, 1833 ff.; grundlegend zum Strafklageverbrauch in der EU *Radtke/Busch* NStZ 2003, 281 ff.; BVerfG StraFo 2008, 151: außerhalb Art. 54 SDÜ gilt der Grundsatz *ne bis in idem* nicht.

76 BGH StV 1999, 244 m. Anm. *Schomburg*.

77 EuGH StV 2007, 113–115 – Van Straaten; NStZ 2007, 408 – Gasparini; BGH NStZ 2001, 557 m. Anm. *Radtke* NStZ 2001, 662.

78 BGH StV 2017, 227.

79 OLG München StV 2001, 495 m. Anm. *Hecker* StV 2002, 71.

80 EuGH StV 2003, 201 m. Anm. *Mansdörfer* StV 2003, 313.

81 EuGH NJW 2005, 1337; ÖstOGH NStZ 2005, 344: auch nicht bei Einstellung nach § 170 Abs. 1 StPO. OLG Nürnberg StV 2010, 233: Die vorläufige Einstellung gem. § 154 Abs. 1 StPO führt zu keinem Verfolgungshindernis nach Art. 54 SDÜ; bestätigt durch Nichtannahmebeschluss des BVerfG. Ebenso KG v. 22.12.2009 Az. 4 Ausl A 196/09 unter Bezugnahme auf OLG Nürnberg StV 2010, 233; ergänzend der im gleichen Verfahren ergangene weitere Beschl. OLG Nürnberg v. 28.06.2010, Az. 1 OLG Ausl 130/07 (Italien).

82 EuGH NJW 2005, 1337 – Miraglia.

83 BVerfG StV 2022, 650.

84 Vgl. die begrenzten Sperrwirkungen in §§ 153a Abs. 3 S. 5, 211 oder 373a StPO.

85 EuGH StV 2003, 201 Rn. 7.

86 *Fischer* § 242 Rn. 59.

Sicherungshandlungen bleiben aber in der Regel selbstständige prozessuale Taten.[87] Liegt keine Gesetzeskonkurrenz vor, weil das Folgedelikt einen eigenständigen Unrechtsgehalt (Tatbestand 1 **und** Tatbestand 2) aufweist, so muss die Frage nach der prozessualen Tat nach den allgemeinen Kriterien gelöst werden. Trotz der Unterschiede in Tatzeit und Tatort ist ein einheitlich geschichtlicher Vorgang anzunehmen, wenn die zeitlich späteren Handlungen auf die Verwertung der Tatbeute gerichtet sind.[88] Auf die allgemeinen Kriterien ist auch in den Fällen der Alternativität (Tatbestand 1 **oder** Tatbestand 2) mit dem Folgeproblem der Wahlfeststellung zurückzugreifen (Diebstahl oder Hehlerei); unten Rdn. 40.

II. Ausländerrecht, Asyl, Auslieferung

24 Der wiederholte Verstoß gegen die Aufenthaltsbeschränkung und ein währenddessen begangener Raub sollen nach einer fragwürdigen Entscheidung des OLG Stuttgart eine Tat im prozessualen Sinne bilden.[89] Dabei stellt das OLG auf den zwingenden inneren Zusammenhang zwischen den Ausführungshandlungen ab. Wird das weitere Delikt nur (wie meist) gelegentlich des Verstoßes gegen die Aufenthaltsbeschränkungen begangen, ohne dass sich ein (zwingender) innerer Zusammenhang ergibt, liegen weder Tateinheit noch die gleiche prozessuale Tat vor.[90]

Der auslieferungsrechtliche Tatbegriff entspricht dem prozessualen Tatbegriff des § 264 StPO.[91]

III. Betäubungsmittelrecht

25 Im Bereich des BtMG fasst die Rechtsprechung die Teilakte des Handeltreibens, Erwerbs, Besitzes, der Abgabe und der Einfuhr bei gleichem Güterumsatz als tatbestandliche Bewertungseinheit zusammen, sodass sich das gesamte deliktische Verhalten bezogen auf eine bestimmte Gesamtmenge BtM trotz jeweils neu gefassten Tatentschlusses als einheitliche Tat des unerlaubten Besitzes/Handeltreibens/der Abgabe/Einfuhr darstellt und damit eine prozessuale Tat bildet.[92] Das gilt selbst für der Vollendung nachgelagerte deliktische Handlungen, wenn sie sich auf Zahlungsvorgänge beziehen.[93] Unabhängig von der Anzahl der Abnehmer liegt eine rechtliche Bewertungseinheit und damit nur eine Tat im Rechtssinne auch dann vor, wenn die einzelnen Verkäufe aus einem Vorrat getätigt werden.[94] Allerdings bildet eine rechtskräftige Verurteilung materiell-rechtlich und prozessual eine Zäsur und unterbricht damit den Bewertungszusammenhang.[95] Wegen der kaum noch zu überblickenden Rspr. wird auf die Literatur verwiesen.[96] Der Begriff des Handeltreibens ist nach der Rechtsprechung sehr weit. So werden zwei verschiedene BtM-Geschäfte zu Tateinheit verbunden, wenn bei der Bezahlung eines bereits getätigten Geschäfts neue BtM bestellt werden.[97] Auch bei der Bewertungseinheit werden Wertungen der Teilidentität einander überschneidender Handlungen

87 KK/*Tiemann*, § 264 Rn. 11, Meyer-Goßner/*Schmitt* § 264 Rn. 12b.

88 OLG Hamm v. 18.05.2021 – 5 RVs 24/21; BGH 30.9.2020 – 5 StR 99/20 (Untreue und Betrug); BGH 13.02.2019 – 4 StR 555/18 (Raub und Hehlerei); BGH NStZ 1999, 523.

89 OLG Stuttgart NStZ-RR 1996, 173.

90 OLG Hamburg NStZ-RR 1999, 247.

91 EuGH StV 2006, 393 – Van Esbroeck m. Anm. *Radtke* NStZ 2008, 162; NStZ 2008, 164 – Van Kraaijenbrink; BGH StV 2000, 348.

92 S. oben Rdn. 11; BGHSt 30, 28, 31; *Fischer* Vor § 52 Rn. 13; *Körner* StV 1998, 626 (instruktiver Überblick über die gängigen Fallkonstellationen nach Fortfall der fortgesetzten Tat).

93 BGH 23.11.2021 – 4 StR 344/21: Beitreiben der (Rest-)Schulden mittels versuchter besonders schwerer räuberischer Erpressung steht in Tateinheit zum vorangegangen Handeltreiben, das die Geldschuld begründet hat.

94 BGH StV 1994, 648; StV 2002, 257 auch zur sog »Silotheorie« und dem Grundsatz »in dubio pro reo«.

95 BGH NStZ 2010, 455.

96 Patzak/Volkmer/Fabricius/*Patzak* § 29/Teil 4, Rn. 454 ff.; Weber/Kornprobst/Maier/*Weber* BtMG vor § 29 Rn. 551 ff.; *Patzak*, Konkurrenzverhältnisse beim unerlaubten Handeltreiben mit Betäubungsmitteln, 2021.

97 BGH (Großer Strafsenat) NJW 2018, 2905.

(oben Rdn. 9) herangezogen. So soll der gleichzeitige Besitz verschiedener BtM-Handelsmengen nur dann zur Tateinheit des Handeltreibens führen, wenn die Art und Weise der Besitzausübung über die bloße Gleichzeitigkeit hinausgeht.[98] Bei bloßer Besitzstrafbarkeit genügt hingegen stets die Gleichzeitigkeit auch bei verschiedenen Aufbewahrungsorten.[99] Eine Verklammerung mehrerer Taten des Handeltreibens durch die einheitliche (im Konkurrenzwege zurücktretende) Besitzstrafbarkeit scheidet jedoch aus.[100] Ob mehrere Taten der unerlaubten Einfuhr von Betäubungsmitteln in nicht geringer Menge durch eine einheitliche, in ihren Ausführungshandlungen jeweils teilidentische Tat des unerlaubten Handeltreibens mit Betäubungsmitteln in nicht geringer Menge zu einer Tat verbunden werden, wird von den Strafsenaten des Bundesgerichtshofs bislang unterschiedlich beantwortet.[101]

IV. Dauerstraftat

Dauerstraftaten wie z.B. Freiheitsberaubung, Hausfriedensbruch oder Fahren ohne Fahrerlaubnis gehören in die Gruppe der Delikte der tatbestandlichen Handlungseinheit (s. oben Rdn. 7).[102] Während des gesamten Zeitraumes der Tatbestandsverwirklichung ist nur eine prozessuale Tat gegeben.[103] Kurzfristige Unterbrechungen, bei denen die anschließende Fortsetzung nicht auf einem neuen Tatentschluss beruht, führen nicht zu Tatmehrheit.[104] Mehrere Delikte, die ihrerseits in Tateinheit zu dem Dauerdelikt stehen, können uU durch das Dauerdelikt zu einer prozessualen Tat verbunden werden (Tateinheit durch Klammerwirkung, oben Rdn. 10).[105] Ein (Vergehen des) Dauerdeliktes kann allerdings mehrere selbstständige Delikte mit erheblich schwererem konkreten Unrechtsgehalt (insb. Verbrechen) nicht verklammern.[106] Gelegentlich des Dauerdelikts verwirklichte Delikte ohne inneren (funktionalen[107]) Handlungszusammenhang stehen zum Dauerdelikt in Tatmehrheit.[108] Für Tateinheit ist nämlich eine Teilidentität der Ausführungshandlungen erforderlich. Wann diese nach der Rechtsprechung vorliegt, ist im Einzelnen schwierig abzugrenzen.[109] (S. auch unten Rdn. 39 zu Waffendelikten). 26

V. Einstellung nach §§ 153, 153a StPO

Die Einstellung des Verfahrens durch StA oder Gericht nach § 153a Abs. 1 oder Abs. 2 StPO entfaltet beschränkten Strafklageverbrauch nach Abs. 1 S. 5 bzw. Abs. 2 S. 2 i.V.m. Abs. 1 S. 5 für die gesamte prozessuale Tat.[110] Die Einstellung des Verfahrens nach § 153 Abs. 2 StPO hindert ebenfalls die erneute Verfolgung unter dem Blickwinkel eines Vergehens.[111] Neue Tatsachen allein ermöglichen 27

---

98 BGH NStZ 2017, 711 (einheitlicher Verkaufsvorrat), NStZ 2020, 42 (räumlich-zeitlicher Zusammenhang); BGH 16.07.2020 – 4 StR 110/20, BeckRS 2020, 29791 (Verklammerung durch § 30a BtMG: Aufbewahrung eines Schlagrings sowie beider Verkaufsmengen im Schlafzimmer).

99 BGH StV 2021, 427; BGH 15.07.2020 – 2 StR 110/20.

100 BGH StV 2022, 577.

101 Dafür BGH 22.10.1996 – 1 StR 548/96, NStZ 1997, 136; 5.12.2017 – 1 StR 380/17; 18.07.1984 – 2 StR 322/84, BGHSt 33, 4, 6 f.; dagegen BGH 15.02.2011 – 3 StR 3/11; 06.02.2014 – 3 Ars 7/13, NStZ-RR 2014, 146, zweifelnd jetzt auch BGH 01.12.2020 – 4 StR 213/20, StV 2021, 446.

102 BGH NStZ 2002, 432.

103 S. oben zur Klammerwirkung Rdn. 10.

104 BGH vom 15.08.2019 – 4 StR 21/19 (Fahren ohne Fahrerlaubnis).

105 BGH NStZ 1997, 508 zur Frage der prozessualen Tat bei Fahrten ohne Fahrerlaubnis zu Tatorten des Diebstahls.

106 *Fischer* Vor § 52 Rn. 32.

107 OLG Hamm NStZ 2019, 695 (Gleichzeitiges Beisichführen eines Schlagrings und von BtM).

108 MüKo-StGB/*v. Heintschel-Heinegg* § 52 Rn. 90 m.w.N. zur Rechtsprechung.

109 Vgl. MüKo-StGB/*v Heintschel-Heinegg* § 52 Rn. 90 ff.

110 OLG Düsseldorf StV 1997, 344 LS: »Die Sperrwirkung einer Einstellung nach § 153a StPO umfasst die gesamte prozessuale Tat, auch wenn sich nachträglich herausstellt, dass diese einen größeren Schuldgehalt als ursprünglich angenommen aufweist oder wenn sich die vermeintliche Einzeltat als Teil einer Dauerstraftat oder gesetzlichen Handlungseinheit erweist.«.

111 BGHSt 48, 331; Meyer-Goßner/*Schmitt* § 153 Rn. 37, 38 m.w.N.

die Wiederaufnahme des Verfahrens nicht.[112] Auch eine Einstellung des Verfahrens gegen Auflagen nach ausländischem Recht führt zum Strafklageverbrauch, Art. 54 SDÜ.[113]

VI. Einstellung nach § 154 StPO und Beschränkung der Strafklage nach § 154a StPO

28 § 154 StPO betrifft eine ganze prozessuale Tat im Verhältnis zu einer weiteren selbstständigen Tat. § 154a StPO gibt die Möglichkeit, innerhalb einer prozessualen Tat einzelne Teile und Straftatbestände auszuscheiden. Die rechtskräftige Sachentscheidung (Freispruch oder Verurteilung) erfasst daher zwangsläufig auch die nach § 154a StPO ausgeschiedenen Tatteile derselben prozessualen Tat.[114] Eine irrige Beschränkung (das Gericht meint, es läge eine eigene prozessuale Tat vor und stellt nach § 154 Abs. 2 StPO ein) verhindert nicht, dass der Strafklageverbrauch auch den eingestellten Teil erfasst.[115] Folgerichtig darf das Tatsachengericht hinsichtlich einer prozessualen Tat nicht freisprechen, solange zuvor nach § 154a StPO ausgeschiedene Tatteile nicht wieder einbezogen worden sind.[116]

Anders ist die Rechtslage bei § 154 StPO, da es sich hierbei um eine Einstellung einer eigenständigen prozessualen Tat handelt. Die Einstellung durch das Gericht nach § 154 Abs. 2 entfaltet beschränkten Strafklageverbrauch gem. § 154 Abs. 3 und 4.[117]

VII. Hinweis nach § 265 StPO

29 Ergeben sich in der Hauptverhandlung innerhalb der angeklagten prozessualen Tat(en) Veränderungen im Hinblick auf den Eröffnungsbeschluss in rechtlicher oder tatsächlicher Hinsicht, hat ein Hinweis nach § 265 StPO zu erfolgen.[118] Der fehlende Hinweis kann in der Revision mit der Verfahrensrüge beanstandet werden.

VIII. Konkretisierung

30 Die angeklagte prozessuale Tat muss sich aus der Anklageschrift i.V.m. dem Eröffnungsbeschluss bestimmen lassen. Besonders bei Serienstraftaten müssen die Einzelakte hinreichend konkretisiert sein, damit die prozessuale Tat umgrenzbar und individualisierbar ist.[119] Bei Serientaten ist regelmäßig erforderlich, in der Anklage den bestimmten Tatzeitraum, das Tatopfer, die Grundzüge der Art und Weise der Tatbegehung, die Tatfrequenz und die (Höchst-)Zahl der vorgeworfenen Straftaten, die Gegenstand des Verfahrens sein sollen, anzugeben. Wird eine Mindestzahl von Taten angegeben, steht der Umgrenzung der Anklage nicht entgegen, dass der Angeklagte möglicherweise noch an weiteren ähnlichen Taten beteiligt war. Der erforderlichen Bestimmtheit steht auch nicht entgegen, dass die Geschädigten nicht namentlich bekannt sind und der Angeklagten möglicherweise ähnliche – ggf. einem Strafklageverbrauch unterworfene – Taten beging.[120] Fehlt es an dieser Umgrenzungsfunktion, kann die Anklage unwirksam sein mit der Folge, dass das Verfahren eingestellt werden muss.[121] Bei einer Vielzahl sexueller Übergriffe (gegenüber Kindern), die häufig erst nach längerer Zeit angezeigt werden, ist eine Individualisierung nach Tatzeit und exaktem Gesche-

---

112 BGH NStZ 2004, 218 = NJW 2004, 375.
113 S. oben Rdn. 22.
114 Meyer-Goßner/*Schmitt* § 154a Rn. 28.
115 MüKo-StPO/*Teßmer* § 154 Rn. 13.
116 Meyer-Goßner/*Schmitt* § 154a Rn. 24, 27; BGH StV 1993, 287.
117 BGH NJW 2009, 2549 m. Bespr. *Bosch* JA 2009, 826 zum Strafklageverbrauch bei § 154 StPO und Zeugnisverweigerungsrecht nach § 53 StPO; *Klein/Koll* StraFo 2011, 78, Keine unbeschränkte Wiederaufnahme staatsanwaltschaftlich eingestellter Verfahren nach § 154 Abs. 1 StPO.
118 Näher *Eschelbach* Kap. 33 Rdn. 44 f.
119 Meyer-Goßner/*Schmitt* § 264 Rn. 21 und näher *Eschelbach* Kap. 33 Rdn. 26 ff.
120 BGH NStZ-RR 2022, 75.
121 Meyer-Goßner/*Schmitt* § 200 Rn. 2, 26, § 264 Rn. 21 f. und § 267 Rn. 5 bis 6b m.w.N. der fast uferlosen Rechtsprechung; z.B. zur Umgrenzungs- und Informationsfunktion bei Serienbetrug BGH NStZ 2011, 418.

hensablauf oftmals nicht möglich. Die Taten als Verfahrensgegenstand werden in diesen Fällen durch die Festlegung des zeitlichen Rahmens der Tatserie, die Nennung der Höchstzahl der nach dem Anklagevorwurf innerhalb dieses Rahmens begangenen Taten, die Person des Tatopfers und die wesentlichen Grundzüge des Tatgeschehens bestimmt. Veränderungen und Erweiterungen des Tatzeitraumes heben die Identität zwischen angeklagten und abgeurteilten Taten auf.[122] Gleiches gilt für wesentliche Änderungen des Tatbildes. Sexuelle Handlungen, die mit dem Eindringen in den Körper verbunden sind, unterscheiden sich so wesentlich von anderen sexuellen Handlungen, dass die Nämlichkeit der Tat nicht mehr gegeben ist.[123]

IX. Materielle Stufenverhältnisse

In materiellen Stufenverhältnissen gehört das auf niedrigerer Stufe angesiedelte Delikt regelmäßig zur gleichen prozessualen Tat. Das gilt nicht nur für die Stufenverhältnisse des allgemeinen Teils (Vollendung/Versuch/Verabredung, § 30 Abs. 2[124]; Täterschaft/Anstiftung/Beihilfe/ggf. § 30; Vorsatz-/Fahrlässigkeitstat, aktives Tun/Unterlassen etc.), sondern auch für das Verhältnis von (Beteiligung an der) Katalogtat und Nichtanzeige der Tat (§ 138 StGB). Ist die Katalogtat angeklagt, besteht Tatidentität mit der Nichtanzeige.[125] 31

X. Nachtragsanklage, § 266 StPO

Sie ist immer dann erforderlich, wenn eine weitere, bisher nicht angeklagte prozessuale Tat zum Gegenstand der Hauptverhandlung gemacht werden soll.[126] 32

XI. Organisationsdelikte, kriminelle Vereinigung

Bei Organisationsdelikten, wie § 129 StGB oder § 20 Abs. 1 Nr. 1 bis 3 VereinsG genügt die bloße Mitgliedschaft in der verbotenen Organisation, um die Strafbarkeit zu begründen (sog. echte Organisationsdelikte). Der BGH hat seine frühere Rechtsprechung,[127] wonach alle mitgliedschaftlichen Beteiligungsakte an einer kriminellen (oder terroristischen) Vereinigung zu einer tatbestandlichen Handlungseinheit zusammengefasst werden, aufgegeben.[128] Nach neuerer Rspr. steht das Organisationsdelikt in jeweiliger Tatmehrheit zu den begangenen Einzeltaten. Soweit es sich bei den Einzeltaten zugleich um Taten der Vereinigung handelt, sind diese ihrerseits in Tateinheit mit Mitgliedschaft in einer kriminellen Vereinigung zu verurteilen.[129] Zur Begründung stellt der BGH nur auf objektive Kriterien ab. Die Annahme von Tateinheit jenseits der Handlung im natürlichen Sinn bedarf danach einer normativen Rechtfertigung. Die Begehung einer Straftat, die gerade den Zweck der Vereinigung bildet, ist stets von entscheidender Relevanz für den Unrechts- und Schuldgehalt dieser Handlung. Denn die Verletzung eines Individualrechtsguts kann gegenüber dessen bloßer Gefährdung, der das Organisationsdelikt (auch) entgegenwirken will, nicht untergeordnet sein.[130] Daher kommt es weder auf die Frage eines neuen Tatentschlusses,[131] noch darauf an, ob die ausgeübte Tat schwerer wiegt als das Organisationsdelikt. 33

---

122 BGH 04.03.2021 – 2 StR 423/20.

123 BGH 20.10.2021 – 1 StR 46/21; vgl. auch BGH 08.02.2022 – 3 StR 440/21 zu geänderten Tatorten bei Sexualdelikten.

124 Dass es sich um die gleiche prozessuale Tat handelt, wird in BGH NStZ 2009, 25 m. Anm. *Roxin* NStZ 2009, 7 nicht angesprochen, sondern vorausgesetzt.

125 BGH NJW 2010, 2291 m. Anm. *Schiemann*; BGH v. 27.10.2016 – 4 StR 254/16.

126 Näher *Eschelbach* Kap. 33 Rdn. 17 ff.

127 BGHSt 29, 288.

128 BGH NJW 2016, 657 und (nicht tragend) BGH NZWiSt 2017, 74.

129 BGH NJW 2016, 657, 660.

130 BGH NJW 2016, 657, 660.

131 So aber die Rspr. beim Waffendelikt, s. unten Rdn. 39.

Anders ist die Situation beim uneigentlichen Organisationsdelikt (s. dazu oben Rdn. 11). Hier liegt regelmäßig gleichartige Tateinheit vor, weil sich der Tatbeitrag des Organisators meist auf eine Handlung im natürlichen Sinn beschränkt (z.B. Planung, Vorbereitung und Organisation des auf eine Vielzahl von Opfern angelegten Finanzanlagebetrugs).[132]

XII. Serienstraftaten

34 Siehe Konkretisierung Rdn. 30

XIII. Schöpfdefizit, § 264 StPO

35 Das Gericht hat die angeklagte und eröffnete prozessuale Tat der Hauptverhandlung zugrunde zu legen und umfassend im Urteil zu würdigen.[133] Das Revisionsgericht überprüft uneingeschränkt, ob das Tatgericht seiner Pflicht zur umfassenden Ausschöpfung der Anklage durch Aburteilung/(Teil-) Freispruch nachgekommen ist.[134]

XIV. Steuerrecht/Abgaben

36 Von Tatmehrheit ist auszugehen, wenn die abgegebenen Steuererklärungen verschiedene Steuerarten, verschiedene Besteuerungszeiträume oder verschiedene Steuerpflichtige betreffen. Die Ausnahme, wonach Tateinheit vorliegen kann, wenn die Hinterziehungen durch dieselbe Erklärung bewirkt werden oder wenn mehrere Steuererklärungen im äußeren Vorgang zusammenfallen und überdies in den Erklärungen übereinstimmende unrichtige Angaben über Besteuerungsgrundlagen enthalten sind, hat der BGH aufgegeben.[135] Auch bei der Steuerhinterziehung durch Unterlassen ist grundsätzlich im Hinblick auf jede Steuerart, jeden Besteuerungszeitraum und jeden Steuerpflichtigen von selbständigen Taten i.S.d. § 53 StGB auszugehen. Tateinheit ist nur dann ausnahmsweise anzunehmen, wenn die erforderlichen Angaben, die der Täter pflichtwidrig unterlassen hat, durch ein und dieselbe Handlung (und nicht nur zeitgleich) zu erbringen gewesen wären.[136] Für den Tatbegriff ist es unerheblich, wie die Abgabe der einzelnen Steuererklärungen sachlich-rechtlich zu beurteilen ist.[137] Lohnsteuerhinterziehung und Vorenthalten der Sozialversicherungsabgaben stehen in Tatmehrheit zueinander und sind in der Regel mehrere prozessuale Taten.[138] Die Hinterziehung der Einfuhrabgaben bei der Einfuhr von Waren in das Inland einerseits und die Hinterziehung der Umsatzsteuer nach Weiterveräußerung der nämlichen Waren durch den Angeklagten andererseits sind nicht Teil derselben Tat im prozessualen Sinn. Bei Schmuggel und der nachfolgenden Hinterziehung von Umsatzsteuer handelt es sich um unterschiedliche Taten im materiell-rechtlichen Sinn, die durch unterschiedliche Tathandlungen, zu unterschiedlichen Zeitpunkten, in unterschiedlichen Besteuerungsverfahren, bezogen auf unterschiedliche Steuernormen und gegenüber unterschiedlichen Behörden begangen werden.[139] Nur eine Tat im prozessualen Sinne ist anzunehmen, wenn der Täter einen noch nicht fehlgeschlagenen Steuerhinterziehungsversuch durch falsche Angaben gegenüber der Finanzbehörde mit dem Ziel fortsetzt, ein und dieselbe Steuer zu verkürzen.[140] Steuerhehlerei

---

132 Für die Anzahl der Taten kommt es regelmäßig auch bei wiederkehrenden betrügerisch erlangten Lastschriftduldungen auf die Zahl der getäuschten Personen, nicht der Lastschriften an, BGH v. 24.11.2016 – 4 StR 87/16.

133 KK-*Tiemann* § 264 Rn. 27.

134 BGH StV 1994, 63; BGH StV 2007, 635–636; z.B. OLG Hamm 18.05.2021 – 5 RVs 24/21: Das betrügerische Erlangen von Geldern (§ 263 Abs. 1 StGB) stellt mit der nachfolgenden veruntreuenden Auskehr der Gelder (§ 266 Abs. 1 StGB) eine einheitliche prozessuale Tat dar, wenn die Untreuehandlung auf die Verwertung der Tatbeute gerichtet ist.

135 BGH DStR 2018, 2380; BGH vom 10.07.2019 – 1 StR 265/18.

136 St. Rspr. z.B. BGH wistra 2014, 443.

137 OLG Frankfurt NStZ-RR 2001, 142.

138 BGHSt 35, 14 = NStZ 1988, 79 m. Anm. *Kaulbach*.

139 BGH NStZ 2014, 102.

140 BGH NJW 1989, 1615.

(§ 374 AO) und nachfolgende Verfolgungsfahrt, um sich der Festnahme wegen Zigarettenschmuggel zu entziehen sind zwei selbstständige Taten.[141] Die Abgabe einer unrichtigen Umsatzsteuervoranmeldung ist regelmäßiges Durchgangsstadium, um mit einer unrichtigen Jahreserklärung eine Steuerverkürzung auf Dauer zu erreichen. Sie ist daher mitbestrafte Vortat.[142] Gleiches gilt im Fall der pflichtwidrigen Nichtabgabe einer Umsatzsteuervoranmeldung und späterer Jahreserklärung. Ist der Steuerpflichtige hingegen mittelbarer Täter, weil er die (manipulierten) Unterlagen einheitlich einem Steuerberater übergibt und dieser nimmt gutgläubig die Meldungen (verschiedene Steuern, Sozialversicherungsbeiträge etc.) vor, liegt beim mittelbaren Täter Tateinheit vor, auch wenn die Handlungen des Tatmittlers Tatmehrheit begründen würden (vgl. auch oben Rdn. 13).[143]

XV. Straßenverkehr

- OWiG: Im Ordnungswidrigkeitenrecht[144] gilt auch der Tatbegriff des § 264 StPO. Zur Annahme 37
  eines einheitlichen Lebensvorgangs reicht es nicht aus, dass mehrere Verkehrsverstöße bei ein und derselben Fahrt begangen werden.[145] Ausnahmsweise kann eine prozessuale Tat vorliegen, wenn die einzelnen Verkehrsverstöße einen derart unmittelbaren zeitlich-räumlichen und inneren Zusammenhang aufweisen, dass sich der Lebensvorgang als solcher bei natürlicher Betrachtung auch für einen unbeteiligten Dritten als einheitliches zusammengehöriges Tun darstellt (mehrere Verstöße binnen 2–3 Minuten) und die Verstöße subjektiv auf dem gleichen Willensentschluss beruhen (Zurücklegen der Fahrtstrecke in möglichst kurzer Zeit).[146]
- In den Fällen der so genannten Polizeiflucht[147] (Täter flüchtet vor der Polizei und begeht eine Vielzahl verschiedener Straftaten nach §§ 315c, 315b, 315d, 142 StGB u.a.) sollen nach ständiger Rechtsprechung alle während der Fahrt begangenen Delikte in Tateinheit zueinander stehen.
- In der Praxis ist die Frage, ob eine Fahrtunterbrechung bei einem Dauerdelikt, wie dem vorsätzlichen Fahren ohne Fahrerlaubnis oder Trunkenheit im Verkehr, zu zwei Taten führt, von erheblicher Bedeutung für die Höhe der Strafe und die Dauer der Entziehung der Fahrerlaubnis. Fraglich ist dabei, wann eine Fahrtunterbrechung eine Zäsur und daraus folgend Tatmehrheit begründet. Die Frage, ob eine natürliche Handlungseinheit oder eine Zäsur durch neu gefassten Tatentschluss vorliegt, ist aber von den äußeren Gegebenheiten und dem gesamten Erscheinungsbild des Tatgeschehens abhängig sowie davon, ob der Täter von Anfang an vorhatte, die Fahrt fortzusetzen.[148] Die Dauerstraftat des Fahrens ohne Fahrerlaubnis endet dabei regelmäßig erst mit Abschluss einer von vorneherein für eine längere Wegstrecke geplanten Fahrt und wird nicht durch kurze Unterbrechungen in selbständige Taten aufgespalten.[149] Etwas anderes gilt nur, wenn die Fortsetzung der Fahrt auf einem neu gefassten Willensentschluss beruht.[150] Wird ein Diebstahl während der Unterbrechung einer Fahrt ohne Fahrerlaubnis begangen, ohne dass vor Beendigung Teilidentität der Ausführungshandlungen bestand, handelt es sich um verschiedene prozessuale Taten.[151] Wegen der Teilidentität der Tathandlungen besteht hingegen Tateinheit,

141 BGHR StPO § 264 Abs. 1 Tatidentität 33.
142 BGH v. 13.07.2017 – 1 StR 536/16. BGH NZWiSt 2020, 115.
143 BGH 26.07.2022 – 1 StR 51/22, NStZ-RR 2023, 15.
144 Zu den Verkehrsordnungswidrigkeiten näher *Detter/Makepeace* Kap. 23 Rdn. 182 ff.
145 BayObLGSt 1994, 137; OLG Düsseldorf VRS 1975, 361; OLG Hamm DAR 1974, 22; BayObLG JR 2002, 523 m. abl. Anm. *Seitz* LS: »Mehrere Taten im verfahrensrechtlichen Sinne können auch im Rahmen einer einheitlichen Fahrt dann angenommene werden, wenn dabei in unterschiedlichen Verkehrslagen mehrfach gegen Verkehrsvorschriften verstoßen wurde.«.
146 OLG Celle NZV 2012, 196 f.
147 BGHSt 22, 67, 76; BGH NStZ-RR 1997, 331; BGH v. 07.09.2016 – 4 StR 221/16; *Fischer* Vor 52 Rn. 6 a m.w.N.; kritisch *Sowada* NZV 1995, 465.
148 BGH StraFo 2009, 432; LG Potsdam DAR 2009, 285; OLG Hamm VA 2008, 173.
149 St. Rspr., zuletzt BGH vom 12.08.2015 – 4 StR 14/15 m.w.N., *juris*.
150 BGH 15.08.2019 – 4 StR 21/19; 23.03.2021 – 1 StR 53/21, NStZ-RR 2021, 222.
151 BGH NStZ 1997, 508.

wenn gesicherter Gewahrsam (z.B. wegen der Größe des Diebesguts) erst mit dem Wegfahren eintritt.[152]

- Straßenverkehrsdelikte und BtMG: Ist ein Angeklagter wegen Erwerbs von Betäubungsmitteln rechtskräftig verurteilt worden, ist die Strafklage hinsichtlich einer etwa 90 Minuten nach dem Erwerb angetretenen Fahrt mit einem PKW im Zustand der Fahruntüchtigkeit infolge zwischenzeitlichen Rauschgiftgenusses auch dann nicht verbraucht, wenn in der Anklageschrift wegen des Betäubungsmitteldelikts erwähnt war, dass der Angeklagte die erworbenen Betäubungsmittel bei der unmittelbar nach der Fahrt unter Rauschgifteinfluss durchgeführten polizeilichen Kontrolle mit sich geführt hat.[153] Stand die Fahrt hingegen in einem inneren Beziehungs- und Bedingungszusammenhang mit dem Transport der Drogen, handelt es sich um nur eine Tat im prozessualen Sinn. Ein solcher Zusammenhang liegt vor, wenn die Tat dem Transport der Drogen dient,[154] oder wenn die Trunkenheitsfahrt zugleich die Einfuhr der Betäubungsmittel darstellt.[155] Transportiert der Täter (z.B. bei der Flucht vor der Polizei) BtM zu Handelszwecken, liegt Tateinheit zwischen den Straßenverkehrsdelikten und dem Handeltreiben vor.[156]
- Straßenverkehrsgefährdung und Unfallflucht: Die Trunkenheitsfahrt mit Unfall und anschließender Flucht ist regelmäßig vorsätzliche/fahrlässige Gefährdung des Straßenverkehrs in Tatmehrheit mit unerlaubtem Entfernen vom Unfallort in Tateinheit mit vorsätzlicher Trunkenheit im Verkehr gemäß §§ 315c Abs. 1 Nr. 1a, Abs. 3 Nr. 1 (§ 11 Abs. 2!) oder Abs. 2, 142 Abs. 1, 52, 316 Abs. 1 oder 2, 53 StGB. Obwohl Tatmehrheit gegeben ist, wird die Fahrt bis zum Unfall und die anschließende Weiterfahrt als eine prozessuale Tat angesehen.[157]
- Unfallflucht und Strafvereitelung. Der in der Anklage erhobene Vorwurf, der Angeklagte habe eine bestimmte Straftat (hier: unerlaubtes Entfernen vom Unfallort) begangen, ermöglicht i.d.R. auch bei engem örtlichem und zeitlichem Zusammenhang keine Verurteilung wegen Strafvereitelung, die darauf gestützt ist, dass sich der Angeklagte zu Unrecht als Täter der in Wirklichkeit von einem Dritten begangenen Straftat bezichtigt habe.[158]
- Fahren ohne Fahrerlaubnis und WaffenG: Es besteht keine Tatidentität, wenn der Täter bei der Brandstiftung eine Waffe verwendet und zum Tatort mit seinem Fahrzeug ohne Fahrerlaubnis gefahren ist.[159]

XVI. Versuch, Rücktritt

38 Einzelne auf die Tatvollendung abzielende sukzessive Teilakte sind konkurrenzrechtlich als eine Tat im materiell-rechtlichen Sinn zu werten, wenn sie räumlich-zeitlich eng zusammenhängen und der Täter nach der Gesamtbetrachtungslehre und seinem Rücktrittshorizont[160] noch strafbefreiend zurücktreten kann. Beispiel: Der Täter rechnet von vorneherein damit, dass er mehrere Erpresserbriefe schreiben muss. Die einzelnen Erpressungshandlungen sind Teil einer einheitlichen Tat. Ist der Rücktritt wegen Vollendung oder Fehlschlags des Versuchs nicht mehr möglich, tritt eine Zäsur ein, die die Tat unterbricht.[161] Mit dieser Zäsur endet die Rücktrittsmöglichkeit und folgerichtig auch die natürliche Handlungseinheit. Auf die Beurteilung der Konkurrenz mehrerer gleichartiger sukzessiver Tathandlungen zur Erlangung eines strafbaren Erfolges sind somit die Rücktrittsregeln anwendbar.

152 BGH 23.03.2021 – 1 StR 53/21, NStZ-RR 2021, 222.
153 BayObLG NJW 1991, 2360 = JZ 1991, 1057 m. Anm. *Schlüchter*; differenzierend OLG Oldenburg StV 2002, 240.
154 BGHR StPO § 264 Abs. 1 Tatidentität 11; BGH NStZ 2009, 705 (Fahrt diente dem Transport der Drogen); BGH v. 31.01.2017 – 4 StR 597/16, NStZ-RR 2017, 123.
155 BGH StV 1995, 62.
156 BGH 09.12.2021 – 4 StR 277/21.
157 *Fischer* § 315c Rn. 24; BGHSt 23, 141, 150; 24, 185, 186; *Brückner* NZV 1996, 266.
158 BayObLG NStZ 1984, 569.
159 BGH NStZ 1995, 300.
160 BGHSt 40, 75, 76 f.; eingehend *Otto* Jura 1992, 423 ff.
161 BGHSt 41, 368 ff. (»Dagobert«) oben Rdn. 7; BGHSt 44, 91, 94; BGH NStZ 2005, 263, 264.

Die erfolglose Anstiftung zum Verbrechen wird im Verhältnis zu einer zweiten erfolgreichen Anstiftung bzgl. des gleichen Opfers nicht als subsidiäres Verhalten im Wege der Gesetzeskonkurrenz verdrängt, sondern entfaltet Zäsurwirkung.[162] Dies hat zur Folge, dass die versuchte Anstiftung eine eigenständige prozessuale Tat im Verhältnis zur zweiten erfolgreichen Anstiftung darstellt.

XVII. Waffenrecht

Nach ständiger Rechtsprechung des BGH liegt bei Erwerb, Ausübung der tatsächlichen Gewalt und Führen einer Waffe oder verschiedenartigen Verstößen gegen das WaffenG regelmäßig Tateinheit vor.[163] Auch weitere mit der Waffe begangene Straftaten stehen mit dem Verstoß gegen das Waffengesetz in Tateinheit, wenn das Dauerdelikt und das mit der Waffe begangene Delikt auf dem gleichen Tatentschluss beruhen. Dann erfolgt das Ausüben der tatsächlichen Gewalt über die Waffe sowohl mit dem Erwerb als auch mit einem mit der Waffe begangenen Delikt je tateinheitlich. Die waffenrechtliche Einordnung der einzelnen Waffen ist unerheblich.[164] Der BGH hat es ausreichen lassen, dass das verbindende Dauerdelikt den gleichen Strafrahmen hat wie eines der beiden, sonst nicht in Tateinheit stehenden Delikte (z.B. Besitz verklammert Erwerb der Waffe mit Totschlag oder Raub). Dies hat zur Folge, dass alle ideal konkurrierenden Delikte regelmäßig auch eine prozessuale Tat bilden, mit der Konsequenz umfassenden Strafklageverbrauchs. Der neue Tatentschluss zu einer Tat, bei der die Waffe verwendet wird, kann aber eine Zäsur bilden, so dass mehrere prozessuale Taten gegeben sind (s. oben Rdn. 12). Das gilt auch dann, wenn die Verwendung der Waffe selbst (z.B. wegen Notwehr) nicht strafbar ist.[165] Diese Rechtsprechung,[166] die das Konkurrenzverhältnis und daraus abgeleitet den Strafklageverbrauch von der inneren Tatseite abhängig macht (neuer Tatentschluss führt zur Zäsur, bestand der Verwendungsentschluss hingegen schon bei der Begehung des Dauerdelikts besteht Tateinheit), wird in Zukunft zu überprüfen sein, da der BGH sie für echte Organisationsdelikte fruchtbar gemacht, aber vom subjektiven Ansatz gelöst hat (dazu oben Rdn. 33). 39

Tritt ein Täter vom Versuch der Brandstiftung mit Molotow-Cocktails zurück, ist der Verstoß gegen das WaffenG die gleiche prozessuale Tat, so dass ein vollständiger Freispruch nicht in Betracht kommt. Das gilt auch, wenn der Verstoß gegen das Waffengesetz in der Anklage/im Eröffnungsbeschluss keine Erwähnung findet.[167]

Eine zeitgleiche Aufbewahrung von Waffen und Betäubungsmitteln kann die Annahme einer Handlungseinheit regelmäßig nur dann rechtfertigen, wenn darüber hinaus ein funktionaler Zusammenhang zwischen beiden Besitzlagen besteht.[168]

XVIII. Wahlfeststellung

Die Verurteilung in wahldeutiger Feststellung setzt voraus, dass die entsprechenden Delikte, z.B. Diebstahl und Hehlerei, jeweils Teil derselben prozessualen Tat sind, oder wenn sie zu verschiedenen prozessualen Taten gehören, dass die Taten jeweils angeklagt sind.[169] Der große Strafsenat des 40

162 BGH StV 2000, 350 = NJW 1998, 2684: »Der fehlgeschlagene Versuch der Anstiftung zur Tötung eines Menschen ist gegenüber einer späteren, auf einem neuen Entschluss beruhenden Anstiftung zum Versuch der Tötung eine rechtlich selbstständige Handlung und damit in der Regel auch eine andere Tat im prozessualen Sinn (Abgrenzung zu BGHSt 8, 38 und BGH NJW 1992, 2903).«.

163 BGHSt 31, 29 und BGH NStZ 1997, 446; weitere Fälle zum Waffengesetz und Tateinheit bei *Meyer-Goßner/Schmitt* NStZ 1986, 52, 53 und BGH NStZ 1992, 276; *Erbs/Kohlhaas/Pauckstadt-Maihold/Lutz*, 249. EL September 2023, WaffG § 52 Rn. 93–103.

164 BGH NStZ 1997, 446; NStZ-RR 2003, 125.

165 BGH StV 2012, 338.

166 Vgl. auch *Erbs/Kohlhaas/Pauckstadt-Maihold/Lutz*, 243. EL August 2022, WaffG § 52 Rn. 100.

167 BGH NStZ-RR 2014, 57.

168 BGH StV 2022, 577, vgl. auch BGH 08.12.2020 – 5 StR 495/20.

169 Eingehend zum prozessualen Tatbegriff und Wahlfeststellung *Beulke* Jura 1998, 262 ff.; OLG Celle NJW 1988, 1225.

BGH hat verfassungsrechtlichen Bedenken gegen das Institut der ungleichartigen Wahlfeststellung eine Absage erteilt.[170]

XIX. Zäsurwirkung

41 Das Urteil der letzten Tatsacheninstanz unterbricht die prozessuale Tat.[171] Das gilt auch für die Bewertungseinheit im Betäubungsmittelrecht.[172] S. auch Stichwort Versuch, Rücktritt, Rdn. 38.

170 BGH v. 08.05.2017 – GSSt 1/17.
171 BGH v. 31.07.1980 – 4 StR 340/80, *jurion*.
172 OLG Karlsruhe StV 1998, 28.

Kapitel 35 Strafzumessung und Rechtsfolgenverteidigung

Übersicht

A. Einführung

1 Mittelpunkt der meisten Strafverfahren – und für den Mandanten oftmals entscheidend – sind die zu verhängenden Rechtsfolgen. Deshalb ist auch die Vielzahl der Entscheidungen des Bundesge-

richtshofs, die sich mit Fragen der Strafzumessung befassen, nicht verwunderlich.[1] Die Kenntnis der zulässigen und unzulässigen Strafzumessungserwägungen ist deshalb für den Strafverteidiger ein unbedingtes »Muss«.[2]

I. Die Strategie

1. Geständnis oder Schweigen

Ob der (schuldige) Angeklagte sich im Verfahren zu seiner Schuld bekennen oder besser schweigen soll, ist eine wichtige Entscheidung.[3] Hier werden die Weichen für das gesamte Verfahren gestellt. Die Strategie der Verteidigung hat sich daher an der Bedeutung eines Geständnisses auszurichten. Ein Geständnis kann gerade in Strafsachen, in denen der Opferschutz eine wesentliche Rolle spielt, strafmildernde Auswirkungen haben, da »dem Umgang mit dem Tatopfer« erhebliche Bedeutung bei der Strafzumessung zukommt. 2

Ein Geständnis[4] ist grundsätzlich als strafmildernder Gesichtspunkt zu berücksichtigen, auch wenn seine strafmildernde Wirkung manchmal gemindert sein kann, z.B. wenn es auf prozesstaktischen Erwägungen beruht.[5] Bezieht sich ein Geständnis auf bereits anderweitig bewiesene, gar rechtskräftig festgestellte Tatumstände, kommt ihm nur geringes Gewicht zu. Bleibt es hinter den getroffenen rechtskräftigen Feststellungen zurück, reduziert sich seine strafmildernde Wirkung grundsätzlich weiter.[6] Es muss nicht strafmildernd gewertet werden, wenn es ersichtlich nicht aus einem echten Reue- und Schuldgefühl heraus abgelegt ist, sondern auf erdrückenden Beweisen beruht.[7] Andererseits darf fehlende Reue oder Unrechtseinsicht nicht strafschärfend angelastet werden, sofern nicht der Angeklagte ein Verhalten an den Tag gelegt hat, das im Hinblick auf seine Persönlichkeit und die Art der Tat auf eine besondere Rechtsfeindlichkeit und Gefährlichkeit schließen lässt.[8] Das Gewicht eines Geständnisses für die Strafzumessung mindert z.B., wenn der Angeklagte nur zugegeben hat, was ihm durch die Festnahmesituation sowie die Ergebnisse der Telefonüberwachung und der Observierungen ohnehin unschwer hätte bewiesen werden können.[9] Dieser Rechtsprechung sollte sich die Verteidigung bewusst sein und sich in ihrer Verteidigungsstrategie daran orientieren.[10] 3

---

1 Vgl. dazu die in NStZ erscheinenden Rechtsprechungsübersichten von *Detter* NStZ 2013, 390 ff.; 2014, 22 ff.; 2014, 388 ff.; 2014, 441 ff.; 2015, 20 ff.; 2015, 442 ff.; 2015, 683 ff., 2016, 391 ff.; 2017, 624 ff.; 2018, 386 ff.; 2020, 133 ff.; 2021, 22 ff.; 2022, 150 ff.; 2022, 211 ff.; 2023, 530 ff.

2 Zu Versäumnissen in der Strafzumessungsverteidigung *Detter* StraFo 1997, 193 ff.; allgemein vgl. *Detter* Einführung in die Praxis des Strafzumessungsrechts 2009; *Schäfer/Sander/van Gemmeren* Praxis der Strafzumessung 6. Aufl.; vgl. auch *Kudlich/Koch* NJW 2018, 2762 ff. (das Ringen um die richtige Strafzumessung); *Radtke* DRiZ 2018, 250 ff. (Begrenzung tatrichterlicher Strafzumessung); *Kulhanek* NStZ 2020, 65 ff. (Befriedende Strafzumessung im Tatstrafrecht); *Pauka* StraFo 2019, 359 ff. (zum Mandatswillen und Verteidigung).

3 *Albrecht* ZStW 2019, 97 ff. (»Schweigen ist Silber, Reden ist Gold«); *Miebach* NStZ 2019, 318 ff. (Verteidigung des schweigenden Angeklagten).

4 *Dencker* ZStW 102 (1990), 51 ff.; *Prüfer* StV 1998, 232 f. (fragwürdiges Geständnis); vgl. eingehend *Rode* StraFo 2007, 98 ff.; *Hammerstein* StV 2007, 48 ff.; *Bender/Nack/Treuer* Tatsachenfeststellung vor Gericht (3. Aufl.) Rn. 1015 ff. S. 253 ff.; *Kröpil* DRiZ 2016, 106 f. (Geständnis und Absprache).

5 BGHSt 42, 191 (194 f.); 43, 195 (209); *Schmidt-Hieber* FS für Wassermann 1985, S. 995 ff.; zu einem Geständnis bei einer Verständigung BGH, Beschl. v. 22.09.2011 – 2 StR 383/11 = StV 2012, 133 f.; vgl. dazu *Winkler* jurisPR-StrafR 2/2012 Anm. 1; BGH, Beschl. v. 31.01.2012 – 3 StR 285/11 = StV 2012, 653; Beschl. v. 09.10.2013 – 4 StR 414/13 = StV 2014, 594; vgl. auch *Bünningmann* JR 2015, 447 f.

6 BGH, Urt. v. 19.10.2016 – 2 StR 549/15.

7 BGHSt 43, 195 (209); BGHR StGB § 213 Alt. 2 Gesamtwürdigung 2; BGH, Beschl. v. 22.05.2018 – 4 StR 598/17 = RÜ 2018, 578 (Rn. 11).

8 BGH, Beschl. v. 10.01.2017 – 4 StR 521/16 = NStZ-RR 2017, 71 (72).

9 BGH StV 2004, 415.

10 Zur Problematik aus der Sicht des Verteidigers *Malek* Hauptverhandlung Rn. 221 ff.; *Schlothauer* Vorbereitung Rn. 76 f.; *Dencker* 51, 74 ff.; *Bender/Nack.* Rn. 1033 ff. S. 257 ff.

Wenn ein Geständnis in Betracht kommt, sei es aus Überzeugung, sei es, weil die Beweise erdrückend sind, dann muss es so früh wie möglich abgelegt werden, ansonsten ist einer der wesentlichen Strafmilderungsgründe entwertet.

▶ Beachte

4 Die Verteidigung wird dabei auch bedenken müssen, dass es »falsche Geständnisse« gibt, z.B. aus Angeberei oder Wichtigtuerei, zwecks Verbergens einer schlimmeren Verfehlung, um Dritten zu schaden, um den wirklichen Täter zu decken, um einen – meist kurzfristigen – Vorteil zu erreichen, wie Entlassung aus der Untersuchungshaft, aufgrund mangelnder Widerstandskraft, aus Erschöpfung, aufgrund von Suggestion, psychischen oder physischen Drucks oder sonstiger Zwänge.[11] Auch ein verständigungsbasiertes Geständnis bedarf der Überprüfung im Strengbeweisverfahren.[12]

5 Ob das Geständnis auch schriftsätzlich niedergelegt und durch die Verteidigung verlesen werden darf, ist strittig.[13] Der Angeklagte muss und sollte sich, vor allem wenn er sprachlich nicht gewandt genug ist, nicht selbst äußern, um Missverständnisse zu vermeiden. Er kann in solchen Fällen Erklärungen, und damit auch Geständnisse, stellvertretend durch seinen Verteidiger abgeben.[14] Es ist jedenfalls eine wichtige Aufgabe der Verteidigung, die Einlassung des Angeklagten kritisch zu überwachen und einzugreifen, wenn sich Ungenauigkeiten oder auch Missverständnisse zeigen.

▶ Beachte

6 Es ist dabei zu beachten, dass aus der Sicht des Gerichts das Gewicht der Einlassung erheblich gemindert ist, wenn diese offensichtlich vom Verteidiger stammt. Dazu kommt in den Fällen, in denen Fragen an den Angeklagten nicht zugelassen werden, das Problem des »Teilschweigens«.[15] Denn nach ständiger Rechtsprechung des Bundesgerichtshofs[16] kann es von indizieller Bedeutung sein, wenn ein Angeklagter zu einem bestimmten, einheitlichen Geschehen Angaben macht und insoweit die Beantwortung bestimmter Fragen unterlässt. Das Schweigen bildet dann einen negativen Bestandteil seiner Aussage, die in ihrer Gesamtheit der freien richterlichen Beweiswürdigung nach § 261 StPO unterliegt.[17] Entsprechendes kann gelten, wenn er nicht die Beantwortung an ihn gestellter Fragen verweigert, sondern zu einem Geschehen von sich aus nur lückenhafte Angaben macht. Auch dann dürfen grundsätzlich für ihn nachteilige Schlüsse daraus gezogen werden, dass er einen bestimmten Punkt eines einheitlichen Geschehens von sich aus verschweigt. Die Schlussfolgerung ist jedoch nur dann berech-

11 Vgl. dazu *Deckers* StraFo 2016, 265, 273 f.

12 BVerfG, Urt. v. 19.03.2013 – 2 BvR 2628/10 = StV 2013, 353 f.; BGH, Beschl. v. 24.09.2013 – 2 StR 267/13 = StV 2014, 201 f.; v. 05.11.2013 – 2 StR 265/13 = StV 2014, 723; v. 06.10.2016 – 2 StR 330/16 = NJW 2017, 280 f.; *Eschelbach*, BeckOK-StPO, 49. Ed. 2023, § 257c Rn. 25.

13 BGHSt 3, 368; BGH NStZ 1990, 447; StV 1998, 59 f. 9. Anm. *Park*; *Park* StV 2001, 589 ff.; *Meyer-Mews* JR 2003, 361 ff.; *Meyer-Goßner/Schmitt* § 243 Rn. 30; ausführlich *Detter* FS Rissing-van Saan 2011 S. 97 ff.; *Dencker* in FS *Fezer* 2008 S. 115 ff.; *Mehle* in Festschrift 25 Jahre Arbeitsgemeinschaft Strafrecht des Deutschen Anwaltsvereins 2009, 655 ff.; *Gillmeister* FS *Mehle* 2009 S. 233 ff., *Pfister* NStZ Sonderheft *Miebach* 2009, S. 25 ff.

14 Zu Erklärungen des Verteidigers für den Angeklagten BGH StV 1994, 468 = NStZ 1994, 449 = StV 1994, 467 = NStZ 1994, 352; *Schlothauer* Vorbereitung Rn. 77 ff.

15 Zum Problem des Teilschweigens BGHSt 38, 3012 f.; 45, 367 ff.; BGH, Beschl. v. 05.10.2010 – 3 StR 370/10 = StV 2011, 269 = NStZ 2011, 357 f.; BGH NStZ 1998, 209; 1999, 47; 2000, 494 (495); 2003, 45 f.; StV 2002, 409 f. m. Anm. *Jäger* JR 2003, 166 f.; BGH, Beschl. v. 17.09.2015 – 3 StR 11/15 = NStZ 2016, 59 f. m. Anm. *Miebach* NStZ 2016, 60 ff.; vgl. auch *Widmaier* JR 2004, 85 f.; *Volk* NStZ 1984, 377 f.; *Aselmann* JR 2001, 80 ff.; *Park* StV 2001, 589 (590 f.); *Meyer-Mews* JR 2003, 361 (363 ff.); *Richter* StV 1994, 687 ff.; *Miebach* NStZ 2000, 234 ff.; *ders.* NStZ 2019, 318 ff.; *Volk* NStZ 1984, 377 ff.; vgl. auch BVerfG, Beschl. v. 07.10.2008 – 2 BvR 1494/08.

16 BGHSt 45, 367 (369 ff.).

17 BGH NStZ 2000, 494 (495).

tigt, wenn nach den Umständen Angaben zu diesem Punkt zu erwarten gewesen wären, andere mögliche Ursachen des Verschweigens ausgeschlossen werden können und die gemachten Angaben nicht ersichtlich fragmentarischer Natur sind.[18]

▶ **Beachte**

Dass ein Angeklagter sich erst spät im Laufe der Hauptverhandlung eingelassen hat, kann zu seinem Nachteil verwertet werden, wenn er sich im Ermittlungsverfahren zu dem Tatvorwurf geäußert hatte. Es handelt sich dann nämlich nicht um einen Fall später Einlassung nach anfänglichem Schweigen, sondern um den Fall eines Wechsels der Einlassung.[19]

Modalitäten der Einlassung 7

Möglich sind: Schriftliche Einlassung des Angeklagten – Übergabe einer schriftlichen Erklärung des Angeklagten durch Verteidiger – mündliche Einlassung durch Verteidiger für Angeklagten – schriftliche Erklärung des Verteidigers und Verlesung durch ihn. Die Verwertbarkeit der einzelnen Erklärungen ist aber nicht unproblematisch.[20]

(1) Der Angeklagte verliest eine schriftliche Erklärung[21] – diese ist als seine Einlassung zu werten, 8
allerdings ist der Beweiswert fraglich, da meist offenbleibt, von wem die Erklärung tatsächlich stammt, vor allem dann, wenn keine Fragen zugelassen werden (Problem des Teilschweigens). Zulässig ist es jedenfalls, wenn der Angeklagte seine mündliche Einlassung unter Verwendung schriftlicher Notizen oder eines Manuskripts abgibt.[22]

(2) Der Angeklagte übergibt eine schriftliche Erklärung (Beweiswert als Urkunde)[23] – ob diese im 9
Wege des Urkundenbeweises verlesen werden muss (Problem der Aufklärungspflicht), ist fraglich:[24]

»Der in der Hauptverhandlung anwesende Angeklagte kann sich bei seiner Einlassung zur Sache nicht durch seinen Verteidiger vertreten lassen. Das Gericht ist nicht verpflichtet, ihm in der Hauptverhandlung übergebene schriftliche Erklärungen des Angeklagten mit seiner »Einlassung« zu verlesen. Eine Verlesung durch das Gericht kann die Einlassung des Angeklagten nicht ersetzen, denn nach § 243 Abs. 4 S. 2 StPO erfolgt die Vernehmung eines Angeklagten zur Sache nach Maßgabe des § 136 Abs. 2 StPO, also grundsätzlich durch mündliche Befragung und mündliche Antworten.[25] Das Gericht ist in der Hauptverhandlung nur aufgrund eines förmlichen Beweisantrages oder zur Erfüllung seiner Aufklärungspflicht verpflichtet, ein ihm in der Hauptverhandlung übergebenes, von dem Verteidiger des Angeklagten verfasstes Schriftstück nebst handschriftlichen Zusätzen des Angeklagten als präsentes Beweismittel zu verlesen«.[26]

18 BGH StV 2002, 409; vgl. auch *Widmaier* JR 2004, 85 f.; *Volk* NStZ 1984, 377 f.; *Jäger* JR 2003, 166 f.
19 BGH, Beschl. v. 05.11.2009 – 3 StR 309/09 = BGH NStZ-RR 2010, 53; Beschl. v. 08.06.2011 – 4 StR 151/11 = StraFo 2011, 400.
20 Ausführlich dazu *Detter* FS Rissing-van Saan 2011, S. 97 ff. m.w.N.; *Dencker* FS Fezer 2008, S. 115 ff.; *Mehle* FS 25 Jahre Arbeitsgemeinschaft Strafrecht des Deutschen Anwaltsvereins 2009, 655 ff.; *Gillmeister* FS Mehle 2009, S. 233 ff.; *Pfister* NStZ Sonderheft *Miebach* 2009, S. 25 ff.; *Drees* StRR 2012, 244 f.
21 Siehe aber BGH NStZ 2015, 418; NStZ 2008, 350; NStZ 2007, 349; wohl auch NStZ 2004, 163; NStZ 2000, 439; der BGH hält es den Instanzgerichten zwar grundsätzlich offen, ob sie eine verlesene Erklärung akzeptieren, lehnt das Verlesen aber grundsätzlich ab.
22 BGH, Beschl. v. 29.12.2014 – 2 StR 29/14 = StV 2015, 277 f.
23 BGHSt 40, 211; 39, 306; 27, 136; 20, 162; BGH StV 2001, 548; 1994, 521 (524); BGH, Beschl. v. 20.12.2011 – 4 StR 491/11 = NStZ 2012, 322 f.
24 BGHSt 40, 211; 39, 306; 27, 136; 20, 162; BGH StV 2001, 548 = NStZ 2000, 439; NStZ 2004, 163 Lösung nicht unproblematisch, wie Entscheidungen des BGH zeigen: BGH StV 2001, 548; 1994, 521 (524); NStZ 2007, 349.
25 BGH, Beschl. v. 14.08.2003 – 3 StR 17/03 = NStZ 2004, 163.
26 BGH StV 2007, 622 f. 2. Anm. *Schlothauer* StV 2007, 623 ff. – nicht unproblematisch – vgl. auch BGH, Beschl. v. 18.09.2012 – 3 StR 348/12 = NStZ 2013, 59 f. = StV 2013, 373 f.

▶ **Beachte aber**

Das Gericht ist verpflichtet, eine schriftliche Stellungnahme des Angeklagten zur Kenntnis zu nehmen. Insofern ist die Verfahrensweise fehlerhaft, eine Entgegennahme der Erklärung abzulehnen und diese gar zu zerreißen.[27] Das Gericht ist aber grundsätzlich nicht verpflichtet, die schriftliche Einlassung eines Angeklagten als Urkunde zu verlesen, da seine mündliche Vernehmung nicht durch die Verlesung einer schriftlichen Erklärung durch das Gericht ersetzt werden darf.

10 (3) Der Verteidiger verliest in Anwesenheit des Angeklagten eine von ihm aufgesetzte schriftliche Erklärung, die der Angeklagte unterschrieben hat. Das ist eine Wiedergabe der Einlassung des Angeklagten – Verteidiger ist Zeuge vom Hörensagen, zumindest Zeuge über das Zustandekommen – die Erklärung wird wohl grundsätzlich nicht dem Angeklagten als eigene Einlassung zugerechnet werden können, es sei denn der Angeklagte erklärt das ausdrücklich.[28]

▶ **Hinweis**

Gibt der Verteidiger mit dem Einverständnis des Angeklagten eine schriftlich vorbereitete Erklärung ab und wird das Schriftstück vom Gericht entgegengenommen, so wird der Inhalt der Erklärung nicht im Wege des Urkundenbeweises, sondern als mündliche Äußerung des Angeklagten in die Hauptverhandlung eingeführt.[29]

11 (4) Der Verteidiger gibt eine mündliche Erklärung für den anwesenden Angeklagten ab – Verteidiger ist möglicherweise Vertreter des Angeklagten – er ist auch Zeuge vom Hörensagen über die Einlassung des Angeklagten – korrekterweise wäre die Vernehmung des Verteidigers erforderlich – es genügt wohl aber, dass der Angeklagte auf Befragen die Erklärung als seine Einlassung bezeichnet.[30]

12 (5) Ein Schriftsatz des Verteidigers im Ermittlungsverfahren, in dem er für den Angeklagten Angaben zum Tatgeschehen gemacht wurden, soll verlesen werden. Diese Verfahrensweise verstößt gegen § 250 S. 2 StPO. Zwar können schriftliche Erklärungen, die der Angeklagte im anhängigen Verfahren zu der gegen ihn erhobenen Beschuldigung selbst abgibt, verlesen werden, auch wenn er später Angaben verweigert. Das gilt jedoch nur für schriftliche Erklärungen, die der Angeklagte selbst abgegeben hat. Hat er sich gegenüber einer anderen Person geäußert und hat diese die Äußerung schriftlich festgehalten, so handelt es sich bei deren Wiedergabe um eine Erklärung dieser Person; diese ist daher über ihre Wahrnehmungen bei der Unterredung mit dem Angeklagten zu vernehmen (§ 250 S. 1 StPO).[31]

2. Freispruchverteidigung

13 Soll ein Freispruch erreicht werden, ist es schwierig, sachgerecht auf die nicht gewünschte, aber drohende Strafzumessung einzuwirken. Wie die Stellungnahme zur Schuldfrage mit der oft trotzdem gebotenen Behandlung der Straffrage zu kombinieren ist, stellt in vielen Strafverfahren ein kaum

27 BGH, Beschl. v. 18.09.2012 – 3 StR 348/12 = NStZ 2013, 59 f. = StV 2013, 373 f.

28 BGHSt 39, 305; BGH StV 1994, 468 = NStZ 1994, 449; StV 1994, 521 = NJW 1994, 2904, 2906 = NStZ 1994, 593 insoweit in BGHSt 40, 211 nicht abgedruckt: »Allerdings weist der Senat darauf hin, dass ein Gericht grundsätzlich nicht verpflichtet ist, die schriftliche Einlassung eines Angeklagten als Urkunde zu verlesen, da seine mündliche Vernehmung nicht durch die Verlesung einer schriftlichen Erklärung durch das Gericht ersetzt werden kann (BGH NStZ 2000, 439 [BGH 28.03.2000 - 1 StR 637/99]). Denn nach § 243 Abs. 4 S. 2 StPO erfolgt die Vernehmung eines Angeklagten zur Sache nach Maßgabe des § 136 Abs. 2 StPO, also grundsätzlich durch mündliche Befragung und mündliche Antworten«.

29 BGH, Beschl. v. 06.11.2018 – 4 StR 226/18 = NStZ 2019, 168; Urt. v. 20.09.2018 – 3 StR 195/18 = NStZ-RR 2019, 190.

30 BGH StV 1998, 59.

31 BGH StV 2002, 182 = NStZ 2002, 555.

zu bewältigendes Problem dar.[32] Ein Plädoyer, in dem mit großer Überzeugungskraft die Unschuld des Angeklagten dargelegt und die Beweiswürdigung der Staatsanwaltschaft zerpflückt wird, verliert viel von seiner Wirkung, wenn anschließend mit beredten Worten um eine milde Strafe gebeten wird. Andererseits ist oft der Eindruck, der dem Gericht – vor allem den Schöffen – durch ein Eingehen der Verteidigung auf die Straffrage vermittelt wird, von nicht geringer Bedeutung, denn dadurch kann die Gewichtigkeit der Argumente der Staatsanwaltschaft für die von ihr beantragte Strafe erheblich entwertet werden. Anbieten kann sich daher, im Plädoyer *zunächst* auf die Strafzumessungserwägungen der Staatsanwaltschaft zu erwidern, um sodann mit umso mehr Gewicht auf die Fragen der Beweiswürdigung und die anstehenden Rechtsfragen einzugehen.

II. Verständigung (Vereinbarung – Deal)

1. Allgemein

a) Zeitliche Entwicklung der Zulässigkeit einer Verständigung in Strafsachen

In manchen Fällen wird es das Ziel der Verteidigung sein, eine Absprache mit Gericht und Staatsanwaltschaft über die zu erwartende Strafe zu erreichen.[33] Die Zulässigkeit solcher Absprachen war lange umstritten.[34] Durch die Entscheidung des 4. Strafsenats vom 28.08.1997[35] und des Großen Senats für Strafsachen des Bundesgerichtshofs vom 03.03.2005[36] wurde die Zulässigkeit solcher Absprachen – wenn auch mit erheblichen Einschränkungen – grundsätzlich bestätigt.[37] Der Gesetzgeber wurde aber durch den Großen Senat für Strafsachen des Bundesgerichtshofs ausdrücklich aufgerufen, eine gesetzliche Regelung zu treffen.[38] Diese Regelung ist erfolgt durch das Gesetz zur Regelung der Verständigung im Strafverfahren vom 29.07.2009, das am 04.08.2009 in Kraft getreten ist.[39] Seither 14

32 *Dahs* AnwBl 1959, 1 ff., 19 ff.; *Malek* Hauptverhandlung Rn. 461; *Burhoff* Handbuch für die strafrechtliche Hauptverhandlung 7. Aufl. Rn. 1978 ff.

33 Zu Absprachen und Strafverteidigung *Weßlau* StV 2006, 357 ff.

34 Vgl. u.a. *Weigend* 50 Jahre Bundesgerichtshof – Festgabe der Wissenschaft 2000, S. 1011 ff.; *Schünemann* in FS Peter Riess 2002 S. 525 ff.; *Terhorst* GA 2002, 600 ff.; *Kölbel* NStZ 2002, 74 ff.; *Ignor* ZStW 119, 927 ff.; *ders.* Festschrift zu Ehren des Strafrechtsausschusses der Bundesrechtsanwaltskammer 2006, 321 ff.; *Leitner* Festschrift zu Ehren des Strafrechtsausschusses der Bundesrechtsanwaltskammer 2006, 365 ff.; *Jungfer* StV 2007, 380 ff.; *Fischer* NStZ 2007, 433 ff.; *Gössel* in FS Reinhard Böttcher 2007 S. 79 ff.; *Eschelbach* HRRS 2008, 190 ff.; *Dippel* FS Widmaier 2008, 105 ff.; monografisch *Feichtlbauer* Verständigung als Fremdkörper im deutschen Strafprozess? 2020.

35 BGHSt 43, 195 ff.; aus der Vielzahl von Anmerkungen vgl. dazu *Rönnau* wistra 1998, 49 ff.; *Martin* JuS 1998, 373 ff.; *Kintzi* JR 1998, 249 f.; *Satzger* JA 1998, 98 ff.; *Lemke* NJ 1998, 42; *Weigend* NStZ 1999, 57 ff., *Artkämper* NJ 1998, 409; *Murmann* ZIS 2009, 526 (527); *Meyer-Goßner* StraFo 2001, 73 ff.; *Graumann* HRR 2008, 122 ff.

36 BGHSt 50, 40 ff.; vgl. auch *Seher* JZ 2005, 628; *Widmaier* NJW 2005, 1985; *Duttge/Schoop* StV 2005, 421; *Altenhain/Haimerl* GA 2005, 281 ff.; *Theile* StraFo 2005, 409 ff.; *Meyer-Goßner* FS Reinhard Böttcher 2007, S. 105 ff.; *Feichtlbauer*, S. 46 ff.

37 Vgl. aber *Meyer-Goßner* NStZ 2007, 425 ff.; *Fischer* NStZ 2007, 433 ff.; vgl. auch *Nehm* StV 2007, 549.

38 BGHSt 50, 40 (64): »Der Große Senat für Strafsachen appelliert an den Gesetzgeber, die Zulässigkeit und, bejahendenfalls, die wesentlichen rechtlichen Voraussetzungen und Begrenzungen von Urteilsabsprachen gesetzlich zu regeln. Es ist primär Aufgabe des Gesetzgebers, die grundsätzlichen Fragen der Gestaltung des Strafverfahrens und damit auch die Rechtsregeln, denen die Urteilsabsprache unterworfen sein soll, festzulegen. Dabei kommt ihm – auch von Verfassungs wegen – ein beachtlicher Spielraum zu«.

39 BGBl. I 2353, 2354; vgl. Kommentierung von *Niemöller/Schlothauer/Weider* – Gesetz zur Verständigung in Strafverfahren 2010; *Fischer* StGB 67. Aufl. § 46 Rn. 109 ff.; vgl. auch *Schlothauer/Weider* StV 2010, 600 ff.; *Jahn/Müller* NJW 2009, 2625 ff.; *Weimar/Mann* StraFo 2010, 12 ff. für das erstinstanzielle Verfahren; *Kirsch* StraFo 2010, 96 ff.; *Kröpil* JR 2010, 96 ff.; *Altenhain* JZ 2010, 327 ff. für das Jugendstrafverfahren *Nowak* JR 2010, 248 ff.; *Fezer* NStZ 2010, 177 ff.; *Hettinger* JZ 2011, 292 ff.; zur Verständigung vor dem Schwurgericht *Jahn/Kett-Straub* StV 2010, 271 ff.; zu den Auswirkungen auf die Strafzumessung: *Strate* NStZ 2010, 362 ff.; zu »Deals« im Straßenverkehrs-Ordnungswidrigkeitenverfahren *Fromm* NZV 2010, 550 ff.

ist die generelle Zulässigkeit von Absprachen in § 257c StPO geregelt.[40] Das Bundesverfassungsgericht[41] hält das Gesetz zur Regelung der Verständigung im Strafverfahren und vor allem § 257c StPO (noch) für verfassungsgemäß – wie allerdings nur in den Gründen seiner Entscheidung ausgeführt ist. Es hat in dieser Entscheidung seine erheblichen Bedenken gegen die nunmehrige gesetzliche Regelung – vor allem ihre Umsetzung in der Praxis – geäußert. Bei einer Gesamtbetrachtung der Entscheidung hat das BVerfG »die Strafjustiz unter Bewährungsaufsicht gestellt«.[42]

15 Ob damit die Probleme von Absprachen im Strafprozess gelöst sind und die Diskussion über die Zulässigkeit ein Ende gefunden hat, bleibt zweifelhaft.[43] Der Rechtsprechung[44] sollte es angesichts der gesetzlichen Regelung unter Berücksichtigung der Vorgaben des BVerfG vorbehalten bleiben, nicht erwünschten Weiterungen und einem Missbrauch einen Riegel vorzuschieben, zumal der Bundesgerichtshof immer wieder versucht, der Ausweitung von Abreden entgegenzutreten.[45]

b) Gesetzliche Regelung

16 Die zentrale Vorschrift § 257c StPO berücksichtigt insbesondere die Vorgaben der Rechtsprechung sowie eine Vielzahl von Anregungen aus Wissenschaft und Praxis. Insbesondere unterscheidet das Gesetz nicht zwischen verteidigtem und unverteidigtem Angeklagten und schließt damit auch Verfahren vor den Amtsgerichten nicht aus. § 257c StPO enthält Vorgaben zum zulässigen Gegenstand, zum Zustandekommen und zu den Folgen einer Verständigung und legt fest, dass die Pflicht des Gerichts zu Aufklärung des Sachverhalts uneingeschränkt bestehen bleibt. Gegenstand einer Verständigung dürfen nur die Rechtsfolgen, also im Wesentlichen das Strafmaß und etwaige Auflagen sein, zum Beispiel Bewährungsauflagen. Der Angeklagte muss vor einer Verständigung gemäß § 257c StPO, deren Gegenstand die Verhängung einer zur Bewährung auszusetzenden Freiheitsstrafe ist, auf konkret in Betracht kommende Bewährungsauflagen hingewiesen werden, die nach § 56b Abs. 1 S. 1 StGB der Genugtuung für das begangene Unrecht dienen und deren Erteilung Voraussetzung für die in Aussicht gestellte Strafaussetzung ist. Daher ist es erforderlich, dass das Gericht vor einer Verständigung offenlegt, dass es die Verhängung einer zur Bewährung ausgesetzten Freiheitsstrafe

---

40 Zum verfassungsrechtlichen Schutzgehalt der Regelung BVerfG, Beschl. v. 21.04.2016 – 2 BvR 1422/15 = StV 2016, 409 f. = NStZ 2016, 422 f. m. Anm. *Bittmann* NStZ 2016, 425 f.

41 BVerfGE 133, 168 ff. m. Anm. *Niemöller* StV 2013, 420 ff.; *Weigend* StV 2013, 424 ff.; *Leipold* NJW-Spezial 2013, 248 f.; *König/Harrendorf* Anwaltspraxis 2013, 321 ff.; *Stuckenberg* ZIS 2013, 212 ff.; *Scheinfeld* ZJS 2013, 296 f.; *Fezer* HRRS 2013, 117 ff.; *Löffelelmann* JR 2013, 333 ff.; *Heintschel-Heinegg* JA 2013, 474 ff.; *Deutscher* StRR 2013, 180 f.; *Hamm* StV 2013, 652 ff.; *Erhard* StV 2013, 655 ff.; *Knauer* NStZ 2013, 433 ff.; *Beulke/Stoffer* JZ 2013, 662 ff.; *Leitmeier* HRRS 2013, 362 ff.; *Hauer* NJ 2013, 395 ff.; *Brocke* StraFo 2013, 441 ff.

42 So *Niemöller* S. 423; *Fezer* HRRS.

43 Vgl. *Leipold* NJW-Spezial 2009, 520 f.; *Jahn/Müller* NJW 2009, 2625 ff.; *Schlothauer/Weider* StV 2009, 600 ff.; *Geuenich/Höwer* DStR 2009, 2320 ff.; *Rieß* StraFo 2010, 10 ff.; *Weimar/Mann* StraFo 2010, 12 ff.; *Altenhain/Haimerl* JZ 2010, 327 ff.; *Kröpil* JR 2010, 96 ff.; *Kirsch* StraFo 2010, 96 ff.; *Fezer* NStZ 2010, 177 ff.; *Hauer* NJ 2010, 10 f.; *Feichtlbauer* 2020, S. 98 ff.; zur Verständigung vor dem Schwurgericht *Jahn/Kett-Straub* StV 2010, 271 ff.; zu »Deals« im Straßenverkehrs-Ordnungswidrigkeitenverfahren *Fromm* NZV 2010, 550 ff.; zu den Auswirkungen auf die Strafzumessung *Strate* NStZ 2010, 362 ff.

44 Zur Rechtsprechung seit dem Urteil des BVerfG *Schneider* NStZ 2014, 192 ff.; 252 ff.; *Bittmann* ZWH 2015, 249 f.; 2016, 261 f.; 2017, 233 ff.; 2018, 239 ff.; 2019, 201 ff.; *Pfister* StraFo 2016, 187 ff.; *Feichtlbauer* 2020, S. 271 ff.; zur Sicht der Praxis *Ziegler* FS Heintschel-Heinegg 2015 S. 521 ff.; vgl. auch *Kinzig* DRiZ 2018, 378 f.; *Rönnau* JuS 2018, 114 f.; *Moldenhauer/Wenske* JA 2019, 698 f.

45 BGH, Beschl. v. 05.12.2008 – 2 StR 495/08 = StV 2009, 174; Beschl. v. 24.07.2013 – 1 StR 234/13; v. 02.10.2013 – 1 StR 386/13; v. 03.09.2013 – 1 StR 237/13; v. 06.08.2013 – 3 StR 212/13; v. 08.10.2013 – 4 StR 272/13; v. 05.11.2013 – 5 StR 173/13; v. 21.08.2013 – 5 StR 354/13; Urt. v. 10.07.2013 – 2 StR 47/13; v. 03.09.2013 – 5 StR 318/13; v, 07.08.2013 – 5 StR 253/13; zur Rechtsprechung vgl. auch *Pfister* StraFo 2016, 187 ff.; *Deutscher* StRR 2014, 288 ff.; *Krawczyk/Schuler* StRR 2014, 284 ff.; zu den Grenzen *Bitmann* NStZ 2015, 545 ff.

allein nicht für ausreichend hält, sondern zur Verwirklichung der Genugtuungsfunktion des Strafverfahrens Bewährungsauflagen in Betracht zieht, die Bestandteil der Rechtsfolgenerwartung und gem. § 56b Abs. 1 S. 1 StGB als Genugtuung für begangenes Unrecht eine strafähnliche Sanktion sind.[46] Über die bisherige Rechtsprechung hinaus sind auch Maßnahmen zum Verfahrensverlauf sowie Vereinbarungen zum Prozessverhalten der Beteiligten zulässig, wie etwa Einstellungsentscheidungen, die Zusage von Schadenswiedergutmachung durch den Angeklagten oder der Verzicht auf weitere Beweisanträge oder Beweiserhebungen, soweit das mit der Sachaufklärungspflicht des Gerichts vereinbar ist. Ebenfalls soll ein Geständnis Gegenstand einer Verständigung sein, es ist aber nicht mehr wie bei der bisherigen Handhabung Grundlage einer Verständigung. Die Staatsanwaltschaft muss der Verständigung zustimmen, der Nebenkläger jedoch nicht.[47] Das schließt aber nicht aus, dass der Nebenkläger an Gesprächen und Erörterungen im Vorfeld von Verständigungen beteiligt ist und dabei seine Bedenken und Vorschläge äußert. Der Nebenkläger kann auch dadurch, dass er von seinen Rechten keinen oder nur eingeschränkten Gebrauch macht, zur Vereinfachung und Abkürzung des Verfahrens beitragen, z.B. indem er einen Strafantrag wegen eines mit verhandelten Nebenklagedelikts oder wegen eines solchen Delikts, das Gegenstand eines anderen Verfahrens ist oder werden kann, zurücknimmt oder zurückzunehmen verspricht. Solche Beiträge werden allerdings nicht Gegenstand der Verständigung, da das Gesetz dem Nebenkläger nicht den rechtlichen Status eines Verständigungspartners einräumt.[48] Ob eine Rechtsmittelrücknahme in einem anderen Verfahren tauglicher Gegenstand einer Verständigung gemäß § 257c StPO sein kann, ist umstritten.[49]

c) Inhalt einer Verständigung

Zulässige Verständigungsgegenstände sind nach § 257c Abs. 2 S. 1 StPO die Rechtsfolgen, die Inhalt **17**
des Urteils oder der dazu ergangenen Beschlüsse sein können, sonstige verfahrensbezogene Maßnahmen im Erkenntnisverfahren sowie das Prozessverhalten der Beteiligten. Die Festlegung einer Ober- bzw. Untergrenze für die festzusetzende Strafe ist der Hauptanwendungsbereich von Absprachen. Darüber hinaus können sich die Verfahrensbeteiligten in Zukunft auch über die Aussetzung einer Freiheitsstrafe zur Bewährung verständigen. Gibt das Gericht gemäß § 257c Abs. 3 S. 2 StPO eine Ober- und Untergrenze der Strafe an, ist es nicht gehindert, die angegebene Obergrenze als Strafe zu verhängen.[50] Verständigungsgegenstand können grundsätzlich nur die Maßnahmen sein, über die das erkennende Gericht verfügen kann, somit Maßnahmen, die es im Erkenntnisverfahren treffen kann. Grundsätze der richterlichen Sachverhaltsaufklärung und Überzeugungsbildung sollten hingegen nicht angetastet werden.[51] In eine Verständigung können deshalb nicht Verfahren mit Bindungswirkung einbezogen werden, die außerhalb der Kompetenz des Gerichts liegen. Mitteilungen der Staatsanwaltschaft im Rahmen einer Verständigung, bei einem bestimmten Ergebnis andere Verfahren nach § 154 StPO zu behandeln, entfalten also keine Bindungswirkung und lösen auch kein schutzwürdiges Vertrauen aus. Gespräche, die auf eine Einstellung von Taten während laufender Hauptverhandlung nach § 154 Abs. 2 StPO hinzielen, lösen deshalb grundsätzlich auch keine Mitteilungspflicht gemäß § 243 Abs. 4 Satz 2 StPO aus.[52] Zusagen der Staatsanwaltschaft zu Einstellungen in anderen Verfahren nach § 154 StPO anlässlich einer Verständigung sind aber nicht verboten.[53] Die Höhe der Kompensation für eine hinsichtlich Art, Ausmaß und ihrer Ursa-

---

46 BGH Beschl. v. 09.01.2018 – 1 StR 368/17 = NStZ 2018, 420 f.

47 Der Nebenkläger, der sich dem Verfahren angeschlossen hat, ist aber wohl Verfahrensbeteiligter vgl. *Jahn/Müller* NJW 2009, 2627 und 2630.

48 *Niemöller/Schlothauer/Weider* Teil B § 257c Rn. 41.

49 BGH, Beschl. v. 01.08.2019 – 4 StR 477/18 m.w.N.

50 BGH, Beschl. v. 27.07.2010 – 1 StR 345/10 = StV 2010, 673 m. Anm. *Bockmühle/Staudinger* StraFo 2010, 425 f.

51 BGH, Beschl. v. 25.11.2015 – 1 StR 79/15 = BGHSt 61, 43 f. = NStZ 2016, 428 f.

52 BGH, Urt. v. 03.05.2017 – 2 StR 576/15 = StV 2018, 8 f.

53 BVerfG, Urt. v. 19.03.2013 – 2 BvR 2628/10 Rn. 79 = BVerfGE 133, 168, 214 = BGH, Beschl. v. 12.07.2016 – 1 StR 136/16 = NStZ 2017, 56 f.

chen prozessordnungsgemäß festgestellte überlange Verfahrensdauer ist zulässiger Verständigungsgegenstand.[54] Die Frage der Fortdauer der Untersuchungshaft kann grundsätzlich Gegenstand einer Verständigung im Sinne von § 257c Abs. 2 StPO sein.[55] Unzulässig sind Absprachen über Schuldspruch[56] und Maßregelanordnungen[57] sowie die Vereinbarung einer bestimmten Punktstrafe. Auch die Anwendung von Jugendstrafrecht auf einen Heranwachsenden kann nicht Gegenstand einer Urteilsabsprache sein.[58] Obwohl der Schuldspruch nicht Gegenstand einer Verständigung sein darf,[59] führt allein die unzulässige Verständigung über ihn nicht zu einem Verbot, das aufgrund der Verständigung abgegebene Geständnis des Angeklagten zu verwerten. Bei einer, wenn auch fehlerhaften, Verständigung, besteht ein Verwertungsverbot nur in den in § 257c Abs. 4 Sätze 1 und 2 StPO aufgeführten Fällen.[60] Die Einziehung von Taterträgen nach §§ 73 ff. StGB gehört nicht zu den einer Verständigung zugänglichen Rechtsfolgen gemäß § 257c Abs. 2 StPO. Denn die jeweilige Entscheidung steht nicht im Ermessen des Gerichts, sondern ist zwingend vorgeschrieben.[61] Jedoch kann die Einziehung im Rahmen der gesetzlich eingeräumten Opportunitätserwägungen des § 421 Abs. 1 StPO zum Gegenstand einer Verständigung gemacht werden, wenn die Voraussetzungen der Norm vorliegen, was mit Blick auf die mit einer Verständigung einhergehenden Abkürzung der Beweisaufnahme meist der Fall sein dürfte.[62]

▶ Hinweis

Das Bundesverfassungsgericht hat in seinem Urteil vom 19.03.2013[63] ausgeführt, dass die Frage der Vornahme oder des Unterlassens einer Strafrahmenverschiebung wegen des Vorliegens minder oder besonders schwerer Fälle im Hinblick auf die »tatbestandsähnliche« Ausgestaltung entsprechender Regelbeispiele nicht die Rechtsfolgen der Tat im Sinne des § 257c Abs. 2 S. 1 StPO betreffe, sondern vielmehr dem Verbot des § 257c Abs. 1 S. 3 StPO unterfalle und daher nicht zum Gegenstand von Verständigungsgesprächen gemacht werden dürfe. Das ist nach Ansicht des Bundesgerichtshofs mit allgemeinen strafrechtsdogmatischen Grundsätzen kaum vereinbar.[64] Nur wenn es tatsächlich um die Anwendung eines Sonderstrafrahmens bezüglich einer Tat geht, die die tatbestandlich ausgekleideten Merkmale des Regelbeispiels eines besonders schweren (etwa § 243 Abs. 1 Satz 2 StGB) oder die gesetzlich benannten Merkmale eines minder schweren Falles (etwa § 213 Alt. 1 StGB) erfüllt, kann das Gewicht erlangen.

Absprachen sind dann hinnehmbar, wenn sie im Rahmen eines geordneten Strafverfahrens ohne Verstoß gegen grundlegende strafprozessuale Grundsätze wie etwa faires Verfahren oder § 136a StPO erfolgen.[65] Das gilt insbesondere im Hinblick auf die Wahrung der freien Willensentschließung des Angeklagten. Dagegen wird verstoßen, wenn ein den Tatvorwurf bestreitender Angeklagter in der Hauptverhandlung von dem Vorsitzenden dazu veranlasst wird, von der Stellung eines ggf. zur Aussetzung der Hauptverhandlung führenden Beweisantrages Abstand

54 BGH, Beschl. v. 25.11.2015 – 1 StR 79/15 = BGHSt 61, 43 f. = NStZ 2016, 428 f.
55 BGH, Beschl. v. 08.01.2015 – 2 StR 123/14 = NStZ 2015, 294 f.
56 BGH, Beschl. v. 16.03.2011 – 1 StR 60/11; vgl. zur Verständigung vor dem Schwurgericht, vor allem zur Verständigung über die Schwere der Schuld nach § 57a StGB *Kett-Straub* StV 2010, 271 ff.
57 Zur Dauer der Sperrfrist (§ 69a StGB) OLG Nürnberg, Beschl. v. 10.08.2016 – 2 OLG 8 Ss 289/15 = StraFo 2016, 473 f..
58 BGH NStZ 2001, 555 m. Anm. *Eisenberg*; allgemein zu Urteilsabsprachen im Jugendstrafrecht *Noak* StV 2002, 445 ff.; *Nowak* JR 2010, 248 ff. vgl. auch *Fahl* NStZ 2009, 613 ff.
59 BGH, Beschl. v. 16.03.2011 – 1 StR 60/11 = StV 2012, 134 f.
60 BGH, Beschl. v. 01.03.2011 – 1 StR 52/11 = NJW 2011, 1526 f.
61 BGH Beschl. v. 06.02.2018 – 5 StR 600/17 = StV 2019, 725 f.; Urt. v. 01.07.2021 – 3 StR 518/19 = NZWiSt 2021, 478 (482); vgl. aber *Wilke* StraFo 2019, 495 ff.
62 *Van Cleve* NJW 2023, 1264 (1265); *Moldenhauer/Wenske*, KK-StPO, 9. Aufl. 2023, § 257c Rn. 15c.
63 Urt. v. 19.03.2013 – 2 BvR 2628/10 = BVerfGE 133, 168 f. = StV 2013, 353 f.
64 BGH Beschl. v. 10.01.2017 – 3 StR 216/16 = NStZ 2017, 363 f.
65 Vgl. dazu BGH StV 2007, 453 f.

zu nehmen, ein Geständnis abzulegen und nach Urteilsverkündung Rechtsmittelverzicht zu erklären, weil anderenfalls die Außervollzugsetzung des Haftbefehls »überdacht« werden müsse.[66]

Eine Verständigung über das Ergebnis des Verfahrens kommt durch einen Vorschlag des Gerichts und die Zustimmungserklärungen des Angeklagten sowie der Staatsanwaltschaft zustande. Eine solche Zustimmung bewirkt das formwirksame Zustandekommen der Verständigung. Sie ist als gestaltende Prozesserklärung unanfechtbar und unwiderruflich. Die Zustimmung zum Verständigungsvorschlag muss deshalb – nicht zuletzt wegen der Bindungswirkung – ausdrücklich erfolgen. Eine nur konkludente Erklärung des Angeklagten reicht nicht aus.[67] Eine Verständigung ist regelmäßig nur dann mit dem Grundsatz des fairen Verfahrens zu vereinbaren, wenn der Angeklagte vor ihrem Zustandekommen nach § 257c Abs. 5 StPO über deren nur eingeschränkte Bindungswirkung für das Gericht belehrt worden ist.[68]

Das Gericht gibt nach § 257c Abs. 3 S. 1 StPO den Inhalt einer möglichen Verständigung bekannt und macht dabei regelmäßig von der Möglichkeit Gebrauch, gemäß § 257c Abs. 3 S. 2 StPO eine Strafober- und Strafuntergrenze zu benennen. Für die in § 257c Abs. 3 S. 4 StPO als Vorschlag bezeichnete Bekanntgabe hat das Gericht das vom Angeklagten im Rahmen der Verständigung erwartete Prozessverhalten, bei dem es sich in aller Regel um ein Geständnis handeln wird, genau zu bezeichnen und unter antizipierender Berücksichtigung dieses Verhaltens und Beachtung der Vorgaben des materiellen Rechts eine strafzumessungsrechtliche Bewertung des Anklagevorwurfs vorzunehmen.

d) Das Verständigungsgespräch – Hinweispflichten des Gerichts

Im Rahmen von Verständigungsgesprächen darf nicht mit einer überhöhten Strafe gedroht oder der Angeklagte durch Versprechen eines gesetzlich nicht vorgesehenen Vorteils zu einem Geständnis gedrängt werden (»Sanktionsschere«).[69] Die vom Gericht ernsthaft aufgezeigten Strafgrenzen dürfen nicht so weit auseinanderfallen, dass die Willensfreiheit des Angeklagten ungebührlich beeinträchtigt wird. Eine unzulässige Drohung kann dann angenommen werden, wenn die angedrohte Strafe als schuldunangemessen hoch anzusehen wäre.[70] So ist eine Differenz zwischen zwei Jahren Freiheitsstrafe mit Aussetzung zur Bewährung und sechs Jahren Freiheitsstrafe im Rahmen schuldangemessenen Strafens nicht mehr mit der strafmildernden Wirkung von Geständnis und Schadenswiedergutmachung zu erklären.[71] Wird der Angeklagte zu dem Geständnis durch die Äußerung der Staatsanwaltschaft veranlasst, er werde bei geständiger Einlassung eine Freiheitsstrafe von drei Jahren und sechs Monaten beantragen, während sich die Strafe ohne Geständnis auf sechs bis sieben Jahre belaufen könne, kann ein Verstoß gegen § 136a Abs. 1 S. 3 StPO vorliegen. Es kann auch eine mit den Grundsätzen eines fairen Strafverfahrens nicht zu vereinbarende Androhung einer die Schuldangemessenheit übersteigenden Strafe gegeben sein.[72] 18

Das Tatgericht darf also keine Straferwartungen für den Fall eines Geständnisses einerseits und eines weiteren Bestreitens der Tatvorwürfe andererseits äußern, die als eine die Willensfreiheit des Angeklagten beeinträchtigendes Aufzeigen einer »Sanktionsschere« zur Erlangung eines Geständ- 19

66 BGH StV 2004, 636 m. Anm. *Eidam* StV 2005, 201.
67 BGH, Urt. v. 21.06.2012 – 4 StR 623/11 = BGHSt 57, 273 ff. = StV 2012, 712 f.; Beschl. v. 23.07.2019 – 1StR 169/19.
68 BGH, Beschl. v. 08.8.2019 – 1 StR 295/19; Beschl. v. 09.10.2019 – 1 StR 545/18; jew. m.w.N.
69 BGH, Beschl. v. 20.10.2010 – 1 StR 400/10 = StV 2011, 202 f. = NStZ 2011, 592 f.; v. 10.12.2015 – 3 StR 163/15.
70 BGH StV 2007, 453.
71 BGH NStZ 2004, 577; StV 2004, 471 f.
72 BGH StV 2004, 470 f.; 2005, 201.

nisses anzusehen und nicht mehr mit der strafmildernden Wirkung eines Geständnisses zu erklären wäre.[73] Die Frage nach dem Vorliegen einer unzulässig weit geöffneten »Sanktionsschere« bezieht sich mit und ohne Geständnis auf den Zeitpunkt der Verständigungsgespräche. Der Unterschied in der – antizipierten – Strafzumessungsbewertung im Fall eines streitigen Verfahrens im Vergleich zum einvernehmlichen Verfahren liegt dann zwar allein in der Ablegung eines Geständnisses und dessen Folgen, wie Verkürzung der Hauptverhandlung oder Schonung der Opfer der Straftat. Das Gewicht eines Geständnisses kann allerdings in verschiedenen Verfahren gleichwohl sehr unterschiedlich sein. Deshalb verbietet sich eine mathematische Betrachtung, etwa der angemessene Strafrabatt dürfe in der Regel nicht mehr als 20 % bis 30 % betragen. Kommt es mangels einer Verständigung zu einer langen Hauptverhandlung mit einer umfangreichen Beweiserhebung, so kann sich der aus den Akten gewonnene Eindruck von Tat und Täter im Einzelfall entscheidend verändern, zum Vor- oder zum Nachteil des Angeklagten. Dem früher für den Fall eines Geständnisses genannten Strafrahmen (§ 257c Abs. 3 StPO) kann dann keine Orientierung mehr zukommen, ebenso wenig einer anfangs für den Fall einer streitigen Hauptverhandlung prognostizierten Strafe. Eines besonderen Hinweises darauf bedarf es nicht. Feste, gar mathematisch bestimmte Regeln über die Ausrichtung der Strafhöhe nach der Durchführung eines »streitigen« Verfahrens an der für den Fall eines Geständnisses vor oder zu Beginn der Hauptverhandlung genannten Obergrenze verbieten sich deshalb auch insoweit.[74]

▶ Beachte also

Die Festlegung einer Ober- bzw. Untergrenze für die festzusetzende Strafe ist der Hauptanwendungsbereich von Absprachen. Darüber hinaus können sich die Verfahrensbeteiligten auch über die Aussetzung einer Freiheitsstrafe zur Bewährung verständigen. Gibt das Gericht gemäß § 257c Abs. 3 S. 2 StPO eine Ober- und Untergrenze der Strafe an, ist es nicht gehindert, die angegebene Obergrenze als Strafe zu verhängen.[75] Eine unter Verstoß gegen § 257c Abs. 3 StPO vom Gericht vorgeschlagene und auf dieser Basis zustande gekommene Verständigung auf eine Punktstrafe sowie die Verhängung exakt dieser Strafe deuten darauf hin, dass das Tatgericht in der Urteilsberatung nach durchgeführter Hauptverhandlung nicht eine schuldangemessene Strafe bestimmt, sondern allein die vorher gemachte Zusage eingehalten hat. Der gesamte Strafausspruch beruht deshalb auf einer solchen schon vor den Schlussvorträgen der Verfahrensbeteiligten und der nachfolgenden Urteilsberatung vorgenommenen Selbstbindung des Gerichts. Hierin besteht eine Verletzung von § 46 StGB, die auf die Sachrüge zu berücksichtigen ist.[76]

20 Die Vereinbarung einer Punktstrafe ist unzulässig. Ob allerdings das Gericht bei der Bekanntgabe des möglichen Verfahrensergebnisses zwingend auch einen Strafrahmen anzugeben hat oder ob – im Hinblick auf die Ausgestaltung als »Kann-Vorschrift« – die isolierte Angabe einer Strafober- oder Strafuntergrenze ausreicht, wird unterschiedlich beurteilt. Angesichts des Wortlauts und der Gesetzesmaterialien sprechen gewichtige Gründe dafür, dass nach dem Willen des Gesetzgebers das Gericht nach fallbezogener Verengung des gesetzlichen Strafrahmens stets einen konkreten Rahmen für die schuldangemessene Strafe, bestehend aus einer Strafober- und einer Strafuntergrenze, anzugeben hat. Der 1. Strafsenat hat aber letztendlich diese Frage offengelassen.[77] Fehlt es an der Angabe einer

73 BGHSt 43, 195, 204 ff.; 50, 40; BGH StV 2004, 470 f.; NStZ 2005, 393; StV 2007, 453; BVerfG StV 2006, 57.

74 BGH, Beschl. v. 20.10.2010 – 1 StR 400/10 = StV 2011, 202 f.

75 BGH, Beschl. v. 27.07.2010 – 1 StR 345/10 = StV 2010, 673 m. Anm. *Bockemühl/Staudinger* StraFo 2010, 425 f.

76 BGH, Urt. v. 17.02.2011 – 3 StR 426/10 = StV 2011, 338 f.

77 BGH, Beschl. v. 08.10.2010 – 1 StR 347/10 = StV 2011, 75 f.; vgl. auch Beschl. v. 11.10.2010 – 1 StR 359/10 = NStZ 2011, 170 f.

Strafuntergrenze durch das Gericht, kann das in der Regel nur von der Staatsanwaltschaft im Rahmen einer Revision zum Nachteil des Angeklagten beanstandet werden.[78]

Bereits bei Unterbreitung eines Verständigungsvorschlags muss das Gericht den Angeklagten über die in § 257c Abs. 4 StPO geregelte Möglichkeit eines Entfallens der Bindung des Gerichts an die Verständigung belehren.[79] Eine Verständigung ohne vorherige Belehrung nach dieser Vorschrift verletzt den Angeklagten grundsätzlich in seinem Recht auf ein faires Verfahren und in seiner Selbstbelastungsfreiheit.[80] Bleibt die unter Verstoß gegen die Belehrungspflicht zustande gekommene Verständigung bestehen und fließt das auf der Verständigung basierende Geständnis in das Urteil ein, beruht dieses auf der mit dem Verstoß einhergehenden Grundrechtsverletzung, es sei denn eine Ursächlichkeit des Belehrungsfehlers für das Geständnis kann ausgeschlossen werden, weil der Angeklagte dieses auch bei ordnungsgemäßer Belehrung abgegeben hätte.[81] Eine Heilung des Verstoßes gegen die Belehrungspflicht des § 257c Abs. 5 StPO tritt nur dann ein, wenn eine rechtsfehlerfreie Wiederholung des von dem Verfahrensfehler betroffenen Verfahrensabschnitts durchgeführt wurde. Dafür bedarf es eines ausdrücklichen Hinweises auf den Fehler und auf die daraus folgende gänzliche Unverbindlichkeit der Zustimmung des Angeklagten sowie einer Nachholung der versäumten Belehrung nach § 257c Abs. 5 StPO und der erneuten Einholung einer nunmehr verbindlichen Zustimmungserklärung.[82] 21

»Informelle Verständigungen« widersprechen der Strafprozessordnung.[83] Es ist einem Richter aber nicht verwehrt, zwecks Förderung des Verfahrens mit den Verfahrensbeteiligten auch außerhalb der Hauptverhandlung Kontakt aufzunehmen[84] (vgl. §§ 202a, 212 StPO). Dabei hat er aber stets die gebotene Zurückhaltung zu wahren, um jeden Anschein der Parteilichkeit zu vermeiden.[85] Verständigungen können somit außerhalb der Hauptverhandlung vorbereitet werden, jedoch ist dann hierüber Transparenz in der Hauptverhandlung herzustellen. Das Transparenzgebot kennzeichnet das Verfahren über eine Verständigung im Strafverfahren insgesamt. Solche Vorgespräche lösen aber weder eine Bindung des Gerichts an in Aussicht gestellte Strafober- oder Strafuntergrenzen aus, noch kann durch sie ein Vertrauenstatbestand entstehen. Die Annahme einer solchen Bindung wäre rechtsfehlerhaft.[86] Weder der Grundsatz des fairen Verfahrens noch sonstige Regelungen des Verfassungs- oder Strafverfahrensrechts verbieten dem Tatgericht, das Verfahren betreffende Gespräche mit den Verfahrensbeteiligten zunächst getrennt zu führen. Selbst bei der Vorbereitung einer möglichen verfahrensbeendenden Absprache dienenden Gesprächen sind derartige Vorgespräche nicht ausgeschlossen. Die StPO setzt in Bezug auf verfahrensbeendende Absprachen die Möglichkeit solcher Vorgespräche sogar voraus. Bei der Sondierung der Chancen für eine solche Absprache bedarf es aber der anschließenden Information sämtlicher Verfahrensbeteiligter in öffentlicher Hauptverhandlung über den Inhalt, den Verlauf und die Ergebnisse der außerhalb dieser geführten Gespräche.[87] Eine spezielle gesetzliche Regelung für nur zwischen Staatsanwaltschaft und Verteidigung im Rahmen 22

78 BGH, Beschl. v. 08.10.2010 – 1 StR 347/10 = StV 2011, 75 f.

79 BGH Beschl. v. 06.03.2018 – 5 StR 585/17 = StV 2019, 380 f.

80 BGH, Beschl. v. 11.05.2016 – 1 StR 71/16; v. 24.01.2017 – 5 StR 15/17; v. 10.02.2015 – 4 StR 595/14 = NStZ 2015, 358 f.; v. 25.03.2015 – 5 StR 82/15; v. 24.01.2017 – 5 StR 15/17; v. 09.10.2018 – 1 StR 425/18 = StV 2019, 380; v. 08.11.2018 – 4 StR 268/18 = NStZ 2019, 169; BVerfG, Beschl. v. 25.08.2014 – 2 BvR 2048/13 = StV 2015, 73 f. = NStZ 2014, 721 f. m. Anm. *Müller/Schmidt* NStZ 2015, 561 f.

81 BVerfG, Beschl. v. 30.06.2013 – 2 BvR 85/13 = StV 2013, 674 f.

82 BGH, Urt. v. 07.08.2013 – 5 StR 253/13 = StV 2013, 682 f.; Beschl. v. 21.03.2017 – 5 StR 73/17 = NStZ-RR 2017, 151.

83 Vgl. dazu BVerfG, Beschl. v. 21.04.2016 – 2 BvR 1422/15 = StV 2016, 409 f. = NStZ 20126, 425 f. m. Anm. *Reckmann* jurisPR-StrafR 12/2016 Anm. 1; *Kasiske* NJW-Spezial 2015 (Heft 6), 184 f.

84 BGH NStZ 2008, 229.

85 BGH NStZ 1985, 36 f.; BGH, Beschl. v. 04.03.2009 – 1 StR 27/09 = StV 2009, 393 f.; Beschl. v. 05.10.2010 – 3 StR 287/10 = StV 2011, 72 f.

86 BGH, Beschl. v. 12.07.2011 – 1 StR 274/11 = StV 2011, 645 f.

87 BGH, Beschl. v. 02.10.2013 – 1 StR 386/13, StV 2014, 513.

des (Zwischen- oder) Hauptverfahrens außerhalb der Hauptverhandlung geführte Gespräche, die das Ziel haben, die Hauptverhandlung abzukürzen, gibt es nicht. Jedoch hat die Staatsanwaltschaft im Ermittlungsverfahren zur Verfahrensförderung mit anderen Verfahrensbeteiligten (naheliegend häufig der Verteidigung) geführte Gespräche aktenkundig zu machen (§ 160b S. 2 StPO), und zwar besonders sorgfältig, wenn eine Verständigung nach § 257c StPO angestrebt wird.[88]

Ein telefonischer Hinweis eines Strafkammervorsitzenden an den Verteidiger, der Angeklagte könne im Fall einer geständigen Einlassung mit einer Aussetzung der Freiheitsstrafe zur Bewährung rechnen, führt nicht zu einer Bindung der Strafkammer. Eine solche ergibt sich erst aus einer Verständigung nach § 257c Abs. 3 S. 4 StPO, nicht jedoch aus den verschiedenen, zuvor möglichen Formen der Kommunikation des Gerichts mit den Verfahrensbeteiligten (§§ 202a, 212, 257b StPO). Auch ein berechtigtes Vertrauen des Angeklagten oder eines anderen Verfahrensbeteiligten dahin, dass von der Einschätzung nicht abgewichen wird, solange kein entsprechender Hinweis erteilt worden, entsteht durch das Telefongespräch nicht.[89] Auch nicht jede Äußerung des Gerichts oder eines seiner Mitglieder, die im Laufe des Strafverfahrens abgegeben wird, begründet ein berechtigtes Vertrauen des Angeklagten oder eines anderen Verfahrensbeteiligten dahin, dass von der darin zutage getretenen Einschätzung einer materiell- oder verfahrensrechtlich relevanten Frage nicht abgewichen wird, solange kein entsprechender Hinweis erteilt worden ist. Anders liegt es dann, wenn die Äußerung geeignet ist oder gar darauf abzielt, die Verfahrensführung oder das Verteidigungsverhalten des Angeklagten zu beeinflussen. Das gilt insbesondere dann, wenn sie bei fortgeschrittener Hauptverhandlung auf der Grundlage eines bereits weitgehend gesicherten Beweisergebnisses in (scheinbarer) Abstimmung mit den weiteren Gerichtspersonen abgegeben wird. Hier bedarf es in der Regel eines vorherigen Hinweises, wenn von dem Inhalt der Äußerung abgewichen werden soll.[90]

Dass die Berufsrichter die Sach- und Rechtslage vor der Eröffnung des Hauptverfahrens und bei der Vorbereitung der Hauptverhandlung geprüft und eine vorläufige Prognose zu den Strafhöhen im Fall eines Geständnisses gestellt, mit den Schöffen abgestimmt und den Verfahrensbeteiligten mitgeteilt haben, rechtfertigt nicht die Annahme einer Besorgnis der Befangenheit.[91] Gemäß § 202a StPO kann das Gericht im Zwischenverfahren den Stand des Verfahrens mit den Verfahrensbeteiligten erörtern, soweit das geeignet erscheint, das Verfahren zu fördern. Der wesentliche Inhalt dieser Erörterung ist aktenkundig zu machen.

e) Berichtspflicht des Gerichts

23 Gemäß § 243 Abs. 4 Satz 1 und 2 StPO ist über Erörterungen nach §§ 202a, 212 StPO zu berichten, die außerhalb der Hauptverhandlung stattgefunden haben und deren Gegenstand die Möglichkeit einer Verständigung (§ 257c StPO) gewesen ist. Davon ist auszugehen, sobald bei im Vorfeld oder neben der Hauptverhandlung geführten Gesprächen ausdrücklich oder konkludent die Möglichkeit einer Verständigung im Raum stand, also Fragen des prozessualen Verhaltens in Konnex zum Verfahrensergebnis gebracht wurden und damit die Frage nach oder die Äußerung zu einer Straferwartung nahe lag.[92] Ein verständigungsbezogenes Gespräch ist allerdings von sonstigen zur Verfahrensförderung geeigneten Erörterungen zwischen den Verfahrensbeteiligten abzugrenzen, die nicht auf eine einvernehmliche Verfahrenserledigung abzielen, sondern mit denen lediglich ein Gedankenaustausch über die Einschätzung der Sach- oder Rechtslage erstrebt wird.[93]

Nach § 243 Abs. 4 S. 1 StPO teilt der Vorsitzende mit, ob Erörterungen stattgefunden haben, wenn deren Gegenstand die Möglichkeit einer Verständigung gewesen ist; mitgeteilt wird in diesem

88 BGH, Urt. v. 29.11.2011 – 1 StR 287/11 = NStZ 2012, 347.
89 BGH, Beschl. v. 20.12.2011 – 3 StR 426/11 = StV 2012, 392 f.
90 BGH, Urt. v. 30.06.2011 – 3 StR 39/11 = StV 2012, 135 f.
91 BGHSt 45, 312, 315 f.; BGH, Urt. v. 14.04.2011 – 4 StR 571/10 = StV 2011, 453 f.
92 BGH Beschl. v. 18.05.2017 – 3 StR 511/16 = StV 2018, 1 f.
93 BGH Beschl. v. 23.07.2019 – 1 StR 2/19; v. 24.04.2019 – 1 StR 153/19 = NStZ 2019, 483 f.

Fall auch der wesentliche Inhalt der Erörterung.[94] Mitteilungspflichtig ist jedes ausdrückliche oder konkludente Bemühen um eine Verständigung in Gesprächen, die von den Verfahrensbeteiligten insoweit als Vorbereitung einer Verständigung verstanden werden können.[95] Das ist jedenfalls dann anzunehmen, wenn Fragen des prozessualen Verhaltens in Konnex zum Verfahrensergebnis gebracht werden und damit die Frage nach oder die Äußerung zu einer Straferwartung naheliegt.[96] Ein mitteilungspflichtiges Verständigungsgespräch liegt auch bei einem Gespräch vor, bei dem (während einer Verhandlungsunterbrechung) lediglich die Staatsanwaltschaft, nicht jedoch auch das Gericht selbst, Strafober- und Strafuntergrenzen benennt.[97] Eine Mitteilung, nach der ausgehend von einem inhaltlich mitgeteilten vorangegangenen Gespräch ein weiteres Verständigungsgespräch zwischen dem Gericht und den Verfahrensbeteiligten geführt wurde, reicht nicht aus. Erforderlich ist vielmehr, dass auch der Inhalt dieses Gesprächs mitgeteilt wird bzw. sofern das der Fall war, ausdrücklich klargestellt wird, dass die Gespräche inhaltlich übereinstimmten.[98]

Diese Pflicht gilt auch im weiteren Verlauf der Hauptverhandlung, soweit sich Änderungen gegenüber der Mitteilung zu Beginn der Hauptverhandlung ergeben haben.[99] Die Mitteilungspflicht nach § 243 Abs. 4 StPO trägt dem besonderen Gewicht öffentlicher Kontrolle hinsichtlich Verständigungen im Strafverfahren Rechnung. Soweit sich das Verständigungsgeschehen in der Hauptverhandlung ereignet, bedarf es keiner gesonderten Mitteilung nach § 243 Abs. 4 StPO.[100] Die Mitteilungspflichten nach § 243 Abs. 4 StPO dienen – auch im Interesse der Staatsanwaltschaft – in erster Linie dazu, die Öffentlichkeit und Transparenz des Verständigungsverfahrens zu gewährleisten.[101]

Gespräche außerhalb der Hauptverhandlung dürfen kein informelles und unkontrollierbares Verfahren eröffnen.[102] Die Verständigung muss sich nach dem Willen des Gesetzgebers »im Lichte der öffentlichen Hauptverhandlung« offenbaren.[103] Informiert werden muss auch darüber, welche Standpunkte gegebenenfalls von den Teilnehmern vertreten wurden, von welcher Seite die Frage einer Verständigung aufgeworfen wurde und ob sie bei anderen Gesprächsteilnehmern auf Zustimmung oder Ablehnung gestoßen ist.[104] Eine Mitteilungspflicht über sondierende Gespräche allein des Vorsitzenden besteht auch dann, wenn den Gesprächen kein Auftrag des Gerichts zugrunde liegt. Das gilt insbesondere dann, wenn das erkennende Gericht vollständig bei der Unterredung anwesend ist und keines seiner Mitglieder den Ausführungen des Vorsitzenden entgegentritt. In einem solchen Fall ist von einer jedenfalls konkludent erklärten Zustimmung zu den Äußerungen des Vorsitzenden

94 Vgl. dazu BGH, Beschl. v. 03.09.2013 – 1 StR 237/13 = StV 2013, 740 f. = NStZ 2013, 724 m. Anm. *Grube* StraFo 2013, 513 f.; v. 15.01.2015 – 1 StR 315/14 = BGHSt 60, 150 = StV 2015, 271 f.; Urt. v. 10.07.2013 – 2 StR 47/13 = BGHSt 58, 315 f. = StV 2013, 678 f.; v. 28.10.2016 – 1 StR 172/16 Rn. 43 f. = NZWiSt 2017, 68 f.; Beschl. v. 23.07.2019 – 1 StR 2/19; vgl. auch § 273 Abs. 1a StPO; vgl. auch BGH, Urt. v. 23.03.2016 – 2 StR 121/15 = NStZ 2016, 688 f.

95 BGH Beschl. v. 06.12.2018 – 1 StR 343/18 = NStZ 2019, 484 f.; v. 10.01.2017 – 3 StR 216/16 = NStZ 2017, 363 f.

96 BGH, Urt. v. 23.07.2015 – 3 StR 470/14 = StV 2016, 81 f.; Beschl. v. 10.01.2017 – 3 StR 215/16.

97 BGH Beschl. v. 24.01.2018 – 1 StR 564/17 = StV 2019, 378 f.

98 BGH Beschl. v. 21.03.2017 – 1 StR 622/16 = StV 2018, 3 f.

99 BVerfG, Beschl. v. 26.08.2014 – 2 BvR 2172/13 = StV 2014, 713 f. = NStZ 2014, 592 m. Anm. *Niemöller* JR 2015, 145 f.; *Hunsmann* NStZ 2014, 594 f.; *Ferber* NStZ 2015, 177 f..

100 BGH. Beschl. v. 24.01.2017, 5 StR 607/16 = NStZ 2017, 299.

101 BGH, Urt. v. 28.07.2016 – 3 StR 153/16 = StV 2016, 772 f. = NStZ 2017, 52 f. m. Anm. *Claus* NStZ 2017, 54 f.

102 BGH, Beschl. v. 23.07.2015 – 1 StR 149/15 = StV 2016, 95 f.; Urt. v. 26.10.2016 – 1 StR 172/16 Rn. 43 ff.

103 BVerfG, Beschl. v. 15.01.2015 – 2 BvR = StV 2015, 269 f. = NStZ 2015, 172 f.; v. 15.01.2015 – 2 BvR 878/14 = NStZ 2015, 170 d.

104 BGH, Beschl. v. 03.12.2013 – 2 StR 410/13 = NStZ 2014, 219 f.; v. 23.10.2013 – 5 StR 411/13 = NStZ 2013, 722 m. Anm. *Mosbacher* NStZ 2013, 722 f.; v. 25.11.2013 – 5 StR 502/13 = NStZ-RR 2014, 52 f.; Urt. v. 13.02.2014 – 1 StR 423/13 = NStZ 2014, 217 f.; Beschl. v. 09.04.2014 – 1 StR 612/13; v. 15.04.2014 – 3 StR 89/14.

auszugehen.[105] Auch Gespräche von Richtern mit Verfahrensbeteiligten über eine Teileinstellung des Verfahrens in der Hauptverhandlung unterliegen entsprechenden Transparenz- und Dokumentationsregeln, ebenso Gespräche über eine vollständige Verfahrenseinstellung gemäß § 153a StPO.[106] Ein verständigungsbezogenes Gespräch ist allerdings von sonstigen zur Verfahrensförderung geeigneten Erörterungen zwischen den Verfahrensbeteiligten abzugrenzen, die nicht auf eine einvernehmliche Verfahrenserledigung abzielen, sondern mit denen lediglich ein Gedankenaustausch über die Einschätzung der Sach- oder Rechtslage erstrebt wird.[107]

Beachte also

§ 243 Abs. 4 StPO verlangt genaue Angaben darüber, wer an Erörterungen teilgenommen hat, welche Vorstellungen dabei geäußert wurden und welchen Standpunkt die Beteiligten dazu eingenommen haben[108] und auf welche Resonanz bei den anderen am Gespräch Beteiligten jeweils gestoßen ist.[109] Es genügt nicht, wenn der Vorsitzende lediglich das Ergebnis eines mit dem Ziel einer Verständigung über den Verfahrensausgang geführten Gesprächs mitteilt, ohne den Verlauf und Inhalt des Gesprächs zu schildern sowie die Standpunkte der Teilnehmer, insbesondere von der Verteidigung und der Staatsanwaltschaft.[110] Die Pflicht zur Mitteilung der mit dem Ziel einer Verständigung über den Verfahrensausgang geführten Gespräche erstreckt sich auch auf die Darlegung, von welcher Seite die Frage einer Verständigung aufgeworfen wurde, welche Standpunkte gegebenenfalls von den einzelnen Gesprächsteilnehmern vertreten wurden und auf welche Resonanz diese bei den anderen am Gespräch Beteiligten jeweils gestoßen sind. Insofern genügt es nicht, wenn lediglich das Ergebnis eines solchen Gespräches mitgeteilt wird.[111] Die Mitteilungspflicht greift ein, sobald bei außerhalb der Hauptverhandlung geführten Gesprächen ausdrücklich oder konkludent die Möglichkeit und die Umstände einer Verständigung im Raum stehen.[112] Einer Mitteilung bedarf es hingegen nicht, wenn überhaupt keine oder nur solche Gespräche stattgefunden haben, die dem Regelungskonzept des Verständigungsgesetzes vorgelagert und von ihm nicht betroffen sind.[113] Der Regelung des § 160b StPO unterfallenden Erörterungen werden von der Vorschrift des § 243 Abs. 4 S. 1 StPO nicht erfasst.[114]

Die Pflicht nach § 243 Abs. 4 S. 1 StPO gilt unbeschadet der Tatsache, dass der Verteidiger des Beschwerdeführers keine Verständigung wünschte.[115] Die Mitteilungspflicht greift ein, sobald bei

105 BGH, Urt. v. 23.07.2015 = 3 StR 470/14 = StV 2016, 81 f. = NStZ 2016, 221 f. m. Anm. *Strate* NStZ 2016, 221 f.; *Allgayer* NStZ 2016, 227 f.

106 BVerfG, Beschl. v. 21.04.2016 – 2 BvR 1422/15 = StV 2016, 409 f. = NStZ 2016, 422 f.; BGH, Beschl. v. 10.05.2016 – 1 StR 571/15 = NStZ 2016, 743 f.; v. 23.07.2019 – 1 StR 2/19, NStZ 2019, 684 f.

107 BGH Beschl. v. 23.07.2019 – 1 StR 2/19, NStZ 2019, 684 f.

108 BGH, Urt. v. 17.06.2015 – 2 StR 139/14 = StV 2016, 92 f. = NStZ 2016, 171 f. m. Anm. *Schneider* NStZ 2016, 174 f.; *Niemöller* JR 2016, 143 f.; offengelassen vom 4. Strafsenat Beschl. v. 06.12.2016 – 4 StR 343/16 = wistra 2017, 275.

109 BGH, Beschl. v. 23.07.2015 – 1 StR 149/15 = StV 2016, 95 f.; v. 12.10.2016 – 2 StR 367/16.

110 BGH Beschl. v. 11.01.2018 – 1 StR 532/17 = NStZ 2018, 363 f.; v. 05.07.2018 – 5 StR 180/18 = StV 2019, 375 f.

111 BGH Beschl. v. 23.10.2018 – 2 StR 417/18 = StV 2019, 377 f.

112 BGH, Urt. v. 23.03.2016 – 2 StR 121/15 = NStZ 2016, 688 f. vgl. dazu *Pfister* NStZ 2016, 690 f.; Beschl. v. 14.04.2016 – 5 StR 9/15 = StV 2016, 87 f. = NStZ 2015, 535 f. m. Anm. *Kudlich* StV 2016, 89 f.

113 BGH, Urt. v. 10.07.2013 – 2 StR 47/13 = BGHSt 58, 315 f. = NStZ 2013, 610 f. = StV 2013, 678 f.; vgl. auch BGH, Urt. v. 23.03.2016 – 2 StR 1221/15 = NStZ2016, 688 f. m. Anm. *Pfister* NStZ 2016, 690 f.

114 BGH, Urt. v. 16.06.2016 – 1 StR 20/16 = NJW 2016, 3543 f.; v. 25.02.2015 – 5 StR 258/13 = NStZ 2015, 232 f.

115 BGH, Beschl. v. 21.07.2015 – 2 StR 75/14 = StV 2016, 94 f. = NStZ 2016, 228 f. m. Anm. *Bittmann* NStZ 2016, 230 f.

außerhalb der Hauptverhandlung geführten Gesprächen ausdrücklich oder konkludent die Möglichkeit und die Umstände einer Verständigung im Raum stehen.[116] Einer Mitteilung bedarf es hingegen nicht, wenn überhaupt keine oder nur solche Gespräche stattgefunden haben, die dem Regelungskonzept des Verständigungsgesetzes vorgelagert und von ihm nicht betroffen sind.[117] Der Regelung des § 160b StPO unterfallenden Erörterungen werden von der Vorschrift des § 243 Abs. 4 S. 1 StPO nicht erfasst.[118]

▶ Hinweis

Fraglich ist, ob in den Fällen, in denen für die Einlassung eines Angeklagten die Öffentlichkeit ausgeschlossen war (§ 171b GVG), wegen der besonderen Bedeutung der Kontrolle des Verständigungsgeschehens durch die Öffentlichkeit Verständigungsgespräche auch vom Ausschluss der Öffentlichkeit umfasst werden.[119]

▶ Beachte

Im Zweifel ist in der Hauptverhandlung ein Hinweis zu erteilen und dieser zu protokollieren.[120] Einem Verstoß gegen § 243 Abs. 4 S. 1 StPO kommt aber nicht die Wirkung eines absoluten Revisionsgrunds zu.[121] Eine nicht zu der unwiderlegbaren Vermutung, wonach bei einer Verletzung der Norm eine Beeinflussung des Urteilsspruchs dadurch nie ausgeschlossen werden kann, gibt es nicht.[122] Eine unter Verstoß gegen § 257c Abs. 3 StPO vom Gericht vorgeschlagene und auf dieser Basis zustande gekommene Verständigung auf eine Punktstrafe sowie die Verhängung exakt dieser Strafe deuten darauf hin, dass das Tatgericht in der Urteilsberatung nach durchgeführter Hauptverhandlung nicht eine schuldangemessene Strafe bestimmt, sondern allein die vorher gemachte Zusage eingehalten hat. Der gesamte Strafausspruch beruht deshalb auf einer solchen schon vor den Schlussvorträgen der Verfahrensbeteiligten und der nachfolgenden Urteilsberatung vorgenommenen Selbstbindung des Gerichts. Hierin besteht eine Verletzung von § 46 StGB, die auf die Sachrüge zu berücksichtigen ist.[123]

---

116 BGH, Urt. v. 23.03.2016 – 2 StR 121/15 = NStZ 2016, 688 f. vgl. dazu *Pfister* NStZ 2016, 690 f.; Beschl. v. 14.04.2016 – 5 StR 9/15 = StV 2016, 87 f. = NStZ 2015, 535 f. m. Anm. *Kudlich* StV 2016, 89 f.

117 BGH, Urt. v. 10.07.2013 – 2 StR 47/13 = BGHSt 58, 315 f. = NStZ 2013, 610 f. = StV 2013, 678 f.; vgl. auch BGH, Urt. v. 23.03.2016 – 2 StR 1221/15 = NStZ2016, 688 f. m. Anm. *Pfister* NStZ 2016, 690 f.

118 BGH, Urt. v. 16.06.2016 – 1 StR 20/16 = NJW 2016, 3543 f.; v. 25.02.2015 – 5 StR 258/13 = NStZ 2015, 232 f.

119 Einerseits BGH, Beschl. v. 12.11.2015 – 5 StR 467/15 = NStZ 2016, 118 f. andererseits BVerfG, Beschl. v. 16.02.2016 – 2 BvR 107/16; vgl. auch *Walter* NStZ 2015, 383 ff.

120 BGH, Urt. v. 23.03.2016 – 2 StR 121/15 = NStZ 2016, 688 f.

121 BGH, Beschl. v. 18.07.2016 – 1 StR 315/15 = StraFo 2016, 470 f.; vgl. zum Beruhen BGH, Beschl. v. 15.01.2015 – 1 StR 315/14 = BGHSt 60, 150 f. = StV 2015, 271 f. m. Anm. *Leitmeier* NJW 2015, 647 f.; *Walther* NStZ 2015, 383 f. (auch zum Öffentlichkeitsgrundsatz).

122 BGH, Beschl. v. 20.10.2010 – 1 StR 400/10; vgl. aber BGH, Urt. v. 23.07.2015 – 3 StR 470/14 = StV 2016, 81 f. = NStZ 2016, 221 f. m. Anm. *Strate* NStZ 2016, 221 f.; *Allgayer* NStZ 2016, 227 f.; vgl. dazu kritisch BVerfG, Beschl. v. 23.05.2016 – 2 BvR 2477/15.

123 BGH, Urt. v. 17.02.2011 – 3 StR 426/10 = StV 2011, 338 f.

2. Geständnis und Absprache

24 Ein Geständnis, das aufgrund einer verfahrensbeendenden Absprache abgegeben wurde,[124] kann die Grundlage einer Verurteilung sein. Das Gericht bleibt aber dem Gebot der Wahrheitsfindung verpflichtet. Legt der Angeklagte ein Geständnis ab, so soll er das im Grundsatz mit eigenen Worten tun (vgl. auch RiStBV Nr. 45 Abs. 2), gegebenenfalls ergänzend zu der von seinem Verteidiger verlesenen Erklärung.[125] Zulässig ist aber auch eine vom Verteidiger vorformulierte, vom Angeklagten lediglich pauschal übernommene Erklärung. Allerdings bedürfen von Dritten für den Angeklagten vorformulierte und von diesen nur summarisch bestätigte Geständnisse generell besonders kritischer Betrachtung hinsichtlich ihrer Substanz, ihrer Übereinstimmung mit dem Ermittlungsergebnis sowie dahingehend, ob sie wirklich als von dem jeweiligen Angeklagten stammend, als von diesem akzeptiert, angesehen werden können. Auch insoweit gilt jedoch der Grundsatz der freien richterlichen Überzeugungsbildung. Bei Geständnissen, die auf Verfahrensabsprachen beruhen, muss diese aber in ihren Grundlagen und deren Darstellung in den Urteilsgründen besonderen Anforderungen genügen.[126] Das strafmildernde Gewicht eines Geständnisses, das im Rahmen einer verfahrensbeendenden Absprache abgegeben worden ist, kann dann geringer sein, wenn z.B. prozesstaktische Überlegungen bestimmend waren und das Tatgericht das durch das in den Urteilsgründen dargelegte sonstige Prozessverhalten bestätigt sieht.[127]

25 Legt ein Angeklagter in einem Strafverfahren vor oder auch in der Hauptverhandlung ein Geständnis im Vertrauen auf eine gerichtliche Zusage zur Strafobergrenze ab, die gegen den erklärten Widerspruch der Staatsanwaltschaft oder gar ohne deren Kenntnis erteilt wurde, so besteht von vornherein kein Vertrauenstatbestand für den Angeklagten, dass die – notwendig unverbindliche – Zusage eingehalten oder aber das Geständnis unverwertet bleiben werde.

26 Auch ein verständigungsbasiertes Geständnis bedarf der Überprüfung im Strengbeweisverfahren.[128] Geständnisse, die auf Verfahrensabsprachen beruhen, müssen in ihren Grundlagen und deren Darstellung in den Urteilsgründen den grundsätzlichen Anforderungen genügen.[129] Das heißt auch, dass das Geständnis nur anhand *verwertbarer* Beweismittel überprüft werden kann. Nach einem absprachebedingten Geständnis wird die Beantwortung etwaiger Verwertungsfragen nicht obsolet. Eine Absprache über das Strafmaß darf also nicht dazu führen, dass ein so zustande gekommenes Geständnis dem Schuldspruch zugrunde gelegt wird, ohne dass sich das Gericht von dessen Richtigkeit überzeugt. Das Geständnis muss mit der Aktenlage übereinstimmen,[130] es muss auf seine Glaubwürdigkeit überprüft werden; sich hierzu aufdrängende Beweiserhebungen dürfen nicht unterbleiben.[131] Das Gericht bleibt also dem Gebot der Wahrheitsfindung verpflichtet. Es ist unzulässig, dem Urteil einen Sachverhalt zu Grunde zu legen, der nicht auf einer Überzeugungsbildung unter vollständiger Ausschöpfung des Beweismaterials beruht. Das gilt auch dann, wenn sich der Angeklagte im Rahmen einer Verfahrensabsprache geständig zeigt. Allein seine Bereitschaft, wegen eines bestimmten

124 Anforderungen an das Geständnis bei einer Verständigung *Kröpil* DRiZ 2016, 106 f.; BGH, Beschl. v. 22.09.2011 – 2 StR 383/11 = StV 2012, 133 – vgl. dazu *Winkler* jurisPR-StrafR 2/2012 Anm. 1; Beschl. v. 31.01.2012 – 3 StR 285/11 = StV 2012, 653; zum Geständniswiderruf und Wiederaufnahme bei einem Deal vgl. *Forscher* StV 2008, 443 ff.; *Eschelbach* HRRS 2008, 190 ff.; kritisch *Hauer* Geständnis und Absprache 2007.

125 BGHSt 52, 82.

126 BGHSt 50, 40, 49; BGHSt 52, 78 ff. m. Anm. *Schmitz* NJW 2008, 1751 f.; Beschl. v. 29.12.2015 – 2 StR 322/15 = NStZ-RR 2016, 147 f.; v. 03.03.2016 – *2 StR 360/15* = NStZ 2016, 489 f.; *Stübinger* JZ 2008, 798 ff.; *Kröpil* DRiZ 2016, 106 ff.

127 BGH, Beschl. v. 08.05.2007 – 1 StR 193/07.

128 BGH, Beschl. v. 06.10.2016 – 2 StR 330/16 = NStZ 2017, 100 f.; *Eschelbach*, BeckOK-StPO, 49. Ed. 2023, § 257c Rn. 25.

129 BGHSt 50, 40, 49; BGHSt 52, 78 ff. 82 m. Anm. *Schmitz* NJW 2008, 1751 f.; *Stübinger* JZ 2008, 798 ff.

130 BGHSt 50, 49; 52, 82.

131 BGHSt 43, 195, 204; 48, 161.

Sachverhalts eine Strafe hinzunehmen, die das gerichtlich zugesagte Höchstmaß nicht überschreitet, entbindet das Gericht nicht von der Pflicht zur Aufklärung und Darlegung des Sachverhalts, soweit das für den Tatbestand der dem Angeklagten vorgeworfenen Gesetzesverletzung erforderlich ist. Es ist deshalb stets zu untersuchen, ob das abgelegte Geständnis mit dem Ermittlungsergebnis zu vereinbaren ist, ob es in sich stimmig ist und ob es die getroffenen Feststellungen trägt.[132]

▶ Beachte

Gegen nicht geständige Angeklagte kann eine Verständigung allenfalls in Ausnahmekonstellationen möglich sein.[133]

3. Beweiswürdigung – Strafzumessung bei einer Verständigung

Aus dem verfassungsrechtlich verankerten Schuldprinzip[134] folgt im deutschen Strafprozessrecht die Verpflichtung der Gerichte, von Amts wegen den wahren Sachverhalt – die materielle Wahrheit – zu erforschen (§ 244 Abs. 2 StPO). Diese Pflicht bestimmt den Umfang der Beweisaufnahme in der Hauptverhandlung. Die Würdigung der Beweise bildet wiederum die Grundlage für den Schuldspruch und die Festsetzung der entsprechenden Rechtsfolgen. Die Amtsaufklärungspflicht darf – schon wegen der Gesetzesbindung des Richters – nicht dem Interesse an einer einfachen und schnellstmöglichen Erledigung des Verfahrens geopfert und kann nicht zur freien Disposition der Verfahrensbeteiligten und des Gerichts gestellt werden. Es ist daher unzulässig, dem Urteil einen Sachverhalt zu Grunde zu legen, der nicht auf einer Überzeugungsbildung unter vollständiger Ausschöpfung des (verwertbaren) Beweismaterials beruht. Das gilt auch dann, wenn sich der Angeklagte – unter Umständen aufgrund einer Verständigung – geständig gezeigt hat. Die Beschränkung der Beweiswürdigung im Wesentlichen auf den bloßen Hinweis, der Angeklagte sei geständig gewesen, genügt insbesondere dann nicht, wenn aufgrund der Komplexität und der zahlreichen Details des festgestellten Sachverhalts Zweifel bestehen können, dass der Angeklagte an das Tatgeschehen eine auch in den Einzelheiten genügende Erinnerung hat.[135] Die Überprüfung eines verständigungsbasierten Geständnisses unterliegt grundsätzlich aber auch nicht strengeren Anforderungen, als sie an eine Beweisaufnahme in der nach herkömmlicher Verfahrensweise geführten Hauptverhandlung nach Abgabe eines Geständnisses zu stellen wären.[136] Ergeben die Urteilsgründe zu einer Verständigung mit dem Angeklagten nichts und enthält das Urteil auch keinen Hinweis gemäß § 267 Abs. 3 S. 5 StPO i.V.m. § 267 Abs. 4 S. 2 StPO, ist, um gleichwohl die Beweiswürdigung im Blick auf Verständigungen durch das Revisionsgericht zur Überprüfung zu stellen, die Erhebung einer Verfahrensrüge erforderlich.[137] 27

Die Abfassung der Strafzumessungsgründe im Urteil bedarf somit auch dann eines Mindestmaßes an Sorgfalt, wenn das Urteil auf einer Absprache beruht.[138] Im Urteil ist eine gegebenenfalls vorausgegangene Verständigung festzustellen, die Angabe ihres Inhalts ist nicht geboten, ebenso wenig Ausführungen zu sonstigem Prozessgeschehen.[139]

---

132 BGH, Beschl. v. 11.12.2008 – 3 StR 21/08 = StV 2009, 232 f. = NStZ 2009, 467.

133 BGH, Beschl. v. 12.06.2013 – 5 StR 581/12 = NStZ-RR 2013, 313 f. unter Hinweis auf BVerfG, Urt. v. 19.03.2013 – 2 BvR 2628/10 = NJW 2013, 1058, 1068 f.

134 Vgl. dazu *Adam* u.a. NStZ 2017, 7 ff.

135 BGH, Beschl. v. 15.04.2013 – 3 StR 35/13, NStZ 2014, 53 f.

136 BVerfG, Urt. v. 19.03.2013 – 2 BvR 2628/10 u.a. = NJW 2013, 1058 (Rn. 71); BGH, Beschl. v. 25.06.2013 – 1 StR 163/13 = NStZ 2013, 727.

137 BGH, Beschl. v. 06.03.2012 – 1 StR 17/12 = StV 2012, 652 f. = NStZ 2012, 465 f.

138 BGH, Beschl. v. 05.10.2010 – 3 StR 339/10 = NStZ-RR 2011, 57; Beschl. v. 19.08.2010 – 3 StR 226/10.

139 BGH, Beschl. v. 11.10.2010 – 1 StR 359/10 = NStZ 2011, 170 f.

▶ Beachte

28 In die Würdigung einer Zeugenaussage ist erkennbar einzubeziehen, wenn es in einem Strafverfahren gegen den Zeugen selbst wegen der gleichen Vorwürfe zu einer Verständigung gekommen war. Das gilt sowohl dann, wenn es zu einer Verständigung in Gesprächen mit dem Gericht gekommen war als auch dann, wenn »Verständigungsgespräche« im Wesentlichen zwischen der Staatsanwaltschaft und der Verteidigung geführt worden waren. Die Behauptung, die danach gebotene Beweiswürdigung sei unterblieben, erfordert eine Verfahrensrüge, wenn das auf die Sachrüge hin allein zu überprüfende Urteil den in Rede stehenden Hintergrund der Zeugenaussage nicht erhellt.[140]

4. Verwertungsverbot

29 Nach § 257c Abs. 4 S. 3 StPO entfällt die Bindung des Gerichts an eine Verständigung, wenn rechtlich oder tatsächlich bedeutsame Umstände übersehen worden sind oder sich neu ergeben haben und das Gericht deswegen zu der Überzeugung gelangt, dass der in Aussicht gestellte Strafrahmen nicht mehr tat- oder schuldangemessen ist. Gleiches gilt, wenn das weitere Prozessverhalten des Angeklagten nicht dem Verhalten entspricht, das der Prognose des Gerichtes zugrunde gelegt worden ist. Das Geständnis des Angeklagten darf in diesen Fällen nicht verwertet werden. Das Gericht hat eine Abweichung unverzüglich mitzuteilen. Diese Regelung ist nicht entsprechend anwendbar, da nach dem Gesetz ein Verwertungsverbot nur in den in § 257c Abs. 4 S. 1 und 2 StPO aufgeführten Fällen besteht. Gemeint sind also nur Konstellationen, in denen sich das Gericht von der Verständigung lösen will. Allein die unzulässige Verständigung über den Schuldspruch führt nicht zu einem Verbot, das aufgrund der Verständigung abgegebene Geständnis des Angeklagten zu verwerten.[141] § 257c Abs. 4 S. 3 StPO enthält kein absolutes Verwertungsverbot. Der Gesetzgeber hat vielmehr ausdrücklich ein Verwertungsverbot eines Geständnisses, das im Hinblick auf eine Verständigung abgelegt wurde, nur für den Fall kodifiziert, dass sich das Gericht von der Verständigung löst. Ein allgemeines Instanz übergreifendes und vom Loslösungstatbestand unabhängiges Beweisverwertungsverbot hat keinen Eingang in das Verständigungsgesetz gefunden. Die Bindungswirkung gilt nach § 257c Abs. 4 StPO nur für das Tatsachengericht, das die der Verständigung zugrunde liegende Prognose abgegeben hat. Das gilt jedoch nicht, wenn die Hauptverhandlung ausgesetzt wird.[142] Bei Neubeginn der ausgesetzten Hauptverhandlung ist der Angeklagte über die insofern entfallene Bindungswirkung *und* über die Unverwertbarkeit seiner vormaligen verständigungsbasierten Einlassung qualifiziert zu belehren.[143]

Weder Berufungsgericht, Revisionsgericht noch das Gericht nach Zurückverweisung sind an die Verständigung gebunden.[144] Nicht abschließend geklärt ist die Frage, ob in diesen Fällen die im ersten Rechtsgang mit Blick auf die Verständigung abgegebenen Geständnisse verwertet werden dürfen,

140 BGH, Beschl. v. 22.02.2012 – 1 StR 349/11 = StV 2012, 649 f. = NStZ 2013, 353 f.

141 BGH, Beschl. v. 01.03.2011 – 1 StR 52/11 = StV 2011, 337; vgl. dazu *Vetten* StV 2012, 172 ff.

142 BGH, Beschl. v. 17.02.2021 – 5 StR 484/20 = BGHSt 66, 37 (41) = NStZ 2021, 568; Beschl. v. 17.08.2023 – 2 StR 164/23 = NStZ-RR 2023, 381 (382).

143 BGH, Beschl. v. 24.04.2019 – 1 StR 153/19 = NStZ 2019, 483 (484); *Kudlich* NJW 2021, 2449; Meyer-Goßner/*Schmitt* § 257c Rn. 30b; *Ventzke* NStZ 2021, 572 (573); anders aber BGH, Beschl. v. 17.02.2021 – 5 StR 484/20 = BGHSt 66, 37 (45 ff.) = NStZ 2021, 568: es genüge der Hinweis, die Bindungswirkung sei weggefallen; *Moldenhauer/Wenske*, KK-StPO, 9. Aufl. 2023, § 257c Rn. 42e; offengelassen von BGH, Beschl. v. 17.08.2023 – 2 StR 164/23 = NStZ-RR 2023, 381 (382).

144 OLG Nürnberg, Beschl. v. 29.02.2012 – 1 St OLG Ss 292/11 = StV 2012, 590 f.; dazu *Deutscher* StRR 2012, 347 f.; OLG Karlsruhe, Beschl. v. 07.03.2014 – 3 (6) Ss 642/13 = StV 2014, 659 f.; vgl. auch BGH, Urt. v. 01.12.2016 – 3 StR 331/16 = NStZ 2017, 373 f.

etwa durch Vernehmung der Tatrichter, die die Verständigung getroffen hatten.[145] Das Verwertungsverbot aus § 257c Abs. 4 S. 3 StPO betrifft nur diejenigen Fälle, in denen es nach dem Scheitern einer Verständigung unter den Voraussetzungen des § 257c Abs. 4 Satz 1 und 2 StPO zu keiner weiteren, neuen Verständigung kommt, in deren Folge ein Angeklagter erneut ein gleichlautendes Geständnis ablegen möchte.[146]

5. Abweichen von der Verständigung

Nach bisheriger Rechtsprechung war das Gericht grundsätzlich an die Absprache gebunden. Ein 30
Abweichen von der Zusage kam nur dann in Betracht, wenn schon bei der Urteilsabsprache vorhandene relevante tatsächliche oder rechtliche Aspekte übersehen wurden oder wenn sich in der Hauptverhandlung neue (d.h. dem Gericht bisher unbekannte) schwerwiegende Umstände zulasten des Angeklagten ergaben.[147] Nach der nunmehrigen gesetzlichen Regelung kann das Gericht sich weiterhin einseitig von der Absprache lösen, wenn sich neue rechtliche oder tatsächliche Umstände ergeben haben oder bei der Verständigung übersehen wurden und diese den vereinbarten Strafrahmen tat- und schuldunangemessen erscheinen lassen. Zudem entfällt die Bindungswirkung der Vereinbarung auch dann, wenn das Prozessverhalten des Angeklagten nach der Absprache nicht der Prognose des Gerichts entspricht. Das Entfallen der Bindungswirkung der Verständigung für das Gericht nach § 257c Abs. 4 S. 1 StPO tritt aber nicht kraft Gesetzes ein, sondern erfordert eine dahingehende gerichtliche Entscheidung.[148] Löst sich das Gericht von der Vereinbarung, so besteht für das Geständnis des Angeklagten ein Beweisverwertungsverbot, über das der Angeklagte zu belehren ist. Die Prüfung, ob eine mit dem materiellen Recht in Einklang stehende Ahndung auch bei veränderter Beurteilungsgrundlage noch im Rahmen der getroffenen Verständigung möglich ist, liegt im Verantwortungsbereich des Gerichts. Die Entscheidung über das Abweichen von der Verständigung ist unverzüglich mitzuteilen, um dem Angeklagten und den weiteren Verfahrensbeteiligten – insbesondere mit Blick auf das mit dem Entfallen der Bindung des Gerichts an die Verständigung verknüpfte Verwertungsverbot für ein im Zuge der Verständigung abgelegtes Geständnis des Angeklagten – die Möglichkeit zu geben, ihr Prozessverhalten auf die neue Verfahrenslage einzurichten. Ausführungen in den Urteilsgründen zum Festhalten an oder Abweichen von der Verständigung sind nicht erforderlich.[149] Die Vorschrift des § 257c StPO und die sich aus einer danach getroffenen Verständigung ergebenden Bindungen des Gerichts haben nicht die Kraft, die Hinweispflichten des § 265 StPO zu relativeren oder gar zu verdrängen.[150]

▶ **Beachte**

Nach Aufhebung des Urteils und Zurückverweisung der Sache ist das neue Tatgericht an die Verständigung und die darin genannten Strafrahmen nicht gebunden; die Bindungswirkung des § 257c Abs. 4 S. 1 StPO gilt nach dem eindeutigen Willen des Gesetzgebers nur für das (Tat-)Gericht, das die Verständigung vereinbart hat.[151] Außerhalb einer Verständigung gemäß

145 Offengelassen in BGH, Urt. v. 01.12.2016 – 3 StR 331/16 = NStZ 2017, 373 (374 f.) (auch zur Frage eines Verwertungsverbots); für ein Verwertungsverbot jedenfalls, wenn die Staatsanwaltschaft zuungunsten des Angeklagten Berufung einlegt und damit eine über die erstinstanzlich zugesagte Strafobergrenze hinausgehende Rechtsfolge erstrebt *Eschelbach*, BeckOK-StPO, 49. Ed. 2023, § 257c Rn. 46 47.

146 BGH, Beschl. v. 29.06.2017 – 5 StR 226/17 = StV 2018, 10.

147 BGHSt 43, 195 (210); 50, 40 (50); BGH, Urt. v. 12.03.2008 – 3 StR 433/07 = BGHSt 52, 165 ff. m. Anm. *Fezer* JZ 2008, 1059 f.

148 BGH, Urt. v. 21.06.2012 – 4 StR 623/11 = BGHSt 57, 273 ff. = StV 2012, 712 f.

149 BGH, Urt. v. 21.06.2012 – 4 StR 623/11 = BGHSt 57, 273 ff. = StV 2012, 712 f.

150 BGH, Urt. v. 11.05.2011 – 2 StR 590/10 = BGHSt 56, 235 ff. = NJW 2011, 2377 f.

151 BGH, Urt. v. 01.12.2016 – 3 StR 331/16; Urt. v. 28.02.2013 – 4 StR 537/12 = NStZ-RR 2013, 373.

§ 257c StPO besteht keine Bindung des Tatgerichts an den von ihm für den Fall des Zustandekommens einer Absprache in Aussicht gestellten Strafrahmen.[152]

Nach Zustandekommen einer Verständigung durch Zustimmung des Angeklagten und der Staatsanwaltschaft zu dem Vorschlag des Gerichts (§ 257c Abs. 3 S. 4 StPO) kann die Staatsanwaltschaft diese nachträglich nicht wieder einseitig zu Fall bringen, auch dann nicht, wenn sie die Voraussetzungen von § 257c Abs. 4 S. 1 oder 2 StPO als gegeben ansieht.[153]

6. Wirkung für Dritte

31 Eine Verständigung ist nicht deshalb ausgeschlossen, weil sich einer von mehreren Angeklagten weigert, sich daran zu beteiligen.[154] Besondere Rücksichtnahme auf das Verteidigungsinteresse Dritter ist aber geboten, wenn diese durch Geständnis innerhalb einer Vereinbarung belastet werden. Bei der Verurteilung eines Angeklagten aufgrund von Geständnissen der Mitangeklagten, die Gegenstand einer verfahrensbeendenden Absprache sind, muss die Glaubhaftigkeit dieser Geständnisse in einer für das Revisionsgericht nachprüfbaren Weise gewürdigt werden. Dazu gehören insbesondere das Zustandekommen und der Inhalt der Absprache.[155] Maßgeblich für die Bewertung ist die Entstehungs- und Entwicklungsgeschichte der Geständnisse. Das schließt auch das Zustandekommen, den Inhalt und gegebenenfalls das Scheitern einer verfahrensbeendenden Absprache mit ein. Nur so kann das Revisionsgericht überprüfen, ob sich ein geständiger Angeklagter durch ein Geständnis gegen die Zusage einer – im Einzelfall nicht schuldangemessenen – Strafe nicht nur eigene Vorteile verschafft, sondern sich auch zulasten des nicht geständigen Angeklagten eingelassen hat.

7. Fehlgeschlagene Verständigung

32 Die unzulässige oder fehlgeschlagene Verständigung[156] führt nicht dazu, dass ein Verfahrenshindernis besteht. Nach § 257c Abs. 4 S. 3 StPO darf aber ein Geständnis für die Beweiswürdigung nicht verwertet werden darf, wenn die ihm vorangegangene Absprache unzulässig oder fehlgeschlagen ist.[157] Bei einer, wenn auch fehlerhaften, Verständigung, besteht ein Verwertungsverbot aber nur in den in § 257c Abs. 4 Sätze 1 und 2 StPO aufgeführten Fällen. Erfasst sind Konstellationen, in denen sich das Gericht von der Verständigung lösen will. Wenn die »Vertragsgrundlage« für das Geständnis entfallen ist, erfordert das Gebot der Verfahrensfairness, dass auch dieses keinen Bestand mehr hat. Bindung des Gerichts und Geständnis des Angeklagten stehen in einer Wechselbeziehung, die das Gericht nicht folgenlos einseitig auflösen kann. Folglich führt allein die unzulässige Verständigung über den Schuldspruch nicht zu einem Verbot, das aufgrund der Verständigung abgegebene Geständnis des Angeklagten zu verwerten.[158] »Informelle Verständigungen« lösen weder eine Bindung des Gerichts an dabei in Aussicht gestellte Strafober- oder -untergrenzen aus, noch kann durch sie ein durch den

152 BGH Beschl. v. 06.02.2018 – 1 StR 606/17 = NStZ 2018, 419 f.; Urt. v. 25.07.2017 – 5 StR 176/17 = StV 2018, 10 f.

153 BGH, Urt. v. 01.12.2016 – 3 StR 331/16 = StV 2017, 287 f.

154 BGHSt 37, 99, 103.

155 BGHSt 48, 161 m. Anm. *Weider* StV 2003, 266; *Kargl/Rüdiger* NStZ 2003, 672; BGH StV 2006, 118 f.; BGH, Beschl. v. 22.02.2012 – 1 StR 349/11 = StV 2012, 649 f. = NStZ 2013, 353 f.

156 Vgl. dazu *Meyer-Goßner* StraFo 2003, 401 ff.

157 Vgl. *Meyer-Goßner*/Schmitt § 257c Rn. 28; vgl. auch *Niemöller* in Niemöller/Schlothauer/Weider § 257c Rn. 142 ff. (S. 119 ff.) sowie *Weider* ebenda Teil C Rn. 59 ff. (S. 177 ff.); zur Verwertbarkeit des Geständnisses nach Aufhebung des Verständigungsurteils vgl. BGH StV 2010, 470 f. m. Anm. *Wattenberg.*

158 BGH, Beschl. v. 01.03.2011 – 1 StR 52/11 = StV 2011, 337 f.

Fair-trial-Grundsatz geschützter Vertrauenstatbestand entstehen. Die Annahme einer solchen Bindung ist rechtfehlerhaft und könnte unter Umständen sogar den Bestand eines Urteils gefährden.[159]

8. Verständigung im Berufungsverfahren

Nahezu sämtliche Regelungen des Verständigungsgesetzes sind auf das Berufungsverfahren anwendbar.[160] Denn § 332 StPO bezieht diese als Vorschriften mit ein. Das gilt auch für § 302 Abs. 1 Satz 2 StPO. Das beruht auf gesetzessystematischen Gründen; als Teil der allgemeinen Vorschriften über die Rechtsmittel umfasst sie auch die Berufung. Anderes gilt lediglich für § 202a StPO. Schon aus gesetzessystematischen Gründen ist für eine Anwendung der – grundsätzlich in früheren Verfahrensstadien zu beachtenden – Maßgaben des § 202a StPO kein Raum. § 212 StPO ist wegen einer umfassenden Anwendung des verständigungsrechtlichen Schutzkonzepts auch im Berufungsrechtszug anwendbar.[161] Das Berufungsgericht ist an eine erstinstanzlich erzielte Verständigung grundsätzlich nicht gebunden.[162] Es darf aber ein in der ersten Instanz abgelegtes verständigungsbasiertes Geständnis grundsätzlich uneingeschränkt beweiswürdigend berücksichtigen.[163] Die Vorschrift des § 257c Abs. 4 Satz 3 StPO, wonach das Geständnis im Falle der tatrichterlichen Aufkündigung der Verständigung nicht verwertet werden darf, entfaltet im Berufungsrechtszug von vornherein keine Wirkung, weil sie ersichtlich allein auf das an der Verständigung beteiligte Gericht zugeschnitten ist. Ein Instanz übergreifendes Beweisverwertungsverbot kann auch nicht aus einer analogen Anwendung des § 257c Abs. 4 Satz 3 StPO hergeleitet werden.[164] Zulässiger Verständigungsgegenstand ist auch eine teilweise Berufungsrücknahme.[165] Wird in der Berufungsinstanz eine Verständigung getroffen und der Umfang berufungsgerichtlicher Kontrolle eines verständigungsbasierten amtsgerichtlichen Urteils durch die zugesagte teilweise Berufungsrücknahme beschränkt, liegt darin keine Umgehung des § 302 Abs. 1 Satz 2 StPO. Die Berufungsrücknahme im Rahmen einer Verständigung erfolgt unbedingt. Sie kann nicht an die Erbringung einer Gegenleistung durch das Berufungsgericht geknüpft werden. Wird solches dennoch ausdrücklich erklärt und zum Inhalt der Verständigung gemacht, ist die Prozesserklärung nach den allgemeinen Maßgaben unwirksam. 33

▶ **Beachte**

Es ist grundsätzlich möglich, eine Beschränkung der Berufung zum Gegenstand einer Verfahrensabsprache zu machen.[166] Unterbleibt aber die in § 257c Abs. 5 StPO vorgeschriebene Belehrung des Angeklagten über die Voraussetzungen und Folgen einer Abweichung des Gerichts von dem in Aussicht gestellten Ergebnis nach allen Alternativen des § 257c Abs. 4 StPO, kann von dieser Erklärung keine Bindung mehr ausgehen. Die Beschränkungserklärung ist unwirksam.[167]

---

159 BGH, Beschl. v. 12.07.2011 – 1 StR 274/11 = StV 2011, 645 f.; v. 06.10.2010 – 2 StR 354/10 = StV 2011, 74 f. m. Anm. *Bachmann/Goeck* JR 2011, 168 ff.; zur streitigen Hauptverhandlung nach gescheiterter Absprache vgl. *Rode* StraFo 2015, 89 ff.

160 Zur Verständigung im Berufungsverfahren *Wenske* NStZ 2015, 137 f.; *Schneider* NZWiSt 2015, 1 ff.; *El-Ghazi* JR 2012, 406 ff.

161 Vgl. *Schneider*. S. 1, 2.

162 OLG Karlsruhe NStZ 2014, 294; KG StV 2012, 694; OLG Düsseldorf StV 2011, 80; *Schneider* S. 2; *Meyer-Goßner*/Schmitt Vor § 312 Rn. 1–1b.

163 OLG Nürnberg NStZ-RR 2012, 255 f.; vgl. zur Bindungswirkung OLG Karlsruhe, Beschl. v. 07.03.2014 – 3 (6) Ss 642/13 = NJW 2014, 134 m. Anm. *Norouzi* StV 2014, 661 ff.; *Moldgenhauer* NStZ 2014, 493 ff.

164 Vgl. *Schneider*. S. 2.

165 Vgl. u.a. OLG Karlsruhe NStZ 2014, 536; OLG München StV 2014, 13; OLG Hamburg NStZ 2014, 534, 536; *Schneider* S. 5 ff.

166 OLG Nürnberg, Beschl. v. 10.08.2016 – 2 OLG 8 Ss 289/15 = StraFo 2016, 473 f.

167 OLG Braunschweig, Beschl. v. 02.02.2016 – 1 Ss 69/15; vgl. dazu *El-Ghazi* jurisPR-StrafR 8/2016 Anm. 3.

9. Verständigung und Rechtsmittel

34 Rechtsmittel nach vorangegangener Verständigung sind weder eingeschränkt noch ausgeschlossen.[168] Folgen eines rechtsfehlerhaften oder gescheiterten Deals können in der Revision grundsätzlich mit der **Verfahrensrüge** geltend gemacht werden.[169] Das wirft aber oft Probleme auf, da eine Rekonstruktion der Hauptverhandlung nicht zulässig ist.[170] Eine unterbliebene vollständige Ausschöpfung erhobener Beweise kann deshalb nicht Gegenstand einer Aufklärungsrüge sein, weil sich das Revisionsgericht nicht über das Verbot der Rekonstruktion der Beweisaufnahme hinwegsetzen darf.[171] Die formellen Voraussetzungen für den Sachvortrag nach § 344 Abs. 2 Satz 2 StPO dürfen aber insoweit von Revisionsgericht nicht überspannt werden.[172]

35 Eine Vereinbarung gemäß § 257c StPO lässt die gerichtliche Aufklärungspflicht nach § 244 Abs. 2 StPO unberührt (§ 257c Abs. 1 Satz 2 StPO).[173] Bei fehlerhaftem oder gescheitertem Deal[174] können z.B. gerügt werden die Verletzung des fairen Verfahrens,[175] ein nicht zulässiger Absprachеinhalt, die Verletzung der Aufklärungspflicht[176] oder eine rechtsfehlerhafte (mangelhafte oder fehlende) Beweiswürdigung. Die unter Übergehung der Staatsanwaltschaft erfolgende Zusicherung einer Strafobergrenze kann beim Vorliegen weiterer Umstände die Besorgnis der Befangenheit gegenüber den beteiligten Richtern begründen.[177] In Betracht kommt auch eine etwaige Versagung rechtlichen Gehörs (§§ 33, 261 StPO).[178]

36 Auch wenn in den Urteilsgründen, ohne dass das erforderlich wäre, Einzelheiten der Verständigung mitgeteilt werden, bedarf es zur Beanstandung der Verletzung der Verfahrensvorschrift des § 257c StPO der Erhebung einer formgerechten Verfahrensrüge.[179] Der Umstand, dass das Revisionsgericht im Rahmen des § 344 Abs. 2 Satz 2 StPO bei zugleich erhobener umfassender Sachrüge den Urteilsinhalt ergänzend berücksichtigen kann, befreit nicht von der Anbringung einer Verfahrensrüge.[180]

37 Will ein Revisionsführer Verstöße bei der Anbahnung einer verfahrensbeendenden Absprache rügen (z.B. Ausübung unzulässigen Drucks), kann er entweder den Richter, der bei den Gesprächen über die einvernehmliche Verfahrensbeendigung unzulässigen Druck ausübt, bereits in der Tatsacheninstanz wegen Besorgnis der Befangenheit (§ 24 Abs. 2 StPO) ablehnen.[181] Nach fehlerhafter Zurückweisung des Ablehnungsantrags kann er den absoluten Revisionsgrund nach § 338 Nr. 3 StPO geltend machen oder gegebenenfalls die Unverwertbarkeit seines unter Druck zustande gekommenen Geständnisses rügen (§ 136a StPO).[182] Daneben kommt eine allgemein auf die Verletzung des fairen Verfahrens

---

168 Zur Gesetzesgenese *Niemöller/Schlothauer/Weider* – Gesetz zur Verständigung in Strafverfahren 2010, S. 153 ff.; *Jahn* JuS 2012, 470 ff.; *Schmitt* StraFo 2012, 386 ff.; *Ventzke* StraFo 2012, 212 ff.; *Meyer-Goßner*/Schmitt § 257c Rn. 32–33a; *Momsen* JA 2002, 415 ff.; *Pfister* StraFo 2006, 349 ff.; BGH, Beschl. v. 03.09.2009 – 3 StR 156/09 = StV 2009, 680.

169 BGH, Beschl. v. 16.03.2011 – 1 StR 60/11 = StV 2012, 134 f.; dazu *Velten* StV 2012, 172 f.; vgl. auch *Weider* Teil C Rn. 14 ff. S. 160 ff.; *Scheffler/Lehmann* StV 2015, 123 ff.

170 BGH, Beschl. v. 14.08.2003 – 3 StR 17/03 = StV 2007, 621.

171 BGH, Urt. 09.12.2008 – 5 StR 412/08 = NStZ 2009, 468 f.; Urt. v. 14.04.2011 – 4 StR 571/10 = StV 2011, 453 f. = NStZ 2011, 590 f.

172 BVerfG, Beschl. v. 08.12.2005 – 2 BvR 449/05 = StV 2006, 57.

173 BGH, Beschl. v. 03.11.2010 – 1 StR 449/10.

174 Vgl. dazu *Momsen* JA 2002, 415 ff.

175 Vgl. aber BGH StV 2009, 171.

176 Was aber nicht unproblematisch ist: *Niemöller* § 257c Rn. 71 ff.; *Weider* Teil C Rn. 19 ff.

177 BGHSt 45, 312, 315 ff.

178 BGHSt 42, 46.

179 BGH, Beschl. v. 16.03.2011 – 1 StR 60/11 = wistra 2011, 276 f. = StV 2012, 134 f.

180 BGH, Beschl. v. 01.03.2011 – 1 StR 52/11 = StV 2011, 337 f.

181 BGH NStZ 2005, 526.

182 Vgl. dazu *Weider* Teil C Rn. 28 ff.

gestützte Rüge nicht in Betracht.[183] Es ist die bestimmte Behauptung von Tatsachen erforderlich, die eine Überprüfung möglich machen, ob ausdrücklich oder konkludent die Möglichkeit und die Umstände einer Verfahrensverständigung gegeben waren, wovon jedenfalls dann auszugehen ist, wenn Fragen des prozessualen Verhaltens in Verbindung mit dem Verfahrensergebnis gebracht wurden, damit die Frage nach einer Straferwartung nahelag und die Mitteilungspflicht ausgelöst wurde.[184]

Die Verfahrensrüge, es sei rechtsfehlerhaft keine Mitteilung gemäß § 243 Abs. 4 S. 1 StPO erfolgt, setzt den Vortrag voraus, dass tatsächlich Gespräche im Sinne dieser Vorschrift stattgefunden und welchen Inhalt sie hatten.[185] Ein Revisionsführer, der eine Verletzung des § 243 Abs. 4 S. 1 StPO rügen will, muss auch bestimmt behaupten und konkret darlegen, in welchem Verfahrensstadium, in welcher Form und mit welchem Inhalt Gespräche stattgefunden haben, die auf eine Verständigung abzielten. Zur formgerecht erhobenen Rüge der Verletzung des § 257c Abs. 4 S. 3 StPO gehört die Mitteilung über die die Loslösung von der Bindung begründenden Tatsachen.

Ist eine Verletzung der Mitteilungspflicht des § 243 Abs. 4 S. 2 StPO gegeben, kann ein Beruhen des Urteils auf dem Rechtsverstoß (§ 337 Abs. 1 StPO) ausgeschlossen werden, wenn bei der gebotenen wertenden Gesamtbetrachtung Umstände vorhanden sind, die die Rechtsverletzung in einem milderen Licht erscheinen lassen. Solche Umstände liegen vor, wenn der Angeklagte durch die in öffentlicher Hauptverhandlung erfolgte gerichtliche Anfrage und die von den anderen Verfahrensbeteiligten bekundete Verständigungsbereitschaft darüber informiert wird, dass es sogleich zu durch das Gericht initiierten Verständigungsgesprächen kommen werde, wenn er nach dem Gespräch durch seinen Verteidiger (zutreffend) darüber unterrichtet wird, dass es (noch) kein Ergebnis gegeben habe, wenn sodann in dem nächsten Hauptverhandlungstermin ein gerichtlicher Verständigungsvorschlag bekanntgegeben und mit ihm erörtert wird, woraufhin im darauf folgenden Hauptverhandlungstermin nach ordnungsgemäßer Belehrung die Verständigung zustande kommt. Unter diesen Vorzeichen bestand nicht im Ansatz die Gefahr eines dem Angeklagten abträglichen Interessengleichlaufs von Gericht, Staatsanwaltschaft und Verteidigung.[186]

Ein Revisionsgrund liegt in einer fehlerhaften Anwendung der Vorschrift des § 257c Abs. 5 StPO vor, wenn die Belehrung über die in § 257c Abs. 4 StPO geregelte Möglichkeit eines Entfallens der Bindung des Gerichts verspätet erteilt wird.[187]

Die Abfassung der Urteilsgründe muss auch dann einem Mindestmaß an Sorgfalt entsprechen, wenn 38
das Urteil auf einer Absprache beruht.[188] § 267 Abs. 3 S. 5 StPO erfordert in den Urteilsgründen die Angabe, dass dem Urteil eine Verständigung vorausgegangen ist. Die Angabe des Inhalts der Verständigung ist nicht erforderlich, ebenso wenig Ausführungen zum sonstigen Prozessgeschehen.[189] Insoweit findet die notwendige Dokumentation in der Sitzungsniederschrift statt (vgl. § 273 Abs. 1a StPO). Der nach § 273 Abs. 1a S. 3 StPO zwingend vorgeschriebene Vermerk, dass eine Verständigung nach § 257c StPO nicht stattgefunden hat, gehört zu den wesentlichen Förmlichkeiten im Sinne des § 274 S. 1 StPO. Gegen den diese Förmlichkeiten betreffenden Inhalt des Protokolls ist nur der Nachweis der Fälschung zulässig (§ 274 S. 2 StPO).[190] Ein Protokoll, in dem weder vermerkt ist, dass eine Verständigung stattgefunden, noch dass eine solche nicht stattgefunden hat, ist widersprüchlich bzw. lückenhaft und verliert insoweit seine Beweiskraft.[191] Die Dokumentation

183 BGH, Beschl. v. 28.10.2008 – 3 StR 431/08 = NStZ 2009, 168; BVerfG, Beschl. v. 08.12.2005 – 2 BvR 799/05; BGHR StPO § 261 – Inbegriff der Verhandlung 30; zum Rekonstruktionsverbot vgl. *Ventzke* HRRS 2008, 180 ff.

184 BGH, Beschl. v. 07.03.2017 – 5 StR 493/16 = NStZ 2017, 424.

185 BGH, Urt. v. 10.07.2013 – 2 StR 47/13 = BGHSt 58, 315 f. = NStZ 2013, 610 f.

186 BGH, Urt. v. 14.04.2015 – 5 StR 20/15 = StV 2016, 97 f.; Beschl. v. 24.07.2019 – 1 StR 656/18.

187 BGH, Beschl. v. 06.11.2018 – 5 StR 486/18 = StV 2019, 379.

188 BGH, Beschl. v. 23.06.2010 – 2 StR 222/10 = StraFo 2010, 386.

189 BGH, Beschl. v. 11.10.2010 – 1 StR 359/10 = NStZ 2011, 170 f.

190 BGH, Beschl. v. 31.03.2010 – 2 StR 31/10 = StV 2010, 346.

191 BGH, Beschl. v. 29.09.2010 – 2 StR 371/10 = StV 2011, 79 ff. = BGHSt 56, 3 ff.

in der Sitzungsniederschrift ist ggf. die Grundlage für die – vom Revisionsgericht nicht von Amts wegen, sondern nur aufgrund einer Verfahrensrüge unter erforderlichem Tatsachenvortrag vorzunehmende – Prüfung, ob das Verfahren nach § 257c StPO eingehalten worden ist.[192]

39 Hat die Strafkammer die Urteilsabsprache, insbesondere die angekündigte Strafobergrenze eingehalten, beruht das Urteil nicht auf einem etwaigen Verstoß gegen die Hinweispflichten in § 257c Abs. 5 StPO. Das gilt insbesondere in den Fällen, in denen die Verständigung den Angeklagten begünstigt, indem eine Strafobergrenze in Aussicht gestellt wird, die unter der gesetzlichen Strafuntergrenze für die angeklagte Tat liegt. In einem solchen Einzelfall sind keine Gründe erkennbar, die den Angeklagten dazu verlassen könnten, auf eine Belehrung nach § 257c Abs. 5 StPO die schließlich getroffene und ihm günstige Verständigung abzulehnen.[193]

40 Bei **Sachrügen** hat das Revisionsgericht zu prüfen, ob der Schuldspruch auf einer ausreichenden Tatsachengrundlage beruht, die Verurteilung also von den Feststellungen getragen wird. Allein die Bereitschaft des Angeklagten, wegen eines bestimmten Sachverhalts eine Strafe hinzunehmen, die das gerichtlich zugesagte Höchstmaß der Strafe nicht überschreitet, entbindet das Gericht nicht von der Pflicht zur Ermittlung und Darlegung des Sachverhalts, soweit das für den Tatbestand der dem Angeklagten vorgeworfenen Gesetzesverletzung erforderlich ist. Zu den unerlässlichen Mindestvoraussetzungen des Urteils gehört, dass es eine geschlossene und für das Revisionsgericht nachvollziehbare Darstellung des verwirklichten strafbaren Verhaltens enthält. Das Urteil muss erkennen lassen, welche Tatsachen der Richter als seine Feststellungen über die Tat seiner rechtlichen Beurteilung zugrunde legt. Fehlt das oder ist die Darstellung in wesentlichen Teilen unvollständig oder widersprüchlich, so ist das ein Mangel des Urteils, der auf die Sachrüge zu dessen Aufhebung führt.[194]

41 Enthalten die Strafzumessungserwägungen des Urteils Rechtsfehler zugunsten oder zuungunsten des Angeklagten, unterliegt der Rechtsfolgenausspruch in der Regel – wie auch im Normalfall – der Aufhebung, so bei Heranziehung eines falschen Strafrahmens, wenn wesentliche Straferschwerungs- oder Milderungsgründe übersehen sind, bei einem Verstoß gegen § 46 Abs. 3 StGB oder bei einer Schuldunangemessenheit der Strafe.[195]

42 Bei der Verurteilung eines Angeklagten aufgrund von Geständnissen der Mitangeklagten, die Gegenstand einer verfahrensbeendenden Absprache sind, muss die Glaubhaftigkeit dieser Geständnisse in einer für das Revisionsgericht nachprüfbaren Weise gewürdigt werden. Dazu gehören insbesondere das Zustandekommen und der Inhalt der Absprache.[196]

10. Verständigung und Rechtsmittelverzicht

43 Nach § 302 Abs. 1 Satz 2 StPO ist ein Rechtsmittelverzicht grundsätzlich ausgeschlossen, wenn dem Urteil eine Verständigung vorausgegangen ist.[197] Gemäß § 35a Satz 3 StPO ist der Betroffene stets darüber zu belehren, dass ihm trotz einer vorausgegangenen Verständigung die Einlegung von Rechtsmitteln freisteht. Die qualifizierte Belehrung nach einer Verständigung gemäß § 35a Satz 3 StPO wird aber nicht von dem Vermutungstatbestand des § 44 Satz 2 StPO erfasst. Die zu späte Kenntnisnahme des Angeklagten oder seines Verteidigers von einer gesetzlichen Bestimmung stellt

192 BGH StV 2010, 227 = NStZ 2010, 348.

193 BGH, Beschl. v. 17.08.2010 – 4 StR 228/10 = StV 2010, 675.

194 BGH, Beschl. v. 09.03.2011 – 2 StR 428/10 = NStZ-RR 2011, 213 ff.

195 BGH StV 2009, 232 f. = NStZ 2009, 467; ausführlich *Weider* Teil C Rn. 9 ff.

196 BGHSt 48, 161 m. Anm. *Weider* StV 2003, 266; *Kargl/Rüdiger* NStZ 2003, 672.

197 Der durch das Gesetz zur Regelung der Verständigung im Strafverfahren vom 29.07.2009 (BGBl. I S. 2353) eingeführte § 302 Abs. 1 S. 2 StPO – wonach ein Rechtsmittelverzicht ausgeschlossen ist, wenn dem Urteil eine Verständigung vorausgegangen ist – beseitigt die vor Inkrafttreten des Gesetzes bereits eingetretene Rechtskraft nicht vgl. BGH, Beschl. v. 29.09.2009 – 1 StR 376/09 = BGHSt 54, 167 ff.; zum »erzwungenen« Rechtsmittelverzicht vgl. Momsen StraFo 2019, 89 ff. (Zusicherung der Aufhebung eines Haftbefehls).

ebenso wenig wie die Unkenntnis höchstrichterlicher Rechtsprechung keine Verhinderung im Sinne von § 44 Satz 1 StPO.[198]

Ob eine Rücknahmeerklärung tauglicher Gegenstand einer Verständigung sein kann, ist fraglich. 44
Denn selbst wenn man eine derartige Gesamtlösung unter Einbeziehung eines anderen Verfahrens für unzulässig hält, kann das nicht dazu führen, dass eine entsprechende Erklärung unbeachtlich ist. Eine Rechtsmittelrücknahmeerklärung ist nämlich grundsätzlich unwiderruflich und unanfechtbar, auch wenn sie im Rahmen einer Verständigung in einer anderen Strafsache abgegeben worden ist.[199] Zulässig bleibt die Rücknahme des Rechtsmittels.[200] Ob eine Zurücknahme des Rechtsmittels grundsätzlich auch schon vor Ablauf der Frist zu seiner Einlegung wirksam erfolgen – so der Bundesgerichtshof[201] – oder gar Gegenstand einer Verständigung sein kann,[202] ist umstritten, da das mit Blick auf § 302 Abs. 1 Satz 2 StPO einer Gesetzesumgehung oder einem Rechtsmissbrauch gleichkäme.[203] Beruft sich ein Angeklagter auf die Unwirksamkeit eines von ihm erklärten Rechtsmittelverzichts wegen einer vorausgegangenen Verständigung und schweigt das Protokoll dazu, muss der Beschwerdeführer, um dem Revisionsgericht eine Überprüfung im Freibeweisverfahren zu ermöglichen, im Einzelnen darlegen, in welchem Verfahrensstadium, in welcher Form und mit welchem Inhalt die von ihm behauptete Verständigung zustande gekommen ist.[204]

11. Notwendige Verteidigung bei Verständigung

Ob einem im ersten Rechtszug vor dem Amtsgericht unvereidigten Angeklagten bei einer Verstän- 45
digung ein Pflichtverteidiger zu bestellen ist, ist fraglich. Das OLG Naumburg ist davon ausgegangen, dass eine Verständigung nach § 257c StPO in der Regel die Schwierigkeit der Rechtslage im Sinne des § 140 Abs. 2 StPO begründet und deshalb eine Pflichtverteidigerbestellung notwendig sei.[205] Demgegenüber ist das OLG Bamberg[206] davon ausgegangen, dass allein die Tatsache, dass dem Urteil erster Instanz eine Verständigung nach § 257c StPO im Sinne einer Urteilsabsprache zugrunde liege, und zwar auch bei einem absprachebedingten Geständnis, nicht die Notwendigkeit zur Bestellung eines Pflichtverteidigers für den Angeklagten wegen der »Schwierigkeit der Rechtslage« im Sinne von § 140 Abs. 2 StPO im Berufungsverfahren begründe. Zur Beiordnung eines Verteidigers besteht wohl vor Aufnahme von Verständigungsgesprächen allenfalls dann Veranlassung, wenn diese anspruchsvolle Beweislagen oder schwer überschaubare Tatvorwürfe betreffen. Gleiches gilt, wenn sich in Strafverfahren gegen mehrere Angeklagte Interessenkonflikte abzeichnen.

198 BGH, Beschl. v. 01.04.2010 – 4 StR 637/09 = StV 2010, 475.

199 BGH, Beschl. v. 24.11.2015 – 3 StR 312/15 = NStZ 2016, 177 m. Anm. *Ventzke* NStZ 2016, 177 f.

200 BGH, Beschl. v. 14.04.2010 – 1 StR 64/10 = BGHSt 55, 82 ff. vgl. dazu aber *Niemöller* StV 2010, 474 f.; *ders.* StV 2011, 54 f.; *ders.* NStZ 2013, 19 ff.; *Meyer-Goßner* StV 2011, 53; *Malek* StraFo 2010, 251 f.; *Staudinger* HRRS 2010, 347 f.; *Niemöller/Schlothauer/Weider* Rn. 16 zu § 302 StPO; interessant auch BGH, Beschl. v. 24.11.2015 – 3 StR 312/15 = NStZ 2016, 177 (Einbeziehung eines anderen Verfahrens) m. Anm. *Ventzke* NStZ 2016, 177 f.

201 BGH, Beschl. v. 14.04.2010 – 1 StR 64/10 = BGHSt 55, 82 ff.

202 Vgl. KG, Beschl. v. 17.02.2015 – 2 Ws 7/15 = NStZ 2015, 236 f.; vgl. auch *Schneider* NZWiSt 2015, 1 (5 f.); *Wenske* NStZ 2015, 137, 139 (140).

203 Vgl. *Meyer-Goßner*/Schmitt § 302 Rn. 26 ff. m.w.N.; vgl. auch *Niemöller* NStZ 2013, 19, 25 m. N. in Fn. 60; OLG München StV 2013, 495 f. m. Anm. *Förschner* StV 2013, 502 f.

204 BGH, Beschl. v. 29.09.2010 – 2 StR 371/10 = BGHSt 56, 3 ff. = StV 2011, 79 ff.

205 Beschl. v. 04.12.2013 – 2 Ss 151/13 = NStZ 2014, 116 = StV 2014, 274. m. Anm. *Wenske* NStZ 2014, 117 f.; *Ruhs* NStZ 2016, 706 f.; *Peglau* jurisPR-StrafR 6/2014 Anm. 2; *Schneider* NStZ 2014, 261.

206 OLG Bamberg, Beschl. v. 03.12.2014 – 1 Ws 622/14 = NStZ 2015, 184 m. Anm. *Ruhs* NStZ 2016, 706 f.

12. Absprachen im Ordnungswidrigkeitenverfahren

46 § 257c StPO ist gem. §§ 46, 71 OWiG auch auf das Ordnungswidrigkeitenverfahrenanzuwenden.[207] Von Bedeutung ist aber, dass die Staatsanwaltschaft als Verfahrensbeteiligte gem. § 257c Abs. 1 Satz 1 StPO im Bußgeldverfahren nicht zur Teilnahme an der Hauptverhandlung verpflichtet ist (§ 75 Abs. 1 OWiG) und in der Regel an der Hauptverhandlung auch nicht teilnimmt. Eine Verfahrensabsprache mit dem Bußgeldrichter ohne Kenntnis der Staatsanwalt scheitert an § 257c Abs. 3 Satz 4 StPO. Dem kann dadurch abgeholfen werden, dass die Akte vor einer Entscheidung mit der Bitte um Stellungnahme an die Staatsanwaltschaft übersandt wird.

Absprachen über die Höhe der Geldbuße im Fall der Abgabe eines Geständnisses oder über den Wegfall von Fahrverboten gegen Erhöhung der Geldbuße sind wohl zulässig, da nach § 257c Abs. 2 S. 3 StPO nur Maßregeln der Besserung und Sicherung nicht Gegenstand einer Verständigung sein dürfen.[208] Die Verständigung auf eine »Punktstrafe«[209] erscheint trotz der Besonderheiten des OWi-Verfahrens nicht unproblematisch.[210] Die Bindung des Gerichtes an eine Verständigung kann gem. § 257c Abs. 4 StPO entfallen, wenn rechtlich oder tatsächlich bedeutsame Umstände übersehen worden sind oder sich neu ergeben haben und das Gericht deswegen zu der Überzeugung gelangt, dass der in Aussicht gestellte Strafrahmen nicht mehr tat- oder schuldangemessen ist.

B. Schuldstrafrecht

I. Strafe setzt Schuld voraus

47 Schuld ist Vorwerfbarkeit. Mit dem Unwerturteil der Schuld wird dem Täter vorgeworfen, dass er sich nicht rechtmäßig verhalten hat, dass er sich für das Unrecht entschieden hat, obwohl er sich rechtmäßig verhalten, sich für das Recht hätte entscheiden können. Der innere Grund des Schuldvorwurfs liegt darin, dass der Mensch auf freie, verantwortliche, sittliche Selbstbestimmung angelegt und deshalb befähigt ist, sich für das Recht und gegen das Unrecht zu entscheiden, sein Verhalten nach den Normen des rechtlichen Sollens einzurichten und das rechtlich Verbotene zu vermeiden, sobald er die sittliche Reife erlangt und solange die Anlage zur freien sittlichen Selbstbestimmung nicht durch die in §§ 20, 21 StGB genannten krankhaften Vorgänge vorübergehend gelähmt oder auf Dauer zerstört ist.[211]

48 Die Schuld des Täters ist nach § 46 Abs. 1 S. 1 StGB Grundlage für die Zumessung der Strafe, die von ihrer Bestimmung her »gerechter Schuldausgleich« sein muss.[212] Diese Strafzumessungsschuld ist nicht identisch mit der die Strafbarkeit begründenden »Vorwerfbarkeit«. Das Wesen der die Strafbarkeit begründenden Schuld ist, dass dem Täter die Begehung des tatbestandsmäßigen Unrechts vorgeworfen werden kann, weil er sich hätte anders verhalten und so die Verwirklichung des tatbestandsmäßigen Unrechts hätte vermeiden können. Maßgebend für die Strafzumessung, also die Frage, wie der Täter konkret zu bestrafen ist, ist die Schwere der Tat in ihrer Bedeutung für die verletzte Rechtsordnung und der Grad der persönlichen Schuld des Täters.[213]

49 Das Tatunrecht ist nur in dem Umfang für die Strafzumessung bedeutsam, wie eine Schuldverknüpfung mit dem Täter besteht. Andererseits erlangt die persönliche Schuld nur in einer bestimmten Unrechtstat Gewicht, denn ein Schuldvorwurf kann nicht abstrakt, sondern nur im Hinblick auf eine mehr oder weniger gewichtige Tat bemessen werden. Grundlage für die Strafzumessung ist nicht

207 *Fromm* NZV 2010, 550 f.; *Krumm* NZV 2011, 376 ff.
208 Meyer-Goßner/Schmitt § 257c Rn. 10.
209 Vgl. dazu BGH NStZ 2011, 648 = StV 2011, 338 f.; StraFo 2011, 279.
210 Vgl. dazu *Krumm* NZV 2011, 376 f.
211 BGHSt 2, 194 ff.; vgl. auch BGHSt 1, 67 (70); 24, 132 (134).
212 BGHSt 24, 132 (134); 29, 319 (320).
213 Vgl. nur BGH, Urt. v. 12.01.2016 – 1 StR 414/15 = StV 2016, 568 (569): die Schuld des Täters die Grundlage für die Strafzumessung; zu Voraussetzungen und Grenzen staatlichen Strafens *Frisch* NStZ 2016, 16 ff.

die Lebensführungsschuld, sondern die in der Tat wirksam gewordene Schuld des Täters. Nur wenn ein Verhalten vor der Tat Rückschlüsse auf eine höhere Tatschuld erlaubt, wenn eine Beziehung zur Tat besteht[214] oder die innere Einstellung des Täters zur Tat dokumentiert wird,[215] kann dieses für die Bestimmung der schuldangemessenen Strafe Bedeutung erlangen.

Das tatbestandsmäßige Unrecht wird charakterisiert durch Erfolgsunwert und Handlungsunwert. 50
Für die Strafzumessungsschuld von Bedeutung ist, dass Handlungsunwert und Erfolgsunwert von unterschiedlicher Intensität und unterschiedlicher Vorwerfbarkeit sein können. Diese aus der Tatbestandslehre entwickelten zwei Komponenten der Strafzumessungsschuld liegen auch der Rechtsprechung des Bundesgerichtshofs zugrunde, wenn dort von der Schwere der Tat und ihrer Bedeutung für die verletzte Rechtsordnung und dem Grad der persönlichen Schuld des Täters als Grundlage der Strafzumessung die Rede ist. Die Erfolgskomponente erfasst das Maß des verursachten und verschuldeten Unrechts (»Erfolgsunwert«),[216] die Handlungskomponente das Maß der Vorwerfbarkeit des Täterhandelns (»Handlungsunwert«).[217] Beide Komponenten dürfen nicht isoliert gesehen werden. Insbesondere darf die Handlungskomponente gegenüber der Erfolgskomponente nicht überbewertet werden und umgekehrt. Erfolgsunwert und Handlungsunwert müssen sich auf eine konkrete Tatbestandsverwirklichung beziehen.

II. Schuldfähigkeit bei Alkoholisierung

Die Rechtsprechung ging bis 1997 bei der Beurteilung der Schuldfähigkeit aufgrund einer Beein- 51
trächtigung durch Alkohol von einer weitgehenden Schematisierung aus, überspitzt wurde auch von einer »BAK-Arithmetik« gesprochen.[218] Die medizinische Fachliteratur meinte deshalb, dass »bei der Beurteilung der Schuldfähigkeit von alkoholisierten Tätern die Grundregeln forensisch-psychiatrischer und rechtsmedizinischer Begutachtung höchstrichterlich außer Kraft gesetzt worden sind, und zwar gegen die einhellige und eindeutige Stellungnahme sämtlicher Fachvertreter der forensischen Psychiatrie und Rechtsmedizin«.[219] An der Feststellung einer alkoholbedingten erheblich verminderten Schuldfähigkeit hat sich aber aufgrund der Entscheidung des BGH vom 29.04.1995 einiges geändert:[220]

> »Die Feststellung der Schuldfähigkeit (im Bereich der alkoholbedingten Straftaten) ist kein reiner Rechenakt mehr, das Ergebnis einer Berechnung des Blutalkoholwertes ersetzt nicht die Feststellung der erforderlichen Tatsachen und den vom Gericht zu ziehenden rechtlichen Schluss auf eine mögliche Beeinträchtigung der Schuldfähigkeit.«

Auf die im Zusammenhang mit der Feststellung der Fahruntüchtigkeit aufgrund des Genusses von Alkohol oder Drogen auftretenden Fragen hat diese Rechtsprechung keinen Einfluss.

1. Die Rechtsprechung des BGH

Es gibt keinen gesicherten medizinisch-statistischen Erfahrungssatz darüber, dass ohne Rücksicht 52
auf psychodiagnostische Beurteilungskriterien allein wegen einer bestimmten BAK zur Tatzeit in aller Regel vom Vorliegen einer alkoholbedingten erheblich verminderten Steuerungsfähigkeit aus-

214 BGH NStZ 1984, 259; BGH, Beschl. v. 13.08.2013 – 4 StR 288/13 = StraFo 2014, 28 f.
215 BGH StV 1984, 21; vgl. auch BGH StraFo 2004, 27.
216 Dazu *Epik* StV 2019, 489 ff.
217 Vgl. BGH NStZ 1986, 162.
218 *Foth* in FS Salger 1995 S. 31 (36).
219 Vgl. *Kröber* in seinem für den 1. Strafsenat in der Sache 1 StR 511/95 – 1 StR 511/95, BGHSt 43, 66 ff. erstatteten Gutachten vom 25.03.1996; *ders.* gleichlautend in NStZ 1996, 569.
220 Urt. v. 29.04.1997 – 1 StR 511/95 = BGHSt 43, 66 ff. = NJW 1997, 2460 = StV 1997, 593 m. Anm. *Kröber* NStZ 1996, 569 f.; *Loos* JR 1997, 514 f.; *Heifer* Blutalkohol 1997, 450; *Martin* JuS 1997, 1139 f.

zugehen ist.[221] Maßgeblich für die Frage, ob die Voraussetzungen des § 21 StGB gegeben sind, ist eine Gesamtwürdigung, die die sowohl die Höhe der BAK als auch psychodiagnostische Kriterien einzustellen sind. Die BAK[222] hat also insofern – indizielle – Bedeutung, als sie Aufschluss über die Stärke der alkoholischen Beeinflussung gibt und ein immerhin gewichtiges Beweisanzeichen neben anderen ist, das Hinweis darauf geben kann, ob die Steuerungsfähigkeit des Täters trotz erheblicher Alkoholisierung erhalten geblieben ist.[223] Die BAK darf deshalb, soweit Feststellungen möglich sind, nicht offen gelassen werden. Der Blutalkoholgehalt zeigt die wirksam aufgenommene Alkoholmenge an. Je höher dieser Wert ist, umso näher liegt die Annahme einer zumindest erheblichen Einschränkung der Steuerungsfähigkeit. Bei einer starken Alkoholisierung lässt sich eine erheblich verminderte Steuerungsfähigkeit nur ausschließen, wenn gewichtige Anzeichen dafürsprechen, dass das Hemmungsvermögen des Täters zur Tatzeit erhalten geblieben ist.[224] Die Indizwirkung einer errechneten BAK verliert aber mit der Dauer der Rückrechnung an Gewicht; andere Faktoren, wie Alkoholgewöhnung, Tatvorgeschichte und so genannte psychodiagnostische Kriterien gewinnen an Bedeutung.[225]

53 Entscheidend für die Beurteilung ist somit eine Gesamtschau aller wesentlichen objektiven und subjektiven Umstände aus der Persönlichkeitsstruktur des Täters, seinem Erscheinungsbild vor, während und nach der Tat, dem eigentlichen Tatgeschehen und seiner Alkoholgewöhnung. Die BAK ist in diesem Zusammenhang ein zwar gewichtiges, aber keinesfalls allein maßgebliches oder vorrangiges Beweisanzeichen, wobei deren Bedeutung auch von der Alkoholgewöhnung des Täters beeinflusst sein kann.[226] Bei der Beurteilung der Schuldfähigkeit kommt der BAK umso geringere Bedeutung zu, je mehr sonstige aussagekräftige psychodiagnostische Beweisanzeichen zur Verfügung stehen.[227]

Bedenken gegen die Aussagekraft einer Rückrechnung mit Maximalwerten über einen langen Rückrechnungszeitraum können durch Kontrollrechnungen mit Minimal- und Mindestwerten relativiert werden, um den höchstmöglichen, den wahrscheinlichen und den zumindest in Betracht zu ziehenden Blutalkoholwert zu ermitteln. Eine Berechnung der BAK aufgrund von Schätzungen unter Berücksichtigung des Zweifelssatzes ist auch dann vorzunehmen, wenn die Einlassung des Angeklagten sowie gegebenenfalls die Bekundungen von Zeugen zwar keine sichere Berechnungsgrundlage ergeben, jedoch eine ungefähre zeitliche und mengenmäßige Eingrenzung des Alkoholkonsums ermöglichen.[228] Erforderlich ist stets eine Gesamtwürdigung der feststellbaren Alkoholaufnahme einerseits und der psychodiagnostischen Kriterien andererseits. Dabei sind allerdings nur solche Umstände zu

---

221 BGHSt 43, 66 ff.; BGH, Beschl. v. 13.02.2013 – 4 StR 557/12 = NStZ-RR 2013, 272 f.; Urt. v. 13.07.2016 – 1 StR 128/16 = NStZ 2016, 670 f.; Beschl. v. 02.07.2015 – 2 StR 146/15 = NJW 2015, 3525 f.; vgl. auch *Maatz* StV 1998, 279 ff., 281 f.; *Detter* BA 1999, 3 ff.; *Maatz/Wahl* FS 50 Jahre BGH S. 531 ff.; *Otto* 50 Jahre BGH FG aus der Wissenschaft Bd. IV S. 111 ff.; *Eisenberg* Beweisrecht der StPO 10. Aufl. Rn. 1747 ff. s. 688 ff.; *Satzger* Jura 2013, 345 f.

222 Eine direkte Konvertierung von Atemalkohol- in Blutalkoholkonzentrationen ist ausgeschlossen; indes wird jedem AAK-Wert eine gewisse Bandbreite von BAK-Werten entsprechen, die ohne Weiteres in die Beweiswürdigung über den Umfang eines Nachtrunks, zumal bei widersprüchlichen Angaben eines Angeklagten, in Befolgung der Aufklärungspflicht einzubeziehen und mitzubewerten ist, BGH, Beschl. v. 26.01.2010 – 5 StR 520/09 = NStZ-RR 2010, 275 f.

223 BGH StV 1998, 257, 258; *Maatz* StV 1998, 282 m.w.N.; ausführlich *Satzger* Jura 2013, 345 ff.

224 BGH, Urt. v. 14.10.2015 – 2 StR 115/15 = NStZ-RR 2016, 103 f.; Beschl. v. 09.02.2022 – 1 StR 492/21 = NStZ 2022, 473 f.

225 BGH, Urt. v. 12.08.1997 – 1 StR 348/97 = NStZ-RR 1998, 133; BGH, Beschl. v. 28.09.2010 – 5 StR 358/10 = StraFo 2011, 63.

226 BGH, Beschl. v. 07.02.2012 – 5 StR 545/11 = StV 2013, 19 f. = NStZ 2012, 262 f.; Beschl. v. 09.02.2022 – 1 StR 492/21 = NStZ 2022, 473 f.

227 BGH, Beschl. v. 29.05.2012 – 1 StR 59/12 = BGHSt 57, 247 f. = StV 2013, 20 f. m. Anm. *Fahl* JZ 2013, 314 ff.; *Petri* NJ 2012, 526 f.

228 BGH, Beschl. v. 23.01.2019 – 1 StR 448/18.

berücksichtigen, die aussagekräftige Hinweise darauf geben können, ob das Hemmungsvermögen des Täters bei der Begehung der Tat erhalten geblieben ist oder nicht.[229]

▶ Beachte

Das indizielle Gewicht einer BAK ist bei einem alkoholabhängigen Täter regelmäßig geringer 54
einzustufen als bei einem Gelegenheitskonsumenten. Der BGH lässt aber die Frage offen, ob bei diesem Personenkreis die bei der Rückrechnung zugrunde zulegenden stündlichen Abbauwerte noch dem »gesicherten wissenschaftlichen Erkenntnisstand« entsprechen.[230]

Gegenüber aussagekräftigen psychodiagnostischen Beweisanzeichen darf einem Blutalkoholwert 55
geringere Beweisbedeutung beigemessen werden, wenn dieser bei einer längeren Trinkzeit lediglich aufgrund von Trinkmengenangaben rechnerisch ermittelt worden ist.[231] Einem aus einer Blutprobe errechneten Wert, der unter Berücksichtigung der dem Angeklagten günstigsten Abbauwerte zustande gekommen ist, kommt nämlich lediglich eine beschränkte Aussagekraft zu. Das gilt insbesondere bei einem über viele Stunden zurückgerechneten Maximalwert. Mit fortschreitender Rückrechnungszeit gewinnen die sonstigen objektiven und subjektiven Umstände, die sich auf das Erscheinungsbild und das Verhalten des Täters vor, während und nach der Tat beziehen, an indizieller Bedeutung.[232]

Es gibt keinen Rechts- oder Erfahrungssatz, wonach ab einer bestimmten Höhe der BAK die Schuldfähigkeit regelmäßig aufgehoben ist. Entsprechendes gilt für die Annahme erheblich verminderter Schuldfähigkeit. So ist es dem Tatrichter auch nicht verwehrt, die Alkoholgewöhnung des Täters bei der Bewertung der festgestellten Tatzeit-BAK zu berücksichtigen. Gleichwohl hat diese insofern Bedeutung, als sie – unter Beachtung des Zweifelssatzes – Aufschluss über die Stärke der alkoholischen Beeinflussung gibt und in diesem Sinne ein zwar nicht allgemein gültiges, aber gewichtiges Beweisanzeichen neben anderen ist. Ab einem BAK-Wert von 2,0 ‰ ist nach der Rechtsprechung des *Bundesgerichtshofs* eine verminderte Schuldfähigkeit gem. § 21 StGB jedenfalls *möglich*; bei Tötungs- und anderen schweren Delikten wird dieser Schwellenwert um 10 %, also auf 2,2‰ angehoben.[233]

Im Einzelnen hat der *Bundesgerichtshof* bei folgenden BAK-Werten eine erheblich verminderte Schuldfähigkeit angenommen: 2,3 ‰;[234] 2,7 ‰;[235] 2,6–2,8 ‰ (eine erheblich verminderte Schuldfähigkeit lasse sich bei einer derart beträchtlichen Alkoholisierung nur dann ausschließen, wenn gewichtige Anzeichen für den Erhalt der Hemmungsfähigkeit sprächen);[236] ähnliches kann auch schon für eine BAK von 2,46 ‰ gelten.[237] Beanstandet hat der BGH hingegen die – in Einklang mit zwei medizinischen Sachverständigen erfolgte – Bejahung uneingeschränkter Schuldfähigkeit bei einer nach einer verhältnismäßig zeitnah entnommenen Blutprobe ermittelten Tatzeit-BAK in Höhe von 2,82 ‰. Angesichts des Indizwerts der hohen Tatzeit-BAK hielt der BGH psychodiagnostische Kriterien wie Vortat- und Tatverhalten, zumal alkoholbedingte Fehleinschätzungen vorgelegen haben konnten, für nicht ausreichend. Offengelassen wurde, inwieweit in diesem Zusammenhang Alkoholgewöhnung und Erinnerungsvermögen nach erheblichem Alkoholkonsum von Bedeutung sein können. Andererseits hat der BGH bei einem nahe an 2,00 ‰ liegenden Wert (1,95 ‰) ausgeführt, dass

---

229 BGH, Urt. v. 14.10.2015 – 2 StR 115/15 = NStZ-RR 2016, 103 f.; Beschl. v. 09.02.2022 – 1 StR 492/21 = NStZ, 2022, 473 f.

230 BGH StV 1998, 258.

231 BGH NStZ 1998, 457.

232 BGH, Beschl. v. 12.11.2008 – 2 StR 450/08 = BGHR StGB § 21 Blutalkoholkonzentration 40.

233 BGH, Urt. v. 29.04.1997 – 1 StR 511/95 = BGHSt 43, 66 (69 ff.) = NJW 1997, 2460 (2461).

234 BGH, Beschl. v. 22.06.2021 – 2 StR 168/21 = StV 2022, 289.

235 BGH, Beschl. v. 20.08.2013 – 5 StR 352/13 = StraFo 2013, 476 f.

236 BGH, Beschl. v. 26.11.1997 – 2 StR 553/97 = StV 1998, 256 (257); vgl. aber auch BGH, Beschl. v. 06.05.1998 – 1 StR 194/98 = NStZ 1998, 458.

237 BGH, Beschl. v. 25.02.1998 – 2 StR 16/98 = NStZ 1998, 295 (296).

»in Anbetracht einer sinnlosen Tat« die Annahme einer erheblich verminderten Schuldfähigkeit »ernsthaft in Betracht kommt«.[238]

56 Zielgerichtetes, koordiniertes Handeln muss aber nicht immer gegen eine erhebliche Verminderung der Steuerungsfähigkeit sprechen, da alkoholgewohnte Täter sich unter Umständen im Rausch noch motorisch kontrolliert verhalten können, obwohl ihr Hemmungsvermögen möglicherweise schon erheblich herabgesetzt ist.[239] Dem Tatrichter ist es nicht verwehrt, die Alkoholgewöhnung des Täters bei der Bewertung der festgestellten Tatzeit-Blutalkoholkonzentration zu berücksichtigen. Insbesondere bei Alkoholikern zeigt sich oft eine durch Übung erworbene Kompensationsfähigkeit im Bereich grobmotorischer Auffälligkeiten.[240]

57 Für die Beurteilung der Schuldfähigkeit ist eine Gesamtbetrachtung vorzunehmen, in die neben dem Leistungsverhalten und der Blutalkoholkonzentration auch eine mögliche Kombinationswirkung von Alkohol und Drogen (z.B. Kokain) einzubeziehen ist. Nach den bisherigen wissenschaftlichen Erkenntnissen können die Wechselwirkungen bei einer Mischintoxikation infolge Alkohol- und Kokaingenusses unterschiedlich ausfallen. Der kombinierte Genuss dieser berauschenden Mittel kann nämlich dazu führen, dass die alkoholbedingte Dämpfung des Antriebsniveaus vermindert wird, während zugleich eine alkoholbedingte Enthemmung verstärkt wird.[241]

2. Psychodiagnostische Kriterien

58 Psychodiagnostische Kriterien (Umstände, die Hinweise darauf geben können, dass das Steuerungsvermögen des Täters trotz erheblicher Alkoholisierung nicht in erheblichem Maße beeinträchtigt gewesen ist)[242] können sich aus der Täterpersönlichkeit, aus dem Tatgeschehen und dem Verhalten des Täters vor, während und nach der Tat ergeben. Die Kriterien für die Beurteilung können dabei in einigen Teilaspekten denen ähneln, die bei der Beurteilung einer affektbedingten tiefgreifenden Bewusstseinsstörung herangezogen werden.[243] Als gegen die Annahme erheblich verminderter Schuldfähigkeit sprechende psychodiagnostische Beurteilungskriterien kommen nur solche Umstände in Betracht, die verlässliche Hinweise darauf geben können, ob das Steuerungsvermögen des Täters trotz einer erheblichen Alkoholisierung voll erhalten geblieben ist.[244]

59 Zu beachtende Gesichtspunkte

- Detaillierte Einlassung
- Trunkenheitsgrad
- chronischer und akuter Alkoholkonsum
- Handlungsablauf
- logische und schlüssige Handlungssequenzen verbunden mit motorischen Kombinationsleistungen[245]
- umsichtiges Reagieren auf plötzlich und unerwartet sich ändernde Situation
- Details der inneren Tagseite
- spontanes und eingeschliffenes Handeln (= Leistungsverhalten)

---

238 BGH, Beschl. v. 22.04.1998 – 2 StR 113/98 = NStZ-RR 1998, 237 (238); vgl. auch BGH, Beschl. v. 23.10.2007 – 5 StR 334/07 = StraFo 2007, 501 (2,1 ‰).

239 BGH, Beschl. v. 10.01.2012 – 5 StR 517/11 = StraFo 2012, 109.

240 BGH, Beschl. v. 09.02.2022 - 1 StR 492/21 = NStZ 2022, 473 f.; Beschl. v. 11.05.2021 – 2 StR 448/20 = NStZ-RR 2021, 241 (242).

241 BGH, Beschl. v. 26.05.2000 – 4 StR 131/00 = DAR 2000, 574 ff. = NStZ 2001, 88 ff.

242 BGH, Beschl. v. 28.04.2009 – 4 StR 95/09 = NStZ-RR 2009, 270 f.; Beschl. v. 07.02.2012 – 5 StR 545/11 = StV 2013, 19 f. = NStZ 2012, 262; zu aussagekräftigen psychodiagnostische Kriterien vgl. *Heifer* Blutalkohol 34 [1997], 450; BGH, Beschl. v. 02.07.2015 – 2 StR 146/15 = NJW 2015, 3525 f.

243 *Kröber* NStZ 1996, 569 (575); zur Psychodiagnostik bei Affekttaten vgl. *Steller* in Saß Affektdelikte 1993 S. 132 ff.; *Maatz* NStZ 2001, 1 ff.; vgl. auch *Fischer* § 20 Rn. 22.

244 BGH, Beschl. v. 11.11.2015 – 2 StR 226/15.

245 BGH, Urt. v. 22.04.1998 – 3 StR 15/98 = NStZ 1998, 457 f.

- Handeln entsprechend bisherigen Verhaltensmustern
- Sinnlosigkeit[246] und Persönlichkeitsfremdheit der Tat
- Erinnerungsvermögen (aber: Verdrängung)
- Situationserkennen
- Wahrnehmungsvermögen
- Rückzugsverhalten

Gegen eine alkoholbedingte erheblich verminderte Schuldfähigkeit könnte z.B. planmäßige Vorbereitung und Ausführung der Tat, umsichtiges Handeln bei und nach der Tat, sachgerechtes Einstellen auf eine veränderte Situation und umsichtige Reaktion auf unvorhergesehene Tatabläufe sprechen, während »motorisches, eingeschliffenes, unreflektiertes Verhalten eines alkoholisierten Täters kein Anzeichen für den Ausschluss einer alkoholbedingt erheblich verminderten Schuldfähigkeit ist«.[247] Zu beachtende psychodiagnostische Beurteilungskriterien sind in diesem Zusammenhang nur solche Umstände, die Hinweise darauf geben können, ob das Steuerungsvermögen des Täters trotz der erheblichen Alkoholisierung erhalten geblieben ist; fehlendes Erinnerungsvermögen ist dabei kein wesentliches Kriterium, da Erinnerungslosigkeit entweder auf einem Verdrängungseffekt oder auch auf der Verteidigungsstrategie des Angeklagten beruhen kann.[248] Umgekehrt kann aber eine vollständige Erinnerung an das Tatgeschehen gegen eine erhebliche Verminderung der Schuldfähigkeit sprechen. Das äußere Leistungsverhalten und innere Steuerungsfähigkeit können bei hoher Alkoholgewöhnung durchaus weit auseinanderfallen. Gerade bei Alkoholikern zeigt sich oft eine durch »Übung« erworbene erstaunliche Kompensationsfähigkeit im Bereich grobmotorischer Auffälligkeiten. Dem Verhalten nach der Tat kann in diesem Zusammenhang nur eine geringe Aussagekraft zukommen, wenn beim Angeklagten durch die Tat eine wesentliche Ernüchterung eingetreten sein kann.[249] Das Fehlen von Ausfallerscheinungen steht einer erheblichen Verminderung der Steuerungsfähigkeit nicht unbedingt entgegen; gerade bei alkoholgewohnten Tätern können äußeres Leistungsverhalten und innere Steuerungsfähigkeit durchaus weit auseinander fallen.[250] Als psychodiagnostische Kriterien bei der Bewertung der Alkoholisierung ist die Einschätzung der Trunkenheit des Angeklagten durch gleichfalls alkoholisierte Mittäter ohne wesentlichen Aussagegehalt. 60

Ergebnis: 61

Die Entscheidung über die Bejahung erheblich verminderter Schuldfähigkeit ist nach der jetzigen Rechtsprechung eine Einzelfallentscheidung, sichere allgemein als durchschlagskräftig anzusehende Kriterien für die Gewichtigkeit psychodiagnostischer Beweisanzeichen lassen sich kaum aufstellen.

3. Alkoholisierung ab 3 ‰

Zwar kann die Schuldfähigkeit auch bei Werten, die deutlich über 3 ‰ liegen, insbesondere bei Straftaten gegen das Leben und die körperliche Unversehrtheit noch (möglicherweise eingeschränkt) erhalten geblieben sein. In einem solchen Fall ist jedoch regelmäßig die Prüfung einer Aufhebung der Schuldfähigkeit gem. § 20 StGB veranlasst,[251] jedenfalls einer Einschränkung der Steuerungs- 62

246 BGH, Beschl. v. 22.04.1998 – 2 StR 113/98 = NStZ-RR 1998, 237.
247 BGH, Beschl. v. 06.02.1997 – 4 StR 510/96 = StV 1997, 348; *Maatz* StV 1998, 282 m.w.N.
248 BGH, Beschl. v. 23.01.2019 – 1 StR 448/18 = StV 2021, 87.
249 BGH, Beschl. v. 12.06.2007 – 4 StR 18/07 = StV 2008, 75 f.; Beschl. v. 28.02.2018 – 4 StR 530/17 = NStZ-RR 2018, 136; Beschl. v. 09.02.2022 - 1 StR 492/21 = NStZ 2022, 473 f.
250 BGH, Beschl. v. 21.04.2010 – 4 StR 64/10; Beschl. v. 12.06.2007 – 4 StR 18/07 = StV 2008, 75 f.; Beschl. v. 11.05.2021 – 2 StR 448/20 = NStZ-RR 2021, 241 (242).
251 BGH, Beschl. v. 13.02.2013 – 4 StR 557/12 = NStZ-RR 2013, 272 f.; *Makepeace* JURA 2021, 378 (379); siehe aber BGH, Beschl. v. 29.05.2012 - 1 StR 59/12 = NJW 2012, 2672 (2673 ff.) m. Anm. *Kudlich* JA 2012, 871 f.

fähigkeit gem. § 21 StGB.[252] Eine Alkoholisierung von 3,00 ‰ an aufwärts erfordert deshalb eine nähere Prüfung, ob die Verantwortlichkeit des Angeklagten zur Tatzeit aufgehoben war.[253] Bei einer Blutalkoholkonzentration von maximal 3,9 ‰ liegt die Annahme einer erheblichen Herabsetzung der Hemmungsfähigkeit sehr nahe.[254] Bei der Feststellung der Schuldunfähigkeit hat die Rechtsprechung schon bisher den psychodiagnostischen Beurteilungskriterien Vorrang eingeräumt. Die Anwendung des § 20 StGB ist hier rechtsfehlerhaft, wenn der Tatrichter sie ohne Berücksichtigung sonstiger Umstände allein auf die Höhe der Blutalkoholkonzentration stützt. Der Tatrichter muss bei der Prüfung, ob die Voraussetzungen des § 20 StGB vorliegen, neben der Blutalkoholkonzentration auch alle wesentlichen objektiven und subjektiven Umstände, die sich auf das Erscheinungsbild und das Verhalten des Täters vor, während und nach der Tat beziehen, beurteilen und gegeneinander abwägen. Auch bei Blutalkoholkonzentrationen, die grundsätzlich eine Schuldunfähigkeit nahelegen, ist eine individuelle Beurteilung nicht entbehrlich.[255] Deshalb kann auch bei einer BAK im Bereich von 4,0 Promille ein komplexer Geschehensablauf mit differenzierten Handlungsabläufen vor, während und nach der Tat, der mit der Notwendigkeit situativer Leistungen und reflektierenden Auseinandersetzungen mit dem aktuellen Geschehen einhergeht, in besonderem Maße darauf schließen lassen, dass dem Angeklagten eine Steuerungsfähigkeit erhalten geblieben ist.[256]

4. Grundsätze der Berechnung der Tatzeit-BAK

63 Zu unterscheiden sind weiter die Fälle der Rückrechnung[257] bei Vorliegen einer Blutprobe und die Fälle, in denen eine Berechnung aufgrund der vom Tatgericht festgestellten Trinkmenge erfolgt. Dabei ist wiederum zu unterscheiden, ob im Hinblick auf die Fahrtüchtigkeit (Grenzwerte von 1,1 ‰ und 0,8 ‰) zurückgerechnet werden soll oder im Hinblick auf eine alkoholbedingte Beeinträchtigung der Schuldfähigkeit.

64 a) Bei Ermittlung der Fahrtüchtigkeit als strafbegründende Tatsache z.B. im Rahmen von §§ 316, 315c Abs. 1 Nr. 1a StGB ist bei Vorliegen einer Blutprobe zugunsten des Angeklagten von dem niedrigst möglichen Abbauwert auszugehen, nach der Rechtsprechung also von 0,1 ‰ in der Stunde auszugehen, nicht von 0,15 ‰, wie die Sachverständigen oft vorschlagen. Einen »individuellen« Abbauwert gibt es nicht.[258] Voraussetzung einer strafbegründenden Rückrechnung ist zudem der Abschluss der Resorption, für die ersten zwei Stunden nach Trinkende ist eine Rückrechnung zur Ermittlung der absoluten Fahruntüchtigkeit daher nicht zulässig.

65 b) Bei der Beurteilung der Schuldfähigkeit (§§ 20, 21 StGB) ist für die Rückrechnung zugunsten des Täters die höchstmögliche Tatzeit-BAK von Bedeutung. Deshalb hat sich die Rückrechnung auf den gesamten Zeitraum zwischen Tat und Blutentnahme zu erstrecken, auch wenn weniger als zwei Stunden vergangen sind. Der (maximale) Abbauwert beträgt 0,2 ‰, dazu kommt ein einmaliger Sicherheitszuschlag von 0,2 ‰.[259]

66 c) Bei der Berechnung aufgrund der genossenen Alkoholmengen ist nach der so genannten *Widmark-Formel* vorzugehen. Danach errechnet sich die Gesamtmenge des zu einem bestimmten Zeitpunkt im

---

252 BGH, Beschl. v. 11.05.2021 – 2 StR 448/20 = NStZ-RR 2021, 241 (242): Bei einer derart starken Alkoholisierung lässt sich eine erheblich verminderte Schuldfähigkeit nur ausschließen, wenn »gewichtige Anzeichen« für den Erhalt des Hemmungsvermögens sprechen.

253 Bei einer BAK von 3,41 Promille ist regelmäßig die Prüfung einer Aufhebung der Schuldfähigkeit veranlasst: BGH, Beschl. v. 13.01.2010 – 2 StR 447/09; zu 2,97 Promille vgl. BGH, Urt. v. 24.02.2010 – 2 StR 552/09, vgl. auch OLG Sachsen-Anhalt, Beschl. v. 06.07.2010 – 2 Ss 85/10 = Blutalkohol 47, 432; BGH, Urt. v. 14.10.2015 – 2 StR 115/15 = NStZ-RR 2016, 103 f. (liegt bei 3,0 Promille nahe).

254 BGH, Beschl. v. 02.07.2015 = NJW 2015, 3525 f.

255 BGHR StGB § 20 Blutalkoholkonzentration 6; 9; 12; 16.

256 BGH, Beschl. v. 28.09.2010 – 5 StR 358/10 = StraFo 2011, 63.

257 Vgl. *Salger* DRiZ 1989, 174 ff.

258 BGHSt 25, 246 (250); BGH NStZ 1986, 114.

259 BGH, Beschl. v. 03.02.2021 – 4 StR 263/20 = StV 2022, 233 (234).

Körper befindlichen Alkohols aus dem Produkt von Blutalkoholkonzentration, Körpergewicht und Reduktionsfaktor. Für die Berechnung der Tatzeit-BAK ist dann neben dem individuellen Körpergewicht ein Resorptionsdefizit von 10 %, ein stündlicher Abbau von 0,1 ‰ bzw. bei der Beurteilung der Fahrtüchtigkeit auch 0,2 ‰, da das zugunsten des Angeklagten wäre, und im Regelfall ein Reduktionsfaktor von 0,7 ‰ in Ansatz zu bringen.[260] Um festzustellen, ob die vom Angeklagten behaupteten Trinkmengen zutreffen können, kann es erforderlich sein, eine Kontrollberechnung mit dem Mindestmaß des Blutalkohols vorzunehmen, und zwar mit 30 % Resorptionsdefizit, einem stündlichen Abbau von 0,2 ‰ zuzüglich 0,2 ‰ Sicherheitszuschlag.[261]

▶ Beachte

Einen gesicherten Erfahrungssatz, nach dem bei alkoholgewöhnten Trinkern ein Resorptions- 67
defizit von 30 % und ein stündlicher Alkoholabbauwert von 0,2 ‰ zugrunde zu legen sei, gibt es (noch) nicht. Auch bei diesen Personen ist zu ihren Gunsten von dem geringstmöglichen Alkoholabbauwert von 0,1 ‰ in der Stunde und dem geringstmöglichen Resorptionsdefizit von 10 % auszugehen. Die anderen Abbauwerte einschließlich eines Sicherheitszuschlages von 0,2 ‰ dienen lediglich der Kontrolle, ob die vom Angeklagten behaupteten Trinkmengen zutreffen können.[262]

d) Dem Tatrichter ist im Rahmen freier Beweiswürdigung (§ 261 StPO) unbenommen, wenn sich 68
rechnerisch infolge sehr hoher Trinkmengenangaben Werte ergeben, die den letalen Bereich tangieren, diese Angaben als unglaubhaft einzustufen. Hält der Tatrichter aber die Trinkmengenangaben eines Angeklagten für nicht zu widerlegen, so muss er aus der angegebenen Menge die Tatzeitblutalkoholkonzentration nach den von der Rechtsprechung anerkannten wissenschaftlichen Berechnungsmethoden bestimmen und seinem Urteil zugrunde legen, geboten sein kann auch eine Kontrollrechnung zur Ermittlung des Mindestwertes. Er ist in einem solchen Fall gehindert, zu Ungunsten des Angeklagten von einem niedrigeren Blutalkoholwert auszugehen oder sogar eine Alkoholisierung überhaupt infrage zu stellen. Insbesondere darf er nicht den Blutalkoholwert durch die Annahme relativieren, dass eine geringere Blutalkoholkonzentration dem Erscheinungsbild und Leistungsverhalten des Täters eher entspreche. Sieht der Tatrichter Trinkmengenangaben eines Angeklagten als nicht widerlegt an, vermag er sich aber nicht davon zu überzeugen, dass diese zu dem errechneten Maximalwert geführt haben, so gebietet es der Zweifelssatz, im Bereich zwischen dem theoretisch höchsten und dem niedrigsten Wert die höchstmögliche Tatzeitblutalkoholkonzentration zu bestimmen.[263] Von einer Berechnung der Tatzeit-BAK darf nur abgesehen werden, wenn sich die Angaben des Angeklagten zum Alkoholkonsum sowohl zeitlich als auch mengenmäßig jedem Versuch einer Eingrenzung der in Betracht kommenden Mindest-BAK entziehen.[264] Muss der Tatzeitblutalkoholwert anhand der Angaben des Angeklagten errechnet werden, sind entlastenden Angaben des Angeklagten, für deren Richtigkeit oder Unrichtigkeit es keine genügenden Beweise gibt, nicht ohne weiteres als unwiderlegt den Feststellungen zugrunde zu legen. Vielmehr ist auf der Grundlage des gesamten Beweisergebnisses zu entscheiden, ob diese Angaben geeignet sind, die Überzeugungsbildung zu beeinflussen.[265] Das Tatgericht sollte sich jedenfalls immer vor Augen halten, da die Blutprobe kaum bei der Tat selbst entnommen worden sein wird, dass es sich um einen errechneten, nicht aber um den tatsächlichen Wert der Alkoholisierung zur Tatzeit handelt.[266]

260 BGHSt 34, 29; 36, 286; 37, 231; BGHR StGB § 20 BAK 2, 4, 10; § 21 BAK 7, 8, 12, 15, 17.
261 BGHR StGB § 21 Blutalkoholkonzentration 7, 8.
262 BGHR StGB § 21 BAK 26; BGH NStZ 1997, 591 (592).
263 BGH StV 1998, 259 = BGHR StGB § 20 Blutalkoholkonzentration 18.
264 BGH NStZ-RR 1998, 107 (108).
265 BGH StV 1998, 539.
266 *Maatz* StV 1998, 282.

5. Rechtserheblichkeit des verminderten Hemmungsvermögens

69 Die rechtliche Erheblichkeit der Verminderung des Hemmungsvermögens bei Alkoholdelikten hat der Richter selbst zu beurteilen, wobei er allenfalls zur Beurteilung der Vorfrage nach den medizinisch-psychiatrischen Anknüpfungstatsachen sachverständiger Hilfe bedarf, sofern er die Frage nicht schon aufgrund seines medizinischen Allgemeinwissens beurteilen kann.[267] Maßgebend sollten dabei die Ansprüche sein, die die Rechtsordnung an das Verhalten des (auch) in diesem Grad Berauschten zu stellen hat.[268]

6. Actio libera in causa (alic)

70 Die Grundsätze[269] dieser »Rechtsfigur« sind jedenfalls auf die Vergehen der Straßenverkehrsgefährdung und Fahren ohne Fahrerlaubnis nicht mehr anwendbar.[270] Doch auch im Übrigen ist die Figur der actio libera in causa unvereinbar mit Art. 103 Abs. 2 GG und damit insgesamt abzulehnen.[271] Zum einen ist der Wortlaut des § 20 StGB insofern eindeutig: Die Schuldunfähigkeit muss »bei Begehung der Tat« vorliegen. Sowohl eine teleologische Reduktion des § 20 StGB als auch eine Ausdehnung des Begriffs der Tat auf das schuldhafte Vorverhalten – das Sichbetrinken – gingen zu Lasten des Täters. Zum anderen ist auch ein Anknüpfen der Haftung an das Vorverhalten nicht vereinbar mit der Gesetzessystematik, da die Herbeiführung des Defektzustands in aller Regel in der Phase grundsätzlich strafloser Vorbereitung stattfindet; die Grenze des § 22 StGB wird zum Zeitpunkt des Sichbetrinkens aber in aller Regel nicht überschritten sein. Entsprechendes gilt für eine »vergleichsweise« – und damit analoge – Anwendung der mittelbaren Täterschaft; § 25 Abs. 1 Alt. 2 StGB erfasst nach dem eindeutigen Wortlaut nicht den Fall, dass der Täter sich selbst als Werkzeug einsetzt.

7. Strafrahmenmilderung nach §§ 21, 49 StGB vor allem wegen Alkoholisierung

a) Allgemein

71 Ob eine fakultative Milderung des Strafrahmens nach den §§ 21, 49 Abs. 1 StGB vorzunehmen ist, hat das Tatgericht unter Berücksichtigung aller Umstände des Einzelfalls nach pflichtgemäßem Ermessen zu entscheiden. Bei verminderter Schuldfähigkeit ist grundsätzlich davon auszugehen, dass der Schuldgehalt und damit die Strafwürdigkeit der Tat verringert sind, so dass regelmäßig eine Strafrahmenmilderung nach § 49 Abs. 1 StGB vorzunehmen ist, wenn dem nicht andere schulderhöhende Umstände entgegenstehen, die diese Schuldminderung kompensieren. Nach diesen Maßstäben ist das Absehen von der Strafmilderung nicht allein deshalb rechtsfehlerhaft, weil das Tatgericht im Rahmen der vorzunehmenden Gesamtwürdigung aller schuldrelevanten Umstände maßgeblich darauf abstellt, dass der Angeklagte die Trunkenheit selbst verschuldete. Denn das selbst verschuldete – und deshalb dem Täter vorwerfbare – Sich-Betrinken stellt einen schulderhöhenden Umstand dar, der bereits für sich genommen die erhebliche Verminderung der Fähigkeit des Täters, das Unrecht der Tat einzusehen oder nach dieser Einsicht zu handeln, kompensieren kann. Seine Trunkenheit ist dem Täter aber dann nicht uneingeschränkt vorwerfbar, wenn er alkoholkrank oder alkoholüberempfindlich ist. Eine Alkoholerkrankung, bei der die Alkoholaufnahme nicht als

---

267 BGHSt 43, 66, 77; BGH, Urt. v. 17.03.2009 – 1 StR 627/09 = BGHSt 53, 221, 223 = StV 2009, 641 f.; BGH, Urt. v. 16.06.1998 – 1 StR 162/98 = StV 1999, 309 f.

268 Zuletzt BGH, Urt. v. 22.10.2004 – 1 StR 248/04; NStZ 2005, 329.

269 Vgl. u.a. *Rönnau* JuS 2010, 300 ff.; *Hirsch* JR 1997, 391 f.; *ders.* FS Geppert 2011 S. 233 f.; *Heinrich/Wissmann* AL 2016, 146 f.; kritisch *Makepeace* JURA 2021, 378 (382 ff.).

270 BGHSt 42, 235 ff. = NJW 1997, 138 ff. m. Anm. *Neumann* StV 1997, 23 ff.; *Horn* StV 1997, 264 ff.; *Fahnenschmidt/Klumpe* DRiZ 1997, 77 ff.; *Spendel* JR 1997, 133 ff.; *Hruschka* JZ 1977, 22 ff.; *Jerouschek* JuS 1997, 385 ff.; *Gottwald* DAR 1997, 302 f.; vgl. auch *Otto* in 50 Jahre BGH – FG der Wissenschaft, Bd. IV S. 110 ff., 119 ff.; *Streng* JuS 2001, 540 ff.; *ders.* in Alkohol, Strafrecht und Kriminalität (2000) S. 69 ff.; die anderen Senate des Bundesgerichtshofs sind aber bisher dieser Rechtsprechung nicht gefolgt *Fischer* § 20 Rn. 49 ff m.w.N.

271 Zum Ganzen *Makepeace* JURA 2021, 378 (382 ff.) m. w. N.

schulderhöhender Umstand zu werten ist, kann vorliegen, wenn der Täter den Alkohol auf Grund eines unwiderstehlichen oder ihn weitgehend beherrschenden Hanges trinkt, der seine Fähigkeit, der Versuchung zum übermäßigen Alkoholkonsum zu widerstehen, einschränkt.[272]

b) Einzelheiten

Das Verbot der Doppelverwertung gemäß § 50 StGB gilt nur für die Strafrahmenbestimmung. Für die konkrete Strafzumessung ist hingegen eine Gesamtbetrachtung aller Umstände geboten, darunter auch derjenigen, die eine Strafrahmenmilderung bewirkt haben; diese sind mit verringertem Gewicht in die Gesamtwürdigung einzustellen.[273] Ob bei Annahme des § 21 StGB eine Milderung vorzunehmen oder zu versagen ist, hat der Tatrichter nach pflichtgemäßem Ermessen aufgrund einer Gesamtwürdigung aller schuldrelevanten Umstände zu entscheiden. Dabei ist bei verminderter Schuldfähigkeit grundsätzlich davon auszugehen, dass der Schuldgehalt der Tat verringert ist, so dass eine Strafrahmenmilderung vorzunehmen ist, wenn dem nicht andere, schulderhöhende Gesichtspunkte entgegenstehen. Schulderhöhend sind besondere Umstände der Tatbegehung wie die näheren Umstände der Tatausführung – etwa eine besonders gefühlskalte, rücksichtslose oder brutale Tatbegehung, eine Mehrzahl von Geschädigten, mitverwirklichte Straftatbestände oder andere Tatmodalitäten. Auch der erheblich in seiner Steuerungsfähigkeit verminderte Täter ist für die von ihm begangene Tat in ihrer konkreten Ausgestaltung grundsätzlich verantwortlich. Sind Handlungsmodalitäten indes Ausdruck und Folge der Minderung der Hemmungsfähigkeit, dürfen sie dem Täter in dem Umfang, in dem die Steuerungsfähigkeit beeinträchtigt war, nicht zum Vorwurf gemacht und deshalb auch nicht straferschwerend angelastet werden.[274] 72

Auch Vorverschulden des Täters kann schulderhöhend berücksichtigt werden, so dass an ein konkret tatbezogenes Verschulden des Täters vor Tatbeginn angeknüpft und eine Strafmilderung trotz Tatbegehung im Zustand verminderter Schuldfähigkeit aufgrund vorhergehender schulderhöhender Momente versagt werden kann. Das gilt stets dann, wenn der Täter die Wirkung des auf einer psychischen Störung beruhenden, in der konkreten Tatsituation zur erheblichen Minderung der Einsichts- oder Steuerungsfähigkeit führenden Defekts vorwerfbar verursacht oder verstärkt hat oder damit hätte rechnen können, Straftaten solcher Art zu begehen. Das ist grundsätzlich bei allen Persönlichkeitsstörungen denkbar, deren tatfördernde Wirkung der Täter kennt. Die Zurechnung eines Vorverschuldens kommt aber nur in Betracht, wenn das betreffende Verhalten sich nicht seinerseits als Ausdruck der Störung darstellt.[275]

Welche Bedeutung einer **selbstverschuldeten alkoholbedingten verminderten Schuldfähigkeit** zukommt, war umstritten. Nach Ansicht des 3. Strafsenats[276] übt der Tatrichter sein Ermessen bei der Entscheidung über die Strafrahmenverschiebung nach §§ 21, 49 Abs. 1 StGB grundsätzlich nicht rechtsfehlerhaft aus, wenn er im Rahmen einer Gesamtwürdigung der schuldmindernden Umstände die Versagung der Strafmilderung allein auf den Umstand stützt, dass die erhebliche Verminderung der Schuldfähigkeit des Täters auf von diesem verschuldeter Trunkenheit beruht. Der 1., 2. und der 5. Strafsenat waren der Meinung,[277] der Umstand, dass die erhebliche Verminderung der Schuldfähigkeit des Täters auf von diesem zu verantwortender Trunkenheit beruht, rechtfertigt für sich allein nicht die Versagung einer Strafrahmenverschiebung gemäß §§ 21, 49 Abs. 1 StGB. 73

272 BGH, Beschl. v. 18.12.2019 – 3 StR 575/19.
273 BGH, Beschl. v. 23.10.2019 – 1 StR 355/19 = StraFo 2020, 78 f.
274 Vgl. BGH, Beschl. v. 27.06.2018 – 4 StR 103/18 = NStZ-RR 2018, 368; Beschl. v. 27.02.2019 – 4 StR 419/18 = StV 2019, 444; Beschl. v. 14.11.2022 – 6 StR 412/22; Beschl. v. 22.02.2023 – 6 StR 35/23 = NStZ 2023, 673 (674).
275 BGH, Beschl. v. 26.02.2019 – 1 StR 614/18 = NStZ-RR 2019, 302 f.; v. 07.09.2015 – 2 StR 350/15; Urt. v. 24.08.2016 – 2 StR 504/15 = NStZ-RR 2017, 40 f.
276 BGH, Beschl. v. 15.10.2015 – 3 StR 63/15 = NStZ 2016, 203 f.
277 Beschl. v. 10.05.2016 – 1 ARs 21/15; v. 07.11.2016 – 2 ARs 386/15 = NStZ-RR 2017, 70 und v. 01.03.2016 – 5 ARs 50/15.

Nach der Meinung des 5. Strafsenats ist es erforderlich, dass sich aufgrund der persönlichen oder situativen Verhältnisse des Einzelfalls das Risiko der Begehung von Straftaten vorhersehbar signifikant infolge der Alkoholisierung erhöht hat, dabei ist es regelmäßig auch ohne Belang, ob dieser schon früher unter Alkoholeinfluss vergleichbare Straftaten begangen hat. Der 3. Strafsenat hatte die Frage schließlich dem Großen Senat für Strafsachen vorgelegt.

Die zwischen den Senaten des Bundesgerichtshofs streitige Frage, welche Bedeutung einer selbstverschuldeten Trunkenheit zukommt,[278] hat der Große Senat für Strafsachen entschieden.[279] Der Große Senat geht davon aus, dass sich eine Strafrahmenmilderung bei alkoholbedingter erheblich verminderter Schuldfähigkeit nicht von selbst versteht. Bei der Entscheidung über die Strafrahmenverschiebung nach den §§ 21, 49 Abs. 1 StGB handele es sich um eine tatrichterliche Ermessensentscheidung, welche unter Berücksichtigung aller schuldrelevanten Umstände des Einzelfalls zu treffen sei. Unberücksichtigt bleiben müssen in diesem Rahmen schuldindifferente Faktoren, insbesondere Präventionserwägungen. Im Rahmen der Ermessensentscheidung muss der Tatrichter die wesentlichen ent- und belastenden Umstände feststellen, einer wertenden Betrachtung unterziehen und gegeneinander abwägen. Dabei ist es im Wesentlichen der Beurteilung des Tatrichters überlassen, welchen Umständen er ein bestimmtes Gewicht beimisst. Der Tatrichter hat zu bedenken, dass aufgrund der erheblichen Verminderung der Schuldfähigkeit der Schuldgehalt der Tat in aller Regel verringert ist. Daher muss bei Versagung einer Strafrahmenverschiebung nach den §§ 21, 49 Abs. 1 StGB diese Schuldminderung durch schulderhöhende Umstände kompensiert werden. Je gravierender sich die Beibehaltung des Regelstrafrahmens auswirkt, umso gewichtiger muss der Grund für die Versagung der Milderung sein. Unter Berücksichtigung der genannten Umstände ist es nicht als rechtsfehlerhaft zu bewerten, wenn der Tatrichter von der Strafmilderung maßgeblich deswegen absieht, weil der Täter die Trunkenheit selbst verschuldet hat – und zwar auch dann, wenn die in der früheren Rechtsprechung für erforderlich gehaltenen einzelfallbezogenen risikoerhöhenden Umstände nicht festgestellt sind. Der Sich-Betrinkende versetzt sich in einen Zustand der Enthemmung, der eine erhöhte Gefährlichkeit des Berauschten für seine Umwelt zur Folge habe. Dieses dem Alkoholkonsum innewohnende Risiko ist Allgemeinwissen und selbst Menschen von geringer Lebenserfahrung in aller Regel bekannt. Jeder weiß oder kann wissen, dass er mit seiner Trunkenheit das Risiko für die Begehung von Straftaten erhöht. Dementsprechend sind individuelle Umstände, wie persönliche Vorerfahrungen des Täters zu seinem kriminellen Verhalten unter Alkoholeinfluss nicht konstitutiv für die Begründung der Schuld, sondern sind nur geeignet das Maß der Schuld zu beeinflussen.

c) Ergebnis

74 Eine schematische Behandlung der Frage einer fakultativen Strafrahmenmilderung allein wegen Vorliegens eines selbst zu verantwortenden Alkoholrausches ist angesichts dieser Rechtsprechung nicht angebracht. Der Tatrichter hat über die vom Gesetz eingeräumte Möglichkeit einer Strafrahmenmilderung vielmehr aufgrund einer Gesamtabwägung der schuldrelevanten Gesichtspunkte zu entscheiden.[280] Für die Beurteilung des konkreten Schuldgehalts bei alkoholbedingt erheblicher Minderung der Schuldfähigkeit ist zunächst davon auszugehen, dass eine alkoholische Berauschung generell die Hemmschwelle gegenüber sozial auffälligem und aggressivem Verhalten zu senken pflegt. Bei selbst zu verantwortender Trunkenheit ist zwar in der Regel eine Strafrahmensenkung nicht geboten. Das setzt aber voraus, dass dem Täter die Intoxikation zum Vorwurf gemacht werden kann. Wenn der Täter über keine Vorerfahrungen der Art verfügt, dass er persönlich unter Alkoholeinfluss zu rechtsgutsverletzendem Verhalten neigt, oder wenn sich für ihn zum Zeitpunkt der Berauschung aus sonstigen Umständen kein Anhaltspunkt dafür ergibt, dass es unter der Wirkung der konkreten

278 Vgl. z.B. Beschl. v. 10.05.2016 – 1 ARs 21/15; v. 01.03.2016 – 5 ARs 50/15.
279 Beschl. v. 24.07.2017 – GSSt 3./17 = BGHSt 62, 247 ff. = NJW 2018, 1180 ff. m. Anm. Jahn, NJW 2018, 1184 f.; Folgeentscheidung: Beschl. v. 08.03.2018 – 3 StR 63/15.
280 Für früher: BGH, Urt. v. 23.02.2006 – 4 StR 444/05 = NStZ-RR 2006, 185 f.; BGH, Beschl. v. 13.01.2010 – 5 StR 510/09 = StV 2011, 155 f.

Alkoholisierung zu Straftaten kommen könnte, so stellt das einen Umstand dar, der eine Strafrahmenmilderung rechtfertigen kann.[281]

Beruht die erhebliche Verminderung der Schuldfähigkeit auf zu verantwortender Trunkenheit (Ähnliches gilt für Drogeneinfluss), so spricht das in der Regel gegen eine Strafrahmenverschiebung, wenn sich aufgrund der persönlichen oder situativen Verhältnisse des Einzelfalls das Risiko der Begehung von Straftaten infolge der Alkoholisierung vorhersehbar signifikant erhöht hat. Dabei ist als allgemeinkundig vorauszusetzen, dass eine alkoholische Berauschung generell die Hemmschwelle gegenüber sozial auffälligem und aggressivem Verhalten zu senken pflegt. Weiß der Täter oder muss er damit rechnen, dass er unter Alkoholeinfluss zu strafbaren Verhaltensweisen neigt und trinkt er trotzdem Alkohol, so spricht das in der Regel gegen die Annahme einer Strafrahmenverschiebung.[282] Eine Strafrahmenverschiebung wegen erheblich verminderter Schuldfähigkeit aufgrund überhöhten Alkoholgenusses kann vor allem dann abgelehnt werden, wenn der Täter schon früher unter Alkoholeinfluss straffällig geworden ist und deshalb wusste, dass er in einem solchen Zustand zu Straftaten neigt. Dabei sind an die Vergleichbarkeit der unter Alkoholeinfluss begangenen Straftaten keine allzu hohen Anforderungen zu stellen. Es ist nicht erforderlich, dass der Täter zuvor bereits eine gleiche oder ähnliche Tat begangen hat. Entscheidend ist regelmäßig nicht die äußerliche Vergleichbarkeit der einzelnen Taten, sondern die nämliche Wurzel des jeweiligen deliktischen Verhaltens. Indes kann die Versagung der Strafrahmenverschiebung nicht mit dem Hinweis auf frühere unter Alkoholeinfluss begangene Straftaten begründet werden, wenn die neue Tat im Hinblick auf ihre andersartige Anlage und Zielrichtung und den zugrunde liegenden strafrechtlich bedeutsamen Antrieb in gänzlich andere Richtung als die bisherigen Taten weist, sie also mit dem bisherigen Bild der Delinquenz nicht in Einklang zu bringen ist.[283] An das Absehen einer Strafrahmenverschiebung nach §§ 21, 49 Abs. 1 StGB wegen erheblicher Verminderung der Steuerungsfähigkeit aufgrund der Annahme der vom Angeklagten verschuldeten Trunkenheit sind besonders strenge Anforderungen zu stellen, wenn es um die Verhängung einer lebenslangen Freiheitsstrafe geht.[284]

Ein die Steuerungsfähigkeit erheblich beeinträchtigender Alkoholrausch ist auf jeden Fall dann nicht verschuldet, wenn der Täter alkoholkrank oder alkoholüberempfindlich ist.[285] Eine Alkoholerkrankung, bei der schon die Alkoholaufnahme nicht als ein die Schuld erhöhender Umstand zu werten ist, liegt regelmäßig vor, wenn der Täter den Alkohol aufgrund eines unwiderstehlichen oder ihn weitgehend beherrschenden Hanges trinkt, der seine Fähigkeit, der Versuchung zum übermäßigen Alkoholkonsum zu widerstehen, einschränkt.[286] 75

Hat der Täter vor der Tatbegehung Alkohol oder Betäubungsmittel konsumiert, um seine Angst zu verlieren, soll nach dem BGH eine Milderung nicht in Betracht kommen, da eine Einschränkung der Verantwortlichkeit zur Tatzeit nach den Grundsätzen der actio libera in causa ohne Bedeutung sei.[287] 76

d) Milderung wegen Versuch (§§ 22, 23 Abs. 2, 49 Abs. 1 StGB)

Eine rechtsfehlerfreie Anwendung der §§ 23 Abs. 2, 49 Abs. 1 StGB (Milderung wegen Versuchs) verlangt eine Gesamtschau der Tatumstände im weitesten Sinne sowie der Persönlichkeit des Täters. 77

---

281 BGH, Urt. v. 15.02.2006 – 2 StR 419/05 = StV 2006, 465 f.
282 BGH, Urt. v. 24.08.2016 – 2 StR 504/15 = NStZ-RR 2017, 40 f.
283 BGH, Beschl. v. 13.01.2010 – 5 StR 510/09 = StV 2011, 155 f.
284 BGHSt 49, 239, 247; BGH NStZ 2005, 384; *Fischer* § 21 Rn. 23.
285 BGH, Beschl. v. 25.01.2022 – 3 StR 487/21 = NStZ 2022, 349; Beschl. v. 18.12.2019 – 3 StR 575/19; Urt. v. 11.06.2008 – 5 StR 612/07 = NStZ 2008, 619 f.; Beschl. v. 16.01.2008 – 3 StR 479/07 = NStZ 2008, 330.
286 BGH, Urt. v. 12.06.2008 – 3 StR 84/08 = NStZ 2009, 258 ff.; Beschl. v. 16.01.2008 – 3 StR 479/07 = NStZ 2008, 330; Beschl. v. 02.08.2012 – 3 StR 216/12 = NStZ 2012, 687; Beschl. v. 23.04.2013 – 1 StR 105/13; Beschl. v. 15.09.2015 – 5 StR 341/15; Beschl. v. 21.06.2016 – 5 StR 194/16; Beschl. v. 10.11.2016 – 1 StR 501/16.
287 BGH, Beschl. v. 25.06.2008 – 2 StR 226/08; zur Kritik an der Rechtsfigur der »alic« oben.

Ein wesentliches Gewicht kommt dabei den versuchsbezogenen Gesichtspunkte zu, wie Nähe zur Tatvollendung, Gefährlichkeit des Versuchs und eingesetzte kriminelle Energie, da es sich um wichtige Kriterien für die Bewertung des Handlungs- und Erfolgsunrechts des versuchten Delikts handelt.[288] Der Frage, ob der Versuch beendet, unbeendet oder fehlgeschlagen ist, kommt für die Strafrahmenverschiebung keine entscheidende Bedeutung zu.

Bei der Strafzumessung im engeren Sinn muss die Tatsache der Nichtvollendung der Tat nicht ausdrücklich strafmildernd berücksichtigt werden. Diese Tatsache ist auch im Regelstrafrahmen nicht zwingend strafmildernd zu berücksichtigen. Maßgeblich für die Frage, ob ihr strafmilderndes Gewicht zukommt, sind auch bei Anwendung des Regelstrafrahmens das konkrete Tatbild und die weiteren Umstände des Einzelfalls. Wenn auf die Vollendungsnähe und Gefährlichkeit des Versuchs bereits zur Ablehnung einer Strafrahmenverschiebung nach § 23 Abs. 2, § 49 Abs. 1 StGB abgestellt wird, darf das bei der konkreten Strafzumessung aber nicht erneut zu Lasten des Angeklagten herangezogen werden.[289] Eine sorgfältige Abwägung dieser Umstände, auch soweit sie für den Täter sprechen, ist namentlich dann geboten, wenn von der Entschließung über die versuchsbedingte Milderung die Verhängung lebenslanger Freiheitsstrafe abhängt.[290]

III. Schuldfähigkeit und Drogen

78 Bei Drogenabhängigkeit[291] ist zwar in besonders gelagerten Fällen eine Verminderung[292] – oder gar ein Ausschluss – der Schuldfähigkeit auf Basis einer »schweren seelischen Abartigkeit« oder einer »krankhaften seelischen Störung« nicht von vornherein ausgeschlossen. Die Abhängigkeit von Betäubungsmitteln begründet jedoch nach ständiger Rechtsprechung des Bundesgerichtshofs für sich allein noch nicht die erhebliche Verminderung der Schuldfähigkeit. Derartige Folgen sind bei einem Rauschgiftsüchtigen nur ausnahmsweise gegeben, wenn langjähriger Betäubungsmittelgenuss zu schwersten Persönlichkeitsveränderungen geführt hat oder der Täter unter starken Entzugserscheinungen leidet und dadurch dazu getrieben wird, sich mittels einer Straftat Drogen zu verschaffen, ferner unter Umständen dann, wenn er das Delikt im Zustand eines akuten Rausches verübt.[293] Ob eine Schuldminderung bei Abhängigkeit von Cannabis etwa im Blick auf die in jüngerer Zeit beobachtete erhöhte Toxizität der im Handel befindlichen Cannabisprodukte und die denkbar dadurch bedingten Auswirkungen auf Art und Maß der Abhängigkeit in der Fallvariante der Furcht vor gravierenden Entzugserscheinungen grundsätzlich in Betracht kommt, hat der 5. Strafsenat offengelassen.[294] Die Anwendung des § 21 StGB wegen Drogenabhängigkeit bei Beschaffungsdelikten eines Rauschgiftabhängigen ist nicht in jedem Fall davon abhängig, dass er zur Tatzeit unter akuten körperlichen Entzugserscheinungen gelitten hat. Es ist vielmehr nicht ausgeschlossen, dass die Angst des Täters vor Entzugserscheinungen, die er schon als äußerst unangenehm (»grausamst«) erlebt hat und als nahe bevorstehend einschätzt, sein Hemmungsvermögen erheblich beeinträchtigen kann. Ausdrücklich ist das bisher für Fälle der Abhängigkeit von Heroin angenommen worden. Der Bundesgerichtshof hat jedoch die Anwendung dieses Grundsatzes auch auf Fälle der Abhängigkeit von Kokain und Amphetamin trotz der bei den verschiedenen Drogen unterschiedlichen Entzugsfolgen nicht von vornherein ausgeschlossen. Ob bei Betäubungsmittelabhängigkeit aufgetretene Entzugserscheinungen oder Angst vor Entzugserscheinungen zu einer erheblichen Verminderung der

288 BGH, Beschl. v. 28.9.2010 – 3 StR 261/10 = wistra 2011, 18 f.; Beschl. v. 10.9.2013 – 2 StR 353/13; Beschl. v. 17.2.2014 – 3 StR 7/14 = NStZ-RR 2014, 136 f.

289 BGH, Beschl. v. 12.5.2016 – 5 StR 102/16 = StraFo 2016, 422 f.

290 BGHSt 35, 347; Beschl. v. 07.03.2017 – 3 StR 517/16 = NStZ-RR 2017, 134 f.; Beschl. v. 22.10.2019 – 5 StR 449/19 = StV 2020, 75 f.; Urt. v. 25.01.2023 – 1 StR 284/22.

291 *Täschner* NJW 1984, 638 ff.; *Theune* NStZ 1997, 57 ff.; *Glatzel* Kriminalistik 1996, 799 ff.; vgl. auch *Mischkowitz/Möller/Hartung* Kriminalistik 1998, 628 f.; *Eisenberg* Rn. 1783 ff.

292 *Pfister* FPPK 2009, 253 ff. (Drogen und Strafrecht); *Wittke* Kriminalistik 2009, 451 ff.; zur Schuldminderung bei Cannabis vgl. BGH, Urt. v. 20.08.2013 – 5 StR 36/13 = NStZ-RR 2013, 346 f.

293 BGH NStZ-RR 2004, 39 f.; 2006, 88; BGH, Urt. v. 17.04.2012 – 1 StR 15/12.

294 Urt. v. 20.08.2013 – 5 StR 36/13 = NStZ-RR 2013, 346 f.

Steuerungsfähigkeit geführt haben, ist eine Frage, die der Tatrichter und nicht der Sachverständige zu entscheiden hat. Dabei ist insbesondere auf die konkrete Erscheinungsform der Sucht bei dem zu beurteilenden Täter abzustellen. Auch die Verlaufsform der Sucht und die suchtbedingte Einengung des Denk- und Vorstellungsvermögens sind in die notwendige Gesamtwürdigung des Zustands einzubeziehen.[295] Auch dann, wenn die Verminderung der Steuerungsfähigkeit nicht erheblich war, kann die Schuld des Angeklagten bei bestehender Drogenabhängigkeit gemindert gewesen sein.[296]

Was für Alkohol gilt, kann nicht ohne Weiteres auf andere Genuss- und Betäubungsmittel übertragen werden. Die Grundsätze über die Versagung einer Strafrahmenmilderung unter dem Blickwinkel der selbstverschuldeten Trunkenheit gelten folglich nicht für illegale Drogen und rauschmittelhaltige Medikamente.[297] Die enthemmende und teils aggressionsfördernde Wirkung des Alkohols ist allgemein bekannt. Bei Betäubungsmitteln sind die Wirkungsweisen dagegen differenzierter und unter Umständen weniger konkret vorhersehbar, zumal die Dosierung und die individuelle Verträglichkeit meist von Fall zu Fall erheblichen Schwankungen unterliegen. Das gilt auch für den Konsum von Kokain und einen möglichen Zusammenhang zwischen Kokainkonsum und Aggressionsbereitschaft. Der Nachweis kann durch eine Blutprobe, aber auch durch Haarproben oder Urinproben erfolgen.[298] Wie bei Alkohol gilt allerdings auch beim (vorwerfbaren) Konsum von Betäubungsmitteln, dass eine Strafmilderung regelmäßig dann ausscheidet, wenn der Täter bereits zuvor unter vergleichbarem Drogeneinfluss gewalttätig geworden ist.[299] 79

Auch eine mögliche Kombinationswirkung von Alkohol und Drogen (z.B. Kokain) ist in die Beurteilung einzubeziehen ist. Nach den bisherigen wissenschaftlichen Erkenntnissen können die Wechselwirkungen bei einer Mischintoxikation infolge Alkohol- und Kokaingenusses unterschiedlich ausfallen. Der kombinierte Genuss dieser berauschenden Mittel kann nämlich dazu führen, dass die alkoholbedingte Dämpfung des Antriebsniveaus vermindert wird, während zugleich eine alkoholbedingte Enthemmung verstärkt wird.[300] Es muss deshalb konkret festgestellt werden, in welchem Umfang der Kokaingenuss die Alkoholverträglichkeit des Angeklagten beeinflusst haben kann.

C. Das Strafensystem des StGB

Hauptstrafen sind die Freiheitsstrafe (§§ 38, 39 StGB) und die Geldstrafe (§§ 40–43 StGB). Modifizierungen finden sich in den Verurteilungen zu Freiheitsstrafen bei Strafaussetzung zur Bewährung (§§ 56–58 StGB) und der Verwarnung mit Strafvorbehalt (§ 59 StGB) bei Geldstrafen bis zu 180 Tagessätzen. Nebenstrafen sind solche Sanktionen, die nur gemeinsam mit einer Hauptstrafe verhängt werden können. Ausdrücklich genannt ist nur das Fahrverbot (§ 44 StGB[301]). Die Einziehung (§ 74 StGB) wird als Nebenstrafe angesehen, soweit sie Gegenstände erfasst, die dem Täter oder Teilnehmer gehören; eine Sicherungsmaßnahme ist sie hingegen, soweit sie wegen der Gefährlichkeit des Gegenstandes ohne Rücksicht auf die Eigentumsverhältnisse vorgenommen wird. Als Nebenstrafe dürfte auch der Verlust der Amtsfähigkeit, der Wählbarkeit und des Stimmrechts (§§ 45–45b StGB) anzusehen sein. Die Bekanntgabe der Verurteilung (§§ 165, 200 StGB), die 80

295 BGH, Urt. v. 02.11.2005 – 2 StR 389/05 = StV 2006, 185 f. = NStZ 2006, 151.
296 BGH, Beschl. v. 14.06.2005 – 5 StR 214/05.
297 BGH Urt. v. 23.10.2019 – 5 StR 677/18 = StV 2020, 83 f.
298 Vgl. dazu BVerfG NStZ 1993, 482.
299 BGH, Urt. v. 17.08.2004 – 5 StR 591/03 = StV 2005, 19 f.
300 BGH DAR 2000, 574 ff.; BGH NStZ 2001, 88 = StV 2001, 622.
301 Das Fahrverbot ist eine Nebenstrafe, die einen in Freiheit befindlichen Verurteilten treffen soll. Deshalb wird gemäß § 44 Abs. 3 S. 2 StGB die Zeit; in welcher der Täter auf behördliche Anordnung in einer Anstalt verwahrt worden ist, nicht in die Verbotsfrist eingerechnet. Damit ist zugleich ausgeschlossen, gemäß § 51 Abs. 5 StGB die Zeit der vorläufigen Entziehung der Fahrerlaubnis zu berücksichtigen, wenn und soweit sich der Verurteilte während dieser Zeit in Haft befunden hat: vgl. OLG Koblenz, Beschl. v. 10.01.2006 – 1 Ws 18./06 = NStZ 2007, 720; vgl. auch *Krumm* SVR 2009, 136 ff.; *ders.* ZfSch 2017, 4 f.; zur Neufassung auf Grund des Gesetzes vom 17.8.2017 BGBl. I S. 3202,3630 vgl. *Fromm*, NJ 2018, 140 ff.; *Schöch*, NStZ 2018, 15 ff.; *Rebler* SVR 2018, 446 ff.

gelegentlich auch als Nebenstrafe angesehen wird, dürfte indessen nur eine Art Wiedergutmachung ohne Strafcharakter sein.

Das JGG kennt als echte Kriminalstrafe nur die Jugendstrafe (§§ 17, 18 JGG), deren Verhängung Schwere der Schuld oder schädliche Neigungen voraussetzt. Das Mindestmaß der Jugendstrafe beträgt bei Jugendlichen sechs Monate, das Höchstmaß fünf Jahre, bei Taten, für die das allgemeine Strafrecht eine Höchststrafe von mehr als zehn Jahren vorsieht, zehn Jahre. Bei Heranwachsenden beträgt das Höchstmaß immer zehn Jahre (§ 105 Abs. 3 JGG). Daneben gibt es im JGG noch Erziehungsmaßregeln (§ 9–12 JGG) und Zuchtmittel (§ 13–16 JGG). Die Verhängung von Nebenfolgen (vgl. § 45–45b StGB) ist eingeschränkt (§ 6 JGG), ebenso die Anordnung von Maßregeln der Besserung und Sicherung (§ 7 JGG).

I. Einzelfreiheitsstrafe

81 Das Mindestmaß der Freiheitsstrafe beträgt einen Monat, das Höchstmaß der zeitigen Freiheitsstrafe 15 Jahre (vgl. § 38 Abs. 2 StGB). Dieses Höchstmaß gilt auch für die Gesamtstrafe.

▶ **Beachte**

Wird durch Anwendung eines vertypten Strafmilderungsgrundes die Untergrenze des Strafrahmens einer Strafnorm, die nur Freiheitsstrafe mit erhöhter Mindeststrafe androht, auf das gesetzliche Mindestmaß abgesenkt, ist wahlweise auch Geldstrafe bis zu 360 Tagessätzen möglich.[302]

Kurze Freiheitsstrafen gem. § 47 Abs. 1 StGB, d.h. solcher unter sechs Monaten sollen nach der gesetzgeberischen Grundentscheidung weitestgehend zurückgedrängt werden und nur noch ausnahmsweise in Betracht kommen.[303] § 47 Abs. 1 StGB schränkt das Ermessen des Tatrichters bei der Strafzumessung in den Fällen ein, in denen das Gesetz wahlweise beide Strafarten (zeitige Freiheitsstrafe und Geldstrafe) androht.[304] Liegen diese Kriterien vor, so darf auf eine kurze Freiheitsstrafe gleichwohl nur erkannt werden, wenn sie auch nach allgemeinen Strafzumessungsregeln in Betracht kommt, insbesondere dem Schuldgrundsatz entspricht. Freiheitsstrafen unter sechs Monaten dürfen nach § 47 Abs. 2 StGB nur verhängt werden, wenn besondere Umstände, die in der Tat oder Persönlichkeit des Täters liegen, die Verhängung einer Freiheitsstrafe zur Einwirkung auf den Täter oder zur Verteidigung der Rechtsordnung unerlässlich machen. Damit ist ein spezial- und ein generalpräventiver Aspekt angesprochen. Dass eine Freiheitsstrafe »geboten«, d.h. angebracht, sinnvoll, präventiv Erfolg versprechend ist, reicht nicht aus.[305] Die Verhängung einer kurzen Freiheitsstrafe erfordert eine Gesamtwürdigung aller die Tat und den Täter kennzeichnenden Umstände. Zur Einwirkung auf den Täter unerlässlich ist eine Freiheitsstrafe nur dann, wenn auch eine hohe Geldstrafe nicht ausreicht, den Täter so zu beeindrucken und ihm das Unrecht seiner Tat so vor Augen zu führen, dass er sich voraussichtlich nicht mehr strafbar macht.[306] Besondere Umstände sind solche, die die Tat prägen, so dass sie sich vom Durchschnittsfall abhebt. Sie könne sich aus der Art der Tatausführung und aus der Persönlichkeit des Täters ergeben.[307] Sie liegen vor, wenn entweder bestimmte Tatsachen die konkrete Tat in einer bestimmten Beziehung aus dem Durchschnitt der praktisch vorkommenden Taten dieser Art hervorheben oder wenn bestimmte Eigenschaften und Verhältnisse beim Täter diesen von durchschnittlichen Tätern solcher Taten unterscheiden.[308]

302 BGH, Urt. v. 17.03.2015 – 2 StR 379/14 = BGHSt 60, 215 f. = StV 2015, 561 f.
303 BGHSt 24, 40, 42 f.; BGH NStZ 1996, 429; StV 2003, 485; ausführlich OLG Brandenburg, Beschl. v. 19.01.2009 – 1 Ss 99/08.
304 Vgl. auch *Celik/Stief* StV 2010, 657 ff.; *Einecker* StV 2016, 595 f.
305 BGH, Beschl. v. 08.09.2010 – 2 StR 407/10 = StraFo 2010, 500.
306 BGH StV 2007, 129.
307 *Eschelbach* in Satzger/Schmitt/Widmaier StGB 4. Aufl. § 47 Rn. 13 ff.
308 Vgl. aber für Wiederholungstäter BGH, Beschl. v. 13.08.2008 – 1 StR 382/08 = GuT 2008, 392.

Begeht der Täter mehrere rechtlich selbstständige Straftaten (etwa eine Serie kleiner Betrügereien), so ist für jede, auch wenn eine Gesamtstrafe zu bilden ist, § 47 StGB gesondert zu prüfen. Insbesondere kommt es nicht darauf an, ob aus diesen Einzelfreiheitsstrafen eine Gesamtstrafe zu bilden ist und ob die Gesamtstrafe sechs Monate oder mehr betragen würde.[309] Bei der eng zusammenhängenden umfangreichen Serie von Vermögensdelikten, die ein Bedürfnis nach Einwirkung auf den Täter deutlich zutage treten lässt, kann sich aber die Verhängung kurzfristiger Freiheitsstrafen nach § 47 StGB aufdrängen.[310]

II. Lebenslange Freiheitsstrafe

Lebenslange Freiheitsstrafe droht das Gesetz nur in wenigen Fällen an, so bei Mord, Völkermord, 82
Hochverrat gegen den Bund, Landesverrat in besonders schweren Fällen, Völkermord, Raub mit Todesfolge. Die lebenslange Freiheitsstrafe verstößt als eine notwendige und angemessene Sanktion für schwerste Tötungsdelikte nicht gegen das verfassungsrechtliche Gebot des sinn- und maßvollen Strafens.[311] Diese absolute Strafe kann aber unter Umständen gegen das Prinzip gerechten Strafens (vor allem bei Unverhältnismäßigkeit) verstoßen. Mit der sog. Rechtsfolgenlösung[312] (= Strafrahmenverschiebung nach § 49 Abs. 1 StGB) trägt die Rechtsprechung dem Umstand Rechnung, dass das Mordmerkmal der Heimtücke auch in Fällen erfüllt sein kann, bei denen die Verhängung der lebenslangen Freiheitsstrafe wegen des sonstigen Gepräges der Tat das aus dem Grundgesetz abzuleitende Verbot unverhältnismäßigen staatlichen Strafens verletzen würde. Eine abschließende Definition oder eine Aufzählung der außergewöhnlichen Umstände, die in Fällen heimtückischer Tötung zur Verdrängung der lebenslangen Freiheitsstrafe führen können, hat der Große Senat für Strafsachen für unmöglich gehalten, jedoch auf beispielhaft in Betracht kommende Fallkonstellationen hingewiesen, u.a. auf in großer Verzweiflung begangene oder aus gerechtem Zorn aufgrund einer schweren Provokation verübte Taten, ebenso auf Taten, die in einem vom Opfer verursachten und ständig neu angefachten, zermürbenden Konflikt oder in schweren Kränkungen des Täters durch das Opfer, die das Gemüt immer wieder heftig bewegen, ihren Grund haben. Allerdings reicht nicht jeder Entlastungsfaktor, der nach § 213 StGB Berücksichtigung finden würde, zur Annahme der Unverhältnismäßigkeit der lebenslangen Freiheitsstrafe aus. Vielmehr kann das Gewicht des Mordmerkmals der Heimtücke nur durch Entlastungsfaktoren, die den Charakter außergewöhnlicher Umstände haben, so verringert werden, dass jener Grenzfall eintritt, in welchem die Verhängung lebenslanger Freiheitsstrafe trotz der Schwere des tatbestandsmäßigen Unrechts wegen erheblich gemilderter Schuld unverhältnismäßig wäre Ob diese Voraussetzungen vorliegen, hat der Tatrichter aufgrund einer umfassenden Würdigung der Tat sowie der zu ihr hinführenden Umstände zu prüfen. Auf die im Wege verfassungskonformer Rechtsanwendung eröffnete Möglichkeit, anstatt der an sich verwirkten lebenslangen Freiheitsstrafe eine Strafe aus dem in analoger Anwendung des § 49 Abs. 1 Nr. 1 StGB bestimmten Strafrahmen zuzumessen, darf nicht voreilig ausgewichen werden.

▶ Beachte

Die sogenannte Rechtsfolgenlösung eröffnet nicht allgemein einen Sonderstrafrahmen für »minder schwere« Fälle des Mordes. Vielmehr müssen Entlastungsfaktoren, die den Charakter außergewöhnlicher Umstände haben, vorliegen, so dass jener Grenzfall eintritt, in welchem die Verhängung lebenslanger Freiheitsstrafe trotz der Schwere des tatbestandsmäßigen Unrechts wegen erheblich geminderter Schuld unverhältnismäßig wäre. Das soll etwa bei Taten in Betracht gezogen werden können, die durch eine notstandsnahe, ausweglos erscheinende Situation motiviert, in großer Verzweiflung begangen, aus tiefem Mitleid oder aus »gerechtem Zorn« aufgrund einer schweren Provokation verübt worden sind. Erfasst werden auch Fälle, die in einem vom Opfer verursachten und ständig neu angefachten, zermürbenden Konflikt

309 BGHR § 47 Abs. 1 Umstände 2.
310 BGH NStZ 2004, 554.
311 BVerfGE 45, 187 (253 ff.); vgl. ausführlich *Kett-Straub* Die lebenslange Freiheitsstrafe 2011.
312 BGHSt 30, 105.

oder in schweren Kränkungen des Täters durch das Opfer, die das Gemüt immer wieder heftig bewegen, ihren Grund haben. Es müssen schuldmindernde Umstände besonderer Art vorliegen, die in ihrer Gewichtung gesetzlichen Milderungsgründen vergleichbar sind und im Hinblick auf die überragende Bedeutung des geschützten Rechtsguts nicht voreilig bejaht werden dürfen. Der Wunsch eines Tatopfers, getötet zu werden, genügt für die Anwendung der Rechtsfolgenlösung nicht. Das menschliche Leben steht in der Werteordnung des Grundgesetzes – ohne zulässige Relativierung – an oberster Stelle der zu schützenden Rechtsgüter. Hierdurch wird auch die sich aus § 216 StGB ergebende Einwilligungssperre legitimiert. Nur unter den Voraussetzungen dieser Vorschrift kann eine Einwilligung bei einer vorsätzlichen Tötung eines Menschen Bedeutung erlangen und die Tat in einem milderen Licht erscheinen lassen.[313]

▶ **Beachte also**

Unter Heranziehung der sogenannten Rechtsfolgenlösung kann von der Verhängung der nach § 211 Abs. 1 StGB bei einer Verurteilung wegen Mordes vorgeschriebenen lebenslangen Freiheitsstrafe abgesehen werden. Die ihr zugrundeliegende Entscheidung des Großen Senats für Strafsachen[314] bezieht sich ausschließlich auf das Mordmerkmal der Heimtücke. Eine Anwendung der insofern aufgestellten Grundsätze auch auf die Mordmerkmale der Befriedigung des Geschlechtstriebes sowie der Ermöglichungsabsicht ist weder von Verfassungs wegen noch einfachgesetzlich geboten. Das käme allenfalls in Betracht, wenn Entlastungsfaktoren, die den Charakter außergewöhnlicher Umstände haben, vorlägen, so dass jener »Grenzfall« eintritt, in welchem die Verhängung lebenslanger Freiheitsstrafe trotz der Schwere des tatbestandsmäßigen Unrechts wegen erheblich geminderter Schuld unverhältnismäßig wäre. In Betracht kommen Taten, die durch eine notstandsnahe, ausweglos erscheinende Situation motiviert, in großer Verzweiflung begangen, aus tiefem Mitleid oder aus »gerechtem Zorn« auf Grund einer schweren Provokation verübt worden sind oder in einem vom Opfer verursachten und ständig neu angefachten, zermürbenden Konflikt oder in schweren Kränkungen des Täters durch das Opfer ihren Grund haben. Es müssten schuldmindernde Umstände besonderer Art vorliegen, die in ihrer Gewichtung gesetzlichen Milderungsgründen vergleichbar sind und im Hinblick auf die überragende Bedeutung des geschützten Rechtsguts nicht voreilig bejaht werden dürfen.[315]

Zwar sieht § 21 StGB auch bei der absolut bestimmten Strafandrohung des § 211 StGB nur eine fakultative Strafmilderung vor. Bei verminderter Schuldfähigkeit ist grundsätzlich davon auszugehen, dass der Schuldgehalt und damit die Strafwürdigkeit der Tat verringert sind, so dass regelmäßig eine Strafrahmenmilderung nach § 49 Abs. 1 StGB vorzunehmen ist, wenn nicht andere schulderhöhende Umstände, die diese Schuldminderung kompensieren, dem entgegenstehen. Das Ausmaß der fakultativen Strafrahmenverschiebung nach § 49 Abs. 1 StGB lässt dabei erkennen, dass der Gesetzgeber die Tatschuld als typischerweise beträchtlich verringert ansieht, wenn der Täter vermindert schuldfähig war. Hieraus folgt, dass es für die Verweigerung der Milderung eines besonderen Grundes bedarf, der umso gewichtiger sein muss, je gravierender sich die Beibehaltung des Regelstrafrahmens auswirkt. Hat das Tatgericht die Wahl zwischen lebenslanger und zeitiger Freiheitsstrafe, müssen besondere erschwerende Gründe vorliegen, um die mit der verminderten Schuldfähigkeit verbundene Schuldminderung so auszugleichen, dass von einer Milderung des Strafrahmens abgesehen werden darf.[316]

313 BGH, Urt. v. 06.04.2016 – 5 StR 504/15 = NStZ 2016, 469 f.
314 BGH, Beschl. v. 19.05.1981 – GSSt 1/81= BGHSt 33, 356 ff.
315 BGH, Urt. v. 21.02.2018 – 5 StR 267/17 = NStZ-RR 2018, 172 f. m. Anm. *Hinz* JR 2018, 585 f.; *Stam* JZ 2018, 1055 ff.
316 BGH Beschl. v. v. 22.05.2019 – 1 StR 651/18 StV 2020, 1 f.

Bei Verhängung einer lebenslangen Freiheitsstrafe ist § 57a StGB von Bedeutung. Diese Vorschrift regelt die Aussetzung des Strafrestes bei lebenslanger Freiheitsstrafe. Sie hat durch eine Entscheidung des Bundesverfassungsgerichts[317] für den Tatrichter und das Revisionsverfahren große Bedeutung erlangt. 83

Will die Schwurgerichtskammer die besondere Schwere der Schuld des Angeklagten im Sinne der § 57a Abs. 1 Satz 1 Nr. 2, § 57b StGB bejahen, so muss diese Feststellung im Urteilsspruch getroffen werden; die Feststellung in den Urteilsgründen genügt nicht. In die Urteilsformel ist die Feststellung, die Schuld wiege besonders schwer, aufzunehmen. Der Tatrichter hat nicht zu entscheiden, wie viele Jahre zusätzlicher Vollstreckung (über 15 Jahre hinaus) gerechtfertigt sind, er hat sich jeglicher Feststellungen zur Verbüßungsdauer zu enthalten, weil für die nach §§ 57a, 57b StGB zu treffenden Entscheidungen ausschließlich die Strafvollstreckungskammer zuständig ist (§§ 462a, 454 StPO). Die unzulässige Angabe einer Mindestverbüßungsdauer in den Urteilsgründen entfaltet keine rechtliche Bindungswirkung.[318] Das Tatgericht hat auch in Fällen, in denen die lebenslange Freiheitsstrafe nicht die einzige in Betracht kommende Rechtsfolge ist (z.B. bei Versuchstaten), zu entscheiden, ob die Schuld des Angeklagten besonders schwer wiegt. 84

Bei der Feststellung der besonderen Schwere der Schuld nach § 57a Abs. 1 S. 1 Nr. 2 StGB hat der Tatrichter seine Entscheidung aufgrund einer Gesamtwürdigung von Tat und Täterpersönlichkeit zu treffen.[319] Er hat ohne Bindung an begriffliche Vorgaben die schuldrelevanten Umstände zu ermitteln und zu gewichten. Im Wege einer zusammenfassenden Würdigung von Tat und Täterpersönlichkeit hat er die Schuld daraufhin zu bewerten, ob sie nach seiner Auffassung besonders schwer ist. Die Feststellung der besonderen Schwere der Schuld kann dabei nur dann in Betracht kommen, wenn Umstände vorliegen, die Gewicht haben. Das gesamte Tatbild einschließlich der Täterpersönlichkeit muss von den erfahrungsgemäß gewöhnlich vorkommenden Mordfällen so sehr abweicht, dass eine Strafaussetzung der lebenslangen Freiheitsstrafe nach 15 Jahren auch bei dann günstiger Täterprognose unangemessen wäre.[320] Solche Umstände können beispielsweise eine besondere Verwerflichkeit der Tatausführung oder der Motive, mehrere Opfer bei einer Tat, die Begehung mehrerer Mordtaten oder – im oder ohne Zusammenhang mit dem Mord begangene – weitere schwere Straftaten sein.[321] Hierbei ist jedoch stets zu bedenken, dass solche Umstände nicht ohne Weiteres, sondern nur im Rahmen der erforderlichen Gesamtwürdigung zur Bejahung der besonderen Schwere der Schuld führen können. Das Zusammentreffen zweier Mordmerkmale führt nicht schematisch zur Bejahung der besonderen Schuldschwere, sondern nur dann, wenn das weitere Mordmerkmal im konkreten Fall schulderhöhende Umstände aufzeigt.[322] Kein wesentliches Gewicht wird deshalb dem weiteren Mordmerkmal zukommen, wenn es den Unrechts- und Schuldgehalt nicht erweitert. § 46 Abs. 3 StGB findet Anwendung. Für die Gewichtung der Schuldschwere gelten die gleichen Regeln wie für die Bemessung der Strafzumessungsschuld. Daher darf dem Angeklagten fehlende Reue oder dass er versucht, seine Tat in einem wesentlich milderen Licht erscheinen zu lassen, nicht nachteilig angelastet werden. Das Vorliegen einer erheblich verminderten Schuldfähigkeit schließt die Annahme besonders schwerer Schuld, insbesondere in Fällen selbstverschuldeter Trunkenheit, nicht von vorneherein aus.[323]

▶ Beachte

Im Rahmen einer Entscheidung nach § 57a StGB obliegt es dem Tatrichter, unter Würdigung aller hierfür erheblichen Umstände, die Schuld des Angeklagten im Sinne der §§ 46, 57a StGB zu gewichten; die Entscheidung hat der Tatrichter ohne Bindung an begriffliche Vorgaben im

317 BVerfGE 86, 288.
318 BGH StraFo 2003, 208.
319 BGH Beschl. v. 18.10.2018 – 3 StR 408/18 = NStZ 2019, 202 f.
320 BGH, Urt. v. 03.12.2008 – 2 StR 435/08 = NStZ 2009, 260.
321 BGH, Urt. v. 27.06.2012 – 2 StR 103/12 = NStZ-RR 2012, 339 f.
322 BGH, Urt. v. 09.10.2008 – 4 StR 354/08 = NStZ 2009, 203.
323 BGH, Urt. v. 01.07.2004 – 3 StR 494/03 = NStZ 2005, 88.

Wege einer zusammenfassenden Würdigung von Tat und Täterpersönlichkeit zu treffen.[324] Dabei ist bei der Bewertung sonstiger strafrechtlich relevanter Verhaltensweisen ohne gesonderte Anklage – bei Berücksichtigung der Unschuldsvermutung und der Vermeidung einer Doppelbestrafung – zu beachten, dass es in aller Regel nur darum gehen kann, Umstände festzustellen, die wegen ihrer engen Beziehung zur Tat als Anzeichen für Schuld oder Gefährlichkeit des Täters verwertbar sind. Diese durch Sinn und Zweck von § 46 Abs. 2 StGB gezogene Grenze ist jedenfalls dann überschritten, wenn es an dem notwendigen inneren Zusammenhang mit dem angeklagten Tatvorwurf fehlt.[325]

§ 46 Abs. 3 StGB schließt es nicht aus, auch die Mordmerkmale selbst der Bewertung daraufhin zu unterziehen, ob sich aus den sie begründenden Tatsachen eine besondere Schuldschwere ergibt. Doch muss es sich jeweils um Umstände handeln, die die Grenze zu den Merkmalen überschreiten; denn nur dann sind sie Umstände von Gewicht, welche den Vollzug eines fünfzehn Jahre überschreitenden Freiheitsentzug.[326]

▶ Hinweis

Die von der Rechtsprechung zu § 57a Abs. 1 S. 1 Nr. 2 StGB entwickelten Maßstäbe sind auf das Merkmal der besonderen Schwere der Schuld in § 105 Abs. 3 S. 2 JGG anzuwenden.[327]

85 Bei Verhängung einer lebenslangen Freiheitsstrafe als Gesamtstrafe ist nach § 57b StGB Anknüpfungspunkt für die Prüfung der besonderen Schuldschwere regelmäßig die Gesamtstrafe, also sämtliche der Gesamtstrafe zu Grunde liegenden Taten.[328] Mit weiteren Straftaten ist aber nicht stets eine ins Gewicht fallende Schuldsteigerung verbunden. Kommt die Annahme einer besonders schweren Schuld nur durch eine nach § 57b StGB anzustellende Gesamtwürdigung mehrerer tatmehrheitlich verwirklichter Straftatbestände in Betracht, so spricht ein enger zeitlicher, örtlicher und situativer Zusammenhang in der Regel gegen die Annahme besonders schwerer Schuld. Auf die Zahl der verwirklichten Mordmerkmale allein kommt es dabei nicht an. Offengelassen hat der BGH,[329] ob in Fällen, wo durch die Zäsurwirkung einer noch nicht verbüßten Freiheitsstrafe die Bildung einer lebenslangen Freiheitsstrafe als Gesamtstrafe und einer weiteren zeitigen Freiheitsstrafe erfolgen muss, bei der Würdigung nach § 57b StGB nur die Straftaten zu berücksichtigen sind, die den in der lebenslangen Freiheitsstrafe als Gesamtstrafe aufgegangenen Strafen zugrunde liegen.

III. Geldstrafe (§§ 40 ff. StGB)

86 Der Geldstrafe kommt in der überwiegenden Zahl der strafrechtlichen Ahndungen erhebliche Bedeutung zu, da damit die Fälle der Kleinkriminalität erfasst werden. Etwa 80 % aller Strafen sind Geldstrafen. Die Verhängung kurzfristiger Freiheitsstrafen soll weitestgehend durch die Verhängung von Geldstrafen zurückgedrängt werden und kommt nur noch ausnahmsweise unter ganz besonderen Umständen in Betracht (§ 47 StGB), und zwar wenn sich kurzfristige Freiheitsstrafen aufgrund einer Gesamtwürdigung aller die Tat und den Täter kennzeichnenden Umstände als unverzichtbar erweisen. Dass eine Freiheitsstrafe »geboten«, d.h. angebracht, sinnvoll, präventiv Erfolg versprechend ist, reicht nicht aus.[330]

---

324 BGH, Urt. v. 03.06.2015 – 2 StR 422/14 = NStZ 2015, 693 f.; Urt. v. 30.09.2021 – 4 StR 170/21; vgl. auch *Maier/Gaiser* NStZ-RR 2020, 297 ff. und NStZ-RR 2020, 361 ff.
325 BGH, Beschl. v. 19.05.2015 – 1 StR 152/15 = NStZ 2015, 635 f.
326 BGH, Beschl. v. 28.03.2019 – 4 StR 483/18 = StV 2019, 455.
327 BGH, Urt. v. 22.06.2016 – 5 StR 524/15 = NStZ 2016, 685 f. m. Anm. *Laue* NStZ 2016, 687 f.
328 BGH, Urt. v. 09.10.2008 – 4 StR 354/08 = NStZ 2009, 203.
329 BGH StV 1999, 373 (374).
330 BGH, Beschl. v. 08.09.2010 – 2 StR 407/10 = StraFo 2010, 500.

▶ Die Bemessung der Geldstrafe

Bei der Verhängung einer Geldstrafe ist zunächst anhand der allgemeinen Strafzumessungsregeln die Tagessatzanzahl zu bestimmen. Dieser erste Schritt, bei dem es sich um die Strafzumessung im engeren Sinn handelt, zielt auf den gerechten Schuldausgleich. Folglich gewinnt hier die Tatschuld Bedeutung. Die sich daran anschließende Bemessung der Höhe des einzelnen Tagessatzes ist von der Bestimmung der Tagessatzanzahl zu trennen und richtet sich gemäß § 40 Abs. 2 S. 1 StGB nach den persönlichen und wirtschaftlichen Verhältnissen des Täters. Damit soll eine Opfergleichheit bei denjenigen hergestellt werden, deren Taten im Unrechts- und Schuldgehalt vergleichbar sind. Die Bemessung der Tagessatzhöhe rechnet damit nur in einem weiteren Sinn zur Strafzumessung.[331]

▶ 1. Schritt

Gemäß § 40 StGB wird zunächst die *Zahl* der Tagessätze bestimmt. Sie beträgt mindestens 5 und höchstens 360 Tagessätze. Bei Gesamtstrafen dürfen bis zu 720 Tagessätze verhängt werden (§ 54 Abs. 2 StGB). In Vorschriften des besonderen Teils des Strafgesetzbuches sind auch andere Tagessatzrahmen vorgesehen, so z.B. in § 284a StGB: höchstens 180 Tagessätze. Für die Bemessung der Zahl der Tagessätze gelten die Strafzumessungsgesichtspunkte des § 46 StGB. 87

▶ 2. Schritt

Die Höhe des Tagessatzes muss festgelegt werden, und zwar nunmehr mindestens auf 1 € und höchstens auf 30.000 € (§ 40 Abs. 2 Satz 4 StGB). Für die Berechnung der Tagessatzhöhe gilt das Nettoeinkommensprinzip, das heißt, dass das gesamte tatsächliche erzielte oder erzielbare Nettoeinkommen (§ 40 Abs. 2 StGB) Ausgangspunkt der Bewertung ist.[332] Ein Tagessatz entspricht grundsätzlich einem Dreißigstel des monatlichen Nettoeinkommens (Tagessatz = Nettoeinkommen ÷ 30). Der Begriff Nettoeinkommen ist im Gesetz nicht ausdrücklich definiert und nicht im steuerrechtlichen Sinn zu verstehen; er umfasst Einkünfte aller Art[333] und ist der dem Täter nach Abzug der gesetzlich vorgeschriebenen Leistungen (Steuern, Sozialversicherungs-, Lebens- und Krankenversicherungsbeiträge bei nicht sozialversicherungspflichtigen Angeklagten) und der außergewöhnlichen Belastungen[334] verbleibende Betrag. Weitere Abzüge sind grundsätzlich nicht berücksichtigungsfähig, also auch nicht sonstige steuermindernde Aufwendungen. Unterhaltsverpflichtungen des Täters sind nur in angemessenem Umfang berücksichtigungsfähig.[335] Dem Gericht ist bei der Bemessung der Höhe des Tagessatzes ein gewisser Spielraum eingeräumt, es soll keine reine Rechenarbeit verrichten. Aus mehreren Geldstrafen muss eine Gesamtgeldstrafe gebildet werden.[336] Bei der Bestimmung der persönlichen und wirtschaftlichen Verhältnisse des Täters sind Unterhaltsverpflichtungen angemessen, gegebenenfalls unter Ansatz eines pauschalen prozentualen Abschlags, zu berücksichtigen. Der Mietwert einer dem Täter gehörenden eigengenutzten Immobilie ist in die Berechnung als Einkommen einzustellen; Aufwendungen für die Finanzierung sowie angemessene Vor- 88

331 BVerfG, Beschl. v. 01.06.2015 = StV 2016, 554 f.

332 Zu Tagessätzen bei einkommensschwachen Personen: OLG Stuttgart, Beschl. v. 21.07.2008 – 2 Ss 346/08 = StRR 2009, 113 f.; OLG Köln, Beschl. v. 24.03.2009 – 83 Ss 13/09; zur »Willkür« bei der Schätzung der Tagessatzhöhe BVerfG, Beschl. v. 01.06.2015 – 2 BvR 67/15 = StV 2016, 554 f. m. Anm. *Burhoff* StRR 2016, 12 f.

333 Näheres *Fischer* § 40 Rn. 6 ff.

334 Vgl. dazu *Fischer* § 40 Rn. 13 ff.; z.B. auch die zusätzlichen Aufwendungen eines Behinderten vgl. *Fischer* § 40 Rn. 17.

335 BGH, Beschl. v. 14.01.2021 – 1 StR 242/20.

336 Zur Gesamtstrafenbildung bei Einzelgeldstrafen unterschiedlicher Tagessatzhöhe vgl. *Metz* StraFo 2010, 403 ff.

sorgeaufwendungen sind abzuziehen.[337] Zu entscheiden ist auch, inwieweit dem Angeklagten eine Zahlungsfrist oder Ratenzahlung auf die Geldstrafe zu bewilligen ist (§ 42 StGB).[338]

89 Bei besonders einkommensschwachen Personen, die am Rande des Existenzminimums leben, kann das Gericht von dem obigen Schema abweichen. So kann es in der Regel geboten sein, unter Berücksichtigung der nach § 42 StGB möglichen Zahlungserleichterungen und unter Beachtung der Notwendigkeit der Wahrung der Strafe als ernsthaft fühlbares Übel die Tagessatzhöhe unterhalb eines Dreißigstel des monatlichen Nettoeinkommens festzusetzen.

Bei Beziehern von Arbeitslosengeld II ist anerkannt, den Tagessatz bis auf 5 EUR zu reduzieren; bei Beziehern von Bürgergeld hat sich ein Tagessatz von 15 EUR durchgesetzt. Bei Personen ohne jegliches Einkommen (z. B. Obdachlose, Strafgefangene ohne Verdienst) kann der Tagessatz auf einen Euro festgesetzt werden.

Seit 01.10.2023 legt § 40 Abs. 2 Satz 3 StGB ausdrücklich fest, dass das Gericht darauf achten muss, dass das zum Leben unerlässliche Minimum des Einkommens verbleibt. Das Grundgesetz garantiert mit Art. 1 Abs. 1 i.V.m. Art. 20 Abs. 1 GG ein Grundrecht auf Gewährleistung eines menschenwürdigen Existenzminimums. Der Gesetzgeber hat nicht bestimmt, was unter dem zum Leben unerlässlichen Minimum des Einkommens nach § 40 Abs. 2 Satz 3 StGB zu verstehen ist, verweist aber auf die Rechtsprechung. Das BVerfG hat im Urteil zu den Sanktionen im SGB II festgestellt, dass vom Existenzminimum mindestens 70 Prozent »unerlässliches Existenzminimum« sind.[339] Nach dem BayObLG muss dem Angeklagten der zur Sicherung seines Lebensbedarfs unerlässliche Betrag in Höhe von 75 Prozent des Regelsatzes der Sozialhilfe (heute Bürgergeld) verbleiben.[340] Vor diesem Hintergrund erscheint der in der Praxis vorzufindende Regeltagessatz von 15 EUR bei Beziehern von Bürgergeld deutlich zu hoch bemessen.

▶ **Beachte**

Die Vermögensverhältnisse des Angeklagten können von großer Bedeutung sein. Sie müssen unbedingt aufgeklärt und in der Hauptverhandlung erörtert werden, ansonsten droht eine – oft nachteilige – Schätzung.

IV. Gesamtstrafe (§§ 53, 54 StGB)

90 Bei der Gesamtstrafenbildung gilt das Asperationsprinzip, das heißt, die sogenannte Einsatzstrafe muss erhöht werden (§ 54 StGB), die Summe der Einzelstrafen darf aber nicht erreicht sein. Nach § 39 StGB werden Freiheitsstrafen von längerer Dauer als einem Jahr grundsätzlich nach vollen Monaten und Jahren bemessen. Davon kann abgewichen werden, wenn wegen § 54 Abs. 2 S. 1 StGB einerseits und § 54 Abs. 1 S. 2 StGB andererseits den Grundsätzen der Gesamtstrafenbildung nur entsprochen werden kann, wenn die zu bildende Gesamtfreiheitsstrafe nicht nur nach Jahren und Monaten, sondern auch nach Wochen bemessen wird.[341]

Die Gesamtstrafenbildung verlangt eine zusammenfassende Würdigung der Person des Täters und der einzelnen Straftaten. Von Bedeutung ist dabei das Verhältnis der Straftaten zueinander, insbesondere ihr Zusammenhang, ihre größere oder geringere Selbstständigkeit, die Häufigkeit der Begehung, die Gleichheit oder Verschiedenheit der verletzten Rechtsgüter und der Begehungsweise sowie das Gesamtgewicht des abzuurteilenden Sachverhalts, die Strafempfindlichkeit des Täters, seine größere oder geringere Schuld im Hinblick auf das Gesamtgeschehen und seine innere Ein-

337 BGH, Beschl. v. 26.09.2007 – 2 StR 290/07 = wistra 2008, 19.
338 BGH Beschl. v. 19.12.2018 – 4 StR 198/18.
339 BVerfG, Urt. vom 05.11.2019 – 1 BvL 7/16 = NJW 2019, 3703 (3709).
340 BayObLG, Beschl. v. 06.11.2023 – 204 StRR 470/23 = StraFo 2024, 66 (67).
341 BGH, Beschl. v. 12.06.2019 – 3 StR 71/19.

stellung zur Tat.[342] Dabei kann die Erhöhung der Einsatzstrafe geringer ausfallen, wenn zwischen den einzelnen Taten ein enger zeitlicher, sachlicher und situativer Zusammenhang besteht, da die wiederholte Begehung gleichartiger Taten der Ausdruck einer niedriger werdenden Hemmschwelle sein kann.[343] Andererseits kann hierin aber je nach den Umständen des Einzelfalles auch ein Indiz für eine besondere kriminelle Energie gesehen werden.[344] Bei der Bildung einer Gesamtfreiheitsstrafe sind in einem besonderen Strafzumessungsakt die Person des Täters und die einzelnen Straftaten zusammenfassend zu würdigen. Im Vordergrund hat bei der Findung der Gesamtstrafe nicht so sehr die Summe der Einzelstrafen, sondern die angemessene Erhöhung der Einsatzstrafe unter Berücksichtigung und Gesamtwürdigung der Person des Täters und seiner Taten zu stehen[345]. Entfernt sich die Gesamtstrafe auffallend von der Einsatzstrafe, bedarf das eingehender Begründung.[346] Eine ungewöhnliche Divergenz von Einsatzstrafe und Gesamtstrafe (z.B. drei Jahre zu neun Jahren sechs Monaten; zehn Monaten auf die Gesamtstrafenhöhe von fünf Jahren[347]) kann darauf hindeuten, dass die strafschärfenden Gesichtspunkte im Rahmen der Gesamtstrafenbildung überbewertet worden sind.[348]

▶ Beachte also

Die Gesamtstrafenbildung nach § 54 Abs. 1 StGB ist ein eigenständiger Zumessungsakt, bei dem vor allem das Verhältnis der einzelnen Taten zueinander, ihre größere oder geringere Selbstständigkeit, die Häufigkeit der Begehung, die Gleichheit oder Verschiedenheit der verletzten Rechtsgüter und der Begehungsweisen sowie das Gesamtgewicht des abzuurteilenden Sachverhalts zu berücksichtigen. Dabei muss der Tatrichter nach § 267 Abs. 3 Satz 1 StPO zwar nur die bestimmenden Zumessungsgründe im Urteil darlegen und kann insbesondere in einfach gelagerten Fällen auf bei der Bildung der Einzelstrafen abgehandelte Gesichtspunkte Bezug nehmen. Eine nähere Begründung der Zumessung ist jedoch insbesondere dann erforderlich, wenn sich die verhängte Gesamtstrafe der durch § 54 Abs. 2 Satz 1 StGB bestimmten Obergrenze des Strafrahmens annähert und sich die Gründe hierfür nicht von selbst aus den Feststellungen ergeben oder sich die Gesamtstrafe auffallend von der Einsatzstrafe entfernt.[349]

Bei der Bemessung der Gesamtstrafe sind also nach § 54 Abs. 1 Satz 3 StGB durch einen gesamtstrafenspezifischen Zumessungsakt die Person des Täters und die einzelnen – verfahrensgegenständlichen – Straftaten zusammenfassend zu würdigen.[350] Es müssen die hierfür maßgebenden Gesichtspunkte in einer Gesamtschau erneut berücksichtigt werden; jedoch ist nicht in jedem Fall eine ausdrückliche Wiederholung in den Urteilsgründen erforderlich.[351]

---

342 BGH St 24, 268; BGHR StGB § 54 Serienstraftaten 1; BGH Beschl. v. 08.02.2018 – 1 StR 228/17 = NStZ-RR 2018, 203 f.; v. 12.11.2019 – 1 StR 415/19; *Fischer* § 54 Rn. 6.

343 BGH, Beschl. v. 13.04.2010 – 3 StR 71/10 = wistra 2010, 264; Urt. v. 20.07.2016 – 2 StR 18/16 = NStZ-RR 2016, 368.

344 BGH, Beschl. v. 23.02.2011 – 1 StR 427/10; v. 17.03.2009 – 1 StR 627/08 Rn. 48 = BGHSt 53, 221, 232 ff. = StV 2009, 641 ff.

345 BGH, Urt. v. 12.01.2016 – 1 StR 414/15 = NStZ-RR 2016, 107.

346 BGH, Beschl. v. 05.08.2010 – 2 StR 340/10; v. 25.08.2010 – 1 StR 410/10 = NStZ 2011, 32; Beschl. v. 12.05.2009 – 4 StR 130/09 = NStZ-RR 2009, 277.

347 BGH, Beschl. v. 05.08.2009 – 5 StR 294/09 = StraFo 2010, 163.

348 BGH, Beschl. v. 15.06.2009 – 3 StR 77/09 = wistra 2009, 390 f.; vgl. aber auch BGH, Beschl. v. 25.08.2010 – 1 StR 410/10 = NStZ 2011, 32 »Eine starke Erhöhung der Einsatzstrafe legt aber nach Ansicht des 1. Strafsenats einen Rechtsfehler bei der Gesamtstrafenbildung nicht ohne Weiteres nahe«.

349 BGH, Beschl. v. 04.06.2019 – 3 StR 199/19; Beschl. v. 16.06.2021 – 1 StR 158/21.

350 BGH, Beschl. v. 01.09.2015 – 1 StR 382/15 = StV 2016, 563.

351 BGH, Urt. v. 17.06.2015 – 5 StR 140/15 = StraFo 2015, 324 f.; v. 12.01.2016 – 1 StR 414/15 = NStZ-RR 2016, 107.

Bei der erforderlichen Gesamtschau der Taten ist namentlich das Verhältnis der einzelnen Straftaten zueinander, insbesondere ihr Zusammenhang, ihre größere oder geringere Selbständigkeit, ferner die Häufigkeit der Begehung, die Gleichheit oder Verschiedenheit der verletzten Rechtsgüter und der Begehungsweise sowie das Gesamtgewicht des abzuurteilenden Sachverhalts zu berücksichtigen. Ferner ist in einer Würdigung der Person des Täters seine Strafempfindlichkeit, seine größere oder geringere Schuld im Hinblick auf das Gesamtgeschehen und seine innere Einstellung zu den Taten zu erörtern[352].

Nur wenn anderenfalls den Regeln über die Bildung der Gesamtstrafe oder den Härteausgleich nicht vollständig Rechnung getragen werden kann, ist eine Freiheitsstrafe von über einem Jahr nach vollen Wochen zu bemessen.[353]

91 Zu beachten ist in Fällen des Nebeneinanders von Geld- und Freiheitsstrafe auch § 53 Abs. 2 S. 2 StGB.

Nach § 53 Abs. 2 S. 1 StGB wird in Fällen, in denen Freiheitsstrafe mit Geldstrafe zusammentrifft, regelmäßig auf eine Gesamtfreiheitsstrafe erkannt, weil die Bildung einer Gesamtfreiheitsstrafe in aller Regel günstiger für den Angeklagten ist. Anderes kann in besonderen Fallkonstellationen gelten, in denen die Bildung der Gesamtfreiheitsstrafe als das schwerere Übel erscheint, etwa weil sie eine Strafaussetzung zur Bewährung erschwert oder verhindert oder sonstige nachteilige Folgen für den Angeklagten nach sich zieht.[354] Eine Gesamtstrafenbildung hat also zu unterbleiben, wenn nach den besonderen Umständen eine Gesamtstrafe aus verwirkten Freiheits- und Geldstrafen als das schwerere Übel erscheint, etwa wenn die Grenze aussetzbarer Freiheitsstrafe überschritten würde.

V. Nachträgliche Gesamtstrafe (§ 55 StGB)

92 Nach dem Grundgedanken des § 55 StGB sollen Taten, die bei gemeinsamer Verhandlung nach §§ 53, 54 StGB behandelt worden wären, bei getrennter Aburteilung dieselbe Behandlung erfahren, so dass Täter im Endergebnis weder besser noch schlechter gestellt sind.[355] Bei einer nachträglichen Gesamtstrafenbildung sind die Einzelstrafen aus einbeziehungsfähigen früheren, aber noch nicht erledigten Entscheidungen einzubeziehen, frühere Gesamtstrafen sind ggf. aufzulösen. Hierdurch soll gewährleistet werden, dass der Täter auch bei getrennter Aburteilung nicht besser oder schlechter gestellt wird als bei einer gemeinsamen Aburteilung. Für die Gesamtstrafenbildung ist nicht die (zufällige) äußere Verfahrensgestaltung ausschlaggebend, sondern die materielle Rechtslage. Der Tatrichter, dem sich die Frage nachträglicher Gesamtstrafenbildung stellt, muss sich in die Lage des Richters versetzen, dessen Entscheidung für eine nachträgliche Einbeziehung infrage kommt. Für ihn ist deshalb maßgeblich, wie der frühere Richter bei richtiger Rechtsanwendung weitere Vorentscheidungen hätte berücksichtigen müssen.[356]

Bei Vorliegen der Voraussetzungen des § 55 StGB kann eine Gesamtstrafe auch dann gebildet werden, wenn der Angeklagte durch eine frühere Verurteilung eines Jugendgerichts rechtskräftig für eine Tat, zu deren Tatzeit er Heranwachsender war, nach allgemeinem Strafrecht verurteilt worden ist.[357] Die Bildung einer Gesamtfreiheitsstrafe aus einer Jugend- und einer Freiheitsstrafe bei getrennter Aburteilung ist hingegen nicht zulässig,[358] auch wenn die zeitlichen Voraussetzungen des § 55 StGB vorliegen. Eine einheitliche nachträgliche Sanktionierung nach Jugendgerichtsgesetz scheidet von

352 Beschl. v. 10.10.2018 – 1 StR 140/18 = wistra 2019, 143.
353 BGH, Beschl. v. 09.06.2016 – 2 StR 572/15 = NStZ-RR 2016, 240.
354 BGH, Beschl. v. 19.11.2015 – 2 StR 462/15.
355 BGH, Beschl. v. 03.06.2015 – 4 StR 176/15; v. 03.02.2016 – 1 StR 646/15 = StraFo 2016, 165 f.; vgl. dazu *Nestler* JA 2011, 248 f.; *Arnoldi/Rutkowski* NStZ 2011, 493 f.
356 BGH, Beschl. v. 17.06.2009 – 2 StR 180/09 = NStZ-RR 2009, 382.
357 BGH, Urt. v. 20.01.2016 – 2 StR 378/15 = StraFo 2016, 163 f.
358 BGH NStZ-RR 2007, 168.

vornherein aus, wenn der Angeklagte zunächst rechtskräftig nach Jugendstrafrecht verurteilt wurde und später nach Erwachsenenstrafrecht bestraft wird. Nach § 105 Abs. 2 i.V.m. § 31 Abs. 2 S. 1 JGG kann zwar dann einheitlich nach Jugendstrafrecht verfahren werden, wenn ein Heranwachsender zuerst nach Erwachsenenstrafrecht rechtskräftig verurteilt worden ist und anschließend auf eine Tat, die er wiederum als Heranwachsender begangen hat, Jugendstrafrecht angewendet wird. Ist aber im anhängigen Verfahren eine Erwachsenenstraftat abzuurteilen, scheidet die nachträgliche Bildung einer Gesamtstrafe nach § 55 StGB ebenso aus wie eine einheitliche Strafe nach Jugendstrafrecht. Auch in analoger Anwendung des § 32 JGG kann eine solche »Gesamtstrafenbildung« nicht erfolgen.[359] Die Verhängung einer Einheitsjugendstrafe unter Einbeziehung eines auf Freiheitsstrafe lautenden Urteils ist aber dann zulässig, wenn das einzubeziehende Urteil nur wegen einer Straftat ergangen ist, die der Angeklagte als Erwachsener begangen hat, und eine Gesamtbetrachtung dieser Tat mit den abzuurteilenden Taten, die der Angeklagte teils als Heranwachsender, teils als Erwachsener begangen hat, nach den Grundsätzen des § 32 JGG die Anwendung von Jugendstrafrecht gebietet.[360] Die aus der fehlenden Einbeziehungsmöglichkeit folgende Härte ist bei der nach Erwachsenenstrafrecht zu verhängenden Strafe auszugleichen. Das kann im Rahmen der Gesamtstrafenfestsetzung erfolgen, es sei denn, die nach § 54 Abs. 1 S. 2 StGB zu bestimmende Gesamtstrafe könnte die Härte nicht ausgleichen, so dass der Härteausgleich schon bei der Festsetzung der Einzelstrafen vorzunehmen ist.[361]

Nach § 55 Abs. 1 StGB ist eine nachträgliche Gesamtstrafe zu bilden, wenn ein *rechtskräftig* Ver- 93
urteilter, bevor die gegen ihn erkannte Strafe erledigt ist, wegen einer anderen Straftat verurteilt wird, die er vor der früheren Verurteilung begangen hat. Dabei kommt es auf das letzte Urteil des früheren Verfahrens an, in dem noch eine tatrichterliche Entscheidung zur Schuld- und Straffrage getroffen worden ist. Das kann auch ein Berufungsurteil sein, sofern wenigstens noch über einen Teil der Strafe – zu der auch die Entscheidung über eine Strafaussetzung gehört – zu befinden war.[362]

▶ Beachte

Der Beschluss, mit dem nach § 411 Abs. 1 Satz 3 StPO über den auf die Höhe der Tagessätze einer festgesetzten Geldstrafe beschränkten Einspruch des Angeklagten gegen einen Strafbefehl entschieden wird, ist die für die mögliche Bildung einer nachträglichen Gesamtstrafe maßgebliche letzte tatgerichtliche Entscheidung im Sinne des § 55 Abs. 1 StGB.[363]

Jede rechtskräftige Vorverurteilung entfaltet grundsätzlich eine »Zäsurwirkung« dahin, dass nach der Vorverurteilung begangene Taten nicht in eine Gesamtstrafe mit den von der Vorverurteilung erfassbaren Taten einfließen können. Diese bewirkt, dass die Einbeziehung rechtskräftig verhängter Strafen ausgeschlossen ist und deshalb mehrere Gesamtfreiheitsstrafen zu bilden sind. Das darf aber nicht dazu führen, dass das »Gesamtstrafübel«[364] dem Unrechts- und Schuldgehalt der Taten nicht mehr gerecht wird. Maßgebend ist das Gesamtgewicht des abzuurteilenden Sachverhalts, nicht so sehr die Summe der Einzelstrafen. Der Tatrichter hat die Schuldangemessenheit des Gesamtstrafmaßes zu prüfen und erforderlichenfalls die Gesamtstrafen in einem solchen Maß herabzusetzen, dass insgesamt eine gerechte Bestrafung des Angeklagten erreicht wird.[365] Die Zäsurwirkung geht dabei von der ersten der Vorverurteilungen aus. Sie entfällt nicht deshalb, weil der Tatrichter gemäß § 53 Abs. 2 S. 2 StGB davon abgesehen hat, die Geldstrafe aus dem Strafbefehl in eine Gesamtfrei-

359 BGH, Urt. v. 20.01.2016 – 2 StR 378/15 = StraFo 2016, 163 f.
360 BGHSt 37, 34; 40, 1.
361 BGH NStZ-RR 1998, 151 f.
362 BGH, Beschl. v. 03.11.2015 – 4 StR 407/15; v. 19.11.2019 – 2 StR 455/19.
363 BGH Beschl. v. 07.01.2020 – 3 StR 561/19, NJW 2020, 1380 f.
364 = die Summe der Sanktionen; BGHSt 41, 310 ff.
365 BGHSt 41, 310 (311 ff.); BGH, Urt. v. 20.07.2016 – 2 StR 18/16 = NStZ-RR 2016, 368 (369); Urt. v. 17.08.2023 – 4 StR 29/23.

heitsstrafe einzubeziehen.[366] Die Möglichkeit, auf Geldstrafe gesondert zu erkennen, ist kein Grund, die Zäsurwirkung einer auf Geldstrafe lautenden Verurteilung zu verneinen. Bei Dauerstraftaten, die erst mit der Beendigung des rechtswidrigen Zustandes enden, ist eine solche Tat nur dann vor einer anderweitigen, früheren Verurteilung im Sinne des § 55 Abs. 1 StGB begangen, wenn sie zuvor beendet war.

Die nachträgliche Gesamtstrafenbildung ist grundsätzlich Sache des Tatgerichts, die es regelmäßig nicht dem Beschlussverfahren nach §§ 460, 462 StPO überlassen darf. Lediglich ausnahmsweise kann von der Entscheidung in der Hauptverhandlung abgesehen werden, wenn aufgrund der zur Verfügung stehenden Unterlagen trotz sorgfältiger Vorbereitung darüber keine Entscheidung getroffen werden kann.[367]

94 Es hängt oft von Zufälligkeiten ab, ob Straftaten, deren Tatzeiten, wie häufig bei Serienstraftaten, sich über einen längeren Zeitraum verteilen, gleichzeitig mit der Folge einer Gesamtstrafenbildung abgeurteilt werden können oder ob wegen der Zäsurwirkung früherer Urteile mehrere Strafen zu bilden sind. Diese Zäsurwirkung kann zu Härten führen, weil dadurch nicht eine Gesamtfreiheitsstrafe durch Erhöhung der höchsten Einzelstrafe, sondern mehrere Einzel- oder Gesamtstrafen zu bilden sind, deren Summe häufig höher liegt als eine einzige Gesamtfreiheitsstrafe und sogar die absolut zulässige Höhe einer Gesamtstrafe (15 Jahre; vgl. § 38 StGB) übersteigen könnte. Unter dem Gesichtspunkt der Verhältnismäßigkeit staatlichen Strafens ist in diesen Fällen ausdrücklich zu prüfen, ob die Strafen in ihrer Gesamtheit in einem schuldangemessenen Verhältnis zu den Straftaten stehen und kein übermäßiges Gesamtübel darstellen[368]. Die Anwendung von § 55 StGB darf nicht dazu führen, dass die Strafen in ihrer Gesamtheit nicht mehr in einem schuldangemessenen Verhältnis zu den Straftaten stehen. Gegebenenfalls sind niedrigere Gesamtstrafen zu bilden.[369]

95 Kann eine frühere Strafe nicht mehr zur Gesamtstrafenbildung nach § 55 StGB herangezogen werden, weil sie bereits vollstreckt, verjährt oder erlassen ist, so ist die darin liegende Härte bei der Bemessung der nunmehr zu verhängenden Strafe dennoch auszugleichen. Das folgt aus dem Grundgedanken des § 55 StGB, wonach Taten, die bei gemeinsamer Aburteilung nach §§ 53, 54 StGB behandelt worden wären, bei getrennter Aburteilung dieselbe Behandlung erfahren sollen. Ziel des Härteausgleichs ist, den Angeklagten so zu stellen, wie er bei einer Gesamtstrafenbildung gestanden hätte.[370] Die Tatsache, dass § 55 Abs. 1 S. 1 StGB in diesen Fällen eine Gesamtstrafenbildung ausschließt, ändert nichts an der dem Prinzip der nachträglichen Gesamtstrafenbildung zugrunde liegenden Forderung nach einem Ausgleich der sich durch getrennte Aburteilung ergebenden Nachteile. Dieser Grundsatz gilt auch, wenn die Zäsurwirkung einer früheren Strafe die Bildung einer Gesamtstrafe verhindert. Wie der Tatrichter diesen Härteausgleich im Einzelfall vornimmt, bleibt zwar ihm überlassen, jedoch darf ein Angeklagter, wenn durch die getrennte Aburteilung eine gesetzliche Höchstgrenze für die Bestrafung gegenstandslos geworden ist, im Ergebnis nicht schlechter stehen.[371] Der Tatrichter kann von einer unter Heranziehung der bereits vollstreckten Strafe gebildeten »fiktiven Gesamtstrafe« ausgehen und diese um die vollstreckte Strafe mindern oder den Umstand, dass eine Gesamtstrafenbildung mit der früheren Strafe ausscheidet, unmittelbar bei der Festsetzung der neuen Strafe berücksichtigen. Erforderlich ist nur, dass er einen angemessenen Härteausgleich vornimmt und das den Urteilsgründen zu entnehmen ist. Kann der Ausgleich ausnahmsweise nicht bei der Gesamtstrafenbildung erfolgen, ist der Nachteil bei der Bemessung der Einzelstrafe zu kompensieren.

366 BGH, Beschl. v. 22.07.2015 – 2 StR 105/15 = StV 2016, 562.
367 BGH, Beschl. v. 10.11.2010 – 5 StR 456/10 = StV 2011, 225.
368 BGHSt 41, 310 ff.; BGH, Beschl. v. 09.08.2011 – 4 StR 367/11 = StV 2012, 15 f.
369 BGHSt 41, 310 ff.; 44, 179, 185.
370 BGH, Beschl. v. 17.08.2011 – 5 StR 301/11 = StV 2012, 596 f.; Beschl. v. 18.08.2010 – 2 StR 231/10; v. 10.11.2010 – 5 StR 456/10 = StV 2011, 225; v. 09.11.2010 – 4 StR 441/10 = StV 2011, 158 f.
371 BGH, Beschl. v. 18.08.2010 – 2 StR 231/10; v. 10.11.2010 – 5 StR 456/10; v. 09.11.2010 – 4 StR 441/10 = StV 2011, 158 f.

Fehlt es dagegen an einem ausgleichsbedürftigen Nachteil, etwa wenn die Vollstreckung der früheren Strafe zur Bewährung ausgesetzt war und nach Ablauf der Bewährungszeit erlassen wurde, kommt ein Härteausgleich nicht in Betracht. Durch den Erlass einer an sich gesamtstrafenfähigen Bewährungsstrafe konnte für den Angeklagten keine ausgleichspflichtige Härte entstehen, er hatte hierdurch sogar einen Vorteil, ein Härteausgleich scheidet deshalb aus.[372]

▶ **Hinweis**

Der Ausgleich für eine in dem Ausschluss einer nachträglichen Gesamtstrafenbildung liegende Härte ist bei der Verhängung zeitiger Freiheitsstrafen nach Meinung des 4. Strafsenats anders als der des 5. Strafsenats[373] nicht in Anwendung des Vollstreckungsmodells, sondern bei der Bemessung der Strafe für die nunmehr abzuurteilende Tat vorzunehmen.[374]

Eine erledigte Verurteilung hat keine Zäsurwirkung.[375] Scheitert eine nach § 55 Abs. 1 StGB an sich mögliche nachträgliche Gesamtstrafenbildung daran, dass die zunächst erkannte Strafe bereits vollstreckt, verjährt oder erlassen ist, so fordert eine darin liegende Härte einen angemessenen Ausgleich bei der Bemessung der neuen Strafe. Bezugspunkt für den zu gewährenden Härteausgleich ist die Gesamtstrafenbildung, wie sie ohne die eingetretene Erledigung der früheren Verurteilung vorzunehmen gewesen wäre.[376] Eine Unterschreitung der Mindeststrafe des § 54 Abs. 1 Satz 2 StGB ist zulässig und sogar geboten, wenn nur auf diese Weise ein angemessener Härteausgleich erreicht werden kann.[377]

Eine nachträgliche Gesamtstrafenbildung mit im Ausland verhängten Strafen ist nicht zulässig, da sie einem Eingriff in die Vollstreckungshoheit des ausländischen Staates gleichkäme. Das gilt vor allem wegen der Unterschiede in den Rechtssystemen hinsichtlich Art und Höhe der Strafe sowie der Andersartigkeit der Vollstreckungssysteme. 96

Nach der Rechtsprechung ist aber insoweit der Aspekt des Gesamtstrafübels in Betracht zu ziehen und ein (unbezifferter) Härteausgleich vorzunehmen, wenn die im Ausland und die im Inland begangene Straftat jedenfalls vom zeitlichen Ablauf her miteinander hätten abgeurteilt werden können.[378] Bei früheren Verurteilungen eines anderen EU-Mitgliedsstaats soll darüberhinausgehend dieser Ausgleich konkret beziffert werden.[379]

Nach Auffassung des 2. Strafsenats kommt ein Härteausgleich hingegen nicht in Betracht, wenn wegen der im Ausland abgeurteilten Taten in Deutschland ein Strafverfahren nicht hätte durchgeführt werden können, weil das deutsche Strafrecht darauf von vornherein nicht anwendbar war, d.h. nicht der »Zufall« der Handhabung durch die beteiligten Behörden eine Aburteilung der im Ausland begangenen Tat im Inland verhindert hat. § 55 StPO verfolgt den Rechtsgedanken, dem Täter die

372 BGH, Beschl. v. 15.02.2011 – 1 StR 19/11.

373 Beschl. v. 26.01.2010 – 5 StR 478/09 = StV 2010, 239 f.; v. 28.09.2010 – 5 StR 343/10 und v. 11.04.2011 – 5 StR 100/11; vgl. auch *Pohlit* in FS Rissing-van Saan 2011 S. 453, 468.

374 Beschl. v. 09.11.2010 – 4 StR 441/10 = StV 2011, 158 f.

375 BGH Beschl. v. 27.03.2019 – 2 StR 450/18; der 3. Strafsenat hat seine abweichende Auffassung nicht aufrechterhalten.

376 BGH Beschl. v. 26.06.2019 – 2 StR 104/19.

377 BGH, Urt. v. 29.07.1982 – 4 StR 75/82 = BGHSt 31, 102 ff. = NStZ 1983, 260 f.; Urt. v. 15.08.2018 – 5 StR 638/17.

378 BGHSt 43, 79; 275; BGH, Beschl. v. 18.12.2018 – 1 StR 508/18; Beschl. v. 28.01.2020 – 4 StR 599/19; Beschl. v. 23.04.2020 – 1 StR 15/20; Beschl. v. 24.01.2023 – 1 StR 423/22; vgl. zum Gesamtstrafübel auch BGH, Beschl. v. 12.09.2018 – 5 StR 400/18 Rn; Urt. v. 13.02.2019 – 2 StR 301/18 Rn. 47.

379 BGH, Beschl. v. 23.04.2021 – 1 StR 15/20 = BGHSt 65, 5 unter Bezugnahme auf EuGH, Urt. v. 21.09.2017 – C-171/16 Rn. 26, v. 5. Juli 2018 – C-390/16 Rn. 26 ff.; dagegen aber BGH, Beschl. v. 26.01.2022 – 3 StR 461/21.

Vorteile zu erhalten, die ihm eine eigentlich zulässige Gesamtstrafenbildung erbracht hätte. Kommt eine Gesamtstrafenbildung mangels deutscher Gerichtszuständigkeit aber von vornherein nicht in Betracht, so würde dem Täter mit dem Härteausgleich ein nicht gerechtfertigter Vorteil gewährt.[380]

97 Eine Strafaussetzung zur Bewährung im früheren Urteil steht einer Einbeziehung auch dann nicht entgegen, wenn die neu zu bildende Gesamtstrafe nicht mehr aussetzungsfähig ist.[381] Geldleistungen, die der Verurteilte zur Erfüllung von Bewährungsauflagen erbracht hat, sind gemäß § 58 Abs. 2 S. 2 i.V.m. § 56 f Abs. 3 S. 2 StGB in aller Regel auf die Strafe anzurechnen, und zwar dergestalt, dass die Höhe der Gesamtfreiheitsstrafe ohne Rücksicht auf die Bewährungsleistungen festgesetzt und sodann als Ausgleich für die Nichterstattung von Geldleistungen eine die Strafvollstreckung verkürzende Anrechnung dieser Leistungen auf die Gesamtstrafe vorgenommen wird. Die Anrechnung ist im Tenor auszusprechen.[382] Die Entscheidung muss grundsätzlich erkennen lassen, in welchem Umfang die erbrachten Leistungen auf die Vollstreckungsdauer angerechnet werden; diese Anrechnung ist in die Urteilsformel aufzunehmen.[383] Leistungen, die auf Bewährungsauflagen nach § 56b Abs. 2 S. 1 Nr. 2 bis 4 StGB erbracht worden sind, können durch eine die Vollstreckung verkürzende Anrechnung auf die gebildete Gesamtfreiheitsstrafe ausgeglichen werden.[384] Ergibt sich aus dem tatrichterlichen Urteil lediglich, dass die Vollstreckung einer in die nachträglich gebildete Gesamtstrafe einbezogenen Freiheitsstrafe zur Bewährung ausgesetzt war, so kann das Revisionsgericht die Frage, ob und wie erbrachte Bewährungsleistungen bei der Gesamtstrafenbildung berücksichtigt worden sind (§ 58 Abs. 2 S. 2 StGB) nur aufgrund einer zulässigen Verfahrensrüge prüfen.[385]

▶ Beachte

98 Die Verteidigung muss bei einem Übersehen der Anrechnung eine Verfahrensrüge im Sinne von § 344 Abs. 2 StPO erheben. Dabei müssen alle Tatsachen vorgetragen werden, aus denen sich für das Revisionsgericht die Anrechnungspflicht und die bisher erbrachten Leistungen ergeben.

Im Fall der nachträglichen Gesamtstrafenbildung sind Maßnahmen, auf die in der früheren Entscheidung erkannt war, aufrechtzuerhalten, soweit sie nicht durch die neue Entscheidung gegenstandslos werden (§ 55 Abs. 2 StGB). Ein Aufrechterhalten von Maßnahmen kommt auch dann nicht in Betracht, wenn die tatsächlichen oder rechtlichen Voraussetzungen für ihre (weitere) Vollstreckung entfallen sind.[386] Nebenstrafen, Nebenfolgen und Maßregeln, die in der früheren Entscheidung, deren Rechtsfolgen in die Gesamtstrafe einzubeziehen sind, verhängt worden waren, bleiben somit grundsätzlich bestehen und müssen in der Urteilsformel aufrechterhalten werden. Insoweit ist das jetzt erkennende Gericht an die Rechtskraft der früheren Entscheidung gebunden, mag auch aus jetziger Sicht die Verhängung der Maßregel nicht mehr erforderlich sein. Bei einer früher angeordneten Entziehung der Fahrerlaubnis oder bei einem früher verhängten Berufsverbot ist aber die seit der Rechtskraft der früheren Entscheidung verstrichene Zeit anzurechnen und die Frist neu festzusetzen. Im Fall der nachträglichen Gesamtstrafenbildung sind somit Maßnahmen, auf die in der früheren Entscheidung erkannt war, aufrechtzuerhalten, soweit sie nicht durch die

380 BGH, Urt. v. 10.06.2009 – 2 StR 386/08 = NStZ 2010, 30 f. m. Anm. *van Gemmeren* JR 2010, 132 f.; vgl. dazu auch Anfrage des 2. Strafsenats vom 29.10.2008; der Senat hat damit ohne Anrufung des Großen Senats für Strafsachen die angekündigte Änderung der Rechtsprechung zumindest teilweise vollzogen; vgl. auch die detailreiche Stellungnahme des 5. Strafsenats vom 11.03.2009 – 5 ARs 3/09; anders BGH, Beschl. v. 27.01.2010 – 5 StR 432/09 = NJW 2010, 2677 f.; vgl. auch Beschl. v. 04.07.2018 – 1 StR 599/17 = NStZ-RR 2018, 333 f.

381 BGH, Beschl. v. 15.12.2105 – 1 StR 562/15 = StraFo 2016, 121 f.

382 BGHSt 36, 378 ff.

383 BGH, Beschl. v. 17.06.2004 – 1 StR 24/04 = BGH NStZ 2005, 232.

384 BGH, Beschl. v. 02.09.2015 – 2 StR 31/15.

385 BGHSt 35, 238 ff.

386 BGHSt 42, 306, 308; BGH, Urt. v. 10.02.2011 – 4 StR 552/10. Beschl. v. 12.04.2016 – 2 StR 471/15.

neue Entscheidung gegenstandslos werden (§ 55 Abs. 2 StGB). Ein Aufrechterhalten von Maßnahmen kommt nicht in Betracht kommt, wenn die tatsächlichen oder rechtlichen Voraussetzungen für ihre (weitere) Vollstreckung entfallen sind.[387] Bei einer nachträglichen Gesamtstrafenbildung nach § 55 Abs. 2 StGB hat der Tatrichter, wenn in der früheren Entscheidung eine Sperre gemäß § 69a StGB bestimmt war und der Angeklagte erneut wegen einer Straftat verurteilt wird, die seine fehlende Eignung zum Führen von Kraftfahrzeugen erneut belegt, eine neue einheitliche Sperre festzusetzen, die die alte Sperre gegenstandslos werden lässt.[388] Die Sperrfrist nach § 69a StGB ist unter Beachtung der Höchstfrist des § 69a Abs. 1 StGB aufgrund der jetzt anzustellenden Prognose neu festzusetzen. In diesem Fall ist die frühere Entscheidung zur Dauer der Sperrfrist sachlich überholt. Entsprechendes gilt in den Fällen des § 70 StGB. Ist die verhängte Sperrfrist bereits abgelaufen und gibt die neu abgeurteilte Tat keinen Anlass für eine weitere Sperrfrist, darf weder eine neue Sperre verhängt noch die bereits erledigte Sperrfrist verlängert werden.[389] Gibt erst die jetzt abzuurteilende Tat, wenn auch nur aufgrund einer Gesamtschau aller, auch der bereits abgeurteilten Taten, Anlass zur Verhängung einer Maßregel, kann das mit der Gesamtstrafe auch erstmals geschehen.

VI. Geldstrafe neben Freiheitsstrafe (§ 41 StGB)

Die Verhängung einer Geldstrafe neben einer Freiheitsstrafe nach § 41 StGB hat Ausnahmecharakter, 99
kann aber gleichzeitig Verteidigungspotenzial haben, um auch bei einer – in der Summe umgerechneten – Freiheitsstrafe von über zwei Jahren noch eine Strafaussetzung zur Bewährung zu erreichen. Im Rahmen von § 41 StGB ist erforderlich, dass der Täter sich bereichert oder versucht hat, sich zu bereichern, er also eine günstigere Vermögenslage für sich angestrebt hat. Hierfür genügt jedoch auch, wenn der Täter eine Vermögensminderung verhindert.[390] Die nach § 41 neben Freiheitsstrafe verhängte Geldstrafe ist eine zusätzliche Geldstrafe.[391] Die Anwendung der Vorschrift des § 41 hat zwei Voraussetzungen ab: Der Täter muss sich durch die Tat bereichert oder es versucht haben und es muss angebracht sein, neben Freiheitsstrafe auf Geldstrafe zu erkennen. Maßgebend für diese Entscheidung sind insbesondere die persönlichen und wirtschaftlichen Verhältnisse des Täters. § 41 StGB ermöglicht, wenn das unter Berücksichtigung der persönlichen und wirtschaftlichen Verhältnisse des Angeklagten angebracht ist, diesen nicht nur an der Freiheit, sondern auch am Vermögen zu strafen.[392] Wollte sich ein Angeklagter durch die Tat zumindest bereichern, bestehen grundsätzlich gegen die Festsetzung der gleichzeitigen Verhängung einer Geldstrafe nach § 41 StGB neben einer zur Bewährung ausgesetzten Freiheitsstrafe keine Bedenken.[393]

▶ **Beachte**

Angesichts ihres Ausnahmecharakters muss zwar die Nichtanwendung der Vorschrift des § 41 StGB regelmäßig nicht näher begründet werden, wohl aber die Kumulation von Geldstrafe und Freiheitsstrafe. Dabei sind zunächst die pflichtgemäße Ausübung des Ermessens und die Aufspaltung der Sanktion in Freiheits- und Geldstrafe zu begründen. Sodann hat die wechselseitige Gewichtung der als Freiheitsstrafe bzw. als Geldstrafe zu verhängenden Teile des schuldangemessenen Strafmaßes nach den Grundsätzen des § 46 StGB zu erfolgen. Der Tatrichter darf die Freiheitsstrafe und die Geldstrafe so miteinander verbinden, dass die Freiheitsstrafe und die Geldstrafe zusammen das Maß des Schuldangemessenen erreichen. Das gilt auch

387 BGH, Urt. v. 10.02.2011 – 4 StR 552/10.
388 BGH, Beschl. v. 12.04.2016 – 2 StR 471/15, Blutalkohol 54, 124 (2017).
389 BGHSt 42, 299 ff.
390 BGH, Beschl. v. 26.11.2015 – 1 StR 389/15 = StraFo 2016, 160 f.
391 BGH StV 2004, 266; vgl. dazu *Häger* in LK 12. Aufl. § 41 Rn. 1–3.
392 BGHSt 26, 325, 328 ff.; BGHR StGB § 41 Bereicherung 1.
393 BGH, Urt. v. 13.03.2012 – 5 StR 411/11 = StV 2012, 596.

dann, wenn ohne die zusätzliche Geldstrafe eine nicht mehr aussetzbare Freiheitsstrafe erforderlich würde.[394]

100 Ein Bedürfnis für die Verhängung einer Geldstrafe neben einer Freiheitsstrafe ist insbesondere im Wirtschaftsstrafrecht gegeben, weil vermögende Täter häufig gerade gegenüber Geldstrafen besonders empfindlich sind. Die Voraussetzungen des § 41 StGB liegen trotz einer eingetretenen oder erstrebten Bereicherung regelmäßig nicht vor, wenn die zusätzliche Auferlegung der Geldstrafe den Täter finanziell überfordert, weil er weder Vermögen noch Einkommen hat und ohne sichere ausreichende Erwerbsaussichten ist. Ob die Anwendung von § 41 StGB gegen einkommens- und vermögenslose Täter, wenn diese nicht wenigstens sichere Erwerbsaussichten haben, von vornherein ausscheidet, ist fraglich. Eine vor allem an den Einkommens- und Vermögensverhältnissen des Angeklagten ausgerichtete Auslegung des Merkmals »angebracht« in § 41 StGB kann zu mit dem verfassungsrechtlichen Schuldgrundsatz und dem in § 40 StGB zum Ausdruck kommenden Grundgedankens des einkommensunabhängigen Strafens schwer vereinbaren Konsequenzen führen. Insbesondere bei längeren Freiheitsstrafen ist die Anwendung von § 41 StGB nur dann angebracht, wenn der Täter über nennenswerte eigene Einkünfte verfügt. Allein in diesen Fällen lässt sich der Strafzweck einer zusätzlichen Vermögenseinbuße erreichen. Anderenfalls liefe die Verhängung einer gesondert festgesetzten Geldstrafe darauf hinaus, dass diese entweder durch Dritte beglichen oder im Wege der Ersatzfreiheitsstrafe gem. § 43 StGB[395] vollstreckt wird. Darüber hinaus ist bei der Beurteilung der Frage, ob, wie von § 41 StGB vorausgesetzt, bei dem Täter eine Bereicherung eingetreten und eine kumulative Verhängung der Geldstrafe angebracht ist, das Verhältnis zu den §§ 73 ff. StGB zu bedenken. Bei der Beurteilung der wirtschaftlichen Verhältnisse im Rahmen von § 41 S. 1 StGB haben deshalb solche Vermögenswerte außer Betracht zu bleiben, die der Einziehung unterliegen. Eine gewisse Gewinnabschöpfung durch die zusätzliche Geldstrafe ist aber zulässig. Die Höhe des aus einer Straftat erzielten Vorteils ist allgemein ein Strafzumessungsgesichtspunkt.[396]

Die Verhängung einer Geldstrafe neben einer Freiheitsstrafe ist nicht ausgeschlossen, wenn der Täter zwar vermögenslos, aber einkommensstark ist und wenn die Geldstrafe geeignet ist, ihn zu beeindrucken.[397] Eine Bereicherung durch die Tat im Sinne des § 41 StGB liegt auch dann vor, wenn die aus der Tat unmittelbar erlangten Vermögensvorteile nicht dem Täter, sondern einem Dritten zufließen, der Täter hierfür aber einen anderweitigen Vermögensvorteil erhält.[398] Die Bemessung einer zusätzlichen Geldstrafe gemäß § 41 StGB hat nach den Grundsätzen des § 40 StGB zu erfolgen. Die Verhängung einer Geldstrafe nach § 41 StGB neben einer Freiheitsstrafe darf nicht allein deshalb vorgenommen werden, um die an sich gebotene höhere Freiheitsstrafe auf ein Maß herabsetzen zu können, das die Aussetzung der Vollstreckung zur Bewährung ermöglicht[399]: Wenn neben der jeweiligen Einzelfreiheitsstrafe eine Geldstrafe nach § 41 StGB verhängt werden soll, ist diese für jede Tat gesondert zu bemessen, aus mehreren Einzelstrafen ist dann eine Gesamtgeldstrafe zu bilden.[400] Eine nach § 41 zusätzlich verwirkte Geldstrafe darf nicht in eine Gesamtfreiheitsstrafe einbezogen werden, da das deren Zweck zuwiderlaufen würde[401].

Verhängt der Tatrichter eine zusätzliche Geldstrafe nach § 41 StGB, darf das bei der Bemessung der Freiheitsstrafe mildernd berücksichtigt werden.[402]

394 BGH Urt. v. 13.03.2019 – 1 StR 367/18 = StV 2019, 730 f.
395 Zu beachten ist bei der Ersatzfreiheitsstrafe die avisierte Gesetzesänderung des § 43 StGB, nach der künftig zwei Tagessätze einem Tag Ersatzfreiheitsstrafe entsprechen sollen; vgl. BT-Drucks 20/5913, S. 11 ff.
396 BGH StV 1993, 69 f.
397 BGHSt 26, 325 ff.
398 BGHSt 32, 60 ff.
399 BGH 32, 60, 65; BGH NStZ-RR 2005, 104 f.
400 BGH, Beschl. v. 04.11.2008 – 4 StR 195/08 = wistra 2009, 113 f.
401 Vgl. dazu OLG Celle, Beschl. v. 13.03.2013 – 32 Ss 41/13.
402 BGHSt 32, 60, 66.

Aufgrund ihres Ausnahmecharakters muss zwar die Entscheidung für die Kumulation von Geldstrafe und Freiheitsstrafe gemäß § 41 StGB näher begründet werden, nicht aber die Nichtanwendung der Vorschrift des § 41 StGB. Etwas anderes gilt nur dann, wenn ein erheblicher Gewinn aus der Tat die Anwendung des § 41 StGB nahelegt.[403]

▶ Beachte also

Die nach § 41 StGB zusätzlich verhängte Geldstrafe ist keine konfiskatorische Maßnahme. Sie ist vielmehr eine »kombinierte Übelzufügung«, wobei sich die im Entzug von Geld zu bestimmende Sanktion nach den Einkünften des Angeklagten richtet. Der Schuldgrundsatz gebietet, bei der Verhängung von Geldstrafe neben einer Freiheitsstrafe das Gesamtstrafübel innerhalb des durch das Maß der Einzeltatschuld eröffneten Rahmens festzulegen. Die zusätzliche Geldstrafe muss deshalb bei der Bemessung der Freiheitsstrafe strafmildernd berücksichtigt werden. Dürfte geringes oder fehlendes Einkommen bzw. Vermögen als Differenzierungskriterium dafür herangezogen werden, ob einem Angeklagten überhaupt die Wohltat einer kumulativen Geldstrafe zuteil wird, kann das mit den Grundsätzen des § 41 StGB in Widerspruch geraten.[404]

Voraussetzung für eine Anwendung von § 41 StGB ist, dass die Verhängung der Geldstrafe »unter Berücksichtigung der persönlichen und wirtschaftlichen Verhältnisse des Täters angebracht ist«. Das Urteil muss erkennen lassen, dass auch diese Voraussetzung erfüllt ist.[405] Nach § 41 StGB kann dann, wenn der Täter sich durch die Tat bereichert oder zu bereichern versucht hat, eine sonst nicht oder nur wahlweise angedrohte Geldstrafe verhängt werden, wenn das auch unter Berücksichtigung der persönlichen und wirtschaftlichen Verhältnisse des Täters angebracht ist.

Die Kombination von Geldstrafe und Freiheitsstrafe kann dazu führen, dass der »Freiheitsstrafenteil« auf ein Maß herabgesetzt wird, das die Aussetzung der Vollstreckung zur Bewährung ermöglicht, obgleich die Summe von Geld- und Freiheitsstrafe die Bewährungsgrenze überschreiten würde.

VII. Straftaten ohne echte Sanktion

1. Absehen von Strafe nach einem Schuldspruch (§ 60 StGB)

§ 60 Satz 1 StGB zielt auf Fälle, bei denen Tat und Schuld durch die Folgen, die den Täter mit **101**
seiner Tat getroffen haben, als hinreichend kompensiert erscheinen, so dass das Strafbedürfnis entfällt.[406] Die Deliktsart hindert die Anwendung des § 60 StGB nicht; maßgeblich sind vielmehr die schweren Folgen für den Täter. Es ist von Strafe abzusehen, wenn die Verhängung einer Strafe nach einer Gesamtabwägung offensichtlich verfehlt wäre.[407] Die Regelung ist auch im Jugendstrafrecht anwendbar. Sie setzt voraus, dass die Funktion der Strafe allein durch den Schuldspruch erfüllt wird, weil der Täter sich selbst so schwer geschädigt hat. Es bedarf einerseits nicht einer weitergehenden Einwirkung auf ihn und andererseits erscheint der Allgemeinheit das Absehen von Strafe als Ausdruck humaner Strafrechtspflege so verständlich, dass sie dadurch einen notwendigen und sinnvollen Rechtsgüterschutz nicht in Frage gestellt sieht. Verfehlt ist die Strafe, wenn sie unter keinem ihrer Leitgesichtspunkte eine sinnvolle Funktion hätte. Die Annahme, dass diese Voraussetzungen gegeben sind, muss sich, wie das Wort »offensichtlich« in § 60 Satz 1 StGB zeigt, unmittelbar auf-

403 BGH, Beschl. v. 14.03.2016 – 1 StR 337/15 = NJW 2016, 1525 f.
404 BGH, Beschl. v. 26.11.2015 – 1 StR 389/15 = StraFo 2016, 160 f.
405 BGH Urt. v. 25.10.2017 – 1 StR 339/16 = wistra 2018, 302 f.
406 *Kett-Straub* JA 2009, 53 ff.
407 BGH, Urt. v. 14.01.2015 – 5 StR 494/14 = StV 2015, 299 f. = NStZ 2015, 460 f.

drängen[408]. Bei der Prüfung der Voraussetzungen des § 60 StGB dürfen sämtliche strafzumessungsrelevanten Gesichtspunkte nochmals gewürdigt werden, das Doppelverwertungsverbot (z.B. § 50 StGB) gilt insoweit nicht mittelbar, z B. können erst durch die Strafverfolgung bewirkte Folgen der Tat die Anwendung des § 60 StGB begründen. Sämtliche Strafzumessungserwägungen, auch die für die kompensatorische Strafzumessung maßgeblichen, können bei der Bestimmung der (hypothetischen) Strafe einbezogen werden.[409] § 60 StGB kommt z.B. bei einem tragischen Konfliktfall, der zur fahrlässigen Tötung des Ehepartners führte, in Betracht.[410]

2. Verwarnung mit Strafvorbehalt (§ 59 StGB)

102 Die Verwarnung mit Strafvorbehalt gemäß § 59 StGB hat Ausnahmecharakter und gilt in der Regel nur für den unteren Kriminalitätsbereich.[411] Dabei sind die Voraussetzungen des § 59 Abs. 1 Nr. 2 StGB nur dann gegeben, wenn bestimmte Umstände die zu beurteilende Tat von den Durchschnittsfällen deutlich abheben, das Tatunrecht, die Schuld und die Strafbedürftigkeit wesentlich mindern und deshalb einen Verzicht auf die Verurteilung angezeigt erscheinen lassen[412]. Einfache Strafmilderungsgründe und das bloße Fehlen von Strafschärfungsgründen sind für sich allein keine »besonderen Umstände« im Sinne des § 59 Abs. 1 Nr. 2 StGB, die die Ahndung eines Vergehens durch eine Verwarnung mit Strafvorbehalt als ausreichend erscheinen lassen können. Die Anwendung des § 59 Abs. 1 Nr. 2 StGB ist aber auch nicht auf ganz besondere Konfliktlagen oder Fälle beschränkt, die durch eine notwehr- oder notstandsähnliche Situation in den Grenzbereich zur Straflosigkeit gerückt werden.[413] Das Ermessen des Tatgerichts kann sich aufgrund der Besonderheiten des Einzelfalles derart verengen, dass allein eine Verwarnung mit Strafvorbehalt in Betracht kommen kann.[414]

▶ **Hinweis**

Die Berücksichtigung der überlangen Verfahrensdauer (vgl. Art. 6 EMRK) oder einer »Tatprovokation« können dazu führen, dass eine Entscheidung nach § 59 StGB in Betracht kommt. Diese müssen aber nicht ohne Weiteres einen »besonderen Umstand« nach § 59 Abs. 1 Nr. 2 StGB darstellen.[415]

▶ **Beachte aber**

Wird in Verfahren im Bereich der Steuerdelikte, bei denen es sich nicht lediglich um ein »Kavaliersdelikt« handelt, von § 59 StGB Gebrauch gemacht und nicht zu einer Strafe verurteilt, kann in der Bevölkerung der Eindruck entstehen, dass dem durch § 370 AO geschützten Rechtsgut der Sicherung des staatlichen Steueranspruchs, d.h. des rechtzeitigen und vollständigen Steueraufkommens, nur geringe Bedeutung zukommt. Das könnte zu einer ernstlichen Beeinträchtigung der Rechtstreue der Bevölkerung im Bereich der Steuerehrlichkeit führen[416].

---

408 BGHSt 27, 298, 300; BGH StV 1997, 76.
409 BGHSt 27, 298, 299 f.; BGH StV 2004, 420.
410 BGH StV 1997, 76 f.; **Zum Absehen von Strafe bei Tötung auf Verlangen vgl.** *Schulz-Merkel* jurisPR-StrafR 15/2015 Anm. 4.
411 Vgl. dazu *Fengler* SchAZtg 2011, 218 f.; *Braasch* jurisPR-StrafR 16/2013 Anm. 2; *Schubert* HRRS 2017, 236 f.
412 BGH NStZ-RR 2002, 84 m. Anm. *Park* wistra 2002, 107.
413 OLG Köln, Urt. v. 17.03.2015 – 1 RVs 247/14.
414 BGHSt 46, 279 ff.
415 Zur Anwendung von § 59 StGB in Fällen überlanger Verfahrensdauer und rechtsstaatswidriger Verfahrensverzögerung: BGHSt 27, 274, 275 f.; 45, 321; 46, 160; BGH StV 1995, 19, 20; BVerfG NStZ 2004, 335 m. Anm. *Bohnert*, JZ 2003, 1001; *Foth*, NStZ 2004, 337.
416 BGHSt 46, 107, 119, 120 = StV 2000, 492 ff.

VIII. Maßregeln der Besserung und Sicherung

1. Grundfragen

Die Maßregeln[417] sind in § 61 StGB aufgeführt und enthalten einen abschließenden Katalog der nach dem Strafgesetzbuch zulässigen Maßregeln. Diese dienen der Gefahrenabwehr. Ein wesentlicher Gesichtspunkt bei der Frage einer Anordnung ist der Grundsatz der Verhältnismäßigkeit[418]. Im Rahmen der Prüfung der Verhältnismäßigkeit gemäß § 62 StGB ist in der Regel die Überlegung geboten, ob der Gefährlichkeit des Täters ausreichend durch außerstrafrechtliche Sicherungssysteme begegnet werden könnte. Hinsichtlich der Verhältnismäßigkeit im engeren Sinn bestimmt § 62 StGB, dass die Unterbringung nicht angeordnet werden darf, wenn sie zur Bedeutung der vom Täter begangenen oder zu erwartenden Taten sowie zu dem Grad der von ihm ausgehenden Gefahr außer Verhältnis steht. Dabei sind die in der Vorschrift genannten Kriterien in einer Gesamtbetrachtung zusammenfassend zu würdigen und zur Schwere des mit der Maßregel verbundenen Eingriffs in Beziehung zu setzen[419]. Der in § 62 StGB für die Maßregeln der Besserung und Sicherung ausdrücklich normierte und als allgemeines Rechtsprinzip von Verfassungs wegen zu beachtende Verhältnismäßigkeitsgrundsatz steht aber einer Unterbringung nicht von vornherein entgegen, wenn die voraussichtliche Unterbringungsdauer die ausgeurteilte Freiheitsstrafe – unter Umständen auch deutlich – übersteigt. Die Ablehnung einer Unterbringung allein mit der Erwägung, die Höhe der Begleitstrafe bliebe zeitlich hinter der prognostischen Unterbringungsdauer zurück, wäre vielmehr rechtsfehlerhaft[420]. 103

Eine Maßregel darf also nicht vollstreckt werden, wenn sich zeigt, dass mildere Mittel geeignet sind, der Gefahr weiterer Straftaten zu begegnen, sie ist nur zulässig, wenn weniger einschneidende Maßnahmen nicht ausreichen (Subsidiaritätsprinzip).[421]

▶ **Beachte**

Das Verschlechterungsverbot der §§ 331 Abs. 2, 358 Abs. 2 StPO gilt nicht für die Unterbringung nach § 63 oder § 64 StGB. Dass nur der Angeklagte Rechtsmittel eingelegt hat, hindert die Nachholung der Unterbringungsanordnung nach den §§ 63, 64 StGB nicht.[422] 104

Eine »nachträgliche« Unterbringung in einem psychiatrischen Krankenhaus gibt es nicht. Es darf deshalb gegen einen vormals in einem psychiatrischen Krankenhaus Untergebrachten, bei dem weiterhin derselbe überdauernde Zustand im Sinne des § 63 StGB vorliegt, nach Erledigung dieser Maßregel wegen Unverhältnismäßigkeit (§ 67d Abs. 6 Satz 1 Alternative 2 StGB) auf nahezu unveränderter tatsächlicher Grundlage nachträglich Sicherungsverwahrung angeordnet wird, um ihn gemäß § 67a Abs. 2 StGB wieder in den psychiatrischen Maßregelvollzug zu überweisen.[423]

---

417 Zur Reform des Maßregelrechts *Schneider* NStZ 2008, 68 ff.

418 Vgl. dazu BVerfG NStZ-RR 2004, 76; BGHSt 47, 52.

419 BGH, Urt. v. 02.05.2019 – 3 StR 87/19.

420 BGH Beschl. v. 04.06.2019 – 3 StR 196/19.

421 Zur Rechtsprechung zum Maßregelrecht vgl. jährliche Rechtsprechungsübersichten NStZ 2014, 22 ff.; 2015, 20 ff.; 683 ff.; 2017, 140 ff.; 2018,18 ff.; 2019, 128 ff.; allgemein *Walter* JA 2015, 87 ff.; *Meyer* JuS 2014, 408 f.

422 BGHSt 37, 5.

423 BGH, Beschl. v. 05.09.2019 – 3 StR 235/19 = StV 2020, 20.

2. Freiheitsentziehende Maßregeln

a) Unterbringung in einem psychiatrischen Krankenhaus, § 63 StGB

105 Die Anordnung der Unterbringung in einem psychiatrischen Krankenhaus gem. § 63 StGB beschwert den Betroffenen außerordentlich.[424] Deshalb darf sie nur angeordnet werden, wenn eine Wahrscheinlichkeit höheren Grades und nicht nur die einfache Möglichkeit schwerer Störungen des Rechtsfriedens besteht. Es muss feststehen, dass der Unterzubringende bei der Begehung der Anlasstaten auf Grund eines psychischen Defekts schuldunfähig oder vermindert schuldfähig war und die Tatbegehung hierauf beruht.[425] Das setzt die positive Feststellung eines länger andauernden, nicht nur vorübergehenden Defekts voraus, der zumindest eine erhebliche Einschränkung der Schuldfähigkeit im Sinne des § 21 StGB sicher begründet[426]. Daneben muss eine Wahrscheinlichkeit höheren Grades bestehen, der Täter werde infolge seines fortdauernden Zustands in Zukunft erhebliche rechtswidrige Taten begehen, durch welche die Opfer seelisch oder körperlich erheblich geschädigt oder erheblich gefährdet werden oder schwerer wirtschaftlicher Schaden angerichtet wird; die zu erwartenden Taten müssen schwere Störungen des Rechtsfriedens besorgen lassen. Diese Prognose ist auf der Grundlage einer umfassenden Würdigung der Persönlichkeit des Täters, seines Vorlebens und der von ihm begangenen Anlasstat(en) zu entwickeln. Sie hat sich darauf zu erstrecken, ob und welche rechtswidrigen Taten von dem Beschuldigten infolge seines Zustandes drohen, wie ausgeprägt das Maß der Gefährdung ist (Häufigkeit, Rückfallfrequenz) und welches Gewicht den bedrohten Rechtsgütern zukommt[427]. Wenn das Tatgericht seine Gefährlichkeitsprognose auch auf frühere Taten stützt, müssen die im Urteil dazu getroffenen Feststellungen belegen, dass auch diese Taten auf der Erkrankung des Täters beruhten[428].

Geboten ist eine mit aller Sorgfalt vorzunehmende Gesamtwürdigung von Täter und Tat unter Berücksichtigung des Grundsatzes der Verhältnismäßigkeit und eine Prognose, dass von dem Täter infolge seines Zustandes erhebliche rechtswidrige Taten zu erwarten sind und er deshalb für die Allgemeinheit gefährlich ist.

▶ **Beachte**

Wenn die Anordnungsvoraussetzungen des § 63 StGB vorliegen, hat das Tatgericht kein Ermessen, ob es die Maßregel anordnen will oder nicht, die Anordnung der Unterbringung ist zwingend vorgeschrieben.[429]

---

424 Zur Änderung des § 63 StGB vgl. Gesetz zur Novellierung des Rechts der Unterbringung in einem psychiatrischen Krankenhaus u.a. vom 08.07.2016 = BGBl I 2016 S. 1610 f. in Kraft seit 01.08.2016; dazu *Peglau* NJW 2016, 2298 f.; *Glauch* StraFo 2016, 407 ff.; *Claus* jurisPR-StrafR 6/2016 Anm. 1; *Baur* JR 2017, 413 ff.; Novara StV 2018,383 ff.; die Neufassung der Anordnungsvoraussetzungen von § 63 StGB greift im Wesentlichen die Konkretisierungen auf, die vom Bundesverfassungsgericht und von der höchstrichterlichen Rechtsprechung in den vergangenen Jahren vorgenommen worden sind. Es handelt sich damit vorrangig um bestätigende Kodifizierungen. Die Voraussetzungen werden angehoben, soweit Taten drohen, durch die nur wirtschaftlicher Schaden entsteht, die Voraussetzungen werden konkretisiert, soweit Taten drohen, durch welche die Opfer seelisch oder körperlich geschädigt oder gefährdet werden, die Darlegungsanforderungen werden normiert, wenn aus nicht erheblichen Anlasstaten auf die Gefahr erheblicher Taten geschlossen wird; vgl. auch BGH, Urt. v. 22.12.2016 – 4 StR 359/16; Beschl. v. 03.08.2016 – 4 StR 305/16 = StV 2017, 35; v. 07.12.2016 – 4 StR 500/16.; allgemein *Cirener* StraFo 2018, 373 ff.

425 BGH Beschl. v. 11.04.2019 – 4 StR 383/18 = NStZ-RR 2019, 373 f.

426 BGH Beschl. v. 06.08.2019 – 3 StR 46/19, StV 2020, 371.

427 BGH Beschl. v. 27.02.2019 – 4 StR 419/18 = StV *2019*, 444 f.; v. 11.07.2019 – 3 StR 254/19 = NStZ-RR 2019, 374 f.; Urt. v. 28.03.2019 – 4 StR 530/18.

428 BGH Beschl. v. 26.09.2019 – 4 StR 24/19, NStZ-RR 2020, 9 f.; v. 18.12.2019 – 4 StR 617/19.

429 BGH StraFo 2005, 472.

§ 63 StGB setzt nicht voraus, dass Heilungsaussichten bestehen, da die Maßnahme vor allem auch dem Schutz der Allgemeinheit vor kranken, aber gefährlichen Rechtsbrechern dient.[430] Für eine Unterbringung nach § 63 StGB genügt nicht, dass eine verminderte Schuldfähigkeit lediglich nicht ausgeschlossen, also nicht positiv festgestellt, werden kann.[431]

Infolge der Ziele eines *Strafverfahrens gegen Jugendliche* (Schutz, Förderung und Integration des Jugendlichen) muss in diesen Verfahren stets besonders eingehend geprüft werden, ob die Maßregel erforderlich ist oder weniger einschneidende Maßnahmen ausreichen.[432] Wird die Unterbringung angeordnet, so muss geprüft werden, ob gemäß § 5 Abs. 3 (i.V.m. § 105 Abs. 1) JGG von Jugendstrafe abgesehen wird, weil die Maßregelanordnung die Ahndung durch Jugendstrafe entbehrlich macht.[433]

▶ Beachte

Die Anordnung muss verhältnismäßig sein. Es sind die Geeignetheit der Maßnahme, deren Erforderlichkeit und ihre Angemessenheit (Verhältnismäßigkeit im engeren Sinn) als Anordnungsvoraussetzungen zu prüfen[434] Der Grundsatz der Verhältnismäßigkeit beherrscht die Anordnung und Fortdauer der Unterbringung in einem psychiatrischen Krankenhaus und gebietet, dass die Freiheit der Person nur beschränkt werden darf, soweit das im öffentlichen Interesse unerlässlich ist. Die Unterbringung darf nicht angeordnet werden, wenn die wegen ihrer unbestimmten Dauer sehr belastende Maßnahme außer Verhältnis zu der Bedeutung der begangenen und zu erwartenden Taten stehen würde. Bei der gebotenen Abwägung zwischen den Sicherungsbelangen der Allgemeinheit und dem Freiheitsanspruch des Betroffenen ist auf die Besonderheiten des Falles einzugehen. Zu erwägen sind nicht nur der Zustand des Beschuldigten und die von ihm ausgehende Gefahr, sondern auch sein früheres Verhalten, seine aktuellen Lebensumstände, die ihn konkret treffenden Wirkungen einer Unterbringung nach § 63 StGB sowie die Möglichkeiten, ggf. durch andere Maßnahmen auf ihn einzuwirken[435].

In § 62 StGB hat diesen Grundsatz der Gesetzgeber ausdrücklich nochmals einfachgesetzlich geregelt, um seine Bedeutung bei der Anordnung von Maßregeln der Besserung und Sicherung hervorzuheben. Es ist stets zu beachten, dass lediglich in dem zur Zweckerreichung nötigen Maße in Rechtsgüter des Betroffenen eingegriffen werden darf und die Unterbringung nur dann in Betracht kommt, wenn weniger einschneidende Maßnahmen keinen ausreichend zuverlässigen Schutz vor der Gefährlichkeit des Täters bieten. Die Unterbringung darf nicht angeordnet werden, wenn die wegen ihrer unbestimmten Dauer sehr belastende Maßnahme außer Verhältnis zu der Bedeutung der begangenen und zu erwartenden Taten stehen würde. Bei der gebotenen Abwägung zwischen den Sicherungsbelangen der Allgemeinheit und dem Freiheitsanspruch des Betroffenen ist auf die Besonderheiten des Falles einzugehen. Zu erwägen sind nicht nur der Zustand des Betroffenen und die von ihm ausgehende Gefahr, sondern auch sein früheres Verhalten, seine aktuellen Lebensumstände, die ihn konkret treffenden Wirkungen einer Unterbringung nach § 63 StGB sowie die Möglichkeiten, ggf. durch andere Maßnahmen auf ihn einzuwirken[436]. 106

Im Rahmen der Prüfung der Verhältnismäßigkeit gemäß § 62 StGB ist daher in der Regel die Überlegung geboten, ob der Gefährlichkeit des Täters ausreichend durch außerstrafrechtliche Sicherungssysteme begegnet werden könnte. Hinsichtlich der Verhältnismäßigkeit im engeren Sinn bestimmt

430 BGH NStZ 1990, 122 (123); 1995, 284.
431 BGHSt 34, 22 (26); BGH NStZ 1986, 237; 1990, 538.
432 BGH, Urt. v. 28.06.2016 – 1 StR 5/16.
433 BGH, Beschl. v. 04.02.2016 – 4 StR 493/15; Urt. v. 03.12.2015 – 4 StR 387/15 = StraFo 2016, 110 f.
434 BGH Urt. v. 02.05.2019 – 3 StR 87/19.
435 BGH, Urt. v. 31.07.2013 – 2 StR 220/13 = NStZ-RR 2013, 339 f.
436 BGH Beschl. v. 06.12.2018 – 4 StR 367/18 = StV 2019, 25 f.

§ 62 StGB, dass die Unterbringung nicht angeordnet werden darf, wenn sie zur Bedeutung der vom Täter begangenen oder zu erwartenden Taten sowie zu dem Grad der von ihm ausgehenden Gefahr außer Verhältnis steht. Dabei sind die in der Vorschrift genannten Kriterien in einer Gesamtbetrachtung zusammenfassend zu würdigen und zur Schwere des mit der Maßregel verbundenen Eingriffs in Beziehung zu setzen[437]. Der in § 62 StGB für die Maßregeln der Besserung und Sicherung ausdrücklich normierte und als allgemeines Rechtsprinzip von Verfassungs wegen zu beachtende Verhältnismäßigkeitsgrundsatz steht aber einer Unterbringung nicht von vornherein entgegen, wenn die voraussichtliche Unterbringungsdauer die ausgeurteilte Freiheitsstrafe – unter Umständen auch deutlich – übersteigt. Die Ablehnung einer Unterbringung allein mit der Erwägung, die Höhe der Begleitstrafe bliebe zeitlich hinter der prognostischen Unterbringungsdauer zurück, wäre vielmehr rechtsfehlerhaft[438].

Einzelheiten:

Begehung einer rechtswidrigen Tat im Zustand der Schuldunfähigkeit oder der erheblich verminderten Schuldfähigkeit

107 Die Unterbringung in einem psychiatrischen Krankenhaus[439] setzt zunächst die Begehung einer rechtswidrigen Tat im Zustand der Schuldunfähigkeit oder der erheblich verminderten Schuldfähigkeit voraus (§§ 20, 21 StGB[440]), ferner, dass der Täter in diesem Zustand eine rechtswidrige Tat begangen hat, die mit diesem Defekt in einem kausalen, symptomatischen Zusammenhang steht.[441] Es muss zweifelsfrei feststehen, dass der Unterzubringende bei Begehung der Anlasstat aufgrund eines psychischen Defekts schuldunfähig oder vermindert schuldfähig war (§§ 20,21 StGB) und die Tatbegehung auf diesem Zustand beruht[442, 443]. Es darf für die Anwendung der §§ 20, 21 StGB und des § 63 StGB regelmäßig nicht offenbleiben, ob ein Defekt die Unrechtseinsicht oder die Steuerungsfähigkeit des Betroffenen beeinträchtigt hat[444]. An eine bloße Verminderung der Einsichtsfähigkeit, die nicht zum Fehlen der Einsicht geführt hat, kann eine Maßregel nach § 63 StGB nicht geknüpft werden, weil damit die Voraussetzungen der verminderten Schuldfähigkeit nicht festgestellt sind. Eine verminderte Einsichtsfähigkeit ist strafrechtlich erst dann von Bedeutung, wenn sie das Fehlen der Einsicht zur Folge hat. Ein Täter, der trotz erheblich verminderter Einsichtsfähigkeit im konkreten Fall die Einsicht in das Unrecht seiner Tat gehabt hat, ist – sofern nicht seine Steuerungsfähigkeit erheblich eingeschränkt war – voll schuldfähig.[445] Die Voraussetzungen des § 21 StGB sind in den Fällen der verminderten Einsichtsfähigkeit also nur dann zu bejahen, wenn die Einsicht gefehlt hat und das dem Täter vorzuwerfen ist[446].Der Tatrichter hat die der Unterbringungsanordnung zugrunde liegenden Umstände in den Urteilsgründen so umfassend darzustellen, dass das Revisionsgericht in die Lage versetzt wird, die Entscheidung nachzuvollziehen[447]. Dabei sind an die Darlegungen umso

437 BGH Urt. v. 02.05.2019 – 3 StR 87/19.
438 BGH Beschl. v. 04.06.2019 – 3 StR 196/19, NStZ-RR 2019, 307.
439 Zur Verfassungsmäßigkeit vgl. auch BVerfG, Beschl. v. 05.07.2013 – 2 BvR 708/12.
440 BGH Beschl. v. 19.11.2019 – 4 StR 437/19.
441 BGH StraFo 2005, 207; BGH, Beschl. v. 22.02.2011 – 4 StR 654/10; v. 28.03.2012 – 2 StR 614/11; v. 18.12.2019 – 2 StR 331/19.
442 BGH, Beschl. v. 13.10.2016 – 1 StR 445/16; v. 26.07.2016 – 3 StR 211/16 = RuP 2016, 268 f.
443 BGH Beschl. v. v. 07.11.2018 – 5 StR 449/18 = NStZ 2019, 78 f.; Urt. v 19.01.2019 – 5 StR 466/18; v. 07.05.2019 – 5 StR 120/19.
444 BGH Beschl. v. 24.01.2019 – 5 StR 559/18.
445 BGHSt 34, 22, 26; BGH NStZ-RR 2007, 73; BGH, Beschl. v. v. 20.11.2012 – 1 StR 504/12 = NJW 2013, 246; v. 17.07.2018 – 4 StR 145/18 = StV 2019, 221 f.; v. 07.11.2018 – 5 StR 449/18 = NStZ 2019, 78 f.
446 BGH Urt. v. 19.01.2019 – 5 StR 466/18; Beschl. v. 30.01.2019 – 4 StR 365/18.
447 BGH, Beschl. v. 06.07.2016 – 4 StR 210/16.

höhere Anforderungen zu stellen, je mehr es sich bei dem zu beurteilenden Sachverhalt um einen Grenzfall handelt.[448]

Für Taten, bei denen Alkohol eine Rolle spielt, gilt Folgendes: Ist die Schuldfähigkeit bei Begehung der Tat aufgehoben oder erheblich vermindert, so ist für die Unterbringung in einem psychiatrischen Krankenhaus zwar grundsätzlich nur Raum, wenn er an einer krankhaften Alkoholsucht leidet oder in krankhafter Weise alkoholüberempfindlich ist. Alkoholsucht kann nur unter besonders engen Voraussetzungen zur Anordnung der Maßregel des § 63 StGB führen.[449] Wenn die geistig-seelische Beschaffenheit des Täters für sich allein die Anwendung des § 21 StGB nicht rechtfertigt, vielmehr erst hinzutretender Alkoholeinfluss verminderte Schuldfähigkeit begründet, kommt § 63 StGB nur dann in Betracht, wenn der Täter an einer krankhaften Alkoholsucht leidet oder in krankhafter Weise alkoholüberempfindlich ist. Dabei reicht es allerdings aus, dass die zu dem Alkoholkonsum führende Abhängigkeit auf einem psychischen Defekt beruht, der, ohne pathologisch bedingt zu sein, in seinem Schweregrad einer krankhaften seelischen Störung i.S. von §§ 20, 21 StGB gleichsteht.[450] Für den Drogenkonsum gilt nichts anderes.[451] War der Täter bei Begehung der Tat alkoholisiert und hat »letztlich« der Konsum von Alkohol seine Schuldfähigkeit bei Begehung der Tat aufgehoben oder erheblich vermindert, so ist für die Unterbringung in einem psychiatrischen Krankenhaus zwar grundsätzlich nur Raum, wenn er an einer krankhaften Alkoholsucht leidet oder in krankhafter Weise alkoholüberempfindlich ist. Ein Zustand im Sinne des § 63 StGB liegt aber auch vor, wenn der Täter an einer länger dauernden geistig-seelischen Störung leidet, bei der bereits geringer Alkoholkonsum oder andere alltägliche Ereignisse die akute erhebliche Beeinträchtigung der Schuldfähigkeit auslösen können und das getan haben. Tragender Grund seines Zustandes muss mithin die länger andauernde krankhafte geistig-seelische Störung sein, die Alkoholisierung war und ist lediglich der auslösende Faktor[452]. Insoweit genügt, dass bei länger andauernden Störungen im Sinne von §§ 20, 21 StGB bereits geringer Alkoholkonsum oder andere alltägliche Ereignisse die erhebliche Beeinträchtigung der Schuldfähigkeit auslösen können und dieses getan haben[453]. Eine allein auf eine geistig-seelische Störung und Alkoholkonsum zurückzuführende Disposition, nicht aufgrund von alltäglichen Ereignissen, sondern lediglich in bestimmten Belastungssituationen wegen mangelnder Fähigkeit zur Impulskontrolle in den Zustand erheblich verminderter Steuerungsfähigkeit zu geraten, stellt keinen dauerhaften Zustand im Sinn des § 63 StGB dar.[454]

Die Diagnose einer wie auch immer gearteten *Persönlichkeitsstörung* lässt zunächst für sich genommen eine Aussage über die Frage der Schuldfähigkeit des Täters nicht zu. Sie kann eine Unterbringung nach § 63 StGB nur dann rechtfertigen, wenn sicher feststeht, dass der Täter aufgrund der Persönlichkeitsstörung aus einem mehr oder weniger unwiderstehlichen Zwang heraus gehandelt hat.[455] Es bedarf einer Gesamtschau der Täterpersönlichkeit und ihrer Entwicklung, um feststellen zu können, ob die Persönlichkeitsstörung des Täters sein Leben vergleichbar schwer und mit ähnlichen Folgen wie eine krankhafte seelische Störung – auch im Hinblick auf seine Fähigkeit zu normgemäßen Verhalten stört, belastet oder einengt. Psychische Auffälligkeiten, welche die Voraussetzungen einer schweren seelischen Abartigkeit nicht erreichen, in bestimmten Konfliktsituationen bei besonderer psychischer Belastung die Voraussetzungen aber erfüllen und zur erheblichen Einschränkung der

448 BGH, Beschl. v. 10.05.2016 – 4 StR 185/16 = StV 2016, 719; v. 07.06.2016 – 4 StR 79/16 = StV 2016, 722 f.; v. 26.09.2012 – 4 StR 348/12 = NStZ 2013, 424.

449 BGHSt 34, 313 ff.; 44, 338 ff.; BGH NStZ-RR 2007, 138; 2010, 42; NStZ 2010, 384 f.; BGH, Beschl. v. 09.02.2010 – 3 StR 11/10.

450 BGHSt 34, 22, 28; 313, 314; BGH, Beschl. v. 19.01.2010 – 4 StR 605/09 = NStZ 2010, 384 f.; v. 09.02.2010 – 3 StR 11/10.

451 BGH NStZ-RR 2004, 331.

452 BGH, Beschl. v. 21.06.2016 – 4 StR 161/16; v. 03.06.2015 – 4 StR 167/15 = StV 2016, 724 f.; Urt. v. 29.09.2015 – 1 StR 287/15 = NJW 2016, 341 f.

453 BGH, Beschl. v. 29.06.2016 – 1 StR 254/16 = StV 2017, 592 f.

454 BGH, Beschl. v. 21.06.2016 – 4 StR 161/16 = StV 2017, 588; v. 06.07.2016 – 4 StR 210/16.

455 Beschl. v. 10.12.2019 – 5 StR 589/19.

Steuerungsfähigkeit führen, reichen für eine Unterbringung nach § 63 StGB regelmäßig nicht aus.[456] Es nicht erforderlich, dass der Zustand der Schuldunfähigkeit oder verminderten Schuldfähigkeit (§§ 20, 21 StGB) anhaltend im Sinne einer ununterbrochenen Befindlichkeit vorliegt. Im Fall einer Persönlichkeitsstörung, die als »schwere andere seelische Abartigkeit« zu bewerten ist, reicht es vielmehr aus, dass sie auf längere Dauer besteht und ihre Aktualisierung, welche die Schuldfähigkeit erheblich einschränkt, schon durch alltägliche Ereignisse bewirkt wird). Jedoch fehlt es an einer Anordnungsvoraussetzung des § 63 StGB, wenn – nicht krankhafte – psychische Auffälligkeiten die Voraussetzungen einer »schweren anderen seelischen Abartigkeit« nicht erreichen, sondern lediglich in bestimmten Konfliktsituationen bei besonderer psychischer Belastung erfüllen und die Beeinträchtigung der Steuerungsfähigkeit bewirken[457].

Die *Diagnose einer paranoiden Schizophrenie oder Psychose aus dem schizophrenen Formenkreis* allein führt für sich genommen noch nicht zur Feststellung einer generellen oder zumindest längere Zeiträume überdauernden gesicherten erheblichen Beeinträchtigung der Schuldfähigkeit[458]. Erforderlich ist vielmehr die Feststellung eines akuten Schubs der Erkrankung sowie die konkretisierende Darlegung, in welcher Weise sich die festgestellte psychische Störung bei Begehung der jeweiligen Tat auf die Handlungsmöglichkeiten des Angeklagten in der konkreten Tatsituation und damit auf seine Einsichts- oder Steuerungsfähigkeit ausgewirkt hat und warum die Anlasstaten auf den entsprechenden psychischen Zustand zurückzuführen sind.[459] Insoweit ist insbesondere zu untersuchen, ob in der Person des Angeklagten oder in seinen Taten letztlich nicht nur Eigenschaften und Verhaltensweisen hervorgetreten sind, die sich im Rahmen dessen halten, was bei einem schuldfähigen Menschen anzutreffen und übliche Ursache für strafbares Verhalten ist.[460]

Wahrscheinlichkeit höheren Grades, dass von dem Täter infolge seines fortdauernden Zustands erhebliche rechtswidrige Taten zu erwarten sind:

Die Anordnung der Unterbringung in einem psychiatrischen Krankenhaus erfordert grundsätzlich nicht, dass die Anlasstaten selbst erheblich sind.[461] Maßgeblich ist vielmehr, welche Taten künftig von dem Täter infolge seines Zustandes zu erwarten sind und ob diese erheblich im Sinne des § 63 StGB sind. Es muss eine Wahrscheinlichkeit höheren Grades bestehen, der Täter werde infolge seines fortdauernden Zustandes in Zukunft erhebliche rechtswidrige Taten begehen; die zu erwartenden Taten müssen schwere Störungen des Rechtsfriedens besorgen lassen. Ob eine zu erwartende Straftat zu einer schweren Störung des Rechtsfriedens führt, muss anhand der konkreten Umstände des Einzelfalls entschieden werden.[462] Nur Störungen des Rechtsfriedens, die zumindest in den Bereich der mittleren Kriminalität hineinragen, rechtfertigen eine Unterbringung gemäß § 63 StGB. Das ist z.B. bei Taten wie dem Besitz und dem Verbreiten von Kinderpornographie der Fall.[463] Sind die zu erwartenden Delikte nicht wenigstens dem Bereich der mittleren Kriminalität zuzuordnen, ist die Annahme einer schweren Störung des Rechtsfriedens nur in Ausnahmefällen begründbar[464]. Dabei kann sich – wie in aller Regel bei Verbrechen oder Gewalt- und Aggressionsdelikten – eine schwere

456 BGH StV 2005, 661 f.; Urt. v. 03.12.2015 – 4 StR 387/15 = StraFo 2016, 110 f.; Beschl. v. 23.02.2016 – 3 StR 547/15 = RuP 2016, 191 f.

457 BGH Beschl. v. 18.09.2019 – 3 StR 337/19, NStZ-RR 2020, 8 f.

458 BGH Beschl. v. 28.01.2020 – 4 StR 632/19.

459 BGH, Beschl. v. 23.02.2016 – 3 StR 547/15; Beschl. v. 27.04.2016 – 2 StR 80/16; v. 15.09.2016 – 4 StR 400/16; v. 12.10.2016 – 4 StR 78/16; v. 27.01.2016 – 2 StR 314/15; v. 17.02.2016 – 2 StR 545/15 = StV 2016, 720 f.

460 BGH, Beschl. v. 30.03.2016 – 2 StR 464/15; v. 27.04.2016 – 2 StR 80/16; v. 10.11.2015 – 1 StR 265/15 = NStZ-RR 2016, 76 f.

461 BGH, Beschl. v. 09.04.2013 – 5 StR 120/13 = BGHSt 58, 242 f. = NStZ 2013, 613 f., BGH, Urt. v. 15.08.2013 – 4 StR 179/13.

462 BGH, Beschl. v. 30.07.2013 – 4 StR 275/13 = NStZ 2014, 36 f.

463 BGH, Urt. v. 15.03.2016 – 1 StR 526/15 = StV 2017, 29 f.

464 BGH NStZ 2002, 590; NStZ-RR 2009, 169; BGH, Urt. v. 02.03.2011 – 2 StR 550/10 = NStZ-RR 2011, 240 f.; Beschl. v. 22.02.2011 – 4 StR 635/10 = StraFo 2011, 189; v. 05.07.2011 – 5 StR 229/11.

Störung des Rechtsfriedens bereits allein aus dem Gewicht des Straftatbestandes ergeben, mit dessen Verwirklichung gerechnet werden muss. Die dazu notwendige Prognose ist auf der Grundlage einer umfassenden Würdigung der Persönlichkeit des Täters, seines Vorlebens und der von ihm begangenen Anlasstat(en) zu entwickeln. Sie hat sich darauf zu erstrecken, ob und welche rechtswidrigen Taten von dem Beschuldigten infolge seines Zustandes drohen, wie ausgeprägt das Maß der Gefährdung ist (Häufigkeit, Rückfallfrequenz) und welches Gewicht den bedrohten Rechtsgütern zukommt. Einzustellen in die Gefährlichkeitsprognose ist die konkrete Krankheits- und Kriminalitätsentwicklung sowie die auf die Person des Beschuldigten und seine konkrete Lebenssituation bezogenen Risikofaktoren, die eine individuelle krankheitsbedingte Disposition zur Begehung von Straftaten jenseits der Anlasstaten belegen können[465].

Dass ein Täter trotz bestehenden Defekts über Jahre hinweg keine Straftaten begangen hat, ist ein gewichtiges Indiz gegen die *Wahrscheinlichkeit künftiger gefährlicher Straftaten*[466]. Diese durch die Rechtsprechung herausgebildeten Anforderungen sind durch die neue Fassung des § 63 S. 1 StGB dahin gehend konkretisiert, dass nur die Erwartung solcher erheblichen rechtswidrigen Taten ausreicht, durch die die Opfer seelisch oder körperlich erheblich geschädigt oder erheblich gefährdet werden oder schwerer wirtschaftlicher Schaden angerichtet wird.[467] Nicht ohne weiteres gehören zum Bereich der Straftaten von erheblicher Bedeutung beispielsweise das unerlaubte Entfernen vom Unfallort, die Beleidigung, die üble Nachrede und die nichtöffentliche Verleumdung, das Ausspähen von Daten, die fahrlässige Körperverletzung, die Nötigung sowie die Verbreitung pornografischer Schriften einschließlich gewalt- oder tierpornografischer Schriften. Gleiches gilt für die Nachstellung gemäß § 238 Abs. 1 StGB. Da auch insoweit das Höchstmaß der Freiheitsstrafe drei Jahre beträgt, kann auch die Nachstellung, wenn sie nicht mit aggressiven Übergriffen einhergeht, nicht generell als Straftat von erheblicher Bedeutung angesehen werden[468]. Entsprechendes ist für eine Bedrohung von Bedeutung, die allenfalls dann zur Rechtfertigung einer Unterbringungsanordnung herangezogen werden kann, wenn sie in ihrer konkreten Ausgestaltung aus der Sicht des Betroffenen die nahe liegende Gefahr ihrer Verwirklichung in sich trägt.[469] Grundsätzlich kann aber auch lange zurückliegenden Taten eine indizielle Bedeutung für die Gefährlichkeitsprognose zukommen, doch setzt das regelmäßig voraus, dass diese Taten in einem inneren Zusammenhang zu der festgestellten Erkrankung gestanden haben und ihre Ursache nicht vornehmlich in anderen nicht krankheitsbedingten Umständen zu finden ist.[470] Wichtige Gesichtspunkte sind auch die vermutliche Häufigkeit neuerlicher Delikte und die Intensität der zu erwartenden Rechtsgutsbeeinträchtigungen.[471] Verhaltensweisen während einer Unterbringung sind nicht ohne weiteres denjenigen Handlungen gleichzusetzen, die ein Täter außerhalb einer Betreuungseinrichtung begeht.[472]

▶ Beachte aber

Der 5. Strafsenat vermag der Rechtsprechung der anderen Senate, welche besonderen Anforderungen bei Taten, die ein Beschuldigter oder Angeklagter im Rahmen von Unterbringungen in Betreuungseinrichtungen verübt, zu stellen sind, nicht uneingeschränkt zu folgen. Das gilt zunächst insoweit, als ihr ein Postulat zu entnehmen sein könnte, nach allgemeinen Regeln als erheblich gewertete Taten wögen dann generell weniger schwer, wenn sie während einer Unterbringung begangen werden. Der Senat neigt der Ansicht zu, dass die Tatgerichte die Besonderheiten der Unterbringungssituation nur dann ausdrücklich zu würdigen haben, wenn

465 BGH, Beschl. v. 21.12.2016 – 1 StR 594/16 = StV 2017, 582 f.
466 BGH, Urt. v. 28.08.2012 – 5 StR 295/12 = NStZ-RR 2012, 366; Beschl. v. 26.09.2012 – 4 StR 348/12 = NStZ 2013, 424.
467 BGH, Beschl. v. 13.10.2016 – 1 StR 445/16 = StV 2017, 585 f.
468 BGH Beschl. v. 19.12.2012 – 4 StR 417/12 = NStZ-RR 2013, 145.
469 BGH, Beschl. v. 18.07.2013 – 4 StR 168/13 = NJW 2013, 3383 f.
470 BGH, Beschl. v. 04.07.2012 – 4 StR 224/12 = NStZ-RR 2012, 337 f. = StV 2013, 206 f.
471 BGH, Urt. v. 11.08.2011 – 4 StR 267/11.
472 BGH, Beschl. v. 22.02.2011 – 4 StR 635/10 = NStZ-RR 2011, 202 f.

hierzu nach den konkreten Umständen der Tat(en) Anlass besteht. Das kann etwa bei Delikten zum Nachteil besonders geschulter Pflegekräfte im oben genannten Sinne der Fall sein oder auch bei Überreaktionen in Belastungssituationen, etwa im Zuge von Disziplinarmaßnahmen. Ohne besonderen Anlass kann es nach Auffassung des Senats hingegen keinen durchgreifenden Erörterungsmangel darstellen, wenn sich ein Tatgericht im Rahmen einer ansonsten rechtsfehlerfreien Gefährlichkeitsprognose nicht gesondert mit dem Umstand auseinandersetzt, dass es um eine oder mehrere Taten im Rahmen eines Aufenthalts in einer psychiatrischen Einrichtung geht.[473]

Bei Gelegenheits- oder Konflikttaten kann die symptomatische Bedeutung für die Gefährlichkeit fraglich sein. Wenn sich Straftaten, aufgrund derer die Unterbringung angeordnet wird, nur gegen eine bestimmte Person richten oder in der Beziehung zu dieser Person ihre alleinige Ursache haben, bedarf die Annahme, dass der Täter für die Allgemeinheit gefährlich ist, genauer Prüfung und Darlegung aufgrund konkreter tatsächlicher Feststellungen[474].

109 Der maßgebliche Zeitpunkt für die Prognoseentscheidung des Tatrichters derjenige der Hauptverhandlung ist. Das bedeutet aber nicht, dass die Gefährlichkeitsprognose nur bezogen auf den Zeitpunkt der Entscheidung zu stellen ist; sie muss vielmehr einen längeren Zeitraum in den Blick nehmen. Daher muss auch in Fällen, in denen auf Grund einer zwischenzeitlichen Behandlung im Urteilszeitpunkt eine Stabilisierung des Krankheitsbildes eingetreten ist, im Interesse der öffentlichen Sicherheit bei der Prognoseentscheidung der Umstand in die Abwägung einbezogen werden, dass in späterer, aber absehbarer Zeit mit einer erneuten Verschlechterung des Gesundheitszustandes und der Wahrscheinlichkeit erneuter rechtswidriger Taten zu rechnen ist[475].

▶ **Beachte**

110 Ein länger dauernder Zustand bedeutet nicht eine ununterbrochene Befindlichkeit. Entscheidend und für die Maßregelanordnung ausreichend ist, dass der länger dauernde Zustand derart beschaffen ist, dass bereits alltägliche Ereignisse die akute erhebliche Beeinträchtigung der Schuldfähigkeit auslösen können.[476]

111 § 63 StGB setzt voraus, dass *die Gefährlichkeit des Täters* aus demjenigen Zustand folgt, der die Einschränkung seiner Schuldfähigkeit (§§ 20, 21 StGB) begründet. Erforderlich ist aber nur, dass es sich um dieselbe »Defektquelle« handelt.[477] Unter Umständen kann allerdings schon die erste Straftat die Gefährlichkeit des Täters für die Allgemeinheit belegen; jedoch bedarf die Gefährlichkeitsprognose dann besonderer Prüfung, wenn es sich um eine eher geringfügige Anlasstat handelt, und es müssen über die Verwirklichung der Straftat hinaus greifbare Anhaltspunkte gegeben sein, die eine entsprechende Negativprognose rechtfertigen. Solche Anhaltspunkte können weder in einem statistisch erhöhten Delinquenzrisiko eines schizophrenen Erkrankten liegen, noch in dem Umstand begründet sein, die aus Sicht des Beschuldigten zu bekämpfenden Feindbilder seien beliebig auswechselbar, die Gewalt des Beschuldigten könne sich so gegen jeden richten.[478] Vom Angeklagten während der Unterbringung gezeigtes Verhalten kann nur eingeschränkt bei der Prognoseentscheidung berücksichtigt werden.[479]

Der Täter ist *für die Allgemeinheit gefährlich*, wenn dafür nach einer eingehenden Gesamtwürdigung des Täters und der Tat eine bestimmte oder doch gewisse, über die bloße Möglichkeit hinausgehende

473 BGH Beschl. v. 24.10.2019 – 5 StR 410/19, NStZ 2020, 278 f.
474 BGH Beschl. v. 31.08.2017 – 4 StR 221/17.
475 BGH Beschl. v. 03.08.2017 – 4 StR 193/17 = StraFo 2017, 426.
476 BGH StraFo 2005, 472.
477 BGH NStZ-RR 2004, 331.
478 BGH StraFo 2005, 509 f.
479 BGH StV 2005, 545 f.

Wahrscheinlichkeit besteht. Eine Sicherheit oder eine an Sicherheit grenzende Wahrscheinlichkeit ist nicht erforderlich. Die Unterbringung darf nur angeordnet werden, wenn eine Wahrscheinlichkeit höheren Grades und nicht nur die einfache Möglichkeit neuerlicher schwerer Störungen des Rechtsfriedens besteht, des Weiteren ist ein symptomatischer Zusammenhang zwischen dem geistig-seelischen Zustand des Täters und der Tatbegehung erforderlich, weil nur in diesen Fällen die Gefahr für weitere Straftaten aus der bisherigen Tat begründet werden kann. Die Gefährlichkeitsprognose darf nicht allein auf die im Zustand der Schuldunfähigkeit begangene Anlasstat gestützt werden, erforderlich ist vielmehr eine Gesamtbetrachtung. Nur Störungen des Rechtsfriedens, die zumindest in den Bereich der mittleren Kriminalität hineinragen, rechtfertigen eine Unterbringung gemäß § 63 StGB.

Eine Unterbringung nach § 63 Satz 1 StGB erfordert, dass eine Gesamtwürdigung des Täters und seiner Tat ergibt, dass von ihm infolge seines Zustands erhebliche rechtswidrige Taten zu erwarten sind, durch welche die Opfer seelisch oder körperlich erheblich geschädigt oder erheblich gefährdet werden oder schwerer wirtschaftlicher Schaden angerichtet wird und er deshalb für die Allgemeinheit gefährlich ist[480]. 112

Nur solche Taten sind als *erheblich im Sinne des § 63 Satz 1 StGB* anzusehen sind, die geeignet erscheinen, den Rechtsfrieden empfindlich zu stören sowie das Gefühl der Rechtssicherheit der Bevölkerung erheblich zu beeinträchtigen, und damit zumindest dem Bereich der mittleren Kriminalität zuzuordnen sind[481]. Insoweit wollte der Gesetzgeber (anders als bei Vermögensdelikten) bei Taten, die gegen höchstpersönliche Rechtsgüter gerichtet sind, insbesondere bei Körperverletzungsdelikten, mit der vor allem klarstellenden Ergänzung im Gesetzestext, dass Taten zu erwarten sein müssen, durch welche die Opfer körperlich oder seelisch »erheblich« geschädigt oder »erheblich« gefährdet werden, die Anforderungen für eine Unterbringung in einem psychiatrischen Krankenhaus nicht anheben. Danach gehören Gewalt- und Aggressionsdelikte weiterhin regelmäßig zu den erheblichen Straftaten, bedürfen allerdings stets einer konkreten Einzelfallprüfung, wobei neben der konkreten Art der drohenden Taten und dem Gewicht der konkret bedrohten Rechtsgüter auch die zu erwartende Häufigkeit und Rückfallfrequenz von Bedeutung sein können. Einfache Körperverletzungen im Sinne von § 223 Abs. 1 StGB, die nur mit geringer Gewaltanwendung verbunden sind und die Erheblichkeitsschwelle der tatbestandlich vorausgesetzten Beeinträchtigung der körperlichen Unversehrtheit lediglich unwesentlich überschreiten, reichen grundsätzlich nicht aus; das gilt beispielsweise für eine einfache Ohrfeige, einen Fußtritt gegen das Bein, Ziehen an den Haaren, einen Stoß gegen die Brust oder einen Kniff ins Gesäß. Nicht erforderlich ist hingegen, dass Straftaten zu erwarten sind, durch welche die Opfer körperlich oder seelisch »schwer« geschädigt werden. Dementsprechend sind etwa Faustschläge ins Gesicht in der Regel bereits mittlerer Kriminalität zuzurechnen, insbesondere wenn sie Verletzungen zur Folge haben, die ärztlich versorgt werden müssen[482]. Im Rahmen der Prognoseentscheidung sind bei Taten, die gegen höchstpersönliche Rechtsgüter gerichtet sind, insbesondere bei Körperverletzungsdelikten, nur solche Taten als erheblich im Sinne des § 63 Satz 1 StGB anzusehen, die geeignet erscheinen, den Rechtsfrieden empfindlich bzw. schwer zu stören sowie das Gefühl der Rechtssicherheit der Bevölkerung erheblich zu beeinträchtigen, und damit zumindest dem Bereich der mittleren Kriminalität zuzuordnen sind. Das kommt bei Gewalt- und Aggressionsdelikten regelmäßig in Betracht, ist indes stets anhand der Umstände des konkreten Einzelfalls zu prüfen. Einfache Körperverletzungen im Sinne von § 223 Abs. 1 StGB, die – wie einfache Ohrfeigen, das Ziehen an den Haaren, ein Stoß gegen die Brust oder ein Kniff ins Gesäß – nur mit geringer Gewaltanwendung verbunden sind und die Erheblichkeitsschwelle der tatbestandlich vorausgesetzten Beeinträchtigung der körperlichen Unversehrtheit lediglich unwesentlich überschreiten, reichen grundsätzlich nicht aus. Nicht erforderlich ist hingegen, dass Straftaten zu erwarten sind, durch welche die Opfer körperlich oder seelisch »schwer«

480 Beschl. v. 27.06.2019 – 1 StR 112/19.

481 BGH Urt. v. 26.09.2019 – 4 StR 30/19.

482 BGH Urt. v. 06.02.2019 – 5 StR 495/18; Beschl. v. 31.10.2018 – 3 StR 432/18.

geschädigt werden[483]. Der Einsatz eines Pfeffersprays gegenüber Menschen stellt in aller Regel eine erhebliche Tat im Sinne von § 63 Satz 1 StGB dar. Bei der Gewichtung von Bedrohungen und einfachen körperlichen Attacken gegen Polizeibeamte ist zu beachten, dass Angriffe gegen Personen, die professionell mit derartigen Konfliktsituationen umgehen, dafür entsprechend geschult sind und in der konkreten Situation über besondere Hilfs- und Schutzmittel verfügen, möglicherweise weniger gefährlich sind. Eine Eigengefährdung kann auch mit einer erheblichen Fremdgefährdung einhergehen, selbst wenn ein nicht schuldfähig Handelnder mögliche Folgen für Dritte ausblendet[484].

113 Bei Gelegenheits- oder Konflikttaten kann die symptomatische Bedeutung für die Gefährlichkeit fraglich sein. Dass ein Täter trotz bestehenden Defekts über Jahre hinweg keine Straftaten begangen hat, ist ein gewichtiges Indiz gegen die Wahrscheinlichkeit künftiger gefährlicher Straftaten.[485] Ein Täter ist auch dann für die Allgemeinheit gefährlich, wenn von ihm nur gegen bestimmte Einzelpersonen erhebliche rechtswidrige Taten zu erwarten sind. Die Allgemeinheit hat ein Interesse daran, dass schwerwiegende Angriffe gegen strafrechtlich geschützte Rechtsgüter ihrer Mitbürger unterbleiben. Erfasst werden deshalb auch die Fälle, bei denen der Täter für besonders nahestehende Personen, wie Ehefrau oder Kinder, eine erhebliche Gefahr bedeutet.[486] Es muss wahrscheinlich sein, dass der Rechtsfrieden durch neue Taten, bei denen es sich um erhebliche rechtswidrige Taten handeln muss, schwer gestört wird.[487]

Zudem ist eine Wahrscheinlichkeit höheren Grades erforderlich. Die zu stellende Prognose ist auf der Grundlage einer umfassenden Würdigung der Persönlichkeit des Täters, seines Vorlebens und der von ihm begangenen Anlasstat zu entwickeln. Dabei sind neben der konkreten Krankheits- und Kriminalitätsentwicklung auch die auf die Person des Täters und seine konkrete Lebenssituation bezogenen Risikofaktoren, die eine individuelle krankheitsbedingte Disposition zur Begehung von Straftaten jenseits der Anlasstaten belegen können, einzustellen. Für die Entscheidung, ob eine Unterbringung in einem psychiatrischen Krankenhaus anzuordnen ist, kommt es nicht darauf an, ob die von dem Täter (aktuell noch) ausgehende Gefahr für die Allgemeinheit durch eine konsequente medizinische Behandlung oder andere Maßnahmen außerhalb des Maßregelvollzugs abgewendet werden kann. Ein derartiges täterschonendes Mittel würde erst bei der Frage der Aussetzung der Vollstreckung der Maßregel zur Bewährung Bedeutung erlangen können[488].

114 Ob erhebliche rechtswidrige Taten zu erwarten sind, ist aufgrund einer Gesamtwürdigung der Person des Angeklagten und seiner Tat zu beantworten. Maßgeblicher Zeitpunkt ist die Urteilsfindung.[489]

115 Eine wiederholte Anordnung der Unterbringung nach § 63 StGB ist zwar nicht schon deshalb von vornherein ausgeschlossen, weil diese Maßregel bereits aufgrund eines in einem früheren Verfahren ergangenen Urteils gegen den Beschuldigten vollzogen wird. Maßgeblich ist, ob die erneute Anordnung zur Erreichung des Maßregelziels der Besserung (Heilung) und Sicherung geeignet und erforderlich ist, weil von ihr Wirkungen ausgehen, die der erste Maßregelausspruch nach § 63 StGB nicht zeitigt, was insbesondere dann der Fall sein wird, wenn das neue Urteil erhebliche Auswirkungen auf Dauer und Ausgestaltung des Maßregelvollzugs haben kann.[490] Die erneute Anordnung der Unterbringung in einem psychiatrischen Krankenhaus bei einem Angeklagten, der zum Zeitpunkt der Entscheidung bereits aufgrund eines früheren Urteils im Vollzug dieser Maßregel befindet, kann auch geboten sein, um zu gewährleisten, dass der Maßregelvollzug auf die zugleich verhängte Frei-

483 BGH Beschl. v. 31.10.2018 – 3 StR 432/18.
484 BGH Urt. v 19.01. 2019 – 5 StR 466/18; vgl. aber auch BGH Beschl. v. 24.10.2019 – 5 StR 410/19, NStZ 2020, 278 f.
485 BGH, Beschl. v. 11.03.2009 – 2 StR 42/09 = NStZ-RR 2009, 198; Urt. v. 23.11.2016 – 2 StR 108/16.; Beschl. v. 07.06.2016 – 4 StR 207/16.
486 BGHSt 26, 321 ff.; 34, 22 (29); BGHR StGB § 63 Gefährlichkeit 12 und 21.
487 BGHR StGB § 63 Schuldunfähigkeit 1; Gefährlichkeit 8 und 16.
488 BGH Urt. v. 11.10.2018 – 4 StR 195/18 = NStZ-RR 2019, 41 f.
489 BGHSt 25, 59 (61 ff.); 27, 246, 248.
490 BGH, Urt. v. 17.09.2009 – 4 StR 325/09.

heitsstrafe angerechnet wird.[491] Daran hat sich durch die Entscheidung des Bundesverfassungsgerichts vom 27.03.2012[492] nichts geändert[493].

Außerstrafrechtliche Sicherungssysteme, um der Gefährlichkeit des Beschuldigten entgegenzuwirken, stehen der Anordnung der Maßregel nicht entgegen (Subsidiaritätsprinzip). Solche täterschonenden Mittel (zivilrechtliche oder verwaltungsrechtliche Unterbringung, Auflagen und Weisungen nach Strafaussetzung zur Bewährung, Betreuerbestellung etc.) – ihre Wirksamkeit vorausgesetzt – erlangen Bedeutung erst für die Frage, ob die Vollstreckung der Unterbringung gemäß § 67b StGB zur Bewährung ausgesetzt werden kann[494].

▶ **Beachte**

Ob die von dem Täter ausgehende Gefahr für die Allgemeinheit durch eine medizinische Behandlung außerhalb des Maßregelvollzugs abgewendet werden kann, ist für die Entscheidung der Anordnung der Unterbringung in einem psychiatrischen Krankenhaus nicht erheblich, sondern erst bei der Frage der Aussetzung der Vollstreckung der Maßregel zur Bewährung[495].

Eine »nachträgliche« *Unterbringung* in einem psychiatrischen Krankenhaus gibt es nicht. Es darf deshalb nicht, nach Erledigung der Maßregel nach 3 63 StGB wegen Unverhältnismäßigkeit (§ 67d Abs. 6 Satz 1 Alternative 2 StGB) auf nahezu unveränderter tatsächlicher Grundlage nachträglich Sicherungsverwahrung angeordnet werden um ihn gemäß § 67a Abs. 2 StGB wieder in den psychiatrischen Maßregelvollzug zu überweisen[496].

Wird ein Angeklagter, der allein Revision eingelegt hat, wegen Schuldunfähigkeit bei Begehung der Tat (§ 20 StGB) freigesprochen und seine Unterbringung in einem psychiatrischen Krankenhaus angeordnet (§ 63 StGB), ist das Revisionsgericht nicht gehindert, auch den Freispruch aufzuheben. Durch das Gesetz zur Sicherung der Unterbringung in einem psychiatrischen Krankenhaus und in einer Entziehungsanstalt vom 16.07.2007 (BGBl. I 1327) ist es nunmehr gemäß § 358 Abs. 2 S. 2 StPO möglich, in einer neuen Hauptverhandlung an Stelle der Unterbringung in einem psychiatrischen Krankenhaus den Täter schuldig zu sprechen und eine Strafe zu verhängen. Ziel des Gesetzgebers war es, durch die Neuregelung zu vermeiden, dass nach einer erfolgreichen Revision eines Angeklagten gegen die alleinige Anordnung der Unterbringung in einem psychiatrischen Krankenhaus wegen angenommener Schuldunfähigkeit gemäß § 20 StGB die Tat ohne strafrechtliche Sanktion bleibt, wenn sich in der neuen Hauptverhandlung herausstellt, dass der Angeklagte bei Begehung der Tat schuldfähig war. Das Gericht bleibt jedoch gehindert, nach Aufhebung einer isoliert angeordneten Unterbringung in einem psychiatrischen Krankenhaus erneut die Unterbringung anzuordnen und zugleich erstmals Strafe zu verhängen.[497]

Eine neben Strafe angeordnete Unterbringung in einem psychiatrischen Krankenhaus gemäß § 63 StGB ist grundsätzlich selbstständig anfechtbar. Eine Beschränkung der Revision auf die Maßregel des § 63 StGB ist zulässig, wenn die Beschwerdepunkte nach dem inneren Zusammenhang des Urteils losgelöst von seinem nicht angefochtenen Teil rechtlich und tatsächlich unabhängig beurteilt werden können. Gewährleistet sein muss, dass die Gesamtentscheidung frei von inneren Widersprüchen bleibt. Voraussetzung ist, dass die Beschwerdepunkte nach dem inneren Zusammenhang des Urteils losgelöst von seinem nicht angefochtenen Teil rechtlich und tatsächlich unabhängig

491 BGH, Beschl. v. 24.03.2015 – 1 StR 39/15 = StV 2016, 733 f.

492 2 BvR 2258/09 = NJW 2012, 1784.

493 BGH, Beschl. v. 17.07.2012 – 4 StR 179/12 = StraFo 2012, 369; BGHSt 50, 199 f.

494 BGH Beschl. v. 03.08.2017 – 4 StR 193/17 = StraFo 2017, 426; Urt. v. 30.11.2017 – 3 StR 385/17 = NStZ-RR 2018, 86 f.; Urt. v. 22.05.2019 – 5 StR 683/18; v. 22.05.2019 – 5 StR 683/18.

495 BGH Urt. v. 22.05.2019 – 5 StR 683/18; v. 22.05.2019 – 5 StR 683/18.

496 BGH Beschl. v. 05.09.2019 – 3 StR 235/19 = NStZ-RR 2019, 386 f.

497 BGH, Beschl. v. 27.10.2009 – 3 StR 369/09; v. 29.07.2015 – 4 StR 293/15 = NStZ-RR 2015, 315 f.; v. 03.06.2015 – 4 StR 167/15 = StV 2016, 724 f.; vgl. auch *Kretschmer* StV 2010, 161 ff.

beurteilt werden können. Gewährleistet sein muss, dass die Gesamtentscheidung frei von inneren Widersprüchen bleibt.[498]

▶ Hinweis

In Fällen des § 63 StGB kommt bei einer Schuldunfähigkeit häufig ein Sicherungsverfahren in Betracht (§§ 413 ff. StPO). Dabei tritt an die Stelle einer Anklageschrift eine Antragsschrift nach § 414 Abs. 2 StPO. Sie ist eine Prozessvoraussetzung, die nicht durch eine Anklageschrift ersetzt werden kann. Nach Eröffnung des Hauptverfahrens muss das Strafverfahren durchgeführt werden. Stellt sich nach Eröffnung des Hauptverfahrens heraus, dass der ursprüngliche Angeklagte schuldunfähig ist, ist ein Übergang vom Strafverfahren zum Sicherungsverfahren ausgeschlossen[499].

b) Unterbringung in einer Entziehungsanstalt, § 64 StGB

116 Aufgrund eines stetigen Anstiegs der Anzahl von Personen, die gemäß § 64 StGB in einer Entziehungsanstalt untergebracht wurden, und einer damit einhergehenden beklagten Überbelegung der Maßregelvollzugseinrichtungen hat der Bundestag am 22.06.2023 einen Gesetzesentwurf zur Überarbeitung des Sanktionenrechts verabschiedet. Die Änderungen an § 64 StGB und anderen damit verbundenen Vorschriften (§ 67 Abs. 2 Satz 3 und Abs. 5 Satz 1 StGB sowie § 463 Abs. 6 Satz 3 StPO) traten am 01.10.2023 in Kraft.[500] Die Gesetzesänderung, die gem. § 2 Abs. 6 StGB auch auf noch laufende Verfahren Anwendung findet, wird voraussichtlich einen erheblichen Einfluss auf die Strafrechtspraxis haben. Die Attraktivität der Unterbringung nach § 64 StGB für Angeklagte hat durch die Reform merklich abgenommen, bot insbesondere die Möglichkeit gemäß § 67 Abs. 5 StGB a.F., bereits zum Halbstrafenzeitpunkt eine Reststrafenaussetzung zur Bewährung zu erhalten, einen – wenn auch nicht unumstrittenen – Anreiz für Angeklagte, auf eine Unterbringung hinzuwirken.[501] Aufgrund der Neufassung des § 67 Abs. 5 Satz 1 StGB wird in Angleichung an den in § 57 Abs. 1 Satz 1 StGB normierten Regelzeitpunkt der Strafaussetzung zur Bewährung von zwei Drittel der verhängten Strafe nunmehr eine Reststrafenaussetzung der Begleitstrafe in aller Regel erst zum Zweidrittelzeitpunkt in Betracht kommen. Die Neufassung wird daher – von der wohl nur noch theoretischen Möglichkeit einer Reststrafenaussetzung zum Halbstrafenzeitpunkt (§ 67 Abs. 2 S. 3 StGB) – dazu führen, dass Verteidigungsstrategien neu überdacht und mit den Mandanten abgestimmt werden müssen.

▶ Beachte

Auch nach der Neufassung müssen zusätzlich die Voraussetzungen des § 57 Abs. 1 Satz 1 Nr. 2, Nr. 3 und Satz 2 StGB erfüllt sein. Das ergibt sich unmittelbar aus § 57 Abs. 1 Satz 2 StGB, auf den der neu formuliere § 67 Abs. 5 Satz 1 StGB nun explizit verweist. Die Entlassung auch erst zum Zweidrittelzeitpunkt erfordert somit neben dem Erreichen der Mindestverbüßungszeit insbesondere eine vertretbare Abwägung unter Beachtung des Sicherheitsinteresses der Allgemeinheit. Hierbei sind besonders die Persönlichkeit des Verurteilten, seine Vorstrafen, die Umstände seiner Tat, die Schwere des bei einem Rückfall

498 BGH, Beschl. v. 09.09.2015 – 4 StR 334/15 = StraFo 2015, 467 f.

499 BGH, Beschl. v. 21.06.2016 – 5 StR 266/16 = NStZ 2016, 693 f.

500 BGBl. 2023 I Nr. 203; zur Gesetzesbegründung BT-Drucks 20/5913; zur Neufassung *Krumm* NJ 2023, 442 ff.; *Schalast* StraFo 2023, 167 ff.; aus forensischer Sicht *Schwarz/Stübner* Forensische Psychiatrie, Psychologie, Kriminologie 17 (2023), 421 ff.; vgl. zu den Reformbestrebungen *Koller* StV 2021, 265 ff.; *Kubink/Springub* ZRP 2023, 52 ff.; *Querengässer/Baur/Berthold* KriPoZ 2022, 168 ff.; *van Gemmeren* ZRP 2022, 76 ff.; *Walther* JR 2020, 296 ff.

501 BT-Drucks 20/5913, S. 23 f., 30 ff., 43; siehe zur Kritik an der missbräuchlichen Anwendung der Unterbringung in einer Entziehungsanstalt *Schalast* NStZ 2017, 433 (434 ff.).

gefährdeten Rechtsguts, sein Verhalten während der Haft, seine Lebensumstände und die zu erwartenden Auswirkungen der Reststrafenaussetzung für ihn zu berücksichtigen.

§ 64 StGB lautet nunmehr wie folgt, die Änderungen sind gefettet:

> »Hat eine Person den Hang, alkoholische Getränke oder andere berauschende Mittel im Übermaß zu sich zu nehmen, und wird sie wegen einer rechtswidrigen Tat, die **überwiegend** auf ihren Hang zurückgeht, verurteilt oder nur deshalb nicht verurteilt, weil ihre Schuldunfähigkeit erwiesen oder nicht auszuschließen ist, so soll das Gericht die Unterbringung in einer Entziehungsanstalt anordnen, wenn die Gefahr besteht, dass sie infolge ihres Hanges erhebliche rechtswidrige Taten begehen wird; **der Hang erfordert eine Substanzkonsumstörung, infolge derer eine dauernde und schwerwiegende Beeinträchtigung der Lebensgestaltung, der Gesundheit, der Arbeits- oder der Leistungsfähigkeit eingetreten ist und fortdauert.** Die Anordnung ergeht nur, wenn **aufgrund tatsächlicher Anhaltspunkte zu erwarten ist,** die Person durch die Behandlung in einer Entziehungsanstalt innerhalb der Frist nach § 67d Absatz 1 Satz 1 oder 3 zu heilen oder über eine erhebliche Zeit vor dem Rückfall in den Hang zu bewahren und von der Begehung erheblicher rechtswidriger Taten abzuhalten, die auf ihren Hang zurückgehen.«

Im Wesentlichen angepasst wurden damit die Voraussetzungen des *Hangs*, des *Symptomatischen Zusammenhangs* und der *Erfolgsaussicht* der Maßnahme.

▶ **Beachte**

Liegen die (erhöhten) rechtlichen Voraussetzungen des § 64 StGB vor, ist die Anordnung der Unterbringung zwar nicht – wie auch bisher – zwingend. Aufgrund der Ausgestaltung des § 64 StGB als Ermessenssollvorschrift wird ein Absehen von einer Unterbringung in einer Entziehungsanstalt bei Vorliegen der Anordnungsvoraussetzungen jedoch nur in besonderen Ausnahmefällen in Betracht kommen.[502]

Hang im Sinne von § 64 StGB ist nicht nur eine chronische, auf körperlicher Sucht beruhende Abhängigkeit, sondern es genügt eine eingewurzelte, aufgrund psychischer Disposition bestehende oder durch Übung erworbene intensive Neigung, immer wieder Rauschmittel im Übermaß zu sich zu nehmen.[503] Der Begriff des »Hangs« wurde durch die Neufassung des § 64 StGB präziser gefasst, indem nun eine »Substanzkonsumstörung« hinzukommen muss, die zu einer dauernden und schwerwiegenden Beeinträchtigung der Lebensgestaltung, Gesundheit, Arbeits- oder Leistungsfähigkeit geführt hat. Diese Änderung soll die Anordnung der Unterbringung nach § 64 StGB auf die Fälle beschränken, in denen tatsächlich eine Behandlung in einer Entziehungsanstalt erforderlich ist, um so die Ressourcen des Maßregelvollzugs effizienter zu nutzen (BT-Drucks 20/5913, S. 48). 117

Die Einführung des Begriffs »Substanzkonsumstörung« soll den medizinischen Bezug stärken (vgl. BT-Drucks 20/5913, S. 44 f.) und den Hang auf bestimmte medizinisch definierte Kategorien schwerer und behandlungsbedürftiger Formen des übermäßigen Rauschmittelkonsums beschränken. Die Voraussetzung »Substanzkonsumstörung« soll Täter mit substanzbezogenen Abhängigkeitserkrankungen im medizinischen Sinn (ICD-10-GM F10–F19, Erweiterung.2: »Abhängigkeitssyndrom«) erfassen und Fälle eines Substanzmissbrauchs, dessen Schweregrad knapp unterhalb einer Abhängigkeit einzuordnen ist. Damit ist ein Missbrauch gemeint, der nach ICD-10 als eine schwere Form des »Schädlichen Gebrauchs« (ICD-10-GM F10–F19, Erweiterung.1: »Schädlicher Gebrauch«) einzustufen ist. Diese schwere Form entspräche im Sinne des ICD-11 der mittleren Stufe »Schädliches Gebrauchsmuster« (ICD-11 6C40 ff., Erweiterung.1: »Harmful pattern of use«). Bei einem lediglich »einfachen« schädlichen Gebrauch oder einem »Episodenhaften schädlichen Gebrauch«

502 Vgl. zur alten Rechtslage BGH, Beschl. v. 06.09.2007 – 4 StR 316/07 = StV 2007, 579; Beschl. v. 09.09.2015 – 4 StR 335/15 = NStZ-RR 2016, 45 f.; Beschl. v. 20.01.2016 – 4 StR 573/15.

503 BGH, Beschl. v. 23.08.2017 – 1 StR 367/17 = NStZ-RR 2017, 370 f.; Beschl. v. 27.09.2018 – 4 StR 276/18 = StV 2019, 261 ff.; Beschl. v. 17.09.2019 – 3 StR 355/19; Beschl. v. 08.02.2022 – 6 StR 11/22.

(ICD-11 6C40 ff., Erweiterung.0: »Episode of harmful use«) soll dagegen eine Unterbringung nicht mehr möglich sein. Damit ist die Anordnung der Maßnahme nunmehr enger an den konkreten Therapiebedarf geknüpft.

Mit der Einführung des medizinisch geprägten Begriffs soll allerdings nicht die jeweils geltende medizinische Definition eines Krankheitsbildes oder einer Gesundheitsbeeinträchtigung unmittelbar ins Gesetz übertragen und die Gesetzesauslegung und -anwendung von Inhalt und Wandlungen dieser Systeme abhängig gemacht werden. Die Wortwahl zielt vielmehr darauf ab, einen eigenständigen Rechtsbegriff einzuführen, der den Anwendungsbereich von § 64 StGB stärker auf Fälle begrenzt, in denen der Substanzkonsum des Betroffenen nach Art und Grad behandlungsbedürftig ist. Hingegen muss sich der Substanzmissbrauch auch nach der Neufassung des § 64 StGB noch nicht zu einer physischen Abhängigkeit verfestigt haben.[504] Das ermöglicht gerade bei Jugendlichen und Heranwachsenden ein therapeutisches Eingreifen in einem früheren Stadium des Substanzkonsums, in dem der Behandlungsaufwand geringer ist und die Erfolgsaussichten größer sind als bei einer bereits ausgebildeten Abhängigkeitserkrankung. Auch wird für den Hang wohl weiterhin nicht erforderlich sein, dass beim Täter bereits eine Persönlichkeitsdepravation eingetreten ist.[505] Das Fehlen ausgeprägter Entzugssyndrome sowie Intervalle der Abstinenz dürften der Annahme eines Hangs ebenfalls nicht entgegenstehen. Insofern müsste auch die Rechtsprechung noch gelten, nach der Hang nicht voraussetzt, dass die Rauschmittelgewöhnung auf täglichen oder häufig wiederholten Genuss zurückgeht; vielmehr kann es genügen, wenn der Täter von Zeit zu Zeit oder bei passender Gelegenheit seiner Neigung zum Rauschmittelkonsum folgt,[506] sofern das nunmehr zu einer Substanzkonsumstörung führt.

▶ **Beachte**

Für die Anwendbarkeit des § 64 StGB entscheidend ist, ob eine etwaige Suchtproblematik des Angeklagten bereits zu einer Behandlungsbedürftigkeit geführt hat. Wie bereits nach altem Recht müssen jedoch *sämtliche* Anordnungsvoraussetzungen – und damit auch die »Substanzkonsumstörung« – zur Überzeugung des Tatgerichts sicher feststehen. Für die Anwendung des Zweifelssatzes ist insoweit und auch nach der Neufassung des § 64 StGB – anders als etwa bei der Frage verminderter Schuldfähigkeit nach § 21 StGB – kein Raum.[507]

118 Zusätzlich ist erforderlich, dass die Substanzkonsumstörung zu einer anhaltenden und schwerwiegenden Beeinträchtigung der Lebensgestaltung, Gesundheit, Arbeits- oder Leistungsfähigkeit geführt hat. Mindestens in einem dieser Bereiche müssen nunmehr solche Beeinträchtigungen nachweislich eingetreten sein. Das heißt, die Beeinträchtigung darf nicht nur zeitweise eingetreten sein, sondern muss im Tatzeitpunkt für längere Zeit vorhanden gewesen sein. Eine lediglich vorübergehende konsumbedingte Verringerung oder Aufhebung der sozialen Funktionsfähigkeit genügt nicht. Zudem muss sich die Störung schwerwiegend auswirken, also das Funktionsniveau im jeweiligen Bereich in gravierender Weise beeinträchtigen. Beide Merkmale, dauernd und schwerwiegend, müssen kumulativ erfüllt sein.[508] Das heißt auch, dass eine schwerwiegende, aber lediglich vorübergehende Einschränkung der einen Funktion, bei gleichzeitiger dauerhafter, aber nur leichter Beeinträchtigung in einem anderen Bereich, für eine Unterbringung nicht mehr genügt.[509]

504 Vgl. zur alten Fassung BGH, Beschl. v. 23.08.2017 – 1 StR 367/17 = NStZ-RR 2017, 370 f.; Beschl. v. 27.09.2018 – 4 StR 276/18 = StV 2019, 261 ff.; Beschl. v. 31.07.2019 – 5 StR 286/19; Beschl. v. 17.09.2019 – 3 StR 355/19.

505 Vgl. BGH, Beschl. v. 27.08.2019 – 4 StR 330/19.

506 BGH, Beschl. v. 17.05.2018 – 3 StR 166/18 = NStZ-RR 2018, 238; Beschl. v. 20.02.2018 – 3 StR 645/17; Beschl. v. 27.09.2018 – 4 StR 276/18 = StV 2019, 261 f.

507 BGH, Beschl. v. 23.02.2022 – 6 StR 650/21; Urt. v. 27.06.2019 – 3 StR 443/18; Beschl. v. 25.09.2018 – 3 StR 621/17 = StV 2020, 302 f.

508 BT-Drucks 20/5913, S. 45.

509 Anders noch BGH, Beschl. v. 16.06.2020 – 1 StR 155/20.

Hinweis

Nach bisheriger Rechtsprechung genügte es, dass der Täter aufgrund seines Rauschmittelkonsums sozial gefährdet oder gefährlich erschien, ohne dass sein Konsum das Ausmaß erreichen musste, welches erhebliche Auswirkungen auf seine Gesundheit oder Arbeits- und Leistungsfähigkeit hatte; dem Umstand, dass durch den Rauschmittelkonsum die Gesundheit sowie die Arbeits- und Leistungsfähigkeit des Betroffenen beeinträchtigt sind, kam nur eine indizielle Bedeutung zu.[510] Mit dieser Änderung ist diese Rechtsprechung überholt.

Schließlich verlangt § 64 StGB einen kausalen Zusammenhang zwischen der Substanzkonsumstörung und der Beeinträchtigung; die Störung muss die Ursache der Beeinträchtigung sein. Damit werden Fälle einer Koinzidenz von anders bedingter Beeinträchtigung und Substanzkonsumstörung aus dem Anwendungsbereich von § 64 StGB ausgeklammert.[511]

Beachte

Die Bereitschaft des Angeklagten, sich freiwillig einer stationären Therapie zu unterziehen, 119
dürfte auch weiterhin für sich genommen kein Grund sein, von der Anordnung einer zwangsweisen Unterbringung abzusehen. Auch die vom Tatgericht angekündigte Zustimmung zur Zurückstellung der Vollstreckung der erkannten Gesamtfreiheitsstrafe gemäß § 35 BtMG ist im Hinblick auf eine Anordnung nach § 64 StGB unerheblich. Denn die Unterbringung nach § 64 StGB geht auch weiterhin dieser dem Vollstreckungsverfahren vorbehaltenen Maßnahme vor; von der Anordnung der Unterbringung darf daher nicht abgesehen werden, weil eine Entscheidung nach § 35 BtMG ins Auge gefasst ist.

Für die Anordnung der Unterbringung nach § 64 StGB ist weiterhin erforderlich, dass die abge- 120
urteilte Tat *Symptomcharakter* hat. Der »symptomatische Zusammenhang« muss sicher feststehen, der Zweifelssatz findet insofern keine Anwendung.[512]

Der Gesetzgeber hat das Kausalitätserfordernis zwischen dem Hang und der Anlasstat allerdings verschärft, indem die Anlasstat jetzt »überwiegend« auf den Hang zurückgeht. Ein symptomatischer Zusammenhang liegt demnach vor, wenn der Hang allein oder zusammen mit anderen Umständen dazu beigetragen hat, dass der Täter eine erhebliche rechtswidrige Tat begangen hat und das bei unverändertem Verhalten auch für die Zukunft zu erwarten ist. Mitursächlichkeit genügt zwar grundsätzlich weiterhin, allerdings muss die Anlasstat nach der Neufassung des § 64 StGB quantitativ »überwiegend« auf dem Hang beruhen. Dieser Zusammenhang liegt bei Delikten nahe, die begangen werden, um Rauschmittel selbst oder Geld für ihre Beschaffung zu erlangen.[513] Durch dieses Kausalitätserfordernis zwischen Hang und Anlasstat soll sichergestellt werden, dass den Entziehungsanstalten keine Patienten zugewiesen werden, bei denen keine schwere Suchtmittelkonsumstörung vorliegt, sondern ein missbräuchlicher Drogenkonsum als Teil eines delinquenten Lebenswandels oder einer primär delinquenten Orientierung, bei denen der Drogenhandel auch einträgliche Erwerbsquelle ist und der persönliche Drogenkonsum dem Profitinteresse gegenüber nachrangig ist. Die Konsumstörung ist dann nämlich nicht die primäre Störung, sondern lediglich Begleiterscheinung.[514] Andere Delikte als solche der Beschaffungskriminalität kommen als Hangtaten somit nur

510 BGH, Beschl. v. 27.08.2019 – 4 StR 330/19; Beschl. v. 27.08.2019 – 4 StR 330/19; Beschl. v. 23.2.2022 – 6 StR 15/22.

511 Vgl. auch *Krumm* NJ 2023, 442 (444).

512 BGH, Urt. v. 27.06.2019 – 3 StR 443/18; Beschl. v. 25.09.2018 – 3 StR 621/17 = StV 2020, 302 f.

513 BGH, Urt. v. 20.09.2011 – 1 StR 120/11 = NStZ-RR 2012, 72 f.; Beschl. v. 12.10.2016 – 1 StR 470/16; Beschl. v. 10.11.2015 – 1 StR 482/15 = NStZ-RR 2016, 113 f.; Beschl. v. 25.11.2015 – 1 StR 379/15; Beschl. v. 03.03.2016 – 4 StR 586/15.

514 Vgl. BT-Drucks 20/5913, S. 46 f.

dann in Betracht, wenn sich in ihnen die hangbedingte besondere Gefährlichkeit des Täters zeigt.[515] Zu denken sind hier insbesondere an Fälle des »Cravings«, d.h. im Drogenhunger, oder in denen es dem Täter darum geht, Entzugssymptome zu vermeiden, sowie an Gewalttaten von Alkohol- oder Drogenabhängigen. Maßgeblich sind hier weiterhin die Umstände im Zeitpunkt der Anlasstat und der letzten tatrichterlichen Hauptverhandlung.[516]

121 Weiterhin notwendig ist die Gefahr weiterer Taten i.S.d. § 64 StGB. Diese Gefahr besteht nur, wenn die begründete Wahrscheinlichkeit gegeben ist, dass der Täter infolge seines Hangs rückfällig werden wird. Die bloße Wiederholungsmöglichkeit genügt nicht. Geringfügige Eigentumsdelikte sind aber in der Regel nicht geeignet, die Maßregel nach § 64 StGB zu rechtfertigen.[517] Maßgebend für die Prognose ist der Zeitpunkt der tatgerichtlichen Hauptverhandlung. Möglichkeiten, Chancen, Maßnahmen einer therapeutischen Behandlung oder auch zukünftig erst Erhofftes haben dabei im Rahmen der Gesamtwürdigung außer Betracht zu bleiben. Die Gefahr künftiger suchtbedingter Straftaten darf daher nicht deshalb verneint werden, weil ein Angeklagter unter den strafrechtlichen Konsequenzen seiner Taten leidet und künftige berufliche Zukunftspläne im außerstrafrechtlichen Bereich wahrscheinlich wird umsetzen können.[518]

▶ **Beachte**

Bei der Beurteilung der Gefahr, dass der Betroffene infolge seines Hanges künftig erhebliche rechtswidrige Taten begehen wird, reicht eine nur auf statistische Wahrscheinlichkeiten gestützte Prognoseentscheidung als Grundlage für die Anordnung einer freiheitsentziehenden Maßregel der Besserung und Sicherung nicht aus. Herkunft und Bedeutung von Angaben aufgrund eines statistischen Prognoseinstruments sind unklar und erlauben für sich genommen eine revisionsgerichtliche Nachprüfung der Gefahrenprognose nicht. Stützt der Tatrichter seine Prognose auf ein von einem Sachverständigen verwendetes standardisiertes Prognoseinstrument, hat er darauf zu achten, ob es im Einzelfall tauglich ist. Selbst dann bedarf es zur individuellen Prognose über die Anwendung derartiger Instrumente hinaus einer differenzierten Einzelfallanalyse.[519]

122 Die Unterbringung in einer Entziehungsanstalt darf nur dann angeordnet werden, wenn »aufgrund tatsächlicher Anhaltspunkte« ein Behandlungserfolg zu erwarten ist (§ 64 Satz 2 StGB). Eine hinreichend konkrete Aussicht eines Behandlungserfolgs ist nicht mehr ausreichend. Damit hat der Gesetzgeber das Kriterium der Erfolgsaussicht deutlich verschärft.

»Zu erwarten« ist ein Therapieerfolg erst, wenn eine Wahrscheinlichkeit höheren Grades für einen Therapieerfolg gegeben ist, die durch Tatsachen belegt sein muss.[520] Im Urteil ist somit in Fällen, in denen sich der Behandlungserfolg angesichts der Feststellungen nicht von selbst versteht, näher darzulegen, welche konkret zu benennende Anhaltspunkte sich dafür finden lassen, dass es innerhalb des nach § 64 Satz 2 StGB maßgeblichen Zeitraums nicht mehr zur Begehung hangbedingter, erheblicher rechtswidriger Taten kommen wird. Für die dafür erforderliche Gesamtwürdigung sind namentlich Behandlungsfähigkeit und Behandlungsbereitschaft des Angeklagten in den Blick zu nehmen. Es geht damit in erster Linie um in der Person und Persönlichkeit des Täters liegende Umstände, insbesondere solche, die seine Sucht und deren Behandlungsfähigkeit unmittelbar kennzeichnen – also vor allem Art und Stadium der Sucht, bereits eingetretene physische und psychische Veränderungen und Schädigungen, frühere Therapieversuche sowie eine aktuelle Therapiebereitschaft.

515 BGH, Beschl. v. 10.11.2015 – 1 StR 482/15 = NStZ-RR 2016, 113 f.

516 Vgl. BGH, Beschl. v. 30.06.2016 – 3 StR 231/16.

517 BGH NStZ 1994, 280; *Fischer* § 64 Rn. 16; vgl. auch *Krumm* NJ 2022, 158 ff.

518 BGH, Beschl. v. 27. 06 2018 – 1 StR 188/18.

519 BGH, Beschl. v. 16.12.2015 – 2 StR 469/15 = StraFo 2016, 122; Beschl. v. 12.04.2016 – 4 StR 17/16 = NStZ-RR 2016, 242 f.

520 BT-Drucks 20/5913, S. 69.

Hinderte das Fehlen eines Therapiewillens bisher nicht zwangsläufig die Unterbringung nach § 64 StGB,[521] wird mangelnde Therapiemotivation wohl nunmehr ein erhebliches Indiz gegen eine Erfolgsaussicht sein. Da eine Wahrscheinlichkeit höheren Grades für einen Therapieerfolg angenommen werden muss, wird wohl das bisherige Argument, dass es Ziel der Behandlung im Maßregelvollzug gerade sein könne, die Therapiebereitschaft beim Angeklagten überhaupt erst zu wecken,[522] nicht ohne Weiteres genügen. Auch dass der Angeklagte sich bereits einmal einer Therapie unterzogen hat und rückfällig geworden ist, wird wohl – anders als bisher[523] – als »tatsächlicher Anhaltspunkt« gegen einen Behandlungserfolg zu werten sein.

Die Unterbringungsanordnung nach § 64 StGB geht weiterhin der Vollstreckungslösung des § 35 ff. 123
BtMG vor.[524] Von der Anordnung darf deshalb nicht im Hinblick auf eine mögliche Zurückstellung nach § 35 BtMG abgesehen werden.[525]

▶ Hinweis

Mangelhafte oder fehlende deutsche Sprachkenntnisse oder Sprachkompetenz sowie eine 124
anhaltende wahnhafte Störung konnten bereits nach alter Rechtslage der hinreichenden Aussicht eines Therapieerfolges entgegenstehen.[526] Entsprechendes galt bei ausreisepflichtigen (betäubungsmittelabhängigen) Ausländern insbesondere dann, wenn neben erheblichen sprachlichen Verständigungsprobleme auch eine Erfolg versprechende Therapie schon aufgrund der unzulänglichen Kommunikationsgrundlage mit den Therapeuten kaum vorstellbar wäre.[527] Diese Grundsätze gelten nunmehr erst recht nach der Anhebung der Voraussetzungen des § 64 StGB.[528]

Die Therapie in der Entziehungsanstalt ist eine primär verbale, sprachbasierte Therapie. Die Aufarbeitung der eigenen Lebensgeschichte, des Suchtmittelkonsums und dessen Ursachen sowie der Zusammenhänge zwischen Sucht und Delinquenz sowie die Erarbeitung von rückfallprophylaktischen Strategien, der Erwerb von Fähigkeiten sowie die Bearbeitung von Suchtmittelrückfällen stellen das Kernstück der Therapie im Maßregelvollzug nach § 64 StGB dar. Die Behandlung kann daher nur dann erfolgversprechend sein, wenn eine echte, therapeutisch sinnvolle Kommunikation zwischen Therapeuten und Patient möglich ist. Daher wird es auch in der Regel wohl nicht mehr für eine erfolgversprechende Maßregelanordnung genügen, wenn der Betreffende zumindest über Grundkenntnisse der deutschen Sprache verfügt.

▶ Beachte

Ein Angeklagter kann ein gegen ihn ergangenes Urteil nicht allein deswegen anfechten, weil 125
gegen ihn neben der Strafe keine Maßregel nach § 64 StGB angeordnet worden ist, denn er ist durch die Ablehnung der Unterbringung nicht beschwert.[529] Der Rechtsmittelangriff kann

---

521 BGH, Beschl. v. 04.12.2019 – 1 StR 433/19; siehe aber BGH, Beschl. v. 11.10.2022 – 5 StR 274/22.

522 Vgl. BGH, Beschl. v. 10.05.2011 – 4 StR 178/11 = StraFo 2011, 323; Beschl. v. 25.05.2011 – 4 StR 27/11 = NStZ-RR 2011, 309; Beschl. v. 26.10.2016 – 4 StR 408/16; Beschl. v. 12.09.2018 – 5 StR 291/18 = StV 2019, 336 f.

523 BGH, Beschl. v. 13.04.2011 – 4 StR 7/11; Beschl. v. 10.05.2011 – 4 StR 178/11 = StraFo 2011, 323.

524 *Fischer* § 64 Rn. 26; BGH StraFo 2003, 100. NStZ 2009, 441 f.

525 BGH, Beschl. v. 10.03.2010 – 2 StR 34/10 = StV 2010, 678; BGH, Beschl. v. 22.02.2011 – 4 StR 5./11; v. 03.05.2011 – 5 StR 568/10 = StV 2011, 622.

526 Vgl. BGH, Beschl. v. 29.06.2016 – 1 StR 254/16 = StV 2017, 592 f.; Beschl. v. 01.08.2018 – 4 StR 54/18 = StV 2019, 676; Beschl. v. 21.03.2019 – 3 StR 81/19 = NStZ-RR 2019, 174 f.

527 BGH, Beschl. v. 28.10.2008 – 5 StR 472/08 = StV 2009, 15.

528 BT-Drucks 20/5913, S. 70 f.

529 BGHSt 28, 327 (330 f.); 37, 5 (7); BGH NStZ 2009, 261; Beschl. v. 02.12.2010 – 4 StR 459/10 = StraFo 2011, 53 f. = NStZ 2010, 270; Beschl. v. 20.09.2011 – 4 StR 434/11 = NStZ 2012, 463; v. 06.02.2019 – 5 StR 538/18; v. 15.05.2019 – 4 StR 198/19.

wegen der sich aus der Zweispurigkeit des strafrechtlichen Rechtsfolgensystems ergebenden prinzipiellen Unabhängigkeit von Strafe und Maßregel innerhalb des Rechtsfolgenausspruchs grundsätzlich auf die Anordnung der Unterbringung in einer Entziehungsanstalt gemäß § 64 StGB beschränkt werden, sofern nicht im Einzelfall ausnahmsweise eine untrennbare Wechselwirkung zum Strafausspruch besteht.[530]

Legt der Betroffene Beschwerde ein gegen die Entscheidung zur Erledigung der Unterbringung (§ 67d Abs. 5 Satz 1 StGB), ist zu beachten, dass diese Entscheidung nunmehr sofort vollziehbar ist (§ 463 Abs. 6 Satz 3 StPO). Diese Änderung zielt darauf ab, bundesweit eine zügige Rückverlegung von Verurteilten, bei denen eine Fortführung der Unterbringung keine Erfolgsaussicht mehr verspricht, in den regulären Strafvollzug zu ermöglichen.[531] Die bisherige Auffassung, dass im Falle einer sofortigen Beschwerde des Betroffenen gegen die Erledigterklärung die Unterbringung in der Entziehungsanstalt weiterhin vollstreckt werden muss, ist damit überholt. Weiterhin besteht für den Verurteilten jedoch die Möglichkeit, einen Antrag gemäß § 307 Abs. 2 StPO zu stellen.

Die Nachholung der Unterbringungsanordnung ist nicht deshalb ausgeschlossen, weil allein der Angeklagte Revision eingelegt hat (§ 358 Abs. 2 S. 3 StPO). Der Umstand, dass die Nichtanordnung der Unterbringung in einer Entziehungsanstalt den Angeklagten nicht beschwert, hindert das Revisionsgericht nicht, auf eine zulässig erhobene Revision des Angeklagten das Urteil insoweit aufzuheben, wenn eine Prüfung der Maßregel unterblieben ist, obwohl die tatrichterlichen Feststellungen dazu gedrängt haben.[532] Deshalb ist von besonderer Bedeutung, dass die Nichtanwendung des § 64 StGB vom Rechtsmittelangriff ausgenommen worden kann.[533] Das ist nur dann nicht möglich, wenn die Entscheidung über die Maßregelfrage nicht von der Entscheidung über den Strafausspruch getrennt werden kann.[534]

▶ Hinweis

Sowohl bei der Feststellung des Hangs als auch bei der erforderlichen Gefährlichkeitsprognose ist das Gericht gem. § 246a StPO gehalten, sich sachverständiger Hilfe zu bedienen. Die Regelung ist der Disposition des Angeklagten auch unter dem Blickwinkel einer Verwirkung oder eines Verzichts grundsätzlich entzogen. Nach § 246a S. 2 StPO ist ein Sachverständiger über den Zustand des Angeklagten und seine Behandlungsaussichten zu vernehmen, wenn das Gericht eine Unterbringung des Angeklagten in einer Entziehungsanstalt erwägt. Dieses Verfahrenserfordernis kann nicht durch die in anderen Verfahren erworbene und andere Angeklagte betreffende »eigene Sachkunde« des Gerichts ersetzt werden.[535] Schließt sich der Tatrichter bei der Begründung einer Maßregelanordnung den Ausführungen des zu dieser Frage gehörten Sachverständigen ohne zusätzliche eigene Erwägungen an, müssen die Urteilsgründe die wesentlichen Anknüpfungstatsachen und Darlegungen des Sachverständigen so wiedergeben, wie das zum Verständnis des Gutachtens und zur Beurteilung seiner Schlüssigkeit erforderlich ist.[536]

---

530 BGH Urt. v. 07.10.1992 – 2 StR 374/92 = BGHSt 38, 362 ff.; Urt. v. 18.07.2019 – 4 StR 80/19.
531 Vgl. BT-Drucks 20/5913, S. 33 f.
532 BGHST 38, 362 f.; BGH, Beschl. v. 16.07.2015 – 4 StR 126/15; v. 21.07.2015 – 3 StR 256/15; BGHSt 37, 5; BGH, Beschl. v. 18.08.2011 – 3 StR 251/11.
533 BGHSt 38, 362; BGH, Urt. v. 02.11.2011 – 2 StR 251/11 = StV 2012, 203 f.
534 BGH, Urt. v. 08.07.2015 – 2 StR 139/1/15.
535 BGH, Beschl. v. 16.09.2009 – 5 StR 334/09; BGH NStZ-RR 2000, 36.
536 BGH, Beschl. v. 25.10.2011 – 4 StR 455/11.

c) Sicherungsverwahrung

Das BVerfG in seiner Entscheidung vom 04.05.2011[537] zur Neuordnung der Regelungen über die Sicherungsverwahrung[538] bis spätestens zum 01.06.2013 aufgefordert. Bundes- und Landesgesetzgeber sind dieser Aufforderung nachgekommen und haben das Institut der Sicherungsverwahrung teilweise reformiert.[539] Die Maßregel der Sicherungsverwahrung selbst ist – wie das BVerfG festgestellt hat – als solche weder verfassungs- noch konventionswidrig.[540] Auch ergibt sich weder aus dem GG noch aus der EMRK eine zeitliche Höchstfrist; insbesondere verstößt auch die gegebenenfalls lebenslange Erstsicherungsverwahrung nicht gegen die Menschenwürde.[541] Die Sicherungsverwahrung darf aber nur als letztes Mittel angeordnet werden. Alle Möglichkeiten zur Reduzierung der Gefährlichkeit des Täters müssen ggf. bereits während des Strafvollzugs ausgeschöpft werden. Wesentlich ist die vom Bundesverfassungsgericht eingeforderten Therapie- und Freiheitsorientierung. Die Beeinträchtigungen der Freiheit des Betroffenen müssen zumindest in qualitativer Hinsicht so gering, d.h. so erträglich, wie irgend möglich gestaltet werden. Weiterhin Geltung haben dürfte auch die in der Übergangszeit immer wieder vom Bundesverfassungsgericht geforderte »strikte Verhältnismäßigkeitsprüfung«. Das bedeutet, dass bei den Elementen der Gefährlichkeit, der Erheblichkeit weiterer Straftaten und der Wahrscheinlichkeit ihrer Begehung ein gegenüber der bisherigen Rechtsanwendung strengerer Maßstab[542] anzulegen sein wird. Das setzt z.B. eine eingehende Prognoseentscheidung über das Vorliegen einer hohen Wahrscheinlichkeit der künftigen Begehung erheblicher Gewalt- oder Sexualdelikte ohne die Maßregel voraus.[543] 126

Das Abstandsgebot bezeichnet das Erfordernis eines deutlichen Unterschiedes zwischen der Ausgestaltung des Freiheitsentzugs im Rahmen der Sicherungsverwahrung im Gegensatz zum Freiheitsentzug im Rahmen des Strafvollzuges. Dieser Abstand ist aufgrund der nicht vergleichbaren verfassungsrechtlichen Legitimationsgrundlagen erforderlich. Die Sicherungsverwahrung dient allein dem Zwecke der Vorbeugung von künftigen Straftaten, während die Freiheitsstrafe eine Sanktion für vergangene Straftaten darstelle. Zentralnorm für die Grundsätze des Sicherungsverwahrungsvollzugs ist nunmehr der mit »Ausgestaltung der Unterbringung in der Sicherungsverwahrung und des vorhergehenden Strafvollzugs« überschriebene § 66c StGB. Die Sicherungsverwahrung gem. § 66 StGB wurde hinsichtlich der formellen und materiellen Voraussetzungen nicht verändert. Mit § 66c StGB wollte der Gesetzgeber die vom BVerfG geforderten wesentlichen Leitlinien in Bezug auf das Individualisierungs- und Intensivierungsgebot, das Motivierungsgebot, das Trennungsgebot, das Minimierungsgebot und das Ultima-Ratio-Prinzip der Sicherungsverwahrung umsetzen.[544]

537 BVerfGE 128, 326, 404 Tz. 167.

538 Zu Verteidigung und Sicherungsverwahrung vgl. *Hörnle* StV 2006, 383 ff. zum Vollzug *Schäferskürpper/Grote* NStZ 2013, 447 ff.; Bestandsaufnahme *Schäferskürper* u.a. NStZ 2016, 197 f.

539 Gesetz zur bundesrechtlichen Umsetzung des Abstandsgebotes im Recht der Sicherungsverwahrung vom 05.12.2012, in Kraft seit 01.06.2013 BGBl. I S. 2425; ausführlich dazu *Zimmermann* HRRS 2013, 164 ff.; vgl. auch *Pollähne* StV 2013, 249 ff.; *Peglau* JR 2013, 249 ff.; *ders.* JR 2016, 491 f.; *Lesting* StV 2013, 278 ff.; allgemein zur Neuordnung *Kreuzer* StV 2011, 122 ff.; *Kinzig* NJW 2011, 177 f.; *Höffler/Kaspar* ZStW 2012, 87 ff. (zum Abstandsgebot); bei lebenslanger Freiheitsstrafe und Sicherungsverwahrung vgl. BGH Urt. v 28.06.2017 – 5 StR 8/17 = NStZ 2017, 524 f; v. 28.06.2017 – 2 StR 178/16 = BGHSt 62, 211 ff.; vgl. dazu *Hinz* JR 2018, 492 ff.; *Kett-Straub* JZ 2018, 101 ff.

540 Die Bejahung der Verfassungswidrigkeit durch das BVerfG beruhte allein auf der Verletzung des Abstandsgebots beim Vollzug vgl. BVerfG, Beschl. v. 20.06.2012 – 2 BvR 1048/11 = NJW 2012, 3357, 3358; dazu *Peglau* jurisPR-StrafR 17/2012 Anm. 1; *Merkel* ZiS 2012, 521 f.

541 BVerfGE 109, 133, 189 Tz. 199; vgl. auch EGMR NJW 2012, 1707, 1709.

542 BGH, Beschl. v. 02.08.2011 – 3 StR 208/11; v. 19.02.2013 – 5 StR 620/12; v. 10.01.2013 – 1 StR 93/11 = NStZ 2013, 277.

543 BGH, Urt. v. 18.07.2012 – 2 StR 605/11 = NStZ-RR 2013, 54.

544 Vgl. dazu auch die Änderungen des StVollzG zum 01.06.2013; dazu *Lesting/Feest* StV 2013, 278 ff.

Gegen Jugendliche und Heranwachsende darf Sicherungsverwahrung nicht angeordnet werden (§§ 7 Abs. 1, 106 Abs. 3 S. 1 JGG).[545] Zulässig ist aber der Vorbehalt der Sicherungsverwahrung.[546] Wenn die allgemeinen Voraussetzungen des § 66 StGB vorliegen, kann das Gericht bei Heranwachsenden unter eingeschränkten Voraussetzungen die Anordnung der Sicherungsverwahrung vorbehalten (§ 106 Abs. 3 S. 2 JGG)[547]. Auch gegen Jugendliche darf die Anordnung der Sicherungsverwahrung unter engen Voraussetzungen vorbehalten werden (§ 7 Abs. 2 JGG). Bei der Anordnung der Sicherungsverwahrung gegenüber das Alter von 21 Jahren nur geringfügig überschreitenden Tätern, die bisher nur nach Jugendrecht verurteilt wurden, ist grundsätzlich Zurückhaltung geboten.[548]

127 § 66 StGB unterscheidet zwischen einer zwingend gebotenen (Absatz 1) und der in das Ermessen des Gerichts gestellten (Absätze 2 und 3) Anordnung der Sicherungsverwahrung. Die formellen Voraussetzungen sind in beiden Fällen unterschiedlich, die materiellen dagegen gleich.

§ 66 Abs. 1 StGB

Bei § 66 Abs. 1 StGB kommt es nicht auf die Höhe von Gesamtstrafen, sondern auf die Höhe der ihnen zugrunde liegenden Einzelstrafen an. Handelte es sich bei einer Vorverurteilung um eine solche zu einer Einheitsjugendstrafe (§ 31 Abs. 1 JGG), so kommt es entscheidend darauf an, ob der Richter in dem früheren Verfahren wenigstens bei einer der einheitlich geahndeten Vortaten eine Jugendstrafe von mindestens einem Jahr verhängt hätte, wenn die Tat als Einzeltat gesondert abgeurteilt worden wäre[549]. Das festzustellen, ist eine im Wesentlichen tatrichterliche Aufgabe, die dem über die Sicherungsverwahrung entscheidenden Richter obliegt. Davon, dass im Fall gesonderter Aburteilung der Katalogtat auf eine Jugendstrafe von mindestens zwei Jahren erkannt worden wäre, darf aber nur ausgegangen werden, wenn der Tatrichter Feststellungen darüber treffen kann, wie der Richter des Vorverfahrens die einzelnen der Vorverurteilung zu Grunde liegenden Taten bewertet hat. Er darf sich nicht an dessen Stelle setzen und im Nachhinein eine eigene Strafzumessung vornehmen. Deshalb sind vor allem die jugendgerichtlichen Strafzumessungserwägungen, daneben aber auch die Höhe sowie Zahl und Art der abgeurteilten Taten, von Bedeutung[550]. Der Tatrichter hat also festzustellen, wie der Richter des Vorverfahrens die einzelnen Taten bewertet hat; er darf sich nicht an dessen Stelle setzen und im Nachhinein eine eigene Strafzumessung vornehmen. Entsprechende Feststellungen muss der Tatrichter so belegen, dass eine ausreichende revisionsgerichtliche Überprüfung möglich ist.[551]

Nur wenn die zur zweiten Vorverurteilung führende Tat nach Rechtskraft des ersten Vorurteils begangen wurde, kommt Sicherungsverwahrung nach § 66 Abs. 1 StGB in Betracht. Dabei reicht die Rechtskraft allein des Schuldspruchs nicht aus. Sicherungsverwahrung darf gemäß § 66 Abs. 1 S. 1 Nr. 2 StGB nur dann angeordnet werden, wenn die zur zweiten Verurteilung führende Tat nach Rechtskraft der ersten Vorverurteilung begangen worden ist. Vortaten und Vorverurteilungen müssen demgemäß in der Reihenfolge »Tat-Urteil-Tat-Urteil-Anlasstat« begangen worden sein. Der Täter muss, um die Voraussetzungen des § 66 Abs. 1 StGB zu erfüllen, die Warnfunktion eines jeweils rechtskräftigen Strafurteils zwei Mal missachtet haben.[552]

545 In der seit 01.06.2013 gültigen Fassung vgl. Gesetz zur bundesrechtlichen Umsetzung des Abstandsgebotes im Recht der Sicherungsverwahrung vom 05.12.2012 BGBl. I S. 2425.

546 Neufassung des § 7 Abs. 2 JGG und des § 106 JGG durch das Gesetz v. 08.07.2008, BGBl. I, 1212 m. Wirkung vom 12.07.2008.

547 BGHSt 52, 316 ff. m. Anm. *Eisenberg* NJW 2008, 3299 ff.; *Rau/Zschieschack* JR 2009, 37 ff.

548 BGHSt 26, 152, 155; BGH StV 2000, 254, 255; BGH StraFo 2003, 207.

549 BGH NStZ 2002, 29; BGH, Beschl. v. 24.04.2013 – 5 StR 83/13.

550 BGH, Urt. v. 24.11.2011 – 4 StR 331/11 = NStZ-RR 2012, 156 f.

551 BGH, Urt. v. 06.04.2016 – 2 StR 478/15 = BGHR StGB § 66 Abs. 2 Vorverurteilungen 3.

552 BGH, Beschl. v. 31.07.2012 – 3 StR 192/12 = BGHR StGB § 66 Abs 1 Vorverurteilungen 15.

▶ Beachte

§ 66 Abs. 1 S. 1 Nr. 2 StGB erfordert, dass die Anlasstat nach Rechtskraft der zweiten Vorverurteilung begangen wurde. Betreffend die Vortaten, die Vorverurteilungen und die Anlasstat muss die Reihenfolge »Vortat – Vorverurteilung – Vortat – Vorverurteilung – Anlasstat« eingehalten sein; denn es ist maßgebend, dass der Täter die Warnfunktion eines jeweils rechtskräftigen Strafurteils zweimal missachtete[553].

§ 66 Abs. 1 Nr. 4 StGB (früher Nr. 3) verlangt die Gefährlichkeit des Täters für die Allgemeinheit aufgrund eines Hanges zu erheblichen Straftaten.[554]

Das *Merkmal Hang* verlangt einen eingeschliffenen Zustand des Täters, der ihn immer wieder neue Straftaten begehen lässt. Hangtäter ist derjenige, der dauerhaft zu Straftaten entschlossen ist oder aufgrund einer fest eingewurzelten Neigung immer wieder straffällig wird, wenn sich die Gelegenheit bietet, ebenso wie derjenige, der willensschwach ist und aus innerer Haltlosigkeit Tatanreizen nicht zu widerstehen vermag und so jeder neuen Versuchung zum Opfer fällt. Eine sich aus dem Fehlen einer moralischen Verankerung ergebende Tatneigung reicht für die Annahme eines Hanges nicht aus. Das Vorliegen eines solchen Hanges hat der Tatrichter unter sorgfältiger Gesamtwürdigung aller für die Beurteilung der Persönlichkeit des Täters und seiner Taten maßgebenden Umständen darzulegen.[555]

Hangtäterschaft und Gefährlichkeit für die Allgemeinheit sind, wie die begriffliche Differenzierung in § 66 Abs. 1 Satz 1 Nr. 4 StGB zeigt, keine identischen Merkmale. Der Rechtsbegriff des Hangs im Sinne des § 66 Abs. 1 Satz 1 Nr. 4 StGB bezeichnet einen eingeschliffenen inneren Zustand, der den Täter immer wieder neue Straftaten begehen lässt. Ein Hang liegt bei demjenigen vor, der dauerhaft zur Begehung von Straftaten entschlossen ist oder aufgrund einer fest eingewurzelten Neigung immer wieder straffällig wird, wenn sich die Gelegenheit dazu bietet. Hangtäter ist auch derjenige, der willensschwach ist und aus innerer Haltlosigkeit Tatanreizen nicht zu widerstehen vermag. Allein der Umstand, dass ein Angeklagter Sexualstraftaten jeweils völlig ungeplant begangen und sich ihm bietende Gelegenheiten spontan ausgenutzt hat, ohne Vorbereitungen für die Taten zu treffen, schließt einen Hang zur Begehung solcher Straftaten nicht aus. Vielmehr ist »Hangtäter« auch schon derjenige, der aufgrund einer fest eingewurzelten Neigung, deren Ursache unerheblich ist, immer wieder straffällig wird, wenn sich Gelegenheit bietet. Als »Hangtäter« kommt also auch in Betracht, wer willensschwach ist, aus innerer Haltlosigkeit Tatanreizen nicht genügend widerstehen kann und so jeder neuen Versuchung zum Opfer fällt.[556] Auch eine Gelegenheitstat kann eine Hang- bzw. Symptomtat sein. Die Anwendung des § 66 StGB ist lediglich ausgeschlossen, wenn eine äußere Tatsituation oder Augenblickserregung die Tat allein verursacht hat.[557]

Das Vorliegen eines Hangs im Sinne eines gegenwärtigen Zustands ist vom Tatgericht auf der Grundlage einer umfassenden Vergangenheitsbetrachtung in eigener Verantwortung wertend festzustellen. Demgegenüber ist im Rahmen der Gefährlichkeitsprognose die Wahrscheinlichkeit dafür einzuschätzen, ob sich der Täter in Zukunft trotz Vorliegen eines Hangs erheblicher Straftaten enthalten kann oder nicht Der Hang ist dabei nur ein – wenngleich wesentliches – Kriterium, das auf eine Gefährlichkeit des Angeklagten hindeutet und als prognostisch ungünstiger Gesichtspunkt in die Gefährlichkeitsprognose einzustellen ist. Das Tatgericht hat in eigener Verantwortung zunächst das

553 BGH, Beschl. v. 29.11.2016 – 3 StR 381/16 = StraFo 2017, 73 f.

554 Zur Beurteilung dieser Frage ist ein Sachverständiger zu hören, vgl. § 246a StPO, wobei die Untersuchung des Angeklagten durch den Sachverständigen maßnahmespezifisch im zeitlichen Zusammenhang mit der Hauptverhandlung erfolgen muss; vgl. BVerfG NJW 1995, 3047; vgl. auch BGH NStZ 2004, 263.

555 BGH NStZ 2008, 27 f.; 2005, 265 f.; BGH, Urt. v. 15.10.2008 – 2 StR 391/08 = NStZ-RR 2009, 11; Urt. v. 13.09.2018 – 1 StR 611/17; Beschl. v. 09.01.2019 – 5 StR 476/18: Urt. v. 31.07.2019 – 2 StR 132/19.

556 BGH, Urt. v. 29.07.2008 – 1 StR 248/08 = NStZ-RR 2008, 337 f.

557 BGH, Urt. v. 29.11.2005 – 5 StR 339/05 = NStZ-RR 2006, 105.

Vorliegen oder die Wahrscheinlichkeit eines Hangs unter sorgfältiger Gesamtwürdigung aller für die Beurteilung der Persönlichkeit des Täters und der Anlasstaten maßgeblichen Umstände vergangenheitsbezogen festzustellen und in den Urteilsgründen darzulegen). Prognostische Erwägungen sind erst in einem zweiten Schritt im Rahmen der Gefährlichkeitsprognose anzustellen[558].

Was unter »erheblichen Straftaten« im Sinne des § 66 Abs. 1 Nr. 4 StGB zu verstehen ist, lässt sich nicht allgemein sagen. Das gesetzliche Beispiel der Verursachung »schweren wirtschaftlichen Schadens« stellt jedenfalls klar, dass auch die Gefahr einer Schädigung des Vermögens die Sicherungsverwahrung rechtfertigen kann. Allerdings kommen die in der Regel zum Bereich der mittleren Kriminalität gehörenden Vermögensdelikte als Grundlage dieser Maßregel nur dann in Betracht, wenn sie einen hohen Schweregrad aufweisen und den Rechtsfrieden empfindlich stören. Der Schweregrad bestimmt sich in erster Linie nach Art und Umfang des Eingriffs, des Weiteren nach dem Ausmaß des Schadens. Da der Gesetzgeber die Sicherungsverwahrung auf ganz schwere Fälle der Kriminalität beschränken wollte, ist insoweit eine restriktive Auslegung geboten.[559] Ob es sich um schwere Sexualstraftaten handelt, beurteilt sich nicht allein nach gesetzlichen Strafdrohungen. Es kommt prinzipiell nicht auf die Bezeichnung des Straftatbestandes an, dessen Verletzung für die Zukunft droht, auch nicht letztentscheidend auf den durch gesetzliche Strafrahmen im Voraus gewichteten Schuldumfang. Ausschlaggebend sind vielmehr die Bedeutung des vor Rückfalltaten zu schützenden Rechtsgutes und die mögliche Verletzungsintensität. Die Strafdrohung bietet – ebenso wie die gesetzgeberisch vorgenommene Abstufung der Anlassdelikte nach §§ 66 ff. StGB und die Aufnahme von Straftaten in den Katalog des § 66 Abs. 3 StGB in der Fassung vom 22.12.2010 (BGBl. 1 S. 2300) – eine erste, oft aber nicht die allein maßgebliche Orientierung bei der besonderen Verhältnismäßigkeitsprüfung. Zwar sind bestimmte Deliktsgruppen im Hinblick auf das besondere Gewicht der zu schützenden Rechtsgüter grundsätzlich als schwere Gewalt- oder Sexualstraftaten zu werten. Hinsichtlich der Sexualstraftaten wird das angesichts ihrer oftmals gewichtigen psychischen Auswirkungen unabhängig von körperlicher Gewaltanwendung – unter Berücksichtigung der Umstände des Einzelfalls – grundsätzlich für den schweren sexuellen Missbrauch von Kindern zu bejahen sein. Taten nach § 174 Abs. 1 StGB bedürfen demgegenüber einer einzelfallbezogenen Bewertung im Lichte der Weitergeltungsanordnung des Bundesverfassungsgerichts. Denn es sind durchaus Fallgestaltungen denkbar, die deren Voraussetzungen nicht erfüllen.[560] Die Gefährlichkeit des Täters für die Allgemeinheit im Sinne des § 66 Abs. 1 Nr. 34StGB ist nur gegeben, wenn die bestimmte Wahrscheinlichkeit besteht, dass er auch in Zukunft Straftaten begehen wird, die eine erhebliche Störung des Rechtsfriedens darstellen. Die bloße Feststellung, dass die Begehung solcher Straftaten »wahrscheinlich« sei, genügt nicht[561], ebenso wenig rein statistische Grundlagen.[562] Seelische Schäden bei Kindern oder Jugendlichen durch Sexualstraftaten sind oft nur schwer festzustellen oder hinsichtlich künftiger Taten zu prognostizieren. Die »namentlich-Klausel« in § 66 Abs. 1 Nr. 4 StGB belegt jedoch, dass Sicherungsverwahrung auch in derartigen Fällen möglich ist. Auch die allgemeine und abstrakte Gefährlichkeit von Delikten kann Grundlage von Sicherungsverwahrung sein. Es genügt daher, wenn die in § 66 Abs. 1 Nr. 4 StGB genannten Schäden für die (begangenen und zu erwartenden) Taten typisch sind, auch wenn ihr konkreter Eintritt nicht exakt feststellbar ist.[563] Die Feststellung eines Hangs gemäß § 66 Abs. 1 Nr. 4 StGB verlangt keinen bestimmten zeitlichen Mindestabstand zwischen den Anlasstaten. Vielmehr können auch relativ zeitnah aufein-

558 BGH, Urt. v. vom 09.05.2019 – 4 StR 578/18 = NStZ 2020, 346 f.
559 BGH StV 2005, 129.
560 BGH, Urt. v. 24.04.2013 – 5 StR 593/12; zum Begriff der schweren Sexualtat vgl. auch BGH, Urt. v. 19.02.2013 – 1 StR 465/12; Beschl. v. 13.03.2013 – 2 StR 392/12; v. 23.04.2013 – 5 StR 610/12.
561 BGH, Beschl. v. 08.11.2005 – 3 StR 370/05 = NStZ-RR 2006, 105.
562 BGH NStZ 2007, 464 f.; Beschl. v. 15.01.2008 – 4 StR 452/07.
563 BGH, Urt. v. 14.08.2007 – 1 StR 201/07 = NStZ 2007, 700.

anderfolgende Taten in ihrer Häufung Ausdruck eines eingeschliffenen inneren Zustands des Täters sein, der ihn immer wieder neue Straftaten begehen lässt.[564]

Erhebliche Straftaten im Sinne des § 66 Abs. 1 Satz 1 Nr. 4 StGB sind solche, die den Rechtsfrieden empfindlich stören. Dabei kann zur Beurteilung der Erheblichkeit der hangbedingt zu erwartenden Taten kein genereller Maßstab angelegt werden- Erforderlich ist vielmehr eine Gesamtwürdigung aller maßgeblichen Umstände des Einzelfalles, bei der neben der Schwere der zu erwartenden Taten und den – auch nur potentiell bzw. typischerweise eintretenden – Folgen für die Opfer etwa die Tathäufigkeit oder die Rückfallgeschwindigkeit ins Gewicht fallen können. Kriterien ergeben sich zunächst aus den gesetzgeberischen Wertungen, die maßgeblich für die Normierung der formellen Voraussetzungen für die Anordnung der Sicherungsverwahrung geworden sind. Als erhebliche Straftaten kommen danach vornehmlich solche in Betracht, die in den Deliktskatalog von § 66 Abs. 1 Satz 1 Nr. 1 Buchst. a bis c StGB fallen und die im konkreten Fall mit mindestens einem Jahr Freiheitsstrafe zu ahnden wären, wobei dieser Gesichtspunkt allein zur Annahme der Erheblichkeit allerdings nicht ausreicht. Ein weiterer entscheidender Maßstab zur Bestimmung der Erheblichkeit ergibt sich aus der Hervorhebung der schweren seelischen oder körperlichen Schädigung der Opfer in § 66 Abs. 1 Satz 1 Nr. 4 StGB. Das Gesetz bringt durch die Verwendung des Wortes »namentlich«, welches der Wortbedeutung und dem Sinne nach wie »beispielsweise« oder »vor allem« zu verstehen ist, zum Ausdruck, dass mit der Nennung solcher Folgen keine abschließende Festlegung verbunden ist; damit sollen vielmehr lediglich Straftaten von geringerem Schweregrad ausgeschieden werden[565].

Einer *Gefährdung der Allgemeinheit im Sinne des § 66 Abs. 1 Nr. 4 StGB* steht nicht entgegen, dass von der naheliegenden Gefahr erheblicher Übergriffe in erster Linie Menschen im sozialen Nahbereich des Angeklagten betroffen wären[566]. Die Symptomtaten müssen in Verbindung mit der Würdigung des Täters, die auch die Heranziehung seiner sonstigen Vorstrafen zulässt, für seinen Hang zu erheblichen Straftaten und die dadurch bedingte Gefährlichkeit maßgebend sein. Entscheidend ist das Bestehen eines verbrecherischen Hanges, nicht dessen Ursache[567]. Auch unterschiedliche Delikte können in einem gleich gelagerten Verhältnis zur Täterpersönlichkeit stehen und Ausfluss eines gleichermaßen wirksam werdenden Hanges sein. Hier muss aber der Indizwert für einen schwerkriminellen Hang und die Gefährlichkeit des Täters für die Allgemeinheit besonders sorgfältig geprüft und begründet werden[568]. 128

Für die Gefährlichkeitsprognose sind die Verhältnisse zur Zeit der Hauptverhandlung maßgebend[569]. Die Beurteilung, ob ein Angeklagter infolge seines Hanges zur Begehung schwerer Straftaten für die Allgemeinheit gefährlich ist, richtet sich also nach der Sachlage im Zeitpunkt der Aburteilung. Das ist in § 66 Abs. 1 S. 1 Nr. 4 StGB für die Fälle der obligatorischen Verhängung der Sicherungsverwahrung nunmehr ausdrücklich geregelt. Ob der Angeklagte nach Strafverbüßung weiterhin für die Allgemeinheit gefährlich und daher der Vollzug der Sicherungsverwahrung geboten ist, bleibt der Prüfung nach § 67c StGB vorbehalten[570].

Prognoseentscheidungen beruhen auf Wahrscheinlichkeitsfeststellungen. Bei einer Prognose kann nicht verlangt werden, dass zukünftige Ereignisse oder Zustände zur vollen richterlichen Überzeugung feststehen. Ansonsten könnte die Gefahrprognose immer mit dem Argument verneint werden, es könne nicht ausgeschlossen werden, dass gefahrbegründende Faktoren nicht eintreten. Ein solcher Maßstab ist wegen zu hoher Anforderungen rechtsfehlerhaft.[571] Der Hang ist ein wesentliches

564 BGH, Urt. v. 04.09.2008 – 5 StR 101/08 = StV 2009, 129.
565 BGH Urt. v. 29.11.2018 – 3 StR 300/18 = NStZ-RR 2019, 140 f.; v. 14.03.2019 – 4 StR 444/18; v. 25.04.2019 – 4 StR 478/18, NStZ 2020, 84 f.
566 BGH, Urt. v. 19.02.2013 – 1 StR 275/12.
567 BGH NStZ-RR 2004, 202.
568 BGH StV 1996, 521; 2003, 158; BGH, Urt. v. 12.12.2002 – 4 StR 343/02.
569 BGHSt 24, 160, 164; BGH NStZ 1985, 261.
570 Urt. v. 11.07.2013 – 3 StR 148/13 = NStZ 2013, 707.
571 BGH, Urt. v. 25.09.2012 – 1 StR 160/12 = NStZ 2013, 225.

Kriterium der Gefährlichkeitsprognose.[572] Die Gefährlichkeit muss dann verneint werden, wenn schon bei Urteilsfindung mit Sicherheit angenommen werden kann, dass sie bei Ende des Vollzugs der Strafe nicht mehr bestehen wird. Dass ein langjähriger Freiheitsentzug und das Fortschreiten des Lebensalters des Angeklagten bei diesem eine weitere Haltungsänderung bewirken werde, kann zu berücksichtigen sein. Das gilt jedoch nur dann, wenn sich Anhaltspunkte dafür ergeben, dass eine Haltungsänderung beim Angeklagten bereits eingetreten ist oder erfahrungsgemäß eintreten wird[573]. Die bloße Möglichkeit künftiger Besserung oder die Hoffnung auf künftig sich ändernde Lebensumstände können aber die Gefährlichkeit des Täters nicht ausräumen. Richten sich die früheren und die jetzt abzuurteilenden Straftaten gegen äußerst unterschiedliche Rechtsgüter, muss sich das Urteil bei der Frage, ob vom Angeklagten eine Gefahr ausgeht, ausführlich mit der Verschiedenartigkeit der Delikte auseinandersetzen[574]. Die Annahme des Hangs und der dadurch bedingten Gefährlichkeit bedarf bei verschiedenartigen Delikten besonders sorgfältiger Prüfung. Liegen dem ganz andersartige Beweggründe und seelische Einstellungen zugrunde, werden Hangtätereigenschaft und Gefahr dabei nur sehr selten bejaht werden können[575]. Hat eine Tatprovokation zu der neuen Straftat geführt, kann fraglich sein, ob das die Maßnahme nach § 66 StGB begründen kann. Auf jeden Fall ist fraglich, ob diese neue Tat Ausdruck eines »eingeschliffenen inneren Zustandes« sein kann, der die Anordnung der Sicherungsverwahrung erfordert[576].

Bei der vom Bundesverfassungsgericht geforderten Prüfung der *Unerlässlichkeit der Anordnung von Sicherungsverwahrung (Verhältnismäßigkeit)* müssen auch Möglichkeiten zur Einwirkung auf den Angeklagten im Rahmen eines anstehenden Vollzugs einer langjährigen Freiheitsstrafe Berücksichtigung finden. In diesem Zusammenhang sind auch vorhersehbare vollzugsunabhängige Entwicklungen, wie z.B. Alterungsprozesse, zu würdigen, welche die Gefährlichkeit des Täters bis zu seiner Haftentlassung voraussichtlich herabsetzen werden[577]. Wenn ein Angeklagter die Taten »leugnet« oder »bagatellisiert«, ist das ein zulässiges Verteidigungsverhalten. Dieses darf auch im Rahmen der Prognoseentscheidung nicht zum Nachteil des Angeklagten berücksichtigt werden. Deshalb darf ihm allein der Versuch, dass ihm vorgeworfene Verhalten anders darzustellen oder in einem milderen Licht erscheinen zu lassen, nicht nachteilig angelastet werden. Zu Lasten eines weitgehend bestreitenden Täters darf auch nicht herangezogen werden, dass eine vor rechtskräftigem Abschluss des Strafverfahrens begonnene Therapie eine Auseinandersetzung mit den ihm vorgeworfenen Taten vermissen lässt, da damit das Schweigerecht berührt wird[578].

Wichtig:

Grundlage der Gefährlichkeitsprognose sind ausschließlich die Verhältnisse zur Zeit der Hauptverhandlung, nicht der Entlassung aus der sich anschließenden Strafhaft. Denkbare, aber nur erhoffte positive Veränderungen und Wirkungen künftiger Maßnahmen im Strafvollzug bleiben der obligatorischen Prüfung vor dessen Ende, ob der Zweck der Maßregel die Unterbringung noch erfordert (§ 67c Abs. 1 StGB), vorbehalten. Nur wenn in der Hauptverhandlung festgestellt wird, dass die unter den bisherigen Lebensverhältnissen an sich gegebene Gefährlichkeit nach dem Strafvollzug nicht mehr bestehen wird oder dass sie durch weniger einschneidende und sicher ausführbare Maßnahmen behoben werden kann, ist die Anordnung der Unterbringung in der Sicherungsverwahrung ausgeschlossen.

Zulässiges Verteidigungsverhalten darf weder hangbegründend noch als Anknüpfungspunkt für die Gefährlichkeit des Angeklagten verwertet werden. Wenn ein Angeklagter die Taten leugnet,

572 BGH, Urt. v. 25.07.2007 – 2 StR 209/07 = NStZ 2008, 27.
573 BGH, Urt. v. 22.04.2009 – 2 StR 43/09 = NStZ 2010, 272 f.
574 BGHSt 24, 243, 244.
575 BGH, Beschl. v. 09.10.2012 – 5 StR 428/12 = StraFo 2013, 26 f.
576 BGHR StGB § 66 Abs. 1 Hang 9.
577 BGH, Urt. v. 23.04.2013 – 5 StR 617/12.
578 BGH, Beschl. v. 04.08.2009 – 1 StR 300/09; vgl. auch Beschl. v. 15.01.2008 – 4 StR 452/07.

bagatellisiert oder einem anderen die Schuld an der Tat zuschiebt, ist das grundsätzlich zulässiges Verteidigungsverhalten. Die Grenze ist erst erreicht, wenn das Leugnen, Verharmlosen oder die Belastung des Opfers oder eines Dritten sich als Ausdruck besonders verwerflicher Einstellung des Täters darstellt, etwa weil die Falschbelastung mit einer Verleumdung oder Herabwürdigung oder der Verdächtigung einer besonders verwerflichen Handlung einhergeht[579].

§ 66 Abs. 2 StGB

§ 66 Abs. 2 StGB setzt drei rechtlich selbstständige Taten voraus, die einer selbstständigen Aburteilung fähig sind. Das kann zwar auch bei rasch aufeinanderfolgenden Taten der Fall sein, bedarf aber hinsichtlich der Bewertung, dass jede der Taten für sich genommen geeignet ist, einen eingewurzelten Hang des Angeklagten zu belegen, besonderer Prüfung. Denn in Fällen, bei denen die Taten in einem sehr engen zeitlichen und inneren Zusammenhang stehen, versteht es sich nicht von selbst, dass diese, selbst wenn materiell-rechtlich Tatmehrheit anzunehmen wäre, voneinander trennbare Lebenssachverhalte darstellen, die jeder für sich als eine der erforderlichen – bei § 66 Abs. 2 StGB drei – Symptomtaten gewertet werden können und jeweils als selbstständige Grundlage für die Prognose nach § 66 Abs. 1 Nr. 3 StGB i.V.m. § 66 Abs. 2 StGB in Betracht kommen.

§ 66 Abs. 3 StGB

Die Anordnung der Sicherungsverwahrung nach § 66 Abs. 3 S. 1 StGB setzt nicht notwendig eine Vorverurteilung zu einer Einzelstrafe von mindestens drei Jahren voraus. Als Vorverurteilung im Sinne dieser Vorschrift genügt eine entsprechend hohe Gesamtfreiheitsstrafe jedenfalls dann, wenn dieser ausschließlich Katalogtaten zugrunde liegen[580]. Eine Vorverurteilung im Sinne von § 66 Abs. 3 S. 1 StGB liegt aber nicht vor, wenn in einer Gesamtfreiheitsstrafe von drei Jahren lediglich eine Katalogtat mit einer niedrigeren Einzelstrafe neben einer Reihe von Nichtkatalogtaten enthalten ist[581]. Ergibt die Zusammenziehung der in der Gesamtstrafe enthaltenen, auf Katalogtaten beruhenden Einzelfreiheitsstrafen zwingend eine Gesamtfreiheitsstrafe in der von § 66 Abs. 3 S. 1 StGB vorausgesetzten Höhe, so ist der Fall nicht anders zu beurteilen, als wenn von vornherein eine allein auf Katalogtaten beruhende Gesamtstrafe als Vorverurteilung vorgelegen hätte. Das Gesamtgewicht der Katalogtaten, für die zwar jeweils Einzelstrafen unter drei Jahren verhängt wurden, für die aber eine höhere Gesamtfreiheitsstrafe zu verhängen wäre, erlaubt auch hier einen Rückschluss auf die Gefährlichkeit des Täters[582].

Die formellen Voraussetzungen der Sicherungsverwahrung gemäß § 66 Abs. 3 S. 2 StGB – Begehung von zwei Straftaten der im Katalog des § 66 Abs. 3 S. 1 StGB genannten Art und Verwirkung von jeweils mindestens zwei Jahren Freiheitsstrafe für diese Taten – setzen bei tateinheitlichem Zusammentreffen einer Katalogtat mit einer Nichtkatalogtat zwar nicht die Klarstellung in den Urteilsgründen voraus, dass auch ohne die nicht unter den Katalog des § 66 Abs. 3 S. 1 StGB fallende Gesetzesverletzung eine Freiheitsstrafe von mindestens zwei Jahren erreicht worden wäre; es ist jedoch näher zu prüfen und im Urteil darzulegen, dass es sich bei der Katalogtat um eine symptomatische Tat handelt, die den Hang des Täters zur Begehung erheblicher Taten, namentlich der in § 66 Abs. 3 S. 1 StGB genannten Art, belegt[583]. Nicht ausgeschlossen ist, dass wegen Straftaten, die sowohl im Jugendlichen- oder Heranwachsendenalter als auch im Erwachsenenalter begangen wurden, auf Sicherungsverwahrung erkannt werden darf. Es reicht aus, dass der Täter wenigstens eine der Symptomtaten als Erwachsener begangen hat[584].

579 BGH Beschl. 24.10.2019 – 4 StR 200/19, NStZ-RR 2020, 15.
580 BGHSt 48, 100; BGH, Beschl. v. 03.11.2015 – 4 StR 309/15 = RuP 2016, 129 f.
581 BGH NStZ 2005, 88.
582 BGH, Beschl. v. 19.07.2006 – 1 StR 238/06 = StV 2007, 574 f. m. Anm. *Kinzig* StV 2007, 575 ff.
583 BGH StV 2000, 254.
584 BGHSt 25, 44, 51; BGH NStZ-RR 2002, 183.

Die Rückfallverjährungsfrist von fünfzehn Jahren gemäß *§ 66 Abs. 4* Satz 3 Halbsatz 2 StGB ist nur im Verhältnis zweier Sexualstraftaten zueinander anwendbar. Folgt eine Straftat aus dem Bereich der allgemeinen Kriminalität einer Sexualstraftat nach, so gilt die fünfjährige Rückfallverjährungsfrist des § 66 Abs. 4 Satz 3 Halbsatz 1 StGB[585].

▶ Hinweis

Ordnet das Tatgericht eine in sein Ermessen gestellte Unterbringung in der Sicherungsverwahrung an (vgl. § 66 Abs. 3 S. 1 StGB), muss aus den Urteilsgründen deutlich werden, dass es sich seiner Entscheidungsbefugnis bewusst war und welche Gründe für seine Ermessensausübung leitend waren[586]. Die Wirkungen eines erstmals erlebten längeren Strafvollzugs und von in diesem Rahmen (möglicherweise) wahrgenommenen Therapieangeboten können im Einzelfall wesentliche gegen die Anordnung der Maßregel sprechende Gesichtspunkte darstellen. Ein Absehen von der Anordnung trotz bestehender hangbedingter Gefährlichkeit kommt in Ausübung des in § 66 Abs. 2 und Abs. 3 StGB eingeräumten Ermessens aber nur dann in Betracht, wenn bereits zum Zeitpunkt des Urteilserlasses die Erwartung begründet ist, der Täter werde hierdurch eine Haltungsänderung erfahren, so dass für das Ende des Strafvollzugs eine günstige Prognose gestellt werden kann. Es gibt aber keine gesicherte Vermutung dahin gehend, dass eine langjährige, erstmalige Strafverbüßung stets zu einer Verhaltensänderung führen wird. Im Zeitpunkt des Urteilserlasses noch ungewisse positive Veränderungen und lediglich mögliche Wirkungen künftiger Maßnahmen im Strafvollzug können nicht genügen. Solche möglichen Veränderungen sind, sofern sie eingetreten sind, erst im Rahmen der obligatorischen Entscheidung gemäß § 67c Abs. 1 StGB vor dem Ende des Vollzugs der Freiheitsstrafe zu berücksichtigen.[587]

Als Zeit einer Verwahrung im Sinne des § 66 Abs. 4 S. 4 StGB ist Verbüßung von Untersuchungshaft auch dann anzusehen, wenn das Verfahren, in welchem sie angeordnet wurde, nicht zu einer Verurteilung geführt hat und der Angeklagte für die erlittene Untersuchungshaft entschädigt wurde[588].

▶ Besonderheiten

Die Anordnung von Sicherungsverwahrung ist neben der Verhängung von lebenslanger Freiheitsstrafe als Einzelstrafe ebenso wie bei einer lebenslangen Gesamtfreiheitsstrafe, die aus mehreren lebenslangen Einzelstrafen gebildet wurde, zulässig. Lebenslange Freiheitsstrafe kann also mit Sicherungsverwahrung kombiniert werden[589]. Insoweit ist durch das Gesetz zur Einführung der vorbehaltenen Sicherungsverwahrung[590] eine Änderung eingetreten. Die Anordnung der Unterbringung eines Angeklagten in der Sicherungsverwahrung neben lebenslanger Freiheitsstrafe verstößt nicht gegen den Verhältnismäßigkeitsgrundsatz. Es gibt Fallkonstellationen, in denen ein umfassender Schutz der Allgemeinheit ohne eine Anordnung der Sicherungsverwahrung auch bei der Verhängung einer lebenslangen Freiheitsstrafe nicht gewährleistet wäre[591]. Im Rahmen der zu treffenden Ermessensentscheidung ist jedoch ein Nebeneinander von lebenslanger Freiheitsstrafe und Sicherungsverwahrung nicht unerlässlich. Es ist stets unter Heranziehung eines Sachverständigen zu klären, ob bei dem Verurteilten

585 BGH Beschl. v. 28.08.2018 – 2 StR 142/18 = NStZ 2018, 707 f.
586 BGH, Beschl. v. 21.07.2015 – 3 StR 170/15; v. 12.05.2016 – 1 StR 103/16.
587 BGH, Beschl. v. 22.10.2015 – 4 StR 275/15 = NStZ 2016, 337 f.
588 BGHSt 49, 25 m. Anm. *Pollähne* StraFo 2004, 156; *Böhm* StV 2005, 131.
589 Vgl. BGH Urt. v 28.06.2017 – 5 StR 8/17 = NStZ 2017, 524 f; v. 28.06.2017 – 2 StR 178/16 = BGHSt 62, 211 ff.; vgl. dazu Hinz JR 2018, 492 ff.; *Kett-Straub* JZ 2018, 101 ff.
590 Gesetz v. 21.08.2002, in Kraft seit 28.08.2002, BGBl. I S. 3345 (Das Wort »zeitig« ist gestrichen.).
591 BGH, Beschl. v. 24.10.2013 – 4 StR 124/13 = BGHSt 59, 56 f. = NJW 2013, 3735 f.; vgl. auch Urt. v. 12.06.2013 – 5 StR 129/13 = NStZ 2013, 524 f.

keine Gefahr mehr besteht, dass dessen durch die Tat zutage getretene Gefährlichkeit fortbesteht[592].

Für eine erneute Anordnung der Sicherungsverwahrung ist kein Raum, wenn eine frühere Maßregelanordnung nach § 55 Abs. 2 S. 1 StGB aufrechterhalten wird[593].

Die Unterbringung in der Sicherungsverwahrung ist unbefristet. Sind zehn Jahre der Unterbringung in der Sicherungsverwahrung vollzogen worden, so erklärt das Gericht die Maßregel für erledigt, wenn nicht die Gefahr besteht, dass der Untergebrachte erhebliche Straftaten begehen wird, durch welche die Opfer seelisch oder körperlich schwer geschädigt werden. Mit der Entlassung aus dem Vollzug der Unterbringung tritt Führungsaufsicht ein (vgl. § 67d Abs. 3 StGB).

Unter dem Gesichtspunkt des § 72 Abs. 1 S. 1 StGB ist für die Unterbringung in der Sicherungsverwahrung dann kein Raum, wenn der Zweck dieser Maßregel auch durch die Unterbringung in einer Entziehungsanstalt nach § 64 StGB erreicht werden kann. Verbleiben allerdings Unsicherheiten über den Erfolg allein der milderen Maßregel, so führt das zur kumulativen Anwendung von Maßregeln[594].

Das Absehen von der Anordnung der Sicherungsverwahrung im Hinblick auf die Unterbringung in einer Entziehungsanstalt setzt somit ein hohes Maß an prognostischer Sicherheit voraus, dass mit der Unterbringung die vom Angeklagten ausgehende Gefahr beseitigt werden kann. Bei einer solchen Sachlage verbleibt es bei dem Grundsatz, dass Unsicherheiten über den Erfolg allein der milderen Maßregel zur kumulativen Anordnung der Maßregeln führen müssen[595].

Die Weigerung eines Angeklagten, sich psychiatrisch explorieren oder beobachten zu lassen, ist kein Grund, von einer Anordnung von Sicherungsverwahrung abzusehen. Zwar folgt aus dem Grundsatz der Selbstbelastungsfreiheit, dass ein Angeklagter nicht aktiv an der Schaffung von Grundlagen für seine Verurteilung mitwirken muss, jedoch bedarf es zur Feststellung der Gefährlichkeit eines Hangtäters keiner Erkenntnisse, die nur mit dessen Zustimmung gewonnen werden können. Andernfalls stünde es im Belieben des Angeklagten, ob gegen ihn eine zum Schutz der Allgemeinheit erforderliche Maßregel angeordnet werden kann oder nicht. Die formellen Voraussetzungen können sich auch aus den abgeurteilten Taten ergeben[596].

▶ **Beachte**

Ein Gutachten zum Bestehen eines Hanges im Sinne von § 66 StGB und einer darauf beruhenden Gefährlichkeit eines Angeklagten ist kein »Gutachten über den Geisteszustand«, dessen Erstattung eine Verwertung von Taten aus im Zentralregister getilgten oder tilgungsreifen Verurteilungen erlaubt[597].

Grundsätzlich ist die Maßregel nach § 66 Abs. 1 StGB auch dann erneut anzuordnen, wenn sie schon durch ein früheres Urteil angeordnet war, aber noch nicht vollständig erledigt ist. Auch unter Berufung auf § 62 StGB (Verhältnismäßigkeitsgrundsatz) kann nicht von der obligatorischen Anordnung abgesehen, wenn die Anlasstat in ihrem kriminellen Gewicht noch sehr viel schwerer wiegt als die Anlasstat, die der früheren Anordnung von Sicherungsverwahrung zugrunde lag[598].

592 BGH, Beschl. v. 10.01.2013 – 3 StR 330/12.
593 BGHR StGB § 55 Abs. 2 Aufrechterhaltung 4.
594 BGH, Beschl. v. 12.09.2007 – 5 StR 347/07 = StV 2007, 633; v. 11.04.2019 – 4 StR 69/19 = NStZ-RR 2019, 245 f.
595 BGH, Urt. v. 31.07.2008 – 4 StR 152/08 = NStZ-RR 2008, 336 f.; Urt. v. 12.02.2009 – 3 StR 569/08 = NStZ 2009, 442.
596 BGH, Beschl. v. 09.09.2008 – 1 StR 449/08 = StraFo 2008, 505.
597 BGH, Beschl. v. 28.08.2012 – 3 StR 309/12 = BGHSt 57, 300 f. = NStZ 2013, 34 f.
598 BGH, Beschl. v. 09.01.2013 – 1 StR 558/12 = NStZ-RR 2013, 256 f.

▶ **Hinweis**

Die Revision kann auf die Frage der Anordnung der Sicherungsverwahrung beschränkt werden, das gilt auch für die Nichtanordnung der Sicherungsverwahrung. Zwischen Strafe und Maßregel nach § 66 StGB besteht grundsätzlich keine der Rechtsmittelbeschränkung entgegenstehende Wechselwirkung.[599] Etwas anderes gilt dann, wenn das Tatgericht die Höhe der Strafe von der Nichtanordnung von Sicherungsverwahrung abhängig gemacht und damit Strafe und Maßregel in einen inneren, eine getrennte Prüfung beider Rechtsfolgen ausschließenden Zusammenhang gesetzt hat.[600] Die Beschränkung ist auch dann unwirksam, wenn gleichzeitig die Unterbringung des Angeklagten in einer Entziehungsanstalt nach § 64 StGB angeordnet worden ist. Die Maßregelentscheidung ist als einheitliches Ganzes anzusehen, weshalb die Nichtanordnung der Unterbringung in der Sicherungsverwahrung nicht losgelöst von der Unterbringung in einer Entziehungsanstalt selbstständig geprüft und beurteilt werden kann[601]

d) Vorbehaltene Sicherungsverwahrung (§ 66a StGB)

129 Die vorbehaltene Sicherungsverwahrung[602] wurde durch das Gesetz zur Neuordnung des Rechts der Sicherungsverwahrung und zu begleitenden Regelungen vom 22.12.2010 (BGBl I 2300); 01.01.2011 umfassend neu geregelt und ausgebaut. Absatz 1 wurde insoweit eingeschränkt als – aufgrund des Verweises auf § 66 Abs. 3 S. 1 StGB – ein noch beschränkterer Anlasstatenkatalog als bisher (nicht mehr jedes Verbrechen reicht) in Betracht kommt. Absatz 1 bleibt eine »Kann«-Regelung. Geändert bzw. klargestellt wurden die materiellen Voraussetzungen: Weder Hang noch Gefährlichkeit des Täters dürfen mit hinreichender Sicherheit feststellbar sein, da in diesem Fall § 66 Abs. 3 StGB eingreift, vielmehr müssen sie nur »wahrscheinlich« sein. Absatz 2 enthält die neue sog. »Ersttäterregelung«. Absatz 3 enthält die Regelungen über das Nachverfahren, die bisher in Absatz 2 geregelt waren. Durch das Gesetz zur bundesrechtlichen Umsetzung des Abstandsgebotes im Recht der Sicherungsverwahrung vom 05.12.2012[603] wurde § 66a StGB hinsichtlich der formellen und materiellen Voraussetzungen nicht verändert. Die Maßregel der vorbehaltenen Sicherungsverwahrung war nach den Entscheidungen des BVerfG als solche weder verfassungs- noch konventionswidrig[604].

§ 66a StGB ermöglicht dem erkennenden Gericht, im Urteil die Anordnung der Sicherungsverwahrung vorzubehalten, wenn zwar nicht mit hinreichender Sicherheit feststellbar, aber aufgrund der Gesamtwürdigung des Täters und seiner Taten doch wahrscheinlich ist, dass der Täter infolge seines Hangs zu erheblichen Straftaten zum Zeitpunkt der Verurteilung für die Allgemeinheit gefährlich ist. Über die endgültige Anordnung der Sicherungsverwahrung entscheidet das Gericht des ersten Rechtszugs gem. § 275a StPO in einer neuen Hauptverhandlung spätestens sechs Monate vor der vollständigen Vollstreckung der Freiheitsstrafe.

Für die Anordnung eines Vorbehalts der Sicherungsverwahrung nach § 66a Abs. 1 StGB ist kein Raum mehr, wenn die Voraussetzungen für eine Anordnung der Sicherungsverwahrung nach § 66 StGB vorliegen. Das kann aber nur dann gelten, wenn eine insoweit »vorrangige« (vorbehaltlose Anordnung von Sicherungsverwahrung rechtlich noch möglich ist. Die materiellen Voraussetzungen für die Anordnung der vorbehaltlosen und der vorbehaltenen Sicherungsverwahrung unterscheiden

599 BGH, Urt. v. 01.07.2008 – 1 StR 183/08; siehe aber BGH, Beschl. v. 22.03.2022 – 1 StR 455/21 = JR 2023, 147.
600 BGH Urt. v. 24.05.2018 – 4 StR 643/17 = NStZ-RR 2018, 305 f.
601 BGH Urt. v. 04.05.2019 – 3 StR 31/19 = NStZ-RR 2019.
602 Vgl. dazu *Ullenbruch* NStZ 2008, 5 ff.; *Peglau* JR 2016, 491 f.; zum Vorbehalt der Sicherungsverwahrung nach § 106 Abs. 3 S. 2 JGG vgl. BGH, Urt. v. 13.08.2008 – 2 StR 240/08 = BGHSt 52, 316 ff. = NStZ 2008, 696 ff.
603 BGBl. I S. 2425; vgl. dazu *Pollähne* StV 2013, 249 ff.; *Peglau* JR 2013, 249 ff. *Lesting* StV 2013, 278 ff.
604 Vgl. zuletzt BVerfG NJW 2012, 3357, 3358.

sich insoweit nicht inhaltlich, sondern lediglich in den jeweiligen beweisrechtlichen Anforderungen. Die vorbehaltlose Sicherungsverwahrung setzt die sichere Feststellung der Voraussetzungen des § 66 Abs. 1 Satz 1 Nr. 4 StGB voraus, während § 66a Abs. 1 Nr. 3 StGB die positive Feststellung des Gerichts genügen lässt, dass das Vorliegen eines Hangs und einer daraus folgenden Gefährlichkeit wahrscheinlich ist[605].

▶ Beachte

§ 66a StGB stellt auch bei Vorliegen aller Voraussetzungen die Anordnung der vorbehaltenen Sicherungsverwahrung in das Ermessen des Gerichts. Nach der Vorstellung des Gesetzgebers soll dieses die Möglichkeit haben, sich ungeachtet der wahrscheinlichen hangbedingten Gefährlichkeit des Täters zum Zeitpunkt der Urteilsfällung auf die Verhängung einer Freiheitsstrafe zu beschränken, sofern bereits jetzt festgestellt werden kann, dass die derzeit noch wahrscheinlichen Voraussetzungen des § 66 Abs. 1 Satz 1 Nr. 4 StGB zum Entlassungszeitpunkt nicht mehr vorliegen werden. Auch wird dem Tatgericht ermöglicht, seine Entscheidung am Grad der Wahrscheinlichkeit eines Hanges des Angeklagten und der mit ihm verbundenen Gefährlichkeit zu orientieren. Schließlich kann für die Ermessensentscheidung auch von Bedeutung sein, ob im Strafvollzug neue Erkenntnisse über die hangbedingte Gefährlichkeit des Angeklagten zu erwarten sind[606].

▶ Beachte

Auch neben der Verhängung lebenslanger Freiheitsstrafe kann Sicherungsverwahrung vorbehalten werden[607].

Für die nachträgliche Anordnung der Sicherungsverwahrung nach Vorbehalt ist § 66a StGB nur anzuwenden, wenn die Tat oder mindestens eine der Taten, wegen deren Begehung die Sicherungsverwahrung angeordnet werden soll, nach dem 31.12.2010 begangen worden ist. In allen anderen Fällen ist nach Art. 316e Abs. 2 S. 2 EGStGB grundsätzlich § 66a StGB i.d.F. vom 21.08.2002 anzuwenden. Dabei handelt es sich nicht um eine bloße Ordnungsvorschrift. Die Einhaltung der Frist des § 66a Abs. 2 StGB i.d.F. vom 21.08.2002 stellt vielmehr eine grundsätzlich verbindliche materiell-rechtliche Voraussetzung für die Anordnung der Sicherungsverwahrung dar.[608]

Eine Einheitsjugendstrafe unterfällt nur dann dem Tatbestandsmerkmal »schon einmal zu Freiheitsstrafe von mindestens drei Jahren verurteilt worden ist«, wenn zu erkennen ist, dass wegen der Katalogtat eine Jugendstrafe von drei Jahren verhängt worden wäre, sofern sie als Einzeltat abgeurteilt worden wäre, oder wenn die Jugendstrafe nur Katalogtaten zum Gegenstand hat[609].

Der Vorbehalt der Unterbringung in der Sicherungsverwahrung setzt die Feststellung eines Hangs i.S.v. § 66 Abs. 1 Nr. 3 StGB voraus. Das – wahrscheinliche – Vorliegen eines Hangs im Sinne eines gegenwärtigen Zustands ist vom Tatgericht auf der Grundlage einer umfassenden Vergangenheitsbetrachtung in eigener Verantwortung wertend festzustellen und in den Urteilsgründen nachvollziehbar darzulegen[610]. Lediglich die Gefährlichkeit des Täters für die Allgemeinheit muss nicht mit hinreichender Sicherheit feststellbar sein. § 66a StGB und § 66 StGB stehen in einem Ausschließlichkeitsverhältnis zueinander. Erst wenn die für § 66 StGB erforderliche Gefährlichkeit des Täters für die Allgemeinheit nicht mit hinreichender Sicherheit festgestellt werden kann,

---

605 BGH Urt. v. 29.11.2018 – 3 StR 300/18 = NStZ-RR 2019, 140.

606 BGH Beschl. v. 19.07.2017 – 4 StR 245/17.

607 BGH Beschl. v. 20.11.2018 – 4 StR 168/18 = BGHSt 63, 243 ff. = NStZ 2019, 266 f. m. Anm. *Hinz* JR 2019, 521 ff.; *Kett-Straub* NStZ 2019, 269 ff.

608 BGH, Urt. v. 08.06.2016 – 2 StR 88/16 = NStZ-RR 2017, 7 f.683/18.

609 BGH Beschl. v. 04.12.2019 – 1 StR 470/19.

610 BGH Beschl. v. 22.05.2019 – 4 StR 34/19 = NStZ 2019, 658 f.

kommt eine Vorbehaltsanordnung nach § 66a StGB in Betracht[611]. § 66a StGB kommt also nur in Betracht, wenn zum einen ein Hang im Sinne von § 66 Abs. 1 Nr. 3 StGB festgestellt ist und zum anderen eine erhebliche, naheliegende Wahrscheinlichkeit dafür besteht, dass der Täter für die Allgemeinheit im Sinne von § 66 Abs. 1 Nr. 3 StGB gefährlich ist, und das auch zum Zeitpunkt einer möglichen Entlassung aus dem Strafvollzug sein wird[612]. Lediglich die Gefährlichkeit des Täters für die Allgemeinheit muss also nicht mit hinreichender Sicherheit feststellbar sein. Der Vorbehalt der Unterbringung in der Sicherungsverwahrung nach § 66a StGB soll nicht dazu führen, in Fällen, in denen die Anordnung der Sicherungsverwahrung nach § 66 StGB angezeigt ist, die Verhängung dieser Maßregel zu vermeiden[613]. Wenn die allgemeinen Voraussetzungen des § 66 StGB vorliegen, kann das Gericht bei Jugendlichen und Heranwachsenden unter eingeschränkten Voraussetzungen die Anordnung der Sicherungsverwahrung vorbehalten (§§ 7 Abs. 2, 106 Abs. 3 S. 2 JGG[614]).

Die Einhaltung der Frist des § 66a Abs. 2, jetzt Abs. 3 StGB[615] stellt eine grundsätzlich verbindliche materiell-rechtliche Voraussetzung für die Anordnung der vorbehaltenen Sicherungsverwahrung dar.[616] § 66a Abs. 3 S. 1 StGB ist keine bloße Ordnungsvorschrift. Sie soll sicherstellen, dass über die Anordnung einerseits erst entschieden wird, wenn eine ausreichende Erkenntnisgrundlage für die Beurteilung der Gefährlichkeit des Verurteilten gegeben ist, andererseits soll aber die Ungewissheit über dessen künftige Lebensplanung nicht ohne zwingenden Grund hinausgeschoben werden. War bereits bei Anordnung des Vorbehalts absehbar, dass bis zu diesem Zeitpunkt keine ausreichende Zeit für eine Beobachtung des Verurteilten zur Verfügung stehen würde, die zu besseren Erkenntnissen führen konnte als den in der Hauptverhandlung möglichen, darf ein Gericht den Vorbehalt der nachträglichen Anordnung der Sicherungsverwahrung nicht anbringen. Diese Zeitgrenze hat aber nur für das erste tatrichterliche Urteil im Nachverfahren Geltung, nicht jedoch für nachfolgende Entscheidungen im Rahmen oder als Folge eines Rechtsmittelverfahrens[617]. Auf die materiell-rechtliche Voraussetzung für die Maßregelanordnung kann der Verurteilte nicht mit der Folge verzichten, dass die Anordnung der Sicherungsverwahrung auch noch 7 Monate nach dem gesetzlich letztmöglichen Zeitpunkt erfolgen kann[618].

Entsprechend § 66a Abs. 3 S. 2 StGB ist die endgültige Sicherungsverwahrung anzuordnen, wenn die Gesamtwürdigung des Verurteilten, seiner Taten und seiner Entwicklung während des Strafvollzuges ergibt, dass von ihm erhebliche Straftaten zu erwarten sind, durch welche die Opfer seelisch oder körperlich schwer geschädigt werden. Voraussetzung ist daher die prognostizierte Gefahr schwerwiegender Delikte gegen die Person; nicht erfasst sind Vermögensdelikte. Die Berücksichtigung des Verhaltens des Verurteilten im Strafvollzug soll dabei vor allem seine Entwicklung in einer Behandlung als gewichtigen Prognosefaktor erfassen, wobei weitere prognoserelevante Gesichtspunkte z.B. aggressive Handlungen gegen Strafvollzugsbedienstete oder Mitgefangene, Straftaten oder subkulturelle Aktivitäten im Vollzug, Drohungen oder andere Äußerungen sein können, die auf eine Rückkehr in kriminelle Subkulturen und eine Wiederaufnahme insbesondere von Gewalt- oder Sexualkriminalität hindeuten[619]. Eine bloße Neugewichtung bereits bei der Anlassentscheidung bekannter Umstände im Rahmen der späteren Entscheidung über die nachträgliche Anordnung der

---

611 BGH, Urt. v. 08.07.2005 – 2 StR 120/05 = BGHSt 50, 188 = StV 2005, 546 ff.

612 BGH NStZ 2005, 211.

613 BGHR StGB § 66a Vorbehaltene Sicherungsverwahrung 1.

614 BGHSt 52, 316 ff. m. Anm. *Eisenberg* NJW 2008, 3299 ff.; *Rau/Zschieschack* JR 2009, 37 ff.

615 Abs. 2 a.F. »Über die Anordnung der Sicherungsverwahrung entscheidet das Gericht spätestens sechs Monate vor dem Zeitpunkt, ab dem eine Aussetzung der Vollstreckung des Strafrestes zur Bewährung nach § 57 Abs. 1 S. 1 Nr. 1, § 57a Abs. 1 S. 1 Nr. 1, auch in Verbindung mit § 454b Abs. 3 der Strafprozessordnung, möglich ist.«; jetzt § 66a Abs. 3 StGB.

616 BGH, Beschl. v. 11.12.2012 – 5 StR 521/12.

617 BGH, Urt. v. 14.12.2006 – 3 StR 269/06 = BGHSt 51, 159 ff. = StV 2007, 129 f. m. Anm. *Ullenbruch* NStZ 2008, 5 ff.

618 BGH, Beschl. v. 11.09.2007 – 3 StR 323/07 = StraFo 2007, 514 f.

619 BGH, Beschl. v. 25.10.2005 – 1 StR 324/05 = StV 2006, 63.

Sicherungsverwahrung gemäß § 66a Abs. 3 StGB entspricht nicht der gesetzgeberischen Intention und ist der hierüber entscheidenden Strafkammer verwehrt, sofern sich nicht zusätzliche gewichtige Umstände bezüglich des Verurteilten in Verbindung mit dem Strafvollzug ergeben haben[620].

e) Nachträgliche Sicherungsverwahrung

Nach dem Gesetz zur bundesrechtlichen Umsetzung des Abstandsgebotes im Recht der Sicherungs- 130
verwahrung vom 05.12.2012 (SichVNOG[621]) hat die bisher in § 66b StGB geregelter Sicherungsverwahrung noch für vor dem 01.01.2011 begangenen Taten (Altfälle) Bedeutung[622]. Für Neufälle (nach diesem Stichtag begangenen Taten) ist die nachträgliche Sicherungsverwahrung[623] nur noch in den von § 66b StGB i.d.F. d. SichVNOG erfassten Fällen möglich. Bei den Altfällen[624] besteht neben der für die Neufälle genannten Möglichkeit des »Maßnahmetauschs« (gem. § 66b Abs. 3 StGB i.d.F. d. SichVNachtrEG) nach Art. 316e Abs. 1 S. 1 EGStGB unter bestimmten Umständen die Möglichkeit einer nachträglichen Anordnung der Sicherungsverwahrung nach § 66b Abs. 1, 2 i.d.F. d. SichVNachtrEG. Erforderlich ist zunächst das Vorliegen der Voraussetzungen von § 66b Abs. 1 oder 2 StGB a.F., also neben der Verurteilung wegen einer spezifischen schuldhaft begangenen Anlasstat das vor Vollzugsende erfolgende Bekanntwerden neuer Tatsachen, die auf eine erhebliche Gefährlichkeit des Verurteilten hinweisen und eine Gesamtwürdigung der Vortaten des Verurteilten und ergänzend seine Entwicklung während des Strafvollzugs ergibt, dass er mit hoher Wahrscheinlichkeit schwere Straftaten begehen wird.

Neu hinzugekommen ist, dass neben diesen Voraussetzungen die Anordnung (bzw. Fortdauer) einer solchen nachträglichen Sicherungsverwahrung gem. Art. 316e Abs. 1 S. 2 EGStGB jew. i.V.m. Art. 316 f Abs. 2 S. 2 EGStGB (Anlasstat vor dem 01.01.2011) bzw. Art. 316 f Abs. 2 S. 1 EGStGB (Anlasstat zwischen dem 01.01.2011 und dem 31.05.2013), nur dann erfolgen darf, wenn beim Betroffenen zusätzlich eine psychische Störung vorliegt und aus konkreten Umständen in seiner Person oder seinem Verhalten eine hochgradige Gefahr abzuleiten ist, dass er infolge dieser Störung schwerste Gewalt- oder Sexualstraftaten begehen wird. Diese zusätzlichen Voraussetzungen bereiten unter verschiedenen Gesichtspunkten erhebliche Schwierigkeiten solange ungeklärt ist, in welchem Verhältnis die nach § 66b Abs. 1 und 2 StGB a.F. erforderlichen Nova zu dem Erfordernis der psychischen Störung und den konkreten gefahrbegründenden Umständen stehen. Ganz besondere Schwierigkeiten wird der »unbestimmte Rechtsbegriff« der psychischen Störung bereiten[625].

f) Aussetzung der Maßregel, § 67b StGB

Nach § 67b Abs. 1 S. 1 StGB ist die Aussetzung des Vollzugs der Unterbringung geboten, wenn 131
besondere Umstände die Erwartung rechtfertigen, dass der Zweck der Maßregel auch ohne deren Vollzug erreicht werden kann. Besonderheiten im Sinne dieser Vorschrift sind Gegebenheiten in der Tat oder in der Person des Täters, die zu dem Schluss führen, die von ihm ausgehende Gefahr könne so herabgemindert werden, dass es angebracht erscheint, den Verzicht auf den Vollzug der Maßregel

620 BGH, Beschl. v. 10.11.2006 – 1 StR 483/06 = StV 2007, 73 f. = NStZ 2007, 267 f., vgl. auch *Ullenbruch* NStZ 2008, 5 ff.

621 BGBl. I S. 2425; vgl. dazu *Pollähne* StV 2013, 249 ff.; *Peglau* JR 2013, 249 ff.; *Lesting* StV 2013, 278 ff.; *Zimmermann* HRRS 2013, 164 ff.

622 Zu den Übergangsvorschriften vgl. BGH, Urt. v. 12.06.2013 – 1 StR 48/13 = BGHSt 58, 292 f. = StV 2013, 767 ff. m. Anm. *Brettel* StV 2013, 768 ff.

623 Ausführlich *Zimmermann* HRRS 2013, 164 ff.

624 Vgl. dazu *Zimmermann* S. 173 ff.

625 Vgl. dazu § 1 Abs. 1 Nr. 1 ThUG (verfassungsgemäß so BGH, Beschl. v. 23.05.2013 – V ZB 201/12; zum zentralen Begriff der »psychischen Störung« vgl. *Mahler/Pfäfflin* RuP 2012, 130 f.; *Höffler/Stadtland* StV 2012, 239 f.; *Peglau* jurisPR-StrafR 22/2011 Anm. 2; vgl. auch BVerfG, Beschl. v. 07.05.2013 – 2 BvR 1238/12; v. 15.09.2011 – 2 BvR 1516/11 = StV 2012, 25 f.; Beschl. v. 11.07.2013 – 2 BvR 2302/11 = NJW 2013, 3151 f. u.a. zur Verfassungsmäßigkeit des Therapieunterbringungsgesetzes.

zu wagen. Diese Umstände müssen eine hinreichende Gewähr dafür bieten, dass weitere rechtswidrige Taten mit großer Wahrscheinlichkeit vermieden werden. Darin, dass nach § 67b Abs. 2 StGB mit der Aussetzung Führungsaufsicht eintritt und der Verurteilte einen Bewährungshelfer erhält (§ 68a StGB), liegt noch kein besonderer Umstand im dargelegten Sinne. Doch sind die damit gegebenen Kontroll- und Hilfsmöglichkeiten bei der Entscheidung zu berücksichtigen. Sie können aber unter Umständen die Erwartung rechtfertigen, dass der Zweck der Maßregel auch ohne Vollzug der Unterbringung erreicht werden kann.[626] Zu berücksichtigen ist auch, dass ein Angeklagter sich nicht ausreichend therapiewillig zeigt und sich weigert, regelmäßig die zur Behandlung seiner Erkrankung notwendigen Medikamente einzunehmen. Die von ihm ausgehende Gefahr kann sich aber insbesondere durch Begründung eines Betreuungsverhältnisses nach §§ 1896 ff. BGB, welches das Aufenthaltsbestimmungsrecht und die Gesundheitsfürsorge umfasst, oder durch geeignete Weisungen im Rahmen der Führungsaufsicht (§§ 67b, 68b StGB) abwenden oder jedenfalls so stark abschwächen lassen, dass auf den Vollzug der Maßregel verzichtet werden kann.[627]

132 Einem Beschuldigten/Angeklagten können im Fall der Aussetzung der Vollstreckung der Unterbringung zur Bewährung zugleich mit dem Urteil Weisungen erteilt werden (§ 268a Abs. 2 StPO), etwa sich einer medikamentösen Behandlung zu unterziehen oder sich im Rahmen eines »betreuten Wohnens« oder in einer »Nachsorgeeinrichtung« ambulant behandeln zu lassen. Außerdem tritt nach § 67b Abs. 2 StGB mit der Aussetzung der Vollstreckung der Unterbringung Führungsaufsicht ein. Dann wird der Beschuldigte zugleich einem Bewährungshelfer unterstellt (§ 68a StGB). Für sich genommen begründen diese rechtlichen Möglichkeiten noch nicht die Voraussetzungen des § 67b Abs. 1 StGB, sondern nur dann, wenn die damit gegebenen Überwachungsmöglichkeiten und das dem Beschuldigten zu verdeutlichende Risiko, bei Nichterfüllung anzuordnender Weisungen (§ 68b StGB) mit dem Vollzug der Unterbringung rechnen zu müssen, im konkreten Fall tatsächlich eine hinreichende Gewähr dafür bieten, der Beschuldigte werde sich einer ambulanten medikamentösen Behandlung unterziehen, so dass die Erwartung gerechtfertigt ist, der Zweck der Maßregel werde auch ohne Vollzug der Unterbringung erreicht werden. Die regelmäßig für einen Beschuldigten günstigere Unterbringung nach Landesgesetzen ist zwar grundsätzlich eine Alternative zur strafrechtlichen Unterbringung. Gegenstand einer strafprozessualen Anordnung, einer Bewährungsauflage, kann das jedoch – im Hinblick auf die landesrechtlichen Zuständigkeiten zur Anordnung der Maßnahme – nicht sein. Entsprechendes gilt für eine zivilrechtliche Unterbringung nach § 1906 Abs. 1 Nr. 2 BGB durch den Betreuer mit Genehmigung des Vormundschaftsgerichts gemäß § 1906 Abs. 2 BGB, die dann auch das Recht umfasst, den notwendigen ärztlichen Maßnahmen entgegenstehenden Willen des Betreuten zu überwinden. Die Vollstreckung einer strafprozessualen Unterbringung in einem psychiatrischen Krankenhaus gemäß § 67b StGB auszusetzen – oder gar von deren Anordnung abzusehen – kommt in entsprechenden Fällen deshalb nur in Betracht, wenn eine alternative Maßnahme von der hierfür zuständigen Stelle bereits angeordnet ist und ein nahtloser Übergang so gewährleistet ist.[628]

▶ Beachte

133 Ob die von dem Täter ausgehende Gefahr für die Allgemeinheit durch eine medizinische Behandlung außerhalb des Maßregelvollzugs abgewendet werden kann, ist für die Entscheidung der Anordnung der Unterbringung in einem psychiatrischen Krankenhaus nicht erheblich, sondern erst bei der Frage der Aussetzung der Vollstreckung der Maßregel zur Bewährung[629].

626 BGH StV 1993, 563; BGH, Beschl. v. 23.11.2010 – 5 StR 492/10 = StV 2011, 275 f.; v. 20.07.2010 – 4 StR 291/10 = NStZ 2010, 692 f.; BGH v. 26.05.2009 – 4 StR 148/09 = StV 2009, 588 f.

627 BGH, Beschl. v. 23.11.2010 – 5 StR 492/10 = StV 2011, 275 f.; Beschl. v. 26.05.2009 – 4 StR 148/09 = NStZ 2009, 581 f.; Beschl. v. 16.02.2010 – 4 StR 586/09 = NStZ-RR 2010, 171.

628 BGH StV2007, 412.

629 BGH Urt. v. 22.05.2019 – 5 StR 683/18; v. 22.05.2019 – 5 StR 683/18.

Eine anderweitige Unterbringung des Beschuldigten kann ein besonderer Umstand im Sinne des § 67b Abs. 1 S. 1 StGB sein, der es rechtfertigen kann, die Vollstreckung der Unterbringung in einem psychiatrischen Krankenhaus auszusetzen.

g) Reihenfolge, §§ 67 ff. StGB

Nach § 67 Abs. 1 StGB[630] werden Maßregeln nach § 63 und § 64 StGB in der Regel vor der gleichzeitig verhängten Freiheitsstrafe vollzogen. Die Umkehrung der Vollzugsreihenfolge nach § 67 Abs. 2 S. 1 StGB hat Ausnahmecharakter und bedarf daher einer auf den Einzelfall bezogenen sorgfältigen Prüfung und Begründung[631]. Nach der Grundentscheidung des Gesetzgebers soll – auch wegen der besseren Erfolgsaussichten – möglichst umgehend mit der Behandlung des süchtigen oder kranken Rechtsbrechers begonnen werden, weil das am ehesten einen dauerhaften Erfolg verspricht. Die Tatsache, dass der anschließende Strafvollzug den Maßregelerfolg wieder zunichtemachen könnte, kann für ein Abweichen von der Vollzugsreihenfolge nur dann sprechen, wenn dafür überzeugende Gründe vorliegen.[632] Bei einer davon abweichenden Anordnung eines Vorwegvollzugs (§ 67 Abs. 2 StGB) ist zu bedenken, dass eine bereits vorhandene Therapiebereitschaft durch den Strafvollzug wieder zerstört werden kann und dass die Stärkung der Therapiemotivation zu den Aufgaben gehört, die gerade innerhalb des Maßregelvollzuges selbst zu lösen sind.[633] 134

▶ Beachte

Bei längeren Freiheitsstrafen muss der Tatrichter prüfen, wenn er von der vom Gesetz vorgeschriebenen Vollstreckungsreihenfolge abweichen will, ob das verfolgte Ziel auch durch den Vorwegvollzug eines Teiles der Strafe erreicht werden kann. Entscheidend sind die Umstände des Einzelfalles, insbesondere die Persönlichkeit des Täters, die Länge der Freiheitsstrafe und die Art der notwendigen Behandlung.[634] 135

Nach § 67 Abs. 2 S. 2 StGB in der Fassung des Gesetzes zur Sicherung der Unterbringung in einem psychiatrischen Krankenhaus und in einer Entziehungsanstalt vom 16.07.2007 [in Kraft getreten am 17.07.2007] (BGBI. I S. 1327) soll das Gericht bei Anordnung der Unterbringung in einer Entziehungsanstalt neben einer zeitigen Freiheitsstrafe von über drei Jahren bestimmen, dass ein Teil der Strafe vor der Maßregel zu vollziehen ist. Das Tatgericht kann es aber beim Vorwegvollzug der Maßregel nach § 67 Abs. 1 StGB belassen, wenn diese Vollstreckungsreihenfolge aus gewichtigen Gründen des Einzelfalls eher die Erreichung des Therapieerfolgs erwarten lässt. Als gewichtiger Grund kommt namentlich eine aktuelle dringende Therapiebedürftigkeit des Suchtkranken in Betracht[635]. Nach S. 3 dieses Absatzes ist dieser Teil der Strafe so zu bemessen, dass nach seiner Vollziehung und einer anschließenden Unterbringung eine Entscheidung nach Abs. 5 S. 1 möglich ist[636]. § 67 Abs. 5 S. 1 StGB sieht die Möglichkeit einer Aussetzung der Vollstreckung des Strafrestes zur Bewährung vor, wenn die Hälfte der Strafe erledigt ist. Die Regelung gilt auch bei der Verhängung einer Jugendstrafe.[637] Der Gesetzgeber hat die Vorschrift des § 67 Abs. 2 S. 2 StGB als »Soll-Vorschrift« ausgestaltet, um dem Gericht im Einzelfall, namentlich bei aktuell dringender Therapiebedürftigkeit des Betreffenden, die Möglichkeit zu eröffnen, es beim Vorwegvollzug der Maßregel nach § 67

630 Zur Reihenfolge bei Ausländern vgl. *Jung* StV 2009, 212 ff.
631 BGH, Beschl. v. 14.04.2004 – 4 StR 32/04; v. 23.03.2011 –2 StR 4/11.
632 BGHR StGB § 67 Abs. 2 Vorwegvollzug, teilweiser 4 und 9; Zweckerreichung leichtere 9; BGH NStZ 1986, 428.
633 BGH StV 1996, 204; BGHR StGB § 67 Abs. 2 Vorwegvollzug, teilw. 12; Zweckerleichterung, leichtere 10.
634 BGHSt 33, 285 ff.; BGHR StGB § 67 Abs. 2 Vorwegvollzug 2 und 3.
635 BGH, Beschl. v. 18.09.2018 – 3 StR 329/18 = NStZ-RR 2019, 10 f.
636 BGH, Beschl. v. 30.10.2012 –3 StR 413/12; v. 18.09.2018 – 3 StR 329/18 = NStZ-RR 2019, 10 f.
637 BGH, Beschl. v. 26.05.2009 –4 StR 134/09 = NJW 2009, 2694 f.

Abs. 1 StGB zu belassen. Schließlich wird dem Gericht hierdurch ermöglicht, bei seiner Entscheidung zu berücksichtigen, dass die Neuregelung nach dem gesetzgeberischen Willen nicht zu einer Verlängerung der Gesamtdauer des Freiheitsentzuges führen darf und das Gericht deshalb, wenn eine solche Verlängerung im Einzelfall zu befürchten wäre, im Rahmen des ihm eingeräumten Ermessens auf die Umkehr der Vollstreckungsreihenfolge zu verzichten haben wird.[638]

136 Zur Bemessung des vorweg zu vollziehenden Teils der Freiheitsstrafe ist eine Prognose darüber notwendig, wie lange die Unterbringung in der Maßregel zur Durchführung der Therapie voraussichtlich erforderlich sein wird[639] Wesentlich sind insbesondere die Persönlichkeit des Täters, die Länge der Freiheitsstrafe und die Art der notwendigen Behandlung. Die Abweichung von der gesetzlich vorgesehenen Vollstreckungsreihenfolge kann gerechtfertigt sein; des weiteren, wenn die vorgezogene Strafvollstreckung als Vorstufe der Behandlung für deren Zwecke erforderlich ist oder wenn Gründe vorliegen, die zu der Annahme berechtigen, dass der anschließende Strafvollzug den Maßregelvollzug wieder zunichtemachen könnte[640]. Darauf, ob es nahe liegend erscheint, dass die zuständige Strafvollstreckungskammer zu gegebener Zeit eine solche Entscheidung treffen wird, kommt es nicht an.[641] Der Tatrichter hat die voraussichtlich notwendige Dauer des Maßregelvollzugs mit sachverständiger Hilfe festzulegen. Erforderlich ist eine präzise Prognose darüber, wie lange genau die Unterbringung voraussichtlich erforderlich sein wird. Nur auf der Grundlage einer solchen Prognose kann bestimmt werden, welcher Teil der Strafe, einschließlich der anzurechnenden Untersuchungshaft, vorab zu vollziehen ist, bis exakt der in § 67 Abs. 5 StGB bezeichnete Zeitpunkt der Halbstrafenentlassung erreicht sein wird.[642] Die Dauer des teilweisen Vorwegvollzugs der Strafe ist aufgrund einer individuellen Festlegung der voraussichtlichen Therapiedauer zu bestimmen, es darf deshalb nicht von einer »üblichen« Therapiedauer von ein bis zwei Jahren ausgegangen werden.[643] Die Therapiedauer muss also individuell festgelegt werden. Es genügt nicht, dass der Tatrichter nur eine Mindest- und eine Höchstdauer – also einen Zeitraum – prognostiziert[644]. Die erlittene Untersuchungshaft ist gemäß § 51 StGB grundsätzlich auf den nach § 67 Abs. 2 StGB vorweg zu vollstreckenden Strafteil anzurechnen.[645] Die Anordnung des Vorwegvollzugs eines Teils der Freiheitsstrafe vor der Unterbringung in einer Entziehungsanstalt hat zu unterbleiben, wenn sich der Vorwegvollzug durch die erlittene Untersuchungshaft im Urteilszeitpunkt bereits erledigt hat[646].

Der gemäß § 67 Abs. 2 S. 2 und 3 StGB zu bestimmende Teil der Strafe ist so zu bemessen, dass nach seiner Vollziehung und einer anschließenden Unterbringung eine Entscheidung nach § 67 Abs. 5 S. 1 StGB möglich ist, also eine Entlassung zum Halbstrafenzeitpunkt. Ein Beurteilungsspielraum für den Tatrichter besteht nach dem klaren Wortlaut des Gesetzes insoweit nicht.[647]

Hat der Verurteilte mehr als die Hälfte der erkannten Freiheitsstrafe verbüßt, muss die Entscheidung über einen Vorwegvollzug unterbleiben.[648] Werden wegen der Zäsurwirkung einer Vorverurteilung zwei getrennte Strafen gebildet, ist die Vorschrift über die Reihenfolge der Vollstreckung auf beide Strafen anzuwenden, so dass auch die Sollvorschrift des § 67 Abs. 2 S. 2 StGB für beide Strafen

638 BGH, Beschl. v. 09.08.2007 –4 StR 283/07 = NStZ-RR 2007, 371 f.
639 BGH, Beschl. v. 13.01.2010 –3 StR 532/09.
640 BGH Beschl. v. 13.11.2018 – 3 StR 243/18 = StV 2019, 271 f.
641 BGH, Beschl. v. 24.11.2009 – 4 StR 422/09; v. 27.04.2010 – 3 StR 75/10.
642 BGH, Beschl. v. 13.01.2010 – 2 StR 519/09; Urt. v. 08.04.2010 – 4 StR 53/10.
643 BGH, Beschl. v. 31.08.2010 – 3 StR 309/10.
644 BGH, Beschl. v. 27.03.2013 – 4 StR 60/13.
645 BGH, Beschl. v. 15.12.2010 – 1 StR 642/10, v. 28.09.2010 – 5 StR 371/10; v. 12.12.2018 – 5 StR 510/18; v. 06.03.2019 – 3 StR 29/19.
646 BGH Beschl. v. 23.01.2018 – 5 StR 625/17 = StraFo 2018, 79 f.
647 BGH, Beschl. v. 07.09.2010 – 1 StR 409/10; v. 05.10.2010 – 4 StR 448/10; v. 14.10.2010 – 2 StR 188/10; v. 18.01.2011 – 1 StR 548/10.
648 BGH, Urt. v. 18.02.2010 – 3 StR 568/09 = NStZ-RR 2010, 172.

einheitlich gilt. Ebenso ist die zweite ausgeurteilte Strafe auch bei der durch § 67 Abs. 2 S. 3 StGB geregelten Bemessung des vor der Maßregel zu vollziehenden Teils der Strafe zu berücksichtigen.[649]

▶ **Hinweis**

Wenn wegen der Zäsurwirkung einer Vorverurteilung zwei Gesamtstrafen gebildet werden müssen, ist die Vorschrift über die Reihenfolge der Vollstreckung (§ 67 StGB) ist auf beide Strafen anzuwenden. Deswegen gilt die Sollvorschrift des § 67 Abs. 2 S. 2 StGB für beide Strafen nicht getrennt, sondern einheitlich. Bei der Berechnung des Vorwegvollzug gem. § 67 Abs. 2 S. 3 StGB ist deswegen von der Summe beider Gesamtstrafen und der Hälfte hiervon auszugehen[650]

Die Beschränkung der Revision auf die Bestimmung der Dauer des Vorwegvollzugs ist grundsätzlich möglich. Ihre Rechtswirksamkeit setzt voraus, dass der Beschwerdepunkt nach dem inneren Zusammenhang des Urteils losgelöst von seinem nicht angefochtenen Teil rechtlich und tatsächlich unabhängig beurteilt werden kann, ohne eine Überprüfung des Urteils im Übrigen erforderlich zu machen.[651] 137

h) Dauer, § 67d StGB

Der Grundsatz der Verhältnismäßigkeit gebietet, die Unterbringung eines Täters in einem psychiatrischen Krankenhaus nach § 63 StGB nur so lange zu vollstrecken, wie der Zweck dieser Maßregel es unabweisbar erfordert und zu seiner Erreichung den Untergebrachten weniger belastende Maßnahmen nicht genügen.[652] Die Gesamtwürdigung der für die Frage der Aussetzung (§ 67d Abs. 2 StGB) maßgeblichen Umstände im Lichte des Verhältnismäßigkeitsgrundsatzes hat eingriffsbegrenzende Funktion. Je länger die Unterbringung in einem psychiatrischen Krankenhaus andauert, umso strenger werden die Voraussetzungen für die Verhältnismäßigkeit des Freiheitsentzugs sein. Der im Einzelfall unter Umständen nachhaltige Einfluss des gewichtiger werdenden Freiheitsanspruchs wird jedoch dort an Grenzen stoßen, wo es im Blick auf die Art der von dem Untergebrachten drohenden Taten, deren Bedeutung und Wahrscheinlichkeit vor dem staatlichen Schutzauftrag für die Rechtsgüter des Einzelnen und der Allgemeinheit unvertretbar erscheint, den Untergebrachten in die Freiheit zu entlassen.[653] 138

Bei einer Unterbringung in einer Erziehungsanstalt nach § 64 StGB ist nach § 67d Abs. 5 StGB die Unterbringung für erledigt zu erklären, wenn die Voraussetzungen des § 64 Satz 2 StGB nicht mehr vorliegen.

▶ **Hinweis**

In Fällen, in denen die erstmalige Unterbringung eines Verurteilten in der Sicherungsverwahrung wegen Taten angeordnet wurde, die vor Inkrafttreten des Gesetzes zur Bekämpfung von Sexualdelikten und anderen schweren Straftaten vom 26.01.1998 (BGBl. I 160) begangen worden waren, darf die Fortdauer der Maßregelvollstreckung über zehn Jahre hinaus auf der Grundlage der bis zu einer Neuregelung, längstens bis 31.05.2013 weiter anwendbaren Vor-

649 BGH, Beschl. v. 19.01.2010 – 3 StR 499/09 = NStZ-RR 2010, 307.

650 BGH Beschl. v. 17.04.2019 – 2 StR 102/19 = NStZ-RR 2019, 241 f.

651 BGH, Beschl. v. 18.12.2007 – 3 StR 516/07; v. 24.07.2007 – 3 StR 231/07; v. 15.11.2007 – 3 StR 390/07; Beschl. v. 27.10.2009 – 1 StR 515/09.

652 Vgl. Urt. des BVerfG v. 04.05.2011 (2 BvR 2365/09 = NJW 2011, 1931 f.) zu § 67 Abs. 2 und Abs. 3 betr. die Fortdauer einer Sicherungsverwahrung; Beschl. v. 16.11.2016 – 2 BvR 151/15; v. 03.11.2016 – 2 BvR 2921/14; vgl. auch das seit dem 01.08.2016 geltende neue Recht der strafrechtlichen Unterbringung in einem psychiatrischen Krankenhaus (»Gesetz zur Novellierung des Rechts der Unterbringung in einem psychiatrischen Krankenhaus gem. § 63 des Strafgesetzbuches und zur Änderung anderer Vorschriften«, BGBl I 2016, 1610).

653 BVerfG NStZ-RR 2004, 76.

schrift des § 67d Abs. 3 S. 1 StGB i.V.m. § 2 Abs. 6 StGB nur noch angeordnet werden, wenn eine hochgradige Gefahr schwerster Gewalt- oder Sexualstraftaten aus konkreten Umständen in der Person oder dem Verhalten des Untergebrachten abzuleiten ist und dieser an einer psychischen Störung im Sinne von § 1 Nr. 1 des Gesetzes zur Therapierung und Unterbringung psychisch gestörter Gewalttäter (THUG) leidet; andernfalls ist die Maßregel – spätestens mit Wirkung zum 31.12.2011 – für erledigt zu erklären.[654]

i) Das Nebeneinander von Maßregeln, § 72 StGB

139 § 72 Abs. 1 S. 1 und Abs. 2 StGB gestatten, mehrere Maßregeln nebeneinander anzuordnen, wenn die jeweiligen gesetzlichen Voraussetzungen vorliegen. Das gilt auch für die Maßregeln gemäß § 63 StGB und § 64 StGB. Allerdings darf die parallele Anordnung lediglich dann erfolgen, wenn von mehreren zur Erreichung des Maßregelzwecks gleich geeigneten Maßregeln nicht bereits die Anordnung einer von ihnen zur Zweckerreichung genügt (§ 72 Abs. 1 S. 1 StGB). In diesem Fall verlangt § 72 Abs. 1 S. 2 StGB als Ausfluss des Verhältnismäßigkeitsgrundsatzes allein die Maßregel anzuordnen, die mit dem geringeren Eingriff in die Rechte des Betroffenen verbunden ist. Im Verhältnis der Unterbringung in einem psychiatrischen Krankenhaus (§ 63 StGB) und der in einer Entziehungsanstalt (§ 64 StGB) ist das bereits wegen der gesetzlichen Begrenzung der zulässigen Vollzugsdauer Letztgenannte.[655]

Die Maßregel des § 63 StGB darf nicht angeordnet werden, wenn deren Zweck durch die Unterbringung in einer Entziehungsanstalt erreicht werden kann, denn letztere ist die weniger beschwerende Maßnahme.[656]

140 Wenn die Voraussetzungen der Maßregeln sowohl nach § 63 StGB als auch nach § 66 StGB[657] erfüllt sind, ist nach Maßgabe des § 72 StGB über die Anordnung einer von beiden – oder beider nebeneinander – zu entscheiden. Sind beide Maßregeln gleichermaßen geeignet, den erstrebten Zweck zu erreichen, so ist der Maßregel der Vorzug zu geben, die den Täter am wenigstens beschwert (§ 72 Abs. 1 S. 2 StGB).[658] Die Unterbringung in einem psychiatrischen Krankenhaus ist gegenüber der Sicherungsverwahrung »kein geringeres, sondern ein anderes Übel«, so dass grundsätzlich die gleichzeitige Anordnung rechtlich möglich wäre.[659] Ist der nach § 66 StGB vorausgesetzte Hang auf einen psychischen Defekt zurückzuführen, kommt vorrangig § 63 StGB in Betracht.[660]

141 Liegen die Voraussetzungen sowohl des § 64 StGB als auch des § 66 StGB vor,[661] sind die Maßregeln nebeneinander anzuordnen, sofern nicht auch der von dem Angeklagten infolge seines Hanges zu erheblichen Straftaten ausgehenden Gefahr für die Allgemeinheit (§ 66 Abs. 1 Nr. 3 StGB) schon allein durch seine Unterbringung in einer Entziehungsanstalt begegnet werden kann.[662] Die Unterbringung in einer Entziehungsanstalt ist im Zweifel grundsätzlich vor der Sicherungsverwahrung zu vollstrecken, weil eine erfolgreiche Entziehungskur die Voraussetzungen für eine Aussetzung der Vollstreckung der Sicherungsverwahrung zur Bewährung (§ 67c Abs. 1 S. 1 Nr. 1 StGB) oder jedenfalls günstigere Voraussetzungen für die Resozialisierung in der Sicherungsverwahrung schaffen kann. Die

654 BGH, Beschl. v. 23.05.2011 – 5 StR 394/10, 5 StR 440/10, 5 StR 474/10.
655 BGH, Beschl. v. 29.06.2016 – 1 StR 254/16 = StV 2017, 592.
656 BGH NStZ RR 1996, 162; BGH, Urt. v. 01.02.2005 – 5 StR 540/04 = BGHR StGB § 63 Zustand 36. BGH, Beschl. v. 25.02.2016 – 3 StR 6/16 = NStZ-RR 2016, 169 f.
657 Beachte aber Urt. des BVerfG v. 04.05.2011 (2 BvR 2365/09 = StV 2011, 470) zur Verfassungswidrigkeit von § 66 StGB.
658 BGH NStZ 1995, 284.
659 BGHSt 5, 312, 314; BGH NStZ 1981, 390.
660 BGHR StGB § 72 Sicherungszweck 6; BGH StV 2002, 478 = NStZ 2002, 533; NStZ-RR 2002, 230; BGH, Beschl. v. 20.07.2004 – 5 StR 193/04.
661 Vgl. oben Fn. 213.
662 BGH, Beschl. v. 28.10.1999 – 4 StR 464/99.

Frage einer Gefahr für die Allgemeinheit bei Vollzugslockerungen im Maßregelvollzug kann keine Rolle spielen.[663] Das Absehen von der Anordnung von Sicherungsverwahrung im Hinblick auf die angeordnete Unterbringung in einer Entziehungsanstalt erfordert ein hohes Maß an Gewissheit, das beim Angeklagten mit weiteren Straftaten nicht mehr zu rechnen ist. Die hinreichend konkrete Aussicht eines Therapieerfolgs reicht hierfür nicht ohne weiteres aus.[664]

3. Sonstige Maßregeln

a) Führungsaufsicht, §§ 68, 68a–g StGB

Im § 68 Abs. 1 StGB[665] werden die Voraussetzungen für die Anordnung von Führungsaufsicht durch das in der Sache entscheidende Gericht beschrieben. Die Anordnung der Führungsaufsicht beinhaltet eine Ermessensentscheidung, die Anordnung dieser Maßnahme neben längerer Freiheitsstrafe bedarf näherer Abwägung. 142

b) Entziehung der Fahrerlaubnis, §§ 69, 69a, 69b StGB

Bei der Entziehung der Fahrerlaubnis gemäß §§ 69, 69a StGB[666] handelt es sich nicht um eine Nebenstrafe, sondern um eine Maßregel der Sicherung und Besserung. Ihre Anordnung und Dauer hängen daher nicht von der Schwere der Tatschuld, sondern ausschließlich von der Ungeeignetheitsprognose ab. § 69 StGB bezweckt den Schutz der Sicherheit des Straßenverkehrs. Die strafgerichtliche Entziehung der Fahrerlaubnis wegen charakterlicher Ungeeignetheit bei Taten im Zusammenhang mit dem Führen eines Kraftfahrzeugs (§ 69 Abs. 1 S. 1 Var. 2 StGB) setzt daher voraus, dass die Anlasstat tragfähige Rückschlüsse darauf zulässt, dass der Täter bereit ist, die Sicherheit des Straßenverkehrs seinen eigenen kriminellen Interessen unterzuordnen.[667] 143

Wer bei oder im Zusammenhang mit dem Führen eines Kraftfahrzeuges ein »typisches Verkehrsdelikt« begeht, verstößt regelmäßig dadurch gegen die Pflichten eines Kraftfahrers; dabei sind Verkehrsstraftaten nicht allein solche, die im Katalog des § 69 Abs. 2 StGB aufgeführt sind. Eine in diesem Sinne typische Verkehrsstraftat ist auch das Fahren ohne Fahrerlaubnis, die, wenn sie häufig und nach gerichtlicher Entziehung der Fahrerlaubnis begangen wird, auf fehlende charakterliche Eignung zum Führen von Kraftfahrzeugen hindeutet. Im Einzelfall kann aber auch eine andere Beurteilung in Betracht kommen.[668]

▶ Beachte

Soll wegen einer nicht im Katalog des § 69 Abs. 2 StGB enthaltenen Straftat eine isolierte Sperrfrist für die Erteilung einer Fahrerlaubnis angeordnet werden (§ 69a Abs. 1 Satz 1 StGB), so ist die Vornahme einer Gesamtwürdigung der Tatumstände und der Täterpersönlichkeit durch den Tatrichter zum Beleg der fehlenden Eignung des Angeklagten zum Führen von Kraftfahrzeugen erforderlich. Der erforderliche Umfang der Darlegung ist hierbei einzelfallabhängig. Zwar liegt es bei typischen Verkehrsdelikten, zu denen Fahren ohne Fahrerlaubnis zählt, nicht fern, dass der Täter zum Führen eines Kraftfahrzeugs ungeeignet und daher eine isolierte Sperrfrist anzuordnen ist. Eine auf den Einzelfall bezogene Begründung macht das

663 Beschl. v. 16.02.2016 – 1 StR 624/15.

664 BGH NStZ 2000, 587 m. Anm. *Janssen* StV 2000, 617; *Neubacher* NStZ 2001, 322; Beschl. v. 11.04.2019 – 4 StR 69/19 = NStZ-RR 2019, 245 f.

665 *Herrmann* StRR 2013, 408 ff.; Zur Reform der Führungsaufsicht *Schneider*, NStZ 2007, 441 ff.; *Baur/Grob* JuS 2010, 404 ff.; zur Weisungsbefugnis im Rahmen der Führungsaufsicht vgl. BVerfG, Beschl. v. 08.12.2010 – 1 BvR 1106/08 = EuGRZ 2011, 88 ff.

666 Zu Verteidigungsstrategien bei drohender Fahrerlaubnisentziehung vgl. *Gübner/Krumm* NJW 2007, 2801.; vgl. auch *Schäpe* Blutalkohol 47, 194–197 (2010).

667 BGH BGHSt 50, 93 ff. m. Anm. *Hentschel* DAR 2005, 455 ff.; *Lampe* Blutalkohol 2005, 315 ff.

668 BGH NStZ-RR 2007, 40.

indes nicht entbehrlich. Zudem bedarf es bei der Bemessung der Sperrfrist der Darlegung der Prognoseentscheidung zur Dauer der voraussichtlichen Ungeeignetheit des Täters[669]

144 Dem Täter ist die Fahrerlaubnis nach § 69 Abs. 1 S. 1 Var. 2 StGB wegen in der Tat zutage getretener mangelnder Eignung aber auch dann zu entziehen, wenn kein typisches Verkehrsdelikt vorliegt, sondern wenn die im Zusammenhang mit dem Führen eines Kraftfahrzeugs begangene Straftat der allgemeinen Kriminalität zuzurechnen ist (sog. Zusammenhangstat). Dabei wird der Begriff des Zusammenhangs weit gefasst. Es kommt nicht darauf an, ob die Fahrt vor, während oder nach der Tat unternommen wird. Wesentlich ist vielmehr, dass das Führen des Kraftfahrzeugs dem Täter für die Vorbereitung oder Durchführung der Straftat oder anschließend für ihre Ausnutzung oder Verdeckung dienlich sein soll. Anders als bei der Begehung einer der in § 69 Abs. 2 StGB aufgeführten rechtswidrigen Taten begründet aber allein der Umstand, dass der Täter ein Kraftfahrzeug zur Begehung von Straftaten benutzt hat, nicht bereits eine Regelvermutung für seine charakterliche Unzuverlässigkeit zum Führen von Kraftfahrzeugen. Die Rechtsprechung verlangt in diesen Fällen regelmäßig eine nähere Begründung der Entscheidung aufgrund einer umfassenden Gesamtwürdigung. Grundlage für die Beurteilung der Eignungsfrage nach § 69 StGB bildet für den Strafrichter die Anlasstat. Zwar mögen Straftaten, die auf eine niedrige Frustrationstoleranz oder ein erhöhtes Aggressionspotenzial des Täters hindeuten, unabhängig von der Schwere der Rechtsgutverletzung geeignet sein, die Zuverlässigkeit des Täters in Bezug auf Verkehrssicherheitsbelange in Zweifel zu ziehen. Soweit das in der Anlasstat aber keinen hinreichenden Ausdruck gefunden hat, ist für eine strafgerichtliche Entziehung der Fahrerlaubnis nach dem Wortlaut des § 69 Abs. 1 S. 1 StGB (»wenn sich aus der Tat ergibt«) kein Raum. Lassen sich im Strafverfahren aus einer Straftat zwar Hinweise dafür entnehmen, dass der Täter zu Aggression, Rücksichtslosigkeit oder allgemein zur Missachtung gesetzlicher Vorschriften neigt, ohne dass das für den Strafrichter schon die sichere Beurteilung der Fahreignung zulässt, und unterbleibt deshalb die Anordnung der Maßregel nach §§ 69, 69a StGB, so ist es Aufgabe der Verwaltungsbehörde zu prüfen, ob Anlass besteht, dem Täter die Fahrerlaubnis zu entziehen.

▶ Beachte also

Charakterliche Unzulänglichkeiten, die zur Ungeeignetheit nach § 69 Abs. 1 StGB führen, sind in erster Linie Persönlichkeitsmängel, die sich in besonderer Verantwortungs- oder Rücksichtslosigkeit gegenüber anderen Verkehrsteilnehmern äußern. Zum Beispiel legt das Führen eines Kraftfahrzeugs unter dem deutlichen und zumindest mitunfallursächlichen Einfluss von Amphetaminen in aller Regel eine erhebliche charakterliche Unzuverlässigkeit, die auch die Ungeeignetheit des Täters zum Führen eines Kraftfahrzeugs nahe[670].

»Aus der Tat« kann sich die charakterliche Ungeeignetheit des Täters zum Führen von Kraftfahrzeugen für den Strafrichter daher nur dann ergeben, wenn die Anlasstat selbst tragfähige Rückschlüsse darauf zulässt, dass der Täter bereit ist, die Sicherheit des Straßenverkehrs seinen eigenen kriminellen Zielen unterzuordnen[671]. Hierfür bedarf es keines – bereits von § 69 Abs. 1 S. 1 Var. 1 u. 3 StGB erfassten – Verstoßes gegen die Pflichten eines Kraftfahrzeugführers, wie er regelmäßig bei »Verkehrsstraftaten« gegeben sein wird, auch soweit sie nicht vom Katalog des § 69 Abs. 2 StGB erfasst werden. Hierzu zählen etwa die unter Benutzung des Kraftfahrzeugs begangenen Fälle der Nötigung und des gefährlichen Eingriffs in den Straßenverkehr (§§ 240, 315b StGB), unter Umständen aber auch Fälle des räuberischen Angriffs auf Kraftfahrer gemäß § 316a StGB, wenn der Angriff von dem Fahrer während der Fahrt gegen das mitfahrende Opfer verübt wird. Während in diesen Fällen des Pflichtenverstoßes im Sinne des § 69 Abs. 1 S. 1 Var. 3 StGB die Beeinträchtigung der Verkehrssicherheit regelmäßig offen zutage tritt, bedarf das bei den Zusammenhangstaten beson-

669 BGH Beschl. v. 13.09.2018 – 1 StR 439/18; v. 27.03.2019 – 4 StR 360/18 = NStZ-RR 2019, 209 f.
670 BGH Beschl. v. 23.11.2017 – 4 StR 427/17 = ZfSch 2018, 49 f.
671 BGH, Beschl. v. 23.05.2012 – 5 StR 185/12 = StraFo 2012, 282.

derer, die Umstände des Einzelfalls berücksichtigender Begründung. Denn der Tatrichter muss sich die Überzeugung verschaffen, dass der Täter bereit ist, sich zur Erreichung seiner kriminellen Ziele über die im Verkehr gebotene Sorgfalt und Rücksichtnahme hinwegzusetzen. Das ist anhand konkreter Umstände festzustellen, die sich aus der Tat unter Berücksichtigung der Täterpersönlichkeit ergeben. Dabei sind auch Umstände aus dem Vorleben des Täters oder seiner Tatvorbereitung in die Beurteilung einzubeziehen, sofern sich daraus tragfähige Schlüsse auf eine mögliche Gefährdung der Verkehrssicherheit im Zusammenhang mit der Anlasstat ziehen lassen. Dafür kann es genügen, dass der Täter im Zusammenhang mit der Tat nahe liegend mit einer Situation gerechnet hat oder rechnen musste, in der es zu einer Gefährdung oder Beeinträchtigung des Verkehrs kommen konnte. Eine Prognose, dass der Täter mit Wahrscheinlichkeit auch künftig Zusammenhangstaten begehen und dabei tatsächlich die Sicherheit des Straßenverkehrs beeinträchtigen werde, ist nicht zu verlangen.[672] Es kann genügen, dass ein Angeklagter im Zusammenhang mit den Anlasstaten nahe liegend mit einer Situation gerechnet hat oder rechnen musste, in der es zu einer Gefährdung oder Beeinträchtigung des Verkehrs kommen konnte, wobei auch früheres Verhalten (riskante Fluchtfahrt aus Angst vor Entdeckung bei einer Vorverurteilung) zu berücksichtigen ist.[673] Die Benutzung eines Kraftfahrzeugs zur Fahrt zum Tatort bzw. für den Abtransport der Beute allein reicht aber nicht aus.[674] Verbringt der Täter das Tatopfer unter Anwendung einer List in seinem Fahrzeug zu einem abgelegenen Ort, um dort eine Sexualstraftat zu begehen, so erweist er sich allein dadurch noch nicht als ungeeignet für das Führen von Kraftfahrzeugen im Sinne des § 69 Abs. 1 S. 1 StGB.[675] Transportiert ein Angeklagter in einem Kraftfahrzeug Rauschgift, sind Belange der Verkehrssicherheit nicht ohne weiteres berührt. Ein allgemeiner Erfahrungssatz, dass Transporteure von Rauschgift im Fall von Verkehrskontrollen zu besonders riskanter Fahrweise entschlossen sind, besteht nicht. Das gilt jedenfalls dann, wenn besondere Vorkehrungen gegen eine Entdeckung des Rauschgifts, etwa durch Benutzung besonders präparierter Verstecke, getroffen worden sind.[676]

Bei der Entziehung der Fahrerlaubnis eines Jugendlichen gemäß § 69 StGB i.V.m. § 7 Abs. 1 JGG kommt es – ebenso wie bei der Verhängung einer Sperrfrist gemäß § 69a StGB i.V.m. § 7 Abs. 1 JGG gegen einen Jugendlichen – allein auf dessen Ungeeignetheit zum Führen von Kraftfahrzeugen und nicht auf erzieherische Erwägungen an. Die Regelvermutung des § 69 Abs. 2 StGB findet daher auch im Rahmen des § 7 Abs. 1 JGG uneingeschränkt Anwendung[677].

Eine Maßregelanordnung gegen einen Beifahrer ist möglich, dafür sind aber besonders gewichtige Hinweise zu fordern, aus denen sich die Ungeeignetheit zum Führen von Kraftfahrzeugen ergibt.[678]

Bei einer nachträglichen Gesamtstrafenbildung nach § 55 Abs. 2 StGB hat der Tatrichter, wenn in der früheren Entscheidung eine Sperre gemäß § 69a StGB bestimmt war und der Angeklagte erneut wegen einer Straftat verurteilt wird, die seine fehlende Eignung zum Führen von Kraftfahrzeugen erneut belegt, eine neue einheitliche Sperre festzusetzen, die die alte Sperre gegenstandslos werden lässt[679].

Die Dauer der Sperre darf nicht allein nach Strafzumessungsgesichtspunkten bestimmt werden. 145
Maßgebend ist vielmehr die voraussichtliche Ungeeignetheit zum Führen von Kraftfahrzeugen. Die Schwere der Schuld ist nur insoweit von Bedeutung, als sie Hinweise auf die charakterliche Unzuverlässigkeit geben kann.[680]

---

672 BGHSt 50, 93 ff.

673 BGH wistra 2005, 337; v. 31.05.2005 – 4 StR 155/03; v. 31.05.2005 – 4 StR 175/03.

674 BGH, Beschl. v. 13.07.2005 – 1 StR 153/05.

675 BGH StV 2005, 604 f.

676 BGH, Beschl. v. 27.07.2005 – 2 StR 431/05.

677 OLG Nürnberg, Beschl. v. 26.08.2011 – 1 St OLG Ss 156/11 = NStZ-RR 2011, 386 = NZV 2012, 48; vgl. dazu *Krenberger* jurisPR-VerkR 1/2012 Anm. 6.

678 BGHSt 10, 333 ff.; BGH NStZ 2004, 617.

679 BGH, Beschl. v. 12.04.2016 – 2 StR 471/15 = Blutalkohol 54, 124 (2017).

680 BGHR StGB § 69a Abs. 1 Dauer 1.

Auch die Entziehung einer ausländischen Fahrerlaubnis nach §§ 69 Abs. 1, 69b StGB setzt die Feststellung des Gerichts voraus, dass diese Fahrerlaubnis besteht. Hat der Täter keine Fahrerlaubnis, so wird gemäß § 69a Abs. 1 S. 3 StGB nur eine Sperrfrist für deren Wiedererteilung angeordnet. Stellt das Tatgericht fest, dass der Täter eine ausländische Fahrerlaubnis besitzt, ist diese zu entziehen. Die Entziehung hat aber lediglich die Wirkung einer Aberkennung des Rechts, von der Fahrerlaubnis im Inland Gebrauch zu machen (§ 69b Abs. 1 StGB) Ist in diesem Fall der ausländische Führerschein von der Behörde eines Mitgliedstaats der Europäischen Union ausgestellt worden und hat der Inhaber seinen ordentlichen Wohnsitz im Inland, so wird der Führerschein im Urteil eingezogen und an die ausstellende Behörde zurückgesandt (§ 69b Abs. 2 S. 1 StGB).[681]

c) Berufsverbot, §§ 70, 70a und 70b StGB

146 Das Berufsverbot ist ausschließlich eine Präventivmaßnahme zur Abwendung künftiger Gefahren. § 70 StGB[682] regelt keine Strafmaßnahme. Die ins Ermessen des Gerichts gestellte Sicherungsmaßregel »Berufsverbot« soll die Allgemeinheit vor den Gefahren schützen, die von der Ausübung eines Berufs durch hierfür nicht hinreichend zuverlässige Personen ausgehen[683]. Das Berufsverbot darf im Hinblick auf das Verhältnismäßigkeitsprinzip und den auf die Gefahrenabwehr zugeschnittenen Charakter der Maßregel nur in dem gegenständlichen Umfang ausgesprochen werden, in dem das erforderlich ist, um die Begehung weiterer Straftaten zu verhindern.[684] Voraussetzung ist also, dass eine – auf den Zeitpunkt der Urteilsverkündung abgestellte – Gesamtwürdigung des Täters und seiner Taten den Richter zu der Überzeugung führt, dass die Gefahr, das heißt die Wahrscheinlichkeit künftiger ähnlicher erheblicher Rechtsverletzungen durch den Täter besteht. Wird ein Täter erstmalig wegen einer Anlasstat straffällig, sind an die Annahme seiner weiteren Gefährlichkeit im Sinne des § 70 Abs. 1 S. 1 StGB ganz besonders strenge Anforderungen zu stellen; insbesondere ist zu prüfen, ob bereits die Verurteilung zur Strafe den Täter von weiteren Taten abhalten wird[685]. Die Verhängung eines Berufsverbots scheidet deshalb dann aus, wenn zu erwarten ist, dass der Angeklagte bereits durch die Verurteilung zu der verhängten Strafe oder jedenfalls durch deren Verbüßung von weiteren Taten abgehalten werden kann[686].

▶ Beachte

147 Einem bestreitenden Angeklagten darf sein Verteidigungsverhalten auch im Hinblick auf die Gefährlichkeitsprognose beim Berufsverbot nicht angelastet werden.[687]

148 Gegen denjenigen, der wegen einer rechtswidrigen Tat verurteilt wurde, die er unter Missbrauch seines Berufs oder unter grober Verletzung der damit verbundenen Pflichten begangen hat, kann die Maßregel angeordnet werden, wenn eine Gesamtwürdigung des Täters und der Tat die Gefahr erkennen lässt, dass er bei weiterer Ausübung dieses Berufs vergleichbare Straftaten begehen werde.[688] Ein Missbrauch des Berufs liegt nur vor, wenn die Tat in einem inneren Zusammenhang mit der Berufsausübung steht. Es genügt nicht, dass der Beruf rein äußerlich die Möglichkeit gibt, bestimmte strafbare Handlungen zu begehen, der Täter also nur allgemein für den Beruf erworbene Kenntnisse oder Fähigkeiten verwertet oder nur anlässlich der Berufsausübung sich ergebende

681 OLG Stuttgart, Beschl. v. 23.09.2010 – 5 Ss 471/10 = StraFo 2011, 62.
682 Zur Rechtsprechung des BGH vgl. *Sander* in NJW-Sonderheft für G. Schäfer 2002, 57 ff.; vgl. auch BVerfG, Beschl. v. 30.10.2002 – 2 BvR 1837/00; Beschl. v. 25.09.2003 – 2 BvR 1580/03; zur Reichweite des Berufsverbots für Rechtsanwälte vgl. *Kretschmer* NStZ 2002, 576 ff.
683 BGH, Urt. v. 11.03.2015 – 2 StR 423/14 = NStZ-RR 2016, 110 f.
684 BGH NStZ 2002, 198.
685 BGH, Urt. v. 25.04.2013 – 4 StR 296/12 = StV 2013, 699 f.; Beschl. v. 09.10.2018 – 1 StR 418/18 = NStZ 2019, 273; Beschl. v. 19.11.2019 – 1 StR 364/19, NStZ-RR 2020, 75.
686 BGH Beschl. v. 09.10.2019 – 2 StR 337/19.
687 BGH StV 2004, 80; NJW 2001, 3349: Beschl. v. 13.03.2018 – 2 StR 286/17 = StV 2019, 189.
688 BGH NStZ 2004, 442; StraFo 2008, 81 ff.

äußere Gelegenheiten ausnutzt. Die strafbare Handlung muss vielmehr einen inneren Zusammenhang mit dem Beruf erkennen lassen, sie muss symptomatisch für die Unzuverlässigkeit des Täters im Beruf erscheinen der Täter muss unter bewusster Missachtung der ihm gerade durch seinen Beruf gestellten Aufgaben seine Tätigkeit ausgenutzt haben, um einen diesen Aufgaben zuwiderlaufenden Zweck zu verfolgen[689]. Es reicht auch nicht aus, dass die Taten nur im Zusammenhang mit einer beabsichtigten oder vorgetäuschten Berufs- oder Gewerbetätigkeit stehen[690], sie müssen ein Ausfluss der beruflichen Tätigkeit selbst sein[691], ein bloßer äußerer Zusammenhang genügt nicht. Es ist also nicht ausreichend, dass der Täter nur allgemein für den Beruf erworbene Kenntnisse oder Fähigkeiten verwertet oder nur anlässlich der Berufsausübung sich ergebende äußere Gelegenheiten ausnutzt,[692] die strafbare Handlung muss symptomatisch für die Unzuverlässigkeit des Täters im Beruf erscheinen[693]

Wird ein Täter erstmalig wegen einer Anlasstat straffällig, sind an die Annahme seiner weiteren Gefährlichkeit im Sinne des § 70 Abs. 1 S. 1 StGB ganz besonders strenge Anforderungen zu stellen; insbesondere ist zu prüfen, ob bereits die Verurteilung zur Strafe den Täter von weiteren Taten abhalten wird[694].

Die Verhängung eines Berufsverbots wird nicht dadurch gehindert, dass der Angeklagte Beamter 149
ist. Zwar tritt § 70 StGB grundsätzlich hinter der Bestimmung des § 45 StGB über den Verlust der Amtsfähigkeit und den einschlägigen Bestimmungen der Beamtengesetze über den Verlust der Beamtenrechte zurück. Das gilt jedoch nur hinsichtlich der Beamtenstellung als solcher und muss sich nicht auf berufsfachliche Fähigkeiten erstrecken, aufgrund derer der Beamte tätig geworden ist.[695]

Ehrengerichte sind nicht an die Entscheidungen des Strafrichters gemäß § 70 StGB gebunden. Das Berufsverbot nach § 70 StGB soll die Allgemeinheit vor weiterer Gefährdung schützen; die Ausschließung aus der Rechtsanwaltschaft nach § 114 Abs. 1 Nr. 5 BRO dient zugleich der Reinhaltung des Anwaltsstandes von untragbaren Mitgliedern.[696]

IX. Strafaussetzung zur Bewährung

Freiheitsstrafen können zur Bewährung ausgesetzt werden. Ihre Gewährung ist von der Höhe der 150
Strafe abhängig, wobei mit zunehmender Höhe der verhängten Strafe jeweils strengere Anforderungen gestellt werden. Bei mehreren zu einer Gesamtstrafe zusammengefassten Strafen entscheidet die Höhe der Gesamtstrafe. Eine Strafaussetzung zur Bewährung kann nicht mit der Begründung verwehrt werden, der Angeklagte werde durch die Strafverbüßung nicht unangemessen hart getroffen, weil er mit der Einweisung in den offenen Vollzug rechnen könne. Übersteigt die Zeit der erlittenen Untersuchungshaft die erkannte Strafe und macht das Tatgericht von der Möglichkeit, die Untersuchungshaft nicht auf die Strafe anzurechnen (§ 51 Abs. 1 S. 2 StGB) keinen Gebrauch, darf die erkannte Strafe nicht mehr zur Bewährung ausgesetzt werden, denn diese ist bereits vollständig verbüßt[697].

---

689 BGH, Urt. v. 09.03.2011 – 2 StR 609/10; BGHSt 22, 144, 146; BGH NJW 1983, 2099; StV 2008, 80 f.

690 BGHR StGB § 70 Abs. 1 Pflichtverletzung 4.

691 BGH wistra 1982, 66 (67); 1992, 142; BGHSt 22, 144 (146); BGHR StGB § 70 Abs. 1 Pflichtverletzung 1und 2.

692 BGH wistra 2003, 423.

693 BGH, Urt. v. 09.03.2011 – 2 StR 609/10.

694 BGH, Urt. v. 25.04.2013 – 4 StR 296/12; BGH, Beschl. v. 25.01.2012 – 1 StR 45/11 = BGHSt 57, 95 ff. = NJW 2012, 1377.

695 BGH NStZ 2002, 198.

696 BGH StV 91, 65.

697 BGHSt 31, 25; BGH NJW 2002, 1356; StraFo 2008, 434; Beschl. v. 21. 06 2018 – 4 StR 638/17.

Hinweis

Die Erwägung, es bedürfe einer Strafe, die noch zwei Jahre beträgt und damit das Höchstmaß erreicht, das eine Strafaussetzung zur Bewährung noch zulässt, lässt eine unzulässige Vermischung des Vorgangs der Festsetzung der Strafe und der grundsätzlich nachrangigen Frage, ob deren Vollstreckung zur Bewährung ausgesetzt werden kann, besorgen[698]. Gesichtspunkte der Strafzumessung im Sinne der Findung einer schuldangemessenen Strafe dürfen nicht mit solchen der Strafaussetzung zur Bewährung vermengt werden, nur um eine Strafe noch zur Bewährung aussetzen zu können[699].

Aus dem StGB ergeben sich drei Gruppen: Eine an sich gebotene Strafe von mehr als zwei Jahren darf aber *nicht allein* deshalb niedriger bemessen werden, um sie zur Bewährung aussetzen zu können.

151 Bei Freiheitsstrafen bis zu sechs Monaten, die trotz § 47 StGB verhängt werden, ist eine Aussetzung bei günstiger Prognose zwingend.

152 Bei Freiheitsstrafen von sechs Monaten bis zu einem Jahr ist bei günstiger Prognose Strafaussetzung lediglich ausgeschlossen, wenn die Verteidigung der Rechtsordnung die Vollstreckung gebietet.

153 Bei Freiheitsstrafen zwischen einem und zwei Jahren kommt bei günstiger Sozialprognose eine Aussetzung zur Bewährung in Betracht, wenn besondere Umstände vorliegen, sofern die Verteidigung der Rechtsordnung die Vollstreckung nicht gebietet. Entscheidend ist jeweils die Höhe der verhängten Strafe. Aussetzung eines Teils der Strafe ist unzulässig; gilt ein Teil der Strafe durch Anrechnung der Untersuchungshaft bereits als verbüßt, dann erfasst die Aussetzung nur noch die Reststrafe.

154 Wird Geldstrafe neben Freiheitsstrafe verhängt (§ 53 Abs. 2 S. 2 StGB), so bleibt die Tagessatzzahl für die Berechnung der Strafhöhe, die für die Entscheidung über die Aussetzung maßgeblich ist, unberücksichtigt. Auf eine kumulative Geldstrafe (§ 53 Abs. 2 StGB) darf *nicht allein* deshalb erkannt werden, um eine an sich gebotene, zwei Jahre übersteigende Freiheitsstrafe herabzusetzen und diese Strafe dann aussetzen zu können.[700]

155 § 56 Abs. 1 StGB (für JGG vgl. den teilweise anders lautenden Wortlaut des § 21 JGG) setzt die begründete Erwartung voraus, dass der Verurteilte sich schon die Verurteilung selbst zur Warnung dienen lassen und sich künftig straffrei führen wird. Für die Prognose reicht es aus, dass die Begehung weiterer Straftaten nicht wahrscheinlich ist. Es genügt aber nicht, dass eine günstige Sozialprognose nur nicht auszuschließen ist, oder dass die Möglichkeit, der Angeklagte werde in Zukunft keine Straftaten begehen, nicht gänzlich verneint werden kann. Für die Prognoseentscheidung gilt der Zweifelsgrundsatz nur, soweit die tatsächlichen Voraussetzungen betroffen sind. Die Prognoseentscheidung erfordert eine Gesamtwürdigung[701]. Maßgeblich ist die Beurteilung im Zeitpunkt der Urteilsfällung. Bei der Prüfung einer günstigen Sozialprognose ist auch abzuwägen, ob und inwieweit eine Strafverbüßung die Eingliederung des Angeklagten in das Arbeitsleben erschweren, wenn nicht gar vereiteln, würde. Die Tatbegehung während einer Bewährungsfrist schließt nicht grundsätzlich eine erneute Strafaussetzung aus, die Prognose kann trotzdem positiv sein.[702] Auch wenn die Voraussetzungen des § 56 Abs. 1 StGB nicht vorliegen, kann z.B. eine Aussetzung einer Freiheitsstrafe gemäß § 183 Abs. 4 Nr. 2 i.V.m. § 183 Abs. 3 StGB in Betracht kommen.

156 Besondere Umstände im Sinne von § 56 Abs. 2 S. 1 StGB sind Milderungsgründe von besonderem Gewicht, die eine Strafaussetzung trotz des erheblichen Unrechts- und Schuldgehalts, der sich in der Strafhöhe widerspiegelt, als nicht unangebracht und als den allgemeinen vom Strafrecht geschützten Interessen nicht zuwiderlaufend erscheinen lassen. Dazu können auch solche gehören, die schon

698 BGH, Urt. v. 22.10.2015 – 4 StR 133/15; v. 04.12.2018 – 1 StR 255/18 = NStZ 2019, 287 f.
699 BGH, Urt. v. 14.01.2015 – 1 StR 93/14 = wistra 2015, 273 f.
700 BGHSt 32, 65.
701 BGH Beschl. v. 04.04.2019 – 3 StR 64/19, NStZ-RR 2019, 337.
702 BGH, Beschl. v. 18.06.2009 – StB 29/09 = NStZ 2010, 83.

für die Prognose nach § 56 Abs. 1 StGB zu berücksichtigen waren. Aus der Anforderung, dass Umstände im Sinne von § 56 Abs. 2 StGB besondere sein müssen, ergibt sich, dass einzelne durchschnittliche Gründe eine Aussetzung nicht rechtfertigten. Es genügt, dass Umstände, die bei ihrer Einzelbewertung nur durchschnittliche oder einfache Milderungsgründe wären, durch ihr Zusammentreffen das Gewicht besonderer Umstände erlangen[703]. Die Annahme »besonderer Umstände«, deren Vorliegen im Rahmen von § 56 Abs. 2 StGB: die Aussetzung von Freiheitsstrafe von mehr als einem Jahr bis zu zwei Jahren rechtfertigt, erfordert somit eine Gesamtwürdigung aller in der Tat und in der Täterpersönlichkeit liegenden Umstände. Bei einer Gesamtstrafe kommt es für die Beurteilung der besonderen Umstände auf die Gesamtbewertung aller Taten (und der Person) des Angeklagten an. Die »besonderen Umstände« müssen dabei umso gewichtiger sein, je näher die Strafe an der Zweijahresgrenze liegt.[704] Dass diese Milderungsgründe der Tat Ausnahmecharakter verleihen, verlangt § 56 Abs. 2 StGB nicht, es müssen nur gewichtige Milderungsgründe vorhanden sein.[705] Umstände, die einzeln betrachtet, nur einfache oder durchschnittliche Zumessungsgründe wären, können in ihrer Gesamtheit ein besonderes Gewicht erlangen. Für die Annahme besonderer Umstände im Sinne des § 56 Abs. 2 StGB kann deshalb ausreichen, dass Milderungsgründe zusammentreffen oder sich häufen, die für sich allein nur als einfache oder durchschnittliche Umstände angesehen werden können.[706] Darauf, dass der Angeklagte die Tat bestritten hat, darf die Verneinung besonderer Umstände nicht gestützt werden.[707] Eine Anwendung von § 56 Abs. 2 StGB setzt voraus, dass besondere Umstände trotz des erheblichen Unrechts- und Schuldgehalts der Tat, wie er sich in der Strafe widerspiegelt, eine Strafaussetzung als nicht unangebracht und allgemeinen, vom Strafrecht geschützten Interessen nicht zuwiderlaufend erscheinen lässt.[708] Eine günstige Sozialprognose kann auch für die Beurteilung bedeutsam sein, ob Umstände von besonderem Gewicht im Sinne von § 56 Abs. 2 StGB vorliegen. Zu den nach Abs. 2 zu berücksichtigenden Faktoren gehören also auch solche, die schon für die Prognose nach Abs. 1 von Belang sind[709]. Auch Umstände, die nach der Tat eingetreten sind, wie die Stabilisierung der Lebensverhältnisse, ist in die nach § 56 Abs. 2 StGB gebotene Abwägung einzubeziehen. Bei der Beurteilung der Sozialprognose ist dem Tatrichter ein gewisser Freiraum eingeräumt. Verlangt wird aber eine Gesamtwürdigung aller Einzelumstände, die für oder gegen eine Strafaussetzung sprechen können.[710] Darauf, dass ein Angeklagter die Tat bestritten hat, darf die Verneinung besonderer Umstände nicht gestützt werden.[711]

▶ Beachte

Die Aussetzung der Vollstreckung einer Freiheitsstrafe von mehr als einem Jahr bis zu zwei Jahren erfordert zunächst die Feststellung einer günstigen Legalprognose im Sinne des § 56 Abs. 1 StGB, wobei maßgeblicher Zeitpunkt für die Prognoseentscheidung der Zeitpunkt des tatrichterlichen Erkenntnisses ist[712]. Ferner muss das Tatgericht darlegen, worin es die besonderen Umstände im Sinne des § 56 Abs. 2 StGB sieht, welche die Strafaussetzung zur Bewährung rechtfertigen sollen. Ob besondere Umstände in der Tat und in der Täterpersönlichkeit vorliegen, ist dabei aufgrund einer Gesamtwürdigung aller Umstände zu entscheiden. Die

703 BGH, Beschl. v. 13.10.2015 – 1 StR 416/15 = NStZ-RR 2016, 9 f.
704 BGH, Urt. v. 10.06.2008 – 5 StR 180/08 = NStZ-RR 2008, 307.
705 BGH, Beschl. v. 30.04.2009 – 2 StR 112/09 = NStZ 2009, 441.
706 BGH, Beschl. v. 16.12.2009 – 2 StR 520/09 =StV 2010, 127.
707 BGH, Beschl. v. 04.02.2010 – 3 StR 8/10 = StraFo 2010, 207; BGH, Urt. v. 26.09.2012 – 2 StR 553/11 = wistra 2013, 63.
708 BGH NStZ 1986, 27; BGHR StGB § 56 Abs. 2 Gesamtwürdigung 1 und 6.; BGH, Beschl. v. 16.09.2009 – 2 StR 233/09.
709 BGH, Beschl. v. 28.08.2012 – 3 StR 305/12 = StV 2013, 85; v. 22.08.2012 – 1 StR 343/12 = StV 2013, 84 f.
710 BGH, Beschl. v. 16.12.2009 – 2 StR 520/09 = StV 2010, 127.
711 BGH, Beschl. v. 04.02.2010 – 3 StR 8/10 = StraFo 2010, 207.
712 BGH Beschl. v. 30.04.2019 – 2 StR 545/18 = NStZ-RR 2019, 242 f.

besonderen Umstände müssen umso gewichtiger sein, je näher die Strafe an der Zweijahresgrenze liegt[713].

Besondere Umstände im Sinne von § 56 Abs. 2 S. 1 StGB sind Milderungsgründe von besonderem Gewicht, die eine Strafaussetzung trotz des erheblichen Unrechts- und Schuldgehalts, der sich in der Strafhöhe widerspiegelt, als nicht unangebracht und als den allgemeinen vom Strafrecht geschützten Interessen nicht zuwiderlaufend erscheinen lassen. Dazu können auch solche gehören, die schon für die Prognose nach § 56 Abs. 1 StGB zu berücksichtigen waren. Aus der Anforderung, dass Umstände im Sinne von § 56 Abs. 2 StGB besondere sein müssen, ergibt sich, dass einzelne durchschnittliche Gründe eine Aussetzung nicht rechtfertigten. Es genügt, dass Umstände, die bei ihrer Einzelbewertung nur durchschnittliche oder einfache Milderungsgründe wären, durch ihr Zusammentreffen das Gewicht besonderer Umstände erlangen[714]. Zu den nach § 56 Abs. 2 StGB zu berücksichtigenden Umständen können auch solche gehören, die schon für die Prognose nach Abs. 1 zu berücksichtigen waren und die Erwartung, der Angeklagte werde sich künftig straffrei führen, auch für die Beurteilung, ob »besondere Umstände« vorliegen, von Bedeutung ist.[715]

Bei einem Drogenkonsumenten, der über einen längeren Zeitraum Straftaten als Folge einer Sucht oder eingewurzelten intensiven Neigung begangen hat, schließen weder frühere noch erneute gleich gelagerte Delikte die Annahme einer positiven Sozialprognose ohne weiteres aus, wenn zugleich die Unterbringung des Angeklagten in einer Entziehungsanstalt angeordnet wird. Sollte eine Unterbringung nicht in Betracht kommen, wird auch zu erwägen sein, ob durch Einbindung des Angeklagten in eine geeignete Einrichtung gemäß § 56c Abs. 3 Nr. 2 StGB die Erwartungen an das künftige Verhalten des Angeklagten verbessert werden können[716].

Ein Rechtsfehler bei der Prüfung der Voraussetzungen des § 56 Abs. 2 StGB liegt bereits dann vor, wenn naheliegende tatsächliche Gesichtspunkte, die für eine andere Beurteilung sprechen könnten, außer Betracht geblieben sind. Im Rahmen der Versagung einer Strafaussetzung zur Bewährung muss sich ein Gericht deshalb damit auseinandersetzen, ob und in welchem Umfang eine in derselben Sache bereits verbüßte Untersuchungshaft von über einem Jahr den Angeklagten beeinflusst hat.[717]

157 Im Rahmen von § 56 Abs. 2 StGB ist eine Prüfung der Kriminalprognose unerlässlich. Denn dieser Gesichtspunkt kann auch für die Beurteilung bedeutsam sein, ob Umstände von besonderem Gewicht im Sinne von § 56 Abs. 2 StGB vorliegen. Maßgebender Beurteilungszeitpunkt für die nach § 56 StGB zu treffende Prognose ist auch bei einer nachträglichen Gesamtstrafenbildung im Rahmen von § 55 StGB der der jetzigen – also der zeitlich jüngsten – Entscheidung.[718]

158 Nach § 56 Abs. 3 StGB muss die Aussetzung versagt werden, wenn die Verteidigung der Rechtsordnung die Vollstreckung gebietet[719]. Das ist dann der Fall, wenn eine Aussetzung der Vollstreckung im Hinblick auf die schwerwiegenden Besonderheiten des Einzelfalles für das allgemeine Rechtsempfinden schlechthin unverständlich erscheinen müsste und das Vertrauen der Bevölkerung in die Unverbrüchlichkeit des Rechts und den Schutz der Rechtsordnung vor kriminellen Angriffen erschüttern könnte[720]. Ob Strafaussetzung zur Bewährung bei der Bevölkerung auf Unverständnis stoßen würde, ist auf der Grundlage des Rechtsempfindens des über die Besonderheiten des Ein-

713 BGH Urt. v. 04.07.2019 – 4 StR 47/19.
714 BGH, Beschl. v. 13.10.2015 – 1 StR 416/15 = NStZ-RR 2016, 9.
715 BGH, Beschl. v. 10.05.2016 – 4 StR 25/16 = StraFo 2016, 425.
716 BGH, Beschl. v. 16.02.2012 – 2 StR 29/12 = NStZ-RR 2012, 202 f.
717 BGH, Beschl. v. 26.11.2008 – 5 StR 556/08 = StraFo 2009, 118.
718 BGH NJW 2003, 2841 = NStZ 2004, 58.
719 BGH Urt. v. 14.03.2018 – 2 StR 416/16 = NStZ 2019, 138 f.
720 BGH, Beschl. v. 13.04.2011 – 2 StR 665/10 = StraFo 2011, 324 f.; Urt. v. 06.07.2017 – 4 StR 415/16 (Autorennen mit tödlichem Ausgang).

zelfalles unterrichteten Bürgers zu beurteilen. In der Sache erlittene Untersuchungshaft ist bei der Entscheidung nach § 56 Abs. 3 StGB stets zu berücksichtigen. Generalpräventive Erwägungen dürfen nicht dazu führen, bestimmte Tatbestände oder Tatbestandsgruppen von der Möglichkeit der Strafaussetzung zur Bewährung auszuschließen. Die Möglichkeit der Strafaussetzung kann deshalb nicht gemäß § 56 Abs. 3 StGB für bestimmte Deliktsgruppen, wie z.B. sexueller Missbrauch von Kindern, generell ausgeschlossen werden[721] Erforderlich ist stets eine dem Einzelfall gerecht werdende Abwägung durch die Tatgerichte, bei der Tat und Täter umfassend zu würdigen sind.

Bei Steuerhinterziehungen beträchtlichen Umfangs ist von Gewicht, die Rechtstreue der Bevölkerung, auch auf dem Gebiet des Steuerrechts zu erhalten. Die Vollstreckung einer Freiheitsstrafe kann sich daher zur Verteidigung der Rechtsordnung als notwendig erweisen, wenn die Tat Ausdruck einer verbreiteten Einstellung ist, die eine durch einen erheblichen Unrechtsgehalt gekennzeichnete Norm nicht ernst nimmt und von vornherein auf die Strafaussetzung vertraut. Die Vollstreckung einer Freiheitsstrafe zur Verteidigung der Rechtsordnung ist insbesondere dann geboten, wenn eine Aussetzung der Strafe zur Bewährung im Hinblick auf schwerwiegende Besonderheiten des Einzelfalls für das allgemeine Rechtsempfinden unverständlich erscheinen müsste und dadurch das Vertrauen der Bevölkerung in die Unverbrüchlichkeit des Rechts erschüttert werden könnte.[722]

▶ Beachte

Macht das Tatgericht von der Möglichkeit, gemäß § 51 Abs. 1 S. 2 StGB Untersuchungshaft nicht anzurechnen, keinen Gebrauch gemacht und ist deshalb die Strafe infolge der Anrechnung bereits voll verbüßt, kann die Strafe nicht mehr zur Bewährung ausgesetzt werden.[723] Eine dennoch erfolgte Strafaussetzung zur Bewährung beschwert einen Angeklagten. 159

▶ Folgerungen für die Verteidigung

Der Vollzug einer Freiheitsstrafe trifft den Angeklagten am härtesten. Deshalb muss ein Hauptaugenmerk der Verteidigung darauf gerichtet sein, diese Folge zu vermeiden. Sind Freiheitsstrafen unter zwei Jahren zu erwarten, werden die tatsächlichen und rechtlichen Gegebenheiten des § 56 Abs. 1 und Abs. 2 StGB von besonderer Bedeutung sein. Das *Zusammentreffen* mehrerer durchschnittlicher und einfacher Strafmilderungsgründe kann zu der Annahme besonderer Umstände im Sinne von § 56 Abs. 2 StGB führen, die trotz des erheblichen Unrechts- und Schuldgehalts der Tat, wie er sich in der Strafe widerspiegelt, eine Strafaussetzung als nicht unangebracht und allgemeinen, vom Strafrecht geschützten Interessen nicht zuwiderlaufend erscheinen lassen. Dabei steht sowohl bei Abs. 1 wie bei Abs. 2 des § 56 StGB die günstige Sozialprognose im Vordergrund, denn diese kann als solche schon für die Beurteilung, ob Umstände von besonderem Gewicht im Sinne von § 56 Abs. 2 StGB vorliegen, bedeutsam sein. Maßgebender Zeitpunkt ist die Hauptverhandlung, so dass auch nach der Tat eingetretene Umstände von Bedeutung sind. Die Gefahr des Arbeitsplatzverlustes, eine Vernichtung der begonnenen sozialen Stabilisierung oder eine zwischenzeitlich – zum Guten hin – eingetretene Persönlichkeitsveränderung müssen erforderlichenfalls unter Beweis gestellt werden durch Sachverständige, Vernehmung des Arbeitgebers, des Bewährungshelfers oder der behandelnden Ärzte.[724] Auf die – oft ausreichende – Möglichkeit, durch Auflagen und Weisungen im Bewährungsbeschluss auf den Angeklagten einzuwirken, sollte hingewiesen, die Bereitschaft bzw. Zustimmung des Angeklagten zu entsprechenden Maßnahmen, wie z.B. 160

---

721 BGHSt 24, 40, 45; BGH NStZ-RR 2005, 36; Beschl. v. 13.04.2011 – 2 StR 665/10 = StraFo 2011, 324; Urt. v. 27.09.2012 – 4 StR 255/12 = NStZ- RR 2013, 40 f.

722 Urt. v. 30.04.2009 – 1 StR 342/08 = BGHSt 53, 311 ff. = NStZ 2009, 637 ff.

723 BGH, Urt. v. 26.06.2008 – 3 StR 159/08 = StraFo 2008, 434.

724 OLG Celle JR 1985, 32 m. Anm. *Meyer* zur Frage von Beweisanträgen hinsichtlich einer günstigen Sozialprognose.

sich einer Heilbehandlung zu unterziehen, sollte vorsorglich erklärt werden.[725] Dabei darf nicht unberücksichtigt bleiben, dass auch Vorstrafen und sogar ein Bewährungsversagen nicht schon allein für sich gegen eine günstige Sozialprognose sprechen müssen. Ist die Anwendung der Regelung des § 56 Abs. 3 StGB zu befürchten, müssen die Besonderheiten des konkreten Falles herausgearbeitet werden. Wichtig ist es auch darzustellen, dass die sich aus § 56 Abs. 3 StGB ergebenden generalpräventiven Erwägungen nicht dazu führen dürfen, bestimmte Tatbestände oder Tatbestandsgruppen von der Möglichkeit der Strafaussetzung zur Bewährung auszuschließen.[726]

Zur Beschränkung eines Rechtsmittels auf die Frage einer Strafaussetzung zur Bewährung vgl. F IV 3 Rdn. 313.

Im Hinblick auf § 267 Abs. 3 S. 4 StPO sollte nicht übersehen werden, den Antrag auf Aussetzung der Strafe zur Bewährung zu stellen. Unabhängig von der verfahrensrechtlichen Vorschrift des § 267 Abs. 3 S. 4 StPO sind aus materiell-rechtlichen Gründen Ausführungen im Urteil zur Strafaussetzung zur Bewährung erforderlich, wenn eine Erörterung dieser Frage als Grundlage für die revisionsgerichtliche Nachprüfung geboten ist. Ein solcher Fall liegt vor, wenn angesichts der konkreten Umstände eine Strafaussetzung zur Bewährung nicht fern liegt[727]. Flankierende Maßnahmen gem. §§ 56a ff. StGB

Allgemeines

In vielen Fällen wäre Strafaussetzung zur Bewährung nicht angebracht oder sinnlos, gäbe es nicht die Möglichkeit, durch Auflagen und Weisungen auf den Angeklagten einzuwirken, damit er sich in Zukunft straffrei führen kann. Diese die Strafaussetzung »flankierenden« Maßnahmen stellt das Gesetz in den §§ 56b bis 56 d StGB dem Richter zur Verfügung. Da damit erhebliche Beschränkungen der Entfaltungsfreiheit verbunden sein können, sind diese Maßnahmen nur für eine beschränkte Zeit – die »Bewährungszeit« – zulässig.

Während die Entscheidung darüber, dass die Freiheitsstrafe zur Bewährung ausgesetzt wird, als Teil des Urteils ergeht, sind nach § 268a StPO die die Aussetzung flankierenden Maßnahmen und die Festsetzung der Bewährungszeit in einen gesonderten Beschluss (»Bewährungsbeschluss«) aufzunehmen (§ 268a Abs. 1 StPO), der aufgrund der Hauptverhandlung zusammen mit dem Urteil beraten und zusammen mit dem Urteil – nach der Verlesung der Urteilsformel oder nach Bekanntgabe der Gründe – verkündet wird. Diese Entscheidungen ergehen deshalb nicht als Urteil, sondern als Beschluss, weil das Gericht sie nach § 56e StGB auch nachträglich treffen, ändern oder aufheben kann.

Bewährungszeit

Innerhalb der Bewährungszeit muss der Verurteilte die ihm auferlegten Weisungen und Auflagen (§ 56b und c StGB) erbringen, nur für die Dauer der Bewährungszeit kann ihm ein Bewährungshelfer (§ 56d StGB) beigeordnet und nur aufgrund von Vorfällen während der Bewährungszeit kann die Bewährung widerrufen werden (§ 56 f StGB)[728]. Die Bewährungszeit dauert mindestens zwei und höchstens fünf Jahre. Sie beginnt mit der Rechtskraft der Entscheidung über die Strafaussetzung und kann nachträglich verkürzt oder vor ihrem Ablauf auf das Höchstmaß verlängert werden (§ 56a StGB). Eine weitergehende Verlängerung über das Höchstmaß des § 56a StGB hinaus und auch nach Ablauf der Bewährungsfrist ermöglicht § 56 f Abs. 2 StGB.

725 Vgl. für Weisung zur Fortführung einer langdauernden Substitutionsbehandlung BGH NStZ RR 1997, 231.
726 BGHSt 24, 40 (46); BGHR StGB § 56 Abs. 3 Verteidigung 5, 6 und 16.
727 BGH, Beschl. v. 08.06.2011 – 4 StR 111/11 = StV 2011, 728; v. 06.03.2012 – 1 StR 50/12; v. 28.07.2011 – 4 StR 283/11.
728 Zum Widerruf vgl. *Frommeyer* StraFo 2018,493 ff.

Auflagen

Auflagen dienen der Genugtuung für das begangene Unrecht (§ 56b Abs. 1 Nr. 1 StGB); dabei handelt es sich um eine »strafähnliche Sanktion«, durch die vermieden wird, dass in der Öffentlichkeit und beim Täter selbst der Eindruck entsteht, die Straftat bleibe letztlich folgenlos. Die zulässigen Auflagen nennt § 56b Abs. 2 StGB in einem abschließenden Katalog, wobei durch den durch das Verbrechensbekämpfungsgesetz 1994 in § 56b Abs. 2 StGB eingefügten S. 2 eine Neubewertung dahin vorgenommen wurde, dass die Schadenswiedergutmachung ausdrücklich Vorrang vor den anderen Auflagen hat.

Die Auflagen (§ 56b Abs. 2 StGB) bestehen darin,
- nach Kräften den durch die Tat verursachten Schaden wiedergutzumachen,
- einen Geldbetrag zugunsten einer gemeinnützigen Einrichtung zu zahlen, wenn das im Hinblick auf die Tat und die Persönlichkeit des Täters angebracht ist[729],
- sonst gemeinnützige Leistungen zu erbringen[730] oder
- einen Geldbetrag zugunsten der Staatskasse zu zahlen.

Weisungen

Die wichtigste Weisung ist die Unterstellung unter einen Bewährungshelfer (§ 56d StGB). Sonst hält sich die Praxis stark zurück und beschränkt sich im Wesentlichen auf die Weisung, sich (regelmäßig) zu melden, den Unterhaltspflichten nachzukommen und auf solche nach § 56c Abs. 3 StGB (Heilbehandlung usw. mit Einwilligung). Weisungen erfüllen einen gänzlich anderen Zweck (§ 56c StGB) als Auflagen. Sie sollen ausschließlich Lebenshilfe für die Dauer der Bewährungszeit sein. Sie ermöglichen vielmals erst eine günstige Prognose. Mit Weisungen wird auf die Lebensführung des Verurteilten eingewirkt, um ihn vor weiteren Straftaten zu bewahren. Nur dazu sind Weisungen zulässig. Sind sie dazu nicht erforderlich, unterbleiben sie. Weisungen haben niemals sanktionsähnlichen Charakter.

Dem Bestimmtheitsgebot des Art. 103 Abs. 2 GG wird nur dann Genüge getan, wenn die betreffende Weisung eindeutig und so fest umrissen ist, wie das von dem Tatbestand einer Strafnorm zu verlangen ist. Dem Betroffenen muss mit der Weisung unmittelbar verdeutlicht werden, welches Tun oder Unterlassen von ihm erwartet wird, so dass er sein Verhalten danach ausrichten kann.[731] Nach § 68b Abs. 1 S. 1 Nr. 3 StGB kann der Verurteilte angewiesen werden kann, zu Personen einer bestimmten Gruppe, die ihm Anreiz zu weiteren Straftaten bieten können, keinen Kontakt aufzunehmen. Nach dem Willen des Gesetzgebers soll damit verhindert werden, dass die verurteilte Person neue Kontakte zu potenziellen oder auch früheren Opfern herstellt, während das ebenfalls in § 68b Abs. 1 S. 1 Nr. 3 StGB vorgesehene Verkehrsverbot die Fortführung oder das Unterhalten eines bestehenden Kontakts erfasst. Dem Verurteilten wird z.B. untersagt, aus eigenem Antrieb und aktiv einen unmittelbaren Kontakt zu einem Mitglied der Personengruppe Kinder und Jugendlicher herzustellen Ein erweiterndes Verständnis dieser Weisung verbietet sich im Hinblick auf das Bestimmtheitsgebot des Art. 103 Abs. 2 GG[732].

729 Hinweis: Der Gesetzgeber hat der Auflage, den Schaden wiedergutzumachen, den Vorrang vor derjenigen eingeräumt, Geldzahlungen zugunsten gemeinnütziger Organisationen zu erbringen.

730 Eine Auflage, gemeinnützige Arbeit zu leisten, entspricht nur dann dem Bestimmtheitsgebot und kann nur dann Grundlage eines Bewährungswiderrufs sein, wenn das Gericht selbst neben dem Umfang der gemeinnützigen Leistung auch die Zeit und den Ort der Leistung sowie die Institution, bei der die Leistung zu erbringen ist, bezeichnet. Diese Bestimmung kann nicht auf den Bewährungshelfer delegiert werden (OLG Hamm NStZ-RR 2004, 138).

731 BVerfG, Beschl. v. 24.09.29011 –2 BvR 1165/11 = StV 2012, 481; BGH, Urt. v. 07.02.2013 –3 StR 486/12 = NStZ 2013, 464 f.; v. 18.12.2012 –1 StR 415/12 = BGHSt 58, 72 f. = NJW 2013, 710 f. (zu § 68b StGB).

732 BGH, Urt. v. 07.02.2013 – 3 StR 486/12 = BGHSt 58, 136 f. = NStZ 2013, 464 f.; BGH, Beschl. v. 15.05.2013 – 5 StR 189/13 = NStZ-RR 2014, 78.

Nachträgliche Änderung von Auflagen und Weisungen

Vgl. hierzu § 56e StGB.

Der Widerruf der Strafaussetzung, § 56 f StGB

Die Strafaussetzung zur Bewährung ist keine Gnadenentscheidung, deren sich der Verurteilte würdig erweisen müsste, sondern eine Maßnahme, die den präventiven Zwecken des modernen Strafrechts dienen soll. Das ist bei der Frage, ob die Strafaussetzung nach § 56 f StGB zu widerrufen und damit die Freiheitsstrafe zu vollstrecken ist, zu beachten. Als Widerrufsgründe kommen deshalb logischerweise nur Umstände in Betracht, die entweder zeigen, dass der Verurteilte ohne Vollzug sich nicht straffrei führen kann (der Verurteilte hat entgegen der früheren Erwartung tatsächlich eine schlechte Prognose) oder die deshalb eine Vollstreckung erforderlich machen, weil anders das Strafrecht seine Genugtuungsfunktion nicht erfüllen kann (der Verurteilte kommt den Auflagen nicht nach).

Der Widerruf der Strafaussetzung kann nur auf Gründe gestützt werden, die nach der Entscheidung über die Strafaussetzung und vor Ablauf der Bewährungszeit entstanden sind (§ 56 f Abs. 1 StGB). Umstände, die vor der Entscheidung über die Strafaussetzung entstanden sind, rechtfertigen den Widerruf auch dann nicht, wenn sie dem Gericht bei seiner Entscheidung nicht bekannt waren. Ein Widerruf darf grundsätzlich auch nach Ablauf der Bewährungszeit noch ausgesprochen werden, wobei es keine feste zeitliche Grenze gibt, ab der ein Widerruf unzulässig wäre. Insbesondere ist die Frist des § 56 g Abs. 2 S. 2 StGB auf § 56 f Abs. 1 StGB nicht anwendbar. Es müssen vielmehr lediglich die Grundsätze der Rechtsstaatlichkeit, insbesondere das Gebot einer angemessenen Beschleunigung des Verfahrens, gewahrt bleiben. Ein Widerruf ist danach nur dann unstatthaft, wenn entweder die Widerrufsentscheidung durch das hierfür zuständige Gericht oder aber das Anlassverfahren für den Widerruf ungebührlich verzögert werden und der Verurteilte darauf vertrauen konnte, seine neuerliche Straffälligkeit werde nicht mehr mit einem Widerruf geahndet.

Die Widerrufsgründe sind in § 56 f Abs. 1 Nr. 1 bis 3 StGB abschließend aufgezählt. Entscheidend sind ausschließlich präventive Gesichtspunkte. Der Sühnegedanke spielt keine Rolle, insbesondere ist der Widerruf keine Strafe für unterbliebenes Wohlverhalten. Die Widerrufsgründe müssen zweifelsfrei zur vollen Überzeugung des Gerichts feststehen. Es gilt der Grundsatz »in dubio pro reo«.

Der häufigste Widerrufsgrund ist der, dass der Verurteilte während der maßgeblichen Zeit eine neue Straftat begangen hat. Indes rechtfertigt nicht jede neue Straftat den Widerruf. § 56 f Abs. 1 Nr. 1 StGB verlangt, dass der Verurteilte durch die Begehung der Straftat zeigt, »dass die Erwartung, die der Strafaussetzung zugrunde lag, sich nicht erfüllt hat«. Diese nicht ganz glückliche Formulierung des Gesetzes ist dahin auszulegen, dass Widerrufsgrund nicht die bloße Tatsache einer neuen Straftat als solcher, sondern nur eine jetzt ungünstige Prognose sein kann, wobei die neue Straftat freilich wichtiges Indiz ist. Nicht das Legalverhalten, sondern die Möglichkeit der Wiedereingliederung in die Gesellschaft ist entscheidend. Der Widerruf ist keine Strafe für die Begehung der neuen Tat.

Die neue Straftat muss feststehen. Eine rechtskräftige Entscheidung bindet in jeder Richtung (str.[733]). Liegt eine rechtskräftige Entscheidung nicht vor, steht das möglicherweise dem Widerruf nicht entgegen (str.[734]). Der Unschuldsvermutung wird dann dadurch Rechnung getragen, dass das mit dem Widerruf befasste Gericht sich vom Vorliegen der neuen Tat (im Freibeweis) überzeugt. Der Widerruf der Strafaussetzung wegen einer neuen Straftat ist ohne rechtskräftige Aburteilung der Anlasstat jedenfalls dann wohl zulässig, wenn der Verurteilte die neue Straftat glaubhaft vor einem Richter eingestanden hat.[735]

733 A.A. OLG Düsseldorf NStZ 1990, 541 (der mit dem Widerruf befasste Richter hat die Feststellungen des rechtskräftigen Urteils frei zu würdigen); Bindung für einen Strafbefehl in Zweifel gezogen von OLG Zweibrücken StV 1991, 270.

734 H.M.; *Fischer* § 56 f Rn. 4–7a m.w.N.; BVerfG (Kammer) NStZ 1987, 118; 1988, 21; 1991, 30 jeweils m.w.N.; jetzt aber auch EGMR NJW 2004, 43 ff.

735 OLG Stuttgart NJW 2005, 83 f.; OLG Köln NStZ 2004, 685 f.

Ein Widerruf nach § 56 f Abs. 1 S. 1 Nr. 2 und 3 StGB darf nur dann erfolgen, wenn die gegebene Weisung oder die erteilte Auflage zulässig war.[736]

Nach § 56 f Abs. 3 S. 2 StGB können Leistungen, die vom Verurteilten zur Erfüllung von Auflagen und Weisungen erbracht worden sind, nach dem Widerruf der Strafaussetzung auf die Strafe angerechnet werden. Da Form und Umfang gesetzlich nicht geregelt sind, hat das Gericht den Anrechnungsmaßstab nach pflichtgemäßem Ermessen zu treffen. Ein Anhaltspunkt kann zwar dabei grundsätzlich das Tagessatzsystem bieten. Es kann aber der vom Gesetz verfolgten Genugtuungsfunktion zuwiderlaufen, wenn sich die für die Bemessung der Tagessatzhöhe maßgebenden persönlichen und wirtschaftlichen Verhältnisse einschneidend verändert oder die Einkünfte des Verurteilten sich allein aus strafbarem Tun ergeben haben. Bei der Bestimmung des Anrechnungsmaßstabes muss deshalb in erheblichem Umfang auch die Funktion der Auflagen und Weisungen Berücksichtigung finden. Diese sollen den Verurteilten an die drohende Vollstreckung der Freiheitsstrafe erinnern und treten neben die sich allein aus der Strafaussetzung ergebende Drohung. Aus diesem Grund kann die vollständige Erfüllung einer Auflage nie zur vollständigen Erledigung der Strafe führen[737].

Gemäß §§ 58 Abs. 2 S. 2, 56 f Abs. 3 S. 2, 56 b StGB hat eine Entscheidung über die Anrechnung auch in Fällen der Einbeziehung einer zur Bewährung ausgesetzten Strafe zu erfolgen[738].

Trotz Vorliegens der Widerrufsvoraussetzungen darf die Strafaussetzung dann nicht widerrufen werden, wenn »es ausreicht«, die Bewährungszeit zu verlängern oder weitere Auflagen oder Weisungen zu erteilen. Bei neuen Straftaten oder einem Verstoß gegen Weisungen muss auf diese Weise eine günstige Prognose erreichbar sein, bei einem Verstoß gegen Auflagen Gelegenheit zu deren Erfüllung geschaffen werden können. Ein Widerruf ist also nur zulässig, soweit die Maßnahmen nach § 56 f Abs. 2 keinen Erfolg versprechen (str.).

Straferlass, § 56 g StGB

Nach Ablauf der Bewährungszeit wird die Vollstreckung der Strafe nach § 56 g StGB endgültig erlassen, wenn die Voraussetzungen des Widerrufs der Strafaussetzung nicht vorliegen. Die Entscheidung ergeht durch ausdrücklichen, mit sofortiger Beschwerde anfechtbaren Beschluss. Sie hat grundsätzlich unverzüglich nach Ablauf der Bewährungszeit zu erfolgen, es sei denn, es besteht der Verdacht, der Täter habe eine neue, zum Widerruf der Strafaussetzung führende Straftat begangen, die noch nicht abschließend ermittelt oder rechtskräftig abgeurteilt ist. In solchen Fällen kann die Erlassentscheidung vorübergehend zurückgestellt werden.

X. Einziehung (Vermögensabschöpfung)

1. Allgemein

Die Einziehung ist keine Nebenstrafe, sondern eine Maßnahme eigener Art.[739] Ihr fehlt es daher 161
schon an dem Strafcharakter.[740]

Die Verhängung der in §§ 73 ff. StGB vorgesehenen Maßnahmen ist auch im **Jugendstrafrecht** gemäß § 2 Abs. 2 i.V.m. § 8 Abs. 3 JGG zulässig, und zwar unabhängig davon, ob der Wert noch im Vermögen des Jugendlichen oder des nach Jugendstrafrecht zu behandelnden Heranwachsenden vorhanden ist. Dementsprechend sieht das Jugendgerichtsgesetz in § 76 Satz 1 JGG für das vereinfachte Jugendverfahren die Anordnung der Einziehung vor. Dass die Einziehung nach den §§ 73 ff.

736 BVerfG, Beschl. v. 24.09.2011 – 2 BvR 1165/11 = StV 2012, 481 f.; vgl. auch NJW 2011, 3508 f.
737 OLG Hamm NStZ 200, 165.
738 Vgl. u.a. BGHSt 36, 378 ff.
739 Übersichten bei *Bittmann* NStZ 2019, 383 ff., 447 ff.; *Fromm* NZWiSt 2018, 453 ff.; Deutscher StRR 2 2019, 5 ff.; StRR3 4 ff.; für das Jugendstrafverfahren vgl. *Schumann* StraFo 2018, 415 ff.; *Rose* NStZ 2019, 648 ff.
740 BGH, Urt. v. 21.08.2002 – 1 StR 115/02, BGHSt 47, 369. v. 18.12.2019 – 2 StR 194/19.

StGB eine zulässige Nebenfolge im Sinne des § 8 Abs. 3 JGG ist, setzt auch § 459g StPO voraus, der unter anderem Regelungen für die Vollstreckung dieser Nebenfolge enthält. Vom Anwendungsbereich des § 8 Abs. 3 Satz 1 JGG nimmt § 6 JGG – als Ausnahmevorschrift – lediglich die dort genannten Nebenfolgen. Diese gesetzgeberische Entscheidung kann nicht allein mit dem allgemeinen Hinweis auf erzieherische Interessen unterlaufen werden[741]. Ob die Einziehung von Taterträgen im Jugendstrafrecht zwingend anzuordnen ist, ist strittig[742].

2. Rechtliche Grundlagen

a) § 73 StGB

162 Die Einziehung von Taterträgen regelt § 73 Abs. 1 StGB. Abzuschöpfen ist jeder Vermögenswert, den der Tatbeteiligte durch die rechtswidrige Tat erlangt hat, also alles, was in irgendeiner Phase des Tatablaufs in seine Verfügungsgewalt übergegangen und ihm so aus der Tat unmittelbar messbar zugutegekommen ist.[743] Allerdings erstreckt sich die Einziehung nach § 73 Abs. 1 StGB nach seinem Umfang grundsätzlich nur auf das unmittelbar erlangte Etwas. Mittelbar durch die Verwertung der Tatbeute erlangte Vermögenszuwächse können weiterhin nur als Surrogat aufgrund einer Anordnung nach § 73 Abs. 3 Nr. 1 StGB eingezogen werden.[744]

Sind die Voraussetzungen der Einziehung von Taterträgen nach § 73 Abs. 1 StGB oder einer hieran anknüpfenden Wertersatzeinziehung gemäß § 73c StGB erfüllt, sieht die gesetzliche Regelung die Anordnung der entsprechenden Vermögensabschöpfung zwingend vor, sofern kein Ausschlusstatbestand des § 73e StGB gegeben ist. Ist das nicht der Fall, muss der Tatrichter die Einziehungsanordnung treffen. Eine Möglichkeit, hiervon abzusehen, räumt ihm das Gesetz nicht ein.[745] Der 1. Strafsenat ist der Auffassung, dass im Jugendstrafverfahren die Entscheidung über die Einziehung von Taterträgen nach § 73 Abs. 1 StGB und des Wertes von Taterträgen nach § 73c Satz 1 StGB im Ermessen des Tatgerichts (§ 8 Abs. 3 Satz 1 JGG) steht. Der Senat hat bei den anderen Strafsenaten angefragt, ob an möglicherweise entgegenstehender Rechtsauffassung festgehalten wird.[746]

Nach § 73 Abs. 1 StGB ist jeder Vermögenswert abzuschöpfen, den der Tatbeteiligte »durch« die rechtswidrige Tat erlangt hat.[747] Anknüpfungspunkt der Einziehungsentscheidung ist damit die konkrete rechtswidrige Tat (§ 11 Abs. 1 Nr. 5 StGB), also der Tatbestand desjenigen Strafgesetzes, das der Täter oder Teilnehmer verwirklicht hat. »Durch die Tat« erlangt sind folglich Vermögenswerte, die dem Täter oder Teilnehmer aufgrund der Verwirklichung dieses Tatbestands in irgendeiner Phase des Tatablaufs derart zugeflossen sind, dass sie seiner faktischen Verfügungsgewalt unterliegen, insbesondere also die Beute.[748] »Für die Tat« sind Vorteile erlangt, die einem Beteiligten als Gegenleistung für sein rechtswidriges Handeln gewährt werden, jedoch nicht auf der Tatbestandsverwirklichung beruhen.[749] Erfasst wird also alles, was in irgendeiner Phase des Tatablaufs dem Täter oder Teilnehmer in seine tatsächliche Verfügungsgewalt übergegangen und ihm so aus der Tat unmittelbar messbar zugutegekommen ist. Der Umfang des »erlangten Etwas« im Sinne des § 73 Abs. 1

741 BGH v. 11.07.2019 – 1 StR 467/18, NStZ 2019, 682, 683; v. 18.12.2019 – 2 StR 194/19.
742 BGH, Beschl. v. 11.07.2019 – 1 StR 467/18, NStZ 2019, 682 ff.; andererseits: Urt. v. 21.11.2018 – 2 StR 262/18, NStZ 2019, 221, 222; v.8.05.2019 – 5 StR 95/19; Beschl. v. 24.01.2019 – 5 StR 475/18; Beschl. v. 06.02.2020 – 5 ARs 20/19, NStZ-RR 2020, 124; vgl. auch *Schumann* StraFo 2018, 415 ff.
743 BGH Beschl. v. 19.11.2019 – 2 StR 6/19.
744 BGH Urt. v. 08.02.2018 – 3 StR 560/17, StV 2019, 17 f.
745 BGH Urt. v. 24.05.2018 – 5 StR 623/17.
746 BGH Beschl. v. 11.07.2019 – 1 StR 467/18 = StraFo 2019, 428 f.; vgl. aber auch Urt. v. 08.05.2019 – 5 StR 95/19 =; ZJJ 2019, 285 f.; Beschl. v. 17.06.2019 – 4 StR 62/19; vgl. auch für das Jugendstrafverfahren vgl. *Schumann* StraFo 2018, 415 ff.; *Rose* NStZ 2019, 648 ff.
747 Vgl. dazu *Rönnau/Beggemeier* NStZ 2020, 1 ff.
748 BGH Urt. v. 09.10.2019 – 1 StR 170/19; v. 20.11.2019 – 2 StR 54/19, NStZ-RR 2020, 76; Beschl. v. 22.10.2019 – 1 StR 271/19.
749 BGH Beschl. v. 27.03.2019 – 2 StR 561/18 = NJW 2019, 2182 f.

StGB ist nach dem »Bruttoprinzip« zu bemessen, d.h., dass grundsätzlich alles, was der Täter durch oder für die Tat erhalten oder was er durch diese erspart hat, ohne gewinnmindernde Abzüge einzuziehen ist.[750] Der Einziehung unterliegen damit nicht nur bestimmte Gegenstände wie bewegliche Sachen, Grundstücke oder dingliche und obligatorische Rechte, sondern auch geldwerte Vorteile, wie etwa Dienstleistungen oder ersparte Aufwendungen, sowie konkrete Chancen auf einen Vertragsabschluss bzw. die Verbesserung einer Marktposition. Beim »Erlangen« handelt es sich um einen tatsächlichen Vorgang; auf die zivilrechtlichen Besitz- oder Eigentumsverhältnisse kommt es nicht an.[751] Da es sich bei dem Erlangen um einen tatsächlichen Vorgang handelt, kommt es auf zivilrechtliche Besitz- oder Eigentumsverhältnisse nicht an. Unerheblich ist es auch, ob und gegebenenfalls in welchem Umfang der Täter eine durch die Tat gewonnene Verfügungsmacht später aufgibt.[752] Die Gegenleistung eines durch Betrug zustande gekommenen Austauschvertrages, der zwar anfechtbar, aber nicht nichtig ist und der vom Geschädigten nicht angefochten wurde, ist bei der Bestimmung des Einziehungsbetrages abzusetzen. Der Einziehungsbetrag entspricht in diesem Fall dem Betrugsschaden[753].

Ein Vermögenswert im Rechtssinne ist *aus der Tat erlangt*, wenn er dem Täter oder Teilnehmer unmittelbar aus der Verwirklichung des Tatbestands in irgendeiner Phase des Tatablaufs so zugeflossen ist, dass er hierüber tatsächliche Verfügungsgewalt ausüben kann. Bei mehreren Beteiligten genügt insofern, dass sie zumindest eine faktische bzw. wirtschaftliche Mitverfügungsmacht über den Vermögensgegenstand erlangt haben. Das ist der Fall, wenn sie im Sinne eines rein tatsächlichen Herrschaftsverhältnisses ungehinderten Zugriff auf den betreffenden Vermögensgegenstand nehmen können. Unerheblich ist bei der gebotenen gegenständlichen (tatsächlichen) Betrachtungsweise dagegen, ob und gegebenenfalls in welchem Umfang der Täter oder Teilnehmer eine unmittelbar aus der Tat gewonnene (Mit-)Verfügungsmacht später aufgegeben hat und der zunächst erzielte Vermögenszuwachs durch Mittelabflüsse bei Beuteteilung gemindert wurde[754]. Grundsätzlich erlangt ein Tatbeteiligter nicht ohne weiteres die der juristischen Person durch die rechtswidrige Tat zugeflossenen Vermögenswerte, auch wenn er legale Zugriffsmöglichkeiten auf das Vermögen der GmbH hat. Etwas anderes gilt aber, wenn der Täter die juristische Person nur als formalen Mantel nutzt, so dass er zwischen seiner eigenen Vermögenssphäre und derjenigen der Gesellschaft nicht trennt, oder jeder durch die rechtswidrige Tat begründete Vermögenszufluss bei der juristischen Person sogleich an den oder die Tatbeteiligten weitergeleitet wird. In diesen Fällen hat der Täter oder Teilnehmer zugleich mit dem Vermögenszufluss bei der juristischen Person den betreffenden Vermögenswert selbst im Sinne des § 73 Abs. 1 StGB erlangt. Ist dessen gegenständliche Einziehung nicht (mehr) möglich, so haftet er gemäß § 73c StGB für dessen Wert[755].

Gegenstände die als Mittel für die Tatausführung oder gelegentlich der Tatausführung kurzfristig in Besitz genommen werden (sog. transitorischer Besitz), gelten noch nicht als im Sinne des § 73 Abs. 1 StGB erlangt, weil es insoweit an einem rechtserheblichen Vermögenszufluss fehlt. Auch aus der Überlassung von Tatbeute zum Transport und einer zeitlich nicht näher eingegrenzten Aufbewahrung folgt noch nicht ohne weiteres, dass der Täter deshalb auch schon faktische Mitverfügungsgewalt hat[756].

Ein Täter kann auch dadurch »etwas« i.S.v. § 73 Abs. 1 StGB erlangen, dass er sich Aufwendungen erspart.

---

750 BGH Beschl. v. 21.08.2019 – 1 StR 225/19, wistra 2020, 33 f.

751 BGH Beschl. v. 08.08.2019 – 1 StR 679/18, NStZ-RR 2019, 348 f.

752 Urt. v. 07.03.2019 – 5 StR 569/18, v. 27.09.2018 – 4 StR 78/18; Beschl. v. 14.11.2018 – 3 StR 447/18; v. 20.11.2018 – 4 StR 326/18.

753 BGH Beschl. v. 09.10.2018 – 2 StR 350/18, StraFo 2019, 80.

754 BGH Urt. v. 24.05.2018 – 5 StR 623/17; v. 21.11.2018 – 2 StR 262/18, NStZ 2019, 221.

755 BGH Beschl. v. 23.10.2018 – 5 StR 185/18., NStZ-RR 2019, 175 f.

756 BGH Urt. v. 13.09.2018 – 4 StR 174/18.

Beim Delikt der Steuerhinterziehung kann die verkürzte Steuer (nicht gezahlte Steuer) »erlangtes Etwas« i.S.v. § 73 Abs. 1 StGB sein, weil sich der Täter die Aufwendungen für diese Steuern erspart[757]. Das gilt jedoch nicht schlechthin, weil die Einziehung an einen durch die Tat tatsächlich beim Täter eingetretenen Vermögensvorteil anknüpft und damit mehr als die bloße Tatbestandserfüllung voraussetzt[758]. Im Hinblick auf den Charakter der Tabaksteuer als Verbrauch- bzw. Warensteuer ergibt sich bei der Hinterziehung von Tabaksteuer ein unmittelbar messbarer wirtschaftlicher Vorteil nur, soweit sich die Steuerersparnis im Vermögen des Täters dadurch niederschlägt, dass er aus den Tabakwaren, auf die sich die Hinterziehung der Tabaksteuern bezieht, einen Vermögenszuwachs erzielt, beispielsweise in Form eines konkreten Vermarktungsvorteils. Offene Steuerschulden begründen hingegen nicht stets über die Rechtsfigur der ersparten Aufwendungen einen Vorteil im Sinne des § 73 Abs. 1 StGB. Maßgeblich bleibt immer, dass sich ein Vorteil im Vermögen des Täters widerspiegelt. Nur dann hat der Täter durch die ersparten (steuerlichen) Aufwendungen auch wirtschaftlich etwas erlangt[759]. Der Steuerhehler erlangt im Sinne des § 73 StGB, indem er die Zigaretten ankauft oder sich sonst verschafft, zunächst die Zigaretten und durch den anschließenden Weiterverkauf den hieraus erzielten Erlös. Die Aufwendungen des Steuerhehlers für den Erwerb der Zigaretten bleiben dabei unberücksichtigt[760].

Vermögensgegenstände, die mit dem ersparten Geldbetrag angeschafft wurden, sind aber keine Surrogate des Erlangten. Ersparte Aufwendungen als nichtgegenständliche Vorteile unterliegen von vornherein dem Wertersatzverfall nur in entsprechender Höhe; das gilt auch in sog. Verschiebungsfällen[761].

b) Mehrere Beteiligte

163 Die Gesamtheit des aus der Tat Erlangten mit der Folge einer entsprechenden gesamtschuldnerischen Haftung ist dem Einziehungsbetroffenen nur dann zuzurechnen, wenn sich die Beteiligten einig sind, dass jedem die Mitverfügungsgewalt hierüber zukommen soll, und er diese auch tatsächlich hatte. Für das Erlangen im Sinne des § 73 Abs. 1 StGB genügt es, dass ein Tatbeteiligter in irgendeiner Phase der Tatbestandsverwirklichung die faktische oder wirtschaftliche Mitverfügungsmacht über die Tatbeute innehat. Es ist daher auch nicht erforderlich, dass er an der Wegnahme der Tatbeute selbst beteiligt ist. Vielmehr genügt es, wenn er erst bei der Beuteteilung ungehinderten Zugriff auf den betreffenden Vermögensgegenstand nehmen kann[762]. Eine solche tatsächliche oder wirtschaftliche Mitverfügungsgewalt über den Vermögensgegenstand ist anzunehmen, wenn der Tatbeteiligte im Sinne eines tatsächlichen Herrschaftsverhältnisses ungehinderten Zugriff auf den Vermögensgegenstand nehmen kann. Faktische Mitverfügungsgewalt kann – jedenfalls bei dem vor Ort anwesenden, Teile der Beute in den Händen haltenden Mittäter – auch dann vorliegen, wenn sich diese in einer Abrede über die Beuteteilung widerspiegelt. Denn damit »verfügt« der Mittäter zu seinen oder der anderen Beteiligten Gunsten über die Beute, indem er in Absprache mit diesen Teile des gemeinsam Erlangten sich selbst oder den anderen zuordnet. Eine spätere Aufhebung der Mitverfügungsgewalt ist unerheblich[763]. Bei mehreren Beteiligten genügt somit, dass sie zumindest eine faktische bzw. wirtschaftliche Mitverfügungsmacht über den Vermögensgegenstand erlangt haben. Das ist der Fall, wenn sie im Sinne eines rein tatsächlichen Herrschaftsverhältnisses ungehinderten Zugriff auf den Vermögensgegenstand nehmen können. Faktische Mitverfügungsgewalt kann aber – jedenfalls bei dem vor Ort anwesenden, die Beute oder Teile davon in den Händen haltenden Mittäter – auch dann vorliegen, wenn sich diese in einer Abrede über die Beuteteilung widerspiegelt. Denn damit

---

757 BGH Beschl. v. 23.05.2019 – 1 StR 479/18; v. 21.08.2019 – 1 StR 225/19; v. 04.07.2018 – 1 StR 244/18.

758 BGH Beschl. v. 05.09.2019 – 1 StR 99/19.

759 BGH Urt. v. 11.07.2019 – 1 StR 620/18; Beschl. v. 08.08.2019 – 1 StR 679/18; v. 24.07.2019 – 1 StR 363/18, NStZ 2020, 47 ff.

760 BGH Beschl. v. 18.12.2018 – 1 StR 407/18.

761 BGH Urt. v. 18.12.2018 – 1 StR 36/17.

762 BGH Beschl. v. 24.09.2019 – 5 StR 213/19.

763 BGH Urt. v. 13.03.2019 – 1 StR 424/18.

»verfügt« der Mittäter zu seinen oder der anderen Beteiligten Gunsten über die Beute, indem er in Absprache mit Diesen Teile des gemeinsam Erlangten sich selbst oder den anderen zuordnet[764]. Für das Erlangen im Sinne des § 73 Abs. 1 StGB genügt es, dass ein Tatbeteiligter in irgendeiner Phase der Tatbestandsverwirklichung die faktische oder wirtschaftliche Mitverfügungsmacht über die Tatbeute innehat. Es ist daher auch nicht erforderlich, dass er an der Wegnahme der Tatbeute selbst beteiligt ist. Vielmehr genügt es, wenn er erst bei der Beuteteilung ungehinderten Zugriff auf den betreffenden Vermögensgegenstand nehmen kann[765].

Eine spätere Aufgabe der Mitverfügungsgewalt ist unerheblich[766]. Für das Erlangen im Sinne des § 73 Abs. 1 StGB reicht es aus, dass der Täter vorübergehend die tatsächliche Verfügungsgewalt über einen Geldbetrag ausüben konnte[767].

Mehrere Tatbeteiligte, die an demselben Gegenstand Mitverfügungsgewalt erlangt haben, haften bei der Einziehung des Wertes von Taterträgen als Gesamtschuldner, um ihnen einerseits den Wert des durch die Tat Erlangten zu entziehen, andererseits aber auch zu verhindern, dass das mehrfach geschieht. Der Ausspruch über die Haftung als Gesamtschuldner ist bei der Anordnung der Einziehung des Wertes von Taterträgen in den Urteilstenor aufzunehmen[768].

Ist der Vermögenswert zunächst einem Drittbegünstigten zugeflossen, kann eine Einziehung von Taterträgen gegenüber dem Täter regelmäßig nicht angeordnet werden[769]. Eine gegen ihn gerichtete Einziehungsentscheidung kommt in derartigen Fällen nur in Betracht, wenn sich über die faktische Verfügungsgewalt hinausgehende Feststellungen treffen lassen, dass dieser selbst durch die Tat etwas erlangt hat, was zu einer Änderung seiner Vermögensbilanz geführt hat. Umstände, die eine solche Feststellung rechtfertigen, können etwa darin zu sehen sein, dass der Täter die juristische Person lediglich als einen formalen Mantel nutzt und eine Trennung zwischen seiner eigenen Vermögenssphäre und derjenigen der Gesellschaft tatsächlich nicht vornimmt, oder jeder aus der Tat folgende Vermögenszufluss an die Gesellschaft sogleich an den Täter weitergeleitet wird[770]

c) Besonderheiten

Bei einem *Absatz von Betäubungsmitteln in einer Handelskette* von einem als Zwischenhändler oder als selbständiger Vermittler agierenden Täter werden auch solche Geldbeträge wirtschaftlich erlangt, die er von seinem Abnehmer vereinnahmt und in der Folgezeit an den Lieferanten weitergibt. Denn die vereinnahmten Geldbeträge sind dem Vermögen des Täters so zugeflossen, dass er jedenfalls vorübergehend die tatsächliche Verfügungsgewalt über sie ausüben konnte[771]. Mittels des Botnetzes generierten Bitcoins sind aus der Tat erlangt.[772] 164

Der Einziehung unterliegen nicht Beträge, die durch nach § 154 Abs. 2 StPO eingestellten Taten erlangt worden sind. § 73 StGB erfasst lediglich das Erlangte aus den verfahrensgegenständlichen Taten. Mit der vorläufigen Einstellung aber sind diese Taten nicht mehr Verfahrensgegenstand des

764 BGH Urt. v. 05.06.2019 – 5 StR 670/18.; Beschl. v. 23.05.2019 – 4 StR 417/18.

765 BGH Beschl. v. 24.09.2019 – 5 StR 213/19.

766 BGH Urt. v. 17.07.2019 – 5 StR 130/19.

767 BGH Beschl. v. 07.05.2019 – 5 StR 623/18.

768 BGH Beschl. v. 18.07.2018 – 2 StR 553/17; v. 05.02.2019 – 5 StR 545/18; v. 24.05.2018 – 5 StR 623/17; Urt. v. 25.04.2018 – 2 StR 14/18; v. 24.05.2018 – 5 StR 623/17; v. 07.06.2018 – 4 StR 639/17; Urt. v. 07.06.2018 – 4 StR 63/18.

769 Vgl. auch BGH Beschl. v. 31.07.2018 – 3 StR 620/17 = StV 2019, 42 f. m. Anm. *Rönnau/Beggemeier* NStZ 2020, 1 ff.

770 BGH Beschl. v. 03.04.2019 – 5 StR 20/19, NStZ 2019, 748.

771 BGH Urt. v. 27.09.2018 – 4 StR 78/18, NStZ-RR 2019, 22 f.

772 BGH Beschl. v. 27.07.2017 – 1 StR 412/16 = NStZ 2018, 401 f.

Strafverfahrens[773]. Eine Einziehung kommt nur noch im selbständigen Verfahren nach § 76a Abs. 1, Abs. 3 StGB in Betracht[774].

d) § 73a StGB

165 Die *erweiterte Einziehung von Taterträgen (§ 73a StGB)* bezieht sich – anders als die Einziehung nach § 73 Abs. 1 StGB, die auch sonstige Vermögenswerte wie ersparte Aufwendungen oder Nutzungsmöglichkeiten erfasst – nicht auf »etwas«, sondern nur auf »Gegenstände«. Gegenstände sind individualisierte Sachen und Rechte, aber nicht ersparte Aufwendungen. Diese engere Fassung wurde vom Gesetzgeber aufgrund der höheren Eingriffsintensität der erweiterten Einziehung bewusst gewählt[775]. Die erweiterte Einziehung von Taterträgen beim Angeklagten gemäß § 73a Abs. 1 StGB setzt voraus, dass das Tatgericht aufgrund erschöpfender Beweiserhebung und -würdigung die uneingeschränkte Überzeugung gewonnen hat, der Angeklagte habe die betreffenden Gegenstände aus rechtswidrigen Taten erlangt, ohne dass diese selbst im Einzelnen festgestellt werden müssten. Die Vorschrift des § 73a StGB ist gegenüber § 73 StGB subsidiär. Eine erweiterte Einziehung von Taterträgen beim Täter kommt deshalb erst dann in Betracht, wenn nach Ausschöpfung aller zulässigen Beweismittel ausgeschlossen werden kann, dass die Voraussetzungen des § 73 StGB erfüllt sind[776].

Die erweiterte Einziehung von Taterträgen gemäß § 73a Abs. 1 StGB setzt voraus, dass das Tatgericht aufgrund erschöpfender Beweiserhebung und -würdigung die uneingeschränkte Überzeugung gewonnen hat, der Angeklagte habe die betreffenden Gegenstände aus rechtswidrigen Taten erlangt, ohne dass diese selbst im Einzelnen festgestellt werden müssen. Der bloße Verdacht der illegalen Herkunft des Gegenstandes reicht für dessen Einziehung nicht aus, Allerdings dürfen – wie stets – an die Überzeugungsbildung keine überspannten Anforderungen gestellt werden. Umstände, die eine Anordnung rechtfertigen, können etwa in der Anlasstat selbst oder in den persönlichen Verhältnissen des, insbesondere seinen Einkommensverhältnissen, liegen. Begründen dagegen bestimmte Tatsachen die nicht nur theoretische Möglichkeit, dass Vermögensgegenstände des Täters aus anderen Quellen als aus rechtswidrigen Taten stammen und verbleiben deshalb vernünftige Zweifel an ihrer deliktischen Herkunft, steht das der Anordnung der erweiterten Einziehung dieser Gegenstände entgegen. Bei auch legalen Einkommensquellen kann die Anordnung nicht auf das bloße Auffinden von Geldmitteln gestützt werden.

Wird die *Einziehung gemäß § 73a Abs. 1 StGB* angeordnet, dann muss das Urteil Feststellungen dazu enthalten, dass der eingezogene Geldbetrag dem Angeklagten im Sinne des § 73a StGB gehört oder zusteht. Zieht das Gericht eine Aufbewahrung für eine andere Person in Betracht, sind die Voraussetzungen der Einziehung nicht erfüllt[777]. Das schließt es aus, Gegenstände der erweiterten Einziehung zu unterwerfen, die der Angeklagte aus anderen, von der Anklageschrift nicht erfassten, aber konkretisierbaren Straftaten erlangt hat; denn diese Taten können und müssen zum Gegenstand eines gesonderten Strafverfahrens gemacht werden, in dem die Voraussetzungen des vorrangig anwendbaren § 73 StGB zu prüfen sind[778].

e) § 73b StGB

166 Die zur Verfallsanordnung gegen den Täter oder zu Lasten eines Dritten (§ 73 Abs. 3 StGB a.F.) entwickelten Grundsätze sind zur Abgrenzung der Abschöpfung des Erlangten beim Täter (§ 73 StGB) von der Dritteinziehung (§ 73b StGB) weiterhin maßgeblich. Wenn der Täter als Beauftragter, Ver-

773 BGH Beschl. v. 01.08.2018 – 1 StR 326/18, wistra 2019, 97.
774 BGH Beschl. v. 08.11.2018 – 4 StR 297/18.
775 BGH Beschl. v. 04.07.2018 – 1 StR 244/18, wistra 2018, 471.
776 BGH Beschl. v. 04.04.2018 – 3 StR 63/18; v. 21.08.2018 – 2 StR 231/18 = NStZ-RR 2018, 380 f.; v. 25.10.2018 – 1 StR 275/18.
777 BGH Beschl. v. 23.10.2018 – 1 StR 503/18 = NStZ 2019, 141.
778 BGH Beschl. v. 16.07.2019 – 2 StR 268/19, NStZ 2020, 213.

treter oder Organ einer juristischen Person handelte, kann nicht ohne weiteres vorausgesetzt werden, dass er die Verfügungsgewalt erlangte. Regelmäßig ist davon auszugehen, dass die juristische Person über eine eigene Vermögensmasse verfügt, die von dem Privatvermögen des Beauftragten, Vertreters oder Organs zu trennen ist. Der Zufluss in das Gesellschaftsvermögen einer Kapitalgesellschaft stellt daher trotz Zugriffsmöglichkeit nicht ohne weiteres zugleich einen privaten Vermögensvorteil der zur Geschäftsführung berufenen Personen dar. In solchen Fällen ist die Dritteinziehung bei der Gesellschaft vorrangig. Die Gesellschaft ist damit als Einziehungsbetroffene am Verfahren zu beteiligen oder es ist ein selbstständiges Einziehungsverfahren gegen sie zu führen. Zur Begründung einer Einziehungsanordnung gegen den als Organ handelnden Täter bedarf es einer über die faktische Verfügungsgewalt hinausgehenden Feststellung, ob dieser selbst etwas erlangte, was zu einer Änderung seiner Vermögensbilanz führte. Eine tatsächliche oder rechtliche Vermutung spricht dafür nicht. Vielmehr bedarf es einer Darlegung der besonderen, den Zugriff auf das Vermögen des Täters rechtfertigenden Umstände. Sie können etwa darin liegen, dass der Täter die Gesellschaft nur als einen formalen Mantel seiner Tat nutzte, eine Trennung zwischen dem eigenen Vermögen und derjenigen der Gesellschaft aber nicht vornahm, oder darin, dass jeder aus der Tat folgende Vermögenszufluss an die Gesellschaft sogleich an den Täter weitergeleitet wird. Wird der Vermögensvorteil hingegen von der Gesellschaft vereinnahmt, so kann nicht ohne weiteres vorausgesetzt werden, dass der wirtschaftliche Wert der Geschäftsanteile im Privatvermögen des Täters mit jeder Zahlung oder jeder zurückgewiesenen Forderung steigt oder sich der Zufluss auf die Höhe einer späteren Entnahme aus dem Gesellschaftsvermögen auswirkt. In solchen Fällen sind die Einziehungsanordnungen und die sie sichernden Maßnahmen gegen die Gesellschaft zu richten[779].

f) § 73c StGB

Nach § 73c Satz 1 StGB ist die Wertersatzeinziehung anzuordnen, wenn aufgrund der Beschaffenheit des Erlangten die Anordnung der Einziehung eines bestimmten Gegenstandes undurchführbar ist. 167
Der Wert ist nach § 73d StGB zu bestimmen. Die Einziehung des Wertes von Taterträgen gemäß *§ 73c Satz 1 StGB* knüpft an § 73 Abs. 1 StGB an und setzt daher voraus, dass der Täter durch eine rechtswidrige Tat oder für sie etwas erlangt hat. Hierzu ist in Fällen der Beteiligung mehrerer an einer Tat erforderlich, dass die mehreren Tatbeteiligten faktische bzw. wirtschaftliche Mitverfügungsmacht über die Beute erlangt haben. Dabei kommt eine Zurechnung nach den Grundsätzen der Mittäterschaft gemäß § 25 Abs. 2 StGB nur in Betracht, wenn sich die Beteiligten darüber einig waren, dass dem jeweiligen Mittäter zumindest Mitverfügungsgewalt über die Beute zukommen sollte und er diese auch tatsächlich hatte[780]. Die Annahme mittäterschaftlichen Handelns vermag die fehlende Darlegung der Erlangung tatsächlicher (Mit-)Verfügungsgewalt nicht zu ersetzen. Einem Tatbeteiligten kann die Gesamtheit des aus der Tat Erlangten mit der Folge einer gesamtschuldnerischen Haftung nur dann zugerechnet werden, wenn sich die Beteiligten einig sind, dass jedem die Mitverfügungsgewalt hierüber zukommen soll und er diese auch tatsächlich hatte. Dabei genügt es, dass der Tatbeteiligte zumindest faktische bzw. wirtschaftliche Mitverfügungsgewalt über den Vermögensgegenstand erlangte. Das ist jedenfalls dann der Fall, wenn er im Sinne eines rein tatsächlichen Herrschaftsverhältnisses ungehinderten Zugriff auf den betreffenden Vermögensgegenstand nehmen konnte. Eine spätere Aufgabe der Mitverfügungsgewalt ist unerheblich[781]. Der Einziehung des Wertes von Taterträgen nach § 73c StGB steht eine etwaige Verjährung von Ersatzansprüchen der Betrugs- und Untreueopfer nicht entgegen[782].

779 BGH Beschl. v. 14.11.2018 – 3 StR 447/18.
780 BGH Beschl. v. 16.08.2018 – 4 StR 255/18, NStZ-RR 2019, 76.
781 BGH Beschl. v. 21.08.2018 – 2 StR 311/18, NStZ 2019, 20 f.
782 BGH Beschl. v. 08.05.2018 – 5 StR 139/18.

g) § 73d StGB

168 Mit *§ 73d Abs. 1 StGB* hat der Gesetzgeber das »Bruttoprinzip« konkretisiert. Danach sind nur solche Aufwendungen des Täters nach § 73d Abs. 1 Satz 1 StGB abzugsfähig, die weder für die Begehung noch für die Vorbereitung der Tat angefallen sind (§ 73d Abs. 1 Satz 2 StGB). Erwerbskosten für verkaufte Betäubungsmittel dürfen mithin auch nach der Neufassung der §§ 73 ff. StGB nicht vom Verkaufserlös abgezogen werden. Daran hat auch die Streichung des § 73c StGB a.F. nichts geändert, weil der Schutz vor unverhältnismäßigen Eingriffen im neuen Recht durch die vollstreckungsrechtliche Vorschrift des § 459g Abs. 5 StPO gewährleistet ist[783].

Eine *Schätzung nach § 73d Abs. 2 StGB* kommt nur in Betracht, wenn die Werte, die für §§ 73 bis 73d StGB maßgebend sind, nicht mit hinreichender Sicherheit festgestellt werden können oder ihre Ermittlung einen unverhältnismäßigen Aufwand an Zeit oder Kosten erfordert. Mit Ergebnissen der Beweisaufnahme darf die Schätzung nicht im Widerspruch stehen. Auch bei einer Schätzung hat sich das Tatgericht aufgrund des gesamten Ergebnisses der Beweisaufnahme eine Überzeugung von der Richtigkeit oder Unrichtigkeit der maßgeblichen Umstände zu bilden, um die Festsetzung eines der Wirklichkeit nahekommenden Schätzwertes zu ermöglichen. Dabei ist für die Ermittlung der Tatsachengrundlagen der Schätzung – nicht dagegen für die Schätzung selbst – der Zweifelssatz. Die Grundlagen, auf welche sich die Schätzung stützt, müssen festgestellt und erwiesen sein sowie im Urteil mitgeteilt werden[784]

h) § 73e StGB

169 § 73e Abs. 1 StGB soll dem Umstand Rechnung tragen, dass der Täter, der durch die Tat etwas erlangt hat, sich neben der Einziehung auch weiterhin den Ansprüchen des Geschädigten ausgesetzt sieht. Zur Vermeidung einer Doppelbelastung soll die Einziehung dann entfallen, wenn der Anspruch des Geschädigten bis zum Abschluss des Erkenntnisverfahrens, etwa durch Sicherstellung und Rückgabe des entwendeten Gegenstandes, erlischt[785]. Das Erlöschen des Anspruchs aus dem Steuerschuldverhältnis (§ 47 AO z.B. wegen Verjährung) führt zum Ausschluss der Einziehung des Tatertrages oder des Wertersatzes nach § 73e Abs. 1 StGB[786].

i) § 74 StGB

170 Eine auf § 74 Abs. 1 StGB gestützte Einziehung ist nur zulässig, wenn der Gegenstand zur Zeit der Entscheidung dem Täter gehört oder zusteht (§ 74 Abs. 3 Satz 1 StGB).[787] Bei Waffen kommt aber gemäß § 74b Abs. 1 Nr. 2 StGB eine Sicherungseinziehung in Betracht.

Tatmittel in diesem Sinne sind nicht nur solche Gegenstände, die bei Begehung der eigentlichen Tat Verwendung gefunden haben oder finden sollten, sondern auch jene, die die Tat vom Stadium der Vorbereitung bis zur Beendigung überhaupt ermöglicht oder zu ihrer Durchführung gedient haben oder hierzu erforderlich waren. Jedoch genügt die Benutzung eines Gegenstandes nur bei Gelegenheit der Tat nicht. Erforderlich ist darüber hinaus, dass sein Gebrauch gezielt die Verwirklichung des deliktischen Vorhabens fördert oder nach der Planung des Täters fördern soll[788].

Für Anordnungen gemäß § 74 Abs. 1 und § 184b Abs. 6 StGB gilt der Verhältnismäßigkeitsgrundsatz (§ 74f StGB) und gegebenenfalls muss von den Möglichkeiten des § 74f Abs. 2 StGB Gebrauch gemacht werden. Danach können Einziehungen zunächst vorbehalten bleiben und weniger

783 BGH Urt. v. 07.03.2019 – 5 StR 569/18, NStZ 2019, 272 f.
784 BGH Beschl. v. 23.01.2019 – 3 StR 501/18.
785 BGH Urt. v. 28.08.2018 – 1 StR 103/18, v. 08.02.2018 – 3 StR 560/17; Beschl. v. 22.01.2020 – 2 StR 582/18, wistra 2020, 201 f.
786 BGH Beschl. v. 24.10.2019 – 1 StR 173/19, StV 2020, 231 f.
787 BGH Beschl. v. 12. 06 2018 – 1 StR 159/18, v. 15.01.2020 – 4 StR 584/19.
788 BGH Beschl. v. 15.10 2019 – 3 StR 345/19; v. 28.01.2020 – 4 StR 343/19; v. 23.10.2019 – 4 StR 538/18.

einschneidende Maßnahmen anzuordnen sein, wenn auch auf diese Weise der Einziehungszweck erreicht werden kann. Das kann bei einer Speicherung von Bilddateien durch deren endgültige Löschung geschehen[789].

Nach *§ 33 Satz 2 BtMG i.V.m. § 74a Nr. 1 StGB* können Gegenstände abweichend von § 74 Abs. 3 StGB auch dann einbezogen werden, wenn derjenige, dem sie zur Zeit der Entscheidung gehören, mindestens leichtfertig dazu beigetragen hat, dass sie als Tatmittel verwendet worden oder Tatobjekt gewesen sind. Der nicht an der Tat beteiligte Eigentümer muss es durch sein Verhalten ermöglicht haben, dass sein Eigentum Mittel oder Gegenstand der Tat des Täters oder Teilnehmers oder ihrer Vorbereitung gewesen ist. Die hier für eine Strafbarkeit notwendige Tatunterstützung (sog. Quasi-Beihilfe) setzt weiter in subjektiver Hinsicht grob fahrlässiges Handeln voraus. Danach ist es erforderlich, dass der Dritte die Begehung der Tat in groben Umrissen hätte voraussehen können[790].

j) § 74c StGB

§ 74c Abs. 1 StGB regelt die Einziehung von Wertersatz für den Fall, dass der Beziehungsgegenstand nicht mehr im Vermögen des Täters vorhanden ist. 171

k) § 76a StGB

Der Gesetzgeber hat das neu geschaffene Rechtsinstitut der nicht verurteilungsbasierten selbständigen Einziehung auf solche Fälle beschränkt, in denen die Sicherstellung in einem Verfahren wegen des Verdachts einer Tat aus dem Katalog des § 76a Abs. 4 Satz 3 StGB erfolgt ist. Bei diesen Katalogtaten soll es sich ausschließlich um schwere Straftaten aus dem Bereich des Terrorismus und der organisierten Kriminalität handeln, die allein als Anknüpfung für die selbständige Einziehung in Betracht kommen. Bereits der Wortlaut der Norm fordert, dass zum Zeitpunkt der Sicherstellung bereits ein Verdacht wegen einer Katalogstraftat bestand und die Sicherstellung wegen dieses Verdachts erfolgte. Danach muss das Verfahren entweder schon wegen des Verdachts einer Katalogstraftat betrieben werden, wenn der Gegenstand aufgefunden wird, oder das Auffinden des Gegenstands selbst muss den Verdacht einer Katalogstraftat begründen, so dass ein solcher Verdacht dem Verfahren zugrunde liegt, wenn nachfolgend die Sicherstellung (§ 94 StPO) des aufgefundenen Gegenstands deswegen erfolgt. Ergibt sich erst aufgrund der Sicherstellung nachfolgender Umstände der Verdacht einer Katalogstraftat, der sich aber nicht weiter erhärten lässt – anderenfalls bestünde gegebenenfalls die Möglichkeit der Einziehung nach § 76a Abs. 1 StGB –, so genügt das nicht, um die Voraussetzungen des § 76a Abs. 4 Satz 1 StGB zu erfüllen[791] 172

3. Verfahrensfragen

Die *eingezogenen Gegenstände* müssen so genau angegeben werden, dass bei allen Beteiligten und Vollstreckungsorganen Klarheit über den Umfang der Einziehung besteht[792]. Im Falle von Betäubungsmitteln gehört dazu die Angabe von Art und Menge des einzuziehenden Rauschgifts, die sich aus dem Urteilstenor ergeben muss[793]. Eine Bezugnahme auf ein Asservatenverzeichnis oder Sicherstellungsprotokolle genügt nicht[794] Fremdwährung ist gemäß dem im Zeitpunkt der Erlangung geltenden Wechselkurs umzurechnen[795]. 173

789 BGH Beschl. v. 08.05.2018 – 5 StR 65/18, NStZ 2019, 239.
790 BGH Urt. v. 20.11.2018 – 1 StR 420/18, wistra 2019, 275.
791 BGH Urt. v. 18.09.2019 – 1 StR 320/18, NJW 2020, 164 ff.
792 BGH Beschl. v. 20.02.2018 – 5 StR 383/17.: v. 05.07.2018 – 5 StR 176/18; Urt. v. 18.07.2018 – 5 StR 547/17.
793 BGH Beschl. v. 17.04.2019 – 2 StR 114/19.
794 BGH Beschl. v. 28.08.2019 – 4 StR 317/19.
795 BGH Beschl. v. 16.04.2019 – 5 StR 169/19 = NStZ 2019, 468.

Einziehungsentscheidungen kommen bei schuldunfähigen Tätern allein im selbständigen Einziehungsverfahren in Betracht (§ 435 StPO), wenn die Voraussetzungen des § 76a Abs. 1 S. 1 StGB vorliegen, da m Sicherungsverfahren nach § 413 StPO nur Maßregeln der Besserung und Sicherung angeordnet werden können[796]. Die Einziehung ist ungeachtet der Eröffnung des Insolvenzverfahrens über das Vermögen des Betroffenen anzuordnen[797].

Einer Anordnung der Einziehung sichergestellter Gegenstände bedarf es regelmäßig nicht, wenn die Angeklagten auf deren Rückgabe wirksam verzichtet haben[798]. In den Fällen der erweiterten Einziehung gemäß § 73a Abs. 1 StGB hindert ein von dem Angeklagten erklärter Verzicht auf die Herausgabe der betreffenden Gegenstände das Tatgericht zwar nicht, die Einziehung gleichwohl anzuordnen, wenn es davon überzeugt ist, dass der Angeklagte die Gegenstände durch andere rechtswidrige Taten erlangt hat. Es ist ihm aber unbenommen, mit Rücksicht auf die Verzichtserklärung von einer Entscheidung über die erweiterte Einziehung abzusehen[799]. Nach Ansicht des 3. Strafsenats hindert ein Verzicht des Angeklagten auf die Herausgabe sichergestellter Bargelderlöse aus Betäubungsmittelgeschäften deren Einziehung gemäß § 73 Abs. 1, § 73a Abs. 1 StGB nicht. Der Senat hat bei den anderen Senaten wegen deren möglicherweise entgegenstehender Rechtsprechung angefragt[800].

Von der Einziehung des Wertes von Taterträgen darf nicht zur Kompensation einer rechtsstaatswidrigen Verfahrensverzögerung abgesehen werden[801].

Ob eine Hinweispflicht nach § 265 Abs. 2 Nr. 1, Abs. 1 StPO auf die Rechtsfolge der nach den §§ 73, 73c StGB obligatorischen Einziehung besteht, die an bereits in der Anklageschrift enthaltene tatsächliche Umstände anknüpft, ist in der Rechtsprechung des Bundesgerichtshofs umstritten.[802]

174 Sofern bei einer Gesamtstrafenbildung das frühere Urteil eine Einziehung von Taterträgen enthält und auch bei dem gegenständlichen Urteil die Voraussetzungen des § 73c Satz 1 StGB vorliegen, ist eine einheitliche Einziehungsentscheidung zu treffen.[803] Dasselbe gilt, wenn eine nach § 55 StGB beachtliche Vorverurteilung eine Einziehung des Werts von Taterträgen enthält. Im Rahmen der *nachträglichen* Gesamtstrafenbildung muss eine einheitliche Entscheidung über die Einziehung ergehen, die in der Urteilsformel aufzunehmen ist.[804]

Eine *Beschränkung eines Rechtsmittels auf die Einziehung* ist nicht wirksam, wenn diese als Nebenstrafe Teil der Strafzumessung ist und deshalb eine Entscheidung über die Einziehung nicht möglich ist, ohne zugleich die Höhe der Strafe zu erörtern. Die Einziehung der Betäubungsmittel nach § 33 Satz 1 BtMG, die Gegenstand der Tat selbst waren, hat keinen Straf-, sondern lediglich Sicherungscharakter. Ihre Einziehung berührt mithin die Bemessung der Strafhöhe nicht[805]. Eine Teilbeschränkung innerhalb der Einziehungsentscheidung ist zulässig[806].

Das Verbot der Verschlechterung schließt die erstmalige Anordnung der Einziehung nach den §§ 73 ff. StGB auf lediglich vom Angeklagten, von seinem gesetzlichen Vertreter oder zu seinen

796 BGH Beschl. v. 19.06.2018 – 5 StR 253/18; v. 06.11.2018 – 4 StR 462/18; v. 13.12.2018 – 5 StR 541/18; v. 22.08.2019 – 1 StR 352/19, NZWiSt 2020, 44.

797 Beschl. v. 14.11.2018 – 3 StR 447/18.

798 Urt. v. 10.04.2018- 5 StR 611/17 = NStZ 2018, 333; Beschl. v. 10.12.2018 – 5 StR 539/18; Urt. v. 10.04.2018 – 5 StR 611/17 = BGHSt 63, 116 f. = NStZ 2018, 333 f.; Beschl. v. 11.12.2018 – 5 StR 198/18 BGHSt 63, 305–313 = NJW 2019, 1692.

799 Urt. v. 13.12.2018 – 3 StR 307/18 BGHSt 63, 314–323 = NJW 2019, 196 f.

800 Beschl. v. 20.03.2019 – 3 StR 67/19; dagegen 5 ARs 21/19.

801 Beschl. v. 30.04.2019 – 4 StR 405/18.

802 Anfragebeschluss des 5. Strafsenats v. 18.06.2019 – 5 StR 20/19; Antwort des 1. Strafsenats v. 10.10.2019 – 1 ARs 14/19.

803 BGH, Beschl. v. 09.02.2021 – 6 StR 470/20.

804 BGH, Beschl. v. 03.03.2021 – 5 StR 521/20; Beschl. v. 12.10.2021 – 5 StR 173/21.

805 BGH, Urt. v. 18.10.2018 – 3 StR 330/18.

806 BGH Beschl. v. 02.08.2018 – 1 StR 311/18 = NStZ 2018, 742.

Gunsten von der Staatsanwaltschaft eingelegte Rechtsmittel oder Wiederaufnahmeanträge auch dann aus, wenn eine selbständige Einziehung nach § 76a StGB möglich wäre[807].

D. Strafzumessung allgemein

Strafzumessung ist die Festlegung der Art und Höhe der im Einzelfall angemessenen Strafe einschließlich etwaiger Nebenstrafen, die gegen den Täter wegen der schuldhaften Verletzung von Strafvorschriften verhängt werden muss. Gemäß § 46 Abs. 2 Satz 1 StGB hat das Tatgericht bei der Strafzumessung alle Umstände gegeneinander abzuwägen, die für oder gegen den Täter sprechen. Ohne hier zum konkreten Strafzweck Stellung nehmen zu wollen, spielen Sinn und Zweck staatlicher Bestrafung jedenfalls für die Verteidigung eine nicht unwesentliche Rolle, denn daraus lassen sich auch aus der Sicht des Angeklagten gute Argumente für eine sachgerechte Strafzumessung herleiten – zumal das Bundesverfassungsgericht nahezu alle in der Strafrechtstheorie diskutierten Strafzwecke als berücksichtigenswerte Aspekte einer angemessenen Sanktion bezeichnet hat (»Vereinigungstheorie«).[808] 175

Der Verteidiger ist nicht verpflichtet, im Prozess aktiv an der Verwirklichung von Strafzielen mitzuwirken, da das dem Mandanten oftmals zum Nachteil gereichen kann. Bei den Angeklagten begünstigenden Strafzumessungstatsachen, die nach dem Gang der Hauptverhandlung vom Gericht nicht gesehen werden, hat er aber seinem Mandanten gegenüber die Pflicht tätig zu werden. Aufgabe der Verteidigung ist es daher jedenfalls, die wesentlichen schuldmindernden Gesichtspunkte herauszuarbeiten, anzusprechen und gegebenenfalls mit Beweisanträgen in das Verfahren einzuführen.[809] Bei der Strafzumessung darf nur von bewiesenen Tatsachen, nicht von bloßen Vermutungen ausgegangen werden, der Grundsatz »im Zweifel für den Angeklagten« gilt auch im Rahmen der Strafzumessung.[810]

Die Bestimmung der Strafe im Einzelfall erfolgt in der Praxis in drei Schritten. Zunächst ist der anzuwendende gesetzliche Strafrahmen festzulegen. Sodann ist die Tat schuldangemessen in dem gefundenen Strafrahmen einzuordnen, und zwar in Form einer Unter- und Obergrenze. Denn die im Einzelfall schuldangemessene Strafe liegt innerhalb des gesetzlichen Strafrahmens nicht an einem bestimmten Punkt, sondern in einem gegenüber dem gesetzlichen Strafrahmen wesentlich eingeschränkten Spielraum, also einem spezielleren Schuldstrafrahmen.[811] Schließlich ist innerhalb dieses Spielraums die konkrete Strafe zu ermitteln unter die Feststellung aller strafzumessungserheblichen Tatsachen und der ihnen zugrunde liegenden Umstände. 176

I. Grundlagen

Grundlage der Strafzumessung ist die Schwere der Tat in ihrer Bedeutung für die verletzte Rechtsordnung und der Grad der persönlichen Schuld des Täters. Das Gericht hat daher die individuelle Schuld des Angeklagten und die von der Strafe für das zukünftige Leben des Täters in der Gesellschaft zu erwartenden Wirkungen festzustellen (§ 46 Abs. 1 S. 2 StGB). Weitere Strafzumessungsgründe zählt § 46 Abs. 2 StGB beispielhaft auf. Zu beachten ist die seit 01.10.2023 geltende (klarstellende) Ergänzung des § 46 Abs. 2 Satz 2 Gr. 1 StGB um »geschlechtsspezifische« sowie »gegen die sexuelle Orientierung gerichtete« Tatmotive.[812] 177

807 BGH Beschl. v. 10.01.2019 – 5 StR 387/18 = BGHSt 64, 48 ff. = NJW 2019, 1008 f. m. Anm. *Gubitz* NJW 2019, 1010; *Wissmann*, NZWiSt 2019, 273 ff.

808 Vgl. nur BVerfGE 45 187 (253 ff.); 109, 133 (173); Überblick zu den Strafzwecken bei *U. Schneider*, LK-StGB, 13. Aufl. Vor § 46 Rn. 25 ff.

809 Vgl. dazu BGH StV 2004, 415.

810 BGH StV 1986, 5; 1987, 20; zum Zweifelssatz im Rahmen der Strafzumessung *Gräbener* ZStW 134 (2022), 218 (226 ff.).

811 Zur Festlegung des sogenannten Spielraums BGHSt 7, 28 (32); 20, 264 (266); 24, 132 (133); *Fischer* § 46 Rn. 20; *Schneider*, LK-StGB, 13. Aufl. 2020, § 46 Rn. 49 ff.

812 Vgl. zur Reform *Çelebi* NK 2023, 136 ff.

Beachte

Die Kriminalstrafe ist im Gegensatz zur reinen Präventionsmaßnahme dadurch gekennzeichnet, dass sie – wenn auch nicht ausschließlich – auf gerechte Vergeltung für ein rechtlich verbotenes Verhalten abzielt. Mit der Strafe wird dem Täter ein sozialethisches Fehlverhalten vorgeworfen. Die verfassungsrechtliche Legitimität der Verhängung und Vollstreckung von Strafe folgt bereits aus dem Umstand, dass dem jeweiligen Täter die Begehung der Straftat als Fehlverhalten individuell vorgeworfen werden kann. Die konkret verhängte Strafe muss dabei von Verfassungs wegen in einem gerechten Verhältnis zur Schwere der Tat und zum Verschulden des Täters stehen.[813] Das Tatgericht hat dabei grundsätzlich das gesamte Gewicht der verhängten Strafe und ihre Folgen in seine Entscheidung einzustellen.[814]

178 Die persönliche Schuld[815] erlangt nur in einer bestimmten Unrechtstat Gewicht, denn ein Schuldvorwurf kann nicht abstrakt, sondern nur im Hinblick auf eine mehr oder weniger gewichtige Tat bemessen werden. Grundlage für die Strafzumessung ist deshalb nicht die so genannte Lebensführungsschuld, sondern die in der Tat zum Ausdruck gekommene Schuld des Täters. Nur wenn ein Verhalten vor der Tat Rückschlüsse auf eine höhere Tatschuld erlaubt, kann es für die Bestimmung der schuldangemessenen Strafe Bedeutung erlangen.

179 Die schuldangemessene Strafe im Einzelfall innerhalb des vorgegebenen gesetzlichen Strafrahmens zu finden, ist ein schwieriges Unterfangen.[816] Die Rechtsprechung hilft sich mit der »Spielraumtheorie«.[817] Danach gibt es einen Spielraum, der nach unten durch die *schon* schuldangemessene und nach oben durch die *noch* schuldangemessene Strafe begrenzt wird. Innerhalb dieses Spielraums können general- und spezialpräventive Gesichtspunkte zur Verhängung einer höheren oder niedrigeren Strafe führen. Die Vermeidung unbeabsichtigter Nebenwirkungen von Verurteilung und Vollzug einer Strafe ist zu beachten, denn es kann die Gefahr bestehen, dass die Strafe einen bisher sozial angepassten Täter aus der sozialen Ordnung herausreißt.[818] Außergewöhnlich hohe Strafen bedürfen einer Rechtfertigung in den Urteilsgründen, die die Abweichung vom Üblichen vor dem Hintergrund der Besonderheiten des jeweiligen Falles verständlich machen.[819] Es ist jedoch regelmäßig verfehlt, bei der Bestimmung der schuldangemessenen Strafe arithmetische Erwägungen anzustellen.[820]

180 Strafe und Maßregel

Aus dem Grundsatz »Keine Strafe ohne Schuld« folgt für die Strafgerichte das in § 46 Abs. 1 Satz 1 StGB verankerte Gebot schuldangemessenen Strafens im Einzelfall. Während somit die Strafe dem Schuldausgleich dient und sich das Strafmaß in jedem einzelnen Fall am Maßstab des Schuldprinzips messen lassen muss, dienen die in § 61 Nr. 1–6 StGB aufgezählten Maßregeln jeweils der Besserung und Sicherung des Angeklagten. Sie übernehmen damit diejenigen insbesondere individualpräventiven Funktionen, die die Strafe wegen ihrer Bindung an die Schuld des Täters gerade nicht übernehmen kann. Hieraus folgt, dass – nicht anders als hinsichtlich einer Strafschärfung aus generalpräventiven Erwägungen – eine Strafmilderung aus individualpräventiven Gründen nur im Rahmen der schuldangemessenen Strafe in Betracht kommen kann. Fragen der Strafvollstreckung dürfen nicht mit denjenigen der Strafzumessung vermengt werden. Gemäß § 46 Abs. 1 S. 2 StGB

813 BGH, Urt. v. 09.08.2016 – 1 StR 121/16 = wistra 2016, 486 f.
814 BGH, Beschl. v. 20.09.2016 – 1 StR 347/16.
815 Vgl. zum Begriff; BVerfG, Urt. v. 19.03.2013 – 2 BvR 2628/10 = StV 2013, 353 ff. (»Deal«); bei Jugendstrafe vgl. BGH, Beschl. v. 06.05.2013 – 1 StR 178/13 = NStZ 2013, 658 f.; vgl. auch *Fischer* § 46 Rn. 20 ff.
816 Vgl. für viele *Oswald* GA 1988, 147 ff.; *Köberer* judex non calculat 1996; *Michael* MDR 1994, 341 ff.; *Theune* StV 1985, 162 ff.; 205 ff.; *Jung* Was ist eine gerechte Strafe? JZ 2004, 1155 ff.
817 BGHSt 7, 32; 20, 264; 24, 133; *Fischer* § 46 Rn. 20.
818 BGHR StGB § 46 Abs. 1 Spezialprävention 3; BGHSt 24, 40 (42).
819 BGH, Beschl. v. 29.11.2012 – 5 StR 522/12.
820 BGH, Beschl. v. 25.06.2013 – 5 StR 256/13.

darf insoweit nur die Wirkung der Strafe für das künftige Leben des Angeklagten in der Gesellschaft (mit)berücksichtigt werden.[821]

II. Strafrahmen

Eine sachgerechte Strafzumessung setzt in einem ersten Schritt die Feststellung voraus, von welchem Strafrahmen das Gericht bei der Bemessung der Strafe auszugehen hat. Der Strafrahmen des Strafgesetzes legt die Eckwerte fest, innerhalb derer der Richter auf der Grundlage der Schuld unter Berücksichtigung der spezial- und generalpräventiven Bedürfnisse die Strafe zu bestimmen hat. Die Orientierung an dem rechnerischen Mittel des Strafrahmens ist aber dem Wesen der Strafzumessung grundsätzlich fremd. Der Tatrichter ist an die Fixpunkte als die Ober- und Untergrenze des Strafrahmens gebunden und muss die im Einzelfall zu beurteilende Tat in Ansehung aller strafzumessungsrelevanten Umstände in den gefundenen Strafrahmen einordnen.[822] Auszugehen ist daher von dem Normalstrafrahmen des verletzten Strafgesetzes (siehe auch § 38 Abs. 2 StGB); bei Tateinheit ist § 52 StGB zu beachten. Für die Ermittlung der höchsten Strafdrohung gemäß § 52 Abs. 2 S. 1 StGB gilt nicht die abstrakte Betrachtungsweise in dem Sinne, dass die Regelstrafrahmen der in Betracht kommenden Straftatbestände darüber entscheiden, welches Gesetz die höhere Strafe androht; es ist vielmehr ein Vergleich der im konkreten Fall anwendbaren Strafrahmen erforderlich, so dass auch benannte oder unbenannte Strafschärfungs- oder Strafmilderungsgründe und die hierdurch eröffneten Ausnahmestrafrahmen zu beachten sind, sofern das Gericht deren Voraussetzungen als erfüllt ansieht.[823] Bei tateinheitlich zusammentreffenden Delikten ist gemäß § 52 Abs. 2 Satz 2 StGB zu beachten, dass die Untergrenze des zugrunde zulegenden Strafrahmens nach der möglicherweise höheren Mindeststrafe für das Delikt, das nicht die schwerste Strafe androht, bestimmt werden muss. Insofern entfaltet das im Wege der Idealkonkurrenz zurücktretende Delikt eine Sperrwirkung.[824] Das kann bei Tateinheit bedeuten, dass Strafrahmenobergrenze und Strafrahmenuntergrenze aus verschiedenen Gesetzen zu entnehmen sind. Die Rechtsprechung wendet auch im Fall der Gesetzeskonkurrenz das an sich verdrängte Gesetz bei der Bestimmung des Strafrahmens, bei der Strafzumessung und bei der Entscheidung über Nebenstrafen und über Sicherungsmaßnahmen an; auch das im Wege der Gesetzeskonkurrenz zurücktretende Delikt entfalte hinsichtlich der Strafrahmenuntergrenze eine Sperrwirkung.[825] Die Sperrwirkung bei Gesetzeskonkurrenz findet allerdings keine gesetzliche Stütze. Den Rechtsgedanken des § 52 Abs. 2 Satz 2 StGB bei Gesetzeskonkurrenz heranzuziehen, käme einer vom Gesetzgeber nicht vorgesehen Gleichbehandlung von Ideal- und Gesetzeskonkurrenz gleich sowie einer analogen Anwendung der Norm zu Lasten des Angeklagten, die mit Art. 103 Abs. 2 GG unvereinbar ist. § 52 Abs. 2 Satz 2 StGB spricht ausdrücklich von »anderen anwendbaren Gesetzen«. Anders als bei der Tateinheit bzw. Idealkonkurrenz sind in Folge der Gesetzeseinheit bzw. Gesetzeskonkurrenz zurücktretende Tatbestände aber nicht weiter anwendbar.[826] Das im Wege der Gesetzeskonkurrenz verdrängte Delikt kann daher »nur« bei der Bestimmung der *konkreten* tat- und schuldangemessenen Strafe innerhalb des anzuwendenden Strafrahmens strafschärfend herangezogen werden.[827] 181

821 BGH, Urt. v. 03.03.2016 – 4 StR 497/15 = BGHR StGB § 46 Abs 1 Spezialprävention 6.

822 BGH, Beschl. v. 18.11.2009 – 2 StR 483/09 = StV 2010, 480.

823 BGHR StGB § 239a Abs. 1 Sichbemächtigen 3.

824 BGHSt 1, 152 (155 f.).

825 BGHSt 19, 188 (189); 30, 166 (167); BGH, Urt. v. 13.02.2003 – 3 StR 439/02 = StV 2003, 285 f.; Beschl. v. 19.10.2011 – 1 StR 233/11 = NJW 2012, 546; Beschl. v. 23.08.2022 – 1 StR 232/22 = StV 2023, 477; Beschl. v. 25.08.2020 – 2 StR 241/20 = NStZ-RR 2021, 18; siehe auch *Fischer* Vor § 52 Rn. 45; *Pfister* NStZ-RR 2000, 353 (358 f.).

826 Vgl. bereits OLG Köln, Urt. V. 22.09.1953 – Ss 192/53 = NJW 1953, 1762 (1763); *Makepeace* StV 2023, 478 f.; *Satzger* JR 1999, 203 (204).

827 BGH, Beschl. v. 23.06.2016 – 4 StR 552/15 = NStZ 2017, 155.

Hinweis

Das Tatgericht ist nicht verpflichtet, den jeweils für den Angeklagten günstigeren Strafrahmen zugrunde zu legen. Welchen Strafrahmen es wählt, unterliegt seiner pflichtgemäßen Entscheidung auf der Grundlage einer Gesamtwürdigung aller für die Wertung von Tat und Täter in Betracht kommenden Umstände, gleichgültig, ob sie der Tat innewohnen, sie begleiten, ihr vorausgehen oder nachfolgen. Die Urteilsgründe müssen aber belegen, dass das Gericht die unterschiedlichen Möglichkeiten und in Betracht kommenden Strafrahmen erkannt und geprüft hat.[828] Ist ein Regelbeispiel eines besonders schweren Falls gegeben, bedarf es einer Gesamtabwägung aller unter dem Aspekt des gerechten Schuldausgleichs erheblichen Umstände zur Prüfung, ob es beim Strafrahmen des besonders schweren Falles bleibt, ob der Normalrahmen oder – bei vertypten Milderungsgründen – der nach § 49 StGB gemilderte Rahmen des besonders schweren Falles Anwendung finden soll.[829]

182 Zu unterscheiden ist zwischen zwingenden Strafrahmenänderungen, wie §§ 27 Abs. 2 S. 2, 28 Abs. 1, 30 Abs. 1 S. 2, 30 Abs. 2 und 35 Abs. 2 S. 2 StGB (jeweils in Verbindung mit § 49 Abs. 1 StGB), fakultativen Strafrahmenänderungen, wie §§ 13 Abs. 2, 17 S. 2, 21, 23 Abs. 2,[830] 35 Abs. 1, 46a, 46b StGB, § 31 BtMG, unbenannten Strafänderungsgründen, insbesondere die minder oder die besonders schweren Fälle (§§ 177 Abs. 5, 212 Abs. 2, 213, 250 Abs. 3, 263 Abs. 3 StGB), und Regelbeispielen (§§ 243, 177 Abs. 2 StGB).

183 Strafrahmen im Einzelnen minder schwerer – besonders schwerer Fall – Regelbeispiel:

Sieht das Gesetz einen minder oder besonders schweren Fall vor, mit dem eine Abweichung vom Regelstrafrahmen einhergehen kann, hat das Tatgericht zunächst anhand der allgemeinen Strafzumessungsgesichtspunkte dessen Anwendbarkeit im konkreten Einzelfall zu prüfen.[831] Nach der Rechtsprechung des Bundesgerichtshofs ist für die Einordnung einer Tat als **minder schwerer Fall** entscheidend, ob das gesamte Tatbild einschließlich aller subjektiven Momente und der Täterpersönlichkeit vom Durchschnitt der erfahrungsgemäß gewöhnlich vorkommenden Fälle in einem so erheblichen Maße abweicht, dass die Anwendung des Ausnahmestrafrahmens geboten erscheint.[832] Erforderlich ist eine Gesamtbetrachtung aller strafzumessungsrelevanten Umstände, die für die Wertung der Tat und des Täters in Betracht kommen, gleichviel ob sie der Tat selbst innewohnen, sie begleiten, ihr vorausgehen oder nachfolgen. Dabei müssen auch die Persönlichkeit des Täters, sein Gesamtverhalten, seine Tatmotive und die seine Tat begleitenden Umstände gewürdigt werden. Es dürfen nicht einseitig Belastungsmomente hervorgehoben und wesentliche zugunsten des Angeklagten sprechende Gründe übersehen werden. Fehlerhaft ist es deshalb, nur das engere Tatgeschehen zu würdigen. Häufig wird übersehen, dass trotz der Verwendung des Begriffs »Ausnahmestrafrahmen« die Einordnung als minder schwerer Fall gerade nicht seltenen Ausnahmefällen vorbehalten ist und weder eine Ausnahmetat noch außergewöhnliche Umstände vorliegen müssen. Maßgebend

828 BGH, Beschl. v. 18.12.2018 – 4 StR 303/18; Beschl. v. 09.11.2022 – 4 StR 272/22.

829 BGH, Beschl. v. 18.12.2019 – 2 StR 512/19, NStZ-RR 2020, 204 f.

830 Eine Strafrahmenmilderung nach § 23 Abs. 2 StGB verlangt regelmäßig eine Gesamtschau, die neben der Persönlichkeit des Täters, die Tatumstände und insbesondere die versuchsbezogenen Gesichtspunkte einbezieht, wie Nähe zur Tatvollendung, Gefährlichkeit des Versuchs und eingesetzte kriminelle Energie, vgl. BGHSt 16, 351 (353); 35, 347 (355); vgl. auch *Fischer* § 23 Rn. 3 ff.; zur Strafrahmenverschiebung bei versuchtem Mord BGH, Urt. v. 25.01.2023 – 1 StR 284/22 = StV 2023, 316: Eine sorgfältige Abwägung dieser Umstände, auch soweit sie für den Täter sprechen, ist namentlich dann geboten, wenn von der Entschließung über die versuchsbedingte Milderung die Verhängung lebenslanger Freiheitsstrafe abhängt.

831 Die rechtliche Einordnung als minder schwerer oder besonders schwerer Fall im Urteilstenor ist unnötig, da es sich um reine Strafzumessungsvorschriften handelt.

832 BGHR StGB vor § 1 minder schwerer Fall, Gesamtwürdigung fehlerfreie 1; Gesamtwürdigung 6, 7.

ist allein, ob der Fall minder schwer wiegt.[833] Es muss sich nicht um die denkbar mildeste Begehungsweise handeln.[834] Von Bedeutung kann auch sein, ob ein so genannter gesetzlich vertypter Milderungsgrund wie §§ 21, 23, 27, 30, 46a, 46b StGB oder § 31 BtMG vorliegt, dessen Bejahung allein schon die Annahme eines minder schweren Falles rechtfertigen kann.[835] Maßgebende Gesichtspunkte können zudem sein vorhandene oder fehlende Vorstrafen, das Vorleben des Täters, erlittene Untersuchungshaft, Stabilisierung der Lebensverhältnisse nach der Tat, Geständnis, die Umstände der Tatbegehung, das Maß der angewendeten Gewalt, die Auswirkungen der Strafe auf das zukünftige Leben des Täters, seine besondere Strafempfindlichkeit z.B. wegen einer schweren Erkrankung (Aids, Krebs), eine Schadenswiedergutmachung (vgl. auch § 46a StGB).

Ob ein minder schwerer Fall vorliegt, ist im Urteil zu prüfen, sofern dazu Anlass besteht. Führt das Tatgericht aus, es habe wegen der für den Angeklagten sprechenden Umstände »Milde walten« lassen, dabei aber die Prüfung unterlassen, ob ein minder schwerer Fall vorliegt, ist das rechtsfehlerhaft.[836]

▶ Hinweis

Sieht das Gesetz den Sonderstrafrahmen eines minder schweren Falles vor und ist daneben auch ein gesetzlich vertypter Milderungsgrund gegeben, so ist bei der Strafrahmenwahl zunächst zwingend – ansonsten revisibel – zu prüfen, ob der mildere Sonderstrafrahmen zur Anwendung kommt.[837] Dabei ist im Rahmen einer Gesamtwürdigung vorab auf die allgemeinen Strafzumessungsgründe abzustellen. Das heißt, es ist zuerst zu fragen, ob ein minder schwerer Fall bejaht werden kann, ohne dass ein vertypter Minderungsgrund herangezogen werden muss. Vermögen bereits die allgemeinen Milderungsgründe die Annahme eines minder schweren Falles allein zu tragen, stehen etwaige weitere vertypte Milderungsgründe für eine (weitere) Strafrahmenmilderung nach § 49 StGB zur Verfügung. Kann jedoch nach einer Abwägung aller allgemeinen Strafzumessungsumstände das Vorliegen eines minder schweren Falles nicht bejaht werden, ist in einem zweiten Schritt zusätzlich der gesetzlich vertypte Strafmilderungsgrund in die gebotene Gesamtabwägung einzubeziehen. Lässt sich anhand dieser Kombination aus allgemeinen Milderungsgründen und vertyptem Milderungsgrund ein minder schwerer Fall bejahen, ist der vertypte Milderungsgrund für eine weitere Strafrahmenverschiebung gemäß § 50 StGB verbraucht.[838] Hält hingegen der Tatrichter weiterhin die Anwendung des milderen Sonderstrafrahmens nicht für gerechtfertigt – und liegen keine weiteren vertypten Milderungsgründe vor, die miteinbezogen werden könnten –, darf er erst dann seiner konkreten Strafzumessung den dann allein wegen des vorliegenden gesetzlich vertypten Strafmilderungsgrundes herabgesetzten Regelstrafrahmen zugrunde legen.[839] **184**

§ 50 StGB verbietet aber lediglich die mehrfache Herabsetzung des Strafrahmens aufgrund desselben Umstandes (z.B. § 21 StGB); er verbietet nicht die Umstände, die zu einer Milderung des **185**

833 Vgl. BGH, Beschl. v. 12.05.2021 – 4 StR 113/21; Beschl. v. 10.08.2021 – 1 StR 250/21.
834 BGHR WaffG § 53 Abs. 1 Nr. 3a Führen 2.
835 BGHR StGB vor § 1 minder schwerer Fall Strafrahmenwahl 5, 7, 8; BGH NStZ 1984, 357; 1985, 483.
836 BGH, Beschl. v. 22.01.2013 – 5 StR 641/12.
837 Vgl. nur BGH, Urt. v. 28.06.2018 – 1 StR 78/18 = StV 2019, 447; Urt. v. 11.04.2022 – 2 StR 21/22 = StV 2023, 334; Beschl. v. 06.04.2022 – 1 StR 89/22 = StV 2022, 584; Beschl. v. 11.04.2022 – 2 StR 21/22 = StV 2023, 334; Beschl. v. 13.09.2022 – 2 StR 236/22 = NStZ 2023, 163 (164); Beschl. v. 08.08.2012 – 2 StR 279/12 = NStZ-RR 2013, 7 f.; zur Prüfungsreihenfolge vgl. *Fischer* § 50 Rn. 3, 4 und 7; § 213 Rn. 17 ff.; *Detter* Einführung in die Praxis des Strafzumessungsrechts 2009, S. 96; *Patzak* JuS 2023, 1023 (1025 f.) mit Beispielen.
838 Vgl. BGH, Urt. v. 06.01.2022 – 5 StR 2/21 = NStZ-RR 2022, 140 (141).
839 BGH Beschl. v. 22.03.2018 – 3 StR 625/17; v. 22.08.2018 – 3 StR 59/18.; v. 21.03.2019 – 3 StR 81/19 = NStZ-RR 2019, 174; Urt. v. 28.06.2018 – 1 StR 78/18; v. 12.03.2019 – 2 StR 17/19 = NStZ 2019, 409 f.; Beschl. v. 26.02.2019 – 1 StR 614/18; v. 21.03.2019 – 3 StR 81/19 = NStZ-RR 2019, 174 f.; v. 11.09.2019 – 5 StR 386/19.

Strafrahmens geführt haben, bei der konkreten Strafzumessung nochmals – wenn auch mit geringerem Gewicht – zu berücksichtigen.[840] »Umstände« in diesem Sinne sind die konkret tatsächlichen Gegebenheiten, die den jeweiligen Fall kennzeichnen.[841] Deshalb sind die dem jeweiligen gesetzlich vertypten Milderungsgrund nach Art und Maß unterschiedlich konkretisierenden Umstände, wie z.B. die alkoholische Enthemmung, bei der Strafzumessung im engeren Sinne auch nach einer Strafrahmenverschiebung zu berücksichtigen.[842]

▶ Beachte

Das Doppelverwertungsverbot gemäß § 50 StGB gilt nur für die Strafrahmenbestimmung (1. Schritt der Strafzumessung). Für die konkrete Strafzumessung (3. Schritt der Strafzumessung) ist hingegen eine Gesamtbetrachtung aller Umstände geboten, darunter auch derjenigen, die eine Strafrahmenmilderung bewirkt haben; diese sind mit verringertem Gewicht in die Gesamtwürdigung einzustellen.[843]

186 Es liegt im pflichtgemäßen Ermessen des Tatrichters, im Rahmen einer Gesamtbetrachtung zu entscheiden, welches Gewicht den einzelnen Milderungsgründen im Verhältnis zu den Erschwerungsgründen beizumessen ist. Ob ein minder schwerer Fall vorliegt, ist für jeden Tatbeteiligten gesondert zu prüfen, maßgebend ist vor allem der jeweilige Tatbeitrag, dazu kommt das Gewicht der Haupttat, deren Schwere aber nicht allein maßgebend sein darf.[844] Maßgeblich für die Einordnung der Schuld eines Gehilfen ist das Gewicht seiner Beihilfehandlung, wenn auch die Schwere der Haupttat mitzuberücksichtigen ist.[845] Ist die Haupttat nicht als minder schwerer Fall einzustufen, folgt hieraus nicht ohne Weiteres, dass das auch für die Tat des Gehilfen gilt.[846] Einer Erörterung des minder schweren Falls bedarf es nicht, wenn alle Umstände, die für die Wertung der Tat und des Täters bedeutsam sein können, von vornherein die Annahme eines solchen als so fernliegend erscheinen lassen, dass die Ablehnung des Ausnahmestrafrahmens auf der Hand liegt.[847]

187 Ein **besonders schwerer Fall** darf nur angenommen werden, wenn nach einer Beurteilung aller objektiven, subjektiven und aller die Persönlichkeit des Täters betreffenden Umstände (Gesamtbetrachtung) die tatbezogenen objektiven und subjektiven Umstände die Annahme des erhöhten Strafrahmens rechtfertigen.[848] Besonders schwere Fälle gibt es in ganz allgemeiner Form wie in § 212 Abs. 2 StGB und in der Form von Regelbeispielen wie in §§ 177 Abs. 2, 240 Abs. 4, 243 Abs. 1 StGB und § 29 Abs. 3 BtMG. Ein besonders schwerer Fall des Totschlags setzt voraus, dass das in der Tat zum Ausdruck kommende Verschulden des Täters außergewöhnlich groß ist. Es muss ebenso schwer wiegen wie das eines Mörders. Hierfür genügt nicht schon die bloße Nähe der die Tat oder den Täter kennzeichnenden Umstände zu gesetzlichen Mordmerkmalen. Es müssen vielmehr schulderhöhende Gesichtspunkte hinzukommen, die besonders gewichtig sind. Wesentlich ist, ob trotz des Fehlens von Mordmerkmalen sonstige unrechts- und schuldsteigernde Umstände vorliegen, die die

840 BGHR § 50 Gesamtbewertung 2 bis 5; BGHR StGB § 50 Strafhöhenbemessung 2, 4; BGH StV 1985, 54 f.; NStZ 1984, 548; NStZ 1990, 30.
841 BGHR StGB § 46 Abs. 2 Gesamtbewertung 5.
842 BGH, Urt. v. 15.09.2004 – 2 StR 242/04 = NStZ 2005, 261.
843 BGH Beschl. v. 23.10.2019 – 1 StR 355/19, StraFo 2020, 78 f.
844 BGHR StGB vor § 1 minder schwerer Fall Gehilfe 1, 2.
845 BGH, Beschl. v. 07.09.2021 – 1 StR 302/21 = NStZ-RR 2021, 381; Beschl. v. 29.08.2023 – 1 StR 229/23 = NStZ 2024, 37 m. Anm. *Schütz/Kudlich*.
846 BGH StraFo 2003, 246; Beschl. v. 30.03.2011 – 5 StR 12/11.
847 BGH, Urt. v. 24.09.2009 – 3 StR 188/09 = NStZ-RR 2010, 57 (58); Beschl. v. 04.09.2012 – 2 StR 248/12.
848 BGH NStZ 1984, 413.

Verhängung einer lebenslangen Freiheitsstrafe rechtfertigen.[849] Ob das der Fall ist, kann nur unter Berücksichtigung der Gesamtheit der äußeren und inneren Seite der Tat beantwortet werden.[850]

Liegen die Voraussetzungen eines Regelbeispiels vor, besteht zwar eine gesetzliche Vermutung für einen gegenüber der normalen Tatbestandsverwirklichung erhöhten Unrechts- und Schuldgehalt.[851] Die Indizwirkung der Voraussetzungen eines Regelbeispiels kann allerdings im Einzelfall entfallen. Das Tatgericht hat daher eine umfassende Gesamtbetrachtung vorzunehmen. Hierfür reicht der bloße Verweis auf eine Gesamtwürdigung unter Nennung nur eines Strafschärfungsgrundes nicht aus; vielmehr sind die Erschwernis- und Milderungsgründe darzulegen und auf diese Weise nach pflichtgemäßem Ermessen gegeneinander abzuwägen[852] Regelbeispiele sind grundsätzlich wie Tatbestandsmerkmale zu behandeln und unterliegen daher der vollen revisionsrechtlichen Kontrolle. Den Urteilsgründen muss daher die Prüfung der rechtlichen Voraussetzungen und die entsprechende Subsumption zu entnehmen sein. **188**

Einen »minder schweren Fall« eines Regelbeispiels gibt es nicht, die indizielle Bedeutung eines Regelbeispiels kann aber durch andere, erheblich schuldmindernde Umstände kompensiert werden mit der Folge, dass auf den normalen Strafrahmen zurückzugreifen ist. Das ist der Fall, wenn diese Faktoren jeweils für sich oder in ihrer Gesamtheit so gewichtig sind, dass sie bei der Gesamtabwägung die Regelwirkung entkräften (Milderungsgründe von einigem Gewicht). Es müssen in dem Tun oder in der Person des Täters Umstände vorliegen, die das Unrecht seiner Tat oder seiner Schuld deutlich vom Regelfall abheben, so dass die Anwendung des erschwerten Strafrahmens unangemessen erscheint.[853] Gründe für die Verneinung eines Regelbeispiels können Unbestraftheit, langer Zeitablauf seit Begehung der Tat, geringes Maß an Gewalt sein. Die Regelbeispiele bilden keinen abschließenden Katalog. Es sind deshalb auch Fälle möglich, in denen, obwohl kein Regelbeispiel verwirklicht wurde, ein besonders schwerer Fall zu bejahen ist.[854]

Aus § 49 Abs. 1 StGB kann folgende Tabelle abgeleitet werden; das »gesetzliche Mindestmaß« von einem Monat ergibt sich aus § 38 Abs. 2 StGB (J = Jahre, M = Monate):[855]

Ursprünglicher Strafrahmen	Milderung nach § 49 Abs. 1	Erneute Milderung nach § 49 Abs. 1
Lebenslang	3 J bis 15 J	6 M bis 11 J 3 M
10 J bis 15 J	2 J bis 11 J. 3 M	6 M bis 8 J 5 M
5 J bis 15 J	2 J bis 11 J 3 M	6 M bis 8 J 5 M
3 J bis 15 J	6 M bis 11 J 3 M	1 M bis 8 J 5 M
2 J bis 15 J	6 M bis 11 J 3 M	1 M bis 8 J 5 M
1 J bis 15 J	3 M bis 11 J 3 M	1 M bis 8 J 5 M
1 J bis 10 J	3 M bis 7 J 6 M	1 M bis 5 J 7 M
1 J bis 5 J	3 M bis 3 J. 9 M	1 M bis 2 J 9 M
6 M bis 10 J	1 M bis 7 J 6 M	1áM bis 5 J 7 M
6 M bis 5 J	1 M bis 3 J 9 M	1 M bis 2 J 9 M
3 M bis 10 J	1 M bis 7 J 6 M	1 M bis 5 J 7 M
3 M bis 5 J	1 M bis 3 J 9 M	1 M bis 2 J 9 M
Bis 10 J.	1 M bis 7 J 6 M	1 M bis 5 J 7 M

849 BGH NStZ 1982, 114 (115); 1984, 311 (312); 1991, 431; 2001, 647.
850 BGH NStZ-RR 2004, 205.
851 BGHSt 33, 370 f.
852 BGH, Beschl. v. 22.09.2021 – 1 StR 86/21 = NZWiSt 2022, 201 (203).
853 BGH StV 1995, 470.
854 BGHSt 29, 319 f.
855 Nach *Schäfer/Sander/van Gemmeren* Rn. 918; vgl. auch *Eschelbach* in Satzger/Schmitt/Widmaier StGB 4. Aufl. § 49 Rn. 23.

Ursprünglicher Strafrahmen	Milderung nach § 49 Abs. 1	Erneute Milderung nach § 49 Abs. 1
Bis 5 J	1 M bis 3 J 9 M	1 M bis 2 J 9 M
Bis 3 J	1 M bis 2 J 3 M	1 M bis 1 J 8 M
Bis 2 J	1 M bis 1 J 6 M	1 M bis 1 J 1 M
Bis 1 J	1 M bis 9 M	1 M bis 6 M 3 Wochen
Bis 6 M	1 M bis 4 M 2 Wochen[856]	1 M bis 3 M 1 Woche
Nur Geldstrafe nach § 40 Abs. 1 StGB (5 bis 360 Tagessätze)	5 bis 270 Tagessätze	5 bis 202 Tagessätze

III. Die Strafe als solche

190 Eine Strafe muss gerechter Schuldausgleich sein, in angemessenem Verhältnis zum Maß der persönlichen Schuld, zum Unrechtsgehalt und zur Gefährlichkeit der Tat stehen und sich im Rahmen des für vergleichbare Fälle Üblichen halten.[857]

Für die konkrete Strafzumessung ist eine Gesamtbetrachtung aller Umstände geboten, darunter auch diejenigen, die eine Strafrahmenmilderung bewirkt haben. Diese sind mit verringertem Gewicht in die Gesamtwürdigung einzustellen. Dass ein vertypter Milderungsgrund »als solcher« bei der Strafzumessung im engeren Sinne nicht berücksichtigt werden darf, bedeutet nicht, dass ein bestimmter Milderungsgrund verbraucht ist, sondern dass das abstrakt-rechtliche Wertungsergebnis als solches, das die gesetzliche Grundlage für die Strafrahmenmilderung bietet, selbst keinen strafzumessungserheblichen Umstand darstellt. Hingegen ist die Tatsache, dass ein Angeklagter nur vermindert schuldfähig war, für die Bewertung der relevanten Strafzumessungstatsachen regelmäßig von wesentlicher Bedeutung und wirkt dann bei der Strafzumessung in engerem Sinne strafmildernd.[858]

Die Mindeststrafe ist nicht nur denkbar leichtesten Fällen der Deliktsverwirklichung vorbehalten, sie darf trotz einer Reihe von Umständen, die gegen den Angeklagten sprechen, verhängt werden.[859] Mathematisierungen und schematische Vorgehensweisen sind dem Wesen der Strafzumessung grundsätzlich genauso fremd[860] wie sogenannte Strafzumessungsrichtlinien im Sinne der US-amerikanischen »Sentencing Guidelines«.[861] Der Tatrichter muss die im Einzelfall zu beurteilende Tat in Ansehung aller strafzumessungsrelevanten Umstände ohne Bindung an weitere Fixpunkte als die Ober- und Untergrenze des Strafrahmens in den gefundenen Strafrahmen einordnen. Maßgeblich ist dabei im Sinne des § 46 Abs. 2 Satz 1 StGB das Gesamtspektrum aller strafzumessungsrelevanten Umstände, die für und gegen den Täter sprechen. Der Tatrichter darf Freiheitsstrafe und Geldstrafe so miteinander verbinden, dass die Freiheitsstrafe und die Geldstrafe zusammen das Maß des Schuldangemessenen erreichen (§ 41 StGB); das gilt auch dann, wenn ohne die zusätzliche Geldstrafe eine nicht mehr aussetzbare Freiheitsstrafe erforderlich werden würde.[862] Das Bestreben, dem Angeklagten Strafaussetzung zur Bewährung zu bewilligen, darf nicht dazu führen, die schuldangemessene Strafe zu unterschreiten.[863] Der Tatrichter ist aber nicht gehindert zu prüfen, ob – insbesondere im Hinblick auf die von der Strafe ausgehende Wirkung für das künftige Leben des Täters – eine Freiheitsstrafe

856 Genau genommen gilt hier ein Höchstmaß von 4 M und 15 Tagen; gem. § 39 StGB ist eine Freiheitsstrafe von unter 1 J aber nach vollen Wochen und Monaten zu bemessen; a.A. *Fischer* § 49 Rn. 4.
857 BGHSt 20, 264 (266 f.); 24, 132; 29, 319 (320); 34, 345 (349); vgl. auch *Bruns* JR 1977, 160 f.
858 BGH Beschl. v. 18.12.2019 – 2 StR 512/19 NStZ-RR 2020, 204.
859 BGH NStZ 1984, 359; BGHR StGB § 177 Abs. 1 Strafzumessung 5.
860 BGHSt 35, 345 (350 ff.); BGH NStZ-RR 1999, 101 (102).
861 Vgl. hierzu *Kaspar* NJW-Beilage 2018, 37 ff; *Kudlich/Koch* NJW 2018, 2762 (2763 ff.); *Verrel* JZ 2018, 811 ff.
862 BGHSt 32, 60 (66).
863 BGHSt 29, 319; BGHR StGB § 46 Abs. 1 Begründung 19; Schuldausgleich 29.

schuldangemessen ist, die noch zur Bewährung ausgesetzt werden kann, eventuell in Verbindung mit einer anderen Sanktion, wie Geldstrafe.[864]

Ein und derselbe Umstand kann sowohl strafschärfend als auch strafmildernd wirken,[865] es gibt keinen »normativen Normalfall«, deshalb kann der Umstand, dass der Angeklagte »nicht in Geldnot« war oder dass er es »bei seinen Verdienstmöglichkeiten nicht nötig hatte, zu stehlen«, nach der Lage des Einzelfalles strafschärfend gewertet werden.[866] Inwieweit das regelmäßige Erscheinungsbild (Normalfall[867]) der Tatbestandsverwirklichung dem Angeklagten strafschärfend angelastet werden darf, ist nicht eindeutig zu beantworten. So verstößt bei Tötungsdelikten die Erwägung, der Angeklagte habe sich eigensüchtig über die bestehende und von ihm erkannte hochgradige Lebensgefährdung des Tatopfers hinweggesetzt, gegen § 46 Abs. 3 StGB, da der Tötungsvorsatz ein solches Verhalten in der Regel voraussetzt. Das Abwägungsgebot des § 46 Abs. 2 Satz 1 StGB bedeutet aber nicht, dass jeder Umstand, der theoretisch in Frage kommt, in den Urteilsgründen ausdrücklich erörtert werden muss. Das Gericht hat lediglich die für die Strafzumessung »bestimmenden« Umstände in den Urteilsgründen darzulegen (§ 267 Abs. 3 Satz 1 StPO). Eine vollumfassende Aufzählung aller Strafzumessungsgesichtspunkte ist weder vorgeschrieben noch möglich.[868] Hingegen liegt in der Regel ein revisibler Rechtsfehler vor, wenn das Tatgericht einen bestimmenden Strafzumessungsgesichtspunkt erkennbar außer Betracht gelassen hat.[869]

Auswirkungen auf die Schuld des Täters können vielerlei Gesichtspunkte haben. Von besonderer Bedeutung sind:

1. **Beweggründe,[870] Ziele und Gesinnung des Täters:[871]** Gem. § 46 Abs. 2 StGB kann zwar auch 191
die Gesinnung des Täters bei der Strafzumessung straferschwerend berücksichtigt werden. Das gilt aber nur, wenn die Gesinnung aus der Tat spricht, mit ihr also in einem inneren Zusammenhang steht und so einen Einblick in die innere Einstellung des Täters konkret zu seiner Tat gewährt.[872] Ungeachtet davon sollte ein Ziel der Strafzumessungsverteidigung sein, die Beweggründe und Ziele in ein für den Angeklagten günstiges Licht zu rücken. Verständliche Tatmotive, Rücksichtnahme auf nahestehende Personen, schlechte finanzielle Situation dürfen, falls mitursächlich für die Tat, nicht unerwähnt bleiben. Soweit z.B. die finanzielle Situation des Täters oder dessen Suchtdruck zum Zeitpunkt der Tat für seine Motivation und Zielsetzung mitbestimmend war, wirkt es in der Regel zu seinen Gunsten, dass er sich in einer Notlage befunden hat.

2. **Rechtsstaatswidrige Tatprovokation**: Eine Verletzung von Art. 6 Abs. 1 EMRK aufgrund staatlicher und polizeilicher Tatprovokation liegt vor, wenn eine unverdächtige *und* zunächst nicht tatgeneigte Person durch eine von einem Amtsträger geführte Vertrauensperson in einer dem Staat zurechenbaren Weise zu einer Straftat verleitet wird und das zu einem Strafverfahren führt. Ein in diesem Sinne tatprovozierendes Verhalten ist gegeben, wenn eine polizeiliche Vertrauensperson über das bloße »Mitmachen« hinaus in die Richtung auf das Wecken der Tatbereitschaft oder eine Intensivierung der Tatplanung mit einiger Erheblichkeit stimulierend auf den Täter einwirkt. Auch bei anfänglich bereits bestehendem Anfangsverdacht kann eine rechtsstaatswidrige Tatprovokation vorliegen, soweit die Einwirkung im Verhältnis zum Anfangsverdacht »unvertretbar übergewichtig«

864 BGHSt 32, 60 (67).
865 BGH StV 1995, 411 m. Anm. *Streng* StV 1995, 411 ff.; *Joerden* JZ 1995, 907 f.
866 BGHSt 34, 345 ff.; vgl. dazu BGHSt 37, 153 m. Anm. *Hettinger* GA 1993, 1 ff.; BGH StV 1986, 430 f.
867 Ausführlich *Theune* in LK 12. Auf. § 46 Rn. 62 ff.
868 BGH, Urt. v. 20.07.2022 – 5 StR 160/22.
869 Vgl. BGH, Urt. v. 02.06.2021 – 3 StR 21/21; Urt. v. 21.04.2021 – 6 StR 6/21; Beschl. v. 09.09.2020 – 2 StR 281/20.
870 Zu rassistischen Tatmotiven *Stoltenberg* ZRP 2012, 119 f.
871 Vgl. Aufzählungen bei *Fischer* § 46 StGB Rn. 26 f.
872 BGH, Beschl. v. 07.02.2023 – 6 StR 9/23.

ist.[873] Spricht eine polizeiliche Vertrauensperson eine betroffene Person lediglich ohne sonstige Einwirkung darauf an, ob diese Betäubungsmittel beschaffen könne, handelt es sich (noch) nicht um eine Tatprovokation. Ebenso fehlt es an einer Provokation, wenn die Vertrauensperson nur die offen erkennbare Bereitschaft zur Begehung oder Fortsetzung von Straftaten ausnutzt.[874] Der **Grundsatz des fairen Verfahrens** gemäß Art. 6 Abs. 1 Satz 1 EMRK kann verletzt sein, wenn das im Rahmen einer Tatprovokation durch eine von der Polizei geführte Vertrauensperson (VP) angesonnene Drogengeschäft nicht mehr in einem angemessenen, deliktsspezifischen Verhältnis zu dem jeweils individuell gegen den Provozierten bestehenden Tatverdachts steht.[875]

Ob das unzulässige Einwirken eines V-Mannes (»Lockspitzels«) zu einem Verfahrenshindernis führt oder dazu, dass von Strafe völlig abzusehen ist, war lange Zeit ungeklärt. Der Bundesgerichtshof ging in ständiger Rechtsprechung davon aus, dass eine rechtsstaatswidrige Tatprovokation kein Verfahrenshindernis nach sich zieht; ihr ist vielmehr – im Einklang mit der älteren Rechtsprechung vor allem des 1. Strafsenats – nur im Rahmen der Strafzumessung Rechnung zu tragen (»Strafzumessungslösung«).[876]

Der 2. Strafsenat[877] hat hingegen die Ansicht vertreten, der Begriff der »rechtsstaatwidrigen Tatprovokation«, wie ihn der EGMR definiert, sei weitergehender als der des Bundesgerichtshofs. Die Voraussetzungen seien bereits bei geringeren aktiven Einflussnahmen erfüllt, es gelte deshalb auch der Rechtssatz des EGMR, wonach eine bloße Strafmilderung nicht ausreicht, in allen Fällen, in denen der Bundesgerichtshof eine rechtsstaatswidrige Provokation als gegeben ansieht. Auf der Rechtsfolgenseite sei der Senat nicht an die bisherige Rechtsprechung gebunden, weil diese durch die Entscheidung des EGMR[878] konventionswidrig und damit überholt sei. Daher sei der Bundesgerichtshof gehalten, die europarechtliche Rechtsprechung des EGMR in nationales Recht umzusetzen, um weitere Verurteilungen der Bundesrepublik wegen Menschenrechtsverletzungen zu vermeiden. Daher sei auch eine Vorlage an den Großen Senat für Strafsachen nicht geboten, denn über die Rechtsfrage, die sich gestellt habe, sei auf der Grundlage der neuen menschenrechtlichen Rechtsprechung vom Bundesgerichtshof noch nicht entschieden. Der 1. Strafsenat ist dieser Auffassung – der Annahme eines Verfahrenshindernisses – inzwischen gefolgt.[879]

Der Gesetzgeber beabsichtigt, die rechtsstaatswidrige Tatprovokation gesetzlich zu regeln. Gemäß § 110c Abs. 3 StPO-E des Referentenentwurfs des BMJ für ein Gesetz zur Regelung des Einsatzes von Verdeckten Ermittlern und Vertrauenspersonen sowie zur Tatprovokation vom 19.12.2023 soll die Ahndung der Tat und die Anordnung von Maßnahmen wegen der Tat gegenüber der rechtsstaatswidrig tatprovozierten Person ausgeschlossen sein. Soweit die geplante gesetzliche Regelung jedoch davon auszugehen scheint, dass es Sachverhaltskonstellationen gibt, in denen eine unzulässige, aber (noch) nicht rechtsstaatswidrige Tatprovokation vorliegt, findet dies in der Rechtsprechung des

873 Vgl. nur BGHSt 32, 345; BGH, Urt. v. 07.12.2017 – 1 StR 320/17 = NStZ 2018, 355 (357) = StV 2019, 305 (306 f.); Urt. v. 16.12.2021 – 1 StR 197/21 = NStZ 2023, 243 (244 f.).

874 BGH, Beschl. v. 19.01.2016 – 4 StR 252/15 = NStZ 2016, 232 (233); Urt. v. 04.07.2018 – 5 StR 650/17 = StraFo 2019, 17 ff.

875 BGHSt 47, 44.

876 BGHSt 47, 44 ff.; 60, 238 ff.; siehe auch BGH, Urt. v. 11.12.2013 – 5 StR 240/13 = StV 2014, 321 f. = NStZ 2014, 277 f.; vgl. dazu *Eisenberg* GA 2014, 404 f.

877 BGH, Urt. v. 10.06.2015 – 2 StR 97/14 = BGHSt 60, 276 ff. = StV 2016, 70 f. m. Anm. *Jahn/Kudlich* JR 2016, 54 f.; *Eisenberg* NJW 2016, 98; *Eidam* StV 2016, 129 f.; *Dölp* StraFo 2016, 265 f.; *Lochmann* StraFo 2015, 492 f.; es ist daher zu erwarten, dass der Große Senat für Strafsachen angerufen werden wird müssen, sofern der BGH zur »Strafzumessungslösung« zurückkehren möchte; zu neueren Entscheidungen *Conen* StV 2019, 358 ff.

878 EGMR Urt. v. 23.10.2014 – 54648/09 = NStZ 2015, 412 f.; vgl. dazu *Sinn/Maly* NStZ 2015, 379 ff.; *Beukelmann* NJW-Spezial 2015, 376; *Petzsche* JR 2015, 88 f.

879 BGH, Urt. v. 16.12.2021 – 1 StR 197/21 = NStZ 2023, 243 m. Anm. *Janssen/Wennekers* StV 2022, 338; *J. Fischer* GA 2023, 263 ff.; *Schneider* NStZ 2023, 325 ff.; zu Reformüberlegungen *Jahn/Gazeas/Hübner* StV 2023, 414 (416 ff.).

EGMR keine Grundlage. Somit bleibt abzuwarten, ob, wann und in welcher Form das Gesetz zum Verbot der Tatprovokation in Kraft tritt.

Jedenfalls kann

die Einschaltung eines »Lockspitzels« in Fällen, in denen noch keine konventionswidrige Tatprovokation angenommen werden kann, zumindest die Schuld des Täters erheblich mindern und die Tat selbst in einem anderen Licht erscheinen lassen. Die Qualität des Tatverdachts, der sich im Verlaufe des Einsatzes der VP hinsichtlich Intensität und Unrechtscharakter auch verändern kann, begrenzt so den Unrechtsgehalt derjenigen Tat, zu der der Verdächtige in zulässiger Weise provoziert werden darf. Der Verstoß gegen den Grundsatz des fairen Verfahrens gemäß Art. 6 Abs. 1 Satz 1 EMRK ist in den Urteilsgründen in jedem Fall festzustellen und bei der Festsetzung der Rechtsfolgen zu kompensieren. Das Maß der Kompensation für das konventionswidrige Handeln ist gesondert zum Ausdruck zu bringen.[880]

▶ **Beachte**

Der Fall einer unzulässigen Tatprovokation musste nach bisheriger Rechtsprechung mithilfe einer den Anforderungen des § 344 Abs. 2 Satz 2 StPO entsprechenden Verfahrensrüge geltend gemacht werden,[881] sofern sich die tatsächlichen Voraussetzungen eines Konventionsverstoßes nicht schon aus den Urteilsfeststellungen ergeben. Da nunmehr aber davon auszugehen ist, dass bei einer rechtsstaatswidrigen Tatprovokation ein von Amts wegen zu prüfendes umfassendes Verfahrenshindernis vorliegt, ist der 1. Strafsenat in Abkehr von seiner bisherigen Linie nunmehr zutreffend davon ausgegangen, dass bei der Prüfung des Vorliegens eines Verfahrenshindernisses aufgrund rechtsstaatswidriger Tatprovokation, der »Blick in die Akten« erlaubt sei – das Vorbringen also nicht den formalen Anforderungen einer Verfahrensrüge genügen muss.[882] Sicherheitshalber sollte die Verteidigung im Rahmen der Revisionsbegründung aber Einwände gegen eine rechtsstaatswidrige Tatprovokation sowohl als Verfahrenshindernis als auch in einer Verfahrensrüge erheben. Zudem sollte der Verwertung entsprechender Beweismittel rechtzeitig widersprochen werden. 192

Da ein Verstoß gegen Art. 6 Abs. 1 Satz 1 EMRK dazu führen kann, dass die sonst schuldangemessene Strafe unterschritten werden muss,[883] dürfen Art und Umfang der Tätigkeit des Lockspitzels in der Hauptverhandlung nicht unerörtert bleiben. In diesem Bereich wird es sich anbieten, da die Tatgerichte von sich aus oft wenig Neigung zu eigener Sachaufklärung zeigen, Beweisanträge zu stellen, um Art und Umfang der Verstrickung genau darzustellen. 193

3. **Umstände der allgemeinen Lebensführung** und außerhalb der Tatausführung liegendes Verhalten eines Angeklagten dürfen nur dann als Lebensführungsschuld schulderhöhend (strafschärfend) berücksichtigt werden, wenn eine Beziehung zur Tat besteht[884] und Schlüsse auf deren Unrechtsgehalt möglich sind oder sie die innere Einstellung des Täters zur Tat dokumentieren.[885] Nicht strafschärfend gewertet werden dürfen daher »die unstete nicht soziale Lebensführung«, der »egozentrische Charakter, dem die Belange und Anliegen seiner Mitmenschen weithin gleichgültig sind«, das »von einer auffallenden Unstetheit gekennzeichnete Leben«, die »Führung eines Lebens ohne Verantwor- 194

880 BGHSt 45, 321 ff.

881 BGH, Beschl. v. 11.05.2010 – 4 StR 117/10.

882 BGH, Urt. v. 16.12.2021 – 1 StR 197/21 = NStZ 2023, 243 (244); siehe auch *Janssen/Wennekers* StV 2022, 338 (341).

883 EGMR NStZ 1999, 47 ff.; BGHR StGB § 46 Abs. 1 V-Mann 12; BGH NStZ 1986, 162; 1992, 448; 1994, 289 (290).

884 BGHR StGB § 46 Abs. 2 Vorleben 3, 8–10; BGH NStZ 1984, 259; BGH Beschl. v. 09.04.2019 – 4 StR 91/19.

885 BGHR StGB § 46 Abs. 2 Vorleben 3, 7, 8, 9, 10, 12; BGH StV 1984, 21; vgl. auch BGH StraFo 2004, 27.

tung mit einer unrealistischen Anspruchshaltung« oder das »fehlende Bemühen um Arbeit«. Auch der Umstand, dass der Angeklagte durch die Tat seinen eigenen religiösen Vorstellungen zuwidergehandelt und seine persönlichen Wertmaßstäbe und Verhaltensnormen verfehlt hat, kann grundsätzlich keinen Straferschwerungsgrund abgeben.

195 Die berufliche Stellung des Täters (z.B. Arzt, Berufssoldat) darf nur dann zu seinen Lasten berücksichtigt werden, wenn zwischen dem Beruf und der Straftat eine innere Beziehung besteht, wenn sich aus ihr besondere Pflichten ergeben, deren Verletzung gerade im Hinblick auf die abzuurteilende Tat Bedeutung hat.[886] Deshalb ist es unzulässig, strafschärfend zu werten, der Angeklagte habe »seiner Vorbildfunktion als Mitglied des Landtags und als Rechtsanwalt nicht entsprochen«. Zulässig ist eine strafschärfende Berücksichtigung dann, wenn ein innerer, das Maß der Pflichtwidrigkeit erhöhender Zusammenhang zwischen dem Beruf des Angeklagten und seinen Straftaten besteht. Dass eine Tat wegen der Persönlichkeit eines Tatbeteiligten Aufsehen in der Öffentlichkeit erregt, ist – für sich genommen – für die Strafzumessung unerheblich. Wenn diesem Aspekt ausnahmsweise besonders strafschärfendes Gewicht zukommen soll, müssen dazu hinreichende Feststellungen getroffen werden.

196 4. **Berufs- und standesrechtliche Folgen**: Die Nebenwirkungen einer strafrechtlichen Verurteilung auf das Leben des Täters sind jedenfalls dann strafmildernd zu berücksichtigen, wenn dieser durch sie seine berufliche oder wirtschaftliche Basis verliert[887] und so eine zusätzliche »Bestrafung« erfährt.[888] Beamten- und berufsrechtliche Folgen einer Verurteilung geben regelmäßig Anlass zur Strafmilderung, wenn die an sich verwirkte Strafe in Verbindung mit den beamtenrechtlichen Sanktionen ein nicht mehr angemessenes Gesamtübel darstellen würde. Erforderlichenfalls müssen die Folgen durch Vorlage entsprechender Bescheide der Standesorganisationen belegt werden, gegebenenfalls auch durch (vorläufige) Entscheidungen. Ein Angeklagter kann auch mehr als andere durch den drohenden Verlust des Arbeitsplatzes oder die wirtschaftliche Existenzvernichtung betroffen sein. Hier bietet es sich an, Beweisanträge auf Vernehmung des Arbeitgebers oder eines bereits tätigen Bewährungshelfers zu stellen. Der Umstand, dass einem Angeklagten zusätzlich zu der strafgerichtlichen Verurteilung auch anwaltsrechtliche Sanktionen nach § 114 Abs. 1 BRAO drohen, ist bei der Strafzumessung in Betracht zu ziehen.[889] Dasselbe gilt für den drohenden Widerruf der ärztlichen Approbation[890] oder der nach der Bundes-Apothekenordnung[891] sowie der Beamten-[892] oder Soldatenstellung (auch bei Ruhestandsbeamten[893]). Dienstrechtliche Folgen einer Verurteilung, die mit dem Verlust der wirtschaftlichen und der beruflichen Grundlagen einhergehen können, bilden einen bestimmenden Strafzumessungsgrund, den zu erwägen das Tatgericht gehalten ist.[894] Dasselbe gilt für die sogenannte Inhabilität als Geschäftsführer gemäß § 6 Abs. 3 Satz 2 Nr. 3 GmbHG, denn auch eine solche Maßnahme kann für die Dauer von fünf Jahren als faktisches Berufsverbot wirken und damit standesrechtlichen Konsequenzen gleichstehen.[895]

197 5. **Wirtschaftliche Verhältnisse**: Soweit die finanzielle Situation des Täters zum Zeitpunkt der Tat für seine Motivation und Zielsetzung mitbestimmend war, wirkt in der Regel zu seinen Gunsten, dass er sich in einer Notlage befunden hat. Dieser Strafmilderungsgrund kann dadurch Gewicht verlieren,

886 BGH, Beschl. v. 19.05.2021 – 1 StR 496/20 = NStZ-RR 2021, 310 (312).
887 BGH, Beschl. v. 29.09.2015 – 1 StR 412/15 = wistra 2016, 29.
888 BGHSt 35, 148; BGH NStZ 1992, 229 (230).
889 BGH, Beschl. v. 20.01.2016 – 1 StR 557/15 = wistra 2016, 190 f.; Beschl. v. 08.03.2022 – 3 StR 398/21 = NStZ-RR 2022, 133 (134).
890 BGH, Urt. v. 26.08.2020 – 6 StR 100/20 = NStZ-RR 2020, 355 (356); Beschl. v. 19.03.2019 – 5 StR 684/18 = StV 2019, 441; zu den außerstrafrechtlichen Folgen Angehöriger freier Berufe *Lubini* NZWiSt 2020, 178 ff.
891 BGH, Beschl. v. 15.03.2022 – 5 StR 497/21 = NStZ 2022, 353.
892 BGH, Beschl. v. 15.12.2012 – 3 StR 199/12 = NStZ 2013, 284; Beschl. v. 28.06.2023 – 6 StR 413/22.
893 BGH, Beschl. v. 14.12.2017 – 3 StR 544/17 = StV 2019, 444; Beschl. v. 18.06.2020 – 4 StR 663/19 Rn. 4; Beschl. v. 02.02.2022 – 5 StR 348/21.
894 BGH, Beschl. v. 04.08.2015 – 3 StR 265/15 = StV 2016, 557.
895 BGH, Beschl. v. 28.06.2022 – 6 StR 511/21 = NStZ-RR 2022, 342 (343).

dass der Angeklagte seine finanzielle Not selbst verschuldet hat. Andererseits darf dieser Umstand nicht ohne Weiteres zu seinen Lasten gewertet werden, denn damit wird zum einen das Nichtvorliegen eines Milderungsgrundes zu seinen Lasten und zum anderen werden Umstände aus der privaten Lebensführung strafschärfend herangezogen, die keinen unmittelbaren Bezug zur Tat haben.[896]

6. **Persönliche Verhältnisse:**[897] Die Notwendigkeit, die *persönlichen Verhältnisse des Angeklagten* umfassend in den Blick zu nehmen, nähere Feststellungen zu dessen Lebenslauf, Werdegang und Persönlichkeit zu treffen sowie diese in den Urteilsgründen darzulegen, richtet sich stets nach den Umständen des Einzelfalles. Feststellungen zu Werdegang und Vorleben sowie zur Persönlichkeit der Angeklagten sind zwar in erster Linie bei verurteilenden Erkenntnissen notwendig, um nachvollziehen zu können, ob der Tatrichter die wesentlichen Anknüpfungstatsachen für die Strafzumessung (§ 46 Abs. 1 Satz 2, Abs. 2 Satz 2 StGB) ermittelt und berücksichtigt hat. Aber auch bei freisprechenden Urteilen ist der Tatrichter aus sachlich-rechtlichen Gründen zumindest dann zu solchen Feststellungen verpflichtet, wenn diese für die Beurteilung des Tatvorwurfs eine Rolle spielen können und deshalb zur Überprüfung des Freispruchs durch das Revisionsgericht auf Rechtsfehler hin notwendig sind.[898] Diejenigen persönlichen Umstände, die Auswirkung auf die Höhe der Strafe haben können, müssen somit in dem Umfang erörtert werden, in dem sie bestimmenden Einfluss auf den Rechtsfolgenausspruch haben können. Für die Strafzumessung sind auch Lebensumstände des Angeklagten von Bedeutung, die nicht in unmittelbarem Zusammenhang mit dem Tatgeschehen stehen. Das gilt namentlich für eine nach der Tat eingetretene Stabilisierung der Lebensverhältnisse und die soziale Wiedereingliederung des Täters, die sich nicht nur auf die Frage der Strafaussetzung zur Bewährung auswirken, sondern auch auf die Strafrahmenwahl und die Strafhöhenbemessung.[899] Falls der Angeklagte keine Angaben zur Person macht, muss das auf anderem Wege, z.B. durch Auswertung von Vorstrafakten oder Anhörung von Zeugen aus dem persönlichen Umfeld, versucht werden. Der Bundesgerichtshof verlangt, dass der Tatrichter, auch wenn der Angeklagte schweigt, in zumutbarem Umfang alle erheblichen Strafzumessungstatsachen aufklären muss, z.B. durch Vernehmung von Verwandten. Die Pflicht zur Ermittlung der persönlichen Verhältnisse erstreckt sich dabei nicht lediglich auf die wirtschaftlichen Verhältnisse. Eingeschränkt hat der Bundesgerichtshof aber seine Überprüfung in den Fällen, in denen sich aus dem Urteil selbst nicht ergibt, dass der Tatrichter seiner Rechtsfolgenentscheidung einen lückenhaft gebliebenen Sachverhalt zugrunde gelegt hat (also sich aufdrängende Beweise nicht erhoben hat). Hier ist es notwendig, einen derartigen Mangel mit einer Verfahrensrüge (z.B. Aufklärungsrüge nach § 244 Abs. 2 StPO) geltend zu machen. Für die Verteidigung bedeutet das bei einer »Strafmaßverteidigung«, dass besonderer Wert gelegt werden muss auf die persönlichen Verhältnisse des Angeklagten, die sich zu seinen Gunsten bei der Strafzumessung auswirken können. Ein Angeklagter kann auch mehr als andere durch den drohenden Verlust des Arbeitsplatzes oder die wirtschaftliche Existenzvernichtung betroffen sein. Hier bietet es sich an, Beweisanträge auf Vernehmung des Arbeitgebers oder eines bereits tätigen Bewährungshelfers zu stellen. 198

Die besondere Strafempfindlichkeit ist ein weiterer Aspekt in diesem Bereich der Strafzumessung. Hohes Alter, schwere Krankheit (z.B. Aids, Krebs) oder erhebliche körperliche Behinderung müssen aufgezeigt werden, ebenso die Wirkungen erlittener Untersuchungshaft.[900] Gerade weil es bei diesen Gesichtspunkten jeweils auf den Einzelfall ankommt, ist es Aufgabe der Verteidigung, die dem Angeklagten am nächsten steht und bessere Einblicke in seine persönlichen Verhältnisse hat, von sich aus diese Tatsachen in das Verfahren einzuführen. Dass eine schwangere Angeklagte ihr Kind 199

896 BGHSt 34, 345; BGH StV 1988, 248; 1995, 584.; vgl. aber *Niemöller* GA 2012, 337 ff.

897 BGH, Beschl. v. 09.04.2013 – 4 StR 102/13; v. 10.08.2011 – 2 StR 221/1 = BGHR StGB § 46 Abs. 1 Persönliche Verhältnisse 1; v. 29.11.2011 – 3 StR 378/11 = NStZ-RR 2012, 124; v. 08.04.2013 – 4 StR 102/13 = StraFo 2013, 259.

898 BGH Urt. v. 01.08.2018 – 5 StR 30/18.

899 BGH, Beschl. v. 16.08.2011 – 5 StR 300/11.

900 *Deckers/Püschel* NStZ 1996, 419 ff.

voraussichtlich während des Freiheitsentzuges zur Welt bringen muss, kann ein in diesem Rahmen zu beachtender Grund sein.[901]

200 **Ausländerrechtliche Folgen** einer Tat sind in der Regel keine bestimmenden Strafzumessungsgründe. Das gilt erst recht, nachdem gem. § 53 Abs. 1 und 2 AufenthG in der seit dem 01.01.2016 gültigen Fassung generell eine Abwägung vorzunehmen ist zwischen Ausweisungsinteresse (§ 54 AufenthG) und Bleibeinteresse (§ 55 AufenthG).[902] Eine andere Beurteilung kommt nur ausnahmsweise in Betracht, z.B. wenn eine aufenthaltsbeendende Maßnahme (wie eine Ausweisung oder Abschiebung) *zwingend* zu erfolgen hat und besondere Umstände hinzukommen, die für den Betroffenen eine besondere Härte bedeuten im Einzelfall eine andere Beurteilung rechtfertigen.[903]

▶ Hinweis für die Strafzumessung bei älteren Straftätern

201 Die Ursache für die Straffälligkeit kann insoweit in einer Einschränkung des Hemmungsvermögens aufgrund des sogenannten »Altersabbaus« liegen.[904] Es besteht aber allgemein keine Notwendigkeit, in jedem Fall der Aburteilung eines »älteren« Angeklagten ausdrücklich auf die Frage der Schuldfähigkeit einzugehen. Dessen bedarf es nur dann, wenn die Umstände hierzu drängen.

Die Strafzumessung[905] bietet die Möglichkeit, das Alter unter den Gesichtspunkten eines gerechten Ausgleichs der Schuld, der besonderen Strafempfindlichkeit (§ 46 Abs. 1 S. 1 StGB) oder der Wirkung der Strafe und deren Bedeutung für das künftige Leben des Angeklagten in der Gesellschaft (§ 46 Abs. 1 S. 2 StGB) (mildernd) zu berücksichtigen. Von Bedeutung sind auch – wie § 46 Abs. 2 StGB zeigt – die »persönlichen Verhältnisse« des Täters. Dabei kommt dem Gesichtspunkt des »Alters« sowohl bei der Strafrahmenwahl als auch bei der Strafzumessung im engeren Sinne Gewicht zu. Problematisch ist aber, welcher Täterkreis erfasst wird. Eine geringe Lebenserwartung bei schwerer Erkrankung ist einfacher zu beurteilen als die alleinige Berücksichtigung des »vorgeschrittenen Alters« und die sich daraus für den Täter ergebende besondere Härte bei der Vollziehung von Freiheitsstrafe. Denn was unter dem Begriff »Alter« zu verstehen ist, lässt sich kaum allgemein feststellen. Der Bundesgerichtshof spricht meist von einem »vorgerückten Alter« (64 Jahre;[906] 70 Jahre[907]), »fortgeschrittenen Alter« (58 Jahre;[908] 63 Jahre;[909] 65 Jahre;[910] 74 bzw. 75 Jahre[911]), »verhältnismäßig hohem Alter«

---

901 BGHSt 44, 125 ff.

902 Vgl. BGH, Beschl. v. 12.01.2016 – 5 StR 502/15 = StV 2017, 379; Urt. v. 23.08.2018 – 3 StR 149/18 = StV 2019, 441.

903 BGH, Urt. v. 29.09.2021 – 2 StR 313/20; Beschl. v. 25.01.2022 – 1 StR 482/21 = NStZ 2022, 353; Urt. v. 15.02.2018 – 4 StR 506/17 = NStZ 2018, 469 (471); zur Anrechnung von Abschiebehaft gem. §§ 51 Abs. 1 Satz 1, Abs. 3 Satz 2 StGB BGH, Urt. v. 01.07.2021 – 3 StR 473/20 = NStZ-RR 2021, 387.

904 BGH NJW 1963, 2213; StV 1983, 13; 1989, 102; 102 f.; 1993, 186; 1994, 14; 1994, 15; StV 2006, 13; NStZ 1999, 297 m. Anm. *Kröber* NStZ 1999, 298, 299; BGH NStZ-RR 2005, 167; BGH, Beschl. v. 19.10.1993 – 4 StR 597/93; v. 09.08.2001 – 4 StR 308/01 = NStZ-RR 2002, 258.

905 Ausführlich *Detter* in Festschrift Arbeitsgemeinschaft Strafrecht im Deutschen Anwaltsverein 2009 S. 275 ff.; zur Alterskriminalität vgl. *Schützel* Kriminalistik 2011, 435 ff.; vgl. auch BGH, Beschl. v. 15.03.2011 – 3 StR 476/10.

906 BGH StV 1995, 633.

907 BGH, Urt. v. 25.04.1995 – 5 StR 148/95.

908 BGH, Beschl. v. 22.09.1993 – 2 StR 503/93 = wistra 1994, 29.

909 BGH StV 1994, 14.

910 BGHR StGB § 46 Abs. 3 Schuldfähigkeit 1; § 56 Abs. 2 Umstände, besondere 4; BGH NStZ2006, 500.

911 BGH StV 2002, 480; BGH, Urt. v. 27.04.2006 – 4 StR 572/05 = NStZ 2006, 500 m. Anm. *Nobis* NStZ 2006, 489; *Streng* JR 2007, 271 ff.

(67 Jahre[912]), »relativ hohem Alter« (über 60 Jahre[913]), »hohem Alter« (95 Jahre[914]), »Alter jenseits der Lebensmitte«[915] und »noch nicht hohem Alter« (50 Jahren[916]). Teilweise hat der Bundesgerichtshof auch nur allgemein auf das Alter des Angeklagten als Strafmilderungsgrund hingewiesen[917] und dass »das Alter« (61 Jahre) auch für eine erhöhte Strafempfindlichkeit der Angeklagten spreche.[918]

▶ **Beachte aber**

Einen Rechtssatz des Inhalts, dass jeder Straftäter schon nach dem Maß der verhängten Strafe die Gewissheit haben muss, im Anschluss an die Strafverbüßung in die Freiheit entlassen zu werden, gibt es aber nicht. Insbesondere kann sich aus dem hohen Lebensalter eines Angeklagten, etwa unter Berücksichtigung statistischer Erkenntnisse zur Lebenserwartung, keine Strafobergrenze ergeben. Allerdings muss ihm unter Vollstreckungsgesichtspunkten grundsätzlich eine Chance verbleiben, wieder der Freiheit teilhaftig zu werden.[919] 202

E. Einzelprobleme bei der Strafzumessungsverteidigung

I. Verstoß gegen das Doppelverwertungsverbot

Der Verstoß gegen das Doppelverwertungsverbot des § 46 Abs. 3 StGB[920] ist einer der häufigsten und auch schwerwiegendsten im Rahmen der Strafzumessung. Regelungsgrund ist, dass das tatbestandsmäßige Verhalten und der tatbestandsmäßige Erfolg nicht erneut straferschwerend berücksichtigt werden dürfen. Ein Umstand, der sowohl strafmildernde als auch strafschärfende Aspekte aufweist, kann hingegen mit beiden Bewertungsrichtungen in die Strafzumessung eingestellt werden.[921] 203

Das Doppelverwertungsverbot gilt nicht nur für Tatbestandsmerkmale, sondern auch für sonstige unrechts- und schuldbegründende Merkmale. Deshalb ist es z.B. unzulässig, straferschwerend zu werten, dass die Tat nicht durch Notwehr geboten war. Auch darf nicht zu Lasten eines Angeklagten gewertet werden, er habe sich ohne erkennbare finanzielle Not an Taten der mittleren bis Schwerkriminalität beteiligt, da das Vorhandensein einer für Motivation und Zielsetzung mitbestimmenden finanziellen Notlage in der Regel zugunsten des Täters wirkt. Allgemein darf das Fehlen eines etwaigen Strafmilderungs- oder gar Strafaufhebungsgrundes dem Angeklagten nicht straferschwerend zur Last gelegt werden (z.B. das Fehlen eines Schadensausgleichs).[922] 204

Umstände, die einen besonders schweren Fall begründet haben, dürfen als solche nicht erneut zur Strafschärfung herangezogen werden. Es verstößt daher gegen das Doppelverwertungsverbot gemäß § 46 Abs. 3 StGB, wenn die zur Begründung eines besonders schweren Falles aufgeführten Umstände bei der Strafzumessung im engeren Sinne zulasten des Angeklagten nochmals berücksichtigt wer-

---

912 BGHR § 46 Abs. 1 Schuldausgleich 20 = StV 1990, 393.
913 BGH StV 1991, 208 (207).
914 BGH NStZ 2005, 36 (38).
915 BGH StV 2002, 21.
916 BGH, Urt. v. 28.03.2001 – 3 StR 463/00.
917 BGH NStZ-RR 136.
918 BGH StV 1998, 260.
919 BGH, Urt. v. 27.04.2006 – 4 StR 572/05 = NStZ 2006, 500 m. Anm. *Nobis* NStZ 2006, 489 ff.; *Streng* JR 2007, 271 ff.
920 § 46 Abs. 3 StGB ist bei der Bemessung von Jugendstrafe nicht anwendbar vgl. BGH NStZ 2007, 522.
921 BGH Beschl. v. 19. 06 2018 – 4 StR 217/18; Rechtsprechungsübersichten bei *Maier* NStZ-RR 2023, 161 ff.; NStZ-RR 2018, 233 ff.; NStZ-RR 2020, 1 ff.; NStZ-RR 2021, 197 ff.
922 BGH, Beschl. v. 21.12.2010 – 4 StR 610/10; Beschl. v. 30.03.2011 – 5 StR 12/11; Beschl. v. 17.04.2012 – 2 StR 73/12 = NStZ 2013, 46; Beschl. v. 17.08.2022 – 4 StR 472/21; ausführlich hierzu *Niemöller* GA 2012, 337 ff.

den.[923] Das gilt aber nicht nur für die Modalitäten, die ein Regelbeispiel darstellen, sondern auch für solche, die in ihrem Schweregrad als den Regelbeispielen gleichwertig angesehen werden. Probleme können sich bei der Frage ergeben, was zum »Regeltatbild« gehört und deshalb nicht strafschärfend berücksichtigt werden darf. Der Regelfall der Tatbegehung, das heißt, ein Umstand, der zwar nicht immer, aber doch regelmäßig oder typischerweise bei Deliktsverwirklichung auftritt, darf nicht strafschärfend gewertet werden. So dürfen Gesichtspunkte, die eine Garantenstellung nach § 13 Abs. 1 StGB begründen, nicht nochmals bei der Strafzumessung berücksichtigt werden.[924] Was aber zum »Regeltatbild« gehört, ist oft umstritten und unklar. Fraglich ist, ob strafschärfend angelastet werden darf, das unerlaubte Handeltreiben mit Betäubungsmitteln sei die »verwerflichste Tatvariante« des § 29 Abs. 1 S. 1 BtMG[925] oder bei Raubdelikten sei die Maskierung und das Mitführen von Handschuhen bei einem Überfall sowie der geplante Wechsel der Kleidung und der Fluchtfahrzeuge nach der Tat besonders schwerwiegend.[926]

205 Das *Rücktrittsprivileg* bewirkt, dass der auf die versuchte Straftat gerichtete Vorsatz sowie ausschließlich darauf bezogene Tatbestandsverwirklichungen nicht strafschärfend berücksichtigt werden dürfen.[927] Der auf die versuchte Tat gerichtete Vorsatz kann auch nicht im Rahmen der Strafzumessung für ein damit in engem Zusammenhang stehendes vollendetes Delikt herangezogen werden. Das gilt auch dann, wenn sich der Vorsatz der versuchten Tat, von der der Täter zurückgetreten ist, mit dem Motiv für das vollendete Delikt überschneidet, es sei denn, anders wäre eine zutreffende und vollständige Bewertung der vollendeten Tat nicht möglich.[928] Diese Einschränkung gilt indes nicht für Umstände, die sich auf das Tatgeschehen insgesamt beziehen und den Unrechts- und Schuldgehalt auch des vollendeten Delikts charakterisieren.[929]

Dem Angeklagten darf aber nicht strafschärfend angelastet werden, er habe sich nicht weiter um den schwer verletzten Geschädigten gekümmert, ohne das selbstlose und beherzte Eingreifen Dritter hätte so lange auf das Tatopfer weiter eingestochen hätte, bis dieses an ihren Verletzungen verstorben wäre, er den Eintritt des Todes des Opfers nicht zu verhindern versucht hat. Damit wird nämlich zulasten des Angeklagten gewertet, dass er nicht freiwillig vom Totschlagsversuch zurückgetreten ist.[930]

206 Bei Mittäterschaft oder Beihilfe: Die nach dem Tatplan wesentliche Handlung darf nicht strafschärfend gewertet werden, ebenso wenig, dass der Gehilfe »weiterhin bereitwillig seinen Tatbeitrag geleistet hat«, weil das erst seine Strafbarkeit begründet.[931] Zum Nachteil des Angeklagten zu berücksichtigen, ohne ihn »hätte die Tat nicht erfolgreich durchgeführt werden können«, lastet ihm rechtsfehlerhaft an, dass er die Tat überhaupt als Mittäter begangen hat, ebenso, dass er »geschickt die Wahrscheinlichkeit minimierte, selbst überführt zu werden«, indem er die Tatausführung so plante, dass er selbst nicht persönlich am Tatort in Erscheinung trat. Gleiches gilt für den zu Lasten eines Angeklagten eingestellten Umstand, er habe sich »aktiv und gleichwertig am gesamten Tatgeschehen neben den weiteren Mittätern beteiligt«.[932]

207 Es verstößt gegen das Doppelverwertungsverbot des § 46 Abs. 3 StGB, strafschärfend zu werten, der Angeklagte habe sich trotz Rückzugsmöglichkeit überhaupt auf eine Konfrontation mit dem

923 BGH, Beschl. v. 15.10.2014 – 2 StR 25/14 = StraFo 2014, 517.
924 BGH, Beschl. v. 26.04.2022- 4 StR 34/22.
925 BGHSt 44, 361, 366 ff.; BGH StV 2000, 73.
926 BGH, Beschl. v. 11.01.2000 – 4 StR 611/99; vgl. *Detter* NStZ 2000, 579; 2001, 132.
927 BGHSt 42, 43 ff.; BGH NStZ 1996, 491; BGH, Beschl. v. 07.04.2010 – 2 StR 51/10 = StraFo 2010, 296; Beschl. v. 04.11.2010 – 4 StR 414/10; Beschl. v 04.04.2012 – 2 StR 70/12 = NStZ 2013, 158.
928 St. Rspr. vgl. *Fischer* § 24 Rn. 46; zuletzt BGH, Urt. v. 13.03.2007 – 1 StR 601/06 = NStZ-RR 2008, 105.
929 BGH, Beschl. v. 22.10.2015 – 4 StR 262/15 = NStZ 2016, 207.
930 BGH Beschl. v. 7.09.2015 – 2 StR 124/15 =NStZ-RR 2016, 74; v. 27.11.2019 – 5 StR 467/19.
931 Vgl. BGH StraFo 2009, 341.
932 Vgl. zur unzulässigen Berücksichtigung mittäterschaftlicher Tatbegehung BGH, Beschl. v. 24.11.2022 – 4 StR 328/22; Beschl. 02.12.2020 – 4 StR 2/20.

Geschädigten eingelassen. Diese »Konfrontation« ist gerade Grund und Gegenstand der Aburteilung.[933] Entsprechend unzulässig ist es, zulasten des Angeklagten zu werten, er habe sich nicht von Ermahnungen Dritter abhalten lassen oder er habe sich »ohne Not« zur Beteiligung an der Tat bereitgefunden, denn damit wird im Ergebnis zulasten des Angeklagten gewertet, dass er die Tat überhaupt begangen hat.[934] Das Doppelverwertungsverbot verbietet es dem Gericht aber nicht, bei der Strafzumessung die Modalitäten der Tatausführung im konkreten Fall, also die »Art der Ausführung« und den »bei der Tat aufgewendete(n) Wille(n)« als Strafzumessungsgrund heranzuziehen.[935]

Eine sorgfältige Planung und vor der eigentlichen Tat unternommene Verschleierungshandlungen können grundsätzlich bei der Strafzumessung zum Nachteil des Angeklagten gewertet werden; denn sie können gemäß § 46 Abs. 2 Satz 2 StGB Ausdruck des bei der Tat aufgewendeten Willens sein. Die strafschärfende Berücksichtigung der vom Täter aufgebrachten kriminellen Energie verstößt aber gegen das Doppelverwertungsverbot des § 46 Abs. 3 StGB, wenn diese sich ihrerseits aus strafbarkeitsbegründenden Umständen herleitet.[936] Stellt das Tatgericht darauf ab, dass der Angeklagte von den Taten hätte absehen können und müssen, weil er keinen nachvollziehbaren Anlass zur Tatbegehung hatte, wird rechtsfehlerhaft strafschärfend gewertet, dass die Tat überhaupt begangen wurde. Nachvollziehbare, verständliche Motive für eine Tatbegehung können sich strafmildernd auswirken; ihr Fehlen berechtigt – wie allgemein das Fehlen etwaiger Strafmilderungsgründe – nicht dazu, diesen Umstand zu Lasten des Täters zu berücksichtigen.[937]

II. Verteidigungsverhalten – Behandlung des Tatopfers

Prozessverhalten, mit dem der Angeklagte, ohne die Grenzen zulässiger Verteidigung zu überschreiten, 208
den ihm drohenden Schuldspruch abzuwenden versucht, darf grundsätzlich nicht straferschwerend berücksichtigt werden.[938] Eine andere Bewertung kommt nur in Betracht, wenn der Angeklagte bei seiner Verteidigung ein Verhalten an den Tag gelegt hat, das im Hinblick auf seine Persönlichkeit und die Art der Tat auf eine besondere Rechtsfeindlichkeit, Gefährlichkeit und die Gefahr künftiger Rechtsbrüche schließen lässt.[939] Verteidigungsverhalten darf auch dann nicht zum Nachteil des Angeklagten verwertet werden, wenn der Schuldspruch bereits rechtskräftig und nur noch über die Strafe zu befinden ist.[940]

▶ Beachte also

> Wenn das Verhalten auf die Gefahr künftiger Rechtsbrüche hinweist, andere mit der Tat zusammenhängende ungünstige Schlüsse auf seine Persönlichkeit zulässt oder wenn die Grenzen angemessener Verteidigung eindeutig überschritten sind und das Vorbringen des Angeklagten eine selbstständige Rechtsgutsverletzung enthält, darf es strafschärfend verwertet werden.[941]

Einen Angeklagten trifft keine strafprozessuale Wahrheitspflicht. Ihm können daher regelmäßig falsche Angaben nicht angelastet werden. Das gilt nicht nur dann, wenn er dem Anklagevorwurf mit wahrheitswidrigem Vorbringen zu begegnen sucht, sondern auch bei falschen Angaben zu seinen persönlichen Verhältnissen, durch die er einen für sich günstigeren Rechtsfolgenausspruch anstrebt.

---

933 BGH StraFo 2007, 248.
934 BGH, Beschl. v. 15.01.2008 – 4 StR 530/07; Beschl. v. 23.03.2011 – 2 StR 35/11; Beschl. v. 15.02.2011 – 4 StR 36/11; Beschl. v. 03.11.2020 – 6 StR 328/20 = NStZ-RR 2021, 104; vgl. *Fischer* § 46 Rn. 76.
935 BGH, Urt. v. 12.01.2016 – 1 StR 414/15 = NStZ-RR 2016, 107 f.
936 BGH Beschl. v. 02.05.2018 – 3 StR 39/18.
937 BGH Beschl. v. 25.09.2018 – 4 StR 325/18.
938 Z.B. BGH, Beschl. v. 06.07.2010 – 3 StR 219/10 = NStZ 2010, 692.
939 BGH Beschl. v. 10.01.2017 – 4 StR 521/16 = NStZ-RR 2017, 71 f.; Beschl. v. 27.01.2021 – 1 StR 396/20; Beschl. v. 23.08.2022 – 1 StR 270/22 = NStZ-RR 2022, 338.
940 BGH, Beschl. v. 04.11.2008 – 3 StR 336/08 = NStZ-RR 2009, 148.
941 BGH, Beschl. v. 07.09.2011 – 1 StR 343/11 = NStZ-RR 2011, 373 f.

Die Grenzen zulässigen Verteidigungsverhaltens sind grundsätzlich erst überschritten, wenn das Vorbringen eine selbständige Rechtsgutsverletzung enthält oder hierdurch eine neue Straftat begangen wird.[942]

Der Umstand, dass der Angeklagte die Tat hartnäckig leugnet, ist kein zulässiger Straferschwerungsgrund. Das gilt auch dann, wenn der Angeklagte dem Anklagevorwurf unter Anpassung an die Entwicklung der Beweislage mit wechselndem, erwiesenermaßen wahrheitswidrigem Vorbringen zu begegnen sucht,[943] er eine unrichtige Einlassung unverändert aufrechterhält oder er dem Anklagevorwurf mit jedenfalls teilweise wahrheitswidrigem Vorbringen zu begegnen sucht,[944] selbst wenn dadurch der Tatverdacht gegen einen anderen wesentlich verstärkt wird.[945] Einem bestreitenden Angeklagten darf nicht angelastet werden, die »Schuldeinsicht« sei »gering«[946] oder er habe »sich in der Hauptverhandlung völlig uneinsichtig und ohne Reue[947] gezeigt und er habe die Geschädigte durch sein hartnäckiges Abstreiten der Taten als Lügnerin dargestellt«.[948] Ebenso wenig darf strafschärfend gewertet werden, dass er gegenüber dem Tatopfer keine wirkliche Reue gezeigt und versucht hat, die zur Tat hinführenden Umstände zu beschönigen und die Verantwortung von sich abzuwälzen. Gleiches gilt für die Erwägung, der Angeklagte sei zwar geständig gewesen, doch habe er bis zum Schluss der Verhandlung immer wieder versuchte, das Unrecht seiner Taten herunterzuspielen. Ebenso wenig darf der Umstand, dass der Angeklagte zur Aufklärung der Tat keinen Beitrag leistet und z.B. seine Hintermänner nicht nennt, zu dessen Lasten gewertet werden.[949] Zulässig ist es aber, psychische Nachwirkungen der Tat, die durch mehrfache Vernehmungen des Opfers gegebenenfalls noch verstärkt werden, dem Täter als verschuldere Folgen der Tat anzulasten.[950]

▶ **Beachte**

Ist ein Täter geständig, kann ihm zwar grundsätzlich der Vorwurf mangelnder Unrechtseinsicht und Reue gemacht werden. Uneinsichtigkeit des Täters darf allerdings nur dann straferhöhend wirken, wenn sein Verhalten unter Berücksichtigung von Tat und Persönlichkeit auf Rechtsfeindschaft, seine Gefährlichkeit und die Gefahr künftiger Rechtsbrüche schließen lässt.[951]

Einem bestreitenden Angeklagten darf nicht zum Vorwurf gemacht, den Schaden nicht wiedergutgemacht und noch Zugriff auf die Beute zu haben. Denn ein Angeklagter, der sich damit verteidigt, er habe mit der Entwendung der Gelder nichts zu tun, kann, ohne seine Verteidigungsposition zu gefährden, weder den Schaden wiedergutmachen noch Angaben dazu machen, wo sich die Beute befindet. Der Hinweis auf den Verbleib der Gelder und die Schadenswiedergutmachung würden vielmehr das Eingeständnis seiner Schuld bedeuten. Ein solches Verhalten kann aber vom Täter nicht mit der Folge erwartet werden, dass ihm schon dessen bloße Unterlassung zur Strafschärfung gereicht.[952]

942 BGH Beschl. v. 28.08.2018 – 5 StR 295/18 = StV 2019, 442.
943 BGHR StGB § 46 Abs. 2 Verteidigungsverhalten 17.
944 BGH, Beschl. v. 22.05.2013 – 4 StR 151/13 = StV 2013, 697.
945 BGH, Beschl. v. 22.07.2015 – 1 StR 323/15 = StraFo 2015, 471 f.
946 BGHR StGB § 46 Abs. 2 Nachtatverhalten 4; BGH, Beschl. v. 29.08.2012 – 4 StR 322/12; v 21.11.2018 – 1 StR 401/18.
947 BGH, Beschl. v. 10.01.2017 – 4 StR 521/16 = NStZ-RR 2017, 71 f.
948 BGH, Beschl. v. 02.05.2000 – 1 StR 136/00; BGH StV 2004, 370 (anders, wenn der Zeuge als bedenkenloser Lügner bezeichnet wird).
949 BGHR StGB § 46 Abs. 2 – Nachtatverhalten 23; BGH, Beschl. v. 04.07.2019 – 4 StR 121/19.
950 BGHR StGB § 46 Abs. 2 – Verteidigungsverhalten 15.
951 BGH, Beschl. v. 07.09.2011 – 1 StR 343/11 = NStZ-RR 2011, 373 f.; Beschl. v. 18.12.2019 – 1 StR 402/19.
952 Vgl. aber § 57 Abs. 5 StGB; BGH, Beschl. v. 14.07.2015 – 4 StR 191/15 = StV 2016, 563.

▶ Hinweis

Es ist aber nicht grundsätzlich ausgeschlossen, das Unterlassen einer Schadenswiedergutmachung zulasten eines geständigen Täters zu berücksichtigen. Das setzt jedoch voraus, dass der Täter durch eine Wiedergutmachung seine Verteidigungsposition nicht infrage stellt.[953]

Es ist einem Angeklagten grundsätzlich nicht verwehrt, sich mit der Behauptung zu verteidigen, er habe in Notwehr gehandelt. Soweit damit Anschuldigungen gegen eine andere Person verbunden sind, werden die Grenzen eines zulässigen Verteidigungsverhaltens dadurch nicht überschritten. Eine wahrheitswidrige Notwehrbehauptung kann erst dann straferschwerend gewertet werden, wenn Umstände hinzukommen, nach denen sich dieses Verteidigungsverhalten als Ausdruck einer zu missbilligenden Einstellung darstellt.[954]

Zeugen und Mittäter betreffende Angaben des Angeklagten dürfen nur dann strafschärfend berücksichtigt werden, wenn sie eindeutig die Grenzen angemessener Verteidigung überschreiten und Rückschlüsse auf eine rechtsfeindliche Gesinnung zulassen. Dass der Angeklagte die Schuld auf Mitangeklagte abzuschieben versucht, genügt nicht.[955] Dem eine Straftat leugnenden Angeklagten ist es unbenommen, sich damit zu verteidigen, dass er anderen die Schuld an der Tat zuschiebt. Auch dann, wenn sich diese Anschuldigungen als haltlos erweisen, darf eine belastende Zurechnung bei der Strafzumessung grundsätzlich nicht erfolgen.[956] Anders kann es sich allerdings verhalten – und dann eine Strafschärfung rechtfertigen –, wenn Umstände im Rahmen einer Falschbelastung hinzukommen, nach denen sich das Verteidigungsverhalten als Ausdruck einer zu missbilligenden Einstellung darstellt. Ein solcher Umstand kann auch darin gesehen werden, dass der die Tat leugnende Angeklagte einen völlig Unschuldigen der Tatbegehung bezichtigt.[957] *Bloßes Dulden einer Falschaussage* in der Hauptverhandlung darf nur dann strafschärfend gewertet werden, wenn es Ausdruck von Rechtsfeindlichkeit und Uneinsichtigkeit ist. Das kommt insbesondere dann in Betracht, wenn der Angeklagte Zeugen zu den Falschaussagen zu seinen Gunsten veranlasst oder sie in Kenntnis ihrer Bereitschaft hierzu als Zeugen benannt hat.[958] **209**

▶ Beachte also

Einem eine Straftat leugnenden Angeklagten ist unbenommen, sich damit zu verteidigen, dass er anderen die Schuld an der Tat zuschiebt; auch dann, wenn sich diese Anschuldigungen als haltlos erwiesen, darf eine belastende Zurechnung grundsätzlich nicht erfolgen. Die Grenze ist erst erreicht, wenn das Leugnen, Verharmlosen oder die Belastung des Opfers oder eines Dritten sich als Ausdruck besonders verwerflicher Einstellung des Täters darstellt, etwa weil die Falschbelastung mit einer Verleumdung oder Herabwürdigung oder der Verdächtigung einer besonders verwerflichen Handlung einhergeht oder der Täter einen anderen zu einer Falschaussage anstiftet oder verleitet.[959] Die Grenzen derartiger Angriffe auf Zeugen beurteilen sich somit nach § 193 StGB, dessen Anwendung auch bei Verleumdungen nicht schlechthin ausgeschlossen ist. Eine Rechtfertigung derartiger Angriffe ist dann gegeben, wenn inhaltlich die »Verleumdung« zugleich das Leugnen belastender Tatsachen bedeutet. Darüberhinausgehendes angriffsweises Vorbringen unwahrer ehrenrühriger Tatsachen, mit dem der Angeklag-

---

953 BGH, Beschl. v. 21.05.2008 – 2 StR 162/08 = NStZ 2009, 43.

954 BGH, Beschl. v. 07.02.2018 – 4 StR 529/17; Beschl. v. 19.12.2018 – 3 StR 391/18 = NStZ 2019, 400 f.; Beschl. v. 29.01.2013 – 4 StR 532/12 = StV 2013, 507; Beschl. v. 23.08.2022 – 1 StR 270/22 = NStZ-RR 2022, 338.

955 BGH StV 1999, 536, 537; *Detter* NStZ 2001, 468.

956 BGH, Beschl. v. 05.04.2011 – 3 StR 12/11 = StV 2011, 482; v. 09.10.2012 – 5 StR 453/12.

957 BGH StV 2007, 352.

958 BGH, Beschl. v. 22.07.2015 – 1 StR 323/15 = StraFo 2015, 471; v. 21.05.2019 – 5 StR 231/19 = NStZ 2019, 537 f. m. Anm. *Arnoldi.*

959 BGH, Beschl. v. 30.01.2020 – 4 StR 630/19; Beschl. v. 25.08.2021 – 3 StR 352/20.

te wider besseres Wissen unwahre Behauptungen aufstellt, überschreitet die Grenzen einer zulässigen Verteidigung.[960]

210 **Verteidigungsstrategie**

Für die Verteidigung bleibt es trotz dieser Rechtsprechung schwierig, die Grenzen der zulässigen Verteidigung auszuloten und in ihr Verteidigungskonzept einzubringen, insbesondere wenn es um die Glaubwürdigkeit von Zeugen und damit vor allem um Angriffe gegen die Person des Tatopfers bei Sexualdelikten geht (vgl. auch § 68a StPO). Wann und wie weit es notwendig (»unerlässlich«) ist, in diesem Bereich Fragen zu stellen,[961] muss sich die Verteidigung genau überlegen. Die Behandlung des Tatopfers ist eine der schwierigsten Probleme für die Verteidigung. Denn weniger die Berufsrichter als vielmehr die Laienrichter können durch zu harsches Vorgehen gegen das Tatopfer zulasten des Angeklagten voreingenommen werden, was sich dann unweigerlich im Strafmaß widerspiegelt.

211 Aus der Sicht des Angeklagten kann es erforderlich erscheinen, seiner bestreitenden Einlassung dadurch besondere Überzeugungskraft zu verleihen, dass er den Belastungszeugen der Lüge bezichtigte. Dass er sich dazu einer scharfen Ausdrucksweise bediente, rechtfertigt für sich regelmäßig noch keine andere Bewertung, wenn sich der Vorwurf gegen einen Zeugen auf die Aussage zur verfahrensgegenständlichen Tat bezieht und nicht etwa einen vom maßgeblichen »Streitstoff« losgelösten allgemeinen Angriff auf die Ehre des Zeugen beinhaltet.[962]

212 Die Rechtsprechungsgrundsätze scheinen klare Richtlinien zu geben. Der Angeklagte darf im Rahmen seiner Verteidigung einen Belastungszeugen als unglaubwürdig hinstellen, ohne für den Fall des Misserfolges schon deshalb eine schärfere Bestrafung befürchten zu müssen. Die Grenzen derartiger Angriffe auf Zeugen beurteilen sich nach § 193 StGB, dessen Anwendung auch bei Verleumdungen nicht schlechthin ausgeschlossen ist. Eine Rechtfertigung derartiger Angriffe ist dann gegeben, wenn inhaltlich die »Verleumdung« zugleich das Leugnen belastender Tatsachen bedeutet. Darüberhinausgehendes angriffsweises Vorbringen unwahrer ehrenrühriger Tatsachen, mit dem der Angeklagte wider besseres Wissen unwahre Behauptungen aufstellt, überschreitet aber die Grenzen einer zulässigen Verteidigung.[963] Zu beachten ist auch, dass es zulässig ist, psychische Nachwirkungen der Tat, die durch mehrfache Vernehmungen des Opfers gegebenenfalls noch verstärkt werden, dem Täter als verschuldete Folgen der Tat anzulasten.

▶ **Beachte**

213 Auf der Basis dieser Rechtsprechung hat die Verteidigung die Entscheidung über ihre Strategie zu treffen. In manchen Fällen kann deshalb erhebliche Zurückhaltung bei der Ausübung des Fragerechts geboten sein. Beim geständigen Angeklagten stellt sich insbesondere die Frage, ob er dem Tatopfer eine Vernehmung ersparen soll, wodurch möglicherweise die Strafzumessung zu seinen Gunsten beeinflusst werden kann oder ob das Erscheinungsbild und die Vernehmung des Tatopfers zum Tatgeschehen und vor allem zu den Tatfolgen sich für ihn günstiger auswirken kann.

960 BGHR StGB § 46 Abs. 2 – Verteidigungsverhalten 14.

961 BGHSt 13, 252 (254); 21, 334 (360); BGH StV 1982, 204 = NStZ 1982, 170; *Tondorf* StV 1988, 500 ff.

962 BGH StV 2004, 370.

963 BGHR StGB § 46 Abs. 2 Verteidigungsverhalten 14; vgl. auch OLG Hamburg JR 1997, 521 m. Anm. *Foth*.

III. Aufklärungshilfe

▶ § 31 BtMG (»Kronzeugenregelung«)

Ein im Bereich des BtMG häufig angewendeter und gegenüber § 46b StGB speziellerer Milderungsgrund ist § 31 Satz 1 Nr. 1 BtMG. § 31 BtMG greift bereits dann ein, wenn der Täter durch konkrete Angaben die Voraussetzungen dafür geschaffen hat, dass gegen die belasteten Personen ein Strafverfahren voraussichtlich mit Erfolg durchgeführt werden kann. Daher kommt es nicht darauf an, ob der Angeklagte seinen Tatbeitrag und sämtliche anderen Tatbeteiligten vollständig offenbart hat; auch seine eigenen Vorstellungen und Gefühle können in diesem Zusammenhang nicht entscheidend ins Gewicht fallen. Ausschlaggebend ist vielmehr, ob er überprüfbare Tatsachen preisgegeben hat, die zur Aufklärung des gesamten Tatgeschehens und zur Überprüfung der (an diesem) Beteiligten wesentlich beigetragen haben.[964] Einen »wesentlichen« Aufklärungsbeitrag leistet auch derjenige, der Angaben zu den Hintermännern von Betäubungsmittelstraftaten macht, die sich mit bereits vorhandenen Erkenntnissen der Strafverfolgungsbehörden decken, sofern dadurch eine sicherere Grundlage für den Nachweis dieser Taten und der Möglichkeit ihrer strafrechtlichen Verfolgung geschaffen wird.[965] 214

»Die Tat« im Sinne von § 31 BtMG, zu der Aufklärungshilfe geleistet werden muss, ist nicht nur der dem Angeklagten im einzelnen Strafverfahren vorgeworfene einheitliche geschichtliche Lebensvorgang. Der Tatbegriff im Sinne von § 31 BtMG ist eigenständig und losgelöst von § 264 StPO auszulegen.[966] Somit kommt eine Strafmilderung nach § 31 Satz 1 Nr. 1 BtMG für *alle* Taten des Angeklagten in Betracht, die mit der aufgedeckten Tat im Zusammenhang stehen, auch wenn der Angeklagte wesentlich zur Aufdeckung nur einer Tat nach den §§ 29 ff. BtMG beigetragen hat.[967] Der Zusammenhang ist z.B. gegeben, wenn der Angeklagte das tatbestandliche Handeln eines Mittäters offenlegt, wenn sich die aufgedeckte Tat als Teil einer Serie des Mittäters erweist, auch wenn der Kronzeuge selbst nur bei einzelnen Handlungsabschnitten beteiligt war.[968]

Die Regelung setzt voraus, dass ein Aufklärungserfolg eingetreten ist. Für die Prüfung des Aufklärungserfolgs im Sinne des § 31 Satz 1 Nr. 1 BtMG ist auf den Zeitpunkt der Hauptverhandlung abzustellen.[969] Ein Aufklärungserfolg setzt voraus, dass die Strafverfolgungsbehörden aufgrund der (verwertbaren) Angaben des Angeklagten abgesicherte Erkenntnisse zu Tatgenossen und deren Tatbeiträgen gewonnen haben. Hingegen ist weder der Erlass eines Haftbefehls gegen die belastete Person noch deren Verurteilung oder Festnahme erforderlich. Jedoch muss der Täter – noch vor Eröffnung des Hauptverfahrens – die von ihm belastete Person so genau bezeichnet hat, dass diese identifiziert und zur Festnahme ausgeschrieben werden könnte.[970] § 31 Satz 1 Nr. 1 BtMG setzt keine bestimmte Aufklärungsmotivation voraus, sondern stellt nach seinem Sinn und Zweck allein auf das Vorliegen eines objektiven Aufklärungserfolges ab.[971] Die Regelung erfordert nicht, dass die Tat ohne die Angaben des Angeklagten nicht oder nicht vollständig aufgeklärt worden wäre. Vielmehr reicht es für einen Aufklärungserfolg aus, wenn die Angaben eines Angeklagten eine sichere Grundlage für den Nachweis der betreffenden Taten der belasteten Person schaffen.[972]

---

964 BGH, Beschl. v. 10.04.2013 – 4 StR 90/13 = StV 2013, 705 f.
965 BGH, Beschl. v. 18.11.2010 – 4 StR 563/10; v. 28.10.2010 – 3 StR 324/10.
966 BGH Beschl. v. 11.09.2018 – 1 StR 421/18.
967 BGH, Beschl. v. 06.07.2021 – 5 StR 160/21 = NStZ-RR 2021, 381.
968 BGH, Urt. v. 09.02.2023 – 3 StR 440/22.
969 BGH, Beschl. v. 09.11.2010 – 4 StR 521/10 = NStZ-RR 2011, 90.
970 BGH, Urt. v. 20.05.2021 - 6 StR 406/20 = NStZ 2021, 556.
971 BGH, Beschl. v. 26.08.2020 – 2 StR 197/20 = NStZ-RR 2021, 285.
972 BGH, Urt. v. 19.05.2010 – 2 StR 102/10.

Bei der Prüfung, ob Strafmilderung oder Absehen von Strafe nach § 31 Satz 1 Nr. 1 BtMG in Betracht kommt, darf nicht von einem zu engen Anwendungsbereich ausgegangen werden. Die Anwendung der Regelung scheitert nicht daran, dass die aufgedeckten Taten als rechtlich selbstständig zu bewerten sind, sofern sie nur mit der strafbaren Beteiligung des Angeklagten an der Handelstätigkeit in Zusammenhang stehen. Ein solcher Zusammenhang liegt vor, wenn der Angeklagte seine fortlaufende Kurier- und Verkaufstätigkeit strikt im Auftrag und nach Anweisung nur eines Auftraggebers tätigt.[973] Entscheidend kommt es auf die Überzeugung des Tatrichters in der Hauptverhandlung an; der Zweifelssatz ist insoweit nicht anzuwenden. Der Tatrichter ist aber nicht gehalten, den Angaben des Angeklagten nachzugehen, um einen Aufklärungserfolg erst herbeizuführen. Er braucht auch nicht abzuwarten, bis andere Stellen entsprechende Ermittlungen durchgeführt haben. § 31 Satz 1 Nr. 1 BtMG honoriert den *Aufklärungserfolg*, nicht aber bereits das entsprechende Bemühen. § 31 Satz 1 Nr. 1 BtMG kommt nicht zur Anwendung, wenn der Tatrichter nicht die Überzeugung gewinnt, dass die Darstellung des Täters über die Beteiligung Anderer an der Tat zutrifft, der Zweifelsgrundsatz kommt dem Täter insoweit nicht zugute.[974] Somit kommt der Milderungsgrund des § 31 BtMG nach Auffassung des 5. Strafsenats auch dann nicht zum Tragen, wenn die einen Mitbeschuldigten belastenden Angaben im Rahmen einer nach § 136a StPO unverwertbaren Einlassung erfolgt sind, da das Gericht diese nicht im Rahmen der tatgerichtlichen Überzeugungsbildung berücksichtigen kann.[975]

▶ Hinweis

215 Für die Verteidigung bedeutet das, dass Angaben, die zur Anwendung des § 31 BtMG führen können, zu einem Zeitpunkt erfolgen müssen, bei dem noch Aufklärungserfolge zu erwarten sind. Durch entsprechende Anträge, vor allem auch schon im Ermittlungsverfahren, muss sichergestellt werden, dass im Zeitpunkt der Hauptverhandlung Ergebnisse vorliegen, die eine Anwendung von § 31 BtMG rechtfertigen können. Wenn § 31 BtMG aus Rechtsgründen nicht eingreifen kann, darf das »Aufklärungsbemühen« dennoch strafmildernd honoriert werden. Es sollte deshalb nicht versäumt werden, diese – oft nicht in den Akten enthaltenen – Fakten dem Tatrichter zu unterbreiten.

Der Anwendung des § 31 Satz 1 Nr. 1 BtMG steht nicht entgegen, dass der Angeklagte in der Hauptverhandlung die Taten bestritten und seine im Ermittlungsverfahren gemachten Angaben in Abrede gestellt hat. Entscheidend ist vielmehr, ob diese trotz des späteren Bestreitens tatsächlich zu einem Aufklärungserfolg geführt haben.[976] Auch die Bestätigung von vorhandenem Wissen der Strafverfolgungsbehörden kann eine sicherere Grundlage für den Nachweis der von diesen Personen begangenen Taten schaffen und damit die Möglichkeit der Strafverfolgung verbessern. Stellt der Tatrichter bei einem Betäubungsmitteldelikt einen Aufklärungserfolg nach § 31 Nr. 1 BtMG fest, kann eine mögliche Milderung des an sich anzuwendenden Strafrahmens nicht allein mit der Begründung versagt werden, die Menge des verstrickten Rauschgifts sei zu hoch; maßgeblich ist auch das Gewicht des Aufklärungserfolges.[977] Die bei einer Verfahrensverzögerung nach Art. 6 Abs. 1 Satz 1 MRK und in Fällen tatprovozierenden Verhaltens von »Lockspitzeln« erforderliche numerische Kompensation[978] ist im Rahmen von § 31 BtMG nicht notwendig.[979]

---

973 BGH, Beschl. v. 05.08.2013 – 5 StR 327/13 = NStZ 2014, 167 f. = StV 2013, 707.
974 BGH, Beschl. v. 13.01.2009 – 3 StR 561/08 = StraFo 2009, 167 = NStZ 2009, 394.
975 BGH, Beschl. v. 07.06.2022 – 5 StR 332/21 = NStZ 2023, 172 (173) m. krit. Anm. *Trüg*.
976 BGH, Beschl. v. 10.03.2009 – 3 StR 36/09 = StraFo 2009, 394 = NStZ 2009, 394 f.
977 BGH, Beschl. v. 30.09.2009 – 2 StR 323/09 = StraFo 2010, 80; BGH StV 2002, 259 f.
978 BVerfG NStZ 1997, 591, BGHSt 45, 321.
979 BGH, Beschl. v. 07.07.2005 – 3 StR 109/05 = BGHR BtMG § 31 Nr. 1 – Milderung 5.

Für die *Glaubhaftigkeitsbeurteilung* bei Aussagen im Bereich des Betäubungsmittelstrafrechts ist es regelmäßig ein wesentlicher Gesichtspunkt, ob sich der Zeuge durch seine Aussage in dem gegen ihn selbst gerichteten Verfahren im Hinblick auf § 31 BtMG entlasten wollte; für diesen Fall besteht nämlich die nicht fernliegende Gefahr, dass der »Aufklärungsgehilfe«, der sich durch seine Aussage Vorteile verspricht, den Nichtgeständigen zu Unrecht belastet.[980] Ist ein geständiger Mitbeschuldigter, auf dessen belastende Aussage die Überführung des Angeklagten entscheidend gestützt wird, bereits wegen seiner Beteiligung an derselben Betäubungsmittelstraftat verurteilt worden, muss die Beweiswürdigung deshalb erkennen lassen, ob sich der Betreffende eine Strafmilderung als »Aufklärungsgehilfe« verdient hat oder nicht und ob er sich möglicherweise darüber hinaus in bedenklicher Weise zulasten des nicht geständigen Angeklagten eingelassen haben kann.[981]

▶ Beachte

Die Strafrahmenverschiebung nach **§ 31 BtMG, § 49 Abs. 1 StGB** führt nicht dazu, dass die ihr zugrunde liegenden Umstände nicht mehr bei der Strafzumessung im engeren Sinn berücksichtigt werden dürfen; vielmehr sind diese Umstände – wenn auch gegebenenfalls mit geringerem Gewicht – bei der Bemessung der Strafe (erneut) zugunsten des Angeklagten einzustellen.[982]

▶ § 46b StGB (Hilfe zur Aufklärung oder Verhinderung von schweren Straftaten – »Große Kronzeugenregelung«)

Der vertypte Milderungsgrund[983] des § 46b StGB ist nur auf Personen aus dem Bereich mittlerer und schwerer Kriminalität anwendbar. Bei einem Beitrag zur Aufklärung oder Verhinderung der Katalogtaten des § 100a StPO ist eine Strafmilderung durch Strafrahmenverschiebung nach § 49 Abs. 1 StGB möglich. Nach der vom Gesetzgeber bewusst weit ausgestalteten Tatbestandsfassung des § 46b Abs. 1 Satz 1 StGB ist nicht erforderlich, dass es sich bei dem »Kronzeugen« um einen Tatbeteiligten handelt. Der »Kronzeuge« muss lediglich Aufklärungshilfe zu »einer« der in § 100a Abs. 2 StPO aufgeführten Taten leisten. Ein Zusammenhang mit den von ihm verübten Taten ist nicht vorausgesetzt. Daher ist, wenn dem Täter mehrere Delikte zur Last liegen, die mit einer im Mindestmaß erhöhten Freiheitsstrafe oder mit lebenslanger Freiheitsstrafe bedroht sind, für alle Taten abzuwägen, ob eine Strafrahmenverschiebung gerechtfertigt ist, auch wenn sich die Aufklärungshilfe nur auf eine dieser Taten bezieht.[984] Der Umstand, dass ein Angeklagter seine eigenen Tatbeiträge geleugnet hat, steht der Anwendung der Vorschrift des § 46b Abs. 1 StGB nicht entgegen, sondern ist im Rahmen der für die Ausübung des Ermessens nach § 46b Abs. 2 StGB vorzunehmenden Gesamtwürdigung zu berücksichtigen.[985] Freiwilligkeit ist nach der insoweit auf § 46b StGB übertragbaren Rechtsprechung des Bundesgerichtshofs zu § 31 BtMG dann gegeben, wenn sich der Beschuldigte frei zur Offenbarung entschließen kann; unfreiwillig handelt hingegen, wer meint, nicht mehr anders handeln zu können.[986] 216

Wesentliche Aufklärungshilfe liegt vor, wenn die Tat ohne den Aufklärungsbeitrag nicht oder nicht im gegebenen Umfang aufgeklärt worden wäre, die Aussage des Täters zumindest aber

980 BGH NStZ 2004, 691.
981 BGH StV 2005, 253; 2004, 578; BGH, Urt. v. 13.08.2009 – 3 StR 224/09.
982 BGH Beschl. v. 27.11.2019 – 3 StR 521/19.
983 BGH, Beschl. v. 23.11.2010 – 3 StR 403/10 = wistra 2011, 99; *Fischer* § 46b Rn. 5.
984 Beschl. v. 05.02.2013 – 3 StR 8/13 = NStZ-RR 2013, 203; v. 17.09.2013 – 3 StR 209/13.
985 BGH, Beschl. v. 14.04.2011 – 2 StR 34/11 = StV 2011, 534 f.
986 BGH, Beschl. v. 19.05.2010 – 5 StR 182/10 = BGHSt 55, 153 ff. = StV 2010, 480 f. m. Anm. *Maier* NStZ 2011, 151 ff.

eine sicherere Grundlage für die Aburteilung des Tatbeteiligten schafft, indem sie den Strafverfolgungsbehörden die erforderliche Überzeugung vermittelt, dass ihre bisherigen Erkenntnisse zutreffen.[987] Das kann etwa durch die Benennung von unmittelbar tatbeteiligten Personen und ihrer Rollen oder die Angabe von Hintermännern geschehen. Der Anwendbarkeit von § 46b Abs. 1 S. 1 Nr. 1 StGB steht – wie bei § 31 Nr. 1 BtMG – nicht entgegen, dass der durch die Angaben des Angeklagten – zur Überzeugung des Tatgerichts der Sache nach zutreffend – Belastete bisher noch nicht ergriffen werden konnte.[988] Die Voraussetzungen von § 46b Abs. 1 Nr. 1 StGB können somit vorliegen, wenn der Angeklagte durch seine Angaben wesentlich zur Feststellung seines Mittäters beigetragen hat. Dass er dabei zuerst wahrheitswidrig behauptet hat, er sei von seinem Mittäter mit einer Waffe bedroht und zur Tatbegehung gezwungen worden, steht der Anwendung der Vorschrift grundsätzlich nicht entgegen.[989] Zwar verlangt § 46b Abs. 1 Nr. 1 StGB – in Anlehnung an § 31 S. 1 Nr. 1 BtMG –, dass die aufgedeckte Tat mit der abgeurteilten »im Zusammenhang« stehen müsse. Ein solcher Zusammenhang setzt jedoch nicht voraus, dass die Taten Teil derselben prozessualen Tat sind. Vielmehr genügt es, dass sie Einzeldelikte eines kriminellen Gesamtgeschehens sind, mithin ein innerer oder inhaltlicher Bezug zwischen ihnen besteht. Hiervon ist bei mehreren Bandentaten derselben Bandenmitglieder auszugehen.[990] Der Anwendungsbereich des § 31 BtMG ist daher enger.[991]

217 Nach der Präklusionsvorschrift des § 46b Abs. 3 StGB ist eine Strafmilderung ausgeschlossen, wenn der Kronzeuge sein Wissen erst nach Eröffnung des ihn betreffenden Hauptverfahrens offenbart. Eine dennoch vorliegende Hilfe zur Aufklärung nach Eröffnung des Hauptverfahrens kann aber bei der Strafzumessung im engeren Sinne berücksichtigt werden.[992] Maßgeblich für die Präklusion nach § 46b Abs. 3 StGB – wie auch nach § 31 Satz 2 BtMG – ist der Zeitpunkt, zu dem der Eröffnungsbeschluss erlassen wird, nicht derjenige, zu dem der Angeklagte – z.B. durch Zustellung des Beschlusses – Kenntnis von der Eröffnung des Hauptverfahrens erlangt. Denn mit der Regelung des § 46b StGB soll dem Gericht ermöglicht werden, ermittlungsrelevante Angaben noch vor der Entscheidung über die Eröffnung des Hauptverfahrens überprüfen zu lassen und die Akten gegebenenfalls zum Zwecke weiterer Ermittlungen an die Staatsanwaltschaft zurückzusenden. Nach Eröffnung des Hauptverfahrens und der damit regelmäßig einhergehenden Terminierung der Hauptverhandlung und Ladung der Zeugen sowie der übrigen Prozessbeteiligten besteht für das Gericht eine nur noch eingeschränkte Möglichkeit, vom Angeklagten erhobene Behauptungen auf deren Wahrheitsgehalt ohne wesentliche Verzögerung des Hauptverfahrens zu überprüfen.[993] Für die maßgebliche rechtliche Bewertung der Voraussetzungen des § 46b StGB kommt es allein auf die Beurteilung der aufgeklärten Tat durch die zur Entscheidung berufene Strafkammer zum Urteilszeitpunkt an. Der Grundsatz »in dubio pro reo« gilt insoweit nicht.[994] § 46b StGB verlangt, dass Aufklärungshilfe hinsichtlich einer mit der Anlasstat im Zusammenhang stehenden Tat aus dem Katalog des § 100a

987 BGH, Urt. v. 29.09.2021 – 2 StR 313/20 = StV 2022, 387; Beschl. v. 19.05.2022 – 1 StR 98/22 = StV 2023, 525; Urt. v. 23.01.2019 – 5 StR 479/18 = NStZ-RR 2019, 112; Beschl. v. 17.07.2019 – 5 StR 3/19; Beschl. v. 11.07.2019 – 1 StR 94/19; für den Bereich der Selbstanzeige vgl. BGH, Beschl. v. 27.08.2019 – 1 StR 586/18 = NStZ-RR 2019, 371 f.

988 BGH, Beschl. v. 15.03.2011 – 3 StR 15/11 = StV 2011, 533 f.

989 BGH, Beschl. v. 28.04.2015 – 3 StR 647/14.

990 BGH, Beschl. v. 03.03.2015 – 3 StR 595/14 = StV 2015, 560 f.; vgl. auch Beschl. v. 03.02.2021 – 4 StR 305/20 = NStZ-RR 2021, 207.

991 Vgl. BGH, Urt. v. 09.02.2023 – 3 StR 440/22 = NStZ 2023, 684 (685).

992 BGH, Beschl. v. 15.03.2011 – 1 StR 75/11 = NJW 2011, 2529 f.; für die Zeit vor 01.09.2009 vgl. Beschl. v. 15.03.2011 – 3 StR 62/11.

993 BGH, Beschl. v. 03.12.2010 – 1 StR 538/10 = StraFo 2011, 61.

994 BGH, Beschl. v. 30.04.2015 – 5 StR 132/15.

StPO geleistet wird. Maßgeblicher Zeitpunkt für deren Beurteilung ist derjenige zum Zeitpunkt der Aburteilung durch das Tatgericht.[995]

Beachte also

Die Strafmilderungsmöglichkeit nach § 46b Abs. 1 Satz 1 Nr. 1 StGB kommt in Betracht, wenn der Täter wesentlich zur Aufklärung beigetragen hat, wobei sich sein Aufklärungsbeitrag in Fällen, in denen er – an der Tat beteiligt war, über seinen eigenen Tatbeitrag hinaus erstrecken muss (§ 46b Abs. 1 Satz 3 StGB). Wesentliche Aufklärungshilfe liegt vor, wenn die Tat ohne den Aufklärungsbeitrag nicht oder nicht im gegebenen Umfang aufgeklärt worden wäre, die Aussage des Täters jedenfalls aber eine sicherere Grundlage für die Aburteilung des Tatbeteiligten schafft, indem sie den Strafverfolgungsbehörden die erforderliche Überzeugung vermittelt, dass ihre bisherigen Erkenntnisse zutreffen. Der Beitrag des Angeklagten zur Aufklärung der Tat muss sich über den eigenen Tatbeitrag hinaus erstrecken (§ 46b Abs. 1 Satz 3 StGB). Sind diese Voraussetzungen nach den Feststellungen des Tatgerichts gegeben, ist diesem ein für das Revisionsgericht nur eingeschränkt überprüfbarer Ermessensspielraum eröffnet, innerhalb dessen es aufgrund einer umfassenden Würdigung aller wesentlichen Umstände zu entscheiden hat, ob eine Strafmilderung geboten ist.[996] Das Gesetz führt hierzu in § 46b Abs. 2 StGB nicht abschließende Kriterien auf, anhand derer die gerichtliche Entscheidung zu treffen ist. 46b Abs. 2 Nr. 1 StGB enthält mit der Art und dem Umfang der offenbarten Tatsachen, deren Bedeutung für die Aufklärung der Tat, dem Zeitpunkt der Offenbarung, dem Ausmaß der Unterstützung der Strafverfolgungsbehörden durch den Täter und der Schwere der Tat, auf die sich seine Angaben beziehen, vornehmlich aufklärungsspezifische Kriterien. § 46b Abs. 2 Nr. 2 StGB umfasst unter Anknüpfung an Umstände zur Schwere der Straftat und der Schuld des Täters unrechts- und schuldspezifische Kriterien, zu denen die unter Nr. 1 genannten Gesichtspunkte ins Verhältnis zu setzen sind.[997]

IV. Nachtatverhalten

Der Versuch, sich der Strafverfolgung zu entziehen, darf nicht straferschwerend zulasten eines Ange- 218
klagten herangezogen werden. Die Erwägung, der Angeklagte habe an den Tatorten keine verwertbaren Spuren hinterlassen, darf also nicht strafschärfend gewertet werden, da es einem Täter unbenommen ist, seine Täterschaft zu verschleiern und sich nicht der Gefahr der Entdeckung auszusetzen. Dem Täter darf auch grundsätzlich die Beseitigung der Tatspuren nicht angelastet werden, weil ihm der Versuch, sich der Strafverfolgung zu entziehen, unbenommen ist und er zur Mitwirkung an der Aufklärung der Tat nicht verpflichtet ist.[998] Anders verhält es sich indessen, wenn der Täter mit seinen Verschleierungsbemühungen seine rechtsfeindliche Gesinnung dokumentiert, neues Unrecht schafft oder mit seinem Verhalten weitere Ziele verfolgt, die ein ungünstiges Licht auf ihn werfen.[999] Bei Verurteilungen nach § 212 StGB bestehen aber keine Bedenken, dem Angeklagten als besondere kriminelle Energie bei der Begehung der Tat erschwerend anzulasten, wenn die aufwendige Beseiti-

995 BGH, Urt. v. 21.06.2016 – 5 StR 83/16 = NStZ-RR 2016, 274.

996 Vgl. hierzu BGH, Beschl. v. 19.05.2022 – 1 StR 98/22 = StV 2023, 525; Beschl. v. 17.08.2022 – 5 StR 167/22 = StV 2023, 525; Beschl. v. 13.09.2022 – 2 StR 480/21.

997 BGH Urt. v. 17.01.2018 – 2 StR 334/15.

998 BGH StV 1991; 106; NStZ-RR 2003, 364; Beschl. v. 25.10.2016 – 2 StR 286/16; Beschl. v. 27.07.2021 – 6 StR 313/21; Beschl. v. 19.01.2021 – 5 StR 535/20 = NStZ-RR 2021, 76; allgemein zum Nachtatverhalten *Meier* GA 2015, 443 f.

999 BGHR StGB § 46 Abs. 2 Nachtatverhalten 13, 17, 18; BGH, Beschl. v. 06.05.2008 – 5 StR 92/08 = NStZ 2008, 569; Urt. v. 27.01.2011 – 2 StR 493/10 = NStZ 2011, 512 f.; Urt. v. 27.01.2011 – 2 StR 493/10 = NStZ 2011, 512; Beschl. v. 19.05.2015 – 1 StR 200/15 = NStZ-RR 2015, 239 f.; v. 14.08.2018 – 4 StR 136/18; v. 15.03.2018 – 4 StR 469/17 = StV 2018, 431 f.; v. 27.02.2019 – 4 StR 419/18 = NStZ 2019, 470.

gung der Leiche des Tatopfers schon vor der Tat geplant war.[1000] Gleiches gilt, wenn das Verhalten des Angeklagten nach der Tat Rückschlüsse auf seine innere Einstellung zulässt oder den Unrechtsgehalt der Tat erhöht.[1001] Ein Straftäter ist nach der Rechtsordnung verpflichtet, den dem Geschädigten zugefügten Schaden zu ersetzen und die entwendete Beute wieder zurückzugeben. Wenn er diese Pflicht nicht erfüllt, sondern sich die Möglichkeit erhält, nach Strafverbüßung in den Genuss der Früchte seines verbrecherischen Tuns zu kommen, zeigt er damit eine rechtsfeindliche Haltung, die zu seinen Lasten berücksichtigt werden kann und muss. Anders ist es nur, wenn ein leugnender Angeklagter durch eine Schadenswiedergutmachung seine Verteidigungsposition gefährden würde.[1002] Denn ein Angeklagter, der sich z.B. damit verteidigt, er habe mit der Entwendung von Geldern nichts zu tun, kann, ohne seine Verteidigungsposition zu gefährden, weder den Schaden wiedergutmachen noch Angaben dazu machen, wo sich die Tatbeute befindet. Der Hinweis auf den Verbleib der Gelder und die Schadenswiedergutmachung würden vielmehr das Eingeständnis seiner Schuld bedeuten. Ein solches Verhalten kann aber vom Täter nicht mit der Folge erwartet werden, dass ihm schon dessen bloße Unterlassung zur Strafschärfung gereicht[1003]. Zu beachten ist aber in diesem Zusammenhang § 57 Abs. 6 StGB. Der Vorschrift liegt der Gedanke zugrunde, dass sich Straftaten nicht lohnen dürfen. Deshalb ist es einem Täter, wenn er für den Strafrest Bewährung erhalten will, zuzumuten, nach Kräften an der Schadenswiedergutmachung mitzuwirken. Diese Regelung dient nicht nur den Belangen des Opfers, sondern auch einer wirksamen Strafrechtspflege und Kriminalitätsbekämpfung. Unzureichende oder falsche Angaben über den Verbleib der Beute macht ein Täter deshalb schon dann, wenn er sein Wissen über Tatsachen nicht offenbart, die einen Zugriff zur Beute ermöglichen oder erleichtern können[1004].

V. Folgen der Tat bei Täter und Tatopfer

219 Zum Nachteil des Angeklagten dürfen nur die Folgen für das Tatopfer (verschuldete Auswirkungen der Tat) berücksichtigt werden, die er zum Zeitpunkt der Tat vorausgesehen hat oder jedenfalls hätte voraussehen können. Nicht erforderlich ist, dass der Angeklagte sie in allen Einzelheiten voraussehen konnte; es genügt, dass sie in ihrer Art und ihrem Gewicht im Wesentlichen erkennbar waren.[1005] Die strafschärfende Berücksichtigung eines Nachtatgeschehens (z.B. Selbstmordversuch des Tatopfers) als Auswirkung der Tat ist also dann zulässig, wenn es für den Täter zum Tatzeitpunkt vorhersehbar war. Da gewaltsam begangene Sexualdelikte zu auch sehr schwerwiegenden psychischen Folgen beim Opfer führen können, bedarf die Annahme, dass solche Folgen einer Sexualstraftat für den Täter, wenn auch nicht notwendig in allen Einzelheiten, so doch in ihrem Kern vorhersehbar waren, keiner näheren Darlegung, wenn nicht besondere Umstände vorliegen. Sind festgestellte psychische Schäden des Tatopfers Folgen aller Taten, so können sie dem Angeklagten nur einmal bei der Gesamtstrafenbildung angelastet werden. Sind sie dagegen unmittelbare Folge allein einzelner Taten, so können sie mit ihrem vollen Gewicht nur in diesen Fällen, nicht aber in gleicher Weise auch bei der Bemessung sämtlicher anderer Einzelstrafen in Ansatz gebracht werden.[1006]

Bei *Delikten gemäß § 176 StGB* können die sich aus den Taten für das Tatopfer ergebenden psychischen Belastungen, die über die tatbestandlich vorausgesetzte abstrakte Gefährdung des Kindeswohls hinausgehen, als verschuldete Auswirkungen der Tat strafschärfend gewertet werden. Das setzt aber

1000 BGHR StGB § 46 Abs. 2 Nachtatverhalten 9, 13, 17, 18.; BGH StV 1990, 259, 260; 1995, 131 (132).
1001 BGH StV 1990, 259 (260); 1995, 131 (132).
1002 BGH NStZ-RR 2005, 168; NStZ 2009, 43.
1003 BGH NStZ 2003, 199.
1004 Vgl. OLG Karlsruhe, Beschl. v. 29.08.2005 – 1 Ws 159/05 = StV 2007, 597 f.
1005 BGH NStZ-RR 2006, 372 f.; BGH Urt. v. 15.05.2018 – 1 StR 159/17 = wistra 2019, 63 f.
1006 BGH, Beschl. v. 06.04.2016 – 2 StR 306/15; v. 12.04.2016 – 2 StR 483/15 = StV 2017, 35; v. 05.11.2019 – 2 StR 469/19, NStZ 2020, 278.

voraus, dass die Folgewirkungen der Tat vom Tatrichter im Einzelfall konkret festgestellt werden. Eine zum Nachteil des Angeklagten auf bloße Vermutungen gestützte Strafzumessung ist unzulässig.[1007]

Bei der Strafzumessung darf im Fall der Verurteilung wegen *Betrugs* (Heiratsschwindel) zum Nachteil des Angeklagten gewertet werden, dass die Tatopfer durch die Taten des Angeklagten »in ihrem psychischen Wohlbefinden erheblich beeinträchtigt« worden sind. Erforderlich ist, dass der Angeklagte mit den psychischen Beeinträchtigungen der Opfer (Enttäuschung, Verzweiflung, Sorge um die Auswirkungen der Taten auf das Vermögen) rechnen musste. Es kommt nicht darauf an, ob die Folgen in den Schutzbereich der strafrechtlichen Normen fallen, deren Verletzung dem Angeklagten vorgeworfen wird; für Tatfolgen, die in keinem unmittelbaren Zusammenhang mit dem strafbaren Verhalten stehen und außerhalb des eigentlichen Tatbereichs liegen, das Abgrenzungskriterium der Voraussehbarkeit der Tatfolge ist ausreichend.[1008]

▶ Beachte

Der Zweifelssatz gilt uneingeschränkt auch für die Strafzumessung. Kann das Gericht keine sicheren Feststellungen über Folgen der Tat treffen, darf sich das nicht zu Lasten des Angeklagten auswirken. Eine zum Nachteil des Angeklagten auf bloße Vermutungen hinsichtlich möglicherweise auftretender Spätfolgen der Tat gestützte Strafzumessung ist unzulässig.[1009]

Auch den Angeklagten selbst können Folgen der Tat, des Strafverfahrens und auch der Verurteilung 220
im Vergleich zu anderen Angeklagten besonders hart treffen.[1010] Die Wirkungen, die von einer Strafe für das künftige Leben des Täters in der Gesellschaft zu erwarten sind, müssen berücksichtigt werden. Dazu gehören die berufs- und standesrechtlichen Folgen der Strafe.[1011] Die Nebenwirkungen einer strafrechtlichen Verurteilung auf das Leben des Täters sind deshalb jedenfalls dann zu berücksichtigen, wenn dieser durch sie seine berufliche oder wirtschaftliche Basis verliert.[1012] Der Umstand, dass eine strafgerichtliche Verurteilung nach den Vorschriften des Beamtenrechts die Beendigung des Beamtenverhältnisses zur Folge hat, ist deshalb regelmäßig als bestimmender Strafzumessungsgrund im Sinne des § 267 Abs. 3 Satz 1 StPO zu erörtern.[1013] Nachteilige Folgen für den Täter sind aber nicht schlechthin strafmildernd. Wer bei seiner Tat bestimmte Nachteile für sich selbst (zwar nicht gewollt, aber) bewusst auf sich genommen hat, verdient in der Regel keine strafmildernde Berücksichtigung solcher Folgen.[1014] Es können aber Verletzungen des Täters, die er bei der Tatbegehung selbst erlitten hat, strafmildernd zu werten sein.[1015] Besonders belastend für den Betroffenen kann sein, wenn über das Strafverfahren in der Presse berichtet wird (Stichwort: »öffentliche Vorverurteilung«).[1016] Allein eine »aggressive und vorverurteilende« Berichterstattung hat aber für die Strafbemessung regelmäßig keine wesentliche Bedeutung. Anders kann das zu beurteilen sein, wenn der Angeklagte unter der Berichterstattung in besonderer Weise gelitten hat.[1017] Wer in Ausübung

---

1007 BGH Beschl. v. 25.09.2018 – 4 StR 192/18., v. 28.08.2018 – 4 StR 320/18.

1008 BGH NStZ 2002, 645.

1009 BGH Beschl. v. 30.07.2019 – 4 StR 194/19 = NStZ 2020, 345.

1010 Die überlange Verfahrensdauer und die rechtsstaatswidrige Verfahrensverzögerung sind insoweit selbstständige Zumessungsgründe.

1011 BGH Beschl. v. 12.07.2018 – 3 StR 595/17 = StraFo 2018, 485 f. m. Anm. *Buchholz* StraFo 2018, 486 f.; v. 19.03.2019 – 5 StR 684/18.

1012 BGH, Beschl. v. 29.09.2015 – 1 StR 412/15 = wistra 2016, 29.

1013 BGH NStZ-RR 2010, 39; BGH, Beschl. v. 30.03.2011 – 4 StR 42/11 = StraFo 2011, 395; v. 15.11.2012 – 3 StR 199/12 = NStZ 2013, 284 f.; v. 04.08.2015 – 3 StR 265/15 = StV 2016, 557; zu Sanktionen nach § 114 Abs. 1 BRAO vgl. Beschl. v. 11.04.2013 – 2 StR 506/12 = NStZ 2013, 522; v. 20.01.2016 – 1 StR 557/15 = wistra 2016, 190 f.; zu § 89 Abs. 1, § 90 Abs. 1 Nr. 5 Steuerberatungsgesetz BGH, Beschl. v. 27.06.2016 – 1 StR 256/16 = StV 2017, 83 f.

1014 BGH, Urt. v. 12.01.2016 – 1 StR 414/15 = NStZ-RR 2016, 107 f.

1015 Vgl. *Eschelbach* § 46 Rn. 164.

1016 BGH StV 1990, 64, 65; *Eschelbach* § 46 Rn. 183; vgl. dazu *Knauer* GA 2009, 541 ff.

1017 BGH, Beschl. v. 30.03.2011 – 4 StR 42/11 = StraFo 2011, 395.

seines öffentlichen Amtes Verfehlungen begeht, muss mit einem besonderen Interesse an seiner Person und seiner Amtsausübung auch für den Fall der Durchführung eines Strafverfahrens rechnen. Dass »der öffentliche Druck durch permanente Medienbegleitung extrem war«, muss deshalb nicht strafmildernd berücksichtigt werden.[1018] Auch der Umstand, dass der Angeklagte aus Angst vor Entdeckung das veruntreute Geld »nicht tatsächlich hat genießen können«, ist kein Umstand, der eine geringere Strafe rechtfertigt.[1019]

221 Droht wegen einer neuen Verurteilung der Widerruf einer Strafaussetzung zur Bewährung in anderer Sache, so ist das im Rahmen der Strafzumessung nach § 46 Abs. 1 S. 2 StGB im Urteil grundsätzlich nur bei Vorliegen besonderer Umstände strafmildernd zu berücksichtigen.[1020]

Erst recht gilt das bei einem bewussten Bewährungsbruch durch den Täter. Einem bewussten Bewährungsbruch kann hingegen entgegenstehen, wenn sich der unter Bewährung stehende Täter alkoholbedingt oder aufgrund unmittelbar vorangegangener Provokation spontan zur Tat entschlossen hatte und somit Anhaltspunkte dafür bestehen, dass er sich der über die Bestrafung hinausgehenden weiteren Nachteile zum Tatzeitpunkt nicht bewusst gewesen ist. Im Fall des drohenden Widerrufs kommt zudem hinzu, dass der Widerruf gemäß § 56f Abs. 2 StGB keine zwingende gesetzliche Folge darstellt. Die abschließende Entscheidung darüber ist dem Tatrichter entzogen (§§ 462a Abs. 1, 462a Abs. 2 Satz 1, 453 Abs. 1 Satz 1 StPO). Schon deswegen ist der Tatrichter nicht verpflichtet, die Wahrscheinlichkeit eines möglichen Widerrufs im Rahmen der Strafzumessung näher zu prognostizieren. Daraus folgt, dass der Umstand eines bloß möglichen Bewährungswiderrufs – anders als zwingend an eine strafgerichtliche Verurteilung knüpfende Folgen – von vornherein nur ein geringeres Gewicht hat. Im Hinblick auf § 46 Abs. 1 Satz 2 StGB und den Strafzweck der Resozialisierung wird ein drohender Bewährungswiderruf regelmäßig aber dann an Gewicht für die Strafzumessung gewinnen und zu erörtern sein, wenn aufgrund eines möglichen Widerrufs die gesamte Länge der Haft diejenige der neu verhängten Strafe beträchtlich übersteigt. Die Dauer der zu erwartenden Gesamtvollstreckung wäre dann im Rahmen der Strafzumessung in den Blick zu nehmen. Eine Erörterung oder gar strafmildernde Bewertung eines möglicherweise drohenden Bewährungswiderrufs im Einzelfall kann freilich dann unterbleiben, wenn ein übermäßiges Gesamtvollstreckungsübel namentlich aus spezialpräventiven Gründen nicht naheliegt, etwa bei Intensiv- oder Serientätern, bei hoher Rückfallgeschwindigkeit oder bei einer Tat kurz nach der Haftentlassung, nachdem die Vollstreckung der Reststrafe zur Bewährung ausgesetzt worden ist.[1021]

VI. Schadenswiedergutmachung – Täter-Opfer-Ausgleich

222 Nach § 46a StGB[1022] besteht die Möglichkeit der Strafmilderung und – bei einer Straferwartung von einem Jahr – sogar des Absehens von Strafe. § 46a StGB enthält keine Einschränkung dahingehend, dass die Vorschrift auf bestimmte Tatbestände von vornherein nicht anwendbar wäre.[1023] Jedoch hat der Bundesgerichtshof einen Täter-Opfer-Ausgleich nach § 46a Nr. 1 StGB für »opferlose Delikte« für unanwendbar[1024] erklärt (z.B. Rechtsbeugung,[1025] Parteiverrat,[1026] Steuerhinter-

1018 BGH, Beschl. v. 16.04.2008 – 1 StR 83/08 = BGHSt 52, 220 ff. = NStZ 2008, 451 f.; vgl. auch BGH NStZ-RR 2008, 343 f.; BGHSt 52, 220 ff. m. Anm. *Streng* JR 2009, 78 f.

1019 BGH JR 2006, 254 f. m. Anm. *Streng*.

1020 Vgl. BGH, Beschl. v. 07.09.2022 – 1 StR 49/22 = NStZ 2023, 28 f.; anders OLG Düsseldorf, Beschl. v. 20.09.2010 – III-3 RVs 117/10 = NStZ-RR 2011, 105: stets zu berücksichtigen.

1021 BGH, Urt. v. 17.02.2021 – 2 StR 294/20 = StV 2022, 296; Beschl. v. 07.09.2022 – 1 StR 49/22 = NStZ 2023, 28 f.; Beschl. v. 22.07.2009 – 5 StR 243/09 = NStZ-RR 2009, 367.

1022 Vgl. dazu für viele *Schöch* 50 Jahre BGH – FG der Wissenschaft Band IV S. 309 ff.; *Rose* JR 2004, 275 ff.; *Franke* NStZ 2003, 410 ff.; *Meier* JZ 2015, 488 ff. (Bestandsaufnahme); *Fischer* § 46a Rn. 2 und 3.

1023 BGH, Beschl. v. 18.08.2009 – 2 StR 244/09 = NStZ-RR 2009, 369.

1024 BGH, Urt. v. 04.12.2014 – 4 StR 213/14 = BGHSt 60, 84 = NStZ 2015, 263.

1025 BGH, Urt. v. 04.04.2001 – 5 StR 68/01 = NJ 2001, 434.

1026 BGH, Beschl. v. 14.06.2020 – 4 StR 611/19 = StV 2021, 33.

ziehung,[1027] gefährlicher Eingriff in den Straßenverkehr). Auch Taten, bei denen ein Ausgleich mit dem Opfer faktisch ausgeschlossen ist (etwa bei vollendeten Tötungsdelikten), sind schon nach dem Wortlaut vom Anwendungsbereich des § 46a StGB ausgeschlossen. Die Anwendbarkeit des Täter-Opfer-Ausgleichs ist auf die unmittelbar durch die Straftat Verletzten beschränkt; Hinterbliebene sind somit nicht vom Sinn und Zweck der Vorschrift umfasst.[1028]

Der Anwendung von § 46a StGB steht nicht entgegen, dass das Opfer eine juristische Person (eingetragener Verein) war.[1029] Denn auch wenn die Allgemeinheit oder juristische Personen geschädigt sind, kann der Täter durch sein Verhalten nach der Tat zeigen, dass er zur Übernahme von Verantwortung bereit ist, zumal die Schadenswiedergutmachung mittelbar auch den hinter der juristischen Person stehenden natürlichen Personen, bei einem eingetragenen Verein den Vereinsmitgliedern oder den durch die Tätigkeit des Vereins begünstigten Menschen zugutekommt. Sind durch eine Straftat mehrere Opfer betroffen, muss hinsichtlich jedes Geschädigten zumindest eine Alternative des § 46a StGB erfüllt sein.[1030] Geben die Umstände Anlass, muss das Urteil erkennen lassen, dass die Voraussetzungen des § 46a StGB erörtert wurden; anderenfalls kommt ein revisibler Erörterungsmangel in Betracht. Auch muss sich aus dem Urteil ergeben, welche Nummer des § 46a StGB angenommen wurde.[1031]

§ 46a Nr. 1 StGB bezieht sich vor allem auf den Ausgleich der immateriellen Folgen einer Straftat, 223
die auch bei einem Vermögensdelikt denkbar sind, während § 46a Nr. 2 StGB den materiellen Schadenersatz betrifft. Die Vorschrift setzt, wie sich aus dem Klammerzusatz »Täter-Opfer-Ausgleich« ergibt, einen kommunikativen Prozess zwischen Täter und Opfer voraus, der auf einen umfassenden, friedensstiftenden Ausgleich der durch die Straftat verursachten Folgen gerichtet sein muss und in dessen Verlauf der Angeklagte die Übernahme der Verantwortung für seine Taten zum Ausdruck bringt. Das einseitige Wiedergutmachungsbestreben ohne den Versuch der Einbeziehung des Opfers genügt nicht.[1032] Allein ein Entschuldigungsschreiben des Angeklagten erfüllt die Voraussetzungen für einen Täter-Opfer-Ausgleich nach § 46a Nr. 1 StGB jedenfalls nicht. Da sich § 46a Nr. 1 StGB vorrangig auf den Ausgleich immaterieller Folgen einer Straftat bezieht, kann die Zahlung eines Schmerzensgeldes nach § 253 Abs. 2 BGB der Vorschrift des § 46a Nr. 1 StGB unterfallen. Dass aufgrund der Vermögenslage eines Angeklagten auf absehbare Zeit nicht mit einer auch nur (teilweisen) Zahlung von Schmerzensgeld zu rechnen ist, steht der Anwendbarkeit des § 46a Nr. 1 StGB nicht grundsätzlich entgegen. Im Rahmen des § 46a Nr. 1 StGB genügt – anders als bei § 46a Nr. 2 StGB – das ernsthafte Erstreben einer Wiedergutmachung; ein Wiedergutmachungserfolg wird deshalb nicht vorausgesetzt. Für die Annahme des erforderlichen »kommunikativen Prozesses zwischen Täter und Opfer« sind regelmäßig tatrichterliche Feststellungen dazu erforderlich, wie sich das Opfer zu den Anstrengungen des Täters gestellt hat. Auf die Sicht eines »vernünftigen Dritten« kommt es nicht an.[1033] Für die Anwendung des § 46a Nr. 1 StGB bedarf es aber grundsätzlich keines persönlichen Kontakts zwischen dem Angeklagten und dem Geschädigten. Der kommunikative Prozess kann auch über die jeweiligen Rechtsanwälte erfolgen. Die Geschädigten müssen die (zugesagten)

1027 Vgl. BGH, Beschl. v. 25.10.2000 – 5 StR 399/00 = NStZ 2001, 200 f.; vgl. aber den Ausnahmefall BGH, Beschl. v. 20.01.2010 – 1 StR 634/09 = NStZ-RR 2010, 147; anders für § 46a Nr. 2 StGB BGH, Urt. v. 13.03.2019 – 1 StR 367/18 = NStZ 2019, 601.

1028 BGH, Beschl. v. 06.06.2018 – 4 StR 144/18 = NStZ 2020, 212 (213); Beschl. v. 19.06.2019 – 4 StR 489/18 = StV 2020, 842; siehe auch BGH, Beschl. v. 06.06.2018 – 4 StR 144/18 = NJW 2019, 319 f.

1029 BGH, Urt. v. 18.11.1999 = 4 StR 435/99 = StV 2000, 128 m. Anm. *Dierlamm* NStZ 2000, 536 f.; *Schmuck/Pinger* SVR 2013, 253 (254); siehe auch Schönke/Schröder/*Kinzig*, 30. Aufl., StGB § 46a Rn. 4a.

1030 BGH, Urt. v. 12.01.2012 – 4 StR 290/11 = NStZ 2012, 439; Urt. v. 06.11.2019 – 2 StR 203/19; Urt. v. 09.08.2016 – 1 StR 121/16 = wistra 2016, 486 f.

1031 BGH, Beschl. v. 09.08.2022 – 1 StR 254/22 = NStZ-RR 2023, 370 (371).

1032 BGH Urt. v. 09.10.2019 – 2 StR 468/18.

1033 BGH, Beschl. v. 10.02.2022 – 1 StR 403/21 = NStZ-RR 2022, 171.

Leistungen aber als »friedensstiftenden Ausgleich« akzeptiert haben.[1034] Somit ist es auch unerheblich, dass ein Opfer (aus autonomen Motiven heraus) dem Täter den Ausgleich in der Weise leichtmacht, dass es an das Maß der Wiedergutmachungsbemühungen keine hohen Anforderungen stellt und schnell zu einer Versöhnung bereit ist.[1035]

224 Hat sich der Angeklagte aus der Untersuchungshaft brieflich und sodann in der Hauptverhandlung persönlich bei der Geschädigten entschuldigt und hat diese die Entschuldigung angenommen, hat der für einen Täter-Opfer-Ausgleich nach § 46a Nr. 1 StGB erforderliche, vom Bestreben nach Wiedergutmachung getragene kommunikative Prozess stattgefunden. Dass eine Zahlung an das Opfer von der Familie des in Untersuchungshaft befindlichen Angeklagten erbracht wurde, steht der Anwendung der Vorschrift nicht entgegen, da diese keine erhebliche persönliche Leistung oder erheblichen persönlichen Verzicht voraussetzt.[1036]

225 Bei Sexualdelikten wird wie bei den meisten Delikten, bei denen in schwerer Weise gegen die persönliche Integrität verstoßen wurde, allenfalls § 46a Nr. 1 StGB Anwendung finden können. Voraussetzung ist ein häufig durch Dritte – z.B. durch den Verteidiger – vermittelter immaterieller Ausgleich zwischen dem Täter und seinem Opfer oder doch »auf der Grundlage umfassender Ausgleichsbemühungen« ein ernsthaftes Bestreben des Täters, einen solchen Ausgleich herbeizuführen. Schwere Fälle der Vergewaltigung dürften sich nur in Ausnahmefällen für eine solche Konfliktlösung eignen. Ein erfolgreicher Täter-Opfer-Ausgleich im Sinne von § 46a Nr. 1 StGB setzt grundsätzlich voraus, dass das Opfer die erbrachten Leistungen oder Bemühungen des Täters als friedensstiftenden Ausgleich akzeptiert. Gegen den ausdrücklichen Willen des Verletzten darf die Eignung des Verfahrens für die Durchführung eines Täter-Opfer-Ausgleichs nicht angenommen werden, wie § 155a S. 3 StPO ausdrücklich klarstellt.

▶ Beachte

Unverzichtbar ist nach dem Grundgedanken des Täter-Opfer-Ausgleichs eine von beiden Seiten akzeptierte, ernsthaft mitgetragene Regelung. Das einseitige Wiedergutmachungsbestreben ohne den Versuch der Einbeziehung des Opfers genügt nicht.[1037] Ob der von § 46a Nr. 1 StGB angestrebte kommunikative Prozess zu bejahen ist, ist im Einzelfall anhand deliktsspezifischer Gesichtspunkte zu prüfen. Bei einem schwerwiegenden Sexualdelikt wird eine entsprechende, zumindest annähernd gelungene Konfliktlösung in der Regel aus tatsächlichen Gründen schwerer erreichbar sein. Hat das Tatopfer die Vereinbarung nicht als friedensstiftende Konfliktregelung innerlich akzeptiert, sondern sich allein aus faktischen Zwängen heraus notgedrungen mit einer formalen Vereinbarung einverstanden erklärt, liegt im Ergebnis kein umfassender Ausgleich der durch die Straftat verursachten Folgen im Sinne des § 46a Nr. 1 StGB vor. Allerdings kann die fehlende Einwilligung des Opfers im Rahmen des § 46a Nr. 1 StGB dann unerheblich sein, wenn der Täter in dem Bemühen, einen Ausgleich mit dem Verletzten zu erreichen, die Wiedergutmachung der Tat ernsthaft erstrebt hat. Die Anwendbarkeit des Strafmilderungsgrundes soll demnach nicht ausschließlich vom Willen des Opfers abhängen. Nach der Vorstellung des Gesetzgebers sollte dem Täter in den Fällen, in denen eine vollständige Wiedergutmachung nicht möglich wäre, eine realistische Chance eingeräumt werden, in den Genuss der Strafmilderung zu gelangen, etwa bei Verweigerung der Mitwirkung durch das Opfer oder bei Eintritt eines hohen Schadens durch relativ geringes Verschulden. Als einschränkendes Kriterium fordert die Vorschrift aber als Rahmenbedingung das Bemühen des Täters, einen Ausgleich mit dem Verletzten zu erreichen.[1038] Das bedeutet, dass

1034 BGH, Urt. v. 23.12.2015 – 2 StR 307/15; ausführlich BGH Urt. v. 06.11.2019 – 2 StR 203/19 und v. 09.10.2019 – 2 StR 468/18, NJW 2020, 486 f.
1035 BGH, Beschl. v. 24.11.2021 – 2 StR 337/21 = NStZ 2022, 540.
1036 BGH, Beschl. v. 28.04.2015 – 3 StR 647/14.
1037 BGH, Urt. v. 03.02.2016 – 2 StR 159/15 = NStZ-RR 2016, 220.
1038 BGH, Beschl. v. 20.09.2016 – 3 StR 174/16.

das Bemühen des Täters gerade darauf gerichtet sein muss, zu einem friedensstiftenden Ausgleich mit dem Verletzten zu gelangen; der Täter muss demnach in dem ernsthaften Bestreben handeln, das Opfer »zufriedenzustellen«.[1039] Ein Vergleichsabschluss zwischen Angeklagtem und Opfer kann diese Voraussetzungen auch dann erfüllen, wenn das Opfer die Entschuldigung des Angeklagten nicht angenommen hat.[1040] Bei einem schwerwiegenden Sexualdelikt ist allein die Annahme eines Schmerzensgeldangebots regelmäßig noch kein ausreichendes Indiz dafür, das Opfer wolle sich damit auch auf den nach § 46a Nr. 1 StGB erforderlichen kommunikativen, auf umfassenden friedensstiftenden Ausgleich der Tatfolgen angelegten Prozess mit dem Täter einlassen.[1041] Eine Vereinbarung über ein Schmerzensgeld, das in einem Missverhältnis zu den zivilrechtlich zu realisierenden Schadensersatz- und Schmerzensgeldleistungen steht, kann nicht zu einem erfolgreichen Ausgleich führen.[1042]

Nach dem Wortlaut des § 46a StGB ist ein *bestimmtes Prozessverhalten* des Beschuldigten nicht ausdrücklich gefordert. Soweit ein Angeklagter lediglich einzelne Umstände der Tatbegehung beschönigt, steht das einer Anwendung des § 46a Nr. 1 StGB nicht entgegen.[1043] Für einen Täter-Opfer-Ausgleich nach § 46a Nr. 1 StGB muss sich das Verhalten des Täters als Ausdruck der Übernahme von Verantwortung erweisen. Daran fehlt es regelmäßig, wenn der Täter seine Tat als Notwehrhandlung darstellt und damit bereits die Opferrolle des Geschädigten infrage stellt.[1044] Da es aber beim Täter-Opfer-Ausgleich um eine strafrechtliche Konfliktkontrolle geht, muss der Beschuldigte prinzipiell akzeptieren, dass er für das am Opfer begangene Unrecht einzustehen hat; dazu gehört auch, dass er die Opferrolle respektiert. Zumindest bei Gewaltdelikten und Delikten gegen die sexuelle Selbstbestimmung verlangt die Rechtsprechung für einen erfolgreichen Täter-Opfer-Ausgleich regelmäßig ein **Geständnis.**[1045] Der Täter müsse sich schon vor seiner Verurteilung gegenüber dem Opfer zu seiner Schuld bekennen. Dem wird zwar regelmäßig ein Geständnis im Strafverfahren entsprechen. § 46a StGB verlangt aber »nur«, dass der Angeklagte unter Übernahme seiner Verantwortung die Rolle des Geschädigten (insbesondere eines Sexual- oder Gewaltdelikts) als Opfer *respektiert.* Das macht ein Geständnis aber nicht zur unabdingbaren Voraussetzung, vielmehr ist stets eine wertende Betrachtung nach den Umständen des Einzelfalls erforderlich.[1046] Ein Geständnis ist jedenfalls dann nicht zu fordern, wenn nach gelungenen Ausgleichsbemühungen die strafrechtliche Ahndung und das Verteidigungsverhalten des Täters für das Opfer nicht mehr von besonderem Interesse ist. Denn § 46a StGB verlangt nicht, dass der Täter gegenüber der Gesellschaft die Verantwortung für die Tat übernimmt und sich zu dieser in öffentlicher Hauptverhandlung bekennt. Verteidigt sich der Angeklagte hingegen mit dem (unzutreffenden) Hinweis auf Fehlverhalten des Geschädigten, kommt eine Strafmilderung mit Blick auf einen Täter-Opfer-Ausgleich auch dann nicht in Betracht, wenn zugleich Zahlungen erfolgen oder angeboten werden;[1047] hier fehlt es nämlich an der geforderten Respektierung der Opferrolle des Geschädigten.

1039 BGH StV 2002, 649; NStZ-RR 2002, 263; BGH, Urt. v. 23.05.2013 – 4 StR 109/13.

1040 BGH, Beschl. v. 19.10.2011 – 2 StR 344/11 = StV 2012, 150 f.; Urt. v. 26.04.2012 – 4 StR 51/12 = 4 StR 51/12; v. 12.01.2012 – 4 StR 290/11 = NStZ 2012, 439.

1041 BGH, Urt. v. 03.11.2011 – 3 StR 267/11 = NStZ-RR 2012, 43 f.

1042 BGHSt 48, 134; BGH NStZ 2002, 646.

1043 BGH, Urt. v. 28.01.2016 – 3 StR 354/15 = NStZ 2016, 401 f.

1044 BGH, Urt. v. 13.07.2016 – 1 StR 128/16 = NStZ 2016, 670 f.

1045 BGH, Beschl. v. 04.08.2009 – 1 StR 297/09 = StV 2010, 303; siehe aber BGH, Beschl. v. 25.06.2008 – 2 StR 217/08 = StV 2008, 464: kein umfassendes, vorbehaltloses Geständnis erforderlich nach einem gelungenen, auf einem kommunikativen Prozess beruhenden Ausgleich mit dem Tatopfer; differenzierend MüKo-StGB/*Maier*, 4. Aufl. 2020, § 46a Rn. 31 f.; *Schmuck/Pinger* SVR 2013, 253 (255).

1046 So selbst im Fall schweren sexuellen Missbrauchs BGH, Beschl. v. 09.08.2022 – 1 StR 254/22 = NStZ-RR 2023, 370 (371).

1047 BGH, Beschl. v. 25.08.2010 – 1 StR 393/10.

226 *§ 46a Nr. 2 StGB* setzt voraus, dass der Täter das Opfer ganz oder zum überwiegenden Teil entschädigt und das erhebliche persönliche Leistungen oder persönlichen Verzicht erfordert. § 46a Nr. 2 StGB knüpft damit zunächst an den Ausgleich der durch die Tat entstandenen *materiellen* Schäden an. Die Bestrebungen müssen aber zudem Ausdruck der Übernahme von Verantwortung gerade gegenüber dem Opfer sein. Der Täter hat das Opfer nicht schon dann im Sinne des § 46a Nr. 2 StGB ganz oder zum überwiegenden Teil entschädigt, wenn er lediglich die Schadenswiedergutmachung zusagt.[1048] Auch die Erfüllung von Schadensersatzansprüchen allein genügt nicht.[1049] Es bedarf – damit die Schadenswiedergutmachung ihre friedensstiftende Wirkung entfalten kann und die Vorschrift nicht etwa eine Privilegierung »reicher« oder solcher Täter bewirkt, die noch im Beutebesitz sind – einen über die rein rechnerische Kompensation hinausgehenden Beitrag des Täters. Das *Gesamtverhalten* des Täters muss somit Ausdruck der Übernahme von Verantwortung sein, was – wie bei § 46a Nr. 1 StGB – einen kommunikativen Prozess voraussetzt. Die Annahme eines solchen kommunikativen Prozesses liegt aber nahe, wenn die Beteiligten letztlich erfolgreiche zivilrechtliche Vergleichsverhandlungen geführt haben.[1050] So kann auch ein Teilschadensausgleich von weniger als der Hälfte des Schadens zur Erfüllung der Voraussetzungen des § 46a Nr. 2 StGB ausreichen, wenn der Geschädigte sich mit der Teilleistung zufriedengibt und den Täter von der weitergehenden Haftung freistellt.[1051]

▶ **Beachte**

Der Täter-Opfer-Ausgleich nach § 46a Nr. 2 StGB verlangt *erstens* auf der Seite der Opfer, dass sie »ganz oder zum überwiegenden Teil« entschädigt worden sind und *zweitens* täterseitig »erhebliche persönliche Leistungen oder persönlichen Verzicht«. Damit eine erfolgte Schadenswiedergutmachung ihre friedensstiftende Wirkung entfalten kann, muss der Täter einen über eine rein rechnerische Kompensation hinausgehenden Beitrag erbringen. Dafür genügt die Erfüllung von Schadensersatzansprüchen allein nicht. Vielmehr muss sein Verhalten Ausdruck der Übernahme von Verantwortung sein. Mit diesen Anforderungen wird den Vorstellungen des Gesetzgebers entsprochen, einen Täter-Opfer-Ausgleich dann anzunehmen, wenn die vollständige oder wenigstens teilweise Entschädigung des Opfers durch die persönliche Leistung oder den persönlichen Verzicht des Täters die materielle Entschädigung möglich geworden ist.[1052]

227 Geht es vorrangig um den Ausgleich materieller Schäden, muss der Täter über die erforderlichen Mittel verfügen, diese Schäden tatsächlich wiedergutmachen zu können. Ein ernsthaftes, im Ergebnis aber erfolgloses Bemühen um Wiedergutmachung ist dann von Bedeutung, wenn sich der Geschädigte weigert, Ausgleichszahlungen entgegenzunehmen oder andere vergleichbare Hindernisse entgegenstehen.

228 Eine genaue Differenzierung der Alternativen 1 und 2 ist kaum möglich. Bei Nr. 1 haben die immateriellen Leistungen mehr Gewicht, bei Nr. 2 die materiellen. Es geht mehr um eine Kombination von materiellen und immateriellen Leistungen.[1053] Nr. 1 und Nr. 2 stehen wohl nicht in einem Ausschließlichkeitsverhältnis. Sie können nebeneinander bestehen oder auch ineinander übergreifen. Für die Abgrenzung könnte die Art der erbrachten Leistungen ein praktikables Kriterium sein, auszuscheiden hat der bloße »Freikauf«.

1048 BGH, Beschl. v. 02.08.2012 – 3 StR 276/12 = BGHR StGB § 46a Wiedergutmachung 10.

1049 BGH StV 1995, 464; 635 = NStZ 1995, 492; BGH, Beschl. v. 20.01.2010 – 1 StR 634/09 = NStZ-RR 2010, 147; *Detter* NStZ 2001, 469.

1050 BGH, Beschl. v. 17.12.2008 – 1 StR 664/08 = StV 2009, 352 f. m. Anm. *Rose* JR 2010, 189 ff.; BGH StV 2002, 654 f.; 2001, 448 f.

1051 BGH, Urt. v. 11.02.2009 – 2 StR 339/08 = StV 2009, 405 f. = NStZ 2009, 445 f.

1052 BGH, Urt. v. 09.08.2016 – 1 StR 121/16 = wistra 2016, 486 f.

1053 Vgl. dazu BGH NJW 2001, 2557 = StV 2001, 448 m. Anm. *Kühl/Heger* JZ 2002, 363 ff.; *König* JR 2002, 252 ff.; *Dölling/Hartmann* NStZ 2002, 366 f.; *Kaspar* GA 2003, 146 ff.

Die ***Verteidigung*** sollte § 46a StGB immer in Betracht ziehen,[1054] auch wenn die Regelung tatsächlich oft nur für vermögende Angeklagte Bedeutung gewinnen kann. Problematisch ist im Zusammenhang mit der Vereinbarung eines Täter-Opfer-Ausgleichs die Einflussnahme des Verteidigers auf das Prozessverhalten des Geschädigten, insbesondere auf die Wahrnehmung von Verfahrensrechten durch ihn.[1055] Inwieweit der Zulässigkeit des Einwirkens auf mutmaßlich Verletzte Grenzen gesetzt sind, ist sehr umstritten. Der Verteidiger ist grundsätzlich berechtigt, im Rahmen von Ausgleichsvereinbarungen auf Dritte einzuwirken, dass diese ihre Verfahrensrechte zugunsten des Mandanten ausüben. Er bewegt sich bei der Gestaltung einer konkreten Ausgleichsvereinbarung aber auf einem schmalen Grat zwischen rechtmäßiger Wiedergutmachung und rechtswidriger Zeugenbeeinflussung oder »Behinderung der Justiz« mit der Folge des Risikos eigener Strafverfolgung wegen des Verdachts der Strafvereitelung oder zumindest eines berufsrechtlich zu beanstandenden Verhaltens. Der Verteidiger darf zu den möglicherweise Geschädigten oder Verletzten einer Straftat Kontakt aufnehmen. Die Verteidigung darf grundsätzlich[1056] auf diese Personen einwirken, von Verfahrensrechten – insbesondere Zeugnis- und Auskunftsverweigerungsrechten – Gebrauch zu machen.[1057] 229

Für die Durchführung des Täter-Opfer-Ausgleichs hat sich das Gesetz nicht auf ein bestimmtes Modell festgelegt. Prozessuale Fragen regeln § 155a und § 155b StPO. Streitig ist, ob es sich bei § 155a StPO um eine Ordnungsvorschrift handelt. Nach dem Wortlaut ist das zu bejahen, der Regelungsgehalt beschränkt sich im Wesentlichen auf einen Appell an Staatsanwaltschaft und Gericht, verstärkt auf die Anwendung des Täter-Opfer-Ausgleich hinzuwirken.[1058] Die Folge dürfte sein, dass Verstöße keine (revisionsrechtlichen) Folgen haben.[1059] 230

Weil die Ausgleichsmaßnahmen »sehr spät, nämlich erst im Rahmen der Hauptverhandlung vorgenommen worden sind«, darf eine Strafmilderung gemäß § 46a StGB nicht verneint werden. Gemäß § 155a StPO soll nämlich das Gericht in jeder Lage des Verfahrens die Möglichkeit eines Täter-Opfer-Ausgleichs prüfen und in geeigneten Fällen darauf hinwirken. Es kann – ohne dass hierauf ein Anspruch bestünde – die Hauptverhandlung sogar zur Herbeiführung eines Täter-Opfer-Ausgleichs unterbrechen.[1060] Das bietet etwa auch Verteidigungsmöglichkeiten in einer etwaigen Rechtsmittelinstanz.

Unabhängig von § 46a StGB wirkt strafmildernd, wenn dem Geschädigten kein finanzieller Schaden verbleibt, da die gesamte Beute an ihn zurückgelangt ist. Das gilt auch dann, wenn die Beute durch die Polizei sichergestellt worden ist. Ebenso bringt eine Entschuldigung beim Opfer sicherlich bei Berufs- wie auch bei Laienrichtern Pluspunkte für den Angeklagten, ebenso die Zahlung oder das Anerbieten von Schmerzensgeld,[1061] wie insgesamt die Wiedergutmachung eines Schadens. 231

VII. Vorstrafen

Das straffreie Vorleben ist grundsätzlich als bestimmender Strafzumessungsgesichtspunkt gem. § 267 Abs. 3 Satz 1 StPO strafmildernd zu berücksichtigen.[1062] Die frühere Verhängung und Verbüßung von Freiheitsstrafen wirkt hingegen dann strafschärfend, wenn dadurch die Schuld des Täters oder die 232

1054 Über die Konsequenzen für die Strafverteidigung *Lammer* StraFo 1997, 257 (261); *Werner* StraFo 1999, 190 ff.; *Lüderssen* StV 1999, 65 ff.; *Stein* NStZ 2000, 393 ff. ausführlich *Detter* FS Mehle 2009 S. 157 ff.

1055 Vgl. dazu ausführlich *Püschel* StraFo 2006, 261 ff.; *Detter* FS Mehle 2009 S. 157, 173 ff.

1056 Eine Ausnahme besteht wohl, soweit eine Rechtspflicht zur Anzeige gegeben ist.

1057 BGHSt 10, 393 (394); 46, 53 ff.; m. Anm. *Scheffler* JR 2001, 291 ff.; *Cramer/Papdopoulos* NStZ 2001, 145.

1058 Vgl. *Kasparek* zur Auslegung und Anwendung des § 46a StGB 2002 S. 19.

1059 LR/*Beulke* 25. Aufl. § 155a Rn. 15; anders *Weimer* NStZ 2002, 349 (350 f.).

1060 BGH, Beschl. v. 09.10.2008 – 1 StR 359/08 = StV 2009, 128.

1061 BGHR StGB § 46 Abs. 2 Nachtatverhalten 22.

1062 BGH, Beschl. v. 21.09.2022 – 1 StR 479/21.

Notwendigkeit erhöht wird, im Rahmen des Schuldangemessenen auf ihn einzuwirken.[1063] Will der Tatrichter über die Warnfunktion einer früheren Verurteilung hinaus auch die Art der Tatbegehung strafschärfend heranziehen, muss er diese feststellen. Das kann durch Verlesung der Gründe des früheren Urteils geschehen, soweit nicht die Aufklärungspflicht oder Beweisanträge andere Beweiserhebungen gebieten.[1064] Die Tilgung inländischer Vorstrafen im Bundeszentralregister führt zu einem Verwertungsverbot nach § 51 BZRG, das auch einer strafschärfenden Berücksichtigung der Vortat und der Warnwirkung des früheren Verfahrens bei der Aburteilung der neuen Tat entgegensteht.[1065] Gleiches gilt bei Eintritt der Tilgungsreife, selbst wenn der Angeklagte die frühere Tat einräumt.[1066]

233 Bei der Strafzumessung dürfen grundsätzlich auch ausländische Vorstrafen berücksichtigt werden, wenn die Tat auch nach deutschem Recht strafbar wäre,[1067] selbst wenn sie nicht in das Bundeszentralregister eingetragen worden sind, denn sie sind Teil des Vorlebens des Täters.[1068] Sind ausländische Vorstrafen zur Bewertung des Vorlebens des Täters relevant, müssen in einem Mitgliedsstaat der Europäischen Union ergangene Verurteilungen grundsätzlich sogar »mit gleichwertigen tatsächlichen bzw. verfahrens- und materiellrechtlichen Wirkungen versehen werden wie denjenigen, die das innerstaatliche Recht den im Inland ergangenen Verurteilungen zuerkennt« Dabei ist nicht Voraussetzung, dass es sich um eine nach § 54 BZRG im Bundeszentralregister eingetragene ausländische Vorstrafe handelt. Die Verwertbarkeit einer ausländischen Verurteilung in einem in Deutschland geführten Strafverfahren zum Nachteil des Beschuldigten setzt aber voraus, dass diese – würde es sich um eine Verurteilung nach deutschem Recht handeln – nicht tilgungsreif wäre (§ 58 BZRG).[1069]

▶ **Beachte**

234 Sollen aus Vortaten und Vorstrafen gewichtigere Konsequenzen gezogen werden, ist es in der Regel sachlich-rechtlich geboten, die früheren Taten mit einer (zusammengefassten) Sachverhaltsschilderung und ggf. auch mit relevanten früheren Strafzumessungserwägungen festzustellen und mitzuteilen. In solchen Fällen kann unter Umständen die bloße Mitteilung des Bundeszentralregisterinhaltes nicht genügen.[1070] Für die Verteidigung kann es deshalb notwendig werden, sich mit dem Gehalt früherer Verurteilungen oder noch schwebender Verfahren auseinander zu setzen. So kann das Gewicht einschlägiger Vorstrafen dadurch relativiert sein, dass auch bei ihnen aufgrund der gleichen Störung das Hemmungsvermögen des Täters erheblich herabgesetzt war. Falls erforderlich sollte sie den der früheren Verurteilung zugrunde liegenden Sachverhalt durch Beweisanträge in das Verfahren einführen. Denn nur so besteht die Möglichkeit darzutun, dass ein Bezug zu der jetzt abzuurteilenden Tat nicht gegeben ist oder dass für den Angeklagten nachteilige Schlüsse daraus nicht gezogen werden können. Voraussetzung ist die Kenntnis der Akten der früheren Verfahren, deren Beziehung unbedingt beantragt werden sollte.

VIII. Noch nicht abgeurteilte Taten – eingestellte Taten – verjährte Taten

235 Es ist grundsätzlich zulässig, bei der Strafzumessung zu berücksichtigen, dass der Angeklagte noch weitere – bisher nicht abgeurteilte – Straftaten begangen hat; auch von einer nicht rechtskräftigen

1063 BGHSt 38, 71 (73); vgl. auch dazu *Torikian-Tomassian* u.a. StraFo 2018, 458 ff.
1064 BGHSt 43, 106 ff.
1065 BGH StV 2006, 522 f.
1066 BGH, Beschl. v. 20.08.2002 – 5 StR 259/02 = StV 2003, 444; Beschl. v. 27.02.2022 – 2 StR 61/22 = NStZ-RR 2023, 87.
1067 BGH StV 2007, 632.
1068 BGH StV 2007, 632; Beschl. v. 09.11.2016 – 5 StR 485/16; Beschl. v. 19.10.2011 – 4 StR 425/11 = NStZ-RR 2012, 305 f.; Beschl. v. 05.12.2019 – 4 StR 301/19 = NStZ-RR 2020, 217 (218).
1069 BGH, Beschl. v. 19.10.2011 – 4 StR 425/11 = NStZ-RR 2012, 305; Beschl. v. 23.09.2021 – 1 StR 329/21 = StV 2022, 639; Beschl. v. 02.02.2023 – 4 StR 453/22.
1070 Beschl. v. 27.10.2015 – 3 StR 363/15.

Verurteilung kann nämlich eine strafschärfend zu wertende Warnfunktion ausgehen.[1071] Das gilt allerdings nur, wenn diese Taten prozessordnungsgemäß und so bestimmt festgestellt sind, dass sie in ihrem wesentlichen Unrechtsgehalt abzuschätzen sind und eine unzulässige Berücksichtigung des bloßen Verdachts weiterer Straftaten ausgeschlossen werden kann.[1072] Eine nach der verfahrensgegenständlichen Tat ergangene Verurteilung darf zudem nur dann strafschärfend berücksichtigt werden, wenn die dieser Verurteilung zugrunde liegende Straftat nach ihrer Art und der Persönlichkeit des Täters auf Rechtsfeindlichkeit, Gefährlichkeit und die Gefahr künftiger Rechtsbrüche schließen lässt.[1073] Dem Umstand, dass ein Angeklagter trotz eines gegen ihn anhängigen Ermittlungsverfahrens weitere Straftaten begeht, kann Indizwirkung für seine fehlende Rechtstreue beigemessen werden. Der notwendige Rückschluss auf die Täterpersönlichkeit ist jedoch erst dann eröffnet, wenn der Angeklagte im Zeitpunkt der weiteren Taten Kenntnis von den gegen ihn laufenden Ermittlungen hatte.[1074]

Dasselbe gilt für eine Berücksichtigung nach §§ 154, 154a StPO eingestellter bzw. ausgeschiedener Verfahrensteile.[1075] Auch die eingestellten Taten müssen in der Hauptverhandlung prozessordnungsgemäß so bestimmt festgestellt sein, dass ihr wesentlicher Unrechtsgehalt abzusehen ist und eine unzulässige Berücksichtigung des bloßen Verdachts der Begehung weiterer Taten ausgeschlossen werden kann.[1076] Der Angeklagte muss hierbei grundsätzlich auf die Möglichkeit der Berücksichtigung hingewiesen worden ist. Ein unterbliebener Hinweis kann mit einer Verfahrensrüge geltend gemacht werden.[1077]

▶ Hinweis

Das durch eine – unwirksame – (Teil-)Einstellung des Verfahrens möglicherweise begründete Vertrauen des Angeklagten, weitere angeklagte Taten würden nicht verfolgt werden, ist bei der Strafzumessung mildernd zu berücksichtigen.[1078]

Eine wegen Fehlens eines rechtzeitig gestellten Strafantrags nicht verfolgbare Tatbestandserfüllung kann, wenn auch mit geringerem Gewicht, im Rahmen der Strafzumessung berücksichtigt werden. Das gilt insbesondere dann, wenn sich die wegen Fehlens eines wirksamen Strafantrags nicht verfolgbare Tatbestandserfüllung als straferschwerende Modalität des zu ahndenden Delikts darstellt.[1079] Dasselbe gilt für das Verfahrenshindernis der Verjährung verwehrt es dem Tatrichter nicht, das im Urteil festgestellte Gesamtverhalten des Täters zu berücksichtigen und die zu verhängende Strafe dem so ermittelten Unrechtsgehalt anzupassen. Es ist somit grundsätzlich zulässig, verjährtes Verhalten

---

1071 BGHSt 25, 64 f.; BGHR StGB § 46 Abs. 2 Vorleben 2.

1072 BGHSt 34, 209 (210); BGHR StGB § 54 Serienstraftaten 2; BGH, Beschl. v. 09.10.2003 – 4 StR 359/03; Beschl. v. 02.07.2009 – 3 StR 251/09 = NStZ-RR 2009, 306; Beschl. v. 06.08.2013 – 3 StR 234/13; Urt. v. 02.12.2015 – 2 StR 258/15; Beschl. v. 24.11.2015 – 5 StR 440/15.

1073 BGH Beschl. v. 04.06.2019 – 2 StR 202/18 = NStZ 2020, 357 (358); Beschl. v. 12.09.2019 – 5 StR 223/19.

1074 BGH, Beschl. v. 10.07.2018 – 2 StR 224/18.

1075 *Beulke/Stoffer* StV 2011, 442 f.; kritisch *Stuckenberg* StV 2007, 655 ff.; zur Verteidigung gegen die Berücksichtigung nach § 154 StPO und ähnlicher Vorschriften ausgeschiedener Taten *Sander* StraFo 2004, 47 ff.

1076 BGH StV 2000, 128 = NStZ 2000, 205 ff. m. Anm. *Dierlamm* NStZ 2000, 536 f.; Beschl. v. 27.11.2008 – 5 StR 526/08 = NStZ-RR 2009, 79; Beschl. v. 14.01.2009 – 1 StR 470/08 = StV 2009, 239; Beschl. v. 18.03.2015 – 2 StR 54/15 = BGHR StGB § 46 Abs. 2 Vorleben 33; Beschl. v. 22.07.2015 – 2 StR 214/15; für nach §§ 45, 47 JGG eingestellte Vortaten BGH, Beschl. v. 13.12.2018 – 3 StR 386/18 = NStZ 2019, 400.

1077 BGH NStZ 2004, 277 m.w.N.

1078 BGH, Beschl. v. 29.07.2008 – 4 StR 210/08; vgl. auch BGHSt 37, 10, 14.

1079 BGH, Beschl. v. 04.02.2016 – 2 StR 448/15 = StraFo 2016, 161 f.; siehe auch Beschl. v. 23.06.2022 – 2 StR 134/22.

strafschärfend zu berücksichtigen, wenn auch nicht in gleicher Gewichtung wie das den Schuldspruch tragende Geschehen.[1080] Auch hier muss die Tat aber hinreichend festgestellt werden.[1081]

▶ **Hinweis**

Die straferschwerende Berücksichtigung später begangener Straftaten ist nur dann unbedenklich, wenn der Angeklagte bereits zu diesem Zeitpunkt zur Begehung weiterer Straftaten entschlossen war oder wenn die spätere Tatbegehung auf seine besondere Rechtsfeindlichkeit schließen lässt,[1082] wenn sie also zur zutreffenden Erfassung der Täterpersönlichkeit angezeigt erscheint.[1083]

236 Eine Beweisaufnahme mit dem Ziel, den Angeklagten die Begehung früherer, nicht angeklagter Taten nachzuweisen, ist zulässig und zwingend erforderlich, wenn die nicht angeklagten Taten im Rahmen der Strafzumessung für die angeklagte Tat berücksichtigt werden sollen. Dann hat die Verteidigung aber umgekehrt ein entsprechendes Beweisantragsrecht. Der Tatrichter hat einem Beweisantrag, dem keine Ablehnungsgründe nach § 244 Abs. 3 StPO entgegenstehen, nachzugehen, sofern ihm nicht ausnahmsweise das Gesetz ein Ermessen einräumt. Die generelle Zulässigkeit einer Beweiserhebung über nicht angeklagte Vortaten mit dem Ziel ihrer strafschärfenden Berücksichtigung führt aber nicht dazu, dass jedem hierauf abzielenden Antrag stattgegeben werden muss. Wegen der Notwendigkeit, solche Taten zur Überzeugung des Gerichts nachzuweisen, käme die Ablehnung eines Beweisantrags als bedeutungslos in Betracht, wenn mit den unter Beweis gestellten Tatsachen allein der Nachweis weiteren strafbaren Vorverhaltens nicht geführt werden könnte.[1084]

237 Nach der bisherigen Rechtsprechung des Bundesgerichtshofs kann ein früheres Strafverfahren eine bei der Strafzumessung berücksichtigungstaugliche Warnfunktion auch dann entfalten, wenn es mit einer Einstellung nach § 170 Abs. 2, §§ 153 ff.[1085] oder § 260 Abs. 3 StPO oder gar mit einem rechtskräftigen Freispruch geendet hat. Das gelte jedenfalls dann, wenn zwischen den früheren Taten und der angeklagten Tat ein inhaltlicher Zusammenhang bestehe.[1086] Das wurde damit begründet, dass auch ein Verfahren, das nicht mit einer Bestrafung endet, dem Täter die Folgen strafbaren Verhaltens vor Augen führe. Sein Handlungsunrecht wiege deswegen schwerer, wenn er trotz dieser Warnung eine Straftat begehe. Diese Rechtsprechung erscheint im Hinblick auf die Unschuldsvermutung des Art. 6 Abs. 2 EMRK bedenklich, meint inzwischen auch der 4. Strafsenat.[1087] Jedenfalls bei rechtskräftigen Freisprüchen, Einstellungen nach §260 Abs. 3 StPO und Nichteröffnungsbeschlüssen (§ 204 Abs. 1 StPO) dürfte zudem ein Verstoß gegen den Rechtsgrundsatz »ne bis in idem« und damit gegen Art. 103 Abs. 3 GG vorliegen. In diesen Konstellationen hat jeweils ein Gericht die Unschuld des später erneut Angeklagten rechtskräftig festgestellt.

IX. Vergleich mit Mittätern

238 In einem anderen Urteil gegen Mittäter, Teilnehmer oder sonst an einem Tatkomplex Beteiligten verhängte Strafen führen zu keiner, wie auch immer beschaffener, rechtlicher Bindung des Gerichts bei der Strafzumessung. Auf eine etwaige unangemessene Milde einer gegen den Haupttäter oder gegen andere Beteiligte verhängten Strafe kann sich ein Angeklagter grundsätzlich nicht berufen.

1080 BGHR StGB § 46 Abs. 2 Vorleben 19 und 24; BGH StV 1994, 423; Beschl. v. 15.10.2015 – 3 StR 350/15 = StV 2016, 558; Beschl. v. 09.02.2022 – 1 StR 369/21 = NStZ-RR 2022, 170.
1081 BGH, Beschl. v. 27.11.2018 – 3 StR 409/18.
1082 BGH, Beschl. v. 28.05.2015 – 2 StR 32/15; Beschl. v. 16.02.2021 – 2 StR 462/20 = NStZ-RR 2021, 168.
1083 BGH, Beschl. v. 11.11.2015 – 2 StR 272/15 = NStZ-RR 2016, 7 f.
1084 BGH StV 2004, 415.
1085 Vgl. dazu kritisch *Schott* StV 2016, 450 f.
1086 Vgl. BGH, Beschl. v. 19.11.2013 – 4 StR 448/13 = StV 2014, 475 m. Anm. *Staudinger*.
1087 BGH, Beschl. v. 25.04.2006 – 4 StR 125/06 = StraFo 2006, 422; vgl. dazu *Hacker/Hoffmann* JR 2007, 452 ff.; *Stuckenberg* StV 2007, 655 (657 ff.) m. Rechtsprechungsnachweisen.

Die gegen Mittäter verhängten Strafen sollen aber in einem gerechten Verhältnis zueinanderstehen.[1088] Werden Mitangeklagte trotz erheblich gewichtigerer Tatbeiträge zu erheblich niedrigeren Freiheitsstrafen verurteilt, muss der Tatrichter auf die Gründe der unterschiedlichen Handhabung eingehen. Jedoch muss primär, auch wenn mehrere Beteiligte in einem Verfahren abgeurteilt werden, für jeden von ihnen die Strafe aus der Sache selbst gefunden werden. Das Tatgericht ist nicht gehindert, die gegen einen Mittäter verhängte Strafe in seine Erwägungen einzubeziehen, es darf sich aber nicht an jene Strafe gebunden fühlen. Unterschiede in der Bestrafung müssen jedenfalls dann erläutert werden, wenn sie sich nicht von selbst verstehen.[1089] Diese Gesichtspunkte gelten im Grundsatz auch dann, wenn einer der Täter nach Jugendstrafrecht, der andere nach allgemeinem Strafrecht abgeurteilt wird.[1090] Verurteilt ein Gericht einen einschlägig vorbestraften Mittäter eines Bankraubs unter Anwendung einer Strafmilderungsvorschrift zu vier Jahren Haft, den anderen nicht vorbestraften Mittäter jedoch zu sechseinhalb Jahren Freiheitsstrafe, muss es diesen Unterschied besonders erklären, da hierfür der Milderungsgrund vor dem Hintergrund einer einschlägigen Vorverurteilung des einen Mittäters nicht ausreicht.[1091]

Eine Strafe darf nicht allein im Hinblick auf Rechtsfolgen, die ein anderes Gericht im gleichen Tatkomplex verhängt hat, verschärft werden. Unzulässig ist es, Beweis darüber zu erheben, wie andere Gerichte in entsprechenden Fällen die Strafe bemessen haben.[1092] Der Tatrichter ist nicht berechtigt, gegen einen Angeklagten im Hinblick auf eine hohe Strafe eines Mittäters in einem anderen Verfahren eine höhere Strafe zu verhängen, als er selbst für schuldangemessen hält. Der Schweregrad der einem Angeklagten anzulastenden Schuld erhöht sich auch nicht allein dadurch, dass einem Mittäter ein geringerer Vorwurf zu machen ist.[1093]

▶ Beachte

Ein Grundsatz, dass Mittäter, wenngleich von verschiedenen Gerichten, bei vermeintlich gleicher Tatbeteiligung gleich hoch zu bestrafen seien, besteht nicht und kann in dieser Form auch nicht bestehen, weil die Vergleichsmöglichkeiten zwischen den in verschiedenen Verfahren gewonnenen Ergebnissen zu gering sind, ganz besonders zur inneren Tatseite und zum Maße der Schuld. Das gilt auch bei vermeintlich abgestufter Beteiligung und demgemäß abgestufter Strafe. Der Tatrichter ist also nicht berechtigt, gegen einen Angeklagten im Hinblick auf eine hohe Strafe eines Mittäters in einem anderen Verfahren eine höhere Strafe zu verhängen, als er selbst für schuldangemessen hält. Der Schweregrad der einem Angeklagten anzulastenden Schuld erhöht sich auch nicht allein dadurch, dass einem Mittäter ein geringerer Vorwurf zu machen ist.[1094] 239

Will ein Angeklagter aber geltend machen, es liege ein Verstoß gegen das Gebot der Gleichmäßigkeit des Strafens vor, weil seine Strafe im Vergleich zu derjenigen von Mittätern zu hoch sei, und sind die Mittäter nicht in dem angefochtenen Urteil selbst mit abgeurteilt, so muss er eine Verfahrensrüge etwa in Form einer Aufklärungsrüge erheben. Zu deren Begründung muss er die Tatsachen so umfassend vortragen, dass das Revisionsgericht allein aufgrund der Revisionsbegründungsschrift prüfen kann, ob ein Rechtsfehler vorliegt, wenn das tatsächliche Vorbringen der Revision zutrifft. Damit wird in diesen Fällen regelmäßig zumindest das gegen

1088 BGH, Beschl. v. 18.07.2016 – 1 StR 315/15 = StraFo 2016, 477 f.; Beschl. v. 14.12.2016 – 2 StR 338/16.

1089 BGH, Beschl. v. 11.12.2008 – 5 StR 536/08 = StV 2009, 244 f.

1090 BGH, Beschl. v. 24.02.2009 – 5 StR 8/09 = StV 2009, 352.

1091 BGH, Beschl. v. 27.11.2008 – 5 StR 513/08 = NStZ-RR 2009, 71 f.

1092 BGHSt 25, 207 f.; *Streng* JuS 1993, 919 f., 923.

1093 BGH, Beschl. v. 28.06.2011 – 1 StR 282/11 = BGHSt 56, 262 f. = StV 2011, 722 f.; BGH, Beschl. v. 16.08.2011 – 5 StR 237/11 = StV 2011, 725 f.

1094 BGH, Beschl. v. 28.06.2011 – 1 StR 282/11 = NJW 2011, 2597 f. = BGHSt 56, 262 ff. m. Anm. *Streng* JR 2012, 2542 f.; Beschl. v. 16.08.2011 – 5 StR 237/11 = StV 2011, 725.

die Mittäter ergangene Urteil einschließlich der maßgeblichen Urteilsgründe zur Kenntnis zu bringen sein.

X. Generalprävention

240 Der Strafzweck der Generalprävention darf nur innerhalb des Spielraums für die angemessene Strafe berücksichtigt werden.[1095] Er kommt zum Tragen, wenn eine gemeinschaftsgefährliche Zunahme solcher oder ähnlicher Straftaten, wie sie zur Aburteilung stehen, festgestellt ist.[1096] Es dürfen aber nur solche Umstände herangezogen werden, die außerhalb der bei der Aufstellung eines bestimmten Strafrahmens vom Gesetzgeber bereits bezweckten allgemeinen Abschreckung liegen.[1097] Generalpräventive Erwägungen setzen die Notwendigkeit allgemeiner Abschreckung für den Gemeinschaftsschutz voraus. Es ist zulässig, dem Gedanken der Abschreckung anderer möglicher Täter bereits dann Geltung zu verschaffen, wenn eine Kriminalitätsform, die in anderen Ländern anzutreffen ist und die den Rechtsfrieden in besonderem Maße stört (z.B. Schutzgelderpressung), in einzelnen Fällen auf das Inland übergegriffen hat. Dass sie hier schon in bedrohlichem Umfang praktiziert wird, ist nicht nötig. Bei Konflikttaten liegt die Heranziehung generalpräventiver Gesichtspunkte fern.

XI. Verfahrensdauer – Beschleunigungsgebot

241 Kommt es in einem Strafverfahren zu einem außergewöhnlich langen Abstand zwischen Tat und Urteil oder einer sehr langen Dauer des Verfahrens,[1098] hat der Tatrichter grundsätzlich drei unterschiedliche Strafzumessungsgründe zu bedenken, nämlich langen zeitlichen Abstand zwischen Tat und Urteil (unabhängig von der Dauer des Strafverfahrens),[1099] die Belastungen durch lange Verfahrensdauer[1100] und die Verletzung des Beschleunigungsgebotes[1101] nach Art. 6 Abs. 1 Satz 1 EMRK.[1102] Einer überdurchschnittlich langen Verfahrensdauer kommt neben einer rechtsstaatswidrigen Verfahrensverzögerung eine eigenständige strafmildernde Bedeutung zu, wenn sie für den Angeklagten mit besonderen Belastungen verbunden ist und diese eine Quasi-Strafwirkung für den Angeklagten zur Folge haben.[1103] Ist eine rechtsstaatswidrige Verfahrensverzögerung i.S. der EMRK festgestellt, verlangt die höchstrichterliche Rechtsprechung die ausdrückliche Feststellung der Verletzung des Beschleunigungsgebotes im Urteil.

242 Ein Angeklagter hat das Recht auf Behandlung seiner Sache innerhalb angemessener Frist, wobei auf die gesamte Dauer von Beginn bis zum Ende der Ermittlungen abzustellen ist und Schwere und Art des Tatvorwurfes, Umfang und Schwierigkeiten des Verfahrens, Art und Weise der Ermittlun-

---

1095 BGHSt 28, 318 (326 f.); 34, 150 (151).

1096 BGH, Beschl. v. 23.11.2010 – 3 StR 393/10; BGH StraFo 2008, 336.

1097 BGHSt 17, 321; BGH StV 1994, 424.

1098 Vgl. BGH StV 2002, 598 f.; BGH, Beschl. v. 23.08.2011 – 1 StR 153/1; zu den Grundlagen und Auswirkungen des Beschleunigungsgebots *Liebhart* NStZ 2017, 254 ff.; *Horter* ZStW 2021, 385 ff.

1099 BGHSt 62, 184 (192 ff.); BGH, Beschl. v. 29.09.2015 – 2 StR 128/15 = NStZ-RR 2016, 7; Beschl. v. 02.03.2022 – 2 StR 541/21 = StV 2022, 572; Beschl. v. 01.06.2022 – 6 StR 191/22.

1100 BGH, Beschl. v. 15.03.2011 – 1 StR 260/09 = NStZ 2011, 420 f.; Beschl. v. 06.12.2018 – 4 StR 424/18 = NStZ 2019, 293 f.

1101 Vgl. jetzt auch das Gesetz über den Rechtsschutz bei überlangen Gerichts- und strafrechtlichen Ermittlungsverfahren vom 24.11.2011 (BGBl. I 2302); z.B. § 198 ff. GVG; vgl. dazu u.a. *Brummund* JA 2012, 213 f.; *Magnus* ZZP 2012, 75 f.; zur ambivalenten Wirkung vgl. *Franke* StV 2010, 433 ff. und *Roxin* StV 2010, 437 ff.

1102 BGH NStZ 1999, 181 (182); vgl. zu den Grundlagen: *Waßmer* ZStW 118 (2006), 159 ff.; *Peglau* JuS 2006, 704 ff.; sehr informativ *Nack* Festschrift zu Ehren des Strafrechtsausschusses der Bundesrechtsanwaltskammer 2006 S. 425 ff.; zur Rechtsprechung vgl. *Maier/Percic* NStZ-RR 2009, 297 ff.; 329 ff.; zur verfassungsrechtlichen Problematik *Broß* StraFo 2009, 10 ff.

1103 BGH, Beschl. v. 16.03.2011 – 5 StR 585/10 = NStZ-RR 2011, 171; Urt. v. 24.03.2016 – 2 StR 344/14 = NStZ-RR 2016, 341 f.

gen neben dem eigenen Verhalten des Angeklagten zu berücksichtigen sind. Eine gewisse Untätigkeit während eines bestimmten Verfahrensabschnittes führt nicht ohne Weiteres zu einem Verstoß gegen Art. 6 Abs. 1 Satz 1 EMRK, sofern die angemessene Frist insgesamt nicht überschritten wird.

Das Gebot des Art. 6 Abs. 1 Satz 1 EMRK auf Verhandlung innerhalb angemessener Frist richtet sich nicht ausschließlich an die Justizbehörden, sondern an den Vertragsstaat an sich, der dafür Sorge zu tragen hat, dass die Strafverfahren in angemessener Frist mit einer Entscheidung enden. Maßgeblich ist deshalb nicht, ob die rechtsstaatswidrige Verfahrensverzögerung von einer Justizbehörde, sondern ob sie von einer staatlichen Stelle zu verantworten ist.[1104]

Ein Verstoß gegen Art. 6 Abs. 1 S. 1 EMRK ist gegeben, wenn das Verfahren aus Gründen verzögert 243
worden ist, die den Strafverfolgungsorganen anzulasten sind. Die Angemessenheit der Frist, innerhalb derer über eine strafrechtliche Anklage gegen einen Angeklagten verhandelt werden muss und ein Urteil zu ergehen hat (Art. 5 Abs. 3 Satz 1 2. Hs. Art. 6 Abs. 1 Satz 1 EMRK), beurteilt sich nach den besonderen Umständen des Einzelfalles, die in einer umfassenden Gesamtwürdigung gegeneinander abgewogen werden müssen.[1105] Zu berücksichtigen sind dabei namentlich der durch die Verzögerungen der Justizorgane verursachte Zeitraum der Verfahrensverlängerung, die Gesamtdauer des Verfahrens, Umfang und Schwierigkeit des Verfahrensgegenstands, Art und Weise der Ermittlungen sowie das Ausmaß der mit dem Andauern des schwebenden Verfahrens für den Betroffenen verbundenen besonderen Belastungen. Keine Berücksichtigung finden hingegen Verfahrensverzögerungen, die der Angeklagte selbst, sei es auch durch zulässiges Prozessverhalten, verursacht hat. Nicht eingerechnet werden auch die Zeiträume, die bei zeitlich angemessener Verfahrensgestaltung beansprucht werden durften. Zu beachten ist ferner, dass eine Verzögerung während eines einzelnen Verfahrensabschnitts für sich allein keinen Verstoß gegen das Beschleunigungsgebot begründet, wenn das Strafverfahren insgesamt in angemessener Zeit abgeschlossen wurde.[1106] Zu berücksichtigen sind also die Natur des Verfahrens und die Bedeutung der Sache, die Auswirkungen einer langen Verfahrensdauer für die Beteiligten, die Schwierigkeit der Sachmaterie, das den Beteiligten zuzurechnende Verhalten, insbesondere Verfahrensverzögerungen durch sie, sowie die gerichtlich nicht zu beeinflussende Tätigkeit Dritter, vor allem der Sachverständigen. Dagegen kann sich der Staat nicht auf solche Umstände berufen, die in seinem Verantwortungsbereich liegen.[1107] Der Tatrichter hat zu prüfen, ob die Sache insgesamt nicht in angemessener Frist verhandelt worden ist, wobei eine gewisse Untätigkeit innerhalb eines einzelnen Verfahrensabschnitts dann nicht zu einer Verletzung der konventionsrechtlichen Gewährleistung führt, wenn dadurch die Gesamtdauer des Verfahrens nicht unangemessen lang wird. Dabei beginnt die angemessene Frist i.S. der EMRK, wenn der Beschuldigte von den Ermittlungen in Kenntnis gesetzt wird. Sie endet mit dem rechtskräftigen Abschluss des Verfahrens.

Eine Verfahrensverlängerung, die dadurch entsteht, dass auf die Revision eines Verfahrensbeteiligten ein Urteil teilweise aufgehoben und die Sache zu erneuter Verhandlung und Entscheidung ***zurückverwiesen*** wird, begründet regelmäßig keine rechtsstaatswidrige Verfahrensverzögerung. Das ist Ausfluss der Gesetzeslage und eines rechtsstaatlichen Rechtsmittelsystems.[1108] Anderes kann es sein, wenn die Zurückverweisung Folge erheblicher, kaum verständlicher Rechtsfehler ist. Unabhängig davon, ob ein Verfahren gegen einen inhaftierten oder einen nicht inhaftierten Angeklagten geführt wird, führt ein vorübergehender Engpass in der Arbeits- und Verhandlungskapazität der Strafverfolgungsorgane nicht zu einem Verstoß gegen Artikel 6 Abs. 1 S. 1 EMRK. Der Tatrichter hat die an sich – ohne die Verletzung des Beschleunigungsgebotes – verwirkte Strafe in einem neuen,

1104 BGH, Beschl. v. 04.08.2009 – 5 StR 253/09 = StV 2009, 693.

1105 BGH, Beschl. v. 30.09.2021 – 2 StR 171/21.

1106 BGH, Urt. v. 18.06.2009 – 3 StR 89/09 = StV 2010, 228; v. 16.07.2009 – 3 StR 148/09 = NStZ 2011, 97; Urt. v. 21.04.2011 – 3 StR 50/11 = NStZ-RR 2011, 239 f.; Beschl. v. 28.07.2009 – 3 StR 44/09.

1107 BVerfG, Beschl. v. 24.08.2010 – 1 BvR 331/10; BGH, Beschl. v. 26.10.2010 – 5 StR 497/09.

1108 BGH, Beschl. v. 17.12.2003 – 1 StR 445/03 = BGH NStZ 2004, 308.

eigenständigen Strafzumessungsvorgang zu ermitteln, ohne an die Höhe der früheren Strafe gebunden zu sein. Diese bildet erst die Obergrenze für die um das Ausmaß der Kompensation reduzierte, letztlich verhängte Strafe.

Weder die Dauer der Untersuchungshaft noch die Dauer der Hauptverhandlung kann zu dem Gebot führen, die Einzelstrafen oder die Gesamtstrafe in numerisch bestimmter Weise herabzusetzen darin kann aber ein bestimmender Strafmilderungsgesichtspunkt liegen.

244 Macht die Staatsanwaltschaft von der Möglichkeit des § 154 Abs. 1 StPO aus verfahrensökonomischen Gründen Gebrauch und nimmt sie das Verfahren später in zulässiger Weise wieder auf, kann die hierdurch bewirkte Verzögerung jedenfalls nicht ohne Weiteres den Vorwurf der Rechtsstaatswidrigkeit begründen. In Betracht kommt aber, dass ein großer zeitlicher Abstand zwischen Tat und Aburteilung sowie eine lange Verfahrensdauer und ihre nachteiligen Auswirkungen auf den Angeklagten regelmäßig selbst dann gewichtige Milderungsgründe darstellen, wenn diese sachlich bedingt waren.[1109] Die Ausschöpfung der von der Dauer der ersten Hauptverhandlung mitbestimmten Frist zur Absetzung der Urteilsgründe vermag ebenso wenig eine rechtsstaatswidrige Verfahrensverzögerung zu begründen.

245 Das BVerfG verlangte bei einem Verstoß gegen das Beschleunigungsgebot, dass ausdrücklich das Ausmaß der vorgenommenen Herabsetzung der Strafe durch Vergleich mit der ohne Berücksichtigung der Verletzung dieses Gebotes angemessenen Strafe exakt bestimmt wird.[1110] Dem war bisher auch der Bundesgerichtshof gefolgt,[1111] wobei aber bereits in Entscheidungen diese Mathematisierung der Strafenfindung als Fremdkörper in der Strafzumessung[1112] sowie als systemwidrig[1113] bezeichnet worden war. Auf eine Initiative des 3. Strafsenats[1114] hat der Große Senat für Strafsachen des BGH[1115] die Gewährung von Strafnachlässen bei rechtsstaatswidrigen Verfahrensverzögerungen grundsätzlich neu geregelt und sich für ein *Vollstreckungsmodell* entschieden. Ist der Abschluss eines Strafverfahrens rechtsstaatswidrig derart verzögert worden, dass das bei der Durchsetzung des staatlichen Strafanspruchs unter näherer Bestimmung des Ausmaßes berücksichtigt werden muss, so ist anstelle der bisher gewährten Strafminderung in der Urteilsformel auszusprechen, dass zur Entschädigung für die überlange Verfahrensdauer ein bezifferter Teil der verhängten Strafe als vollstreckt gilt.[1116] Der Große Senat hat den Systemwechsel für geboten erachtet, weil die notwendige Kompensation im Wege des Strafabschlags in besonderen Konstellationen innerhalb der gesetzlichen Strafrahmen nicht möglich ist und damit in Widerstreit zu der Bindung der Gerichte an das Gesetz tritt. Künftig wird nicht mehr die vom Gericht ausgesprochene Strafhöhe, sondern lediglich die Vollstreckungsdauer der verhängten Haft herabgesetzt, wenn sich ein Prozess unvertretbar lang hinzieht. Konsequenzen hat dieser Beschluss u.a. deshalb, weil die im Urteil festgesetzte Strafhöhe entscheidend für die Aussetzung der Strafe zur Bewährung ist. Indem es die Kompensation für die

1109 BGH, Beschl. v. 21.12.2010 – 2 StR 344/10 = StV 2011, 406 f.; v. 16.03.2011 – 5 StR 585/10 = NStZ-RR 2011, 171.

1110 BVerfG NStZ 1997, 591; vgl. auch EGMR EuGRZ 1983, 378.

1111 Vgl. Zitate in BGHSt 52, 124 ff. Rn. 27.

1112 BGH NStZ-RR 2006, 201 f.

1113 BGH NStZ 2005, 465 f.

1114 BGH, Beschl. v. 23.08.2007 – 3 StR 50/07.

1115 BGH, Beschl. v. 17.01.2008 – GSSt 1/07 = BGHSt 52, 124 ff.; vgl. dazu *Gaede* JZ 2008, 422 ff.; *Kraatz* JR 2008, 189 ff.; *Ignor/Bertheau* NJW 2008, 2209 ff.; *Ziegert* StraFo 2008, 321 ff.

1116 Innerhalb der Senate des BGH ist umstritten ob das Verschlechterungsverbot dem Ausspruch einer höheren Strafe nach Zurückverweisung allein aufgrund der Revision des Angeklagten nicht entgegensteht, wenn der den bisherigen Strafausspruch überschießende Teil der neu erkannten Strafe für verbüßt erklärt werde einerseits z.B. Beschl. v. 18.01.2008 – 3 StR 388/07 = StV 2008, 399 f.; v. 19.02.2008 – 3 StR 536/07; andererseits z.B. Beschl. v. 20.03.2008 – 1 StR 488/07 = NStZ 2008, 457 ff. = StV 2008, 414 ff.; v. 05.03.2008 – 2 StR 54/08 = StV 2008, 400; v. 20.04.2008 – 4 StR 443/08; v. 02.04.2008 – 5 StR 354/07 = BGHSt 52, 182 ff.; v. 02.04.2008 – 5 StR 62/08 = StV 2008, 400.

von staatlichen Stellen verursachten Verfahrensverzögerungen in einem gesonderten Schritt nach der eigentlichen Strafzumessung vornimmt, können die im Gesetz vorgegebenen Mindeststrafen, die nach der Bewertung des Gesetzgebers auch im denkbar mildesten Fall noch einen angemessenen Schuldausgleich gewährleisten, eingehalten werden. Gleichzeitig eröffnet es die Möglichkeit, die gebotene Entschädigung des Angeklagten für das von ihm erlittene Verfahrensunrecht dennoch zu leisten. Das gilt selbst im Fall einer lebenslangen Freiheitsstrafe. Sollte hier ausnahmsweise eine Kompensation einmal geboten sein, so könnte sie durch Anrechnung auf die Mindestverbüßungsdauer im Sinne des § 57a Abs. 1 Nr. 1 StGB vorgenommen werden. In der Kompensation durch Anrechnung selbst sieht der BGH keinen Widerspruch zu verfassungsrechtlichen Vorgaben und den Entscheidungen des Bundesverfassungsgerichts.[1117]

Die Kompensation einer rechtsstaatswidrigen Verfahrensverzögerung ist nach der Vollstreckungslösung getrennt und unabhängig von der Strafzumessung vorzunehmen; denn diese Form der Kompensation stellt eine rein am Entschädigungsgedanken orientierte eigene Rechtsfolge neben der Strafzumessung dar.[1118]

▶ **Hinweis**

Die Höhe der Kompensation für eine hinsichtlich Art, Ausmaß und ihrer Ursachen prozessordnungsgemäß festgestellte überlange Verfahrensdauer ist ein zulässiger Verständigungsgegenstand.[1119]

Allgemeine Kriterien für die Festlegung einer für erforderlich erachteten Kompensation lassen sich nicht aufstellen. Entscheidend sind stets die Umstände des Einzelfalles, wie der Umfang der staatlich zu verantwortenden Verzögerung, das Maß des Fehlverhaltens der Strafverfolgungsorgane sowie die Auswirkungen all dessen auf den Angeklagten. Jedoch ist im Auge zu behalten, dass die Verfahrensdauer als solche sowie die damit verbundenen Belastungen des Angeklagten stets bereits strafmildernd im Rahmen der Strafzumessung zu berücksichtigen sind. In diesem Punkt der Rechtsfolgenbestimmung geht es daher nur mehr um einen Ausgleich für die rechtsstaatswidrige Verursachung dieser Verzögerung, d.h. einer weitergehenden Kompensation bedarf es insoweit, als der Angeklagte gerade durch die rechtsstaatswidrige Verfahrensverzögerung belastet war.[1120] Bei der gebotenen Kompensation für die rechtsstaatswidrige Verfahrensverzögerung hat das Tatgericht zunächst festzustellen, welcher Zeitraum zwischen der Eröffnung des Tatvorwurfs und dem Urteil bei zeitlich angemessener Verfahrensgestaltung als erforderlich anzusehen ist. Dieser Zeitraum ist bei der Berechnung der Dauer der rechtsstaatswidrigen Verfahrensverzögerung nicht zu berücksichtigen. Da diese auch durch die – in den Urteilsgründen zu treffende – ausdrückliche Feststellung ihres Vorliegens kompensiert werden kann, bedarf es der Feststellung, ob das als Entschädigung ausreicht. Erst wenn das nicht der Fall ist, hat das Gericht festzulegen und in der Urteilsformel auszusprechen, welcher bezifferte Teil der Strafe zur Kompensation einer derartigen Verzögerung als vollstreckt gilt.[1121]

▶ **Hinweis**

Bei der Bemessung der Kompensation darf das Tatgericht sich nicht an der Höhe der verhängten Gesamtfreiheitsstrafe orientieren. Die im Wege des sog. Vollstreckungsmodells vorzunehmende Kompensation koppelt den Ausgleich für das erlittene Verfahrensunrecht von Fragen des Tatunrechts, der Schuld und der Strafhöhe ab. Der Ausgleich für eine rechtsstaatswidrige Verfahrensverzögerung stellt eine rein am Entschädigungsgedanken orientierte eigene Rechtsfolge neben der Strafzumessung dar. Sie richtet sich deshalb nicht nach der Höhe der

1117 BGH, Beschl. v. 17.01.2008 – GSSt 1/07 = BGHSt 52, 124 ff. Rn. 49.
1118 BGH, Urt. v. 18.06.2009 – 3 StR 89/09 = StV 2010, 228 f.
1119 BGH, Beschl. v. 25.11.2015 – 1 StR 79/15 = BGHSt 61, 43 f. = NStZ 2016, 428 f.
1120 BGH, Beschl. v. 16.04.2015 – 2 StR 48/15 = StV 2015, 557; v. 28.07.2015 – 2 StR 38/15 = StV 2016, 777.
1121 BGH, Beschl. v. 15.04.2009 – 3 StR 128/09 = NStZ-RR 2009, 248.

Strafe. Auch das Gewicht der Tat und das Maß der Schuld spielen weder für die Frage, ob das Verfahren rechtsstaatswidrig verzögert worden ist, noch für Art und Umfang der zu gewährenden Kompensation eine Rolle.[1122] Die Kompensation einer rechtsstaatswidrigen Verfahrensverzögerung ist nicht mit dem Umfang der Verzögerung gleichzusetzen, sondern hat nach den Umständen des Einzelfalls grundsätzlich einen eher geringen Bruchteil der Strafe zu betragen.[1123]

Allgemein lassen sich Kriterien für die Frage, welcher Teil der Strafe zur Kompensation der Verzögerung als vollstreckt gilt,[1124] nicht aufstellen. Entscheidend sind stets die Umstände des Einzelfalls, wie der Umfang der staatlich zu verantwortenden Verzögerung, das Maß des Fehlverhaltens der Strafverfolgungsorgane sowie die Auswirkungen all dessen auf den Angeklagten. Jedoch muss stets im Auge behalten werden, dass die Verfahrensdauer als solche sowie die hiermit verbundenen besonderen Belastungen des Angeklagten bereits mildernd in die Strafzumessung eingeflossen sind und es daher in diesem Punkt der Rechtsfolgenbestimmung nur noch um einen Ausgleich für die rechtsstaatswidrige Verursachung dieser Umstände geht.[1125] Der (überlangen) Verfahrensdauer wird nämlich durch die im Wege der Anrechnung vorzunehmende Kompensation (Vollstreckungslösung) nicht ihre Bedeutung als (allgemeiner) Strafzumessungsgrund genommen. Sie bleibt als solcher zunächst bedeutsam deswegen, weil allein schon durch einen besonders langen Zeitraum, der zwischen der Tat und dem Urteil liegt, das Strafbedürfnis allgemein abnimmt. Sie behält ihre Relevanz aber gerade auch wegen der konkreten Belastungen, die für den Angeklagten mit dem gegen ihn geführten Verfahren verbunden sind und die sich generell umso stärker mildernd auswirken, je mehr Zeit zwischen dem Zeitpunkt, in dem er von den gegen ihn laufenden Ermittlungen erfährt, und dem Verfahrensabschluss verstreicht. Diese sind bei der Straffindung unabhängig davon zu berücksichtigen, ob die Verfahrensdauer durch eine rechtsstaatswidrige Verzögerung mit bedingt ist. Lediglich der hiermit zwar faktisch eng verschränkte, rechtlich jedoch gesondert zu bewertende und zu entschädigende Gesichtspunkt, dass eine überlange Verfahrensdauer (teilweise) auf einem konventions- und rechtsstaatswidrigen Verhalten der Strafverfolgungsbehörden beruht, wird aus dem Vorgang der Strafzumessung, dem er wesensfremd ist, herausgelöst und durch die bezifferte Anrechnung auf die angemessene Strafe gesondert ausgeglichen. Die Anrechnung hat sich daher im Regelfall auf einen eher geringen Bruchteil der Strafe zu beschränken.[1126]

▶ Beachte

Die Verletzung des Beschleunigungsgebots führt grundsätzlich nicht zu einem Verfahrenshindernis. Das hat seinen Grund darin, dass die Tatsache und das Gewicht des Verstoßes nur in einer Gesamtabwägung und mit Blick auf die dem Verfahren zugrunde liegende Beschuldigung und das Maß des Verschuldens bestimmt werden können; diese Feststellung entzieht sich einer allein formellen Betrachtung. Lediglich in außergewöhnlichen Sonderfällen, wenn eine angemessene Berücksichtigung des Verstoßes im Rahmen einer Sachentscheidung bei umfassender Gesamtwürdigung nicht mehr in Betracht kommt, kann eine rechtsstaatswidrige Verfahrensverzögerung zu einem Verfahrenshindernis führen.[1127]

246 In ***Jugendstrafsachen*** sind die Strafverfolgungsbehörden und Gerichte – mehr noch als in Verfahren gegen Erwachsene – gehalten, alles zu tun, um unnötige Verfahrensverzögerungen auszuschließen.

1122 BGH, Beschl. v. 23.07.2015 – 3 StR 518/14 = NStZ-RR 2015, 341 f.
1123 BGH, Beschl. v. 05.11.2015 – 2 StR 364/15.
1124 Es empfiehlt sich, den Zeitraum der als vollstreckt gilt, nicht als Bruchteil der verhängten Strafe anzugeben, sondern nach § 39 StGB zu bemessen: BGH, Beschl. v. 23.07.2009 – 2 StR 248/09.
1125 Beschl. v. 25.06.2009 – 2 StR 113/09; Urt. v. 18.06.2009 – 3 StR 89/09 = StV 2010, 228 f.
1126 BGH, Beschl. v. 16.06.2009 – 3 StR 173/09 = StV 2009, 638 f.; Beschl. v. 02.02.2010 – 4 StR 514/09 = StV 2010, 479.
1127 BGH, Urt. v. 11.08.2016 – 1 StR 196/16 = wistra 2017, 108 f.

Dem Beschleunigungsgebot kommt in Jugendsachen wegen des das Jugendgerichtsgesetz beherrschenden Erziehungsgedankens eine gesteigerte Bedeutung zu. Nr. 1 S. 1 der Richtlinien zu § 55 JGG fordert, dass Jugendstrafverfahren aus erzieherischen Gründen möglichst schnell zum Abschluss gebracht werden sollen. Das gilt im gleichen Maße für Heranwachsende, auf die Jugendstrafrecht angewandt werden soll. Kommt es im Einzelfall in einer Jugendsache gleichwohl zu erheblichen, vermeidbaren Verfahrensverzögerungen, die den Strafverfolgungsbehörden zuzurechnen sind, so erscheint fraglich, ob eine Kompensation in der vom Bundesverfassungsgericht vorgeschriebenen Weise, also durch Ermäßigung der an sich verwirkten Jugendstrafe – nach Feststellung von Art und Ausmaß der Verzögerung – vorzunehmen ist. Zumindest in Fällen, in denen schädliche Neigungen die Verhängung von Jugendstrafe erforderlich machen und erzieherische Überlegungen die Höhe der Jugendstrafe ausschlaggebend bestimmen, wird sie ausscheiden müssen. Der Ausgleich für eine Verfahrensverzögerung darf nicht dazu führen, dass die zur Erziehung erforderliche Dauer der Jugendstrafe unterschritten und dadurch die Erreichung des Erziehungsziels gefährdet wird. Ein Verstoß gegen das Beschleunigungsgebot des Art. 6 Abs. 1 S. 1 EMRK wird deshalb nicht durch einen mathematischen Abschlag von der erzieherisch gebotenen Jugendstrafe zu kompensieren sein. Sie wird vielmehr nur insoweit strafmildernd Berücksichtigung finden können, als Gedanken des Schuldausgleichs in die Strafzumessung einfließen.[1128]

Ob eine weitergehende Kompensation im Wege des sogenannten Vollstreckungsmodells im Jugendstrafverfahren auch dann möglich ist, wenn die Jugendstrafe neben der Schwere der Schuld auch auf das Vorliegen schädlicher Neigungen gestützt worden ist, ist in der Rechtsprechung des BGH noch nicht abschließend geklärt.[1129]

Nach Übernahme eines Ermittlungsverfahrens durch die Bundesrepublik Deutschland ist eine in 247
dem abgebenden Vertragsstaat der MRK bereits eingetretene rechtsstaatswidrige Verfahrensverzögerung nicht zu kompensieren.[1130]

Eine Kompensation kommt auch im berufsrechtlichen Verfahren in Betracht.[1131]

▶ **Hinweis**

Der 3. Strafsenat des Bundesgerichtshofs[1132] wendet sich gegen die Rechtsprechung des 5. Strafsenats[1133] es müsse eine durch die verspätete Übermittlung von Ermittlungsergebnissen verursachte psychische Mehrbelastung des Angeklagten entsprechend den Grundsätzen ausgeglichen werden, die nach der neueren Rechtsprechung bei der Kompensation rechtsstaatswidriger Verfahrensverzögerungen zur Anwendung kommen. Der 4. Strafsenat[1134] meint, dass diese Rechtsprechung auf den Besonderheiten der Konvention zum Schutz der Menschenrechte und Grundfreiheiten und insbesondere dem Verständnis beruhe, welches Art. 34 EMRK in der Spruchpraxis des Europäischen Gerichtshofs für Menschenrechte gefunden habe. Diese Rechtsprechung sei aber nicht auf Bereiche auszudehnen, in denen ihre Anwendung durch entsprechende völkervertrags- oder verfassungsrechtliche Vorgaben nicht geboten ist. Die Folgen, die Verstöße gegen das Verfahrensrecht nach sich ziehen können, seien grundsätzlich in der Strafprozessordnung abschließend geregelt. Dem Staat sei es insbesondere verwehrt, dem Angeklagten Verfahrensverstöße, die sich auf das Urteil ausgewirkt haben, durch einen

---

1128 BGH NStZ 2003, 364; BGH, Beschl. v. 26.10.2006 – 3 StR 326/06 = StV 2008, 113 f.
1129 BGH, Beschl. v. 28.09.2010 – 5 StR 330/10 = StraFo 2011, 56 f.
1130 BGH, Beschl. v. 23.08.2011 – 1 StR 153/11 = BGHSt 57, 1 f. = StV 2012, 81 f.; siehe auch BGH, Beschl. v. 27.10.2021 – 4 StR 214/21.
1131 BGH, Urt. v. 07.12.2009 – StbSt (R) 2/09 = StraFo 2003, 254.
1132 BGH, Beschl. v. 31.05.2011 – 3 StR 97/11, StraFo 2012, 239 f.
1133 Vgl. Beschl. v. 25.09.2007 – 5 StR 116/01 und 5 StR 4675/02 = BGHSt 52, 48, 55 ff.
1134 BGH, Beschl. v. 07.06.2011 – 4 StR 643/10, StV 2011, 603 f.

Vollstreckungsrabatt abzuhandeln; denn das würde auf die Dauer zu einer nicht hinnehmbaren Relativierung des Verfahrensrechts führen.

▶ Hinweis für Revisionsverfahren

Ein Revisionsführer, der das Vorliegen einer Art. 6 Abs. 1 S. 1 EMRK verletzenden Verfahrensverzögerung geltend machen will, muss grundsätzlich eine Verfahrensrüge erheben. Ergeben sich indes bereits aus den Urteilsgründen die Voraussetzungen einer solchen Verzögerung, hat das Revisionsgericht auf Sachrüge einzugreifen. Das gilt auch, wenn sich bei der auf Sachrüge veranlassten Prüfung, namentlich anhand der Urteilsgründe, ausreichende Anhaltspunkte ergeben, die das Tatgericht zur Prüfung einer solchen Verfahrensverzögerung drängen mussten, so dass ein sachlich rechtlich zu beanstandender Erörterungsmangel vorliegt.[1135] Der Tatrichter ist nämlich gehalten, Art und Ausmaß der Verzögerung sowie ihre Ursachen zu ermitteln und im Urteil festzustellen. Demnach muss das Revisionsgericht jedenfalls im Sinne einer Schlüssigkeitsprüfung nachvollziehen können, ob die festgestellten Umstände die Annahme einer rechtsstaatswidrigen Verfahrensverzögerung nach Art. 6 Abs. 1 Satz 1 EMRK tragen und ob sich die Kompensationsentscheidung innerhalb des dem Tatrichter eröffneten Bewertungsspielraums hält.[1136]

Im Rahmen der Erhebung einer Verfahrensrüge bei einer überlangen Verfahrensdauer ist dem Revisionsgericht ein detailliertes und wirklichkeitsgetreues Bild des Verfahrensablaufs zu unterbreiten. Zwar dürfen die Anforderungen an den Umfang der Darstellung der den Mangel enthaltenden Tatsachen in einer Revisionsbegründung bei der Beanstandung einer konventionswidrigen Verzögerung während eines mehrere Jahre währenden Verfahrens nicht überzogen werden. Von einem Beschwerdeführer ist aber zu erwarten, dass er einen realistischen Überblick über den tatsächlichen Ablauf des Strafverfahrens gibt. Dieser Darstellung bedarf es deswegen, weil für die Frage der Konventionswidrigkeit das Verfahren insgesamt zu beurteilen ist, regelmäßig beginnend mit dem Zeitpunkt, in dem der Beschuldigte von der Einleitung des gegen ihn gerichteten Ermittlungsverfahrens Kenntnis erlangt.[1137] Die Mitteilung in der Revisionsbegründung, wann das schriftliche Urteil zu den Akten gelangt, wann seine Zustellung verfügt wurde sowie die Nennung des Datums der Ausführung genügen daher nicht für die Prüfung, ob dadurch eine weitere rechtsstaatswidrige Verfahrensverzögerung eingetreten ist.[1138]

▶ Beachte

248 Bei erheblicher von der Justiz zu verantwortender Verzögerung des Revisionsverfahrens und einem verbleibenden allenfalls geringen Maß strafrechtlicher Schuld sowie bei besonderer Belastung des Angeklagten durch das Verfahren und seine Begleitumstände kann in Betracht kommen, das Strafverfahren, falls die rechtlichen Voraussetzungen des § 153 Abs. 2 StPO nicht vorliegen, abzubrechen.[1139]

▶ Beachte

249 Einer gegen Art. 6 Abs. 1 S. 1 MRK verstoßenden Verfahrensverzögerung wird allein mit der strafmildernden Berücksichtigung der »sehr langen Verfahrensdauer« nicht hinreichend Genüge getan. Erforderlich ist eine spezielle Strafzumessung, in der das Maß der hierfür zugebilligten Kompensation genau bestimmt wird. Bei einer gegen Art. 6 Abs. 1 MRK verstoßenden

1135 BGH Urt. v. 25. 11 2004 – 2 StR 274/04 = JR 2005, 208 f.; Beschl. v. 21.06.2018 – 4 StR 184/18.
1136 BGH, Beschl. v. 02.03.2022 – 2 StR 541/21 = StV 2022, 572.
1137 BGH, Beschl. v. 18.11.2008 – 1 StR 568/08 = NStZ-RR 2009, 92.
1138 BVerfG, Beschl. v. 10.03.2009 – 2 BvR 49/09 = StV 2009, 673 f.
1139 BGH NStZ-RR 1999, 272 – 274; BGHSt 46, 159 ff.

Verfahrensverzögerung ist auch bei Bildung der Gesamtfreiheitsstrafe regelmäßig eine spezielle Strafzumessung erforderlich, in der das Maß der hierfür zugebilligten Kompensation genau bestimmt wird.[1140]

Beachte

250 Eine nach Erlass des erstinstanzlichen Urteils eingetretene rechtsstaatswidrige Verfahrensverzögerung[1141] ist ohne Verfahrensrüge von Amts wegen auf die Sachrüge zu berücksichtigen. Einer Berücksichtigung kann entgegenstehen, dass der Angeklagte oder seine Verteidiger im Revisionsverfahren oder im Verfahren der Verfassungsbeschwerde wahrheitswidrig vorgetragen haben und deshalb der zusätzliche Zeitbedarf bis zum Abschluss des Verfahrens der Sphäre des Angeklagten zuzurechnen ist.[1142]

Aber

251 Auch eine **nach Erlass des erstinstanzlichen Urteils eingetretene rechtsstaatswidrige Verfahrensverzögerung** ist nur auf Verfahrensrüge hin zu prüfen, wenn das Urteil erneut zugestellt werden musste und der Revisionsführer dadurch die Möglichkeit hatte, die ihm bekannte Verzögerung innerhalb der neu in Gang gesetzten Frist des § 345 Abs. 1 StPO geltend zu machen.[1143]

XII. Mitverschulden

252 Ein Mitverschulden des Opfers ist – insbesondere bei Fahrlässigkeitstaten – zugunsten des Täters zu berücksichtigen, sofern es nicht gering oder unwesentlich ist[1144]. Entsprechendes gilt für schuldlose Mitverursachung, etwa durch Kinder, besondere bei Verkehrsdelikten.[1145] Bei Vorsatztaten ist zu differenzieren. Bei ihnen ist einfache Fahrlässigkeit des Opfers im Sinne eines Verschuldens gegen sich selbst in der Regel unwesentlich und deshalb kein Strafmilderungsgrund. Bei Eigentums- und Vermögensdelikten kann es strafmildernd sein, dass das Opfer eine Situation geschaffen hat, die dem Täter einen Tatanreiz bietet, so zum Beispiel, wenn es wertvolle Sachen ungesichert liegen lässt oder den Täter nicht ausreichend beaufsichtigt, wo Aufsicht geboten und verkehrsüblich ist.

Für die Entscheidung ist ohne Bedeutung, ob die das Mitverschulden begründeten Tatsachen feststehen oder nur als möglich angesehen werden (nicht auszuschließen sind).[1146]

Beachte

253 Im Rahmen der Strafzumessung darf nicht zugunsten des Angeklagten berücksichtigt werden, die Ermittlungsbehörden hätten aus ermittlungstaktischen Erwägungen nicht schon früher eingegriffen. Einen Anspruch eines Straftäters darauf, dass die Ermittlungsbehörden rechtzeitig gegen ihn einschreiten, um seine Taten zu verhindern, gibt es nicht; insbesondere folgt ein solcher Anspruch nicht aus dem Recht auf ein faires Verfahren gemäß Art. 6 Abs. 1 EMRK.[1147]

1140 BGH wistra 2002, 337.
1141 BGH, Beschl. v. 04.12.2007 – 3 StR 403/07; v. 04.12.2007 – 3 StR 402/07: Verzögerung bejaht bei um mehr als 9 bzw. 12 Monate verzögerter Vorlage an Generalbundesanwalt.
1142 BVerfG, Beschl. v. 05.12.2005 – 2 BvR 1964/05 = StV 2006, 73 ff.; BGH, Beschl. v. 21.03.2006 – 3 StR 411/04.
1143 BGH, Beschl. v. 20.06.2007 – 2 StR 493/06 = StV 2007, 516.
1144 BGH Beschl. v. 11.04.2018 – 4 StR 583/17 = BGHSt 63, 121 ff. = NStZ 2018, 600 f.
1145 BGHSt 3, 218 (220).
1146 BGH VRS 36, 262, 363Nr. . 172.
1147 BGH NStZ 2007, 635; Beschl. v. 15.08.2007 – 1 StR 335/07 (dazu BVerfG, Beschl. v. 28.11.2007 – 2 BvR 2076/07).

Zwar kann ein Verhalten des Steuerfiskus (gleich einem Mitverschulden oder einer Mitverursachung des Verletzten) strafmildernd zu berücksichtigen sein. Es kann daher Fälle geben, in denen strafschärfend berücksichtigtes Verhalten eines Angeklagten (etwa Skrupellosigkeit, Raffinesse oder Hartnäckigkeit) ins Verhältnis zum Verhalten der zum Schutze der staatlichen Vermögensinteressen berufenen Beamten zu setzen ist. Das gilt jedoch allenfalls dann, wenn das staatlichen Stellen vorwerfbare Verhalten unmittelbar auf das Handeln des Angeklagten Einfluss genommen hat (etwa, weil er bislang nicht tatgeneigt war oder ihm wenigstens die Tat erleichtert wurde) und den staatlichen Entscheidungsträgern die Tatgenese vorgeworfen werden kann.

Organisationsmängel in einem Unternehmen oder einer Gesellschaft können strafmildernd wirken, wenn dadurch ein Täter in die Lage versetzt wird, sein Vorhaben ohne die an sich vorgesehene und gebotene Kontrolle umzusetzen. Fehlt es insoweit an der verkehrsüblichen Aufsicht, ist das ein für den Täter sprechender Umstand[1148].

Ein Anspruch eines Straftäters darauf, dass die Ermittlungsbehörden rechtzeitig gegen ihn einschreiten, um seine Taten zu verhindern, besteht nicht. Insbesondere folgt ein solcher Anspruch nicht aus dem Recht auf ein faires Verfahren gemäß Artikel 6 Abs. 1 EMRK.[1149]

XIII. Ausländer als Straftäter

254 Die Ausländereigenschaft darf als solche nicht strafschärfend gewertet werden, da ansonsten gegen Art. 3 Abs. 3 GG verstoßen würde. Die strafschärfende Erwägung, der Angeklagte habe »das ihm von der Nachbarschaft im Rahmen der erwünschten Integration von ausländischen Mitbürgern entgegengebrachte Vertrauen in gröbster Weise missbraucht«, lässt besorgen, dass die Ausländereigenschaft zum Nachteil des Angeklagten rechtsfehlerhaft berücksichtigt wird.[1150]

255 Der Status als Asylbewerber ist für sich genommen als solcher nicht geeignet, sich strafschärfend oder strafmildernd auszuwirken. Anderes kann im Einzelfall für die hieraus folgenden Besonderheiten der Tat oder der Täterpersönlichkeit gelten. Aus der Eigenschaft als Asylbewerber ergibt sich aber nicht eine gesteigerte Pflicht, keine Gewalttaten zu begehen. Grundsätzlich unzulässig ist es, gegen den Angeklagten zu verwerten, dass er »das ihm gewährte Gastrecht missbraucht hat«. Die strafschärfende Erwägung, ein wegen Landfriedensbruch und gefährlicher Körperverletzung verurteilter Asylbewerber habe durch seine Tat das Ansehen der in Deutschland lebenden Asylbewerber stark geschädigt und einer positiven Einstellung der Bevölkerung gegenüber anwesenden Asylsuchenden und anderen Ausländern entgegengewirkt, ist deshalb rechtsfehlerhaft.[1151]

256 Im Rahmen der Strafzumessung können eingewurzelte Vorstellungen des ausländischen Täters nach Lage des Falles Berücksichtigung finden. Ihm kann es aufgrund solcher Vorstellungen schwerer fallen eine Norm zu befolgen. Fremde Verhaltensmuster und Vorstellungen können in der Regel aber nur dann strafmildernd berücksichtigt werden, wenn sie in Einklang mit der fremden Rechtsordnung stehen. Allein der Umstand, dass ein Angeklagter aus einem anderen Kulturkreis stammt, rechtfertigt deshalb die Berücksichtigung als Strafmilderungsgrund bei einer Vergewaltigung nicht. Es ist andererseits unzulässig, Ausländer für eine in der BRD begangene Tat schwerer als deutsche Staatsangehörige zu bestrafen, wenn sie »in ihrem Heimatland mit einer deutlich höheren Strafe rechnen müssten.« Es ist bedenklich, bei der Zumessung zu berücksichtigen, dass »durch die Strafe ein Zeichen dafür gesetzt werde, dass hinsichtlich der Achtung der Geschlechtsehre der Frau für Ausländer in Deutschland die deutschen Gepflogenheiten gelten«. Zulässig wäre diese Erwägung nur, wenn bereits eine gemeinschaftsgefährliche Zunahme solcher oder ähnlicher Straftaten festgestellt wäre.

1148 BGH Urt. v. 14.03.2018 – 1 StR 416/16 = NStZ 2019, 138 f.
1149 BGH, Beschl. v. 14.12.2010 – 1 StR 275/10 = PStR 2011, 58.
1150 BGH, Beschl. v. 17.01.2006 – 4 StR 423/05.
1151 BGH, Beschl. v. 25.10.2016 – 2 StR 386/16.

Die Ausländereigenschaft begründet für sich allein keine besondere Strafempfindlichkeit; nur besondere Umstände wie Verständigungsprobleme, abweichende Lebensbedingungen und erschwerte familiäre Kontakte können ausnahmsweise zu einer anderen Beurteilung führen.[1152] Ob der Vollzug einer Freiheitsstrafe voraussichtlich außergewöhnliche Wirkungen für einen Verurteilten haben wird, hängt von der Beurteilung seiner gesamten persönlichen Verhältnisse ab, zu denen Verständigungsprobleme, die aber mit der Zeit an Bedeutung verlieren können, wesentlich abweichende Lebensgewohnheiten und erschwerte familiäre Kontakte gehören. Kann die Strafvollstreckung überwiegend im Heimatland des Ausländers erfolgen, verliert die Annahme, die Strafvollstreckung werde den Angeklagten besonders hart treffen, weitgehend ihre Bedeutung. Die Ausländereigenschaft des Täters wurde von den Tatgerichten wegen der besonderen Strafempfindlichkeit von Ausländern meist ohne nähere Begründung mildernd berücksichtigt. Nach der Rechtsprechung des BGH[1153] ist es aber bedenklich, Straftaten eines aus einem fremden Kulturkreis stammenden Ausländers grundsätzlich milder zu beurteilen. Die Verwurzelung eines Angeklagten in einem archaischen Wertesystem hinsichtlich der Rolle der Frau führt nicht grundsätzlich zu einem minder schweren Fall. Hat sich der Angeklagte unter Verletzung der elementarsten Prinzipien des deutschen und europäischen Wertesystems selbstherrlich über das Recht hinweggesetzt, ist das nicht strafmildernd.[1154] Es ist aber nicht von vornherein ausgeschlossen, die Ausländereigenschaft im Einzelfall auch strafmildernd zu bewerten. Wenn der Täter schon viele Jahre in Deutschland lebt, sind dem aber enge Grenzen gesetzt. Die Ausländereigenschaft für sich allein rechtfertigt im Hinblick auf die mit dem Vollzug der Strafe in einer deutschen Strafanstalt verbundenen Schwierigkeiten (Verständigungsprobleme, abweichende Lebensgewohnheiten, erschwerte familiäre Kontakte) noch nicht die Annahme besonderer Strafempfindlichkeit, maßgebend sind die gesamten persönlichen Verhältnisse. Die für einen Ausländer sich ergebende Erschwernis bei den Haftumständen in Deutschland kann dadurch ausgeglichen sein, dass er mit seiner Zustimmung und dem Einverständnis der zuständigen Behörden Deutschlands und seines Heimatlandes die Strafe dort verbüßen kann. Hat der Ausländer seinen Lebensmittelpunkt nach Deutschland verlegt und lebt er seit vielen Jahren hier, ist die Ausländereigenschaft kaum von Bedeutung. 257

Ausländerrechtliche Folgen sind grundsätzlich keine bestimmenden Strafzumessungsgründe. Das gilt insbesondere, nachdem gemäß § 53 Abs. 1 und 2 AufenthG in der seit dem 01.01.2016 gültigen Fassung generell eine Abwägung zwischen Ausweisungsinteresse (§ 54 AufenthG) und Bleibeinteresse (§ 55 AufenthG) vorzunehmen ist.[1155] Eine andere strafzumessungsrechtliche Bewertung ist nur gerechtfertigt, wenn im Einzelfall zusätzliche Umstände hinzutreten, welche die Beendigung des Aufenthalts im Inland als besondere Härte erscheinen lassen.[1156]

XIV. Strafzumessung und Einziehung

Eine auf § 74 Abs. 1, Abs. 3 Satz 1 StGB gestützte Maßnahme hat auch nach der Änderung des § 74 StGB durch das Gesetz vom 13.04.2017 (BGBl. I, S. 872) den Charakter einer Nebenstrafe und stellt damit eine Strafzumessungsentscheidung dar. Wird dem Täter auf diese Weise ein ihm zustehender Gegenstand von nicht unerheblichem Wert entzogen, ist das ein bestimmender Gesichtspunkt für die Bemessung der daneben zu verhängenden Strafe und insoweit im Wege einer Gesamtbetrach- 258

1152 BGHSt 43, 233 f.; BGH NStZ 2006, 35; BGH, Urt. v. 08.07.2010 – 3 StR 151/10 = NStZ-RR 2010, 337 f.; Beschl. v. 13.10.2011 – 1 StR 407/11 = NStZ 2012, 147; v. 05.12.2001 – 2 StR 273/01 = NStZ 2002, 196 f.

1153 BGH NStZ 1996, 80 = BGHR StGB § 46 Abs. 2 Kulturkreis, fremder 1.

1154 BGH, Beschl. v. 18.08.2009 – 1 StR 351/09 = NStZ 2009, 689.

1155 BGH, Beschl. v. 12.01.2016 – 5 StR 502/15; BGH NStZ 1999, 240 f. [BGH 27.11.1–98 – 3 StR 436/98]; 2002, 196 [BGH 05.12.2–01 – 2 StR 273/01]; NStZ-RR 2004, 11; BGH, Beschl. v. 29.07.2010 – 1 StR 349/10; Urt. v. 23.08.2018 – 3 StR 149/18 = StV 2019, 441; vgl. auch *Epik* StV 2017, 268 ff.

1156 BGH Urt. v. 26.10.2017 – 4 StR 259/17 = StV 2018, 259 f.: v. 15.02.2018 – 4 StR 506/17 = NStZ 2018, 469 f.

tung der den Täter treffenden Rechtsfolgen angemessen zu berücksichtigen.[1157] Etwas anderes gilt, wenn der eingezogene Gegenstand von nur geringem Wert ist; liegt ein nicht unerheblicher Wert von Anfang an fern, bedarf es auch keiner Erwähnung der Einziehung im Rahmen der Strafzumessung gem. § 267 Abs. 3 StPO.[1158]

Auch der Verzicht auf Gegenstände, die ansonsten nach § 74 Abs. 1 StGB eingezogen werden könnten, kann einen Strafmilderungsgrund darstellen. Ob die Voraussetzungen für eine Einziehung von dem Angeklagten gehörenden Gegenständen nach § 74 StGB vorliegen oder ein sonstiger Verzicht auf werthaltige Gegenstände des Angeklagten und deshalb ein bestimmender Strafzumessungsgrund gegeben sind, muss sich aus den Urteilsgründen entnehmen lassen.[1159]

Der Tatrichter hat grundsätzlich erkennbar zu machen, ob und in welchem Umfang er die Einziehung z.B. eines Kraftfahrzeuges bei der Bemessung der Freiheitsstrafe berücksichtigt hat; der Charakter der Einziehung als Nebenstrafe erfordert eine Gesamtschau mit der Hauptstrafe, um insgesamt zu einer schuldangemessenen Rechtsfolge zu gelangen. Das Tatgericht muss deshalb auch Feststellungen über den Wert des eingezogenen Gegenstands treffen. Für die Verteidigung bedeutet das, den Wert des Gegenstands, dessen Einziehung droht, genau zu belegen, da die Vermögenseinbuße – wenn sie nicht nur geringfügig ist – als bestimmender Strafmilderungsgrund in Betracht kommen kann.

259 Wie auch die früheren Verfallsregelungen der §§ 73, 73a StGB a.F.[1160] hat die Einziehung von Tatererträgen und unrechtmäßig erlangten Vermögenswerten nach den §§ 73 ff. StGB hingegen keinen Strafcharakter und ist deshalb kein Strafmilderungsgrund, da insofern kein rechtlich schützenwertes Vertrauen besteht.[1161]

XV. Strafzumessung und Schuldfähigkeit

260 Da die Schuldfähigkeit im Rahmen von § 21 StGB nicht völlig aufgehoben ist, dürfen auch Verhaltensweisen, die Auswirkungen des Zustandes im Sinne von § 21 StGB sind, strafschärfend angelastet werden, jedoch nur nach dem Maß der geminderten Schuld.

▶ Beachte

Einem Angeklagten dürfen Anlass und Modalitäten der Tat nur dann ohne Abstriche strafschärfend zur Last gelegt werden, wenn sie in vollem Umfang vorwerfbar sind, nicht aber, wenn ihre Ursache in einer von ihm nicht oder nur eingeschränkt zu vertretenden geistig-seelischen Beeinträchtigung zu finden ist.[1162]

Es bedarf daher regelmäßig der Prüfung, ob das beanstandete Verhalten nicht derart eng mit dem zur erheblichen Verminderung der Schuldfähigkeit führenden psychischen Defekt verknüpft ist, dass eine Wertung als bestimmender Strafschärfungsgrund ausscheidet oder dass jedenfalls das Gewicht des Strafschärfungsgrundes wesentlich vermindert ist.[1163] Folglich darf die Intensität der Tatausführung

1157 BGH Beschl. v. 03.05.2018 – 3 StR 8/18 = NStZ 2018, 526; Beschl. v. 19.03.2019 – 3 StR 522/18; Beschl. v. 27.03.2019 – 4 StR 360/18 = NStZ-RR 2019, 209 f.; Beschl. v. 20.10.2020 – 4 StR 214/20 = StV 2021, 714; Beschl. v. 28.06.2022 – 2 StR 47/22 = NStZ-RR 2023, 17.

1158 BGH, Urt. v. 03.11.2022 – 3 StR 321/21; zur alten Rechtlage BGHR StGB § 46 Schuldausgleich 6, 12, 16; BGH, Beschl. v. 23.02.2010 – 5 StR 548/09 = NStZ-RR 2010, 181; Beschl. v. 20.07.2011 – 5 StR 234/11 = StV 2011, 726; v. 16.02.2012 – 3 StR 470/11 = NStZ-RR 2012, 169; Beschl. v. 17.08.2016 – 2 StR 123/16.

1159 BGH, Urt. v. 24.11.2021 – 2 StR 158/21 = NStZ-RR 2022, 105.

1160 BGHR StGB § 73d Strafzumessung 1; BGH NStZ 1995, 491 f.; NStZ 2001, 312.

1161 BGH, Urt. v. 25.09.2018 – 5 StR 251/18 = NJW 2019, 245 (246); Urt. v. 24.05.2018 – 5 StR 623–624/17 = NStZ-RR 2018, 240; Beschl. v. 09.06.2021 – 4 StR 523/20.

1162 BGH, Beschl. v. 27.06.2018 – 4 StR 103/18.

1163 BGH StV 1996, 361; Beschl. v. 31.01.2012 – 3 StR 453/11 = NStZ-RR 2012, 169; v. 01.03.2016 – 4 StR 54/16.

insoweit nicht strafschärfend wirken, als sie sich gerade als Ausdruck derjenigen Affektentladung darstellt, die zur erheblichen Verminderung des Hemmungsvermögens führte.[1164] Steht die festgestellte Intensität der Tatausführung in einem untrennbaren Zusammenhang mit dem »Wutaffekt«, der zu einer erheblichen Verminderung der Schuldfähigkeit des Angeklagten geführt hat, darf deshalb die Art und Weise der Tatausführung dem Angeklagten nicht uneingeschränkt, sondern allenfalls nach dem Maß seiner geminderten Schuld angelastet werden.[1165]

Tatmotive dürfen ähnlich den Tatmodalitäten einem Angeklagten nur dann strafschärfend zur Last **261** gelegt werden, wenn sie vorwerfbar sind, nicht aber, wenn ihre Ursache in einer von ihm nicht zu vertretenden geistig-seelischen Beeinträchtigung liegt,[1166] das gilt auch für strafschärfend angelastetes Nachtatverhalten.[1167]

Gerade bei Gewaltdelikten wird es für die Verteidigung notwendig sein, diese Relation zwischen – **262** möglicherweise brutaler – Tatausführung und psychischer Verfassung des Täters genau aufzuzeigen und so diesem einen Angeklagten erheblich belastenden Tatbild die Wirkung eines Strafschärfungsgrundes zu nehmen.

XVI. Strafzumessung und Untersuchungshaft

Der Vollzug der Untersuchungshaft ist grundsätzlich nicht strafmildernd zu berücksichtigen.[1168] **263** Dass der Täter in der zur Verhandlung anstehenden Sache Untersuchungshaft erlitten hat, ist bei der Verhängung der Freiheitsstrafe regelmäßig ohne Bedeutung, da die Untersuchungshaft nach § 51 Abs. 1 S. 1 StGB grundsätzlich auf die zu vollstreckende Strafe angerechnet wird. Anders ist es, wenn zusätzliche, den Angeklagten besonders beschwerende Umstände im Zusammenhang mit der Untersuchungshaft vorliegen, z.B. eine besondere Haftempfindlichkeit.[1169] Erstmaliger Vollzug von Untersuchungshaft oder Krankheit während der Untersuchungshaft können deshalb allenfalls dann strafmildernd sein, wenn damit ungewöhnliche, über die üblichen deutlich hinausgehende Beschwernisse verbunden sind.[1170] Will der Tatrichter wegen besonderer Nachteile für den Angeklagten den Vollzug der Untersuchungshaft bei der Strafzumessung mildernd berücksichtigen, müssen diese Nachteile in den Urteilsgründen dargelegt werden.[1171]

Eine im Ausland vollstreckte Strafe ist auch dann gemäß § 51 Abs. 3 Satz 1 StGB auf eine inländische Strafe anzurechnen, wenn die ausländische Strafvollstreckung eine selbständige prozessuale Tat betrifft, die im Inland – etwa aus Opportunitätsgründen gemäß §§ 153c, 154 StPO – nicht abgeurteilt wird, aber Gegenstand des inländischen Verfahrens war[1172].

1164 BGHR StGB § 21 Strafzumessung 3, 5, 6, 11 und 15; Strafrahmenverschiebung 25; BGH NStZ-RR 2003, 104 (105); BGH, Urt. v. 16.02.2012 – 3 StR 346/11; v. 16.05.2012 – 3 StR 33/12 = NStZ 2012, 564.

1165 BGH, Beschl. v. 07.05.2009 – 3 StR 153/09.

1166 BGH StV 2003, 669; BGH, Beschl. v. 07.05.2009 – 3 StR 153/09.

1167 BGH, Beschl. v. 03.11.2004 – 2 StR 295/04; BGH NStZ-RR 2005, 70.

1168 Die Anordnung der Anrechnung der Untersuchungshaft nach § 51 Abs. 1 S. 1 StGB im Urteil ist überflüssig; BGH, Urt. v. 14.04.2011 – 4 StR 571/120 = StV 2011, 453.

1169 BGH, Urt. v. 19.05.2010 – 2 StR 102/10 = NStZ 2011, 100; Urt. v. 12.05.2016 – 4 StR 569/15 = StraFo 2016, 347 f.; v. 24.08.2016 – 2 StR 504/16; v. 13.10.2016 – 4 StR 248/16; Urt. v. 12.04.2018 – 4 StR 336/17; v. 25.10.2018 – 4 StR 312/18 = NStZ 2019, 81.

1170 BGH, Beschl. v. 13.10.2011 – 1 StR 407/11 = NStZ 2012, 147; Urt. v. 28.09.2011 – 2 StR 93/11; Urt. v. 20.08.2013 – 5 StR 248/13 = NStZ 2014, 31; Urt. v. 28.09.2022 – 2 StR 127/22 = NStZ 2023, 340; vgl. aber BGH, Beschl. v. 05.07.2022 – 2 StR 106/22 = StV 2023, 226 (berufstätiger Erstverbüßer besonders strafempfindlich); Beschl. v. 12.04.2022 – 2 StR 507/21 = StV 2023, 173 (pandemiebedingte Einschränkungen); Urt. v. 27.02.2020 – 4 StR 552/19 = NStZ-RR 2020, 168 (erhöhte Haftempfindlichkeit bei schlechtem Gesundheitszustand).

1171 BGH, Urt. v. 22.10.2015 – 4 StR 275/15 = NStZ 2016, 337 f.

1172 BGH Beschl. v. 09.01.2020 – 4 StR 580/19.

XVII. Strafe und Maßregel

264 Auch Maßregeln können gewisse Milderungsmöglichkeiten geben, doch darf das Gericht nicht die schuldangemessene Strafe wegen der Anordnung einer Maßregel unterschreiten. Von der Einwirkung auf den Täter zu unterscheiden ist die Sicherung vor ihm. Der Sicherungszweck ist als Nebenstrafzweck zugelassen. Sicherung der Allgemeinheit vor dem Täter ist eine automatische Folge vollstreckter Freiheitsstrafe. Der Sicherungszweck kann deshalb eine wesentliche Rolle nur bei Tätern spielen, bei denen keine oder nur geringe Hoffnung besteht, durch Strafe auf sie einzuwirken. In Fällen, in denen eine freiheitsentziehende Maßregel der Besserung und Sicherung neben der Strafe erforderlich ist, wäre es systemwidrig und überflüssig, den Sicherungsgedanken auch noch strafschärfend wirken zu lassen. Strafwirkungen für das künftige Leben des Täters in der Gesellschaft und Sicherungszweck dürfen nur eingeschränkt berücksichtigt werden, nämlich nur in dem Rahmen, in dem die Strafe ihre Grundlage noch in der Schuld des Täters findet. Es ist unzulässig, eine Unterbringung nach § 63 StGB, deren Anordnung an sich geboten wäre, durch eine übermäßige, der Schuld des Angeklagten nicht mehr entsprechende Freiheitsstrafe zu ersetzen. Straf- und Maßregelzweck lassen sich insofern nicht miteinander verbinden. Doch kann die zusätzliche Unterbringung in einer Entziehungsanstalt (§ 64 StGB) die Strafhöhe auch unter dem Gesichtspunkt der Strafempfindlichkeit beeinflussen.

Die Strafzumessungsgründe werden sich meist mit der Maßregel nicht auseinandersetzen. Die unterbliebene Anordnung wird kaum als ein bestimmender Strafzumessungsgrund aufgeführt werden. Das entspricht auch der »Zweispurigkeit« von Strafe und Maßregel. Zwischen diesen Rechtsfolgen besteht grundsätzlich keine »Wechselwirkung«. Strafe und Maßregel sollen unabhängig voneinander bemessen und verhängt werden. Trotz dieser »Zweispurigkeit« zeigt aber die Praxis, dass häufig auf eine mildere Strafe erkannt wird, wenn gleichzeitig die Unterbringung angeordnet wird, vor allem dann, wenn ein teilweiser Vorwegvollzug der Strafe gemäß § 67 Abs. 2 StGB in Betracht kommt.

Das Interesse der Allgemeinheit, vor einem gefährlichen Straftäter durch dessen Unterbringung in der Sicherungsverwahrung geschützt zu werden, ist kein Umstand, der gemäß § 46 StGB bei der Strafzumessung zu seinen Lasten berücksichtigt werden darf. Indem § 66 Abs. 1 StGB die (obligatorische) Anordnung der Sicherungsverwahrung davon abhängig macht, dass der Täter zu einer Freiheitsstrafe von mindestens zwei Jahren verurteilt wird, setzt die Vorschrift dem von ihr bezweckten Schutz der Allgemeinheit vor gefährlichen Straftätern Grenzen. Als Anlasstaten sollen nur solche Vergehen und Verbrechen in Betracht kommen, bei denen Unrecht und Schuld des Täters besonders schwer wiegen. Das schließt eine negative Berücksichtigung des Sicherungsinteresses bei der Zumessung der Strafe für die Anlasstat aus.

Zwischen den Strafsenaten ist hingegen streitig, ob eine zu verhängende oder aufrechtzuerhaltende Sicherungsverwahrung in der Strafzumessung *strafmildernd* zu berücksichtigen sei. Einerseits betont der 4. Strafsenat, Strafe und zugleich angeordnete Sicherungsverwahrung sollen unabhängig voneinander bemessen und verhängt werden.[1173] Hiermit sei die Anordnung der Sicherungsverwahrung als ein bestimmender Strafzumessungsumstand bei der Festsetzung der Strafe nicht zu erörtern. Der 1. Und 2. Strafsenat vertreten hingegen die Meinung, zu den bei der Strafzumessung zu berücksichtigenden Wirkungen, die von der Strafe für das künftige Leben des Angeklagten in der Gesellschaft zu erwarten sind, gehöre im Einzelfall auch die Wechselwirkung zwischen der verhängten Strafe und einer Maßregel der Besserung und Sicherung, konkret die Sicherungsverwahrung.[1174] Zwischen einer Freiheitsstrafe und der Anordnung der Unterbringung in der Sicherungsverwahrung bestehe zwar nicht zwingend in jedem Fall eine Abhängigkeit dergestalt, dass das eine getrennte Beurteilung ausschließen würde. Die Strafhöhe könne durch diese Wechselwirkung beeinflusst werden; beide Sanktionen müssten daher nicht nur einzeln, sondern auch zusammen angemessen sein. Es bedürfe deshalb beim Zusammentreffen von Freiheitsstrafe und angeordneter Sicherungsverwahrung einer

1173 BGH, Beschl. v. 10.05.2022 – 4 StR 99/22 = NStZ 2023, 29 m. krit. Anm. *Kett-Straub*.
1174 BGH, Beschl. v. 22.03.2022 – 1 StR 455/21 = JR 2023, 147 = StV 2023, 227; Beschl. v. 31.08.2021 – 2 StR 140/21 = NStZ-RR 2021, 367.

Gesamtwürdigung des Gewichts aller gegen einen Angeklagten verhängten Rechtsfolgen, um deren Wirkung insgesamt und damit die Schuldangemessenheit der Gesamtsanktion zu prüfen.

XVIII. Strafzumessung und eine Mehrheit von Taten

Beeinträchtigungen des Opfers durch eine Mehrheit von Taten dürfen dem Täter nur dann mit 265 vollem Gewicht bei den Einzeltaten angelastet werden, wenn sie unmittelbare Folge der Einzeltaten sind; sind sie dagegen Folge aller Taten, so können sie nur einmal, nämlich bei der Gesamtstrafenbildung, gewichtet werden.[1175]

XIX. Besonderheiten bei einigen Straftatbeständen

1. § 30 StGB

Zu berücksichtigen ist vor allem das in der Verabredung selbst enthaltene Bedrohungspotenzial, das 266 Ausmaß, in dem die Verabredung bereits durch abredemäßiges Verhalten der Beteiligten aktiviert worden ist und wie nahe die zu ihrer Erfüllung vorgenommenen Ausführungsakte dem Stadium des Tatbeginns gekommen sind.

2. Eidesdelikte

Bei einer Verurteilung wegen eines Eidesdelikts ist § 157 StGB in Betracht zu ziehen. Für die 267 Annahme einer Zwangslage nach § 157 StGB ist allein das Vorstellungsbild des Täters, bei wahrheitsgemäßer Aussage die Bestrafung wegen eines vorausgegangenen Verhaltens befürchten zu müssen, maßgeblich. Auf das objektive Vorhandensein einer solchen Gefahr kommt es dabei nicht an. § 157 StGB ist deshalb selbst dann anwendbar, wenn der Zeuge nur irrtümlich die Gefahr gerichtlicher Bestrafung angenommen hat. Vor dem Hintergrund dieser rein subjektiven Zielrichtung der Vorschrift ist es keineswegs naheliegend, dass ein Zeuge, der sich im Fall einer wahrheitsgemäßen Aussage begründet oder nur irrtümlich strafrechtlicher Verfolgung ausgesetzt sieht, dieser Zwangslage dadurch zu entgehen versucht, dass er sich auf sein Auskunftsverweigerungsrecht nach § 55 StGB beruft. Vielmehr kommt ebenso in Betracht, dass dieser Zeuge bei seiner Vernehmung von der Vorstellung geleitet wird, schon durch das Gebrauchmachen vom Auskunftsverweigerungsrecht sein früheres – aus seiner Sicht strafrechtlich relevantes – Fehlverhalten einzugestehen, und deshalb zum Mittel der Falschaussage greift. Das gilt erst recht mit Blick auf § 56 StPO, wonach der Zeuge, der sich auf § 55 StPO beruft, auf Verlangen verpflichtet ist, die Gründe für die Aussageverweigerung anzugeben. Kann nicht geklärt werden können, ob ein Angeklagte bei einer Falschaussage auch aus dem Motiv der Abwehr strafrechtlicher Verfolgung gehandelt hat, ist nach dem Zweifelsgrundsatz zu verfahren und zugunsten des Angeklagten vom Vorliegen eines Aussagenotstands auszugehen.[1176]

3. §§ 174, 176, 176 a StGB

Bedenklich ist es, eine Sexualstraftat[1177] strenger zu ahnden, weil das Kind männlichen Geschlechts 268 ist. Da eine Tat auch jenseits der Schwelle des § 184c Nr. 1 StGB von unterschiedlichem Gewicht sein kann, ist der Tatrichter nicht allein wegen des Gewichts der Tat der Prüfung enthoben, ob ein minder schwerer Fall des § 176 Abs. 1 StGB in Betracht kommt. Er darf den Gesichtspunkt der Intensität aber bei der erforderlichen Gesamtabwägung berücksichtigen. Die Erheblichkeitsschwelle des § 184c Nr. 1 StGB ist Voraussetzung der Tatbestandserfüllung, enthält aber keine Bewertung der Tatschwere, wie sie im Rahmen der Gesamtabwägung, ob ein minder schwerer Fall gegeben ist, geboten ist. Es ist rechtsfehlerhaft, einen minder schweren Fall nur dann anzunehmen, wenn die sexuellen Handlungen knapp über der Erheblichkeitsschwelle (vgl. § 184c StGB) liegen. Es ist aber nicht rechtsfehlerhaft, wenn das Tatgericht strafmildernd berücksichtigt, dass die Tatopfer sich

1175 BGH Beschl. v. 09.01.2018 – 5 StR 541/17 = NStZ 2018, 537 f.
1176 BGH NStZ 2008, 91.
1177 Vgl. auch *Schäfer/Sander/van Gemmeren* Rn. 1608 f.

knapp unter der Altersgrenze von 14 Jahren befunden und bereits über ähnlich gelagerte sexuelle Erfahrungen verfügt haben.[1178] Die fehlende Gewaltanwendung darf einem Angeklagten im Fall einer Verurteilung nach § 176 oder § 176a StGB als solche nicht strafmildernd zugutegehalten werden.[1179] Der 3. Strafsenat ist der Meinung, dem zeitlichen Abstand zwischen Tat und Urteil komme im Rahmen der Strafzumessung bei Taten des sexuellen Missbrauchs eines Kindes die gleiche Bedeutung zu wie bei anderen Straftaten. Demgegenüber hat der 1. Strafsenat[1180] die Meinung vertreten, bei Fällen sexuellen Kindesmissbrauchs komme dem langen Abstand nicht eine gleich hohe Bedeutung wie in anderen Fällen zu. Der 3. Strafsenat hat nach Anfrage bei den anderen Strafsenaten[1181] die Rechtsfrage dem Großen Senat für Strafsachen zur Entscheidung vorgelegt.[1182]

269 Wird der Tatbestand des § 176 Abs. 1 StGB von dem Qualifikationstatbestand des § 176a StGB verdrängt, bleibt sein Strafrahmen von sechs Monaten bis zu zehn Jahren allerdings auch dann unanwendbar, wenn ein minder schwerer Fall gemäß § 176a Abs. 3 StGB angenommen wird.

§§ 176, 176a StGB schützen die Möglichkeit zur ungestörten sexuellen Entwicklung von Kindern. Es erscheint nahe liegend, dass ein minder schwerer Fall gegeben sein kann, wenn das zu schützende Rechtsgut wegen Besonderheiten in der Person eines »weit über den altersgemäßen Zustand hinaus entwickelten« Opfers weniger stark als üblich gefährdet erscheint. Die Annahme eines minder schweren Falles ist aber nicht von Rechts wegen auf diese oder überhaupt eine bestimmte Art der Fallgestaltung beschränkt. Vielmehr sind alle Umstände heranzuziehen, die für die Wertung der Tat und des Täters in Betracht kommen, gleichgültig, ob sie der Tat innewohnen, sie begleiten, ihr vorausgehen oder nachfolgen.[1183] Dem zeitlichen Abstand zwischen Tat und Urteil kommt im Rahmen der Strafzumessung bei Taten, die den sexuellen Missbrauch von Kindern zum Gegenstand haben, die gleiche Bedeutung zu wie bei anderen Straftaten.[1184]

270 Im Hinblick auf das Doppelverwertungsverbot unzulässig ist es, die Stellung als »Ersatzvater«[1185] oder die »Zerstörung der Familie und des Vertrauensverhältnisses« straferschwerend heranzuziehen. Rechtsfehlerhaft ist es, dem Angeklagten anzulasten, es sei ihm, »ausschließlich auf seine eigene Bedürfnisbefriedigung« angekommen und er habe »außerordentlich egoistisch« gehandelt. Dass der Angeklagte »das Näheverhältnis zu seiner Stieftochter und ihre Abhängigkeit zum Erreichen seiner sexuellen Ziele schamlos ausgenutzt« hat, darf nicht strafschärfend gewertet werden, da damit nur zum Tatbestand des sexuellen Missbrauchs von Schutzbefohlenen gehörende Umstände herangezogen werden.[1186] Hingegen kann straferschwerend berücksichtigt werden, dass die Tat im Kinderzimmer des Opfers und damit im geschützten Raum stattgefunden hat.[1187]

271 Das Verbot der Doppelverwertung erfasst über den Wortlaut des § 46 Abs. 3 StGB hinaus auch solche Umstände, die – ohne Merkmale des gesetzlichen Tatbestandes zu sein – gerade den gesetzgeberischen Anlass für seine Schaffung bildeten oder für die Tat typisch sind. Das Bestehen eines Altersgefälles zwischen Täter und Opfer als solchem ist in dem Schutzzweck des Tatbestandes des sexuellen Missbrauchs eines Kindes und der Schutzaltersgrenze von 14 Jahren angelegt. Eine nicht unerhebliche Höhe dieses Altersgefälles, ist für Taten des sexuellen Missbrauchs eines Kindes zumin-

1178 BGH, Urt. v. 23.06.2009 – 5 StR 189/09 = NStZ-RR 2009, 307 f.
1179 BGH, Beschl. v. 08.12.2011 – 4 StR 428/11 = NStZ-RR 2012, 143.
1180 BGH, Beschl. v. 08.02.2006 – 1 StR 7/06 = NStZ 2006, 393.
1181 BGH, Beschl. v. 29.10.2015 – 3 StR 342/15 = NStZ 2016, 277 m. Anm. *Schiemann* NStZ 2016, 336 f.; vgl. auch Beschl. v. 06.04.2016 – 2 StR 219/15; v. 14.06.2016 – 2 ARs 67/16.
1182 BGH, Beschl. v. 17.11.2016 – 3 StR 342/15.
1183 BGH NStZ-RR 2006, 339.
1184 94 BGH Beschl. v. 12.06.2017 – GSSt 2/17 = BGHSt 62, 184 f. = NJW 2017, 3537 f. m. Anm. *Renzikowski* NJW 2017, 3541 f.
1185 BGH StV 1994, 306; BGHR StGB § 174 Abs. 1 Strafzumessung 1.
1186 Vgl. BGH, Beschl. v. 02.02.2021 – 2 StR 461/20.
1187 BGH, Beschl. v. 09.02.2022 – 1 StR 369/21 = NStZ-RR 2022, 170.

dest typisch.[1188] Allenfalls in einer geringen Altersdifferenz zwischen einem (jugendlichen oder heranwachsenden) Täter und einem kindlichen Opfer kann ein *strafmildernder* strafzumessungsrechtlicher Sonderfall liegen.[1189] Der Zweck der Vorschrift ist es, die ungestörte charakterliche und sexuelle Entwicklung von Kindern vor dem in diesem Alter schädigenden Einfluss sexueller Übergriffe zu schützten. Dieser Strafzweck wird unzulässigerweise strafschärfend berücksichtigt, wenn dem Angeklagten angelastet wird, er habe »die Chancen des Tatopfers auf eine lebensnotwendige natürlich heranwachsende psychische Entwicklung schwerwiegend verringert« oder er habe »seine sexuellen Wünsche ohne Rücksicht auf die körperliche und psychische Entwicklung des Tatopfers befriedigt«. Ebenso unzulässig ist die Wendung, der Angeklagte habe seine eigenen sexuellen Bedürfnisse auf Kosten des Tatopfers befriedigt, obwohl er es nach seinen eigenen Angaben nicht nötig hatte, ein Mädchen gegen dessen Willen anzufassen, und obwohl ihm auch das Mittel der Selbstbefriedigung zur Stillung sexueller Bedürfnisse durchaus bekannt und vertraut war.[1190]

Den Umstand, dass ein Angeklagter trotz auch in sexueller Hinsicht harmonischer Ehe sexuelle Übergriffe auf seine Stieftochter begangen hat, strafschärfend zu bewerten, ist deshalb bedenklich, weil damit lediglich Umstände beschrieben werden, deren Fehlen sich strafmildernd auswirken könnte. Das Recht des Kindes auf »ungestörte sexuelle Entwicklung«, dass »das Kind zu nachtschlafender Zeit zur Befriedigung seiner egoistischen sexuellen Bedürfnisse missbraucht« wurde, betrifft Merkmale des gesetzlichen Tatbestandes. Rechtsfehlerhaft ist es, weil damit der Strafgrund strafschärfend herangezogen wird, dem Angeklagten anzulasten, »dass ein solches Verhalten von der Gesellschaft nicht hinnehmbar ist, insbesondere weil die freie ungehinderte sexuelle Entwicklung von Kindern dadurch erheblich beeinträchtigt wird«. Soweit darauf abgestellt wird, der Angeklagte habe keine pädophile Neigung, die ihn gerade zur Begehung der von ihm begangenen Taten veranlasst hätte, wird zulasten des Angeklagten unzulässigerweise das Fehlen eines Milderungsgrundes berücksichtigt.[1191]

4. § 177 StGB

Bei Verwirklichung eines Regelbeispiels des § 177 Abs. 2 StGB ist bei der Strafrahmenwahl zunächst zu 272
prüfen, ob trotz Vorliegens des Regelbeispiels wegen anderer erheblich schuldmindernder Umstände der Strafrahmen des § 177 Abs. 2 StGB nicht anzuwenden, sondern von dem Normalstrafrahmen des Abs. 1 auszugehen ist.[1192] Bei Vorliegen gewichtiger Strafmilderungsgründe kann nämlich ausnahmsweise nach umfassender Prüfung des gesamten Tatbilds einschließlich aller subjektiven Momente und der Täterpersönlichkeit die Regelwirkung des Regelbeispiels für den besonders schweren Fall der Vergewaltigung entfallen und deshalb der Normalstrafrahmen anzuwenden sein,[1193] insoweit kann auch ambivalentes Verhalten der Geschädigten dem Angeklagten gegenüber in Betracht kommen.[1194] Grundsätzlich ist das Gericht gehalten, auch bei einer »klassischen« Vergewaltigung im Wege der Gesamtbetrachtung aller Umstände einen minder schweren Fall in Betracht zu ziehen und darf nicht jeden erzwungenen Beischlaf nach der gesetzlichen Systematik stets als besonders erniedrigend einstufen.[1195] Eine Ausnahme von der Regelwirkung des § 177 Abs. 2 StGB kommt in Betracht, wenn ein Regelbeispiel mit gewichtigen Milderungsgründen zusammentrifft. Der Bestrafung kann dann ausnahmsweise der Normalstrafrahmen des § 177 Abs. 1 StGB zugrunde gelegt werden. In extremen Ausnahmefällen kann sogar eine weiter gehende Milderung des Normalstrafrahmens und

---

1188 BGH, Urt. v. 04.05.2022 – 6 StR 542/21; siehe aber BGH, Beschl. v. 23.11.2021 – 2 StR 373/21: strafschärfend, wenn ein Kind deutlich von der Schutzaltersgrenze entfernt ist.
1189 BGH, Beschl. v. 07.06.2017 – 4 StR 186/17; Beschl. v. 21.11.2019 – 4 StR 500/19.
1190 BGH, Beschl. v. 17.03.2017 – 2 StR 581/16 = NStZ-RR 2017, 139.
1191 BGH, Beschl. v. 08.01.2015 – 2 StR 233/14 = NStZ 2015, 333 f.
1192 BGH, Beschl. v. 27.04.2010 – 4 StR 104/10.
1193 BGH, Beschl. v. 26.05.2009 – 4 StR 150/09; v. 10.09.2009 – 4 StR 366/09 = NStZ-RR 2010, 9; v. 21.07.2015 – 3 StR 217/15 = StV 2017, 43 f.
1194 BGH, Beschl. v. 07.07.2009 – 5 StR 204/09 = NStZ-RR 2009, 308.
1195 BGH, Beschl. v. 02.07.2009 – 4 StR 209/09 = NStZ-RR 2009, 308.

die Bemessung der Strafe aus dem Rahmen für den minder schweren Fall (§ 177 Abs. 5 1. Halbs. StGB) in Betracht zu ziehen sein.[1196]

Bei einer Verurteilung nach § 177 StGB kommt als Strafmilderungsgrund auch das Vorverhalten des Vergewaltigungsopfers in Betracht. Es spricht zugunsten des Täters, wenn die Geschädigte in der Nacht zuvor einverständlich mit ihm den Geschlechtsverkehr ausführte.[1197] Wenn zwischen dem Angeklagten und der Geschädigten eine länger andauernde intime Beziehung bestanden hat,[1198] ist das ein wesentlicher strafmildernder Umstand, der auch zur Prüfung Anlass gibt, ob trotz des Vorliegens eines Regelbeispiels ein besonders schwerer Fall verneint werden kann.

273 Ungeschützter Geschlechtsverkehr und Samenerguss in die Scheide dürfen strafschärfend berücksichtigt werden. Voraussetzung ist aber, dass dem Täter aus dieser Art der Tatausführung ein erhöhter Schuldvorwurf unter dem Gesichtspunkt der Gefahr einer unerwünschten Schwangerschaft oder der Umstand der erhöhten Gefahr einer HIV-Infektion gemacht werden kann. Es kann aber Fallgestaltungen geben, in denen der ungeschützte Geschlechtsverkehr nicht strafschärfend ins Gewicht fällt. Ungeschützter Geschlechtsverkehr in einer Partnerschaft begründet bei gewährleisteter Vorsorge für eine Schwangerschaftsverhütung dann keinen erhöhten Schuldgehalt, wenn er üblicherweise ungeschützt durchgeführt worden ist.[1199] Letztlich kommt es auf die Umstände des Einzelfalls an, wobei in der Regel auch von Bedeutung ist, dass der ungeschützte Geschlechtsverkehr bis zum Samenerguss regelmäßig als eine das Opfer in besonderem Maße erniedrigende Art und Weise der Tatausführung anzusehen ist.[1200]

Die zunächst bestehende grundsätzliche Bereitschaft des späteren Tatopfers zur Vornahme sexueller Handlungen ist für die Beurteilung des Schuldgehalts von gegen die sexuelle Selbstbestimmung gerichteten Taten ein Umstand, der das Gewicht des Tatunrechts in aller Regel herabsetzt und deshalb bei der Bemessung der Strafhöhe erkennbar Berücksichtigung finden muss. Aus dem Umstand allein, dass eine Person unter anderen Umständen für ein Entgelt oder auch gegen ein höheres Entgelt in die Vornahme der vom Täter erzwungenen sexuellen Handlungen eingewilligt hätte, kann aber nicht schon ein bestimmender Milderungsgrund für das Erzwingen von sexuellen Handlungen abgeleitet werden, in welche das Tatopfer gerade nicht eingewilligt hat Die Relevanz der Bereitschaft eines Tatopfers zu sexuellen Handlungen gegen Entgelt innerhalb der Strafzumessungserwägungen wird aber von den Senaten des BGH nicht einheitlich beantwortet. Der 2. Strafsenat hält die Erwägung, dass der Eingriff in das sexuelle Selbstbestimmungsrecht weniger schwer wiege, für bedenklich.[1201] Der 5. Strafsenat meint, im kriminologischen Gesamtspektrum der auch qualifizierten Vergewaltigungstaten bestehe eine Polarität und dementsprechend sei bei der Strafzumessung eine Differenzierung geboten zwischen Taten gegen Frauen, die sich dem Täter zu – gegebenenfalls entgeltlichen – sexuellen Handlungen anbieten, und Taten gegen Opfer, die dem Täter keinerlei Anlass zu der Annahme geben, sie wären zu sexuellem Kontakt bereit.[1202]

274 Bei einer Verurteilung nach § 177 StGB einem Angeklagten anzulasten, dieser habe sich weder durch die Gegenwehr noch das Flehen des Opfers beeindrucken lassen, verstößt gegen das Doppelverwertungsverbot (§ 46 Abs. 3 StGB), denn damit wird zulasten des Angeklagten gewertet, dass er die Tat

1196 BGH, Beschl. v. 13.04.2011 – 4 StR 100/11 = StraFo 2011, 325.
1197 BGH, Beschl. v. 16.06.2009 – 4 StR 647/08 = NStZ 2010, 94.
1198 »Vertrauter Partner«: BGH Beschl. v. 21.01.2003 – 4 StR 414/02 = NStZ-RR 2003 168; Urt. v. 12.01.2000 – 3 StR 363/99 = NStZ 2000, 254; Urt. v. 29.08.2001 – 2 StR 276/01 = StV 2002, 20 (traditionelles Rollenverständnis); nicht unstrittig vgl. *Wolters* in Satzger-Schluckebier-Widmaier StGB 4. Aufl. § 177 Rn. 36, 37; einschränkend BGH, Urt. v. 12.06.2008 – 3 StR 154/08 = NStZ-RR 2008, 338.
1199 BGH, Urt. v. 25.05.2011 – 2 StR 66/11.
1200 BGH Beschl. v. 18.12.2018 – 3 StR 427/18 = NStZ 2019, 203 f.
1201 BGH NStZ-RR 2000, 358; Beschl. v. 10.12.2008 – 2 StR 517/08 = NStZ 2009, 207 f.; BGH NStZ 2001, 646 (3. Strafsenat); vgl. *Detter* NStZ 2001, 470.
1202 BGH NStZ 2001, 29.

überhaupt begangen hat, anstatt von ihrer Begehung Abstand zu nehmen.[1203] Rechtsfehlerhaft ist die Erwägung, »der Angeklagte habe seine eigenen Interessen massiv über die Belange der Zeugin gestellt«. Auch ist es bedenklich als strafschärfend zu werten, dass »die Vergewaltigung einer noch jugendlichen Anhalterin sich als eine überaus zu missbilligende und verwerfliche Tat darstelle«, da damit auf den Grund der Bestrafung abgestellt wird.

5. § 184b StGB

Bei der Verurteilung wegen Besitzes kinderpornografischer Schriften nach § 184b Abs. 4 S. 2 StGB 275
verstößt die Erwägung, dass auf den von dem Angeklagten hergestellten und abgespeicherten kinderpornografischen Videos nicht nur ein wirklichkeitsnahes, sondern ein tatsächliches Geschehen zu sehen war, nicht generell gegen das Doppelverwertungsverbot.[1204]

6. § 212 StGB

Die eingeschränkte Lebenserwartung des Opfers oder dessen ganz erhebliche Behinderungen haben 276
als begünstigende Strafzumessungsumstände außer Betracht zu bleiben, weil die Absolutheit des strafrechtlichen Lebensschutzes derartige Bewertungen nicht zulässt (vgl. Art. 3 Abs. 3 S. 2 GG).[1205] Grundsätzlich sind deshalb auch die durch den gesundheitlichen Zustand des Opfers hervorgerufenen sozialen Lasten nicht als strafmildernde Umstände bei einer Tötungshandlung heranzuziehen.[1206] Der Umstand, dass der Täter mit *Tötungsabsicht* gehandelt hat, kann nach der neueren Rechtsprechung des Bundesgerichtshofs beim vorsätzlichen Tötungsdelikt strafschärfend berücksichtigt werden. Hierin liegt grundsätzlich kein Verstoß gegen das Verbot der Doppelverwertung von Tatbestandsmerkmalen. Unter welchen Voraussetzungen der Tatrichter die Tötungsabsicht zur Strafschärfung heranziehen kann, bestehen aber unter den Senaten des Bundesgerichtshofs noch unterschiedliche Auffassungen. Das Tatgericht ist jedenfalls verpflichtet, bei seiner Entscheidung auch gegenläufig wirkende strafmildernde Gesichtspunkte, die sich aus den Vorstellungen, Zielen und Absichten des Täters ergeben können, zu berücksichtigen.[1207] Ein bedingter Vorsatz wird vom Tatbestand der vorsätzlichen Tötung als notwendige Vorsatzform vorausgesetzt, so dass seine strafschärfende Berücksichtigung bei der Strafzumessung gegen das Doppelverwertungsverbot des § 46 Abs. 3 StGB verstößt.[1208]

Der Unrechtsgehalt der Tötung eines Menschen wird vom Strafrahmen der einschlägigen Strafvor- 277
schrift erfasst. Der Wert des verletzten Rechtsgutes ist kein selbstständiger Faktor für die Strafhöhe. Es ist deshalb rechtsfehlerhaft, bei der Strafzumessung strafschärfend »auf die grundsätzliche Bewertung des Totschlags als schwerwiegendes Delikt« abzustellen.[1209] Nicht strafschärfend gewertet werden darf das – hohe oder niedrige – Alter des Opfers, da das Leben Wertabstufungen nicht zugänglich ist.[1210] Wendungen wie »die Angeklagte nahm einem jungen Menschen das Leben, dessen Tod von seiner Umwelt und seinem Verwandten wegen der endgültigen Zerstörung noch so vieler Lebenschancen als besonders schmerzlich empfunden wurde« oder »den Tod eines jungen Menschen verursacht, dessen Lebenserwartung demgemäß hoch gewesen sei«, sind unzulässig, weil ohne sachlichen Grund die Menschen ungleich behandelt werden. Unzulässig ist deshalb auch, zulasten des Angeklagten zu werten, dem minderjährigen Sohn sei der Vater genommen und ihm und der Familie großes Leid zugefügt worden. Die Anwendung der zur Tötung erforderlichen Gewalt darf grundsätzlich nicht

---

1203 BGH, Beschl. v. 03.12.2009 – 4 StR 507/09 = NStZ-RR 2010, 76.
1204 BGH, Beschl. v. 11.03.2015 – 4 StR 570/14.
1205 Vgl. auch *Schäfer/Sander/van Gemmeren* Rn. 1635 ff.
1206 BGH, Urt. v. 21.02.2006 – 1 StR 456/05 = NStZ-RR 2006, 270.
1207 BGH, Urt. v. 17.01.2018 – 2 StR 150/15 = BGHSt 63, 54 ff. = NStZ 2018, 533 ff. m. Anm. *Kett-Straub*, NStZ 2018, 535 ff.; v. 17.01.2018 – 2 StR 334/15.
1208 BGH, Beschl. v. 31.10.2018 – 2 StR 371/18 = NStZ-RR 2019, 172 f.
1209 BGH, Beschl. v. 14.11.2007 – 2 StR 417/07 = StV 2008, 349 f.
1210 BGH StV 1995, 634.

straferschwerend gewertet werden.[1211] Gegen § 46 Abs. 3 StGB verstößt die Erwägung, der Angeklagte habe sich eigensüchtig über die bestehende und von ihm erkannte hochgradige Lebensgefährdung des Tatopfers hinweggesetzt, da der Tötungsvorsatz ein solches Verhalten in der Regel voraussetzt. Der »massive Vernichtungswille« als ein zum Tatbestand eines vorsätzlichen Tötungsdelikts gehörender Umstand darf nicht strafschärfend gewertet werden.[1212] Etwas anderes kann gelten, wenn dieser Hinweis in Zusammenhang mit der Hervorhebung der brutalen, von erheblicher krimineller Intensität zeugenden Art und Weise der Tatausführung steht. Unzulässig ist es, dem Angeklagten strafschärfend anzulasten, dass seine Tat »eine schwere Straftat« sei, da damit nur »der Verbrechenscharakter und das Gewicht der Tat im Gefüge der anderen Straftatbestände« (= ein Umstand, der schon Merkmal des gesetzlichen Tatbestands ist) berücksichtigt wird. Des Weiteren, dass »er sich nicht habe hinreißen lassen dürfen, den Tötungsentschluss als Alternative zur Trennung von seiner Ehefrau zu fassen«. Es ist grundsätzlich rechtlich bedenklich, einem Angeklagten anzulasten, er habe sein Opfer »aus nichtigem Anlass angegriffen« und die Tat aus »nicht nachvollziehbarem Anlass« begangen. Denn damit wird dem Angeklagten das Fehlen verständlicher Motive für seine Tat strafschärfend zur Last gelegt. Nachvollziehbare, verständliche Motive für eine Tatbegehung sind strafmildernd, das bloße Fehlen verständlicher Motive darf nicht strafschärfend berücksichtigt werden[1213].

278 Die Annahme eines besonders schweren Falls des Totschlags setzt voraus, dass das in der Tat zum Ausdruck kommende Verschulden des Täters so außergewöhnlich groß ist, dass die Ahndung aus dem Normalstrafrahmen von bis zu 15 Jahren nicht ausreicht. Die Schuld muss ebenso schwer wiegen wie die eines Mörders. Dafür genügt nicht schon die bloße Nähe der Tötungstat kennzeichnenden Umstände zu den Mordmerkmalen. Fehlen die Voraussetzungen der in § 211 StGB abschließend aufgezählten Mordmerkmale, so darf das nicht dadurch unterlaufen werden, dass der Täter nach § 212 Abs. 2 StGB gleichwohl wie ein Mörder bestraft wird. Vielmehr müssen schulderhöhende Gesichtspunkte hinzukommen, die besonders gewichtig sind und das Minus, das sich im Zurückbleiben des Tötungsdelikts hinter den Mordmerkmalen zeigt, durch ein Plus an Verwerflichkeit auszugleichen vermögen.[1214]

7. § 239a Abs. 4 und § 239b Abs. 2 StGB

279 Für die fakultative Strafrahmenmilderungsmöglichkeit nach § 239b Abs. 2 i.V.m § 239a Abs. 4 StGB kann es genügen, dass der Angeklagte sein Opfer am Tatort freigibt und dieses seinen Aufenthaltsort wieder frei bestimmen kann. Die entsprechende Geltung des Merkmals des Verzichts auf die erstrebte Leistung aus § 239a Abs. 4 StGB für den Tatbestand der Geiselnahme (§ 239b Abs. 2 StGB) erfordert ein tatbestandsgerechtes Verständnis: Der Täter muss von der Weiterverfolgung seines Nötigungszieles Abstand nehmen, also auf die nach seinem ursprünglichen Tatplan abzunötigende Handlung, Duldung oder Unterlassung verzichten. Die Regelung kann auch nach der Vollendung der Geiselnahme eingreifen. Der kriminalpolitische Sinn der Bestimmung liegt nämlich gerade darin, durch die Zulassung der Strafmilderung trotz vollendeter Tat die Möglichkeiten zu verbessern, das Opfer zu retten und die Geiselnahme ohne eine in vielfacher Hinsicht risikobehaftete polizeiliche Befreiungsaktion zu beenden. Die Vorschrift soll »dem Täter den Entschluss, das Opfer lebendig freizulassen, in jedem Fall erleichtern«.[1215]

1211 BGH, Beschl. v. 19.06.2013 – 2 StR 117/13 = NStZ 2013, 579 f. = StV 2014, 412; Beschl. v. 04.07.2013 – 4 StR 213/13 = NStZ 2013, 580 f.; siehe aber Beschl. v. 11.04.2022 – 2 StR 21/22 = StV 2023, 334: Tatmodalitäten dürfen dem Angeklagten grundsätzlich strafschärfend zur Last gelegt werden, wenn sie vorwerfbar sind; das gilt nicht, wenn ihre Ursache in einer von dem Angeklagten nicht zu vertretenden geistig-seelischen Beeinträchtigung liegt.

1212 BGH, Beschl. v. 19.03.2009 – 4 StR 53/09 = StV 2009, 464.

1213 BGH, Urt. v. 24.08.2016 – 2 StR 504/15 = NStZ-RR 2017, 40 f.; Beschl. v. 15.09.2015 – 2 StR 21/15 = StV 2016, 561 f.

1214 BGH, Urt. v. 14.10.2021 – 4 StR 95/21.

1215 BGH NStZ 2003, 605.

Beachte

Tätige Reue gemäß § 239a Abs. 4 S. 1 StGB liegt erst dann vor, wenn der Täter das Opfer in seinen Lebensbereich zurückgelangen lässt und zudem auf die erstrebte Leistung verzichtet; dazu muss er vollständig von der erhobenen Forderung Abstand nehmen.[1216]

8. §§ 242, 244 StGB

Der objektive Verkehrswert der gestohlenen Sache zum Zeitpunkt der Tat stellt ein taugliches Straf- 280
zumessungskriterium dar. Ist die Sache beim Gewahrsamsinhaber zum Verkauf bestimmt, so bemisst sich der objektive Verkehrswert nach ihrem konkreten Verkaufspreis als dem tatsächlichen Marktpreis. Auch die im Einzelhandel ausgewiesene Umsatzsteuer ist dabei Bestandteil dieses Preises. Auf Wiederbeschaffungs- oder Herstellungskosten kommt es für die Verkehrswertbemessung hingegen nicht an. Das gilt umso mehr, als anderenfalls der Verkehrswert von schuldindifferenten Zufälligkeiten abhinge, beispielsweise davon, ob in Verkaufsräumlichkeiten Ware, die ein Kunde bereits an sich genommen hat, vor oder nach dem Bezahlvorgang gestohlen wird.[1217]

§ 244 Abs. 4 StGB, der als Qualifikationstatbestand den Wohnungseinbruchdiebstahl in eine dauerhaft genutzte Privatwohnung mit erhöhter Strafe bedroht, setzt den Eintritt psychischer Beeinträchtigungen tatbestandlich nicht voraus. Sie sind jedenfalls dann, wenn sie das Maß an Erheblichkeit erreichen, auch nicht regelmäßige Folge der Tatbestandsverwirklichung. Das korrespondiert mit der Einschätzung des Gesetzgebers, der zwar davon ausgegangen ist, dass der Wohnungseinbruchdiebstahl nach § 244 Abs. 4 StGB stets einen schwerwiegenden Eingriff in den persönlichen Lebensbereich von Bürgern darstellt, der aber den Eintritt gravierender psychischer Folgen nicht als Regelfall angesehen, sondern lediglich darauf abgestellt hat, dass diese eintreten können.[1218]

Einem Dieb darf nicht angelastet werden, dass er »sich bedenkenlos über die Eigentumsordnung 281
bzw. ohne Hemmungen über geltendes Recht hinweggesetzt« hat, »in der Tat die Missachtung des Angeklagten gegenüber dem Eigentum anderer zum Ausdruck« kommt, oder er »die entwendeten Gegenstände sinnlos zerstört hat«, da durch § 242 StGB bestraft werden soll, wer dem Eigentümer eine Sache in Zueignungsabsicht entzogen hat. Die Vernichtung der Sache kann normalerweise keinen zusätzlichen Vorwurf begründen.[1219]

9. §§ 249, 250 ff. StGB

Es ist rechtlich nicht zu beanstanden, die Verwendung einer echten, wenn auch ungeladenen Schuss- 282
waffe, einer schweren und großen Pistole, die schon optisch aufgrund ihrer Maße einen besonders bedrohlichen Eindruck macht, und die dadurch verursachten Folgen für das Opfer strafschärfend zu berücksichtigten.[1220] Für die Tatbestandsvariante des § 250 Abs. 1 Nr. 1 b StGB reicht es aus, dass der Täter ein Werkzeug oder Mittel bei sich führt, um den Widerstand einer anderen Person durch Gewalt oder Drohung mit Gewalt zu verhindern oder zu überwinden. Wird das Tatmittel nicht nur bei sich geführt, sondern auch zur Drohung verwendet, handelt es sich um ein Tatmittel, von dem aufgrund seiner Beschaffenheit ein besonderes Drohpotenzial ausgeht.[1221] Im Rahmen der Prüfung eines minder schweren Falles darf bei einer Verurteilung wegen besonders schwerer räuberischer Erpressung nicht berücksichtigt werden, dass der Angeklagte bei der Tatausführung ein Messer verwendet hat. Im Einzelfall kann aber die aufgrund des verwendeten Tatwerkzeuges beson-

1216 BGH, Beschl. v. 07.09.2016 – 1 StR 293/16.
1217 BGH Beschl. v. 30.05.2017 – 3 StR 136/17 = wistra 2017, 437.
1218 BGH Beschl. v. 25.06.2019 – 3 StR 130/19.
1219 BGHR StGB § 46 Abs. 3 Diebstahl 2.
1220 Vgl. auch *Schäfer/Sander/van Gemmeren* Rn. 1678 ff.
1221 BGH, Beschl. v. 25.04.2006 – 4 StR 125/06 = NStZ 2006, 620 = StraFo 2006, 42.

ders gefährliche Art der Tatausführung, durch die das geschützte Rechtsgut in besonders intensiver Form gefährdet wird, straferschwerend berücksichtigt werden.[1222]

Die Regelung des minder schweren Falles in § 250 Abs. 3 StGB differenziert nicht zwischen den Qualifikationstatbeständen der Absätze 1 und 2, deren jeweiliger Unrechtsgrad in einer deutlich abgestuften Mindeststrafandrohung zum Ausdruck kommt. Zwar darf ein minder schwerer Fall nicht schon deshalb abgelehnt werden, weil gemäß § 250 Abs. 2 Nr. 1 StGB ein gefährliches Werkzeug verwendet wurde, innerhalb des Strafrahmens des § 250 Abs. 3 StGB kann dieser Umstand aber zu Lasten des Täters verwertet werden.[1223]

283 Die Drohung mit gegenwärtiger Gefahr für Leib oder Leben ist Tatbestandsmerkmal, so dass die für die Tatbestandsverwirklichung erforderliche Wirkung einer solchen Drohung keinen Strafschärfungsgrund darstellt; anders kann es sein, wenn durch die Drohung mehrere Menschen in Angst versetzt werden. Bei einem schweren Raub (§§ 249, 250 StGB) darf das fortgeschrittene Alter des Tatopfers und die daraus resultierende körperliche Unterlegenheit zulasten des Angeklagten berücksichtigt werden, da damit das kriminelle Gewicht der Tat gekennzeichnet wird.[1224] Unzulässig ist die Erwägung, der Angeklagte habe »nach länger währender Tatbereitschaft schließlich vor Ort auch keinerlei erkennbare Bedenken gegen einen gemeinsamen gewaltsamen Überfall auf eine erkennbar wehrlose Person geäußert, obwohl ein Absehen von der Tatausführung ohne weiteres möglich gewesen wäre« (angelastet wird nur, dass der Angeklagte die Straftat begangen hat). Fehlerhaft ist es, dem Angeklagten im Rahmen von § 250 Abs. 1 Nr. 1 Buchst. b StGB strafschärfend anzulasten, er habe mit der ungeladenen Gas-/Schreckschusspistole bei dem geplanten Banküberfall ein Nötigungsmittel einsetzen wollen, das »in besonderer Weise geeignet war, Furcht und Schrecken zu verbreiten, weil es einer echten Schusswaffe täuschend ähnlich sah«. Zu Lasten eines Angeklagten bei räuberischer Erpressung zu berücksichtigen, dieser habe nachhaltig auf die Herausgabe des Geldes bestanden und der Versuch, ihn von seinem Vorhaben abzubringen, sei gescheitert, verstößt gegen das Doppelverwertungsverbot des § 46 Abs. 3 StGB, denn damit wird zulasten des Angeklagten gewertet, dass er die Tat überhaupt begangen hat, anstatt von ihrer Begehung Abstand zu nehmen.[1225] Die Erwägung, die (versuchte) Erpressung habe dazu gedient, »ein kriminelles und rechtsunwirksames Geschäft« durchzusetzen, verstößt gegen § 46 Abs. 3 StGB, da die Rechtswidrigkeit der Bereicherung Merkmal des Tatbestands des § 253 StGB ist.[1226] Strafschärfend zu werten, der Angeklagte habe sich vor der Tat im Internet darüber informiert, welche Strafe auf einen bewaffneten Überfall stehe, und die Tat in Kenntnis der hohen Strafandrohung begangen, er habe Zweifel, die bei ihm vor Tatbegehung aufgekommen waren, schließlich beiseite gewischt, verstößt gegen § 46 Abs. 3 StGB.[1227]

10. § 263 insbes. Abs. 3 und Abs. 5 StGB

284 Zur Bestimmung der für die Strafzumessung[1228] bestimmenden Höhe des dem Geschädigten tatsächlich verbleibenden Schadens als verschuldete Auswirkung der Tat ist auch in Fällen eines subjektiven Schadenseinschlags der in dem Erlangten verkörperte Gegenwert zu berücksichtigen, den der Geschädigte mit zumutbarem Einsatz realisieren kann. Normative Gesichtspunkte können zwar bei der Feststellung eines Schadens eine Rolle spielen, sie dürfen aber, soll der Charakter des § 263 StGB als Vermögens- und Erfolgsdelikt gewahrt bleiben, wirtschaftliche Überlegungen nicht verdrängen.

1222 BGH NStZ 2003, 29; BGH, Beschl. v. 02.05.2012 – 2 StR 110/12; Beschl. v. 12.06.2012 – 3 StR 186/12 = NStZ-RR 2012, 308.
1223 BGH Urt. v. 19.12.2018 – 2 StR 477/17 = NStZ 2019, 264.
1224 BGHR StGB § 253 Abs. 1 Konkurrenzen 2.
1225 BGH, Beschl. v. 15.02.2011 – 4 StR 36/11.
1226 BGH, Beschl. v. 28.06.2011 – 3 StR 167/11.
1227 BGH, Beschl. v. 07.09.2015 – 2 StR 124/15 = NStZ-RR 2016, 74.
1228 Vgl. dazu *Peglau* wistra 2004, 7 ff., *Hannich/Röhm* NJW 2004, 2061; *Lang* u.a. NStZ 2004, 528 ff.; vgl. auch *Schäfer/Sander/van Gemmeren* Rn. 1686 f.

§ 263 StGB schützt das Vermögen, nicht die Dispositionsfreiheit[1229]. Ob ein Vermögensverlust großen Ausmaßes (§ 263 Abs. 3 S. 2 Nr. 2 Alt 1 StGB) vorliegt, ist nach objektiven Gesichtspunkten zu bestimmen; ein solcher ist jedenfalls dann nicht gegeben, wenn der Vermögensverlust einen Wert von 50.000 Euro nicht erreicht.[1230] Das Regelbeispiel des § 263 Abs. 3 S. 2 Alt. 1 StGB bezieht sich nicht auf den erlangten Vorteil des Täters, sondern allein auf die Vermögenseinbuße beim Opfer. Das Ausmaß der Vermögenseinbuße ist daher auch bei Betrugsserien, die nach den Kriterien der rechtlichen oder natürlichen Handlungseinheit eine Tat bilden, opferbezogen zu bestimmen. Eine Addition der Einzelschäden kommt deshalb nur in Betracht, wenn sie dasselbe Opfer betreffen[1231]. Wird bereits durch den Abschluss eines Austauschvertrages ein Nachteil im Sinne einer schadensgleichen Vermögensgefährdung bewirkt, so ist ein »Vermögensverlust großen Ausmaßes« im Sinne des Regelbeispiels für den besonders schweren Fall einer Untreue wie auch eines Betruges erst dann herbeigeführt (§ 263 Abs. 3 S. 2 Nr. 2 Alt 1 i.V.m. § 266 Abs. 2 StGB), wenn der Geschädigte seine vertraglich geschuldete Leistung erbracht hat.[1232] Das Regelbeispiel des § 263 Abs. 3 S. 2 Nr. 2 Alt. 2 StGB erfordert, dass der Täter in der Absicht handelt, durch die fortgesetzte Begehung von Betrug eine große Zahl von Menschen in die Gefahr des Verlustes von Vermögenswerten zu bringen. Hierfür ist die Absicht zur Begehung mehrerer rechtlich selbstständiger Betrugstaten erforderlich.[1233] Die Voraussetzungen des Regelbeispiels des § 263 Abs. 3 S. 2 Nr. 2 StGB sind beim Versuch des Betruges nicht erfüllt, da der Verlust tatsächlich eingetreten sein muss[1234], es kann allenfalls im Hinblick auf die übrigen Umstände der Tat die Annahme eines unbenannten besonders schweren Falles in Betracht kommen.[1235]

Von Gewerbsmäßigkeit ist auszugehen, wenn der Täter sich durch wiederholte Tatbegehung eine nicht nur vorübergehende Einnahmequelle von einigem Umfang und einiger Dauer verschaffen will. Liegt diese Absicht vor, ist bereits die erste Tat als gewerbsmäßig begangen einzustufen, auch wenn es entgegen den ursprünglichen Intentionen des Täters nicht zu weiteren Taten kommt.[1236] Eine Verurteilung wegen gewerbsmäßiger Deliktsbegehung setzt nicht notwendig voraus, dass der Täter zur Gewinnerzielung mehrere selbstständige Einzeltaten der jeweils in Rede stehenden Art verwirklicht hat. Ob die Angeklagten gewerbsmäßig gehandelt haben, beurteilt sich nach ihren ursprünglichen Planungen sowie ihrem tatsächlichen, strafrechtlich relevanten Verhalten über den gesamten ihnen jeweils anzulastenden Tatzeitraum.[1237] 285

Eine Bande im Sinne des § 263 Abs. 5 StGB ist gegeben, wenn sich mindestens drei Personen mit dem Willen zusammengeschlossen haben, im Einzelnen noch ungewisse Straftaten der genannten Art zu begehen. Danach ist nicht vorausgesetzt, dass die Bandenmitglieder tatsächlich mehrere Betrugstaten bzw. andere der in § 263 Abs. 5 StGB genannten Delikte begangen haben. Vielmehr ist es ausreichend, wenn es im Zeitpunkt ihres Zusammenschlusses ihre gemeinsame Absicht war, mehrere noch nicht im Einzelnen konkretisierte derartige Taten zu verwirklichen. Scheidet ein Tatgenosse schon nach der ersten unter seiner Beteiligung begangenen Straftat aus oder findet die Gruppierung insgesamt zu diesem Zeitpunkt ein Ende, so ist er wegen eines einzigen Bandenbetru- 286

1229 BGH, Beschl. v. 14.04.2011 – 1 StR 458/10 Rn. 33 = StV 2011, 728.

1230 BGHSt 48, 360; BGH, Urt. v. 13.01.2010 – 1 StR 247/09; anders (nicht objektiv) zum Regelbeispiel des großen Ausmaßes bei § 300 S. 2 Nr. 1 und § 335 Abs. 2 Nr. 1 StGB BGH, Urt. v. 24.03.2022 – 3 StR 375/20 = wistra 2022, 422: abhängig von den jeweiligen Verhältnissen des Vorteilsnehmers, denn der Vorteil muss besonders geeignet sein, ihn zu korrumpieren (individuelle Kriterien).

1231 BGH, Beschl. v. 18.10.2011 – 4 StR 253./11; NStZ 2012, 213; v. 21.12.2011 – 4 StR 453/11 = NStZ-RR 2012, 114.

1232 BGHSt 48, 354.

1233 BGH, Urt. v. 24.03.2016 – 2 StR 36/15 = NStZ-RR 2016, 205 f.

1234 BGHSt 48, 354, 356 ff.; BGH NStZ 2002, 547.

1235 BGH, Beschl. v. 24.03.2009 – 3 StR 598/08 = NStZ-RR 2009, 206 f.

1236 BGH, Urt. v. 09.03.2011 – 2 StR 609/09.

1237 BGH, Urt. v. 17.06.2004 – 3 StR 344/03 = StV 2004, 532.

ges zu verurteilen.[1238] Die (beabsichtigte) wiederholte Tatbegehung als Voraussetzung der Gewerbsmäßigkeit und die (beabsichtigte) fortgesetzte Tatbegehung als Voraussetzung von Bandenmäßigkeit sind daher strukturell identisch. Maßgebend dafür, ob fortgesetzt eine Mehrzahl im Einzelnen noch ungewisser Straftaten der in § 263 Abs. 5 StGB benannten Art begangen werden sollten oder begangen wurden, sind die – geplanten – tatsächlichen Abläufe sowie deren Umsetzung; unerheblich ist demgegenüber, ob diese in der Person eines Bandenmitgliedes aufgrund der besonderen Art seiner Tatbeiträge und gegebenenfalls unter Heranziehung des Zweifelssatzes rechtlich zu einer Tat im Sinne des § 52 Abs. 1 StGB zusammengefasst werden oder würden.[1239] Während das nach der Gesetzesauslegung für gewerbsmäßiges Handeln erforderliche Merkmal der (beabsichtigten) wiederholten Tatbegehung auf den Willen des einzelnen Täters abstellt, hat das Tatbestandsmerkmal der (beabsichtigten) fortgesetzten Tatbegehung nach dem Gesetzeswortlaut die Vorstellungen der Bande in ihrer Gesamtheit im Blick. Geht diese dahin, dass die Deliktsserie durch Aktivitäten verwirklicht wird, die jedenfalls in der Person einzelner Mitglieder der Tätergruppierung tatsächlich selbstständige Straftaten darstellen, ist daher bereits mit der ersten Tatbegehung für die daran Mitwirkenden das Merkmal der Bandenmäßigkeit erfüllt.

Die bloße Verbindung zu einer Bande hat nicht zur Folge, dass jedes von einem der Bandenmitglieder aufgrund der Bandenabrede begangene Betrugs- oder Urkundenfälschungsdelikt den anderen Bandenmitgliedern ohne Weiteres als gemeinschaftlich begangene Straftat im Sinne des § 25 Abs. 2 StGB zugerechnet werden kann. Vielmehr ist für jede einzelne Tat nach den allgemeinen Kriterien festzustellen, ob sich die anderen Bandenmitglieder hieran als Mittäter, Anstifter, Gehilfen beteiligt oder ob sie gegebenenfalls überhaupt keinen strafbaren Tatbeitrag geleistet haben.[1240]

11. §§ 266, 266a StGB

287 Geschütztes Rechtsgut der Absätze 1 und 2 des § 266a StGB ist in erster Linie das Interesse der Solidargemeinschaft an der Sicherstellung des Aufkommens der Mittel für die Sozialversicherungen. Kollusives Zusammenwirken von Arbeitnehmern und Arbeitgebern zulasten der Solidargemeinschaft – und mittelbar zum Nachteil abgaben- und steuerehrlicher Unternehmer – entlastet deshalb nicht, sondern ergibt ein Tatbild, das durch ein gesteigertes Ausmaß an krimineller Energie geprägt ist.[1241]

Die nach § 266 Abs. 1 StGB erforderliche Vermögensbetreuungspflicht ist ein strafbegründendes persönliches Merkmal im Sinne des § 28 Abs. 1 StGB; ihr Fehlen begründet einen zwingenden Strafmilderungsgrund. Die Anzahl der beim Teilnehmer fehlenden besonderen persönlichen Merkmale ist für die Strafrahmenverschiebung nach § 28 Abs. 1, § 49 Abs. 1 StGB aber unerheblich; eine mehrfache Strafrahmenverschiebung ist aus Gerechtigkeitsgründen nicht angezeigt. Fehlen beim Teilnehmer also mehrere besondere persönliche Merkmale kann diesem Umstand erst bei der konkreten Strafzumessung des Teilnehmers Rechnung getragen werden.[1242] Eine weitere Milderung gemäß § 28 Abs. 1, § 49 Abs. 1 StGB neben derjenigen nach § 27 Abs. 2 Satz 2 StGB ist aber dann nicht geboten, wenn die Verurteilung wegen Beihilfe allein darauf beruht, dass das strafbarkeitsbegründende persönliche Merkmal bei dem Tatbeteiligten nicht vorliegt.[1243] Da es sich sowohl bei § 28 Abs. 1 als auch § 27 Abs. 2 Satz 2 StGB um obligatorische Strafmilderungsgründe handelt und die Verneinung einer doppelten Milderung im Gesetz keine Stütze findet, ist diese Auffassung im Hinblick auf das Gesetzlichkeitsprinzip verfassungsrechtlich bedenklich.

1238 BGH StV 2007, 579 f.

1239 BGHSt 49, 177 ff. = BGH, StV 2004, 532.

1240 BGH StraFo 2007, 78 f.

1241 BGH, Beschl. v. 29.10.2009 – 1 StR 501/09 = NStZ 2010, 216.

1242 Vgl. zum (umstrittenen) besonderen persönlichen Merkmal der Garantenstellung aus Ingerenz BGH, Beschl. v. 24.03.2021 – 4 StR 416/20 = NStZ 2022, 220 (223) m. krit. Anm. *Hinderer*.

1243 BGH, Beschl. v. 26.11.2015 – 3 StR 17/15 = BGHSt 61, 48 ff. = NJW 2016, 2585 (2600); zu § 283 StGB BGH, Beschl. v. 22.01.2013 – 1 StR 234/12 = NJW 2013, 949 (950).

12. § 323a StGB

Ergeben die Feststellungen, dass der Angeklagte von einem »Zwang zur Einnahme von Alkohol« beherrscht wird, ist zu prüfen, ob die Fähigkeit des Täters, der Versuchung zum Alkoholmissbrauch zu widerstehen, erheblich vermindert war und deshalb die Anwendung von § 21 StGB auch im Rahmen von § 323a StGB[1244] in Betracht kommt.[1245] Die Verwertbarkeit tatbezogener Umstände ist nur zulässig soweit sie als mit der Verwirklichung des Tatbestandes des § 323a StGB in vorwerfbarer Weise in Verbindung gebracht werden können.[1246] Bei tatbezogenen Merkmalen der im Vollrausch begangenen Tat (wie etwa deren Art, Umfang, Schwere und Gefährlichkeit oder Auswirkungen) handelt es sich um Folgen des unter Strafe gestellten Sichberauschens, mithin um Anzeichen für den Gefährlichkeitsgrad des Rausches. Diese Umstände können – anders als die Motive und die Gesinnung, die zu der im Rausch begangenen Tat geführt haben – grundsätzlich straferschwerend herangezogen werden. Der strafschärfenden Berücksichtigung rauschtatbezogener Umstände sind aber mit Blick auf den Strafgrund des § 323a StGB dadurch Grenzen gesetzt, dass Gegenstand des Schuldvorwurfs nicht die im Rausch begangenen Taten, sondern das fahrlässige oder vorsätzliche Sichberauschen ist. Von wesentlicher Bedeutung kann sein, ob die Rauschtat nach ihrer gesetzlichen Wertung objektiv ein leichtes Vergehen oder ein schweres Verbrechen ist. Zur Findung einer gerechten Strafe ist die Schwere der begangenen Rauschtat in Beziehung zu setzen zu dem Maß des Verschuldens des Angeklagten beim Sichberauschen. Das Verhältnis zwischen Vollrausch und dem Verletzungstatbestand (Rauschtat) ist ein Stufenverhältnis, es gilt der Grundsatz in dubio pro reo, im Rahmen der Strafzumessung darf dem Angeklagten aber daraus kein Nachteil erwachsen; es kann deshalb geboten sein, den möglicherweise niedrigeren Strafrahmen der »Rauschtat« zugrunde zulegen (§ 323a Abs. 2 StGB).[1247] 288

Bei nicht ausschließbarer Schuldunfähigkeit und feststehender verminderter Schuldfähigkeit kann bei einer Verurteilung nach § 323a StGB eine Strafrahmenmilderung gemäß § 49 Abs. 1 StGB geboten sein, weil die Verurteilung des Angeklagten Folge des Zweifelssatzes ist. Denn im Rahmen der Strafzumessung darf das für den Angeklagten nicht nachteilig sein. Solche Nachteile bestünden ohne Strafrahmenverschiebung in Fällen, in denen für den rauschbedingt Schuldunfähigen ein höherer Strafrahmen wegen des Vollrauschs als der für den erheblich vermindert Schuldfähigen gemilderte Strafrahmen wegen der Rauschtat vorgesehen wäre; dabei können auch mehrfache Milderungsmöglichkeiten zu berücksichtigen sein[1248].

13. BtMG

Bei unerlaubtem Betäubungsmittelhandel[1249] prägen Art und Menge des Rauschgifts regelmäßig den Unrechtsgehalt der Tat wesentlich und sind bestimmende Strafzumessungserwägungen. Die Gesamtmenge aus mehreren Einzeltaten ist im Rahmen der Strafzumessung jedoch erst für die Gesamtstrafenbildung bestimmend.[1250] Gleichwohl verlieren die allgemeinen Grundsätze der Strafzumessung nach den §§ 46 ff. StGB im Bereich der Betäubungsmittelkriminalität nicht ihre Bedeutung. Danach ist auch bei Rauschgiftgeschäften die Strafe jedes von mehreren Tatbeteiligten vor allem nach dem Maß seiner individuellen Schuld zuzumessen; maßgeblich für die Bemessung der Strafe eines Gehilfen ist das im Gewicht seines Tatbeitrages zum Ausdruck kommende Maß seiner Schuld, wenn auch unter Berücksichtigung des ihm zurechenbaren Umfangs und der Schwere der 289

1244 Vgl. auch *Schäfer/Sander/van Gemmeren* Rn. 1712 f.; *Duttge* FS Geppert 2011 S. 63 ff.
1245 BGH NStZ-RR 1997, 300 f.
1246 BGH StV 1997, 18 f.
1247 BGH NStZ-RR 1996, 290.
1248 BGH Beschl. v. 25.04.2017 – 3 StR 23/17 = StraFo 2017, 253.
1249 Vgl. auch *Schäfer/Sander/van Gemmeren* Rn. 1775 ff.
1250 BGH, Beschl. v. 01.10.2022 – 4 StR 245/22 = StV 2023, 457.

Haupttat.[1251] Eine reine »Mengenrechtsprechung« ist mit diesen Grundsätzen nicht zu vereinbaren.[1252] Bei Betäubungsmitteltatbeständen kann es angebracht sein, generalpräventiven Erwägungen Raum zu geben. Wegen der Bedeutung der Wirkstoffmenge für eine sachgerechte, schuldangemessene Strafe im Betäubungsmittelstrafrecht kann auf eine nach den Umständen des Falles mögliche genaue Feststellung nicht verzichtet werden.[1253] Die uneingeschränkte Berücksichtigung der Menge des Rauschgifts mit dem Handel getrieben worden ist, ist rechtsfehlerhaft, wenn seitens der Polizei darauf hingewirkt worden ist, dass mit einer möglichst großen Menge Handel getrieben werde.[1254]

▶ **Beachte**

290 Der *Art des Rauschgifts und seiner Gefährlichkeit* kommt im Rahmen der Strafzumessung grundsätzlich eine eigenständige Bedeutung zu. Jedoch besteht ein für die Strafzumessung maßgebliches Stufenverhältnis von so genannten harten Drogen wie Heroin oder Kokain über Amphetamin, das auf der Gefährlichkeitsskala einen mittleren Platz einnimmt, bis hin zu sogenannten weichen Drogen wie Cannabis.[1255] Sollte das vom Gesetzgeber avisierte Cannabisgesetz (CanG) in Kraft treten mit der Folge, dass Cannabis aus dem BtMG und den Anlagen zum BtMG gestrichen wird, wird sich die Frage neu stellen, was als weiche Droge und als ein in der Regel minder schwerer Fall nach dem BtMG aufzufassen sei.

Neben Art und Menge des jeweiligen Betäubungsmittels ist für den Unrechts- und Schuldgehalt der Tat der jeweilige Wirkstoffgehalt von besonderer Bedeutung, und zwar auch und gerade dann, wenn es sich im Hinblick auf die nicht geringe Menge im Sinne des § 29a Abs. 1 Nr. 2 BtMG um einen Grenzfall handelt. Eine lediglich geringe Überschreitung der Untergrenze zur nicht geringen Menge ist ein Strafmilderungsgrund.[1256] Das Zweieinhalbfache bzw. Dreifache der nicht geringen Menge an Betäubungsmitteln ist auch noch derart gering, dass das jedenfalls nicht als bestimmender Strafschärfungsgrund gewertet werden kann.[1257] Eine solche Überschreitung der Untergrenze schließt im Einzelfall die Annahme eines minder schweren Falls des unerlaubten Handeltreibens mit Betäubungsmitteln in nicht geringer Menge nicht aus.[1258] Der 5. Strafsenat hält es dagegen für äußerst zweifelhaft, dass eine »nur geringe Überschreitung« der Grenze zur nicht geringen Menge nach § 29a Abs. 1 Nr. 2 BtMG (z.B. die dreifache Menge) einen Strafmilderungsgrund darstelle.[1259]

Den Wirkstoffgehalt – unter Beachtung des Zweifelssatzes – mit hinreichender Genauigkeit festzustellen, ist in der Regel auch dann möglich, wenn Betäubungsmittel nicht sichergestellt werden konnten und daher für eine Untersuchung durch einen Sachverständigen nicht zur Verfügung stehen.[1260] Das Unrecht einer Betäubungsmittelstraftat und die Schuld des Täters werden maßgeblich auch durch die Wirkstoffkonzentration und die Wirkstoffmenge des Rausch-

---

1251 Vgl. zur Einordnung der Gehilfenschuld BGH, Beschl. v. 07.09.2021 – 1 StR 302/21 = NStZ-RR 2021, 381; Beschl. v. 29.08.2023 – 1 StR 229/23 = NStZ 2024, 37 m. Anm. *Schütz/Kudlich.*
1252 BGH, Beschl. v. 01.03.2011 – 3 StR 28/11; Urt. v. 14.11.2019 – 3 StR 242/19; Beschl. v. 20.10.2021 – 1 StR 136/21.
1253 BGH NStZ 1996, 498 f.
1254 BGH StV 1997, 471 f. = NStZ 1997, 136 f.; StV 2004, 532.
1255 BGH Beschl. v. 23.01.2018 – 3 StR 586/17; Beschl. v. 14.08.2018 – 1 StR 323/18 = StV 2019, 339 f.; Urt. v. 15.12.2022 – 3 StR 295/22.
1256 BGH, Beschl. v 09.02.2012 – 2 StR 455/11 = StV 2012, 415 f. = NStZ 2013, 99 f.; v. 01.03.2011 – 3 StR 28/11 = StV 2011, 544 f.; Urt. v. 16.08.2016 – 2 StR 22/16 = NStZ-RR 2016, 375 f.; Urt. v. 22.11.2016 – 1 StR 329/16; Beschl. v. 10.03.2022 – 1 StR 35/22.
1257 BGH, Beschl. v. 25.02.2016 – 2 StR 39/16 = NStZ-RR 2016, 141; v. 31.03.2016 – 2 StR 36/16 = StraFo 2016, 423.
1258 BGH, Beschl. v. 31.03.2016 – 2 StR 36/16 = StraFo 2016, 423.
1259 BGH, Beschl. v. 08.11.2016 – 5 StR 487/16; anders z.B. auch 2. Strafsenat Urt. v. 16.08.2016 – 2 StR 22/16 = NStZ-RR 2016, 375 f.; v. 27.09.2016 – 2 StR 41/16.
1260 BGH, Beschl. v. 09.11.2010 – 4 StR 521/10 = NStZ-RR 2011, 90 f.

gifts bestimmt. Für eine sachgerechte schuldangemessene Festsetzung der Strafen im Betäubungsmittelstrafrecht kann auf nähere Feststellungen zum Wirkstoffgehalt deshalb regelmäßig nicht verzichtet werden. Stehen die Betäubungsmittel nicht für eine Untersuchung der Wirkstoffkonzentration zur Verfügung, ist diese – notfalls unter Anwendung des Zweifelssatzes – unter Berücksichtigung der sicher festgestellten Umstände (Herkunft, Preis, Handelsstufe, Beurteilung durch die Tatbeteiligten, Begutachtungen in Parallelverfahren etc.) durch eine »Schätzung« festzulegen.[1261] Eine Umschreibung in allgemeiner Form (»durchschnittliche Qualität«) genügt diesen Anforderungen nicht.[1262]

Es stellt grundsätzlich einen gewichtigen Strafmilderungsgrund dar, wenn die Betäubungsmittel sichergestellt werden und es deshalb nicht zu einer Gefährdung von Drogenkonsumenten kommen kann.[1263] Umgekehrt darf aber die Tatsache, dass ein Großteil der gehandelten Betäubungsmittel in den Verkehr gelangt ist, nicht straferschwerend herangezogen werden, da ansonsten das Fehlen eines Strafmilderungsgrundes – Sicherstellung der Betäubungsmittel – strafschärfend gewertet werden würde.[1264]

Die Überwachung des Drogentransports und der Telekommunikation durch die Polizei sind ebenfalls als wesentliche Strafmilderungsgründe aufzufassen.[1265] Zugunsten eines Angeklagten darf nicht berücksichtigt werden, dass »die Drogen nicht für das Gebiet der Bundesrepublik Deutschland bestimmt waren«. Damit wird einem Umstand maßgebliche Bedeutung beigemessen, dem von Rechts wegen strafmildernde Wirkung nicht zukommen kann. Die Bekämpfung von Rauschgiftdelikten ist – im Interesse des über die deutschen Staatsgrenzen hinausreichenden Schutzes vor Gesundheitsbeeinträchtigungen – ein weltweites Anliegen (vgl. § 6 Nr. 5 StGB).[1266]

Bei einer Verurteilung wegen unerlaubten Handeltreiben nach § 29a Abs. 1 Nr. 2 BtMG darf eine Gewinnerzielungsabsicht dem Angeklagten nicht strafschärfend angelastet werden, denn die Strafvorschrift setzt stets voraus, dass der Täter nach Gewinn strebt oder sich irgendeinen anderen persönlichen Vorteil verspricht.[1267] Strafschärfend darf deshalb auch nicht gewertet werden, dass der Angeklagter allein *um seines finanziellen Vorteils willen* bereit war, Drogen in großem Umfang und guter Qualität in den Verkehr zu bringen.[1268] Auch Erwägungen, der Täter habe beim Handeltreiben mit Betäubungsmitteln aus Gewinnsucht oder -streben[1269] gehandelt oder »seine Tat als willkom- 291

1261 BGH, Beschl. v. 12.05.2016 – 1 StR 43/16 = NStZ-RR 2016, 247 f.; Beschl. v. 26.05.2021 – 5 StR 529/20.

1262 BGH, Urt. v. 18.01.2023 – 5 StR 343/22; Beschl. v. 16.01.2023 – 5 StR 407/22; Beschl. v. 12.04.2023 – 5 StR 95/23.

1263 BGH, Beschl. v. 07.02.2012 – 4 StR 653/11 = NStZ-RR 2012, 153 (154); Beschl. v. 03.05.2011 – 5 StR 568/10 = StV 2011, 622; Beschl. v. 06.06.2013 – 4 StR 169/13 = NStZ 2013, 662; Beschl. v. 14.04.2015 – 3 StR 2/15 = NStZ-RR 2015, 248; Urt. v. 27.01.2016 – 5 StR 387/15 = NStZ-RR 2016, 105 f.; Beschl. v. 20.11.2018 – 4 StR 329/18 = StV 2019, 323; Beschl. v. 29.06.2021 – 3 StR 192/21.

1264 BGH, Beschl. v. 11.04.2023 – 5 StR 78/23.

1265 BGH, Urt. v. 06.01.2022 – 5 StR 2/21 = NStZ-RR 2022, 140 (141); Urt. v. 30.08.2022 – 5 StR 203/22; Urt. v. 28.09.2022 – 2 StR 127/22 = NStZ 2023, 340.

1266 BGH, Urt. v. 14.07.2015 – 5 StR 181/15 = NStZ-RR 2016, 16 f.; Urt. v. 22.06.2022 – 5 StR 9/22 = NStZ-RR 2022, 283.

1267 BGH, Beschl. v. 09.11.2010 – 4 StR 532/10 = StV 2011, 224; v. 31.05.2016 – 3 StR 138/16; v. 21. 08 2018 – 2 StR 231/18 = NStZ-RR 2018, 380 f.

1268 BGH Beschl. v. 24.04.2018 – 4 StR 60/18.

1269 BGH, Beschl. v. 31.08.2017 – 4 StR 297/17 = NStZ-RR 2017, 345; Beschl. v. 21.08.2018 – 2 StR 231/18 = NStZ-RR 2018, 380 (Gewinnerzielungsabsicht); BGH, Beschl. v. 15.02.2022 – 2 StR 223/21; Beschl. v. 25.10.2022 – 2 StR 80/22 (Gewinnstreben).

mene Einkommensquelle«[1270] angesehen, verstoßen gegen § 46 Abs. 3 StGB, da beides vom Begriff des »Handeltreibens« umfasst ist.[1271] Beim Handeltreiben mit Betäubungsmitteln in nicht geringer Menge ist zudem zu beachten, dass nur die Tatbegehung mit einer »nicht geringen Menge« für sich genommen nicht berücksichtigt werden kann. Jedoch kann das Maß der Überschreitung des Grenzwerts in die Strafzumessung einfließen, soweit es sich nicht lediglich um eine Überschreitung in einem Bagatellbereich handelt.[1272]

Dass der Täter nur deshalb mit Betäubungsmitteln handelt, weil er keinen anderen Weg sieht, die Mittel für die Befriedigung seiner eigenen Rauschmittelabhängigkeit aufzubringen, wirkt strafmildernd. Ist übersteigertes Gewinnstreben mit Tatsachen belegt, darf auch »Profitgier« strafschärfend angelastet werden.[1273] Beim Handeln mit Betäubungsmitteln einem Angeklagten anzulasten, er sei aus reinem Gewinnstreben tätig geworden, ohne sich etwa aufgrund eigener Sucht zum Verkauf von Drogen gezwungen zu sehen, verstößt gegen § 46 Abs. 3 StGB.[1274]

Bei Amphetamin handelt es sich nicht um eine harte Droge.[1275] Dass das Rauschgift nicht für den deutschen Markt bestimmt ist, darf nicht strafmildernd berücksichtigt werden.[1276] § 29 Abs. 3 BtMG enthält keine selbstständigen Qualifikationstatbestände, sondern lediglich Strafzumessungsregeln.[1277] Führt ein Täter eine Rauschgiftmenge ein, die tatsächlich größer ist, als er es sich vorgestellt hat, darf die von seinem Vorsatz nicht umfasste Mehrmenge nur dann tatschulderhöhend gewertet werden, wenn ihn insoweit der Vorwurf der Fahrlässigkeit trifft.[1278] Dass der Angeklagte mit dem zum Handeln bestimmten Betäubungsmitteln auch andere Personen in sein kriminelles Tun verstrickt hat, darf im Rahmen gewerbsmäßigen Handeltreibens nach § 29 Abs. 3 BtMG nicht strafschärfend gewertet werden, da hierdurch typischerweise der Verkauf an andere Personen erfasst wird.

In Fällen, in denen Kuriere Kokain auf dem Luftweg in ihren Körper ins Inland bringen, muss sich, da sich die Fälle weitgehend gleichen, das Strafmaß mehr als sonst an der Menge und dem Wirkstoffanteil des transportieren Rauschgifts orientieren.[1279]

292 Die Bejahung von § 21 StGB kann für sich allein oder im Zusammenwirken mit anderen Milderungsgründen zur Zubilligung eines minder schweren Falles nach § 29a Abs. 2 BtMG führen. Die polizeiliche Überwachung der Tat sowie die Sicherstellung der gehandelten Betäubungsmittel sind angesichts damit verbundenen Wegfalls jeglicher Gefahr für die Allgemeinheit als bestimmender Strafzumessungsgrund bereits bei der Strafrahmenwahl (z.B. im Rahmen von § 29a Abs. 2 und § 30a Abs. 3 BtMG) zu würdigen.[1280]

Im Rahmen einer Verurteilung nach § 29a Abs. 1 Nr. 1 BtMG strafschärfend zu werten, dass ein jugendlicher Käufer heroinabhängig geworden ist, verstößt gegen § 46 Abs. 3 StGB, weil die besondere Schutzbedürftigkeit von Jugendlichen der Grund für die in geregelte erhöhte Strafbarkeit der

---

1270 BGH, Beschl. v. 10.02.2011 – 3 StR 498/10; vgl. auch Beschl. v. 24.04.2018 – 4 StR 60/18 = StV 2018, 508.

1271 So bereits BGH, Beschl. v. 24.09.2009 – 3 StR 294/09 = StV 2010, 133; dagegen aber BGH, Beschl. v. 29.04.2014 – 2 StR 616/13; vgl. zu den berücksichtigungsfähigen Strafmilderungsgründen »Suchtdruck« oder »Angst vor Entzugsfolgen« auch BGH, Beschl. v. 07.07.2022 – 4 StR 50/22.

1272 Vgl. zum Bagatellbereich BGH, Beschl. v. 29.06.2021 – 3 StR 192/21; vgl. auch Beschl. v. 25.10.2022 – 2 StR 80/22: Die mittlere Gefährlichkeit von Betäubungsmitteln (MDMA, Amphetamin und Ecstasy) stellt für sich genommen weder einen Strafschärfungs- noch einen Strafmilderungsgrund dar; ebenso BGH, Beschl. v. 15.11.2022 – 3 StR 340/22 = NStZ-RR 2023, 51.

1273 BGH NStZ-RR 1997, 50.

1274 BGH, Beschl. v. 20.04.2010 – 4 StR 119/10 = NStZ-RR 2010, 255 f.

1275 BGH StV 1997, 75 f.; offengelassen von BGH, Beschl. v. 03.04.2002 – 2 StR 84/02.

1276 BGHR BtMG § 30 Strafzumessung 1.

1277 BGH StV 1996, 94 f.

1278 BGH StV 1996, 90.

1279 BGH StV 1996, 427 f.

1280 BGH, Beschl. v. 03.05.2011 – 5 StR 568/10 = StV 2011, 622.

Abgabe von Betäubungsmitteln an Minderjährige ist.[1281] Die Anwendung von § 30a Abs. 2 BtMG wird in Fällen mit gewichtigen Milderungsgründen angesichts der hohen Mindeststrafe des Regelstrafrahmens weit näher liegen als bei solchen mit geringeren Regelmindeststrafen. Naheliegen wird die Anwendung von § 30a Abs. 2 BtMG auch in Fällen, die nicht dem Bild solcher Kriminalität entsprechen, deren Bekämpfung mit der Schaffung des OrgKG erstrebt wurde.[1282] Bei Anwendung des minder schweren Falles nach § 30a Abs. 3 BtMG darf nach der Rechtsprechung des Bundesgerichtshof die Strafe nicht milder sein als nach dem Strafrahmen der im Wege der Gesetzeskonkurrenz verdrängten Vorschrift des § 30 Abs. 1 BtMG, sofern nicht ausnahmsweise auch die Voraussetzungen eines minder schweren Falles nach § 30 Abs. 2 BtMG gegeben sind.[1283] Beim unerlaubten Handeltreiben mit Betäubungsmitteln steht der Qualifikationstatbestand des bewaffneten Handeltreibens nach § 30a Abs. 2 Nr. 2 BtMG (»Qualifikation der Qualifikation«) in Gesetzeskonkurrenz zum Grundtatbestand nach § 29 Abs. 1 BtMG ebenso wie zu den weiteren Qualifikationstatbeständen nach § 29a Abs. 1 und § 30 Abs. 1 BtMG. Bei Gesetzeskonkurrenz entfaltet jedoch anders als bei Tateinheit (Idealkonkurrenz) das zurücktretende Delikt keine Sperrwirkung hinsichtlich der Mindeststrafe. Insbesondere käme eine (analoge) Anwendung des § 52 Abs. 2 Satz 2 StGB bei Gesetzeskonkurrenz einer vom Gesetzgeber nicht vorgesehen Gleichbehandlung von Ideal- und Gesetzeskonkurrenz, die mit Art. 103 Abs. 2 GG unvereinbar ist. Das im Wege der Gesetzeskonkurrenz verdrängte Delikt kann daher »nur« bei der Bestimmung der *konkreten* tat- und schuldangemessenen Strafe innerhalb des anzuwendenden Strafrahmens berücksichtigt werden.[1284]

14. Waffendelikte

Die besondere Gefährlichkeit von Waffen darf bei Verstößen gegen das WaffG und KWKG nicht strafschärfend gewertet werden.[1285] Probleme ergeben sich, wenn ein mit einer Waffe begangenes Delikt durch Notwehr gerechtfertigt ist. Denn auch das Führen der Schusswaffe, soweit dieses mit den Tötungs- und Verletzungshandlungen unmittelbar zusammenfällt, ist gerechtfertigt. Die Tatsache, dass der Angeklagte schon bewaffnet zum Treffen gegangen ist, darf deshalb für sich allein nicht zur Strafschärfung herangezogen werden.[1286] Es ist hingegen kein Strafmilderungsgrund, wenn der Angeklagte im Herkunftsland der Waffen staatliche Unterstützung erhielt und die Waffen nicht für den deutschen Markt bestimmt waren.[1287] 293

15. Steuerrecht

Bei der Zumessung einer Strafe wegen Steuerhinterziehung hat das Kriterium der »verschuldeten Auswirkungen der Tat« im Rahmen der erforderlichen Gesamtwürdigung besonderes Gewicht. »Auswirkungen der Tat« sind insbesondere die Folgen für das durch die Strafnorm geschützte Rechtsgut. Das durch § 370 AO geschützte Rechtsgut ist die Sicherung des staatlichen Steueranspruchs, d.h. 294

1281 Beschl. v. 09.01.2003 – 4 StR 467/02.

1282 BGH NStZ 1996, 339 f. = StV 1996, 373 f.

1283 Vgl. BGH, Urt. v. 28.03.2018 – 2 StR 176/17 = StV 2019, 343; Beschl. v. 23.08.2022 – 1 StR 232/22 = StV 2023, 477; Beschl. v. 25.08.2020 – 2 StR 241/20 = NStZ-RR 2021, 18; siehe auch BGH, Beschl. v. 22.11.2022 – 5 StR 402/22 = NStZ-RR 2023, 16: Milderungsgründe, die zur Begründung des minder schweren Falles nach § 30a Abs. 3 BtMG berücksichtigt worden sind, sind nicht »verbraucht« und können daher bei der Prüfung, ob auch ein minder schwerer Fall der von § 30a BtMG verdrängten Vorschriften (etwa § 30 Abs. 2 BtMG) anzunehmen sei, erneut herangezogen werden; § 50 StGB gilt insoweit nicht.

1284 Vgl. bereits OLG Köln, Urt. V. 22.09.1953 – Ss 192/53 = NJW 1953, 1762 (1763); *Makepeace* StV 2023, 478 f.; *Satzger* JR 1999, 203 (204).

1285 BGH StV 1995, 301.

1286 BGH StV 1991, 63 (64).

1287 BGH StV 1997, 184.

des rechtzeitigen und vollständigen Steueraufkommens. Der Unwertgehalt von Steuerstraftaten[1288] wird maßgeblich durch die Höhe des Steuerschadens bestimmt. Da serienmäßige Tatbegehung bei Steuerstraftaten zu höherem Steuerschaden führt, hat sie regelmäßig strafschärfende Bedeutung.[1289] Die Höhe der hinterzogenen Steuern ist ein bestimmender Strafzumessungsfaktor gem. § 267 Abs. 3 S. 1 StPO, und zwar nicht nur für die Strafrahmenwahl, sondern auch für die konkrete Strafzumessung in dem zugrunde gelegten Strafrahmen.[1290]

Auch wenn der Hinterziehungsbetrag ein bestimmender Strafzumessungsgrund für die Steuerhinterziehung ist, kann allein dessen Ausmaß für die Strafhöhenbemessung nicht in dem Sinne ausschlaggebend sein, dass die Strafe gestaffelt nach der Höhe des Hinterziehungsbetrags schematisch und quasi »tarifmäßig« verhängt wird. Jeder Einzelfall ist vielmehr nach den von § 46 StGB vorgeschriebenen Kriterien zu beurteilen. Das schließt indes nicht aus, die Strafhöhe an den vom Gesetzgeber auch in § 370 Abs. 3 S. 2 Nr. 1 AO vorgegebenen Wertungen auszurichten. Das gilt auch für die konkrete Strafzumessung innerhalb des gefundenen Strafrahmens, und zwar auch beim Normalstrafrahmen des § 370 Abs. 1 AO. Gerade bei der Bemessung der schuldangemessenen Strafe kommt dem Merkmal »großes Ausmaß« Bedeutung zu, weil es aufzeigt, wann der Gesetzgeber eine Freiheitsstrafe (mit erhöhtem Mindestmaß) für angebracht hält. Insoweit müssen vergleichbare Kriterien wie für das wortgleiche Merkmal in § 263 Abs. 3 S. 2 Nr. 2 StGB zur Anwendung kommen.

295 Das Merkmal »in großem Ausmaß« des § 370 Abs. 3 S. 2 Nr. 1 AO ist wie beim Betrug nach objektiven Maßstäben zu bestimmen. Ein großes Ausmaß liegt nunmehr einheitlich immer dann vor, wenn der Hinterziehungsbetrag 50.000 EUR übersteigt.[1291] Diese Grenze kommt nicht nur dann zur Anwendung, wenn der Täter ungerechtfertigte Zahlungen vom Finanzamt erlangt hat oder (aktiv) steuermindernde Umstände vortäuscht. Auch wenn sich das Verhalten des Täters darauf beschränkt, die Finanzbehörden pflichtwidrig über steuerlich erhebliche Tatsachen in Unkenntnis zu lassen, so dass dies lediglich zu einer Gefährdung des Steueranspruchs führt, liegt die Wertgrenze zum »großen Ausmaß« bei 50.000 EUR und nicht, wie ursprünglich vom 1. Strafsenat vertreten, bei 100.000 EUR.[1292]

Ob die Schwelle des »großen Ausmaßes« überschritten ist, ist für jede einzelne Tat gesondert zu bestimmen. Dabei genügt derjenige Erfolg, der für die Vollendung der Steuerhinterziehung ausreicht. Bei mehrfacher tateinheitlicher Verwirklichung des Tatbestandes der Steuerhinterziehung ist das »Ausmaß« des jeweiligen Taterfolges zu addieren, Eine nachträgliche »Schadenswiedergutmachung« hat für die Frage, ob eine Steuerhinterziehung »in großem Ausmaß« vorliegt oder nicht, keine Bedeutung. Die Höhe des auf Dauer beim Fiskus verbleibenden »Steuerschadens« ist ein Umstand, der erst bei der Prüfung, ob die Indizwirkung des Regelbeispiels im Einzelfall widerlegt ist, und im Übrigen als bloße Zumessungserwägung in die Strafzumessung einbezogen werden kann.[1293] Jedenfalls bei einem sechsstelligen Hinterziehungsbetrag wird die Verhängung einer Geldstrafe nur bei Vorliegen von gewichtigen Milderungsgründen noch schuldangemessen sein. Bei Hinterziehungsbeträgen in Millionenhöhe kommt eine aussetzungsfähige Freiheitsstrafe nur bei Vorliegen besonders gewichtiger Milderungsgründe in Betracht.[1294] Die »Indizwirkung« des »großen Ausmaßes« kann einerseits durch sonstige Milderungsgründe beseitigt, andererseits aber auch durch Strafschärfungsgründe ver-

1288 Zur Strafzumessung im Steuerstrafrecht vgl. *Jäger* DStZ 2012, 737 ff.; vgl. auch *Schäfer/Sander/van Gemmeren* Rn. 1837 ff.

1289 BGH, Beschl. v. 25.09.2012 – 1 StR 407/12 = wistra 2013, 67 f.

1290 BGH, Beschl. v. 22.11.2012 – 1 StR 537/12 = NJW 2013, 1750 f.

1291 BGHSt 61, 28 (32); Beschl. v. 29.11.2011 – 1 StR 459/11 = wistra 2012, 151; Urt. v. 27.10.2015 – 1 StR 373/15 = BGHSt 61, 28 f. = NStZ 2016, 288 f. vgl. dazu *Altenburg* NJW 2016, 965 ff.; *Talaska* Der Betrieb 2016, 673 ff.; *Lampe* jurisPR-StrafR 7/2016 Anm. 4.

1292 BGHSt 61, 28 (32); zur alten Wertgrenze von 100.000 EUR BGHSt 53, 71 (85); BGH, Beschl. v. 12.07.2011 – 1 StR 81/11 = wistra 2011, 396.

1293 BGH, Beschl. v. 15.12.2011 – 1 StR 579/11 = NStZ 2012, 331.

1294 BGH, Urt. v. 19.10.2022 – 1 StR 269/22.

stärkt werden. Ein die Indizwirkung des Hinterziehungsbetrages beseitigender Milderungsgrund ist etwa gegeben, wenn sich der Täter im Tatzeitraum im Wesentlichen steuerehrlich verhalten hat und die Tat nur einen verhältnismäßig geringen Teil seiner steuerlich relevanten Betätigungen betrifft. Bedeutsam ist daher das Verhältnis der verkürzten zu den gezahlten Steuern. Hat sich der Täter vor der Tat über einen längeren Zeitraum steuerehrlich verhalten, ist auch das in den Blick zu nehmen. In die vorzunehmende Gesamtwürdigung sind auch die Lebensleistung und das Verhalten des Täters nach Aufdeckung der Tat einzubeziehen, etwa ein (frühzeitiges) Geständnis, verbunden mit der Nachzahlung verkürzter Steuern oder jedenfalls dem ernsthaften Bemühen hierzu. Gegen eine Geldstrafe oder – bei entsprechend hohem Hinterziehungsbetrag – eine aussetzungsfähige Freiheitsstrafe spricht es insbesondere, wenn der Täter Aktivitäten entfaltet hat, die von vornherein auf die Schädigung des Steueraufkommens in großem Umfang ausgelegt waren, etwa weil der Täter unter Vorspiegelung erfundener Sachverhalte das »Finanzamt als Bank« betrachtete und in erheblichem Umfang ungerechtfertigte Vorsteuererstattungen erlangt hat oder weil der Täter die Steuerhinterziehung in sonstiger Weise gewerbsmäßig oder gar »als Gewerbe« betrieb. Gleiches gilt auch für den Aufbau eines aufwendigen Täuschungssystems, die systematische Verschleierung von Sachverhalten und die Erstellung oder Verwendung unrichtiger oder verfälschter Belege zu Täuschungszwecken. Strafschärfende Bedeutung hat es zudem, wenn der Täter besondere Unternehmensstrukturen aufgebaut hat, die auch der Bereicherung durch Steuerhinterziehung dienen sollten, wenn der Täter das Ziel verfolgt hat, das Steueraufkommen durch wiederholte Tatbegehung über einen längeren Zeitraum nachhaltig zu schädigen, wenn er andere Personen verstrickt hat, wenn er systematisch Scheingeschäfte getätigt oder Scheinhandlungen vorgenommen hat (vgl. § 41 Abs. 2 S. 1 AO) oder wenn er in größerem Umfang buchtechnische Manipulationen vorgenommen oder gezielt durch Einschaltung von Domizilfirmen im Ausland oder Gewinnverlagerungen ins Ausland schwer aufklärbare Sachverhalte geschaffen hat.[1295]

Ein unbenannter besonders schwerer Fall der Steuerhinterziehung nach § 370 Abs. 3 AO kann vorliegen, wenn er sich bei einer im Rahmen der gebotenen Gesamtwürdigung aller Zumessungstatsachen nach dem Gewicht von Unrecht und Schuld vom Durchschnitt der erfahrungsgemäß vorkommenden Fälle so weit abhebt, dass die Anwendung des Ausnahmestrafrahmens geboten ist. Bei sehr hohen Hinterziehungsbeträgen liegt deshalb ein besonders schwerer Fall jedenfalls nicht fern, auch wenn ein Regelbeispiel nicht gegeben ist.[1296] 296

Bei Beihilfe zur Steuerhinterziehung ist für die Bemessung der Strafe des Gehilfen das im Gewicht seines Tatbeitrages zum Ausdruck kommende Maß seiner Schuld maßgeblich; dabei ist auch zu berücksichtigen, inwieweit Umfang und Folgen der Haupttat ihm zuzurechnen sind. Denn die Strafe jedes einzelnen Tatbeteiligten einer Steuerhinterziehung bestimmt sich – wie auch sonst – nach dem Maß seiner individuellen Schuld. Hieraus folgt, dass sich im Fall der Verurteilung wegen Beihilfe zur Steuerhinterziehung aus dem Urteil auch ergeben muss, in welcher Höhe die eingetretene Steuerverkürzung vom Gehilfen gefördert wurde, wenn der Haupttäter vom Gehilfenbeitrag unabhängig weitere Steuern verkürzt hat, das Ausmaß der vom Haupttäter verkürzten Steuern aber beim Gehilfen strafschärfend gewertet werden soll.[1297]

Der Umstand, dass das Regelbeispiel des § 370 Abs. 3 S. 2 Nr. 1 AO nur versucht worden ist, steht – anders als beim Regelbeispiel des § 263 Abs. 3 S. 2 Var. 1 StGB[1298] – seiner Anwendung nicht entgegen. Es kommt nur darauf an, ob der Täter nach seiner Vorstellung zur Verwirklichung des Regelbeispiels bereits unmittelbar angesetzt hat.[1299]

1295 BGH, Urt. v. 02.12.2008 – 1 StR 416/08 = BGHSt 53, 71 ff. = StV 2009, 188 ff.

1296 BGH, Urt. v. 21.08.2012 – 1 StR 257/12 = wistra 2013, 28 f.

1297 BGH, Beschl. v. 24.06.2009 – 1 StR 229/09 = NStZ-RR 2009, 311 ff.; Urt. v. 28.10.2015 – 1 StR 465/14 = NStZ 2016, 292 f.

1298 BGH NStZ-RR 2009, 206 f.

1299 BGH, Beschl. v. 28.07.2010 – 1 StR 332/10 = NStZ 2011, 167 f.

F. Prozessuale Fragen

I. Ermittlungsverfahren

297 Wichtige Weichen für den Ausgang des Strafverfahrens werden bereits im Ermittlungsverfahren gestellt. Das Optimale für die Verteidigung wäre es, wenn sie erreichen könnte, dass es überhaupt nicht zu einer Hauptverhandlung kommt. Von Bedeutung sind insoweit die §§ 153,[1300] 153a, 154, 153b StPO.

298 1. Die §§ 153 und 153a StPO spielen grundsätzlich nur in Verfahren, die Kriminalität geringeren Gewichts betreffen, eine Rolle.[1301] Wiegt der Tatvorwurf nicht so schwer, dass der Angeklagte jetzt noch bestraft werden müsste, kommt eine Einstellung nach §§ 153, 153a StPO in Betracht. Hier ist es Aufgabe der Verteidigung, die Anwendung frühzeitig ins Gespräch zu bringen, vor allem um negative Auswirkungen einer Hauptverhandlung für den Mandanten zu vermeiden. Eine Einstellung des Verfahrens für den schuldigen Mandanten zu erreichen, ist sicher ein großes, aber selten erreichtes Ziel der Verteidigung. Aber selbst bei Taten aus dem Bereich der mittleren Kriminalität kann sich eine solche Situation ergeben. So ist eine erhebliche Verfahrensverzögerung, welche der Angeklagte nicht zu vertreten hat, bei der Beurteilung der geringen Schuld im Sinne des § 153 bzw. § 153a StPO in die Abwägung einzubeziehen.[1302] Strittig ist, ob auch die massive Einwirkung durch einen V-Mann auf einen Angeklagten zur Einstellung führen kann.

299 2. Übersehen wird häufig, eine Einstellung nach § 153b StPO anzuregen.[1303] So unterfallen sowohl die Regelung des § 60 StGB wie die des § 46a StGB in beiden Varianten dem Anwendungsbereich des § 153b StGB. Die Vorschrift des § 60 StGB zielt dabei auf Fälle, bei denen Tat und Schuld durch die Folgen, die den Täter mit seiner Tat getroffen haben, als hinreichend kompensiert erscheinen, so dass das Strafbedürfnis entfällt.[1304] Auch mittelbare, z B. erst durch die Strafverfolgung bewirkte Folgen der Tat können die Anwendung des § 60 StGB begründen. Bei der Prüfung der Voraussetzungen des § 60 StGB dürfen sämtliche strafzumessungsrelevanten Gesichtspunkte nochmals gewürdigt werden, das Doppelverwertungsverbot des § 50 StGB gilt insoweit nicht.[1305] Sämtliche Strafzumessungserwägungen, auch die für die kompensatorische Strafzumessung maßgeblichen, können bei der Bestimmung der (hypothetischen) Strafe einbezogen werden.[1306] Zwar werden die Ermittlungsbehörden häufig die Entscheidung der Hauptverhandlung überlassen wollen, da sie zumindest einen Schuldspruch für erforderlich halten werden. Ob das aber immer sachgerecht ist, insbesondere unter Berücksichtigung der persönlichen Folgen einer Hauptverhandlung, kann zweifelhaft sein. Die tatsächlichen Voraussetzungen, die eine Verschonung des Angeklagten von einer Hauptverhandlung nahelegen könnten, sollten von der Verteidigung durch entsprechende Schriftsätze in den geeigneten Fällen geltend gemacht werden.

300 3. Die Beschränkung des Tatvorwurfes in tatsächlicher wie in rechtlicher Hinsicht aufgrund der §§ 154, 154a StPO kann dazu führen, dass der Schuldumfang erheblich reduziert wird und damit auch die Strafe geringer ausfallen kann. Gezielte Vorschläge der Verteidigung auf Beschränkung des Verfahrensstoffes sollten deshalb nicht übersehen werden.

301 4. Ist eine Bestrafung nicht zu vermeiden, kann es vonseiten der Verteidigung geboten sein, anzuregen, die Sache im Strafbefehlsverfahren zu erledigen, um die nachteiligen Folgen einer Hauptverhandlung für den Angeklagten zu vermeiden. Den Rahmen einer Erledigung in diesem Verfahren steckt § 407 StPO ab, der auch eine Freiheitsstrafe bis zu einem Jahr (mit Strafaussetzung zur

---

1300 Zum »öffentliche Interesse« in § 153 Abs. 1 StPO vgl. *Magnus* GA 2012, 621 f.; *Roggan* StraFo 2013, 231 f.; vgl. auch *Schäfer/Sander/van Gemmeren* Rn. 29 ff.

1301 Meyer-Goßner/*Schmitt* § 153 Rn. 4.

1302 BGH StV 2008, 299 f.

1303 Vgl. dazu *Cierniak* SVR 2012, 127 f. zu fahrlässiger Körperverletzung und Tötung im Straßenverkehr.

1304 BGH NStZ 1997, 121 ff. m. Anm. *Stree*.

1305 BGH StV 2004, 420 f.

1306 BGH StV 2004, 420.

Bewährung) vorsieht. Der Übergang in das Strafbefehlsverfahren ist sogar noch nach Eröffnung des Hauptverfahrens möglich (§ 408a StPO).

II. Die Vorbereitung der Hauptverhandlung im Allgemeinen

1. Nachforschungen – Tätigkeit im Ermittlungsverfahren

Geht es nur noch um die Straffrage, sollte das den Ermittlungsbehörden frühzeitig mitgeteilt wer- 302
den. Diese sind dann sicherlich eher geneigt, Beweisanregungen, die nur diesen Bereich betreffen, nachzugehen. Die Verteidigung hat aber auch das Recht, möglicherweise sogar die Pflicht, eigene Ermittlungen anzustellen. Das sollte vor allem für Tatsachen gelten, die Einfluss auf die oben aufgezeigten Strafzumessungserwägungen haben können. Typische Beispiele können Ermittlungen über die Folgen einer Verurteilung, wie beamten- oder arbeitsrechtliche Auswirkungen oder auch Haftungsfolgen, sein. Der Verteidiger darf und muss gegebenenfalls auch Zeugen und Sachverständige befragen, wie etwa den Bewährungshelfer oder den betreuenden Arzt.

2. Beweisantrag vor der Hauptverhandlung, § 219 StPO

Die StPO geht von der Zulässigkeit von Beweisanträgen[1307] vor der Hauptverhandlung aus (§ 219 303
StPO). Gerade, weil Strafzumessungstatsachen bei den Ermittlungen häufig zu kurz kommen, sollte davon Gebrauch gemacht werden, um sich dann später nicht dem Vorwurf einer Verzögerungstaktik auszusetzen.

3. Ladung von Sachverständigen oder Zeugen

Die Strafzumessung und auch die Verhängung von Maßregeln werden stark von Bekundungen der 304
Sachverständigen beeinflusst. Hält die Verteidigung die Zuziehung eines Sachverständigen für erforderlich und ist diesem Begehren weder vonseiten der Staatsanwaltschaft noch des Gerichts Rechnung getragen worden, bleibt der Verteidigung die Möglichkeit der Selbstladung nach §§ 220, 38 StPO. Das Kostenrisiko trifft aber den Angeklagten, was häufig dazu führt, dass von der Möglichkeit kein Gebrauch gemacht werden kann. Die Einführung der geladenen Zeugen oder Sachverständigen als Beweismittel in die Hauptverhandlung richtet sich nach § 245 Abs. 2 StPO[1308].

4. Die Vorbereitung eines Deals

Die Grundlagen für eine solche Vereinbarung sollte die Verteidigung bereits im Vorfeld der Haupt- 305
verhandlung schaffen. Erforderlich ist deshalb ein entsprechender Kontakt mit Staatsanwaltschaft und Gericht, Voraussetzung ist aber die Einigung mit dem Mandanten über die »Schmerzgrenze«.

III. Hauptverhandlung

1. Feststellung der Strafzumessungstatsachen – Geltend machen durch Beweisanträge

Auch die Strafzumessungstatsachen müssen prozessordnungsgemäß festgestellt werden, sie sind der 306
Beweiserhebung zugänglich,[1309] und zwar unbeschränkt.[1310] Der Tatrichter ist grundsätzlich verpflichtet, umfassende Feststellungen im Rahmen von § 46 StGB zu treffen.[1311] An sich müsste sich also ein ganz wesentlicher Teil der Hauptverhandlung mit der Beweiserhebung über diese Tatsachen befassen. In der Rechtswirklichkeit ist das selten der Fall.[1312] Die Grundlagen für die Strafzumessung werden

---

1307 Vgl. dazu *Meyer-Goßner*/Schmitt § 219 Rn. 1 und 3; Alsberg/ *Tsambikakis* Der Beweisantrag im Strafprozess 7. Aufl. Rn. 635 ff.
1308 Vgl. dazu *Eisenberg* Rn. 286 ff.
1309 BGH NStZ 1987, 405; *Schäfer/Sander/van Gemmeren* Rn. 1274 ff.
1310 *Bruns* Das Recht der Strafzumessung S. 280; BGH NJW 1951, 769.
1311 BGH MDR 1975, 195; *Mösl* DRiZ 1979, 168; zum Zeitpunkt: BGH NStZ 1985, 561.
1312 *Bruns* Das Recht der Strafzumessung S. 279 f.; *Schlothauer* Vorbereitung Rn. 109 ff.

überwiegend nebenbei aus dem Gang der Hauptverhandlung gewonnen. Das entspricht keinesfalls der gesetzgeberischen Intention. Das so genannte »Schuldinterlokut« (verfahrensmäßige Trennung von Schuld- und Straffrage) kennt die StPO nicht.[1313] Aufgabe der Verteidigung in der Hauptverhandlung muss es deshalb sein, keinen Umstand unerörtert zu lassen, der für den Mandanten spricht und die Strafzumessung zu seinen Gunsten beeinflussen kann.[1314] Deshalb muss durch Beweisanträge in diesem Bereich Einfluss genommen werden. Welche Umstände so gewichtig sind, dass sie einer Beweisaufnahme zugrunde gelegt werden müssten, hängt aber vom Einzelfall ab, wobei für Beweisanträge die Grundsätze des § 244 Abs. 3 und 4 StPO beachtet werden müssen. Entlastende Angaben des Angeklagten jedenfalls, für deren Richtigkeit oder Unrichtigkeit es keine Beweise gibt, darf das Tatgericht nicht ohne weiteres als unwiderlegt hinnehmen, sie müssen, wie auch sonstige Tatsachen, auf der Grundlage des gesamten Beweisergebnisses überprüft werden.[1315] Der Grundsatz »im Zweifel für den Angeklagten« hat aber volle Geltung.[1316] Nicht außer Acht gelassen werden sollte in diesem Zusammenhang die bereits erwähnte Möglichkeit einer Selbstladung von Zeugen und Sachverständigen nach §§ 220, 38 i.V.m. § 245 Abs. 2 StPO.

Für die Verteidigung heißt das, zumindest die Tatsachen, von denen zu erwarten ist, dass sie kaum oder gar nicht zugunsten des Angeklagten berücksichtigt werden, durch entsprechende Beweisanträge zum Gegenstand der Hauptverhandlung zu machen.

2. Das Plädoyer und der Schlussantrag

307 Der Inhalt des Plädoyers[1317] muss sich jeweils an der Problematik des einzelnen Falls ausrichten. Bei der Strafzumessungsverteidigung sollte Ziel sein, dass das erkennende Gericht als Adressat des Plädoyers eine schuldangemessene Strafe verhängt. Wichtig ist, Verstöße gegen die Grundsätze einer ordnungsgemäßen Strafzumessung im Plädoyer der Staatsanwaltschaft aufzuzeigen, vor allem eine etwaige Missachtung des Doppelverwertungsverbots des § 46 Abs. 3 StGB. Sofern eine Strafaussetzung zur Bewährung nach Auffassung der Verteidigung in Betracht kommt, sollte dieser ein breiter Raum gewidmet werden, da gerade in diesem Bereich den Tatgerichten ein großer Spielraum eingeräumt ist. Einen konkreten Antrag zur Strafhöhe zu stellen, kann problematisch sein, weil es dadurch möglicherweise dem Gericht erschwert wird, auf eine niedrigere Strafe zu erkennen. Unzulässig ist es, einen Beweisantrag zur Schuldfrage hilfsweise für den Fall der Überschreitung einer bestimmten Strafhöhe zu stellen,[1318] das Akzeptieren der Bedingung durch das Tatgericht würde in Wirklichkeit einen »aufgedrängten Deal« bedeuten.

IV. Rechtsmittel

1. Berufung

308 Die Berufung führt im Umfang der Anfechtung, also z.B. Beschränkung auf die Strafzumessung, zu einer völligen Neuverhandlung der Sache. Dieses Rechtsmittel ist angebracht, wenn Tatsachen nicht oder nicht ausreichend festgestellt sind, was auch bei einer Strafzumessungsverteidigung der Fall sein kann. Auch bietet die Berufung eine »zweite Chance«, um auf eine mildere Strafe hinzuwirken, z.B. durch Abschluss eines Täter-Opfer-Ausgleichs zwischen erstinstanzlichem Urteil und Berufungshauptverhandlung.

1313 *Meyer-Goßner*/Schmitt § 258 Rn. 17; ausführlich *Becker* in Löwe/Rosenberg StPO 26. Aufl. Vor § 226 Rn. 76.

1314 *Dahs* Handbuch Rn. 717 ff.

1315 BGHR StPO § 261 Einlassung 5.

1316 BGH StV 1986, 5; *Schäfer/Sander/van Gemmeren* Rn. 1297 ff.

1317 *Dahs* AnwBl 1959, 1 ff.; *Burhoff* Handbuch für die strafrechtliche Hauptverhandlung 7. Aufl. Rn. 1978 ff.; *Ferner* Strafzumessung 2003, S. 61 ff.

1318 BGHSt 40, 287 ff.

2. Revision

Die Revision[1319] ist ein Rechtsmittel mit begrenzten Überprüfungsmöglichkeiten.[1320] Die Überprüfung der Tatsachenfeststellung ist grundsätzlich ausgeschlossen. Nur Verfahrensfehlern[1321] oder Fehlern bei der Rechtsanwendung auf den festgestellten Sachverhalt kommt Bedeutung zu. Rechtsfehler allein im Hinblick auf die *Höhe* der verhängten Strafe, die auch das Revisionsgericht beachten müsste, sind selten, zumal eine ins Einzelne gehende »Richtigkeitskontrolle« hinsichtlich der Strafhöhe durch das Revisionsgericht nicht stattfindet.[1322] 309

Ein Eingriff des Revisionsgerichts in die Einzelakte der Strafzumessung ist in der Regel nur möglich, wenn die Zumessungserwägungen in sich fehlerhaft sind, wenn das Tatgericht gegen rechtlich anerkannte Strafzwecke verstößt oder wenn sich die verhängte Strafe nach oben oder unten von ihrer Bestimmung löst, gerechter Schuldausgleich zu sein.[1323] 310

▶ Beachte

Eine erschöpfende Aufzählung aller in Betracht kommenden Erwägungen in den Strafzumessungsgründen ist weder vorgeschrieben noch möglich. Daraus, dass ein für die Strafzumessung bedeutsamer Umstand nicht angeführt worden ist, kann nicht ohne Weiteres geschlossen werden, der Tatrichter habe ihn überhaupt nicht gesehen oder nicht gewertet. Was als wesentlicher Strafzumessungsgrund anzusehen ist, ist unter Berücksichtigung der Besonderheiten des Einzelfalls vom Tatrichter zu entscheiden.[1324]

Bei der Darstellung seiner Strafzumessungserwägungen im Urteil ist das Tatgericht nur gehalten, die bestimmenden Zumessungsgründe mitzuteilen (§ 267 Abs. 3 Satz 1 StPO). Eine erschöpfende Aufzählung aller für die Strafzumessungsentscheidung relevanter Gesichtspunkte ist weder gesetzlich vorgeschrieben noch in der Praxis möglich. Ein der Strafzumessung in sachlich-rechtlicher Hinsicht anhaftender Rechtsfehler liegt aber dann vor, wenn das Tatgericht bei seiner Zumessungsentscheidung einen Gesichtspunkt, der nach den Gegebenheiten des Einzelfalls als bestimmender Strafzumessungsgrund in Betracht kommt, nicht erkennbar erwogen hat.[1325]

Fehl am Platze ist bei der Revisionsbegründung eine eigene Strafzumessung der Verteidigung. Es genügt in der Begründung auf Rechtsfehler in der Strafzumessung des Tatgerichtes hinzuweisen. Das Revisionsgericht überprüft zwar auf die Sachrüge hin – unabhängig, ob dieses Problem in der Revisionsbegründung angesprochen ist oder nicht – die Strafzumessungsgründe in vollem Umfang auf Rechtsfehler. Trotzdem kann es zweckmäßig sein, festgestellte oder zumindest vermutete Verstöße gegen anerkannte Grundsätze der Strafzumessung ausdrücklich anzusprechen. Dabei wird darauf zu achten sein, ob bestimmende Strafzumessungsgründe im Sinne des § 267 Abs. 3 Satz 1 StPO übersehen worden sind. Das Tatgericht muss sich nicht mit allen denkbaren Gründen auseinandersetzen. Fehlen aber naheliegende Erwägungen, kann das als Rechtsfehler angesehen werden. 311

1319 Vgl. dazu *Hamm* Die Revision in Strafsachen 7. Aufl. Rn. 1316 ff.; *Dahs* Revision im Strafprozess 8. Aufl. Rn. 468 ff.; *Detter* Einführung in die Praxis des Strafzumessungsrechts S. 253 ff.; *Schäfer/Sander/van Gemmeren* Rn. 1505 ff.; *Sander* StraFo 2010, 365 ff.

1320 *Detter* FS 50 Jahre Bundesgerichtshof 2000, S. 679 (690 ff.); *Theune* FS Gerd Pfeiffer 1988, S. 449 ff.

1321 Z.B. Verstoß gegen § 267 Abs. 2 und 3 StPO.

1322 BGHSt 29, 319 (320); 34, 345 (349); Beispiele für zu niedrige oder für überhöhte Strafen BGH JR 1977, 159; NStZ 1990, 84; NStZ 1992, 381 m. Anm. *Pauli* NStZ 1993, 233; NStZ 1994, 494.

1323 BGHSt 34, 345, 349; Rechtsprechungsübersichten NStZ 2015, 20 ff.; 442 ff.; 683 ff., 2016, 391 ff.; 2017, 624 ff.; 2018, 386 ff.; 2020, 133 ff.

1324 BGH, Beschl. v. 02.03.2017 – 4 StR 196/16 = NStZ-RR 2017, 200.

1325 BGH, Urt. v. 27.02.2020 – 4 StR 552/19 = NStZ-RR 2020, 168; Urt. v. 02.06.2021 – 3 StR 21/21; Urt. v. 21.04.2021 – 6 StR 6/21.

Häufig ist das bei lang zurückliegenden Straftaten und bei langdauernden Strafverfahren der Fall. Eine lange Zeitspanne zwischen Begehung der Tat und ihrer Aburteilung ist ein wesentlicher Strafmilderungsgrund, ohne dass es dabei auf die Dauer des Strafverfahrens ankommt.[1326] Wenn das Verfahren nicht nur lange gedauert hat, sondern auch in rechtsstaatswidrigerweise durch die Strafverfolgungsbehörden verzögert wurde, genügt es nicht, »die lange Verfahrensdauer« zugunsten des Angeklagten zu berücksichtigen. Hier muss zusätzlich die Verletzung des Beschleunigungsgebotes ausdrücklich festgestellt und das Ausmaß der Berücksichtigung beim Strafmaß erkennbar gemacht werden.[1327] Das BVerfG verlangt sogar bei einem Verstoß gegen das Beschleunigungsgebot, dass das Ausmaß der vorgenommenen Herabsetzung der Strafe durch Vergleich mit der ohne Berücksichtigung der Verletzung dieses Gebotes angemessenen Strafe *exakt* bestimmt wird.[1328] Eine Prüfung durch das Revisionsgericht dürfte aber nur auf eine entsprechende Verfahrensrüge (Aufklärungsrüge gemäß § 244 Abs. 2 StPO) hin erfolgen können.[1329] Deshalb müssen die den Verstoß gegen das Beschleunigungsgebot begründenden Tatsachen umfassend vorgetragen werden, es sei denn, sie ergeben sich aus Urteil oder Anklageschrift.

312 Fehlen im Urteil Ausführungen zum minder schweren Fall oder bei Freiheitsstrafen unter zwei Jahren zur Strafaussetzung zur Bewährung, obwohl ausdrückliche Anträge gestellt waren, ist das ein Verfahrensfehler, der mit einer Verfahrensrüge als Verstoß gegen § 267 Abs. 3 Satz 2 StPO durch entsprechenden Tatsachenvortrag gemäß § 344 Abs. 2 StPO gerügt werden muss. Wichtig ist, dass im Hinblick auf § 273 Abs. 1 StPO auf Protokollierung der Anträge geachtet wird.

3. Rechtsmittelbeschränkung – Teilrechtskraft

a) Rechtsmittelbeschränkung

313 Steht nur noch die Strafzumessung im Mittelpunkt eines Strafverfahrens, kann es sich anbieten, die Revision auf das Strafmaß zu beschränken, was sich kostenmäßig auswirken kann. Manchmal wird es erforderlich sein, die Nichtanwendung von Vorschriften, die vom Verschlechterungsverbot ausgenommen sind (vgl. §§ 331 Abs. 2, 358 Abs. 2 Satz 2 StPO), durch die Tatgerichte der Überprüfungsbefugnis des Rechtsmittelgerichts zu entziehen. Zulässig ist das z.B. bei der Nichtanwendung des § 64 StGB,[1330] eine Frage, die eingehender Beratung mit dem Mandanten bedarf, da ansonsten die Gefahr besteht, dass es – völlig unerwartet und auch unerwünscht – wegen der Nichterörterung zu einer Aufhebung durch das Revisionsgericht kommt. Denn ist der Täter alkohol- oder betäubungsmittelabhängig und steht die Tat damit in Zusammenhang, muss der Tatrichter prüfen, ob gemäß § 64 StGB die Unterbringung in einer Entziehungsanstalt geboten ist. Ein Ermessensspielraum ist ihm dabei nicht eingeräumt. Liegen keine tatsächlichen Anhaltspunkte für einen Behandlungserfolg vor (§ 64 Satz 2 StGB), darf er von der Maßnahme absehen.[1331]

Einzelne Rechtsfolgen können selbstständig angegriffen werden. Voraussetzung ist jedoch, dass zwischen der angefochtenen und den übrigen Rechtsfolgen keine Wechselwirkung besteht.[1332] Es müssen also solche Beschwerdepunkte betroffen sein, die einer rechtlich und tatsächlich selbstständigen Beurteilung losgelöst vom nicht angegriffenen Teil der Entscheidung zugänglich sind; das gilt jedoch nicht bei der Nachprüfung einer Maßregelanordnung, wenn im Einzelfall eine untrennbare Wechselwirkung zum Strafausspruch besteht.[1333] Eine Beschränkung auf die Frage der Strafaussetzung ist dann unwirksam, wenn sich der Beschwerdeführer gegen insoweit doppelrelevante Feststellungen

1326 BGH NStZ 1986, 217 (218); BGHR StGB § 46 Abs. 2 Verfahrensverzögerung 2, 3, 6.
1327 BGHR StGB § 46 Abs. 2 Verfahrensverzögerung 7.
1328 BVerfG NStZ 1997, 591.
1329 BGH StV 1997, 408; BGH, Beschl. v. 11.11.2004 – 5 StR 376/03 = BGHSt 49, 342.
1330 BGHSt 38, 362 ff. m. Anm. *Hanack* JR 1993, 430 ff.
1331 BGHR StGB § 64 Ablehnung 3, 5 – 10; Anordnung 1; BVerfGE 90, 1 ff.
1332 BGH, Urt. v. 07.05.2009 – 3 StR 122/09.
1333 BGHSt 38, 362 f.

wendet oder eine so enge Verbindung besteht, dass die entstehende Gesamtentscheidung möglicherweise nicht frei von inneren Widersprüchen bleiben würde.[1334]

Beachte

Schuld- und Strafausspruch sind in der Regel trennbar. Ausnahmsweise ist eine Trennbarkeit aber zu verneinen, wenn die Schuldfeststellungen eine Überprüfung des Strafausspruchs nicht ermöglichen. Das ist vor allem dann der Fall, wenn Umstände vorliegen, aus denen sich eine Verknüpfung der Erörterungen zur Schuld- und Straffrage ergibt, wenn also vom Tatgericht strafmildernd gewertete und deshalb von der Revision angegriffene Umstände, tatsächlich (auch) den Schuldspruch betreffen. Eine Trennbarkeit ist auch dann zu verneinen, wenn unklar bleibt, ob sich der Angeklagte überhaupt strafbar gemacht hat, denn derartige Feststellungen können nicht Grundlage eines Strafausspruchs sein. Eine Revisionsbeschränkung ist auch unwirksam, wenn die Tatsachenfeststellungen unklar, lückenhaft, widersprüchlich oder so dürftig sind, dass sie den Unrechts- und Schuldgehalt der Tat nicht erkennen lassen und keine taugliche Grundlage für die Beurteilung der Rechtsfolgenentscheidung bieten.[1335]

b) Teilrechtskraft

Führt die Revision nur teilweise zur Urteilsaufhebung, erwächst der bestehenbleibende Teil in Rechtskraft; dieser ist im neuen Verfahren nicht mehr nachzuprüfen. Der neue Tatrichter, an den das Verfahren nach der Zurückverweisung gelangt, hat lediglich den noch offenen Verfahrensgegenstand neu zu verhandeln und zu entscheiden. Der Schuldspruch wird somit rechtskräftig, wenn das angefochtene Urteil allein im Strafausspruch aufgehoben wird (»horizontale Teilrechtskraft«). Auch innerhalb des Rechtsfolgenausspruchs kann horizontale Teilrechtskraft bezüglich einzelner Tatfolgen eintreten, wenn lediglich der Strafausspruch aufgehoben wird und weitere Rechtsfolgen, auf die das Tatgericht erkannt hat, von Art und Höhe der Strafe unabhängig sind. Das richtet sich nach den für die Rechtsmittelbeschränkung geltenden Grundsätzen und kann etwa der Fall sein bei Einziehungs- sowie Unterbringungsanordnungen oder sonstigen Maßregeln wie der Entziehung der Fahrerlaubnis. Maßgebend für den Umfang der Aufhebung ist die Formulierung im Urteilstenor bzw. der Beschlussformel der revisionsgerichtlichen Entscheidung. Die Aufhebung des Strafausspruchs betrifft regelmäßig nur die Strafe, die Aufhebung des Rechtsfolgenausspruchs die gesamten Rechtsfolgen der Tat. Nach diesen Maßstäben erfasst die Aufhebung allein des Strafausspruchs durch das Revisionsgericht grundsätzlich die Frage eines Ausgleichs für eine bis dahin eingetretene rechtsstaatswidrige Verfahrensverzögerung nicht; vielmehr tritt insoweit horizontale (Teil-) Rechtskraft ein.[1336] 314

Wird ein Urteil im Strafausspruch mit den zugehörigen Feststellungen aufgehoben, bleiben alle den Schuldspruch tragenden Feststellungen bestehen. Diese umfassen in erster Linie die Tatsachen, in denen die Merkmale des angewandten Straftatbestandes zu finden sind. Aber auch die weitergehenden Feststellungen zum Tatgeschehen im Sinn eines geschichtlichen Vorgangs sowie die Tatsachen, aus denen der Beweis hierfür abgeleitet wird, sind Grundlage des Schuldspruchs. Sie bleiben deshalb auch dann aufrechterhalten und binden den Tatrichter bei der neuen Entscheidung, wenn sie als so genannte doppelrelevante Feststellungen zugleich für den Strafausspruch Bedeutung haben. Durch die Entscheidung des Revisionsgerichts sind aber alle Feststellungen aufgehoben, die sich ausschließlich auf den Strafausspruch beziehen. Dazu können unter anderem gehören Feststellungen zu den

1334 BGHSt 47, 32 m. Anm. *Geppert* JR 2002, 114; zur Rechtsmittelbeschränkung auf die Frage des Vorliegens besonderer Schwere der Schuld gem. § 57a Abs. 1 Satz 1 Nr. 1 StGB vgl. BGH, Urt. v. 30.09.2021 – 4 StR 170/21.

1335 BGH, Urt. v. 02.12.2015 – 2 StR 258/15.

1336 BGH, Urt. v. 27.08.2009 – 3 StR 250/09 = BGHSt 54, 135 = NJW 2009, 3734 f. m. Anm. *Maier* NStZ 2010, 650 ff.

Vorstrafen des Angeklagten, zu seinem Nachtatverhalten und den Tatfolgen. Insoweit muss der neue Tatrichter umfassend eigene Feststellungen treffen und diese in den Urteilsgründen mitteilen.[1337]

4. Beschwerde nach § 305a StPO

315 Liegt eine Beschwer nur im Beschluss über Bewährungsauflagen im Rahmen der §§ 56a–56d und § 59a StGB (vgl. § 268a StPO), ist die einfache Beschwerde des § 305a StPO das gegebene Rechtsmittel. Nach § 305a Abs. 1 S. 2 StPO kann die Beschwerde nur darauf gestützt werden, dass die getroffene Bewährungsauflage gesetzwidrig ist. Diese Frage richtet sich nach sachlichem Recht.

1337 BGH, Beschl. v. 29.09.2009 – 3 StR 301/09.

Kapitel 36 Entschädigung für Strafverfolgungsmaßnahmen

Übersicht

A. Grundlagen

Auch Richter und Staatsanwälte sind nicht vor Fehleinschätzungen gefeit. Das Risiko für solche Fehleinschätzungen trägt im Strafverfahren zunächst immer der Beschuldigte allein. Stellt sich bei Abschluss des Strafverfahrens heraus, dass Teile oder das gesamte Instrumentarium der Strafverfolgung umsonst in Einsatz gebracht worden sind, erhebt sich die Frage nach Ausgleich der materiellen und immateriellen Schäden durch den Staat. Das Gesetz über die Entschädigung für Strafverfolgungsmaßnahmen (StrEG[1]) trat 1971 in Kraft. Die Intention des Gesetzgebers war es seinerzeit, bislang bestehende vereinzelte Entschädigungstatbestände legislatorisch zu bündeln und darüber hinaus, die bis 1971 bestehende Bindung einer Entschädigung an die zuvor erwiesene Unschuld aufzuheben. Ob letztlich diese Gesetzesziele erfolgreich im heute gültigen StrEG umgesetzt worden sind, ist umstritten.[2] Einigkeit besteht indes darin, dass das StrEG nur einen überschaubaren Teilbereich jener Entschädigungspflichten regelt, die im Zusammenhang mit staatlicher Strafverfolgung und Strafvollstreckung denkbar sind. 1

Das Verfahren zu Feststellung und Bemessung der Entschädigung gem. StrEG erfolgt in zwei Stufen:
(1) Feststellung des Anspruchs – **Grundverfahren** §§ 8, 9 StrEG
(2) Bemessung der Entschädigungshöhe – **Betragsverfahren** §§ 10, 7 StrEG

Sachlich sind des Näheren folgende Grenzlinien zu ziehen:[3] Das StrEG gilt verschuldensunabhängig[4] auch für rechtmäßig angeordnete und vollzogene Akte der Strafrechtspflege, während für rechtswidrige Strafverfolgungsmaßnahmen (ggf. daneben) eine verschuldensabhängige Entschädigung nach den Grundsätzen der Amtshaftung gemäß § 839 BGB i.V.m. Art. 34 GG sowie eine verschuldens- 2

---

1 Gesetz über die Entschädigung für Strafverfolgungsmaßnahmen vom 8. März 1971 (BGBl. I S. 157), zuletzt geändert durch das dritte Gesetz zur Änderung des Gesetzes über die Entschädigung für Strafverfolgungsmaßnahmen (StrEG) vom 30. September 2020 (BGBl. I, S. 2049). – Derzeit (Sept. 2023) steht noch immer ein »Eckpunktepapier zur Modernisierung des Gesetzes über die Entschädigung für Strafverfolgungsmaßnahmen (StrEG)« des BMJ vom 19.09.2022 zur rechtspolitischen Diskussion. Es sieht zehn »Eckpunkte« einer künftigen Reform vor und soll vorerst zu einem »konstruktiven Reformdialog mit den Ländern« führen, um im Anschluss daran ein Gesetzgebungsverfahren vorzubereiten.

2 Vgl. *Hofmann* StraFo 2007, 52 ff.

3 Siehe auch *Meyer* StrEG, Einl. Rn. 53 ff.

4 BT-Drs. VI/460, S. 5.

unabhängige Entschädigung gemäß Art. 5 Abs. 5 EMRK möglich ist.[5] Insofern handelt es sich bei der Entschädigung nach dem StrEG um einen besonders ausgestalteten Aufopferungsanspruch,[6] der eine Entschädigung nach dem allgemeinen Aufopferungsanspruch in der Regel ausschließt,[7] jedoch auch neben Ansprüchen insbesondere aus öffentlich-rechtlicher Verwahrung, enteignendem oder enteignungsgleichem Eingriff bestehen kann.[8] Eine Entschädigung wegen überlanger Verfahrensdauer wird nicht nach dem StrEG, sondern ggf. nach § 199 GVG gewährt.

3 Sofern freisprechende Urteile oder Einstellungsentscheidungen Kostenentscheidungen enthalten, die die Kosten des Verfahrens sowie die notwendigen Auslagen der Staatskasse auferlegen (§§ 467 f. StPO), sind diese Entschädigungspositionen sachlich unabhängig von Ansprüchen nach dem StrEG und müssen daher auch gesondert geltend gemacht werden.

4 Fehlerhafte Maßnahmen im Bereich der Strafvollstreckung unterfallen ebenfalls nicht dem StrEG. Die vollstreckte Strafhaft kann allerdings als solche Gegenstand eines Entschädigungsanspruchs nach dem StrEG sein, wenn nach für den Verurteilten erfolgreich durchgeführtem Wiederaufnahmeverfahren (§§ 359 ff. StPO) sich die Haft als ganz oder zum Teil ungerechtfertigt erweist.

5 Strafverfolgungsmaßnahmen, die in die Rechte Dritter eingreifen (z.B. Durchsuchung beim Zeugen gem. § 103 StPO; Eigentum Dritter, das bei einer Festnahme des Beschuldigten in Mitleidenschaft gezogen wurde) sind nach dem StrEG für den Unbeteiligten nicht entschädigungsauslösend.[9] Auch der Zeuge, der sich in Erzwingungshaft befand[10], kann Ansprüche allein auf dem Zivilrechtsweg geltend machen.

6 Abschiebungshaft nach § 62 AufenthG unterfällt nicht dem StrEG.[11]

▶ **Beachte**

7 In der Praxis wird oftmals übersehen, dass die Regelungen des StrEG auch im Bereich des Ordnungswidrigkeitenrechts gelten (§ 46 Abs. 1 OWiG; Verweis auch durch Nr. 295 RiStBV; beachte § 110 OWiG).

B. Entschädigung

I. Anspruchsberechtigte

8 Der Kreis der Anspruchsberechtigten deckt sich mit Kreis der Personen, gegen die der Verdacht (unabhängig von der Verdachtsstufe) einer Straftat (gleich welcher) erhoben worden ist. Die Entschädigungsberechtigung ist insofern auch unabhängig vom Verfahrensstadium. Beschuldigte, Angeschuldigte, Angeklagte und auch Verurteilte (im Fall der positiven Wiederaufnahme) können betroffen sein.

9 Strittig ist, ob auch Betroffene ausländischer Strafverfolgung, die per Rechtshilfe Maßnahmen deutscher Strafverfolgungsorgane zu erdulden haben (z.B. Auslieferungshaft – § 15 IRG), entschädigungsberechtigt sind: Hier soll jedenfalls dann ein Anspruch gegeben sein, sofern die erfolgte Maßnahme auf unberechtigte Entscheidungen deutscher Strafverfolgungsorgane oder Gerichte zurückgeht, nicht aber dann, wenn das Rechtshilfeersuchen als solches sich im Nachhinein als rechtsfehlerhaft oder

5 Zum Schadensersatz für rechtswidrige Untersuchungshaft direkt aus der EMRK siehe *Krauße* StraFo 2017, 349 ff.
6 BGH NJW 1973, 1322.
7 MüKo-StPO/*Kunz* StrEG, Einl. Rn. 69 ff. m.w.N.
8 MüKo-StPO/*Kunz* StrEG, Einl. Rn. 62 ff.
9 LG Flensburg JurBüro 1984, 419.
10 BGHSt 36, 236.
11 AG Kiel JurBüro 1984, 1060.

unzulässig erweist.[12] Gleiches soll für die Konstellation ausländischer Auslieferungshaft für deutsche Rechtshilfeersuchen gelten.[13]

Sind durch eine unberechtigte Strafverfolgungsmaßnahme (z.B. die zu Unrecht verhängte Untersuchungshaft und den damit einhergehenden Verlust des Arbeitsplatzes) bei einem Unterhaltsberechtigten Schäden kausal bewirkt worden, stehen dem Unterhaltsberechtigten qua Sonderregelung des § 11 StrEG ebenfalls Entschädigungsansprüche zu. 10

II. Entschädigungsanspruch

Die materiellen Voraussetzungen der Entschädigung sind in den §§ 1–6 StrEG enthalten, wobei zwischen anspruchsbegründenden (§§ 1–4) sowie anspruchsausschließenden Tatbeständen (§§ 5–6) zu unterscheiden ist. Dabei ist die Entschädigung im Grundsatz obligatorisch (§§ 1–2 StrEG), soweit nicht etwa einengend für eine ins Ermessen des Gerichts bzw. der Staatsanwaltschaft fallende Einstellungsentscheidung (§ 3 i.V.m. § 2 StrEG) lediglich, oder erweiternd für gewisse Konstellationen (§ 4 i.V.m. § 2 StrEG) erst überhaupt, eine fakultative Entschädigung vorgesehen ist. Für einen sich aus diesen Normen dem Grunde nach ergebenden Anspruch ist es dabei unerheblich, ob Staatsanwaltschaft oder Gericht die verfahrensbeendende Entscheidung getroffen haben. Erst im Rahmen des Grundverfahrens (§§ 8, 9 StrEG) gewinnt diese Unterscheidung insoweit Bedeutung, als sich hieraus Besonderheiten des Verfahrensgangs ergeben. 11

1. Katalog der entschädigungsfähigen Maßnahmen

Die Tatbestände, die im Rahmen der Strafverfolgung generell Entschädigungspflichten nach dem StrEG auslösen, sind in den §§ 1–4 StrEG aufgezählt. Zu den entschädigungspflichtigen Maßnahmen gehören insbesondere: 12

Fortfall oder Milderung[14] von strafrechtlichen Verurteilungen (§ 1 Abs. 1 StrEG), einschließlich der insoweit verhängten Maßregeln oder Nebenfolgen (§ 1 Abs. 2 StrEG), und zwar infolge von Wiederaufnahme oder sonstigen Gründen nach vorhergegangener Rechtskraft. Unter den Begriff der Verurteilung (vgl. § 465 Abs. 1 StPO) fallen dabei auch das in § 4 Abs. 1 Nr. 1 StrEG[15] besonders angeknüpfte Absehen von Strafe (§ 60 StGB) sowie die Verwarnung mit Strafvorbehalt (§ 59 StGB). Strafbefehle stehen einem Urteil gleich (§ 410 Abs. 3 StPO); ebenso Gesamtstrafenbeschlüsse. Bleibt die in der Verurteilung angeordnete Rechtsfolge hinter den Strafverfolgungsmaßnahmen zurück, die bereits im Laufe des Verfahrens verhängt worden sind, gilt die Billigkeitsregel des § 4 Abs. 1 Nr. 2 StrEG. 13

Freispruch, endgültige Einstellung oder Nichteröffnung des Hauptverfahrens (außerdem: Ablehnung des Erlasses eines Strafbefehls sowie des Antrages der Staatsanwaltschaft im Sicherungsverfahren)[16] nach Vollzug von Untersuchungshaft (§ 2 Abs. 1 Var. 1 StrEG) oder anderer vorläufiger Strafverfolgungsmaßnahmen (§ 2 Abs. 1 Var. 2 i.V.m. Abs. 2 und 3 StrEG), namentlich: 14
- Einstweilige Unterbringung/Unterbringung zur Beobachtung;[17]
- Vorläufige Festnahme nur nach § 127 Abs. 2 StPO;
- Auflagen und Weisungen im Rahmen von Entscheidungen zur Aussetzung des Haftbefehls (§ 116 StPO);[18]

---

12 Zum Streitstand: *Meyer-Goßner/Schmitt*-StPO, StrEG Vorb. § 1 Rn. 4; LG Berlin StraFo 2008, 311 m. Anm. *König*; OLG Hamm StraFo 1997, 93; *Gillmeister* NJW 1991, 2251.

13 OLG Düsseldorf NStZ 1988, 371.

14 Zur Abgrenzung siehe MüKo-StPO/*Kunz*, StrEG § 1 Rn. 11 ff., 26 ff.

15 Vgl. HdBStA/*Weyde/Vietze*, Teil 8 Kap. 46 Rn. 25 ff.

16 HdBStA/*Weyde/Vietze*, Teil 8 Kap. 46 Rn. 13.

17 Hierzu: OLG Koblenz NStZ 2007, 56; BGH StraFo 2008, 266.

18 Z.B. Zinsverlust bei Sicherheitsleistung, Einschränkung der Erwerbsmöglichkeiten durch Beschränkung der Reisefreiheit.

- Sicherstellung, Beschlagnahme, Vermögensarrest (§ 111e StPO);
- Durchsuchung;[19]
- Vorläufige Entziehung der Fahrerlaubnis;
- Vorläufiges Berufsverbot;
- (Vorläufige) Auslieferungshaft (§§ 15, 16 IRG);[20] ebenso Durchlieferung;
- Sicherstellung, Beschlagnahme und Durchsuchung im Ausland bei deutschem Rechtshilfeersuchen an einen ausländischen Staat.

15 Dabei ist hinsichtlich dieser Maßnahmen des § 2 StrEG wegen der Unterscheidung der obligatorischen von der bloß fakultativen Entschädigung lediglich nach Billigkeitsgesichtspunkten (§ 3 StrEG) ggf. weiter zu untersuchen, ob es sich um eine Einstellung aufgrund zwingender Vorschriften (§§ 170 Abs. 2, 206a, 206b, 260 Abs. 3 StPO: § 2 StrEG) oder aufgrund einer Ermessensentscheidung (§§ 153, 153a, 153b, 153c, 153d, 153e, 153f, 154 [str.], 154b [str.], 154c, 383 Abs. 2, 390 Abs. 2 StPO, §§ 45, 47 JGG und § 398 AO: § 3 StrEG) handelt.

16 Ein Entschädigungsanspruch kann nur dort zum Tragen kommen, wo die Maßnahme auch tatsächlich vollzogen und nicht nur angeordnet wurde.[21] Durch die deklaratorische Wirkung der Anordnung einer strafprozessualen Zwangsmaßnahme oder auch schon durch die Einleitung eines Ermittlungsverfahrens allein entsteht keine Anspruchsberechtigung, selbst wenn dieser Umstand, insbesondere sofern diese Anordnungen einer breiteren Öffentlichkeit bekannt werden, schon zu wirtschaftlich negativen Folgen und Rufschädigung führen kann.

2. Versagungs- und Ausschlussgründe

17 Die einem Entschädigungsanspruch zuwiderlaufenden Gründe sind im StrEG an verschiedenen Stellen geregelt. Systematisch ist zunächst § 5 StrEG einschlägig (zwingende Ausschlussgründe);[22] hiernach ist zu prüfen, ob gem. § 6 StrEG oder gem. § 4 StrEG Billigkeitserwägungen einer Entschädigung entgegenstehen; und im Fall von Einstellungsentscheidungen gilt es zuletzt § 3 StrEG zu prüfen, sofern Ablehnungsgründe gem. §§ 5, 6 und 4 StrEG nicht einschlägig sind.

a) Ausschluss der Entschädigung (§ 5 StrEG)

18 § 5 Abs. 1 StrEG enthält eine enumerative Aufzählung von Tatbeständen, in denen ein Entschädigungsanspruch zwingend ausgeschlossen ist:

(1) für die erlittene Untersuchungshaft, eine andere Freiheitsentziehung und für die vorläufige Entziehung der Fahrerlaubnis, soweit deren Anrechnung auf die verhängte Strafe unterbleibt;
(2) für eine Freiheitsentziehung, wenn eine freiheitsentziehende Maßregel der Besserung und Sicherung angeordnet oder von einer solchen Anordnung nur deshalb abgesehen worden ist, weil der Zweck der Maßregel bereits durch die Freiheitsentziehung erreicht ist;
(3) für die vorläufige Entziehung der Fahrerlaubnis und das vorläufige Berufsverbot, wenn die Entziehung der Fahrerlaubnis oder das Berufsverbot endgültig angeordnet oder von einer solchen Anordnung nur deshalb abgesehen worden ist, weil ihre Voraussetzungen nicht mehr vorlagen;
(4) für die Beschlagnahme und den Vermögensarrest (§§ 111b bis 111h StPO), wenn die Einziehung einer Sache angeordnet ist.

Die vorgenannten Ausschlussgründe bedürfen hier keiner weiteren Erläuterung.

19 Umso problembeladener ist die »Generalklausel« des § 5 Abs. 2 S. 1 StrEG. Hier schlägt der Rechtsgedanke des § 254 BGB auf die fragliche Anspruchsberechtigung im Rahmen des StrEG durch:

---

19 Z.B. Beschädigung von Inventar bei Durchsuchungshandlung; Unzugänglichkeit von aktuellen Geschäftsunterlagen durch Beschlagnahme.
20 Vgl. *König* StraFo 2008, 311 f.
21 BGH MDR 1979, 562; OLG Hamburg MDR 1982, 519; HdBStA/*Weyde/Vietze*, Teil 8 Kap. 46 Rn. 14.
22 H.M.: Vgl. *Meyer-Goßner/Schmitt*-StPO, StrEG § 5 Rn. 1.

Trägt der von einer Strafverfolgungsmaßnahme Betroffene selbst »vorsätzlich oder grob fahrlässig« dazu bei, dass diese gegen ihn angeordnet und vollzogen wurde, verliert er den Anspruch auf Entschädigung. Diese Regelung steht im Mittelpunkt des Konflikts, der durch die im StrEG zusammentreffenden und nur mit Friktionen »auflösbaren« Prinzipien zweier Rechtsgebiete (Strafverfahrensrecht und materielles Zivilrecht) entsteht. »Mitverschulden« und »Unschuldsvermutung«, »Schweigerecht« und »Förderung der Sachverhaltsaufklärung« sind nicht bruchlos kompatibel, wie § 5 Abs. 2 S. 1 StrEG zeigt:

– **Kausalität und Zurechnung** 20

  Es gilt die *conditio-sine-qua-non*-Formel (d.h. eine Verursachung der Strafverfolgungsmaßnahme im Sinne des § 5 Abs. 2 S. 1 StrEG ist dann ausgeschlossenen, wenn deren Anordnung auch ohne das Verhalten des Anspruchstellers erfolgt wäre[23]). Das ist in der Regel nur durch eine Beweiswürdigung zu ermitteln. Prinzipiell gilt: Stützt sich die fragliche Maßnahme ausschließlich oder im Wesentlichen auf Beweismittel außerhalb der Person des Beschuldigten oder beruht die Anordnung auf einem eindeutigen Bearbeitungsfehler der Strafverfolgungsorgane bzw. des Gerichts, wird es an der Kausalität des Verhaltens des Beschuldigten und damit auch am Ausschlussgrund mangeln.

  Als problematisch werden jene Konstellationen angesehen, in denen der Beschuldigte entweder 21 vollständig von seinem Aussageverweigerungsrecht Gebrauch macht und insoweit nicht an der »Aufklärung des Sachverhalts« mitwirkt bzw. diese erschwert oder verzögert, und jene Fälle, in denen der Beschuldigte, um den Verdacht von sich abzulenken, falsche Angaben macht, oder jene Fälle, in denen der Beschuldigte wechselnde und sich widersprechende Angaben zur Sache macht. Gleichzeitig gilt der verfahrensprägende Grundsatz der Unschuldsvermutung auch im StrEG. In allen diesen Fällen reicht die bloße Anwendung der *c.s.q.n.*-Formel nicht aus, sondern es ist die Frage zu stellen, ob das jeweilige Verhalten (auch die Passivität) im Sinne des § 5 Abs. 2 S. 1 StrEG dem Verantwortungsbereich des Beschuldigten unterfällt, ihm folglich *zuzurechnen* ist. Die Frage der Zurechnung hat sich dabei am Primat der Unschuldsvermutung (Art. 6 EMRK) auszurichten.

  Hier ist also zu unterscheiden: Macht der Betroffene von seinem Recht Gebrauch, zur Sache zu 22 schweigen, kann ihm dies, auch wenn er ihm zur Verfügung stehende Entlastungsbeweise nicht oder erst spät vorlegt oder ein Alibi nicht oder erst spät benennt, nicht im Sinne eines Entschädigungsausschlusses zugerechnet werden. Andernfalls würde das verbriefte Recht, sich auch durch Schweigen verteidigen zu dürfen, im Nachhinein (Entschädigungsverfahren) ex post unterminiert. Zulässiges Verteidigungsverhalten kann nicht als Ausschlussgrund der Entschädigung herhalten; der Beschuldigte muss sich die Entschädigung nicht durch Aufgabe verbriefter Rechte verdienen (s.a. § 5 Abs. 2 S. 2 StrEG).

  Legt der Beschuldigte »falsche Fährten«, die den Verdacht auf Dritte (tatsächlich Unbeteiligte) 23 ziehen oder legt er ein falsches Geständnis (ohne Zwangseinwirkung) ab, dürfte er dadurch entweder die Grenze legaler Selbstverteidigung überschritten haben – keine Verteidigung um jeden Preis und auf Kosten (anderer) Unschuldiger – oder (im Fall des falschen Geständnisses) erheblich zur Anordnung der Zwangsmaßnahme gegen sich beigetragen haben, was ihm jeweils negativ zuzurechnen ist.

  Wechselndes Aussageverhalten des Beschuldigten kann nur dann einen Ausschlussgrund beinhalten, sofern die wechselnden Inhalte den Kern des Vorwurfssachverhalts betreffen und die Beweislage auch durch Zeugenaussagen oder andere Beweismittel nicht auf einen tatsächlichen Handlungsablauf reduziert werden kann.

– **Vorsatz und grobe Fahrlässigkeit** 24

  Die Begrifflichkeit ist ersichtlich dem Zivilrecht entlehnt. Gemeint ist die grobe Fahrlässigkeit der §§ 276 Abs. 2, 277 BGB. Demzufolge geht bereits derjenige Betroffene seiner Entschädigung verlustig, der erheblich hinter der üblichen Sorgfalt zurückbleibt, die ein verständiger Zeitgenosse in gleicher Lage anwenden würde, um sich vor Schaden durch die Strafverfolgungs-

23 OLG Karlsruhe NStZ-RR 2005, 255.

behörden zu schützen.[24] Wo hier im Einzelnen die Grenze zur durchschnittlichen Fahrlässigkeit und damit zur Gewährung der Entschädigung liegt, ist anhand der großen Zahl der hier bereits entschiedenen Sachverhalte[25] nicht mehr recht strukturierbar.[26] Hier kann nur die Empfehlung gelten, im konkreten Sachverhalt möglichst bereits das Fehlen der Kausalität bzw. der Zurechnung herauszuarbeiten, da eine Argumentation »pro Entschädigung«, die sich (allein) auf den »dünnen Grat« der Unterscheidung »grober und normaler Fahrlässigkeit« einlässt, nur selten zum Erfolg führen wird.

25 – **Beurteilungszeitpunkt**
Entscheidend sind der Zeitpunkt der Anordnung bzw. ihrer Aufrechterhaltung der fraglichen Maßnahme und die tatsächliche, beweisliche und rechtliche Situation zu jener Zeit.[27] Ein Verhalten des Beschuldigten (wie das Legen »falscher Fährten«, Aussageänderung im Kernbereich etc.) *nach* Anordnung der Maßnahme dürfte demzufolge nicht (mehr) in die Beurteilung zur Frage des Vorliegens eines Ausschlussgrundes miteinbezogen werden.

26 § 5 Abs. 3 StrEG schließlich lässt im Fall der Nichtbefolgung einer Ladung vor den Richter (richterliche Vernehmung, Anhörung oder Hauptverhandlung) bereits einfache Fahrlässigkeit genügen, um den Ausschluss der Entschädigungsberechtigung herbeizuführen (häufigster Anwendungsfall: § 230 Abs. 2 StPO [Sicherungshaftbefehl zur Durchführung der Hauptverhandlung]).

b) Versagung der Entschädigung (§ 6 StrEG)

27 Die in § 6 Abs. 1 StrEG genannten Konstellationen sind der Sache nach spezifizierte Unterfälle des § 5 Abs. 2 S. 1 StrEG. Im Gegensatz zum strikten Ausschluss der Entschädigung in der letztgenannten Norm ist hier vom Gesetzgeber Raum für Billigkeitserwägungen gelassen; die Entschädigung »kann« versagt werden.

28 § 6 Abs. 1 Nr. 1 StrEG betrifft jene Fälle, in denen der Beschuldigte durch eine eigene wahrheitswidrige Aussage (zu wesentlichen Punkten des Vorwurfssachverhalts) oder durch Widersprüche innerhalb mehrerer aufeinander folgender Aussagen sich selbst belastet hat. Auch das »Verschweigen wesentlicher Umstände« kann zur Versagung des Entschädigungsanspruchs führen, sofern der Beschuldigte von seinem Aussagerecht Gebrauch gemacht hat. Damit stellt diese Norm inzident klar:

Dem (vollständig) schweigenden Beschuldigten kann sein Verhalten entschädigungsrechtlich nicht zum Nachteil gereichen. Der sich einlassende Beschuldigte – auch sofern er sich nur teilweise zum Vorwurf äußert – hat auf die Konsistenz seiner Erklärung zu achten. Widersprüche oder falsche Selbstbezichtigung gehen nicht nur im Strafverfahren, sondern auch im Entschädigungsverfahren zu seinen Lasten. Für den Verteidiger im Strafverfahren ein Grund mehr, bei Sacheinlassung auf Konsistenz und Validität des Vortrags zu achten.

Bei sich widersprechenden Aussagen zum gleichen wesentlichen Sachverhaltsaspekt soll es auf die Frage, welche der Erklärungen der materiellen Wahrheit entspricht, nicht ankommen.[28] Die einschlägige Literatur geht zudem davon aus, dass es nicht darauf ankomme, welche der Erklärungen die entschädigungsrelevante Maßnahme evoziert hat.[29] Dem kann nicht gefolgt werden, sofern es

24 Vgl. BGH EzSt Nr. 1.

25 Vgl. BGHSt 29, 168; OLG Düsseldorf JurBüro 1989, 1301; OLG Karlsruhe StV 1988, 447; Übersicht: *Meyer* StrEG § 5 Rn. 51 ff.; *Meyer-Goßner/Schmitt*-StPO, StrEG § 5 Rn. 9.

26 Siehe z.B. jüngst OLG Köln, Beschl. v. 01.08.2023, 2 Ws 654/22, Tz. 10 ff. zu einer streitigen Konstellation: »Liegt der entsprechenden Erklärung des Beschuldigten allerdings ein Verstoß gegen die strafprozessuale Belehrungspflicht gemäß § 136 Abs. 1, § 163a StPO zugrunde, rechtfertigt die Selbstbelastung nicht ohne weiteres den Vorwurf einer grob fahrlässigen Verursachung der Strafverfolgungsmaßnahme.«.

27 *Meyer-Goßner/Schmitt*-StPO, StrEG § 5 Rn. 10.

28 *Meyer-Goßner/Schmitt*-StPO, StrEG § 6 Rn. 3.

29 OLG Düsseldorf JurBüro 1991, 425.

z.B. um zwei im Kern unterschiedliche Sacheinlassungen geht, wovon die eine vor und die andere nach Anordnung der Maßnahme erfolgt ist; entscheidend ist nicht ein »Widerspruch ex post«, sondern die Situation zum Zeitpunkt der Anordnung.

§ 6 Abs. 1 Nr. 2 StrEG betrifft das Vorliegen von Schuldunfähigkeit (bzw. fehlender Verantwor- 29
tungsreife gem. § 3 JGG) oder eines Verfahrenshindernisses. In diesen Fällen soll die Entschädigung in der Regel versagt werden (§ 6 Abs. 1 Nr. 2 StrEG). Vorausgesetzt ist, dass die Schuldunfähigkeit (§ 20 StGB) die einzige Ursache der Verfahrensbeendigung ist. Wer schuldunfähig ist, kann nicht grob fahrlässig oder vorsätzlich im Sinne des § 5 Abs. 2 S. 1 StrEG handeln.[30]

c) Entschädigung nach Billigkeit (§ 4 StrEG)

Sofern das Gericht in der Hauptverhandlung von Strafe abgesehen (§ 4 Abs. 1 Nr. 1 StrEG) hat oder 30
die strafgerichtliche Verurteilung hinsichtlich der verhängten Rechtsfolgen hinter den zuvor erlassenen Strafverfolgungsmaßnahmen zurückbleibt (§ 4 Abs. 1 Nr. 2 StrEG), kann eine Entschädigung gewährt werden. Hiermit sind zwei Sonderfälle des Urteilsausspruchs der Billigkeitsregel unterstellt:

Ein Absehen von Strafe (§ 60 StGB) kommt insbesondere dann zum Tragen, wenn die Folgen der 31
Tat für den Täter diesen selbst erheblich beeinträchtigt haben (z.B. indem ihm im Rahmen einer körperlichen Auseinandersetzung anlässlich der Tat selbst schwere Verletzungen und/oder weitgehende Verletzungsfolgen zugefügt wurden). Hier kommt eine Entschädigung nur in Ausnahmefällen in Betracht, da der Betroffene regelmäßig selbst einem Schuldspruch ausgesetzt ist (also weder Freispruch noch Einstellung vorliegt). Je intensiver die Folge und je größer die Kompensation der (eigentlich) zu verhängenden Strafe, desto eher kommt ein Entschädigungsanspruch in Betracht, vor allem in den Fällen, in denen das Absehen von Strafe vom Vorwurfsgehalt her einer Einstellung gem. §§ 153, 153a StPO nahe kommt.[31]

Eine »überschießende Verurteilung« ist hinsichtlich ihrer Voraussetzungen zur Begründung eines 32
Entschädigungsanspruchs umstritten: Ausgangspunkt der h.M. ist die These, dass eine Entschädigung für den »überschießenden« Teil der erlittenen Sanktion nur dann in Betracht zu ziehen ist, wenn ein Missverhältnis zwischen abgeurteilter Schuld und ausgeworfener Sanktion und der im Verfahren erlittenen Strafverfolgungsmaßnahme (i.S.v. § 2 StrEG) besteht. Dies wird vor allem dann anzunehmen sein, wenn das Ausmaß der verhängten Freiheitsstrafe – gar, wenn sie zur Bewährung ausgesetzt wird – und der im Verfahren erlittenen Untersuchungshaft signifikant hinter die vollzogene Untersuchungshaft zurückfällt.[32] Das Gericht hat im Rahmen der Prüfung des § 4 Abs. 1 Nr. 2 StrEG eine Gesamtabwägung vorzunehmen,[33] und zwar unter Beachtung des Grundsatzes der Verfahrensidentität,[34] in der die erlittene und die verhängte Sanktion (nach Berücksichtigung etwaiger Anrechnungen) wertend gegenübergestellt und miteinander verglichen werden sollen.[35]

Eine andere Ansicht[36] rekurriert auf die zentrale Bedeutung der Unschuldsvermutung und auf die 33
hierzu herangezogenen Gesetzesmaterialien,[37] die bei Einführung des StrEG auf die bis dahin geltende »Unschuldsklausel« als Voraussetzung für das Vorliegen eines Entschädigungsanspruchs verzichten bzw. diese Klausel bewusst abgeschafft sehen wollten. Sofern z.B. die Dauer der zu Unrecht erlittenen Untersuchungshaft auf fehlerhafte Ermittlungstätigkeit zurückgehe, komme es nicht mehr auf das Maß der Differenz zwischen erlittener und verhängter Sanktion an, sondern es bestehe in

30 LG München StraFo 2008, 266.
31 *Meyer-Goßner/Schmitt*-StPO, StrEG § 4 Rn. 1.
32 Z.B. OLG Stuttgart StV 2002, 556: Urteil = 4 Wochen Arrest, U-Haft = 6 Monate.
33 BGH GA 1975, 208; ausführlich MüKo-StPO/*Kunz*, StrEG § 4 Rn. 18 ff.
34 MüKo-StPO/*Kunz*, StrEG § 4 Rn. 9 ff.
35 OLG Düsseldorf MDR 1987, 80; OLG Stuttgart NStZ-RR 1998, 95; vgl. BGH StV 2007, 369 ff.
36 Insb. *Hofmann* StraFo 2007, 52 ff.
37 Vgl. BT-Drs. IV/460, S. 5; BT-Plen. Prot. VI/84, S. 4709, 4711.

jedem Fall eine vollgültige Entschädigungspflicht.[38] Demnach würde in einem Fall, in dem sechs Monate Untersuchungshaft verhängt worden sind, die Verurteilung aber auf eine Bewährungsstrafe lautet, eine Entschädigungspflicht entstehen. Für die h.M. käme eine Entschädigung nur dann in Betracht, wenn nach Anrechnung der Untersuchungshaft ein noch »unverbrauchter Kompensationsrest« bleibt.[39] Die Gerichte haben der anderen Ansicht jedoch bislang die Gefolgschaft verweigert, auch wenn einige strukturelle und rechtspolitische Argumente für diese sprechen mögen.

d) Wegfall der Entschädigung bei Einstellung nach Ermessen (§ 3 StrEG)

34 Die Billigkeitsregel des § 3 StrEG bezieht sich auf alle Fälle, in denen ein Verfahren, gleich ob durch Gericht oder Staatsanwaltschaft, nach einer Ermessensvorschrift (§§ 153, 153a,[40] 153b, 153c, 153d, 153e, 153f, 154 [str.], 154b [str.], 154c, 383 Abs. 2, 390 Abs. 2 StPO, §§ 45, 47 JGG und § 398 AO) endgültig[41] eingestellt wird. Auch hier – wie in § 4 StrEG – soll die Gewährung der Entschädigungspflicht die Ausnahme sein, nicht die Regel, sodass sich der Fall einer positiven Entscheidung von der Masse ähnlicher Fälle abheben muss. Es müssen somit besondere Billigkeitsgründe gegeben sein. Der Wertungsmaßstab macht auch hier eine Gesamtwürdigung der Umstände notwendig, d.h. der Betroffene einer Einstellung muss sich insofern durch die Umstände der Tat, sein Verhalten, seine Lebensumstände, den Grad seiner Schuld die Entschädigung »verdient« haben.[42] Für § 153 StPO wird z.B. davon ausgegangen, dass eine Entschädigung nur dann zum Vorliegen kommt, sofern der Verdachtsgrad im Einstellungszeitpunkt hinter dem Verdachtsgrad im Zeitpunkt der Anordnung der Strafverfolgungsmaßnahme ersichtlich zurückbleibt.[43] Anzumerken ist, dass in der Prüfungsreihenfolge § 3 StrEG immer erst nach den Ausschluss- und Versagungsgründen der §§ 5, 6 StrEG zu würdigen ist, sofern diese nicht bereits zu einer Ablehnung des Entschädigungsanspruchs geführt haben.

e) Verzicht auf Entschädigung

35 Ein Verzicht auf den (eigentlich) zustehenden Entschädigungsanspruch durch Erklärung des Berechtigten ist im StrEG nicht geregelt. Gleichwohl wird ein solcher Verzicht auf Entschädigung (ganz oder teilweise) für rechtlich zulässig gehalten (str.).[44] In der Verfahrenspraxis kommt es nachgerade nicht selten vor, dass z.B. für den Fall der Einstellung des Verfahrens gem. 170 Abs. 2 StPO vonseiten der Staatsanwaltschaft gegenüber dem Beschuldigten ein Verzicht auf Entschädigung (z.B. für im Verfahren erlittene Untersuchungshaft) angeregt wird. Solche »Anregungen« sind wegen ihrer unsachlichen Verknüpfung rechtsstaatlich bedenklich. Abgesehen hiervon ist ein Anspruchsverzicht jedoch wohl zulässig, da der Berechtigte auch nicht zur Antragstellung verpflichtet ist. Ob allerdings bereits der Verzicht auf die gemäß § 8 Abs. 1 StrEG von Amts wegen vorzunehmende Entscheidung des Gerichts möglich ist, zumal im Wege der Verständigung gemäß § 257c Abs. 2 S. 1 Var. 1 oder Var. 3 StPO,[45] bleibt zweifelhaft.[46] Jedenfalls ist je nach Verfahrensstadium zu prüfen, ob die Verteidigervollmacht auch zur Verzichtserklärung ermächtigt.[47]

---

38 *Hofmann* StraFo 2007, 52 (54 f.); dagegen: *Meyer-Goßner/Schmitt*-StPO, StrEG § 4 Rn. 4.
39 *Meyer-Goßner/Schmitt*-StPO, StrEG § 4 Rn. 4.
40 A.A. *Grohmann* BA 1985, 234.
41 Dazu HdBStA/*Weyde/Vietze,* Teil 8 Kap. 46 Rn. 19.
42 Ausführlich MüKo-StPO/*Kunz,* StrEG § 3 Rn. 29 ff.
43 Vgl. LG Flensburg MDR 1979, 76.
44 HdBStA/*Weyde/Vietze,* Teil 8 Kap. 46 Rn. 39; *Meyer* StrEG, Vorb. §§ 1–6 Rn. 10 ff.
45 Dafür etwa *Temming* in: Gercke/Julius/Temming/Zöller-StPO, § 257c Rn. 20.
46 Vgl. *Meyer-Goßner/Schmitt*-StPO, StrEG § 8 Rn. 3; MüKo-StPO/*Kunz,* StrEG § 8 Rn. 17 ff.
47 Siehe MüKo-StPO/*Kunz,* StrEG § 8 Rn. 21.

C. Grundverfahren

Das sog. »Grundverfahren« (§§ 8, 9 StrEG) hat nach dem endgültigen Abschluss des gesamten Verfahrens (Grundsatz der Verfahrenseinheit) die Prüfung und konstitutive Feststellung zum Inhalt, ob ein Entschädigungsanspruch besteht. Ist dies der Fall, wird im sog. »Betragsverfahren« (§§ 10, 7 StrEG) später noch die Höhe des Schadens ermittelt. 36

I. Grundverfahren nach Entscheidung der Staatsanwaltschaft (§ 9 StrEG)

1. Belehrung

Hat die Staatsanwaltschaft (oder die Straf- und Bußgeldsachenstelle) das Verfahren endgültig eingestellt, obliegt ihr bei Vorliegen eines entschädigungspflichtigen Tatbestandes aus dem Katalog der §§ 1, 2 StrEG die Unterrichtung und Belehrung des Entschädigungsberechtigten über seinen Entschädigungsanspruch (§ 9 Abs. 1 S. 4–5 StrEG). Die Belehrung ist förmlich zumindest dem unmittelbar Berechtigten zuzustellen; war er verteidigt, so erfolgt auch beim Verteidiger eine Zustellung (§ 145a StPO).[48] Die Verfügung muss die Belehrung (Antragsrecht, Frist, zuständiges Gericht) enthalten. Zusätzlich ist die Art der Strafverfolgungsmaßnahme konkret aufzuführen, für die der Berechtigte einen Entschädigungsantrag stellen kann. Größere Bedeutung hat das Verfahren nach § 9 StrEG u.a. für den zumindest teilweisen Ersatz von Verteidigungskosten im Ermittlungsverfahren (s.u.). 37

2. Antrag

Binnen eines Monats nach Zugang der Einstellungsmitteilung hat nun der Entschädigungsberechtigte (oder sein Verteidiger – Vollmacht des bisherigen Verfahrens gilt fort!) an das zuständige Gericht (regelmäßig das Amtsgericht am Sitz der Staatsanwaltschaft, bis auf die in § 9 Abs. 1 NRn. 1–2 StrEG genannten Ausnahmen) seinen Antrag auf die Grundentscheidung zu richten. 38

▶ **Beachte**

Der Antragsinhalt kann sich darauf beschränken, die Feststellung der Entschädigungspflicht zu verlangen. Konkrete Ausführungen zur Maßnahme oder zur Höhe (dies erfolgt erst im Betragsverfahren) sind nicht notwendig, aber im Fall ihres Vorhandenseins auch unschädlich. Zeichnet sich allerdings ab, dass ein im Sinne der §§ 5, 6, 4, 3 StrEG problematischer Sachverhalt vorliegt, so ist auf die Begründung nicht zu verzichten, sondern mit besonderer Akribie darauf zu achten, mögliche Ausschluss- oder Versagungsgründe zu entkräften. Der Hinweis der Staatsanwaltschaft auf die mögliche Entschädigungspflicht enthält noch keine Entscheidung über ihr Bestehen! 39

Es ist darauf zu achten, dass im Fall einer in Betracht kommenden Entschädigungspflicht bei Unterbleiben der Belehrung durch die Staatsanwaltschaft der Verteidiger selbstständig das Grundverfahren durch Anrufung des zuständigen Gerichts oder durch Aufforderung an die Staatsanwaltschaft, sich zu der Frage des Entschädigungsanspruchs zu erklären, vorantreibt. Hierzu ist für ihn die Monatsfrist des § 9 Abs. 3 StrEG maßgeblich; ein Antrag an das Gericht kann innerhalb dieser Frist auch bei Fehlen der Belehrung in der Einstellungsverfügung angebracht werden.[49] 40

▶ **Beachte**

Da das Fehlen der Belehrung ein Wiedereinsetzungsgrund ist (§ 9 Abs. 1 S. 6 StrEG i.V.m § 44 S. 2 StPO entsprechend), sollte in jedem Fall ein Wiedereinsetzungsantrag (zusätzlich) 41

48 Nr. 91 Abs. 1 S. 2 RiStBV.
49 LG Freiburg NStZ-RR 2002, 367 (368).

gestellt werden. Fristversäumnisse des Verteidigers gehen zulasten des Entschädigungsberechtigten (vgl. § 85 Abs. 2 ZPO).[50]

42 Das Gericht entscheidet über den Antrag durch Beschluss. Gegen eine ablehnende Entscheidung ist die sofortige Beschwerde zulässig, § 9 Abs. 2 StrEG i.V.m. § 311 StPO. Stellt das Gericht die Entschädigungspflicht fest, schließt sich das Betragsverfahren an. Wird eine Entschädigungspflicht nur für einen Teil einer Strafverfolgungsmaßnahme oder nur für eine Maßnahme bei Vorliegen mehrerer Maßnahmen bejaht, ist die sofortige Beschwerde zu erwägen.

II. Grundverfahren bei Entscheidung des Gerichts (§ 8 StrEG)

43 Das Grundverfahren bei Vorliegen einer gerichtlichen Entscheidung ist in § 8 StrEG geregelt. Das Gericht entscheidet über die Entschädigungspflicht grundsätzlich bereits im Zusammenhang mit dem Urteil bzw. Einstellungsbeschluss (§ 8 Abs. 1 S. 1 StrEG); ausnahmsweise, sofern eine Entscheidung in der Hauptverhandlung nicht möglich oder schlicht nicht ergangen ist, durch isolierten Beschluss im Nachhinein (§ 8 Abs. 1 S. 2 StrEG).[51] Hier fällt also das »Vorverfahren« des § 9 StrEG weg, sodass kein gesonderter Antrag auf Feststellung der Entschädigungspflicht notwendig ist.

44 Im Entschädigungsbeschluss sind der Entschädigungsberechtigte und die zu Unrecht erfolgte Strafverfolgungsmaßnahme zu benennen. Der Beschluss ist für das anschließende Betragsverfahren bindend.[52] Für den Verteidiger heißt dies, dass er gegebenenfalls schon im Hauptverfahren, spätestens im Schlussvortrag jene Aspekte benennt und hervorhebt, die seines Erachtens eine Entschädigungspflicht auslösen. Da die Entscheidung von Amts wegen ergeht, sind ohnehin die Verfahrensbeteiligten hierzu zu hören.

▶ Beachte

45 Unterbleibt eine Entscheidung am Schluss der Verhandlung ohne ersichtlichen Hinderungsgrund, ist sicherheitshalber und zeitnah der nachholende Erlass einer Entschädigungsgrundentscheidung durch isolierten Beschluss zu beantragen.[53] Nach einer teilweise in der Rechtsprechung vertretenen Ansicht ist gegen die unterlassene Entscheidung dagegen die sofortige Beschwerde gemäß § 8 Abs. 2 S. 1 StrEG binnen Wochenfrist zu erheben, sodass insofern Präklusion droht.[54] Diese Ansicht ist indessen abzulehnen, da eine schlicht unterlassene Entscheidung regelmäßig gerade eben gar keine (angreifbare) Entscheidung über die Entschädigungspflicht in sich schließt. Allerdings wird in solchen Fällen versehentlich unterbliebener Entscheidung oftmals fraglich sein, ob die maßgebliche Rechtsmittelfrist überhaupt ausgelöst wurde (§§ 311 Abs. 2 i.V.m. 35 Abs. 2 S. 1 StPO) bzw. ob nicht ohnehin Wiedereinsetzung gewährt werden muss (§§ 44 S. 1–2, 35a S. 1 StPO). Sofern mit Blick auf diese Ansicht sicherheitshalber sofortige Beschwerde eingelegt wird, birgt dies kein Kostenrisiko, weil die Entschädigungsentscheidung als Annex zur Hauptsache keine selbstständige Kostenentscheidung zur Folge hat.

---

50 KG NStZ 2008, 94.
51 Siehe auch Nr. 139 Abs. 3 RiStBV.
52 BGHZ 103, 113.
53 Ausführlich zum Folgenden MüKo-StPO/*Kunz*, StrEG § 8 Rn. 27 ff., 49 ff. je m.w.N. – Hiervon zu unterscheiden ist nach OLG Hamm, Beschl. v. 14.02.2023, III-5 Ws 11/23 allerdings der Fall, dass eine Strafkammer in der Hauptverhandlung bereits über die Art und Dauer der Strafverfolgungsmaßnahme entschieden hat: dann bleibe für die Nachholung einer Entschädigungsentscheidung kein Raum mehr; im Zweifel sei anzunehmen, dass es sich um eine abschließende Entscheidung hinsichtlich der Entschädigung handele.
54 OLG München AnwBl 1998, 50 f.; OLG Düsseldorf NJW 1999, 2830.

Die Rechtsprechung lässt die isolierte Entscheidung zum Entschädigungsanspruch nicht nur dann zu, wenn zwingende Hindernisse (z.B. Beweiserhebungen) den Beschluss am Ende der Hauptverhandlung vereitelt haben, sondern dehnt die Zulässigkeit einer isolierten Entscheidung sehr weit aus.[55] Damit bestehen für den Verteidiger ausreichend Möglichkeiten auch noch nach Hauptverhandlung zum Entschädigungssachverhalt vorzutragen. 46

▶ Beachte

Ist eine sorgfältige Antragstellung wegen des Umfangs der Sache am Ende der Hauptverhandlung mit Schwierigkeiten verbunden, kann beantragt werden, die Entscheidung im Beschlusswege nachzuholen, § 8 Abs. 1 S. 2 StrEG, sodass nur dies in den Tenor aufzunehmen ist.[56] 47

Liegt eine positive Entschädigungsgrundentscheidung vor, schließt sich das Betragsverfahren (§§ 10, 7 StrEG) an. Wird eine Entschädigung unter Bezug auf §§ 5, 6, 4, 3 StrEG abgelehnt, ist das Rechtsmittel der sofortigen Beschwerde einschlägig (§ 8 Abs. 3 StrEG), und zwar ggf. neben Berufung oder Revision (vgl. § 8 Abs. 3 S. 2 StrEG i.V.m. § 464 Abs. 3 S. 3 StPO). Das Beschwerdegericht prüft Ermessensentscheidungen in vollem Umfang nach (reformatio in peius ist möglich!) und ist an die sonstigen Urteilsfeststellungen zur Sache und zur rechtlichen Einordnung des Tatgerichts (oder des Berufungs- oder Revisionsgerichts) gebunden. 48

D. Betragsverfahren

Gleich um welche Maßnahme es sich handelt, gleich ob die Entschädigung gem. § 8 StrEG oder § 9 StrEG festgestellt wurde, ist die gerichtliche Entscheidung im Grundverfahren für das Betragsverfahren bindend. Das Betragsverfahren ist ein genuin verwaltungsrechtliches Verfahren vor der Landesjustizverwaltung,[57] sodass es einer besonderen Bevollmächtigung bedarf. 49

I. Belehrung

Die zuständige Staatsanwaltschaft hat nach rechtskräftiger gerichtlicher Feststellung des Entschädigungsgrundes den Berechtigten über seine Antragsmöglichkeit im Betragsverfahren zu belehren (§ 10 Abs. 1 S. 3 StrEG). Sie ist insoweit als reine Verwaltungsbehörde tätig. Die Belehrung soll über das Bestehen des Anspruchsgrundes und die Frist zur Einreichung des Betragsantrags informieren. Es gilt eine 6-Monats-Frist ab Zustellung der Belehrung (§ 10 Abs. 1 S. 1 und 4 StrEG); unabhängig davon gilt eine absolute Ausschlussfrist von einem Jahr ab rechtskräftiger Feststellung der Entschädigungspflicht (§ 12 StrEG). Im Fall des Todes des unmittelbar Berechtigten sind dessen Erben in Kenntnis zu setzen. Die Zustellung der Belehrung an den Vertreter des Berechtigten setzt dessen besondere Bevollmächtigung voraus; eine allgemeine Strafprozessvollmacht reicht nicht aus. 50

II. Antrag

Der Antrag ist nicht etwa an das Gericht, sondern die Staatsanwaltschaft zu richten; dies auch dann, wenn die Straf- und Bußgeldsachenstelle zuvor die Ermittlungen geführt hat. Der Antrag kann natürlich auch vom bisherigen Verteidiger oder von einem zwischenzeitlich mandatierten Rechtsanwalt gestellt werden; da das Betragsverfahren jedoch einen eigenständigen Rechtszug beinhaltet, ist allerdings eine für dieses Verfahren geltende Bevollmächtigung vorzulegen. 51

▶ Beachte

Der Antrag hat Ausführungen zur Höhe der Schadenspositionen zu machen, und wenn möglich, diese Positionen zu belegen.[58] Lediglich plakative Behauptungen reichen zur Begründet- 52

55 OLG Nürnberg NJW 2006, 1826; OLG Düsseldorf NJW 1999, 2830; OLG Stuttgart Justiz 1972, 327.
56 Vgl. HdBStA/*Weyde/Vietze*, Teil 8 Kap. 47 Rn. 2.
57 Siehe auch Nr. 201 RiStBV i.V.m. Anlage C. RiStBV.
58 Die konkrete Bezifferung ist gleichwohl nicht Antragsvoraussetzung.

heit nicht aus; die Beweislast trägt der Antragsteller. Er hat daher für eine möglichst geschlossene Darstellung seiner Berechnung zu sorgen und es ist empfohlen, insbesondere die Kausalität der jeweiligen Schadenshöhe im Einzelnen plausibel darzustellen. Nachweise können prinzipiell auch nachgereicht werden.

III. Entscheidung

53 Die Entscheidung über den Antrag obliegt der sachbearbeitenden Staatsanwaltschaft. Gegebenenfalls ist der Antrag zur Entscheidung der Prüfungsstelle vorzulegen (Leiter der Staatsanwaltschaft beim Landgericht oder Oberlandesgericht). Ergeht eine negative Entscheidung, ist der Rechtsweg zu den ordentlichen Gerichten eröffnet (§ 13 Abs. 1 StrEG): Sachlich zuständig ist ausschließlich das Landgericht (Zivilkammer), und zwar unabhängig vom Streitwert, wobei sich die örtliche Zuständigkeit nach § 18 ZPO richtet; die Frist zur (Leistungs-)Klage[59] beträgt drei Monate ab Zustellung der negativen Entscheidung durch die Staatsanwaltschaft. Entscheidet die zuständige Stelle dagegen ohne zureichenden Grund nicht binnen angemessener Frist, so soll nach teilweise vertretener Ansicht § 75 VwGO vor dem ordentlichen Gericht entsprechend gelten.[60]

IV. Höhe des Anspruchs

54 Für die Höhe des konkreten Entschädigungsanspruchs ist § 7 StrEG ausschlaggebend. § 7 Abs. 1 StrEG unterscheidet zwischen materiellem Schaden und immateriellem Schaden bei freiheitsentziehenden Maßnahmen.

1. Immaterieller Schaden

55 Einziger Anwendungsfall des Ersatzes eines immateriellen Schadens ist der Vollzug einer freiheitsentziehenden Maßnahme, und zwar aufgrund gerichtlicher Entscheidung (§ 7 Abs. 1 Var. 2 StrEG). In den meisten Fällen wird es um die Entschädigung für zu Unrecht erlittene Untersuchungshaft gehen. Hier wird eine Pauschale gewährt (seit 01.10.2020: 75 € je Tag des Freiheitsentzugs, § 7 Abs. 3 StrEG). Die Gewährung einer höheren Pauschale ist ausgeschlossen; die Bewilligung einer Pauschale, die 75 € unterschreitet, ist möglich, sofern es die »Billigkeit« gebietet (§§ 3, 4, 6 StrEG). Ein derzeit zur politischen Diskussion gestelltes »Eckpunktepapier« des BMJ vom 19.09.2022 sieht als möglichen Vorschlag (Eckpunkt Nr. 7) zur Reform des StrEG eine Staffelung der Haftpauschale vor. Hiernach wird einerseits eine Differenzierung zwischen verschiedenen Arten der Inhaftierung (U-Haft/Strafhaft), andererseits eine je nach Haftdauer erhöhte Tagespauschale erwogen. Die weitere Entwicklung des Reformvorhabens bleibt an dieser Stelle vorläufig jedoch abzuwarten.

2. Materieller Schaden

56 Im Übrigen wird Schadensersatz für materielle Schäden gewährt (§ 7 Abs. 1 Var. 1, Abs. 2 StrEG). Zwischen der Maßnahme und dem behaupteten Schaden bzw. der Schadenshöhe muss Kausalität vorliegen. Hierfür, wie auch für den Beleg des konkreten Schadens, ist der Anspruchsberechtigte beweispflichtig. Der Anspruchsteller muss sich gefallen lassen, dass der ihm entstandene Schaden mit jenen Positionen verrechnet wird, die er erspart hat (Vorteilsausgleich für ersparte Aufwendungen). Macht er beispielsweise geltend, dass ihm aufgrund der Inhaftierung der Mietvertrag gekündigt worden sei, ist er in der Regel damit konfrontiert, dass ihm die Aufwendungen der Justizvollzugsanstalt für Unterkunft und Verpflegung entgegengehalten werden.[61]

59 Ob die Kosten gerichtlicher Verfolgung des Anspruchs von der Schadensersatz-Rechtsschutzversicherung gedeckt sind, ist umstritten. Siehe dazu MüKo-StPO/*Kunz*, StrEG § 13 Rn. 10.

60 OLG Köln NStZ 1988, 508.

61 Vgl. Anlage C RiStBV Teil I. B. II. 2. b).

Im Einzelnen können sich folgende Ansprüche ergeben (beispielhaft):[62]

- **Verteidigerkosten** 57
  Prinzipiell sind die Gebühren und Auslagen erstattungsfähig, die durch die rechtliche Vertretung hinsichtlich der konkreten Strafvollstreckungsmaßnahme entstanden sind und zwar lediglich in der Höhe der gesetzlichen Gebühren, im Regelfall in Höhe der Mittelgebühr gem. RVG (VV). Ist eine Verteidigung nicht nur isoliert, sondern – wie zumeist – im gesamten Verfahrensabschnitt erfolgt, sind die anteiligen Ansprüche des Vollverteidigers (RVG VV 4100, 4104) per Schätzung gemäß § 287 ZPO zu ermitteln. Hier ist regelmäßig zu sehen (gerade im Fall des Freispruchs), dass über die Erstattung der notwendigen Auslagen (§§ 464 ff. StPO) gesondert im freisprechenden Urteil entschieden ist und insoweit die Gebühren und Auslagen des Vollverteidigers hier geltend gemacht werden müssen, sodass sich die Frage nach Ersatz der Verteidigungskosten zumeist im Falle von § 170 Abs. 2 StPO stellen wird. In dem Fall, dass ein Verteidiger erst nach der entschädigungsauslösenden Maßnahme (z.B. Durchsuchung) beauftragt worden ist, soll eine Erstattung im Entschädigungsverfahren zulässig sein.[63] Wird er nur im Grundverfahren tätig, richtet sich seine Vergütung nach RVG VV 4302 Nr. 3.
- **Geldstrafe, Kosten und Geldauflage** 58
  Auf diese Positionen gezahlte Beträge unterfallen hinsichtlich ihrer Rückzahlung nicht den Regelungen des StrEG (§ 13 EBAO). Allerdings sind hiervon die angefallenen Zinsen (z.B. für einen Kredit, aus dem die Geldstrafe bezahlt wurde) ausgenommen; insoweit besteht ein Entschädigungsanspruch gem. StrEG.[64]
- **Entgangener Gewinn, Verdienstausfall** 59
  Häufigster Anwendungsfall im Bereich des § 7 StrEG ist der Schaden, der durch Verlust des Arbeitsplatzes hervorgerufen wird.[65] Problematisch ist hier oft die Frage der Kausalität. Ist im Fall einer (Verdachts-)Kündigung durch den Arbeitgeber (wegen des Strafverfahrens oder der Inhaftierung) in der Regel die Kausalität evident, kann dies im Fall einer einvernehmlichen Aufhebung des Arbeitsverhältnisses anders sein: Hier ist der Verteidiger gehalten, wenn möglich, eine Erklärung des vormaligen Arbeitgebers einzuholen, die die Gründe für die Beendigung des Arbeitsverhältnisses offenlegt.
- **Entgangenes Geschäft** 60
  Diese Position ist vor allem für Selbstständige relevant. Allerdings werden von der Rechtsprechung hohe Anforderungen an die Kausalität gestellt. Es ist im Einzelnen zu belegen, dass aufgrund z.B. einer ungerechtfertigten Inhaftierung ein Geschäftsabschluss, der aber bereits hinreichend konkretisiert gewesen sein muss, nicht zustande kam und auch späterhin nicht wieder realisiert werden konnte. Hier ist auf die Darlegung der Geschäftsanbahnungsumstände besonderes Augenmerk zu richten. In der Regel wird es erforderlich sein, eine Erklärung des Geschäftspartners einzuholen, aus der dessen konkreter und zeitlich begrenzter Abschlusswille ersichtlich wird.
- **Nutzungsausfall beim Kfz** 61
  Diese Konstellation kommt bei zeitweiligem Entzug der Fahrerlaubnis in Betracht. Die konkrete Nutzung des Kfz muss möglich gewesen sein; es ist eine Vergleichsberechnung durchzuführen (Aufwendungen, die mit dem eigenen Kfz entstanden wären vs. Aufwendungen, die durch Benutzung von Fahrdiensten, Taxis, öffentlichen Verkehrsmitteln entstanden sind).
- **Urlaub** 62
  Nimmt der Entschädigungsberechtigte allein deshalb Urlaub, um damit z.B. die Zeit der Freiheitsentziehung »zu überbrücken«, ist der Entschädigungstatbestand gegeben. Hatte er den Urlaub ohnehin – aus anderen Gründen – angemeldet, entfällt die Entschädigungspflicht.

---

62 Siehe auch HdBStA/*Weyde/Vietze,* Teil 8 Kap. 48 Rn. 15 ff.; BeckOK-StPO/*Cornelius,* StrEG § 7 Rn. 4 ff.
63 Vgl. *Meyer-Goßner/Schmitt*-StPO, StrEG § 7 Rn. 5a.
64 Vgl. OLG Stuttgart NJW 1997, 206.
65 Zur Berechnung des Verdienstausfalls (Bruttolohnmethode/mod. Nettolohnmethode): HdBStA/*Weyde/ Vietze,* Teil 8 Kap. 48 Rn. 22 ff.

63 – **Nachteile bezüglich der Rentenversicherung**
Hier besteht ein Entschädigungsanspruch in der Höhe des Betrages, der ohne das Eingreifen der freiheitsentziehenden Maßnahme als Beitrag zur gesetzlichen Rentenversicherung zu begleichen gewesen wäre. Der Berechtigte ist hier gesondert auf die Möglichkeit der Nachzahlung und die einschlägige Frist (§ 205 Abs. 1 und 2 SGB VI) hinzuweisen (Belehrung gem. § 10 StrEG).[66]

64 – **Anwaltskosten im Betragsverfahren**
Diese sind in Höhe der gesetzlichen Gebühren als Vermögensschaden entschädigungsfähig. Die Tätigkeit im Betragsverfahren ist regelmäßig auch nicht durch die Gebühren des Verteidigers im Strafverfahren abgegolten, noch sind letztere in Anrechnung zu bringen. Dem Gebührenanspruch wird gem. RVG VV 2300 als Gegenstandswert der Entschädigungsbetrag zugrunde gelegt, der letztlich durch die Justizverwaltung als erstattungsfähig festgesetzt wird, wobei regelmäßig ein Satz von 1,3 Gebühren (§ 14 Abs. 1 RVG) anerkannt werden wird.[67]

65 Der Entschädigte bzw. Entschädigungsberechtigte kann im Nachhinein seinen Anspruch verlieren, sofern das Strafverfahren zu seinen Ungunsten wieder aufgenommen wird. Ist die Entschädigung bereits an den (vormals) Berechtigten ausgekehrt, kann sie zurückgefordert werden (§ 14 StrEG).

V. Aufrechnung und Auszahlung

66 Erst mit rechtskräftiger bzw. bestandskräftiger Entscheidung über den Antrag wird der Anspruch rechtlich übertragbar, § 13 Abs. 2 StrEG, sodass er vor diesem Zeitpunkt unpfändbar ist (§ 851 Abs. 1 ZPO), mit der Folge, dass gegen ihn erst ab diesem Zeitpunkt wirksam aufgerechnet werden kann (§ 394 S. 1 BGB). Die Staatskasse wird daher regelmäßig prüfen, ob ihr Ansprüche (z.B. Geldstrafen, Geldbußen, Kosten, Steuerrückstände etc.) gegen den Inhaber des Entschädigungsanspruchs zustehen,[68] mit denen sie den Entschädigungsanspruch zum Erlöschen bringen kann.[69] Vor dem Zeitpunkt aus § 13 Abs. 2 StrEG vorgenommene Verfügungen über den Anspruch verstoßen gegen § 134 BGB.

67 Sollte es nach alledem noch zu einer Auszahlung kommen, so bedarf die Entgegennahme der Entschädigung durch die Vertretung bzw. Verteidigung einer ausdrücklichen Bevollmächtigung, weil die bloße Vertretungsvollmacht ohne diesen Zusatz nicht zum Geldempfang berechtigt. Die Entschädigungszahlung ist ggf. steuerpflichtig, vgl. § 24 Nr. 1 lit. a EStG.

66 Siehe auch Anlage C RiStBV Teil I, B. II. 2. d).
67 Siehe auch Anlage C RiStBV Teil I, B. II. 2. g).
68 Siehe Anlage C RiStBV Teil I. B. II. 2.
69 Siehe dazu HdBStA/*Weyde/Vietze*, Teil 8 Kap. 48 Rn. 43.

Abschnitt 8 Sachverständige

Kapitel 37 Der Sachverständige im Strafprozess

Übersicht

A. Einführung

1 Angesichts der Vielschichtigkeit der von den Strafgerichten zu entscheidenden Fragen ist der Einfluss der Sachverständigen auf gerichtliche Entscheidungen immer größer geworden. Ein erstinstanzliches Verfahren vor dem Landgericht, insbesondere vor einer Schwurgerichtskammer oder einer Wirtschaftsstrafkammer, ohne einen oder mehrere Sachverständige ist kaum mehr vorstellbar.[1] Welche Bedeutung dem Sachverständigen im Strafverfahren zukommt, zeigt sich unter anderem darin, dass seine Stellung umschrieben wird mit Begriffen wie »Gehilfe des Richters«,[2] »selbstständiger Helfer bei der Wahrheitsfindung«,[3] »Berater des Gerichts«,[4] »eigentlicher Herr der Szene«[5] und sogar »Richter in Weiß«[6] und – doch sehr überspitzt und einseitig – als »Hilfsbeamter der Staatsanwaltschaft«.[7] Seinen Bekundungen wird »existentielle Bedeutung« für den betroffenen Angeklagten zugeschrieben,[8] behauptet wird »ein starker Zusammenhang zwischen der Person des Sachverständigen und der Beurteilung der Schuldfähigkeit des Angeklagten«,[9] des Weiteren eine »schleichende Entmachtung des Richters durch den Sachverständigen«.[10]

Mit dem wachsenden Einfluss des Sachverständigen auf die gerichtlichen Entscheidungen hat vor allem dessen Auswahl enorm an Bedeutung gewonnen.[11] Um den richtigen Sachverständigen entbrennt in den Strafverfahren häufig ein »Machtkampf«.[12]

1 Zur Abhängigkeit des Richters vom Sachverständigen vgl. *Erb* ZStW 2009, 882 ff.; *Nack* GA 2009, 201 ff.; *Schnoor* Beurteilung der Schuldfähigkeit 2009 S. 20 f.

2 BGH, Urt. v. 24.06.1952 – 1 StR 130/52 = BGHSt 3, 27 (28); Urt. v. 08.03.1957 – 5 StR 49/55 = BGHSt 7, 238 (239); Urt. v. 26.04.1955 – 5 StR 86/55 = BGHSt 8, 113 (118); Urt. v. 07.06.1956 – 3 StR 136/56 = BGHSt 9, 293; Urt. v. 18.12.1958 – 4 StR 399/58 = BGHSt 12, 311 (314); Urt. v. 06.03.1986 – 4 StR 48/86 = BGHSt 34, 29 (31); Urt. v. 19.08.1993 – 4 StR 627/92 = BGHSt 39, 291 (297); *Bochnik/Gärtner/Richtberg* MedR 1987, 73; *Zwiehoff* Das Recht auf den Sachverständigen 1999, S. 16 – 33; *Detter* FS Meyer-Goßner 2001, 431 ff.; *ders.* NStZ 1998, 57 ff.

3 *Schreiber* FS Wassermann 1985, 1007 (1008).

4 *Nedopil* Der medizinische Sachverständige – Richter in weiß? 1995 = Band 2 Recht der Medizin.

5 *Crefeld* RampP 1994, 102 (108).

6 *Böttger/Kury/Mertens/Pelster* MSchrKrim 1991, 369; vgl. auch zur Veränderung der Stellung des Sachverständigen *Dölp* ZRP 2004, 235 ff.

7 *Bendler* Schriftenreihe der Strafverteidigervereinigungen »21. Strafverteidigertag: Reform oder Roll-Back« S. 299.

8 *Crefeld* RuP 1994, 102.

9 *Rode/Legnaro* Psychiatrische Sachverständige in Strafverfahren 1994 S. 2.

10 *Hamm* Die Revision in Strafsachen. 7. Aufl. Rn. 850; BGH, Beschl. v. 10.09.2002 – 1 StR 169/02 = NStZ 2003, 375 ff. mit Anm. *Duttge*; zur Fragwürdigkeit von Gutachten vgl. auch *Thielmann* StraFo 2004, 5 ff.; zum Rollenverständnis des forensischen Psychiaters zwischen Psychiatrie und Justiz vgl. *Nedopil* Festschrift für Tondorf 2004, 47 ff.; *Egg* Die unheimlichen Richter 2015 (Wie Gutachter die Strafjustiz beeinflussen).

11 Vgl. dazu *Detter* NStZ 1998, 57 ff.; *Dippel* in Festschrift für Egon Müller 2008 S. 125, 133 ff.; *Erb* ZStW 2009, 882 ff.; LR/*Krause* § 73 Rn. 9 ff.; *Sommer,* Effektive Strafverteidigung, 5. Aufl. Rn. 1226.

12 *Wächtler* StV 2003, 184 ff.; vgl. auch *Hund* Der Blinde sucht das Licht: Die Auswahl des Sachverständigen durch den Richter im Strafverfahren 2016 S. 47 ff.

▶ **Beachte**

Die Kenntnis der Einflussmöglichkeiten der Verteidigung auf die Auswahl des Sachverständigen,[13] aber auch die Kenntnis von dessen Stellung und Aufgaben sollte deshalb ein wesentlicher Teil des Handwerkszeuges des Strafverteidigers sein, um sich zum Wohl des Mandanten **kritisch mit der Person und dem Gutachten eines Sachverständigen auseinandersetzen** zu können.

B. Die Person des Sachverständigen

I. Abgrenzung

1. Sachverständiger

Sachverständige[14] sind Personen, die aufgrund ihrer besonderen Sachkenntnis über Tatsachen, Wahrnehmungen oder Erfahrungssätze Auskunft geben oder einen bestimmten Sachverhalt beurteilen können.[15] Sie sind Spezialisten auf bestimmten Sachgebieten und besitzen bezüglich einzelner Beweistatsachen eine besondere Sachkunde, die der Richter nicht besitzt. Um wissenschaftliche Fachkenntnisse braucht es sich dabei nicht zu handeln.[16] 2

Maßgebend dafür, ob bei der Bekundung eines Sachverständigen der Sache nach eine Zeugenaussage oder ein Sachverständigengutachten vorliegt, ist der Inhalt der Bekundung.[17]

2. Zeuge

Der Zeuge ist eine Auskunftsperson, die über gemachte Wahrnehmungen (Tatsachen) aussagt.[18] 3

3. Der sachverständige Zeuge

Der sachverständige Zeuge ist Zeuge, der über Tatsachen oder Zustände aussagen kann, zu deren Wahrnehmung eine besondere Sachkunde erforderlich ist, er ist kein Sachverständiger (§ 85 StPO[19]). Die Abgrenzung des sachverständigen Zeugen vom Sachverständigen richtet sich nicht allein nach der Sachkunde der Beweisperson auf einem bestimmten Wissensgebiet. Bedeutsam ist vielmehr auch der Anlass der Wahrnehmungen. Der Zeuge sagt demnach über Wahrnehmungen aus, die er mit besonderer Sachkunde ohne behördlichen Auftrag gemacht hat. Sachverständiger ist demgegenüber, wer über Wahrnehmungen aussagt, die er im Auftrag des Gerichts, der Staatsanwaltschaft oder Polizei aufgrund seiner Sachkunde gemacht hat. 4

▶ **Beispiel**

Ein Arzt, der zufällig zum Tatort kommt, Erste Hilfe leistet und deshalb über die Art der Verletzungen genaue Angaben machen kann, ist sachverständiger Zeuge.

---

13 *Krekeler* StraFo 1996, 5 ff.

14 *Eisenberg* Beweisrecht 10. Aufl. 2017 Rn. 1510 ff.

15 Meyer-Goßner/*Schmitt* StPO 66. Aufl. Vor § 72 Rn. 1; LR/*Krause* Vor § 72 Rn. 2 f.; Alsberg/*Dallmeyer* Der Beweisantrag im Strafprozess 7. Aufl. Rn. 363 ff.; *Geppert* Jura 1993, 249 ff.

16 *Eisenberg* Rn. 1500 ff; *Böttger* in Bayerlein/Beutge/Roeßner 6. Aufl. § 1 Rn 7 spricht von besonderen Detailkenntnissen auf einem abgrenzbaren Gebiet seines Berufes.

17 BGH, Urt. v. 20.11.1984 – 1 StR 639/84 = NStZ 1985, 182; Beschl. v. 02.04.2008 – 2 StR 621/07 = BeckRS 2008, 7343 = NStZ-RR 2008, 238 (Ls).

18 Meyer-Goßner/*Schmitt* vor § 48 Rn. 1.

19 Zur Abgrenzung vgl. Meyer-Goßner/*Schmitt* § 85 Rn. 3; *Gundelach* HRRS 2017., 41 ff.

Beachte

Gutachtliche Äußerungen eines sachverständigen Zeugen bei Gelegenheit seiner Vernehmung stellen kein Gutachten im Sinne des § 244 Abs. 4 S. 2 StPO dar.

Die erfolgreiche Ablehnung eines Sachverständigen wegen Besorgnis der Befangenheit hindert nicht, ihn als Zeugen oder **sachverständigen Zeugen** über Tatsachen zu vernehmen, die ihm bei Durchführung des erteilten Auftrages bekannt geworden sind[20]. Dazu gehören zunächst die sogenannten Befundtatsachen, die der Sachverständige allein aufgrund seiner besonderen Sachkunde bei der Vorbereitung seines Gutachtens festgestellt hat.[21] Ihre Kenntnis vermittelt der Sachverständige dem Gericht als Teil des Gutachtens, ohne dass eine weitere Beweisaufnahme durch den Tatrichter erforderlich wäre. Damit ist auch die ergänzende Inaugenscheinnahme der auf Tonband aufgezeichneten Explorationsgespräche, die der abgelehnte Sachverständige mit dem kindlichen Tatopfer geführt hat, zulässig.[22]

Für die Einvernahme eines sachverständigen Zeugen über sein Zeugenwissen gelten die zusätzlichen Ablehnungsgründe des § 244 Abs. 4 StPO nicht.[23]

4. Der Dolmetscher (§ 185 GVG)

5 Nach § 187 Abs. 1 S. 2 GVG[24] hat das Gericht den der deutschen Sprache nicht mächtigen oder hör- oder sprachbehinderten Beschuldigten in einer ihm verständlichen Sprache darauf hinzuweisen, dass er für das gesamte Strafverfahren die unentgeltliche Hinzuziehung eines Dolmetschers[25] oder Übersetzers beanspruchen kann. Bei sprachunkundigen Beschuldigten ist nach § 187 Abs. 2 i.d.R. die schriftliche Übersetzung von freiheitsentziehenden Anordnungen, Anklageschriften, Strafbefehlen und nicht rechtskräftigen Urteilen erforderlich und ihnen unverzüglich zur Verfügung zu stellen[26]. Bei einem Beschuldigten mit Verteidiger genügt i.d.R. die mündliche Übersetzung der Unterlagen oder eine mündliche Zusammenfassung deren Inhalts. Hat ein der deutschen Sprache nicht mächtiger Angeklagter einen Verteidiger und wurde die mündliche Urteilsbegründung in seine Muttersprache übertragen, besteht kein Anspruch auf Übersetzung des schriftlichen Urteils[27]. Nach Abs. 3 kann auf die schriftliche Übersetzung nur wirksam verzichtet werden nach entsprechender Belehrung, wobei Belehrung und Verzicht zu dokumentieren sind. Der Verteidiger in der Hauptverhandlung kann aber nicht zugleich Dolmetscher sein[28].

---

20 BGH, Urt. v. 07.05.1965 – 2 StR 92/65 = BGHSt 20, 222 f.
21 BGH, Urt. v. 26.10.1962 – 4 StR 318/62 = BGHSt 18., 107 f.
22 BGH, Beschl. v. 15.08.2001 – 3 StR 225/01 = NStZ 2002, 44; Urt. v. 16. 12. 2004 – 1 StR 420/03 = NJW 2005, 445 (447); Beschl. v. 10.03.2010 – 3 StR 426/09 = NStZ-RR 2010, 210.
23 BGH, Urt. v. 04.11.1981 – 2 StR 309/81 = StV 1982 102; Urt. v. 21.02.1985 – 1 StR 812/84 = StV 1985, 314; Beschl. v. 29.05.1990 – 5 StR 186/90 = StV 1990, 438.
24 Gesetz zur Stärkung der Verfahrensrechte von Beschuldigten im Strafverfahren v. 02.07.2013 – in Kraft seit 06.07.2013 (BGBl. I S. 1938); vgl. dazu *Eisenberg* JR 2013, 442 ff.; *Christl* NStZ 2014, 376 f.; vgl. auch EUGH, Urt. v. 15.10.2015 – C 216/14 = NJW 2016, 303 f.; ferner *Heim*, NJW-Spezial 2017, 696.
25 Allgemein zu Dolmetscherleistungen vgl. *Kotz* StRR 2012, 124 ff., 626 ff.; *Kranjcic* NStZ 2011, 657 f.; *Hunsmann* StRR 2014, 24, 26; einem Antrag auf Überprüfung der Sprachkenntnisse des zugezogenen Dolmetschers ist – falls begründete Zweifel bestehen – im Wege des Freibeweises nachzukommen.
26 BGH, Beschl. v. 10.07.2014 – 3 StR 262/14 = NStZ 2014, 725 f. = StV 2015, 345 f.
27 OLG Braunschweig, Beschl. v. 11.05.2016 – 1 Ws 82/16 m.w.N.; OLG Stuttgart, Beschl. v. 09.01.2014 – 6 – 2 StE 2/12 = StV 2014, 536 f. m. Anm. *Bockemühl* StV 2014, 537 f.; BGH, Beschl. v. 22.01.2018 – 4 StR 506/17; vgl. auch Beschl. v. 13.09.2018 – 1 StR 320/17 = BGHSt 63, 192 ff. = NJW 2018, 3790 ff.
28 Meyer-Goßner/*Schmitt* § 190 GVG Rn. 1.

Die wesentliche Aufgabe des Dolmetschers[29] besteht darin, den Prozessverkehr zwischen dem Gericht und anderen am Prozess beteiligten Personen dadurch zu ermöglichen, dass er die zum Prozess abgegebenen mündlichen Erklärungen durch Übertragung in eine andere Sprache der anderen Seite verständlich macht. Um die Erfüllung dieser Aufgabe geht es nicht, wenn der Sinn einer außerhalb des Prozessverkehrs abgegebenen fremdsprachigen Äußerung ermittelt werden soll. Bei einem Dolmetscher handelt es sich somit nicht um einen Sachverständigen.[30] Geht dem Gericht die eigene Sachkunde ab, um den Sinn einer solchen fremdsprachigen Äußerung zu verstehen, und zieht es deshalb einen Sprachkundigen zu seiner Unterstützung hinzu, so wird dieser wie jeder andere, der dem Gericht die fehlende Sachkunde auf irgendeinem Gebiete vermittelt, als Sachverständiger tätig. Die Prozessrolle, die ein Sprachkundiger in der Hauptverhandlung erfüllt, wird also nicht durch die Tatsache bestimmt, dass er Sprachkundiger ist, sondern nur durch die Aufgabe, die er im Prozess zu erfüllen hat. Besteht sie darin, den Prozessverkehr zwischen Gericht und anderen Prozessbeteiligten zu vermitteln, ist er Dolmetscher, und die §§ 185 ff. GVG sind anzuwenden. Gibt er selbst Prozesserklärungen ab, indem er dem Gericht die erforderliche Sachkunde zum Verständnis von Erklärungen vermittelt, die außerhalb des Prozesses gefallen sind, ist er Sachverständiger, und es sind die §§ 72 ff. StPO anzuwenden.[31] Folgerichtig ist die Übersetzung von fremdsprachigen **Urkunden** Sachverständigenaufgabe.[32]

▶ Hinweis

Das mit Gesetz zur Modernisierung des Strafverfahrens vom 10. Dezember 2019 (BGBl. I S. 2121, 2124) geschaffene Gesetz über die allgemeine Beeidigung von gerichtlichen Dolmetschern (Gerichtsdolmetschergesetz- GDolmG) enthält Vorschriften über die allgemeine Beeidigung gerichtlicher Dolmetscher (Zuständigkeit, Antragstellung, Befähigungsnachweise, Durchführung, Bezeichnung), über Befristung, Verzicht und Widerruf sowie Anzeigepflichten, Bußgeldvorschriften und Kosten; es gilt für alle Gerichtsbarkeiten. Entsprechende Festlegungen waren bisher Sache der Länder, die bundesweite Vereinheitlichung der Standards führt dazu, dass nicht jedes Land seine Anforderungen wird beibehalten können.. Die Möglichkeit der Berufung auf eine Vereidigung nach Landesrecht gemäß § 189 Abs. 2 GVG entfällt nach der Übergangsvorschrift in Art. 10 des Gesetzes zur Modernisierung des Strafverfahrens erst am 12.12.2024, eine Verlängerung der Frist bis zum 31.12.2026 wird diskutiert.

▶ Beachte

(1) Die **Übersetzung von fremdsprachigen Urkunden** in die deutsche Sprache erfolgt nicht durch den Dolmetscher. Aufgabe des Dolmetschers ist es, die Verständigung der Verfahrensbeteiligten zu ermöglichen. Es ist nicht seine Aufgabe, den Sinn einer nicht im Verfahren, sondern außerhalb des Prozesses abgegebenen fremdsprachigen Äußerung zu ermitteln. Dies ist Aufgabe eines Sachverständigen.

(2) Ein **Dolmetscher** muss nach **§ 185 Abs. 1 GVG** (vgl. auch § 259 StPO) grundsätzlich während der ganzen Hauptverhandlung zugegen sein. Ist dies nicht der Fall, greift der absolute Revisionsgrund des § 338 Nr. 5 StPO. Anders liegt es, wenn sich der Angeklagte auch in der deutschen Sprache verständigen kann; dann ist auch die zeitweilige Abwesenheit des Dolmetschers unschädlich. Ist der Angeklagte der deutschen Sprache nur teilweise mächtig und nach § 185 GVG ein Dolmetscher bestellt, so bleibt es dem pflicht-

29 Zur notwendigen Anwesenheit eines Dolmetschers: BGH, Beschl. v. 22. 11. 2001 – 1 StR 471/01 = NStZ 2002, 275; zu den Dolmetscherkosten: BVerfG, Beschl. v. 07.10.2003 – 2 BvR 2118/01 = NStZ 2004, 274; zu Dolmetscherkosten *Beukelmann* NJW-Spezial 2020, 568; zur Hinzuziehung eines Dolmetschers bei der Begutachtung von Personen mit Migrationshintergrund vgl. *Roggenwallner* StRR 2011, 16 f.

30 BGH, Beschl. v. 09.05.2007 – 1 StR 32/07 = NJW 2007, 2501 f.

31 BGH, Urt. v. 28.11.1950 – 2 StR 50/50 = BGHSt 1., 4.

32 BGH, Urt. v. 07.07.1997 – 5 StR 17/97 = NStZ 1998, 158.

gemäßen Ermessen des Tatrichters überlassen, in welchem Umfang er unter Mitwirkung des Dolmetschers mit den Prozessbeteiligten verhandeln will. In diesem Fall gehört der Dolmetscher nicht zu den Personen, deren Anwesenheit im Sinne des § 338 Nr. 5 StPO für die gesamte Dauer der Hauptverhandlung erforderlich ist.[33] Ob der Angeklagte genügend Kenntnisse der deutschen Sprache hat, entscheidet der Tatrichter nach pflichtgemäßem Ermessen. Wird gerügt, dass kein Dolmetscher zugezogen wurde, prüft das Revisionsgericht, ob die Grenzen des Ermessens eingehalten wurden.

(3) Ein Dolmetscher kann nach § 74 StPO i.V.m. § 191 GVG wegen Befangenheit abgelehnt werden[34]. Dass der Dolmetscher im Ermittlungsverfahren mit der Polizei zusammengearbeitet hat, begründet keine Besorgnis der Befangenheit.[35] Selbst wenn ein **Polizei-/Zollbeamter**, der bei einer Vernehmung gedolmetscht hat als Dolmetscher wegen Besorgnis der Befangenheit abgelehnt worden ist, kann er dennoch zu den von ihm übersetzten Angaben Dritter als (sachverständiger) Zeuge gehört werden.[36]

▶ Hinweis

Auch im Rahmen der Hauptverhandlung können die Verfahrensbeteiligten eine fehlerhafte Übersetzung beanstanden. Die Beanstandung muss sich allerdings auf eine Tätigkeit *in der Hauptverhandlung* beziehen. Der wörtlichen Übersetzung von TKÜ-Gesprächsprotokollen, die nach § 249 Abs. 1 StPO im Wege des Urkundsbeweises eingeführt wurden, kann nicht erfolgreich mit einem Befangenheitsgesuch gegen den Polizei-Dolmetscher begegnet werden. Dies ist nur möglich, wenn er in der Hauptverhandlung vernommen worden ist. Das Gericht ist indes –soweit in der Hauptverhandlung Einwände gegen die Richtigkeit der Übersetzung erhoben wurden – gehalten, sich gewissenhaft Aufklärung zur sorgfältigen Übertragung der Gesprächsaufzeichnungen zu verschaffen[37]. Werden unzureichende Übersetzungsleistungen des in der gerichtlichen Verhandlung hinzugezogenen Dolmetschers mit der Revision beanstandet, so erfordert § 344 Abs. 2 Satz 2 StPO umfassenden Vortrag zu den konkreten Mängeln der Übersetzung und deren Auswirkungen auf die Möglichkeiten des Angeklagten, dem Gang des Verfahrens zu folgen und die wesentlichen Verfahrensvorgänge zu erfassen[38].

▶ Beachte

Gemäß § 184 Satz 1 GVG ist die Gerichtssprache deutsch. Fremdsprachige Schreiben des Angeklagten an das Gericht sind daher (zumindest bei verteidigten Angeklagten, da diese nach Art. 6 III Buchst. e MRK Anspruch auf unentgeltliche Unterstützung durch einen Dolmetscher haben) grundsätzlich unbeachtlich, auch wenn der Verfasser die deutsche Sprache nicht hinreichend beherrscht.[39]

---

33 BGH, Urt. v. 11.11.1952 – 1 StR 484/52 = BGHSt 3, 285; Beschl. v. 08.08.1990 – 3 StR 153/90 = BGHR StPO § 338 Nr. 5 – Dolmetscher 3; Urt. v. 17.01.1984 – 5 StR 755/83 = NStZ 1984, 328; Beschl. v. 22.11.2001 – 1 StR 471/01= NStZ 2002, 275.

34 BGH, Urt. v. 04.07.2018 – 2 StR 485/17 = BGHR GVG § 191 Dolmetscher 1; Vgl. dazu *Eisenberg* Rn. 528 ff., 1517a; *Zwiehoff* Der Befangenheitsantrag im Strafverfahren 2. Aufl. Rn. 398 ff. S. 124 f.

35 BGH, Beschl. v. 28.08.2007 – 1 StR 331/07 = NStZ 2008, 50.

36 BayObLG, Beschl. v. 13.11.1997 – 4 St RR 239/97 = StV 2001, 264 m. kritischer Anm. *Seibert.*

37 BGH, Beschl. v. 13.02.2019 -2 StR 485/18 = NJW 2019, 1391 f.

38 BGH, Beschl. v. 08.08.2017 – 1 StR 671/16 = NStZ 2018, 161 f.

39 BGH, Beschl. v. 09.02.2017 – StB 2/17 = NStZ 2017, 601 f.

5. Der Augenscheinsgehilfe

Augenscheinsgehilfen[40] sind Personen, die im Auftrag des Gerichts und anlässlich des Strafverfahrens bestimmte Wahrnehmungen machen und Feststellungen treffen, deren Vornahme jedoch keine Sachkunde erfordert.[41] Dem Augenscheinsgehilfen wird also die an sich durch das Gericht gem. § 86 StPO vorzunehmende Augenscheinseinnahme übertragen. Dies kann aus tatsächlichen Gründen, etwa aufgrund der Unzugänglichkeit des Ortes, oder aus rechtlichen Gründen, § 81d StPO, erforderlich werden. Prozessual ist die Wahrnehmung des Augenscheinsgehilfen durch seine Vernehmung als Zeugeeinzuführen.[42] Da die Wahrnehmung, die wiedergegeben werden soll, nicht gerade an die Person eines bestimmten Zeugen gebunden ist, sondern auch in anderer Weise und durch andere Beweismittel reproduziert werden kann, ist der Zeuge als »Beweismittler« nicht stets unersetzlich.[43] 6

Ob das Gericht sich mit einem Augenscheinsgehilfen begnügen darf oder nicht, hat es nach pflichtgemäßem Ermessen unter Berücksichtigung der ihm obliegenden Aufklärungspflicht zu entscheiden.[44]

II. Wer kann Sachverständiger werden?

Der Begriff »Sachverständiger« ist gesetzlich nicht geschützt. Es gibt keine gesetzliche Definition des Sachverständigen.[45] Nur wenige gesetzliche Vorschriften, wie § 36 GewO (Fassung vom09.11.2022)[46] oder das bayerische Gesetz über öffentlich bestellte und beeidigte Sachverständige vom 11.10.1950,[47] befassen sich überhaupt mit den Anforderungen an Sachverständige.[48] Theoretisch kann z.B. jeder Arzt/Zahnarzt zum Sachverständigen bestellt werden. In der Praxis wird häufig auf Hochschullehrer oder von ärztlichen Verbänden benannte Mediziner zurückgegriffen. Die Kenntnisse des bestellten Sachverständigen sollten – beruhend auf einer langjährigen Betätigung auf einem speziellen Gebiet[49] – über die Kenntnisse seiner Gruppe im Allgemeinen hinausgehen. Der von einer privaten Organisation anerkannte Sachverständige begegnet grundsätzlich ebenso wenig Bedenken wie der Sachverständige kraft Selbstbezeichnung, der sog. selbst ernannte Sachverständige.[50] Nur natürliche Personen können zu Sachverständigen bestellt werden. Das Gericht kann allerdings auch ein Behördengutachten einholen, in den Fällen der §§ 91 Abs. 1, 92 Abs. 1 S. 2 ist dies zwingend; im Übrigen soll dies in »wichtigeren« Fällen geschehen § 83 Abs. 3 StPO[51]. 7

40 BGH, Urt. v. 03.03.1977 – 2 StR 390/76 = BGHSt 27, 135 ff.; Beschl. v. 12. 09.2007 – 2 StR 187/07 = BGHR Abwesenheit 30 – Augenschein am Körper; ausführlich *Girnth* MittdtschPatAnw 2000, 46 ff.

41 Meyer-Goßner/*Schmitt* § 86 Rn. 4; *Eisenberg* Rn. 1516, 2262 ff.

42 BGH, Urt. v. 09.05.1985 – 1 StR 63/85 = BGHSt 33, 217 (221 f.); Beschl. v. 12.09.2007 – 2 StR 187/07 = StraFo 2008, 76 f.; Urt. v. 09.05.1985 – 1 StR 63/85 = NStZ 1985, 469 m. Anm. *Danckert*].

43 BGH Urt. v. 17.09.1982 – 2 StR 139/82 = BGH StV 1983, 4 ff.

44 BGH, Urt. v. 17.12.1987 – 4 StR 440/87 = BGHSt 35, 164 ff.

45 BGH, Urt. v. 06.02.1997 – I ZR 234/94 = NJW-RR 1997, 1193 ff.

46 Vgl. zur Rspr. *Bleutge* GewArch 1976, 363 ff.; 1980, 313 ff.; 2008, 9 ff.; zuletzt GewArch 2019, 169 ff.

47 BayBS IV S. 73; davon zu unterscheiden sind die amtlich anerkannten Sachverständigen (tätig im Bereich der technischen Überwachung) sowie die zertifizierten Sachverständigen (diese haben eine bestimmte Qualifizierung nachgewiesen vgl. *Bleutge* Der Sachverständige 2007, 65).

48 Vgl. dazu *Buck/Krumbholz* Sachverständigenbeweis im Verkehrsrecht 2. Aufl. 2013 S. 51 ff.

49 *Ratajczak* Der medizinische Sachverständige – Richter in Weiß, 61 f., 64 f.

50 BGH, Urt. v. 06.02.1997 – I ZR 234/94 = NJW-RR 1997, 1193 ff.

51 Zur Auslegung des Begriffes »wichtigeren« LR/*Krause* § 83 Rn. 11; ausführlich zu Behördengutachten *Seyler* GA 1989, 546 ff.

C. Wann ist die Zuziehung eines Sachverständigen erforderlich?

I. Zuziehung von Gesetzes wegen

8 Von Gesetzes wegen besteht eine Verpflichtung zur Zuziehung eines Sachverständigen

- bei der Einweisung in ein psychiatrisches Krankenhaus zur Beobachtung (**§ 81 StPO**)
- in Strafverfahren, in denen damit zu rechnen ist, dass die Unterbringung in einem psychiatrischen Krankenhaus, einer Entziehungsanstalt oder in der Sicherungsverwahrung angeordnet werden wird (**§§ 80a, 246a StPO**)[52]
- Gem. § 246a Abs. 2 StPO nach Anklageerhebung wegen einer Tat nach §§ 174 bis 174c, 176 bis 180, 181a und 182 StGB (vgl. § 181b StGB) zum Nachteil eines Minderjährigen. In diesen Fällen soll bei einer in Betracht kommenden psychiatrischen, psycho- oder sozialtherapeutischen Betreuungs- und Behandlungsweisung im Rahmen der Strafaussetzung zur Bewährung, der Verwarnung mit Strafvorbehalt oder der Führungsaufsicht sowie der Einstellung nach § 153a StPO ein Sachverständiger über den Zustand des Angeklagten und die Behandlungsaussichten vernommen werden, soweit dies zur Feststellung erforderlich ist, ob der Angeklagte einer solchen Betreuung und Behandlung bedarf. Hierdurch sollen durch frühzeitige Erkennung entsprechende »Deliktskarrieren« verhindert werden.

Beachte: Die maßnahmenspezifische Untersuchung nach § 246a StPO kann nicht durch die in anderen Verfahren erworbenen und andere Angeklagte betreffende »eigene Sachkunde« des Gerichts ersetzt werden.[53] Anlass für die Einholung eines psychiatrischen Sachverständigengutachtens im Hinblick auf § 64 StGB im Zusammenhang mit dem Konsum von Betäubungsmitteln besteht nur, wenn hinreichende Anhaltspunkte für einen Hang im Sinne der Vorschrift vorliegen, die als Anknüpfungspunkte für einen Sachverständigen dienen können. Der bloße Verdacht auf Handeltreiben mit Betäubungsmitteln und Hinweise auf deren Konsum reichen hierfür jedenfalls bei einem schweigenden Beschuldigten regelmäßig nicht aus. Bei einer solchen Sachlage muss auch das Gericht nicht im Sinne des § 246a Absatz 1 S. 2 StPO eine Unterbringung in einer Entziehungsanstalt erwägen.[54]

- bei Leichenschau und Leichenöffnung (§ 87 ff. StPO[55])
- bei Verdacht einer Vergiftung (§ 91 StPO) und bei Geld- oder Wertzeichenfälschung (§ 92 StPO).

II. Nicht ausreichende Sachkunde des Tatrichters

9 Die Zuziehung eines Sachverständigen ist notwendig, wenn die eigene Sachkunde des Tatrichters zur Beurteilung anstehender Fragen nicht ausreicht.[56] Ziff. 69 RiStBV bestimmt, ein Sachverständiger solle nur zugezogen werden, wenn sein Gutachten für die »vollständige Aufklärung des Sachverhalts unentbehrlich« sei.

> **▶ Beachte**
>
> Das Tatgericht darf sich diese Sachkunde nicht erst durch die Befragung eines Sachverständigen im Freibeweisverfahren verschaffen[57].

52 BVerfG, Beschl. v. 16.06.1995 – 2 BvR 1414/94 = NJW 1995,3047; LR/*Becker* § 246a Rn. 9 ff.
53 BGH, Beschl. v. 20.01.2004 – 4 StR 464/03 = NStZ-RR 2004, 204.
54 OLG Saarbrücken, Beschl. v. 06.07.2022 – 4 Ws 201/22 = NStZ 2023, 254.
55 Zur Verbesserung der Qualität der äußeren Leichenschau vgl. *Zimmermann* in Festschrift für Rissing-van Saan 2011 S. 807 ff.
56 LK/*Verrel/Linke/Koranyi* 13. Aufl. § 20 Rn. 236; *Fischer* StGB 70. Aufl. § 20 Rn. 60 ff.; *Eisenberg* Beweisrecht der StPO 10. Aufl. Rn. 1518 ff.
57 BGH, Beschl. v. 03.07.2018 – 4 StR 621/17 = StV 2019, 811 f.

1. Berechnung einer Blutalkoholkonzentration (BAK)

Für die Berechnung einer BAK,[58] sei es bei Vorliegen einer Blutprobe oder nach Feststellung der Trinkmengen, dürfte zwischenzeitlich die Sachkunde eines erfahrenen Tatrichters ausreichen. In diesem Bereich gibt es eine gefestigte Rechtsprechung (z.B. nach der sogenannten Widmark-Formel: neben dem individuellen Körpergewicht ist ein stündlicher Abbau von 0,1 Promille, im Regelfall ein Reduktionsfaktor von 0,7 und ein Resorptionsdefizit von 10 % in Ansatz zu bringen).[59] Fraglich ist aber, ob die oft notwendige Beurteilung psychodiagnostischer Kriterien[60] ohne die besondere Sachkunde eines Psychiaters oder Psychologen möglich ist. Auch bei komplizierteren Berechnungen (Nachtrunk etc.) oder zusätzlicher Beeinflussung durch Medikamente ist stets die Hinzuziehung eines Sachverständigen angezeigt[61] 10

2. Bewertung technischer Befunde

Bei der Bewertung technischer, insbesondere kriminaltechnischer Befunde,[62] z.B. von Textil- und Faserspuren,[63] Straßenverkehrsvorgängen,[64] beim Vergleich von Handschriften (§ 93 StPO), bei rechtsmedizinischen Befunden[65], so z.B. bei der DNA-Analyse und der Bewertung ärztlichen Fehlverhaltens, ferner bei anthropologisch-morphologischen Identitätsgutachten (Vergleichsgutachten)[66] reicht die Sachkunde des Tatrichters grundsätzlich nicht aus. 11

3. Beurteilung der Schuldfähigkeit

Geht es um die Beurteilung der Schuldfähigkeit eines Angeklagten, wird es dem Richter meist an der erforderlichen Sachkunde mangeln; er muss, wenn dies im Ermittlungsverfahren vonseiten der Staatsanwaltschaft noch nicht geschehen ist, für die Hauptverhandlung einen Sachverständigen zuziehen.[67] Die Schuldfähigkeit in den Fällen, die vom Normalfall abweichen, zu beurteilen, übersteigt üblicherweise die Sachkunde des Tatrichters. Deshalb erfordern Taten, die affektbeladen sind[68] oder von der Tatausführung oder Täterpersönlichkeit her als auffällig, als aus dem Rahmen 12

---

58 BGH, Beschl. v. 11.12.1973 – 4 StR 130/73 = BGHSt 25, 246.

59 BGH, Urt. v. 06.03.1986 – 4 StR 48/86 = BGHSt 34, 29; Urt. v. 31.10.1989 – 1 StR 419/89 = BGHSt 36, 286; Urt. v. 22.11.1990 – 4 StR 117/90 = BGHSt 37, 231; Urt. v. 27. 01.1987 – 1 StR 725/86 = BGHR StGB § 20 BAK 2; Urt. v. 09.06.1987 – 1 StR 212/87 = BGHR StGB § 20 BAK 4; Beschl. v. 18.06.1990 – 3 StR 187/90 = BGHR StGB § 20 BAK 10; Urt. v. 14.04.1987 – 4 StR 203/87 = BGHR StGB § 21 BAK 7; Urt. v. 25.08.1987 – 4 StR 224/87 = BGHR StGB § 21 BAK 8; Beschl. v. 03.05.1988 – 1 StR 193/88 = BGHR StGB § 21 BAK 12; Beschl. v. 06.10.1988 – 4 StR 460/88 = BGHR StGB § 21 BAK 15; Beschl. v. 04.06.1989 – 2 StR 259/89 = BGHR StGB § 21 BAK 17.

60 BGH, Urt. v. 29.04.1997 -1 StR 511/95 = BGHSt 43, 66.

61 *Hillenbrand* StRR 2023, 5 ff.

62 *Eisenberg* Rn. 1895 ff.; *Steinke* NStZ 1994, 16 ff.; *Neuhaus* StraFo 2001, 115 f.

63 *Adolf* NStZ 1990, 66 ff.; vgl. z.B. BGH, Urt. v.04.03.1993 – 2 StR 503/92 = NStZ 1993, 395 f.

64 *Hörl* ZfSch 2003, 269 ff.; vgl. auch *Buck/Krumbholz* Sachverständigenbeweis im Verkehrsrecht 2. Aufl. 2013; *Leser* in: Himmelreich/Halm Handbuch des Fachanwalts Verkehrsrecht 6. Aufl. Kap. 39.

65 *Artkämper* StRR 2012, 52 f.; 95 f.; 134 f.; 216 f.; 416 f.; 2013, 18 f.; 92 f. Eine Analyse von 270 rechtsmedizinischen Gutachten findet sich bei *Zack/Berhardt/Arnold/Bütter* Rechtsmedizin 2021, 501.

66 BGH, Urt. v. 20.03.1991 – 2 StR 610/90 = NStZ 1991, 596; Beschl. v. 16.09.1992 – 3 StR 413/92 = NStZ 1993, 47; vgl. auch *Knußmann* NStZ 1991, 175 ff.; zuletzt: BGH, Urt. v. 15.02.2005 – 1 StR 91/04 = StV 2005, 374; Beschl. v. 31.07.2013 – 4 StR 270/13 = StV 2014, 588 = NStZ-RR 2014, 115; BVerfG, Beschl. v. 14.07.2016 – 2 BvR 2748/14 = DAR 2016, 641 f.; zur Fragwürdigkeit solcher Gutachten: *Gabriel/Huckenbeck/Kürpiers* NZV 2014, 346 f.

67 Vgl. ausführlich KK/*Krehl StPO 8. Aufl.* § 244 Rn. 42 ff.; *Schnoor* S. 74 ff.; zur Begutachtung von ausländischen oder fremdsprachigen Beschuldigten vgl. *Schmidt* StV 2006, 51 ff.; zur Begutachtung von Personen mit Migrationshintergrund vgl. *Roggenwallner* StRR 2011, 16 f.; zur Sachverständigenauswahl Kruse NJW 2014, 509 ff.

68 BGH, Beschl. v. 07.01.1997 – 4 StR 605/96 = NStZ 1997, 296 = StV 1997, 290.

fallend, angesehen werden müssen, bei der Beurteilung der Schuldfähigkeit fast immer die Unterstützung des Tatrichters durch den fachlichen Rat eines psychiatrischen (oder bzw. und psychologischen)[69] Sachverständigen. Wenn somit Anzeichen für eine Beeinträchtigung der Schuldfähigkeit des Angeklagten gegeben sind, wird der Tatrichter aufgrund der ihm obliegenden Aufklärungspflicht gehalten sein, einen Sachverständigen zuzuziehen. Zur Vermittlung des medizinisch-psychiatrischen Fachwissens im Hinblick auf die Diagnose einer psychischen Störung, deren Schweregrad und deren innerer Beziehung zur Tat wird der Richter meist auf sachverständige Hilfe angewiesen sein.[70] Soweit Schuldunfähigkeit oder erheblich verminderte Schuldfähigkeit wegen einer Alkoholisierung in Betracht kommt, wird bei der Beurteilung psychodiagnostischer Kriterien oft die Sachkunde auch eines erfahrenen Tatrichters nicht mehr ausreichen, zumal viele Fragen, wie die Beurteilung von alkoholabhängigen oder trinkgewohnten Personen, sehr umstritten sind. Fast unumgänglich ist die Zuziehung eines Sachverständigen bei Vorliegen eines früheren Unfalls mit Gehirnbeteiligung,[71] meist auch bei der Klärung der Auswirkungen einer Betäubungsmittelabhängigkeit.[72] Auch zur Beurteilung der strafrechtlichen Verantwortlichkeit und der Schuldfähigkeit von Jugendlichen kann häufig die Zuziehung eines psychiatrischen oder psychologischen Sachverständigen geboten sein.[73] Ist die Unrechtseinsicht eines alternden Menschen möglicherweise durch einen Altersabbau beeinträchtigt, ist die Hinzuziehung eines Psychiaters mit besonderen Erfahrungen auf dem Gebiete des Altersabbaus notwendig, zumal nicht immer Intelligenzausfälle oder das äußere Erscheinungsbild auf ein Schwinden der geistigen und seelischen Kräfte hindeuten.[74]

▶ **Beachte die nicht einhellige Rechtsprechung des BGH zur Notwendigkeit der Zuziehung eines Sachverständigen in Schwurgerichtssachen**

Einerseits:

Ein Rechtssatz des Inhalts, dass der Tatrichter in Kapitalstrafsachen aus Gründen der Aufklärungspflicht stets gehalten ist, einen Sachverständigen mit der Erstattung eines Gutachtens zur Schuldfähigkeit zu betrauen, existiert nicht. Das Revisionsgericht kann vielmehr regelmäßig davon ausgehen, dass der Tatrichter über die notwendige Sachkunde verfügt, um zu beurteilen, ob mit Blick auf das Tatbild und die Person des Angeklagten die Hinzuziehung eines Schuldfähigkeitsgutachters geboten ist.[75]

Andererseits:

»Dies ändert freilich nichts daran, dass namentlich in Schwurgerichtssachen, beispielsweise aber auch bei Brandstiftungsdelikten, in der Mehrzahl der Fälle besonders gelagerte Tatbilder und Persönlichkeitskonflikte zu beurteilen sind, die den Tatgerichten –und bereits der Staats-

---

69 Zur Problematik der Kompetenzabgrenzung vgl. *Maisch/Schorsch* StV 1983, 32 ff.

70 BGH, Urt. v. 17.04.2012 – 1 StR 15/12 = NStZ 2013, 53 f.

71 BGH, Beschl. v. 06.06.1994 – 5 StR 204/94 = StV 1994, 634; Beschl. v. 22.09.1993 – 2 StR 503/93 = wistra 1994, 29; Beschl. v. 25.03.1987 – 4 StR 118/87 = BGHR StGB § 20 Sachverständiger 2; Beschl. v. 30.06.1987 – 4 StR 305/87 = BGHR StGB § 20 Sachverständiger 3; Beschl. v. 04.04.1989 – 5 StR 102/89 = BGHR StGB § 20 Sachverständiger 4; Beschl. v. 06.10.1987 – 1 StR 491/87 = BGHR § 21 Sachverständiger 1; Urt. v. 21.10.1987 – 2 StR 519/87 = BGHR § 21 Sachverständiger 2, Urt. v. 21.04.1988 – 4 StR 133/88 = BGHR § 21 Sachverständiger 4; Urt. v. 19.03.1991 – 1 StR 52/91 = BGHR § 21 Sachverständiger 10; Beschl. v. 02.05.1989 – 5 StR 153/89 = BGHR StPO § 244 Abs. 4 Satz 1 Sachkunde 3.

72 *Theune* NStZ 1997, 57 ff.; *Glatzel* Kriminalistik 1996, 799 ff.

73 Dazu *Eisenberg* ZJJ 2006, 124 ff.

74 BGH, Beschl. v. 08.11.1988 – 5 StR 499/88 = StV 1989, 102; Beschl. v. 24.08.1993 – 4 StR 452/93 = StV 1994, 14 f.; Urt. v. 13.10.2005 – 5 StR 347/05 = StV 2006, 13; *Kröber* NStZ 1999, 298, 299; *Detter* FS AG Strafrecht 2009 S. 275 ff.

75 BGH, Beschl. v. 05.03.2008 – 1 StR 648/07 = StV 2008, 618 = NStZ 2008, 645; Beschl. v. 9. 5. 2007 – 1 StR 32/07 = NJW 2007, 2501.

anwaltschaft –schon frühzeitig im Verfahren begründeten Anlass geben, einen psychiatrischen Sachverständigen zur Beurteilung der Schuldfähigkeit des Beschuldigten heranzuziehen; nicht selten gebietet dies die Aufklärungspflicht. Auch jenseits davon wird mit der frühzeitigen Einholung eines Sachverständigengutachtens zur Schuldfähigkeit in Fällen dieser Art der zeitgerechten Sacherledigung optimal Rechnung getragen. Es wird so nämlich vermieden, dass sich das Tatgericht erst in der Hauptverhandlung – mehr oder weniger deutlich vorhersehbar – mit gewichtigen seelischen Konfliktsituationen des Angeklagten bei Begehung der Tat konfrontiert sieht, ohne dass es sich noch selbst zutrauen dürfte, deren Auswirkungen auf die Schuldfähigkeit beurteilen zu können.«[76]

▶ Beachte Mehrstufigkeit der Schuldfähigkeitsbegutachtung

Die Entscheidung, ob die Schuldfähigkeit des Angeklagten zur Tatzeit aus einem der in § 20 StGB bezeichneten Gründe ausgeschlossen oder im Sinne von § 21 StGB erheblich vermindert war, erfolgt prinzipiell mehrstufig.[77] Zunächst ist die Feststellung erforderlich, dass bei dem Angeklagten eine psychische Störung vorliegt, die ein solches Ausmaß erreicht hat, dass sie unter eines der psychopathologischen Eingangsmerkmale des § 20 StGB zu subsumieren ist. Sodann sind der Ausprägungsgrad der Störung und deren Einfluss auf die soziale Anpassungsfähigkeit des Täters zu untersuchen. Durch die festgestellten psychopathologischen Verhaltensmuster muss die psychische Funktionsfähigkeit des Täters bei der Tatbegehung beeinträchtigt worden sein. Hierzu ist das Gericht jeweils für die Tatsachenbewertung auf die Hilfe eines Sachverständigen angewiesen. Gleichwohl handelt es sich bei der Frage des Vorliegens eines der Eingangsmerkmale des § 20 StGB bei gesichertem Vorliegen eines psychiatrischen Befunds wie bei der Prüfung der aufgehobenen oder erheblich eingeschränkten Steuerungsfähigkeit des Angeklagten zur Tatzeit um Rechtsfragen. Deren Beurteilung erfordert konkretisierende und widerspruchsfreie Darlegungen dazu, in welcher Weise sich die festgestellte psychische Störung bei Begehung der Tat auf die Handlungsmöglichkeiten des Angeklagten in der konkreten Tatsituation und damit auf die Einsichts- und Steuerungsfähigkeit ausgewirkt hat[78].

Der Sachverständige ist grundsätzlich nicht berufen zur Beantwortung der Frage, ob die Vermin- 13
derung des Hemmungsvermögens **rechtlich erheblich** war. Dabei handelt es sich um eine allein vom Gericht zu entscheidende Rechtsfrage, deren Beantwortung maßgeblich von den Ansprüchen abhängt, die die Rechtsordnung an das Verhalten des (auch) in diesem Grad Berauschten zu stellen hat. Diese Frage hat der Richter selbst zu beurteilen, wobei er allenfalls zur Beurteilung der Vorfrage nach den medizinisch-psychiatrischen Anknüpfungstatsachen sachverständiger Hilfe bedarf, sofern er die Frage nicht schon aufgrund seines medizinischen Allgemeinwissens beurteilen kann.[79]

---

76 So der 5. Strafsenat: BGH, Urt. v. 16.04.2008 – 5 StR 44/08 = BGHR StPO § 244 Abs. 2 Sachverständiger 21; BGH, Beschl. v. 06.07.2011 – 5 StR 230/11 = BeckRS 2011, 19471.

77 Pfister NStZ-RR 2023, 193ff.

78 BGH, Beschl. v. 11.04.2018 – 4 StR 446/17 = StV 2019, 232; v. 05.02.2019 – 2 StR 505/18 = NStZ-RR 2019, 134; Urt. v. 12.12.2018 – 5 StR 385/18 = StV 2019, 226.

79 BGH, Urt. v. 16.06.1998 – 1 StR 162/98 = StV 1999, 309; Urt. v. 24. 6. 2004 – 5 StR 306/03 = NJW 2004, 3051.

4. Beurteilung der Glaubhaftigkeit von Zeugenaussagen

14 Schwieriger ist die Frage der Notwendigkeit der Zuziehung eines Sachverständigen bei der **Beurteilung der Glaubhaftigkeit von Zeugenaussagen**[80] zu beantworten, da es sich dabei um die »ureigenste Aufgabe« des Tatrichters handelt.[81] Die Glaubhaftigkeitsbeurteilung ist von der Beurteilung der Aussage- bzw. Zeugentüchtigkeit zu unterscheiden.[82]

Die Würdigung von Zeugenaussagen ist grundsätzlich dem Tatrichter anvertraut; dies gilt grundsätzlich auch für die Aussage eines kindlichen oder jugendlichen Zeugen, der Opfer eines an ihm begangenen Sexualdeliktes ist. Geboten ist die Hinzuziehung eines Sachverständigen dann, wenn der Sachverhalt solche Besonderheiten aufweist, dass Zweifel daran aufkommen können, ob die Sachkunde des Gerichts zur Beurteilung der Glaubhaftigkeit der Aussage unter den gegebenen besonderen Umständen ausreicht[83]. So erfordert die Diagnose einer paranoiden Persönlichkeitsstörung und deren Auswirkungen auf die Aussagetüchtigkeit spezifisches Fachwissen, das nicht Allgemeingut von Richtern ist. Gleiches gilt für eine mögliche Hirnatrophie infolge übermäßigen Alkoholkonsums[84]. Der Tatrichter darf die eigene Sachkunde zur Glaubwürdigkeitsbeurteilung annehmen, wenn die Aussage in anderen Umständen erhebliche Unterstützung findet und deshalb Besonderheiten in der Person des Zeugen in ihrer Bedeutung zurücktreten[85]. Besonderen Umstände, die die Hinzuziehung eines Sachverständigen erforderlich machen, können psychische Auffälligkeiten in der Person von – auch erwachsenen – Belastungszeugen sein.[86] Auch dann, wenn besondere Umstände ein Glaubhaftigkeitsgutachten erfordern, ist es aber grundsätzlich dem Tatrichter überlassen, ob er einen Psychologen oder einen Psychiater zu Rate zieht.[87] Hält der Tatrichter zur Beurteilung der Glaubhaftigkeit der Angaben eines Zeugen die Zuziehung eines Sachverständigen für geboten, wird er sich der Hilfe eines Psychologen[88] bedienen, wenn »normalpsychologische« Wahrnehmungs-, Gedächtnis- und Denkprozesse in Rede stehen. Das gilt auch für den Fall intellektueller Minderleistung eines Zeugen. Der besonderen Sachkunde eines Psychiaters bedarf es hingegen, wenn die Zeugentüchtigkeit dadurch infrage gestellt ist, dass der Zeuge an einer geistigen Erkrankung leidet, die sich auf seine Aussagetüchtigkeit auswirken kann oder sonst Hinweise darauf vorliegen, dass die Zeugentüchtigkeit durch aktuelle psychopathologische Ursachen beeinträchtigt sein kann,[89] denn die Beurteilung krankhafter Zustände setzt medizinische Kenntnisse voraus, die der Psychologe nicht

80 Vgl. dazu ausführlich Eisenberg, a.a.O., Rn. 1860 ff.; Meyer-Goßner/Schmitt a.a.O., § 244 Rn. 74; Deckers/Köhnken Die Erhebung und Bewertung von Zeugenaussagen im Strafprozess 2. Aufl. 2014; *Hilgert* NJW 2016, 985 ff. Zur Rspr. *Brause* NStZ 2013, 129 ff.; vgl. auch *Hilgert* NJW 2016, 985 ff.; *Miebach*, NStZ-RR 2018, 36 ff.

81 KK/*Krehl* § 244 Rn. 49 ff.; *Fischer* NStZ 1994, 1 ff.; *Fabian/Greuel/Stadler* StV 1996, 347 ff.; vgl. auch *Jansen* Zeuge und Aussagepsychologie.

82 Ausführlich Kap. 39 Rdn. 15 ff.; BGH Beschl. v. 15.05.2018 – 3 StR 18/18 = NStZ 2019, 41 f.

83 BGH, Beschl. v. 15.05.2018 – 3 StR 18/18 = NStZ 2019, 41 f.

84 BGH, Beschl. v. 23.05.2012 – 5 StR 174/12 = StV 2012, 582; Urt. v. 05.03.2014 – 2 StR 503/13 = NStZ 2015, 49.

85 BGH, Beschl. v. 17.02.2016 – 5 StR 602/15, juris.

86 BGH, Urt. v.14.06.1994 – 1 StR 190/94 = BGH NStZ 1994, 503; *Meyer-Goßner*/Schmitt § 244 Rn. 74; vgl. auch BGH, Beschl. v. 11.01.2005 – 1 StR 498/04 = NJW 2005, 1519; *Schmuck/Steinbach* StraFo 2010, 17 f.; bei zeugnisverweigernden Kindern vgl. *Eisenberg* NStZ 2016, 11 ff.

87 Die Frage, ob zur Beurteilung der Schuldfähigkeit eines Angeklagten bei nicht krankhaften Zuständen ein Psychiater oder ein Psychologe hinzuzuziehen ist, ist dem pflichtgemäßen Ermessen des Tatrichters überlassen – BGH, Urt. v. 21.04.1987 – 1 StR 77/87 = BGHSt 34, 355; vgl. auch *Scholz* ZStW 116 (2004) 618 ff.; ausführlich LK/*Verrel/Linke/Koranyi* 13. Aufl., § 20 Rn. 223, 224.

88 Zu Psychologen im Strafverfahren aus der Sicht des Richters *Baltzer* in Beiträge zur rechtspsychologischen Praxis Band 2 2002: »Qualitätssicherung in der Rechtspsychologie« S. 25 ff.

89 BGH, Beschl. v. 19.02.2002 – 1 StR 5/02 = NStZ 2002, 490.

besitzt.[90] Eine Intelligenzminderung[91] z. B. stellt zunächst nur den Befund intellektueller Minderleistung dar. Sie kann durchaus greifbare (hirn-)organische Ursachen haben und ist dann Symptom einer krankhaften seelischen Störung, die ihrerseits medizinisch darauf untersucht werden muss, ob sie die Aussagetüchtigkeit eines Zeugen behindert.[92]

▶ Beachte

Zwar ist die Beurteilung der Glaubhaftigkeit einer Aussage die ureigene Aufgabe des Tatgerichts, für die es in der Regel die ausreichende Sachkunde besitzt. Liegen allerdings Besonderheiten in der Person des Zeugen vor, dann gebietet die Aufklärungspflicht die Einholung eines Sachverständigengutachtens. Die Aussageanalyse, die unter anderem das Vorliegen sogenannter Realkennzeichen untersucht, ist Bestandteil eines wissenschaftlich fundierten Glaubhaftigkeitsgutachtens, den das Gericht aus Gründen der Aufklärungspflicht zur Kenntnis zu nehmen und dessen Inhalt es im Urteil darzulegen hat. Der Tatrichter ist an die sachverständige Bewertung, die im Übrigen die Beweiswürdigung nicht zu ersetzen vermag, zwar nicht gebunden; er kann sich aber dem Ergebnis der Begutachtung – wie in anderen Fällen auch – nach eigener Beurteilung anschließen[93].

Es ist nicht Aufgabe des Sachverständigen, darüber zu befinden, ob die zu begutachtende Aussage wahr ist oder nicht. Ihre Glaubhaftigkeit und ihren Wahrheitsgehalt abschließend für den Schuldspruch zu beurteilen, gehört vielmehr zum Wesen richterlicher Rechtsfindung und ist daher dem Tatrichter vorbehalten. Der Sachverständige soll dem Gericht nur die Sachkunde vermitteln, mit deren Hilfe es die Tatsachen feststellen kann, die für diese Beurteilung wesentlich sind.[94]

In die Zuständigkeit des Tatrichters fällt es grundsätzlich, die Einhaltung der wissenschaftlichen Mindestanforderungen sicherzustellen. Detaillierte Kriterien für die methodischen Grundprinzipien der aussagepsychologischen Begutachtung und die Überprüfung der entsprechenden Glaubwürdigkeitsgutachten hat der 1. Strafsenat[95] des BGH aufgestellt. Dabei sind die Prüfungsschritte aufgezeigt, nach denen der wissenschaftlich ausgebildete psychologische Sachverständige *gedanklich* arbeitet. Für die Beteiligten muss überprüfbar sein, auf welchem Weg der Sachverständige zu den von ihm gefundenen Ergebnissen gelangt ist. Die aussagepsychologischen Gutachten müssen aber nicht einheitlich einer bestimmten Prüfstrategie folgen und einen einheitlichen Aufbau haben. Die einzelnen Elemente der Aussagebegutachtung müssen auch nicht nach einer bestimmten Reihenfolge geprüft werden. Es gilt weiterhin der Grundsatz, dass es in erster Linie dem Sachverständigen überlassen ist, in welcher Art und Weise er sein Gutachten dem Gericht unterbreitet. Der Gutachter sollte aber den zu überprüfenden Sachverhalt anhand von anerkannten Realkennzeichen auf einen realen Erlebnishintergrund untersuchen.[96] »Das erlangte Ergebnis ist durch die Bildung von Alternativhypothesen zu überprüfen. Mit dieser Hypothesenbildung soll überprüft werden, ob die im Einzelfall vorfindbare Aussagequalität durch sogenannte Parallelerlebnisse oder reine Erfin-

---

90 BGH, Beschl. v. 28.10.2009 – 5 StR 419/09 = NStZ 2010, 100; Beschl. v. 17.11.1999 – 3 StR 438/99 = NStZ 2000, 214; BVerfG, Beschl. v. 06.08.2003 – 2 BvR 1071/03 = NJW 2004, 209, 211; vgl. dazu auch *Scholz* ZStW 116 (2004) 618 ff.

91 Der Begriff »Schwachsinn« wurde durch das 60. StÄG vom 30.11.2020 (BGBI. I, 2600) zum 01.01.2021 durch Intelligenzminderung ersetzt.

92 BGH, Urt. v. 05.09.1996 – 1 StR 416/96 = BGHR StPO § 244 Abs. 4 S. 1 Glaubwürdigkeitsgutachten 4.

93 BGH, Beschl. v. 03.05.2019 – 3 StR 462/18 = BeckRS 2019, 19081 = NStZ-RR 2019, 317 (nur LS).

94 BGH, Urt. v. 23.02.1966 – 2 StR 15/66 = BGHSt 21, 62, 63.

95 BGH, Urt. v. 30.07.1999 – 1 StR 618/98 = BGHSt 45, 164 ff.; Beschl. v. 30.05.2000 – 1 StR 582/99 = NStZ 2001, 45.

96 Zum Umgang der Justiz mit dieser Entscheidung *Burgsmüller* Streit 2010, 51 ff.

dung erklärbar sein könnte. Die Nullhypothese sowie die in der Aussagebegutachtung im Wesentlichen verwendeten Elemente der Aussageanalyse (Qualität, Konstanz, Aussageverhalten), der Persönlichkeitsanalyse und der Fehlerquellen –bzw. der Motivationsanalyse sind *gedankliche* Arbeitsschritte zur Beurteilung der Zuverlässigkeit einer Aussage. Sie sind nicht nur in einer Prüfungsstrategie anzuwenden und verlangen keinen vom Einzelfall losgelösten, schematischen Gutachtenaufbau«.

5. Jugendgerichtsverfahren

15 Ob ein Heranwachsender zum Zeitpunkt der Tatbegehung noch einem Jugendlichen gleichstand, ist im Wesentlichen Tatfrage, wobei dem Jugendgericht bei der Beurteilung der Reife des Heranwachsenden grundsätzlich ein Beurteilungsspielraum eingeräumt wird. Der Anhörung eines Sachverständigen bedarf es jedoch dann, wenn Anlass zu Zweifeln über eine normale Reifeentwicklung des betroffenen Heranwachsenden besteht, insbesondere wegen Auffälligkeiten in seiner sittlichen und geistigen Entwicklung.[97] Die abweichende Meinung der Jugendgerichtshilfe hinsichtlich des Vorliegens der strafrechtlichen Verantwortlichkeit zwingt aber nicht zur Hinzuziehung eines Sachverständigen, wenn jene nach Überzeugung des Gerichts vorliegt[98].

Zunehmende Bedeutung gewinnt im Jugendgerichtsverfahren auch die rechtsmedizinische Altersdiagnostik, die durch einen Sachverständigen durchzuführen ist, wenn das Lebensalter von Angeklagten zu klären ist.[99]

III. Sachverständiger als ungeeignetes Beweismittel

16 Ein Beweisbegehren, das sich auf ein völlig ungeeignetes Beweismittel[100] stützt, kann nach § 244 Abs. 3 S. 2 StPO abgelehnt werden. Wie sich aber bereits aus der Bedeutung des in der genannten Vorschrift verwandten Begriffs »völlig ungeeignet« ergibt, muss es sich dabei um ein Beweismittel handeln, dessen Inanspruchnahme von vornherein gänzlich nutzlos wäre, sodass die Erhebung des Beweises sich in einer reinen Förmlichkeit erschöpfen müsste. Die völlige Ungeeignetheit muss sich aus dem Beweismittel im Zusammenhang mit der Beweisbehauptung selbst ergeben; das sonstige Ergebnis der Beweisaufnahme darf hierzu nicht herangezogen werden.[101]

1. Fehlende Anknüpfungstatsachen

17 Ein Sachverständiger ist als völlig ungeeignetes Beweismittel anzusehen, wenn es an den Grundlagen für eine Gutachtenerstattung mangelt, weil die erforderlichen Anknüpfungstatsachen fehlen[102], auf denen die sachverständige Beurteilung aufbauen muss. Dies ist insbesondere dann der Fall, wenn sich der Sachverständige nach Inhalt oder Sinn des Beweisantrags auf Tatsachen stützen müsste, die das Gericht bereits als Beweisgrundlage ausgeschlossen hat[103]. Wenn nicht von vornherein auszu-

97 OLG Koblenz, Beschl. v. 10.06.2010 – 2 Ss 48/10 = StV 2011, 592 f.

98 *Diemer* in: Diemer/Schatz/Sonnen, Jugendgerichtsgesetz, 7. Aufl. 2015 § 3 Rn. 15.

99 Zur Altersermittlung vgl. *Jung* StV 2013, 51 ff.; *Schmidt* u.a. ArchKrim 2016, 25 f.; vgl. auch BGH, Beschl. v. 30.01.2013 – 4 StR 380/12 = NStZ 2013, 290.

100 Instruktive Beispiele bei vgl. Alsberg/*Güntge*, Der Beweisantrag im Strafprozess 7. Aufl. Rn. 1202.; für Glaubwürdigkeitsgutachten: *Zwiehoff* S. 94 ff.; vgl. auch BGH, Beschl. v. 14.09.2004 – 4 StR 309/04 = StV 2005, 115; Beschl. v. 07.01.2004 – 5 StR 391/03 = StV 2004, 465 = NStZ 2004, 508; für Zeugen vgl. Urt. v. 30.01.2013 – 2 StR 468/112 = NStZ-RR 2013, 185 f.

101 Vgl. z.B. BGH, Beschl. v. 15.03.2007 – 4 StR 66/07 = NStZ 2007, 476; Beschl. v. 28.01.2010 – 3 StR 274/09 = BGHSt 55, 11 ff.; Beschl. v. 12.01.2010 – 3 StR 519/09 = StV 2010, 558; Urt. v. 20.05.2015 – 2 StR 46/14 = StV 2016, 342.

102 BGH, Urt. v. 10.07.2003 – 3 StR 130/03 = NStZ 2003, 611.

103 BGH, Beschl. v. 29.11.2017 – 3 StR 526/17 = NStZ 2018, 300 = StV 2018, 699 m. Anm. *Ventzke* = NStZ 2018, 301.

schließen ist, dass ein qualifizierter Sachverständiger aufgrund der von der Verteidigung benannten Anknüpfungstatsachen wenigstens in der Lage ist, weitere indizielle Anknüpfungstatsachen zu ermitteln und damit Entscheidungsrelevantes zur Beweisbehauptung der Verteidigung auszusagen, ist der Sachverständige aber ein geeignetes Beweismittel.[104] Das gilt auch dann, wenn er zwar keine sicheren und eindeutigen Schlüsse ziehen kann, seine Folgerungen aber die unter Beweis gestellte Behauptung als mehr oder weniger wahrscheinlich erscheinen lassen und das Gutachten Einfluss auf die Überzeugungsbildung des Gerichts haben kann.[105] Ein geringer, geminderter oder zweifelhafter Beweiswert darf nicht mit völliger Ungeeignetheit gleichgesetzt werden. Ein Sachverständiger ist also nicht schon dann ein völlig ungeeignetes Beweismittel, wenn er absehbar aus den Anknüpfungstatsachen keine sicheren und eindeutigen Schlüsse zu ziehen vermag. Völlig ungeeignet ist ein Sachverständigenbeweis nur, wenn das Gericht ohne jede Rücksicht auf das bisherige Beweisergebnis sagen kann, dass sich mit einem solchen Beweismittel das im Beweisantrag gestellte Ergebnis nach sicherer Lebenserfahrung nicht erzielen lässt oder wenn es nicht möglich ist, dem Sachverständigen die tatsächlichen Grundlagen zu verschaffen, derer er für sein Gutachten bedarf.[106]

2. Zweifelhafte Untersuchungsmethoden

Ein Sachverständiger ist ein völlig ungeeignetes Beweismittel, wenn er Untersuchungsmethoden anwendet, die unausgereift und nicht zuverlässig sind. Die polygrafische Untersuchung mittels des Kontrollfragen- und des Tatwissentests (Lügendetektor) ist ein völlig ungeeignetes Beweismittel i.S.d. § 244 Abs. 3 S. 2 Alt. 4 StPO. Der entsprechende Sachverständige ist ein ungeeignetes Beweismittel.[107] 18

Bei einem Antrag auf Sachverständigenbeweis ist im Rahmen der Prüfung der völligen Ungeeignetheit in Grenzen eine Vorwegnahme der Beweiswürdigung und dabei auch der Freibeweis zulässig, wobei aber die bloße Annahme, der Sachverständige werde die Beweisbehauptung nicht bestätigen, nicht ausreicht. Vielmehr muss feststehen, dass das Gutachten zu keinem verwertbaren Beweisergebnis führen kann.[108]

▶ Beachte

Ein Sachverständiger kann demzufolge ein völlig ungeeignetes Beweismittel sein, wenn die für das verlangte Gutachten erforderlichen Anknüpfungstatsachen nicht bekannt sind und wenn die tatsächlichen Grundlagen für das Gutachten auch nicht beschafft werden können. Ob eine sachverständige Begutachtung auf der verfügbaren tatsächlichen Grundlage zur Klärung der Beweisbehauptung nach diesen Maßstäben geeignet ist, kann und muss der Tatrichter in Zweifelsfällen im Wege des Freibeweises – etwa durch eine Befragung des

104 BayObLG, Beschl. v. 10.07.2003 – 5 St RR 176/03 = NStZ 2003, 616.

105 BGH, Beschl. v. 04.10.2012 – 3 StR 358/12 = BeckRS 2012, 22148; vgl. auch Beschl. v. 31.05.1994 – 1 StR 86/94 = NStZ 1995, 97; Urt. v. 14.6.2006 – 2 StR 65/06 = NStZ 2006, 686; Beschl. v. 15.03. 2007 – 4 StR 66/07 = NStZ 2007, 476; Urt. v. 01.12.2011 – 3 StR 284/11 = NStZ 2012, 345; Beschl. v. 31.07.2013 – 4 StR 270/13 = StV 2014, 588 = NStZ-RR 2014, 115 (zum anthropologischen Identitätsgutachten); Urt. v. 06.07.2011 – 2 StR 124/11 = StV 2011, 711 (zum aussagepsychologischen Sachverständigen); Beschl. v. 29.08.1989 – 5 StR 278/89 = StV 1990, 7; Beschl. v. 13.03.1997- 4 StR 45/97 = BGHR StPO § 244 Abs. 3 S. 2 Ungeeignetheit 16.

106 BGH, Beschl. v. 28.10.2008 – 3 StR 364/08 = NStZ 2009, 346; BGH, Beschl. v. 07.08.2008 – 3 StR 274/08 = NStZ 2009, 48.

107 BGH, Urt. v. 17.12.1998 – 1 StR 156/98 = BGHSt 44, 308; BGH, Beschl. v. 30.11.2010 – 1 StR 509/10 = NStZ 2011, 447 = StV 2011, 518; *Putzke* ZiS 2011, 557 ff.; *Seiterle* StraFo 2014, 58; *Drohsel* StV 2018, 827 ff.; a.A. nunmehr allerdings für Sorgerechtsverfahren AG Schwäbisch Hall, Beschl. v. 28.07.2022 – 2 F 88/21 = NZFam 2022, 1125 und m. Anm. zur Übertragbarkeit auf das Strafverfahren *Makepeace*, StraFo 2023, 89 ff.

108 BGH, Beschl. v. 15.03. 2007 – 4 StR 66/07 = NStZ 2007, 476 = StraFo 2007, 293 f.

Sachverständigen zu den von ihm für eine Begutachtung benötigten Anknüpfungstatsachen – klären[109].

▶ **Beachte**

19 Stützt sich der Tatrichter aufgrund der Bekundungen eines Sachverständigen auf eine noch wenig erprobte oder umstrittene wissenschaftliche Methode,[110] so muss das Revisionsgericht durch eine Darstellung des Streitstandes in die Lage versetzen werden, zu prüfen, ob die Abwägung der für und gegen diese Methode sprechenden Gesichtspunkte stattgefunden hat.[111]

Der *psychiatrische* Sachverständige ist jedoch nicht deswegen ein völlig ungeeignetes Beweismittel, weil er einen Zeugen, den er begutachten soll, nicht untersucht hat. In eigener Verantwortung hat er zu entscheiden, welche Unterlagen er für die Erstattung seines Gutachtens benötigt. Die Beurteilung einer Person und deren Verhalten durch einen Sachverständigen setzt nicht notwendig deren Exploration voraus.[112] Die fehlende Einwilligung eines Zeugen in eine Untersuchung führt deshalb nicht dazu, dass der Sachverständige ein völlig ungeeignetes Beweismittel ist.

D. Das Sachverständigengutachten

I. Anwendbare Vorschriften

20 Gemäß § 72 StPO finden für den Sachverständigen die den Zeugen betreffenden Vorschriften entsprechend Anwendung, zudem verweist § 76 Abs. 1 ausdrücklich auf die entsprechende Geltung von Zeugnisverweigerungsrechten d.h. es haben Geltung u.a. §§ 48–50, 51 Abs. 2 und §§ 52–53a StPO und §§ 55, 56 StPO.

Keine Anwendung finden:

- § 51 Abs. 1 und 70 StPO – der Fall des Ausbleibens oder der Gutachtensverweigerung des Sachverständigen ist § 77 StPO geregelt.
- § 58 Abs. 1 StPO – § 80 StPO gestattet dem Sachverständigen die Anwesenheit auch bei der Vernehmung anderer Zeugen und Sachverständiger ausdrücklich.
- §§ 59, 61 und 64 StPO betreffend die Eidesleistung – die Vereidigung des Sachverständigen regelt § 79 StPO.
- § 71 zur Entschädigung des Zeugen – Für den Sachverständigen erfolgt diese nach § 84 StPO.

21 Eine Pflicht zur Erstattung eines Gutachtens ergibt sich aus § 75 StPO. Der Bestellung als Gutachter müssen nur die in dieser Vorschrift genannten Personen Folge leisten. Grenze ist die Zumutbarkeit. Die Pflicht zur Sachverständigentätigkeit ist eine persönliche Pflicht, der sich der Sachverständige nicht dadurch entziehen darf, dass er den Gutachtenauftrag an einen anderen Sachverständigen weiterleitet.[113]

Der Inhalt der Pflicht ergibt sich aus dem Auftrag. Die Gutachterpflicht umfasst die Vorbereitung durch Aktenstudium, Vornahme von Untersuchungen, das Erscheinen vor Gericht, erforderlichenfalls auch die Fertigung eines schriftlichen Vorgutachtens. Ob die Verfahrensbeteiligten grundsätz-

---

109 BGH, Urt. v. 09.07.2015 – 3 StR 516/14 = NStZ 2016, 116 = StV 2016, 337; Urt. v. 20.05.2015 – 2 StR 46/14 = StV 2016, 342.

110 Zu fragwürdigen Untersuchungen BVerfG, Beschl. v. 21.05.2004 – 2 BvR 715/04 = NJW 2004, 3697.

111 BGH, Beschl. v. 12.01.1994 – 5 StR 620/93 = NStZ 1994, 250 = StV 1994, 227.

112 BGH, Beschl. v. 25.03.1994 – 2 StR 102/94 = BGHSt 44, 26 = StV 1994, 358; ausführlich *Beckert* Sachverständigengutachten im Strafverfahren zur Glaubwürdigkeit und Schuldfähigkeit im Falle der Untersuchungsverweigerung des zu Begutachtenden 2014.

113 Meyer-Goßner/*Schmitt* § 75 Rn. 1 und 3.

lich einen Anspruch auf Vorlage eines schriftlichen Gutachtens haben, ist fraglich.[114] Die in der Literatur vielfach bejahte Frage, ob die Verfahrensbeteiligten bei einem mündlich in der Hauptverhandlung zu erstattenden Gutachten unabhängig von den Umständen des Einzelfalls stets einen Anspruch darauf haben, dass ihnen dieses Gutachten auch schriftlich vorgelegt wird und ob dies gegebenenfalls schon vor Erstattung des Gutachtens in der Hauptverhandlung zu geschehen hat, konnte der 1. Strafsenat des Bundesgerichtshofs offenlassen, da in dem von ihm zu entscheidenden Fall das Gutachten noch im Verfahren schriftlich vorgelegt wurde[115]. Der 2. Strafsenat hat indes klargestellt, dass sich auch aus §§ 80a, 246a StPO oder aus verfassungsrechtlichen Grundsätzen sich keine selbstständige Verpflichtung des Gerichts ergebe, selbst in Fällen der möglichen Anordnung einer Maßregel gem. § 66 StGB von dem zu vernehmenden Sachverständigen stets die Vorlage eines vorbereitenden schriftlichen Gutachtens zu verlangen[116].

Für das Vorverfahren enthält § 82 StPO eine Sonderregelung. Um den Prozessbeteiligten eine sachgerechte Vorbereitung zu ermöglichen, sollte ein vorläufiges Gutachten bereits vor Beginn der Hauptverhandlung schriftlich vorliegen.[117] Das empfiehlt sich vor allem bei technischen Gutachten. Maßgebend für die Urteilsfindung ist aber immer das in der Hauptverhandlung erstattete Gutachten. Ob und inwieweit das Gericht und die Verfahrensbeteiligten Kenntnis vom Inhalt einzelner Arbeitsunterlagen des Sachverständigen (z.B. Laborwerte, Mitschriften bzw. Tonbandaufzeichnungen von Explorationen) erhalten müssen, um das Gutachten kritisch würdigen können, bestimmt sich nach den jeweiligen Umständen des Einzelfalles.[118] Bei Glaubhaftigkeitsbegutachtungen sind die Arbeitsunterlagen aus der Exploration zur Aufklärung bedeutsam, weil jedenfalls die Durchführung der Aussageanalyse bei komplexen Sachverhalten ohne verwendbare Aufzeichnung des Ablaufs der Exploration als nicht möglich erscheint.[119]

Ein Beweisantrag der Verteidigung – gerichtet auf die Beiziehung der Unterlagen und begründet mit der Behauptung, mit diesen ließe sich eine falsche Schlussfolgerung des Gutachtens belegen – kann nicht mit der Begründung abgelehnt werden, der Sachverständige sei zur Herausgabe der Unterlagen nicht verpflichtet. Im Sachverständigengutachten gezogene Schlussfolgerungen können nur dann Anerkennung erfahren, wenn die Methoden nachprüfbar sind, auf denen sie beruhen[120]

Die Folgen einer Gutachtensverweigerung, einer Fristversäumung oder des Nichterscheinens in der 22
Hauptverhandlung sind in § 77 StPO geregelt.

Das Sachverständigengutachten ist grundsätzlich mündlich in der Hauptverhandlung zu erstatten. Ausnahmen ergeben sich aus § 251 Abs. 1 und 2 und aus § 256 StPO.

II. Behördliche Zeugnisse und Gutachten, § 256 StPO

Nach § 256 Abs. 1 S. 1 lit. b StPO sind auch in Zeugnissen oder Gutachten enthaltende Erklärungen 23
eines für die Erstellung von Gutachten der betreffenden Art allgemein vereidigten Sachverständigen

114 Offengelassen: BGH, Beschl. v. 12.02.2008 – 1 StR 649/07 = NStZ 2008, 418 = StV 2009, 5 = StraFo 2008, 243 m. Anm. *Deckers/Heusel* StV 2009, 7 f.; Urt. v. 14.10.2009 – 2 StR 205/09 = BGHSt 54, 177 m. Anm. *Peglau* JR 2010, 302; kritisch *Deckers* u.a. NStZ 2011, 69; *Jungfer* StraFo 1995, 19 ff. bejaht einen Anspruch der Verteidigung hierauf; bejaht für Prognosegutachten nach § 454 Abs. 2 StPO: KG, Beschl. v. 08.03.2010 – 2 Ws 40–41/10 = StV 2011, 42; vgl. auch *Ziegert* StV 2011, 199 f.; *Senge* jurisPR-StrafR 5/2010 Anm. 2.

115 BGH, Beschl. v. 12.02.2008 – 1 StR 649/07= StV 2009, 5.

116 BGH, Urt. v. 14.10.2009 – 2 StR 205/09 = BGHSt 54, 177 m. Anm. *Deckers* u.a. NStZ 2011, 69 ff.; *Peglau* JR 2010, 304 f.; *Ziegert* 2011, 199 f.; *Senge* jurisPR-StrafR 5/2010 Anm. 2.

117 Vgl. dazu *Eisenberg* Rn. 1582.

118 Vgl. eingehender Rdn. 60.

119 BGH, Urt. v. 30.07.1999 – 1 StR 618/98 = BGHSt 45, 164, 180 f.

120 *Krause* in Löwe-Rosenberg StPO 27. Aufl. § 82.Rn. 6; *Becker* ebenda § 244 Rn. 75; BGH, Beschl. v. 08.11.1988 – 1 StR 544/88 = StV 1989, 141; Beschl. v. 14.07.1995 – 3 StR 355/94 = StV 1995, 565.

verlesbar.[121] Zweck des § 256 StPO ist die Verfahrensbeschleunigung und Vermeidung unnötiger Kosten; die Verlesung soll in Fällen zulässig sein, bei denen ohne Nachteil für die Wahrheitsermittlung auf eine unmittelbare Vernehmung des Verfassers verzichtet werden kann.

1. Öffentliche Behörden i.S.v. § 256 Abs. 1 lit. 1a StPO sind z.B. städtische Krankenhäuser, Gesundheitsämter, chemische Untersuchungsämter.[122] Wird ein Sachverständiger, der Angehöriger einer Behörde i.S.v. § 256 StPO ist, vom Tatgericht persönlich beauftragt, erstattet er das Gutachten nicht im Namen der Behörde, der er angehört; es liegt deshalb auch kein »Behördengutachten« i.S.d. § 256 StPO vor.[123] Institute für Gerichts-(Rechts-)medizin der Universitäten stellen Behörden i.S.d. § 256 Abs. 1 lit. 1a StPO dar. Handelt es sich um ärztliche Befunde und ihre Begutachtung in dem Protokoll einer Leichenöffnung, so kommt unter Beachtung der Aufklärungspflicht eine Verlesung nach § 256 StPO in Betracht, wenn die beiden nach § 87 StPO erforderlichen Ärzte der Behörde angehören und es unterzeichnet haben.

Ein Arztbericht darf aber nicht in der Hauptverhandlung verlesen werden, wenn er aufgrund der in dem Bericht mitgeteilten schweren Verletzungen zum Nachweis des Vorliegens des zumindest bedingten Tötungsvorsatzes bei einem versuchten Totschlag herangezogen werden soll.[124]

Ärztliche Berichte eines in der Rechtsform einer GmbH betriebenen Gesundheits-/Krankenhauszentrums können nicht nach § 256 Abs. 1 Nr. 1 Buchst. a StPO verlesen werden, da das Zentrum nicht als öffentliche Behörde im Sinne der genannten Vorschrift anzusehen ist[125].

2. Ein ärztlicher Bericht über eine Blutentnahme kann nach § 256 Abs. 1 Nr. 3 StPO verlesen werden, wenn zwar der gleichzeitig mit dem Blutentnahmeprotokoll gefertigte Bericht nicht unterschrieben ist, diesem jedoch eine von dem Blut entnehmenden Arzt erstellte und unterzeichnete Liquidation gleichen Datums beigefügt ist, die zweifelsfrei erkennen lässt, von wem der ärztliche Bericht über die Blutentnahme herrührt.[126]

24 3. Die in § 256 Abs. 1 Nr. 5 StPO bezeichneten Erklärungen der Strafverfolgungsbehörden erfordern keine besondere (Unterschrifts-)Form[127]

▶ Beachte

25 Auch eine – zulässige – Verlesung im Rahmen von § 256 StPO lässt die Verpflichtung des Tatgerichts unberührt, alles zur Erforschung der Wahrheit Erforderliche zu tun (§ 244 Abs. 2 StPO). Diese Verpflichtung kann gebieten, trotz Vorliegens der Voraussetzungen von § 256 StPO den Sachverständigen persönlich zu hören. Das kommt insbesondere dann in Betracht, wenn der Sachverständige in seinem schriftlichen Gutachten Bekundungen des Angeklagten festgehalten hat, die ihm dieser bei Aufnahme der Anamnese gemacht hat, wenn der Beschuldigte aber der Auffassung ist, diese Bekundungen seien in der aufgezeichneten Form für einen anderen (insbesondere für einen anderen Sachverständigen) missverständlich und bedürften daher der Klärung durch persönliche Anhörung[128]. Ggf. ist die Verlesungsanordnung nach § 238 Abs. 2 StPO[129] zu beanstanden oder ein Beweisantrag zu stellen.

---

121 Zu den Bedenken gegen diese Regelung aus Anwaltssicht: *Neuhaus* StV 2005, 47 (52).
122 *Meyer-Goßner*/Schmitt § 256 Rn. 11 bis 14.
123 BGH, Beschl. v. 26.02.1988 – 4 StR 51/88 = NStZ 1988, 283.
124 BGH, Beschl. v. 10.07.2007 – 3 StR 227/07 = StV 2007, 569.
125 BGH, Beschl. v. 03.02.2015 – 3 StR 557/14 = StV 2015, 533 f.
126 BGH, Beschl. v. 18.04.2007 – 2 StR 111/07 = StraFo 2007, 331.
127 BGH, Beschl. v. 01.08.2018 – 5 StR 330/18 = BeckRS 2018, 19088.
128 BGH, Urt. v. 16.03.1993 – 1 StR 829/92 = NStZ 1993, 397.
129 Vgl. dazu BGH, Beschl. v. 26.10.2011 – 3 StR 315/11 = NStZ 2012, 585; Beschl. v. 23.05.2012 – 1 StR 208/12 = NStZ 2012, 584.

III. Grundlagen zur Anfertigung des Gutachtens

Als Grundlage zur Anfertigung seines Gutachtens benötigt der Sachverständige Tatsachenstoff. Das sind die im Urteil darzustellenden Anknüpfungstatsachen. Gutachten enthalten in der Regel darüber hinaus Befund- und Zusatztatsachen[130]: 26

Anknüpfungstatsachen[131] sind die Feststellungen im Bereich des Sachverhalts, von dem der Sachverständige in seinem Gutachten auszugehen hat. Sie liegen bereits vor Beginn der Tätigkeit des Sachverständigen vor und sind Grundlage seines Gutachtens. 27

▶ Beachte

Bei den weiteren Tatsachen, die ein Gutachter zur Erstattung seines Gutachtens erhebt sind zwei Gruppen zu unterscheiden: solche, die nur der Sachverständige aufgrund seiner Sachkunde erkennen kann, und solche, die auch das Gericht mit den ihm zur Verfügung stehenden Erkenntnismitteln und Beweismitteln feststellen könnte. Die zur ersten Gruppe gehörenden Tatsache, z.B. die von einem medizinischen Sachverständigen aufgrund ärztlicher Untersuchung oder ärztlicher Eingriffe gemachten Feststellungen, die sogenannten **Befundtatsachen**, können durch die gutachtlichen Ausführungen des Sachverständigen in die Hauptverhandlung eingeführt und vom Gericht verwertet werden. Wenn aber der Gutachter, was besonders bei psychologischen Sachverständigen vorzukommen pflegt, bei seiner Untersuchung außerdem erhebliche, z.B. das Tatgeschehen betreffende Tatsachen dadurch erfährt, dass er die Auskunftsperson oder bei Glaubwürdigkeitsgutachten den zu begutachtenden Zeugen befragt, so erfolgt dies nicht aufgrund einer fachkundigen Untersuchung, sondern mit Mitteln, derer sich auch das nicht fachkundige Gericht bedienen kann. Diese letzteren vom Sachverständigen ermittelten Tatsachen (**Zusatztatsachen**) müssen in zulässiger Weise in die Hauptverhandlung eingeführt werden, etwa durch Vernehmung des Gutachters und (oder) des von ihm Begutachteten als Zeugen.[132]

In Fällen, in denen das Tatgericht dem Gutachten eines Sachverständigen folgt, sind die wesentlichen Anknüpfungs- und Befundtatsachen sowie Ausführungen des Gutachters so darzulegen, dass das Rechtsmittelgericht prüfen kann, ob die Beweiswürdigung auf einer tragfähigen Tatsachengrundlage beruht und die Schlussfolgerungen nach den Gesetzen der Logik, den Erfahrungssätzen des täglichen Lebens und den Erkenntnissen der Wissenschaft möglich sind[133]. Dies gilt in besonderem Maß, wenn es sich dem Ergebnis ohne Angabe eigener Erwägungen anschließen will und allein auf die Sachkunde des Gutachters vertraut. Der Umfang der Darlegungspflicht richtet sich danach, ob es sich um eine standardisierte Untersuchungsmethode handelt, sowie nach der jeweiligen Beweislage und der Bedeutung, die der Beweisfrage für die Entscheidung zukommt[134].

Befundtatsachen sind solche, die der Sachverständige nur aufgrund seiner Sachkunde erkennen kann; Befundtatsachen betreffende Wahrnehmungen, die der Sachverständige bei einer früheren gutachterlichen Tätigkeit mit gleichem Auftrag selbst gemacht hat, kann dieser ebenso wie fremde gutachterliche Äußerungen oder den fachlichen Inhalt von Krankengeschichten für seine Gutach- 28

---

130 Zu den Mindestanforderungen an Schuldfähigkeitsgutachten vgl. *Boetticher* u.a. NStZ 2005, 57 ff.; *Eisenberg* NStZ 2005, 304 f.

131 BGH, Urt. v. 08.03.1955 – 5 StR 49/55 = BGHSt 7, 238 (239); Urt. v. 18.12.1958 – 4 StR 399/58 = BGHSt 12, 311 (312); Beschl. v. 24.10.2019 – 4 StR 528/19 = NStZ-RR 2020, 29.

132 BGH, Urt. v. 26.10.1962 – 4 StR 318/62 = BGHSt 18, 107 ff.

133 BGH, Urt. v. 20.07.2016 – 2 StR 383/15 = NStZ 2017, 96; Urt. v. 22.01.2019 – 1 StR 445/18 = NStZ 2019, 240; Beschl. v. 28.01.2015 -4 StR 514/14 = NStZ-RR 2015, 169; Beschl. v. 19.02.2019 – 2 StR 599/18 = BeckRS 2019, 4762.

134 BGH, Beschl. v. 25.04.2019 – 1 StR 427/18 = wistra 2020, 30 ff.

tenserstattung verwerten, ohne dass hierin eine zeugenschaftliche Vernehmung zu sehen wäre.[135] Werden Tatsachen nicht von dem psychiatrischen Sachverständigen selbst, sondern von dritten, fachunkundigen Personen festgestellt, deren Beobachtung nicht das besondere Fachwissen eines Sachverständigen erfordert (z.B. Mitpatienten des Betroffenen und Klinikpersonal), so können diese Tatsachen nicht durch das Sachverständigengutachten, sondern nur durch den Sachverständigen als Zeugen (Zeuge vom Hörensagen) oder Zeugenaussagen der unmittelbaren Beobachter in die Hauptverhandlung eingeführt werden.[136]

Bei einem **aussagepsychologischen Sachverständigen** nimmt das Gericht gerade dessen besondere Sachkunde zur Erhebung und Bewertung der Zeugenaussage in Anspruch. Eine Exploration zur Sache ist dabei weder in der Zielsetzung noch in der Methodik mit einer Vernehmung gleichzusetzen. Denn in ihrem Vordergrund steht nicht die Rekonstruktion des infrage stehenden Geschehens, sondern die Gewinnung von Indikatoren für die Einschätzung innerpsychischer Vorgänge beim Zeugen (z.B. Erlebnisbezug, Suggestion oder Lüge als Grundlage der Sachverhaltsdarstellung). Die Exploration dient somit der Gewinnung von Material für die aussagepsychologische Qualitätsanalyse und demnach grundsätzlich der Erhebung von **Befundtatsachen.**[137]

Beschränkt sich der Tatrichter darauf, sich ohne eigene Erwägungen einem Sachverständigengutachten anzuschließen, ist er aber aus Gründen des sachlichen Rechts regelmäßig gehalten, auch die für die Schlussfolgerungen des Sachverständigen maßgeblichen Befundtatsachen insoweit in den Urteilsgründen mitzuteilen, als dies zum Verständnis des Gutachtens und zur Beurteilung seiner gedanklichen Schlüssigkeit im Revisionsrechtszug erforderlich ist[138].

▶ Hinweis

Verwendet ein Sachverständiger den **Inhalt von Urkunden** bei der Erstattung seines Gutachtens, so brauchen diese nicht gesondert verlesen zu werden, wenn es sich um Urkunden handelt, zu deren Erschließung es der Sachkunde des Sachverständigen bedarf (**Befundtatsachen**). Der Inhalt dieser Urkunden wird dann mit dem Gutachten, dessen Beurteilungsgrundlagen sie bilden, in die Hauptverhandlung eingeführt. Etwas anderes gilt, wenn die Urkunden nur **Zusatztatsachen** enthalten, über die in der Hauptverhandlung gesondert Beweis erhoben werden muss.[139]

29 **Zusatztatsachen** sind solche, die auch das Gericht mit den ihm zur Verfügung stehenden Erkenntnis- und Beweismitteln feststellen könnte (z.B. der von Angeklagten geschilderte Tathergang oder Bekundungen Dritter zur Sache gegenüber dem Sachverständigen). **Zusatztatsachen**, die ein Sachverständiger im Rahmen seiner Tätigkeit gezielt erhebt oder zufällig erfährt, sind nicht durch Erstattung des Gutachtens, sondern durch anderweitige Beweisaufnahme, in der Regel durch Vernehmung des Sachverständigen als Zeugen, in die Hauptverhandlung einzuführen.[140] Es sind dann insoweit auch die für einen Zeugen geltenden Vorschriften über die Vereidigung (§§ 59 ff. StPO) anzuwenden. Was der Sachverständige über von ihm durch eigene Befragung außerhalb der Hauptverhandlung ermittelte Belastungstatsachen im Rahmen seiner Gutachtenerstattung in der Hauptverhandlung berichtet, darf das Gericht nicht ohne Weiteres als bewiesen ansehen und seinem Urteil zugrunde legen. Dabei kann es rechtlich keinen Unterschied machen, ob der Sachverständige solche belastenden

---

135 BGH, Beschl. v. 17.11.1987 – 5 StR 547/87 = BGHR StPO § 59 1 Sachverständigenfrage 1; Urt. v. 7.6.1956 – 3 StR 136/56 = BGHSt 9, 292; Urt. v. 30.10.1968 – 4 StR 281/68 = BGHSt 22, 268.

136 BGH, Beschl. v. 01.12.1992 – 1 StR 633/92 = NStZ 1993, 245.

137 BGH, Beschl. v. 23.02.2021 – 6 StR 431/20 = StV 2021, 794.

138 BGH, Beschl. v. 17.01.2023 – 5 StR 532/22 = NStZ-RR 2023, 136; Beschl. v. 12.07.2023 – 6 StR 275/23, juris.

139 LR/*Mosbacher* § 249 Rn. 31; BGH, Beschl. v. 17.07.2003 – 1 StR 34/03 = NStZ 2004, 279.

140 BGH, Urt. v. 13.02.1959 – 4 StR 470/58 = BGHSt 13, 1 ff.; Urt. v. 18.09.1959 – 4 StR 208/59 = BGHSt 13, 250 ff.; Beschl. v. 01.12.1992 – 1 StR 633/92= StV 1993, 169.

Umstände durch Befragen Dritter oder des zu Untersuchenden »ermittelt« hatte. In beiden Fällen macht er seine Wahrnehmungen nicht eigentlich kraft Sachkunde, sondern durch Heranziehung des Wissens von Auskunftspersonen, das gemäß den Grundsätzen der Unmittelbarkeit und der Parteiöffentlichkeit des Beweisverfahrens (§§ 261, 250, 240, 257 StPO) regelmäßig vom erkennenden Gericht selbst in der Hauptverhandlung in Anwesenheit und unter Mitwirkung der Prozessbeteiligten als maßgebliche Urteilsgrundlage gewonnen werden müsste. Demgemäß darf der Sachverständige über die von ihm erforschten Belastungstatsachen allenfalls als Zeuge aussagen, und zwar als Zeuge »vom Hörensagen«, der dem Gericht ursprünglich fremdes Wissen jetzt als eigenes vermittelt.[141]

▶ **Beachte**

(1) Vom Sachverständigen ermittelte Zusatztatsachen müssen stets im Wege des Zeugenbeweises in die Hauptverhandlung eingeführt werden.[142]

(2) Wird ein Zeuge, der gemäß § 52 StPO zur Zeugnisverweigerung berechtigt ist, von einem Sachverständigen auf seine Glaubwürdigkeit hin begutachtet, stehen die von ihm in diesem Zusammenhang mitgeteilten Zusatztatsachen (z.B. Schilderung der Straftat durch den Angeklagten) einer Aussage im Sinne des § 252 StPO gleich. Dies gilt auch dann, wenn der Sachverständige nicht im Rahmen des anhängigen Strafverfahrens, sondern in einem Zivilverfahren oder einem Verfahren der freiwilligen Gerichtsbarkeit tätig geworden ist. Die von der Rechtsprechung entwickelten Ausnahmen für die Vernehmung eines Richters, der an einer früheren Vernehmung mitgewirkt hat, können nicht auf die Befragung durch Sachverständige angewendet werden, da diese einer richterlichen Vernehmung nicht gleich zu setzen ist, sodass hinsichtlich solcher Angaben eines weigerungsberechtigten Zeugen das Verwertungsverbot des § 252 zum Tragen kommt.[143] Macht der Zeuge später von seinem Zeugnisverweigerungsrecht Gebrauch, dürfen seine Mitteilungen über diese Zusatztatsachen weder durch das Sachverständigengutachten noch durch die Vernehmung des Sachverständigen als Zeugen in die Hauptverhandlung eingeführt und bei der richterlichen Überzeugungsbildung verwertet werden.[144]

▶ **Beachte also**

Was der Zeuge dem Sachverständigen gegenüber nach richterlicher Belehrung über sein Weigerungsrecht als Befundtatsache erklärt hat, bleibt für das Gutachten verwertbar[145], nicht aber Erklärungen, die nur Zusatztatsachen sind; sie stehen einer Aussage im Sinne des § 252 StPO gleich.[146] Dies gilt auch, wenn die Äußerung der Zusatztatsachen gegenüber dem Sachverständigen in einem Zivilprozess oder einem Verfahren der freiwilligen Gerichtsbarkeit erfolgt ist.[147]

Der **psychiatrische Sachverständige** hat sich darauf zu beschränken, die tatsächlichen Grundlagen zu ermitteln und darzulegen, aus denen dann die rechtlichen Schlüsse auf das Vorliegen der §§ 20, 21 StGB gezogen werden können (Psychodiagnostik). Es ist auch nicht Aufgabe des Sachverständigen, zur Rechtsfrage, ob beim Angeklagten die Voraussetzungen der §§ 20, 21 StGB vorliegen, Stellung **30**

141 BGH, Urt. v. 07.06.1956 – 3 StR 136/56 = BGHSt 9, 294 ff.; Urt. v. 13.02.1959 – 4 StR 470/58 = BGHSt 13, 1, (4).
142 BGH, Urt. v. 26.10.1962 – 4 StR 318/62 = BGHSt 18, 107; Beschl. v. 15.08.2001 – 3 StR 225/01 = StV 2002, 8 f.
143 BGH, Urt. v. 03.11.2000 – 2 StR 354/00 = BGHSt 46, 189, 192 f.
144 BGH, Urt. v. 29.05.1996 – 3 StR 157/96 = StV 1996, 52; Beschl. v. 27.10.2006 – 2 StR 334/06 =StV 2007, 68.
145 BGH, Urt. v. 10.10.1957 – 4 StR 393/57 = BGHSt 11, 97, 99 f.; OLG Hamm, Beschl. v. 24.5.2011 – 2 RVs 20/11 = NStZ 2012, 53 (54); LR/*Cirener/Sander* § 252 Rn. 42.
146 *Meyer-Goßner*/Schmitt § 252 Rn. 10 m.w.N.
147 BGH, Urt. v. 20.03.1990 – 1 StR 693/89 = BGHSt 36, 384; 386; Urt. v. 25.03.1998 – 3 StR 686/97 = NJW 1998, 2229 f.

zu nehmen[148], genau dies erfolgt indes vielfach und wird auch regelmäßig durch das Gericht als Frage adressiert. Stellung nehmen muss der Sachverständige aber allein dazu, inwieweit beim Angeklagten ein Zustand, wie er in § 20 StGB beschrieben ist, vorgelegen und wie dieser Zustand sich auf die psychische Verfassung des Angeklagten ausgewirkt hat. Der gerichtlich bestellte Sachverständige hat dem Richter für die Prüfung der Tatsachenfrage, ob eine krankhafte seelische Störung des Angeklagten zur Tatzeit vorgelegen hat, nur die von ihm ermittelten Befundtatsachen einschließlich seiner Diagnose mitzuteilen und Sachkunde zu vermitteln, kann ihn aber nicht von der Verantwortung für die Entscheidung der aufgeworfenen Fragen entbinden.

▶ Beachte

31 Ähnlich wie bei der Beurteilung der Glaubhaftigkeit von Aussagen gibt es Empfehlungen einer an forensisch-psychiatrischen Fragen besonders interessierten interdisziplinären Arbeitsgruppe aus Juristen, forensischen Psychiatern und Psychologen sowie Sexualmedizinern über die **Mindestanforderungen für Schuldfähigkeitsgutachten**[149] und für **Prognosegutachten.**[150] Die Empfehlungen sollen dem forensischen Sachverständigen die fachgerechte Erstellung von Schuldfähigkeitsgutachten und den Verfahrensbeteiligten die Bewertung von deren Aussagekraft erleichtern. Es ist zu erwarten, dass sich diese Empfehlungen ähnlich wie bei aussagepsychologischen Gutachten in Entscheidungen des Bundesgerichtshofs widerspiegeln werden.

Anhang

Die Mindestanforderungen an Schuldfähigkeitsgutachten hat die interdisziplinäre Arbeitsgruppe folgendermaßen zusammengefasst:[151]

Formelle Mindestanforderungen

1. Nennung von Auftraggeber und Fragestellung
2. Darlegung von Ort, Zeit und Umfang der Untersuchung
3. Dokumentation der Aufklärung
4. Darlegung der Verwendung besonderer Untersuchungs- und Dokumentationsmethoden (z.B. Videoaufzeichnung, Tonbandaufzeichnung, Beobachtung durch anderes Personal, Einschaltung von Dolmetschern)
5. Exakte Angabe und getrennte Wiedergabe der Erkenntnisquellen
   a. Akten
   b. Subjektive Darstellung des Untersuchten
   c. Beobachtung und Untersuchung
   d. Zusätzlich geführte Untersuchungen (z.B. bildgebende Verfahren, psychologische Zusatzuntersuchungen)
6. Eindeutige Kenntlichmachung der interpretierenden und kommentierenden Äußerungen und deren Trennung von der Wiedergabe der Informationen und Befunde

148 *Eisenberg* Rn. 1804; *Streng* NStZ 1995, 165.

149 Ergebnis einer Arbeitsgruppe vgl. *Boetticher* u.a. NStZ 2005, 57 ff.; dazu *Eisenberg* NStZ 2005, 304 f.; vgl. auch BGH StV 2005, 124 m. Anm. *Nedopil* JR 2005, 216.

150 Ergebnis einer Arbeitsgruppe: vgl. NStZ 2006, 537 ff.; vgl. auch *Nowara* FS Tondorf 2004 S. 234 ff.; *Tondorf* StV 2004, 279 ff.; BVerfGE117, 71 ff. = NJW 2007, 1933 ff.; zur Kriminalprognose: *Bock* StV 2007, 269 ff.; *Detter* in Deckers/Köhnken Die Erhebung von Zeugenaussagen im Strafprozess 2. Aufl. S. 473 f.; *Boetticher*, RuP 2018, 139 ff.; ausführlich *Eisenberg* Rn. 1814 ff.; zu Problemen des Strafverteidigers mit Prognosegutachten vgl. *Birkhoff* StraFo 2001, 401 ff.; *Alex/Feltes/Kudlacek* StV 2013, 259 ff.; Empfehlungen für Prognosegutachten: *Boetticher/Kröber* NStZ 2019,553 ff.; *Kröber* ua NStZ 2019, 574 ff.

151 Vgl. dazu *Boetticher* u.a. NStZ 2005, 57 ff.; *ders.* RuP 2018, 139 ff.; *Müller/Saimeh*, RuP 2018, 145 ff.; vgl. auch *Deckers* in Dudeck/Kaspar/Lindemann Verantwortung und Zurechnung im Spiegel von Strafrecht und Psychiatrie 2014 S. 205, 213 ff.

7. Trennung von gesichertem medizinischen (psychiatrischen, psychopathologischen, psychologischen) Wissen und subjektiver Meinung oder Vermutungen des Gutachters
8. Offenlegung von Unklarheiten und Schwierigkeiten und den daraus abzuleitenden Konsequenzen, ggf. rechtzeitige Mitteilung an den Auftraggeber über weiteren Aufklärungsbedarf
9. Kenntlichmachung der Aufgaben- und Verantwortungsbereiche der beteiligten Gutachter und Mitarbeiter
10. Bei Verwendung von wissenschaftlicher Literatur Beachtung der üblichen Zitierpraxis
11. Klare und übersichtliche Gliederung
12. Hinweis auf die Vorläufigkeit des schriftlichen Gutachtens

Inhaltliche Mindestanforderungen
1. Vollständigkeit der Exploration, insbesondere zu den delikt- und diagnosespezifischen Bereichen (z.B. ausführliche Sexualanamnese bei sexueller Devianz, detaillierte Darlegung der Tatbegehung)
2. Benennung der Untersuchungsmethoden. Darstellung der Erkenntnisse, die mit den jeweiligen Methoden gewonnen wurde. Bei nicht allgemein üblichen Methoden oder Instrumenten: Erläuterung der Erkenntnismöglichkeiten und deren Grenzen
3. Diagnosen unter Bezug des zugrunde liegenden Diagnosesystems (i.d.R. ICD-10 oder DSM-5). Bei Abweichung von diesen Diagnosesystemen: Erläuterung, warum welches andere System verwendet wurde
4. Darlegung der differentialdiagnostischen Überlegungen
5. Darstellung der Funktionsbeeinträchtigungen, die im Allgemeinen durch die diagnostizierte Störung bedingt werden, soweit diese für die Gutachtensfrage relevant werden könnten
6. Überprüfung, ob und in welchem Ausmaß diese Funktionsbeeinträchtigungen bei dem Untersuchten bei Begehung der Tat vorlagen
7. Korrekte Zuordnung der psychiatrischen Diagnose zu den gesetzlichen Eingangsmerkmalen
8. Transparente Darstellung der Schweregradbewertung der Störung
9. Tatrelevante Funktionsbeeinträchtigung unter Differenzierung zwischen Einsichts- und Steuerungsfähigkeit
10. Darstellung von alternativen Beurteilungsmöglichkeiten

E. Der Aufgabenbereich des Sachverständigen – seine Stellung im Strafverfahren – insbesondere Pflichten und Rechte des (psychiatrischen) Sachverständigen

I. Aufgabenbereich des Sachverständigen

Der Sachverständige[152] teilt dem Gericht allgemeine Erfahrungssätze mit, von denen er aufgrund 32
seines Fachwissens bzw. seiner wissenschaftlichen Befähigung Kenntnis hat, er stellt Tatsachen fest, die nur aufgrund einer besonderen Sachkunde wahrgenommen und beurteilt werden können und zieht aus Tatsachen nach wissenschaftlichen Regeln Schlussfolgerungen. Oft übermittelt er oder wendet er Sachkunde an, manchmal verbindet sich in einem Gutachten beides. Der Sachverständige kann aufgrund seiner besonderen Sachkunde Tätigkeiten vornehmen, wie z.B. Eingriffe am Körper (§§ 81a und 81c StPO), Röntgenaufnahme fertigen und bewerten. Seine Tätigkeit kann darin bestehen, von ihm aufgrund seiner Sachkunde wahrgenommene Tatsachen zu bekunden (Ergebnis der Obduktion). Er kann aber auch dem Richter bestimmte Erfahrungssätze, Forschungsergebnisse und sonstige Regeln aus seinem Fachgebiet vermitteln (Wirkungsweise von Betäubungsmitteln, Beweiswert von Faserspuren, genetischer Fingerabdruck). Die wichtigste Tätigkeit ist aber die Anwendung seines (speziellen) Wissens auf die Bewertung eines bestimmten Sachverhalts. Der Sachverständige hat manchmal auch Erfahrungswissen ohne Schlussfolgerungen auf einen bestimmten Sachverhalt zu vermitteln (z.B. Wirkungsweise von Betäubungsmitteln, Beweiswert von Faserspuren), auch Gutachten über ausländisches Recht können in Betracht kommen.

152 Informativ *Venzlaff/Foerster/Dreßing/Habermeyer* Psychiatrische Begutachtung7. Aufl. 1.3; 8.4 vgl. auch *Eisenberg* Rn. 1501 f.; 1797 ff.

Welche Unterlagen er für die Erstattung seines Gutachtens benötigt und welche Untersuchungsmethoden er anwendet, bleibt ihm überlassen. Es ist deshalb Sache des psychiatrischen Sachverständigen, ob er ein psychologisches Zusatzgutachten benötigt und ob er bei einem mangelhaft deutsch sprechenden Angeklagten einen Dolmetscher hinzuzieht oder die Untersuchung einem anderen Sachverständigen überlässt, der die Muttersprache des Betroffenen beherrscht.[153] Dem psychiatrischen Sachverständigen muss es auch grundsätzlich überlassen bleiben, ob er den Angeklagten ambulant oder stationär untersucht.[154] Die Methoden des Sachverständigen müssen aber nachprüfbar sein, deshalb kann geboten sein, dass der Sachverständige Testergebnisse und Untersuchungsergebnisse offenlegen muss. Tut er dies nicht, kann (vielleicht sogar: muss) dies das Tatgericht veranlassen, das Gutachten durch einen anderen Sachverständigen kontrollieren zu lassen.[155]

▶ Beachte

(1) Die Verteidigung muss den Gutachter in Zweifelsfällen nach der Art der von ihm vorgenommenen Untersuchungen befragen.

(2) Ein Sachverständiger hat keine Fürsorgepflicht für den Erfolg der Anklage oder der Verteidigung. Vielmehr hat er sich darauf zu beschränken, den ihm von seinem Auftraggeber (Staatsanwaltschaft oder Gericht) vorgegebenen Sachverhalt aus seiner fachlichen Sicht zu bewerten. Findet er im Rahmen seiner Tätigkeit Anhaltspunkte für einen abweichenden Sachverhalt, hat er seinen Auftraggeber hierauf hinzuweisen; gegebenenfalls kann er dann als (sachverständiger) Zeuge in Betracht kommen. Die Bewertung derartiger Anhaltspunkte ist allein Sache des Gerichts, das dem Sachverständigen gegebenenfalls zu verdeutlichen hat, von welchem Sachverhalt – erforderlichenfalls welchen alternativen Sachverhalten – er bei seinem Gutachten auszugehen hat.

33 Der BGH[156] hat – zusammengefasst – den Aufgabenbereich des Sachverständigen wie folgt definiert:

»Der Sachverständige soll dem Gericht den Tatsachenstoff unterbreiten, der nur auf Grund besonderer sachkundiger Beobachtung gewonnen werden kann, und das wissenschaftliche Rüstzeug vermitteln, das die sachgemäße Auswertung ermöglicht. Er ist weder berufen noch in der Lage, dem Richter die Verantwortung für die Feststellungen abzunehmen, die dem Urteil zugrunde gelegt werden. Dies gilt auch von seinen ärztlichen Beobachtungen und Folgerungen. Selbst diese hat der Richter, sogar in solchen Fällen, in denen es sich um besondere wissenschaftliche Fachfragen handelt, auf ihre Überzeugungskraft zu prüfen. Aufgabe des Tatrichters ist es, die ihm durch das Sachverständigengutachten vermittelten medizinischen Befunde und Erkenntnisse eigenverantwortlich zu bewerten und zu entscheiden, ob der Rechtsbegriff der erheblichen Verminderung der Steuerungsfähigkeit erfüllt ist oder nicht. In welchem Maße er sich dabei ein eigenes stichhaltiges Urteil auf diesem Wissensgebiet bilden kann und muss, wird von der Art des Gegenstandes abhängen. Zuweilen wird die richterliche Prüfung sich darauf beschränken dürfen, ob der Sachverständige ein erprobter und zuverlässiger Vertreter seines Faches ist und daher auf seine Sachkunde in diesem Bereich vertraut werden kann.«

153 BGH, Urt. v. 06.08. 1969 – 4 StR 126/69 = NJW 1970, 1242 f.
154 BGH, Urt. v. 12.02.1998 – 1 StR 588/97 = BGHSt 44, 26 ff.
155 BGH, Beschl. v. 08.11.1988 – 1 StR 544/8 = StV 1989, 141.
156 BGH, Urt. v. 08.03.1955 – 5 StR 49/55 = BGHSt 7, 239; Urt. v. 26.04.1955 – 5 StR 86/55 = BGHSt 8, 113 (118 ff.); Beschl. v. 31.01.1997 – 2 StR 668/96 = NStZ-RR 1997, 166.

II. Psychiatrische Sachverständige

Der psychiatrische Sachverständige[157] ist nicht der Arzt, nicht der Therapeut des Angeklagten.[158] Er hat ihn nicht zu »behandeln«, dieser ist nicht »sein Patient«, vielmehr hat er das Strafgericht bei der Entscheidung zu unterstützen, wie mit einem Straftäter zu verfahren ist, ob und wie dieser vor sich und die Allgemeinheit vor ihm geschützt werden soll. Muss der Sachverständige sich zur Zukunft des Angeklagten äußern, kommen bei der Prognose sicherlich mehr »ärztliche« Gesichtspunkte zum Tragen. Weil er nicht »Arzt« der zu begutachtenden Person ist, worauf der Betroffene hingewiesen werden sollte,[159] hat er keine ärztliche Schweigepflicht,[160] soweit sein Gutachtensauftrag reicht. Betroffen sind davon alle Erkenntnisse und Tatsachen aus dem Verfahren, in dem er mit der Gutachtenserstattung beauftragt ist.[161] 34

Ein Arzt hat aber in einem Strafverfahren ein Zeugnisverweigerungsrecht nach allgemeinen Grundsätzen über Tatsachen, die ihm als Sachverständigen in einem anderen Verfahren bekannt gewordensind.[162]

Ein Vertrauensverhältnis zwischen Arzt und Betroffenen, das dem Arzt/Patientenverhältnis gleichzusetzen wäre, kann nicht und darf nicht aufgrund des Gutachtensauftrages zustande kommen, selbst wenn eine sachgerechte Gutachtenserstattung manchmal ein Vertrauensverhältnis zwischen Arzt und zu Begutachtenden voraussetzt. Dass sich die Sichtweise der Rechtsprechung zur Stellung der psychiatrischen Sachverständigen in diesem Punkt oft nicht mit deren Einschätzung deckt, liegt auf der Hand.[163]

Eine als Therapeutin tätige Psychologin darf zwar mit der Begutachtung der Glaubwürdigkeit von ihr betreuter Kinder beauftragt werden. Von der Prozessordnung wird ein solches Vorgehen nicht verboten. Der Rollenkonflikt, der sich aus der unterschiedlichen Aufgabenstellung als Therapeut und als Glaubwürdigkeitsgutachter ergeben kann, kann aber im Einzelfall die Besorgnis der Befangenheit begründen.[164]

III. Belehrungspflichten des Sachverständigen

Der Sachverständige darf die eigentliche Vernehmung des Beschuldigten/Angeklagten nicht vornehmen.[165] Er darf aber zum Zwecke der Exploration mit diesem Gespräche führen. 35

Zur Belehrung eines Beschuldigten ist der Sachverständige nach der wohl noch überwiegenden Rechtsprechung ebenfalls nicht verpflichtet. Dies gilt auch, wenn der Sachverständige zur Vorbereitung des Gutachtens den Beschuldigten über das Tatgeschehen befragt hat. Derartige Aussagen können dadurch in das Verfahren eingeführt werden, dass der Sachverständige (auch) als Zeuge 36

157 Zur Begutachtung der Schuldfähigkeit durch Rechtsmediziner vgl. *Bratzke* Rechtsmedizin 2003, 301 ff.

158 Vgl. dazu *Würmeling* in Frank/Harrer Der Sachverständige im Strafrecht – Kriminalitätsverhütung S. 71 ff.; a.A. *Venzlaff* in Frank/Harrer Der Sachverständige im Strafrecht – Kriminalitätsverhütung S. 11 ff., 21; *Crefeld* RuP 1994, 102; zum »Rollenproblem« des Sachverständigen *Geppert* FG Lübtow 1980 S. 773 ff.; a.A. wohl *Pawlak* Die Ablehnung des Sachverständigen in Strafverfahren wegen Befangenheit 1999, S. 154 ff. m.w.N., der meint, dass der Sachverständige »nicht aus seiner Rolle als Arzt entlassen werden kann«.

159 *Blau* FS Schewe S. 10 ff., 16; *Zeit* in MedSach 1994, 69 ff.; LR/*Ignor/Bertheau* § 53 Rn. 38.

160 Zur Schweigepflicht vgl. *Müller-Dietz* in: Aktuelle Probleme und Perspektiven des Arztrechts 1989, S. 39 ff.; *Hofmann/Westendorf* Polizei 2008, 227 ff.; *Schnoor* Beurteilung der Schuldfähigkeit 2009 S. 140 ff.; die Schweigepflicht korrespondiert mit dem Zeugnisverweigerungsrecht des § 53 StPO.

161 BGH, Urt. v. 14.11.1963 - III ZR 19/63 = BGHZ 40, 288; Urt. v. 17.10.1992 – 3 StR 367/92 = BGHSt 38, 369.

162 BGH, Urt. v. 17.10.1992 – 3 StR 367/92 = BGHSt 38, 369.

163 *Crefeld* RuP 1994, 102; vgl. auch *Nedopil* NJW 2000, 837 ff.; vgl. auch *Streng* NStZ 1995, 12 ff.

164 BGH, Urt. v. 27.11.1995 – StR 614/95 = StV 1996, 130.

165 BGH, Urt. v. 18.05.1951 – 1 StR 149/51 = NJW 1951, 771; BGH bei Dallinger, MDR 1966, 383.

gehört wird[166], es soll sich hierbei nicht um eine Beschuldigtenvernehmung handeln[167]. Die Gegenansicht fordert zurecht eine Belehrungspflicht[168], die ja auch für den Gerichtshelfer nach § 160 Abs. 3 angenommen werde, zumal der Sachverständige ja zu einer eigentlichen Vernehmung selbst gar nicht berechtigt sei (vgl. § 80 StPO).

37 Der Sachverständige ist zwar nicht befugt, eine gebotene Belehrung vorzunehmen, er muss jedoch, wenn er feststellt, dass die Belehrung unterblieben ist, ihre Nachholung durch die zuständige Stelle – Staatsanwaltschaft oder Gericht – veranlassen. Unterlässt es der Sachverständige, die danach gebotene Belehrung herbeizuführen, so mag das allein noch nicht die Besorgnis der Befangenheit begründen. Unterbleibt die Belehrung aufgrund eines Irrtums des Sachverständigen in tatsächlicher oder rechtlicher Hinsicht, so liegt hierin regelmäßig kein Grund, an der Unvoreingenommenheit des Sachverständigen zu zweifeln. Verschweigt jedoch ein im Auftrage der Staatsanwaltschaft handelnder Sachverständiger bei dieser Sachlage den Kindern bewusst, dass er für die Justizbehörden tätig wird, weil er sicher ist, dass diese andernfalls keine Angaben zum Tatgeschehen machen würden, dann setzt er sich auch gegenüber einem besonnenen und verständigen Angeklagten dem Verdacht der Parteilichkeit aus.[169]

38 Kindern steht in Verfahren gegen ihre Eltern das Recht zu, Angaben zur Sache und die Untersuchung zu verweigern (§§ 52 Abs. 1 Nr. 3, 81c Abs. 3 S. 1 StPO). Hierüber sind sie gemäß §§ 52 Abs. 3 S. 1, 81c Abs. 3 S. 2 StPO zu belehren. Beauftragt das Gericht einen Sachverständigen, ein Kind auf seine Glaubwürdigkeit zu untersuchen, das von seinem Vater sexuell missbraucht worden sein soll, dann muss das Kind vom Gericht in kindgerechter Weise belehrt und darauf hingewiesen werden, dass es trotz der Zustimmung seiner Mutter (Pfleger) Angaben und Mitwirkung verweigern darf. Dem Sachverständigen darf diese Aufgabe nicht übertragen werden.[170] Nichtrichterliche Vernehmungspersonen (somit auch Sachverständige) dürfen in der Hauptverhandlung so lange nicht über den Inhalt früherer Angaben eines zur Zeugnisverweigerung berechtigten Zeugen gehört werden, wie Ungewissheit darüber besteht, ob der Zeuge von seinem Weigerungsrecht Gebrauch macht oder darauf verzichtet.[171]

Zu beachten ist aber, dass eine die Belehrungspflicht nach § 81c Abs. 3 S. 1, § 52 StPO auslösende Untersuchung nicht vorliegt, wenn der Sachverständige eine Zeugin während der Hauptverhandlung beobachtet und ein Gutachten erstattet.[172]

39 **Verwertungsverbote:**[173] § 252 StPO enthält nicht nur ein Verlesungs-, sondern ein Verwertungsverbot, das nach der berechtigten Zeugnisverweigerung auch jede andere Verwertung der bei einer nichtrichterlichen Vernehmung gemachten Aussage, insbesondere die Vernehmung von Verhörspersonen, ausschließt.[174] Mitteilungen eines gemäß § 52 StPO zur Verweigerung des Zeugnisses berechtigten

166 BGH, Urt. v. 06.09.1968 – 4 StR 339/68 = NJW 1968, 2297; Beschl. v. 20.07.1995 – 1 StR 338/95 = StV 1995, 564 f.; Urt. v. 04.12.1996 – 2 StR 430/96 = NStZ 1997, 349 f.; Beschl. v. 20.7.1995 – 1 StR 338/95 = NJW 1998, 838 f.; vgl. auch Meyer-Goßner/*Schmitt* § 81c Rn. § 32; § 52 Rn. 34 nicht unstreitig, vgl. *Eisenberg* Rn. 1672 ff.; *Schnoor* S. 140 ff.

167 OLG Celle, Beschl. v. 10.02.2023 – 2 Ws 336/22 = StraFo 2023, 190f.

168 LG Oldenburg, Beschl. v. 06.07.1994 – SG 7/94 – n. r. = StV 1994, 646; wohl auch BGH, Urt. v. 06.08.1987 – 4 StR 333/87 = NStZ 1988, 142; vgl. auch Rdn. 100 m.w.N.

169 BGH, Urt. v. 04.12.1996 – 2 StR 430/96 = NStZ 1997, 349 f. = StV 1997, 231; *Schnoor* S. 146 ff.

170 BGH, Beschl. v. 23.08.1995 – 3 StR 163/95 = StV 1995, 563; Urt. v. 29.06.1989 – 4 StR 201/89 = BGHSt 36, 217; Urt. v. 22.01.1991 – 1 StR 624/90 = BGHR StPO § 52 Abs. 3 S. 1 Belehrung 4.

171 BGH, Urt. v. 11.04.1973 – 2 StR 42/73 = BGHSt 25, 177; vgl. auch Urt. v. 29.06.1989 – 4 StR 201/89 = BGHSt 36, 217 ff.

172 BGH, Urt. v. 13.05.1969 – 2 StR 616/68 = BGHSt 23, 1; Urt. v. 03.06.1982 – 1 StR 184/82 = NStZ 1982, 432; Beschl. v. 07.09.1995 – 1 StR 136/95 = StV 1995, 622.

173 Vgl. auch Rdn. 88.

174 BGH, Urt. v. 15.01.1952 – 1 StR 341/51 = BGHSt 2, 99; Urt. v. 23.09.1999 – 4 StR 189/99 = BGHSt 45, 203, 205.

Zeugen gegenüber einem Sachverständigen über Zusatztatsachen,[175] zu denen regelmäßig auch die Tatschilderung eines auf seine Glaubwürdigkeit zu begutachtenden Zeugen gehört,[176] stehen einer Aussage im Sinn des § 252 StPO gleich. Soweit ausnahmsweise die Vernehmung der Richter zugelassen wird, die an der früheren Vernehmung mitgewirkt haben[177] kann diese Ausnahme auf die Befragung durch den Sachverständigen, die einer richterlichen Vernehmung nicht gleich gesetzt werden kann, keine Anwendung finden.[178] Macht der Zeuge später sein Zeugnisverweigerungsrecht geltend, dürfen seine Mitteilungen über Zusatztatsachen daher weder durch das Sachverständigengutachten noch durch die Vernehmung des Sachverständigen als Zeugen in die Hauptverhandlung eingeführt und bei der richterlichen Überzeugungsbildung verwertet werden.[179]

▶ **Beachte**

Die Verteidigung wird genauestens zu überprüfen haben, ob beim Angeklagten selbst oder bei einem zu begutachtenden Zeugen gegen Belehrungspflichten verstoßen worden ist. Denn dann muss sie in der Hauptverhandlung von ihrem Widerspruchsrecht, das wohl mehr eine Widerspruchspflicht geworden ist,[180] umgehend Gebrauch machen.

IV. Durchführung der Exploration

Die fachliche Durchführung der Untersuchung ist allein Sache des Sachverständigen. Er hat hinsicht- 40
lich der Informationsbeschaffung und der Methodenwahl weitgehend freie Hand. Das Gericht darf ihm keine Weisungen darüber erteilen, auf welchem Weg er das Gutachten zu erarbeiten hat. Wenn es der Sachverständige für erforderlich hält, die psychiatrische Untersuchung des Beschuldigten in Abwesenheit dritter Personen, insbesondere des Verteidigers, vorzunehmen, weil er die Verfälschung des Ergebnisses der Exploration befürchtet, bewegt er sich im Bereich seiner Fachkompetenz.

Es gibt keinen wissenschaftlichen Standard, der die Anwesenheit Dritter bei Schuldfähigkeits- und Prognosegutachten vorsieht. Das Recht des Beschuldigten, sich in jeder Lage des Verfahrens anwaltlicher Hilfe zu bedienen, führt nicht zu einem Anwesenheitsrecht des Verteidigers bei der Exploration[181]. Die Strafprozessordnung sieht ein solches Anwesenheitsrecht nicht vor. Auch wenn die Exploration unter Umständen in Abhängigkeit von dem Gutachtenauftrag vernehmungsähnliche Elemente haben kann, ist sie mit den Vernehmungen bei Polizei, Staatsanwaltschaft und Gericht nicht gleichzusetzen. Die Anwesenheit des Verteidigers ist auch nicht erforderlich, um sicherzustellen, dass die Exploration den medizinischen Standards und der Strafprozessordnung entspricht. Wenn der Beschuldigte sich gleichwohl nur in Anwesenheit seines Verteidigers untersuchen lassen will und damit die Untersuchung in der vom Sachverständigen für erforderlich gehaltenen Art verweigert, muss er in den Fällen, in denen die Untersuchung ihrer Art nach die freiwillige Mitwirkung des Beschuldigten voraussetzt, damit rechnen, dass seine Begutachtung ggf. nur auf einer schmaleren Basis von Befunden erfolgen wird. Nicht selten entsteht nach Durchführung der Exploration Streit über Inhalt und Diktion der Äußerungen des Beschuldigten. Die Verteidigung sollte daher aus

---

175 BGH, Urt. v. 26.10.1962 – 4 StR 318/62 = BGHSt 18, 107 (108).

176 BGH, Beschl. v. 03.09.1996 – 1 StR 426/96 = NStZ 1997, 95; Urt. v. 29.05.1996 – 3 StR 157/96 = StV 1996, 522.

177 BGH, Urt. v. 15.01.1952 – 1 StR 341/51 = BGHSt 2, 99; Urt. v. 03.08.1977 – 2 StR 318/77 = BGHSt 27, 231.

178 BGH, Urt. v. 13.02.1959 – 4 StR 470/58 = BGHSt 13, 1, 4; Urt. v. 03.11.2000 – 2 StR 354/00 = BGHSt 46, 189, 192 f.

179 BGH, Urt. v. 03.11.2000 – 2 StR 354/00 = BGHSt 46, 189 ff.; die Entscheidungen BGHSt 11, 97 und BGH StV 1995, 564 betreffen nicht die Verwertung von Zusatztatsachen.

180 BGH, Urt. v. 12.01.1996 – 5 StR 756/94 = BGHSt 42, 15 (22 f.); OLG Frankfurt/Main, Beschl. v. 26.8.2010 – 3 Ss 147/10 = NStZ-RR 2011, 45 f.; *Meyer-Mews* StraFo 2009, 141 f.

181 BGH, Beschl. v. 08.08.2002 – 3 StR 239/02 = StV 2003, 537 = NStZ 2003, 101; m. Anm. *Barton; Vahle* Kriminalistik 2003, 167; vgl. auch *Roggenwallner* StRR 2013, 214 f.

Gründen der Transparenz und zur Wahrung des Fair-Trial-Grundsatzes[182] darauf drängen, dass das Gericht dem Sachverständigen aufgibt, die Exploration audio-visuell aufzuzeichnen oder zumindest mit einer reinen Tonspur zu dokumentieren. Zumindest gegen letzteren Vorschlag lässt sich auch die Freiheit der Methodenwahl kaum ins Feld führen.

▶ Beachte

Nach der Rechtsprechung des Bundesgerichtshofs kann der Beschuldigte die Anwesenheit seines Verteidigers bei der Exploration nicht verlangen.

V. Haftung des Sachverständigen

41 Nach § 839a BGB ist ein gerichtlicher Sachverständiger zum Ersatz verpflichtet, wenn er vorsätzlich oder grob fahrlässig ein unrichtiges Gutachten erstattet und eine darauf beruhende gerichtliche Entscheidung einem der Verfahrensbeteiligten Schaden zugefügt hat.[183] Eine Schadensersatzpflicht ist ausgeschlossen, wenn es der Geschädigte vorsätzlich oder fahrlässig unterlassen hat, den Schaden durch Gebrauch eines Rechtsmittels abzuwenden, § 839a Abs. 2 BGB i.V.m. § 839 Abs. 3 BGB.[184] Der Begriff des Rechtsmittels ist über die förmlichen Rechtsmittel hinaus weit zu fassen und umfasst auch Hinweise auf Unrichtigkeiten im Verfahren, die Stellung von Beweisanträgen, auf Anhörung des Sachverständigen, Gegenvorstellungen etc..[185]

§ 839a BGB findet im Wege der Analogie im Allgemeinen auch auf die Haftung eines Sachverständigen Anwendung, der sein Gutachten in einem Ermittlungsverfahren der Staatsanwaltschaft erstattet[186]

▶ Beachte

Für den Anspruch nach § 839a BGB ist zu unterscheiden, ob das unrichtige Gutachten für den Inhalt der gerichtlichen Entscheidung (mit-)ursächlich geworden ist (»beruhen auf«; haftungsbegründende Kausalität) und ob der geltend gemachte Schaden durch die von dem unrichtigen Gutachten beeinflusste Gerichtsentscheidung herbeigeführt worden ist (haftungsausfüllende Kausalität). Bei der Frage, ob der geltend gemachte Schaden auf die vom unrichtigen Gutachten beeinflusste Gerichtsentscheidung zurückzuführen ist, ist maßgebend, wie der Ausgangsprozess bei Vorlage eines richtigen Gutachtens des Sachverständigen richtigerweise hätte entschieden werden müssen[187].

Eine Möglichkeit, Sachverständige bei Verletzung ihrer Pflichten bei der Bestellungsbehörde zu melden besteht seit dem 01.01.2023 in NRW landesrechtlich nach § 43a JustG.[188]

182 Vgl. hierzu *Urwyler*, Das Teilnahmerecht der Verteidigung am Explorationsgespräch des psychiatrischen Sachverständigen mit der beschuldigten Person im Lichte der EMRK, 2019.

183 Vgl. dazu auch *Schwab* Der Sachverständige, 2005, 132 ff.; *Moebus* Der Kfz-Sachverständige 2008, 18 ff.; *Volze* Der Sachverständige 2011, 201 ff.; *Bayerlein/Bleutge/Roeßner*, Praxishandbuch Sachverständigenrecht, 6. Aufl, S. 633 ff; für Glaubhaftigkeitsgutachten vgl. *Hebben-Dietz* jurisPR-StrafR 18/2015 Anm. 4.

184 Vgl. u.a. BGH, Urt. v. 09.03.2006 – III ZR 143/05 = BGHZ 166, 313 ff.; Urt. v. 05.07.2007 – III ZR 240/06 = BGHZ 173, 98 ff.

185 *Bayerlein/Bleutge/Roeßner*, Praxishandbuch Sachverständigenrecht, 6. Aufl, S. 647 m.w.N.

186 BGH, Urt. v. 06.03.2014 – III ZR 320/12 = BGHZ 200, 253 f. = NJW 2014, 1665 f. m. Anm. *Thiel* JR 2016, 65.

187 BGH, Beschl. v. 30.08.2018 – III ZR 363/17 = NJW-RR 2018, 1364.

188 Hierzu *Ulrich* DS 2023, 179 f.

F. Der Sachverständige in der Hauptverhandlung

I. Rechtsstellung

Bereits bei der Vorbereitung seines Gutachtens hat der Sachverständige besondere Kompetenzen: Ihm kann gestattet werden, die Akten einzusehen, er kann Vernehmungen und der gesamten Hauptverhandlung beiwohnen. Ob dem Sachverständigen gestattet wird, Fragen an Prozessbeteiligte zu stellen, steht im Ermessen des Tatgerichts.[189] 42

II. Leitung des Sachverständigen (§§ 78, 238 StPO)

Nach § 78 StPO hat der Strafrichter, soweit ihm dies erforderlich erscheint, die Tätigkeit des Sachverständigen zu leiten. Damit ist nicht die fachliche Leitung gemeint, sondern die Hilfe bei der Bewältigung der im Zusammenhang mit der Gutachtenserstattung auftretenden tatsächlichen und rechtlichen Fragen. Hinsichtlich der fachlichen Vorgehensweise darf das Gericht dem Sachverständigen keine Weisungen erteilen. Um seiner Leitungsverantwortung aus § 78 StPO gerecht zu werden, muss das Gericht dem Sachverständigen aber etwa vorgeben müssen, von welchem Sachverhalt er für die Erstattung des Gutachtens (ggf. alternativ) auszugehen hat und wie z. B. mit der Einlassung des Angeklagten umzugehen ist, wenn das Gericht diese bereits als widerlegt ansieht.[190] Auf unzulässige Vorgehensweisen muss der Sachverständige gegebenenfalls hingewiesen werden. Bei der Leitung des Sachverständigen ist auf die Achtung der menschlichen Würde eines Zeugen Bedacht zu nehmen. Beweiserhebungen zu dessen Privat- und Intimleben sind nämlich nur nach sorgfältiger Prüfung ihrer Unerlässlichkeit statthaft[191]. 43

▶ Beachte also

Das Gericht hat dem Sachverständigen die Rechtslage zu erläutern und, soweit erforderlich, darüber zu belehren, was er darf und nicht darf. Der Sachverständige ist auch über die einschlägigen verfahrensrechtlichen Vorschriften (z.B. § 80, 80a, 81, 81a StPO) aufzuklären. Soweit das Gesetz die Untersuchung des Beschuldigten durch den Sachverständigen vorschreibt, hat der Richter dafür zu sorgen, dass der Sachverständige den Beschuldigten hinreichend und angemessen untersucht.

Dem Sachverständigen muss das gesamte für seine Tätigkeit wichtige Material zur Verfügung gestellt werden. Wesentlich ist insoweit die Vermittlung der Anknüpfungstatsachen, von denen der Sachverständige ausgehen soll, durch das Gericht an diesen. Erforderlichenfalls müssen ihm alternative Sachverhalte zur Beurteilung vorgelegt werden.[192] Wenn das Gericht aufgrund einer abweichenden Tatsachengrundlage zu einem anderen Ergebnis als der Sachverständige kommt, ist es gehalten, dem Sachverständigen Gelegenheit zu geben, sich mit den anderen Anknüpfungstatsachen auseinanderzusetzen und diese in seine Beurteilung einzubeziehen.[193] Die Vermittlung der Anknüpfungstatsachen darf auch während eines laufenden Verfahrens außerhalb der Hauptverhandlung erfolgen.[194] Auf welchem Wege und aufgrund welcher Unterlagen er sein Gutachten erarbeitet, bleibt aber seinem pflichtgemäßen Ermessen überlassen.[195] Hinsichtlich der fachlichen Vorgehensweise darf das Gericht keine Weisungen erteilen. Auf unzulässige Vorgehensweisen (z.B. Lügendetektor)[196] muss er gegebenenfalls hingewiesen werden.

---

189 BGH, Urt. v. 12.11.1968 – 1 StR 358/68 = NJW 1969, 437.

190 BGH, Beschl. v. 30.09.2021 – 5 StR 325/21 = StV 2022, 83.

191 BGH, Beschl. v. 11.01.2005 – 1 StR 498/04 = NJW 2005, 1519.

192 BGH, Urt. v. 13.03.1985 – 3 StR 8/85 = StV 1986, 138.

193 BGH, Urt. v. 13.03.1985 – 3 StR 8/85 = StV 1986, 138; Beschl. v. 29.09.1994 – 4 StR 494/94 = StV 1995, 113; Beschl. v. 10.01.2000 – 5 StR 640/99 = NStZ-RR 2000, 353, 361 bei Pfister.

194 BGH, Urt. v. 04.12.1951 – 1 StR 530/51 = BGHSt 2, 25 f.

195 BGH, Urt. v. 06.08. 1969 – 4 StR 126/69 = NJW 1970, 1242 f.

196 BGH, Urt. v. 17.12.1998 – 1 StR 156/98 = BGHSt 44, 308.

▶ **Beachte**

Das Gericht kann – auch auf Anregung der **Verteidigung** – aber ein schriftliches (Kurz-) Gutachten zur Vorbereitung der Hauptverhandlung verlangen.[197] Einen selbstständigen verfahrensrechtlichen Anspruch von Betroffenen oder anderen Verfahrensbeteiligten auf Anfertigung und Aushändigung vorbereitender schriftlicher Gutachten gibt es aber nicht.

44 Der Sachverständige ist verpflichtet, persönlich in der Hauptverhandlung zu erscheinen (§ 77 StPO) und sein Gutachten selbst zu erstatten. Nur aus den in § 76 StPO angegebenen Gründen kann er die Gutachtenserstattung verweigern.

▶ **Hinweis**

Mit der **Revision** kann gerügt werden, dass dem Sachverständigen rechtsirrtümlich ein Verweigerungsrecht zuerkannt oder nicht zugestanden worden ist.[198]

Bleibt der Sachverständige in der Hauptverhandlung aus oder verweigert er grundlos die Erstattung des Gutachtens, können gegen ihn Sanktionen, und zwar Kostenauferlegung und Ordnungsgeld verhängt werden (§ 77 Abs. 1 S. 1 und 2 StPO).[199]

▶ **Hinweis**

Die **Revision** kann nicht darauf gestützt werden, gegen den Sachverständigen sei kein Ordnungsgeld festgesetzt oder die Eidesleistung sei nicht erzwungen worden. In Betracht kommt allenfalls die Rüge der Verletzung der Aufklärungspflicht, wenn das Gericht den ungehorsamen Sachverständigen nicht zur Gutachtenerstellung gezwungen bzw. keinen anderen Sachverständigen beauftragt hat.[200]

Ein gerichtlich bestellter Sachverständiger hat die Pflicht zur persönlichen Gutachtenerstattung. Es besteht daher ein Delegationsverbot, soweit durch Heranziehung anderer Personen die Verantwortung des Sachverständigen für das Gutachten infrage gestellt wird.[201] Der Sachverständige darf aber einen anderen Sachverständigen hinzuziehen, wenn dadurch die eigene Verantwortung und Beurteilung durch ihn selbst nicht eingeschränkt wird, zulässig ist auch eine »Sachverständigengruppe«.[202] Er kann auch Hilfskräfte[203] z.B. zur körperlichen Untersuchung des Angeklagten mit einbinden, diese sind aber keine Sachverständige.[204] Probleme tauchen insoweit oft bei medizinischen Gutachten auf, wenn ein anderer Arzt (meist Oberarzt oder Assistenzarzt) das schriftliche Gutachten erstellt und der an sich als Sachverständiger bestellte und in der Hauptverhandlung dann auftretende Klinikdirektor nur »abgezeichnet« hat. Hier ist erforderlich, dass dieser darlegen kann, nach eigener Prüfung die volle Verantwortung für den Inhalt des Gutachtens übernehmen zu können.

---

197 Str. zum Streitstand vgl.: offengelassen: BGH, Beschl. v. 12.02.2008 – 1 StR 649/07 = NStZ 2008, 418 f. = StraFo 2008, 243 m. Anm. *Deckers/Heusel* StV 2009, 7 f.; BGH, Urt. v. 14.10.2009 – 2 StR 205/09 = BGHSt 54, 177 ff. = NStZ 2010, 156 f. m. Anm. *Deckers* u.a. NStZ 2011, 69 ff. (kritisch); *Peglau* JR 2010, 304 f.; *Ziegert* 2011, 199 f.; *Senge* jurisPR-StrafR 5/2010 Anm.2; bejaht für Prognosegutachten nach § 454 Abs. 2 StPO: KG, Beschl. v. 08.03.2010 – 2 Ws 40–41/10 = StV 2011. 42.

198 *Brauer* in: Gercke/Julius/Temming/Zöller, Strafprozessordnung, 6. Aufl. 2019, § 76 Rn. 6 m.w.N.

199 *Eisenberg* Rn. 1569 ff.

200 *Brauer* § 77 Rn. 11 m.w.N.

201 BGH, Beschl. v. 25.05.2011 – 2 StR 585/10 = StV 2011, 709 = NStZ 2012, 103 f.; LG Nürnberg-Fürth, Beschl. v. 22.06.2021 – 5 Ks 102 Js 2876/20 = StV 2022, 283.

202 BGH, Urt. v. 30.10.1968 – 4 StR 281/68 = BGHSt 22, 268 ff.

203 Vgl. dazu BVerwG, Urt. v. 09.03.1984 – BVerwG 8 C 97.83 = NJW 1984, 2645 ff.

204 Vgl. *Bleutge* NJW 1985, 1185 f.; *Jessnitzer* MedSach 1974, 55 ff.

III. Die Anwesenheit des Sachverständigen in der Hauptverhandlung

Ob der Sachverständige sich die Überzeugung von der Richtigkeit der seinem Gutachten zugrunde zu legenden Tatsachen selbst dadurch verschafft hat, dass er der gesamten Beweisaufnahme beiwohnte, oder ob ihn das Gericht davon unterrichtet und er diese Mitteilung als richtig hingenommen hat, ist gleichgültig. Das ergibt sich aus § 80 StPO; danach kann dem Sachverständigen, wenn er zur Vorbereitung seines Gutachtens weiterer Aufklärung bedarf, u.a. gestattet werden, der Vernehmung von Zeugen oder des Beschuldigten beizuwohnen und an sie unmittelbar Fragen zu stellen. Der Sachverständige muss nicht dauernd anwesend sein. Ob er während der gesamten Beweisaufnahme anwesend sein soll, steht im pflichtgemäßen Ermessen des Gerichts.[205] Es wird die Beweisaufnahme regelmäßig in Gegenwart des Sachverständigen durchführen müssen, wenn es der besonderen Sachkunde des Gutachters bedarf, um aus den Bekundungen der Zeugen und den Angaben des Angeklagten die erforderlichen tatsächlichen Schlüsse ziehen zu können.[206] Sofern das Gericht keine besonderen Weisungen erteilt, entscheidet der Sachverständige aber selbst über die Erforderlichkeit seiner Anwesenheit in der Hauptverhandlung.[207] Erforderlichenfalls sind ihm, wenn über wesentliche Gesichtspunkte in seiner Abwesenheit Beweis erhoben wurde, Tatsachen, die sein Gutachten beeinflussen könnten, durch das Gericht mitzuteilen.[208] 45

▶ **Beachte**

Die ständige Anwesenheit des psychiatrischen Sachverständigen in der Hauptverhandlung wird vom Gesetz nicht – auch nicht im Fall des § 246a StPO – gefordert.[209] Welchem Teil der Hauptverhandlung der Sachverständige beiwohnen muss, um ein zutreffendes Bild von der Persönlichkeit des Beschuldigten und dessen Zustand zu gewinnen, richtet sich nach Gesichtspunkten der gerichtlichen Aufklärungspflicht und der Fachwissenschaft des Sachverständigen. § 246a S. 2 StPO, wonach dem Sachverständigen, der den Angeklagten nicht schon früher untersucht hat, zu solcher Untersuchung vor der Hauptverhandlung Gelegenheit gegeben werden »soll«, wird einhellig dahin verstanden, dass in den genannten Fällen dem Sachverständigen Gelegenheit zur Untersuchung gegeben werden muss.[210]

IV. Vereidigung

Der Sachverständige kann nach dem Ermessen des Gerichts vereidigt werden,(§ 79 StPO. Die Nichtvereidigung des Sachverständigen ist die Regel und bedarf deshalb keiner ausdrücklichen Entscheidung durch das Gericht. Das Recht der Prozessbeteiligten auf Vereidigung des Sachverständigen ist bereits 2004 durch das 1. Justizmodernisierungsgesetz beseitigt worden.[211] Mit der Revision kann nicht gerügt werden, dass der Tatrichter sein Ermessen unrichtig ausgeübt habe. Hat er den Sachverständigen vereidigt, so ist das nie ein Rechtsfehler; hat er ihn unvereidigt gelassen, so ist er nur der gesetzlichen Regel gefolgt.[212] 46

Zusatztatsachen sind nicht Inhalt des Gutachtens. Über sie sagt der Sachverständige deshalb, falls er insoweit Angaben macht, als Zeuge aus. Es gelten deshalb die Regelungen über die Belehrung und Vereidigung eines Zeugen (§§ 57, 59 ff. StPO).

---

205 BGH, Urt. v. 22.07.1964 – 2 StR 247/64 = BGHSt 19, 367 ff.; Beschl. v. 08.06.1999 – 4 StR 237/99 = StV 1999, 470; Beschl. v. 20.06.2023 – 5 StR 51/23 = NStZ 2023, 830.

206 BGH, Urt. v. 04.12.1951 – 1 StR 530/51 = BGHSt 2, 25 ff.; Beschl. v. 08.06.1999 – 4 StR 237/99 = StV 1999, 470; zu beachten ist dabei der Gesichtspunkt der Aufklärungspflicht.

207 *Eisenberg* Rn. 1584.

208 BGH, Urt. v. 04.12.1951 – 1 StR 530/51 = BGHSt 2, 27 f.

209 BGH, Beschl. v. 30.03.1977 – 3 StR 78/77 = BGHSt 27, 166 (167); Beschl. v. 08.06.1999 – 4 StR 237/99 = StV 1999, 470.

210 BGH, Urt. v. 23.01.2002 – 5 StR 584/01 = NStZ 2002, 384.

211 Vgl. dazu *Diehm* StV 2007, 444 ff.; ausführlich *Krause* in LR 27. Aufl. § 79 Rn. 1.

212 *Krause* in LR 27. Aufl. § 79 Rn. 22.

V. Der weitere Sachverständige

47 Der Normalfall ist die Zuziehung eines Sachverständigen für ein bestimmtes Gebiet. Ist ein Gutachter durch das Gericht oder die Staatsanwaltschaft in das Verfahren eingeführt und vernommen, sind die Weichen meist gestellt. Nach der Vernehmung eines Sachverständigen in der Hauptverhandlung ist es rechtlich sehr schwierig, die Anhörung eines anderen, neuen und damit weiteren Gutachters zu erreichen. Die Möglichkeit allein, dass ein anderer Sachverständiger zu einem anderen Ergebnis kommen könnte, genügt nicht. Durch § 244 Abs. 4 S. 2 StPO sind einem Beweisbegehren auf Zuziehung eines weiteren Sachverständigen enge Grenzen gesetzt.[213] Nach dieser Regelung kann das Tatgericht die Vernehmung eines weiteren Sachverständigen ablehnen, wenn durch das Gutachten eines anderen (oder mehrerer) Sachverständigen das Gegenteil der behaupteten Tatsache bereits erwiesen ist.[214] Nur wenn Zweifel an der Sachkunde des bisherigen Gutachters bestehen – worüber der Tatrichter nach pflichtgemäßem Ermessen zu entscheiden hat –, wenn das Gutachten von unzutreffenden tatsächlichen Voraussetzungen ausgeht, nicht erklärbare Widersprüche enthält oder der neue Gutachter über überlegene Forschungsmittel verfügt, hat ein entsprechender Antrag Aussicht auf Erfolg.

▶ Beachte

Mit der Begründung, das Gegenteil der behaupteten Tatsache sei durch die früheren Gutachten bewiesen, darf die Einholung eines weiteren Gutachtens nur abgelehnt werden, wenn allein durch frühere Gutachten zu demselben Beweisthema das Gegenteil der behaupteten Tatsache bewiesen ist.[215] Die Ablehnung eines Beweisantrages auf Einholung eines weiteren Sachverständigengutachtens gemäß § 244 Abs. 4 S. 2 Hs. 1 StPO ist deshalb fehlerhaft, wenn sich das Gericht in seiner Begründung nicht auf die Ergebnisse des früheren Gutachtens beschränkt, sondern seine Ablehnung auch auf andere Beweismittel oder eine Gesamtwürdigung aller Beweismittel stützt.[216]

48 Die Möglichkeit eines Psychiaters, sich mit dem Angeklagten in seiner Muttersprache zu unterhalten, ist noch kein überlegenes Forschungsmittel; ebenso wenig die Tatsache, dass der Angeklagte nur diesem – weiteren Sachverständigen – sich offenbaren will.[217] In Bereichen, in denen sich die Kompetenz von Sachverständigen verschiedener Fachrichtungen zur Beurteilung eines Sachverhalts überschneidet und das Gericht deshalb bei der Entscheidung über die Fachrichtung des zu bestellenden Gutachters frei ist, kann »weiterer« Sachverständiger i.S.d. § 244 Abs. 4 S. 2 StPO auch der Angehörige einer der anderen Fachrichtungen sein.[218]

49 Bei voneinander abweichenden Gutachten muss nicht ein weiterer Gutachter hinzugezogen werden. Das Tatgericht kann sich auch durch widersprechende Gutachten eine eigene Beurteilungsgrundlage schaffen und damit eine hinreichende eigene Sachkunde erwerben. Bei erheblichen Mängeln und Unklarheiten des mündlich erstatteten Gutachtens muss sich der Tatrichter eingehend mit den erhobenen Beanstandungen auseinandersetzen und die Einwände, welche gegen Methodik und Ergebnisse des bisherigen Gutachtens erhoben werden, kritisch prüfen.[219]

213 *Meyer-Goßner*/Schmitt § 244 Rn. 75–77.
214 Hier ist eine vorweggenommene Beweiswürdigung zulässig.
215 BGH, Urt. v. 24.11.1992 – 5 StR 500/92 = BGHSt 39, 49 ff.; Beschl. v. 09.07.2013 – 3 StR 132/13 = StV 2014, 265 f.; Beschl. v. 22.08.2008 – 2 StR 195/08 = BGHSt 52, 322 ff. = StV 2008, 564 f. zu § 256 Abs. 1 Nr. 2 StPO.
216 OLG Koblenz, Beschl. v. 10.04.2001 – 1 Ss 55/01 = StV 2001, 561.
217 BGH, Urt. v. 12.02.1998 – 1 StR 588/97 = BGHSt 44, 26 f.
218 BGH, Urt. v. 21.04.1987 – 1 StR 77/87 = BGHSt 34, 355 (357).
219 BGH, Beschl. v. 12.11.2004 – 2 StR 367/04 = StV 2005, 124 = BGHSt 49, 347 ff.

Beachte

Die Aufklärungspflicht kann es gebieten, auch dann, wenn die Voraussetzungen des § 244 Abs. 4 S. 2 StPO nicht vorliegen, einen weiteren Sachverständigen zuzuziehen. § 244 Abs. 2 StPO zwingt das Gericht dazu, alle verfahrensrechtlich zugelassenen Beweismittel zu benutzen, um bestehende Zweifel zu klären und zu beseitigen. Die Aufklärungspflicht kann daher dazu führen, dass das Gericht auch dann zur Einholung eines weiteren Beweises, also auch zur Anhörung eines weiteren Sachverständigen, genötigt ist, wenn es einen hierauf zielenden Antrag mit verfahrensrechtlich zulässiger Begründung ablehnen kann. Es können besondere Umstände vorliegen, die zur Benutzung des weiteren Beweismittels drängen oder die Benutzung mindestens nahe legen. Das Gericht wird dann von seiner Pflicht zur Aufklärung nicht dadurch befreit, dass ihm das Verfahrensrecht die Möglichkeit gibt, den Antrag unter bestimmten Gesichtspunkten abzulehnen.[220]

VI. Der selbstgeladene Sachverständige

50 Der Angeklagte kann einen Sachverständigen gemäß §§ 220 Abs. 1, 38, 245 Abs. 2 StPO selbst laden[221]. Dieser Sachverständige, der zum Kreis der zur Erstattung von Gutachten für Gerichte verpflichteten Personen (§ 75 StPO) gehören muss, ist durch den Gerichtsvollzieher unmittelbar zur Hauptverhandlung zu laden, eine Gestellung genügt nicht. Ein Angeklagter kann die Vorladung von Beweispersonen i.S.d. § 245 Abs. 2 S. 1 StPO nur mithilfe des Gerichtsvollziehers bewirken; er hat die förmliche Ladung nachzuweisen, wenn diese nicht aktenkundig ist; eine anwaltliche Versicherung genügt hierfür nicht.[222] Zweckmäßig ist es, den Sachverständigen für alle vorgesehenen Terminstage zu laden, ausreichend dürfte aber auch sein, ihn nur für den Beginn der Hauptverhandlung zu laden. Der Sachverständige darf kein Recht zur Verweigerung des Gutachtens haben (vgl. § 76 StPO), ihm muss bei der Ladung die gesetzliche Entschädigung für Reisekosten und die Zeitversäumnis mit dem in Betracht kommenden Stundensatz angeboten oder der entsprechende Betrag bei der Geschäftsstelle hinterlegt werden.[223] Erscheint der Sachverständige, ohne dass ein entsprechender Betrag hinterlegt ist, steht dies seiner Vernehmung nicht entgegen.

Ergibt sich in der Hauptverhandlung, dass die Vernehmung einer unmittelbar geladenen Person zur Aufklärung der Sache dienlich war, so hat das Gericht auf Antrag anzuordnen, dass ihr die gesetzli-

220 BGH, Urt. v. 19.11.1956 – 2 StR 493/56 = BGHSt 10, 116 (119); Urt. v. 21.11.1969 – 3 StR 249/68 = BGHSt 23, 176 (187 ff.); BGH, Urt. v. 12.02.1998 – 1 StR 588/97 = BGHSt 44,26, 33.

221 Allgem. *Detter* FS Salger 1995 S. 231 ff. *und* in FS Meyer-Goßner, 2001 S. 435 ff.; *Pauka/Daners* StraFo 2015, 397 f.; *Arnoldi*, NStZ 2018, 305 ff.; *Fromm* DAR-Service 2019, 110 ff.; zu den Ressentiments der Sachverständigen sich laden zu lassen vgl. *Zwiehoff* Praxis der Rechtspsychologie 2002, 49 ff.; vgl. auch den Disput *Rasch/Jungfer* StV 1999, 513 ff.; für den präsenten aussagepsychologische Sachverständigen vgl. *Aymans* StraFo 2007, 364 ff., zur Ablehnung von Beweisanträgen nach § 245 Abs. 2 StPO: *Waszczynski* ZJS 2010, 318 ff.; zu Privatgutachten und Selbstladeverfahren im Straf- und Bußgeldverfahren *Fromm*, DAR 2019, 110 ff.; *Schwenn* in FS Kröber, 2022, 259 ff; *Nix*, NJ 2022, 163 ff.

222 BGH, Beschl. v. 08.12.2011 – 4 StR 430/11 = NStZ 2012, 346 = StV 2013, 71.

223 Zur Problematik des Kostenrisikos vgl. BVerfG, Beschl. v. 12.09.2005 – 2 BvR 277/05 = NJW 2006, 136 ff.: »Zur Vermeidung einer faktischen Rechtswegsperre darf eine Kostenregelung in ihrer tatsächlichen Auswirkung nicht dazu führen, dass Rechtsschutz vor staatlichen Gerichten vornehmlich nach Maßgabe wirtschaftlicher Leistungsfähigkeit eröffnet wird«.

che Entschädigung aus der Staatskasse zu gewähren ist (§ 220 Abs. 3 StPO). In welchen Fällen der vernommene Sachverständige aus der Gerichtskasse entschädigt werden muss, ist strittig.[224]

51 Die formgerechte Ladung und das Erscheinen des Sachverständigen verpflichten das Gericht aber noch nicht zu dessen Vernehmung. Vielmehr bedarf es noch eines Beweisantrags in der Hauptverhandlung, der freilich nicht wegen eigener Sachkunde des Gerichts[225] und auch nicht, weil das Gegenteil der zu erweisenden Tatsache bereits durch ein anderes Sachverständigengutachten erwiesen sei, abgelehnt werden darf. Wurde der Sachverständige gem. § 38 StPO geladen und ist er erschienen, dann darf seine Vernehmung nur unter den Voraussetzungen des § 245 Abs. 2 StPO abgelehnt werden, er darf auch nicht durch einen anderen ersetzt werden. Der Umstand, dass nach Auffassung des Gerichts der Beweiserhebung aus rechtlichen oder tatsächlichen Gründen für die Entscheidung keine Bedeutung mehr zukommt, enthebt nicht von der Pflicht, präsente Beweismittel wie den selbstgeladenen und erschienenen Sachverständigen zu vernehmen, es sei denn, es liege ein Missbrauch von Verteidigerrechten vor[226].

▶ Beachte

Wurde der Sachverständige vom Angeklagten gemäß § 38 StPO geladen und ist er erschienen, dann darf seine Vernehmung nur unter den Voraussetzungen des § 245 Abs. 2 StPO abgelehnt werden.[227] Im Ordnungswidrigkeitenverfahren gilt dies indes nicht: diesem ist die Privilegierung selbst geladener Zeugen und Sachverständiger fremd, da allein das Gericht den Umfang der Beweisaufnahme bestimmt, § 77 Abs. 1 OWiG.[228] Ein Beweisantrag kann – auch bei präsenten Beweismitteln – wegen völliger Ungeeignetheit abgelehnt werden, wenn das Gericht ohne jede Rücksicht auf das bisherige Beweisergebnis ausschließen kann, dass sich mit dem angebotenen Beweismittel das in Aussicht gestellte Ergebnis erzielen lässt. Ein geminderter, geringer oder zweifelhafter Beweiswert reicht dagegen nicht aus. Ein Sachverständiger ist als Beweismittel völlig ungeeignet, wenn das Gutachten zu keinem verwertbaren Ergebnis führen kann, so z.B. wenn die für das Gutachten notwendigen tatsächlichen Grundlagen nicht gegeben sind und auch nicht beschafft werden können. Keine völlige Ungeeignetheit liegt vor, wenn nur wenige Anknüpfungstatsachen vorliegen.[229] Ein aussagepsychologischer Sachverständiger ist nicht schon deshalb ein völlig ungeeignetes Beweismittel i.S.v. § 245 Abs. 2 StPO, weil er während der Vernehmung des betreffenden Zeugen in der Hauptverhandlung nicht anwesend war. Dass der Sachverständige sich keinen unmittelbaren eigenen Eindruck von der Aussage des Zeugen machen konnte, ist erforderlichenfalls bei der Würdigung seines Gutachtens in Rechnung zu stellen, macht ihn aber nicht zu einem Beweismittel ohne jeden Beweiswert.

▶ Beachte

Wird ein Sachverständiger ohne förmliche Ladung (§ 38 StPO) zur Hauptverhandlung »gestellt«, ist über seine Vernehmung im Rahmen von § 244 Abs. 2–4 StPO zu entscheiden. Maßgebend für die Verpflichtung des Gerichts auf Vernehmung ist dann ein Beweisantrag, der den Anfor-

224 Zum Kostenproblem vgl. OLG Stuttgart, Beschl. v. 10.01.2003 – 4 Ws 274/02 = JR 2003, 435 m. Anm. *Eisenberg* 436 f.; OLG München, Beschl. v. 02.01.1996 – 2 Ws 1407/95 = StV 1996, 491; BGH, Beschl. v. 18.08.1999 – 1 StR 186/99 = StV 1999, 576; *Widmaier* StV 1985, 528; vgl. aber auch zum Kostenrisikos vgl. BVerfG, Beschl. v. 12.09.2005 – 2 BvR 277/05 = NJW 2006, 136 ff.: »Zur Vermeidung einer faktischen Rechtswegsperre darf eine Kostenregelung in ihrer tatsächlichen Auswirkung nicht dazu führen, dass Rechtsschutz vor staatlichen Gerichten vornehmlich nach Maßgabe wirtschaftlicher Leistungsfähigkeit eröffnet wird«.
225 BGH, Beschl. v. 25.03.1994 – 2 StR 102/94 = StV 1994, 358.
226 Vgl. auch *Arnoldi* NStZ 2019, 305 ff.
227 Vgl. dazu BGH, Beschl. v. 08.12.2011 – 4 StR 430/11 = NStZ 2012, 346.
228 Zum Beweisantragsrecht im Bußgeldverfahren vgl. *Arnoldi*, NStZ 2023, 5250ff.
229 BGH, Urt. v. 06.07.2011 – 2 StR 124/11 = StV 2011, 711.

derungen des § 244 Abs. 3 und 4 StPO entspricht oder die Aufklärungspflicht (§ 244 Abs. 2 StPO).[230]

Ein von der Verteidigung vorgeladener Sachverständiger ist aber nur dann ein präsentes Beweismittel, wenn er in der Hauptverhandlung auf die Erstattung seines Gutachtens vorbereitet ist und auf dieser Grundlage unmittelbar zur Sache gehört werden kann.[231] Er muss sein Gutachten mithin aufgrund des Wissens erstatten, das er zum Zeitpunkt seiner Vernehmung bereits erworben hat. Das Gericht ist nicht gehalten, ihm während laufender Hauptverhandlung Gelegenheit zur Vorbereitung seines Gutachtens zu geben und dabei Verfahrensverzögerungen hinzunehmen. Ist hingegen eine Vorbereitung des Sachverständigen ohne Verzögerung der Hauptverhandlung möglich, so muss das Tatsachengericht diese gestatten. Daraus erwächst zunächst der Verteidigung, will sie in der Hauptverhandlung einen Gutachter präsentieren, die Verpflichtung, dafür Sorge zu tragen, dass dieser rechtzeitig und ausreichend vorbereitet ist. Ein psychiatrischer oder psychologischer Sachverständiger wird sein Gutachten zur Frage der strafrechtlichen Verantwortlichkeit in aller Regel durch eine Exploration des Beschuldigten/Angeklagten vorbereiten. Befindet sich dieser auf freiem Fuß, entstehen dabei keine Schwierigkeiten. Wird hingegen Untersuchungshaft vollzogen, so bedarf es der Mitwirkung des gem. § 126 StPO zuständigen Richters, die normalerweise nicht verweigert werden kann und in einer den Erfordernissen angemessenen Besuchsregelung für den Sachverständigen bestehen sollte.[232] Der Richter hat dabei Bedacht darauf zu nehmen, dass die §§ 220, 245 Abs. 2 StPO dem Angeklagten unter den dort genannten Voraussetzungen einen Anspruch darauf geben, eigene Beweismittel in die Hauptverhandlung einzuführen. Im Fall eines psychiatrischen oder psychologischen Sachverständigen würde dieses Recht untergraben, wenn die allein aus den gesetzlichen Haftgründen nach §§ 112, 112a StPO vollzogene Untersuchungshaft zur Verhinderung der Vorbereitung des Sachverständigen führen würde. Eine Besuchsbeschränkung für den Sachverständigen regelt sich nach § 119 Abs. 3 StPO. Sie ist nur dann unproblematisch, wenn ausreichende Anhaltspunkte dafür bestehen, dass der Besuch den im Haftbefehl herangezogenen Haftgründen zuwiderläuft. Werden dem Besuchswunsch des Sachverständigen Gründe entgegengehalten, die den ordnungsgemäßen Betrieb der Haftanstalt gewährleisten sollen, ist die Schwere der zu erwartenden Störung gegen die Bedeutung des Beweismittels für den Beschuldigten vom Richter sorgsam abzuwägen und – wegen der Überprüfbarkeit seiner Entscheidung nach § 336 Abs. 1 StPO – darzulegen. Bedenken könnten sich etwa ergeben, wenn zur Begutachtung Zusatzuntersuchungen erforderlich wären, die länger dauernde Ausführungen erforderlich machten, oder wenn die Besuche des Sachverständigen überwacht werden müssten.[233]

▶ Beachte

Da der präsente Sachverständige, wie fast alle Sachverständigen, auch Zusatztatsachen[234] bekunden wird, rückt auch er teilweise in die Position eines Zeugen.[235] Ob es bei dieser Sachlage tatsächlich notwendig ist, den präsentierten Sachverständigen zunächst wie einen Zeugen zu behandeln und von der Teilnahme an der Hauptverhandlung auszuschließen,[236] erscheint sehr fraglich. Die Anwendung des § 243 Abs. 2 StPO ist an sich nicht unzulässig.[237] Maßgebend sollte aber sein, ob die neben der Zeugeneigenschaft bestehende Funktion als Sachverständi-

---

230 BGH, Beschl. v. 14.07. 1981 – 1 StR 385/81 = NStZ 1981, 401.; zur Rolle und Bedeutung des präsenten aussagepsychologischen Sachverständigen vgl. *Aymanns* StraFo 2007, 364 ff.

231 BGH, Urt. v. 04.03.1993 – 2 StR 503/92 = NStZ 1993, 395, 396 f..

232 OLG Frankfurt, Beschl. v. 08.08.2006 – 3 Ws 730/06 = StV 2006, 701 f.

233 BGH, Urt. v. 24.07.1997 – 1 StR 214/97 = BGHSt 43, 171 f. = NJW 1997, 3180; vgl. auch *Detter* in FS Meyer-Goßner S. 435 ff.

234 Zusatztatsachen sind solche Tatsachen, die auch das Gericht mit den ihm zur Verfügung stehenden Erkenntnis- und Beweismitteln feststellen könnte (z.B. der vom Angeklagten geschilderte Tathergang).

235 BGH, Beschl. v. 01.12.1992 – 1 StR 633/92 = StV 1993, 169.

236 So aber im Fall BGH, Urt. v. 12.02.1998 – 1 StR 588/97 = BGHSt 44, 26 ff.

237 BGH, Urt. v. 12.02.1998 – 1 StR 588/97, juris Rn 23, insoweit nicht in BGHSt 44, 26 ff. abgedruckt.

ger überwiegt. Wenn dies nur für den vom Gericht zugezogenen Sachverständigen angenommen wird, während dem präsentierten Sachverständigen eine Anwesenheit unter Berufung auf § 58 StPO verwehrt wird, zeugt dies von einem Missverständnis über dessen Stellung und deutet auf eine Art »Bestrafungsaktion« hin, die kaum noch von dem einem Tatrichter eingeräumten Ermessen gedeckt ist und unter Umständen auch im Revisionsverfahren unter dem Gesichtspunkt der Verletzung des »fairen Verfahrens« eine Rolle spielen könnte.

▶ Muster einer Sachverständigenladung durch den Verteidiger

Karlsruhe, 1. Juli 2023

Herrn

Psychiater Prof. Dr. …

[Adresse]In der Strafsache gegen …

Az. …

wegen sexuellen Missbrauchs von Kindern

werden Sie hiermit gem. § 220 StPO von mir als Verteidiger des Angeklagten … als Sachverständiger zu der am 18. August 2023 vor dem Landgericht Karlsruhe … (Adresse) um 9.00 Uhr in Saal 100 stattfindenden Hauptverhandlung geladen. Die Ihnen nach dem JVEG für Reisekosten und Versäumnis zustehende Entschädigung ist bei der Gerichtskasse hinterlegt. Entsprechenden Nachweis füge ich bei.

Ich weise Sie darauf hin, dass Sie zum Erscheinen verpflichtet sind. Im Falle des Nichterscheinens oder der Weigerung wird einem zur Erstattung des Gutachtens verpflichteten Sachverständigen auferlegt, die dadurch verursachten Kosten zu ersetzen. Zugleich wird gegen ihn ein Ordnungsgeld festgesetzt. Im Falle wiederholten Ungehorsams kann neben der Auferlegung der Kosten das Ordnungsgeld noch einmal festgesetzt werden (§ 77 StPO). Sollten sie verhindert sein, müssen Sie dies dem Gericht rechtzeitig anzeigen.

Rechtsanwalt

Diese Ladung muss durch den Gerichtsvollzieher, der vom Verteidiger um die Zustellung ersucht werden muss, zugestellt werden.

▶ Beachte

Wird ein Angeklagter freigesprochen und ist eine Anordnung nach § 220 Abs. 3 StPO nicht getroffen worden, so kann der Angeklagte die Erstattung seiner Aufwendungen für den von ihm unmittelbar geladenen oder zur Hauptverhandlung gestellten Sachverständigen nur im Kostenfestsetzungsverfahren nach § 464b StPO unter der Voraussetzung erreichen, dass die Vernehmung der Beweisperson sachdienlich i.S.d. § 220 Abs. 3 StPO war. Bei der Anhörung eines Sachverständigen ist es für die Sachdienlichkeit ausreichend, dass dessen Ausführungen die Diskussionsbasis in der Hauptverhandlung verbreitern, auch wenn seine gutachterlichen Feststellungen letztlich die des gerichtlich bestellten Sachverständigen bestätigen.[238]

VII. Der Strafverteidiger und der Sachverständige

1. Auswahl

52 Der Strafverteidiger[239] sollte sich so früh wie möglich mit der Frage befassen, ob im Verfahren die Beauftragung eines Sachverständigen in Betracht kommt und ggf. versuchen, auch Einfluss dar-

238 KG, Beschl. v. 10.05.1999 – 4 Ws 80/99 = NStZ 1999, 476.

239 *Dahs* Handbuch des Strafverteidigers 8. Aufl. Rn. 221 ff.

auf zu nehmen, welcher Sachverständige bestellt wird. Das ist nach der Konzeption des Gesetzes zunächst nicht vorgesehen: Im Vorverfahren beauftragen ggf. Polizei und Staatsanwaltschaft einen Sachverständigen (§§ 161a, 163 Abs. 1 StPO; Nr. 70 RiStBV)[240]. Die Staatsanwaltschaft kann auch den Richter (= Ermittlungsrichter) in die Benennung des Sachverständigen einschalten (vgl. § 162 Abs. 1 StPO)[241]. Während des Zwischenverfahrens ist das Gericht, bei dem die Anklage erhoben ist, für die Benennung zuständig, nach der Eröffnung das erkennende Gericht bei dem das Hauptverfahren anhängig ist. Dem Angeklagten selbst bleibt das Recht, gemäß § 201 StPO die Einholung eines Sachverständigengutachtens zu beantragen, er hat weiter das Beweisantragsrecht nach § 219 StPO. Danach kann er nach der Eröffnung des Hauptverfahrens vor der Hauptverhandlung beim Gerichtsvorsitzenden den Antrag auf Ladung eines Sachverständigen stellen.[242]

Die Verfahrensbeteiligten haben keinen Anspruch auf die Auswahl eines bestimmten Sachverständigen oder eines Angehörigen einer bestimmten Universität. Die Auswahl des Sachverständigen obliegt allein dem Gericht.[243] Der ausgewählte Sachverständige muss nur sachkundig sein. Die gesetzliche Regelung findet sich in § 73 Abs. 1 S. 1 StPO.[244] Danach erfolgt »die Auswahl der zuzuziehenden Sachverständigen und die Bestimmung ihrer Anzahl durch den Richter«.

▶ **Beachte**

Entscheidet sich der Richter nach der Einholung eines Gutachtens zur Schuldfähigkeit kurz vor Beginn der Hauptverhandlung zur Erhebung eines weiteren Gutachtens, ist er, schon um den Anspruch auf rechtliches Gehör zu gewährleisten, nach § 73 Abs. 1 StPO verpflichtet, die Verteidigung an der Auswahl des beizuziehenden Gutachters zu beteiligen.[245]

Ergänzt wird § 73 StPO durch Nr. 70 Abs. 1 RiStBV. Dort ist festgelegt, dass der Staatsanwalt, falls er die Zuziehung zur vollständigen Aufklärung des Sachverhalts für unentbehrlich hält, dem Verteidiger vor der Auswahl Gelegenheit zur Stellungnahme gibt, es sei denn, es handelt sich um einen häufig wiederkehrenden, tatsächlich gleichartigen Sachverhalt, wie ein Blutalkoholgutachten, oder eine Gefährdung des Untersuchungszweckes oder eine Verzögerung des Verfahrens ist zu besorgen. Der Verteidiger kann nur Anregungen hinsichtlich der Person eines bestimmten Sachverständigen geben oder Bedenken anmelden. Als Letztes bleibt die Möglichkeit der Dienstaufsichtsbeschwerde.[246]

Die Auswahl des – psychiatrischen – Gutachters gehört zu den »heißesten Problemen der ganzen 53
Gutachtenerstattung«, wie es *Rasch*[247] genannt hat[248].

240 Zur Begutachtung von ausländischen oder fremdsprachigen Beschuldigten vgl. *Schmidt* StV 2006, 51 ff.; zur Begutachtung von Personen mit Migrationshintergrund vgl. *Roggenwallner* StRR 2011, 16 f.; ein Diskussionsentwurf für eine Reform des Strafverfahrens schlägt eine erweiterte Beteiligung der Verteidigung vor.

241 Vgl. dazu auch *Foerster* StV 2008, 217 ff.

242 *Meyer-Goßner*/Schmitt § 219 Rn. 1; zu Rechtsmitteln Rn. 6, 7.

243 BGH, Urt. v. 14.01.2003 – 1 StR 357/02 – juris = BeckRS 2003, 1568.

244 Vgl. dazu BGH, Beschl. v. 10.09.2002 – 1 StR 169/02 = BGHSt 48, 4.

245 BGH, Beschl. v. 10.09.2002 – 1 StR 169/02 = BGHSt 48, 4, (11); Urt. v. 12.02.1998 – 1 StR 588/97 = BGHSt 44, 26, (31).

246 Vgl. dazu *Detter* NStZ 1998, 57, 58; *Eisenberg* JZ 2010, 474, 476; vgl. auch *Dierlamm* in Festschrift für Egon Müller 2008 S. 117 ff.

247 *Rasch* Forensische Psychiatrie 1986 S. 16.

248 Vgl. dazu *Kruse* NJW 2014, 509 ff.; *Heinrich* Konfliktverteidigung im Strafprozess Kap. 13 Rn. 34 ff.

In der Praxis werden Sachverständige aus dem Bereich der Psychiatrie[249] oder Psychologie häufig bereits von der Staatsanwaltschaft zugezogen.[250] Diese wählt verständlicherweise überwiegend solche Sachverständige aus, die sie kennt und von denen sie eine aus ihrer Sicht »sachgerechte« Beurteilung erwarten kann. Der in der Hauptverhandlung tätige Sachverständige wird damit häufig von der Staatsanwaltschaft »vorbestimmt«.[251] Die Verteidigung selbst hat zunächst nur geringe Möglichkeiten, auf die Auswahl des Sachverständigen Einfluss zu nehmen. Das Beteiligungsrecht nach Nr. 70 Abs. 1 RiStBV hat angesichts fehlender Sanktionen kaum Bedeutung erlangt.[252] Der im Vorverfahren zugezogene Sachverständige bleibt auch dann – einziger – Sachverständiger, der Strafrichter wird nur sehr selten einen anderen oder einen zusätzlichen Gutachter auswählen, obwohl er an die Auswahl durch den Staatsanwalt nicht gebunden ist.

54 Bei der Zuziehung erst durch das erkennende Gericht wird es zwar meist zur Anhörung der Verteidigung vor der Auswahl des Sachverständigen kommen,[253] eine echte Einflussnahme kann darin aber kaum gesehen werden.

Zwar ist die Auswahl des Sachverständigen allein Sache des Gerichts (§ 73 Abs. 1 S. 1 StPO[254]), ein Mitspracherecht bei der Wahl des Sachverständigen kennt das Gesetz nicht, sodass grundsätzlich keine Veranlassung besteht, den von Prozessbeteiligten benannten Sachverständigen zu beauftragen. Jedoch ist das Gericht in Erfüllung der ihm obliegenden Aufklärungspflicht und unter Beachtung der Schwere der dem Angeschuldigten zur Last gelegten Straftaten gehalten, alle Möglichkeiten zur Erforschung der Wahrheit auszuschöpfen. Die im pflichtgemäßen Ermessen liegende Auswahl eines Sachverständigen hat daher wesentliche Belange der zu untersuchenden Person dann zu berücksichtigen, wenn andernfalls der Untersuchungszweck gefährdet oder gar vereitelt würde. Während das Gesetz mit der nach § 74 Abs. 2 StPO bestehenden Möglichkeit, einen ausgewählten Sachverständigen abzulehnen, den Prozessbeteiligten ein Recht zur Wahrnehmung eigener Interessen einräumt, gebietet es die gerichtliche Fürsorge, einer Verletzung schutzwürdiger Interessen auch dann zu begegnen, wenn diese keine Ablehnung rechtfertigen. Dies gilt in besonderem Maße gegenüber Minderjährigen, die Opfer einer Sexualstraftat geworden sind. In diesen Fällen ist die Auswahl eines Sachverständigen grundsätzlich dann nicht pflichtgemäß, wenn hinreichende Anhaltspunkte erkennbar sind, die besorgen lassen, dass der Sachverständige nicht das Vertrauen des zu Untersuchenden oder dessen gesetzlichen Vertreters hat.[255]

55 Auch wenn einem Beweisantrag auf Zuziehung eines Sachverständigen stattgegeben wird, kann das Gericht an Stelle des vorgeschlagenen Sachverständigen einen anderen bestellen. Darin liegt keine nach § 244 Abs. 3, 4 StPO zu beurteilende (Teil-) Ablehnung des Beweisantrags, wenn der gewählte Sachverständige als gleichermaßen geeignet erscheint wie der benannte. Die Entscheidung über die Auswahl des Sachverständigen, aber auch die Festlegung der Zahl der zum Beweisthema zu hörenden Sachverständigen hat das Gericht nach seinem in Wahrnehmung der Aufklärungspflicht auszuübenden Ermessen zu treffen[256] (das gilt aber nicht im Rahmen von § 245 Abs. 2 StPO).

249 Zur Begutachtung der Schuldfähigkeit durch Rechtsmediziner vgl. *Parzeller/Bratzke* Rechtsmedizin 13, 301 ff. (2003).

250 *Sarstedt* NJW 1968, 177 f.; *Lürken* NJW 1968, 1161 f.; *Karpinksi/Rauch* NJW 1968, 1173 f.; *Krauß* ZStW 85 (1983), 320 f., 324 mit Hinweis auf die gegen eine Befugnis der Staatsanwaltschaft sprechenden Motive zum Entwurf einer Strafprozessordnung von 1874 in Fn. 8; *Barton* StV 1983, 73 (74); *Kaufmann* JZ 1985, 1065 (1072); *Streng* NStZ 1995, 12 (15.).

251 LR/*Erb* § 161a Rn. 25; LR/Krause § 73 Rn. 2.

252 Vgl. Ergebnis der Arbeitsgruppe des 16. Strafverteidigertages in StV 1992, 346.

253 *Krekeler* StraFo 1996, 5 ff.; vgl. aber auch BGHSt 48, 4 ff.

254 Vgl. BGH, Beschl. v. 09.05.2007 – 1 StR 32/07 = BGHSt 51, 333 ff. = StV 2007, 454 ff.

255 KG Berlin, Beschl. v. 20.05.1996 – 1 AR 217/96 = NJW 1997, 69.

256 BGH, Beschl. v. 27.11.1991 – 3 StR 451/91 = BGHR StPO § 244 Abs. 6 Entscheidung 1.

Gegen die Auswahl des Sachverständigen durch Staatsanwaltschaft oder Polizei hat der Angeklagte und sein Verteidiger kein Rechtsmittel[257], er kann allenfalls Gegenvorstellungen erheben und versuchen, beim zuständigen Gericht darauf hinzuwirken, dass ein anderer oder ein weiterer Sachverständiger in der Hauptverhandlung tätig wird. Gegen die Auswahl durch das erkennende Gericht ist ein Rechtsmittel nicht zulässig, §§ 202 Satz 2, 305 StPO[258].

▶ **Beachte**

Dem Angeklagten verbleibt die Möglichkeit, einen – anderen – Sachverständigen nach §§ 220, 38, 245 Abs. 2 StPO selbst zu laden oder zu versuchen, den vom Gericht oder der Staatsanwaltschaft bestimmten Sachverständigen abzulehnen, was aber meist ein aussichtsloses Unterfangen ist, da die Behauptung, die Bestellung des Sachverständigen sei fehlerhaft (§ 73 StPO), nicht genügt.

Die mangelnde Eignung des Sachverständigen kann mit einer Aufklärungsrüge nach § 244 Abs. 2 StPO mit der Revision gerügt werden, wenn das Urteil einschlägige Mängel erkennen lässt. Falls sich Eignungsmängel des Sachverständigen aus seinen in den Urteilsgründen mitgeteilten Ausführungen ergeben, wenn sie z.B. gegen Denkgesetze oder wissenschaftliche Erfahrungssätze verstoßen, genügt die Sachrüge.

2. Ablehnung

Gesetzliche Ausschließungsgründe wie in § 22 StPO für den Richter gibt es – abgesehen von § 87 Abs. 2 S. 3 StPO – für den Sachverständigen nicht, diese Gründe rechtfertigen aber dessen Ablehnung[259]: Er kann aus denselben Gründen, die zur Ablehnung eines Richters berechtigen, abgelehnt werden (§ 74 StPO i.V.m. § 22 Nr. 1 bis 4 – nicht Nr. 5 – und § 24 StPO).[260] Danach ist der Rechtsbegriff der Besorgnis der Befangenheit beim Sachverständigen nicht anders auszulegen als beim Richter. Demgemäß muss der Antragsteller vernünftige Gründe für sein Ablehnungsbegehren vorbringen, die jedem unbeteiligten Dritten einleuchten. Bereits aus dieser Gleichstellung ergibt sich, dass an die Unparteilichkeit eines Sachverständigen hohe Anforderungen zu stellen sind. Das Gutachten eines Sachverständigen kann prozessentscheidende Bedeutung erlangen. Von ihm, der auf seinem Fachgebiet ein besonderes, nicht allgemein verfügbares Wissen besitzt und mit dieser Sachkunde das Gericht bei der Wahrheitserforschung im zu entscheidenden Fall unterstützen soll, wird – wie vom Richter – erwartet, dass er die ihm obliegende Aufgabe unparteiisch erfüllt. Deshalb kann auch er – wie der Richter – abgelehnt werden, wenn ein Grund vorliegt, der geeignet ist, Misstrauen hinsichtlich seiner Unparteilichkeit zu rechtfertigen. Ein solcher Grund liegt in der Regel nicht vor, wenn sich der Sachverständige im Rahmen seiner Berufsausübung etwa in Publikationen, bei Lehrveranstaltungen oder auf Fachtagungen, zu einer Frage aus seinem Fachgebiet allgemein äußert oder hierzu im Rahmen der Erstattung eines Gutachtens besonders Stellung nimmt. Innerhalb dieses Rahmens abgegebene Äußerungen rechtfertigen die Besorgnis seiner Befangenheit 56

---

257 Meyer-Goßner/*Schmitt* § 73 Rn. 18; LR/*Krause* § 73 Rn. 36; *Eisenberg* Rn. 1548; OLG Schleswig, Beschl. v. 16.04.1999 – 2 Ws 117/99 = StV 2000, 543 f., a. A. mit überzeugenden Argumenten *Wagner* StV 2000, 544 ff.

258 Meyer-Goßner/*Schmitt* § 73 Rn. 18 m. w. N.

259 Vgl. *Pawlak* Ablehnung des Sachverständigen im Strafverfahren wegen Befangenheit?, 1999; *Zwiehoff* Der Befangenheitsantrag im Strafverfahren 2. Aufl. Rn. 334 ff. S. 103 ff.; *Eisenberg* NStZ 2006, 368 ff.; *Brammsen* ZStW 119 (2007) 93 ff. (»Privatgutachter«); *Eisenberg* JR 2009, 343 f.; *Zwiehoff* Der Befangenheitsantrag im Strafverfahren 2. Aufl. Rn. 334 ff. S. 103 ff.

260 BGH, Beschl. v. 14.04.2011 – 1 StR 458/10 = StV 2011, 728 m.w.N.; zu Beispielen für Ablehnungsgesuche gegen Sachverständige vgl. *Artkämper* Die gestörte Hauptverhandlung, 6. Aufl. Rn. 970 ff.

grundsätzlich nicht, mag der Sachverständige dabei auch eine wissenschaftliche Meinung vertreten, die sich in einem anhängigen Strafverfahren zum Nachteil des Angeklagten auswirken würde.[261]

Anders verhält es sich aber dort, wo der Sachverständige außerhalb des beschriebenen Rahmens eine Initiative ergreift, mit der er eine für den Angeklagten günstige Entscheidung kritisiert und deren Abänderung anstrebt.[262] Ob wegen einer Tätigkeit im Auftrage der Polizei oder als Hilfsbeamter der Staatsanwaltschaft ein Sachverständiger als befangen abgelehnt werden kann, richtet sich nach der Lage des einzelnen Falles. Im Allgemeinen wird dies zu bejahen sein, wenn der Sachverständige bei der Ermittlung nicht bloß beratend tätig geworden ist, sondern vor allem sicherheitspolizeiliche Aufgaben wahrgenommen hat.[263] Der auf geschäftsmäßige Dinge beschränkte Kontakt mit der Staatsanwaltschaft bietet keinen Anlass, die Unparteilichkeit eines Sachverständigen in Zweifel zu ziehen. Selbst wenn ein Übersetzer im Ermittlungsverfahren mit der Polizei zusammengearbeitet haben sollte, so begründet dies keine Besorgnis der Befangenheit. Wenn die Polizei die Hinzuziehung einer sachverständigen Übersetzerin zur notwendigen Ermittlungsarbeit für erforderlich hält, so ist es gerade der Sinn, dass beide zusammenarbeiten.[264]

Die für den Angeklagten ungünstige Beurteilung der kindlichen Zeugin in einem früheren Strafverfahren, in dem er freigesprochen worden ist, durch dieselbe Sachverständige geben dem Angeklagten noch keinen berechtigten Grund, an der Unparteilichkeit der Sachverständigen zu zweifeln.[265] Bei Sachverständigen, die schon vorher für die Interessen des Geschädigten tätig gewesen waren, z.B. wenn sie ihn ärztlich behandelt oder für ihn ein Privatgutachten erstattet haben, ist – anders wohl wenn dies den Angeklagten betrifft – die Besorgnis der Befangenheit gerechtfertigt.[266] So rechtfertigt die Tatsache, dass der Sachverständige vor der Hauptverhandlung (auch) für die Brandversicherung beruflich tätig geworden und bezahlt worden ist, aus der Sicht des Angeklagten die Besorgnis, dass er bei Erstattung seines Gutachtens in dem Strafverfahren gegen ihn nicht unbefangen sein würde; unabhängig davon, ob sich der Sachverständige in seinem für die Versicherungsgesellschaft erstatteten Gutachten bereits festgelegt hatte. Allein sein berufliches Tätigwerden (auch) für fremde Interessen vom Standpunkt des Angeklagten aus geeignet, die Besorgnis der Befangenheit zu begründen.[267] Unberechtigte körperliche Eingriffe[268] und Äußerungen des Sachverständigen im Vorverfahren, im Gutachten oder in der Hauptverhandlung können für eine Befangenheit sprechen.[269] Auch Fehler im Zusammenhang mit der Anordnung und Durchführung der Begutachtung der Schuldfähigkeit können eine Befangenheit rechtfertigen.[270] Unterlässt es der Sachverständige, die Erkenntnisquelle bestimmter seinem Gutachten zugrunde gelegter Umstände offenzulegen, so handelt es sich lediglich um einen handwerklichen formalen Fehler, der die Besorgnis der Befangenheit nicht begründet.[271] Behauptete inhaltliche Mängel genügen für eine begründete Ablehnung nicht, es sei denn, das Gutachten lässt eine einseitige Tendenz erkennen.[272] Der Mangel an Sachkunde ist kein Ablehnungsgrund, sollte aber zur Heranziehung eines anderen – und damit weiteren – Sachverständigen

261 BGH, Urt. v. 02.08.1995 – 2 StR 221/94 = BGHSt 41, 206, 211; OLG Düsseldorf, Beschl. v. 08.09.1993 – 3 Ws 493 – 494/93 = wistra 1994, 78.
262 BGH, Urt. v. 02.08.1995 – 2 StR 221/94 = BGHSt 41, 206, 212 f.
263 BGH, Urt. v. 11.01.1963 – 3 StR 52/62 = BGHSt 18, 214, 217f.; zur Ablehnung von Mitarbeitern der Strafverfolgungsbehörden als Sachverständige, vgl. *Wiegmann* StV 1996, 570 ff.
264 BGH, Beschl. v. 28.08.2007 – 1 StR 331/07 = NStZ 2008, 50.
265 BGH, Urt. v. 01.11.1955 – 5 StR 329 = BGHSt 8, 226, 235 f.
266 BGH, Urt. v. 20.07.1965 – 5 StR 241/65 = BGHSt 20, 245, 246.
267 BGH, Beschl. v. 09.11.2001 – 3 StR 216/01 = BGH NStZ 2002, 215.
268 BGH, Urt. v. 08.07.1955 – 5 StR 233/55 = BGHSt 8, 144 f.
269 BGH, Urt. v. 02.08.1995 – 2 StR 221/94 = BGHSt 41, 206 f.
270 BGH, Beschl. v. 10.09.2002 – 1 StR 169/02 = BGHSt 48, 4.
271 BGH, Beschl. v. 06.04.2011 – 2 StR 73/11 = StV 2011, 709f.
272 *Eisenberg* Rn. 1552.

führen. Ein Antrag auf Ablehnung eines Sachverständigen wegen Besorgnis der Befangenheit ist generell bedingungsfeindlich.[273]

Beachte

(1) Ein Sachverständiger kann nicht ohne Weiteres unter Bezugnahme auf die erfolgreiche Ablehnung in einem anderen Verfahren wegen Besorgnis der Befangenheit abgelehnt werden. Vielmehr ist zu prüfen, ob die Gründe, die zur damaligen Befangenheit geführt haben, noch fortbestehen und deshalb für das gegenwärtige Verfahren in gleicher Weise Geltung haben.[274]

(2) Wie bei einem Richter können grobe, insbesondere objektiv willkürliche oder auf Missachtung grundlegender Verfahrensrechte von Verfahrensbeteiligten beruhende Verstöße gegen Verfahrensrecht eine Ablehnung rechtfertigen. Bewusst falsche Angaben des Sachverständigen über Ermittlungen vor oder bei Erstellung des Gutachtens können zwar grundsätzlich einen solchen Verstoß begründen; die bloße Nichtoffenlegung einer Erkenntnisquelle reicht hierfür aber nicht aus. Es ist dem Sachverständigen nicht verwehrt, mithilfe der ihm nach § 80 StPO übertragenen Befugnisse den Sachverhalt im Rahmen des zur Gutachtenerstattung Erforderlichen (weiter) aufzuklären. Dabei wird er regelmäßig – über den Akteninhalt hinaus – u.a. auch auf weitere Angaben des Angeklagten oder auch seines Verteidigers angewiesen sein. Dass er diese Zusatztatsachen seinem Gutachten später zugrunde legt und sie im Rahmen des erteilten Gutachtenauftrags bewertet, ist grundsätzlich Teil seiner Tätigkeit und deshalb nicht zu beanstanden. Woraus sich die dem Gutachten zugrunde gelegten Umstände ergeben, wird der Sachverständige in seinem Gutachten regelmäßig darzulegen haben. Unterlässt er dies, handelt es sich um einen handwerklichen formalen Fehler, der wie bei einem Richter, der ohne Willkür oder Missachtung grundlegender Rechte Verfahrensrecht verletzt, ohne zusätzliche Umstände die Besorgnis der Befangenheit nicht begründet.[275]

(3) Die Ablehnung eines im Auftrag der Polizei oder der Staatsanwaltschaft im Rahmen des Ermittlungsverfahrens tätig gewesenen Sachverständigen ist nur möglich, wenn dieser vom Gericht in der Hauptverhandlung vernommen wird[276]. Auch ein im Ermittlungsverfahren im Auftrag der Polizei tätig gewordener Übersetzer kann nur dann gemäß § 74 StPO als befangen abgelehnt werden, wenn er in der Hauptverhandlung vom Gericht als Sachverständiger gehört wird[277].

(4) Auch im Rahmen der Hauptverhandlung können die Verfahrensbeteiligten eine ihrer Ansicht nach fehlerhafte Übersetzung beanstanden. Die wörtlichen Übersetzungen der Gesprächsprotokolle sind vorliegend nach § 249 Abs. 1 StPO im Wege des Urkundsbeweises prozessordnungsgemäß eingeführt worden. Die Strafkammer war – jedenfalls soweit in der Hauptverhandlung Einwände gegen die Richtigkeit der Übersetzung erhoben wurden – gehalten, sich gewissenhaft Aufklärung zur sorgfältigen Übertragung der Gesprächsaufzeichnungen zu verschaffen[278]

Ablehnungsberechtigt sind die in § 74 Abs. 2 S. 1 StPO genannten Personen. Der Sachverständige 57
selbst hat kein § 30 StPO entsprechendes »Selbstablehnungsrecht«. Er kann aber aus solchen Gründen nach § 76 Abs. 1 S. 2 StPO von der Gutachtenspflicht entbunden werden. Das Ablehnungsgesuch bedarf keiner besonderen Form, es kann auch bereits vor Beginn der Hauptverhandlung bei Gericht eingereicht werden, es muss aber erforderlichenfalls in der Hauptverhandlung wiederholt werden. Der von Staatsanwaltschaft oder Polizei zugezogene Sachverständige ist (noch) nicht »vom Gericht

273 BGH, Beschl. v. 03.05.2011 – 1 StR 699/10 = BGHR StPO § 74 Befangenheitsantrag 1.
274 BGH, Beschl. v. 18.08.1999 – 1 StR 186/99 = StV 1999, 576,577.
275 BGH, Beschl. v. 06.04.2011 – 2 StR 73/11 = StraFo 2011, 274.
276 BGH Beschl. v. 13.02.2019 – 2 StR 485/18 = NJW 2019, 1391 f.
277 BGH Beschl. v. 13.02.2019 – 2 StR 485/18 = NJW 2019, 1391 f.
278 BGH Beschl. v. 13.02.2019 – 2 StR 485/18 = NJW 2019, 1391 f.

bestellt« und kann deshalb in diesem Verfahrensstadium nicht abgelehnt werden. Die Ablehnung ist an keine Frist gebunden, sie kann auch noch nach Erstattung des Gutachtens erfolgen (§ 83 Abs. 2 StPO), letztmöglicher Zeitpunkt ist der Schluss der Beweisaufnahme[279]. Die Tatsachen, auf die die Besorgnis der Befangenheit gestützt wird, müssen glaubhaft gemacht werden (§ 26 Abs. 2 StPO entspr.). Zuständig für die Entscheidung über das Ablehnungsgesuch ist das mit der Sache befasste (§ 201 Abs. 2 S. 1 StPO), nach der Eröffnung das erkennende Gericht, und zwar in der Hauptverhandlung einschließlich der Schöffen. Der Antrag auf Ablehnung eines Sachverständigen wegen Besorgnis der Befangenheit ist generell bedingungsfeindlich.[280]

Letztmöglicher Zeitpunkt für die Anbringung eines Ablehnungsgesuchs wegen Befangenheit eines gerichtlich bestellten Sachverständigen ist der Schluss der Beweisaufnahme. Für das Ablehnungsverfahren wegen Besorgnis der Befangenheit findet das sog. Unverzüglichkeitsgebot des § 25 Abs. 2 Satz 1 StPO keine Anwendung[281].

58 Ist das Gesuch erfolgreich, darf der abgelehnte Sachverständige nicht weiter vernommen und ein bereits erstattetes Gutachten nicht mehr verwertet werden, das Gericht darf daraus auch nicht seine eigene Sachkunde herleiten.

▶ **Beachte**

Die erfolgreiche Ablehnung eines Sachverständigen wegen Besorgnis der Befangenheit hindert aber nicht, ihn als Zeugen oder sachverständigen Zeugen über Tatsachen zu vernehmen, die ihm bei Durchführung des ihm erteilten Auftrages bekannt geworden sind.[282] Sie verbietet nur, ihn als Zeugen zu den Schlussfolgerungen zu hören, die er aus jenen Tatsachen aufgrund seiner Sachkunde gezogen hat und auf die das Gericht für die Urteilsfindung angewiesen ist.[283] § 245 StPO gebietet aber nicht die Vernehmung des präsenten Sachverständigen als Zeugen. Die Beweiserhebungspflicht des § 245 Abs. 1 StPO wird nämlich durch die Ladung bestimmt. Die Auskunftsperson (Sachverständiger oder Zeuge) muss nur in der Eigenschaft vernommen werden, in der sie vorgeladen worden ist. Wer als Zeuge geladen ist, braucht nicht als Sachverständiger vernommen zu werden und umgekehrt.

59 Die Verweisung des § 74 Abs. 1 S. 1 StPO bezieht sich nur auf die Ablehnungsgründe, nicht auf das Ablehnungsverfahren. Daher gilt die Vorschrift des § 28 StPO nicht; auch der eine Ablehnung für begründet erklärende Beschluss ist anfechtbar. Ferner ist gegen den auf das Ablehnungsgesuch ergangenen Beschluss nicht die sofortige, sondern die einfache Beschwerde nach § 304 Abs. 1 StPO zulässig. Bis zur Eröffnung des Hauptverfahrens sind somit alle auf die Ablehnung des Sachverständigen ergehenden Entscheidungen mit der Beschwerde anfechtbar. Nach der Eröffnung ist die Beschwerde nicht mehr möglich (§ 305 S. 1 StPO).[284]

Mit der Revision kann aber eine Verletzung von § 74 StPO gerügt werden, aber nur, wenn ein Ablehnungsgesuch in der Hauptverhandlung gestellt worden war.[285] Die Revision kann zwar grundsätzlich darauf gestützt werden, dass ein Ablehnungsgesuch gegen einen Sachverständigen zu Unrecht für begründet erklärt worden ist. Das Revisionsgericht prüft aber – anders als bei der Richterableh-

279 Meyer-Goßner/Schmitt § 74 Rn 12.
280 BGH, Beschl. v. 03.05.2011 – 1 StR 699/10 = BGHR StPO § 74 Befangenheitsantrag 1.
281 OLG Bamberg, Beschl. v. 18.10.2018 – 2 Ss OWi 1419/18 = m. Anm. *Peglau*, jurisPR-StrafR 2/2019 Anm 4; BGH Beschl. v. 10.01.2018 – 1 StR 437/17 = NJW 2018, 1030 f.
282 BGH, Urt. v. 07.05.1965 – 2 StR 92/65 = BGHSt 20, 222 f.; Beschl. v. 15.08.2001 – 3 StR 225/01 = NStZ 2002, 44.
283 BGH, Urt. v. 07.05.1965 – 2 StR 92/65 = BGHSt 20, 222; vgl. aber *Eisenberg* Rn. 1561; *Hanack* JR 1966, 425 ff.; *Fezer* JR 1990, 397 f.
284 Vgl. LR/*Krause* § 73 Rn. 37 ff.; *Meyer-Goßner*/Schmitt § 305 Rn. 2; OLG Celle, Beschl. v. 29.09.2015 – 2 Ws 173/15 = NdsRpfl 2016, 163 f.
285 Vgl. im Einzelnen *Eisenberg* Rn. 1563–1565.

nung – nicht nach Beschwerdegrundsätzen, sondern nur nach revisionsrechtlichen Gesichtspunkten, ob das Ablehnungsgesuch rechtsfehlerfrei und mit ausreichender Begründung beschieden worden ist. Es ist dabei an die vom Tatrichter festgestellten Tatsachen gebunden und darf keine eigenen Feststellungen treffen. Aus diesem Grunde muss der Tatrichter in seinem Beschluss darlegen, von welchen Tatsachen er ausgeht.[286]

3. Einsicht in das Gutachten und die dazu gehörenden Unterlagen

Der Verteidigung darf die Einsicht in das Gutachten des Sachverständigen in keiner Lage des Ver- 60
fahrens, also auch nicht im Ermittlungsverfahren, versagt werden (§ 147 Abs. 3 StPO)[287]. Grund dafür ist, dass der Verteidiger sich frühzeitig mit dem Gutachten auseinandersetzen und erforderlichenfalls weitere Beweisanträge stellen können muss.

Ein unbedingter, keinen Beschränkungen unterliegender Anspruch der Verfahrensbeteiligten auf Vorlage und Zugänglichmachung sämtlicher zur Vorbereitung des Gutachtens dienender **Arbeitsunterlagen** eines Sachverständigen, wie etwa Tonbandaufzeichnungen und Mitschriften von Explorationen sowie von Test- und Fragebögen, besteht im Strafprozess nicht.[288] Ob der Tatrichter gehalten ist, auf die Offenlegung einzelner oder sämtlicher vorbereitender Arbeitsunterlagen eines Sachverständigen zu dringen, bestimmt sich vielmehr nach seiner Verpflichtung, das Sachverständigengutachten in seinen Grundlagen (Befund- und Zusatztatsachen) und in seinen Schlussfolgerungen auf seine Richtigkeit in einer für die Verfahrensbeteiligten nachvollziehbaren Weise zu überprüfen. Ob und wieweit das Gericht und die Verfahrensbeteiligten Kenntnis vom Inhalt vorbereitender Arbeitsunterlagen des Sachverständigen haben müssen, um das Gutachten kritisch würdigen zu können, hängt von den Umständen des Einzelfalles ab. Maßstab ist letztlich die tatrichterliche Aufklärungspflicht und der Fair-Trial-Grundsatz.[289]

▶ Beachte

Im Einzelfall kann es notwendig sein, alle vom Untersuchten erzielten Testergebnisse den Prozessbeteiligten mitzuteilen, um ihnen so die Überprüfung der vom Sachverständigen aus diesen Befunden gezogenen Schlussfolgerungen zu ermöglichen. In der Regel wird es jedoch genügen, die wesentlichen Ergebnisse zu benennen und zu interpretieren, nämlich diejenigen, die sich bei Durchführung der Begutachtung für die Erfüllung des Gutachtenauftrags als wichtig erwiesen haben.[290]

4. Die Überprüfung des Gutachtens durch die Verteidigung

Zu den wichtigsten, aber auch schwierigsten, Aufgaben der Verteidigung[291] gehört es, den Sachver- 61
ständigen »auf die Finger zu sehen«.[292] Das entsprechende »Rüstzeug« dürfte den meisten Verteidigern fehlen. Deshalb wird es oft notwendig sein, bei Sachkundigen Informationen einzuholen und sich selbst das notwendige Sachwissen anzueignen.[293] Die Verteidigung hat zu überprüfen, ob der Sach-

---

286 BGH, Beschl. v. 23.03.1994 – 2 StR 67/94 = NStZ 1994, 388; Beschl. v. 18.08.1999 – 1 StR 186/99 = NStZ 1999, 632 f.; Beschl. v. 28.08.2007 – 1 StR 331/07 = NStZ 2008, 50; Beschl. v. 12.09.2007 – 1 StR 407/07 = NStZ 2008, 229; Beschl. v. 25.05.2011 -- 2 StR 585/10 = StV 2011, 709 f.; Beschl. v. 22.07.2014 – 3 StR 302/14 = NStZ 2014, 663 f. = StV 2015, 78.

287 Vgl. dazu *Lehmann* GA 2005, 639 ff.

288 BGH, Urt. v. 30.07.1999 – 1 StR 618/98 = BGHSt 45, 164, 180 ff.

289 BGH, Beschl. v. 14.07.1995 – 3 StR 355/94 = StV 1995, 565 = BGHR StPO § 244 Abs. 2 Sachverständiger 14; *Eisenberg* Rn. 1582a.

290 BGH, Urt. v. 30.07.1999 – 1 StR 618/98 = BGHSt 45, 164, 180.

291 Vgl. dazu *Krekeler* StraFo 1996, 5, 11.

292 Vgl. *Maisch* StV 1983, 517.

293 Vgl. dazu die Checklisten bei *Deckers/Kotz/Rubach* Die anwaltschaftliche Tätigkeit in Strafsachen. Teil 4 Kapitel 7; *Krekeler* StraFo 1996, 11.

verständige wesentliche Befundtatsachen außer Acht gelassen hat, von einem unzutreffenden Sachverhalt ausgegangen ist oder seinen Gutachtensauftrag überschritten hat. Es kann notwendig sein, den Sachverständigen zur Offenlegung seiner Methoden anzuhalten und darlegen zu lassen, inwieweit er von anerkannten Grundsätzen seines Faches abweicht. Wird ein Beweisantrag auf Beiziehung der von einem Sachverständigen angefertigten Untersuchungsunterlagen und Untersuchungsergebnisse mit der Behauptung, aus diesen Materialien würden sich die falschen Schlussfolgerungen des Sachverständigen ergeben, mit der Begründung abgelehnt, der Sachverständige sei nicht verpflichtet, die Unterlagen vorzulegen, ist dies rechtsfehlerhaft. Denn die Untersuchungsergebnisse von Sachverständigen können nur dann Anerkennung finden, wenn die Methoden, mit denen sie gewonnen worden sind, nachprüfbar sind. Falls die Materialien nicht mehr zu erlangen sind, ist gegebenenfalls ein weiterer Sachverständiger mit einer Untersuchung zu beauftragen.[294] In Betracht kommt auch die Einholung eines **methodenkritischen Gutachtens** durch die Verteidigung.[295]

▶ Beachte

Da zu den Pflichten des Tatgerichts insbesondere auch die Prüfung gehört, ob Grundlagen, Methodik und Inhalt[296] des Gutachtens den anerkannten fachwissenschaftlichen Anforderungen genügen, kann die Vorlage eines **methodenkritischen Gegengutachtens**[297] Anlass sein, ein weiteres Sachverständigengutachten einzuholen.[298]

Die Verteidigung wird dabei insbesondere auf die Schlüssigkeit, Plausibilität und Widerspruchsfreiheit des Gutachtens zu achten haben. Sie wird die von Sachverständigen angewandte Methode (fachlich anerkannt?) zu prüfen haben und auch, ob das Gutachten Zweifel an der Unparteilichkeit des Sachverständigen aufkommen lässt.

G. Der Beweisantrag auf Zuziehung eines Sachverständigen

62 Ist die Beteiligung eines Sachverständigen nicht kraft Gesetzes vorgeschrieben und hat das Gericht keinen Sachverständigen zugezogen, können die Prozessbeteiligten einen entsprechenden Beweisantrag[299] stellen, der nur unter den Voraussetzungen des § 244 Abs. 3, 4 StPO abgelehnt werden kann. Unter den Voraussetzungen des § 244 Abs. 4 Satz 2 StPO ist auch die Möglichkeit eröffnet, mit einem Beweisantrag einen neuen, weiteren Sachverständigen durch das Gericht bestellen zu lassen.

I. Allgemein

63 Ein Beweisantrag ist das Begehren eines Prozessbeteiligten, zum Zweck des Beweises einer bestimmten Tatsache ein nach der Prozessordnung zulässiges bestimmtes Beweismittel zu verwerten.[300] Er erfordert, dass zum Nachweis einer bestimmten Tatsache durch Gebrauch eines bestimmten Beweis-

294 BGH, Beschl. v. 08.11.1988 – 1 StR 544/8 = StV 1989, 141.

295 Methodenkritisches Gutachten sind Stellungnahmen zu einem Gutachten oder einer Fragestellung ohne eigene Befunderhebung; für Verfahren zu Unterbringung nach § 63 StGB *Glauch* StraFo 2016, 407 f.

296 Zur Erstellung psychiatrischer Gutachten aus medizinischer Sicht *Stevens/Fabra/Metten* in MedSach 2009, 100 ff.; *Volbert* FPPK 2012, 250 f.

297 Mögliche Definition: ein aufgrund eigener Informationserhebung und Interpretation nach wissenschaftlich anerkannten Methoden und Kriterien erstelltes Gegengutachten; zum Begriff vgl. auch *Greuel* in: Praxis der Rechtspsychologie 2004, 180 ff.; *Volbert* FPPK 2012, 250 f.

298 BGH, Beschl. v. 12.11.2004 – 2 StR 367/04 = BGHSt 49, 347 ff. = JR 2005, 216 f. m. Anm. *Nedopil*; LR/*Becker* § 244 Rn. 83; vgl. auch BGH, Beschl. v. 27.01.2010 – 2 StR 535/09 = BGHSt 55, 5 ff. = JZ 2010, 474 ff. m. Anm. *Eisenberg* = NJW 2010, 1214 m. Anm. *Hoffmann/Wendler*.

299 Zur Rspr. des BGH *Cierniak/Pohlit* NStZ 2009, 553 f.; 2011, 261 f.; *Cierniak/Niehaus*, DAR 2018, 181 ff.; *Krell* Jura 2012, 355 f.; *Walther* NStZ 2019, 329, 336 ff.; Allgem. *Alsberg/Güntge* Rn. 1327 ff.

300 BGH, Urt. v. 07.05.1954 – 2 StR 27/54 = BGHSt 6, 128 (129). Zu den Anforderungen an Beweisanträge vgl. Kap. 4 Rdn. 196 ff.

mittels Beweis erhoben wird, wobei die Beweisbehauptung einen zur Schuld- oder Rechtsfolgenfrage gehörenden Sachverhalt betreffen muss. Es ist darauf zu achten, im Antrag Tatsachen unter Beweis zu stellen und nicht stattdessen das Beweisziel zu benennen. Der Antrag, ein Sachverständigengutachten »zum Beweis der Tatsache« einzuholen, dass eine Erinnerungslücke der Nebenklägerin »den anerkannten wissenschaftlichen Grundsätzen der Aussagepsychologie widerspricht«, benennt beispielsweise keine Beweistatsache, sondern das Beweisziel.[301]

Da der auszuwählende Sachverständige normalerweise austauschbar ist, braucht die Person des gewünschten Sachverständigen im Beweisantrag grundsätzlich nicht näher bezeichnet werden, die Auswahl und auch das spezielle Fachgebiet kann dem Tatgericht überlassen werden. Ob ein in Aussicht genommener Sachverständiger über die erforderliche Sachkunde verfügt, hat das Gericht im Freibeweis zu klären. Es ist daher für die Feststellung nicht an die strengen Anforderungen, die die Strafprozessordnung an den Beweis in der Schuld- und Straffrage stellt (§§ 243 ff. StPO), gebunden und braucht auf Beweisanträge zur Sachkunde nur einzugehen, soweit dies die Aufklärungspflicht gebietet; es ist insbesondere seinem pflichtgemäßen Ermessen überlassen, wie es sich die Überzeugung von der Sachkunde verschafft.[302]

▶ Beispiel für einen Beweisantrag

Landgericht …

… KLs …

In der Strafsache gegen …

beantrage ich,

zum Beweis der Tatsache, dass der Angeklagte erheblich geminderte geistige und seelische Kräfte im Sinne einer tiefgreifenden Bewusstseinsstörung im Zeitpunkt der mutmaßlichen Tat aufwies

den Angeklagten durch einen Sachverständigen (Psychiater mit Schwerpunkt Gerontopsychiatrie) begutachten zu lassen.

Begründung:

Es wird darauf hingewiesen, dass der Angeklagte 70 Jahre alt und nicht vorbestraft ist. Das mutmaßliche Tatopfer, an dem er sexuelle Handlungen vorgenommen haben soll, ist ein 7 Jahre altes Kind, das er seit vielen Jahren kannte und in seinem Haushalt die Stelle eines Enkelkindes eingenommen hatte.

Die Fähigkeit eines alternden Menschen, der Einsicht in das Unerlaubte seines Tuns gemäß zu handeln, kann durch einen Altersabbau beeinträchtigt sein, ohne dass Intelligenzausfälle oder das äußere Erscheinungsbild auf ein Schwinden der geistigen und seelischen Kräfte hindeuten. Deshalb ist die Begutachtung des Angeklagten hinsichtlich seiner Schuldfähigkeit durch einen Psychiater mit besonderen Erfahrungen auf dem Gebiete des Altersabbaus erfor-

301 BGH, Beschl. v. 27.09.2022 – 5 StR 223/22 = NStZ 2023, 250; die Behauptung, der Angeklagte verfüge über eine »hirnorganische Schädigung« woraus sich das Vorliegen einer psychiatrisch relevanten Erkrankung ergebe, soll ausreichen, BGH, Beschl. v. 15.04.2021 – 2 StR 348/20 = StV 2022, 209; zur Bezeichnung konkreter Beweistatsachen bei Beweisanträgen auf Einholung eines Sachverständigengutachten vgl. *Schneider*, NStZ 2023, 65.

302 Vgl. BGH, Urt. v. 28.06.1961 – 2 StR 154/61 = BGHSt 16, 164 (166) zum Freibeweisverfahren für Verfahrensvoraussetzungen.

derlich.[303] Die Begutachtung wird ergeben, dass zumindest die Voraussetzungen einer erheblich verminderten Schuldfähigkeit beim Angeklagten nicht auszuschließen sind.

Als Sachverständiger wird Herr Prof. Dr. Huber (Adresse) vorgeschlagen. Herr Prof. Huber ist Inhaber des Lehrstuhls für Psychiatrie und Neurologie an der Universität … Sein Forschungsschwerpunkt liegt seit Jahren im Bereich der Gerontopsychiatrie. Er ist u.a. ausgewiesen durch folgende Veröffentlichungen: ….

II. Ablehnung eines Beweisantrages auf Zuziehung eines Sachverständigen

64 Für die Ablehnung eines Beweisantrages auf Zuziehung eines Sachverständigen[304] gelten zunächst die in § 244 Abs. 3 StPO genannten Gründe. Abzulehnen wäre deshalb ein Antrag, der auf eine rechtlich unzulässige Beweiserhebung zielt,[305] weil verbotene Beweismethoden angewendet werden sollen. Abgelehnt werden kann der Beweisantrag auch, wenn die Beweistatsache schon erwiesen, offenkundig oder für die Entscheidung ohne Bedeutung ist. Andererseits gilt bei Beweisanträgen das Verbot der Vorwegnahme der Beweiswürdigung aufgrund der bisherigen Beweisaufnahme, eine Ablehnung darf grundsätzlich nicht damit begründet werden, das Beweismittel werde die Beweisbehauptung nicht bestätigen, es sei wertlos oder durch die bisherige Beweisaufnahme schon widerlegt. Für den letztgenannten Fall des schon erwiesenen Gegenteils sieht jedoch § 244 Abs. 4 Satz 2 StPO beim Sachverständigenbeweis eine Ablehnungsmöglichkeit vor.[306]

Bei einer plötzlichen Kehrtwende eines Sachverständigen in der Hauptverhandlung in Abweichung von seinem schriftlichen Gutachten kann es ein Gebot des fairen Verfahrens (Art. 6 Abs. 1 S. 1 EMRK) sein, einem Antrag der Verteidigung auf Einholung eines Gegengutachtens nachzugehen.[307] Beantragt ein Angeklagter die aussagepsychologische Begutachtung eines ihn belastenden Zeugen, so ist dieser Beweisantrag nicht bereits deshalb unzulässig, weil der Zeuge die notwendige Einwilligung in die Exploration verweigert. Vielmehr ist es je nach Fallgestaltung regelmäßig möglich, dem Sachverständigen auf anderem Wege die erforderlichen Anknüpfungstatsachen für die Beurteilung der Glaubhaftigkeit der Angaben des Zeugen zu verschaffen, sodass die aussagepsychologische Begutachtung eines Zeugen nicht notwendig dessen Exploration unter seiner Mitwirkung bedarf.[308]

▶ Hinweis Ungeeignetheit bei fehlenden Anknüpfungstatsachen

Ein Beweismittel ist dann völlig ungeeignet im Sinne des § 244 Abs. 3 S. 2 StPO, wenn ungeachtet des bisher gewonnenen Beweisergebnisses nach sicherer Lebenserfahrung feststeht, dass sich mit ihm das im Beweisantrag in Aussicht gestellte Ergebnis nicht erreichen lässt und die Erhebung des Beweises sich deshalb in einer reinen Förmlichkeit erschöpfen müsste. Wird eine Beweiserhebung durch Einholung eines Sachverständigengutachtens beantragt, kommt dies in Betracht, wenn es nicht möglich ist, dem Sachverständigen die tatsächlichen Grundlagen zu verschaffen, derer er für sein Gutachten bedarf. Umgekehrt ist ein Sachverständiger nicht aber schon dann ein völlig ungeeignetes Beweismittel, wenn er absehbar aus den Anknüpfungstatsachen keine sicheren und eindeutigen Schlüsse zu ziehen vermag. Als Beweismittel eignet er sich vielmehr schon dann, wenn seine Folgerungen die unter Beweis gestellte Behauptung als mehr oder weniger wahrscheinlich erscheinen lassen und hierdurch unter Berücksichtigung des sonstigen Beweisergebnisses Einfluss auf die Überzeugungsbildung des Gerichts

303 Vgl. BGH, Beschl. v. 08.11.1988 – 5 StR 499/88 = StV 1989, 102; Beschl. v. 24.08.1993 – 4 StR 452/93 = StV 1994, 15; Beschl. v. 09.08.2001 – 4 StR 308/01 = NStZ-RR 2002, 258; vgl. auch *Detter* Festschrift für Arbeitsgemeinschaft Strafrecht 2009 S. 275 ff.

304 Zur Rspr. des BGH vgl. *Trück* NStZ 2007, 377 ff.; *Eisenberg* Rn. 252 ff.; Alsberg/*Güntge* Rn. 1327 f.

305 *Meyer-Goßner*/Schmitt § 244 Rn. 48.

306 Vgl. hierzu Rdn 68.

307 EGMR, Entscheidung G.B. gg. Frankreich v. 02.10.2001 – 44069/98 = StraFo 2002, 81.

308 BGH, Beschl. v. 21.08.2014 – 3 StR 208/14 = NStZ 2015, 299 = StV 2015, 473.

erlangen können. Ob eine sachverständige Begutachtung auf der verfügbaren tatsächlichen Grundlage zur Klärung der Beweisbehauptung nach diesen Maßstäben geeignet ist, kann und muss der Tatrichter in Zweifelsfällen im Wege des Freibeweises – etwa durch eine Befragung des Sachverständigen zu den von ihm für eine Begutachtung benötigten Anknüpfungstatsachen – klären[309].

III. Eigene Sachkunde des Gerichts

Ein Beweisantrag auf Vernehmung eines Sachverständigen kann aber auch wegen **eigener Sachkunde des Gerichts** abgelehnt werden (§ 244 Abs. 4 S. 1 StPO). Diese ist gegeben, wenn das Gericht über das Wissen verfügt, aufgrund dessen ihm die Beantwortung der speziellen Beweisfrage möglich ist. Worauf die Sachkunde beruht, ist unerheblich, sie kann auf der Aneignung eigenen Fachwissens beruhen oder auch durch ein Gutachten vermittelt worden sein, dem sich das Gericht im Ergebnis nicht anschließt.[310] 65

▶ Beachte

Nicht ausreichend ist die Befragung eines Sachverständigen außerhalb der Hauptverhandlung, um die Sachkunde zu erlangen.[311] Das Wissen muss aber nicht dem eines Sachverständigen entsprechen.

Erfordert die Beurteilung des Sachverhaltes eine besondere Sachkunde, so kann das Gericht einen Beweisantrag auf Vernehmung eines Sachverständigen auch dann ablehnen, wenn nur ein oder mehrere zum Spruchkörper gehörige Richter die erforderliche Sachkunde besitzen. Es ist nicht erforderlich, dass alle Mitglieder eines Kollegialgerichts in gleichem Maße sachkundig sind.

Das Hauptbeispiel für die Möglichkeit, ein Sachverständigengutachten wegen eigener Sachkunde abzulehnen, findet sich in der Rechtsprechung im Bereich der Beurteilung der Glaubhaftigkeit von Aussagen – auch kindlicher – Zeugen: 66

> »§ 244 Abs, 4 S. 1 StPO setzt nicht voraus, dass der Richter das Fach, in das die Beweisfrage einschlägt, allgemein und umfassend beherrscht, sondern nur, dass er über das Wissen verfügt, das die Beantwortung gerade dieser Beweisfrage erfordert. Die Beurteilung des Wertes von Zeugenaussagen gehört aber von jeher zum Wesen richterlicher Rechtsfindung. Sie ist daher auch im geltenden deutschen Strafverfahrensrecht grundsätzlich dem Tatrichter anvertraut. Wie der Bundesgerichtshof schon wiederholt hervorgehoben hat, gilt das selbst bei Aussagen jugendlicher Zeugen, obwohl diese – je nach der Altersstufe – allgemein oder auf bestimmten Gebieten, insbesondere bei der Schilderung geschlechtlicher Erlebnisse, weit mehr der Gefahr von Selbsttäuschungen ausgesetzt sind als erwachsene Zeugen. Die Zuziehung sachverständiger Personen mit besonderen Kenntnissen in der Seelenkunde ist auch hier nur dann geboten, wenn ein jugendlicher Zeuge aus dem gewöhnlichen Erscheinungsbild des Kindes oder Jugendalters hervorstechende Züge oder Eigentümlichkeiten aufweist. Bei erwachsenen Zeugen darf sich der Tatrichter die nötige Sachkunde zur Beurteilung der Glaubwürdigkeit nur dann nicht zutrauen, wenn die Beweislage – etwa infolge unaufklärbarer Widersprüche mehrerer Zeugen – besonders schwierig ist«.[312]

Die Hinzuziehung eines Sachverständigen ist nur dann geboten, wenn Besonderheiten vorliegen, die Zweifel an der Sachkunde des Gerichts hinsichtlich der Beurteilung der Glaubhaftigkeit der Aussage aufkommen lassen können. In solch besonders gelagerten Fällen muss sich der Tatrichter sachver- 67

309 BGH, Urt. v. 09.07.2015 – 3 StR 516/14 = NStZ 2016, 116 f. = StV 2016, 337 f. m. Anm. *Ventzke* 339 f.

310 BGH, Urt. v. 23.02.1966 – 2 StR 15/66 = BGHSt 21, 62; BGH NStZ 1984, 467 m. Anm. *Eisenberg* NStZ 1985, 84; NStZ 1985, 421 f.

311 BGH, Beschl. v. 26.03.2014 – 2 StR 274/13 = StV 2015, 84 f. m. Anm. *Niemöller* NStZ 2015, 16 f.; Beschl. v. 03.07.2018 – 4 StR 621/17 = StV 2019, 811 f.

312 BGH, Urt. v. 05.07.1955 - 1 StR 195/55 = BGHSt 8, 130, 131.

ständiger Hilfe bedienen und darf sich nicht auf seine eigene Sachkunde verlassen. In Grenzfällen wird der Tatrichter eher zu viel als zu wenig tun müssen.[313]

Die Anforderungen, die an die Darlegung der eigenen Sachkunde im Urteil zu stellen sind, richten sich nach der Schwierigkeit der konkret zu beurteilenden Beweisfrage, die Art und Umfang des erforderlichen Spezialwissens bestimmt. Erfordert die Materie eine besondere Ausbildung oder kontinuierliche wissenschaftliche oder praktische Erfahrung, sind die Anforderungen an die Darlegung erhöht.[314]

Liegen in der Person eines Zeugen besondere Umstände vor, wie etwa möglicher Gehirnschwund infolge übermäßigen Alkoholkonsums oder die Diagnose einer paranoiden Persönlichkeitsstörung, erfordert die Würdigung der Aussage eine spezielle Sachkunde, die dem Tatgericht nicht zur Verfügung steht. In diesem Fall darf der Beweisantrag auf Einholung eines psychologischen Gutachtens zur Beurteilung der Glaubwürdigkeit des Belastungszeugen nicht unter Berufung auf eigene Sachkunde ablehnt werden.[315]

68 Besondere Umstände können auch dann vorliegen, wenn die Aussage des kindlichen Zeugen in der Hauptverhandlung erheblich von dem abweicht, was er bei seiner polizeilichen Vernehmung ausgesagt hat[316] oder bei einer Zeugin Erkrankungen vorliegen, die Auswirkungen auf ihre Aussagetüchtigkeit haben können.[317]

Die Möglichkeit der Ablehnung von Beweisanträgen auf Zuziehung eines Sachverständigen wegen eigener Sachkunde kommt vor allem auch bei der Beurteilung des Reifegrades von jugendlichen oder heranwachsenden Straftätern und bei der Blutalkoholbestimmung in Betracht. Der Anhörung eines Sachverständigen bedarf es jedoch dann, wenn Anlass zu Zweifeln über eine normale Reifeentwicklung des betroffenen Heranwachsenden besteht, insbesondere wegen Auffälligkeiten in seiner sittlichen und geistigen Entwicklung.[318]

69 Falls das Gericht nicht in dem den Beweisantrag ablehnenden Beschluss seine Sachkunde erläutert hat, muss dies in den Urteilsgründen erfolgen. Die Verfahrensbeteiligten müssen erkennen können, dass das Gericht eine Frage aus eigener Sachkunde entscheiden will und müssen Gelegenheit haben, dazu Stellung zu nehmen.[319]

IV. Zuziehung eines weiteren Sachverständigen (§ 244 Abs. 4 S. 2 StPO)

70 Der Sachverständige ist ein austauschbares Beweismittel. In einem Strafverfahren können deshalb mehrere Sachverständige zum Beweisthema vernommen werden. Weiterer Sachverständiger[320] ist der Gutachter, der sich zu derselben Beweisfrage als Vertreter derselben wissenschaftlichen Fachrichtung äußern soll, wie der bereits zugezogene und angehörte Sachverständige. Der weitere Sachverständige ist kein »Obergutachter«. In Bereichen, in denen sich die Kompetenz von Sachverständigen verschiedener Fachrichtungen zur Beurteilung eines Sachverhalts überschneidet und das Gericht deshalb bei der Entscheidung über die Fachrichtung des zu bestellenden Gutachters frei ist, kann

313 BGH, Urt. v. 21.05.1969 – 4 StR 446/68 = BGHSt 23, 8, 12; Beschl. v. 29.10.1996 – 4 StR 508/96 = StV 1997, 60; vgl. auch *Eschelbach* in Deckers/Köhnken S. 43 ff.

314 BGH, Beschl. v. 24.01.2017 – 2 StR 509/16 = StV 2017, 787 f.= NStZ 2017, 300 f. m. Anm. *Ventzke* 301 f.

315 BGH, Urt. v. 05.03.2014 – 2 StR 503/13 = NStZ 2015, 49 f.; Beschl. v. 23.05.2012 – 5 StR 174/12 = StV 2012, 582 f.

316 BGH, Urt. v. 18.11.1994 – 2 StR 458/94 = StV 1995, 115.

317 BGH, Beschl. v. 02.03.1995 – 4 StR 764/94 = NStZ 1995, 558 f.

318 OLG Koblenz, Beschl. v. 10.06.2010 – 2 Ss 48/10 = StV 2011, 592.

319 BGH, Urt. v. 10.07.1958 – 4 StR 211/58 = BGHSt 12, 18.

320 Alsberg/*Güntge* Rn. 1363 f. S.; zur Pflicht zur Anhörung Rn. 1378 ff. S. 566 ff.; kritisch *Erb* ZStW 2009, 882, 895 f.

»weiterer« Sachverständiger i.S.d. § 244 Abs. 4 S. 2 StPO aber auch der Angehörige einer der anderen Fachrichtungen sein.[321]

Mit der Begründung, das Gegenteil der behaupteten Tatsache sei durch die früheren Gutachten bewiesen, darf die Einholung eines weiteren Gutachtens abgelehnt werden, wenn allein durch frühere Gutachten zu demselben Beweisthema das Gegenteil der behaupteten Tatsache bewiesen ist (§ 244 Abs. 4 S. 2 Hs. 1 StPO).[322] Hier ist ein Fall der – sonst grundsätzlich unzulässigen – vorweggenommenen Beweiswürdigung gesetzlich geregelt. 71

Wenn der Tatrichter einen Beweisantrag auf Einholung eines weiteren Sachverständigengutachtens (§ 244 Abs. 4 S. 2 StPO), der auf substantiiert dargelegte methodische Mängel des (vorbereitenden) Erstgutachtens gestützt ist, allein mit der Begründung zurückweist, er verfüge selbst über die erforderliche Sachkunde (§ 244 Abs. 4 S. 1 StPO), darf er sich in den Urteilsgründen hierzu nicht dadurch in Widerspruch setzen, dass er seiner Entscheidung das Erstgutachten ohne Erörterung der geltend gemachten Mängel zugrunde legt.[323]

Bestehen Zweifel an der Sachkunde des bisherigen Gutachters, darf der Antrag auf Zuziehung eines anderen (weiteren) Sachverständigen nicht abgelehnt werden. Solche Zweifel sind dann gegeben, wenn die Auffassung des Gutachters mit den Erkenntnissen der Wissenschaft nicht in Einklang steht,[324] wenn das Gutachten Mängel aufweist oder es dem Gutachter an der fachlichen Qualifikation mangelt.[325]

Gründe für die Hinzuziehung eines weiteren Sachverständigen können auch sein, dass der bisherige Gutachter sein Gutachten auf einer unrichtigen Tatsachengrundlage aufbaut, vom Gericht als nicht erwiesen angesehene Tatsachen zugrunde legt oder sein Gutachten widersprüchlich ist. 72

Die Vernehmung eines weiteren Sachverständigen kommt auch dann in Betracht, wenn dieser über überlegene Forschungsmittel verfügt. Unter Forschungsmitteln im Sinne des § 244 Abs. 4 S. 2 StPO sind Hilfsmittel und Verfahren zu verstehen, derer sich der Sachverständige für seine wissenschaftlichen Untersuchungen bedient. Es genügt deshalb nicht, dass der neue benannte Sachverständige »mehr Ansehen in der wissenschaftlichen Welt genießt«, über »besondere persönliche Kenntnisse und Erfahrungen verfügt«, sich »Verdienste um die Begründung einer bestimmten Lehre erworben hat« oder ihm »umfängliches Beobachtungsmaterial zur Verfügung steht«.[326]

Verweigert ein Angeklagter dem gerichtlich bestellten Sachverständigen die (psychiatrisch-psychologische) Untersuchung, so verfügt ein weiterer Sachverständiger nicht deswegen über überlegene Forschungsmittel, weil sich der Angeklagte von diesem untersuchen lassen würde.[327] Die Ablehnung eines entsprechenden Antrags kann zwar aber mit Blick auf die der Aufklärungspflicht nach § 244 Abs. 2 StPO Problematisch sein, andererseits richten sich Inhalt und Umfang der Aufklärungspflicht nicht allein nach dem Prozessverhalten des Angeklagten.[328]

Gegenüber der vom Sachverständigen vorgenommenen ambulanten Untersuchung ist die stationäre Beobachtung für sich kein überlegenes Forschungsmittel, auch wenn dort eine Langzeitbeobachtung möglich ist. Anders kann es sein, wenn besondere Umstände ausnahmsweise eine Begutachtung in einer psychiatrischen Klinik als überlegen erscheinen lassen. Ein Blutgruppensachverständiger ist

321 BGH, Urt. v. 21.04.1987 – 1 StR 77/87 = BGHSt 34, 355.
322 BGH, Urt. v. 24.11.1992 – 5 StR 500/92 = BGHSt 39, 49.
323 BGH, Beschl. v. 27.01.2010 – 2 StR 535/09 = BGHSt 55, 5 f. = StV 2011, 713 f.
324 BGH, Urt. v. 15.03.1988 – 1 StR 8/88 = BGH StV 1989, 331.
325 *Eisenberg* Rn. 257 (258).
326 BGH, Urt. v. 21.11.1969 – 3 StR 249/68 = BGHSt 23, 176, 185; Urt. v. 21.04.1987 – 1 StR 77/87 = BGHSt 34, 355, 358.
327 BGH, Urt. v. 12.02.1998 – 1 StR 588/97 = BGHSt 44, 26, 33.
328 BGH, Beschl. v. 28.03.2000 – 1 StR 637/99 = StV 2001, 548 zum Wunsch des Angeklagten auf Verlesung eines von ihm verfassten Schriftstückes.

z.B. in gleichem Maße kompetent wie ein DNA-Sachverständiger, soweit es darum geht, eine Person als Verursacher von Blutspuren auszuschließen.

Da zu den Pflichten des Tatgerichts insbesondere auch die Prüfung gehört, ob Grundlagen, Methodik und Inhalt des Gutachtens den anerkannten fachwissenschaftlichen Anforderungen genügen, kann das Vorliegen eines methodenkritischen Gegengutachtens[329] Anlass sein, ein weiteres Sachverständigengutachten einzuholen.[330]

73 Unter besonderen Umständen kann aber in der Unterlassung der Heranziehung eines weiteren Sachverständigen eine Verletzung der Aufklärungspflicht selbst dann liegen, wenn das Gericht einen hierauf zielenden Antrag mit einer nach § 244 Abs. 4 S. 2 StPO zulässigen Begründung ablehnen könnte. Der BGH hat hierzu festgestellt:

> »Das Gebot der Wahrheitsforschung, das zu den grundlegenden, das gesamte Strafverfahren beherrschenden Prinzipien gehört, verpflichtet den Richter, jedes taugliche und erlaubte Mittel im Ringen um die Wahrheit einzusetzen. Der Richter muss die Beweismittel erschöpfen, wenn auch nur die entfernte Möglichkeit einer Änderung der durch die vollzogene Beweisaufnahme begründeten Vorstellung von dem zu beurteilenden Sachverhalt in Betracht kommt. Die Erfahrung lehrt, dass gerade die Beurteilung geistig-seelischer Vorgänge, die auch bei sorgfältiger Prüfung den Anschein voller Zuverlässigkeit bietet, durch die Erhebung eines weiteren Beweises doch wider Erwarten sich wesentlich ändern kann. In Grenzfällen wird der Richter daher eher ein Zuviel als ein Zuwenig tun müssen. Auch wenn § 244 Abs. 4 S. 2 StPO die Ablehnung eines Antrags auf Anhörung eines Sachverständigen gestattet, können doch außergewöhnliche Umstände des zu beurteilenden Falles zur Benutzung des weiteren Beweismittels drängen oder die Benutzung zumindest nahe legen. Das Gericht wird dann von seiner Pflicht zur Aufklärung nicht dadurch befreit, dass ihm das Verfahrensrecht die Möglichkeit gibt, den Antrag unter bestimmten Gesichtspunkten abzulehnen«.[331]

V. Der Antrag auf Vernehmung des selbstgeladenen Sachverständigen

74 Die formgerechte Ladung und das Erscheinen des Sachverständigen verpflichtet das Gericht noch nicht zu dessen Vernehmung.[332] Vielmehr bedarf es noch eines Beweisantrags in der Hauptverhandlung (§ 245 Abs. 2 S. 1 StPO), der aber nur ausnahmsweise abgelehnt werden kann, vor allem nicht wegen eigener Sachkunde des Gerichts.[333] Das Gericht darf den auf Ladung des Angeklagten erschienen Sachverständigen auch nicht durch einen anderen ersetzen.

H. Der Sachverständige und das Plädoyer des Verteidigers

75 Das Gericht und natürlich auch die Verteidigung sind nicht verpflichtet, sich dem Ergebnis des Gutachtens anzuschließen. Die – kritische – Würdigung von Gutachten im Plädoyer ist oft keine einfache Aufgabe für die Verteidigung. Die Weichen dafür müssen häufig schon durch gezielte Fragen und erforderlichenfalls Beanstandungen während der Beweisaufnahme gestellt werden. Von wesentlicher Bedeutung ist der Beweiswert des Gutachtens, das häufig nur eines von mehreren Indizien ist. Auch ein Sachverständiger kann sich irren, Fehlerquellen können sich unter anderem aus der Persönlichkeit und den Eigenarten des Gutachters, der »Schule«, die er vertritt, aus Irrtümern bei der Erfassung des Sachverhalts und vor allem aus der fehlenden Erfahrung und Routine ergeben. Diese Mängel aufzuzeigen, ist Aufgabe der Verteidigung in ihrem Plädoyer.

---

329 Mögliche Definition: »ein aufgrund eigener Informationserhebung und Interpretation nach wissenschaftlich anerkannten Methoden und Kriterien erstelltes ›Gegengutachten‹«; zum Begriff vgl. auch *Greuel* in: Praxis der Rechtspsychologie 2004, 180 ff., *Aymanns* StraFo 2007, 364 ff.

330 BGH, Beschl. vom 12.11.2004 – 2 StR 367/04 = StV 2005, 124 = BGHSt 49, 347 = JR 2005, 216 f. m. Anm. *Nedopil*.

331 BGH, Urt. v. 21.11.1969 - 3 StR 249/68 = BGHSt 23, 176 (188); BGH, Urt. v. 12.02.1998 - 1 StR 588/97 = BGHSt 44, 26 ff.;

332 Zur Ablehnung des »Privatgutachters« vgl. *Brammsen* ZStW 119 (2007), 93 ff.

333 BGH, Beschl. v. 25.03.1994 – 2 StR 102/94 = NStZ 1994, 400.

I. Der Sachverständige und das Urteil

Für die Beweiswürdigung (vgl. § 261 StPO) im Urteil gilt Folgendes: 76

I. Eigene Urteilsbildung des Tatrichters

Der Tatrichter ist zu einem eigenen Urteil auch in schwierigen Fachfragen verpflichtet. Er hat die Entscheidung auch über diese Fragen selbst zu erarbeiten, ihre Begründung selbst zu durchdenken. Er darf sich dabei vom Sachverständigen nur helfen lassen. Je weniger sich der Richter auf die bloße Autorität des Sachverständigen verlässt, je mehr er den Sachverständigen nötigt, ihn – den Richter – über allgemeine Erfahrungen zu belehren und mit möglichst gemeinverständlichen Gründen zu überzeugen, desto vollkommener erfüllen beide ihre verfahrensrechtliche Aufgabe.[334] Zurecht wird hierzu von *Sommer* kritisch bemerkt, dies sei in der Praxis längst in Vergessenheit geraten oder werde hinter bewährten Satzbausteinen in Urteilsbegründungen kaschiert.[335] 77

II. Übernahme der Sachverständigen-Beurteilung durch Tatrichter

Der Tatrichter darf sich aber mangels hinreichender eigener Kenntnisse auf den für die Urteilsfindung maßgeblichen Wissensgebieten darauf beschränken, sich der Beurteilung von Sachverständigen hinsichtlich der einschlägigen Fachfragen anzuschließen. Doch ist er dann verpflichtet, die wesentlichen Grundlagen anzugeben, an die die Schlussfolgerungen des Gutachtens anknüpfen.[336] Der Umfang dieser Darlegungspflicht richtet sich dabei nach der jeweiligen Beweislage, nicht zuletzt nach der Bedeutung, die der Beweisfrage unter Berücksichtigung von Inhalt und Richtung der Verteidigung oder der Anklage für die Wahrheitsfindung zukommt. Der Tatrichter hat die wesentlichen Anknüpfungstatsachen und Ausführungen des Gutachten so darzulegen, dass das Rechtsmittelgericht prüfen kann, ob die Beweiswürdigung auf einer tragfähigen Tatsachengrundlage beruht und die Schlussfolgerungen nach den Gesetzen der Logik, den Erfahrungssätzen des täglichen Lebens und den Erkenntnissen der Wissenschaft möglich sind.[337] 78

Es ist regelmäßig verfehlt und kann den Bestand eines Urteils gefährden, wenn die Ausführungen des zu den Akten genommenen vorbereitenden schriftlichen Gutachtens eines Sachverständigen in großem Umfang und als wörtliches Zitat in die Urteilsurkunde aufgenommen werden. Zum Inbegriff der Hauptverhandlung i.S.d. **§ 261 StPO** wird nicht das vorbereitende schriftliche Gutachten des Sachverständigen, sondern seine mündlichen **Ausführungen in der Hauptverhandlung.**[338]

Liegt dem Gutachten ein standardisiertes Verfahren zugrunde, wie es etwa beim daktyloskopischen Gutachten, der Blutalkoholanalyse oder der Bestimmung von Blutgruppen der Fall ist, so genügt die bloße Mitteilung des erzielten Ergebnisses.[339] Weder dem Angeklagten noch dem Revisionsgericht wäre es bei Verletzung dieser Pflicht möglich, die für die Schuldfeststellung entscheidenden Gründe rechtlich zu überprüfen. Das würde die Verteidigung gegen einen Schuldvorwurf gerade in zweifelhaften Fällen, in denen das Gericht auf die Hilfe besonders fachkundiger Sachverständiger angewiesen ist, um ein zutreffendes Urteil über den Beweiswert der zur Verfügung stehenden

334 BGH, Urt. v. 08.03.1955 – 5 StR 49/55 = BGHSt 7, 238 f.; Urt. v. 26.04.1955 – 5 StR 86/55 = BGHSt 8, 113, 118.

335 *Sommer*, Effektive Strafverteidigung, 5. Aufl. Rn. 1225.

336 BGH, Urt. v. 08.03.1955 – 5 StR 49/55 = BGHSt 7, 238 (239); Urt. v. 18.12.1958 – 4 StR 399/58 = BGHSt 12, 311, 314 f.; Urt. v. 06.03.1986 – 4 StR 48/86 = BGHSt 34, 29, 31; Beschl. v. 25.05.2011 – 2 StR 585/10 = StV 2011, 709; Urt. v. 25.01.2011 – 5 StR 418/10 = BeckRS 2011, 4353; Urt. v. 03.05.2012 – 3 StR 46/12 = StraFo 2012, 321.

337 BGH, Beschl. v. 30.03.2016 – 4 StR 102/16 = BeckRS 2016, 9236 = NStZ-RR 2016, 223 (LS); Urt. v. 27.03.2019 – 2 StR 382/18 = StV 2021, 83; Beschl. v. 22.10.2020 – 4 StR 258/20 = StV 2021, 415; Beschl. v. 22.2.2022 – 6 StR 553/21 = BeckRS 2022, 4551.

338 BGH, Beschl. v. 21.01.2021 – 4 StR 405/20 = StV 2021, 351.

339 BGH, Beschl. v. 22.05.2019 – 1 StR 79/19, juris.

Anknüpfungstatsachen zu gewinnen, unmöglich machen. Entsprechendes würde für die Möglichkeit der Entschließung der Staatsanwaltschaft über die Einlegung eines Rechtsmittels gelten. Ein solches Ergebnis würde dem rechtsstaatlichen Geist des Strafprozessrechts widersprechen. Dem steht nicht entgegen, dass der Strafrichter verfahrensrechtlich nicht verpflichtet ist, die für seine Überzeugungsbildung verwerteten Beweisanzeichen im Urteil anzuführen, und dass eine Verletzung der Ordnungsvorschrift des § 267 Abs. 1 S. 2 StPO die Revision nicht begründen kann. Denn wenn das Gericht jene Tatsachen – entsprechend dieser Bestimmung – im Urteil angibt, so ist auch dieser Teil der Urteilsgründe nach allgemeinen revisionsrechtlichen Verfahrensgrundsätzen daraufhin zu überprüfen, ob die vom Tatrichter – sei es auch in Anlehnung an ein Sachverständigengutachten – gezogenen Schlussfolgerungen denkgesetzlich möglich sind und mit den Erfahrungen des täglichen Lebens sowie den Ergebnissen der Wissenschaft im Einklang stehen.

Die verwerteten Beweisanzeichen müssen daher in solchem Falle im Urteil lückenlos zusammengefügt und unter allen für ihre Beurteilung maßgeblichen Gesichtspunkten vom Tatrichter gewürdigt werden, damit ersichtlich ist, ob der Schuldbeweis schlüssig erbracht ist und alle gleich naheliegenden Deutungsmöglichkeiten für und gegen den Angeklagten geprüft worden sind.[340] Das kann dazu führen, dass z.B. auch bei daktyloskopischen Gutachten im Urteil nicht nur die abschließende Stellungnahme des Sachverständigen über die Identität der Spuren mitgeteilt werden darf, sondern auch so viele Anknüpfungstatsachen und von Sachverständigen gezogene Schlussfolgerungen, dass das Revisionsgericht die Schlüssigkeit des Gutachtens, seine Übereinstimmung mit den Erkenntnissen der Wissenschaft überprüfen kann. Der Umfang der Darlegungspflicht richtet sich somit nach den Umständen des Einzelfalles und nach der Art des Gutachtens.[341] Geht es um ein weithin standardisiertes Verfahren[342], wie das bei daktyloskopischen Gutachten der Fall ist[343], so kann die Mitteilung des Ergebnisses, zu dem ein renommierter Sachverständiger gekommen ist, dann ausreichen, wenn von keiner Seite Einwände gegen die Tauglichkeit der gesicherten Spur und Zuverlässigkeit der Begutachtung erhoben werden.[344]

▶ Beachte

Bei der Bewertung voneinander abweichender Gutachten ist erforderlich, dass der Tatrichter die wesentlichen Anknüpfungstatsachen und Darlegungen der Sachverständigen im Urteil wiedergibt.[345] Er ist gehalten, die wesentlichen tatsächlichen Grundlagen, an die die Schlussfolgerungen eines Gutachtens anknüpfen, und die Schlussfolgerungen selbst wenigstens insoweit im Urteil mitzuteilen, als dies zum Verständnis der Gutachten und zur Beurteilung ihrer gedanklichen Schlüssigkeit für das Revisionsgericht erforderlich ist.[346]

III. Abweichung von Sachverständigengutachten

79 Der Tatrichter ist nicht gehindert, von dem Gutachten eines vernommenen Sachverständigen abzuweichen; denn dieses kann stets nur eine Grundlage der eigenen Überzeugungsbildung sein. Er muss

340 BGH, Urt. v. 18.12.1958 – 4 StR 399/58 = BGHSt 12, 311, 314, 316.
341 Zur Handschriftenuntersuchung vgl. *Böhle/Wildensee* Kriminalistik 2005, 106 ff.
342 Vgl. insb. BGH, Beschl. v. 19.08.1993 – 4 StR 627/92 = BGHSt 39, 291, 297.
343 Standardisierte Verfahren liegen auch bei der Blutalkoholanalyse (BGH, Beschl. v. 20.12.1978 – 4 StR 460/78 = BGHSt 28, 235 ff.) und der Bestimmung von Blutgruppen (BGH, Urt. v. 18.12.1958 – 4 StR 399/58 = BGHSt 12, 311 ff.) vor. Kein standardisiertes Verfahren ist aber ein Vergleichsgutachten betreffend Werkzeugspuren (vgl. BGH, Beschl. v. 15.09.2010 – 5 StR 345/10 = StV 2011, 8 f.).
344 BGH, Urt. v. 29.09.1992 – 1 StR 494/92 = NStZ 1993, 95 = BGHR StPO § 261 – Sachverständiger 4.; OLG Bamberg, Beschl. v. 06.04.2010 – 3 Ss OWi 378/10 = DAR 2010, 390.
345 BGH, Urt. v. 19.05.1981 – 1 StR 90/81 = NStZ 1981, 488.
346 BGH, Urt. v. 26.04.1955 – 5 StR 86/55 = BGHSt 8, 113, 118; Urt. v. 18.12.1958 – 4 StR 399/58 = BGHSt 12, 311, 314 f.

deshalb nicht einen weiteren Sachverständigen hinzuziehen[347]. Will der Tatrichter eine Frage, für die er geglaubt hat, des Rates eines oder mehrerer Sachverständiger zu bedürfen, im Widerspruch zu einem Gutachten lösen, muss er dann aber die maßgeblichen Darlegungen dieses Gutachtens wiedergeben und unter Auseinandersetzung mit diesem darlegen, warum er das eine Ergebnis für zutreffend, das andere für unzutreffend erachtet.[348] Nicht ausreichend ist es, bei widersprechenden Sachverständigengutachten lediglich die unterschiedlichen Ergebnisse mitzuteilen. Darzulegen ist, auf welche tatsächlichen Grundlagen und Erwägungen die Sachverständigen ihre unterschiedlichen Ergebnisse stützen und warum das Gericht einem der Gutachten den Vorzug gibt. Voraussetzung ist aber, dass der Tatrichter die für die abweichende Beurteilung erforderliche Sachkunde besitzt, selbst wenn er erst durch das Gutachten genügend sachkundig geworden ist, um die Beweisfrage beurteilen zu können. Die Ausführungen müssen erkennen lassen, dass der Tatrichter mit Recht eigene Sachkunde in Anspruch genommen hat.[349]

IV. Feststellung der bedeutsamen Tatsachen

Die Feststellung der für das Strafverfahren bedeutsamen Tatsachen, auch mithilfe von Sachverständigengutachten, verlangt keine absolute, von niemandem anzweifelbare Gewissheit; es genügt vielmehr ein mit den Mitteln des Strafverfahrens gewonnenes, nach der Lebenserfahrung ausreichendes Maß an Sicherheit, das keinen vernünftigen Zweifel bestehen lässt. Dieser Grundsatz gilt auch für die Erfassung und Deutung von Vorgängen, die Gegenstand naturwissenschaftlicher Forschung sein können. Absolut sicheres Wissen – auch von Ursachenzusammenhängen – demgegenüber das Vorliegen eines gegenteiligen Geschehens mit Sicherheit auszuschließen wäre, gibt es nicht. Kann eine Feststellung allerdings allein mithilfe naturwissenschaftlicher Methoden getroffen werden, dann darf sich der Tatrichter nicht von wissenschaftlichen Standards lösen. An die richterliche Überzeugungsbildung sind dann keine geringeren Anforderungen zu stellen als an das Ergebnis wissenschaftlicher Untersuchungen selbst. Der Tatrichter ist aber aus Rechtsgründen nicht gehindert, sich nach Anhörung von Sachverständigen auf Untersuchungsergebnisse zu stützen, die Gegenstand eines wissenschaftlichen Meinungsstreites sind. Die Pflicht zu einer umfassenden Aufklärung kann ihm sogar gebieten, sich auch über Methoden und Verfahren zu unterrichten, die noch nicht allgemein anerkannt sind. Bei der Beweiswürdigung hat er dann aber die für und gegen die noch nicht allgemein anerkannten Methoden und Ergebnisse sprechenden Gesichtspunkte mit zu berücksichtigen. Im Übrigen hat der Tatrichter die naturwissenschaftlichen Erkenntnisse und andere Indiztatsachen in einer Gesamtwürdigung zu beurteilen. Er kann dabei zu Ergebnissen gelangen, die Vertreter der maßgeblichen naturwissenschaftlichen Fachrichtungen mit ihren Methoden allein nicht belegen könnten. Bei der Gesamtbetrachtung naturwissenschaftlicher Erkenntnisse und anderer Indiztatsachen ist zu berücksichtigen, dass ein Sachverständiger auch dann zur Wahrheitsfindung beitragen kann, wenn er zwar keine sicheren und eindeutigen Schlüsse zu ziehen vermag, seine Schlussfolgerungen die zu beweisenden Tatsachen aber mehr oder weniger wahrscheinlich machen. Die tatrichterliche Würdigung darf allerdings den Gesetzen der Logik und dem gesicherten wissenschaftlichen Erfahrungswissen nicht widersprechen.[350] 80

347 BGH, Beschl. v. 28.03.2006 – 4 StR 575/05 = StV 2007, 19 f.

348 BGH, Urt. v. 29.09.2016 – 4 StR 320/16 = NStZ-RR 2016, 380 ff.; Beschl. v. 11.02.2016 – 2 StR 458/15 = NStZ 2016, 432 f, Beschl. v. 20.09.2016 – 2 StR 63/16 = StV 2017, 363 f.; Beschl. v. 14.12.2021 – 2 StR 253/21 = BeckRS 2021, 47665; Beschl. v. 14.01.2020 – 2 StR 284/19 = StV 2021, 113; Beschl. v. 11.05.2021 – 2 StR 443/20 = StV 2022, 3; Urt. v. 10.11.2021 – 2 StR 173/21 = StV 2022, 277.

349 BGH, Beschl. v. 10.01.2000 – 5 StR 638/99 = NStZ 2000, 437; Urt. v. 21. 10. 2004 – 4 StR 325/04 = NStZ-RR 2005, 39; Beschl. v. 25.04.2006 – 1 StR 579/05 = NStZ-RR 2006, 242 f.; Beschl. v. 28.03.2006 – 4 StR 575/05 = StV 2007, 19 f.

350 BGH, Urt. v. 02.08.1995 – 2 StR 221/94 = BGHSt 41, 212.

▶ **Beachte**

Bleiben nach abgeschlossener Beweiswürdigung nicht behebbare tatsächliche Zweifel bestehen, die sich auf die Art und den Grad des psychischen Ausnahmezustandes beziehen, ist zugunsten des Täters zu entscheiden[351]. Der Grundsatz »in dubio pro reo« findet bei der Entscheidung über die Voraussetzungen der verminderten Schuldfähigkeit nur dann Anwendung, wenn nicht behebbare tatsächliche Zweifel bestehen, die sich auf die Art und den Grad des psychischen Ausnahmezustandes beziehen. Nicht anwendbar ist dieser Grundsatz jedoch auf die rechtliche Wertung der zur Schuldfähigkeit getroffenen Feststellungen.[352]

81 **Exkurs: Der Beweiswert von Sachverständigengutachten**

Sachverständigengutachten kommt ein unterschiedlicher Beweiswert zu.[353] Von Bedeutung sind vor allem Gutachten aus folgenden Fachgebieten:

Kriminaltechnische Gutachten

Kriminaltechnischen Gutachten[354], die gemäß § 256 Abs. 1 S. 1 StPO verlesen werden können, spielen als objektive Komponenten im Rahmen der Überzeugungsbildung des Tatgerichts eine wichtige Rolle. Ihr Beweiswert ist zwar unterschiedlich, oft aber enthalten die entsprechenden Gutachten wichtige Elemente der Beweiswürdigung.

Daktyloskopische Gutachten

Bei daktyloskopischen Gutachten[355] handelt es um ein weithin standardisiertes Verfahren. Hier kann die Mitteilung des Ergebnisses, zu dem ein renommierter Sachverständiger gekommen ist, dann ausreichen, wenn von keiner Seite Einwände gegen die Tauglichkeit der gesicherten Spur und die Zuverlässigkeit der Begutachtung erhoben werden. Auch bei daktyloskopischen Gutachten kann es aber Fälle geben, bei denen im Urteil nicht nur die abschließende Stellungnahme des Sachverständigen über die Identität der Spuren mitzuteilen ist, sondern es sind so viele Anknüpfungstatsachen und vom Sachverständigen gezogene Schlussfolgerungen wiederzugeben, dass das Revisionsgericht die Schlüssigkeit des Gutachtens, seine Übereinstimmung mit den Erkenntnissen der Wissenschaft überprüfen kann. Der Umfang der Darlegungspflicht richtet sich grundsätzlich nach den Umständen des einzelnen Falles.[356]

Handschriftgutachten

Von der Schriftvergleichung nach § 93 StPO ist die Erstellung eines graphologischen Gutachtens zu unterscheiden, bei dem es um die Beurteilung des Charakters des Schreibers geht. Die Schriftvergleichung dient der Ermittlung der Echtheit einer Urkunde oder der Feststellung ihres Urhebers.

---

351 BGH, Beschl. v. 18.02.2016 – 1 StR 659/15 = StraFo 2016, 252; v. 19.11.2014 – 4 StR 497/14 = NStZ-RR 2015, 71.

352 BGH, Beschl. v. 16.12.1959 – 4 StR 484/59 = BGHSt 14, 68 (73); Urt. v. 26.08.1999 – 4 StR 329/99 = NStZ 2000, 24.

353 Vgl. auch *Nack* StV 2002, 563 ff.; *Schwaben* StraFo 2002, 78 ff.

354 Allgemein: *Kube/Störzer/Timm* Kriminalistik, 1992; *Artkämper* Blutalkohol, 38/(2001), 7 ff.; *ders.* StRR 2012, 134 f,; 216 f., 416 f.; 453 f.; 2013, 18 f.; 56 f.; 92 f.; zum Problemkreis Verteidiger und Kriminaltechnik: *Barton* StV 1988, 124 ff.; *Neuhaus* StraFo 2001, 8 ff.; 406 ff.; 2002, 254 ff.; 2004, 127 ff.; 2005, 148 ff.; 2006, 393 f. vgl. auch *Eisenberg* Rn. 1895 ff.; *Julius/Beckemper* in: Gercke/Julius/Temming/Zöller, Strafprozessordnung, 6. Aufl. 2019, § 261 Rn. 39.

355 Vgl. u.a. *Pfefferli* Kriminalistik 1997, 217 ff.; *Eisenberg* Rn. 1936 f.; kritisch *de Vries* StRR 2013, 417 f.

356 BGH, Urt. v. 29.09.1992 – 1 StR 494/92 = NStZ 1993, 95; Beschl. v. 15.09.2010 – 5 StR 345/10 = StV 2011, 8 f.

Der Beweis durch Schriftvergleichung[357] ist schwierig, da Fehlbeurteilungen schon allein wegen der verschiedenen Methoden der Sachverständigen möglich sind. Die Gefahr eines Fehlurteils ist besonders groß, wenn die Vergleichsmöglichkeiten gering sind, da oft nur eine kurze Unterschrift auf ihre Richtigkeit zu untersuchen ist.[358] Möglich sind die Qualifikationen »mit hoher Wahrscheinlichkeit«, »mit größter Wahrscheinlichkeit« oder »mit sehr hoher Wahrscheinlichkeit«. Hohe Wahrscheinlichkeit besagt, dass insoweit noch »vernünftige« Zweifel bestehen, die nicht »rein theoretisch« sind, und andere Möglichkeiten offenbleiben, die nicht nur gedanklicher Art sind und als »völlig abseits« liegend hätten außer Betracht bleiben dürfen und müssen.[359] Der Tatrichter darf seine Überzeugung von der Täterschaft des Angeklagten deshalb nicht allein auf dieses Wahrscheinlichkeitsurteil stützen. Schriftgutachten können zwar zu dem Ergebnis gelangen, dass eine Schrift mit Sicherheit von einer bestimmten Person stammt, und sie können in solchen Fällen dann auch ohne weitere Beweisanzeichen Grundlage einer Verurteilung sein. Der Beweiswert des Gutachtens hängt von Umfang und Qualität des Vergleichsmaterials, der Erfahrung und Eignung des Sachverständigen sowie der angewandten Methode ab.

Faserspuren

Ausschlaggebend für die Bewertung des ermittelten konkreten Spurenbildes sind unter Beachtung des Verbreitungsgrades der Faser dessen Besonderheiten[360]. Wird auf dem Opfer Fasermaterial gefunden, welches dem Lebensbereich des Tatverdächtigen zugeordnet werden kann oder werden an dem verwendeten Tatmittel Fasern aus dem Lebensbereich des Verdächtigen gefunden, so kommt einem solchen Befund – für sich genommen – besondere Beweiskraft noch nicht zu. Nachgewiesene material- und einfärbungsidentische Fasern sind für die Beurteilung eines möglichen Kontaktes vor allem aber dann bedeutsam, wenn das Spurenbild eine große Anzahl verschiedener Faserarten zeigt und jede Faserart in einer hohen Anzahl gleichartiger Fasern vertreten ist. Überkreuzungsspuren und Sekundärspuren erweitern dabei den Beweiswert erheblich. Der Beweiswert der einzelnen Faserspuren und des tatspezifischen Faserspurenbildes hängt davon ab, wie wahrscheinlich es ist, dass ein nachgewiesenes Faserspurenbild unabhängig von der Straftat zufällig und zu einem beliebigen Zeitpunkt auf einem beliebigen Textil oder an einer anderen Stelle gefunden wird. Bei der Ermittlung des Verbreitungsgrades wird auch auf die Randbedingungen des jeweiligen Einzelfalles zu achten sein. Allerdings gibt es derzeit noch keine statistisch verlässlichen Aussagen über den Verbreitungsgrad von Fasern, sodass sich die Merkmalswahrscheinlichkeit nicht – wie etwa bei der DNA-Analyse – quantifizieren lässt. Das entbindet den Tatrichter aber nicht von der Aufgabe, Erwägungen darüber anzustellen, ob ein tatspezifisches Spurenbild von einer solchen Besonderheit ist, dass sein Vorkommen auf einem ganz fernliegenden Zufall beruhen müsste. Bei der Beurteilung des Beweiswerts von Faserspuren hat der Tatrichter insbesondere die Zuordnung der Tatortspuren zu den Vergleichsspuren in einer dem Stand der Wissenschaft entsprechenden Weise zu erörtern und muss das Ergebnis seiner Bewertung in einer für das Revisionsgericht nachprüfbaren Form im Urteil darstellen. Dazu hat der Bundesgerichtshof[361] folgende Kriterien aufgestellt: Bei der Untersuchung auf Material- und Einfärbungsidentität der Fasern ist zu erörtern und darzustellen, ob diese sich mit den angewendeten Untersuchungsmethoden lediglich nicht unterscheiden lassen (Gruppenidentität) und ob sie aus dem gleichen, möglicherweise sogar – worauf besonders zu achten ist – demsel-

---

357 *Eisenberg* Rn. 1967 ff., 1970 ff.; *ders.* NStZ 2010, 680 ff.; *Hecker* NStZ 1990, 463 ff.; *Seibt* Kriminaltechnik 2004, 267 ff., *Böhle/Wildensee* Kriminalistik, 2005, 106 ff.; *Seibt* Kriminalistik 2005, 175 ff.; *Artkämper* StRR 2014, 218.

358 BGH, Urt. v. 19.11.1956 – 2 StR 493/56 = BGHSt 10, 116 (119).

359 BGH, Beschl. v. 24.06.1982 – 4 StR 183/82 = StV 1982, 407, 408.

360 BGH, Urt. v. 04.03.1993 – 2 StR 503/92 = StV 1993, 340; Beschl. v. 22.10.1993 – 2 StR 459/93 = StV 1994, 114; Urt. v. 28.11.1995 – 5 StR 459/95 = StV 1996, 251; vgl. auch *Nack* StV 2002, 558 (565); *Biermann/Grieve* Kriminalistik 2001, 337 ff.; *Neuhaus* StraFo 2001, 406 ff.; 2002, 254 ff.; *Artkämper* StRR 2013, 18 ff.; *Eisenberg* Rn. 1919 f. Vgl. zu Faserspuren auch *Werner*, Kap. 20 Rdn. 79.

361 BGH, Urt. v. 04.03.1993 – 2 StR 503/92 = StV 1993, 340; Beschl. v. 22.10.1993 – 2 StR 459/93 = StV 1994, 114; Urt. v. 28.11.1995 – 5 StR 459/95 = 1996, 251.

ben Herstellungsprozess stammen. Darüber hinaus ist zu prüfen, ob Tatort- und Vergleichsspuren zusätzlich besondere Merkmale, etwa eine Verschmutzung, aufweisen, die eine weitere individuelle Zuordnung ermöglichen. Schließlich hat der Tatrichter eine Gesamtwürdigung der Faserspurenkombination im Hinblick darauf vorzunehmen, ob eine solche Kombination ein »charakteristisches Faserbild« darstellt. Dabei kommt es auch auf die Zahl der Fasern und insbesondere auf etwa vorhandene Überkreuzungsspuren an.

Stimmenvergleich – Stimmenanalyse

Bei der Stimmenanalyse[362] werden Sprechaufzeichnungen verglichen. Dies ist eine wissenschaftlich weit fortgeschrittene Methode,[363] deren Beweiswert aber nicht unproblematisch ist, da auch hier mit »Wahrscheinlichkeitskriterien« gearbeitet wird.[364] Eine abschließende Entscheidung des BGH zum Beweiswert liegen – soweit ersichtlich – bisher nicht vor.[365] Ausführlich zu Stimmenanalyse und Stimmenvergleich vgl. *Braun,* Kap. 40 Rdn. 27 ff. und 38 ff.

Sehr problematisch ist die Identifizierung eines Tatverdächtigen ausschließlich an seiner Stimme im Wege des Zeugenbeweises. Der Tatrichter muss sich der besonderen Problematik des Wiedererkennens von Stimmen bewusst sein.[366] Es ist sicherzustellen, dass der Zeuge die Stimme des Verdächtigen nicht isoliert, sondern neben anderen Stimmen hört. Die Vergleichsstimmen müssen eine gewisse Klangähnlichkeit aufweisen. Es dürfen dem Zeugen auch nicht etwa neben dem mit einem fremdländischen Akzent oder einem Dialekt sprechenden Verdächtigen Stimmen einer anderen Sprachheimat vorgestellt werden. Bei Mängeln des Stimmenvergleichstests verliert die Identifizierung der Stimme durch den Zeugen zwar nicht notwendig jeden Beweiswert; wie bei der fehlerhaften visuellen Gegenüberstellung muss sich der Tatrichter aber des besonderen Risikos einer Falschidentifizierung – erkennbar – bewusst sein.[367]

▶ Beachte

Wenn ein Stimmenvergleichsgutachten allenfalls eine gutachterliche Wahrscheinlichkeitsbeurteilung ermöglichen kann, ist es nicht zu beanstanden, wenn der Tatrichter einen entsprechenden Beweisantrag der Verteidigung mit der Begründung ablehnt, dass er auch bei einem solchen, dem Angeklagten günstigen Beweisergebnis den von der Verteidigung gewünschten Schluss mit Rücksicht auf Art und Gewicht der für die Sprechereigenschaft des Angeklagten sprechenden Umstände nicht ziehen würde.[368]

---

362 BGH, Urt. v. 24.02.1994 – 4 StR 317/93 = BGHSt 40, 66; *Eisenberg* Rn. 1395 f.; 1988 ff. S. 839 ff.; *ders.* NStZ 1994, 598 ff.; NStZ 2010, 680 ff.; *Künzel* NStZ 1989, 400 ff.: StraFo 1997, 100 ff.; Kriminalistik 2003, 676 ff.; *Artkämper* StRR 2014, 335. 339.

363 *Künzel* Kriminalistik 2003, 676 (680); *ders.* StraFo 1997, 100 ff.; *ders.* Archiv für Kriminologie 194 (1994), 129 ff.

364 Vgl. *Künzel* NStZ 1989, 400 ff.: StraFo 1997, 100 ff.; Kriminalistik 2003, 676 ff.

365 Vgl. aber BGH, Urt. v. 09.04.1986 – 3 StR 551/85 = BGHSt 34, 39 ff, aus der Entscheidung geht hervor, dass das OLG Düsseldorf als Instanzgericht von einem Beweiswert ausging; ebenso LG Essen, Urteil vom 03.02.2017 – 32 KLs 11/16 –, juris Rn 302.

366 BGH, Urt. v. 24.02.1994 – 4 StR 317/93 = BGHSt 40, 66; Beschl. v. 12.04.1994 – 4 StR 142/94 = NStZ 1994, 597 m. Anm. *Eisenberg*; OLG Köln, Urt. v. 11.06.1996 – Ss 194/96 = StV 1998, 178 m. Anm. *Meurer*; *Künzel* ArchKrim, 198 (1996), 1 ff.; allgemein zum Wiedererkennen von Personen BGH, Beschl. v. 29.11.2016 – 2 StR 472/16 = NStZ-RR 2017, 90 f. = StraFo 2017, 69 f.

367 Zum linguistischen Textvergleich *Eisenberg* Rn. 1988 ff.

368 BGH, Beschl. v. 11.03.1998 – 1 StR 52/98 = NStZ 1998, 369.

DNA-Analyse

Die Rechtsprechung des Bundesgerichtshofs verlangte lange Zeit eine kritische Beurteilung des Beweiswerts einer DNA-Analyse[369], er verlangte oft auch zusätzliche Indizien.[370] Der Tatrichter musste berücksichtigen, dass die DNA-Analyse lediglich eine statistische Aussage enthält, die eine Würdigung aller Beweisumstände nicht überflüssig macht.[371] In dieser Absolutheit wird die bisherige Rechtsprechung angesichts der immer weiter fortgeschrittenen Entwicklung des DNA-Verfahrens wohl kaum noch Geltung beanspruchen können[372]. Der BGH hatte zunächst offengelassen[373], ob angesichts der wissenschaftlichen Entwicklung der DNA-Analyse in den vergangenen 15 Jahren an der Entscheidung BGHSt 38, 320 festzuhalten ist, soweit in ihr gefordert wird, der Tatrichter habe im Urteil die Datenbasis als Grundlage der wissenschaftlichen Schlussfolgerungen des Sachverständigen mitzuteilen. In einer neueren Entscheidung hat er betont, dass jedenfalls bei einem Seltenheitswert im Millionenbereich das Ergebnis der DNA-Analyse wegen der inzwischen erreichten Standardisierung der molekulargenetischen Untersuchung für die Überzeugungsbildung des Tatrichters dahin, dass die gesicherte Tatortspur vom Angeklagten herrührt, ausreichen kann, wenn die Berechnungsgrundlage den von der Rechtsprechung des Bundesgerichtshofs aufgestellten Anforderungen entspricht.[374] Nunmehr hat der BGH aber ausgeführt, dass das Ergebnis eines DNA-Vergleichsgutachtens nur als ein – wenn auch bedeutsames – Indiz anzusehen ist, das der Würdigung im Zusammenhang mit anderen für die Täterschaft sprechenden Beweisanzeichen bedarf. Ein solches Gutachten enthält lediglich eine abstrakte, biostatistisch begründete Aussage über die Häufigkeit der festgestellten Merkmale bzw. Merkmalskombinationen innerhalb einer bestimmten Population. Es spricht somit vieles dafür, dass insoweit eine »heimliche« Herabsetzung der Anforderungen, insoweit erfolgt ist, dass eine Überführung allein durch DNA-Material ausreichen kann. Zu verlangen ist aber weiterhin eine nähere Darlegung zu dem der Wahrscheinlichkeitsberechnung zugrunde gelegten »Datenmaterial« (Datenbasis) und zur Frage der statistischen Unabhängigkeit der untersuchten Merkmale[375].

▶ Ergebnis

Ob sich das Tatgericht allein aufgrund der Übereinstimmung von DNA-Identifizierungsmustern von der Täterschaft eines Angeklagten zu überzeugen vermag, ist vorrangig – wie die Beweiswürdigung ansonsten auch – ihm selbst überlassen. Im Einzelfall kann es revisions-

---

369 *Eisenberg* Rn. 1680 ff.; *Nack* StV 2002, 558 (563 ff.); *Schneider* Kriminalistik 2005, 303 ff.; *Diezel* StRR 2010, 376 ff.; *Nack* GA 2009, 201, 208 ff.; *Neuhaus* StV 2013, 137 ff.; zur Verwertbarkeit der im Zusammenhang mit einer molekulargenetischen Reihenuntersuchung gewonnenen Erkenntnis, dass der Verursacher der bei der Tat gelegten DNA-Spur wahrscheinlich mit einem der Teilnehmer der Untersuchung verwandt ist (sog. Beinahetreffer) vgl. BGH, Urt. v. 20.12.2012 – 3 StR 117/12 = StV 2013, 427 m. Anm. *Löffelmann* JR 2013, 277 ff.; *Busch* NJW 2013, 1771 ff.; zur Feststellung und Speicherung eines DNA-Identifizierungsmusters nach § 81g StPO vgl. BVerfG, Beschl. v. 02.07.2013 – 2 BvR 2392/12 = StV 2014, 578 f.

370 BGH, Urt. v. 12.08.1992 – 5 StR 239/92 = BGHSt 38, 320, 322 ff.; Urt. v. 21.08.1990 – 5 StR 145/90 = 37, 157, 159 f.; Urt. v. 27.07.1994 – 3 StR 225/94 = NStZ 1994, 554; Urt. v. 20.06.1996 – 5 StR 625/95 = StV 1996, 583 mwN.

371 BGH, Urt. v. 12.08.1992 – 5 StR 239/92= BGHSt 38, 320, 322 ff.; Urt. v. 21.08.1990 – 5 StR 145/90= 37, 157.

372 Neuerdings: Zum Beweiswert einer kombinierten Analyse von *Kern*-DNA und mitochondrialer DNA vgl. BGH, Beschl. v. 03.11.2010 – 1 StR 520/10; BGH, Beschl. v. 31.07.2013 – 4 StR 270/13 = StV 2014, 588 = NStZ-RR 2014, 115 (für Urteilsfeststellungen).

373 BGH, Beschl. v. 02.10.2007 – 3 StR 339/07, juris.

374 BGH, Beschl. v. 21.01.2009 – 1 StR 722/08 = StV 2010, 175 f. m. Anm. *Baur/Fimmers/Schneider*.

375 Beachte auch: Gemeinsame Empfehlung der Projektgruppe »Biostatistische DNA-Berechnung« und der Spurenkommission zur biostatistischen Bewertung von DNA-analytischen Befunden NStZ 2017, 135 ff und zur biostatistischen Bewertung forensischer DNA-analytischer Befunde mit vollkontinuierlichen Modellen (VKM), Rechtsmedizin 2023, 3 ff.

rechtlich sowohl hinzunehmen sein, dass sich das Tatgericht eine entsprechende Überzeugung bildet, als auch, dass es sich dazu aufgrund vernünftiger Zweifel nicht in der Lage sieht. Für die Überprüfung durch das Revisionsgericht reicht es im Regelfall aus, wenn das Tatgericht mitteilt, wie viele Systeme untersucht wurden, ob diese unabhängig voneinander vererbbar sind (und mithin die Produktregel anwendbar ist), ob und inwieweit sich Übereinstimmungen in den untersuchten Systemen ergeben haben und mit welcher Wahrscheinlichkeit die festgestellte Merkmalkombination zu erwarten ist.[376]

▶ **Beachte**

Der Umfang der Darstellung des Ergebnisses einer auf einer molekulargenetischen Vergleichsuntersuchung beruhenden Wahrscheinlichkeitsberechnung wurde in der Rechtsprechung unterschiedlich beurteilt. in der Regel war zumindest erforderlich, dass das Tatgericht mitteilt, wie viele Systeme untersucht wurden, ob und inwieweit sich Übereinstimmungen in den untersuchten Systemen ergeben haben und mit welcher Wahrscheinlichkeit die festgestellte Merkmalskombination zu erwarten ist[377] Bei einer Reihe weiterer gewichtiger Indizien werden teilweise geringere Anforderungen gestellt[378].

Nach der neueren Rechtsprechung ist die biostatistische Wahrscheinlichkeitsberechnung in Bezug auf DNA-Einzelspuren standardisiert, so dass es einer Darstellung der Anzahl der untersuchten Merkmalssysteme und der Anzahl der diesbezüglichen Übereinstimmungen nicht mehr bedarf[379]. Das Tatgericht genügt den Darlegungsanforderungen, wenn es das Gutachtenergebnis in Form der biostatistischen Wahrscheinlichkeitsaussage in numerischer Form mitteilt, da diese die beiden übrigen bisherigen Anforderungen widerspiegelt.[380] Gehört der Angeklagte einer fremden Ethnie an, ist darzulegen, inwieweit dies bei der Auswahl der Vergleichspopulation von Bedeutung war[381]. In den in der forensischen Praxis gebräuchlichen Verfahren muss lediglich das Gutachtenergebnis in Form der biostatistischen Wahrscheinlichkeitsaussage in numerischer Form mitgeteilt werden, sofern sich die Untersuchungen auf eindeutige Einzelspuren beziehen und keine Besonderheiten in der forensischen Fragestellung aufweisen.[382] In der Regel muss das Tatgericht aber mitteilen, wie viele Systeme untersucht wurden, ob und inwieweit sich Übereinstimmungen in den untersuchten Systemen ergeben haben und mit welcher Wahrscheinlichkeit die festgestellte Merkmalskombination zu erwarten ist.[383] Diese Vereinfachung gilt aber nicht für Mischspuren d.h. Spuren, die mehr als zwei Allele in einem DNA-System aufweisen und demnach von mehr als einer einzelnen Person stammen. Insoweit ist nach wie vor grundsätzlich in den Urteilsgründen mitzuteilen, wie viele Systeme untersucht wurden, ob und inwieweit sich Übereinstimmungen in den untersuchten Systemen ergaben, mit welcher Wahrscheinlichkeit die festgestellte Merkmalskombination bei einer

376 BGH, Urt. v. 21.03.2013 – 3 StR 247/12 = BGHSt 58, 212 f. = StV 2014, 588 f. = NStZ 2013, 420 f. m. Anm. *Malek* = StV 2014, 590 f.; vgl. Beschl. v. 07.11.2012 – 5 StR 517/12 = StV 2013, 136 f.; Urt. v. 21.07.2016 – 2 StR 383/15 = NStZ 2017, 96 f.

377 BGH, Beschl. v. 12.04.2016 – 4 StR 18/16 = BeckRS 2016, 9140 = NStZ-RR 2016, 223 (nur LS) m.w.N.

378 BGH, Beschl. v. 23.10.2012 – 1 StR 377/12 = NStZ 2013, 179, 180 m.w.N.; vgl. auch Urt. v. 21.03.2013 – 3 StR 247/12 = BGHSt 58, 212, 217; v. 05.06.2014 – 4 StR 439/13 = NStZ 2014, 477, und Urt. v. 24.03.2016 – 2 StR 112/14 = NStZ 2016, 490, 491.

379 BGH, Beschl. v. 28. 08 2018 – 5 StR 50/17 = BGHSt 63, 187 ff. = NJW 2018, 3192 ff. = JR 2019, 43 ff. m. Anm. Müller; Beschl. v. 03.11.2020 – 4 StR 408/20 = StV 2021, 797.

380 BGH, Beschl. v. 28.08.2018 – 5 StR 50/17 = BGHSt 63, 187 ff- = NJW 2018, 3192 f.: vgl. dazu *Müller/Eisenberg*, JR 2019, 43 f.

381 BGH, Urt. v. 24.03.2016 – 2 StR 112/14 = NStZ 2016, 490 f.; Beschl. v. 19.01.2016 – 4 StR 484/15 = NStZ-RR 2016, 118 f.

382 BGH, Beschl. v. 22.05.2019 – 1 StR 79/19 = BeckRS 2019, 12555 = NStZ-RR 2019, 253 (nur LS).

383 BGH, Beschl. v. 17.07.2018 – 1 StR 518/17 = BeckRS 2018, 20154 = StV 2020, 435 (nur LS).

weiteren Person zu erwarten ist und, sofern der Angeklagte einer fremden Ethnie angehört, ob dieser Umstand bei der Auswahl der Vergleichspopulation von Bedeutung war. Bei Mischspuren können je nach den konkreten Umständen des Einzelfalls strengere Anforderungen auch in Bezug auf die Vergleichspopulation. Gegebenenfalls ist es notwendig, ergänzende molekulargenetische Untersuchungen durchzuführen. Angegeben werden sollte wie viele Spurenverursacher in Betracht kommen und um welchen Typ von Mischspur es sich handelt[384]

Rechtsmedizinische Gutachten

Die Rechtsmedizin[385] wird in Kapitalstrafsachen meist zur Ermittlung der Todesursache oder zur Feststellung von Verletzungen tätig, sowie auch zur Begutachtung von alkoholbedingten Straftaten. Die Wertigkeit der Bekundungen ist gerade in diesem Bereich oft abhängig von der Person, der von ihm angewandten Untersuchungsmethode und damit der Qualifikation des Sachverständigen.

Blutalkoholanalyse – Blutalkoholwert

Einen Rechts- oder Erfahrungssatz, wonach ab einer bestimmten Höhe der Blutalkoholkonzentration[386] regelmäßig vom Vorliegen einer erheblich verminderten Schuldfähigkeit auszugehen ist, gibt es nicht.[387] Entscheidend ist vielmehr eine Gesamtschau aller wesentlichen objektiven und subjektiven Umstände aus der Persönlichkeitsstruktur des Täters, seinem Erscheinungsbild vor, während und nach der Tat und dem eigentlichen Tatgeschehen und seiner Alkoholgewöhnung (psychodiagnostische Beurteilungskriterien). Die Blutalkoholkonzentration ist in diesem Zusammenhang ein zwar gewichtiges, aber keinesfalls allein maßgebliches oder vorrangiges Beweisanzeichen, wobei deren Bedeutung auch von der Alkoholgewöhnung des Täters beeinflusst sein kann. Gegenüber aussagekräftigen psychodiagnostischen Beweisanzeichen darf einem Blutalkoholwert geringere Beweisbedeutung beigemessen werden, wenn dieser bei einer längeren Trinkzeit lediglich aufgrund von Trinkmengenangaben rechnerisch ermittelt worden ist.[388] Bei der Beurteilung der Schuldfähigkeit kommt der Blutalkoholkonzentration umso geringere Bedeutung zu, je mehr sonstige aussagekräftige psychodiagnostische Beweisanzeichen zur Verfügung stehen.[389]

Anthropologisches Vergleichsgutachten

Beim anthropologischen Identitätsgutachten[390] werden z.B. anhand von Lichtbildern der Raumüberwachungskamera eine bestimmbare Zahl deskriptiver morphologischer Merkmale (z.B. Nasenfurche,

384 BGH, Beschl. v. 22.05.2019 – 1 StR 79/19 = BeckRS 2019, 12555; Urt. v. 06.02.2019 – 1 StR 499/18 = NStZ 2019, 427f.; Beschl. v. 28.08.2019 – 5 StR 419/19 = BeckRS 2019, 22259.

385 *Gerchow* FS Schmidt-Leichner 1977 S. 67 ff.; *Geerds* ArchKrim 187 (1991) 28 ff.; *Metter* MedSach 1989, 36 ff.

386 Vgl. dazu auch *Maatz* StV 1998, 279, 281 f.; *Detter* BA 1999, 3 ff.; *Maatz/Wahl* FS 50 Jahre BGH S. 531 ff.; *Otto* 50 Jahre BGH Festgabe aus der Wissenschaft Bd. IV, 111 ff.; ausführlich LK/*Verrel/Linke/Koranyi*13. Aufl. § 20, Rn. 95 ff.; *Eisenberg* Rn. 1747 ff. S. 688 ff.; *Satzger* Jura 2013, 345 ff.

387 BGH, Urt. v. 29.04.1997 – 1 StR 511/95 = BGHSt 43, 66 ff. m. Anm. *Kröber* NStZ 1996, 569 f.; *Loos* JR 1997, 514 f.; *Heifer* Blutalkohol 1997, 450; *Martin* JuS 1997, 1139 f.

388 BGH, Urt. v. 22.04.1998 – 3 StR 15/98 = NStZ 1998, 457.

389 BGH, Beschl. v. 29.05.2012 – 1 StR 59/12 = BGHSt 57, 247 f. = StV 2013, 20 f. m. Anm. *Fahl* JZ 2013, 314 ff.

390 BGH, Urt. v. 27.10.1999 – 3 StR 241/99 = StV 2000, 125; Beschl. v. 16.09.1992 – 3 StR 413/92 = NStZ 1993, 47; Urt. v. 26.05.1999 – 3 StR 110/99 = BeckRS 1999, 30060815 = NStZ-RR 2000, 45 (nur LS); Urt. v. 15.02.2005 – 1 StR 91/04 = StV 2005, 374 f.; sehr informativ: OLG Braunschweig, Beschl. v. 5.7.2006 – Ss 81/05 = NStZ-RR 2007, 180; für Bußgeldverfahren OLG Celle, Beschl. v. 06.11.2012 – 311 SsBs 136/12 = NZV 2013, 47; vgl. dazu *Krenberger* ZfS 2013, 232; *ders.* jurisPR-VerkR 6./2013 Anm. 5; *Schott* SVR 2010, 286; *ders.* NZV 2011, 169; *Rösing/Quarch/Danner* NStZ 2012, 548 ff.; vgl. auch *Knußmann* StV 1983, 127 ff.; *ders.* NStZ 1991, 175; *Schott* Kriminalistik 1996, 485 ff.; *Jung* PVR 2003, 141 f.; zu den Standards: NStZ 1999, 230 ff.; *Buck/Krumbholz* S. 201 ff.; 343 ff.; *Niemitz* DAR 2011, 768 f.; *Gabriel* u.a. NZV 2014, 346 ff. Identitätswahrscheinlichkeit; zum Vergleich von Ohren *Schott* NZV 2014, 393 f.

Nasenkrümmung etc.) oder von Körpermaßen des Täters herausgearbeitet und mit den entsprechenden Merkmalen des Tatverdächtigen verglichen. Ein anthropologisches Vergleichsgutachten ist kein standardisiertes Verfahren.[391] Zwischen den Klassifizierungen von einzelnen morphologischen Merkmalen besteht ein gleitender Übergang, weswegen in der Regel keine genauen Angaben über die Häufigkeit der Merkmale in der Bevölkerung, der die zu identifizierende Person angehört, gemacht werden können. Weitere Beeinträchtigungen des Beweiswerts können u.a. durch Vermummung, Grimassierung oder Bartbildung erfolgen. Dabei lässt sich der Identitätsausschluss leichter als der Identitätsnachweis erreichen, weil dafür bereits ein besonders prägnantes Gesichtsmerkmal ausreicht.

▶ **Beachte**

Für ein anthropologisches Identitätsgutachten anhand von Lichtbildern gilt allgemein, dass es kein standardisiertes Verfahren hinsichtlich des Vergleichs einer bestimmten Zahl morphologischer Merkmale oder Körpermaße des Täters mit den entsprechenden Merkmalen des Tatverdächtigen gibt. Die morphologischen Merkmale sind nicht eindeutig bestimmbar. Die Abschätzung der Beweiswertigkeit ist nach der persönlichen Erfahrung eines Sachverständigen subjektiv. Graduelle Abweichungen sind zwischen einzelnen Sachverständigen möglich.[392]

Der Umfang der Darlegungspflicht des Tatrichters richtet sich nach der jeweiligen Beweislage und der Bedeutung, die der Beweisfrage für die Entscheidung zukommt. Dargelegt werden muss, auf welche und wie viele übereinstimmende metrische Körpermerkmale der Sachverständige sich bei seiner Bewertung gestützt und auf welche Art und Weise er diese Übereinstimmungen ermittelt hat. Wesentlich ist auch, auf welches biostatistische Vergleichsmaterial sich die Wahrscheinlichkeitsberechnung der Sachverständige stützt, d.h. ob dieses Vergleichsmaterial im Hinblick auf die Bevölkerungsabgrenzung, die Größe des Probandenkreises und das wegen der Akzeleration der Bevölkerung bedeutsame Alter der Untersuchung repräsentativ ist, also das Vorkommen des einzelnen Merkmals in der Bevölkerung zur Tatzeit zutreffend widerspiegelt, oder ob es sich nur um mehr oder weniger genaue, den Beweiswert der Wahrscheinlichkeitsaussage relativierende Anhaltswerte handelt. Das Verfahren ist – wenn nicht schon mit Skepsis – jedenfalls mit großer Vorsicht zu behandeln.

82 **Exkurs: Super-Recognizer**

Als Super-Recognizer[393] bezeichnet man Menschen, die weit überdurchschnittlich gut Gesichter verarbeiten, sich einprägen und (wieder-)erkennen können. Super-Recognizer sind ein verhältnismäßig neues Phänomen, das noch nicht abschließend erforscht ist.

Super-Recognizer sollen in der Lage sein, sich innerhalb von Sekunden das Gesicht einer unbekannten Person merken zu können, oder auch eine Person sogar Jahre später wiedererkennen können, selbst wenn sich diese Person optisch verändert hat. Man geht davon aus, dass 1 bis 2 % der Gesamtbevölkerung über diese Fähigkeit verfügen. Es handelt sich bei der Fähigkeit um eine Art Inselbegabung. Das Gedächtnis sowie die kognitive und emotionale Intelligenz von Super-Recognizern entsprechen nämlich dem Durchschnitt der Bevölkerung.

Nachdem die englische Polizei bereits seit dem Jahr 2011 auf den Einsatz von Super-Recognizern vor allem bei der Videoauswertung setzt[394], ist dieser Trend zwischenzeitlich längst in Deutschland angekommen. Nach ersten serienmäßigen Testungen von Polizeibeamten im Jahr 2018 in München

391 BGH, Urt. v. 27. 10. 1999 – 3 StR 241/99 = NStZ 2000, 106 f.; BVerfG, Beschl. v. 14.07.2016 -2 BvR 2748/14 = DAR 2016, 641 f.; *Krenberger* jurisPR-VerkR 6/2016 Anm. 6.

392 BGH, Urt. v. 15.02.2005 – 1 StR 91/04 = StV 2005, 374 ff.

393 Ausführlich hierzu *Becker,* StRR 2023, Heft 12, 6ff; Überblick bei Ramon/Bobak, Die Gesichterprofis, Spektrum der Wissenschaft, abrufbar unter https://www.spektrum.de/news/super-recognizer-die-gesichterprofis/1503301.

394 *Valentine/Davis,* Forensic Facial Identification, Theory and Practice of Identification from Eyewitnesses, Composites and CCTV, 2015. *Davis* ist auch maßgeblich an der Greenwhich-Testung beteiligt.

sucht die Polizei zwischenzeitlich in nahezu allen Bundesländern systematisch in ihren Reihen nach Super-Recognizern. Ganz überwiegend wird hierzu ein Test von der University of Greenwich herangezogen, der auch im Internet frei verfügbar[395] ist.

Dennoch sind Super-Recognizer weit davon entfernt, ein valides Beweismittel[396] im Strafprozess darzustellen. Subjektive Wahrnehmung ist objektiver Überprüfbarkeit naturgemäß weitgehend entzogen.

Super-Recognizer sollen etwa beim Surfen im dienstlichen Intranet ihnen früher aus anderen Fällen bekannte Personen wiedererkennen und so als Täter identifizieren. Super-Recognizer werden zwischenzeitlich aber auch bei verschiedensten Großveranstaltungen, in Fußballstadien, Konzerten, auf Messen, Demonstrationen, Weihnachtsmärkte und Volksfesten eingesetzt. Hier werden die Polizeibeamten für ihren Einsatz etwa mit einer Lichtbilderkartei von Personen mit Stadionverbot, einer Auswahl wegen Taschendiebstahls bekannter Personen, zur Festnahme ausgeschriebener Personen etc. vorbereitet. Eine für die Wahrheitsfindung gefährliche, von der Polizei jedoch in gleicher Weise angestrebte Einsatzart[397], ist die Verwendung von Super-Recognizern zum simultanen Gesichtsvergleich. Hier erhält der Super-Recognizer die Aufgabe, das Lichtbild eines Tatverdächtigen mit dem Lichtbild eines unbekannten Täters aus einer Videoaufzeichnung abzugleichen mit dem Ziel, eine mögliche Personenidentität festzustellen und argumentativ zu belegen. Der Unterschied liegt auf der Hand: es geht jetzt nicht mehr um das spontane Wiedererkennen einer gesuchten Person in einer Menschenmenge, sondern um die gezielte Identifikation einer Einzelperson.

Super-Recognizer sind keine Sachverständigen. In der Regel wird der Super-Recognizer als Zeuge in der Hauptverhandlung vernommen. Aufgabe der Verteidigung ist es daher, durch Befragung dessen Qualifizierung durch bloße Internettests herauszuarbeiten und die fehlende Objektivität des Beweismittels zu verdeutlichen. Erfolgversprechend ist regelmäßig auch eine Befragung, die herausarbeitet, dass lediglich eine 1:1-Gegenüberstellung der Aufnahme des unbekannten Täters und der Aufnahme des Tatverdächtigen erfolgte. Dies stellt einen gravierenden Verstoß gegen die sonst anerkannten Standards für das Wiedererkennen von Tatverdächtigen nach der Rechtsprechung und nach Ziff. 18 RiStBV dar.

Es bietet sich ferner an, einen Beweisantrag auf Einholung eines anthropologisches Sachverständigen-Gutachtens zu stellen. Gegebenenfalls sollte dargelegt werden, dass der Sachverständige über überlegene Forschungsmittel verfügt, um eine Ablehnung des Beweisantrags zu erschweren, insbesondere wenn bereits ein Sachverständiger für Lichtbildvergleiche im Verfahren tätig war (§ 244 Abs. 4 Satz 2 3. Alt.). Der Vorteil eines anthropologischen Sachverständigengutachtens liegt darin, dass Sachverständige bei Unähnlichkeiten die Identität mit dem Beschuldigten ausschließen können, wohingegen dies vom Super-Recognizer in aller Regel gerade nicht festgestellt werden wird.

Schließlich ist, gegebenenfalls auch durch Stellung eines Beweisantrags, auf die hohe Fehlerquote hinzuweisen, die im Rahmen einer Untersuchung von *Bobak*[398] an der University of Sterling festgestellt wurde. Die Treffsicherheit in einem durchgeführten Versuch lag bei der Gruppe von Super-Recognizern bei lediglich 67 %, was umgekehrt einer Fehlerquote von einem Drittel entspricht! Im Übrigen war die Treffsicherheit im Vergleich zu einer Kontrollgruppe von Personen ohne Super-Recognizer-Eigenschaft lediglich um 8,4 % erhöht.

395 https://greenwichuniversity.eu.qualtrics.com/jfe/form/SV_0wkAa97GeC3ABUO.
396 *Artkämper/Weise*, StV 2023, 340, 347.
397 *Wyss*, Kriminalistik 2022, 243ff.
398 *Bobak/Hancock/Bate*, Applied Cognitive Psychology 30: 81–91 (2016).

V. Glaubwürdigkeitsgutachten

83 Besonderheiten können sich bei Glaubwürdigkeitsgutachten[399] ergeben.

Hier ist es nicht Aufgabe des Sachverständigen, darüber zu befinden, ob die zu begutachtende Aussage wahr ist oder nicht. Glaubwürdigkeit[400] und Wahrheitsgehalt abschließend für den Schuldspruch zu beurteilen, gehört vielmehr zum Wesen richterlicher Rechtsfindung und ist daher dem Tatrichter vorbehalten. Der Sachverständige soll dem Gericht nur die Sachkunde vermitteln, mit deren Hilfe es die Tatsachen feststellen kann, die für diese Beurteilung wesentlich sind. Er hat sich mithin z.B. darauf zu beschränken, die Wesenszüge der jugendlichen Zeugin darzustellen und diese sowie das Verhalten der Jugendlichen im besonderen Falle und ihre Aussage selbst nach Inhalt und Entwicklung aus psychologischer Sicht zu erläutern. Dazu gehört, dass er aufgrund seines Fachwissens auf diejenigen Umstände hinweist, die für die Aussagetüchtigkeit und Glaubwürdigkeit der Jugendlichen sprechen oder Bedenken hiergegen erwecken könnten. Damit ist seine verfahrensrechtliche Aufgabe jedoch erfüllt.[401]

▶ Hinweis

Zwar kann sich das Gericht bei der Beurteilung von Zeugenaussagen grundsätzlich eigene Sachkunde zutrauen; etwas anderes gilt aber, wenn besondere Umstände vorliegen, deren Würdigung eine spezielle Sachkunde erfordert, die dem Gericht nicht zur Verfügung steht.[402]

Mit dem Urteil des Bundesgerichtshofs vom 30.07.1999[403] zu wissenschaftlichen Anforderungen an aussagepsychologische Gutachten wurden nicht nur wissenschaftliche Gütekriterien vorgegeben, die fortan von Gutachtern zu erfüllen sind. Wenn auch nicht im Grundsatz daran gerüttelt wurde, dass die Beweiswürdigung ureigenste Aufgabe der Tatrichter ist, wurde letzteren doch nahegelegt, sich bei ihrer Tätigkeit der aussagepsychologischen Grundsätze zu bedienen, d.h. selbstständig die sog. Realkennzeichen einer Aussage zu erarbeiten und sie abschließend einer integrativen Gesamtbewertung zu unterziehen.[404]

Der Tatrichter muss sich in der Regel bei der Zurückweisung eines Beweisantrages auf Einholung eines **weiteren** aussagepsychologischen Gutachtens in dem Ablehnungsbeschluss mit den methodenkritischen Einwänden gegen das bereits erstattete Gutachten auseinandersetzen.[405]

▶ Hinweis

Bei der Einschätzung des »Werts« eines Glaubwürdigkeitsgutachtens für die Beweiswürdigung darf nicht übersehen werden, dass auch ein die Glaubwürdigkeit bestätigendes Gutachten

---

399 Ausführlich zu Aussagepsychologischen Gutachten vgl. Kap. 39. Zu Fehlerquellen in aussagepsychologischen Gutachten *Köhnken* in Deckers/Köhnken S. 1 ff.; vgl. auch *Hilgert* NJW 2016, 985 ff.; zur Aussagekonstanz vgl. *Deckers* StV 2017, 50 ff.; zur Überprüfung des Glaubwürdigkeitsgutachtens in der neueren Rechtsprechung des BGH *Miebach*, NStZ-RR 2018, 36 ff.

400 BGH, Urt. v. 30.07.1999 – 1 StR 618/98 = BGHSt 45, 164 ff.; dazu *Boetticher* Sonderheft für Gerhard Schäfer 2002 S. 8 ff. unter Hinweis auf die Vielzahl von Anmerkungen; *Pfister* FPPK 2008, 3 ff. (Was ist seit BGHSt 45, 164 geschehen?); vgl. auch *Schäfer/Sander* in: Fegert, Begutachtung sexuell missbrauchter Kinder 2001, 5 (52 ff.); zur Methodik *Köhnken*, ebenda 4 (S. 29 ff.). *Nack* GA 2009, 201, 207; *Eisenberg* Rn. 1860 ff.

401 BGH, Urt. v. 23.02.1966 – 2 StR 15/66 = BGHSt 21, 62, 63.

402 BGH, Beschl. v. 09.10.2012 – 5 StR 428/12 = StraFo 2013, 26 f.

403 BGH, Urt. v. 30.07.1999 – 1 StR 618/98 = BGHSt 45, 164 ff.

404 Ausf. dazu *Burgsmüller* Streit 2010, 51 ff., vgl. Beiträge u.a. von *Köhnken/Pfister/Deckers* in Deckers/Köhnken;*Nack* GA 209, 201, 207 f.; *Schmidt* StraFo 2010, 446 ff.; zur Aussagekonstanz Deckers StV 2017, 50 ff.

405 BGH, Beschl. v. 27.01.2010 – 2 StR 535/09 = BGHSt 55, 5 ff. = JZ 2010, 474 ff. m. Anm. *Eisenberg*; OLG Düsseldorf, Beschl. v. 09.02.2010 – 3 RBs 8/10 = NJW 2010, 1216; BGH, Beschluss vom 27.01.2010 – 2 StR 535/09 = NJW 2010, 1214 m. Anm. *Hoffmann/Wendler*.

niemals mehr als ein Indiz sein kann. Das Tatgericht ist im Rahmen seiner freien Beweiswürdigung stets zu einer eigenen Beurteilung verpflichtet. Es kann von Sachverständigengutachten auch abweichen, dabei muss es sich aber in ausreichendem Umfang mit den Ausführungen des Sachverständigen und den Gründen für die abweichende Würdigung der Anknüpfungstatsachen auseinandersetzten.

Ein Glaubwürdigkeitsgutachten vermag auch keine abschließende Lösung für das Problem **Aussage gegen Aussage**[406] zu bieten. Es erspart dem Tatgericht also nicht die sorgfältige Beweiswürdigung. Das Ergebnis eines Glaubwürdigkeitsgutachtens kann den Richter bei der gebotenen umfassenden Bewertung der Indiztatsachen lediglich unterstützen.[407] Der Tatrichter darf sich nicht darauf beschränken, Umstände, die gegen die Zuverlässigkeit der Aussage sprechen können, gesondert und einzeln zu erörtern sowie getrennt voneinander zu prüfen, um festzustellen, dass sie jeweils nicht geeignet seien, die Glaubwürdigkeit in Zweifel zu ziehen. Selbst wenn nämlich jedes einzelne Glaubwürdigkeit oder Glaubhaftigkeit möglicherweise infrage stellende Indiz noch keine Bedenken gegen die den Angeklagten belastende Aussage aufkommen ließe, so kann doch eine Häufung von – jeweils für sich erklärbaren – Fragwürdigkeiten bei einer Gesamtschau zu durchgreifenden Zweifeln an der Richtigkeit eines Tatvorwurfs führen.[408]

▶ Beachte also

In einem Fall, in dem Aussage gegen Aussage steht, müssen die Urteilsgründe erkennen lassen, dass das Tatgericht alle Umstände, welche die Entscheidung zugunsten oder zuungunsten des Angeklagten zu beeinflussen geeignet sind, erkannt, in seine Überlegungen einbezogen und auch in einer Gesamtschau gewürdigt hat.[409]

▶ Beachte

Zwar bedarf es bei der Rüge der fehlerhaften Zurückweisung eines Beweisantrags auf Einholung eines Glaubwürdigkeitsgutachtens grundsätzlich des Vortrags der Einwilligung der zu begutachtenden Person in die beantragte Untersuchung. Das gilt aber dann nicht, wenn einem Sachverständigen unabhängig von einer Einwilligung des Zeugen die erforderlichen Erkenntnisse auch ohne persönliche Begutachtung verschafft werden können.[410]

Mindestanforderungen an aussagepsychologische Gutachten

Gegenstand einer aussagepsychologischen Begutachtung ist nicht die Frage nach einer allgemeinen Glaubwürdigkeit des Untersuchten im Sinne einer dauerhaften personalen Eigenschaft. Es geht um die Beurteilung, ob auf ein bestimmtes Geschehen bezogene Angaben zutreffen, d.h. einem tatsächlichen Erleben der untersuchten Person entsprechen. Es ist daher sprachlich richtiger, von **Glaubhaftigkeitsgutachten** zu sprechen und nicht von Glaubwürdigkeitsgutachten, auch wenn

---

406 Vgl. dazu *Maier* NStZ 2005, 246 ff.; *Sander* StV 2000, 45 ff.; *Nack* StV 2002, 558 ff.; *Hamm* StraFo 2000, 253 ff.; *Maul* StraFo 2000, 257 ff.; *Meyer-Mews* NJW 2000, 916 ff.; *Brause* NStZ 2007, 505, 509 ff.; *ders.* NStZ 2013, 129 ff.; *Deckers* StraFo 2010, 372 f.; *Schmandt* StraFo 2010, 446 ff.; vgl. auch BGH, Beschl. v. 25.10.2010 – 1 StR 369/10.

407 BGH, Urt. v. 16.05.2002 – 1 StR 40/02 = NStZ 2002, 656; Urt. v. 17.12.2008 – 1 StR 552/08 = NStZ-RR 2009, 116 f.; Beschl. v. 25.02.2009 – 5 StR 538/08 = NStZ-RR 2009, 181.

408 St. Rspr. des BGH, vgl. u.a. Urt. vom 19.11.2008 – 2 StR 394/08 = BeckRS 2008, 26276; StV 2009, 176 f.; NStZ-RR 2008, 338.

409 BGH, Urt. v. 14.12.2011 – 1 StR 501/11 = NStZ-RR 2012, 148 f.; Urt. v. 06.12.2012 – 4 StR 360/12 = NStZ 2013, 180 f.; Beschl. v. 14.03.2012 – 5 StR 63/12 = StV 2013, 7 f.; Beschl. v. 23.08.2012 – 4 StR 305/12 = NStZ-RR 2012, 383 f.

410 BGH, Beschl. v. 05.03.2013 – 5 StR 39/13 = StV 2013, 483 f.

beide Begriffe häufig quasi synonym verwendet werden und die Bezeichnung Glaubwürdigkeitsgutachten immer noch dominiert.

Das methodische Grundprinzip der Begutachtung besteht darin, einen zu überprüfenden Sachverhalt (also die Glaubhaftigkeit der spezifischen Aussage) so lange zu negieren, bis diese Negation mit den gesammelten Fakten nicht mehr vereinbar ist. Der Sachverständige nimmt daher bei der Begutachtung zunächst an, die Aussage sei unwahr (**sog. Nullhypothese**). Zur Prüfung dieser Annahme hat er weitere Hypothesen zu bilden. Ergibt seine Prüfstrategie, dass die Unwahrhypothese mit den erhobenen Fakten nicht mehr in Übereinstimmung stehen kann, so wird sie verworfen, und es gilt dann die Alternativhypothese, dass es sich um eine wahre Aussage handelt. Die Bildung relevanter Hypothesen ist daher von ausschlaggebender Bedeutung für Inhalt und (methodischen) Ablauf einer Glaubhaftigkeitsbegutachtung. Sie stellt nach wissenschaftlichen Prinzipien einen wesentlichen, unerlässlichen Teil des Begutachtungsprozesses dar.

Bei der Begutachtung hat sich ein Sachverständiger ausschließlich methodischer Mittel zu bedienen, die dem jeweils aktuellen wissenschaftlichen Kenntnisstand gerecht werden[411]. Die eingesetzten Test- und Untersuchungsverfahren müssen zudem durch die gebildeten Hypothesen indiziert, d.h. geeignet sein, zu deren Überprüfung beizutragen. Existieren mehrere anerkannte und indizierte Testverfahren, so steht deren Auswahl allerdings in seinem pflichtgemäßen Ermessen. Dass der Sachverständige einen bestimmten Test, der ihm zur Verfügung steht, nicht anwendet, weil er ihn nicht für erforderlich hält, zeigt daher grundsätzlich nicht, dass seine Sachkunde zweifelhaft ist. Es gibt dabei Merkmale, denen indizielle Bedeutung für die Entscheidung zukommen kann, ob die Angaben der untersuchten Person auf tatsächlichem Erleben beruhen. Dabei handelt es sich um **aussageimmanente Qualitätsmerkmale** (z.B. logische Konsistenz, quantitativer Detailreichtum, raumzeitliche Verknüpfungen, Schilderung ausgefallener Einzelheiten und psychischer Vorgänge, Entlastung des Beschuldigten, deliktsspezifische Aussageelemente), deren Auftreten in einer Aussage als Hinweis auf die Glaubhaftigkeit der Angaben gilt. Diese sog. **Realkennzeichen** können als grundsätzlich empirisch überprüft angesehen werden. Zwar handelt es sich um Indikatoren mit jeweils für sich genommen nur geringer Validität, d.h. mit durchschnittlich nur wenig über dem Zufallsniveau liegender Bedeutung. Eine gutachterliche Schlussfolgerung kann aber eine beträchtlich höhere Aussagekraft und damit Indizwert für die Glaubhaftigkeit zu beurteilender Angaben erlangen, wenn sie aus der Gesamtheit aller Indikatoren abgeleitet wird. Denn durch das Zusammenwirken der Indikatoren werden deren Fehleranteile insgesamt gesenkt. Unabhängig davon dürfen die Realkennzeichen jedenfalls nicht schematisch angewandt werden. Ein zwingender Schluss von einem festgestellten Merkmal auf die Glaubhaftigkeit von Angaben der untersuchten Person ist keinesfalls möglich. Methodisch unzulässig ist es auch, aus dem Vorliegen einer bestimmten Anzahl von Merkmalen im Sinne eines Schwellenwertes auf die Qualität einer Aussage zu schließen. Nur im Einzelfall können auch einzelne Realkennzeichen ausreichen, um den Erlebnisbezug einer Aussage anzunehmen. Fehlen derartige Merkmale, kann umgekehrt nicht unbedingt eine bewusst unwahre Aussage angenommen werden, da dies durch verschiedene Faktoren (z.B. Angst, Erinnerungslücken) verursacht worden sein kann.
Während die **Inhaltsanalyse** sich mit der Qualität lediglich einer Aussage befasst, geht es bei der **Konstanzanalyse**[412] um das von einer Person gezeigte Aussageverhalten insgesamt. Es handelt sich dabei um ein wesentliches methodisches Element der Aussageanalyse, das im Erstgutachten angemessen angewendet wird. Die Konstanzanalyse bezieht sich insbesondere auf aussageübergreifende Qualitätsmerkmale, die sich aus dem Vergleich von Angaben über denselben Sachverhalt zu unterschiedlichen Zeitpunkten ergeben. Falls etwa ein Zeuge mehrfach vernommen worden ist, ist ein Aussagevergleich im Hinblick auf Übereinstimmungen, Widersprüche, Ergänzungen und Auslassungen vorzunehmen. Dabei stellt allerdings nicht jede Inkonstanz einen Hinweis auf mangelnde

411 Zur Methodik *Köhnken*, in: Fegert Begutachtung sexuell missbrauchter Kinder, 2001, 4 (S. 29 ff).
412 Vgl. dazu Deckers StV 2017,50 ff.

Glaubhaftigkeit der Angaben insgesamt dar. Vielmehr können vor allem Gedächtnisunsicherheiten eine hinreichende Erklärung für festgestellte Abweichungen darstellen.

Im Rahmen der **Fehlerquellenanalyse** wird es in Fällen, bei denen (auch unbewusst) fremdsuggestive Einflüsse in Erwägung zu ziehen sind, in aller Regel erforderlich sein, die Entstehung und Entwicklung der Aussage aufzuklären. Hinzu kann die sog. Motivationsanalyse treten.

Die Feststellung der **Aussagegenese** stellt insofern einen zentralen Analyseschritt dar. Besonders dann, wenn es sich bei dem möglichen Tatopfer um ein (jüngeres) Kind handelt, werden zu diesem Zweck die Angaben der Personen, denen gegenüber es sich zu den Tatvorwürfen geäußert hat (z.B. Eltern, Lehrer), zu berücksichtigen sein.

Im Wege der **Kompetenzanalyse** ist zu prüfen, ob eine so gefundene Aussagequalität namentlich durch sog. Parallelerlebnisse oder reine Erfindung erklärbar sein könnte. Dazu bedarf es der Beurteilung der persönlichen Kompetenz der aussagenden Person, insbesondere seiner allgemeinen und sprachlichen intellektuellen Leistungsfähigkeit sowie seiner Kenntnisse in Bezug auf den Bereich, dem der erhobene Tatvorwurf zuzurechnen ist (z.B. Sexualdelikte).

Im **Bereich der Sexualdelikte** bestehen Besonderheiten. Grundsätzlich wird die Durchführung einer **Sexualanamnese** in Betracht zu ziehen sein. Im Gegensatz dazu kommt der Ausdeutung von Kinderzeichnungen sowie der Deutung von Interaktionen, die Kinder unter Einsatz sog. anatomisch korrekter Puppen darstellen, in forensisch-aussagepsychologischen Gutachten in diesem Zusammenhang keine Bedeutung zu. Eine Sexualanamnese ist zwar nicht generell bei jeder Glaubhaftigkeitsbegutachtung bedeutsam. Vielmehr handelt es sich auch bei ihr um eine Untersuchungsmethode, deren Anwendung im pflichtgemäßen Ermessen des Sachverständigen steht. Geht es aber um die Frage, ob ein Zeuge den Vorwurf an ihm begangener Sexualdelikte zutreffend erhebt, ist regelmäßig die Einschätzung seiner sexualbezogenen Kenntnisse und Erfahrungen notwendig. Dies gilt zumindest bei Zeugen, bei denen – etwa aufgrund ihres Alters – entsprechendes Wissen nicht ohne Weiteres vorausgesetzt werden kann.

▶ **Hinweis**

Ein Tatgericht ist nicht gehalten, einem Sachverständigen z.B. zur Glaubwürdigkeit des Tatopfers zu folgen. Kommt es aber zu einem anderen Ergebnis, so muss es sich konkret mit den Ausführungen des Sachverständigen auseinandersetzen, um zu belegen, dass es über das bessere Fachwissen verfügt. Es muss insbesondere auch dessen Stellungnahme zu den Gesichtspunkten wiedergeben, auf die es seine abweichende Auffassung stützt.[413]

Der Tatrichter muss sich in der Regel bei der Zurückweisung eines Beweisantrages auf Einholung eines **weiteren** aussagepsychologischen Gutachtens in dem Ablehnungsbeschluss mit den methodenkritischen Einwänden gegen das frühere Gutachten auseinandersetzen.[414]

413 BGH, Beschl. v. 19.06.2012 – 5 StR 181/12 = NStZ 2013, 55 f.

414 BGH, Beschl. v. 27.01.2010 – 2 StR 535/09 = BGHSt 55, 5 ff. = JZ 2010, 474 ff m. Anm. *Eisenberg.*; *Deckers* in Festschrift für Rissing-van Saan 2011 S. 87 ff.; *Boetticher* in jurisPR-StrafR 8/2010.

VI. Die rechtlichen Voraussetzungen von Prognosegutachten

84 Obwohl das Wort Prognosegutachten[415] im Gesetzestext nicht auftaucht, verlangt das Gesetz tatsächlich in einer Vielzahl von Fällen solche Gutachten (vgl. u.a. der §§ 56, 57, 63, 64, 66, 66a, 66b, 67d StGB und § 454 StPO). Für solche Gutachten gilt allgemein[416], dass Prognoseentscheidungen stets das Risiko der Fehlprognose[417] bergen, im Recht aber gleichwohl unumgänglich sind. Die Prognose ist und bleibt als Grundlage jeder Gefahrenabwehr unverzichtbar, mag sie auch im Einzelfall unzulänglich sein. In der Praxis der forensischen Psychiatrie hat sich im Übrigen das Wissen um die Risikofaktoren in den letzten Jahren erheblich verbessert, sodass über einen Teil der Delinquenten relativ gute und zuverlässige prognostische Aussagen gemacht werden können. Prognoseentscheidungen erfordern aber eine bestmögliche Sachaufklärung, der Richter muss sich um eine möglichst breite Tatsachenbasis bemühen und sich so ein möglichst umfassendes Bild über die zu beurteilende Person verschaffen.[418]

Prognosen kommen vor allem im Rahmen von Entscheidungen im Rahmen der §§ 56, 57, 63, 64, 66, 66a, 66b und 67d StGB[419] in Betracht. Die Prognose bei der Anordnung der Maßregeln der Unterbringung in Psychiatrie (§ 63 StGB), Entziehungsanstalt (§ 64 StGB) und Sicherungsverwahrung (§ 66 StGB)[420] hat das Tatgericht unter verpflichtender Hinzuziehung eines Sachverständigen zu treffen (§ 246a StPO).

Die Unterbringung in einem psychiatrischen Krankenhaus darf gem. § 63 StGB nur angeordnet werden, wenn eine Wahrscheinlichkeit höheren Grades besteht, dass der Täter infolge seines fortdauernden Zustands in Zukunft erhebliche rechtswidrige Taten begehen werde, die zumindest in den Bereich der mittleren Kriminalität hineinreichen. Der Täter ist für die Allgemeinheit gefährlich, wenn dafür nach einer eingehenden Gesamtwürdigung des Täters und der Tat eine bestimmte oder doch gewisse, über die bloße Möglichkeit hinausgehende Wahrscheinlichkeit besteht. Eine Sicherheit oder eine an Sicherheit grenzende Wahrscheinlichkeit ist nicht erforderlich.

Maßgeblicher Zeitpunkt für die Gefährlichkeitsprognose im Sinne von § 63 StGB ist der Zustand des Täters zur Zeit der letzten Verhandlung vor dem Tatrichter. Prognoseentscheidungen beruhen auf Wahrscheinlichkeitsfeststellungen. Bei einer Prognose kann nicht verlangt werden, dass zukünftige Ereignisse oder Zustände zur vollen richterlichen Überzeugung feststehen. Ansonsten könnte die Gefahrprognose immer mit dem Argument verneint werden, es könne nicht ausgeschlossen

---

415 Dazu *Boetticher/Nedopil/Bosinski/Saß* NStZ 2005, 57; krit. *Eisenberg* NStZ 2005, 304 ff.; zu Mindestanforderungen an Prognosegutachten vgl. *Boetticher/Kröber/Müller-Isberner/Böhm/Müller-Metz/Wolf* NStZ 2006, 537; *Bock* StV 2007, 269 ff.; *Schöch* FS Widmaier, 967 ff.; *Nedopil* BewHi 2001, 341 ff. (Risikoeinschätzung bei Sexualstraftätern); ZJJ 2010, 283 ff.; *ders.* FPPK 2012, 221 ff.; *ders.* Prognosen in der Forensischen Psychiatrie – ein Handbuch für die Praxis; Venzlaff/Foerster/Dreßing/Habermeyer Psychiatrische Begutachtung, 7. Aufl. Kap. 30; *Feltes/Kudlacek/Alex* StV 2013, 259 ff.; *Riegl* Die Qualität forensischer Prognosegutachten bei Gewalt- und Sexualstraftätern. Zu methodenkritischen Gegengutachten; vgl. auch *Birkhoff* Probleme des Strafverteidigers mit Prognosegutachten StraFo 2001, 401 ff.; *Detter* in Deckers/Köhnken. S. 473 f.; *Müller/Saimeh*, RuP 2018, 145 ff.; *Boetticher* RuP 2018, 139 f.; *Müller/Saimeh*, RuP 2018, 145 f.; *Burghardt*, RuP 2018, 167 f.; *Nedopil*, RuP 2018, 171 f. *Wertz/Kury/Rettenberger*, FPPK 2018, 51 ff.; vgl. auch BGH, Beschl. v. 12.11.2004 – 2 StR 367/04 = BGHSt 49, 347 ff. = JR 2005, 213 f. m. Anm. *Nedopil*; BVerfG, Beschl. v. 27.06.2011 – 2 BvR 2135/10; v. 14.01.2005 – 2 BvR 983/04 = RuP 2005, 79 f.

416 BVerfG, Urt. vom 05.02.2004 – 2 BvR 2029/01 = NJW 2004, 739 = StV 2004, 267.

417 Vgl. zu Fehlerquellen, insbes. zum Fall Mollath: *Sponsel* Mindestanforderungen für forensische Prognosegutachten und ihre Einhaltung bei Gustl F. Mollath; vgl. auch *Muckel* JA 2014, 73 f.; *Walter* ZRP 2014, 103 f.; *Prantl* DRiZ 2013, 20; sehr kritisch zu Prognoseinstrumenten *Meier*, Prädiktor – Macht und Legitimität der Prädiktoren von Kriminalprognosen, Genf 2023, S. 45 ff.

418 BVerfG, Beschl. v. 22.10.2009 – 2 BvR 2549/08 = BeckRS 2009, 41468 = BVerfGK 16, 304 f.

419 Vgl. dazu *Immel* JR 2007, 183 ff.

420 Vgl. zu Prognosegutachten auch Kap. 38 Rdn. 64 ff.

werden, dass gefahrbegründende Faktoren nicht eintreten. Ein solcher Maßstab ist wegen zu hoher Anforderungen rechtsfehlerhaft.[421]

Nach § 64 StGB ordnet das Gericht die Unterbringung in einer Entziehungsanstalt an, wenn die Gefahr besteht, dass er infolge seines Hanges erhebliche rechtswidrige Taten begehen wird. Die Therapierbarkeit eines Täters i.S.d. § 64 S. 2 StGB darf nicht von vornherein als gegeben angesehen werden. Der Tatrichter muss sich auf einer verlässlichen Tatsachengrundlage davon überzeugt haben, es bestehe aufgrund tatsächlicher Anhaltspunkte die Erwartung eines Behandlungserfolgs; die Anordnungsprognose muss mit dem Vorhandensein von im Einzelnen zu bezeichnenden konkreten Umständen begründet werden. Mit dem bloßen Hinweis auf die Tatsache, dass der Angeklagte noch keine Schuldfähigkeitsfeststellung umfassende Therapie auch hinsichtlich der bereits überwundenen Suchtvarianten erfahren hat, wird das Gericht den Anforderungen, die an die Erwartung aufgrund tatsächlicher Anhaltspunkte zu stellen sind, nicht gerecht.[422] Ist die Unterbringung in einer Entziehungsanstalt mindestens ein Jahr vollzogen worden, so kann das Gericht nachträglich bestimmen, dass sie nicht weiter zu vollziehen ist, wenn ihr Zweck aus Gründen, die in der Person des Untergebrachten liegen, nicht erreicht werden kann.

Nach § 67d StGB setzt das Gericht die weitere Vollstreckung der Unterbringung nach § 63 StGB zur Bewährung aus, wenn zu erwarten ist, dass der Untergebrachte außerhalb des Maßregelvollzugs keine rechtswidrigen Taten mehr begehen wird. Sind zehn Jahre der Unterbringung in der Sicherungsverwahrung vollzogen worden, so erklärt das Gericht die Maßregel für erledigt, wenn nicht die Gefahr besteht, dass der Untergebrachte infolge seines Hanges erhebliche Straftaten begehen wird, durch welche die Opfer seelisch oder körperlich schwer geschädigt werden. Mit der Entlassung aus dem Vollzug der Unterbringung tritt Führungsaufsicht ein.

Die Erwartung, der Untergebrachte werde außerhalb des Maßregelvollzuges keine Straftaten mehr begehen, verlangt zwar nicht, dass ein Rückfall des Untergebrachten in rechtswidrige Handlungen mit hoher Wahrscheinlichkeit auszuschließen ist. Andererseits reicht nicht nur eine Vermutung, dass der Untergebrachte keine rechtswidrigen Taten mehr begehen wird. Die günstige Prognose setzt vielmehr voraus, dass die Wahrscheinlichkeit künftigen straffreien Verhaltens größer ist als diejenige des Rückfalls. Unter Berücksichtigung des Schutzes der Allgemeinheit vor gefährlichen Straftaten hängt das geforderte Maß der Wahrscheinlichkeit einer günstigen Prognose maßgeblich vom Gewicht des bei einem Rückfall bedrohten Rechtsgutes ab. Die Wahrscheinlichkeit einer günstigen Prognose muss folglich bei schweren Straftaten besonders hoch sein.

Das in Vorbereitung der Überprüfungsentscheidung gemäß § 67d Abs. 2 StGB, §§ 463 Abs. 3 S. 3, 454 Abs. 2 StPO eingeholte Sachverständigengutachten muss eine eigenständige Diagnose des gegenwärtigen gesundheitlichen Zustandes des Untergebrachten sowie eine eigene Prognose zur Frage seines künftigen Sozialverhaltens enthalten.[423] Die Untersuchung der diagnostischen und prognostischen Einschätzung der behandelnden Ärzte und Psychotherapeuten zu den entscheidenden Fragen auf Fehler reicht nicht aus.[424] Ein Gutachten erfordert eine umfassende in sich nachvollziehbare Darstellung des Erkenntnis- und Wertungsprozesses des Probanden. Hierzu gehört die Angabe der durch den Sachverständigen herangezogenen und ausgewerteten Erkenntnismittel sowie der hierdurch erlangten Informationen. Für ein prognostisches Gutachten ist es unerlässlich, sich mit der den Taten zugrunde liegenden Dynamik und den sonstigen Tatursachen, wie sie sich aus den Urteilsgründen und einem vom Tatgericht ggf. eingeholten Gutachten ergeben, auseinanderzusetzen und die Entwicklung des Untergebrachten im Hinblick auf diese Tatursachen während des Maßregelvollzugs darzustellen. Eine (knappe) gutachterliche Stellungnahme der behandelnden Ärzte,

421 BGH, Urt. v. 25.09.2012 – 1 StR 160/12 = NStZ 2013, 225 f.

422 BGH, Beschl. v. 19.02.2019 – 2 StR 599/18 = StV 2021, 235.

423 Zu den Mindestanforderungen an solche Gutachten *Boetticher* u.a. NStZ 2006, 537 ff.; vgl. auch BVerfG, Urt. v. 05.02.2004 – 2 BvR 2029/01 = NJW 2004, 739.

424 OLG Koblenz, Beschl. v. 21.05.2003 – 1 Ws 301/03 = StV 2003, 686 f.

die diesen Anforderungen nicht genügt, vermag die Begutachtung durch einen externen Sachverständigen nicht zu ersetzen.[425] Der Verhältnismäßigkeitsgrundsatz erfordert die größtmögliche Konkretisierung der vom Untergebrachten im Fall der bedingten Entlassung ausgehenden Gefährdung der Allgemeinheit nach Gefährdungsgrad und Deliktsschwere. Auch das befürchtete Rückfalldelikt muss von einem Schweregrad sein, der nach dem Gesetz die Verhängung der Maßregel (Einweisung in eine psychiatrische Klinik) rechtfertigen würde.[426]

Bei der Prüfung der Aussetzung des Strafrestes nach § 454 StPO handelt es sich in seinem Grundsatz um ein schriftliches Verfahren, sodass ein Anspruch der Verfahrensbeteiligten auf Vorlage eines schriftlichen Gutachtens besteht.[427]

▶ Beachte

Anwesenheit des Verteidigers[428]

Die fachliche Durchführung der Untersuchung ist allein Sache des Sachverständigen; er hat hinsichtlich der Informationsbeschaffung und der Methodenwahl weitgehend freie Hand. Das Gericht darf ihm keine Weisungen darüber erteilen, auf welchem Weg er das Gutachten zu erarbeiten hat. Wenn es der Sachverständige für erforderlich hielt, die psychiatrische Untersuchung des Beschuldigten in Abwesenheit dritter Personen, insbesondere des Verteidigers, vorzunehmen, weil er die Verfälschung des Ergebnisses der Exploration befürchtete, bewegte er sich im Bereich seiner Fachkompetenz. Es gibt keinen wissenschaftlichen Standard, der die Anwesenheit Dritter bei Schuldfähigkeits- und Prognosegutachten vorsieht. Das Recht des Beschuldigten, sich in jeder Lage des Verfahrens anwaltlicher Hilfe zu bedienen, führt nicht zu einem Anwesenheitsrecht des Verteidigers bei der Exploration. Die Strafprozessordnung sieht ein solches Anwesenheitsrecht nicht vor. Auch wenn die Exploration unter Umständen in Abhängigkeit von dem Gutachtenauftrag vernehmungsähnliche Elemente haben kann, ist sie mit den Vernehmungen bei Polizei, Staatsanwaltschaft und Gericht nicht gleichzusetzen. Die Anwesenheit des Verteidigers ist auch nicht erforderlich, um sicherzustellen, dass die Begutachtung den medizinischen Standards und der Strafprozessordnung entspricht. Wenn der Beschuldigte sich gleichwohl nur in Anwesenheit seines Verteidigers untersuchen lassen will und damit die Untersuchung in der vom Sachverständigen für erforderlich gehaltenen Art verweigert, muss er in den Fällen, in denen die Untersuchung ihrer Art nach die freiwillige Mitwirkung des Beschuldigten voraussetzt, damit rechnen, dass seine Begutachtung ggf. nur auf einer schmaleren Basis von Befunden erfolgen wird.

J. Revisionsrügen im Zusammenhang mit der Heranziehung von Sachverständigen

I. Sachrüge

85 Die Bekundungen des Sachverständigen spiegeln sich in der Beweiswürdigung des Tatgerichts und in dessen Feststellungen wieder[429]. Das Ergebnis der Hauptverhandlung festzustellen und zu würdigen, ist allein Sache des Tatrichters.[430] Seine Schlussfolgerungen brauchen nicht zwingend zu sein;

---

425 OLG Hamm, Beschl. v. 14.03.2003 – 2 Ws 71/03 = StV 2004, 273 f.

426 OLG Koblenz, Beschl. v. 13.01.2004 – 1 Ws 807/03 = BeckRS 2004, 30337131.

427 KG, Beschl. v. 08.03.2010 – 2 Ws 40–41/10 = StV 2011, 42 = StRR 2010, 422 f. m. Anm. *Lind.*

428 Vgl. hierzu bereits Rdn. 40; BGH, Beschl. vom 08.08.2002 – 3 StR 239/02 = NStZ 2003, 101 = StV 2003, 537 m. Anm. *Barton.*

429 Vgl. Kap 10 sowie *Detter* Revision in Strafsachen Rn. 311 ff. S. 94 ff. Vorschläge für Rügen im Zusammenhang mit Sachverständigen bei Schlothauer/Weider/Wollschläger, Verteidigung im Revisionsverfahren, 3. Aufl. 2018, Rn. 1120 ff.

430 BGH, Urt. v. 07.10.1966, 1 StR 305/66 = BGHSt 21, 149, 151.

genügend ist, dass sie möglich sind und der Tatrichter von ihrer Richtigkeit überzeugt ist.[431] Gegen Fehler in diesem Bereich mit dem Rechtsmittel der Revision erfolgreich anzukämpfen, ist deshalb sehr schwierig. Das Revisionsgericht hat nämlich die Entscheidung des Tatrichters grundsätzlich hinzunehmen und sich auf die Prüfung zu beschränken, ob die Urteilsgründe Rechtsfehler enthalten. Diese sind nur dann gegeben, wenn die Beweiswürdigung in sich widersprüchlich, lückenhaft oder unklar ist, gegen die Denkgesetze oder gesichertes Erfahrungswissen verstößt oder an die zur Verurteilung erforderliche Gewissheit übertriebene Anforderungen gestellt worden sind.[432] Es ist deshalb aussichtslos, im Revisionsverfahren Gutachten anderer Sachverständiger vorzulegen, die das Sachverständigengutachten, auf das sich das Urteil stützt, infrage stellen.

Trotzdem verspricht manchmal die Sachrüge im Bereich der Feststellung der Schuldfähigkeit Erfolg, weil die Tatgerichte bei der Würdigung von Sachverständigengutachten unrichtige Maßstäbe anlegen.

Zunächst können die Urteilsgründe unvollständig sein, weil die Bekundungen des Sachverständigen 86 nicht ausreichend wiedergegeben sind. Erforderlich ist eine verständliche, in sich geschlossene Darstellung der dem Gutachten zugrunde liegenden Anknüpfungstatsachen, der wesentlichen Befundtatsachen und der das Gutachten tragenden fachlichen Begründung.[433] Der Umfang der Darlegungspflicht richtet sich dabei nach der jeweiligen Beweislage und der Bedeutung, die der Beweisfrage für die Entscheidung zukommt.

Aber auch die aus den Gutachten gezogenen Schlussfolgerungen können zu sachlich-rechtlichen 87 Beanstandungen Anlass geben. Beispiele aus der Rechtsprechung zeigen die Problematik sehr anschaulich:[434]

Bei der Wertung als »schwere andere seelische Störung[435]« fordern die Sachverständigen meist einen »Krankheitswert«, während die Rechtsprechung gerade dieses Erfordernis verneint.[436] Erfasst werden sollen auch solche Veränderungen der Persönlichkeit, die nicht pathologisch bedingt sind. Ein »psychischer Ausnahmezustand« begründet noch lange nicht das Vorliegen der Voraussetzungen der §§ 20, 21 StGB.[437] Für die Diagnosen »Schizophrenie«[438], »Paranoia«,[439] »Affekt«,[440] »Eifersuchtswahn«,[441] »Persönlichkeitsstörung«[442] oder »Drogenabhängigkeit«[443] gilt Ähnliches. Wahnvorstellun-

431 BGH, Urt. v. 09.02.1957 – 2 StR 508/56 = BGHSt 10, 208, 209; Beschl. v. 29.01.1975 – KRB 4/74)26 = BGHSt 56, 63; Beschl. v. 07.06.1979 – 4 StR 441/78 = BGHSt 29, 18, 20.

432 BGH, Urt. v. 03.08.1982 – 1 StR 371/82 = NStZ 1982, 478; Urt. v. 17.11.1983 – 4 StR 375/83 = NStZ 1984, 180.

433 BGH, Beschl. v. 11.11.1987 – 2 StR 575/87 = BGHR StPO § 267 Abs. 1 S. 1 Beweisergebnis 2.

434 BGH, Urt. v. 15.12.1993 – 2 StR 578/93 = BGHR StGB § 21 Bewusstseinsstörung 5.

435 Der Begriff »Abartigkeit« wurde durch das 60. StÄG vom 30.11.2020 (BGBI. I, 2600) zum 01.01.2021 durch »Störung« ersetzt.

436 BGH, Urt. v. 06.03.1986 – 4 StR 40/86 = BGHSt 34, 22, 24; Urt. v. 15.10.1987 – 4 StR 420/87 = BGHR StGB § 21 seelische Abartigkeit 3; BGH, Beschl. v. 20.07.1988 – 2 StR 348/88 = BGHR StGB § 21 seelische Abartigkeit 6 = StV 1988, 529 = NJW 1989, 918.

437 BGH, Urt. v. 07.02.1996 – 2 StR 571/95 = BGHR StGB § 211 II niedrige Beweggründe 33.

438 BGH, Urt. v. 04.06.1991 – 5 StR 122/91 = BGHSt 37, 397, 400.

439 BGH, Beschl. v. 14.02.1997 – 2 StR 32/97 = NStZ 1997, 335 f.

440 *Foerster* StraFo 1997, 165 ff.

441 BGH, Urt. v. 26.06.1997 – 4 StR 153/97 = NStZ 1998, 296 = StV 1997, 628.

442 BGH, Beschl. v. 15.07.1997 – 4 StR 303/97 = NStZ-RR 1998, 106.

443 BGH, Urt. v. 30. 06.1987 – 1 StR 242/87 = BGHR StGB § 21 BtM-Auswirkungen 2; Urt. v. 20. 09.1988 – 1 StR 369/88 = BGHR StGB § 21 BtM-Auswirkungen 4; Urt. v. 06. 06.1989 – 5 StR 175/89 = BGHR StGB § 21 BtM-Auswirkungen 5; Urt. v. 17.05.1989 – 2 StR 172/89 = BGHR StGB § 21 BtM-Auswirkungen 6; Beschl. v. 10.04.1990 – 4 StR 148/90 = BGHR StGB § 21 BtM-Auswirkungen 7; Beschl. v. 14.08.1990 – 5 StR 332/90 = BGHR StGB § 21 BtM-Auswirkungen 9; Urt. v. 13.02.1991 – 3 StR 423/90 = BGHR StGB § 21 BtM-Auswirkungen 11; Urt. v. 13.12.1995 – 3 StR 276/95 = BGHR StGB § 21 BtM-Auswirkungen 12; Beschl. v.04.03.1997 – 1 StR 657/96 = NStZ-RR 1997, 225.

gen können sowohl auf psychische als auch auf körperliche Ursachen zurückgehen, deshalb ist eine genaue Zuordnung erforderlich.[444] Häufig diagnostizieren Sachverständige eine Persönlichkeitsstörung als »**Borderline**« **-Syndrom**. Damit ist aber noch nichts über die Einordnung innerhalb der §§ 20, 21 StGB gesagt.[445] Die Feststellung einer »dissozialen Persönlichkeitsstörung« besagt wenig; denn dieser Begriff kann auch Eigenschaften und Verhaltensweisen umspannen, die sich innerhalb der Bandbreite des Verhaltens uneingeschränkt schuldfähiger Menschen bewegen, also keine schwere andere seelische Störung begründen.[446] Wird ohne nähere Beschreibung von einer »Paranoia« als einer krankhaften Störung ausgegangen, fehlt es an der Verdeutlichung, ob eine endogene Psychose aus dem Formenkreis der Schizophrenie und damit tatsächlich eine krankhafte seelische Störung vorliegt.[447] Der psychiatrische Begriff »**Pädophilie**« ist nur eine Sammelbezeichnung, die alle sexuell betonten Neigungen zu Kindern umfasst.[448] Nicht jedes abweichende Sexualverhalten in Form einer »Pädophilie« ist ohne Weiteres einer schweren Persönlichkeitsstörung gleichzusetzen, die als Merkmal des § 20 StGB einer schweren anderen seelischen Störung zuzuordnen ist und zu einer Schuldmilderung nach §§ 21, 49 Abs. 1 StGB führen muss. Liegt ausreichendes Anknüpfungsmaterial für ein umfassendes Persönlichkeitsbild vor, kann aus psychiatrischer Sicht auch der Schluss gerechtfertigt sein, dass nur eine gestörte sexuelle Entwicklung vorliegt, die als eine allgemeine Störung der Persönlichkeit, des Sexualverhaltens oder der Anpassung kein krankheitswertiges Ausmaß aufweist und damit keinen Einfluss auf die strafrechtliche Verantwortlichkeit des Angeklagten hat. Dagegen kann die Steuerungsfähigkeit beeinträchtigt sein, wenn Sexualpraktiken zu einer eingeschliffenen Verhaltensschablone werden, die sich durch abnehmende Befriedigung, zunehmende Frequenz, durch Ausbau des Raffinements und durch gedankliche Einengung auf diese Praktiken auszeichnen.[449]

88 Anhaltspunkte für die Beurteilung der Schuldfähigkeit bieten die Klassifikationssysteme DSM – IV[450] (früher: III R = Diagnostisches und statistisches Manual psychischer Störungen; Deutsche Bearbeitung von *Saß/Wittchen/Zaudig* [3. Aufl. 2001]) und das ICD–10 (Internationale Klassifikation psychischer Störungen – von der WHO herausgegebener Diagnoseschlüssel und Glossar psychischer Krankheiten, Deutsche Bearbeitung 10. Aufl. 2015 Hrsg. *Dilling/Mombour/Schmidt*). Diese Klassifikationssysteme haben für die Beurteilung der Schuldfähigkeit keine Verbindlichkeit. Die Diagnose einer Störung nach Maßgabe dieser Klassifikationssysteme erlaubt für sich genommen noch keine abschließenden Rückschlüsse für die rechtliche Bewertung der Schuldfähigkeit, während die Systeme im Alltag des Psychiaters bei der Diagnose sicherlich eine nicht unerhebliche Rolle spielen dürften. Die Aufnahme eines bestimmten Krankheitsbildes in den Katalog ICD–10 entbindet den Tatrichter somit nicht, konkrete Feststellungen zum Ausmaß der vorhandenen Störung zu treffen und ihre Auswirkungen auf die Tat darzulegen. Die von einem Sachverständigen vorgenommene Zuordnung eines Befundes zu einer in der ICD anhand eines Merkmalkatalogs definierten Persönlichkeitsstörung z.B. belegt allein nicht, dass die Schuldfähigkeit i.S.v. §§ 20, 21 StGB erheblich vermindert ist, sie weist aber i.d.R. auf eine nicht ganz geringfügige Beeinträchtigung hin.[451]

Beachte

Mit der Sachrüge kann gegenüber dem Ergebnis eines zur Reife- und Schuldfähigkeitsbeurteilung erstatteten Gutachtens nicht mit Erfolg geltend machen, dass ein am Verfahren nicht

444 BGH, Urt. v. 26.06.1997 – 4 StR 153/97 = NStZ 1998, 296 = StV 1997, 628.
445 BGH, Urt. v. 06.02.1997 – 4 StR 672/96 = NStZ 1997, 278.
446 BGH, Beschl. v. 18.06.1997 – 2 StR 251/97 = BGHR StGB § 63 Zustand 24.
447 BGH, Beschl. v. 14.02.1997 – 2 StR 32/97 = StV 1997, 469.
448 Vgl. dazu *Roggenwallner* StRR 2010, 336 ff.
449 BGH, Beschl. v. 10.10.2000 – 1 StR 420/00 = StV 2002, 18.
450 Vgl. dazu kritisch *Felthous/Saß* FPPK 2011, 136 ff.; vgl. auch *Roggenwallner* StRR 2015, 135 f.
451 BGH, Urt. v. 04.06.1997 – 2 StR 188/97 = StV 1997, 630; Beschl. v. 09.09.1997 – 4 StR 377/97 = NStZ 1998, 86 (87).

beteiligter Sachverständiger zu den entscheidenden Beweisfragen eine von dem gehörten Sachverständigen abweichende Auffassung vertritt.[452]

Der Verteidigung hätte nach §§ 220, 245 Abs. 2 StPO nötigenfalls einen weiteren psychiatrischen Sachverständigen als eigenes Beweismittel in die Hauptverhandlung einzuführen müssen.

II. Verfahrensrügen

Wichtig für die Verteidigung ist die Beachtung der Formvorschrift des § 344 Abs. 2 S. 2 StPO. 89
Nach der ständigen Rechtsprechung des Bundesgerichtshofs ist für eine zulässig erhobene Verfahrensrüge erforderlich, dass die den geltend gemachten Verstoß enthaltenden Tatsachen so genau dargelegt werden, dass das Revisionsgericht aufgrund dieser Darlegungen das Vorhandensein eines Verfahrensmangels feststellen kann, wenn die behaupteten Tatsachen bewiesen sind oder bewiesen werden. Das kann bedeuten, dass in den Akten befindliche oder anderweitig eingeholte Gutachten in der Revisionsbegründung im vollen Wortlaut wiederzugeben sind.

1. Fehler bei der Bestellung, Anhörung und Entscheidung über die Ablehnung des Sachverständigen

Die Auswahl und Bestellung eines bestimmten Sachverständigen kann mit der Revision kaum erfolg- 90
reich gerügt werden. Verstöße gegen § 73 StPO, also auch damit verbundene Verstöße gegen das Gebot der Gewährung rechtlichen Gehörs, sind nicht revisibel.[453] Nur wenn sich die Ungeeignetheit eines Sachverständigen, etwa wegen methodischer Fehler, aus dem Urteil selbst ergibt, kommt aber eine Aufklärungsrüge nach § 244 Abs. 2 StPO, dergestalt, dass ein anderer Sachverständiger hätte zugezogen werden müssen, in Betracht.

Eine Verletzung der Leitungspflicht des Gerichts gegenüber dem Sachverständigen (§ 78 StPO) kann die Revision nicht unmittelbar begründen.[454]

Nicht gerügt werden kann, dass der in der Hauptverhandlung vernommene Sachverständige nicht ausreichend befragt worden sei. Eine Verfahrensrüge kann in diesem Zusammenhang nämlich nicht darauf gestützt werden, dass das Tatgericht ein benutztes Beweismittel nicht völlig ausgeschöpft habe.[455]

Weigert sich das Gericht, den Sachverständigen anzuhalten, seine Arbeitsunterlagen vorzulegen, 91
kann, wenn ein entsprechender Antrag abgelehnt wurde, unter Umständen darauf die Revision gestützt werden. Ob und wieweit das Gericht und die Verfahrensbeteiligten Kenntnis vom Inhalt vorbereitender Arbeitsunterlagen des Sachverständigen haben müssen, um das Gutachten kritisch würdigen zu können, hängt dabei von den Umständen des Einzelfalles ab.[456] Dies im Einzelnen vorzutragen, ist Aufgabe des Revisionsführers.

Der erfolgreich abgelehnte Sachverständige darf nicht mehr als Sachverständiger gehört werden. Falls er – zulässigerweise – als Zeuge vernommen wird und dabei »sein Gutachten wiedergibt«, kann darin ein revisibler Verstoß liegen.

Das Unterbleiben der Anordnung einer Unterbringung zur Beobachtung nach § 81 StPO ist grund- 92
sätzlich nicht revisibel. Ob ein Sachverständiger eine Beobachtung in einem Psychiatrischen Kran-

452 BGH, Urt. v. 12.03.1998 – 4 StR 633/97 = StV 1999, 408 f.
453 BGH, Beschl. v. 09.05.2007 – 1 StR 32/07 = BGHSt 51, 333 ff. zu § 73 Abs. 2 StPO.
454 Vgl. BGH, Beschl. v. 29.09.1994 – 4 StR 494/94 = StV 1995, 113.
455 BGH, Urt. v. 16.04.1953 – 4 StR 771/52 = BGHSt 4, 125, 126.
456 BGH, Beschl. v. 14.07.1995 – 3 StR 355/94 = BGHR StPO § 244 Abs. 2 Sachverständiger 14; Einzelheiten s.o.

kenhaus für erforderlich oder z.B. eine Beobachtung in einer Justizvollzugsanstalt für genügend hält, bleibt grundsätzlich ihm überlassen.

2. Verstoß gegen die Aufklärungspflicht – Aufklärungsrüge

93 In Betracht kommt die Rüge nach § 244 Abs. 2 StPO, mit der beanstandet wird, dass das Gericht keinen Sachverständigen zugezogen und angehört hat. Überwiegend sind das die Fälle, in denen das Tatgericht angesichts der Fallgestaltung zu Unrecht von ausreichender eigener Sachkunde ausgegangen ist.[457] Die Hinzuziehung eines Sachverständigen ist dann geboten, wenn der zur Aburteilung stehende Sachverhalt ausnahmsweise solche Besonderheiten aufweist, dass Zweifel daran aufkommen können, ob die Sachkunde des Gerichts auch zur Beurteilung der Glaubwürdigkeit unter den gegebenen besonderen Umständen ausreicht.[458] Wird die unterlassene Heranziehung eines Sachverständigen gerügt, muss bestimmt behauptet werden, welche Tatsachen hätten aufgeklärt werden können und warum das erkennende Gericht sich dazu hätte gedrängt sehen müssen.[459] Erforderlich ist in der Revisionsbegründung die genaue Darlegung der Gründe, die dafür sprechen, dass das Tatgericht seine Kompetenzen überschritten hat.

Mit der Aufklärungsrüge kann auch beanstandet werden, dass kein »weiterer« Sachverständiger zugezogen worden ist, z.B. in den Fällen, in denen das Gericht dem bisher gehörten Sachverständigen nicht folgen will.[460] Wird die Ablehnung eines Beweisantrags auf Einholung eines weiteren Sachverständigengutachtens mit der Behauptung beanstandet, der gehörte Sachverständige habe wesentliche Anknüpfungstatsachen und Unterlagen unberücksichtigt gelassen, so bedarf es deren vollständiger Mitteilung, um dem Revisionsgericht die Prüfung zu ermöglichen, ob die Einwände gegen die Sachkunde des gehörten Sachverständigen begründet sind.[461]

Mit der Aufklärungsrüge kann nicht gerügt werden, dass der bestellte psychiatrische Sachverständige für bestimmte Teilfragen einen Psychologen zugezogen und dessen Befunde in sein Gutachten aufgenommen hat, ohne dass der Psychologe selbst in der Hauptverhandlung gehört wurde.[462] Denn der Sachverständige kann in eigener Verantwortung über die benötigten Unterlagen und Untersuchungsmethoden entscheiden, dazu gehört auch die Entscheidung, ob er die Einholung eines psychologischen Zusatzgutachtens für erforderlich hält. Psychologische Kenntnisse gehören zum Rüstzeug auch des Psychiaters.

---

457 BGH, Urt. v. 28.10.1986 – 1 StR 507/86 = BGHR StPO § 244 Abs. 2 Sachverständiger 1; Urt. v. 28.04.1987 – 1 StR 104/87 = BGHR StPO § 244 Abs. 2 Sachverständiger 2; Urt. v. 24.03.1988 – 4 StR 18/88 = BGHR StPO § 244 Abs. 2 Sachverständiger 3; Beschl. v. 08.11.1988 – 5 StR 499/88 = BGHR StPO § 244 Abs. 2 Sachverständiger 4; Urt. v. 14. 03.1991 – 4 StR 16/91 = BGHR StPO § 244 Abs. 2 Sachverständiger 10; Urt. v. 25.04.1991 – 4 StR 582/90 = BGHR StPO § 244 Abs. 2 Sachverständiger 11; Beschl. v. 14.05.1991 – 4 StR 212/91 = BGHR StPO § 244 Abs. 2 Sachverständiger 12; Beschl. v. 07.02.1995 – 5 StR 728/94 = BGHR StPO § 244 Abs. 2 Sachverständiger 13; Urt. v. 27.08.1997 – 3 StR 331/97 = BGHR StPO § 244 Abs. 2 Sachverständiger 16; Beschl. v. 27.01.2010 – 2 StR 535/09 = BGHSt 55, 5 ff. = NStZ 2010, 405 f. m. Anm. *Eisenberg* JZ 2010, 474 ff.; Beschl. v. 27. 01.2010 – 2 StR 535/09 = NJW 2010, 1214 m. Anm. *Hoffmann/Wendler.*

458 BGH, Beschl. v. 24.10.1989 – 4 StR 527/89 = BGHR StPO § 244 Abs. 4 S. 1 Glaubwürdigkeitsgutachten 2; bei auffälligem Aussageverhalten vgl. BGH, Beschl. v. 09.10.2012 – 5 StR 428/12 = StraFo 2013, 26 f.

459 BGH, Beschl. v. 31.05.2016 – 1 StR 22/16; OLG Bamberg, Urt. v. 09.02.2018 – 3 OLG 110 Ss 138/17 = StraFo 2018, 159 f.

460 BGH, Urt. v. 18.04.1989 – 1 StR 106/89 = BGHR StPO § 244 Abs. 2 Sachverständiger 5; Urt. v. 16.12.1992 – 2 StR 440/92 = StV 1993, 234.

461 BGH, Beschl. v. 19.10.2000 – 4 StR 411/00 = NStZ-RR 2001, 81.

462 BGH, Urt. v. 30.10.1968 – 4 StR 281/68 = BGHSt 22, 268, 272 f.

3. Die fehlerhafte Ablehnung von Beweisanträgen auf Zuziehung eines oder mehrerer Sachverständiger (§ 244 Abs. 4 StPO)

Hier sind für die Verteidigung[463] vor allem die Beweisanträge auf Einholung von Glaubwürdigkeitsgutachten von Bedeutung. Es gilt Folgendes: 94

> »Die Beurteilung der Glaubwürdigkeit von Zeugen ist Aufgabe des Tatrichters. Der Hinzuziehung eines Sachverständigen bedarf es nur, wenn die Eigenart und besondere Gestaltung des Einzelfalles eine Sachkunde erfordern, die ein Richter (auch mit spezifischen forensischen Erfahrungen) normalerweise nicht hat. Der Grundsatz, dass nur besondere Umstände sachverständige Hilfe erforderlich machen, gilt auch bei Würdigung der Aussagen von Kindern und Jugendlichen. Aber auch bei solchen Aussagen treten die Fallbesonderheiten in ihrer Bedeutung zurück, wenn zusätzliche nachgewiesene Tatsachen für oder gegen die Richtigkeit einer Aussage sprechen«.[464]

Daran müssen die – folglich überwiegend geringen – Erfolgsaussichten einer solchen Rüge gemessen werden.

Merke also: Die Einholung eines aussagepsychologischen Sachverständigengutachtens ist dann geboten, wenn der Sachverhalt oder die Person des Zeugen solche Besonderheiten aufweist, dass Zweifel daran aufkommen können, ob die Sachkunde des Gerichts auch zur Beurteilung der Glaubwürdigkeit unter den gegebenen besonderen Umständen ausreicht.[465]

4. Verstöße bei der Vernehmung des selbstgeladenen Sachverständigen

Wurde der Sachverständige[466] gem. § 38 StPO geladen und ist er erschienen, dann darf seine Vernehmung nur unter den Voraussetzungen des § 245 Abs. 2 StPO abgelehnt werden. Wird über die dort zugelassenen Ausnahmen von der Beweiserhebungspflicht hinaus von der Vernehmung des geladenen und erschienenen Sachverständigen abgesehen, ist dies ein revisibler Verstoß, bei dem kaum auszuschließen sein wird, dass das Urteil darauf beruht. In Betracht kommen können zusätzlich auch in diesem Zusammenhang Verstöße gegen das Gebot des fairen Verfahrens oder das Gebot der Waffengleichheit, wenn aus nicht mehr sachgerechten Gründen die Arbeit des selbstgeladenen Sachverständigen erschwert wird.[467] Nicht gerügt werden kann aber, dass der in der Hauptverhandlung vernommene Sachverständige nicht ausreichend befragt worden sei. Eine Verfahrensrüge kann in diesem Zusammenhang nämlich nicht darauf gestützt werden, dass das Tatgericht ein benutztes Beweismittel nicht völlig ausgeschöpft habe.[468] 95

▶ Hinweis

Bei der Revisionsrüge, der Sachverständige sei als präsentes Beweismittel entgegen § 245 StPO nicht benutzt worden, muss die Ladung und das Erschienensein des Sachverständigen dargelegt werden.[469]

Die begründete Ablehnung eines Sachverständigen wegen Besorgnis der Befangenheit macht diesen zu einem »völlig ungeeigneten« Beweismittel i.S.d. § 245 Abs. 2 StPO. Der Beschluss

463 Alsberg/*Güntge* Rn. 1327 ff. S. 539 ff.
464 BGH, Urt. v. 20.02.1990 – 1 StR 7/90 = BGHR StPO § 244 Abs. 4 S. 1 Sachkunde 4; Beschl. v. 25.04.2006 – 1 StR 579/05 = NStZ-RR 2006, 242; Beschl. v. 12.11.1993 – 2 StR 594/93 = StV 1994, 173.
465 BGH, Beschl. v. 12.11.1993 – 2 StR 594/93 = StV 1994, 173; Beschl. v. 24.10.1989 – 4 StR 527/89 = BGHR StPO § 244 Abs. 4 S. 1 Glaubwürdigkeitsgutachten 2; bei auffälligem Aussageverhalten vgl. BGH, Beschl. v. 09.10.2012 – 5 StR 428/12 = StraFo 2013, 26 f.
466 Vgl. Alsberg/*Güntge* Rn. 1683, 1688 S. 697 f.
467 BGH, Urt. v. 24.07.1997 – 1 StR 214/97 = BGHSt 43, 171, 176.
468 BGH, Urt. v. 16.04.1953 – 4 StR 771/52 = BGHSt 4, 125.
469 Vgl. auch *Arnoldi* NStZ 2019, 305 ff.

über die Ablehnung des Sachverständigen enthält zugleich die Entscheidung über einen auf diesen gestellten Beweisantrag gem. § 245 Abs. 2 StPO.[470]

▶ **Beachte**

Die eigene Sachkunde des Gerichts (vgl. § 244 Abs. 4 S. 1 StPO) als Ablehnungsgrund sieht § 245 StPO bei präsenten Beweismitteln nicht vor.[471]

5. Verstöße gegen Verwertungsverbote im Zusammenhang mit der Vernehmung eines Sachverständigen

a) Angaben von Zeugen gegenüber dem Sachverständigen

96 Angaben eines gemäß § 52 StPO zur Verweigerung des Zeugnisses berechtigten Zeugen gegenüber einem Sachverständigen über Zusatztatsachen[472], zu denen regelmäßig auch die Tatschilderung eines auf seine Glaubwürdigkeit zu begutachtenden Zeugen gehört, stehen einer Aussage im Sinne des § 252 StPO gleich.[473] Sie können einer richterlichen Vernehmung nicht gleich geachtet werden.[474]

Hinsichtlich der Angaben, die ein Zeuge gegenüber einem **Sachverständigen** gemacht hat, ist zu differenzieren zwischen solchen, die das Tatgeschehen betreffen (sog. »Zusatztatsachen«) und denjenigen, die zur eigentlichen Untersuchung gehören (sog. »Befundtatsachen«). Zusatztatsachen sind der Vernehmung gleichgestellt, dürfen also im Fall der Zeugnisverweigerung auch nicht durch die Verlesung des Sachverständigengutachtens oder Vernehmung des Sachverständigen als Zeuge vom Hörensagen eingeführt werden. Die Befundtatsachen sind nur dann verwertbar, wenn der Zeuge im Laufe des Verfahrens vor seinen Äußerungen gegenüber dem Sachverständigen **richterlich** – bei Gutachtenauftrag im Ermittlungsverfahren vom Staatsanwalt – über sein Recht **belehrt** worden ist, die Mitwirkung an dem Gutachten zu verweigern.[475] Eine fehlende Belehrung ist nur dann unschädlich, wenn der Zeuge nach ordnungsgemäßer Belehrung nachträglich in die Verwertung einwilligt oder die Gewissheit besteht, dass der Betroffene auch im Fall einer Belehrung an der Untersuchung mitgewirkt hätte.[476] Ein Sachverständiger, der im anhängigen Strafverfahren tätig geworden ist, darf also über die von ihm erfragten Angaben zur Tat und damit über Zusatztatsachen weder als Sachverständiger noch als Zeuge vernommen werden, wenn der oder die Untersuchte in der Hauptverhandlung gem. § 52 StPO die Aussage verweigert. Es kommt nicht darauf an, ob der Zeuge vor seiner Anhörung durch den Sachverständigen richterlich über sein Zeugnisverweigerungsrecht belehrt worden war. Das gilt auch, wenn der Zeuge im Zivilrechtsstreit oder im FGG-Verfahren seine Aussage (nicht aus freien Stücken) gemacht hat. Dass der Zeuge im FGG-Verfahren als Verfahrensbeteiligter vernommen wurde, ändert nichts. Eine Verwertung der früheren Angaben eines Kindes käme nur infrage, wenn es diese aus freien Stücken gemacht hätte. Eine solche Ausnahme liegt normalerweise aber nicht vor, wenn es sich um eine vernehmungsähnliche Situation handelt.[477] Auch wenn ein Zeuge in der Hauptverhandlung von seinem Zeugnisverweigerungsrecht als Angehöriger des Angeklagten Gebrauch macht, nachdem er in einem vorausgegangenen Sorgerechtsver-

470 BGH, Beschl. v. 18.08.1999 – 1 StR 186/99 = StV 1999, 576.
471 BGH, Beschl. v. 25.03.1994 – 2 StR 102/94 = StV 1994, 358.
472 Ein Verstoß gegen die Sollvorschrift des § 73 Abs. 2 StPO hat kein Verwertungsverbot zur Folge: BGH, Beschl. v. 09.05.2007 – 1 StR 32/07 = BGHSt 51, 333 ff.
473 BGH, Urt. v. 23.09.1999 – 4 StR 189/99 = BGHSt 45, 203; Beschl. v. 27.10.2006 – 2 StR 334/06 = StV 2007, 68 f; ausführlich LR/*Sander/Cirener* § 252 Rn. 37 ff.
474 BGH, Urt. v. 03.11.2000 – 2 StR 354/00 = BGHSt 46, 189, 192 f.; Beschl. v. 27.10.2006 – 2 StR 334/06 = StV 2007, 68 f.
475 BGH, Beschl. v. 20.07.1995 – 1 StR 338/95 = NStZ 1996, 145 f.
476 BGH, Urt. v. 03.11.2000 – 2 StR 354/00 = NJW 2001, 528 ff.
477 BGH, Urt. v. 20.03.1990 – 1 StR 693/89 = BGHSt 36, 384 ff.; Urt. v. 03.11.2000 – 2 StR 354/00 = BGHSt 46, 189 ff.

fahren dem vom Vormundschaftsrichter mit der Überprüfung seiner Glaubwürdigkeit beauftragten Sachverständigen Angaben zum Tatgeschehen gemacht hatte, darf der Sachverständige nicht über den Inhalt der ihm gegenüber gemachten Aussage als Zeuge vernommen werden.

Ein Zeuge kann trotz der Geltendmachung des Zeugnisverweigerungsrechts die Verwertung der bei einer früheren Vernehmung gemachten Aussagen gestatten.[478] Dadurch wird aber der Unmittelbarkeitsgrundsatz nicht eingeschränkt, die unmittelbare Verwertung einer Aufzeichnung über die frühere Vernehmung ist deshalb grundsätzlich nicht erlaubt.[479]

Ist ein Zeuge im Laufe eines Verfahrens einmal von einem Richter über sein Zeugnisverweigerungsrecht belehrt worden, dürfen nachfolgende Äußerungen des Zeugen gegenüber dem Sachverständigen dem Gutachten und damit gegebenenfalls auch dem Urteil selbst dann zugrundegelegt werden, wenn der Zeuge in der Hauptverhandlung das Zeugnis verweigert oder der Zeuge nicht zur Hauptverhandlung geladen wird. Dabei kommt es nicht darauf an, ob die Angaben des Zeugen im Rahmen der Vernehmung gemacht wurden, zu deren Beginn er belehrt wurde (z.B. eine vom Sachverständigen veranlasste Vernehmung gemäß § 80 StPO, bei der auch der Sachverständige ein eigenes Fragerecht hat) oder ob die Belehrung im Laufe des Verfahrens in anderem Zusammenhang erfolgte und die (späteren) Angaben des Zeugen gegenüber dem Sachverständigen nicht im Rahmen einer richterlichen Vernehmung gemacht wurden[480]. 97

Kindern steht in Verfahren gegen ihre Eltern das Recht zu, Angaben zur Sache und die **Untersuchung zu verweigern** (§§ 52 Abs. 1 Nr. 3, 81c Abs. 3 Nr. 1 StPO). Hierüber sind sie gemäß §§ 52 Abs. 3 Nr. 1, 81c Abs. 3 Nr. 2 StPO zu belehren. Selbst wenn die Kinder nicht das notwendige Verständnis im Sinne von § 52 Abs. 2 StPO dafür haben, dass die Eltern etwas Unrechtes getan haben könnten und ihre Aussage und Untersuchung zu einer Bestrafung beitragen könnten, dürfen sie selbst darüber entscheiden, ob sie aussagen wollen oder nicht. Das gilt aber nicht für das Untersuchungsverweigerungsrecht nach § 81c Abs. 3 S. 2 StPO. Bei mangelnder Verstandesreife entscheidet allein der gesetzliche Vertreter.[481] 98

Beauftragt das Gericht einen Sachverständigen, ein Kind auf seine Glaubwürdigkeit zu untersuchen, das von seinem Vater sexuell missbraucht worden sein soll, dann muss das Kind vom Gericht in kindgerechter Weise belehrt und darauf hingewiesen werden, dass es trotz der Zustimmung seiner Mutter (Pfleger) Angaben und Mitwirkung verweigern darf. Dem Sachverständigen darf diese Aufgabe nicht übertragen werden.[482] Nichtrichterliche Vernehmungspersonen (somit auch der Sachverständige) dürfen in der Hauptverhandlung so lange nicht über den Inhalt früherer Angaben eines zur Zeugnisverweigerung berechtigten Zeugen gehört werden, wie Ungewissheit darüber besteht, ob der Zeuge von seinem Weigerungsrecht Gebrauch macht oder darauf verzichtet.[483] Der Sachverständige ist zwar nicht befugt, die gebotene Belehrung vorzunehmen, er muss jedoch, wenn er feststellt, dass die Belehrung unterblieben ist, ihre Nachholung durch die zuständige Stelle – Staatsanwaltschaft oder Gericht – veranlassen.[484]

---

478 BGH, Urt. v. 23.09.1999 – 4 StR 189/99 = BGHSt 45, 203 f.

479 BGH, Beschl. v. 29.01.2008 – 4 StR 449/07 = BGHSt 52, 148 f. = StV 2008, 170 f.

480 BGH, Beschl. v. 20.07.1995 – 1 StR 338/95 = NStZ 1996, 145 = StV 1996, 192 m. Anm. *Wohlers*; Urt. v. 13.02.1959 – 4 StR 470/58 = BGHSt 13, 1; Urt. v. 11.04.1973 – 2 StR 42/73 = BGHSt 25, 176; vgl. dazu *Wohlers* StV 1996, 192 f.; *Eisenberg/Kopatsch* NStZ 1997, 297 f.; *Schmidt-Recla* NJW 1998, 800.

481 BGH, Urt. v. 15.11.1994 – 1 StR 461/94 = BGHSt 40, 336 f.

482 BGH, Beschl. v. 23.08.1995 – 3 StR 163/95 = StV 1995, 563 = NJW 1996, 206; Urt. v. 29.06.1989 – 4 StR 201/89 = BGHSt 36, 217; Urt. v. 22. 01.1991 – 1 StR 624/90 = BGHR StPO 52 Abs. 3 1 Belehrung 4.

483 BGH, Urt. v. 11.04.1973 – 2 StR 42/73 = BGHSt 25, 176, 177.

484 Zum Problem der Befangenheit vgl. BGH, Urt. v. 4.12.1996 – 2 StR 430/96 = BGHR StPO § 74 Ablehnungsgrund 5.

Beachte

99 (1) Verweigert ein Tatzeuge in der Hauptverhandlung das Zeugnis, dürfen seine Angaben, die er bei der Exploration für die Glaubhaftigkeitsprüfung zum Tatgeschehen gemacht hat (Zusatztatsachen), nicht für Feststellungen zum Tathergang verwertet werden, indem der Sachverständige als Zeuge gehört wird.[485] Ein Zeuge kann aber die Verwertung der bei einer früheren Vernehmung gemachten Aussagen gestatten.[486]

(2) Wird ein Zeuge, der gemäß § 52 StPO zur Zeugnisverweigerung berechtigt ist, von einem Sachverständigen auf seine Glaubwürdigkeit hin begutachtet, stehen die von ihm in diesem Zusammenhang mitgeteilten Zusatztatsachen (z.B. Angaben über eine Schilderung der Straftat durch den Angeklagten selbst) einer Aussage im Sinne des § 252 StPO gleich. Dies gilt auch dann, wenn der Sachverständige nicht im Rahmen des anhängigen Strafverfahrens, sondern in einem Zivilverfahren oder einem Verfahren der freiwilligen Gerichtsbarkeit tätig geworden ist. Die von der Rechtsprechung entwickelten Ausnahmen für die Vernehmung eines Richters, der an einer früheren Vernehmung mitgewirkt hat, können nicht auf die Befragung durch die Sachverständige angewendet werden, da diese einer richterlichen Vernehmung nicht gleich zu setzen ist. Macht der Zeuge später von seinem Zeugnisverweigerungsrecht Gebrauch, dürfen seine Mitteilungen über diese Zusatztatsachen somit weder durch das Sachverständigengutachten noch durch die Vernehmung des Sachverständigen als Zeugen in die Hauptverhandlung eingeführt und bei der richterlichen Überzeugungsbildung verwertet werden.[487]

Zwar darf dem Antrag, einen Zeugen auf seine Glaubwürdigkeit psychiatrisch oder psychologisch zu untersuchen, nicht stattgegeben werden, wenn der Zeuge nicht einwilligt. Doch ist die Untersuchung des Zeugen nicht der einzige Weg, seine Glaubwürdigkeit und Aussagetüchtigkeit zu überprüfen. Der Sachverständige kann die sonst niedergelegten Angaben und Äußerungen des Zeugen verwerten, er kann insbesondere bei dessen Vernehmung in der Hauptverhandlung anwesend sein und die hierbei gewonnenen Eindrücke verwenden. Eine die Belehrungspflicht nach §§ 81c Abs. 3 S. 1, 52 StPO auslösende Untersuchung liegt nicht vor, wenn der Sachverständige eine Zeugin während der Hauptverhandlung beobachtet und ein Gutachten erstattet hat[488].

b) Angaben des Beschuldigten/Angeklagten gegenüber dem Sachverständigen

100 Ein Sachverständiger soll nach der älteren BGH-Rechtsprechung zur Belehrung eines Beschuldigten[489] über sein Schweigerecht nicht verpflichtet sein.[490] Dies gelte auch, wenn der Sachverständige zur Vorbereitung des Gutachtens den Beschuldigten über das Tatgeschehen befragt.[491]

Dieser Ansicht ist nicht zuzustimmen: Ein Angeklagter ist im Falle einer Vernehmung im strafprozessualen Sinne durch einen Sachverständigen vorab über seine Rechte, insbesondere nicht verpflichtet zu sein, sich selbst zu belasten, zu belehren. Geschieht dies nicht, darf die Einlassung nicht verwertet und damit auch nicht in die Hauptverhandlung eingeführt werden. Auch der BGH spricht von

485 BGH, Urt. v. 03.11.2000 – 2 StR 354/00 = BGHSt 46, 189 ff.; Urt. v. 29.06.1989 – 4 StR 201/89 = BGHSt 36, 217 ff.; Urt. v. 20.03.1990 – 1 StR 693/89 = BGHSt 36, 384 ff.

486 BGH, Urt. v. 23.09.1999 – 4 StR 189/99 = BGHSt 45, 203 f.

487 BGH, Urt. v. 29.05.1996 – 3 StR 157/96 = StV 1996, 522 f.; Beschl. v. 27.10.2006 – 2 StR 334/06 = StV 2007, 68 f.

488 BGH, Urt. v. 13.05.1969 – 2 StR 616/68 = BGHSt 23, 1; Urt. v. 03.06.1982 – 1 StR 184/82 = NStZ 1982, 432; Beschl. v. 07.09.1995 – 1 StR 136/95 = StV 1995, 622.

489 Vgl. allgemein zur Belehrung u.a. BGH, Urt. v. 29.04.2010 – 3 StR 63/10 = BGHR StPO § 136 Belehrung 17.

490 BGH, Urt. v. 21.02.1968 – 3 StR 16/68 = NJW 1968, 2298 f.; Beschl. v. 20.07.1995 – 1 StR 338/95 = NStZ 1997, 296, 297.

491 BGH Beschl. v. 20.07.1995 – 1 StR 338/95 = NStZ 1996, 145 = StV 1996, 192 m. Anm. *Wohlers*; *Eisenberg/Kopatsch* NStZ 1997, 297 ff.; *Schmidt-Recla* NJW 1998, 800.

einer »ordnungsgemäßen Belehrung« und setzt diese inzwischen ersichtlich voraus.[492] Im Rahmen der Verfahrensrüge ist ggf. als Negativtatsache vorzutragen, dass auch der Begutachtung anordnende Richter oder Staatsanwalt die Belehrungspflicht verletzt hat.[493]

Aussagen des Beschuldigten gegenüber dem Sachverständigen können dadurch in das Verfahren eingeführt werden, dass der Sachverständige (auch) als Zeuge gehört wird.

Dem (gerichtlichen) Sachverständigen steht kein Zeugnisverweigerungsrecht zu. Angaben des Beschuldigten bei einer Untersuchung durch einen Sachverständigen während des Aufenthaltes in einem psychiatrischen Krankenhaus können auch dann, wenn er nicht von seiner Verschwiegenheitspflicht entbunden wurde, verwertet werden. Mit der Anordnung eine einstweiligen Unterbringung nach §§ 81, 126a StPO wird die sonst erforderliche Zustimmung zur Preisgabe der Geheimnisse (§ 53 StPO, § 203 StGB) aufgrund einer gesetzlichen Duldungspflicht ersetzt, weil hier das staatliche Interesse an der Aufklärung des Sachverhalts vorgeht.[494]

▶ Beachte

(1) Das Verbot des § 136a StPO gilt auch für »Vernehmungen« durch Sachverständige[495] (§§ 72, 69 Abs. 3 StPO). 101

(2) Die Grundlage für Verfahrensrügen aus diesem Bereich muss durch Ausübung des Widerspruchsrechts in der Hauptverhandlung gelegt werden.[496] Der Widerspruch muss spätestens im Rahmen einer Erklärung nach § 257 StPO zu Protokoll gegeben werden, im Revisionsverfahren bedarf es einer Verfahrensrüge unter Beachtung von § 344 Abs. 2 S. 2 StPO, wobei auch der Widerspruch vorgetragen werden muss.

---

492 So ausdrücklich LG Oldenburg, Beschl. v. 06.07.1994 – SG 7/94 – n. r. = StV 1994, 646; wohl auch BGH, Urt. v. 06.08.1987 – 4 StR 333/87 = NStZ 1988, 142 m. Anm. *Dörig*; vgl. auch Meyer-Goßner/*Schmitt* § 136 Rn. 2; LR/*Krause* § 80 Rn. 5, *Lesting* RuP 1992, 11 ff.; *Spöhr* NZV 1993, 334 f.; *Schnoor* Beurteilung der Schuldfähigkeit S. 140 ff.

493 Schlothauer/Weider/Wollschläger, Verteidigung im Revisionsverfahren, 3. Aufl. 2018, Rn. 2041.

494 BGH, Beschl. v. 06.12.2001 – 1 StR 468/01 = StV 2002, 633 m. Anm. *Bosch*.

495 BGH, Urt. v. 04.03.1958 – 5 StR 7/58 = BGHSt 11, 211 f.; Urt. v. 21.02.1968 – 3 StR 16/68 = NJW 1968, 2298 = JR 1969, 231 = JZ 1969, 437 mit Anm. *Peters* und *Arzt*.

496 Zum Widerspruch vgl. Meyer-Goßner/*Schmitt* § 136 Rn. 25 ff.; *Meyer-Mews* StraFo 2009, 141 f.

Kapitel 38 Forensische Psychiatrie

Übersicht

A. Definitionen

1 Forensische Psychiatrie im engeren Sinne befasst sich mit den Fragen, die von Gerichten und Behörden an Psychiater gestellt werden. In einem weiteren Sinne deckt das Fach jenen breiten Überlappungsbereich zwischen Recht und Psychiatrie ab, der sich sowohl aus den rechtlichen Problemen im Umgang mit psychisch Kranken und Gestörten für Ärzte, Gerichte und Behörden ergibt, als auch aus den medizinischen und psychologischen Problemen dieser Menschen für ihre Fähigkeit zu rechtsrelevantem Handeln. In den letzten Jahren ist eine Reihe von Veränderungen hinzugekommen, die zwar nicht die Prinzipien, wohl aber die Praxis der forensischen Psychiatrie und den Blickwinkel und die Zielrichtung, mit welcher forensische Psychiater betrachtet und eingesetzt werden, verändert haben.

I. Historisches

2 Aus historischer Sicht ist bemerkenswert, dass sich die Juristen mit den psychischen Beeinträchtigungen und ihren Auswirkungen auf die Rechtsprechung befasst haben, lange bevor es eine »Psychiatrie« oder gar eine »Forensische Psychiatrie« gab. Im römischen Recht gingen »Furiosi« (die Rasenden), »Mente capti« (die Verblödeten) und »Dementes« (die Toren) straffrei aus. Unter Justinian (483–556 n. Chr.) gab es bereits Kuratoren für Personen, die wegen »Imbecillitas« (Verstandesschwäche) in ihrer Verfügungsfreiheit eingeschränkt waren. Allerdings wurden solche veränderten Geisteszustände durch die Juristen selbst beurteilt. Erst im 17. Jahrhundert wurde von Paolo Zacchia (1584–1659) gefordert, Ärzte bei zweifelhaften Geisteszuständen von Rechtsparteien hinzuzuziehen. Diese Aufgabe wurde zunächst von den Gerichtsärzten und den Rechtsmedizinern wahrgenommen. Die »Forensische Psychiatrie« etablierte sich erst Mitte des 19. Jahrhunderts.[1] Sie steht heute als Brückenglied zwischen der medizinisch-empirischen Sicht der Psychiatrie und der normativ-wertenden Betrachtungsweise der Rechtswissenschaften. Sie erfüllt dort ihre Funktion, wo durch das Wissen in einem Bereich das Handeln in dem anderen Bereich mitbestimmt wird. Der »Forensische Psychiater« bleibt in den meisten Fällen Berater und Gehilfe, während die Entscheidungen durch Gerichte und Verwaltungsbehörden getroffen werden müssen. Aufgabe des Psychiaters ist es in erster Linie,

1 Mit Ausnahme redaktioneller Anpassungen ist das Kap. 38 Forensische Psychiatrie ein unveränderter Abdruck der Vorauflage. Ausführlich bei *Janzarik*, 1972; *Lenckner*, 1972.

Krankheiten und Störungen zu diagnostizieren und ihre Auswirkungen auf die Handlungsfähigkeit des Untersuchten zu beurteilen.

Allerdings haben einige Gesetze der vergangenen Jahre die Aufgabenstellung in großem Maß auf Bereiche ausgeweitet, die zuvor nur eine untergeordnete Rolle spielten und wenigen Fachleuten vorbehalten waren. Im Jahr 1998 trat das Gesetz zur Bekämpfung von Sexualdelikten und anderen gefährlichen Straftaten in Kraft, im Jahr 2002 das Gesetz zur Einführung der vorbehaltenen Sicherungsverwahrung und im Jahr 2004 das Gesetz zur Einführung der nachträglichen Sicherungsverwahrung. Aufgrund verschiedener anderer Gesetze, die im gleichen Zeitraum zu einer Strafrahmenerhöhung führten, werden ebenfalls Gutachten zur Rückfall- oder Zwischenfallprognose erforderlich, wodurch insgesamt der Schwerpunkt der Arbeit vieler Gutachter von der Schuldfähigkeitsbeurteilung zur Prognosebeurteilung hin verschoben wurde. Auch das Gesetz zur Reform der Führungsaufsicht vom April 2007 und jenes zur Reform des Psychiatrischen Maßregelvollzugs haben die prognostischen und therapeutischen Aufgaben der Forensischen Psychiatrie vermehrt. Für Rechtsanwälte sind diese Änderungen im Auge zu behalten, da durch sie die Konsequenzen psychiatrischer Begutachtungen für ihre Mandanten ganz anders aussehen können, als sie dies früher gelernt haben und meist heute noch denken.[2] 3

II. Juristischer und medizinischer Krankheitsbegriff

Medizinischer und juristischer Krankheitsbegriff dürfen nicht gleichgesetzt werden, da sie häufig etwas grundsätzlich anderes bezeichnen, selbst dann, wenn vergleichbare oder gar identische Begriffe gebraucht werden. Krankheit ist im juristischen Sinne vor allem abhängig vom Überschreiten einer bestimmten, u.U. normativ gesetzten Schwelle. Es kommt bei der Begutachtung darauf an, die klinischen Diagnosen quantitativ zu erfassen und sie – falls das Ausmaß der Störung eine bestimmte Schwelle übersteigt – den im Gesetz verwendeten juristischen Krankheitsbegriffen zuzuordnen. 4

In den meisten Fällen genügt es nicht, den juristischen Krankheitsbegriff zu benennen, um die Gutachtensfrage zu beantworten. Es kommt wesentlich auf die durch eine Störung bedingte Funktionseinschränkung an. Daraus ergibt sich, dass bei nahezu allen rechtsrelevanten Fragen ein zweistufiges Beantwortungsschema zur Anwendung kommt. Zuerst muss geklärt werden, ob das Ausmaß der durch die klinische Diagnose beschriebenen Störung ausreicht, um den je nach anzuwendender Rechtsvorschrift geforderten juristischen Krankheitsbegriff zu erfüllen. Erst wenn die Antwort auf diese Frage positiv ausfällt, kann die zweite Frage beantwortet werden. Diese lautet: »Welche durch Gesetz oder Rechtsprechung bestimmte Funktionsbeeinträchtigung wird oder wurde durch die Störung bedingt?«. 5

Krankheit ist in der Medizin im Idealfall dadurch gekennzeichnet, dass Ursache, Symptomatik, Verlauf und Therapie eine Einheit bilden. Mit der Diagnose einer spezifischen Krankheit sind somit sowohl ein ätiopathogenetisches Erklärungsmodell als auch prognostische Schlussfolgerungen verbunden. Im Idealfall lässt sich mit der klinischen Diagnose auch die Frage nach vergangenen und künftigen rechtsrelevanten Beeinträchtigungen beantworten. Von diesen Ansprüchen ist die Psychiatrie in den meisten Fällen noch weit entfernt, wenngleich mit der Entstehung der Psychiatrie als eigenständigem medizinischen Fach im 18. und 19. Jahrhundert der Versuch begann, psychische Störungen bestimmten Krankheiten zuzuordnen. 6

Die derzeit angewandten psychiatrischen Klassifizierungen beruhen nicht auf der ätiologischen Erklärung von Störungen, sondern auf ihrer möglichst genauen Beschreibung. Die so erfassten psychopathologischen Syndrome sind hinsichtlich ihrer Ursache unspezifisch. Mehrere Faktoren spielen entweder kausal oder auslösend zusammen, um zur Manifestation der Symptomatik zu führen. Im Wesentlichen werden genetische Anlagen, organische Schäden, entwicklungsbedingte Beeinträchtigungen und situative Belastungen als hauptsächliche Elemente einer multifaktoriellen

2 *Jansen*, 2011.

Störungsgenese betrachtet. Je nach Schule und Lehrmeinung werden sie unterschiedlich gewichtet. Klare Bedingungsgefüge sind nur in wenigen Einzelfällen festlegbar.

7 Seit Ende des 20. Jahrhunderts wurden Klassifikationssysteme für psychiatrische Störungen entwickelt, die durch relativ rigide Zuordnungsregeln die Zuverlässigkeit der diagnostischen Schlussfolgerungen erhöht und somit dem lange kritisierten Schulenstreit in der Psychiatrie den Boden entzogen haben (Internationale Klassifikation der Krankheiten, ICD-10, der WHO; Diagnostisches und Statistisches Manual der American Psychiatric Association, DSM, das in der deutschen Übersetzung seit 1984 bereits viermal revidiert wurde und seit 2013 in der jetzt gültigen Form als DSM 5 vorliegt, deren deutsche Übersetzung allerdings noch nicht publiziert ist.).

▶ Beachte

8 Wenngleich die neuen Klassifikationssysteme durch ihre methodischen Vorgaben und durch ihre große Akzeptanz zu einer besseren Vergleichbarkeit psychiatrischer Diagnosen geführt haben, lassen sich durch sie die wesentlichen Begutachtungsprobleme kaum leichter lösen.

Die Feststellung einer in DSM-IV-TR oder ICD-10 beschriebenen Störung bedeutet noch nicht, dass diese Diagnose schon forensische Relevanz hat. Darauf weisen auch die Autoren dieser Klassifikationssysteme hin.

B. Strafrecht

9 Im Strafrecht wird im Wesentlichen Folgendes gefragt:

(1) Nach den Voraussetzungen für aufgehobene oder verminderte Schuldfähigkeit (§§ 20, 21 StGB);

(2) Nach der Reifebeurteilung von Jugendlichen und Heranwachsenden (§§ 3, 105 JGG);

(3) Nach der Rückfallprognose

- bei psychisch kranken Rechtsbrechern, die in eine Maßregel der Besserung und Sicherung eingewiesen (§§ 63, 64, 66 StGB) werden und
- bei Verurteilten, wenn eine vorzeitige Entlassung nach mehrjährigen Haftstrafen oder aus lebenslanger Haft (§ 57, 57a StGB), aus der Sicherungsverwahrung oder aus dem psychiatrischen Maßregelvollzug (§ 67d II StGB) erwogen wird, oder
- bei denen die Verlängerung der Sicherungsverwahrung über 10 Jahre hinaus erwogen wird (§ 67d III StGB)
- bei ehemaligen Maßregelvollzugspatienten, bei denen eine nachträgliche Sicherungsverwahrung nach einer Erledigung der Maßregel gem. § 67d Abs. 6 StGB erwogen wird (§ 66b StGB). An Änderungen des Maßregelrechts wird in verschiedenen Staatsministerien und im Bundesjustizministerium gearbeitet. Es ist derzeit nicht absehbar, ob und welche konkreten neuen Aufgaben dadurch auf die Begutachtung und Behandlung psychisch kranker Rechtsbrecher zukommen werden.

(5) Nach der Glaubhaftigkeit von Zeugenaussagen.

I. Schuldunfähigkeit und verminderte Schuldfähigkeit

10 Die Frage nach der Schuldfähigkeit hat eine Reihe von philosophischen, ethischen und juristischen Implikationen, die hier zwar nicht näher diskutiert werden können, aber nicht vergessen werden sollten.[3] Auch die heute in den Medien viel diskutierte Frage der Willensfreiheit[4,5,6] hat für die Praxis der forensischen Psychiatrie keine Bedeutung. Der forensische Psychiater hat das philosophische

3 Zur Vertiefung *Haddenbrock*, 2003; *Schreiber*, 2004; *Mitchel*, 1997.
4 *Roth*, 2003.
5 *Singer*, 2003.
6 Zusammenfassend *Stompe* & *Schanda*, 2010.

Problem der Freiheit des Willens nicht zu entscheiden, er muss akzeptieren, dass das Gesetz dem erwachsenen Menschen die entsprechenden Kompetenzen zum autonomen Handeln unterstellt. Aufgabe des gutachtenden Psychiaters ist es vor allen Dingen, die medizinischen und psychologischen Einbußen aufzuzeigen, welche die Handlungskompetenz und damit u.U. die Schuldfähigkeit beeinflussen können. Er hat sich dabei eng an den gesetzlichen Vorgaben zu orientieren, ohne die erfahrungswissenschaftlichen Grundlagen seiner Kenntnisse zu verlassen und selber rechtliche Wertungen vornehmen zu wollen.

▶ Beachte

Bei der Schuldfähigkeitsbeurteilung ist wie bei allen vergleichbaren Fragestellungen ein zweistufiges Vorgehen erforderlich: Zunächst müssen die klinischen Diagnosen den Eingangsmerkmalen, die auch biologische oder medizinische Merkmale genannt werden, zugeordnet werden. Erst wenn eine solche Zuordnung möglich ist, kann nach der psychischen Funktionsbeeinträchtigung, die durch die genannte Störung bedingt ist gefragt werden. Die Funktionsbeeinträchtigungen werden als Einsichts- oder Steuerungsunfähigkeit bezeichnet.

1. Eingangsmerkmale (Erste Stufe der Beurteilung)

a) Krankhafte seelische Störung

Dieser Begriff umfasst alle Erkrankungen und Störungen, bei denen nach traditioneller Auffassung entweder eine organische Ursache bekannt ist oder aber eine solche Ursache vermutet wird. Hierzu werden gezählt: 11
- körperlich begründbare (exogene) Psychosen
- endogene Psychosen (schizophrene und affektive Psychosen)
- hirnorganisch bedingte Störungen
- Durchgangssyndrome, die entweder toxisch oder traumatisch bedingt sind (z.B. Alkoholrausch oder Drogen- bzw. Medikamentenintoxikation)
- epileptische Erkrankungen, einschließlich epileptischer Dämmerzustände
- genetisch bedingte Erkrankungen, z.B. Mongolismus (Downsyndrom)

Da hier eine Vielzahl psychiatrischer oder körperlicher Erkrankungen subsumiert werden, ist eine quantitative Abgrenzung erforderlich, die mit dem Begriff »krankhaft« erfolgt.

Die Beurteilungsgrundlagen bei den häufigsten psychiatrischen Störungen, die der krankhaften seelischen Störung zuzuordnen sind, werden im Folgenden kurz dargestellt:

aa) Schizophrenie

Die Schizophrenie galt bis in die Mitte des Jahrhunderts als so schwerwiegende Erkrankung, dass allein die Diagnose dazu führte, einen Menschen als unzurechnungsfähig zu bezeichnen.[7] Zwischenzeitlich hat sich die Behandelbarkeit, die soziale Rehabilitationsfähigkeit und Reintegration der an Schizophrenie Erkrankten weitgehend verbessert. Das Wissen um den Verlauf der Erkrankung hat sich vermehrt und zeigt, dass ein Großteil der Patienten ohne nennenswerte Beeinträchtigungen und weitgehend angepasst leben kann und dass nahezu ein Drittel wieder vollständig gesundet. Die soziale Kompetenz und damit auch ihre Fähigkeit zu einsichtsgemäßem Handeln wechseln bei den an Schizophrenie Erkrankten in Abhängigkeit vom Stadium der Erkrankung. 12

Im akuten Schub mit florider psychotischer Symptomatik besteht kaum je ein Zweifel daran, dass die Voraussetzungen für Schuldunfähigkeit vorliegen. Menschen, die unter einem Wahn leiden und ihren Wahnideen zumindest zeitweise ausgeliefert sind und Menschen, denen von imperativen Stimmen ihr Handeln vorgeschrieben wird, sind nicht in der Lage, über Recht und Unrecht zu reflek- 13

7 *Langelüddeke*, 1950.

tieren. Sie sind unfähig, ihr Handeln von allgemein verbindlichen Rechtsgedanken leiten zu lassen, selbst wenn sie nicht immer ihren Wahngedanken oder den Befehlen imperativer Stimmen folgen.

14 Schwieriger wird die Beurteilung bei Kranken mit leichten Residualzuständen, bei voll remittierten ehemals Erkrankten und bei Kranken mit dissozialer, delinquenter und unter Umständen von Gewalttätigkeiten geprägter Vorgeschichte, die lange vor Ausbruch der Erkrankung begann. Bei letzteren erscheint – insbesondere wenn sich die Qualität der Delikte vor und nach Ausbruch der Krankheit nicht unterscheidet – das delinquente Verhalten eher auf die prämorbide Persönlichkeit als auf die psychopathologische Störung zurückführbar. Nichtsdestoweniger wird man bei den meisten der Kranken davon ausgehen müssen, dass die Schizophrenie das Persönlichkeitsgefüge derart beeinträchtigt, dass Übersicht, Kritikfähigkeit, adäquate Selbsteinschätzung, verinnerlichtes Wertgefüge und Impulskontrolle nicht mehr in dem Umfang das Handeln lenken wie es beim gleichen Menschen vor der Erkrankung der Fall war. Im klinischen Alltag ist die damit verbundene verminderte soziale Kompetenz z.B. an einer Vernachlässigung der Körperpflege, an verminderter Rücksichtnahme auf Bedürfnisse anderer, an Distanzlosigkeit oder auch an der Ausbildung subtiler Rituale zu erkennen. Für die strafrechtliche Beurteilung bedeutet dies, dass die Steuerungsfähigkeit bezüglich normabweichender Verhaltensweisen auch dann als erheblich vermindert angenommen werden muss, wenn das Delikt nicht unter dem Einfluss einer floriden psychotischen Symptomatik geschah. Allerdings gilt – wie bei der Begutachtung chronischer Störungen immer –, dass sich die Symptomatik nicht nur durch das Delikt offenbaren darf, sondern auch im sonstigen Leben beobachtbar sein muss, und dass das Delikt in einem gewissen Zusammenhang mit der Störung stehen muss.

15 Bei voll remittierten, ehemalig schizophrenen Patienten ist es auch gerechtfertigt, volle Schuldfähigkeit anzunehmen, wenn das Delikt aus dem Lebensstil des Menschen heraus normalpsychologisch nachvollziehbar ist. Rehabilitation heißt auch, den ehemaligen Kranken wieder in den Stand des mündigen, verantwortlichen Bürgers zu versetzen.[8]

bb) Affektive Psychosen

16 Depressionen und Manien beeinträchtigen die Willensbildung des Kranken. Insofern ist beim Vorliegen einer einfachen affektiven Störung in aller Regel die Steuerungsfähigkeit beeinträchtigt. Bei mittelgradigen Depressionen oder Manien (nach ICD-10) kann oft schon eine Aufhebung der Willensbildung diskutiert werden, wenn Motivation und Verhalten auf die affektive Störung zurückzuführen sind. Bei schweren manischen oder depressiven Episoden ist in der Regel von einer Aufhebung der Steuerungsfähigkeit auszugehen. Eine Aufhebung der Einsichtsfähigkeit muss bei wahnhaften Depressionen aber auch bei verworrenen oder psychotischen Manien erwogen werden.

cc) Hirnorganisch bedingte Störungen

17 Die hirnorganisch bedingten Störungen zeichnen sich v. a. durch einen Mangel an Überschauvermögen, durch verminderte kognitive und affektive Flexibilität und Belastbarkeit aus. Diese Symptome können schon für sich allein gesehen die Steuerungsfähigkeit bei diesen Menschen beeinträchtigen. Darüber hinaus ist bei Patienten mit organischem Hirnschaden die Empfindlichkeit für Psychopharmaka und Alkohol erhöht; paradoxe Reaktionen werden häufiger beobachtet als bei Gesunden. Deshalb sind bei der forensischen Beurteilung von Probanden mit hirnorganischen Psychosyndromen zusätzliche toxische Belastungen stärker zu gewichten. Ebenso sind affektive Spannungen für diese Probandengruppe schwerer zu kontrollieren, sodass Erregungsdurchbrüche schon bei relativ geringen Kränkungen und Aufregungen auftreten können. Um eine Dekulpierung zu rechtfertigen, sollte die verminderte Belastbarkeit gegenüber Intoxikationen oder affektiver Erregung auch aus anderen Situationen als der verfahrensgegenständlichen Tat eruierbar sein.

8 S.a. *Venzlaff*, 1994.

dd) Intoxikationen und Substanzabhängigkeit

Es ist mit den empirischen Erfahrungen durchaus vereinbar, dass bei Delikten unter Alkoholeinfluss eine erheblich verminderte oder aufgehobene Steuerungsfähigkeit diskutiert wird. Dabei reicht jedoch die Feststellung einer Alkoholisierung allein nicht aus, um eine Beeinträchtigung der Steuerungsfähigkeit anzunehmen. Rechtsprechung und Schrifttum tendierten eine gewisse Zeit lang dazu, bei BAK-Werten über 2 Promille eine verminderte, und über 3 Promille aufgehobene Steuerungsfähigkeit ernsthaft zu erwägen. In der neueren Rechtsprechung des BGH hat die BAK bei der Beurteilung der Steuerungsfähigkeit an Gewicht verloren.[9,10] Dies bedeutet für die Gutachter jedoch nicht, dass sie nicht auf die alkoholtoxischen Beeinträchtigungen der psychischen Funktionen eingehen und sie erläutern sollten, deren juristische Bewertung hängt jedoch heute weit mehr als früher von normativen Vorgaben ab[11], sodass eine Schlussfolgerung im Hinblick auf die §§ 20 und 21 StGB – wenn überhaupt – nur äußerst zurückhaltend erfolgen kann. Bei der Beurteilung der alkoholtoxischen Beeinträchtigungen stehen für Laien die Aussagen über neurologische Ausfallserscheinungen im Vordergrund. Aus psychiatrischer Sicht ist aber nicht allein auf neurologische Ausfälle, wie Störungen der Koordination (Schwanken oder Lallen) abzuheben. Alkoholgewohnte Menschen kaschieren nämlich üblicherweise ihre neurologischen Ausfälle, während die psychopathologischen Symptome weiter bestehen. Diese können nach Konrad & Rasch[12] folgendermaßen zusammengefasst werden: 18

- Orientierungsstörungen (insbesondere bezüglich der situativen Orientierung)
- Personenverkennung
- Schablonenhafte Reaktionsmuster, z.B. Perseveration eines einmal begonnenen Verhaltens
- Zusammenhanglose Äußerungen
- Psychomotorische Anspannung, Unruhe und Hyperaktivität
- Assoziative Lockerung des Denkens, Sprunghaftigkeit der Äußerungen, Perseveration des Verhaltens
- Erhebliche Verstimmungen, wie übermäßige Gereiztheit, depressiv dysphorische Verstimmung, unter Umständen Suizidalität.

In der Praxis hat sich die von Kröber vorgeschlagene Beurteilung in vier Bereichen, die er als Achsensyndrome bezeichnet, bewährt: 19

(1) Neurologische Auffälligkeiten:
Beeinträchtigung von sprachlicher Artikulation und Lautstärke, von Koordination und Gleichgewicht mit Gangataxie, Schwindel und Übelkeit

(2) Hirnorganische Beeinträchtigungen:
Störungen von Bewusstsein, Wahrnehmung und Gedächtnis; Denkstörungen mit Verlangsamung, Perseveration und Einengung. Mangelnde Flexibilität bei Reaktionen auf Außenreize, Abnahme von Kritikfähigkeit

(3) Affektive Auffälligkeiten:
Euphorische oder missmutig gereizte, niedergeschlagene oder klagsam-jammerige Verstimmung, rascher Stimmungswechsel

(4) Besonderheiten des Verhaltens:
z.B. grüblerischer Rückzug oder überschießende Reaktionen, Distanzgemindertheit, ungerichteter Handlungsdrang, Streit- und Kampflust.

Für die Analyse eines Tatverhaltens ist aber nicht allein die Alkoholisierung zu berücksichtigen sondern immer auch eine Reihe von anderen Faktoren, wie die Persönlichkeit des Täters, seine Alkoholgewöhnung, evtl. Vorerkrankungen, seine intellektuellen Fähigkeiten, sein bisheriges Sozialverhalten, seine Belastungsfähigkeit und seine Motive und Intentionen, aber auch die Situation und 20

9 *Kröber*, 1996.
10 *Maatz* & *Wahl*, 2001.
11 *Streng*, 2008.
12 *Konrad* & *Rasch*, 1992.

das Umfeld, in welcher eine Tat passierte und die psychosoziale Belastung, die diese Faktoren für den Täter bedeuteten.[13]

▶ **Beachte**

21 Bei Alkoholabhängigkeit reicht die Diagnose allein nicht aus, um daraus forensisch relevante Schlussfolgerungen zu ziehen. Es kommt nämlich nicht auf das süchtige Fehlverhalten, sondern ausschließlich auf die psychopathologischen Folgen des chronischen Alkoholmissbrauchs an. Insofern ist der Nachweis eines hirnorganischen Psychosyndroms, einer Persönlichkeitsdepravation, einer Alkoholhalluzinose oder eines Eifersuchtswahns erforderlich, um eine Beeinträchtigung von Einsichts- und Steuerungsfähigkeit zu erwägen.

22 Bei Intoxikationen mit anderen Rauschmitteln oder Medikamenten geht die Beeinträchtigung von Einsichts- oder Steuerungsfähigkeit in der Regel parallel mit den Einbußen kognitiver Funktionen. Das Gleiche gilt für Entzugserscheinungen. Bei chronischem Missbrauch oder Abhängigkeit ist für die Schuldfähigkeitsbeurteilung die drogeninduzierte Persönlichkeitsdepravation ausschlaggebend. Ihre Beurteilung ist weniger problematisch, weil sie der direkten psychiatrischen Beurteilung häufig noch zugänglich ist, wenn zwischen Tat und Begutachtung nicht allzu lange Haftzeiten liegen.

b) Tiefgreifende Bewusstseinsstörung

23 Dieses Merkmal bezieht sich auf Bewusstseinsveränderungen, die bei einem ansonsten gesunden Menschen auftreten können, aber in extremen Belastungssituationen zu einer erheblichen Beeinträchtigung der psychischen Funktionsfähigkeit führen. Mit dem Attribut »tiefgreifend« ist gemeint, dass das seelische Gefüge des Betroffenen schwerst beeinträchtigt ist. Auch Schlaftrunkenheit und Somnambulismus sind unter dieses Merkmal zu subsumieren, die praktische Bedeutung der tief greifenden Bewusstseinsstörung liegt aber in den Beeinträchtigungen bei starker affektiver Belastung, z.B. Wut, Angst oder Verzweiflung. Sie wird am häufigsten bei so genannten »Affektdelikten« diskutiert. Wenngleich sich die grundlegenden Erkenntnisse über die Affektdelikte in den letzten 20 Jahren kaum gewandelt haben, so haben sich die Begutachtungspraxis und die juristische Anwendung dieses Merkmals doch erheblich geändert. Noch 1983 hat *Saß* aus verschiedenen Untersuchungen zitiert, dass bei etwa einem Drittel aller Tötungsdelikte eine Affekttat angenommen wurde, demgegenüber hat sich deren Anteil heute auf relativ wenige Ausnahmefälle verringert.

24 Die Beurteilung der Affekte und ihrer Folgen wird in der Literatur und vor Gericht kontrovers diskutiert.

▶ **Beachte**

Psychiatrische Laien meinen, Affekte beurteilen zu können, und interpretieren daher die psychopathologisch auffälligen Affektstürme vor dem Hintergrund ihres eigenen Erfahrungswissens. Bei Gericht schleicht sich so häufig unreflektiert die Frage ein, ob dieser Affektsturm gerechtfertigt war. Wird die Frage vor dem eigenen Erfahrungswissen beantwortet, wird man öfter zu verschiedenen Ergebnissen kommen, als wenn man sie in psychiatrischer Kenntnis der Täterpersönlichkeit beantwortet.

In der forensisch psychiatrischen und in der juristischen Literatur wurden verschiedene Vorgehensweisen vorgeschlagen, mit deren Hilfe das Ausmaß einer affektiven Beeinträchtigung bei einer Tat erfasst werden soll. Von diesem Ausmaß hängt es ab, ob die Annahme einer tiefgreifenden Bewusstseinsstörung gerechtfertigt ist oder nicht:

25 Auf der einen Seite werden mehr die dynamischen Faktoren im Tatvorfeld gesehen, die zu einem Circulus vitiosus von Kränkungen und Demütigungen, Hoffnungen und Enttäuschungen, Wut

13 *Dittmann*, 2009.

und Beherrschung führen.[14] Im Verlauf dieses Prozesses treten meist aggressive Vorgestalten auf und werden wieder verworfen; es kommt zu einer zunehmenden Einengung des Denkens, Planens und zum sozialen Rückzug.

Von einigen Autoren wurde die Täter-Opfer-Beziehung in den Vordergrund gestellt.[15] Die für das 26
Affektdelikt typische Partnerkonstellation besteht demnach in einem den späteren Täter beherrschenden oder gar tyrannisierenden Opfer und einem gequälten und gedemütigten Täter, der letztendlich durch Provokationen des Opfers zur Tat hingerissen wird. In den allermeisten Affektdelikten ist der Täter der Schwächere und Unterlegene in einer Partnerschaft.

Andere Autoren hoben die psychopathologischen Auffälligkeiten im Umfeld der Tat für die Beurteilung des Ausmaßes der Affektdelikte besonders hervor. Sie betonten die Parallelen zwischen den organischen Bewusstseinstrübungen, z.B. den Dämmerzuständen, und den affektbedingten Bewusstseinsänderungen.[16] Sie sahen auch in der plötzlich einsetzenden Aktion im »rechtwinkligen Affektimpuls« ein wesentliches Kennzeichen einer tief greifenden Bewusstseinsstörung.[17] Große Bedeutung kommt daneben den konstellativen Faktoren zu, welche zur Bahnung der Affekte oder zur Enthemmung beitragen, wie z.B. ein diskretes hirnorganisches Psychosyndrom oder eine mäßig gradige Alkoholisierung. Sie würden für sich allein genommen noch nicht zu einer nachweisbaren Beeinträchtigung der Steuerungsfähigkeit führen, in Zusammenhang mit der affektiven Belastung können sie jedoch forensisch relevant werden.

Eine besondere Bedeutung wird dabei der Primärpersönlichkeit der Täter zugeschrieben.[18] Über- 27
einstimmend werden asthenische Persönlichkeiten als besonders prädisponiert beschrieben. Diese Persönlichkeitsmerkmale erscheinen zwar häufig bei Affekttätern, sind allein aber nicht ausschlaggebend. Auch, wenn im Rahmen des Konfliktes besondere Empfindlichkeiten (Idiosynkrasien) oder frühere Traumata berührt werden, kann es zum plötzlichen Ausbruch destruktiver Affekte kommen.

Saß hat in einer Literaturübersicht die Symptome zusammengetragen, die von verschiedenen Autoren als charakteristisch für Affektdelikte beschrieben worden sind.[19] Sie wurden in der juristischen Literatur oft (fälschlich) als Affektkriterien bezeichnet.

▶ **Es sind dies**

28

(1) Spezifische Vorgeschichte und Tatanlaufzeit
(2) Affektive Ausgangssituation mit Tatbereitschaft
(3) Psychopathologische Disposition der Persönlichkeit
(4) Konstellative Faktoren
(5) Abrupter, elementarer Tatablauf ohne Sicherungstendenzen
(6) Charakteristischer Affektaufbau und Affektabbau
(7) Folgeverhalten mit schwerer Erschütterung
(8) Einengung des Wahrnehmungsfeldes und der seelischen Abläufe
(9) Missverhältnis zwischen Tatanstoß und Reaktion
(10) Erinnerungsstörungen
(11) Persönlichkeitsfremdheit
(12) Störung der Sinn- und Erlebniskontinuität

14 *Rasch*, 1964.
15 *Krümpelmann*, 1990.
16 *Mende*, 1986.
17 *Rasch*, 1986.
18 *Venzlaff*, 1994.
19 *Pittrow* & *Saß*, 1994; *Saß*, 1983.

29 In einer späteren Arbeit modifizierte er diese Liste auf 10 Merkmale, wobei er die Merkmale 9 bis 12 wegließ, dafür aber die Merkmale »Enger Zusammenhang Provokation –Erregung –Tat« und »Vegetative, psychomotorische und psychische Begleiterscheinungen heftiger Affekterregung« hinzufügte.[20]

30 Diesen Merkmalen stellt *Saß* eine Reihe von Tatmerkmalen gegenüber, die gegen das Vorliegen eines Affektdeliktes sprechen sollen,

▶ **nämlich**

(1) Aggressive Vorgestalten in der Fantasie
(2) Ankündigen der Tat
(3) Aggressive Handlungen in der Tatanlaufzeit
(4) Vorbereitungshandlungen für die Tat
(5) Konstellierung der Tatsituation durch den Täter
(6) Fehlender Zusammenhang zwischen einer Provokation der affektiven Erregung und der Tat
(7) Zielgerichtete Gestaltung des Tatablaufs vorwiegend durch den Täter
(8) Lang hingezogenes Tatgeschehen
(9) Komplexer Handlungsablauf in Etappen
(10) Erhaltene Introspektionsfähigkeit bei der Tat
(11) Exakte detailreiche Erinnerung
(12) Zustimmende Kommentierung des Tatgeschehens
(13) Fehlen von vegetativen, psychomotorischen und psychischen Begleiterscheinungen heftiger Affekterregung[21]

31 Jedem dieser Merkmale wurde in der Literatur mit Kritik begegnet. Während die Rechtsprechung bis etwa 1997 die Erinnerungsstörung als eines der tragenden Kriterien für die Annahme einer tief greifenden Bewusstseinsstörung aufgefasst hat, gilt sie heute als nicht beweisbares und damit auch nicht bewiesenes Einzelindiz, dem allenfalls in der Zusammenschau aller psychopathologischen Auffälligkeiten Bedeutung zukommt.[22] Diese Merkmale können jedoch nicht als Kriterien, die es abzuhaken gilt, aufgefasst werden sondern als Phänomene, die auf eine psychische Störung zurückzuführen sind, welche sich wiederum auf das Tatverhalten auswirkt.

32 Von psychologischer Seite wurde auf Unterschiede zwischen normalpsychologisch organisierten Handlungsentwürfen und Affekthandlungen hingewiesen. Während bei einer normalpsychologischen Handlung üblicherweise eine Zielsetzung, Zielplanung, Handlungsplanung und Handlungsausführung aufeinander folgen, können bei Affekthandlungen diese Schritte nicht mehr nachvollzogen werden.[23] Sie stehen teilweise im Widerspruch zueinander und zu den ursprünglichen Intentionen. Es kommt zu Übersprungshandlungen und zu Handlungen, die der ursprünglichen Zielsetzung nicht mehr entsprechen. Der Nachweis eines normalpsychologisch organisierten Handlungsentwurfs spricht demnach gegen das Vorliegen eines Affektdeliktes.

33 Mehr als zehn Jahre nach der grundlegenden Veröffentlichung zum Thema der Affektdelikte griff Marneros das Thema im Jahr 2006 wieder auf.[24] Er setzt dabei – durchaus verdienstvoll – zwei neue Akzente. Zum einen stellt er wieder die *psychopathologischen Aspekte* in den Vordergrund, zum anderen unterscheidet er zwischen *Affekt- und Impulstaten.* Den Grundsätzen der Schuldfähigkeit entsprechend fordert er auch bei den Affektdelikten das Stellen einer psychiatrischen Diagnose. Er sieht nur dann eine weiterführende forensisch psychiatrische Erörterung einer affektbedingten Beeinträchtigung der Steuerungsfähigkeit für sinnvoll an, wenn zunächst die diagnostischen Kriterien für

20 *Saß*, 1985a.
21 Auch diese Liste wurde 1985 verkürzt.
22 *Maatz*, 2001.
23 *Wegener*, 1981.
24 *Marneros*, 2006.

eine *schwere akute Belastungsreaktion* nach ICD-10 oder DSM-IV-TR (hier akute Belastungsstörung) erfüllt sind. Nach DSM-IV-TR müssen für die Diagnose einer akuten Belastungsstörung mindestens drei der folgenden Kriterien erfüllt sein:

- Subjektives Gefühl von emotionaler Taubheit, von Losgelöstsein, oder Fehlen emotionaler Reaktionsfähigkeit
- Beeinträchtigung der bewussten Wahrnehmung der Umwelt (z.B. wie betäubt sein)
- Derealisationserleben Depersonalisationserleben
- Dissoziative Amnesie (z.B. Unfähigkeit, sich an einen wichtigen Aspekt des Traumas zu erinnern)

Vor dem Hintergrund des psychiatrischen und neuropsychologischen Wissens über die Zusammen- 34 hänge zwischen einer Persönlichkeit und den situativen Veränderungen, welche diese Persönlichkeit infrage stellen, kann der Sachverständige Erleben und Verhalten des Untersuchten in sein Diagnosesystem einordnen und überprüfen, welche »außergewöhnliche seelische Belastung« zur affektiven Dekompensation führte. Nach Marneros kommt der *Erschütterung der Selbstdefinition*, bzw. der *Zerstörung des Selbstkonzeptes* des späteren Täters in der spezifischen Täter-Opfer-Beziehung eine besondere Bedeutung zu. Daraus resultieren Persönlichkeitslabilisierung und Orientierungslosigkeit bezüglich des Selbstkonzeptes, die bisher angewandten Bewältigungsstrategien stehen nicht mehr zur Verfügung, normative Vorstellungen werden enttabuisiert und die Zeit für die Entwicklung von Gegenvorstellungen ist zu kurz. Aufgabe des psychiatrischen Gutachters ist es somit, die Selbstdefinition und das Selbstkonzept des Täters darzustellen, die In-Frage-Stellung, Erschütterung und Zerstörung von Selbstdefinition und Selbstkonzept zu belegen und schließlich aufzuzeigen, ob daraus eine schwere akute Belastungsreaktion entstanden ist.

Jedem einzelnen der dargestellten Ansätze wurde in der Vergangenheit mit Kritik begegnet, dennoch 35 hat jeder dieser Ansätze seine Berechtigung. Sinnvoll erscheint eine Zusammenschau, die es ermöglicht, Täter und Tatgeschehen aus unterschiedlichen Blickwinkeln zu betrachten. Die Sicherheit der Beurteilung dürfte zunehmen, wenn sowohl aus dynamischer wie aus phänomenologischer Sicht das Vorliegen eines Affektdeliktes nahe liegt, wenn die Persönlichkeit jene Idiosynkrasien aufweist, die für die Tatauslösung entscheidend waren, wenn der Handlungsablauf gleichzeitig jene Auffälligkeiten zeigt, die mit einer rationalen Zielplanung nicht mehr vereinbar sind und psychiatrischerseits die Diagnose einer akuten Belastungsstörung gestellt wird.

c) Schwachsinn

Unter dem Eingangsmerkmal Schwachsinn sind alle Störungen der Intelligenz zusammengefasst, die 36 nicht auf nachweisbaren organischen Grundlagen beruhen. Nicht darunter fallen insbesondere die demenziellen Prozesse im Alter und die genetisch bedingten Formen der Minderbegabung, sofern sie eindeutig zugeordnet werden können (siehe krankhafte seelische Störung). Wenngleich eine Zuordnung zu diesem Merkmal erst ab einer relativ weitgehenden Minderbegabung erfolgen sollte, wobei ein IQ-Wert im *Hamburg-Wechsler-Intelligenztest* bzw. im *Wechsler Intelligenztest für Erwachsene* (WIE) von 70 (zwei Standardabweichungen unter dem Mittelwert) als allgemein akzeptierte Grenze gilt[25],[26], hängt die Verwendung dieses Merkmals nicht allein vom Intelligenzquotienten ab, sondern auch von der Täterpersönlichkeit, ihrer Sozialisation und der spezifischen Tatsituation.[27] Intelligenzeinbußen führen unter Umständen auch zu leichterer Verführbarkeit, zu verminderter Erregungskontrolle und zu unüberlegten Handlungen in komplexen Situationen. Bei Anwendung dieses Merkmals sind somit auch andere Faktoren und Komorbiditäten und nicht nur die intellektuelle Beeinträchtigung zu berücksichtigen.

Affektive Zuspitzungen und unklare situative Verhältnisse belasten Minderbegabte oft wesentlich 37 stärker als durchschnittlich Intelligente; geistig Behinderte sind zudem Verführungssituationen

25 *Günter*, 2009.
26 *Schepker*, 2010.
27 Siehe auch *Lammel*, 2010.

mehr ausgeliefert. So mag beispielsweise ein Minderbegabter mit einem IQ von 70 vermindert steuerungsfähig sein, wenn er von einem anderen dazu überredet wird, einen gefälschten Scheck einzureichen, während er bei einem Handtaschenraub, den er allein durchführt, als voll schuldfähig erachtet werden kann.

38 *Günter* hebt mehr auf die spezifischen Funktionsbeeinträchtigungen und deren soziale Auswirkungen, auf Komorbiditäten und auf die Besonderheit der Tat oder Taten ab.

39 Gerade bei leicht Intelligenzgeminderten oder Probanden, die im unterdurchschnittlichen Grenzbereich liegen, sind oft die zusätzlichen Beeinträchtigungen für die Beurteilung der Voraussetzungen der §§ 20 und 21 StGB ausschlaggebender als die Minderbegabung. Nach heutigem psychiatrischem Vorgehen werden mehrere, gleichzeitig vorliegende Störungen im Sinne einer *Komorbidität* nebeneinander diagnostiziert. In die forensische Praxis umgesetzt bedeutet dies, dass neben dem Merkmal Schwachsinn andere Eingangsmerkmale des § 20 StGB aufgeführt werden können. Für die Beurteilung der Steuerungsfähigkeit ist jedoch nicht die Anzahl der Störungen, sondern ihr spezifisches Zusammenwirken zum Zeitpunkt der Tat entscheidend.

d) Schwere andere seelische Abartigkeit

40 Bei diesem unglücklich gewählten Terminus handelt es sich um einen Sammelbegriff, unter dem alle Störungen, die nicht den ersten drei Merkmalen zugeordnet werden können, zusammengefasst werden. Dazu gehören insbesondere die Persönlichkeitsstörungen, die neurotischen Störungen, die sexuellen Verhaltensabweichungen, aber auch die chronischen Missbrauchsformen, die nicht oder noch nicht zur körperlichen Abhängigkeit geführt haben. In den letzten Jahren wurden hier auch die Störungen der Impulskontrolle, z.B. das pathologische Spielen, eingeordnet. Auch in diesem Begriff ist eine quantitative Begrenzung durch das Adjektiv »schwere« enthalten. Im Allgemeinen wird darauf hingewiesen, dass die Funktionsbeeinträchtigung durch die Störung so ausgeprägt sein muss, wie bei den psychotischen Erkrankungen (psychopathologisches Referenzsystem[28]) oder dass die Einbußen an sozialer Kompetenz denen bei psychotischen Erkrankungen gleichen müssen (strukturell-sozialer Krankheitsbegriff[29]).

Es ist jedoch nicht allein das Ausmaß der Störung von Bedeutung, sondern auch die Spezifität der Störung für die inkriminierte Tat.

aa) Neurotische Störungen

41 Die Schuldfähigkeitsbeurteilung macht gerade bei neurotisch gestörten Tätern Probleme, weil die Diagnose einer solchen Störung allein noch nichts über die Steuerungsfähigkeit oder deren Beeinträchtigung bei einer konkreten Tat aussagen kann. Andererseits können neurotische Mechanismen, die für den Laien kaum erkennbar sind, für die Verhaltensweisen bei einer Tat entscheidende Bedeutung erhalten. Einigermaßen leicht verständlich erscheint die forensische Bedeutung einer neurotischen Störung, wenn z.B. Zwangskranke, die an der Ausübung ihrer Zwänge gehindert oder in ihrer pedantischen Ordnung gestört werden, in einen ängstlich aggressiv getönten Erregungszustand geraten und den als peinigend erlebten Behinderter verletzen. Vergleichbar dürfte zu bewerten sein, wenn ein Mensch mit einer Agoraphobie wiederholten Ladungen zur Gerichtsverhandlung nicht Folge leisten kann.

Für die Annahme verminderter Steuerungsfähigkeit ist in der Regel erforderlich, dass vergleichbare Mechanismen auch früher das Leben des Betroffenen in ähnlichen Situationen beeinträchtigt haben. Eine Aufhebung der Einsichtsfähigkeit ist bei neurotischen Störungen kaum vorstellbar. Sie können aber in seltenen Fällen unter Umständen so ausgeprägt sein, dass die Steuerungsfähigkeit aufgehoben ist.

---

28 *Saß*, 1991.
29 *Rasch*, 1986.

Schuldfähigkeitsbeurteilung neurotisch gestörter Täter

Bei der Schuldfähigkeitsbeurteilung neurotisch gestörter Täter werden folgende Gesichtspunkte berücksichtigt:

(1) Die klinische Diagnose, deren Auswirkungen sich auch außerhalb des verfahrensgegenständlichen Delikts zeigen sollten.

(2) Den Zusammenhang des Deliktes mit den neurotischen Bewältigungsstrategien und Abwehrmechanismen, die für die Störung charakteristisch sind.

(3) Eine zumindest im Prinzip vergleichbare Reaktionsbildung in der Vergangenheit, an welcher der pathologische Prozess, der für die Einbußen an Steuerungsfähigkeit angenommen wird, unabhängig vom Delikt verständlich gemacht werden kann.

bb) Persönlichkeitsstörungen

Bei den Schuldfähigkeitsbegutachtungen gehören Persönlichkeitsstörungen sicher zu den am häufigsten gestellten Diagnosen. Die Diagnose allein erlaubt jedoch keine Aussage über verminderte oder aufgehobene Steuerungsfähigkeit. Einsichtsunfähigkeit wird bei persönlichkeitsgestörten Probanden kaum je zu begründen sein, auch Steuerungsunfähigkeit ist bei ihnen eine seltene Ausnahme und hängt meist mehr von konstellativen Faktoren, wie z.B. einer erheblichen Intoxikation oder einer extremen psychischen Belastung als von der Persönlichkeitsstörung selbst ab. Da es sich bei der Subsumption einer Störung unter das Merkmal der »schweren anderen seelischen Abartigkeit« um ein hauptsächlich quantitatives Problem handelt, bleibt bei der Beurteilung ein großer individueller Ermessensspielraum für den Gutachter und das Gericht. Einzelne Persönlichkeitsstörungen, wie Borderline-Persönlichkeiten, paranoide Persönlichkeiten nach ICD-10 oder schizotypische Persönlichkeiten nach DSM-IV, erscheinen durchgängig psychopathologisch auffällig. Bei ihnen liegt die Hypothese einer verminderten Steuerungsfähigkeit näher als bei anderen Persönlichkeitsstörungen, wie z.B. der dissozialen Persönlichkeitsstörung. 42

Gerade bei dissozialen Persönlichkeitsstörungen ist die Schuldfähigkeitsbeurteilung schwierig. Bei den Betroffenen sind einerseits deutliche Beeinträchtigungen in vielen Bereichen ihrer Entwicklung und ihres täglichen Lebens erkennbar, andererseits gehören Normverstoß und Delinquenz zu ihrem Lebensstil und sind somit nicht Symptome einer Störung, welche sich – wie bei einer Krankheit – ohne wesentliches eigenes Zutun äußern. Treffend hat das Schweizer Bundesgericht schon 1954 festgestellt, dass die Geistesverfassung des Täters »nach Art und Grad stark vom Durchschnitt nicht bloß der Rechts-, sondern auch der Verbrechensgenossen abweichen« muss (z.B. BGE 102 IV 226, 100 IV 130). 43

Anforderungen an die Beurteilung der Schuldfähigkeit bei Persönlichkeitsstörungen

Die Arbeitsgruppe beim BGH, die Mindestanforderungen bei der Schuldfähigkeitsbegutachtung erarbeitet hat, hat auch zur Beurteilung der Schuldfähigkeit bei Persönlichkeitsstörungen Stellung genommen und dabei folgende Anforderungen aufgestellt:[30] 44

1. Erste Voraussetzung ist eine sachgerechte Diagnostik

1.1. Das Gutachten sollte die Kriterien von ICD-10 oder DSM-IV-TR zur Diagnose einer Persönlichkeitsstörung berücksichtigen. Von besonderer Bedeutung ist die Beachtung der allgemeinen definierenden Merkmale von Persönlichkeitsstörungen in den beiden Klassifikationssystemen. Darüber hinaus ist in jedem Fall die Diagnose anhand der diagnostischen Kriterien der einzelnen Persönlichkeitsstörungen zu spezifizieren.

1.2. Da zum Konzept der Persönlichkeitsstörungen eine zeitliche Konstanz des Symptomenbildes mit einem überdauernden Muster von Auffälligkeiten in den Bereichen

30 *Boetticher* et al., 2005.

Affektivität, Kognition und zwischenmenschlichen Beziehungen gehört, kann eine zeitlich umschriebene Anpassungsstörung die Diagnose nicht begründen. Um die Konstanz des Symptombildes sachgerecht begründen zu können, darf sich das Gutachten nicht auf die Darstellung von Eckdaten beschränken, sondern muss die individuellen Interaktionsstile, die Reaktionsweisen unter konflikthaften Belastungen sowie Veränderungen infolge von Reifungs- und Alterungsschritten oder eingeleiteter therapeutischer Maßnahmen darlegen. Da biografische Brüche oder Tendenzen zu stereotypen Verhaltensmustern bei Konflikten bzw. Stressoren für die Diagnosestellung von besonderer Bedeutung sind, bedürfen sie auch im Gutachten einer entsprechenden Hervorhebung.

1.3. Rezidivierende sozial deviante Verhaltensweisen müssen sorgfältig von psychopathologischen Merkmalen einer Persönlichkeitsstörung getrennt werden. Auswirkungen von Persönlichkeitsstörungen zeigen sich nicht nur im strafrechtlichen Kontext.

1.4. Die klinische Diagnose einer Persönlichkeitsstörung darf nicht per se mit dem juristischen Begriff der schweren anderen seelischen Abartigkeit gleichgesetzt werden.

2. *Zweite Voraussetzung ist eine sachgerechte Beurteilung des Schweregrads*

2.1. Stellungnahmen zum Schweregrad der diagnostizierten Persönlichkeitsstörung sollten getrennt werden von der Diskussion der Einsichts- bzw. Steuerungsfähigkeit, die eng mit der Analyse der Tatsituation verbunden ist.

2.2. Der Orientierungsrahmen, anhand dessen der Schweregrad der Persönlichkeitsstörung eingeschätzt wird, muss jedem Gutachten entnommen werden können.

2.3. Nur wenn die durch die Persönlichkeitsstörung hervorgerufenen psychosozialen Leistungseinbußen mit den Defiziten vergleichbar sind, die im Gefolge forensisch relevanter krankhafter seelischer Verfassungen auftreten, kann von einer schweren anderen seelischen Abartigkeit gesprochen werden.

2.4. Gründe für die Einstufung einer Persönlichkeitsstörung als schwere andere seelische Abartigkeit können sein:
- erhebliche Auffälligkeiten der affektiven Ansprechbarkeit bzw. der Affektregulation,
- Einengung der Lebensführung bzw. Stereotypisierung des Verhaltens,
- durchgängige oder wiederholte Beeinträchtigung der Beziehungsgestaltung und psychosozialen Leistungsfähigkeit durch affektive Auffälligkeiten, Verhaltensprobleme sowie unflexible, unangepasste Denkstile,
- durchgehende Störung des Selbstwertgefühls,
- deutliche Schwäche von Abwehr- und Realitätsprüfungsmechanismen

2.5. Gegen die Einstufung einer Persönlichkeitsstörung als schwere andere seelische Abartigkeit können sprechen:
- Auffälligkeiten der affektiven Ansprechbarkeit ohne schwerwiegende Beeinträchtigung der Beziehungsgestaltung und psychosozialen Leistungsfähigkeit,
- weitgehend erhaltene Verhaltensspielräume,
- Selbstwertproblematik ohne durchgängige Auswirkungen auf die Beziehungsgestaltung und psychosoziale Leistungsfähigkeit,
- intakte Realitätskontrolle, reife Abwehrmechanismen,
- altersentsprechende biografische Entwicklung.

3. *Der dritte Schritt befasst sich mit der psycho(patho)logisch-normativen Stufe der Einsichts- und Steuerungsfähigkeit*

3.1. Eine relevante Beeinträchtigung der Einsichtsfähigkeit allein durch die Symptome einer Persönlichkeitsstörung kommt in der Regel nicht in Betracht.

3.2. Selbst wenn eine schwere andere seelische Abartigkeit vorliegt, muss geprüft werden, ob ein Zusammenhang zwischen Tat und Persönlichkeitsstörung besteht. Hierbei ist zu klären, ob die Tat Symptomcharakter hat, also Ausdruck der unter 2.4 genannten Charakteristika einer schweren anderen seelischen Abartigkeit ist.

3.3. Die Beurteilung der Steuerungsfähigkeit erfordert eine detaillierte Analyse der Tatumstände (u.a. Verhalten vor, während und nach der Tat, Beziehung zwischen Täter und Opfer, handlungsleitende Motive).

3.4. Für forensisch relevante Beeinträchtigungen der Steuerungsfähigkeit sprechen über den vorgenannten Aspekt hinausgehend folgende Punkte:
- konflikthafte Zuspitzung und emotionale Labilisierung in der Zeit vor dem Delikt,
- abrupter impulshafter Tatablauf,
- relevante konstellative Faktoren (z.B. Alkoholintoxikation),
- enger Zusammenhang zwischen (»komplexhaften«) Persönlichkeitsproblemen und Tat.

3.5. Gegen eine erhebliche Beeinträchtigung der Steuerungsfähigkeit bei Persönlichkeitsstörungen, nicht aber notwendigerweise bei anderen Störungen (z.B. beim Wahnsyndrom) sprechen Verhaltensweisen, aus denen sich Rückschlüsse auf intakte psychische Funktionen herleiten lassen:
- Tatvorbereitung,
- Hervorgehen des Deliktes aus dissozialen Verhaltensbereitschaften,
- planmäßiges Vorgehen bei der Tat,
- Fähigkeit zu warten; lang hingezogenes Tatgeschehen,
- komplexer Handlungsablauf in Etappen,
- Vorsorge gegen Entdeckung,
- Möglichkeit anderen Verhaltens unter vergleichbaren Umständen.

3.6. In der Regel kommt für den Bereich der schweren anderen seelischen Abartigkeit allenfalls eine erhebliche Verminderung der Steuerungsfähigkeit in Betracht.

cc) Abweichendes Sexualverhalten

Bei der Begutachtung von Sexualdelinquenten reicht es oft nicht aus, nur der Phänomenologie des Verhaltens nachzugehen. Es geht vielmehr darum, den Stellenwert des abweichenden Sexualverhaltens im Leben des Betroffenen aufzuzeigen. Die meisten sexuellen Verhaltensabweichungen – selbst sadomasochistische Vorlieben – können befriedigt werden, ohne dass die Betreffenden delinquent werden müssen. Auch von Menschen, die keine Störung der sexuellen Präferenz haben, wird verlangt, dass sie ihre sexuellen Wünsche und Bedürfnisse unterdrücken, wenn deren Ausübung gegen die Selbstbestimmung von anderen verstößt. Die Diagnose einer psychosexuellen Störung allein bedeutet noch nicht, dass der Betreffende bei der Ausübung seiner Sexualpraktik in seiner Steuerungsfähigkeit erheblich vermindert ist. Berücksichtigt werden muss zudem, dass die im Strafrecht relevanten sexuellen Verhaltensweisen (Tab.1) nicht mit den psychiatrisch oder sexualwissenschaftlichen Devianzen (Tab.2) übereinstimmen. 45

§ 173	Beischlaf zwischen Verwandten
§ 174	Sexueller Missbrauch von Schutzbefohlenen
§ 176	Sexueller Missbrauch von Kindern
§ 177	Sexuelle Nötigung und Vergewaltigung
§ 179	Sexueller Missbrauch Widerstandsunfähiger
§ 180	Förderung sexueller Handlungen Minderjähriger
§ 182	Verführung
§ 183	Exhibitionistische Handlungen
§ 183a	Erregung öffentlichen Ärgernisses
§ 184	Verbreitung pornografischer Schriften

Störungen der Sexualpräferenz	ICD-10-Nr.
Exhibitionismus	F65.2
Fetischismus	F65.0
Frotteurismus	F65.8
Pädophilie	F65.4
Masochismus	F65.5
Sadismus	F65.5
Transvestitischer Fetischismus	F65.1
Voyeurismus	F65.3
Paraphilie (NNB)	F65.9

▶ Die Steuerungsfähigkeit ist unter folgenden Bedingungen oft beeinträchtigt

48 – Wenn abweichendes Sexualverhalten als Symptom einer anderen Störung auftritt, z.B. einer organischen Erkrankung, einer Schizophrenie oder einer Manie.
– Wenn Sexualpraktiken zu einer eingeschliffenen Verhaltensschablone werden, die sich durch abnehmende Befriedigung, zunehmende Frequenz, durch Ausbau des Raffinements und durch eine gedankliche Einengung auf diese Praktiken auszeichnet.
– Wenn die Sexualität als Ausdruck eines neurotischen Konfliktes Symptomcharakter annimmt, d.h., wenn die neurotischen Konflikte in sexuellen Handlungen ausgetragen bzw. abgewehrt werden.

49 Die Arbeitsgruppe beim BGH, die *Mindestanforderungen* bei der Schuldfähigkeitsbegutachtung erarbeitet hat, hat auch zur Beurteilung der Schuldfähigkeit bei Paraphilien folgende Anforderungen aufgestellt:[31]

▶ Zur sachverständigen Einordnung einer Paraphilie als schwere andere seelische Abartigkeit bedarf es der Prüfung

– des Anteils der Paraphilie an der Sexualstruktur,
– der Intensität des paraphilen Musters im Erleben,
– der Integration der Paraphilie in das Persönlichkeitsgefüge,
– der bisherigen Fähigkeit des Probanden zur Kontrolle paraphiler Impulse

▶ Aufgrund dieser Prüfung können u.a. folgende Gründe für die Einstufung einer Paraphilie als schwere andere seelische Abartigkeit sprechen

50 – Die Sexualstruktur ist weitestgehend durch die paraphile Neigung bestimmt.
– Eine ich-dystone (ich-fremde) Verarbeitung führt zur Ausblendung der Paraphilie.
– Eine progrediente Zunahme und »Überflutung« durch dranghafte paraphile Impulse mit ausbleibender Satisfaktion beherrscht zunehmend das Erleben und drängt zur Umsetzung auf der Verhaltensebene.
– Andere Formen soziosexueller Befriedigung stehen dem Beschuldigten aufgrund (zu beschreibender) Persönlichkeitsfaktoren und/oder (zu belegender) sexueller Funktionsstörungen erkennbar nicht zur Verfügung.

51 Eine relevante Beeinträchtigung der Einsichtsfähigkeit allein durch die Symptome einer Paraphilie kommt in der Regel nicht in Betracht, und selbst wenn eine schwere andere seelische Abartigkeit vorliegt, muss geprüft werden, ob ein Zusammenhang zwischen Tat und Paraphilie besteht. Die Beurteilung der Steuerungsfähigkeit erfordert eine detaillierte Analyse der Tatumstände (u.a. Verhalten vor, während und nach der Tat, Beziehung zwischen Täter und Opfer, handlungsleitende Motive).

31 *Boetticher* et al., 2005.

▶ Eine forensisch relevante Beeinträchtigung der Steuerungsfähigkeit kann bei Vorliegen folgender Aspekte diskutiert werden

– konflikthafte Zuspitzung und emotionale Labilisierung in der Zeit vor dem Delikt mit vorbestehender und länger anhaltender triebdynamischer Ausweglosigkeit. 52
– Tatdurchführung auch in sozial stark kontrollierter Situation.
– abrupter, impulshafter Tatablauf, wobei jedoch ein paraphil gestaltetes und zuvor (etwa in der Fantasie) »durchgespieltes« Szenario kein unbedingtes Ausschlusskriterium für eine Verminderung der Steuerungsfähigkeit ist, sofern dieses Szenario der (den) unter 2. diagnostizierten Paraphilie(n) entspricht und eine zunehmende Progredienz nachweisbar ist.
– archaisch-destruktiver Ablauf mit ritualisiert wirkendem Tatablauf und Hinweisen für die Ausblendung von Außenreizen.
– konstellative Faktoren (z.B. Alkoholintoxikation, Persönlichkeitsstörung, eingeschränkte Intelligenz), die u.U. auch kumulativ eine erheblich verminderte Steuerungsfähigkeit bedingen können.

2. Die Funktionsbeeinträchtigungen (2. Stufe der Beurteilung)

Die zweite Stufe der Schuldfähigkeitsbeurteilung beinhaltet auch einen normativen Schritt. Zum einen ist es eine normative Entscheidung, bis zu welchem Ausmaß Einsicht in das Unrecht einer Handlung erwartet werden kann und bis zu welchem Grad Steuerung von einem Menschen verlangt wird, zum anderen ist es mit empirischen Methoden nicht möglich, retrospektiv eindeutige Aussagen über das Ausmaß psychischer Beeinträchtigungen zu treffen. Der Psychiater sollte jedoch Hilfestellungen für diese normativen Entscheidungen, die letztendlich vom Gericht zu treffen sind, anbieten. 53

▶ Das vom Gericht geforderte Vorgehen bei der Überprüfung der Schuldfähigkeit unterliegt folgender Logik

a) Einsichtsfähigkeit 54

Es ist zunächst zu fragen, ob Einsichtsfähigkeit vorlag. Einsichtsunfähigkeit besteht, wenn die kognitiven Funktionen nicht ausreichen, eine Einsicht in das Unrecht eines Handelns zu ermöglichen. Dies ist beispielsweise bei schwerwiegenden intellektuellen Einbußen, aber auch bei psychotischen Realitätsverkennungen der Fall. Wird Einsichtsunfähigkeit vom Gericht festgestellt, erübrigt sich eine weitere Prüfung, da sich eine Person, die das Unrecht eines Handelns nicht einsehen kann, nicht entsprechend einer Rechtseinsicht steuern kann. Wird hingegen die Einsichtsfähigkeit bejaht, wird das Gericht in einem zweiten Schritt prüfen, ob sich der Täter entsprechend seiner Einsicht hat steuern können.

Die Annahme einer erheblichen Verminderung der Einsichtsfähigkeit kommt nur unter ganz bestimmten, rechtlich definierten Voraussetzungen in Betracht. Bei vorhandener Einsichtsfähigkeit überprüft das Gericht die Steuerungsfähigkeit

b) Steuerungsfähigkeit

Zu einer Aufhebung oder einer Verminderung der Steuerungsfähigkeit führen in der Regel Einbußen der voluntativen Fähigkeiten, die zu einem Handlungsentwurf beitragen. Die von verschiedenen Wissenschaftlern vorgetragenen Kriterien und Definitionsvorschläge sind vielfältig: Begriffe wie »Enthemmung«, »Beeinträchtigung der inneren Freiheitsgrade und Handlungsspielräume«, »Unterbrechung der Kette zwischen antizipierender Planung, Vorbereitung und Handlung«, »krankheitsbedingte Beeinträchtigung des Motivationsgefüges« zeigen die Komplexität der Materie und lassen erkennen, dass es eine allgemein verbindliche, knappe und praktisch anwendbare Definition der Steuerungsfähigkeit kaum geben kann. Es wird somit verständlich, dass die Grenzen, innerhalb derer eine erhebliche verminderte oder aufgehobene Steuerungsfähigkeit angenommen wird, durch die Rechtsprechung ständig neu festgelegt werden.

3. Verminderte Schuldfähigkeit

55 Die gleichen Eingangsmerkmale, die zur Schuldunfähigkeit führen, können nach § 21 StGB auch eine verminderte Schuldfähigkeit des Täters bedingen. Er ist zwar dann schuldfähig; er wird in aller Regel auch zu einer Strafe verurteilt, die Strafe kann jedoch vom Gericht gemildert werden. Voraussetzung für die Anwendung des § 21 ist, dass der Täter bei Begehung der Tat in seiner Steuerungsfähigkeit erheblich vermindert war.

II. Qualitätsstandards von Begutachtungen

56 In den letzten Jahren wurden vielfältige Bemühungen zur Anhebung forensisch psychiatrischer Arbeit unternommen. Die Fachgesellschaft für Psychiatrie (DGPPN) hat seit 1999 eine Zertifizierung für Forensische Psychiatrie eingeführt. Die Liste der zertifizierten forensischen Psychiater ist im Internet zugänglich (z.B. www.forensik-muenchen.de). Der Bundesärztetag hat 2003 einen Schwerpunktarzt in Forensischer Psychiatrie geschaffen. Zuletzt hat eine Arbeitsgruppe beim BGH, die aus Juristen, forensischen Psychiatern und Psychologen sowie Sexualmedizinern bestand, die Mindestanforderungen an die Qualität schriftlicher Gutachten im Strafverfahren zusammengefasst und veröffentlicht.[32] Bei jeder Begutachtung zur Frage aufgehobener oder verminderter Schuldfähigkeit lässt sich anhand dieser Mindestanforderungen zumindest ansatzweise ein gewisses Qualitätsmaß anlegen.

1. Formelle Mindestanforderungen

57
- Nennung von Auftraggeber und Fragestellung
- Darlegung von Ort, Zeit und Umfang der Untersuchung
- Dokumentation der Aufklärung
- Darlegung der Verwendung besonderer Untersuchungs- und Dokumentationsmethoden (z.B. Videoaufzeichnung, Tonbandaufzeichnung, Beobachtung durch anderes Personal, Einschaltung von Dolmetschern)
- Exakte Angabe und getrennte Wiedergabe der Erkenntnisquellen
  a. Akten
  b. Subjektive Darstellung des Untersuchten
  c. Beobachtung und Untersuchung
  d. Zusätzlich durchgeführte Untersuchungen (z.B. bildgebende Verfahren, psychologische Zusatzuntersuchung)
- Eindeutige Kenntlichmachung der interpretierenden und kommentierenden Äußerungen und deren Trennung von der Wiedergabe der Informationen und Befunde
- Trennung von gesichertem medizinischen (psychiatrischen, psychopathologischen, psychologischen) Wissen und subjektiver Meinung oder Vermutungen des Gutachters
- Offenlegung von Unklarheiten und Schwierigkeiten und den daraus abzuleitenden Konsequenzen, ggf. rechtzeitige Mitteilung an den Auftraggeber über weiteren Aufklärungsbedarf
- Kenntlichmachung der Aufgaben- und Verantwortungsbereiche der beteiligten Gutachter und Mitarbeiter
- Bei Verwendung wissenschaftlicher Literatur Beachtung der üblichen Zitierpraxis
- Klare und übersichtliche Gliederung
- Hinweis auf die Vorläufigkeit des schriftlichen Gutachtens

2. Inhaltliche Mindestanforderungen

58
- Vollständigkeit der Exploration, insbesondere zu den delikt- und diagnosenspezifischen Bereichen (z.B. ausführliche Sexualanamnese bei Paraphilie, detaillierte Darlegung der Tatbegehung)

---

32 *Boetticher* et al., 2006.

- Benennung der Untersuchungsmethoden. Darstellung der Erkenntnisse, die mit den jeweiligen Methoden gewonnen wurden. Bei nicht allgemein üblichen Methoden oder Instrumenten: Erläuterung der Erkenntnismöglichkeiten und deren Grenzen
- Diagnosen unter Bezug des zugrunde liegenden Diagnosesystems (i.d.R. ICD-10 oder DSM-IV-TR). Bei Abweichung von diesen Diagnosesystemen: Erläuterung, warum welches andere System verwendet wurde
- Darlegung der differenzialdiagnostischen Überlegungen
- Darstellung der Funktionsbeeinträchtigungen, die im Allgemeinen durch die diagnostizierte Störung bedingt werden, soweit diese für die Gutachtensfrage relevant werden könnten
- Überprüfung, ob und in welchem Ausmaß diese Funktionsbeeinträchtigungen bei dem Untersuchten bei Begehung der Tat vorlagen
- Korrekte Zuordnung der psychiatrischen Diagnose zu den gesetzlichen Eingangsmerkmalen
- Transparente Darstellung der Bewertung des Schweregrades der Störung
- Tatrelevante Funktionsbeeinträchtigung unter Differenzierung zwischen Einsichts- und Steuerungsfähigkeiten
- Darstellung von alternativen Beurteilungsmöglichkeiten.

Darüber hinaus wurden besondere Hinweise für die Begutachtung von Persönlichkeitsgestörten oder sexualdevianten Beschuldigten in den Mindestanforderungen dargestellt.

III. Jugendrecht

Beim Jugendlichen und Heranwachsenden werden durch das Jugendgerichtsgesetz (JGG) besondere Abweichungen und Ergänzungen des Strafrechtes vorgenommen, die u.U. auch eine besondere psychiatrische Beurteilung erforderlich machen. 59

Bei 14- bis 17-jährigen Jugendlichen muss die strafrechtliche Verantwortlichkeit ausdrücklich festgestellt werden (§ 3 JGG), wobei konkret nach dem »sittlichen und geistigen Entwicklungsstand« zur Tatzeit gefragt wird. Die Beantwortung dieser Fragestellung ist in aller Regel Aufgabe des Kinder- und Jugendpsychiaters.[33] 60

Bei Heranwachsenden zwischen dem vollendeten 18. und dem vollendeten 21. Lebensjahr beurteilt das Gericht den Täter nach Jugendstrafrecht, wenn »die Gesamtwürdigung der Persönlichkeit des Täters bei Berücksichtigung auch der Umweltbedingungen ergibt, dass er zur Zeit der Tat nach seiner sittlichen und geistigen Entwicklung noch einem Jugendlichen gleich stand oder es sich nach Art, den Umständen oder den Beweggründen der Tat um eine Jugendverfehlung handelt« (§ 105 Abs. 1 und 2 JGG). Der Psychiater muss hierbei also prüfen, ob der Täter die sog. »Entwicklungsaufgaben« schon bewältigt hat oder noch nicht. Gemeint sind hier beispielsweise das »Erlernen und Ausfüllen der Geschlechterrolle«, die »Erlangung der Unabhängigkeit vom Elternhaus« oder »die Entwicklung von Selbstvertrauen und Aufbau eines eigenen Wertesystems«. In diesem Zusammenhang muss der Sachverständige gegenüber dem Gericht vor allem auch dazu Stellung nehmen, inwieweit ggf. erkennbare seelische Entwicklungsauffälligkeiten noch durch den Reifungsprozess ausgeglichen werden können oder schon Kennzeichen einer stabilen Persönlichkeitsstörung sind. 61

Die Kinder- und Jugendpsychiatrie hat Kriterienkataloge – die 1955 veröffentlichten Marburger Richtlinien werden auch heute immer wieder zitiert – entwickelt, nach denen die Zuordnung erleichtert werden soll. Der Bundesgerichtshof hat für die Beurteilung der Reife eines Heranwachsenden besonders dessen Möglichkeit zur Nachreifung (auch unter pädagogischer Hilfe) betont. Wo derartige Entwicklungsmöglichkeiten nicht gesehen werden, wird auch die Anwendung des – pädagogisch ausgerichteten – Jugendrechts nicht als gerechtfertigt angesehen. Die Lösungsmöglichkeiten sind in der Praxis jedoch häufig unbefriedigend, sodass einerseits eine genaue Zuordnung des einzelnen Betroffenen als Jugendlicher oder als Erwachsener manchmal schwer gelingt und von vielen Einflüssen 62

33 S.a. *Freisleder*, 1996; 2007).

abhängt, die nicht auf empirischen humanwissenschaftlichen Grundlagen basieren. Deshalb wurde immer wieder eine Abschaffung des § 105 JGG gefordert, wobei je nach Zeitgeist die Heranwachsenden einmal den Jugendlichen und einmal den Erwachsenen zugeordnet werden sollten. Dennoch erscheint ein flexibler Umgang, bei dem auf den Reifungsgrad des Einzelnen geachtet wird, in dieser Phase wünschenswerter als eine starre Bindung an letztlich willkürlich vorgegebene Altersgrenzen.[34]

63 Heute nähert man sich der Reifebeurteilung eines Heranwachsenden aus verschiedenen Perspektiven, nämlich mit folgenden Fragen:
(1) Haben Probleme oder Krisen in der Vergangenheit die Entwicklung beeinträchtigt und verzögert?
(2) Ergeben sich aus dem Querschnittsbefund Auffälligkeiten, die eher jugendtypisch sind und fehlen Phänomene, die für Erwachsene typisch sind? Hierzu werden heute am häufigsten die Kriterien von Esser et al. angewandt[35]
(3) Hat der Betreffende die Entwicklungsaufgaben eines Jugendlichen erfüllt?
(4) Hat der Betreffende die rollenspezifischen Funktionen von Erwachsenen übernommen?
(5) Hat er das Potenzial und die Möglichkeit mithilfe pädagogischer Maßnahmen nachzureifen?

IV. Maßregeln der Besserung und Sicherung

64 Der Maßregelvollzug wurde mit der Strafrechtsreform 1933 eingeführt, wobei zunächst der Sicherungsgedanke ganz im Vordergrund stand.

Maßregeln sind nicht von der Schuld eines Individuums abhängig, sie sind auch nicht als Strafen für ein Vergehen oder für eine Schuld vorgesehen, sondern sie *sollen in erster Linie der Sicherung der Allgemeinheit dienen.* Die Maßregeln umfassen:
– Unterbringung in einem psychiatrischen Krankenhaus (§ 63 StGB)
– Unterbringung in einer Entziehungsanstalt (§ 64 StGB)
– Sicherungsverwahrung (§ 66 StGB),
– Vorbehaltene Sicherungsverwahrung (§ 66a StGB)
– Nachträgliche Sicherungsverwahrung (§ 66b StGB)
– Führungsaufsicht (§ 68 StGB)
– Entziehung der Fahrerlaubnis (§ 69 StGB) und
– Berufsverbot (§ 70 StGB).

65 Während die gesetzlichen Vorschriften bis 1998 viele Jahre hindurch unverändert blieben, wurde beginnend mit dem Gesetz zur Bekämpfung von Sexualdelikten und anderen gefährlichen Straftaten vom 26.01.1998 eine Reihe von einschneidenden Neuerungen eingeführt. Es kamen bis heute immer wieder neue Änderungen hinzu, bei denen von den Sachverständigen prognostische Beurteilungen verlangt werden. Bis 1997 waren Rückfallprognosen durch Sachverständige lediglich erforderlich bei der
– Einweisung in den Maßregelvollzug (§§ 63, 64, 66 StGB in Verbindung mit § 246a StPO),
– Entlassung aus dem Maßregelvollzug (§§ 67d II StGB in Verbindung mit § 463 StPO) und
– Entlassung aus lebenslanger Haft (§ 57a StGB in Verbindung mit § 454 StPO).

66 Mit der Gesetzesänderung 1998 kamen auch Prognoseanforderungen bei der Aussetzung von Reststrafen zur Bewährung hinzu, wenn Straftäter wegen eines Sexualdeliktes oder anderer »gefährlicher« Straftaten zu Freiheitsstrafen von über zwei Jahren verurteilt wurden (§ 57 StGB in Verbindung mit § 454 StPO). Darüber hinaus fordern auch die weiteren Gesetzgebungen zur (vermeintlichen) Sicherung, z.B. das Gesetz zur *vorbehaltenen Sicherungsverwahrung* vom 21.08.2002 und das Gesetz zur *nachträglichen Sicherungsverwahrung* vom 23.07.2004, Prognosen durch Sachverständige. Zwar wurde letzteres mit einer Novellierung zum 01.01.2011 auf Maßregelvollzugspatienten beschränkt,

34 *Nedopil*, 1992.
35 *Esser* et al., 1991.

die wegen der Erledigung ihrer Unterbringung nach § 63 StGB aus dem psychiatrischen Krankenhaus entlassen werden. Die Änderung gilt jedoch nicht für Strafgefangene, die vor 2011 verurteilt wurden. Für sie gilt in einer Übergangsregelung noch die bisherige Gesetzeslage. Die nachträgliche Sicherungsverwahrung und ebenso das am 01.01.2011 in Kraft getretene Therapie-Unterbringungsgesetz (ThUG), nach dem jene Sicherungsverwahrten, die vor 1998 verurteilt wurden und bei denen die Unterbringungsdauer in der Sicherungsverwahrung von bis dahin 10 Jahren auf eine unbegrenzte Unterbringungsdauer verlängert wurde, in eine Spezialeinrichtung eingewiesen werden können, wenn sie psychisch gestört und deswegen weiterhin als gefährlich erachtet werden, spielen in der Praxis derzeit kaum noch eine Rolle.

Allerdings wurde auch die Hoffnung, dass nach dem Urteil des Bundesverfassungsgerichts vom 4. Mai 2011 eine Neuregelung der Maßregeln mit einem durchgreifenden Konzept eine transparente Lösung für die Betroffenen und ihre Anwälte, aber auch für die Praktiker im Gericht und Straf- bzw. Maßregelvollzug ermöglichen würde, nicht erfüllt. Vielmehr wurden bislang lediglich die Regeln im Bereich der Sicherungsverwahrung geändert. Für die dort Untergebrachten hat sich durch die Einforderung des Abstandsgebotes, durch die Vorschrift außenorientierter Therapiemaßnahmen und durch die höheren Anforderungen an Prognosebegutachtungen und an prognostischer Sicherheit die Situation verbessert.

Trotz aller Kritik und Änderungen werden sich Haftanstalten, Maßregelvollzugseinrichtungen und Gutachter auf den Umgang mit den laufenden und manchmal vorschnellen Gesetzesänderungen einstellen und praktikable Lösungen für die neu auftauchenden Probleme finden müssen.

Mit Ausnahme der Unterbringung im psychiatrischen Krankenhaus nach § 63 StGB und in bestimmten Fällen der Unterbringung in der Sicherungsverwahrung sind die Dauern der Maßregeln begrenzt. 67
Maßregeln sind nicht von der Schuld eines Individuums abhängig, sondern sollen in erster Linie der Sicherung der Allgemeinheit dienen. Diese Aufgabe wurde durch die Strafrechtsnovellierungen seit 1998 verstärkt betont. Dies hatte, wie dargestellt, zu einer Reihe von Gesetzesänderungen und Verschärfungen geführt, die großenteils durch das Bundesverfassungsgericht wieder aufgehoben wurden. Es hält nachhaltig an dem verfassungsrechtlichen Grundsatz der Rehabilitation und Resozialisierung fest (BVerfG NStZ-RR 1998, 121–123), der nicht nur bei der Unterbringung in einem psychiatrischen Krankenhaus nach § 63 StGB oder in einer Entziehungsanstalt nach § 64 StGB (BVerfG NStZ 1986, 185), sondern auch bei der Sicherungsverwahrung im Vordergrund stehen muss (BVerfG, Urt. v. 04.05.2011 – 2 BvR 2365/09[36]).

Die Dauer der Unterbringung unterliegt zudem dem Verhältnismäßigkeitsgrundsatz und hängt von 68
der Rückfallprognose ab. Prognoseerstellungen sind bei allen, die in einem Maßregelvollzug untergebracht sind, in regelmäßigen Abständen erforderlich.

Prognostische Beratung und Empfehlung durch psychiatrische und psychologische Gutachter haben somit weitreichende Folgen und beeinflussen ganz maßgeblich die Weichenstellung der Angeklagten und Verurteilten. Die prognoseabhängigen Entscheidungen im Erkenntnisverfahren sind in Abb. 1 dargestellt.

36 BVerfGE 128, 326–409; BewHi 2011, 284–285; DÖV 2011, 572–573; EuGRZ 2011, 297–321; JuS 2011, 854; JZ 2011, 845–858; NJW 2011, 1931–1946; NStZ 2011, 450–453; StRR 2011, 312–314; StV 2011, 470–472; wistra 2011, 259; ZfStrVo 2011, 326.

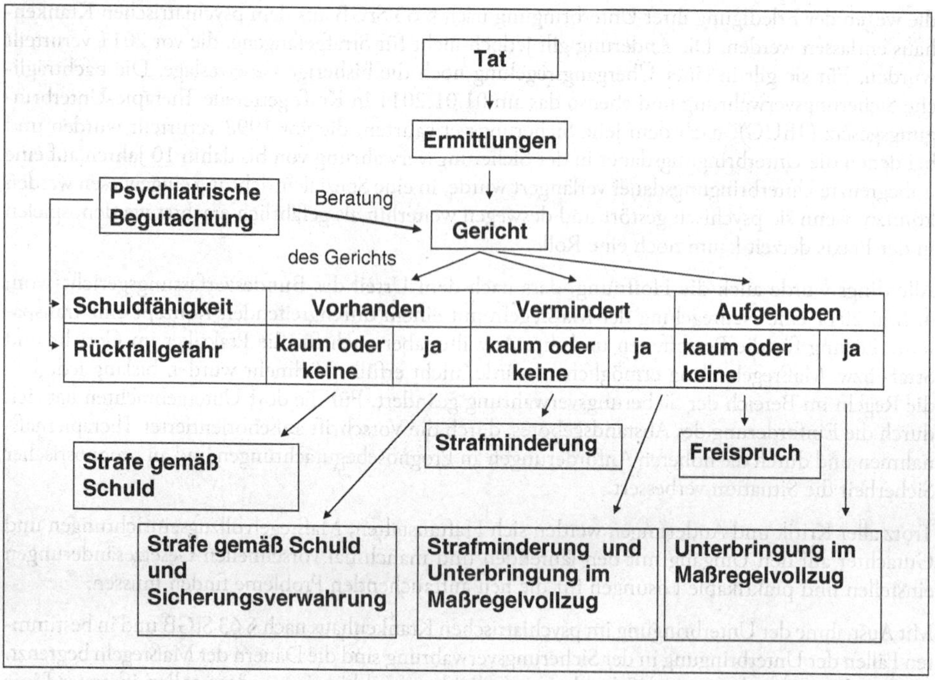

Abb. 1: Prognoseabhängige Entscheidungen im Erkenntnisverfahren

Abbildung 2 zeigt die vielfältigen Weichenstellungen in den Vollzugseinrichtungen, die jeweils von Prognosen abhängen.

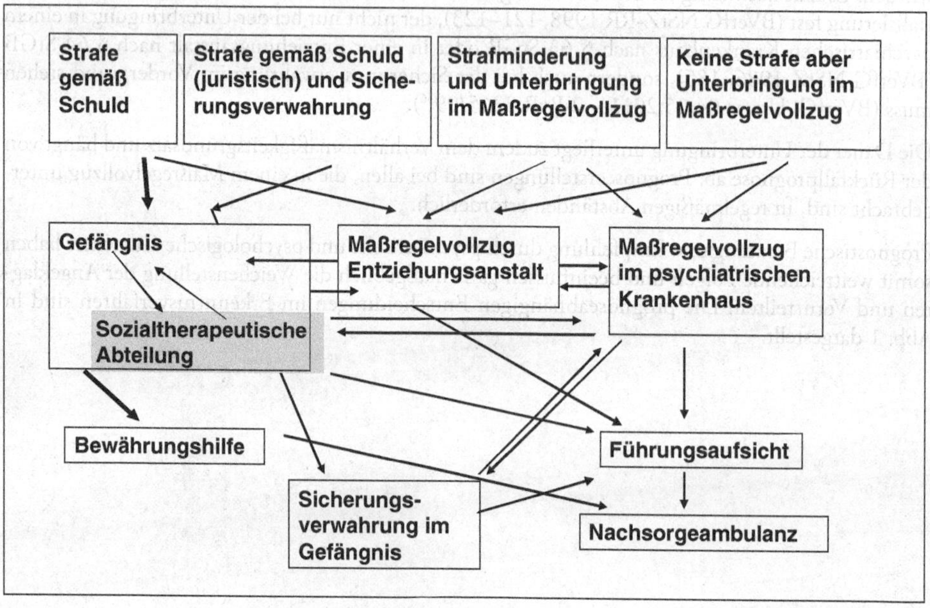

Abb. 2: Weichenstellungen in den Vollzugseinrichtungen

Die Prognosebeurteilung ist nicht nur durch die Fragen der Auftraggeber sondern auch die in den letzten 30 Jahren erarbeiteten wissenschaftlichen Erkenntnisse und Methoden ein komplexes Thema geworden, welches mittlerweile in eigenen Fachbüchern behandelt wird.[37] Im Folgenden soll eine Übersicht über die wesentlichen Fragestellungen, wie sie sich aus rechtlicher Sicht ergeben, vorgestellt werden, weil die Fragen nach der Prognose heute bei sehr vielen Straftätern eine ausschlaggebende Rolle für deren Unterbringungsdauer spielen.[38] 69

Die Anordnung von Maßregeln, insbesondere die Unterbringung in einem psychiatrischen Krankenhaus nach § 63 StGB, in einer Entziehungsanstalt nach § 64 StGB und in der Sicherungsverwahrung (§ 66 ff. StGB), hängt neben jeweils unterschiedlichen rechtlichen Voraussetzungen vor allem von der Rückfallprognose ab. Ausschließlich vom Gericht sind die Fragen zu beantworten, ob die jeweils zu erwartenden Taten »erheblich«, ob die dabei verursachten Schäden »schwer« sind, ob der Täter für die Allgemeinheit gefährlich ist oder ob die Unterbringung in einem rechtsstaatlich tragfähigen Verhältnis zu der Gefahr steht (vgl. § 62 StGB: Verhältnismäßigkeitsgrundsatz) und welches Restrisiko der Gesellschaft zugemutet werden kann. Aus den einzelnen Paragrafen ergeben sich hingegen jeweils andere Fragen an den Sachverständigen: 70

▶ § 63 StGB

Zur Unterbringung in einem psychiatrischen Krankenhaus ergeben sich aus § 63 StGB folgende Gutachtensfragen: 71

- Hat der Angeklagte bei der Tat im Zustand der Schuldunfähigkeit (§ 20 StGB) oder der sicher feststellbaren eingeschränkten Schuldfähigkeit (§ 21 StGB) gehandelt?
- Sind von dem Angeklagten infolge dieses (zur Schuldunfähigkeit oder verminderten Schuldfähigkeit führenden) Zustandes weitere Taten zu erwarten? Wenn ja welche?
- Welche Folgen haben die zu erwartenden Taten für die Allgemeinheit?

▶ § 64 StGB

Zur Unterbringung in einer Entziehungsanstalt lauten gemäß § 64 StGB die Gutachtensfragen folgendermaßen: 72

- Hat der Angeklagte einen Hang, berauschende Mittel im Übermaß zu sich zu nehmen?
- Besteht die Gefahr, dass er infolge seines Hanges Straftaten begehen wird? Wenn ja, welcher Art?
- Besteht eine hinreichend konkrete Aussicht, den Süchtigen durch die Behandlung in der Entziehungsanstalt zu heilen oder doch über eine gewisse Zeitspanne vor dem Rückfall in die akute Sucht zu bewahren?

Neuregelung zur Unterbringung in einer Entziehungsanstalt (§ 64 StGB)

Die Beweggründe des Gesetzgebers zur Novellierung des § 64 StGB ergaben sich durch den kontinuierlichen Anstieg der untergebrachten Personen im Maßregelvollzug in einer Entziehungsanstalt. Der Reformbedarf wurde auch mit der sich ändernden Struktur der im Maßregelvollzug gem. § 64 StGB untergebrachten Personen begründet, zumal in einem erheblichem Umfang Personen zugewiesen wurden, bei welchen keine eindeutige Abhängigkeitserkrankung vorlag…»und teilweise scheine die Möglichkeit einer Entlassung zum Halbstrafenzeitpunkt gerade bei hohen Begleitstrafen aus Sicht der Verurteilten einen sachwidrigen Anreiz für die Unterbringung in der Entziehungsanstalt zu setzen […] In den letzten Jahren ist ein kontinuierlicher Anstieg der Zahl der Personen zu verzeichnen, die in einer Entziehungsanstalt gemäß § 64 StGB untergebracht sind. Von 1995 bis 2020 sind die Patientenzahlen von 1373 auf 4677 Patienten angestiegen (Statistisches Bundesamt, Zusammenstellung von Länderlie-

37 *Wolf* & *Nedopil*, 2005; *Dahle* 2005.
38 *Wolf* & *Nedopil*, 2005.

ferungen zum Maßregelvollzug im Auftrag des BMJV zum Stichtag 31.03.2020, S. 7, auf der Grundlage von Meldungen von zwölf Ländern). Von 2002 (2088) bis 2020 (4677) kam es hierbei zu deutlich mehr als einer Verdoppelung der Zahl der untergebrachten Personen (Statistisches Bundesamt, a.a.O.). Nach alle Länder erfassenden Angaben hat sich die Zahl der durchschnittlichen Unterbringungen allein vom Jahr 2017 zum Jahr 2020 sogar von 4462 auf 5280 Personen und damit in nur drei Jahren um gut 18 % erhöht (Angaben der in der Bund-Länder-Arbeitsgruppe vertretenen Mitglieder der AG Psychiatrie der Arbeitsgemeinschaft der obersten Landesgesundheitsbehörden)«.[39]

Der Gesetzentwurf zur Unterbringung zur Überarbeitung des Sanktionenrechts wurde am 22.06.2023 vom Deutschen Bundestag angenommen. Die geänderte Fassung des § 64 StGB und damit zusammenhängender Vorschriften (§ 67 Absatz 2 Satz 3 und Absatz 5 Satz 1 StGB sowie § 463 Absatz 6 Satz 3 StPO) traten am 01.10.2023 in Kraft.

Mit der Novellierung von § 64 StGB soll der juristische Begriff des »Hangs« präzisiert werden, der in der juristischen Handhabung zu weit ausgelegt war. Der symptomatische Zusammenhang wurde auch dann als gegeben angesehen, wenn eine Mitbedingung der Tat vorlag. In der neuen Fassung des § 64 StGB wurde der kausale Zusammenhang zwischen Hang und Delinquenz hervorgehoben. Die konkreten Anforderungen an die Erfolgsaussicht wurden präzisiert.

Der Hangbegriff nach § 64 StGB unterlag in der Rechtsprechung des Bundesgerichtshofs in jüngerer Zeit einer erheblichen Ausweitung. Für die Feststellung eines Hanges zum übermäßigen Konsum von psychotropen Substanzenn kam nicht mehr darauf an, dass der Betroffene sie in einem solchen Umfang zu sich nimmt, dass seine Gesundheit, Arbeits- und Leistungsfähigkeit dadurch erheblich beeinträchtigt werden. Ausreichend für den Hang war, dass der Betroffene aufgrund seiner Abhängigkeit sozial gefährdet ist oder gefährlich erschien.

Der § 64 StGB in der alten Fassung:

Hat eine Person den Hang, alkoholische Getränke oder andere berauschende Mittel im Übermaß zu sich zu nehmen, und wird sie wegen einer rechtswidrigen Tat, die sie im Rausch begangen hat oder die auf ihren Hang zurückgeht, verurteilt oder nur deshalb nicht verurteilt, weil ihre Schuldunfähigkeit erwiesen oder nicht auszuschließen ist, so soll das Gericht die Unterbringung in einer Entziehungsanstalt anordnen, wenn die Gefahr besteht, dass sie infolge ihres Hanges erhebliche rechtswidrige Taten begehen wird.

In der neuen Fassung des § 64 StGB heißt es:

Hat eine Person den Hang, alkoholische Getränke oder andere berauschende Mittel im Übermaß zu sich zu nehmen, und wird sie wegen einer rechtswidrigen Tat, die überwiegend auf ihren Hang zurückgeht, verurteilt oder nur deshalb nicht verurteilt, weil ihre Schuldunfähigkeit erwiesen oder nicht auszuschließen ist, so soll das Gericht die Unterbringung in einer Entziehungsanstalt anordnen, wenn die Gefahr besteht, dass sie infolge ihres Hanges erhebliche rechtswidrige Taten begehen wird; der Hang erfordert eine Substanzkonsumstörung, infolge derer eine dauernde und schwerwiegende Beeinträchtigung der Lebensgestaltung, der Gesundheit, der Arbeits- oder der Leistungsfähigkeit eingetreten ist und fortdauert.

Die Anordnung ergeht nur, wenn aufgrund tatsächlicher Anhaltspunkte zu erwarten ist, die Person durch die Behandlung in einer Entziehungsanstalt […] zu heilen oder über eine erheb-

39 Deutscher Bundestag, Drucksache 20/5913, S 23.

liche Zeit vor dem Rückfall in den Hang zu bewahren und von der Begehung erheblicher rechtswidriger Taten abzuhalten, die auf ihren Hang zurückgehen.[40]

»Substanzkonsumstörung«: Präzisierung des »Hangs« unter Annäherung an medizinische Begrifflichkeiten

»Die Wortwahl zielt vielmehr darauf ab, einen demgegenüber eigenständigen Rechtsbegriff einzuführen, der den Anwendungsbereich von § 64 StGB stärker auf Fälle begrenzt, in denen der Substanzkonsum des Betroffenen nach Art und Grad behandlungsbedürftig ist. Die Voraussetzung »Substanzkonsumstörung« soll Täter mit einer substanzbezogenen Abhängigkeitserkrankung im medizinischen Sinne (ICD-10- GM F10 bis F19, Erweiterung .2: »Abhängigkeitssyndrom«) und Fälle eines Substanzmissbrauchs erfassen, dessen Schweregrad unmittelbar unterhalb einer Abhängigkeit einzuordnen ist. Damit ist ein Missbrauch gemeint, der nach ICD-10 als eine schwere Form des »Schädlichen Gebrauchs« (ICD-10-GM F10 bis F19, Erweiterung .1: »Schädlicher Gebrauch«) einzustufen ist.«[41]

»Dauernde und schwerwiegende Beeinträchtigung«: Äußere Anhaltspunkte für einen der Intensität nach behandlungsbedürftigen »Hang«

Die schwerwiegende Beeinträchtigung muss mindestens einen der genannten Bereiche der Lebensführung betreffen und nicht nur zeitweise aufgetreten sein. »Eine lediglich vorübergehende konsumbedingte Verringerung oder Aufhebung der sozialen Funktionsfähigkeit genügt nicht. Zudem muss sich die Störung schwerwiegend auswirken, also das Funktionsniveau im jeweiligen Bereich in gravierender Weise beeinträchtigen. Beide Merkmale, dauernd und schwerwiegend, müssen im betroffenen Lebensbereich kumulativ erfüllt sein […]. Diese erhöhten Anforderungen an die Intensität der Beeinträchtigung zielen darauf ab, die Anwendung der Vorschrift insbesondere auch im Bereich des schädlichen Gebrauchs von Substanzen (ICD-10-GM F10 bis F19, Erweiterung.1) auf schwere, tatsächlich behandlungsbedürftige Fälle zu begrenzen […] Insgesamt kommt es für das Eingangsmerkmal nicht nur auf das Vorliegen biomedizinischer Symptome (Toleranzentwicklung, Entzugssymptome) an, sondern es muss daneben eine umfassende Einschränkung des psychosozialen Funktionsniveaus gegeben sein. Schließlich wird ein kausaler Zusammenhang zwischen der Substanzkonsumstörung und der Beeinträchtigung vorausgesetzt (d. h., die Störung ist Ursache der Beeinträchtigung).«[42]

Der Tatbestand einer sog. Rauschtat entfällt. Die Tat muss auf den »Hang« zurückgehen.

»Schärfung des Kausalitätserfordernisses (»symptomatischer Zusammenhang«) zwischen »Hang« und rechtswidrig begangener Tat«

Für die Annahme des symptomatischen Zusammenhangs genügte bisher die Mitursächlichkeit der Intoxikation für die Begehung der Tat. (vgl. BGH 6 StR 270/20)

Die Tat muss zukünftig zumindest »überwiegend« auf dem Hang (neue Fassung) beruhen und nicht überwiegend auf anderen Faktoren, wie zum Beispiel einer schwerwiegenden dissozialen Entwicklung/Haltung.

40 Gesetz zur Überarbeitung des Sanktionsrechts- Ersatzfreiheitsstrafe, Strafzumessung, Auflagen und Weisungen sowie Unterbringung in einer Entziehungsanstalt vom 26.07.2023; Bundesgesetzblatt, Teil I, ausgegeben am 02.08.2023, Nr. 203.

41 Deutscher Bundestag, Drucksache 20/5913, S. 44/45.

42 Deutscher Bundestag, Drucksache 20/5913, S 45/46.

»Nur für den Fall, dass die Anlasstat überwiegend auf den Hang der Person, alkoholische Getränke oder andere berauschende Mittel im Übermaß zu sich zu nehmen, zurückgeht, soll künftig eine Unterbringungsanordnung möglich sein.«[43]

»Überwiegend« ursächlich ist der »Hang« für die »Anlasstat, wenn dieser mehr als andere Umstände für die Begehung der Tat ausschlaggebend war [...]. Die Mitursächlichkeit des Hangs für die Tat ist für die Annahme der Kausalität also nur noch dann ausreichend, wenn sie quantitativ andere Ursachen überwiegt. Eine Mitursächlichkeit des »Hangs« für die »Anlasstat« unterhalb dieser Schwelle reicht für die Erfüllung des Tatbestandsmerkmals nicht mehr aus.«[44]

In die Formulierungen sind die Forderungen der forensischen Psychiatrie (Task Force der DGPPN zur Neuregelung des § 64 StGB) eingeflossen. Es wurde bemängelt, dass die rechtlichen Voraussetzungen für die Anordnung der Unterbringung in einer Entziehungsanstalt sehr weit ausgelegt waren: »weder ist die psychiatrische Diagnose einer Abhängigkeit erforderlich noch ein stringenter Nachweis eines engen, kausalen Zusammenhangs von Straftaten und Substanzmittelwirkung«.[45]

Im Gesetzesentwurf vom 06.03.2023 heißt es »Von Seiten der forensischen Praxis wird beklagt, dass den Entziehungsanstalten in nicht unerheblichem Umfang Patientinnen und Patienten zugewiesen würden, bei denen keine schwere Suchtmittelkonsumstörung vorliege, sondern eher ein missbräuchlicher Drogenkonsum als Teil eines delinquenten Lebenswandels bzw. einer primär delinquenten Orientierung, bei denen der Drogenhandel auch einträgliche Erwerbsquelle ist und der persönliche Drogenkonsum dem Profitinteresse gegenüber nachrangig ist. Die Konsumstörung sei nicht die primäre Störung, sondern Begleiterscheinung [...] Diese Patienten veränderten die therapeutische Atmosphäre nachteilig und förderten die Ausbildung therapiefeindlicher Strukturen in den Einrichtungen«.[46]

Der § 64 StGB in der alten Fassung besagte zu Erfolgsaussichten einer Therapie, dass »die Anordnung [nur] ergeht [...], wenn eine hinreichend konkrete Aussicht besteht, die Person durch die Behandlung in einer Entziehungsanstalt innerhalb der Frist nach § 67d Absatz 1 Satz 1 oder 3 zu heilen oder über eine erhebliche Zeit vor dem Rückfall in den Hang zu bewahren und von der Begehung erheblicher rechtswidriger Taten abzuhalten, die auf ihren Hang zurückgehen.«

Durch diese Änderung gegenüber der alten Fassung des § 64 StGB wird die Anordnung der Unterbringung in einer Entziehungsanstalt auf diejenigen Fälle begrenzt, bei welchen das Erreichen des Unterbringungsziels »aufgrund tatsächlicher Anhaltspunkte zu erwarten« ist.

»In Anlehnung an vergleichbare Regelungen im Strafgesetzbuch, etwa in § 63 Satz 1 StGB, soll hierfür eine »Wahrscheinlichkeit höheren Grades« erforderlich sein [...], die durch Tatsachen belegt sein muss. [...] Zwar ist es selbst nach aktueller Studienlage schwierig, zuverlässige Prädiktoren für den Erfolg der Behandlung in der Maßregel nach § 64 StGB zu identifizieren. [...] Erkenntnisse aus der Praxis und die Ergebnisse verschiedener Katamnese-Studien legen jedoch verschiedene Zusammenhänge nahe: So korreliert etwa der Grad der sozialen Integration, insbesondere die Wohn- und Arbeitssituation, nachweislich mit der Legalbewährung nach Entlassung [...]. In der Praxis haben sich vor allem aber auch unzurei-

43 Deutscher Bundestag, Drucksache 20/5913, 46.
44 Deutscher Bundestag, Drucksache 20/5913, S. 69.
45 Neuregelung des § 64 StGB aus psychiatrischer Sicht – Positionspapier einer Task-Force der DGPPN, 24.02.2021.
46 Deutscher Bundestag, Drucksache 20/5913, S. 46/47.

chende Sprachkenntnisse als wesentlicher Umstand erwiesen, die dem Erfolg einer Behandlung entgegenstehen […].

Andererseits lässt allein die Therapiebereitschaft des Angeklagten eine erfolgreiche Behandlung nicht erwarten, wenn zugleich gewichtige prognoseungünstige Faktoren vorliegen, wie etwa langjähriger Rauschmittelkonsum oder dissoziale Charakterstruktur […]. Wenn nun durch die in § 64 Satz 2 StGB-E vorgesehene Änderung normativ erhöhte prognostische Anforderungen statuiert werden, erhöht dies – bezogen auf eine positive Anordnungsentscheidung – den Einfluss prognoseungünstiger Risikofaktoren wie Therapieunwilligkeit oder unzureichende Sprachkenntnisse. Hierdurch dürfte sich zugleich die vor allem für den Gutachter bestehende Schwierigkeit abmildern, trotz solcher ungünstigeren Faktoren valide eine positive Behandlungsprognose im Zeitpunkt der tatgerichtlichen Entscheidung abzugeben.«[47]

»Für die Gesamtwürdigung sind namentlich Behandlungsfähigkeit und Behandlungsbereitschaft des Angeklagten in den Blick zu nehmen. Es geht damit in erster Linie um in der Person und Persönlichkeit des Täters liegende Umstände, insbesondere solche, die seine Sucht und deren Behandlungsfähigkeit unmittelbar kennzeichnen – also vor allem Art und Stadium der Sucht, bereits eingetretene physische und psychische Veränderungen und Schädigungen, frühere Therapieversuche sowie eine aktuelle Therapiebereitschaft.«[48]

Eine Nichtanordnung der Maßregel kann Fälle betreffen, in denen der Proband eine Behandlung ablehnt und nicht zu erwarten ist, dass eine Motivation zur Therapie im Laufe der Unterbringung erreichbar ist. Andererseits kann aus der verbal vorgetragenen Therapiebereitschaft im Zeitpunkt des erkennenden Verfahrens nicht die Erwartung erfolgreicher Behandlung geschlossen werden.

»Das gilt insbesondere, wenn zugleich gewichtige ungünstige Umstände vorliegen. Solche Umstände sind etwa gegeben, wenn der Angeklagte bereits mehrere Therapien abgebrochen oder sie zwar durchgestanden hat, aber immer wieder rückfällig geworden ist, wenn ein verfestigter und langjähriger Rauschmittelkonsum vorliegt oder eine ausgeprägte zusätzliche Persönlichkeitsstörung, die die Suchtproblematik eher in den Hintergrund stellt, sowie wenn in der Person des Angeklagten eine kaum änderbare defizitäre Kränkungs- und Frustrationstoleranz sowie eine fehlende Reflexions- und Introspektionsfähigkeit oder -bereitschaft gegeben ist […] Auch der Umstand, dass der Angeklagte vollziehbar ausreisepflichtig ist, kann als ungünstiger Umstand Berücksichtigung finden […] Zu nennen sind ferner die Fälle mangelnder Sprachkenntnisse oder unzureichender Sprachkompetenzen: Die Erwartung erfolgreicher Behandlung wird in der Regel dann nicht berechtigt sein, wenn der Angeklagte nicht über die für die Behandlung in der Entziehungsanstalt erforderlichen Sprachkenntnisse verfügt […] Notwendige Sprachkompetenzen können auch aufgrund erheblicher intellektueller Defizite, wie etwa Minderbegabung, hirnorganischer Störungen oder Schädigungen, fehlen ([…] Verfügt eine untergebrachte Person jedoch über keine hinreichenden Sprachkenntnisse, ist während der Zeit des Spracherwerbs eine qualifizierte Therapie nicht möglich, und es bleibt ungewiss, ob die Bemühungen um den Spracherwerb letztlich von Erfolg gekrönt sein werden«.[49]

Studien, die sich mit Prädiktoren des Behandlungserfolgs in den Entziehungsanstalten beschäftigen, liefern uneinheitliche Ergebnisse. Niedriges Lebensalter und erhöhte Vordelinquenz gelten als Risikofaktoren. Niedriger Bildungsstand und niedrige Intelligenz sind ungünstige Bedingungen für eine erfolgreiche Therapie. Antisoziale Persönlichkeitsstruktur, Persönlich-

47 Deutscher Bundestag, Drucksache 20/5913, S. 48/49.
48 Deutscher Bundestag, Drucksache 20/5913, S. 70.
49 Deutscher Bundestag, Drucksache 20/5913, S. 70/71.

keitsstörungen, insbesondere dissoziale Persönlichkeitsstörungen, üben negative Einflüsse auf einen Therapieerfolg aus. Die Anzahl der frustranen Behandlungsversuche und der Grad der subkulturellen/kriminellen Identifikation mit mangelnder Norm- und Wertvorstellung sind negative Prädiktoren für einen erfolgreichen Behandlungsverlauf. Dagegen sprechen Krankheits- und Problemeinsicht sowie Änderungsmotivation als günstige Variablen für die Wahrscheinlichkeit eines Therapieerfolges. (vgl. D. Berthold, C. Riedemann; Forens Psychiatr Psychol Kriminol [2021] 15:169–178)

Auf der anderen Seite hängt der Behandlungserfolg von unbekannten und nicht valide messbaren Faktoren ab. Selbst wenn der Sachverständige bei einer Behandlungsprognose im Zeitpunkt des erkennenden Verfahrens eine Vielzahl bekannter Faktoren (s.o.) bedenkt, erscheint eine valide Vorhersage des Verlaufs der Behandlung nicht möglich. Unterschiedliche Aspekte, die situativ einwirken, können Einfluss auf den Behandlungsverlauf nehmen, so dass aufgrund von Prädiktoren der Persönlichkeit bzw. der Vergangenheit eine verlässliche Vorhersage nur schwer möglich ist (vgl. Kröber et al. 2019)

Strafaussetzung zum Zweidrittelzeitpunkt

Die bisherigen Fassung des § 64 StGB sah die Möglichkeit einer Aussetzung der Vollstreckung des Strafrestes zur Bewährung vor, wenn die Hälfte der Strafe erledigt war (§ 67 Abs. 5 Satz 1 StGB).

In der neuen Fassung des § 64 StGB wurde mit dem Zweidrittelzeitpunkt als regelmäßiger gesetzlicher Strafaussetzungstermin eine Angleichung an den Strafvollzug vorgenommen.

[..] »Die skizzierte Anreizwirkung vor allem für Täter mit hohen Begleitstrafen, durch die zusätzliche Anordnung einer Unterbringung nach § 64 StGB eine Milderung ihres Strafübels zu erlangen ([…], würde deutlich reduziert. Das Privileg einer (zumindest erhofften) frühzeitigen Reststrafenaussetzung zum Halbstrafenzeitpunkt würde entfallen.«[50]

Eine weitere gesetzliche Änderung betrifft die sofortige Vollziehbarkeit für Entscheidungen nach § 67d Absatz 5 Satz 1 StGB bei sofortiger Beschwerde des Verurteilten. Damit wird eine sofortige Rückverlegung des Verurteilten bei Aussichtlosigkeit der Maßregel in den Strafvollzug ermöglicht.

Personen, die sich nach Erledigterklärung der Maßregel nach § 64 StGB aufgrund ihrer Beschwerde bislang noch über geraume Zeit in der Einrichtung befanden, stellten eine besondere Klientel für die Kliniken und Behandler dar. Sie entfalteten zum Teil antitherapeutische Wirkungen gegenüber mituntergebrachten Personen und stellten mitunter ein erhebliches Sicherheitsrisiko für die Kliniken dar.

Die Auswirkungen durch die Novellierung des § 64 StGB sind derzeit noch nicht abschätzbar. Die Anforderungen an die Beteiligten im Ermittlungsverfahren hinsichtlich der Feststellung des Vorliegens eines Hanges gem. § 64 StGB, der Begründung des symptomatischen Zusammenhangs und der Erfolgsaussichten wurden mit der Neufassung des § 64 StGB deutlich erhöht, was Auswirkungen auf die angestiegenen Zuweisungszahlen, die Struktur der Klientel und die hohen Erledigterklärungen im Maßregelvollzug gem. § 64 StGB haben dürfte.

Ein Rückgang der Anordnungen der Unterbringung in einer Entziehungsanstalt könnte eine Größenordnung von bis zu einem Drittel annehmen. Zudem könnte sich das Klientel der Untergebrachten dahingehend verändern, dass der Fokus (wieder) auf der Behandlung von

50 Deutscher Bundestag, Drucksache 20/5913, S. 49.

erkrankten Personen mit schwerwiegenden Substanzkonsumstörungen liegt (s.h. M. Schwarz, S. Stübner, Forensische Psychiatrie, Psychologie, Kriminologie [2023] 17: 421–435).

Damit würden die personellen Ressourcen des Maßregelvollzugs auf jenen Personenkreis gebündelt, deren Gefährlichkeit überwiegend aus der Suchterkrankung resultiert und die von einer Behandlung im Maßregelvollzug profitieren können

▶ § 66 StGB

Für die Unterbringung in der Sicherungsverwahrung ergeben sich aus § 66 StGB folgende Gutachtensfragen: 73

- Hat der Täter einen Hang zu Straftaten? Wenn ja, zu welchen?
- Welche Folgen haben die zu erwartenden, auf dem Hang beruhenden Taten für die Opfer und für die Allgemeinheit?

▶ § 66a Abs. 1 StGB

Für die Anordnung des Vorbehalts der Sicherungsverwahrung im ursprünglichen Urteil stellen sich nach § 66a Abs. 1 StGB folgende Gutachtensfragen: 74

- Hat der Täter einen Hang zu Straftaten? Wenn ja, zu welchen?
- Besteht eine bedeutsame Unsicherheit, welche Folgen die zu erwartenden, auf dem Hang beruhenden Taten haben?

▶ § 66a Abs. 2 StGB

Für die endgültige Anordnung der vorbehaltenen Sicherungsverwahrung im nachträglichen Urteil aus § 66a Abs. 2 StGB werden folgende Gutachtensfragen gestellt: 75

- Ergibt die Gesamtwürdigung des Verurteilten, seiner Taten und seiner Entwicklung während des Strafvollzuges, dass von ihm Straftaten zu erwarten sind? Wenn ja, welche?
- Derzeit mangels Grundsatzentscheidungen noch fraglich: Handelt es sich bei den Umständen, aus denen die Erwartung von Straftaten abgeleitet wird, um Umstände, die zum Zeitpunkt des Urteils, das die Anordnung vorbehalten hat, noch nicht bekannt waren?

▶ § 66b StGB

Zur Anordnung der nachträglichen Sicherungsverwahrung nach Erledigungserklärung der Anordnung einer Unterbringung in einem psychiatrischen Krankenhaus wegen Wegfalls der Voraussetzungen der Unterbringung ergeben sich aus § 66b StGB folgende Gutachtensfragen: 76

- Wird der Verurteilte nach Entlassung aus der (für erledigt erklärten) Maßregel oder (der noch zu verbüßenden) Reststrafe mit hoher Wahrscheinlichkeit Straftaten begehen? Wenn ja, welcher Art?
- Ergibt sich die hohe Wahrscheinlichkeit neuer Taten aus einer Gesamtwürdigung des Verurteilten, seiner Taten und ergänzend seiner Entwicklung während des Vollzuges der Maßregel (d.h. der Unterbringung in psychiatrischem Krankenhaus)?

▶ § 67b Abs. 1 StGB

Aus § 67b Abs. 1 StGB stellen sich für die Aussetzung der Anordnung einer Unterbringung in einem psychiatrischen Krankenhaus oder in einer Entziehungsanstalt im Urteil folgende Gutachtensfragen: 77

- Liegen die Voraussetzungen der jeweiligen Unterbringung vor?
- Kann der Zweck der Maßregel (d.h. Verhinderung von neuen Straftaten) auch durch die Aussetzung erreicht werden?
- Welche besonderen Umstände rechtfertigen diese Erwartung?

▶ § 67 Abs. 2 StGB

78 Bezüglich des Vorwegvollzugs einer Strafe vor einer Maßregel wird nach § 67 Abs. 2 StGB folgende Gutachtensfrage gestellt:

– Wird der Zweck der Maßregel (nur §§ 63, 64 StGB) dadurch leichter erreicht, dass die Strafe oder ein Teil von ihr vor der Maßregel vollzogen wird?

Hierbei ist vom Gericht zu beachten, dass die für die Maßregel erforderliche Zeit und die Strafzeit zueinander in Beziehung gesetzt werden müssen.

▶ § 67a StGB

79 Auch im Vollstreckungsverfahren gibt es eine Vielzahl von prognostischen Fragen, die mithilfe von Sachverständigengutachten geklärt werden müssen, die hier nicht im Einzelnen dargestellt werden können. Erwähnt werden soll jedoch dass § 67a StGB in beschränktem Umfang den nachträglichen, auch mehrfachen Wechsel von einer Unterbringungsform in eine andere erlaubt. In diesem Zusammenhang ergibt sich die Gutachtensfrage:

– Werden die Resozialisierung des Täters und die Risikominimierung dadurch besser gefördert, dass er in den Vollzug einer anderen Maßregelart überwiesen wird?

▶ § 57 StGB

80 Für alle Aussetzungen von Freiheitsstrafen oder Maßregeln gilt, dass die Beurteilung der Prognose nicht erfolgen kann, ohne die Umstände der Bewährungszeit/Führungsaufsicht zu berücksichtigen. § 57 StGB, der die Aussetzung einer Reststrafe nach Verbüßung von zwei Dritteln der Strafe regelt, erfordert in Verbindung mit § 454 Abs. 2 StPO für die Aussetzung von Strafen wegen Verbrechen und bestimmter Sexualvergehen bei Strafen über zwei Jahren bei den dort benannten Fällen die Beantwortung folgender Gutachtensfragen:

– Welche Gefährlichkeit ist durch die Tat zutage getreten?
– Besteht diese Gefahr nicht mehr fort?

Zu berücksichtigen sind dabei

– die Persönlichkeit des Verurteilten,
– sein Vorleben,
– die Umstände seiner Tat(en),
– die Art der bei einem Rückfall bedrohten Rechtsgüter,
– das Verhalten des Verurteilten im Vollzug,
– seine Lebensverhältnisse und
– die Wirkungen, die von der Aussetzung (!) für ihn zu erwarten sind.

§ 57a StGB, der die Aussetzung der lebenslangen Freiheitsstrafe regelt, stellt keine von § 57 StGB abweichenden Fragen an den Sachverständigen.

▶ § 67d Abs. 2 StGB

81 Bei den Maßregeln müssen die Gerichte die weitere Notwendigkeit einer Unterbringung in regelmäßigen Abständen überprüfen. Die sechsmonatigen (§ 64 StGB), jährlichen (§ 63 StGB) und zweijährigen (§ 66 StGB) Überprüfungsfristen erfordern von den Einrichtungen eine Vielzahl gutachterlicher Stellungnahmen über die Aussetzung oder Fortdauer der Unterbringung. Vor einer Aussetzung der Maßregel wird jedoch meistens eine externe Begutachtung durchgeführt. Auch für diese Stellungnahmen und Gutachten gilt über die Verweisung des die vorgenannte Vorschrift des § 454 Abs. 2 StPO. Aus § 67d Abs. 2 StGB ergeben sich für

die Aussetzung der Maßregel der §§ 63, 64 und 66 StGB – letztere bis zehn Jahre – in Verbindung mit § 463 Abs. 1 StPO die Gutachtensfragen:

- Ist zu erwarten, dass der Untergebrachte außerhalb des Maßregelvollzuges keine rechtswidrigen Taten mehr begehen wird?
- Welche Gefährlichkeit ist in der Tat zutage getreten?
- Besteht diese Gefahr nicht mehr fort?

▶ Grundsatzentscheidung des BVerfG

Das BVerfG hat in seiner Grundsatzentscheidung vom 08.10.1985 folgende Punkte aufgelistet, auf welche sich die Beurteilung zu erstrecken hat. Daraus sind folgende Gutachtensfragen abzuleiten: 82

- Welche Art rechtswidriger Taten drohen von dem Untergebrachten?
- Wie ausgeprägt ist das Maß der Gefährdung (Häufigkeit, Rückfallfrequenz)?
- Welches Gewicht kommt den bedrohten Rechtsgütern zu?
- Welchen Wahrscheinlichkeitsgrad hat die Bedrohung?

▶ § 67d Abs. 3 StGB

Nach Ablauf von zehn Jahren ist die Sicherungsverwahrung regelmäßig für erledigt zu erklären, wenn nicht die Gefahr erheblicher weiterer Straftaten besteht. Das BVerfG hat in seiner Entscheidung vom 05.02.2004 ausgeführt, dass es sich bei der Vollstreckung über zehn Jahre hinaus um einen Ausnahmefall handelt, bei dem besonders strenge Maßstäbe anzulegen sind; dies findet seinen Ausdruck auch im Gesetz (§ 67d Abs. 3 StGB, § 463 Abs. 3 Satz 4 StPO) mit folgender veränderten Gutachtensfrage: 83

- Besteht die Gefahr (so § 67d Abs. 3 StGB) bzw. ist zu erwarten (so § 463 Abs. 3 Satz 4 StPO), dass der Untergebrachte infolge seines Hanges Straftaten begehen wird? Wenn ja, welcher Art?

▶ § 67d Abs. 2 StGB

Die Besonderheit ergibt sich hier in einer Umkehr des Regel-Ausnahme-Verhältnisses. Während bis zum 10. Jahr der Unterbringung die Fortdauer die Regel und die Aussetzung die Ausnahme ist, für die besondere Bedingungen erfüllt sein müssen (§ 67d Abs. 2 StGB und § 463 Abs. 2 StPO) gilt nach dem 10. Jahr der Unterbringung, dass die Aussetzung der Maßnahme die Regel und die Fortdauer die Ausnahme ist. 84

Es gibt neben einer günstigen Prognose eine Reihe weiterer Gründe, um eine Maßregel zu beenden. Diese Gründe werfen neue prognostische Fragen an den Gutachter auf. 85

▶ § 67d Abs. 5 StGB

Die Unterbringung in einer Entziehungsanstalt kann wegen Aussichtslosigkeit der Therapie beendet werden. § 67d Abs. 5 StGB enthält die Gutachtensfrage:

- Kann der Zweck der Maßregel (Heilung von der Sucht; Bewahrung vor Rückfall) nicht erreicht werden?
- Wenn ja, liegt dies an Gründen in der Person des Untergebrachten?

▶ § 67d Abs. 6 StGB

Die Unterbringung in einem psychiatrischen Krankenhaus kann für erledigt erklärt werden, wenn sich im Nachhinein herausstellt, dass die juristischen Voraussetzungen für die Unterbringung nicht vorlagen (§ 67d Abs. 6 StGB sog. Fehleinweisungen). Es kommt jetzt nicht mehr darauf an, ob eine Unterbringung von Anfang an fehlerhaft war, sondern nur noch dar- 86 auf, ob sie es heute, zum Zeitpunkt der nachträglichen Entscheidung ist. Die daraus resultierende Gutachtensfrage lautet:

– Liegt heute (noch) ein Zustand vor, der die Unterbringung nach § 63 StGB psychiatrisch indiziert?

C. Rückfallprognosen

87 Die prognostischen Fragen gehören zu den schwierigsten Aufgaben, die an psychiatrische Sachverständige herangetragen werden. Die experimentelle Überprüfung der prognostischen Aussagen ist praktisch nicht möglich und in den meisten Fällen nicht zu verantworten. Eine ungünstige Prognose führt meist zwangsläufig zu einer weiteren Unterbringung. Es kann also nie überprüft werden, wie viele ungünstige Prognosen sich als falsch erweisen würden.

Die klassische Literatur kennt drei unterschiedliche Methoden, mit welchen die Prognose erarbeitet werden kann:[51]

88 **Die intuitive Methode**: Ihrer bedienen sich die Richter, die aufgrund ihres theoretischen Allgemeinwissens und ihrer subjektiven Erfahrung in kurzer Zeit entscheiden müssen, welche Strafe oder welche Art der Strafverschonung aufgrund des Deliktes und der Persönlichkeit eines Täters gerechtfertigt oder sinnvoll erscheint.

89 **Die statistische Methode**: Sie basiert auf empirischen Untersuchungen, die jene Faktoren ermitteln, die statistisch mit hoher Rückfälligkeit korrelieren oder von Experten als Indikatoren für hohe Rückfälligkeit angesehen werden.

90 **Die klinische Methode**: Bei ihr wird aufgrund der sorgfältigen biografischen Anamneseerhebung, einschließlich der Krankheits- und Delinquenzanamnese, von der Vergangenheit über die derzeitige Situation auf die Zukunft extrapoliert.

91 Ab den 70er-Jahren wurden die Fähigkeiten der Humanwissenschaftler, insbesondere der Psychiater, Kriminalprognosen zu erstellen, kritisch hinterfragt.[52],[53] Aufgrund von Untersuchungen in den letzten 20 Jahren und der dabei entwickelten Instrumente wurden die Vorhersagetechniken verfeinert. Die nach dem heutigen Kenntnisstand und unter Berücksichtigung der internationalen Literatur zu beachtenden Prognoseaspekte sind in Tabelle 1 zusammengefasst:[54] Wie bei allen derartigen Kriterienkatalogen muss auch hier darauf hingewiesen werden, dass die Beurteilung der Einzelkriterien und ihre Gewichtung im Gesamtzusammenhang einer psychiatrischen Ausbildung und Erfahrung sowie einer intensiven Schulung bedürfen. Sie können keinesfalls von Laien angewandt werden, sie können jedoch dazu dienen, Prognosegutachten zu analysieren und sie auf ihre Transparenz und Plausibilität zu überprüfen.

51 Z.B. *Leferenz*, 1972.
52 *Steadman*, 1973.
53 *Thornberry* & *Jacoby*, 1979.
54 Für Details s. *Nedopil* 2005.

A Das Ausgangsdelikt
1 Statistische Rückfallwahrscheinlichkeit
2 Bedeutung situativer Faktoren für das Delikt
3 Einfluss einer vorübergehenden Krankheit
4 Zusammenhang mit einer Persönlichkeitsstörung
5 Erkennbarkeit kriminogener oder sexuell devianter Motivation
B Anamnestische Daten
1 (H1) Frühere Gewaltanwendung
2 (H2) Alter bei 1. Gewalttat
3 (H3) Stabilität von Partnerbeziehungen
4 (H4) Stabilität in Arbeitsverhältnissen
5 (H5) Alkohol-/Drogenmissbrauch
6 (H6) Psychische Störung
7 (H8) Frühe Anpassungsstörungen
8 (H9) Persönlichkeitsstörung
9 (H10) Frühere Verstöße gegen Bewährungsauflagen
C Postdeliktische Persönlichkeitsentwicklung (Klinische Variablen)
1 Krankheitseinsicht und Therapiemotivation
2 Selbstkritischer Umgang mit bisheriger Delinquenz
3 Besserung psychopathologischer Auffälligkeiten
4 (C2) Pro-/antisoziale Lebenseinstellung
5 (C4) Emotionale Stabilität
6 Entwicklung von Coping Mechanismen
7 Widerstand gegen Folgeschäden durch Institutionalisierung
D Der soziale Empfangsraum (Risikovariablen):
1 Arbeit
2 Unterkunft
3 Soziale Beziehungen mit Kontrollfunktionen
4 Offizielle Kontrollmöglichkeiten
5 Verfügbarkeit von Opfern
6 (R2) Zugangsmöglichkeit zu Risiken
7 (R4) Compliance
8 (R5) Stressoren
PCL-R Wert

Auch die klinischen Fragestellungen haben sich verändert: Während früher die Fragen der Risikoeinschätzung lauteten »Wer wird rückfällig?« »Mit welcher Wahrscheinlichkeit wird der Rückfall eintreffen?« und »Welche Risikofaktoren können wir im Einzelfall identifizieren?« sollten heute die Fragen differenzierter etwa folgendermaßen formuliert werden: »*Wer* wird *wann*, unter *welchen Umständen*, mit *welchem Delikt* rückfällig, und wie kann es verhindert werden?«

Die differenzierte Fragestellung hat auch eine differenzierte Methodik der Begutachtung zur Folge. Bei einer solchen Methodik kann zwischen drei verschiedenen Konzepten unterschieden werden:

(1) ein **idiografisches Konzept,** 93
bei welchem eingeschliffene individuelle Verhaltensmuster, die ein Wiederauftreten des Verhaltens wahrscheinlich machen, zur Grundlage der Beurteilung gemacht werden. Derartige eingeschliffene Verhaltensweisen, die zu oft wiederkehrendem Fehlverhalten führen, sind allerdings selten. Häufig wird deswegen

(2) ein **nomothetisches Konzept** 94
verfolgt, bei dem empirischen Erkenntnisse aus einer Vielzahl von Untersuchungen auf den Einzelfall angewandt werden. Dieses Konzept ist die Grundlage der heute gängigen empirisch begründeten Prognoseinstrumente. Dieses Konzept allein reicht jedoch häufig auch nicht aus und ermöglicht kaum eine Individualprognose. Hierzu kann

95 (3) ein **hypothesengeleitetes Konzept**,
dienen, das auf der Entwicklung einer individuellen Hypothese zur Delinquenzgenese beruht. Dabei müssen die spezifischen Risikofaktoren, die der Hypothese zugrunde liegen, identifiziert werden. Hierzu bieten die Prognoseinstrumente eine wertvolle Hilfe. Anschließend muss das Fortbestehen der Risikofaktoren im Einzelfall, ihre aktuelle Relevanz und ggf. ihre Kompensation durch protektive Faktoren überprüft werden. Damit wird die Prognoseerarbeitung zu einem *Prozess*, der auch die Anwendung empirischen Wissens für den Einzelfall möglich macht.

96 Da bei den meisten Straftätern eine idiografische Herangehensweise meist nicht ausreicht, ist es zunächst erforderlich, den zu begutachtenden Täter zu einer Gruppe von Delinquenten zuzuordnen, deren Rückfallhäufigkeit bekannt ist. Dies kann eine deliktspezifische, eine altersspezifische oder eine vorstrafenspezifische Zuordnung sein oder auch eine Zuordnung mithilfe eines aktuarischen Prognoseinstrumentes (Basisrate). Je besser diese Zuordnung gelingt, desto näher kommt man zu einer Einschätzung einer Rückfallwahrscheinlichkeit, die auch für den Untersuchten gelten dürfte. Dabei sollte sich der Beurteiler jedoch im Klaren bleiben, dass es sich hierbei um eine fiktive Größe handelt, da jeder Einzelne nur entweder rückfällig wird oder nicht. In einem zweiten Schritt ist mit einem Instrument des Structured Professional Judgements (SPJ) ein individuelles Risikoprofil zu erstellen, in welchem die bei dem Untersuchten festgestellten Risikovariablen den protektiven Variablen gegenübergestellt werden und geprüft wird, durch welche Variablen das individuelle Risiko im Vergleich zur statistischen Basisrückfallrate modifiziert wird. Dieses etwas kompliziert wirkende Konstrukt kann an folgendem Beispiel verdeutlicht werden: Die Basisrate für Rückfälle bei Kindesmissbrauchern liegt bei 20 % bis 25 %[55]. Handelt es sich jedoch bei dem Täter um einen Mann, der an einer Kernpädophilie[56] bzw. an einer pädophilen Hauptströmung[57] leidet, so ist dessen Rückfallrisiko deutlich höher als jenes der Gesamtstichprobe, aus der die Basisrate abgeleitet wurde; handelt es sich hingegen um einen alternden Inzesttäter, so ist sie wiederum deutlich niedriger.

In einem weiteren Schritt ist unter Kenntnis der individuellen Risikovariablen eine Hypothese zur Genese der bisherigen Delinquenz zu entwickeln und dabei darzustellen, wie diese Risikovariablen zusammengewirkt haben um die Delinquenz zu bedingen. Zum Zeitpunkt der Risikoerfassung ist dann zu prüfen, ob diese Risikomerkmale noch vorliegen, welches Gewicht sie haben und ob und inwiefern sie durch protektive Faktoren ausgeglichen worden sind.

Zuletzt ist eine Risikoformulierung erforderlich, in welcher aufgrund des bisher erarbeiteten Kenntnisstands dargelegt wird, welche prädisponierenden, auslösenden, aufrecht haltenden und protektiven Faktoren vorliegen, wie diese zusammenspielen um Risiko zu erzeugen, und mit welchen Maßnahmen die Verwirklichung dieses Risiko verhindert werden kann (Risikomanagementplan der Prävention).

Eine Vielzahl von Veröffentlichungen weist darauf hin, dass durch derartige Prognosemethoden eine größere Treffsicherheit bezüglich krimineller Rückfälle erreicht werden kann als mit klinischen Methoden, dass diese Methoden aber professionell angewendet werden müssen[58] und gruppenstatistische Erkenntnisse nicht mechanistisch auf den Einzelfall übertragen werden dürfen.[59]

Diesen Erkenntnissen tragen auch die Mindestanforderungen für die Prognosebeurteilung Rechnung, die vom gleichen Arbeitskreis veröffentlicht wurden, wie die Mindestanforderungen für die Schuldfähigkeitsbegutachtung.[60]

55 *Elz*, 1999, 2001.
56 *Witter*, 1972.
57 *Beier*, 1995.
58 *Webster* et al., 2002.
59 *Dahle*, 2005; *Nedopil*, 2005; *Boetticher* et al., 2009.
60 *Boetticher* et al., 2006.

▶ **Sie enthalten folgende Vorgaben**

1.	Mindestanforderungen bei der Informationsgewinnung
1.1	Umfassendes Aktenstudium (auch der Vorakten, Gefangenenpersonalakten, Maßregelvollzugsakten)
1.2	Adäquate Untersuchungsbedingungen
1.3	Angemessene Untersuchungsdauer unter Berücksichtigung des Schwierigkeitsgrads, ggf. an mehreren Tagen
1.4	Mehrdimensionale Untersuchung Entwicklung und gegenwärtiges Bild der Persönlichkeit Krankheits- und Störungsanamnese Analyse der Delinquenzgeschichte und des Tatbildes
1.5	Umfassende Erhebung der dafür relevanten Informationen (Herkunftsfamilie, Ersatzfamilie, Kindheit [Kindergartenalter, Grundschulalter], Schule/Ausbildung/Beruf, finanzielle Situation, Erkrankungen [allgemein/psychiatrisch], Suchtmittel, Sexualität, Partnerschaften, Freizeitgestaltung, Lebenszeit-Delinquenz [evtl. Benennung spezifischer Tatphänomene wie Progredienz, Gewaltbereitschaft, Tatmotive etc.], ggf. Vollzugs- und Therapieverlauf, soziale Bezüge, Lebenseinstellungen, Selbsteinschätzung, Umgang mit Konflikten, Zukunftsperspektive. Ausführliche Exploration insbesondere in Bezug auf die Lebenszeitdelinquenz [Delikteinsicht, Opferempathie, Veränderungsprozesse seit letztem Delikt, Einschätzung von zukünftigen Risiken und deren Management]) Erörterung von faktischen Diskrepanzen mit dem Probanden Überprüfung der Stimmigkeit der gesammelten Informationen Ansprechen von Widersprüchen zwischen Exploration und Akteninhalt
1.6	Beobachtung des Verhaltens während der Exploration, psychischer Befund, ausführliche Persönlichkeitsbeschreibung
1.7	Überprüfung des Vorhandenseins empirisch gesicherter Risikovariablen (auch der kriminologischen), ggf. unter Anwendung geeigneter standardisierter Prognoseinstrumente
1.8	Indikationsgeleitete Durchführung testpsychologischer Diagnostik (sofern neuere Daten fehlen) unter Beachtung der Validitätsprobleme, die sich aus der forensischen Situation ergeben Indikationsgeleitete Durchführung geeigneter anderer Zusatzuntersuchungen *[Die Formulierung soll das wahllose Anwenden von Testbatterien verhindern. Nur wenn neuere Testdaten fehlen (etwa ab einem Jahr alt), sind neue Testungen angezeigt. Für Prognosegutachten sind die Geeignetheit und die Validität psychologischer Tests von besonderer Bedeutung und müssen im Gutachten dargelegt werden.]*
2	Diagnose und Differenzialdiagnose *[Den Abschluss der Erhebung der Informationen muss aus fachpsychiatrischer Sicht nach durchführter Differenzialdiagnose die Erstellung einer genauen Diagnose bilden.]*
3	Mindestanforderungen bei Abfassung des Gutachtens
3.1	Konkretisierung der Gutachtensfrage aus sachverständiger Sicht, z.B. Rückfall nach Entlassung, Missbrauch einer Lockerung *[Zwar gibt es keine erfahrungswissenschaftlichen Kriterien für die Beurteilung der Fluchtgefahr; davon sind jedoch die Kriterien nicht zu trennen, mit denen die Gefahr des Missbrauchs von Lockerungen zur Begehung neuer Straftaten zu beurteilen sind. Dafür gelten in der Regel die gleichen Maßstäbe wie für die Entlassungsgutachten (3.2. bis 3.5.).]*
3.2	Analyse der individuellen Delinquenz, ihrer Hintergründe und Ursachen (Verhaltensmuster, Einstellungen, Werthaltungen, Motivationen)
3.3	Mehrdimensionale biografisch fundierte Analyse unter Berücksichtigung der individuellen Risikofaktoren a. deliktspezifisch b. krankheits- oder störungsspezifisch c. persönlichkeitsspezifisch

3.4	Abgleich mit dem empirischen Wissen über das Rückfallrisiko möglichst vergleichbarer Tätergruppen (Aufzeigen der Überstimmungen und der Unterschiede)
3.5	Darstellung der Persönlichkeitsentwicklung des Probanden seit der Anlasstat unter besonderer Berücksichtigung der Risikofaktoren, der protektiven Faktoren, des Behandlungsverlaufs und der Angemessenheit (Geeignetheit) der angewandten therapeutischen Verfahren
3.6	Auseinandersetzung mit Vorgutachten
3.7	Prognostische Einschätzung des künftigen Verhaltens und des Rückfallrisikos bzw. des Lockerungsmissbrauchs unter besonderer Berücksichtigung des sozialen Empfangsraums, der Steuerungsmöglichkeiten in der Nachsorge und der zu erwartenden belastenden und stabilisierenden Faktoren (z.B. Arbeit, Partnerschaft)
3.8	Eingrenzung der Umstände, für welche die Prognose gelten soll und Aufzeigen der Maßnahmen, durch welche die Prognose abgesichert oder verbessert werden kann (Risikomanagement)

D. Weiterführende Literatur

Literaturhinweise:

97 Diese Arbeit enthält kein umfangreiches Literaturverzeichnis. Es sei aber auf die Lehrbücher der forensischen Psychiatrie hingewiesen, die ausführliche Literaturhinweise enthalten und insbesondere auf die Lehrbücher des Autors, denen die hier dargestellte Zusammenfassung z.T. entnommen ist.

Foerster, K., & *Dreßing, H.* (Hrsg) (2009). *Psychiatrische Begutachtung: Ein praktisches Handbuch für Ärzte und Juristen* (5. Aufl.) München, Jena: Urban und Fischer.

Göppinger, H., & *Witter, H. H.* (1972). *Handbuch der forensischen Psychiatrie.* Berlin, Heidelberg, New York: Springer.

Kröber, H.-L., *Dölling, D.*, *Leygraf, N.*, & *Saß, H.* (Hrsg), *Handbuch der Forensischen Psychiatrie* (Band 1 2007; Band 2 2010). Heidelberg: Steinkopff Verlag.

Langelüddeke, A., & *Bresser, P. H.* (1976). *Gerichtliche Psychiatrie.* Berlin, New York: Walter de Gruyter.

Nedopil, N. & *Müller, L.J.* (2012). *Forensische Psychiatrie* (4. Auflage). Stuttgart, New York: Thieme.

Nedopil, N. (2005). *Prognosen in der forensischen Psychiatrie – ein Handbuch für die Praxis.* Lengerich: Pabst Science Publisher.

Steller, M., & *Volbert, R.* (1997). *Psychologie im Strafverfahren.* Bern, Göttingen, Toronto, Seattle: Huber.

Wegener, H. (1981). *Einführung in die forensische Psychologie*, Darmstadt: Wissensch. Buchgesellschaft.

Witter, H. (1990). *Unterschiedliche Perspektiven in der allgemeinen und in der forensischen Psychiatrie.* Berlin, Heidelberg, New York, London, Paris, Tokyo, Hongkong: Springer.

Darüber hinaus zitierte Literatur

Boetticher, A., *Dittmann, V.*, *Nedopil, N.*, *Nowara, S.*, & *Wolf, T.* (2009). Zum richtigen Umgang mit Prognoseinstrumenten durch psychiatrische und psychologische Sachverständige und Gerichte. *Neue Zeitschrift für Strafrecht, 9*, 478–480.

Boetticher, A., *Kröber, H.-L.*, *Müller-Isberner, R.*, *Müller-Metz, R.*, & *Wolf, T.* (2006). Mindestanforderungen für Prognosegutachten. *Neue Zeitschrift für Strafrecht, 26*(10), 537–544.

Boetticher, A., *Nedopil, N.*, *Bosinski, H. A. G.*, & *Saß, H.* (2005). Mindestanforderungen für Schuldfähigkeitsgutachten. *Neue Zeitschrift für Strafrecht, 21*, 57–61.

Dahle, K.-P. (2005). *Psychologische Kriminalprognose.* Herbolzheim: Centaurus.

Dittmann, V. (2009). Schuldfähigkeit unter dem Einfluss psychotroper Substanzen. *Rechtsmedizin, 19*(4), 213–218.

Esser, G., *Fritz, A.*, & *Schmidt, M. H.* (1991). Die Beurteilung der sittlichen Reife Heranwachsender im Sinne des Paragraph 105 JGG. *Monatsschrift für Kriminologie und Strafrechtsreform, 74*, 356–368.

Freisleder, F. J. (1996). Rechtsfragen bei Kindern, Jugendlichen und Heranwachsenden. In N. Nedopil (Hrsg), *Forensische Psychiatrie* (S. 50–60). Stuttgart, New York: Thieme.

Freisleder, F. J. (2012). Rechtsfragen bei Kindern, Jugendlichen und Heranwachsenden. In N. Nedopil u. J.L.Müller, (Hrsg), *Forensische Psychiatrie* (3. Aufl., S. 75–83). Stuttgart, New York: Thieme.

Günter, M. (2009). Begutachtung bei Beeinträchtigungen der geistigen Fähigkeiten im Kindes-, Jugend- und Erwachsenenalter. In *K. Foerster* & *H. Dreßing* (Hrsg.), *Psychiatrische Begutachtung: Ein praktisches Handbuch für Ärzte und Juristen* (5. Aufl., S. 295–308). München, Jena: Urban und Fischer.

Haddenbrock, S. (2003). Das rechtliche Schuldprinzip in wissenschaftlich-anthropologischer (= global akzeptabler) Sicht. *Goltdammers's Archiv für Strafrecht, 150,* 503–574.

Jansen, G. (2011). Zeuge und Aussagepsychologie (2. Aufl.). Heidelberg: C.F. Müller.

Janzarik, W. (1972). Foschungsrichtungen und Lehrmeinungen in der Psychiatrie: Geschichte, Gegenwart, forensische Bedeutung. In *H. Göppinger* & *H. Witter* (Hrsg.), *Handbuch der Forensischen Psychiatrie.* (S. 588–662). Berlin, Heidelberg, New York: Springer.

Konrad, N., & *Rasch, W.* (1992). Zur psychiatrischen Beurteilung forensisch relevanter Rauschzustände. *Forensia Jahrbuch, 3,* 166–177.

Kröber, H.-L. (1996). Kriterien der verminderten Schuldfähigkeit nach Alkoholkonsum. *Neue Zeitschrift für Strafrecht, 16,* 569–576.

Krümpelmann, J. (1990). Die strafrechtliche Schuldfähigkeit bei Affekttaten. *R & P, 8,* 150–157.

Lammel, M. (2010). Schuldfähigkeit bei Intelligenzminderung (»Schwachsinn«). In *H.-L. Kröber, D. Dölling, N. Leygraf* & *H. Saß* (Hrsg.), *Handbuch der Forensischen Psychiatrie* (Band 2, S. 372–442). Heidelberg: Steinkopff Verlag.

Langelüddeke, A. (1950). *Gerichtliche Psychiatrie.* Berlin: de Gruyter.

Leferenz, H. (1972). Die Kriminalprognose. In *H. Göppinger* & *H. Witter* (Hrsg.), *Handbuch der Forensischen Psychiatrie.* (S. 1347–1384.). Berlin, Heidelberg, New York: Springer.

Lenckner, T. (1972). Strafe, Schuld und Schuldfähigkeit. In *H. Göppinger* & *H. Witter* (Hrsg.), *Handbuch der Forensischen Psychiatrie.* (S. 3–286). Berlin, Heidelberg, New York: Springer.

Maatz, K.-R., & *Wahl, B.* (2001). Die Verminderung der Schuldfähigkeit infolge Alkoholisierung. In *K. Geiß, K. Nehm* & *H. E. Brander* (Hrsg.), *Festschrift aus Anlass des 50jährigen Bestehens von Bundesgerichtshof, Bundesanwaltschaft und Rechtsanwaltschaft beim Bundesgerichtshof.* Köln: Heymanns.

Marneros, A. (2006). *Affekttaten und Impulstaten – Forensische Beurteilung von Affektdelikten.* Stuttgart: Schattauer.

Mende, W. (1986). Die affektiven Störungen. In *U. Venzlaff* (Hrsg.), *Psychiatrische Begutachtung.* Stuttgart, New York: Fischer.

Mitchel, B. (1997). Putting diminished responsibility law into practice: a forensic psychiatric perspective. *Journal of Forensic Psychiatry, 8,* 620–634.

Nedopil, N. (2005). *Prognosen in der forensischen Psychiatrie – ein Handbuch für die Praxis.* Lengerich: Pabst Science Publisher.

Pittrow, L., & *Saß, H.* (1994). Epilepsie und Dämmerzustand bei motivisch unklaren Delikten. *Monatsschrift für Kriminologie und Strafrechtsreform, 77,* 82–88.

Rasch, W. (1964). *Tötung des Intimpartners.* Stuttgart: Enke.

Rasch, W. (1986). *Forensische Psychiatrie.* Stuttgart: Kohlhammer.

Roth, G. (2003). *Aus Sicht des Gehirns.* Frankfurt: Suhrkamp.

Saß, H. (1983). Affektdelikte. *Nervenarzt, 54,* 557–572.

Saß, H. (1991). Forensische Erheblichkeit seelischer Störungen im psychopathologischen Referenzsysstem. In *H. Schütz, H.-J. Kaatsch* & *H. Thomsen* (Hrsg.), *Medizinrecht, Psychopathologie, Rechtsmedizin.* (S. 266–281). Berlin, Heidelberg, New York: Springer-Verlag.

Schepker, R. (2010). Juristische Terminologie zur Schuldfähigkeit. In *F. Häßler, W. Kinze* & *N. Nedopil* (Hrsg.), *Praxishandbuch Forensische Psychiatrie des Kindes-, Jugend- und Erwachsenenalters* (S. 89–91). Berlin: Medizinisch Wissenschaftliche Verlagsgesellschaft.

Singer, W. (2003). *Ein neues Menschenbild.* Frankfurt: Suhrkamp.

Steadman, H. J. (1973). Follow-up on Baxstrom patients returned to hospitals for the criminal insane. *Am.J.Psychiatry, 130,* 317–319.

Stompe, T., & *Schanda, H.* (Hrsg). (2010). *Der freie Wille und die Schuldfähigkeit.* Berlin: Medizinisch wissenschaftliche Verlagsgesellschaft.

Streng, F. (2008). Der Einfluss von Alkohol und Drogen auf Tatbestandserfüllung, Schuldfähigkeit und Strafe. In *Strafrechtswissenschaften Theorie und Praxis. Festschrift für Anna Benakis* (S. 594–620).

Thornberry, T., & *Jacoby, J.* (1979). *The criminally insane: A community follow-up of mentally ill offenders.* Chicago: University of Chicago Press.

Venzlaff, U. (1994). Über zweiphasig ablaufende Affekttaten. In H. Saß (Hrsg), *Affektdelikte* (S. 147–162). Berlin, Heidelberg, New York: Springer.

Webster, C. D., *Müller-Isberner, R.*, & *Fransson, G.* (2002). *Violence risk assessment: Using structured clinical guides professionally.* International Journal Of Forensic Mental Health, 1, 185–193.

Wegener, H. (1981). *Einführung in die forensische Psychologie*, Darmstadt: Wissensch. Buchgesellschaft.

Wolf, T., & *Nedopil, N.* (2005). Rechtliche Grundlagen. In *N. Nedopil* (Hrsg), *Prognosen in der forensischen Psychiatrie – ein Handbuch für die Praxis* (S. 19–41). Lengerich: Pabst Science Publisher.

Kapitel 39 Aussagepsychologische Begutachtung

Übersicht

A. Grundlagen

1 Seit den 1950er Jahren stellt die Beurteilung des Realitätsgehaltes von Zeugenaussagen ein wesentliches Gebiet psychologischer Sachverständigentätigkeit im Strafrecht dar. Es besteht umfangreiche Rechtsprechung dazu, bei welchen Fallkonstellationen Gerichte und Staatsanwaltschaften gehalten sind, aussagepsychologische Sachverständige hinzuzuziehen. Die Notwendigkeit der Einholung aussagepsychologischer Gutachten besteht demnach grundsätzlich dann, wenn davon auszugehen ist, dass die Sachkunde des Richters – dessen ureigenste Aufgabe die Beurteilung der Glaubhaftigkeit von Zeugenaussagen grundsätzlich ist – im besonderen Fall hierfür nicht ausreicht, sondern dass es einer besonderen Sachkunde zur Einschätzung der Glaubhaftigkeit der Angaben bedarf. Ganz allgemein lässt sich feststellen, dass Glaubhaftigkeitsgutachten in der Regel dann hinzugezogen werden, wenn eine Aussage-gegen-Aussage-Konstellation vorliegt, also in Fällen, bei denen die zu beurteilende Zeugenaussage von einem fraglichen »Opferzeugen« vorgetragen wird, der oder die Beschuldigte die Inkrimination aber ganz oder teilweise bestreitet. Am häufigsten werden aussagepsychologische Gutachten daher bei Sexualstraftaten (Aussagen von Kindern über fragliche sexuelle Missbrauchshandlungen/Angaben von Jugendlichen oder Erwachsenen z.B. zu Vergewaltigungsdelikten), seltener auch beim Verdacht der Kindesmisshandlung in Auftrag gegeben.[1] Eine detaillierte Übersicht zur Rechtsprechung des BGH zu Begutachtungsanlässen und einzelnen Aspekten aussagepsychologischer Gutachten findet sich bei *Jansen*.[2]

1 *Steller* (2008), S. 151 ff.
2 *Jansen* (2022), S. 22 ff.

I. Historisches

2 Die Psychologie der Zeugenaussage stellt eines der ältesten Gebiete der Angewandten Psychologie dar. Glaubhaftigkeit und Gerichtsverwertbarkeit von Zeugenaussagen stehen seit über 100 Jahren im Interesse der forensisch-psychologischen Forschung. In der Frühphase der Aussagepsychologie, etwa ab 1900, wurde versucht, sich mit Laborexperimenten den Konstrukten der Aussagegenauigkeit und der Aussagetüchtigkeit zu nähern, wobei der Fokus deutlich auf der Einschätzung der allgemeinen Glaubwürdigkeit bestimmter Zeugengruppen – insbesondere Frauen und Kinder – lag.

3 Dieser persönlichkeitsorientierte Ansatz hat seit den 1950er Jahren insbesondere durch *Undeutsch*[3] einen grundlegenden Wandel erfahren, der forderte, nicht mehr die allgemeine Glaubwürdigkeit der Aussageperson in den Vordergrund zu stellen, sondern die Beurteilung der Glaubhaftigkeit ihrer konkreten Zeugenaussage. Darüber hinaus formulierte er die so genannte Undeutsch-Hypothese dahingehend, »dass Aussagen über selbst erlebte Ereignisse sich in ihrer inhaltlichen Qualität von Aussagen unterscheiden, die nicht auf selbst erlebten Vorgängen beruhen.«[4]

4 *Köhnken*[5] führt dazu aus, dass Falschaussagen wesentlich eher durch situative Momente bestimmt werden als durch Persönlichkeitsfaktoren, nachdem ein zwar grundsätzlich »ehrlicher« Zeuge mit einwandfreiem Leumund durchaus in die Verlegenheit geraten kann, zu lügen, ebenso wie eine für notorisches Lügen bekannte Aussageperson zu einem bestimmten Sachverhalt wahrheitsgetreu aussagen kann. Dementsprechend fokussierte die aussagepsychologische Forschung seit den 1970er Jahren nicht mehr auf Persönlichkeitsmerkmale etwaiger kritischer Zeugengruppen, sondern auf die Validierung konkreter Aussagemerkmale, die eine Differenzierung zwischen erlebnisbegründeten Aussagen und Falschbezichtigungen ermöglichen sollten.

5 Die bis dato vorliegenden Merkmalssysteme von *Undeutsch*, *Arntzen*, *Trankell*, sowie *Szewczyk* und *Littmann*, die sich in einer Vielzahl von Merkmalen überschnitten, wurden 1989 von *Steller & Köhnken*[6] integriert und zu einem Merkmalssystem von 19 Einzelmerkmalen zusammengefasst. Diese »Integrative Kriteriologie« von *Steller & Köhnken* war seither Gegenstand zahlreicher Validierungsuntersuchungen, sowohl in Form von Feld- als auch Simulationsstudien an verschiedensten Probanden (u.a. Kinder unterschiedlicher Altersgruppen, erwachsene Frauen, Probanden mit kognitiven Einschränkungen), deren Ergebnisse überwiegend die Undeutsch-Hypothese untermauerten, die somit laut *Greuel*[7] bzw. *Steller*[8] grundsätzlich als belegt angesehen werden kann.

6 Die aussagepsychologische Forschung darf dabei jedoch nicht als losgelöst von anderen psychologischen Forschungsgebieten gesehen werden. Im Gegenteil fanden seit Beginn der 1970er Jahren bedeutsame Entwicklungen in der Grundlagenforschung der kognitiven Psychologie, insbesondere auf den Gebieten der Wahrnehmungs- und Gedächtnisforschung, aber auch im Rahmen der Kommunikations- und Sozialpsychologie statt, die in die Psychologie der Zeugenaussage Eingang fanden,[9] sodass heute von einem gedächtnistheoretisch fundierten Modell der Glaubhaftigkeit von Zeugenaussagen ausgegangen wird.[10] Flankiert wird dies durch Forschungsergebnisse auf der neurobiologischen Ebene zur Konsolidierung von Gedächtnisinhalten, auch unter emotionaler Belastung.[11]

7 Die aktuelle Phase der Aussagepsychologie seit den 1990er Jahren wird von *Greuel* als Integrationsphase bezeichnet, in der der in den Jahren zuvor erworbene Erkenntnisstand integriert, bewährte

3 *Undeutsch* (1967), S. 26 ff.
4 *Steller, Wellershaus & Wolf* (1992), S. 151.
5 *Köhnken* (1990).
6 *Steller & Köhnken* (1989).
7 *Greuel* et. al. (1998), S. 144.
8 *Steller* (2008), S. 301 ff.
9 Vgl. *Greuel* (2001), S. 59 ff.
10 *Fiedler & Schmid* (1999), S. 5 ff.
11 *Pfundmair & Gamer* (2023).

diagnostische Konzepte theoretisch fundiert und begutachtungsrelevante Konstrukte konzeptionell differenziert und daraus »integrative diagnostische Strukturmodelle« entwickelt werden sollen.[12]

II. Gegenstand der aussagepsychologischen Begutachtung

Gegenstand der aussagepsychologischen Begutachtung ist demnach die Beurteilung der Erlebnisfundierung einer konkret vorliegenden Zeugenaussage zu einem spezifischen inkriminierten Sachverhalt. 8

Die tatsächlich erlebnisfundierte Zeugenaussage stellt eine Form der Gedächtnisleistung dar, bei der der Zeuge ein Ereignis wahrnehmen, d.h. beobachten bzw. direkt erfahren, im so genannten episodischen Gedächtnissystem enkodieren und bei späterer Gelegenheit abrufen muss. Von Seiten der Grundlagenforschung erfolgte eine umfassende Auseinandersetzung mit Faktoren, die diesen Gedächtnisprozess in seinen verschiedenen Stadien bestimmen, ihn fördern, aber auch beeinträchtigen können. Die Grundlagenforschung liefert darüber hinaus Erkenntnisse über die spezifische Struktur tatsächlicher episodischer und autobiographischer Erinnerungen sowie zu deren Verlauf über die Zeit. Die hieraus gewonnenen Erkenntnisse sind u.a. entscheidend für die Beurteilung der Frage, ob etwa Inkonstanzen oder Unstimmigkeiten bei Zeugenaussagen als »normale« Vergessensprozesse oder Erinnerungsunsicherheiten eingestuft werden können oder ob gedächtnistheoretisch nicht hinreichend nachvollziehbare Widersprüche vorliegen, die in Bezug auf die Glaubhaftigkeit der Angaben kritisch gesehen werden müssen. 9

Demgegenüber wird aber auch eine Falschaussage als komplexe kognitive Leistung verstanden, bei der der Zeuge allerdings nicht auf selbst erlebte Inhalte zurückgreifen kann, sondern auf der Basis seines Alltagswissens aus dem so genannten semantischen Gedächtnissystem eine Falschbezichtigung konstruieren muss. *Volbert*[13] hat ausgeführt, welche kognitiven Anforderungen der falschaussagende Zeuge zu bewältigen hat: 10

Er muss: 11
- In der Lage sein, eine möglichst umfassende, detaillierte, komplexe, in sich widerspruchsfreie Aussage zu konstruieren,
- ein hohes Maß an gedanklicher Flexibilität aufweisen, um die erfundene Aussage auf Nachfragen hin jederzeit stimmig ergänzen zu können,
- die Aussage über lange Zeiträume im Gedächtnis behalten, ohne sich über die Zeit in Widersprüche zu verwickeln,
- in Vernehmungssituationen seine Täuschungsabsicht verheimlichen.

Unter sozialpsychologischem Aspekt kommt hinzu, dass der falsch aussagende Zeuge versuchen wird, sich im Sinne einer strategischen Selbstpräsentation als möglichst glaubwürdige, vertrauenswürdige Person darzustellen. Auch diese Selbstpräsentationsstrategien müssen letztlich kognitiv umgesetzt und während der Aussage vom Zeugen aufrechterhalten werden. 12

Auch muss bei der Beurteilung der Täuschungskompetenz das fallbezogene Vorwissen des Zeugen zum fraglichen Deliktsbereich beurteilt werden, also inwiefern die aussagende Person Zugang zu Fremdquellen hatte. Dies können anderweitige gleichgelagerte Erfahrungen sein, aber auch Berichte Dritter oder mediale Quellen, hier insbesondere auch soziale Medien.

Es muss demnach im Rahmen eines aussagepsychologischen Gutachtens fallspezifisch beurteilt werden, ob der Zeuge auf der Basis seiner kognitiven Kompetenz und seines Vorwissens dazu in der Lage wäre, die von ihm getätigte Zeugenaussage in der festgestellten inhaltlichen Qualifizierung auch ohne Erlebnisfundierung vorzubringen. 13

12 *Greuel* (1997), S. 154 (158).
13 *Volbert* (2008, 1).

14 *Steller*[14] führt dazu aus, dass die aussagepsychologische Begutachtungsmethodik im Wesentlichen beinhaltet, dass die »inhaltliche Qualität verfahrensrelevanter Bekundungen mit der Kompetenz des Aussagenden in Vergleich gesetzt wird. Dieser »Qualitäts-Kompetenz-Vergleich« ermöglicht eine Schlussfolgerung darüber, ob die Aussageperson in der Lage wäre, das Ausgesagte in der vorliegenden Form auch ohne Erlebnisfundierung zu produzieren«. Ein aussagekräftiger Qualitäts-Kompetenz-Vergleich ergibt sich jedoch nur, wenn potenzielle Einflussgrößen auf die Zeugenaussage interpretativ berücksichtigt werden, z.B. denkbare Fremdeinflüsse oder aber Falschaussagemotivationen des Zeugen.

B. Die aussagepsychologische Konstrukttrias

15 Um den von *Steller* geforderten Qualitäts-Kompetenz-Vergleich unter Berücksichtigung möglicher moderierender Einflussgrößen vornehmen zu können, werden im Rahmen der aussagepsychologischen Begutachtung drei grundlegende Bereiche diagnostisch untersucht, und zwar die Aussagetüchtigkeit des Aussagenden unter Einbeziehung spezifischer Kompetenzmerkmale, die Aussagevalidität, sprich die Zuverlässigkeit der Angaben unter dem Aspekt möglicher verzerrender Einflüsse sowie die Aussagequalität bzw. die inhaltliche Qualifizierung der Belastungsaussage.

I. Aussagetüchtigkeit und Aussagekompetenz

16 Die Aussagetüchtigkeit bezieht sich grundsätzlich auf die Fähigkeiten einer Person, einen Sachverhalt zuverlässig wahrzunehmen und im episodischen Gedächtnis zu speichern, die enkodierten Inhalte in dem zwischen dem Geschehen und der Befragung liegenden Zeitintervall im Gedächtnis zu behalten, die Gedächtnisinhalte abzurufen und in einer Befragungssituation zu verbalisieren, sowie tatsächlich Erlebtes von Inhalten anderen Ursprungs abzugrenzen.[15]

1. Grundvoraussetzungen der Aussagetüchtigkeit

17 *Volbert*[16] hat hierzu noch Erweiterungen vorgenommen, die die spezifischen Anforderungen der forensischen Befragungssituation mit einbeziehen. Demnach umfassen die **Grundvoraussetzungen** der Aussagetüchtigkeit die

18 (1) Adäquate Situationswahrnehmung:

Die Frage nach der Situationswahrnehmung berührt einerseits die grundlegenden Wahrnehmungsfähigkeiten des Zeugen auf der sensorischen Ebene (Visus, Gehör etc.), aber auch spezifische Situationsbedingungen (Lichtverhältnisse, Wahrnehmbarkeit des Beschuldigten z.B. bei überfallartigen oder Turbulenzgeschehen, etwa Schlägereien). Ebenso relevant sind Einschränkungen der Wahrnehmungsfähigkeiten etwa aufgrund des Einflusses psychotroper Substanzen beim Zeugen.

Darüber hinaus kann die Situationswahrnehmung durch psychische Erkrankungen eingeschränkt werden, hier insbesondere durch wahnhaftes Erleben im Rahmen von Psychosen zum fraglichen Tatzeitpunkt, aber auch durch dissoziative Symptome wie Depersonalisation oder Derealisation. In diesen Fällen besteht ein erhöhtes Risiko, dass das fragliche Tatgeschehen nicht ausreichend detailliert oder zuverlässig enkodiert, das heißt im Gedächtnis abgespeichert werden konnte.

19 (2) Speicherung von Gedächtnisinhalten über längeren Zeitraum

In der Regel liegen zwischen dem Ausgangsereignis und späteren forensischen Befragungen längere Zeiträume, die unmittelbare Sofortaussage stellt zumindest im Bereich des sexuellen Kindesmissbrauchs eher die Ausnahme dar. Aber auch im Fall einer sofortigen Ersteinlassung – häufiger etwa bei Vergewaltigungsdelikten – umfasst der Zeitraum von der Anzeigenerstattung bis zur Erstellung

14 *Steller* (2008), S. 301 ff.
15 *Greuel* et al. (1998), S. 78.
16 *Volbert* (2005), S. 242.

eines Gutachtens oder einer eventuellen Hauptverhandlung meist mehrere Monate, bei Nicht-Haftsachen oft auch ein bis zwei Jahre. In Fällen des sexuellen Missbrauchs von Kindern treten nicht selten Zeitintervalle von mehreren Jahren zwischen der Inkrimination und der Aufnahme der Ermittlungen zutage. Nicht zuletzt hat der Gesetzgeber die Verjährungsfristen für sexuellen Missbrauch wiederholt verlängert, so dass nach gegenwärtigem Stand eine Anzeigenerstattung bis zum 51. Geburtstag der Betroffenen möglich ist. Insofern muss der Zeuge in der Lage sein, Gedächtnisinhalte über lange Zeiträume hinreichend zuverlässig und detailliert im Gedächtnis zu bewahren.

(3) Angemessenes Quellenmonitoring 20

Unter Quellenmonitoring wird die Fähigkeit des Zeugen verstanden, Gedächtnisinhalte hinreichend zuverlässig den zugrunde liegenden Quellen zuzuweisen, also über den reinen Erinnerungsabruf hinaus auch zu beurteilen, woher die jeweilige Information stammt. Hierbei sollte der Zeuge in der Lage sein, sowohl verschiedene externale Quellen zu differenzieren (z.B., welche inkriminierten Handlungen sich unter welchen Kontextbedingungen ereignet haben/welche Handlungen ggf. verschiedenen Beschuldigten zuzuweisen sind/von welcher Person wurden welche Inhalte in Gesprächen geäußert etc.), als auch internale von externalen Quellen zu unterscheiden. Letzterer Prozess wird auch als Realitätsüberwachung (reality monitoring) bezeichnet und umfasst die Befähigung des Zeugen, mental generierte Inhalte wie Fantasien, Vorstellungsbilder oder Trauminhalte von real erlebnisbegründeten Inhalten zu differenzieren.

(4) Weitgehend selbstständiger Abruf von Gedächtnisinhalten 21

Der vom Zeugen selbstständig getätigte freie Bericht hat sich in einer Vielzahl von Untersuchungen als die zuverlässigste Form der Aussage erwiesen, die eine vergleichsweise geringe Fehleranfälligkeit aufweist. Gleiches gilt für Antworten des Zeugen auf offen gehaltene Fragen. Um eine beurteilbare Zeugenaussage zu erhalten, ist es daher unerlässlich, dass der Zeuge zumindest basal dazu in der Lage ist, Erinnerungsinhalte selbstständig bzw. auf offene Fragen hin abzurufen. Ist ein Zeuge hierzu nicht oder nur sehr eingeschränkt in der Lage, wird die Befragung zwangsläufig eher durch den Befrager als den Erinnerungsprozess des Zeugen gesteuert, sodass die berichteten Inhalte im Rahmen der kriterienorientierten Aussagenanalyse u.U. nur eingeschränkt interpretierbar sind.

Weiterhin nimmt *Volbert* Bezug auf die **Besonderheiten der forensischen Befragungssituation**, die an den Zeugen ebenfalls spezifische Anforderungen stellt. 22

Diese umfassen die Fähigkeit des Zeugen, für Dritte nachvollziehbare Schilderung zu produzieren: 23

(1) Sprachliches Ausdrucksvermögen 24

Der Zeuge muss dazu in der Lage sein, sich verständlich zu artikulieren und einen Sachverhalt hinreichend nachvollziehbar zu verbalisieren und zu beschreiben.

(2) Vorhandensein von Kontrollmöglichkeiten gegenüber suggestiven Einflüssen 25

Dieser Punkt umfasst die Befähigung des Zeugen, von außen an ihn heran getragene Inhalte – z.B. bei Vorhaltfragen – zunächst für sich als zutreffend oder nicht zutreffend zu klassifizieren und dies in der Befragungssituation auch zu artikulieren. Auch sollte der Zeuge dazu in der Lage sein, in vorangegangenen Befragungen eventuell erfolgte Vorhalte nicht in spätere Angaben zu übernehmen.

(3) Beherrschung relevanter kommunikativer Kompetenzen 26

Dies umfasst einerseits das Sprach- und Frageverständnis des Zeugen, aber auch weitere Faktoren wie z.B. seine Bereitschaft, Missverständnisse in der Kommunikationssituation kenntlich zu machen und auszuräumen.

Darüber hinaus nennt *Volbert* quasi als Metafunktion die **Einsicht in die Notwendigkeit valider Angaben** und eine damit einhergehende Zuverlässigkeitsmotivation des Zeugen. Der Zeuge muss sich darüber im Klaren sein, dass sich die forensische Befragungssituation von anderen Kommunikationssituationen dahingehend abhebt, dass hier bestimmte Regeln – sprich die Zeugenpflicht, vollständige 27 und wahrheitsgetreue Angaben zu machen – gelten und dass es auf eine möglichst zuverlässige Aussage seinerseits ankommt. Dies muss der Zeuge sich auch während der Befragung vergegenwärtigen, sodass er einerseits entsprechende Erinnerungsbemühungen anstellt, um seine Gedächtnisinhalte möglichst vollständig abzurufen, andererseits aber Erinnerungskritik walten lässt, um Unsicherheiten oder Erinnerungslücken kenntlich zu machen und Erinnerungsfehler zu minimieren.

28 Aussagetüchtigkeit ist demnach nicht zu verstehen als eine aus mehreren Einzelaspekten bestehende zeitüberdauernde Eigenschaft einer Person, sondern vielmehr als eine Interaktion aus kognitiven Fähigkeiten, Erinnerungsaufgabe und Erhebungssituation.[17] *Volbert*[18] führt dementsprechend aus, dass eine Person damit für einen bestimmten Sachverhalt als aussagetüchtig gelten kann, während sie zeitgleich für einen anderen Sachverhalt (der z.B. außerhalb ihrer Gedächtnisspanne liegt) keine ausreichende Aussagetüchtigkeit aufweist.

29 Für die weitergehende Beurteilung der Zeugenaussage ist die Bejahung der Aussagetüchtigkeit als Grundvoraussetzung zu verstehen, während ein Verneinen der Aussagetüchtigkeit oder mehrerer relevanter Teilaspekte derselben zur Konsequenz haben wird, dass die Zeugenaussage als nicht gerichtsverwertbar eingestuft wird.

2. Beeinträchtigungen der Aussagetüchtigkeit

30 *Volbert & Lau*[19] gehen auf verschiedene Konstellationen ein, bei denen Beeinträchtigungen der Aussagetüchtigkeit vorliegen.

a) Entwicklungspsychologisch bedingte Beeinträchtigungen

31 Studien zur Gedächtnisentwicklung[20] zeigen, dass bereits Kinder im Alter von 2–4 Jahren Ereignisse wahrnehmen und auch über längere Zeiträume behalten können. Jedoch liegen bei Kindern dieser Altersgruppe noch erhebliche Schwierigkeiten vor, Gedächtnisinhalte selbstständig abzurufen und korrekte Quellenzuordnungen vorzunehmen, auch weist das sprachliche Ausdrucksvermögen noch sehr hohe Varianz auf. Das methodische Vorgehen bei derartigen entwicklungspsychologischen Studien beinhaltet in der Regel, dass kindliche Probanden zu Unternehmungen eingeladen und nach verschiedenen Zeitabständen hierzu befragt werden, wobei aber – im Gegensatz zur forensischen Befragungssituation – das Ausgangsereignis bekannt ist oder zumindest feststeht, dass diesbezüglich Erlebnisfundierung besteht.

32 Im Rahmen einer Zeugenaussage muss jedoch über Ereignisse berichtet werden, bei denen die Erlebnisgrundlage keineswegs gesichert ist und bei denen auch keine Beobachter anwesend waren, was das Risiko, dass spezifische Fragen oder Detailfragen zu Suggestionseffekten bzw. inhaltlichen Aussageverzerrungen führen, deutlich erhöht.

33 Insofern lassen die experimentellen Belege für vergleichsweise gute autobiografische Erinnerungsleistungen bei Kleinkindern nicht den Rückschluss zu, dass Kinder dieser Altersgruppe auch forensisch verwertbare Angaben machen können. Ein weiteres Problem stellt die in diesem Alter noch begrenzte Gedächtnisspanne dar, sodass Kleinkinder bei zeitnahen Befragungen teils noch ausreichend detaillierte und zuverlässige Angaben machen können, nach längeren Zeitabständen dann aber nicht mehr zu einer forensisch adäquaten Sachverhaltsschilderung in der Lage sind. Hinzu kommt die in dieser Altersgruppe noch deutlich erhöhte Anfälligkeit für Suggestionseffekte im Rahmen von Befragungen.

34 Grundsätzlich lässt sich feststellen, dass Aussagetüchtigkeit bei Kindern etwa ab 4 Jahren gegeben sein kann, wobei Kinder ab dem Alter von ca. 5–6 Jahren zu umfassenderen freien Berichten in der Lage sind. Entscheidend ist hier zudem die Frage der Gedächtnisspanne, also der Frage, wie

17 *Volbert & Steller* (1998).
18 *Volbert* (2005), S. 242 ff.
19 *Volbert & Lau* (2008), S. 289 ff.
20 Z.B. *Fivush, Haden & Adam* (1995), S. 32 ff.

weit das autobiographische Erinnerungsvermögen zurückreicht. *Volbert & Dahle*[21] führen aus, dass Kinder sich im Alter von 4–5 Jahren etwa eineinhalb Jahre zurück erinnern können, während die Gedächtnisspanne 8–9jähriger Kinder bei 5–6 Jahren liegen kann.

Derartige Altersangaben können jedoch nur als Orientierung gelten und dürfen aufgrund der hohen Varianz kindlicher Entwicklungsverläufe nicht als starre Altersgrenzen verstanden werden. Im Extremfall kann ein hochbegabtes 4-jähriges Kind eine detailliertere und zuverlässigere Aussage abgeben als ein 7-jähriges Kind mit erheblichen Entwicklungsverzögerungen, sodass die Aussagetüchtigkeit letztlich immer fallspezifisch beurteilt werden muss.

b) Psychopathologisch bedingte Beeinträchtigungen der Aussagetüchtigkeit

Während die Aussagetüchtigkeit bei psychisch gesunden Erwachsenen prinzipiell vorausgesetzt werden kann, führt das Vorhandensein psychopathologischer Auffälligkeiten häufig zu Zweifeln an der Aussagetüchtigkeit der Aussageperson. *Volbert & Lau*[22] führen aus, dass mögliche Folgen psychischer Erkrankungen sich in einem »Zuviel« oder »Zuwenig« an Aussage manifestieren können, d.h., dass tatsächliche Erlebnisse nicht erinnert oder dass nicht stattgefundene Ereignisse behauptet werden. 35

Lau, Böhm & Volbert[23] unterscheiden drei prinzipielle Möglichkeiten, die sich bei der Beurteilung der Aussagetüchtigkeit von Zeugen mit psychischen Störungen ergeben. Demnach liegt eine **dauerhafte Aufhebung der Aussagetüchtigkeit** vor, wenn »psychopathologische Störungen mit überdauernden gravierenden Einbußen der aussagerelevanten kognitiven Kompetenzmerkmale einhergehen«, wie dies beispielsweise bei schweren geistigen Behinderungen, Demenz, aber auch bei schweren chronischen organischen Psychosen der Fall sein dürfte. Bei anderen potenziellen Einschränkungen wie Substanzkonsum zum fraglichen Tatzeitpunkt oder dem Vorliegen von dissoziativem Erleben muss jeweils fallspezifisch beurteilt werden, wie ausgeprägt die jeweiligen Einschränkungen ausfielen und wie sich diese konkret auf den Detaillierungsgrad der Angaben auswirken. Eine **vorübergehende Aufhebung der Aussagetüchtigkeit** analog zur Vernehmungsunfähigkeit sei hingegen anzunehmen, wenn sich der Zeuge z.B. zum Zeitpunkt der Befragung in einem akut psychotischen Zustand befinde oder aber bei akuten Intoxikationen. Weiterhin kann auch beim Vorliegen psychopathologischer Symptome die **Aussagetüchtigkeit erhalten** sein (etwa beim Vorliegen reiner Verhaltensstörungen). *Lau*[24] schlägt daher einen zweistufigen diagnostischen Prozess vor, dahingehend, zunächst abzuklären, ob überhaupt ein psychopathologisches Störungsbild vorliegt, und dann in einem zweiten Schritt zu entscheiden, ob das konkret vorliegende Störungsmuster die aussagerelevanten Kompetenzen tatsächlich beeinträchtigt. 36

c) Intelligenzminderungen

Greuel et al.[25] führen zur Aussagetüchtigkeit von Personen mit kognitiven Defiziten aus: »Während ... die Wahrnehmungsfähigkeiten geistig behinderter Personen eher nicht beeinträchtigt sind, kann es bei Gedächtnisleistungen zu Beeinträchtigungen kommen, indem diese weniger vom Sinngehalt des Gesamtgeschehens bestimmt werden, sondern eher ein von situationalen bzw. subjektiven Gegebenheiten bestimmtes Festhalten bestimmter Einzelheiten erfolgt, was jedoch eher zu einem Auslassen als zu einem Hinzufügen einzelner Erlebnisaspekte führt. Mit den intellektuellen Einschränkungen geht in der Regel auch eine Einschränkung der sprachlichen Fähigkeiten einher, so dass häufig nur knappe, wenig detailreiche Aussagen gewonnen werden können. Eine erhöhte Anfälligkeit gegenüber suggestiven Einflüssen kann - muss aber nicht - bei geistig behinderten Personen ebenfalls vorliegen, möglicherweise aufgrund sozialer Lernprozesse, bei denen geistig behinderte Personen erfahren haben, 37

---

21 *Volbert & Dahle*, 2010, S. 24 ff.
22 *Volbert & Lau* (2008), S. 289 ff.
23 *Lau, Böhm & Volbert* (2005, zitiert bei *Volbert & Lau*, 2008), S. 289 ff.
24 *Lau* (2004).
25 *Greuel et. al.* (1998).

dass ihre kognitiven Leistungen geringer sind als die anderer und Anpassung an die Vorgaben anderer daher vor Bloßstellungen schützen kann. Andererseits ist zu bedenken, dass gerade die geringer ausgebildete Fähigkeit zu gedanklicher Weiterverarbeitung und produktiver Phantasietätigkeit bei Vermeidung suggestiver Einflüsse dazu beiträgt, dass geistig behinderte Personen weniger zu Verfälschungen, Ergänzungen oder Veränderungen von Erlebnissen neigen.«

Auch *Volbert* & *Lau*[26] äußern sich dahingehend, dass auch Zeugen mit unterdurchschnittlicher Intelligenz in der Regel dazu in der Lage sind, Aussagen über für sie relevante Ereignisse zu tätigen. Die Aussageleistung liege in Bezug auf Vollständigkeit und Genauigkeit aber vermutlich unter dem, was von normalbegabten Zeugen zu erwarten sei. Von einer dauerhaft aufgehobenen Aussagetüchtigkeit sei jedoch nur bei schweren geistigen Behinderungen auszugehen, hier seien die Kognitiven Funktionen bis zur Unfähigkeit, Ereignisse konstant zu erinnern oder schildern, gemindert.

Weitere Forschungsergebnisse (*Loohs*, 2013)[27] zur autobiographischen Erinnerungsleistung von Probanden mit Lernbehinderung und Intelligenzminderung zeigen, dass gerade in diesem aussagerelevanten Bereich sehr hohe Varianz besteht, und dass der IQ nicht als verlässlicher Prädiktor für den Detaillierungsgrad autobiographischer Erinnerungen angesehen werden kann. Hingegen zeigen sich bei intelligenzgeminderten Probanden teils autobiographische Erinnerungsleistungen, die denen normalbegabter Probanden vergleichbar sind, während diese bei anderen Probanden mit vergleichbarem IQ deutlich herabgesetzt ausfallen. Insofern muss dieser Punkt fallspezifisch beurteilt werden.

3. Kompetenzanalyse

38 Die Kompetenzanalyse geht hingegen über die bloße Beurteilung der Grundvoraussetzungen der Aussagetüchtigkeit hinaus und ist im Rahmen der aussagepsychologischen Begutachtung unerlässlich, um die inhaltliche Qualifizierung der zur Frage stehenden Zeugenaussage im Rahmen des bereits genannten Qualitäts-Kompetenz-Vergleichs adäquat beurteilen zu können.

39 Die inhaltliche Qualität einer Zeugenaussage wird grundsätzlich von verschiedenen Faktoren determiniert. Zu berücksichtigen sind hierbei:

- Zeit- und Altersfaktoren, d.h. das Alter des Zeugen zum fraglichen Tatzeitpunkt bzw. im fraglichen Tatzeitraum sowie das Alter des Zeugen zum Aussagezeitpunkt, damit einhergehend das Zeitintervall zwischen inkriminiertem Geschehen und Zeugenaussage
- Ereignisfaktoren hinsichtlich der Art des zur Frage stehenden Ereignisses (singulär vs. fortgesetzt/ Intensitätsgrad und Dauer der behaupteten Handlungen)
- Faktoren der Aussageperson (verbales Ausdrucksvermögen, knapper vs. elaborierter Berichtsstil, Leistungsvermögen der Person im Bereich des autobiografischen Erinnerns, mögliche psychische Belastung zum Aussagezeitpunkt, motivationale Faktoren)
- Faktoren der Befragungssituation (Gestaltung günstiger vs. ungünstiger Umgebungsbedingungen/Gesprächsatmosphäre/adäquate, an den Erinnerungsprozess des Zeugen angepasste Explorationsmethodik vs. Unterbrechungen des Zeugen)

40 So ist zu erwarten, dass beispielsweise die Aussage einer erwachsenen Zeugin zu einer am Vortag erlebten Vergewaltigung eine deutlich andere inhaltliche Qualifizierung aufweisen wird als eine Aussage derselben Zeugin zu einem in der Kindheit datierenden sexuellen Missbrauch in Form einer kurzen Berührung am Genitalbereich.

41 Die Kompetenzanalyse umfasst daher insbesondere die Erhebung individueller Leistungsbesonderheiten bzw. von Vergleichsstandards, die als Referenzwerte für die Interpretation der im Einzelfall vorliegenden Aussagequalität herangezogen werden müssen. In diesem Zusammenhang können z.B. nachweislich erlebnisfundierte, themenneutrale autobiografische Ereignisse zeitnah zum inkriminierten Geschehen erfragt werden, oder aber der Zeuge gebeten werden, frei erfundene Berichte

26 *Volbert, R.* & *Lau*, S. (2008), S. 290.
27 *Loohs*, S. (2013).

abzugeben. Nachdem die moderne Aussagepsychologie sich als gedächtnispsychologisch fundiert begreift, kommt hier der Analyse der individuellen Gedächtnisleistung, etwaiger Erinnerungsbesonderheiten und der allgemeinen Berichtsweise des Zeugen besonderes Gewicht zu.[28] Darüber hinaus kann die Kompetenzanalyse weiterführende diagnostische Maßnahmen umfassen, wie Verhaltensbeobachtungen und die Durchführung psychometrischer Tests.

Darüber hinaus sollte unter diesem Aspekt im Rahmen einer Sexualanamnese auch das bereichsspezifische Wissen des Zeugen zu den infrage stehenden Taten abgeklärt werden. Bei jüngeren Kindern bezieht sich dies zunächst auf den allgemeinen Aufklärungsstand im sexuellen Bereich. Bei älteren Kindern, Jugendlichen und Erwachsenen sollte im Rahmen der Sexualanamnese geprüft werden, inwiefern spezifisches Wissen über den zur Frage stehenden Delikttypus vorliegt. Zu denken ist hier an verschiedenste potenzielle Fremdquellen wie anderweitige Missbrauchserfahrungen mit Dritten, Berichte anderer von sexuellem Missbrauch Betroffener (z.B. aus dem familiären Umfeld, dem Freundeskreis, Mitpatienten in Kliniken), Literatur und Fernsehen, einschlägige Foren im Internet, sowie soziale Medien wie Instagram oder TikTok, auf denen sich zahlreiche tatsächliche oder vermeintliche Erfahrungsberichte finden lassen

II. Aussagevalidität

Der Begriff der Aussagevalidität bzw. Aussagezuverlässigkeit bezieht sich auf in der Regel nichtintentionale Einflussfaktoren, die sich verzerrend auf die konkrete Zeugenaussage auswirken können. Ein im Sinne von *Steller* tragfähiger »Qualitäts-Kompetenz-Vergleich« ist lege artis nur dann möglich, wenn keine gravierenden validitätsmindernden Rahmenbedingungen hinsichtlich der Aussage vorliegen, da anderenfalls die Merkmalsorientierte Inhaltsanalyse (vgl. Aussagequalität) nicht in aussagekräftiger Form angewendet werden kann. Als mögliche, die Aussagevalidität einschränkende Faktoren, kommen verschiedene Aspekte in Betracht: 42
- potenziell suggestiv wirkende Befragungen im Rahmen der Aussagengenese
- Hinweise für autosuggestive Prozesse im Zuge der Aussagenentstehung[29]
- Motivationale Bedingungen der Aussage
- Besonderheiten der Aussageperson (z.B. eingeschränkte Realitätskontrolle/Quellenidentifikationskompetenz, bestimmte psychopathologische Störungsbilder)[30]
- schwankende Aussagebereitschaft des Zeugen

1. Suggestive Bedingungen der Aussagenentstehung

▶ Beachte

Sowohl aus konkreten Gerichtsfällen wie dem Montessori-Prozess 1994 oder den Missbrauchsprozessen von Mainz/Worms in den 1990er Jahren, als auch aus einer Vielzahl wissenschaftlicher Untersuchungen ist bekannt, dass ungünstige Befragungsbedingungen zu Verfälschungen von Zeugenaussagen führen können.[31] Derartige Befragungsbedingungen können einerseits das Risiko für Verzerrungen grundsätzlich erlebnisbasierter Aussagen erhöhen, aber auch Zeugen veranlassen, vollständige Berichte über nicht selbst erlebte Ereignisse zu generieren. 43

Zu berücksichtigen sind hier allerdings unterschiedliche a-priori-Wahrscheinlichkeiten für das Wirksamwerden suggestiver Einflüsse in Abhängigkeit vom Alter des Zeugen. Die wissenschaftlichen Studien zur Suggestibilität von Kindern zeigen in konsistenter Weise, dass Kinder bis zum Alter von 44

28 Vgl. *Offe & Offe* (2000), S. 37 ff.
29 Vgl. *Volbert* (2004).
30 Vgl. *Greuel* et al. (1998), S. 80 ff.
31 Vgl. *Greuel* (2001), S. 133 ff.

6–7 Jahren die höchste Anfälligkeit für Suggestionseffekte aufweisen, während diese bei 8–11-jährigen Kindern absinkt und normalbegabte Kinder ab 12 Jahren sich nicht mehr signifikant von Erwachsenen unterscheiden. Grundsätzlich zeigen Untersuchungen an Erwachsenen, dass die überwiegende Mehrzahl der Probanden den verwendeten Suggestionen nicht folgt.

45 Grundsätzlich muss interrogative Suggestion als komplexes Phänomen verstanden werden, welches sich nicht – wie bisweilen angenommen – darin erschöpft, dass Zeugen unglücklich formulierte Vorhaltfragen gestellt werden. Vielmehr muss von einer Interaktion zwischen einer nicht grundsätzlich ergebnisoffenen Haltung des Befragers, sich infolgedessen manifestierendem Befragungsdruck, einem von dem Wunsch nach Aufdeckung geprägten Verhalten des Interviewers in einer oder mehreren Befragungssituationen und der Vorgabe konkreter Aussageinhalte ausgegangen werden.

46 *Köhnken*[32] sowie *Niehaus*, *Volbert* & *Fegert*[33] nennen verschiedene Bedingungen für das Wirksamwerden suggestiver Einflüsse bei Kindern:

(1) Induzierung von negativen Stereotypen

Wenn einem Kind signalisiert wird, ein Beschuldigter sei »böse« oder habe »böse Sachen« gemacht, steigt die Bereitschaft des Kindes, über diese Person ebenfalls negative Angaben zu machen.

(2) Wiederholte Befragung unter Erzeugung von Befragungsdruck/wiederholtes Stellen geschlossener Fragen

Werden Kinder wiederholt befragt oder werden inhaltliche Fragen bei einem Interview mehrmals wiederholt, verwerfen Kinder zum Teil ihre ersten Antworten, weil sie denken, diese seien unzulänglich gewesen, und bemühen sich, Antworten zu finden, von denen sie glauben, diese seien im Sinne des Befragers.

(3) Nachträgliche Informationen/Falschinformationseffekt

Suggestive Vorgaben von Inhalten, die das Kind selbst nicht erwähnt hat, können zu Intrusionen und Verfälschungen bei späteren Befragungen führen, wenn das Kind die unterschiedlichen Informationsquellen nicht ausreichend differenzieren kann. Dies gilt als besonders problematisch bei wiederholten derartigen Befragungen.

(4) Erzeugen von Konformitätsdruck

Dies ist problematisch, wenn mehrere Zeugen betroffen sind, aber auch, wenn Vorstrafen bekannt sind. Äußerungen wie »Die anderen Kinder haben auch schon erzählt, dass mit dem XY etwas war« oder »Der XY hat das mit anderen Kindern auch schon gemacht« können beim Kind einen massiven Anpassungsdruck erzeugen oder Kinder dazu verleiten, sich aus Mittelpunktstreben den Angaben anderer anzuschließen.

(5) Systematische Konditionierung

Hier handelt es sich um einen unterschwellig ablaufenden Mechanismus, der beinhaltet, dass auf vom Befrager »erwartete« Inhalte wie z.B. Schilderungen von Details eines sexuellen Missbrauchs positiv, d.h. mit Lob und Zuwendung reagiert wird (dies kann sich auch nur in Tonfall oder Mimik äußern) während nicht ins Bild passende Informationen ignoriert werden oder negative Reaktionen (z.B. kritische Blicke) hervorrufen. Beschreibungen sexueller Missbrauchshandlungen werden bedingungslos akzeptiert, auch wenn diese vage, widersprüchlich oder unrealistisch erfolgen. Dies führt nach den Gesetzen der Lerntheorie dazu, dass Kinder dahingehend verstärkt werden, immer mehr Missbrauchsinhalte oder negative Inhalte über die Person zu berichten und ggf. zu erfinden. Auch Bekundungen wie »Ich würde mich freuen, wenn Du das erzählst«, »Es geht einem besser,

32 *Köhnken* (1997).

33 *Niehaus*, *Volbert*, *Fegert* (2017), S. 48 ff.

wenn man das erzählt«, »Wenn man es nicht erzählt, geht es einem schlecht« etc. können zur Produktion von Falschaussagen führen.

Weitere Punkte, die zum Phänomen der Suggestion von Aussagen beitragen, werden von *Steller & Volbert*[34] genannt, die die Vorgehensweise der so genannten »Aufdeckungsarbeit« beschreiben. Ausgangspunkt der Verdachtsbildung ist bei derartigen Fällen meist keine konkrete verbale Bekundung des Kindes über sexuelle Missbrauchserfahrungen, sondern der Verdacht entsteht aufgrund unspezifischer Äußerungen von Kindern und vor allem aufgrund der Ausdeutung von Verhaltensmerkmalen, denen fälschlicherweise ein Indikatorwert für das Vorliegen eines sexuellen Missbrauchs zugesprochen wird. Das Spektrum reicht hier von sexualisiertem Verhalten des Kindes bis zum Abscheu vor Sexualität, sozialem Rückzug bis zur Distanzlosigkeit, vom Vorhandensein bestimmter Details in Kinderzeichnungen bis zum Fehlen exakt derselben Details. Darüber hinaus werden in derartigen Fällen häufig Beschreibungen von möglichen Auswirkungen des sexuellen Missbrauchs als »Symptomlisten« missverstanden, d.h., es wird fälschlicherweise von bestimmten psychosomatischen Problemen (Bettnässen, Depressionen, Aggression, sexualisiertes Verhalten etc.) auf das Vorliegen eines sexuellen Missbrauchs rückgeschlossen, wobei ein derartiger Umkehrschluss aus diagnostischer und formallogischer Sicht nicht zulässig ist. Weiterhin liegt der »Aufdeckungsarbeit« eine Konzeption des sexuellen Missbrauchs als »Syndrom der Geheimhaltung« zugrunde, das mittels »Verleugnungsarbeit« aufgedeckt werden müsse. Dementsprechend werden Schweigen und Verneinung nicht als solche akzeptiert, sondern als »Noch-nicht–so-weit-sein« des Kindes, den Missbrauch schildern zu können, gedeutet. 47

Neben diesen Faktoren sogenannter aktiver Suggestion auf Seiten der Befragenden müssen jedoch auch passiv-suggestive Faktoren auf Seiten des Kindes berücksichtigt werden. Während manche Kinder sich unter dem Kompetenzaspekt (siehe Kapitel zur Aussagetüchtigkeit) durchaus gegenüber falschen Vorgaben abgrenzen und diese zurückweisen können, weisen andere Kinder eine erhöhte Empfänglichkeit für suggestive Effekte auf. Laut *Niehaus* et al. (2017)[35] ist dies jedoch nicht als überdauerndes Persönlichkeitsmerkmal zu verstehen, sondern speist sich aus spezifischen Bedürfnislagen des Kindes, die dann in der suggestiv geprägten Interaktionssituation angesprochen werden. Hierbei kann es sich um das Bemühen handeln, den Erwartungen Erwachsener entsprechen zu wollen, aber auch emotionale Bedürfnisse nach Zuwendung, Stabilität und Sicherheit können hier eine Rolle spielen. Hinzu kommt, dass Kinder Erwachsene für gewöhnlich als kompetente Gesprächspartner wahrnehmen und weniger dazu tendieren, Vorgaben in Frage zu stellen.

Insofern bergen unsachgemäß durchgeführte Befragungen das Risiko, dass aufseiten des Kindes Gedächtnisunsicherheiten und Erklärungsmuster hergestellt werden (woher kommen meine Schlafstörungen, Schulprobleme, Bauchschmerzen etc.), insbesondere dann, wenn diese von erwachsenen Autoritätspersonen vorgegeben werden. Diese Punkte können zu einer sukzessiven Übernahme von direkten und indirekten inhaltlichen Vorgaben ins Gedächtnis des Kindes als »Erinnerung« an vermeintliche sexuelle Missbrauchserfahrungen führen, sowie dazu, dass das Kind tatsächlich gemachte eigene Erfahrungen nun im Lichte des vermeintlichen Missbrauchs interpretiert. 48

Weiterhin tragen dazu folgende Faktoren bei: 49
- Lange zeitliche Distanz zum infrage stehenden Ereignis (Schwäche einer potenziellen Gedächtnisspur).
- Fehlendes Hintergrundwissen bei Kindern für den erfragten Bereich (Sexualität).
- Fehlen von Überprüfungsmöglichkeiten in Bezug auf die vorgegebenen (suggerierten) Informationen (z.B. durch Kontaktabbruch zum Beschuldigten).

Im Rahmen der Glaubhaftigkeitsbegutachtung haben suggestive Entstehungsbedingungen der Aussage zur Folge, dass anhand der Merkmalsorientierten Inhaltsanalyse nicht mehr hinreichend sicher 50

34 *Steller & Volbert* (1997).
35 *Niehaus* et al. (2017). S. 52.

zwischen erlebnisbezogenen und nicht erlebnisbegründeten Aussagen differenziert werden kann. Auch ein möglicherweise vorhandener realer Erlebniskern der Angaben kann nicht mehr sicher diagnostiziert werden, da ein erhöhtes Risiko besteht, dass Aussageinhalte verfälscht und verändert worden sind.

51 Zwar berichten *Greuel* et al.[36], dass nicht davon auszugehen sei, dass einzelne ungünstige Frageformulierungen zu nachhaltigen Verzerrungen von Zeugenaussagen führen, auch warnt *Greuel*[37] vor einer »Suggestionshysterie« und interpretiert interrogative Suggestion primär als Phänomen spezifischer Kommunikationssituationen ohne zwingenden Einfluss auf die Gedächtnisrepräsentation von Ereignissen. Dennoch haben sowohl Fallstudien als auch wissenschaftliche Untersuchungen gezeigt, dass manche Personen – wie gesagt insbesondere jüngere Kinder – bei entsprechend häufiger und intensiver Einflussnahme subjektiv zu der Überzeugung gelangen können, nie stattgefundene Ereignisse erlebt zu haben. Relevant ist unter dem Suggestionsaspekt daher auch die Betrachtung der Aussageentwicklung dahingehend, ob sich Hinweise für inhaltliche Übernahmen aus früheren Befragungen abzeichnen.

▶ Beachte

52 Grundsätzlich muss das Suggestionspotenzial der im konkreten Fall vorliegenden Befragungen der Aussageperson eruiert und ggf. beurteilt werden, ob sich anhand der Aussagenentwicklung Auswirkungen potenziell suggestiver Einflussfaktoren abzeichnen.[38] Lassen sich konkrete suggestive Bedingungen nicht zurückweisen, kann die Merkmalsorientierte Inhaltsanalyse nicht mit aussagekräftigem Ergebnis angewendet werden, da die Aussagemerkmale nach derzeitigem Kenntnisstand nicht geeignet sind, zwischen erlebnisfundierten und suggerierten Aussagen zu differenzieren.[39]

2. Autosuggestive Prozesse

53 Neben den soeben beschriebenen fremdsuggestiven Einflussgrößen können auch so genannte autosuggestive Prozesse beim Zeugen zu Gedächtnisverzerrungen bzw. zur Ausbildung von Schein- oder Pseudoerinnerungen führen. Die Problematik möglicher Scheinerinnerungen stellt sich insbesondere dann, wenn die Aussagenentstehung und -entwicklung Besonderheiten dahingehend aufweist, dass der Zeuge von einer zeitweiligen Amnesie das inkriminierte Geschehen betreffend berichtet. Häufig schildern Zeugen in derartigen Fällen ein sukzessives Auftreten zunächst spontaner fragmentarischer Erinnerungsbilder, die sich mit zunehmender gedanklicher Bearbeitung und Erinnerungsbemühungen schließlich zu subjektiv für wahr gehaltenen »Erinnerungen« an ein traumatisches Ereignis verdichten.

54 In den letzten Jahren ist die Frage, wie traumatische Erfahrungen vom Gedächtnis verarbeitet und gespeichert werden, in der psychologischen Forschung äußerst kontrovers diskutiert worden. Auf der einen Seite findet sich die Position zahlreicher klinisch-traumatologisch tätiger Fachkollegen, die häufig davon ausgehen, Erinnerungen an Traumata würden meist »verdrängt« oder »dissoziiert« und seien einer bewussten Erinnerung erst nach entsprechender therapeutischer Intervention zugänglich. Hingegen zeigen gedächtnispsychologische Untersuchungen an Probanden, die nachweislich stressreiche, potenziell traumatische Situationen erlebt hatten,[40] dass sich Erinnerungsprozesse an traumatisierende Ereignisse in der Regel nicht grundlegend von Erinnerungen an neutrale Begebenheiten unterscheiden. Im Schnitt waren 80–90 % der Probanden der genannten Untersuchungen

36 *Greuel* et al. (1998), S. 179 ff.
37 *Greuel* (2001), S. 133 ff.
38 Vgl. *Volbert* (2008, 2), S. 331 ff.
39 *Erdmann, Volbert & Böhm* (2004); *Volbert* (2008, 2), S. 589.
40 *Pezdek & Taylor* (2002); *Goodman* et al. (2003), *Engelberg & Christianson* (2002) zusammenfassend *Volbert* (2004).

ohne weiteres dazu in der Lage, sowohl zentrale Inhalte als auch Randdetails der potenziell traumatisierenden Situationen zu erinnern. *Volbert*[41] beschreibt allerdings auch Fallvignetten, bei denen es zu belastungsbedingten Amnesien an nachweislich stattgehabte Ereignisse gekommen sei.

Volbert folgert daraus, dass es in seltenen Einzelfällen zu verzögert einsetzenden retrograden Amnesien für stressreiche Ereignisse kommen könne. Die diesen Phänomenen zugrunde liegenden Prozesse können allerdings bisher weder von der allgemeinen Gedächtnisforschung noch von der neuropsychologischen Forschung zufriedenstellend erklärt werden, wohl auch deshalb, weil es sich wie gesagt um sehr selten auftretende Phänomene handelt, die sich in der Fachliteratur nur als Fallvignetten finden. 55

Andererseits kann das Gedächtnis unter bestimmten Bedingungen nicht erlebnisbasierte Erinnerungsbilder generieren, die für den Betroffenen subjektiv nicht von tatsächlichen Erinnerungen unterschieden werden können. Dies konnte einerseits in experimentellen Untersuchungen nachgewiesen werden, in denen Probanden gezielt Scheinerinnerungen zu Kindheitserlebnissen suggeriert wurden, andererseits existieren zahlreiche Fallbeispiele, in denen Pseudoerinnerungen entweder von Betroffenen selbst generiert oder z.B. im Rahmen psychotherapeutischer Behandlungen induziert wurden. 56

Volbert[42] weist darauf hin, dass auf der gehirnphysiologischen Ebene bei der Generierung nicht erlebter Vorstellungsbilder ähnliche neuronale Prozesse beteiligt sind wie beim Abruf tatsächlicher Erinnerungsbilder. Häufig werden zunächst fragmentarische »Bilder« zu Beginn des »Erinnerungsprozesses« noch als ich-fern erlebt, werden diese aber wiederholt und gezielt gedanklich bearbeitet und wieder hervorgeholt, kann vermutlich aufgrund der wiederholten gezielten Bearbeitung der subjektive Eindruck tatsächlichen Erinnerns entstehen – schließlich wurde das Bild ja bereits zuvor generiert und dann wieder erinnert. Für die Betroffenen kann sich ein derartiger Prozess subjektiv durchaus als ein immer sichereres, tatsächliches Erinnern realer Begebenheiten darstellen. 57

Grundsätzlich wird weiter davon ausgegangen, dass auch persönlichkeitsimmanente Faktoren das Entstehen von Pseudoerinnerungen begünstigen, etwa dann, wenn generell an den fraglichen Tatzeitraum nur schwache oder lückenhafte Erinnerungen bestehen oder auch wenn psychopathologische Probleme die Realitätskontrolle erschweren oder die Akzeptanz derartiger Pseudoerinnerungen begünstigen. 58

Volbert schreibt dementsprechend: 59

> »Die in der Literatur beschriebenen forensisch relevanten Fälle von Scheinerinnerungen bieten allen Anlass anzunehmen, dass auch falsche Erinnerungen eine hohe inhaltliche Qualität annehmen und sehr komplex, detailliert, voller ungewöhnlicher Details und verschachtelt sein können. Ähnlich wie bei suggerierten Kinderaussagen ist davon auszugehen, dass aus der hohen Qualität einer Aussage noch keine Rückschlüsse auf den Erlebnisbezug gezogen werden können, wenn der Aussage eine fremd- oder autosuggestive Vorgeschichte voran gegangen ist.«[43]

Als besonders problematisch seien vermeintlich wiederentdeckte Aussagen laut *Volbert*[44] zu betrachten, wenn folgende Aspekte vorliegen: 60

(1) Die vermeintlichen Erlebnisse werden nicht ab dem fraglichen Tatzeitpunkt, sondern erst zu einem späteren Zeitpunkt erinnert (keine kontinuierliche Erinnerung)

(2) Vor der Erinnerung bestand bei der Person selbst oder im relevanten Umfeld die Annahme, bislang nicht bekannte traumatische Erfahrungen müssten vorliegen (spezifische Erwartungshaltung)

(3) Erinnerungen sind erst im Laufe wiederholter Erinnerungsbemühungen – mit oder ohne therapeutische Unterstützung – entstanden (explizite Suche nach Erinnerungen)

---

41 *Volbert* (2004), S. 74/75.

42 *Volbert* (2004), S. 82 ff.

43 *Volbert* (2004), S. 123.

44 Volbert, (2018), S. 80 f.

(4) Im Laufe der Zeit werden immer mehr Erlebnisse berichtet (langanhaltender Erinnerungsprozess, theoretisch ohne Limitierung)
(5) Die Erinnerungen weisen Muster auf, die gedächtnispsychologischen Gesetzmäßigkeiten widersprechen, z. B. wenn vermeintliche Erinnerungen an die ersten beiden Lebensjahre geschildert werden, die in die Phase der sog. Kindheitsamnesie fallen (Widerspruch zu gedächtnispsychologischen Erkenntnissen).

61 Letztlich muss daher im Rahmen der aussagepsychologischen Begutachtung die Problematik von Scheinerinnerungen berücksichtigt und der subjektive Erinnerungsprozess des Zeugen an das inkriminierte Geschehen exploriert werden.

Als begünstigenden motivationalen Faktor für die Ausbildung von Pseudoerinnerungen sieht Volbert[45] das Vorliegen einer spezifischen »Mangelsituation« bzw. Bedürfnislage beim Zeugen. Dabei könne es sich um strukturelle Bedürfnisse (Unklarheit der Situation), kognitive Bedürfnisse (Mangel an Erinnerung, Wissen, Denkvermögen) oder um emotionale Bedürfnisse (Mangel an Zuwendung, Vertrauen, Sicherheit und Selbstwertgefühl) handeln. Die individuelle Vulnerabilität für die Übernahme von Pseudoerinnerungen weise jedoch hohe Variabilität auf.

▶ Beachte

62 Beachtet werden sollte aber, dass Bekundungen des Zeugen, Erinnerungen an das inkriminierte Geschehen zeitweise »verdrängt« zu haben, nicht notwendigerweise implizieren, dass der Zeuge Pseudoerinnerungen berichtet. Der Verdrängungsbegriff wird im alltäglichen Sprachgebrauch oft unscharf benutzt, häufig bezeichnen Zeugen damit auch ein gezieltes Nicht-Nachdenken über das inkriminierte Geschehen bzw. eine zeitweise nicht erfolgte aktive Auseinandersetzung mit im Prinzip aber präsenten und zugänglichen Gedächtnisinhalten. In derartigen Fällen lässt sich explorativ in der Regel klären, dass weder eine tatsächliche Amnesie für das inkriminierte Geschehen vorlag noch dass im Rahmen eines allmählichen Aufdeckungsprozesses Erinnerungen »wiederentdeckt« wurden.

63 Finden sich aber Hinweise für die von *Volbert* genannten kritischen Punkte, hat dies ebenso wie bei Hinweisen auf Fremdsuggestion zur Folge, dass die Aussagevalidität als deutlich eingeschränkt betrachtet werden muss und die Merkmalsorientierte Inhaltsanalyse nicht mit aussagekräftigem Ergebnis angewendet werden kann.

3. Potentielle Falschbelastungsmotivationen

64 Hinweise für die Motivationsanalyse finden sich in mehreren aussagepsychologischen Publikationen. »Motivation« bezeichnet die Beweggründe für das Hervorbringen einer bestimmten Handlung, worin sowohl Motivlagen als persönliche Dispositionen als auch situative Bedingungen eingehen.[46] Allgemein lässt sich feststellen, dass Handlungen in der Regel nicht nur durch ein Motiv, sondern durch eine Interaktion verschiedener Motivlagen mit spezifischen Situationsbedingungen begründet sind, wobei Motive auch unbewusst wirken und insofern von der betreffenden Person nicht immer explizit reflektiert werden können.

65 *Arntzen*[47] nennt verschiedene mögliche Falschaussagemotive dahingehend, dass eine Falschbeschuldigung aus Rachegedanken gegenüber dem Beschuldigten, aus Mittelpunktstreben und dem Wunsch nach Aufmerksamkeit beim Zeugen, aus Not und Verlegenheit oder auf der Basis sexuellen Wunschdenkens vorgebracht werden könne. Jedoch werden derartige Kategorisierungen der im Rahmen

45 *Volbert*, R. (2010, S. 57): Aussagepsychologische Begutachtung. In: Volbert & Dahle: Forensisch-Psychologische Diagnostik im Strafverfahren. Göttingen: Hogrefe.

46 *Greuel* (1998), S. 169.

47 *Arntzen* (2007), S. 87 ff.

der aussagepsychologischen Begutachtung geforderten fallspezifischen Diagnostik kaum gerecht und sollten allenfalls als grobe Systematisierung verstanden werden.

▶ **Beachte**

Letztlich müssen mögliche Motivationskonstellationen des Zeugen, im konkreten Fall eine Falschbezichtigung vorzubringen, immer fallspezifisch aus den vorhandenen Anknüpfungstatsachen abgeleitet werden. Erfahrungsgemäß liegen einer Falschbeschuldigung meist komplexe Verschränkungen verschiedener motivationaler Ausgangslagen zugrunde, die zudem mit den Bedingungen der Erstaussagesituation konfundieren.

Greuel et al.[48] betonen daher, dass sich die Untersuchung der Aussagemotivation auf die individuelle Lebenssituation des Zeugen zur Zeit der Aussage beziehen muss und nicht auf die Frage nach dem Vorliegen einiger weniger allgemein möglicher Motivlagen eingeschränkt werden kann.

Im Rahmen der aussagepsychologischen Begutachtung wird daher versucht, die mögliche Motivation 66 für die konkrete Handlung »Zeugenaussage« zu rekonstruieren, die sich sinnvollerweise vor allem auf die Motivation der Erstaussage des Zeugen konzentriert.[49] *Arntzen*[50] nennt verschiedene Themenkomplexe, deren Abklärung hierüber Aufschluss geben kann, und zwar die emotional-affektive Einstellung des Zeugen und seiner Umgebung zu den von der Aussage betroffenen Personen unter Einbeziehung der Beziehungsentwicklung und möglicher Veränderungen, die sonstigen zwischenmenschlichen Bezüge des Zeugen, die äußere und psychische Situation des erstmaligen Vorbringens der Zeugenaussage, die Aussageweise, den Aussageinhalt, vom Zeugen vorhersehbare Folgen der Aussage und das Verhalten des Zeugen nach bezeugten Vorgängen.

Weiterhin muss bedacht werden, dass auch eine subjektiv wahre Zeugenaussage nicht motivations- 67 los getätigt wird, sondern dass auch der erlebnisfundierten Aussage eine konkrete Aussagemotivation zugrunde liegt. *Offe & Offe*[51] wie auch *Greuel* et al.[52] fordern daher, auch für diesen Fall die Beweggründe für das Zustandekommen der Aussage zu untersuchen und zwischen den denkbaren Motivationskonstellationen für eine Falschbeschuldigung und eine erlebnisgestützte Aussage einen Plausibilitätsvergleich anzustellen. Nachdem diesbezüglich aber kaum empirische Daten vorliegen, bleibt die Motivationsanalyse bzw. der geforderte Plausibilitätsvergleich letztlich der subjektiven Rekonstruktion und Interpretation des Gutachters vorbehalten.

Grundsätzlich führt dies zu verschiedenen möglichen Ergebnissen der Motivationsanalyse: 68

- Die Motivationsanalyse ergibt sowohl für den hypothetischen Fall einer Falschaussage als auch für den Fall einer erlebnisgestützten Aussage eine plausible Motivation.
- In diesem Fall liefert die Motivationsanalyse keine Hinweise auf einen möglichen Erlebnisbezug der Aussage, wobei zu berücksichtigen ist, dass auch beim Vorliegen von Falschaussagemotiven der Aussageinhalt erlebnisbegründet sein kann.
- Die Betrachtung der Aussagemotivation erscheint für den Fall einer hypothetisch bewussten Falschaussage als weniger plausibel als für den hypothetischen Fall einer erlebnisgestützten Aussage.
- Nachdem sich die Motivationsanalyse primär auf subjektive Bewertungen des Gutachters stützt, erscheint Vorsicht geboten im Hinblick auf mögliche Überinterpretationen eines derartigen Befundes im Sinne einer vermeintlich gesicherten Erlebnisfundierung der Aussage. Vielmehr ist eine Beurteilung des Realitätsgehaltes der Zeugenaussage anhand der Motivationsanalyse nicht mit der erforderlichen Sicherheit möglich.

48 *Greuel* et al. (1998), S. 173.
49 *Greuel* et al. (1998), S. 171.
50 *Arntzen* (2007), S. 87 ff.
51 *Offe & Offe* (1998).
52 *Greuel* et al. (1998), S. 175 ff.

69 Der Stellenwert der Motivationsanalyse muss daher in der Integration mit anderen Bestandteilen der aussagepsychologischen Begutachtung gesehen werden. Weisen beispielsweise die Ergebnisse der Motivationsanalyse und der Merkmalsorientierten Inhaltsanalyse in die gleiche Richtung, so lässt sich die Glaubhaftigkeit der Angaben mit größerer Sicherheit beurteilen als bei konfligierenden Ergebnissen. *Volbert*[53] hat hierzu entsprechende Entscheidungsregeln formuliert, nachdem bei vorhandener Täuschungskompetenz und gegebener Motivlage der Qualitäts-Kompetenz-Vergleich entsprechend zu gewichten ist, während bei nicht vorhandener Täuschungskompetenz und fehlendem Motiv auch eine geringere Aussagequalität für die Bejahung der Erlebnisfundierung ausreichen kann.

70 Zudem ergibt sich bei manchen Fällen die Notwendigkeit, widersprüchliche Aussagen zu dem infrage stehenden Ereignis zu beurteilen, was beispielsweise dann eintritt, wenn Zeugen Aussagen zurücknehmen (Widerruf der Erstaussage). Auch hier kann die Motivationsanalyse wichtige Hinweise für die Glaubhaftigkeitsbeurteilung liefern.

71 Schließlich weisen *Greuel* et al.[54] darauf hin, dass die Verfahrensbeteiligten ohnehin Überlegungen zur Aussagemotivation anstellen, die allerdings eher auf alltagspsychologischen Annahmen einer bewussten, instrumentellen Motivation basieren würden. Es sei daher sinnvoll, im Gutachten diese Sichtweise durch eine Motivationsanalyse zu erweitern, die eben auch komplexe Wechselwirkungen verschiedener Motivlagen und die äußeren Anregungsbedingungen der Aussage mit einbezieht.

72 Im Zuge der Motivationsanalyse wird auch die Aussagebereitschaft des Zeugen mit abzuklären sein, nachdem auch diese motivationalen Schwankungen unterliegen kann. So kann eine aus motivationalen Gründen eingeschränkte Aussagebereitschaft Aussageverzerrungen in Richtung eines Abschwächens der Beschuldigung oder eines Verschweigens von Aussageinhalten begünstigen, oder aber zu den bereits genannten Widerrufssituationen führen.

4. Besonderheiten der Aussageperson

73 Die im Kapitel II, 2 genannten Faktoren, die Einschränkungen der Aussagetüchtigkeit bedingen können, konfundieren zugleich auch mit der Zuverlässigkeit der Angaben. Sehr junge kindliche Zeugen, die aufgrund ihres geringen Alters Gedächtnisunsicherheiten aufweisen und die insofern nur als eingeschränkt aussagetüchtig angesehen werden können, werden auch nur eingeschränkt dazu in der Lage sein, hinreichend zuverlässige Angaben zu machen. Gleiches gilt für Zeugen mit relevanter psychopathologischer Symptomatik, etwa psychotischem bzw. wahnhaftem Erleben zum fraglichen Tatzeitpunkt, auch hier werden keine hinreichend zuverlässigen Angaben des Zeugen zu erwarten sein.

74 *Greuel* et al.[55] diskutieren als weitere mögliche Einschränkungen der Aussagevalidität spezifische Leistungsbesonderheiten der Aussageperson, die sich z.B. dann ergeben können, wenn Zeugen nur in einzelnen Inhaltsbereichen, etwa bei quantifizierenden Angaben oder bei Zeitangaben, Schwächen aufweisen. In diesem Fall steht die Zuverlässigkeit der entsprechenden Aussageteile infrage, jedoch nicht die komplette Sachverhaltsschilderung. Weiterhin wird auf Besonderheiten des Sprachverhaltens und des Kenntnisstandes verwiesen, dahingehend, dass Aussageinhalte, die dem individuellen Ausdrucksstil des Zeugen nicht entsprechen oder Fachtermini beinhalten, die seinen Verständnishorizont übersteigen, auf Fremdeinflüsse hinweisen können und entsprechend hinterfragt werden sollten.

75 Darüber hinaus können sich im Einzelfall aus einer akzentuierten Persönlichkeitsstruktur des Zeugen Hinweise für Minderungen der Aussagevalidität ergeben. *Greuel* et al.[56] nennen hier Zeugen, die aufgrund entwicklungs- oder persönlichkeitsspezifischer Besonderheiten zu starken Aggravationstendenzen neigen, die aber im Sinne einer polarisierenden Schwarz-Weiß-Malerei üblicherweise bereits bei themenneutralen Schilderungen evident würden. Eine besondere Auseinandersetzung

53 *Volbert*, 2010, S. 51.
54 *Greuel* et. al. (1998), S. 179.
55 *Greuel* et al. (1998), S. 166.
56 *Greuel* et al. (1998), S. 168.

mit der Aussagevalidität sei auch im Fall von Persönlichkeitsstörungen, die mit spezifischen Beeinträchtigungen der Wahrnehmungsorganisation einhergingen, indiziert. *Saimeh*[57] beschreibt ebenfalls Persönlichkeitsstörungen, insbesondere die histrionische und die emotional instabile Störung, deren spezifische Symptome Aussageverzerrungen im Einzelfall begünstigen könnten.

III. Aussagequalität

Die Beurteilung der Aussagequalität erfolgt schließlich anhand der **Merkmalsorientierten Inhaltsanalyse** der erhobenen Aussage. Ansatzpunkt der Inhaltsanalyse ist wie gesagt die 1967 von Undeutsch formulierte Grundannahme, »dass Aussagen über selbst erlebte Ereignisse sich in ihrer inhaltlichen Qualität von Aussagen unterscheiden, die nicht auf selbst erlebten Vorgängen beruhen.«[58] 76

Die Merkmalsorientierte Inhaltsanalyse basiert im Wesentlichen auf zwei theoretischen Grundannahmen:[59] Während ein erlebnisfundiert aussagender Zeuge auf tatsächlich vorhandene Inhalte seines episodischen Gedächtnisses zurückgreifen kann, muss ein falschaussagender Zeuge seine Aussage auf der Basis seines semantischen Alltagswissens oder seiner Vorstellungen über das Delikt konstruieren. 77

Zeugen mit Täuschungsabsicht dürfte es daher schwerer fallen, Qualitätsmerkmale in ihre Aussagen zu integrieren, sodass von **erhöhten kognitiven Anforderungen** bei Falschbezichtigungen ausgegangen werden kann. Zum anderen müssen Falschaussagende bemüht sein, bei ihrem Gegenüber einen möglichst glaubwürdigen Eindruck zu hinterlassen, womit nach *Niehaus*[60] der Aspekt der **strategischen Selbstpräsentation** angesprochen wird. Es wird davon ausgegangen, dass sich Falschaussagende eher an stereotypen Vorstellungen über Täuschungen orientieren, um vermeintlich verräterische Verhaltensweisen und Äußerungen zu vermeiden. Treten in einer Aussage Inhalte auf, die bei Annahme einer Täuschungsabsicht eher nicht zu erwarten wären, spricht dies tendenziell für den Erlebnisbezug der Angaben. 78

Die bereits angesprochene integrative Kriteriologie der Aussagemerkmale nach *Steller & Köhnken* umfasst insgesamt 19 Einzelmerkmale:[61] 79

Kategorisierung inhaltlicher Aussagemerkmale nach Steller und Köhnken

Allgemeine Merkmale
- Logische Konsistenz
- Unstrukturierte Darstellung
- Quantitativer Detailreichtum der Aussage

Spezielle Inhalte
- Raum-zeitliche Verknüpfungen
- Interaktionsschilderungen
- Wiedergabe von Gesprächen
- Schilderung von Komplikationen im Handlungsverlauf

Inhaltliche Besonderheiten
- Schilderung ausgefallener Einzelheiten
- Schilderung nebensächlicher Einzelheiten
- Phänomengemäße Schilderung unverstandener Handlungselemente
- Indirekt handlungsbezogene Schilderungen
- Schilderung eigener psychischer Vorgänge
- Schilderung psychischer Vorgänge beim Beschuldigten

57 *Saimeh* (2014), S. 285 ff.
58 *Steller, Wellershaus & Wolf* (1992), S. 151.
59 Vgl. *Niehaus* (2008), S. 311 ff.
60 *Niehaus* (2008), S. 311 ff.
61 *Steller & Köhnken* (1989), S. 217 ff.

Motivationsbezogene Inhalte
- Spontane Verbesserungen der eigenen Aussage
- Eingeständnis von Erinnerungslücken
- Einwände gegen die Richtigkeit der eigenen Aussage
- Selbstbelastungen
- Entlastung des Angeschuldigten

Deliktspezifische Inhalte

Deliktspezifische Inhalte sind tattypische Begehensweisen, die in Missbrauchs- oder Vergewaltigungsfällen häufig auftreten, über deren Typik der Zeuge aber nicht Bescheid wissen kann (z.B. bei Jugendlichen das Verhängen eines Schweigegebots unter Androhung einer Heimeinweisung). Eine detaillierte Aufstellung derartiger Aussageinhalte findet sich bei *Arntzen*[62], weitere Hinweise z.B. bei *Bange & Deegener*[63] oder *Bange*[64], in Bezug auf Vergewaltigungsdelikte bei *Michaelis – Arntzen.*[65]

80 Grundsätzlich erlauben die in der Aussage vorgefundenen Qualitätsmerkmale aufgrund des so genannten Aggregationsprinzips nur in ihrer Gesamtheit einen Rückschluss auf den Erlebnisbezug der Aussage.[66] Ein derartiger Rückschluss kann nicht aufgrund des Vorhandenseins oder Nicht-Vorhandenseins einzelner Kriterien getroffen werden, da jedes Kriterium für sich alleine genommen kein hinreichend sicheres diagnostisches Urteil erlaubt. Zudem sind die Aussagemerkmale als Positivmerkmale zu verstehen, deren Vorhandensein indiziell in Richtung eines möglichen Erlebnisbezugs der Aussage weist. Hingegen kann die Absenz einzelner Merkmale nicht als Hinweis für einen mangelnden Erlebnisbezug der Aussage gesehen werden. Ein hinreichend sicheres Gesamturteil ist daher nur aufgrund der Gesamtbetrachtung der Merkmale und deren Beurteilung im Rahmen des von *Steller* beschriebenen Qualitäts-Kompetenz-Vergleichs möglich.[67]

81 **Im Folgenden sollen die Einzelmerkmale näher erläutert werden:**[68]

Allgemeine Aussagemerkmale

82 Für die Beurteilung der »allgemeinen Aussagemerkmale« wird die gesamte Zeugenaussage herangezogen. Die »allgemeinen Aussagemerkmale« beinhalten zunächst die **logische Konsistenz** der Angaben, das heißt, ob sich innerhalb der Aussage Unstimmigkeiten oder Ungereimtheiten ergeben, oder ob sich die über die Aussage verteilten Details zu einem logischen, nachvollziehbaren, in sich widerspruchsfreien Handlungsablauf zusammenfügen lassen.

83 Der allgemeine *Detaillierungsgrad* der Angaben bezieht sich auf den Umstand, dass der erlebnisgestützt aussagende Zeuge in der Lage sein sollte, vielfältige Details sowohl zum fraglichen Kerngeschehen zu berichten, als auch hinsichtlich des näheren und weiteren Rahmengeschehens sowie zu Nebensächlichkeiten. Der Detaillierungsgrad der Angaben weist allerdings in Abhängigkeit von den bereits genannten Alters-, Zeit- und Situationsfaktoren sowie des Berichtsstils des Zeugen sehr hohe Varianz auf und muss letztlich durch den synoptischen Vergleich mit den erhobenen Vergleichsstandards beurteilt werden.

84 Weiterhin beinhalten die »allgemeinen Aussagemerkmale« die **»unstrukturierte Darstellungsweise«**, die darauf basiert, dass erlebnisbegründet aussagende Zeugen episodische Gedächtnisinhalte in der Regel unstrukturiert und assoziativ abrufen können und nicht – wie beim falschaussagenden Zeu-

62 *Arntzen* (2007), S. 135 ff.
63 *Bange & Deegener* (1996).
64 *Bange* (2007).
65 *Michaelis-Arntzen* (1994).
66 *Fiedler & Schmid* (1999), S. 5 ff.
67 *Steller* (2008), S. 301.
68 Vgl. insgesamt *Greuel* et al. 1998, S. 89 ff.

gen wahrscheinlich – auf die Einhaltung einer chronologischen Struktur oder eines Erzählgerüsts angewiesen sind, anhand dessen die Aussage vorgebracht wird.

Die »allgemeinen Aussagemerkmale« sind allerdings weniger als Einzelkriterien belegkräftig, da sich in den Validierungsuntersuchungen gezeigt hat, dass auch falschaussagende Zeugen sich z.B. der Notwendigkeit, ihre Angaben logisch konsistent zu gestalten, durchaus bewusst sind. Einzelne Falschaussagen können einen vergleichbaren oder sogar höheren Detaillierungsgrad aufweisen als erlebnisfundierte Berichte, während erlebnisbasierte Schilderungen durchaus auch geringer detailliert ausfallen können. Die Merkmale der Logischen Konsistenz und des Detaillierungsgrades sind daher primär als Eingangskriterien für die weiter durchzuführende Inhaltsanalyse bzw. als notwendige Mindestanforderungen an erlebnisgestützte Aussagen zu verstehen. 85

Hingegen hat sich das Merkmal der »unstrukturierten Darstellungsweise« in den Validierungsuntersuchungen als nur schwer simulierbar erwiesen, sodass das Vorhandensein dieses Merkmals als durchaus aussagekräftig gilt.[69] Dementsprechend kann auch das gemeinsame Auftreten der »allgemeinen Aussagemerkmale« (unstrukturiertes Vorbringen einer sehr detailreichen Aussage unter Wahrung der logischen Konsistenz) im Sinne einer *Merkmalskonfiguration* als belegkräftig angesehen werden. 86

Spezielle Aussageinhalte

Bei der Kategorie der »speziellen Aussageinhalte« handelt es sich um Merkmale, die bei erlebnisfundierten Aussagen infolge der Besonderheiten episodischen Erinnerns gegenüber konstruierten Aussagen eine höhere Auftretenswahrscheinlichkeit besitzen. 87

Dies betrifft zunächst das Vorhandensein so genannter **raumzeitlicher Verknüpfungen bzw. der Schilderung von Kontextmerkmalen.** Aus der Forschung zum episodischen und autobiografischen Erinnerungsvermögen ist bekannt, dass bei tatsächlichen Erlebnissen nicht nur die Kerninformation an sich, sondern auch der Kontext des Informationserwerbs im Gedächtnis gespeichert wird. Demzufolge ist es einem erlebnisfundiert aussagenden Zeugen in der Regel ohne weiteres möglich, situative und örtliche Kontextbedingungen der fraglichen Vorfälle zu schildern. Diese bedingen häufig eine enge Individualverflechtung mit dem inkriminierten Geschehen, da hieraus in der Regel deutlich wird, welche veränderlichen situativen Umstände das Zustandekommen der Inkrimination begünstigt haben könnten. Ein falsch aussagender Zeuge müsste derartige Verknüpfungen quasi im Nachhinein vornehmen (sich also retrospektiv überlegen, in welchen Situationen sich das inkriminierte Geschehen abgespielt haben könnte) und sich darüber hinaus über die Notwendigkeit derartiger Verknüpfungen im Klaren sein. Der zeitliche Kontext steht hier meist nicht im Vordergrund, lässt sich aber oft anhand der Situationsbedingungen rekonstruieren. 88

Weiterhin muss es in tatsächlich erlebnisbegründeten Fällen von Sexualdelikten bei der Durchführung der Handlungen zwangsläufig zu irgendeiner Art von Interaktion zwischen dem Beschuldigten und dem Betroffenen kommen. Ebenso verlaufen derartige Handlungen zumeist nicht wortlos, sondern werden von Gesprächen oder verbalen Äußerungen begleitet. Es spricht deshalb für die Erlebnisfundierung der Angaben, wenn **Interaktionsschilderungen**, aus denen deutlich wird, wie sich etwaige Aktionen und Reaktionen wechselseitig bedingt haben, oder ganze **Gesprächssequenzen** in der Aussage wiedergegeben werden. Demgegenüber müsste sich ein falschaussagender Zeuge wiederum retrospektiv stimmige Interaktions- und Gesprächsfolgen überlegen und diese nahtlos in seine Aussage einbetten. Dies erfordert eine gut ausgeprägte Fähigkeit zum Perspektivenwechsel und auch entsprechendes bereichsspezifisches Hintergrundwissen darüber, wie derartige Interaktionen ablaufen könnten. 89

Es entspricht außerdem der Alltagserfahrung, dass auch neutrale Vorhaben nicht immer reibungslos vonstatten gegen. Es ist daher auch im Rahmen eines Sexualdelikts zu erwarten, dass es zu **Komplikationen bei einzelnen Handlungsversuchen** kommen kann oder dass intendierte Handlungen 90

69 *Niehaus* (2008), S. 311.

aufgrund von Störungen im Ablauf abgebrochen werden müssen, insbesondere dann, wenn es sich nicht um singuläre Ereignisse handelt. Die diesem Merkmal zugesprochene hohe Belegkraft resultiert einerseits aus dem Umstand, dass es unter strategischem Aspekt den Planungshorizont falsch aussagender Zeugen deutlich übersteigen würde, fehlgeschlagene Handlungsversuche gezielt in eine Falschaussage einzubauen. Auch unter kognitivem Aspekt stellen Komplikationen schemainkonsistente Abläufe dar, die zudem für den Falschaussagenden belastungsirrelevanten »kognitiven Ballast« bedeuten würden.

Inhaltliche Besonderheiten

91 Die nächste Kategorie der Aussagemerkmale umfasst die so genannten »inhaltlichen Besonderheiten«. Hier handelt es sich um Merkmale, die in einer erlebnisfundierten Aussage nicht zwingend (wie z.B. die logische Konsistenz, ein gewisser Detaillierungsgrad oder die Konstanz) auftreten müssen, deren Vorhandensein aber weitere Indizien für den Erlebnisbezug der Angaben liefern kann und die zudem nur schwerlich aus Schemawissen abgeleitet werden können.

92 Zunächst fällt in diese Kategorie die **Schilderung ungewöhnlicher Details**. Dies bezieht sich auf einzelne Aussageinhalte, die dem Alltagswissen bzw. alltäglichen Schemata widersprechen, sich aber in die Aussage logisch konsistent einfügen. Auch besonders originelle Inhalte, die sich durch ein hohes Maß an Individualisierung auszeichnen, fallen unter dieses Merkmal.

93 **Phänomengemäße Schilderungen unverstandener Handlungselemente** zeichnen sich dadurch aus, dass ein Geschehen »naiv«, das heißt allein aufgrund seiner äußeren Anmutung geschildert wird, ohne dass ein Zeuge dessen eigentliche Bedeutung erfasst hat. Derartige Schilderungen finden sich hauptsächlich in Kinderaussagen über unverstandene sexuelle Sachverhalte, wobei diese häufig erst die Anschaulichkeit der Aussage ausmachen und einen sehr wichtigen Indikator für den Erlebnisbezug der Angaben darstellen. Die hohe Belegkraft dieses Merkmal ergibt sich daraus, dass ein Kind, das über keinen eigenen Erfahrungshintergrund verfügen kann und nicht oder nur partiell aufgeklärt ist, außerhalb des eigenen Verständnishorizonts liegende Sachverhalte nicht gezielt in eine Falschaussage hineinproduzieren kann.

94 Weiterhin gehören zu dieser Kategorie die Schilderungen **eigenpsychischer Wahrnehmungen** sowie Angaben zu **psychischen bzw. physiologischen Vorgängen beim Beschuldigten**. Hierzu zählt, wenn Zeugen eigene Gedanken, Emotionen oder sensorische Wahrnehmungen schildern, die mit dem inkriminierten Geschehen in Zusammenhang stehen, oder aber Reflektionen über das inkriminierte Geschehen wiedergeben. Auch hier wird davon ausgegangen, dass es einem falsch aussagenden Zeugen nur erschwert möglich ist, die komplexen sensorischen und gefühlsmäßigen Wahrnehmungen tatsächlicher Missbrauchsopfer in Bezug auf sich und den Beschuldigten stimmig zu erfinden, oder dem Beschuldigten stimmige physische oder psychische Prozesse zuzuschreiben.

95 Auch **nebensächliche Details**, die mit dem inkriminierten Geschehen in keinem sachlogischen Zusammenhang stehen, zählen zu dieser Kategorie der Aussagemerkmale, da zu erwarten ist, dass sich ein falschaussagender Zeuge eher auf das fraglichen Kerngeschehen konzentrieren wird, um sich nicht mit »Nebensächlichkeiten« zu belasten.

96 Ein weiteres, zwar selten auftretendes, aber sehr belegkräftiges Aussagemerkmal stellen **indirekt handlungsbezogene Schilderungen** dar. Laut *Greuel* et al. (1998) werden darunter Berichte über Gespräche des Zeugen mit dem Beschuldigten im Kontext der fraglichen Tathandlungen verstanden, wobei dieser Gesprächsinhalt mit ähnlichen Beziehungen oder Erfahrungen des Zeugen verknüpft wird. Derartige Schilderungen stellen insofern eine besondere Komplikationsform dar und können sich im Einzelfall auch dazu eignen, die Hypothese einer möglichen Personenübertragung zu prüfen.

Motivationsbezogene Merkmale

97 Die nächste Kategorie der Realkennzeichen umfasst die so genannten motivationsbezogenen Merkmale. Diese Merkmalskategorie basiert weniger auf gedächtnistheoretischen Überlegungen, sondern geht auf sozialpsychologische Konzepte zurück, genauer gesagt auf die Frage, wie Personen, die mit

einer gezielten Täuschungsabsicht aussagen, sich ihrem Gegenüber präsentieren würden, um möglichst glaubhaft zu erscheinen.

Hinweise für derartige Selbstpräsentationsstrategien ergeben sich z.B. aus den Arbeiten von *Niehaus*.[70] So wird davon ausgegangen, dass ein falsch aussagender Zeuge eher bestrebt ist, sich keine »Blöße« in Form **spontan eingestandener Erinnerungslücken, Zweifeln an der Richtigkeit der eigenen Aussage oder spontanen Aussageverbesserungen** zu geben, während ein erlebnisbezogen aussagender Zeuge, der um einen möglichst genauen Abruf seiner Gedächtnisinhalte bemüht ist, eine eher **erinnerungskritische Haltung** einnimmt und Unsicherheiten beim Wiedererinnern eingesteht. 98

Weiterhin wird davon ausgegangen, dass ein Zeuge mit Täuschungsabsicht seine Angaben eher aggraviert als abschwächt, sodass **entlastende Momente für den Beschuldigten** – hierzu zählt auch, wenn Zeugen sichtlich auf Aggravierungen verzichten – und **Selbstbelastungen**, bei denen ein subjektiver Eigenanteil an der Inkrimination geschildert wird, in Falschaussagen eine geringere Auftretenswahrscheinlichkeit besitzen. 99

Deliktspezifische Inhalte

Ergänzt werden diese Merkmale durch die so genannten »deliktspezifischen Inhalte«. Derartige Inhalte gelten als einer der wichtigsten und belegkräftigsten Indikatoren für den Erlebnisbezug einer Aussage. Im Rahmen der kriminologischen und psychologischen Forschung konnten anhand von Fallanalysen oder beispielsweise durch Befragung von verurteilten Sexualstraftätern bestimmte Handlungsmuster, Strategien und Vorgehensweisen auf der Täterseite eruiert werden, die bei tatsächlichen Sexualdelikten häufig auftreten. 100

Es lassen sich hier Differenzierungen nach Merkmalen der mutmaßlichen Opfer vornehmen, da sich die jeweiligen Täterstrategien nach Alter (Kinder/Jugendliche/Erwachsene), Geschlecht (sexueller Missbrauch an Jungen weist eine partiell andere Deliktspezifizität auf als Übergriffe an Mädchen) und Nähe zum Beschuldigten (sozialer Nahraum vs. Fremdtäter) unterscheiden. Zudem wurden aufseiten der Betroffenen viktimotypisches Verhalten und Reaktionsweisen analysiert. Treten derartige deliktspezifische Elemente, die beispielsweise Rückschlüsse auf das strategische Vorgehen des Beschuldigten bei der Umsetzung der fraglichen sexuellen Missbrauchshandlungen erlauben, in einer Zeugenaussage auf, so besitzt dies besondere Signifikanz in Bezug auf die Erlebnisfundierung der Aussage, da davon ausgegangen wird, dass Zeugen in Ermangelung des theoretischen Hintergrundwissens kaum in der Lage sein dürften, derartige deliktspezifische Schilderungen in ihre Aussage zu integrieren. 101

Insgesamt zeichnet sich eine qualitativ hochwertige Aussage dadurch aus[71], »dass Handlungen und Beteiligte nicht austauschbar sind. Dieser Eindruck einer individuellen Durchzeichnung des Geschilderten kann neben den bereits genannten Merkmalen auch durch eine komplexe Verflechtung des Geschilderten mit ähnlichen Situationen oder Gesprächen über ähnliche Handlungen, oder durch die Schilderung individueller, bis in die Gegenwart hinein spürbarer Folgen des Geschehenen für Beteiligte entstehen.« 102

Aussageübergreifende Merkmale/Konstanz

Über die soeben beschriebenen aussageimmanenten Merkmale hinaus sind außerdem aussageübergreifende Merkmale von entscheidender Bedeutung für die Einschätzung der Erlebnisfundierung der Angaben. 103

Besondere Bedeutung kommt der **inhaltlichen Konstanz** der Aussage zu verschiedenen Befragungszeitpunkten zu. 104

70 *Niehaus* (2008), S. 311.
71 Vgl. *Niehaus* (2008), S. 314.

105 Es besteht hier Konsens darüber, dass eine Zeugenaussage – wiederum als Mindestanforderung – in bestimmten zentralen Aspekten konstant berichtet, damit die Erlebnisfundierung gegebenenfalls bejaht werden kann. Diese zentralen Aspekte betreffen die übereinstimmende Schilderung des zentralen Kerngeschehens, der eigenen Rolle, die Benennung der unmittelbar beteiligten Personen, die Benennung von unmittelbar handlungsrelevanten Gegenständen, der Tatörtlichkeit, der globalen Körperpositionen und der Art der Fortbewegung, falls eine derartige stattgefunden haben soll.[72]

106 Auch hierbei handelt es sich allerdings um **Mindestanforderungen**, die häufig auch von konstruierten Aussagen erfüllt werden. Von einer erlebnisfundierten Aussage wird daher auch die Konstanz der Aussage in den wesentlichen Details des näheren Rahmengeschehens erwartet (sog. Steigerungsform der Konstanz), wobei jedoch bestimmte gedächtnispsychologische Aspekte im Sinne eines Modells der differenzierten Konstanz von Zeugenaussagen berücksichtigt werden müssen.

107 So impliziert das von *Arntzen* beschriebene »**Inkadenzphänomen**«, welches durch Befunde der Grundlagenforschung zur so genannten Abrufinterferenz bestätigt wird, dass Gedächtnisinhalte nicht immer vollständig zu jeder beliebigen Zeit abrufbar sind, und dass es daher zu Inkonstanzen bei Zeugenaussagen kommen kann, die jedoch keine inhaltlichen Widersprüche darstellen, aufgrund derer an der Glaubhaftigkeit der Angaben insgesamt gezweifelt werden müsste. So ist es durchaus denkbar, dass bei fortgesetzten Handlungen mit einer Vielzahl inkriminierter Einzelsituationen bei verschiedenen Befragungen unterschiedliche Einzelfälle geschildert werden, die aber jeweils per se als glaubhaft eingestuft werden können.

108 Tatsächliche **Widersprüche** bezeichnen hingegen Angaben, die bei verschiedenen Vernehmungen der Aussageperson konfligierend vorgebracht werden. Hier muss jeweils fallspezifisch beurteilt werden, ob es sich um hinsichtlich der Glaubhaftigkeit der Gesamtaussage kritische Widersprüche handelt (etwa bei Widersprüchen hinsichtlich des fraglichen Kerngeschehens) oder ob die Widersprüche als gedächtnistheoretisch erklärbar und plausibel eingestuft werden können. Inkonstanzen, die z.B. bei Reihenfolgeangaben zu Handlungssequenzen, der Zuordnung von Nebenhandlungen zum Kerngeschehen, bei Schätzungen von Häufigkeiten oder Zeitangaben, oder der Wiedergabe des exakten Wortlautes von Gesprächen auftreten können, sprechen prinzipiell nicht gegen den Erlebnisbezug der Aussage. Im Gegenteil stellen derartige Aussageveränderungen gedächtnispsychologisch erwartbare Inkonstanzen dar.[73]

109 Diese hier genannten inhaltlichen Kategorien sollten jedoch eher als Orientierungshilfe gesehen werden, wobei auch hier keine schematisierte Anwendung erfolgen darf. So sieht *Arntzen* beispielsweise Widersprüche bei Zeit- und Häufigkeitsangaben grundsätzlich als unkritisch an, jedoch wirft es aus Sicht der Autorin durchaus Bedenken auf, wenn bei Aussagen über die Zeit hier sehr große Abweichungen (etwa 1–2 fragliche Vorfälle vs. 20 Vorfälle) auftreten. Auch Widersprüche bei der Zuordnung von Kern- und Rahmengeschehen sind in Abhängigkeit vom Aussageumfang in gewissem Rahmen sicherlich vertretbar, wenn jedoch die Mehrzahl der berichteten Inkriminationen inkonstant zugeordnet wird, wird dies kritisch zu diskutieren sein.

110 Von Bedeutung bei der Gewichtung etwaiger auftretender Widersprüche über die Zeit ist daher auch die Relation der aufgetretenen Widersprüche zum Aussageumfang. In wissenschaftlichen Untersuchungen zur Aussagenkonstanz hat es sich eingebürgert, quantitativ den Anteil der Inkonstanzen im Verhältnis zur Gesamtmenge der berichteten Details als Konstanzmaß heranzuziehen (eine Aussage mit insgesamt 30 berichteten Details, die 20 Widersprüche enthält, ist deutlich inkonstanter als eine Aussage, die 250 Details umfasst, von denen 20 widersprüchlich berichtet werden). Auch wenn im forensischen Einzelfall aufgrund der nicht standardisierten Vorgehensweise bei den einzelnen Befragungen keine sinnvolle quantitative Auswertung erfolgen kann, muss der Aussageumfang

72 *Arntzen* (2007), S. 50 ff.
73 *Arntzen* (2007), S. 50 ff.

bei der Einschätzung des Konstanzmerkmals und der Gewichtung der vorgefundenen Widersprüche berücksichtigt werden.

Gemäß den Vorhersagen des *Arntzen'schen* Konstanzmodells sollten erlebnisfundierte Aussagen außerdem über die Zeit **präzisierbar** sein, dahingehend, dass bei späteren Befragungen Inhalte spontan oder auf Nachfragen hin ergänzt werden können. Es lassen sich hierbei einfache Präzisierungen in Form nahe liegender oder sich ohnehin erschließender Inhalte von qualifizierten Präzisierungen, deren Vorbringen neue Geschehensaspekte beinhaltet oder zu einem besseren Gesamtverständnis der Schilderung beiträgt, unterscheiden. Auslassungen sind wiederum im Randbereich aufgrund von Vergessensprozessen wahrscheinlicher als im zentralen Kernbereich. 111

Die genannten aussageübergreifenden Merkmale der inhaltlichen Übereinstimmungen, Präzisierungen, Widersprüche und ggf. auch Auslassungen müssen daher bei der Gesamteinschätzung der Aussagenkonstanz in Relation zum Aussageumfang integriert und gewichtet werden. Grundsätzlich wird es unter dem Aspekt der kognitiven Anforderungen an falschaussagende Zeugen als deutlicher Hinweis für den Erlebnisbezug der Aussage gelten, wenn eine umfangreiche Aussage in der überwiegenden Mehrzahl der Details über die Zeit übereinstimmend berichtet wird und sich dabei als präzisierbar und frei von kritischen Widersprüchen erweist. 112

Als weiterer qualifizierender Aspekt kann berücksichtigt werden, wenn die über die Zeit vorliegenden Zeugenaussagen jeweils unterschiedliche Strukturierung aufweisen, inhaltlich aber eine hohe Ausprägung des Konstanzmerkmals vorliegt. Hingegen erscheint Skepsis angebracht, wenn Aussagen sowohl vom Wortlaut als auch von der Strukturierung her über die Zeit ein ungewöhnlich hohes Maß an Übereinstimmung aufweisen, da dies gedächtnis- und kommunikationspsychologisch kaum zu erwarten ist und eher als Hinweis auf eine erfundene, womöglich auswendig gelernte Aussage gesehen werden kann. 113

Letztlich muss auch die Einschätzung der Aussagenkonstanz unter Einbeziehung der erhobenen Kompetenzmerkmale des Zeugen im Rahmen des Qualitäts-Kompetenz-Vergleichs erfolgen. Es empfiehlt sich daher, auch die Konstanzanalyse durch die Erhebung von Vergleichsstandards abzusichern, etwa dahingehend, dass der Zeuge gebeten wird, fallneutrale und erfundene Berichte zu verschiedenen Befragungszeitpunkten abzugeben, die dann neben der Beurteilung der aussageimmanenten Qualifizierung auch auf das Auftreten von Konstanzphänomenen hin untersucht werden können. 114

C. Begutachtungsprozess und diagnostisches Vorgehen

Nach der Darstellung der aussagepsychologischen Konstrukttrias und deren theoretischer Grundlagen soll nunmehr auf den diagnostischen Prozess der Glaubhaftigkeitsbegutachtung eingegangen werden. Der BGH hat hierzu in seiner Entscheidung zu den Mindeststandards aussagepsychologischer Gutachten[74] dezidierte Ausführungen gemacht. Grundsätzlich bleibt die Wahl der konkreten Untersuchungsmethoden dem Entscheidungsspielraum des Sachverständigen vorbehalten, jedoch lassen sich einige grundsätzliche Feststellungen zur Vorgehensweise bei der Glaubhaftigkeitsbegutachtung treffen. 115

I. Fallspezifische Hypothesenbildung

Grundsätzlich wird im Rahmen der aussagepsychologischen Begutachtung analog zu wissenschaftlichen Untersuchungen zunächst davon ausgegangen, dass der zu prüfende Sachverhalt – sprich der Erlebnisbezug der Aussage – *nicht* gegeben ist. Dieses »Negationsprinzip« ist nach Auffassung des BGH[75] die aufgrund der Unschuldsvermutung gebotene Vorgehensweise, welche sich auch in der von *Steller & Volbert*[76] formulierten Kernfrage der Begutachtung niederschlägt: 116

74 BGHSt 45, 165.
75 BGHSt 45, 165.
76 *Steller & Volbert* (1997).

»Könnte dieser Zeuge mit den gegebenen individuellen Voraussetzungen unter den gegebenen Befragungsumständen und unter Berücksichtigung der im konkreten Fall möglichen Einflüsse von Dritten diese spezifische Aussage machen, ohne dass sie auf einem realen Erlebnishintergrund basiert?«.

117 Dies bedeutet zunächst, dass Gutachter im Rahmen der Untersuchungsplanung aufgrund der zur Verfügung stehenden Informationen Möglichkeiten in Betracht ziehen müssen, wie die Aussage abseits eines realen Erlebnishintergrundes zustande gekommen sein könnte. Aufgrund des Aktenstudiums und ggf. ergänzend im Laufe der Begutachtung müssen entsprechende **fallspezifische** Hypothesen aufgestellt und diese in der Exploration des Zeugen geprüft werden. Aus diesem Grund ist es auch unerlässlich, dass eine eigene aussagepsychologische Exploration durch den Sachverständigen erfolgt, da dieser hypothesengeleitete Prozess nicht durch Vernehmungen durch Polizei oder Gericht ersetzt werden kann.

118 *Steller & Volbert*[77] *sowie Köhnken*[78] *differenzieren in diesem Zusammenhang verschiedene Kategorien von Falschaussagen:*

1. *Absichtliche Falschaussagen*
   - *Intentional konstruierte Falschaussage*
   - *Intentionaler Transfer eines eigenen Erlebnisses oder anderer Wahrnehmungen auf den Beschuldigten*
   - *Intentionale Übernahme der Vorgaben Dritter*
2. *Unbeabsichtigte Falschaussagen, die auf Erinnerungsfehlern basieren*
   - *Fremdbeeinflussungen, d. h. intentionale oder irrtümliche Induktion von Falschaussagen durch Dritte, die vom Zeugen übernommen und subjektiv für wahr gehalten werden*
   - *Ausbildung von Pseudoerinnerungen aufgrund autosuggestiver Prozesse*
   - *Unabsichtlicher falscher Transfer eines Erlebnisses oder einer sonstigen Wahrnehmung auf den Beschuldigten*
   - *Eingeschränkte bzw. aufgehobene Fähigkeit, zwischen Phantasieprodukt und Realität zu unterscheiden*

119 Ziel der Begutachtung ist jedoch nicht, diese potenziell infrage kommenden Möglichkeiten schematisch abzuprüfen, vielmehr müssen fallspezifisch sinnvolle Untersuchungshypothesen formuliert werden.[79] So ist zum Beispiel bei Vorschulkindern nicht zu erwarten, dass diese sich Inhalte angelesen haben könnten, während bei normalbegabten, psychisch unauffälligen erwachsenen Zeugen die Hypothese suggestiver Fremdbeeinflussungen eher in den Hintergrund tritt. Die Hypothesen müssen im Gutachten dargelegt und begründet werden, auch sollte ersichtlich sein, aus welchen Anknüpfungstatsachen die Hypothesen abgeleitet wurden.

▶ **Beispiel**

120 **Fallunspezifisch formulierte Hypothese:**

»Der geschilderte Sachverhalt ist zwar erlebnisfundiert, bezieht sich aber auf eine andere Person als den Beschuldigten«

Fallspezifisch formulierte Hypothese:

Es ergibt sich aus der Aussage der Mutter der Zeugin (Blatt X d. A.), dass das Mädchen bereits vor dem hier inkriminierten Geschehen Opfer sexueller Missbrauchshandlungen geworden sein soll, und zwar durch den Nachbarsjungen N. Es kommt daher in Betracht, dass das Mädchen derartige anderweitig gemachte Erfahrungen gezielt oder unabsichtlich auf den hier Beschuldigten überträgt.

77 *Steller & Volbert* (1997).
78 *Köhnken* (2015).
79 *Steller & Volbert* (1999).

II. Untersuchungsmethoden

Um die aufgestellten Hypothesen überprüfen und die erforderlichen Daten zur Abklärung der Aussagetüchtigkeit, der Aussagevalidität und der Aussagequalität zu erheben, steht dem Sachverständigen grundsätzlich das gesamte Repertoire psychologisch-diagnostischer Methoden offen. 121

Im Zentrum der aussagepsychologischen Diagnostik steht aber zweifelsohne die **Exploration** der Aussageperson, in deren Verlauf eine möglichst umfassende Schilderung des inkriminierten Sachverhalts, aber auch individuelle Leistungs- und Aussagebesonderheiten erfragt werden. In der Regel werden im Rahmen der aussagepsychologischen Exploration folgende Aspekte erhoben: 122
- Exploration zu den sozialen Beziehungen des Zeugen sowie zur Beziehung zum Beschuldigten
- Erhebung individueller Vergleichsstandards
- Exploration zu bereichsspezifischem Wissen (z.B. in Form einer Sexualanamnese oder anderen sachverhaltsrelevanten Kenntnissen)
- Exploration des inkriminierten Geschehens
- Exploration zur Aussagengenese und -entwicklung

Neben den inhaltlichen Aspekten dienen **Verhaltensbeobachtungen** während der Exploration der Erhellung der gedanklichen Flexibilität des Zeugen, sowie dessen Fähigkeiten zum Perspektivenwechsel und zur kombinatorischen Logik. Weiterhin liefert die Exploration Aufschluss über das Begriffsverständnis, den sprachlichen Entwicklungsstand und das Sprach- und Frageverständnis des Zeugen, sowie ggf. über dessen Befähigung, Informationsquellen zu differenzieren. 123

Im Rahmen der Erhebung von Leistungsbesonderheiten greifen Sachverständige nicht selten auf so genannte **Verhaltensproben** zurück. 124

Dies umfasst einerseits die Erhebung individueller Vergleichsschilderungen in Form **fallneutraler Berichte** zu Ereignissen, die sich zweifelsfrei und zeitnah zum inkriminierten Geschehen zugetragen haben. Relevant ist dabei, dass es sich nach Möglichkeit um körperbezogene Ereignisse von persönlicher Bedeutsamkeit mit emotionaler Tönung handeln sollte (z.B. Erkrankungen, Unfälle mit Verletzungsfolgen, ärztliche Untersuchungen), um hinsichtlich der Ereignisqualität eine möglichst hohe Passung mit den zu beurteilenden fallbezogenen Schilderungen zu erzielen. Eine Validierung dieser Berichte kann durch informatorische Befragungen von Bezugs- oder Betreuungspersonen oder auch durch Beiziehung entsprechender Unterlagen (Arzt- oder Krankenhausberichte) erfolgen. 125

Daneben kann der Zeuge aufgefordert werden, einen **Fantasiebericht** abzugeben. Um eine möglichst hohe Validität der Fantasieprobe zu erzielen, empfiehlt sich eine Vorgehensweise analog zu den wissenschaftlichen Validierungsuntersuchungen der Merkmalsorientierten Inhaltsanalyse. Demzufolge sollte der Zeuge gebeten werden, einen Fantasiebericht zu einem – wie oben – körperbezogenen Ereignis mit negativer emotionaler Tönung (von einem Tier gebissen werden, sich verletzen, einen Unfall erleiden, entführt werden etc.) abzugeben, der dann im Hinblick auf die inhaltliche Qualifizierung mit den nachweislich erlebnisbasierten Schilderungen in Vergleich gesetzt werden kann. 126

Ein derartiges Vorgehen erscheint jedoch nur bei kindlichen Zeugen sinnvoll. Weitere Informationen zur Täuschungskompetenz können z. B. Schulzeugnissen entnommen werden, in denen sich nicht selten Hinweise zur geistigen Flexibilität oder zur Bewältigung von Transferaufgabe finden. Bei erwachsenen Zeugen kann zu etwaigen Täuschungsversuchen in der Vergangenheit und dem konkreten Vorgehen exploriert werden, um Hinweise bezüglich des strategischen Planungsvermögens zu erlangen.

Anhand von Verhaltensproben lassen sich weiterhin Rückschlüsse ziehen hinsichtlich des **Antwortverhaltens des Zeugen bei suggestiven Vorgaben.** Anhand irreführender Fragen und Vorhalte bzw. auch anhand unsinniger Fragen oder der Vorgabe von jeweils unrichtigen Antwortalternativen lässt sich beurteilen, ob Zeugen – auch bei Insistieren auf den falschen Inhalten – dazu tendieren, derartigen Vorgaben nachzugeben und sich diesen anzuschließen oder ob Abgrenzungen vorgenommen werden. Sinnvollerweise sollten derartige Suggestionsproben sich auf gesicherte Ereignisse beziehen, 127 also z.B. an die Erhebung der Vergleichsstandards anschließen oder – bei Durchführung mehrerer Begutachtungstermine – z.B. Abläufe des vorangegangenen Termins zum Thema haben.

▶ Beachte

128 Es soll an dieser Stelle vor Fehlschlüssen aufgrund von Suggestionsproben gewarnt werden. Beurteilen lässt sich anhand derartiger Verhaltensstichproben nur, ob der Zeuge eine erhöhte Suggestionsneigung im Sinne von Antworttendenzen aufweist. Ein Umkehrschluss dahingehend, dass der Zeuge aufgrund der Zurückweisung mehrerer falscher Vorhalte generell und situationsübergreifend »nicht suggestibel« sei, ist hingegen keinesfalls zulässig, insbesondere, nachdem sich ein sukzessives Aufbauen von Befragungsdruck unter Verwendung aufdeckender Techniken sowie umfangreichen inhaltlichen Vorgaben in der Explorationssituation verbietet und insofern auch nicht im Rahmen einer Verhaltensprobe simuliert werden kann.

129 Weiterhin sollte regelhaft eine Erhebung des sachverhaltsrelevanten, bereichsspezifischen Vorwissens des Belastungszeugen erfolgen. Im Fall von Sexualdelikten wird dies im Rahmen einer ausführlichen **Sexualanamnese** geleistet. Bei Kindern aller Altersstufen kann auf diese Weise der sexuelle Aufklärungsstand und das Vorwissen des Kindes zum Thema Sexualität erfasst, sowie die Begrifflichkeiten des Kindes für sexuelle Inhalte bzw. entsprechende Körperregionen eruiert werden. Bei Jugendlichen und erwachsenen Zeugen wird der Schwerpunkt der Sexualanamnese eher auf der Erhellung von Vorerfahrungen im sexuellen Bereich liegen, insbesondere dahingehend, ob Vorerfahrungen mit sexuellen Übergriffen bestehen. Weiterhin kann im Rahmen der Sexualanamnese etwaiges Vorwissen zu Sexualdelikten erörtert und entsprechende Fremdquellen erfragt werden, infrage kommen hier sämtliche Medien (Fernsehen, Jugendzeitschriften, Präventionsliteratur etc.), das Internet (z.B. Informationsseiten zu sexuellem Missbrauch oder Austausch mit möglichen anderen Betroffenen in entsprechenden Chatforen und sozialen Medien), aber auch anderweitige Betroffene aus dem Familien- oder Freundeskreis. Darüber hinaus sollte eine eventuelle Konfrontation des Zeugen mit Pornografie überprüft werden. Auf der Basis der hier gesammelten Daten muss dann beurteilt werden, ob der Zeuge aufgrund des vorhandenen bereichsspezifischen Wissens in der Lage gewesen wäre, die vorgebrachten Aussageinhalte ganz oder teilweise auch ohne Erlebnisfundierung vorzubringen, oder ob sich – z.B. bei vorangegangenen anderweitigen Erfahrungen mit Sexualdelikten – entsprechende Abgrenzungen vornehmen lassen.

130 Neben der aussagepsychologischen Exploration und den genannten Verhaltensproben können auch **standardisierte Testverfahren** wie Intelligenz-, Sprach- oder Gedächtnistests Aufschluss über Leistungsbesonderheiten des Zeugen geben. Ebenso können bei entsprechender Hypothesenbildung und Hinweisen auf psychopathologische Symptome auch klinisch-diagnostische Verfahren zum Einsatz kommen, sofern eine Abklärung etwaiger Störungsbilder unter aussagepsychologischem Aspekt sinnvoll erscheint.[80]

III. Explorationstechnik und Befragungsmethoden

131 Im Folgenden wird nun auf die konkrete Vorgehensweise im Rahmen der aussagepsychologischen Exploration eingegangen.

132 Zielsetzung der aussagepsychologischen Sachverständigenexploration ist es, vom Zeugen einen möglichst vollständigen und zuverlässigen Bericht über das inkriminierte Geschehen zu erlangen. Die verwendete Explorationstechnik sollte daher einerseits den Erinnerungsprozess des Zeugen fördern und ihn beim Abruf möglicher Gedächtnisinhalte nicht behindern, so sollte der Zeuge beispielsweise nicht durch häufige Zwischenfragen unterbrochen werden. Die Befragung muss zudem frei sein von möglichen verfälschenden Einflüssen wie inhaltlichen Vorgaben oder Suggestionen[81].

80 *Greuel* et al. (1998), S. 77.
81 *Niehaus* et al., 2017.

Im Rahmen der Sachverständigenexploration müssen Sachverständige zunächst mit dem Zeugen in persönlichen Kontakt treten, d.h. **Rapport aufbauen**, und für eine Gesprächsatmosphäre sorgen, in deren Rahmen offen über persönliche und intime Inhalte wie die Details eines Sexualdelikts kommuniziert werden kann. 133

Zunächst sollten Zeugen transparent über den Ablauf des Gesprächs informiert und darauf hingewiesen werden, dass die Teilnahme freiwillig erfolgt. Darüber hinaus sollten die Befrager sich darum bemühen, die Asymmetrie der Befragungssituation bzw. das Autoritätsgefälle soweit wie möglich zu reduzieren. Dies kann bei Kinderbefragungen gelingen, indem wiederholt darauf hingewiesen wird, dass die befragende Person bei der Situation nicht dabei war und sich nicht auskennt, während dem Kind quasi die »Expertenrolle« zugewiesen wird. Bei der Befragung von Kindern sollte zudem darauf geachtet werden, dass ablenkende Faktoren gering gehalten werden, um die Konzentration auf die Befragungssituation nicht zu gefährden. »Nebenbeschäftigungen« wie Spielen oder Malen sind in diesem Zusammenhang eher ungünstig und sollten auf Gesprächspausen verlegt werden[82]

In der Regel wird mit der Exploration zu neutralen, den Zeugen emotional nicht beanspruchenden Themen begonnen. Im weiteren Verlauf muss auf den Zeugen und seine persönliche und emotionale Situation Rücksicht genommen werden, was u.U. bedeutet, die Exploration zur Sache bei Anzeichen psychischer Belastung zu unterbrechen und vorübergehend auf neutralere Inhalte auszuweichen. *Greuel* et al.[83] betonen, die »oberste Handlungsmaxime aussagepsychologischer Gesprächsführung« lasse sich dahingehend zusammenfassen, »dass dem Zeugen optimale Bedingungen zur möglichst umfassenden Gedächtnisreproduktion bereitzustellen sind, wobei die Vermeidung von psychischer Belastung und Stress hier zu den wichtigsten atmosphärischen Bedingungen zu zählen ist.« Dementsprechend sollten auch zum Ende der Exploration neutrale, emotional nicht belastende Themen besprochen werden.

Die Exploration zur Sache an sich wird als halbstrukturiertes Interview geführt. Der Zeuge wird zuerst anhand inhaltsleerer Fragen aufgefordert, einen möglichst umfassenden **freien Bericht** über das inkriminierte Geschehen abzugeben. Der freie Bericht hat sich in gedächtnispsychologischen Untersuchungen durchgängig als zuverlässigste und am wenigsten mit Erinnerungsfehlern behaftete Abrufform erwiesen, sodass die Sachverständigenexploration zum Ziel haben sollte, möglichst viele Informationen im freien Bericht zu erhalten. Beispiele für inhaltsleere Fragen wären: 134

- »Bitte berichten Sie mir möglichst genau, was vorgefallen ist«,
- »Schildern Sie bitte, woran Sie sich erinnern«,
- »Was ist mit XY vorgefallen«.

Ergänzend kann der Zeuge – insbesondere der kindliche Zeuge – darauf hingewiesen werden, dass der Befrager das Ereignis nicht kennt, nicht dabei anwesend war und deshalb auf umfassende Informationen angewiesen ist, um sich das inkriminierte Geschehen möglichst gut vorstellen und nachvollziehen zu können. Wenn der Zeuge den freien Bericht beendet, sollte nicht sofort mit konkreten Fragen begonnen werden, stattdessen sollten weitere inhaltsleere Fragen gestellt werden, etwa:

- »Fällt Ihnen noch etwas ein?«

Schließt der Zeuge den freien Bericht ab, kann zur **strukturierten Befragung** übergegangen werden.

Die strukturierte Befragung dient dazu, die im freien Bericht erhaltenen Informationen zu ergänzen und zu präzisieren. Sie sollte optimalerweise an den Erinnerungsprozess des Zeugen angepasst werden, d.h. wenn der Zeuge ergänzende Details eines konkreten Einzelfalles schildert, sollten sich auch die anschließenden Fragen auf diesen Inhaltsbereich der Aussage richten, anstatt Einzelheiten eines anderen Einzelfalles zu erfragen. *Fisher & Geiselman*[84] beschreiben die so genannte »Trichtertechnik« bei Befragungen, die beinhaltet, dass zunächst – wie gesagt – inhaltsleere Anstoßfragen 135

82 *Niehaus* et al., 2017, S. 61.
83 *Greuel* et al. (1998), S. 64.
84 *Fisher & Geiselman* (1992).

gestellt werden, diese dann durch offene Fragen ergänzt werden, sodann können weitere präzisierende Nachfragen in Form konkreter werdender Frageformulierungen erfolgen.

136 Üblicherweise wird man zunächst die vom Zeugen im freien Bericht angesprochenen Inhalte aufgreifen und darum bitten, diese zu konkretisieren. Beispiel:

– »Sie haben vorhin einen Vorfall im PKW erwähnt, könnten sie mir diesen bitte genauer beschreiben«

Daraufhin erfolgt im optimalen Fall ein weiterer ergänzender freier Bericht.

137 Grundsätzlich sollten in der strukturierten Befragung **offene Fragen** gestellt werden, die vom Zeugen nicht nur bejaht oder verneint werden können. Offene Fragen oder Leerfragen (was, wo, wer, wie, womit) beinhalten keinerlei Suggestionspotenzial, sondern dienen lediglich dazu, weitere Erinnerungsprozesse beim Zeugen in Gang zu setzen. Beispiel:

– »Wo hat dieser Vorfall genau stattgefunden? Wie sah es dort aus?«

Alternativfragen eignen sich dann, wenn dem Befrager Vorkenntnisse aus vorangegangenen Befragungen zur Verfügung stehen und Lücken im freien Bericht durch präzisierende Nachfragen geschlossen werden sollen. Grundsätzlich sollte bei Vorgabe von Antwortalternativen immer eine offene Alternative angehängt werden. Wenn beispielsweise bekannt ist, dass sich eine Inkrimination in der Küche ereignet haben soll, der Zeuge den fraglichen Vorfall auch anspricht, aber die Örtlichkeit nicht erwähnt, kann eine geeignete Alternativfrage lauten:

– »Und wo hat dieser Vorfall dann stattgefunden, im Wohnzimmer, im Schlafzimmer oder wo war das?«

Arntzen[85] nennt weiterhin die **Konträrfrage** als geeignete Frageform, dahingehend, dass dem Zeugen in der Frage das Gegenteil der nach Aktenlage zu erwartenden Information genannt wird. Zum Beispiel, wenn nächtliche Vorfälle zur Frage stehen:

– »War das dann tagsüber oder wie?«

138 Im optimalen Fall liefert der Zeuge auf derartige Fragen so genannte Überhangantworten, deren Inhalte über die in der Frage enthaltenen Vorgaben hinausgehen und diese noch ergänzen oder präzisieren. Erst derartige Antworten sind auch bei der Merkmalsorientierten Inhaltsanalyse verwertbar und analysierfähig. Unter diesem Aspekt können auch bestimmte Vorhaltfragen, insbesondere kurze **Stichwortfragen**, als bedingt geeignete Fragen gelten, sofern diese entsprechende Überhangantworten generieren. Wenn beispielsweise nach Aktenlage Inhalte bekannt sind, die der Zeuge in der Exploration nicht erwähnt hat, kann eine kurze Stichwortfrage zu Ergänzungen und Präzisierungen führen. Beispiel:

– »War vielleicht auch mal was auf dem Speicher?«

Derartige Stichwortfragen dürfen sich allerdings nur auf Inhalte beziehen, die in früheren Aussagen des Zeugen dokumentiert sind.

139 **Ungeeignete Frageformen** sind hingegen alle Arten von Suggestivfragen, also Fragen, in denen bisher vom Zeugen nicht genannte Inhalte an diesen herangetragen werden, als ob diese bereits faktisch feststehen würden. Als besonders suggestionsträchtig gelten **Erwartungsfragen** wie

– »Der Beschuldigte hat doch sicher noch XY gemacht«

– »Sie müssen sich doch irgendwie gewehrt haben?«

und **Voraussetzungsfragen**, die bestimmte Inhalte als feststehende Tatsachen vermitteln. Beispiel:

– »Und was hat er gemacht, als ihr zusammen im Urlaub wart?«

85 *Arntzen* (2007), S. 123 ff.

Die in der polizeilichen Praxis oft übliche Vorgehensweise, einem Zeugen Inhalte aus früheren Befragungen vorzugeben oder ihm aus Sicht des Befragers nahe liegende Inhalte vorzuhalten, die der Zeuge bisher aber nicht von sich aus berichtet hat, etwa:

- »Hat er Dich auch mal angefasst?«
- »Hast Du bei ihm mit dem Mund etwas machen müssen?« etc.

muss ebenfalls als suggestionsträchtige Frageform klassifiziert werden. Reine Bestätigungen derartiger Vorhalte können im Rahmen der Inhaltsanalyse nicht verwertet werden, wenn sich der Zeuge jedoch in Form detaillierter Überhangantworten äußert, sind auch diese einer aussagepsychologischen Beurteilung zugänglich.

Zur **Dokumentationspflicht** der Sachverständigenexploration hat sich der BGH dahingehend geäußert,[86] dass eine Tonbandaufzeichnung der Exploration unerlässlich sei, um die Transparenz und Nachvollziehbarkeit des Gutachtens, insbesondere hinsichtlich der gestellten Fragen in der Exploration und der auf der Aussage basierenden »Merkmalsorientierten Inhaltsanalyse«, zu gewährleisten. Nicht gefordert wird hingegen, ein vollständiges Interviewtranskript dem Gutachten beizufügen, hier sei es nach Auffassung des BGH ausreichend, die relevanten Teile der Exploration als Belegstellen anzuführen und ggf. die Originalaufzeichnungen bei Bedarf vorzulegen. In der Regel fügen Sachverständige jedoch das Protokoll vollständig bei. 140

IV. Zur Durchführung der »Merkmalsorientierten Inhaltsanalyse«

Kernelement der Begutachtung ist die Beurteilung der vorliegenden Aussagequalität anhand der Merkmalsorientierten Inhaltsanalyse. Die Inhaltsanalyse darf dabei nicht als »Checklistendiagnostik« missverstanden werden, bei denen die Aussage lediglich auf das Vorhandensein der 19 Einzelmerkmale und der Konstanz untersucht wird. Schließlich wird das Verfahren als »Merkmalsorientierte **Inhaltsanalyse**« und nicht als »Inhaltsorientierte Merkmalsanalyse« bezeichnet, sodass sich die Beurteilung der Aussagequalität auch an den konkret vorliegenden Aussageinhalten orientieren muss. Insgesamt zeichnet sich die Beurteilung der Aussagequalität »durch die relativierende und integrative Gewichtung der einzelnen Qualitätsmerkmale einer Aussage vor dem Hintergrund der individuellen Leistungsbesonderheiten des Zeugen, den einzelfallspezifischen Besonderheiten des inkriminierten Geschehens sowie allgemeiner psychologischer Gesetzmäßigkeiten des menschlichen Erlebens, Erinnerns und Vergessens aus«.[87] 141

In der Praxis empfiehlt sich bei der Inhaltsanalyse ein mehrstufiges Vorgehen. 142

Zunächst sollte beurteilt werden, ob die **Mindestanforderungen** an erlebnisgestützte Aussagen vorliegen, ob also eine in ihrer Gesamtheit logisch konsistente Aussage gegeben ist, die zudem einen ausreichenden Umfang bzw. einen Detaillierungsgrad aufweist, der weitergehende Analysen überhaupt erst ermöglicht. Unter diesem Aspekt muss weiterhin betrachtet werden, ob die Mindestanforderung der Konstanz der Aussage in den zentralen Inhaltsbereichen gegeben ist, wobei die genannten Qualitätsmerkmale vor dem Hintergrund der Leistungsbesonderheiten des Zeugen zu sehen sind. Können diese Merkmale nicht als erfüllt angesehen werden, wird sich der Erlebnisbezug der Aussage nicht mit der im forensischen Kontext gebotenen Sicherheit bejahen lassen, sodass diese Merkmale als **Ausschlusskriterien** verstanden werden müssen, deren Nicht-Vorhandensein weitere Analysen letztlich obsolet macht. 143

Können die Mindestanforderungen jedoch als gegeben erachtet werden, stellt sich die Frage nach weiteren, im Verbund auftretenden inhaltlichen Qualitätsmerkmalen. In einem nächsten Schritt kann daher beispielsweise zunächst die **Gesamtaussage** auf das Vorhandensein relevanter Qualitätsmerkmale, insbesondere der »unstrukturierten Darstellungsweise« und der Deliktspezifizität, 144

86 BGHSt 45, 165.
87 *Greuel* et al. (1998), S. 159/160.

untersucht werden, sodass sich das Auftreten von Merkmalskonfigurationen, z.B. der »allgemeinen Aussagemerkmale« im Verbund mit der Deliktspezifizität, beurteilen lässt.

145 Die weiterführende Analyse der Aussageinhalte sollte nach *Greuel* et al.[88] dem juristischen Individualisierungsgebot gerecht werden. Nachdem die juristische Notwendigkeit besteht, jede inkriminierte Einzeltat nach Ort, Zeit, Handlungsmodalität und situativer Einbettung zu konkretisieren, hat dies unmittelbare Konsequenzen für die Glaubhaftigkeitsbegutachtung. Einerseits sollte schon in der Exploration darauf abgehoben werden, relevante Einzelsachverhalte möglichst konkret zu erfassen. Im Rahmen der Inhaltsanalyse sollte dementsprechend darauf eingegangen werden, wie die Glaubhaftigkeit der Angaben in Bezug auf jeden einzelnen Schilderungssachverhalt einzuschätzen ist, nachdem globale Angaben zur Glaubhaftigkeit der Gesamtaussage die genannten Spezifizierungsanforderungen nicht erfüllen.[89]

146 Somit ist im Rahmen der weiter durchzuführenden Aussagenanalyse auf die inhaltliche Qualifizierung konkreter Einzelfallschilderungen abzustellen, wobei die vorzufindenden Qualitätsmerkmale nach ihrer jeweiligen Quantität, qualitativer Ausprägung und ihrem Auftreten in relevanten Merkmalskonfigurationen beurteilt werden müssen. Hierbei kann durchaus der Fall eintreten, dass sich aufgrund unterschiedlicher inhaltlicher Qualitäten der Einzelfallschilderungen auch unterschiedliche Einschätzungen der Glaubhaftigkeit ergeben, beispielsweise dann, wenn Zeugen kürzer zurückliegende fragliche Ereignisse detaillierter schildern als zeitlich länger zurückliegende Inkriminationen.

147 Grundsätzlich kommt es auch bei der Beurteilung der Aussagequalität von Einzelfallschilderungen auf das Vorhandensein konkreter Merkmalskombinationen und -konfigurationen an. Nach *Greuel* et al.[90] kommt innerhalb der Vielzahl denkbarer Merkmalskonfigurationen vor allem den Aussagemerkmalen der Schilderung von Handlungskomplikationen, den phänomengemäßen Schilderungen unverstandener Handlungselemente, der Schilderung origineller Details, der Schilderung von Interaktionsketten und der spontanen Präzisierbarkeit der Aussage besonders hohe Belegkraft zu.

148 Eine vor dem Hintergrund der kognitiven Kompetenz des Zeugen hohe Aussagequalität wird letztlich zu dem Schluss führen, dass – die Absenz gravierender validitätsmindernder Faktoren vorausgesetzt – der Erlebnisbezug der Angaben mit der im forensischen Kontext gebotenen Sicherheit vom Gutachter bejaht wird.

149 Für Missverständnisse sorgt hingegen bisweilen das Ergebnis so genannter »Negativgutachten«, wenn Sachverständige also zu dem Ergebnis gelangen, dass sich eine Erlebnisgestütztheit der Angaben nicht mit der erforderlichen Sicherheit belegen lässt und dass insofern die Nullhypothese der Begutachtung (keine Erlebnisfundierung der Aussage) beibehalten werden muss. *Niehaus*[91] führt dazu aus:

> »Die Merkmalsorientierte Inhaltsanalyse stellt insgesamt eine Methode zur Substantiierung des Erlebnisbezugs einer Aussage dar und ist nicht als Methode der Aufdeckung von Täuschung zu verstehen«. Auch Greuel et al.[92] weisen darauf hin, dass in Fällen, in denen die Glaubhaftigkeit der Angaben nicht ausreichend sicher belegt werden kann, keineswegs im Umkehrschluss gefolgert werden darf, das inkriminierte Geschehen hätte faktisch nie stattgefunden und die Aussage sei intentional falsch. Vielmehr sage eine derartige Feststellung nur aus, »dass in diesem Fall die Grenzen der aussagepsychologischen Erkenntnismöglichkeiten erreicht und wissenschaftlich fundierte Aussagen über die Erlebnisgebundenheit und/oder Zuverlässigkeit der Aussage schlechterdings nicht mehr möglich sind.«[93]

88 *Greuel* et al. (1998), S. 288 ff.
89 *Greuel* et. al. (1998), S. 288.
90 *Greuel* et al. (1998), S. 162.
91 *Niehaus* (2008), S. 311 (315).
92 *Greuel* et al. (1998), S. 204.
93 *Greuel* et al. (1998), S. 204.

D. Methodenkritische Auseinandersetzung mit aussagepsychologischen Gutachten

Liegt im Rahmen eines Ermittlungsverfahrens ein aussagepsychologisches Gutachten vor, in dem der Erlebnisbezug der Belastungsaussage zumindest vorläufig bejaht wird, steht der Strafverteidiger vor verschiedenen Handlungsalternativen. Er wird seinem Mandanten das Ergebnis des Gutachtens mitteilen und die Relevanz des Gutachtens als Beweismittel in der Hauptverhandlung erörtern. Je nach Fall stellt sich sodann die Frage, ob das Gutachten als solches und in seinem Ergebnis akzeptiert wird, oder ob weitere Schritte in Richtung einer Überprüfung bzw. Kritik des Gutachtens indiziert scheinen. 150

I. Überprüfungsmöglichkeiten des Gutachtens durch die Verteidigung

In einem ersten Schritt hat der Verteidiger die Möglichkeit, sich selbst mit dem Gutachten auseinander zu setzen und dieses auf die Einhaltung der vom BGH vorgegebenen Mindeststandards[94] zu überprüfen. 151

Hierbei kann der Verteidiger für sich folgende Fragen klären:
- Ist das Gutachten in sich schlüssig und transparent, sodass der Verteidiger die Ausführungen des Sachverständigen nachvollziehen kann?
- Sind die basalen formalen Anforderungen an ein Sachverständigengutachten erfüllt (z.B. Angabe und Erläuterung der Untersuchungsmethoden, Angabe der Untersuchungstermine und deren Dauer sowie der in den Terminen eingesetzten Verfahren, saubere Trennung der Darstellung von Ergebnissen und dem Befundteil, Vorliegen eines Explorationsprotokolls oder zumindest der relevanten Teile der Sachverständigenexploration)?
- Wurden fallspezifische Untersuchungshypothesen nach dem Negationsprinzip aufgestellt und geprüft?
- Ist die Hypothesenbildung erschöpfend oder wurden relevante Untersuchungshypothesen nicht in Betracht gezogen?
- Erscheint die Wahl der Untersuchungsmethoden fallspezifisch angemessen und nachvollziehbar?
- Werden im Gutachten alle Bereiche der aussagepsychologischen Konstrukttrias – Aussagetüchtigkeit, Aussagevalidität und Aussagequalität – untersucht, erörtert, bewertet und integriert?
- Wurden über die Beurteilung der grundsätzlichen Aussagetüchtigkeit hinaus die erforderlichen individuellen Leistungsbesonderheiten und Vergleichsstandards erhoben?
- Wurde mögliches bereichsspezifisches Vorwissen des Zeugen hinreichend exploriert und abgeklärt?
- Setzt sich das Gutachten mit verschiedenen möglicherweise validitätsmindernden Faktoren auseinander und wurden diese fallspezifisch erschöpfend diskutiert?
- Erfolgte die Sachverständigenexploration weitgehend anhand offener Fragen bzw. als geeignet geltender Fragen oder finden sich Frageformulierungen, die auf mögliche Voreinstellungen des Gutachters hinweisen?
- Wurden im Rahmen der Merkmalsorientierten Inhaltsanalyse die vorgefundenen Aussagemerkmale hinreichend und nachvollziehbar belegt? Orientiert sich die Aussagenanalyse tatsächlich an den Aussageinhalten oder findet ein eher schematisches Abarbeiten der 19 Aussagemerkmale statt, ohne auf die weiter erhobenen Daten – insbesondere die Kompetenzmerkmale des Zeugen – Bezug zu nehmen?
- Werden die Ergebnisse der Merkmalsorientierten Inhaltsanalyse zu den Ergebnissen der Kompetenzanalyse und der Betrachtung der Aussagevalidität in Bezug gesetzt?
- Findet eine adäquate Hypothesenprüfung statt bzw. werden die Untersuchungshypothesen anhand nachvollziehbarer Begründungen verworfen?

Weist ein aussagepsychologisches Gutachten in einem oder mehreren der genannten Punkte Mängel auf bzw. sind offenkundig mehrere der vom BGH geforderten Mindeststandards der Glaub- 152

94 BGHSt 45, 165.

haftigkeitsbegutachtung nicht erfüllt, kann der Verteidiger ohne weiteres auch ohne Hinzuziehung fachlichen Rates die Einholung eines weiteren Gutachtens beantragen und sachgerecht begründen. Es wird jedoch regelhaft zu überprüfen sein, ob auch eine Nachbesserung und Ergänzung des Gutachtens durch den bereits beauftragen Gutachter infrage kommt.

II. Einholung eines methodenkritischen Gutachtens

153 Die Beurteilbarkeit eines aussagepsychologischen Gutachtens durch den Verteidiger wird jedoch an Grenzen stoßen, sofern mögliche Bewertungs- und Interpretationsfehler im Gutachten vorliegen. So wird für den fachlichen Laien in der Regel nur schwer einzuschätzen sein, ob die in der Kompetenzanalyse erhobenen Daten sachgerecht interpretiert wurden, oder ob etwa Aussagemerkmale korrekt identifiziert, belegt und gewichtet worden sind. Der Strafverteidiger wird sich daher wiederholt mit der Situation konfrontiert sehen, dass ein bestreitender Mandant eine weiterführende Überprüfung des Erstgutachtens in Form einer methodenkritischen Stellungnahme wünscht.

154 *Greuel*[95] führt hierzu aus, dass methodenkritische Stellungnahmen zwar allgemein als relevante Sachverständigenleistungen gelten, die grundsätzlich auch ethisch geboten scheinen, dennoch aber kontrovers diskutiert werden.

155 Sie weist in diesem Zusammenhang auf Problembereiche hin, die sich den Verfassern methodenkritischer Gutachten stellen. Dies betrifft vor allem die mangelnde Transparenz des Verfahrens dahingehend, dass die Bestellung von Sachverständigen durch Gerichte oder Staatsanwaltschaften öffentlich und für alle Beteiligten nachvollziehbar erfolgt, während die Auftragsvergabe methodenkritischer Gutachten auf informellem und damit nicht für alle Verfahrensbeteiligten transparentem Weg vonstattengeht. Nachdem die Rolle des Strafverteidigers zwangsläufig ein gewisses parteiliches Handeln im Sinne einer bestmöglichen Vertretung der Interessen des Mandanten impliziert, sehen sich grundsätzlich zur Neutralität verpflichtete Sachverständige möglicherweise einem latenten Rollenkonflikt ausgesetzt, der sich bei – so *Greuel* – »evidenten Instrumentalisierungsbemühungen von Seiten der Auftraggeber«[96] durchaus zu einem moralischen Dilemma ausweiten kann.

156 *Greuel* moniert in diesem Zusammenhang auch die mancherorts übliche Praxis, ein Erstgutachten so lange an verschiedene Methodenkritiker zu verschicken, bis eine dem parteilichen Interesse entsprechende »Expertise« vorliegt. Im Idealfall könnte dieser Problematik begegnet werden, wenn methodenkritische Stellungnahmen grundsätzlich allen Verfahrensbeteiligten zugänglich gemacht oder zumindest angezeigt würden, was sich in der forensischen Praxis jedoch kaum umsetzen lässt. Insofern besteht weitere Intransparenz hinsichtlich der konkreten Verwertung des methodenkritischen Gutachtens im weiteren Verlauf des Verfahrens.[97] Ein weiterer Konfliktpunkt ergibt sich aus dem Umstand, dass ein Sachverständiger, der methodenkritische Stellungnahmen zu Gutachten von Fachkollegen erstellt, die in derselben Region und für die gleichen Justizbehörden wie er selbst tätig sind, sich möglicherweise mit dem Vorwurf unredlichen Konkurrenzgebarens konfrontiert sieht und sich auch gegenüber seinen Auftraggebern keinem Rollenkonflikt aussetzen möchte.

157 Diese Punkte stellen sich für Sachverständige durchaus als Hinderungsgründe dar, methodenkritische Stellungnahmen zu fertigen. Der Verteidiger steht damit zunächst vor dem Problem, einen Sachverständigen auswählen und finden zu müssen, der auch bereit ist, in der Funktion als Methodenkritiker tätig zu werden.

▶ **Beachte**

158 Hierbei sollte im Interesse des Mandanten – der die methodenkritische Stellungnahme üblicherweise zumindest vorfinanzieren muss – unbedingt bedacht werden, dass nur eine wirklich fundierte Methodenkritik aus kompetenter Quelle auch bei Gericht oder Staatsanwaltschaft

95 *Greuel* (2004), S. 180 ff.
96 *Greuel* (2004), S. 180 ff.
97 *Greuel* (2004), S. 180 ff.

Erfolg versprechend sein kann. »Expertisen«, die sich primär in Polemik ergehen, die das Erstgutachten unrichtig oder selektiv zitieren, in denen sich spekulative Überlegungen häufen oder aus denen hervorgeht, dass der Verfasser die aussagepsychologische Methodik selbst nicht vollständig durchdrungen hat, sind kaum überzeugend und können vom Erstgutachter in aller Regel problemlos entkräftet werden.

Es stellt sich damit zunächst die Frage nach der Auswahl eines geeigneten Sachverständigen, der in der Lage ist, das Primärgutachten auf kompetente Weise zu beurteilen. *Greuel*[98] nennt als Minimalstandards der beruflichen Qualifizierung für die Erstellung methodenkritischer Gutachten 159
- das Diplom in Psychologie
- einschlägiges Theorie- und Methodenwissen der Forensischen Psychologie
- sowie einschlägige Gutachtenpraxis ganz konkret in dem beurteilungsrelevanten Gutachtenbereich.

Weiterhin sei evident, 160
- »dass nur jene Sachverständige wissenschaftlich fundierte Stellungnahmen zu bereits vorliegenden Gutachten erstellen können, die über eine *mindestens gleichwertige forensisch-psychologische Sachkunde* wie die jeweiligen Primärgutachter«[99]
- Darüber hinaus sollte der Verfasser der Methodenkritik bei seinen eigenen Begutachtungen selbst jene Qualitätsstandards einhalten, die er bei Gutachten von Fachkolleginnen und Fachkollegen fordert.

Wie das Primärgutachten auch muss das methodenkritische Gutachten zudem den Geboten der Transparenz und Nachvollziehbarkeit genügen. Die Befund- und Anknüpfungstatsachen sollten dargelegt und von Interpretationen und Schlussfolgerungen getrennt werden. Weiterhin fordert *Greuel*[100] bei methodenkritischen Stellungnahmen ein ebenso ergebnisoffenes Vorgehen wie bei anderen Gutachtertätigkeiten auch, was impliziert, dass ein fundiertes methodenkritisches Gutachten nicht einseitig auf etwaige Mängel des Erstgutachtens abheben sollte, ohne auf positive Aspekte des Gutachtens einzugehen. Die Qualität einer methodenkritischen Stellungnahme bemesse sich »an der Differenziertheit, mit der Stärken *und* Schwächen eines Gutachtens diskutiert werden«. 161

Darüber hinaus seien Methodenkritiker gut beraten, sich »streng an ihre Kompetenzgrenzen zu halten und sich ausschließlich mit Aspekten der formalen gutachtentechnischen und methodischen Qualität eines Gutachtens auseinander zu setzen. Darüber hinaus gehende Feststellungen sachlich-inhaltlicher Art können im Rahmen methodenkritischer Stellungnahmen nicht wissenschaftlich fundiert getroffen werden«.[101] 162

▶ Beachte

Insgesamt wird der Verteidiger seinerseits daher gut beraten sein, methodenkritische Stellungnahmen nach Möglichkeit bei Personen einzuholen, die sich einerseits durch wissenschaftliche Forschungs- und Publikationstätigkeit auf dem Gebiet der Aussagepsychologie ausgewiesen haben und die zugleich über umfassende Praxiserfahrung bei der Erstellung aussagepsychologischer Gutachten verfügen, sodass eine differenzierte und im Ernstfall auch überzeugende Methodenkritik vorgelegt werden kann. 163

98 *Greuel* (2004), S. 180 (185).
99 *Greuel* (2004), S. 180 (184).
100 *Greuel* (2004), S. 180 (186).
101 *Greuel* (2004), S. 180 (187).

E. Literatur

I. Weiterführende Literaturempfehlungen

Literaturhinweise:

164 *Greuel, L., Offe, S., Fabian, A., Wetzels, P., Fabian, T., Offe, H., Stadler, M.* (1998): Glaubhaftigkeit der Zeugenaussage. Theorie und Praxis der forensisch – psychologischen Begutachtung. Beltz: Weinheim.

Jansen, G. (2021): Zeuge und Aussagepsychologie. Heidelberg: C.F. Müller

Volbert, R. (2004): Beurteilung von Aussagen über Traumata. Bern: Hans Huber.

Volbert, R. & Dahle, P. (2010): Forensisch-Psychologische Diagnostik im Strafverfahren

Volbert, R., Niehaus, S., Fegert, J. (2017): Entwicklungsgerechte Befragung von Kindern im Strafverfahren. Göttingen: Hogrefe

Volbert, R. & Steller, M. (2008): Handbuch der Rechtspsychologie. Göttingen: Hogrefe.

II. Verzeichnis der zitierten Literatur

Literaturhinweise:

165 *Arntzen, F.* (2007): Psychologie der Zeugenaussage. System der Glaubwürdigkeitsmerkmale. München: C.H. Beck.

Bange, D. (2007): Sexueller Missbrauch an Jungen. Göttingen: Hogrefe.

Bange, D. & Deegener, G. (1996): Sexueller Mißbrauch. Ausmaß, Hintergründe, Folgen. Weinheim: Beltz.

Engelberg, E. & Christianson, S.-A. (2002): Stress, Trauma, and Memory. In: Eisen, Quas, Goodman: Memory and Suggestibility in the forensic interview. London: Erlbaum.

Erdmann, K., Volbert, R., Böhm, C. (2004): Children report suggested events even when interviewed in a non-suggestive manner: What are its implications for credibility assessment? Applied Cognitive Psychology, 18, S. 589–611.

Fiedler, K. & Schmid, J. (1999): Gutachten über Methodik und Bewertungskriterien für Psychologische Glaubwürdigkeitsgutachten. Praxis der Rechtspsychologie, 9, S. 5–45.

Fisher, R.P. & Geiselman, R.E. (1992): Memory-Enhancing Techniques for Investigative Interviewing: The Cognitive Interview. Springfield, Ill.: C.C. Thomas Publishers.

Fivush, R., Haden, C., Adam, S. (1995): Structure and Coherence of Preschoolers Narratives over Time: Implications for Childhood Amnesia. Journal of Experimental Child Psychology, 60, S. 32–56.

Goodman, G.S. et al. (2003): A prospective study of memory for child sexual abuse: New findings relevant to the repressed-memory controversy. Psychological Science, 14, S. 113–118.

Greuel, L. (1997): Glaubwürdigkeit – zur psychologischen Differenzierung eines umgangssprachlichen Konstrukts. Praxis der Rechtspsychologie, 7, S. 154–169.

Greuel, L. (2001): Wirklichkeit – Erinnerung – Aussage. Weinheim: Beltz.

Greuel, L. (2004): Methodenkritische Stellungnahmen in Straf- und Zivilrecht. In: Praxis der Rechtspsychologie, 1, 180–189.

Greuel, L., Offe, S., Fabian, A., Wetzels, P., Fabian, T., Offe, H., Stadler, M. (1998): Glaubhaftigkeit der Zeugenaussage. Theorie und Praxis der forensisch-psychologischen Begutachtung. Beltz: Weinheim.

Jansen., G. (2022): Zeuge und Aussagepsychologie, 3. Auflage. Heidelberg: C.F. Müller

Köhnken, G. (1990): Glaubwürdigkeit. Untersuchungen zu einem psychologischen Konstrukt. München: Psychologie Verlags Union.

Köhnken, G. (1997): Die Debakel von Münster und Mainz: Ursachen, notwendige und falsche Konsequenzen. Vortrag auf der 7. Arbeitstagung der Fachgruppe Rechtspsychologie, Kiel, 9.–11.10.1997.

Köhnken, G. (2015). Beurteilung der Zuverlässigkeit und Glaubhaftigkeit von Aussagen – was können Gerichte selbst beurteilen und wann ist die Einholung eines Gutachtens sinnvoll? In, Th. Rotsch, J. Brüning & J. Schady (Hrsg.), Strafrecht, Jugendstrafrecht, Kriminalprävention in Wissenschaft und Praxis. Baden-Baden: Nomos Verlagsgesellschaft.

Lau, S. (2005): Psychiatrische Begutachtung zur Beurteilung der Aussagetüchtigkeit. Vortrag auf dem 1. Tag der Aussagepsychologie, 01.04.2005, Bonn.

Loohs, S. (2013) Aussagen von Zeugen mit intellektuellen Einschränkungen. In: Praxis der Rechtspsychologie 23(1), S.72-86.

Michaelis-Arntzen, E. (1994): Die Vergewaltigung. München: C.H. Beck.

Niehaus, S. (2008): Merkmalsorientierte Inhaltsanalyse. In: Handbuch der Rechtspsychologie, S. 311–321. Göttingen: Hogrefe.

Niehaus, S., Volbert, R., Fegert, J. (2017): Entwicklungsgerechte Befragung von Kindern in Strafverfahren. Berlin: Springer

Offe, S. & Offe, H. (1998): Zum Stellenwert der Motivanalyse in der Glaubwürdigkeitsbegutachtung. In: Fabian, T., Nowara, S., Rode, I., Werth, G.: Rechtspsychologie kontrovers. Bonn: Deutscher Psychologen Verlag.

Offe, S. & Offe, H. (2000): Die individuelle Vergleichsgrundlage für die Aussagebeurteilung. Praxis der Rechtspsychologie, 10, 37–54.

Pezdek, K. & Taylor, J. (2002): Memory for traumatic events in children and adults. In: Eisen, Quas, Goodman: Memory and Suggestibility in the forensic interview. London: Erlbaum.

Pfundmaier, M. & Gamer, M. (2023): Neurobiologie und Traumaforschung als Alternativen zur Aussagepsychologie? Eine kritische Überprüfung. Vortrag auf dem 23. Treffen des Arbeitskreises Psychologie im Strafverfahren, 04. 11. 2023, Düsseldorf

Saimeh, n. (2014): Können psychische Erkrankungen die Aussagetüchtigkeit bei Sexualdelikten beeinflussen? In: Deckers, R. & Köhnken, G.: Die Erhebung und Bewertung von Zeugenaussagen im Strafprozess. Berlin: BWV.

Steller, M. (2008): Glaubhaftigkeitsbegutachtung. In: Handbuch der Rechtspsychologie, S. 301–310. Göttingen: Hogrefe.

Steller, M. & Köhnken, G. (1989): Criteria-Based Statement Analysis. In: D. Raskin (ed.): Psychological Methods in Criminal Investigation. pp. 217–246. New York: Springer.

Steller, M. & Volbert, R. (1997): Psychologie im Strafverfahren. Hans Huber: Stuttgart.

Steller, M. & Volbert, R. (1999): Wissenschaftliches Gutachten – Forensisch-Aussagepsychologische Begutachtung (Glaubwürdigkeitsbegutachtung). Praxis der Rechtspsychologie, 9, S. 46–112.

Steller, M., Wellershaus, P., Wolf, T. (1992): Realkennzeichen in Kinderaussagen: Empirische Grundlagen der Kriterienorientierten Aussageanalyse. Zeitschrift für experimentelle und angewandte Psychologie, 39, S. 151–170.

Undeutsch, U. (1967): Die Beurteilung der Glaubhaftigkeit von Aussagen. In: U. Undeutsch (Hrsg.): Handbuch der Psychologie, Band 11: Forensische Psychologie, S. 26–181. Göttingen: Hogrefe.

Volbert, R. (2004): Beurteilung von Aussagen über Traumata. Bern: Hans Huber.

Volbert, R. (2005): Die Entwicklung von Aussagetüchtigkeiten. In: Dahle, K.P. & Volbert, R.: Entwicklungspsychologische Aspekte der Rechtspsychologie. Göttingen: Hogrefe.

Volbert, R. (2008, 1): Zum Stellenwert der Merkmalsorientierten Inhaltsanalyse. Vortrag auf den 4. Tagen der Rechtspsychologie, Berlin, 4.–06.03.2008.

Volbert, R. (2008, 2): Suggestibilität. In: Handbuch der Rechtspsychologie, S. 331–341. Göttingen: Hogrefe.

Volbert, R. (2018): Scheinerinnerungen von Erwachsenen an traumatische Erlebnisse und deren Prüfung im Rahmen der Glaubhaftigkeitsbegutachtung. In: Praxis der Rechtspsychologie, 1, 61 – 96.

Volbert, R. & Dahle, K. (2010): Forensisch-psychologische Diagnostik im Strafverfahren. Göttingen: Hogrefe.

Volbert, R. & Lau, S. (2008): Aussagetüchtigkeit. In: Handbuch der Rechtspsychologie, S. 289–299. Göttingen: Hogrefe.

Volbert, R. & Steller, M. (1998): Aussagefähigkeit von Kindern. In: Kröber, H.-L. & Dahle, K.: Sexualstraftaten und Gewaltdelinquenz. Heidelberg: Kriminalistik Verlag.

Kapitel 40 Forensische Sprach- und Signalverarbeitung

Übersicht

A. Einführung

1 Dieses Kapitel skizziert zunächst einige **Grundlagen der Sprachproduktion**[1], die für ein Verständnis forensisch-phonetischer Gutachten unerlässlich sind, und schildert dann die Besonderheiten der **forensischen Randbedingungen**. Anschließend werden die wesentlichen **Fragestellungen** erläutert, denen forensisch-phonetische Begutachtung gilt, um daraufhin ausführlicher auf die in der anwaltlichen Praxis am häufigsten anzutreffenden einzugehen. In diesem Rahmen wird auch die Methodendiskussion zu einer statistisch optimierten Formulierung der Ergebnisse abzuhandeln sein, die sich in den letzten ca. zehn Jahren in der forensischen Sprechererkennung entwickelt hat. Eng verbunden mit diesem Problem ist die Frage der praktischen Anwendbarkeit neuer, computergestützter Verfahren. Schließlich wird der Versuch unternommen, **Gütekriterien** für forensisch-phonetische Gutachten zu formulieren.

2 Die Bezeichnung »Forensische Sprach- und Signalverarbeitung« erweitert den geläufigeren Begriff »Forensische Phonetik«. Dahinter verbirgt sich die Anwendung phonetisch-sprachwissenschaftlicher und akustisch-signalanalytischer Erkenntnisse auf forensische Fragestellungen. Die Bandbreite möglicher Fragestellungen ist breit gefächert. Sie reicht von (vergleichenden) Analysen einer oder mehrerer Stimmen über Feststellungen hinsichtlich des gesprochenen Wortlauts bis hin zu akustischen Analysen aller Art.

3 Die forensische Phonetik hat es nicht immer leicht. Als Sachverständiger sieht man sich nicht selten mit Erwartungen konfrontiert, die nur teilweise oder überhaupt nicht erfüllbar sind, und befindet sich den Verfahrensbeteiligten gegenüber in einer Art Rechtfertigungssituation. Diese Diskrepanz

1 Die Darstellung kann hier nur überblickshaft erfolgen und verkürzt damit notwendigerweise. Interessierte Leser seien auf *Reetz* (2003) als vertiefende Lektüre zur allgemeinen und *Rose* (2002) zur forensischen Phonetik verwiesen.

zwischen den Erwartungen und den Möglichkeiten forensischer Phonetik hat im Wesentlichen drei Ursachen:

1. Die Erkennung von – zumeist vertrauten – Personen anhand ihrer »Stimme«[2] stellt eine Alltagsleistung dar, die von den meisten Sprachteilnehmern täglich vielfach erbracht wird. Auch Rückschlüsse auf die physische oder psychische Befindlichkeit des jeweiligen Sprechers finden bei dieser Gelegenheit statt, ohne dass dies den Beteiligten notwendigerweise bewusst wird. Diese Fragestellungen sind jedoch bei näherer Betrachtung von geringer forensischer Relevanz, weil es in diesem Kontext nur in einem verschwindend kleinen Anteil der Fälle um die Wiedererkennung einer vertrauten Stimme durch einen sprachwissenschaftlichen Laien (Opfer oder Zeugen) geht (siehe unten Rdn. 72). 4

Aber auch der Vergleich zweier unvertrauter Stimmen, etwa auf der Basis von Aufzeichnungen aus einer Telekommunikations-Überwachungsmaßnahme (TKÜ), kann selbstverständlich von Laien-Hörern vollzogen werden. Dieser endet nicht selten mit einer subjektiv sehr gefestigten Überzeugung hinsichtlich einer Stimmenidentität, die es erstaunlich erscheinen lässt, wenn der Sachverständige angesichts der forensischen Randbedingungen (vgl. unten Rdn. 19–26) zur Vorsicht mahnt. 5

2. Hohe Erwartungen vor allem an die technischen Möglichkeiten forensischer Sprach- und Signalverarbeitung werden durch zahlreiche Filme wie »Clear and Present Danger« und Fernsehserien wie NCIS geweckt, bei denen kriminaltechnische Untersuchungen im Fokus stehen. Aber auch in Krimi-Reihen ohne forensischen Schwerpunkt wie »SOKO 5113« oder »Tatort« und selbst in Daily Soaps wie »Sturm der Liebe« tauchen forensisch-phonetische Fragestellungen (meist Stimmenvergleich und Analyse von Hintergrundgeräuschen, aber auch Sprecheridentifizierung durch Zeugen) regelmäßig auf. Zumindest die beiden erstgenannten Fragestellungen werden dort in der Regel durch junge, virtuos am Computer agierende Kriminaltechniker auf der Basis weniger Sekunden Sprachmaterials innerhalb von Minuten mit eindeutigem, als prozentuale Wahrscheinlichkeit ausgedrücktem Ergebnis bearbeitet. Dem Zuschauer wird dadurch das Unmögliche vorgegaukelt; eine unrealistische Erwartungshaltung an den forensisch-phonetischen Sachverständigen ist daher nicht verwunderlich. 6

3. Während die bisher genannten Faktoren allenfalls dazu angetan sind, Misstrauen gegenüber einem zu solchen Leistungen nicht fähigen Sachverständigen hervorzurufen, birgt der dritte ein beträchtliches Gefahrenpotenzial für die Betroffenen. Seit einigen Jahren wird Computer-Software äußerst aggressiv vermarktet, von der die Hersteller behaupten, dass sie in der Lage sei, auf der Basis stimmlicher Parameter wahre von unwahren bzw. neutrale von stressbelasteten Äußerungen zu unterscheiden. Unter Anwendung solcher Software werden lt. Angabe des Herstellers nicht nur Ansprüche gegenüber Versicherungsunternehmen geprüft und Passagiere an Flughäfen kontrolliert, sondern aus Österreich wird mittlerweile über mindestens ein Wiederaufnahmeverfahren in einer Strafsache aufgrund eines solchen Gutachtens berichtet.[3] Es sei hier bereits darauf hingewiesen, dass diese Verfahren jeder wissenschaftlichen Grundlage entbehren; weiter unten (vgl. Rdn. 79) wird ausführlicher darauf einzugehen sein. 7

Die wesentlichen Gründe dafür, dass aus wissenschaftlicher Sicht der Erwartungshaltung der Verfahrensbeteiligten bisweilen nicht entsprochen werden kann, liegen zum einen in der Natur der Sprachproduktion und zum zweiten in den besonderen Bedingungen, unter denen die zu untersuchenden Aufzeichnungen zustande kommen. Auf beide wird in der Folge eingegangen. 8

2 Der Begriff »Stimme« steht hier in Anführungszeichen, weil er von Laien und Phonetikern unterschiedlich verwendet wird. Während der Laie mit »Stimme« das sprachliche Gesamtverhalten beschreibt, bezieht sich dieser Begriff für den Phonetiker allein auf die Aktivität im Kehlkopf, die sog. Phonation.

3 Im Fall »Franz A.« kam es lt. Medienberichten 2009 zu einem »sensationellen Freispruch«, www.wienerzeitung.at; Hoffmann (2011).

I. Grundlagen der Sprachproduktion

9 Keines der zum Sprechen verwendeten Organe (z.B. Lunge, Kehlkopf, Zunge und Zähne) dient ausschließlich diesem Zweck. Alle besitzen vielmehr eine sog. Primärfunktion, die der Lebenserhaltung dient, und die Verwendung für das Sprechen stellt eine phylogenetisch jüngere Sekundärfunktion dar. Sprechen ist – physikalisch betrachtet[4] – das Resultat einer Kette von physiologischen Prozessen: Dem Ingangsetzen eines Luftstroms (Initiation), der Produktion eines Quellsignals im Kehlkopf (Phonation) und schließlich der Überformung dieses Quellsignals durch die Sprechwerkzeuge (Artikulation).

1. Initiation/Luftstrommechanismen

10 Eine unabdingbare Voraussetzung für die Bildung von Sprachlauten ist die Bereitstellung von Energie in Form von in Bewegung versetzter Luft. Im Deutschen und verwandten (indogermanischen) Sprachen wird hierzu die Ausatmungsluft aus der Lunge verwendet, der sog. pulmonal egressive Luftstrom; in anderen Sprachfamilien finden sich jedoch auch andere Mechanismen.[5] Um die Darstellung zu vereinfachen, wird im Folgenden von pulmonal egressivem Luftstrom ausgegangen.

2. Phonation

11 Am oberen Ende der Luftröhre trifft die Ausatmungsluft auf den Kehlkopf. Dieser besteht aus einem Knorpelgerüst, das muskulär mit dem knöchernen Skelett verbunden ist und dessen Einstellungen durch Muskelzug verändert werden können. Es funktioniert wie ein Ventil und sorgt u.a. für das, was in der Phonetik – abweichend vom allgemeinsprachlichen Gebrauch des Begriffes – als **Stimme** bezeichnet wird. Hierunter versteht man die Modulation des Luftstroms durch regelmäßige Schwingungen der Stimmlippen, die aus mehreren Schichten von Muskel- und Bindegewebe sowie Schleimhaut bestehen und zwischen den Knorpeln aufgespannt sind. Die Frequenz der Schwingungen ruft den auditiven Eindruck der Stimmhöhe hervor. Sie wird in Hertz (Hz) gemessen und beträgt bei durchschnittlichen deutschen[6] Männerstimmen in neutraler Sprechsituation ca. 110 bis 120 Hz im Mittel,[7] bei vergleichbaren Frauenstimmen ca. 200 bis 210 Hz. Stimmlippenschwingungen entstehen bei sog. stimmhaften Lauten (normal gesprochene Vokale und über die Hälfte der Konsonanten); bei stimmlosen Lauten passiert der Luftstrom den Kehlkopf ungehindert. Einen Sonderfall stellt das Flüstern dar, bei dem ein Rauschen generiert wird, indem im Kehlkopf ein Dreieck aus einem Teil der Stimmlippen und den Knorpeln gebildet wird.[8] Aus akustischer Perspektive stellt das Stimmsignal (Quellsignal) einen Klang dar (Grundton und Obertöne), das Flüstersignal hingegen ein Rauschen.

3. Artikulation

12 Oberhalb des Kehlkopfes befinden sich drei miteinander verbundene bzw. verbindbare[9] Hohlräume: Rachen-, Nasen- und Mundraum. Diese werden zusammen als **Vokaltrakt** bezeichnet. Im Vokaltrakt, der akustisch betrachtet einen **Filter** darstellt, wird das im Kehlkopf generierte **Quellsignal** durch Bewegungen der Sprechwerkzeuge (Lippen, Zähne, Zunge etc.) akustisch überformt, wodurch die unterschiedlichen Sprachlaute gebildet werden. Bei **Vokalen** passiert die Luft den Vokaltrakt rela-

---

4 Das Stadium der zentralen kognitiven Planung einer Äußerung spielt für die Physiologie keine Rolle und wird daher an dieser Stelle nicht näher thematisiert.

5 Diese können in Einzelfällen in Form sog. Interferenzen (Aussprachefehler durch Einfluss der Erstsprache) auch im Deutschen auftreten.

6 Die mittlere Sprechstimmlage unterliegt kultureller Variation und ist daher im Prinzip einzelsprachspezifisch (*Braun* 1994).

7 Der Mittelwert stellt immer nur eine abstrakte Messgröße dar, da die aktuellen Werte schon aufgrund der Sprechmelodie ständig schwanken.

8 Weitere Besonderheiten, z.B. Hauchstimme (*breathy voice*) oder Knarrstimme (*creaky voice*) stellen Spezialfälle der Stimmproduktion dar, auf die hier nicht detailliert eingegangen werden kann.

9 Der Nasenraum wird durch Hebung bzw. Senkung des Gaumensegels (Velums) ab- bzw. zugeschaltet.

tiv ungehindert, und es entstehen durch dessen Filtereigenschaften Energiekonzentrationen, die als **Formanten** bezeichnet werden. Die ersten beiden Formanten hängen von der für den jeweiligen Vokal typischen Zungenposition ab und sind daher charakteristisch für den betreffenden Sprachlaut. Die höherfrequenten Formanten 3 und 4 gelten hingegen als sprechertypische Merkmale und sind somit von potenziellem Interesse bei der Suche nach individuellen Sprechermerkmalen.[10] Bei der Bildung der **Konsonanten** wird eine Enge oder sogar ein kurzzeitiger Komplettverschluss im Vokaltrakt hervorgerufen, wodurch die für die einzelnen Laute charakteristischen Klangformen entstehen.

Wie die voraufgehende Formulierung nahelegt, zielt die Lautbildung in erster Linie darauf ab, Ver- 13 ständlichkeit und damit das Funktionieren der Kommunikation zu garantieren. Erst in zweiter Linie gehen daher die individuellen Sprechermerkmale in den Kommunikationsprozess ein. Das bedeutet konkret, dass auch der Hörer bei der Kommunikation in erster Linie **Sprach**erkennung[11] betreibt und die Erkennung des Urhebers einer sprachlichen Äußerung eine Zusatzleistung darstellt, zu der im Übrigen ein bis drei Prozent aller Sprachteilnehmer aufgrund einer sog. Phonagnosie[12] überhaupt nicht fähig sind. Es schließt sich somit die Frage an, wie im Rahmen des bisher geschilderten Prozesses der Sprachproduktion nach individuellen Merkmalen gesucht werden kann.

II. Sprechen und Fingerabdrücke

Einer der hartnäckigsten populären Irrtümer über forensische Sprachverarbeitung postuliert eine 14 Analogie zwischen Fingerabdrücken und irgendwie gearteten »Stimmabdrücken«.[13] In der Tat darf vermutet werden, dass keine zwei Menschen eine bis ins kleinste Detail identische Anatomie der Sprechwerkzeuge aufweisen. Ferner kann – wie oben ausgeführt – der sprachliche Output als physikalisches Produkt des Sprechvorganges betrachtet werden. Insofern liegt es nahe, diesen Output als individualtypisch anzunehmen.

Eine solche Betrachtung des Sprechvorgangs ist im Prinzip nicht unzutreffend, lässt jedoch zwei zen- 15 trale Aspekte außer Acht: Die Plastizität des Vokaltrakts[14] und den Umstand, dass Sprechen (auch) **Verhalten** darstellt, dessen Analyse sich damit grundsätzlich von anderen forensischen Arbeitsgebieten wie Daktyloskopie oder gar DNA unterscheidet.

III. Plastizität des Vokaltrakts

Das stimmlich-sprachliche Verhalten weist eine organische und eine erlernte Komponente auf. Ers- 16 tere bestimmt die anatomisch-physiologischen Grenzen dessen, was ein Sprechapparat überhaupt erzeugen kann, letztere beschreibt die individuell erworbene Art, ihn zu nutzen. So lässt sich beispielsweise die mittels eines gegebenen Kehlkopfes zu erzeugende Grundfrequenz nur in gewissen Grenzen variieren, innerhalb dieser Grenzen sucht sich jeder Sprecher allerdings seine bevorzugte Einstellung. Hinzu kommt eine Variabilität im Vokaltrakt, dessen Geometrie beispielsweise durch eine Mandeloperation oder das Tragen einer Zahnspange bzw. von Zahnersatz verändert wird.

IV. Sprechen als Verhalten

Physiologische (mechanische) Veränderungen im Vokaltrakt verändern dessen Geometrie und rufen 17 dadurch einen veränderten akustischen Output hervor. Dazu gehören vom Sprecher selbst hervorgerufene Veränderungen im (z.B. durch Kauen eines Kaugummis oder Verzehr eines Bonbons).

10 Diese sind allerdings aufgrund der minderen Qualität vieler forensischer Aufnahmen nicht immer zu erkennen.

11 Dieser Begriff bezieht sich auf die Identifikation des sprachlichen Inhalts einer Äußerung.

12 Vgl. dazu ein Projekt am Max-Planck-Institut für Kognitions- und Neurowissenschaften in Leipzig; http://www.cbs.mpg.de/groups/misc/humcomm/phonagnosia.

13 Vor diesem Hintergrund ist es fatal, wenn Anbieter automatischer Systeme aus Marketinggründen mit dem Begriff *voiceprint* operieren.

14 *Nolan* (1983), 27–28 und *Nolan* (1997), 748.

Hinzu kommen jedoch sprecherabhängige Variablen wie z.B. das Sprechen unter emotionalem oder kognitivem Stress bzw. unter dem Einfluss von Alkohol oder Drogen, die das stimmlich-sprachliche Verhalten z.T. erheblich verändern.[15]

18 Mit der hier geschilderten **Intra**-Sprechervariabilität müssen alle Verfahren des Stimmenvergleichs umgehen und sie gegen die **Inter**-Sprechervariabilität abwägen. Es geht mithin um die Frage, ob und ggf. wie weit das stimmlich-sprachliche Verhalten eines Täters mit dem eines Beschuldigten überlappt. Hierfür nicht unerheblich ist die **Materiallage**, die durch die forensischen Randbedingungen gesetzt wird.

V. Forensische Randbedingungen

19 Der Begriff »Forensische Randbedingungen« beschreibt die spezifisch forensischen Materialvoraussetzungen im Gegensatz zu der Aufzeichnungsqualität, mit denen der Laie im Alltag, d.h. beim Anhören von CDs oder beim Fernsehen in Berührung kommt.

20 **Qualitative Einschränkungen** ergeben sich primär aus dem Umstand, dass ein Großteil forensisch relevanter Aufzeichnungen eine **Telefonübertragung** durchlaufen hat. Dies bedeutet akustisch eine Begrenzung des übertragenen Frequenzgangs auf ca. 300 bis ca. 3500 Hz und damit eine Reduktion des normalerweise von der Sprache umfassten Frequenzbereichs auf weniger als die Hälfte.[16] Hinzu kommt eine Einschränkung der sog. Stimmdynamik, d.h. des Lautstärkeumfangs.

1. Dateiformate

21 Aus Gründen eines einfacheren Datentransfers werden Aufzeichnungen im Rahmen von TK-Überwachungsmaßnahmen den Verfahrensbeteiligten häufig nicht im originalen *wave*-Format (und damit unkomprimiert), sondern in um ein Vielfaches **komprimierten Datenformaten** (z.B. mpeg3) zur Verfügung gestellt. Entgegen verbreiteten Befürchtungen sind dadurch keine – zumal zielgerichtet durch die Strafverfolgungsbehörden zu beeinflussenden – Verfälschungen des sprachlichen Gehalts zu besorgen; allerdings beeinträchtigt eine drastische Datenreduktion die akustische Analyse der Aufzeichnung erheblich. Dies gilt insbesondere für jede Art der automatischen Sprachverarbeitung, bei den Fehlinterpretationen durch menschliches Eingreifen nicht verhindert werden. Abb. 1 und 2 zeigen Beispiele einer unkomprimierten und einer komprimierten Aufzeichnung.

15 *Künzel* et al (1992).

16 Der Verlust höherer Frequenzen hat zur Folge, dass beispielsweise Frikative (Reibelaute) wie [s] und [f] am Telefon nicht zuverlässig unterschieden werden können. Aufgrund der Mehrfachkodierung u.a. durch den Kontext bleibt der sprachliche Gehalt normalerweise verständlich. Redundanzarme Sprachanteile wie z.B. Eigennamen müssen allerdings mittels eines Telefonalphabets buchstabiert werden.

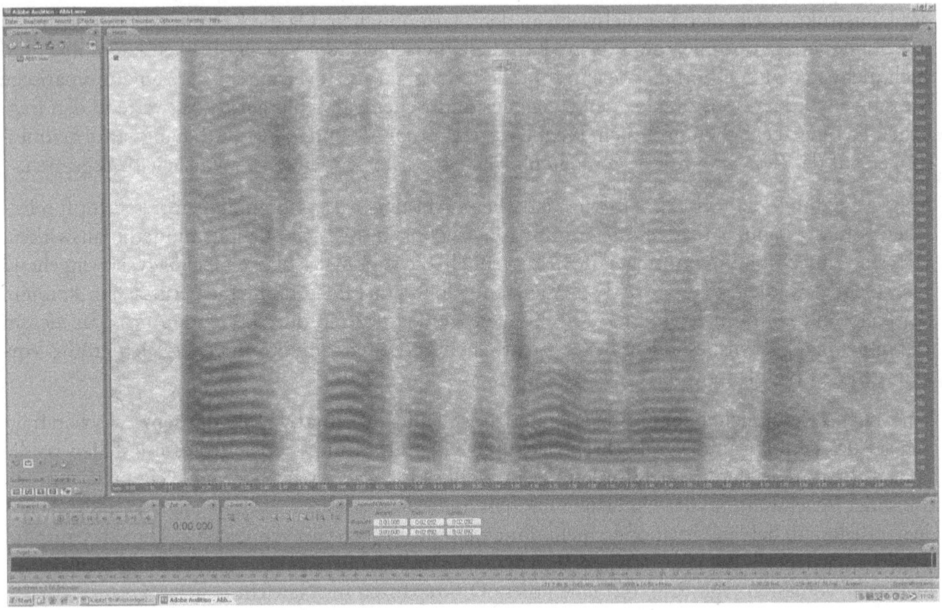

Abb. 1: Unkomprimierte Aufzeichnung.

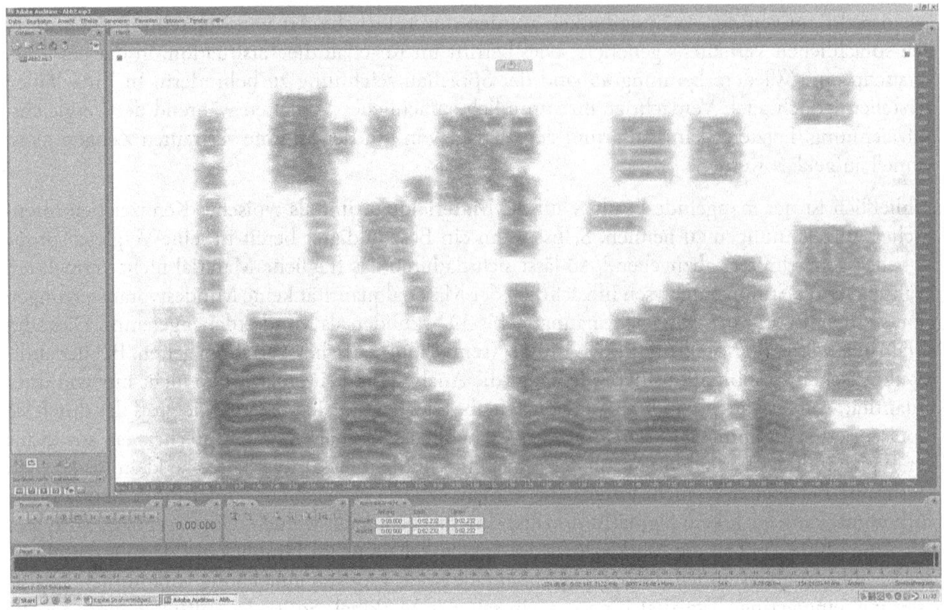

Abb. 2: Komprimierte Aufzeichnung.

Dargestellt sind sog. Sonagramme ein- und derselben Äußerung, bei denen die Abszisse die Zeitachse, die Ordinate die Frequenzachse und der Schwärzungsgrad die Intensität (Lautstärke) symbolisiert. Bei den waagerecht parallel verlaufenden Strukturen handelt es sich um Obertöne (Harmonische), die die Stimmhöhe und die Klangstruktur einer Stimme repräsentieren. Der Unterschied zwischen Original und Kodierung ist einerseits am Auftreten von Nullstellen (im Bild: weiße Flecken im Signal), andererseits an Veränderungen der Signalstruktur deutlich erkennbar. Die Störung 22 der Lautstruktur zeigt sich beispielsweise an den Harmonischen. Da die Kompressionsalgorithmen psychophonetisch optimiert sind, behindern die Unterschiede die Verständlichkeit kaum und sind auch nicht so deutlich hörbar, wie aufgrund des Sonagramms zu vermuten wäre; auf automatische Messungen wirken sie sich jedoch erheblich aus und ziehen ggf. fehlerhafte Messwerte in den fraglichen Frequenzbereichen nach sich. Frequenzorientierten Messungen wie z.B. Langzeitformatmessungen auf der Basis komprimierter Datenformate ist daher mit äußerster Vorsicht zu begegnen.

23 Neben die durch die technischen Umstände hervorgerufenen Einschränkungen treten im forensischen Kontext häufig situative Aufzeichnungsbedingungen, die sich qualitätsmindernd auswirken. Hier sind zunächst Hintergrundgeräusche zu nennen, die vom menschlichen Gehör zwar weitgehend ausgeblendet werden, bei akustischen Analysen jedoch erhebliche Probleme verursachen können. Beispiele sind laute Aufzeichnungsumgebungen wie Gaststätten oder fahrende Autos. In diesem Zusammenhang ist insbesondere bei automatischen Verfahren zum Stimmenvergleich größte Vorsicht geboten (vgl. Rdn. 63).

24 Ein weiteres Kennzeichen forensischen Materials ist häufig die **situative Inkongruenz** zwischen fraglicher Aufzeichnung und Vergleichsaufzeichnung. In Entführungs- oder Erpressungsfällen ist die Sprechsituation bei der Lösegeldforderung eine völlig andere als die bei der Vergleichsaufzeichnung, die in der Regel während der Untersuchungshaft in der JVA erhoben wird. Insofern ist das sprachliche Verhalten in beiden Situationen nicht ohne weiteres eins-zu-eins vergleichbar. Diesem Umstand wird der Sachverständige Rechnung tragen müssen. Insbesondere bei der Anwendung (semi)automatischer Verfahren (vgl. Rdn. 62) fallen diese Diskrepanzen ins Gewicht.

2. Stimmverstellung

25 Beeinträchtigungen der Analysierbarkeit werden durch jegliche Art von **Verstellung** des stimmlich-sprachlichen Verhaltens generiert. Dies betrifft im Regelfall die Tatsituation, in der ein Täter versucht, eine Wiedererkennung anhand der Sprachaufzeichnung zu behindern. In Einzelfällen verstellen jedoch auch Verdächtige ihr stimmlich-sprachliches Verhalten während der Vergleichsaufzeichnung. Letzteres kann aufgrund der Aussage von mit der Stimme vertrauten Zeugen meist schnell aufgeklärt werden.

26 Schließlich ist der mangelnde Einfluss auf die **Materialquantität** als typisches Kennzeichen forensischer Aufzeichnungen zu nennen. Selbst wenn ein Beschuldigter bereit ist, eine Vergleichsprobe in beliebigem Umfang abzugeben,[17] so lässt sich dadurch das fragliche Material nicht vermehren. Während es für Stimmenanalysen hinsichtlich der Materialquantität keine Mindestvoraussetzungen gibt, werden für Stimmenvergleiche häufig 20 bis 30 Sekunden als Mindestdauer genannt. Dies sind Erfahrungswerte, die vor allem für den Einsatz (semi-)automatischer Verfahren gelten. Bei der auditiv-akustischen Kombinationsmethode hängt die Analysierbarkeit einer Probe nicht nur von ihrer Quantität, sondern auch von ihrer Ergiebigkeit ab. Diese ergibt sich daraus, wie groß der durch sie repräsentierte Ausschnitt aus dem stimmlich-sprachlichen Verhalten eines Sprechers ist, sowie aus der Typizität dieses Verhaltens. Wenn der Ausschnitt aus dem Gesamtverhalten zu klein ist, können bestimmte Bereiche u.U. nicht untersucht werden. Wenn beispielsweise in der Probe kein/s/-Laut vorkommt, kann auch kein Sigmatismus (Lispelnfehler) entdeckt werden. Unter Typizität wird hier mit Rose (2002, 309 f.) die Markiertheit des Sprachverhaltens im Hinblick auf den Durchschnitt der Bevölkerung verstanden. Dabei bezeichnet eine hohe Typizität eine häufig vorkommende Realisierung, eine geringe Typizität hingegen ein seltenes Merkmal. So ist das Auftreten eines »englischen« (retroflexen)/r/im Deutschen sehr selten zu beobachten und verleiht der Sprachprobe ein geringes Maß an Typizität.

17 Hierzu besteht keine Mitwirkungspflicht; mehr dazu im Kap. 4 Rdn. 310 dieses Handbuchs.

B. Aufgabenbereiche forensischer Sprach- und Signalverarbeitung

I. Stimmenanalyse

Die Stimmenanalyse thematisiert die Stimme als Spur in einem Ermittlungs- bzw. Strafverfahren. 27
Insbesondere in Erpressungs- und Entführungsfällen bildet die Stimme des Täters häufig den ersten oder wichtigsten Ermittlungsansatz. Auch bei Delikten wie Beleidigung oder Bedrohung können auf Mobilbox bzw. Anrufbeantworter gesprochene Botschaften Hinweise auf den Täter liefern. In all diesen Fällen geht es darum, aus einer Sprachaufzeichnung ein Maximum an Informationen über den Sprecher zu entnehmen. Analysiert – und im Gutachten beschrieben – wird dabei allein das sprachliche Verhalten des Täters; eine psychologische Analyse (sog. *profiling*) findet vonseiten des Phonetikers nicht statt.[18] Im Rahmen einer Stimmenanalyse werden Feststellungen zu folgenden Punkten getroffen, auf deren wissenschaftliche Validität im Folgenden eingegangen wird.

1. Geschlecht des Sprechers

Auf den ersten Blick stellt die Benennung des Sprechergeschlechts keine Frage dar, zu deren Beant- 28
wortung es des Rates eines Sachverständigen bedürfte. Auch dem Laien ist dies vor allem aufgrund der unterschiedlichen Stimmhöhen bei Frauen und Männern in aller Regel problemlos möglich. Andererseits gibt es Überschneidungsbereiche, die eine eindeutige Entscheidung erschweren. Zudem kann durch Verstellung vor allem des stimmlichen Verhaltens Unklarheit hinsichtlich der geschlechtlichen Zuordnung entstehen, die der sachverständigen Begutachtung bedarf. Bei bestimmten Verstellungstypen (z.B. Flüstern oder der Verwendung der sog. Kopfstimme [Falsett] sowie bei sehr hohen Männer- und sehr tiefen Frauenstimmen) ist in jedem Fall der – forensisch erfahrene – Phonetiker gefragt. Die Analyse erfolgt dabei zunächst auditiv; in Zweifelsfällen werden akustische Parameter hinzugezogen, wie etwa die Schwingungsfrequenz der Stimmlippen im Kehlkopf (Sprechstimmlage) und die sog. Formanten, die Rückschlüsse auf die Größe des Mund- und Rachenraums ermöglichen.[19] Hier ist eine Einschätzung aufgrund des auditiven Eindrucks allein nicht ausreichend.

2. Alter eines Sprechers

Die Schwierigkeit bei der Altersschätzung aufgrund des stimmlich-sprachlichen Verhaltens ergibt 29
sich aus dem Umstand, dass die menschlichen Sprechwerkzeuge nicht linear altern, sondern ihr tatsächlicher Zustand zu einem gegebenen Zeitpunkt in starkem Maße von der Beanspruchung der betroffenen Strukturen abhängt. Dies bezieht sich in diesem Fall vor allem auf den Kehlkopf: Berufsbedingtes lautes Sprechen/Rufen wie z.B. bei Kindergärtnerinnen oder Lehrern, exzessiver Alkoholgenuss und vor allem das Rauchen lassen die Stimme vorzeitig altern.[20] Die Altersschätzung kann sich daher immer nur auf das biologische und nicht auf das chronologische Alter beziehen. Die Schere zwischen beiden öffnet sich mit zunehmendem Alter; daher wird der im Gutachten angegebene »Alterskorridor« umso breiter sein, je älter der Sprecher geschätzt wird. Ein praktisches Beispiel: Einen Zwanzigjährigen wird man niemals für einen Zehnjährigen und kaum für einen Dreißigjährigen halten; ein (stimmlich) Sechzigjähriger kann in Wahrheit durchaus fünfzig oder siebzig Jahre alt sein. Deshalb variiert die Aussage im Gutachten zwischen einer Spanne von ca. fünf bis hin zu zwanzig Jahren. Weiterhin sind selbstverständlich die jeweiligen quantitativen und qualitativen Materialvoraussetzungen zu berücksichtigen.

18 Die Erstellung psychologischer Analysen ist den in der International Association for Forensic Phonetics and Acoustics (IAFPA) organisierten Phonetikern durch deren Code of Practice ausdrücklich untersagt.

19 Männliche Sprecher verfügen in der Regel über einen längeren Vokaltrakt als weibliche und weisen daher tiefere Resonanzfrequenzen auf.

20 Vgl. z.B. *Linville* (2002), *Braun/Rietveld* (1995).

3. Größe und Gewicht des Sprechers

30 Verschiedene Untersuchungen haben versucht, aus den Resonanzeigenschaften des Vokaltrakts Rückschlüsse auf Größe und Gewicht eines Sprechers zu ziehen. Bislang liegt keine fundierte Studie vor, die einen solchen Zusammenhang nachgewiesen hätte, sehr wohl aber solche, die zur Vorsicht mahnen.[21] Feststellungen zu Größe und Gewicht eines Sprechers auf Basis stimmlich-sprachlicher Äußerungen ist daher mit größter Skepsis zu begegnen.

4. Fremdsprachiger Akzent bzw. Regionalakzent eines Sprechers

31 Hier geht es zunächst um die grundsätzliche Unterscheidung, ob die fragliche Probe muttersprachlich Deutsch ist oder nicht. Wenn dies bejaht werden kann, so ist von Interesse, in welcher Region des deutschen Sprachgebiets der Sprecher seine sog. Sprachprägephase erlebt hat. Diese beschreibt etwa den Zeitraum zwischen dem sechsten und sechzehnten Lebensjahr (also im Wesentlichen die Schulzeit), in dessen Verlauf sich die für die jeweilige Region typischen Bewegungsmuster der Artikulationsorgane im Gehirn verfestigen. Danach verliert sich nach und nach die Fähigkeit, ungewohnte Aussprachemuster zu erlernen, was dazu führt, dass man mit zunehmendem Alter insbesondere auf der Ausspracheebene Schwierigkeiten beim Fremdsprachenerwerb erlebt. Eine Analyse hinsichtlich der regionalen Herkunft kann sich daher in erster Näherung immer nur auf die Sprachprägephase beziehen; häufig ist es jedoch auch möglich, bei einer Mischung verschiedener regionaler Kennzeichen eine Abfolge des Erwerbs festzulegen. Dies wird ermöglicht durch eine Unterscheidung von primären und sekundären regionalen Merkmalen. Die primären Merkmale sind eher ausspracheorientiert und daher auf die Sprachprägephase bezogen. Dennoch können zu einem späteren Zeitpunkt durchaus sog. sekundäre Merkmale einer Region erworben werden, wie z.B. Eigenheiten der Formenlehre (Morphologie), Lexik (Wortwahl) oder Phraseologie (feststehende Redewendungen). Ein Beispiel aus der Praxis ist die Begrüßungsformel »moin, moin« bei einem Schwaben, der lange in Hamburg gelebt hatte, aber im Übrigen seine schwäbischen Aussprachemerkmale beibehielt.

32 In der Praxis entspringt die regionale Einordnung eines Sprechers zunächst der Kenntnis und Erfahrung des Phonetikers. In Zweifelsfällen stehen zusätzlich Datenbanken unterstützend zur Verfügung. Die erste dieser Art war die »Datenbank regionaler Umgangssprachen« (DRUGS).[22] Diese Datenbank enthält u.a. eine Karte des deutschen Sprachraums mit anklickbaren Datenpunkten, sodass der Sachverständige jederzeit seine eigene Einschätzung durch Vergleich mit einem Sprecher aus der entsprechenden Region absichern kann. Aktuellere Datengrundlagen bilden beispielsweise der Atlas zur Aussprache des deutschen Gebrauchsstandards (AADG)[23] oder auch der Atlas zur deutschen Alltagssprache (AdA).[24]

33 Die Präzision der regionalen Zuordnungsmöglichkeit hängt hauptsächlich ab von der **Quantität** und der **Ergiebigkeit** des Materials (vgl. unten Rdn. 37), aber auch von der betroffenen Region (in der Südhälfte des deutschen Sprachgebiets ist die Kammerung feiner als im Norden) und dem Grad der regionalen Prägung der Probe (standardnahe Proben sind weniger präzise zuordenbar als dialektnahe).

34 Sofern die auditiv-phonetische Analyse ergibt, dass die Erstsprache des Sprechers nicht Deutsch ist, gilt es zu klären, um welche Erstsprache es sich handelt und wie es um die Kompetenz des Sprechers im Deutschen bestellt ist. Die Analyse erfolgt nach klassischen phonetisch-vergleichenden Verfahren, d.h. man stellt die lautlichen Inventare der beteiligten Sprachen (sog. Phonemsysteme), die jeweils bevorzugten Realisierungen der Laute und die Unterschiede bzw. Übereinstimmungen auf der prosodischen Ebene, also z.B. hinsichtlich der Satzmelodie oder der Wortbetonung, einander gegenüber. Soweit erforderlich, werden einschlägige Vergleichsaufzeichnungen hinzugezogen.

---

21 Z.B. *Cohen* et al. (1980), *van Dommelen/Moxness* (1995).
22 Vgl. *Künzel* (2001).
23 *Kleiner* (2011 ff.).
24 Vgl. *Elspass/Möller* (2003 ff.).

5. Soziale Sprachmerkmale/Bildungsniveau

Für die Einordnung eines Sprechers auf der sozialen Skala spielen neben den phonetischen auch sprachwissenschaftliche (linguistische) Merkmale eine Rolle. Letztere umfassen beispielsweise die Formenlehre (Morphologie), die Wortwahl (Lexik) und den Satzbau (Syntax). Berücksichtigt wird hierbei die Entfernung des jeweiligen Sprachgebrauchs vom Standard. Soweit möglich, werden Ergebnisse moderner korpuslinguistischer (empirisch basierter) Untersuchungen einbezogen. Dies kann sich beispielsweise auf die Verwendungshäufigkeit bestimmter Wörter oder Formen in einer gegebenen Textsorte beziehen.[25] 35

6. Individuelle Sprechermerkmale

Unter individuellen oder idiosynkratischen Merkmalen versteht man solche sprachlichen Verhaltensweisen, die weder durch das Geschlecht noch durch die Region noch durch die soziale Herkunft eines Sprechers eine adäquate Erklärung finden. Diese umfassen in erster Linie pathologische Eigenheiten des sprachlichen Verhaltens, unter Umständen aber auch individuell konstante Einstellungen der Sprechwerkzeuge, die sog. supralaryngealen *settings*.[26] Durch diese habituellen muskulären Konfigurationen entsteht ein individualtypischer Stimmklang. Prominente Beispiele hierfür sind die Nasalierung (sog. Hypernasalität) bei dem Schauspieler Til Schweiger oder dem Fernsehkoch Ralf Zacherl und die Denasalierung (sog. Hyponasalität) bei den Politikerinnen Ulla Schmidt oder Andrea Nahles. In diese Kategorie gehören auch die habituelle Lippenrundung und -vorstülpung bei dem Popsänger Udo Lindenberg, aber auch dem früheren amerikanischen Präsidenten Donald Trump.[27] Auch das sog. Häsitationsverhalten hat sich als individuell geprägt erwiesen (vgl. unten Rdn °50). 36

7. Materialvoraussetzungen

Eine häufig gestellte Frage im Zusammenhang mit Stimmenanalysen ist die nach den Materialvoraussetzungen. Dies lässt sich in keiner isolierten Dimension einfach beantworten, sondern ergibt sich aus dem Zusammenspiel von **Qualität**, **Quantität**, und phonetischer **Ergiebigkeit**[28] der eingereichten Aufzeichnung(en). Die **Qualität** des Materials schränkt u.U. von vornherein bestimmte Analysen ein (vgl. oben Rdn. 23); die **Quantität** beeinflusst die Anzahl der beobachtbaren Realisierungen eines gegebenen Phänomens.[29] Generell gilt, dass eine Stimmenanalyse in jedem Fall versucht werden sollte, wobei allerdings die Reichweite der gutachtlichen Feststellungen von den genannten Faktoren abhängig ist. 37

II. Stimmenvergleich

Der Stimmenvergleich stellt die sicherlich bekannteste forensisch-phonetische Aufgabe dar. Er beinhaltet den Vergleich von Stimmproben zweier oder mehrerer Sprecher mit dem Ziel, eine Aussage über Urheberidentität zu treffen. Dies passiert häufig bereits während des Ermittlungsverfahrens, wird jedoch zuweilen auch erst im Rahmen der Hauptverhandlung beantragt. Wie bereits erwähnt (Rdn. 17), ist das stimmlich-sprachliche Verhalten eines Menschen nur teilweise organisch beeinflusst und daher einer gewissen Variabilität unterworfen. Ein Vergleich zwischen zwei (oder mehr) 38

25 Unter »Textsorte« versteht man in der Linguistik verschiedene Arten kommunikativer Einbettung von Äußerungen, die u.a. im Grad ihrer Formalität variieren. Unter linguistischen Gesichtspunkten sollten nur vergleichbare Textsorten gutachtlich behandelt werden.

26 Vgl. *Laver* (1980).

27 Bei ersterem ist die Lippenvorstülpung gepaart mit einer geringen Spannung der Artikulationsorgane, so dass eine verwaschene Aussprache (»Nuscheln«) zustande kommt.

28 Der Begriff »Ergiebigkeit« beschreibt die Variationsbreite des stimmlich-sprachlichen Gesamtverhaltens eines Sprechers, die in einer Sprachprobe zutage tritt. Dies bezieht sich sowohl auf lautliche als auch auf linguistische Merkmale.

29 Wenn beispielsweise nur ein exemplarischer Laut für ein bestimmtes Merkmal zur Verfügung steht, wird dieser mit Vorsicht zu interpretieren sein.

Stimmproben kann daher immer nur einen Vergleich zwischen zwei Verteilungsmustern stimmlich-sprachlichen Verhaltens umfassen.

1. Methoden

39 Für den Stimmenvergleich existiert im Gegensatz zu den übrigen hier dargestellten forensisch-phonetischen Aufgabengebieten eine Methodenvielfalt, deren Wert für die Verfahrensbeteiligten u.U. schwer zu beurteilen ist. Sie werden im Folgenden in der Reihenfolge ihrer Einführung dargestellt.

2. Voiceprint-Verfahren

40 Das Streben nach automatisierten Verfahren im forensischen Stimmenvergleich ist nicht neu. Seit den 1960er Jahren hat es immer wieder Bemühungen gegeben, die subjektive Komponente in der Sprechererkennung zu reduzieren oder gar ganz zu eliminieren. Dies geschah zunächst durch das sog. *voiceprint*-Verfahren, das auf einer optischen Mustererkennung anhand von Kurzzeitspektrogrammen durch den »Experten« (dieser wurde in zwei-Wochen-Kursen ausgebildet) basierte. Während die Bezeichnung *voiceprint* (›Stimmabdruck‹) in bewusster Analogie zum Fingerabdruck gewählt wurde, um zu suggerieren, dass diese Methode ebenso sichere Urteile zulasse,[30] mehrten sich die kritischen Stimmen aus der wissenschaftlichen Gemeinschaft.[31] Die *voiceprint*-Technik kann mithin spätestens seit den 1970er Jahren als wissenschaftlich überholt gelten, obwohl sie sich hartnäckig in der Rechtsprechung einiger US-Bundesstaaten hält. In Deutschland hat sie mit Ausnahme eines kurzen Intermezzos am Bayerischen Landeskriminalamt in den 1970er Jahren nie eine Rolle gespielt.

3. Auditive Methode

41 Die auditive, d.h. allein auf das geschulte Ohr des Phonetikers gestützte Methode stimmenvergleichender Untersuchungen ist fest in der ausgezeichneten britisch-phonetischen Tradition verankert. Die wissenschaftliche Fundierung des Verfahrens wird in den von *John Baldwin* verfassten Kapiteln einer Monografie[32] dargelegt. Aufgrund der mangelnden Objektivierungsmöglichkeiten wird sie heutzutage in Deutschland normalerweise nicht mehr praktiziert; allerdings kann sie nach wie vor bei Vorliegen extrem ungünstiger Materialvoraussetzungen die einzig verbleibende Untersuchungsmethode darstellen.

4. Auditiv-akustische Kombinationsmethode

42 Beim Stimmenvergleich nach der auditiv-akustischen Kombinationsmethode findet im Wesentlichen ein Abgleich der oben unter dem Rubrum »Stimmenanalyse« erhobenen Daten mit denen einer Vergleichsprobe statt. Der Unterschied zur Stimmenanalyse besteht darin, dass nunmehr nicht nur die qualitative, sondern auch die quantitative Erfassung und – damit verbunden – eine Bewertung vor dem Hintergrund der Häufigkeit des entsprechenden Merkmals in der Bevölkerung interessiert. Es muss allerdings klar gesagt werden, dass letzteres nur für eine sehr geringe Zahl von Parametern möglich ist, z.B. die Stimmbandgrundfrequenz und die Auftretenshäufigkeit einiger pathologischer Merkmale.

43 Von den akustisch-phonetischen Untersuchungsverfahren kommen vor allem die Stimmbandgrundfrequenz-Messung, die Formantmessung, die Analyse der spektralen Struktur des Signals[33] und die Stimmqualitätsmessung zum Einsatz. Es finden dabei drei Bereiche stimmlich-sprachlichen Verhaltens Berücksichtigung: **Stimme, Sprache und Sprechweise.**

30 Vgl. z.B. *Kersta* (1962).
31 Vgl. z.B. *Bolt* et al. (1979).
32 *Baldwin/French* (1990).
33 Diese bezieht sich auf die Energieverteilung über die verschiedenen Frequenzen.

44 Im Bereich »**Stimme**« (Stimmtonerzeugung im Kehlkopf) wird zunächst die mittlere Sprechstimmlage untersucht. Deren Grenzen werden wie erwähnt (Rdn. 16) durch die Anatomie und Physiologie des Kehlkopfes determiniert, aber dennoch bildet die habituelle Wahl einer präferierten Mittellage ein etabliertes sprechertypisches Merkmal, das zudem auf dem Hintergrund einer Verteilung in der Bevölkerung bewertet werden kann.[34] Hierbei ist allerdings zu beachten, dass die mittlere Sprechstimmlage in hohem Maße situationsabhängig ist.[35] Die jeweils gemessenen Werte bedürfen insofern immer einer qualifizierenden Würdigung, die den Aufzeichnungsumständen Rechnung trägt. Zudem ist die mittlere Sprechstimmlage nachgewiesenermaßen sprachabhängig[36], sodass eine Würdigung der Mittelwerte anhand geeigneter Hintergrundpopulationen erfolgen sollte.

45 Ein weiteres Merkmal bildet der Grad der Melodiosität einer Stimme. Er ist akustisch messbar als Standardabweichung Grundfrequenzmittelwertes. Dieses Merkmal ist primär abhängig vom individuellen Sprecherverhalten, und die Ergebnisse zählen daher nicht zu den organisch determinierten, sondern zu den verhaltensgesteuerten Werten. Es ist sinnvoll, die Ergebnisse als Variationskoeffizient auszuweisen, weil dies eine Bewertung unabhängig vom Durchschnittswert erlaubt.

46 Sowohl der Mittelwert als auch die Standardabweichung der mittleren Grundfrequenz sind jedoch stark situationsabhängig.[37] Eine gewichtete Bewertung ist daher unerlässlich. Den am ehesten über die Sprechsituationen konstanten Wert dürfte die (physiologische) Untergrenze der Stimmlage darstellen. Nach oben hingegen ist die Skala weit offen.

47 Von forensisch großem Interesse sind vor allem diejenigen Schwingungseigenschaften der Stimmlippen im Kehlkopf, die allgemeinsprachlich unter dem Begriff »Rauigkeit« subsumiert werden. Es geht dabei um Mikro-Perturbationen im Frequenz- und Amplitudenbereich sowie um die Rauschanteile im Signal. Zu klären bleibt allerdings, inwieweit diese Eigenschaften unter den konkreten Randbedingungen (vgl. Rdn. 20–21) messbar sind. Darüber hinaus sind Merkmale wie Behauchung und »Umkippen« in die sog. Kopfstimme von Bedeutung.

48 Aus dem Bereich »**Sprache**« interessieren in erster Linie **regionalsprachliche** Merkmale, wobei deren qualitative und quantitative Ausprägung eine Rolle spielt. Diese Überlegung geht darauf zurück, dass in der Sprachprägephase (vgl. Rdn. 31) die für die sprachliche Umgebung üblichen Artikulationsmuster erlernt und für den Rest des Lebens beibehalten werden. Das bedeutet auch, dass beispielsweise ein Vergleichssprecher, der nicht zu einer für den Tatsprecher charakteristischen Dialekttiefe fähig ist, ggf. ausgeschlossen werden kann. Dabei wird neben der lautlichen auch die Ebene der grammatischen Formen (Morphologie), des Wortschatzes (Lexikologie) und des Satzbaus (Syntax) berücksichtigt. – Ähnliches gilt für **soziale** Merkmale, die sich eher oberhalb der lautlichen Ebene manifestieren. **Individuelle** Merkmale finden sich vor allem im Bereich der Normabweichungen. Diese können auf allen stimmlich-sprachlichen Ebenen beobachtet werden, also in Form von Dysphonien (pathologische Formen der Stimmbildung), Dyslalien (Fehlbildungen einzelner Laute) und Redeflussstörungen (u.a. verschiedene Formen des Stotterns). Zu den individuellen Merkmalen gehören die Fehlbildungen bei Lauten wie [s] oder [r], aber auch Auffälligkeiten der Lautbildung, die durch regionale oder soziale Faktoren nicht erklärt werden können. Hierunter fallen zudem Manierismen in der Lautproduktion, aber auch im Wortgebrauch, also z.B. stereotype Redewendungen wie »eben(t)«, »sag ich mal«, »also« usw. Soweit sinnvoll und möglich, werden die Beobachtungen dokumentiert und quantifiziert, sodass beispielsweise nicht nur eine »pfeifende« Qualität des [s]-Lautes beschrieben wird, sondern die exakte Frequenz des Geräusches beziffert wird. Ähnliches gilt für die verschiedenen Lispelfehler.

49 In den letzten zehn Jahren ist die Diskussion um einen Parameter wieder aufgelebt, der implizit bereits in der *voiceprint*-Methode eine Rolle gespielt hat: die Formanten. Während manche Gut-

34 Vgl. *Jessen* (2008), 22.
35 *Braun* (1995).
36 *Braun* (1994).
37 Vgl. *Braun* (1995).

achter (z.B. die der Österreichischen Akademie der Wissenschaften in Wien) unter sehr restriktiven Bedingungen (Textgleichheit, mehrere Wiederholungen) auf Formantmessungen rekurrieren, vertrauen andere auf sog. Langzeitformanten.[38] Hierbei werden die Formanten über die verschiedenen Sprachlaute gemittelt, wodurch theoretisch eine Art Sprechernormalisierung stattfindet. Aus forensischer Sicht ist jedoch anzumerken, dass eine Langzeitmessung eine Normalverteilung der gemessenen Vokale voraussetzt. Dies ist im forensischen Kontext allerdings so gut wie nie der Fall. Man ist im Gegenteil regelmäßig mit einem kleinen Ausschnitt aus dem sprachlichen Verhalten des Sprechers konfrontiert. Auf einer solchen Materialbasis ist keine statistisch valide Messung von Langzeitformanten zu erwarten. Darüber hinaus steht eine Validierung dieser Methode aus. Wenn Langzeitformanten überhaupt in die Begutachtung eingehen, so sollte dies nach strengen Kriterien geschehen, und es sollte auf den experimentellen Charakter dieses Merkmals hingewiesen werden.

50 Schließlich werden Merkmale aus dem Bereich »**Sprechweise**« berücksichtigt. Diese umfassen z.B. die Atmung (Respiration). Normalerweise sollte die Sprechatmung nicht hörbar sein; wenn dies anders ist, so liegt in der Regel eine obstruktive Erkrankung des Atmungsapparates vor. In einigen Fällen bilden sich sog. Atemformanten, d.h. spektrale Maxima der Atemgeräusche heraus, die auch akustisch messbar und damit vergleichbar sind. Es gibt Hinweise darauf, dass nicht nur die Ruheatmung, sondern auch die Sprechatmung individualtypisch ist.[39] Auch das Sprechtempo, gemessen als Artikulationsrate (Silben pro Sekunde abzüglich der Pausen und damit Abbild der Bewegungsgeschwindigkeit der Artikulatoren) hat sich als wirksames individualtypisches Merkmal erwiesen.[40] Hinzu kommt das sog. Häsitationsverhalten. Dieser Begriff umschreibt alle Aspekte stimmlich-sprachlichen Verhaltens, die als Manifestation sprachlicher Planungstätigkeit gelten können und damit individuell ausgeformt sind. Hierzu gehören Pausen und die sog. Häsitationslaute (Verzögerungslaute), bei denen nicht nur die lautliche Form (»äh«, »ähm«, »m« etc.) und ihre akustischen Details, sondern auch die Häufigkeit des Auftretens eine Rolle spielt.[41] Weiterhin sind Korrekturen, Versprecher und Revisionen (sog. *false starts*) dieser Kategorie zuzurechnen. Auch dieser Merkmalskomplex ist jedoch in Abhängigkeit von der Art des Sprachmaterials (Textsorte) zu interpretieren und bedarf einer differenzierten Würdigung durch den Experten/die Expertin.

Physiologisches Merkmal	Akustisches Merkmal	Perzeptives Merkmal
Häufigkeit der Stimmlippenschwingungen	Mittlere Frequenz während der periodischen Signalanteile	Stimmhöhe
Amplitude der Stimmlippenschwingungen	Intensität der periodischen Signalanteile	Lautstärke
Schwankungsbreite der Stimmlippenschwingungen	Standardabweichung der mittleren Grundfrequenz	Melodiosität der Stimme
Schwingungsform der Stimmlippenschwingungen	Jitter, Shimmer, HNR	Rauhigkeit der Stimme
Pathologische Lautbildung	Von der Norm abweichende Energieverteilung im Spektrum	»falsch« artikulierter Laut
Konstriktion im Respirationstrakt	Im Spektrum deutlich sichtbare Energiemaxima während der Atmung bis hin zur Bildung von Atemformanten	Deutlich vernehmliches Atmen

Abb. 3: Exemplarische Darstellung der Beziehung zwischen physiologischen, akustischen und perzeptiven Kategorien im Stimmenvergleich

38 *Nolan/Grigoras* (2005).
39 *Kienast/Glitza* (2003); *Benchetrit et al.* (1989).
40 *Künzel* (1987), 90 f.
41 Vgl. *Braun et al.* (2023).

Diese Abbildung zeigt den Zusammenhang zwischen artikulatorischen, akustischen und perzeptiven Parametern.

Die Befundbewertung findet – soweit möglich – auf der Basis von Hintergrundstatistiken und im Übrigen aufgrund der linguistischen und forensischen Erfahrung des Sachverständigen statt. Zunächst werden Übereinstimmungen und Diskrepanzen zwischen fraglichem Material und der Vergleichsaufzeichnung gegenübergestellt. Wenn Diskrepanzen auf der phänomenologischen Ebene bestehen, so ist zu prüfen, ob diese beispielsweise durch situative Unterschiede in der Aufzeichnungssituation eine adäquate Erklärung finden. Ist dies der Fall, so wird trotz der Unterschiede kein Ausschluss erfolgen. Umgekehrt ist auch bei Übereinstimmungen der Befunde zu prüfen, ob sie unter vergleichbaren pragmatischen und technischen Bedingungen zustande gekommen sind. Auch Übereinstimmungen führen folglich nicht zwingend zu einer gutachterlichen Schlussfolgerung auf Identität. 51

Sind die Proben vergleichbar, so führt ein hohes Maß an Übereinstimmung bei hoher Typizität der Ergebnisse zu einer geringeren Wahrscheinlichkeitsstufe als derselbe Grad an Übereinstimmung bei geringer Typizität (vgl. Rdn. 26). Da eine quantitative Beurteilung bei den meisten Merkmalen nicht möglich ist, kann auch die Folgerung nicht in Zahlen ausgedrückt werden. Aufgrund methodischer Ähnlichkeiten mit der forensischen Schriftvergleichung hinsichtlich der Befunderhebung und -bewertung findet im forensischen Stimmenvergleich bei der Ergebnisformulierung eine vergleichbare Skala Anwendung: 52

Identität bzw. Nichtidentität 53
- kann nicht beurteilt werden (*non liquet*)
- liegt mit leicht überwiegender Wahrscheinlichkeit vor[42]
- liegt mit überwiegender Wahrscheinlichkeit vor
- liegt mit hoher Wahrscheinlichkeit vor
- liegt mit sehr hoher Wahrscheinlichkeit vor
- liegt mit an Sicherheit grenzender Wahrscheinlichkeit vor.

Seit Anfang der 1990er Jahre mehren sich kritische Stimmen gegenüber der oben dargestellten Art der Ergebnisformulierung. Die Kritik kommt dabei von unterschiedlicher Seite: Einerseits beklagen die »Kunden« (Verfahrensbeteiligte) eine mangelnde Quantifizierung der Ergebnisse, andererseits monieren Statistiker mit einiger Berechtigung, dass die Skala statistisch und logisch fehlerhaft sei, weil sie die Wahrscheinlichkeit der Hypothese (»Täterschaft des Angeklagten«) unter Voraussetzung der Evidenz (»gegebene Sprachprobe«) betrachtet.[43] Dies führt zu Wahrscheinlichkeitsaussagen der bekannten Art (vgl. Rdn. 53). Dieses Problem ist in der Statistik als »transposing the conditional« bekannt.[44] Statt dessen sollte idealerweise die Wahrscheinlichkeit der Evidenz unter Voraussetzung der Hypothese untersucht werden, also die Frage beantwortet werden, mit welcher Wahrscheinlichkeit die Evidenz (die Sprachprobe) mit den dargestellten Merkmalen auftritt, wenn es sich bei dem Verdächtigen tatsächlich um den Urheber der fraglichen Probe handelt, verglichen mit der Wahrscheinlichkeit, dass irgendein anderer Sprachteilhaber der Täter ist. Anders formuliert: Es muss berücksichtigt werden, wie häufig die im konkreten Fall angetroffene Merkmalskonstellation unter unverdächtigen Sprechern auftritt. 54

Mit Statistik Vertraute werden in dieser Formulierung unschwer die Beschreibung der sog. *likelihood ratio* (LR) im Rahmen des Bayes-Theorems erkennen. Letzteres besagt – kurz gesagt – folgendes: Die *a posteriori*-Wahrscheinlichkeit einer Hypothese ergibt sich aus der *a priori*-Wahrscheinlichkeit, multipliziert mit der *likelihood ratio*. Der Experte wird mit seiner Aussage in diesem Szenario auf eine Quantifizierung der LR reduziert; die Feststellung der a priori-Wahrscheinlichkeit, also der durch andere Verfahrensumstände vorgegebenen Auswahl möglicher Sprecher, obliegt nach dieser Denkart dem Gericht. Dies kann im Einzelfall einfach sein, wenn z.B. nur eine begrenzte Zahl von 55

42 Dieser Wahrscheinlichkeitsgrad wird nicht von allen Sachverständigen verwendet.

43 Vgl. z.B. *Champod/Meuwly* (1998); *Broeders* (1999).

44 *Champod/Meuwly* (1998), *Evett* (1995); besonders anschaulich *Rose* (2002).

Personen Zugang zu einem für den Täteranruf verwendeten Telefonanschluss hatte; es kann sich jedoch auch um eine schwer einschätzbare Zahl von beispielsweise männlichen Personen mit norddeutschem Akzent handeln. Dementsprechend schwierig bis unmöglich gestaltet sich die Berechnung der *a posteriori*-Wahrscheinlichkeit durch den forensisch-phonetischen Experten. Eine LR lässt sich jedoch ermitteln, und zwar in erster Linie bei Anwendung eines automatischen Systems. Im Prinzip können LRs Werte zwischen Null und Unendlich annehmen. Ein Wert von 1 bedeutet, dass beide Hypothesen gleich wahrscheinlich sind, ein Wert zwischen Null und 1 deutet auf Nichtidentität hin, während ein Wert über 1 die Hypothese unterstützt, dass Sprecheridentität vorliegt. Werte nahe 1 sind dabei von geringerer Beweiskraft als sehr hohe oder sehr niedrige.

Von unterschiedlicher Seite wird postuliert, dass LRs die einzig adäquate Form der Ergebnisdarstellung im forensischen Gutachten seien. Selbst verbal formulierte LRs (s.u.) seien den traditionellen Wahrscheinlichkeitsaussagen vorzuziehen.[45] Diese Ansicht wird von der Verfasserin nicht geteilt. Es steht außer Frage, dass der Sachverständige nicht nur die Ähnlichkeiten zwischen fraglichem Material und Vergleichsmaterial, sondern auch die Aussagekraft der gefundenen Übereinstimmungen und Unterschiede in Betracht ziehen muss. Die Bewertung erfolgt aufgrund der Erfahrung des Sachverständigen und ggf. auf Basis vorliegender Zahlen über die Häufigkeit bzw. Seltenheit verschiedener sprachlicher Eigenheiten (vgl. Rdn. °51–52). Täte er dies nicht und würde lediglich aufgrund der gefundenen Übereinstimmungen schlussfolgern, so wäre dies als grober Kunstfehler zu werten. Wenn jedoch keine numerischen Hintergrunddaten vorliegen, anhand derer man eine Wahrscheinlichkeit für die Alternativhypothese errechnen kann, so entsteht durch die Verwendung von LRs eine Schein-Genauigkeit, die gefährlich ist, weil sie das Vorliegen konkreter Daten impliziert. Dieses Argument gilt auch für die Verwendung automatischer Systeme, die LRs auf der Basis einer Hintergrundpopulation ermitteln (vgl. Rdn °59).

Empirische Untersuchungen zur Akzeptanz von LRs lassen erhebliche Zweifel an der Vermittelbarkeit gegenüber den Verfahrensbeteiligten aufkommen.[46] Darauf wurde seitens der forensischen Gemeinschaft dahingehend reagiert, dass verschiedene Autoren und Institutionen, darunter das European Network of Forensic Science Institutes (ENFSI) eine »Übersetzung« numerischer LRs, wie sie von automatischen Systemen generiert werden, in traditionelle Wahrscheinlichkeitsgrade vorsehen.[47] Danach ergibt sich z.B. folgende Abstufung (die sog. *log-likelihood ratio*, welche die Angaben auf die Basis 10 rückführt und damit zu kleineren Zahlenwerten führt, ist zusätzlich genannt):

Likelihood ratio	Log equivalent	Possible verbal equivalent	
> 10000	> 4	Very strong	support for prosecution hypothesis
1000 to 10000	3 to 4	Strong	
100 to 1000	2 to 3	Moderately strong	
10 to 100	1 to 2	Moderate	
1 to 10	0 to 1	Limited	
1 to 0.1	0 to – 1	Limited	support for defence hypothesis
0.1 to 0.01	–1 to – 2	Moderate	
0.01 to 0.001	–2 to – 3	Moderately strong	
0.001 to 0.0001	–3 to – 4	Strong	
< 0.001	> – 4	Very strong	

Abb. 4: Verbale Umsetzung der likelihood ratios nach Rose (2002), 61

45 Vgl. z.B. *Morrison* (2022).

46 Vgl. *Sjerps/Biesheuvel* (1999), *Braun* (2021).

47 Zit. nach *Rose* (2002), 62. In einem der kommerziellen Systeme zum Stimmenvergleich wird eine andere Abstufung gewählt, was die Verwirrung weiter vergrößert.

56 Eine solche Rückübersetzung von Zahlenwerten in eine verbale Skala birgt allerdings erhebliche Nachteile insofern, als die Grenzen zwischen den verschiedenen Stufen arbiträr gezogen sind und man als Sachverständiger kaum eine gute Begründung dafür finden wird, dass zwischen einer LR von 999 und einer LR von 1000 eine Wahrscheinlichkeitsstufe liegen soll, zwischen 1000 und 9999 jedoch nicht (sog. *cliff edge effect*).

Das Konzept der *likelihood ratios* wird vor allem von denjenigen kriminaltechnischen Disziplinen getragen, deren Untersuchungsgegenstand eine quantitative Abwägung der alternativen Hypothesen erlaubt. Hierzu gehören stimmenvergleichende Untersuchungen aufgrund der komplexen Variabilität gesprochener Sprache definitiv nicht. Insoweit dürfte der Beschluss des OLG Thüringen[48] auch für Stimmenvergleiche einschlägig sein. Die übrigen Bereiche forensischer Phonetik (Stimmenanalyse, Sprachverbesserung, akustische Wahlgegenüberstellung etc.) sind ohnehin nicht betroffen.

Aufgrund der genannten praktischen Probleme ist die Formulierung gutachtlicher Schlussfolgerungen als *likelihood ratios* im deutschsprachigen Raum unüblich. Sowohl seitens behördlicher als auch privat tätiger Sachverständiger wird vielmehr eine Formulierung der Ergebnisse auf einer verbalen Skala wie in Rdn. °53 dargestellt vorgenommen.

5. (Semi)automatische Verfahren

57 Da Stimmenvergleiche mittels der oben (vgl. Rdn °42–53) geschilderten Kombinationsmethode zeitaufwendig und daher teuer sind und neben dem forensischen auch einen kommerziellen Markt versprachen, wurden seit den 1980er Jahren vor allem in den USA verschiedene (halb)automatische[49] Verfahren entwickelt. Als Parameter dienten Schallspektren.[50] Die Systeme scheiterten hauptsächlich deshalb, weil der durch den Telefonkanal hervorgerufene Filtereffekt nicht neutralisiert werden konnte. In der Praxis bedeutete dies, dass primär der Telefonkanal und erst in zweiter Näherung die Sprechercharakteristika erkannt wurden. Daraufhin wurden alle Bemühungen um ein automatisches Sprechererkennungssystem vorerst sistiert.[51]

58 Seit den späten 1990er Jahren haben sich Entwicklungen vollzogen, die die (semi)automatische forensische Sprechererkennung entscheidend vorangetrieben haben. Zum einen stieg die Leistungsfähigkeit der Prozessoren enorm an, sodass die für einen Stimmenvergleich erforderlichen komplexen Rechenoperationen beschleunigt oder sogar erst ermöglicht wurden. Zum zweiten wurden die Methoden zur Parameterextraktion und der Kanalnormalisierung optimiert.

59 In jüngster Zeit hat sich durch die Verbreitung der künstlichen Intelligenz (KI) die Landschaft grundlegend gewandelt. Es ist eine neue Generation automatischer Systeme zur Stimmenvergleichung auf den Markt gekommen, die mit tiefen neuronalen Netzen (*deep neural networks*) operieren (sog x-vector-Systeme). Zum gegenwärtigen Zeitpunkt (2023) bilden diese Systeme, die mit KI-Technologie arbeiten, den Stand der Technik[52]. Sie operieren alle nach dem gleichen Prinzip. Die Bearbeitung läuft dabei in drei Phasen ab: Parameterextraktion, Modellierung und Berechnung der Ähnlichkeiten bzw. Unterschiede. In einem ersten Schritt werden aus dem Sprachsignal, im konkreten Fall aus der fraglichen Aufzeichnung und der Vergleichsaufzeichnung, Merkmale extrahiert. Dabei handelt es sich nicht wie bei den frühen Systemen um Spektren, sondern um sog. Cepstralkoeffizienten. Aus diesen Merkmalen werden mit Hilfe neuronaler Netze statistische Modelle (Vektoren) der Stimmen berechnet. Anders als bei älteren Systemen, die ein universelles Hintergrundmodell oder Weltmo-

48 Beschl. v. 20.10.2011 – 1Ss Bs 31/11 (106).

49 Hier und im Folgenden wird der Terminus (semi-)automatisch bewusst gewählt, um deutlich zu machen, dass die Ergebnisse in großem Umfang von den Entscheidungen des administrierenden Wissenschaftlers abhängen, und zwar sowohl hinsichtlich des fraglichen Materials als auch der Vergleichspopulation.

50 Spektren bilden die Energieverteilung über die verschiedenen Frequenzen ab.

51 Für eine Zusammenfassung vgl. *Becker* (2011).

52 Mindestens zwei Systeme (*Voice Inspector* von *Phonexia* und *xVocalise* von Oxford Wave Research) werden kommerziell vermarktet.

dell benötigten, können nunmehr die Sprechermodelle direkt verglichen und Ähnlichkeitswerte berechnet werden. Diese sind in ihrer Rohform Zahlen ohne direkte forensische Aussagekraft (sog. *scores*). Maschinelle Systeme zum Stimmenvergleich enthalten daher zusätzlich Statistikmodule, die die Ergebnisse in numerischer Form als *Likelihood Ratios* (LRs) ausgeben.

Die Berechnung der LRs erfordert eine Untersuchung der Frage, welche Aussagekraft die im konkreten Fall gemessenen Ähnlichkeitswerte haben. Dies geschieht mithilfe einer Referenzpopulation, von der ebenfalls Modelle gerechnet und mit den Sprechermodellen verglichen werden. In der forensischen Praxis ist es besonders wichtig, diese Referenzpopulation genau an den jeweiligen Fall anzupassen, um eine Verfälschung der Ergebnisse möglichst zu vermeiden.[53] Gegebenenfalls muss eine fallspezifische Referenzpopulation aufgezeichnet werden, was wie erwähnt im konkreten Fall sehr aufwendig sein kann und daher schon aus Kostengründen meist nicht praktikabel ist.

60 Ein grundsätzliches Problem (semi)automatischer Verfahren besteht darin, dass selbst durch ausgebildete Phonetiker keine **direkte, d.h. merkmalsbezogene** Verbindung zwischen auditivem Befund und dem durch die Software kalkulierten Ähnlichkeitsmaß hergestellt werden kann.[54] Eine auditive Plausibilitätsprüfung im klassischen Sinn hinsichtlich der dort verwendeten Parameter ist daher nicht möglich. Der Sachverständige muss sich vielmehr auf die in der Software programmierten abstrakten Rechenschritte verlassen. Softwarefehler sind somit für den Anwender nicht ohne weiteres erkennbar und führen letztlich zu fehlerhaften Schlussfolgerungen im Gutachten.

61 Das bedeutet aber auch, dass endgültig nicht mehr nachvollziehbar ist, welche Entscheidungsschritte die Software im Einzelnen ausführt und aufgrund welcher phonetischen, dem Ohr des Experten und des Laien gleichermaßen zugänglichen Kriterien die Bewertung erfolgt. Advokaten dieser Methode heben hervor, dass in vergleichenden Studien nachweislich die Irrtumswahrscheinlichkeiten geringer waren als bei den traditionellen Systemen. Andererseits werden immer wieder vollkommen unerklärliche Fehler beobachtet.[55] Gerade angesichts der geringen Transparenz des Verfahrens ist die Bedeutung einer genauen Einhaltung methodischer Standards hervorzuheben. Eine Orientierung bieten die ENFSI-Richtlinien[56], auf deren Einhaltung größter Wert gelegt werden sollte. So ist beispielsweise von entscheidender Bedeutung, mit welcher Vergleichspopulation gearbeitet wird. Wenn diese nicht genau auf die Erfordernisse des Einzelfalls abgestimmt ist, können Ergebnisverzerrungen bis hin zu einer Umkehr der Aussage entstehen. Sofern ein Sachverständiger mit entsprechender Technik gearbeitet hat, ist immer genau zu prüfen, ob die Vergleichspopulation adäquat ist oder nicht.

62 Um die Performanz eines (semi)automatischen Systems zu evaluieren, wird häufig die Irrtumswahrscheinlichkeit getestet. Dies geschieht normalerweise entweder durch die Angabe des Prozentsatzes der korrekt beurteilten Proben, gemittelt über große Zahlen von Tests und ggf. spezifiziert nach unterschiedlichen akustischen Bedingungen[57], oder durch Angabe der sog. *Equal Error Rate*. Dieses Maß trägt dem Umstand Rechnung, dass jedes automatische System, wie im Übrigen auch jeder menschliche Beurteiler, zwei Typen von Fehlern machen kann: Falsche Identifikationen und falsche Zurückweisungen. Diese Fehlertypen sind insofern nicht unabhängig voneinander, als, je größer der eine Fehler ist, umso geringer der jeweils andere. Ein extremes Beispiel: Ist ein automatisches System so »vorsichtig« eingestellt, dass es keine der angebotenen Stimmproben identifiziert, so können naturgemäß auch keine falschen Identifikationen vorkommen; die Zahl der falschen (unberechtigten) Zurückweisungen wird allerdings entsprechend hoch sein. Da mithin die Angabe

53 Dies bezieht sich auf das Sprechergeschlecht, die jeweils gesprochene Sprache und die Materialqualität des jeweiligen Falles. Zu unähnliche Referenzpopulationen können die LR erhöhen, sodass der Verdächtige unangemessen belastet wird.

54 Vgl. *Jessen* (2008), 700.

55 Vgl. *Gonzales-Rodriguez* et al. (2014).

56 Vgl. *Drygajlo* et al. (2015).

57 So ist der Anteil korrekter Urteile bei HiFi-Qualität erheblich höher als bei Telefonübertragung und dort wiederum höher als bei GSM-Qualität (Mobilfunk-Standard).

der Häufigkeit lediglich eines der beiden Fehlertypen nicht aussagekräftig ist, ist es allgemein üblich, diejenige Fehlerrate anzugeben, bei der sich diese beiden Fehlertypen die Waage halten. Diese wird als *Equal Error Rate* (EER) oder Gleichfehlerrate bezeichnet. Diese EER ist in sehr starkem Maße von der Qualität und Quantität des Materials abhängig. Es ist daher nicht ausreichend, **eine** EER zu beziffern, sondern es ist immer nach der Irrtumsrate **unter den konkreten Materialvoraussetzungen des jeweiligen Falles** zu fragen. Hier geht es um Dauer, Aufnahmekanal, Sprechweise, gesprochene Sprache, Sprechergeschlecht usw.[58] Jedes System zur Sprechererkennung besitzt also nicht eine einzige Irrtumsrate, sondern viele verschiedene.

Man sollte nicht der Illusion erliegen, dass (semi)automatische Systeme zur Sprecheridentifizierung dem menschlichen Beurteiler *per se* überlegen sind, weil sie den Beweismitteln »objektiv« gegenübertreten. Hierbei handelt es sich um einen Trugschluss. Auch die Performanz sog. automatischer Systeme wird erheblich von Entscheidungen des menschlichen Administrators beeinflusst. Dies gilt sowohl für die Auswahl und Vorbehandlung der Materialien als auch für die verwendeten Datenbanken.[59] Hier geht es zunächst um die quantitativen und qualitativen Materialvoraussetzungen, die in der forensischen Wirklichkeit häufig nicht gegeben sind. Unter den international tätigen Experten herrscht Einigkeit darüber, dass eine Netto-Sprechdauer von ca.20 Sekunden die Untergrenze für einen sinnvollen Einsatz maschineller Systeme bildet.[60] Zudem sind die Systeme häufig nicht auf wechselnde Übertragungskanäle ausgelegt. Auch verstelltes Material kann nicht untersucht werden.[61] Schließlich erweisen sich menschliche Hörer als überlegen, wenn Störgeräusche, Hintergrundrauschen oder instabile Telefonkanäle auftreten.[62] 63

Zusammenfassend kann festgestellt werden, dass (semi)automatische Verfahren niemals allein, also ohne parallele Überprüfung durch den geschulten Phonetiker, angewendet werden sollten. Sie finden daher zurzeit allenfalls als ergänzende Methode Anwendung. Umgekehrt tut man gut daran, jeglichen auditiv nicht überprüfbaren Befunden zu misstrauen, die allein aufgrund vielfach transformierter akustischer Parameter der natürlichen Sprache zustande kommen. 64

Abschließend ist ein Thema anzusprechen, das in jüngster Zeit in den Fokus aller vergleichenden forensischen Disziplinen und mithin auch der Stimmenvergleichung gerückt ist, und zwar die Rolle des sog. *cognitive bias*. Es handelt sich dabei um eine unterbewusste und daher auch nicht zu vermeidende Beeinflussung sachverständiger Schlussfolgerungen durch die Funktionsweise des menschlichen Gehirns. So spielt beispielsweise die Reihenfolge der Bearbeitung der Proben eine Rolle. Es ist also nicht egal, ob Tatprobe oder Vergleichsprobe(n) zuerst untersucht werden. Weitere Beispiele ließen sich nennen.[63] Da der *cognitive bias* nicht umgangen werden kann, ist es wichtig, Vorkehrungen zu treffen, um ihn zu minimieren. Dazu gehört es, die Tatprobe grundsätzlich zuerst zu untersuchen und initial möglichst wenig Kontextinformation zu erhalten bzw. einzufordern. Es ist wichtig festzuhalten, dass die Anwendung automatischer Systeme keineswegs vor dem Auftreten von *cognitive bias* schützt, da wie erwähnt (vgl. Rdn.°63) wichtige Entscheidungen bei der Materialauswahl und Vorverarbeitung durch den menschlichen Administrator getroffen werden müssen, die durchaus einem *cognitive bias* unterliegen. Darüber hinaus besteht die Gefahr eines »*machine bias*«, wenn die automatische Analyse vor der phonetischen stattfindet. Vom Sachverständigen darf erwartet werden, dass er sich dieses Phänomens bewusst ist und Maßnahmen gegen dessen Auftreten ergreift. 65

58 *Becker* (2011), 126.
59 *Braun* (2022).
60 *Van Leeuwen* et al. (2006).
61 Vgl. *Perrot/Chollet* (2008).
62 *Schmidt-Nielsen/Crystal* (1998).
63 Vgl. z.B. *Dror* und *Kukucka* (2021).

III. Beurteilung von Zeugenaussagen/akustische Wahlgegenüberstellungen

66 Normalerweise setzt forensisch-phonetische Begutachtung die Existenz einer oder mehrerer Sprachaufzeichnungen voraus. Es gibt jedoch auch Fälle, in denen zwar keine Aufzeichnung existiert, aber detaillierte Aussagen von Opfern und/oder Zeugen zum sprachlichen Verhalten der Täter vorliegen. Klassische Beispiele sind Banküberfälle mit Geiselnahme, bei denen die Opfer z.T. über Stunden hinweg mit dem oder den (maskierten) Tätern in sprachlichem Kontakt standen, oder auch Serienvergewaltigungen durch einen maskierten Täter. In solchen Fällen gilt es, die Qualität der zeugenschaftlichen Beschreibung des Täterverhaltens zu evaluieren, also z.B. zu überprüfen, ob der Zeuge tatsächlich in der Lage ist, einen bestimmten, von ihm dem Täter zugeschriebenen regionalen Akzent zuverlässig zu identifizieren.

Opfer von Gewaltdelikten, insbesondere Vergewaltigungen, geben in der polizeilichen Vernehmung häufig an, die Stimme ihres Peinigers nie vergessen zu können. Auf keinen Fall sollte in solchen Fällen der Zeuge unkontrolliert mit einer Sprachprobe eines einzelnen Verdächtigen konfrontiert werden, weil er dadurch »verbrennt«, d.h. bei späteren Identifizierungs-Versuchen nicht mehr geklärt werden kann, ob der eigentliche Täter oder der aus dem früheren Identifizierungsversuch bekannte Verdächtige als fraglicher Sprecher erkannt wird (sog. sekundäre Identifizierung). Dieses Prozedere ist im Übrigen vom BGH für unzulässig erklärt worden.[64]

67 In derartigen Fällen bietet sich unter bestimmten, im Einzelnen durch den Sachverständigen zu prüfenden Voraussetzungen (rezenter Täterkontakt, ausführlicher Täterkontakt, möglichst aktives Bemühen um die Speicherung der Täterstimme) eine akustische Wahlgegenüberstellung (*voice line-up*) an. Diese sollte unter allen Umständen vom Experten durchgeführt werden, weil die Auswahl der Vergleichssprecher (sog. Distraktoren) sowie des Sprachmaterials nicht ohne Einfluss auf das Ergebnis ist. Für das Vorgehen existieren wohl durchdachte und bewährte Richtlinien, denen in jedem Fall gefolgt werden sollte.[65] Hierzu wird sich der Sachverständige zunächst mit dem/den Opfern/Zeugen unterhalten und durch eine sprachwissenschaftlich fundierte Befragung eine Beschreibung des stimmlich-sprachlichen Täterverhaltens eruieren. Hierbei werden auch Inkonsistenzen in den Aussagen verschiedener Beteiligter auf der Basis deren sprachlicher Erfahrungen gewichtet, d.h. die Validität der einzelnen Aussagen wird geprüft. (Dieser Schritt sollte in jedem Fall, d.h. unabhängig von der Ermittlung eines Verdächtigen, möglichst bald nach der Tat erfolgen.) Sobald ein Beschuldigter feststeht und sich dieser zu einer Wahlgegenüberstellung bereitfindet, wird der Sachverständige dessen stimmlich-sprachliches Verhalten analysieren. Ist das Verhalten des Beschuldigten mit dem von dem/den Zeugen bzw. Opfern geschilderten kompatibel, wird das Verfahren fortgeführt; finden sich Widersprüche, so wird die Wahlgegenüberstellung in der Regel nicht weiterverfolgt. In ersterem Fall wird der Sachverständige auf Basis der Stimme des Beschuldigten geeignete Distraktoren suchen, die dessen Stimme weder zu ähnlich noch zu unähnlich sind, um die Aufgabe für das Opfer/den Zeugen weder zu schwierig noch zu einfach zu gestalten.

68 Vor der eigentlichen akustischen Wahlgegenüberstellung sollten geeignete Vortests erfolgen, mit deren Hilfe die Fairness der Wahlgegenüberstellung sowie deren effektiver (verglichen mit dem nominellen) Umfang getestet wird. Der erste Test sollte geeignet sein zu überprüfen, ob sich die Sprechprobe des Tatverdächtigen Markant von denen der Distraktoren unterscheidet. Wenn dies der Fall ist, so ist die Fairness der Wahlgegenüberstellung mit Blick auf den Tatverdächtigen nicht hinreichend gewährleistet. Hier wäre dann ggf. weiteres Material zu erheben.

69 In einem weiteren Test sollten die Unterschiede zwischen den verschiedenen Sprechern beurteilt werden. Idealerweise sticht hier kein Sprecher besonders hervor – sollte dies dennoch der Fall sein, muss der betreffende Sprecher ersetzt werden, da sich dadurch der effektive Umfang des *line-up* verringern würde.

64 BGH StV1994, 638.
65 *Broeders/van Amelsvoort* (1999).

Schließlich wird die akustische Wahlgegenüberstellung im Doppelblindversuch administriert. Das bedeutet, dass der Versuchsleiter nicht darüber informiert ist, welche Stimmprobe zu dem Beschuldigten gehört. Wichtig ist ferner, dass das Opfer/der Zeuge ausdrücklich auf die Möglichkeit hingewiesen wird, dass sich der Täter nicht unter den vorgespielten Stimmen befindet. 70

Methodisch umstritten ist, ob dem Opfer/Zeugen alle Proben nur einmal vorgespielt werden, wobei die Gegenüberstellung endet, sobald eine Identifikation vorgenommen wird, oder ob das Opfer/der Zeuge nach einem »Durchgang« erneut die Gelegenheit erhält, eine Stimme zu hören. Ersteres ist sicher im Interesse eines Beschuldigten, wiegt jedoch im Fall einer Identifikation auch schwerer; letzteres birgt wahrscheinlich eine verringerte Beweiskraft, trägt jedoch möglicherweise dem Erinnerungsvermögen des Opfers/Zeugen Rechnung. Hier besteht deutlicher Forschungsbedarf, sodass keine der beiden Vorgehensweisen von vornherein verworfen werden kann. 71

Es muss darauf hingewiesen werden, dass das hier geschilderte Verfahren der akustischen Wahlgegenüberstellung nur für solche Fälle konzipiert worden ist, in denen das Opfer/der Zeuge/die Zeugin in der Tatsituation erstmals (bewusst) mit der Täterstimme in Kontakt gekommen ist. Wenn er/sie jedoch angibt, in dem Täter eine ihm/ihr vertraute Person wiedererkannt zu haben, kommt einem *voice line-up* nur begrenzter Beweiswert zu, weil sich damit zwar ggf. nachweisen lässt, dass der Zeuge/die Zeugin in der Tat in der Lage ist, die benannte Person anhand ihrer Stimme zu identifizieren, nicht jedoch notwendigerweise, dass er/sie den betreffenden Sprecher/die Sprecherin auch in der Tatsituation erkannt hat. 72

IV. Spracherkennung/Sprachverbesserung (speech enhancement)

In einer großen Zahl von Fällen ist überhaupt nicht strittig, wer an einem fraglichen Gespräch beteiligt war; die Gesprächsanteile einzelner Sprecher oder der Wortlaut können hingegen durchaus infrage stehen. Die Aufgabe für den forensischen Phonetiker besteht hier zum einen in der Zuordnung einzelner Äußerungen zu einem aus einer begrenzten Zahl auszuwählenden Sprecher und zum zweiten in einer Identifizierung des Wortlauts. Letzteres erfolgt in erster Näherung auf Basis der forensischen Erfahrung des Experten, möglichst unter Hinzuziehung einer unbefangenen Aufzeichnung des fraglichen Sprechers. 73

Abhängig von der Art der Störung kann es allerdings auch erforderlich werden, technische Mittel zur Verbesserung der Verständlichkeit (*enhancement*) einzusetzen. Dies hat sich insbesondere dann als erfolgreich erwiesen, wenn die Störung nur einen begrenzten Frequenzumfang umfasst. Hier kommen verschiedene Filterverfahren mit großem Erfolg zum Einsatz. Bei breitfrequenten Störungen ist die Bearbeitung wesentlich komplizierter.[66] Abhängig von der Art der Störung kommen adaptive Filterverfahren oder die sog. Spektralsubtraktion, d.h. die mathematische Subtraktion eines Rauschprofils vom Gesamtsignal zur Anwendung.[67] Es muss jedoch festgehalten werden, dass auch bei Verwendung forensisch optimierter Software bestimmte Störungen mit technischen Mitteln nicht zu beheben sind. 74

Allgemein gilt, dass so wenig wie möglich in die Aufzeichnung eingegriffen werden sollte, um zu verhindern, dass beispielsweise leise geäußerte Sprachsequenzen unterdrückt werden. Aus diesem Grund ist es besonders wichtig, sprachwissenschaftlich geschulte forensisch-phonetische Sachverständige beizuziehen, die sich – im Gegensatz zu manchen Ingenieuren oder Tontechnikern – der Folgen der technischen Eingriffe in die Signalstruktur für die Sprachverständlichkeit bewusst sind. Im Übrigen ist immer Wert darauf zu legen, dass sämtliche Wortlaut-Verschriftungen, die auf der Basis einer technisch bearbeiteten Aufzeichnung erstellt worden sind, anhand der Originalaufzeichnung überprüft wurden. Ferner ist auf die Anwendung optimaler Wiedergabetechnik zu achten. 75

66 Vgl. *Braun/Broeders* (1996).
67 Vgl. *Koenig* et al. (2007).

V. Analyse nichtsprachlicher Ereignisse

76 Diese Aufgabe tritt meist in Kombination mit einer Stimmenanalyse auf, d.h. sie beschreibt den Versuch, aus Hintergrundgeräuschen bzw. Signaltönen Informationen zu gewinnen. So können z.B. die Hintergrundgeräusche bei Entführungen, in denen die Opfer als Lebenszeichen einen Anruf tätigen müssen, Rückschlüsse auf den Aufenthaltsort des Täters erlauben. Im Fall von Aufzeichnungen aus dem Cockpit (Cockpit Voice Recorder) ist neben dem Auftreten von Warntönen für die Fehlfunktionen an Bord das Zusammenspiel von sprachlicher und nichtsprachlicher Information von besonderem Interesse, d.h. zu welchem Zeitpunkt trat welcher Warnton auf, und wie – sofern überhaupt – haben die Piloten reagiert. Unter Umständen ist auch aus Haftungsgründen von Interesse, welche Personen sich zu einem gegebenen Zeitpunkt im Cockpit aufgehalten haben.

77 Diese Aufgabenstellung vereint also Spracherkennung, Sprechererkennung und die Analyse nichtsprachlicher Ereignisse. Auch in diesem Fall wird sich der Sachverständige zunächst anhand des – normalerweise nicht stressbelasteten – Beginns der 30-minütigen Aufzeichnung mit dem stimmlich-sprachlichen Normalverhalten der Beteiligten vertraut machen, um anschließend die stressbelasteten Äußerungen zu analysieren.

VI. Tonträgerauthentisierung

78 Insbesondere in solchen Zeiten, in denen analoge Aufzeichnungsmethoden dominierten, standen mitunter deren Authentizität und Integrität in Frage. Dabei bezieht sich Authentizität auf eine Prüfung der Frage, ob eine Aufzeichnung in der behaupteten Art und Weise zustande gekommen ist, und Integrität darauf, ob die Aufzeichnung durch Löschungen und/oder Einfügungen manipuliert worden ist. Hierzu steht ein fester Katalog auditiver und akustischer Untersuchungen zur Verfügung.[68] Auch im Zeitalter digitaler Signalverarbeitung ist es relativ einfach, mit Hilfe der o.g. Mittel dilettantische Verfälschungen nachzuweisen, allerdings wird es zunehmend schwieriger und u.U. sogar unmöglich, professionelle Verfälschungen aufzufinden. Hier wird es in der Regel erforderlich sein, anhand der sog. Metadaten der betreffenden Datei eine Plausibilitätsprüfung vorzunehmen.[69] Solche Untersuchungen liegen allerdings außerhalb des Kompetenzbereichs forensischer Phonetiker.

Gleichermaßen problematisch ist es, die Abwesenheit von Manipulationen zweifelsfrei nachzuweisen.[70] Hierbei ist jedoch immer in die Überlegungen einzubeziehen, dass es eines nicht unerheblichen Aufwandes bedarf, um eine Aufzeichnung zu manipulieren. Hierbei muss immer berücksichtigt werden, ob dem vermuteten Urheber der Manipulation solche Mittel überhaupt zur Verfügung standen.

VII. Lügendetektion und Persönlichkeitstests auf Basis sprachlicher Äußerungen

79 Wie geschildert (Rdn. 7) befinden sich Software-Pakete auf dem Markt, die eine Aussage zur Wahrhaftigkeit von Einlassungen ermöglichen sollen. Zwei Varianten sind verfügbar: Computer Voice Stress Analyzer (CVSA) und die Layered Voice Analysis (LVA). Erstere wird von unterschiedlichen Firmen vermarktet; das LVA-Verfahren wird von der israelischen Firma Nemesysco vertrieben.[71] Beide sind von kompetenter Seite unter zwei Aspekten untersucht worden: Anders Eriksson und Francisco Lacerda recherchierten das angebliche Funktionsprinzip der Voice Stress Analyzer, den sog. Micro-Tremor, und fanden heraus, dass dieser im menschlichen Körper zwar im Oberarmmuskel, niemals jedoch im Kehlkopf gemessen wurde. Weiterhin bauten sie anhand der im Internet verfügbaren Patent-Information das Nemesysco-System nach und konnten nachweisen, dass es aus der Perspektive des Entwicklungs-Ingenieurs keinerlei Validität besitzt.[72] Hollien und Harns-

68 *Koenig* (1990); *Boss* et al. (2003).
69 Vgl. *Koenig/Lacey* (2009).
70 Vgl. *Koenig/Lacey* (2009).
71 Nach Medienberichten wurde die Nemesysco-Software im Wiederaufnahmeverfahren Franz A. verwendet; vgl. *Hoffmann* (2011).
72 *Eriksson/Lacerda* (2007).

berger wählten einen pragmatischen Zugang zu dem Problem.[73] Sie zeichneten Versuchspersonen in unterschiedlich stark stressbelasteten Situationen und unterschiedlich wahrhaftigen Situationen auf und ließen diese Aufzeichnungen von einem durch den jeweiligen Hersteller benannten Team und einem Team der University of Florida in Gainesville, das ebenfalls vom Hersteller zertifiziert war, analysieren. Die Ergebnisse lagen in beiden Fällen und bei beiden Teams auf bzw. sogar unter dem Zufallsniveau. Besonders alarmierend waren mit 40 bis 65 Prozent[74] die falsch-positiven Entscheidungen, die die Zahl der korrekt positiven Entscheidungen deutlich übertrafen. Übersetzt in den forensischen Kontext bedeutet dies, dass es mehr Falsch-Beschuldigungen gab als zutreffende Beschuldigungen. **Es kann daher nicht deutlich genug vor der Verwendung solcher Systeme gewarnt werden. Sie entbehren jeder wissenschaftlichen Fundierung.**

Als aus forensisch-phonetischer Sicht ähnlich problematisch können Software-Pakete gelten, die eine Persönlichkeitsdiagnostik anhand weniger Minuten telefonübertragenen Sprachmaterials versprechen. Sie werden hier erwähnt, weil sie u.a. Firmen bei der Auswahl geeigneten Personals unterstützen sollen und damit potenziell die (berufliche) Zukunft von wesentlich mehr Menschen betreffen als strafrechtlich relevante Begutachtungen. Versprochen werden »präzise Aussagen etwa über [...] Emotion, Persönlichkeit und sprachliche Kompetenz [...], aber auch über Motive und Einstellungen [...]«[75]. Realiter stellen sich solche Programme zumeist als *black boxes* dar, da weder ihre Algorithmen noch die wissenschaftlichen Grundlagen offengelegt werden. In der Tat existieren keine validen Daten zum Zusammenhang zwischen – zumal telefonübertragenen – phonetischen Messdaten und Persönlichkeitsmerkmalen oder irgendwie gearteten »Einstellungen«. Es ist ihnen insofern ebenfalls mit größter Skepsis zu begegnen[76]. 80

C. Checkliste zur Beurteilung der Qualität forensisch-phonetischer Gutachten und Gutachter/Innen

Der/die Sachverständige sollte über eine für die Fragestellung einschlägige Ausbildung verfügen. Das bedeutet, dass er/sie sich intensiv mit dem Gegenstand »Sprache« hinsichtlich der Hervorbringung, Akustik und Wahrnehmung einschließlich regionaler und pathologischer Erscheinungsformen beschäftigt haben sollte. Idealerweise geschieht dies im Fach Phonetik; da dies jedoch nur an wenigen Universitäten unterrichtet wird, können entsprechende Kenntnisse auch in einem sprach- oder sprechwissenschaftlichen Studium erworben werden. Eine Professur z.B. für Mineralogie qualifiziert definitiv nicht für forensisch-phonetische Begutachtung. 81

Er/sie sollte anerkannte Verfahren verwenden, von denen erwiesen ist, dass sie gegen forensische Randbedingungen (Rdn. 19–26) robust sind. Automatisch vorgenommene Messungen müssen noch genauer als in der akademischen Praxis üblich überprüft und ggf. manuell korrigiert werden. 82

Die angewendeten Verfahren müssen im Gutachten offengelegt und bei Bedarf bis ins Detail erläutert werden. »Black Boxes« jeder Art sollte konsequent misstraut werden. 83

Der/die Sachverständige sollte über forensische Erfahrung verfügen. Das bedeutet, dass er/sie mit den forensischen Randbedingungen und den damit verbundenen Einschränkungen vertraut ist. Die Erfahrung zeigt, dass HochschullehrerInnen, die nur in einem Einzelfall als Sachverständige hinzugezogen werden und an die forensischen Bedingungen nicht gewöhnt sind, eher zu voreiligen Folgerungen neigen als die forensisch erfahrenen Kollegen. Dies soll allerdings nicht implizieren, dass Erfahrung einen Wert an sich darstellt. Sie muss im Gegenteil immer im Zusammenspiel mit den übrigen Qualitätskriterien gesehen werden. 84

73 *Hollien* et al. (2008) sowie *Harnsberger* et al. (2009).
74 *Harnsberger* et al. (2009), 647; *Hollien* et al. (2008), 191.
75 Website der Fa. Precire GmbH; zuletzt aufgerufen am 03.05.2017: https://www.precire.com/de/start/.
76 *Schwertfeger* (2015).

85 Der/die Sachverständige sollte unbedingt von Feststellungen jenseits der eigenen Kompetenz absehen, so z.B. zum Wahrheitsgehalt einer Äußerung oder der psychischen Befindlichkeit des Sprechers.

86 Der/die Sachverständige sollte über einschlägige Publikationen verfügen, die einen Begutachtungsprozess (*peer review*) durchlaufen haben.

87 Der/die Sachverständige sollte Mitglied in relevanten wissenschaftlichen Vereinigungen sein. Zu nennen sind hier insbesondere die International Association for Forensic Phonetics and Acoustics (IAFPA) und die American Academy of Forensic Sciences (AAFS). Beiden kann man nicht ohne weiteres beitreten, sondern muss einschlägige Qualifikationen vorweisen bzw. bestimmte Bedingungen erfüllen. Eine Mitgliedschaft stellt somit ein Qualitätsmerkmal dar. Zudem verpflichten beide Organisationen ihre Mitglieder auf einen Ehrenkodex; bei Verstößen droht der Ausschluss.

88 Verschiedene Institutionen führen regelmäßig Ringversuche zu verschiedenen forensischen Fragestellungen durch. Der/die Sachverständige sollte nachweislich und erfolgreich an solchen Ringversuchen teilgenommen haben.

89 Sofern Wahrscheinlichkeitsaussagen getroffen werden, sollte die verwendete Skala dargestellt und die Gutachtenaussage detailliert aus der Befundlage abgeleitet werden.

90 Es ist zu prüfen, ob der/die Sachverständige gegenüber dem Vorliegen von *cognitive bias* sensibilisiert ist und vielleicht sogar Vorkehrungen gegen dessen Auftreten von getroffen hat. Letzteres würde den Wert des Gutachtens erhöhen.

Bei Anwendung (semi)automatischer Verfahren gilt:

Die verwendeten Referenzpopulationen müssen mit den tatsächlichen Falldaten technisch und phonetisch kompatibel sein. Dies betrifft die Übertragungseigenschaften, aber auch die Qualität und Quantität. Ggf. muss ein fallspezifisches Korpus zusammengestellt werden.

91 Als Maß für die Performanz eines Systems müssen die Gleichfehlerraten (*equal error rates*) nicht allgemein, sondern unter den spezifischen Bedingungen des Falles einschließlich der Materialvoraussetzungen benannt werden. (Bei ungünstigen Materialvoraussetzungen steigen diese regelmäßig erheblich an.)

92 (Semi)automatische Verfahren sollten nicht allein, sondern immer in Kombination mit traditionellen phonetischen Methoden angewandt werden. Von einem Sachverständigen können Angaben dazu erwartet werden, was geschieht, wenn beide Verfahren widersprüchliche Ergebnisse zeitigen.

93 Ein (semi)automatisches System sollte von dem/der Sachverständigen selbst und nicht von Hilfskräften administriert werden. In jedem Fall muss der/die Sachverständige über das zu untersuchende Material (fragliche Aufzeichnung und Vergleichscorpus) entscheiden. Nur so ist zu gewährleisten, dass keine *Mismatches* und damit Verfälschungen des Ergebnisses entstehen.

94 Wenn die Schlussfolgerungen in Form von *Likelihood Ratios* formuliert werden, ist zu bedenken, dass diese im Fall einer positiven Aussage (Identifikation) von 1 bis unendlich reichen, im Fall einer negativen Aussage aber nur zwischen 1 und 0 liegen können.

Zertifizierungen, die aufgrund von *in-house training courses* (unternehmensspezifischen Ausbildungsprogrammen) erstellt wurden, sollten mit Vorsicht betrachtet werden.

95 Der/die Sachverständige sollte ein etwaiges finanzielles Interesse am verwendeten Produkt von vornherein offenlegen. Dies schließt Beratungstätigkeit für entsprechende Firmen ein.

D. Literatur

Literaturhinweise:

Baldwin, J. & French, P. (1990): Forensic Phonetics. London/New York: Pinter. 96

Becker, T. (2011): Automatischer forensischer Stimmenvergleich. Diss. Trier.

Benchetrit, G./Shea, S.A./Pham Dinh, T./Bodocco, S./Baconnier, P./Guz, A. (1989): Individuality of breathing patterns assessed in adults over time. In: Respiration Physiology, 75, S. 199–210.

Bolt, R.H., Cooper, F.S., Green, D.M., Hamlet, S.L., Hogan, D.L., McKnight, J.G., Pickett, J.M., Tosi, O., Underwood, B.D. (1979): On the Theory and Practice of Voice Identification. Washington, D.C.: National Academy of Sciences.

Boss, D., Gfroerer, S. & Neoustroev, N. (2003): A new tool for the visualization of magnetic features on audiotapes. In: Forensic Linguistics, 10, S. 255–276.

Braun, A. (1994): Sprechstimmlage und Muttersprache. In: Zeitschrift für Dialektologie und Linguistik, 61, S. 170–178.

Braun, A. (1995): Fundamental Frequency – How Speaker-Specific Is It? In: *Braun, A.* & *Köster, J.-P.* (Hg.): Studies in Forensic Phonetics. Trier: Wissenschaftlicher Verlag, S. 9–23.

Braun, A. (1998): Die forensische Analyse von Stimme und Sprache. In: *H. Gundermann* (ed.): Die Ausdruckswelt der Stimme. Erste Stuttgarter Stimmtage. Heidelberg: Hüthig, S. 88–102.

Braun, A. (2021): The notion of speaker individuality and the reporting of conclusions in forensic voice comparison. In: *C. Bernardasci, D. Dipino, D. Garassino, S. Negrinelli, E. Pellegrino* and *S. Schmid* (Hg.): L'individualità del parlante nelle scienze fonetiche: applicazioni tecnologiche e forensi [Speaker individuality in phonetics and speech sciences: speech technology and forensic applications], edited by Studi AISV 8, S. 175-191. IT: Officinaventuno. doi:10.17469/O2108AISV000010.

Braun, A. & Rietveld, A. (1995): The Influence of Smoking Habits on Perceived Age. In: Proceedings of the XIIIth International Congress of Phonetic Sciences, Stockholm, vol. 2, S. 294–297.

Braun, A. & Broeders, A.P.A. (1996): Zu den Möglichkeiten einer technischen Qualitätsverbesserung von Tonaufzeichnungen. In: Neue Zeitschrift für Strafrecht, 16, S. 173–178.

Braun, A., Elsässer, N., Willems, L. (2023): Disfluencies Revisited—Are They Speaker-Specific?. In: Languages, 8(3), S. 155.

Broeders, A.P.A. (1999): Some observations on the use of probability scales in forensic identification. In: Forensic Linguistics, 6, S. 228–241.

Broeders, A.P.A. & van Amelsvoort, A.G. (1999): Line-up Construction for Forensic Earwitness Identification: a Practical Approach. In: Proceedings of the XIVth International Congress of Phonetic Sciences, San Francisco, S. 1373–1376.

Champod, Chr. & Meuwly, D. (1998): The inference of identity in forensic speaker recognition. In: Proceedings of RLA2C, Avignon, S. 125–134.

Cohen, J.R., Crystal, T.H., House, A.S., Neuburg, E.P. (1980): Weighty voices and shaky evidence: A critique. In: Journal of the Acoustical Society of America, 68, S. 1884–1886.*Drygajlo, A., Jessen, M., Gfroerer, S., Wagner, I., Vermeulen, J.*, and *Niemi, T.* (2015). Methodological Guidelines for Best Practice in Forensic Semiautomatic and Automatic Speaker Recognition. European Network of Forensic Science Institutes.

Dror, I. E. und *Kukucka, J.* (2021): Linear sequential unmasking–expanded (LSU-E): a general approach for improving decision making as well as minimizing noise and bias. *Forensic Science International: Synergy, 3*, S. 100161.

Elspass, St./Möller, R. (2003 ff.): Atlas zur deutschen Alltagssprache. Salzburg. http://www.atlas-alltagssprache.de.

Eriksson, A. & Lacerda, F. (2007): Charlatanry in forensic speech science: A problem to be taken seriously. In: The International Journal of Speech, Language and the Law, 14, S. 169–193.

Evett, I.W. (1995): Avoiding the Transposed Conditional. In: Science & Justice, 35, S. 127–131.

González-Rodriguez, J., Gil, J., Pérez, R., Franco-Pedroso, J. (2014): What are we missing with i-vectors? A perceptual analysis of i-vector-based falsely accepted trials. In: Proceedings of Odyssey. The speaker and language recognition workshop 2014, Joensuu, Finland.

Harnsberger, J.D., Hollien, H., Martin, C.A., Hollien, K. (2009): Stress and Deception in Speech: Evaluating Layered Voice Analysis. In: Journal of Forensic Sciences, 54, S. 642–650.

Hoffmann, Chr. (2011): Auf der Jagd nach Lügen. http://www.wienerzeitung.at/DesktopDefault.aspx?TablD=4. (zuletzt aufgerufen 25.05.2011)

Hollien, H., Harnsberger, J.D., Martin, C.A., Hollien, K. (2008): Evaluation of the NITV CVSA. In: Journal of Forensic Sciences, 53, S. 183–193.

Jessen, M. (2008): Forensic Phonetics. In: Language and Linguistics Compass, 2, 1–41.

Kehrein, R. (2008): Regionalakzent und linguistische Variationsspektren im Deutschen. In: *Ernst, P.* & *Patocka, F.* (Hg.): Dialektgeographie der Zukunft. Akten des 2. Kongresses der Internationalen Gesellschaft für Dialektologie des Deutschen (IGDD) am Institut für Germanistik der Universität Wien, 20. bis 23. September 2006. Stuttgart: Steiner (Zeitschrift für Dialektologie und Linguistik. Beihefte 135), 131–156.

Kersta, L. (1962): Voiceprint identification. In: Nature, 196, S. 1253–1257.

Kienast, M. & Glitza, F. (2003): Respiratory Sounds as an Idiosyncratic Feature in Speaker Recognition. In: Proceedings of the 15th International Congress of Phonetic Sciences Barcelona, S. 1607–1610.

Kleiner, St. (2011 ff.): Atlas zur Aussprache des deutschen Gebrauchsstandards (AADG). Unter Mitarbeit von *Ralf Knöbl*. http://prowiki.ids-mannheim.de/bin/view/AADG/

Koenig, B.E. (1990): Authentication of Forensic Audio Recordings. In: Journal of the Audio Engineering Society, 38, S. 3–33.

Koenig, B.E. & Lacey, D.S. (2009): Forensic Authentication of Digital Audio Recordings. In: Journal of the Audio Engineering Society, 57, S. 662–695.

Koenig/Lacey/Killion (2007): Forensic Enhancement of Digital Audio Recordings. In: Journal of the Audio Engineering Society, 55, S. 352–371.

Künzel, H.J. (1987): Sprechererkennung. Grundzüge forensischer Sprachverarbeitung. Heidelberg: Kriminalistik-Verlag.

Künzel, H.J. (2001): Eine Datenbank regionaler Umgangssprachen des Deutschen (DRUGS) für forensische Anwendungen. In: Zeitschrift für Dialektologie und Linguistik, 68, S. 129–154.

Künzel, H.J., Braun, A., Eysholdt, U. (1992): Einfluß von Alkohol auf Sprache und Stimme. Heidelberg: Kriminalistik-Verlag.

Laver, J. (1980): The Phonetic Description of Voice Quality. Cambridge: CUP.

Linville, S.E. (2001): Vocal aging. San Diego: Singular.

Morrison, G.S. (2022). Advancing a paradigm shift in evaluation of forensic evidence: The rise of forensic data science. In: Forensic Science International: Synergy, 5, S. 100270,

Nolan, F. (1983): The Phonetic Bases of Speaker Recognition. Cambridge: CUP.

Nolan, F. (1997): Speaker Recognition and Forensic Phonetics. In: *Hardcastle, W.J., Laver, J.*: The Handbook of Phonetic Sciences. Oxford: Blackwell, S. 744–767.

Nolan, F. & Grigoras, C. (2005): A case for formant analysis in forensic speaker identification. In: The International Journal of Speech, Language, and the Law, 12, 143–173.

Perrot, P. & Chollet, G. (2008): The question of disguised voice. In: Acoustics 08, Paris, S. 5682–5685.

Reetz, H. (2003): Artikulatorische und akustische Phonetik. Trier: Wissenschaftlicher Verlag Trier.

Rose, Ph. (2002): Forensic Speaker Identification. London/New York: Taylor & Francis.

Schmidt-Nielsen, A. & Crystal, T. H. (1998): Human *vs.* Machine Speaker Identification with Telephone Speech. In: Proceedings of the International Congress on Speech and Language Processing '98, 9 S.

Schwertfeger, B. (2015): Personalauswahl per Sprachtest. In: Personalmagazin 12, S. 32–34.

Sjerps, M. & Biesheuvel, D.B. (1999): The interpretation of conventional and›Bayesian‹verbal scales for expressing expert opinion, a small experiment among judges. In: Forensic Linguistics, 6, S. 214–227.

Van Dommelen, W.A. & Moxness, B.H. (1995): Acoustic Parameters in Speaker Height and Weight Identification: Sex-Specific Behaviour. In: Language and Speech, 38, S. 267–287.

Van Leeuwen, D.A./Martin, A.F./Przybocki, M.A./Bouten, J. (2006): NIST and NFI-TNO evaluations of automatic speaker recognition. In. Computer Speech and Language, 20, S. 128–158.

Abschnitt 9 Strafverteidigung und Medien

Kapitel 41 Wie unabhängig ist die Justiz – von den Medien?

Übersicht

A. »Wir Richter sind auch nur Menschen«

»Nein, es gibt keinen bewussten Einfluss der Medien auf mich als Richter. Und ich bin auch ganz sicher, dass mein Unterbewusstsein gegen eine solche Beeinflussung gefeit ist«. Was sich da wie ein Glaubensbekenntnis liest, ist die Antwort auf die Frage in einer empirischen Untersuchung, wie unabhängig sich die Justiz von dem Einfluss der Medien fühlt. Der Mann mit diesem »gefühlten« Selbstbewusstsein, der sich auf den Weg macht, *Sigmund Freud* zu widerlegen, erwies sich allerdings als exotisches Einzelexemplar der »Gattung Richter«. Denn die Ergebnisse verschiedener empirischer Untersuchungen, die sich – endlich – mit dem bislang weitgehend ausgesparten Thema *»Justiz und Medien«* beschäftigen, haben gezeigt, dass auch die »Richter nur Menschen sind«, wie nicht nur einer von ihnen freimütig zugab – dass sie also, eingebettet in das Medienklima ringsum, sich dessen Einfluss nicht ganz entziehen können, sondern auch hier um ihre innere Unabhängigkeit ringen müssen, wie überhaupt bei der Beurteilung ihrer Fälle. 1

»Richter unter Medieneinfluss« war kürzlich das Thema einer bundesweiten Umfrage der Medienagentur *Wilmes Kommunikation* unter deutschen Strafverteidigern, die zu Ergebnissen führte, die der Justiz kaum schmecken konnten. Demnach glauben mehr als 70 Prozent der befragen Rechtsanwälte, dass Berufsrichter sich bei ihrer Urteilsfindung von den Medien beeinflussen lassen. Über 80 Prozent meinen zudem, der öffentliche Druck könne dazu führen, dass die Staatsanwaltschaft statt eines Strafbefehls Anklage erhebt und dem Beschuldigten nur deshalb der Prozess gemacht wird.[1] Als »baren Unsinn« bezeichnete *Wolfgang Arenhövel*, der damalige Vorsitzende des Deutschen Richterbundes, diesen Meinungstenor der befragten Anwälte. Welches Urteil ist das Richtige: Das Stirntippen *Arenhövels* oder das Keuschheitsgelübde des am Anfang genannten Richters? 2

Die nachstehenden Ausführungen machen sich, dem Vorgang der richterlichen Urteilsfindung ähnlich, auf die Suche nach der Wahrheit. Und wie bei dieser Suche nicht anders zu erwarten, kann auch hier die *Wahrscheinlichkeit* der Wahrheit immerhin ein gutes Stück näher kommen. 3

Der Frankfurter Strafverteidiger *Eberhard Kempf* hat in einem Festvortrag anlässlich der Verleihung des Regio-Preises für die beste Justizreportage bedauert, dass der Umfang der Medienwirkung auf das Strafverfahren »noch gar nicht erkannt, geschweige denn in seinen Folgen untersucht ist.«[2] Hier aber irrt *Kempf:* Denn von der eingangs genannten Befragung abgesehen, ist das Thema seit einiger Zeit in den Blick empirischer Untersuchungen gelangt. *Rainer Hamm* hat sich in einer eindrucksvollen Untersuchung mit dem Einfluss der Medien auf die Justiz befasst,[3] und zehn Jahre zuvor hat 4

---

1 Vgl. *Wilmes* Krisen-PR im Strafprozess, in: *ders.* Krisen-PR – Alles eine Frage der Taktik, 2006, S. 101 ff.

2 NJW-aktuell, Heft 24/2008 S. VI.

3 *Hamm* Große Strafprozesse und die Macht der Medien, 1997.

Joachim Wagner nicht nur vom »Einfluss« der Medien, sondern zugleich von ihrer »Prozessführung« gesprochen.[4]

5 Und drei Befragungen, an denen ich als Professor für Journalistik an der Universität Mainz beteiligt war, haben es jedenfalls (höchst) wahrscheinlich gemacht, dass die Medien einen Einfluss auf die Justiz haben – auf deren *Akteure*, also auf Richter, Staatsanwälte und Strafverteidiger und dass dieses sensible Gefüge in der kritischen Beobachtung durch Journalisten zumindest bewegt wird. Jedenfalls gibt es seit vielen Jahren keinen ernst zu nehmenden Juristen, der einen solchen Einfluss in Bausch und Bogen verneinen würde. Die Meinungen unterscheiden sich allerdings darin, in welchem Bereich des *Dramas Strafprozess* dieser Einfluss *messbar* in Erscheinung tritt.

6 Die erste Befragung stammt aus dem Jahre 1990, beruht auf dialogischen Interviews und leidet, wenn man so will, an der eher kleinen Zahl der Befragten (25, Zufallsauswahl).[5] Die zweite Untersuchung im Jahr 2000 hat den Kreis der Teilnehmer erheblich erweitert (66) und illustriert das erforschte Bild mit aufschlussreichen Kernzitaten.[6] Die dritte, im Jahr 2006 durchgeführte Befragung am Institut für Publizistik der Mainzer Universität ist im empirisch-wissenschaftlichen Sinn repräsentativ angelegt: Diesmal wurden insgesamt 3549 Personen angeschrieben, darunter 1777 Richter, 1268 Staatsanwälte, 454 Rechtsanwälte und 5o Journalisten. Von allen Befragten haben 782 geantwortet, was einer Rücklaufquote von 22 Prozent entspricht.[7]

7 Gemeinsam ist allen drei Untersuchungen aber, dass sie in ihren Ergebnissen weitgehend übereinstimmen. Das Bild der Justiz im Licht der Medien lässt deshalb heute wenigstens klare Umrisse erkennen. Und die Studenten zogen aus ihrer Befragung den Schluss, dass jedenfalls das »Bild der über alles erhabenen, unantastbaren Justiz revidiert werden muss.«

B. Über den Umgang mit den Medien

I. Die Rolle der Verteidiger

8 Um, wie bei diesem Handbuch naheliegend, mit den Strafverteidigern zu beginnen: Allgemein bekannt ist bis heute jene bissige *Daumier*-Karikatur aus der Serie *Les gens de justice*: Ein Advokat geht, das Barett auf dem Kopf, Zeitung lesend in schwarzer Robe mit gespreizten Schritten durch den Saal, während ein selbstgefälliges Lächeln seine Lippen umspielt. Und der Text dazu lautet: »Maitre Chapotard liest in einer Juristenzeitschrift das von ihm selbst verfasste Lob über sich.«

9 Die Zeichnung stammt aus dem Jahr 1846, ist also ferne Vergangenheit, und wir alle wissen, dass unsere heutigen Juristenzeitungen keine selbstverfassten Lobreden veröffentlichen. Auch da sind wir inzwischen weiter gekommen: Seit Langem loben sich Strafverteidiger nicht mehr selber, sondern sie lassen sich loben. Oder zumindest bemühen sie sich darum, den Medien Anlass zum Lob zu geben. »Wie ist meine Presse?«: Diese Frage bewegt nach wie vor die Verteidiger. Und manche räumen einen Hang zur Selbstdarstellung ein, ohne den man »in dem Geschäft nicht überleben« könne.

10 (Selbst-)kritische Verteidiger haben zwei Gründe dafür genannt, weshalb sie versuchen, Einfluss auf das Verfahren zu nehmen: Einmal, um ihre »Vertriebswege« zu verbessern, also, modern gesprochen: Um »Marketing« zu betreiben und für ihr Image zu werben – vom »gewinnbringenden Umgang mit Journalisten« war die Rede. Und dann, um dem Prozess eine für den Angeklagten günstige Wendung zu geben, also: um für dessen *Image* zu werben, wobei über die Reihenfolge der Motive nicht immer

4 *Wagner* Strafprozessführung über die Medien, 1987.

5 Vgl. *Gerhardt* Der Einfluss der Medien auf das Strafverfahren aus medialer Sicht. In: *Oehler u.a.* (Hrsg.), Der Einfluss der Medien auf das Strafverfahren; Vortragsveranstaltung vom 9. und 10. Juni 1989, Schriftenreihe des Instituts für Rundfunkrecht an der Universität Köln, 1990.

6 *Gerhardt* Die Medien haben Einfluss auf die Justiz – aber welchen?, 2000.

7 Der Verfasser war an der Befragung gemeinsam mit *Thomas Zerback, Katja Griesenbeck* und dem Mainzer Kommunikationswissenschaftler Prof. Dr. *Hans Mathias Kepplinger* beteiligt (vgl. Frankfurter Allgemeine Zeitung, 11.01.2008).

Klarheit herrscht. Und wenn man so will, ist es auch eine (besondere) Form von Image-Werbung, wenn ein als »Inzest-Vater« bekannt gewordener Angeklagter die Leser der BILD-Zeitung über seinen Anwalt wissen lässt, dass er »kein Monster ist«.

Fasst man alle drei Befragungen zusammen, so halten die Strafverteidiger einen Einfluss der Medien auf das Strafverfahren »jedenfalls nicht für ausgeschlossen«, von den meisten wird er ausdrücklich bestätigt. Von »nicht unbeträchtlich« bis »groß« reichen die Bewertungen auf der Skala. Mit dem Blick auf die Berufsrichter sprechen einige von deren »Professionalität«, die einen solchen Einfluss verhindere und verweisen als Beispiel auf den Fall *Böttcher/Weimar*, wo offenbar die Berufsrichter durch alle Instanzen bei ihrem *Schuldspruch* blieben, während das freisprechende Urteil wohl auf die Stimmen der beiden Laienrichter zurückzuführen war. 11

Weitgehende Einigkeit herrschte bei den Befragten aber darüber, dass die Berichterstattung in den Medien auf alle »Verhandlungsteilnehmer« Einfluss hat, also auf die *personae dramatis* im Gerichtssaal – und damit auch auf das Urteil. Dieser Einfluss könne sich im Strafmaß niederschlagen, so die verbreitete Meinung. Die Entscheidung »schuldig oder nicht«, so die einhellige Ansicht, wird aber nicht in den Medien gefällt, sondern von den Richtern. 12

II. Richter als »Mitglieder der Volksmeinung«?

Einer der Befragten erstaunte mit dem Satz: »Die Richter können sich dem Volkswillen nicht widersetzen«. Allerdings blieb er die Antwort schuldig, wie diese immerhin erstaunliche Aussage zu verstehen sei. Ein wenig differenzierter mutmaßte ein anderer Anwalt, auch der Richter sei ein »Mitglied der Volksmeinung«. Diese Einschätzung könnte auch der Grund dafür gewesen sein, dass einer der Verteidiger der Münchner »U-Bahn-Schläger« erfolglos den Ausschluss der Öffentlichkeit beantragte. Die beiden Angeklagten waren in erster Instanz zu einer Freiheitsstrafe verurteilt worden, weil sie einen alten Mann in der U-Bahn, der ihren Zigarettenrauch rügte, fast zu Tote getreten hatten. Seinen Antrag auf Ausschluss der Öffentlichkeit hatte der Verteidiger auf zwei Gründe gestützt: Durch das enorme mediale Interesse könnte sein Mandant »zu einem Helden stilisiert werden«. Vor allem aber sei zu befürchten, dass sich das Gericht durch die intensive Berichterstattung so sehr unter Druck setzen lasse, »daß es zu einem überzogenen Urteil« komme. 13

Um solche Befürchtungen zu zerstreuen, sprechen sich Richter bisweilen auch »in der Öffentlichkeit aus«. So schrieb ein Prozessbeobachter in dem spektakulären Karlsruher »Raserprozess«: »Ausdrücklich betonte die Richterin in ihrer mündlichen Urteilsbegründung, das Gericht habe nicht die Erwartungen der Presse, der Öffentlichkeit oder des Volkes befriedigen wollen.« 14

III. Der gegenseitige Nutzwert

Von einigem Interesse ist das Verhältnis zwischen Strafverteidigern und Journalisten, einmal *»cool«* gesagt: der beiderseitige Nutzwert, den sich die Berufsgruppen voneinander erhoffen. Manche Verteidiger räumen ein, Informationen gezielt weiterzugeben. Welche das sind, hängt von der Person des Journalisten und von dem Medium ab, das er repräsentiert. Natürlich spielt auch die Verteidigungsstrategie in dem jeweiligen Fall eine wichtige Rolle. 15

Einer der Anwälte sagte höchst pragmatisch: »Ich versuche schon, die Medien als Instrument einzusetzen. Und wenn das nicht klappt, bemühe ich mich wenigstens um ein gutes Verhältnis.« Ein anderer sagte klipp und klar: »Wenn die Gegenseite Berichte an den *Spiegel* beispielsweise lanciert, dann gehe ich zum *Focus*. Da habe ich meine Leute, denen ich vertraue.« Viele haben allerdings die für den Berufsstand beruhigende Erfahrung gemacht, dass sich Journalisten »nicht immer« (!) von den Anwälten benutzen lassen. 16

Die meisten Anwälte waren sich darin einig, dass der Gang an die Öffentlichkeit Risiken mit sich bringt. »Man muss mit der Presse spielen können«, so wurde gesagt. »Wenn man aber mit der Presse nicht umgehen kann oder diesen Umgang nicht gewöhnt ist, kann das Spiel leicht riskant werden.« 17

Das ist auch wohl einer der Gründe dafür, dass Verteidiger im Umgang mit Journalisten alles in allem eher vorsichtig sind.

18 Auch das »Gesetz der das Gegenteil bewirkenden Anstrengung« wurde genannt und damit das Gefühl bei den Richtern umschrieben, dem Druck der veröffentlichten Meinung standhalten zu müssen. Oder wie jemand sagte: »Augen zu und durch!«

19 Verantwortungsbewusste Verteidiger gehen dann mit ihren Informationen an die Öffentlichkeit, wenn sie von der öffentlichen Meinung einen Einfluss auf die Urteilsfindung erwarten – also meinen, dass eine aktive Informationspolitik dem Mandanten nutzen und einer Vor-Verurteilung entgegenwirken könnte. Als Gründe für eine Gegenstrategie werden genannt: Wenn im Vorfeld des Prozesses ein Beschuldigter in den Medien eine schlechte Figur macht, etwa der Chefarzt, dem Kunstfehler nachgesagt werden. Oder ganz allgemein um einem »Rufmord« in den Medien entgegenzuwirken, vor allem in der überschaubaren Welt einer Kleinstadt. »In der Öffentlichkeit verteidigen«, wurde das genannt.

20 Bisweilen machen sich Verteidiger aber auch bewusst zum Sprachrohr eines Mandanten, etwa wenn die Medien sein Schweigen im Ermittlungsverfahren gegen ihn ausschlachten, wenn sein Schweigen also zur Nachricht wird. Und für »unbedingt notwendig« wird eine Gegenkampagne gehalten, wenn die Staatsanwaltschaft einmal ihrerseits die Öffentlichkeit sucht.

IV. Die »stillen Verteidiger«

21 Freilich gibt es auch den Anwalt, der sich »prinzipiell« gegen jeden Versuch ausspricht, ein Verfahren *medial* zu beeinflussen: »Beeinflussung über die Medien ist nichts, worauf eine Verteidigung gegründet werden sollte«, so diese Devise. Von solcher Enthaltsamkeit sprechen vor allem Verteidiger, die vorwiegend mit Wirtschaftsstrafsachen befasst sind – die stillen Verteidiger. »Man muß immer überlegen, ob die Publicity gut für das Unternehmen ist« so heißt es. »Ich hatte schon Mandanten, die vom Betrag her mehr veruntreut hatten als weithin bekannte Angeklagte, aber die saßen nicht, weil die Presse nichts davon erfuhr.« Dabei spielt auch der Gedanke an einen *Deal* eine Rolle, für den eine brodelnde Aufmerksamkeit der Medien jedenfalls nicht förderlich wäre. Diese Verteidiger zeigten sich stolz darüber, dass sie »noch nie von sich aus einen Journalisten angerufen hatten«. Und sie bemühen sich darum, den Prozess möglichst geräuscharm zu halten.

22 Den Sensationsjournalismus sehen die allermeisten Verteidiger kritisch. Darin geht es, wie sie die Dinge sehen, weniger »um die Sache selbst«, als um den »Verkauf einer guten Story«. Ein wenig schmeichelhaftes Urteil für die »Branche«: »Die Journalisten haben kein Ethos mehr. Wittern sie eine gute Geschichte, umjubeln sie dich. Hast du aber keine Geschichte zu verkaufen, lassen sie dich fallen wie eine heiße Kartoffel.«

23 Allerdings räumen auch die Verteidiger ein, dass die Stimme des »Boulevards« bei den Gerichten ihr Gewicht hat, vor allem im Einfluss auf das »Klima« im Gerichtssaal – es wird anders verhandelt, als wenn man »unter sich« ist. »Wir fühlen uns rezensiert«, sagt ein bekannter Anwalt, wie wenn man Geige spielt und weiß, dass ein Musikkritiker im Saal ist. Und deswegen kaufen sie am anderen Tag auch neugierig diese Zeitungen am Kiosk: »Wir wollen doch wissen, wie unsere Kritik ist«, sagte einer von ihnen.

24 Nicht hinreichend erforscht sind derzeit die Auswirkungen des Medienklimas auf die Vorbereitung des bereits genannten *Deals*, über den manche Prozessbeteiligten vielleicht heil froh wären. In den früheren Befragungen waren manche Verteidiger der Ansicht, dass »diskrete Verfahrenseinstellungen auf das Misstrauen der Medien stoßen können, wenn sie sich um ihre Teilnahme geprellt sehen.«

V. Die Rolle der Journalisten

25 Der Satz wird dem Fernsehjournalisten *Hajo Friedrichs* zugeschrieben, und er ist inzwischen zum geflügelten Wort geworden: »Immer dabei sein, aber nie dazugehören«. Er umschreibt treffend die berufliche Rolle aller Journalisten, die ihre Beobachtungen in den Medien vor Lesern, Hörern und

Zuschauern ausbreiten. *Dabei* sein, also mit kritischer Distanz teilnehmen an einem Geschehen, das es wert ist, in der Öffentlichkeit erörtert zu werden.

Und so sind die Medien *dabei*, wenn über Straftaten vor den Gerichten verhandelt wird, und sie 26
beobachten auch mit ihren Mitteln, wenn es um die Vorbereitung dieser Verhandlungen und das Sichtbarmachen von Verdachtsspuren geht, die zur Verhandlung führen können – zur Verurteilung oder zum Freispruch.

Alle befragten Journalisten glauben, dass sie mit ihren Berichten und Kommentaren zwar Einfluss auf 27
das Strafverfahren haben *können* – sie behaupten aber meist, diesen Einfluss nicht zu *beabsichtigen*, sei es aus echter, sei es aus falscher Bescheidenheit. Nur wenige ließen Spuren einer solchen Absicht erkennen. Keiner von ihnen gab sich aber als »Missionar der Gerechtigkeit« oder »journalistischer Advokat« zu erkennen, allenfalls war von einem »gewisses Einflußpotential« der Medien die Rede. Vor allem Hörfunk-Journalisten schätzen ihren Einfluss nur als gering ein. Weniger von Bescheidenheit geplagt sind ihre Kollegen vom Fernsehen. »Ich denke schon«, sagt einer der Befragten, »dass man bei etlichen Fällen schon dadurch, dass man aktiv ist, eine gewisse Aufmerksamkeit bei der Justiz, bei der Staatsanwaltschaft erzeugt. Eine Aufmerksamkeit, die sich dann niederschlägt in strengerer Orientierung an den Gesetzen, etwas mehr Zurückhaltung, wenn es um Auslegungsfragen geht.«

Gerichtsberichte in den Lokalzeitungen haben nach Ansicht der Journalisten eine ganz besondere 28
Bedeutung, da die Betroffenen in ihrem überschaubaren Lebensbereich zum Stadtgespräch werden.

Insgesamt ergibt sich aus der Sicht der Journalisten das Bild einer Rechtsprechung, die vom Klima 29
in den Medien zumindest berührt wird: Mit beeinflussbaren Schöffen, und – wenn auch in geringerem Maß – beeinflussbaren Berufsrichtern. Allerdings wiederum der für das Rechtsleben beruhigende Meinungs-Tenor: Auf die Frage, »Ist die Tat bewiesen oder nicht?«, wirkt sich auch ein starkes Medieninteresse nicht aus. Die Schuldfrage bleibt also »*Richtersache*«.

VI. Die Rolle der Richter

Von besonderem Interesse ist in diesem medialen Bild der Justiz natürlich die Sicht der Richter, als 30
den Hauptakteuren des »prozessualen Dramas«. Denn alle Strategien der Verteidiger, alle objektiven oder subjektiven Darstellungen in den Medien haben ja den gemeinsamen Sinn, im Verfahren und im Gerichtssaal, möglichst auch im Urteil ihre Spuren zu hinterlassen. In welchem Maße, so die Kardinalfrage, sind sie damit erfolgreich?

Richter interessieren sich durchaus für das Echo, das ihre Verfahren in den Medien auslösen – dies 31
ergab bereits die erste Befragung. Je nach dem Seriositätsgrad des Mediums geht eine Kritik auch nicht spurlos an ihnen vorbei – und jedenfalls nicht an den *Kollegen*, wie es wie zur Bestätigung des bekannten »Andere-Leute-Effektes« oftmals heißt. In der Befragung der Studenten zeigte sich ein starkes Interesse, etwas über ihr Image in der Öffentlichkeit zu erfahren.

Sehr »medienoffene« Richter sagten, sie fänden es gut, »wenn Journalisten uns auf die Finger schauen«. 32
Auf die Frage »Was halten Sie von der Kontrollfunktion der Presse im Gerichtssaal?« antwortete ein Richter: »Ich finde eine solche Kontrolle nicht richtig, denn ob jemand ein Mörder ist, wird nicht von der Presse ausgehandelt. Und dass es zum Teil so ist, begrüße ich nicht«. Nur würde dies auch »in der Presse« niemand ernsthaft begrüßen, und dass es »zum Teil so ist«, könnte eine Sondermeinung dieses Richters zu sein. Ob jemand ein Mörder ist oder nicht, wird nicht von Medien entschieden. Das machen die Richter beruhigenderweise mit sich selbst aus, und in der Beratung mit ihren Kollegen.

Allerdings wurde der Fall *Böttcher/Weimar* von Richtern und Verteidigern als Indiz dafür genannt, dass 33
die Medien jedenfalls über die (weiblichen!) Schöffen doch Einfluss auf das Urteil nehmen können.

VII. Das Klima im Gerichtssaal

34 Einhellige Meinung unter den Richtern war, dass die *Präsenz* der Medien, die bloße Anwesenheit von Journalisten, das Klima im Gerichtssaal beeinflusst. Manche der Befragten sehen darin einen »verfahrensschädigenden Einfluss«. Ein Zitat: »Sobald erkannt wird, dass auch nur ein Vertreter der örtlichen Presse im Saal sitzt, ändert sich das Auftreten der Parteien. Anwälte sehen die Chance der Eigenwerbung, und an Stelle der sachlichen Erörterung des Verfahrensgegenstandes treten Effekthascherei und positive Selbstdarstellung. Aber auch ihre Mandanten ändern ihr Verhalten –manche laufen regelrecht zur Hochform auf.«

35 Die entscheidende Frage, ob dieses geänderte »Klima«, ob die Medien ganz allgemein, einen echten Einfluss auf die *Schuldfrage* haben, wird von den allermeisten Richtern entschieden – und glaubwürdig – verneint.

Einhellig waren die Richter der Meinung, dass sie sich das *Beweisergebnis* nicht von den Medien »vorschreiben« lassen. Ist der Täter überführt oder nicht? Auf diese entscheidende Frage reicht der Einfluss der Medien nicht hin, auch wenn sie dies, und sei es im Zuge einer *Kampagne*, versuchen sollten.

36 Allerdings erschien es den Studenten in der Auswertung der Befragung wenig einleuchtend, dass die Medien zwar in der Verhandlung – als »Basis der Entscheidung« – Einfluss haben, dass dieser Einfluss aber vor dem Urteil enden soll.

37 Auswirkungen der Medienberichterstattung auf das *Strafmaß* werden hingegen nicht ausgeschlossen – man spricht da sehr unbestimmt von »motivatorischen Einflüssen«. Und auch bei der Aussetzung der Strafe zur Bewährung kann das Medienklima eine Rolle spielen: »Stichwort: Verteidigung der Rechtsordnung«

38 Wie auch die Statistiken zeigen, wagen viele Richter bei Sexualstraftaten Strafaussetzung oder vorzeitige Entlassungen nicht mehr. Und ganz allgemein sprechen Richter den Medien einen »mittelbaren Einfluss« zu: Als Transporteure rechtspolitischer Forderungen. »Die Politik setzt als Reaktion auf die öffentliche Diskussion höhere Strafmaße fest –siehe Kampfhunde. Da ist man oft gezwungen, hohe Strafen auszusprechen, und es fällt häufig schwer, ein angemessenes Strafmaß zu finden.«

Alles in Allem: Der Richter mit dem gegen jeden Medieneinfluss gefeiten Bewusstsein könnte als Unikat seines Berufstandes in die Geschichte eingehen.

C. Leitsatzartige Befragungs-Auswertung

39 – [8] Auf die Beweislage und die Frage der Schuld hat die Medienberichterstattung keinen sichtbaren Einfluss: Beides wird weder behindert noch gefördert. Etwa ein Drittel der Richter und Staatsanwälte sehen aber einen Einfluss der Medienberichte auf die Höhe der Strafe. Auch bei der Bewilligung einer Bewährung konstatiert ein Viertel einen solchen Einfluss, ein Zehntel auf die Anordnung einer Sicherungsverwahrung. Etwa die Hälfte der Richter und Staatsanwälte räumen ein, dass sie bei ihrem Strafantrag oder dem Urteil und seiner Begründung an die Reaktion der Öffentlichkeit gedacht haben.

40 – Eine große Mehrheit der Richter sieht bei negativen Medienberichten einen erheblichen Einfluss auf die Laien im Gerichtssaal: Auf Opfer, Angeklagte und Zeugen. Auch das Klima im Gerichtssaal – dies haben die dialogischen Interviews deutlich gemacht – wird, ebenso wie das Verhalten der Prozessbeteiligten, von der beobachtenden Darstellung in den Medien (mit-)geprägt.

41 – Die meisten der befragten Richter und Staatsanwälte verfolgen die Berichterstattung über ihre Verfahren, viele tun es gezielt. Fast die Hälfte der Staatsanwälte und ein gutes Drittel der Richter lesen über ihren Prozess mehr als über andere Prozesse.

---

8 Diese Bewertung basiert insbesondere auf der eingangs genannten Befragung von Richtern, Staatsanwälten, Verteidigern und Journalisten, an der der Verfasser zusammen mit *Prof. Dr. Hans Mathias Kepplinger, Thomas Zerback* und *Katja Griesenbeck* beteiligt war (2006). Sie hat die anderen Befragungen in wesentlichen Aussagen bestätigt.

Kapitel 42 Strafprozesse im Rampenlicht

Übersicht

A. Strafverfahren im Spiegel der Medien

1 An einigen Beispielsfällen soll skizziert werden, wie in den Medien die Darstellung eines Falles eingefärbt werden kann – eine »Farbe«, die auf den Ablauf des Verfahrens herüberstrahlen kann.

2 Zunächst ein kurzer Blick ins Ausland: Eher zufällig erscheint da noch eine Szene bei der Seligsprechung des *Padre Pio*, als *Giulio Andreotti* den Ring *Johannes Paul II.* küsst. Ein Fotograf hatte sie eindrucksvoll festgehalten. Allerdings war *Andreotti* damals in ein Strafverfahren verwickelt. Kaum »zufällig« kamen auch Aufnahmen zustande, die einen zerfurchten Mann namens *Auguste Pinochet* im Rollstuhl zeigten – der frühere chilenische Diktator, der kurz vor seiner angekündigten Auslieferung stand. Auslieferung im Rollstuhl, so wollte *Pinochet* die Botschaft wohl verstanden wissen – während andere Bilder ihn fast zeitgleich als einen alten, aber quicklebendigen Mann zeigten.

I. Beispiel Peter Graf: Angeklagten-PR in der Bild-Zeitung

3 Im Strafprozess gegen *Peter Graf* hat sich die Berichterstattung in der BILD-Zeitung zu etwas wie *Angeklagten-PR* entwickelt – allerdings auf dem Umweg über seine Tochter *Steffi Graf. Peter Graf* stand wegen eines Steuerdeliktes vor Gericht. Die Staatsanwaltschaft hatte eine Freiheitsstrafe von 6 Jahren und 9 Monaten beantragt, das Gericht ihn zu 3 Jahren und 9 Monaten verurteilt.

4 Ob diese Strafe angemessen ist oder nicht, steht hier nicht zur Diskussion. Aufschlussreich ist aber die Begleitmusik, die den Prozess unter der Stabführung der Zeitung umspielte. Kaum jemand dürfte zuvor gewusst haben, welche Rolle die Hunde in der Familie *Graf* spielten, bis sie nacheinander auf Farbfotos zu sehen waren: *Peter Graf* mit einem Collie, *Steffi* mit Schäferhund, immer liebevoll und in spielerischer Zuneigung. Familienidylle in Reinkultur: Vater, Mutter, Kind und Tier.

5 Besonders eindrucksvoll wurde *Steffi* eines Tages mit einem Beuteltier auf dem Arm gezeigt, einer Art Koala-Bär, Tiere, die in ihrer schläfrigen Tapsigkeit für die meisten Betrachter unwidersteh-

lich sind. Die Unterzeile des Bildes lautete: »Steffi in Australien – eine strahlende junge Frau. Sie besucht Museen, Konzerte und den Zoo in Melbourne. Hier hat sich *Steffi* glatt verliebt. Ihr neuer Freund – ein kuscheliger Wombat«.

6 Am nächsten Tag erfuhr man in BILD dann noch einiges mehr: »Letzte Runde im Prozess«, so las man. Und dann kam die Frage: »Mit welcher Strafe muss Peter Graf rechnen?« Der Text unter dieser Überschrift lautete: »Am Freitag nächster Woche fällt das Urteil. Steffi Graf wird an diesem Tag wohl noch in Australien sein und dort tief in der Nacht auf das Urteil warten.«

7 Und dann folgt ein kleiner Fingerzeig für die Rechtsfindung: »Ein Strafmaß von drei Jahren wäre eine Erleichterung, denn *Peter Graf* hat bereits 26 Monate in der U-Haft verbracht und könnte dann auf Bewährung in der Freiheit bleiben.«

8 Abgerundet wurde der Beitrag durch die dunkle Mahnung: »Sollte der Richter aber sieben oder acht Jahre Haft verkünden, so wäre es für die Familie eine **Katastrophe** – vielleicht schwerer zu ertragen als die Verhaftung im August 1995.«

9 Und dann fast im Ton einer antiken Tragödie: »Wenige Stunden nach dem Urteil steht möglicherweise Steffi Graf im Endspiel in Australien, eine schicksalhafte Verknüpfung: Schuld und Sühne hier, das Lebenselixier Tennis der Familie Graf dort in der Ferne«.[1]

»Nicht mit-zu-hassen, mit-zu-lieben bin ich hier«, sagt *Antigone* in der Tragödie von *Sophokles*. »Mit-zu-spielen, mit-zu-leiden bin ich hier, in Australien«, so ungefähr könnte BILD *Sophokles* modernisieren.

10 Auch als *Steffi Graf* ihr Spiel verlor, fand BILD schnell eine Erklärung, die mit dem Verfahren gegen ihren Vater in Verbindung stand: »Steffi Graf ist körperlich am Ende«, so hieß es. »Das schlimme Ende der wahrscheinlich strapaziösesten Woche ihres Lebens. Tagsüber Tennisstress, nachts die Nachrichten aus Deutschland. Das nahe Prozess-Urteil gegen ihren Vater«.

11 Wieder einige Tage später rief BILD in einer Umfrage eine Art privates Schöffengericht zusammen: Zwölf Personen wurden über ihren Strafvorschlag befragt, darunter einige »Nachbarn von nebenan«, vor allem aber auch »Promis« mit großem Aufmerksamkeitswert in der Öffentlichkeit.

12 Angelehnt an die bekannte Serie im ZDF lautete die Frage: »Freiheit oder Gefängnis – wie würden Sie entscheiden?« Die meisten Befragten, vor allem die Prominenten, wollten *Peter Graf* jedenfalls »frei« sehen, also allenfalls auf Bewährung verurteilt. Eine Geldstrafe erwarteten die meisten, nur einer sprach sich für die Höchststrafe von 10 Jahren aus.

13 Die im Sinne dieses demoskopischen Schnellschusses wohl eindrucksvollste Antwort stammte übrigens von *Max Schmeling*. »Peter Graf ist schon genug bestraft«, so sagte er. »Es gibt ein Grundrecht auf die Würde des Menschen. Der Richter sollte Gnade vor Recht ergehen lassen.«

Die Antwort auf die Frage, ob das Urteil gegen *Peter Graf* ein Akt der »Gnade« war oder des »Rechts« soll hier, wie gesagt, »draußen vor« bleiben.

II. Beispiel Jürgen Schneider: Ermittlungsbehörden unter Druck

14 Virtuos auf dem »Klavier der Medien« wurde auch im Fall jenes *Jürgen Schneider* gespielt, dessen berufliche Rolle in den Medien eine eigenartige semantische Laufbahn nahm: Erst stieg er vom Bauunternehmer zum »Baulöwen« auf, fiel dann zum »gescheiterten Unternehmer«, zum »Pleitier« und »Bankrotteur«, um zu guter Letzt doch wieder beim Baulöwen zu laden: Diesmal freilich in ironischen Anführungszeichen.

15 *Rainer Hamm* hat in seiner Untersuchung zur Macht der Medien in Strafprozessen eindrucksvoll gezeigt, wie die Medien in der Zeit vor dem Haftbefehl gegen *Schneider* und bis zum Prozessbeginn

1 BILD vom 14.01.1997.

ein justizielles Klima schufen, dem sich jedenfalls die Strafverfolgungsbehörden kaum entziehen konnten. »Die Staatsanwaltschaft beantragte einen Haftbefehl gegen ihre eigene Überzeugung. Sie beantrage den Haftbefehl gegen alle kriminalistische Vernunft, und zwar ausschließlich deshalb, weil sie dem Druck der Medien nicht mehr entrinnen zu können glaubte.«[2]

III. Beispiel »Liedermacher«: Öffentliche Bekanntgabe eines Persönlichkeitswandels

Auf etwas kleinerer Flamme gekocht wurde die Öffentlichkeitsarbeit im Fall des fernseh- und bühnenbekannten Mannes mit dem bescheidenen Titel »Liedermacher«, der in erster Instanz wegen des Konsums von Kokain zu einer Gefängnisstrafe verurteilt worden war. 16

Während das Berufungsverfahren lief, erfuhr die Öffentlichkeit so einiges über seine Wandlung: Er hatte eine Therapie begonnen, hatte – wieder – geheiratet und war Vater eines Sohnes geworden. Auf Bildern waren Eltern und Kind zu sehen mit der Unterschrift »Familienglück«. Und von seinem »privaten Glück«, von seinem neuen Lebensgefühl spricht er dann auch im Text des Berichts, und nur nebenbei wird erwähnt, dass er seiner Berufungsverhandlung »sehr zuversichtlich« entgegensehe. 17

Mit gutem Grund: Seine Freiheitsstrafe wurde vom Landgericht München I zur Bewährung ausgesetzt. Die – guten – Gründe für dieses Urteil waren sicher *nicht* Zeitungsbilder. Aber sie haben diese Gründe in der Öffentlichkeit sichtbar gemacht. 18

B. Medienbilder im Spiegel der Gerichte

In einer derzeit am Institut für Publizistik an der Universität Mainz heranreifenden Dissertation untersucht die Journalistin *Katja Griesenbeck* die Wechselwirkung zwischen Medienberichterstattung und Strafverfahren und geht der Frage nach, wie die Gerichte mit einer besonders lautstark geäußerten öffentlichen Meinung umzugehen versuchen. 19

I. »Autobahn-Raser«: Strafmilderung wegen »medialer Hetze«

In diesem spektakulären Karlsruher Prozess ging es um einen Testfahrer, der durch eine brutale Drängelei in hohem Tempo auf der Autobahn den Tod einer Frau und eines Kindes verursacht hatte. In erster Instanz war der Angeklagte vom Amtsgericht Karlsruhe zu einer Freiheitsstrafe von 18 Monaten verurteilt worden – ohne Bewährung. In der mündlichen Urteilsbegründung betonte die Richterin ausdrücklich, das Gericht habe ein Urteil gefällt, »das auf Indizien und nicht auf dem Willen der Öffentlichkeit beruhe«. Milder urteilte die Berufungsinstanz: Ein Jahr Freiheitsstrafe auf Bewährung, und eine Geldstrafe.[3] Als »entscheidenden Punkt« stellt *Katja Griesenbeck* heraus: Der Richter sah die »mediale Hetze« gegen den Angeklagten als strafmildernd an und sagte: »Die unwürdige, teils menschenverachtende Darstellung in einigen Medien« sei in das Strafmaß einbezogen worden. 20

II. »Wormser Kinderschänder«: Verurteilung in den Medien, Freispruch vor Gericht

Den endgültigen Freispruch im letzten der drei »**Wormser Prozesse**« dieser wohl spektakulärsten Anklage wegen angeblichem »Massenmissbrauch« von Kindern, kommentierte der Vorsitzende Richter am Landgericht Mainz mit den Worten, dies sei »gewiss kein populäres Urteil.« Und er fügte hinzu, dass es vermutlich Empörung über den Freispruch geben werde: echte und solche »in gekauften Leserbriefen, um die öffentliche Meinung gegen das Gericht aufzuhetzen.« 21

Vorausgegangen war eine für die journalistische Berichterstattung bemerkenswerte Wende im Tenor mancher Medien, ein Meinungsumschwung, den auch Medien vollzogen, die in den Angeklagten lange Zeit »verrohte Monster« oder »Sex-Monster« gesehen hatten. Der Richter im ersten Prozess 22

2 *Hamm* Große Strafprozesse und die Macht der Medien, S. 24–27.
3 LG Karlsruhe NStZ 2005, 451.

hatte sich vor der Öffentlichkeit, so könnte man dies sehen, noch für seinen Freispruch entschuldigt: Die Beweise hätten für eine Verurteilung nicht ausgereicht.

23 Beim endgültigen Freispruch entschuldigt sich der Vorsitzende in seiner siebenstündigen Urteilsbegründung dann bei den Angeklagten »für die ein langer Leidensweg zu Ende geht«. Er tat dies nicht nur im Namen des Gerichts, sondern für die gesamte Strafjustiz, indem er sinngemäß sagte: Ihr stünden genügend Instrumente zur Verfügung, solche Katastrophen zu verhindern.

24 Zu Prozessbeginn, so sagt *Katja Griesenbeck*, seien sich Justiz, manche Medien und die Öffentlichkeit einig gewesen, dass es die Täter waren, die da auf der Anklagebank saßen – und dann wurde auch die Kehrtwende in verschiedenen »Gewalten« vollzogen.

III. Der Tod des jungen J.v.M: Ein von Medien und Justiz zugleich verurteilter Täter

25 In diesem Prozess vor dem Landgericht Frankfurt, über den alle Medien berichteten, überspielte die Debatte über das Folterverbot, gegen das der stellvertretende Frankfurter Polizeipräsident aus Gewissensgründen verstoßen hatte, eine Zeitlang – fast – den Tatvorwurf gegen den Angeklagten *Magnus Gäfgen*: Er hatte einen dreizehnjährigen Jungen getötet und gewissermaßen »posthum« von dessen Eltern erpresserisch einen Geldbetrag für die Freilassung verlangt. Da der Angeklagte die Tat gestanden hatte, ging es in den Medien vor allem um die »besondere Schwere der Schuld« und damit um die zeitliche Länge des »lebenslänglich«. Die »mediale Vorverurteilung« als »Mörder« und die damit verbundene »Prangerwirkung« *kann (?)* bestimmend für den Strafausspruch gewesen sein: Der Angeklagte wurde wegen Mordes zu einer lebenslangen Freiheitsstrafe verurteilt, und das Gericht sah eine besondere Schwere der Schuld, die eine Entlassung nach 15 Jahren unmöglich macht.[4]

26 Hat das besondere Interesse der Medien zu diesem Schuldausspruch geführt?, fragt *Katja Griesenbeck*. Und sie sagt in geziemender Bescheidenheit: »Diese Frage muss unbeantwortet bleiben, da es keine eindeutigen Hinweise auf eine Einflussnahme … gibt«. Obwohl vieles dafür spricht.

IV. Böttcher/Weimar: Medienberichterstattung mit Kurswechsel

27 Eine dramatische Trendwende in den Medien hatte sich auch in dem 13 Jahre währenden Prozess gegen *Monika Weimar* gezeigt, die wegen Mordes an ihren beiden Kindern angeklagt worden war. Im ersten Prozess wurde sie vom Fuldaer Landgericht zu lebenslanger Freiheitsstrafe verurteilt. Im Wiederaufnahmeverfahren endete das Verfahren vor dem Gießener Landgericht mit einem Freispruch. Im dritten Prozess bestätigte das Landgericht in Frankfurt das erste Urteil – Schuldspruch und lebenslange Freiheitsstrafe.

28 Eine Medienanalyse in einer Magisterarbeit von *Stefanie Rüggeberg*[5] im Fach Journalistik macht diverse Kurswechsel in der Berichterstattung der Printmedien deutlich. Allerdings erschwert gerade dieser Kurswechsel ein klares Bild vom Einfluss der Medien auf die widersprüchlichen Urteile: Zwar kam es zu so etwas wie »Parteien-Bildung« in den Medien, aber diese Parteinahmen blieben nicht konstant. Hinzu kam, dass geschäftliche Interessen an der Vermarktung des Prozessausganges sichtbar wurden. Ähnlich wie im Prozess gegen *Magnus Gäfgen* kommt die Untersuchung deshalb zu dem Schluss, dass eine Einflussnahme auf das Urteil nicht erweisbar ist – trotz einer wahren Flut präjudizierender Stellungnahmen in beiden Richtungen.

C. Warum Mandanten auch gegen Medieninszenierungen zu verteidigen sind

29 Was von den Verfahrensbeteiligten über die Mauern des Gerichtsgebäudes hinweg und über die zeitlichen Grenzen der Sitzungen hinaus- und hineingetragen wird, beeinflusst das Bild vom einzelnen Fall und von der Justiz generell. Vor Prozessbeginn wird mancher Fall schon in Talkshows dis-

4 LG Frankfurt a.M., Urt. v. 28.07.2003 – 5/22 Ks 2/03 3490 Js 230118/02.

5 *Rüggeberg* Vorverurteilung und Vorfreispruch im Spiegel der Presse: Der Fall Monika Weimar, 2001.

kutiert, das mutmaßliche Opfer gibt Interviews, Angehörige, Freunde und allerlei Sachverständige äußern sich vor den Kameras.

I. Der Fall »Stephanie« in Dresden und die Empörung in der Boulevardpresse

Nicht zufällig werden gerade die Fälle von Kindestötung etwa in den Medien besonders spektakulär inszeniert, in denen attraktive Mütter ihr Kind beweinen. Die Medien suchen – und schaffen – das Bild zum Fall. In Dresden war es der hohnlachende Verbrecher auf dem Gefängnisdach. 30

Die Hauptverhandlung im Fall »Stephanie« begann am 6. November 2006. Zwei Tage später kletterte der Angeklagte an der Fassade der Untersuchungshaftanstalt hoch und verharrte auf dem Dach stundenlang. Gefahr ging von ihm nicht aus; allenfalls sein eigenes Leben konnte er gefährden. Wäre der Ort der Kletterei nicht für die Medien einsehbar gewesen, hätte die Öffentlichkeit vermutlich kaum Kenntnis von dem Vorfall genommen. Doch so dichteten die Reporter: »Der Verbrecher steigt der Justiz aufs Dach.« Als der Angeklagte danach erstmals wieder in den Gerichtssaal geführt wurde, vorbei am fotografierenden und filmenden Medienpranger, war er verschnürt und gefesselt wie ein wildes Tier. Auch im Gerichtssaal, bewacht von zahlreichen uniformierten Justizbeamten und Polizisten in Zivil, musste er von da an Hand- und Fußfesseln tragen. Einen vernünftigen Grund dafür gab es nicht, außer dem Bestreben der Justiz, vor den Medien Entschlossenheit und Stärke des Staates im Kampf gegen das Verbrechen zu demonstrieren. Dass der Angeklagte wegen Geiselnahme, Vergewaltigung, sexuellen Kindesmissbrauchs und Körperverletzung zur Höchststrafe von 15 Jahren verurteilt würde, war fortan nicht mehr zu bezweifeln. Ein psychiatrischer Sachverständiger attestierte ihm überdies trotz einer schweren Persönlichkeitsstörung volle Schuldfähigkeit und bejahte die Voraussetzungen für Sicherungsverwahrung. 31

Ein weiteres Detail aus diesem Prozess veranschaulicht, dass sich Strafverteidiger heute nicht mehr damit begnügen können, den Mandanten gegen die Anklage der Staatsanwaltschaft zu verteidigen. Der Angeklagte ist auch gegen die Inszenierungsstrategien der Medien zu verteidigen. Am ersten Verhandlungstag, nachdem in Dresden die Anklage verlesen war, erhob sich der Angeklagte plötzlich und sank schweigend wieder auf seinen Stuhl zurück. Das Wachpersonal stürzte hinzu und packte den wie bewusstlos wirkenden Mann. Hatte er einen Schwächeanfall erlitten? Der Vorsitzende unterbrach die Sitzung, das Publikum verließ den Saal, vor dem sich die Fernsehberichterstatter drängten. Jeder verlangte nach Auskunft über den kurzen Zwischenfall, den nur wenige Beobachter im Saal überhaupt wahrgenommen hatten. Eine Erklärung für das Verhalten des Angeklagten hatte niemand. Der Verteidiger entzog sich dem Ansturm der Medien und ward bis zur Fortsetzung der Verhandlung nicht mehr gesehen. Hätte er vor den Mikrofonen und Kameras umgehend ein Statement abgegeben, wären falsche und die Empörung anheizende Berichte in den Boulevardmedien zu verhindern gewesen, dass das »Sexmonster« im Gerichtssaal randaliert, herumgeschrien sowie die Einrichtung umgeworfen und auf den Tischen getanzt habe. 32

Dem Vertreter der Nebenklage passte der Vorfall gut ins Konzept, zumal ihm durch die Flucht des Verteidigers die Deutungshoheit des Zwischenfalls überlassen wurde. Bei den Eltern Stephanies und den Medien hatte der Nebenklagevertreter schon lange vor Prozessbeginn Misstrauen gegen eine angeblich einseitig ausgerichtete Justiz in Dresden geschürt, die den Täter begünstige und das Opfer benachteilige. Dass die Staatsanwaltschaft nur die Taten anklagte, die der Beschuldigte auf Video aufgenommen hatte, verstanden die Eltern nicht. Weder der Anwalt, der für sie die Nebenklage führte, noch der »Opferjurist«, der gleichsam als Vertreter des Nebenklagevertreters das Geschäft mit den Medien betrieb, hatten sie offenbar aufgeklärt: Dem Mädchen konnte auf diese Weise ein Zeugenauftritt vor Gericht erspart bleiben. Anlass zur Befürchtung, der Täter könnte zu gut davonkommen, bestand zu keiner Zeit. Die Angehörigen aber sahen sich selbst als Opfer einer Justiz an, die den Bürger nicht schütze, sondern ihm sein Recht verweigere und ihn zwinge, seine Sache selbst in die Hand zu nehmen. Also präsentierten sie ihr Kind im Fernsehen, und eine Psychologin erklärte dem Millionenpublikum, dies befördere bei Stephanie die Bewältigung ihres Traumas. 33

II. Der Fall eines ehemaligen Fernsehmoderators und eine hilflos den Medien ausgelieferte Nebenklägerin

34 Dass die Strafjustiz heute weniger dem Informationsinteresse der Rechtsgemeinschaft dient als dem Unterhaltungsbedürfnis und der Sensationsgier eines Massenpublikums, zeigt sich besonders deutlich an Fällen, in denen so genannte Prominente vor Gericht stehen. Manche Verteidiger versuchen dann, die Sache per Absprache hinter den Kulissen abzuwickeln, um den Mandanten wenigstens vor der öffentlichen Zur-Schau-Stellung zu bewahren. Im Fall eines ehemaligen Fernsehmoderators, der den Anklagevorwurf der Vergewaltigung bestritt, ging die Verteidigung vor dem Landgericht Frankfurt/Main einen anderen Weg – mit einem umstrittenen Ergebnis.

Der Mann hatte sich an einem Augustabend 2002 auf ein kurzes Sex-Abenteuer mit einer ihm nur flüchtig bekannten jungen Frau auf einer Frankfurter Brücke eingelassen. Anlässlich der Telefonüberwachung eines Drogendealers erlangte die Polizei zufällig davon Kenntnis, da die Frau in einem dieser Gespräche andeutete, sie sei von dem Moderator auf der Brücke vergewaltigt worden. Strafanzeige hatte sie von sich aus nicht erstattet und wollte dies auch weiterhin nicht tun. Doch die Staatsanwaltschaft drängte sie dazu, obwohl sich die Frau, wäre sie besser beraten worden, bei ihrer Affinität zur Drogenszene auf ihr Schweigerecht hätte berufen können. Der Fall wurde bekannt und schlug erwartungsgemäß vor allem in den Boulevard-Medien hohe Wellen. Der Beschuldigte, moralisch diskreditiert, schien vollends ruiniert.

35 Die Verteidigung, die sich von jeglichen Medienkontakten fernhielt, ging in die Hauptverhandlung mit einem 56 Seiten starken Befangenheitsantrag gegen die Kammer, in dem alles stand, was der Staatsanwaltschaft und dem Gericht, das die Anklage zugelassen hatte, entgegenzuhalten war. Dabei spielten auch die Abhörprotokolle eine Rolle, die der Verteidigung in Teilen bekannt geworden waren. Was sich daraus ergab, erschütterte die Glaubhaftigkeit der Aussagen des angeblichen Opfers schwer. Der Fall sah nun plötzlich ganz anders aus. Die Medien, die den Angeklagten schon hoch verurteilt sahen, fingen nun an, das angebliche Opfer zu beleuchten.

36 Die junge Frau nahm als Nebenklägerin an jedem Verhandlungstag teil und war dabei den Kameras hilflos ausgeliefert. Ihre Anwältin, die das Interesse der Medien an ihrer Mandantin auch für sich selbst zu nützen wusste, schützte die Frau nicht vor den Zudringlichkeiten der Medien. Nicht einmal das Angebot des Gerichts, die Öffentlichkeit ganz oder zumindest während ihrer Zeugenaussage auszuschließen, wurde angenommen. Das Gericht sprach den Angeklagten schließlich frei. Aus dem vermeintlichen Opfer des Fernsehmoderators aber war mittlerweile ein Opfer der Justiz und der Medien geworden.

III. Der Fall »Kachelmann« und die Einmischung der Medien

37 Ein weiteres Strafverfahren, ebenfalls gegen einen aus dem Fernsehen bekannten Mann gerichtet, okkupierte im Herbst 2010 und Frühjahr 2011 die öffentliche Aufmerksamkeit: der Vergewaltigungsprozess gegen den Wettermoderator *Jörg Kachelmann* vor dem Landgericht Mannheim. Schon zu Beginn des Ermittlungsverfahrens war von einem Teil der Medien durch einseitige Veröffentlichung angeblich belastender Details Stimmung gegen den in Untersuchungshaft sitzenden Tatverdächtigen gemacht worden. Aus welchem Leck die Informationen geflossen waren, blieb unbekannt. Aufkommende Zweifel an der Aussage der Anzeigeerstatterin spielte die Staatsanwaltschaft herunter, den Tatverdacht abschwächende Informationen unterblieben. Obwohl Kachelmann nach vier Monaten U-Haft vom OLG Karlsruhe auf freien Fuß gesetzt wurde, hielten einzelne Medien daher an ihrer Kampagne zulasten des Beschuldigten fest. Andere propagierten ebenso vehement seine Unschuld. Die Feministin *Alice Schwarzer* trat für eine »Schuldvermutung« anstelle der Unschuldsvermutung in Sexualstrafsachen ein und positionierte sich auf der Seite des »Opfers«.

38 Diese Kakofonie von Vor-Urteilen setzte sich fort, als große Teile der Hauptverhandlung unter Ausschluss der Öffentlichkeit stattfanden. Der Auftritt der Hauptbelastungszeugin und weiterer Ex-Geliebter des Angeklagten waren der unmittelbaren Beobachtung entzogen (allerdings konnte man in einer Illustrierten nachlesen, was diese Zeuginnen dort gegen Honorar über den Angeklag-

ten zum Besten gaben). Auch den Prozessausgang bestimmende Gutachten von Psychiatern und Aussagepsychologen wurden weitgehend hinter verschlossenen Türen vorgetragen und erörtert, was wiederum Spekulationen über das bevorstehende Urteil Tür und Tor öffnete.

Nach Kachelmanns Freispruch mangels Beweisen und einer mündlichen Begründung, in der das Gericht seinem Unmut über die Einmischung der Medien und das provokante Auftreten eines der Verteidiger freien Lauf gelassen hatte und am Verdacht einer Straftat beziehungsweise einer Falschbeschuldigung festhielt – ein Ablehnungsantrag wegen Besorgnis der Befangenheit war nun ja nicht mehr zu befürchten –, flaute die erregte Berichterstattung über den Fall noch immer nicht ab. Der Angeklagte und die ihn weiter beschuldigende Frau suchten sich nun neue Foren, um sich vor der Öffentlichkeit reinzuwaschen. Sie stellten sich jenen Medien für Interviews zur Verfügung, die jeweils besonders engagiert Partei ergriffen hatten. Und so mancher Kommentator, der nie seinen Fuß in den Mannheimer Gerichtssaal gesetzt und auch noch nie einen Strafprozess verfolgt hatte, verwechselte kritische mit distanzloser Berichterstattung und glaubte zu wissen, wie anders über den Fall hätte berichtet werden müssen. So diente die Causa Kachelmann nicht nur interessierten Lesern oder Zuschauern als Projektionsfläche eigener Ängste und Fantasien, sondern einzelnen Journalisten auch als Richtstätte über die eigene Zunft. 39

Geradezu überboten haben sich vor allem die Zeitungen auch in ihren Überschriften zum »Fall Kachelmann«, der wie kaum ein anderer zeigt, dass die Medien – in falschem Rollenverhalten – die Rolle der Beteiligten im Gerichtsprozess wechseln können, indem sie als Ankläger und Verteidiger agieren. Von einem »Mediengericht« sprach *Ursula Knapp* in der *Frankfurter Rundschau*, und von einem Prozess, »der schon vorab geführt« wurde. *Hans Leyendecker* sprach in der *Süddeutschen Zeitung* von einem »Rennen um Vorfreisprüche und Vorverurteilungen«. 40

Die Antworten blieben nicht lange aus: Justizministerin *Sabine Leutheusser-Schnarrenberger* sah die »Unschuldsvermutung in Gefahr«, wenn die »Medien ihr Urteil direkt wie indirekt fällen, lange bevor die Richter es gesprochen haben.« Und dass die Medien in diesem »Spektakel« aus ihrer eigentlichen Rolle gefallen seien, beklagt die *Frankfurter Allgemeine Zeitung*: »Mit fatalen Folgen«. Und ebenfalls in der *Frankfurter Allgemeinen Zeitung* heißt es, es sei nicht »Aufgabe der dritten Gewalt, die Hausaufgaben der ›vierten‹ zu machen« – also »Im Namen des Volkes« die Medienstimmung im Urteil auf den Punkt zu bringen, wie man das vielleicht verstehen kann. Und an die Adresse der Journalisten: »Wer auf die Verteidigung unmittelbar Einfluss nehmen will, sollte den Berufs wechseln.« Aber das Gleiche gilt wohl auch auf die Einflussnahme auf die Anklage. »Viele Medien haben ihren Anstand verloren«, wie *Joachim Frank* das in der *Frankfurter Rundschau* sieht. 41

Kein Wunder, dass der Vorsitzende des Gerichts in seiner Urteilsbegründung auch auf das Meinungsgetümmel in den Medien einging und, wie die *Bildzeitung* dies sieht, gegen sie »wettert«. Diese Berichterstattung habe »die Akzeptanz eines Richterspruches« erschwert und damit »dem Ansehen der Justiz geschadet«. Und auch die *»Bunte«* wurde von ihm wenigstens indirekt gerügt, weil sie bereits während des Ermittlungsverfahrens begonnen habe, Interviews mit Zeuginnen zu veröffentlichen. 42

Gewissermaßen zusammenfassend heißt es in der *Frankfurter Allgemeinen Sonntagszeitung*, dass der Kachelmann-Prozess »auf der Bühne des Rechts« gestanden habe, was bis dahin ja kein Vorwurf wäre. 43

In diesem »Prozess des Jahres« haben manche Medien versucht, unter Aufgabe ihrer beruflichen Distanz auf das Urteil des Gerichts einzuwirken. Dies mag auch daran liegen, dass nicht nur Richter »Menschen« sind, wie viele dieser Berufsspezies einräumen, sondern es auch Journalisten nicht anders geht. Und dass sich dieser »Kampf ums Recht« dann auch einmal vor den Toren der Justiz abspielt. Allerdings stellt *Gisela Friedrichsen* die berechtigte Frage, warum einzelne Journalisten Einfluss auf ein Gericht nehmen oder daran besonderes Interesse haben sollten. Und sie beantwortet sie mit dem kurzen Satz: »Ich wüsste nicht warum.« 44

Das Urteil der Großen Strafkammer zeigt – ebenso wie seine Begründung – wiederum, dass Richter einen Medienstreit intensiv wahrnehmen und dass die Saat des Zweifels lebendig bleibt, einerlei, wer da was ausgesät hat. Es zeigt aber zugleich, dass sie sich bei ihrem Urteil vom Medienklima 45 freimachen können. »Die Frage schuldig oder nicht?« wird nicht *in* den Medien und nicht *von* den Medien entschieden: Der *»Fall Kachelmann«* bestätigt das beruhigende Ergebnis der im Kap. 41 Rdn. 5–7, 39–41 geschilderten Umfrage eindrucksvoll.

D. Die bildliche Versuchung: Wie Filme und Fotos im Strafprozess Medien und Zuschauer emotionalisieren

46 Seit einiger Zeit ist in den Gerichtssälen der Strafjustiz ein Verdrängungswettbewerb zu beobachten: Das Monopol von Wort und Schrift als Kommunikationsmedium des Rechts verblasst zusehends angesichts des Einzugs von Bildern und Filmen in die Räume, in denen Recht gesucht und gesprochen wird. Dass visuelle Kommunikation anders funktioniert als die Verständigung mittels Sprache und Text, ist eine Binsenweisheit. Dennoch wird den Folgen des Einzugs visueller Kommunikation in die Rechtskommunikation und damit in eine Domäne der Verständigung mittels des gesprochenen und geschriebenen Wortes bisher zu wenig Beachtung geschenkt. Einem Schriftsatz, einer verbalen Erklärung oder Behauptung kann argumentativ widersprochen werden. Dem Bild aber wohnt eine suggestive Kraft, ja eine geradezu unheimliche Macht inne, die den Widerspruch nicht kennt und durch das bloße Vor-Augen-Führen glauben machen kann, ohne überzeugen zu müssen. Die langfristigen Folgen der Verdrängung der sprachlichen, dem linearen Denken verhafteten Kommunikationsform, die die Grundlage neuzeitlichen Rechtsdenkens und Rechtshandelns bildet, durch stärker visuell orientierte Kommunikationsformen sind in ihren einschneidenden Wirkungen kaum zu unterschätzen. Im Mikrokosmos des Gerichtssaales werden heute schon die durch Visualisierung, Dramatisierung und Emotionalisierung bewirkten Veränderungen rechtlicher Kommunikation und Interaktion sichtbar.

I. Der Fall »Dennis« in Cottbus: Wie ein WDR-Fernsehfilm in der Hauptverhandlung auf Sendung ging

47 Vor dem Landgericht Cottbus war 2006 ein Elternpaar angeklagt, dessen knapp siebenjähriger Sohn Dennis fünf Jahre zuvor vermutlich an Unterernährung gestorben war. Die mumifizierten Überreste des Kindes wurden Jahre später, im Juni 2004, in der Kühltruhe der Familie gefunden. Der Junge hatte zur Zeit seines Todes wahrscheinlich rund fünf Kilo gewogen; ein gesunder Sechsjähriger ist etwa 24 Kilo schwer.

48 Der Verteidiger der Frau, Mutter von insgesamt elf Kindern, beantragte in der Hauptverhandlung die Vorführung eines WDR-Fernsehbeitrages mit dem Titel »Keiner hat was gemerkt« mit der Begründung, der Film zeige »die Persönlichkeit der Angeklagten, wie sie durch die Medien noch nicht dargestellt wurden«. Die Kammer gab dem Antrag statt. Und tatsächlich bemühten sich die Autoren im Gegensatz zu den Boulevardmedien um eine einfühlsame Darstellung des sich über Monate erstreckenden Tatgeschehens und seiner Protagonisten; auch die älteren Kinder der Angeklagten, die in der Hauptverhandlung von ihrem Zeugnisverweigerungsrecht Gebrauch machten, warben in dem Beitrag um Verständnis für die Angeklagten.

49 Im Gegenzug ließ der Staatsanwalt die Kühltruhe in den Gerichtssaal schaffen. Er zog sich Gummihandschuhe über, denn es handelte sich um das Originalasservat, in dem das tote Kind zweieinhalb Jahre lang vor sich hinfaulte, und öffnete es mit dramatischer Geste. Im Nu durchzog beißend-süßlicher Verwesungsgeruch den Gerichtssaal, so dass Verfahrensbeteiligte und Publikum fluchtartig das Freie suchten. Wer bis dahin nicht wusste, mit welch unerträglichem Gestank der Zerfall einer Leiche verbunden ist, bei dem blieb der »Fall Dennis« fortan damit in Erinnerung.

50 Welche Absicht steckte hinter dieser Aktion? Die Rechtsmediziner hatten anhand der sterblichen Überreste nicht eindeutig auf eine Todesursache schließen können. Wenn aber das Kind zur Todeszeit in das enge Gerät hineingepasst hatte, so die Annahme der Staatsanwaltschaft, musste es erheblich unterernährt gewesen sein. Ein gesunder Junge dieses Alters wäre zu groß gewesen. Der bedrückende Fall erschien nach dieser spektakulären Präsentation noch unmenschlicher und unfassbarer, was sich auch in der Berichterstattung der Medien niederschlug.

Das Urteil wurde mit großer Spannung erwartet, weil der Strafantrag der Staatsanwaltschaft und die Vorstellungen der Verteidigung weit auseinander gingen. Die Verteidiger hielten allenfalls eine Bewährungsstrafe wegen Körperverletzung mit Todesfolge für angezeigt; die Staatsanwaltschaft, die zunächst nur Totschlag angeklagt hatte, erbat vom Gericht einen rechtlichen Hinweis, dass auch eine Verurteilung wegen Mordes durch Unterlassen in Frage komme. Dieser Auffassung schloss sich das Gericht an und verurteilte beide Eltern zu einer lebenslangen Freiheitsstrafe. Der Bundesgerichtshof hob das Urteil auf mit der Maßgabe, die Frage grausamen Handelns müsse noch einmal geprüft werden. Denn in der Phase vor dem Tod erleide ein Verhungernder möglicherweise nicht mehr Schmerz und Qual. In einem zweiten Prozess verhängte eine andere Cottbuser Strafkammer eine Freiheitsstrafe von dreizehn Jahren gegen die Mutter und elf gegen den Vater von Dennis.

II. Der »Jessica-Prozess« in Hamburg: Wie Fotos der Leiche Medien und Öffentlichkeit schockten

Das Kind Jessica, geboren 1997, starb am 1. März 2005 in einem leeren Raum ohne Licht in der Wohnung seiner Eltern an massivster Auszehrung. Das siebeneinhalbjährige Mädchen, das zum Zeitpunkt seines Todes gerade noch 8,7 Kilogramm wog, hatte einen knapp ein Kilo schweren, steinharten Kotballen im Darm, der verhinderte, dass nicht einmal einige Reiskörner verdaut werden konnten, die die Kindesmutter Marlies Sch. der kleinen *Jessica* kurz vor dem Ende in den Mund gestopft hatte. Da man Spuren von Reis in der Lunge des Kindes fand, folgerten die Rechtsmediziner, *Jessica* habe kurz vor ihrem Tod erbrochen und das Erbrochene eingeatmet. 51

Als weitere Details dieses Martyriums bekannt wurden – Jessica hatte offenbar versucht, Teppichflusen und sogar Reste von Putz zu essen, den sie von der Wand gekratzt hatte –, war die Öffentlichkeit aufgewühlt. Zeugenaussagen der Polizeibeamten vor Gericht zum Tatort lösten erneut Bestürzung und die Frage aus, welch ein Mensch Marlies Sch. wohl sei. Und es wurde gerätselt, warum der ebenfalls angeklagte alkoholkranke, seiner Tochter aber durchaus zugeneigte Vater nichts unternahm, als er bemerkte, dass Marlies Sch. auf der Suche nach einer heilen Familie keines ihrer insgesamt vier Kinder emotional je wahrnahm und offensichtlich nicht über die üblichen Schutzreflexe einer Mutter verfügte. Das erste Kind schon hatte sie nicht ausreichend versorgt; sie gab es zur Adoption frei. Zwei weitere Kinder, um die sie sich wiederum nicht kümmerte, überließ sie ihrem damaligen Ehemann, ohne ihnen eine Träne nachzuweinen. 52

Das öffentliche Entsetzen aber erreichte seinen Höhepunkt, als der Obduzent im Gerichtssaal für die Prozessbeteiligten und die Medien Fotos der nackten Leiche des Kindes auf Großleinwand präsentierte – Bilder von einer derartigen emotionalen Wucht und Grausamkeit, dass sich jede Frage nach der Biografie der Eltern, ihrer Persönlichkeit oder ihrem Weg zur Tat erübrigte. Im SPIEGEL (39/2005) hieß es damals 53

> »Das Bild des nackten Kindes. Sein Totengesicht. Wie ›der Schrei‹ Edvard Munchs dröhnt das Grauen auf der Leinwand durch den Gerichtssaal. Da hört das Atmen auf. Da bewegt sich keiner mehr. Da greift das Entsetzen an die Kehlen und hält den Herzschlag an.«

Gerichtszeichner sorgten dafür, dass die Bilder anschließend auch in den Massenmedien verbreitet wurden.

Das Bestreben des modernen Rechts, dem intuitiven Gerechtigkeitssinn und dem so genannten gesunden Menschenverstand eine Form von Rationalität nach bestimmten Regeln entgegenzusetzen, um zu verhindern, dass im Gerichtssaal Leidenschaft, Hass und Rache die Oberhand gewinnen, gerät hier an seine Grenze, selbst bei Berufsrichtern. Die Folgen davon hat zumeist der Angeklagte zu tragen. Es verwundert nicht, dass die Eltern Jessicas, obwohl zumindest einer der als Sachverständige tätigen Psychiater die volle Schuldfähigkeit des angeklagten Vaters wegen dessen Alkoholkrankheit sowie Minderung der Leistungsfähigkeit bezweifelt hatte, zu einer lebenslangen Freiheitsstrafe verurteilt wurden, die auch vor dem Bundesgerichtshof Bestand hatte. 54

III. Der Fall »Karolina« in Memmingen: Tatrekonstruktion per Video

55 Vor dem Landgericht Memmingen wurde im Frühjahr 2005 ein besonders grausamer Fall von tödlich endender Kindesmisshandlung verhandelt. Die dreijährige Karolina war von ihrer Mutter, einer Polin, und vor allem von deren Freund, einem in Bayern geborenen und aufgewachsenen Türken, auf unvorstellbare Weise gequält worden, bis sie auf der Krankenhaustoilette starb, wo die Mutter vor ihrer Flucht mit dem Liebhaber das kahlgeschorene Kind in einer Sporttasche abgestellt hatte.

56 Zur Illustration des Tatgeschehens wurde im Gerichtssaal ein Videofilm gezeigt; es ging um die Rekonstruktion von Karolinas Martyrium und die Frage, welche Schläge zu ihrem Tod geführt hatten. Die Filmaufnahmen verstärkten das ohnehin schon vorhandene Entsetzen über die Tat auf drastische Weise: Man sah die Angeklagte, wie sie den Kopf einer lebensgroßen Puppe, die Karolina darstellte, auf den Boden schlug und gegen die Wand schmetterte. Man erlebte eine Frau auf der Leinwand, die sich vor der Kamera in Positur brachte und offensichtlich ungerührt die Quälereien vorführte, die sie und ihr Freund an dem Kind verübt hatten. Zuschauer aus dem Publikum verließen daraufhin weinend den Gerichtssaal; sie konnten die Zur-Schau-Stellung von so viel Grausamkeit nicht länger ertragen.

57 Das Landgericht Memmingen, offenbar erschrocken über die heftige Abwehrreaktion der Öffentlichkeit gegen die Angeklagten, verurteilte die Mutter zu einer Freiheitsstrafe von fünfeinhalb Jahren. Da der psychiatrische Sachverständige ihren Liebhaber als einen schwerst Drogen- und Tablettenabhängigen sowie Alkoholkranken beurteilt und ihm eine dissoziale und emotional instabile Persönlichkeitsstörung attestiert hatte, erkannte das Gericht bei ihm auf eine Strafe von zehn Jahren drei Monaten wegen Körperverletzung mit Todesfolge.

58 Der Bundesgerichtshof hob das Urteil auf und verwies die Sache nach München – in diesem Fall mit dem unüberhörbaren Hinweis versehen, dass wegen Mordes zu verurteilen sei. Die Münchener Richter versuchten, den psychiatrischen Sachverständigen von seinem Votum zugunsten einer Schuldminderung bei dem Türken abzubringen. Als dies nicht gelang, setzten sie sich über sein Gutachten hinweg und verurteilten beide Angeklagte zu einer lebenslangen Freiheitsstrafe.

IV. Die Suggestivkraft von Video-Aufnahmen

59 Die zitierten Fälle sind heute keine Ausnahme mehr. Videofilme der Kripo von Tatortbegehungen oder Tatrekonstruktionen sind in spektakulären Fällen gang und gäbe. Die Wirkung auf die Zuschauer ist enorm: Die Kamera tastet sich etwa einen düsteren Waldweg oder einen leeren Flur entlang, stockt, um Blutanhaftungen ins Visier zu nehmen, streift über das verwüstete oder chaotische, vermüllte Umfeld des Tatorts. Dann fällt das Auge der Kamera auf die Leiche, verweilt auf den Fesseln, dem Einschussloch, der schaurigen Blutlache auf dem Boden. Oder der Beschuldigte ist zu besichtigen, wie er sich am Tatort windet oder kaltblütig die Tat vorführt – eine symbolische Inszenierung von ungeheurer Suggestivkraft, die jeden Zweifel an der Täterschaft des oder der Angeklagten beseitigt oder die Frage nach dem jeweiligen Grad der Tatbeteiligung in den Hintergrund drängt. Beschreibt ein Polizeibeamter als Zeuge vor Gericht mit seinen eigenen Worten die Feststellungen am Tatort, gibt er Auskunft über den Fortgang der Ermittlungen oder schildert er seine Eindrücke während der Vernehmungen des Beschuldigten, so trägt er in der Regel routiniert einen nüchternen Bericht vor; Prozessbeteiligte können den Zeugen unterbrechen, sie können nachfragen und ihn gegebenenfalls kritisieren oder ihm widersprechen. Auch Fotos im Normalformat, die am Richtertisch in Augenschein genommen werden, stören den nüchternen Diskurs nicht. Anders der Videofilm: Er zieht die Zuschauer in seinen Bann; ihm wird geglaubt. Wer im Saarbrücker »Pascal-Prozess« die Video-Aufnahmen von der Rekonstruktion der angeblichen Tötung des fünfjährigen Jungen in der »Tosa-Klause« gesehen hat, konnte meinen, der bis heute ungelöste Fall habe sich genau so und nicht anders zugetragen. Denn einige geistig behinderte Angeklagte hatten sich von der Polizei zur Darstellung eines höchstwahrscheinlich irrealen Tatgeschehens willig anleiten lassen. Nach drei Jahren Hauptverhandlung wurden zur Überraschung vieler Medien alle 13 Angeklagten freigesprochen,

weil sich der Anklagevorwurf nicht beweisen ließ. I der Öffentlichkeit aber gelten die Angeklagten nach Jahren vorverurteilender (Bild-) Berichterstattung weiterhin als Kinderschänder und Mörder.

V. »Victory-Zeichen« & Co. und ihre Wirkung

Visuelle Kommunikation im Gerichtssaal dient nicht nur der Veranschaulichung von Fakten, wie oft behauptet wird, sondern sie ist auch ein Mittel der Argumentation, ein Signal, das sich zielgerichtet einsetzen lässt. Bilder sind heute wie Labels: Man sieht sie und weiß, was gemeint ist. Das Bild trifft eine eigene Aussage. Das Foto des lachenden Josef Ackermann mit dem Victory-Zeichen zu Beginn des Mannesmann-Prozesses zum Beispiel hatte nichts mit seinem tatsächlichen Anlass zu tun. Die Geste aber, und mit ihr der Abgebildete, wurden zum Sinn- und Zerrbild von der Überheblichkeit des Kapitals, das sich auch über die Justiz lustig macht. Die bildliche Versuchung mit ihrem enormen Emotionalisierungspotenzial hat längst auch die Justiz ergriffen. 60

VI. Der Tod der Unschuldsvermutung

Zu guter Letzt: Je mehr das Vertrauen der Bevölkerung in einen funktionierenden Staat und seine Institutionen, also auch die Justiz, schwindet, wie es gegenwärtig zu beobachten ist, desto ungebremster entladen sich in den sozialen Medien Verachtung, Hass und Hetze gegen jene Menschen, die als fremdartig oder als Außenseiter gelten wie etwa Straftäter, ja selbst solche Personen, die, wenn überhaupt, allenfalls mutmaßlich Straftaten begangen haben. Der mittelalterliche Pranger hat nicht ausgedient – nur sein Schauplatz hat sich geändert. 61

Vom Internet ist er inzwischen in die Gerichtssäle gewandert und erfasst dort neben den Angeklagten auch die Strafverteidiger, die sich pflichtgemäß für ihre Mandanten einsetzen, sowie Richter, wenn sie andere als die geforderten drakonischen Urteile sprechen. Prozessbeteiligte werden mit Drohungen, die bis zu Mord reichen, überzogen, verbunden mit Wünschen, an ihnen solle ein ähnliches Verbrechen verübt werden, wie es dem Angeklagten vorgeworfen werde. Es ist beinahe zur Regel geworden, dass Vorsitzende zu Beginn eines spektakulären Strafverfahrens zum Beispiel gegen einen mutmaßlichen »Kinderschänder« oder Vergewaltiger an die Öffentlichkeit und die Medien appellieren müssen, jenen Personen, die sich mit bizarren Mordgelüsten tragen, nicht in die Hände zu spielen, sondern Vor-Urteile zu vermeiden und sich stets der Unschuldsvermutung zu erinnern. In den allermeisten Fällen jedoch vergeblich.

Denn die seriöse Gerichtsberichterstattung kommt gegen den Furor der neuen Lust am Strafen und des Verächtlichmachens von Verdächtigten, Beschuldigten und Angeklagten in weiten Teilen der Bevölkerung nicht an. Wer als Gerichtsberichterstatter sein Augenmerk auf den Angeklagten und dessen Weg zur mutmaßlichen Tat richtet, muss sich von Opferaktivisten vorhalten lassen, er habe dem Opfer und dessen Leid nicht mindestens ebenso viele Absätze gewidmet wie dem »Täter«, er sei also ein schlechter Reporter, auch wenn noch längst nicht feststeht, ob sich der Angeklagte tatsächlich strafbar gemacht hat und wenn ja, wie. Wer es wagt, auf entlastende Umstände zugunsten des Angeklagten aufmerksam zu machen, dem ist eine deftige Publikumsbeschimpfung sicher – in Zeiten von Internet-Foren, in denen Leser ihren Emotionen anonym freien Lauf lassen, bleibt dies für den Autor meist nicht folgenlos. Er steht dann nämlich ebenso am Pranger wie der Strafverteidiger: als »täterfreundlich« oder gar Kumpan des Angeklagten.

Der zunehmende Ausschluss der Öffentlichkeit von Strafverfahren aus Gründen der Persönlichkeitsrechte von Angeklagten und Zeugen tut ein Übriges. Der Fall »Mia« aus Kandel zum Beispiel, der vor dem Landgericht Landau verhandelt wurde, fand komplett hinter verschlossenen Türen statt. Sogar die Urteilsbegründung wurde mehr schlecht als recht nur durch einen Gerichtssprecher mitgeteilt, der am Prozess allenfalls zeitweise teilgenommen hatte. Viele Fragen blieben so unbeantwortet. Da über spektakuläre Verbrechen selbstverständlich berichtet wird, rekurrieren die Medien zwangsläufig auf jene Ergebnisse der Ermittlungsbehörden, die – natürlich einseitig, dafür oft umso schauriger und detailreicher – vor Prozessbeginn vermittelt (oder durchgestochen) worden waren. Für eine Erörterung rechtlicher Fragen, die sich gegebenenfalls erst im Lauf der Hauptverhandlung ergeben, und eine Erklärung des Urteils, auf dass es auch Rechtsunkundige verstehen, bleibt dabei wenig bis kein Raum. Klagen der Justiz über verzerrte, emotionalisierte Berichterstattung entbehren unter diesem Gesichtspunkt nicht einer gewissen Heuchelei. Dem schleichenden Tod der Unschuldsvermutung, wenn einer mal am Pranger steht, wird dadurch jedenfalls nicht Einhalt geboten.

Abschnitt 10 Die Rechtsanwaltsvergütung

Kapitel 43 Die Kostengrundentscheidung als Grundlage der Vergütung

Übersicht

A. Vorbemerkung

1 Wer als Verteidiger auf seine Kosten kommen will, der benötigt notgedrungen Kenntnisse zum RVG, zur Kostenerstattung und den Festsetzungsverfahren. Er sollte sich aber mehr noch Gedanken über die anfallenden Betriebskosten machen. Denn um auf einen angemessenen Stundenlohn zu kommen, nötigt ihn die gesetzlich vorgegebene Vergütung, auf die dafür mögliche Arbeitsleistung zu schließen. Die vereinfachte Formel, um den eigenen Stundensatz zu kalkulieren lautet:

$$\frac{\text{Personal- und Sachkosten + Unternehmerlohn}}{\text{Arbeitsstunden}^{1}}$$

Abb. 1: Formel zur Kalkulation des Stundensatzes

Bei monatlicher Betrachtung sind einmal jährlich anfallende Kosten (z.B. Weihnachtsgeld) ebenso umzulegen wie Urlaub, Feiertage und Krankheit.

Bei Honorarvereinbarungen auf Stundenbasis ist zu berücksichtigen, dass in Gebieten, in die sich der Anwalt (tatsächlich oder rechtlich) einarbeiten muss, Arbeitsstunden meist nicht vollständig abgerechnet werden können, weil gerade die Mandanten, die bereit sind Stundenhonorare zu zahlen, nicht akzeptieren werden, wenn zahlreiche Recherchestunden abgerechnet werden. Als Richtwert wird man sagen können, dass ein Stundensatz auch für Privatpersonen nicht unter 100 Euro (netto) liegen sollte. Das hängt aber stark vom Kanzleizuschnitt ab und natürlich gilt, dass ein günstiger Stundensatz eben auch bedingt, dass der Anwalt in diesem Gebiet nicht hochgradig spezialisiert ist und daher auch die ein oder andere Stunde mehr abrechnen wird, eben weil er sich einarbeiten muss.

Ist der Anwalt als Pflichtverteidiger bestellt, so sollte er sich erkundigen, ob der Mandant nicht den anrechnungsfreien Betrag (unten Rdn. 58) zuzahlen kann. Ist dies nicht der Fall, so muss der Verteidiger im Auge behalten, welche Leistung er für das knappe Geld erbringt. Ein Strafverfahren bis zum Urteil des Amtsgerichts mit einem Hauptverhandlungstag und jeweiligem Haftzuschlag ergibt 948 € – inkl. Haftbefehlseröffnung, Akteneinsicht, Besprechungen, Telefonaten und Briefen, Vorbereitung von, Fahrten zu und Teilnahme an Terminen sowie der Abrechnung. D.h. der Anwalt kann als Pflichtverteidiger die Sache allenfalls abarbeiten, Zeit für tiefergehende rechtliche Prüfung oder Strategieplanungen bleibt dabei nicht.

Das zeigt auch eine andere Faustformel, die besagt, 50 % der Vergütung ist für Betriebskosten zu zahlen, von den restlichen 50 % sind wiederum 50 % für Steuern und Vorsorgeleistungen auszugeben, sodass als Nettoeinkommen 25 % verbleiben, im Beispiel also 237. Da muss ein Verteidiger schon viele Termine pro Monat abarbeiten, um auf einen Verdienst zu kommen, der dem Durchschnittsverdienst eines Akademikers entspricht – oder er muss Zuzahlungen bekommen oder vollständig als Wahlverteidiger bezahlt werden. Soweit die Justiz gerne mal auf Premiumprodukte deutscher Automobilhersteller verweist, die sich Verteidiger nach bestimmten Verfahren gekauft haben sollen, so mag das zutreffen, betrifft aber (leider) nur einen sehr geringen Teil der Verteidiger.

B. Kostenerstattung

2 Wer die Kosten des Verfahrens und die notwendigen Auslagen zu tragen hat, befindet die **Kostengrundentscheidung**, die in jedem Urteil, Strafbefehl und jeder eine Untersuchung einstellenden Entscheidung enthalten sein muss (§ 464 StPO). Dies gilt im Bußgeldverfahren entsprechend (§§ 105, 105a OWiG). Strittig ist, ob eine Entscheidung erfolgt, wenn ein Verfahren in Bezug auf ein anderes noch anhängiges Verfahren eingestellt wird. Ist bewusst keine Entscheidung erfolgt, dann ist diese nachzuholen, wenn das vorläufig eingestellte Verfahren nicht binnen drei Monaten (§ 154 Abs. 4, 5 StPO) bzw. binnen eines Jahres (§ 154b Abs. 4 S. 2 StPO) wieder aufgenommen wird. Die Kostenpflicht hängt grundsätzlich vom Ausgang des Verfahrens ab.

3 **Kosten des Verfahrens** sind die Gebühren und Auslagen der Staatskasse (§ 464a Abs. 1 StPO), mithin auch die Vergütung eines Pflichtverteidigers, den gem. § 45 Abs. 3 S. 1 RVG die Staatskasse bezahlt (KVGKG Nr. 9007). **Notwendige Auslagen** sind vermögenswerte Aufwendungen, die zur

zweckentsprechenden Rechtsverfolgung oder Verteidigung erforderlich waren (§ 91 Abs. 1 S. 1 ZPO), also sowohl Parteikosten als auch Gebühren und Auslagen des Rechtsanwalts (§ 464a Abs. 2 StPO). Die wichtigsten Parteikosten sind Fahrtkosten zu Terminen (Vernehmungen, Hauptverhandlung) sowie der Verdienstausfall, der aber über § 22 JVEG auf derzeit 21 € pro Stunde begrenzt ist.

▶ Beachte

Fehlt eine Kostengrundentscheidung, so trägt die Verfahrenskosten die Staatskasse, die notwendigen Auslagen jeder selbst. Ist die Kostenentscheidung offensichtlich widersprüchlich oder lückenhaft, kann sie gem. §§ 319 Abs. 1, 321 ZPO berichtigt werden.[1] Ausgelegt werden kann sie nur insoweit als sich der sachliche Gehalt des Titels nicht verändert.[2] In allen anderen Fällen, also auch bei krassen Rechtsfehlern oder Verstößen gegen zwingendes Gesetzesrecht muss sie angefochten werden.[3] Strittig ist, ob ein binnen der Wochenfrist gestellter Kostenfestsetzungsantrag in eine sofortige Beschwerde umgedeutet werden kann.[4] 4

I. Die Kostenerstattung im Strafverfahren

1. Verurteilung, Freispruch, Nichteröffnung des Hauptverfahrens und endgültige Einstellung des Verfahrens

Der Verurteilte trägt die Verfahrenskosten (§ 465 Abs. 1 StPO), ggf. mit anderen Verurteilten als Gesamtschuldner (§ 466 StPO), und seine notwendigen Auslagen. Die Staatskasse hat daher gegen den Verurteilten einen Anspruch auf Ersatz der Pflichtverteidigervergütung als Teil der Verfahrenskosten, allerdings mit dem Vollstreckungsrisiko behaftet. 5

Bei einem Freispruch, dem die Nichteröffnung des Hauptverfahrens gleich steht, trägt die Staatskasse die Verfahrenskosten und die notwendigen Auslagen (§ 467 Abs. 1 StPO). Dies gilt auch für sog. endgültige Einstellungen (§§ 153 Abs. 2, 153b Abs. 2, 153e Abs. 2, 154 Abs. 2, 154b Abs. 4, 206a, 206b, 260 Abs. 3 StPO). Bei der endgültigen Einstellung nach vorläufiger Einstellung (§ 153a StPO) hat gem. § 467 Abs. 5 StPO der Verfolgte seine notwendigen Auslagen selbst zu tragen. 6

2. Teilfreispruch und andere teilweise Kostentragungen durch die Staatskasse

Bei einem Teilfreispruch kommt es darauf an, ob der Freispruch tenoriert ist, also hinsichtlich einer selbstständigen prozessualen Tat freigesprochen wurde. Dann trägt der Verurteilte die Verfahrenskosten und seine notwendigen Auslagen nur *»soweit er verurteilt wurde«* oder zu einem vom Gericht festzusetzendem Bruchteil (§ 464d StPO). Eine Quotelung kann aber auch dann erfolgen, wenn das Gericht keine Bruchteile festgesetzt hat. Alternativ sind nach der Differenztheorie die Mehrkosten, die für die freigesprochene Tat entstanden sind, zu erstatten. D.h. der Verteidiger errechnet, welche Kosten entstanden sind und subtrahiert hiervon die Kosten, die entstanden wären, wenn die freigesprochene Tat nicht Gegenstand des Verfahrens gewesen wäre. Dabei bleibt meist kaum etwas übrig. In diesem Sinne hält das OLG Koblenz bei einem Teilfreispruch dann eine Überbürdung der gesamten Pflichtverteidigergebühren für notwendig, wenn der Angeklagte wegen der Tat, die zur 7

1 BGH, Beschl. v. 01.03.2016, VII ZR 287/15 und Beschl. v. 16.04.2013, II ZR 185/10; OLG Frankfurt NStZ-RR 2001, 63, 64; OLG Karlsruhe NStZ-RR 1997, 157; OLG München AnwBl 1979, 198; OLG Bremen JurBüro 1977, 696; OLG Saarbrücken NJW 1973, 1943; OLG Celle NJW 1971, 1905; OLG Braunschweig OLGSt § 471 S. 1.

2 LR/*Hilger* § 464 Rn. 29; KK/*Gieg* § 464 Rn. 6; AnwK-StPO/*Pananis/Sättele* § 464 Rn. 17.

3 OLG Rostock, Beschl. v. 01.03.2007 – I Ws 425/06; KG NStZ-RR 2004, 190; OLG Karlsruhe NStZ-RR 1997, 157 f.; OLG Stuttgart StV 1993, 651 f.; OLG Düsseldorf MDR 1986, 76; LR/*Hilger* § 464b Rn. 3; KK/*Gieg* § 464 Rn. 6; AnwK-StPO/*Pananis/Sättele* § 464 Rn. 17; Meyer-Goßner/*Schmitt* § 464 Rn. 12.

4 Dafür: OLG Düsseldorf GA 1990, 268; OLG Stuttgart StV 1993, 651 und Justiz 2001, 422; dagegen: KG NStZ-RR 2004, 190 und OLG Celle NStZ-RR 2012, 30.

Verurteilung geführt hat, nachweislich keinen Verteidiger bzw. zumindest keinen zweiten Wahlverteidiger beauftragt hätte oder ihm deshalb kein verfahrenssichernder Pflichtverteidiger beigeordnet worden wäre.[5] Wenn bei den Gebühren gequotelt wurde, kann hinsichtlich der Auslagen gleichwohl von der Differenzmethode Gebrauch gemacht werden.[6]

8 Wurde im Rahmen einer prozessualen Tat hinsichtlich abtrennbarer Teile oder einzelner Gesetzesverletzungen die Unschuld festgestellt (sog. fiktiver Freispruch; § 465 Abs. 2 S. 2 StPO) oder sind Kosten allein durch das Gericht verursacht (z.B. fehlender Schöffe oder erfolgreiches Ablehnungsgesuch), so ist es unbillig, die insoweit entstandenen Kosten dem Verurteilten zu überbürden.

3. Säumnis, Selbstanzeige, wahrheitswidrige Belastung und Verfahrenshindernis

9 Verfahrenskosten und notwendige Auslagen trägt im Fall der schuldhaften Säumnis und der unwahren Selbstanzeige (§ 467 Abs. 2 und 3 S. 1 StPO) der Angeklagte. Die wahrheitswidrige Belastung muss zumindest bedingt vorsätzlich erfolgen und kausal für die Verfolgung oder deren Fortgang sein. Schädlich ist eine widersprüchliche Einlassung, aber auch, wenn der Verurteilte wesentliche entlastende Umstände verschwiegen hat (§§ 467 Abs. 3 S. 2 Nr. 1 StPO). Da das Schweigerecht (§ 163 Abs. 1 S. 2 StPO) nicht durch Kostennachteile unterhöhlt werden darf, gilt dies nur, wenn der Beschuldigte nicht vollständig geschwiegen hat und für sein Teilschweigen (nicht: Schweigen im Ermittlungsverfahren, Aussage erst in der Hauptverhandlung) kein vernünftiger oder billigenswerter Grund ersichtlich ist.[7]
Entsteht ein Verfahrenshindernis aufgrund eines vorwerfbaren prozessualen Fehlverhaltens und ist es der einzige Hinderungsgrund, so kann davon abgesehen werden, die notwendigen Auslagen der Staatskasse aufzuerlegen (§ 467 Abs. 3 S. 2 Nr. 2 StPO).

4. Einstellung durch Staatsanwaltschaft

10 Im Fall des § 170 Abs. 2 StPO trägt jeder seine notwendigen Auslagen selbst. War das Verfahren bereits bei Gericht anhängig und wird es nach Rücknahme der öffentlichen Klage, des Antrags auf Entscheidung im beschleunigten Verfahren[8] bzw. der Ablehnung dieses Antrags[9] oder der Rücknahme des Strafbefehlsantrags vor Anberaumung einer Hauptverhandlung[10] endgültig eingestellt (oben Rdn. 6), so sind die notwendigen Auslagen **auf Antrag** der Staatskasse aufzuerlegen (§ 467a Abs. 1 S. 1 StPO). Allerdings gelten die unter Rdn. 9 genannten Ausnahmen.

5. Straffreierklärung, Strafanzeige und -antrag, Privat- und Nebenklage, Adhäsionsverfahren sowie Nebenfolgen

11 Die Kostenfolgen ergeben sich aus §§ 468 ff. StPO.

6. Kosten im Rechtsmittelverfahren

12 Das Rechtsmittelgericht hat über die gesamten Kosten und Auslagen des Verfahrens zu entscheiden. Hinsichtlich der Kosten der Vorinstanz entscheidet das Rechtsmittelgericht entsprechend der zuvor dargestellten Grundsätze, nach Maßgabe der Rechtsmittelentscheidung. Es lässt die Kostenentscheidung folglich unangetastet, wenn das Rechtsmittel erfolglos bleibt. Für die Rechtsmittelinstanz gilt:

5 OLG Koblenz, Beschl. v. 10.09.2007 1 Ws 19/07; KK/*Gieg* § 465 Rn. 7.
6 KG, Beschl. v. 05.12.2008 – 1 Ws 283/08.
7 LR/*Hilger* § 467 Rn. 41; KK/*Gieg* § 467 Rn. 80.
8 AG Wetzlar AnwBl 1983, 464.
9 LG Aachen JMBlNRW 1970, 47.
10 Meyer-Goßner/*Schmitt* § 467a Rn. 3.

a) Erfolglosigkeit oder Rücknahme des Rechtsmittels (§ 473 Abs. 1 S. 1 StPO)

Im Fall des Misserfolgs oder der Rücknahme bleibt die Kostenentscheidung der Vorinstanz bestehen, außerdem trägt der Rechtsmittelführer die Rechtsmittelkosten und die notwendigen Auslagen der Beteiligten. Hat die Staatsanwaltschaft zuungunsten des Angeklagten ein Rechtsmittel eingelegt, so sind die notwendigen Auslagen der Staatskasse zu überbürden. Bei beiderseitig eingelegtem und erfolglosem oder zurückgenommenem Rechtsmittel sind nur die durch das Rechtsmittel der Staatsanwaltschaft entstandenen Mehrauslagen zu erstatten.[11] Diese sind insbesondere in der Revision nahezu immer 0, da die Gebühren, die der Verteidiger beispielsweise in der Revision abrechnen kann, bereits vom Rechtsmittel des Angeklagten ausgelöst werden. 13

b) Unbeschränktes und voll erfolgreiches Rechtsmittel (§ 473 Abs. 2 S. 2 StPO)

Ein voller Erfolg liegt vor, wenn das Rechtsmittel sein Ziel zumindest im Wesentlichen erreicht hat. 14
Das ist auch dann anzunehmen, wenn der Rechtsmittelführer erklärt hatte, ein bestimmtes Ziel erreichen zu wollen, dieses Ziel erreicht wurde, aber eine dahingehende Rechtsmittelbeschränkung nicht möglich war.[12] Ein Rechtsmittel ist hingegen als erfolglos anzusehen, wenn die Verhandlung nach Aufhebung und Zurückverweisung zu keinem günstigeren Ergebnis führt.[13] Entscheidungen zur Fahrerlaubnis und dem Führerschein können einen von § 473 Abs. 5 StPO geregelten Sonderfall darstellen.

Die Aufhebung des zunächst ergangenen Urteils und die Zurückverweisung an das Tatgericht ist für sich noch kein Erfolg im kostenrechtlichen Sinne ist; es kommt vielmehr darauf an, ob und inwieweit die neue Entscheidung – verglichen mit der aufgehobenen – zu Gunsten des Beschwerdeführers ausfällt. Das bedeutet, dass das Rechtsmittelgericht bei erfolgreichem Rechtsmittel die Kostenentscheidung der nachfolgenden Instanz.

Die Verfahrenskosten und die notwendigen Auslagen trägt derjenige, der »unterliegt«, bei einem durch die Staatsanwaltschaft zugunsten des Angeklagten eingelegten Rechtsmittels die Staatskasse. 15

c) Voller Erfolg eines beschränkten Rechtsmittels (§ 473 Abs. 3 StPO)

Hat ein beschränktes Rechtsmittel vollen Erfolg, sind die notwendigen Auslagen des Rechtsmittelführers der Staatskasse zu überbürden; soweit die Staatsanwaltschaft das Rechtsmittel eingelegt hat, gelten die Regeln der ersten Instanz, d.h. das zuungunsten eingelegte erfolgreiche, beschränkte Rechtsmittel führt zur vollständigen Kostentragung des Verurteilten (§ 465 Abs. 1 StPO), das zugunsten eingelegte erfolgreiche, beschränkte Rechtsmittel führt zur Billigkeitsentscheidung nach § 465 Abs. 2 S. 2 StPO oder zur Auslagenerstattung nach § 467 StPO. 16

d) Teilweiser Erfolg eines (auch beschränkten) Rechtsmittels (§ 473 Abs. 4 StPO)

Das Gericht hat in diesem Fall nach Billigkeit die Rechtsmittelgebühr zu ermäßigen und die (notwendigen) Auslagen der Beteiligten der Staatskasse aufzuerlegen. 17

e) Privat- und Nebenklage, Wiederaufnahme, Antrag auf Nachverfahren und Wiedereinsetzung

Die Kostenfolgen ergeben sich aus § 473 StPO. 18

11 OLG Hamburg NJW 1975, 130; OLG Zweibrücken NJW 1974, 659; KK/*Gieg* § 473 Rn. 3.
12 BGHSt 19, 226; BGH, Beschl. v. 24.07.2001 – 1 StR 286/01; KK/*Gieg* § 473 Rn. 6 m.w.N.; AnwK-StPO/*Pananis*/*Sättele* § 473 Rn. 14.
13 OLG Hamm NStZ-RR 2014, 96; BGHSt 17, 376 (381); BGH JR 1956, 69.

II. Kostenerstattung im Bußgeldverfahren

19 Die Kostenerstattung im Bußgeldverfahren entspricht in weiten Teilen der im Strafverfahren, wie sich aus den Verweisnormen §§ 105, 105a OWiG ergibt. Nachfolgend sind lediglich die Abweichungen vom Strafverfahren dargestellt.

1. Verfahren der Verwaltungsbehörde

a) Einstellung

20 Stellt die Bußgeldbehörde das Verfahren vor Erlass eines Bußgeldbescheides ein, so ergeht keine Kostenentscheidung, da § 105 Abs. 1 OWiG nicht auf § 467 StPO verweist. Folglich trägt der Betroffene seine Auslagen selbst, die Verfahrenskosten fallen der Staatskasse zur Last. Wird der Bußgeldbescheid durch die Behörde zurückgenommen und das Verfahren gem. § 170 Abs. 2 StPO i.V.m. § 46 OWiG oder nach § 47 Abs. 1 S. 2 OWiG eingestellt, so ist eine Entscheidung zu treffen, ob die notwendigen Auslagen des Betroffenen gem. § 105 Abs. 1 OWiG i.V.m. § 467a Abs. 1 S. 1, 2 StPO der Staatskasse aufzuerlegen sind. Ist nicht nach § 47 Abs. 1 OWiG eingestellt worden und liegt keiner der in § 467 Abs. 3 StPO, § 109a Abs. 2 OWiG genannten Gründe vor, so hat die Staatskasse die notwendigen Auslagen zu tragen.[14]

b) Verwarnung oder Erlass des Bußgeldbescheids

21 Kommt es zu einer Verwarnung durch die Verwaltungsbehörde, ergeht keine Kostenentscheidung, sodass der Betroffene seine Auslagen selbst tragen muss.[15] Wird ein Bußgeldbescheid erlassen, so werden in der Kostenentscheidung dem Betroffenen die Kosten des Verfahrens und seine notwendigen Auslagen auferlegt.

2. Verfahren der Staatsanwaltschaft

22 Nach § 108a Abs. 1 OWiG trifft die Staatsanwaltschaft, wenn sie den Bußgeldbescheid aufhebt und das Verfahren einstellt, hinsichtlich der notwendigen Auslagen die Kostenentscheidung nach § 467a Abs. 1 und 2 StPO.

3. Gerichtliches Verfahren

a) Die Verwaltungsbehörde hat den Antrag auf Wiedereinsetzung wegen Versäumung der Einspruchsfrist oder den Einspruch verworfen (§ 109 Abs. 1 OWiG)

23 Diese Umstände sind für die Kostenentscheidung, die nach dem erfolgreichen Antrag auf gerichtliche Entscheidung ergeht, unerheblich. D.h. im Fall des Freispruchs und der Einstellung trägt die Kosten und Auslagen auch für die Aufhebung des Verwerfungsbescheids die Staatskasse, im Fall der Verurteilung der Betroffene.

b) Verwerfung des Einspruchs (§ 109 Abs. 2 OWiG) oder Rücknahme

24 Wird der Einspruch durch das Gericht verworfen, so hat der Betroffene die Kosten zu tragen, seine Auslagen werden ihm nicht erstattet (§ 465 Abs. 1 StPO). Wird der Einspruch zurückgenommen, so verbleibt es bei der Kostenentscheidung im Bußgeldbescheid.

---

14 KK-OWiG/*Schmehl* § 105 Rn. 100.
15 AG Hannover Nds. Rpfl. 1988, 64.

c) Entscheidung durch Urteil

aa) Verhängung einer Geldbuße bis zu 10 Euro (§ 109a Abs. 1 OWiG)

§ 109a Abs. 1 OWiG durchbricht die Regel des § 464a Abs. 2 Nr. 2 StPO, nach dem die Gebühren und Auslagen eines Rechtsanwalts stets zu den notwendigen Auslagen gehören. Kosten für einen Anwalt werden vielmehr nur dann als notwendig angesehen, wenn die Sach- oder Rechtslage schwierig oder die Sache für den Betroffenen von Bedeutung ist. Die Rechtslage ist schwierig, wenn eine neue oder ungeklärte Rechtsfrage entscheidungserheblich ist, insbesondere wenn die Frage über den Fall hinaus Bedeutung hat.[16] Eine Sachlage ist schwierig, wenn zahlreiche Zeugen oder ein Gutachter notwendig sind, um sie zu klären, oder wenn von der Verwaltungsbehörde der Eindruck erweckt wird, der Betroffene könne sein Recht nur mittels eines Anwalts durchsetzen.[17] Für die Bedeutung der Sache spricht es, wenn die Entscheidung auf andere Rechtspositionen des Betroffenen Auswirkungen hat, z.B. Schadensersatzansprüche, oder wenn sie tägliche Vorgänge (etwa Abladen von Waren) beeinflusst. Die restriktive Bewertung der Notwendigkeit kann gegen das Willkürverbot verstoßen.[18] 25

bb) Verurteilung zu einer Geldbuße über 10 Euro

Gemäß § 46 Abs. 1 OWiG gelten die Regeln der Kostenerstattung im Strafverfahren, also §§ 464 ff. StPO. 26

cc) Einstellung des Verfahrens (§ 47 Abs. 2 OWiG)

Gemäß § 46 Abs. 1 OWiG gilt die Regel der Kostenerstattung im Strafverfahren, also § 467 Abs. 4 StPO. 27

d) Verspätete Entlastung (§ 109a Abs. 2 OWiG)

Abweichend von § 467 Abs. 3 S. 2 Nr. 1 StPO bestimmt § 109a Abs. 2 OWiG, dass Auslagen des Betroffenen nicht erstattungsfähig sind, wenn sie durch rechtzeitiges Vorbringen entlastender Umstände zu vermeiden gewesen wären. Für § 109a Abs. 2 OWiG spielt es also keine Rolle, ob der Betroffene vollständig geschwiegen hat. Die verspätete Entlastung ist dann kausal, wenn sie das »Ob«, »Wie«, Dauer und Umfang der Verfolgung maßgeblich beeinflussen.[19] Die Entlastung muss den gegen den Betroffenen erhobenen Vorwurf ausräumen, in der Sphäre des Betroffenen liegen, der Verfolgungsbehörde unbekannt geblieben und ihr nicht ohne weiteres zugänglich sind.[20] D.h. der Betroffene hat seine Entlastung bereits bei der Anhörung vorzubringen, es sei denn, dies war unmöglich oder unzumutbar oder es gab vernünftige und billigenswerte Gründe, zu schweigen. Billigenswert ist das Schweigen, wenn ein (naher) Angehöriger geschützt werden soll.[21] Der Schutz von Freunden, Kollegen und Angestellten ist i.d.R. nicht billigenswert,[22] es sei denn, dem Geschützten drohen gewichtige Nachteile.[23] 28

---

16 BGHSt 39, 119; 34, 194; KK-OWiG/*Schmehl* § 109a Rn. 5.

17 BVerfG NJW 1994, 1855 (Bußgeldbescheid wurde trotz begründetem Einwand des Betroffenen erlassen).

18 BVerfG NJW 1994, 1855.

19 KK-OWiG/*Schmehl* § 109a Rn. 10.

20 BVerfG, Beschl. der 3. Kammer des 2. Senats v. 16.08.2013 – 2 BvR 864/12, Rn. 23.

21 BVerfG, Beschl. der 3. Kammer des 2. Senats v. 16.08.2013 – 2 BvR 864/12, Rn. 25 m.w.N.

22 LG Münster AnwBl 1974, 227; KK-OWiG/*Schmehl* § 109a Rn. 13; Meyer-Goßner/*Schmitt* § 467 Rn. 15; a.A. OLG Stuttgart Justiz 1987, 116 f.; OLG Düsseldorf JurBüro 1983, 1849; OLG Schleswig SchlHA 1982, 105; OLG Hamm MDR 1977, 1042.

23 KK-OWiG/*Schmehl* § 109a Rn. 13.

e) § 25a Abs. 1 S. 1 StVG – Kostentragungspflicht des Kraftfahrzeughalters

29 Betrifft ein Bußgeldverfahren einen Halte- oder Parkverstoß und kann der Führer des Fahrzeuges nicht vor Eintritt der Verfolgungsverjährung ermittelt werden oder wäre die Ermittlung unangemessen aufwendig, so werden dem Halter die Kosten des Verfahrens auferlegt. Dies gilt nur dann nicht, wenn es unbillig wäre, den Halter mit den Kosten zu belasten (§ 25a Abs. 1 S. 2 StVG), so z.B. wenn ein Unbefugter das Fahrzeug gegen den Willen des Halters benutzt hat.[24] Halter ist nicht notwendig der Eigentümer, sondern derjenige, der das Fahrzeug für eigene Rechnung in Gebrauch hat und die Verfügungsgewalt darüber besitzt.[25] § 25a StVG gilt aber nur bei hoheitlichen Tätigkeiten, nicht bei Verkehrsüberwachung durch Private.[26]

III. Kostenerstattung nach StrEG

30 Nach dem StrEG werden diejenigen Schäden ersetzt, die durch den Vollzug von U-Haft und andere Verfolgungsmaßnahmen eintreten, soweit der Betroffene freigesprochen, das Verfahren gegen ihn eingestellt oder die Eröffnung des Hauptverfahrens abgelehnt wird. Nach § 7 Abs. 1 StrEG ist auch der Vermögensschaden, mithin die Anwaltskosten,[27] zu ersetzen – allerdings maximal bis zum Höchstmaß der gesetzlichen Gebühren und auch nur dann, wenn nicht nach §§ 464 ff. StPO ein Anspruch besteht.[28] Lassen sich die Verteidigungsauslagen, die für Tätigkeiten im Ermittlungsverfahren anfallen, von denen, die für gegen die Strafverfolgungsmaßnahme gerichtete Tätigkeiten entstehen und nach §§ 2, 7 StrEG zu entschädigen sind, nicht abgrenzen, so ist der ersatzfähige Anteil nach Maßgabe des § 287 ZPO zu schätzen. Dies gilt auch dann, wenn die anwaltliche Tätigkeit »deckungsgleich« ist, d.h. wenn während des gesamten Zeitraums, in dem der Verteidiger für seinen Mandanten tätig geworden ist, sowohl das Ermittlungsverfahren lief als auch die entschädigungsfähige Strafverfolgungsmaßnahme aufrechterhalten wurde.[29]

Beauftragt der Entschädigungsberechtigte einen Rechtsanwalt mit der Geltendmachung seiner Entschädigungsansprüche gemäß § 10 StrEG, so sind die dafür anfallenden Gebühren gleichfalls als Teil des Vermögensschadens erstattungsfähig. Der Gegenstandswert des zu erstattenden Anwaltshonorars richtet sich nach der Höhe des Entschädigungsbetrags, wobei der von Gesetzes wegen zu erstattende und nicht der von der Landesjustizverwaltung zuerkannte Betrag maßgeblich ist.[30]

IV. Rechtsmittel allein gegen Kostenentscheidungen

31 Ist die Hauptentscheidung unanfechtbar (§§ 46 Abs. 2, 153 Abs. 2 S. 4, 153a Abs. 2 S. 4 und 5, 153b Abs. 2, 154 Abs. 2 154a Abs. 2, 154b Abs. 2, 161a Abs. 3 S. 4, 163a Abs. 3 S. 3, 304 Abs. 4, 310 Abs. 2, 390 Abs. 5 S. 2, 400 StPO, 47 Abs. 2 OWiG, 47 Abs. 2 S. 2 JGG), nur beschränkt anfechtbar (§ 80 OWiG) oder der Anfechtung entzogen (§ 55 Abs. 2 JGG), dann ist auch die Kostenentscheidung unanfechtbar. Im Übrigen ist die sofortige Beschwerde zulässig (§ 464 Abs. 3 S. 1 StPO), sofern der Gegenstandswert im Zeitpunkt der Einlegung mehr als 200 € beträgt (§ 304 Abs. 3 S. 1 StPO) und nicht eine Entscheidung des Bundesgerichtshofs oder eines Oberlandesgerichts angefochten werden soll (§ 304 Abs. 4 StPO). Soweit kein ordentliches Rechtsmittel zur Verfügung steht, kommt eine Abänderung aber im Wege der Anhörungsrüge nach § 33a StPO in Betracht.[31]

---

24 *Madert* Rechtsanwaltsvergütung, Rn. 414.
25 BGHZ 13, 351; BayObLG DAR 1985, 390.
26 AG Düsseldorf NZV 99, 142.
27 BGHZ 65, 170; 68, 86.
28 BVerfG NJW 2010, 36; BGHSt 30, 152, 157; BGHZ 65, 170, 175 ff.; *Meyer-Goßner* StrEG § 7 Rn. 5; BeckOK StrEG § 7 Rn. 5.
29 BGHZ 182, 92 LS.
30 BGHZ 182, 92 LS.
31 AnwK-StPO/*Pananis/Sättele* § 464 Rn. 17.

▶ **Beachte**

Die sofortige Beschwerde kann entweder isoliert (sog. isolierte Kostenbeschwerde) oder neben einem Rechtsmittel gegen die Hauptentscheidung erhoben werden. Wird die Kostenentscheidung mit dem Rechtsmittel gegen die Hauptentscheidung angegriffen, kann das Gericht, wenn es das Rechtsmittel (als unzulässig) verwirft, ohne selbstständige (Eventual-) Beschwerde die Kostenentscheidung nicht abändern.[32] 32

Ein Kostenfestsetzungsantrag, der eine abweichende Kostengrundentscheidung zugrunde legt, kann nur als sofortige Beschwerde ausgelegt werden, wenn ein Anfechtungswille zum Ausdruck kommt.[33] Dem Beschwerdegericht sind eigene Sachverhaltsfeststellungen verwehrt (§ 464 Abs. 3 S. 2 StPO). Die weitere Beschwerde ist unzulässig (§ 310 Abs. 2 StPO).

Beschwerdeberechtigt ist jeder, der beschwert ist. Die Wochenfrist beginnt mit Bekanntmachung der Entscheidung (§§ 311 Abs. 2, 35 StPO). 33

▶ **Beachte**

Ist die Frist für die sofortige Beschwerde abgelaufen, so verbleibt dem Verteidiger nur mehr der Wiedereinsetzungsantrag. Allerdings wird – anders als im Strafverfahren üblich – das Verschulden des Verteidigers und seines Büros entsprechend den Grundsätzen im Zivilrecht zugerechnet.

V. Untergang des Auslagenerstattungsspruchs durch Aufrechnung der Staatskasse

Die Staatskasse kann bei Teilfreispruch oder bei Freispruch in einem und Verurteilung im anderen Verfahren die zu erstattenden Auslagen mit ihrem Anspruch auf Kostenerstattung aufrechnen. Die Aufrechnung ist gem. § 43 RVG aber insoweit unwirksam, als der Mandant einen gegen die Staatskasse gerichteten Anspruch auf Erstattung der Anwaltskosten (inkl. Zinsen),[34] der nicht notwendig aus demselben Strafverfahren stammen muss,[35] an den Anwalt **abgetreten** hat, die (anwaltlich beglaubigte[36]) **Kopie der Abtretungsurkunde** oder -anzeige **zu den Akten gelangt** ist und der Anwalt verfahrensgegenständliche **Gebühren nach RVG** (eine vereinbarte Vergütung und andere Forderungen sind nicht geschützt) geltend machen will.[37] Bei vereinbarten Vergütungen ist aber der Teil der gesetzlichen Gebühren von § 43 RVG erfasst. Ist eine Anzahlung erfolgt, ist zu differenzieren, ob diese als Zuzahlung oder auf die gesetzlichen Gebühren erfolgt anzusehen ist. Letzteres ist bei Zahlungen von Rechtsschutzversicherungen der Fall, da diese stets auf die gesetzlichen Gebühren bezahlen.[38] 34

Nach Meinung einiger Gerichte ist die Abtretungsvereinbarung in der Vollmacht AGB-rechtlich unwirksam, weil überraschend.[39] Es ist aber besser eine von vielen Gerichten akzeptierte formularmäßige Abtretung in Händen zu halten als gar keine. Am besten ist natürlich die Abtretungsabrede in einer Vergütungsvereinbarung.

---

32 BGHSt 25, 81.

33 KG NStZ-RR 2004, 190; OLG Stuttgart StV 1993, 651; OLG Düsseldorf GA 1990, 26.

34 LG Bamberg JurBüro 1976, 1353; von § 43 RVG nicht erfasst sind die abgetretenen, zu erstattenden eigenen Auslagen des Beschuldigten. Strittig ist auch der Zinsanspruch. Wie hier AnwK-RVG/*N. Schneider* § 43 Rn. 13.

35 OLG Nürnberg JurBüro 1990, 1167; AnwK-RVG/N. Schneider § 43 Rn. 10; Mayer/Kroiß/*L. Kroiß* § 43 Rn. 6.

36 Strittig: AnwK-RVG/*N. Schneider* § 43 Rn. 13 hält eine einfache Kopie für ausreichend.

37 OLG München AnwBl 1979, 71; LG Bamberg JurBüro 1976, 1353.

38 AnwK-RVG/*N. Schneider* § 43 Rn. 42 ff.; *Burhoff* RVG § 43 Rn. 3.

39 OLG Rostock, JurBüro 18, 353; OLG Nürnberg RVG prof. 15, 119; OLG Düsseldorf, AGS 07, 55; OVG Münster, NJW 1987, 3029 (für das Verwaltungsverfahren); LG Konstanz, Beschl. v. 01.07.2008 – 2 Qs 27/08; a.A.: LG Hamburg AnwBl 1977, 70; LG Leipzig, Beschl. v. 06.01.2010 – 11 Qs 372/09.

▶ **Praxistipp**

Auch bei einem Teilfreispruch und einem Anspruch auf Pflichtverteidigergebühren rentiert sich die Abtretungsvereinbarung, wie ein Beispiel zeigt: Der Anwalt hat Pflichtverteidigergebühren in Höhe von 2000 € verdient. Er beantragt 3000 € Wahlverteidigergebühren, die auch angemessen sind. Da der Anwalt einen Anspruch aus Pflichtverteidigergebühren von 2000 € hat, sind lediglich 1000 € auf Wahlverteidigergebühren festsetzungsfähig (vgl. Rdn. 40). Der Mandant ist zu 50 % freigesprochen worden. Er hat folglich einen Erstattungsanspruch gegen die Staatskasse von 500 €. Dieser Anspruch ist aufrechnungsfest, weil abgetreten an den Anwalt. Folglich erhält der Anwalt 500 € von der Staatskasse auf Wahlverteidigergebühren aus Abtretung und 2000 € auf Pflichtverteidigergebühren erstattet, sodass er schlussendlich 2500 € in Händen hält.[40]

▶ **Muster zur Abtretung des Erstattungsanspruchs**

35 Vorausabtretung

Sollte mir in der Sache gegen ..... (Az. .....) ein Anspruch auf Erstattung von notwendigen Auslagen gegen die Staatskasse oder einen anderen erstattungspflichtigen Dritten zustehen, so trete ich diesen Anspruch an Frau Rechtsanwältin ..... ab.

Abtretung nach Kostenfestsetzung

In der Sache gegen ..... (Az. .....) steht mir aufgrund der Kostenentscheidung des .....Gerichtes in ..... ein Anspruch auf Erstattung von notwendigen Auslagen gegen die Staatskasse/einen erstattungspflichtigen Dritten gem. dem Kostenfestsetzungsbeschluss vom ..... in Höhe von ..... € zu. Diesen Anspruch trete ich in voller Höhe/in Höhe von ..... € an Frau Rechtsanwältin ..... ab.

C. Kostenfestsetzung

36 Zu unterscheiden ist die Festsetzung der Kosten und Auslagen eines Beteiligten nach § 464b StPO, die Festsetzung der Vergütung des Wahlverteidigers nach § 11 RVG und des Pflichtverteidigers nach § 55 RVG. Da von den RVG-Verfahren nur Vergütungen erfasst werden, sind sie Vergütungsfestsetzungsverfahren und als solche zu bezeichnen. Sie entfalten für die Kostenfestsetzung nach § 464b StPO keine Bindungswirkung und umgekehrt.[41] Allerdings ist der Tatbestand der Gebührenüberhebung (§ 352 StGB) zu beachten (unten Kap. 45 Rdn. 2). Gerichtskosten fallen für die Festsetzungsverfahren nicht an (§ 1 GKG), Anwaltsgebühren nur, soweit der Anwalt nicht Verfahrensbevollmächtigter war (§ 19 Abs. 1 Nr. 13 RVG).

I. Kostenfestsetzungsverfahren gem. § 464b StPO, § 103 ff. ZPO

37 Im Kostenfestsetzungsverfahren wird festgestellt, welche **Kosten und Auslagen** ein Beteiligter einem anderen zu erstatten hat (§ 464b StPO). **Einwendungen** sind nur ausnahmsweise zulässig. So kann etwa der Kostengläubiger (also z.B. der Freigesprochene) nicht die Festsetzung von Anwaltskosten verlangen, wenn er gegen diese seinem Verteidiger gegenüber erfolgreich die Verjährungseinrede erhoben hat.[42] Grundsätzlich sind Einwendungen durch die Vollstreckungsgegenklage (§ 767 ZPO)

40 Die Berechnungen in den Entscheidungen LG Düsseldorf, Beschl. v. 23.03.2009 – 7 Qs 34/08 und OLG Düsseldorf, Beschl. v. 24.02.2010 – III-1 Ws 700/09, volle Anrechnung der Pflichtverteidigergebühren auf gequotelte Wahlverteidigergebühren ist falsch: Die Anrechnung der ausbezahlten Pflichtverteidigergebühren erfolgt bei der Festsetzung der Wahlverteidigergebühren, nicht bei der Berechnung des (gequotelten) Auszahlungsanspruchs bzw. bei der Auszahlung.

41 BGH MDR 1973, 308.

42 OLG Koblenz Rpfleger 1986, 319.

gegen den Kostenfestsetzungsbeschluss geltend zu machen. Sind **mehrere Personen erstattungspflichtig**, so kann der Gläubiger entscheiden, von wem er die Leistung fordern will (§ 421 BGB).

Im Kostenfestsetzungsverfahren ist auch über die Höhe der Kosten zu entscheiden, die dem notwendigen Verteidiger infolge seines Ausbleibens auferlegt wurden (§ 145 Abs. 4 StPO).

1. Anspruchsumfang

Nachfolgend wird der Anspruchsumfang nur im Zusammenhang mit Anwaltskosten betrachtet. 38

a) Ein Rechtsanwalt regelmäßig notwendig

Die Auslagen für einen Rechtsanwalt sind in aller Regel notwendig, da sich der Beschuldigte gem. 39
§ 137 Abs. 1 StPO in jeder Lage des Verfahrens eines Anwalts bedienen kann.[43] Dies gilt nur dann nicht, wenn im Bußgeldverfahren eine Geldbuße bis 10 € festgesetzt wurde (§ 109a Abs. 1 OWiG) und die Sache auch sonst keine besondere Bedeutung hat. Schadensersatzansprüche können die besondere Bedeutung begründen.[44]

b) Mehrere Verteidiger

Nur in Ausnahmen sind die Auslagen für mehrere Verteidigernotwendig, so etwa, wenn im Hinblick 40
auf Umfang, Schwierigkeit und Komplexität des Strafverfahrens durch nur einen Wahlverteidiger schlechterdings nicht zu bewältigen war.[45] Im Steuerstrafverfahren können Gebühren und Auslagen eines Angehörigen der steuerberatenden Berufe zu erstatten sein, wenn die gemeinsame Verteidigung erforderlich ist.[46] Außerdem besteht ein Anspruch auf die Erstattung der vollen Gebühren für den **Wahlverteidiger**, wenn trotz dessen Mandat **daneben ein (Sicherungs-) Pflichtverteidiger** bestellt wird oder die Bestellung nicht zurückgenommen wird.[47] Werden **zwei Pflichtverteidiger** bestellt, so sind, das ergibt sich schon aus § 52 Abs. 1 RVG, für beide Anwälte Kosten eines Wahlverteidigers zu erstatten.[48] Gerade deshalb ist die Ansicht von Teilen der Rechtsprechung nicht nachzuvollziehen, dass mehrere Wahlverteidiger nicht erstattet werden sollen.

Soweit der Verteidiger als Pflichtverteidiger tätig war und daher einen entsprechenden Anspruch auf Kostenfestsetzung nach dem RVG hat, kann im Kostenfestsetzungsverfahren nach § 464 StPO nur der Unterschiedsbetrag zwischen Kosten der Pflichtverteidigung und Wahlverteidigerkosten verlangt werden.[49]

c) Wechsel des Verteidigers

Die Mehrkosten, die durch den Wechsel des Verteidigers eintreten, sind nur dann erstattungsfähig, 41
wenn der Wechsel weder vom Beschuldigten noch vom Anwalt verschuldet worden ist. Dies soll bei Tod, schwerer Krankheit, u.U. aber auch dann, wenn der Anwalt keine Zulassung mehr hat

---

43 Ebenso AnwK-StPO/*Pananis/Sättele* § 464a Rn. 21; Burhoff/*Volpert* RVG ABC-Teil Kostenfestsetzung in Straf- und Bußgeldsachen, Rn. 18; KK/Gieg § 464a Rn. 10 m.w.N.

44 BT-Drs. 10/5083 S. 23.

45 OLG Braunschweig, Beschl. v. 20.06.2019 – 1 Ws 292/18; a.A. OLG Oldenburg NStZ-RR 2010, 63, 64; OLG Düsseldorf StraFo 2003, 30 f.; OLG Nürnberg NStZ-RR 2000, 163 [LS]; OLG Hamburg JurBüro 1994, 295 m. Anm. Mümmler.

46 KG NStZ 1982, 207.

47 BVerfG NStZ 1984, 561, 562 m. zust. Anm. Senge; ebenso OLG Oldenburg NStZ-RR 2010, 63, 64; OLG Hamm NStZ 1983, 571; anders, wenn der Wahlverteidiger oder der Freigesprochene die Bestellung veranlasst oder der Freigesprochene auf die Anhörung zur Pflichtverteidigerbestellung nicht reagiert hat.

48 OLG Düsseldorf StV 2006, 32; OLG Hamm BeckRS 2010, 10543; OLG Rostock StV 1997, 33; anders, wenn die beiden zugleich Wahlverteidiger sind: OLG Hamburg JurBüro 1994, 295, 296.

49 OLG Karlsruhe NStZ 1981, 404.

oder wenn in einer schwierigen und für den Angeklagten bedeutenden Sache der Anwalt die Verteidigung an einem im Strafrecht besonders versierten Kollegen abgibt, der Fall sein.[50] Für den Verteidigerwechsel zwischen den Instanzen gilt nichts anderes. Allerdings ist es möglich, dass der neue Verteidiger auf Gebühren verzichtet, die bereits der erste Verteidiger liquidiert hat.[51]

d) Auswärtiger Verteidiger

42 Die bisherige Rechtsprechung besagte, dass Reisekosten eines auswärtigen (Wahl-) Verteidigers, der nicht am **Gerichtsort** ansässig ist oder wohnt, nur erstattungsfähig sind, wenn es zur zweckentsprechenden Rechtsverfolgung notwendig war, den auswärtigen Verteidiger zuzuziehen (§ 464a Abs. 2 Nr. 2 StPO, § 91 Abs. 2 S. 1 ZPO). Für den Pflichtverteidiger stellte sich das Problem nicht, da die uneingeschränkte Bestellung zur Folge hat, dass die Fahrtkosten zu erstatten sind;[52] einige Gerichte verweigerten zwar einem auswärtigen Verteidiger mitunter die Bestellung, wenn nicht ein besonderes Vertrauensverhältnis zwischen Anwalt und Mandant existierte (s. hierzu *Lang/Gabler* Kap. 4 Rdn. 8), dies ist aber nach Änderung von § 142 StPO, wonach nunmehr der Verteidiger der Wahl des Angeklagten zu bestellen ist, wenn nicht wichtige Gründe dagegen sprechen, überholt.

Wenn nun aber schon beim Pflichtverteidiger die Wahl des Angeklagten zu berücksichtigen ist, dann kann die Auswahl des Wahlverteidigers nicht über die Erstattungsfähigkeit der Kosten beschränkt werden, da der Beschuldigte mit der Beiordnung eines Verteidigers seines Vertrauens demjenigen gleichgestellt werden soll, der sich auf eigene Kosten einen Verteidiger gewählt hat.[53] Jedenfalls bei einem schwerwiegenden Tatvorwurf, der den Beschuldigten auch massiv beruflich und wirtschaftlich in seine Existenz tangieren kann, wird daher ein auswärtiger Verteidiger als notwendig angesehen.[54] Ist ein Fall eher einfach gelagert oder wäre sogar eine Pflichtverteidigerbestellung nicht nötig gewesen, kann aber weiterhin eine besondere Fachkenntnis für die Notwendigkeit eines auswärtigen Verteidigers sprechen, ebenso wie der Umstand, dass dieser in ähnlich gelagerten Verfahren bereits für den Beschuldigten tätig war..

▶ **Praxistipp**

Das Problem kann dadurch gelöst werden, dass sich der Wahlverteidiger zum Pflichtverteidiger bestellen lässt und gegebenenfalls nur die Auslagen im Wege der Pflichtverteidigervergütung verlangt.

Jedenfalls erstattungsfähig sind die fiktiven Reisekosten, also Reisekosten die auch dann entstanden wären, wenn die Partei einen Rechtsanwalt mit Niederlassung am weitest entfernt gelegenen Ort innerhalb des Gerichtsbezirks beauftragt hätte.[55]

▶ **Praxistipp**

Ein Tool, das in Sekundenschnelle die fiktiven Reisekosten errechnet findet sich unter https://www.gerichtsbezirke.de/. Mitunter sind aber noch ein paar Kilometer mehr rauszuholen, wenn man sich die Mühe macht den schnellsten, aber längeren Weg zum entferntesten Punkt zu ermitteln.

50 OLG Hamm NStZ 1983, 284.
51 OLG Bamberg NStZ 2006, 467; OLG Braunschweig, Beschl. v. 09.06.2011 – Ws 126/11.
52 KG, Beschl. v. 11.11.2010 – 19 WF 180/10.
53 OLG Stuttgart, Beschl. v. 12.10.2017, 1 Ws 140/17; Brandenburgisches OLG, Beschl. v. 20.10.2014, 1 Ws 162/14; OLG Nürnberg, Beschl. v. 06.12.2010, 2 Ws 567/10; AG Witten, Beschl. v. 21.04.2010 – 9 Ds-63 Js 63/09–44/09.
54 OLG Stuttgart, Beschl. v. 12.10.2017, 1 Ws 140/17; OLG Naumburg, Beschl. v. 17.10.2008.
55 BGH, AnwBl Online 2018, 805; BGH NJW 2003, 898.

e) Auslagen des Pflichtverteidigers

Da der Pflichtverteidiger gem. § 52 Abs. 1 RVG gegen den Beschuldigten einen Anspruch nur auf die Gebühren eines Wahlverteidigers hat, muss er die Auslagen (i.S.d. VV 7000 ff.) im Wege des § 55 RVG festsetzen lassen und erhält sie unmittelbar aus der Staatskasse bezahlt. Sie können mithin dem Beschuldigten nie in Rechnung gestellt werden; und dieser kann sie nie im Wege der Festsetzung nach § 464b StPO geltend machen.[56] Demgegenüber hat der Wahlverteidiger für Gebühren und Auslagen nur den Anspruch gegen den Beschuldigten, sodass insoweit auch die Auslagen des Verteidigers notwendige Auslagen i.S.d. § 464b StPO sind. 43

2. Verfahren (s. auch 145 RiStBV)

Voraussetzung des Kostenfestsetzungsantrags ist die **rechtskräftige Kostengrundentscheidung.** Sie kann im Festsetzungsverfahren nur mehr in engen Grenzen korrigiert und ausgelegt werden (oben Rdn. 4). 44

Antragsberechtigt ist jeder Beteiligte, auch die Staatskasse. Die **Prozessvollmacht** erfasst das Kostenfestsetzungsverfahren nur, wenn sie entsprechend gefasst ist. War der Wahlverteidiger zur Vertretung im Kostenfestsetzungsverfahren ermächtigt, dann ist er es auch, wenn er zum Pflichtverteidiger bestellt wird und – insoweit – das Wahlverteidigermandat niederlegt[57]

Der **Antrag** ist namens des Auftraggebers beim Gericht des ersten Rechtszugs zu stellen. Ist eine Sache an ein anderes Gericht zurückverwiesen worden, ist das zuerst befasste Gericht das des ersten Rechtszugs.[58] Funktionell zuständig ist der Rechtspfleger (§§ 103 Abs. 2, 104 Abs. 1 S. 2 ZPO, § 21 Nr. 1 RPflG).

Der Antrag ist mit der **Kostenberechnung** zu begründen, die tatsächlichen Umstände, aus denen die Vergütung hergeleitet wird, sind substantiiert vorzutragen und mit den Mitteln des § 294 ZPO **glaubhaft zu machen.** Die (stillschweigende) Bezugnahme auf aktenkundige Vorgänge reicht nur, wenn sie Gericht und Antragsgegner bekannt sind und sich der Vergütungstatbestand ohne weiteres daraus ergibt.[59] Post- und Telekommunikationsgebühren sind vom Anwalt zu versichern, zudem ist zu erklären, ob der Antragsteller zum Vorsteuerabzug berechtigt ist (§ 104 Abs. 2 S. 2, 3 ZPO). Bei Reisekosten sind Datum, Anlass, Ziel, Verkehrsmittel und Dauer der Reise anzugeben.

Auf ausdrücklichen Antrag, der sogar noch nach Rechtskraft des Kostenfestsetzungsbeschlusses gestellt werden kann,[60] wird ausgesprochen, dass der festgesetzte Betrag ab Anbringung des Antrags, frühestens ab Rechtskraft der Kostengrundentscheidung[61] mit 5 % über dem Basiszinssatz (§ 104 S. 2 ZPO, § 247 BGB) zu **verzinsen** ist. Der nachträgliche Antrag wirkt zurück. 45

Für den Verteidiger gehört die Tätigkeit im Kostenfestsetzungsverfahren zum Rechtszug, sodass Gebühren (VV 4302 Ziff. 2, 5200 bzw. 6404) nur jener Anwalt erhält, der erstmals und ausschließlich im Kostenfestsetzungsverfahren tätig wird (§ 19 Abs. 1 S. 2 Nr. 13 RVG). In eigener Sache erhält der Anwalt keine Gebühren. Das Verfahren ist gerichtskostenfrei. 46

---

56 OLG Düsseldorf, Beschl. v. 24.02.2010 – III–1 Ws 700/09; OLG Koblenz, Beschl. v. 10.09.2007 – 1 Ws 191/07.

57 LR/*Hilger* § 464b Rn. 5; KK/*Gieg* § 464b Rn. 3; Meyer-Goßner/*Schmitt* § 464b Rn. 3.

58 BGH NStZ 1991, 145.

59 OLG Brandenburg AnwBl 2001, 306.

60 OLG Hamm JurBüro 1978, 925; 1970, 524; KG AnwBl 1978, 417; a.A. OLG Frankfurt JurBüro 1967, 334.

61 LG Frankenthal JurBüro 1984, 723; KK/*Gieg* § 464b Rn. 3; *Rieß* NJW 1975, 91; a.A. LG Bamberg JurBüro 1976, 55.

3. Entscheidung

47 Zuständig, auch für den erst im Rechtsmittelverfahren tätig gewordenen Anwalt, ist der Rechtspfleger des Gerichts des ersten Rechtszugs, nach Zurückverweisung das Gericht, an das verwiesen wurde. Er kann im Beschluss nicht mehr oder anderes (z.B. Gebühren statt Auslagen) zusprechen als verlangt wurde (§ 308 ZPO), jedoch kann er Positionen austauschen, wenn sie auf demselben tatsächlichen Sachverhalt beruhen.[62] An die Stellungnahme des Vertreters der Staatskasse ist er nicht gebunden (§§ 9, 21 RPflG). Der Rechtspfleger prüft, ob sich die Gebühren innerhalb des Ermessensspielraums des Anwalts halten und nicht unbillig sind.[63] Abweichung bis 20 % von der vom Vertreter der Staatskasse als angemessen angesehenen Gebühr sind im Ermessensspielraum.

Ein vom Vertreter der Staatskasse beanstandeter Antrag kann zurückgenommen und korrigiert gestellt werden[64], nicht in Ansatz gebrachte Kosten, also auch einzelne übersehene Gebühren können nachberechnet werden.

Mit der Zwangsvollstreckung kann zwei Wochen nach der Zustellung des Kostenfestsetzungsbeschlusses begonnen werden (§ 798 ZPO).

4. Rechtsmittel

48 Liegt die **Beschwer über 200 €**, so ist beim Gericht der ersten Instanz die **sofortige Beschwerde binnen einer Woche** anzubringen, da hierfür nicht die Regeln der ZPO, sondern die der StPO, mithin § 311 Abs. 2 StPO (Wochenfrist) anzuwenden sind.[65] Für eine Abhilfeentscheidung ist nur in den engen Grenzen des § 311 Abs. 3 S. 2 StPO Raum. Im Übrigen entscheidet das Beschwerdegericht in der Form des Einzelrichters. Die Entscheidung hat eine Kostenentscheidung zu enthalten. Da die Beschwerde nicht begründet werden muss, reicht die Bezugnahme auf frühere Schriftsätze aus. Anwaltszwang besteht für das Verfahren nicht (§ 78 Abs. 1 ZPO). Die weitere Beschwerde ist nicht statthaft (§ 310 Abs. 2 StPO), da § 574 ff. ZPO keine Anwendung findet.

Bei einer **Beschwer bis 200 €** ist gegen den Kostenfestsetzungsbeschluss die **(sofortige) Erinnerung** statthaft (§ 11 Abs. 2 S. 1 RPflG), die ebenfalls **binnen einer Woche** einzulegen ist, da hier das zuvor zur Beschwerde Gesagte weitergilt. Der Rechtspfleger kann der Erinnerung abhelfen. Tut er das nicht, so legt er sie dem Gericht erster Instanz vor (§ 11 Abs. 2 S. 2 und 3 RPflG). Der vom Gericht hierauf erlassene Beschluss ist unanfechtbar.

Für die Beschwerde, nicht aber für die Erinnerung, fallen Gerichtskosten (KV GKG 1812: 50 €) und Anwaltsgebühren (Vorb. 4 Abs. 5, 5 Abs. 4) an. Der Anwalt erhält jedenfalls die Verfahrensgebühr nach VV 3500 (0,5-facher Satz nach § 13 RVG), für einen eventuellen Termin eine ebenso hohe Terminsgebühr nach VV 3513.

49 Der unanfechtbare Beschluss kann jeweils ggf. mit der **Anhörungsrüge** nach § 33a StPO angegriffen werden. Die Anhörungsrüge ist infolge einer Plenarentscheidung des Bundesverfassungsgerichts geschaffen worden und ermöglicht es dem Rechtssuchenden, gegen Verletzungen des rechtlichen Gehörs in unanfechtbaren Beschlüssen vorzugehen. Dies ist für alle Prozessordnungen durch das sog. Anhörungsrügengesetz geschehen. Damit gehört die Anhörungsrüge zum Rechtsweg i.S.d. § 90 Abs. 2 BVerfGG. Da sie aber nur Verletzungen des rechtlichen Gehörs erfasst, können (und müssen) alle anderen infrage kommenden Grundrechtsverletzungen – etwa ein Verstoß gegen Art. 3

62 Strittig. Wie hier: OLGR Karlsruhe 2004, 68; LG Flensburg, JurBüro 1984, 548; a.A. OLG Düsseldorf Rpfleger 2004, 120.

63 OLG Düsseldorf Rpfleger 2004, 120.

64 LG Köln StV 1996, 614.

65 Strittig: BGHSt 48, 106, 107 f.; je mit weiterem Nachweis: AnwK-StPO/*Pananis/Sättele* § 464b Rn. 10; Burhoff/*Volpert* RVG ABC-Teil Kostenfestsetzung Rn. 53; KK/*Gieg* § 464b Rn. 4a; Meyer-Goßner/*Schmitt* § 464b Rn. 6; a.A. nur mehr OLG Düsseldorf StraFo 2005, 349; OLG Köln Rpfleger 2000, 422; OLG Nürnberg NStZ-RR 2001.

Abs. 1 GG durch eine objektiv willkürliche Rechtsanwendung oder eine Verletzung des Rechts auf den gesetzlichen Richter aus Art. 101 Abs. 1 S. 2 GG – wie bisher auch unmittelbar mit der Verfassungsbeschwerde angegriffen werden.

Gehörsverletzungen können sich sowohl aus der Nichtbeachtung von Tatsachenvortrag als auch aus der Zugrundelegung unvorhersehbarer rechtlicher Bewertungen ergeben. Die Erfolgsaussichten einer Gehörsrüge sind verschwindend gering. Tatsächlich dient ihre Erhebung vor allem dazu, die sich aus dem genannten Plenarbeschluss des Bundesverfassungsgerichts ergebende spezielle Zulässigkeitsanforderung einer Rüge der Verletzung des rechtlichen Gehörs zu erfüllen. Bei der Erhebung der als solche zu bezeichnenden Gehörsrüge ist anzugeben, welchen Vortrag des Petenten das Gericht übergangen hat oder durch welche Rechtsansicht es die Beteiligten überrascht hat. Da aber die Gerichte nicht verpflichtet sind, alles Vorbringen in den Entscheidungsgründen ausdrücklich zu behandeln, und man nach BVerfGE 86, 288 grundsätzlich davon ausgehen muss, dass das Gericht alles ihm Vorgetragene erwogen hat, wird die Rüge der Nichtbeachtung entscheidungserheblichen Vortrags nur dann Erfolg haben können, wenn sich ausnahmsweise einmal aus den Entscheidungsgründen zwingend ergibt, dass das Gericht den Vortrag tatsächlich übersehen hat.

Während die »einfache« Gehörsrüge nach § 33a StPO vom Gesetz nicht befristet ist, ist unbedingt zu beachten, dass die Anhörungsrüge, wenn sie sich gegen eine Revisionsentscheidung richtet, gemäß § 356a StPO innerhalb nur einer Woche ab Kenntnis von der Gehörsverletzung zu erheben und zu begründen ist (siehe hierzu Kap. 10 Rdn. 168).

Bei der »einfachen« Gehörsrüge ergibt sich eine zusätzliche Komplikation daraus, dass die Monatsfrist für eine etwa zu erhebende Verfassungsbeschwerde mit dem Zugang der unanfechtbaren Entscheidung zu laufen beginnt. Wenn die Rüge einer Verletzung anderer Grundrechte also für die Verfassungsbeschwerde erhalten werden soll, muss die Gehörsrüge auf jeden Fall vor deren Ablauf erhoben werden, wobei man – um sicherzugehen – zugleich die Verfassungsbeschwerde auch hinsichtlich der Gehörsverletzung erheben und das Bundesverfassungsgericht darauf hinweisen sollte, dass die gerügte Gehörsverletzung Gegenstand eines noch laufenden fachgerichtlichen Verfahrens ist und die Verfassungsbeschwerde einstweilen zurückgestellt werden sollte.

II. Vergütungsfestsetzungsverfahren nach § 11 RVG

Damit der **Wahlverteidiger** einfach und schnell an einen Vollstreckungstitel über seine Vergütung kommt, steht ihm das Festsetzungsverfahren nach § 11 RVG zur Verfügung. Deshalb fehlt einer Vergütungsklage das Rechtsschutzbedürfnis, soweit der Auftraggeber nicht außergebührenrechtliche Einwendungen, d.h. Einwendungen erhebt, die nicht im RVG oder in Bezug genommenen Gebührenvorschriften begründet liegen, wie z.B. Erfüllung, Aufrechnung, Verrechnung, Verjährung, Schlechterfüllung oder Bestreiten des Auftrags (§ 11 Abs. 5 RVG). Sind diese Einwendungen aus der Luft gegriffen oder offensichtlich unbegründet bzw. leerlaufend[66], wird die Vergütungsfestsetzung nicht unzulässig.[67] 50

Festgesetzt werden können nur gesetzliche Gebühren und Auslagen, auch solche nach § 670 BGB (§ 11 Abs. 1 S. 1 RVG), die festgestellte Pauschgebühr nach § 42 RVG, nicht aber eine vereinbarte Vergütung (§ 11 Abs. 1 S. 1 RVG). Für vertraglich vereinbarte Vergütungen gilt regelmäßig das BGB.

Das Rechtsschutzbedürfnis fehlt, wenn der Auftraggeber die geforderte Vergütung vorbehaltlos gezahlt hat.[68]

66 Z.B. die Einwände, es existiere eine Rechtsschutzversicherung, der Anspruch sei verjährt, man habe sich nicht richtig vertreten gefühlt, es sei nie ein Auftrag erteilt worden – obwohl das Gegenteil aktenkundig ist, es sei bezahlt worden – obwohl dies in einem anderen Verfahren war.

67 OLG Koblenz AnwBl 2005, 76; OLG Köln OLGR 1997, 343; OLG Hamburg JurBüro 1995, 426.

68 Burhoff/*Schmidt* ABC-Teil Festsetzung d. Vergütung Rn. 25.

1. Verfahren

51 **Antragsberechtigt** sind der Anwalt, sowie sein Auftraggeber (§ 11 Abs. 1 S. 1 RVG), der nicht der Mandant sein muss. In der Antragstellung eines Mitglieds einer Sozietät kann die Geltendmachung zugunsten der Sozietät liegen. Es empfiehlt sich daher von Anfang an klarzustellen für wen der Antragsteller handelt.

52 Der **Antrag** ist zulässig, wenn die Forderung des Verteidigers fällig (§§ 11 Abs. 2 1, 8 RVG) und durch Rechnungsstellung eingefordert worden ist (§ 10 RVG).[69] Zinsen werden nur auf ausdrücklichen Antrag festgesetzt (§ 11 Abs. 2 3 RVG), der aber nachgereicht werden kann und sodann zurückwirkt auf den Zeitpunkt des Festsetzungsantrags.[70]

Der Antrag auf Feststellung einer Pauschgebühr nach § 42 RVG ist unzulässig, wenn bereits ein Antrag auf Kostenfestsetzung (nach § 464b StPO oder nach § 11 RVG) gestellt wurde.[71]

Dem Antrag sind die erforderliche Zahl an Kopien für den Antragsgegner beizufügen.

53 § 11 Abs. 2 S. 3 RVG verweist über § 464b StPO auf die Vorschriften der §§ 103 ff. ZPO, sodass auch der Vergütungsfestsetzungsantrag mit der **Kostenberechnung** zu begründen ist, die tatsächlichen Umstände, aus denen die Vergütung hergeleitet wird, substantiiert vorzutragen und mit den Mitteln des § 294 ZPO **glaubhaft zu machen** sind. Die Rechnung an den Auftraggeber muss nicht mit vorgelegt werden, der Antrag muss aber selbst eine nachvollziehbare Berechnung erhalten, sodass es zweckmäßig ist, die Rechnung beizufügen.[72] Die (stillschweigende) Bezugnahme auf aktenkundige Vorgänge reicht nur, wenn sie Gericht und Antragsgegner bekannt sind und sich der Vergütungstatbestand ohne weiteres daraus ergibt.[73]

Post- und Telekommunikationskosten sind vom Anwalt zu versichern (§ 104 Abs. 2 S. 2 ZPO). Bei Reisekosten sind Datum, Anlass, Ziel, Verkehrsmittel und Dauer der Reise anzugeben.

Einer Erklärung zur **Umsatzsteuer** bedarf es nicht (§ 11 Abs. 2 S. 3 Hs. 1 RVG). Auf § 104 Abs. 2 S. 3 ZPO nimmt § 11 Abs. 2 S. 3 RVG nicht mehr Bezug, so dass eine Erklärung, dass die Partei nicht zum Vorsteuerabzug berechtigt ist, nicht mehr nötig ist. Das ist sinnvoll, da der BFH nach Vorlage an den Europäischen Gerichtshof entschieden hat, dass Anwaltsdienstleistungen, deren Zweck darin besteht, strafrechtliche Sanktionen gegen natürliche Personen zu vermeiden, keinen Anspruch auf Vorsteuerabzug eröffnen, auch wenn diese Geschäftsführer eines steuerpflichtigen Unternehmens sind.[74]

Soweit nicht der Auftraggeber der konkreten **Höhe der Gebühren** ausdrücklich zugestimmt hat und der Verteidiger diese Erklärung mit dem Antrag oder nach Aufforderung des Gerichts[75] vorlegt (§ 11 Abs. 8 RVG), können im Festsetzungsverfahren **nur die Mindestgebühren** geltend gemacht werden. Der Anwalt hat in diesem Fall nach verbreiteter Ansicht eine verbindliche Erklärung (§ 315 BGB) vorzulegen, dass abschließend nur die Mindestgebühr geltend gemacht werde. Aus § 11 Abs. 8 RVG ist das nicht herzuleiten, da S. 2 sich lediglich auf die Zustimmungserklärung des Auftraggebers

69 A.A. LAG Rheinland-Pfalz, Beschl. v. 02.08.2005 – 9 Ta 164/05 n.v.
70 Ebenso Burhoff/*Schmidt* ABC-Teil Festsetzung d. Vergütung Rn. 34.
71 OLG Bamberg, Beschl. v. 17.01.2011 – 2 AR 24/10; OLG Celle StraFo 2008, 398; OLG Thüringen JurBüro 2008, 82.
72 AnwK-RVG/*N. Schneider* § 11 Rn. 127; *Burhoff* RVG ABC-Teil Festsetzung d. Vergütung Rn. 20; a.A. *Hansens* JurBüro Sonderheft 1990, 20.
73 OLG Brandenburg AnwBl 2001, 306.
74 BFH, Urt. v. 11.04.2013, V R 29/10.
75 AnwK-RVG/*N. Schneider* § 11 Rn. 97; Burhoff/*Schmidt* RVG ABC-Teil Festsetzung d. Vergütung Rn. 4; *Römermann* RVGreport 2004, 124; *Hansens*/Braun/Schneider Teil 4 Rn. 148; a.A. *Mayer*/Kroiß § 11 Rn. 41 ff., der den Antrag ohne beigelegte Erklärung für unzulässig hält. Dies ist unter Praktikabilitätserwägungen wenig hilfreich, da der Anwalt den Antrag jederzeit neu stellen kann.

bezieht. Sind die Mindestgebühren zur Festsetzung beantragt worden, kann keine höhere Vergütung mehr im Wege der Honorarklage gefordert werden.

Da das Gesetz von »*Zustimmung*« spricht, kann die Erklärung nach Abschluss der Sache oder im Vorhinein erteilt werden[76] (§§ 183 f. BGB). Folglich ist die Gebührenhöhe auch dann konkretisiert, wenn etwa in eine Abrechnung »20 % über der Mittelgebühr« eingewilligt wurde.[77]

Erhaltene Zahlungen und Vorschüsse müssen verrechnet werden (§ 11 Abs. 1 S. 2 RVG). Leistet der Auftraggeber ohne konkreten Tilgungszweck, ist zunächst entsprechend einer nachträglichen Tilgungsbestimmung des Auftraggebers zu verrechnen.[78] Subsidiär greift § 366 Abs. 2 BGB.[79] Die Rechtsprechung überlässt teilweise dem Anwalt die Tilgungsbestimmung,[80] teilweise rechnet sie grundsätzlich auf die beantragten Gebühren an.[81]

In der Kostenfestsetzung im eigenen Interesse, erhält der Anwalt keine **Gebühren**. Anders, wenn 54 der Anwalt erstmals und ausschließlich im Kostenfestsetzungsverfahren tätig wird (§ 19 Abs. 1 S. 2 Nr. 13 RVG). Hierfür fällt die Gebühr VV 3403 an. Das Verfahren ist gerichtskostenfrei.

2. Entscheidung

Zuständig, auch für den erst im Rechtsmittelverfahren tätig gewordenen Anwalt, ist der Rechts- 55 pfleger des Gerichts des ersten Rechtszugs, nach Zurückverweisung das Gericht, an das verwiesen wurde. Er kann im Beschluss nicht mehr oder anderes (z.B. Gebühren statt Auslagen) zusprechen als verlangt wurde (§ 308 ZPO), jedoch kann er Positionen austauschen, wenn sie auf demselben tatsächlichen Sachverhalt beruhen.[82] An die Stellungnahme des Vertreters der Staatskasse ist er nicht gebunden (§§ 9, 21 RPflG). Der Rechtspfleger prüft, ob sich die Gebühren innerhalb des Rahmens halten und nicht unbillig sind.[83] Der Beschluss ist zu begründen, wenn dem Antrag oder einer Einwendung nicht vollständig entsprochen wurde.

Ein vom Vertreter der Staatskasse beanstandeter Antrag kann zurückgenommen und korrigiert gestellt werden[84], nicht in Ansatz gebrachte Kosten können nachberechnet werden.

Mit der Zwangsvollstreckung kann zwei Wochen nach der Zustellung des Kostenfestsetzungsbeschlusses begonnen werden (§ 798 ZPO).

Eine Bindungswirkung für das Verfahren nach § 464b StPO entsteht durch die Festsetzung nach § 11 RVG nicht.

3. Rechtsmittel

Die Ausführungen zum Kostenfestsetzungsverfahren (oben Rdn. 48 f.) gelten sinngemäß. Der Anwalt 56 erhält für Erinnerung und Beschwerde die Gebühr VV 3500. Gerichtskosten fallen nur für die Beschwerde an.

Wenn die Anhörungsrüge (s. oben Rdn. 49) erhoben werden soll, so gilt hierfür § 33a StPO (§ 11 Abs. 2 S. 3, Abs. 3 S. 2 RVG).

---

76 A.A. AnwK-RVG/*N. Schneider* § 11 Rn. 99.
77 So aber *Mayer*/Kroiß § 11 Rn. 37.
78 OLG München JurBüro 1974, 1136; OLG Hamm JurBüro 1976, 1657.
79 AnwK-RVG/*N. Schneider* § 11 Rn. 133.
80 KG Rpfleger 1978, 33.
81 OLG Schleswig SchlHA 1975, 201.
82 Strittig. Wie hier: OLGR Karlsruhe 2004, 68; LG Flensburg, JurBüro 1984, 548; a.A. OLG Düsseldorf Rpfleger 2004, 120.
83 OLG Düsseldorf Rpfleger 2004, 120.
84 LG Köln StV 1996, 614.

III. Vergütung des Pflichtverteidigers nach § 55 RVG

1. Verfahren

57 **Antragsberechtigt** ist der beigeordnete oder bestellte Anwalt.

58 Der **Antrag** ist zulässig, wenn die Forderung des Verteidigers fällig ist (§ 8 RVG). Vorab ist aber der Antrag auf einen Vorschuss nach § 47 RVG möglich (s. unten Kap. 44 Rdn. 113 ff.). Der Festsetzungsantrag sollte eindeutig als Antrag nach § 55 RVG oder als »Vergütungsfestsetzungsantrag« bezeichnet werden, da er sonst auch als Kostenfestsetzungsantrag behandelt werden kann.

Der Antrag ist stets beim Gericht des ersten Rechtszugs zu stellen, selbst wenn der Verteidiger erst in der Rechtsmittelinstanz (z.B. vom Bundesgerichtshof für die Revisionshauptverhandlung) bestellt wurde.[85] Ist das Verfahren nicht bei Gericht anhängig geworden, ist das Gericht **zuständig**, das den Verteidiger bestellt/beigeordnet hat (§ 55 Abs. 1 S. 2 RVG). Funktionell zuständig ist der Urkundsbeamte (§ 55 Abs. 1 S. 1 RVG). Häufig sind damit die Rechtspfleger betraut, allerdings nicht in ihrer Eigenschaft als Rechtspfleger, sodass das RPflG nicht gilt. Der Rechtspfleger ist in den anderen beiden Festsetzungsverfahren aber der Vertreter der Staatskasse, sodass er zugleich (als Urkundsbeamter) unabhängiges Entscheidungsorgan[86] und (als Kostenbeamter) weisungsgebundener Interessenvertreter ist.

Im **Bußgeldverfahren** vor der Verwaltungsbehörde tritt die Behörde an die Stelle des Urkundsbeamten (§ 55 Abs. 7 RVG).

Der Antrag ist weder an eine **Form** noch an eine **Frist** gebunden. Er ist nur insoweit zu **begründen**, als er sich nicht von selbst versteht oder sich aus den Akten ergibt. Tatsächlicher Vortrag, wie z.B. entstandene Auslagen, müssen lediglich so dargestellt werden, dass der Vortrag glaubhaft erscheint (§ 55 Abs. 5 S. 1 RVG i.V.m. § 104 Abs. 2 ZPO). Hinsichtlich der Auslagen für Post- und Telekommunikationsdienstleistungen genügt die Versicherung des Rechtsanwalts, dass diese Auslagen entstanden sind (§ 104 Abs. 2 S. 2 ZPO).

Das Gericht ist aber ohne weiteres zur Festsetzung der in der Kostenaufstellung enthaltenen Umsatzsteuer verpflichtet (§ 55 Abs. 1 S. 1 i.V.m. § 104 Abs. 2 S. 1 und 2). Auf § 104 Abs. 2 S. 3 ZPO nimmt § 55 Abs. 1 S. 1 RVG nicht mehr Bezug, so dass eine Erklärung, dass die Partei nicht zum Vorsteuerabzug berechtigt ist, nicht mehr nötig ist. Das ist sinnvoll, da der BFH nach Vorlage an den Europäischen Gerichtshof entschieden hat, dass Anwaltsdienstleistungen, deren Zweck darin besteht, strafrechtliche Sanktionen gegen natürliche Personen zu vermeiden, keinen Anspruch auf Vorsteuerabzug eröffnen, auch wenn diese Geschäftsführer eines steuerpflichtigen Unternehmens sind.[87]

Der Antrag hat die Erklärung zu enthalten, ob und ggf. welche Zahlungen der Verteidiger erhalten hat. Spätere Zahlungen sind unverzüglich anzuzeigen (§ 55 Abs. 5 S. 2 RVG). Das 2. KostRModG hat die **Anrechnungsklausel** geändert. Der Anwalt kann nun nicht mehr für einen Verfahrensabschnitt (der keine eigene Angelegenheit i.S.v. § 17 RVG ist) eine **Zuzahlung** vereinbaren, auf die Abrechnung dieses Abschnitts als Pflichtverteidiger verzichten und im Übrigen die Pflichtverteidigergebühren ansetzen sowie darauf eine Pauschgebühr beantragen. Vielmehr wird nun eine erhaltene Zahlung auf die insgesamt in einer Angelegenheit verdienten Gebühren angerechnet. Eine Vereinbarung einer Zahlung für das **Ermittlungsverfahren** ist aber dank § 17 Nr. 10 RVG möglich. Etwas anderes gilt natürlich, wenn der Anwalt zunächst als Wahlverteidiger tätig wird und die spätere Bestellung zum Pflichtverteidiger die frühere Tätigkeit, auf die eine Zahlung erfolgt ist, nicht erfasst. Anrechnungsfrei sind Zahlungen bis zur Höhe der gesetzlichen Gebühren des Pflichtverteidigers aber nicht mehr als die Höchstgebühren des Wahlverteidigers. Auswirkung hat die Regel dann, wenn der Pflichtverteidiger Verlängerungsgebühren erhält, die der Wahlverteidiger nicht erhält.

---

85 Goebel/Gottwald/*von Seltmann* § 55 Rn. 2.
86 OLG Naumburg NJW 2003, 2921.
87 BFH, Urt. v. 11.04.2013, V R 29/10.

Nach h.M. wird auch auf Antrag keine **Verzinsung** ausgesprochen.[88]

2. Entscheidung

Wenn dem Festsetzungsantrag entsprochen wird, veranlasst der Urkundsbeamte die Auszahlung, eine Entscheidung ergeht nicht, allenfalls erhält der Anwalt eine Mitteilung über die Auszahlungsanweisung. Einwendungen gegen den Antrag sind nicht von Amts wegen, sondern nur dann zu berücksichtigen, wenn sie vom Vertreter der Staatskasse erhoben werden. Dessen Stellungnahme ist dem Anwalt mitzuteilen. 59

Macht der Pflichtverteidiger auch Wahlverteidigergebühren geltend, dann wird er eventuell vor Festsetzung der Wahlverteidigergebühren aufgefordert auf die Pflichtverteidigervergütung zu verzichten.

▶ Praxistipp

Diese Verzichtserklärung sollte der Anwalt nur dann abgeben, wenn hinsichtlich der Wahlverteidigergebühren keine Aufrechnung durch die Staatskasse droht. Andernfalls läuft er Gefahr, dass er weder Pflicht- noch Wahlverteidigergebühren von der Staatskasse ausbezahlt erhält. Verzichtet er nicht, werden die Wahlverteidigergebühren reduziert um die Pflichtverteidigergebühren festgesetzt, das schadet nicht, da der Verteidiger die Pflichtverteidigergebühren gesondert beantragen kann.[89] Lediglich der Zinsanspruch reduziert sich auf die Differenz Wahl- zu Pflichtverteidigergebühr.

Der Urkundsbeamte kann den PKH-Anwalt auffordern, zwischenzeitlich erhaltene Zahlungen binnen eines Monats anzuzeigen. Kommt der Anwalt dieser Aufforderung nicht nach, so erlöschen seine Ansprüche gegen die Staatskasse (§ 55 Abs. 6 S. 2 RVG).

3. Rechtsmittel

Weicht die Festsetzung des Urkundsbeamten zu Ungunsten vom Antrag des Verteidigers ab, muss, 60 anders als bei der Festsetzung nach § 11 RVG, hiergegen zunächst **stets** die **unbefristete Erinnerung** erhoben werden (§ 56 Abs. 1 S. 1 RVG). Die Erinnerung ist auch statthaft, wenn der Antrag so lange nicht verbeschieden wird, dass dies einer Ablehnung der Festsetzung gleichkommt.[90] Dies ist jedenfalls bei einer **Untätigkeit** von sechs Monaten der Fall, da nach der Rechtsprechung im Öffentlichen Recht nach sechs Monaten Untätigkeit stets die Untätigkeitsklage in der dem Streitgegenstand entsprechenden Klageform statthaft ist.

Die Erinnerung ist **formlos** (§ 56 Abs. 2 S. 1 i.V.m. § 33 Abs. 7 RVG) und unbefristet,[91] ihr kann lediglich der Verwirkungseinwand entgegengehalten werden[92], nicht aber, dass die Vergütung bereits ausgezahlt wurde. Der Verwirkungseinwand wird von der Rechtsprechung regelmäßig analog § 20 GKG nach Ablauf des auf die Festsetzung folgenden Kalenderjahres erhoben.[93] Das Erinnerungsrecht der Staatskasse lebt auch nicht durch einen Pauschantrag wieder auf.[94]

---

88 OLG Frankfurt NJW 1974, 960; OLG Stuttgart Rpfleger 1974, 34; LG Koblenz AGS 2003, 512 mit Anm. *Mock*; AG Koblenz JurBüro 1995, 200 mit Anm. *Hansens*; AG Eschweiler Rpfleger 1992, 68 mit Anm. *Bratfisch*; BVerwG JurBüro 1981, 1504 AnwK-RVG/*Schnapp* § 55 Rn. 28; Gerold/Schmidt/*Müller-Rabe* § 55 Rn. 57; Goebel/Gottwald/*von Seltmann* § 55 Rn. 6; Mayer/Kroiß/*Pukall* § 55 Rn. 32.

89 BVerfG, Beschl. v. 04.05.2009 – 2 BvR 2252/08; LG Koblenz, Beschl. v. 06.07.2010 – 9 Qs 67/10, OLG Frankfurt/Main, Beschl. v. 30.03.2010 – 2 Ws 42/10.

90 OLG Naumburg NJW 2003, 2921.

91 OLG Thüringen, Beschl. v. 20.03.2006 – 1 Ws 407/05.

92 Nach einem Jahr: AG Dresden, Beschl. v. 08.11.2007 – 230 Ds 105 JS 032178/06.

93 OLG Frankfurt JurBüro 1991, 1649; OLG Hamm JurBüro 1982, 877; strenger: OLG Düsseldorf JurBüro 1981, 1847; OLG Koblenz JurBüro 1980, 1048; LG Aachen JurBüro 1987, 585.

94 OLG Hamm, Beschl. v. 26.05.2009 – 2 Ws 103/09.

Die Erinnerungsentscheidung ist stets zu begründen. Hält der Urkundsbeamte die Erinnerung für begründet, so hört er die Gegenseite an[95] und hilft dann ggf. ab.[96] Hiergegen ist erneut die Erinnerung statthaft. Hilft der Urkundsbeamte der Erinnerung nicht ab, so legt er sie, da der Erinnerung der Devolutiveffekt fehlt, dem Einzelrichter (§§ 56 Abs. 2 S. 1 und Abs. 4, 33 Abs. 8 S. 1 RVG) seines Gerichts vor. Der Einzelrichter überträgt das Verfahren dem Kollegium, wenn die Sache besonders schwierig oder von grundsätzlicher Bedeutung ist (§ 33 Abs. 8 S. 2 RVG). Der Beschluss muss begründet werden[97] und wird zugestellt, falls er mit der (befristeten) Beschwerde angefochten werden kann (§ 56 Abs. 2 S. 1 i.V.m. § 33 Abs. 3 RVG). Eine Kostenentscheidung enthält der Beschluss nicht, weil das Verfahren gerichtskostenfrei ist und außergerichtliche Kosten nicht erstattet werden (§ 56 Abs. 2 S. und 3 RVG).

61 Gegen die Entscheidung des Richters oder des Gerichts kann beim iudex a quo binnen zweier Wochen nach Zustellung der Entscheidung formlos (§ 30 Abs. 7 RVG, § 130a ZPO) **Beschwerde** eingelegt werden, wenn der Wert des Beschwerdegegenstandes 200 € übersteigt oder das Gericht sie zulässt, es sei denn, das Oberlandesgericht hat über die Erinnerung entschieden (§ 33 Abs. 4 S. 3 RVG). Die **Frist** ist keine Notfrist (und damit die Beschwerde keine sofortige), sodass § 233 ZPO nicht gilt. Die Beschwerde muss zugelassen werden, wenn die Sache grundsätzliche Bedeutung hat (§§ 56 Abs. 2 S. 1, 33 Abs. 3 RVG), d.h. ihr Gegenstand eine ungeklärte Rechtsfrage ist, die über den konkreten Fall hinaus entscheidungserheblich sein kann oder wenn es divergierende Rechtsprechung gibt und eine vereinheitlichende obergerichtliche Grundsatzentscheidung erforderlich erscheint. Ein Antrag ist hierfür nicht notwendig, es bietet sich allerdings an, zur grundsätzlichen Bedeutung vorzutragen und die Zulassung anzuregen. Das Beschwerdegericht ist an die Zulassung gebunden (§ 33 Abs. 4 S. 4 Hs. 1 RVG). Die versagte Zulassung ist nicht anfechtbar (§ 33 Abs. 4 S. 4 Hs. 2 RVG). Für den **Beschwerdewert** ist stets auch die (anteilsmäßige) Umsatzsteuer einzurechnen.[98] Bei Wertgebühren ist für den Verteidiger die Tabelle zu § 13 RVG einschlägig, für die Staatskasse hingegen soll die zu § 49 RVG heranzuziehen sein.[99]

Der iudex a quo hilft der Beschwerde im Beschlusswege entweder ab oder, falls er zumindest teilweise nicht abhelfen möchte, legt sie dem nächst höheren Gericht vor (§ 33 Abs. 4 S. 2 RVG). Eine **Abhilfe** zu Ungunsten des Antragstellers ist nicht zulässig, es können unter den Voraussetzungen des § 319 ZPO lediglich offensichtliche Unrichtigkeiten berichtigt werden. Gegen die Abhilfeentscheidung kann der Gegner erneut die sofortige Beschwerde einlegen. Der iudex a quo kann auch dann abhelfen, wenn der Beschwerdewert nicht erreicht ist, er die Beschwerde aber in einen Antrag auf Nachholung rechtlichen Gehörs nach § 12a RVG oder eine befristete Gegenvorstellung umdeutet. Sinkt der Beschwerdewert infolge teilweiser Abhilfe unter 200 €, so ist die Beschwerde im Übrigen nur nach Zulassung zulässig.

Das **Beschwerdegericht** ist das nächst höhere Gericht, soweit das nicht der Bundesgerichtshof wäre (§ 33 Abs. 4 S. 3 RVG). Es entscheidet durch den Einzelrichter, es sei denn, die Ausgangsentscheidung ist von einem Kollegialgericht getroffen worden oder eine Einzelrichterbesetzung ist vom GVG nicht vorgesehen (so beim OLG).[100] Der Einzelrichter überträgt die Sache an das Kollegium, falls die Sache von besonderer Schwierigkeit oder Bedeutung ist. Die Entscheidung ergeht durch begründeten Beschluss.

---

95 Dies ergibt sich aus dem rechtlichen Gehör und lt. BVerfG NJW 2000, 1709 auch aus dem Grundsatz des fairen Verfahrens.

96 OLG Frankfurt JurBüro 1991, 1694; OLG Hamburg MDR 1979, 413.

97 OLG Hamm, Beschl. v. 09.08.2005 – 4 Ws 323/05.

98 OVG Hamburg AnwBl 1981, 501; AnwK-RVG/*E. Schneider* § 32 Rn. 63; Burhoff/*Volpert* RVG ABC-Teil Erinnerung und Beschwerde Rn. 28 f.

99 Burhoff/*Volpert* RVG ABC-Teil Erinnerung und Beschwerde Rn. 30; Hansens/Braun/Schneider/*Volpert* Teil 5 Rn. 59; Riedel/Sußbauer/*Fraunholz* § 32 Rn. 28; a.A. OLGR Saarbrücken 2005, 513.

100 OLG Thüringen, Beschl. v. 04.12.2007 – 1 Ws 413/07; LG Hildesheim StraFo 2005, 393.

Das Beschwerdegericht muss bei besonderer Bedeutung einer Rechtsfrage gegen seine Entscheidung die **weitere Beschwerde** zulassen (§ 33 Abs. 6 S. 1 RVG). Sie hat die Bedeutung einer Rechtsbeschwerde auf Landesebene und richtet sich stets an das Oberlandesgericht. Die Zulassung, an die das Oberlandesgericht gebunden ist (§ 33 Abs. 6 S. 4 i.V.m. Abs. 4 S. 4 RVG), muss durch die Kammer in Vollbesetzung erfolgen, sonst ist sie nicht wirksam. Die weitere Beschwerde ist beim Landgericht, das sie zugelassen hat, schriftlich oder zu Protokoll der Geschäftsstelle (§ 33 Abs. 7 RVG) binnen einer Frist von zwei Wochen nach Zustellung der Beschwerdeentscheidung (§ 33 Abs. 6 S. 4 i.V.m. Abs. 3 S. 3 RVG) einzulegen. Das Landgericht hat zunächst eine Abhilfeprüfung vorzunehmen. Der Senat des Oberlandesgerichts entscheidet sodann in Vollbesetzung.

Die Beschwerde wie auch die weitere Beschwerde ist kostenfrei, Anwaltsgebühren werden nicht erstattet (§ 56 Abs. 2 S. 2 und 3 RVG). Wird jedoch die weitere Beschwerde erhoben, obgleich sie nicht zugelassen wurde, greift der eng auszulegende Ausnahmetatbestand des § 56 Abs. 2 S. 2 RVG nicht und Anl. 1 zu § 3 Abs. 2 GKG kommt zum Zug.

Seit der Einführung von § 12a RVG sind nun auch unanfechtbare Entscheidungen überprüfbar. Das sind nebst Beschlüssen des OLG aufgrund der weiteren Beschwerde abschließende Entscheidungen entweder des erstinstanzlichen Gerichts über die Erinnerung gegen die Entscheidung des Rechtspflegers oder des Beschwerdegerichts nach Anfechtung der erstinstanzlichen Entscheidung. § 12a RVG ist zwar ein außerordentlicher Rechtsbehelf, zugleich aber Teil des für die Verfassungsbeschwerde zu erschöpfenden Rechtswegs, sofern in diesem Verfahren (auch) die Verletzung rechtlichen Gehörs gerügt werden soll. Die Rüge ist anders als jene nach § 33a StPO **binnen zwei Wochen** nach Kenntnis von der Verletzung des Anspruchs auf rechtliches Gehör anzubringen (§ 12a Abs. 2 S. 1 RVG). Da unanfechtbare Entscheidungen nicht förmlich zugestellt werden, wird vermutet, dass die Entscheidung am dritten Tag nach aktenkundiger Aufgabe zur Post beim Empfänger eingetroffen ist (§ 12a Abs. 2 S. 3 RVG). Im Übrigen gilt das oben unter Rdn. 49 Gesagte.

▶ Beachte

Im **Bußgeldverfahren vor der Verwaltungsbehörde** kann die gerichtliche Entscheidung nach 62
§ 62 OWiG beantragt werden (§ 57 RVG). Hierzu ist zu Protokoll der Geschäftsstelle oder schriftlich ein (unbefristeter) Antrag auf gerichtliche Entscheidung bei der Verwaltungsbehörde zu stellen, die die anzufechtende Entscheidung erlassen hat (§ 62 Abs. 2 S. 2 OWiG i.V.m. § 306 Abs. 1 StPO). Eine Begründung ist nicht erforderlich. Es empfiehlt sich aber, den Verfahrensablauf kurz darzustellen, da der zur Entscheidung berufene Richter des Amtsgerichts, das zur Entscheidung über den Einspruch zuständig gewesen wäre, die Sache nicht kennt und in der Regel wenig geneigt sein wird, sich einzuarbeiten.

Kapitel 44 Die Rechtsanwaltsvergütung

Übersicht

A. Der Vergütungsanspruch des Rechtsanwalts in Straf- und Bußgeldsachen

Der Vergütungsanspruch entsteht mit der ersten Tätigkeit des Rechtsanwalts, nicht etwa schon mit 1
dem Abschluss eines Mandatsvertrags oder der Bestellung/Beiordnung. Er setzt sich aus Gebühren und Auslagen zusammen. Es handelt sich um Pauschalgebühren, da der einschlägige Gebührentatbestand die gesamte Tätigkeit im Rahmen derselben **Angelegenheit** abgilt, d.h. nur in Ausnahmefällen (Terminsgebühren, neue Beauftragung nach 2 Jahren – § 15 Abs. 5 S. 2 RVG) mehrfach gefordert werden kann (§ 15 Abs. 1, 2 RVG). Das Gesetz definiert den Begriff der Angelegenheit nicht, sondern bestimmt nur, welche Angelegenheiten identisch (§ 16 RVG), welche verschieden (§ 17 RVG) sowie welche besonders, d.h. selbstständig (§ 18 RVG).

Nach der Rechtsprechung des BGH liegt eine einheitliche Angelegenheit vor, wenn der anwaltlichen Tätigkeit

- ein einheitlicher Auftrag zugrunde liegt,
- sie sich in einem einheitlichen Rahmen bewegt und
- zwischen den einzelnen Handlungen oder Gegenständen der anwaltlichen Tätigkeit ein innerer Zusammenhang besteht, z.B. wenn mehrere Gegenstände einem identischen Lebensvorgang entspringen und ihre gleichzeitige Verfolgung in einem Verfahren möglich ist.[1]

Eine Angelegenheit liegt deshalb dann vor, wenn ein Verfahren unter einem eigenen Aktenzeichen geführt wird (s. hierzu unbedingt auch Rdn. 24). Um dieselbe Angelegenheit handelt es sich auch, wenn das Revisionsgericht die Revision des Angeklagten durch Beschluss, die der Staatsanwaltschaft oder des Nebenklägers aber durch Urteil verbescheidet,[2] mehreren Zeugen Beistand in einem Verfahren geleistet wird,[3] wenn der Verteidiger zugleich Nebenklagevertreter ist[4] und auch wenn mehrere Maßregelverfahren, die nicht verbunden werden können, gemeinsam verhandelt werden.[5] Das 2. KostRMoG bestimmte, dass das Ermittlungsverfahren und das gerichtliche Verfahren bzw. ein nachfolgendes Bußgeldverfahren **verschiedene Angelegenheiten** sind (§ 17 Nr. 10 RVG). Auch das Verfahren vor der Verwaltungsbehörde und das Bußgeldverfahren sind verschiedene Angelegenheiten (§ 17 Nr. 11 RVG) Weiterhin umstritten ist, ob der Sühneversuch und die Privatklage verschiedene Angelegenheiten sind.[6] Unterschiedliche Angelegenheiten liegen aber vor, wenn der Verteidiger seinem Mandanten in einem weiteren Verfahren als Zeugenbeistand zur Seite steht[7]; ebenso im Strafverfahren und einem nachfolgenden Verfahrenen über die vorbehaltene Sicherungs-

---

1 BGH AnwBl 1976, 377.

2 OLG München, Beschl. v. 21.01.2008 – 4 Ws 003/08 (K).

3 OLG Koblenz, Beschl. v. 11.07.2005 – 1 Ws 435/05.

4 OLG Celle, Beschl. v. 25.08.2010 – 2 Ws 303/10.

5 LG Aachen, Beschl. v. 23.06.2010 – 33b StVK 453/10.

6 Privatklage: verschiedene Angelegenheiten: *Burhoff* RVG ABC-Teil Angelegenheiten Rn. 19; Gerold/Schmidt/*Müller-Rabe* VV 7001, 7002 Rn. 25; a.A. AG Mainz Rpfleger 1972, 234; AnwBl 1981, 512.

7 OLG Düsseldorf, Beschl. v. 07.11.2007 – 2 Ws 257/07; OLG Koblenz RVGreport 2006, 232; LG München I, Beschl. v. 19.02.2007 – 12 KLs 247 Js 228539/05.

verwahrung sowie im Wiederaufnahmeverfahren und im wieder aufgenommenen Verfahren (§ 17 Nr. 11 und 12 RVG).[8] Jedes einzelne Vollstreckungsverfahren stellt eine gesonderte Angelegenheit dar, sodass in zeitlich aufeinanderfolgenden Widerrufsverfahren die Gebühren erneut entstehen, ebenso im Überprüfungsverfahren nach § 67e StGB; anderes soll gelten, wenn der Verteidiger im Rahmen eines Auftrags die Bewährungsaussetzung von mehreren Strafen erwirken soll.[9] Das Eilverfahren nach § 114 Abs. 2 StVollzG und das Hauptsacheverfahren sind indes verschiedene Angelegenheiten (§ 17 Nr. 4c RVG analog).[10] Keine andere Angelegenheit ist im Jugendgerichtsverfahren anzunehmen, wenn eine Jugendstrafe zunächst zur Bewährung nicht verhängt wurde (§ 27 JGG) und die Strafe dann doch nach § 30 Abs. 1 JGG verhängt wird.

Liegen verschiedene Angelegenheiten vor, können Gebühren und folglich auch Auslagenpauschalen neu entstehen. Regelmäßig ist das bei der Post- und Telekommunikationspauschale der Fall.

§ 18 RVG ist im Strafrecht nicht einschlägig. Insbesondere sind **Beschwerden** im Strafverfahren keine besondere Angelegenheit, soweit nicht in den Teilen 46 besondere Regeln getroffen sind. Solche finden sich in VV Vorb. 4 Abs. 5, 4.2 und 4.3 Abs. 3 S. 2, Nr. 4139, 4145 und 4146, Vorb. 5 Abs. 4 und Vorb. 6.2 Abs. 3. Anderes gilt für die verschiedenen Rechtszüge (Instanzen), diese sind gemäß § 17 Nr. 1 RVG verschiedene Angelegenheiten. Das soll, wie § 19 Abs. 1 S. 1 Nr. 10a RVG klarstellt, aber weiterhin nicht für Beschwerden gegen Neben- und Zwischenentscheidungen gelten.

Zur Neubeauftragung nach zwei Jahren gilt es zu wissen, dass die Frist erst mit Ablauf des Kalenderjahres beginnt, in dem der Auftrag das erste Mal erteilt wurde.[11]

I. Persönlicher Anwendungsbereich

2 Das RVG erfasst in Straf- und Bußgeldsachen die Tätigkeit des Anwalts als Verteidiger und für Privat- und Nebenkläger, Einziehungs- und Nebenbeteiligte, Verletzte, Zeugen oder Sachverständige (Vorb. 4 Abs. 1 und 5 Abs. 1). Das Gesetz geht grundsätzlich von der **vollumfänglichen Vertretung** aus, stellt aber auch für **Einzeltätigkeiten** Gebühren zur Verfügung (VV 4300 bis 4302 und 5200). Eine Unterbevollmächtigung, etwa gar noch mit Gebührenteilung, ist nicht vorgesehen. Vielmehr liegt darin entweder die Verteidigung durch zwei voll zu vergütende Verteidiger (§ 6 RVG) oder eine Einzeltätigkeit des Unterbevollmächtigten. Ein sog. Terminsvertreter ist regelmäßig mit der vollumfänglichen Vertretung betraut (arg. ex § 137 StPO; s. hierzu Rdn. 46).

3 Wahl- und Pflichtverteidiger werden unterschiedlich vergütet, hinsichtlich der Auslagen aber gleichbehandelt. Während dem Wahlverteidiger ein Gebührenrahmen zur Verfügung steht, sind die Pflichtverteidigergebühren Festgebühren, die 20 % unter der Mittelgebühr liegen. Der Verteidiger, der von seinem Beruf leben will, muss folglich seinen Aufwand an die zu erwartende Gebühr anpassen, wenn er keine leistungsgerechte Vergütung vereinbaren kann. Derzeit dürfte – bei niedrigen Fixkosten – ein Stundensatz von 175 € notwendig sein, um in etwa die Vergütung eines Richters zu erreichen.[12] Eine Quersubvention wird sich nicht immer vermeiden lassen, sollte aber nur in engen Grenzen geschehen. Schon deshalb ist es gerade dem Berufsanfänger zu empfehlen, den Umfang der eigenen Tätigkeit genau aufzuzeichnen, um ein Gefühl dafür zu bekommen, welche Vergütung er hierfür erzielen muss.

4 Der **beigeordnete Anwalt** ist kein **bestellter Pflichtverteidiger**, vielmehr stellt die mit der Beiordnung verbundene Kostenbefreiung eine spezialgesetzliche Form der Sozialhilfe für die in Vorb. 4

8 A.A. LG Marburg zu § 17 Nr. 4 lit b RVG, der im Verfahren nach dem StVollzG gelten soll, was aber der Gesetzbegründung in BT-Drs. 15/1971 S. 191 widerspricht.
9 OLG Köln, Beschl. v. 30.11.2010 – 2 Ws 780–781/10.
10 KG, Beschl. v. 17.01.2008 – 2 Ws 673/07 Vollz.; LG Marburg, Beschl. v. 06.03.2006 – 7a StVK 93/05 und 94/05; a.A. OLG Frankfurt, Beschl. v. 31.08.2006 – 2 Ws 44/06.
11 Burhoff/*Volpert* ABC-Teil Abgeltung d. Vergütung Rn. 9; Gerold/Schmidt/*Madert* § 15 Rn. 103.
12 Zur Kalkulation eines angemessenen Stundensatzes: *Madert* Rechtsanwaltsvergütung Rn. 3.

Abs. 1 genannten Personen dar.[13] Beigeordneter Anwalt und Pflichtverteidiger sind jedoch gebührenrechtlich gleichgestellt. Im Ergebnis gibt es drei verschiedene Möglichkeiten der Abrechnung:
(1) Wahlverteidigervergütung gemäß Vereinbarung
(2) Wahlverteidigervergütung nach RVG
(3) Vergütung als Pflichtverteidiger/bestellter Nebenklagevertreter oder beigeordneter Anwalt (z.B. für Nebenkläger oder Zeugen) nach RVG (nachfolgend wird vereinfachend von Pflichtverteidigervergütung gesprochen)

Hat ein Wahlverteidiger eine Vergütungsvereinbarung geschlossen, so kann er, wenn er einen (Teil-) Erfolg erringt, gleichwohl die Vergütungsberechnung nach RVG (und das Kostenfestsetzungsverfahren) nicht vermeiden, da der Gebührenschuldner stets nur die gesetzliche Vergütung zu erstatten hat.

▶ **Beachte**

Der Wahlverteidiger erwirbt einen Vergütungsanspruch nach RVG nur, wenn ein wirksamen Mandatsertrag mit dem Mandanten zustande gekommen ist. Da auch Anwaltsverträge dem **Fernabsatzrecht** unterfallen können, ist immer dann, wenn ein Anwaltsvertrag mit einem Verbraucher unter ausschließlicher Verwendung von Fernkommunikationsmitteln (§ 312c BGB) abgeschlossen wird und sich der Anwalt dieser Fernkommunikationsmittel in der Folge auch zur Leistungserbringung bedient, Vorsicht geboten.[14] Dasselbe gilt, wenn der Anwalt **Verträge außerhalb seiner Geschäftsräume** abschließt, also etwa in der JVA (§ 312b BGB). In diesen Fällen sind unbedingt die Informationspflichten der §§ 312d ff. BGB zu beachten. Wird etwa nicht über das Widerrufsrecht belehrt, läuft die Widerrufsfrist erst ein Jahr und zwei Wochen nach Vertragsschluss ab (§ 355 Abs. 3 BGB). Da gerade Strafverteidiger meist nicht die zwei Wochen Widerrufsfrist zuwarten können und sollen, ist es notwendig, dem Mandanten unterzeichnen zu lassen, dass der Anwalt mit der Erbringung der Dienstleistung vor Ablauf der Widerrufsfrist beginnt (§ 355 Abs. 4 Nr. 2a BGB).

1. Der Wahlverteidiger und sein Gebührenanspruch

Die Vergütung des Wahlverteidigers ist als Rahmengebühr ausgestaltet. Die angemessene Höhe 5 innerhalb des Rahmens hat der Rechtsanwalt zu bemessen (§ 14 Abs. 1 S. 1 RVG), er kann nicht einfach ohne weiteres Mittelgebühren abrechnen. Für die Bemessung hat der Anwalt zunächst die relevanten Kriterien festzustellen. Irrelevant sind Kriterien, die bereits dafür entscheidend waren, welche Gebühr einschlägig ist (sog. Doppelverwertungsverbot). So z.B. die Inhaftierung oder die Höhe des Bußgelds.

a) Bemessungskriterien

Zur Rechtsprechung s. auch die einzelnen Gebühren unten Rdn. 51 ff. Die Aufzählung des Gesetzes 6 ist nicht abschließend, sodass auch unbenannte Kriterien zum Zug kommen. Als solche werden von der Literatur angesehen, die Arbeit zu unüblichen Arbeitszeiten, extremer Zeitdruck, Interessenvertretung in der Öffentlichkeit, Bedrohungen.[15]

aa) Zeitlicher Umfang der anwaltlichen Tätigkeit

Der zeitliche Umfang stellt ein quantitatives Kriterium dar. Ein Umstand, der eine weitere Gebühr 7 auslöst, kann jedoch nicht zugleich erhöhend wirken. Umgekehrt kann ein Umstand, der bereits zur Versagung einer Gebühr führt, nicht zugleich mindernd für anfallende Gebühren zu berück-

13 BGHSt 3, 396.
14 AG Düsseldorf, Urt. v. 16.11.2016, 24 C 303/15; AG Hildesheim, Urt. v. 08.08.2014, 84 C 9/14; AG Offenbach, Urt. v. 09.10.2013, 380 C 45/13; *Heinemann*, NZFam 2015, Seiten 438 ff.
15 Hansens/Braun/*Schneider* Teil 1 Rn. 150 ff., AnwK-RVG/*Onderka* § 14 Rn. 57.

sichtigen sein, so z.B. wenn der Anwalt bereits in der ersten Instanz tätig war, weil ihm daher keine weitere Grundgebühr zusteht.[16]

Einzubeziehen sind[17] etwa der Zeitaufwand für
(1) Akteneinsicht und -studium sowie Recherchen,
(2) Auswertung von Rechtsprechung, Literatur und Gutachten, auch zu nichtjuristischen Fragen und soweit sich der Anwalt nicht Grundlagenwissen in einem ihm unbekannten Rechtsgebiet aneignet,
(3) Besuche in der JVA,
(4) Besprechungen mit dem Mandanten und Dritten, auch telefonisch und insbesondere, wenn außerhalb der üblichen Kanzleiöffnungszeiten,[18]
(5) Dauer von Terminen,
(6) Tätigkeiten, die nicht von einer besonderen Gebühr erfasst sind (z.B. Beschwerden, namentlich Haftbeschwerden, Wiedereinsetzungsanträge, Nachholung rechtlichen Gehörs),[19]
(7) Vorbereitung des Plädoyers,[20]
(8) An- und Abfahrtzeiten,[21] Wartezeiten vor Hauptverhandlung und längere Verhandlungspausen,[22]
(9) Anzahl von Tatvorwürfen, Zeugen und Anträgen, Länge der Ausführungen,
(10) Beratung zu und Einlegen von Rechtsmitteln, insbesondere solche, die zur Instanz zählen.

Die Ordnung des Gerichts spielt insofern eine Rolle, als eine eineinhalbstündige Verhandlung vor dem Amtsgericht nicht unterdurchschnittlich ist,[23] vor dem Landgericht aber schon.[24] Wird der Anwalt in einer Doppelrolle tätig (Verteidiger und Nebenklagevertreter hinsichtlich eines Mitangeklagten), so führt das in der Regel zu einer Mehrbelastung.[25] **Nicht relevant** ist, ob der Staatsanwalt auf Freispruch plädiert hat[26] oder der Arbeitsaufwand notwendig war.[27] *Jungbauer* legt zu § 14 in nicht mehr zu überbietender Klarheit dar, dass der Anwalt nicht nur eine Rechtsinformationsmaschine ist, sondern in bestimmten Fallkonstellationen, zu denen auch Strafsachen zählen, zeitintensive Mühe walten lassen muss, um Mandanten und ihrer Familie gerecht zu werden, etwa wenn es gilt, persönliche Betroffenheit nicht schlicht abtropfen zu lassen oder Rechtsmeinungen, die durch Internetkonsum oder am Stammtisch gefasst wurden, gerade zu biegen.[28]

bb) Schwierigkeit der anwaltlichen Tätigkeit

8 Wann eine Tätigkeit objektiv schwierig war, ist umstritten. *Burhoff* lässt es ausreichen, wenn die Tätigkeit schwieriger als der Normalfall ist.[29] Andere meinen, es müssten sich erhebliche, im Nor-

---

16 AnwK-RVG/*Rick* § 14 Rn. 30; *Burhoff* RVG ABC-Teil Rahmengebühren Rn. 17; a.A. LG Flensburg JurBüro 1984, 1039.
17 Vgl. nur AnwK-RVG/*Rick* § 14 Rn. 29 f.; *Burhoff* RVG ABC-Teil Rahmengebühren, Rn. 16 f.
18 Bischof/Jungbauer/*Jungbauer* § 14 Rn. 17.
19 Gerold/Schmidt/*Madert* § 14 Rn. 46; Hartung/*Römermann* § 14 Rn. 22.
20 LG Wuppertal AnwBl 1985, 160 (Vorbereitung der Hauptverhandlung).
21 Hartung/*Römermann* § 14 Rn. 22.
22 OLG Karlsruhe AGS 1993, 77; LG Freiburg StV 1997, 442; LG Ravensburg AnwBl 1985, 160.
23 *Burhoff*, abl. Anm. zu AG Trier v. 09.05.2005 – 8011 Js 20717/04.3 Cs.
24 OLG Düsseldorf Rpfleger 1993, 41.
25 OLG München JurBüro 1963, 727; LG Krefeld AnwBl 1979, 79; LG Regensburg AnwBl 1967, 100; LG Bochum AnwBl 1968, 235.
26 AnwK-RVG/*Rick* § 14 Rn. 29, der es eher als erhöhenden Faktor ansieht, wenn die Verteidigung so gut gearbeitet hat; Hartung/*Römermann* § 14 Rn. 24; abwegig: LG München I JurBüro 1982, 1182.
27 Hartung/*Römermann* § 14 Rn. 24; Gerold/Schmidt/Mayer § 14 Rn. 21; a.A. Riedel/Sußbauer/*Fraunholz* § 14 Rn. 8.
28 Bischof/Jungbauer/*Jungbauer* § 14 Rn. 18.
29 *Burhoff* RVG ABC-Teil Rahmengebühr, Rn. 20.

malfall nicht auftretende Probleme zeigen.[30] Dem ist mit *Burhoff* zu widersprechen. Bei erheblicher, also besonderer Schwierigkeit, liegen bereits die Voraussetzungen für eine Pauschgebühr nach §§ 42, 51 RVG vor.

Die Schwierigkeit muss nicht juristischer Natur sein und wird aus der Sicht des Allgemeinanwalts beurteilt, nicht aus der Sicht eines (mehrfach qualifizierten) Fachanwalts.[31] In Betracht kommen:[32]

(1) Kenntnisse in entlegenen Rechtsgebieten[33] (etwa im Kartell-, Umwelt-, Außenwirtschafts-, Wettbewerbs- oder Patentrecht) oder von ausländischem Recht, auch Europarecht[34]
(2) schwierige (rechtliche oder tatsächliche) Fragen im Einzelfall (z.B. wirtschafts- oder steuerrechtliche Fragen[35], Verstöße gegen das Aufenthaltsgesetz[36], Fragen, die in einem Gutachten geklärt wurden[37]), auch Ortsbesichtigungen,
(3) die Vernehmung eines Anwalts als Belastungszeugen,[38]
(4) eine schwierige Persönlichkeitsstruktur des Beschuldigten, aber auch Verständigungsschwierigkeiten, gleich ob aus intellektuellen oder sonstigen Gründen[39] und
(5) eine kurze Einarbeitungszeit.
(6) Angewandtes Spezialwissen, auch auf nichtjuristischen Gebieten (z.B. Buchhaltung, Fremdsprache[40]), erhöht die Gebühr[41] und wirkt sich nicht etwa herabsetzend aus.[42]

cc) Bedeutung der Angelegenheit für den Auftraggeber

Von Bedeutung sind die mittelbaren und unmittelbaren persönlichen, ideellen oder wirtschaftlichen Interessen des Auftraggebers und zwar aus seiner individuellen Sicht[43], allerdings nur dann, wenn sich das auch in einem erhöhten Arbeitsaufwand des Rechtsanwalts niederschlägt, was spätestens im Beschwerdeverfahren darzulegen ist.[44] Indiz für die Bedeutung ist die zu erwartende Strafe, ggf. entsprechend dem Antrag der Staatsanwaltschaft.[45] Ein erhebliches Indiz ist auch die Höhe einer vereinbarten Gebühr.[46] 9

Eine hohe Bedeutung folgt aus
(1) berufs- oder disziplinarrechtlichen Folgen,[47]

30 AnwK-RVG/*Rick* § 14 Rn. 32; Gerold/Schmidt/*Madert* § 14 Rn. 50.
31 AnwK-RVG/*Rick* § 14 Rn. 32; *Burhoff* RVG ABC-Teil Rahmengebühren, Rn. 22, Reisert Rn. 92.
32 AnwK-RVG/*Rick* § 14 Rn. 33 f.; *Burhoff* RVG ABC-Teil Rahmengebühren Rn. 21 f. *Enders* JurBüro 2004, 515.
33 BVerwGE 62, 196; OLG Hamm, StV 1998, 614.
34 Reisert Rn. 90.
35 OLG Hamm NJW 2006, 74; LG Karlsruhe AnwBl 1980, 121.
36 LG Hannover, Beschl. v. 02.02.2015 – 96 Qs 6/15 =NdsRpfl 2015, 241.
37 BVerwG NVwZ 83, 607; LG Kiel JurBüro 1992, 602.
38 AG Trier, Beschl. v. 09.05.2005 – 8011 Js 20717/04.3 Cs.
39 LG Karlsruhe AnwBl 1987, 338.; Reisert Rn. 90.
40 LG Karlsruhe AnwBl 1980, 121; LG Nürnberg-Fürth AnwBl 1969, 208; AG Krefeld AnwBl 1980, 303: LG Bochum AnwBl 1985, 151.
41 LG Karlsruhe AnwBl 1973, 367; LG Freiburg AnwBl 1965, 184; AG Hamburg AnwBl 1993, 294.
42 OLG Thüringen RVGreport 2005, 145; AnwK-RVG/*Rick* § 14 Rn. 32; *Burhoff* RVG ABC-Teil Rahmengebühren Rn. 22.
43 AnwK-RVG/*Rick* § 14 Rn. 36; *Burhoff* RVG ABC-Teil Rahmengebühren Rn. 23; Goebel/Gottwald/*Onderka* § 14 Rn. 8; a.A. LG Flensburg JurBüro 1976, 1504 und 1984, 1038; LG Hanau AnwBl 1982, 388.
44 OLG Rostock, Beschl. v. 18.01.2017, 20 Ws 21/17.
45 OLG Schleswig JurBüro 1999, 638.
46 OLG Schleswig, SchlHA 1971, 95; OLG Celle Rpfleger 1971, 28; OLG Köln AnwBl 1974, 54; OLG München JurBüro 1975, 339; LG Düsseldorf AnwBl 1971, 90.
47 LG Zweibrücken ZfS 1992, 172; LG Hanau AnwBl 1982, 388; AG Homburg ZfS 1997, 388; a.A. LG Flensburg JurBüro 1977, 1089, wenn lediglich die theoretische Möglichkeit einer berufsrechtlichen Folge besteht.

(2) der drohenden Vorstrafe für bislang Unbescholtene,[48]
(3) der Vielzahl von Vorstrafen, wenn sie eine (nicht bewährungsfähige) Freiheitsstrafe befürchten lassen, und umgekehrt, wenn aufgrund der neuen Sache ein Bewährungswiderruf droht,[49]
(4) dem Einfluss auf berufliche Existenz oder berufliches Fortkommen,[50]
(5) möglichen Beeinträchtigungen des Ansehens, der gesellschaftlichen Stellung[51] oder der wirtschaftlichen Verhältnisse[52]
(6) eine präjudizielle Wirkung.[53] Das Schreiben einer Versicherung, im Hinblick auf Schadenersatzansprüche den Ausgang des Strafverfahrens abzuwarten, weist die Bedeutung nach.
(7) Tätigkeiten, die im Hinblick auf Fahrverbot bzw. Entziehung der Fahrerlaubnis erbracht werden, rechtfertigen die Überschreitung der Mittelgebühr, da § 88 Abs. 3 BRAGO keine Entsprechung in der RVG gefunden hat.[54]
(8) Erreicht der Verteidiger in einer durchschnittlichen Sache die Rücknahme der Anklage oder die Ablehnung der Eröffnung, so ist die Höchstgebühr (Rücknahme) bzw. eine Gebühr im oberen Bereich (Nichteröffnung) angemessen.[55]

Unerheblich ist, ob der Angeklagte freigesprochen oder verurteilt wird,[56] zu hoch oder zu niedrig bestraft wird und auch das Interesse der Öffentlichkeit an dem Prozess.

dd) Vermögens- und Einkommensverhältnisse des Auftraggebers

10 Auszugehen ist vom Durchschnitt der wirtschaftlichen Verhältnisse. Das Durchschnittsbruttoeinkommen aller bei der Deutschen Rentenversicherung Versicherten lag 2022 bei rund 3.250 €.[57] Bezieht man die Nichtversicherten (also Arbeitslose etc.) mit ein, sinkt der Betrag auf 1.950 netto, da das durchschnittliche Haushaltseinkommen 2022 knapp 2900 € netto pro Monat betrug und der Durchschnittshaushalt rund zwei Personen umfasst.[58] Als Durchschnittsvermögen sind der übliche Hausrat und ein kleines Sparguthaben anzusehen.[59] Eine Rechtsschutzversicherung gilt als Vermögenswert. Einzubeziehen sind auch Freistellungsansprüche insbesondere im Rahmen der Familie[60] (§§ 1360a, 1601 ff. BGB), nicht jedoch die wirtschaftlichen Verhältnisse des erstattungspflichtigen Gegners. Umstritten ist, auf welchen Beurteilungszeitpunkt es ankommt. Teilweise wird der Abrechnungszeitpunkt als maßgeblich angesehen,[61] teilweise der Zeitpunkt der Auftragserteilung,[62] teilweise soll der Zeitpunkt zwischen Auftragserteilung und Fälligkeit relevant sein, zu dem der Auftraggeber

48 AG Trier RVGreport 2005, 271; LG München I AnwBl 1982, 263.
49 *Otto* NJW 2006, 1472, 1476; Reisert Rn. 96; LG Hannover Nds. Rpfl. 2005, 327; LG Flensburg JurBüro 1984, 548.
50 BVerwG NVwZ 1983, 607; AG Homburg ZfS 1997, 388; AG Frankfurt ZfS 1992, 209.
51 LG Kaiserslautern AnwBl 1964, 289.
52 LG München I AnwBl 1982, 263.
53 Gerold/Schmidt/*Madert* § 14 Rn. 29.
54 Alte Rspr. zum Berufskraftfahrer: LG Heidelberg AnwBl 1965, 184; LG Flensburg JurBüro 1976, 1216.
55 LG Bochum AnwBl 1967, 237; AG Hannover AnwBl 1980, 311.
56 LG Paderborn MDR 1990, 1137.
57 Www.deutsche-rentenversicherung.de/allgemein/de/inhalt/5_services/01_kontakt_und_beratung/02_beratung/07_lexikon/cd/durchschnittseinkommen.html.
58 Www.destatis.de/DE/Themen/Gesellschaft-Umwelt/Einkommen-Konsum-Lebensbedingungen/Einkommen-Einnahmen-Ausgaben/_inhalt.html; www.umweltbundesamt.de/daten/private-haushalte-konsum/strukturdaten-privater-haushalte/bevoelkerungsentwicklung-struktur-privater#immer-mehr-ein-personenhaushalte-in-deutschland.
59 AnwK-RVG/*Rick* § 14 Rn. 43; *Burhoff* RVG ABC-Teil Rahmengebühren Rn. 26; *Onderka* RVGprofessionell 2004, 57.
60 LG Kaiserslautern AnwBl 1964, 289; LG Kleve NJW 1954, 1260; LG Mönchengladbach KostRspr BRAGO § 12 Nr. 8.
61 AnwK-RVG/*Rick* § 14 Rn. 44; *Burhoff* RVG ABC-Teil Rahmengebühren Rn. 28.
62 LG Krefeld AnwBl 1976, 136; LG Bayreuth JurBüro 1985, 1187; LG Nürnberg-Fürth JurBüro 1985, 869.

die besseren wirtschaftlichen Verhältnisse hat.[63] Gegen den Abrechnungszeitpunkt spricht, dass es dann vom Zufall (und womöglich von willkürlichen Entscheidungen des Mandanten) abhängt, wie die Vermögensverhältnisse sind. Zudem wird der Anwalt bei der Auftragserteilung über die Vergütung sprechen und sich dann entsprechend verhalten. D.h., er wird sich in der Erwartung eines höheren Honorars um einen begüterteren Mandanten mehr kümmern (dürfen!). Das Abstellen auf den Abrechnungszeitpunkt passt daher nicht in zu der vom Gesetzgeber erwarteten und gewollten wirtschaftlichen Handlungsweise des Anwalts. Das letzte Argument spricht indes auch gegen den Zeitpunkt der Auftragserteilung, wenn der Mandant – z.B. infolge eines zwischenzeitlich erzielten Lottogewinns – eine Besserbehandlung einfordert und erhält. Dementsprechend wird in der Literatur auch vertreten, dass Vermögensverhältnisse des Auftraggebers, die durch die Tätigkeit des Rechtsanwalts verbessert werden, zugunsten des Anwalts zu berücksichtigen sind.[64] Nun werden im Strafverfahren (anders als etwa im Zivilverfahren) die Gebühren zeitnah verdient. Es ist mithin naheliegend, nicht auf die Auftragserteilung oder den Abrechnungszeitpunkt abzustellen, sondern auf den Gebührenanfall. Diese auf den ersten Blick vielleicht unpraktikabel erscheinende Lösung reguliert sich über die Darlegungs- und Beweislast: Behauptet der Anwalt eine gute Vermögenslage oder gute Einkommensverhältnisse, ist es dem Mandanten unbenommen, das Gegenteil darzutun. Damit ist auch nicht ausgeschlossen, Vermögensverbesserungen, die durch die Tätigkeit des Anwalts erreicht werden (Aufhebung des Haftbefehls) zu berücksichtigen. Jedenfalls empfiehlt es sich auch hier, Aufzeichnungen für die spätere Begründung der Gebührenhöhe anzufertigen. Noch besser ist es aber, konkrete Gebührenvereinbarungen zu schließen und einen Vorschuss anzufordern.

ee) Besonderes Haftungsrisiko des Rechtsanwalts – § 14 Abs. 1 S. 2 RVG

Ein besonderes Haftungsrisiko besteht aufgrund der Amtsaufklärungspflicht für den Strafverteidiger 11
selbst im Adhäsionsverfahren nicht. Ein Haftungsrisiko liegt aber dann vor, wenn vergleichsweise Einigungen über Schadensersatz erfolgen.

ff) Weitere sog. unbenannte Kriterien – § 14 Abs. 1 S. 2 RVG

Zurecht wird in der Literatur vertreten, dass auch weitere Kriterien, wie hohe Reputation, Vorlie- 12
gen von Fachanwaltstiteln, Wochenend- und Feiertagsarbeit, Zeitdruck, öffentliche Aufmerksamkeit, Bedrohung durch die Gegenseite und auch der Erfolg der Tätigkeit eingestellt werden dürfen, weil es sich dabei um bestimmende Umstände des Mandats handelt[65] und der Auftraggeber selbstverständlich darin auch wertbestimmende Faktoren für die anwaltliche Tätigkeit sieht. Das Gesetz steht dem nicht entgegen, da es selbst besagt, *vor allem* (§ 14 Abs. 1 S. 1 RVG) seien die benannten Kriterien heranzuziehen.

b) Ermessensausübung

Anhand der Bemessungskriterien hat der Anwalt sodann zu beurteilen, welche Gebührenhöhe kon- 13
kret angemessen ist. Dabei ist grundsätzlich von der **Mittelgebühr** auszugehen, die für den Normalfall[66], d.h. für den Fall angemessen ist, dass alle gem. § 14 Abs. 1 S. 1 RVG zu berücksichtigenden Umstände durchschnittlich sind oder unterdurchschnittliche Umstände von überdurchschnittlichen kompensiert werden.[67] Die **Höchstgebühr** setzt indes nicht voraus, dass alle Parameter für eine

---

63 OLG Frankfurt OLGSt § 12 BRAGO; Gerold/Schmidt/*Winkler* § 14 Rn. 25; Hartung/*Römermann* § 14 Rn. 41.
64 Gerold/Schmidt/von Eicken/*Madert* RVG § 14 Rn. 18; Bischof/Jungbauer/*Jungbauer* § 14 Rn. 50.
65 AnwK-RVG/*Onderka* § 14 Rn. 57, *Gerold/Schmidt Mayer* § 14 Rn. 20, *Reisert* Rn. 107 ff.
66 SG Karlsruhe, Beschl. v. 08.05.2015 – S 1 SF 1224/15 E JurionRS 2015, 16587 = JurBüro 2015, 472 f.
67 BFH RVGreport 2006, 20; BVerwG RVGreport 2006, 21; LSG Thüringen JurBüro 2002, 420 = MDR 2002, 606.

Erhöhung sprechen,[68] auch schon ein überragendes Kriterium soll ausreichen[69]. Die **Mindestgebühr** kommt nur in Betracht, wenn die wirtschaftlichen Verhältnisse des Auftraggebers ungünstig sind und zugleich eine ganz einfache Sache von geringem Umfang vorliegt.[70]

▶ **Beispiele**

14 In **Verkehrsordnungswidrigkeitensachen** hat sich mittlerweile die Meinung herausgebildet, dass im Durchschnittsfall **keine Mittelgebühr** angemessen ist[71], wobei die Höhe der Geldbuße keine große Rolle spielt, da diese bereits die Gebühr determiniert.[72] Das AG Frankenthal hat die Mittelgebühr für angemessen angesehen, wenn ein Fahrverbot oder eine Eintragung in das Verkehrszentralregister infrage kommt[73], das AG München sie jedenfalls nicht für ermessensfehlerhaft angesehen, wenn eine Voreintragung in das VZR vorliegt und ein Fahrverbot droht,[74] eine niedrige Geldbuße (50 €) und ein drohender Eintrag in das VZR wurde ebenfalls für ausreichend angesehen, aber nur wenn Maßnahmen nach § 4 Abs. 3 Nr. 1 StVG drohen.[75] Das AG Altenburg sieht das mit Blick auf weitere Umstände etwas milder.[76] Das AG Hamburg-St. Georg sieht eine Geldbuße von 50 € und den Eintrag in das VZR für unterdurchschnittlich an[77], das AG Koblenz eine Hauptverhandlungsdauer von zwei Minuten.[78]

Im **Strafverfahren** sind bei der Bemessung der Grund- und der Verfahrensgebühr im vorbereitenden Verfahren die Verfahren aller Gerichtsordnungen Vergleichsmaßstab.[79] Eine umfangreiche Schutzschrift rechtfertigt sowohl für die Grund-, wie für die Verfahrensgebühr für das Vorverfahren eine Höchstgebühr.[80] Eine knapp darunter liegende Grundgebühr ist bei einem Mordvorwurf und einem komplexen familiären und beruflichen Hintergrund des Tatvorwurfs

68 LG Bochum, Beschl. v. 10.05.2006; KG JurBüro 1980, 1022; OLG Zweibrücken Rpfleger 1972, 71; OLG Schleswig JurBüro 1989, 275; AnwK-RVG/*Rick* § 14 Rn. 64; a.A. OLG Nürnberg JurBüro 1973, 400; LG Osnabrück JurBüro 1995, 83; LG Kleve JurBüro 1995, 34.

69 HK/*Winkler* § 14 Rn. 37 f., *Reisert* Rn. 115; für das Strafverfahren: LG Verden StV 1993, 140.

70 VG Düsseldorf AnwBl 1984, 322; AnwK-RVG/*Rick* § 14 Rn. 63; Bischoff/Jungbauer/*Jungbauer* § 14 Rn. 81; Gerold/Schmidt/*Madert* § 14 Rn. 24; a.A. LG Dresden: nur unterhalb der Mittelgebühr, Beschl. v. 28.10.2010 – 5 Qs 164/10.

71 LG Dresden, Beschl. v. 14.09.2023 – 5 Qs 56/23; LG Koblenz, Beschl. v. 22.08.2022 – 6 Qs 38/23; LG Kleve, Beschl. v. 01.04.2011 – 111 Qs 9/11; LG Kassel, Beschl. v. 20.05.2019 – 8 Qs 18/19; LG Hannover, Beschl. v. 18.03.2008 – 46 Qs (OWi) 37/08; LG Göttingen, Beschl. v. 12.12.2005 – 17, Qs 131/05; LG Dortmund RVGreport 2005, 465; AG Saarlouis RVGreport 2006, 182; etwas indifferent LG Düsseldorf, Beschl. v. 04.08.2006 – 1 Qs 831/06 BuK; differenzierend AG Cloppenburg Beschl. v. 14.06.2011 – 25 OWi 785 Js 12168/10 (Messung mit Leivtec XV2); a.A. LG Dessau-Roßlau, Beschl. v. 04.05.2023 – 6 Qs 394 Js 26340/21 (56/23) insbesondere, wenn die Messung durch ein privates Sachverständigengutachten widerlegt werden soll; AG München, Urt. v. 02.12.2019 – 213 C 16136/19; AG Viechtach, Beschl. v. 27.04.2006 – Z II OWi 550/06 und v. 30.03.2006 – 7 II OWi 00447/06 und 00334/06; AG Saarbrücken RVGreport 2006, 181; AG Rotenburg a.d. Fulda, Beschl. v. 20.02.2006 – 51 OWi 1/06.

72 AG Leipzig, Beschl. v. 23.03.2007 – 219 OWi 503 Js 22959/06; AG Viechtach, Beschl. v. 04.04.2007 – 6 II OWi 00467/07.

73 AG Frankenthal VRR 2005, 271; AG Leipzig, Beschl. v. 23.03.2007 – 219 OWi 503 Js 22959/06.

74 AG München RVGreport 2005, 381; ähnlich AG Saarlouis RVGreport 2006, 182 und AG Erding Beschl. v. 06.06.2008 – 003 OWi 18 Js 21740/07.

75 AG Saarlouis RVGreport 2006, 182; ähnlich noch die ältere Rspr. des AG Viechtach, Beschl. v. 09.09.2005 – 7 II OWi 00971/05 und Beschl. v. 27.09.2005 – 7 II OWi 01501/05.

76 AG Altenburg RVGreport 2006, 182.

77 AG Hamburg-St. Georg Urt. v. 19.12.2006 – 912 C 278/06.

78 AG Koblenz, Beschl. v. 13.03.2008 – 2080 Js 36714/07.34 OWi.

79 LG Karlsruhe, Beschl. v. 02.11.2005 – 2 Qs 26/05.

80 LG Dresden, Beschl. v. 09.08.2006 – 4 Qs 20/06.

ebenfalls gerechtfertigt.[81] Die Bestellung als Pflichtverteidiger begründet nicht grundsätzlich den Ansatz von Gebühren mindestens in Höhe der Pflichtverteidigergebühren.[82]

Beim **Amtsgericht** ist eine mittlere Terminsgebühr angemessen, wenn die Hauptverhandlung 35 Minuten dauerte, eine Beweisaufnahme stattfand und ein Antrag zu stellen war, nicht aber bei kürzerer Verhandlungsdauer und der bloßen Einlassung des Angeklagten.[83]

Beim **Landgericht** ist die Verhandlungsdauer von 20 Minuten unterdurchschnittlich.[84] Eine Verhandlung von 9 bis 21.30 Uhr rechtfertigt die Höchstgebühr.[85] Das LG Hannover hält eine Berufungshauptverhandlung für durchschnittlich, wenn sie 2–2,5 Stunden dauert und 3–4 Zeugen vernommen werden[86], das LG Cottbus sieht etwa 5 Stunden Hauptverhandlung als durchschnittlich an.[87] Für die Terminsgebühr ist nur der Umfang der Hauptverhandlung, nicht des übrigen Verfahrens zu berücksichtigen. Nach einhelliger Meinung sind Wartezeiten zu berücksichtigen.[88] Bei einem geplatzten Termin ist entscheidend, welche Vorbereitungsleistung erbracht wurde.[89] Bei einer Hauptverhandlungsdauer von 21 Minuten ist eine 30 % über der Mittelgebühr liegende Gebühr gerechtfertigt, wenn der Vorbereitungsaufwand erheblich war.[90] Zur Vorbereitung gehört auch ein verfahrensabkürzendes Vorgespräch, sodass bei schlechter wirtschaftlicher Lage des Mandanten eine Mittelgebühr für eine Berufungshauptverhandlung von 35 Minuten noch im Toleranzbereich liegt.[91]

Eine Verfahrensgebühr knapp an der Höchstgrenze ist bei einem **Mordverfahren** angemessen, wenn 23 Besuche in der JVA erfolgten.[92]

Die **hochgradige Schwerhörigkeit des Mandanten** ließ für das KG bei sonst durchschnittlichen Umständen eine Verfahrens- und Terminsgebühr 10–15 % unterhalb der Höchstgebühr rechtfertigen.[93]

Bei schlechten Einkommensverhältnissen und durchschnittlichem Umfang der Sache kann auch eine drohende hohe Haftstrafe nur zu Mittelgebühren oder leicht erhöhten Mittelgebühren führen.[94]

In einem **Auslieferungsverfahren** sind für die Verfahrensgebühr VV 6100 sämtliche Arbeiten, auch die Verkündung des Auslieferungshaftbefehls, und der Umstand der Inhaftierung zu berücksichtigen.[95]

Gegenüber dem Mandanten gilt § 315 Abs. 3 BGB, sodass die Gebühr nach billigem Ermessen zu 15
bestimmen ist. Der Rechtspfleger beurteilt die Billigkeit, indem er die ihm angemessen erscheinende

81 OLG Köln, Beschl. v. 10.08.2007 – 2 Ws 332/07.
82 LG Magdeburg, Beschl. v. 24.08.2023 – 25 Qs 273 Js 5753/22 (49/23).
83 AG Baden-Baden, Beschl. v. 07.12.2005 – 4 Cs 311 Js 9832/04, ähnlich AG Koblenz AGS 2004, 484 m. abl. Anm. *Burhoff* www.burhoff.de, der auch die 180 € noch für zu hoch hält.
84 LG Koblenz, Beschl. v. 07.03.2006 – 4 Qs 17/06.
85 OLG Oldenburg, Beschl. v. 03.05.2007 – 1 Ws 234/07.
86 LG Hannover, Beschl. v. 07.02.2011 –96 Qs 19/11.
87 LG Cottbus, Beschl. v. 20.01.2022 – 24 KLs 34/20.
88 AG Anklam, Beschl. v. 02.02.2006 – 513 Js 957/05 62 Ds 378/06.
89 OLG Oldenburg, Beschl. v. 03.05.2007 – 1 Ws 234/07.
90 OLG Thüringen, Beschl. v. 04.12.2007 – 1 Ws 413/07.
91 LG Hamburg, Beschl. v. 08.02.2008 – 631 Qs 2/08.
92 OLG Köln, Beschl. v. 10.08.2007 – 2 Ws 332/07.
93 KG, Beschl. v. 09.08.2005 – 3 Ws 59/05.
94 OLG Düsseldorf, Beschl. v. 28.09.2010 – III-1 Ws 117/10.
95 OLG Hamm, Beschl. v. 01.03.2007 – (2) 4 Ausl. A 34/05 (220/06). Beantragt worden waren 400 €. Es scheint fast so als hätte der Senat auch noch mehr zugebilligt, wenn mehr beantragt worden wäre.

Gebühr festlegt und mit der vom Verteidiger beantragten Gebühr vergleicht. Beträgt die Abweichung der vom Anwalt berechneten Gebühr nicht mehr als 20 %, so wird sie als verbindlich angesehen.[96] Teilweise wurden die **Toleranzgrenzen** niedriger angesetzt und auch im Hinblick auf die im Verhältnis zur BRAGO gewachsenen Gebührenrahmen diskutiert, ob sie auf 25–30 % anzuheben ist[97], gesichert ist aber allein die 20 %-Grenze. Ist die Gebühr unbillig hoch, so setzt der Rechtspfleger die ihm angemessen erscheinende Gebühr an. Der Rechtsanwalt trägt die Beweislast dafür, dass die Gebühr nach billigem Ermessen bestimmt ist.[98]

16 Ist die **Gebühr von einem Dritten zu ersetzen**, so ist sie *»nicht verbindlich, wenn sie unbillig ist«* (§ 14 Abs. 1 S. 3 RVG). Dritte sind (im Strafverfahren) der Angeklagte für den Nebenkläger, die Staatskasse bei einem Freispruch und Rechtsschutzversicherungen. Diesmal trifft also den Dritten die Behauptungs- und Beweislast.[99] Da dies von der Praxis regelmäßig anders gehandhabt wird, sollte, wer sein Geld möglichst schnell möchte, bereits im Kostenfestsetzungsantrag alle Umstände angeben, welche die Höhe der Gebühr rechtfertigen. Es ist daher wiederum sinnvoll, den Aufwand der Tätigkeit in der Akte festzuhalten. Die Toleranzgrenzen entsprechen den vorgenannten. Die Rechtspfleger und die Gerichte sind im Rahmen der Kostenfestsetzung darauf beschränkt zu prüfen, ob die vom Rechtsanwalt geltend gemachte Gebühr nicht unbillig und damit nicht verbindlich ist.[100] Wer aber keine Ermessensausübung vornimmt, sondern einfach nur Zahlen präsentiert, kann sich auch nicht auf Billigkeit berufen.

17 In jedem Fall wird durch die Ermessensausübung ein **Gestaltungsrecht** wahrgenommen, weshalb die dem Auftraggeber zugegangene Vergütungsrechnung nur noch in engen Grenzen abgeändert werden kann.[101] So, wenn der Rechtsanwalt über Bemessungsfaktoren getäuscht wurde, innerhalb desselben Gebührentatbestandes nach der Erledigung des ersten Auftrages erneut tätig geworden ist, sich der Anwalt eine Änderung vorbehalten oder einen gesetzlichen Gebührentatbestand übersehen hat (Str.[102]), nicht jedoch, wenn er sich auf einen unzutreffenden Gebührentatbestand gestützt hat (str.[103]). Wurde beispielsweise eine Geschäftsgebühr als Mittelgebühr geltend gemacht, obgleich richtigerweise eine Beratungsgebühr geltend zu machen war, so kann diese ebenfalls nur als Mittelgebühr geltend gemacht werden.

Fraglich ist auch, was passiert, wenn der Anwalt nach Rechnungsstellung, auf der nach § 14 UStG der Leistungszeitraum anzugeben ist, erneut tätig wird. Die Literatur bejaht teilweise die nachträg-

96 AG Aachen RVG-Letter 2005, 42; KG, zuletzt Beschl. v. 06.12.2010 – 1 Ws 45/10; OLG Düsseldorf StraFo 1996, 190 und Beschl. v. 28.09.2010 – III-1 Ws 117/10; LG Hamburg, Beschl. v. 08.02.2008 – 631 Qs 2/08; OLG Hamm, Beschl. v. 01.03.2007 – (2) 4 Ausl. A 34/05 (220/06); OLG Thüringen, Beschl. v. 04.12.2007 – 1 Ws 413/07; OLG Köln, Beschl. v. 10.08.2007 – 2 Ws 332/07 und AGS 1993, 60; OLG München AnwBl 1992, 455; LG Saarbrücken RVGreport 2005, 60; OLG Schleswig AGS 2003, 25; LG Zweibrücken, Beschl. v. 12.02.2008 – Qs 68/07.

97 LG Zweibrücken MDR 1992, 196 (bis 25 %); LG Potsdam, Beschl. v. 16.12.2008 – 24 Qs 113/08 (20–30 %); AnwK-RVG/*Rick* § 14 Rn. 76 (30 %).

98 BGHZ 41, 279.

99 AG München ZfS 1992, 310; dagegen fordert das LG Flensburg (JurBüro 1985, 1348) die Glaubhaftmachung durch den Gebührengläubiger.

100 Bischoff/Jungbauer/*Jungbauer* § 14 Rn. 127.

101 BGH AnwBl 1987, 489; KG JurBüro 2004, 484; OLG Koblenz AGS 2000, 88; OLG Düsseldorf JurBüro 1998, 412; LG Köln DAR 1988, 392; AG Koblenz, Beschl. v. 28.02.2008, 2010 Js 47958/07.34 OWi; Schneider/Wolf § 14 Rn. 90; Gerold/Schmidt/*Müller-Rabe* RVG § 14 Rn. 4.

102 BGH NJW 1987, 3203; AnwBl 1988, 250; NJW 2002, 1429; OLG Köln AGS 1993, 34; Gerold/Schmidt/*Mayer* § 14 Rn. 4; Hartung/*Römermann* § 14 Rn. 76.

103 Hartung/*Römermann* § 14 Rn. 35; Gebauer/Schneider/*N. Schneider* § 14 Rn. 90; a.A. Bischoff/Jungbauer/*Jungbauer* § 14 Rn. 118; Gerold/Schmidt/*Madert* § 14 Rn. 4, Schneider/Wolf/*Onderka* § 14 Rn. 91.

liche Erhöhung der Gebühr. Sicherheitshalber sollte eine Rechnung daher gegebenenfalls unter Vorbehalt der Nachliquidation bei weitergehender Tätigkeit gestellt werden.[104]

Im Rechtsstreit zwischen dem Anwalt und seinem Auftraggeber muss das Gericht zur Frage der Bil- 18
ligkeit ein kostenlos zu erstattendes **Gutachten der Anwaltskammer** einholen (§ 14 Abs. 2 RVG), im Kostenfestsetzungsverfahren sollte das geschehen.[105]

c) Pauschgebühr des Wahlverteidigers – § 42 RVG

Die Wahlverteidigerpauschgebühr kann auch der Pflichtverteidiger beantragen, der nach §§ 52, 19
53 RVG wie ein Wahlverteidiger abrechnen darf. Die Pauschgebühr wird, wenn sie festgestellt ist, zum Teil der gesetzlichen Gebühr, sodass sie dafür relevant ist, zu welchem Teil eine Aufrechnung der Staatskasse unwirksam ist und im Übrigen auch vom Rechtsschutzversicherer nach den ARB zu ersetzen ist. Keine Pauschgebühr kann in Verfahren betreffend eine Freiheitsentziehung nach VV 6300–6303 festgestellt werden.[106]

Voraussetzung der Pauschgebühr ist, dass die im Vergütungsverzeichnis bestimmten Gebühren, ausgenommen Wertgebühren, wegen des besonderen Umfangs oder der besonderen Schwierigkeit der Sache nicht zumutbar sind (§ 42 Abs. 1 S. 1 RVG). Auf die Rechtsprechung zur Pflichtverteidigerpauschgebühr (unten Rdn. 32 ff.) kann zurückgegriffen werden. Der Wahlverteidiger kann höchstens das Doppelte der Höchstgebühr erhalten (§ 42 Abs. 1 S. 4 RVG). Zur Bestimmung der Höhe ist die Anlehnung an ein Zeithonorar nicht gerechtfertigt.[107]

Der Bundesgerichtshof hielt eine Pauschgebühr (1000 €) für angemessen, wenn sich die Verteidigerin mit einer Verfahrensrüge und vor allem auch mit mehreren Mordmerkmalen bei verschiedenen Sachverhaltsalternativen zu befassen hatte,[108] nicht aber wenn eine besonders schwierige Rechtsfrage schon Gegenstand der Tatsacheninstanz war.[109] In einer komplexen und komplizierten Arztstrafsache gewährte der Bundesgerichtshof 3400 € für das durch die Staatsanwaltschaft und die Nebenklage geführte Revisionsverfahren.[110] Bei einer Grundsatzentscheidung, für welche der Verteidiger in besonderem Maße und Umfang zur Aufarbeitung und Vorbereitung der Hauptverhandlung und deren Durchführung beigetragen hat, soll die doppelte Höchstgebühr angemessen sein.[111] Hingegen reichen Tätigkeiten von Mitverteidigern nicht aus, um eine Sache besonders umfangreich zu machen.[112]

Notwendig ist ein ab Rechtskraft der Kostengrundentscheidung und bis zur Festsetzung der ordent- 20
lichen Gebühren[113] zulässiger (§ 42 Abs. 1 S. 1, Abs. 2 S. 1 RVG) und zweckmäßigerweise beim Tatgericht zu stellender **Antrag**, der theoretisch weder beziffert noch begründet werden muss. Eine Begründung ist aber für den Erfolg des Antrags praktisch unabdingbar, eine Bezifferung schon aus psychologischen Gründen empfehlenswert. Die betroffenen Verfahrensbeteiligten sind zu hören (§ 42 Abs. 2 S. 2 RVG). Zur Entscheidung berufen ist das Oberlandesgericht (§ 42 Abs. 3 RVG), der Bundesgerichtshof ist für bei ihm anhängige Verfahren zuständig[114] und entscheidet in der Voll-

104 Bischoff/Jungbauer/*Jungbauer* § 14 Rn. 121 f.; Gebauer/Schneider/*N. Schneider* § 14 Rn. 91; Schneider/Wolf/*Onderka* § 14 Rn. 91.
105 BVerwG JurBüro 1982, 857; LG Regensburg VersR 1968, 860.
106 OLG Celle, Beschl. v. 04.07.2008 – 22 W 1/08 P; Burhoff, RVG § 51 RVG Rn. 4; Gerold/Schmidt/*Mayer*, 6300–6303 VV Rn. 13; Schneider/Wolf/*N. Schneider*, VV 6300 Rn. 60.
107 OLG Hamm, Beschl. v. 17.02.2005 – 2 (s) Sbd. VIII 11/05.
108 BGH NStZ 2006, 239.
109 BGH BGHR RVG § 42 Pauschgebühr 1 und Beschl. v. 25.03.2010 – 4 StR 443/07.
110 BGH, Beschl. v. 06.05.2014 – 1 StR 320/12.
111 BGH, Beschl. v. 16.10.2007 – 4 StR 62/07.
112 BGH, Beschl. v. 20.06.2007 – 5 StR 461/06 und Beschl. v. 02.04.2007 – 1 StR 579/05.
113 OLG Thüringen, Beschl. v. 30.10.2007 – 1 AR (S) 72/07.
114 Gerold/Schmidt/*Burhoff* § 42 Rn. 16.

besetzung.[115] Die Entscheidung ist unanfechtbar und für die Festsetzungsverfahren ebenso bindend wie für einen Gebührenrechtsstreit (§ 42 Abs. 4 RVG).

Anders als beim Pflichtverteidiger wird die Pauschgebühr nicht bewilligt, sondern nur der Höhe nach festgestellt, sodass der Beschluss kein Vollstreckungstitel ist.[116] Der Anwalt kann nach den allgemeinen Vorschriften einen Festsetzungsbeschluss erwirken oder aber unmittelbar ein Mahnverfahren oder einen Rechtsstreit durchführen.

▶ Beachte

21 Im **Bußgeldverfahren vor der Verwaltungsbehörde** gelten die Abs. 2–4 entsprechend (§ 42 Abs. 5 RVG). Über den Antrag entscheidet dann die Verwaltungsbehörde, die zuletzt mit der Sache befasst war. Hiergegen kann Antrag auf gerichtliche Entscheidung gestellt werden (Abs. 5 S. 3). Hierfür gilt § 62 OWiG analog (Abs. 5 S. 4). Zuständig ist das Gericht, in dessen Bezirk die Behörde ihren Sitz hat (§ 68 Abs. 1 S. 1 OWiG). Die Entscheidung ergeht durch zu begründenden Beschluss. Der Beschluss ist nur in Ausnahmefällen – §§ 100 Abs. 2 S. 2, 108 Abs. 1 S. 2 Hs. 2 und 110 Abs. 2 S. 2 OWiG – anfechtbar.

2. Der Pflichtverteidiger und seine Gebühren

22 Der Pflichtverteidiger erhält Festgebühren. Wertgebühren des Pflichtverteidigers, gleich ob beigeordnet oder bestellt,[117] werden nur bis 4000 € Gegenstandswert nach § 13 Abs. 1 RVG, darüber nach § 49 RVG bemessen (§§ 49, 45 RVG).

Ein Pflichtverteidigerwechsel wird seitens der Gerichte immer häufiger dann durchgeführt, wenn der neue Pflichtverteidiger auf die Gebühren verzichtet, die der alte bereits verdient hat. Ein solcher Vorausverzicht ist zulässig. Wird er nicht erklärt, aber vom Gericht mit der Bestellung mitgeteilt, dass die Anrechnung von an den alten Verteidiger bezahlte Vergütung erfolge, so kollidiert das mit dem Vergütungsanspruch des neuen Verteidigers und ist unwirksam.[118] Die Bestellung als Pflichtverteidiger umfasst nicht jedwede anwaltliche Tätigkeit für den Beschuldigten. So kann die Hebegebühr VV 1009 nur abgerechnet werden, wenn die **Pflichtverteidigung** insoweit **erstreckt** wurde.[119] Die Bestellung nach § 408b StPO für den Einspruch gegen einen Strafbefehl erfasst aber auch die Vertretung in der dem Einspruch nachfolgenden Hauptverhandlung.[120] Der Bundesgerichtshof hat nunmehr auch den Streit geklärt, dass die Vertretung des Angeklagten im Adhäsionsverfahren von der Beiordnung/Pflichtverteidigerbestellung erfasst ist.[121]

Die zeitliche Begrenzung der Bestellung auf bestimmte Hauptverhandlungstermine führt nicht dazu, dass der Verteidiger nicht Vollverteidiger ist.[122]

23 Die Bestellung als Pflichtverteidiger[123] und auch die Beiordnung im Wege der PKH[124] wirkten stets zurück: in der ersten Instanz bis ins Vorverfahren, im Übrigen wirkten sie für den jeweiligen Rechtszug (§ 48 Abs. 6 S. 2). In Bußgeldverfahren erfasst sie die Tätigkeit vor der Verwaltungsbehörde (§ 48 Abs. 6 S. 1 RVG).

115 BGH NStZ 2006, 239.
116 AnwK-RVG/*N. Schneider* § 42 Rn. 45.
117 Goebel/Gottwald/*Wassen* § 49 Rn. 1; widersprüchlich Gerold/Schmidt/*von Eicken* Rn. 1.
118 OLG Braunschweig, Beschl. v. 09.06.2011 – Ws 126/11; LG Zwickau Beschl. v. 04.05.2009 – 2 Qs 82/09.
119 OLG Düsseldorf RVGreport 2005, 306.
120 OLG Celle, Beschl. v. 22.02.2100 – 2 Ws 415/10.
121 Beschl. v. 27.07.2021 – 6 StR 307/21.
122 OLG Dresden, Beschl. v. 16.05.2007 – 2 Ws 167/07.
123 Das Gesetz ist, wie auch Hartung/Römermann-Hartung § 48 Rn. 60 anmerken, ungenau formuliert; es verwendet die Begriffe Bestellung und Beiordnung synonym.
124 OLG Koblenz, Beschl. v. 14.06.2007 – 2 Ws 300/07.

mit identischer Quote (»insoweit«) angerechnet wird, dahingehend entschieden, dass vollständig anzurechnen ist.[144]

Soweit die Staatskasse im Rahmen der Kostenerstattung nach § 464b StPO aufgerechnet hat, kann sie dem Anwalt nicht im Hinblick auf den vor Aufrechnung bestandenem Anspruch die Auszahlung der Pflichtverteidigergebühren versagen.[145]

Steht dem Beschuldigten ein **Erstattungsanspruch gegen die Staatskasse** zu, so kann der Pflicht- 29
verteidiger seinen Anspruch ohne weiteres geltend machen (§ 52 Abs. 2 S. 1 Alt. 1 RVG).[146] **Steht dem Beschuldigten kein Erstattungsanspruch gegen die Staatskasse (mehr) zu**, so z.B. wenn die Staatskasse wirksam aufgerechnet hat, können Wahlverteidigergebühren nur verlangt werden, wenn das Gericht des ersten Rechtszugs, subsidiär das Gericht, das die Bestellung vorgenommen hat, auf **Antrag** des Verteidigers die **Leistungsfähigkeit des Beschuldigten** feststellt (§ 52 Abs. 2 S. 1 Alt 2 RVG). Maßgeblich ist der Zeitpunkt der Entscheidung des Gerichts.[147] Der Verteidiger muss zumindest Angaben über den Wohnort[148] und die derzeitige berufliche Tätigkeit des Beschuldigten machen oder sonst Tatsachen vortragen, aus denen sich Schlüsse auf die wirtschaftlichen Verhältnisse ergeben.[149] Der Beschuldigte hat sich zu seiner Leistungsfähigkeit zu erklären. Tut er das nicht innerhalb der ihm vom Gericht gesetzten Frist, so ist er als leistungsfähig anzusehen (§ 53 Abs. 3 RVG). Der Verteidiger ist nicht verpflichtet, in seinem Antrag anzugeben, welchen Betrag er in Rechnung stellen will. Demzufolge ist das Gericht, falls der Verteidiger seine Gebührenrechnung beifügt, auch nicht berechtigt festzustellen, dass eine Gebühr zu hoch bemessen ist. Ist der Beschuldigte nur beschränkt leistungsfähig, so hat das Gericht auszuweisen, bis zu welcher Höhe er in der Lage ist, die Gebühren zu bezahlen. Verfügt der Beschuldigte über ein Einkommen, so wird er regelmäßig zur Ratenzahlung in der Lage sein, weshalb das Gericht Höhe und Zahlungstermine der Raten festzulegen hat.[150] Der Beschuldigte kann sich nicht auf § 90 SGB XII, auf den § 115 Abs. 3 ZPO verweist und die ggf. Schonvermögen zuspricht, berufen.[151]

Der Antrag, die Leistungsfähigkeit festzustellen, hemmt die Verjährung des Vergütungsanspruchs 30
(§ 52 Abs. 5 S. 2 RVG), die ab der rechtskräftigen, das Verfahren abschließenden Entscheidung subsidiär mit dem Ende des Verfahrens zu laufen beginnt (§ 52 Abs. 5 S. 1 RVG). Er stellt aber ebenso wenig ein Einfordern der Vergütung dar, wie die Entscheidung des Gerichts einen vollstreckbaren Titel.[152] Gegen die Entscheidung ist, sofern nicht das Oberlandesgericht entschieden hat, die sofortige Beschwerde zulässig (§ 52 Abs. 4 RVG).

▶ Antrag auf Feststellung der Leistungsfähigkeit

An das Gericht des ersten Rechtszugs 31

(alt. Gericht, das den Verteidiger bestellt hat)

In der Strafsache ….

144 OLG München, Beschl. v. 30.01.2017 – 4c Ws 5/17; OLG Nürnberg, Beschl. v. 11.11.2016 – 1 Ws 475/16; OLG Celle, Beschl. v. 21.04.2016 – 1 Ws 187/16; OLG Braunschweig, Beschl. v. 26.05.2014 – 1 Ws 144/14 und 1 Ws 146/14; OLG Hamburg, Beschl. v. 03.09.2007 – 2 Ws 194/07 und JurBüro 2000, 205.

145 BVerfG v. 04.05.2009 – 1 BvR 2251/08.

146 *Hartung*/Römermann § 52 Rn. 32.

147 OLG Brandenburg, Beschl. v. 03.11.2021 – 1 Ws 99/21; OLG Köln, Beschl. v. 10.02.2017 – 2 Ws 85/17; OLG Düsseldorf AnwBl 1985, 594; OLG Bamberg JurBüro 1990, 482; OLG Hamm MDR 1971, 601; OLG Zweibrücken MDR 1974, 66; a.A. OLG Koblenz JurBüro 1995, 139 und OLG Saarbrücken NJW 1973, 2313, die meinen es seien die Verhältnisse im Laufe des Strafverfahrens relevant.

148 Nach OLG Düsseldorf AnwBl 1973, 407 sogar Zulässigkeitsvoraussetzung.

149 OLG Düsseldorf JurBüro 1985, 725.

150 Gerold/Schmidt/*Madert* § 52 Rn. 9.

151 OLG Brandenburg, Beschl. v. 03.11.2021 – 1 Ws 99/21.

152 Gerold/Schmidt/*Madert* § 52 Rn. 9.

beantrage ich festzustellen, dass der Angeklagte/Privat-/Nebenkläger ohne Beeinträchtigung des für ihn und seine Familie notwendigen Unterhalts in der Lage ist Wahlverteidigergebühren i.H.v. ..... Euro (zumindest in monatlichen Raten) zu zahlen.

Begründung:

Durch Beschluss vom ..... bin ich in dieser Sache zum Verteidiger bestellt/beigeordnet worden. Das Verfahren ist mit rechtskräftigen Urteil vom ..... beendet worden. Der Angeklagte wohnt in ....., ist ledig und hat zwei Kinder für die er Unterhalt zahlt. Er ist als ..... tätig und verdient monatlich ..... Euro netto. Er besitzt neben seinem PKW Golf ein Motorrad im Wert von ca. 10.000 Euro. Der Angeklagte ist daher in der Lage die angemessene Wahlverteidigervergütung zu tragen.

Rechtsanwältin

c) Pauschgebühr des Pflichtverteidigers (§ 51 RVG)

aa) Voraussetzungen für die Pauschgebühr

32 Voraussetzung ist wie schon beim Wahlverteidiger, dass die Gebühren, ausgenommen Wertgebühren[153], nicht zumutbar sind, da die Sache besonders umfangreich oder schwierig war (§ 51 Abs. 1 S. 1 RVG). Keine Pauschgebühr kann in Verfahren betreffend eine Freiheitsentziehung nach VV 6300–6303 festgestellt werden.[154]

Die Rechtsprechung zur Pauschgebühr nach § 99 BRAGO gilt fort, falls nicht Umstände entscheidend sind, die das RVG bereits berücksichtigt. Insoweit gilt allgemein, dass Umstände, die durch Gebührentatbestände, wie z.B. die Verlängerungsgebühr, die Gebühren für Wirtschaftsstraf-, Schwurgerichts- und Strafvollstreckungssachen[155] oder VV 4102, bei der Pauschgebühr keine Rolle spielen.[156] Umgekehrt können Umstände, die nicht von einem Gebührentatbestand erfasst werden, aber diesem ähnlich sind, eine Pauschgebühr auslösen, z.B. bei Terminen im Auslieferungsverfahren, die nicht von VV 6101 erfasst sind[157] oder Termine zu Verfahrensabsprachen vor der Hauptverhandlung.

Macht der Pflichtverteidiger Wahlverteidigergebühren geltend, so finden nicht § 51 RVG, sondern § 42 RVG Anwendung. Außerdem ist es notwendig, die Leistungsfähigkeit nach § 52 Abs. 1 S. 1, Abs. 2 RVG feststellen zu lassen.

33 **Besonders umfangreich** ist eine Tätigkeit, wenn der zeitliche Aufwand erheblich über dem für eine gleichartige, normale Sache zu erbringendem liegt. Abgestellt werden kann auf:

153 OLG Celle, Beschl. v. 04.07.2008 – 22 W 1/08 P; LG Rostock, Beschl. v. 01.09.2010 – 12 Qs 36/10; Burhoff, RVG § 51 RVG Rn. 4; Gerold/Schmidt/*Mayer*, 6300–6303 VV Rn. 13; Schneider/Wolf/*N. Schneider*, VV 6300 Rn. 60.

154 OLG Celle, Beschl. v. 04.07.2008 – 22 W 1/08 P; Burhoff, RVG § 51 RVG Rn. 4; Gerold/Schmidt/*Mayer*, 6300–6303 VV Rn. 13; Schneider/Wolf/*N. Schneider*, VV 6300 Rn. 60.

155 OLG Hamm, Beschl. v. 10.08.2006 – 2 (s) Sbd. IX 77/06.

156 St. Rspr. d. OLGs Hamm, Köln und Karlsruhe; statt aller StraFo 2005, 130 bzw. RVGreport 2005, 420 bzw. Beschl. v. 30.01.2007 – 2 AR 43/06.

157 St. Rspr. OLG Köln; statt aller Beschl. v. 14.03.2006 – 2 ARs 35/06.

(1) Aktenumfang (inkl. Beiakten),[158] auch für den Zeugenbeistand, der für die Klärung und Geltendmachung eines Auskunftsverweigerungsrechts sich in eine umfangreiche und komplexe Sache einarbeitet,[159]

---

158 BGH, Beschl. v. 19.07.2006 – 2 StR 174/06: Pflichtverteidiger für Hauptverhandlung muss sich in drei umfangreiche Revisionsbegründungen mit bedeutsamen Verfahrensrügen einarbeiten: 1000 €. BGH, Beschl. v. 21.02.2011 – 1 StR 579/09: Umfangreiche und schwierige Fragestellung, 2 Gutachter in der Hauptverhandlung: 2000 €. OLG Oldenburg, Beschl. v. 22.02.2023 – 1 ARs (KostR) 8/22: 6600 Bl. Ermittlungsakte führte noch nicht einmal zur Verdopplung der Gebühr VV 4105; OLG Nürnberg Beschl. v. 10.05.2011 – AR 15/11: 3900 Seiten Akte + 3 BMOs: Wahlverteidigerhöchstgebühr; OLG Düsseldorf Beschl. v. 07.09.2006 – III-3 (s) RVG 4/06: statt VV 4101, 4105 i.H.v. 299 € Pauschgebühr von 2.000 € wegen 3600 Bl. Akte; OLG Köln StraFo 2006, 130: 1000 € Zuschlag für 130 Seiten Anklage, 13 Bände Hauptakte + umfangreiche Beiakten, 3000 Kopien, wobei zudem drei JVA-Besuche erfolgt sind und eine Überzahlung von 216 € vorlag; BayObLG, Beschl. v. 17.11.2005 – 6 St RR 6/04: Wahlverteidigerhöchstgebühren in einer besonders schwierigen Staatsschutzsache, die 139 LO Akten, 81 Seiten Anklage zzgl. 15 Seiten Beweismittelverzeichnis umfasst; AnwBl 1987, 619: 195 Seiten Urteilsbegründung und 188 Seiten Protokoll in der Revision; OLG Hamm Beschl. v. 02.01.2007 – 2 (s) Sbd. IX-140–147/06: 30 Bände Verfahrensakten + TKÜ-Akten + Fallakten, insgesamt mehr als 9000 Seiten, zwei Anklagen zu 80 Seiten bei gleichzeitiger tatsächlicher Schwierigkeit wurden die Wahlverteidigerhöchstgebühren als angemessen angesehen; Beschl. v. 14.08.2006 – 2 (s) Sbd. IX-79/06: 43 Seiten aussagepsychologisches Gutachten, 121 Seiten Wortprotokoll des Geschädigten führten zur Ersetzung der Verfahrensgebühr für das Vorfahren und vor der Strafkammer durch die Wahlverteidigerhöchstgebühr; Beschl. v. 31.07.2006 – 2 (s) Sbd. IX-75/06: bei 2000 Seiten Akte und kurzfristiger Einarbeitung wird Verfahrensgebühr AG von 112 € durch Pauschgebühr von 250 € ersetzt; dass., Beschl. v. 12.01.2006, 2 (s) Sbd. VIII 235/05: 15 % erhöhte Gebühren bei 11 Bände Hauptakten + 8 LO Täterakte und Beitrag zur Verfahrensverkürzung; dass. StV 1998, 619: 500 Blatt bei AG; OLG Dresden AGS 2000, 109: 2000 Blatt bei AG; *nicht ausreichend:* 7 Bände Ermittlungsakten im Schwurgerichtsverfahren: OLG Celle RVGreport 2005, 142; 700 Seiten beim Schöffengericht: OLG Karlsruhe, Beschl. v. 14.03.2006 – 2 AR 73/05.

159 BGH, Beschl. v. 19.07.2006 – 2 StR 174/06: Pflichtverteidiger für Hauptverhandlung muss sich in drei umfangreiche Revisionsbegründungen mit bedeutsamen Verfahrensrügen einarbeiten: 1000 €. BGH, Beschl. v. 21.02.2011 – 1 StR 579/09: Umfangreiche und schwierige Fragestellung, 2 Gutachter in der Hauptverhandlung: 2000 €. OLG Oldenburg, Beschl. v. 22.02.2023 – 1 ARs (KostR) 8/22: 6600 Bl. Ermittlungsakte führte noch nicht einmal zur Verdopplung der Gebühr VV 4105; OLG Nürnberg Beschl. v. 10.05.2011 – AR 15/11: 3900 Seiten Akte + 3 BMOs: Wahlverteidigerhöchstgebühr; OLG Düsseldorf Beschl. v. 07.09.2006 – III-3 (s) RVG 4/06: statt VV 4101, 4105 i.H.v. 299 € Pauschgebühr von 2.000 € wegen 3600 Bl. Akte; OLG Köln StraFo 2006, 130: 1000 € Zuschlag für 130 Seiten Anklage, 13 Bände Hauptakte + umfangreiche Beiakten, 3000 Kopien, wobei zudem drei JVA-Besuche erfolgt sind und eine Überzahlung von 216 € vorlag; BayObLG, Beschl. v. 17.11.2005 – 6 St RR 6/04: Wahlverteidigerhöchstgebühren in einer besonders schwierigen Staatsschutzsache, die 139 LO Akten, 81 Seiten Anklage zzgl. 15 Seiten Beweismittelverzeichnis umfasst; AnwBl 1987, 619: 195 Seiten Urteilsbegründung und 188 Seiten Protokoll in der Revision; OLG Hamm Beschl. v. 02.01.2007 – 2 (s) Sbd. IX-140–147/06: 30 Bände Verfahrensakten + TKÜ-Akten + Fallakten, insgesamt mehr als 9000 Seiten, zwei Anklagen zu 80 Seiten bei gleichzeitiger tatsächlicher Schwierigkeit wurden die Wahlverteidigerhöchstgebühren als angemessen angesehen; Beschl. v. 14.08.2006 – 2 (s) Sbd. IX-79/06: 43 Seiten aussagepsychologisches Gutachten, 121 Seiten Wortprotokoll des Geschädigten führten zur Ersetzung der Verfahrensgebühr für das Vorfahren und vor der Strafkammer durch die Wahlverteidigerhöchstgebühr; Beschl. v. 31.07.2006 – 2 (s) Sbd. IX-75/06: bei 2000 Seiten Akte und kurzfristiger Einarbeitung wird Verfahrensgebühr AG von 112 € durch Pauschgebühr von 250 € ersetzt; dass., Beschl. v. 12.01.2006, 2 (s) Sbd. VIII 235/05: 15 % erhöhte Gebühren bei 11 Bände Hauptakten + 8 LO Täterakte und Beitrag zur Verfahrensverkürzung; dass. StV 1998, 619: 500 Blatt bei AG; OLG Dresden AGS 2000, 109: 2000 Blatt bei AG; *nicht ausreichend:* 7 Bände Ermittlungsakten im Schwurgerichtsverfahren: OLG Celle RVGreport 2005, 142; 700 Seiten beim Schöffengericht: OLG Karlsruhe, Beschl. v. 14.03.2006 – 2 AR 73/05.

(2) Arbeiten, die kurzfristig, zur Nachtzeit oder an Sonn- und Feiertagen erbracht werden müssen,[160]
(3) Arbeiten, die unnötig sind, können nicht berücksichtigt werden, allerdings ist bei der Bewertung als unnötig Zurückhaltung zu üben.[161]
(4) Besuche in der JVA,[162] die jedoch bei einer Vielzahl von Hauptverhandlungstag wegen des Haftzuschlags an Bedeutung verlieren.
(5) (Beweis-) Anträge und Schriftsätze,[163]
(6) Dauer der Hauptverhandlungstermine,[164]
(7) eigene Ermittlungen,[165]
(8) Fahrtzeiten,[166]

160 OLG Celle RVGreport 2005, 142; OLG Hamm Beschl. v. 23.08.2005 – 2 (s) Sbd. VIII 168/05 billigt bei zusätzlicher Abkürzung der Hauptverhandlung eine Erhöhung der gesetzlichen Gebühren um rd. 20 % zu; Beschl. v. 28.06.2006 – 2 (s) Sbd. IX 64/06: Erstgespräch und weitere kurzfristige Einarbeitung in die Akte am Wochenende führte zur Ersetzung der Grund- und Verfahrensgebühr Strafkammer (je mit Haftzuschlag) auf 250 €.

161 OLG Karlsruhe JurBüro 1981, 721; 1985, 353; OLG Hamburg JurBüro 1988, 598; OLG Schleswig StraFo 1997, 157; AnwK-RVG/*N. Schneider* § 51 Rn. 40.

162 OLG Köln RVGreport 2006, 145: 30 Besuche im Rahmen eines Auslieferungsverfahrens; OLG Hamm Beschl. v. 21.02.2007 – 2 (s) Sbd. IX 10/07: 6 Besuche während des Hauptverfahrens (10 1/2 Stunden) zuzüglich umfangreicher Akten, mehrerer Schreiben, Anträge und Akteneinsichten sowie Mitwirkung an der Verkürzung der Hauptverhandlung: Anhebung um knapp 35 %. Beschl. v. 14.08.2006 – 2 (s) Sbd. IX-79/06: 5 Besuche von 30 Minuten bis 21/2 Stunden Dauer im Vorverfahren ließen die Wahlverteidigerhöchstgebühr angemessen erscheinen, für weitere Besuche während Hauptverhandlung wurde die Verfahrensgebühr VV 4113 auf 250 € angehoben; Beschl. v. 12.09.2005 – 2 (s) Sbd. VIII–188/05: 16 Stunden im Vorverfahren führten zur Wahlverteidigerhöchstgebühr; Beschl. v. 10.01.2005 – 2 (s) Sbd. VIII 267–269/04: 5 Besuche, die mindestens 3 Stunden dauerten, soweit weitere Umstände hinzukommen; OLG Karlsruhe RVGreport 2005, 420: bei einem Zeitaufwand von 10 Stunden und der Notwendigkeit eines Dolmetschers; *nicht ausreichend*: OLG Hamm StraFo 2005, 263: 4 Besuche im Verfahren vor der Jugendschutzkammer.

163 OLG Hamm, Beschl. v. 02.01.2007 – 2 (s) Sbd. IX-150/06: 12 Seiten Revisionsbegründung und 17 Seiten Erwiderung auf den Verwerfungsantrag des Generalbundesanwalts; Beschl. v. 17.02.2005 – 2 (s) Sbd. VIII 11/05 und Beschl. v. 10.01.2005 – 2 (s) Sbd. VIII 267–269/04.

164 OLG Hamm, Beschl. v. 16.03.2007 – 2 (s) Sbd. IX 30/07: 29 Stunden Hauptverhandlung an vier Tagen bei besonders schwierigem Verfahren und ca. 30 km Entfernung v. Gerichtsort rechtfertigte einen knapp 40 %igen Aufschlag; Beschl. v. 02.01.2007 – 2 (s) Sbd. IX-150/06: 45 Stunden Hauptverhandlung an sechs Tagen wird auch durch Zuschlag nicht angemessen abgegolten; Beschl. v. 17.02.2005 – 2 (s) Sbd. VIII 11/05 und Beschl. v. 10.01.2005 – 2 (s) Sbd. VIII 267–269/04: eine Hauptverhandlung vor dem Schöffengericht ist überdurchschnittlich lang, wenn sie mindestens 3 Stunden 20 Minuten dauert.

165 OLG Hamburg, Beschl. v. 09.08.2022 – 5 s AR 13/22; OLG Frankfurt AnwBl 1974, 357.

166 OLG Karlsruhe StV 1990, 369; *N. Schneider* ist beizupflichten, dass die gegenteilige Auffassung – die Fahrzeit sei nur ein Kriterium für die Höhe, nicht aber für das Ob der Pauschgebühr – nach BVerfG NStZ 2001, 211 nicht mehr haltbar ist. So aber OLG Hamm vgl. nur NJW 2007, 311 m.w.N.

(9) verfahrensabkürzende Gespräche, wenn sie für den Verteidiger mit einem zeitlichen Aufwand verbunden waren[167] und bewirken, dass die Hauptverhandlung verkürzt werden kann,[168] ebenso wie umfangreiche Besprechungen mit dem Mandanten, die zu einer Verkürzung der Hauptverhandlung geführt haben,[169]
(10) Neueinarbeitung nach Unterbrechung,[170] gerichtsbegleitete Pressekonferenzen, an denen der Verteidiger teilnimmt, nicht aber bloße Presseerklärungen, die er abgibt,[171]
(11) Sachverständigengutachten, sowohl die Einholung, wie auch die Verwertung oder Überprüfung,[172]
(12) Anzahl der Taten oder verbundene Verfahren,[173]
(13) Vorbereitungszeit für die Hauptverhandlungstage, insbesondere des Plädoyers,[174]
(14) eine sehr kurze Hauptverhandlung (nur ein Termin) für die (und für deren Kürze) der Verteidiger im Ermittlungsverfahren erheblichen Aufwand betrieben hat,[175]
(15) umfangreicher Revisionsbegründungsschriftsatz,[176]
(16) Tätigkeiten im vorausgegangenen Wiederaufnahmeverfahren.[177]

Betrachtet werden zunächst die einzelnen Gebührentatbestände, dann erst die Gesamtgebühren,[178] wobei denkbar ist, dass die einzelnen Gebühren noch nicht unangemessen niedrig sind, indes die Gesamtgebühren doch.[179]

Besonders schwierig ist ein Verfahren, wenn es aus **tatsächlichen oder rechtlichen** Gründen über das Normalmaß hinaus kompliziert ist.[180] Die Rechtsprechung hierzu ist schwierig darzustellen, weil 34

---

167 OLG Hamm, Beschl. v. 22.05.2006 – 2 (s) Sbd. IX 53/06.

168 OLG Koblenz, Beschl. v. 20.08.2007 – 1 AR 46–48/07 Str.: Wahlverteidigerhöchstgebühr für Verfahrensgebühr und Terminsgebühr für Hauptverhandlung am Samstag und um mindestens 90 % verkürzt. OLG Karlsruhe RVGreport 2005, 315 billigt eine fiktive Gebühr nach VV 4116 zu; OLG Hamm, Beschl. v. 21.02.2007 – 2 (s) Sbd. IX-07: 50 %ige Erhöhung bei Verzicht auf 22 Zeugen, auch den Opfern, und Wegfall von 5 der 6 anberaumten Hauptverhandlungstage; Beschl. v. 12.01.2006, 2 (s) Sbd. VIII 235/05: 20 % erhöhte Gebühren bei gleichzeitig umfangreichen Akten (19 Bände); Beschl. v. 23.08.2005 – 2 (s) Sbd. VIII 168/05 billigt bei zusätzlich kurzer Einarbeitung eine Erhöhung der gesetzlichen Gebühren um rd. 25 % zu; Beschl. v. 07.09.2005 – 2 (s) Sbd. VIII–50./05 billigt maßgeblich deshalb eine verdoppelte Verfahrensgebühr zu; im Beschl. v. 24.10.2005 – 2 (s) Sbd. VII–196/05 sogar eine dreifache Verfahrensgebühr; Beschl. v. 17.02.2005 – 2 (s) Sbd. VIII 11/05: Verdopplung der Vorverfahrensgebühr für einige Schreiben und Anträge, sowie mehrfache Akteneinsicht und 5 JVA-Besuche zu je 6 Stunden (wie viele auf das Vorverfahren entfallen, ist unklar); Beschl. v. 10.01.2005 – 2 (s) Sbd. VIII 267–269/04: Erhöhung um 30 % bei mehreren Schreiben, Anträgen und Akteneinsichten in eine 400 Seiten starke Akte. OLG Stuttgart, Beschl. v. 14. und 17.04.2009 – 1 und 4 ARs 23/09 je 3 fiktive Verfahrensgebühren für Vorverfahren und Verfahren 1. Instanz.

169 OLG Hamm, Beschl. v. 05.05.2022 – 5 RVGs 16/22.

170 OLG Nürnberg JurBüro 1974, 1280.

171 OLG Celle RVGreport 2005, 142.

172 AnwK-RVG/*N. Schneider* § 51 Rn. 37, nicht aber die Einarbeitung in ein rechtsmedizinisches Gutachten im Schwurgerichtsverfahren: OLG Thüringen JurBüro 2005, 476.

173 OLG Thüringen, Beschl. v. 17.03.2008 – 1 AR (S) 3/08: 24 verbundene Verfahren (einfache Sachverhalte) führten zu 3-facher Grundgebühr und 2-facher Verfahrensgebühr; JurBüro 2005, 476: 3-fache Grundgebühr bei sechs verbundenen Verfahren; OLG Zweibrücken StV 1991, 123 (54 Diebstähle).

174 OLG Hamm, Beschl. v. 02.01.2007 – 2 (s) Sbd. IX-140–147/06; OLG Düsseldorf StV 1987, 451; OLG Bamberg JurBüro 1984, 1191.

175 OLG München, Beschl. v. 27.09.2023 – 1 AR 263/23.

176 OLG Köln, Beschl. v. 13.06.2008 – 1 ARs 29/08 JurionRS 2008, 25653.

177 OLG Hamm StraFo 2000, 286.

178 OLG Hamm, Beschl. v. 17.02.2005 – 2 (s) Sbd. VIII 11/05; OLG Thüringen, Beschl. v. 11.01.2005 – ARs 185/04 und JurBüro 2005, 476.

179 OLG Hamm, Beschl. v. 07.09.2005 – 2 (S) Sbd. VIII–150/05.

180 OLG Hamm, Beschl. v. 10.01.2005 – 2 (s) Sbd. VIII 267–269/04.

sich die Entscheidungsbegründungen häufig auf die Feststellung der Schwierigkeit im Allgemeinen beschränken. Anzeichen für ein **tatsächlich schwieriges** Verfahren sind:

(1) Betreuungsintensiver Mandant, z.B. wegen schwieriger Persönlichkeit[181], auch bei psychisch kranken oder traumatisierten Mandanten,[182] oder weil der Verteidiger der einzige Kontakt in Deutschland ist[183],
(2) umfangreiche Beweisaufnahme, die auf einen komplexen Sachverhalt schließen lässt,[184]
(3) Verständigungsschwierigkeiten, z.B. weil der Mandant nicht deutsch spricht,[185]

Demgegenüber ist ein Verfahren **rechtlich schwierig**, wenn

(1) sich die Gesetzeslage geändert hat,[186]
(2) der Tatnachweis Probleme aufwirft, was sich daran zeigt, dass eine umfangreiche Beweisaufnahme stattfindet (dann aber auch ein Kriterium für den besonderen Umfang),[187]
(3) die rechtlichen Voraussetzungen der Tatbestandsmerkmal besonders schwierig sind,[188] insbesondere, wenn sie Grundsatzentscheidungen nach sich ziehen,[189]
(4) der Verteidiger sich mit einer Vielzahl Fachbegriffe nicht juristischer Art (in Gutachten) auseinanderzusetzen hat,[190] oder komplizierte Fragen nicht unmittelbar juristischer Art (Abfallbeseitigung) zu behandeln sind,[191]
(5) Fragen aus abgelegenen oder fremden Rechtsgebieten zu klären sind, so z.B. häufig in Auslieferungsverfahren.[192]

35 Die Anforderung an die **Unzumutbarkeit**[193] liegen niedriger als bei § 42 RVG, da dem Pflichtverteidiger keine Betragsrahmengebühren zur Verfügung stehen, bei deren Bemessung bereits gebührenerhöhende Umstände berücksichtigt werden[194], allerdings soll die Pauschgebühr die Ausnahme bleiben.[195]

Die Pauschgebühr für den Pflichtverteidiger ist anders als jene des Wahlverteidigers nicht beschränkt; mangels Gesetzeslücke kann § 42 Abs. 1 S. 4 RVG nicht analog angewendet werden.[196] Auch ver-

181 OLG Thüringen JurBüro 2005, 476, wenn weitere Umstände (Dolmetscher, 10 Stunden Haftbesuche) hinzukommen; OLG Nürnberg StV 2000, 441; OLG München AnwBl 1981, 462.
182 BGH, Beschl. v. 17.09.2013 – 3 StR 117/12 = JurionRS 2013, 45733..; OLG Köln BeckRS 2007, 1546, OLG Hamm Beschl. v. 29.04.2008 – 2 (s) Sbd. X-23/08.
183 OLG Köln RVGreport 2006, 145.
184 OLG Hamm, Beschl. v. 27.11.2006 – 2 (s) Sbd. IX-116/06 und v. 02.01.2007 – 2 (s) Sbd. IX-140–147/06.
185 OLG Köln RVGreport 2006, 145 und 221: Bemessen wird nach ersparten Dolmetscherkosten abzüglich der durch die unmittelbare Kommunikationsmöglichkeit ersparten Zeit; OLG Bamberg JurBüro 1988, 1178; a.A. OLG Celle, Beschl. v. 20.07.2006 – 1 ARs 58/06 P und OLG Düsseldorf, Beschl. v. 04.05.2009 – III-3 (s) RVG 22/09: auf den ersparten Dolmetscher komme es nicht an; OLG Karlsruhe JurBüro 1987, 391.
186 OLG Hamm, Beschl. v. 27.09.2007 – 2 (s) Sbd. IX-139/07.
187 OLG Hamm, Beschl. v. 13.01.2006 – 2 (s) Sbd. VIII-239/05 sieht 19 Zeugen im Schwurgerichtsverfahren nicht als Hinweis auf eine besondere Schwierigkeit an; BayObLG, Beschl. v. 17.11.2005 – 6 St RR 6/04: Staatsschutzsachen sind in der Regel besonders schwierig; OLG Thüringen JurBüro 2005, 476: 40 Zeugen beim AG.
188 BayObLG, Beschl. v. 17.11.2005 – 6 St RR 6/04.
189 BGH, Beschl. v. 10.05.2006, 2 StR 120/05.
190 OLG Brandenburg AGS 1999, 41; nicht aber generell wenn Psychiater oder Psychologe beigezogen wurde: OLG Celle RVGreport 2005, 142.
191 OLG Hamm AGS 2000, 26.
192 OLG Hamburg, Beschl. v. 09.08.2022 – 5 s AR 13/22; OLG Köln RVGreport 2006, 145 und Beschl. v. 14.03.2006 – 2 ARs 35/06.
193 Das Tatbestandsmerkmal ist verfassungskonform: BVerfG, Beschl. v. 20.03.2007 – 2 BvR 51/07.
194 BGH, Beschl. v. 20.06.2007 – 5 StR 461/06.
195 BT-Drs. 15/1971 S. 201 f.
196 OLG Stuttgart, Beschl. v. 24.04.2008 – 2 ARs 21/08.

bietet sich eine Bindung an Wahlverteidigergebühren. Da das BVerfG vielmehr eine angemessene Vergütung der Pflichtverteidiger verlangt,[197] kann allenfalls das Gesamtgefüge der anwaltlichen Vergütung eine Begrenzung darstellen.[198] Für besonders schwierige oder umfangreiche Sachen soll eine Anhebung bis zum dreifachen Betrag der Pflichtverteidigergebühr oder aber auch die Wahlverteidigerhöchstgebühr angemessen sein[199], für außergewöhnliche Sachen eine noch höhere.[200] Überzahlungen bei den gesetzlichen Gebühren dürfen aber mindernd berücksichtigt werden.[201] Das versteht sich schon deshalb von selbst, da die festgesetzte Pauschgebühr nur unter Abzug der ausbezahlten Pflichtverteidigergebühr ausbezahlt wird.

Zur **Bemessung** der Pauschgebühr hat das OLG Stuttgart (in einem Umfangs-/Staatsschutzverfahren) eine Formel zur Verfügung gestellt: Pro drei Bände Akten gewährt es eine zusätzliche Verfahrensgebühr für die Hauptverhandlung (mit Haftzuschlag, da der Angeklagte inhaftiert war) und pro Sitzungswoche (mit 2 Hauptverhandlungstagen) eine weitere Verfahrensgebühr für die Hauptverhandlung.[202] 36

Die Pauschgebühr ist bei überlappenden Umfangsverfahren, in denen der Anwalt tätig ist, zu kürzen, das OLG München sah 10 % dafür, dass die Hauptverhandlung zu 50 % (2 Jahre) parallel zu einem weiteren Umfangsverfahren lief, für angemessen an.[203] Die Argumentation hinkt natürlich, denn wenn die Verteidigerin in beiden Verfahren tätig war und sich hierfür dann zwei und nicht nur ein Bein ausgerissen hat, ist eine Kürzung nur unter dem Gesichtspunkt »gerechtfertigt«, dass der Verteidigerin doch ausreichend Vergütung pro Jahr verbleibt.

Allerdings soll die Pauschgebühr die Ausnahme bleiben.[204]

bb) Antrag

Der Pauschgebührantrag ist ab Fälligkeit der (Pausch-) Gebühr zulässig[205], zweckmäßigerweise beim Tatgericht anzubringen[206] und ausführlich zu begründen. Der Bundesgerichtshof betont, dass zeitlicher Mehrbedarf wegen schwieriger Persönlichkeit konkret zu begründen ist[207] Zur Pauschgebührenhöhe sind Angaben nicht notwendig, aber unbedingt sinnvoll. Zu beachten ist, dass die Pauschgebühr die gesetzlichen Gebühren ersetzt. Der Antrag kann auf die Ersetzung der Gebühren des gesamten Verfahrens oder von Verfahrensabschnitten, aber auch einzelnen Gebühren gerichtet sein.[208] Sollen nur einzelne Gebühren ersetzt werden, so muss präzise beantragt werden, welche Gebühren durch Pauschgebühren ersetzt werden sollen. Eine Verzinsung wird nicht gewährt, allerdings soll das Gericht eine längere Bearbeitungszeit bei der Bemessung der Pauschgebühr berücksichtigen.[209] Ein bereits gestellter Antrag nach §§ 52, 53 RVG steht nicht entgegen. Eine Falschbezeichnung als Antrag nach § 42 RVG schadet nicht, wenn die Auslegung ergibt, dass ein solcher nach § 51 RVG gemeint war.[210] 37

---

197 BVerfG NJW 2004, 1305 ff.
198 OLG Karlsruhe RVGreport 2005, 315; OLG Hamm, Beschl. v. 14.08.2006 – 2 (s) Sbd. IX-79/06 und v. 10..01.2005 – 2 (s) Sbd. VIII 267–269/04.
199 S. hierzu die Beispiele zu den Stichwörtern.
200 *Burhoff* RVG ABC-Teil § 51 Rn. 39 und 101 ff.
201 OLG Köln StraFo 2006, 130 und 152.
202 OLG Stuttgart, Beschl. v. 09.08.2022 – 5–2 StE 7/20.
203 OLG München, Beschl. v. 25.11.2021 – 7 St (K) 4/21.
204 BT-Drs. 15/1971 S. 201 f.
205 *Hartmann* Kostengesetze § 51 RVG Rn. 38; *Burhoff* RVG § 51 Rn. 43; *Hartung*/Römermann § 51 Rn. 57; a.A. OLG Düsseldorf Beschl. v. 13.12.2005 – III-3 (s) RVG 154/05: erst ab Rechtskraft.
206 Das OLG kann ohne Akten nicht entscheiden, muss diese also erst anfordern, wohingegen das Tatgericht den Antrag sogleich mit Akten vorlegen kann.
207 BGH, Beschl. v. 17.09.2013 – 3 StR 117/12 = JurionRS 2013, 45733.
208 OLG Hamm Beschl. v. 17.02.2005 – 2 (s) Sbd. VIII 11/05; OLG Thüringen Rpfleger 2005, 278.
209 *Burhoff* ZAP Fach 24 S. 625 (627); AnwK-RVG/*N. Schneider* § 51 Rn. 108.
210 OLG Thüringen, Beschl. v. 10.03.2008 – 1 AR (S) 14./07.

Der Anspruch verjährt wie die gesetzliche Vergütung. Der Antrag auf Bewilligung hemmt den Ablauf der **Verjährung.**

cc) Verfahren

38 **Zuständig** ist das Oberlandesgericht, das der (letzten) Tatsacheninstanz übergeordnet ist, im Fall des erstinstanzlichen Verfahrens beim Oberlandesgericht ist das erkennende Gericht selbst zuständig. Lediglich für den Fall des § 350 Abs. 3 StPO ist der befasste Senat des Bundesgerichtshofs in Vollbesetzung[211] zuständig. Soweit dem Antrag nicht vollumfänglich stattgegeben werden soll, ist dem Pflichtverteidiger die Stellungnahme des Vertreters der Staatskasse zuzuleiten. Der Beschluss ist unanfechtbar.

Das Gericht legt den Antrag dem Vertreter der Staatskasse zur Stellungnahme vor, die dem Antragsteller zugeleitet wird, sofern nicht ohnehin in vollem Umfang stattgegeben werden soll. Über den Antrag wird durch Beschluss entschieden, beim Oberlandesgericht durch den Einzelrichter (§§ 51 Abs. 2 S. 4, 42 Abs. 3 S. 1 RVG), soweit nicht eine einheitliche Rechtsprechung gesichert werden muss (§ 42 Abs. 3 S. 2 RVG).

Die Pauschgebühr wird netto bewilligt. Mit der bewilligten Pauschgebühr bzw. den Pauschgebühren muss der Anwalt sodann noch die Festsetzung nach § 55 RVG betreiben.

▶ Praxistipp

Von der Praxis jedenfalls in Baden-Württemberg akzeptiert ist, mit dem Antrag, eine Pauschgebühr zu bewilligen, zugleich zu beantrage, diese Pauschgebühr festzusetzen und unter Abzug der ausbezahlten Pflichtverteidigergebühr auszubezahlen. Damit erübrigt sich ein gesonderter Festsetzungsantrag.

dd) Antragsmuster

▶ Antragsmuster

39 **Pauschgebühr des Pflichtverteidigers**

An das OLG ....

über das AG/LG ....

In der Strafsache ....

beantrage ich, mir gem. § 51 RVG eine Pauschgebühr in Höhe von ..... Euro zu bewilligen, diese festzusetzen und unter Abzug der bereits geleisteten Pflichtverteidigergebühren auszubezahlen.

Begründung:

Durch Beschluss vom ..... des .....Gerichts bin ich als Pflichtverteidigerin bestellt worden. Vor der Bestellung war ich bereits ab dem ..... tätig.

Die Pflichtverteidigergebühr beträgt, wie sich aus meiner Gebührenrechnung/meinem Festsetzungsantrag/der gerichtlichen Festsetzung vom ..... ergibt ..... Euro. Die Gebühren reichen nicht aus, um meine Tätigkeit in der Sache angemessen zu vergüten.

(Darlegung, weshalb die Sache besonders umfangreich und/oder schwierig war.)

Ich halte daher eine Pauschvergütung in Höhe von ..... Euro für die Tatsacheninstanz und ..... Euro für die Revision für angemessen.

Rechtsanwältin

---

211 BGH RVGreport 2005, 439.

II. Besonderheiten für den Neben- und Privatklägervertreter

1. Nebenklagevertretung

Die Tätigkeit des Nebenklagevertreters ist nicht grundsätzlich von geringerer Bedeutung als jene des Verteidigers.[212] Im Adhäsionsverfahren sind die Gebühren VV 4142–4144 einschlägig. Der beigeordnete Nebenklagevertreter ist auch für das Adhäsionsverfahren beigeordnet, da für ihn nichts anderes gelten kann als für die Verteidiger. 40

2. Privatklagevertretung

Die Privatklage ist erst zulässig, wenn ein Sühneverfahren durchgeführt wurde. Dieses ist noch kein Strafverfahren, sondern eine eigene Angelegenheit, die dem Vorverfahren gleich steht (Vor 4.1.2). Findet ein Sühnetermin statt, so ist VV 4102 Nr. 5 einschlägig; bei einer Einigung über vermögensrechtliche Ansprüche sind zudem VV 1000 und VV 2400 heranzuziehen, die im Privatklageverfahren durch VV 4146 ersetzt werden. Die Voraussetzungen von VV 1008 liegen nicht vor, wenn sich die Privatklage gegen mehrere Beschuldigte richtet. Auch die Widerklage führt zu keiner weiteren Gebühr. 41

III. Gebührenanspruch bei Verfahrensverbindung, Trennung und Verweisungen

Solange Verfahren getrennt geführt werden, fallen in jedem Verfahren die Gebühren (auch Auslagen) gesondert an. Bei **Verfahrenstrennung** erhält der Verteidiger in jedem Verfahren eigenständige Gebühren, indes aber nur einmal die Grundgebühr, wenn er sich vor der Trennung bereits in die abgetrennte Sache eingearbeitet hat.[213] Wird in einer Hauptverhandlung eine Sache abgetrennt und noch am selben Tag in der abgetrennten Sache verhandelt, so fällt die Terminsgebühr erneut an.[214] 42

Umgekehrt fällt ab der **Verfahrensverbindung** nur noch eine einheitliche Gebühr an, da nunmehr eine Angelegenheit vorliegt.[215] Wird eine Sache nach Beginn der Hauptverhandlung in einer anderen Sache hinzuverbunden, so hat, selbst wenn eine Sache nicht aufgerufen wurde, in jeder dieser Sachen eine Hauptverhandlung begonnen und folglich ist die Terminsgebühr in jeder dieser Sachen angefallen.[216] Der erhöhte Umfang des Verfahrensstoffs ist über die Bemessung der Gebührenhöhe nach § 14 RVG zu beachten. Die bis zur Verbindung entstandenen Gebühren bleiben als selbstständige Gebühren erhalten.

Wird eine Sache an ein anderes Gericht der gleichen Instanzenstufe wegen örtlicher, sachlicher oder funktioneller Unzuständigkeit verwiesen oder abgegeben (sog. **Horizontalverweisung**), auch infolge der Zuständigkeitsbestimmung eines höheren Gerichts, besteht der Rechtszug fort (§ 20 S. 1 RVG), sodass der Anwalt die Gebühren nur für diesen Rechtszug fordern kann (§ 15 Abs. 2 S. 2 RVG). Ändert sich durch die Verweisung der Betragsrahmen einer Gebühr, die für den Rechtszug insgesamt anfällt, so ist das höchste Gericht für den Gebührenrahmen der Verfahrensgebühr entscheidend (etwa bei Verweisung an das Landgericht durch das Amtsgericht und umgekehrt).[217] Die Terminsgebühr fällt hingegen stets in der für das tatsächlich zuständige Gericht relevanten Höhe an.[218] 43

---

212 OLG Düsseldorf AnwBl 2000, 113; OLG Hamm AnwBl 1980, 40; a.A. LG Dortmund Rpfleger 1963, 253; LG Karlsruhe DAR 1982, 19; LG Koblenz AnwBl 1978, 362.

213 *Burhoff* RVG Nr. 4100 VV Rn. 28.

214 LG Itzehoe, Beschl. v. 29.10..2007 – 42 Qs 224/07; KG, Beschl. v. 01.11.2006 – 4 Ws 170/06.

215 KG JurBüro 2008, 208; LG Koblenz Rpfleger 2005, 278.

216 LG Kiel, Beschl. v. 05.02.2007 – 31 Qs 6/07; LG Düsseldorf, Beschl. v. 02.08.2006 – XII Qs 134/05; AG Düsseldorf Beschl. v. 31.10.2005 – 113 Ds 90 Js 4851/03.

217 OLG Düsseldorf JurBüro 1982, 1528; OLG Hamm AnwBl 1966, 141; OLG Schleswig JurBüro 1984, 867; OLG Hamburg JurBüro 1990, 478; Bischof/Jungbauer/*Jungbauer* § 20 Rn. 21 ff.; *Burhoff* RVG Straf- und Bußgeldsachen § 20 Rn. 8.

218 Bischof/Jungbauer/*Jungbauer* § 20 Rn. 32.

44 Wird das Verfahren an ein Gericht niedrigerer Ordnung verwiesen oder abgegeben und hat dies den Wechsel des sachlichen oder örtlichen Instanzenzugs zur Folge (sog. **Vertikalverweisung**[219]), so ist das weitere Verfahren ein neuer Rechtszug (§ 20 S. 2 RVG).

▶ **Beispiel**

Das Landgericht hebt ein Urteil des Amtsgerichts auf, weil die erstinstanzliche Zuständigkeit der Strafkammer gegeben ist, und verweist die Sache gem. § 270 StPO an sich.

Die Anrechnungsproblematik aus VV Vorb. 3 Abs. 6, die sich in Verfahren des Teils 3 des VV stellt, gibt es im Strafverfahren nicht.

45 Auch die **Zurückverweisung** hat einen neuen Rechtszug zur Folge (§ 21 Abs. 1 RVG). Sie liegt vor, wenn das Rechtsmittelgericht durch eine den Rechtszug beendende Entscheidung einem in dem Instanzenzug **untergeordneten** Gericht die abschließende Entscheidung überträgt,[220] das kann sowohl das erstbefasste Gericht,[221] aber auch ein anderes Gericht sein, so wenn das Revisionsgericht nach Sprungrevision an das Berufungsgericht verweist oder wenn der Bundesgerichtshof nach §§ 354 Abs. 2, 354a StPO an ein anderes Landgericht verweist. Auch wenn ein Gericht ein Verfahren nach § 206a Abs. 1 StPO einstellt und das Obergericht diesen Beschluss nach § 206a Abs. 2 StPO aufhebt, ist dies eine Zurückverweisung.[222] § 21 Abs. 1 RVG gilt auch, wenn die Sache von einem Verfassungsgericht (Bund oder Land) an ein Bundes- oder Landesgericht zurückverwiesen wird.[223] Nach Zurückverweisung erhält der Verteidiger nicht nochmals die Grundgebühr, da er sich in die Sache nicht nochmals erstmalig einarbeiten muss[224], aber die Verfahrensgebühr.[225] Wird an ein Gericht eines anderen örtlichen oder sachlichen Rechtszugs oder einer anderen Gerichtsbarkeit verweisen (sog. **Diagonalverweisung**) ist nicht § 21 Abs. 1 RVG anzuwenden, sondern § 20 S. 2 RVG.

IV. Vertretung, mehrere Rechtsanwälte oder Auftraggeber

1. Vertretung

46 Der Anwalt ist, von Hilfs- und Zuarbeiten abgesehen, grundsätzlich verpflichtet, seine Dienste in Person zu leisten (§§ 613 S. 1, 675 BGB). Eine Vertretung ist zulässig, wenn sie mit den Mandaten vereinbart ist oder im mutmaßlichen Interesse des Auftraggebers liegt. Durch wen sich der Auftragnehmer ohne gebührenrechtliche Folgen vertreten lassen kann, ist in **§ 5 RVG** geregelt. Vereinzelt wird § 5 RVG als lex specialis angesehen und damit eine Vergütung für nicht in § 5 RVG genannte Vertreter trotz entsprechender Vereinbarung ausgeschlossen.[226] Der **Pflichtverteidiger** darf die Verteidigung ohne Genehmigung des Vorsitzenden ausschließlich seinem nach § 53 BRAO bestellten Vertreter überlassen.[227] Wie es sich mit dem vom Gericht akzeptierten Vertreter verhält ist heillos umstritten. Zivilrechtlich nachvollziehbar ist, dass im Fall der **genehmigten Vertretung** und beim Auftreten eines § 53 BRAO-Vertreters die vom Vertreter verdienten Gebühren (also nur die Ter-

219 Hartung/*Römermann* § 20 Rn. 22.
220 LG Hamburg JurBüro 1983, 1515.
221 AnwK-RVG/*N. Schneider* Vor §§ 20, 21 Rn. 30; a.A. OLG Hamm OLGR 1995, 12; OLG Frankfurt JurBüro 1975, 473 mit der Folge, dass die Verfahrensgebühr anzurechnen sein soll.
222 OLG Koblenz, Beschl. v. 11.09.2019 – 2 Ws 421/19.
223 BGH, Beschl. v. 19.09.2013 – IX ZB 16/11; AnwK-RVG/*N. Schneider* Vor § 20, 21 Rn. 48.
224 KG RVGreport 2005, 343; *Burhoff* Nr. 4100 VV Rn. 29.
225 Die Ansicht des VGH München (Beschl. v. 04.02.2010 – 8 C 09.2276 = JurionRS 2010, 41614) ist abzulehnen, da die Verfahrensgebühr die Arbeit abdeckt, die nicht von den Terminsgebühren erfasst wird; derartige Arbeiten können auch nach Zurückverweisung anfallen. Der Annahme, das Gesetz wolle derartige Arbeiten in eine womöglich bereits abgerechnete Verfahrensgebühr einbezogen wissen, dem steht § 20 S. 2 RVG entgegen. So auch Bischoff/Jungbauer/*Jungbauer* § 20 Rn. 47.
226 OLG Düsseldorf JurBüro 1991, 671 mit abl. Anm. *Mümmler* AnwBl 1991, 272; a.A. auch Gerold/Schmidt/*Madert* § 5 Rn. 11 ff.
227 BGH StV 1981, 393.

minsgebühr) dem Vertretenen zustehen.[228] Für den **als Vertreter bestellte Pflichtverteidiger** hat sich mittlerweile doch die Auffassung durchgesetzt, dass diese nicht nur die Robe des Vertretenen füllt, sondern sich in die Sache jedenfalls teilweise einarbeiten muss, da die Strafprozessordnung vom Leitbild eines stets verteidigungsbereiten Verteidigers ausgeht. Daher ist es gar nicht zulässig, lediglich die Vertretung zu genehmigen, richtigerweise muss das Gericht für den Vertretungstag den Anwalt als (weiteren) Pflichtverteidiger bestellen,[229] sodass ihm die Grund- und auch die Verfahrensgebühr neben der Terminsgebühr zusteht[230].

2. Tätigwerden mehrerer Rechtsanwälte neben- oder hintereinander

§ 6 RVG will lediglich den Fall regeln, dass mehrere Anwälte nebeneinander mit derselben Tätigkeit beauftragt werden. Die Erstattungsfähigkeit der Kosten mehrerer Vertreter wird von § 91 Abs. 2 S. 3 ZPO auf die eines Anwalts beschränkt. Teile von Lit. und Rspr. wollen in umfangreichen und schwierigen Verfahren hiervon abweichen.[231] Bei einem **Anwaltswechsel** sind die Kosten nur erstattungsfähig, wenn der Wechsel notwendig war (§ 91 Abs. 2 S. 3 ZPO). Dies ist der Fall, wenn der Anwalt stirbt, längerfristig erkrankt, aus der Anwaltschaft ausscheidet oder das Verfahren erst nach mehr als zwei Jahren fortgeführt wird, nicht aber, wenn der Mandant das Vertrauen in den Anwalt verloren hat[232] oder dieser als Zeuge benannt wurde. 47

3. Mehrere Auftraggeber

Werden mehrere Auftraggeber in derselben Angelegenheit und hinsichtlich desselben Gegenstands vertreten, erhält der Anwalt die Gebühren nur einmal (§ 7 RVG), es erhöhen sich aber die Mindest-, Höchst- und Festgebühren gem. VV 1008 um 30 % je weiteren Auftraggeber, maximal 100 %. Ein identischer Gegenstand liegt vor, wenn Sachverhalt und Rechtsfolge identisch sind.[233] Das soll für den Beistand mehrere Zeugen in einer Hauptverhandlung der Fall sein, weil das keine andere Konstellation sei als beim Nebenklagevertreter, der mehrere Nebenkläger vertritt.[234] 48

V. Sachlicher Anwendungsbereich

Die Gebührentatbestände der Tabelle gliedern sich in sieben Teile von denen für den Strafverteidiger vor allem Teil 4 – Strafsachen (VV 4100 ff.), Teil 5 – Bußgeldsachen (VV 5100 ff.), Teil 6 – Sonstige Verfahren (VV 6100 ff.) und Teil 7 – Auslagen (VV 7000 ff.) relevant sind. Die Zuordnung zu den Teilen ist nur für **Verfahren vor dem Bundesverfassungsgericht** erwähnenswert. Nach § 37 RVG erhält der Anwalt in strafprozessähnlichen Verfahren Gebühren nach dem 4. Teil, in anderen Verfahren nach dem 5. Teil. Strafprozessähnliche Verfahren (Abs. 1) sind solche, in denen das Bundes- 49

228 LG Potsdam, Beschl. v. 11.05.2011 – 24 Qs 32/11; AG Mettmann, Beschl. v. 31.10.2013 – 31 Ds 421 Js 7911/10 – 418/10.

229 *Burhoff* StraFo 2007, 134 m.w.N.; OLG Köln, Beschl. v. 26.03.2010 – 2 Ws 129/10; im Ergebnis ebenso für das Bußgeldverfahren: LG Wuppertal Beschl. v. 10.05.2010 – 26 Qs 149/10.

230 OLG Zweibrücken, Beschl. v. 07.06.2023 – 1 Ws 105/23; OLG Jena, Beschl. v. 14.04.2021 – (S) AR 62/20; OLG Nürnberg, Beschl. v. 13.11.2014 – 2 Ws 553/14; OLG München, Beschl. v. 27.02.2014 – 4c Ws 2/14 und 23.10.2008 – 4 Ws 140/08 [K]; OLG Karlsruhe, Beschl. v. 09.02.2013 – 2 Ws 13/23; OLG Stuttgart, Beschl. v. 03.02.2011 – 4 Ws 195/10: OLG Thüringen, Beschl. v. 08.12.2010 – 1 Ws 310/10; OLG Hamm, Beschl. v. 05.05.2009; OLG Düsseldorf, Beschl. v. 29.10.2008 – III, 1 Ws 318/08; OLG Hamm, RVGreport 2006, 230; OLG Dresden, Beschl. v. 16.05.2007 – 2 Ws 167/07; OLG Köln, Beschl. v. 15.05.2007; *Burhoff* RVGReport 2014, 42 m.w.N.

231 Nachweis bei Meyer-Goßner/*Schmitt* § 464a Rn. 13, insbes. *K. Schmidt* FS Schäfer, 1979, S. 237, der sich auf den Wortlaut der Verweisnorm § 464a Abs. 2 StPO stützt, der zu den notwendigen Auslagen »auch« und nicht »nur« die Kosten eines Anwalts zählt.

232 OLG Düsseldorf JurBüro 1972, 1106; OLG Hamburg JurBüro 1973, 448.

233 AnwK-RVG/*Schnapp* VV 1008 Rn. 26.

234 OLG Düsseldorf, Beschl. v. 16.09.2009 – 4 Ws 322/09; OLG Koblenz, Beschl. v. 11.07.2005 – 1 Ws 435/05; LG Hamburg, Beschl. v. 04.01.2010 – 619 KLs 4/08.

verfassungsgericht die Regeln der StPO anzuwenden hat. Verfassungsbeschwerden in Zusammenhang mit Strafsachen sind also stets nach § 37 Abs. 2 RVG nach dem 3. Teil abzurechnen.

Ebenfalls, aber nur in Schranken, wird vom RVG die **beratende Tätigkeit** abgegolten, nämlich über die **Erstberatungsgebühr** bzw. die **Gutachtensgebühr** nach § 34 Abs. 1 RVG. Die Erstberatungsgebühr ist auch abzurechnen, falls der Rechtsanwalt nach erfolgter Besprechung das Mandat nicht annimmt oder ihm dieses nicht erteilt wird, da der Anwalt dann keine Grundgebühr oder andere Gebühren des Teil 4 in Rechnung stellen kann, da er nicht als Verteidiger tätig geworden ist oder beauftragt wurde. Verbleibt es bei einem ersten Beratungsgespräch, dann ist der gesetzliche Anspruch in der Regel (gut) ausreichend. Der Anwalt muss allerdings die Gebühr bemessen.[235] Das Amtsgerichts Stuttgart irrt, wenn es VV2100 heranzieht, um zu begründen, dass der Streitwert den ausschlaggebenden Bemessungsgrund darstellen soll. Richtig ist vielmehr, dass der Anwalt auf § 34 RVG zurückgreifen kann, wenn er keine Gebührenvereinbarung abgeschlossen hat. Bemessungskriterien stellt § 34 RVG nicht zur Verfügung. Die Beschränkung auf 190 Euro bei Verbrauchern zeigt, dass der Streitwertgedanke keine Rolle spielen kann, vielmehr mit dem Deckel der Verbraucher geschützt wird, umgekehrt der Anwalt sich dann überlegen kann, wie viel Zeit er in ein Erstberatungsgespräch investiert.[236] Bei umfangreichen Rechtsgutachten oder der Beantwortung komplexer rechtlicher Fragen wird es aber dringend nötig, eine Vergütungsvereinbarung zu schließen.

B. Die Gebührentabelle

50 Die nachfolgende Gebührentabelle umfasst die Teile 4 bis 6 der dem Gesetz anliegenden Tabelle, statt der Mindest- wurde die Mittelgebühr angegeben. Die Erläuterung der Gebühren im Einzelnen und die Darstellung zu den Auslagen (Teil 7) werden im Anschluss an die Tabelle vorgenommen. Dort auch zu den Gebühren im Verfahren vor dem Bundesverfassungsgericht.

	MittelG	HöchstG	Pflichtvert.
Grundgebühr (VV 4100)	220,–	396,–	176,–
+ Zuschlag (VV 4101)	269,50	495,–	216,–
Gebühr für Termin außerhalb HV (VV 4102)	187,–	330,–	150,–
+ Zuschlag (VV4103)	228,50	413,–	183,–
Verfahrensgebühr im vorbereitenden Verfahren (VV 4104)	181,50	319,–	145,–
+ Zuschlag (4105)	221,50	399,–	177,–
Verfahrensgebühren im 1. Rechtszug			
Amtsgericht (VV 4106)	181,50	319,–	145,–
+ Zuschlag (VV 4107)	221,50	399,–	177,–
Strafkammer (VV 4112)	203,50	325,–	163,–
+ Zuschlag (VV 4113)	247,50	440,–	198,–
OLG, Schwurgericht, 74a + 74c GVG (VV 4118)	434,50	759,–	348,–
+ Zuschlag (VV 4119)	529,50	949,–	424,–
Terminsgebühren im 1. Rechtszug			
Amtsgericht (VV 4108)	302,50	528,–	242,–
+ Zuschlag (VV 4109)	368,50	660,–	295,–
+ Gebühr für HV < 5 h (VV 4110)			121,–
+ Gebühr für HV < 8 h (VV 4111)			224,–
Strafkammer (VV 4114)	352,–	16,–	282,–
+ Zuschlag (VV 4115)	429,–	770,–	343,–

235 AG Siegburg, Urt. v. 04.09.2015 – 105 C 34/15.
236 AG Stuttgart, Urt. v. 20.03.2014 – 1 C 4057/12.

	MittelG	HöchstG	Pflichtvert.
+ Gebühr für HV < 5 h (VV 4116)			141,–
+ Gebühr für HV < 8 h (VV 4117)			282,–
OLG, Schwurgericht, 74a + 74c GVG, (VV 4120)	583,–	1.023,–	466,–
+ Zuschlag (VV 4121)	711,–	1.279,–	5697,–
+ Gebühr für HV < 5 h (VV 4122)			2332,–
+ Gebühr für HV < 8 h (VV 4123)			466,–
Verfahrensgebühren im **Rechtsmittelverfahren**			
Berufung (VV 4124)	352,–	0160,–	282,–
+ Zuschlag (VV 4125)	429,–	770,–	343,–
Revision (VV 4130)	676,50	1221,–	551,–
+ Zuschlag (VV 4131)	829,–	1.526,–	663,–
Terminsgebühren im **Rechtsmittelverfahren**			
Berufung (VV 4126)	352,–	616,–	2826,–
+ Zuschlag (VV 4127)	429,–	770,–	343,–
+ Gebühr für HV < 5h (VV 4128)			141,–
+ Gebühr für HV < 5 h (VV 4129)			282,–
Revision (VV 4132)	374,–	616,–	300,–
+ Zuschlag (VV 4133)	451,–	770,–	361,–
+ Gebühr für HV < 5 h (VV 4134)			150,–
+ Gebühr für HV < 5 h (VV 4135)			300,–
Wiederaufnahmeverfahren			
Geschäftsgebühr (VV 4136)	in Höhe der Verfahrensgebühr		
+ Zuschlag (VV 4137)	für den 1. Rechtszug		
Verfahrensgebühren			
Additionsverfahren (VV 4137)	in Höhe der Verfahrensgebühr		
Probationsverfahren (VV 4138)	für den 1. Rechtszug		
Beschwerde (VV 4139)	i.d.H. d. Verfahrensgebühr f. d. 1. Rechtszug		
Terminsgebühr je HVT (VV 4140)	in Höhe der Terminsgebühr		
+ Zuschlag	für den 1. Rechtszug		
Zusätzliche Gebühren			
Vermeidung einer HV (VV 4141), weil	in Höhe der jeweiligen Verfahrensgebühr –		
Nr. 1 Verfahren endgültig eingestellt,	stets ohne Zuschlag; stets Mittelgebühr für Wahlverteidiger		
Nr. 2 Hauptverfahren nicht eröffnet oder			
Nr. 3 bestimmte Rechtsbehelfe rechtzeitig zurückgenommen werden			
Verfahrensgebühr aus Gegenstandswert	gem. § 13 RVG		gem. §§ 13, 49 RVG
Einziehung und verwandte Maßnahmen (VV 4142)	1,0 Gebühr		
Adhäsionsverfahren 1. Instanz (VV 4143)	2,0 Gebühren		
Rechtsmittelinstanz (VV 4144)	2,5 Gebühren		
Einigungsgebühr Privatklage (VV 4146)	1,5 Gebühren		
Gebühren in der **Strafvollstreckung**			
bzgl. bestimmter Maßregeln, Aussetzung zur Bewährung und deren Widerruf			
Verfahrensgebühr (VV 4200)	401,50	737,–	321,–

	MittelG	HöchstG	Pflichtvert.
+ Zuschlag (VV 4201)	493,05	921,–	395,–
Terminsgebühr (VV 4202)	180,–	330,–	158,–
+ Zuschlag (VV 4203)	217,50	4135,–	192,–
sonstige Verfahren			
Verfahrensgebühr (VV 4204)	198,–	330,–	145,–
+ Zuschlag (VV 4205)	223,–	413,–	178,–
Terminsgebühr (VV 4206)	198,–	330,–	145,–
+ Zuschlag (VV 4207)	232,–	4135,–	178,–
Gebühren für **Einzeltätigkeiten** ohne dass Verteidigung/ Vertretung übertragen ist			
Verfahrensgebühr (VV 4300) für zumindest Unterzeichnung einer Schrift			
1. zur Begründung der Revision,			
2. zur Erklärung gegen die zuungunsten des Angeklagten eingelegte Revision,	401,50	37,–	321,–
3. in Verfahren nach §§ 57a, 67e StGB			
Verfahrensgebühr (VV 4301) für			
1. zumindest Unterzeichnung einer Privatklage bzw.			
2. Rechtfertigung oder Entgegnung einer Berufung,	275,–	506,–	220,–
3. Führung des Verkehrs mit Verteidiger,			
4. Beistandsleistung für den Beschuldigte,			
5. Beistandsleistung bei Klageerzwingung,			
6. sonstige Tätigkeiten i.d. Strafvollstreckung			
Verfahrensgebühr (VV 4302) für			
1. Einlegung eines Rechtsmittels,	176,–	319,–	141,–
2. zumindest Unterzeichnung anderer Anträge, Gesuche oder Erklärungen oder			
3. sonstige Beistandsleistungen			
Verfahrensgebühr für die Vertretung in Gnadensachen (VV 4303)	181,50	330,–	
Anwalt als Kontaktperson nach § 34a EGGVG beigeordnet (VV 4304)			3.850,–
Gebühren in **Bußgeldsachen**			
Grundgebühr (VV 5100)	110,–	187,–	88,–
Verfahren vor der Verwaltungsbehörde			
Verfahrens- und **Terminsgebühr** bei Geldbußen von weniger als 60 Euro (VV 5101/5102) je	71,50	121,–	57,–
60 bis 5.000 Euro (VV 5103/5104) je	176,–	319,–	141,–
mehr als 5.000 Euro (VV 5105/5106) je	187,–	330,–	150,–
Verfahren vor dem Amtsgericht			
Verfahrensgebühr bei Geldbußen von weniger als 60 Euro (VV 5107)	65,–	110,–	57,–
60 Euro bis 5.000 Euro (VV 5109)	176,–	319,–	141,–
mehr als 5.000 Euro (VV 5111)	220,–	385,–	1760,–
Terminsgebühr bei Geldbußen von			
weniger als 60 Euro (VV 5108)	143,–	264,–	114,–
60 bis 5.000 Euro (VV 5110)	28,50	517,–	224,–
mehr als 5.000 Euro (VV 5112)	352,–	616,–	282,–

	MittelG	HöchstG	Pflichtvert.
Verfahrens- und Terminsgebühr in der **Rechtsbeschwerde** (VV 5113/5114) je	352,–	616,–	2825,–
Zusätzliche Gebühren			
Gebühr für Erledigung vor Verwaltungsbehörden oder Vermeidung einer HV durch anwaltliche Mitwirkung (VV 5115)	in Höhe der jeweiligen Verfahrensgebühr		
Verfahrensgebühr bei Einziehung und verwandte Maßnahmen (VV 5116)	1,0 Gebühr gem. § 13 RVG		1,0 gem. §§ 13, 49 RVG
Gebühr für **Einzeltätigkeiten** ohne dass Verteidigung/ Vertretung übertragen ist			
Verfahrensgebühr (VV 5200)	71,50	121,–	57,–
Sonstiges			
Verfahrensgebühr für Beschwerde/Erinnerung im **Kostenfestsetzungsverfahren** (VV 3500)	0,5 Gebühren gem. § 13 RVG		0,5 gem. §§ 13, 49 RVG
Mehrheit von Auftraggebern (VV 1008)	Erhöhung des Gebührenrahmens/der Gebühr um 30 % oder 0,3		

I. Gebührenarten, Zuschläge und Begriffe

1. Die Grundgebühr (VV 4100)

Die Grundgebühr entsteht einmalig für das Einarbeiten in den **Rechtsfall**, gleich in welchem Verfahrensabschnitt (Rdn. 26) es erfolgt (VV 4100 Abs. 1) und welches Gericht zuständig wird.[237] Als Rechtsfall ist der Lebenssachverhalt anzusehen, der Gegenstand des Ermittlungsverfahrens ist.[238] Daher sind mehrere Grundgebühren angefallen, wenn der Anwalt in verschiedenen Ermittlungsverfahren tätig wurde, die später verbunden werden.[239] Der Pflichtverteidiger, der nur in einer Sache bestellt ist, kann nach Verbindung der Sachen gleichwohl nur eine Grundgebühr geltend machen (weitergehend zur Verbindung, Trennung und Verweisung von Verfahren Rdn. 42 ff.). 51

Unter **Einarbeiten** fällt das erste Gespräch mit dem Mandanten und (nicht oder!) die Beschaffung der notwendigen Erstinformation,[240] z.B. durch Akteneinsicht.[241] Voraussetzung ist der Abschluss eines **wirksamen Mandatsvertrags oder** die **Bestellung/Beiordnung** durch das Gericht. Kommt es hierzu nicht, obgleich der Anwalt sich eingearbeitet hat, so liegt im Fall eines Erstberatungsgesprächs ein Anspruch nach § 34 RVG vor (s.o. Rdn. 49).

Neben der Grundgebühr fällt (nach Klarstellung des 2. KostRModG) stets auch die Verfahrensgebühr an – soweit insoweit Tätigkeit entfaltet wurde. Ist der Verteidiger auch als Zeugenbeistand tätig geworden, dann erhält er als Zeugenbeistand ebenfalls die Grund- und die Verfahrensgebühr, weil auch das Verfahren gegen gesondert Verfolgte eine andere Angelegenheit im Sinne von § 15 Abs. 2 RVG darstellt[242].

237 BT-Drs. 15/1971 S. 222; auch nach Zurückverweisung entsteht keine neue Grundgebühr – KG, Beschl. v. 08.05.2011 – 1 Ws 134/08.
238 Burhoff, RVG Rn. 24; Beck'OK RVG-*Kotz* VV 4100 Rn. 5.
239 KG, Beschl. v. 23.03.2011 – 2 Ws 83/11 REHA: verschiedene Ermittlungsverfahren, die in einer Akte geführt wurden.
240 BT-Drs. 15/1971 S. 222, 281; OLG Thüringen StraFo 2005, 172.
241 OLG Thüringen StraFo 2005, 172.
242 So auch *Burhoff* RVG Report 2014, 42 m.w.N.

Im Vollstreckungs- und Wiederaufnahmeverfahren fällt die Grundgebühr nicht an, da die VV 4200 ff. eine solche nicht vorsehen[243] und Vorb. 4.1.4 den Anfall ausschließt.

Der Wahlanwalt bemisst die Grundgebühr nicht nach dem später zuständig gewordenen Gericht,[244] sondern alleine danach, wie umfangreich das erste Einarbeiten in die Sache war. Hierzu wird der Umfang der Akten bzw. der Vorwürfe oder die Dauer des Gesprächs relevant. Liegt objektiv eine Kollision vor, die der Anwalt erst nach Einarbeitung erkennt, so kann keine Grundgebühr berechnet werden.[245]

▶ **Beachte**

52 Ist im Ordnungswidrigkeitenverfahren wegen derselben prozessualen Tat bereits eine Grundgebühr (VV 5100) entstanden, so wird diese auf die im Strafverfahren entstehende Grundgebühr angerechnet (VV 4100 Abs. 2).

2. Der Haftzuschlag

53 Der Haftzuschlag entsteht, wenn der Mandant nicht auf freiem Fuß ist. Der Haftgrund ist unerheblich, sodass der Beschuldigte auch in anderer Sache inhaftiert sein kann.[246] Die Unterbringung nach § 47 Abs. 1 Nr. 1 JGG wird ebenso erfasst wie der Aufenthalt in einer Einrichtung der Jugendhilfe zur Vermeidung von Untersuchungshaft, der offene Vollzug oder die Unterbringung in einem Übergangswohnheim,[247] nicht aber eine stationäre Therapie[248] oder der Aufenthalt im betreuten Wohnen.[249] Auch reicht eine vorläufige Festnahme[250], wenn der Verteidiger währenddessen zum Gespräch kommt.

Es kommt darauf an, dass der Mandant zu irgendeinem Zeitpunkt in Haft ist, zu dem Tätigkeiten verrichtet werden, die von einer konkreten Gebühr erfasst werden. Daher reicht es für eine Grundgebühr mit Zuschlag aus, wenn der Mandant, der zwar im Zeitpunkt der Akteneinsicht auf freiem Fuß war, beim ersten Gespräch mit dem Verteidiger inhaftiert ist, da der Haftzuschlag den erschwerten (ersten) Zugang zum Mandanten honoriert.[251] Es kommt aber nicht darauf an, ob tatsächlich Erschwernisse oder Mehraufwendungen entstanden sind.[252]

Die Terminsgebühr fällt mit Zuschlag an, wenn sich der Angeklagte jedenfalls zeitweise während eines Hauptverhandlungstermins (ein solcher endet, wenn der Vorsitzende die Sitzung für geschlossen erklärt) oder dessen unmittelbarer Vorbereitung nicht auf freiem Fuß befindet.[253] Ist der Mandant

243 OLG Schleswig, RVGreport 2005, 70; AG Görlitz, Beschl. v. 26.10.2022 – BwR 8 Ds 140 Js 18795/15 (2).

244 LG Karlsruhe, Beschl. v. 02.11.2005 – Qs 26/05.

245 BeckOK RVG-*Kotz* VV 4100 Rn. 4.

246 OLG Hamm, Beschl. v. 13.10.2009 – 2 Ws 185/09; OLG Oldenburg StV 1996, 165.

247 OLG Thüringen, Beschl. v. 30.01.2009 – 1 Ws 29/09; KG Beschl. v. 05.09.2007 – 1 Ws 122/07; LG Düsseldorf, Beschl. v. 19.12.2013 –. 7 Ks 10 Js 72/12 – 25/12; LG Aachen, Beschl. v. 07.03.2007 – 6 Qs 9/07; a.A. AG Osnabrück Beschl. v. 23.01.008 – 200 Ds (127 Js 391/06) 79/06 und v. 08.03.2006 – 211 Ds (130 Js 8048/05) 184/05.

248 OLG Dresden, Beschl. v. 05.11.2019 – 2 Ws 445/19; OLG München, Beschl. v. 08.01.2008 – 1 Ws 1/08; OLG Bamberg, Beschl. v. 07.09.2007 – 1 Ws 584/07; AG Neuss, Beschl. v. 25.08.2008 – 7 Ds 30 Js 1509/07: weil der Verurteilte die Therapieeinrichtung verlassen darf, um Anwaltstermine wahrzunehmen.

249 OLG Stuttgart, Beschl. v. 27.07.2010 – 5 Ws 120/10; KG, Beschl. v. 29.08.2008 – 1 Ws 212/07.

250 KG RVGprofessionell 2007, 41; AG Heilbronn, AGS 2006, 516.

251 KG, Beschl. v. 10.11.2006 – 4 Ws 166/06.

252 OLG Nürnberg, Beschl. v. 22.10.2012 – 1 Ws 422/12; KG, Beschl. v. 05.12.2006 – 3 Ws 213/06; AG Hanau, Beschl. v. 19.05.2009, 50 Ds 4200 Js 20340/07.

253 Goebel/Gottwald/*Wassen* VV 4109 Rn. 2; OLG Düsseldorf, Beschl. v. 30.12.2010 – III-4 Ws 623/10; OLG Celle, Beschl. v. 04.06.2008 – 1 Ws 306/08; OLG Hamm, Beschl. v. 12.02.2007 – 4 Ws 541/07.

nur zeitweise in Haft gewesen, ist dies für die konkrete Gebührenhöhe der mit Zuschlag anfallenden Gebühren des Wahlverteidigers (§ 14 RVG) unerheblich, da er nicht schlechter stehen darf als der Pflichtverteidiger, der eine Festgebühr erhält.[254]

Der Nebenklägervertreter kann den Haftzuschlag nur verlangen, wenn sein eigener Mandant nicht auf freiem Fuß ist.[255] Wenn ihm Erschwernisse dadurch entstehen, dass der Beschuldigte in Haft ist, so kann er das nur über die Pauschgebühr geltend machen.[256]

3. Die Verfahrensgebühr

Die Verfahrensgebühr gibt es in den verschiedensten Verfahrensstadien und Verfahrensarten. Sie fällt 54
generell für das Betreiben des Geschäfts einschließlich der Information (Vorb. 4 Abs. 2) an.Eine nach außen erkennbare Tätigkeit ist nicht erforderlich, auch eine (interne) Beratung des Mandanten über den Gang des Verfahrens kann ausreichen.[257] Der Streit, ob nur die Verfahrensgebühr oder nur die Grundgebühr anfällt, ist durch das 2. KostRMoG behoben, da der Gesetzgeber nun entschieden hat, dass die Grundgebühr »neben der Verfahrensgebühr« anfällt.[258] Für weitere Einzelheiten s. dort.

4. Die Terminsgebühr

Die Terminsgebühr entsteht für die Teilnahme an gerichtlichen Terminen und soweit das Gesetz es 55
bestimmt (Vorb. 4 Abs. 3 S. 1). Sie erfasst nicht nur die Teilnahme am Termin, sondern auch dessen Vorbereitung.[259] Es reicht aus, wenn der Anwalt (vorübergehend) anwesend ist, ein Verhandeln ist – soweit nicht explizit etwas anderes bestimmt ist – nicht nötig, d.h. der Verteidiger oder ein Zeugen-/Opferbeistand oder der Nebenklagevertreter muss weder Anträge stellen noch zu Fragen Stellung nehmen.[260] Er muss aber physisch anwesend sein, es sei denn, es findet eine Videovernehmung statt, dann reicht es, wenn er sich beim (per Video zugeschalteten) Zeugen oder Angeklagten befindet.

Im Übrigen sind die Terminsgebühren für die Hauptverhandlung und für Termine außerhalb der Hauptverhandlung oder im Ermittlungsverfahren unterschiedlich ausgestaltet, sodass auf die Erörterung dort (unten Rdn. 58 und 64) zu verweisen ist.

5. Zuschläge für Hauptverhandlungen über 5 bzw. 8 Stunden

Der Zuschlag für eine Hauptverhandlung, die Überlänge hat, erhält lediglich der bestellte oder bei- 56
geordnete Pflichtverteidiger, da der Wahlverteidiger den zeitlichen Umfang bei der Bemessung der Gebühr nach § 14 RVG berücksichtigen kann.

Durch das KostRÄG 2021 sind Wartezeiten und Unterbrechungen (auch Pausen) nun geregelt worden (Anl. 1 zum RVG Vorbem. 4.1 Abs. 3). Wartezeiten und Unterbrechungen sind grundsätzlich als Teilnahme zu berücksichtigen. Dies gilt nicht für Wartezeiten und Unterbrechungen, die der Rechtsanwalt zu vertreten hat, sowie für Unterbrechungen von jeweils mindestens einer Stunde, soweit diese unter Angabe einer konkreten Dauer der Unterbrechung oder eines Zeitpunkts der Fortsetzung der Hauptverhandlung angeordnet wurden.

---

254 *Burhoff*/Kindermann Rn. 267.

255 OLG Karlsruhe, Beschl. v. 25.10.2022 – 2 Ws 273/22; OLG Köln, Beschl. v. 16.11.2009 – 2 Ws 550/09; OLG Düsseldorf, Beschl. v. 06.04.2006 – III Ws 161/06; LG Flensburg, Beschl. v. 10.09.2007 – 1 Ks 4/06.

256 OLG Hamm JurBüro 2007, 528; OLG Köln AGS 2010, 72.

257 OLG Braunschweig, Beschl. v. 19.01.2023 – 1 Ws 309/22; OLG Naumburg, Beschl. v. 18.01.2012 – 10 W 67/11 (KFB); VG Frankfurt (Oder), Beschl. v. 12.12.2018 – VG 5 KE 10/18.

258 Anmerkung zum Gesetzentwurf S. 442 f.

259 LG Hamburg, Beschl. v. 08.02.2008 – 631 Qs 2/08; a.A. AG Koblenz, Beschl. v. 13.03.2008 – 2080 Js 36714/07.34 OWi.

260 *Burhoff*/Kindermann Rn. 286.

Das Dilemma, dass Unterbrechungen, auch wenn sie angesagt sind, für den Anwalt schwer nutzbar sind, ist dank mobiler Hotspots bzw. WLAN-Angebote der Justiz und Arbeit am PC deutlich entschärft.

II. Gebührenansprüche im Vorverfahren und gerichtlichen Verfahren (VV 4100 ff.)

57 Die Gebühren im gerichtlichen Verfahren (VV 4100 bis 4146) stehen nur dem im jeweiligen Verfahrensabschnitt tätigen Vollverteidiger und dem ihm gleichgestellten Vertreter oder Beistand von Privat-, Nebenklägern, Einziehungs- oder Nebenbeteiligten, Verletzten, Zeugen oder Sachverständigen zu. Einzeltätigkeiten werden entsprechend Teil 3 (VV 4300–4304) gesondert vergütet. Der für den Termin bestellte Zeugenbeistand übt nach herrschender Rechtsprechung eine Einzeltätigkeit aus.

1. Terminsgebühr für Tätigwerden außerhalb der Hauptverhandlung (VV 4102)

58 Allgemein gilt das unter Rdn. 55 Gesagte. Unerheblich ist außerdem, welches Gericht für die Sache zuständig ist/wird.

a) Gebührentatbestände

59 Die Gebühr für **richterliche Vernehmungen und Augenscheinnahmen** (Nr. 1) wird auch bezahlt, wenn sie durch den ersuchten oder beauftragten Richter erfolgen. Erfasst ist es auch, wenn der Verteidiger am Anhörungstermin im Verfahren gem. § 57 JGG teilnimmt.[261] Es reicht auch aus, wenn der Verteidiger in einem Nebenraum, in dem die Videovernehmung zu sehen ist, anwesend ist.[262] Ein Augenschein von Polizei oder Staatsanwaltschaft ist von Nr. 1 nicht erfasst. Es ist weder für Vernehmungen nach Nr. 1, noch nach Nr. 2 nötig, dass ein Termin anberaumt wurde, es reicht, dass eine Befragung stattfindet.[263]

Zudem werden **Vernehmungen durch die Staatsanwaltschaft oder andere Strafverfolgungsbehörden** (Nr. 2) vergütet. Hierzu gehört die Vernehmung durch Polizei und Finanzbehörden, insbesondere soweit sie Ermittlungsbeamte der Staatsanwaltschaft sind (§§ 386, 399 Abs. 1 AO).

Im Termin, in dem lediglich der Haftbefehl verkündet wird, wird nicht über die **Anordnung oder Fortdauer der Untersuchungshaft oder einstweiligen Unterbringung verhandelt** (Nr. 3), da hierzu mehr als nur die Teilnahme nötig ist: der Verteidiger muss Anträge stellen oder zu Fragen Stellung nehmen und dadurch die Untersuchungshaft abzuwenden versuchen.[264] Das LG Würzburg sieht als Verhandeln die Mitwirkung an einem Entscheidungsprozess durch jegliche sachdienliche Handlungen an, welche die Herbeiführung einer Entscheidung zu fördern geeignet sind. Es soll auch ausreichen, wenn vor Aufruf die Sache mit Staatsanwaltschaft oder Haftrichter erörtert wurde.[265] Im Fall eines Haftbefehls nach § 230 Abs. 2 StPO liegt nach Ansicht des LG Berlin ein Verhandeln sehr nahe.[266] Nicht ausreichend soll es sein, wenn lediglich ein Antrag auf Akteneinsicht gestellt wird und Akten übergeben werden[267] oder wenn der Verteidiger auf seinen Antrag als Pflichtverteidiger beigeordnet wird und seinem Mandanten rät, sich nicht zur Sache zu äußern.[268] Entsprechendes gilt, wenn gem.

261 LG Mannheim, Beschl. v. 02.10.2007 – 7 Qs 37/07.
262 LG Osnabrück, Beschl. v. 17.06.2021 – 2 Qs 34/21.
263 LG Leipzig, Beschl. v. 06.01.2023 – 5 Qs 66/22.
264 OLG Bamberg, Beschl. v. 19.01.2021 – 1 Ws 692/20; OLG Saarbrücken, Beschl. v. 25.06.2014 – 1 Ws 85/14; OLG Thüringen, Beschl. v. 15.10.2013 – 1 Ws 344/13; KG, Beschl. v. 31.10.2008 – (1) 2 StE 6/07–6; OLG Hamm, Beschl. v. 18.12.2005 – 2 (s) Sbd. VIII 224/05; LG Düsseldorf, Beschl. v. 25.8.2022 – 17 Qs 22/22.
265 LG Düsseldorf, Beschl. v. 25.03.2005 – Qs 9/05.
266 LG Berlin, Beschl. v. 08.11.2010 – 524–58/09.
267 OLG Hamm, Beschl. v. 27.10.2020 – 5 RVGs 63/20 und Beschl. v. 28.04.2006 – 2 (s) Sbd. IX, 31/06; a.A. *Burhoff* Nr. 4102 VV Rn. 32.
268 OLG Hamm, Beschl. v. 27.11.2006 – 2 (s) Sbd. IX, 117/06.

§ 128 StPO über den Erlass des Haftbefehls befunden werden soll.[269] Unerheblich ist, in welchem Verfahrensabschnitt die Haftprüfung stattfindet.

Die **Teilnahme an einer Verhandlung im Rahmen des Täter-Opfer-Ausgleichs** (Nr. 4) setzt nicht voraus, dass ein Verfahren nach den §§ 153a Abs. 1 Nr. 5, 155a, 155b StPO stattfindet. Es reicht aus, wenn Verhandlungen in welcher Form auch immer stattgefunden haben oder vorbereitet wurden.[270] Eine kurze telefonische Besprechung oder Emailkommunikation soll die Termingebühr nicht auslösen, da es an der Teilnahme an einem Termin fehlt.[271] Wird jedoch die Hauptverhandlung unterbrochen und ein Täter-Opfer-Ausgleich durchgeführt, entsteht neben der Gebühr für die Teilnahme an der Hauptverhandlung auch eine Gebühr nach Nr. 4102 Ziff. 4 VV RVG.[272] Das Gespräch muss nicht streitig ablaufen, auch ist nicht nötig, dass es zu einem positiven Ergebnis führt und es kommt auch nicht auf den ursprünglichen Zweck des Gesprächs an.[273]

Und schließlich wird auch die Teilnahme am **Sühnetermin nach § 380 StPO** (Nr. 5), der am Anfang des Privatklageverfahrens steht, vergütet.

Nimmt der Verteidiger an einem Termin teil, der nicht in VV 4102 genannt ist (z.B. Hausdurchsuchung, Termin zur Absprache über den Verlauf der Hauptverhandlung, Termin außerhalb der Hauptverhandlung für Gespräche über eine Verfahrensbeendigung nach § 202a StPO, Gutachter-/Explorationstermine[274]), ist strittig, ob VV 4102 analog anzuwenden ist[275] oder nur die Pauschgebühr (Pflichtverteidiger) bzw. Bemessung der Verfahrensgebühr (Wahlverteidiger) weiterhilft. Wird Sinn und Zweck von VV 4102 bedacht, versteht sich eigentlich von selbst, dass der Termin zu bezahlen ist – Überlegungen, ob die Terminswahrnehmung notwendig oder sinnvoll war, sind an anderer Stelle zu diskutieren, wenn überhaupt möglich.

b) Abgeltungsbereich

Finden in derselben Sache[276] und im selben Verfahrensabschnitt[277] **mehrere Termine an einem Tag** 60
statt, so verdient der Verteidiger die Gebühr nur einmal (VV 4102 S. 1); sie ist für den Wahlanwalt allerdings im Rahmen von § 14 RVG höher zu bemessen. **Drei Termine im selben Verfahrensabschnitt** werden durch eine Gebühr abgegolten (VV 4102 S. 2). Dabei ist unerheblich, dass die Termine unter verschiedene Nummer von VV 4102 fallen.[278] **Dauert ein Termin mehrere Tage**, so fällt die Gebühr jeweils erneut an, da der Gesetzgeber implizit davon ausgeht, dass es sich um solche Termine handelt, derer drei an einem Tag bewältigt werden können. Ist dies offensichtlich nicht der Fall, dann bleibt kein Raum für eine Terminsbündelung.

Die Gebührenbeschränkung – sie hat den Zweck Missbräuche durch Terminsanträge (sic!) zu verhindern – ist völlig verfehlt. Sie führt dazu, dass insbesondere Pflichtverteidiger (VV 4103: 137 €) nicht in der Lage sind, z.B. die Teilnahme an einer zweiten Vernehmung kostendeckend zu absolvieren; insbesondere, wenn es gälte sich auf die Vernehmung inhaltlich vorzubereiten. Die harsche

269 KG, Beschl. v. 22.06.2006 – 5 Ws 283/06 und v. 23.06.2006 – 4 Ws 62/06.
270 LG Kiel, Beschl. v. 28.01.2010 – 36 Qs 9/10.
271 AG Darmstadt, Beschl. v. 01.09.2016 – 218 Ds – 1470 Js 37783/14; BT-Drs. 15/1971 S. 223.
272 AG Münster, Beschl. v. 30.04.2007 – 21 Ls. 63 Js 960/04, 248/04.
273 LG Saarbrücken, Beschl. v. 22.01.2015 -3 KLs 3/14; *Burhoff* RVG Nr. 4102 VV Rn. 38.
274 KG, Beschl. v. 20.12.2005 – 4 Ws 160/05.
275 Dafür: LG Hamburg, Beschl. v. 19.10.2020 – 601 Qs 28/20; LG Offenburg, Beschl. v. 31.05.2006 – 1 KLs 16 Js 10008/05; LG Braunschweig, Beschl. v. 06.05.2011 –7 Qs 83/11; AG Freiburg, Beschl. v. 21.12.2010 – 20 Ls 620 Js 8165/05 (Erörterungstermin nach § 202a StPO); Dagegen: OLG Brandenburg, Beschl. v. 12.01.2023 – 2 Ws 156/22 (S); LG Düsseldorf, Beschl. v. 02.11.2009 – 10 Qs 69/09 Besichtigungstermin mit Sachverständigem.
276 Goebel/Gottwald/*Wassen* VV 4102 Rn. 13.
277 KG RVGreport 2006, 151.
278 AnwK-RVG/*N. Schneider*, VV 4102–4103 Rn. 12.

Kritik von Kotz[279] und die Forderung von BRAK und DAV nach einer Gesetzesänderung verdienen Zustimmung – gehört wurden sie bislang nicht.

2. Vorbereitendes Verfahren – Verfahrensgebühr (VV 4104)

61 Unter vorbereitendem Verfahren ist das Ermittlungsverfahren zu verstehen, das in dem Moment beginnt, in dem von einer Behörde eine strafrechtliche Untersuchung eingeleitet wird. Es endet mit Eingang der Anklageschrift oder des Antrags auf Erlass des Strafbefehls bei Gericht, im beschleunigten Verfahren mit Vortrag der Anklage (VV 4104 Anm. S. 1), in Privatklagesachen mit dem Eröffnungsbeschluss[280] oder mit Abgabe an die Verwaltungsbehörde und natürlich mit Einstellung. Wird eine Anklage zurückgenommen und später neu erhoben, ist ein Tätigwerden bis zur zweiten Anklageerhebung im vorbereitenden Verfahren erfolgt.[281] Ist unklar, ob nur wegen einer Ordnungswidrigkeit (hierfür Teil 5 VV) oder (auch) wegen einer Straftat ermittelt wird, wird im Zweifel auch wegen einer Straftat ermittelt.[282]

Die Gebühr gilt die gesamte Tätigkeit des Anwalts in Vorverfahren ab, soweit sie nicht schon von der Grundgebühr erfasst wird, insbesondere wenn der Anwalt weitere Akteneinsicht nimmt (– nicht aber allein das Akteinsichtsgesuch[283]), sich mit dem Mandaten, dessen Familie oder Verfahrensbeteiligten bespricht und den Mandanten berät, Schriftsätze anfertigt, auch wenn er einen Antrag auf Bestellung zum Pflichtverteidiger oder Beiordnung stellt, Information beschafft, wenn er Zeugen befragt oder ein Gutachten einholt, mit Gericht oder Staatsanwaltschaft bzgl. des Erlasses eines Strafbefehls oder über eine Absprache oder der Rücknahme eines Rechtsmittels verhandelt,[284] im Rahmen der Haft und anderen vorläufigen Maßnahmen einschließlich der Beschwerde hierzu tätig wird, Vernehmungstermine und die Hauptverhandlung (str. s. Rdn. 64) vorbereitet.[285]

Sie soll nicht anfallen, wenn ein im Gerichtssaal anwesender Verteidiger (im beschleunigten Verfahren) bestellt, im selben Termin das Urteil verkündet und auf Rechtsmittel verzichtet wird.[286] Für den als Terminsvertreter bestellten Pflichtverteidiger gilt dieselbe Rechtsprechung wie zur Grundgebühr (s. oben Rdn. 46).[287]

3. Gerichtliches Verfahren – 1. Rechtszug

62 Das gerichtliche Verfahren beginnt nach der Definition in der Anm. zu VV 4104 mit dem Eingang der Anklageschrift oder des Antrags auf Erlass eines Strafbefehls bei Gericht oder dem Vortrag der Anklage im beschleunigten Verfahren, bei Übergang vom Bußgeld- ins Strafverfahren durch schriftliche Verfügung oder Hinweis in der Hauptverhandlung. War vorher ein Ordnungswidrigkeitenverfahren anhängig, so muss sich der Verteidiger dort entstandene Gebühren anrechnen lassen.[288]

Die Höhe des Gebührenrahmens hängt grundsätzlich von der Ordnung des Gerichts ab. Dies gilt nicht für die Verfahren vor der Staatsschutzkammer (§ 74a GVG), der Wirtschaftsstrafkammer (§ 74c GVG) und dem Schwurgericht, die den Verfahren vor dem Oberlandesgericht gleichgestellt

279 BeckOK-*Kotz* RVG VV 4102 Rn. 16 ff.
280 Goebel/Gottwald/*Wassen* Vorbem 4.1.2.
281 LG Nürnberg-Fürth, Beschl. v. 13.10.2020 – 7 Qs 56/20; LG Berlin, Beschl. v. 28.12.2016 – 536 Qs 22/16; LG Oldenburg, Beschl. v. 25.06.2008 – 5 Qs 230/08; AG Passau, Beschl. v. 13.08.2019 – 5 Ds 25 Js 1540/17 jug.
282 AnwK-RVG/*N. Schneider*, VV 4104–4105 Rn. 5; *Burhoff* RVG Nr. 4104 VV Rn. 3.
283 LG Saarbrücken, Beschl. v. 21.01.2015 – 6 Qs 190/14.
284 LG Köln, Beschl. v. 03.01.2007 – 111 Qs 30/07.
285 OLG Thüringen Rpfleger 2005, 278.
286 OLG Koblenz RVGreport 2004, 469 und Beschl. v. 11.01.2005 – 1 Ws 717/04 mit abl. Anm. *Burhoff*; a.A. *Burhoff* RVG Nr. 4106 VV Rn. 1.
287 OLG Celle, Beschl. v. 25.08.2006 – 1 Ws 423/06 und Beschl. v. 10.10.2006 – 2 Ws 258/06.
288 Beck'OK RVG-*Kotz* VV 4106 Rn. 7.

werden. Auch Schwurgerichtssachen, die vor der Jugendkammer verhandelt werden, lösen Oberlandesgerichtsgebühren aus. Das Verfahren vor der Jugendkammer und nach Abschnitt 2 StrRehaG wird dem Verfahren vor dem Landgericht zugeordnet (VV 4112 Nr. 1, 2).

a) Verfahrensgebühr (VV 4106, 4112, 4118)

Die Verfahrensgebühr fällt generell für das Betreiben des Geschäfts einschließlich der Information (Vorb. 4 Abs. 2) an. Im ersten Rechtszug werden sämtliche Tätigkeiten vom Abschluss des vorbereitenden Verfahrens bis zur Einlegung eines Rechtsmittels gegen die die Instanz beendende Entscheidung abgegolten, soweit sie nicht von der Grundgebühr oder einer Terminsgebühr erfasst sind und soweit es nicht Tätigkeiten sind, die sich auf Einziehungen und verwandte Maßnahmen (VV 4142) oder vermögensrechtliche Ansprüche (VV 4143) beziehen. Mithin der Schriftverkehr mit Mandaten, Ermittlungsbehörden und Gericht, die Beratung des Mandanten auch über die Erfolgsaussichten eines Rechtsmittels (auch gegen den Strafbefehl), Besuche in der JVA, Akteneinsicht, Tätigkeiten im Haftprüfungsverfahren (nicht Haftprüfungstermine → VV 4102) und im Verfahren über die Eröffnung des Hauptverfahrens, Vorbereitung von Vernehmungsterminen und der Hauptverhandlung, während der Hauptverhandlung die Kenntnisnahme von Urkunden des Selbstleseverfahrens[289], die Einlegung von Rechtsmitteln und die Begründung von Beschwerden, die Stellung von Berichtigungs- und Wiedereinsetzungsanträgen, das Tätigwerden im Hinblick auf die Einstellung des Verfahrens und im Rahmen des Täter-Opfer-Ausgleichs). Wird die Anklageschrift zurückgenommen und sodann erneut Anklage eingereicht, stehen dem Verteidiger zwei gerichtliche Verfahrensgebühren zu, auch wenn der Tatvorwurf identisch ist.[290] Ebenfalls von der Verfahrensgebühr abgedeckt ist das Tätigwerden im Verfahren nach dem StrEG.[291] 63

Die Verfahrensgebühr entsteht auch dann, wenn der Verteidiger erst im einzigen Hauptverhandlungstermin bestellt wird und in diesem Termin Rechtsmittelverzicht erklärt wird, da hierin ein Betreiben des Geschäfts liegt.[292]

b) Terminsgebühr (VV 4108–4111, 4114–4116, 4120–4123)

Während die Vorbereitung der Hauptverhandlung durch die Verfahrensgebühr abgedeckt wird, wird die Vorbereitung des jeweiligen Termins von der Terminsgebühr abgedeckt. Sie entsteht je Hauptverhandlungstag an dem der Verteidiger (vorübergehend) anwesend ist. Die Hauptverhandlung beginnt im ersten Rechtszug mit dem Aufruf der Sache (§ 243 Abs. 1 S. 1 StPO) und endet, wenn der Vorsitzende die Verhandlung schließt. Demnach löst der Termin zur Urteilverkündung ebenfalls eine Terminsgebühr aus. Die Terminsgebühr fällt auch dann an, wenn lediglich der Einspruch gegen den Strafbefehl zurückgenommen wird oder der Verteidiger entpflichtet wird und sodann die Verhandlung verlässt. 64

Die Terminsgebühr entsteht auch, wenn der Verteidiger zu einem anberaumten **Hauptverhandlungstermin** erscheint, dieser aber aus Gründen, die er nicht zu vertreten hat, **nicht stattfindet** (Vorb. 4 Abs. 3). 65

Schuldlos ist der Verteidiger insbesondere, wenn der Angeklagte oder ein Zeuge nicht erschienen oder die Richterbank nicht vollständig besetzt ist, aber auch dann, wenn der Termin abgesetzt wird, weil der Verteidiger noch vor Terminsbeginn auf einen Zeugin hinweist.[293] Ein Termin findet aber auch dann für den Anwalt nicht statt, wenn er kurz vor dem Termin als Pflichtverteidiger abberufen wird.[294]

289 KG, Beschl. v. 07.05.2012 – 1 Ws 31/12.
290 LG Duisburg, Beschl. v. 12.09.2011 – 31 KLs-183 Js 318/10 –39/10.
291 OLG Düsseldorf, Beschl. v. 28.10.2010 – III 5 Ws 17/10.
292 AnwK-RVG N. *Schneider* VV 4106–4107 Rn. 30; *Burhoff* RVG Nr. 4106 VV Rn. 3; a.A. OLG Koblenz, JurBüro 2005, 199.
293 LG Berlin, Beschl. v. 27.10.2009 – 510 Qs 153/09.
294 AG Hagen, Beschl. v. 21.09.2007 – Ls 643 Js 96/05–110/05.

Der Anwalt erhält die Gebühr nicht, wenn er rechtzeitig von der Aufhebung oder Verlegung in **Kenntnis gesetzt** worden ist (Vorb. 4 Abs. 3). Hat der Verteidiger seine Fahrt zum Termin bereits angetreten, so ist die Mitteilung nur dann rechtzeitig, wenn er umkehren und seine Zeit anderweitig nutzen kann.[295] Die teilweise vertretene Ansicht, der Verteidiger müsse körperlich im Gericht sein,[296] ist abzulehnen. Das Gesetz spricht von rechtzeitiger Benachrichtigung. Wäre rechtzeitig alles, was den Verteidiger bis zur Gerichtstür erreicht, dann liefe die Regelung leer. Die vom OLG München dargestellten Abgrenzungsprobleme (reichen wenige Schritte aus der Kanzlei?) wandeln sich zu unbilligen Ergebnissen, wenn man die körperliche Erscheinung im Gericht verlangt: Was, wenn den aus 200 km Entfernung anreisenden Anwalt kurz vor dem Gericht der Anruf der Geschäftsstelle ereilt, durch welchen ihm die Terminsabsetzung mitgeteilt werden soll: entscheidet er sich wegen Regens erst das Gericht zu betreten und dann den Anruf anzunehmen hat er Glück, bleibt er vor dem Gebäude stehen, weil er darin schlechten Empfang hat, dann hat er Pech. Was, wenn er die Nummer des Gerichts erkennt und lossprintet? – imaginär sieht man schon Verteidiger sich wie beim Baseball mit Hechtsprüngen in Gerichtseingänge werfen. Für die Rechtzeitigkeit der Aufhebung oder Verlegung trägt die Staatskasse bzw. das Gericht die Beweislast. Hat der Verteidiger aber nach Dienstschluss eine Verlegung eines am nächsten Tag anberaumten Termins beantragt, so muss er sich vor dem Termin erkundigen, ob dieser noch stattfindet.[297]

Das LG Dortmund befand, dass ein vorverlegter Termin (es ging um eine Haftprüfung) an dem der Anwalt nicht teilgenommen hat, weil der Termin bereits beendet war, als er erschien, einem »geplatzten« Termin, zu dem der Anwalt erschienen ist, gleichzustellen sei.[298]

4. Berufung und Revision (VV 4124–4135)

66 Für den **Verteidiger**, der **in der Vorinstanz tätig** war, zählt die Einlegung des Rechtsmittels noch zur Vorinstanz (§ 19 Abs. 1 Nr. 10 RVG) und wird durch die dort entstehende Verfahrensgebühr abgegolten.[299] Für ihn beginnt das Rechtsmittelverfahren mit der ersten Tätigkeit nach Einlegung; dies kann auch die Rücknahme des Rechtsmittels sein, weil auch die (nicht notwendig nach außen erkennbare) Beratung über ob und gegebenenfalls wie ein Rechtsmittel weiter verfolgt werden soll in den Bereich der Verfahrensgebühr fällt[300]. Die Verfahrensgebühr fällt auch dann an, wenn die Revision mit der allgemeinen Sachrüge begründet wird,[301] selbst wenn dies vor Urteilszustellung geschieht;[302] anders soll es hingegen sein, wenn der Verteidiger der Revision der Staatsanwaltschaft lediglich mit dem Postulat entgegentritt, die Urteilsgründe hielten rechtlicher Nachprüfung stand.[303] Das ist abzulehnen, denn eine solche Bewertung setzt eine rechtliche Auseinandersetzung voraus. Dass es sich um eine Behauptung ins Blaue handeln könnte, wäre darzulegen und zu beweisen. Ebenfalls keine Gebühr fällt – obiter dictu – an, wenn ausnahmsweise naheliegt, dass die Revision (z.B. gegen ein Prozessurteil) völlig sinnlos und nur wegen der Gebühren gegen das Interesse des Mandanten erfolgt ist.[304] Die Verfahrensgebühr soll aber so lange nicht erstattungsfähig sein, wie die Staatsanwaltschaft ihr Rechtsmittel nicht begründet hat, weil so lange ein Tätigwerden nicht notwendig

295 OLG Brandenburg, Beschl. v. 10.08.2022 – 1 Ws 22/22 (S); LG Magdeburg, Beschl. v. 15.04. 2020 – 21 Ks 5/19; *Burhoff*/Kindermann Rn. 296.
296 OLG Naumburg, Beschl. v. 12.08.2020 – 1 Ws (s) 154/20; OLG München, Beschl. v. 23.04.2018 – 6 St K 12/18 und v. 04.08.2014 – 6 St K 22/14 und v. 15. 09.2014 – 6 St K 24/14 und v. 13.11.2007 – 1 Ws 986/07.
297 LG Neuruppin, Beschl. v. 04.05.2009 – 11 Qs 166/08.
298 LG Dortmund, Beschl. v. 09.02.2016 – 34 Qs 7/16.
299 OLG Hamm, Beschl. v. 20.01.2006 – 4 Ws 221/05.
300 OLG Brandenburg, Beschl. v. 26.06.2023 – 2 Ws 87/23; OLG Braunschweig, Beschl. v. 19.01.2023 – 1 Ws 309/22; LG Aurich, Beschl. v. 22.11.2012 – 11 Ks 210 Js 9546/11.
301 KG, Beschl. v. 22.05.2006 – 3 Ws 224/06.
302 OLG Hamm, Beschl. v. 17.08.2006 – 2 Ws 134/06.
303 KG, Beschl. v. 13.02.2006 – 3 Ws 463/05.
304 KG, Beschl. v. 13.06.2006 – 1 Ss 194/06.

ist.[305] Das Kammergericht gesteht zwar zu, dass die Gebühr für den Verteidiger schon anfällt, wenn er beratend tätig wird, der Anwalt solle sich sein Geld dann aber vom Angeklagten holen. Das ist angesichts des Umstandes, dass ein Pflichtverteidiger regelmäßig keine Gebührenvereinbarung mit dem Angeklagten hat, eine hübsch theoretische Vorstellung. Faktisch läuft es darauf hinaus, dass der Anwalt den Angeklagten im Zweifel monatelang vertrösten oder eben pro bono beraten muss. Dem steht außerdem die zutreffende Ansicht des LG Köln entgegen, dass Gespräche mit der Staatsanwaltschaft, um die Rücknahme des Rechtsmittels zu erreichen, die Verfahrensgebühr auslösen.[306]

Für den **Rechtsmittelverteidiger** beginnt das Verfahren bereits mit Einlegung bzw. soweit ein anderer das Rechtsmittel eingelegt hat mit der Aufnahme der Verteidigertätigkeit. In diesem Fall soll die Verfahrensgebühr auch dann entstehen, wenn das Rechtsmittel vor Begründung zurückgenommen wird.[307] Unerheblich für die Verfahrensgebühr ist der Ausgang des Verfahrens – sie entsteht auch bei Verwerfung der Revision als unzulässig nach § 349 Abs. 1 StPO. 67

Ob das Rechtsmittel beschränkt ist, spielt für den Gebührentatbestand keine Rolle. Für die Gebührenhöhe des Wahlverteidigers ist dies bei der Bemessung nach § 14 RVG zu beachten. 68

Die Gebühren für die Berufung gelten auch für die Beschwerdeverfahren nach § 13 StrRehaG (Anm. zu VV4124, 4126).

Da es sich bei Berufung und Revision um eine neue Angelegenheit i.S.d. § 15 Abs. 2 S. 2 RVG handelt, entsteht eine gesonderte Postpauschale.

5. Wiederaufnahmeverfahren (VV 4136–4140)

Das Wiederaufnahmeverfahren stellt einen eigenen Rechtszug dar, in dem jedoch keine Grundgebühr entsteht (Vorb. 4.1.4). Von der gesetzgeberischen Grundkonzeption ist das Wiederaufnahmeverfahren gemäß der §§ 359 ff. StPO in drei Verfahrensschritte aufgeteilt, nämlich dem schriftlichen Additionsverfahren (§§ 359 bis 368 StPO), dem grundsätzlich schriftlichen Probationsverfahren (§§ 369 bis 372 StPO) sowie der Durchführung einer erneuten Hauptverhandlung (§ 373 StPO). Im Verfahren über die Zulässigkeit des Antrags (Additionsverfahren) erhält der Verteidiger ebenso eine Verfahrensgebühr wie im weiteren Verfahren (Probationsverfahren) und im Beschwerdeverfahren. Die anschließende mündliche Verhandlung wird, wie im Verfahren erster Instanz, durch Terminsgebühren abgegolten. Sämtliche Gebühren können mit Zuschlag anfallen, da stets auf die Verfahrensgebühr erster Instanz verwiesen wird und nicht, wie in VV 4141, der Zuschlag ausgeschlossen ist.[308] Für die erneute Verhandlung im ersten Rechtszug fallen für den Verteidiger die Gebühren VV 4100 ff. und 4106 ff. an, die Grundgebühr aber nicht, wenn der Anwalt schon vor Rechtskraft für den Angeklagten tätig war. Wir über die Begründetheit nicht gesondert entschieden, sondern uno actu die Wiederaufnahme aus zulässig und begründet angesehen, dann verdient der Verteidiger gleichwohl auch die Gebühr VV4138, wenn er insoweit tätig geworden ist, etwa durch Würdigung der Beweise.[309] 69

Da die Gebühren in der Regel die aufzuwendende Arbeit nur mangelhaft abgelten, ist es empfehlenswert eine Vergütungsvereinbarung zu treffen.

---

305 OLG Stuttgart, Beschl. v. 22.02.2021 – 2 Ws 246/20; KG, Beschl. v. 19.05.2011 – 1 Ws 168/10; LG Karlsruhe, Beschl. v. 20.01.2010 – 3 Qs 97/09 KO; LG Düsseldorf, Beschl. v. 27.04.2010 – 20 KLs 7/06.

306 LG Köln, Beschl. v. 03.01.2007 – 111 Qs 30/07.

307 KG, Beschl. v. 20.01.2009 – 1 Ws 382/08; Goebel/Gottwald/*Wassen* VV 4124 Rn. 12.

308 Gerold/Schmidt/*Burhoff* Vorb. 4.1.4 Rn. 12; *Hartung*/Römermann Vorbem. 4.1.4 –4140 Rn. 13.

309 LG Arnsberg, Beschl. v. 06.10.2014 – II 2 KIs – 360 Js 176/13 – 38/13.

6. Zusätzliche Gebühren

a) Vermeiden der Hauptverhandlung (VV 4141)

70 VV 4141 honoriert es, wenn **durch anwaltliches Mitwirken** eine Hauptverhandlung entbehrlich wird. Nicht ausreichend ist die Rücknahme der Anklage, wenn das Verfahren dann nicht auch eingestellt wird[310] oder der Wegfall weiterer Hauptverhandlungstage,[311] jedoch reicht es, wenn mit der Hauptverhandlung neu begonnen hätte werden müssen[312] oder wenn zuvor ein Hauptverhandlungstermin verlegt wurde.[313] Eine Hauptverhandlung wird auch dann entbehrlich, wenn der Verteidiger auf den Erlass eines Strafbefehls hinwirkt, nicht aber wenn im Rahmen der Hauptverhandlung von § 153a StPO Gebrauch gemacht und der Angeklagte seine Auflagen erfüllt hat, auch wenn die Nichterfüllung zu einer erneuten Hauptverhandlung geführt hätte.[314] Notwendig ist eine auf die Förderung des Verfahrens gerichtete Tätigkeit (VV 4141 Abs. 2), an deren **Quantität und Qualität** keine hohen Anforderungen zu stellen sind, auch muss der Beitrag nicht ursächlich sein.[315] Gespräche mit der Staatsanwaltschaft[316] oder dem Mandanten[317] und der Antrag auf Verweisung vom Amtsgericht an das Landgericht können ebenso ausreichen wie gezieltes Schweigen,[318] der Hinweis auf Verfolgungsverjährung, aber auch auf den Tod des Beschuldigten reichen aus,[319] auch Ausführungen in einem anderem Verfahren (Verwaltungsverfahren/Bußgeldverfahren, Strafverfahren/Bußgeldverfahren),[320] nicht aber die Meldung als Verteidiger und Akteneinsichtsnahme.[321] Der Gebührenschuldner trägt die **Beweislast** dafür, dass keine Förderung erfolgt ist (VV 4141 Abs. 2).[322] Auch fällt die Gebühr nicht neben der Einigungsgebühr VV 4147 an (VV 4141 Abs. 2). Ist das Verfahren durch einen Strafbefehl abgeschlossen worden, sollte gegenüber der Rechtsschutzversicherung der Hinweis helfen, dass die Gebühr (nach Nr. 3) jedenfalls dann anfallen würde, wenn – fristwahrend – Einspruch eingelegt und dieser dann zurückgenommen würde.

---

310 OLG Köln, Beschl. v. 05.02.2010 – 2 Ws 39/10; Gerold/Schmidt/*Burhoff* VV 4141 Rn. 19; Hartung/Römermann/*Schons*, VV 4141 Rn. 21; Schneider/Wolf, VV 4141 Rn. 82.

311 OLG Köln, Beschl. v. 24.01.2006 – 12 ARs 9/06; a.A.: AG Dessau, Beschl. v. 07.02.2006 – 13 OWi 197/05; für die ausgesetzte Hauptverhandlung.

312 OLG Hamm, Beschl. v. 10.12.2007 – 2 (s) Sbd. IX-155/07; OLG Bamberg, Beschl. v. 16.01.2007 – 1 Ws 856/06; LG Düsseldorf, Beschl. v. 25.09.2006 – IV Qs 66/06; LG Oldenburg, Beschl. v. 21.07.2008 – 5 Qs 268/08; AG Tiergarten, Beschl. v. 29.12.2006 – (321 OWi) 137 PLs 5047/05 (2772/05); AG Wittlich, Beschl. v. 15.08.2006 – 8004 Js 11520/05; AG Bad Urach, Beschl. v. 28.03.2007 – 2 Cs 35 Js 12079/04; a.A. AG München, Urt. v. 11.10.2010 – 275 C 22738/10.

313 BGH, Urt. v. 14.04.2011 – IX ZR 153/10.

314 OLG Nürnberg, Beschl. v. 07.03.2023 – Ws 139/23; LG München I, Beschl. v. 24.11.2021 – 26 Qs 60/21; LG Köln, Beschl. v. 03.01.2007 – 111 Qs 30/07.

315 OLG Stuttgart, Beschl. v. 08.03.2010 – 2 Ws 29/10; OLG Düsseldorf AnwBl 2003, 308; LG Verden, Beschl. v. 29.10.2020 – 4 KLs 461 Js 23425/20 (9/20); LG Arnsberg, Beschl. v. 12.10.2006 – 2 Qs 194/06; LG Stralsund, Beschl. v. 28.04.2005 – 22 Qs 118/05 OWi; LG Hamburg JurBüro 2001, 301; Gerold/Schmidt/*Burhoff* VV 4141 Rn. 10; a.A: KG, Beschl. v. 24.10.2006 – 4 Ws 131/06.

316 LG Köln, Beschl. v. 03.01.2007 – 111 Qs 30/07.

317 LG Duisburg, Beschl. v. 15.12.2005 – 34 Qs 164/05.

318 BGH, Urt. v. 20.01.2011 – IX ZR 123/10; AG Charlottenburg, Urt. v. 11.04.2007 – 215 C 8/07; Gerold/Schmidt/*Burhoff* VV 4141 Rn. 8; AG Achern JurBüro 2001, 304; LG Freiburg AnwBl 1998, 486; nach dem AG Hannover, Beschl. v. 15.08.2022 – 171 AR 15/22 soll es nicht reichen, wenn eine Einlassung als möglich in Aussicht gestellt wird.

319 LG Leipzig, Beschl. v. 19.06.2020 – 2 Qs 8/20 jug.; LG Baden-Baden AGS 2001, 38; LG Mühlhausen StV 2000, 439; LG Schwerin DAR 2000, 333.

320 BGH, Urt. v. 18.09.2008 – IX ZR 174/07; AG Zossen, Beschl. v. 12.11 2008 – 11 OWi 4159 Js-OWi 286/08.

321 Gerold/Schmidt/*Burhoff* VV 4141 Rn. 8.

322 Gerold/Schmidt/*Burhoff* VV 4141 Rn. 12; *Hartung*/Römermann VV 4141 Rn. 30.

Die **Höhe der** zusätzlichen **Gebühr** bemisst sich nach der Verfahrensgebühr des Rechtszugs in dem die Hauptverhandlung vermieden wurde[323], im Vorverfahren prognostisch bei welchem Gericht Anklage erhoben würde, stets ohne Zuschlag. Für den Wahlverteidiger fällt grundsätzlich eine Mittelgebühr als Festgebühr an.[324] Das bestätigt, dass keine intensiven oder umfangreichen Förderungsbemühungen nötig sind. 71

Nicht nur vorläufig eingestellt (**Nr.** 1) ist das Verfahren, wenn es nicht oder nur unter erschwerten Bedingungen wieder aufgenommen werden kann. Das ist der Fall bei Einstellungen nach §§ 153 Abs. 1, 153a Abs. 1, 153b Abs. 1, 153c Abs. 1, Abs. 2, 153d Abs. 1, 153e Abs. 1, 154 Abs. 1, Abs. 2,[325] 154b Abs. 1 bis 3, 154c, 154d S. 3 und 170 Abs. 2 S. 1 StPO. Die Gebühr wird auch ausgelöst, wenn die Staatsanwaltschaft den Strafbefehl zurücknimmt[326] oder das Verfahren nach § 170 Abs. 2 StPO einstellt.[327] Es schadet auch nicht, wenn das Strafverfahren beendet, aber ein Bußgeldverfahren eingeleitet wird, wie nun vom Gesetzgeber klargestellt wurde, der das Wort »Verfahren« durch Strafverfahren ersetzt hat, und ebensowenig, dass das nach § 170 Abs. 2 StPO eingestellte Verfahren später wieder aufgenommen wird. Allerdings soll die Gebühr nicht mehrfach entstehen, so dass eine erneute Einstellung, etwa auch durch das Gericht, gebührenrechtlich leer läuft.[328] 72

Nicht eröffnet (**Nr. 2**) ist das Verfahren auch, wenn das Amtsgericht einen Strafbefehl nicht erlässt.[329] 73

Erledigt sich das Verfahren, weil der Einspruch gegen den Strafbefehl, die Berufung oder Revision zurückgenommen wurde (**Nr. 3**), ist aber bereits ein Termin zur Hauptverhandlung bestimmt gewesen, fällt die Gebühr nur an, soweit die Rücknahme nicht weniger als zwei Wochen vor dem anberaumten Termin erfolgt. Die **Zweiwochenfrist** ist auch dann eingehalten, wenn der Hauptverhandlungstermin verlegt wurde und der Verteidiger den Einspruch etc. zwei Wochen vor dem letzten anberaumten Termin zurücknimmt[330] sowie wenn die Hauptverhandlung aus Gründen ausgesetzt wurden, die der Verteidiger nicht zu vertreten hat, und zwei Wochen vor dem nächsten Termin der Rechtsbehelf zurückgenommen wird.[331] Nicht ausreichend ist die Beratung, die zum Rechtsmittelverzicht führt.[332] 74

Im **Revisions**verfahren ist umstritten, welche Bemühungen der Verteidiger entfaltet haben muss. Teilweise wird vertreten, es sei notwendig, dass das Rechtsmittel begründet wurde, da sonst sowieso keine Hauptverhandlung stattfinden würde[333], von der überwiegenden Rechtsprechung wird vertreten, dass konkrete Anhaltspunkte dafür vorliegen, dass eine Hauptverhandlung durchgeführt worden

323 AG Hamburg, Beschl. v. 07.06.2006 – 123a Wi 4004 Js OWi 363/05 (4/05).

324 KG, Beschl. v. 30.09.2011 – 1Ws66/09; LG Saarbrücken, Beschl. v. 05.02.2015 – 6 Qs 7/15; LG Dresden, Beschl. v. 28.10.2010 – 5 Qs 164/10; LG Verden, Beschl. v. 07.04.2008 – 1 Qs 166/07; LG Köln, Beschl. v. 03.01.2007 – 111 Qs 30/07; AG Hamburg, Beschl. v. 07.06.2006 – 123a Wi 4004 Js OWi 363/05; AG Karlsruhe, Beschl. v. 04.09.2008 – 4 OWi 308/08; a.A.: LG Leipzig, Beschl. v. 24.09.2009 – 1 Qs 262/09.

325 LG Nürnberg-Fürth, Beschl. v. 06.07.2022 – 12 KLs 503 Js 1439/14; AG Rheinbach JurBüro 2002, 469 (auch wenn sich Bußgeldverfahren anschließt); AG Rendsburg StraFo 1998, 323.

326 LG Osnabrück AGS 2000, 181.

327 AG Tiergarten, Beschl. v. 26.02.2014 – 257 Ds, 261 Js 2796/12 (54/13).

328 AG Lemgo, Beschl. v. 16.04.2012 – 25, Ds 41 Js 1894/08 –542/09).

329 AA.A. AG Rosenheim, Beschl. v. 26.08.2014 – 8 Cs Js 25786/12.

330 AG Rendsburg StraFo 1988, 323; *Meyer* JurBüro 2002, 19.

331 LG Bonn JurBüro StV 2003, 180; LG Saarbrücken JurBüro 2001, 302.

332 OLG Nürnberg, Beschl. v. 20.05.2009 – 2 Ws 132/09.

333 OLG Karlsruhe, Beschl. v. 07.08.2017 – 2 Ws 176/17; OLG Hamm, Beschl. v. 17.07.2006 – 2 Ws 134/06; OLG Bamberg, Beschl. v. 22.03.2006 – 1 Ws 142/06; KG RVGreport 2005, 352; LG Braunschweig, Beschl. v. 08.06.2011 –2 KLs 63/10.

wäre[334], teilweise darüber hinaus, dass eine Revisionshauptverhandlung anberaumt wurde[335], auch wird betont, der Anwalt müsse sich inhaltlich mit der Sache auseinandergesetzt haben, da sonst keine Mitwirkung vorläge.[336] Nur von wenigen Stimmen wird vertreten, dass auch die Rücknahme nach Einlegung ohne weitere Begründung ausreiche.[337] Da beim Bundesgerichtshof über Revisionen der Staatsanwaltschaften stets durch Hauptverhandlung entschieden wird[338], reicht es in diesen Falle aber aus, wenn der Verteidiger eine substantiierte Gegenerklärung abgibt.[339]

Nach Abs. 2 der Anmerkung ist ein Beitrag zur Förderung des Verfahrens notwendig. Damit wird die Formulierung des § 84 Abs. 2 S. 2 BRAGO übernommen. Beweisbelastet dafür, dass keine Förderung des Verfahrens erfolgt ist, ist der Gebührenschuldner.[340] Für diesen wird der Anscheinsbeweis der nicht begründeten Revision sprechen.

Das 2. KostRMoG hat die Rechtsprechung[341] umgesetzt, dass der Verteidiger auch dann die Zusatzgebühr bekommt, wenn er im Strafbefehlsverfahren daran mitwirkt, dass im schriftlichen Verfahren nach § 411 Abs. 1 S. 3 StPO entschieden werden kann (VV 4141 Abs. 1 Nr. 4).

b) Einziehung und verwandte Maßnahmen (VV 4142)

75 Durch die Gebühr werden Tätigkeiten des Rechtsanwalts vergütet, die darauf gerichtet sind, dem Beschuldigten erhaltenswerte Vermögensgegenstände zu sichern[342]. Der Einziehung **verwandte Maßnahmen** sind nach der am 01.07.2017 in Kraft getretenen Reform der strafrechtlichen Vermögensabschöpfung und der damit verbundenen Neufassung der §§ 73 ff. StGB alle Fälle der Einziehung nach §§ 73 ff. StGB, einschließlich der Wertersatzeinziehung nach § 73c StGB, mithin Vernichtung, Unbrauchbarmachung und Beseitigung eines gesetzwidrigen Zustandes (§ 4392 StPO), Abführung des Mehrerlöses oder die der Abführung vorausgehende Beschlagnahme (VV 4142 Abs. 1).[343] Dabei kommt es nach der herrschenden Auffassung nicht (mehr) darauf an, ob die angeordnete Einziehung Strafcharakter hat oder allein der Entziehung der durch die (zur Last gelegte) Straftat erlangten

334 OLG Celle, Beschl. v. 20.05.2019 – 2 Ws 141/19; KG, Beschl. v. 04.05.2006; OLG Braunschweig RVGreport 206, 228 und Beschl. v. 21.07.2011 – Ws 178/11; OLG Brandenburg, Beschl. v. 14.03.2007 – 1 Ws 257/07; OLG Düsseldorf Beschl. v. 09.10.2007 – III-2 Ws 228/07; OLG Hamm, Beschl. v. 28.03.2006 – 1 Ws 203/06 und v. 20.06.2006 – 4 Ws 144/06; OLG Koblenz, Beschl. v. 15.05.2008 – 1 Ws 229/08; OLG Köln, Beschl. v. 18.04.2008 – 2 Ws 164/08; OLG Thüringen, Beschl. v. 20.11.2006 – 1 Ws 254/06; OLG Naumburg, Beschl. v. 17.06.2013 – 1 W 335/13; OLG Oldenburg, Beschl. v. 03.11.2010 – 1 Ws 434/10; OLG Rostock, Beschl. v. 06.03.2012 – I Ws 62/12 (RVG); OLG Stuttgart, Beschl. v. 09.02.2007 – 1 Ws 34/07; OLG Zweibrücken, Beschl. v. 17.05.2005 – 1 Ws 164/05; LG Freiburg, Beschl. v. 24.03.2009 – 2 KLs 630 Js 33575/07; LG Lüneburg, Beschl. v. 16.01.2008 – 26 Ws 10/08.

335 OLG München, Beschl. v. 16.10.2012 – 4 Ws 179/12 (K).

336 OLG Nürnberg, Beschl. v. 30.09.2010 – 2 Ws 431/10; LG Göttingen, Beschl. v. 20.12.2005 – 2 KLs 4/05.

337 OLG Düsseldorf, Beschl. v. 12.09.2005 – III-1 Ws 288/05; LG Aschaffenburg, Beschl. v. 02.05.2018 – Qs 44/18; LG Hagen RVGreport 2006, 229.

338 Soll der Revision stattgegeben werden, dann kann weder nach § 349 Abs. 2 noch nach Abs. 4 verfahren werden, soll sie verworfen werden, so wird nach Rechtsbrauch selbst dann nicht nach Abs. 2 verfahren, wenn der GBA beantragt die Revision einer (Landes-) Staatsanwaltschaft zu verwerfen.

339 KG, Beschl. v. 17.12.2008 – 1 Ws 345/08.

340 KG, Beschlüsse v. 30.09.2011 – 1 Ws 66/09KG und 17.12.2008, AGS 2009, 324; AG Saarbrücken AGS 2006, 126 f.

341 AG Köln, Urt. v. 10.09.2007 – 142 C 231/07; AG Darmstadt, Beschl. v. 22.04.2008 – 217 Cs 121 Js 24030/07; a.A. LG Darmstadt, Beschl. v. 25.06.2008 – 3 Ws 279/08.

342 BGH, Urt. v. 08.11.2018 – III ZR 191/17; Toussaint/Felix, KostenR, 51. Aufl., VV 4142 RVG, Rn. 2.

343 *Burhoff* in Gerold/Schmidt, RVG, 25. Aufl., VV 4142 Rn. 7; Toussaint/Felix, a.a.O., Rn. 4; BeckOK-RVG/*Knaudt*, Stand 01.06.2021, VV 4142 Rn. 3; a.A. OLG Frankfurt, Beschl. v. 10.10.2019 – 2 Ws 48/19, BeckRS 2019, 44499.

unrechtmäßigen wirtschaftlichen Vorteile dient.[344] Auch ist die Entstehung der Verfahrensgebühr davon unabhängig, ob die Vermögensabschöpfung (auch) der Entschädigung von Tatverletzten dient.[345] Erfasst wird auch der dingliche Arrest.[346]

Nicht erfasst werden der Verfall einer zur Abwendung der Untersuchungshaft geleisteten Sicherheit, die Beschlagnahme von Sachen als Beweismittel, die Vermögensbeschlagnahme (§§ 290, 443 StPO), die Rückerstattung des Mehrerlöses nach § 9 WiStG (wird durch die Verfahrensgebühr VV 4143, 4144 abgegolten) und die Durchsetzung von Ansprüchen nach dem StrEG (auch hierfür gelten die Verfahrensgebühren des VV 4143, 4144; str.).[347] Die Einziehung muss nicht beantragt worden sein, es reicht aus, wenn sie nach Lage der Sache in Betracht kommt[348] oder in der Hauptverhandlung zur Sprache kommt und der Verteidiger sich mit der außergerichtlichen Einziehung einverstanden erklärt oder die Bestrafung abzuwenden sucht, er braucht nicht zielgerichtete gegen die Einziehung vorgehen, es reicht, wenn der Mandat hierzu beraten wird.[349] Ist in der Rechtsmittelinstanz nur mehr die Einziehung oder eine verwandte Maßnahme Gegenstand, fällt die Zusatzgebühr dennoch an.[350]

Die zusätzliche Wertgebühr bestimmt sich aus dem Gegenstandswert nach Anlage 2 zum RVG und kann in jedem Rechtszug anfallen (VV 4142 Abs. 3). Der Gegenstandswert entspricht dem objektiven Verkehrswert, nicht einem späteren Versteigerungserlös,[351] und muss **mindestens 30 Euro** betragen (VV 4142 Abs. 2). Entscheidend ist die Aktenlage, nicht der Schlussvortrag des Staatsanwalts.[352] Bei mehreren Beschuldigten ist jedem der volle Wert zuzurechnen.[353] Falschgeld, gefälschte Ausweise und Betäubungsmittel[354] haben keinen Wert, Streckmittel[355] und unverzollte, unversteuerte Zigaretten schon (str.).[356] Die Abgrenzung soll in Bezug auf legale Verwertungsmöglichkeiten erfolgen, wogegen *N. Schneider* zurecht einwendet, dass dann auch das gestohlene Auto keinen Wert habe.[357] Beim dinglichen Arrest nach §§ 111b Abs. 2, 111d StPO ist im Regelfall von 1/3 des zu sichernden

---

344 *Burhoff* in Gerold/Schmidt, a.a.O., Rn. 7; LG Aachen, Beschl. v. 01.04.2021 – 60 Qs 7/21.

345 KG, Beschl. v. 06.03.2019 – 1 Ws 31/18, BeckRS 2019, 10399, Rn. 6.

346 BGH, Beschl. v. 08.11.2018 – III ZR 191/17; OLG Stuttgart, Beschl. v. 22.04.2014 – 1 Ws 212/13 m.w.N.

347 LG Saarbrücken, Beschl. v. 10.01.2012 – 2 Qs 18/11; KG RVGreport 2008, 429; OLG Köln, Beschl. v. 22.11.2006 – 2 Ws 614/06; LG Chemnitz, Beschl. v. 08.01.2008 – 310 Js 844/07; LG Saarbrücken, Beschl. v. 10.01.2012 – 2 Qs 18/11.

348 OLG Braunschweig, Beschl. v. 01.03.2022 – 1 Ws 38/22; OLG Dresden, Beschl. v. 14.02.2020 – 1 Ws 40/20; KG, Beschl. v. 08.11.2019 – 1 Ws 53/19; OLG Stuttgart, Beschl. v. 24.08.2010 – 5 Ws 151/10.

349 OLG Bamberg, Beschl. v. 27.11.2006 – 1 Ws 705/06; OLG Koblenz, Beschl. v. 13.02.2006 – 2 Ws 98/06; LG Aschaffenburg, Beschl. v. 09.10.2006 – Qs 28/06; LG Berlin, Beschl. v. 01.03.2005 – 512 Qs 21/05; LG Hamburg, Beschl. v. 15.02.2012 – 621 Qs 60/11; LG Kiel, Beschl. v. 12.02.2007 – 1 KLs 12/06 593 Js 45414/05; OLG Oldenburg, Beschl. v. 03.12.2009 – 1 Ws 643/09.

350 OLG Hamm, Beschl. v. 13.12.2011 – III-3 Ws 338/11.

351 OLG Bamberg, Beschl. v. 27.11.2006 – 1 Ws 705/06; LG Aschaffenburg, Beschl. v. 09.10.2006 – Qs 28/06.

352 OLG Karlsruhe, Beschl. v. 23.08.2007 – 3 Ws 267/07; OLG Oldenburg, Beschl. v. 03.12.2009 – 1 Ws 643/09; LG Magdeburg, Beschl. v. 07.12.2007 – 26 Qs 250/07.

353 OLG Bamberg, Beschl. v. 27.11.2006 – 1 Ws 705/06; LG Aschaffenburg, Beschl. v. 09.10.2006 – Qs 28/06.

354 OLG Düsseldorf, Beschl. v. 20.07.2010 – III-1 Ws 183/10; OLG Hamm, Beschl. v. 29.03.2007 – 3 Ws 44/07 und v. 03.02.2005 – 2 Ws 306/04; OLG Frankfurt, Beschl. v. 15.11.2006 – 2 Ws 137/06; OLG Koblenz RVGreport 2006, 91; KG, Beschl. v. 18.07.2005 – 5 Ws 256/05; LG Göttingen Beschl. v. 12.10.2005 – 2 KLs 20/05.

355 OLG Schleswig, Beschl. v. 15.08.2006 – 42 Ws 318/06.

356 LG Hof Beschl. v. 15.11.2007 – 4 KLs 172 Js 14245/07; LG Essen, Beschl. v. 02.06.2006 – 23 Qs 74/06; a.A. OLG Frankfurt, Beschl. v. 09.02.2022 – 2 Ws 33/21; OLG Brandenburg, Beschl. v. 19.01.2010 – 2 Ws 79/09; LG Berlin Beschl. v. 13.10.006 – 536 Qs 250/06.

357 AG Frankfurt am Main, Beschl. v. 10.05.2022 – 989 Ds 955 Js 18304/19; AnwK-RVG/*N. Schneider* VV 4142 Rn. 32.

Hauptanspruchs auszugehen.[358] Für die Einziehung der Fahrerlaubnis setzt das AG Freiburg den Regelgegenstandswert von 5.000 Euro an[359], wohingegen das OLG Koblenz, das LG Amberg und das AG Frankfurt/Main den Anwendungsbereich als nicht eröffnet ansehen.[360]

c) *Vermögensrechtliche Ansprüche des Verletzten oder seiner Erben (VV 4143- 4146)*

76 Diese Gebührentatbestände gelten für das Adhäsionsverfahren. Die Bestellung des Pflichtverteidigers umfasst nach Meinung des Bundesgerichtshofs auch die Tätigkeit im Adhäsionsverfahren (vgl. auch Rdn. 22[361]). Ob VV 4143 analog für die Tätigkeit im Entschädigungsverfahren nach dem StrEG gilt, ist strittig.[362]

Die Gebühr im Rechtsmittelverfahren erhält der Anwalt nur, wenn die Ansprüche bereits in der ersten Instanz anhängig waren (Anm. Abs. 1 zu VV 4143). Der Gegenstandswert berechnet sich nach §§ 22 ff. RVG. Wird ein bezifferter Ersatzanspruch geltend gemacht, so ist dieser Betrag maßgebend (§ 23 Abs. 1 S. 1 RVG, § 48 Abs. 1 S. 1 GKG, § 3 ZPO). Wird eine Geldrente wegen Tötung oder Körperverletzung verlangt, ist der fünffache Betrag des einjährigen Bezuges maßgebend, sofern der Gesamtbetrag der geforderten Leistung nicht geringer ist (§ 42 Abs. 2 S. 1 GKG). Es mindert den Gebührenwert im Übrigen nicht, wenn nur über den Grund des Anspruchs entschieden worden ist.[363]

Wirkt der Anwalt im Adhäsionsverfahren an der **Einigung** hinsichtlich der genannten Ansprüche mit, so verdient er eine Einigungsgebühr nach VV 1003, erfolgt eine solche Einigung, ohne dass oder ehe ein Adhäsionsantrag gestellt wurde, gilt VV 1000.

77 Sieht das Gericht von einer Entscheidung über den Adhäsionsantrag ab, weil dieser unzulässig, unbegründet oder zur Erledigung im Strafverfahren nicht geeignet erscheint (§ 406 Abs. 1 StPO), hat das Gericht zu prüfen, ob nicht zumindest ein Grund- oder Teilurteil in Betracht kommt, um dem Opfer die Durchsetzung seiner berechtigten Ansprüche zu erleichtern. Will es davon absehen, so muss dies durch Beschluss geschehen, gegen den unter den Voraussetzungen des § 406a Abs. 1 StPO die sofortige **Beschwerde** zulässig ist. Die Tätigkeit in diesem Beschwerdeverfahren ist dann gem. **VV 4145** zu vergüten.

78 Gemäß VV 4146 erhält der Anwalt eine Verfahrensgebühr im Verfahren über einen Antrag auf gerichtliche Entscheidung oder über die Beschwerde gegen eine den Rechtszug beendende Entscheidung nach § 25 Abs. 1 S. 3–5, § 13 StrRehaG.

III. Gebühren in der Strafvollstreckung (VV 4200 ff.)

79 Der Anwendungsbereich ist in VV 4200 aufgeführt. Erfasst sind danach Verfahren über die Erledigung oder Aussetzung der Maßregel der Unterbringung in der Sicherungsverwahrung, einem psychiatrischen Krankenhaus oder in einer Entziehungsanstalt, die Aussetzung des Restes einer zeitigen Freiheitsstrafe oder einer lebenslangen Freiheitsstrafe oder den Widerruf einer Strafaussetzung zur Bewährung oder den Widerruf der Aussetzung einer Maßregel der Besserung und Sicherung zur Bewährung sowie Verfahren nach § 35 BtMG. Kein Fall der Strafvollstreckung ist aber das weitere Verfahren nach §§ 23 EGGVG ff. wenn § 35 BtMG abgelehnt wird und das Verfahren nach § 57

358 OLG Hamm, Beschl. v. 10.01.2008 – 3 Ws 323/07; OLG Köln, Beschl. v. 10.09.2009 – 2 Ws 370/04; OLG München, Beschl. v. 16.08.2010 – 4 Ws 114/10 (K).

359 AG Freiburg, Beschl. v. 06.11.2020 – 4 C 1193/20; a.A. LG Amberg, Beschl. v. 18.5.2022 – 11 Qs 9/22.

360 OLG Koblenz, Beschl. v. 13.02.2006 – 2 Ws 98/06; LG Amberg, Beschl. v. 18.5.2022 – 11 Qs 9/22; AG Frankfurt am Main, Beschl. v. 03.03.2023 – 993 Cs 443 Js 2095/20 (41/23).

361 BGH, Beschl. v. 27.07.2021 – 6 StR 307/21.

362 BGH, Beschl. v. 16.10.2023 – 6 StR 198/22.

363 Dagegen: OLG Düsseldorf, Beschl. v. 28.10.2010 – III 5 Ws 17/10; OLG Frankfurt, Beschl. v. 26.04.2007 – 2 Ws 36/07. Dafür: AnwK-RVG/*N. Schneider* VV 4143–4144 Rn. 8; *Burhoff* RVG VV 4143 Rn. 5.

JGG.[364] Die Festsetzung der Mindestverbüßungsdauer bei einer lebenslangen Freiheitsstrafe fällt in den Anwendungsbereich von VV 4200 Nr. 2.[365] Das Verfahren über die befristete Wiederinvollzugsetzung einer ausgesetzten Unterbringungsmaßregel nach §§ 63, 64 StGB (Krisenintervention gemäß § 67h StGB) ist kostenrechtlich als Teil des Verfahrens über den Widerruf der Maßregelaussetzung nach Nr. 4200 Nr. 3 VV-RVG anzusehen.[366]

Die Vollstreckung des rechtskräftigen Urteils ist nicht notwendig eine einzige Angelegenheit. Vielmehr sind z.B. ein wiederholtes Widerrufsverfahren bzw. Überprüfungsverfahren nach § 67e StGB jeweils eine gesonderte Angelegenheit. Das Beschwerdeverfahren gegen den Widerruf ist hingegen keine neue Angelegenheit.[367] Allerdings entsteht die Gebühren besonders (Vorb. 4.2).

Die vollumfängliche Tätigkeit in Verfahren nach §§ 57a, 67e StGB stellt keine Einzeltätigkeit dar,[368] auch dann nicht, wenn der Verteidiger erst im Widerrufsverfahren mandatiert wurde,[369] sodass im Verfahren über die sofortige Beschwerde gegen den Widerruf der Strafaussetzung die Gebühr VV 4200 Nr. 3 und nicht 4302 entsteht.[370]

Eine Grundgebühr ist nicht vorgesehen.[371] Daher entsteht die Verfahrensgebühr bereits, wenn der Anwalt die erste Information zur Sache entgegennimmt. Die Terminsgebühr nach VV 4202, 4203 entsteht innerhalb einer strafvollstreckungsrechtlichen Angelegenheit nur einmal, gleich wie viele Termine stattfinden.[372] Zurecht weist das OLG Hamm darauf hin, dass dies wegen des eindeutig zu VV 4108 etc. unterschiedlichen Wortlauts nicht anders gesehen werden kann, obwohl davon auszugehen ist, dass der Gesetzgeber das so nicht gewollt hat.[373]

IV. Einzeltätigkeiten (VV 4300 ff.)

1. Anwendungsbereich, Höhe und Anrechnung

Gebühren für Einzeltätigkeiten erhält, wer in einer Angelegenheit nicht vollumfänglich tätig wird, **80**
also auch, wenn der Auftrag endet, nachdem lediglich eine Einzeltätigkeit erledigt wurde (Vorb. 4.3 Abs. 1 und 4), und wer zusätzliche Tätigkeiten entfaltet, die nicht durch Verteidigergebühren abgegolten sind.[374] Eine Einzeltätigkeit liegt auch dann nicht vor, wenn ein Verteidiger lediglich für einen Tag als Pflichtverteidiger bestellt wird.[375]

Durch das KostRÄG 2021 wurde klargestellt, dass der nach § 68b StPO beigeordneter **Zeugenbeistand** eine Einzeltätigkeit verrichtet, auch der Verteidiger, der nur für die Eröffnung eines Haftbefehls bestellt wird, übt eine Einzeltätigkeit aus.[376]

---

364 OLG Zweibrücken, Beschl. v. 29.09.2010 – 1 VAs 1/10; LG Mannheim, Beschl. v. 02.10.2007 – 7 Qs 37/07.
365 KG, Beschl. v. 01.06.2011 – 1 Ws 39/11.
366 OLG Dresden, Beschl. v. 03.07.2012 – 2 Ws 278/12.
367 LG Düsseldorf, Beschl. v. 20.03.2007 – 20 Qs 32/07; a.A. AnwK-RVG/*N. Schneider* VV 4100–4207 Rn. 6.
368 Für § 67e StGB: KG NStZ-RR 2005, 127; OLG Schleswig RVGreport 2005, 70; OLG Thüringen, Beschl. v. 22.02.2006 – 1 Ws 228/05.
369 OLG Frankfurt NStZ-RR 2005, 253.
370 OLG Frankfurt, Beschl. v. 31.05.2005 – 2 Ws 45/05; LG Düsseldorf, Beschl. v. 20.03.2007 – 20 Qs 32/07.
371 OLG Schleswig RVGreport 2005, 70; KG RVGreport 2005, 102 und Beschl. v. 29.08.2008 – 1 Ws 212/07.
372 OLG Hamm, Beschl. v. 13.08.2007 – 2 (s) Sbd. IX-111/07; KG, Beschl. v. 26.05.2006 – 5 Ws 258/06.
373 OLG Hamm, Beschl. v. 13.08.2007 – 2 (s) Sbd. IX-111/07.
374 Gerold/Schmidt/*Burhoff* Vorb. 4.3 VV Rn. 6; LG Potsdam NStZ-RR 2003, 383.
375 OLG Stuttgart, Beschl. v. 23.01.2023 – 4 Ws 13/23.
376 OLG Dresden, Beschl. v. 16.05.2007 – 2 Ws 167/07; LG Leipzig, Beschl. v. 11.06.2007 – 7 KLs 430 51464/05; OLG Hamm RVGreport 2006, 230.

Die Gebühren für Einzeltätigkeiten fallen stets nur bis zur Höhe der Gebühren eines mit der gesamten Angelegenheit beauftragten Anwalts an (§ 15 Abs. 6 RVG). Erhält der Anwalt später einen allgemeinen Auftrag, so sind die Gebühren für Einzeltätigkeiten anzurechnen (§§ 15 Abs. 5, 15a RVG).

2. Die Gebührentatbestände

81 **VV 4300 Nr. 1** fällt auch an, wenn die Revisionsbegründung den Zulässigkeitsanforderungen nicht genügt.[377] Wird die Revision vom Verteidiger der Vorinstanz begründet, ohne dass er damit beauftragt war, liegt eine Einzeltätigkeit vor.[378]

VV 4300 Nr. 2 erhält der Anwalt, der nur den Auftrag zur Fertigung der Entgegnung bekommen hat, aber auch derjenige, der bereits die Revisionsbegründung gefertigt hat, ohne den sonstigen Vertretungsauftrag bekommen zu haben.

Die Regelungen Nr. 1 und 2 sind eher theoretisch, da in der Praxis der Anwalt regelmäßig keine Einzelaufträge erhält und das auch tunlichst unterlassen sollte, da der Mandant seine Fragen mit Sicherheit nicht auf den Einzelauftrag begrenzen wird (z.B. Fragen zum weiteren Verfahrensablauf, falls die Revision scheitern sollte). Als Pflichtverteidiger wird man auch nicht für eine Einzeltätigkeit bestellt. Zudem ist es wenig professionell, eine Revision zu begründen, dann aber nicht auf den üblichen Verwerfungsantrag zu replizieren. Ist der Anwalt aber von vornherein insgesamt mit der Tätigkeit im Revisionsverfahren betraut, liegt nie eine Einzeltätigkeit vor.

Zu **VV 4300 Nr. 3** gilt es zu wissen, dass der Anwalt, der zunächst mit der Anfertigung einer Schrift betraut und später gebeten wurde, den Betroffenen bei einer gerichtlichen Anhörung zu vertreten, zwei Einzelaufträge erledigt. Auch das Beschwerdeverfahren bezüglich einer Einzeltätigkeit bleibt eine Einzeltätigkeit und wird entsprechend dieser vergütet. Sonstige Tätigkeiten in der Strafvollstreckung fallen unter VV 4302 Nr. 6.

Neben der Gebühr **VV 4301 Nr. 1** entsteht nicht auch die Einigungsgebühr nach VV 4146, weil der Anwalt nicht im Privatklageverfahren, sondern nur bei dessen Vorbereitung tätig war.

VV 4301 Nr. 2 regelt für die Berufung, was VV 4300 Nr. 1 und 2 für die Revision regeln.

VV 4301 Nr. 4 wird relevant, wenn ein Anwalt als Zeugenbeistand nach § 68a StPO oder lediglich für die Haftbefehlseröffnung bestellt (s.o. Rdn. 80) oder zu einer Durchsuchung hinzu gerufen wird[379] und auch, wenn er gebeten wird, lediglich bei einem Anhörungstermin z.B. vor der Strafvollstreckungskammer teilzunehmen. Nimmt der Rechtsanwalt an mehreren Terminen teil, so entsteht die Verfahrensgebühr mehrmals, aber keinesfalls mehr als der Vollverteidiger (§ 15 Abs. 6 RVG). Teile der Rechtsprechung sehen hier auch die Vergütung des Zeugenbeistands angesiedelt.-

VV 4301 Nr. 5 erfasst nicht die Tätigkeit im Beschwerdeverfahren, die nach VV 4302 Nr. 3 oder 1 und 2 vergütet wird. Mehrere Einzeltätigkeiten liegen vor, wenn der Anwalt mit der Beschwerde und mit dem Antrag auf gerichtliche Entscheidung nach § 170 Abs. 2 und 3 StPO betraut ist.

VV 4301 Nr. 6 ist ein Auffangtatbestand, ebenso wie die subsidiär heranzuziehenden **VV 4302 Nr. 2 und 3.**

Unter **VV 4302 Nr. 1** fallen nicht die Einlegung der Erinnerung oder Beschwerde gegen einen Kostenfestsetzungsbeschluss nach § 464b StPO oder der Erinnerung gegen den Gerichtskostenansatz gem. § 66 Abs. 1 GKG und der Beschwerde gegen die Erinnerungsentscheidung, da hier nach Vorb. 4 Abs. 5 Gebühren nach dem Teil 3 des VV entstehen. Wird indes ein Verteidiger gem. § 408b StPO

377 AnwK-RVG/*N. Schneider* VV 4300 Rn. 3.
378 KG AGS 2006, 435.
379 *Burhoff* RVG Nr. 4301 VV Rn. 13; AnwK-RVG/*N. Schneider* VV 4301 Rn. 118.

mit Erlass des Strafbefehls bestellt, dessen Bestellung nicht für eine etwaige Hauptverhandlung gilt, so soll seine Tätigkeit auf die Einlegung eines Rechtsmittels beschränkt sein.[380]

V. Vergütung in Bußgeldverfahren (VV 5000 ff.)

Für die Qualifizierung als Bußgeldverfahren kommt es allein darauf an, ob die Verwaltungsbehörden es als solches betreiben. Ist einem Bußgeldverfahren ein zwischenzeitlich eingestelltes Ermittlungsverfahren wegen einer Straftat vorausgegangen, so liegen zwei verschiedene Angelegenheiten vor (§ 17 Nr. 10 RVG). Umgekehrt gilt dies ebenfalls; arg. ex VV 4100 Abs. 2: wenn die im Bußgeldverfahren entstandene Grundgebühr anzurechnen ist, geht der Gesetzgeber vom erneuten Anfall aus.[381] Ob das Verfahren vor der Verwaltungsbehörde eine eigene Angelegenheit ist, ist umstritten (s. hierzu Rdn. 1). Das Verfahren über die Zulassung der Rechtsbeschwerde und die Rechtsbeschwerde selbst sind eine Angelegenheit (§ 16 Nr. 13 RVG). 82

Eine Pflichtverteidigerbestellung findet in Ordnungswidrigkeitenverfahren regelmäßig nicht statt. Im Hinblick auf die Gebühren empfiehlt sich in der Regel der Abschluss einer Vergütungsvereinbarung.Das Ordnungswidrigkeitenverfahren gliedert sich in drei Abschnitte: Verfahren vor der Verwaltungsbehörde (VV 5101 ff.), vor dem Amtsgericht (VV 5107 ff.) und über die Rechtsbeschwerde (VV 5113). Das Verfahren vor der Verwaltungsbehörde endet spätestens mit dem Eingang der Akten bei Gericht (§ 69 Abs. 3 Satz 1 OWiG) bzw. mit einer sonstigen vorherigen verfahrensbeendenden Maßnahme.[382] Nicht der Rechtsbeschwerde zuzurechnen ist der Antrag auf gerichtliche Entscheidung nach § 62 OWiG. Die Einlegung des Rechtsbehelfs nach § 62 OWiG im Zwischenverfahren gehört entsprechend § 19 Abs. 1 Nr. 10a RVG zu der Tätigkeit des Rechtsanwalts im Verfahren vor der Verwaltungsbehörde und begründet keine weitere Angelegenheit.[383] Außerdem sind im Bußgeldverfahren zusätzliche Gebühren vorgesehen (VV 5115 f.) und eine Gebühr für Einzeltätigkeiten (VV 5116). Ein Haftzuschlag ist im Bußgeldverfahren nicht vorgesehen, sodass die Inhaftierung eines Mandanten lediglich bei der Bemessung der Wahlverteidigergebühr oder bei der Festsetzung einer Pauschgebühr ins Gewicht fallen kann.

Soweit nachfolgend nichts anderes dargelegt ist, gelten die Ausführungen für das Strafverfahren entsprechend.

1. Verfahrens- und Terminsgebühr

Ordnungswidrigkeitenverfahren und vorangegangenes Strafverfahren sind verschiedene Angelegenheiten (§ 17 Nr. 10 RVG). Allerdings entsteht die Grundgebühr nicht doppelt (VV 5100 Abs. 2). 83

Die Höhe der Verfahrens- und die Terminsgebühr hängen im Verfahren vor den Verwaltungsbehörden und dem Amtsgericht von der Höhe der Geldbuße ab. Mehrere Geldbußen sind zusammenzurechnen (Vorb. 5.1. Abs. 2 4). Erheblich ist die im konkreten Verfahrensabschnitt zuletzt festgesetzte Geldbuße, subsidiär der Mittelbetrag des Bußgeldrahmens, wenn nicht in einer Verordnung (z.B. BKatVO) Regelsätze festgelegt sind (Vorb. 5.1 Abs. 2 3).[384] Lediglich im Verfahren über die Rechtsbeschwerde spielt die Bußgeldhöhe keine Rolle.

Bei der Bemessung der Rahmengebühr soll in Verkehrsordnungswidrigkeiten nicht mehr stets von der Mittelgebühr auszugehen sein (vgl. insoweit Rdn. 14) Im Rechtsbeschwerdeverfahren soll die

---

380 LG Aurich, Beschl. v. 12.08.2009 – 12 Qs 90/09 – zweifelhaft, da der Verteidiger nicht nur das Rechtsmittel einlegen soll, sondern Akteneinsicht zu nehmen hat, um den Mandanten hierzu beraten zu können. Der Vergleich mit VV 4300 Nr. 1 hinkt, da diese Gebühr deutlich höher ist.

381 *Burhoff* RVG ABC-Teil Angelegenheit Rn. 6; AnwK-RVG/*N. Schneider* VV 7001–7002 Rn. 33; *Madert* AGS 2006, 105; *Schneider* AGS 2005, 6; a.A. OLG Saarbrücken NStZ-RR 2007, 127.

382 LG Zweibrücken, Beschl. v. 02.12.2020 – 1 Qs 33/20.

383 LG Wuppertal, Beschl. v. 06.11.2018 – 26 Qs 210/18;.

384 AG Stuttgart, Urt. v. 14.08.2008 – 1 C 3415/08.

Mittelgebühr dann nicht gerechtfertigt sein, wenn die Beschwerdebegründung zu einem nicht unerheblichen Teil aus Kopien der Verfahrensakte besteht.[385]

Besonders vergnüglich ist die Frage, wie der unterbliebene Hinweis auf die Verjährung durch den Anwalt zu ahnden ist: Das LG Göttingen meint insofern die Terminsgebühr absetzen zu können.[386] Dem hat das LG Mühlhausen zu Recht eine klare Absage erteilt.[387] Hat seitens des Staates jemand daran gedacht den Amtsrichter zu ahnden? Bestimmt nicht.

2. Zusätzliche Gebühren

84 Die Vermeidensgebühr VV 5115 entspricht der Regelung in VV 4141 weitgehend, sodass auf die dortigen Ausführungen verwiesen werden kann. Die Höhe bemisst sich, wie bei VV 4141, nach dem Rechtszug, in dem sie anfällt, für den Wahlanwalt nach der Rahmenmitte (str.[388]).

Wird das Verfahren wegen Verjährung eingestellt nachdem der Verteidiger nicht auf die drohende Verjährung hingewiesen hat oder gar durch Anträge die Verjährung herbeigeführt hat und auch wenn der Verteidiger mitteilt, dass keine Angaben gemacht werden, soll das Grundlage für eine Befriedungsgebühr sein.[389] Ob beim unterbliebenen Hinweis eine Mitwirkung vorliegt, mg zweifelhaft sein. Eine Tätigkeit in einem früheren Verfahrensabschnitt wirkt aber fort.[390]

Die Befriedungsgebühr entsteht auch, wenn das Gericht nach § 72 Abs. 1 S. 1 OWiG durch Beschluss entscheidet (Nr. 5). Hat der Verteidiger zur Einstellung im Strafverfahren vorgetragen, so kann dies auch die Erledigung des Ordnungswidrigkeitenverfahren fördern.[391] Auch durch die Kundgabe, der Betroffene werde keine Angaben machen, kann die Verfahrenseinstellung gefördert werden,[392] nicht aber, wenn der Betroffene offensichtlich nicht der Täter gewesen sein kann.[393] Nicht ausreichend soll es sein, wenn der Einspruch gegen einen Strafbefehl auf die Höhe der Tagessätze einer Geldstrafe beschränkt wird, worüber ohne Durchführung einer Hauptverhandlung im schriftlichen Verfahren entschieden werden kann.[394] Keine Befriedungsgebühr fällt an, wenn das Verfahren von Amts wegen eingestellt wurde oder wenn es überhaupt nicht zu einem Termin kommen kann.[395]

385 AG Karlsruhe, Beschl. v. 15.06.2020 – 10 OWi 410 Js 43508/18.
386 Beschl. v. 12.12.2005 – 17 Qs 131/05.
387 Beschl. v. 12.02.2009 – 3 Qs 26/09.
388 AG Hamburg, Beschl. v. 07.06.2006 – 123a OWi 4004 Js OWi 363/05 (4/05); a.A. LG Oldenburg, Beschl. v. 22.05.2013 – 5 Qs 149/13 (§ 14 gilt, aber die Mittelgebühr ist verstärkte Bemessungsgrundlage); AG Viechtach, Beschl. v. 18.01.2006 – 7 II OWi 29/06 mit abl. Anm. Burhoff (www.burhoff.de Nr. 5115 VV); LG Viechtach, Beschl. v. 08.09.2005 – 1 Qs 101/05 mit harscher Anm. Burhoff.
389 LG Freiburg, Beschl. v. 21.08.2023 – 16 Qs 30/23; LG Bayreuth, Beschl. v. 13.10.2020 – 3 Qs 84/20; AG Augsburg, Urt. v. 20.12.2021 – 21 C 2535/21; a.A. LG Bayreuth, Beschl. v. 13.10.2020 – 3 Qs 84/20.
390 AG Dresden, Beschl. v. 09.03.2022 – 217 OWi 635 Js 16243/21.
391 BGH, Urt. v. 18.09.2008 – IX ZR 174/07.
392 BGH, Urt. v. 20.01.2011 – IX ZR 123; AG Charlottenburg VRR 2007, 199; AG Rotenburg AGS 2006, 288 m. Anm. *Madert* a.A. AG Meinerzhagen RVGprofessionell 2007, 67; AG Hannover JurBüro 2006, 79 m. abl. Anm. *Enders*; AG Halle AGS 2007, 77; AG Achern JurBüro 2001, 304.
393 BGH, Urt. v. 20.01.2011 – IX ZR 123/10.
394 OLG Frankfurt, Beschl. v. 14.08.2008 – 2 Ws 116/08.
395 LG Verden, Beschl. v. 07.04.2008 – 1 Qs 166/07; AG Viechtach, Beschl. v. 18.01.2006 – 7 II OWi 29/06.

Der Verteidiger eines Einziehungsbeteiligten im selbstständigen Einziehungsverfahren nach § 29a Abs. 4 OWiG verdient nicht nur eine Gebühr nach VV 5116, für ihn gelten auch die VV 5100–5106,[396] da es sich bei der Gebühr VV 5116 um einen Zusatzgebühr handelt

VI. Vergütung in sonstigen Verfahren (VV 6000 ff.)

Die sonstigen Verfahren im Sinne der VV 6000 ff. sind selbst für einen ausschließlich im Strafrecht tätigen Anwalt in der Regel Exoten. Auch hierzu gelten die bereits erläuterten Grundsätze fort, wie z.B. dass keine Grundgebühr vorgesehen ist und VV 4100/4101 nicht (analog) herangezogen werden kann. Weiter gelten auch die Ausführungen zur Verfahrens- und Terminsgebühr, da Vorb. 6 nahezu identisch mit Vorb. 4 ist. 85

1. Auslieferungsverfahren

Im Auslieferungsverfahren wird der Begriff der Angelegenheit i.S. des § 15 RVG durch das Ersuchen des ersuchenden Staates bestimmt. Es handelt sich daher um eine neue Angelegenheit, wenn nach Anordnung der Auslieferung ein Nachtragsauslieferungsersuchen wegen einer anderen Tat/Verurteilung gestellt wird oder die Auslieferungsbewilligung nach § 35 IRG auf weitere Taten erweitert werden soll.[397] Zu beachten ist, dass das Nachprüfungsverfahren nach § 33 IRG keine neue Angelegenheit darstellt. Eine Terminsgebühr steht dem Beistand im Auslieferungsverfahren nur für die Teilnahme an Verhandlungsterminen vor dem Oberlandesgericht gem. §§ 30 Abs. 4, 31 IRG zu, nicht für diejenige an amtsgerichtlichen Terminen, die lediglich die Bekanntgabe des Auslieferungsersuchens, den Erlass der Festhalteanordnung, die Verkündung des Haftbefehls oder eine Vernehmung des Verfolgten gem. § 28 IRG zum Gegenstand haben, da das Amtsgericht nur zur Entgegennahme von Erklärungen, nicht aber zur Entscheidung befugt ist.[398] 86

Das OLG Köln hält die Vergütung des Pflichtbeistandes nach Nr. 6100 VV für eine Vielzahl der Auslieferungsverfahren unzureichend, da den Anforderungen eines solchen Verfahrens nicht durch eine bloße Verfahrensgebühr nach Nr. 6100 Rechnung getragen werden kann.[399]

2. Disziplinar- und berufsrechtliche Verfahren

Durch die Gebühren der Nr. 6200 ff. VV RVG wird die gesamte Tätigkeit im Disziplinarverfahren abgegolten. Zum Disziplinarverfahren gehört auch das gegen eine vorläufige Dienstenthebung und die Einbehaltung von Bezügen gemäß § 38 Abs. 1 S. 1 BDG gerichtete gerichtliche Verfahren nach § 63 Abs. 1 BDG.[400] 87

---

396 LG Hamburg, Beschl. v. 18.10.2021 – 612 Qs 100/20; LG Stuttgart, Beschl. v. 17.02.2020 – 20 Qs 15/19; LG Freiburg, Beschl. v. 29.10.2019 – 16 Qs 30/19; LG Oldenburg, Beschl. v. 07.12.2012 – 5 Qs 384/12; LG Karlsruhe, Beschl. v. 26.02.2013 – 3 Qs 6/13 Ko; abwegig: OLG Karlsruhe, Beschl. v. 10.04.2012 – 1 AR 70/11; LG Kassel, Beschl. v. 15.05.2019 – 8 Qs 4/19; LG Koblenz, Beschl. v. 26.01.2018 – 9 Qs 59/17 + 9 Qs 60/17.

397 OLG Hamm, Beschl. v. 25.10.2016 – 1 Ws 241/16.

398 OLG Bamberg, Beschl. v. 07.05.2007 – 5 Ausl 12/07; OLG Brandenburg, Beschl. v. 05.05.2011 – (1) 53 AuslA 43/10; OLG Bremen RVGreport 2005, 317; OLG Celle, Beschl. v. 14.12.2009 – 1 ARs 86/09; OLG Dresden, Beschl. v. 08.02.2007 – OLG 33 Ausl 84/06; OLG Hamburg, Beschl. v. 21.02.2006 – Ausl 24/05; OLG Hamm StraFo 2006, 259 und Beschl. v. 15.12.2009 – (2) 4 Ausl. A 98/06; OLG Köln NJW-RR 2007, 71; OLG Oldenburg, Beschl. v. 16.03.2009 – Ausl. 56/08; OLG Rostock, Beschl. v. 12.03.2009 – Ausl 14–08 I 7/08; OLG Stuttgart, Beschl. v. 28.09.2007 – 3 Aus 55/07 und 01.10.2009 – 1 (3) Ausl. 1110/09; a.A. OLG Thüringen, Beschl. v. 14.05.2007 – 1 Ws 122/07, Ausl 7/06.

399 OLG Köln, Beschl. v. 26.01.2009 – 2 ARs 2/08.

400 BVerwG, Beschl. v. 11.11.2009 – 2 AV 4.09; a.A. VG Berlin, Beschl. v. 29.06.2021 – 80 KE 1/21 OL.

VII. Gebühren bei Verfahren nach dem Strafvollzugsgesetz

88 Für Verfahren nach dem Strafvollzugsgesetz gelten VV 3000 ff. Der Auffangstreitwert nach § 52 Abs. 2 GKG (5.000,– €) gilt angesichts der geringen finanziellen Leistungsfähigkeit der meisten Gefangenen und um zu gewährleisten, dass die Anrufung des Gerichts für den Betroffenen nicht mit einem unzumutbar hohen Kostenrisiko verbunden ist, nicht. Soll etwa die Zulassung zum offenen Vollzug erwirkt werden, sind 1000 € angemessen.[401]

VIII. Gebühren im Verfahren vor dem Bundesverfassungsgericht

89 Für die Gebühren in einem Verfahren beim Bundesverfassungsgericht ist nach § 37 Abs. 2 RVG der 3. Teil der Gebührentabelle heranzuziehen. Konkret bedeutet das, dass der Bevollmächtigte eine Verfahrensgebühr nach VV 3206 erhält. Das ist – so der Auftrag nicht vorzeitig endet – eine 1,6-fache Gebühr aus dem Streitwert. In der Regel fehlt es im Strafverfahren an einem materiellen Streitwert. Als ideeller Streitwert gilt der (mit dem 2. KostRModG immerhin angehobene, aber immer noch äußerst bescheidene) Auffang- bzw. Mindeststreitwert von 5.000 € (§ 52 Abs. 2 GKG). Das sind im Ergebnis 484,80 €. Die zusätzlich mögliche Terminsgebühr VV 3210 (1,5-fache Gebühr) ist eher theoretisch. Ist ein Eilverfahren dem Hauptsacheverfahren vorausgegangen, dann fallen die Gebühren gesondert an. Allerdings ist der Streitwert für die Verfahrensgebühr VV 3206 niedriger anzusetzen, etwa im Bereich von 10 bis 25 %.

IX. Auslagen (VV 7000 ff.)

90 Für den Auslagenersatz des Pflichtverteidigers bestimmt § 46 Abs. 1 RVG explizit, dass Auslagen nur vergütet werden, wenn sie **zur sachgemäßen Durchführung** der Angelegenheit **erforderlich** sind. Das sind die Kosten, die bei wirtschaftlich sparsamer Bearbeitung notwendig sind, Sonderwünsche des Mandanten finanziert die Staatskasse nicht.[402] Übersetzungskosten sind erstattungsfähig, soweit die Kenntnis der Unterlagen zur ordnungsgemäßen Verteidigung erforderlich ist.[403] Der Erwerb von Festplatten, die allein einem Mandat zugeordnet werden, ist erforderlich.[404] Bei einer Reise soll es darauf ankommen, ob der Verteidiger die Angelegenheit auch ohne sie sachgemäß hätte durchführen können, denn grundsätzlich sei zu berücksichtigen, dass jede Partei und der für sie tätige Anwalt die Auslagen möglichst gering halten muss.[405] Was sachgemäß ist, ist aus der ex ante Sicht des Anwalts zu beurteilen.[406] Den Verteidiger trifft hinsichtlich der Erforderlichkeit die Darlegungslast.[407], insbesondere wenn gewichtige Anhaltspunkte dafür vorliegen, dass einzelne Auslagen unnötig verursacht wurden.[408] Außerdem ist er verpflichtet, auf Anfrage gefertigte Kopien zu übersenden.[409] Die Beweislast für die fehlende Erforderlichkeit liegt bei der Staatskasse.[410]

91 Der Pflichtverteidiger kann beim Prozessgericht beantragen, Auslagen als erforderlich festzustellen (§ 46 Abs. 2 S. 1, 2 RVG). Kommt das Gericht dem Antrag nach, so sind die als erforderlich festgestellten Auslagen für das Kostenfestsetzungsverfahren bindend. Die Zurückweisung des Antrags

401 KG, Beschl. v. 30.03.2007 – 2 Ws 151/07 Vollz.
402 *Hartung*/Römermann § 46 Rn. 11.
403 OLG Dresden, Beschl. v. 19.04.2011 – 2 Ws 96/11.
404 OLG Hamm, Beschl. v. 06.05.2015 – 2 Ws 40/15; LG Duisburg, Beschl. v. 26.10.2018 – 36 KLs 112 Js 23/11–10/17.
405 KG, Beschl. v. 27.05.2008 – 2/5 Ws 131/06.
406 OLG Düsseldorf, Beschl. v. 05.03.2007 – 1 Ws 12/07; KG, Beschl. v. 27.05.2008 – 2/5 Ws 131/06.
407 KG, Beschl. v. 18.07.2008 – 1 Ws 93/07: es reicht nicht die Erforderlichkeit beharrlich zu behaupten.
408 KG, Beschl. v. 20.06.2005 – 3 Ws 20/05: Erstellung eines Aktendoppels für den Mandanten bei einer umfangreichen Akte und vor Anklageerhebung.
409 KG, Beschl. v. 04.09.2006 – 4 Ws 31/06.
410 KG, Beschl. v. 04.09.2006 – 4 Ws 31/06; OLG Düsseldorf, Beschl. v. 16.05.2008 – III_VI 2/07; OLG Brandenburg, Beschl. v. 06.02.2007 – 2 Ws 270/06; OLG Hamm, Beschl. v. 23.03.2006 – 3 Ws 486/05.

hat keine Wirkung für das Kostenfestsetzungsverfahren, da es sich um eine vorläufige Entscheidung handelt, die deshalb auch unanfechtbar ist.[411] Die Erforderlichkeit kann der Verteidiger auch durch einen Antrag auf Vorschuss nach § 47 Abs. 1 S. 1 RVG feststellen lassen.[412]

Auslagenpauschalen entstehen in jeder Angelegenheit und jedem Rechtszug erneut. Allgemeine Geschäftskosten werden mit den Gebühren abgegolten (Vorb. 7 Abs. 1 S. 1). Dazu gehören Kosten für Büromaschinen sowie Software und deren Unterhalt, Fahrzeuge, Fahrtkosten innerhalb der Zulassungs- und Wohnsitzgemeinde, Büromaterial, Gehälter, Literatur, Miete, Porto für Rechnungen, aber auch die Bahncard u.ä. kostenpflichtige Preisreduktionsmöglichkeiten.[413] Der Sache nach mag diese Einordnung von Bahncard u.ä. zutreffen. Allerdings verhindert sie Einspareffekte, weshalb es zur Bahncard mittlerweile auch wirtschaftlich vernünftige Entscheidungen gibt.[414] 92

▶ **Praxistipp**

In Umfangsverfahren kann der bahnreisende Verteidiger beantragen, ihm den Erwerb einer Bahncard 100 zu genehmigen.

Neben den in VV 7000 ff. genannten Auslagen werden auch weitere Auslagen unter den Voraussetzungen von §§ 675, 670 RVG vergütet. Das sind insbesondere Kosten für Akteneinsichten, Registerauskünfte (HR, EMA, Grundbuch) sowie Dolmetscher- und Übersetzerkosten.

1. Ablichtungen, Ausdrucke und elektronische Dateien (VV 7000)

VV 7000 Nr. 1 ist durch das 2. KostRMoG erneut geändert worden. Das Wort »Ablichtung« ist durch Kopie ersetzt worden. Teile der Rechtsprechung meinen, damit sei klargestellt, dass ein Scan keine Kopie ist[415]. Wirtschaftlich ist die einzig sinnvolle Entscheidung, Scan- und Kopierkosten gleich zu stellen, da lediglich 2,4 Cent für den Ausdruck (Toner und Papier) anfallen, der Rest mithin für den Personalaufwand des Aktenkopierens/-scannens.[416] 93

Erfasst wird die Herstellung und Überlassung von Kopien aus Behörden- und Gerichtsakten des Auftraggebers sowie zur Zustellung oder Mitteilung an Dritte, nicht aber (das Papier für) Faxempfang, es sei denn eine Akte wird per Fax übersendet.[417] Für **die ersten 50 Seiten** sind **0,50 €** anzusetzen, für **weitere Seiten** nur **0,15 €**, soweit es sich um Farbkopien handelt für **die ersten 50 Seiten** sogar **1 €**, für jede **weitere Seiten 0,30 €** Fotos sind keine Dokumente, daher können die Kosten für deren Vervielfältigung nur nach §§ 675, 670 BGB verlangt werden.[418] DIN A3 Kopien sollen doppelt zählen.[419] Soweit das Gesetz eine Mindestkopiensumme voraussetzt (VV 7000 Nr. 1b und c), sind diese nicht erstattungsfähig, darüber hinausgehende Kopien sind wiederum zunächst mit 0,50/1 €, dann mit 0,15/0,30 € zu vergüten.[420] Für Nr. 1b und c ist gesondert zu zählen. Ablichtungen sind auch wiederholte Ausdrucke eines Schriftsatzes und das versendete Fax (VV 7000 Nr. 2 S. 2). Allerdings kann nur entweder das Fax oder der ggf. zudem übersandte Schriftsatz in Rechnung gestellt werden. 94

411 BT-Drs. 17/11471 S. 284, 235, 156.

412 Gerold/Schmidt/*Müller-Rabe* § 46 Rn. 67; *Hartung*/Römermann § 46 Rn. 77.

413 OLG Celle RVGreport 2005, 151; VG Köln RVGreport 2006, 154, OLG Düsseldorf, Beschl. v. 16.05.2008 – III_VI 2/07.

414 OLG Celle, Beschl. v. 21.12.2020 – 4 StE 1/17.

415 OLG Frankfurt am Main, Beschl. v. 02.09.2020 – 2 Ws 77/20: LSG Bayern, Beschl. v. 09.08.2018 – L 12 SF 296/18 E; SG Dortmund v. 10.06.2009 – S 26 R 245/06.

416 Im Ergebnis ebenso: OLG Bamberg NJW 2006, 389; Burhoff/*Schmidt* VV 7000 Nr. 13; Gerold/Schmidt/*Müller-Rabe* VV 7000 Rn. 6.

417 VG Dresden, Beschl. v. 21.08.2019 – 12 K 2345/16.A; KG, Beschl. v. 23.06.2006 – 4 Ws 71/06.

418 *Burhoff* RVG Nr. 7000 VV Rn. 15; *Hansens*/Braun/Schneider Teil 19 Rn. 16.

419 *Burhoff* RVG Nr. 7000 VV Rn. 14; *Hansens*/Braun/Schneider Teil 19 Rn. 13.

420 BT-Drs. 15/2487 S. 194.

Da § 17 Nr. 10 RVG nun klarstellt, dass das Ermittlungsverfahren und das gerichtliche Verfahren **verschiedene Angelegenheiten** sind, sind auch die Auslagen getrennt zu berechnen. Das bedeutet, dass die erhöhten Kopierkosten für die ersten 50 Kopien gegebenenfalls zwei Mal angesetzt werden können: Wird etwa nach Anklageerhebung nochmals Akteneinsicht durch das Gericht gewährt und auch Kopien angefertigt, ist für die ersten 50 Kopien erneut der Ansatz von 50 Cent pro schwarz-weiß Kopie vorzunehmen.

95 Überlässt der Anwalt im Fall des Nr. 1d statt Ablichtungen Dateien, so erhält er gem. VV 7000 Nr. 2 **pro Datei 1,50 €, aber maximal 5 €**, falls die Dateien in einem Arbeitsgang an den Empfänger übertragen werden. Wegen des Verweises auf Nr. 1d soll Nr. 2 im Verhältnis zwischen Pflichtverteidiger und Staat nicht anzuwenden sein. Überlässt der Pflichtverteidiger im Auftrag des Gerichts einem zweiten Pflichtverteidiger die Kopie einer DVD, so soll nur der tatsächliche Aufwand abzurechnen sein.[421]

Die Fallgruppen Nr. 1b und c sind im Gesetzgebungsverfahren explizit vom Anwendungsbereich der Nr. 2 ausgenommen worden, da sie Freikopien voraussetzen. Dementsprechend ist in diesen Fällen das Überlassen von Dateien nicht ersatzfähig.

96 Viel Streitpotenzial enthält die Frage, welche **Ablichtungen zur sachgemäßen Verteidigung geboten** sind (VV 7000 Nr. 1 a). Der Bundesgerichtshof sieht Kopie und/oder Ausdruck dann als notwendig an, wenn sie zur sachgemäßen Bearbeitung der Rechtssache geboten oder zur notwendigen Unterrichtung des Auftraggebers zu fertigen waren. Die Darlegungs- und Beweisleist im Auslagenerstattungsverfahren obliegt dem Rechtsanwalt als Antragssteller. Es bedarf für die erforderliche Substantiierung eines konkreten Tatsachenvortrags. Dieser hat namentlich erkennen zu lassen, dass sich der Rechtsanwalt der ihm hierbei eingeräumten Einschätzungsprärogative ebenso bewusst gewesen ist, wie seiner Pflicht zur kostenschonenden Prozessführung.[422] (zur Erforderlichkeit s. auch oben Rdn. 90). Nicht ausgeübtes Ermessen schadet, z.B. die aus Vereinfachungsgründen erfolgte Kopie der gesamten Akte einschließlich doppelt einliegender Schriftstücke. Dem ist zu widersprechen. Dem Anwalt ist weder zuzumuten sämtliche Mehrfachkopien zusammenzusuchen, noch in der Hauptverhandlung Parallelfundstellen zu suchen. Zurecht weist das OLG Nürnberg (für das Auslieferungsverfahren) daraufhin, dass sich aus der Aktenführung ergibt, wann ein Dokument vorgelegen hat und auch dieser Umstand als Information erheblich sein kann.[423] Auch die Rechtsprechung sieht ein, dass wenn dem Anwalt die Akteneinsicht nur für kurze Zeit gewährt wird, er in der Tendenz die Akte vollständig durchkopieren darf.[424] Die Kopie bereits in der Handakte enthaltener Schriftstücke, insbesondere eigener Schriftsätze,[425] ist nicht notwendig, soweit die Schriftstücke nicht verfahrensrelevante Vermerke oder Verfügungen der Behörde tragen. Hat der Anwalt einen Anspruch auf eine kostenlose Ablichtung (z.B. bei Entscheidungen und Protokollen), so hat er ebenfalls keinen Erstattungsanspruch.[426] Wird dem Anwalt aber trotz entsprechendem Antrag statt dem Protokoll und dem Urteil lediglich die Akte übersandt, in welcher sich auch Protokoll und Urteil finden, so kann das nur als konkludenter Auftrag selbst zu kopieren durch das Gericht angesehen werden. Dann ist dafür Aufwendungsersatz zu leisten. Ist eine Akte behördlicherseits neu geordnet worden, so muss der Anwalt seine Akte nicht umsortieren und auf fehlende Schriftstücke prüfen, sondern darf neu kopieren.[427] Die pauschale Kürzung der Kopierkosten oder die Begren-

---

421 OLG Düsseldorf, Beschl. v. 06.03.2008 – III-3 Ws 72/08: Es ging um 3348 Dateien auf einer DVD und einem geforderten Betrag von 8.370 € netto. Für angemessen hielt das Gericht dann 2,50 € zzgl. USt.

422 BGH, Beschl. v. 12.09.1919 – 3 BGs 293/19; BFH BStBl. II 1984 S. 422 – Missbrauchsgrenze.

423 OLG Nürnberg, Beschl. v. 29.06.2010 – 1 Ws 324/10.

424 OLG Nürnberg StraFo 2010, 396; AG Bremen RVGReport 2011, 229; AG Solingen, Beschl. v. 20.02.2008 – 21 Ds 60 Js 5824/06.

425 OVG Hamburg AnwBl 1987, 290.

426 OLG München AnwBl 1981, 507.

427 LG Zweibrücken, Beschl. v. 29.05.2013 – Qs 37/13; LG Kiel JurBüro 1998, 258.

zung auf einen Prozentsatz der Gebühren ist nicht zulässig.[428] Diese Überlegungen erweisen sich aber in der Praxis meist als rein theoretisch. Nur in seltenen Fällen wird einmal nachgefragt, wie es zur Anzahl der abgerechneten Kopien gekommen ist.

Beurteilt wird die Gebotenheit aus der ex-ante-Sicht eines *»vernünftigen«*[429] Anwalts.

Ablichtungen zur Zustellung oder Mitteilung an Gegner oder andere Beteiligte (VV 7000 Nr. 1b sind nur dann erstattungsfähig, wenn sie aufgrund einer gesetzlichen Regelung (§§ 133, 257 V ZPO) oder nach Aufforderung durch das Gericht anzufertigen sind. Die Ablichtung von Anlagen ist nur erstattungsfähig, wenn sie notwendig war. Das ist sie nicht, wenn die Anlagen ohne jede Bedeutung für den Verfahrensausgang sind,[430] wenn gem. § 131 Abs. 2 ZPO Auszüge aus Urkunden genügt hätten, durch die Anlagen Sachvortrag gespart wird[431] oder sie bereits bei den Akten sind.[432] 97

Ablichtungen für den eigenen Mandanten (VV 7000 Nr. 1c) sind notwendig, wenn es sich um eigene Schriftsätze und um solche des Gegners handelt, nicht jedoch, wenn die Schriftsätze nur einfache Fragen beantworten oder sich zum Prozedere verhalten. Ein komplettes Aktendoppel für den Mandanten zu erstellen ist nicht erforderlich.[433] 98

Sonstige Fälle (VV 7000 Nr. 1d) sind insbesondere Kopien für Haftpflichtversicherungen, den Terminsvertreter oder den Verkehrsanwalt für deren Erstellung. Eine stillschweigende Einwilligung ist möglich und kann aus den Umständen abgeleitet werden, insbesondere wird das, was dem Prozess nützt, regelmäßig vom Willen des Mandanten gedeckt sein.[434] 99

2. Post- und Telekommunikationsauslagen (VV 7001, 7002)

Gemeint sind die Kosten für Porto, Fernsprech-, Telefax- und Telegrafengebühren sowie für die Emailübersendung, nicht aber für die Einrichtung und den Unterhalt der entsprechenden Anlagen. Der Anwalt hat die Wahl zwischen **Abrechnung in tatsächlicher Höhe** (VV 7001) oder dem **Pauschsatz** (VV 7002) in Höhe von 20 % der gesetzlichen Gebühren, maximal 20 € je Angelegenheit, sofern überhaupt Kosten entstanden sind. Jede Instanz stellt eine eigene Angelegenheit dar, ebenso der Übergang vom Straf- zum Bußgeldverfahren und umgekehrt. In jeder Angelegenheit kann der Anwalt neu entscheiden, ob er pauschal oder tatsächlich abrechnet. Sind größere Pakete versendet worden, so wird es sich empfehlen die tatsächlichen Kosten abzurechnen. Dann hat der Anwalt die entstandenen Porto- und Telefonkosten aufzustellen und den Anfall anwaltlich zu versichern. Das Porto für die Übersendung der Kostennote kann nicht ersetzt verlangt werden, da es sich um allgemeine Geschäftskosten des Anwalts handelt. Zu beachten ist, dass die Post keine Umsatzsteuer auf das Porto erhebt, private Briefdienstleister aber schon. 100

Für die **Aktenversendungspauschale**, die unabhängig von der Anzahl der Pakete je Verfahren in Höhe von 12 € anfällt (KV GKG 9003), ist gem. §§ 22 GKG, 147 StPO (zunächst) der Anwalt Gebührenschuldner, weshalb sie kein durchlaufender Posten ist (§ 10 Abs. 1 S. 6 UStG), sodass darauf **Umsatzsteuer** zu erheben ist[435] Die Aktenversendungspauschale ist aber ebenso wie notwen- 101

428 OLG Düsseldorf JurBüro 2002, 307.

429 LG Stralsund, Beschl. v. 28.04.2005 – 22 Qs 118/05 OWi; Düsseldorf AGS 2000, 84; OVG Lüneburg AnwBl 1984, 322.

430 OLG Braunschweig JurBüro 1999, 300; OLG München AnwBl 1983, 569.

431 BVerfG NJW 1996, 382; 1997, 2668; OLG Braunschweig JurBüro 1999, 300; OLG Dresden JurBüro 1999, 301; OLG Köln 1987, 1357 f.

432 OLG Braunschweig JurBüro 1999, 300; VG Arnsberg JurBüro 1981, 858.

433 Das LG Bad Kreuznach hält es aber in BtM-Verfahren für erforderlich dem Mandanten die TKÜ-Protokoll vollumfänglich zu kopieren – Beschl. v. 27.07.2010 – 1043 Js 5548/08 KLs.

434 OLG Naumburg JurBüro 1994, 218; a.A. Gerold/Schmidt/*Müller-Rabe* VV 7000 Rn. 97 f., der verlangt, dass der Anwalt abklärt, ob der Auftraggeber mit der Herstellung durch ihn einverstanden ist.

435 BGH, Urt. v. 06.04.2011 – IV ZR 232/08; OLG Naumburg, Beschl. v. 16 09.2008 – 1 Ws 184/08.

dige Kurierdienstkosten gem. §§ 670, 675 BGB vom Auftraggeber zu ersetzen,[436] und kann neben der Postpauschale angesetzt werden, da es sich bei ihr nicht um Portokosten handelt. Das Einlegen der Akte in das Gerichtsfach ist kostenfrei.[437] Bittet der Anwalt darum, die Akte abholen zu dürfen und wird sie ihm daraufhin geschickt, kann die Pauschale mangels Übersendungsantrags dem Anwalt nicht in Rechnung gestellt werden. Die Gebührenziffer pauschaliert zwar die Kosten für die Versendung (Hin- und Rücksendung). Damit sind aber nicht die Portokosten gemeint – insbesondere jene für die Rücksendung gemeint. Die Rücksendekosten hat vielmehr der Anwalt zu tragen.[438] § 107 Abs. 5 OWiG lässt die Überbürdung nur zu, wenn die Versendung beantragt wurde und die Rücksendung für den Anwalt gebührenfrei erfolgen kann. Ist dafür nicht Sorge getragen, so darf der Anwalt die Akte zwar auf seine Kosten zurücksenden, damit entfällt allerdings der Kostenanspruch der Staatskasse.[439]

3. Reisekosten (VV 7003–7006)

102 Eine (Geschäfts-) **Reise** liegt nur vor, wenn ein Ziel außerhalb der Kanzlei- oder Wohnsitzgemeinde des Anwalts angesteuert wird (Vorb. 7 Abs. 2). Nachdem das Zweigstellenverbot gefallen ist (§ 28 BRAO a.F.) hat das die gravierende Konsequenz, dass für Termine am Zweigstellenort keine Geschäftsreisen abgerechnet werden können; für die Berechnung der erstattungsfähigen Kosten für Geschäftsreisen, ist überdies auf die Strecke abzustellen, die dem Wohn-, Kanzlei- oder Zweigstellenort am nächsten liegt.[440] Ob es sich im Hinblick darauf rentiert eine Zweigstelle zu unterhalten, ist fraglich. Sicherlich günstiger ist es, eine überörtliche Sozietät zu gründen, denn damit behält jeder Anwalt den (Haupt-) Kanzleisitz. Hält er sich ausnahmsweise im Büro seiner Sozietätskollegen an deren Kanzleiort auf, wird dieser Kanzleiort nicht zu seiner Zweitkanzlei, da er eine solche überhaupt nicht unterhalten darf.) Das OLG Düsseldorf sieht es hingegen für ausreichend an, wenn sich der Anwalt von seinem dem Gerichtsort nicht entsprechenden Kanzleisitz zum Gerichtsort begibt, auch wenn sein Wohnsitz dort liegt.[441]

Eine Reise zur Wahrnehmung von Terminen vor dem Prozessgericht ist stets, vor dem beauftragen oder ersuchten Richter dann **erforderlich**, wenn sich aus der Abwesenheit Nachteile ergeben können. Dies kann indes in den seltensten Fällen ausgeschlossen werden.[442]

Entscheidungen, mit denen sich Gerichte in die Erforderlichkeit von Besuchen in der JVA einmischen, sind immer wieder anzutreffen. Es gilt indes das schon oben Rdn. 93 Gesagte: Die Beweislast für die fehlende Erforderlichkeit trifft das Gericht.

103 Die Hinzuziehung eines **nicht am Gerichtsort ansässigen Verteidigers** ist erforderlich, wenn
- der Betroffene für eine auswärtige Hauptverhandlung einen Anwalt an seinem Wohnsitz beauftragt und es sich nicht um eine absolute Bagatellsache (z.B. Parkverstoß) handelt,[443]
- gegen das Urteil des Wohnsitzgerichts ein Rechtsmittel eingelegt ist, über das an einem anderen Ort verhandelt wird[444] oder

436 LG Ravensburg AnwBl 1995, 153; *Enders* JurBüro 1995, 544 m.w.N.; a.A. AG Nordhorn JurBüro 1995, 305; Strittig ist, ob dies auch gilt, wenn die Akte abgeholt hätte werden können (abl. AG München JurBüro 1995, 544).

437 AG Moers AGS 2000, 160.

438 OLG Naumburg, Beschl. v. 21.04.2008 – 6 W 35/08.

439 AG Brandenburg, Beschl. v. 22.02.2005 – 22 OWi 325/04 (www.anwaltverein.de).

440 BVerwG, Beschl. v. 27.03.2023 – 3 KSt 1/22; OLG Dresden, Beschl. v. 07.06.2010 – 2 Ws 93/10.

441 OLG Düsseldorf, Beschl. v. 23.02.2012 – 10 W 97/11 = AGS 2012, 167.

442 Gerold/Schmidt/*von Eicken* § 46 Rn. 26.

443 BGH NJW 2003, 901; Eine Beiordnung darf im Hinblick auf die Reisekosten dann erfolgen, wenn ein Verkehrsanwalt eingespart werden kann oder die Kosten für Reisen zur Informationsgesprächen, die dem Mandanten erwachsen wären, ähnlich hoch wären (Nürnberg AnwBl 2005, 295).

444 Für Berufung: LG Freiburg AnwBl 1970, 243; a.A. LG Saarbrücken KostRspr BRAGO § 28 Nr. 149; Für Revision stets gerechtfertigt: LG Hildesheim MDR 1970, 439; LG Düsseldorf AnwBl 1970, 109.

– ein Anwalt wegen seiner Spezialkenntnisse beauftragt wird[445] und/oder sich der Angeklagte einem schwerwiegenden Tatvorwurf (auch im Falle existenzgefährdender berufsrechtlicher und/oder wirtschaftlicher Konsequenzen) gegenüber sieht;[446]

Eine Erstattung ist vorliegend aber auch dann vorzunehmen, wenn der Wahlverteidiger gemäß § 142 StPO als Pflichtverteidigerin hätte bestellt werden können und in diesem Fall die Mehrkosten der auswärtigen Residenz jedenfalls ersetzt bekommen hätte.[447]

In einfachen Fällen, für welche kein Fachanwalt nötig ist, werden Fahrtkosten eines weder am Wohnsitz des Beschuldigten, noch am Gerichtsort ansässigen Verteidigers nur in der Höhe der fiktiven Kosten eines Verteidigers, der am Wohnsitz des Beschuldigten ansässig ist, erstattet.

Wird ein **zweiter Verteidiger** eingeschaltet, der weder am Gerichts- noch am Wohn- oder Geschäftsort des Mandanten ansässig ist, können dessen Reisekosten bis zur Höhe der fiktiven Reisekosten eines am Wohn- oder Geschäftsort des Mandanten ansässigen Rechtsanwalts erstattet werden, wenn dessen Beauftragung zur zweckentsprechenden Verteidigung erforderlich gewesen wäre.[448] 104

Als Wegeentschädigung erhält der Anwalt derzeit **0,42 € für den gefahrenen Kilometer** von und bis zum Kanzleisitz (VV 7003). Dabei darf die zweckmäßigste Strecke gewählt werden. Es kann nicht darauf verwiesen werden, dass andere Verkehrsmittel günstiger gewesen wären.[449] Das LAG Berlin meint jedoch, der Anwalt müsse seinen Mandanten, der an seinem Kanzleiort wohnt, in seinem Wagen zum Termin mitnehmen, wenn das nicht unzumutbar oder unmöglich ist.[450] Unmöglich ist es, wenn weitere Termine den Rechtsanwalt veranlassen, früher los- und/oder später zurückzufahren.[451] Die **im notwendigen Zusammenhang mit der PKW-Benutzung stehenden Aufwendungen** (z.B. Parkgebühren; VV 7006) können ebenso wie die Kosten der **Benutzung anderer Verkehrsmittel** (VV 7004) **in tatsächlicher Höhe** verlangt werden. Bei Flugreisen soll der Pflichtverteidiger nicht die Kosten der 1. Klasse erstattet verlangen können.[452] Da er aber im Hinblick auf § 5 JVEG nicht schlechter als die reisende Partei gestellt werden darf, sind Reisekosten stets bis zur Höhe der Bahnfahrkarte 1. Klasse jedenfalls zu erstatten. Jedenfalls darf der Anwalt ein Ticket lösen, das er kurzfristig umbuchen kann.[453] 105

Soweit eine Wegeentschädigung anfällt, erhält der Anwalt als Tage- und Abwesenheitsgeld bei einer Geschäftsreise **bis zu 4 Stunden 30,– €, bis zu 8 Stunden 50,– €, darüber 80,– €** (VV 7005). Für Auslandsreisen ist ein Aufschlag von bis zu 50 % vorzunehmen, bei der Bemessung gilt § 14 Abs. 1 analog. Gerechnet wird von und bis zur Kanzlei. Bei mehrtägigen Reisen werden die Tage einzeln betrachtet. **Angemessene Übernachtungskosten** sind **in voller Höhe** zu ersetzen und dürfen zwar übliche Trinkgelder aber keine Verpflegungskosten enthalten. Das KG und das OLG Karlsruhe meinen, 2003/04 seien für ein Einzelzimmer der Mittelklasse (maximal) 75 € angemessen[454], das 106

445 BGH NJW 2003, 901; Karlsruhe JurBüro 1979, 868 und LG Freiburg StV 1989, 117, wenn Fachwissen nicht vor Ort verfügbar. OLG Nürnberg JurBüro 1974, 1256; OLG Köln NJW 1992, 586; LG Frankfurt MDR 1974, 65.

446 OLG Stuttgart, Beschl. v. 12.10.2017 – 1 Ws 140/17; OLG Schleswig JurBüro 1979, 1332 und OLG Zweibrücken Rpfleger 1972, 71 (Schwurgericht); Düsseldorf AnwBl 1986, 157; Köln AGS 1993, 60.

447 OLG Stuttgart, Beschl. v. 12.10.2017 – 1 Ws 140/17.

448 BGH, Beschl. v. 18.12.2003 – I ZB 21/03.

449 LG Berlin, Beschl. v. 13.03.2019 – 43 O 162/17; OLG Bamberg JurBüro 1981, 1350; OLG Nürnberg AnwBl 1972, 59; OLG Koblenz AnwBl 1974, 353.; LG Rostock, Beschl. v. 30.07.2009 – 18 Qs 78/09.

450 LAG Berlin RVGreport 2005, 119.

451 Anm. *Hansen* zu LAG Berlin RVGreport 2005, 119.

452 OLG Hamburg AGS 2011, 463; OLG Frankfurt AGS 2008, 409 f.; OLG Frankfurt NJW 1971, 160 (grundsätzlich), einschränkend AnwBl 1976, 306 (5-stündige Flugreise reicht nicht); a.A. Gerold/Schmidt/*Madert*/*Müller-Rabe* VV 7003, 7004 Rn. 31 für »längere« Flugreisen und die Business Class.

453 OLG Hamburg AGS 2011, 463.

454 KG RVGreport 2005, 119; OLG Karlsruhe NJW-RR 2003, 1654.

entspricht inflationsbereinigt rund 90 € im Jahr 2014. Soweit nicht vor 6 Uhr die Abreise anzutreten wäre[455] und die Rückkehr bis 21 Uhr möglich ist, wird eine Übernachtung als nicht nötig befunden.[456] Übernachtungskosten sind aber dann erstattungsfähig, wenn der Anwalt dadurch eine zusätzliche Rück- und Hinreise spart.

107 Werden auf der Reise **mehrere Geschäfte für verschiedene Auftraggeber** erledigt, so sind die entstandenen Kosten nach dem Verhältnis der Kosten zu verteilen, die bei gesonderter Ausführung entstanden wären (Vorb. 7 Abs. 3). Hierfür sind die tatsächlich insgesamt angefallenen Reisekosten und die Summe der fiktiven Einzelreisen zu berechnen. Diese Summen sind ins Verhältnis zu setzen. Der sich ergebende Quotient ist mit den jeweiligen fiktiven Einzelreisekosten zu multiplizieren. Das Ergebnis sind die abrechenbaren Einzelreisekosten. Fallen **verschiedene Geschäfte für einen Auftraggeber** an, so trägt dieser die Gesamtkosten.

4. Umsatzsteuer (VV 7008)

108 Der Rechtsanwalt hat Anspruch auf den Ersatz der auf seine Vergütung entfallenen Umsatzsteuer in der jeweils gültigen Höhe. Dementsprechend hat das KG entschieden, dass der Anwalt auch auf Auflagen, die ihm mit einem niedrigeren Steuersatz (7 % etwa) in Rechnung gestellt wurden, 19 % Umsatzsteuer berechnen darf, da er den Nettobetrag in seine Abrechnung einzustellen und sodann darauf 19 % Umsatzsteuer berechnen muss.[457] Zinsen sind nicht umsatzsteuerpflichtig. Liegt der Vorjahresumsatz unter 22.000,– € und wird der Umsatz im laufenden Kalenderjahr 50.000 € nicht übersteigen, so besteht ebenfalls keine Umsatzsteuerpflicht, soweit der Anwalt nicht erklärt, dass er umsatzsteuerpflichtig sein will (= Verzicht auf 19 Abs. 1 UStG). Wird eine Rechnung mit Umsatzsteuer erstellt, so entsteht dadurch die Pflicht, diese abzuführen (§ 14c UStG).

Klagt der Rechtsanwalt seine Vergütung gegen den Mandanten ein, so entsteht keine Umsatzsteuer,[458] anders, wenn er einen privaten Anspruch geltend macht.[459] Einem ausländischen Mandanten, der Unternehmer ist, oder einer außerhalb der EU ansässigen Privatperson darf keine deutsche Umsatzsteuer in Rechnung gestellt werden (§ 3a Abs. 4 Nr. 3, Abs. 3 UStG).

5. Dolmetscher- und Übersetzungskosten

109 Die Kosten für Dolmetscher und Übersetzer sind gem. § 464c StPO nur in engen Ausnahmen vom Angeklagten zu tragen. Daher hat jedermann, der die Verhandlungssprache des Gerichts nicht spricht oder versteht, für das gesamte Verfahren Anspruch auf unentgeltlichen Beistand eines Dolmetschers, soweit dies zur Wahrnehmung seiner strafprozessualen Rechte erforderlich ist (Art. 6 Abs. 3 lit e EMRK), auch wenn kein Fall der notwendigen Verteidigung gegeben ist.[460]

110 **Erforderlich** ist dies für alle schriftlichen und mündlichen Verfahrenserklärungen, gleich ob sie im Rahmen mündlicher Vernehmungen und Verhandlungen oder außerhalb abzugeben sind, wie z.B. bei Beweiserhebungen im Zwischenverfahren oder Einwendungen gegen die Eröffnung des Hauptverfahrens. Zu den strafprozessualen Rechten des Angeklagten zählt insbesondere seine Befugnis, sich in jeder Verfahrenslage des Beistands eines Verteidigers zu bedienen (§ 137 Abs. 1 S. 1 StPO, Art. 6 Abs. 3 lit c EMRK). Abgesehen von dem besonderen Fall, dass der Verteidiger die Muttersprache des Angeklagten beherrscht, ist die Zuziehung eines Dolmetschers erforderlich, und zwar

---

455 OLG Hamburg AGS 2011, 463.

456 OLG Frankfurt a. M., Beschl. v. 07.05.2018 – 6 W 37/18; OLG Naumburg, Beschl. v. 08.06.2016 – 12 W 36/16 (KfB); LG Memmingen, Beschl. v. 29.01.2020 – 34 0 1272/16; VG Würzburg, Beschl. v. 11.07.2017 – W 8 M 17.30937.

457 KG, Beschl. v. 24.05.2013 – 1 Ws 28/13.

458 OLG Hamburg MDR 1999, 764; OLG Düsseldorf OLGR 1994, 299; OLG Hamm MDR 1985, 683.

459 OFD Düsseldorf BB 1982, 850.

460 EGMR NJW 1979, 1091; BGHSt 46, 178.

unabhängig von seiner finanziellen Lage.[461] Weitere Beispiele: Gespräch mit Ehefrau des Beschuldigten,[462] Eingaben des Beschuldigten, die auch für das Gericht bestimmt sind,[463] zum Abhören von TÜ-Bändern,[464] u.U. auch ein (weiterer) Dolmetscher des Vertrauens.[465] **Nicht erforderlich** ist die Übersetzung der gesamten Akte,[466] insbesondere polizeilicher Vernehmungen[467] oder Gutachten.[468]

Soweit Verhandlungen i.S.d. § 185 GVG vorliegen, ist – ggf. auf Antrag des Verteidigers – durch das Gericht ein Dolmetscher beizuziehen. In anderen Fällen wird es oft Sache des Verteidigers sein, einen Dolmetscher zu beauftragen. Nach § 46 Abs. 2 S. 3 RVG werden maximal die nach JVEG zu zahlenden Beträge ersetzt. Will der Pflichtverteidiger vermeiden, die Kosten vorstrecken zu müssen, so hat er nur die Möglichkeit, frühzeitig gem. § 46 Abs. 2 RVG die Erforderlichkeit der Hinzuziehung feststellen zu lassen und gem. § 47 Abs. 1 S. 1 RVG einen angemessenen Vorschuss zu verlangen.[469] Es ist auch möglich, auf die vorherige Feststellung der Erforderlichkeit zu verzichten und sogleich den Antrag auf Vorschuss zu stellen. Eigene Übersetzungsleistungen des Anwalts zur Information seines Mandanten sind zu vergüten.[470] Ersparte Aufwendungen sind nie erstattungsfähig, sodass nur der Wahlverteidiger, der (zur Kommunikation) eigene Fremdsprachenkenntnisse nutzt, dies im Rahmen von § 14 RVG berücksichtigen kann. 111

▶ Antrag auf Feststellung der Notwendigkeit von Auslagen

An das [Prozessgericht] 112

In der Sache ....

beantrage ich gem. § 46 Abs. 2 RVG festzustellen, dass die Hinzuziehung eines Dolmetschers für die griechische Sprache für die von mir mit dem Beschuldigten zu führenden Gespräche in der JVA Rottweil-Tübingen notwendig ist.

Begründung:

Der Beschuldigte ist Grieche. Er kann sich auf Deutsch nicht verständlich machen. Mit Beschluss vom ..... bin ich ihm als Pflichtverteidigerin beigeordnet worden. Ich spreche kein Griechisch. Damit der Beschuldigte sein Verteidigerkonsultationsrecht wahrnehmen kann, und zur Vorbereitung der Verteidigung ist die Zuziehung eines Dolmetschers notwendig. Der Beschuldigte hat den Anspruch, dass dies unentgeltlich geschieht (EGMR NJW 1978, 477; BGHSt 46, 178).

Rechtsanwältin

C. Durchsetzung des Vergütungsanspruchs

I. Vorschuss (§§ 9, 47 RVG)

Die Vergütung des Verteidigers ist das gerechte Entgelt für die Leistung, die er erbringt. Daher muss er dafür Sorge tragen, dass er seine Vergütung ungeschmälert erhält. Hierfür sind zwei Erkenntnisse hilfreich: 113

– Die Furcht, dass das erste Gespräch mit dem Mandanten, welches der Schaffung eines Vertrauensverhältnisses dienen soll, durch Vergütungsfragen belastet werde, ist unbegründet. Allerdings sollte der Verteidiger dem Mandanten zuerst Gelegenheit geben, über seine Sache und sich zu

461 EGMR NJW 1978, 477; BGHSt 46, 178.
462 OLG Düsseldorf StV 1986, 492.
463 OLG Hamburg MDR 1972, 710; OLG Hamm StraFo 1999, 177.
464 OLG Köln StV 1995, 12.
465 OLG Frankfurt StV 1996, 166; OLG Düsseldorf StV 1993, 144; AG Lübeck StV 1998, 616.
466 Meyer-Goßner/*Schmitt* MRK Art. 6 Rn. 26.
467 OLG Hamm NStZ-RR 2001, 223.
468 OLG Hamm StraFo 1999, 177.
469 *Burhoff* Ermittlungsverfahren, Rn. 2101.
470 OLG Frankfurt NJW 1962, 1577.

berichten.[471] Dann sollte er möglichst klar und eindeutig sagen, was er für seine Leistung berechnen möchte.
– Die beste Form, die Gebührenforderung zu sichern, ist immer noch der Vorschuss.[472]

1. Rechtsgrundlage und Schuldner

114 Nach § 9 RVG kann der **Wahlverteidiger** (entgegen §§ 614, 669 BGB) von seinem Auftraggeber für die entstandenen und die voraussichtlich entstehenden Gebühren und Auslagen einen angemessenen Vorschuss fordern. Der **Pflichtverteidiger** muss sich an die Staatskasse wenden (§§ 47 Abs. 1 S. 1, 52 Abs. 1 S. 1 Hs. 2 RVG). Dies gilt nicht für die Beratungshilfe (§ 47 Abs. 2 RVG). Ist ein Vorschuss verbraucht oder absehbar, dass er nicht ausreicht, kann auch wiederholt ein weiterer Vorschuss gefordert werden.

Die **Rechtsschutzversicherung** ist gem. § 2 Abs. 2a ARB 1994/95 zahlungspflichtig, sobald der Versicherungsnehmer berechtigterweise in Anspruch genommen wird (§ 1 Abs. 2 ARB). Bei einer Straftat, die sowohl fahrlässig als vorsätzlich begangen werden kann, ist die Versicherung daher zur Vorschussleistung verpflichtet. Die gezahlten Vorschüsse kann die Versicherung vom Anwalt auch dann nicht zurückverlangen, wenn nachträglich die Deckungszusage widerrufen oder aus anderen Gründen Ersatzansprüche bestehen, insbesondere, weil der Mandant wegen der Vorsatztat bestraft wird. Die Versicherung hat sich stattdessen an den Versicherungsnehmer zu halten. Häufig versuchen Versicherungen Vorschusszahlungen zu vermeiden. Gerade der Strafverteidiger sollte aber auf Zahlung des gesamten Vorschusses bestehen, wenn der Vorsatz im Raum steht, da er nach Verurteilung keine Möglichkeit mehr hat, die Versicherung zur Zahlung zu bewegen.

2. Höhe

115 Der **Wahlverteidiger** kann den Gesamtbetrag der bereits **entstandenen und voraussichtlich entstehenden Gebühren und Auslagen** entsprechend der Vereinbarung geltend machen.[473] Ist im Ermittlungsverfahren abzusehen, dass es zu einer Hauptverhandlung kommen wird, kann der Verteidiger die Grund- und Verfahrensgebühr sowie eine Terminsgebühr fordern, denn wenn schon die Hauptverhandlung mutmaßlich nicht zu vermeiden ist, dann auch nicht mindestens ein Termin.[474] Sobald die Hauptverhandlung terminiert ist, können für die angesetzten Termine die Terminsgebühren geltend gemacht werden.[475]

Bei Rahmengebühren ist grundsätzlich von der Mittelgebühr auszugehen; dies gilt auch in Bußgeldverfahren.[476]

Der bestellte **Pflichtverteidiger** kann gem. § 47 Abs. 1 RVG ebenfalls die **entstandenen Gebühren und Auslagen** aber lediglich die **voraussichtlich entstehenden Auslagen** geltend machen. Eine Pauschgebühr kann als Vorschuss dann verlangt werden, wenn sie mit Sicherheit zu erwarten ist (§ 51 Abs. 1 S. 4 RVG)[477] und der Antragsteller mit einer detaillierten Einnahmen-Ausgaben-Aufstellung nachweist, dass er ohne den Vorschuss wirtschaftlich unangemessen belastet wäre.[478]

471 *Weihrauch* Verteidigung im Ermittlungsverfahren, Rn. 229, 245.
472 Gerold/Schmidt/*Madert* § 9 Rn. 1.
473 Gerold/Schmidt/*Madert* § 9 Rn. 17 f.; AnwK-RVG/*N. Schneider* § 9 Rn. 42.
474 Enger Gerold/Schmidt/*Madert* § 9 Rn. 10, der für die Terminsgebühr die Terminierung voraussetzen will.
475 Gerold/Schmidt/*Madert* § 9 Rn. 10.
476 AG Stuttgart, Urt. v. 31.10.2007 – 14 C 5483/07.
477 BVerfG, Beschl. v. 23.08.2005 – 2 BvR 896/05; OLG Thüringen JurBüro 2005, 476.
478 BVerfG, Beschl. v. 20.01.2007 – 2 BvR 2592/06.

▶ **Vorschussanforderung bei der Staatskasse**

An den Urkundsbeamten des Prozessgerichts 116

(alt. Gericht, das Verteidiger bestellt/beigeordnet hat)

In der Strafsache ....

beantrage ich, einen Vorschuss gem. § 55 Abs. 1 RVG in Höhe von 2.514,88 Euro auf Pflichtverteidigergebühren und Auslagen festzusetzen und diesen an mich auszuzahlen.

Begründung:

Ich bin seit Eröffnung des Haftbefehls für den inhaftierten Angeschuldigten tätig. Im Ermittlungsverfahren habe ich an einer polizeilichen Vernehmung in E., 20 km von meinem Kanzlei- und Wohnort entfernt, teilgenommen. Zudem habe ich 350 Kopien gefertigt. Die Entstehung dieser Auslagen versichere ich. Kopien von vorhandenen Belegen sind beigefügt.[479] Am 4. Mai 2023 ist die richterliche Vernehmung des Zeugen Z in M. anberaumt. Dafür werden Bahnkosten i.H.v. 100 Euro sowie ein Abwesenheitsgeld von 60 Euro anfallen. Die Strafkammer hat diese Reise mit Beschluss vom 19. April 2023 für erforderlich gehalten. (Alt: Begründung der Kosten). Die Hauptverhandlung ist auf 5 Tage terminiert. Die bislang angefallen und zu erwartenden Gebühren berechne ich wie folgt:

VV 4101 Grundgebühr mit Zuschlag	216,00 Euro
VV 4103 Terminsgebühr mit Zuschlag	183,00 Euro
VV 4105 Verfahrensgebühr mit Zuschlag	177,00 Euro
VV 7000 Nr. 1a Ablichtungen aus Behördenakten (350 Kopien)	79,00 Euro
VV 7001 Telekommunikationspauschale (Ermittlungsverfahren)	20,00 Euro
VV 7003 Fahrtkosten (40 km)	16,80 Euro
VV 7004 Fahrtkosten Bahn	100,00 Euro
VV 7005 Nr. 3 Abwesenheitsgeld (mehr als 8 Stunden)	80,00 Euro
VV 4113 Verfahrensgebühr mit Zuschlag	198,00 Euro
VV 4115 Terminsgebühr mit Zuschlag (5 Termine)	1.715,00 Euro
VV 7001 Telekommunikationspauschale (Hauptverfahren)	20,00 Euro
Zwischensumme	2.804,80 Euro
VV 7008 19 % Umsatzsteuer	532,91 Euro
Summe	3.337,71 Euro

Bislang habe ich keine Zahlungen aus der Staatskasse, vom Angeklagten oder Dritten erhalten.

Rechtsanwältin

3. Folgen bei Nichtleistung – Leistungsverweigerung und Verzinsung

Der Wahlverteidiger kann die Übernahme des Auftrags von der Vorschusszahlung abhängig machen. 117
Er braucht dann ohne Vorschuss nicht tätig werden. Allerdings muss er bei drohenden Fristabläufen und anderen dringenden Maßnahmen dem Auftraggeber die Nichtannahme ohne Vorschusszahlung unverzüglich mitteilen. Hat der Verteidiger den Auftrag ohne die Bedingung des Vorschusses angenommen, dann muss er dringende Arbeiten bereits vor Eingang des Vorschusses ausführen.[480]

Mit der ordnungsgemäßen Anforderung wird der Vorschuss fällig. Spätestens nach Ablauf von dreißig Tagen nach Fälligkeit und Zugang setzt gem. §§ 286, 288 BGB die Verzinsung ein. Verbraucher (§ 13 BGB) müssen über diese Rechtsfolge belehrt werden (§ 286 Abs. 3 BGB). Die Verzinsung bei Verbrauchern beträgt 5 %, bei Unternehmen 8 % über dem Basiszinssatz (§ 286 Abs. 1, 2 BGB).

479 Zwar ist der Anwalt nur zur Glaubhaftmachung verpflichtet, allerdings beschleunigt der Nachweis häufig die Feststellung erheblich.

480 AG Neuss, Beschl. v. 17.09.2007 – 5 Ds 70 Js 16555/05 (150/06); Gerold/Schmidt/*Madert* § 9 Rn. 6 f.

Der Vorschuss des Pflichtverteidigers soll nicht zu verzinsen sein, da § 55 Abs. 5 RVG nicht auf § 104 Abs. 1 S. 2 ZPO verweist.[481]

4. Rechtsmittel des Pflichtverteidigers

118 Versagt der Urkundsbeamte den Vorschuss, ist hiergegen die Erinnerung und ggf. die Beschwerde zulässig (§ 56 RVG).

II. Schuldner des Gebührenanspruchs

119 Anspruchsgegner des Pflichtverteidigers ist die Staatskasse, soweit er Wahlverteidigergebühren verlangen kann, sein Auftraggeber. Der Wahlverteidiger hat sich an seinen Auftraggeber, ggf. an dessen Rechtsschutzversicherung zu halten. Dies gilt auch im Fall des Obsiegens, soweit nicht der Anspruch gegen die Staatskasse an den Anwalt abgetreten wurde.

III. Fälligkeit, Verjährung und Abrechnung

120 Die Vergütung (inkl. der Auslagen) wird **fällig**, wenn der Auftrag erledigt, die Angelegenheit oder der Rechtszug beendet ist oder eine Kostenentscheidung ergangen ist (§ 8 Abs. 1 RVG). Einfordern kann der Anwalt die Vergütung aber erst, wenn er eine Abrechnung erstellt (§ 10 Abs. 1 S. 1 RVG). Die fehlende Ab-/Berechnung hindert den Ablauf der Verjährung aber nicht (§ 10 Abs. 1 S. 2 RVG).

121 Hat der Auftraggeber gezahlt, ohne eine **Abrechnung** erhalten zu haben, so kann er diese solange nachfordern, wie der Anwalt zur Aufbewahrung der Handakten verpflichtet ist (§ 10 Abs. 3 RVG), mithin 5 Jahre (§ 50 Abs. 2 BRAO), soweit der Anwalt den Auftraggeber die Handakte nicht ausgehändigt oder die Aushändigung angeboten hat. In der Abrechnung sind die Gebührentatbestände sowie die Bezeichnung der Auslagen kurz zu benennen und mit den angewandten Nummern des Vergütungsverzeichnisses zu versehen. Liegt ein Gegenstandswert zugrunde, so ist auch dieser anzugeben (§ 10 Abs. 2 RVG). Zusätzlich verlangt die Finanzverwaltung seit 1. Juli 2004:

- vollständiger Name und Anschrift von Rechtsanwalt und Auftraggeber, Steuernummer oder Umsatzsteuer-Identifikationsnummer, Ausstellungsdatum, Rechnungsnummer, Zeitpunkt/-raum der Dienstleistung, ggf. Betrag und angewandter Satz der Umsatzsteuer oder Steuerbefreiungstatbestand, Abzug erhaltener Vorschüsse (Netto-/Bruttozuordnung beachten), persönliche Unterschrift;

122 Die **Verjährung** beginnt mit dem Schluss des Jahres, in dem sie fällig geworden ist, und läuft drei Jahre (§§ 199 Abs. 1 Nr. 1, 195 BGB),[482] auch wenn es sich um **Ansprüche des Pflichtverteidigers**[483] oder um **Pauschgebühren**[484] handelt. Das RVG sieht neben den **Hemmungstatbeständen** in §§ 203 ff. BGB, also insbesondere bei Verhandlungen über die Vergütungsrechnung, durch Stundungs- und Ratenzahlungsvereinbarungen, sowie durch Klageerhebung eigene Hemmungstatbestände vor. So wird durch den der Klageerhebung gleichgestellten Kostenfestsetzungsantrag (§ 11 Abs. 7 RVG), auch des beigeordneten Anwalts (§ 50 RVG), sowie durch den Antrag auf Feststellung einer Wahlverteidigerpauschvergütung (§ 42 RVG)[485] die Verjährung ebenso gehemmt, wie durch den Antrag nach § 52 Abs. 2 RVG, die Leistungsfähigkeit des Schuldners festzustellen (§ 52 Abs. 5 S. 1 RVG). Im letzten Fall endet die Hemmung sechs Monate nach der Rechtskraft der gerichtlichen Entscheidung (§ 52 Abs. 5 S. 2 RVG). Die Verjährungsfrist läuft zudem solange nicht, wie in gerichtlichen Verfahren keine rechtskräftige Entscheidung ergangen oder das Verfahren anderweitig beendet ist (§ 8 Abs. 2 S. 2 RVG).

---

481 Gerold/Schmidt/*von Eicken* § 55 Rn. 54.
482 BGH NJW 1998, 3486.
483 Ebenso Burhoff/*Volpert* ABC-Teil Vergütungsanspruch gegen d. Staatskasse, Rn. 27.
484 OLG Köln RVGreport 2006, 148.
485 OLG Hamm AnwBl 1996, 478; AnwK-RVG/*Schneider* § 42 Rn. 44.

Kapitel 45 Weitere Hinweise

Übersicht

A. Strafbarkeit des Verteidigers wegen falscher Abrechnung

Auf zwei Stolpersteine sollte der Anwalt Acht geben: 1

I. Gebührenüberhebung – § 352 StGB

Zwar ist der Kostenfestsetzungsbeschluss nicht bindend für die Festsetzung von Gebühren gegenüber dem Auftraggeber (Kap. 43 Rdn. 33). Lehnt es der Rechtspfleger allerdings im Kostenfestsetzungsverfahren ab, eine beantragte Gebühr festzusetzen und erhebt der Anwalt diese Gebühr gleichwohl von seinem Auftraggeber, so darf daraus geschlossen werden, dass der Anwalt wissentlich eine Gebühr verlangt, die der Auftraggeber nicht schuldet.[1] 2

II. Betrug – § 263 StGB

Soweit keine Gebühr oder pauschalierter Auslagenersatz verlangt wird, kommt der allgemeine Tatbestand des Betrugs in Betracht, etwa dann, wenn der Anwalt verabsäumt, Fahrtkosten aufzuteilen in Fällen, in denen er mehrere Mandanten in einer JVA besucht hat. 3

B. Literaturhinweise

Literaturhinweise:

Bischoff/Jungbauer/Bräuer/Hellstab/Klipstein/Klüsener/Kerber, RVG Kommentar, 9. Aufl. 2021 4

Burhoff, Detlef/Volpert, Joachim, RVG Straf- und Bußgeldsachen, 6. Aufl. 2021

Gerold, Wilhelm/Schmidt, Herbert Rechtsanwaltsvergütungsgesetz, 26. Aufl. 2023

Reisert, Gesine, Anwaltsgebühren in Straf- und Bußgeldsachen, 3. Aufl. 2021

Schneider, Norbert/Volpert, Joachim, AnwaltKommentar RVG, 9. Aufl. 2021

1 BayObLG, Urt. v. 02.08.2001 – 5 St RR 144/01.

Stichwortverzeichnis

Zahlen in Fettdruck = Kapitel; Zahlen in Normaldruck = Randnummer.

P

Q

R